泰州文獻

第四輯

詩經臆説
删注楚辭
繪事微言

鳳凰出版社

ISBN 978-7-5506-2194-7

圖書在版編目（CIP）數據

詩經臆説 / （明）華湘撰. 删注楚辭 / （明）張京元撰. 繪事微言 / （明）唐志契撰. -- 南京 : 鳳凰出版社, 2015.9
（泰州文獻）
ISBN 978-7-5506-2194-7

Ⅰ. ①詩… ②删… ③繪… Ⅱ. ①華… ②張… ③唐… Ⅲ. ①《詩經》—詩歌研究 Ⅳ. ①I207.222

中國版本圖書館CIP數據核字(2015)第201320號

責任編輯　王愛榮
裝幀設計　姜　嵩
出版發行　鳳凰出版傳媒股份有限公司
　　　　　鳳凰出版社(原江蘇古籍出版社)
　　　　　發行部電話025－83223462
出版社地址　南京市中央路165號　郵編:210009
出版社網址　http://www.fhcbs.com
印　　刷　揚州文津閣古籍印務有限公司
　　　　　揚州市開發區鴻揚路22-2號(6幢)　郵編:225009
開　　本　889毫米×1194毫米　1/16
印　　張　34.75
版　　次　2015年9月第1版　2015年9月第1次印刷
標準書號　ISBN 978-7-5506-2194-7
定　　價　520.00圓

《泰州文獻》工作委員會

主　任

藍紹敏　陸志鵬

常務副主任

盧佩民

副主任

戴勝利　王學鋒　張培成　佘江涛

委　員（按姓氏筆畫为序）

丁少華　方標軍　成愛君　季春芳　周興安

查學斌　姜小青　奚愛國　陳士宏　黄林華

曹茂良　曹學賦　許大才　張國祥　萬永良

程榮穩　鄒祥龍　費振鐘　劉　玲　劉仁前

劉宏鳴　潘時常　薛金林　顧維中

《泰州文獻》編纂委員會

主　編

盧佩民

副主編

黄林華　姜小青

執行主編

成愛君　費振鐘

編　委（按姓氏筆畫为序）

王　飛　王　劍　王正奎　卞惠興　朱長順　全　勤

李文華　李明官　吴　迪　吴小晴　吴雙林　汪　政

沈　俊　林世田　莫其康　倪培翔　徐一清　徐同華

高　峰　陳　立　黄　靖　曹學林　常　康　張　定

張永龍　劉仁前　劉春龍　潘浩泉　薛　飛　謝冬榮

竇立成　顧寄南

《泰州文獻》學術指導委員會

（按姓氏筆畫为序）

江慶柏　金良年　茅家琦　華學誠　徐　雁　畢飛宇

程章燦　楊九俊　魯國堯　劉玉才　顧　農

總序

泰州古稱海陵，漢初（公元前一一七年）置縣，晋末（公元四一一年）設郡，南唐（公元九三七年）建州，始稱泰州。

泰州濱江近海，物阜民豐。漢唐以來，糧鹽並舉，商貿繁榮，爲溝通南北的重要港口城市。

泰州素爲文教昌明之邦。唐初立州學，北宋建貢院，明清開學政試院，産出大批科舉優秀人才。

泰州自古人文薈萃。走進泰州的，從范仲淹、富弼、陸佃，到孔尚任、吴讓之、蔣春霖，都留下深遠影響。走出泰州的，從張懷瓘、胡瑗、施耐庵、王艮，到李清、吴嘉紀、柳敬亭、黄龍士、李鱓、鄭燮、劉熙載、李詳、梅蘭芳、高二適，都在各自領域爲中國文化作出巨大貢獻。

泰州遺存的文獻也很豐富。僅據《江蘇藝文志》所載，便有二千七百餘種，涵蓋經、史、子、集的方方面面。其中，尤以明清時期爲夥，占到百分之九十九以上。這當中不排除由於種種原因，致使元以前的一些著述湮没無聞，但明清兩代，確是泰州文化的繁盛期。在這些文獻中，如《書斷》（張懷瓘）、《水滸傳》（施耐庵）、《王心齋先生遺集》（王艮）、《宗子相集》（宗臣）、《陋軒詩集》（吴嘉紀）、《板橋全集》（鄭燮）、《藝概》（劉熙載）、《李審言文集》（李詳）、《黄龍士先生棋譜》等，在中國文化史上都有重要地位和深遠影響。

與此同時，對鄉邦文獻進行整理的也代不乏人。自宋至清，周氏（周麟之等）、宫氏（宫偉鏐等）、陳

氏（陳應芳等）、徐氏（徐鳴柯等）等都曾致力其事，爲泰州留下了許多寶貴的文化財富。清嘉道間，鄉人夏荃編輯《海陵文徵》二十卷、附録十二卷，《海陵詩徵》十卷。民國初年，曾任江蘇省省長的鄉人韓國鈞歷經十餘年編成《海陵叢刻》計二十三種六十六册。

二〇一一年九月召開的中共泰州市第四次代表大會，提出了建設文化名城的任務。爲此，中共泰州市委、泰州市人民政府決定編纂《泰州文獻》。這是泰州有史以來對本土文獻最大規模的整理和彙編。它對於保存、利用、研究和開發泰州的歷史文化，尋繹泰州獨特的地方文化價值，爲泰州文化建設提供歷史人文資源，意義重大。

爲了保證編纂工作的順利進行，市委、市政府專門成立了工作委員會、編纂委員會和學術指導委員會。工作委員會由市委、市政府領導和相關部門負責同志組成，負責對編纂工作的領導和協調。編纂委員會由相關專家、學者組成，具體負責《泰州文獻》的編纂出版工作。學術指導委員會由江慶柏、魯國堯、程章燦、茅家琦、華學誠、徐雁、金良年等國内知名文史專家組成，負責對編纂工作的指導和把關。

編纂工作按如下幾個步驟進行：（一）進行文獻調查，建立文獻檔案；（二）精選有代表性、有學術價值的作品影印出版，選目由編纂委員會和學術指導委員會共同審議確定；（三）編輯出版《泰州文獻總目》。

《泰州文獻》分爲四輯：

第一輯『官修舊志』，收録泰州地區現存所有官修地方志。

第二輯『地方史料文獻』，收録泰州地區歷代重要的筆記和史料。按内容又可分爲史地類：收録有關泰

州歷史地理方面的著作，包括小志、專志、雜志等；政情類：收録有關泰州政治、經濟等方面的著作；文教類：收録有關文化、教育、圖書館等方面的著作。

第三輯『家族文獻』，收録泰州地區重要的家譜、家傳、家集與名人年譜。按内容又可分爲家乘傳記類：擇要收録泰州家族譜牒中的譜序、家規、家訓、箴言、族約、族記、祠田記、塋田記、雜記、著述等資料；家族總集類：以家族姓氏筆畫爲序。

第四輯『泰州文存』，收録泰州地區作者的詩文著作及其他代表性著作。按内容又可分爲學術論著類：收録泰州作者的經史雜著；文集類：收録泰州作者的詩文集；地方總集類：收録泰州作者的詩文合集。

考慮到《水滸傳》、《封神演義》（《辭海》云『一説陸西星作』）、《檮杌閑評》（學界多謂李清所作）等小説流傳甚廣，版本豐富，故不再收録。其他如堪輿、術數類著作，泰州人撰泰州地區以外的地方志、地理志類著作，一般性的彙編、摘鈔類著作，亦不予收録。

《泰州文獻》原則上收録現轄區内的作家作品。但從尊重歷史出發，泰州學派創派人物、明代思想家、哲學家王艮，平民詩人吴嘉紀等人，歷史上均屬於泰州地區，對泰州地區具有深遠的文化影響，他們的作品亦予收録。

前人給我們留下了豐厚的文化遺産，我們既要加以珍視和傳承，更要在前人的基礎上，創造出無愧於今天這個偉大時代的新篇章。這是我們更重要的使命，讓我們爲之努力。

《泰州文獻》編纂委員會

二〇一三年十月十八日

凡例

一、《泰州文獻》（以下簡稱《文獻》）分爲《官修舊志》、《地方史料文獻》、《家族文獻》和《泰州文存》四輯。

二、《文獻》收録範圍原則上爲現行政轄區内作者的著述和與泰州有關的重要著述，但考慮到歷史上曾屬於泰州地區的人物，如泰州學派的代表人物王艮、平民詩人吴嘉紀等對泰州文化深具影響，對他們的作品亦予收録。

三、所收著作成書年代限於一九四九年以前。

四、《文獻》所收著作，以學術價值、使用價值較高爲原則，適當兼顧版本價值。

五、《文獻》以影印方式出版。如有蠹損、殘缺、漫漶不清處，原則上以相同版本予以補配，以保證完整、清晰。

六、《文獻》對所收每種著作均撰寫提要，置於該著作前面，以方便讀者瞭解作者生平、主要内容、學術價值等。

七、《文獻》除保留所收著作原有頁碼外，均新編頁碼，每册頁碼自爲起訖。

八、《文獻》最後一册編有書名索引和作者索引，以方便讀者使用。

目録

詩經臆説

（明）華湘　撰

《詩經臆説》十四卷，明華湘撰，據泰州圖書館藏明嘉靖二十一年（一五四二）華湘刻本影印。

華湘（一四七二—一五四三），字源楚，號南畹。明泰州人。正德十二年（一五一七）進士。歷任工部郎中、光禄寺少卿等，後以事遷廣西思恩府丞。

此書爲華湘致仕家居所撰，完成於嘉靖二十年。卷首嘉靖二十一年泰州知事黎堯勛序，卷末有華湘後語。正文十四卷，國風二卷，小雅四卷，大雅四卷，周頌二卷，魯頌一卷，商頌一卷。此書爲解説《詩經》旨意之作，没有繁徵博引前人舊説，也少考訂名物、語詞訓詁的内容。對詩歌的解釋也非逐字逐句，多數只是對其中部分章節加以解説，也有一首詩只解説其中一章，如《碩鼠》，只解説首章大意。其解説言簡意賅，如《碩人》『巧笑倩兮，美目盼兮』，其解説爲：『二句與《論語》説同，倩即笑之巧，盼即目之美。不可開説。』

（周　忠）

詩經臆說序

自余來守是邦方媿于涖事之煩求諸舊業而未有得也南畹華先生一日携其所著詩經臆說示余俾余序焉以信觀者因慨夫士方其未遇也未始不因經以階進逮于旣進則芻狗視之矣非若古人然將以致諸用也今先生業是以成名功成身退寶焉而不忘則旣善矣必欲刊刻傳布以惠來學

公矣乎乃索言于余者豈不以余嘗以是舉于鄉矣又嘗以是舉于禮部矣則于是藝必且通其說者也余因取先生之書而觀之則見其于大郤大窾批導徙手肯綮未嘗大軱何有愓愓然為之驚茫茫然為之自失也且治經不當若是邪向余奚挾而弋獲也其何說以副先生雖然學是而可以興觀群怨之說與夫多識之說事君父之說與夫不學面墻之說不以文害辭辭害志之說以意逆志之說此孔孟所為善說詩也斯則不獨達于政而已能言而已余竊悲夫古之為詩者若高子失則固毛萇失則淺匡之解人頤獨稱善說今之為詩者或罔觀于混淪而失則裂或罔求諸本實而采掇其枝葉又孰知夫四詩之具體聖學包舉王法通貫六籍者考亭諸傳則既發詩人之所未發邪矧先生所著多有補于傳註之闕而海內之士得其緒論于以應主司之求其亦若持左券而取物矣復容力邪又能融諸性情于以會孔孟之說推之家國天下而不膠固于章句之末豈亦此書之所限量也嗟乎先生著述之本意善觀者儻自得之亦惡假于余言之喋喋矣

嘉靖壬寅五月己丑

賜進士奉訓大夫知泰州事樂至黎堯勳書

手謹序

詩經臆說卷之一
賜進士第光禄寺少卿海陵華泪源楚編
○國風一
關關雎鳩三章
一頭兩脚破下文一章言憂一章言樂不可以下二章合
為一句[illegible]樂宮人自謂也非指文王
關關雎鳩一章
雎鳩二句要與淑女二句對講宜畧少輕興之取義關關
雎鳩有定偶而常並遊見其能摯不相亂而不相狎見其
有別君子淑女相與和樂不異雎鳩之摯也相與恭敬不
異雎鳩之別也蓋興之取義如此生有定偶註入於在河
之洲說和樂恭敬註入於君子好逑說
窈窕淑女君子好逑
好逑只於和樂恭敬見之相與和樂一雎鳩之摯相與恭
敬一雎鳩之別故曰好逑非以聖配聖以德配德之意按
女者未嫁之称而此詩作於后妃既嫁仍称女者宮人據
今始至而言猶處子也始至之時見有是德知配文王必
能相與和樂而恭敬乃始至以後事
窈窕淑女寤寐求之止輾轉反側
淑女一句提起一頭兩脚破次二句是求末三句是憂因

求之未[illegible]求巳

窈窕淑女寤寐求之
求之既見期乎之順爲乾健之承而欲其連姻乎王牒龔
險艱柔爲陽剛之助而欲其正位乎椒房下文思服三句
乃求之不得而憂之如此非就是求

求之不得四句
首一句分不得言其時方毓秀深閨而曰嬪之儀未整幽
閑雅操闔之而未覯之也養德内閫而來嫁之車未膏眞
靜懿風姿之而未近之也悠哉一句只承寤寐思服

悠哉悠哉輾轉反側
上句以心言下句以身言上句要本寤寐思服講思之於
寤也待旦之際不知其幾寤矣寤無時而思之無時思之
於寐也一夕之間不知幾寐矣寐無算而思之無算所謂
悠哉悠哉也看講朝夕晝夜則輾轉反側不通輾轉反
側只就夜說

參差荇菜末章
友之謂親愛后妃之念托琴瑟而宣樂之謂娛樂后妃之
念托鍾鼓而宣蓋親愛娛樂其情出於宮人而所親愛所
娛樂者后妃也友之樂之俱就始至時說

窈窕淑女琴瑟友之

友之當講撫拂之間而和声宣暢吾親之之意[illegible]
嘆之際而雅音鏗鏘吾愛之之念鏗鏘也雅用怡怡等[illegible]

窈窕[illegible]
樂之當講欣戴之心勝而爲欽欽之雅韻輾轉之思[illegible]
也夫擇之念發而爲淵淵之歡声反側之懷頓釋也見先
憂後樂意此與上章言此入此徳等註乃朱子推説講中
不用後凡経文無而註帯言者意若相連及補出以足經
旨作文用之否則不用可也餘皆倣此

葛之覃兮三章
此詩后妃既成絺綌而賦其事亦宜以服爲主後一章
分前二章是叙成服之功後一章是原歸服之意以前二
章作成服之事以後一章作歸寧之事不與詩柄相合

葛之覃兮兩章
始終立意上是女功之始下是女功之終

葛之覃兮首章
后妃既成絺綌而賦之不過追叙初夏之景
無動女工之思不作豊城小註

維葉萋萋四句
首一句分上是植物下是動物黄鳥鳴於其上謂鳴於葛
之上也葛延於灌木而鳥鳴于葛上不可認作鳴於灌

木之上

是刈是濩三句

絺綌要分礼服私服絺指礼服綌指私服註中治以爲布

之治字揔管刈濩與前爲字非泡說爲

爲絺爲綌止帰寧父母

絺綌就提下文礼服私服講因其服之無斁不能無當汚

當澣者所以欲汚欲澣以帰寧父母也上下相照

爲絺爲綌服之無斁

爲其續言不單說織服之無斁見得一絲之所在手澤之

所在一縷之所存心力之所存故不忍厭棄也覩抔其勞

卷之一　四

以下註朱子推說

言告師氏一章

上二句述帰寧之情不而專於行下四句乃帰寧之礼而

不肯於行

言告師氏言告言帰

言告上截遂告師氏使告君子而所告者何彭嘉言以帰

寧之意也時破多在首句截不合朱傳

薄汚我私四句

末一句斷薄汚三句后妃自言非告師氏也觀且問二句

可見害澣害否皆指礼服前二章見其勤儉後一章見其

孝敬勤儉孝敬束語用之

采采卷耳三章

前一章是托言思其君子後二章是托言從其君子不可

以後二章作望全出亦然俱在前一章截

采采卷耳一章

上三句断此皆托言也單以首句作托未善實彼周行

遂不復采之意非寘頃筐于周行之上

陟彼崔嵬三章

後一章分後章云何吁矣繳前二章而言馬所以乘進者

而馬瘏不能進僕所以從行者而僕痡不能行則卒於不

卷之二　五

可往矣雖酌金罍也無以釋其永懷雖酌兕觥也無以解

其永傷云如之何而不憂嘆哉吁矣只作憂嘆不說張

目遠望

我姑酌彼金罍維以不永懷

酌彼金罍皆托言之雖以即註中欲其也處源註是

南有樛木三章

三章平說來可知國之供而冨有常奉恒履坤元之位而

富有常尊即福履安指子孫三章通無浅深勿依輔氏

小註

南有樛木首章

此與關雎相類乃興之取義者故講樛木二句不可过輕
樂只一句是称之福履一句是願之称願分說
樂只君子福履將之
樂只就不妬忌言將之須講衆妾萃於身而先後默相之
無已思若啓之也于祥禧諸己而左右陰騭之不遺行着
翼之亦只扶助意
樂只君子福履成之
成之不過就之之謂內治恒維於不替而百祿备矣百祿
就之也中宮永位於無窮而多祜會矣多祜就之也泛講
為是

螽斯羽三章
三章平講詵詵薨薨揖揖蟄蟄皆見其和集也不從藍田呂氏
化而始飛飛而復集作有次序看
螽斯羽首章
螽斯與后妃對專言螽斯而以后妃事首尾用之則
非比題子孫振振只云慶鍾後裔而足以紹箕裘者嫡庶
相仍也瑞衍一家而足以托堂構者長幼相望也時義多
講曹衛毦聃等語按曹衛毦 聃郕郜曹滕乃武王得
天下之後而始封之號難以入講
桃之夭夭首章

興與下文相應以木少則華盛興女賢則家和講興不可
太輕夭夭三章渾說反復咏嘆之意
之子于歸宜其室家
于歸要以男女以正婚姻以時入講命出於親則非行露
之沾濡故曰以正嫁適其候則無摽梅之慨嘆故曰以時
以正以時可見其習以正開說不必就以時見之宜其室
家者剛柔相協而無脫輻之嫌則宜其室也孝敬克敦而
無司晨之失則宜其家也宜者和順之意和則不乖順則
無逆豈城小註可從
肅肅兔罝三章
首一章分下文二章嘆羨之無已也一章深一章不用干城

貫此以干字豈城兼德言當武夫才之可用只於干城
好逑腹心上見非因赳赳椓杙東陽說是
赳赳武夫公侯
干城皆兼內外而言扞外則奸宄潛形而保障絕蜂蠆之
擾衛內則黎元奠枕而山河鞏帶礪之安莫以扞外說干
衛內說城朱傳皆字可見干城兼內外言之
赳赳武夫公侯好逑
好逑要見才之相對柔遠能迩公侯之才無與為伍矣而
武夫足以匹其休明良其並駕也除残禁暴公侯之才莫

與為抗矣而武夫足以齊其休君臣其敵体也只言公侯
為明君武夫為良佐不見才之相對
赳赳武夫公侯腹心
腹心乃同心同德之謂公侯有為國之心而武夫同其心
意氣之孚貴賤猶一人也公侯有為氏之德而武夫同其
德形迹之合上下猶一轍也是謂同心同德
采采芣苢三章
三章渾破采而既有之有而掇將之將而袺襭之見其有
序講起意氣相諧而閨門無外累蚕績告畢而日用有餘
閒復何為邪跛出和平無事相其為樂之意往來道路而
意暢於采物之時歌詠始終而共托於作詩之際婦人相
與為樂如此孰謂非其室家和平而無事之所致哉是可
以昭聖化矣樂非獨說采芣苢也賦其事意兼在其中
采采芣苢首章
求之得之皆說芣苢若說求之謂求其地得之謂得其地
則非采芣苢是采其地也不通
南有喬木三章
前一章斷前一章是見而嘆之深後二章是悅而敬之深
一說游女不可求非謂前日可求而今日不可求蓋前日
出游之女淫亂成風故可求也今日出游者[illegible]化而[illegible]

卷之一　八

舊俗不復如前日者之可求矣作兩起人說今玩非
復前日之可求註舊說為長
漢之廣矣四句
漢廣江永喻游女之端莊靜一也即水之不可渡由其勢
之大喻人之不可求由其德之貞講四句畢要以游女對
講是於尾末跋之則失比体
翹翹錯薪次章
上下承說已雖欲秣其馬其如貞女之終不可求哉言刈
其楚者以楚雜於薪故刈之下章言刈其蔞同此悅至敬
深詩人自言其悅之至而敬之深也秣馬二句見其悅之
至漢廣四句見其敬之深悅敬只可東中用之
之子于歸言秣其馬
于歸謂游女之嫁也非出游而歸于家所以朱傳于前桃
夭解于歸而此不解見其相同嫁乃泛言不說出嫁於已
既見君子不我遐棄
遐棄非謂止棄踰年見得不遠棄我蓋前日之離恐遠棄
我而今日之歸則喜其不遠棄我也全題前二章分依照
川小註前二章是篤夫婦之仁後一章是篤君臣之義[illegible]
章分者非是玩朱子蓋曰以下註分明前二章乃一氣[illegible]
一章乃一氣或出首二章上是追前日之事下是[illegible]

卷之一　九

之音

魴魚赬尾一節

此節王室如燬就火烈燀赫炎之焰加于忠良其殘如火之酷而犯之者傷剝劙之刑施于婦女其暴如火之烈觸之者無見如燬意孔邇謂汝墳之國去岐周不遠不說文王而言天下不遠瞻彼汝水地壤密邇乎周京一注目矣深仁覆育而在已有含哺之樂雖不聞父母之聲然密爾若有所聞爲封疆咫尺乎岐邑一引領矣厚澤包含而人人挾纊之温雖不覩父母之容儀宛然若有所覩焉父母之近蓋所以逆以舒其困君子雖勞豈不因之而自可以去其勞苦求要發出此意

麟之趾三章

文王后妃德脩于身而子孫宗族皆化於善前二章言子孫是近者後一章言宗族是遠者作文當以前二章對講後一章另講見其近而子孫遠而宗族無不皆化則一家仁也渾破不用分截朱傳公同高祖公指文王謂與文王同其高祖安城小註可玩

麟之趾首章

振已要講仁厚意出來講貴而不驕富而不侈非仁厚者

于嗟麟兮單指子言不兼公說重在王者之瑞上來說

祥而麟出與王之符出也于嗟乎公之子沐浴聖化而仁厚則萬方玉帛畢會于庭之盛於是乎有徵而公子即麟之兆以昭至治之馨香矣奚必如生于黄帝之郊者然後稱爲麟哉山川毓秀而麟見與王之兆見也于嗟乎公之子薰陶聖化而仁厚則四海車書咸混于一之幾于是乎兄驗而公子即麟之見以表太和之氣象矣奚必如遊有虞之囿者然後名爲麟哉見得文王雖未王而有是公子則已有王者之瑞究其所由以文王后妃具關雎之德所致也故曰關雎之應行文不可遺落于嗟字

維鵲有巢三章

前二章言其礼之盛後一章言其礼之成不以後章成字徵前二章迎送兩開爲當三章俱重德上專淨純一之德貼在之子上講慶源小註可玩

維鵲有巢末章

上文二章一章言迎者百兩一章言送者百兩礼固盛矣然非媵妾之多則無以成諸侯娶九女之礼朱傳衆媵[illegible]不著鳩說盈字[illegible]之正妃成之實[illegible]其礼也[illegible]媵之所要之意

維鵲有巢維鳩來盈之諸侯之子嫁於諸侯何以成其礼哉是故儀從鮮明於瞻視往來之際而庶姜孽孽足以昭其等威之異而成適比有邦者之礼也環佩雜沓於道路

之間而諸娣祁祁足以表其伉儷之尊而成嫁此有國者
之礼也詩卑繳出苟非有德礼雖成而不称其礼則難逆
心非踰議者矣或以衆勝貽鳩而鳩無有衆勝邪又詳

于以采蘩三章

前二章斷前二章具春祭之物後一章飭其祭之儀三章
通以誠敬意貫前之二章而于采蘩必躬必親見其誠敬

于以用之公侯之事

蘩非薦羞所以采蘩者乃以用於公侯祭祀之事也泛言
為是蓋公侯宗廟祭祀事畢則用蘩為菹以薦是以采之

被之僮僮一章

卷一　十二

上二句臨祭之敬指薦蘩時言下二句畢祭之敬指徹蘩
後言此節或通以敬破或通以儀破皆是蓋言儀則敬在
其中也所謂夙夜就一時說　夕明為夙未明為
夜僮僮祁祁無人被講其雖移於被則端莊自整而僮僮
竦敬者人之竦敬也身雖去矣被則陶遂不前而祁祁舒
遅者人之舒遅也不可單說人不可單說被

被之祁祁薄言還歸

歸謂歸于私室不說退處後語祁祁因見其不欲遽去之
歸而謂之薄者也見其不欲遽去之意

喓喓草蟲三章

前一章分前一章動物之變後二章植物之變謂之變者
君子往役之時動物未出也而今已出植物未生也而今
已生所以為變則降則說則奢管本章勿依登山作一節
深于一節此詩朱傳以妻言則行役乃諸侯之大夫也不
兼諸侯又考朱子小序言此以為亦是夫人之詩以諸
侯皆在其中只依講稱渾說諸侯大夫而其妻獨居為穩

未見君子止我心則降

四句以思為主曰未見而致其憂必既見而釋其憂皆思
其君子如此思字通管四句非單指未見二句也講降繳轉中
冲下章則悦則夷同

卷一　十三

于以采蘋三章

前二章分前二章備物而敬未祭之時後一章獻物而敬
方祭之時誰其尸之二句只承本章薦豆而言不依東萊
呂氏通繳上文

于以盛之一章

上言采蘋采藻以備為豆之用由是盛之貯于筐者不雜
之于筥由是湘之烹于錡者不混之于釜采而後盛盛而
後湘見其循序盛必筐筥湘必錡釜見其有常事無不紀
見其嚴敬器無不具見其整飭依此分之方明刻註大渾

以奠之宗室牖下

上句于以奠之要講一類之奉雖非珍品也而昭格之誠
必躬必親不敢忽爲一藻之薦雖非嘉羞也而駿奔之頃
我將我享不敢怠爲尚未言敬至下有齊方以敬言

誰其尸之有齊季女

尸之主薦豆也薦豆只講實以蘋藻註中醢是帶言不可
入講質美化遠東內用之

蔽芾甘棠三章

前一章斷後二章愛之愈久而愈深也勿字作相戒說相
戒不可剪伐敗(?)見不忍傷後人思之混言不作既卒

蔽芾甘棠首章

茇謂召伯以甘棠爲草舍而暫止之非真作草舍於甘棠
之下也舍於其下者蓋因布政南国不過一時止息史記
謂決獄其下及以是詩作於召公既卒之時必有所本然後
常說究不爲失人思其德貼在召伯所茇上講不用另講兩
股

厭浥行露三章

三章以禮爲主不依慶源以末章說義雖速我獄室家不
足雖速我訟亦不女從皆見其以禮自守而不為強暴所
污非單謂首章也貞女如此蓋召伯之教服文王之化而
然不因召伯听訟之明

厭浥行露一章

托言只可微破略見意後再講則是此題時文俱欠体認
不可依之

退食自公委蛇委蛇

此泛指在位者當以詩柄為主不專言大夫退食自公
連說徹朝班而行退食于家之際斎勤々舒々如也(?)
禁闥而出退食于家之時容儀閒(?)々怡々如也用兼乘(?)貫
自公看得

羔羊之皮次章

上二句言其節儉乃私居之時下二句言其正直乃公餘
之時節儉正直於衣服有常從容自得見之不節儉者必
更張而服之有常見其節儉也不正直者必促迫而容之
自得見其正直也節儉正直蓋即服容而驗其持身如此
不必說心羔羊之華二句要講衣服有常時文只講不尚
侈靡非有常意

何斯違斯莫敢或遑

所指室家之所莫敢或遑不用講出見其被化意被化只
重婦人上說不在從役之人或以大凡只体通管一章故
破此一節不可破作既與復言不知麟之趾亦與也何以
上一句破作與而下一句破作莫过於太泥與之取義也

雷本無定在而今有定在與君子本有定所而今無定所
非謂雷乃爲雨之徵以與君子從役之勞全題平說不依
童山小註
振振君子歸哉歸哉
振振本其平日接人待物而言不專在室家上說二句時
義有貫說者言君子信厚則非不歸者矣故冀其歸哉歸
哉硫註且字只當一直說下信厚君子可早畢其事
而歸也方合註意
摽有梅三章
前二章分前二章時過而太晚後一章時過而愈晚梅落
卷之一　十六
見其太晚梅尽不見其愈晚勿以前一章作太晚後二章作
愈晚時謂仲春婚姻之時四月梅落則去仲春踰兩月矣
故曰太晚落之已尽不止四月可見愈晚也實七兮三謂
以十分言之存於樹者止有七分三分請無要繳求之雖
過於暴也庶免乎侵陵之患求之雖不以礼也猶愈於沾
濡之汚女子所以不得不汲汲于所適矣貞信自守而恐
惧如此召伯之教文王之化不甚是而有徵也夫
求我庶士迨其謂之
謂之繳上迨其吉兮迨其今兮說昏礼必先納采問名迨
其吉兮迨其今兮猶欲其行此礼也迨其謂之不必納采

不必問名但以媒妁之言相告語則約可定矣以其時過
而愈晚也謂之只說定約非謂親迎
肅肅宵征夙夜在公寔命不同
宵征熟夙夜言或將旦而夙行也夙在於公或初昏而夜
行也夜在于公深以得御于君註不可逼貼在寔命一句
說深以得御二句貼宵征二句見上好仁不敢致怨一句
貼寔命一句見下好義夫人之惠說安入在宵征二句上
講夙在于公而天顏之近夫人惠及於夙也夜在于公而
恩光之被夫人惠及於夜也則往來雖勤寔所賦之分不
同于貴者感激之下安敢致怨之哉宵征三句皆美夫人
卷之一　十七
如此往来二字夙夜皆有夙往則夙來夜往則夜來見不
敢當夕意
江有汜三章
後一章分後章舊前二章悔者其後迎已因前日從欲而
心悔安者其後迎已因今日循理而心安悔安皆由迎已來
與之而我以江雖孔殷也而猶有岐流之水與嫡
不挾已也而又無偕行之人時義講此失於模糊不明所
謂媵有待年於國者待嫡從嫁之年而因指媵妾父母之
國則嫡乃貴者之妻或依孔氏小註泛說常人非是詩指
后妃夫人之妣夫人指小星之夫人嫡小星夫人承后妃

之化能不妬忌以惠其下江沱之嫡則被后妃其夫人之
化乃能自悔而迎之
不我過其嘯也歌
嘯承悔言乃悔之時不可就作悔說歌承處言乃處之後
不可就作處說悔安在心嘯歌在外心之悔故嘯形於外
心之安故歌形於外
舒而脫脫兮一章
礼字皆講首句非欲其緩來謂當以婚姻之礼徐徐而來
無感我帨兩句承首句礼字說下不以礼而動我之帨則
近于身矣不可動我之帨也不以礼而驚我之犬則近于
家矣不可驚我之犬也不惟欲遠其身而尤欲遠其家盖
凜然不可犯矣三句皆拒之之辭非只無感我帨兩句是
拒經文無字與朱傳毋字俱是不可意全題前二章與吉
士不以礼而惟誘之後一章述貞女必以礼而難誘之前
二章只可說誘不可作詩人戒其不可誘也吉士還是美
称不依小註作愧作責林有樸樕三句貫說謂以林之樸
樕藉野之死麃而用白茅純聚而包束之也純訓作聚小
註可玩不言吉士之誘蒙上章言夫吉士所以誘之者
以有女如玉也如玉比色非比其德詩柄因所見以興其
事所見借野麕白茅樸樕說

卷一　十八

何彼襛矣三章
三章分前一章與其下嫁之賢後二章與其下嫁之事
下以敬貴下也後二章上是男女之盛下是婚姻之成
曷不肅雝王姬之車
肅雝指下嫁者言可說車而不言其人必於車之和而說肅雝
車安詳而雍和其德有不肅而敬乎言其必敬也曷不
雝雝而和乎言其必和也何以知其必敬必和哉曰肅雝
而儀衛煇煌赫然天潢之制度乃王姬所乘之車也曰王
姬之車則閨闈訓閑家所佩服者也接璞琭觀而待從
整暇與煞帝室之規模乃王姬所御之車爲曰王姬之車
則移於餘風因之所漸被者也是以知其和敬也必矣盖
因王姬之卑故知其往嫁必能和敬以执婦道也詩柄車
服之盛服是帶言王姬下嫁三句乃叙起語
平王之孫齊侯之子
此言男女之盛男女干說不重王姬女爲平王之孫則派
衍王家而女盛男爲齊侯之子則喬鍾勳室而男盛女乃
如是之女男乃如是之男故曰與男女二人與之取義在
二人上非說顏色平王依註前說指文王言
齊侯之子平王之孫
此言婚姻之成齊侯之子乘和敬而歸事文則男得女以爲

卷一　十九

室也平王之孫修礼儀而釐降則女得男以爲家也 以見
合而爲婚意只講世族之貴失其本旨

彼茁者葭首章

上二句美諸侯之仁恩下一句嘆諸侯之仁心諸侯仁恩
及于草木禽獸如此乃其仁心自然而然不由勉强[illegible]
即騶虞也不可破作同乎瑞物壹發五豝猶言必疊双
以其禽獸之多非真一矢中五春田諸侯春時田獵

彼茁者蓬壹發五豝

仁恩首尾提說草木之茂由其取之以時禽獸之多由其
用之以礼見諸侯仁恩所及講二句畢只以此意貼之不
必申說而服按諸侯仁恩及于庶類承文王之化然也所
以見文王澤之及物者廣纖[illegible]要見

卷一　二十

汎彼柏舟一章

首二句分比要明白以柏舟堅實而不以乘載無所依[illegible]
惟汎然而流比在己正静而不以承事無所仰托惟[illegible]
而居酒不能解者以其隱憂之深也汎彼柏舟三章首句
又見兼于與天者章是不知其由而難訴于人末章是因[illegible]
思其[illegible]而自反于已

耿耿不寐如有隱憂

耿耿依憂原註如字當玩耿耿不寐之時突深有所痛
不日深而日如有所痛突深有所憂不曰深而曰如有所
憂見其辭氣柔順也講中不可遺如字來用此意表如字
出

我心匪鑒不可以茹

上言不得於其夫此言心非鑒之昭明而不能度物之妍
媸故不知所以不得於其夫之由若說心匪鑑而不能度
物故不知夫之情所以不知不得於夫則多一層不
若前說直當

我心匪石一章

內外爲主上四句自反其內之無缺下二句自反其外之
無缺不依輔氏小註惟其存諸中者有常故其形于外者
皆善兩相貫說心不可轉心不可卷述其平時如此不謂
可棄之後不可選也勿說惡我者不可得而簡擇去取乃
是泛言

卷之一　廿一

我心匪石四句

上二句言其心之堅下二句言其心之直心直主守已說
不說遠下石可轉者非謂可轉者莫如石謂石之堅似不
可轉而石猶有可轉我心匪石合卷之時此念也則歷久
暫而念弗渝不可轉爲席可卷者非謂可卷者莫如席謂
席之直似不可卷而席猶有可卷我心匪席同余之後此

志也則貫始終而志弗变不可卷爲席乃總用之爲不其
匪言

威儀棣棣不可選也
上句棣棣要見富而閑習之意當其容止必箸彰於一
身者無不備然不待修飾而從容之素定威何棣棣也進
退可度於四体者然不威然不由矯拂而純達之以精
儀何褆褆也當之全備之威之謂閑習見其諳歷沌熟

憂心悄悄四句
首一句渐覩閔元三句承愠于群小説不得于夫而憂
讒者繇于群小病已者由是觀多而非議曰加侮已者由

卷之二　十五二

是不少而皆一一皆由見怒群小而來病非已病謂群
小病之若從覩閔既多擔下一章以不得於夫爲主上言
妾之陵已下言妾之勝已皆不得於夫所致也不必以下
章尊卑承上章而言見得群小陵之則妾尊而嫡卑还要

開説得寵而顯是尊夺寵而微是卑

靜言思之寤辟有摽
承上群小陵侮而言靜字不可因寤字皆夜説靜是獨處
獨處而思之言嫡而妾卑也以卑陵尊則名分攸壞已害而
妾賤也以賤犯貴則治亂無綱是以不勝憤懣而不能自
成寤之時遂以手拊心而拊擊之拊則作摽摽則擊心也

貌

日居月諸胡迭而微
胡迭而微者言日月當明猶正嫡當尊月有時而
晦衆妾當卑今衆妾反勝正嫡則日月皆迭承言在日月更迭
在而晦也衆妾反勝正嫡者衆妾當卑而今尊正嫡

尊而今卑是謂衆妾反勝正嫡

靜言思之不能奮飛
靜言思之因尊卑不正而靜思之君臣不合可去也而夫
婦不可去朋友不合可遠也而夫不可遠靜思如此然
則終於此而已矣故恨不能如鳥之奮飛也君臣朋友入

卷一　二十二

在靜言思之上翻調見夫婦無可去之義入在下句講者
無味

綠兮衣兮兩章
兩章皆比賤妾尊顯正嫡幽微上比賤妾已尊顯正嫡已
幽微下比賤妾益尊顯正嫡益幽微不依孔氏小註以前
章氏喻幽顯後章氏喻尊卑憂不能已者尊卑失序
則風化不行於閨門而貽患非止於一已貴賤無倫則綱
常先壞於衽席而流毒非止於一時所以憂之不能自已
也自裏轉而爲裳衣者謂自前衣之裏轉而爲裳何以綠在
衣而以黃爲裏猶與之連屬正對但有表裏衣之别今以綠

為衣黃者自前衣之裏轉而為裳則判然上下之分而不
敵故曰失所無甚綠衣四章前二章是喻嫡妾易位而切
於妾後二章是原嫡妾易位而善於處蓋前二章皆比賤
妾尊顯而正嫡幽微第三章比賤妾所以尊顯及時之故
第四章中正嫡所以幽微過時之故

綠兮絲兮兩章

上比妾之及時而見寵所以尊顯下比己之过時而見棄
所以幽微綠兮一句比妾之少而及時女所治兮比君子
見寵絺兮一句比己之衰而过時淒其以風比君子見棄
絺兮綌兮謂服絺綌而禦寒見其过時也上章違此之比
只指妾之見寵不說嫡之見棄下章處處之比只指嫡之
見棄不說妾之見寵時文無以見寵見棄羅入兩章講雖為
小疵實與經傳不合

我思古人俾無訧兮

古人善處自守為主非謂剛則不取禍柔則不取辱觀傳
自勖與有過字可見

我思古人實獲我心

古人善處說見上文先得我心之所求者盡己之見棄其
心求以自守也及思古人遭此而善處者不出自守是古
人之所處先得我心之所求不說求其心之無過主自守說

者是

實勞我心仲氏任只

上句感今日之相離下句原平日之相合相合如此故相
離自不能為情矣實勞我心只在瞻望弗及上說不用講
際陵戚之日而勖我者無人等語是以其心實勞此意太
深以恩相信謂此施以恩而彼則相信非謂彼此以恩相
信故講任只當云恩則相信守尊卑之分而不同於綠衣
之侵陵安則相孚安貴賤之常而不惑於終風之狂暴重
在戴媯見其賢也不可差認相信字以蔽妄歸講燕燕三
章皆一時別離之事不依慶源分作初別已別既去

仲氏任只四句

首一句分上是處人下是處己皆見仲氏之賢淑慎其身
承其心塞淵兩句說存於內者塞實淵深形於外者溫和
惠順內外之德如此是善能謹身也孔氏以淑慎一
句並承終溫且惠而言非是終字是不作轉意

乃如之人兮逝不古處

古道依王氏註在夫婦上說時義有別辭文事入講者固
是但用克諧字未穩克諧乃舜之孝要講內行之謹古有
行之者矣彼則兼黃裳之正而笑敖是縱往轍不尊也寡
妻之制古有為之者矣彼則含栢舟之堅而往來無時曠

章不守也按內行弥謹出史記乃舜釐二女之道不以古
釐見其心志而惑而何能有定所以朱傳用是其字不
能有定則不我顧苟有定焉何為不我顧哉觀此則惟未
句是望之之意勿依安成小註通以章末二句作望三章
四章言日月出自東方者蓋與上章照臨下土下土是冒
一意並無他謂德音無良德音美莊公之言辭謂其出於
口者綱常欲其正一本於道義之談無良醜莊公之實踐
謂其体於身者貴賤失其倫終歸於狂惑之地美其醜其
兩其字皆指莊公或以德音無良承上古處說非也報我
不述謂其譴浪笑敖而不循義理非不見答意

曀曀其陰虺虺其雷
曀曀日有陰而已陰之貌虺虺雷將發而未震之聲即天
之闕雲無期比人之狂惑未已曀曀只講陰貌不必說風
観朱傳上文曀字解風而此不解可知終風四章首一章
比其狂暴下二章比其狂惑三章則比其狂惑暫開而復
蔽四章則比其狂惑愈深而未已所謂暴慢無常者終風
且暴一句比其暴慢顧我則笑二句言其無常不可以無
常通貼首句下章倣此

從孫子仲平陳與宋
此已合三國伐鄭之時擊鼓其鏜兩章上是述所為而言
憂邦於人下是原所為而言憂坊於已擊鼓其鏜一句貫
從[illegible]鼓舞然則踊躍用兵也是兵以鼓進意不可平講土
國城漕雖是勞苦然我獨南行而所為如此則有鋒鏑死
亡之憂而危若尤甚見其役使不均過至下章我之南行
何以有是為我義從孫子仲合三國之好於此伐鄭也從
孫子仲二句正原其南行擊鼓用兵之由若以上言南行
所為之事下言南行所從之人則平陳與宋一句無所妥
着時說多以從孫子仲二句作初平二國尚未伐鄭按首
章擊鼓用兵則已伐鄭矣相礙不通朱傳鋒鏑死亡之憂
正與憂心有忡之憂相應憂謂憂其死亡

不我以歸止不我信兮
後二章分前言因不與歸而有憂心遂離其次而無闕志
下文承言不與歸而有憂矣兵凶器也身委溝壑之區戰
危事也暴沙礫之場今必死亡而室家約信能遂邪成
其約誓之言猶言已定其約誓死生契闊期以不相忘並
即其成說死生契闊闊講或死生也期以死生不相忘並
或契闊也期以契闊不相忘棄舊因下文止言契闊故以
死生契闊貫說今玩下文止言契闊者本今日相別言之
所以止言契闊說為是爰居爰處一章上是因無[illegible]
之志下是遂動思家之情

爰居爰處一章
首一句所失伍師次無鬥志也詳非詩人自言蓋即詩人
之言而見之止可作束難以入講
于嗟闊兮一章
此題意必死亡不復得與其室家遂前約之信乃朱子原
詩人之心如此講畢繳之約信分看不得遂前日之約前
日之信也不一串說
凱風自南首章
三句是比即凱風吹棘心於少好之時比慈母育養子於
童幼之日遂承言其劬勞甚矣嚴氏小註以四句通比不
可依之凱風四章前一章是自責之端後三章是自責之
事　首言母有鞠育之勞則子當孝皆以起自責之端
母氏聖善　莫慰母心
我無令人下二章見之今子之善莫过於養親莫大於悅
親下文二章言不能養一章言不能悅可見我無令人
母氏聖善我無令人
聖指其心言善指其身言不必在鞠育上說聖則通明不
昧而貞淑之行無不知善則動止有方而專静之風不少
玷令人既含下文二章只宜渾說不用講出何者為令
爰有寒泉兩章

卷一　二十八

上以無情與有情下以無知與有知寒泉無情者也猶能
養人今不能養母而使其勞苦則寒泉之不如黃鳥無知
者也猶能悅人今不能悅母而致其愉樂則黃鳥之不如
是母徒七乳而子豈有善者哉寒泉滋益於浚夷在養人
說應下七子不能養母雖講渥豐等語渥豐乃水之用非
養人意歸鑄之語可用母以淫風流行不能自守而諸子
自責不能事母使母勞苦以下柱束中見之下章莫慰母
心同此
雄雉于飛兩章
與皆有取義上言君子詒已阻惱見不如雉之舒緩自
得下言君子勞已心曲見不如雉之飛鳴自得雄雉四章
前三章分前二章述其致念之情後一章勉其得全之道
雄雉如此講要二章承一章因自詒伊阻也故心有所勞
雖見勞我心也然遼遠不可至殆將如之何耶遂與其善處
得全則雖遠而可至矣出前三章依此承說
我之懷矣自詒伊阻
二句要一直說下言我所思之人乃從役於外自遺其之
阻隔疆圉辛勤而與琴瑟干盾之絲琴瑟空懸久不御也門
庭瞻念蠨蛸町疃之荒栗薪蜷在久不見也而雁室靡家
如此是皇恤[illegible]

卷一　二十九

詒伊阻之自字俱指君子而言自遺伊阻因其從役於外
時我特請君子以從役乃我所當為故往役而自遺其身
之阻陷非上背之也細玩朱傳不見此意伊阻之伊指君
子言

展矣君子實勞我心

承上自詒伊阻說君子從役於外而自詒伊阻信此君子
實勞我心也勞心是因詒阻而不遂室家之願故勞不謂
君子飢渴也雄雉疾病死生飛鳴自得者雖欲飛而下鳴遂
從而下雖欲飛而上鳴遂從而上故曰飛鳴自得

瞻彼日月一章

卷二　三十

上下承說君子從役而道之不遠則可計其歸也今
道云遠何時而能來我思其從役之久註只憑悠悠我思
不遠曾道之云遠兩句

瞻彼日月悠悠我思

往來字日月皆有非謂日往則月來也日之往來主朝
夕說夕則往而朝則來月之往來主晦明說晦則往而明
則來月往來句貼瞻彼日月思其君子一句貼悠悠
我思思是思其君子從役之久

道之云遠曷云能來

相間能說山川綿亘而歸不可以日期計今路[illegible]

不可以月計則何日而能來何月而能來我若從道之
云遠搭下二章上二句念其遠行之難至下二章冀其善
處之得全道之云遠二句只念其遠行難至無憂其犯難
意憂其遠行犯患通在下一章說

百爾君子一章

仁義作眼看爾君子泛指從役之人不忮不求即其德行
要講德者無待於外者也实本於民彝之常行者能體於
身者也不出乎吾性之外凡爾從役之君子豈不知德行
乎行己之時人有也不嫉之而心有所忮害則仁於我
存為我無也不慕之而心有所貪求則義於我存為仁義
備而德行具矣式為乎小事也溫和斷制之交濟而小無

卷二　三十一

不宜或為乎大事也慈愛剸裁之兼能而大無不順隨其所
遇則皆坦途而首領豈有不可保者哉婦人以是為言
其意於其夫得非憂其遠行犯患而冀其善處得全邪通
章皆泛指從役者說憂其君子遠行犯患冀其君子善處
得全講畢原婦人之意東之觀朱傳解二章畢後中此
一句其意可見時文註貼不明講皆有病

不忮不求何用不臧

上句以心言下句以事言忮求謂行己之時而心無忮求
不忮則仁不求則義故為德行德行既具則所為自[illegible]

義而無不善也兩句泛論不指其夫按此詩之柄只言從
後而不言從軍發請何用不滅勿依東萊呂氏小甜

軍旅說

雝雝鳴鴈一章

首句單言納采次句兼納采請期而言不單說請期毛註
知之用鴈取不偶以旦貴其始求之不暴節之以禮通管
一章始而必納采終而必請期納采請期則於夫婦
妻之先而行之皆見其求之不暴而節之以禮如此不
可以上二句作求之不暴下二句作節之以禮匏有苦
葉四章一章比男女之際當度其禮義二章比淫亂之人

卷一 三十二

不度其禮義三章言婚姻有常理以刺淫亂者無常理四章
言婚姻有定耦以刺淫亂者無定耦首章即匏有苦葉而
濟有深涉未可渡也行者則當量其淺深或深則厲或淺
則揭而後可渡比文非定配而事有正理不可行也昏者
則當量其禮義合禮則爲合義則求而後可行次章即瀰
然濟之盈鷕然雉之鳴不濡其軌反求其牡猷比汎然
謀之恩諄然逾之切不施於當配反于其非耦是豈常理
也哉按此首二句是比其求濟盈不濡軌一句比不求其
當配雉鳴求其牡一句比反求其非耦要說得透

招招舟子一章

蓋意時說明蓋即濟渡者招人而人皆從之我獨不者
必待我友之招而後從以比非耦者招人而人皆從之已
獨否者必待已耦之招而後從何此人獨不然哉見其
非配耦則相從也作詩之說雝雝鳴鴈一章意皆與此

同

習習谷風以陰以雨

谷風見得陰陽和也惟陰陽和然後谷風至講夫婦和只
宜渾說不必就不相棄上見和習習谷風一章迄至采
葑采菲要以見棄不和之意迄是習習四句皆言夫婦不
可不和如此我之所以見棄於夫而不和者何由而然哉

卷一 三十三

蓋以顏色之衰也遂即葑菲以比爲夫婦者不可以顏色
之衰而棄其德音之善本也但能德音之不違行於始者
不怫于其終盡於少者不背于其老則可與爾同死矣豈
可中道見棄邪不違前後一致之謂

黽勉同心不宜有怒

同心言其和有怒言不和同心而能和則家道可成有怒
而不和則家道無成然則爲夫婦者豈可以不和哉家道
可成由於同心家道無成由於有怒正見夫婦不可不
和之意

采葑采菲無以下体

二句乃泛比爲夫婦者也不說自己下文德音莫違方就
己說德音之甚暗含下章治家勸苦講勉強不怠㦲之當
爲者無不行而休声播於閭閻周睦有方勢之當急者無
敢後而湣行譪於鄉閭是謂德音

行道遲遲一章

厚薄苦樂並說前四句言已雖不忍而厚故夫則薄也後
四句言已雖見棄而苦故夫則樂也責其不遠送責其不
見恤皆有望于夫意不單說如兄如弟一句

行道遲遲中心有違

行道遲遲只講舒行不進不可就講其足欲前其心欲前

俱貼在中心有違上說蓋遲遲不進者何哉足非不
欲前而心有所不忍心足如相背然故不能進也下句是之
原上句之意謂之相背者欲前者足之不忍者心足欲前則
背其心不忍則背其足故曰如相背然

誰謂荼苦其甘如薺

此意時說全未分曉當言誰謂荼之苦哉亦荼甘如薺而
荼未爲苦也彼棄而已之苦殆有甚於荼也是即
荼之不苦以比己之爲苦非謂即荼之苦比己之苦

涇以渭濁湜湜其沚

此章意明涇水濁而渭水清者涇水未屬渭水之時涇

濁而未甚見由其既合矣則清者益清而濁者益
濁是涇水以渭水而濁也然其別渚則猶有湜湜然可鑑
之清以比在已衰而新昏少者在已未過新昏之時雖衰而
未甚見由其既會矣則少者益少而衰者益衰是在已
以新昏而衰也然治家則猶有懇懇然可取之心殆可
偕生而偕死矣其心猶有可取指治家之心言

宴爾新昏不我屑以

不我屑以屑即可取之心謂不以我可取之心爲絜而與
之

毋逝我梁四句

行我之事泛言家事不說治家勸勞之事我躬不閱二句
自思我身且不見容何暇恤我已去之後而禁新昏不居
我之處不行我之事哉見得至此所居之處新昏必居所
行之事新昏必行知不能禁而絕意之辭恤是自恤非謂
新昏不暇恤已東用麼源仁知字上二句已雖見棄而有
綣心仁也下二句知不能禁而遂絕意知也要記此與小
弁之詩差一毋字小弁毋字作無

何有何亡黽勉求之

有亡主衣食說家有也寧必後日之不無已何計其有哉
家無也寧知異時之不有已何計其無哉有矣黽勉求之

期不至於無不自足也無矣飽勉求之期必底於有不遂
止也婦人知此信能勤勞其家者矣何有謂不計其有何
無謂不計其無與之取義淺深以與有亡方舟泳游以與
勉求安城註是凡民有喪之喪字迷作死喪說甫匐方通
非是亡意朱傳治家勤勞二句貫此一章不單說何有何
亡兩句勉強以求而內盡其心於周睦有道而外盡其心
乃皆治家勤勞如此所以下章承上章朱傳只言家而不
言隣見得睦隣皆治家之事故此章要以治家爲主不
可以治家睦隣平說
既阻我德賈用不售

卷一　三十六

德即治家勤勞承上而言夫之於我不見養而反見棄何
哉蓋我有是勤勞之德惟其心樂於新昏而拒却之故已
雖勤勞視吾勤也猶吾之貌觀吾勞也猶吾之容而不見
取如賈之不售所以不我養而反棄之也既阻我德因其
心之宴爾新昏故阻其德勤勞如此而不見取註貼在賈
用不售上說勤勞兮內外勉強以求是內而勤勞周睦有
道是外而勤勞既不我養指未棄言以我爲讎言指見棄言
我有旨蓄四句
與與常與不同乃自陳其事以起與也似賦而實與窮苦
乃上相與爲生之時

有洸有潰既詒我肄
承上兼說前而未棄之時待己則極其武怒至已則盡以
勤勞何爲而見薄之若是邪洸潰兩意洸訓武貌謂粗猛
也非謂怒之武潰武怒勤勞開說武怒以容言勤勞以事
言不可巡遺我勤勞即爲武怒勤勞雖上不同上是婦人
自言其治家之勤勞此則夫以勤勞之事遺之所指者廣
觀註可見註中盡字是解經文既字
不念昔者伊余來塈
來息謂嫁也婦人謂嫁曰歸則嫁乃止息之日接礼之厚
舍在來息內欣怡無倦惟恐動拂其心也而武怒不我

卷一　三十七

旋踵注漸隆惟患事累其身也而勤勞不我遺是謂接礼
之厚若講同字合衆色婚姻常礼不見厚意
式微式微首章
衰微謂國勢衰微邦家板湯而托迹於人衆與播遷而蒙
塵於外則國勢之衰微甚矣勸其君歸者蓋欲其以衰振
微也中露與下泥中只言其入霑濡陷溺如此非真處於露
中泥中無所芘覆不見拯救皆是泛說不指衛国
何其處也二章
處上要講我之居此均望其安處也懇矣彼則從容於朝散
之東不敢張而至盤桓於淇水之北不撓甲而一趙久

上莫構我之寗此侯其攘夷也切矣彼則寒暑載離不閒
遺將之命星霜屢變不與閒斯之時他敘謂或朝聘或會
同之敘
叔兮伯兮褎如充耳
塞耳無聞不聞其流離瑣尾也瑣尾者君失其尊臣失其
貴而淪於細末之可於流離者君喪其國臣喪其家而久
於漂散之可憐時文模糊
簡兮三章
三章渾破不用过文有以前二章作自賛後一章作
自嘆者按後章自賛自誇皆有難以自嘆為主簡兮四章
卷二　三十八
前三章仕衰世之下國後一章思盛際之顯王然不可作
賢者自言如此蓋即其言而知之只可謂嘆以比表出賢
者之意
簡兮簡兮一章
首一句斷方將万舞帶下我以斯人官乎斯職列侏儒
之行而惟事乎慢易君俳優之列而不暇於欽恭方將萬
舞或文而羽籥或武而干戚舞於日之方中而大明正照
之地非暗室也舞於堂之前上而衆人屬目之所非燕居
也何如其明顯哉方謂始舞將循以也謂方以萬舞舞于
日之方中堂之前上萬舞兼文舞武舞輕世肆志非惆悵為

此不以為屈是其輕世肆志要就自嘲說言雖自嘗而意
實自嘲是有輕世肆志之心
日之方中在前上處
二句開說處字總管日之方中堂之前上言其地之當明顯
之處用萬舞貫謂將萬舞舞於日中前上也
前上是兩意公堂之前公堂之上或以前作伶人之前上
作伶人之上不見明顯述說公堂前上為是
碩人俁俁一章
首一句斷碩人俁俁非謂形質魁梧局量宏遠要指才說
宜於左也而右無不有優於此也而彼無不稱下言才之
卷二　三十九
無所不備正中其大
有力如虎執轡如組
二句言其能御也因其有力如虎故能執轡如組勿以上
句說力下句說御御馬謂在車御之
赫如渥赭公言錫爵
赫指其貌本其舞時言之執籥之際意得而容之充業
翟之時氣發而貌之盛赫然而赤如渥漬之赭色也公言
錫爵公指其君此句要作詩人自言其奮于親洽為榮見
誇矣意當講樂賓之餘受公賜酒之賜膳宰之所具者已
得以嘗之而其尊者同一自況也休致之後承公人爵之

加吾乞之所用者已得以享之而其貴者均一慈惠無所
賚子親洽也甚矣我以伶人而得此何其榮邪按儀礼献
工之礼叚工皆有時義皆請進我於群工之内而獨錫以
爵欠當献工是主人献之主人宰夫也掌賓客之獻飲食
者獻爵雖主人而賜之則由於公故曰公言錫爵左手執
籥一章上三句是誇所不是誇下一句是誇所不是誇朱
傳亦字見得自誇固輕世肆志之心自誇亦玩世不恭之
意玩世不恭即輕世肆志伶人言雖自誇而意實自
嘲可見其玩世不恭也不可開講毋依慶源輔氏小註
作兩意看

云誰之思四句

上既述已之事此復述已之懷思承上文称誇之暇賚予
之餘而思之見其不得志於衰世之下国而思盛際之顯
王也彼美人兮二句蒙西方美人句來彼美人兮孝美人
說西方之人承西方說言我云誰之思哉乃西方之美人也
彼美人者乃西方之人一居於周一處於衛道遠而安得
見之遠謂道遠不可作時所謂思盛際顯王者詩人言外之意

彼美人兮西方之人兮

美人不必露出文武成康乃詩人托美人而思之當就美
人發揮而於束中表出正意

卷一　四十

彼泉水四章

前三章分前三章是詳審其所往後一章是期釋其所懷
発乎情止乎義不必作章章皆有要依楊氏總斷只在思
歸不歸上見思歸是発乎情不歸是止乎義時說多以前
三章作情後一章作義按後章思衛不能忘皆其情也難

单說義

毖彼泉水四句

懷衛是思衛國非思父母夫父母終思歸不得故有懷于
衛與之取義重在衛上言泉乃衛水也尚流於衛之淇
矣已乃衛女也父母既終而歸寧莫遂則有懷衛國何日
而忘哉按思衛者因父母終而不得歸寧故也不可說巽
破亡而思之毖彼泉水一章上四句是切思衛之心下二
句是謀歸衛之計惟其思衛之切故為歸衛之謀上下貫

說

孌彼諸姬聊與之謀

孌彼二句謀為歸衛之計下文兩章正所謀者也朱傳
以下兩章通作謀說則下出宿于泲一章不可單以問我
諸姑二句作謀出宿于干一章不可单以不瑕有害一句
作謀各要通章方合註意于泲一章是即來時之事而問
之以謀其可否于干一章是即歸時之事而疑之以謀其

卷一　四十一

可否

孌彼諸姬聊與之謀

謀是謀其可歸不可歸非謂謀何策可以歸也玩朱傳下章謀其可否句自見

出宿于泲四句

飲餞因其嫁而餞之不為出宿孔氏小註未是有行謂嫁也朱傳始嫁來時總管出宿于泲三句言始者出宿于泲飲餞于禰而我女子來嫁之時定省遂曠而已遠乎父母兄弟況今父母既終復可歸耶女子本儀莫觀而已遠乎兄弟況今父母既終復可歸耶

詩人自謂非是泛言

卷一　四二

問我諸姑遂及伯姊

問謂以來時之事問之以謀其可歸不可歸也可否指歸寧說

出宿于干一章

末句分註中如是二字晋出宿于干四句故还車言邁要連載脂載牽說不可帶下不敢遂者不敢自以為不害於義理而遂行之即易無攸遂之遂

我思肥泉一章

肥泉須漕盖不得歸思與其衛地如此不必以為自衛而來肥泉須漕乃其所渡之水所經之邑也此說無據

雖從衛即來嘆悠悠註中出遊於彼之彼指肥泉須漕說

終窶且貧莫知我艱

貧窶依小註講窶謂無財可以為禮貧謂無財可以自給艱即貧窶也莫知我艱泛言不指其君終窶之終與已焉之已不同已訓作止終者攄今而言見得前日固貧窶今日仍貧窶之意如此則止於貧而止於窶豈可孫泰無復可望矣天实為之只言歸之於天時義有講賦予之初已定是歸之於命而非歸之於天也歸之於天前說貧窶不無出自北門說出自北門一句是比孔氏小註可從

王事適我罵

埤益猶輻輳意室人指家人不專指其室家已焉哉天实為之與上相同单指貧窶不管王事政事觀朱傳於此不復再解可見下章摧我只依註作沮抑說不依鄭氏小註

莫赤匪狐莫黑匪烏

比非比國將危乱盖所見無非如狐如烏不祥之物則國將危乱可知物莫赤於狐也以為狐而匪狐乃如狐之赤者物莫黑於烏也以為烏而匪烏乃如烏之黑者是即狐烏之不祥以比所見之物皆如狐如烏之不祥非謂所見者即狐即烏

髧彼兩髦實維我儀

卷一　四三

兩髦爲見事親之飾當諸用髮以象幼時之髻爲縣於脊之東西則髧然其可仰瞻漱之後吾日見其整拂而爲昧爽之朝也剪髮以飾衣冠之髻西指冠之東西則髧然其有容弁總之界吾日觀其莊肅而伸甘旨之愛也之死靡他承髧彼兩髦二句說兩髦既實我之匹則與之醮矣故雖之死而誓無他心終身不改也之死共姜自言不指共伯無他心者誓不再適下章靡慝之慝皆指再適說汎彼柏舟首章一頭兩脚破汎彼如何與其有定配靡他一句迭已自誓終不二共心毋也二句嘆親有恩反不信其心既註與

只到實維我儀不耆之死靡他

卷一 四十四

毋也天只不諒人只

天只非謂天之生物而毋之生也故毋如天要指覆育之恩說言其覆育之恩如天罔極人只之人共姜自謂不泛說人不諒人只者不信己無他心不想當髧彼兩髦二句不諒其心故欲奪而嫁之不可以欲奪之嫁即是不諒

君子偕老三章

前一章斷前一章言不稱其服餘後二章言不稱其服容三章皆以不稱爲主勿依東萊總斷作貞作閒作惜首章不稱就於末二句見之二章三章意在言表此詩無柄註謂宣姜從之

君子偕老止象服是宜

首二句斷此泛言夫人不指宣姜君子偕老一章上五句原夫人有盛服而所以能稱下二句刺宣姜有盛服而所以不稱

君子偕老副笄六珈

二句承說夫人常與君子偕生偕死則夫人乃君子合体者也尊與之同尊貴與之同貴故其服飾之盛如此副笄六珈皆首服之飾曰副曰笄曰六珈俱見其盛非止六珈一物六珈用六玉加於笄而爲飾挂㐲以統懸瑱是解笄而帶穰之不可入講

卷一 四十五

委委佗佗三句

象服即上副笄六珈惟有是德容乃宜是法服今宣姜之不善其如服何哉象服要講出法度之意當云体敵乎五等之尊者然後有是編髮之副雖服祿衣如士之婦非不顯矣而副不敢僭拖也已抗乎一國之貴者然後有是六珈之笄雖服鞠衣如卿之婦非不榮矣而笄不敢僭分也

方見法度意

委委佗佗如山如河

二句皆見其善與下宜美不淑相應心無愧怍而雍和不迫形於動靜者善也意無玷缺而從容可法見于体

貌者善也如河與如山一例說言其氣象如此非指其量

子之不淑云如之何

不淑應上委委佗佗二句愧作彰於動靜之際不急處則

難隱也玷缺露於体貌之間不軽佻則浅彼也即是不淑

非謂不與君子偕老也云如之何見得象服乃人所不可得

者善則與之相宜今宜姜不善如此已自已也服自服也

而判然不称則將是服如之何哉玩朱傳言不称也則此

二句就刺其不称其服非如下文二章意在言外云如之

何着服上說下

玼兮玼兮止揚且之皙也

卷一　四十六

服餙容貌為長説兮二句言其服餙鬒髮二句言其容貌

服餙之美不但翟衣也而玉瑱象揥皆備為容貌之美不

但鬒髮也而眉廣皙白可悅為服餙容貌只依朱傳渾說

不依慶源輔氏細分

胡然而天也胡然而帝也

二句要依註作見者驚其如天如帝不作問說如是之服

餙世不常有之服餙如是之容貌世不常有之容貌創見

之頃人皆驚之胡為其穠纖異並冶麗無儔宛然日星之

粲雲漢之昭而如天哉胡為其莊嚴迥異流動非常嚴然

帝毒之主中漠之宰而如帝哉按註此皆驚其如天如帝

非謂即天即帝或作疑說皆非

瑳兮瑳兮章

上四句分上四句言其服之美下四句言其色之美服色

雖善如宣姜之不称何刺其不称繳跋見之

蒙彼縐絺是泄袢也

下句承上句說以展衣加於縐絺之上是為之紲袢也縐

絺不必講作白色見與展衣相称此無所考

子之清揚揚且之顏也

子字提起子字揔管眉目與顏頷作文清揚作一聯講顏

字作一聯講揚且之揚不用再說乃過語辞

卷一　四十七

展如之人兮邦之媛也

承上子之清揚二句眉目清揚顏額豐滿即其色之美也

無人君之度乃言外意講畢束之

定之方中三章

一頭兩脚破三章皆從遷国為主不可以前二章作迁国後

一章作治国玩詩柄自見首言迁国有所事然其終也何

如我三章則言終獲其善三章則言終致其富皆重在終

不重始上

定之方中一章

上四句是營建之事下二句是種植之事營建種植不可

並重要重營建因營建而種植也觀朱傳只言營建可知
定之方中四句
上二句是順天時下二句是審地勢楚室猶楚宮不過互
文協韻當講天時不順民力不堪也今仰而觀之節序屬
冬而北宿當乎午位月令建亥而營星涖于陽方力暇而
民可用矣則率我渡河之民極築畢奉鼛鼓為之不勝締
造咸宜洪業因之再振而作楚宮焉謀為慎固不足以光
復乎旧物耶地勢不審方向不正也今俯而察之樹臬而
度日之出入以察東西參影而度勢之陰陽以計南北向正
而宮可營矣則督我府漕之衆大小戮力懃規創于一朝輪

奐載新丕緒纘於不拔而作楚室焉經營周密不足以裕
啓乎後人耶我公迁國之日風釆頓殊如此中行之氣象何
其赫然也哉謂之宮者大縣言之故講楚宮楚室需說為優
樹之榛栗三句
樹字揔骨榛栗偕椅桐梓漆破要以樹字提起榛栗二木
備札之用者椅桐四木備樂之用者椅桐梓漆二句要一
聯講偕榛栗相對
升彼虛矣兩章
兩章皆重在終上章是宮室未創之前所謀之審而終
推後其善下章是宮室既建之後所操之正而終致其富不

可以上章作始下章作終
升彼虛矣一章
末一句分升彼虛矣三句在首一句截三句皆言以望景
與景也較上揆之以日不同上是定宮室之方向此是審
在山之方向安城註是降觀于桑謂觀之以察其土宜如
桑繁蠶則知土乃宜於桑而土肥饒如桑疎薄則知土不
宜於桑而土瘠弱卜云其吉者益卜以占其吉凶而卜則
言其吉也終焉允臧就建都立国講始而善謀之審求其
建都於此起中衰之運而繼先業也及其楚宮既構則形
勢所鍾足以保辟方之引領而陋習振矣先業於是乎可

継為始而區畫之周求其立国於此衍無窮之緒而傳後
昆也迨其楚宮既成則風氣攸萃足以結萬姓之傾心而
光基固矣後昆於是乎有傳焉終而果獲其善如此然非
公之致謹於始曷能然哉若以允臧繳望景觀卜說則文
公始之謀啚為望景觀卜而非為建都立國也所說不適
前講為長
靈雨既零一章
一頭兩脚破首四句一頭次二句一脚末一句一脚朱傳
又要其終單指騋牝三千一句不適管一章謂之又者
見得上章既言其終至此又要其終而言之所以此二章合

上章出題只當以終爲主上章之終說善此章之終說靈
靈雨既零四句
首一句斷玩稅于桑田句則已有桑有田矣非始植桑之時也还說勸採桑者爲是說于桑田兼勞與勸說于桑爲勞其女之求桑者而勸其及時以飼蚕說于田爲勞其男之治田者而勸其及時以力耕不单說勸
匪直也人三句
人指文公秉心塞淵只承本章勸課農桑講不可通貫上章営建種植望景觀卜及泛言凡事盡農桑務作巫往而勞勸之文公操心誠实淵深如此然非徒此人所以操其心者誠实而淵深也所畜之馬騋而牝者至於三千之衆莫非誠实淵深所致否則何以能臻此富盛耶人字時義有指民說謂文公匪徒於人操其心者誠实而淵深觀其騋牝三千則於物孰非操心誠实而淵深哉依此則於朱傳此人及盖人之人字难解是詩要依安城作於文公之季年有講騋牝三千視季年三百不盛乎不無小疵
孑孑干旄三章
三章渾破不用分截破雖不分講中还要主浅深先後說過至二章不特干旄四馬過至三章不特于旟五馬見有浅深也由郊而至於都由都而至於城則有先後之意

孑孑干旄一章
前四句述大夫下士也其儀盛後二句意所以者進言也其辞疑重在大夫干旄車馬開說不謂馬載干旄素絲組之三句與良馬四之一句對講素絲三句是建此干旄良馬一句是乘此車馬紕之盖維干旄也非是維馬礼意之勤不在車馬干旄乃大夫常乘常建者詩人述而言之是表大夫忘勢見賢可謂礼意之勤亡與[illegible]
彼姝者子何以畀之
何以畀之疑而不知之之意我衛大夫建此旄旄而不自以爲尊乘此車馬而不自以爲貴以見賢者其意勤矣彼其所見之賢將何以語之而荅其來見之誠乎或輔世之嘉謀或長民之要道敷陳於交際之時殆非閭閻所能窺也將何以語之而荅其先施之敬乎或修身之大訓或治国之遠猷諄復於献納之頃殆非草茅所易測也依此說得疑而不知作處作擬作結語傳不合
孑孑干旟二章
五之六之極言其車馬之盛以見位高勢重而能降屈於賢者如此駕車止於四馬非真有五六之數
大夫跋涉我心則憂
跋涉只說一人草則草行水則水行故曰跋涉非謂大夫

止之者衆或有草行者或有水行者載馳載驅四句上二
句將以歸唁衛侯下二句指其歸唁之所也載驅四章前
一章述大夫未告之事後三章述大夫已告之事
視爾不臧我思不閟
上句是義下句是情我思不閟是思欲歸唁非謂思衛不
閟之閟不必兼閒說只单言止通章四句羅破不用分截此章
看合上章上是大夫未至度其不許歸而預致其憂下是
大夫既至告以不可歸而难已其憂
陟彼阿丘一章
一頭兩脚破陟彼阿丘二句一頭次二句一脚末二句一

卷之二　五十二

脚陟彼二句總承上章不能旋反我思不遠不能旋濟我
思不閟說惟如是焉憂想無以自釋故升高以舒之鬱結
不能自遣故采蝱以療之不可以陟彼句承不能旋反
我思不遠以采蝱一句承不能旋濟我思不閟非是此章替上一
章上是在途有所懷而責人之咎已下是歸途有所訴
而望人之恤已
女子善懷亦各有行
善懷指上憂想鬱結夫我女子所以憂想鬱結
而善懷者憫彼宗國受腥膻之毒而宗社丘墟丁破滅之
愁而君臣陷溺已之情於此不堪其哀故善懷焉則善懷
各有道也許人以我歸唁為过乃穉且狂者豈知我之情
者哉因憫宗國傾覆而善懷是善懷有道
許人尤之衆穉且狂
許人泛指許國衆人即下所謂君子不說大夫許人尤之者
尤其歸唁非謂善懷衆穉且狂穉則閱人未久經歷世故
之不多狂則處事未精斟酌權宜之不審而不知在已之
情故以我歸唁為过也穉狂以其不知在已之情
控于大邦誰因誰極
控謂將失国之由而告之望其救而復之也失国之由以
戎滅衛之由謂之大邦者齊今父著足以匡国而存矣

卷之二　五十三

卬衆強足以與衰撥乱誰因誰極因指人說極指邦說控
于大邦必因人而後能至不知何人可因而何邦可至時
說有以因指狄言謂不知欲何所因而乃亡衛有以因
指邦言謂不知何邦可因而能救衛援余傳以因解作
如因魏莊子之因當指人說為是為請和諸戎因莊子而
得請和猶能至大邦因有人而後能至
大夫君子無我有尤
大夫有位者君子無位者大夫即跋涉之大夫君子即許
国之衆大夫国能守礼者也謂之君子見其皆能守礼
之人

次章

上五句分上五句與其服飾之尊嚴下四句見其德之称也安城註是時說以瑟僴赫喧乃德其於己而形於外之容不可就認作德故以德之称也一句只於充耳琇瑩三句中見之不貼下四句蓋容雖非德然容乃德之發而著於外者还依安城註貼為長德称其服就瑟兮僴兮四句說德註於外而感人如此則足以称其服矣不单說瑟兮僴兮二句此合下章此是與其德之尊嚴而形於容也感乎人下是與其德之成就而形於容也中乎礼按此章之與是與其服之尊嚴非與其德若合上章或合下章出題不得不作與其德之尊嚴說

充耳琇瑩會弁如星

服飾尊嚴爲主不必添出僭陋之意講畢繳出德來填尊嚴矣而德不称其填則难免内愧之嫌弁尊嚴矣而德不称其弁則必来外飾之譏然則衛人之美武公豈在一服飾之間也哉玉用朱白蒼故曰三采縫飾以七是謂七綦

瞻彼淇奧末章

上五句分上是德之成下是德之著勿以下四句作成德之实　武公之德精純温潤是其成也寬兮綽兮四句乃德成而著於外者如此

有匪君子起此如磋並終不可諼兮

一頭兩脚分有匪君子一頭次二句一脚末四句一脚不可以次四句破作一句末一句破作一句蓋終不可諼兮单承瑟兮僴兮二句不管如切如磋如琢如磨所以破要采四句相連有匪君子不重以總斷觀之武公乃平日有文章者故詩人章章就以有匪君子称起非為因其瑟僴赫咺也上出終不可諼兮二句就其命題之意有匪君瑟僴赫咺作如切如磋四句上一句是進德之功下二句是進德之驗進德專指修己說不說治人

如切如磋如琢如磨

上句是知下句是行勿以兩句皆兼知行上句講為學畢然後講切磋下句講自修畢然後講琢磨方與題面相合時文先將切磋琢磨重講後惟以一句繳之有失題意進德要緊講中不可遺落切磋琢磨不必如大學講習討論省察克治分貼只當依註混說

瑟兮僴兮赫兮咺兮

瑟僴赫咺皆指其著於外者言之瑟則廉隅必飭而不輕以浮僴則瞻視必尊而不褻以玩也赫則光輝日溢而見於一身咺則華采呈章而布於四体也非如大學以瑟僴就内說矜莊渾講以矜作持己以莊作臨民彼餘勿依

如金如錫如圭如璧

二句以德為主先要講德然後講金錫圭璧如金如錫者謂德之精純如金錫鍛鍊之精純如圭如璧者謂德之温潤如圭璧生質之温潤不說瑟僩赫咺之容如金錫圭璧也朱傳生質温潤等註是解金錫四物非說武公時義不察因註有生質字故講如圭如璧用性本天成等語盂武公由卒而成者以之入講不能無病

寬兮綽兮四句

四句皆就容說不可以下二句作言按此四句有弛無張難以張弛作眼張是前章瑟僩赫咺安城小註可從

寬兮綽兮猗重較兮

寬綽見不斂束寬則九容整暇而不促不迫綽則四体展布而不拘不係猗重較兮要講猗歟武公時乎當寬固寬矣然武公之寬乃登車而憑重較之寬雖非在式之致恭也直身而不放縱猶有可法為時乎當綽固綽矣然武公之綽乃升車而依重較之綽雖非在式之持敬也直躬而不怠肆猶有可象為說如在車說实在車皆非按車有較有式較在式上無事常行憑較直其身有事當敬憑式俯其首武公寬綽蓋憑較直身而不傾倚之寬綽可觀如此

善戲謔兮不為虐兮

下句正見其善為戲謔顔色之降脫身幅而不修固有時而戲也然戲則善戲不切諧是尚而失於縱焉接遇之温圭崖岸而不立固有時而謔也然謔則善謔不証謾是事而至於流焉易當為虐邪蓋樂易而有節如此武公之德其盛矣夫二句就容上說不用戲言出於思

考槃在澗三章

三章渾被澗與阿陸要相承說澗之傍有阿阿之上有陸見其隱處之寬言於一處

考槃在澗一章

上二句是所樂之正下二句是所樂之真賢者雖獨寐而寤言猶自誓其不忘此樂則非遁迹以假途逃名以媒身

者矣可見所樂之真

考槃在澗碩人之寬

上句是隱處之地下句是隱處之樂上句不可只講隱處要提出室來為是賢者於此削迹塵囂構一畝之宮以遊息則于澗之中地何寂寥也脫身朝市逮塚堵之室以盤桓則于澗之濱境何荒涼也賢者之樂只於下句見之要就隱處上說怡情泉石碩大而無憂寄興烟霞寬廣而不戚就是賢者之樂若說其心自有所樂則朱傳三章皆有此字所謂此者指何樂而言邪不可輕從

独寐寤言永矢弗諼

樂是隱處之樂永矢弗諼者命有雖榮誓不舍林泉之樂

傲而易其初心縉紳雖貴誓不棄丘壑之貓祥而變其前

志即是不忘也永矢泛言自誓不必說與澗谷及心相

誓下二章同

獨寐寤歌永矢弗过

不踰於此之此指隱處之樂說終身之意至此方可講出

上章不忘只是泛言不忘時義就提終身講者不當

考槃在陸一章

盤桓不行乃從容自得之謂永矢弗告非謂不可以言傳

卷 五十九

蓋自不以告之

齊侯之子止譚公維私

五句皆見其族類之貴以所從言之父為齊侯而夫則與

之同爵以所生言之兄為東宮而已則與之同邢侯則国

擅千乘者也而莊姜乃邢侯之姨譚公則崇列五等者也而

譚公乃莊姜之私族類之貴如此宜其親厚而不見答意

獨何哉莊公其昏惑之甚歟時說以齐侯之子三句止言

其父母之貴衛侯之妻一句上下帶說以為齐侯之子而

為衛侯之妻則父貴衛侯之妻而乃東宮之妹則母貴今

按朱傳歷言等註衛侯之妻一句还要言其夫貴為是所

生之貴見非出於媵妾諸侯之子嫁於諸侯則尊同者盖

言莊姜父母兄弟與夫及姊妹之夫其尊皆同安城久明

碩人四章首章族類之貴二章容貌之美三章車馬之盛

四章礼儀之備明其皆當親厚也而不親厚莊公昏惑甚

矣上二章據今日既嫁而言下二章追前日始嫁而言按

此詩莊姜美而無子衛人賦之然四詩之中惟寓其不答

於夫之意而不言無子者不答於夫所以無子

巧笑倩兮美目盼兮

二句與論語說同倩即笑之巧盼即目之美不可開說

四牡有驕三句

卷 六十

翟茀上截上是車馬之盛下是入君之朝四牡二句馬之

盛翟茀二字車之盛以朝非謂入之而朝於君蓋乘是車

馬以入君之朝也此合下章豈是憲然而今不然下是

宜厚而反不厚

河水洋洋一章

上下貫說因其齐地廣饒所以夫人之來士女佼好礼儀

盛備如此首二句齐地之廣次三句齐地之饒施罛二句

鮮物之盛葭菼一句植物之盛庶姜一句媵妾之美庶士

一句媵臣之美士女佼好正礼儀盛備也非是兩意

籊籊竹竿四章

四章平說不以前二章作情後二章作義按四章之中惟遠
莫致之一句是義

籊籊竹竿一章

上三句分上三句是情下一句是義講畢纔出義不可往
故詩人託以遠不可至

遠莫致之止以寫我憂

上一句分上一句是義下三章是情思其衛地及自嘆自
恨乃其情也不可以章章皆有發乎情止乎義之意時說
不可依之

泉源在左三章

前兩章分從二章總承前兩章說夫自嘆自恨而憂之如
此遂承言安得出遊以寫其憂或疑前二章自嘆自恨
皆兼二水為言後章獨言出遊口說遊於淇水而不說泉
源難以憂指自嘆自恨不若泛說思歸之憂為長按淇水
與泉源合者也言淇水則泉源在中矣憂指自嘆自恨無
傷

泉源在左兩章

上是自嘆下是自恨下章只承上章二水在衛說或以上
言二水在衛已則遠父母兄弟而不如所以不得笑語遊
戲於其間也作通承上一章今按朱傳無通承意

泉源在左淇水在右

左右以南為主而定之泉源繞於衛之東南故曰在左淇
水繞於衛之西南故曰在右非謂衛國向東以北為左以
南為右

巧笑之瑳佩玉之儺

上句是笑語下句是遊戲恨者因不得笑語遊戲於其間
所以恨也非恨其為禮所制

淇水滺滺一章

前二句斷首句分老未是駕言出遊單說遊於淇水也言
欲以此舟楫之衛物遊於淇水之衛地不可平說遊於淇
水之上遊於舟楫之間憂是上章自嘆自恨之憂

芄蘭之支二章

二章俱於首二句截上章即芄蘭根之短而有蔓生之支
與童子年之少而佩成人之觿下章即芄蘭根之短而有
條達之葉與童子年之少而佩成人之韘下文四句則皆
刺其不称也不称其服總下四句說不單說雖則佩觿雖
則佩韘兩句所謂知者言其才能不足智於我非謂才能
不足為我所識所謂甲者言其才能不足長於我非謂才
能不足為我所強講畢要見不称其服意

誰謂河廣首章

四句貫説河之不廣見宋之不遠不可平看觀註只言明
非宋遠而不及河貫説為是籲畢作詩人意自繳義不可
徃下章同此所謂與祖為体者父乃祖之体嗣君承父之
重則與祖為一体也非謂孫為祖尸見其與祖為体嗣君
既承父重而與祖為体毋出則與父祖廟絶所以不可私反

無父與祖説不卑説祖

芄兰一章

執殳二句是叙其從役之事不依輔氏作惜其用之不得
其所伯兮四章前一章美夫之才有所事後三章述已之
情有不勝矣　　註説

章（？）上章説
此言谷（？）得諼草（？）　　其憂則疾
以憂思至於心疾　　不辭況
食之求忘其憂非只娛玩
失也哉諼草忘憂是説
愈矣終（？）
可以忘憂忘憂忘其上章之憂蓋憂乃鬱結愁悴之謂因
憂而成疾不可以憂就作首疾看其雨其雨不謂天全
無雨乃將雨而日出也望其君子之歸而不歸當依常説
言其征役之久可以歸矣望其歸焉而不歸是以不堪憂
思之苦而寧甘心於首疾也或以復有命留之故將歸而

不歸傳無此意

有狐綏綏首章

四句皆比託狐之綏綏獨行而在梁可以裳矣故憂其無
裳也比人之煢煢獨處而失耦可以配矣故憂其無配也
憂其無配是以欲嫁之

報人之投
以為難
之苟不
報之

詩經臆說卷之二

賜進士第光祿寺少卿海陵華湘源楚編

○王風二

彼黍離離首章

一頭兩脚破首四句一頭次四句一脚末二句一脚知我四句皆嘆時人莫識已意人知我者以我不去心有所憂不知我者以我不去心有所求然傷周之意知其不知皆不識也致此是致宗廟宫室盡為禾黍之場若說致文武成康之業墜於一旦泛而不明黍離三章平說乃一時事言苗言穗言實詩人不過取以起興不依元城總斷作往

来非一見意

行邁靡靡中心摇摇

二句承說行邁靡靡因中心摇摇也摇摇是忘憂而无附著之意孔氏小註可從朱傳彷徨不忍去貼行邁靡靡憫周室顛覆貼中心摇摇宗廟宫室盡為禾黍就是周室顛覆不

月外講

君子于役首章

至哉上截不在羊牛下来斷日之夕矣一句承上起下之辞雞棲于塒則日之夕矣日之既夕則羊牛下来矣雞之出入旦則出於塒暮則入於塒也羊牛出入旦則出於山

暮則入於家也此合下章此是文役而感物動於思下是文役而感物切於思

君子于役不知其期曷至哉

不知其期二句開說觀註且字可見勿依麥源輔氏謂不知返還之期所以不知所止上句以時言下句以地言不以曷至哉句貼下曷其有佸作一例看朱傳分明兩下各解之

君子于役如之何勿思

君子于役打轉不知其期二句註中无休息之時正應不知其期曷至哉句包在君子于役之中

君子于役不日不月曷其有佸

次句不日不月而莫對是已往之日月末句曷日曷月而能會是將来之日月下文君子于役二句君子于役依上打轉首二句庶幾免于飢渴莘之之辞杙撅也謂棲于撅

君子陽陽兩章

上章是自得而享樂以為樂下章是自適而享樂以為樂兩章皆主樂說上乃樂之聲下乃樂之容勿以上章為作樂下章為起舞蓋舞亦樂也陽陽陶陶在其樂只且上見不以行役為勞而安於貧賤註當入在其樂只且上講朱傳説之自明陽陽者是志意之自得也君子之帰何以見其陽

陽乎左手執所鼓之簧右則招我從彼于房以所爲笑語
曆乎常時乃忘其道路之苦胸懷仍守其素志不知夫
塞陋之微音韻之鏗鏘一懽忻之宣暢也其樂如此何如
其陽陽邪陶陶者和樂之自適也君子之歸何以見其陶
陶乎左手執所舞之翿右則招我從彼于敖以觀爲然態
非形凱渴以心樂心以釋困窮不營怨起伏之悠揚一
悅懌之呈露也其樂如此何如其陶陶邪樂是美夫之自
樂不謂樂遂室家之願舞位非別鼓舞位所舞之地即是

君子陽陽一章

首一句斷陽陽泛講得志下言其樂以爲樂正申其陽陽
也行役貧賤乎說無傷

揚之水二合三章

戍甫戍許依註蓋以申故而其戍之孔氏謂偕甫許以書
申其實不成許甫與註不合

大車檻檻一章

畏子不敢緻上本車檻檻兩句畏謂出畏之意來聞其車
過而㤿然号令之在耳覩其衣也惕然鞭朴之在目故不敢
奔夫二南之化遠者指大夫言不謂奔之人二南之化
乃能化其心大夫之心惟能止其奔則去二南之化遠
矣末章有如皦日自謂此心明白可見

卷二　三

緇衣之宜兮三章

三章平說予指桓公武公父子而言詩柄甚明單說武公
者非

緇衣之宜兮一章

首一句斷善於其職貼首一句周人愛之貼下三句是其
好之無已也好即是愛不可分看時義以善於其職另提
起說緇衣之宜四句皆作好之無已不合傳意考之史記
善於其職非謂司徒敷教之善當講惟我桓公河洛之孚
膏澤沛矣而能求遺其遐思曁我武公項背相望世業修
舉而能克纘其世緒是謂之宜或因詩柄只言善於其職
故不作德稱其服破今玩末章有服稱其德之言破德无傷

卷二　四

叔于田巷無居人三章

三章平講首章末句承居人說不如叔之為人容止可象
誠美矣尤慈愛下及而仁為次章末句承飲酒說不如叔
之飲酒笑語有度信美矣尤三爵能識而好為三章末句
承乘馬說不如叔之乘馬磬控有法信美矣尤有力如虎
而武焉不但仁好與武各承本章三章美字要皆各承本
章而言

叔于田乘乘馬三章

前一章分前一章恐其有傷後二章喜其無傷末章朱傳

亦喜无傷之亦字是承次章言之所以後二章皆要作喜

其无傷説

叔于田第一章

一頭兩脚破首句一頭次七句一脚末二句一脚叔在藪

句不可呆叔于田對看蓋因田而在藪也献于公所擾孔

氏小註時莊公使叔俱田故献之多材好勇还要分説執

轡二句見其多材襢裼一句見其好勇多材好勇只管此

章下文二章无好勇意故難以此就作詩柄

將叔无狃戒其傷女

二句乃国人愛之如此兼御馬暴虎説観下文喜其无傷

尊以御馬言之則此二句可見非單説暴虎朱傳戒字呆

經文戒字相同朱傳以經文戒字提在將叔无狃上説

叔于田二合三章

兩章皆以喜其无傷為主前言田事之工固喜其无傷後

言田事之暇亦喜其无傷後章註内亦字蒙前章而来可

見前章俱是喜其无傷之意

叔于田第三章

一頭兩脚破叔于田句一頭具揚以上一脚叔善以下一

脚兩服上襄二句與上執轡如組二句不同上言其善御

此只言其御也不見善意下文兩服斉首二句同此

卷二　五

叔善射忌四句

抑磬二句是申上二句意磬控申其御之良縱送申其射之善

故講善射良御只宜渾説不可講出所以善所以良之之

意

抑磬控忌抑縱送忌

磬控縱送要明以其御言之馳驚輕便而從鸞如逐電之

疾周旋閑習而歷險无泛駕之虞固能磬矣而尤能控焉

殆見馬東而止之西馬則隨之而西馬西而止之東馬則

隨之而東不跌蕩而難制此其御之良也如此以其射言

之矢不虚発而飛者未及翔中必疊双而走者未及去固

能縱矣而尤能送焉殆見鈎弦之頃妙持滿之能闔体之

時尽彀率之限非柔弱而无力也蓋射之善也如此時説

以轡勒有方而服馬不得以外出制伏有道而驂馬不得

以内入謂之能控不知此乃御之常法何以見御之良所

謂覆彌曰送者弓能引滿則弭覆故曰覆弭曰送

叔于田第三章

分與次章相同特義講叔馬慢忌一句緻上磬控縱送御馬

之慢非昔向者之磬控発矢之希非昔向者之縱送蓋御

馬之慢固不磬控而発矢之希未免縱送不无小疵

左旋右抽中軍作好

卷二　六

二句見其遊戲逼指將也不以上句講兵下句講將左旋
乃御乎將者右抽乃衛乎將者將在車中飭其休貌而動靜
不愆整其威儀而進退可仰不過肆意於遊戲之觀瞻而已
矣其師安有不潰散者哉出此一章兵將爲主上二句說
兵下二句說將清人三章後一章分前二章專以兵言後
一章兼以將言旁旁麃麃陶陶指乘四介之人非指四介

羔裘如濡三章

前一章分因其舍命不渝而有此勁節故下遂贊其爲邦之
司直邦之彥士也玩註又能字則舍命不渝是大夫已然
事鄭人見之因作此詩故以首章爲主三章皆美大夫之

卷二　七

辭不徒首章爲然

彼其之子舍命不渝

仁義之說如仁所受之理也大夫當舍生之日則能以身
居其所受之仁呼吸有存亡而仁之理不可奪如義所受
之理也大夫當守死之時則能以身爲其所受之義呼吸
有禍福而義之理不可奪諸舍命不渝如此注不切合
只言理勿依要源之說

羔裘豹飾一章

司直見其與豹武力相稱講下二句比上二句宜重
前後兩章皆然

彼其之子邦之司直

下句承舍命不渝說更發端遇不平行而異於他直並厲不苟止
而已隨乃一邦之主宰正直言何悅於豹哉司直作主字看

羔裘晏兮一章

彥士見其與裘鮮明相稱按此一章雖重首章然章上各
有取義首章言裘之順美而見其舍命不渝則知其順美
也次言飾之武力而大夫之[illegible]司直則知其武力也終言
裘之鮮明而大夫乃邦之彥[illegible]知其鮮明也皆見人與服
稱之意

彼其之子邦之彥兮

卷二　八

下句承舍命不渝上句惟此大夫需乎正命利害不易其志
則行用以振頹敗之風而百辟不能攀其起駕亮矣一邦
之後中由乎正路隱惡去二其損則自足以消薄惡之
俗而侵欲不能莊其休光展矣一邦之傑也彥與大夫所
謂大臣相同亡之美稱爲彥初無二義

女曰雞鳴一章

前一章是相戒從王章是要成背經多在後一章[illegible]
女曰雞鳴士曰昧旦

上句是所聞下句是所見玩兩曰字重相警戒雞鳴昧
旦不宜

將翺將翔止雜佩以報之
後一章分前以職業言後以德業言此皆婦之語夫如此
弋言加之一章
首二句斷飲酒作樂是一串事出首二句上是男服事乎
外下是女服事乎內此合下章皆是欲其勤業而洽其懽
于內下是欲其貴德而結其懽于外
宜言飲酒四句
上下貫說要見警戒意宜言二句是人之靜好故飲酒作
樂而樂亦靜好為樂因人致則夫婦豈可不安靜和好哉
所以警戒之也註中亦莫之亦字是承人之靜好說飲酒
作樂言其和樂期以偕老言其不淫
琴瑟在御莫不靜好
御乃侍御之御置琴瑟在側也安靜謂不淫娃和好謂不
流滯時說以在御只言在側不可說作蓋在御雖不可說
作然在御而作方見其聲之靜好不作何以知之
知子之來之一章
平破不过一意而三疊之破雖當平作文要以首二句对
下四句講賢善字根貴來之順之好之旨指賢善雜佩
依註兼用呂氏觽燧箴管親愛要分親貼好字愛貼順字
不可模糊

卷二　九

知子之來之雜佩以贈之
來謂親賢友善以致賢善之來不說已有賢善以致其來
也觀朱傳只言親賢友善而不言己之賢善其意可知註
引修文德以來之是引以証來字意不重在修德上
知子之順之雜佩以問之
順字要講出愛意指道德之光華則傾仰不已而晰
附倒於合志之時舉仁義之軌範則嚮慕不忘而意氣乎
於合道之日是之謂順破當以別字包親賢友善意上
下兩題皆無時破只用親賢而遺友善不能無病
知子之好之雜佩以報之
好乃親悅之也與愛不同時文講欠明白賴以進修之意
不可另講兩股只宜帶說另講失於大重上下兩題放此
縞衣綦巾聊樂我貟
樂是自樂不說与室家同樂也如雲四句上二句雖可慕
而不慕下二句非可樂而自樂
縞衣茹藘聊可以娛
樂與室家同樂雖無羅綺華身而載笑載言聊與之交歡
也雖無錦繡炫目而將翺將翔聊與之共怡也何必如荼
之女然後適其意哉縞衣茹藘記是兩色
出其闉闍二章

卷二　十

三章渾說初告再告三告俱在一時之際不分浅深若謂
東方明矣則不止鷄之鳴也百虫飛矣則不止東方明也
分浅深看殊甚註矣按註蟲飛乃夜将旦而東方明則日
将出是東方明甚於虫飛之時豈可反謂虫飛不止於東
方明哉或以末章繳前二章講者皆非旣盈旣昌會歸乃
想度之辭

鷄既鳴矣兩章

上是惑於所聞下是惑於所見每章四句俱述賢妃之言
所謂叙其事而美之也叙其事而美之註揔包三章老以
此二章下二句作詩人說見其美之則末章會且歸矣二

句难觧兩章首句及末二句講語不可大軽賢妃等詩語
講異作詩人之意緣本賢妃心常恐晚故聞其似者而以
為真然非心存警畏而不留於逸欲何以能此哉此指心
常恐晚

東方明矣朝既盈矣

會朝之臣謂會於朝堂之臣非會於殿陛也君未視朝則
門未啓而臣尚未進殿陛之下講臣不可用公只用卿大
夫講公惟天子之臣有之

會且歸矣无庶予子憎

憎在歸上見會於朝者俟君不出以為君荒於色遂将散
而歸憎之如此乃以我之故而并以子為憎子無庶予
子憎畧作疑辭

子之還兮一章

末一句断上三句此之荅彼下一句彼之荅此还兮只講
便捷勿兼軽利儇兮只講軽利勿兼便捷按此乃獵者之
相荅則还與儇只于歷險從禽上見不指射御还兮三章
混敘不分茂與昌即便捷之意好與臧即軽利之意謂之
便捷者就其獲禽之多見之

俟我於著乎而三章

三章平敘然有次第由門而庭由庭而堂蓋俟之于門俟

之于庭俟之于堂皆昏礼也齊俗惟行此礼故女子叙
之如此不親迎意見於言表夫以女子而知親迎之禮不
賢而能之哉此意東中要見

充耳以素乎而尚之以瓊華乎而

充耳包素與瓊華說以纊懸瑱謂之充耳纊所謂紞也註
色則素加以瓊華是之謂瑱揔名則曰充耳加謂瓊華加
于紞而懸之瓊華即所以為瑱者不可依叠山小註作加
飾看按紞用襍采線故有素青黄之不同瑱則一色謂之
瓊華瓊瑩瓊英不过変文恊韻則素青黃是指紞言不然
瓊瑩等石出此一章首一句截下二章同

東方未明三章

前二章分上下要相貫說上文兩章刺其興居无節号令不時而失其宜下則承言所以失其宜者何鄙因其不知晨夜之限故不夙則暮而失其宜也東方未明自公召之今日失于早有時失于晚是謂之興居无節号令不時覌下不夙則暮可知時說以為因早見晚欠詳未竟顛倒衣裳由東方未明之故未明而求衣也或提其裳未明而求裳也或挈其衣是謂顛倒自公令之者顛倒衣裳之時而君所已有号令之施見大早意号令之説非謂号令乎已

卷二　十三

折柳樊圃一章

此即圃之内外之限甚明人不敢越以比天之晨夜之限甚明人所易知今不能知故興居号令不失之早則失之暮而无節不時也不能晨夜言其不能知夫晨夜之限不夙則莫總言興居号令不専指興居説

无田甫田三章

前二章分前后要會前二章戒躐等欲速而反有所不達如此后遂承言孰若循其序而求之能循其序則可忽然而至其極若躐等而欲速則反去所不達矣何必躐等欲速為哉但見戒意勿以前二章作戒后一章作勉

婉兮孌兮一章

主事理說覌能循其序而修之方通章是論人之進修也按此則小大遠近或卑説高或畧説理失于一偏兼事理講方是朱傳若躐等而欲速二句打轉上章

盧令令三章

前一章分前一章以德言後二章以貌言二章美字皆就獵説見其便捷輕利仁字連下髮卷偲字作一樣看不必就獵上見泛説為當只用寬大有容而町畦不立温柔可掬而慘刻不形等語講之蓋此詩大意與还畧同則称美之意寓在人上不重在犬謂之畧同者还詩彼此相称是詩惟此称彼故曰畧同

卷二　十四

猗嗟昌兮一章

首一句分昌包威儀技藝抑若三句指其威儀之實射則一句指其技藝之實射兼大射賓射言之次章在末一句截美目二句是威儀終日二句是技藝

猗嗟孌兮一章

首一句断孌包威仪技藝婉兮二句言其威仪選兮四句言其技藝舞兼文舞武舞射兼大射賓射

糾糾葛屨兩章

褊急為主上章刺其褊急下章言其威仪服飾如此宜若

無可剌者矣維其褊急是以剌之也褊急指其心言按朱
畢之意則此詩為剌其褊急而作傳兼儉嗇言者朱子補
之因其儉嗇所以褊急故只當以褊急為主講畢繳出褊
急如此謂非由於儉嗇之所致哉不依慶源輔氏以儉嗇
含于意屨履霜之中蓋言屨屨霜不過起興而剌其使女
縫裳見其褊急也初無儉嗇之意

好人提七二句
好人二字提起上二句以容止言下一句以容飾言維是
褊心繳上纖纖女手四句由見之礼未行女未可以縫裳
也而即使之要襋之治方已意若不能待終也而即服之

皆見其褊急不單指要之襋之二句

彼其之子美無度止殊異乎公路
此亦剌儉不中礼者非剌公路等貴人故雖言彼其之子只
宜泛說不可就指公路美無度句以威儀言易作爭之
中礼蓋此正刺其不中礼也豈可反謂其中礼耶按朱傳
態字則儉嗇褊急就威儀言非如上章說殊不似貴人
者見得貴人自無是態

彼人是哉子曰何其
彼之所為雖国與政說治国尽其方而令民素困于統括
之內施政得其便而号令久孚于振作之餘則彼之所為

已是矣而子之言獨何為哉言指歌謠朱傳嗟嘆之貼
誰知之二句故此二句要相連講此之可憂以下俱貼在
蓋亦勿思上說

心之憂矣聊以行国
憂者憂其国小無政死政謂其政之廢弛也国小則生齒
不繁而陵夷之勢為可惧政廢則紀綱不立而淪胥之敗
莫能回所以憂之

陟彼岵兮一章
上二句分上二句望親所在下四句思親所言皆見不忘
其親也父曰嗟予子行役四句重在孝上不依安城蕉忠

孝說詩柄不忘其親之親摠管三章兼父母與兄非單說
父母註中想像字包念已祝已陟岵三章渾破不用分截
各章末句就父母兄上生意

十畝之間兮一章
上三句在野者之樂下一句在朝者之思蓋農圃之樂如
此視吾與子曰見法度之傾頹而兢惕如朽索之馭身繫
邦家之杌棿而憂勤如深谷之臨孰若脫簪纓以歸農圃
而與桑者之盤桓哉蓋往來自得見得桑者之樂思與奚
歸慕其樂也則桑者指植桑之人為長不依慶源卜註

坎坎伐檀兮一章

末二句分上是述其事下是嘆其人伐檀三章平說

坎坎伐檀止胡瞻爾庭有縣貆兮

上下相應自食其力而不可得則窮餓不能免矣遂勵其志不耕則不可以得禾不獵則不可以得獸寧甘心窮餓而不悔也要以窮餓守先提起上下方應不稼不穡四句用伐檀意貫見得已惟用力伐檀以為車而欲藉此以食故於稼穡狩獵則未嘗用力焉胡可以得禾得獸哉時說於伐檀上有以稼穡獵狩貫看謂其伐檀欲倫稼穡狩獵之用按獵固資於車而耕則於車何與也作譬說者亦非傳意

卷二 十七

不稼不穡止胡瞻爾庭有縣貆兮

勵志為主胡取胡瞻要見勵志之意稼穡得禾宜也已惟用力伐檀以為車而賴之以食稼穡則未嘗用力焉方其發春之時胼胝並未勞也築場之日任負並無登也既不稼不穡而貧餒則難免矣得禾有三百之廛非因物有遷者乎寧甘心貧餒胡可悔而取之耶狩獵得獸理也已惟用力伐檀以為車而資之以食狩獵則未嘗用力焉彼大阜原野之澤足未少涉也群醜之區矢不一加也既不狩不獵而窮餓則必致矣得獸有縣貆之物非縱情自恣者乎寧甘心窮餓胡可悔而貪之耶甘心窮餓入在四句說

講見其勵志

彼君子兮不素餐兮

君子伐檀勵志之事總括在彼君子兮上不可全用上文全用則非題之本色不免令人厭觀較之下句不素餐兮講宜少輕重則非是維彼君子體不息之強合又近而一致奮無疆之勇徹首尾而有常伐檀置于水之涯而不得食其功志則以為已於禾而初未嘗稼穡也不悔而苟得其禾焉伐檀置于河之干而不得食其力志則以為已於獸而初未嘗狩獵也不悔而苟得其獸焉君子如此身則托援于衰薄之表外遺而內不違意則俱出于貪墨之中

卷二 十六

心泰而体自泰日用之資必本于已之功然後省無所愧而食之則合矣介然之節安土自宜固非圖哺啜者也朝夕之養必出于己之力然後稍寬不赧而食之則如含笑賞然之操而順天無憾寔乃恥饕餮者也信乎其不空食者哉不素餐兮要講出不空食之意

碩鼠碩鼠首章

上三句分惟此二句是比蓋即碩鼠無食我之黍以比厲政無困我之身三歲貫女以下是去之也三歲貫女者言三歲習貫女之貪殘猶冀念而屑政如故則必將去而不去哉貪殘分說貪謂橫征暴斂殘謂嚴刑峻罰樂土則省刑

薄稅是以爱得我所也此詩序以為刺者言不可說君

蟋蟀在堂三章

三章渾破並無淺深不用職思其居職思其外其瞿〻蹶〻作过文相其為樂泛說不指室家

蟋蟀在堂首章

勤儉為主勤儉要管一章必暇而後樂留見其勤儉處戒以卻樂尤見其勤儉管上四句末是勿以上四句破作相勸註無勸意作相戒者亦非盖無已大康四句方是相戒也日月謂歲晚之日月朱傳當與之莫指歲晚之時或以今我不樂二句已見其憂思無已大康四句則直憂深而思遠也玩註無此

無已大康職思其居止良士瞿〻

首一句斷下三句作一氣講要以危亡字先提在無已大康上說其下相應〻大康則危亡至矣蓋亦頓念其職之所居者而豫為之使其雖好樂不至憒事而無荒若彼良士之長慮却顧焉則可以不至于危亡也職思其居欲其于此務開之特思而豫為之若說只于一時樽酒之間而思豈有遂不至于危亡之理好樂無荒承職思其居說職思其居則雖好樂庶事不廢而無荒矣良士瞿〻良士不重不講為是重在瞿〻上下章放此

無已大康職思其居

思包為在其中盖欲其思而豫為之也所居单指農事種或未擇焉思所以擇之具或未飭焉思所以飭之莫倭豐城兼狩獵其女工狩獵之事一時可辨不必思而豫為及觀良士字可見不兼女說

無已大康職思其外止良士蹶〻

分截講語同上下章無已四句亦然職思其外二句勿以上句作思之欲其周下句作為之欲其敏只如上章職思其居二句意講

無已大康職思其外

外謂職分之外出乎平常思慮之所不及乃一時卒

然之變事之無定者也难指何事泛講方是時說多就職言謂旱乾水溢之事若此仍是思慮所及者未是

無已大康職思其憂止良士休〻

憂指農事謂種之或不足具之或难辨不樂上章其居其外要各開說輔氏所謂思之極而至于憂也亦不可從

好樂無荒良士休〻

休〻瞿〻蹶〻一例不可以休〻作瞿〻蹶〻之效

子有酒食四句

末一句斷子有酒食三句相連言子有酒食何不鼓瑟作

樂以求長此日也一仕首一句截他人入室燕酒食嬉戲
說三章皆是至末朱傳憂深而意愈蹙是安城劉氏小註可
從

素衣朱襮四句

上比晉衰沃盛此言國人將叛而歸之素衣朱襮二句是
欲其為諸侯而紹晉統也謂之將叛則既見君子非謂已
見蓋據今未見而言若既見之云何不樂哉民之樂者
人心收斂之秋社稷有所主國勢振于顛覆之日
臣民有所依是以樂也揚之水三章前二章託喻而
言遂其從沃之願後一章託喻而言隱其傾晉之謀隱其
傾晉而不以告人皆見民欲歸之之意按此則詩柄將叛
而歸之意盡三章非單指上二章說

我聞有命不敢以告人

命謂傾晉之命隱之而不以告人者素衣朱襮可從
于沃而得以樂也素衣朱繡從于鵠而免其憂也打轉
上二章比意與上二章相同勿以上句是比其不能制晉
下句是比其將以傾晉與上作兩樣看時義講比言石不
生一水令水緩弱而石反峨若以比沃本出于晉今晉衰
弱而沃反盛強故欲叛而歸之似傷于巧不若只比其晉
衰而沃盛為當

椒聊之實首章

上四句只其勢之既盛下二句喻其勢之益盛碩大无朋
泛言无比不說晉國不能比也碩大指其只起之勢椒聊
二句是即椒之枝遠而實益蕃以比沃之世遠而勢益
盛不可作比其所以盛說註中而實益蕃之益字就今
日言之不說方來

子兮子兮如此邂逅何

子兼夫婦要見相語之意夫之語婦則曰時丁不靖竊
痺目迫其身伉儷恐終于不遂也今夕何夕而得以諧結
綢之願尔粲者如此邂逅何哉婦之語夫則曰際多虞困
苦日逢其厄室家恐卒于无期也今夕何夕而得以成同
牢之礼尔良人如此邂逅何哉詩柄所謂男女有失其時
是失其當昏之時非謂心星昏見東方則三月而非二月
故曰有失其時

有杕之杜首章

上三句分詩柄自傷孤特管上三句求助于人管下六句
豈无他人不如我同父是原所以求助于人之意非自傷
其孤特也自傷孤特只管三句

豈无他人不如我同姓

同姓亦謂兄弟嚴氏小註可從非泛指同族之人不如我

……同姓則得他人之中非無長于我而為兄者然不能致愛
于我則他人之長不如我同姓之兄也非無幼于我而為
弟者然不能致恭于我則他人之幼不如我同姓之第也
故不免于衰亡而無依矣人何不見恤邪時講欠明

鴇羽一章

末二句分此比興常不同似與實比凡比題正意未嘗說
出今按此章之比即鴇性本不便于樹止今乃載飛而集
于苞栩則樹止矣以比民性本不便于勞苦今乃從役而
失養父母則勞苦矣直比至父母何怙而本意于下面皆
說出也所以謂之比者勞苦雖皆說出民性本不便于勞

苦則未嘗道破謂之比朱傳從征役貼王事靡盬此句
依小雅解不依三山小註王事專指征役之說非是靡盬
二句正是不得其所遂呼天訴曰何時使我畢此王事歸
號奉養父母而得其所哉得所只在上說不可開講

悠悠蒼天曷其有極

極謂休息也得此休息要如上章曷其有所在上王事靡

盬二句講下文曷其有常放此

豈曰無衣七兮一章

首句言其既據晉國之富則具七章之衣無難也故曰我
豈無是七章之衣哉安且吉者見得衣出天子之命則在我

所受自無愧怍之容而安人不敢議必無征討之加而吉
該紀文且字安吉兩開為當俱承天子之命說不可以吉
承安講下章安且燠兮意此皆倣此凡衣初服不能即
煖僅久而方煖是燠有久意所服之久因無征討之加監

畀以久承安言不可從之

有杕之杜首章

上二句斷上是待賢之無勢下是致賢之無由詩柄恐不
足以致之句嘗盡二章恐字具其寡弱不足恃賴嘗首二
句蓋已無待矣之勢如此所以彼君子者冀肯顧而適我
錯中心為好無自而得以飲食之也皆是其不足以致賢

不可以末二句作養賢說或以恐未足以致之只管上四
句而不通嘗者非按此詩乃在下者所作寡謂無祿弱謂
無爵作兩意看

中心好之曷飲食之

愛賢致賢為主勿以下句作養賢破彼君子兮以下四句
皆承己之寡弱不足恃賴故曷飲食之因其寡弱故也非

承噬肯適我

葛生之首冬之夜

憂思之意要入在二句裡面講不可太重出此一章兼鄭
蘇二註上二句思之深者情之長也下二句心之一者義

之至也下章相同葛生五章前三章是屡感物而嘆其身
無所依後二章是兩感時而決其心無所異誰與独処誰
與上要断不可一直連下後章末句皆然誰與独旦

緇枕衾説

采苓采苓首章

上二句是喻其所聽譖之非下六句是示以止譖之法刺當
泛言非刺其君比只首二句是下乃実説者通作比則于
無所得而譖止之註不通此章比意時説皆欠分曉當云
苓生于首陽非真也子以為真而欲采苓于首陽之巓乎
如言出于譖人非実也子以為実而欲听言于譖人之口

卷二　廿五

乎彼人之為是譖言以告子者顛白変乱宜遠之可也而
無遽以為信是非混淆姑舍之可也而無遽以為然徐察
而審听之則彼造是譖言者雖欲售其奸矣吾之權衡既
定奸不可得而售也雖欲投其巧矣吾之藻鑑既精巧不
可得而投也則無所得而譖止矣今子不能如此而反听
之何哉要依此緻見得人之為言以下雖示以止譖之法
而意実刺其听譖也方合詩柄朱傳子欲采苓于首陽之
巓乎一句已含比意在中人之為是言以下遂承比意説
下則人之為是言之言指譖言説非謂采苓之言徐[illegible]
審听之貼在下句人之為言上面不可入在苟亦無[illegible]

句串講

有車鄰鄰兩章

兩章平説不必相承以下章鼓瑟是樂上章与寺人也
要見皆創見夸美之意勿以上章作夸美下章作懽悦二
章合此意與此同

有車鄰鄰一章

上二句以外言下二句以内言時義有貫説者謂車馬之
盛如此斯時也且看後有寺人之通作一時表看今覩朱
傳及此寺人之及字明作兩平要以内外為主開講為是

有車鄰鄰有馬白顛

卷二　廿六

上句夸美其車之衆下句夸美其馬之名不可以下句皆
作衆説按寺人乃諸侯之官秦為附庸大夫国向所无者
車馬則非向所无之物何以謂之始有車馬蓋始有此諸侯
之車馬也非是向未備而今始備之意

既見君子並坐鼓瑟

上句因寺人之通而見之及並坐鼓瑟皆昔無而今有者
故創見而夸美之也創見非单説寺人並鼓瑟既見君
子不可説見君子之車馬寺人还説既見君子今者不樂
要承寺人鼓瑟講俟命者有人則易扯且行之俗適情者
有樂則變其蟋蟀之風而時可樂矣吾君人[illegible]

日月之逝倏忽于耋[illegible]我[illegible]樂非[illegible]為樂蓋因其
有此寺人與瑟之故欲其及時而樂也呂氏且泛說也以創見
之情播之于琴瑟而遂及樂此車馬寺人俱未為當並坐非與
君相並而坐君坐而臣亦坐故曰並坐逝者其耋之逝謂
日月之逝不謂老去

駟鐵孔阜三章

三章不分首章車馬之盛使令之多言其將狩也次章礼
仪之備射御之精言其方狩也三章休息之節綜理之周
言其畢狩也章々皆是創見令人羨不可只以前一章作誇
美後二章非是北园泛說不知在岐豐者難作創見

卷二　二七

公之媚子從公于狩

媚子泛指親愛之人不指下文虞人與御者六轡在手不
重易依與合與虞源小註見御之善

公曰左之舍拔則獲

上句御之善下句射之善公命左之御者即能左其車而
合馳驅之法見御之善也舍拔則獲要補寫獸之多奉時
辰牡按註類字則虞人設以待射雖不止狼麋麀豕四者
然用此四物講者尤傷泛言不切

遊于北園二章

首一句斷首一句休息之節下三句綜理之周遊于北園

繳上媚子虞人講媚子以下追隨者肩相摩也至于此乎
從容虞人以上奔走者踵相接也迄于此乎逍遥此是適
人之情非是鄭人之勞下三句要一聯說以馬駕車以車
載犬勿以馬與犬對看

小戎俴收三章

三章平說俱六句截六句皆是軍容之盛不可如輔氏以
車馬兵器分貼蓋三章皆有馬而一章三章皆有兵器柔
傳止言車中而不言馬者非無馬言先夸其軍容而後及
其私情見得婦人亦知男子赴敵而無所怨按詩柄率其
国人往而征之則此詩乃士卒之妻所作輔氏註非

卷二　廿八

小戎俴收駕我騏馵

末一句分上五句言車末一句言馬游環脅驅雖為兩服
兩驂而設然皆係于車言車則可包之小戎俴收五句以
小戎二字提起另講

游環脅驅陰靷鋈續

上句制馬之具下句繫馬之飾按小戎俴收五句皆車
言今此二句主馬說者就其出題之意

言念君子溫其如玉

溫其如玉言其為人和柔如玉也不可說德觀朱傳只作
美之之詞而不言美其德之詞可見非自是說德[illegible]

在邑之溫同此

旄旌之飾以殷輈

上句御車之制下句馭馬之制騏駵是中二句內外為主

上句是內下句是外

方何為期胡然我念之

婦啣未定因西戎之雖喜來復所以未定也不可別講

俴駟孔群一章

上六句夸其出征之備下四句思其從征之候俴駟孔群者馬之被甲必齊而蹄整齊也公四馬甚和見先蹄齧之患

厭厭良人秩秩德音

厭厭不徒湛湯懸殊之意即其德音也其德見稱于人由內而外由近而遠是謂秩秩有序良人乃婦人目其夫之辞不必如李氏小註作善人看二句本其平時而言不就從征時說交韔兩句上句是備兵器有餘下句是納兵器有法顛倒安置謂顛倒其背而安置之載寢載興者晝寢興也思君子而寢夜且寢也思君子而興見其起居不寧

所謂伊人在水一方

此詩不知所指則伊人當泛說為是不可講賢疏義以為明友相思而作皆與朱傳不合蒹葭蒼蒼二句蓋因時而有所感也非謂感物

遡洄從之止宛在水中央

遡洄遡遊就秋水說所謂伊人在水一方吾嘗逆秋水而上以求之已浸千里隔絕不可往而間關邑已也洪涛一望遙遙無所止而舟楫徒勞也則上而求之不可得為吾嘗順秋水而下以求之離群之宝巍然於長流之中想像而非实也絕俗之苗儼然於洄波之內恍惚而非真也則下而求之不可得為夫蒹之雖切而親之則难矣宛在水中央言求之于下不得也非謂实在中央

君子至止錦衣狐裘其君也哉

首一句分其君也哉只管錦衣二句按衣服謂之昔無今

有可也容皃謂之昔無者因居諸侯之位則移其氣体而容皃異于平時故謂之昔無今有終南何有兩章上是御一方而容服之美下是御一方而佩服之美兩章與皆至止底上章錦衣狐裘二句下章黻衣綉裳二句俱要添兩有字與相應錦衣狐裘作一氣說黻衣綉裳作一件說謂以錦衣加于狐裘之上以黻之壯綉之于裳也

不可以黻衣綉裳作兩件看

君子至止黻衣綉裳止壽考不忘

末一句斷君子至止謂始有岐豊之地而居諸侯之位也不可輕看朱傳居此位註正貼此句上章君子至止放此

長久以在詩考上講安字以在不忘上講不忘是不替之
意此乃欲其久如此

鴥彼晨風一章

忘我主實說所謂實多婦人自陳其治家勤勞多矣彼
君子者如之何而忘我之多也非謂不日不月是謂忘我
之多晨風三章雖平然憂則有淺深之分

豈曰無衣三章

三章渾破同袍同澤同裳一例不分淺深上下要應蓋相
結于無事之時正欲相死于有事之日末句見相死意勿
依豐城作相恤說王于興師泛言王指周王為未然事非
謂復西戎之讎

我送舅氏兩章

上是以所乘者贈之下是以所服者贈之送之不可作遠
近贈之不可作厚薄只就詩人口氣說路車謂象車也瓊
瑰玉珮作兩樣看瑰是所珮之物玉珮則珩璜琚瑀之
屬曾氏小註可從

於我乎夏屋一章

夏屋以四簋例之說俎為是不可說屋按總斷引穆生之
事為証講畢可繳出詩人之意重在道上始而禮意之衰
供億之薄乎蓋為道也終而禮意之衰供億之薄蓋忘道也

忘道之人胡可與久久哉詩人之意固欲以徵罪行矣
繳此方見總斷引穆生之事意有所在

衡門之下三章

前一章斷前一章是自樂後二章是無求未食言必河之魴
必齊之姜添出求來豈其食魚必求河之魴豈其取妻必
求齊之姜見其無求也末章相同此詩隱者自作講中不
可用贊美語

衡門之下一章

隱居貼第一句第三句自樂貼第二句第四句衡門泌水
皆隱居之地也不依安城以上二句見其隱居下二句見
其自樂

庶見素冠兮一章

首二句分二句平說庶字貫至棘人欒欒非單管首句庶
乃冀幸之意是未然事按朱傳重在服上棘人欒欒不重
不必作情與服稱末句緊承上二句言因欲望見素冠之
棘人所以勞心慱慱也不依三山謂今無此人及慶源謂
庶幾見之而不可得素冠三章羅破不分按詩人不望見
服斬衰齊衰而惟欲見素冠素衣素韠者當時初喪固有
服斬衰齊衰之但不能行三年之喪故不得見素冠素衣
素韠苟得見之豈能行三年之喪也所以詩人欲見之

庶見素衣兮兩章

同帰如一開講不必著服上説豈有无故而欲同人之凶服如人之凶服者邪非人情也同帰还説與之同処見愛慕意然彼有彼此之分如一則心孚志合即如其人而甚于同帰矣嘗講學典父愿之餘而素衣之幸見律身必能率由章者已雖不敢自謂能踵其芳躅聊與同帰彼此居也我亦此居也晨夕之相親庶得以遂其愛慕之念焉曠礼既墜之后而素韠之幸見涖事必能監成憲者已雖不敢自謂能接其懿風聊与如一彼此心也我亦此心也志意之相合庶得以酧其企望之私焉時文聊字不明

卷二　卅三

匪風發兮三章

前二章分天下不知帰周見王室陵遲末章西帰之人泛論不指諸侯匪風發兮三句本其行道而言二句平説風發則有陰雨之変車偈則有傾覆之虞不因風發所以車偈末章之興不必添出欲來謂魚我所欲也誰能亨魚我則願漑其釜鬵以興帰周我所欲也誰能帰周我則願懐以好音玩註不見此意

誰將西帰懐之好音

西帰只説西帰于周勿講他語懐思也謂之好音者上衣下裳之制能明焉乃同然之美舉譽称之則膾炙乎人口也

天冠地履之分弗昧焉乃不朽之芳声頌之則厭飫乎人心也是為好音但有西帰之人即思慰以是音見其屢之

蜉蝣之羽一章

蜉蝣羽翼猶衣裳楚楚比其玩細娯朝生暮死而不能久存比其忘遠慮上上泛講不必説天下国家之事所以憂之者一娯之玩一禍之基也一慮之忘一患之兆也帰処还是同処非是欲其以我為帰宿之地于我帰処思有以警誨之輔氏註是

彼候人兮三章

首一章断首章之興以彼之所宜與此之不宜見其為無德之小人二章之興水鳥宜濕其翼今乃在梁則不濡其翼矣大夫宜衣赤芾之服彼乃小人則不称其服也三章之興水鳥宜濡其咮今乃在梁則不濡其咮矣大夫宜賵赤芾之寵彼乃小人則不称其寵也二章三章皆承首章服媾俱指赤芾不可開説媾謂以赤芾寵之使人四章前三章截前三章屡興小人之事後一章真喻君子之事

卷二　卅四

婉兮孌兮季女斯飢

飢餓譬賢者貧賤貧謂無禄賤謂無爵曾兮蔚兮一章上二句比小人衆多而氣盛下二句比君子执守而貧賤𣁋衍此刺其君遠君子而近小人之詞講畢微出若非

小人而遠君子則小人何以盛而君子何以窮乱方進詩
柄相合或出上二句或出下二句繳叫此同
鳲鳩在桑四章
前二章断後二章承前二章説君子用心如此第三章遂
直是宗法之廣第四章遂顧其宗法之久四章只首至尾
鳲鳩一合二章上是即容皃而著其心之一下是即服飾
而著其心之一不可以下章即爲仪之實也上章威仪指
其容于四体見于一身者言非謂帶弁
其仪一兮心如結兮
威仪如上所説不必兼詞氣講儀之有常規知其心之有
常規固結而不变也仪之有恒態知其心之有恒態固結
而不散也陳氏註由外知内輔氏小註占外知内兩説
皆是心一謂其用心之一非謂存心儀忽是兩樣
其帶伊絲其弁伊騏
兩句要呼喚説其帶伊絲則其弁伊騏正見有常度而不
差忒也講後要貼則其心一豈不於是而可知哉方與下
章其儀不忒相應
其儀不忒正是四國
儀兼上章容貌服飾不指父子兄弟因有常度而其心故儀
不忒不忒之儀足以正四國儀之忒者也是余状事不作巳正

卷二 廿五

於君子正是国人
儀之不忒全在上句暴慢不設而無可選之時偏黨不形
而有可象之美淑人君子如此正是国人準上正是四國
相同指曹四國之人
正是国人胡不万年
胡不万年望其父正乎国人万年此容皃万年表率乎国
人也万年此服飾万年楷範乎国人也不謂卓位
冽彼下泉首章
首句比王室陵遲次句比小国困獘王室陵遲所以小国
困獘遂因以與愾然念彼周京也念是念其陵遲下泉四
章前三章傷今後一章思古思古正以傷今
芃芃黍苗章
此章要明全在芃芃二句中即黍苗所以盛由陰雨浸漑
而有以膏之比小国所以安由王室興隆而有以庇之復
以黍苗二句與下郇伯二句一比一與皆見王室昔未陵
遲而傷今之陵遲小国昔未困獘而傷今之困獘勿以上
二句就王室説下二句就小国説傷今不然要繳完出
七月流火第一章
前六句分所謂衣食之始者并其端也後則尽其事而言
之始非謂初終非謂畢故此節破用豫字爲當固複倫之意

卷二 廿六

豐城註是七月流火三章首一章過至第二章無衣固不可以卒歲然女不服事乎内則何以為衣哉過至第四章無褐固不可以卒歲然男不服事乎外則何以為褐哉時說以豳人衣食之際如此然于何而見之則認始終未真

七月流火九月授衣

首句見得暑退將寒蓋風將厲炎氣將栗冽也授衣禦之者以禦風寒氣寒授衣乃豳人自授其家衆不可因王氏揔斷有授民事之言作豳公授民說首合二章題偏難出時義欠詳

無衣無褐何以卒歲

豳風卷二　三十七

二句承上授衣而言不授人以衣而無衣不授人以褐而無褐則何以禦風寒氣寒而卒歲哉禦寒總承無衣無褐不可謂無衣則何以禦風寒無褐則何以禦氣寒兩下分說按此不過發其端也衣食要尊指民下詳其事方兼上下言之故此何以卒歲不必牽入公子事講下文田畯至喜不必牽入人君事講

二之日于耜止田畯至喜

末一句分于耜二句是治田早同我二句是用力齊末句揔承或疑于耜一句是往修田器非治田早也蓋田畯所不見惟以末句承上四句而言要在首句識不知往修田器正因治田而修之其說太泥

三之日于耜四之日舉趾

往謂有邑居而往田宅以修田器非往修器之所謂之早者二月于耜未後也歲始四陽即于耜三月舉趾未晚也时方建卯即舉趾當見其早于舉趾承于耜言

同我婦子饁彼南畝

二句皆作豳人只氣講用力齊着夫在田而婦饁之則夫婦協心子在田而父饁之則父子同志見其用力之齊若講夫婦適其天父子遂其性非用力齊意

三之日于耜止采蘩祁祁

衣食作眼上是男力于食之計下是女力于衣之計

豳風卷二　三十八

七月流火二合三章

兩章開說上章言耕下兼言蠶績不可以上為女工之始下為女工之終作一年事按此兩章皆見忠愛其上前章雖有病親之悲然因思及公子同歸而悲仍重在念上也不可以前章作孝後章作忠

七月流火第三章

末二句斷勿在首兩句截蓋首兩句正引起女工之意不可斷也若出前九句於首一句分繳出治屋如此則天將寒而衣可授矣打轉首二句取其上下相應此章合第四

章前二章係衣是女服章平內後一章係褐是男服章平
外若出三章十四章同此
春日載陽止采蘩祁祁
末二句斷以蠶之已齊未齊為主盖維破來春日載陽二
句對遲遲一句講女執懿筐三句對祁祁一句講
女心傷悲殆及公子同歸
傷悲因將及公子同歸而遠其父母所以傷悲遠其父
母意思在下句說上句不可先露按求桑采蘩以治蠶事
不獨貴家大族之女然也而此傷悲之女則專以貴家大族者
言謂之許嫁者請期之禮已行故曰許嫁忠愛串講

卷二　二十九

上之愛下只于下之愛上見之平日上能愛下故下愛上
而念其同歸如此非謂娶婦而有親迎之禮見上之所以
愛下歸婦而無欲期之心見下之所以愛上就一時說其
意大抵女心傷悲四句上二句預懷其憂下二句預治其
事以預為主
春日載陽止猗彼女桑
今歲來歲立說上是今歲治蠶之事下是來歲治蠶之事
下章七月流火句承上章言見是歲禦冬之備旣終其歲
矣是歲即指今歲
七月流火三合五章

禦寒為主前二章愛上之周後二章愛下之廣
七月流火三合六章
公私長幼立意前二章備寒先公而後私後一章備食先
長而後幼
七月流火第三章
首二句分上是今歲下是來歲有在首二句截者有在末
一句截者首二句截則八月萑葦雖在今歲而實為來歲
之用末一句截則首句遺矣況玩朱傳勞于其事而不敢
自安以奉其上管八月萑葦以下通其首句不相干涉所
以當從首句分勞于其事貼八月萑葦九句以奉其上貼

卷二　四十

為公子裳一句時說有以勞于其事管至載績而止於載
績分貼亦可從
蠶月條桑四句
蠶月上截若出蠶月條桑六句上四句是蠶事下二句是
績事蠶月出至室處前二章奉上之周後一章愛下之廣
載玄載黃三句
玄黃天地之色玄者天之色黃者地之色勿以玄作闇色
說上以是施之就下以是報之見其上章交相忠愛同不
可以蠶績乃卯公之惠是上以是施之
四月秀葽兩章

仁義作眼前章專上之義後章潚下之仁兩章皆重感時
不以上作感時下作感物
四月秀葽一章
前四句分四句重時變上因時之變啟物之化所以朱傳
只以時言不依鄭氏及重在物
四月秀葽四句
首一句斷破雖如此講还以首句此次句相对秀葽秀物
成之初穫禾則物皆成矣鳴蜩乃時寒之漸隕擇則時已
寒矣上下意要相承
四月秀葽五月鳴蜩
上是植物感陰氣而秀者下是動物感陰氣而鳴者天下
之物皆陽以生之而陰以成之不可以上一句作感陽氣
一之日于貉止獻豜于公
愛上為主前三句固是愛上後四句亦愛其上之無已也
亦字于大小上見盖野豕猉貉之貴不同而大小似不
必計郊人于此小者則私于已大者則献于上見其愛之
無已按此七句俱終無褐之意不以上三句献皮是終無
褐下四句献獸作分外看謂之君庖之用
二之日其同載纘武功
纘謂繼續前一之日也非纘去歲武功还說武事不指田獵

卷二 四十一

言私其豵獻豜于公
献是献豜于公而為服以禦寒献皮非是一野豕也小者
私之大者献之而有所擇如此見其愛上無已
五月斯螽動股兩章
兩章皆兼老少說上旨是老示幼者寒至之常居下是老異
幼者日用之常食謂之此室見為婦子所常居者
五月斯螽動股一章
前六句斷六句重物变上观朱傳只言親蟋蟀之依人而
不言時可見物重按註独言蟋蟀依人而不及斯螽莎雞
者盖三者一物也蟋蟀則二者在其中
五月斯螽動股止入我牀下
斯螽莎雞蟋蟀非見一物随時变化而異其名六月之臨
斯螽变而名為莎雞七月之後莎雞变而名為蟋蟀在野
在宇在戶皆蟋蟀也鄭氏小註可從
穹窒熏鼠塞向墐戶
二句主生寒說或疑鼠不生寒難以為主不知鼠雖不生
寒而隙乃鼠所致則生寒由于鼠也主生寒說無傷
嗟我婦子三句
婦者采桑之婦子者治田之子歲即首章改歲正岁之歲不依
東萊作周正朱傳引此不过姑備一說按此以後前既鄭

卷二 四十二

寒之意則註內天旣寒而事亦已之事只就上章女不服
事乎內而吞續之事已男不服事乎外而狩獵之事已若
說耕耘饁餉則連食皆在其中入此室處以禦風寒氣寒
單指出而在田之婦子不作老者同居蓋老者初未出田

穹窒熏鼠止以介眉壽

慈幼敬老亦說上是慈幼之仁下是敬老之義五月斯螽
以下隨其出題搭至以介眉壽意与此同

六月食鬱及薁三章

前三章斷前三章農圃飮食所以爲民後一章祭祀燕樂
所以爲君出前三章上是條食而得豐儉之宜下是治農

而周終始之務

六月食鬱及薁一章

上六句條美食事其長宜豐而豈下五句條常食其非其必
宜儉而儉食鬱食瓜玩註供字養字是取以條飮之意尚
未嘗食穫雖不可作食然爲新而作烹食之用經文帶言

六月食鬱及薁止以介眉壽

末一句分春酒盖于冬月釀之以待春時之用今人猶然
非謂和羨之酒老疾有祭不可貫說謂賓客之會祭祀之
時而助老疾見註平說方是老疾老之有疾者賓祭宜之
奉祭者供老奉賓所任以介眉壽可講數見頌禱之詞以

之供老疾而助其筋力之衰願享期頤下不替也以之供
賓祭而助其氣体之和願躋耄耋下無彊也若說供老奉
賓之年躋眉壽者不見頌禱意

七月食瓜止禾麻菽麥

上以條農食言下以務農事言不用圃物圃地作眼觀朱
傳止以瓜壺爲圃物而葍荼不作圃物可知七月食瓜搭
至其始播百穀意與此同

七月食瓜止上入執宮功

上是常食下是常居

九月築場圃兩章

警戒勸戒作上相警戒見憂勤之意下相勸戒是忠愛

之心

九月築場圃一章

前六句斷去終始農事說不以治農治室立意盖治室所
以爲農事計上是重農事之終下是慮農事之始末句截
者未當終始平看如謂因農事之終而慮農事之始則偏
于始矣禾稼之禾與禾麻之禾不同禾稼之禾是摠言之
禾麻之禾指稻秫苽粱之屬而言黍稷重穋入者即所納
之禾稼

我稼既同上入執宮功

我稼承上八者說麦非納于此時今以為言者蓋接農事之畢而先后大小皆率之也見得無所不聚之甚上執宮功暗含下文晝爾于茅三句講不可明白說出

晝爾于茅止獻羔祭韭

民事君事為上上是急乎民事下是急乎君事不作備寒備暑按上章之意重在農事備寒不重亟其乘屋說茅索講去旧茅焉而更之以新茅易旧索焉而納之以新索屋是旧屋观乘屋之乘字是原有屋不过脩治之而已非謂重構

晝爾于茅止十月滌場

上急始乎農事下戒終乎農事于茅三句用私室字破鑿冰二句用公役字破私室公役之說

二之日鑿冰一章

前四句斷上相勸而預為君祭祀之事下相戒而欲為君頌禱之事皆見忠愛其君之甚也通章作邠人口氣講時文未善

二之日鑿冰冲冲三之日納于凌陰

上句只講鑿冰不必兼納冰說時義以為豈有十二月鑿冰正月方藏之理故以上句要兼納冰講謂二陽之月□而納之正月則納畢矣玩朱傳明□□□□藏不可從之

藏冰一用一則備暑一則節陽因以薦寢也薦寢不重

四之日其蚤獻羔祭韭

二句重在啓冰不重薦寢朝謂始旦也不讀作潮

九月肅霜止万壽無疆

滌場上截九月二句相戒速畢場功朋酒以下遂言所以速畢場功者欲以羔羊躋彼公堂舉酒而祝君壽也朋酒斯饗曰殺羔羊不辭以朋酒字包之朋酒乃獻于君者君謂秋成之后民間自飲及大蜡之酒則于躋彼公堂之公字不通

躋彼公堂三句

首一句分三句皆見其忠愛也勿以上一句作愛下二句作祝搭上句出意兩躋彼公堂兼獻酒獻羊說非单獻羊

称彼兕觥万壽無疆

奉酒是以朋酒貯于兕觥而至公之万壽無疆入衣食講

鴟鴞〻〻一章

我子二句是比武庚既敗管蔡不可更毀乎王室也恩斯二句申比其既敗管蔡則其毒甚矣豈可復毀我王室哉

總而言之皆比武庚既敗管蔡不可更毀王室恩斯勤斯比己于兄弟而親之如此非比其忠君愛國毀壞王室

兼倡乱時流言說倡乱于时而四方騷動流言于国而□

志治是則王室搖兵是謂毀壞按既取我子則此詩作于
已誅管蔡之後要依朱傳乃東征時作不依書傳作未征
言鴟鴞四章并前二章分前一章作詩喻其為国之意後一章
申喻其告君之由
恩斯勤斯止未有室家
王室為主上二句既喻王室不可毀下二章申喻王室不
可毀下文一章言其恩愛一章言其勤劳蓋已于王室如
此汝武庚豈可毀我哉下文二章是深戒其不可毀王室
之意
迨天之未陰雨兩章
兩章相承下章勤劳即指上章深愛王室之意而預防其

卷七　四七

患說
迨天之未陰雨一章
侮予要提出風雨來見得巢之堅固不為風雨飄搖則下
民誰得以制其命而侮之
予手拮据四句
末句要添出手講不惟予之病也而口卒至于病方妥然
句手口共作相應王室新造而未集者 国恤初終邦家雖
治而□乂治之時嗣君新立人心雖安而非太安之日故
日新造未集

予羽譙譙一章
承上三章而言已既劳悴王室又未安而多難乘之則其
作詩以喻王安得不汲汲哉已既劳悴二句承次二章
多難乘之一句承首一章忠愛勤劳是存已劳悴新造未
集是王室未安多難指倡乱流言說
我徂東山一合二章
上是幸完師于途下是切思家于途在途為主東山四章
前二章未至家之情後二章已至家之情未至已至作眼
我徂東山第一章
前四句分下章皆然我徂二句言其在東之久我來二句
言其在途之劳中四句承在東說末四句承在途說

卷七　四十八

制彼裳衣勿士行枚
二句要貫講制彼裳衣其意以為自今可以勿為行陳銜枚
之事矣所以制之也時義有貫說者但講上句念班師之
不遠思旋帰之有日是以制之則多一層失其本旨勿士
之勿作不字非謂兵凶戰危戒其不可復為銜枚不至
要一串說謂臨陣銜枚我東曰帰八句上四句在東有所
感而幸免于行師下四句在途有所感而幸得以全師
蜎蜎者蠋四句
與之取義要玩亦字見得蠋固在于桑野而我征人安在

熱亦在此車下然在桑之野則蠋得其所在車之下則人
得其所哭矣因前日之苦哭今日之完束要繳感哭意明
敦彼獨宿亦在車下
獨宿言其靡室靡家只宜泛講不必指出旧婚新婚敦者
見得今日居于此明日居于此而不移也車兼輕車重車
亦字要應蠋說
敦彼獨宿止伊可懷也
在途為主上二句在途感與之懷下一章在途感念之懷
我徂東山二合三章
室廬室家並說不以上章作室家之思自不可畏也搭至

卷二　四十九

婦嘆于室止此同
果贏之實止熠燿宵行
室廬不分六句撥室廬言之不可以上四句指室以下二
句指廬
不可畏也伊可懷也
二句皆就室廬說上句見得室廬父母之所居妻孥之所
在豈可畏而不歸乎下句懷思是懷思室廬要與東[illegible]
感思所以除之也蠨蛸鹿蟲思所以去之也外講未收
傳亦可畏矣是提起語豈可畏而不歸方解不可畏將自
此出至九十其儀與三章截前是夫婦之情後是男女之

樂
我徂東山三合四章
三章是慰室家之望四章是遂室家之樂自鸛鳴于垤出
至九十其儀上言旧婚下言新婚
我來自東四句
鸛鳴二句蒙上二句歸途而有遇雨之勞如此遂念行者
之妻遇雨必亦思其夫之勞而嘆息于家也時義有以因
歸遇雨遂念妻于斯之時鸛必鳴于垤婦必嘆于室而
思行者遇雨之勞我鸛鳴二句料想之辭天各一方安知
有雨而彼亦有雨耶只宜泛說遇雨不可說在時

卷二　五十

鸛鳴于垤四句
四句遞就歸士自言非詩人敘之也按此四章皆述歸士
之意而代言之俱不可作詩人口語
鸛鳴于垤婦嘆于室
上句勿依旧說謂在途遇雨正鸛鳴于垤之時還要見其
鳴于在家之地所以行者之妻聞而嘆息註內亦思之亦
字對行者遇雨說行者遇雨固勞矣其妻當遇雨亦思其
之勞而嘆息于家也知天將雨說蟻小註作鸛欠詳
有敦瓜苦四句
瓜苦二句要依註講言瓜繫于栗薪也時義講此二句乃

以瓜栗互言謂瓜繫于栗而栗繫乎瓜玩註無互言意㮣

薪謂栗不可以爲薪

自我不見于今三年

二句承上有敦瓜苦二句言不見苦瓜繫于栗薪已三年矣栗與瓜皆微物也見之而喜則其行久而感深不於是而知之哉 不可闊講謂不見瓜苦不見栗薪三年

倉庚于飛止其旧如之何

罷破四首至尾摠言新婚旧婚倉庚于飛二句雖爲婚姻之時然實興也亦不可遺興字

親結其縭九十其儀

卷二　五十一

結縭謂結帨朱傳施衿不過帶說勿以入講九十其儀謂九儀十儀非謂九十分也九者十之漸十者数之終九十爲言見儀之多

其新孔嘉其旧如之何

新婚旧婚兩重總斷樂男女之得及時兼新旧言之新婚及時而于婦固爲甚矣旧婚及時而復合則當何如皆見男女之樂也不可单重新婚不可单重旧婚

既破我斧首章

首二句断周公之爲此舉指東征說大公至正等註朱子推言之非軍士語不宜入講

周公東征亦孔之將

四句皆指心言不依曹琥朱氏国四国以功言哀我人以心言說通作功亦非

周公東征四国是皇

四国不正二叔流言所致下章不訛不遒亦然周公征之所以杜其不正之源將使四方之国知僭乱者天討所必加遠近革安其所而絕其覬覦之望帖然不爲其所搖知反側者王法所不赦彼此各守其常而释其睥睨之私翕然不爲其所熒惑不一于正而後已也四国謂四方之国四方之国皆正不獨一方爲然是謂莫敢不一于正時義指士農商旅之人皆正未是

卷二　五十二

哀我人斯亦孔之將

二句承東征二句說一方倡乱四方爲之煽惑則吾人受害深矣今公東征一方以匡四方之国鴟張者消其悪念偷老幼兒潰散之虞川谷不流人之血也狼顧者失其非心而遠近脫荼毒之苦原野不厭人之肉也則哀我人何如其大哉哀我人斯之大時說俱欠体貼下章亦孔之嘉亦孔之休皆依此講

周公東征四国是吪

吪化 其不軌之志而正路是遵改其從逆之心而帝則

是[illegible]下化之也非謂上之化下

周公東征四國是遑

下何取[illegible]四國之意收潰亂之人心而不敢跳越

于一綫之外屹然如崇墉之難動也東渙散之民志而不

致出入于大範之中確然如磐石之難移也不必繳上是

皇是吪

伐柯如何兩章

兩比只就居東說上比周公平日之未居東也猶伐柯之

無斧取妻之無媒相隔遼邈而見之之難下比周公今日

之既居東也猶伐柯之有斧取妻之有媒而見之之易上

卷二　五十二

章之比時說不就居東欠明

我覯之子籩豆有踐

此意對講不可只于籩豆中見誅內即此之此指媒非謂

即此一室之中見之

九罭之魚止是以有袞衣兮

前一章斷要以服字上下相應九罭四章分與此同前一

章因其來而喜之深後三章因其去而留之切

我覯之子袞衣繡裳

重在袞上有袞衣焉龍山雉火宗彝章則五矣繡焉[illegible]

趨之項向知之而今自擊之也有繡裳焉水藻粉米黼黻章

則四矣細爛於威重之時昔仰之而今親見之也不必添德

公歸不復於女信宿

信宿與信處一例宿猶處也不可如三須解作一宿曰宿

觀朱傳于此不註可見信處信宿一意

是以有袞衣兮一章

衣兮上截首句承上二章信處信宿而言次句仍要信處

信宿講願其于此信處而又信處願其于此信宿而又信

宿且留于此無遽迎之以歸也且留乃暫留之意

公孫碩膚赤舄几几

大義指忠聖講極其是議其大義兼約當暢而精成[illegible]

卷七十　五十四

忠義而道德邁乎古今公之忠不可加矣不可加也而將之議

起而公受不忠之名人孰不以乃二叔之所為不知公不

與之辨避而處于東者自讓忠之大美而不處焉二叔何

為哉公之聖不可及美不可及也然不根之謗與而公被

非聖之毀人孰不以乃三監之所為不知公不與之較避

而居于東者自讓聖之大美而不居焉三監何為哉蓋

使讒邪之口加於公之忠聖而其立言亦有法矣舊說以

為大美指冢宰之位謂公被毀而退相位人皆以為四国

流言之所為也不知公意則以盛滿不可常處自讓其大

美而不居四国何為者今細玩之只當就被毀講為[illegible]

詩經臆說卷之三

賜進士第光祿寺少卿海陵華湘源楚編

○小雅一

呦呦鹿鳴三章

一頭兩脚破各以求教爲會過文意要相承過重次章固欲其教已而有言也彼嘉賓之教已豈待有言而後見哉過至三章固表其教已於一時也至佳賓之教已豈但一時而遂已哉人之好我此起合下二章分與此同末章还是欲其教示不止於一時不可只就燕說謂一燕之間始終不倦即是教示無已依此無已二字不過氏總註安成解是食之以礼者食之以賓客之礼樂之以樂者樂之以琴瑟之樂將之以實者將之以筐篚之實求之以誠者求之以周行之誠後題於食之以礼說不同者斷章取義

呦呦鹿鳴詩章

首二句分與首至尾蓋即鹿之在野而食苹則性適矣故我嘉和以與賓之在燕而飽德則情通矣故其言盡不在

末二句截下文二章三章與此同

我有佳賓鼓瑟吹笙止承筐是將

首一句分首句乃帽頭也礼樂作根鼓瑟二句是樂承筐一句是礼嘉賓講得本国之臣諸侯之使時說因兩或字疑辭而非直言不以入講过於太泥

我有加賓鼓瑟吹笙

鼓瑟則歌鹿鳴四牡皇華吹笙則奏南陔白華〻黍大全可從

鼓瑟吹笙吹笙鼓簧

瑟笙要分堂上堂下瑟者堂上之樂笙者堂下之樂當以吹笙對鼓瑟講而以吹笙引起鼓簧毋作一段講之始合經意

人之好我示我周行

好我感其礼意之厚也好我所以教我勿以下句作好我之实周行要合下章之意何者可以達極于上而咸雍熙悠久之功何者可以作範于人而立正大光明之業之說不必指出事來

人之好我止君子是則是傚

上望其教已欲待於言下與其教已不待於言不以上是法其言下是法其行而以言教身教立意

呦呦鹿鳴次章

首二句斷旨酒二句重在求教時義过文教已之深如此則宴豈容已哉是謝教而非求教也不待言語之間而其所以示我者深矣註入在是則是傚後面不貼旨酒二句

我有佳賓德音孔昭止君子是則是傚
末一句斷是則是傚總承上三句說謂君子所當則傚其
德而使民不偷薄也非言嘉賓德音足以法乎君子此詩
乃王者求教而作君子泛論君天下者不說在位之人
德音孔昭君子是則是傚
德音是有大道之德音按上望其示我周行尚渾言也所
以不可指出事來至此所以示我者深矣則於德音指出
仁義礼樂無妨孔昭美其平日如此或就燕之一時說言
其光垂於几席之上休藹於壺觴之間意失於[illegible]
我有止酒佳賓式燕以敖

二句要講出求教意不待言語而示我者深則佳賓一
身無非教之所在以是旨酒燕之尊俎盤桓而佳賓有一
時之游衍得以教已於一時也壺觴歡洽而佳賓有一日
之游衍得以教已於一日也旨酒內不必牽入上文樂甚
總講
呦呦鹿鳴末章
首二句斷養其体是酒娛其外是樂殷勤之厚寓燕酒樂甚安
樂其心說飲之以酒非止養其体奏之以樂非止娛其外
所以安樂佳賓之心也見得殷勤之厚多以殷勤厚句单
謂安樂其心

我有佳賓鼓瑟鼓琴止以燕樂嘉賓之心
首一句分周與燕得人故厚燕以悅之末句截者不依
鼓瑟鼓琴四句
末二句斷不可四句平截礼樂作眼鼓瑟二句是樂旨酒
一句是礼
鼓瑟鼓琴和樂且湛
下句承上鼓瑟鼓琴歡騰於鐘鏞之噴固和矣然琴瑟之
奏不一闋而止和而復久也喜溢於宣暢之餘固樂矣然
琴瑟之樹不一成而終樂而復久也不可開講
我有旨酒以燕樂嘉賓之心

旨酒帶上樂說謂以旨酒而歡於鼓瑟鼓琴之時非止養
其体娛其外而已所以安樂其心也酒謂之旨者注之兕
觥者是清酤而常醞非其倫載之金罍者皆黃流而東口
所必譽不因有樂故謂之旨
四牡騑騑五章
後二章斷勿在首二章截要重私恩見勞之之意
四牡騑騑四章
四章平截翩翩者鵻二章承上二章而言所以懷歸者何
哉以其不遑將父將母而然亦故也前后相應
四牡騑騑一合二章

兩章一意不以上章作勞其心下章作勞其身按此二章
經傳不露出父母字則講豈不懷歸不必說出父母

四牡騑騑第一章

末二句分王事以宣德達情講我心傷悲打轉豈不懷歸
蓋以王事不可以不堅固是以心雖欲歸矣不敢徇私廢公
而傷悲只以內雖而傷悲也時說皆未打轉欠當

豈不懷歸王事靡盬

忠孝為主上句切乎私情是孝下句重乎公義是忠要見
忠孝不能兩立之意

四牡騑騑第二章

末二句分不遑啓處謂不遑啓處於家以盡其私恩也非
謂不遑啓處於外作勞其身說慶源輔氏述其公義之不
可已不可依之

豈不懷歸王事靡盬不遑啓處

王事靡盬二句相連首一句分上章豈不懷歸二句分同

翩翩者鵻三合五章

后一章斷前二章是缺養於至親后一章是陳情於至尊

翩翩者鵻三合四章

兩章皆是使臣之意而代之言見鵻之不如也不可作王
者閔之說按此五章俱是代言此君人者所以不能自安

而深以為憂註朱子推王者之意如此繳跋可用

翩翩者鵻第三章

末二句斷下章分與此同

駕彼四駱一章

末二句分豈不懷歸補出王事不可以不堅固而不得歸
意是用作歌二句始相承接

是用作歌將母來諗

二句重私恩上勿以公私兩盡平看將母來諗要兼父言
謂以其不獲養父母之情而來告於君也作文只依註講
不用添出明王以孝治天下意是歌即四牡之詩此因
使臣之歸作而勞之若說為人臣者聞之必有以自慰而
益不懈於用力則是初遣時矣不依豐城小註

皇皇者華首章

前一章分上以心言恐不能盡其職下以事言求所以盡
其職重在公義自駪駪征夫出起或搭下一章或搭下四
章倣此

皇皇者華首章

一章皆王者之言上二句美其行道之勤下二句述其心
之所懷也與之取义蓋即物之無地不有以與心之无時
不然朱傳所謂辭之婉而不迫慶源小註當玩

駪駪征夫每懷靡及

上句言從臣之盛故曰駪〻每懷之句按常若有所不及註乃無時不然意每訓作常非謂正使副使皆懷靡及之心是謂之每宣上德者君息一念之隆何以被於兆姓而膏澤無不流也達下情者民隱萬狀之異何以徹於九重而疾苦無不獻也宣德達情平看

我馬維駒四章

四章渾破只述使臣之意而咨言之不作王者說講要前二章相對後二章相對勿以首章為主下文三章連作一套

載馳載驅周爰咨諏

廣詢博訪措人或採之芻蕘而尊卑雅念得以傾所于使節之前或問之父老而貴賤幽衷得以飫聞於星軺之下泥註尊謂求賢不見廣博意所詢所訪宣德達情之事

我馬維駰一章

末一句分我馬之我不重非謂言我所以別其在人陰白雜毛作一串說馬有陰白二毛見毛之雜

常棣之華一章

興之取義在兩豈字即常棣之華豈不光明興凡今之人豈知兄弟非顓與華俱發有似兄弟故以起興

凡今之人莫如兄弟

二句泛言莫如兄弟之意下文詳言莫如兄弟之實下文六章皆要繳出莫如兄弟意来惟喪乱既平一章乃承上起下之詞則不用繳凡今之人渾說不謂朋友妻孥莫如兄弟也下言雖安樂無不相須正見至親莫如兄弟出此二句要含下文意講者捨下出只宜虛論

凡今之人 止 烝也無戎

前二句斷凡今二句言至親莫如兄弟如此然何以見之歟下文三章申其不如兄弟之實

死喪之威三章

三章渾破意要相承非獨不測之事然也或有急難兄弟無不拯爲非獨急難之時然也或有外侮兄弟無不禦爲自不測而急難自急難而外侮其所以言之者雖若益輕以約然自孚而薄雖薄而猶有所不能已則所以著夫兄弟之義者益深且切矣所謂益輕以約自死喪而急難自急難而外侮故謂益輕以約慶源小註謂自急難而小忿意畧不同

死喪之威一章

死喪之威指在家說原隰之裒指在外說死喪就[illegible]之死兄弟之喪死喪二字只是一意孔[illegible]

思措之也而無不用其情棺槨之具思飾之也而無不忍之
其道見相恤意或因總断只言死喪遂以原隰之裒作死
喪之实不知總断牵死喪為言原隰之裒包在其中
脊令在原一章
一章平截兄弟急难非言兄弟急救其难如脊令然盖脊
令有急难之意故以興兄弟處急难之时救意含在每有
良朋二句内當此之时雖有良朋不过為之長吰息而已惟
兄弟為能救之也玩註及總断急难二字連説謂急遽之
难不可分講
每有良朋况也永歎

卷三　九

朋謂之良見得情好之深雖不坐視其患意毋之契雖不
旁観其危然惟求唉者朋友之義第如此也較之兄弟
不同
兄弟閱于墻外禦其侮
常变作眼上句雖処人倫之变下句不失天理之常上是
情義之甚薄下是情義之难已
喪乱既平一章
喪亂本上三章言安寧起下二章意喪乱分説喪謂意外
不測之顛危乱謂急难遭侮之紛擾喪乱既平就是安寧
不可作兩層看

雖有兄弟不如友生
兄弟不如友生則悖理甚矣非謂悖理之甚所以雖有兄
弟不如友生
雖有兄弟止和樂且湛
前二句分前二句因其兄弟之輕後二章示以兄弟之重
儐爾籩豆三章
後一章断二章皆見凡今之人莫如兄弟也时説至此三
章欠繳此意
儐爾籩豆兩章
安寧為主兩章皆就安寧之後言上章言死生上上見死
貼在既具説下章言苦樂上上見苦貼在既翕説不以前

卷三　十

数章為死苦此二章為生樂作文須要依題順講朱傳用
以繳跌
儐爾籩豆一章
此言室家之樂必兄弟既具然後可以共享之也儐爾籩
豆要提出室家字来只作飲食之樂而遺室家者欠當室
家非謂其妻乃指家庭
兄弟既具和樂且孺
既具是兄弟無故此章言死生遂以既具就無故説和樂
且孺繳轉儐爾籩豆二句

妻子好合一章
此言妻孥之樂必兄弟既翕然後可以久享之也好合作
兩意看言其相好相合
兄弟既翕和樂且湛
既翕是兄弟相悦此章上言苦樂故以既翕就相悦説或主
聚會説者非是用父子夫婦貫閨壼之間兄弟既翕而有
歡顏夫婦斯有悦意可以久其好合如琴瑟之諧也庭除
之内兄弟既翕而有喜色父子斯有愉情可以永其好合
如琴瑟之協也和樂且湛䌫轉妻子好合一句難用人合
字破子上有碍

卷三 十一

宜爾室家一章
上言兄弟之重此復申之而欲其反覆窮極信其爲重也
居患難則天理常易復處逸樂則天理常难尋所以人
於兄弟患難之時不待究圖自知其重逸樂之後必待
究圖方知其重故以此終之
宜爾室家樂爾妻孥
宜指上章酒食之飫樂指上章瑟琴之和此乃泛言兄弟
於人其重如此不謂重於室家重於妻孥
是究是圖亶其然乎
究圖是究圖其理當講尋繹於意念之間而室家之

宜果由於兄弟宜之乎非也反覆乎真切之地而妻孥之
樂果由於兄弟樂之乎否也尋繹既至則本心自融然後
知室家之宜豈自宜哉信兄弟有以宜之爲反覆既深則
實意自露然後知妻孥之樂豈自樂哉信兄弟有以樂之
爲是究是圖謂究圖兄弟果能宜爾室家樂爾妻孥也不
依新安以是究是窮究樂妻孥之理以是圖是圖謀好兄
弟之事
伐木丁丁三章
前一章斷前一章只在人獲篤友之應後二章只在已盡
篤友之道講畢繳云王者篤友如此則神之听之豈不終

卷三 十二

於和平哉首尾要照神之听之出起至末同此
伐木丁丁一章
後二句斷只至鳥鳴嚶嚶而止非遍管也朱傳要貼得明
而言鳥之求友貼出自幽谷四句遂以鳥之求友貼相彼
鳥矣二句喻人不可無友貼矧伊人矣二句喻非譬喻之
喻乃曉喻之喻或有一頭兩脚破者伐木一句一頭次八
句一脚末二句一脚今以註觀之而言鳥之求友註緊連
只説難以伐木二句破作一頭
神之听之終和且平
篤友泛言非王者自叙不可引下燕礼及諸父等講神是

鬼神勿認作理和平指人言之不謂神之和平矣人篤朋友之好則和平矣神之所之和不止於一時而乖戾不生終於和也平不止於一朝而釁隙不生終於平也時說有依大全作神錫以福講者和則萬国騰懽而無擾攘之変平則四方底定而無崩潰之艱似乎太鬧

伐木許許兩章

親踈尊卑立說上章是親踈之殺下章是尊卑之等親踈以姓言尊卑以齒言伐木許許搭至兄弟莫遠意與此同

伐木許許 止 乾餱以愆

上一章求公道於己下一節戒失道於人

卷三 十三

伐木許許一章

一頭兩脚破伐木一句一頭釃酒五句一脚於粲六句一脚具之取義即伐木無不用其力具篤友無不用其情直管至末釃酒肥羜洒掃八簋總宴諸父諸舅之物分而言者不過互文見意並無輕重

寧適不來微我弗顧

二句是申上所以具是酒食之意盖我之具酒食以樂朋友者寧使彼適有故而不來無使我於朋友不顧而恩意之不至也有故泛講不必指出何事酒食不具就是不顧而恩意不至微我有咎二句倣此

伐木于阪一章

一頭兩脚破伐木四句一頭民之失德二句一脚有酒湑我六句一脚具至兄弟无遠而止不管至末朱傳上章自釃酒有衍釋起不提首一句則知上章具至有咎止此章自民之失德釋起不提首四句則知此章具至无遠止兄弟無諸同姓異姓伐木四句即伐木必於所生之地具置燕必於同儕之人取義如此

民之失德止飲此湑矣

八句皆承上文而言我之所以具是酒食以樂朋友者因監在人之失故反在己之情則處友之道敦矣不可只以

卷三 十四

民之失德二句作承上說

民之失德四句

上下相蒙因人於友以各物而有过故己於友必隨物而盡情不可平講

民之失德乾餱以愆

民謂小民乾餱不以分人泛言平日非謂飲酒之時不以分人也勿依慶源輔氏小註

有酒湑我止飲此湑矣

末二句分只就本章兄弟說不兼諸父諸舅坎坎鼓我之鼓工鼓之蹲蹲舞我之舞工舞之非王者自鼓自舞

有酒湑我四句

上二句言礼下二句言樂

有酒湑我无酒酤我

二句見不計有無意有酒我則湑之不以有而吝无酒我則酤之不以無而止有固飲也無亦飲也見其不計有无

坎坎鼓我蹲蹲舞我

上句是樂之声下句是樂之容

迨我暇矣飲此湑矣

暇謂萬機之暇不說国家無事飲此湑矣繳鼓舞講献酧交錯鼓於是而坎坎也樽俎流連舞於是而蹲蹲也有不

卷三 十五

繳者文字無味

天保定尔三章

后一章分前三章詳其福之與后一章状其福之與此詩乃臣子托天托神福君而答謝之不依大全作祝作頌按天保六章一章二章托天福君三章則形容天之福君四章五章托神福君六章則形容神之福君時說不以三章形容天福六章形容神福各要開講今玩三章有天保定尔兩句開說猶之可也六章若不作状前章之福無所承

矮难説

天保定尔第一章

首二句分首言天之安定我君甚固然何以見之哉蓋使之獲福如此則安定可謂甚固矣俾尔单厚四句乃安定孔固之实

天保定尔亦孔之固

二句串説言天安定其君甚固也要含俾尔单厚四句之意栽培篤于穹隆而休祥為之森覚安之甚堅確然如九鼎之难移不啻維繫隆于冲漠而休美為之駢臻定之甚固屹然如太山之四維為时義皆講不徒安之而所以安之者甚堅不徒定之而所以定之者甚固作兩開説非是孔固謂难揺動非悠久意

卷三 十六

俾尔单厚四句

上二句以时言下二句以事言俱就福看自其福之单厚言之受天之祜前不為豊也荷天之休後不為啬也俾無一时之不厚焉观其伯者方終而積累之既盛新者復續而承継之無穷綿綿乎其不絕也福之除也如此何单厚如邪自其福之多益言之繁祉来崇此不為盈也純祜畢集彼不為缺也俾無一事之無益焉观其如兆如式而不可以一二名時乃时億而难以十百計穰穰乎其甚隆也福之庶也如此何多益如邪講畢要見此乃安定孔固之

实

俾尔单厚何福不除

下句何福不除即单厚意

俾尔多益以莫不庶

下句以莫不庶即多益意只就福言勿用動静云為作止語默及礼楽刑政紀綱法度講

天保定尔第二章

首一句分下皆安定之实俾以戩穀俾以遐福則天之安定我君也何至哉俾尔三句要一連講降尔二句要一連

講

俾尔戩穀罄無不宜

戩穀指所為言下句是戩谷之实有万機焉而万機無不宜有庶政焉而庶政無不宜可見所為尽善也尽善云者所為皆善之謂不可認作至善罄無不宜依上文講不說宜民宜人宜国宜家

受天百禄降尔遐福

二句要見天人相與之意君以德而受禄於天是君以德與天也天以福而下降於君是天以福與君也德福交感夫天人相與如此时義多以上句謂得人而受百禄是人與之以下句謂得天而降遐福是天與之依此未見相与意禄即是福不以受於已者為禄降於天者為福受天百禄要提出德来方見君有以與乎天所謂百禄乃上戩穀罄宜是也指未然言易依輔氏小註作已然說罄無不宜

四句平看不重降尔二句德乃人君行道有得之謂

降尔遐福維日不足

維日不足就是遐福今日降之而明日敷錫不已福无窮而日若有穷明日降之而后日申重有加福无限而日若有限是謂維日不足

天保定尔三合四章

上章托天之福君以君乃天之子也下章托神之福君以君乃神之主也過文天福之如此神福之何如哉不必承

說謂天福之神豈有不福之者耶三章出起至末同此

天保定尔第三章

首二句斷以莫不增連川之方至說不繳如山如阜三句承上二章而言天之安定吾君单厚焉多益焉而百順之皆集戩穀焉遐遠焉而千祥之畢萃以莫不興如此可謂高大矣何以状之哉如山二句則形容其福之高大也可謂盛長矣何以擬之哉如川二句則形容其福之盛長也

高大盛長貼在以莫不興下文不用再講

天保定尔以莫不興

上章单厚多益戩穀遐福即是以莫不興言其福之高

大歲長如此不可泛講
如山如阜四句
上二句以地勢言下二句以水勢言福之高大如地勢之
高大則無形與有形者並也福之盛長如水勢之盛長則
無象與有象者等也福之高大盛長先提起講不可入在
如山如阜三句內
如山如阜如岡如陵
四者皆高大之意不說岡高於山阜大於陵及以高指山
岡大指阜陵俱不可從
如川之方至以莫不增

卷三　十九

下句以莫不增就川論也不應上文以莫不興或作串如
山如阜三句說者皆非
吉蠲爲饎三章
後一章斷吉蠲爲饎二章托神福君後章形容其福也不
可一頭兩脚破去合此章上是天福此是神福
吉蠲爲饎兩章
上下開說不必以嘏詞貫嘏詞单管君曰卜尔兩句按此
二章皆福君也以上作一人之福以下作一世之福非是
吉蠲爲饎一章
末二句分酒食兩意言爲酒爲食也若二章則又分爲酒爲食

以盡一心之孝以備一時之享不可串講
君曰卜尔萬寿無疆
二乃皆托尸傳神意以嘏主人之詞勿以上句是嘏詞下
句是詩人之言寿即是福蓋壽五福之先也非謂死寿則
难以享福作兩様說
君曰卜尔止詒尔多福
上二句以内神言下二句以外神言下章神之弔矣之神
泛指百神不指先公先王觀朱傳猶言字可知
神之弔矣一章
首二句分民之質矣四句即多福之實或以神之弔矣二
句作神格民之質矣四句作民化上下開看不可依之

卷三　二十

神之弔矣詒尔多福
下句詒尔多福要含民之質矣四句意講另外生意殊失
本旨
民之質矣四句
四句混說神詒以多福也不作嘏詞羣黎百姓二句本上
二句言不可平看
民之質矣日用飲食
下句串說日用飲食正見民之質矣日用飲食不分時我
分講日用者日出而作日入而息也飲食者耕田而食鑿

井而飲也不分爲長

群黎百姓徧爲爾德

群黎百姓指一世說不可單謂王畿民之質矣二句即民徧爲爾德君之德質而無妄群黎莫不法焉而以爲之準君質而民無不質則群黎之德猶九重之德也君之德實而無僞百姓莫不則焉而以爲之象君實而民無不實則百姓之德猶一人之德也見得助爾爲德

如月之恒一章

首二句分承上三章而言神於吾君萬壽是期而栽培之也享一德攸徧而眷顧之也降爾來未艾不可限量窺福

卷三　廿一

可謂進盛矣如月二句則形容其進盛也有常不變不可衰月計福可謂悠久矣如山四句則形容其悠久也時說以福祿言不承上章欠當

如月之恒三句

末一句斷上二句是擬之以天象下一句是擬之以地勢進盛悠久渾承上二章言以多福分進盛萬壽分悠久者

勿依

如月之恒如日之升

福之進盛先講然後講月講日以福入於日月內講者非

如松柏之茂無不爾或承

福之悠久先講然後講松講柏以福入於松柏內講者非松柏是喻其悠久也不依豐城朱氏作喻其福之方進

采薇采薇一合三章

前一章斷前一章是廢私而由於義後二章是廢私而勇於義二章靡使歸聘句應首章靡室句見其不顧家也三章我行不來句應首章不遑句見其不顧身也三章俱重公義不重私恩說在道時說勿以首章作始行次章作在道采薇起與由作而柔由柔而剛雖有次序不過一時之事並無行漸遠意采薇六章前五章出戍之事後一章歸戍之事

采薇采薇一合二章

卷三　廿二

公義私恩說上章是公義下章是私恩此非正意就題言之

采薇采薇第一章

一章平截上言出戍之久下言出戍之由講歲亦莫止畢要先提出舍其室家廢其啓居意蓋歸期之遠如此室家則於是乎舍矣靡室二句承言所以舍室家之故啓居則於是乎廢矣不遑二句承言所以廢啓居之故朱傳叙其勤苦悲傷之情而又風以義者曰歸曰歸歲亦莫止靡室靡家不遑啓居皆是叙其勤苦而動其悲傷之情一則曰

慫兊之故二則曰慫兊之故是風以義也勸㫖悲傷勿依
安城分貼
曰歸曰歸歲亦莫止
歲亦莫止來歲之莫也古者戍役以下註解歲亦莫止四句
今年春莫行又明年仲春至兩期而還是謂歸期之遠不
依華谷說民因示歸期以安其心
靡室靡家四句
上二句忘家以狗国下二句忘身以狥国靡室謂無妻子靡
家謂父母所謂非上之人故為是以苦我見得非勞兵以
開邊而勞我人民黷武以召禍而危我士卒之意

卷三 廿三

靡室靡家止我行不來
前四句分第二章應靡室句說第三章應（？）後
相應
采薇采薇二合五章
四章不截前二章未至之時就在道言後二章已至之時
就在邊言
采薇采薇二合三章
上章是忘家以赴敵下章是忘身以赴敵皆重公義勿以
上章作切於情下章作勇於義
采薇采薇第二章

一章平截只至四句而止不在末二句分或首四句作一
頭次二句一腳末二句一腳亦是
曰歸曰歸心亦憂止憂心烈烈載飢載渴
四句不截歸期之遠包在曰歸之中曰歸曰歸則未歲之
暮見歸期遠也朱傳歸期一句貼曰歸曰歸念之一字貼
心亦憂止憂之甚貼第三句勞之甚貼第四句失歸期之
遠而憂心如此于斯之時跋涉於草野之間憂則抑鬱不
勝烈烈然而憂之甚焉馳驅於道路之上勞則飢渴不兆
悠悠然而勞之甚焉時文貼註不明以憂心烈烈帶在憂
止上講則只是至五句止矣未是

卷三 廿四

憂心烈烈四句
四句通敘其情憂心二句見其私事固切於懷然戍事未
已是以靡使歸聘而家不暇顧也其情如此敘而見之實
諷以（？）感動其東跋見之
憂心烈烈載飢載渴
二句皆承曰歸曰歸心亦憂止而言因念歸期之遠所以
憂之甚而勞之甚也不以下句本上句說以為惟其憂心
烈烈是以載飢載渴
我戍未定靡使歸聘
戍事未已就在道時說言我植桓之衆凡荷戈者悉赴犬

羊躑躅之區耳上之夫凡執之者各據於倡出役之境分
然未至而戍事未已故無人可使歸聘也慶源註是非謂
兩番者皆在疆圉
采薇采薇三合四章
上章期以死敵下章期以勝敵
采薇采薇第三章
一章平截與至四句而止不在末句分
王事靡盬四句
四句平截不遑啓處與前四牡篇同謂不遑啓處於家以
盡私恩也私恩雖不能死公義尤所當重而憂心孔疚是
以我行不來憂心孔疚搭在下講

卷三　二十五

憂心孔疚我行不來
二句承說惟有深慮故死迷心憂是憂玁狁之難荅公
義言非謂憂家
憂心孔疚此條玁狁孔棘
前二句分前二句敵愾之心後二章敵愾之事此文當云
忘身赴敵如此然敬畏不存則何以赴敵哉前後要相照
應
彼尔維何三章
後章斷前二章述其往戍之事是義後章述其歸戍
之勞是情
彼尔維何兩章
上章相期以勝敵下章相警以防敵兩章俱作戍人自言
非王者勉之之詞上章豈敢定居下章豈不日戒皆見其
戒俱也不以上章為奮揚下章為戒俱
彼尔維何一章
彼路斯何君子之車
一章平截戎車二句蒙君子之車言
路車泛說若謂一進一退於此乎指揮或前或後於此乎
操縱則是下章所依所腓之意

卷三　二十六

戎車既駕四句
上下相承戎車既駕而四牡皆盛則有赴敵之勢矣何敢
以定居乎開論者非
豈敢定居一月三捷
二句就戍役言夙夜不遑而不敢或有所息身之安危固
不暇恤也防守不失而不敢少有所寧固之理亂惟知當
討也如此庶乎一月之間三戰而三捷矣不說將帥
駕彼四牡一章
末二句斷上是禦敵之具下是備敵之心行列整治貼四
牡翼翼說器械精好貼象弭魚服說

君子所依小人所腓

二句就戎車言統制乎兵務上而爲將帥者有君子也君子則於戎車是倚爲出則藉之爲所憑之地臨機應變悉展布於錯衡之内也入則以之爲所居之宅運籌決勝争參畫於暢轂之中也則戎車非君子之所依邪奔走乎兵車下而爲戍役者有小人也小人則於戎車是腓爲矢石交下之時六師利害頼其指揮也旌旗變色之頃一軍安危係其操縱也則戎車非小人之所腓邪戎車即上路車

腓依朱傳作芘倚説

豈不日戒玁狁孔棘

卷三　廿七

二句承上六句而言雖有此車馬雖有此器械然不恃之而起輕敵之心豈不日相警戒乎盖玁狁之難甚急誠不可以忘備也下句是申上句意不可忘備應警戒説警戒主備禦講防之必欲其嚴而不使有虚之可擣守之必欲其固而不使有釁之可乘以此而日相警戒如此不繳上文車馬器械此指戍役言時説皆講或分部諸將而以主待客或分遣步卒而據險守要則謂將帥警戒矣非是為

昔我往矣一章

末一句分設爲役人預自道其歸時之事如此昔我往矣二句是因歸而憶往時之景也通章以歸爲主勿依安城

兼往反説註中勤劳一意

行道遲遲四句

末一句分行道二句平講不必以爲行道遲遲是以飢渴遲遲还説道之長遠非謂去歳冬莫春而往今歳仲冬而來是得遲遲若然則是時之長遠而非道之長遠也就其出題之意傷悲不行道二句説不用繳雨雪句道路既遠則草跋水涉而朝暮不勝其艱飢渴不免則自竣月削而体膚不堪其困是以傷悲

我心傷悲莫知我哀

傷悲總繳雨雪霏霏三句暄涵周行而回遠之莫堪馳驅飢渴而口腹之莫給所以傷悲也並不可单繳行道遲遲二一句莫知我哀指君不泛説人

卷三　廿八

我出我車一合四章

後一章斷前三章詳其出師成此伐之功後一章叙其還師惧此伐之命三合四章意同

我出我車一合三章

後一章斷首章言前軍至牧二章言後軍在郊三章承言率此前軍後軍何往或盖往城朔方也旧在首一章截以召彼僕夫四句合三章戒惧以自天子所二句合三章合楊玩之不見此意

我出我車一合二章

忠敬戒懼為嘗上章是忠敬下章是戒懼前軍後軍作主
過之

我出我車第一章

一章平截因承乎上者重故餘乎下者難遍章不可作將
帥自說惟自天子所二句暎王事多難二句是將帥之言
觀註兩曰字可知所謂始受命出征之時通管一章非只
管前四句

自天子所謂我來矣

二句連說言受命天子之所而來統尔有衆以上句作原

卷三　二十九

其受命之由以下句作明其出師之意尤當受命之講綸
音諄複而秉鉞之權親托於斧扆之上天語丁寧而專閫
之寄面授於殿陛之間自天子之所而來見其重也若謂
命我城彼朔方以備獫狁則已令狠矣三章有碍

召彼僕夫四句

載謂駕車以行非裝載之載玩末章獫狁大故以為始以
為終註多難專指北狄不兼西戎

我出我車于彼郊矣止雨雪載塗

後四句分前二章叙其出師敬暎感而並行後四句叙其
还師往來而異感

我出我車二合三章

上章是戒懼下章是奮揚平說見並行而不相悖也不依
慶源輔氏以為有前章之戒懼然後有此章之奮揚

我出我車第二章

末二句斷說此旐矣只當講旐時說因彼旟斯句添出
旟講过於牽合

設此旐矣建彼旄矣

二句開論旐旄是兩物也設之建之皆在車上非謂設此
旐而建之於旄

彼旟旐斯胡不旆旆

前軍后軍叠旟所以統前軍者旐所以統後軍者按三

卷三　卅

礼考註旟之所畫只朱雀也則鳥隼是一物勿依大全作
兩物解

憂心悄悄僕夫況瘁

二句重在將帥憂是憂其任大責重要講推轂之遺係三
軍之存亡任莫大矣恐不能勝其任而今日之行今日以
為憂也專征之托関一国之安危責莫重矣恐不能副其
責而明日之行明日以為憂也將帥如此僕夫感之亦為
將帥恐懼憔悴而以將帥之憂為憂非憂苦已罹於鋒鏑
死亡按此為勞还師而作當重將帥不重僕夫叠山以此

二句平說不可依之

王命南仲一章

末二句斷上是未至之事下是已至之事过文依首三合

說揔承上文二章而言不可单承戒惧

王命南仲徃城于方

二句是述南仲傳命以令軍衆城謂築城以守備也時文只云守備而不言築城殊晦經旨大將傳天子之命以令軍衆註貼此二句非貼天子命我城彼朔方

出車彭彭旂旐央央

此承王命南仲二句言也大將之号令既施三軍之精采自倍所以軍容如此註中於是二字要玩威灵気焰赫然動人包在此二句內非解赫赫南仲

卷三　卅一

天子命我城彼朔方

二句就軍衆說南仲既傳天子之命以令之由是軍衆皆知天子命我城彼朔方也或以王命南仲二句不作傳命至此二句方傳天子之命以令軍衆不與註合

赫赫南仲玁狁于襄

此言南仲已至朔方也上句不重以下五章六章赫赫南仲观之不过称詞只宜泛講其威名光顯不必就車旂上說玁狁于襄由城守所致城守之意入在上句講危垣高壘足以消其陸梁之心而得保障之常道亘郭崇墉屹然絕其桀黠之念而嚴華夏之大防是以玁狁自服而患除矣時義俱以此二句不作已至朔方言玁狁于襄不通

赫赫南仲玁狁于襄止玁狁于夷

一頭兩脚破畏此簡書以上叙其伐遠而歸作二頭次章以未至言作一脚末章以既至言作一脚不在首一句截有以未歸已歸為主末章分者非也昔我徃矣出至玁狁于夷豈不懷歸出至孫言述歸而以未歸已歸為主者是

赫赫南仲玁狁于襄止雨雪載塗

上二句美其出師之功是義下四句着其出師之久是情

卷三　卅二

昔我徃矣兩章

上章述將師之情主北伐說下章述室家之情主西征說

兩章皆非王者之言

昔我徃矣一章

一章平截上下相貫講所以然之久者制於公義然也多難

同前

昔我徃矣四句

四句主在道說上二句往而在道者夏之時下二句歸而在道者春之時春謂今歲之春夏謂去歲之夏見出之久意

豈不懷歸畏此簡書

懐歸要歸父母妻子簡書依註後說乃策命臨遣之詞只八

言北伐不兼西戎

喓喓草蟲兩章

西征北伐為主上述其憂於內因有西征之行下述其樂

於歸未並北伐之績

喓喓草蟲止薄言還歸

上一章是室家之憂下六句是將師之樂

喓喓草蟲一章

上二句斷喓喓草蟲觸于目者變也趯趯阜螽闗于耳者

變也一章皆室家之言不可以末二句作王者說

卷三　廿三

赫赫南仲薄伐西戎

上文通論北伐之事而室家於此以薄伐西戎言者豈既

却獫狁而還師以伐昆夷也欲不勞餘力因西戎小所以

伐之不勞餘力也舊謂既却獫狁則伐西戎不勞餘力

春日遲遲一章

末二句分上著其成功之樂下原其成功之由蓋功之成

者是豈兵車之力哉赫赫南仲城守有方而獫狁之難除

也觀獫狁大故以爲始以爲終註則此章專說北伐而歸

不兼西征執訊獲醜指獫狁之魁首徒衆

春日遲遲止薄言還歸

上四句可樂之事乘此良時述此盛事生

全相慶爲之自舒危亡不憂精神爲之自暢將師何

如其樂哉將師之樂含在時與事裏講畢方可形容其樂

赫赫南仲獫狁于夷

于夷打轉執訊獲醜要講彼皆不攻而自降我其執之徒

發不戰而自服我其獲之而獫狁之難平也且以守備爲

本而不勞攻戰之意

有杕之杜四章

後一章分匪載二句繳首二章期逝二句繳第三章不可

四章平截

卷三　廿四

有杕之杜一合二章

後一章斷前二章感時變而念其不至後一章感時遠而

度其將至

有杕之杜一合二章

當暇當歸爲骨前章是思其當暇後章是思其當歸

有杕之杜首章

後二句斷前是念其不得暇後是念其可以暇不在末二

句截下文三章俱於後二句分王事靡盬指成事言不說

北伐西征

日月陽止三句

日月陽止謂戍事告畢之日也日月陽止二句乃詩人之言不可通作室家語

杕杜四章

有杕之杜 杕杜 ...

卉木萋止 止憂我父母

上三句及期不歸而貽已之念下四句过期不歸而貽親之念見得夫婦之配子母之屬人情之同欲也故述而男之

陟彼北山兩章

上章以物理而度其將至下章以占驗而決其將至

檀車幝幝四牡痯痯

車馬是出戍之車馬車堅馬壯就始之所往說車敝馬罷計今之所處說不以車馬作北伐西征之車馬

匪載匪來一章

匪載二句繳首一章杕杜實之成由秋而冬則歸期及矣可以來而不來固切於憂期逝二句繳後二章杕杜杞之生由春而暮春則歸期过矣可以至而未至益切於憂然則何以決之扎是以或卜或筮而無不為也憂心孔疚謂心憂之而甚病易為憂恤者或憂其飢渴或憂其疾病之意

卜筮偕止三句

卜筮總承匪載匪來四句而言歸期及而未來憂之已切歸期过而不至憂之愈切所以卜筮俱作也不可单承期逝不至二句

魚麗于罶六章

六章平截前三章道其所薦之極六章後三章道其所薦之由全所薦之羞指酒言也勿以前三章說酒後三章說殽若六五音正韻滋味為羞則知凡有味而可飲者皆得以羞名之不專指殽此乃通用之樂歌主不可講君賓不可講臣只當泛說後凡通用之樂倣此

魚麗于罶三章

只之取義即麗于罶之魚不惟鱨也而有鯊亦薦于賓之酒不惟旨也而且多下文二只皆同三章說不依大全鱨鯊之美不若魴鱧魴鱧之美不若鰋鯉作有序看

君子有酒旨且多

旨多单言酒也旨謂氣味調和一皆怡情之美醞釀者條達無非可口之歆旨多謂壺觴充盈取之而不窮左右縈迴用之而不竭時說以君子有酒謂令人設之則殽在其中故以旨多帶殽看合讖

物其多矣三章

物字指酒經文分明言君子有酒旨多有而時文不玩蕪上殽講不可依之佳者珍異而不同於常飲偕者齊一而不雜以他釀時者新絜而不𬄛於褻味偕謂酒之齊一非謂飲酒齊一也多嘉旨偕有時要作六者勿以嘉時照旨

多有即偕意

南有嘉魚四章

四章渾破切無淺深不可以後　章繳前三章

南有嘉魚首章

吳之取義南有佳魚則烝然以罩吳主有佳賓則式燕以

樂下章吳與此同此與二章三章皆要以嘉賓提在有酒

上面講方與嘉魚相應惟四章吳不取義者當順經文

君子有酒嘉賓式燕以樂

嘉賓渾說非如鹿鳴專指臣言蓋此通用之樂故也式燕

以樂謂設燕以樂之几席一開而悃愊畢露以暢其精神

卷三　廿七

獻酢既舉而繾綣有加以怡其心志是謂式燕以樂

南有樛木一章

吳之取義南有樛木則甘瓠纍之固結而不可解吳主有

嘉賓則式燕綏之綢繆而不可解重在主人安賓不取相

依相得之意

君子有酒嘉賓式燕綏之

綏之謂主人設燕以安乎賓非因賓主相得故謂之安當

講登我筵者從容於三爵無筭之後而嫌疑不生也依我

几者優游於一堂交錯之時而舒太自得也安自是安不

可以安即上樂意

君子有酒佳賓式燕又思

燕而又燕只就飲酒時說既獻之而復獻之罄方寸之勤

渠不以一獻而遂已既酬之而復酬之竭衷懷之款曲不

以一酬而遂止故曰燕而又燕非今日燕而明日又燕之謂

南山有臺五章

五章渾破不過反覆美其德而祝其壽也章七吳皆至末

美德祝壽五章皆有不依安城所分此乃通用之樂君子

不可專指在位之人基光父母德音各自開說不必貫講

南山有臺三章

後一章分德音要繳上文二章基光父母此乃因題言之

卷三　廿八

樂只君子邦家之基四句

美德祝壽平說不用有德者必得其壽作過或繳壽之無

期廣保邦家於無期也俱不可從下章樂只君子四句意

與此同

樂只君子邦家之基

樂只君子句輕章內皆同不必入德邦家之基方以德言

要講積之有餘而身係生民之休戚實爲廟之柱石也發

之有本而出關海宇之安危實社稷之楨幹也言君子之

德如此下章邦家之光民之父母皆然勿添出　學

南有樛兩章

上章言其德显乎国下章言其德庇乎民勿以尊主庇民
爲主上章不見尊主意
樂只君子邦家之光
光就邦家請縕蓄迈乎百寮而朝廷爲之生色抱負超
乎群彦而宗社爲之增輝邦家之光何如哉不可開説
樂只君子民之父母止德音不已
上是美其德下是祝其壽
樂只君子民之父母
民之父母要与邦家之基邦家之光作一例看漸仁摩
義好其好而惡其惡莫群黎於抚字之中礼陶樂淑樂其
卷十二 卅九
樂而憂其憂胃兆姓於覆幬之下民之父母孰並之
哉非民以爲父母民之父母開講不承基光
樂只君子德音不已
德音不已不已見壽德積於中而英声発于外隆於斬目者
久不見其替德揚於無筭壽基於无筭也德出乎身而令聞
加乎民彰于前者后不見其晦德播于無疆壽延于無疆也祝
之之詞不作美説
樂只君子德音是茂
德音是茂與上德音不已不同上章德音不已祝其耆之
久就后日言也是未然事此章德音是茂美其耆之盛就
今日言也是已然事
樂只君子遐不黄耇止保艾尓後
上祝其壽下美其德遐不黄耇與上遐不眉寿
皆祝之也勿依慶源作兮説
樂只君子保艾尓後
保艾尓後是美其德足以保艾其後也保謂不震不騰躋
于泮渙之域艾謂以生以育囿於飽煖之區後指子孫不
説一身
蓼彼蕭斯四章
四章渾破皆所以示慈惠也不在首章及末章截示慈惠
卷三 四十
意就各章説不依大全性於燕上見之
蓼彼蕭斯第一章
末二句分上是天澤之孚下是君恩之隆只至四句而止
二章三章皆然惟第四章只通至底
既見君子我心寫兮止是以有譽處兮
四句見示慈惠之意天子於諸侯心輸寫而無留恨燕笑
語而有譽處皆所以示慈惠也不可只以下二句作示慈惠
既見君子我心寫兮
下句本上句言向處封邦而欲見無由恨嘗留于心矣今
既見之所以輸寫無留恨也心無留恨指既見説

燕笑語兮是以有譽處兮

一二句皆承既見君子二句不以下句承燕笑語兮說

譽處兮講君有歡心則臣有得君之名而遠迩景慕之不

已声聞自彰于人也上有喜意則下有獲上之美而祿位

保全之無虞安樂自享于己也笑語兼言君臣答 從鄭言

諸侯

既見君子我心寫兮止為龍為光

上下相承既見而心輸寫何哉蓋喜其德也斷章取义如

此

蓼彼蕭斯二合三章

卷三　四十一

上章喜其德而美祝之寓勸戒之意下章嘉其德而美祝

之寓警戒之意上章勸戒只於其德不爽上見下章警戒

只于宜兄宜弟上見不輸寿考與寿豈或以上章主国言

下章主家言非是下章孔燕豈弟有国在中

蓼彼蕭斯第二章

末二句斷示慈惠意總指既見君子四句既見而喜因褒

美而祝頌之皆君之慈惠也不可止以其德不爽二句見

示慈惠

既見君子為龍為虎四句

上二句見之而喜其德下二句美之而祝其寿因喜其德

遂褒美而祝頌之亦猶其不爽句祝頌貼不忘句勿以褒

美雜看為龍為光

既見君子為龍為光

龍光言其德之足以為龍為光為龍者容止一英華所發

而廟堂動快覩之誠為光者周旋一軌範攸存而殿陛謳

增彩之美不以龍光作德

蓼彼蕭斯第三章

末二句斷示慈惠意與第二章同勸戒警戒皆所以示慈惠

其德不爽寿考不忘

二句承說其有是德故祝其有是寿下章宜兄宜弟二

卷三　四十二

句倣此德即足以為龍為光之德在彼如是一致而不殊

在此如是胳合而无異是謂不爽因寓勸戒之意若曰

今以始德常不爽則祝頌而非褒美也不忘言德始終不

替之意

既見君子孔燕豈弟令德寿豈

章法二章既見君子四句相同

既見君子孔燕豈弟

孔燕說飲豈弟說德孔燕豈弟厚為燕飲以嘉其樂易

之德也慶源輔氏小註可從孔燕只享燕之意非謂飲而

又飲豈弟濮氏作情之樂易不可依之

宜兄宜弟令德壽豈

宜兄宜弟言豈弟之德而能宜其兄弟也德能宜其兄弟則其德令矣積善者必有其慶而康寧之美自引於無窮家庭泮渙求無閱墻之變也惠迪者必有其吉而貞固之符自延於[illegible]拔手足優游終無角弓之忌也壽豈之豈指兄弟說

蓼彼蕭斯第四章

首二句斷與首至末稱其秉胡之儀表其獲福之大見示慈惠

既見君子鞗革忡忡四句

一頭兩腳首句一頭次二句一腳末一句一腳萬福攸同就鞗革二句見車馬之美如此蓋荷一人之寵而列五等之尊身為諸侯然其身為諸侯可致之物無不畢其願所欲之事無不適其意万福何如其攸聚邪不必縷縷上章

鞗革忡忡和鸞雝雝

上句是馬之飾下句是車之飾馬轡為鞗轡首為革是兩意也勿依孔氏謂皮為之故曰鞗革

湛湛露斯四章

前二章分前二章言有以享其燕後二章言有以善其燕此乃天子燕諸侯之詩不可以下二章作臣善其燕而諸侯莫不令德令儀見天子之燕善也要重天子

湛湛露斯一合二章

上章是情之厚下章是情之親慶源輔氏小註可依

湛湛露斯第一章

一章平截下文三章皆然興之取義即露匪日則不晞興飲非醉則不歸湛湛露斯對厭厭夜飲說匪陽不晞對不醉無歸說

厭厭夜飲不醉無歸

厭厭兼安也久也是也三意安謂機務不擾久謂更漏

漏移是謂觥籌無筭乎講不從慶源輔氏以為安故久久故足作一串看

湛湛露斯第二章

興之取義湛湛露斯則在彼豐草也興厭厭夜飲則在此宗室也取兩在字之意

厭厭夜飲在宗載考

二句重在宗上蓋夜飲必於宗室所以親之也苟於他所則疎而不親非夜飲之禮今在宗室殆見情於是親而夜飲之禮成矣不謂厭厭見成其禮

湛湛露斯三合四章

內外作眼上是不亂其內之心志亦是不衺其外之容止
上章之與曰杞曰棘其露莫不盛以興顯允君子或公或
侯其德莫不善下章之與曰桐曰椅其實莫不垂以興豈
弟君子或公或侯其儀莫不善重在莫不二字

湛湛露斯第三章

與義說見上題下章亦然

顯允君子莫不令德

二句承厭厭夜飲說厭厭夜飲雖過三爵然莫不令德可
見天子之燕善也下章豈弟君子二句倣此顯允指其心
言顯者其心明白洞達之者其心忠信誠慤之意山註是莫

不見得公侯伯子其德無一不善之意下文莫不相同

豈弟君子莫不令儀

豈弟言其為人樂易也樂謂雍容自得而和厚有餘易謂
偏陂不形而坦夷可掬不必說德

詩經臆說卷之三終

詩經臆說卷之四

賜進士第光祿寺少卿海陵華湘源楚編

○小雅二

彤弓弨兮三章

三章渾破下文二章乃反覆詠歌之也不分淺深不依慶
源輔氏作加重看

彤弓弨兮首章

首二句分我有佳賓四句是一套事不可三下平說不可
末二句截經文言弓詩柄無矢蓋有弓必有矢也詩柄雖
無矢言行文勿帶失講功說得闊不必專指攘夷

我有嘉賓中心貺之四句

上二句言其心無所勉下二句言其心無所吝有功入者
賓上下文二章皆同

我有嘉賓中心貺之

中心貺之見得非我勉強禮不至而出於利誘非彼賜寵可
是而由於勢迫蓋中心實欲與之也無兩意講

鐘鼓既設一朝享之

上句是大樂下句是大禮享指其燕飲非常膳品乃上羞
是謂之饗下文中心喜之因其有功而喜非喜其人

鐘鼓既設一朝右之

右之就燕上說弓在其中彙觴絜于一時勸之以酒而形
弓由是錫焉以酬其備績㕘容不見也寵渥隆于一旦尊
之以賓而形弓由是賜焉以報其豐功美德不形也上文
饗之下文醻之倣此醻之說燕飫獻而復醻之就是厚也
勸也不因獻功見醻

菁々者莪四章

後一章分前是喜之之心以見而形後是思之之心以見
而慰

菁々者莪三章

前一章斷首言因喜樂而有燕飲之礼仪然我之喜樂非

卷四　二

偽也実由於一心之誠非輕也如錫以百朋之多則燕飲
自不容於不莽矣二章三章皆承首章喜樂而言

既見君子樂且有仪

樂是內之愛仪是外之敬因愛之故敬之不依慶源輔氏
以爱敬兩尽平看有仪指燕之奉燕見其有仪

菁々者莪二合三章

上下貫說要以下章是狀上章之喜此非正意因題言之

既見君子我心則喜

我心則喜是見其喜出於心而非徒飾於外之意

既見君子錫我百朋

下句錫我百朋泛言見之而喜如得百朋之多非狀上章

汎々楊舟一章

一章平截上喻未見賢而思之切下述既見賢而慰之深
則休打轉楊舟二句令也既見君子心遂安定不復未見
之時如楊舟載沉載浮也未要表出燕之設而不容已意

既見君子我心則休

我心則休只繳本章楊舟二句不用打轉上文東中要見
樣其心既安定所以飲不能已也時儀及就燕說欠當

六月栖々三章

後一章斷前二章承王命之重後一章副王命之重以奏

卷四　三

膚公應天子句奏于天子則君愾釋矣可謂能佐之也以
定王国應王国句定平王国則夷氣淨矣可謂能匡之也
按此六章前三章泛言興師第四章声罪致討五章始伐
六章班師而事終矣繳跋要重宣王尊美吉甫者非

六月栖々兩章

兩章開說上是正國下是輔君不可以匡王国為佐天子

六月栖々一章

一章平截玁狁孔熾二句渾說其熾而事危急若引四章
玁狁匪茹四句則此已声其罪矣下章何必復言之

王于出征以匡王国

征承上言車馬以六月而出戎服以六月而載匡王国也匡王国者内外款其明而界限懔如冠屨之判華夷款其別而体勢宛如天日之尊是之謂匡王国指中国言註中王命是字謂六月也下章王命此字意同

比物四驪一章

末二句分上是出師之事下是出師之名比物六句作行師之法破意該不尽

比物四驪閑之維則

上句言馬之盛下句言馬之良閑之之閑其后章既佶且閑之閑不同此言臨时閑習之以覌其服順其否而皆中法可見教之有素矣非謂馬之閑習也閑之之字指馬

維此六月四句

末一句分維此六月二句是應变之速我服既成一句是從事之敏爰速爰敏而軍行止三十里則不失其常度也安城註是末句繳上三句即日引道貼在我服既成上說見其從事之敏

王于出征以佐天子

出征繳上從物成服引道盡含講佐天子者獫狁内侵而爲障為之腥膻王之怒切矣今於此时而統六軍以討之蓋欲敵王所怒俾外不得以飲[illegible]而[illegible]其赫ミ之厥声

天顏無北顧之憂也獫狁乱華而獨函為之茶毒王之愾甚矣命于此時而率六師以攘之蓋欲敵王所愾俾夷不得以乱華而振其濯ミ之厥靈宸衷無當佇之慮也是言贊武然我不必說佐以成中興之業

王于出征以佐天子止既多受祉

前二句斷前是行師之名後是行師之事

王于出征以佐天子止至于大原

前二句斷前是行師之由後是行師之道

四牡脩廣止至於大原

上一章分以奏膚功以定王國只言足以奏膚功足以定王國薄伐獫狁至於大原則膚功奏而王國定矣首尾要照按此則以奏膚功猶未成其功也作伐遠之功成者非

四牡脩廣一章

攘夷安夏為王上四句行師之具下四句行師之本車馬嚴敬平說不專重在嚴敬上

有嚴有翼四句

下一句分第三句乃過文也不用重講嚴以共武事則前無堅兵敬以共武事則動無失策威靈於是乎不振足以寒旃裘之心而奉頭自竄不得虔刘我之人民也氣焰于是乎遠揚足以奪沙漠之氣而聞風來威不致動搖我之

社稷也王国有不定邪定是安定其正不同难用上冠下
復之分別内夏外夷之界明語講在人民社稷説者是
有嚴有翼共武之服
二句就將帥言不惟士卒要講戰司斧鉞將帥之任大矣
莫不肅將天威赫然秋霜之烈而如震如怒凡蒞三軍之
上者無不嚴也身統貔貅將帥之責重矣莫不恭行天討
儼然春冰之涉而匪安匪舒凡處一車之中者無不敬也
以是嚴而供武事號令必明也賞罰必信也不以寬假為
恩而武事無不齊矣彼烏合巨猾之虜敢與之抗衡哉以
是敬而供武事防禦必飭也謀猷必臧也不以威力自恃
而武事無不整矣彼豕突無常之敵敢與之對壘哉將帥
無二將即是師已即是將不依舊出以嚴貼將以敬貼帥
號令必明之意入在以共武事上講註中皆字要玩蓋大
將主帥以下非一將一帥也無不嚴敬以共武事故謂之
皆
共武之服以定王国
二句承嚴敬説
有嚴有翼正既承受祉
後二句斷前三節以出師之序言後二句以戰師之序言
有嚴有翼正萬邦為憲

卷四　六

前四句斷前言其行師有要後言其用師有道
有嚴有翼止至於大原
前四句分前是足以安乎邦後是有以安乎邦前後相應
有嚴有翼止至于涇陽
上下貫説獫狁匪茹四句是中王國不定之故不然上下
則無關涉
獫狁匪茹止至于大原
涇陽上截言近為骨上言外夷漸逼於近下言大將不動
於遠
獫狁匪茹兩章
末二句分因其命題之意文武總繳兩章始有歸着薄伐
句見其能文儀文八句見其能武不以前軍後軍為主戎
車既安四句前軍後軍皆有過文只用前鋒既進大衆斯
行戎車既安四句元戎十乘不在其中認作元戎説者非
是
獫狁匪茹一章
上四句是声罪下四句是致討不可以上四句作出師之
由蓋出師之由上文已言之矣此乃声其罪而討之整居
焦穫言大衆齊居焦穫也非為大衆整齊而居焦穫侵鎬
依豊城註説

卷四　七

織文鳥章四句
上二句是正正之旗下二句是堂堂之陣按旗所以統前軍後軍者也以先啓行是先前軍後軍而行朱傳所謂直而壯律而臧者不自度量深入為寇而声罪如此見直而壯建此旐旐選鋒銳進而致討如此見律而臧
織文鳥章白旆央七
上句主統前軍言下句主統後軍言不依大全所畫之圖謂鳥章白旆皆建於元戎也观註以旆為繼旐者旐是後玄武即出車篇統後軍之旐則知鳥章白旆不在元戎之上開說方是

元戎十乘以先啓行
元戎十乘要講車縵輪而馬被甲戈于是建之戟于是樹之禀然森列足當百戰之勞也左執弓而右持矛將於此乘之卒於此倚之勃然氣焰足以應萬夫之敵也啓行只是登程徃而致討下章方討之
織文鳥章止既多受祉
後二句分前言用兵後言休兵
織文鳥章止至於大原
末二句斷不可平分自元戎十乘出起分同
戎車既安兩章
上是用兵而全才法乎人下是休兵而與燕得乎人
戎車既安二章
後二句斷戎車既安兩句承言車平行而不傾跌雖不覆也從後視之則如覆而輊車直行而不退頓雖不却也從前視之則如却而軒車所以安也文武章繳本章
薄伐玁狁四句
上二句以禦戎言下二句以命將言惟命將得其人故禦戎得其法文武只於薄伐二句見逐之不窮追文也伐之無勞力武也就題命意如此玁狁匪茹兩章至于太原截上節言其声罪致討下章戎車既安六句詳其致討之事且開以上數句見其能武且開以下二句見其能文

薄伐玁狁至于太原
上句是文下句是武薄伐玁狁入車馬講
文武吉甫萬邦為憲
文武單繳本章不必如上題揔繳兩節薄伐玁狁二句言其能文戎車四句言其能武伐玁狁而兵不窮追生之之德藹于甲胄之間乃文足以附衆也修車馬而勢不可抗赫赫之声震于邊庭之外乃武足以威敵也附衆謂附我之衆因其有此不殺之人見得其文足以附衆萬邦為憲泛説欲附衆則法其文欲威敵則論其武文武各就題言

固非穿鑿之說今再玩之不若渾言文武為長

文武吉甫止張仲孝友

上二句分按此詩為美吉甫而作勿以吉甫文武之德由於張仲講貫有素所致忽重張仲

吉甫燕喜一章

一章平截不在首二句分來歸兩句申上起下之詞彼吉甫燕而吉樂固多受福祉矣然所以燕喜何哉蓋以歸自鎬而行永久首領獲保非若向之存亡不可必生全自幸非若昔之安危不可測所以燕喜也夫歸自鎬而得永久故以飲御諸友或肆之筵誰其登之或授之几誰其依之而

孝友之張仲在焉故舊道之歡不一暢邪玩註蓋字與是以字則知來歸兩句乃申上起下之詞諸友就官僚言

吉甫燕喜四句

首句渾說不可講出所以燕喜意 來歸自鎬一句方是燕喜之由

吉甫燕喜來歸自鎬

下句承上句言歸而燕喜行伍之憂轉為家庭之歡洽憔悴於異鄉也鎬之慘變為賓主之夷愉危亡非所患也則受祉不既多也我燕是吉甫於燕慶源註是

[illegible]行求久

二句申上燕喜之由實說因歸自鎬所以行永久也平講欠當

侯誰在矣張仲孝友

二句重在吉甫不重張仲舉張仲為言所以賢吉甫而善吉甫燕也豐城朱氏以為吉甫成功以有張仲則此詩為張仲作矣不可依之

薄言采芑一合二章

上只言其車徒之盛而及其車馬之美下只其車旂之盛而及其車服之美

薄言采芑第一章

一章平截只之取義即采芑不惟于新而且菑只行師不

惟既衆而且練共三章之只不同故講師干之試不用提出進退字來涖率是兩樣意臨之為涖統之為率未傳以見軍容之盛只貼車馬之美不總承也采芑四章前三章只其行師之事後一章賦其成功之事

其車三千師干之試

上句以車言下句以徒言衆且練註衆貼師說練貼試說此所謂師與下陳師之師不同此是三十萬人非二千五百也故以衆訓之

四騏翼翼四句

首句言馬矣何言車並旂魚服車之飭也鉤膺鞗革馬之
飭也魚服乃盛弓矢之具而謂之車飭者蓋代弓矢載之
於車以為車飭
溥言采芑一合三章
後一章分乚二章見其軍容盛下一章見其軍法嚴軍容
盛則有以作乎士氣軍法嚴則有以勵乎士心二合三章
其意倣此
溥言采芑第二章
一章平截又義與第一章相同
方叔率止約軧錯衡止有瑲葱珩

卷四　十二

首句一帽次二句是所乘之美末三句是所服之美言此
以美軍容之盛也即上章意不謂見其付托之重錫命之
輔慶源註不可從
服其命服二句
命服卿士之常非南征之時錫之朱芾葱珩乃命服也非
義因此命服安以上文車作命車無據難依
朱芾斯皇有瑲葱珩
朱芾蔽于膝之左右者葱珩繫于身之左右者朱芾对葱
珩講斯皇对有瑲講
鴥彼飛隼一章

一章平截上與師衆之盛而進退有節下則詳其進退有
節之實也與不至底
方叔涖止其車三千止振旅闐乚
前三句斷師衆之盛貼車與師說車則三千相續而師衆
之至盛部伍不可萬計也進退有節貼在試字說徒則練
習素熟而進退之有節紀律不敢少撓也進退有節何以
見之哉如下鉦人伐鼓所云是也勿以師衆之盛貼其車
三千兩句進退有節貼鉦人伐鼓五句
方叔率止征人伐鼓止振旅闐乚
首一句斷伐鼓一句是未戰而示以進退之節陳師一句

卷四　十三

是將戰而教以進退之節淵乚一句是方戰而進之有節
闐乚一句是既戰而退之有節不以征人伐鼓作引起話
按下文蠻荊聞其名而皆来畏服則方叔未嘗與蠻荊戰
而此云然者只言方叔用兵之法如此
征人伐鼓陳師鞠旅
上一句未戰之時下一句將戰之時未戰也鉦以靜之鼓以
動之鳴擊各有其人將戰也師而布之旅而列之誓告必
尽其法兩句皆見互文意
伐鼓淵乚振旅闐乚
上句是進下句是退伐鼓以進之平而不暴和而不怒鼓

声之淵匕軍心之激烈也莫不望風以向敵踴躍而無前
却爲蓋方戰而進之有節如此伐鼓以退之大衆一振洪
韻四揚鼓聲之闐匕士志之歡悅也莫不旋軍以入壁齊
一而無後先爲蓋既戰而退之有節如此或以兩句皆有
進退非是
方叔率止征人伐鼓止克壯其猷
兩節平破兵律兵謀爲主上是兵律下是兵謀
蠢尔蛮荆一章
首二句斷大邦爲讐正見其動而無知也惟我方叔年雖
踰於耄耋有如是之兵謀有如是之兵威戰則必勝矣然

卷四　十四

此顯允之方叔蓋嘗其於此伐之功者是以蛮荆聞其名
而皆來畏服矣待戰也哉兵威就行師時說非謂振旅之
日老兼功勳講謀兼筋力講時文大繆
方叔元老止來威
後三句分上是南征之事下是南征之功
方叔元老克壯其猶
二句承上蠢尔蛮荆二句說蠢尔蛮荆大邦爲讐豈以方
叔已老而朝廷無人邪不知方叔年雖老而謀則壯也謀
猶之言不指上章進退有節
方叔率止執訊獲醜止如霆如雷

首句提起首句管下四句次一句就人言末三句就車言
皆見其兵威之盛執訊獲醜謂方叔所統之人足以執訊
獲醜
嘽匕焞匕如霆如雷
二句開說上句言其車之衆盛下句比其車之震轰勿以
下句是比焞匕也或以如震如雷不指車言只說兵
威発揮未善
顯允方叔三句
顯允就行師言顯則號令之明允則賞罰之信不必拍其
德說

卷四　十五

征伐獫狁蛮荆來威
上句要入兵謀兵威方叔之謀方叔之威豈但今日然
蓋當其北伐之功而著於時也允矣是以蛮荆聞其名而
皆來服也未嘗其戰
我車既攻六章
前二章分前一章是將往東都後四章是已至東都我車
既攻或荅至四章或荅至五章分皆同此
我車既攻三章
後一章斷前二章未至之時後一章既至之時不在前一章我
我車既攻兩章

上章泛言其所往下章指言其所往

我車既攻一章

末一句斷四牡龐龐即既同之馬皆宣实也勿依豊城指乃言所以[illegible]將從東都則駕言徂東不可露出会同田獵按[illegible]会同固[illegible]然因田獵而選車徒田獵

田車既好一章

一章平截畢四牡乃上章之車馬不係兩樣

之子于苗六章

后一章斷前五章詳叙其事之始終後一章總叙其事之

始終兼会同田獵說

之子于苗止有聞無声

後二句分要兼会同田獵時說以后二句单指田獵非是

之子于苗五章

後一章斷前四章是始事後一章是終事不以前一章作始後四章作終

之子于苗四章

前一章分前一章来朝而特[illegible]田獵之具後三章既朝而與田獵之事要以会同為主之子于苗合下二章做此

之子于苗一章

首一句斷勿在末一句截田獵不可實說盖此章言至東都選徒而將田獵也之子不敢斥王故以有司言之大全可從有司乃主田獵之官選徒非是有司按周礼夏官選徒之事群吏所掌講第二句只言選徒勿添出考軍實来

選徒囂囂上建旐設旄

二句串說建旐設旄所以統車徒也建旐一句其選徒一句相連不可帶在搏獸于敖上講既選徒矣由是建旐設旄統之而行將以搏獸于敖也旐旄依出車篇當作兩物

建設皆在車上

駕彼四牡三章

前一章分前一章會同之事後二章田獵之事

駕彼四牡兩章

上下承說會同之礼既行田獵之事遂堪是既會同而田獵並看乃當

駕彼四牡一章

一章平截上是来朝下是入朝不在末一句分按此四句皆見人心之斉也庐陵曹氏小註說是不可只以會同賞繹作人心斉

赤芾金舄會同有繹

上句盛覲君之服下句肅覲君之儀下句非謂前此

一不朝三不朝者莫敢不來會莫敢不來同蓋當時周室
既衰自廢其禮非諸侯不會同於東都也依常說是
決拾既佽兩章
上言田獵而所獲多下言田獵而其藝善見得獲禽之多
豈出於詭遇然哉以其射御之善也上下相承下章射者
之善即指諸侯
決拾既佽一章
一章平截上二句備器以行獵下二句得人以助獵不在
末一句兮言此者言其田獵也所以于苗不可實說田獵之事
射夫既同助我舉柴
卷四　十八
助謂助徒御舉之言諸侯會朝而諸侯之人協力而助
徒御舉所積之柴也舉柴乃諸侯之人非即諸侯
四黃既駕一章
一章平截上二句田獵之事下二句田獵之善兩驂不倚
者居服之後也如鴈之行不前出而失其次列服之傍也
如人之手不內入而失其常是謂不倚不作御之善說
不失其馳舍矢如破
二句兩平御者務詭遇以從禽御者不善也今不失其馳
則御者善矣射者因詭遇而獲禽射者不善也今舍矢如
破則射者善矣不可貫講

蕭蕭馬鳴一章
末一句分上三句終事嚴後一句須禽均大庖不盈乎凡
須禽均意上殺之潔及其次以為祀先礼賓之用不自奉焉
三等之外所有餘以為習射給衆之賞不自私焉下殺之禽
惟取其十此君庖所以不盈也朱傳每禽取三十每等得十
者禽有上殺次殺下殺之三等每等之禽各取三十每等之
中宗廟得一十賓客得一十君庖得一十故曰每等得十
蕭蕭馬鳴悠悠旆旌
上句以所聞者言下句以所見者言就本章時說
徒御不驚大庖不盈
卷四　十九
恩威作眼上句見其威下句見其恩
之子于征一章
上二句總序其事之始終下二句深美之也車攻六章是
事之始焉鳴一章是事之終矣其君子而曰允矣美其大
成而曰展也見得深美
之子于征有聞無声
上句之子同前不可泛指諸侯之子于征要兼会同田獵
单指田獵亦詩言東都之典不行于天下久矣今會
同田獵之舉始自西都而往東都之際士衆紛紛我徒何
衆也終自東都而歸入畿之時車馬充斥我御何多也始

也覸令齊一前者前而後者後但聞其師之出而不聞其擾始何如其肅哉終也部伍整飭左者左而右者右但聞其師之旋而不聞其諠終何如其肅哉始謂自西都而往終謂自東都而歸綫綫就要貼在于征上講[illegible]

允矣君子展也大成

二句開說上句以全言下句以事言就中與上發揮

吉日維戊四章

前二章斷前二章未田獵之事後二章已田獵之事不在首章及末章截接車攻吉日皆具五美只以綜理之周上下之情作破未免有遺

吉日維戊兩章

上是祀馬祖而飭田獵之具下是齊馬足而審田獵之所上章觀註可以字下章又觀註宜爲事見此兩章並未奉事也致禱擇馬視獸審地俱臣為之勿以致禱認作宣王自祭

禱於馬祖

吉日維戊一章

首二句斷重祭禱上既祭而車牢馬健於是可以歷險而從禽也可見當重祭禱上　謂禱其田獵之吉非禱車牢馬健

吉日庚午一章

首二句分擇馬審地平說馬以足之齊為貴故擇之地以禽之盛為宜故審之偏重審地非是

漆沮之從天子之所

從其上章不同上謂從禽此謂從地天子字重天子田獵必盛始宜盛謂禽獸之盛非說土地漆沮要講一講不可大略

瞻彼中原兩章

兩章皆重王者盛美其中與復古如此勿以上章是臣樂乎君下章是君燕乎臣而下相平

瞻彼中原一章

末一句分與前篇狩於東都會同而田獵故有諸侯此篇狩于西都亦傳乃以從字泛指從行之臣不兼諸侯言之

瞻彼中原四句

首一句斷瞻彼中原之地視其禽獸不惟大也而孔有焉儦儦俟俟見其大也或群或友見其有也總言禽獸之多如此

悉率左右以燕天子

率謂從行之臣率之以燕天子只就人心齊說各供其事而人心合一于以樂乎天子不謂得禽之多以樂天子也

中興復古之意首尾提掇各共其事無射御言

既張我弓二章
張弓四句承上章説上言行狩此遂承言行狩之時既張我弓既挾我矢而獲禽矣王者豈自私哉以為俎実進於賓客而以之酌醴也不承上章説者非是
舍彼小豝殪此大兕
巧力立意上句是巧下句是力疏義説是
以御賓客且以酌醴
賓客是有事於田獵之臣以御賓客王命有司以為俎実而進之非王者自進且以酌醴謂從此俎實而酌醴也俎実渾指小豝大兕不必指中殺説進於賓客而酌醴見得

卷四　廿二

率以一人養天下不以天下奉一人意不重酌其田獵之勞
鴻鴈于飛三章
後一章断首言行野之劬勞次言築室之劬勞末章劬勞總承上文二章而言
之子于征四句
劬勞于野言已不得所止単就居説不必兼食要講奔走道途之上托草以為栖而瑣屑不勝其困往来原隰之間依水以自蔽而潰乱不堪其艱是謂劬勞　鰥寡本流離时言曰其流劳夫不得恤其妻而鰥妻不得從其夫而寡此正劬劳而可矜之人不依慶源以鰥寡分作兩樣講畢盡見宣王能劳来安定之意下章皆然
雖則劬劳其究安宅
劬劳與上不同上是行野之劬劳此是築室之劬劳安宅安居之謂言今雖劬劳終獲以安居也終對今説非對上章始言
鴻鴈于飛末一章
首二句分上喻已之作歌其情切下言人之聞歌其論殊
鴻鴈于飛哀鳴嗸嗸
托喻之意即物劬劳故有哀鳴之声比已劬劳故有詩歌

卷四　廿三

之作時文纏繞
維此哲人四句
承上而言我之作歌本於劬劳如此然歌不作於有事之時而作於無事之日所以維知者聞之則謂我以前日流離困苦而出于劬劳情不能已也不知者聞之則謂我因今日安定閑暇而出于宣驕志有所縱也劬劳兼上二章劬劳不可单指首章
夜如何其三章
三章渾破然有浅深主初問再問三問説
夜如何其首章

首一句分上是問之下是度之勿逼作問首句包或早或
晚意
庭燎之光三句
二句承上夜未央而言夜雖未央意斯時也庭燎光矣朝
者至矣不以庭燎既光則朝者必至貫說閒見非真有所
見非真有所聞度其如此
庭燎有煇三句
上一句度其在朝之所設者下二句度其未朝之所建者
辨色言至而槪其旂則各色可辨也不說辨旂之色
沔彼流水三章
後一章斷首言人不憂乱與至六句次言已能憂乱與直
至底末言所以止乱與至四句首章諸友即是邦人
念彼不蹟載起載行
不蹟就讒言說蓋非蝟與而禍加于非罪誣謗蜂起而患
及於無辜所謂不蹟也讒言即乱勿依慶源以乱與讒言
開看
民之訛言寧莫之懲
訛言乃說言也寧莫之懲指在上者非謂兄弟朋友
我友敬矣讒言其與
我友當依經文重講朋友不兼兄弟朱傳始憂於人而卒

卷四　廿四

反諸己人謂造讒之人己就諸友身上言若舊謂卒反諸己
鶴鳴于九皋首章
四喩開說不依慶源以為必能去私欲之蔽然後可以明
善而誠身作有叙看下章同此朱傳由是之是由是誠之
不可掩理之無定在引伸觸類則凡事誠皆不可掩理皆
無定在也由是愛當知其惡憎當知其善引伸觸類則凡
事愛皆當知其惡憎皆當知其善也不独一事為然故曰
天下之理其庶幾乎時義以是字指鶴魚檀石欠明
鶴鳴于九皋声聞于野
二句諷君非泛說也下題皆同托喩之意只依朱傳是喩
誠之不可掩勿依慶源所以諷王誠身推出一層誠不可
揜與無善惡不单指善一邊比意對講不可纖蹊見之
魚潛在淵或在于渚
因草損益為主二句喩理之無定在也不依慶源作諷王
明善說
樂彼之園止可以為錯
愛憎之言得於此者未必不失於彼故愛當知其惡短於
甲者未必不長於乙故憎當知其善或謂順從之言有害
於国違忤之語有利於君專就諫說大狹
他山之石可以為錯

卷四　廿五

下句可以為錯與下可以攻玉一様錯是攻玉不可泥指
他山之石可以攻玉
刀劍之類
喻與上同仍依程註攻玉以圭璋琚珩入讌可從
祈父予王之爪牙三章
後一章斷前二章言其勞乎已後一章言其勞乎親重憂
恤上兼勞已勞親因其久役而轉於憂恤所致是以怨之
而作此詩也不依大全以前二章見其不忠後二章見其
不仁反重爪牙與尸饔此詩泛言不可實指宣王自此以
後凡朱子有辨者放此

祈父亶不聰一章
不聰依東萊大註以不聞親老而無兄弟者當免征役之
法也承上之爪牙說者無據
皎皎白駒四章
後一章分前三章强賢者之留而示以意後一章嘆賢者
之去而語以情按爾公爾侯諸詩乃王者作也不說在下
之人
皎皎白駒三章
後一章分前二章託為留之之謀後一章示以留之之意
皎皎白駒第一章
末二句斷皎上只就駒說不依大全謂表賢者絜白
縶之維之止於焉逍遥
縶維不过托詞非真縶之維之以永今朝指馬不可說人
見得焉有一朝之縶維則人有一朝之逍遥也下章以永
今夕於焉嘉客同此
皎上白駒第二章
末二句斷一朝一夕謂之永者因其急去而有一朝一夕
之留是以為永
所謂伊人於焉嘉客
嘉客與上逍遥同要講徘徊游偃之意或如佳賓一例講

者非是
皎上白駒第三章
末二句分賁然来思就不去說言其肯来而不去也非謂
已去而欲其復来爱之切而不知好爵之不足縻貼上四
句留之苦而不恤其去之不得遂貼下二句
皎上白駒三合四章
上是與其不去愛之切而留之苦下是因其必去美之至
而望之深
爾公爾侯四句
上下兼說以爾為公以爾為侯而逸樂無期如此則行之

不為薄矣待之既厚豈可过於優游决於遁思而終不我
顧哉上下意要相蒙
尔公尔侯逸豫無期
尔公尔侯大則以之為公次則以之為侯不可平重觀大
者王小者侯註可見下句只承公侯說以尔為公則桓圭
衮裳之貴不但享之終身而已矣以似以續而国祚無疆
尔公之位無疆也以尔為侯則赤芾蔥珩之寵不独荣之
没世而已矣是継是承而邦甚不替尔侯之位不替也逸
樂寧有窮哉非謂求無不得欲無不遂見其逸樂無期就
傳之後世言不止一身

卷四　二十八

慎尔優游勉尔遁思
二句平說上句戒其勿過於適意下句戒其毋决於去意
慎尔優游止其人如玉
上二句因其去而留之切下四句因其去而慕之深
皎皎白駒第四章
末二句分上以身言下以心言註中嘆字總管皎皎白駒
四句玩此四句皆見邈乎其不可親故嘆之也不单指生
芻二句
生芻一束四句
上二句嘆其身之難親下二句畏其心之無遠

生芻一束其人如玉
秣謂賢者秣之不說詩人要繳上文二章生芻秣馬無復
食我場苗而縶維之計难施也無復食我場藿而維縶之
詐莫遂也下句言比其德非謂潔身而去見其德之如玉
毋金玉尔音而有遐心
二句串說金玉尔之音声即有遠我之心也上句不必講
作當記我縶維之意當念我公侯之麻豈可如此哉恐非
本旨金玉尔音只言貴重其音声之觸不說如金如玉音
声指有関於治道有裨於風化者言之
黄鳥黄鳥三章
三章渾破不可貼死依王氏註繳前二章而言不我肯穀
則不相恤矣不可貼明則不相知矣是以不可貼死也不

卷四　廿九

繳無味
黄鳥黄鳥首章
前三句斷即喻之意托在人呼黄鳥而告之尔無集于穀
而啄我之粟比異国呼在巳而謂之尔無居於此而食我
之粟非是自喻巳之不可久留他国
此邦之人不我肯穀
二句承上比意如此則無周恤保愛之情而不以善道
相與矣我豈復久於此乎於此我善道就相恤言

凡百君子莫肯用訊止怨及朋友

前四句斷前四句責之以義後二章体之以情

哀哉不能言兩章

兩章平論上章是言之难能下章是仕之多患然則群臣所以畏而去者豈得已哉不必相貫以為言之难能此仕之多患

哀哉不能言一章

哀哉乎智矣對忠言至哀以其獲罪後言為可以其処休忠言者獲罪後言者処休詩人言此所以深嘆之也勿依安職章以哀哉二字見其嘆美意

卷四　三十

云不可使四句

上言孔棘且殆而仕之难此則申仕之所以难也直道則忠言难合故得罪于君枉道則公議不容故見怨于友輔氏以為朋友以切磋為道若枉道以從君則朋友必見絕美似乎太深

謂爾遷于王都曰予未有室家

上句泛說不用打轉上章一則曰凡百君子各敬爾身二則曰凡百君子莫肯用訊無非謂爾遷于王都也恐非詩人本旨遷于王都要見君則有臣而政務废其不廢已則有徒而佐理得以相資之意

此邦之人不我與明

下句不可與明言不可與明緩急休戚之道也或謂不可與也明矣不若上說明爽

我行其野三章

前二章分前二章不見恤而歸之決是處已以義後一章不見恤而責之厚是待人以恕

不思舊姻求爾新特

上句承前二章言就爾之居就爾之宿而不我畜見其不思舊姻

秩秩斯干七章

卷四　三十

前一章分同氣一氣為骨前一章叙其築室之美而頌同氣者之和後七章詳其築室之美而頌一氣者之昌

秩秩斯干兩章

上言築室之美而頌居者之和下界築室之意而遂居者之安

秩秩斯干一章

一章平截上四句築室之美下三句居室之和按總斷朱子不以此為宣王之詩則築室難就中興說只可泛講

秩秩斯干四句

上二句形勢之美下二句制度之美不可以下二句作規

續說

秩秩斯干幽幽南山

秩秩指水言幽幽指山言以秩秩幽幽上就室講者似鑿雖

依

如竹苞矣如松茂矣

上句言其縈結之固下句言其搆架之密不以上句作垣

墉堅厚說

式相好矣無相猶矣

二句泛言凡居是室者兄弟如此畢指今主者泥

兄及弟矣上西南其戶

卷四　三十一

兄及弟矣三句見其友似續妣祖三句見其孝

似續妣祖六章

後二章斷上是繼先下是開後似續妣祖四章皆敘築室

之事無頌禱意不依藍田呂氏說作頌禱說

似續妣祖四章

前一章斷前言繼先建宅下文三章則詳建宅之事以見

繼先之實也次章過文宅之建也何如哉過主依齊章以

其所建之室言之過至依舍章以其所建之室言之講畢

緣云建宅如此信乎其能繼先者矣首尾要照

似續妣祖一章

爰居有似續妣祖不可輕看無似續妣祖以成其宮室以居處矣語無往而不在也若宗室言請乃似續妣祖之室

築室百堵西南其戶

下句承上句言築室百堵是以天子之宮在東者西其戶在北者南其戶其室非一也所以築室詠作先宮居處而

築之無傷但不可指為宣王時事說中興上發揮

爰居爰處爰笑爰語

[illegible]

翩翩[illegible]

卷四　三十二

穆之區宇遂舒喜德於作宴之地而干是處也居於斯馬燕於斯焉則作宗主所以燕觀也蓋肅人心而保王

[illegible]

之謂或疑此章包下文而言下文分言堂室此則專言
室者何也蓋堂與室可以分言可以總言分言之所事曰
堂安身曰室總言皆謂之室不必室則堂在其中

約之閣閣三章

前一章分約之四句包下堂室而攸躋攸寧應攸芋說攸
躋則有階陛不仰其嚴兆庶孰能違其號令何尊大可
以抗之哉攸寧則取樞無一人之敢侵重裀獨乃乘之高
枕何尊大可以並之哉攸躋攸寧見其尊大不可就作尊
大之實

約之閣閣一章

末一句分上下四傍風雨鳥鼠皆有以風雨言不得浸而
不得淮上下四傍無風雨之害也以鳥鼠言不可巢而不
可穴上下四傍無鳥鼠之害也不以上下貼風雨四傍貼
鳥鼠攸芋泛說引下文攸躋攸寧未註不比搭下二章
出題不得不以攸寧攸躋應上攸芋見其尊大之意只講
高拱九重君子雖尊也堂室或卑則無以稱其尊矣今以
約之功成而制度宏敞始見從容于此天威自肅君子不
以是而為尊哉端居五位君子雖大也堂室或小則無以
稱其大矣今則臨之事就而規模弘廠始見臨御于此王
躬自重君子不以是而為大哉尊大言君子之尊大也不

卷四　三十三

說堂室

如跂斯翼兩章

上以堂之美言下以室之美言

如跂斯翼一章

末一句斷君子攸躋見得堂之所以不可不美泛說不作
尊大之實下章倣此

如跂斯翼四句

四句皆言其制度如此妙一時之經營備百為之壯麗信
乃王者之堂也是豈尋常者可以擬之哉各句要講得明

殖殖其庭一章

末一句斷攸寧見得室之所以不可不美或於攸寧上引
下感寢室男女講非是

噲噲其正噦噦其冥

二句指寢室之庭言庭之明處為正庭之幽處為冥不依
董氏分陽為堂陰為室看噲噲就爽塏上形容噦噦就深廣上
形容時文專說制度未善其正其冥不重只宜發揮噲噲
噦噦要順題意先講噲噲噦噦後講其正其冥

下莞上簟一章

首二句分通章皆頌禱之詞下文大人占之一章倣此

維熊維羆維虺維蛇

卷四　卅四

二句不可露出陽物陰物蓋陽物陰物至下占之方可說
也所謂乃占我夢是引起話尚未嘗占
維熊維羆維虺維蛇 止 女子之祥
上二句論其感夢下章論其占夢
大人占之三章
祥是吉兆占生男女即祥也非謂下章所云男女之賢是
謂之祥
大人占之一章
首一句分維熊四句大人占之其詳如此
維熊維羆男子之祥

卷四 三十五

二句承大人占之說皆主占言大人占之維熊維羆之夢乃人
君生男之祥也勿以上句是述其夢下句是占其夢女子
之祥二句倣此祥是人君之祥
乃生男子一章
一頭兩脚破首句一頭次四句一脚末二句一脚次四句
幼時之事末二句長時之事
載寢之床三句
三句渾破見其待之隆也其泣喤喤者見声之大享福必
大故以此額之未可輕看
朱芾斯皇室家君王

上句要先講朱然后講嫡應下君王室家不分不以室貼
君說家貼王說室家君王者庶則以一国為室家天子者
宜而為君也嫡則以四海為室家之綱之紀而為王也室
家君王只依註講不必添出宜字右依註先講嫡者亦是
乃生女子一章
一頭兩脚破首句一頭次三句一脚末三句一脚次三句
幼時之事末三句長時之事寢之于地而卑之是以坤道
待之也非為抑意
無非無儀三句
末一句斷首句是无境外之志次句是有閫門之修末句

卷四 卅六

總承無非無儀二句而言不可單承酒食一句
誰謂爾無羊四章
後一章斷前三章牧事之成後一章夢兆之善羊生息既
蕃則富庶可卜牧人实有是夢而大人占之如此不依大
全作頌禱說
誰謂爾無羊三章
前一章分首言牛羊衆多二章三章則推其所以衆多也
此言牧事有成出首二合意與此同詩柄牧事有成而牛
羊衆多管冬三章亦多便見有成初无兩意
誰謂爾無羊一章

上四句是數之盛，下四句是生之盛，道其牛羊衆多如此。上下開說，勿以下四句作申上四句，言其無病所以衆多也。衆多通管一章，非單管誰謂四句。

誰謂尔無羊四句

四句泛論凋耗之秋，羊嘗不足矣，今也育養衆盛，誰謂尔無羊乎？以羊言之，則三百維群焉，羊以三百為群，尔羊之群殆多而不可數也。困敝之日，牛嘗不足矣，今也生意蕃衍，誰謂尔無牛乎？以牛言之，則九十其犉焉，牛有九十其犉，尔牛非犉殆多而不可計也。按此朱傳不指為宣王之詩，不必以為今日中興而非昔日之衰。誰謂尔無羊，誰謂尔無牛哉？只當泛說時義，以三百維群與九十其犉作一例看，以群計之則三百群，以犉計之則九十犉，群有三百，羊多可知，故不可數。今玩朱傳謂以三百羊為一群，其群多不可數，前說為長。

爾羊來思四句

上二句言羊和而不觸，下二句言牛安而無病，生之盛也。如此可見牛羊衆多。

爾羊來思止或寢或訛

上四句言畜産得以安和，下四句言畜産得無驚畏，惟無驚畏所以安和，上下相承。

或降于阿兩章

上章是养尔之有法，下章是养之有素，尔牛羊所以衆多也。兩章俱申首章衆多之由。

或降于阿一章

末二句分尔牧來思，三句乃申或降于阿三句之意。尔羊尔牛降者降而飲者飲，寢者寢而訛者訛，初无驚畏如此，良由尔牧之來，簑笠之荷，飲食之齎，從其所適以順其性，而养之有法，故牛羊得以無驚畏也。是以生养蕃息，色无不備而用无不周，則牧事何如其有成哉？朱傳养蕃息一句，蓋承上起下過文，若拈此意作破經文，无句可貼。

何簑何笠或負其餱

說忽之

簑笠只言備雨，不依豐城朱氏添出暑，蓋簑非備暑者之物。餱者乾食，雖以帶上粮，講從其所適，指上或降或飲或寢或訛。

三十維物尔牲則具

二句串說，色无不備，故用無不周。三十維物非總三百維群合九十其犉而別之，羊有三十色，牛有三十色，還說道別其色，牛羊每色各三十也。如此方與非犉者（多註）分尔牲則具當講取之不竭，不惟以享以祀之時，辨異（黑白？）

隨所求而足以供之或慶賞之大或燕飲之需無不充其願也用之無窮不獨以分以侑之日青白無全隨所為而足以給之或會同之行或賓客之來無不適其欲也牛羊衆多如此則牧事有成於是乎見矣用要貼在色上講泛說非是

爾牧來思何蓑何笠止畢來既升

上一節是勤所事而物產盛下一章是務餘事而物性馴

爾牧來思一章

前三句斷前言人暇而有餘力後言物盛而無逆情皆見養之有素也獨舉羊者其牛可知

矜矜兢兢不騫不崩

二句見得由於素養所致時文以此二句朱傳不解所以只要輕說帶過今玩其羊二字通包之也其矜々兢々不騫不崩之羊亦馴擾從人不假鞭箠是非是不解

麾之以肱畢來既升

上句人識物情下句物解人意豐城朱氏小註可從來是未歸之時以外言升是既歸之時以內言不可以來謂內麾之使來觀以薪以蒸二句於人已在外也难作內說

牧人乃夢一章

上三句言牧人感夢其象不同下五句言大人占夢其祥不同牧人有夢而獻之天子故大人于是占之牧人乃夢總繳兩章串講蓑笠與居餘食與游牧人夢此宜也今則所夢非所為薪蒸是取禽獸是搏牧人夢此疥也今則所夢非所行申總薪蒸雌雄不能無偏

衆維魚矣旐維旟矣

二句不作變說只講登之所為夢必先形然有不關於日用而遷形於據見據意充所謂我彼牧人之夢其所接者人也而魚其形為蠡頁顯方趾者則有鱗而有介上衣下裳者則有鬈而有鬣是人而為魚矣夢人而魚其形精神會合之際不可得而窮是夢也一何奇邪其所覩者旐也而旟其狀為鳥隼四游所屬者則朱雀之悠揚捍难所用者則登隼之捷或是旐而為旟矣夢旐而旟其狀陰陽流通之機不可得而測是夢也一何異邪夫夢之非常必有所謂應之非常者在矣大人占之而推為國家富庶之祥其係天下之大也夫人之為魚旐之為旟實說如此非恍惚不可為象之謂

衆維魚矣四句

四句承上大人占說占人乃魚之象則為富之祥以人不如魚所生之多也即其多而推之故知為富之祥占旐乃旟之狀則為蕃之祥以旐不如旟所統之衆也即其衆而

度之故知為蔗之祥勿以帝維熊矣旐維旟矣是述牧人
之夢実維豊年室家溱溱方論其占
衆維魚矣實為豊年
二句就夢上見為豊年之祥不依大全主陰陽和說
赫赫師尹民具尔瞻
赫赫兼師与尹講師謂其居三公而位之顯盛尹謂其為
世卿而望之㬌盛不单說師下句則言民之恭悴勞佚无
不瞻仰也非謂瞻仰其用人之當行政之善與无取義華
谷註不可從
赫赫師尹不平謂何
不平謂不用賢以為政而不用賢則心頗僻而不平也甚
矣有実其猗依或者註
尹氏大師止俾民不迷
一頭兩脚破首句一頭次二句一脚末三句一脚俾民不
迷承四方是維二句說維持四方則人心有所屬毗輔天
下則膏澤得以施故能俾民不迷也不迷言不生乱非怨
讟不與咀呪不作之意註中不平其心打轉四方是維二
句今乃不平其心不能維持四方毗輔天子所以民皆生
乱而迷不見憖吊于天
維周之氐秉国之均

二句承上尹氏大師朝廷倚為尊社稷倚為重是謂之氐
賞罰稱其公予奪賴其當是謂之均講語要明
四方是維天子是毗
上句是澤民下句是致君皆本用賢言也不可泛講
弗問弗仕勿罔君子
君子指王泛渾者非
瑣瑣姻亞則無膴仕
瑣瑣卑微之意瑣瑣姻婭乃小人也不屑逐之分據要津
蹴居權地而皆孚仕則小人進矣国安得而不危哉繳轉
無小人殆意
君子如屆四句
君子兼上下言君攬乾綱而獨斷臣代天工而自為則無
所寄而用其至也君因社稷而擇相臣為国家而任賢則
無所偏而平其心也四句泛講不指王與尹氏無所寄而
用其至君臣各親其事之意傷王與尹氏不能總管君子
如屆四句不能無所寄而用其至是以召此鞫訩而民乱
心不息不能無所偏而平其心是以召此大戾而民惡怒
不已非单管如屆如夷而句乱心即上鞫訩惡怒即上大
戾專就民說不依慶源無天人言所以召此者由王與尹
氏也華谷謂天生小人以禍天下則專指尹氏矣非是

誰秉國成不自為政
二句暗指尹氏觀誰字可知不可突斥尹氏譏亂靡有定
之亂乃上鞠訩大戾
駕彼四牡兩章
上下貫說上言无善地之可就下言无善人之可與是以
君子無所適而可也将奈之何哉不可開講
不懲其心覆怨其正
上句不懲創其心不懲創其不平之心也反怨人之正己
怨人正其不平之心
式訛爾心以畜万邦
二句指王不說尹氏盖此詩刺王用尹氏以致亂篇終故
窮其亂本而歸之王心為王能於此洗濯其障蔽攻其迷
心澄淨其室廬易其邪慮建官惟賢也而尹氏去之以養
萬邦之黎庶俾仰事俯育適其願位事惟能也而尹氏逐
之以畜萬邦之兆姓俾居安食力如其情則鞠訩自不生
矣豈可不窮究其所由哉朱傳王政昏亂之由謂於心之
不平而用尹氏所致
念我獨兮憂心京京
憂心是憂訛言也不無霜降失節癙憂謂之幽憂者莫
顯言憂之意

卷四　四十三

父母生我胡俾我瘉
我瘉指上章之病勿以不自我先不自我後二句為瘉
好言自口莠言自口
好言者譽人之言莠言者毀人之言言之好醜皆不出於
心而但出于口夫訛言之人虛偽反覆如此
憂心愈愈是以有侮
上句只講憂心盖甚不依豐城帶上病說下句從慶源註
彼以為是而我以為非彼以為樂而已以為憂動與衆違
所以反見侵侮下文國之将亡總承上章霜降訛言霜降
非時而災形于上訛言非常而禍起于下是以国将亡也
不可单謂訛言哀我人斯兼指己與無罪之民舉一世論
之
既克有定靡人弗勝
天之未定既定指氣化言氣化自盛而趋于衰乃天未定
之時氣化自衰而趋于盛乃天既定之時靡人弗勝專就
禍淫一邊說福善帶講天既定矣栽者固培之傾者必覆
無有人之傾不為天所勝而覆者也善者固福之淫者必
禍無有人之淫不為天所勝而禍者也朱傳所謂若無意
于分別善惡者訛言之人不加以禍無辜之人不加以福
是謂無意分別善惡

卷四　四十四

謂山蓋卑一章

一頭兩脚破者三句一頭次一句一脚末四句一脚謂山蓋卑而其实則岡陵之崇即民之訛言也次一句言君不能止訛末四句言臣不能辨訛

具曰予圣誰知烏之雌雄

二句要說得明召彼故老故老則曰予圣人也意存寬厚而不指人之非訊彼占夢占夢則曰予圣人也量主優容而不議人之失故老明于臧否占夢明于吉凶乃国之所恃以辨訛者今皆如此則言之是非如烏之雌雄誰復有能辨之者武上句是述故老占夢之言下句詩人傷之

卷四　四十五

維號斯言有倫有脊

斯言指上謂天蓋高四句謂之有倫有脊者天雖高也然逢時不靖則一身無所容不能以不局地雖厚也然遭世多虞則跬步无所往不能以不蹐可見其言非謬乱而有倫非誕妄而有理也朱傳遺世之乱承上訛言說夫訛言繁興則世乱甚矣從講未當

哀今之人胡為虺蜴

哀今之人謂上訛言之人註中使之至此之此即上所言局蹐而不敢自安也慶源小註可從

天之抏我如不我克

抏我䠞䠞頓挫之意新安註是不可以下彼求我則四句作抏我之實執我仇仇二句說得抏我彼求我則二句何以見其抏我哉開說為當

彼求我則四句

上三句求之甚艱有慕賢之名下二句棄之甚易無用賢之实求之棄之言其求已棄已也勿因蘇氏小註引書未証泛指凡人亦不我力謂不用我之力

終其永懷一章

上諭其用賢于已危也無及下喻其用賢于未危也有濟

終其永懷一章

卷四　四十六

比依蘇註即人行險阻而不知止永思其終恐其又窘陰雨而車易陷斯時也益車已載矣而無棄其輔雖窘陰雨猶可以幸其載之不墮也今復棄其輔矣及其載之既墮而後號伯以助予將何及哉比王為淫虐而不知求賢終知其必有大難而國易乱斯時也益国将危矣而無棄其賢雖有大難猶可以保其亡之不至也今復弃其賢臣及其亡之既至而後求人之助已將何補哉險阻是比王之淫虐非此大難

無弃尓輔一章

承上而言即車未　輸其載之時而能無弃尓輔以益其輔

而車攻自此将卑之僕則其載不隋終踰其險阻而車可
保初不以為意也比国未至于亡之日苟能無弃尓相以
道其發而復傍求治国之佐則其亡不至終救其淫雷而
国可保初不以為事也輔是比其宰相僕是比其臣佐險
兵上同比其淫雷
念我独兮憂心慇慇
二句承小人説国之為雷如此小人則樂而我独憂之也
獨字对小人言憂是憂其国之為雷
佌佌彼有屋蔌蔌方有穀
上句是卑小者而豐大下句是寠陋者而富足豐城小註

可従小人指上得志之小人
民之無禄天夭是椓
無禄與前篇同天禍之講見其無所帰咎之詞不可認作
雷政
哿矣富人哀此惸独
二句承民之無禄二句説民今無禄由於天禍椓喪如此
富人豊于財而裕于力庶乎其可惸独傷于財而罷于
力実所當哀詩人其以天下之憂為憂者哉乱至於此註
指民之無禄言
日有食之四句

此句亦孔之醜崖説彼月而微二句正見亦孔之醜此詩
無稱序以為大夫刺幽王也朱子不辨今當従之
四国無政不用其良
二句開講紀綱不立法度不奉是為無政非謂不用其良四
国只説国家不指天下之国
皇父卿士止楀維師氏
首一句断上是都官下是衆官此章只推上章変異之由
不可通承首章二章而言夫日食之変国由四国無政不
用其良所致然非但日食而已十月雷霆山崩滋之而哨
以致此変異者由小人用事于外賤妾為主於内也皇父小

人之魁故下四章専言皇父之事
徹我墻屋田卒汙萊
上句無以安其身下句無以食其力豊城小註可依
曰予不戕止俾守我王
前二句見其從下之不仁後六句見其事上之不忠
曰予不戕禮則然矣
二句就迁徙説勤汝以従豈我之戕汝哉乃下供上之常
礼汝所當従也或以徹我墻屋二句謂之戕汝下句礼則
然矣難説
下民之孽匪降自天

讀指無罪遭謗開說者非也皇父之役指上迁徙之役

噂沓背憎職競由人

噂謂聚談求慕註是聚談之頃則沓言重複而多言以相

悅噂背不可平講

悠悠我里此我獨不敢休

上文三章皆叙皇父迁徙之事此則就迁徙之後而言也當是之時天下病矣独憂我之所居誅求不已而疾痛逼于穷簷征斂愈繁而呻吟徹于比屋甚病如此以四方言之從容自得皆豈餘也已則困乏而独憂爲以衆人言之優游自適皆逸豫也已則奔走而独劳爲此爲而至此哉

卷四　四十九

以皇父病之而被禍尤甚矣皇父病之而被禍尤甚含在独憂独劳中

天命不徹我不敢傚我友自逸

天命不徹承上六句而言非单承有羨四句我友泛說非謂四方及衆人

浩浩昊天不駿其德

下句不駿其德要含降喪飢饉二句意講降喪二句乃不駿其德之実降喪飢饉斬伐四国者言降此喪人之飢饉而殺伐四国之人殺伐四国兼論有罪無罪舍彼有罪是以前說宽有罪于飢死

昊天疾威弗慮弗圖

疾威指上降喪二句朱傳遍爲此之此謂天疾威所謂推本而言者推本飢饉由于天变所致

正大夫離居莫知我勩

六官天也春夏秋冬之六官莫知我勩因俱詭譎之禍所以劳也靡所止戾止言天命戾言人心天命不知何所止人心不知何所定易姓之兆已見其天变人離鬨說不謂天变人離即是其兆已見观朱傳一字可知天变所以人離天变上章所言是也人離此章所言是也豊城朱氏小註當玩

卷四　五十

三事大夫四句

上二句言有官守者去而無在公之節下二句言有民社者去而無尊王之礼說已散說不依豊城小註尚未离括

如彼行邁則靡所臻

譬貼天变人離講禱桑林之念而反咎于躬以回天意体雲漢之誠而省愆于已以輓人心是謂法度之言王于是言而能听信之側身之際将見災異自除矣苟不听爲天意必不可回而卒無消釋之期如彼行而無所止也厥行之时将見臣下不去矣苟不信爲人心必不可輓而終

昊天疾威弗慮弗圖

疾威指上降喪而朱傳遍爲此之此謂天疾威所謂推本而言者推本飢饉由于天変所致

正大夫離居莫知我勩

六官天地春夏秋冬之六官莫知我勩因但誰譖之禍所以勞也靡所止戾止言天命戾言人心天命不知何所止人心不知何所定易姓之兆已見於天変人離開說不謂天変人離即是其兆已見觀朱傳丁字可知天変所以人離天変上章所言是也人離此章所言是也豐城朱氏小註當玩

三事大夫四句

上二句言有官守者去而無在公之節下二句言有民社者去而無尊王之礼亂已散說不依豐城小註尚未圓

居

如彼行邁則靡所臻

譬貼天変人離譁竭桑林之念而反咎于躬以回天意体雲漢之誠而省愆于已以輓人心是謂法度之言王于是言而能听信之側身之際將見災異自除矣苟不听爲天意必不可回而卒無消釋之期如彼行而無所止也厲行之時將見臣下不去矣苟不信爲人心必不可輓而終

鼠思泣血無言不疾

就去者言憂思至於泣血言語無不痛疾懼禍之深如此無聲涕出爲泣而人傷甚則血出其泣如血之出見悲之甚也何氏小註欠明

詩經臆脫卷之四終

詩經臆說卷之五

賜進士第光禄寺少卿海陵華湘源楚編

○小雅三

謀猶不從不臧覆用

二句申其謀猶邪辟之故不用其善反用不善此謀猶所以邪辟也邪辟即不善之謂謀之善與不善王成事僨事言王之謀猶邪辟而以為昊天使之者見君臣隱諱之意見天人合一之理安城註是

我視謀猶亦孔之邛

二句承謀臧不從二句說謀臧不從不臧覆用而怫人之性如此視其謀猶禍患所伏是以甚病也病者詩人憂國而自至於病非為王者病之

卷之五　一

潝潝訿訿亦孔之哀

潝潝指謀之不善者言訿訿指謀之及善者言謀之不善者潝潝然相和謀之及善者訿訿然相詆小人同而不和若此詩人哀之甚慮深矣以其必有敗亡之禍也潝潝見其同訿訿見不和

謀之其臧四句

不臧覆用之意要主王說蓋此詩為刺王而作也不依豐城朱氏指小人言

我龜既厭四句

上二句謀之於神下二句謀之於人謀之於神也數則煩瀆不誠而龜致其厭故吉凶不告謀之於人也衆則是非相奪而心無所從故圖為不成謀於神人謂王謀之

發言盈庭誰敢執其咎

二句申上文講卜筮所以數謀夫所以衆何列謀發言盈庭各是其是無肯任其責而決之者所以卜筮數而謀夫衆也責依慶源輔氏指成敗之責

如匪行邁謀是用不得于道

二句承發言盈庭二句說事固貴於謀而尤貴於夫言而不決則無補於事如謀而不行則無得於道誰執其咎譬之不行不邁發言盈庭譬之坐謀所適無補於事譬之不得于道正意先要提在如字上講纖毫見者失体

卷五　二

哀哉為猶一章

首一句分首句管下文六句下文六句正見所以可哀

匪先民是程匪大猶是經

二句主謀猶言先民乃善謀之所出大猶乃善謀之所在

維邇言是聽維邇言是爭

邇言淺末之言不切於生民之急務不關於社稷之至計故為邇言訧作邪辟之謀未是

如彼築室于道謀是用不潰于成
二句承上言是所二句說以是淺末之言相持而欲成天下之務如將築室而與行道之人謀之人人得爲異論其能有成也哉相持謂謀夫相持不指王者
國雖靡止或聖或否
聖哲謀肅艾此人之善者也人之善者其謀必善不可以此五者就作謀之善看
或哲或謀或肅或艾
哲謀肅艾要貼貌言視所視之德明而作哲所之德聰而作謀貌之德恭而作肅言之德從而作艾大全當玩

人知其一莫知其他
人字提起一指暴虎馮河之患他指喪國亡家之禍謂之隱於無形者隱於王之惑於邪謀而不能斷以從善之中故曰無形
宛彼鳴鳩一章
末二句分其之取義即鳴鳩之飛而上至于天其已之憂而念乎先重在至字念字詩柄免禍之禍求免刑辟之禍按兄弟相戒而首及父母者所以起下相戒之事是謂之端
明發不寐有懷二人
父母乃上先人明發不寐而有懷父母正念昔先人也一系親之意尚未說出至下方言之故講有懷二人滩說爲當
明發不寐止無忝尓所生
前二句斷前二句是相戒之端後三章是相戒之事夫有懷父母則兄弟豈可以不善哉下文三章遂詳爲善之事以相戒也始終要貫
明發不寐止式穀似之
前二句斷人之齊聖兩句皆承有懷父母二人而言有懷父母則身者親之枝而子者親之裔身豈可以不脩子豈可以不教邪不從時義以身承親說以子承身說
人之齊聖三章

後一章分人之齊聖二章言脩身中原有教一章言教子皆本飲酒之時謹儀言之然脩身教子豈獨謹儀爲然凡事不可不謹必各日邁月征求無忝於所生可也時說不見貫串
人之齊聖兩章
謹儀爲主上章脩身下章教子俱主謹儀就飲酒說
人之齊聖二章
後二句分上以在人言下以在己言
人之齊聖飲酒溫克
上句說德下句說儀人之齊聖所以飲酒溫克齊聖泛講

或依前篇以貌德兆而為肅以思德廉而為聖矣於本旨

彼昏不知壹醉日富

彼昏不知見其不能整齊通明一醉日富則喪其儀矣上

句與齊聖相反下句與温克相反

各敬尔儀天命不又

上句承人之齊聖四句說以齊聖而飲酒温克者為法以

彼昏而一醉日富者為監於是當各敬謹尔之威儀也各

敬尔儀者時亂而天命已去將不復來不可不恐惧而謹

之否則禍將及矣天命不又謂時之亂而国家之天命已

去不依大全就一身言

卷一五　一五

中原有菽兩章

上章表其慈下章表其孝因其命題之意下章单說脩身

不兼教子

中原有菽一章

中原四句與教誨二句此與常與不同與有兩意中原有

菽則庶民采之以與善道人皆可行也螟蛉有子則蜾蠃

負之以與不似者可教而似也故教誨尔子則用善而似

之可也善道人皆可行不似者可教而似俱貼在末二句

說善也終首一句似也終第四句故曰終上文兩句所與

而言按時說以善道人皆可行帶在中原有菽二句後面

講不似者可教而似帶在螟蛉有子二句後斷講教誨二

句是終上文兩句而為與之餘旨若然則與含在上四句

中類乎比体有失經旨

教誨尔子式穀似之

兩句兼兩意說善道人皆可行而不似者可教而似故教

誨尔子則用善而以之可也玩不惟独善其身又當教其

子使為善也註則此章是承上章而言上章善身既主謹

儀此章教子當主謹儀為是

題彼脊令一章

末二句斷與之取義以脊令載飛鳴載而不休息與兄弟

卷一五　六

斯邁斯征而不暇逸不重急難之意

我日斯邁四句

上下承說所以進善於已因求無辱於親

我日斯邁而月斯征

二句要兼脩身教子不可单說脩身上章脩身教子專自

飲酒之時謹儀而言蓋因時王以酒敗德臣下化之故首

以為戒此則承言豈但飲酒當謹其儀哉動作之間凡事

不可不謹我必今日此念明日此念而日斯邁汝必今月

此志明月此志而月斯征各務努力脩身教子而為善可

也日邁月征者為善說非謂年之日邁月征日邁者日而

邁月征者月月而征不可只就一日一月言之

夙興夜寐無忝尒所生

夙興夜寐日邁月征中之夙夜也我日斯邁之時汝月斯征之際所以夙興夜寐而不怠者以身者親之体也禍及於身則父母不能無貽玷以子者親之同体也禍及於子則父母不能無貽愧今我旣尒如此蓋各求無忝於所生父母而已矣毋忝於父母兼身與子不單說身

交交桑扈兩章

宜獄上截因王喜陷人於刑辟所以致問於神取法於人而求以自善也不可平分病寡詩人自謂慶源輔氏小註

可從

握粟出卜自何能穀

時政酷矣所以脩身教子而求以自善之道惟神知之故握粟出卜何自能善而可以免於刑辟也卜惟握粟而無他物可見貧窶之甚

溫溫恭人一章

末二句斷上四句就人說下二句就己說

溫溫恭人四句

溫溫恭人惴惴小心皆能自善者也時王喜陷人於刑辟彼恐禍之及已猶如集于木猶如臨于谷況我之兄弟豈可一時不謹邪溫溫惴惴已能自善矣集木臨谷是畏及於禍也非謂求以自善所以恐懼如此

戰戰兢兢如履薄氷

二句承上四句言天造昏昧國步乱離以溫溫恭人而猶如集于木以惴惴小心而猶如臨于谷況之兄弟必戰戰兢兢如履薄氷可也蓋履薄氷非如集于木而有扳之可援非如臨于谷而有路之可蹈一墜則必殞矣見得甚於集木臨谷此只畏及於禍之意求以自善言外見之講畢用此繳跋

民莫不穀我獨于罹

上句不穀下句于罹俱就父子說穀謂父子相親罹謂父

子相離

何辜于天我罪伊何

天指親言我居儲貳而為太之子今親不我愛而逐之或承顏養志之有缺不能盡歡于庭闈或服勞奉養之有違不能竭力于朝夕不知何負于天而得罪天之罪伊何邪見其自怨而懷慕親之意

我心憂傷止疢如疾首

一頭兩脚破首二句一頭次二句一脚末二句一脚首言憂之而痛次二句憂之而至於衰則甚於痛矣末二句憂

之而至於病則甚于老矣憂因見逐於親而憂
假寐永歎維憂用老
二句相承假寐之中而不忘永嘆則憂之也深矣是以未
老而先老也問講非是
靡瞻匪父靡依匪母
上文二章皆言見逐于親而致其憂此言我之見逐豈於
親而不能尽其道邪彼人非父不生父其天也而至尊莫
有抗之者矣我之聲音笑貌之念內而尊之外而尊之無往
而不瞻者匪父也其誰哉人非母不養母其地也而至親
莫有過之者矣我之傾眷慕之意朝而親之暮而親之无
卷五 九
往而不依者匪母也其誰哉已固未嘗不尽其道也今不
我愛而罪不可得而知矣註內莫不二字是解經文靡字
言已無往而不瞻依非謂泛論人於父母莫不瞻之依之
不屬于毛不離于裏
二句要說得明子者親之餘喬而毛相連者今父母於我
而棄之豈我不連于父母之毛乎不然何於我而不相恤
也子者親之遺体而重之所麗者父母於我而逐之豈我不
麗于父母之裏乎不然何於我而至於忍也麗者附著之
謂宜旧為父所廢毋乃帶言
菀彼柳斯兩章

前言己之於親無往不愛此言其如親之不我愛而棄我
顧雅上章是言其親之不容下章是言其親之不顧註所
謂留其群者恐而不去之謂
君子秉心維其忍之
承上而言親之於我不容不顧而棄逐之是誠何心哉維
其忍之故也忍對不忍是不憐恤之謂若作残忍之忍偽
親過於太重曰殆不如此
君子不惠不舒究之
二句申上惟讒是听之由曾不加恵愛舒緩而究察之所
以惟讒是听也二句乃一串意不能舒緩究察正是不加
卷五 十
恵愛親朱傳於下文惟曰夫苟舒緩而究察之則讒者之
情得矣不復兼以恵愛為言意可知也勿依豊城平看
舍彼有罪予之佗矣
信讒不問是舍彼有罪無故被逐是加我非罪不謂別有
罪加之也倚其顛者巔指木頂恐其傾仆故以物倚之
君子無易由言耳屬于垣
上言君子信讒此推讒諸生於言語之易而屬后屬于此
為之皆也耳屬于垣要緊上二句講吾王無以宮閫深矣
言之而人不知意向所欲轉移者輒発于論議之時也無
以閨壼邃矣言之而人不聞志慮所欲変易者輒露于时

脈之下也不知山雖極高而或陟其巔宮闈非山之高也恐耳附於垣者窺伺之際而說與焉泉雖極深而或入其底閨壼非泉之深也恐耳屬於垣者觀望之頃而譖起焉則言豈可易哉言雖指廝右嬖子之言渾說方有含蓄

無逝我梁四句

四句皆比即取魚之所無逝我之梁無發我之笱然我身尚離其所何暇恤我已去之後戒其無逝我之梁無發我之笱哉以比褒姒伯服無居我之處無行我之事然我身尚彼其逐何暇恤我已去之後戒其無居我之處無行我之事哉不可如国風說止以上二句作比體詩蓋此詞也

一句總四句而釋之其意可見

昊天已威四句

四句承上無罪無辜二句無罪無辜而遭乱如此故自訴求免也朱傳所謂自訴而求免之詞卓香四句不啻一章

君子如怒四句

乱承上章說渾淆其邪正顛倒其是非即乱也非世乱之乱

匪其止共維王之卭

維王之卭謂国殆也此上三章刺所讒者此下三章刺造讒者

奕奕寢廟一章

興比皆為他人有心二句興是興此比是比此故曰反覆興比君子作之畦奚斯所作之作同教護畜謀之意

秩秩大猷聖人莫之

二句興也难以出題若出以親義序別為骨定謂父子定之以親君臣定之以義之謂

往来行言心焉數之

心為數之辨其或為善言或為巧言下文善言巧言承此

二句說

蛇蛇碩言四句

善言是以止乱故出于口也為宜巧言足以生乱故出於口也不可

巧言如簧止爾居徒幾何

讒言讒人之意上二句見讒言無所用下二句見讒人不難除

伊誰云從維暴之云

二句指從暴公者不可講出暴公註言暴公之譖已也明矣乃朱子推說緫賢見之下章皆然

始者不如今云不我可

二句承上胡逝我梁二句親厚之時来則我即是以我為

可也今遊我梁而不入唁我則不以我為可矣非譖而已

是不以我為可

我聞其聲不見其身

承上而言在我之陳則近矣然聞聲而不見其身何其蹤跡之詭秘哉慶源輔承上章胡逝我梁非是

不愧于人不畏于天

二句皆主譖說譖我是以人為可欺也天不可欺而汝之譖我獨不畏天邪不依慶源輔氏謂其蹤跡詭秘是以人為可欺之說譖我說者為長

胡不自北胡不自南

卷五　十三

二句承飄風言往來等註貼胡不自北二句彼若飄風何以言之觀其或往或來以為自北胡為而不自北倏而自南以為自南胡為而不自南倏而自北見其往來之疾猶飄風然自北自南初無定在如此則與我不相值也以是不常之人今則適我之梁祇攪我之心矣時說欠明

伯氏吹壎四句

末一句分伯氏二句言其心之親愛而聲和及爾一句言如物之比次而勢屬我之於爾如此豈誠不我知而譖我哉及爾一句承上伯氏吹壎仲氏吹篪二句義如兄弟和如壎篪而勢相比次真如物之相貫也孔氏小註可玩以

詛爾斯之詛與盟不同詛小於盟朱傳盟字帶說不必入

講

伯氏吹壎仲氏吹篪

伯仲指其位為主臣故有兄弟之義吹壎吹篪主謀猶論議說謀猶論議未嘗不合則吹壎吹篪而聲相應和也要講汝之譖我豈不相知而然邪是故伯氏兄也而仲氏則弟已之與汝仕共君矣而肺腑為之傾倒勢共趨矣而心志為之交孚兄實愛乎弟也而其操事宰物之際此以為是而彼皆曰是此以為非而彼皆曰非伯氏以壎鳴之而篪不遠乎壎篪也猶夫壎也洪奏于廊廟之上謀蓋未嘗不協焉仲

卷五　十四

氏弟也而伯氏則兄吾之與汝居同朝矣而金蘭之契不如日同僚矣而膠漆之投莫及弟實愛乎兄也當其發謀出慮之際此以為是而彼皆曰是此以為非而彼皆曰非仲氏以篪和之而壎不排乎篪壎也猶夫篪也並鳴于殿陛之間議論未嘗不諧焉夫惟心之親愛而聲之應和如此則疇昔非不相知者汝何譖我為哉伯仲要講出心相親愛壎篪

要講出聲相應和方與註合

作此好歌以極反側

反側指譖已說既誠我知矣而復譖之可見心之反側

萋兮斐兮兩章

兩章皆比因人小過而飾成大罪也下章朱傳不解則似與上相同豊城朱氏以下章謂因疑似而長成實罪不可依之

緝緝翩翩謀欲譖人

緝緝乃口舌声翩翩乃往來貌不依華谷嚴氏以緝緝如女之續翩翩如鳥之飛添出女與鳥言

驕人好好勞人草草

驕人行其譖者勞人遇其譖者行其譖故好好然得意而樂遇其譖故草草然失度而憂朱註譖行驕人得意貼好好遇譖貼勞人失度貼草草

視彼驕人矜此勞人

卷五　十五

視則庶乎有以抑遏沮止矜則庶乎有以扶持保安慶源輔氏小註當玩

投畀豺虎四句

豺虎以殺為性宜其食之也今惡之而不食有北以載為德宜其受之也今惡之而不受則其人可知矣惡是惡其人之譖諸非謂惡其為謀之秘

楊園之道一章

首二句分與管至底不注夫二句截然固之道猗于畝丘皆以道自下而上故謂之加

寺人孟子作為此詩

作為此詩總緣前章緝緝幡幡而具餙南箕之喻反覆以致其詳好好草草而豺虎北昊之投懇切以致其意如此庶救得尽

凡百君子敬而聽之

聽謂聽其所作之詩譖始于賤必及于貴故欲其敬而聽之

習習谷風三章

後一章斷前二章只將有安危交則厚于危而薄於安之時後一章喻事有得失友則舍其得而討其失之事

習習谷風末章

卷五　十六

末二句斷上四句是比下二句是賦勿以比是比下二句

習習谷風維山崔嵬四句

比意含在習習谷風四句中即谷風揚于崔嵬之山則風之所被者廣然不能無不死之草無不萎之木以比交德施于患難之時則德之所及者大然不能無對語之怨忿色之失今汝忘我大德而思我小怨意独何哉忘我二句承上比說

忘我大德思我小怨

二句就安樂時言大德謂厚誼深情小怨謂對語忿色譴

說開講未善

蓼蓼者莪四章

前二章分前喻已之失養而念親之有恩第三章庶足矣

養第四章庶恩親有恩

蓼蓼者莪三章

後一章分前二章托喻不得終養而嘆之至後一章托喻

不得終養而苦之至

蓼蓼者莪首章

一章平截人民劳苦集傳不言其故只宜渾言不可指為

何事不得終養因其親之已逝

蓼蓼者莪匪莪伊蒿

比意兼文父敷當云蓼蓼然長大之物始以為美莪可資以

供薦而今無用非美莪也乃賤蒿爲以比父母生我之時

始以為美材可賴以終身而今失養非美材也乃棄物爲

則親之生我何爲哉

哀哀父母生我劬劳

哀哀要斷一斷謂之哀哀者重自哀傷也夫父母生我劬

劳如此而不得終養安得不哀傷邪哀是自哀非哀父母

劬劳也劬劳第三章是不必說出渾講為長

缾之罄矣一章

一章平截鮮民之生二句承缾之罄矣二句說出則銜恤

二句承無父何怙二句說朱傳穷獨是辭經文鮮字

缾之罄矣維罍之恥

比兼兩意缾非罍無所籍罍非缾無所注缾與罍实相資

也猶親非子無以養子非親無以生親與子实相依也缾

苟罄而不得以供非缾之咎罍之恥也猶親失養而不得

其所非親之過子之責也缾以比親罍以比子父母不得

其所失養之故

無父何怙四句

上下承說無父何怙二句言其穷獨如此是以出則銜恤

入則靡至而不勝其苦也不可以此四句作申其生不如

死之由蓋生不如死由於父母不得其所乃子之責而然

不謂由此四句

無父何怙無母何恃

二句是申穷獨之实上言穷獨之民生不如死然何以見

其穷獨哉無父則無所怙無母則無所恃而穷獨如此

出則銜恤入則靡至

一句開說不用打轉生不如死

父兮生我一章

本二句断生我鞠我要與拊我畜我數句作一樣看不可

以拊我數句是詳生鞠之實鞠畜諸皆訓養義各不同鞠指未生之時說畜指巳生之後說蓼山三註雅畜與育不合傳意畜恤飾其孔哺以時而飼之也育者審其寒暑以身而覆之也其餘擇其可用之註用之

父兮生我母兮鞠我

生以氣言鞠以血言生謂賴父之氣以搆形養謂賴母之血以成形

欲報之德昊天罔極

德謂人子欲報以德不指上文父兮生我六句 欲報以德泛講或愉色婉容以報之乃日用之常典或竭力効劳以報之乃家庭之恒規無德可以為報也非謂終養講畢要繳親恩難報如此况今不得供一日之歡以死人子何以為情哉罔極指上生我六句

卷五　十九

南山烈烈兩章

上詳巳之不得終養至此則嘆人之不如也民莫不得終養而害我獨何為遭此不得終養之害邪不得終養上巳明言不依慶源以為至此方及之

周道如砥二句

上下承說周道其平如砥而不崎嶇其直如矢而不邪曲是以君子維之坦然往來小人視之安然奔走今猶昔也顧之而出涕者必有所以感于其中本詩所謂困于役而傷于財是一串意困于役則傷于財故下章專以賦役言

周道如砥其直如矢

二句渾說不必以為周之盛時文武創業于前成康守成于後所以如砥如矢

君子所履小人所視

二句開講發視皆指周道君子有位者也履之而為往來之路小人無位者也視之而為奔走之途非謂小人視君子所履以為法也君子所履恐言不可專說朝周

小東大東一章

末一句斷末句管上七句上言東方賦役莫不由是而西輸于周然賦役之害何如哉此言東方大小之國杼柚皆空而賦者則葛屨履霜劳苦不勝其困征求不息而責者則周行趣亟反復不勝其劳甚害如此是以使我心憂而病也糾糾葛屨二句謂大小國中之民非言公子註內而其之其字指大小國說

卷五　二十

有洌氿泉一章

一章平截承上一章賦役之害不巳民劳甚矣豈復堪再哉前四句是即物而興後四句是因物而言勿以薪是穫薪二句與作與說薪巳穫矣而復漬之則為鵲氿泉之害

講民已勞矣而役事之則病貼痞嘆二句講
哀我憚人薪是穫薪
憚人指民不指公子覿註民字可知杼柚皆空而以葛屨
履霜可見其勞
東人之子一章
上四句賦役不均下四句群小得志兩平言東人之子供
億日繁而力不足雖我勞而不慰撫也西人之子征歛日
簡而用有餘故衣服則皆鮮盛也賦役不均如此西之舟
人熊羆之裘是衣初無葛屨履霜者也西之私人官僚之
賁是用初無周行供役者也群小得志如此百僚是試言

西人皂隸之屬惟百僚得用之非如東人各有供役之苦
或以其酒一章
上四句見困于人下四句見恤于天我之供億不堪而西
人易視之不以為然維在天之有漢僅乎垂光以監我之
供億也維織女之七襄僅乎成章以報我之供億也監報
皆指供億文章謂織成彩色之物以報之
維天有漢止之揭
一頭兩脚破前四句一頭次章一脚末章一脚首則仰訴
于天次言天之不恤乎已末言天之反困乎已
維天有漢止載施之行

上四句求天有所恤下一章叙天無所恤
雖則七襄一章
一章渾破至是則知天亦無若我何矣言不能恤已也彦
陵歐三註要記天畢謂不能助已掩獸充其朝夕之用
維南有箕一章
一章平截上四句言天非徒不恤下四句言天反有所困
合上一章不外此意
廢為殘賊莫知其尤
上言夏則暑秋則病冬則烈禍乱日進無時而息所以致
此禍乱者以在位之人変為殘賊也上章乱離瘼矣因乱

故至憂病殺害指不遭乱其遭乱說遭乱即為遭害下章
我日構禍之禍俱指乱言是時天下莫不被害乃云民莫
不穀者此據作詩者言之見其自傷之意
君子作歌維以告哀
維以告哀要緣得上章意蓋胡寧忍予而我獨何害矣其
適歸而匪鶉匪鳶翰飛于感嘆之時莫知其尤而卒莫我
有曷云能穀而匪鱣匪鮪潜逃于憂傷之際何者非所以
告哀我依此始無滲漏
陟彼北山一章
末二句分此章先言行役而不均獨賢之意下方言之不

均勞非詩人自謂在己之勞泛言以寓己意不依安城劉
氏小註
明明上天三章
三章渾疊出謝氏以爲言出宿不止睠睠懷顧分淺深
説不可依之
明明上天第一章
後四句斷前是訴天而序己後于外之情後是思友而序
己制于外之情下文二章皆同
我征徂西　其毒大苦
後二句斷首二句言涉行之遠次二句言歷時之久故其
心憂如有藥毒而大苦也慶源註是

豈不懷歸畏此罪罟
上念僚友安處于内而涕零如雨此言則我豈不懷歸而
欲如其安處哉畏罪而不敢歸也懷歸是欲如其安處非
思室家非思僚友所以懷歸
念彼共人睠睠懷顧
僚友指其所親者言是以不惟思之而復戒之睠睠懷顧
因念僚友安處而傷己不如故睠睠懷顧乎内也不謂僚
友而然前章涕零如雨後章興言出宿同此
嗟爾君子第四章

可就路偕偕只是強壯添出智謀者非
溥天之下四句
四句平説不必相貫以爲有土此有人也上二句以際天
所覆言下二句以極地所載言際天所覆而均爲王土極
地所載而均爲王臣則從事何爲不均而我獨賢哉講畢
纔出此意
大夫不均我從事獨賢
大夫不可言王獨賢不可言勞只依經文蓋詩人之忠厚
如此獨賢泛説勿以下章嘉我未老四句就作獨賢之實
觀朱傳猶上章之言獨賢其意自見

大夫不均　此或不已于行
前二句分前言從事不均而使我獨賢彭彭一章則原其
使我之意燕燕一章則出其不均之實不可以彭彭一章
作申其獨賢也自此合下四章意同
嘉我未老四句
四句平截旅力二句承上二句言年之未老而齒之正壯
則旅力方剛可以經營四方也經營四方打轉四牡彭彭
二句四牡彭彭王事傍傍正是經營四方
或燕燕居息三章
勞逸之意一逸一勞便見役使不均也不必互講始見不

一頭兩脚破首句一頭次一句言無自恃其常作一脚末
四句言當自求其福作一脚下章放此
靖共爾位正直是與
二句開講上句是修哉下句是親賢勿以下句作靖共爾
位之實看共依吕氏謝氏作兩意看
神之所之式穀以女
二句承脩哉親賢說脩哉親賢如此則無愧于理自無愧
於神所以穀作是與也穀禄謂恒居大夫之位而承膺當
貴之奉非俸禄之禄下景福同

鼓鍾將將三章

前一章分前言思古之君子不能忘然何為而思之以其人
德不回其德不猶也鼓鍾將將二句串説謂鼓鍾將將於
淮水湯湯之上鼓鍾兩樣不以鼓解作擊按皆皆猶將將
註及解三洲朱子只作淮上地不解作水落而洲見則知
三章不過賦其一時之事蘇氏分始中終非是
淑人君子其德不回
淑人君子指文武成康其德不回只講節躬勵行嚴克自
抑是之心固遊於逸也脩己安人操不敢康寧之志固逞
于樂也不必就樂上說
鼓鍾欽欽一章
末二句分上是樂声之和見其樂声不異于古也下是樂
器之正見其樂舞不異於古也樂則是矣其如人則非耶
前章過此依蘇氏註
以雅以南以籥不僭
以籥上截以用也所奏之樂章則用雅南所舞之樂器則
用文籥奏所當奏非以下而僭上舞所當舞非以卑而踰
尊故曰不僭
楚楚者茨四章
後一章斷前三章是祀先一於敬後一章是祀先久於敬
若從後章隨此答上出題意同此詩是述公卿力于農事

以奉宗廟之祭故首章講要當歸重力農上吕氏總斷威
儀之盛品物之豐華註依安城說通六章論之前四章奉
祭受福之節後二章是祭畢燕安之事
楚楚者茨止徂賚孝孫
後四句斷神休神意為主前三章言神休所由錫後四句
言神意所由傳
楚楚者茨三章
前一章分前一章是奉先獲福後二章是感先獲福渾破
亦可過文公卿事神而受福豈但此耶勿以首章作泛
言奉祭大其福下文二章乃詳奉祭大福之事開説為長

首章酒食不必包下牛羊烝畀之事享祀妥侑不必包下求
神獻尸之事以介景福不必包下無疆攸酢如幾時萬之事
楚楚者茨兩章
上章祀禮所由行下章祀禮所由周我黍與與搭下一章
做此皆要奉先感先爲骨
楚楚者茨一章
前四句分前是奉先之由後是奉先之福
楚楚者茨四句
上二句古人闢地之功下二句後人力農之事楚楚者茨
二句不可講作変爲黍稷之場若然則巳明言爲蓺黍稷
而闢地也何以復疑古人何乃爲此事乎古人泛言非謂

卷五　二十七

公卿先祖
我黍與與　止　以介景福
八句平截前是獲乎大利後是獲乎大福
我黍與與四句
我黍二句言其生之盛我倉二句言其收之盛倉庾只就
儲黍稷說分倉是貯夫去葉稭者分庾是貯夫連葉稭
稭者此無所據
以爲酒食上四句
末一句斷以爲酒食以黍稷爲之以享以祀以酒食享之

之以妥以侑以酒食妥侑之景福泛說不用下章來講此
言祭而神福之如此不依時說以此尚未嘗祭所謂以介
景福是欲神介之也至下方言神介
以享以祀以妥以侑
上句就神言下句就尸言兩句皆見其敬也或作皆見其
孝亦是不可以上句見其孝以下句見其敬
我黍與祀事孔明
上一節原祀先所以大其禮下一節原祀先所以周其事
不在維億上截
以爲酒食萬壽攸酢
前四句斷前四句未祭之事後二章當祭之事酒食享祀
妥侑景福包下文講此乃就題言之

卷五　二十八

以爲酒食止萬壽無疆
奉先感先爲主不以上是備粢盛下是備犧牲以上作備
粢盛則遺爲酒意以下作備犧牲則遺于祊意
以爲酒食止祝祭于祊
穀食牲食爲骨斷章取義酒食四句主未祭言至下求神
然後無碍我黍與與出起意同
濟濟蹌蹌兩章
兩章　主敬言之上是薦牲求神而敬無不寓下是獻尸飲

祭而敬無不盡不以上章作禮下章作敬或以上章爲物品之豐下章爲威儀之盛皆未爲當蓋物品威儀兩章俱有上章觀濟濟蹌蹌二句可見有儀下章觀俎豆等句可見有物行文上下要勻濟濟七句與下踖踖九句相對先祖兩句與下神保一句相對無疆三句與下攸酢兩句相對

濟濟蹌蹌 止 工祝致告

後四句分前二章祀禮盡而神致其福後四句祀禮畢而尸致其意

濟濟蹌蹌一章

孔明上截前是祭先周其事後是格先盛其福祭先周其事要見一皆敬之所在

濟濟蹌蹌 止 祀事孔明

末一句分濟濟蹌蹌卑指與祭之人不欺公御齊蹌說容非謂多也此句管至或肆或將而止蓋絜牛羊以往烝嘗而剝烹肆將皆濟濟蹌蹌之人絜乃絜牢之絜不重或講未祭則告充告備將祭則告絕告殺及以或剝或亨二句正是絜尔牛羊俱無此意或烹或剝說或將或肆說解其皮矣逆者從而熟之也陳其体矣逆奉而進之也祝祭干祊謂求諸陰陽之間大全可從祀事孔明總幾薦牲求神首五句是爲牲盡其道次一句是求神盡其方既盡其薦牲之道復盡求神之方祀事何如其甚備而甚著哉有以孔明專指威仪品物而不說求神者非也甚備甚著薦牲求神皆有以薦牲見其備求神見其著

濟濟蹌蹌二句

末一句斷就其出題之意首句言仪次句言物備此仪物所以往烝嘗之祭也末句總繳

先祖是皇二句

孝孫有慶要含下文報以介福二句意講報以介福萬壽無疆乃有慶之實不謂是皇是饗食見得有慶

先祖是皇神保是享

二句承祀事孔明說時文皆講以享以祀故先祖是皇以妥以侑故神保是享則承上章言矣不可依之大也君也要說得明洋然意氣之充滿而臨於精禋之項是之謂大紀然是饒之輝煌而拱于駿奔之時是之謂君慶源以君如府君之君非是神保依安城三註謂祖考之神降而安于尸之身皆曰神保享是既醉既飽之意

孝孫有慶二句

上下承說報以介福而使之萬壽無疆即有慶也孝孫有慶只宜虛講不可指出事來

執爨踖踖一章
末三句斷敬爲之主爲俎二句一踖踖之敬所形爲豆一句一莫莫之敬所著礼儀卒度而礼儀之間敬在焉笑語卒獲而笑語之時敬在焉献尸飲祭皆致其敬如此所以感神而獲福也不可偏重献尸上勿依慶源輔氏以感神獲神專就飲酒時說爲俎执爨爲之以賤者言爲豆君婦爲之以貴者言俎所以載牲体非置燔炙不從大全燔炙乃执爨之人燔之炙之不說賓長兄弟賓長兄弟是以炙燔從献者殺食爲内羞牲食爲庶羞内羞庶羞各非一品故曰孔多不囚内羞庶羞皆有見其孔多

卷五　三十一

爲賓爲客献酬交錯
爲字有力謂筵而戒之慶源註是賓客不兼兄弟献酬指賓客交錯指少長宿客乃助祭者少長乃與祭者献酬言主人奉賓不可以献爲主之献賓以酬爲賓之酬主献酬之時惟奉賓客之長交錯則長賓客與長兄弟交錯以徧也謂之交錯者賓客之位在西兄弟之位在東賓客酬兄弟自西而東兄弟酬賓客自東而西是謂交錯
礼儀卒度笑語卒獲
二句兼賓客少長說指献酬交錯之時言之
報以介福萬壽攸酢
二句相貫壽者福之先萬壽攸酢即報以介福也平講欠當思壽攸酢恒居公卿之位永享公卿之禄外說無味
我孔熯矣止以綏後禄
前一章分前是祭久而敬有以受乎盛福後是祭畢而燕有以受乎後福
我孔熯矣一章
首二句分上言是敬不以久而忘下是福必以類而應
我孔熯矣式禮莫愆
行禮既久泛論不指從献之時迎牲至此拜奠興行不知幾進退也卞神至此洗酌揖讓不知幾升降也渾講方是
禮莫禮穆禮文與下飲食禮容相應

卷五　三十二

孝孫徂位工祝致告
徂者孝孫往於阼階之西而祝傳尸意告利成於主人利成卽上禮儀既備二句是也禮儀既備則十倫悉舉鐘鼓既戒則九献終而孝子利養盡是乎成矣徂位利成少牢辭是
苾芬孝祀止時萬時億
飲食禮容泛說不繳上章因其飲食而報以福禄之事以飲食福禄皆享於己者飲食與福禄一類也因其禮容而報之以事爲之善以禮容事爲皆形於身者禮容與事爲

一類也時義皆以飲食礼容繳上章講今按礼容莊重是
指公卿繳上不見下落
卜尒百福如幾如式
二句相連謂之百福言其盛也其来也如幾其多也如式
福之盛也何如幾福指田禄田禄其飲食一類如幾若如心
之所期如式者如事之有法天下有一事必有一法而
至多莫如法也時説不一有以期謂貢賦不違其期有以
法作九一之法有以法作法度之法蓋貢賦乃国家常規
不見神福九一其法度之法不見多意或以如幾如式不
作百福之实皆不可從

卷五　三十三

既齊既稷既匡既敕
二句皆見其莊敬也勿以上句是莊下句是敬齊謂飭其
冠裳斂其邊幅而不敢苟稷謂敏于進退駿于奔走而不
敢甯匡謂行以肆夏趨以采薺而無惰容敕謂凛如執玉
兢如奉盈而無怠意敕是戒惧之意作並而戒之者不可
從之
永錫尒極時萬時億
二句貫説事有萬也而萬事無不得乎此事有億也而億[illegible]
事無不得乎此正見錫以衆善之極上句虚論不可[illegible]
静云為語時萬時億説得其闊或因報之各[illegible]

事就威儀中規中矩講見得與礼容相類若然則一事矣
不見萬億意余傳無一而不得乎此之此指極言也極解
作至
工祝致告　止工祝致告
上是祝致神意下是祝傳尸意上所告者乃下文苾芬孝
祀八句下所告者乃上文礼儀既備两句神意謂之致尸
意謂之傳者神無言也故祝致其意尸有言也故祝傳其
意
礼儀既備一章
末二句斷上是交神明之終下是遠辟下之始

卷五　三十四

礼儀既備鍾鼓既戒
二句就祭畢時言勿以上句是當祭下句是畢祭按鍾鼓
上文既無所繳則礼儀當泛講不必打轉上文戒謂告神
以送尸也只言奏樂而遺告神之意未善
孝孫徂位工祝致告
利成即上文礼儀既備二句是也利養莫大於礼樂成畢
莫過於戒備礼儀既備則十倫悉舉鍾鼓既戒則九獻攸
終利養于是乎成矣不可外講
神具醉止四句
上二句見尸以神為度下二句見神以尸為依神既醉矣故尸

起尸既送矣故神歸末句述諸尸歸尸歸則神亦歸就作
神歸尤詳
諸父兄弟止勿替引之
上二句是篤燕親之恩下一章是詳燕親之事
鼓鍾送尸止莫燕具慶
後四句分因其命題之意樂具入奏專指鍾鼓
諸父兄弟備言燕私
燕私為親骨肉既歸賓客之俎帶在燕私上說不留賓客
而歸之俎見其尊之不敢瀆惟留骨肉而與之燕見其親
之不敢疎此意講畢繳之

樂具入奏一章
首二句分首言樂既入奏則寢燕而將綏以後祿矣爾殽
既將三句遂言寢燕之事大小以下叙其受後祿之實也
獨言飲食不言禮容者就燕上說蓋向者神嗜君之飲食
是以使君壽考而祭既受福矣今我諸父兄弟承君之飲
食抑何以為謝哉彼君之祭祀甚順甚時而無不盡子子
孫孫當不廢而引長之也夫惟我等以是報之則公卿所
受之祿大矣殽是祭時所徹之殽大小兼諸父兄弟公兄
之中皆有大小非謂兄弟為小諸父為大
樂具入奏二句

樂當從言不可專指鍾鼓觀祭時之樂皆入奏於寢也往
可知後祿就公卿論子子孫孫勿替引之正後祿也作文
要合此意或以後祿指燕謂諸父兄弟之後祿與傳不合
神嗜飲食止勿替引之
六句皆慶詞也所謂慶論者與燕之人無不歡慶而言故
曰慶詞以神嗜飲食二句作嘏詞以孔惠孔時四句作慶
詞非是
孔惠孔時四句
四句承說祀典之善所以子子孫孫當不替而引長之此
主祀典言也不可認作祭統

孔惠孔時維其盡之
上句繳前數章儀物不違乎礼是之謂順恐嘗不忒其期
是之謂時下句總承蓋孔惠孔時則無所不盡也以惠指
儀以時指物勿依或以兩句平看俱不可從
子子孫孫勿替引之
下句弗替引之勿替其孔惠孔時無所不盡之祀典而引
長之也此乃慶詞不作祝願
信彼南山三章
前一章分下文二章相連不依慶源輔氏以第三章首句
乃申言首章之意以第三章二句乃重言二章之意故在

求章截

信彼南山兩章

兩章平說上是有賴於聖功下是有賴於天澤見得公卿奉祭有所由來也過文田之得於聖功者如此祿之資於天澤者何如時義過文但重天澤文當信彼南山一章要

重聖功毋依彭氏重在地利

信彼南山一章

首二句斷不在末二句截此即楚茨篇首四句之意按此章重在禹上南山維禹所治故其高平之原下濕之隰無不墾闢而曾孫得以田之我疆我理二句正是田之之實

卷五　廿七

若謂開闢者前聖之功彊理者後人之力失于兩平甸謂芟其草萊除其荊棘維其甸之是以原隰墾闢勿以墾闢就是甸之墾闢不過闢道之謂時尚未嘗為田至於曾孫方田之也不依孔氏成田之說

我疆我理南東其畝

二句皆治田之事勿以上句為治田下句為分田公卿之田指一成說一成百夫若講萬夫為川則非一成也疆者九夫為井百夫為成而區畫之有條理者十夫有溝百夫有塗而分析之不紊疆以外之界限言理以內之脉絡言劉氏小註疆謂有夫有畛等理謂有遂有溝等則以疆指

地勢理指水勢矣不合朱傳順其地水勢之所宜貼下句莫依曹城貼上句說蓋地勢東高而西下而西北高水勢皆趨之遂既東入於溝東固有所洩也然不為畝於南以為之防水必泛於南矣故隨其地勢水勢之遂東也則為畝於遂之南以冒其衝突之患焉遂既南入於溝南固有所洩也然不為畝於東以為之防水必决於東矣故順其地勢水勢遂南也則為畝於遂之東以抑其奔潰之害焉所謂南東其畝如此南東其畝謂在遂之南在遂之東也此是疆理之時為畝以防水不可就作疆理之實按孟子滕文公問為国篇仁山金氏三註古所謂畝與今異斜折方不同古

卷五　廿八

者六尺為步百步為畝闢一步長百步即今田塍田塍田岸也則知古人立步制畝所以防水因以紀田之數

上天同雲兩章

兩頭一脚破上天同雲九句一頭以為酒食二句一頭壽考萬年一脚不可平截按此兩章是一串意故朱子揔兩章而釋之陰陽和釋上天同雲五句萬物遂釋生我百穀兩句人心歡悅以奉宗廟釋以為酒食二句如此則神降之福故壽考萬年也生我百穀說得甚廣下文疆埸二句承生我百谷而言不可認作生我百谷之实

上天同雲一章

末一句斷上言天時和下言地利遂惟其優渥沾足乃見
天時和也非因久有積雪春有小雨便謂之和說詩畢要緻
由公卿德政所致

既優既渥二句

言俱指地力不指天澤冬有積雪春有小雨故地力
饒洽知此優是田得以灌溉而浸潤之不間是田得以
厚潰而膏腴浚之甚隆沾是田得以耕灌而得利之無虞是
是田得以深耕而黍稷之畢至四者皆此饒洽之意

疆埸翼翼四章

四章渾破首章言黍酒食以祭而獲福六章言承祀以

卷之五 三九

祭而獲福亦二章擬撥以祭而獲福排緻乃于憂厭則
祭未備何以能獲乎福執要歸重乃與上天同雲起意
孫之穡是出至乃詩無獨見此故此時又有以祠二章作
備物後二章作乃祭有以爲祠二章要祭祀獲福之意後
二章詩言承祀獲福之事所以適又但歸重在下二章今觀
四章不過承其事神受福之節如此並無餘物分祭忌
言詩之意

疆埸翼翼兩章

上言是承乎天利於祭而獲福下言是承餘利以祭而獲福

疆埸翼翼一章

末一句分承上文言雨暢和而生我百穀如此疆埸
言之則翼翼然而楚楚飫飫其黍稷之豐則或然而茂盛
以是穡之翼黍稷以言他人之穡或皆我曾孫之穡于是
為酒為食以奉宗廟而獲壽考萬年之福也曾孫之穡要

疆埸翼翼上說

以為酒食畀我尸賓

二句專獻尸上獻尸以奉宗廟因以及賓客也勿以獻尸
獻賓乎言觀注及之可見講畢要緻出入心擧凡意表獻
特牲饋食禮三獻尸後主人有獻賓之擧此言獻賓正指
奉祭宗廟時主人獻之非謂尸酢賓及祭畢而燕于賓

卷之五 四十

意也朱注不可從

中田有廬一章

末一句分承首二句載獻於皇祖時瓜成而遂獻之
不可以上為祭以此為薦分作兩時看

中田有廬四句

疆埸有瓜謂於廬之疆埸種瓜以尽地利也不說田之穡畔
所以采摶廬含畢遂承言於畔上種瓜以尽地利其孫可
知

曾孫壽考受天之祜

二句承說壽考之所祐福之所在壽考即天祐也二句仍是

祖降福于曾孫使之壽考而膺天祜如此
祭以清酒兩章
孔明上截兩章一串不以下章作申上章此與上天同雲
兩章一例彼先敘黍稷而未及福故下章遂言薦黍稷之
事而以福終之此先敘犧牲而未及福故下章遂言薦犧
牲之事而以福終之祀事孔明總繳上言迎牲周其禮下
言薦牲尽其禮迎牲薦物如此祀事可謂孔明也兩章皆
祭祀事勿以上作將祭下作方祭
祭以清酒一章
首一句斷重在迎牲不重求神于陰求神于陽因欲迎牲
卷五
四十一
故先求神享於祖考以下皆迎牲中之事也見尽其誠從以
騂牲從當訓隨夫既灌矣而遂迎牲隨以騂牲獻于祖考
之前而宰之
執其鸞刀三句
首一句斷執其鸞刀示以親殺之意而殺之自有其人啓
謂開視其毛告純者見非雜色之牲告殺者見非偶得之
物啓主人自啓自取夫親執之啓之取之尽其誠也　如
此
是烝是享一章
一章平截烝享苾芬皆承上章酒牲說慶一添詩是

惟以烝作冬祭之名不可依之要作進解随題立說祀事
孔明只總是烝是享二句不必總繳上章
倬彼甫田四章
前二章分後二章是申前二章意首章言今適南畝而不
言其人今三章則申今適南畝之人二章言我田既臧而不
言其實四章則申我田既臧之實三章雖申首章四章雖
申二章然非尽申其意各有不同首章本其巡省之時言
二章本其收成之日言過至三章巡省有見固勞乎農矣
然巡省何人或過至四章收成有祭固念乎農矣然收成
何如我通詩皆就一年說勿以前二章作今歲之事後二
卷五
四十二
章作後歲之事
倬彼甫田兩章
兩章皆重在農上言農夫力於田也如此下遂承言我於
既成奉祭豈可以忘乎農哉肆說過文後重在報神上矣
其本指或耘或耔出至以社以方報神為主
倬彼甫田一章
一章平截不在疑已上分攸介攸止二句只承今適南畝
以下而言非通管也自古有年帶在上說以起下意
倬彼甫田自古有年
末一句分首二句言田祿之入無缺次二句言田祿之積

有餘歟以之何以無欽而積之何以有餘邪蓋以自古有
年是以陳陳相因入之無欽而積之有餘如此末句總申
倬彼甫田四句不只申我取其陳二句也朱傳相因乎註
包倬彼甫田兩句在其中以為總管我取其陳二句非是
倬彼甫田四句
歛散並意上二句歛之有常下二句散之有法
倬彼甫田歲取十千
上句是田制下句是田賦上句重在公田時文作制民之
產則反重私田矣倬謂彼疆此界而區別有條甫謂一成
百井而綿亘不絕歲取十千者歲也取其十千見得常数
無歛由乎豊年而來不重取民有制

卷五　四十三

我取其陳食我農人
二句先以補助正意講畢然後以用之之節華註總之合
宜有叙正是用之之節然舊以周民用之合宜也存新以
待乏用之有叙也安城刘氏小註可從
自古有年止烝我髦士
首一句分或耘或耔二句承說耘耔尽其力黍稷所以茂
盛也不可平講
自古有年四句
首一句断古今並說上是原豊年派乎古下是驗豊年兆
于今
自古有年止農夫克敏
後一章断三節皆一年事祈是今歲而祈明歲之事或作
祈謂今歲或作祈在明歲皆非
自古有年終善且有
後一節分前二節是力農而幸有年之祭後一節是力農
而占有年之祥
自古有年止以穀我士女
有年為主上六句遡有年而驗將然既勞乎農下一章報
有年而祈將然復念乎農

卷五　四十四

今適南畝止農夫之慶
前二節分前二節是省耘有所勞因賽禱而致念夫農後
二節省耘有所勸因收成而致美夫農
今適南畝止穀我士女
上五句逆省有見而能体乎農下一章賽禱有祭而知重
乎農
今適南畝止合下五句
上五句驗豊年于將然下五句報豊年于已然農夫之慶
打轉上文或耘或耔伸慨農夫耘耔之勞而使我田既臧
則我田既臧乃賴農夫之德致之也止出我田既臧一句

不必打轉按此詩作于收成之後而曰今適南畝者蓋古
省耘之初而言非指作詩之日
攸介攸止烝我髦士
上句謂公卿勸農自有大夫止息之處不謂擇其大夫可
以止息之地而止之也難以擇地擇人為喟擇人固是擇
地不通烝我髦士依註作勞無勸相意豐城註勿依之
進而勞之者今適南畝見其將獲有年皆農之力遂進而
勞之不可過管上文髦士是農間有教有孝之人毋以髦
士是比農夫或因註引管子之言要作進而用之欠當
以我齊明三章

卷五　四十五

前一章斷第三章承琴瑟擊鼓一段說第四章承以我齊
明一段說歆養乎衆如此所以三章御相之也有賴乎衆
如此所以四章歸報之也前後相應
以我齊明兩章
養衆感農為主過文收成之時如此然非巡省之勞疇
能然哉要串
以我齊明一章一
一章平截上下開說重在農上前五句因報神歸其功于
農後五句因祈神準其惠于農報神言禮祈神言樂
豐城小註可玩祭社方皆報其生物之功祭方皆報其成物

之功報祈乃一時之事不分春秋玩註又作樂之又字方社
田祖之祭雖在一時還是兩下各祭不依豐城曰方社以
見田祖条田祖以見方社作一祭說過文要平只言斯時
也報之而遂祈之耳過以為既有賴于農如此安可不為
農計哉則上下相串矣鼎傳不合
以我齊明此農夫之慶
末二句斷前後貫說有年因本報神之祭然我田所以善
而有年者豈我之所能致哉乃賴衆夫之福致之也用有
年字貫住方有接續
我田既臧農夫之慶

卷五　四十六

我田既臧指收成之當說含第四章意雖含第四章意只
當泛講不可露出如炎如梁等語或因既字要以臧字指
上文黍稷薿薿不如謂之既臧者據其收成之後言之故
曰既臧非承上文及以臧謂可以供祭祀可以食農夫皆
不可依農夫之慶謂神鑒其勞而使我田既臧則我田之
臧乃賴農夫之福一井之田八家之慶也一成之田百
夫之慶也於我何有哉有說因賴農夫水耕火耘沾体
塗足致之福字不通
琴瑟擊鼓止以穀我士女
末二句分數士鼓也不謂常鼓

以祈甘雨三句
首一句分次句連下句講搭矢當田玩註自明
以介我稷黍以穀我士女
上句承甘雨說下句承稷黍說見得稷黍賴甘雨而大士
女賴稷黍而養
我田既臧合下兩章
前一章原豐年賴乎農而祈以養之後二章驗豐年歸
乎農而厚以報之
我田既臧止農夫之慶
前一節斷不以春祈秋成立意按以祈甘雨秋成之後祈
也不在春時

琴瑟擊鼓止萬壽無疆
前一節作樂望有年而欲溥其惠于農後二章省耘獲
有年而欲厚其報於農
琴瑟擊鼓止如坻如京
前一節斷前一節是今歲而預為來歲計也自此搭下出
題俱不可認作來歲
琴瑟擊鼓止農夫克敏
前是作樂祈豐年而欲以養乎下後是省耘驗豐年而
有以感乎下

琴瑟擊鼓止終善且有
上節奉祭而祈有年于神下節力農而驗有年于人
琴瑟擊鼓止嘗其旨否
前節祈年而欲以惠乎下後節省耘而有以親乎下
琴瑟擊鼓止田畯至喜
曾孫來止輕看只以農人農官言
曾孫來止兩章
感農報農為骨过文巡省之勤如此收成之際何如時
義过文不見貫串
曾孫來止一章
一頭兩脚破首句一頭次五句一脚末四句一脚在末二句

截
攘其左右嘗其旨否
二句就田畯言不指曾孫攘作取說慶源以為公卿之貴
而食農者之粗糲彼必有不敢獻者故攘而取之則有奪
意在其中也況以此二句認作公卿俱不可從嘗其旨否還
是察其若樂不然何以取而嘗之
禾易長畝終善且有
易謂耘之尽力荼蓼悉去盡一成而無鹵莽之嫌稂莠
咸除合百井而無[illegible]之失終指收成時言要合下章知

茨如梁如坻如京意必備稠無虛空者非

曾孫不怒農夫克敏

曾孫不怒禾易長畝三句說不纔人力之齊而敏從

孫孫不怒而生不可通管不可兩平克敏求保曾孫終于

不怒也敏指耘言

禾易長畝止農夫之慶

將然已然為主前一節驗豐年于將然而因以感乎下後

一節獲豐年于已然而因以美乎下

曾孫之稼一章

後四句分勿在末二句截首四句禾稼之多以二句備著

卷五 四九

之盛總而言之見得收成之富

曾孫之稼四句

上二句積之在野者下二句積之在場者見下文求車以載

之則知稼是禾之已刈者也不依華谷嚴氏作未刈說四

句總見其終善且有毋以上二句是善下二句是有

乃求千斯倉乃求萬斯箱

上二句承曾孫之庾說處積之在場者也下句承曾孫之稼

說載積之在野者也倉是倉廩之倉作板倉者非說

黍稷稻粱四句

萬壽無疆就是報以介福萬壽無疆則求享有年之祭

矣此公御報其如此非望神有以福之

黍稷稻粱農夫之慶

黍稷稻粱渾說不必添出足以供祭農夫之慶說其上同

大田多稼四章

後一章分前三章農事之始後一章農事之終章、要

繳出頌美其上意

大田多稼一章

首二句斷勿在末二句截大田多稼單管既種既戒不依

大全作總言看以我覃耜二句是耕之也勤播厥百穀一

句是種之也時

卷五 五十

大田多稼既種既戒

首句串說大田是以多稼不可平言稼即種也擇種

欲其一不雜既種承多稼說既戒承大田說稼多於今

歲見來歲之種田大故今歲戒來歲之事

既種既戒既備乃事

下句承上起下之辭既備是承上文乃事是起下文備指

種戒事指耕種

既庭且碩曾孫是若

上句既庭且碩耕勤種時所致不管既種既戒曾孫是若

就庭碩言勿依豐城朱氏通繳曾孫之欲是欲食我農人

穀我士女見頌美其上非謂喜其一己田祿之入

既庭且碩止來方禋祀

曾孫之欲指祭祀說此非正意就題言之

既庭且碩止寡婦之利

前一句斷二章望田害之除三章望天澤之降正說成此

庭碩之美以順曾孫之欲並有是要照徹載南畝出至遂

及我私意與此同

既庭且碩止秉畀炎火

庭碩一句言苗始生之盛方早三句言苗結實之盛不以

既方既阜三句就作苗盛之實過文只用筌如此結實

何如

既方既阜兩章

兩章相承上言苗實既盛田害既除下則承言所以者雨

也蓋冀怙君德以降之怙訓作恃

既方既阜一章

前三句分勿看且二句截稱謂禾未成熟與下稱字不同

不指禾之已成而小者言講畢要繳苗之害而有望於

神如此然豈我衆夫所能致我實賴吾君之德有以感之

也方見頌美其上按我以當此之時禾之成者在所不憂

禾之幼者不能無慮故有賴神除之也今說未得準言無害

田中之禾見得此時禾雖結實而尚未成是以願神除之

也或說未善

既方既阜三章

末一句分上二句言苗有是美下一句言苗無是害俱見

結實之盛不以既方句作秀既堅句作實

不稂不莠止秉畀炎火

首一句斷上是去植物之害也盡乎人力下是去動物之

害也望乎神力

田祖有神秉畀炎火

炎火農夫所設願神持此四虫付之也只講設火經文無

掘坑意

田祖有神止來方禋祀

後一節斷來方禋祀繳前二節年之有秋雖田祖去虫之

力而神之禦災不能無力也雖上天與雨之功而神之捍

患不能無功也是以賽禱之

田祖有神止遂及我私

上二句除害田苗者望乎神下四句除養苗者望乎君

有渰萋萋兩意

前章是賴後章是根前章乃未然事蓋冀怙君德以致雲

雨而欲使其收成之際如此是望其豐登也後章歎其已然

禱之時方見誠知所望莫以前章作已然說

有渰萋七一章

前四句分勿在前二句截上是蒙其餘惠下是溥其餘惠蒙其餘惠是蒙其雨澤之餘惠溥其餘惠是溥其收成之餘惠有渰二句相貫是言惟其雲之盛然後雨之多伊寡婦之利者寡婦無夫則無田是以取之以為利也翼怡君德蒙其餘惠貽雨我公田二句彼有不穫穉四句乃君德感此云雨所致通章要重君德不依慶源以爲君之義及衆之仁平看或以翼怡君德貽雨我公田二句蒙其餘惠貽彼有不穫穉五句皆不可依

卷之五　五十三

雨我公田遂及我私

上二句是翼怡君德下句是蒙其餘惠云雨即是君德云雨所在君德所在非謂人君德足以感天而致云雨也先公後私者雨無公私先後而農夫之心如此

彼有不穫穉四句

四句乃翼怡君德蒙其餘惠所致餘惠播雨不可以此四句認作餘惠彼此要兼公田私田彼穉此穧彼秉此穗須記長樂劉獲之所不及并註按此乃豐成有餘勢自不能盡取非為寡婦留之也疊山小註勿從

彼有不穫穉止田畯至喜

前五句先時期有年之事而歆惠乎下後四句及時趨有年之事而能悅乎上

曾孫來止一章

前四句分致喜以上作一節看至喜以下作一節看勿以曾孫來止一句作帽曾孫來止與來方禋祀相對乃農夫相告之詞一是相告其省斂一是相告其奉祭田畯至喜與前不同前是喜其耕事之齊此是喜其穫事之齊祭四方者總報其成万物也不說祭東南所以報其生物祭西北所以報其成物賽禱要分賽為今歲禱為來歲賽禱雖分實同一時享祀指四方之神非享祀田祖后土以享以祀者以騂黑黍稷享祀之景福先宜泛講歸在長享豐成之慶恒膺禄位之供福是因享祀而顯神福之如此與前報以介福不全按註自明

卷五　五十四

來方禋祀止以介景福

末一句斷或因總註歆其享祀之歆字要以來方禋祀言曾孫將來禋祀非已然也今玩總註之意欲是歆其享祀之時而神錫以景福不謂欲其享祀作已然說者是

瞻彼洛矣三章

前一章斷通詩重講武上首言會朝以講武如此然今日之治安豈特一時之治安哉下文二章遂言万年足以保

其家室也首章福禄如茨末章福禄旣同要其次章鞞琫
有珌作一様看俱就講武言時文以首章君子至止二句
主會朝説韎韐有奭二句主講武説第二章承講武見得
非特韎韐有奭也而鞞琫有珌第三章承會朝見得非
特福禄如茨也而福禄旣同兩章分承而以會朝講武乎
重不合詩柄

瞻彼洛矣首章

末二句分勾在前四句截朱傳天子至此洛水之上包前
四句而言

君子至止福禄如茨止以作六師

卷五 至五

四句平截上二句美其獲乎天休下二句美其作乎
士氣

君子至止福禄如茨

上句揔包會朝講武會朝不重〻在講武福禄就講武言
居不忘戰則海宇升平而內無土崩之患安不忘危則邊
庭懾服而外無犬吠之驚福禄則如茨之積也不専下文万
年保其家室万年保其家邦來講茨是積意不専甫田
茨同雖講屋蓋茨比語按此二句以上句就會朝言以下
句就講武言或以福禄单說會朝或以福禄兼說會朝講
武俱未為當

韎韐有奭以作六師

二句承君子至止二句說君子至止會朝以講武事而福
禄固如茨矣然講武之時何如哉則親御戎服而起六師
其服依講武之实韎韐合言鞞註引周官常弁以論當
鞞乃兵士之服不可以常弁入詩以作六師天子之韠而
親御戎服正以作起六師之氣下句蒙上句來

君子至止鞞琫有珌

君子至止説見上頁下章倣此琫珌就刀鞘言琫是刀鞘
之上飾珌是刀鞘之下飾揔作刀飾者誤

君子万年保其家室

卷五 五十六

二句重講武上會朝講武包在君子至止中惟略提起不
可討重上下相承君子至止會朝以講武並足以万年保
其家室也万年保其家室乃久安長治意勿以万年作壽
家室是指天下按此諸侯美天子之詩以此二句作祝頌
者非是

瞻彼洛矣末章

分與首章相同次章亦然

君子至止福禄旣同止保其家邦

四句平截上二句一時之治安下二句万世之治安一時
之治安一時之福禄也万世之治安万世之福禄也福禄

指治安說亶以六師听其號令厲其指麾認作福祿

君子万年保其家邦

二句與上君子万年二句同家邦是指天下不以家謂

宗庙邦謂都邑重在講武

裳裳者華四章

後一章分前三章是興後一章是賦首章上言君心輸寫吾

有譽處二章言文章著見而有福慶三章言車馬之盛

四章言才德之備皆所以美之也勿以前三章作美

裳裳者華第一章

末二句斷必章分與此同我心寫兮者向歆見之而不可

得今既見矣抑鬱之懷舒于志意交孚之傾夙昔之願酬

于肺腑既倒之餘故傾寫而悅樂也傾寫悅樂裳我覯果

覯謂見于洛水之上

我覯之子我心寫兮止是以有譽處兮

四句平截不在首二句分下文二章三章我覯之子四句

皆同

我心寫兮是以有譽處兮

下句承上句言譽處分講譽謂聲望攸宜處謂祿位可

保以處講和其人民失於不切

我心寫兮止是以位之

卷五 五十七

前二句斷我心傾寫而悅樂固有譽處矣然所以傾寫而

悅樂者豈諸侯幸致之哉下文三章皆原其致傾寫悅樂

之由也隨題意如此

我心寫兮止是以有慶矣

上下承說因有文章所以我心寫兮也慶即上章有譽處此

非正意就題言之

維其有章矣是以有慶矣

文章泛言勿用威儀字恐肆下章相碍光輝露于步趨之

頃而蔚然可觀英華發于論議之時而粲然不紊就是文

章不必說德末章方以德言慶以有慶者耿守封邦膺藩

垣之重寄與居侯位荷天眷之渥恩所謂慶也不指上文

悅樂譽處

卷五 五十八

維其有章矣止是以位之

前二句分斷章取義下言儀衛才德皆詳有章之實也

前後相應

裳裳者華三合四章

上下貫說下言才德見能稱其儀衛也 因題言之

裳裳者華第三章

末二句分勿在前三句截與至四句而止非通至底

乘其四駱六轡沃若

威儀就車馬說車馬之盛威儀之盛也不謂身之威儀

左之左之一章

上四句著其周於用下二句原其周於用皆表之也止以上四句作表裏善才全德備註通管一章蓋才全德備乎外由才全德備乎内非管左之左之四句才德不分以才為外以德為内不可依之

左之左之四句

左右泛說如用之於左責有大小措之惟其時事有精粗施之當其可以左而左無不宜也如用之於右權有輕重付之無不稱政有難易技之無不能以右而右無不有也

左右云者不过形容才德全備之意若指出事來意狹或以此詩是答前篇瞻彼洛矣要主武講失於太拘左之左之右之右之者以左之而左無不宜以右之而右無不有不可作重言看左之而左無不宜則左見其才全德備右之而右無不有則右見其才全德備非謂不惟左之無不宜而尤右無不有不惟右之無不有而尤左之無不宜尤全備

維其有之是以似之

上句以内言下句以外言是以似之繳左之左之四句左之則左無不宜而左似其内之所有也右之則右無不有而右似其内之所有也時義似之以左右羅說不見明白

詩經臆說卷之五終

詩經臆說卷之六

賜進士第光祿寺少卿海陵華湘源楚編

小雅四

交交桑扈四章

四章平截前二章是興後二章是賦不以首章為主章下

末句皆作頌禱隨其出題立意

交交桑扈一合二章

上章頌其得乎天下章頌其統乎人兩章皆作頌禱

君子樂胥受天之祜

二句承說受天之祜由樂胥來樂謂德之所樂見得

足以受天之祜惟就樂上說者不通或謂德根於中而樂

形于外則添一層矣不如直說德之可樂為長受天之祜

須禱之延祐指長為諸侯者以燕飲為福不見頌禱意

交交桑扈二合三章

兩章貫講破还平截万邦之屏與下章皆頌禱也不可

實說

君子樂胥万邦之屏

下句承上句言万邦之屏由樂胥來君子樂胥與上君子

樂胥同勿引下文戢欽惟慎說方邦之屏須歸之意乃

未然事按所樂者蓋任方伯連帥之諸侯故以万邦之屏

須禱之頌禱其能為万邦之屏非頌其為方伯連帥

君子樂胥万邦之屏止万福來求

後一章分君子樂胥五句作實說與四章兕觥其觩一句相

對受福不那一句作願詞與四章万福來求句相對屏

翰為而百辟為憲其戢重矣戢重者易以驕彼則不驕而能

敬所以受福不那也兕觥為而旨酒思柔其情通矣情通者

易以肆彼則不肆而能敬所以万福來求也斷章取義如此

之屏之翰兩章

上章本其在國時言下章本其在朝時言屏翰二句實

說受福不那作願兕觥三句實說万福來求作願

之屏之翰一章

一章平截不戢二句於上二句見之通章皆頌禱也之屏之

翰言戢不戢不那言心不依慶源主德盛說百辟為憲

法其父之屏之翰以屏其國以翰其邦

之屏之翰百辟為憲

二句平講言其能為之屏能為之翰不謂既為万邦之屏

是為万邦之翰

不戢不難受福不那

二句蒙之屏之翰二句來之屏之翰而百辟為憲如此其心

豈不斂乎豈不慎乎其受福豈不眾乎平看不以下句承

上一句

兕觥其求一章

末一句分兕觥其觩二句不輕舉斯爵也該斯酒也笑語留連而內外罄兩忘之美廟堂浹洽而上下遂一體之情勢易肆矣彼則不敖而能敬所以万福来求

彼交匪敖万福来求

上句言其儀之敬也万福來求是頌禱之詞万福所該者廣只泛講為是

鴛央于飛四章

四章渾破不以前二章重万年後二章重福禄俱重万

年上居九重之貴享四海之富是為福禄四章福禄一意或指天命人心三章養字难說

死央于飛四章

興之取義死央于飛則畢罗得以施矣以與君子惟壽万年則永荷天休而貢來四海崇高之富貴得以宜之也死央在梁則左翼得以戢矣以與君子惟壽万年則恒臨宸極而禄享方鍾悠遠之富貴得以宴之也死央在梁單講戢其左翼不可添出舒其右翼來

死央于飛一章

興意只在万年說見上題四章皆同

君子万年福禄宜之

万年是壽福禄宜之者坐享賦税之供而無事不順端拱斧扆之上而無願不諧是之謂宜

君子万年宜其遐福

宜其遐福與上福禄宜之例不过倒言長守乎富貴守乎貴所謂遐福也惟壽万年則得以宜之

君子万年福禄艾之

艾之就富貴說曰來方物而玉食充溢于九州富與養之也崇極乾符而錦衣炫燿於九重貴以養之也不可泛言

乘馬在廐兩章

上章言乘馬乃人之所養者乘馬惟在廐則得以摧秣而養之以與君子乃天之所養者也君子惟万年則福禄得以養之矣下章言乘馬乃人之所安者乘馬惟在廐則得以摧秣而安之以與君子乃天之所安者也君子万年則福禄得以安之矣上章摧之秣之見養意與艾之相應下章秣之摧之見安意與綏之相應

君子万年福禄綏之

綏之就富貴說與安之同万邦作貢而優游於豊亨豫大之時傾覆非所慮也四海来王而從于雍熙太和之[illegible]說為非所慮也時義外講未善

有頍者弁三章
後一章斷前言兄弟親戚纏綿依附固欲其久於相見後
遂承言老至而死喪無日其能久乎但當飲酒以盡今夕
之歡而維君子是燕也前後相應此詩泛言非謂王者燕
兄弟親戚講中難用君臣等語
蔦與女蘿止庶幾說懌
上二句喻其勢之親下四句原其情之親夫勢之既親
則情之自親是以未見而憂既見而喜也未見四句承蔦
與女蘿二句說庶幾幸詞
蔦與女蘿施於松柏、

二句兼指兄弟親戚不單指兄弟言蔦蘿松柏謂已與
兄弟親戚纏綿依附之意纏綿見其不可斷依附見其不
可失要以苦樂相須休戚相共形容非以蔦蘿比已松柏
比兄弟親戚蓋已與兄弟親戚皆包在中有頍者弁一章
上六句專言兄弟下六句兼言親戚後章傚此
未見君子憂心奕奕止庶幾說懌
君子指兄弟親戚未見而憂既見而喜就燕上說燕之
未來君子風儀之莫覩旨酒無與樂嘉殽無與享也而
親者疎矣心無所寄則奕奕然而憂焉燕之既來君子
顏範之既瞻旨酒以之共嘉殽以之同也而親者厚矣心

有所寄庶怡怡然而喜焉前日之憂不於是而頓釋耶庶
幾悅懌打轉憂心奕奕
有頍者弁第二章
一章平截下章分同爾殽既時依註時作善講善者豐絜
佳美之意不依慶源以物得其時則善矣分作兩樣既見
君子庶幾有臧二句與上既見君子二句無異庶幾有臧
不可只講篤親之之仁而不講燕蓋篤親之之仁正於燕
表之也既見君子酒之旨者得以飲之殽之時者得以食
之而親者親矣吾心不於是而庶幾有善哉蓋指心言打
轉憂心怲怲不繳上章奕奕衆說多以臧字就天倫無虧

說天倫無虧即篤親親也不於燕上見之何以見耶其說
難從
樂酒今夕君子維宴
二句承死喪無日二句說宴遊之期已迫會晤之日無多
所以但當樂酒今夕而君子維宴也不遺恨如彼雨雪二句
樂酒謂喜樂飲酒以盡今夕之歡非謂酒旨可樂今夕
二句皆主人自言其當如此勿以下句認作主人勸其兄
弟甥舅及時相樂君子維宴言維兄弟甥舅是宴見无
他人與之也意近至如彼雨雪夫與宴之人固惟所親矣
然我之所以幸宴者豈荒耽為哉如彼雨雪以下是原

其弟宴之爾如彼二句主人自謂老至而將死之徵不說兄
弟甥舅曰
間關車之舝兮四章
前一章斷前一章言其宴樂之願始也後三章原其宴
樂之情終也渾破者非
間關車之舝兮五章
後一章斷前四章詳其終始而歷叙之後一章牽其終
始而無言之
間關車之舝兮兩章
上章是未至之時下章是既至之時上章言其德之展

卷六 七

以宜室宜家下章言其德之實能宜室宜家上下兩德
字皆指宜室宜家說
間關車之舝兮一章
一頭兩脚破首四句一頭次二句一脚末二句一脚不在末
二句截
匪飢匪渴四句
德音謂間關其德之有素雖无好友二句敘德音未括說
嘉其德音未括雖无好友則已亦當燕飲以相喜樂
也二句乃是預道毋依慶源作得之已時按朱傳樹
樂之相字則式燕且喜是彼此相樂於燕飲時言凡席
之開而笑語洽於吉合之日壺觴之交而歆欣騰於
意暢之餘不以燕飲就是喜樂分說為當
依彼平林三章
三章貫說二章过至第三章尔之於我如此我將如之何
哉三章过至第四章我之於尔如此是豈無所謂辭
文平講未善
辰彼碩女令德來教四句
上下承說辰彼碩女以令德來配而教之是以式燕且譽
而悅慕之無厭也式燕二句乃與辰彼二句相蒙
辰彼碩女令德來教

卷六 八

辰謂嫁及其時慶源輔氏小註可從德說見上若以德指
幽閑貞靜教已不過或以教告往內助若此不見教誨意
令德來教謂以令德來配已而教誨之非是以德配德
式燕且譽好尔無射
辰彼碩女以令德來配已而教之是以式燕無射且譽而
悅慕之無厭也譽是悅慕無厭皆主德言譽是稱美其
德悅慕無厭悅慕其德之無厭射義以此二句就合巹同
牢時講不知合巹同牢之時何以見其有令德而教已邪
只當泛說為是上章式燕且喜此下章酒殽歌舞俱要
泛說

雖無德與女式歌且舞
德與上章令德來教相應此皆指宜室宜家之德無德謂
已不能如其宜室宜家而無德以與之
鮮我覯爾我心寫兮
鮮我覯爾者少有我之見你因其有德所以鮮我覯爾蓋
有德而鮮我覯爾故傾寫而無遺恨也非覯新婚之容
儀是以其心傾寫我心寫兮繳飢渴譬何因如飢矣今則
如飢而得食昔固如渴矣今則如渴而得飲庶乎不炎
高山仰止一章
與首一章高山仰上言高山可瞻望也不謂高山可以瞻
卷六　九
望乎道二句是與作題未嘗一式出之為仁立說
四牡騑騑四句
四牡二句是始覯爾二句是終馬服貼四牡句御良貼六轡
句則可以迎季女入在四牡騑騑二句後面不可搭在
以慰我心之下
覯爾新婚以慰我心
二句繳上文講令德來教非但可以操井臼也鮮我覯爾
非但可以侍巾櫛也所以足慰其心
賓之初筵三章
後一章分首章言因射而飲者始之善次章言因祭而飲

者始之善末章則言豈但射飲祭飲者始之善哉凡飲
酒者常始乎治而卒乎乱也射飲祭飲與凡飲酒泛說
非謂武公五章凡此飲酒亦然凡飲酒者所該甚廣不
指射飲祭飲
賓之初筵一合二章
上章是因射而飲者下章是因祭而飲者夫始之善也
如此終若其始則何过之有式武公叙而言之甚有悔也深
矣講畢以此繳[illegible]表其悔过畢始為言足見終意或以始
字不重不對終看非也射祭泛指為君者說不可專指諸
侯觀朱子釋大侯通以天子解之可知上下隨其出題
卷六　十
不外曰射而飲曰祭而飲之意
賓之初筵止溫七其恭
後二句斷前二章詳其始飲之事後二句原其善飲之由溫
溫二句作申上二章講此乃就題言之
賓之初筵第一章
孔偕上截前是未射而飲以礼物言後是既射而飲以礼
節言賓要泛說勿指賓為司馬司正按三耦衆耦射既
泛說不指諸侯之賓則賓泛說為是况夫射礼諸侯之賓大夫
為之非司正之屬邊豆有楚二句時文貫講邊豆
之列則殽核之陳过於大拘飲酒孔偕还說飲酒各言

賓非一人不先飲也而失於疾不後飲也而失於徐謂之
齊一不謂來之孔偕此所飲者乃獻酬之酒故下遂以牽
酎逸逸言之鐘鼓既設以將射改縣而又迁於下不依大
全作整理說所謂又者先宿已陳於堂下矣將射又迁於
下也朱傳往来有序依安城註指東西之人約進礼儀之
盛管首四句不貫一章礼儀分說安城註是

發彼有的以祈尔爵

二句就其心言非形于口註中我以此之此不謂豊上之
觶指發彼有的說發彼有的中也言我以中求爵乎
女

籥舞笙鼓一章

一章渾破不在錫尔純嘏截朱傳始時礼樂之盛貫尽此
章非只貫純嘏以上一段籥舞笙鼓三句是樂以洽為礼
十句是礼錫尔純嘏一句兼礼樂言時說或以籥舞笙
鼓四句言樂百礼既至二句言礼純嘏以下方錫福献尸
之事或以洽百礼以下通認作礼俱未為當

籥舞笙鼓止錫尔純嘏

末一句斷錫尔純嘏承礼樂言籥舞笙鼓三句是樂
之盛以洽百礼三句是礼之盛有樂以和之有礼以成之
所以神格而錫尔純嘏也樂既和奏之樂揔包樂舞笙
鼓謂之和奏者兼籥而舞之時一起一伏笙歌與之相諧或
抑或揚鼓声與之相應故曰和奏不可專指笙鼓

烝衎烈祖以洽百礼

二句串言下句要講礼行樂作方見以樂合礼若說樂
作礼行是礼又合樂也有以下句開講不貫若此則合礼
者是何物邪非是

百礼既至有壬有林

百礼兼礼文礼物礼文如升降跪起之類礼物如犠牲玉
帛之類有壬有林承百礼既至說不作既至之賓夫百礼
既至如此則礼豈不大豈不盛哉大謂不卑委盛謂不
缺畧按百礼既兼礼文礼物則大盛兼礼文礼物方是只

就礼文講者不可依之

錫尔純嘏四句

首一句斷上下開說毋以子孫其湛二句是因神之錫福
所以湛樂如此錫福蓋錫主祭者之福非錫子孫也福
要泛講子孫其湛二句不过叠言子孫湛樂見無勉強
怠惰之意

子孫其湛止以奏尔時

末二句分別在末一句截要見酌酒而飲之意子孫其湛
五句是祭之事酌彼康爵一句是飲之事若以酌彼康

爵揔承子孫賓客室人就獻尸說子孫其湛三句爲親
者之獻尸賓載手仇四句爲疏者之獻尸則全无飲意
不合傳註
子孫其湛止室人入又
同姓異姓爲主上三句同姓者之獻尸下二句異姓者之
獻尸所謂卒爵加爵者卒爵子孫卒爵加爵則賓客
室人加尸之爵也各有不同
賓載手仇室人入又
二句就獻尸說或以此章是因祭而飲要以此二句作
獻賓之禮考之特牲饋食加爵还是加尸之爵賓客
既酌室人復酌皆爲尸加爵也不可单以室人入又謂加尸
爵賓客室人乎看室人自有獻尸之礼非代賓客酌酒
獻尸挹酒之挹作酌字訓之
酌彼康爵以奏尔時
酌彼康爵謂子孫賓客室人酌酒指獻酬時言不謂獻
尸以奏尔時蒙上句来所以酌彼康爵者行時祭之礼
也時祭四時之祭
賓之初筵第三章
一章渾破以始乎治而卒乎乱爲主分始治卒乱依慶
源往过至下章醉者之狀豈独如此邪下遂極言其

也醉者之狀此章已述矣下章是極言之
賓之初筵溫溫其恭
下一句就威儀言要一氣說謂溫溫乎其恭也易以和敬
兩平
是曰既醉不知其秩
二句總繳威儀幡幡舍坐而遷屢舞僛僛已迷矣不知威儀
反反乃常道也威儀怭怭屢舞而動杯酌已沉矣不
知威儀抑抑乃常度也下節只講威儀兼講言語
未善
賓既醉止一章
傞傞上截前是極言醉者之狀後是因言醉者之失不知
其郵總承載號載呶三句单承乱我籩豆者非
醉而不出四句
上二句斥其喪德下二句斥其喪儀講維其令儀後
要補醉至若此則無復有令儀矣見喪儀意
既醉而出並受其福
出是出去之出非出其醉者之狀既醉而出籩豆不乱
而無号呶之失冠弁不傾而無僛傞之態則賓爲佳賓
矣賓爲佳賓主之得人而主爲賢主賓主俱有美名也有注
賓上佳賓賢主就是美名不必作人稱之美名即福

既醉而出止俾出童羖

上是飲當有節而以善儀為美下是飲必致察而以妄言為罰

既醉而出止無俾大怠

上一節飲有得失而貴謹其儀下一節飲有醉否而戒謹其儀

飲酒孔嘉止或佐之使

上以謹儀言下以察儀言

飲酒孔嘉維其令儀

孔嘉於令儀上見主威儀言語講吐詞必莊而將之以敬動容必飾而持之以恭是謂令儀令也號呶而屢舞淆亂而側弁豈復有是儀哉註中兩若此之此字俱指載號載呶等句

凡此飲酒一章

反恥上截上言醉者如此然何以防之邪此則詳言防之之事蓋飲有醉否而立監佐史本為醉者而設彼醉者不知不醉者反恥然則將如之何哉所以不惟告之而復戒之

凡此飲酒四句

凡此飲酒之説不指射祭凡此飲酒或醉或否一不能無不醉者故設官以察之察是專察醉者

旣立之監或佐之史

監以糾其失史以書其失此監史二官皆察儀者也通以此章觀之此所謂儀與下醉者之為不善就言語説方是出此一章或自旣醉而出搭至俾出童羖儀與所為不善之論為當若用上章載號載呶語講與匪言勿言等句相碍出此二句及從旣醉而出或搭至或佐之史或搭至無俾大怠用上句語講無妨

彼醉不臧不醉反恥

二句總監史言彼醉者雖監糾之雖史書之昏而不知不醉者因監糾之因史書之反以為恥

式勿從謂止

末二句分上是告之下是戒之或以首二句一頭次四句一脚末二句一脚欠當

式勿從謂止俾出童羖

首二句斷下皆告之之詞不可只以匪言勿言二句作告所為不善與大怠但本言語説勿以所為不善與大怠羔羖之言語之妄就是不善就是大怠初無二等匪言以下提出大怠來不當言者勿言不當從者勿語則不大怠而妄言則大怠矣由醉之言言字包語在中

式勿從謂四句
四句匪言二句□□□□□□之實不□□不大怠飲□□
言勿言匪由勿語
匪言勿言匪由勿語
二句乃告其醉特不可如此勿字就心上說言之談吐者口也所以言者心也凡席歡娛而趣孽易迷之候不當言者不藉其口惟籍其心禁止之而不言焉語之轉移者舌也所以語者心也獻酬交錯而杯酌不勝之際不當語者不捫其舌惟捫其心禁止之而不語焉則所為善而不大怠矣此所謂勿正與非礼勿言之勿同

三爵不識矧敢多又
記謂不記言語飲至三爵所発之言所荅之語已昏然無所記矣非謂不記告者之辭三爵不識破不可用慝之乃实說其如此所謂丁寧以戒之者上既告之此復以是為言見丁寧之意不必添出苟或多飲監史察焉不汝容也章殺罰焉不汝貸也方見丁寧多一層意
魚在在藻三章
三章渾破重在鎬上不以末章申上二章申則反重樂飲不重在鎬
魚在在藻首章

丁
興之取義魚之在藻則得以游以泳而頒首王之在鎬則□成邑哉矣而飲酒在藻在鎬意重下二章同
王在在鎬豈樂飲酒
豈樂飲酒謂歡樂飲酒也平說或作歡樂以飲酒或作歡樂然後飲酒則于下章飲酒樂豈難說樂飲是同諸侯樂飲
王在在鎬有那其居
下句承上句言王之在鎬居重馭輕來玉帛衣冠于万国而海宇昇平宅中畜大混車書文軌于八荒而民物康阜在鎬如此故得以有那其居也安處是政務不憂於叢

挫而端兒疑旒之謂不指樂飲按此詩重在鎬上故大和盛治之意要入在上句講若入下句則有那其居是因大和盛治所致不由在鎬而然上文二章王在在鎬做此
采菽采菽二章
前二章斷前是與其來潮已有所錫後是賦其來朝復有所錫開說不以末章作申首章錫予之由采菽采菽出
至天子所予意同
采菽采菽一章
君子來朝何錫予之言當有所錫擬今日說路車乘馬
玄衮及黼言已有所錫擬昔日說

雖無予之四句
車服指五等諸侯所謂孤卿大夫朱子蒙言不可入講獨
以玄衮爲言七章五章皆在其中王者言此見得車服以
庸乃侍諸侯之常典而歎然猶以爲薄也寓於言外緞
跂見之
觱沸檻泉一章
一章平截與至言觀其旂不與至末
其旂淠淠四句
末一句分或以鸞聲嘒嘒二句承其旂淠淠一句說謂旂
乃建於車者有車必有鸞觀其旂矣則聞其鸞聲也

有車必有馬觀其旂矣則見其馬也今以註觀之三句平
說爲當君子之至於是之是指王朝言
赤芾在股一章
前三句分前是臣盡其敬後是君隆其恩赤芾二句蒙
上君子所留言君子之至于是以赤芾言之赤芾則在股
而赫然可觀以邪幅言之邪幅則在下而秩然有儀亦
芾邪幅乃覲君之常服初無鄭重其事而不苟意
彼交匪紓止福祿申之
首一句斷上以臣之敬言下以君之恩言
彼交匪紓天子所予

二句存說惟其彼交匪紓天子所以予之也彼交匪紓指
其今日來朝天子所予只當泛講雖用首章車馬衮黼蓋
車馬衮黼乃往時所錫者豈有逆料其今日來朝而能匪
紓遂預錫之哉作錫予之由未善下句泛言錫予非眷
念意
樂只君子天子命之止福祿申之
樂只謂諸侯德之可樂也蒙彼交匪紓來彼交匪紓是以
可樂下章樂只君子倣此
樂只君子天子命之
天子命之承天子所予說錫予之所在寵命之所在不謂

命爲諸侯及命以車服之謂
樂只君子福祿申之
福祿申之承天子所予言錫予之所存福祿之所存非謂
既削不加而常守富貴之意
彼交匪紓止亦是戾矣
前一節斷下文二章皆蒙彼交匪紓諸侯彼交匪紓而可
樂如此四章遂以柞枝與其有足樂而王繼鎮重其能安國
而獲福也五章述以楊舟與其有是樂而忠心呈露必能得
君而獲福也兩章之末述其隨朝之臣原其來朝之意見
其無不可樂

維柞之枝兩章
上章重宜字下章重必字時破以上章是與其宜獲福之
意下章是與其必獲福之意兩章末句皆破不盡之
維柞之枝一章
末二句分與至六句而止上六句是與其安国獲乎福下二
句言其隨朝得乎人不以上六句作宜其位下二章作謹
其戢
樂只君子殿天子之邦止万福攸同
安国獲福要說俱承樂只而言君子德之可樂宜其安国
宜其獲福也勿以獲福由安国來福即錫予
卷六 二十一
樂只君子殿天子之邦
殿邦就全国言奠基茂著重器以之載郟一九鼎之鞏固也顯
德孔昭皇圖為之永肅一泰山之奠安也毋以邦指諸侯封邦
樂只君子万福攸同
福祿上同非言無黜讓之虞譴謫之禍
平平左右亦是率從
二句見得諸侯無不可樂不謂亦見其宜錫予也平平就
班行言辨謂不雜治謂不亂不說修戢不說威儀左右
之臣亦從之至此々指朝庭謂諸侯左右之臣亦從諸
侯至此而朝下章至此之此皆指朝遇

汎汎楊舟一章
末二句分與其上同至六句而止六句是得君而福之集
下二句是朝君而心之誠
樂只君子天子葵之
葵是葵其忠君愛国之心非葵其能殿天子之邦及心
之恭敬
樂只君子福祿膍之
下句承上句說不由天子葵之而來福祿與上万福意俱
由錫予不說分茅胙土析圭儋爵
優哉游哉亦是戾矣
二句見得諸侯無不可樂不謂亦見其宜錫予也優哉
游哉是無勉強不得已之意慶源小註可從只就心講不
指在途
卷六 二十二
騂騂角弓一章
一章平截與之取義在反其遠不兼向其近說兄弟昏姻
分看兄弟乃枝連玉葉者昏姻乃親屬天潢者是兩様
意
爾之教矣民胥傚矣
教就近一邊言兼兄弟昏姻單出一節或上二句或揺上
章要兼兄弟昏姻此合下章就其出題之意只講兄

令令是

此令兄弟倬倬有裕

兄弟親近則其令也不变者不变而疏不变而遠之意自

此以至終篇單言兄弟不兼昏姻

民之無良相怨一方

上句虛說相怨一方乃無良之實觀朱傳不解無良可

知民之所以相怨者以其各執一方也一方猶言一往

如食宜饇如酌孔取

上句比其貪饕之無厭下句比其攫取之太甚依慶

源輔氏小註

君子有徽猷小人與屬

徽猷謂親近兄弟也小人與屬謂感而化爲親近以

附應之附是附應之附

彼都人士首章

首一句斷人物儀容之美見得都邑之盛觀通詩只

言人物儀容而不言都邑之盛其意可見不可平說或

謂都邑之盛斯有人物儀容之美經文無此

行歸于周万民所望

二句就當時言非謂今日安得行歸於周而爲万民所

望也万民所望承狐裘黃黃三句夫儀容之美如

此所以万民望之不可單承其容不改二句朱傳儀容之

美總包衣服容言在中万民所望只就儀容之美講

不依慶源容言如是則其德可知故爲万民所望添

出德來

我不見兮言從之邁

言從之邁謂隨之而往也即國風聊與子同歸兮之

意見得思之之甚

匪伊垂之四句

勉然自然爲骨非伊垂之非伊卷之是不假於勉然帶

則有餘髮則有旟是由於自然

終朝采綠四章

前二章斷前二章兩言未歸而深致其情後二章

兩言君歸而欲同其情

終朝采綠兩章

上賦采物不專因致飾以待其歸下賦采物不專嘆

至期未見其歸

之子于狩兩章

上章欲執其所事下章欲觀其所得皆見望之切而思之

深也不依慶源註作喜幸說

五日爲期曰曰不是

五日六日 玩註是矣說五日爲期六日不詹也非約今日
歸而明日猶未歸意
芃芃黍苗五章
前一章分下皆南行之事不在末一章截二章三章末
二句與四章五章是預道之言勿以通詩皆作預道
芃芃黍苗一章
一章平截雖有所取義講宜於輕若與悠悠南行二
句對講則非是也失体
悠悠南行召伯勞之
勞之就悠悠南行言當講道路倭遲非不勞也召伯
則能憫我之意而撫綏之有方山川險阻非不倦也召
伯則能悉我之情而体恤之有道不可以勞之是勞其
懷土思家
悠悠南行召伯成之
前二句分我任我輦三章皆承悠悠南行二句悠悠
南行召伯勞之則歸可計固不必後于外而謝功豈
有不嚴正征師豈有不威武哉時文不以肅肅謝功
一章蒙召伯勞之未欠當
悠悠南行止蓋云歸處
我任我輦二章本勞之說我[illegible]行[illegible]召伯[illegible]之如此

卷六 二十五

殆見營謝之功告成則隨復我邦家矣顧豈久困於外
邪勿作勞之之失
我任我輦四章
前二章斷前二章叙在已往謝邑之事後二章叙召伯
逮謝邑之事不在末一章截
我任我輦兩章
兩章皆係南行之徒役莫依臨川以上章是遇役夫以下
章是遇征夫任輦車牛徒遇師旅平看串說未善觀經
文叙我字亦止上章蓋云歸執打轉任輦意下章蓋云
歸處打轉徒御意謂服我任輦挽我車牛同我徒御偕
我師旅而歸
肅肅謝功兩章
兩章俱主治邑言勿以上章作治邑下章作治地
肅肅謝功一章
謝功嚴正征師威武要見由召伯勞之而未按詩稱故
將徒役南行而行者作此則是詩作于未至謝邑之時此
章乃未然事因召伯能勞之故行者預道之如此
肅肅謝功召伯營之
謝功就徒役說謂版築既興之事時義用左桓在[illegible]
規模翼然整飭語講與下[illegible]治之功不合截上章

卷六 廿六

任輦牛車說若此皆營者散護屬課之謂

烈烈征師召伯成之

威武言其勇于趨事不說行師成之發舒其志意皷舞其精神

原隰既平一章

末一句斷原隰泉流承謝功說治土之功畢則土治而原隰平也治水之功畢則水治而泉流清也原隰泉流謂治其土田溝洫不謂宮室按上章肅〻謝功不止原隰泉流此章獨以二者為言盖營邑之事莫大于土治水治故獨舉而言之

召伯有成王心載寧

成謂原隰既平泉流既清原隰平則賦稅有所出泉流清則灌溉有所資由是申伯得以信邁而足以鎮定南服王心所以安也王心安者重在鎮定南服

隰桑有阿四章

後一章分前三章與其見賢喜深而畜之固後一章賦其好賢發運而存者

隰桑有阿三章

後一章分前二章既見之情後一章既見之畜言不可以德音孔膠指君子說要歸其樂如何云何不樂句一例看乃詩人自謂之言

隰桑有阿一合二章

上章其樂如何是樂不可言下章云何不樂是樂不容已

隰桑有阿首章

一章平截既見君子泛言不說王者見之

既見君子德音孔膠

德音孔膠承上既見君子既見君子衡門無考槃之歌而尊德之芳声播諸輿論而可久空谷無白駒之嘆而樂道之美畜膾于人口而不衰是謂德音孔膠

心乎愛矣一章

首一句斷不可以愛承上章樂說樂本見時言愛本平日言玩註意字可知

既見君子德音孔膠止何日忘之

上二句見賢而畜言有以固於外下一章好賢而心有以固於內

中心藏之何日忘之

二句串言中心藏之將使何日忘之也藏與不忘皆指愛賢之意中心藏之还說自歉藏之於心而不言非謂不能形之于言之謂

白華菅兮一章

此意含在下二句中之子之遠而俾我獨則不如白華之於菅茅也此與常比不同第二章第五章第七章倣此

鼓鍾于宮一章

此與首章相同鼓鍾于宮則聲聞于外有感必有應也今念子懆懆而視我邁邁殆其鼓鍾不矣意獨何哉此言我感之而彼不應不謂自傷其誠意之不能動王也莫依小註

緜蠻黃鳥首章

一章平截上四句比其微賤勞苦下四句思有所托也止于丘阿一句比其微賤道之云遠二句比其勞苦止于丘隅黃鳥自言今止於此欲前而力不能前蓋道遠而勞甚矣不可以丘隅作好一邊說謂思欲止之飲之食之二句因已勞苦思有所託免其勞苦也命彼二句因已微賤思有所託免其微賤也不可作比教誨是教悔何以不致勞苦不致微賤不說教誨所以然勞苦微賤之道後章倣

真貴之意

幡幡瓠葉四章

前一章斷前一章是菹後一章是殺

幡幡瓠葉兩章

卷六 二十九

瓠葉以為菹不必佳蔬一兎以為殺不必異饌未入燕賓真誠實意而已矣疊山小註當玩但以為先王之燕賓客傳無明文泛言燕飲為是

君子有酒酌言嘗之

嘗乃嘗酒謂以是瓠葉酌而嘗之非嘗瓠葉嘗之泛講不必羅下章獻酬說

有兎斯首三章

三章渾破此見賓主飲酒之始終也不用分截

有豕白蹢一章

白蹢謂足無塗泥而白以其涉水波也豕之涉波見將雨之驗勿依張註作已有水俾滂沱矣揔承豕月豕之涉波月之離畢乃天將雨是以滂沱而大雨至也註中以後二字承上二章上之

卷六 三十

詩經臆說卷之六終

宗百世為天子而周之有百世之貴襲之庶百世為諸侯
而周士有百世之輔豈是謂匹休

陳錫哉周止假哉天命
後三句分前二節詳其眷周之遠後三句原其眷周之由
就題言之假哉之命单指敷錫之命
凡周之士止厥猶翼翼
上下貫說上美其傳世之顯下推其傳世之顯凡周之士
出起合下章做此
世之不顯一章
首一句斷思皇以下皆承厥猶翼翼上言見其

卷七　十四

也通章重在命周之福但稍周士毋以自是
安城註不可從文王得人之盛貽厥猶教句歸上世之
顯應不顯一句
世之不顯厥猶翼翼
下句申上句意周士謀猶皆能勉敬如此傳世所以顯也
謀猶就輔国說
思皇多士生此王国
多士指十乱言但不可講周公此詩周公所作故也凡
周之士依此厥猶翼翼而見其美生此王国主天命說
總註可知不依大全謂由文王陶範造就所致

王国克生四句
四句承說惟賢士有益於国故賢士有益於君王国克生
凡上生此王国同本天命言
濟濟多士文王以寧
上句用誠稍勉敬講以寧承上維周之禎來傳亦字本国
字生足以爲国之幹而国安矣国安文王亦賴以為安也
就文王生時言慶源兼言文王之神未善
穆穆文王一章
首句斷上是德之備於聖人者不已下是命之集於聖
人者有徵不在前三句截有商孫子五句以心而驗

卷七　十五

天命勿作受命之実
穆穆文王三句
上二句分上二句是大德備於聖人下一句是大命集於
聖人假哉天命其維新之命同帝乏于暦數將於此而帰
也夏商之興亦將於此而授也非三分有二及陳錫哉周
之命
穆穆文王於緝熙敬止
二句貫講緝熙敬止乃其德之穆穆也穆穆以其德言
莫作德容華谷註不可依緝熙一串謂緝而熈之乎
看欠當

侯服于周一章

末二句分天命靡常承上起下之辭膚敏指裸將時不謂平日黼冔殷周皆同修其礼物而時王不敢変古於冔冠見之

王之蓋臣無念爾祖

二句承侯服裸將說商之子孫於周而侯服商之臣庶於周而裸將天命所以不常者何哉由眷爾祖之德也故呼蓋臣而欲念之能念爾祖而法其德則不常者可常忠君之心不已而恥為異姓之臣愛国之誠有加而恥為他人之僕謂之蓋臣呼蓋臣者所以告王不敢斥言也蓋臣泛說不指厥猶異姓之士

卷七　六

無念爾祖一章

前四句析前四句是法祖後四句是監殷祖之有德而天命與為故欲其法祖也殷之無德而天命靡為故欲其監殷也法祖監殷要見是託蓋臣以告成王觀無念爾祖句緊承上章末句言之其意可見總斷臣庶不過帶言不重下章監殷法祖倣此

無念爾祖四句

末一句斷上是尽法祖之功下是獲法祖之效多福渾言主天命說不可兼天命人心講人心之帰由於天命帰之重在天命朱傳感大正見多也行文要講得感大意出

聿脩厥德三句

上二句分上二句是能法乎祖德下一句是必獲乎天休

聿脩厥德永言配命

二句宜入敬講上句是加省察而欲合乎天理下句是常省察而欲純乎天理或以下句作修德之実朱傳又字难說德命一意自人体之曰德自天賦之曰命

命之不易一章

末二句分上是監殷下是法祖不在首二句截宣昭義問六句分與此同按時說於此一章皆於前四句分合玩上

天之載二句緊連虞殷自天一句难以拆開

卷七　七

無遏爾躬宣昭義問

義問承上句言布昭此无遏爾躬之善譽于天下也不可便說法祖之善譽依此文王有碍

有虞殷自天止萬邦作孚

上三句求諸在天之天下二句求諸在人之天念彼殷邦所以靡者天靡之也然靡也必有所由靡所以與者天與之也然與也必有所由與以之而拆于天上天之事朕兆潛乎雖傾耳以听杳然其无声也械緘默運寔法意以聞范然其无臭也靡與莫得而度焉惟法于文王將見万

和之質無不作而信之矣則知所以孚者在德而孚由所
以孚者有德而興也然則以諸上天之難知孰若求諸文
王之易測哉蓋天與文王無二致也爾子孫固當信乎不
可不念爾祖矣首句就講必其人無德而自孚故天孚
之必其有德而可興故天興之若然無声無臭難說此意
當講儀刑文王二句畢發之為是

上天之載四句

上二句示以質乎天而無迹下二句示以法乎祖而有徵
見得天與文王一也之意

上天之載無声無臭

二句承虞殷自天說度殷之所以孚與者于天然上天之
事而無声無臭孚與不可得而度也上天之載只說上天
之事不必說理

儀刑文王萬邦作孚

儀刑法其敬德也作孚心悅誠服莫不作而信其為君

明明在下一章

末二句斷上論其理下証以事明明二句即就之一過含
去意在中天难忱斯二句上句主天說下句主君說皆明
首二句意按此詩將言文武受命本于有德首章先總言
之二章以至三章追本文王之生而詳其顯德之実于命

則言之畧四章以至八章推本武王之生而詳其顯命之
実于德則言之畧以見文王非無命也言德則知其命武
王非無德也言命則知其德文武一道

明明在下赫赫在上

顯德顯命立說上句泛言不依華谷嚴氏指君達于上下

華谷註是

摯仲氏任一章

末二句分下章將言文王之聖故此推本而言講起要以
王季提在摯仲氏任之上

乃及王季維德之行

上句承摯仲氏任說謂仲氏及王季維德之行也維德之
行言其維德是行勿依慶源輔氏以成德為行

乃及王季止以受方國

上四句推其聖之由下一章詳其聖之実

維此文王止篤生武王

前一章分上是美前王之聖下是推後王之生

維此文王兩章

上章述文王受命之事下章推武王受命之本

維此文王一章

一頭兩脚破首句一頭次三句一脚末二句一脚不在首

二句截小心二句與厥德句對看多福一句與方国句對
看上是聖德盛而得乎天心下是聖德盛而得乎人心得
天得人兩平
昭事上帝聿懷多福
昭事上帝與三頌上帝是祇意同非謂祭祀之時對越駿
奔也多福泛講
厥德不回以受方国
厥德即敬觀文王之德于此為盛註可見以受方国以受
四方来附之国
天監在下三章

卷七　十

末二句分上見其生有所自下見其出有所為
天監在下一章
首二句分下章將言武王之事故此推本而言不可前四
句截
天監在下有命既集
上句泛觀四方不說監周有命既集謂集于周家一代也
非集于文王或作集于后稷公刘大王王季者皆不可依
命是有天下之命莫作定配及三分有二說
文王初載止大邦有子
首二句斷惟先時定其配故及時有此配在洽二句不重

文王初載天作之合
初載指幼時言不指始生之日
大邦有子一章
首一句斷首句蒙上大邦有子來不在首三句截此章兼
言納幣親迎華谷嚴氏單說親迎未是
大邦有子俔天之妹
天指上天俔天之妹者其德與天合上天其兄譬天之妹
也只講德與天合妹字欠明磬作然也註孔氏之時乃譬
喻物之俗語見得韓詩以俔作磬蓋譬言喻意
文定厥祥親迎于渭

卷七　十一

始終作眼上句納采是婚礼之始下句親迎是婚礼之終
祥謂卜得其吉而遂以文礼定其吉也不以文王初載而
天默定其配為祥
造舟為梁不顯其光
上句造舟謂納幣親迎而造舟也兼兩事說不顯其光専
指造舟
有命自天兩章
上推其伐商之本下述其伐商之事
有命自天一章
後三句分朱傳既字文字要玩纘女維莘二句覺有命

自天三句来皆言天眷文王於周之京所致

有命自天三句

上一句原其命之所出下二句要其命之所歸命是命文王于周之京也不可分說于周之京入開王業意講

篤生武王三句

篤謂篤厚周家不說篤厚文王既生文王又生武王是之謂篤豐城詩是變者順天之命故謂之變非如須溪當伐則伐之意專言天命豐城兼人不合集傳

殷商之旅兩章

上叙其伐商之事下叙其克商之功

殷商之旅一章

末二句分朱傳皆字兼指商周謂武王伐紂之時師固陳于牧野矣紂衆會集如林以拒武王而皆陳于牧野則惟我之師為有興起之勢也单指殷商之旅欠詳

上帝臨女無貳尒心

二句衆見武王有明〻之德是以知天必有赫〻之命而贊其決也上帝臨女要說出武王德来

牧野洋〻一章

末二句断牧野一句揔管師衆將帥檀車二句言師衆之盛時維三句言將帥之賢皆在牧野之地也甲子適同日當時衆以此師衆以此將帥會戰伐商義說单指將帥未善

維師尚父時維鷹揚

師字言其爵尚父言其號鷹揚見其威武之猛

緜緜瓜瓞一章

首一句断首句比下五句按下五句先小雖已說出後大之意含在其中故謂之比勿以首一句作比下五句作由比意只以瓞比先小瓜比後大不可泥經先瓜後瓞者謂即瓜之大由于小以喻業之大始于小叶於韻合

民之初生自土沮漆

初生謂周至不窋失官幾無其實古公居于漆沮而国復興乃周人之再生也故曰初生自土沮漆言周人始生從彼漆沮之土

古公亶父陶復陶穴止至于岐下

旧都新都作骨至于岐下見開王業意要含下文建都立国授田居民講

古公亶父来朝走馬止亦不隕厥問

後二句分前是避外患而克勤于自修後是遺外患而無損于自修

古公亶父三合三章

至岐定宅立說上章至岐下章定宅
古公亶父第三章
末二句分上是避外患而迁其居下是同內助而相其居
末朝謂其來也以朝非謂來日
周原膴膴兩章
迁国經国立說上章迁国之事下章經国之事周原膴膴
起搭下四章隨其中之出題不外此意
周原膴膴一章
首二句分勿在末二句截既得吉兆註連爰契我龜說不
作過文
爰始爰謀爰契我龜
上句謀之于人下句謀之于神見迁都之不苟也神人平
看不依時文謀之于人不若謀之于神重在神上
曰止曰時築室于茲
二句總承神人神人之謀既協乃告其民可以止
于是而築室矣築室包下四章兼言君居民居
曰止曰時此成醜攸行
于茲上截築室于此包下四章故也不在後三章分
曰止曰時止亦不隕厥問
後二句斷前是內治無不修後是外患無所損

卷七 十四

迺慰迺止四章
前一章斷前一章為民後三章為邑先民而後邑蓋国以
民為本也安城註是
迺慰迺止兩章
安民與祖作宮上是周安養而重乎民下是命官建而尊
乎祖後章依貞民註
迺慰迺止一章
末二句分迺慰二句是安之迺彊二句是養之自西二句
總繳安養
迺慰迺止四句
四句平截上二句言其居民下二句言其授田不可末一
句分時義以迺宣承迺慰二句以迺畝承迺彊二句破碎
难依
迺慰迺止迺左迺右
迺慰関其從迁之苦而慰定地不因懷土之故大王迁岐
從之者如歸市豈有懷土者哉左右只言居有左右時尚
未有公宮作列于公宮之左右者非孔氏註不可從
迺彊迺理迺宣迺畝
下句迺宣謂給以廬舍使之布散而居也莫依疏義衆者
苦其田之不足散者棄其田之有餘在治田說

卷七 十五

自西徂東周爰執事
周爰執事即上居民授田其居民也迺慰迺止迺左迺右
迺疆民之事無不為其授田也乃疆乃理乃宣乃畝而授
田之事無不為不可開說
乃召司空一章
一頭兩脚破首二句一頭次句一脚末三句一脚乃召司
空二句總管俾立室家四句蓋召司空司徒俾立室家而
先作宗廟也室家謂營宮室其繩則直二句專說作廟下
章方治宮室謂之翼翼見得宗廟成
乃召司空乃召司徒

卷七　十六

司空掌營國邑之官司徒掌役國人之官司空司徒皆自
西徂東從遷來岐者也司空只言掌營國邑不依曹氏添
出度地以居民說
捄之陾陾一章
末一句分上言人之趨事赴功下言人之樂事勸功觀治
宮室註解在鼛鼓上則知當在末一句分
捄之陾陾四句
四句渾破當講宮室之墻藉土為焉非器無以受土而盛
土于器者非一人長者荷其畚少者偕之遞絡于造作之
所捄之何陾陾也非板無以障土而投土于板者非一器

前者捄其嚮後者繼之喧騰于道路之間度之何薨薨也
土既具而由是築焉爰築爰突彼不息其為此不息其力
而登登然杵声之應趨事何齊一哉墻既成而由是削焉
以削以屢凸則使之平曲則使之直而馮然墻声之堅治
事豈苟且哉首句就人言下三句就声言要挑得明
百堵皆興鼛鼓弗勝
二句緣捄度築削說左右相列堵非一也捄者捄度者度
環百堵而並築前後相望堵何多也築者築削者削合百
堵而俱作斯時也群心共勵而不假于童程捄度之不已
鼛鼓之声自不能已為衆力同動而無煩于督責築削之

卷七　十七

不止鼛鼓之声自不能止為鼛鼓之設所以役事因其樂
事勸功之不止故鼓声之不止也非如大全之說謂以鼓
節之而弗止
迺立皐門一章
末二句斷国門国社立說上以国門言下以国社言
迺言皐門四句
皐門就外說應門就內說皐門是通国中之往來者應門
是通朝中之往來者二門不可講作王門太王之時只曰
皐門應門周有天下然後以王門尊之
迺立冢土戎醜攸行

二句泛講後日起事動衆必有事乎社而後出蕪自巳反
子孫說大事大衆主征伐言
廼立冢土止維其喙矣
上下承說大社既立大衆攸行周家之勢蓋有勃〻然不
可得而禦者矣混夷安得而不服哉慶源小註當玩
肆不殄厥慍兩章
上章前人開王業之事下章後人受天命之事
肆不殄厥慍一章
首二句斷上是太王之時下是文王之時見得聖祖神孫
相為首尾而王業由太王開之也木拔道通平說非謂木

卷七　十八

拔是以道通
肆不殄厥慍亦不隕厥問
厥慍專指混夷兼狄人講者非也混夷狄人兩種混夷是
西戎狄人是北虜厥問揔上五章
柞棫拔矣四句
上二句是內地闢下二句是外患除主文王言觀巳為文
王之時註及揔斷言至文王而混夷服可知至于其後謂
至文王時也按皇矣篇串夷載路朱子指太王混夷駾矣
朱子指文王正見太王文王相為首尾之意就文王言太王在中
混夷駾矣止予曰有禦侮

[illegible]生上截文王蹶厥生總承混夷虞芮而言平說著非
混夷駾矣止文王蹶厥生
上三句分上三句述聖人有以化乎人下一句表聖人所
以受乎命不可平截
虞芮質厥成一章
首二句分上是受命之實下是受命之助總而言之皆為
文王受命之事
虞芮質厥成文王蹶厥生
混夷之服提在虞芮上諸侯之歸貼在質成下外而混夷
之斂迹內而虞芮之從風于是諸侯歸周者衆而文王遂

卷七　十九

動其興起之勢矣動其興起之勢主受命說是故人心之
愛戴天命之愛戴也文王雖克守乎臣節然赫〻之氣勢
自如火之始然莫得而禦焉人心之多助天命之多助也
文王雖誠事乎殷邦然濯〻之威靈自如泉之始達莫得
而遏焉時文多于虞芮上不帶混夷未善
予曰有疏附四句
四句泛說不入混夷虞芮四予曰字見得文王受命固由
德盛所致以予言之未必不由四臣之助也故以予起之
予曰有疏附予曰有先後
上句是化乎民者下句是成乎君德者

予曰有奔走予曰有禦侮
上句乃文事之臣下句乃武事之臣
芃芃棫樸五章
後二章斷前三章詳聖德有以得乎人後二章推聖德所以得乎人章々要咏歌文王之德
芃々棫樸三章
一頭兩脚破首章一頭次章一脚末章一脚不在後一章截首章包下二章慶源輔氏以次章是足成首章之意則以首章次章作一聯也不可依之
芃々棫樸一章
興之取義即木盛者有資乎用興德盛者自感乎人新講用于今日穪謂用于後日
濟々辟王左右趣之
濟々言其容貌之美德人在辟王上說左右趣之要含下文祭祀征伐不可单主祭祀
濟々辟王左右趣之止六師及之
内事外事意上章得人于奉祭之時以内事言也下章得人于行師之時以外事言也国之大事在祀與戎故特㪅而言之大全可從
濟々辟王一章

此章咏歌文王之德而言人心趣向于祭祀之時如此應首章趣向意
奉璋峩々髦士攸宜
二句甚說攸宜承奉璋言夫其奉璋之称非謂行礼攸宜時峩以璋典儀而並美見其攸宜亦當彼奉璋者拜登之時而衣冠赫奕之可仰裸將之頃而升服趍蹌之可觀峩峩然其壯盛也然奉是璋誰宜邪惟髦士攸宜焉髦士也者升降素習而克迈乎凡庸品節周知而傑出乎等類以之奉璋而攸宜也峩々依錢氏註指其衣冠者說容貌按奉璋非一人未必皆盛壯者全章首一句分
淠彼涇舟一章
此章咏歌文王之德而言人心歸附于征伐之時如此應首章歸附意
周王于迈六師及之
上句入德于迈指征伐說慶源小註可從不可泛講蓋就遊觀說者六師及之不通
倬彼雲漢兩章
兩章開說上四其有以化乎人下四其有以統乎人講畢繳云聖德久而根作天下之久髦士六師皆被其振作者也聖德至而綱紀天下之至髦士六師皆囿于綱紀者也

所以帰向自豈能已哉大全以下綱紀即是作人之意發
以下章家于上章皆不可依
倬彼雲漢一章
巽之取義即天象大而有以成其文于上與聖德久而有
以溥其化于下
周王壽考遐不作人
壽考∠上德講就文王生時言註作既沒解者是証文王
有壽也九十七乃終有壽可知作人泛論以髦士六師繳
之不專指髦士六師下章綱紀四方倣此所謂作人大以
成大小以成小之意重在文王非謂天下化成曹氏商之

末世士氣卑弱甚矣註似乎太泥不必入在作人上說
追琢其章一章
追琢即追琢金玉也追琢則文之至金玉則質之至勉勉
則綱紀之至不可開看
勉勉我王綱紀四方
下句承上句言綱以不已而張勉勉不已則綱常張而不
弛臣庶久屬于統括之中而所以綱乎四方者何至哉紀
以不已而理勉勉不已則紀常理而不紊黎獻久羅于維
繫之下而所以紀乎四方者何至哉勉勉旨意不指其政
惟其勉勉不已則所以綱紀乎四方者至矣不綱四方在

不困于統括維繫見其綱紀之至
瞻彼旱麓六章
六章平說勿在前三章截按或以一章與六章言其求福
之有道二章至五章言其獲福之必然求福有道所以必
獲乎福也玩傳初無此意
瞻彼旱麓一章
前一章斷前是求福之有道後是獲福之必然瞻彼旱麓
四章意與此同
瞻彼旱麓兩章
兩章開講上與其求福也不回然下與其獲福也有必然

皆咏歎文王之德也不從處說以下章承上章言為其不
待于求
瞻彼旱麓一章
此言文王受福以德也德是以受福者文王之德可見其盛
下文五章皆同此意
豈弟君子干祿豈弟
君子上分此指其德不說德必谷豈謂純然自如優游而愷
悌不作矜謂坦易和緩安舒而無反側則豈弟在此而祿在此
是干祿以豈弟也言其干祿有道非有心求之祿字泛講
瑟彼玉瓚三章

三章平說得乎天化乎人感乎見必然意

瑟彼玉瓚兩章

上章與其必享夫天休下章與其必化夫天下不主福說

下章過充福意慶源引書斂時五福敷錫庶民遂謂下章是斂而此福而非其民未是

瑟彼玉瓚一章

與義即美器必廌乎美味與盛德必享乎盛福重在必字

豈弟君子福祿攸降

福祿一意泛論下文景福求福之福倣此各要渾言

鳶飛戾天兩章

卷七　廿四

上是必化乎人下是必感乎神慶源以上章作人皆認作福奥詳或因註中有承上章句要以下章貼上章言知所謂承上章者不過豈弟二字承之非通謂上章也開說為長

鳶飛戾天一章

與之取义即物性有必然之機與聖德有必然之化主必然說作自然看者未當

豈弟君子遐不作人

作人雖論篇同大以成大小以成小之意渾講不必以為當周之盛丁主氣久矣趨乎卑弱文王則有以振起之

豈弟君子遐不作人止以介景福

首一句分化人感神皆本豈弟之德不可平截

清酒既載兩章

上章賦其見錫于神下章與其見妥于神下章之神指上祭祀之神此非正意清酒既載三章倣此次章之神末章之福俱就祭祀時言也分要一頭兩脚

清酒既載一章

一章平截不在末句分以享以祀連以介景福說

瑟彼柞棫一章

此即物之盛為人所用以興德之盛為神所庇其上開看

卷七　廿五

不依大全相承

豈弟君子神所勞矣

神非上章祭祀之神開說為勞者慰撫之也時文指福非是

豈弟君子求福不回

福由豈弟而得見其求福之正而不回也華谷嚴氏以不回作求福之心不本豈弟欠詳玩詩五章皆以豈弟為主

思齊大任五章

前一章斷前一章原其德之成後四章詳其德之盛不在首二章截

思齊大任三章
前一章斷意進前五章相同一頭兩脚破者亦是
思齊大任兩章
上是聖德之盛也有由下是聖德之施也有驗
思齊大任一章
末二句分上本其母之聖下本其妃之賢
思齊太任文王之母
思齊用實事講如目不視惡色見容莊也如耳不聽淫声
耳容莊也思齊與下思媚並重時說輕看未善
思媚周姜京室之婦

下句承上句言思媚兼内外說以内言之内無不盡其誠
以外言之外無不盡其禮思媚周姜其稱為周室之婦
大姒嗣徽音則百斯男
徽音總繳思齊思媚謂能嗣其克盡毋道婦道之徽音
也不可單繳思媚二句則百斯男本能嗣徽音來兼嫡妾
說詩時當思齊作於成王之世斯男入得魚藻毛鄭語講
惠于宗公兩章
兩章平講上章言其德之應下章言其德之純不必相承
以為所以惠于神而刑于人豈無由哉以其德之純也傳
無此意

惠于宗公一章
上三句盡神而神無不格接神得其道下三句治人
而人无不孚接人得其道豐城說見張子言接神人
各得其道註晉公二章神人平看勿以能感乎神由于能
化乎人按文王感神以其能惠于先公也不由化人而來
豐城先神後人而有尊卑之序皆不可依
惠于宗公三句
惠謂平日順于先公而不違不指祭祀之時朱傳著字就
是神言非祀下文也字
刑于寡妻三句

刑字接起道字寡妻兄弟家邦寡妻以下言其人无不孚
如此喫上神無不格相對不作工夫兄弟家邦承寡
妻說寡妻而至于兄弟无不于文王而是仪效愛克篤
無戾不形也寡妻以御于家邦无不于文王而是則礼
讓成風會歸其極也不可以御于家邦總夫婦兄弟講
家邦只是国家分說着非
雝雝在宮三章
二章渾破一章承一章言不在前一章截
雝雝在宮兩章
上是德之備于身者下是德之見于事者故在宮而和在

肅而敬則德已形于外矣或以上章作德之蘊于中未善

雝雝在宮一章

四句平說上二句以地言下二句以時言上二句重極字

下二句重常字德之純也如此不必以和敬貫

雝雝在宮肅肅在廟

二句泛言雝雝者和之極肅肅者敬之極不林南軒

以雝雝句即刑于寡妻以下之事以肅肅句即惠于宗公

以下之事渾講爲優豐城治人之本事神之本俱各欠當

不顯亦臨無射亦保

二句關說不必承在宮在廟言無射言其戢惕精熟不待

勉強而有所厭故曰無射豐城以爲人之于我無所厭

射不可依之

卷七　廿八

肆戎疾不殄兩章

上咏聖德于天而有合下咏聖德于人而有成自不聞亦

式出至小子有造意同

肆戎疾不殄一章

上二句不以外患而有所損下二句不以內助而有所益

皆見其性與天合也不可只以不聞二句見其性與天合此

承上言文王之德純亦不已故其見于事者如此光大說德

光大而無玷缺不說聲聞

不聞亦式不諫亦入

言行作眼上句不稽乎古也自不違于古下句不資

乎今也自能善于今見其從容中道

肆成人有德一章

上二句美聖世之材無不就下二句原聖世之材所以就

按此承上文王之德見于事者如此故一時人材皆

得其所成就復言由于德純不已何邪蓋人材成就雖本

于德之見于事而然若究其本實由于脩于身者德之純

也否則無以見之于事人材何所觀感而得以成就之哉

所以復以古之人無斁言之

卷七　二十九

肆成人有德小子有造

仁義爲主有德言其全仁全義有造言其爲仁爲義成人

是已冠者小子是未冠者非八歲之人故講有造难用涵

掃應對語

古之人無斁譽髦斯士

上句用雝雝在宮四句講譽髦指有德有造斯士指成

人小子成人小子各播有德有造之譽于天下而成其

有德有造之美也譽髦斯士是倒文法

昊天上帝兩章

上章推其遷國之由下章詳其遷國之事自上帝耆之

起意同
皇矣上帝一章
末二句分上是原天立君之意下是表天立君之實式
廓以上皆為乃眷西顧二句發也不在四句或六句截總
斷不言太伯而詩祠言者以第三章有太伯王季句不過
帶說太伯之德讓国上見
皇矣上帝四句
上三句斷上三句天視為甚明下一句天心有所在監观
四方即臨下之意所以朱傳不解
皇矣上帝臨下有赫

下句泛說不必以為民之安危君之賢否皆不能逃威明
不分只講冲漠雖無声矣然威明孔彰而無事能外其洞
察之下亭毒雖無言矣然威明可畏而無物能逃其監視
之中是謂有赫觀揔解獨言明而不言威則知威字不重
維此二國四句
上二句惟無安民之君下二句故求安民之君維此二國
句輕不過起下求君之意二國單講夏商不兼桀紂為太
王之時紂尚未生也所以難入紂講既不得矣謂夏商之
政不得安民之道
上帝耆之四句
上三句眷德之心下二句眷德之實上帝二句言有德足
以安民而為上帝之所致則增其式廓以安民乃眷二句
見得太王正有德足以安民者故以岐周與之而為居宅
以安民也增其式廓此維與宅天意只在安民不在開王
業上此章以至四章俱重在叙太王王季之德開業不重
乃眷西顧此維與宅
西指漆沮朱傳不鮮以前緜篇有率西之西自西之西皆
就漆沮說故也不指岐周此維與宅正是增其式廓
乃眷西顧此宅既固
上二句言其遷国本乎天命下一章詳其定国堅乎天命

乃眷西顧止其縻其柘
上二句是膺天命而大其地下一節是資人力以闢其地
作之屏之兩章
上是天眷垂統之君而有以堅其命下是天眷繼統之君
而有以隆其命
作之屏之一章
末一句斷勿在其柘上截惟其迁岐一本于天如此是以
受命堅固而卒成王業也末句揔承天立厥配以上而言
不依慶源只連帝迁明德三句說帝迁明德三句乃作屏
修平啓辟攘剔以前之事

作之屏之止其翳其栵
此言岐周之地太王居之人物漸盛而民聞焉一
天意所在也不說太王自開作之二句對啓之二句講脩
之二句对接之二句講
帝遷明德四句
末一句分不可四句平截就其出題末句單承帝遷明德
三句不必捴承作之屏之八句天立厥妃以助之泛言
莫損定相宅之時也受命是受乃眷西顧此維與宅之命
固謂堅固不搖卒成王業帶在受命既固輕講
帝遷明德止奄有四方
上四句重遷国之事于前以成其王業下一章隆眷国之
意于後以大其王業
帝遷明德止載錫之光
上原天作邦之意而命堅于前王下原天作對之意而徂
修于後王
帝遷明德止帝作邦作對
上是得天而王業所由基下是得天而王業所由續
帝省其山一章
前五句分上章言天命太王此章言天命王季而先言太
王者蓋自太王說及王季也重在王季

卷七　廿二

帝作邦作對自大王王季
帝字提起作邦上截自太伯王季只承作對不承作邦上
是既定創業之地下是後定守業之人自太伯王季謂自
初生太伯王季之時而作對已定王季不兼太伯註中于
是既作之邦之是字指岐山說蒙上而言民歸既衆嗣業
豈可无人我所以于此岐山既作之邦又與之賢君以嗣其
業也下文于是太伯之是字泛言
因心則友四句
上二句是未受讓之先下二句是既受讓之後益脩其德
註本因心則友二句說蓋未受讓如此已有德矣既受
太伯之讓則益修其德也講則友其兄畢要補足有其德
厥與下文益脩其德相應按因心則友二句有通作泥受
讓說者不知是時太伯已逝矣王季友愛何從而見邪當
指平日說[illegible]定
因心則友則友其兄
因心上截上是順己之自然下是愛人之當然不可兩句
平分
則篤其慶載錫之光
二句承說王季既受大伯之讓益脩其德以厚周家之慶
人皆以為太伯之讓為德而知人之明析然顯于當時

卷七　廿三

[illegible]錫太伯以讓德之光也益脩其德以言其不必引下六
者則篤其慶要用天命人心發揮維持天命于不墜薗結
人心于下離謂之則篤其愛
受祿無喪奄有四方
二句開講承因心則友四句言讓之未受既因心以愛其
兄讓之既受復篤慶以彰其兄王季之德如此故能受天
祿而不失至于文武而奄有四方也受祿無喪謂膺天命
而為君即作對意奄有四方正是受祿無喪開看為
優上句指王季下句指文武祿是福祿非食祿之祿奄有
四方雖言文武實王季啟之重王季上

卷七　三十四

維此王季因心則友止施于孫子
上一節德脩于己而獲福隆下一章德本于天而獲福隆
上下兩開上章之德泛論所行下章之德專論六者
時說以為王季之德如此豈人所能為哉由其本于天也
上下之德認作一意不可依之
維此王季因心則友止貊其德音
上下[illegible]上截[illegible]乎天下推其德本乎天因其[illegible]
不拾此[illegible]克明數句上下无碍承說不妨
維此王季帝度其心兩章
上章上言天啟前王之德而有以獲乎天休下章上言天啟[illegible]

王之德而有以奉乎天討
維此王季帝度其心一章
末二句斷上是德本于天而無憾于後下是福受于天而
無替于後通章俱言天命時說因註内兩是以字要在
後四句截分按後是以字總承帝度其心以下而言非單
承比于文王二句
帝度其心止克順克比
上二句推其德本于天下五句故其德盛于己
帝度其心貊其德音
二句泛說帝度其心者俾其物來能應有尺寸以較其短
長而毫髮不爽事至能明有尺寸以準其廣狹而纖悉不

卷七　三十五

差王季之心帝度之也帝貊其音者使其令聞赫于朝野
清無一點之污而非議不起廣播于家邦靜無微瑕之
玷而閒言不興王季之音帝貊之也不主受讓意恐
太狹按此二句或以帝度其心故能因心則友則友其兄
帝貊其音故能則篤其慶載錫之光牽强難依
克明克類止其德靡悔
上四句德盛于當時下二句德盛于後世
克明克類四句
四句渾破此叙其德之所能也自其克明克類言之是非

能察而善惡能分不混淆焉自其克長克君言之教誨能
勤而賞罰能當不忿勿焉以之王此大邦復能克順君慈
和而民徧服深仁洋溢一天地之覆載也復能克比上親
愛而下文孚实意周流一家庭之浹洽也六者平講不依
華谷相串王此大邦是承上起下之过文不可只以克順
克比就王此大邦說講畢要見王季之德能此六者本帝
度其心而貊其音来華谷小註類者明之克君者長之
推比者順之積若此則三德而非六也王季未嘗爲天子
言王此大邦者孔氏曰以其追號爲王故云
克明克類克長克君

卷七　二十六

上句是應物之德下句是處物之德克明以事上言謂能察
事之是非克類以人言謂能分人之善惡毋以克類俱指
事說
王此大邦克順克比
上句是膺乎民之貴下句是盡乎民之方克順謂君慈和
于民而民徧服之也克比謂上親愛于下而下親愛之
也王季之德如此勿以人已上下平說
比于文王四句
四句皆指王季上二句是德有以顯于後下二句是福有
以延于後番昜朱氏說作文王欠詳就其出題既受帝祉

二句只承比于文王二句不用總承帝度其心以下
比于文王其德靡悔
靡悔就王季言指已沒說彼德不能無後則沒不能無恨
惟此王季至于文王之時以言其德弥遠弥新馨香完然
其始雖愈久愈著耿光煥然其不磨而尤無遺恨焉德即
六者之德按此章乃天命王季也時義皆以其德靡悔謂
至文王生有此德王季故無遺恨則友重文王矣有以靡
悔就王季生時說者言王季之德至于文王之時老而益
篤初無退悔之意故曰尤無遺恨如依此講遺恨之遺字
不通

卷七　廿七

既受帝祉施于孫子
二句總承帝度其心以下而言王季之德由于天而盛于
後如此是以既受上帝之福而延及于子孫也上句雖即
受祿無喪意下句雖即奄有四方意惟當開講庶不纏繞
不以上句應轉受祿無喪不以下句應轉奄有四方既受
帝祉着王此大邦說
比于文王止以对于天下
上四句言德盛于後者而能裕乎後世下一章言德本于
天者而能行乎天討
比于文王止誕先登于岸

上下開說上四句主前王言下四句主後王言不以比于四
句指文王講

帝謂文王無然畔援三章

後一章斷前二章伐密之事後一章伐崇之事註中又命
之又字蒙伐密來天眷其德既命其伐密矣故又命之以
伐崇

帝謂文王無然畔援一章

前四句分惟承乎天眷故行乎天討密人不恭
以下由其心之無私所以征伐初不當畔援歆羨而有私
也莫以密人以下作無畔援歆羨之實

帝謂文王無然畔援止誕先登于岸

首一句分或作渾破或一頭兩脚分者亦是首句一頭次
二句一脚末一句一脚無然畔援三句皆帝謂文王也不
以先登一句作詩人意時文多以無然二句主帝謂說先
登一句主詩人說故在末一句截玩天實命之註則無然
三句通帝謂文王之詞

無然畔援三句

上二句絕人欲之私下一句造天理之極岸者道之至極
處也不依廣源以涉水爲譬

無然畔援無然歆羨

二句渾言主土地者意總挽无然二还是戒其不可如此畔
謂舍此援謂取彼言不可舍此之正取彼之不當取者歆
謂律情羨謂徇物言不可律情之妄徇物之不當徇者時
說欠明

密人不恭止以對于天下

上三句遠人肆貪兵以擾乎小国下五句聖人奮應兵以
安乎大国

敢拒大邦侵阮徂共

二句承說侵阮徂共見其敢拒大邦之實諸侯兵師必上
告方伯然後乃敢行之今密人擅兵師旅以侵鄰国而及
阮共是違兵師必告方伯之命也二句皆見不知事大之
禮豐城以上句言不知事大以下句言不知恤小作兩平
看勿淺

以篤周祜以對于天下

二句平講非謂厚周家之福正以答天下之心篤周祜者
小国不恭大国由動而周家之福不能不少微也文王整
兵以止其衆創于皇祖者无震驚之憂培于烈考者无杌
棿之患則文王伐密蓋以厚周家之福焉豈有所貪耶
對天下者方倡乱四方靡盤而天下之心不容不望其伐
也文王整旅以遏其众方姓企足于我者合遠近而志无

不伸兆民引領于我者卒大小而頓无不適則文王伐密
蓋以答天下之心焉豈私有所慕耶見得文王伐密以篤
周祜以對天下可怒而怒之初未嘗有所畔援歆羨也或
以文王欲篤周家之福欲答天下之心伐密則出于貪慕
之私畔援歆羨而有意矣豈所以爲文王哉殊戾聖人代
暴之公
王赫斯怒止下民之王
上下開說新安胡氏謂度其鮮原以下即上章以篤
周祜以對天下之實未善按後截重在代密不重作邑
依其在京兩章

卷七　四十

上是伐密而有以獲乎人心下是伐崇而由其膺乎天眷
依其在京一章
我池上截上是舊都下是新都依其在京承赫怒說文王
雖赫然斯怒未嘗自親戎事而安然在周之京所整之兵六
則遏密人遂從阮疆而出以侵密也侵對遏言彼入此地
而禦之曰遏此往彼地而討之曰侵非如大全所載春秋云
潛師掠境及出其不意故謂之侵
陟我高岡止我泉我池
首句斷上下貫說惟地既爲我有則人自无我敢陵阿我
池俱蒙高岡來以陵阿承高岡以泉池承陵阿欠當

無矢我陵四句
四句本陟彼高岡說高岡之上有陵焉今王靈震動其地
而高岡既爲我之疆埸是以密人不敢陳兵於陵以拒我
而我陵則爲我之阿也高岡之下有池焉今義聲懾服其
心而高岡既爲我之境土是以密人不敢飲水于泉以拒
我而我泉則爲我之池也蓋王師之無敵也如此我阿蒙
我陵言我池蒙我泉言觀註不鮮我阿我池可見
度其鮮原止下民之王
首一句斷首句晉下四 逆在居岐之陽二句說一頭
兩脚破者皆是首句一頭次二句一脚末二句一脚度其

卷七　四十一

之其依新安三註指密而言作都因歸者益衆非旧邑所
能容也華谷小註可從不然何以伐密而遂徙都耶時義
不依未是
居岐之陽四句
上二句見其地之勝下二句見其條之大惟其地之勝故
其條之大
居岐之陽在渭之將
上句是阻山之固下句是帶河之美在渭之將言在渭
之側也諺作前面乎水者非
萬邦之方下民之王

二句乃未然事上句指諸侯下句指兆姓承上而言迁都
既得形势如此足以為萬邦之所趨向足以為下民之所
帰往就詩人言之不謂文王遷都之時為萬邦趨向計為
下民帰往計先有是心而為之也或作実然說或作已然
說皆不可依
度其鮮原止順帝之則
上一節既伐密而作邑應乎人下一節未伐崇而密德契合
乎天
帝謂文王予懷明德一章
一章平截前是眷其天德後是命以天討通章皆帝語
卷七 四十二
訓兩帝謂字各管下文五句或以不識不知一句不作帝
謂之辭
帝謂文王予懷明德止順帝之則
首二句分一頭兩脚分者不差首二句一頭次二句一脚
末二句一脚次二句是泯其頭然之迹末二句是安其自
然之理皆是帝謂文王明德之実也黄氏新安以不大二句
指文王心言
不大声以色不長夏以革
上句声與色謂声音與笑貌下句夏與革謂侈大與變革
東莱小註可玩声色変革乃形迹也大之長之則暴著矣

文王不大不長而不暴著如此德之深微何如不暴著其
形跡就是德之深微
不識不知止四方以无拂
一頭两脚破首二句一頭次六句一脚末一章一脚不可
平截順帝之則只就識與知說不必入以仁義與下仁義
之師相應況强合也帝謂文王予懷明德出起意同
臨衝閑閑一章
上言天命伐崇此言伐崇之事无侮上截无侮以上是仁
以全之而天下无不畏服焉畏服文王者畏服其仁也无
侮以下是義以絶之而天下无不順從焉順從文王者順
卷七 四十三
從其義也臨衝二句串說謂以閑閑之臨衝伐彼言言之
崇墉不可平看言言仡仡含負固不服意
臨衝閑閑止四方以无侮
末一句分開入曲尽待崇之仁而天下无不畏服如此
執訊連連攸馘安安
二句只言有此人也執訊之人則連連其屬續攸馘之人
則安安不輕暴不可就戦時說
是致是附四方以无侮
上句總承臨衝閑閑数句而言单承是類是禡者非致附
專說崇侯非言民也四方泛指天下之人不指崇之四方

及天下諸侯
是伐之肆是絶是忽
是絶是忽一意總謂滅其国也勿以絶作絶祀忽作滅国
經始靈臺四章
四章渾破皆述民樂之詞蓋詞出于民詩人述之而作是
詩所謂民樂者隨文王所有而皆樂其所有之辞非怨言
也故曰民樂
經始靈臺兩章
上章是樂其臺池之樂下章是樂其鳥獸之樂上以所建
言下以所寓言

經始靈臺一章
上四句斷上是得民之力下是得民之心推其得民之心
所以得民之力勿亟三句是申庶民攻之之由
經始靈臺四句
經營要明經謂度其地營謂表其位言方經度營表之初
而赴工之命未下庶民已來作之臺故不日而成也方字
也字上下相應見臺所以不日而成
經始勿亟庶民子來
經始勿亟戒在子來之後庶民子來感之有素不因戒之
然後來也定宇仁義之說未善

王在靈囿兩章
上章主所見說下章主所聞說
王在靈囿一章
一章渾破靈囿與靈沼對講鹿鳥與魚躍對講多而得其
所也註多字貼滿說得所貼躍說
麀鹿濯濯白鳥翯翯
上句是物之走者下句是物之飛者
虡業維樅兩章
兩章皆述民樂文王有鍾鼓之樂如此莫以上章為得地
下章為得人

虡業維樅一章
一章平截上是備樂之器下是奏樂之美虡業與樅乃三
事也不可以業為主
於論鼓鍾於樂辟廱
二句平說要以鼓鍾串下謂鼓鍾作于辟廱之内上
句只就金華相應見其有論不用入上八音於樂辟廱言
習射行礼于此辟廱者而心樂也非言辟廱可樂或謂觀
者聞之而樂及以作樂得其地者皆非
於論鼓鍾於樂辟廱
下章於論鼓鍾二句不過重嘆以起鼉鼓逢逢二句之意

毋以上二句主在內見之說下二句主在外聞之說

於論鼓鐘一章

一章平截於論二句說見上題不必以為所以重嘆者表

其作樂將終之意

鼉鼓逢逢矇瞍奏公

二句要玩註中方字蓋聞鼉鼓之声而知矇瞍方奏其事

見其樂之不厭也若谷註是樂之不厭指民言之不說習

射行礼之人謂之聞者因環辟廱而外所故謂之聞

下武維周四章

前一章斷前一章以大業言後三章以大孝言

卷七　四十六

下武維周一章

一章平截勿在首一句分三后在天是王配于京一句

文武造周及王配于京此註內緒字係指業說若入德講

下文世德有碍

三后在天王配于京

下句要入纘太王王季文王之緒而有天下意講皇考所

創之業吾王承之宅中面大而八荒咸入于版面正配皇

考于鎬京於幾莫非其有也皇祖所遺之統吾王繼之居

直啟乾而四海悉為之臣妾遠配皇祖于鎬京一民莫非

其臣也但言王配于京者鎬京乃武王有天下時所営配

于鎬京正見能纘三后之緒而有天下之意或以武王能

纘太王王季文王之緒以有天下貼配字說惟此所以能

配三后于京分以下文三章观之是詳王配于京之由若

依上說則以王配句由于能纘先緒而有天下前後意重

不可從之

三后在天止不遑有佐

一頭兩脚破首句一頭次三章一脚末二章一脚不在

末二章截講畢繳武王之道能繼乎先則今日固武王

之天下能開乎後則万世皆武王之天下其所以配三后

于鎬京也信何愧哉首尾要照

卷七　四十七

王配于京止昭哉嗣服

首一句分下文三章詳其克孝以見所以能纘先緒而有

天下乃王配于京之由也不作纘緒之实自此出至孝思

維則意同

三后在天止世德作求

下章世德作求正推王配三后在京所以然也言武王對

彼在天三后于鎬京者以其能起求先世之德而繼之

輔氏小註可依

王配于京五章

後二章分以孝為主上三章[illegible]之繼先下二章是開後惟能

繼乎先故能開乎後繼先開後不平覌第五章乃以昭茲承
上起下可見

王配于京三章

後一章斷前二章就武王身上論後一章就人心感上論
皆見武王能繼[illegible]渾破

王配于京兩章

大信大法立說上是大信下是大法上章順言因其能孝
所以成信也下章逆言所以為法以其能孝也成信為法
皆從孝來莫以大信大孝為主

王配于京一章

首一句斷首句雖為過文还要破出莫遺成王之孚者所
行合乎衆志非止于一家所為契乎群心非止于一國乃
成王者之信于天下也此與萬邦作孚不同就武王身上
論非謂天下信之

世德作求永言配命

世德指三后言世德非一泛講宜也下句申上一句永言配命
乃求世德之実見其能孝蓋三后精神而上與天合天理
之所在世德之所在維我武王一動一靜無往而不與天
理俱不暫合而遽離一語一默無往而不與天理游不暫
得而遽失其求世德如此不後[illegible]

永言配命上應侯順德
後二句分前後以孝相應

成王之孚一章

一章平截此合下章此推聖君所以信而法者本于
孝之純下即聖世所以孚而應者驗其孝之著

成王之孚下土之式

二句平破上句全天下之信下句立天下之法皆由于孝
毋以下句承上句講下土之式就武王言謂武王足以為
四方之法不說四方法之

永言孝思孝思維則

永言孝思本上章言世德作求而永言配命是能長言孝
思而不忘也不可與上開看孝思維則打轉下土之式

媚茲一人三章

上一章是繼先下二章是開後

媚茲一人兩章

當世後世立意上是孝感乎當世下是孝裕乎後世以孝
為主

媚茲一人一章

一章平截此因人心之感見武王能長言孝思而明哉其
嗣先王之事也永言孝思二句就上二句見之慶源以此

承上兩章而言武王既能成王者之信又能使天下以其孝思而爲法故天下之人皆戴武王今玩天下愛戴武王以爲天子而所以應之如此者維以武王順德之故非因

能成王孚能法下土

媚茲一人應侯順德

上文一章言信一章言法就武王身上說此則以人心感之而言天下之人皆愛戴武王以爲天子而所以應之維以武王之順德也媚應兩意承以應 即作媚觀註以此二字各解可知應謂天下化之華谷註是順德當指武王下文永言孝思二句方有承接不指天下

永言孝思昭哉嗣服

二句承媚茲二句說天下之人皆愛戴武王以爲天子而所以順維以順德可見武王能長言孝思而明哉其嗣先王之事也先王之事即上先王之德不可認作緒看

昭茲來許兩章

昭茲上截繩其祖武以下皆承昭茲而言武王之道昭明如此所以來世能繼其迹則文荷天心之眷久待人心之歸也要重武王見得開後由武王開之

昭茲來許一章

昭茲上截武王之道單指孝言繩其祖武繼其孝也不依豐城兼指信言蓋信乃孝之所致來許謂後世居天子之所者作文要明

於萬斯年受天之祜

二句承繩其祖武說來世萬年能繼武王之孝則萬年荷天祿而不替矣久荷天祿不替武王裕後之休如此

受天之祜一章

首一句分勿在首二句截天眷人歸平看皆由後世能繩祖武所致新安以下三句本首句言殊當或以人歸作天眷之實俱非講畢歸重武王

受天之祜四方來賀

二句平說不以人歸由天眷來

於萬斯年不遐有佐

有佐承來賀說惟其來賀是以佐之勿以來賀即有佐也佐謂藩屏王室慶源小註可從佐是來賀之人不可外講

文王有声四章

前一章迁豐之由後三章迁豐之事

文王有声兩章

上章迁豐之心下章迁豐之實文王迁豐之心固在于安民然非受命伐崇何以能迁之哉故下言其迁豐遂先以伐崇之事起之文王有声三章前一章截

文王有聲一章

末一句斷以下分拱此章同者倣此克君只于適求厥寧

二句見不管有聲二句也朱傳文王之德如是亦指厥寧

二句俱謂安民

文王有聲四句

此就遷豐之時推本言之文王遷豐之有聲而甚大乎其有聲者何哉蓋以求天下之安寧而觀其成功所以有聲也作未然說者不從推本是推本遷豐之由指適求二句

文王有聲二句

二句實言遷豐不可虛講所謂甚大乎其有聲者內外雖

殊而令聞无不流播遠近雖異而美名无不掀騰故曰甚大或因註中推本字以此要主未遷時說講有聲不露出遷豐來今玩推本是推本遷豐由于其心欲安民而觀其成功非推本其未遷之時也說出遷豐无傷

適求厥寧適觀厥成

二句指其心言串說專主安民不兼伐暴觀其成功是觀其厥寧之成功時文以上句言心以下句言功未是上句重看求字下句重看觀字觀是欲親見之或因求天下之安寧註以民就鰥寡孤獨飢寒困苦講失于太拘

適求厥寧合下三章

前三句斷因其命題之意二三章應適求厥寧末一章應適觀厥成王公伊濯指安民之功言

文王受命五章

後二章分武功文德作骨前是文王以武功造其始後是武王以文德續其終

文王受命三章

三章渾破詳其遷豐之事如此不必入安民意蓋文王遷豐其心安民首章已推本言也至此不过詳言之

文王受命兩章

上章主遷都說下章主建都說上言得以遷都者因受天

眷而伐崇也下言得以建都者因追先志而来孝也不依定宇陳氏小註以上章作豐是受命于天以下章作豐是追孝于前其意固是但以作豐是受天命而遺伐崇不無小疵

文王受命一章

伐崇作邑不可平說重在作邑于豐一句克君只就作邑上見夫文王受命伐崇而徙都如此則有以爲天下之本矣其克君何如哉莫依豈城朱氏兼伐崇言

文王受命四句

末一句分毋在首二句截推其受命而有此武功既伐于

崇矣然後作邑于豐見其得以作邑本于受命伐崇[illegible]

伐于崇是述文語不重

文王受命有此武功

命謂詢爾仇方之命文王既受之矣而遂伐崇義旗一指

茂烈樹于報凯之時天戈載揚偉績成于因壘之日而有

此武功也文王受命只依經文渾說不可添上文德命與六

武功專指伐崇不兼作邑

既伐于崇作邑于豐

二句承說惟其既伐于崇然後作邑于豐上句雖是述文

出此二句須要平講豐城除天下之惡立天下之本用之

不妨全出失于太平一不可用也作邑只言徙都尚未構造

華谷嚴氏以文王伐崇威德益著國勢寖盛程邑又不能

容乃作豐邑今以首章証之文王作豐蓋以求天下之安

寧而爲其成功非因程邑難容之故

築城伊減兩章

上叙其作邑之規而因以体乎先志下表其作都之功[illegible]

有以繫乎民志

築城伊減一章

兩頭一脚破首二句一頭次二句一頭末一句一脚不[illegible]

華谷以此是作豐之定字陳氏說同王后依慶源小

[illegible]作[illegible]稱之名眉山蘇氏以爲克崇作豐而王業成故以

王[illegible]之欠詳

築城伊減四句

上二句表其作都之制儉下二句原其作都之制儉匪棘

其欲二句是申築城伊減二句之意

築城伊減作豐伊匹

二句言其立國之制其儉如此或以伊減伊匹乃常規也

不作儉看若然下文非急其欲二句絕絡不貫

匪棘其欲遹追來孝

二句本築城伊減二句言築城伊減而不過越作豐伊匹

而不侈大皆非急成己之所欲特追先人不欲勞民傷財

之志而來致其孝也遹追來孝不主安民

王公伊濯兩章

上是文王作豐而得乎人心下是武王居豐而一乎人心

得人心則王業以振一人心則王業以成所以見其克舊

講時要以文王既造于始武王續而終之無难意東之

王公伊濯一章

兩頭一脚破首二句一頭次二句一頭末一句一脚以下

分柴此章同者倣此

王公伊濯四句

上下承說文王作豐之功著明如此所以四方于是來歸而以之為楨幹也講為豐之垣其王后維翰不用入安民繼志

王公伊濯維豐之垣

上句虛講下句申言王公所以著明之由築豐之垣即其功也不指武功及安民說

四方攸同王后維翰

四方攸同主天下言非謂祟之四方泛以民講不可專言鰥寡煢獨等人註中于是之是指豐邑說謂于豐邑來歸

豐水東注四章

前一章分是遷鎬之由後三章遷鎬之事

豐水東注兩章

舊都新都立說上是撫舊都下是建新都豐城朱氏君道師道不可依之

豐水東注一章

兩頭一脚破豐水東注二句不重勿依大全

四方攸同皇王維辟

二句乃未作鎬京之時而民歸之如此所以不容不遷也四方攸同與上四方攸同一意皆就民言觀下張子之註可知不說諸侯註中于此之此指豐邑說

鎬京辟雍三章

後一章竝首章言建學次章言作邑皆武王遷鎬而貽孫燕子也故末章揔只以終之不在前一章截渾破亦非

鎬京辟雍兩章

上章建學下章作邑皆言武王遷鎬之事如此

鎬京辟雍一章

此章要重鎬上從居鎬京乃天下政觀之日武王遂建辟雍而講學行禮聞者皆以武王遷鎬非為一時之謀實開萬世之業所以自鎬之東西自鎬之南北而無不心服也辟雍不過遷鎬中事不可專以文德為主

鎬京辟雍四句

首一句斷武王徙居鎬京講學行禮所以天下自服也天下之服揔承鎬京辟雍而言

自西自東三句

承一句分自字主鎬京說自鎬京而西自鎬京而東昧谷暘谷之涯涘豳商何廣也自鎬京而南自鎬京而北明都幽都之蕩蕩疆域何遠也無有不心服者無思不服要見出于中心誠服非迫之以威勢也所以服者天下聞之而自歸服不謂武王文教誕敷于東西南北是以服之

考卜維王兩章

上章是大業下是大統就其出題下章单繳作邑

考卜維王一章

此言武王迁都不苟見其克君也克君就不必謂見

考卜維王四句

四句平截勿在末一句分要一串說蓋稽于神以宅鎬京

惟神既决遂于此而成其邑豈不以維龜正之申考卜

句武王成之申定是句考卜維王言考卜者武王也董

氏王志先定之說未善王志先定何用卜為

維龜正之武王成之

二句承講維龜正之故武王成之不休豐城云維龜為繇

卷七　五十八

致其决維武王為能成其事作兩平看

豐水有芑一章

只至一句而止非通只三句也武王豈不仕運說貽厥孫

謀以燕翼子武王之事如此迁都而建學作邑所以貽孫

燕子者即武王之事不可認作兩樣

詒厥孫謀以燕翼子

二句兼建學作邑說蓋武王迁鎬不出此二者孫要泛言

不指康王

詩經臆說卷之七終

詩經臆說卷之八

賜進士第光祿寺少卿海陵華湘源楚編

○大雅二

厥初生民一章

首二句分未傳明其受命于天謂明后稷之命受之于天

也勿依時說以受命只作眷顧看攸介謂大人之迹攸止

謂大人之迹所止之處不可作祭郊禖之地按此章推本

后稷之生今不曰生后稷而曰生周人者周人之生自

后稷始故以周人言之

厥初生民時維姜嫄

生民就周人今日貴居五位富享万方而言其初則始乎

姜嫄也始于姜嫄須含下文生民如何八句意講

卷八　一

履帝武敏止以赫厥灵

上五句始生之祥下五句降生之異載震二字搭上履帝

武敏二句說載夙二字搭下載生載育二句說夙謂之肅

者側室之中肅靜之所不謂人之肅也載生載育还言既

有娠矣而于靜室之中遂生養焉是為后稷非胚胎意

誕弥厥月一章

後三句分前叙其生有以顯其異後原其生所以致其異

慶源所謂降生之異是也以赫厥灵合就不坼不副二句

於揉上帝二句應轉克禋二句居然一句應轉寘帝四句
上帝不寧二句
下句見上二句之意向也郊禖之祭以弗無子固欲上帝寧之康之而有子也以今觀之豈不寧我乎豈不康我之禋祀乎不然何以使我無人道而徒然生是子也徒然生子正見上帝寧之康之寧者安然在上康者樂而享其禋祀之謂
誕寘之隘巷兩章
上是棄之也其事異下是養之也其志異
誕寘之隘巷一章

卷八　二

一章渾破三棄而有三異如此以表天之所生非人之所能棄也不在後四句截牛羊腓字之要一意看讀牛羊以足死之而有愛之之意
誕寘之平林二句
寘之平林作已棄說適遇伐木者至恐為所得遂復收之也時義不作已棄收字不通救是自收之非伐木之人
寔覃寔訏厥聲載路
二句承寘之寒冰說寘之寒冰而有此異寔覃寔訏固見其異歎聲載路亦見其異不可輕看歎亦不兼寔覃寔訏惟其聲之大然後滿路[illegible][illegible]亦能滿路也所以朱傳解載路只言聲之大而不言聲之長或謂聲之大者必長言大則長在其中不知聲雖大而有不長者不免強合
誕實匍匐一章
前三句斷自匍匐岐嶷至于能食時已有種植之志蓋其天性然也不于首二句截玩首二句是引起話不重所以朱傳不解岐嶷言其能立之狀曹氏註是不說骨格
藝之荏菽止瓜瓞唪唪
五句渾破藝之實下數句重在志上
以就口食止以歸肇祀
前一節斷前一節幼時之事後二章長時之事

卷八　三

以就口食止即有邰家室
上節幼有志于農而生物遂下章長有功于農而封国肇
荏菽旆旆止有相之道
上四句幼而有志于農下二句長而有功于農
誕后稷之穡兩章
肇封肇祀立說上是肇有国之封下是肇有国之祀上章
誕后稷之穡一章
不重以主姜嫄之祀重肇封上
末一句分上是力穡之事下是受封之報
誕后稷之穡有相之道

下句有相之道謂后稷自盡其力而不藉乎天時非敎人
共力意茀厥豐草七句即盡人力之實
茀厥豐草種之黃茂
二句見其盡人力也茀厥豐草言洪荒之世天下皆荆棘
之場后稷始除其草而爲田不可作耘田看
實方實苞止實穎實栗
五句渾破自潰而苗自秀而實歷敘其穡事之始終如此
旧在實穎處截欠當講中要見出乎人力致之所謂相之
也不作泛言
即有邰家室止以迄于今

卷八 四

後一章分前三節詳闡國奉祭之事始于祖後一章推格
天享祭之速由于祖
誕降嘉種兩章
上章原其得祭之由下章詳其奉祭之意
誕降嘉種一章
後一句斷前是始乎農事後是始乎祀事不在前三句截
按維秬維秠六句皆降種于民而教以種之之事所以难
在前三句截維秬維秠二句上句是黍之嘉者下句是粟
之嘉者以帰肇祀兼内外神下章証之可見不單說内
恒之秬秠四句

恒之是穫畝任負乃后稷教之如此講畢來出反下條秬
秠而曰穫畝則無不穫畝之糜芑糜芑而曰任負則無不
任負之秬秠恒謂徧種于有邰之地覌以帰肇祀句可知
恒之秬秠止上帝居歆
後四句斷后稷教民稼穡而肇国之祀則有参賛化育之
功天心克享久矣所以今日郊祭以之配天而天應之疾
也始終要應
誕我祀如何兩章
上是群祀所由修下是郊祀所由應
誕我祀如何一章

卷八 五

末句斷継往不重重興來上謂興來歲而継今日之往歲也
蓋祭自今日而肇之來則指自今以至無窮非但
一歲
或舂或揄止載燔載烈
八句渾破或舂四句是一事載謀一句是一事取蕭二句
是一事載燔一句是一事故曰四者皆祭祀之事疏義以
謀惟燔烈爲四事履隆曾氏大全之說俱有所遺舂揄等
事要分内外或舂以下祭内神也取羝一句祭外神也或
舂四句朱傳不解爲何物着蒙上秬秠糜芑而言是以不
解

釋之叟〻止載燔載烈
前三句分前三句將祭之事後三句臨祭之事載謀四句分其
此同
取蕭祭脂三句
末一句分取蕭一句是祭內神取羝一句是祭外神載燔
載烈单指宗廟不兼外神言之
或舂或揄止上帝居歆
上一節群祀之兆而開之也遂下四句郊祀之峯而應之
也速
卬盛于豆于豆于登一章

卷八 六

一章平截前是格天之速後是格天之由見得后稷有相
天之功故今日以之配天而天應之疾也亶時句輕是过
文意不必破出
卬盛于豆四句
末一句斷上是崇配天之祭下是致應天之速重在始字
居字始字居字正相叫應
后稷肇祀三句
三句渾破不在首一句截庶無罪悔指稷就稼穡上發揮
蓋天以養民為心后稷自誕降嘉種以迄肇祀之時兆民
之日用賴之以供而能弥綸乎妙化萬邦命脉賴之以

壽而能參贊乎元機克体天心而稼穡之利遍於九州庶
無罪悔于後猶無罪悔于前也克承天意而稼穡之功及
於四海庶無罪悔于沒猶無罪悔于生也則所以感乎天
者有素而今日天應之疾豈但方臭之薦信得其時哉然
則遵之以配天也宜矣曾註其大全說勿依
敦彼行葦章
前二章斷前兩章是殷勤篤厚之意後三章是殷勤篤
厚之實戚〻宋氏以前兩章為燕飲之始以後一章為
飲燕之終未是
戚〻兄弟止序賓以不侮

卷八 七

前四句分意與敦彼行葦四章相同
敦彼行葦一章
一章平截行葦二句與兄弟二句方苞二句與肆筵二句前
四句重在勿字後四句重在莫字者老即父兄也觀後
章特言父兄所以本行葦而不言老是可知
戚〻兄弟四句
殷勤篤厚就莫遠具尔三句見不可只以莫遠具尔一
句見之
或肆之筵或授之几
二句是未然事盖未肆筵授几而將肆之授之故添或字

而祝[illegible]之[illegible]見於言表上文方苞俱主未然

[illegible]章

後一章分前二章飲於始也適其情後一章餘于終也有所祝

肆筵設席兩章

優賓樂賓作骨上是當燕而盛其事以優賓下是既燕而行大射以樂賓

肆筵設席一章

一章渾破肆筵七句是礼或歌一句是樂礼樂乃一章之關鍵肆筵二句與下平重

卷八　八

或獻或酢此言殺脾臄

前二句斷前二句是飲之以酒而儀文盛後三句是食之以殺而品物豊酒殺作眼

或獻或酢洗爵奠斝

二句兼賓主說獻與洗爵是主酢與奠斝是賓主獻爵而賓酢之主洗爵而賓奠之行礼之序如此

醓醢以薦四句

末一句斷上三句肥甘足其口食之以礼也下一句若[illegible]足其耳樂之以樂也佳殽脾臄小註是兩物不以脾臄[illegible]

佳殽

敦弓既堅兩章

上言既燕而舉射以為樂下言終燕而祝壽以為樂

敦弓既堅一章

較藝較德平說不重較德此章之意只言主射以為樂較藝較德皆輕未傳既燕言既燕而射以為樂也非謂燕畢

曾孫維主一章

首一句分下皆頌禱之詞夫既欲其飲酒而獲夫壽矣苟不修德則壽非吉而福不大故復以修德享壽順之黃耇台背作兩樣看黃耇老人之稱大老則背有鮐文是台背其于黃耇也慶源註是按酒醴維醹二句乃當時實事何以為之頌禱耶蓋欲其飲此酒而得老壽是謂頌禱所以朱傳捴以頌禱之詞一句盡之

卷八　九

以引以翼三句

首一句分壽考二句承首句說惟相引翼而年高德邵則享壽之吉而介福之大也以引欲其不昧于所適以翼欲其不怠于所行慶源小註當玩

壽考維祺以介景福

下句承上句言惟壽之吉則福之大也壽福不可開看

既醉以酒一食二章

後一章分前二章感君恩而有所願後一章祝君福而有

所徵

既醉以酒一合二章

上章祝以享盛大之休下章祝以享光大之休景福昭明

皆指祚胤泛說亦通

既醉以酒第一章

一章平截既醉以酒二句就祭時言下章既醉二句倣此

景福祚胤見也萬年即久遠意莫作壽看

既醉以酒三合六章

有俶上截前是極頌禱之至後是明頌禱之实

既醉以酒第二章

一章平截昭明指福以祚胤講

君子萬年介尔昭明

萬年說見前題昭明說見上題

昭明有融一章

末一句斷融由高朗極其福之昭明言之令終總承昭明

有融高朗夫欲善其終者必善其始今固未終也而既有

其始矣即始可以占終是以向也祭祀之時公尸以此善

始而能善終告之則今日之祝豈吾人之私願哉嘉告焉

善始善終說單言善終者非

昭明有融高朗令終

二句不可講作不惟昭明而且有融不惟有融而且高朗

盖有融高朗乃極言其福之昭明也令終謂終命之時善

不異于其始

其告維何三章

後一章斷前二章見其善始後一章見其善終其告維何

五章倣此

其告維何一章

首一句分一頭兩脚破者亦是首一句一頭次一句一脚

末一句一脚此章以下皆詳尸告之实其告一句貫至五

章卑出此章只管本章言之

朋友攸攝攝以威儀

朋友依安城小註說攸攝非檢其威儀謂朋友攝佐主人

祭祀之事下句方說威儀

朋友攸攝止永錫尔類

末一句分要見一祭祀之間而君臣父子各尽其誠此神

所以錫其善也不可平截

威儀孔時一章

末一句分威儀其上不同上以臣言此以君言孝子就祭

奠之時称之故曰孝子

其類維何三章

前一章断首章揔言神錫君以祚胤次章申其錫胤之意

末章申其錫祚之意

其類維何一章

[illegible]包下二章言也室家何輕只言君子居此

而萬年錫以祚胤不依輔氏作無有外虞說

君子萬年永錫祚胤

福祿子孫今日固有矣尤必萬年而永錫之永字蒙万年

來

其胤維何一章

首一句分胤非祚則無以為承藉之地故錫以胤必以祚

先之

其胤維何兩章

上章申錫以胤之意下章申錫以祚之意上章重在胤上

下章重在祚上安城作相因兼備不可依之

君子萬年景命有僕

二句連說言萬年而為天命之所附屬不以下句承上一

句謂曆數于万年天命附屬于万年也万年而為天命

之所附屬即被乎天祿天祿是祚指為天子而有天下言

其僕維何一章

首一句分祚非胤則無以廣繼續之傳故錫以祚必以胤

隨之

釐爾女士從以孫子

二句重在下句釐爾女士正為孫子計也不平

鳧鷖在涇五章

五章渾破皆一意也不用分截俱重在末二句福祿來說

不作頌禱

鳧鷖在涇兩章

上章來寧謂今日來燕則無象神之勞故曰來寧下章來

宜謂今日來燕初無不称之誚故曰來宜依輔氏小註以

宜作称說

鳧鷖在涇一章

首一句斷與營至末觀註內兩則矣字則知非止與一

句也下四章同酒殽是前祭時之物燰而為燕尸之用

公尸燕飲福祿來成

福祿就燕飲言不必干為實見之按詩五章皆以公尸燕

飲引起末句可知

鳧鷖在渚一章

首一句斷來處謂來處于燕燕之所末章來止意同福祿

來下下即降意

鳧鷖在潨兩章

盛大悠久立說上言其福之盛大下言其福之悠久皆已然事也勿以上章作已然下章作未然

鳧鷖在潀一章

來宗尊之為賓也既燕二句輕只引起之詞以上尒酒二句例之可見

既燕于宗四句

上二句主祭而在廟說下二句主繹而在寢說在廟福祿指妥侑言

公尸燕飲福祿來崇

來崇承福祿攸降說向者之祭于宗既尊也則妥之未飽也則侑之福祿固降矣今也賓尸而復燕焉一人洪恩隆于四延設席之際九重殊遇赫于洗爵奠斝之時則今日之福祿蓋前日之福祿積而高大也謂之積者見今日福祿之高大由前日積之而來

卷八　十四

旨酒欣欣四句

欣欣就酒上說謂酒欣欣可樂也非謂飲酒而樂以燔炙芬芬證之可見

公尸燕飲無有後艱

後對昨日言之昨飲于廟既受乎福今飲于寢復受乎福今不異于昨也故曰無有後艱不謂常為賓尸

假樂君子四章

四章平截第二章承首章令德說三四章承二章子孫說一章二章是一聯三章四章是一聯不在首一章分四章但美天王者三章四章繼称願其子孫実所以美王者也蓋以前二章是美王者後二章是願子孫

假樂君子一章

末二句分上主[illegible]主天言假樂句輕平說乃可嘉可樂之聲子也不[illegible]作一串看以為唯美之故樂之

顯顯令德三句

首一句分宜民宜人二句皆本首一句言惟其有顯顯之令德是以宜民宜人而受天祿也藍田呂氏以受祿于天總承顯顯二句欠詳

卷八　十五

顯顯令德宜民宜人

顯顯充实而有光輝之謂即令德也顯令不可平看宜民宜人言有是德而能宜之宜民者閭閻咸被其澤而無咀呪之害宜人者股肱悉荷其休而無非間之謗宜依輔氏小註謂心愜之

宜民宜人受祿于天

二句平講上是愜乎眾心下是膺乎天眷毋以宜民宜人即為受祿于天輔氏以為人愜之故天祿之皆不可從受

禄于天王富貴說

保右命之自天申之

保右命之乃三意也申謂保右命之有加無已泛言不以上文宜民宜人受禄于天下章子孫多賢是保右命申之實所謂反覆眷顧不厭註摠貼三句既保之右之命之而又申重之見得反覆眷顧不厭只解下句未善

顯々令德宜君宜王

上五句君德盛而有以得乎天下四句君福隆而有以當乎後就其出題受禄于天承宜民宜人說

干禄百福三章

前一章斷前一章兼以嫡庶言後二章專以嫡嗣言蓋下二章專言適嗣者此詩為眷王者而作故重王者一边

干禄百福一章

首一句斷子孫多賢正百禄之實干禄本上令德說言以令德而干禄也禄即是福百福四句分與此同

子孫千億穆々皇々

世系世德並說上句是世系之蕃下句是世德之盛

穆々皇々四句

四句平截不可首一句分

穆々皇々宜君宜王

穆々就心言皇々就事言俱主德講不指威儀是學重看

不愆不忘率由旧章

不愆承皇々說不忘承穆々說皇々而美則不過乎理穆々而敬則不忘于心而惟旧章是由也註不觧不愆句正以穆々皇々包之

穆々皇々率由群匹

上四句兼美其後嗣下四句專頌其嫡嗣上是美之下是頌之以上四句通作頌看欠當

威儀抑々兩章

兩章皆稱頌子孫然也末要扁重王者之福方見本意焉意稱頌渾說不必分貼

威儀抑々一章

末二句分稱頌其子孫如此以見王者之福也下章意同

威儀抑々德音秩々

二句主德言上是德之著于身者下是德之著于人者德宜泛講不用以敬美貫蓋上章兼言嫡庶此則專自嫡嗣言之意不相蒙

無怨無惡率由群匹

群匹指在位者故頌其不可以私怨私惡而棄之若指無位之人怨惡何由而生

受福無疆四方之綱

二句平說上句言其為天子下句言其統天下皆蒙修德

任賢來不以下句作受福无疆之实

之綱之紀一章

首二句分上主君言下主臣言惟君有統治之休故臣有

願治之愛之綱之紀承上四方之綱而兼及紀者綱紀皆

繩而有大小之分舉綱則紀在其中

之綱之紀四句

上二句君燕其臣下二句臣媚其君此上下交而為太之

時也依東萊說

卷八　十八

之綱之紀燕及朋友

二句渾言以上句見其宜民以下句見其宜人未是

百辟卿士媚于天子

百辟指衆官卿士指尊官皆在内之臣以百辟作臣之在

外者以卿士作臣之在内者欠詳媚于天子畧點不解于

位二句不可太重

百辟卿士四句

四句平截勿在首一句分媚于天子虛講不解于位二句

正媚之主矣

不解于位民之攸塈

二句媚于天子之实應轉之綱之紀而以脩德任賢爲主

人君綱紀之休既被于百辟卿士矣故百辟卿士亦能脩

德任賢之不怠始終一揆綱常張而不弛也願其脩德任

賢之有常前后一致紀常理而不乱也夫不解于位如此

百姓悉得以囿于大綱常張之中攸字不掇群黎各得以

維于小紀常理之内相保无虞而為民之攸塈民之攸塈

是願之詞不可謂民已安

篤公刘一合二章

上章主由都言下章主新都言按此六章前五章歷叙其

事之始終後一章總叙其事之始終俱重在民

卷八　十九

篤公刘第一章

一頭兩脚破首句一頭次三句是致勤于足国之道作一

脚末六句是致重于迁国之舉作一脚莫在後三句截以

下各章皆要以首一句作帽然後随題分之匪居匪康渾

講廼場二句正匪居匪康之实廼場廼疆还是正其經界

不說深耕易耨廼場二句非預為迁都謀也蓋有国者當

如此

思輯用光四句

首一句斷上是迁都之心下是迁都之事安民是国平說

不以安民正頭目也輔氏以思輯用光乃匪居匪康之效

駿思字不通弓矢斯張二句一則防外患一則壯国威時
文說是
思輯用光止于時語々
前四句斷前四句是遷国之事後二章是建国之事講畢
以民人由此而輯国家由此而顯跋之
篤公劉二合三章
上章以相居言下章以營居言相居營居皆兼君民說不
以上章作相民居下章作營君居此章捲下二章前二章
相所居而周營度之事後一章安所居而周落成之事
篤公劉第二章
卷八　二十
永嘆上截此章主一時言也不依輔氏以前五句言相土
而居以後事以後五句言相土而居初時事既庶既繁二
句推王及瑤二句皆輕相土上重東萊反重佩服未善陟
則在巘以下正相土之事
既庶既繁三句
末一句分首句庶繁指從遷者章舍暫安之時而居之徧
也如此不說邑居蓋邑居尚未成也而無永嘆見樂于新
遷之地
陟則在巘復降在原
二句平說自上觀之則陟于巘自下觀之則降在原降謂

由巘而降也上下山原要見觀其可以安民顯国否
維玉及瑤鞞琫容刀
上句是佩之美下句是劍之美二句不重只言上下山原
之時而帶此劍佩也不以文事武備為主時說俱作忘其
美看傳无此意
篤公劉三合四章
上章以營度邑居言述其事之周下章以落成邑居言述
其禮之周
篤公劉第三章
之野上截京師之野帶在上講通章皆營度邑居也不可
卷八　二十一
只以于時處處四句為營度邑居逝彼百泉四句莫作申
上陟降之意蓋上泛言陟降此則指其所在言之接逝彼
百泉四句兼廣原京師說然下惟言京師而不及廣原者
以廣原與京師在於一地既舉京師則包廣原
于時處處四句
四句非已然事方其區畫之時以此地為居處以此地為廬
旅以此地為言言以此地為語語而營度如此四于時字
皆指京師之野而言
于時言言于時語語
言言是施政事語語是謀政事言言語語泛講不可專說

此乃公劉右
篤公劉四合五章
上章以燕臣言乃止基之事下章以安民言乃疆理之事
篤公劉第四章
末一句分上是燕乎臣下是統乎臣不在于京斯依截此
章意在宫室既成而落之于京斯依不重于京斯依見得
向也不免陟降之勞營度之瘁今則安然于京矣燕乎臣
者以同有勞瘁之意
執豕于牢酌之用匏
上句言其儉下句言其質臨川以此二句通作儉說欠當

食之飲之君之宗之
上句是待之以恩下句是御之以義君之宗之就燕飲時
言夫既飲之食之如此浹洽易至于流連不為之君或我
于褻矣故為君以統乎異姓則懽然之中而有截然者在
宴會易至于沉湎而不為之宗或我于狎矣故為之宗以
統乎同姓則怡然之際而有凜然者存君統異姓宗統同
姓公劉自為之不係東萊作定經制以整屬其民
食之飲之止徹田為粮
国紀国法 作骨上以国紀言下以国法言
篤公劉第五章

末一句斷邠居允荒總承上言制民之産而無不周如此
土地之溥者自此而益溥土地之長者自此而益長故曰
邠居允荒單承度其夕陽一句未八
既溥既長四句
首一句斷土是闢土地下是辨土宜勿以四句通作辨土
宜看朱傳不解既溥既長只以辨土地解既景乃岡三句
者蓋辨土宜是蒙闢土地來故不復言之
既景乃岡三句
三句平看莫以相其陰陽承既景說觀其流泉承乃岡說
相其陰陽主田言之孰為面陽背陰之田而熯孰為面陰
背陽之田而寒相其觀其度其三言其字俱指溥長土地

其軍三單三句
上一句是賦下二句是稅三句承田言之土地之闢土宜
之辨而有田有田必有賦故定其賦法也有田必有稅故
定其稅法也徹田為粮專主助說不可兼貢
度其隰原徹田為粮
地勢地利立說上句是審其地勢下句是制其地利一串
說下上句就裡提出公田私田來下句徹字方有血脉
度其夕陽豳居允荒
上句要字總包辨其土宜定其賦稅隨題立意下句只承上

句不必捻承

度其夕陽止取厲取鍛

上二句言其終之盛下四句言其始之勤上是彊理下是

止基上節 破作富庶者悞玩上一節並無富意

篤公劉第六章

廼理上截前叙其安養之事始也後叙其富庶之事終也

不在取鍛上分涉渭取材言其取材為舟不說取材以為

宮室厲所以淬斧斤者鍛所以為斧斤者止基二字是過

文法委蛇委有以下乃安養之效

止基廼理爰衆爰有

止基彊理平說因其合題之意止基不可如前只作過文

要推彊理對看止基是安民之事彊理是養民之事爰衆

爰有通由安養來单本彊理說者欠詳

夾其皇澗四句

末一句分上三句以臨水次而居者言下一句以即水外

而居者言渾說亦穩

夾其皇澗遡其過澗

上句是兩向水而居下句是徃向水而居二句見有方興

未艾之象

止旅乃密芮鞫之即

止旅謂止居皇過二澗者也日以益密非二澗所能容故

復即芮水之外而居之

泂酌彼行潦三章

前一章分豈弟君子而為民之父母如此所以民攸歸而

攸塈也只之取義即無源之水猶資于用只有德之君必

歸乎民首章三章皆然惟第二章只其必得乎民戒意各

于末後二句上見

豈弟君子民之父母

豈弟要融二傳意講如人情莫不好善而惡惡豈以強教

之俾遂其好善惡上之心如人情莫不好逸而惡勞弟以

悅安之俾遂其好逸惡勞之心夫民之所好〻之民之所

惡〻之如此則民皆有父之尊有母之親而已乃民之父

母也民之父母言其直民父母不說子民之德有父之尊

有母之親謂民尊之如父親之如母

豈弟君子民之攸歸

攸歸是心悅誠服自不容已意承首章豈弟君子二句來

豈弟君子民之攸塈

攸塈是仰事俯育無不得所意承首章豈弟君子二句來

有卷者阿一章

末一句斷有卷者阿飄風自南二句兩下平說謂[illegible]

而際斯時皆摠叙以發端也或以有卷二句輕看惟於豈
弟三句見摠叙意未善

豈弟君子三句

首句意輕不依曹氏作美其德下章倣此游歌平講言其
來游于此來歌于此也不必一串此章以下皆以矢其音
之實講矢其音要偷下文之意以矢其音雖爲戒王但不
可作召公自謂我因致戒以矢其音也只可講畢就作文
言之多以王游歌于卷阿之上正臣言可入之時故我得
以矢其音而致戒焉若此則南堂无可諫之時必待君之
游歌而後可諫其説有疵

伴奐爾游矣三章

三章渾破皆極言其壽考福禄之盛不分浅深以受命長
爲上暍章孔厚以茀禄康爲上伴奐爾游未善

伴奐爾游矣一章

上二句專言福禄乃已然之休下三句兼言壽考乃未然
之休俾爾一句是壽考似先一句是福禄不從大全作祝
頌説只極言之也極言其壽考福禄之盛以廣王心而歆
動之通管二章單貼爾弥爾性二句者非壽考不説有壽
言其文意下文二章亦然

伴奐爾游矣優游爾休矣

二句就卷阿説歷覽山川之勝車馬駐卷阿而盤桓是固
今日之游矣然爾之游九重塵净近无邦域之侵四海波
恬遠无疆埸之警則爾之游乃伴奐之游也蝢釋機務之
煩心忘寓卷阿而開暢是固今日之休矣然爾之休玉燭
均調野無虺蛇之擾乾綱独斷朝无孤鼠之虞則爾之休
乃優游之休也要以游休先講一講題方明白

爾土宇昄章一章

土宇昄章二句要入天地山川講方與下文百神爾主相
應百神爾主者天常爾郊地常爾祇求爲天地之主山常
爾望川常爾秩求爲山川之主而昄章孔厚之主地不徒
享于一時也百神即天地山川

爾土宇昄章亦孔之厚

二句泛論不必主在卷阿時也土宇提起自輦轂以至海
隅東西際日月之出没自截蓟以至荒服南北極寒暑之
幽遐我周之土宇豈備安者可並易動者可比那以大明
言之覆載之下基屬其維持而無寸隂之虧疏峙之間悉
歸其統馭而无尺霧之昏何倬然大明也以孔厚言之乾
坤奠位令緒肇于不揺而无輻裂之憂海岳效灵港基奠
于不拔而无角立之憂何安然孔厚也昄章孔厚玩經文
亦字平説爲長不以昄章就爲孔厚

尒受命長矣三章
前一章斷前一章歆以獲慶之盛後二章諭以獲慶之由
伴奐尒游出起意同
尒受命長矣一章
受命之長茀祿之康卽純嘏也尒常言其常長常康
尒受命長矣茀祿尒康矣
上句以荷富貴之榮言下句以撫盈成之運言長謂自幼
冲至此歷年已久故曰長矣時義作長大說牽強難依
有馮有翼四章
前二章泛以其理言兩賦賢才輔世有其益後二章始就
其時言兩與賢才用世無不宜蓋得馮翼孝德之賢以自
輔四方以之為則四方以之為綱而有益如此以今日人
才觀之藹藹然王多馮翼孝德之吉士吉人維君子使而
隨用無不周也得之自輔則致福祿之盛奚難耶歸畢要
以致福祿之由繳之
有馮有翼兩章
兩章平說上章是法乎人下章是統乎人為則為綱还是
兩意不可作一意看
有馮有翼一章
末二句分有馮二句言得賢以引一句言自輔得賢自輔

卷八　廿八

如此豈弟君子則其德日修而四方以為則矣德之日修
雖于下文見之只宜渾講不必入下文意按此章惟言致
上章福祿之由而不言壽考則知上章壽考不說有壽乃
久享福祿之謂
有馮有翼三句
馮翼孝德指未用之賢言毋以有馮一句作已用有孝一
句作未用有字重看朱傳得賢之得正貼有字謂言得馮
翼孝德而有此四賢以之引翼而自輔如此
豈弟君子四方為則
上句要入德日修意豈弟雖然出此二句不得不略講
也但不可認作德有四方所謂為則言另以之為則泛講不
說法其豈弟
顒顒卬卬一章
末二句分承上文言得馮翼孝德之助而德修如此則四
方以為綱矣顒顒卬卬三句德修之實
顒顒卬卬三句
三句平說見其德之修不以令聞承圭璋令望承顒卬
顒顒卬卬如圭如璋
二句以德為主上句言其德之尊嚴下句言其德之[illegible]
謂之尊嚴者履行卓冠乎彝倫凛然其尊如天也陽[illegible]

卷八　二十九

勵于五位赫然其嚴如神也上句若依輔氏就体貌論至
三 下令望直丕若碍
豈弟君子四方為綱
上句豈弟君子同前四方為綱者蓋端于一已而人人以
之為依歸建極于九重而在在以之為係屬言四方以君
子為綱也非謂君子足為四方之綱此與假樂所言綱異
鳳凰于飛七合九章
後一章斷前言賢才隨用而无不宜如此然何以得其用
哉後章遂喻明良相會有機以見必賢君礼待之盛然後
賢才出而媚于天子媚于庶人會集之和而得其用也和

字應轉媚于天子媚于庶人
鳳凰于飛七合八章
上文泛言賢才有益于世此則就當時論之而馮翼孝德
之賢多矣使之為上則能愛乎上使之為下則能愛乎下
見其隨用而无不宜也吾君可不思所以用之哉不主賢
才用世之心
鳳凰于飛第七章
前三句斷管至底下章意與此同吉士兼馮翼孝德說
勿依定字平指有孝有德下文吉人放此
藹藹王多吉士二句

吉士與下吉人就未用者言也維君子使不必打轉以引
以起媚于天子不必打轉為則為納渾講為長
藹藹王多吉人三句
媚于庶人泛說不作輔佐君德足為四方之則足為四方
之綱此尚未用尤未輔佐乎君
鳳凰鳴矣一章
末二句分上下貫講首二句喻賢才出于治世次二句喻
賢君出于治朝然欲賢才出于治世必賢君出于治朝礼
遇之盛斯能致其會集之和也蓋作始相遇而終相遇看
鳳凰鳴矣四句

上二句喻賢才下二句喻賢君不必鳳凰梧桐俱說賢才
此猶未嘗相遇下方言其相遇之機鳳凰鳴矣是喻賢
才之出作此其隱于山澗丘園者非
菶菶萋萋雝雝喈喈
二句貫說維菶菶萋萋則雝雝喈喈也上句喻賢君礼遇
之盛下句喻賢才會集之和大全盛會之機可從菶菶萋
萋不用于旌之招束帛之迎等語看得下文車馬待賢之
意菶菶萋萋出至閑閑且馳上二句喻致賢之有機下四
句與朱傳之有具接上句時文似說人君德說以上頭
未嘗講不知人君所以成此顯望筆端之德由于得

輔此尚未嘗得賢何以遂成此德哉只主礼遇之盛爲是
君子之車一章
本上與言以意爲提不可太重矢詩二句闊看非謂止言
車馬而不言車馬之用是謂不多
君子之車四句
車馬主游於卷阿者言不可廣說是以待賢之意破講通
母露出惟宜繳踐見之
矢詩不多維以遂歌
矢詩不多謂我所陳者壽考福祿之盛焉翌孝德之助不
過數語而他未及也鳳凰梧桐之喻車馬閑閑之詠亦過

卷八　三十二

數語而他未備也然矢詩所以不多者輯止卷阿蓋繼王
之声而遂歌之異於從容暇豫之時登仕長詞展布愚悃
以啓沃乎宸聰連篇累牘數献王前以舒紓乎天意所以
不多焉按卷阿之詩以章計之章非不多也以言計之言
非不多也而召公尤拳拳如此忠愛其君之意有加而無
已矣豈開其端而不竟其說者哉是意繳結用之
民亦勞止首章
首二句分首言民所當安次二句示以出治之序末六句
示以成治之易乃其安民之道在前四句截者當下文四章
皆同民亦勞止謂苦于暴虐而困瘁也民兼遠近

惠此中国以綏四方
二句平說不謂惠此所以綏四方令卑下文能邇意謂綏合
下文柔遠首講中国根本也故先惠之四方枝葉也故後
綏之出治之序如此
無縱詭隨以謹无良止憯不畏明
首一句斷忘行无良之人寇虐无畏之人皆詭隨者也苟
于詭隨而不縱焉无良者則知所謹而自肅无畏者則知
所遏而自止蘇註說是式遏二字總管寇虐與憯不畏明
憯不畏明即寇虐之人分看者錯
柔遠能邇以定我王

卷八　三十三

柔遠懷綏四方能邇懷惠中国柔謂懷而撫之能謂擾而
習之九峯小註可從柔遠能邇承上遠小人說惟遠小人
然後可以柔遠能邇也遠近感孚則王室定矣下句本上
句言
無縱詭隨以謹惽怓止无俾民憂
首一句斷推能无縱詭隨則无良者知所懲而良者得无
患也以謹惽怓三句皆承首一句言下章无縱四句意並
此同
無棄爾勞以爲王休
勞指去惡安民无縱三句是去惡无俾一句是安民王休

打轉惠此中国以為民逑蓋能去悪以安民中国于是乎
惠四方于是乎聚故曰王休
無縱詭隨以謹罔極止以近有德
上四句是遠奸下二句是親賢既能遠奸則當親賢親賢
乃遠奸以後之事
敬慎威儀以近有德
二句串論脩身所以為親賢之道經文以字可見莫依
朱氏修身以為之本親賢以為之輔作兩平看以近有德
要見中国賴以惠四海賴以綏前後相應
戎雖小子而式弘大前後應之
上句謂其年之幼沖弘大就去悪安民説言其秉鈞當軸
去悪以安乎民実汝之責而所為甚廣大也不可泛講
王欲玉女是用大諫
王欲王女欲其去悪以安民也是以我用王之意而以去
悪安民之事諫之朱傳故字貼是用大諫之是字
上帝板板一章
首二句分上是天道之不常下是人為之不善靡聖二句
言為謀不遠末惟其為謀不遠心則靡聖妄自妄行而无
依據行則靡実无稽弗詢而必誠信故話之曰猶其謀之
不遠而然乎時説欠明

出話不然四句
四句平截靡聖二句非申出話不然二句之由
出話不然為猶不遠
二句平説不謂出話不然所以為猶不遠
靡聖管管不実於亶
上句以心言下句以行言渾講不主出話為猶説
猶之不遠是用大諫
上句是原靡聖管管二句謀之之未遠所以靡聖不誠也
是用大諫依三山李氏説自此以至末章皆然行文要偷
下文意講
天之方難四句
四句開論毋以方難方蹶即上帝板板一句意憲憲泄泄
即出話四句意或講方難方蹶就人民之不洽不莫憲憲
泄泄就入辞之不輯不懌失於纒繞
辞之輯矣四句
四句専就言説不可並謀辞之輯是反憲憲之意辞之懌是
反泄泄之意要講反憲憲之心而為辞之輯俾一言之斧一
先王之法言援諸天理而不拂則方難之天因而民病瘳
矣殆見室家胥慶轉啼哈而為謳歌无有携二者也民其
有不洽邪反泄泄之心而為辞之懌俾一語之形一先王

之法語賾諸天理而不違則方瞰之天四面民疾愈矣殆
見遠近安堵脫泥途而就袵席無有潰亂者也民其有不
定耶豐城以天理人情分看未是
辭之輯矣止詢于芻蕘
謹言听言立意上四句戒其謹言下一章戒其听言
我即爾謀听我囂囂
爾謀泛說凡関国家之安危係生民之利病皆爾謀也不
指上文一章
先民有言詢于芻蕘
詢于芻蕘即先民之言謂先民有詢乎芻蕘之言也芻蕘

對像女說先民意輕
老夫灌灌小子蹻蹻
上句是知天命之可畏盡誠以相告下句不知天命之可
畏弗信而自是下句豐城小註作大言相欺說不可依之
無為夸毗三句
首一句分威儀二句承首一句說朱傳使字揔管威儀二
句威儀卒迷者大言以夸人則有矜肆之態諛言以毗人
則有卑屈之狀所以卒乱也彼善人乃不夸不毗者視小
人所行畏之而不言守之而不為如尸飲食而已矣無為
夸毗二句指小人言

天之牖民止牖民孔易
六句渾破是即天之開民甚易以明上之化下甚易末句
皆指天言不指人君天之開民主知行說上之化下兼善
惡說開民以良知而民無不知開民以良能而民無不能
甚易則如壎篪所云也上之化下泛論非謂人君
如取如攜攜曰無益
上句言求之即得下句言無費于己以益之也安城刘氏
小註當從
价人維藩止宗子維城
六句平説乃君之所恃以安也德為之本東中用之破講
露出集傳不合此為同列相戒之詞而是章專就人君言
者蓋欲其諷達于王是意首尾要見

敬天之怒二章
一章平截敬天四句言天當敬昊天四句明其所以不
可不敬之意昊天臨下甚明而我之出王也馳驅戲豫有所
悖戾天必洞見之而及尔出王怒蓋自不能外焉昊天臨下
甚白而我之游衍也馳驅戲豫有所放辟天必昭視之而及
尔游衍怒亦自不能越焉天于人而不遺如此豈可以不敬
哉出王游衍就惡一边說方與天怒天变相應
敬天之怒四句

天怒天变分講难也虐也懠也是天之怒板也蹶也是
天之变蹷く也謔く也蹻く也憂謔也与戲豫之事賡く
也憲く也泄く也夸毘也皆馳驅之事輔氏註是敬天不
必全有安民之心

昊天曰明四句

昊天曰明曰旦就鑒观言不以及尔出王正見其明及尔
游衍正見其旦出王謂出而有所王也不可添上入講

詩經臆說卷之八終

既愆尔止四句

四句平截承上不湎尔酒二句說沉湎于酒而惟於不義
之人是從威儀則迷乱而娛樂无間於明晦也言語則諠
譁而先號平分乎昼夜也天不湎尔以酒二句天不二字
貫下言天不使尔沉湎於酒天不使尔惟不義是從而用
乃王自為之此章後四句分上下其有取荒乱之失下數
其極意荒乱之為下章後二句分上是惟処乱也而妥之
下是故奉一世而怨之兜方泛指遠意勿依新安專指
北狄

雖无老成人尚有典刑

卷九　二

上句以舊臣言下句以舊法言皆是莫听專就法說謂法
尚在可以循守而无听用之者不依輔氏兼以此章末一
句分上是葉法不能用下是取禍不可撥

枝葉未有害本実先撥

、、二句賦也講畢方可以正意東之此章末二句分上究
其取禍之原下亦以當戒本國

抑之威儀兩章

兩章平說上章專言修己之事下章兼言治人之事过文
儀乃德之隅已固所當修也然以豈可以不治我不用修
德作过全詩要以修己治人為主脩己亦由謹其言語慎

紫猶己治人不出訏謨定命遠猶辰告首章先言脩己次
章無言治人乃泛論也三章以下始指武公三章至四
章專言治人五章至八章通言脩己惟質爾三句帶治人
說九章至末曉以當聽脩治之言而結之

抑抑威儀一章

一章專截是在首二句分觀註則有之則字緊䟽首二句
相連其解庶人之愚四句復以夫字說起傳意自明

抑抑威儀維德之隅

威儀指言語顏色不包訏謨定命二句夫有是德則有是
儀威儀謹密乃德之廉隅外見也毋作外占知內廉隅書
說不必以宮室比之鄭註難用

卷九 三

人亦有言靡哲不愚

靡哲不愚是嘆哲人失其哲之德也因死哲人之威儀見
其失哲之德而愚

庶人之愚四句

四句承上靡哲不愚而言深怪哲人而愚也衆人之愚乃
有禀賦之偏宜有是疾不足為怪哲人而愚則反矣其愚
夫豈不可怪哉因其愚而反矣其常所以可怪

無競維人一章

上四句論其理下四句實其事人君泛言下節指武公說者
末是

無競維人四句

道謂親義序別德謂仁義礼智競強競人道言无
競強於人道也惟其無競強焉是能盡人道四方則以
我之道為彼之儀刑而無不訓之者直大就德行言莫
直大於德行也惟其莫直大焉是以能有德行四國則
以我之德為彼之依歸而無不順之者時義多謂盡人道
則競強莫並有德行則直大無敵其說非也來傳能盡人
道之盡字補出以對經文有覺之有字天地之性人為貴
註高一層意總言無競維人四方其訓之有覺德行四國
順之蓋天地之性人為貴所以能盡人道則四方皆以為
訓有覺德行則四國皆順從之單解無競維人一句不與
傳合

卷九 四

訏謨定命四句

末一句分要入道德講以治人言之謀猶命告之淺略无
道德者也惟有道德謀猶命告則能遠大定時矣以修己
言之威儀動止之愆忽無道德者也惟有道德威儀動止
則能恭敬慎密矣道既盡於我乎盡而極建於此由是足以
創四方之標準而無不訓其道也德既盡於我乎有而表端
於此由是足以垂四國之楷範而無不順其德也維民之

則何如哉訏謨定命三句不可認作道德惟有道德然後能之也維民之則應轉四方訓之四國順之小註人君以一身之法為天下之法可從

訏謨定命遠猶辰告

二句平說不以遠猶承訏謨辰告承定命或重下一句謨固大矣尤不可不遠命固定矣尤不可不時皆非

訏謨定命止用戒不虞

後三句分貫尔一句繳訏謨定命四句言治民也謹尔一句繳其在於今一章言守法也用戒一句繳皇天弗尚一章言防患也此非正意就題論之

其在於今一章

一章平截此與下章皆言治人之事專就訏謨定命二句說不兼敬慎威儀只云其在于今所謀所命而不大不定所圖所告而不遠不時尚迷乱於政而顛覆厥德者以荒湛於酒也女雖湛樂是從獨不念所承之緒乃先王之緒耶弗念厥紹則不能廣求先王之道而執其明法厥緒乏矣豈可不知所警哉與迷二句不可講迷乱於政則顛覆厥德所以如此湛樂於酒之故罔敷二句單緇厥紹蓋女雖湛樂從一句已說断上文也不必牽轉迷乱顛覆又湛樂意

弗念厥紹三句

首一句断與上開說不依慶源輔氏承湛樂來緒乃諸侯之緒不念厥紹所以不求先王之道而共執其法

罔敷求先王克共明刑

二句與說已之不求不執非言如若不求不執也明刑卽先王之道入訏謨定命二句意講

肆皇天弗尚一章

前三句断承上章言惟從其不當從不事其所當事其為如此故今為天所弗尚也弗尚不欲君乎一方意所為指上一章不可单指弗念三句

夙興夜寐止用遏蠻方

上三句主庭除言下四句主蠻方言夙興二句對修尔車馬二句講維民一句对用戒戎作二句講車馬弓矢戎兵皆所以防患也豐城朱氏以車馬所以安身弓矢戎兵所以防患不可依之修字通管車馬弓矢戎兵慮閒脩飭說七句不以上三句是慮之周下四句是備之飭

夙興夜寐三句

末一句分此言治人之事勿依豐城以首一句作脩身也

廷內揔管夙興夜寐洒掃

用戒戎作二句

二句相貫蒙上文言修尔車馬弓矢戎兵用備蛮方之戎
作用遏而遂之也莫以上句指内変下句指外変戒謂戒
備戎作言蛮方之戎作不說起大事而動大衆
夙興夜寐止無不柔嘉
後三句分上以治人言下以修已言随題立說如此自夙
興出至不可為也分同
脩尔車馬止用戒不虞
境外境内立說上四句是防境外之患下三句是防境内
之患
質尔人民一章

卷九　七

前三句分前是治国後是修身兩平看观朱傳既又字可
知毋依輔氏謂身脩而後国治相串說也質尔六句倣此
質尔人民三句
末一句斷没講註中既字是對又字不繳上章三句串說
治民守法蓋以防意外之患也時文平看則於用戒不虞
之用字不通
質尔人民二句
国本国法作骨上句以国本言下句以国法言上句要講
出成定意成謂立善教以復其性而囿之於甄陶之中定
謂敷善政以遂其生而安之於熙皥之域侯度指礼樂刑

政說
慎尔出話七句
上三句示以當謹言下四句戒以无失言夫白圭之玷尚
可磨而斯言之玷不可為然則言語豈可以或失邪白圭
四句分作謹言之由
慎尔出話一句
末一句斷承上二句言當謹言出乎身乃威儀所在必括
坤之囊而不輕吐死誇也而有驕矜之態以謹尔之威儀
焉語發於口乃威儀所存必含姤之章而不易露死毘也
而有卑屈之状以敬尔之威儀焉尔能如此殆見應接之

卷九　八

際當言則言不傷於煩不傷於易况静日守而言无不柔
也擬議之時當語則語不失於疾不失於徐審容自持而
語无不嘉也然則樞機之運女可不知所以致力於此哉
勿以无不柔嘉单承敬尔威儀
慎尔出話二句
二句串說言語之所在威儀之所在慎尔言語即敬尔威
儀也所以朱傳只言當謹其言而不言威儀大全以言語
威儀分看不合傳意
斯言之玷不可為也
玷謂傷易則誕傷煩則支言既玷矣非磨以沙石而可使

之復完非礎以鑢鍚而可使之復平莫得而為也讎不可

為要緻沙石磨鍚

白圭之玷止言不可逝矣

上下兩平上四句失言之弊下四句謹言之由愼尒出話

捴下一章前一節示以當謹其言而切謹言之戒後一章

示以當謹其言而歆謹言之效時説以下四句承上四句

以為言語一失則莫能救所以不可易其言不可苟其言

而放去也今以下四句覩之無易其言無苟其言而不可

放去由於莫捫其舌是以不可如此不承上四句來

無易由言止讎不為則

後一節斷後節緻上二章言行不可泛説䚯

無易由言兩章

上章是謹言下章是愼行

無易由言一章

前四句分前戒以謹言有其由後示以謹言有其效无言

不酬二句乃引起下四句意

無易由言四句

四句平截上二句謹言之戒下二句謹言之由逌作謹言

之戒不可依之

無易由言无曰苟矣

二句貫説示以不可輕易其言而苟發也苟發即輕易其

言覌註不解無曰苟矣可見

莫捫朕舌言不可逝矣

下句進轉無易由言二句莫捫朕古所以不可輕易其言

而苟發使放去也朱傳言語由已易致差失䀆在下句

無言不酬無德不報

二句論理以起下意平看勿堅言無不酬是比無德不報

也言就善一邊講對德字説報还謂人報之非謂天報

惠于朋友四句

四句總承無言不讎二句夫能順於朋友順於庶民小子

謹言而有德如此則子孫繩繩萬民無不承矣可見無有

言而不讎無有德而不報也不可单承無言不讎一句謹

言即是有德

惠于朋友庶民小子

惠就謹言説惠字總管朋友與庶民小子小子指武公也

謂順于小子之心而無愧覌第三章後凡言女言尔言小

子者倣此其意可見指民者非

子孫繩繩萬民靡不承

二句以德為主能謹其言則有德矣有德者後必昌故遺

慶所鍾一傳而子再傳而孫子孫則繩繩不絶而家之統

系於是乎隆也有德者人必服故餘澤所被内而鄉遂外
而都鄙兆姓則承奉不失而国之命脉於是乎固也繩〻
还謂子孫之多民靡不承泛指凡事時説以繩〻是法其
謹言繩〻不絶承是奉承其言語失於太拘
惠于朋友止尚不愧于屋漏
上四句謹言必獲其效下一節慎行當審其功合下一章
同此
視尔友君子兩章
上以修德之功言下以修德之效言隨題立説下章為德
単指上章慎行

卷九　十一

視尔友君子一章
前三句分前三句修之於動後七句修之於静修之於動
言其已能如此破不可用當字發字
視尔友君子五句
上三句謹之於顯下二句謹之於独尔友君子謂交接君
子之時君子指卿士大夫之類
輯柔尔顔二句
上句以外言下句以内言内有是心則外有是顔輔氏小
註可從
相在尔室止矧可射思

首二句断上言独之當謹下申独之所以不可不謹也无
曰二句搭在下説
相在尔室二句
上句独処於室之時要見无旅賁之規官司之典誦訓之
諫无𫝀御之箴瞽史之道師工之誦不愧就心言屋漏承
上室説独処於室則不覩不聞乃屋漏幽暗之地也不就
心言
無曰不顯止矧可射思
不顯指屋漏説無曰此非明顯之処而人莫予見也人雖
不見鬼神則无不体豈可以或忽哉莫予云覯謂人莫予

卷九　十二

見也不説鬼神
神之格思三句
末句断鬼神泛説不必指理格謂至於屋漏之地也朱傳
其至於是之是指屋漏言不顯亦臨鬼神臨之所謂猶
惧有失者猶惧其威儀不敬而有失
相在尔室止鮮不為則
上一節脩德無愧於神下一節脩德必法於人
辟尔為德兩章
上言進德有效而反之者其應異下是進德有本而反之
者其心異

辟尔為德止為德之基
上一章是脩德有其應下四句是進德有其資
辟尔為德一章
一章平截不在末二句分朱傳既戒以脩德之事指本章
辟尔為德五句既字是對又字如質尔人民三句之意非
指上三章也脩德即是經文為德或以此句是指上三章
說而又言為德方指辟尔五句欠祥
辟尔為德止䲜不為則
末一句分人兼朋友庶民
辟尔為德止不僭不賊

首一句分繳上言是行講君之為德莫先於言行二者俾
無不臧俾無不嘉可也臧嘉何如邪是故吾言之發容
止所係也必宛乎其若𥫗而出納每謹於倉迹之際口欲
其無過言而使其儀之不忒焉吾行之著容止所在也必
凛乎其若畏而惰慢不形於造次之時身欲其無過行而
使其仪之不愆焉言行或有所差則喪邦敗俗召釁大矣
務以論當於施為而舉動審於酧酢於事則不差也言行
或有所害則反常離道取辱多矣務談吐根於仁義而展
布合於準繩於理則不害也是則一言一行无不如此信
乎其臧嘉矣君於為德烏可舍此而他有所事哉俾臧俾

嘉四句止為德之事不在首二句截
俾臧俾嘉四句
首一句斷淑慎尔止三句乃俾臧俾嘉之實莫依大全開
看四句皆脩德之事或以俾臧俾嘉三句作成德說未善
淑慎尔止不愆于儀
二句貫說淑慎尔止使其威儀無過也兼言語顏色講
投我以木桃四句
上二句言理之必有者以勉之下二句言理之必無者以
戒之依朱氏註
投我以桃二句

言人投我以桃而我報人以李見施報之必然也或因上
文我脩德而人法之要以二句倒說謂我投人以桃而人
報我以李取其上下相應今玩經文明言投我以桃依此
乃與經義相戾
荏染柔木一章
前四句斷承上脩德遂及進德之基由於聽言而然以起
下文當听其言
荏染柔木四句
及之取義即柔木物之韌者也乃為弓之材及恭人質之
美者也乃進德之基言緡之絲謂以絲合而為綸以柔木

被之綸以為弓綸即是絃

溫溫恭人止順德之行

上下承說溫溫恭人而為進德之基何哉盖告以善言則能從其善言而見之於行故為進德之基恭人即哲人也

毋作兩様

溫溫恭人二句

溫恭不可平說以與觀之荏染是狀柔木之貌則知溫溫是狀恭人之皃維德之基要貼下文告之話言二句意講溫溫恭人雖未與德為一然告之以謹言必实体於已傾耳以听而不違言之謹德之謹也雖猶與德為二然告之以慎行必克践於躬虛心以受而不拂行之慎德之慎也故為進德之基

卷九 十五

其維哲人止言提其耳

脩已治人作骨就其出題之意上節話言下節臧否兼脩治說

其維哲人止民各有心

末一句分民各有心只講愚智相越之遠意哲者能听其言是哲者一心也哲者之心異於愚心猶脊素之不同色否為愚者不听其言是愚者一心也愚者之心異於哲猶駑驥之不同皁為其相去之遠如此民即愚智二人

其維哲人三句

首一句分話言指謹言慎行說用上数章語講順德之行見前德即善言按此章之德是承上章德說上章為德单論言行專就脩已言之則此所謂話言惟主謹言慎行為長不兼治人或泥古字話言不用上章之語不知詩人之意以為我之所告乃古之善言也用之無碍

於乎小子三章

三章渾彼首章是喻之次章是警之末章是慎之三章雖各平說過文當云既喻之矣復從而警之既警之矣復從而慎之意要相串

卷九 十六

於乎小子一章

一頭两脚破首句一頭次七句一脚末二句一脚通章以知字貫臧否立意匪手携之八句意與此同

於乎小子未知臧否

臧否總上数章脩已治人之事不必牽入脩德

匪手携之四句

四句之意臧否為主言女為君不出修已治人二者而已矣何者為臧何者為否匪徒手携之誘掖以發其志提撕以啓其衷而復示以事為行之俾有所据依守之俾有所憑藉而易見可尋也匪徒面命之開導其所當勉激勵其所當懲而

後提其耳焉不聞使之有聞欲忘使之不忘而所詔已[illegible]
也夫我既有詳切之喻而女況非幼稺之年何爲不知邪
詳切總管四句不以上二句爲詳下二句爲切

借曰未知四句

上下相蒙民之靡盈承上二句 我之所喻詳切如此借曰未有知識是以不知臧否然方童稺之年而謂未有知識可也今女既長大而抱子則非童稺宜有知識矣宜有知識而不知臧否何哉自滿所致也故下遂以不自滿之益示之

借曰未知二句

上句未有只言未有知識不說未知臧否蓋未知臧否下未有知識一層亦既抱子是明其非未有知識者

民之靡盈誰夙知而莫成

二句泛說不指武公當云人能早以自牧無訑々之声音而於脩己之教能虛心以納之惟恐人之不告也謙以自持無悻々之顏色而於治人之教能傾懷以受之惟患我之無聞也民之靡盈如此始見教之所在知之所在苟於脩己之或臧或否既早知矣則成之必早豈有早知而已至晩然後能脩者哉教之所存知之所存苟於治人之者臧否既夙知矣則成之必夙豈有夙知而人至莫然後能治者哉女於此可以自省矣夙知莫成及能受教戒俱指修己治人之事不以莫成說德

昊天孔昭一章

一頭兩脚破首四句一頭次四句一脚末二句一脚首言天之孔昭而我之靡樂蓋視尔夢々所以靡樂而慘々也然尔夢々意我教之不至而女年之无知邪我雖誨尔諄々尔則听我藐々不以我言爲教反以我言爲虐是以夢々如此借曰未有知識而失於夢々髫齔之年猶可說也今女年已至老耄則非髫齔者比宜有知識而顧乃夢々然則女於此將何以自謝哉誨尔六句俱承視尔夢々說

昊天孔昭四句

四句貫說天之孔昭而我之靡樂以視尔夢々也下申上意

昊天孔昭我生靡樂

上句指福善禍淫言見其孔昭已无不修人無不治而善者天必福之灼然其不爽也已不能修人不能治而淫者天必禍之洞然其不昧也何如其孔昭哉善淫就修己治人說我生靡樂含視尔夢々意講

視尔夢々我心慘々

夢々言於修己治人之理不明而錯亂也非謂不明福善

誨爾之道我心慘慘應轉靡樂夢夢乃錯亂之意引別語

來藐藐者非

誨爾諄諄听我藐藐

二句兼修己治人説不可單繳話言

匪用為教二句

上句謂不以修己之言為教已下句謂又以修己之言為虐

已用訓作以虐是害意

借曰未知亦聿既耄

二句承夢夢言不承誨爾諄諄四句上句興前借曰未知

意同非謂未知修治之理

卷九　十九

借曰未知亦聿既耄止庶無大悔

受教為主断章取義借曰未知單承匪用為教二句主不

能受教説借曰未有知識是以不能受教不必承夢夢言

於乎小子末章

一頭兩脚破首句一頭次三句一脚末六句一脚曰喪厥

国正天運艱難也回遹二句言其不能所用我謀乃回遹

其德使民至於困急則必喪厥国而大悔至矣繳轉听用

我謀二句

於乎小子四句

首句提起管下三句我謀即所告旧止

於乎小子二句

一旧止謂修己治人之旧止言我所告皆旧章也通拾上文

修治語講此與九章善言意同不可泛言

听用我謀庶無大悔

我謀修己之道是也庶無大悔作文含下曰喪厥国之意

取譬不遠二句

譬乃曉譬之譬非譬喻意昊天不忒正見取譬不遠禍福指

修治言不必纏引德説

回遹其德俾民大棘

二句貫説下句由上句来今女不听我謀語修己也修己

卷九　二十

之德回遹語治人也治人之德回遹而使民至於困急則

喪厥国也必矣悔孰大于此邪修己治人俱入在上句講

勿以上句見不能脩己下句見不能治人

菀彼桑柔四句

上二句比周之盛而民無不沾其仁下二句比周之衰而

民無不被其虐朱傳民失其蔭而受其病是解獏此下民

就桑言也比在其中

菀彼桑柔一章

上四句喻国成敗之易下四句叙己患痛之深

菀彼桑柔二句

比謂即桑之盛時其蔭無所不徧比周之盛時其仁無所不被盛時指文武成康之時

四牡騤騤旟旐有翩

二句乃因天下征役不息故民見其車馬旌旗而厭苦之厭苦之意寓乎言之中亂生不夷由於征役不息靡國三句由於乱生不夷於乎有哀依慶源說哀其國步斯頻也國步斯頻摠承靡国不泯三句無国不泯無民不燼則国運之頻甚矣靡国三句國步斯頻之实四牡騤騤一章上二句着其一時黷武之事下六句原其當時丁運之艱

靡所止疑云徂何往

二句承国步蔑資二句言国將危乱天不我養是以居無所定徂無所往而無以逃于天地之間也居无所定則無以自安徂無所往則無以避患慶源小註當玩国步蔑資一章上四句叙其危困之情下四句咎其危困之故

君子實維秉心無競

二句蒙靡所止疑二句說危困如此然非君子之有爭心也不可承国步蔑資四句君子泛指在位有德者不指厲王

多我覯痻孔棘我圉

上句見病乃病苦之病非疾病也念我土宇謂思旧土之居一串說下不依慶源以土指鄉里以宇指室家憂心慇慇一章上六句叙其去國之劳下二句傷其受困之困

告爾憂恤誨爾序爵

上句所當憂者天下之乱誨爾序爵所以解其憂也序爵告以辨别賢否之道蓋厲王之時君子道消小人道長故以此告之鄭氏專謂次序賢能之爵當為謀為毖一章上二句即其當事之無益下六句曉以尊賢之有益

誰能執熱逝不以濯

二句要以賢者提在前講賢者之能已乱猶濯水之能解熱又在後面對說是比而非賦体

好是稼穡四句

上下相承好是稼穡者以稼穡維寶也力民代食者以代食維好也力民代食之民與上民有肅心之民不同上指君子此指小民如彼遡風一章上四句傷時事之难為下四句务農事之無患

稼穡維寶代食維好

二句見雖劳無他意稼穡固勤劬矣然以今時視之富如千乘猶受誅夷之虞而稼穡則無也故曰維寶代食固艱苦矣然以今世論之貴如三公難逃名戮之慘而代食則逸也故曰維好

靡有旅力以念穹蒼
二句本哀恫中國二句言中国皆危尽荒是以危困之極
無力以念天禍也危困之極由具贅卒荒来莫以具贅卒
荒即危困之極天禍兼指喪乱蟊賊天降喪乱一章上四
句咎天降患之不輕下四句原已慮患之無力
維此惠君四句
秉心宣猶二句是申民人所瞻之由不作順理之实維此
惠君一章上四句言賢君所以得乎民下四句言庸君所
以病乎民
維此惠君民人所瞻

惠君泛論毋以秉心宣猶二句即順理之实瞻兼尊仰之
意尊謂尊之為元后仰謂仰之為父母
秉心宣猶考慎其相
二句貫說秉持公心周徧謀度于衆以考擇其輔相必足
以媲美乎皐夔者然後登之於黃扉紫閣之上也必足以
匹休乎稷契者然後寄之以論道經邦之責也考慎其相
專主用賢不兼退否勿依大全
自独俾臧自有肺腸
二句渾言不可認作不順之实俾民卒狂與上民人所瞻
相反

朋友已譖不胥以穀
二句平講不依慶源謂朋友既相譖毀則不復相與以善
也朋友二字提起摠管相譖與不相善瞻彼中林一章上
四句嘆衰世之俗悪下二句嘆衰世之処难
人亦有言進退維谷
明君悪俗相承惟上无明君則下有悪俗是以進退皆穷
也上无明君泛說不指前章不順按此論朋友道薄專自
下有悪俗言足朱傳補上無明君者此乃刺王而作所以
歸咎乎君
維此聖人瞻言百里

禍福立意圣人渾言不可指作周召炳於幾先只在上句
瞻言貫說重在言上謂有所見而言如語禍則禍必至一
神明之不誣如語福則福必臨一著龜之不爽雖在百里
之遠而无不察也勿依慶源以瞻言平看謂其所視所言
而无遠不察維此圣人一章上四句即人所知之不同下
二句嘆已欲言之不果或因下文維彼愚人二句專就禍
言要以此與卑主禍講過於太泥若捨維彼愚人二句單
主禍講不妨
維此良人弗求弗迪
良人泛言不指上章圣人民之貪乱二句承維此良人四

句說維棄君子而厚小人民不堪命所以肆行貪亂而安
為荼毒也亂即荼毒維此良人一章上四句用人失其正
道下二句啓人趨於邪道
維此良人作為式穀
良人同上良人作為謂所作所為皆高明光潔之道勿依
慶源小註謂建而為之大風之行多出空谷之中正見大
風之行有道也要認得明大風有隧一章上二句即風之
行也固有道下四句與人之行也各有道
維彼不順征以中垢
不順乃上忍心之人隱暗與光明相反汚穢與高潔相反
聽言則對誦言如醉
上句詩人自以或能聽我之言而欲對之然知其不能聽也故
誦言而中心如醉聽言則對是欲如此尚未嘗對誦言謂
誦貪人敗類之言與是以上大風一句與下貪人一句慶源註
是善人指不貪者與貪人相對不指上章光明高潔之人覆俾
我悖緞轉誦言如醉大風有隧一章上二句與其君貽害
於人下四句叙其君貽憂於已
嗟爾朋友予豈不知而作
朋友指貪人也予豈不知而作泛謂予豈不知而妄有所
言哉不說作為此詩若然下文以言告友有碍嗟爾朋友

卷九　廿五

兩節凜破居宅定然後築城郭城郭立然後徹土田營謝
之序如此
王命召伯四句
末一句斷定申伯之宅專指居室說城在中下章方言作
城定謂造作主用功言
登是南邦世執其功
上句承定申伯之宅說申伯之宅王命召伯定之前朝後
市屹然萬不世之洪基而制度炫于一旦左祖右社秩然
結維新之不構而規模雄于一方所以成是南邦豈徒目
前計哉蓋使申伯後世常守封南邦之功也廬陵以加地
進律為登不與傳合世執其功謂世執申伯封此南邦之
功或作世執召伯營謝之功未是
王命申伯一章
前二句斷首言王因申伯有功欲封以国而命其為法于
人故為之作城郭徹土田迁私人也因是謝人六句俱蒙
首二句來不在前四句截
王命申伯四句
上下相承王以申伯有功命之為法南邦所以因是南邦
之人可以立国遂作爾庸也非謂謝人久无保障而然
因是謝人以作爾庸

卷九　廿六

上述其因災而仰訴于天下述其因災而歸咎于己

倬彼雲漢一章

首二句斷上表其遭旱之徵下述其憫旱之意王曰四句以憂旱言靡神四句以救旱言王曰八句皆述王言以發之也徒倬彼二句乃詩人之詞不可通作王言何辜一句順經文說謂天何以罪今之人非謂民有何罪飢饉荐臻正天降喪之實

靡神不舉靡神不宗

上四句是修廢祀下一節是修常祀

靡神不舉四句

卷九　二十七

末一句斷靡神不舉主廢祀說因歲之凶曰未祀者今則索之而無神之祭不舉所以求回天意也非謂將以廢祀不舉而致是旱於我則靡神不舉矣蓋此與下文祈年孔夙二句不同玩註自見寧莫我聽言天不聽其事神如此見其仰訴于天也不說神之不聽

靡愛斯牲二句

此承靡神不舉言之祭必有牲牲必有玉今玉既盡而弭災不爲不至矣天何爲而不我聽哉牲玉本皆祭四方之神所用者牲謂青白騂黑玉謂圭璧琥璜不兼天地蓋此主廢祀說乃必祭之神祠未嘗廢

旱既大甚二合三章

上述其遭旱而歸罪于己下述其救旱而憂及于先

旱既大甚第二章

不殄四句是救旱不克四句是憂旱

不殄禋祀四句

首一斷分自郊徂宫三句乃不殄禋祀之實自郊徂宫包祭在中非只言往上下奠瘞就郊祀言申其礼物兼備所以表其郊祀之誠也上下字輕重在奠瘞奠礼瘞物天地皆有莫依臨川分天言奠分地言瘞靡神不宗總承自郊徂宫二句自郊爲礼物之兩盡徂宫爲宗廟之徧祀而無

卷九　二十八

神不尊也不单承上下奠瘞一句慶源小註開講謂偏舉所祭之鬼神未是

后稷不克四句

末一句分耗斁下土蒙后稷不克言后稷欲恤而不能上帝能恤而不欲是以大甚之旱耗斁下土之人也前此不聞有是而今有爲意者我有以致之不然何以當我之身而有是災邪寧丁我躬非怨之也乃咎己之詞見側身修行意

后稷不克上帝不臨

上句就宫言下句就郊言宫之神莫尊于后稷郊之神莫

尊于上帝故独夲而言之

旱既大甚三合四章

上是因灾而憂及于其所親下是因灾而望救于其所親

旱既大甚第三章

兢業二句狀其畏灾之甚周餘六句推其畏灾之由則不可推者謂旱大甚非人力所能推而去也不說巳身則不可去胡不相畏承昊天二句打轉兢業二句昊天上帝則不我遺如此胡可不兢〻業〻如雷如霆而畏之哉夫我身既不見遺殆見先祖之祀将自此而滅也所以不可不畏周餘二句不重引起昊天二句

兢〻業〻如雷如霆

二句串下兢兢業業如霆之擊心不容于不惕也如雷之震股不容于不栗也不依時說以為不惟有畏惧之心而且致畏惧之慎作兩開看

旱既大甚四合五章

上章因灾而望神之見恤下章因灾而咎神之不恤

旱既大甚第四章

赫炎四句是憂旱群公四句是救旱則不可沮言心欲止之而力不能止也靡瞻靡顧謂瞻顧左右峯無可依之人

群公先正四句

四句重下二句望其救灾只于下二句見毋以群公先正二句皆有望之之意

旱既大甚五合六章

上是咎神不能閔巳之灾下是咎神不當貽巳灾

旱既大甚第五章

我心二句是憂旱群公四句是救旱上魃為虐二句申言山川所以滌〻之故

旱既大甚第六章

胡寧四句思致旱之由昊天四句無致旱之失

祈年孔夙止無不能止

上言灾未臨而君無不尽其心下言灾既臨而臣無不尽其心皆所以為民也不可以上是君憂民之憂以下是臣憂君之憂

祈年孔夙方社不莫

孔夙不莫兼孟春孟冬說孟春祈穀于上帝循常期而不必後孟冬祈来年于天宗遵旧典而不必後故曰孔夙祈穀之祭既夲方社即祭于孟春之時祈年之祀既行方社即祀于孟冬之候故曰不莫若以下句只主農事既畢之時則遺春祈矣兼言春冬為是

敬恭明神宜無悔怒

敬恭明神指上祈年孔夙二句我之敬恭明神如此則無
召災之釁昊天上帝宜可以無悔怒胡為弗顧我以旱哉
無悔怒就昊天上帝言不說明神慶源註不可從
旱既大甚七合八章
上是因旱而叙群臣救之仰天而有憂心下是因旱而勉
群臣救之訴天而有望心
旱既大甚第七章
鞫哉六句是群臣救旱之誠瞻仰二句是在已憂旱之切
散無友紀因旱太甚綱之散也無復昔日之張紀之散也
無復昔日之理趣馬不秣師氏馳兵膳夫徹膳左右不修

卷九 卌一

正見無有一人不周救百姓之实
靡人不周無不能止
人指上文庶正等官周救百姓說見上題
瞻卬昊天云如何里
二句承上靡人不周二句群臣尽救灾之誠而灾不能去
故呼天而訴之曰然則我将如之何而憂邪云如何里要
依經文順言勿依慶源以何字倒觧在下以憂字倒觧在
上
瞻卬昊天第八章
大夫六句言其有公心瞻仰二句言其有畏心無棄尔成

即上竭其精誠而助王以昭格于天之謂
大夫君子昭假無贏
大夫謂庶正冢宰君子謂趣馬師氏人竭其精誠而助王以
昭假于天上章靡人不周見之
何求為我以戾庶正
二句承大命近止二句說大命近止而無棄尔成固
非求為我之一身而已矣尔能盖求所以昭假者以回天
意雨降而民定焉民定則衆正斯定然則我之望尔大夫
君子致天降雨非求為我乃所以定衆正也衆正定而百
官無不定矣朱傳所以字包定民意見得定民所以定其

卷九 卌二

整重在民上方合詩柄百姓見憂之意時文只講庶正未是
瞻卬昊天曷惠其寧
曷惠其寧應轉瞻卬二句久旱卬天而有嘒然之明星其
不安寧也甚矣何時去慶于朝衆歌于野商咏于市旅舞
于途而惠我以安寧邪民安已所以安也玩註渾說不從
豊城說出雨来
崧高維嶽兩章
上是功業同乎古人下是封業及乎後人惟有是功故有
是封上下意要相蒙
崧高維嶽一章

一章平截重在申伯送申伯而及甫侯見鍾秀既生古人同則輔世必生古人並不依孔氏以為美其上世僅出四岳故連言之

崧高維嶽四句

四句平截崧即四岳或以崧是泛說嶽是山之尤高而大者欠詳

維嶽降神止四方于宣

上二句美其稟閒世之氣下四句著其運輔世之功

維嶽降神生甫及申

二句要重申伯維岳降其神灵和氣不発於金石之麗発而為稚偉之傑不萃於草木之賤萃而為魁奇之英既生甫侯於前復生申伯於後見得申伯之生同於古人如此神灵和氣作一串看謂降其神灵之和氣也不可分講以為降其神灵降其和氣

維申及甫四句

首一句斷前後要重申伯申伯生既有所自矣出豈無所為耶維此申伯及彼甫侯实能為周之楨幹屏蔽而宣其德澤于天下申伯之所為一甫侯昔之所為也申伯之所行一甫侯向之所行也申伯之出同于古人則其生也信不偶矣甫侯申伯並重者非

維申及甫止迁其私人

前四句斷是前美其輔周之功後是詳其封国之典

維申及甫止南国是式

上四句美其同古人建輔国之功下四句美其継先人膺封国之賦

維申及甫止王纘之事

上四句輔国同乎古下二句封国継乎先

維周之翰二句

末一句分維周之翰對四国于蕃講四国于蕃不可捨在下說四国當指王国謂為王国之屏蔽時說認作庶邦未善四方于宣蒙上二句來為周之楨幹也王化或未敷則有以敷之為周之屏蔽也君恩或未布則有以布之宣作楨幹屏蔽之实或以三句平看皆勿依之三句指作功業無妨申伯功業本立朝時是巳然事不作未然

亹亹申伯三章

後一章分不以亹亹申伯四句為一頭王命申伯以下作一脚王錫申伯作一脚

亹亹申伯兩章

兩章平說上言封申伯而為其謀之遠下言封申伯而厚其事之周不可以下作申上看下章王命申伯二句不過

再言盖欲封之以起下文因是謝人六句之意

亹亹申伯一章

一章平截不以首句為一頭次三句為一脚末四句為一脚

亹亹申伯四句

首一句断平截首非承上文言亹亹申伯惟有輔国之功是以王使継其先世揔領方岳諸侯之事于以邑之於謝爵無異於前眡不殊于昔俾南国諸侯以之為法也王纘之事三句是一串意难以分開或以王纘之事三句只言王意如此尚未嘗命至下方命之今觀註中使之継其先世之使字使即命也以此作封国之意以下作封国之命不合朱傳

卷九 廿五

亹亹申伯王纘之事

亹亹称詞指申君德説不言其德或指維周之翰三句欠當申伯先世之事入在上句然後下句王纘之事庶有承接王使継其先世之事以有輔国之功不因亹亹慶源註不可從

于邑于謝南国是式

于邑于謝正使継其先業也見其不異揔領諸侯之日王命召伯定申伯之宅止徹申伯土田

一章上四句明己無妄言之過下二句咎人有譸言之辭

如彼飛蟲時亦弋獲

二句是賦正意入在如字上講謂己所言時或有中如彼飛蟲時或有獲中謂中理而有補於天下国家之治乱或因千慮一得註要以所言添出効来不知此句不過引以証其言之有可取也不重千慮

為民不利如云不克

二句就貪人説所謂不利重科厚斂之類

民之回遹職競用力

邪僻泛言不説貪乱職競用力謂專用力于邪僻也此章作三段看民之罔極二句作一段為民不利二句作一段民之回遹二句作一段盖反覆其言以見深悪之意首在首句分看首一句究小人之不善下五句由小人之無良不甚傳合

卷九 廿六

涼曰不可覆背善詈

二句指盜臣言民之未戾承貪乱邪僻説民之未戾一章上四句咎邪臣之非下二句表邪臣之実

雖曰匪予既作爾歌

上句此非我言之言謂善詈之言歌指此詩

倬彼雲漢两章

上句要見可以建国意因是謝人居者連兼稼之隆而當
冠于列郡行者接舟車之御而無甲子一時可建乎国乃
作尒庸而為国也作庸还是築城不可只作為国
王命召伯徹申伯土田止迁其私人
四句皆主法説观古制如此詳可見不依豈城以徹土田
是法以迁私人是恩
申伯之功三章
後一章分有以錫遣餞為主三章運破不可依之王錫申
伯岀起做此
申伯之功一章
後三句分申伯之功就本章言有俶其城三句是也不繳
上文
申伯之功召伯是营
功是建邑之功要倫下文城墉寢廟来講与上世執其功
不同上是封邑之功
四牡蹻蹻鉤膺濯濯
二句平説上句以駕車者言下句以飭馬者言王錫申伯
就国之儀如此
王遣申伯兩章
上是遣之也而期其保国下是餞之也而速其帰国

王遣申伯一章
一頭兩脚破首句一頭次句一脚末六句一脚遣字通管
至遣車馬即上所錫之車馬非别有以遣之
我圖尒居止南土是保
末二句断我圖尒居四句對講依慶源説見不苟封於與
我圖尒居四句
上二句所封之不苟下二句所遣之不苟
我圖尒居二句
南土之美就山川人物言
錫尒介圭以作尒宝
介圭之制首之圜象天也底之方象地也謂之宝者入則
鎮圭于国出則合瑞于王故謂之宝
往近王舅式有良翰
前二句断前二句將就封之事後二脚已就封之事錫尒
介圭出至戎有良翰上四句出封錫之而深期其保国下
二脚就封餞之而感喜其保国
往近王舅止王餞于郿
上二句遣親臣就国而期之也下二句因親臣就国而
送之也遄
往近王舅二句

二句皆言之宣不可作詩人説保非保守之保乃保障
之保侯源註是
申伯信邁我有良翰
上章言其得君下章言其得人
申伯信邁一章
一章平截上主今日已行時言下主前日未行時言要以
王命召伯四句作申上四句説因其前日預待之備故使
申伯今日信邁誠歸而无留行也不可開看式遄其行纔
轉信邁誠歸
申伯信邁王餞于郿

王餞于郿見餞之遠時説以郿在鎬京之西岐周之東時
王在岐周因往餞于郿未見其遠也不知以君餞臣自岐
至郿不為不遠
王命召伯四句
末二句分徹其土疆即上徹其土田稅賦餱粮就于徹其
土疆之時斂而積之經文言粮朱傳添賦蓋斂其稅賦以
積其餱粮也式遄其行者當時供億之豫故使申伯得以
自速其行而无留滯非謂宣王欲速其行
申伯番番一章
後三句分番番不重既入于謝擬今往謝而言尚未至于
謝也按此詩作于送行之時作实入謝與語難説通章
不作預道惟文武是憲句是預道之
周邦咸喜戎有良翰
二句实言非預道也周人與汝皆指王都之人不指謝邑
所以喜其有良翰者蓋因申伯往謝必能鎮定南服是以
喜之不因番番
不顯申伯三句
不顯於下二句見次句以位言末句以望言位望如此何
顯如哉文武是憲注指南國文武士不指南國諸侯
文武是憲三句

上下承説文武之士皆以申伯為法何哉以有文武之德
也柔惠是文且直是武
申伯之德一章
一章平截上率其体之全而用之大下表其宣之美而贈
之宜
申伯之德四句
體用作眼上二句是体下二句是用
申伯之德柔惠且直
申伯之德下句見之柔惠且直即其德也下句要分文武
與上文武是憲相應

採此萬邦聞于四国
二句平說採此万邦聞于四国皆本德業時義以下一句
承上一句謂有是治則有是譽認作一惠非也此主在朝
時言毋作預道万邦四国皆指天下不指南土
吉甫作誦四句
肆好上截承上申伯德業如此今于其行也作崧高之誦
以贈之秉賦之異誉之隆鋪張不容其簡短倚頼之深
名望之重揄揚不嫌其富麗詩何孔碩邪吟咏之時音響
一宏才茂實之発自不令人之厭咨嗟之際節奏一厚恩
殊遇之形自不致人之卧風何肆好邪誦内包詩與風

卷九　四十一

其詩孔碩其風肆好
上句成平章者下句刑諸聲音詩之孔碩風之肆好是因
申伯所致非吉甫自矜其誦之美也肆好就吟咏時説非
謂被之管絃時義以此二句串說詩之孔碩所以風之肆
好今玩經文兩其字開說爲當

詩經臆說卷之九終

詩經臆說卷之十
賜進士第光祿寺少卿海陵華湘源潔編

○大雅四
天生烝民一章
一章平截上言天之生人無不好此美德下言天之生賢
獨能全此美德自衆人說起歸于山甫朱傳鍾其秀氣而
全其美德相承說一性所鍾之氣秀故能全其美德也
不可開看
天生烝民四句
末一句分物則民彝即懿德也依註要義視聽言君臣
父子理講不可單指君臣父子好是懿德其情由其性之
本善故其情之無不好善如此

卷十　乙

天監有周四句
前四句分山甫降生之異則其德其職豈不異乎人
哉下文二章蒙前四句言
天監有周四句
上二句泛言天監有周能以昭明之德感格于下故保此
天子而生山甫旋乾轉坤之際而不自我先洗天浴
日之時而不自我後則所以鍾其秀氣而全其美德豈特
如凡民哉豈城謂宣王之德有以格天未是

保茲天子生仲山甫

上句盡說下句生仲山甫正保之之實慶源天祐入君莫先於生賢佐其說是也鍾其秀氣等語帶在末句上講不重

仲山甫之德三章

前一章斷前述其盛德之全後述其受職之盡不在前一章截盡前二章一章備舉其德一章備舉其職二章雖對然後二章皆言其職難以拆開

仲山甫之德兩章

兩章平說上是德之備下是職之備不必相承

仲山甫之德一章

首一句斷勿在前四句截柔嘉以下提出德來不用柔嘉貫柔嘉維則串說柔而不過其則此柔所以嘉也今下四章前二章備舉其德職之全後三章歷敘其德職之盡按上以視之明聽之聰君臣義父子親等為德則此所謂備舉其德是就柔嘉維則七句表山甫於德所以能全也不以七句即認作德蓋此七句乃令德之方慶源輔氏進字有疵

令儀令色小心翼翼

二句以德為主上句是德之符下句是德之聚不依其說作表裡柔嘉

古訓是式四句

上二句以知行言所以崇此德也下二句以事業言所以顯此德也不必體用之意

古訓是式威儀是力

知行作眼古訓乃德之寓古訓是式求以知其德也威儀乃德之驗威儀是力求以行其德也威儀是力與上令儀令色不同上主已成此主用功

天子是若明命使賦

二句言其德之發而措諸事業如此命指王言不可認作

政事使賦是山甫能使王言布之于下若說王者使之則是備舉其職矣不當

王命仲山甫兩章

上章述山甫職無不全下章美山甫職無不盡下章所盡之職即上內外出入四者是也開說者非

王命仲山甫一章

首一句分以王命貫內外出入之職皆王命之如此

纘戎祖考六句

首二句分斷章取義纘戎祖考二句欲其以孝于親者而忠于君出納王命四句欲其以忠于君者而及于民依其

陵彭氏小註

纘戎祖考王躬是保

二句承言使之纘戎祖考豈徒然耶正欲王躬是保也重

在輔養君德不以忠孝為主

出納王命王之喉舌

出納平講時義相串謂出而納之不與註合王之喉舌蒙

出納王命來出者王有大號山甫則口銜天憲承而布之

也納者王有善令山甫則口代天言行而復之也是為王

之喉舌出納只依朱傳出謂承而布之納謂行而復之新

安著其不善之說勿依

賦政于外四方爰發

政指教養外謂四方ヒヒ爰發言王使山甫賦政于外欲

其俾四方之衆荷其甄陶而無不服其教沐其

膏澤而死不被其養發而應之也蓋王命之如此非謂四

方自發而應之

出納王命止仲山甫明之

上下貫說仲山甫将之盾出納王命二句仲山甫明之應

賦政于外二句随題立說如此

肅ヒ王命三章

前一章斷前一章美山甫能盡其職後一章原山甫能率

其德惟能率其德故能盡其職前後意要相因

肅ヒ王命一章

一章平截此歷言其能盡職也毋以下四句就上四句見

内外出入之職句句皆有不可只以肅ヽ二句貼内外出

入講

肅ヽ王命四句

四句開說勿以邦國之政乃君命所在也或以上二句應

轉出納二句下二句應轉式是一句皆勿依之

肅ヽ王命仲山甫将之

王命即上内外出入之命将之以摠領四者翻調如命以

内外之職則能捴領諸侯輔養君德承而行之不虛其付

托也如命以出入之職則能典司政本經營四方奉而行

之不孤其委任也不可外講

邦国若否仲山甫明之

邦國之政指内外出入之司所行者也非謂大邦小国之

政順否就總領出者說何者為總領輔養典司經營之順

何者為總領輔養典司經營之否山甫悉能明之

既明且哲止維仲山甫補之

前四句斷四句虛講下文助之以上美其剛柔不偏而舉

其德正申明哲守身之事助之以下美其缺失有補而盡

其職正申夙夜事君之事此乃就題言之
既明且哲四句
上二句守己之善下二句事君之忠兼内外出入言不以
上二句應轉賦政二句下二句應轉纘戎二句
既明且哲以保其身
上句明哲就内外出入之職說内外出入職魚異矣惟仲
山甫能明其理而不蔽其心之不昧能察其理而錙銖之不爽
以保其身于死患也既字對且字言非繳上文將于王命
明夫國政見其既明且哲以保其身
夙夜匪解二句

卷十　六

二句串說夙夜匪解以事一人也不以上句作勤于修己
下句作忠于事君夙夜匪解謂任内外出入職業之時
人亦有言五合六章
上下貫講上言其秉德之由下言其秉德之事民鮮克秉
之句應柔則茹之二句惟其剛柔既偏所以不能秉其德
也山甫則秉之句應柔亦不茹四句惟其剛柔不偏所以
独能秉其德也時文不應柔善
人亦有言第五章
前三句分此引常言而著其秉德之由柔則茹之偏于剛
者也山甫柔亦不茹而不侮矜寡則不偏于剛矣剛則吐
之偏于柔者也山甫剛亦不吐而不畏強禦則不偏于柔
矣言此以為下文舉德張本時說皆以此章是贊山甫能
秉其德或以秉德為職兼說俱不可從以此觀之註朱
子推言惟可繳践
柔亦不茹四句
上下相承矜寡柔者也不茹矣柔故不侮矜寡強禦剛者
也不吐夫剛故不畏強禦皆就處事上言勿以上二句是
存心下二句是處事
柔亦不茹二句
二句實說柔即脆而可茹者非謂循物之脆而可茹剛即

卷十　七

堅而必吐者非謂循物之堅而必吐孔氏作喻欠當巣茹
者不頻挫使無所容不强抑使無所往而納之于威力之
中也不吐者不言語弗敢有加不非刺弗敢有及而置之
于頰舌之外也要講得出
不侮矜寡不畏強禦
二句承上二句說不依孔氏以不侮不畏即為不茹不吐
人亦有言德輶如毛一章
前三句分此引常言而著其秉德之事通章要以秉德為
主衮職有缺二句承秉德說山甫能秉其德所以独能補
君德之缺也毋以上六句是舉德下三句是衮職能克秉

之皆是人言

[illegible]之二句

末一句斷儀圖之明儀謂儀度于心圖謂圖謀于衆愛助乎說不以物從衆柔繳緩當美山甫時義皆謂吉甫以是贈之可謂好德之誠而知德之至矣是吉甫作此又所以自美也有旋

我儀圖之三句

其說上章亦不茹不吐可知雖人之所同賦然偏于剛者惟山甫不茹亦不吐而不侮矜寡非偏于剛者也彼能柔之而無失德雖人之所共由然偏于柔者雖任惟山甫剛亦不吐而不畏強禦非偏于柔者也彼能柔之而不畏不依定字謂山甫鍾其秀氣而全其美德是以彼能畏之德即首章之德以上剛柔不偏認作德者非也剛柔不偏乃是能舉其德之由

惟仲山甫舉之止以慰其心

前四句斷山甫能舉其德以補君德如此城齊之事何患其不能副之故作詩以慰之

袞職有闕止以慰其心

前二句分依曾氏註次章每懷句末章末懷句皆謂思補王闕此所謂章次義如此

袞職有闕二句

二句承仲山甫能舉德說山甫能舉其德所以王職有闕彼山甫能補之袞職句指德不言政事補謂因其有德自能格君心之非莫用繩愆糾繆語

仲山甫出祖兩章

上章山甫出行下章吉甫贈行兩章車馬无二勿以業々是出祖之車馬彭々鏘々是啓行之車馬騤々喈々是在道之車馬并懷其永懷相應但由城齊之故不依曾註

仲山甫出祖一章

一章兩脚破首句一頭次三句一脚末四句一脚王命山甫二句是中每懷靡及之由

四牡彭々四句

上二句乃出行之儀下二句乃出行之故

四牡騤々一章

一章五截不在末二句分吉甫作誦二句搭在下說所以作是頌者何哉以其遠行而有所懷思故以此詩慰其心也非謂欲其速歸以是贈之

仲山甫徂齊式遄其歸

下句承上句言山甫今日城齊僚友之情好因之而疏朝廷之眷勤因之而遠故欲其不久于外而速歸也不謂望

其保王躬補王闕所以欲其速歸

吉甫作誦二句

誦指過詩不可專管本章蓋山甫上承王命而有城齊之行我吉甫也作詩贈之稟賦之異叙于大篇之端德戎之全鍾于長言之而旨趣悠遊自足以起人之聞如清風一鼓而品彙咸鬯意味深長自足以娛人之听如清風一動而庶物皆舂也穆如清風是因山甫之賢所以其詩之美如此

仲山甫永懷以慰其心

二句承作誦說山甫城齊每懷不及之心故作是誦原其稟賦之非常詳其德戎之兼備見其城齊乃優為也以慰其不及之心焉永懷應上每懷雖及指城齊言非謂上遠朝廷下別僚友是以永懷

奕奕梁山兩章

恩義作眼上以士禮見而承戎命之重義也下以王礼見而胥錫命之隆恩也兩次見之不可認作一時

奕奕梁山一章

前四句分下皆王命之事不在前三句截奕奕梁山三句只言其從此道而來朝也不重

王親命之以佐戎辟

一頭兩脚破首句一頭次二句一脚末五句一脚次二句命以紀其末五句命以簡戎業皆蒙王親命之來勿在前三句我以王親命之只管纘戎祖考未是

[illegible]受命王親命之

上句是事君之忠下句是待臣之礼士服入見而不專其事忠也天子親命而不輕其事礼也王親命之竊下世業戎業意講

纘戎祖考無廢朕命

下句朕命即上纘戎祖考之命

夙夜匪解止以佐戎辟

末二句斷夙夜匪解二句命其修內之戎榦不庭方二句命其修外之戎不必以榦不庭方二句是就夙夜匪解二句中抽其大者言之

夙夜匪解三句

末一句斷末句承上二句言夙夜匪解而能虔共尔位朕命則不易也不承欠詳

夙夜匪解虔共尔位

二句申說命其夙夜匪解惟勤于尽戎也莫依庾源平看時文要以末章修其城池治其田畝等事实之不若泛講為長

榦不庭方以佐戎辟
下句就上句見幹不庭方正以佐戎辟也幹不庭方以來
尊觀之指百蠻說者是不可從講
四牡奕奕兩章
上章以來朝錫予言下章以歸國餞予言俱主君說不以
君臣之恩朋友之義爲主
四牡奕奕一章
前五句分四牡奕奕二句指于周京乘以入覲時言非謂
初由韓國而來
淑旂綏章 止 鞗革金厄
六句渾破淑旂綏章對玄袞赤舄講簟茀錯衡對鉤膺鏤
鍚講鞹鞃淺幭對鞗革金厄講文体然後整飭
鞹鞃淺幭二句
上句是車飾下句是馬飾鞹鞃謂以去毛之皮持其式中
淺幭謂以淺毛之皮覆于式上
韓侯出祖兩章
及国至国立說上章述其及国膺君寵也下章述其至國
行婚礼也不以朋友之義夫婦之情為主
韓侯出祖一章
首二句分餞之贈之顯父承王命餞之贈之也其說朋

友私餞乘馬路車則非顯父所有包鱉鮮魚是肉菜維筍
及蒲是菜並舉此以例其餘不依輔氏不儉之說
籩豆有且侯氏燕胥
[illegible]所以盛菜肴者侯氏燕胥顯父承王命餞
之設此籩豆而惟侯氏相燕飲也不可反以侯氏為主言
侯氏惟顯父相燕
[illegible]兩章
上[illegible]侯之迎韓姞有以當其心下章言韓姞之歸韓
因有以適其意輔氏小註可從上章惟下韓姞燕譽皆爲
道之也下章重在韓姞燕譽上不重獲配之由
韓侯取妻一章
一頭兩脚破首句一頭汾王二句一脚言其族類之貴[illegible]
九句一脚言其威儀[illegible]詩作於送行之日及[illegible]
傳韓侯既覲而還[illegible]以親迎則知此乃預道其至国而[illegible]
迎如此莫依[illegible]就王国親迎以歸
汾王之甥蹶父之子
二句平說韓侯所娶之妻汾王之甥而尊屬天位[illegible]
旧也蹶父之子而世享卿祿者乃其父也族類之盛如是
韓侯迎止 止 爛其盈門
首二句[illegible]百

兩彭〻兩句言

諸娣從之四句

祁〻要兼徐靚二意徐言其行動靚言其容飭安城註是

爛其盈門應轉諸娣從之二句

蹶父孔武一章

末一句斷勿在末二句截蹶父二句串說蹶父孔武是以

受王命出使之命而靡国不到也為韓姞相攸因其出使遂

為擇其可嫁之所非專為相攸故靡国不到

孔樂韓土止有貓有虎

首一句分下作韓土孔樂之實

卷十　十四

川澤訏〻至有貓有虎

首句分上句以地勢之大言下四句以物產之蕃言一直

說道不善

慶既令居韓姞燕譽

令居承上川澤訏訏五句蹶父既喜韓姞有此善居則

韓姞之安且樂也可知矣慶源小註當玩

溥彼韓城一章

一頭兩腳破首二句一頭次六句一腳末四句一腳一說

溥彼二句先要提出尔祖長是百蠻言溥彼韓城以尔

先祖有功封之為侯長是百蠻故命燕師完之以起下文

因是百蠻而長之意玩註無此

以先祖受命止因以其伯

首二句斷上是肇封于古下是襲封于今追貊承百蠻說

非謂加地進律北國即追貊之國也因以其伯因為北国

之伯按既封于韓而復為追貊之伯者是以韓侯而兼長

百蠻也莫以北国作韓

實墉實壑四句

上二句盡兩事于侯国下二句責所有于王國皆修其職

業如此豐城註是不依慶源以上三句作職以下一句作貢

城池田畝稅法土物俱就北国言

卷十　十五

實墉實壑實畝實籍

固边是边作骨上是固边下是足边城池田畝稅法乃旧

所有者恐其廢壞故成其修之治之正之非謂新創

獻其貔皮二句

此皆獻皮也陸氏小註可從不以下句作獸說貔豹羆之

三樣獸或以貔是猛獸總名赤豹黃羆即所獻之貔尔當

江漢浮〻三章

前一章斷前章總包經營疆理不在後一章截時文因第

三章朱傳又兒得命以經營是一時事命以疆理又一

時事與以前章總敘其事只指經營不兼疆理今玩朱傳

以首章謂之總敘則知宣王當時之命召公乃經營彊理二者後因經營之功告成而彊理之事未畢故又命召公終其事也非謂當時初未嘗命至乎經營既就然後命之

江漢浮浮兩章

上主志說下主功說

江漢浮浮一章

一章平截渾破亦是重在宣王詩柄所謂美之是美宣王非美召公

匪安匪遊淮夷來求

上句要見能守行師之律今日之行三十里今日不敢安遊也明日之行三十里明日不敢安遊也淮夷來求無經營彊理說

江漢湯湯止自召祖命

前二章分建功振德立說經營四方出起倣此

江漢湯湯三章

前二章分意與上同四方既平出起亦然

江漢湯湯兩章

上以經營言下以彊理言

江漢湯湯一章

前三句斷前是既伐後是成功不在前四句截

經營四方止召公是似

後一節斷前言召公能盡經營彊理之功後遂原王初命之時因以其祖經營彊理之事勉其繼之也然則今日之功成豈無激勸而能然邪前後相應

經營四方止王心載寧

首一句分意與上同四方既平四句只言成功如此非告王之詞

經營四方告成于王

經營四方是伐淮夷經營云者仗九重之威自擣其巢穴俾夷不得以亂華也活万姓之命悉掃其妖氛俾邪不得以干正也四方指淮夷之四方不說天下告成乃命人告之非召公自告

四方既平止王國來極

上是安一人之心下是復一代之制隨題立說上節王心載寧要承四方既平三句

四方既平四句

四句平截王國庶定承四方既平說王心載寧承時靡有爭說廣源註是換此四句傳無明訓豐城以時靡有爭承四方既平以王心載寧承王國庶定及考時說有以王國庶定三句承上一句有以王心載寧一句承上一句似但

不若慶源之說為優

四方既平王国庶定

上句是擬夷下句是安夏

時靡有爭王心載寧

時指天下夫淮夷之亂平矣烽火不驚嘉師旅免荷戈之艱浮障無虞而行陣息斷柝之擾故曰時靡有爭

江漢之滸一章

末二句分首句是過文語不重不可作帽江漢既平註貼江漢之滸王又命召公者蓋初往乎夷之時經營疆理之事皆命之矣至此因其經營既成而疆理未畢故又命其

卷十　十八

疆理如此

王命召虎式辟止王国來極

末二句分王命召虎管式辟四方徹我疆土不管匪疚匪棘二句匪疚二句是王自原所以命其經營疆理之意

式辟四方徹我疆土

二句貫說辟字虛講徹我疆土而井其田正辟之也非剪其荆棘狠其荒蕪之謂四方不說天下就淮夷所侵之地言

匪疚匪棘王国來極

匪疚二句皆指民說非病江漢之民也非急江漢之民也不以棘謂急在己之欲王国來極言使江漢一方來取正于王国而无異政極即井田之法

于疆于理至于南海

二句非王之命乃召公承王命而井其田也王命止于式辟二句于疆于理于字與至于南海于字皆助語辭于是疆理其侵地至南海而止毋依華谷以上二于字解所以至于南海者南海皆其侵地之故

王命召虎三章

一頭兩脚破首章一頭是述王者不忘以報功次章一脚言錫策命而致祝謝之深末章一脚言勤策命而致祝愿

卷十　十九

之深

王命召虎兩章

上章示报功之意下章行报功之典蓋王初命之而欲报其功如此今日之功成矣豈可忘其报我故下遂以报功之典繼之

王命召虎一章

末二句斷不在首二句截此章是再更端原其初命平夷之時勉以經營疆理之事而期报之也以起下文报功之典故曰又言若作今日賞功一章俱各有碍难說王命召虎只管來旬來宣不管一章

王命召虎來旬來宣

二句是初命召虎來此江漢徧治經營疆理之事以布王命也並無成功之意不作已然徧治其事之事要兼經營疆理兼説疆理欠當

文武受命止自召祖命

上一節期報之深下一節寵異之至下節釐爾圭瓚六句策命寵異分説上四句是策命下二句是寵異不可通作策命之詞

文武受命四句

上二句以先世之功示之下二句以先世之功勉之

文武受命召公維翰

下句召公維翰要入經營疆理意講嘗化諸侯而經營無不殫其處辟国百里而疆理無不盡其方実惟召公爲楨幹也惟字見得佐命元勲雖非一人楨幹独於召公賴之

無曰予小子四句

上二句勸勉之也下二句歆動之也開説

無曰予小子召公是似

忠老古意無予小子之故求尽其忠惟爾召公是似自盡其孝前光前有人矣是似只欲継其經營疆理之事不煩

德説

肇敏戎功用錫爾祉

述功於賞作骨功指經營疆理爾祉要含宥寵也出于已

恩出于先意講

[illegible]

上二句[illegible]求命而祝冊之下言勒策命而祝愛之時義皆以

下[illegible]作祝勒自爾明明天子二句

[illegible]章

末二句断王錫冊命虎受冊命皆在岐命不可誤作在朝

釐爾圭瓚止自召祖命

末二句断上是錫予之隆下是寵異之至冊命之詞只

指釐爾圭瓚四句勿以六句皆作冊命

釐爾圭瓚止錫山土田

上三句是礼之常者出于已而得以自專也下二句是礼之異者出于先而難以自專也故告于文人錫之

釐爾圭瓚秬鬯一卣

釐字提起總管圭瓚秬鬯錫以圭瓚之器秬鬯之酒[illegible]

一卣是兩器也瓚所以灌酒者卣所以注酒者謂之[illegible]

以黒黍爲酒而不用鬱金和之所以不曰鬱鬯而曰[illegible]

告于文人錫山土田

告于文人只[illegible]岐周山要帶上川[illegible]

于周受命自召祖命
受命是受策命而寵異之意重在穆公盖使往受命于岐
周往其亦祖康公受命于文王之所見其克光先烈实無
愧于乃祖其寵異之也不其至哉非謂祖孫接武及表我
周之有世臣見其寵異也此説是連祖與周並重不可依
之朱傳使往受命之往是解經文于字
虎拜稽首天子万年止天子万壽
上是受所賜之策命下是勤所受之策命
虎拜稽首天子万年止對揚王休
上下承説下章虎拜稽首承上虎拜稽首而言夫穆公既
拜稽首而受策命之賜矣遂帰而答称之也下章虎拜稽
首乃過文語不可以上是拜周之祖庙下是拜巳之祖庙
作両次看
虎拜稽首天子万年
上句以受君恩言下句以謝君恩言是在岐周受而謝之
不謂在朝虎拜稽首雖事君之常礼然实所以将臣子之
敬也豐城作敬説是
虎拜稽首一章
一頭両脚破首句一頭次三句一脚末四句一脚不可一
章平断

卷十 二十二

虎拜稽首四句
一頭兩脚破首句一頭次二句一脚末一句一脚不在前一
句及末一句截
虎拜稽首對揚王休
虎拜稽首承上虎拜稽首而言穆公既受賜註正貼此章
虎拜稽首而與上章召公稽首以受王之策書註相應
不可作分外語對揚王休含作廟器意講
對揚王休作召公考
上句虚説穆公既受賜矣遂答称其美命焉然何以答
称之哉乃作康公庙器而勒王策命之辞以考成焉乎有
以答称之也王休即是策命莫以首章匪安匪遊淮夷来
求匪安匪舒淮夷来舗四句認作王休
作召公考天子萬壽
庙器只勒策命之詞時文以天子萬壽句皆勒于上未是
考謂考其庙器之成庙器既成則策命與之相為悠久是
以考之非謂考其于疆于理來旬來宣之功有成而于康
公果無愧否朱傳且字要玩盖庙器一作而策命以勒君
恩托于不朽報謝可謂至矣穆公之意不足尤且祝天子
以萬壽也且非虚字
明々天子四句

卷十 二十三

四句平截上下開說毋以明明天子作帽或以矢其
文德二句作進以保令聞于不已矢于纏繞
明〻天子令聞不已
上句主中與言見其明〻也泛講不可專指成功及今平
夷令聞即明〻之令聞
矢其文德洽此四國
二句與上明〻天子兩開不作保令聞于不已也文德以
仁義礼樂作骨
赫〻明〻三章
後一章分前二章是命官後一章是自將不可以前二章
卷十　二十四
作明命說
赫〻明〻止有嚴天子
後二句斷前以兵事言後以天威言
赫〻明〻兩章
上章是親命三公下章是策命六卿此乃宣王自將也勿
以皇父作大將休父作副將
赫〻明〻一章
一章平截整我六師以下皆親命之事不在末二句分
赫〻明〻四句
四句平截南仲大祖二句正申所命卿士之实

赫〻明〻王命卿士
赫〻明〻就王命說赫〻者屬旨須宣震肅于斧扆之上
一乾剛独運也明〻者綸音渙發昭回于廟廊之間一離
照臨光也不指威灵氣焰下句要含世功位號意講
南仲大祖大師皇父
上句是称其世功下句是表其位號承上卿士說王所命
之卿士实維何哉以世功言之則以南仲為大祖焉蓋比
伐獫狁勳于鼎彝西伐昆夷勞垂于竹帛而世功莫有
加者也以南仲而為大祖吾知韜畧夙傳于家而無前之
偉績建之則易矣以位號言之則兼大師而字皇父焉蓋
卷十　廿五
高堂密勿掌握乎樞機貴族尊名洋溢于中外而位號無
不知者也兼大師而字皇父殆見聞之動乎人而負國
之醜虜克之不難矣王所命者其斯人也哉南仲大祖重
在称其世功以美大之不可只講韜畧
整我六師四句
末一句斷既敬既戒與上相連乃過文也欠詳四句平截
整我六師以修我戎
二句開說師謂之整齊其部曲明其號令也戎謂之修飭
其弓矢精其器械也不以下句即整六師之实
既敬既戒惠此南国

敕戒蒙整我六師二句承整之修之則既敬既戒矣所以
朱傳不解集依小註閱看
王謂尹氏一章
首二句分左右陳行以下皆命程伯休父之事不在末二
句截
左右陳行戒我師旅
下句戒我師旅就上句見觀註不解此句可知
率彼淮浦省此徐土
二句本左右陳行二句言統我左右陳行之師旅率彼淮
浦而省此徐土元惡擒之削平平僭乱俾潢池之中無弄
兵者也大懟殄之掃蕩乎腥膻俾一塌之外無鼾睡者也
卷六十 二十六
省此徐土入伐淮夷之意方甚討合
不留不處三事就緒
二句皆王命之三事就緒指南土說蓋師之久留久處則
荆棘生而農事廢矣所以命其不可久留不可久處使南
國三農之事得以就緒也就緒謂農事得成其功按三事
就緒時義皆以古者兵出于農惟不久留久處而既伐即
歸則我師我旅三農之事得就緒矣今以上章例之王命
皇父欲其以惠南國則此命休父欲其南國三農就緒正
相應也旧說為長

赫〻業〻四章
後一章分前三章著其伐遠之威後一章原其服遠之道
王旅嘽〻兩章倣此
赫〻業〻三章
前一章斷前一章是王師未至後二章是王師已至
赫〻業〻兩章
聞見作眼上言王師未至聞其威也下言王師已至見其
威也王舒保作出起同此
赫〻業〻一章
一章子截赫〻業〻不必承上二章以為始命大將以整
六師繼命副將以戒師旅所以赫〻業〻也開說為是
卷六十 廿七
赫〻業〻有嚴天子
二句相承上句言其威之盛而可畏下句遂言赫〻業〻
乃天子之威所以盛而可畏也要講自其威之顯而言之
號令雷霆義聲溥於霄漢而遠無不聞旌旗蔽日神采溢
於乾坤而近無不見何赫〻其顯也自其威之大而言之
虎豹千屯張皇乎宇宙之內而勢壓乎崑崙貔貅萬騎充
斥乎道路之間而氣吞乎河海何業〻然其大也其威之
盛如此伊誰之威哉非皇父也乃天子親御戎服而聖武
奮揚士卒自為之変色致其威赫〻然可惧莫敢攖其鋒

馬非休父也乃天子躬握兵權而王灵震蕩行循自為之
異常故其威業業然可畏莫敢挫其鋒焉此徐方所以自
不遑安不待戰而服矣有嚴承赫赫業業詭赫赫業業是
威不以上句主勢言下句主威言

王舒保作止天子之功

後四句斷前以王師言後以王道言

截彼淮浦王師之所

二句承講下句是申上意緬彼淮浦群醜潛形而隻輪不
敢近道路肅清雖有陵也陳兵者何人哉諸酋遁跡而一
羽不敢飛塵氛蕩滅雖有泉也飲水者何人哉然淮浦何

以截然不可犯耶蓋以天子自將神武一振赳赳之夫奮
矣而車兵悉列于其上句為戎馬之所踐蹂今則乃王師
駐足之場也天威一伸桓桓之將進矣而大軍厚集于其
區昔為狄人之所出沒今則乃王師投鞭之地也此所以
不可犯矣王師之所只言王師処于此非謂有其土地

王舒保作匪紹匪遊

下句見上句意不過于紏緊不失于遨遊今日行三十里
今日守常律而不改明日行三十里明日循常度而不变
正見王師舒徐而安行也不可開看

徐方繹騷震驚徐方如雷如霆徐方震驚

四句平截承赫赫業業四句亦是天子自將以征不在王師
始出不疾不徐所以徐方之人畏之如此單承赫赫業業
二句看未善

徐方繹騷震驚徐方

二句只說徐方聞其威而畏之不説心服末章方言其心
服也豐城註不可從如雷如霆二句倣此

如雷如霆四句

上二句是畏其威后下二句是大其威武

如雷如霆徐方震驚

此言其威如雷霆作于其上而震驚不遑安也如雷如霆

是状上文徐方繹騷震驚徐方二句之意不可講作非徒
繹騷也不啻如雷之作于其上非惟震驚也不啻如霆之
震于其側認為兩様下句徐方震驚緫轉徐方繹騷二句

王奮厥武兩章

上言王師之難犯下言王師之難敵上是陳兵下是進兵

王奮厥武一章

末二句分母在首二句截王師之所総承王奮厥武六句
而言單承進厥虎臣四句者非

王奮厥武四句

上二句是統言君之威下二句是用兵者之威武以上二

句作將下二句作將兵則予自將有碍

王奮厥武如震如怒

上句謂王奮其天威也不指王師如震者如雷之震如怒

者如人之怒

進厥虎臣四句

末一句分虎臣二句 進將淮浦一句陳兵末句總承

蓋進將陳兵執手醜虜也進謂宣王進之見得自將勿

以鋪敦淮濆是命虎臣鋪敦

進厥虎臣闞如虓虎

進厥虎臣王進之也下句是狀虎臣之威

鋪敦淮濆止天子之功

後四句斷前二節是伐遠之威後四句是服遠之績

王旅嘽嘽一章

末一句斷此言王師陳于淮浦之上其盛如此

如飛如翰止不測不克

六句渾破極言其兵威之盛也承王旅嘽嘽說

如飛如翰如江如漢

上句言如鳥之飛如翰之翔下句言如江之永如漢之廣

或謂如飛只以飛喻之不作如鳥之飛其說欠明

如山之苞如川之流

上句以靜言下句以動言

綿綿翼翼不測不克

上句是績而正下句是神而奇

王猶允塞一章

末一句分王道甚大而遠方懷之故下班師之命註中非

獨兵威然也還用兵威只不專在兵威全不用

王猶允塞四句

末一句分徐方既來二句平看王猶允塞所以徐方既來

徐方既同蓋來謂歸服同是不離心離德非言徐方來之

同也平看為優

王猶允塞徐方既來

上句王伐淮夷時宣不謂平日王猶泛說允偏允寔衍衡

乎兩階之舞平平然允而不欺也允反允則依稀乎固壘

之為蕩蕩然塞而不偽也此乃因以為戒不可指出宣王

安事

徐方既同天子之功

天子之功承王猶允塞說王猶允塞而徐方既同則徐方

之同王猶允塞而同也不謂天子之功而誰功用哉泉父

翻調不妨

四方既平四句

末一句斷四方指淮夷四方既平本上既來既同而言
徐方不回王曰还歸
上句與上徐方來庭皆承四方既平說也來庭謂來朝于
行在非謂廟堂之上
蟊賊蟊疾四句
四句指小人言蟊賊害乎天下無有夷屆之期刑罪
網乎天下無有夷瘳之望皆大乱也不依蘇註作民
之所以病說若然則有所歸咎矣降此大厲是申孔填不
寧之由慶源開看不可依之邦靡有定以下大厲之实
邦靡二句平說瞻卬昊天一章上四句咎天降患之深下
六句詳天降患之实
人有土田一章
一章平截女指小人上四句承上章蟊賊之言而述其侵
牟奪取于人者反覆無常也下四句承上章罪罟之言而
述其拘繫縱釋于人者反覆不當也慶源小註當玩
婦有長舌維厲之階
二句是推致乱之由禍乱指前邦靡有定六句哲夫成城
一章上八句詳着婦人之所以害國下二句併及奄人之
所以害國
鞫人忮忒四句

首一句斷智辯之講莫依慶源以智承上章哲說以辨承
上章長舌蓋此蕪婦寺二者言也若然則是專指婦人
矣鞫人一章上四句咎婦寺困人之惡下四句表婦人出
位之非
如賈三倍四句
三倍二句言此以明婦無公事二句之意要記是賦
舍爾介狄維予胥忌
正言之說不謂上文所云天何以剌一章上四句原王召
禍而獨諱乎言下四句叙王輕禍而困害乎国
天之降罔維其幾矣
降罔指上不祥維其幾矣言天降灾今已近在目前也降
罔一章渾破天変可畏而人離可憂如此
無忝皇祖式救爾後
改過自新主親賢遠色說觱沸檻泉一章上四句只已情
有憂而非止于今日下六句原世変易由而有益乎後日
昊天疾威一章
首二句分瘨我飢饉乃天降喪乱之实不可末一句截
天降罪罟一章
首一句分下推天降罪罟之由
皐皐訿訿一章

臆說卷之十一

賜進士第光祿寺少卿海陵華湘源甫編

○周頌一

於穆清廟一章

一頭兩脚破首句一頭次五句一脚是表人心之誠末二句一脚是驗聖德之盛朱註其助祭之其字指清廟言非

助語辭

肅雝顯相止駿奔走在廟

五句皆就奉祭時說勿以上三句是奉祭之人下二句是奉祭之時對越二句雖要羅入肅雝秉德講惟當一直說下方與註合不依臨川用故能字束要見得人心奉祭之誠如此一一皆文王德之所在

肅雝顯相三句

顯相乃公侯之尊助祭佐君者多士乃公侯之下與祭執事者多士泛言或指從諸侯卿士說無拘雖依顯相一顯字不重不過稱美之詞非謂肅雍正見其顯

濟濟多士秉文之德

二句就奉祭時言不必用下對越奔走講以為秉文之德正對越奔走時也失於大早搭上一句皆然德即肅雝之謂顯相言肅雝多士言秉德彼此互見其意

在天駿奔走在廟

二句要入肅雍秉德講上句肅雍秉德存于心也下句肅雍秉德見於事也神指精爽而言故曰在天主指謚號而言故曰在廟不可以尸作主

不顯不承無射於人斯

下句蒙上句言文王之德顯相多士不顯不承如此信乎其無厭斁於人也臨川小註當玩不以無射一句逼繳肅雍五句顯承皆就文王德言是即其德之在人以驗文王之德之盛也無射雖講淪肌浹髓此拠文王既沒時說今日顯相多士未必是文王時者無射於人之人指上顯

相多士

維天之命兩節

兩節串講文王之德如此後人豈可不法之哉平說者非按上節言德下節言道者自文王体之曰德自子孫行之曰道非有二也道德雖一行文上節只講德下節只講道方於註不相戾

維天之命一節

天道聖德並言所以贊其德之盛也蓋天道無窮而聖德不雜則與天無間矣聖德之盛何如哉不可謂即天道之妙以贊聖德之妙天道不已見天道之穆聖德之純見聖

德之顯觀註穆與顯字不觧可知聖德提在於乎上面與
天道相對穆字與顯字對講不巳與之純對講

維天之命於穆不已

天命即天道也就理上論元亨利貞作骨自元至貞動靜互為其根而混闢有無竅之妙由亨起元陰陽互藏其宅而循環有不息之端何如其不已耶西山指春夏秋冬則就時言矣不可依之

於乎不顯文王之德之純

不顯渾說純即不顯所以朱傳不復解顯字文王之德仁義極其仁義方寸清明而無一毫人偽之汩昭然如雲漢也禮智極其禮智虛靈洞徹而無一念私欲之留煥然如日星也其純如此何顯如之時義講純依西山自壯而老自始而終無一息之懈乃渾淪語不顯提出德來無碍純亦不巳故曰與天無間

假以溢我一節

末一句分一頭兩脚破者未是此就祭祀將言故謂之神不可以神即認作德神德不同假以溢我謂何以開發啓迪而憫恤其不聰也或以綏我眉壽介我繁祉作恤者非朱傳有字言其有以恤我駿惠篤厚玩兩當字見得文王之德後人當法不重以慰祖考及去聖浸遠典刑易墜所

以不可不篤厚之華谷小註俱不可從

惠我文王曾孫篤之

道是恤我之道即上純一之德外講未善謂之大順者文王之道不二而我不能不二則以其道體之於巳必求無一事之或二也文王之道不雜而我不能不雜則以其道踐之於身必求無一時之或雜也故曰大順巳既大順而後王復大順之世世相守是謂之厚

維清緝熙一章

四句平截勿在末一句分上下要相承說所當清明而緝熙者惟文王之典故自始祀至今有成而為國之禎祥也顯設于朝廷之上不使之昏蔽昭著于海宇之間不使之晦蝕是謂清明　緝熙則是清明者使常清明毋依華谷註以熙作廣大看典謂安天下之典禮樂刑政皆是不說祀典時義於典上就以身脩家齊語講欠當此講有成方是故字要玩講畢須繳文王之典其善如此則我後人豈可不清明而緝熙之哉前後相應

肇禋迄用有成維周之禎

始祀自武王有天下始祀文王以王禮之時非謂文王承王季之統而為奉祀之主故為始祀或謂自后稷肇祀以來殊說不通有成要依三年有成之成觧用之於身而爲

以之脩用之於家而家以之齊是謂之成作行之無斁記

作典之不廢從自無拋此乃康王以前之詩有成難用

萬世一日語講清之不替是以閘千古如一朝之太

平明之無窮足以啓萬世如一日之盛治所以為禎

烈文辟公三節

前二節分前二節歸美而期報之君之恩也後一節戒飭

而勸勉之君之義也綴采傳後節添一又字可見

烈文辟公兩節

歸功報功意上是歸其功下是報其功臣錫乎福而及

君之子孫君者其福而及臣之子孫下以是施之上以是

卷下一　五

報之君臣交盡其道如此

烈文辟公一節

四句平截惠我無疆二句乃錫此祉福之實真在首一句

分首句烈文字輕不依豐城朱氏作美其德

惠我無疆子孫保之

上句虛講子孫保之即惠我無疆也保謂保其富貴不泛

作保福說

封靡于尔邦一節　於此進前寔又安

首二句輕是起下文報功之意汝無封靡于汝邦固當加

之以地進之以爵而尊崇之矣今念汝有此助祭錫福之

大功復何以報之哉則使汝之子孫而繼此諸侯之序於

地益有加爵愈漸進而益大之

於封靡于爾邦維王其崇之　此節於文有可比肩而同之所度的

封靡是已然事言此不过以起下文初无意後節方

戒之也臨川註不可從无封靡以幹利則征斂有藝无雅

以傷財則貢出有經見其謹戒如此不指德說崇謂加地

進爵非寵遇獨隆及无貶削之意有作得以助祭宗廟為

崇者非是

念茲戎功繼序其皇之

戎功指上惠我无疆二句蓋錫福而及于子孫厥功可謂

卷十一　六

大矣序謂諸侯之序皇之承崇之說汝能无封靡于汝邦

固當加地進爵而尊之今復念汝有此助祭錫福之大功

則使汝之子孫加地進爵而益大之也忽謂益大其助祭

錫福之功者然則是王者反欲諸侯報已矣所說不通

念茲戎功止於乎前王不忘

上三句是期報下一節是戒飭酬功者王朝之典恃功者

王臣之常故下節遂戒飭而勸勉之也誠以進德自脩

不尊我之所期報者矣緣要見此意

於維人一節

上四句論其理下一句實其事當云功固在我所當報然

汝豈可以功而忽於自修哉彼天下有不藉乎威力而強
莫強之者維根於性之人道也人道而能盡則四方無不
於我乎訓而道之強也何如之天下有不假乎勢位而顯
莫顯之者維備於身之君德也君德而能全則百辟無不
於我乎刑而德之顯也何如之觀諸先王則見全嗟我先
王之德宮車纔晏駕也四方訓之不忘不以既往而或間
者用此莫強之人道焉龍馭雖上升也百辟刑之不忘不
以既沒而或替者用此莫顯之君德焉夫先王用此道而
人不忘如此則[illegible]德修而人訓之刑之於此有徵而汝諸
侯豈可不御思先王而克踐之哉前王不忘一句是証能
盡乎人道則四方無不訓能全乎君德則百辟無不刑之
也時說只証道之莫強德之莫顯故說不明

卷十一　七

無競維人四句

四方訓之見人道之強百辟刑之見君德之顯無競不顯
毋依大雅諸方說人謂人道故言四方訓之德謂君德故
言百辟刑之或以人字不添出道字德字不添出君字欠
當還說能盡乎人道能全乎君德是以四方訓之百辟刑
之不然不見分曉

維德百辟其刑之

句泛言不指諸侯以爲諸侯能備乎德則百辟其刑之
也只可講卑繳云汝於德而能全之將見人皆於汝是刑
矣然則豈可不以德而体之于己哉不顯乎前於戲不顯
之顯不同彼是明顯之顯此是尊顯之顯

於乎前王不忘

前王指文武說大字可掇不忘謂四方訓之百辟刑之不
用親賢樂利講先王之德所以人不能忘者用此無競之
人道不顯之君德也此意包在不忘內故朱傳以用此道
一句補其所包之意用此道之道字兼人德傳言先王
之道而不言德者言道則德在其中矣按此詩作于成王
之時去文武不遠故講不忘雖用百世猶一日千載猶一朝
語

卷十一　八

天作高山一章

本一句斷勿在首二句及四句截重太王上用岐山貫荒
之康之保之皆指岐山

天作高山四句

重在太王一岐山也上承天命以治之下啓文王以安之
太王之功大矣不以文王並重

作高山大王荒

作是天有意作之以俟太王所謂乃眷西顧此維与宅之
意不可輕看荒蕪太王迁岐事講作屏脩平而授田居民

漸於是而䦨其剪荊棘而為坦途也啓辟攘剔而作廟治
宫㝎於是而暴建変荒蕪而為樂土也只以作屏脩平事
說似有所遺

彼作矣文王康之

作荒一意作即是荒康用文王治岐政說古襄王商感圖
于懷保之域不必深溝嶮絕自奠岐山於有永確然四塞
之地也鰥寡孤独悉置于恵鮮之區不必崇墉峻堞自肇
岐山於不抜屹然一方之勝也康謂安乎岐山不說安民
有以康指安岐山說者然不就政上發揮謂因太王作屏
脩平而復作屏脩平是謂之康殊無意味

卷十一 九

彼徂矣岐三句

子孫保之要緊重在大王太王於岐山上承下啓変其險
僻而為平坦則締造也勤矣子孫當念其难世世保此岐
山而不失也保要講出所以保之之意念締造之艱難而
積功累仁之無倦撫盈成之新運而進德脩業之不怠方
謂之保華谷

彼徂矣岐有夷之行

二句見由大王來大王於岐山上承天命而荒之於前下
啓文王而康之於后所以岐山昔阻而今夷也不可承文
王康之說有夷之行介然用之而成路意

昊天有成命一章

首二句斷覌註矣字也夲首二句是一連次五句是一連
故當在首二句截註中今字指康王王字指文武謂康王
今能安靖天下而保文武所受之命由成王繼之不敢康
寧積德盡心所致也見祀成王之詩 此首ね

昊天有成命二后受之

成命文王三分有二武王四海永清是也命其業一自天
言之為命自人言之為業講二后受之就要見得文王以
文昭而受武王以武烈而受方與下文成王能明文昭定
武烈相應

卷十一 十

成王不敢康四句

緝熙承不康二句原心承緝熙一句用心之勤而積德之至
是能繼緒光明文武之業而盡其心也而字貫下能繼
其業是尽其心

成王不敢康夙夜基命宥密

一句開看首以心言下句以德言另以下句作不敢康之實亦該
康者非謂恐孙文武付託也因承文武所受之命故心不敢康而德
則承命之本是以夙夜積之

夙夜基命宥密

宥密攄其德之已成而言初無工夫宥謂容受密大而能

包天下之物，貯蓄淵深而能應天下之事，萬理不遺也。至
謂虛靈不昧而人偽不能撓其中，瑩徹無瑕而外物不能
抵其隙，萬機不亂也。宏深依慶源說作兩樣看，靜密一意
不依慶源兩分

於緝熙單厥心

於字總嘆。緝熙，盡心。緝熙分說，緝謂繼續文武之業，而不
自我墜；熙謂光明文武之業，而不自我昧，非謂常明之也。
觀註以繼續光明乎言，可知文昭武烈入在盡心上講。蓋
能緝熙文武之業如此，則能明文昭定武烈，可謂盡其心
矣。業即是命，以文昭武烈為業，而與命開看者勿從

我將我享三節

前二節分前二節是期天與文王有以降監，後一節是保
天與文王所以降監。三節不可平看。我將二節就要點出
敬來物之奉者，敬之所當典之法者，敬之所在天與文王
所以既右而降監之也。末遂承言自茲以往，則我其敢不
夙夜畏天之威，而常敬以保其所以降監之意哉。末節註
中所以字正應前面之敬

我將我享一節

兩節平說，莫在直句，或前是真上天之享，後是驗文王
之享。蓋不敢必及者有以見其必然，註朱子推詩人之意

不可認作詩人自言

我將我享一節

首句我字不重，不用必躬必親語講，朱傳只解奉其牛羊
我字不訓意可知也。牛羊乃大享之礼，謂之維者，不敢以
他物雜之。此節只破冀天之享而無不敢必字，殊與朱傳
相背

儀式刑文王之典日靖四方

一句乃文王右享之由。典是安靖天下之典，就惠鮮懷保
說。若是明堂之祭，文王何以右享之哉。維我 文王，懷保
小民，典之布於簡冊者，皆王而可行，我則儀而式之，不

作聰明以亂其舊焉。惠鮮鰥寡典之著於章程者，傳
萬世而不泯，我則式而刑之，不眩耳目以變其常焉。
昭于昔者明于今，以安四方，而小民一德澤之汪洋，
日囿于熙皞，不殊于烏鷺之仁也。布于前者衍于後，
以寧四方，而鰥寡一仁風之動，盡日莫于平康，不異
於棫樸之治也。夫法典以安民如此，則敬之乎也，有
素矣。明堂之祭，文王豈有不享者哉。儀式刑三字不
過疊詞，不依華谷作法之不已。法典是奉而行之。于
今非謂敬事之至尊信之篤。日靖四方難講，卷阿之
化卷阿是成王時事。謂之日靖者，日日靖之之意

伊
嘏文王既右享之
錫福說也典之所在福之所在不可泛言泛則註中
此能錫福之文王此字無歸着矣時文指有天下未是
既右享之見得法典安民敬之孚於文王有素所以享也
儀式一節上二句法先王之典以安民下二句仰先王之
神以享祀

我其夙夜一節
天威如昊天曰明及尒出往昊天曰旦及尒游衍之謂天
與文王既皆右享我者上天其右之見上天之享文王既
右之見文王之享畏天之威只云畏天不依三山入上法

卷十一　十三

與畏天本今日奉祭以後言矣惟文王既皆右享矣自是
而後我其夙夜畏天之威而持敬匪解者于以保天與文
王今日降監而右享俾後日無異於今日也故曰于以保
之保兼文王單言保天命之享者非右享即是降監按此
則降監是指奉祭之時或講今日此降監明日此降監其

說難從

時邁其邦三節
前一節分次節信其得天命末節信其保天命正驗天其
子之也不可以前二節作一連破一頭兩腳分亦是

序
時邁其邦昊天其子之

時謂春東夏南秋西冬北非干戈南定之時註引周制十
有二年之言是解巡狩之事不謂解時史記武王克商二
年而崩未嘗十有二年巡狩也巡狩包朝會祭告在其中
二者平看不重朝會亡亡祭告入在時邁其邦講是矣其
子之人神作眼朝會固欲為人之主也天豈子我於昭七
而為人之主哉祭告固欲為神之主也天豈子我於寘七
而為神之主哉是真天子之亡意不敢必也註與前篇同

作言外說

實右序有周二節
上節人神之歸而信其得天命下節政教之修而信其保

卷十一　十四

天命之王保之是保其為天下君之命為天下君天命所
在也不謂保天命又保右序之命二節皆巡狩時勿
依慶源以上節作已然之事以下節作已後之事

實右序有周一節
末一句斷薄言震之四句承上右序有周惟天實右序有
周矣是以人神受戢如此毋以薄言四句為右序之實右
謂尊於臣民之上序謂繼于夏商之後末句總繳人眼神

按

薄言震之四句
薄言一句是朝會莫不震疊是人之受戢也百神四句

祭告及河喬嶽是神之受職也華谷嚴氏小註可依

薄言震之莫不震疊

上句就巡狩之典言一正朔而修五礼薄警乎衆志初未嘗有削地之加也同制度而如五器薄飭乎群心初未嘗有貶爵之夆也故曰薄言若講慶賞黜陟薄字不通莫不震疊諸侯惟恐乖乎王章違乎国憲而削貶及之是以震疊

懷柔百神及河喬嶽

懷柔自王者祭告說對上薄言震之不說神之感格河嶽就百神中夆此二者河之深廣不易来臨也莫不昭察於輦轂所至之地而於是乎效灵嶽之崇高不易来享也莫不居歆於衣冠所會之區而於是乎顯異河嶽感格則百神感格不於是而可知苂感神还是来享非謂河得其性而不泛濫嶽得其性而不騫崩之意

卷十一 十五

明昭有周一節

末句分首句不重明昭二字要講穢濁一洗而王灵以之丕振赫然闢乾坤於再造也熙皡復開而治化為之大新煥然揭日月於重光也是謂明昭莫以政教雜夆作明昭之實過文只用斯時也無病末句本政教言度源单繳偃武脩文不可依之

式序在位止肆于時夏

首一句分政教意式序在位一句是政我求懿德二句是教載戢干戈載櫜弓矢不過起下脩文之意式序謂曷第其功罪也註中既字對下又字故細詡之既非承上文薄言震之

載戢干戈四句

偃武脩文作骨重下二句勿以偃武修文平看偃武正欲脩乎文德

載戢干戈載櫜弓矢

二句就巡守時言隨其所至載戢干戈藏之武庫不復称之比之也載櫜弓矢包之虎皮不復張之挾之也時義泛說不就巡狩時言殊欠體認

卷十一 十六

我求懿德肆于時夏

懿德以仁義礼樂為骨謂之益求者蒙上載戢二句說載戢干戈矣益求美德以布於中國漸以仁而摩以義變汙穢之風而王道大行也載櫜弓矢矣益求美德以陳於諸夏節以礼而和以樂革昏濁之俗而文教誕敷也或以懿德指洪範冊書矣於夆合難從求是訪求之求不謂提撕警肴芳来匡直

武王兩節

首二節分此祭武王成王康王之詩三后並重時義過文
祖宗功德之盛如此後人可不作樂以祭之哉借使功德
不盛則不作樂以祭也所過有病

執競武王兩節

兩節平破毋在首二句斷接下節不言武王之功專言成
康之德者武王之功人所同知固不待詳成康之德猶或
未悉不容或畧所以下節復申言之

執競武王一節

上二句有是心則有是功下二句有是德則有是命
上要重功下要重德 武王創業者故重在功成
康守業者故重在德祖之有功宗之有德皆可頌也是以
並頌之三后平看不依慶源以此四句俱主武王言

執競武王無競惟烈

上句泛說時文皆講大統未集是以其心自強不息則武
王惟志於伐君也何以為武王哉功烈指克商而有天下
言

不顯成康上帝是皇

成康之德要提出講不顯暗寓下文斤斤其明說敬迓天
威而緝熙文武之業成王之德也発越不可掩則旁烛四
海而無疆昭乎雲漢不足以為光矣成王之德何顯哉……

和天下而對揚文武之休康王之德也呈露不可遏則上
照八荒而不遺皎乎日月不足以為明矣康王之德何顯
哉或因下文斤斤其明有碍不說出德來不知斤斤其明
只申不顯非申其德講德無傷未傳亦字对武王言武王
因上帝之所君成康亦上帝之所君武王功烈之盛就克
商而有天下說見得武王為上帝所君成康所君之實下
文奄有四方見之

不顯成康止斤斤其明

不顯是皇只囫圇講不可說出所以不顯所以是皇下
節方詳言之也奄有四方看上句是皇之實下句是顯之實
不可串謂帝是皇所以奄有四方也德字只於下句露出
或以上句皆主德說言其德之被於四方非是德依上文
所講不必更上發揮

自彼成康一節

首一句斷首句管下二句勿以首句連在奄有四方故要
在末的截自彼成康只從常說自彼成康言之不可添出
自彼成康繼統以來而言似輕成康而推重武王如出鍾
鼓喤喤兩節礼樂作眼上節是樂下節是礼所以受福者
聲音和集而樂盛矣神來于感孚之際繁祉受于昭昭奏
格無言而以莫不與也容度謹重而礼至矣神歆于昭晏之……

時純嘏受於冥々申錫無疆而以莫不增也按此則所以
受福因其樂和礼至而神福之初不本於祖宗之功德而
來

鐘鼓喤々一節
承上文言祖功宗德之盛如此今我後人作樂以祭受福
何如我福宜說匆以下文醉飽作福

鐘鼓喤々磬筦將々
功德以講祭有鐘鼓焉則喤々然其和金革相宣一祖宗
功德之發世祭有磬筦焉則將々然其集石竹並作一祖宗
功德之形也講鐘磬入功德於樂之中然樂之所以盛不

卷十一　十九

由功德

降福簡々一節
首句簡々承穰々說福多則大所以朱傳只言受福之多
而不言簡々既醉既飽謂尸之際神之醉飽也不依三
山李氏作祭終而飲

思文后稷一章
首二句分首言后稷之德真可配天使我烝民得侍
以粒食而能養之莫非其德之至也然何以可配
乎天哉因其養民而得以教民則后稷養民之德廣大莫
並矣此其所以真可配天也按此立我烝民以下是詳其

德可配天之由不作配天之实時說以立我烝民二句就
作配天之由者非

思文后稷克配彼天
德是下文養民之德文謂宣著莫掩不作経緯天地　或
以時耕而耕時耘而耘遠近如其法而種之是謂之文過於
太深只講仰順天心而為斯人錫福摶生且其之風務矣
德之潤乎時而秩然有條四海共覩也上承天意而為斯
民立命茹毛飲血之俗易矣德之澤乎物而煥然不昧千
古如見也后稷養民之德如此始見民生既遂則民性由
全德之廣一天德之廣也稷實與乾元而同流何上下妙

卷十一　二十

民食既充則民彝由復德之大一天德之大也稷実與造
化而並行何彼此哉配天指德非謂配天之祭抽下文教
養意未說因其養民而得以教民此養民之德所以真可
配天也不依曹氏就養民見其德可配天朱傳真字妄
解経文克字

立我烝民止陳常于時夏
首二句分匆在末二句截立我烝民二句只言其德貽我
來牟四句方見其德可以配天

立我烝民四句
四句貫說烝民得以立食固其德之至也然所謂粒食句

如哉以來牟言之乃上帝之命以此徧養下民者后稷以
之粒我烝民實能克配天意者矣來牟粒食中之一事
貽我來牟四句
四句相承上二句是養下二句是教惟其養之徧故其教
之徧教由養來
立我烝民莫匪爾極
粒食之言不可指出黍稷重穋等講有礙下文來牟蓋下
擧來牟以見其餘正爲粒食之實也立我烝民說德勿認
作功
貽我來牟帝命率育
卷十一　廿一
粒食非一獨以來牟證之要依華谷嚴氏以其先熟濟民
之食允切也謂之徧者見得此疆爾界無人不養之意因
其徧養然後得以徧教正與下文彼疆之句相應不謂舊
穀既沒新穀未登之時而貽以來牟則養有不缺故謂之徧
無此疆爾界陳常于時夏
二句皆主教說不依慶源上句說養下句說教常道用仁
敬孝慈講得以陳於中国还說當時敷教者得以陳之時
一文皆謂君得以爲仁臣得以爲敬父得以爲慈子得以爲
孝則是君臣父子自得以陳其常道也不通难依
嗟嗟臣工兩節

兩節一串不可分看上言成法所當咨度而未明其事下
文戒之是乃成法所在而當咨度者也勿以下節作申戒
其副按謂之臣工則農官與副皆在其中戒副即所以戒農官
嗟嗟臣工一節
一頭兩脚破首句一頭次一句一脚末二句一脚不在末
一句截
嗟嗟臣工敬爾在公
二句要含來咨來茹講來咨來茹正敬爾在公之實臣工
就農官言農官非一故曰群臣百官不依豐城朱氏之指
臣言
王釐爾成止奄觀銍艾
卷十一　廿二
成法渾說下節即成法也天時人事不必露出
王釐爾成來咨來茹
成法不隔下天時所當乘人事所當盡講不可全用下文或
講什一中正非是王釐爾成不謂平日已有所賜蓋欲有
以賜之故下遂詳告其事也來者來公家而咨度之咨訓
作謀不作稟解
嗟嗟保介一節
一頭兩脚破首句一頭次七句一脚末三句一脚始以暮
春當治新畬問之夫暮春乃是將熟之候今麥已將熟矣

而可以受上帝之明賜即天意之顯然知天意之將然則
此明昭之上帝又將賜我新畬以豐年也失今不治後何
為耶於是暮春之時命農具器以治其新畬而奄刈之間
倏覩銍艾豐年可慶矣夫乘天時而盡人事所謂成法如
此爾欲敬爾在公可不於此而咨度之哉命我衆人三句
總承維暮之春以下而言命我二句承維暮之春三句奄
觀一句承於皇來牟四句故要以維暮之春七句作一腳
破不在如何新畬截玩此乃言所戒之事則天時當乘而
人事當盡皆成法也若以於皇來牟以下作效不見成法
所在嗟嗟保介出至迄用康年首句一頭次三句一腳是
奉天時示以農事之當務次四句一腳是即地利示以秋

卷十一　二十三

成之可期
亦又何求如何新畬
上句泛問以起下句之意新田畬田即其所當求者也不
可開講
於皇來牟止奄觀銍艾
農利農功立說前四句示以農利之將然後三句勉以農
功之當然命我衆人三句重在人事不重收成命謂農官
命之
於　來牟四句

四句主天[illegible]說上二節嘆天意之顯然下二句驗來意之
將然豐城朱氏以來牟為嘉穀之占則重來年矣重在天
意為是
於皇來牟將受厥明
上句只講來牟不用講熟下句將受厥明方言麥將熟也
時說以麥將熟講在上句未善
明昭上帝迄用康年
上句要天時和意豐年謂賜新畬以豐年也擴來然說故
謂之至
庤乃錢鎛奄觀銍艾

卷十一　廿四

上句用功於春下句獲利於秋重在人事惟能庤乃錢鎛
乃有銍艾之望也三山李氏小註可從
噫嘻成王一章
首二句斷下為所戒之事此詩當依傳不言康王戒農官而
作只當泛說不依慶源輔氏小註
噫嘻成王
成法率時農夫以下是也含下耕耘意講不必打轉上篇
今按上篇未必是成王戒農官之詩既昭格爾言明至爾
農官而以成法賜之
率時農夫止十千維耦

上二句是種下四句是耕然率之以種必先之以耕故下
四句遂以耕言不可以四句作率時農夫播厥百穀之事
率時農夫播厥百穀
二句貫說率謂率之以播也循行勸相之意兩句總皆農
官之職莫依豐城朱氏上句為農官之職下句為農夫之
事
駿發爾私四句
四句平截以耕為主上二句言耕之地下二句言耕之人
豐城地無遺利人無遺力可用亦服爾耕要搭下說時義
以上三句作一連看末句正見大發其私田皆服其耕事

卷十一　廿五

故在末一句分牽合难從
駿發爾私終三十里
下句申上句意終三十里即大發其私田也不可開說
振鷺于飛兩節
兩節承說下節之客上文尊之為客擬之為鷺是也開看
未善
振鷺于飛一節
上二句即物之美其容下二句贊客之同其容亦有斯容
言客之其容脩整如鷺之其容絜白非謂如鷺舒閑也不
依華谷嚴氏小註

我客戾止亦有斯容
戾止謂助祭于宗廟之中也斯容指裸將之時客貌脩正
而言只就容講不必添德
在彼无惡一節
無惡二句所以勉之也就未然說庶幾还作期看不作幸
詞
在彼無惡在此無斁
上句勉其尽君道下句勉其尽臣職限註不可用之此字
泛指在周之京不專就在廟說無斁只言能尽臣職則无
厭之者主容貌講失於太泥

卷十一　廿六

庶幾夙夜以永終譽
文意依慶源小註尊之為客此之欲勉毋以無惡無斁作譽
無惡無斁是勉以永終此譽之道作文意不通泛以芳聲令
聞言朱傳此字难說或疑從慶源以客為文意固可說也彼
容乃一定者何待人心交愛然後能保之盖客雖一定之而
不可移不得人心則毀言日至不能称矣豈能永終其譽
哉按此意無容說無傷
豐年多黍多稌一章
前二句斷勿在末一句截福要泛言降謂祖妣降之講畢
方可歸功田祖之屬豐年之慶如此實田祖先農方社之

所賦也悪可不報賽之我前三句是豐年後四句是豐年
之慶
豐年多黍三句
豐年上截豐年要入時和 多黍三句皆是豐年不可止
以多黍多稌作豐年也多黍一句以所收之物說高廩二
句以所收之數說總而言之見其收入之多如此
亦有高廩萬億及秭
上句以所儲之具言下句以所儲之盛言萬億及秭謂廩
數如此之多也非謂禾秉之数
為酒為醴四句
末一句分百礼就烝畀祖妣祭祀時說或求神或迎牲祭
之礼雖林然其多矣酒醴既具求神以之迎牲以之百礼
於是乎具也或献尸或加爵祭之礼雖紛然不齐矣酒醴
既備献尸以之加爵以之百礼於是乎備也不依庐陵蕭
養老專嘗言朱傳將字要玩降福孔皆是未然事看以田
祖辭衛水旱悪為福則已然矣將字不通所以要指祖妣
降福為長
有瞽有瞽三節
前一節分前一節總叙其事後二節詳叙其事謂之總叙
者首言有瞽在周之庭則下兩節樂器樂音皆包之也故

卷十一　二十七

曰總叙其事
有瞽有瞽在周之庭
二句含下樂器無不全樂音無不美講兼上瞽中瞽下瞽
重言有瞽不过複詞非謂瞽有上中下見其非一人意觀
徹子一人而曰有客有客可知在周之庭所以昭祖功德
也祖說得闊不止文武廷謂周廟之庭或以上句為作樂
得其人下句為作樂得其地欠當上句只言作樂之人不
說得人下句只言祀先之地不說得地詩柄所謂始作樂
而合乎祖小序而渲言之謝氏指成王時濮氏謂王者
功成作樂則專指武王矣各無所考
設業設虡兩節
兩節平破上言樂具而作下節承言其樂何如哉虔美而詠
感乎盛明其樂如此莫在和鳴上截
設業設虡一節
末二句斷上言陳樂下言作樂在末一句分者非觀既備
乃奏句此節不獨樂器之備兼作言也設業設虡惟可講
懸鼓磬不可添鍾以下文論之可見懸鼓非鼓之名謂以
應田而懸之虡業故曰懸鼓
既備乃奏簫管備舉
上句既備總管設業設虡四句乃奏要入祖之功德謂

卷十一　廿八

備奉者不徧鼓磬交作而編竹之簫無不振焉笙竽發而
並協也不徧柷圉相宣而並吹之管無不作焉合鉸音而
成章也兼大小樂說旣備乃奏出至末觀厥成和鳴上在
前是樂具而声和後是神格而人悅此非正意就其地題
言之
喤喤厥声一節
首二句斷承上文言樂備乃奏矣而樂何如哉声音極其
美而尚明無不感其樂有如此夫樂声之美只說喤喤二
句因美所以感乎尚明也兼管先祖是听欠當
喤喤厥声三句

卷十一　二十九

末一句斷功德入講想夫周人之作樂也合之祖廟以新
一王之制顧当奏常可倫哉播豊功於八音之內高下相
宣而九其所迭奏者自一成以至九成莫不喤喤其音也
揚盛德於六律之中清濁並肆而九其所備奉者自一
変以至九変莫不喤喤其声也然何以見之耶彼樂之作
雍而不肅非和也今翕如而有皦如者在克諧而不奪倫
其和鳴極矣何喤喤如之肅而不雍非和也今秩如而有
純如者寓相比而不失次其和鳴至矣何喤喤似之斯時
也稚音鏗鏘一祖功之發越而感格之機默運於戛擊之
際神囧時怨自刕之樂聞焉長言洋溢一祖德之宣騰而

流動之妙潜孚於蕩滌之餘神囧時恫自為之忻听焉夫
有周之樂方其始奏而感神如此就謂不由于尽美而能
然哉肆說以王者功成作樂發事主功不可以德入講不
知作樂固由於功成之後而所作之樂則兼象其功德也
以德入講不妨
喤喤厥声肅雍和鳴
下句見上句意肅雍和鳴正其声之喤喤也上句難用疾
徐有節語講必然則說出所以喤喤矣下句有穆肅是繳
如之謂雍是純如之謂肅雍就是和鳴時文以上句為声
之大下句為声之小不可依之

卷十一　三十

先祖是听三句
上一句感乎神下二句感乎人時義重下二句謂樂之感
人此樂之所以為盛而先祖所以是听也按樂之盛則能
感神感人非謂感人方見其盛
我客戾止永觀厥成
二句承上咱喤喤一句樂声之美所以能感我客蓋我客乃
與亡易動其情者今永觀厥成而無厭斁之心由樂声之
美然也不依疏義以此二句反見樂之所以為盛未傳尤
以是為盛註言始作樂合乎祖而有我客戾止实一時之
盛

猗嗟漆沮一章

末二句斷漆沮句輕初無示不忘本之意破作與王之地未是薦魚薦鮪者貴四時之異物順孝子之誠心悲思其所嗜也大全俱不可從

有鱣有鮪四句

魚要講得分能以享以祀言以魚以鮪享祀之也享祀只可說薦不可說祭季冬薦魚依小序孔氏註謂時物之肥季春薦鮪依大全鄭氏註謂時物之美最福運論漆沮不重勿以長守富貴而保漆沮不墜土是之謂福

詩經臆說卷之十一終

卷十一　卅一

詩經臆說卷之十二

賜進士第光祿寺少卿海陵華湘源楚編

○周頌二

有来雝雝四節

前二節分前是奉烈考之祭而與其享後是美烈考之德而家其休平說不可以後二節作推奉祭之由

有来雝雝兩節

兩節承講下節於薦廣牡二句是申上助祭之事也勿以上節是尽誠下節是尽物

有来雝雝一節

末一句分以和敬文相維辟公要講不可只作过文末句本上三句諸侯皆秉和敬以助其祭是以天子歛至和于无声莫得而窺泯至敬於无迹莫得而測而有穆穆之容也重在諸侯助祭

有来雝雝至止肅肅

来至一意皆指在廟言之不过互文以見和敬無至也疏義說是不以来謂来路至為至廟观註亦只言諸侯之来其意可知雝是无勉強不得已之心肅是无怠緩不敬事之意慶源小註可從

相維辟公天子穆穆

卷十二　一

和敬作眼下句本上句言蓋天子穆穆以助祭有人也
祭渾言於下于薦廣牡正申助祭之事若用奠帛進爵語
講下文有碍

於薦廣牡一節

助祭享祭並說上二句敘群后之助祭下二句與先后之
享祭廣牡乃和敬諸侯奉以薦於宗廟者見得天下之歡
心如此故與皇考享之而安其心也於薦二句要點出諸
侯和敬來與先之享因得天下歡心之故不重有其誠上
得其歡心兼知敬言非單謂薦其廣牡假哉皇考假哉稱
詞只宜泛說莫引下文宣哲文武來講或謂今日隆以天

卷三 二

子之禮故謂之大若然是文王之大宙武王大之非所以
称文王實所以自称也孝子之心與其享祭之心不說怵
惕悽愴朱傳廣字作與望看不謂其已享假哉皇考擡
下二節上二句與先王享祭而有以安予已下二節美文
王全德而有以裕予已不可以既右烈考二句俱作文王
之德

宣哲維人一節

四句相貫然及二句本上二句言破要惟故字平破者非
朱傳此美文王之德管此四句上二句美其德之所具者
周下二句美其德之所被者廣不可單以宣哲二句作美
其德

宣哲維人文武維后

人指人道后指君德當講事足以質百王理足以公萬世
所謂人道也惟我皇考燭微慮遠而物无遁情極深研幾
而内有深見能宣能哲焉宣則事於是乎徹哲則理於是
乎融而人道有不盡邪仁足以育人義足以正兆姓所
謂君德也惟我皇考宣恩布化而小無不懷伐暴除殘而
大無不畏能文能武焉文則仁于是乎昭武則義於是乎
烈而君德有不備邪宣哲文武乃人道君德下一層事觀
註則字可見毋以宣哲即是人道文武即是君德時義以

卷十二 三

人字只講人不說人道以后字只講君不說君德殊失傳
旨矣

燕及皇天克昌厥後

上二句平講安及于天見所安者大裕及于後見所裕者遠
皆先王道德所致也毋以克昌厥後承安天言燕及皇天
不平蓋天以安民為心民安天所以安天安只就天說帖
然于冲漠之中而慼慼不見居然于覆幬之上而疾威不
形是之謂安曹氏小註則就天外言矣克昌厥後要竊下
文福壽発揮後是武王自謂不可泛論子孫

綏我眉壽一節

四句相承上二句有以藉其來之休下二句得以行其大之典昌後之实单指綏我二句皖右二句自昌後而來慶源註是不依豊城通以此節作昌後之实請單繳云先王裕後而有今日之祭登歌之頌其敢忘執打轉上文奉祭之意

綏我眉壽介以繁祉

二句平說不必相串以為福非壽無以綿壽非福無以享傳無此意二句乃已然事勿作未然看既為已然按武王末受命上句若諱祀先之日長說不通也眉壽不可指定九十三年此詩不知武王何時所作豈可限其年而言之

繁祉雖是富貴還要講出繁意貴為天子則求無不得富有天下則欲無不遂故為繁祉

既右烈考亦右文母

二句承上綏我二句說打轉上文奉祭意皇考克昌厥後綏以眉壽而介以繁祉故我今日得以合天下國之歡心右乎烈考文母以奉其祭也得以奉祭只歸本文王不可兼歸文母右烈考者謂尊以天子之祀右文母者謂尊以王后之礼皆就祭祀時說亦字要跣此詩武王祭文王而作今也不徒得以右烈考而亦得以右文母則先王裕後之休大矣意重文王意雖重在文王兩句平講無傷

載見辟王三節

一頭兩脚破首節一頭次節一脚末節一脚玩註先言此言又言作三節破者為長首節與下二節對破亦是但不可以次節與首節連破觀朱傳于末節拈出孝享字說可見末節與次節相連

載見辟王一節

首二句斷勿在末一句截此諸侯助祭于武王廟之詩而先言其來朝禀受法度者蓋來雖為助祭然來必先朝礼之常也時諸以為當諸侯來朝之日正有事宗廟之時故率之以祭若此則諸侯之來非謂助祭與諸侯相背

載見辟王曰求厥章

厥章指礼儀言疏義說是不可泛言王朝法度彼王朝之法平日已有成憲賜之也何以至此方禀受之

龍旂陽上四句

末一句斷朱傳只言車服之盛而不解休有烈光者以休有烈光承龍旂三句說也要講車服如此掩映于道路之間而觀者之拭目輝煌于輦轂之下而見者為之竦容則休有烈光何如執不用開說

龍旂陽上三句

首一句分上是得於所見下是得於所聞三句皆主車言

龍旂不過建於車上者勿以車旂為主

和鈴央央鞗革有鶬

上句以所建者言和與鈴應故和鈴之聲央然可听也下句以所飾者言鞗與革應故鞗革之声鶬然可聞也諸侯車服如此不以上句就車說下句就馬說

率見昭考以孝以享

孝享非謂諸侯指王者言率見昭考顯是徒其君主祭于上臣助祭于下合百辟之誠而為一人之誠以昭吾之孝思也君正祼於前臣亜祼于後總百辟之敬而為一人之敬以將吾之享献也孝享指諸侯者非是孝享作兩意看

卷十二　六

孝以心言享以物言

以介眉壽一節

承上文言孝享既行昭考格之由是介以眉壽于以永言保乎富貴而我受此思皇多祐如此豈我所能自致者是皆諸侯助祭以綏乎我而我受之得以繼明以至於純嘏也重在烝德諸侯介以眉寿而永保富貴是謂多祐是謂多福是謂純嘏並無分別

以介眉壽三句

末一句分末句承上二句說介以眉壽而於富貴永言保之則我之受福可謂美大而多矣多祐要兼眉寿富貴而言時文皆以多祐串指富貴而以永言保之連於下講謂永言保此思皇多祐故至下文綏以多福模糊不明保謂保乎富貴而傳此句不鮮者包在以介眉壽之中

綏以多福俾緝熙于純嘏

二句承上文言介眉壽而永保乎富福雖昭考之所降然実由於百辟之一誠以助祭之所致則多福於我乎安百辟安之為介眉壽而永保乎貴福雖昭考之所予然実由於諸侯秉一敬以相祀之所召則多福於我乎綏諸侯綏之為夫諸侯之福我如此自今以始俾我得以繼而明之日復一日進於高朗之地而有是壽長保是富以至

卷十二　七

于福之全也俾我得以緝而熙之月復一月底于昭融之地而有是壽長保是貴以至於福之純也然則厥功之大孰有如我諸侯者以多福純嘏俱指上文眉壽以保富貴說不依舊源以純嘏則又全備于是福也緝是以日繼日之意熙是高朗昭融之意謂之純者徒有富貴無壽可以享之不謂之純今有眉壽以保富貴所以謂之純嘏

有客七　七　三節

三節平說首言其始至次言其將去末言其致留末節致留因其已去非承次節將去莫依特破始至而爱之深將去而留之切在後二節分三節既平過至次節我客雖

至然豈又于此哉过至末節我客已去将何以為情哉不必以人有萋且之敬旅有敦琢之賢所以留之開說為當
慶源誠之至厚之至結中可用
有客有客一節
首一句分首句管下三句有客有客不过疊詞毋依孔氏客止一人而重言之是丁寧殊異以尊大之也亦自其馬三句平看見其馬覩其人观其旅則知我客始至矣只以始至為主黄氏无往而不見其可爱非朱傳意
有萋有且敦琢其旅
上句以持己之敬下句擇從己之人萋且朱傳不指何人須憑黄氏大全就微子言者謂其敬慎者乃敦琢之旅无拟难依
有客宿宿一節
上二句言客不久於去下二句愛客不欲其去縶馬不可作留只愛之不欲其去也下節方言留之縶馬要見愛意此合下節此是将去而致其爱下是已去而致其留
有客宿宿有客信信
二句就未然說言其将去也非華谷樂其留之久意宿宿謂一宿而又一宿信信謂再宿而又再信慶源註是時義皆以上句看言一宿而又一宿即是信矣要以宿宿只作

一宿信信只作再宿謂之宿宿信信詞之復也過於大泥
薄言追之一節
上二句切愛留之情下二句示可留之意夫我之於客如彼而神之于客如此客不為我留独不為我神留之哉也句皆是留之也以下二句作左右綏之之実未善
薄言追之左右綏之
上句是愛下句是留講已去上畧提首節馬旅說謂馬已斧足謂旅已整行但不可如時說通羅上文兩節人為萋且足以為邦之寵旅為敦琢足以為国之光及宿宿信然而信信未久若然是以此節通總兩節矣各自開說為是留之無方者左可安也左以安之而左無不留右可安也右以安之而右無不留或左或右是謂無方
既有淫威降福孔夷
二句要見留意福即淫威孔夷無易其大說国家之礼楽福之难得者先王既於汝乎錫則难得之福降於汝者甚易也国朝之礼楽福之非常者先王既於汝乎賜則非常之福降于汝者甚大也講畢繳出留之之意我神于客如此客独不必留者何哉降福就先祖言
於皇武王一章
首二句分於皇之皇不過称詞其允文之文同武王無競

之功，故定天下，說此詩為象武王之功而作，过至嗣武受
之，夫有以開之于前，而無以繼之于後，則何以成其
功哉，要重武王
允文上王三句
文王克開厥後，指王業言，三分有二，九州有六是也。嗣武
受之，受此所開之王業
允文上王克開厥後
允文字輕，不可說作文德，文王能開王業者，豈須一伐而
創三分有二之基，亦是崇德修政而定九州有六之統，就武功
說方與下文勝殷遏刘相應，不用仁義入講

卷十二　十

勝殷遏刘耆定尔功
上句遏刘蒙勝殷來，殺謂止紂之殺，元惡既除，万姓不復
血于毒痛之刃，呻吟者轉而為謳歌也。大怒已剪，兆民不
復苦于炮烙之刑，塗炭者出而就衽席也。非武王自止其
殺，豈成仁義之說不可依之。耆定尔功，打轉無競維烈，謂
致定其無競之功
閔予小子三節
前一節分不在庭止，截庭止二句引起繼序小子[illegible]
句末節則與繼序小子二句相應，所以[illegible]
閔予小子一節

前二句斷遭家不造二句是申其所以病也，天命方新，人
心初附，故曰不造，勿依慶源以為王業雖成，天下雖治，而
成王之心常若未成未治，是謂不造，嬛嬛在疚，依匡衡註
指今日喪畢時言，非謂居喪之日
於乎皇考永世克孝
孝本繼志述事說，三分有二之洪基，思欲自我而一之，皇
祖雖升遐矣，儼然影響之常存也。九年未集之大統，思
欲自我而定之，皇祖雖賓天矣，恍然音容之常在也。合下
念茲皇祖二句意講
於乎皇考，止繼序思不忘

卷十二　十一

庭止上截前是嘆聖孝而申其敬，後是法聖敬而申其由
不在夙夜敬止上分
於乎皇考，夙夜敬止
庭止上截前四句嘆先王能絕一身之孝，後二句法先王
欲人一己之孝，以孝立說
於乎皇考四句
皇考二句嘆其終身能孝，皇祖二句指其實而言，者見其
終身能孝也，永世克孝只當渾論，繼志述事之意，念茲念
茲皇祖上講
念茲皇祖兩節

首二句分繼予小子四句乃一套意要主孝言武王思繼皇祖之業而篤其敬於陟降之頃是武王能孝也成王思繼皇王之業而勉其敬於夙夜之際是成王能孝也以孝意武王成王之孝重在思繼其業不可專於敬上就見其孝

念茲皇祖一節

上二句著武王之孝下二句表成王之孝夙夜敬止略含下文繼序之意方見其孝

念茲皇祖陟降庭止

二句承說武王因念上繼文王之業敬不以須臾而怠宛乎儀刑之在上而常若見其陟於庭也敬不以頃刻而忽凜乎若祖之在目而常若見其降於庭也時文於此二句俱一直講今以下文例之成王思繼皇王之業故勉敬於或夙或夜之際則知武王思繼皇祖之業故篤敬於一陟一降之頃意實相承念謂繼其業敬意要入在陟降庭上有首句見其敬者有總二句見其敬者俱不可從

繼予小子夙夜敬止

二句本念茲皇祖二句言皇考念繼皇祖之業而敬於陟降之頃如此顧予小子敢不以敬而自勉哉勉敬說得濶不必專指政事勉敬所以思繼其序也思繼其序之意只

可線貼中見非如出此一節要以孝作主故於夙夜敬止上略含繼序意講

繼予小子四句

上二句加勉敬之功下二句原勉敬之意不可以敬就見其孝也夙夜敬止而思繼其序方見成王之孝

於乎皇王繼序思不忘

上句要入文武業說皇祖文王創三分有二之基乃開一代之業者皇考武王定九年未集之緒乃成一代之業者繼序是繼文武之業單言王業而不提出文武欠當不忘是不失墜意思繼皇祖之序俾開之者不自我而失也思繼皇考之序俾成之者不自我而墜也或作勉敬之心不忘或作繼序之心不忘皆未為是

訪予落止一章

前六句分繼予小子二句起下之詞蓋昭考之道既悠遠而難及判渙而難合矣繼予小子以世故未歷之年當國家多難之際顧於此何為哉惟繼昭考之事賴其休美而有以保明吾身則多難庶乎其可堪也按此繼予小子二句連在下說不在多難上截多難指管蔡之事非謂遭家不造既朝于廟之廟泛言朝于宗廟不單指武王之廟以道延訪群臣之道解作述字謂或以道延訪群臣率合難

依講串繳出延訪意来
訪予落止　止繼猶判渙
前四句分前四句講以循聖道而嘆其難及下二句勉以
繼聖道而恐其難合於乎四句上二句嘆聖道之遠不可
及下二句勉聖道之難不可合
訪予落止率時昭考
二句串說延訪群臣而謀之於始謂欲循昭考之道也不
依慶源以尽下情守家法平看始是即位臨政之始三山
李氏小註可從昭考之道泛講不指作考
於乎悠哉朕未有艾
遠者底於美大之區不可以涯涘測入於聖神之域不可
以浅近窺未艾者始則遺終而不能得其要領徒
切望洋之心掛一則漏万而不能近其藩籬徒起發天之
嘆是為未艾
將予就之繼猶判渙
就是殫其心力竭其精神之謂判則道在彼而已在此
不能体之於身也渙則道无窮而力有限不能会之于己
也判渙分論
紹庭上下四句
上言昭考之道遠而難入此言昭考之事近而易為故以

卷十二　十四

繼其事以保明其身也蓋乃道之所在玩成王意維
予小子不堪多难如此然昭考之道既遠而难繼惟欲繼
其事以保明吾身則多难豈不庶乎其可堪耶言事
則道在其中故講紹庭二句不用牢上道来
紹庭上下陟降厥家
内外並意上句是外而治国之事下句是内而治家之事
不可作者有以此二句指道之近易者有以此二句指
道之散殊言者俱勿依之只就事講不必說道或以紹庭
之庭乃家庭之庭非朝廷也不分内外今以前篇陟降庭
止觀之傳引顔註云若神明臨其朝廷則庭是朝廷之廷
義可通用主内外說无妨
休矣皇考以保明吾身
上句承紹庭二句說上下之隊準繩所在休之所在也陟
降之頃矩範所存休之所存也保明依臨川小註渾言保
則无危亡之憂明則无昏塞之患不兼内外庶可以
堪多难之意講中不入束　跋見之
敬之敬之兩節
兩節平說上節述群臣之　戒詞下節詳任己之荅詞不可
羅文破朱傳成王受群臣　之戒六句總管兩節[illegible]受群臣
之戒故述其言而荅之如此非单管首一節

卷十二　十五

敬之敬之一節

首句斷天維二句言天道甚明而天命不易無曰三句申言天道甚明以見天命不易豈可不敬哉是皆當敬之由

敬之敬之三句

首句斷敬字泛講一動一靜不可不欽翼而祇肅也一言一行不可不寅恭而儼恪也天維二句述其當敬之故敬還作敬畏看莫依時說以天理是順人欲是絕為敬

天維顯思命不易哉

下句承上句言天道甚明故天命難保上句要含下文陟降厥士二句意講不依大全就禍福上見其明顯當講天之為道穹窿无際人皆以為幽遠而不彰也不知不視之視赫然常注目于黼扆之上而敬否不可逃焉坱圠无垠人皆以為窈冥而不昭也不知不听之所凛然常傾耳於冕旒之側而放肆莫能遁焉天道甚明如此敬則申命用休否則去之矣得也无常失也靡常而保之則維難也敬則景命有僕肆則奪之矣彼也无時遠也莫測而保之則不易也講畢束出所以當敬之意

無曰高高在上 止言有緝熙于光明

上是當敬之由下是能敬之道敬要依前泛講时義從之宇陳氏小註指敬天說未是

無曰高高在上三句

上一句勿謂天之不顯下二句見得天之甚顯蓋天道知此然則豈可謂之不顯哉陟降二句是申上一句意

陟降厥士日監在茲

二句実說今日陟降吾之所為而明日無不然則五位雖森嚴無日而天不臨而視之也明日陟降吾之所為而後日無不然則九重雖深邃無日而天不臨而听之也勿以上句主事言下句主時言天道陟降而無日或間要見敬否則天必知之不可泛講

維予小子一節

首二句分首言小子不聰而未能敬然則何以能至於聰哉下文四句皆求至於聰也聰則庶乎其能敬矣不在末二句截

維予小子不聰敬止

下句不聰之聰非聰察之聰是方寸光明之謂所以不聰者由於已私未克天理未融故願學焉以緝之也聰敬不依慶源分知行說

日就月將四句

四句開講俱承首二句言上二句責之於己求以變其不聰也下二句資之於人求以助其不聰也蓋致力於己

汝群臣能交贅之則不聰能聰而底乎敬可及矣过者
時二句茲固已之所當事也而於群臣寧无所望哉底乎
其可及註總繳日就月將四句非单繳佛时二句其字
指敬不指光明之地
日就月將孜有緝熙于光明
日就月將是孜非謂敬有所就敬有所將勿依慶源以日
就七事上論以月將就本上言講起要以孜提在日就月
將上面觀註可知
孜有緝熙于光明
孜兼知行緝是孜无間斷所以孜者是欲变不聰而為

聰也至於光明則總矣聰則自无不敬玩不聰而未能敬
註還說至于光明而聰然後能敬勿以光明即認作敬
佛时仔肩示我顯德行
二句承首二句言我不聰而未能敬也重任輔之則底于
聰也有專功顯德示之則造於聰也有定向聰則能敬矣
盖求助於群臣如此二句開看不以下句作佛時仔肩之
实按此有本孜間之事說者有本光明之地說者俱不可
從仔肩指其位言德行泛講或認作孜或認作敬得於心
而見於行事皆易依之
予其懲而毖後患一章

前六句各將在首二句截莫予荓蜂四句正其所當懲者
則前六句是一套意講畢繳出延訪意来時文遺之殊失
詩柄
予其懲而毖後患
二句要含下文莫予荓蜂四句意竊使信二字翻調不
可全露下文
莫予荓蜂四句
上二句以害言下二句以变言專就物說蜂乃小物而有
害不可使者也言太若予之明不能及遠不可使者使之而
肘腋之下自求辛螫之害戚然其切身焉桃蟲小鳥而有

变不可信者也言太若予之智不能先物不可信者信之而
蕭墻之内自取拚飛之变忽然為大鳥焉所當懲者如此
自今豈可以不謹哉莫予兩莫若予之所為也謹後之意
束内見之不入講中所當懲者蓋指管蔡成王為親
者諱故托物為言只就物講管蔡之事入在結内不可求
出
未堪家多難予又集于蓼
多難指管蔡之事泛說非也雖指管蔡既言辛螫之害拚飛
之变說不明露出總合經旨有以天命方爲人心初所謂
若則於難字不適蓼謂万機叢脞而宵衣旰食之不遑暇

務紛紜而早朝晏罷之弗暇不繳弃飛四句

載芟載柞六節

前二節斷載芟一節言耕千耦一節言耘侯主一節詳其耕之事播厥三節詳其耘之事或疑侯主一節説耕固是今以厥三節觀之播厥兩節言苗厭厭一節言耘若以三節通作耘説不無有礙蓋耘是耘苗也言耘則苗在其中

載芟載柞兩節

前節是春耕後節是夏耘前節勿依華谷嚴氏作新墾田説後節耕字要本朱傳去苗間草也不從大全謂除草木

根株

千耦其耘徂隰徂畛

上句言其協力以耘下句申其所耘之地也總此兩句而言耘者遍野見其無曠土或以此句作無遺力下句作無曠土今玩下句不過申其所耘之地分看欠善

千耦其耘　止侯彊侯以

上二句主耘言下三句主耕言千耦二句不依王氏作耕

侯主三句時義謂夥遊民按無遊民意只説得侯以二字

難晉三句

侯主侯伯五節

前四節斷前是力盡而苗生盛後是年豐而祀禮周毋在万億及秭載夫祀禮之周由收成之富也則為酒為醴三句緊承載穫濟濟三句難以折開侯主侯伯六節分裝此

同

侯主侯伯四節

前一節分前一節詳耕之事後三節詳耘之事有畧其耜

搭下三節倣此

侯主侯伯一節

末二句分侯主六句言農夫之齊而農情之洽然于此何為邪蓋以利耜始事於南畝焉按此則末二句是原侯主侯伯六句之意時説因末二句生上六句意不相蒙皆謂餉而始耕若然則未餉之前初未嘗耕必待餉之然後耕也其説不通

侯主侯伯止有依其士

上四句内外之人齊下二句夫婦之情洽侯主四句見人齊之意非享饋齊也有嗿其饁承侯主侯伯三句言内外之人皆在則人衆矣所以食則嗿然有声

侯主侯伯三句

上二句斷上二句是内之人下一句是外之人按此三句只指内外之人見其齊意不説用力也彊以作兩樣人[illegible]

不可謂以即民之有餘力而來助者

思媚其婦有依其士

媚依就慰勞上說夫之於婦則以耕者男子之事也而子以中饋之質載筐及筥跂涉于草莽之間実有所不堪矣夫之慰勞其婦如此其媚之也何如哉婦之於夫則以饁者婦人之職也而汝以一門之務櫛風沐雨勤劬於畎畝之中実有所不勝矣婦之慰勞其夫如此其依之也何如哉慰勞是閔其勞也非歆以秋成之利哉講田野之間猶存室家之厚犁鋤之下不忘夫婦之恩等語東中可用

有畧其耜上萬信及穆

前四節断前四節力農之功後一節力農之利蓋叙其稼穡之事如此総言春耕夏耘秋收也难以東作西成立說東作包括夏耘不尽自有畧其耜出至載穫濟濟意同合下二句是耕而人依其時下二句是種而物遂其生

播厥百穀二節

前二節分前一節美利種而其生也有漸後一節美利盛而其耘也无遺不以得気于天尽力於人作胥百穀皆所以養人者故悉播之勿依曹氏專指備水旱說実是穀種安城通認作苗未當含気而生是句萌甲折之謂

驛驛其達兩節

上節萌生而得気之先下節苗盛而得人之助不少地力人力立說蓋含気受気兼天地言难単說天之氣难単說地之氣

驛驛其達有厭其傑

上句苗之始生下句苗之獨出乃受氣足而先長者未見其盛至於厭厭其苗方以其盛言之莫依安城刘氏以有厭其傑作苗生盛說

厭厭其苗緜緜其麃

上句是地利盛下句是人力勤緜緜而謂之詳密者不鹵莽滅裂也非謂徐而耘之緜緜其麃合下一句上句其耘也尽其力下句其斂也并其分

載穫濟濟兩節

又稱上載上是所收之富下是所用之周平破者非

載穫濟濟一節

前三句分以洽百礼依豊年篇就烝畀祖妣時言勿依臨川王氏泛說

載穫濟濟三句

上一句断上一句以在野言下二句以在場言載穫人众由内外之人皆在也有実其積二句言其所積之実露積則有万億及秭之多乃億及秭与豊年不同彼就高廪說

此就露積說

烝畀祖妣止胡考之寧

上二句待神下一節待人將說因下賓客耆老是兩事要以上節祭祀百礼作兩事講與下相對今玩百礼承祭祀說只一事也不必分開

有飶其香一節

香馨就酒醴言三酒五醴味溢乎觥觴之内而有如飶之香焉氣達於尊罍之外而有如椒之馨焉有飶其香有椒其馨特義似模糊帶过須要添一如此方見分曉或因朱傳解飶以為未詳何物遂以此題泛講不指酒醴不知朱傳是對椒說蓋椒固可知矣此所謂飶未詳何物也非謂酒醴之外另有所謂芬香者未詳何物

有飶其香邦家之光

二句就王者待賓說不謂閒閣下文耆老做此邦家之光要講髦士宪才而簪組蟬聯于一堂之次洽石韞玉而山輝也碩德巨望而冠裳鵷鷺于三爵之慇懃水懷珠而川媚也若謂盛典得行而為邦家之光光字欠通

匪且有且一節

匪且二句叫起振古如茲耕耘收穫而稼穡之事我此処固有矣雖有於此処然非始於此也祭祀燕享而豐年之慶我今時固有矣雖有於今時然非始於今也蓋嘗遡而求之周自肇封以來有此土地則有此人民後先相繼而累葉猶一世也豈獨我之此処然哉有此人民則有此豐年祖孫相續而歷歲猶一日也豈特我之今時然哉稼穡豐年開講不必以為有此稼穡則有此豐年一串說下稼穡豐年纔上数節済済以上是稼穡之事済済以下是豐年之事勿以載芟六節作稼穡載穫二節作豐年若以載穫一句總為豐年之慶稼穡字不見下落振古渾言周之開國以來填上公刘文武不免累贅

畟畟良耜全章

後二節断前是稼穡之事後是豐年之慶不在末一節分畟畟良耜七節分與此同前六節三時之勤劳後一節一時之安樂是詩無柄蓋頌周人務農之事如此

畟畟良耜俶載南畝

田器田功作骨上句是餙乎田器下句是始乎田功畟畟良耜兩節上一節言耕下一節言種與前有畧其似四句意同

或來瞻女五節

前四節分前四節大小同其劳後一節大小同其樂惟有以劳於前斯有以樂於後前後相應

或來瞻女兩節

上節具器而饁下節具器而耘見一家協力於農也不以勤儉作眼按上節乃農夫之常难主儉說上節有子在其中莫以上節是女服事乎內下節是男服事乎外

載筐及莒其饟伊黍

常器常食並說此饁耘者也觀在播厥百穀之後可知載筐及莒平說有盛之於筐者有盛之於莒者非謂筐不可以及盛故加之以莒其饟伊黍農夫常食如此不依庐陵見無珍味

其笠伊糾二節

前二節分前一節以稼言後一節以墻言不可以前二節通作稼穡荼蓼朽止二句承上節耘說起下節穡意上言百穀而此独言黍稷是於百穀之中舉其一二言之

其笠伊糾一節

末一句斷伊糾二句起下一句也所戴之笠則糾然而輕舉所执之鎛則趙然而深剌何為也哉以薅荼蓼也不

以上二句對下一句講並乃農夫常服毋依庐陵見无華飾之意

其笠伊糾其鎛斯趙

二句承說因其鎛斯趙故其笠伊糾下句以表上句

穫之挃挃三節

前一節斷穫之挃挃言收成之利次節是家無不寧之人末節是国无不續之祭皆由收成所致

穫之挃挃一節

末一句分末句捝承穫之積積之說穫于野而積于埸收成如此由是百室同時開之而入穀也開是閘以入穀若作分開之開同時入穀不通此合下節此是收成畢而舉族同其利下是收成富而舉族同其安

其崇如墉其比如櫛

二句本積之一邊言不兼穫說墉非墻也乃城墉之墉

以開百室百室盈止

二句相承惟均收其利故均足其利下句由上句來平看非是

百室盈止兩節

家国意上是家以年豐而人无不寧下是国以年豐而祭無不續兩節平言

百室盈止婦子寧止

安富作眼上是富下是安惟富故安盈謂百室分之比而分之謂比閭皆盈也分之族而分之黨族黨皆盈也非言盈於倉庾宗謂年豐年之樂基於先耕耘餉饁之勞講

不可指定言之

秋時犆牲一節

四句平截祭祀泛講不指田祖 方社蓋傳无明文也若謂祭祀宗廟不知周人尚赤而牡亦不用黃此詩無柄未知所用

以似以續續古之人

上二句承犆牲言以犆牲奉祭而是似以犆牲奉祭而是續所續者何人耶乃續先祖以奉祭祀也上句只言繼往無開來意說提出祭祀來無害古人即是先祖渾說爲是必指作后稷公劉

絲衣其紑一章

三頭兩腳 首二句一頭次六句一腳末一句一腳絲衣二句罣下八句以前六句作一句說未善有以首二句作一頭次六句作一頭末一句作一腳皆不可從 獲福謂上獲福老老之吉不可必得者今得之期 斷天慶不可倖致者今致之獲 福由於祭而飲酒能致所致絲衣二句不重不述指助祭之人言之不依大全重看此乃祭而飲酒之詩疏義以爲祭而獻士不合詩柄

絲衣其紑載弁綠綠

上句是加諸身者下句是加諸首者出此兩句見其誠敬所寓總出則不重也綠對紑說指弁言之恭謂不務自慎謂不僭越孔氏小註作人貌恭順非是

自堂徂基止不吳不敖

上三句以祭言下三句以飲言祭飲分說但不可作未祭已祭蓋此是祭時飲酒也兕觥其觩慶源以爲酒器如式傳无此意不吳是笑語卒獲不敖是礼仪卒度重此一句兕觥其觩旨酒思柔二句不重觀註不觧可知

自堂徂基三句

三句渾破首句省器次句省牲末句省鼏孔氏小註可玩上一句就門內言下二句就門外言要以上句另講自羊徂牛二句對講勿以上二句交對講也基是門堂之基主人位之所在器設於堂上自堂上而下故曰降牲置於門外自門外而至故曰及 鼏灌之灌是灌且之灌相同 乃酒器注有洗滌之謂不說器洗之盆 灌具兩意灌謂祭器之灌 槩其謂几席之備具安城註是也 訓作肥 鼐訓作覆冪以給爲所謂礼之次者言其循礼之次序如此非謂行礼有序自羊徂牛二句 臨川先小後大先大後小之說无謂不可依之

於鑠王師一章

上四句分上四句言前王所行酌其時下四句言後王所

爲法其時以時爲主

於鑠王師四句

嗄武用武意說上二句嗄武不先時而動也下二句用武

不後時而靡也慶源小註可從

於鑠王師遵養時晦

王師之盛言有奮揚之勇與起之勢不以虎賁三千

革車三百即謂之盛時晦指天命人心說天人未

絶商而帰周也遵養是韜戈歛甲恪守臣節之意

時純熙矣是用大介

時熙天命人心絶商帰周之時大介只講戎衣不可添上

卷十二 三十

黄鉞白旄時文多以白魚入舟之祥已著赤烏流屋之瑞

已萌認作時熙考史此乃武王觀兵至於孟津而未伐紂

以前之事况先儒辨此出於漢武時偽泰誓語雖以講經

我龍受之蹻蹻王之造

上句虛論勿用貴爲天子富有四海語下句蹻蹻然王者

之功即其所寵受者謂受此一戎衣而天下大定蹻蹻之

功見其非国非家非公非侯乃王者天下大定之功

也時說以不先時而動後時而靡爲王者之

功尤善

載用有嗣実維爾公允師

二句泛言不說用武上句承上我龍受二句謂繼其業

非繼其武言先王有是天下大定之功我既寵而受之矣則

我乃嗣其業者也而其所以嗣之者豈有他圖哉凡有所行

以照考爲龜鑑不先時而動也凡有所爲以照考爲準則

不後時而靡也武王之事於鑠四句即是

綏萬邦一章

末一句斷末句繳上八句首二句頌其安民之功推本天

次六句頌其安民之德顯於天皆言武王伐商之事

末句則賛之以爲信足以君天下而代商也不任有一句載

綏萬邦三句

卷十二 三十一

末一句斷末句推上二句意安民而時和如此是豈无其

故哉蓋天命之於周久而不厭也天命要講彼商王受降

災下民之日宝位雖商之宝位也然天悪其罪浮於桀而

欲以之畀于我周屡豐注念養於後者猶眷於其前又

而不倦焉力行死度之際器雖商之器也然天怒其悪盈

於貫而欲以之付于我周亭毒屬望隆於終者猶隆於

其始又而不替焉按此乃頌武王之功天命匪懈只就武

王說者是不必推本太王王季文王

綏萬邦屢豐年

上句人心之和下句天心之和以和召和故黍稷穰穰年之

或謂武王之師不當不必三事就緒所以屢獲豐年是添
一層意
天命匪解止於昭于人
首一句分首句乃承上起下之詞民安而時和固天命有
在矣然天命之於周久而不厭也天命匪解而於桓桓武
王以下四句見之此段正旨着出綏万邦婁豐年三句就
題言之故講天命匪解依前之說為善不必露出桓桓五
句意來
保有厥士四句
末一句分此克商以後之事保有厥士三句要依既義本
卷十二　三十二
用賢治說不用打轉綏万邦萌治謂克定厥家以安民
也用賢所以安民卑安民上
保有厥士三句
末一句斷保謂不屢戮也厥士只就乱臣言之不指虎賁
三千史述武王封功臣謀士不過尚父周公召公畢公數
入虎賁三千初未嘗封于以四方是列爵惟五分土惟三
之意
克定厥家於昭于天
家指天下蓋天子以天下為家豈城註是德所用賢安民
之德泛講者非於昭于天若誅戮不加於有功而列爵惟

五以鞏固乎四海深仁宣暢赫奕於沖漠之中也當賚於廷
隆於元老而封士惟三以殿安乎八荒厚澤汪洋掀揭於
穹窿之表也時義多用同日月之照臨酈雲漢之昭回語
則是如天之昭矣殊非本旨
於昭于天皇以間之
句承用賢安民說不繳首句下句既總上文八句而贊
之簡此二句偏而难出或出此題下句只得单蒙於昭于
天言用賢安民之德而上昭於天信乎足以君天下而代
商也皇字亦訓作君不作大解
文王既勤止一章
卷十二　三十三
首一句斷莫在末一句截上是文王之功下是武王之功
文武兩平不可偏重例入封者文王見文王之功行大封
者武王見武王之功文王勤止四句分其此同詩柄言其
之指武王言
文王既勤止我應受之
勤劳就創業說厥造區夏而進三分有二之洪基誕受多
方而開九州有六之大統此謂勤劳時義只以身若宮闈
而心運於閶閭語講不言創業何以表文王功德所在也
子孫受而有之見得尺地莫非其有一民莫非其臣子孫
武王自謂不論成王

敷時繹思我徂維求定

功德指土地人民言往求天下之安定當講周播棄之人而还於仁壽之府之翰肇周世興由也轉帶蒲之衆而置於平康于藩于宣維持其邦本也非謂正其封疆敷時繹思四句上下兩繹思字意同但下繹思欲受封者繹思文王之德不忘較上繹思字重

時周之命於繹思

命字總繳敷時繹思兩句謂封賞以往求天下安定之命若單説封賞註中凡此字不通然封賞爲文王德之所在遂嘆美之而欲諸臣繹思文王之德而不忘也繹思文王之德則求天下之安定自不容已矣講畢跌出此意或疑上文無言文王功德此則独言繹思文王之德而不忘者言德則功在其中出此一節於繹思上添出功講應上敷時繹思止出時周之命兩句只依朱傳説德不必添出功来

於皇時周一章

末一句分首句意輕不可作帽高山墮山喬嶽平看不以高山包下二山此詩無柄乃因巡守而作

墮山喬嶽四句

上二句是祭告下二句是朝會朝會祭告串説祭告會朝可平講玩辭可見

墮山喬嶽允猶翕河

上句以一方言下句以四方言是一篇分論處謂祀上天望謂祀山川

敷天之下裒時之對

望指諸侯非民望也望其一正朔而脩五礼以新天下之耳目望其同制度而如五瑞以定天下之心[illegible]不説望其祭告及行慶賞黜陟之典

詩經臆說卷之十二終

詩經臆說卷之十三

賜進士第光祿寺少卿海陵華湘源甫編

○魯頌一

駉駉牡馬四章

四章渾破不可以下三章深於首章馬色要記四
章末句各揆本章馬講詩將牧馬之盛由其立心之遠管
盡四章上六句皆牧馬之盛下二句皆立心之遠勿以前
三章為立心之遠後一章為立心之正

駉駉牡馬首章

末二句分上叙其牧馬之盛下美其立心之遠牧馬之盛
管上六句不单指以車彭彭美意只於末二句見在坰之
野依鄭氏小註謂辟遠民居而遠民田也上襄而無孫焉當
在斯臧上講未可就在以居彭彭上說下二章同彭彭单
講盛貌以強健講者非是

思無疆思馬斯臧

二句承說惟其所思無疆故以興心思馬則斯臧矣上句
泛言下句方說思馬謂畜養有法芻牧有方之意斯臧總
繳有驈三句楷擺之上有驈有皇悉上襄之良驟以車則
彭彭然無脫輻之患也林坰之內有驪有黃盡千里之名
駒以車則彭彭然無蹶蹶之虞也是之謂臧不可单繳以車

一句

思无期思馬斯才

二句與上末句同下章皆然斯才言其才力強壯足以任
重致遠

駉駉牡馬三合四章

上是立心之勤下是立心之正勤正皆就遠上説揮方與
詩柄美其立心之遠相合

思无斁思馬斯作

上句主久遠說不始勤終怠之謂也繹繹者服前矣駱
不柔而或却驂與服相連而不間也驂從服不調而或
後服與驂齊驅而不断也莫作多講

思无邪思馬斯徂

上句无邪要遠大意本於人情經久而皆正諧乎衆志患
後而无私始合詩柄斯徂言上四馬強健能行不見疲劳
之謂

有駜有駜三章

三章渾破有以前二章作燕飲後一章作頌禱要在前二
章分今觀後一章燕飲頌禱皆有只宜渾說頌禱单指後
一章說按經傳雖无魯侯字然朱子前面總註有矣其詩
句矢指魯侯為當

有駜有駜一合二章

上章是和之以樂下章是節之以礼飲酒辨治固嚴矣醉而言舞和之以樂則嚴而能泰也飲酒燕會固和矣醉而言歸節之以礼則和而不流也此非正意出此二合當依曹氏小註不然無味後章既依曹氏作節之以礼則醉而言歸只云醉則歸矣而不流連方為節之以礼

有駜有駜第一章

四句平截下二句同燕君臣說不可如後篇例專就君言若然則胥樂上不通有駜有駜勿作乏指來燕者所乘之馬以起興也慶源註莫依之下章倣此

卷十三　三

夙夜在公在公明明

二句兼君臣說不單指臣玩前總註其後又自作詩以美其君則此題要見君行燕而臣與燕重在君止不宜君臣並重下章皆然飲酒之意入在上句當講機務方息之際則遵豆有楚我侯夙在公堂而肆筵也衣冠畢集群臣本在于公以畫一朝之樂政事少暇之頃則殽核惟旅我侯夕在公庭而宴燕也魚水相接群臣咸在于公以盡一夕之歡明明指威儀言辨謂不為麹蘗之迷亂礼雖交洽而威儀愈恭冠履不倒置也治謂不為酒醴所乱献酬雖屡更而威儀愈謹過幅不脫畧也不依廬陵修明其職

振振鷺止于胥樂兮

前三句分振鷺之鷺鷺于之鷺兩鷺字不同上鷺字是鷺羽下鷺字是鷺鳥之下也勿認作一樣以為鷺羽振振而下或坐或伏貼振振鷺不貼鷺于不醉而言舞承振振鷺兩句謂醉之時起舞以相樂非謂君臣自舞相樂只乘醉言起舞相樂不必入飲酒意

有駜有駜第二章

夙夜在公不用入上飲酒蓋下句言之也鷺于飛之鷺與上鷺于下之鷺同言振作鷺羽如鷺之飛非謂鷺羽之飛朱傳振作鷺羽如飛解振振鷺兩句振作鷺羽解振振鷺句如飛解鷺于飛句醉言歸者必醉然後言歸曹氏作以礼節之看勿依前題依之者是就題立意相樂只承醉言歸講君臣必醉然後言歸于以相樂也不必外講

卷十三　四

有駜有駜第三章

上四句是燕飲下四句是頌禱燕飲乃君與臣燕從曹氏作與民燕也頌禱蓋詩人述与燕之臣頌禱之不說詩人頌禱

自今以始止于胥樂兮

末一句斷末句蒙上四句豐年屡獲則国本不摇善道多年則国祚以永燕飲之際以是頌禱而君臣于以相樂

也自今以始四句時說不作述叟辭者頌禱則于胥樂兮

難說于胥樂兮詩人之言

自今以始四句

四句平截自今以始只管歲其有說不管君子有穀兩句

上二句重歲其有下二句重詒孫子自今以始要久時和

意與君子有穀相對時和而年常登則國本固已善而

後嗣繼則國祚長故以是頌禱之也不用說作可以常備

是燕

君子有穀詒孫子

君子有穀渾說不以上章辦治作說只指燕臣說者皆非

下句重在孫子可以繼續而行孫子要依經文先講孫

而後講子勿先講子然後講孫

思樂泮水一合三章

前二章斷此飲於泮宮而頌禱之詞先稱其大得乎人而

善教乎人者以見其所以頌禱也故第三章遂言飲于泮

宮而因以頌禱之不可渾破

思樂泮水一合二章

得人教人立說兩章開看黃氏小註以上章本下章者非

是思樂之思語詞只就泮水上講不兼芹藻茆說下

樂此泮水也而藻生焉則言采其藻矣不說樂乎僖公之

賢而人才所賴以長育成就及樂在僖公而寓於芹藻也

其旂三句其馬二句不過言其儀威如此初無樂意黃註

俱不可從

思樂泮水第一章

末二句分上是泣泮之儀盛下是從泮之心齊見魯侯得

人以起下章頌禱之意謂之賦其事以起興賦意不重故

首二句不必重講興賦而興不同下章倣此按此詩朱傳

不指其為僖公而作只當泛論難依大全實指僖公

無小無大從公于邁

上句指魯郡邑之人若講君環島繹處列龜蒙則是通指

境內人也從公于邁非謂旌旗不臨于學久矣今一臨之

故人樂從蓋此詩不知作于魯之何時臨學與未臨學不

可得考只可講云幼而垂髫居婉孌之行而小者非一也

凡得於垂暮者無不踴躍而往長而戴弁與成立之列而

大者非一也凡得於快覩者無不奮迅而前隨龍旂以奔

走接踵于道路之間而有造之良畜思欲一聲於橋門之

面命小者不期至而自至也胡奉馬與以趨蹌連袂於雉麗

之後而有德之明訓思欲一聞於壁水之口傳大者不期

來而自來也從公于邁不說聽其講學觀其行禮是望其

教之故下章遂以匪怒伊教為言于邁之于語詞不作往

解

無小無大止匪怒伊教

上下承說魯人樂從其心誠矣魯侯何以教之下章所教即

上大小之人

思樂泮水二合三章

上章善教乎人美之也下章乂服乎人願之也過文魯侯

教人于泮如此頌禱豈容已哉不用師道君道言教

身教作骨

思樂泮水第二章

末二句分上只其臨孝而儀容美下言其臨孝而教誨善

卷十三 七

或三句或五句分者欠當上句其馬蹻蹻略提然後以下

句其馬蹻蹻對其音昭昭講不可通不言也上章言觀其

旂做此

其音昭昭三句

善審善教說音謂崇儒重道之音不謂臨學也有指載

色載笑審未是

載色載笑匪怒伊教

二句渾破匪怒不必本載色載笑言要運在伊教講搭在

上說者非蓋匪怒者有春生而無秋殺霜威擧飲而嚴肅

不形也有陽舒而無陰慘衰裏載啓而忿厲不見也勿用

伍烈暴厲語過於大重教指綱常倫理是教上章後行大

小之衆

思樂泮水第三章

前四句斷在泮飲酒只言魯侯不必添出臣某飲酒要說

講學之暇行禮之餘而飲見得飲不徒飲而有關乎風化

既飲旨酒承上起下之詞不重

既飲旨酒四句

一頭兩腳破首句一頭次一句一腳末二句一腳首句承

上在泮飲酒言魯侯在泮既飲此旨酒矣後何所願哉永

錫一句願其父享乎天年一身之福也順彼二句願其廣

卷十三 八

推乎治化一國之福也永錫難老三句平看不依廬陵雖

老則可以順長道而服群醜一串說下

既飲旨酒永錫難老

二句貫講上一句言其在泮飲酒下句承言飲後願其獲壽

也永錫之錫謂天錫之

魯侯戾止在泮飲酒止淮夷攸服

首二句斷下皆頌禱之詞三節關說莫以長道群醜就下

二節見

順彼長道屈此群醜

長道所該者廣沒就民彝物則講者為當按下章明

專專自魯侯身上說則此順彼長道是願魯侯順之以服
群醜不詭治民時義皆講道德齊禮漸仁摩義非是服者
悅服而無心非巷議之謂非歸服之服是時魯人無不歸
服者詩人安得以是願之哉群醜甫指魯國境內之人不
繳上章從公于邁者慶源小註謂含淮夷在其中勿依

順彼長道止在泮鍚囚

首一句分下詳其事長道虛講下文明德慎儀允文允武
即長道也群醜兼國人淮夷說穆穆一章應服國人明明
一章應服淮夷自順彼長道出至淮夷攸服意同此非正
意就出題言

順彼長道止維民之則

服民法民作骨兩節開看毋以下節敬明其德二句作順
彼長道之實維民之則一句作屈此群醜之實

穆穆魯侯兩章

上章是閫內之事下章是制外之事上下不必相承以為
閫內然後可以制外只各句講自穆穆魯侯出至淮夷攸
服意同

穆穆魯侯一章

一頭兩脚破首句一頭次三句一脚末四句一脚首句受
下七句要提起說不重只宜帶過末句不依安城劉氏纔

敬明其德三句

末句承上二句敬明其德而思惟不昧敬慎其儀而步履
有章內外兼盡以為民則魯人所願於我侯者如此維民
之則言明德慎儀以為民之法則專就君論非謂君能明
德慎儀下民自想其觀感之心皆知德不可以不修儀不
可以不慎故曰維民之則兼以民言不可依之三山之說

非非

敬明其德敬慎威儀

二句重在敬上要講脩己所以治人不明其德則己不脩

矣然德何以明之惟願吾侯恐懼弗康存養乎戶居龍見
之地不以事未接而少寧兢惕愈至省察於火然泉達之
時不以人不知而可忽而敬明其德焉端本所以善俗不
慎其儀則本不端矣然儀何以慎之惟願吾侯寅恭匪懈
謹容止于大庭廣廈之間初不失色于堂莊肅有加嚴恪
動于深宮密室之內初不肆意于獨而敬慎其儀焉時義

通不提敬所講有疵

允文允武四句

末一句分上是孝先之事下是孝先之志不可四句平截

允文允武昭格烈祖

下句兼上句言文武泛講不依曹氏指上載色載笑二句是文順彼長道二句是武或以国人協于遠之從見其允文遠人懷孔淑之心見其允武似皆牽合昭格烈祖者周公以文武開基於前者也今能文武則有以昭格乎周公之神魯公以文武繼統於後者也今能文武則有以昭格乎魯公之神昭格言文武之德昭明而格乎烈祖

靡有不孝自求伊祜

上句總承允文允武兩句串下昭格烈祖另從允文允武而昭格乎烈祖是能善繼善述者矣夫何有不孝即其孝如此不待假之于人而順境乎是乎載臻則福自我召之也不待干之於外而佳祥於是乎畢萃則福自我致之也故曰自求伊祜伊祜泛言不說服夷靡有不孝出至淮夷卒獲就題言之淮夷之服即伊祜之實祐非烈祖所錫只言孝有得福之理如此

卷十三　十一

允文允武 止 淮夷攸服

兩節闕講脩德為主上願其脩德而獲福下願其脩德而服遠毋以下節作申上節

明明魯侯四章

前三章断前是致遠人之服後是來遠人之貢後章承上三章説惟服故貢也不以後章作服遠之驗自既作泮宮

起意同

明明魯侯三章

三章渾破明明魯侯兩章上是願其脩德服遠而有以成功下是願其得人服遠而有以奏功莫以文教德威立説

明明魯侯一章

一頭兩脚破首句一頭次三句一脚末四句一脚不在克明其德截当矣蠢茲淮夷援我南土也久矣願我明明之魯侯以德可以感人也則加澄汰之力以明之不以私意自蔽而虛灵有所昧必求底乎昭融之地焉以德可以動人也則竭洗濯之功以明之不以私欲自累而室廬有所宧必求造于渾全之域焉蓋一德立矣則参志自服况斯時也泮宮既構而出兵受成有其地殆見淮夷動仰德之誠自革心效順而犬羊不復汚我之屏障也泮宮既建而还師釋奠有其所殆見淮夷畏慕德之念自稽首來庭而蛇豕不復毒我之边陲也向有未服者吾於我侯復何願邪矣得矯矯然多武如虓虎之臣而于肆侮之醜類則殄絶之取其馘也献之于泮叩當序而一拜乞安得察察然善問如皐陶之士而於載獲之克戎則審鞫之録其囚也献之于泮對庙貌而一告於夫我侯之功如此由是百年之宿患以除而吾人之願遂矣矯矯虎臣四句不可説作正

卷十三　十二

見淮夷攸服而淮夷既來從而服之至獻馘獻囚之事

明〻魯侯四句

首句提起此是穆〻魯侯一例不必用講次一句是端化人之本末二句是成化人之功淮夷攸服明德所致既作泮宮不重言者于李出兵則受成旋師則釋奠故以此句起淮夷攸服之意是过文法詩文于克明其德三句因既作泮宮橫於其中俱以淮夷攸服由既作泮宮來而不由於克明其德則克明句適與下文血脉不貫

既作泮宮止在泮獻囚

首二句断因題立意淮夷攸服承既作泮宮説上二句是文德下四句是武功講既作泮宮只就講学行礼與賢育才殺揮見得淮夷之服因暴文德也不必用受成釋奠語

既作泮宮淮夷攸服

上句是與弘化之地下句是臣难化之人作是建作非作興之作觀詩序朱子以為此亦燕飲落成之詩可知戲作脩説朱子序中已办其非既作泮宮與前題不同要見受成釋奠皆在於此以起淮夷攸服之意

矯〻虎臣四句

四句罗破上言魯侯明德而淮夷攸服則未嘗出兵代之此言獻馘獻囚者荀有未服之人願魯侯有是功也顧

卷十三　十三

其功不重願其得人首句三句講宜放輕朱傳所謂以訊馘告訊馘兩意訊謂當問之囚指生者言馘謂所格之耳指死者言不依大全通指生説

淑問如臯陶在泮獻囚

上句是明刑之官下句是明倫之地上句不重講要畧寔輕

矯矯虎臣止淮夷卒獲

前二章分武臣武士作骨前二章願其得武臣以奏功後一章願其修武事以成功濟〻多士兩章意與起間

矯〻虎臣止在泮獻功

卷十三　十四

兩節不説不可羅破上節願其成伐遠之功下節願其得伐遠之人上節重在功下節重在人皆願魯侯如此以上作願其君以下作願其臣非也上皆是臣不以上主得臣下主得士

濟〻多士一章

首二句分桓〻以下皆克廣德心所致克廣德心故能立功而不爭也作見其克廣德心者非此願魯侯之得臣如此非願其臣

濟〻多士克廣德心

多士泛指出師之臣不繳上章虎臣虎臣猶可説也淑問

乃察獄之吏未嘗出師雖引入說允廣一句本出師言聿
事無非德心是謂之廣不說寬弘當云統師涖衆之時一
謀一發之所出無非匡国之悃情纖隙不生也載旆秉鉞
之際一動一靜之所為無非同物之公意人己兩忘也要
以匡国意照下于征四句同物意照下不告二句時義有
照于征一邊說者有照不告一邊說者意皆未完勿入下
文勇于公戰不伐己功講此是克廣德心後一層事
桓々于征止在泮獻功
末二句斷上是勇以成功下是和以奏功俱由克廣德心
來時說过文一心既廣功无不成則不告于訩二句該管

卷十三　十五

不蓋
桓々于征狄彼東南
二句串講桓々于征以狄彼東南俾不得以憑陵我中国
也狄彼東南自我往狄之不說成功三山李氏註不可從
烝々皇々四句
烝々二句承狄彼東南言勿依三山就不爭功而惟獻
功之日說不告于訩二句時文以師克而和破則遺在泮
獻功句
烝々皇々不吳不揚
威敬作眼上句以軍容言見其威也下句以軍律言見其

敬也烝々皇々總是師旅之盛不依曹氏分進合說
不告于訩在泮獻功
上句就論功行賞時說己之所得雖多也而差定或未均
初不以告于取平之官而就其功之高下彼此同一不較
爲己之所獲雖衆也而錫予或不称初不以告乎質正之
吏而爭其功之有無大小同一無訟焉所爭所獻之功指
上馘囚
角弓其觩兩章
上下相蒙惟繇淮夷而致其服故感淮夷而来其貢因其
出題不以武功文德為主就其意也式固不猷出題合下

卷十三　十六

一章倣此
角弓其觩一章
末二句斷毋在四句截上是餙兵備既有以服遠下是壯
兵謀終有以服遠見服淮夷之道固貴於兵備尤貴於兵
謀重在兵謀上時說过文兵家之法貴謀賤戰則兵備大
輕矣按詩人之意是以兵備兵謀兩願之而重在兵謀
既克淮夷四句
上二句是有以致淮夷之服下二句是所以致淮夷之服
就其出題以下二句作申上二句說
既克淮夷孔淑不逆

上句自我服彼而言下句自彼服我而言上句承角弓其觩四句下句則承上句也要云我所以願于魯侯者弓矢精矣車徒整矣以之討彼淮夷殆見攻不可抗守不可入無不望風而靡奔頭鼠竄之不暇而前徒自倒戈也靜不能撼動不能禦無不隨塵而奔曳尾狼馳之恐後而一鼓遂成擒也淮夷既克由是傾心向化狡僞者献其誠而不復向日之肆侮招之則來麾之則去帖然於號令之下為革面來威鼻慢者一于敬而無昔日之不恭令之則行禁之則止翕然于約束之内為淮夷彼服如此百年不臣之國累世難化之人自我臣之自我化之矣所願于我侯者

固如是夫孔淑是效順意

式國尔猶淮夷卒獲

二句開說勿作申上文意註中蓋字是應則字非承上文也不可以弓徒矢疾車博卒勸指為謀猶不逆式固是周悉万全之謂時文以淮夷卒獲應上孔淑不逆故以終無不獲之終作久遠講孔淑者常孔淑不逆者常不逆故曰卒獲令玩終乃終了之終非久遠意

翩彼飛鴞一章

承上三章而言惟致其服故来其貢不単繳角弓其觩一章或以此章開畨不本上三章来則上三章詩人討之徒

言矣與之取義郎飛鴞悪鳥也食我桑黮而変故思以好音與淮夷狡人也感吾内修而悟故貢以重宝内修指上明已德而得賢臣飭武備而壯兵謀説

憬彼淮夷四句

首一句截上是格其心下是来其貢有在末句断者以上三句是彼貢以下一句是我遺貢遺為主未善

憬彼淮夷來獻其琛

上句承前三章内修説非感泮宮文教而悟也来獻其琛要含下意當講憬彼淮夷向因叛而不悟矣今則㮣五之有德畏吾之有臣憬然開其迷路不可以干正循淮水之東流而起朝宗之念也昔固冥而罔識矣今則惧吾之有備服吾之有謀憬然啓其聰知逆不可以化順覩太山之北峙而興仰止之思也惟其变於已而既有所明則其献于我而豈能已我将見淮夷於此変梗化而為向化泰貨而來猶以出於其地者莫如蠙珠視為常而不足以為貢也必求希世之珍而稽首於廊廟之上以舒其惆悵焉轉方命而為效命細載布至猶以産於其土者莫如纖縞視為易而不足以為貢也必取遠方之宝而匍匐于斧扆之前以伸其衷赤焉献謂献于君庭不説献于今日飲酒之所

示宗相猶大略同金

二句皆準夷所獻之琛也莫以下句作找遺之龜象南金
非其國之所有奉以為獻所以表其來享之誠

閟宮有侐三章

一頭兩脚破閟宮二句一頭姜嫄以下一節作一脚后稷
之孫兩節作一脚詩柄所謂時益修之故詩人歌咏其事
推本后稷之生而下及僖公下及字包后稷之孫一節在
其中所以不可後一節斷自閟宮有侐起至莊公之子意
同全詩閟宮二句首言修廟下原僖公所出以著有廟之
由遂歷頌禱其奉祭受福而末章申其修廟之事以終首
章閟宮二句意也全詩通重修廟

閟宮有侐 止田附庸

首二句分一頭兩兩脚截者閟宮二句一頭姜嫄以下一
脚后稷兩節一脚亦是

閟宮有侐一章

首二句分上頌僖公修廟之美下推后稷立業之隆以著
僖公所出之遠也然則今日有廟顧豈偶然哉過文公之
修廟如此而公所出其來遠矣要見姜嫄以下本其始生
之祖言之原其廟之所由起也不作有魯之由赫々姜嫄

赫々 字輕無災無害二句承上帝是依說

閟宮有侐實々枚々

二句皆廟制之美勿以上句作廟貌下句作廟制閟侐实
枚要講得明我侯之修廟也材木尽其良經營殫其慮而
廟制何如邪不淺近也彼堂寢之奠于前後者墻不露
形而規模究遠深而不可窺焉不卑狹也彼昭穆之列
於東西者杳不知所而高低莫迷邃而不可料焉廟既深
矣然門闥洞開而塵氛不入四顧猶止水之無波也何清
如之廟既邃矣然廡宇高啄而宮甍翬騰似覌惟先公之
在上也何靜如之不惟清也基藴盤據一竹之苞而確然
其不拔程式堅攻一山之鎮而端然其难移則鞏固孰加
之哉不惟靜也瓦縫參差鈎心鬥角之整而風雨不能侵

釘頭輻輳連甍叠棟之齊而鳥鼠不能入則謹密孰尚之
哉夫以是廟也竭孝忠之誠安功德之祖則民心依歸而
魯人固自不能已於歌咏矣实々枚々非謂实而又实故
曰实々枚而又枚故曰枚々只鞏固謹密之意

是生后稷止為周室輔

兩節平說不在上帝臨女截要一套說下觀朱傳推本下
及字其意可見上節以其始生之祖而言下節以其始封
之祖而言見僖公所出之遠而今日有廟抑豈一朝一夕
之故哉此題或作有魯之由或作有廟之由不本僖公所
出說則與朱傳推本后稷之生而下及于僖公之意相戾

末一句断百福单指黍稷重穋二句不兼封邰降之百福
是降稷以百福末句只管降福説天降百福於稷先以黍
稷重穋民命所賴之以立者也穜稑菽麦民生資之以養者
也今天降之於稷則稷有功於民矣故封之於邰而奄有
下国未可外講
黍稷重穋穜稑菽麦
二句百福之实此乃美利而可以徧养下民故謂之福百
福則非一類举此八者以例其余重穋穜稑雖非穀名朱
傳不指何物难以重穋説黍稷穜稑説菽麦还作八者為
長

卷十三 廿二

俾民稼穡止續禹之緒
末一句分俾民以下言稷教民稼穡如此盖續大禹安民
之緒也不以俾民以下作养民之功有稷有黍二句乃
稼穡之实即所種所歛者
奄有下国止上帝臨女
兩節皆周之事就其出題作有魯之由説不然无味
奄有下国止奄有下土
首一句分过文稷之受封固由天降以福矣而稷之錫福
於民何如哉由是教之稼穡時乎春二俾民何以種焉時
乎秋也俾民何以歛焉種之歛之有小而稷有高而黍稷

黍无不有也有黑而秬秠無不有也夫下土
既為后稷教民稼穡之場孰非后稷之所奄有邪俾民者
教民也奄有下土以奄有下国例之亦是言后稷奄有下土
非謂黍稷稻秬奄有于下土而稼穡遍天下意時文講作
稷有下土破作利徧天下自相矛看
奄有下土纘禹之緒
上句承俾民稼穡言合四海皆稷俾民耕稼之地則東阡
西陌稷之阡陌也堯九州皆稷俾民力穡之所則彼疆此
界稷之疆界也不可作有天下看下句纘字要挑得出懷
襄之害息禹固有以惠吾民矣然无所以為之养則不勝
阻飢之患今稷也俾民以稼是欲惠於我者猶其惠於禹
也于以繼其事焉汎濫之患除禹固有以安吾民矣苟無
所以為之食則难臻乃粒之休今稷也俾民以穡是欲安
於我者猶其安於禹也于以紹其業焉緒是事業要認得明
纘禹之緒祭祀首重稷養民之功足以繼之今玩朱註禹治
洪水既平稷乃播種百穀是言禹平水土既有以安吾民無
養則禹安民事業誰其繼之稷今俾民稼穡而播種
百穀蓋纘禹安民之緒也正為俾民稼穡两下平説不分輕
重与傳合
后稷之孫二章

卷十三 二十三

臨女上截上是推周業之所由成下是原魯国之所由建重在魯上勿以周魯平看講契后稷固我魯之祖大王实后稷之孫即為过文实始剪商者王迹始著蓋有剪商之漸非大王有剪商之志也大全可玩講畢繳云夫有魯之由如此則我公所出遠矣而今日有廟豈无所自哉要歸在僖公及有廟之意

至於文武止上帝臨女

首二句断此見有魯之由有魯所以有廟要繳出有廟意致天之屆四句正纘緒之实也緒是剪商之緒諸首二句當以文武分講文王講一股武王講一股下文致天四句見得承武王說若以文武合講則下四句似文王皆在其中

卷十三　二十四

致天之屆四句

上二句是天命絕于商下二句是天命歸於周皆就天命言勿以无二兩句作得人心看于牧之野搭在上講謂致天命絕商于牧野之時不可搭在下說以為陳師牧野之日衆心无二无虞而上帝臨女所以致天之屆也上下開說為當講至无二无虞只用斯時也作过致天之屆出至克咸厥功上四句聖君成伐暴之功下二句聖臣賛伐暴之功

致天之屆于牧之野

極謂天命絕商也非是絕商帰周故謂之極天命帰周于上帝臨女見之

無貳無虞上帝臨女

二句乃衆從武王之意依大明篇說不以無貳無虞作衆心無貳無虞上帝臨女实言天命帰周也或講有着上帝臨女者非

敦商之旅止為周室輔

首二句断上下貫說惟有功於周故得封於魯

敦商之旅克咸厥功

卷十三　二十五

上句指周輔佐臣旅是衆臣未傳輔佐之臣正解此句如呂如召如畢如榮之類非謂三千虎賁八百諸侯治商衆臣哉有其功而周公乃衆臣之一实賛其功者也二句重在周公衆臣不重

王曰叔父止為周室輔

一頭兩脚破首句一頭次三句一脚末一句一脚俾侯於魯二句所謂建爾元子建者立也不封其身而封其子者周公留相王朝之故不謂着封周公恭止一身不足以盡報功之心故封其子蓋既封其身則子有必蔭之意豈止於一身哉所說非是

俾侯於魯三句
不句揔承俾侯于魯兩句俾侯於魯大啓尓宇則從其于蕃于宣為周室輔保登姬于無虞保魯於無虞也維皇畜於不掞維魯於不掞也庶足以報其功矣末句重在為魯見報功意不為王室慶源以為不特為魯公討乃為周室計則封伯禽只為王室非報其功也俾侯于魯出至土田附庸上是封建之意下是封建之實

俾侯於魯大啓尓宇
二句開説不可作一串看以為俾侯于魯所以大啓尓宇俾侯於魯見得列爵之榮非止伯位男位也大啓尓宇見得封土之廣非止七十五十也尓宇暗含下章山川土田附庸講不指宮室

敦商之旅止享以騂犧
兩節平言上是魯国所由封下是魯祭所由舉不在土田附庸截

乃命魯公一章
前四句分上是有国下是有祭有国所以有祭而閟宮之一修也有由矣打轉修廟

乃命魯公四句
首一句分俾侯三局乃命魯公之実按詩人称僖公致敬郊廟而願其神降之福先言此者以見魯国所以有郊有廟也俾侯於東一句應上俾侯於魯錫之山川二句應上大啓尓宇

錫之山川土田附庸
錫字管山川土田附庸要提起説山對川講土田對附庸講山謂龜蒙鳧繹川謂河濟沂淮之類土田謂常汶鄆灌附庸謂邾繹顓須之類山川分講不妨

周公之孫莊公之子
二句見得僖公所以得奉祭郊廟也上句以遠者言下句以近者言此詩作於僖公之時則尚未諡為僖時説講至於此就称傳而至我僖公未善只云傳至我公遠則周公之孫近則莊公之子語方無病

龍旂承祀止亦其福女
騂犧上截前是称之後是願之称願要分匆以龍旂七句皆作願説龍旂二句揔言以起郊祭廟祭也不可以此二句專為郊祭豈有郊祭乘車馬而廟祭不乘車馬之理

龍旂承祀止享以騂犧
首二句斷上是往祭之儀下是奉祭之敬此皆称之也作称願説欠當

春秋匪解止享以騂犧

上二句致敬於廟下三句致敬於郊魯之所以有廟周公之勲伯禽之受也魯之所以有郊周公之功成王之賜也廟祭之敬匪解不忒見之郊祭之敬寓於皇〻后帝之中或謂皇〻后帝三句若作郊廟不見敬意要以春秋二句兼郊廟說后帝五句郊祭之獲福周公二句廟祭之獲福今按郊祭惟孟春一行朱傳解春秋字則為錯舉四時可見單言廟祭

春秋匪解享祀不忒

春秋雖錯舉四時只依經文說春秋二字講不必添出夏禴冬烝雨露既濡語可用匪解謂祭以時而不敢慢其期不忒謂祭以礼而不敢越其分泛說或引下章載嘗福衡講匪解白牡騂剛講不忒未嘗

皇〻后帝三句

末一句斷此郊祭也重在后帝然行文只得以后稷與后帝並講享以騂犧后帝共后稷皆有朱傳要貼得明郊祀上帝貼皇〻后帝句配以后稷貼皇祖后稷句牲用騂牡貼享以騂犧句

是享是宜四句

上二句郊祭獲福下二句廟祭獲福上下福字俱要泛講毋偷下文祭章福說

卷十三　二八

是享是宜降福既多

上句謂后帝后稷享之宜之非謂魯公於神是享是宜也宜者閑然閑恂之意

周公皇祖止萬舞洋〻

上二句獲福於廟下七句致敬於廟不以下節作推獲福之由蓋獲福於廟由匪解不忒而來非由礼備樂盛也上下開說為當

周公皇祖亦其福女

二句承上文說上言郊祭而后帝后稷降福既多矣此言廟祭而周公皇祖亦其福女也亦字蒙既多之既字來

卷十三　二十九

春秋匪解止孝孫有慶

上節兼以郊廟言下節專以宗廟言春秋二句致敬於廟后帝三句致敬於郊是享二句郊祭獲福也周公二句廟祭獲福也勿以后帝三句兼郊廟說

秋而載嘗一章

洋〻上截前是致敬於廟後是獲福於廟不在孝孫有慶分孝孫有慶搭在下截自此以下三章專言僖公致敬於廟而獲福之事或疑此時公車千乘及天錫公純嘏章俱兼壽言朱傳只言神降之福而不及壽何也壽乃五福之先言福則壽在其中

秋而載嘗止孝孫有慶
末一句分上是致敬於神下是獲報於神孝孫有慶要含
下文意講
秋而載嘗止萬舞洋洋
末一句分上六句礼之備下一句樂之盛禮樂作眼万舞
萬文舞武舞言
秋而載嘗三句
三句皆主牲說上二句先時而備其牲未祭之事下一句
因人而異其牲臨祭之事秋嘗兼周公魯公講福衡兼白
牡騂剛講取其上下相應

卷十三　三十

白牡騂剛四句
四句渾破騂牡共毛炰胾羹是祭物犧尊共籩豆大房是
祭器籩豆要分周公魯公周公籩豆十六魯公籩豆十二
蓋成王命魯祀周公以天子礼樂故也所以不同
毛炰胾羹籩豆大房
上句以祭品言下句以祭器言炰胾作兩樣說炰自是炰
胾自是胾不可以所切之肉就是所炰之豚
孝孫有慶止如岡如陵
首一句斷下乃孝孫有慶之實慶字直管至末非單管爾
熾而昌六句

俾爾熾而昌止如岡如陵
末二句斷上是願其有以尊於己而固其國下是願其有
以資於人而固其國人已立意
俾爾熾而昌四句
上二句就身言下二句就國言願其身膺福壽之隆于以
保魯國而有常也串說不可開看
俾爾熾而昌俾爾壽而臧
上句言福下句言壽熾是多福茂矣苟不已之氣發
昌則禎祥畢聚莫窺其涯涘也壽是元氣固矣歷無窮之
歲月臧則災害不作能善其始終也臧在寿上說非由[illegible]
德

卷十三　卅一

保彼東方四句
上下相承不虧二句承保彼東方二句保彼魯國而常其
以致土地不虧不崩以致干戈不震不騰勿以不虧二句
作魯邦是常之實
保彼東方魯邦是常
二句承上爾熾而昌二句魯邦是常言常有[illegible]
名山大川土田附庸立說不可引下不虧二句[illegible]
東方一意不可分看
不虧不崩不震不騰

上句就土地言土地無侵削之患則不騫不崩也下句就
干戈言干戈無擾擾之警則不震不騰也鄭氏如日常盈
等註可用
三壽作朋止壽胥與試
三壽謂有壽之三卿壽胥與試祝其不特三壽作朋願
茲三壽相與爲公之用而老成布列於朝則魯國可以永
保矣前後相應
三壽作朋止則莫我敢承
封國遠国作骨上二句得臣而固乎封国祝之也下一節
行師而服乎遠國美之也上是將然之福下是已然之功

卷十三　卅二

三壽作朋如岡如陵
三壽與壽言之不可只講三卿作朋者輔道之意如岡如
陵頌得三壽以引以翼保魯如岡如陵也重僖公上不依
華谷謂頌有壽考之三卿爲朋友皆如岡如陵之固反重
三卿
俾爾昌而熾止有壽無有害
福壽意渾破不分講至黃髮台背不但壽而富也驗之
於髮而髮則復黃焉驗之於背而背則如台焉講至萬有
千歲不但看而文也萬有千歲之文而眉則聳秀焉方有
千歲之遠而害則不生焉時義逐句開講似無血脉

俾爾昌而熾俾爾壽而富
上句是福下句是壽富就壽說謂之富者日復一日也不
可以淺近言歲復一歲也不可以限量測非富有之富觀
其昌大壽考註可見
黃髮台背壽胥與試
黃髮台背指君言壽胥與試指臣言黃以兩句皆作臣説
俾爾昌而大俾爾耆而艾
上句是福下句是壽昌謂福之全備而無遺大謂福之崇
高而非細六十曰耆五十曰艾時文多講不惟耆焉耆而
復進于艾所講有疵

卷十三　卅三

萬有千歲眉壽無有害
二句串說萬有千歲之久眉則聳秀而鼓舞不倦也萬有
千歲之遠害則永無而優游以樂也萬有千歲謂萬歲千
歲眉壽與害分講
公車千乘一章
敢承上截前是稱其功後是願其福此以廟祭獲福言不
惠郊廟神降以福因有武功毋以武功降福各自開說謂
公不徒有武功而致敬於廟神復降之以福也又以武功
俱作福說者非或疑此言僖公致敬於廟故神降之以福
此言武功殆於廟無所預神何以降福耶蓋武功强了一

時足以光前而慰宗廟之靈所以神降以福也時說以為
武功之盛可謂善繼善述故降以福按魯自伯禽以後不
聞以武功者者主繼述者不通

朱英綠縢二矛重弓

上句是治兵器也有法下句是具兵器也有法

公車千乘 止烝徒增增

公車三句言國賦之盛公徒三句言師衆之盛有因二矛
重弓句故以公車三句雜作國賦之盛要作器械精好看
不知公車千乘則戎矛多矣二矛重弓牽一車言也說国
賦之盛無傷

戎狄是膺 止魯侯之功

攘外保內作骨上一節是攘外下一節是保內公車千乘
或出至魯侯之功或出至魯侯是若意皆同此

戎狄是膺二句

膺懲要見率是車徒以膺之懲之也膺戎狄夫風霜凌烈
之下而醜虜心摧膺之則孰敢敵其鋒也懲荆舒夫雷
霆震蕩之餘而蠻夷股慄懲之則孰敢抗其師也末句總
繳是膺是懲二句

俾爾昌而熾 止復周公之宇

前三節分前三節廟祭獲福後一節郊祭獲福或泰山岩
岩起或保有鳧繹起出至復周公之宇意俱倣此

俾爾昌而大 止魯侯之功

兩節皆廟祭獲福也上節願以一身之福下節願以一国
之福勿以上節是福下節是功自俾爾昌而熾出至魯侯
是若意同

泰山岩岩三章

前二章分前二章廟錫之福後一章郊錫之福通些三章
兼郊廟說者勿依

泰山岩岩兩章

兩章皆是象宗廟神錫以福而言上章首三句魯所已附者

也固願其常為魯之所統矣遂荒大東以下尤願其服所
未附者下章首一句魯所已屬者也固願其常為魯之所
守矣遂荒徐宅以下尤願其服所未屬者則神之福吾君
也何厚耶首尾要提出神降之福來通章俱作願說只以
遂荒以下作願則上章首三句下章首一句全無意矣淮
夷在魯之南時義以上章指東方未服者以下章指南方
未服者各當

泰山岩岩一章

前三句斷上是統所已有下是服所未有不任末一句截
末句只當遂荒以下而言大東海邦以至淮夷莫不率同

莫不率從乃魯侯之功也不管一章大東四句非謂能
治其境内則遂奄有之而致其服要見是欲神之福之如
此下章遂荒徐宅六句亦然
遂荒大東四句
淮夷上截遂荒二字管至淮夷而止末同此莫不率從總
言大東海邦淮夷莫不来同莫不率從也不依曹氏单指
淮夷説来同謂無不朝我之闕廷率從謂無不為我之臣
妾或以大東二句要一聯看指地言淮夷二句要一聯看
指人言今以下章例之上説為長
莫不率從魯侯之功

卷十三　三十六

上句兼大東海邦淮夷下句只承莫不率從言也蓋統所
已有而服所未有雖皆願其如此然玩遂荒之遂字　因
其有此而欲其得彼之意還重未有一邊離將已有未有
平看所以魯侯之功專貼未有一邊方是不可通繳下章
魯侯是若旨然
保有鳧繹一章
首一句斷遂荒二字管至南夷按註此嘆上章所未服者
乃勢相連屬之国安城刘氏作遠国説不嘆傳合
莫不率從莫敢不諾
二句就本章徐宅海邦淮夷蠻貊及彼南夷説上句謂傾

心向化下句謂貼耳聽命將文不玩朱傳泰山龜蒙鳧繹
等註是照兩章而釋之遂罗上章大東淮夷来講殊失傳
旨
莫不率從止魯侯是若
末一句分承句繳上二句而言魯侯于連屬之国素欲其
向化也今莫不率從則順其向化之欲又欲其所命也今
莫不承諾則順其所命之欲或三句平説又以末句单繳
莫敢不諾俱未為當
天錫公純嘏一章
首一句分下乃純嘏之実莫在首二句截純嘏泛論眉壽

卷十三　卅七

保魯以下只遂句説見得無福不有所謂純也不必上下
相承此章本其郊祭獲福而言故提出天来以見其意
眉壽保魯二句
上一句保其所已有下二句復其所故有兩下開看毋以
居常與許一句作保魯之實
居常與許復周公之宇
二句承説常者周公之旧封也見侵于斉而今自我復之
則有以復周公之常宇許者周公之旧邑也見侵於鄭而
今自我取之則有以復周公之許宇君是統取常許言上
文常許不説宮室

魯侯燕喜四句

四句平說首句以身言次句以家言三句以朝言四句以国言衆說不一只宜逐句開講方見純嘏燕謂安也俾為優游之意不謂飲酒

令妻壽母三句

末一句斷就提論之末句要承上二句說内外得人所以邦国是有也邦国是有燕已有未有言止于大夫庶士兩句乃燕喜之由下有令妻則助之者深上有壽母則成之者遠是以燕喜

卷十三　三十八

令妻壽母宜大夫庶士

内外作眼以内言之端莊嗣窈窕之風而徽音不墜妻則令妻也春秋踏期順之域而懿範久端母則壽母也内之得人如此始見閨門之中萬化由是乎出矣以外言之智足以率人而免瘝官之譏大夫則宜于大夫也才足以莅事而逭冗員之譏庶士則宜于庶士也外之得人如此始見朝廷之上庶績由是乎熙矣宜字以令字寿字观之是言大夫庶士宜于其位非謂魯侯及上下無猜忌意

竟出宜大夫庶士二句宜字就魯侯言

既多受祉黄髮兒齒

二句開說不以上句繳居常與許下句繳眉寿保魯一句夫既多受祉而復黄髮兒齒宜其福之純也受祉泛講

徂徠之松一章

且長大蘊前是成魯庙之粜後是順魯人之心勿奄奕奕

上分此章承上数章而原其所以頌祷由其修庙也以終首章閟宫有侐二句之意

是斷是度是尋是尺

二句渾破斷者伐之于山度者量之而用尋者取其所長者就其所短量其長量材用之非謂度其長短

卷十三　三十九

路寢孔碩四句

四句平截路寢二句兩關不依廖源就路寢孔碩見其所修之庙大矣奚斯所作兼路寢新庙言作謂重構观諸人累言庙制之大則知所謂修庙兼增其規模而暴新之非作補葺之謂孔曼且碩打轉孔碩奕奕

孔曼且碩萬民是若

萬民是若承孔曼且碩說閟宫所奉之祖皆有功德於民若庙制不称民久望其改作也今修之而孔曼且碩如此則順萬民之望矣不請崇德報功人同此心心同此孝之心

詩經臆說卷之十三終

詩經臆說卷之十四

賜進士第光祿寺少卿海陵華湘源楚編

商頌一

猗與那與三節

一頭兩脚破首節一頭次節一脚末節一脚首節只言作樂以悅乎神尚未見其感也時義破作歷叙其聲樂之美而感乎神人欠當猗與五節後一節分前是尽奉祭之道後是與享祭之由

猗與那與一節

四句平截樂之多就鞉鼓見悅乎祖承奏鼓說勿在首句及末句分猗與那與一串盖嘆其樂之多也不可平講樂多既於下句見之首句只宜泛說方是若講金石絲竹充於庙庭之上匏土革木森於殿堂前則於下句有碍鞉鼓兩物不依書傳作一物解鞉乃樂之小者置我鞉焉則樂之小者无不列也鼓乃樂之大者置我鼓焉則樂之大者无不陳也所以見樂之多

奏鼓簡簡衎我烈祖

上句只講奏鼓不必兼鞉衎我烈祖自奉祭者言我之作樂于以動乎賓賓而樂我烈祖不說烈祖感之而悅夫㦲

拄木迎而臭味未成之時先作樂者商人尚声故也非謂

卷十四　一

烈祖之祜俱洛既久苟不條湯其声則无以致其享所以
先作樂以格之

奏鞁簡〻四句

上二句臨祭之時下二句方祭之時按湯孫所奏之樂下文鞉鼓管声是也若単講鞉鼓有碍下文若兼管声有碍上文宜渾淪説

湯孫奏假四節

末一節分未節繳上三節単承庸鼓両節者非烝嘗之祭就上文説宗廟載營之時而樂舞畢具祀事孔明之日而恭敬不忘代烝嘗之祭也湯其顧我之烝嘗专不用樂盛

卷十四　二

犧牲語謂時義以鞉鼓王磬講在烝上以鍾鼓萬舞講在嘗上不可依之湯孫之将見得不攝以他耽樂舞之屬湯孫奉之也恭敬之行湯孫行之也則氣流通庶乎其享我顧奚按上章綏我思成是神已享其祭然湯孫之意無窮故致其丁寧如此

湯孫奏假兩節

上節言樂之美九献之時也下節言樂之盛九献之後也蓋因下節見得上節是九献時事重在樂上不用主祭助祭自鞉鼓淵〻出至亦不夷懌意同湯孫奏假三節前二節樂之作也无不盛後一節敬之行也有所傳

湯孫奏假一節

首二句分下詳所奏之樂其美如此故感乎先王而綏我思成也鞉鼓淵〻以下時説只言詳其所作之樂不繳所以綏我思成来是

湯孫奏假綏我思成

上句所奏之樂要以下文鞉鼓管簫講不可泛言及単繳上文鞉鼓未傳成此人之人指先祖也如有所見如有所聞是謂之成此題講起有提出烝嘗来説者雖不為差不若不提妥貼無倫祀講者非

鞉鼓淵〻嘒〻管声

卷十四　三

上句是単音擊而成声者下句是竹音吹而成声者二句専就樂上弃揮淵〻嘒〻不必入功德説盍此以下是詳湯孫作樂之美故能感乎先王也不重先王所以不必入上功德按経文単言管声而未傳於下章則兼簫言荒滿説之語講中不必用之凡有帶過之言詳見臆説卷篇字觧見孟子梁恵王上篇

既和且平依我磬声

二句承説王磬声之和平者也鞉鼓管簫既和且平如此則能依磬声而不相奪倫矣開講欠詳或以堂上堂下之樂平看皆非覌経文既字上句是承淵〻嘒〻而言見其

和平也非謂依我磬聲方見和平下句另講鼗聲之淵淵
依我磬聲之鏘鏘管聲之嘒嘒依我磬聲之鏗鏗似乎一
樣而實兩樣不可牽從

於赫湯孫穆穆厥聲

於赫是嘆湯孫非是嘆樂慶源云註當從上句就主祭上
發揮下句樂聲之美重指鼗鼓管籥以堂下堂上之樂
平說當云嗟嘆以為容貌是服而威望孔昭足以承祀事
於不替顯矣哉我湯之孫也裸圭是持而顒昂不著足以
紹祭統於無疆盛矣哉我湯之孫也以其樂言之鼗鼓之
作淵淵乎其和平而有以協玉磬之雅韻不淫哇而相亥

卷十四　四

焉管籥之奏嘒嘒乎其和平而有以諧玉磬之幽響莫不
濊而相奪焉厥聲何如其美耶樂美於上鼗鼓淵淵四句
見之時義不一或謂由於赫赫或謂由於誠敬或謂由於
功德所以為美似俱未當

庸鼓有斁一節

九獻之後其樂如此則祀事畢矣斁奕要挑得出金革並
奏於一時故斁然其盛文武分列於兩階故奕然有序此
合下節此是樂作而感乎今人下是敬行而由於古人

我有佳客亦不夷懌

二句由其樂之盛而所致也謂之佳客者見得孤出天其
一而賓主勢分之不遠裔由帝胄而上下等威之相同故曰
佳客亦不夷懌之亦說佳客乃先代之後而與已
異感者亦不夷懌焉孰謂非由樂之盛而使然哉不依豐
城添出神來以對亦字夷懌只講樂舞之振蕩感之而心
自什在商猶其在震也聲容之悠揚觸之而神自怡在殷
猶其在夏也若謂悅聽鐘鼓之聲悅觀萬舞之容不見通
暢

自古在昔一節

四句平截此與上文數節對看上文言樂此節言敬勿就
樂上說敬要見此節是原在已所以恭敬而不可忘之意

卷十四　五

義我今日奉祭必恭必敬者以恭敬之道乃古人所行古
人之行恭敬何如朝夕二句申其行恭敬之實也然則我
豈可或忘哉奉祭者之恭敬首尾提出時文以朝夕
二句作古人所傳之恭敬不指古人行恭敬說不合傳意

自古在昔先民有作

先民上截自古在昔先民以閔馬父註推而上之見得恭
敬之行非一世也時說作歷言者及作自古在昔之時有
所謂先民焉一串說下皆先所擬未傳古人所行一句古
人二[illegible][illegible][illegible]自古在昔先民所行二字解有作也要必有作通
求自古在昔先民說恭敬之道自古而求之在昔自古固

王對越之所富不及於先后之富而得以祭備其物是烝
文意謂惟其富極天下純祉可以申錫於不已故及尔今
是以及於今王之所而修其祭祀也及尔斯所暗含下
下句承上句言烈祖秩秩無窮之福可以申錫於無疆

申錫無疆及尔斯所

斯指賚言斯所謂奏祭之所
前三句斷自乃嗟嗟先王而引起之詞不用專講有秩

嗟嗟烈祖一節

酤兩節此末節是其重而與及尔斯所關
後一節斷不在首一節即介我綏下文所云只當既載清

嗟嗟烈祖四節

時靡爭說者不明
鬷無言或謂是潔是湛平此非意有以上句之講下句意
或謂下句之殺以爭言自一獻以至九獻事雖不一也而
上句之恭以時言自未祭以至既祭時雖不同也而精無
祭祀時言不可講作經文要以其恭敬無于間句
一句開說意以下句即是溫恭朝夕之意此指古人而就其

溫恭朝夕執事有恪

無不行也不可專指先民
行矣在昔先不行也在昔而求之先民在昔圖行矣先民

是時惟其富極天下其休可以申錫於不已故及尔今
主感格之所貴不異於先后之貴而得以祭有所賴以受
以備爲引下文講辭其意可也不可謂綏嘏出清酤和羹
及諸侯助祭之意時義善及不斷所謂乃及於下湯孫之
所其後禱來文也傳比之意申錫無疆格下二節上三句
前王有以行其祀事下二節後王得以修其祀事

既載清酤二節

末節總上文三節之意蓋湯孫以四意不依眉山蘇
註串綴說一節接上三節語清酤而羹和人助而天格
固自直添恐未復發其下意也此節篇末意同

既載清酤兩節

兩節平說言天錫之所及也不以下節作申上節得以奉
祭之由祖宗而後關說豐年降集之時義於文既為天
下以主祭者言作以助祭爲當

既載清酤一節

首二句分上主載清酤下主進和羹清酤和羹並就祭時
言也毋以上是未祭下是方祭豐城朱氏末節之說勿依

鬷假指主祭者說

亦有和羹四句

上二句誠意之高於物下二句誠意之存乎人豐城小註

可從亦有和美二句或因朱傳不解既戒既平句遂要輕
說不作誠意之寓於物今玩傳意非不解也蓋以和美二
字包之
亦有和羹既戒既平
上句亦字承清酤說不惟有清酤而亦有和羹戒者未祭
而預具之平者臨祭而均調之總言皆是羹熟
鬷假無言時靡有爭
奏假上截奏依註作進說謂進和羹不謂奏樂無言無爭
皆指執事之人無言謂不諠譁無爭謂不交侵序陵註是
肅敬齊一兼無言無爭講不從慶源分看肅敬而尤齊一
見其肅敬之至

卷十四　八

綏我眉壽黃耇無疆
黃耇上截綏以眉壽恒位乎九重不止於耆艾而眉壽
無疆也綏以黃耇永臨乎五位不止於耄耋而黃耇無
疆也無疆總承眉寿黃耇
約軝錯衡一節
兩頭一腳破約軝四句一頭降康二句一頭來假二句一
腳不在以享截約軝四句言其得人降康二句言其得天
以假以享兼既載清酤亦進和羹說不可分貼以假則既
載清酤以享則亦進和羹自天降康二句見得清酤有所

供和羹有所備
我受命溥將自天降康
上句得人之助下句得天之助得人清酤和羹賴之以獻
也得天清酤和羹賴之以具也講卑歸重先祐豐年穰
穰出意與此同時說以此二句重在得天不以得天得人
立意不知因其得人見其受命溥將得人豈可輕看玩朱
傳既字上句是承得諸侯助祭不可泛講不可帶下使
得以祭單指下句適以兩句作得祭之由者非今日得
以奉祭固由於先祐所及今觀朱傳使得以祭註則係本於
豐年何執兼清酤和羹之備而得以祭蒙豐年來所以得
奉祭于宗廟由先祐所及也非由豐年故雖以此一節作
推上節奉祭之由

卷十四　九

自天降康豐年穰穰
二句賴以備物奉祭宗廟上句要見陰陽協和而災沴
弭於穹壤雨暘時若而沴戾絕於田疇註講見得自天降
之下句乃降康之實講豐年出奉祭於先祐所及
來假來饗降福無疆
二句總承得人得天而言惟得天人之助如此是以感神
而獲福說不可單承得天一邊格之享之就主祭者說不
依大全講以假以享降福無疆泛講指上章綏我眉壽

二句

天命玄鳥五節

前一節分二節以下只承湯說按此祭祀宗廟之樂不獨以湯言者湯有天下之祖故獨言之考之敍說此乃高宗以後之詩不可認作高宗祭祀宗廟

天命玄鳥一節

前三句斷或疑契未嘗居殷要以宅殷土芒芒指湯在首二句截合玩上下文勢天命與帝命相對上三句是天命乎契下二句是天命乎湯丕以宅殷土句説契蓋據後人言之

古帝命武湯正域彼四方

二句串說命是命其正域四方莫以上句是命其為君下句申其命湯為君者使其正域四方也分作兩截古帝云者自祭祀時王言故曰古帝非以今日命武湯之帝即前日命玄鳥之天是謂古帝武湯之武畧講數語不可帝注按有天下之初註封境當指天下謂正營東所西越南曁北四方之封境正訓作治命湯治天下之意時義以正謂正彼不正或謂當夏之季諸侯封疆紊乱所以命湯是正及以正域四方是正域四方之諸侯皆未為是要講營卯亘於東西天下之疆域廣矣湯也勇足以除殘去暴

故古之上帝簡任之不遑越奠綿於南北天下之封境大矣湯也武足以與衰撥乱故昔之上帝寵綏之有定乃眷西顧命湯治之薄海内外截然欲其齊一而控御疆域之權授之於徯后之秋也遂申以休命湯正之方輿遠近秩然欲其綂理而惟持封境之柄繼之於纘服之日也帝命成湯治天下如此不可便講區域莫不帰於版函之中境土莫不入於幅隕之内若然下章奄有九有难説

古帝命武湯此百祿是何

上兩節斷上是前王有以垂其休下是後王所以享其休皆頼先后之福也講畢繳云武丁孫子受福之隆如此固由於其武無不勝然非有頼於湯之餘慶抑豈能式

帰重在湯不以武丁孫子與湯並重如帝命武湯或商之先后起出至肇彼四海如方命厥后或商之先后起出至百祿是何意皆同此

古帝命武湯四句

上下承說天既命湯以治天下人心所以無不帰土宇所以無不屬作命湯之实者非也不依華谷以方命二句是湯代天意按註方命厥后謂四方諸侯無不受湯之命華谷所觧與傳不合

方命厥后一節

末一句分上四句獲福之隆下一句番福之遠受命不殆方命二句即是末傳以末句单承商之先后二句說者正以受命不殆包方命二句也不在首二句截武丁孫子依庐陵註謂武丁之孫子觀朱傳下章人龔湯号之今字可見是指時王不指武丁

方命厥后四句

四句相貫方命二句乃受命不殆也不依豊城朱氏以方命二句見諸侯之受命於商者非止於一國商之先后二句見商王之受命於天者非止於一世各自開看

方命厥后奄有九有

卷十四　十二

二句承古帝命武湯二句說上句以人心言下句以土宇言維我戎湯具武勇之資膺正域之命則人心豈能違之而他往土宇豈能外之而他附耶人心土宇平講人心既歸土宇固無不屬之理但此二句皆蒙古帝二句說来所以須當平講不必用有人有土作過或以此為命湯之实故以奄有九有即是正域彼四方所說纏繞奄有九有只講奄有土地若講七十而助粟米惟商是輸五畝而宅布帛惟商是貢則添一層意出題如從此章止搭下章通以人心為主

商之先后三句

先后单指成湯不兼契說泛言亦非受命不殆就上人心土宇見猶賴其福竊下人心土宇講不以受命謂受上帝正域之命承本章方命二句說者是搭下出題猶賴其福下文見之此宜渾講

商之先后止武王靡不勝

上三句前王有以延其福下二句後王足以承其福此非正意就題言之

在武丁孫子止大糦是承

上一句分上句是番休之遠下節是承休之实武丁孫子或出至景員維河或出至受命咸宜意皆同此

卷十四　十三

武丁孫子三節

首二句斷上是德之継乎先者稱下是福之承乎先者隆三節皆詳其賴福之实也講单當繳武丁孫子受福固由於德之無愧然非仰賴於先王豈克致此耶要歸重先后

上

武丁孫子兩節

首二句斷龍旂千乘二句應方命厥后見今日之人心即昔日之人心也邦畿千里三句應奄有九有見今日之土宇即昔日之土宇也夫賴先后之福如此自武丁孫子出至景員維河分闡

武丁孫子一節
四句承說撫武德之盛故人心之歸嚮殷宜重先后不然
時王亦重矣則非祭祀宗廟之樂也此下二章皆然
武丁孫子武王靡不勝
下句就若天下渾言紀綱不振而脩九敷昂之威一乾旋坤
轉足以措庶務之紛綸也法度孔昭而布濩流衍之勢一
雷厲風飛足以絡理機之叢委也其武无所不勝如此則
韓湯所向祭祀其武无所不勝言武足以勝凡事非謂足
以勝武丁之孚及天命人心也武丁孫子泛說不指武丁
故不可講中興氣象
龍旂十乘大糦是承
二句直言人心應天命殷后時說其所有九有未足
龍旂十乘止百祿是何
末二句分蓋末二句即人心土宇與殷受命之宜而獲福
之隆也不作推說
龍旂十乘止景員維河
前二節分龍旂二句言人心之歸邦畿三句言土宇之廣
四海來假二句承龍旂二句說諸侯之來何如其盛邦畿
韓而百祥紛紜祁祁乎其致多也所謂大糦是承在是矣
員維河一句承邦畿三句說王都之大何如其景山嶽挾

而大河縈迴赫赫乎其壯麗也所謂肇域四海在是人心
不殊于昔土宇無異于前皆賴先后之福祉
龍旂十乘止肇域彼四海
上下平說上言人心之歸下言土宇之廣一先福之所及
也或以下節承上節言人心既歸土宇自廣及以下節為
申上節謂得人奉祭由于天下一統俱不可從
邦畿千里止景員維河
上下平說上以土宇言下以人心言無非先福所被特說
串講謂王都之安而有以肇封域之廣則天下之歸嚮不
有以極來朝之衆亦失於牽合
邦畿千里一節
上二句言王都雖有制下一句言疆域則無限以見土宇
之廣也重在末句上邦畿二句乃是引起末句之意不依
華谷文重邦畿二句
四海來格一節
四海來假三句承前節言說見上題受命咸宜二句就四
海來假三句見之
四海來假三句
三句開講上二句言人心不改下一句言土宇如故不可
一串說下謂人心歸嚮而同然自見及來假于山河之上

祈慶源小註各勿依之講上二句畢要繳大糖是承在是見因助祭而來應龍旂十乘一節講下一句畢要繳肇域四海在是見其封疆之廣應邦畿千里一節按龍旂章惟言諸侯助祭而未言其衆多四海來假二句則承龍旂一節而言其衆多也按邦畿章惟言封疆甚廣而未言其形勢景員維河一句則承邦畿一節而言其形勢也時義講欠按續來假謂來助祭泛講車馬于焉而會同玉帛于焉爲而享獻者非景員維河依註串言景山四周皆大河也勿以山河分作兩股相對

殷受命咸宜百祿是何

二句蒙上四海來假三句就武丁孫子言要以先后提起發揮宜字不可並說當講人心之歸天命之集也先后成湯而百辟無不服則有人而受命固宜矣今也人心不改是我武丁孫子受命皆宜爲土宇之屬天命之存也先后成湯而九圍無不統則有土而受命固宜矣今也土宇如故是我武丁孫子受命皆宜爲受命咸宜就是百祿是何此即上文四海來假三句見其受命咸宜而百祿是何如此不作推上文意時文於上皆兼契與相土武丁講今玩前後經旨受命字正應二章受命字单以成湯發揮咸宜為長

卷十四　十六

濬哲維商三章

前一章断帝命不違承玄王一章說則二章三章意相連也所以前一章断王業為主前是王業之所由始後是王業之所由成自有娀方將出起意同此詩為祫祭而作故首叙契次及相土終及成湯於篇中叙契叙湯之事詳而相土畧者以契乃造有天下之祖湯乃始有天下之祖是以特詳言之

濬哲維商兩章

玄王相土兩平此乃祫祭之詩所以並致其尊美也不可重契過文帝既立契以造商矣而其德何如乎只承契過意始相接

濬哲維商一章

首二句断莫在首一句截洪水以下原商之造實本於契正申受命之詳發見之久也不依豊城小註上下開看洪水四句是引起有娀方將二句禹敷下土方按朱子楚辞降背下土方註下土四方乎解今從之謂洪水氾濫而禹治之於下土治之于四方敷指治水說非謂敷治下土四方

濬哲維商長發其詳

二句相承不可平論要以湯為主而推之我商之四世

卷十四　十七

一世而娶華蓋光由成湯而上則有相土運厚而能容照
朗而不昧天心甚允合矣而相土此濬哲也代非一代而
先後相輝由相土而上則有玄王深沉而無涯明睿而莫
掩帝意甚翕孚矣而玄王此濬哲也蓋商之先祖君德之
盛如此殆見德乃受命之祥有德則天命集矣商德既非
一世則祥之發也非一世華而論之蓋華夏正之宅始于
成湯而其戎之先見不獨成湯之時也筆之者相土爲商
德既非一代則祥之見也非一代遡而求之正域四方之
勢確于相土而其端之肇造不特相土之日也基之者玄
王焉則其發見之久也何如哉下句緊承上句而言由
湯而歷推至契見得受命之祥發見之久也時說上句無
指湯與相土契下句單以契言而久意發揮不明出此
二句就入湯與相土契講如出一章只宜渾說我商受命
其祥豈但發於一世哉世有濬哲之君而發見也久矣然
于何而見之洪水芒芒下方中長發其祥意祥乃休祥之祥

外大国是疆幅隕既長
此因水患之息而定中国之境也幅隕既長本上句言以
外大国為中国之境則幅隕可謂長矣幅隕依華谷小註
解
有娀方將帝立子生商
有娀乃外大国之一生商不必與前作一例看此言生商
就開天下說商之受命而有天下實基於契故曰生商非
如前篇言商人所由生也或謂契於其時未有室家即其
妃家而居之商室于是乎始造是謂生商如后稷居姜源
之家意此說無據未傳実基于此之此指契為司徒掌布
五教之時

有娀方將　止　至于湯齊
前二句分以天命為主不在後二句截自帝立子生商出
起意同

有娀方將　止　遂視既發
上言天立契以造商究竟契何以能造乎商哉下詳其德
見其所以能造乎商也下是原其造商之由不作造商之
實

玄王桓撥一章
下二句分上言玄王有以開王業是玄王有濬哲之德也
下言相土有以振王業是相土有濬哲之德也乎說不重
玄王

玄王桓撥五句
前三句斷前後貫說維我玄王強毅勇敢治其所教之民
受小國教行於小國而小國無不宜受以大國教行於

国而大国無不宜所以教行而無不宜者以其率履不越故遂視其民無不発以應之而小国大国無不宜也毋以

上三句作得国下二句作得民兩下開看

玄王桓撥三句

玄王称之匕辞不謂德之幽深桓撥連說言其能以武治之只講强毅有為治其所教之衆而啓其顓蒙勇敢不怠治其所教之人而開其聾瞶非猛烈之謂有以下文率履不越即桓撥者未當履源所謂既有武德又能撥乱以為治豈不可從是匙論其教行勿承桓撥說盖教無不行之意不由桓撥所致

卷十四　二十

受小国是達受大國是達

二句泛言不用親義序別信作骨重叠厭觀小國大国就所教之地說所教之地即其所受之国小國指子男之国大國指公侯之国非謂始封於商為小徙封於殷為大小国大國是達見其無所不宜

率履不越遂視既發

上句用得五倫作骨講君臣父子循親義之準繩而不過夫婦長幼率序別之規矩而不越見其以身教也不以礼其親又序別認作兩開或在政事上講及泛指動静語默者皆勿依之遂視之視只從常說还作顧視之視其相與

不恍之視同民兼小國大國發以應者應其率履不越而上達意此言民化作得人說者非

相土烈匕海外有截

二句承說至於相土封疆烈匕而益大是以四方諸侯帰之截然整齊矣烈匕言其土地增廣非勢非德盖相土之德只於此二句見之朱傳至是而益大註是解烈匕四方諸侯帰之說見大雅綿篇

率履不越止上帝是祗

此見商之世有濬哲之君也講中不可遺濬哲字破不用分自玄王桓撥出起意同

卷十四　二十一

帝命不違一章

首二句斷勿在末一句分湯降不遲以下是原其會命之由若作會命之实止管得帝命式于九圍一句餘皆遺矣

旧說帝命式于九圍正是王業成故謂至於湯齊莫露出王業成未合在末句說今玩之只講王業成而其天命會見其斉意不講何如其成無傷未命整惟上應其期而敬純於己是以帝命式於九圍王業成而天命會也意自相接

末句兼承生其敬不可单承敬言

帝命不違至於湯齊

二句兩平莫重契與相土言其世有明德所以至湯之矣

命會也若然則湯輕矣上句実指玄王相土不可泛言明德就上章見玄王具桓撥之才正已而民無不應是玄王有明德矣由是簡狄在亭毒之表天命不弗尚而去也相土繼侯封之日振業而人无不歸是相王有明德矣由是眷顧於冲漠之中天命不見厭而遠也契之明德當兼桓撥率履說或单講桓撥或单講率履皆非至於湯齊要用蘇註朱傳帶过因有此註也時義以商之先祖惟可指契以至字方包相土在内所説牽强

湯降不遲四句

首一句分生應其期見其得圣人之時敬純於已見其備

聖人之德湯降不遲非謂應五百年之期也言湯之生正當夏道既衰商運當興之日故曰不遲

圣敬日躋三句

昭假上截前是崇一敬以契天後是純一敬以事天不在首句及末句分遲遅運上帝是祗説聖敬日々躋升以至昭明而感格乎天其敬可謂至矣而尤久而不息惟上帝是敬則德之盛也何如式勿以昭格二句為日躋之実時義多以上帝是祗是原成湯所以持敬之心非是圣敬要依大全不用下章敷政奏勇講盖下二章是承圣敬日躋之二句不可作聖敬之実敬而謂之聖敬者慶源小註可玩日躋言聖敬日々躋升非謂與日而俱升昭假謂敬昭明而感格乎天不説昭事其天也上帝是祗只言惟天是敬或用天位吾靖共之天序吾謹飭之語講未善

帝命式于九圍

式字要説得闊當云天心是眷宠以元后之尊而命其儀刑乎四海於于亨有湯于是而立極也帝意攸鍾付以撰飭之類而命士長正乎乃邦畿於彼者湯於是而肇脩之不可專以說得有以敬為法于天下時文俱以下文二章作帝命式於九圍之実今按小球一章言受諸侯之朝而為之綴旒小共一章言受諸侯之貢而為之駿厖不見為法意開説為是

聖敬日躋止百祿是遒

天命天眷云説前一節受天命之由後二章獲天眷之由不以後二章作受命之実只承聖敬日躋三句説若是成湯之敬如此則形於敷政豈有不宜殊於奏勇却何所畏式旧嘗以不兢三句不竦三句乃聖敬之実餘皆帝命式於九圍之実今玩經傳前後有碍上説為長

帝命式於九圍止九有有截

一頭兩脚破首句一頭次二章一脚末一節一脚小球以下三章但本首句説盖天命成湯如此小球兩章自其受

命已為天子言也載旆一節自其受命未為天子言也小
球兩章細分之小球三句小共三句是已為天子時不兢
三句不竦三句是未為天子時此題多以小球兩章作受
命之实末節承言湯既受命矣遂興伐夏之師考史成湯
放桀即天子位按綴旒註意湯為天子而為諸侯所係
屬則小球小共等句就湯已為天子言也若依時說以末
一節承小球小共兩章是湯為天子然後伐桀所說不通

帝命式于九圍止百禄是總

首句分就其出題以小球小共兩章作式於九圍之实过
夫帝命成湯垂範如此然其实何以見之哉不從時

義天命既帰人心焉徃作过按小球小共兩章一章言得
人而何天之休由湯之敷政適宜一章言得人而何天之
寵由湯之奏勇不畏則人帰之不因天命有在也所以時
过非是小球章講綴旒後小共章講駿厖後補出九圍之
式在是以見式於九圍之实

受小球大球三章

天眷天討音說前二章是膺天眷後一章是行天討不可
以前二章作受命之驗後一章作受命之由蓋湯受命一
敬中来若謂由於代夏以奉天為心則湯之受命在代夏
之後也受小球大球出至九有有截前二章膺天眷而致
之也有由後一節行天討而帰之也無外

受小球大球兩章

上章言受諸侯之朝而何天休由於修政事下章言受諸
侯之貢而何天寵由於進武功百禄是遒緫何天之休百
禄是緫緫何天之寵或以不兢三句不竦三句皆指為天
子時言不作受球受共之由百禄是遒百禄是緫不緫何
天之休何天之寵依此敷奏其勇难說彼湯既為天子則
無事征討矣何以復言大進武功

受小球大球一章

前三句斷不兢不球以下推其所以何天休之由也敷政

適宜要本上章聖敬来

受小球大球三句

小球大球依註前說言受小国大国所執之玉也小国所
執如子則執乎穀璧男則執乎蒲璧大国所執如公則執
乎桓圭侯則執乎信圭即書所謂五瑞也為下国綴旒時
文多講受小国之球則為小国之綴旒受大国之球則為
大国之綴旒此傳於合要為天子說蓋受小国大国所執
之玉則為天子矣身為天子居誠旬之尊而為諸侯之所
係涖黼扆之上而為諸侯之所属如旗之縿為旒所綴者
也故曰綴旒受小球大球為下国綴旒言其得人如此人

心之所在天休之所在而為天子所謂何天之休何天之
休只言何天休美不依慶源添出命来
不競不絿四句
不競二句指湯未為天子言百禄句指湯已為天子言
時說因下武王章難解要以百禄一句通作未為天子看
今按百禄是遒即何天之休还作已為天子為當
不競不絿二句
下句承上二句不競不剛政无大过矣无大過則法度
之宜一天之覆自優々乎其寬也不絿不柔政无不及矣
无不及則安之之頒一春之發自優々乎其裕也非謂競

卷十四　廿六

絿迭運剛柔並施見其優々按競絿剛柔四者俱陥一偏
雖迭運並施皆非敷政之善
不競不絿不剛不柔
二句須與下章不震不動二句作例看競者強之过絿者
緩之偏競與絿非中也湯之行政則不急疾而競不急弛
而絿焉剛者猛之若柔者懦之形剛與柔非中也湯之行
政不勇悍而剛不柔制而柔焉无非一中所在也要知競
絿剛柔皆非敷致之中時義俱用競不一於競或時而為
絿々不一於絿或時而為競語講是認四者作好一邊殊
欠体貼

受小共大共二章
前三句斷此與上章開看奏勇无畏承前章並敬說慶源
小註上章言政事此章言武功既先能自治然後能進武
功是以此章常々章来欠當小共大共依註前說下国
駿厖與綴旒意同要主為天子講湯為天子小国无不於
我乎是負如馬之能任重也大国无不於我乎是載如
馬之能致遠也非謂受共就是駿厖作譬言方是湯為
天子於受小共大共見之
敷奏其勇二句
上一句行師之勢下二句行師之心三句皆就湯言也或

卷十四　廿七

以上一句是大湜已之威下二句是不畏人之威分人已
說未善
不震不動不戁不竦
上句不震謂整暇而不失措不動謂持重而不異常下句
不戁謂舒泰而不喪容不竦謂展布而不側足上句見有
離之文明足以臨大变而不震動也下句見有乾之剛徤
足以斷大事而不戁竦也皆其心无所畏如此
敷奏其勇小則莫我敢曷
兩節俱主敬說上節敬存於行師而有得乎天伐侯国也
下節敬著於行師而无敵于人伐夏桀也湯伐侯国謂于

一征之時不可以兩節遏作伐夏
武王載旆兩章
前章詳其除暴而有天下後章推其得賢而有天下左右
商王只繳伐夏取其前後相應不必繳前敷政適宜數奏
無畏
武王載旆一章
末二句分此承帝命式于九圍說本其初受帝命而未為
天子時言不承小球小共兩章言湯載旆秉鉞恭行天討
以征不義勢炎之盛而桀與三蘖則莫敢遏所以皆不能
遂其惡而天下截然歸商矣若此則湯已為天子也苞

卷十四　廿八

有三句蒙如火二句來武王載旆出九有上截武王二句
一三次二句一脚次三句一脚不在敢遏上斷
武王載旆四句
四句平截旆伐夏說非東征西怨南征北怨之時莫我敢
遏指桀與三蘖未依慶源謂天下莫能當近觀註不解此
句可知
苞有三蘖三句
苞是首惡蘖是黨惡一苞自今日而反則惡自今日而掃
不得復倡以漁肉我生民此三蘖由今日而剪則惡由今
日而除不得攫而以塗炭我億兆也故曰莫遂莫達按此

則莫遂莫達是苞蘖既誅而不能遂其惡時義以載旆秉
鉞作十一征之時莫遂莫達謂苞蘖聞風自息而不能遂
其惡若然則桀已悔過矣湯何以征之
韋顧既伐昆吾夏桀
二句承上載旆秉鉞恭行天討之時而用師之序如此非
謂後伐夏桀待其悔過也按湯誓夏德若此朕必往則湯
之伐桀因其不能悔過惡已貫盈天誅決不可留是以征
之作待其悔過說者欠詳
允也天子四句
首一句分上是興王之君下是興王之佐重在伊尹見湯

卷十四　廿九

之興王由得伊尹而然則伊尹乃佐命之元勳宜其生享
於先王也不可反重成湯或因湯得伊尹而有天下註要
首二句截令玩此註只解降於卿士一句言天降伊尹湯
得之而有天下非達允也天子解之
允也天子降于卿士
上句本湯有天下說下句原其因得伊尹故有天下我祖
成湯丁中葉之候際式微之秋白旆一秉變衰為興而夏
之土地皆其土地黄鉞一麾轉否為泰夏之人民皆其人
民信為天之子矣然湯所以有天下豈獨力之所能哉由
天降以伊尹也不可兩句平看言有是君則有是臣及甫

修政進武講則湯有天下既由於修政進武復由於
伊尹商相齟齬或疑通以前章觀之湯有天下宜本於能
敬而見於修政進武所致今歸之伊尹者何蓋純一敬
而見於修政進武固湯有天下之本而伊尹輔相之功爲
多故終篇及之以見伊尹惟其有是功宜其與是祭

實維阿衡實左右商王
上言湯得伊尹而有天下此則申言伊尹官則阿衡而能
左右商王此湯得之所以有天下也上句不重阿衡不过
伊尹官号不必講出所以名官之意左右商王泛用大小
可否説竭篤棐之力政有大小無不贊之也效忠貞之節

事有可否無不决之也專以修政進武講者意狹

撻彼殷武兩章
上章伐楚之功下章責楚之義孔氏小註可從
撻彼殷武一章
末一句斷湯孫之緒即上五句是也時破以上五句作叙
其伐遠之事以下一句作歸以伐遠之功則分作兩樣矣
湯孫不重觀註可見非謂無愧於爲湯之孫故曰湯孫不
依豐城小註緒字玩皆高宗之功註是總管撻彼殷武五
句而言單指罙入其阻二句者非
奮伐荆楚四句

首一句斷上是伐楚之威下是伐楚之事總而言之皆是高
宗之功也罙入其阻要與裒荆之旅連説莫以罙入其阻
屬裒荆之旅有截其所兩句乘入其阻見數世不服之
大羊自是而服有截其所見累世不可平之巢穴自是而
平裒荆之旅謂致其至而裒聚之不復如昔之離叛非下
縱殺意有截其所言盡平其地使之截然齊一而歸於商
不謂使彼之衆截然齊一各有其所慶源小註俱不可從
失傳以致其衆之致即是致是附之致
湯孫之緒止封建厥初
後一章分前叙其振中興之業後推其致中興之由自湯

孫之緒出至不敢怠遑或出維女荆楚三章意思另此出
至稼穡匪解後一章截前是荆楚既平後是諸侯自服

維女荆楚兩章
上章末句乃氏羌自言下章末句乃諸侯自言不作高宗
説按荆楚既平而諸侯畏服註諸侯之服由荆楚之平非
因責楚以義也時説过文高宗之責楚如此當時之諸侯
得不畏服者不合註意
維女荆楚一章
首二句分責楚之義包一章言之非單指昔有成湯以下
蓋以義責之者示其不可叛也曰商是常總徵來享來王

莫敢不來享莫敢不來王

上句言莫有敢不來享者下句言莫有敢不來王者非謂無物不來享無世不來王註中來朝字揔包來享來王

天命多辟一章

首二句斷上是侯國所由立下是侯職無不修天命多辟三句與於此同歲事來辟勿予禍適二句連説歲事如周礼所謂春見曰朝夏見曰宗秋見曰覲冬見曰遇就一歲言之故謂歲事來辟見諸侯自來也毋用三年一聘語講益三年一聘諸侯使卿行之而不自來稼穡匪解見得侯度雖多稼穡乃其首務稼穡匪解正祈王之不譴故曰厥

卷十四　三十二

可以免咎矣諸侯畏服於歲事來辟三句見之按史盤庚至武丁並無諸侯不朝之言想當其時不过玩視之今因荊楚既平遂皆畏服而不敢如前玩視是以詩人述之以美高宗時義俱用下朝以矣語講未善

勿予禍適稼穡匪解

下句所以祈王不譴不譴之譴免咎之咎俱指禍適説禍適貶爵削地之謂稼穡匪解依豊城小註上足以供朝貢内足以供祭祀意講稼穡分看種之曰稼歛之曰穡

天命降監一章

末二句斷通章泛言以見高宗所以受命中興由于刑賞之謹也不宜就高宗説观朱傳所以字知之受命中興打轉荊楚之平諸侯之服此章雖當泛言尤要就其出頭或搭上文或搭下文而上下所叙既皆高宗之事則实指高宗不妨

天命降監四句

不僭不濫二句是畏民言天之視听在民而有嚴如此人君可不於民而畏之哉惟賞不僭而刑不濫不敢怠遑是能畏民矣命于下国二句承不僭不濫二句説不僭不濫不敢怠遑而能畏民畏民所以畏天故天監之命于下国而封建厥福也此章之意重在民上時義講刑賞皆謂賞

卷十四　卅三

天賞也賞而或僭非敬天也刑天刑也刑而或濫非敬天也爻重在夫殊失本旨慶源以天人平看俱不可從

天命降監下民有嚴

天命降監主予奪去就講不可只在于一邊説當云天之于民人知其勢相懸絶不知其理則一而已矣彼天之在上降察其孰可予而孰可奪天豈有目視之执一以民之視為視而命雖𤼵于亭毒所以𤼵之者非亭毒也降觀其孰可就而孰可去天豈有耳听之执一以民之听為听而命雖出於冲漠所以出之者非冲漠也天人合一如此殆見民之為民固至愚也然天命之予奪攸関則轉移之頃

禍福立殊而里巷有雷霆矣其嚴何以加之民之爲民固至卑也然天命之去就所係則感動之間利害逈異而閭閻有風霜矣其嚴何以尚之高宗有見於此而能畏乎民是以受命而中興也下句不可惟講民之可畏而遺嚴字

不僭不濫不敢怠遑

二句一意不僭不濫就是不敢怠遑賞而不僭則賞不以私喜賞出於朝廷者謹而賞不怠遑也刑而不濫則刑不以私怒刑出於朝廷者謹而刑不怠也不可外說以上句是施諸政者以下句是存諸心者或以上句作公賞罰下句作勤政治又以賞罰始終不僭不濫爲不敢怠遑俱爲

未是

命于下国封建厥福

二句泛言講畢以高宗繳之命于下国即封建厥福夫命以下国貴則撫万邦之上而貴不可加富則受九有之奉而富不可加大建其福也何如哉或謂命于下国則有上有人是謂大建其福依此福字不通

不僭不濫　止濯々厥灵

上是中興之由下是中興之盛过文高宗所以受命而中興如此其盛何以見之我致中表出高宗中興之盛由於賞刑之謹而來

商邑翼々一章

前四句分前四句中興之盛後二句中興之慶不在末一句截中興之盛貫前四句不通貫一章上下開說勿依慶源輔氏以後二句承前四句

商邑翼々四句

四句開說皆見其中興之盛也莫以下二句蒙上二句言

商邑翼々四方之極

政教作根上句就要入政教講後見其可爲四方之極也時文不用政教只就規模上論不知商邑乃舊時之商邑高宗未嘗增損若非政教脩明何以昔日委靡

而今則翼々然雖然或謂之四方之極言四方皆取正于此而商邑足以爲之表儀取正說四方儀表說商邑不以儀表即爲取正四方之極亦當併講者表字不通

赫々厥声濯々厥灵

声是風声灵是威灵俱要中興要講得闊不可專指削平荊楚畏服諸侯說曾其風聲之百度脩舉振業于式微之秋乱以之撥而僭叛者無不正令聞足以光先世也庶務克修復旧物于既墜之日衰以之振而怠緩者無不恭茂实足以軼前人也蓋赫然其昭或者何邪乃其風声高於殷草鄉而諸夏爲之紛驕洋々不已而久散之表

蕩一雷霆之擊不可得而遏矣所謂赫赫厥声如此自其
威灵言之神武妙不測之機號令惟肅而無復向之逡巡
于天討者觸之則碎也乾剛奮独断之勇体統克嚴而無
復昔日之委靡侵王章者望之自惧也盖濯然其光明者何
邪乃其威灵焉海宇之廣而輝耀無外荒服之遠而照耀
不遺一日月之臨不可得而掩矣所謂濯濯厥灵如此講
要順題倒講未善

壽考且寧以保我後生

二句乃中興之慶多以壽考且寧只作享國之久不言其
壽則與經文壽考相違且寧要入荊楚諸侯講荊楚向化
而無分崩之變侯国傾心而無携貳之患是之謂寧非謂
身之強健因此壽考且寧向化者久歸于統御靡不消其
覬覦之私故膺景命而為後昆者征討得以不施九重坐
享其貢也傾心者久屬其維持罔不脩其藩垣之戢故撫
皇圖而為後裔者威令得以不加南面而安受其朝也則保
我後生也何如哉保我後生不必就今日得以奉祭說享
国五十有九見其有壽說及作壽若非五十安得謂之壽
考哉且寧矣

壽考且寧止　寢成孔安

壽考二句言其佑我後人如此陟彼一章承言此我後人

卷十四　八卅六

之臨不可得而掩矣蓋濯然其光明者何邪乃其威灵焉
神武妙不測之機號令惟肅而無復向之逡巡于天討者
觸之則碎也乾剛奮独断之勇体統克嚴而無復昔之委
靡侵王章者望之自惧也所謂濯濯厥灵如此講要順題
特說以厥声講在赫赫之前以厥灵講在濯濯之前殆與
題背

壽考且寧以保我後生

二句乃中興之慶不作中興之慶說寧字包不得壽考且
寧句多以壽考且寧只作享國之久不可說壽則與經文
壽考相違且寧要入荊楚諸侯講荊楚向化而無分崩之
變侯國傾心而無携貳之患是之謂寧非謂身之強健因
其壽考且寧向化者久歸于統御靡不消其覬覦之私故
膺景命而為後昆者征討得以不施九重坐享其貢也傾
心者久屬其維持罔不脩其藩垣之戢故撫皇圖而為後
裔者威令得以不加南面而安受其朝也則保我後生也何
如哉保我後生不必就今日得以奉祭說享國五十有九
見其有壽說及作壽若非五十安得謂之壽考哉且寧矣
一正開講不承壽考之意

壽考且寧止　寢成孔安

壽考二句言其佑我後人如此陟彼一章承言此我後人

卷十四　八卅六

所以立廟祀之也就題言之

陟彼景山一章

末句分上文歷叙高宗建百世不磨之功此章承言宜立百世不遷之廟以祀之百世不磨之功非單指商邑翼翼一章通管五章而言也出題如止從上章搭此一章單指無倫

是斷是遷方斲是虔

二句渾破斷之于景山之中遷之于搆廟之所方之以繩墨削之以斧斤截之以刀鋸主五事說

寢成孔安

寢成總括上文講孔安言後人所以作廟以安高宗之神夫高宗之功如此祔之以昭匕則有時而毀祔之以穆匕則有時而迁非所以安其神今將為百世不迁之廟不在三昭三穆之數所以安高宗之神也非謂高宗之神因寢成而安之

詩經臆說卷之十四終

詩經臆說後語

余方髫年充郡庠生尋丁内艱制闋補廩膳弟子員备棘闈之選而見斥于有司退念場屋七題五錯不符其式宜也口誦心惟聖愚賢不肖夫道一而已矣遂將經籍書義循時制而摘題焉緣茲而知

聖朝立學設科以羅後俊之標而以大學明德新民之實𦔳啓而人成之期觀乎天文以察時变期觀乎人文以化成天下非以記誦詞章為也如作事君之文何以為忠何以為非忠何以為忠之過何以為忠之不及如作事父之文何以為孝何以為非孝何以為孝之過何以為孝之不及學問思辨

知之至笃由是還之吾啓而忠則知之審而不惑于他岐者吾之忠聖人之忠也由是通之事父而孝則知之精而不眩于異說者吾之孝聖人之孝也達而教民以忠則啓以帝降之固有外此非良能之忠也達而教民以孝則示以天賦之秉彝舍此非良能之孝也推類以盡其餘而施之天下國家無不以身先之焉或不率化禮陶樂淑以鼓之舞之猶不率化刑繩政柬以懲之戒之所謂脩道之教也是故已則由知而行民則教以行者而民不幾于聖人邪非也已勞心以治人可使知之故可使行之也民勞力以治於人可使行之不可使知之也不肯持此以往而入官于

朝語忠則不能全語孝則不能盡靦然面目而為穿墉之竇矣

矣無待迺取詩經臆說録本而與合志者共俾知

方今菁莪棫樸之制倣古作範自洪武三年開科以迄于茲前

後序說咸曰文以載道而言者心之声也文明則道明焉不

可行不戕文自離于道岐之為二而貽科目之羞用勖多士

湘則以為文者枝也因枝以達道之本文者流也因流以窮

道之源苟竊禄矣視為弁髦筌蹄豈知文者哉本實焉則木

茂源濬焉則流長惟聖者能之余下學者敢申數語以紀歲

月書凡八冊共十四卷云

嘉靖二十年十月二十七日南畹書于西園亞亭

後跋　二

州主黎公慨惠前序短啓奉謝附

録於此

逴日捧誦巨作耀彩流華窅然知

執事潜悟道真千載之下頓領聖門之一貫

本固源深首尾洞徹優入上達矣回顧膚說

尋章摘句隨時以就功名不覺神遊碧落而

南溟九萬里之上躬擊垂天之翼抱翅而下

逢蒿也固然而有分焉庖人治庖尸祝不越

樽俎而今而後識天地之至數參古今之至

會執事所謂無假於言之喋喋矣謹此少布

區區餘容請教不備治生華湘頓首拜啓

詩經臆說卷之終

後序　三

删注楚辭

（明）張京元 撰

《删注楚辭》不分卷，明張京元撰，據明萬曆四十六年（一六一八）刻本影印。

張京元，字思德，一作中山，别字無始。明泰興人。萬曆三十二年（一六〇四）進士。授户部主事，擢江西參議僉事，遷提學副使。文辭敏捷，傾倒一時。

《楚辭》爲經典著作，歷代注家甚多，張京元對漢代諸家學者之説及王逸注解多有異意，對朱熹之注亦不盡滿意，遂編撰本書，參合諸家舊注，存者十三，削者十七，臆證者十一。本書注解《楚辭》中的十篇：《離騷》《九歌》《天問》《九章》《遠遊》《卜居》《漁父》《九辯》《招魂》《大招》，正文大字，小字夾注。每頁天頭地脚及正文中的批語，則爲戴震對屈原賦的注解。附録《史記》屈原傳。焦竑對本書頗爲看重，序云『其指一歸之平淡，覈者存之，謬者祛之，未備者補之，或辭意未愜，即出自大儒，不難爲之是正。』

（周　忠）

張無始先生鴻

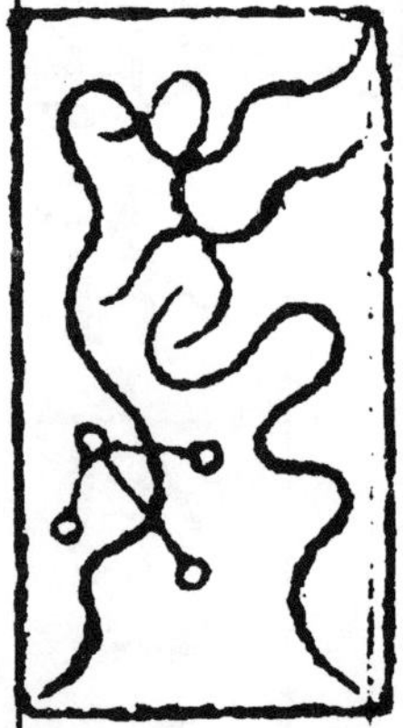

飛閣刪註楚辭

删註楚辭序

余嘗謂古書無所因襲獨繇創造者有三莊子離騷史記也離騷驚采絶豔獨步古今其奥雅閎深有難遽測自昔

遡風而入味沿波而得奇者
雖間有之未有能闚其全者
也漢武帝命淮南安爲楚辭
章句旦受命食時而奏意特
離析篇段便於披誦云耳嗣

是班固賈逵間有論著今軼不傳王逸始注楚辭十七卷嗣是洪興祖晁無咎周少隱林應辰黄長睿莫不各有論譔而世一遵用朱子之書説

者謂其阨於權姦不啻上官子蘭之徒而假此以自寓故世率以楚辭爲怨懟之宗有能虛心求之者鮮矣此孟子所謂固哉爲詩者耳又何取

焉年侄張君無始侃直不羣爲忌者所中登第十五年猶廻翔郎署間其爲此編孰不謂爲如紫陽之意乃其指一歸之平淡嚴者存之謬者祛

三

之未備者補之或辭意未愜即出自大儒不難爲之是正令讀者不主故常而得作者之本旨君誠獨得其解而非隨人以爲妍媸者已先傳稱

孔子之刪詩朱子之定騷其心同其功同夫謂原出於忠君愛國之誠心而又譏其馳騁變風變雅之末流爲醇儒莊士所羞稱則又自相矛盾

矣豈變風變雅非孔子所删
定而醇儒莊士能含忠君愛
國以爲道也耶余乃不揆而
發其狂言庶以信張君之説
而與同好者共之余更有屈

宋辯爲人之所未言者語在

筆乘中此不具論

萬曆戊午夏日澹園焦竑書

序

吾友戴東原自少時通聲音文字之學以是而求之遺經遂能探古人之心於千載之上既著詩補傳考工記圖句股割圜記七經小記諸書又以餘力為屈原賦二十五篇作注微言奧指具見疏抉其本顯者不復贅焉指博而辭約義創而理確其釋三后純粹謂指楚之先君夏康娛以自縱謂康娛連文篇中凡三見不應以為夏太康宓妃之所在及有娀有虞皆因其人思其地異徒遂今之淫女用喻冒其家在賢士與己為侶之意九歌東皇等篇皆就當時祀典賦之非祠神所歌九章各次篇不盡作頃襄王時懷沙一篇則以史記之文相參定薜荔拍兮蕙綢王逸釋拍為搏壁近代多不知此為何物乃引釋名搏壁以席搏著壁增成其義其典雅翠類此夫屈子之志皦乎日月而後世讀其詞疑若放恣怪譎不盡軌於正是由於其文詞而昧其指趣以說之者之過也遂謂其詞之未盡善戴君則以屈子詞無有不醇者此其識不亦遠過於班孟堅顏介劉季和諸人之所云乎余得觀是書服借勤矣閔將有為之梓者乃歸其書而為序以詒之且遂惠其成云

姚江盧文弨

刪註楚辭引首

屈平宋玉景差之徒皆楚大夫也故離騷等篇稱楚辭焉王逸註楚辭十七卷併劉安賈誼嚴忌東方朔王褒諸人之作具載集中彼漢人自爲漢語冒楚於漢其義何居且騷之爲騷也前此未有也體絲

獨創語出新裁劉勰所稱軒 詩
人之後奮飛辭家之前良不虛也
漢諸君子沿波襲流情不貸貌效
顰增醜代哭不悲總屬葛藤自當
削去匪云陋漢亦自張楚云耳逸
註牽合附會悉歸怨懟九章以後
盡爲王氏裒譚幾失楚人面目關

牕無事參合諸家偶爲刪正存者十三刪者十七隱證者十一畧戕淺語寘契深情以意逆志俾覽觀者得之言外而已夫離騷爲怨巳盡淋漓讀九歌則瀟湘如畫誦九辯則魂斷秋空驚采絕豔信哉罕儔至於天問之雜沓九章之

刪注楚辭　二

重複卜居漁父意淺語膚卽非魚目寧屬夜光今古寥寥徒以耳食偶閱焦氏筆乘獨取兩篇謂與離騷同出原手焦先生具千秋隻眼足以證余言之非妄矣朱子刊定楚辭憤惋忠誠微譏雅變則是驚鴻遊龍惜其無馴伏之態而毛嬙

西施恨不爲德曜之短衣也不亦
固哉註成刻之淮署淮陽故楚州
地刻楚辭宜矣
萬曆戊午端陽日淮南張京元書

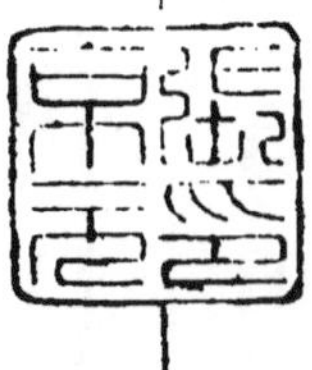

皮傅方言云皮傅强也秦晉言非其事謂之皮傅後漢張衡傳後人皮傅注云謂不深得其核皮膚淺近強相附會也

漢藝文志屈原賦二十五篇自離騷迄漁父屈原所著書是也漢初傳其書不名楚辭故志列之賦首又稱其作賦以諷有惻隱古詩之義至如宋玉以下則不免為辭人之賦非詩人之賦矣予讀屈子書久乃得其梗概私以謂其心至純其學至純其立言指要歸於至純二十五篇之書蓋經之亞説楚詞者既碎義逃難未能考識精核且以辭踈失其所以著書之旨今取屈子書注之觸事廣類俾與遺經雅記合致同趣然後贍學之士諷誦乎章句可以其學觀其心不受後人皮傅用相眩疑書既稿就名曰屈原賦從漢志也

休寧戴震

離騷離猶隔也騷音動擾有所之謂蓋遭放謫逐幽憂而有言故以離騷名篇王逸楚辭目句作離騷洪興祖云古人引離騷未有言經者蓋後世之士祖尊屈辭尊之為經耳非屈原意也

删註楚辭目錄

舊本楚辭目錄

舊本楚辭　目錄

朱子刋定楚辭目録

續離騷服賦十三　續離騷哀時命十四

續離騷招隱十五

以上續離騷八題十六篇定爲三卷

右朱子楚辭目錄較王逸所註僅去東方朔劉向王襃之作而槩以離騷名之夫離騷亦楚辭之一篇耳他作何與焉若朱註自是宋儒傳註體當另作一觀故不採入　辯證二卷亦贅

朱子又有楚辭後語六卷出於晁氏貂尾蛇足不成書矣

屈原賦

戴氏注

史記列傳，屈原者，名平，楚之同姓也。……楚之先祖出自帝顓頊高陽。……朕，我也。……在寅曰攝提格。……正月爲陬。……

刪註楚辭

漢 王逸 通註　唐 李善等 選註

明 張京元 刪註　門人毛 滙 校閱

離騷　史記曰離騷猶離憂也

帝高陽之苗裔兮，朕皇考曰伯庸。楚子熊繹顓頊之後，屈原楚公族。朕，我也。皇，美也。伯庸，原父字也。

攝提貞於孟陬兮，惟庚寅吾以降。歲太在寅曰攝提。貞，正也。孟，始也。正月爲陬。庚寅，日也。

皇覽揆余于初度兮，肇錫余以嘉名。名余曰正則兮，字余曰靈均。言正平可則，莫過于天；養物均調者，莫靈於地。父伯庸于初生時名我爲平以法天，字我爲原以法地。高平曰原。

紛吾既

詩曰靈善也正則者平之謂靈均者原之謂

有此內美兮又重之以修能 扈江離與辟芷兮紉秋蘭以為佩 扈被也紉索也江離芷蘭皆香草 汩余若將弗及兮恐年歲之不吾與 汩去貌言歲月之去如流也 朝搴阰之木蘭兮夕攬中洲之宿莽 搴取也阰山名攬采也草經冬不死曰宿莽 日月忽其不淹兮春與秋其代序惟草木之零落兮恐美人之遲暮 不撫壯而棄穢兮何不改乎此度也 乘騏驥以馳騁兮來吾道夫先路也 昔三后之純粹兮固衆芳之所在雜申椒與菌桂兮豈惟紉夫蕙茝 椒菌蕙茝俱香草 彼堯舜之耿介兮既遵道

而得路何桀紂之昌被音披兮夫唯捷徑以窘步惟黨

人之偷樂兮路幽昧以險隘豈余身之憚殃兮恐皇

輿之敗績忽奔走以先後兮及前王之踵武荃

不揆余之中情兮反信讒而齌怒余固知謇

謇之為患兮忍而不能舍也指九天以為正兮夫

唯靈修之故也

而改路初既與余成言兮後悔遁而有他

朋讒中悔　而有他志　余既不難夫離別兮傷靈修之數化余既

滋蘭之九畹兮十二畝為畹　又樹蕙之百畮步為畮三百四十畦

留夷與揭車兮，雜杜衡與芳芷。留夷、揭車、杜衡、芳芷，皆香草。冀枝葉之峻茂兮，願竢時乎吾將刈。雖萎絕其亦何傷兮，哀衆芳之蕪穢。衆皆競進而貪婪兮，愛財曰貪，愛食曰婪。憑不厭乎求索。羌內恕己以量人兮，各興心而嫉妒。忽馳騖以追逐兮，非余心之所急。老冉冉其將至兮，恐脩名之不立。朝飲木蘭之墜露兮，夕餐秋菊之落英。苟余情其信姱以練要兮，長顑頷亦何傷。顑古湛切，頷戶感切，不飽貌。言己飲露餐英，美好簡練，雖饑餓何傷。擥木根以結茝兮，貫薜荔之落蕊。矯菌桂以紉蕙兮，索胡繩之纚纚。

薰，春秋傳謂之薰，薰忌語之轉。今所謂零陵香也。蘭，詩謂之蕳，或謂之都梁香，大澤蘭。今夏小正五月蓄蘭為沐浴也。留夷，詩謂之勺藥，廣雅謂之攣夷，留攣語之轉，世俗音訛，殊字異稱，大致然矣。揭車，爾雅謂之芞輿，廣志云黃葉白花。杜衡似細

也。蕪穢，喻落也。蕪穢，如後云蘭芷變而不芳之屬是也。非誠好脩，有不隨世遇轉移乎，是屈原之所哀矣。冉冉，呂向云漸也。修名，猶賢名。信，猶誠也。練要，精練要約也。顑頷，說文云飯不飽面黃起行也。緊，引也。矯，舉也。語之轉，縣合也。彭咸未聞，蓋前修之足為師法者，書缺不可致矣。此第二段申言被

譏之以此而因自明其志如此

緊言民生多艱所以自慨也鞿羈繫制馬者誶告也韓詩云誶諫也替廢也言朝告君而夕見廢蕙纕攬茝喻所陳告之善言已之進於君者雖[illegible]而必以善道不改所操也偭說文云[illegible]也溘[illegible]也擾讀為譏言不忌為時俗工巧誠如鷙鳥不羣[illegible]

纚擥持也貫累也薜荔胡繩皆香草謇吾法夫前修兮非世俗之所

服雖不周於今之人兮願依彭咸之遺則彭咸殷賢大夫諫其君不聽自投水而死長太息以掩涕兮哀民生之多艱余

雖好修姱以鞿羈兮馬韁在口曰鞿絡頭曰羈謇朝誶而夕替誶諫也替廢也

既替余以蕙纕兮又申之以攬茝纕佩帶也既[illegible]廢也又重結芳茝栢左明矣

亦余心之所善兮雖九死其猶未悔怨靈修之浩蕩兮終不察夫民心眾女嫉余之蛾眉兮

謠諑謂余以善淫謠諑毀也淫謂淫也固時俗之工巧兮偭規矩

而改錯偭背也錯置也背繩墨以追曲兮競周容以為

辛俗所呼馬蹏香者也蓋以其狀類名之爾雅謂之土鹵廣雅謂之杜衡菊爾雅謂之治蘠或謂之日精謂之節華夏小正九月鞠榮而樹麥薜荔蔓生緣木石牆垣大者謂之木蓮小者謂之絡石胡繩蔓生或布地或謂之結縷爾雅謂之傳亡謂之橫目胡繩[illegible]

三

道寧受一時之尤詬而爲前聖所取也

第三段言君信讒之故而已終不隨俗以申前意也

前皆言爲世所尤則固行迷之當悔矣以下猶言爲往而不得吾之好修哉何必遵迷途而不反也

言服退隱之服但以自芳不必求人知

删言楚辭

度。言百工不循規矩，背繩墨，隨曲爲度也。忳鬱邑余侘傺兮，忳，憂貌。侘傺，失志貌。

吾獨窮困乎此時也。寧溘死而流亡兮，余不忍爲此

態也。鷙鳥之不群兮，自前世而固然。何方圜之能周

兮，夫孰異道而相安。屈心而抑志兮，忍尤而攘

詬。攘，除也。詬，恥也。伏清白以死直兮，固前聖之所厚。悔相道

之不察兮，延佇乎吾將反。相，視也。延，長。佇，立望貌。反，還也。回朕車以

復路兮，及行迷之未遠。步余馬於蘭皋兮，馳椒丘且

焉止息。土高四墮曰椒丘。進不入以離尤兮，退將復修吾

初服。製芰荷以爲衣兮，集芙蓉以爲裳。不吾知其亦

荆長佩郎涉江篇所云予幼好此奇服年既老而不衰也以寓從吾所好之意惟辭也昭質謂明潔之質反顧自視也往觀四荒猶言無往不自得也

第四段設為退隱之思言事君雖不濕而好修不變亦以申前意

女嬃賈侍中說楚人謂姊為嬃是也博謇博古而有謇謇之行薋菉葹

已兮苟余情其信芳高余冠之岌岌兮長余佩之陸離芳與澤其雜糅兮唯昭質其猶未虧忽反顧以遊目兮將往觀乎四荒佩繽紛其繁飾兮芳菲菲其彌章民生各有所樂兮余獨好修以為常雖體解吾猶未變兮豈余心之可懲女嬃之嬋媛兮

須屈原姊也

申申其詈余曰鮌婞直以忘身兮終然殀乎羽之野汝何博謇而好修兮紛獨有此姱節薋菉葹以盈室兮

薋菉葹三者皆惡草

判獨離而不服

女須罵原曰鮌以婞很自用不順堯命殛于羽山比原好為姱節世方惡草盈廷原獨離棄而佩服芳潔不承君意亦將遇害

荷爾雅謂芙蕖其秀謂之菡苕其華謂之芙蓉

四荒爾雅觚竹北戶西王母日下謂之四荒

喻衆之所尚原獨判然捨棄之察予之言也屈原也予聽之予女嬃自余也

衆不可戶說兮孰云察余之中情世並舉而好朋兮夫何煢獨而不余聽依前聖以節中兮喟憑心而歷茲濟沅湘以南征兮就重華而敶詞

謂已所言皆合前聖之法 喟然歷數作爲此詞欲渡沅湘就舜而陳之重華舜名舜葬九嶷在沅湘之南

啓九辯與九歌兮夏康娛以自縱不顧難以圖後兮五子用失乎家巷

九辯九歌禹樂也言啓能繼承禹之道太康娛縱失國兄弟五人皆居於閭巷作五子之歌

羿淫遊以佚畋兮又好射夫封狐固亂流其鮮終兮浞又貪夫厥家澆身被服強圉兮縱欲而不忍日康娛以自忘兮厥首用夫顛隕

封狐大狐也言羿因夏康昏亂篡政娛獵

啓夏后啓也九辯未聞九歌周官大司樂所謂九德之歌言啓作九辯九歌示[illegible]後王而夏之失德也康娛自縱以致喪亂康娛二字連文篇內凡三見封大也羿淫於原獸浞殺羿

沅水出牂柯故且蘭今湖南靖州西南水自貴州黎平府流入州境湘水出零陵陽海山在今廣西桂林府興安县南九十里二水同注洞庭而北會于江

而取其室子曰足生澆不忍謂不能自止其欲也事見春秋傳襄四年及哀元年

覽德焉置輔言德可以君天下天為之篤生賢哲佐之

爾雅茂勉也方臉

原云三代之興也如此其亂亡也如彼無他祇敬康娛之分也就重華陳詞故遂言其已後之治亂昭然者

好射寒浞殺之取其家以為妻生子澆強力放縱不忍其欲弑夏后相日作淫樂為少康所誅頭墜於地

夏桀之常違兮違背天理乃遂焉而逢殃后辛之菹醢兮身為菹醢殷宗用之不長湯禹儼而祇敬兮[illegible]周論道而莫差[illegible]舉賢才而授能兮[illegible]循繩墨而不頗皇天無私阿兮覽民德焉錯輔錯置也輔佐也夫維聖哲以茂行兮[illegible]苟得用此下土[illegible]瞻前而顧後兮[illegible]相觀民之計極[illegible]言前瞻湯武後顧桀紂之亡足以觀察民心夫孰非義而可用兮[illegible]孰非善而可服阽[illegible]余身而危死兮[illegible]覽余初其猶未悔不量鑿而正枘兮[illegible]固前修以菹醢[illegible]言方正之士[illegible]世鑿枘[illegible]前[illegible]身爲菹醢者多矣[illegible]曾歔欷余

菹醢淮南子云醢鬼侯之女菹梅伯之骸史記云紂醢九侯脯鄂侯

阽余廉切洪氏引漢書旨云阽近邊欲墮之意

歔欷[illegible]

當猶遇也。茹，柔也。……雜衣皆謂之襟。

第五段借女嬃之言而因之陳詞。言熟觀古今治亂，得其中正之道如是，此所以與世不合之端已。

朝，發軔也，輪木也。車行則去之。瑣，門鏤也，戶邊青鏤為瑣，文謂之青瑣。漢舊儀：黃門令日暮入對青瑣丹墀，拜名曰夕郎是也。弭節，謂止其行。

删注楚辭

鬱邑兮，哀朕時之不當。攬茹蕙以掩涕兮，霑余襟之浪浪。（浪浪，流貌。）跪敷衽以陳辭兮，耿吾既得此中正。（備述歷代興亡，陳辭於重華，明已得中正之道，精合真人，當乘雲駕龍，神遊六合，以下多寓言。）駟玉虬以乘鷖兮，（古乘字。鷖，鳳類，以為車飾。）溘埃風余上征。（溘，掩也。言乘鸞鳳，掩塵埃而直上也。）朝發軔於蒼梧兮，夕余至乎縣圃。（蒼梧地。縣圃在崑崙上。）欲少留此靈瑣兮，（靈，君門。瑣，青瑣也。）日忽忽其將暮。吾令羲和弭節兮，（羲和，日御也。弭，節按節。）望崦嵫而勿迫。（崦嵫，日所入處。）路曼曼其修遠兮，吾將上下而求索。飲余馬於咸池兮，揔余轡乎扶桑。（咸池、扶桑，日出處。）折若木以拂日兮，

虬，說文云龍子有角者。……

蒼梧，南越之地，漢為郡，今廣西梧州、平樂、鄖州三府分有其地。……

節修長也上下猶云登降天官書西宮咸池曰天五潢……
爾雅回風為飄……雲蜺言其沮隔也說文閽常以昏閉門隸也闔以木橫持門戶也楚人名門曰閶闔
第六段託言往見古先哲王之在天者以自廣辛沮隔于飄風雲蜺欲進不遂因以歎溷濁之世大抵如斯
春宮王注云東方青帝舍也瓊玉色美

聊逍遙以相羊若木在崑崙西極其華照下地相羊即徜徉前望舒使先驅望舒月御也兮後飛廉使奔屬飛廉風伯也鸞皇為余前戒兮雷師告予以未具吾令鳳皇飛騰兮繼之以日夜飄風屯其相離兮帥雲霓而來御紛總總其離合兮班陸離其上下總言風雲擁護御空而行舊註以飄風雲霓喻小人非也吾令帝閽開關兮倚閶闔而望予時曖曖其將罷音皮兮結幽蘭以延佇世溷濁而不分兮好蔽美而嫉妒朝吾將濟於白水兮登閬風而緤馬白水閬風皆在崑崙上緤繫也忽反顧以流涕兮哀高丘之無女高丘楚山名溘吾遊此春宮兮春宮東方

正戒上啓之皇謂凉鳥也……鸞鳳之次皇雌鳳爾雅謂鳳曰鷗凡鳳屬五色備舉後漢太史令蔡衡對光武曰多赤色者鳳多青色者鳶

白水謂河源爾雅河出昆侖虛色白是也緤亦繫也加……

也因以為凡潔美之通稱爾雅草謂之榮木謂之華下女侍女也所折瓊枝當及其榮華未落以詒下女使通已之志於淑女也

所在謂其地也今古昔思求者故求其地而往以冀遇今之游女蹇脩媒之美稱蹇之而修治不阿曲也理猶治也主治事者之稱綿纏結礙也次舍止也求之不得而夕歸因言所遇者大

刪言未屬 閬風山隋志作祀山冀州淮南墬形訓云正中冀州曰中土

青帝之居 折瓊枝以繼佩及榮華之未落兮相下女之可樹言況

詒 相視也女美人也喻君子即下宓妃是也詒遺也 吾令豐隆豐隆雷師乘雲兮求宓

妃之所在解佩纕以結言兮吾令蹇修以為理豐隆雷師

也宓妃洛水神女也蹇修伏羲氏賢臣理禮也 紛總總其離合兮忽緯繣其

難遷 [illegible] 夕歸次於窮石兮朝濯髮乎洧盤 [illegible] 保厥美以驕

敖兮日康娛以淫遊雖信美而無禮兮來違棄而改

求 緯繣乖戾也窮石弱水所出洧盤水出崦嵫山言宓妃乖戾僻居難徙歸隱窮石洧盤

驕敖自娛雖美而無禮已當棄而他求又將求有娀之女皆寓言也 覽相觀於四極兮

周流乎天余乃下望瑤臺之偃蹇兮偃蹇高貌見有娀之

宓音伏一作虙王云宓妃神女洛神也云伏羲氏女

窮石弱水所出說文謂之岍山十六國春秋謂之蘭門山漢張掖刪丹西南山也故漢縣即今甘肅甘州府山丹县治

有娀在高

致驕敖淫遊不崇禮敬是以棄之而更求諸他處也佚女若詩游女也言望瑤臺舊迹見有佚豫之女鳩鴆比讒佞小人也詒謂所致之物以聘者鴆鴆不足徵信自遣則又非禮故更使鳳凰受詒而去然前求者既有高辛得閒佚之事矣恐是地無遺賢嘉遇之不有毋也第七段託言欲求淑女以自廣故歷往賢妃所產之地

佚女有娀國名佚佚美也

吾令鴆爲媒兮鴆告余以不好雄鳩之鳴逝兮余猶惡其佻巧心猶豫而狐疑兮欲自適而不可鳳皇既受詒兮恐高辛之先我

言欲求娀女所欲使鴆爲媒鴆性讒賊言其不好又使鴆往鴆性輕佻不可信用疑欲自往而娀女先受高辛之聘遺不可得也鳳皇即比娀女

欲遠集而無所止兮聊浮遊以逍遙及少康之未家兮留有虞之二姚理弱而媒拙兮恐導言之不固

言娀女既不可得欲遠集他方又無所止欲如少康奔虞妻其二女又恐媒人拙弱言不堅固終無所得無聊之極下文乃欲問之卜筮

世溷濁而嫉賢兮好蔽善而稱惡閨中既邃遠兮哲王又不寤懷朕情而不發兮余

貢禹州史記桀敗于有娀之虛漢河東蒲反即其地今之山西蒲州府永濟县

鴆[illegible]黑色食蝮以羽畫酒殺人[illegible]鴆雄名運日雌名陰諧

有虞在禹貢豫州漢梁國虞郎其地今河南歸德府虞城縣也縣東南[illegible]原鄉有故綸邑城春秋傳所稱虞思妻少

冀或一遇于今日而無良媒以通己志因言世之溷濁無所往而可者以猶與也語之轉小斷竹謂之筳尊信脩謂能好脩者也上既思遠逝以聊發其情此更設為命占之詞言兩美必合理之常也苟同德相求孰為信脩而慕己之美者乎惟是謂宓妃之所在及有娀有虞也承前求女徒拘于是數地而更言九州之廣何地無賢卜其往有所遇否

焉能忍與此終古

索藑茅以筳篿兮，命靈氛為余占之。藑茅，靈草也。筳，小竹也。楚人結草折竹以卜曰篿。靈氛，古善卜者。

曰兩美其必合兮，孰信修而慕之？思九州之博大兮，豈惟是其有女？曰勉遠逝而無狐疑兮，孰求美而釋女？何所獨無芳草兮，爾何懷乎故宇？世幽昧以眩曜兮，孰云察余之善惡？民好惡其不同兮，惟此黨人其獨異。戶服艾以盈要腰同兮，謂幽蘭其不可佩。覽察草木其猶未得兮，豈珵美之能當？言楚人服艾棄蘭，草木之香臭猶不能別，豈當知玉之美惡。蘇，取也。

蘇糞壤以充幃幃，香囊兮，謂申椒其不芳。欲從靈氛之吉占兮

康以二姚而邑諸綸者也

靈氛，王逸云古明占吉凶者

艾，爾雅謂之冰臺，或謂之醫草

幃，許偉切，說文云香囊也

靈氛以吉占決之勸以遠逝勿疑原乃自念處此濁世無有能知己者埋玉笏之首不朽者也凡六寸通下玉笏長三尺鄭康成注禮引相玉書曰珽玉六寸明自炤是也不能當珵美言對之而茫然莫辨蘊奈也語之轉幃謂之幐幐香囊也鵜鴂殺命靈氛為卜其行而因念世之無賢如此瓊佩偃蹇比己之好脩以為常言恐

心猶豫而狐疑兮巫咸將夕降兮懷椒糈而要之

去國狐疑不忍又要巫咸而問之巫咸古神巫也

百神翳其備降兮九疑繽其並迎皇剡剡其揚靈兮告余以吉故曰勉升降以上下兮求榘矱之所同湯禹儼而求合兮摯咎繇而能調

儼敬也摯伊尹名

苟中情其好修兮又何必用夫行媒說操築於傅巖兮武丁用而不疑呂望之鼓刀兮遭周文而得舉甯戚之謳歌兮齊桓聞以該輔及年歲之未晏兮時亦猶其未央恐鵜鴂之先鳴兮使夫百草為之不芳

鵜以秋鳴兮恐其先春而鳴使百草摧落也

何瓊佩之偃蹇兮

要于宵切激也九疑山在零陵營道南今湖南永州府寧遠縣南六十里酈道元水經注湘水篇云大舜窆其陽商均葬其陰山南有舜廟前有石碑文字缺落不可復識傅巖史記謂之傅險在河東太陽北今山西解州平

重見嫉害也

衆芳變化比人之隨世運轉移何能淹留覬其

委厥美以從俗自棄其美也能祇者敬而不失之謂

委厥美而歷茲言人棄其美所謂衆

刪言芳閭

衆薆然而蔽之惟此黨人之不諒兮恐嫉妒而折之

時繽紛其變易兮又何可以淹留蘭芷變而不芳兮

荃蕙化而爲茅何昔日之芳草兮今直爲此蕭艾也

言時世昏亂蘭芷荃蕙皆變爲凡草也　豈其有他故兮莫好修之害也

余以蘭爲可恃兮羌無實而容長委厥美以從俗兮

苟得列乎衆芳椒專佞以慢慆兮樧又欲充夫佩幃

樧似椒而非　既干進而務入兮又何芳之能祗　祗敬也

固時俗之從流兮又孰能無變化覽椒蘭其若茲兮又況

揭車與江離　言椒蘭俱變何況他草舊註蘭指子蘭椒指子椒似杜撰　惟茲佩其

陸縣東北二十里又東北春秋傳之顛軨也水經注河水篇云澗水出虞山東南逕傅巖歷傅說隱室前俗名之爲聖人窟傅巖東北十餘里即顛軨坂也有東西絕澗左右幽空窮深地壑中則築以成道指南北之路謂之軨橋也傅說傭隱

蔑然蔽之也沫猶微也昏將巳而微曰沫

第九段既又問吉占之故而復審之於巳言不獨世無賢者鄉所稱賢者亦往往因之自棄惟巳則不隨流俗遷改計有去此而巳

戰國時言仙者託之崑崙故多不經之說篇內寓言及之不必深求也韓詩曰鸞在衡和在軾天津天漢也

可貴兮委厥美而歷茲芳菲菲而難虧兮芬至今猶未沫（沫巳也）和調度以自娛兮聊浮遊而求女及余飾之方壯兮周流觀乎上下靈氛既告余以吉占兮歷吉日乎吾將行（靈氛告巳去楚今時世如此巳將行矣）折瓊枝以爲羞兮精瓊爢以爲粻（爢屑）爲余駕飛龍兮雜瑤象以爲車何離心之可同兮吾將遠逝以自疏邅吾道夫崑崙兮（邅轉）路修遠以周流揚雲霓之晻藹兮鳴玉鸞之啾啾朝發軔於天津兮（東極）夕余至乎西極鳳皇翼其承旂兮高翱翔之翼翼忽吾行此流沙兮遵赤

昆侖唐吐蕃傳謂之紫山蕃語謂之悶摩黎山今蒙古謂之枯爾坤譯言昆侖也有三山故西而大爲河源所出者曰巴顏喀喇其正脈

官司常曰交龍爲旂爾雅有鈴曰旂 西皇猶月令少皞也 軨轂端錔也方言關之東西曰轄南楚趙魏之間曰軑 齊玉軑言并轂而馳周官司常曰熊虎爲旗爾雅 邈邈闊也蓋神馳而無所終極 憤懣師古云憤懣 遭遇幽厄中心愁悶假延歲月苟爲娛樂耳

第十段託言遠逝所至反思

水而容與。麾蛟龍使梁津兮詔西皇使

涉余路修遠以多艱兮騰衆車使徑待路不周以左

轉兮指西海以爲期不周山在崑崙西屯余車其千乘兮齊

玉軑而並馳屯陳也軑音大車轄也駕八龍之婉婉兮載雲旗

之委蛇抑志而弭節兮神高馳之邈邈奏九歌而舞

韶兮聊假日以媮樂陟陞皇之赫戲兮忽臨睨

夫舊鄉僕夫悲余馬懷兮蜷局顧而不行屈原意欲飛遠舉周天而地忽望楚國僕馬悲戀終不忍去寧赴汨羅而已

亂曰已矣哉國無人莫

我知兮又何懷乎故都既莫足與爲美政兮吾將從

黑產金銀蒙古謂黑喀喇謂富貴巴顏故名巴顏喀喇山東北去西寧邊外千四百五十五里 流沙在敦煌西今嘉峪關外沙州衛地 媮他侯切

思不解志在勝
願楚之國終爲
章昭注國語云
凡作篇章篇義
既成撮其大要爲
亂詞
下注鴂音潮与鵙鴂之
鴂聲義有別世俗誤通
鵜鴃楊雄反騷作鷤鴂
張衡思玄賦作鵜鴂
形相裸變耳伯芳以負
鳴而王逸云鷤鴂一名買
鵑常以春分鳴失之也買
鵑乃子規徐廣注史記
曰鵜鴂一名鵙鶨所師
古注漢書云鷤鴂一名鵙
鵑一名子規一名杜鵑皆
鵑一名
二物相混史記百舌
與稱鴃先滞之与
不芬義正相反屬雅之
与寧鴂之名清皆考
古不審徒以名相冒

彭咸之所居從彭咸於水中也悲夫

篇中秋菊之落英說者謂菊花不落引詩經訪予落止註云落始也始英蓋菊之初開者夫落花落葉乃草木通稱辭人琢句惟工豔冶又非神農嘗百草何必一一[illegible]其性體栽村學究作俗一字詎爲格物性性類此

篇中啓九辯與九歌焦太史謂即後九歌九辯是也啓字當屬虛字用猶九辯詞似自當以爲原作無疑愚謂九辯即出原手恐未必作於離騷之先

刪註者凡且上下句文義不屬故仍依逸註併存此而後讀

者詳焉

離騷 原不用韻叶者非

通釋下注 江蘺爾雅又名蘄茝按江蘺馬蛸牛藻之類曰江曰馬曰牛皆大也吳錄云海水中生江蘺正青似亂髮蓋誤以海藻爲藻江蘺 芎藭博物志芎藭苗曰江蘺根曰芎藭 蘼蕪淮南氾論訓曰夫亂人者芎藭之於藁本也蛇床之于蘼蕪也此皆相似者說林訓曰蛇牀似蘼蕪而不能香 澤蘭又名龍棗又名風藥其根名地筍 桂蘭或作杜蘭誤 蘭俗呼孩兒菊又名千金草水經注資水篇云都梁縣西有小山山上有渟水既清且淺其中悉生蘭草綠葉紫莖芳風藻川蘭馨遠馥俗謂蘭爲都梁山因以號縣受名焉 留夷又名餘容郭景純注山海經以芍藥注山海經爲辛夷辛夷俗呼木筆郭因留夷誤也張揖注上林賦以辛夷爲留夷顏師古已辨其非近世閻百詩又疑注離爲芍藥古今注芍藥一名可離因之傅會可離之名起於鄙近非古也 杜衡爾雅單言杜相如賦單言衡博物志曰杜衡亂細辛 菱俗呼菱角 芰又名菱蕣俗呼鴟腳莎 藍又名胡枲亦曰常枲俗呼常思菜即常枲聲之譌

九歌

沅湘之間信鬼好祀原見其祝辭鄙俚爲作九歌亦文人遊戲聊散懷耳篇中皆求神語與時事絕不相涉舊註牽合附會一歸怨懟何其狹也今悉爲正之東皇等名皆楚俗所祀神

東皇太一

太乙星名祠在楚東以配東帝故曰東皇

吉日兮辰良穆將愉兮上皇上皇即東皇也撫長劍兮玉珥珥劍鐔也璆鏘鳴兮琳琅瑤席兮玉瑱盍將把兮瓊芳蕙肴蒸兮蘭藉奠桂酒兮椒漿揚枹枹一作桴兮拊鼓疏緩

之下也
盍爾雅云合也將猶
持也把束也語之轉
有烝禮之折俎也肴
折謂之肴俎也肴
烝禮注謂之酺烝所
將祀鼓枹鄭仲師注
周官笙師云竽三十六
簧紀彰切
上車陳所以享神者
此亭則言神降于巫
而言子具兮香音
也方言凡好而輕者
謂之姣
東皇太乙三章
古未有祀太乙者以
以太一為神名始啟
起于周末漢武帝
因方士之言立其祠
長安東南郊唐宋
亂之尤重在其戲因
春為所臨其祀最
隆故屈原就當時
祀典賦之非祠神所
歌也天官書中宮天
極星其一明者太一常
居也吕向曰祠在楚
東故云東皇太乙
其省

刪注楚辭　二

節兮安歌陳竽瑟兮浩倡 通言佩服几席肴烝鼓樂之盛浩倡大唱也 靈偃蹇兮姣服芳菲菲兮滿堂 菲菲芳貌靈謂神也偃蹇舒徐貌言神靈來享舒徐姣好 君 五音紛兮繁會君欣欣兮樂康 君指神或見之也

雲中君 雲師屏翳也

浴蘭湯兮沐芳華采衣兮若英靈連蜷兮既留 連蜷委蛇貌 爛昭昭兮未央 蹇將憺兮壽宮 蹇語詞憺安也壽宮供神處也祠祀所欲得壽故曰壽宮 言神將安享於此也 與日月兮齊光龍駕兮帝服聊翺遊兮周章 周章猶周流言雲神往來無定也 靈皇皇兮既降猋遠舉兮雲中 覽冀州兮有餘橫四海兮焉窮 兩河之間曰冀州

鎮一作瑱
瓊芳花也
潔美之稱
蕃姚庄反望
云所以籍飯
食也
祀兩無切一
作楪
拊擊也
字云作切
縂
浩王云天也
兮樂言洛
長安東南郊
即甘泉太畤
唐謂之太一宮
宋謂之太一宮
冀州古帝
都因以
為王畿之
通稱春秋

言巫之潔以致神故神留之光明方盛

所望之遠不止一處言雲神 思夫君兮太息極勞心
出入須臾四海無窮極也
兮忡忡 夫君即雲中君
湘君 湘水神堯長女舜正妃隨舜南巡不返遂為
湘神
君不行兮夷猶蹇誰留兮中洲美要眇兮宜修沛吾
乘兮桂舟令沅湘兮無波使江水兮安流 夷猶自得貌要眇好
貌言湘君夷猶湘中不肯行遊祀者慕其美好欲具
桂舟往迎願沅湘無波江水安流以俟其來也沛順
流 望夫君兮未來吹參差兮誰思 君湘君也參
貌 差洞簫也 駕飛
龍兮北征邅吾道兮洞庭 言湘君駕飛龍道洞庭而來也舊註非 薜荔
柏兮蕙綢蓀橈兮蘭旌望涔陽兮極浦橫大江兮揚

楚辭卷二 十二

傳曰鄭同姓之國也在乎冀州是也又以為中土之通稱九歌冀州兮有餘是也
夷猶王云猶豫也
沛王云行貌
洞庭春秋傳所謂江南之夢韓非書所謂五湖戰國策所謂五

湘君湘夫人並陰神，用女巫明矣。二歌不陳享神之物及主祭者之詞，以神不來，但使巫致之也。其非祠神所歌，于斯可見。此章託為巫與神期約而候之不至，故曰湘君猶豫不行，為誰留于中洲。未獲脩飾美好，乘舟往迎，則願無波濤之險，且行且望，以君之未來，吹參差思之。當良誰思也。應仲遠風俗通兵記云：舜作簫，其形參差，象鳳之翼。此章承上往迎神而言。飛龍，舟名。自沅湘以望涔陽，故曰北征。洞庭在其中，道所邅回也。柏，王注云搏壁也。劉成國釋名云：搏壁，以席搏著壁也。此時舟之間障壁矣。蓀橈……也。方言：楫謂之橈，或謂之櫂。周官司常曰：析羽為旌。小雅注：旄首曰旌。何休注公羊春秋云：水北曰陽。史記：大水有小口別通曰浦。揚靈，巫自謂揚己之靈威以過于神也。……言揚己之靈不至神所……若神之侍女為己太息也。隱，痛也。

刪注楚辭

揚靈兮未極，女嬋媛兮為余太息。女指神言太息，言神為已感動也，舊註非。

横流涕兮潺湲，隱思君兮陫側。陫側，不安貌。

桂櫂兮蘭枻，斲冰兮積雪。采薜荔兮水中，搴芙蓉兮木末。言已潔舟枻，采香草以迎神也，舊註非。

心不同兮媒勞，恩不甚兮輕絕。言神人路殊，難格易去。媒即巫也，舊註非。

石瀨兮淺淺，飛龍兮翩翩。交不忠兮怨長，期不信兮告余以不閒。皆恐神不見答之意。

鼂騁騖兮江皋，夕弭節兮北渚。神之往來若或見之也。

鳥次兮屋上，水周兮堂下。悵望湘濱之景。

捐余玦兮江中，遺余佩兮澧浦。澧，湘中地名，今有澧州。

采芳洲兮杜若，將以遺兮下女。下女猶言下執事，不敢指神，欲

瀟以湘資沅微澧五水之所會，故稱五美，或謂之巴丘湖，或謂之重湖，在長沙下雋西北，今湖南岳州府巴陵縣西南也。涔水，胡朏明以為即岐山之南派，南派盛大，洞庭禹時會澧水注為江之經流，故禹貢導江又東至于澧。戰國時則南流如帶，謂之涔水，而

舩謂之枻，或謂之櫂，氷積雪，王注云槩其棹，楫斵斫冰凍紛然如積雪是也。瀨，說文云：水流沙上也。水淺則龍不居，情亦明，望不至。前二章皆離憂之詞，此章示上橫大江言之，故曰睇懷江中也。終朝往來，至夕而止于北渚，但見鳥與水而已。是春秋所謂鼂，杜元凱注云水崖下濕是也。北渚，洞庭之北。韓詩云：一溢一否曰渚。玦如環而闕不連。湘君七章。史記始皇問博士曰：湘君何神？博士對曰：聞之堯女舜之妻而葬此。蓋統言之，但曰湘君；分別言之，正妃稱君，次妃降稱夫人。楚之人以二妃之死在湘，浚春以爲湘水神，今民間不經之說。二妃固不隨衆民俗語所享其歌於之祭矣。屈原爲歌詞託意于神哉，不來亟猶渴誠未忠，思寓之用輸爲其事，皆之無思如是也。

遺其從時不可兮再得，聊逍遥兮容與。望神之來享，且從容以留人也。

也。舊註非。杜若，今之高良薑，其苗謂之紅豆蔻。

湘夫人 水神。堯次女，舜次妃。正稱君，次稱夫人，亦爲湘

帝子降兮北渚，目眇眇兮愁予。堯女，故稱帝子。眇眇，渺茫之意。舊註眇好也。

嫋嫋兮秋風，洞庭波兮木葉下。登白薠兮騁望，秋景非

蕭。與佳期兮夕張。一佳字下有人字，指神也。言夕張，言向夕張設以祀也。然

鳥何萃兮蘋中，罾何爲兮木上。湘中荒涼景色，舊註俱非。沅有芷兮澧有蘭，思公子兮未敢言。公子指神也。荒忽兮遠望，觀流水兮潺湲。麋何食兮庭中，蛟何爲兮水裔。瀟湘間水濶草深，蛟麋與居景

自北派爲大江，此由涔陽橫大江是也。北派于禹貢爲荊州之沱。澧浦，水經注云：澧水流注于洞庭湖，俗謂之澧江口是其地。在今湖南岳州府華容縣南，漢長沙下雋之西北境，蓋至此。澧水出武陵充西歷山，今在湖南澧州[?]縣西。水經注又云：澧水東南注于沅

色若此 朝馳余馬兮江皋夕濟兮西澨聞佳人兮
召予將騰駕兮偕逝 言往來水際以候神降冀其召己將往從之 築室兮
水中葺之兮荷蓋 蓀壁兮紫壇播芳椒兮盈堂桂棟
兮蘭橑辛夷楣兮葯房罔薜荔兮爲帷擗蕙櫋兮既
張 擗析也 櫋屋聯也 白玉兮爲鎮疏石蘭兮爲芳芷葺兮荷屋
繚之兮杜衡合百草兮實庭建芳馨兮廡門九嶷繽
兮並迎靈之來兮如雲 言築室水中聚衆芳以爲堂房門廡而九嶷山神亦來奉迎故湘夫人之來其從如雲也九嶷舜葬處故云
捐余袂兮江中遺余褋兮醴浦搴汀洲兮杜若將以遺兮遠者 褋襌襦也神將欲以衣服香

杞、朴注謂之水皆蝶，室下三門謂之匽。謂一漁言槳三至西戍望，又使九疑之神來迎之，以去也。

袂謂之袂，方言：襌衣江淮南楚之間謂之褋，關之東西謂之襌衣。平也。遠者即下女，以其之遠也。言耳。

湘夫人七章

言神乘元雲而行也。兩飛暴兩謂之涷。

言已從神以佐天帝也。記玉藻篇曰：見所尊者齊遬。鄭康成注云：謙愨貌也。遬猶蹙蹙也。九阬義未聞。

此又言陰陽循環，司命所為，眾人莫知也。已上與司命相從，是其先之；離居，謂前相從而今離隔也。

言今雖與神離隔，尚未至有斷道相絕也。皆欲親之詞。離合之下，偶同命有當然，非人所得為，以結前得相從而復離居之意。

草贈之神去衛遠，故時不可兮驟得，聊逍遙兮容與。逍一作消

曰遠者，贈注甚牽強。

望神之必留也。

大司命　司命星名，主人生死。

廣開兮天門，紛吾乘兮玄雲。令飄風兮先驅，使涷雨兮灑塵。君回翔兮以下，踰空桑兮從女。言司命自天而下，使風伯掃路，兩師清塵，徐回乘騑，已當踰空桑之山以迎之也。紛總總兮九州，何壽夭兮在予。高飛兮安翔，乘清氣兮御陰陽。言神司九州之壽夭，飛翔太清，御陰陽而行也。吾與君兮齊速，導帝之兮九阬。者自相謂齋戒，迎神也。阬，闕同。靈衣兮被被，玉佩兮陸離。壹陰兮壹

楚辭……一卷

大司命七章。三台上台曰司命主壽夭，九歌之大司命也。文昌宮四曰司命主災祥，九歌之少司命也。周官大宗伯以槱燎祀司中司命，雖在祀典，然二歌皆非祭辭也。論語曰：道之將行命也，道之將廢命也。惟王逸注屈原後乃以誤疏，然之故二歌并託于與司命離合爲詞。天之司命亦猶下之居位大臣，所以有與君齊遠及立爲民正之語。

二章皆詩之興體，從今之離憂而追其始之宗相得，先設爲人語己之詞，言此人自有所美之子，意屬彼不屬此矣。爾何以思之？秋之若是，因論是間言賞于美人集會之中，獨親己也。成者結好

刪訂楚辭

陽象神之來也舊註非。衆莫知兮余所爲，莫知己求爲之意也。折疏麻兮瑤華，見上前宗注。將以遺兮離居。疏麻，神麻也；瑤華，玉華也。將以奉神，人神相遠，故曰離居。老冉冉兮既極，不寖近兮愈疏。乘龍兮轔轔，高駝兮冲天。結桂枝兮延佇，羌愈思兮愁人。言時日向暮，神愈疏遠，龍車轔轔，中天而去，徒有延佇愁思而已。愁人兮奈何，願若今兮無虧。固人命兮有當，孰離合兮可爲。言愁思無用，惟修行無虧，乃人命之當然，神之離合，豈人力可爲哉。

少司命 亦星名

秋蘭兮麋蕪，羅生兮堂下。綠葉兮素枝，芳菲菲兮襲

爲古音譌　華古音敷　極一作終　寖王云稍也　踰一作愈下同　轔王云車聲　天古音他因切

之謂。與，虛庶切，合音各。

言欲與神共沐于咸池，晞髮于陽阿，望之未來，悅然長歌以寄其思。爾雅：大陵曰阿。毛詩云：曲陵曰阿。陽阿，猶書之暘谷，以日出之方名之也。孔蓋，以孔雀尾飾車蓋也。旍旌，垂斿也。彗星，或謂之掃星，妖星也。按撫之，使不爲灾害。幼艾，少艾也，以比善人，欲爲扞衛而擁護之。此章言巳之愁苦，思神而爲離合之感者，非有私意干之，特望其爲民正耳。

少司命六章

予言供神之室，羅植香草，芳菲襲人。夫人兮自有美子，蓀何以兮愁苦？逸註、選註皆謂凡人自有子孫，司命何爲握其年命，用思愁苦。刪註謂凡人各有所歡，巫者獨以迎神勞苦。皆屬牽强，且上下畧不相貫，疑是錯簡，如下文衝風起兮二句之類。遂字在何字下。秋蘭兮青青，綠葉兮紫莖。滿堂兮美人，忽獨與余兮目成。言祀神者衆，神獨鑒巳之芳潔而垂盼也。入不言兮出不辭，乘回風兮載雲旗。言司命乘風載雲，出入無形，不可彷彿也。悲莫悲兮生別離，樂莫樂兮新相知。言神明來狢，方樂相知，而倏忽風雲，又悲離別也。但生別離、新相知，非祀神語，逸註謂屈原自傷，尤不相屬，亦疑錯簡。荷衣兮蕙帶，儵而來兮忽而逝。言司命荷衣蕙帶，倏來忽往，與上乘回風旬正相接。夕宿兮帝郊，君誰須兮雲之際。言神在天

夫人，洪云：夫音扶，夫人之猶言凡人也。

青，子丁切。

帶，古音帶。儵，式竹切。

雲之際不可攀也「與女遊兮九河衝風至兮水揚波」此二句古本無疑河伯章中錯入

與女沐兮咸池晞女髮兮陽之阿望美人兮未來臨風怳兮浩歌女指神咸池天池也陽阿日所行也美人亦指神言司命既去後來無期帳快浩歎也

孔蓋兮翠旍登九天兮撫彗星竦長劍兮擁幼艾幼少也艾長也荃獨宜兮爲民正言司命孔蓋翠旍在九天之上竦劍擁護長幼宜爲民正也

文選有「與」下凡十三字或羼入王本而遊作亦女遊咸起作風至餘并同按王逸無注是因河伯文衍誤

孔雀或謂之孔雉

翠春秋傳所謂鷸也赤曰翡青曰翠

東君即日也

暾將出兮東方照吾檻兮扶桑撫余馬兮安驅夜皎皎兮既明駕龍輈兮乘雷載雲旗兮委蛇以上皆形容日升之

暾他昆切王云謂日始出東方壯容暾二號而盛大

二章言日之初出其神自下而上于是作樂舞以迎之而聲音容色之盛令人忘歸轉轂以往正者也大車謂之轅縆急也蕭擊也樂器所懸橫曰栒植曰虡鱳以竹爲之竽之類靈保謂巫也翠曾言靈保之舞輕若翠舉也青白以東西方色爲飾天狼一星弧九星皆在西宮北斗七星在中宮天官書參之禮也

長太息兮將上心低佪兮顧懷羌聲色兮娱狀售註 支甚

人觀者憺兮忘歸緪瑟兮交鼓（緪急張弦也 交對擊也）簫鐘兮

瑤簴鳴鯱兮吹竽（鯱簴同 言覩日之將上太息低佪盛陳聲樂以迎之也）思靈

保兮賢姱翾飛兮翠曾展詩兮會舞應律兮合節（靈保巫也 姱好也 曾舉也 言靈巫善舞如翠鳥之舉歌詩合節也）

靈之來兮蔽日青雲衣兮白霓裳舉長矢兮射天狼操余弧兮反淪降（大言陽之神操大弓執長矢掃天狼降反側也）

援北斗兮酌桂漿撰余轡兮高馳翔杳冥冥兮以東行

河伯（水神）

澌，水解散也。言至洲側觀流水，將與河伯別也。
言河伯執手送己，將由南浦以歸也。河在楚之北，騰之言送也，從也。
河伯五章章　河神也。春秋傳楚昭王有疾，卜曰河爲祟，王弗祭，曰三代命祀，祭不越望。江漢雎漳，楚之望也。不穀雖不德，河非所獲罪也。孔子許爲知道。夫楚之不祭河，昭王之事是已。証屈原之歌河伯，歌詞但言相與遊而已，非投汨羅之意已決，故曰靈何爲兮水中，亦以自謂也。又曰波來迎，魚媵予，自傷也。
擬山鬼之狀，而因代其語，體說文云小視也，窈窕容也。言山鬼之出而因代其語，上章山鬼謂人慕己，此章則山鬼親人望竹，一衆來也。

與女遊兮九河，衝風起兮水橫波。乘水車兮荷蓋，駕兩龍兮驂螭。形容河神出沒之狀。登崑崙兮四望，崑崙河源所出。心飛揚兮浩蕩。日將暮兮悵忘歸，惟極浦兮寤懷。言已望神之切也。

魚鱗屋兮龍堂，紫貝闕兮朱宮，靈何爲兮水中。乘白黿兮逐文魚，與女遊兮河之渚，流澌紛兮將來下。言河伯從龍堂貝闕，乘黿逐魚來下臨也。子交手兮東行，子指神。送美人兮南浦。美人指神。波滔滔兮來迎，魚鱗鱗兮媵予。媵，送也。言神歸也。

山鬼　即山魈之類，楚俗所祀，非高山大岳之神也。

若有人兮山之阿，被薜荔兮帶女蘿。既含睇兮又宜

九河在冀、兗州與青州分界，據爾雅，徒駭、太史、馬頰、覆釜、胡蘇、簡、絜、鉤盤、鬲津是爲九河。漢書溝洫志云許商以爲古說九河之名，有徒駭、胡蘇、鬲津，今見在成平、鬲界中，自鬲以北至徒駭間相去二百餘里。漢成平故址城在今交河縣東，二光故城在今縣東，並屬直隸河間府。鬲故城在今德州北，屬山東濟南府。閻百詩云其上六往來燕齊西道河間、東履青滄，親訪九河故道，蓋古北流衝漳注之河，既東徙，東入海，安知非古之徒駭河與，今滄州、南皮、滄州二州之間有古河

此言人與山鬼之所而唱之已下三章則所唱之人既去而為離憂之詞也

三章之次始望其來而喜者君思我而不得閒于繼望之不來則莫必其思我而疑信交作也終望至無日使我思君如此離憂耳

山鬼六章一章通篇皆寫山鬼與己相親之詞次可以假山鬼自喻發其幽其與山鬼為伍之自悲其同乎山鬼也歌詞反側讀之皆其寄意所在此歌與涉江篇相表裏以此知九歌之作在頃襄復遷之江南時也

芝一歲三華故謂之三秀

爾雅謂之苬

笑寫山鬼形狀如畫子慕予兮善窈窕言人鬼相慕也乘赤豹兮從文狸辛夷車兮結桂旗被石蘭兮帶杜衡折芳馨兮遺所思余處幽篁兮終不見天路險難兮獨後來表獨立兮山之上雲容容兮而在下杳冥冥兮羌晝晦東風飄飄兮神靈雨言山鬼乘豹御狸被帶香草潛處於陰崖幽篁上下險阻不見天日山雲杳冥風雨晝晦俱堪入畫留靈修兮憺忘歸歲既晏兮孰華予采三秀兮於山間三秀芝之草也石磊磊兮葛蔓蔓怨公子兮悵忘歸君思我兮不得閒山中人兮芳杜若飲石泉兮蔭松柏君思我兮然疑作然疑時然疑忽也雷填填

堤岸數處也皆沮洳泥陷太史寺河當在其塢沿州之南有大運淤西喻東光東至海瀛南至西無棣县百餘里間有曰大河曰沙河皆瀕古堤縣北地名谷口縣城南枕無棣溝東無棣县北旬陷河闊數里西通德棣中至海滄州北有上傍可西踰德棣惠李海濱衛河最南北他河左伏要為周界無疑也今平原迪北清滄之間虽為樹藝城邑相望而地形河勢尚隱然可知為界但[illegible]九河[illegible]或三或五[illegible]寡不同[illegible]欲

此章言其戰戈可予戰也或謂之鏚鳴或謂之推頸考工記犀甲壽百年
此章言其陳亡
此章閔其情狀其志方
言超遠也東齊曰超
國殤二章 殤之義
男女未冠笄而死者謂之殤在外而死者謂之殤殤之言殤也國殤死國事則所以別于二者之殤也歌
此以巾之通篇直賦其事

兮雨冥冥，猨啾啾兮狖夜鳴。風颯颯兮木蕭蕭，思公子兮徒離憂。靈修公子君山中人皆指所祀鬼言欲山鬼毋歸而時日既暮不能久留但見山高草遠芳杜長松雷轟雨冥猨狖悲鳴風木蕭颯不勝離憂逸註選註纂註俱牽强可笑甚至以公子爲子椒以山中人爲屈原自稱何啻夢說

按名而案註致後儒紛紛之論於印鼻長尾裡訓之蛙

國殤

此勇夫戰死而楚俗祀之者

操吴戈兮被犀甲，車錯轂兮短兵接。旌蔽日兮敵若雲，矢交墜兮士爭先。述其歸陣之事 凌余陣兮躐余行，左驂殪兮右刃傷。霾兩輪兮縶四馬，此兒景敗陣 援玉枹兮擊鳴鼓。天時墜墜一作懟兮威靈怒，嚴殺盡兮棄原壄。壄一作野 出不入兮往

犀似豕牛豕首屈足足有三蹄
縶ヒ力切
甲古音
錯玉云交也
轂三云戰也
殪死也
枹鼓槌也

華之初秀曰芭 禮魂一章 乘言人鬼之有常祀者六首賦其事以歌詞反側讀者可以知其寄意矣

不反平原忽兮路超遠 言雖敗劒猶援枹奮勇無奈天命隕墜棄尸原野一出不還家鄉迢遠悲哉

帶長劒兮挾秦弓首雖離兮心不懲誠既勇兮又以武終剛强兮不可凌身既死兮神以靈魂魄毅兮爲鬼雄 言身首雖離不棄秦弓矢剛强之氣鬼雄亦英雄也

禮魂 總序禮樂供獻長久敬祀之意

盛禮兮會鼓傳芭兮代舞 芭巫所持香草 遞傳送舞楚俗然也 姱女倡兮容與 楚俗皆用女巫 春蘭兮秋菊長無絕兮終古

刪註楚辭

天問

原兒放屏居咄咄無聊雜憶往古隨筆詰問似涉迂怪實闕至言若曰人不足問故呼天而問之且其命辭樸拙斷非漢以後人所能道者但篇中雜沓參差讀者費解因隨其次第畧爲條分詮釋以便觀覽舊謂其見宗廟圖畫而問焉恐壁間未必畫此種種也

曰遂古之初誰傳道之

上下未形何由考之

冥昭瞢闇誰能極之

馮翼惟像何以識之 惟象淮南精神訓古未有天地之初惟像無形

明明闇闇惟時何爲

陰陽三合何本何化 三合天地人也

圜則九重孰營度之 圜天也天有九重

惟茲何功孰初作之

斡維焉繫天極焉加 斡轉也言天之轉運何所繫屬何所極至 [illegible]

八柱何當東南何虧 天有八山爲柱地虧東南詳見後

九天之際安放安屬 九天八方及中央也放至也

隅隈多有誰知其數 言九隅之廣也

天何所沓十二焉分 沓合也十二辰也

日月安屬列星安陳

出自湯谷次于蒙汜 日出入處

自明及晦所行幾里

夜光何德死則又育 月沒而升

厥利維何而顧菟在腹 月中兎影

女岐無合夫焉取九子 古有神女無夫而生九子也

伯强何處惠氣安在 伯强大癘鬼也

刪註楚辭

何闔而晦何開而明

角宿未旦曜靈安藏角東方之宿

以上問天地日月星辰之事內女岐伯強二則

不倫

不任汩鴻師何以尚之言鯀不任治水衆何以舉之汩治也鴻洪水也師衆也

僉答何憂何不課而行之衆人欲試鯀而用之也

鴟龜曳銜鯀何聽焉言鯀既殛死其尸一聽鳥銜曳也

順欲成功帝何刑焉使鯀能順治何至受刑

永遏在羽山夫何三年不施

爾雅纂繼也緒事也父爲考

說文窴塞也方言窴塡也大也

九州王云謂九州之地凡有九

何畫一作河海應龍何盡何歷

伯禹腹鯀夫何以變化禹生於鯀能變父業也

纂就前緒遂成考功禹成父功

何續初繼業而厥謀不同禹之謀慮不同也

洪泉極深何以窴之水性極深禹何以知而處之

地方九州則何以墳之墳分也

應龍何畫河海何歷龍有翼曰應龍禹治水時有神龍以尾畫水道因而治之

鯀何所營禹何所成

以上問鯀禹治水之事

康回馮怒墜何故以東南傾康回共工名怒觸不周天柱故地傾東南也

說文：洿，窊下也。[illegible]

太傅[illegible]曰：凡地東西為緯，南北為經，[illegible]則北極高下及月食之闇虛，得地體周九萬里。南行二百餘里而北極低一度，北行二百餘里而北極高一度。至赤道下，南北極與地平，晝夜[illegible]無永短。北至極下，赤道與地平，半年為晝，半年為夜。凡氣朔之時刻，漸西則[illegible]，東則[illegible]。[illegible]食西見食早，東見食遲。此地與天相應之大較也。地之廣輪，隨其方所，皆可假天度以測之。[illegible]

刪註楚辭

九州安錯？川谷何洿？錯，置也。洿，深也。

東流不溢，孰知其故？

東西南北，其修孰多？

南北順墮，其衍幾何？順墮，猶橫豎也。[illegible]

以上問州谷方隅之事

崑崙縣圃，其尻安在？縣圃在崑崙上。尻，居也。尻猶尾也，脊椎之末節曰尻，骨亦曰尾骶。[illegible]

增城九重，其高幾里？增城在崑崙上，其山九重，高萬一千里。[illegible]

四方之門，其誰從焉？言崑崙門在何方。[illegible]

西北闢啓，何氣通焉？門在西北也。

河源二泉，同出巴顏喀喇山之東麓，行數里而合，東北流三百餘里至星宿海。蒙古謂星鄂敦，謂水灘他拉，故名星宿海曰鄂敦他拉。

以上問崑崙門戶

日安不到燭龍何照　西北有無日之國有龍銜燭以照之

羲和之未揚若華何光　若木之華映日其光四照日未出則無光

何所冬暖何所夏寒

以上問日馭寒煖之故

焉有石林何獸能言　有石木之林有能言之獸

焉有虯龍負熊以遊　古云虯龍負熊

雄虺九首儵忽焉在　雄虺一身九頭速及電光

何所不死長人何守　有不死國有長人國

則王

岐直為衢此謂枝莖岐出也說文巴食象蛇

說文彃射也

下土一作下土方

焉得一作安得

之女一無之字

通之一作通之于

靡蓱九衢，枲華安居？言浮萍枲華不生於通衢。

一蛇吞象，厥大何如？南方有吞象之蛇，三年乃出其骨。一蛇或作靈蛇，非。大一作骨

黑水玄趾，三危安在？黑水、玄趾、三危，皆地名。

延年不死，壽何所止？延年之術，何時而了。

鯪魚何所？鬿堆焉處？鬿音祈。鯪鯉有四足。鬿堆，奇獸也。

羿焉彃日？烏焉解羽？羿善射，一日而落九烏。羿射九日也。

以上雜問怪異物事

禹之力獻功，降省下土四方。

焉得彼嵞山之女，而通之於台桑？禹娶塗山氏。台桑，地名。

一二二

禹貢有二黑水

閔妃匹合厥身是繼　禹之妃匹爲繼嗣也

胡爲嗜欲不同味而快鼂飽　禹豈與庸人同嗜快飽朝夕故娶四月而去

啓代益作后卒然離蠥　蠥與孽同未詳舊註謂益不得立而遭憂殊不通

何啓惟憂而能拘是達　舊註亦未通

皆歸射鞫而無害厥躬　舊註未通

何后益作革而禹播降　舊註未通

啓棘賓商九辯九歌　棘陳也賓列也商宮商也九辯九歌皆禹樂也

何勤子屠母而死分竟墬　言禹爲克勤之子腷母背而生母竟死也

以上問禹啓事多不可解

帝降夷羿革孽夏民　言羿篡位爲夏民之孽也

胡羿射夫河伯而妻彼雒嬪　雒嬪水神謂宓妃也傳曰河伯化爲白龍遊於水旁羿見射之眇其左目河伯上訴天帝曰爲我殺羿天帝曰爾何故得見射河伯曰我時化爲白龍出遊天帝曰使汝深守神靈羿何從得犯也汝今爲蟲獸當爲人所射固其宜也羿何罪歟羿又夢與雒水神宓妃交接也

馮珧利決封豨是射　馮挾也珧弓名決射韝名封豨神獸羿射之

何獻蒸肉之膏而后帝不若　言羿射封豨蒸其肉膏以祭上帝而帝不順也

浞娶純狐眩妻爰謀　寒浞羿相也娶純狐氏爲妻而惑焉與之謀殺羿

何羿之射革而交吞揆之　言羿之善射而爲浞所吞滅也

鯀投東裔而曰西征者，阻窮而死，其神猶反中國，祀于夏郊。言何以能越巖險西至中國，而化爲黃熊于崖山言之。乃以爲非巫祝所能復活，蓋惜鯀之死也。

蒲雚之地皆可營作，以播秬黍，此就水土平後民享其利言之。鯀與共工等並投諸四裔，職爲此也。原因禹平水土之功，能蓋父之愆，而反惜之如是。

王國雚、雚伏秋爲亂，兼蘆一物，甚言蘆葭一物說者多混淆。

阻窮西征巖何越焉 以 堯殛鮌於羽山西方險阻窮巖

化而爲黃熊巫何活焉 能活 鮌化黃熊入于羽淵豈巫醫

咸播秬黍莆雚是營 雚 禹平水土民得播種

何由并投而鮌疾脩盈 言堯何故投鮌以其惡長滿 也

以上問羿浞事雜以禹鮌

白蜺嬰茀胡爲此堂 蒲按洪氏說文……

安得夫良藥不能固臧 蜺雲之有色似龍者也茀白雲逶迤若蛇者也皆崔文子

學仙于王子僑子僑化爲白蜺而嬰茀持藥

與崔文子文子驚怪引戈擊蜺中之因墮其

藥俯而視之子僑之尸也王子僑世所稱神

仙也既已成蜺變化而猶不免戈擊之難則

黑黍謂之秬，以爲酒，所謂秬黍，言其分香調暢，故名酒曰鬯矣。又《本草》……金草以和酒謂之鬱鬯。蒲，蒲類也，好生水中，色白，古取以爲菹，禮之深蒲。雚，今之荻，《夏小正》雚未秀爲菼，葦未秀爲蘆，蓋菼亦雅謂之亂，亦謂……

世之學仙何爲者耶

天式從横陽離爰死 式法也爰於也言天法有善陰陽從横之道人失陽氣則死也

大鳥何鳴夫焉喪厥體 言崔文子取王子僑尸置之室中須臾化爲大鳥翻飛而去文子焉能亡子僑之身乎言仙人不可殺也

以上問王子僑事

蓱號起雨何以興之 蓱蓱翳雨師也言何以致雨

撰體協脅鹿何膺之 膺受也言天撰十二神鹿一身八足兩頭何受此形

鼇戴山抃何以安之 列仙傳曰巨鼇戴山而戲擊手曰抃

以上三則雜問

釋舟陵行何以遷之 言澆能陸地行舟也舊註非

惟澆在戶何求于嫂 澆入嫂戶佯有所求因與淫也

何少康逐犬而顛隕厥首 少康逐犬襲殺澆斷其首

女歧縫裳而館同爰止 同宿 女歧澆嫂也爲澆縫裳因與

何顛易厥首而親以逢殆 少康夜襲得女歧頭以爲澆因斷之故曰易首

以上問少康滅澆事

湯謀易旅何以厚之 言湯謀湯夏

覆舟斟尋何道取之 言少康滅斟尋二國易若覆舟

桀伐蒙山何所得焉 言桀伐蒙山氏而得妺嬉

晉夏桀伐有施人以末嬉女焉 [illegible] 施嬉姓之國也嬉其女也 呂氏春秋伊尹奔夏三年反報于亳曰桀惑于末嬉好彼琬琰 [illegible] 帝癸十四年扁師師伐岷山 [illegible]

鄭康成注覲禮云成猶重也 [illegible]

登立爲帝洪云 [illegible] 有天下者舜 [illegible] 也

女媧古帝號洪氏引列子曰女媧氏蛇身人面牛首虎鼻 [illegible] 此有非人之狀而有大聖之德

爾雅服事也

妹嬉何肆湯何殛焉　言桀廢妹嬉而湯放之　末嬉一作妹喜

以上問夏商征伐之事

舜閔在家父何以鱞　詰舜何不爲父繼娶 [illegible]

堯不姚告二女何親　言堯不告而妻舜舜之父姓姚

厥萌在初何所億焉　無朋億王云言 [illegible] 施行 [illegible] 而知其存亡 [illegible]

璜臺十成誰所極焉　紂築玉臺十重以極其欲 [illegible]

登立爲帝孰道尚之　言伏羲首立爲帝道莫尚焉

女媧有體孰制匠之　言女媧之體日七十化是何匠所爲

舜服厥弟終然爲害　言舜雖愛弟而弟終欲害之

今山東萊州府濰縣東厥縣是

何肆犬體而厥身不危敗 言象肆犬豕之惡烏得不敗 敗古音蒲寐也

吳獲迄古南嶽是止 言吳得賢君於古公亶公之時太伯逃于南岳恐未是

孰期去斯得兩男子 兩男子謂太伯仲雍恐未是

緣鵠飾玉后帝是饗 言伊尹因烹鵠羹飾玉鼎以饗湯也

何承謀夏桀終以滅喪 尹遂與湯謀放桀也

帝乃降觀下逢伊摯 摯伊尹名

何條放致罰而黎伏(服)大說 言湯放桀於鳴條而民悅也 說音悅

簡狄在臺嚳何宜玄鳥致貽女何嘉 天命玄鳥事

該秉季德厥父是臧 舊註指湯無謂

三二八

牧夫牛羊洪云收其兵以滅有扈氏作…

干舞者所持盾也協謂合之以舞時是也漢書所謂采曼之顏師古注云澤也…

胡終弊於有扈牧夫牛羊 言少康終滅有扈

干協時舞何以懷之 舜舞干而苗革舊註指少康未是

平脅曼膚何以肥之 痴人徒肥也舊註指紂未是

有扈牧豎云何而逢 言有扈本一牧豎何故遭逢而爲諸侯

擊牀先出其命何從 言有扈親于牀上擊殺之

恒秉季德焉得夫朴牛 言湯能秉持常德得大牛之瑞恐未必是

何往營班祿不但還來 舊註言湯畋獵恐未通

昏微遵迹有狄不寧 舊註言晉大夫解居父皆沾沾不寧恐未必是

何繁鳥萃棘負子肆情 舊解居父聘吳過陳之墓門見婦人負其子欲與之淫詩云…

有扈漢右扶風鄠也漢故城在今县北二里屬陝西西安府

眩,宋王云:象為舜弟,眩惑其父母,並為淫泆之惡,欲共危害舜也。洪云:眩,亂,循惑鱗也。言舜有惑亂之象。而後嗣逢長,一作後嗣逢長。王云:舜封象於有庳,而後嗣子孫長為諸侯也。爰極,至也。之後,小臣,王云:湯東巡狩,有莘氏乃伊尹,因得吉善之妃,以為內輔。水濱之木,謂伊尹生於空桑。注云:伊尹母居伊水之上,既乃孕,夢有神告之曰:臼水出而東走,無顧。明日視臼水出,告其鄰,東走十里而顧,視其邑盡為水,身因化為空桑。有莘氏女子採桑,得嬰兒于空桑之中,故命之曰伊尹,而獻其君,令庖人養之。

墓門有棘,有鴞萃止是也。故曰繁鳥萃棘也。言墓門有棘,雖無人,棘上猶有鴞,汝獨不愧也。

眩弟並淫,危害厥兄。言象眩惑父母,害其兄也。兄古音虛王切。

何變化以作詐,後嗣而逢長。言象極變詐而封于有庳,子孫長盛。

以上雜問不次

成湯東巡,有莘爰極。湯娶有莘。

何乞彼小臣,而吉妃是得。小臣,伊尹也。尹乃有莘之媵臣。

古莘國在陳留今縣東北,莘城是也,屬河南開封府。

水濱之木,得彼小子。夫何惡之,媵有莘之婦。婦古音扶委切。小子謂伊尹。媵,送也。言伊尹母娠身,夢神女告之曰:臼竈生鼃,亟去無顧。居無幾何,臼竈中有生鼃,母去東走,顧視其邑盡為大水,母因溺死,化為空桑之林。水乾後,有小兒啼水涯,人取養之。既

長而覺爲亂湯相王云存莘惡泏世芒木中出因以送女按莘桀伊尹所生之地名也在今河南開封府杞縣說存疑以傳會事見呂氏春秋

重泉王云地名也桀拘湯於重泉而復出之

尤旧音云其叛

挑之王云言湯不勝衆心而以伐桀誰使桀先挑之洪云挑徒了切今音叶云挑伯叶也

言諸侯畢會之朝爭趨而至何以背踐吾師期乎盟者河北地名也史記師畢渡盟津諸侯咸會曰是其事春秋傳注盟且不及三王則爲地名明矣慶善云按詩鷹揚指尚父此言群飛各士從從也

蒼鳥鷹也春秋傳謂之爽鳩

長有碑才有莘惡伊尹從夆中出因以送女也

湯出重泉夫何辠尤 桀拘湯於重泉而出之

不勝心伐帝夫誰使挑之 言湯不勝衆人順其心而伐桀乃桀爲惡以挑之也

以上問湯尹事

會鼂爭盟何踐吾期 言武王將伐紂紂使膠鬲視武王師膠鬲問曰欲以何日至殷武王曰以甲子日膠鬲還報紂會天大雨道難武王晝夜行或諫曰雨甚軍士苦之請且休息武王曰吾許膠鬲以甲子日至殷今報紂矣甲子日不到紂必殺之吾故不敢休息欲救賢者之死也遂以甲子日朝誅紂不失期也

盟之爲孟語之轉也其地有津謂之盟津春秋傳王与鄭田盟其一也後屬晉爲河陽盟津在南漢屬河陽今河南懷慶府孟縣津在县南十八里

蒼鳥羣飛孰使萃之 蒼鳥鷹也言武王之師也詩云時維鷹揚

到一作列

定一作芘，蓋字形之譌。嗟古音子何切。

及一作乃，非。

反成，蓋已成之業忽反覆也。

伐器，王云攻伐之器也。洪云爭遣伐器，謂群后以師興會也。

擊翼，洪云六翮曰翼。其兩翼疾擊其後，較擊其翼益捷法也。

厎音旨，譌作底，非。

白雉，汲郡古文：昭王十九年，祭公辛伯從王伐楚，天大曀，雉兔皆震，喪六師于漢。逢白雉或作非賈。

到擊紂躬叔旦不嘉武王伐紂到於孟津白魚入舟羣臣咸曰休哉周公旦曰雖休勿休故曰不嘉

何親揆發定周之命以咨嗟言武王揆度天命發足起兵行紂咨嗟歎美也

授殷天下其位安施言以天下授殷令其權位無所施矣

反成乃亡其罪伊何殷家已成滅亡罪在紂也

爭遣伐器何以行之言武王兵器之多也

竝驅擊翼何以將之言武王師衆之盛也

昭后成遊南土爰底昭王南征而不返也

厥利惟何逢彼白雉昭王南征迎白雉也

白雉，翰雉也，亦謂之鷮雉。

方言吳越飾貌爲竘或謂之巧郭璞注云語楚聲轉耳挴方言云貪也挴恪垢切

說文衒行且賣也鬻余六切

穆王巧挴夫何爲周流挴貪也穆王貪遠功而周遊也挴母改切

環理天下夫何索求穆王之逝何所求哉環理謂計度天下里數汲郡古文說云西征還履天下有九萬里穆天子傳乃里西土之數各行萬數三萬有五十里

妖夫曳衒何號于市幽王時有賣檿弧箕服于市者此人妖也

周幽誰誅焉得夫褒姒幽王以褒姒亡褒姒事見國語

天命反側何罰何佑佑音又

以上問武王伐紂及昭穆幽王事言天命無常也

齊桓九會卒然身殺齊桓公九合諸侯身死不斂尸蟲出於戶會一作合

一則問齊桓公事

習用曰服

抑沈洪云抑九章云情沈抑而不達也

雷開王云佞人也阿順于紂乃賜之金玉而封之

封而叔去方音方猶道也

爾雅竺厚也竺之篤言厚之也

馮弓挾矢馮執弓矢持以殊能謂周家傳稷之能天作伯也西伯戰黎以徙

奇哉所謂能馮帝激切也

彼王紂之躬孰使亂惑何惡輔弼讒諂是服

比干何逆而抑沈之 紂殺比干

雷開何順而賜封之 雷開紂佞臣也以阿順而賜之金

何聖人之一德卒其異方

梅伯受醢箕子詳狂 梅伯亦紂忠臣 詳音佯

以上問紂事

稷維元子帝何竺之 竺音篤

投之于冰上鳥何燠之 投稷于冰上鳥覆翼之見詩經

何馮弓挾矢殊能將之 言稷長大能持弓矢有威德也

相遲之數年而加於胞故曰何逢長之

辯哀集注云謂號令于殷世衰微之際是也徹彼岐社直岐之于天下以爲太社也

遷藏就岐洪云蓋指太王也

受賜兹醢王云紂醢梅伯以賜諸侯文王受之告語于上天也

市列曰肆在肆王云吕望鼓刀在列肆文王親往問之吕望對曰下屠屠牛上屠屠國文王喜載與俱歸

既驚帝切激何逢長之言稷生驚動上帝受命靈長也舊註非

伯昌號衰秉鞭作牧言西伯當殷末號令衰微作民牧也秉鞭猶執柄也牧古音莫逼切

何令徹彼岐社命有殷之國言武王徹岐之侯社代殷爲天子也國之字無

遷藏就岐何能依言武王遷商之庫藏於岐也

殷有惑婦何所譏言紂惑於妲己也

受賜兹醢西伯上告紂醢梅伯以賜諸侯西伯受之告於上帝也告古音居候切

何親就上帝罰殷之命以不救

師望在肆昌何志識太公鼓刀於市肆

鼓刀揚聲后何喜文王得太公於鼓刀

岐山在今陝西鳳翔府岐山縣東北十里漢志右扶風美陽禹貢岐山在西北中水鄉周太王所邑

韋昭注國語云雉經，頭槍而縣死也

感天抑地，洪氏引左傳而許我後有罪是也

戒謂警勅以蕭天命也。洪興祖云受禮天下，言受天王者之禮于天下也

承輔，王云言湯初舉伊尹以為凡臣耳，後知其賢，乃以備輔翼承疑之
官湯，集注云官如官卿之適之官
尊食，洪云廟食也

武發殺殷何所悒

載尸集戰何所急行 尸，主也。武王伐殷，載文王木主以行

以上問天生后稷及武王伐商事

伯林雉經維其何故 舊註伯，長也。林，君也。謂申生

何感天抑墜夫誰畏懼 舊註指驪姬之譖，恐未確

皇天集命惟何戒之 泛言 戒古音訖力切

受禮天下又使至代之 泛言 代古音徒既切

初湯臣摯後茲承輔 湯以尹為輔也

何卒官湯尊食宗緒 尹以湯王也

勳闔夢生少離散亡 勳功也闔閭乃壽夢所生少而流亡

何壯武厲能流厥嚴 闔閭長而武勇流威嚴也

彭鏗斟雉帝何饗 彭鏗彭祖斟雉羹以享帝堯

受壽永多夫何久長 言彭祖之壽

中央共牧后何怒 言中央之州有岐首蛇共食牧草爭而相怒恐未確

蠭蛾微命力何固 言蠭蛾之微亦有性命

驚女采薇鹿何祐 昔有女子采薇驚而得鹿其家遂

北至回水萃何喜 言女子驚走回水而得鹿也

兄有噬犬弟何欲 秦伯有噬犬弟鍼欲得之因逐鍼而奪之

薇似藿蜀人謂之巢菜 薇俗呼野豌豆

歸何憂言薄暮而遇雷電歸亦何憂乎蓋亦有甚于此者

作起也天何長人言孰為長久策也吳光嘗破楚入郢國幾亡屈原之時楚之憂甚于秦也於結篇言吳光爭國益嘆楚國可恨執政無人

何環穿自閭社丘陵一作何環閭穿社以及丘陵是淫是蕩

易之以百兩卒無祿秦鍼以金百兩請易兄犬秦伯一怒奪其祿

薄暮雷電歸何憂原歸途偶値雷電舊註恐未確

厥嚴不奉帝何求言楚王作威不奉上帝也厥嚴不奉言君之威嚴不奉上帝也

伏匿穴處爰何云言已將伏匿穴隱也

荆勳作師夫何長舊註指荆吳爭桑事恐未確何長一作何長先

悟過更改我又何言言楚王肯改悔已又何言

吳光爭國久余是勝指吳姬光事吳光即闔廬

何環穿自閭社丘陵爰出子文楚子文之母穿閭社通於丘陵淫而生子

文

刊正楚辭 三二

堵敖熊囏也杜元凱注左氏春秋云成君無號謚者楚人皆謂之敖囏音艱字

吾告堵敖以不長 堵敖楚賢人告以楚國之不長也

何試上自予忠名彌彰 言已不敢嘗試君上自沽忠名也予一作与彌一作弥

以上錯雜不次

誦者言前事之稱
惜誦悼惜而誦言
之也凡哲言詞卒曰所
者反質之以白情實
五帝明堂四郊所祀
六神䫉禮所謂方明
周官司盟所謂北面
詔明神者是也設六
色象其神六玉以禮
之虞夏書之六宗其
此與嚮對也服如五
刑有服之服御侍
也聽直平斷而正其
當也
巳上言神明之前既
不可欺又自恃君之
前忠鯁易見也

九章

屈原既放時爲憤辭先後集之偶得九章非有所取義也語意重複亦離騷之蛇足耳

惜誦 以篇首二字命題

惜誦以致愍兮發憤以抒情 原見楚國將亡痛惜在心誦言在口閉鬱之極發憤懣辭不一而足也

所作忠而言之兮指蒼天以爲正令五帝以折中兮戒六神與嚮服俾山川以備御兮命咎繇使聽直 言己之忠言指天帝山川以爲正明當使古直臣聽之也

竭忠誠以事君兮反離羣而贅肬 肬音尤言君不我信視若贅肬

忘儇媚以背

愍一作閔通
憤懣也
所非忠一云
云所作忠
咎詠
以嚮音向
以或作嚮
命咎一作命
以竭一作
便
贅肬右音叔
其如莊子所
謂附贅縣疣
保奇則方言
云忘背

豫謂猶豫集注云疾猶力也

我代君自我也集注云言思君意常謂群臣莫有忠于我者故忘己之賤貧以効其忠然亦但知盡心以事君而已固不懷貳以求寵也王注咍笑也楚人相謂調笑曰咍洪興祖云情沈抑而不達人君不知其用心也又蔽而莫

衆兮待明君其知之言與行其可迹兮情與貌其不變言已之事君言行相副無變易也故相臣莫若君兮相觀而知之也所以證之而不遠吾誼先君而後身兮羌衆人之所仇專惟君而無他兮又衆兆之所讎也怨耦曰仇怨曰讎壹心而不豫兮羌不可保言已事一忠信毫無猶豫而君心易移不可保也疾親君而無他兮有招禍之道也思君其莫我忠兮莫知己之忠忽忘身之賤貧事君而不貳兮迷不知寵之門忠何罪以遇罰兮亦非余心之所志志猶望也行不羣以巔越兮又衆兆之所咍也咍笑也紛逢尤以離謗兮謇不可釋

之白群臣莫有明己所存也。有，俗作肎

中情，集注云：以韵協之，當作善惡。由離騷一句差互，故此亦因之耳

杭，度也。楚人主之鬼曰厲。極，猶窮也。旁謂旁輔也

羹，大熱；齏，冷。爾雅：肉謂之羹。鄭康成注周官醯人云：凡醯醬所和，細切為齏

情沈抑而不達兮又蔽而莫之白心鬱邑余侘傺兮

鬱邑愁貌 侘傺悵佇立貌 又莫察余之中情固煩言不可結而

詒兮願陳志而無路退靜默而莫余知兮進號呼又

莫吾聞申侘傺之煩惑兮中悶瞀之忳忳昔余夢登

天兮魂中道而無杭 杭與航同 詩云一葦杭之 吾使厲神占之兮

厲神殤鬼也 楚俗所祀 曰有志極而無旁 旁輔也 終危獨以離異

兮曰君可思而不可恃 從古君恩豈可恃哉 故衆口其鑠金兮

初若是而逢殆懲於羹者而吹齏兮 齏音齊 羹熱齏 今人有懲羹而

傷熱者見齏亦吹之 何不變此志也欲釋階而登天兮猶有

白，古音蒲各切

齏，一作韲

此志也，俗本刪去四也字

行所至曰極王注好遠也

絓繳于矢謂之矰弋繳射也罻小网也爾雅鳥罟謂之羅

曩之態也衆駭遽以離心兮又何以爲此伴也同極而異路兮又何以爲此援也言懲曩吠聲何不見幾變節若堅執曩昔忠信之態以處亂世是欲釋階而登天也衆怪衆人駭其離心異路莫與爲援也晉申生之孝子兮父信讒而不好行婞直而不豫兮鮌功用而不就言子不見信於父臣不見信於君楚辭每引鮌爲言想鮌雖自用罔功亦是剛直不阿時之人耳吾聞作忠以造怨兮忽謂之過言九折臂而成醫兮吾今而知其然言忠必貽怨九折成醫昔疑其過今始信其然也信矰弋機而在上兮罻羅張而在下設張辟以娛君兮願側身而無所言衰世矰羅既多而讒人又張設峻法以娛昏主使賢人無側身之地也辟法也欲儃

申生一作晉申生

其然一作其信然

隙方言云逗也罔謂狀言得無謂也膺匈也菀猶緼也鬱彰也語之轉方言軫戾也

檮之揉也代米使之精糳曰糳糗糒也𢺷舉也曾猶重也龖歔惜誦

知好此奇服以比好脩不懈是以前既不容于世而不顧至此重遭讒謗

衍以干傺兮，恐重患而離尤。言欲低佪干主，又恐獲罪，遭尤患也。傺，住立也。

欲高飛而遠集兮，君罔謂汝何之？欲橫奔而失路兮，

堅志而不忍。背膺牉合以交痛兮，心鬱結而紆軫。言欲高飛則何往，欲改路則不忍，胸背分合交痛而鬱結也。

檮木蘭以矯蕙兮，矯猶揉也。糳申椒以爲糧。糳音鑿，同。播江離與滋菊兮，播，種也。願春日以爲糗芳。恐情質之不信兮，故重著以自明。矯茲媚以私處兮，矯，舉也。願曾思而遠身。曾，重也。

涉江 原見放於江南，故涉江作此。

余幼好此奇服兮，年既老而不衰。帶長鋏之陸離兮，

無所敢逗

牉，分也。其，一作以。菀，于阮切。一作鬱。檮，音都切。一作播，二字往往錯互。糗，去久切。重，迪用切。

曾音層。身，詩如而等字亦音。

長鋏，劍名。

涉江而南往斥逐之所楚頃襄復遷之江南時也湘水自洞庭入江故洞庭之下得兼江湘之目矣王伯厚云屈原楚人而涉江曰哀南夷之莫吾知是以楚之俗爲夷也陰那之[illegible]謂言君子變作夷矣[illegible]

言於鄂渚登岸循江岸行以至洞庭也乘之言登也欸發聲歎緒餘也邸舍也

自洞庭而舟行遡沅也舲船小船有窗牖者小船謂之櫂吳大艮[illegible]也疑止也凝滯之轉

冠切雲之崔嵬，被明月兮珮寶璐。世溷濁而莫余知兮，吾方高馳而不顧。言己奇服懷志，世莫知終不顧也。駕青虬兮驂白螭，吾與重華遊兮瑤之圃。登崑崙兮食玉英，與天地兮同壽，與日月兮同光。哀南夷之莫吾知兮，旦余濟乎江湘。乘鄂渚而反顧兮，欸秋冬之緒風。欸歎也。緒餘也。言登鄂渚高望楚國嚮風長歎也。步余馬兮山皋，邸余車兮方林。邸舍也。方林地名。乘舲船余上沅兮，齊吳榜以擊汰。舲船。榜櫂也。汰水波也。船容與而不進兮，淹回水而凝滯。朝發枉渚兮，夕宿辰陽。枉渚辰陽皆地名也。苟余心之端直兮，雖

切雲冠名明月珠名說文云璐玉也

鄂渚在今湖北武昌府江夏縣西江中黃鵠磯上三百步漢之江夏沙羨界楚之東鄙不遠矣劉子政說苑所稱昔鄂君子晳泛舟之下鄂渚浮洞庭此也

沅水注洞庭在今湖南長常德府沅江

舟行由沅入漵王逸所也大傳礼陰之專負爲長蔽說文謂之楹雷宇屋近檐也

髡首剃去髮也王注董正也豫猶豫也

僻遠之何傷入漵浦余儃佪兮（漵浦水名）迷不知吾之所

如深林杳以冥冥兮乃猨狖之所居山峻高以蔽日

兮下幽晦以多雨霰雪紛其無垠兮雲霏霏而承宇

哀吾生之無樂兮幽獨處乎山中吾不能變心而從

俗兮固將愁苦而終窮接輿髡首兮桑扈臝行［illegible］接輿楚狂

也自刑身體避世佯狂桑扈隱士也去衣裸裎以效夷狄 忠不必用兮賢不必以

以用 伍子逢殃兮比干菹醢與前世而皆然兮吾又

何怨乎今之人余將董道而不豫兮固將重昏

而終身 亂曰鸞鳥鳳皇日以遠兮燕雀

[illegible]

縣宜辰沙益陽也杜清在今常德府武陵县南水經注云沅水東逕臨沅县南又東歷平山［illegible］之杜清是也自杜清西溯沅得辰陽縣經注云沅水東逕辰陽縣南東合辰水水出縣三山谷東南流逕其县北舊治在辰水之陽故即名焉楚辭所謂夕宿辰陽者也右曾沅水名之爲辰溪口武陵有五溪謂雄溪樠溪無溪酉溪辰溪其一焉夾溪悉是蠻左右所居故謂此蠻五溪蠻也

薄，藂薄也。薄，近之薄。取諸聲。忽乎將行，傷不見容而放也。

涉江

東遷[illegible]
[illegible]大敗楚軍，取地十五城[illegible]懷王[illegible]秦[illegible]
[illegible]天不[illegible]

閭，說文云：里門也。西浮者，既過夏首而東，復渝洄以望楚之郢都。蹶，陽也。陽侯，戰國策所謂陽侯之波是也。

烏鵲巢堂壇兮，露申辛夷，死林薄兮。林薄，草木交錯曰薄。言重積辛夷露申之，使死林薄之中。腥臊並御，芳不得薄兮。陰陽易位，時不當兮。懷信侘傺，忽乎吾將行兮。

哀郢　原既去國，遂顧郢都，念其將亡而哀之也。

皇天之不純命兮，何百姓之震愆？民離散而相失兮，方仲春而東遷。去故鄉而就遠兮，遵江夏以流亡。江夏，水名。出國門而軫懷兮，甲之鼂吾以行。鼂，一作朝。原以仲春甲日出國，遵江夏而往。發郢都而去閭兮，怊荒忽之焉極？楫齊揚以容與兮，哀見君而不再得。望長楸而太息兮，涕淫淫

辰溪，以在今湖南辰州府辰溪縣西南。漵浦亦在其南。漢志：義陵鄜梁山，序水所出，西入沅。山在今辰州府漵浦縣東南百五十里。臨沅、辰陽、義陵，漢皆屬武陵。鄜梁山今呼梓家山。

夏水首受江，入沔，合沔以會于江。其所經之，皆在楚之紀郢以東。漢高帝置江夏郡，今湖北之漢陽、武昌、黃州及安陸、德安東南境。

郢，說文云：故

赤栫謂之楸

焉洪云讀如且焉上見之焉
洋洋無所歸貌也
一云至而弗合知
而焉薄音博而一作乎
前云過夏首西浮故此轉而下浮洞庭當夏首之下江之南浮江過夏首已下南上洞庭東乃順江而下也
背夏浦西思者未至夏浦回首鄉西猶前之過夏首而西浮哀回故都不忍徑去也
水崖高地曰墳介間也語之轉
上云當陵陽侯之氾濫此云當陵陽省文也夏大屋也丘墟也

其蔑霰過夏首而西浮兮（夏首夏水口也）顧龍門而不見（龍門楚東門也）心嬋媛而傷懷兮（嬋媛牽引也 一云嬋媛猶）眇不知其所蹠（蹠踐也 一作之蹠如）

順風波以從流兮焉洋洋而爲客凌陽侯之氾濫兮（陽侯波神）忽翱翔之焉薄（薄止也）心絓結而不解兮思蹇產而不釋（蹇產詰屈也）將運舟而下浮兮（運回也）上洞庭而下江（江）去終古之所居兮今逍遙而來東羌靈魂之欲歸兮何須臾而忘反背夏浦而西思兮哀故都之日遠

登大墳以遠望兮（水中高者）聊以舒吾憂心哀州土之平樂兮悲江介之遺風當陵陽之焉至兮淼南渡之焉如

楚都在南郡江陵北十里杜元凱注左氏春秋云今南郡江陵縣北紀南城是江陵今屬湖北荊州府故江陵城即府治縣附郭也水經注江水篇云楚船官地也春秋之渚宮矣渚宮在今城內西隅城北十里便得紀山故以紀南名城又有紀郢之稱也江水逕江陵故城南又東逕郢城南又東逕得縈章山此郢城漢志云楚別邑故郢水經注云子囊遷言郢縣

方晦庵云卜居之既三年當為懷王時此篇上言發南度之遠如則至今九年當頃襄之三年是九年也說文悷於不安也

前言己之被讒不復此言小人之巧于媚諂今人難持以與之嫉賢蔽善使不得進且以譏謗離抗行如堯舜者加之以不慈也

洪興祖云君子之慍惀若可鄙者小人之忼慨若可喜者惟明者能察之

焉如曾不知夏之為丘兮夏大殿也丘墟也懷王信用讒佞國將危亡曾不知其所居宮殿當為墟也

孰兩東門之可蕪言郢城兩東門非先王所作耶何忍見其荆蕪

心不怡之長久兮憂與愁其相接惟郢路之遼遠

兮江與夏之不可涉分隔兩水無以度也忽若去不信兮至今

九年而不復慘鬱鬱而不開兮蹇侘傺而含慼外承

歡之汋約兮汋約好貌諶荏弱而難持忠湛湛而願進兮

湛湛重厚貌妒被離而鄣之堯舜之抗行兮瞭杳杳而薄

天衆讒人之嫉妒兮被以不慈之偽名憎慍惀之修

美兮好夫人之忼慨衆踥蹀而日進兮美超遠而逾邁

墟也夏首在今江陵縣東南水經注夏水篇云江津豫章口東有中夏口是夏水之首江之氾也屈原所謂過夏首而西浮顧龍門而不見也龍門即郢城之東門也今江陵縣東南有豫章口夏口即中夏口

夏水所合流至竟山東南注江為夏汭春秋傳謂夏汭或曰夏口或曰沔口或曰魯口今湖北漢陽府漢陽縣東漢口也魯山亦謂翼際山

邁亂日曼余目以流觀兮（曼遠貌）冀壹反之何時鳥飛
反故鄉兮狐死必首丘信非吾罪而棄逐兮何日夜
而忘之

懷沙 原以仲春去國今且孟夏矣悵焉戀國爰賦
懷沙（冀代本此篇在抽思之後）

陶陶孟夏兮（陶陶陽貌）草木莽莽（盛）傷懷永哀兮汨徂南
土（汨行貌）眴兮杳杳孔靜幽默（眴瞑同言江南山高澤深杳冥清靜默無人）
聲 鬱結紆軫兮（紆屈也軫痛也）離慜而長鞠（慜一作愍痛也鞠窮也）撫
情效志兮俛詘以自抑 刓方以爲圜兮常度未替易
初本迪兮（本常也迪道也）君子所鄙章畫志墨兮前圖未改

揆正謂揆度之正可爲法守也鄭仲師注周官云有目朕而無見謂之矇無目朕謂之瞍

方言籠南楚江沔之間謂之笯或謂之笯郭… 不知所示言一躬于世無可示者文質疏內言文不過乎質望之似疏又且内藏也材樸委積言材樸委積當爲待用之材委積當爲説 樸木素也

内厚質正兮大人所盛 言世雖刓方爲圓而常法終不可廢如欲變易初心背違常道乃君子所鄙是以畫守繩墨不改前圖敦厚正直希大人之盛美也 巧倕不斷兮孰察其撥正玄文處幽兮矇瞍謂之不章離婁微睇兮瞽以爲無明 言工倕不斷玄文處幽離婁微睇賢人不用皆非瞽俗所知 變白而爲黑兮倒上以爲下鳳皇在笯兮 笯籠落也 雞鶩翔舞同糅玉石兮一槩而相量夫惟黨人鄙固兮羌不知余之所臧任重載盛兮陷滯而不濟懷瑾握瑜兮窮不知所示 示語 邑犬羣吠兮吠所怪也非駿疑傑兮固庸態也文質疏內兮衆不知余之異采材樸委積兮

倕是爲垂一作匠 撥一作揆 處幽一作幽處 矇一作朦 白而一作以 鶩今之鴨 内則謂之舒鳧鶩鴨語之轉 笯乃故反一作郛 鶩史記作雉 夫惟史記無惟字 之鄙一作是一無之字 固史記作吾一作然

不竝洪興祖以爲聖賢不竝時而生是也邈遠貌懲止也違猶拂也鄭康成箋毛詩云爽白也

方晞原云據涉江篇由沅入漵乃至遷所則沈羅淵當北行故有進路北次之語

汨一云疾貌脩長也常韋昭注國語云草穢塞路爲常是也曾累也唫呻也方言凡哀泣而不止曰唫陳匠作注云當作正類誤也

懷沙 史記列傳曰乃作懷沙之賦于是懷石遂自投汨羅以死汨集作汨 水經注湘水篇云汨水西逕羅縣北

莫知余之所有重仁襲義兮謹厚以爲豐重華不可遌兮遌逢也孰知余之從容古固有不竝兮豈知其故也湯禹久遠兮邈不可慕也懲違改忿兮抑心而自强離慜而不遷兮願志之有像像法也進路北次兮日昧昧其將暮舒憂娛哀兮限之以大故大故死亡也言已自知不遇聊作詞賦以舒展憂思自度死亡終無他志也

亂曰浩浩沅湘兮分流汨兮修路幽蔽兮道遠忽兮修長也曾唫恒悲兮永歎慨兮世既莫吾知人心不可謂兮懷情抱質兮獨無匹兮伯樂既歿兮驥將焉程兮人生有命兮各有所錯

有古音村 重把龍切 按五言切一作遻 孰一有與字 也一無也字 遷一作惠 彊一作強 史記作 史記作 史記作 古字通 汨于筆切 汨羅 湘 萬一作 史記作 曾音 唫音 吟通 匹音 史記作 史記作

則王逸辭

三八

本羅子國也又西逕玉笥山又西爲屈潭即羅淵也屈原懷沙自沉於此故淵潭以屈爲名淵北有屈原廟廟前有碑汨水又西逕汨羅戍南西流注于湘春秋之羅汭也矣世謂汨羅矣顔師古注漢書地理志長沙羅引盛弘之荊州記云汨羅西北三十里名爲屈潭屈原自沉處羅故城在今湖南長沙府湘陰縣東北七十里汨羅山水中其上有屈原塚

攬二句意也覽民尤以自鎮言觀于人之過則已不可效尤而橫奔失路矣矯舉也

兮錯安也

定心廣志余何畏懼兮曾傷爰哀永歎喟兮

世溷不吾知心不可謂兮謂說也知死不可讓兮願勿

愛兮讓辭明以告君子兮吾將以爲類兮類法也

抽思徂夏而秋抽其悲思也

心鬱鬱之憂思兮獨永歎乎曾傷思蹇產之不釋兮

曼遭夜之方長悲夫秋風之動容兮何回極之浮浮

回邪也浮浮行貌言懷王數惟蓀之多怒兮蓀香草以喻君

爲回邪之政其化流行也

傷余心之慢慢慢慢痛願搖起而橫奔兮覽民尤以自

鎮尤過也鎮止也言己覽[illegible]結微情以陳

謂字[illegible]九字據史記考定懼兮此下有曾傷爰哀永嘆喟兮世溷濁莫吾知人心不可謂兮二十字當文義當在前史記誤于前並此又移十六字其作不無句人字

日加戌曰黃昏此以女子之嫁者爲比行成禮有保明至中道而見棄言其有罪也賢之猶示也

察明也謂入白明悼說文云悼也陳楚之謂懼曰悼怛方言云痛也切丁丘

三五謂五帝三王使文倒舉耳所擬至日極集注云寔當作殖

詞兮矯以遺夫美人（美人指懷王）昔君與我誠言兮曰黃昏以爲期羌中道而回畔兮反既有此他志（解見騷）憍吾以其美好兮（憍與驕同）覽余以其修姱與余言而不信兮蓋爲余而造怒願承閒而自察兮心震悼而不敢悲夷猶而冀進兮心怛傷之憺憺茲歷情以陳辭兮蓀詳（音佯）聾而不聞固切人之不媚兮衆果以我爲患初吾所陳之耿著兮豈至今其庸亡何獨樂斯之謇謇兮（言懷王視忠言如毒藥）願蓀美之可完望三五以爲像兮指彭咸以爲儀（音俄）夫何極而不至兮故遠聞而難虧善不

咸洪云矜也莊子曰匹憍而恃氣

爲于僞切

怛當割切憺徒濫切說文云陳留謂恐爲憚

歷茲一作茲歷

豈至一作豈不至

獨樂音洛一作善樂此斯之一無斯

字非完假借爲說一作完

少猶小也荀卿書賦篇佹詩之後亦綴以小歌正者平其言之是非從言談

日忘言君日忘之營營毛詩曰往來貌佹猶詭也直者直前而不變之謂逋謂道奇致已之詞

由外來兮名不可以虛作孰無施而有報兮孰不實

而有穫少歌曰與美人抽怨兮并日夜而無正憍吾

以其美好兮敖朕辭而不聽倡曰（倡起也）有鳥自南兮

來集漢北好姱佳麗兮牉獨處此異域既惸獨而不

羣兮又無良媒在其側道卓遠而日忘兮願自申而

不得望北山而流涕兮（原所放沅湘在楚都南故望北山）臨流水而

太息望孟夏之短夜兮何晦明之若歲（秋而憶夏）惟郢路

之遼遠兮魂一夕而九逝曾不知路之曲直兮南指

月與列星願徑逝而不得兮魂識路之營營何靈魂

少尖照切 思一作恩

南山一作北山是

淺曰瀨，深曰潭。軫，戾也。戾石者，戾裂之石。超，出也。回，曲。度，謂所從行也。隱，娛也。隱進，言聽之以進。發說文云：低，目睫視也。貫，是也。沛，徂而往也。

抽思　方晞原云：……子始於此，其詳其也，以是篇考之，蓋在漢北。故以鳥自南來集為比，又曰望南山而流涕，其欲反郢也。曰南指月與列星，曰往願南行，皆以為在郢之後，至涉江哀郢，云從九章不作於一時，雜得諸篇合之，有九耳。

眙，說文曰直視也。申旦，猶達旦；申者，引而至之謂。

之信直兮人之心不與吾心同理弱而媒不通兮尚
不知余之從容亂曰長瀨湍流泝江潭兮狂顧南行
聊以娛心兮軫石崴嵬蹇吾願兮軫方也超回志度行
隱進兮低佪夷猶宿北姑兮北姑地名煩寃瞀容實沛徂
兮言已憂念煩寃容貌憔悴欲隨水沛然而去也愁歎苦神靈遙思兮路遠
處幽又無行媒兮道思作頌聊自救兮憂心不遂斯
言誰告兮

思美人美人指懷王也

思美人兮擥涕而竚眙竚立眙望也媒絕路阻兮言不可

迅飛之疾也當值也

勒說文云馬頭絡銜也 遷逡次言但遷移而逡巡次止不前也 纁黃日入色 鄭康成注儀禮云凡染絳色一入謂之縓再入謂之赬三入謂之纁朱則四入

結而詒兮蹇蹇之煩冤兮陷滯而不發申旦以舒中情兮志沉菀而莫達菀音鬱 願寄言於浮雲兮遇豐隆而不將因歸鳥而致辭兮羌迅高而難當高辛之靈盛兮遭玄鳥而致詒 欲變節以從俗兮媿易初而屈志獨歷年而離愍兮羌馮心猶未化馮憤懣也 寧隱閔而壽考兮何變易之可為知前轍之不遂兮未改此度車既覆而馬顛兮蹇獨懷此異路勒騏驥而更駕兮造父為我操之遷逡次而勿驅兮聊假日以須時指嶓冢之西隈兮山名 與纁黃

旦以一作不 志沉菀一無志字 迅一作迫 難一作盛

言萹薄雜菜世人解折而佩之是以佩之美者遂黃落為世所棄所謂情不及與古人玩此芳草也不竢集注云樂其所待於中者以舒情懣而無待于外是也丕升也

以為期（曛黃，黃昏時也）開春發歲兮白日出之悠悠吾將蕩志而愉樂兮遵江夏以娛憂擥大薄之芳茝兮搴長洲之宿莽惜吾不及古人兮吾誰與玩此芳草解萹薄與雜菜兮（萹，萹畜也。雜菜，雜香之菜）備以為交佩（交，合也）佩繽紛以繚轉兮遂萎絕而離異吾且儃佪以娛憂兮觀南人之變態竊快在中心兮揚厥憑而不竢（思舒憤懣，無所待也）芳與澤其雜糅兮羌芳華自中出（生含天姿，不外受也）紛郁郁其遠承兮滿內而外揚情與質信可保兮羌居蔽而聞章令薜荔以為理兮憚舉趾而緣木因芙蓉而為媒

漾之濱漢語前也嶓百詩云從金牛驛北望見嶓冢山巍然雲表水微細自西東流即所謂嶓冢導漾合五丁峽水東流為沔其流始大篇之竹也一曰雜謂之篇蓄詩所稱菉竹如笙風言菜竹與萹竹數地似床簣矣綠竹俗呼粉節草

不服不早屈以求合兮
晞原曰上云觀南人之變態此云煢煢南行宜為在漢北所言
思美人

集注云先功謂先君之功烈也日娭所謂遊于得人也

龎厚也

兮僤蹇裒而濡足（恐泥汙被誣也）登高吾不說（說音悅）兮入下吾不能固朕形之不服兮然容與而狐疑廣遂前畫兮未改此度也（[illegible]修常度也）命則處幽吾將罷（罷讀作疲）兮願及白日之未暮也獨煢煢而南行兮思彭咸之故也（彭咸不可求蓋誓不從衆）高不能登天下不能入淵進退狐疑舍彭咸其何從哉

惜往日（追惜往日曾見信用不意遭讒被放篇中故實皆典義不必註）

惜往日之曾信兮受命詔以昭時奉先功以照下兮明法度之嫌疑國富強而法立兮屬貞臣而日娭（娭與嬉同）祕密事之載心兮雖過失猶弗治心純龎而不泄

時一作詩 益字形之誤
屬音燭付
娭音熙也
治直之切
龎莫江切

過之謂過謫之也方腧原云上言懷王時此言頃襄時遠遷之臣謂之江南也光景謂日之可觀也誠信猶言誠然以人皆忠亂國事理明顯無于知之而故其保幽隱謂放廢備之備從其誚也沒身絕名言身死而不建功名以留于後世也無度而弗察王注云上無檢押以知下也集注云記曰無節於內者其察物弗精矣此之謂也獨鄣雝而蔽隱言君以一人受讒諛之蔽晦也無由無所行之路也

兮遭讒人而嫉之君含怒而待臣兮不清澂其然否

蔽晦君之聰明兮虛惑誤又以欺弗參驗以考實兮

遠遷臣而弗思信讒諛之溷濁兮盛氣志而過之何

貞臣之無罪兮被離謗而見尤慙光景之誠信兮身

幽隱而備之臨沅湘之玄淵兮遂自忍而沈流卒沒

身而絕名兮惜壅君之不昭君無度而弗察兮使芳

草爲藪幽焉舒情而抽信兮恬死亡而不聊獨鄣壅

而蔽隱兮使貞臣而無由聞百里之爲虜兮伊尹烹

於庖廚呂望屠於朝歌兮甯戚歌而飯牛不逢湯武

否古音方尾切 讒一作離 江一作沅 遂一作不 雝一作壅 一作廱 古字通用 昭詩如闇 叶方音

墨子經白緇曰縞生白帛謂之素孔沖遠云經傳之言素者皆謂白繒 說文沇州謂欺曰訑

不明而惑于聽是之謂聰不明易象傳噬嗑於夫皆曰聰不明也聰如尚無聰之聰傳云聰聞也若杜若

方言娃美也吳楚衡淮之間曰娃秦晉之間曰姣故吳有館娃之宮

與桓繆兮世孰云而知之吳信讒而弗味兮子胥死而後憂介子忠而立枯兮文君寤而追求封介山而爲之禁兮報大德之優游思久故之親身兮因縞素而哭之或忠信而死節兮或訑謾而不疑弗省察而按實兮聽讒人之虛辭芳與澤其雜糅兮孰申旦而別之何芳草之早殀兮微霜降而下戒諒不聰明而蔽壅兮使讒諛而日得自前世之嫉賢兮謂蕙若其不可佩妒佳冶之芬芳兮嫫母姣而自好雖有西施之美容兮讒妒入以自代願陳情以白行兮得罪過之

介山在今山西汾州府介休縣南四十里漢太原郡界休也介子推逃賞于綿上之山晉文求之不獲乃環綿上山中而封之以爲介推田號其山曰介山矣

列宿謂二十八宿。騏驥馳騁，氾泭下流，言其脫險難制，特有轡銜舟楫。喻爲治之必以法度。轡，靶也。銜，說文云馬勒口中行馬者也。泭，詩謂之方，或謂之筏，或謂之箄。方晞原云此蓋有見乎頃襄之行而云然，故下言恐禍殃之有再。頃炎武云：懷王以不聽屈原而召秦禍，今頃襄王復聽上官大夫之譖而遷之江南，一身不足惜，其如社稷何。史記所云楚日以削，數十年竟爲秦所滅，即原所云禍殃之有再也。

惜往日

服者，習于地也。考工記：橘踰淮而北爲枳，故曰不遷。

曾，重也。剡，利也。王逸：紛縕，盛貌。

不意情竆見之日明兮，如列宿之錯置。乘騏驥而馳騁兮，無轡銜而自載。乘氾泭以下流兮，編竹木曰泭，楚人曰柎，秦人曰撥。無舟檝而自備。背法度而心治兮，辟與此其無異。言背棄法度，師心求治。寧溘死而流亡兮，恐禍殃之有再。不畢辭而赴淵兮，惜壅君之不識。

橘頌

江南多橘，偶感而作。

后皇嘉樹，橘徠服兮。后，后土也。皇，皇天也。服，習。言天生美橘，徠服習南土，便其性也。受命不遷，生南國兮。言橘受命於江南，不可移徙，種於北地則化爲枳也。深固難徙，更壹志兮。綠葉素榮，紛其可喜兮。曾枝剡棘，圓洪興祖云凡與世遷徙皆有求也鄭康成注樂記云更息曰[illegible]上 伯厚曰龔氏注中説引古語云上士閉心中士閉口下士閉門 集注云歲并謝而長与友則是終身友之矣 離如離立之離孤特也 歲雖少亦言其本性而然非積習勉强也 橘頌

刪註楚辭　　四三

曾枝剡棘圓果摶兮曾與層同剡利也棘橘枝刺若棘也摶圜也楚人名圜爲摶青黃雜糅文章爛兮言橘葉青實黃雜糅俱盛精色內白類可任兮任用也紛緼宜脩姱而不醜兮嗟爾幼志有以異兮此下以已比橘獨立不遷豈不可喜兮深固難徙廓其無求兮蘇世獨立橫而不流兮蘇寤也閉心自愼終不過失兮言已閉心捐欲敕愼自守秉德無私參天地兮願歲并謝與長友兮言已願與橘爲友淑離不淫梗其有理兮淑善也梗強也言已與橘梗然堅強終不淫惑也年歲雖少可師長兮行比伯夷置以爲像兮像法也

悲回風自春而夏氣秋北又迴朔風而悲也

青黃洪云橘是初青既熟則黃 精色內白王云精明也洪云白 黃猶雜糅言其外之文 精色內白言其內之質 過失古韻 [illegible]云[illegible] 与失去之爲韻亦作失 過古協 友古音羽 三[illegible] 淑善也 梗直也 少失照切 長竹丈切 行下孟切

物不以微而隕性，或殊以蕙搖而各言也。暨，不息于隱，則聞其先倡，知其終極，以回風之使人傷懷言也。志介而不忘，謂久而不忘其介然之志。

草枯曰苴。草名其餘次也。隱在濊濊，不自表也。此言物各以類，不相雜厠，比己之不能与世合，思彭咸同以同志自相屬矣。都，美也。貺猶賞也。賦於鼓奏，則又賦詩可明，蓋決然定于志如此。厠，初吏切。

悲回風之搖蕙兮，心冤（一作宛）結而內傷。物有微而隕性兮，聲有隱而先倡。夫何彭咸之造思兮，暨志介而不忘。萬變其情豈可蓋兮，孰虛偽之可長。鳥獸鳴以號羣兮，草苴比而不芳。魚葺鱗以自別兮，蛟龍隱其文章。（亂世景象如此，舊註非。）故荼薺不同畝兮，蘭茝幽而獨芳。惟佳人之永都兮，更統世而自貺。（以況。佳人指懷王。永承世統也。）眇遠志之所及兮，憐浮雲之相羊。介眇志之所惑兮，竊賦詩之所明。惟佳人之獨懷兮，折芳椒以自處。增歔欷之嗟嗟兮，獨隱伏而思慮。涕泣交而淒淒兮，思不眠以至曙。

蓋，掩也。號，胡刀切。苴，七如切。荼，苦菜也。薺，冬生而夏死。月令所謂靡草。蘋，其屬也。荼又名苦菫。

掩，撫也。膺，釋名所謂心衣，是句毛詩亦作就也。

删註楚辭　　四

曙終長夜之曼曼兮，掩此哀而不去。寤從容以周流兮，聊逍遥以自恃。傷太息之愍歎兮，氣於邑而不可止。紒思心以爲纕兮，編愁苦以爲膺。言糺憂爲帶，結愁爲胷也。折若木以蔽光兮，隨飄風之所仍。存髣髴而不見兮，心踊躍其若湯。撫珮衽以案志兮，超惘惘而遂行。歲曶曶其若頽兮，旹亦冉冉而將至。薠蘅槁而節離兮，芳以歇而不比。憐思心之不可懲兮，證此言之不可聊。寧逝死而流亡兮，不忍此心之常愁。孤子唫而抆淚兮，放子出而不還。孰能思而不隱兮，昭彭咸之所聞。登

於音烏，邑烏合切。戚并如字。短氣也。糾俗作糺，非。槁音考。離力智切。比毗至切。聊古音力求切。逝一作逝。

隱，痛也。

倚猶象也純猶專也

藐方言云廣也縹長貌之貌說文紆縈也翩飛也

石巒以遠望兮路眇眇之默默入景嚮之無應兮聞
省想而不可得愁鬱鬱之無快兮居戚戚而不解心
鞿羈而不開兮氣繚轉而自締穆眇眇之無垠兮莽
芒芒之無儀草木彌望也聲有隱而相感兮物有純而不
可爲藐蔓蔓之不可量兮縹綿綿之不可紆愁悄悄
之常悲兮翩冥冥之不可娛蔓綿悄冥極狀愁容淩大波而流
風兮託彭咸之所居以下所謂生天無路入地無門也上高巖之峭
岸兮處雌蜺之標顛據青冥而攄虹兮遂儵忽而捫
天吸湛露之浮涼兮漱凝霜之雰雰依風穴以自息

芒芒……天貌

蔓一作漫 一作漫

縹匹招切 量力呂切 悄親小切

顛古音顛因切

涼一作涼

楚辭

隱據也說文湍疾瀨也

無經紀者臨大野而茫無所適之謂軋戰仲達載重曰軋有倚背也此謂隨從之在兩旁者係之言寬也

仍猶存也施黃棘之枉策王注云施黃棘之刺以為馬策是也放迹猶言遠跡悐悐憂懼貌悲回風

黃棘洪云據懷王黃棘之會解此于上下文意不合

兮忽傾寤以嬋媛。馮崑崙以瞰霧露兮，隱岷山以清江。憚涌湍之礚礚兮，聽波聲之洶洶。紛容容之無經兮，罔芒芒之無紀。軋洋洋之無從兮，馳委移之焉止。漂翻翻其上下兮，翼遙遙其左右。氾潏潏其前後兮，伴張弛之信期。觀炎氣之相仍兮，窺煙液之所積。悲霜雪之俱下兮，聽潮水之相擊。借光景以往來兮，施黃棘之枉策。求介子之所存兮，見伯夷之放迹。心調度而弗去兮，刻著志之無適。曰：吾怨往昔之所冀兮，悼來者之悐悐。浮

沅湘之間既為水國又是炎鄉悲哉

洶容芒洋將安往哉

崏山江水所導源也在今四川龍安府松潘衛西北連嶺而西漢之蜀郡湔氐道西徼外是也水經注云益州記曰大江泉源即今所聞始發羊膞嶺下緣崖散漫小水百數殆未濫觴矣湔氐道在唐為松州廣德初陷吐蕃亦為吐蕃地今為松潘衛在成都府西北七百六十里崏山又在衛西北一百十

申徒洪氏引莊子云申徒狄諫紂不聽負石自投于河淮南子注云申徒狄殷末人也不忍見紂亂故自沈于淵。

江淮而入海兮從子胥而自適望大河之洲渚兮悲申徒之抗迹子申浮江申徒沇河原欲効之也驟諫君而不聽兮任重石之何益心絓結而不解兮思蹇產而不釋蹇產猶結屈也

望曰大水循江源出焉淮水出桐柏山至淮浦入海山在今河南南陽府桐柏縣西南三十里漢南陽平氏故城在縣西北四十里淮浦故城在今淮安府安東县西漢屬臨淮

遠遊

原既見放歷歷靡騁爰賦遠遊託志沖舉已見

離騷復廣而申之云爾

悲時俗之迫阨兮願輕舉而遠遊質菲薄而無因兮

焉託乘而上浮乘去聲將何引遭沈濁而汙穢兮獨

鬱結其誰語夜烔烔而不寐兮魂營營而至曙惟天

地之無窮兮哀人生之長勤往者余弗及兮來者吾

不聞步徙倚而遙思兮怊惝怳而永懷怊音超惝音敞怳吁往切

惝悵意荒忽而流蕩兮心愁悽而增悲神儵忽而不

此約致其辭下乃申言之

所謂悲時俗迫阨也惟思也

營營一作煢煢

吾弗聞一作吾不聞

怊怳敞愴切悵恨也惝昌兩切

凄一作悽

所謂脩輕舉遠遊也。惟思也。尾宿之上有星名傅說。尔雅：大辰，房心尾也。大火謂之大辰。夏小正八月辰則伏，九月辰繫于日。盖房心尾皆得辰星之稱。累猶累也，重也。舉之高也。淑善也。往來所合曰尤。郵□也。

反

返兮，形枯槁而獨留。內惟省以端操兮，求正氣之所由。漠虛靜以恬愉兮，澹無爲而自得。聞赤松之清塵兮，願承風乎遺則。貴眞人之休德兮，美往世之登仙。與化去而不見兮，名聲著而日延。奇傅說之託辰星兮，辰星即房星，東方之宿。傳說死後其星著於房尾。美韓衆之得一。衆平聲。古仙人。形穆穆以浸遠兮，離人羣而遁逸。因氣變而遂曾舉兮，曾音增。忽神奔而鬼怪。時髣髴以遙見兮，精皎皎以往來。絕氛埃而淑尤兮，郵 超越垢穢，過先祖。淑善也。尤過也。終不反其故都。免衆患而不懼兮，世莫知其所如。恐天時之代

操七刀切

至一作眞人

韓終一作衆

而往一作以

奇傅說一作非

反乎一作其

所謂僭菲薄無因也 腾方言賊也程品式也

陸德明經典釋文李云平旦爲朝霞日中爲正陽日入爲飛泉夜半爲沆瀣天元地黃爲六氣

爾雅南風謂之凱風 息寧息也宿之謂止之使宿 溷亂也如波流之涌沸曰溷

序兮耀靈曅而西征微霜降而下淪兮悼芳草之先蘦聊仿佯而逍遥兮永歷年而無成誰可與玩斯遺芳兮晨鄉（鄉一作向）風而舒情高陽邈以遠兮余將焉所程重曰春秋忽其不淹兮奚久留此故居軒轅不可攀援兮吾將從王喬而娱戲餐六氣而飲沆瀣兮漱正陽而含朝霞（陵陽子明經言春食朝霞朝霞者日始出赤黃氣秋食淪陰淪陰者日没以後赤黃氣冬飲沆瀣沆瀣者北方夜半氣夏食正陽正陽者南方日中氣并天地玄黃之氣是爲六氣）保神明之清澄兮精氣入而麤穢除順凱風以從遊兮（南風曰凱風）至南巢而壹息見王子而宿之兮（王子喬也）審壹氣之和德曰

行音衡 重池龍切 軒轅黃帝號 瀣下界切 霞音遐 南巢 宜南方風 鳥之巢 成湯放桀于南巢乃廬江居巢 非此南巢

道可受兮不可傳其小無内兮其大無垠無滑而
魂兮彼將自然壹氣孔神兮於中夜存虛以待之兮
無爲之先庶類以成兮此德之門聞至貴而遂徂兮
忽乎吾將行仍羽人於丹丘兮丹丘晝夜常明丹丘也山海經言有羽人之國不死之民
留不死之舊鄉朝濯髮於湯谷兮湯谷在東方日出湯谷也
夕晞余身兮九陽九陽天地之涯吸飛泉之微液兮懷琬
琰之華英玉色頩以脕顏兮頩普經切脕音晚面目光澤也精醇粹
而始壯質銷鑠以汋約兮神要眇以淫放仙人體瘦
嘉南州之炎德兮麗桂樹之冬榮山蕭條而無獸兮

寧字舊書多作兮亦即字之訛又一作欲

大微為衡值翼軫北内五星曰五帝坐於微閭即職方爾雅之醫無閭語之轉耳旄說文云幢也衡下兩馬曰服

旬始呂謂天旬轉所始之處旬之言循也周也非天旬星之旬始

相牽不進曰蹇鄭康成注月令云句芒少皞氏之子曰重為木官太皞宓戲氏陽日也少失校改

野寂寞乎無人載營魄而登霞兮掩浮雲而上征命

天閽其開關兮排閶闔而望予召豐隆使先導兮雲師

清路問太微之所居集重陽入帝宮兮造旬始而觀清

都朝發軔於太儀兮太儀天帝習儀處也夕始臨乎微於閭暮至

東方之玉山也爾雅曰東方之美者有醫無閭之珣玕琪焉屯余車之萬乘兮紛

容與而並馳駕八龍之婉婉兮載雲旗之逶蛇建雄

虹之采旄兮五色雜而炫燿服偃蹇以低昂兮驂馬駃騠

驂連蜷以驕驁驁駿怒騎膠葛以雜亂兮斑漫衍而方

行撰余轡而正策兮吾將過乎鉤芒就少陽神於東方也歷太

虞一作恩亦作假排推也

於微閭在今盛京錦州府廣寧縣西十里周官職方氏北曰幽州其鎮曰醫無閭是也漢書遼東無慮語轉字殊皆類此矣

鄭康成注月令云蓐收少皞氏之子曰該爲金官玄武北陸七宿也天官書斗魁戴匡六星曰文昌宮屬度也

皓以右轉兮遂過庖犧而谘訪也甲乙其帝太皓其神句芒太皓始結罟罟制立庖廚天下號爲庖犧也前飛廉以啓路風伯先導陽杲杲其未光兮淩天地以徑度風伯爲余先驅兮辟氛埃而清涼鳳凰翼其承旂兮遇蓐收乎西皇遇少陰神於海津也西方庚辛其帝少皓其神蓐收西皇即少昊也擥彗星以爲旍兮舉斗柄以爲麾叛陸離其上下兮遊驚霧之流波旹曖曃其曭莽兮曭徒朗切召玄武而奔屬後文昌使掌行兮天有三宮謂紫宮太微文昌也選署衆神以竝轂路曼曼其悠遠兮徐弭節而高厲左雨師使徑侍兮右雷公以爲衛欲遠度世以忘歸兮意恣

鄭康成注月令云炎帝大庭氏也祝融顓頊氏之子曰黎為火官鄭仲師注周官隸僕云蹕謂止行者清道若今時儆蹕咸池大咸也承雲雲門也周官保氏教國子六樂有雲門大咸大韶大夏大濩大武王注象罔象也

雎以担撟撟音矯縱心肆志所願高也內欣欣而自美兮聊媮娛

揭居列切 撟居廟切 樂音洛

以自樂涉青雲以汎濫遊兮忽臨睨夫舊鄉僕夫懷

余心悲兮邊馬顧而不行思舊故以想像兮長太息

而掩涕謂得遇仙人升天乘雲役使百神而非所樂猶思楚國也氾容與而遐舉

兮聊抑志而自弭指炎神而直馳兮吾將往乎南疑

過衡山觀九疑覽方外之荒忽兮沛罔象而自浮祝融戒而

蹕御兮騰告鸞鳥迎宓妃張樂咸池奏承雲兮二女

御九韶歌使湘靈鼓瑟兮令海若舞馮夷海若海神名馮夷水仙

玄螭蟲象並出進兮形蟉虯而逶蛇雌蜺便娟以

鄭康成注月令云顓頊高陽氏也玄冥少皞氏之子曰脩曰熙爲水官

自重曰已下賦遠遊之事所謂託乘而上浮也

泰初太一作泰初玄太初者氣之始也

增撓兮雄曰虹雌曰蜺總言仙遊之樂百神侍衛雲蜺擁護之意舊註以使娟爲神女非鸞鳥軒翥而翔飛音樂博衍無終極兮焉乃逝以徘徊舒并節以馳騖兮逴絕垠乎寒門軼迅風於清源兮從顓頊乎增冰增音層過觀黑帝之邑宇也歷玄冥以邪徑兮乘間維以反顧間維天紘也召黔嬴而見之兮黔嬴神名爲余先乎平路經營四荒方兮周流六漠上至列缺兮天闕也降望大壑下崢嶸而無地兮上寥廓而無天視儵忽而無見兮聽惝怳而無聞超無爲以至清兮與泰初而爲鄰

輕而鋭 撓奴鳥切

高洪之辭也

原一作源

卜居

既見放矣復審所居何見之晚也通後漁父篇語義太膚疑是僞作姑存之

屈原既放三年不得復見竭知盡忠而蔽鄣於讒心煩慮亂不知所從乃往見太卜鄭詹尹曰余有所疑願因先生決之詹尹乃端策拂龜曰君將何以教之屈原曰吾寧悃悃款款朴以忠乎將送往勞來斯無窮乎寧誅鋤草茅以力耕乎將遊大人以成名乎寧正言不諱以危身乎將從俗富貴以偷生乎寧超然

曲禮龜爲卜策爲筮絜者枝統之稱凡度直曰度圍度曰絜莊周書所謂絜之百圍賈誼所謂度長絜大是也楹柱也堂上有東西楹抗舉也軏衡下兩軥也衡亦通謂之軏

知一作智　而蔽一無而字　慮一作意　往一作住　君一有將字　勞一作勤　朴一作樸　鋤一作鉏　生謂如字

絜戶結切陸德明云束也一作潔旧
駒古音居侯切
鳧古音扶由切一有乎字
軛古音呼由切
抗一作亢
黃鵠顏師古云黃鵠大鳥一舉千里
三十斤曰鈞
張加字夫自侈大也
天一作吁

高舉以保眞乎將哫訾栗斯喔咿儒兒以事婦人乎
寧廉潔正直以自清乎將突梯滑稽如脂如韋以潔
楹乎寧昂昂若千里之駒乎將氾氾若水中之鳧乎
與波上下偷以全吾軀乎寧與騏驥亢軛乎將隨駑
馬之迹乎寧與黃鵠比翼乎將與雞鶩爭食乎此孰
吉孰凶何去何從世溷濁而不清蟬翼爲重千鈞爲
輕黃鐘毀棄瓦釜雷鳴讒人高張賢士無名吁嗟默
默兮誰知吾之廉貞詹尹乃釋策而謝曰夫尺有所
短寸有所長物有所不足智有所不明數有所不逮

文選作喔

哫子六切 栗一作栗非
喔音握
突他骨切
馬二歲曰駒
鳧爾雅謂之鷖
野鳧其小而好沒水中者南楚之外謂之鷿鷉大者謂之鶻鷉
蟬詩謂之蜩小而有文者謂之螓夏小正謂之札爾雅謂之蝒
良蜩小而黑謂之蜋蜩 謂之蝒 鳴者蜩小正謂之唐蜩

通讀如洞去聲音、知下一作知此事

下注良爾雅作蜆唐爾雅作蝘陸氏作蝦郭璞云俗呼胡蟬江南謂之蜓蚞蜆郭氏云蟬也似蟬而小青色

王逸離騷經序說云屈原仕於懷王爲三閭大夫三閭之職掌王族三姓曰昭屈景屈原序其譜屬率其賢良以厲國士伯厚云漢興徙楚昭屈景於長陵以強幹弱枝

神有所不通用君之心行君之意龜策誠不能知此事、

漁父

屈原既放遊於江潭、行吟澤畔、顏色憔悴、形容枯槁、漁父見而問之曰、子非三閭大夫與、何故至於斯、屈原曰、舉世皆濁而我獨清、衆人皆醉而我獨醒、是以見放、漁父曰、夫聖人者不凝滯於物、而能與世推移、舉世皆濁、何不淈其泥而揚其波、衆人皆醉、何不餔其糟而歠其釃、何故懷瑾握瑜、而自令見放爲、屈原

亦謂之蛁大雅所言如蜩如螗者也寒蜩謂之蜺鄭康成注考工記云有鳴蜩蜆屬札爾雅作蛣

舉世一作世人皆濁史記作混濁放史記無見字凝一作凝淈其泥史記作隨其流歠史記作

則三姓至漢猶盛也

係思高與史記作懷瑾握瑜

而自令一無而字

汶讀如玟去方音

湘史記作常

塵埃古音衣史記作溫蠖

莞一作莧

乃歌一無乃字

兮一作吾下同

[下注]均州楚之均陵

曰吾聞之新沐者必彈冠新浴者必振衣安能以身之察察受物之汶汶者乎寧赴湘流葬於江魚之腹中又安能以皓皓之白而蒙世俗之塵埃乎漁父莞爾而笑鼓枻而去歌曰滄浪之水清兮可以濯吾纓滄浪之水濁兮可以濯吾足遂去不復與言

古音山何切記又云下酒也陸德明云以流濫酒史記作

漢水過武當東北其故城在今湖北襄陽府均州北漢陽南陽水經注云縣西北四十里漢水中有洲名滄浪洲禹貢言漢水東為滄浪之水不言為洲明非水名也蓋漢南水自有滄浪通稱耳

九辯

宋玉原弟子也悲其師忠而見放故作此辭焦
太史謂篇中語氣類自傷者當出屈原自作讀
者辯焉

一

悲哉秋之爲氣也蕭瑟兮草木搖落而變衰憭慄兮
若在遠行登山臨水兮送將歸憭慄猶悽愴也登高望遠臨流歎逝若秋
空之可悲泬寥兮天高而氣清宗漻兮收潦而水清泬寥宗漻
皆寥廓蕭條之意潦夏至則水濁秋收則水清憯悽增欷兮薄寒之中人以上

狀秋之天氣 愴怳懭悢兮去故而就新坎廩兮貧士失職

而志不平廓落兮羇旅而無友生惆悵兮而私自憐

以上狀秋之人情以下狀秋之景物 燕翩翩其辭歸兮蟬寂漠而無聲

鴈廱廱而南遊兮鵾雞啁哳而悲鳴獨申旦而不寐

兮哀蟋蟀之宵征時亹亹而過中兮蹇淹留而無成

二

悲憂窮慼兮獨處廓有美一人兮心不繹去鄉離家

兮徠遠客徠一作來 超逍遙兮今焉薄薄止也 專思君兮不

可化君不知兮可奈何蓄怨兮積思心煩憺兮忘食

事願一見兮道余意君之心兮與余異車既駕兮朅

而歸不得見兮心傷悲倚結軨兮長太息軨車軾下木

涕潺湲兮下霑軾忼慨絶兮不得中瞀亂兮迷惑私自

憐兮何極心怦怦兮諒直怦怦心急貌

三

皇天平分四時兮竊獨悲此凜秋白露既下百草兮

奄離披此梧楸去白日之昭昭兮襲長夜之悠悠白月

二句似悲死之辭離芳藹之方壯兮余萎約而悲愁秋既先

戒之以白露兮冬又申之以嚴霜收恢炱之孟夏兮

然欿傺而沈藏（欿，盛大貌；欿傺，止也。言生長之盛，秋而止藏也）。葉菸邑而無色兮，枝煩挐而交橫。顏淫溢而將罷兮，柯彷彿而萎黃。萷櫹槮之可哀兮（萷，梢；櫹，先彫切；槮，音森），形銷鑠而瘀傷。惟其紛糅而將落兮，恨其失時而無當。攬騑轡而下節兮，聊逍遙以相佯。歲忽忽而遒盡兮，恐余壽之弗將。悼余生之不時兮，逢此世之俇攘（俇攘，一作劻勷）。澹容與而獨倚兮，蟋蟀鳴此西堂。心怵惕而震盪兮，何所憂之多方。仰明月而太息兮，步列星而極明。

四

竊悲夫蕙華之曾敷兮紛旖旎乎都房都大也房花苞也何曾華之無實兮從風雨而飛颺以爲君獨服此蕙兮羌無以異於衆芳閔奇思之不通兮將去君而高翔心閔憐之慘悽兮願一見而有明重無怨而生離兮中結軫而增傷豈不鬱陶而思君兮君之門以九重猛犬狺狺而迎吠兮關梁閉而不通皇天淫溢而秋霖兮后土何時而得漧塊獨守此無澤兮仰浮雲而永歎

五

何時俗之工巧兮背繩墨而改錯郤騏驥而不乘兮策駑駘而取路當世豈無騏驥兮誠莫之能善御見執轡者非其人兮故跼跳而遠去鳧鴈皆唼夫粱藻兮鳳愈飄翔而高舉圜鑿而方枘兮吾固知其鉏鋙而難入衆鳥皆有所登棲兮鳳獨惶惶而無所集願銜枚而無言兮嘗被君之渥洽太公九十乃顯榮兮誠未遇其匹合謂騏驥兮安歸謂鳳凰兮安棲變古易俗兮世衰今之相者兮舉肥語云相馬失之肥相士失之貧卽舉肥之意騏驥伏匿而不見兮鳳皇高飛而不下鳥獸猶知

懷德兮何云賢士之不處驥不驟進而求服兮鳳亦不貪餧而妄食君棄遠而不察兮雖願忠其焉得欲寂寞而絶端兮竊不敢忘初之厚德獨悲愁其傷人兮馮鬱鬱其安極

六

霜露慘悽而交下兮心尚幸其弗濟霰雪雰糅其增加兮乃知遭命之將至願徼幸而有待兮泊莽莽兮與壄草同死願自往而徑遊兮路壅絶而不通欲循道而平驅兮又未知其所從然中路而迷惑兮自壓

按而學誦性愚陋以褊淺兮信未達乎從容竊美申包胥之氣盛兮恐時世之不固何時俗之工巧兮滅規榘而改鑿獨耿介而不隨兮願慕先聖之遺教處濁世而顯榮兮非余心之所樂與其無義而有名兮寧窮處而守高食不媮而爲飽兮衣不苟而爲溫竊慕詩人之遺風兮願託志乎素餐蹇充倔而無端兮泊莽莽而無垠無衣裘以禦冬兮恐溘死而不得見乎陽春

七

靚杪秋之遥夜兮心憭悷而有哀春秋逴逴而日高兮（逴逴迅邁也）然惆悵而自悲四時遞來而卒歲兮陰陽不可與儷偕白日晼晚其將入兮明月銷鑠而減毀歲忽忽而遒盡兮老冉冉而愈弛（弛音施）心搖悅而日幸兮（𢙉古幸字）然怊悵而無冀中憯惻之悽愴兮長太息而增欷年洋洋以日往兮老嵺廓而無處事亹亹而覬進兮蹇淹留而躊躇

八

何氾濫之浮雲兮猋壅蔽此明月（猋卑遥切）忠昭昭而願

見兮然霠（音陰）曀而莫達願皓日之顯行兮雲濛濛而蔽之竊不自聊而願忠兮或黕（丁感切）點而汙之堯舜之抗行兮瞭冥冥而薄天何險巇之嫉妒兮被以不慈之僞名彼日月之照明兮尚黯黮而有瑕何況一國之事兮亦多端而膠加被荷裯之晏晏兮（荷芙蕖也裯衮也）然潢洋而不可帶既驕美而伐武兮負左右之耿介憎愠惀之修美兮好夫人之慷慨衆踥蹀而日進兮美超遠而逾邁（言懷王驕淫好武遣棄耿介修美而進用輕躁庸愚故賢人遠迹也）農夫輟耕而容與兮恐田野之蕪穢事綿綿而多

私兮竊悼後之危敗世雷同而炫燿兮何毁譽之昧昧兮修飾而窺鏡兮後尚可以竄藏（言及今改行自照後可藏身傷懷王之不能也）願寄言夫流星兮羌儵忽而難當卒壅蔽此浮雲兮下暗漠而無光

九

堯舜皆有所舉任兮故高枕而自適諒無怨於天下兮心焉取此怵惕乘騏驥之瀏瀏兮馭安用夫強策諒城郭之不足恃兮雖重介之何益（介甲胄也）邅翼翼而無終兮忳惛惛而愁約生天地之若過兮（忽若過隙也）功

不成而無效願沉滯而無見兮尚欲布名乎天下然
潢洋而不遇兮直怐愗而自苦（怐音遘 愗音茂）莽洋洋而無
極兮忽翱翔之焉薄國有驥而不知乘兮焉皇皇而
更索甯戚謳於車下兮桓公聞而知之無伯樂之善
相兮今誰使乎譽之罔流涕以聊慮兮惟著意而得
之紛純純之願忠兮妬被離而鄣之願賜不肖之軀
而別離兮放遊志乎雲中乘精氣之摶摶兮騖諸神
之湛湛驂白霓之習習兮歷羣靈之豐豐左朱雀之
茇茇兮右蒼龍之躍躍屬雷師之闐闐兮通飛廉之

衙衙前輕輬之鏘鏘兮後輜棄之從從載雲旗之委

蛇兮扈屯騎之容容計專專之不可化兮願遂推而

爲臧賴皇天之厚德兮還及君之無恙

刪註楚辭 [illegible]

招魂

古者人死則持其衣升屋而招之此必原初死時玉所爲招辭也舊謂作於生時冀以感悟懷王恐不可解篇中備詳飲食居處聲伎之奉豐辭蔚采文則有餘畢不及冥途之苦何不導以往生之樂無一語令人酸鼻殆固如是乎

朕幼清以廉潔兮身服義而未沫主此盛德兮牽於俗而蕪穢上無所考此盛德兮長離殃而愁苦

帝告巫陽曰有人在下我欲輔之魂魄離散汝筮

予之巫陽對曰掌夢上帝其命難從若必筮予之
恐後之謝不能復用巫陽焉乃下招曰

右朕幼數句代原自述帝與巫陽問答皆不相
屬必有錯簡姑存闕疑

魂兮歸來去君之恒幹何爲乎四方些舍君之樂處
而離彼不祥些魂兮歸來東方不可以託些長人千
仞唯魂是索些十日代出流金鑠石些彼皆習之魂
往必釋些歸來歸來不可以託些以上言東方有長人食魂十日炎鑠不可往也
魂兮歸來南方不可以止些雕題黑齒得人肉

而祀（祀以人肉祭也）以其骨爲醢些蝮蛇蓁蓁封狐千里些雄虺九首往來儵忽吞人以益其心些歸來歸來不可以久淫些（以上言南方有雕題黑齒蝮蛇狐虺皆能食人不可往也）魂兮歸來西方之害流沙千里些旋入雷淵爢散而不可止些㚔（古㚔字）而得脱其外曠宇些赤蟻若象玄蠭若壺些五穀不生叢菅是食些其土爛人求水無所得些彷徉無所倚廣大無所極些歸來歸來恐自遺賊些（以上言西方有流沙潰爛赤蟻玄蜂不可往也）魂兮歸來北方不可以止些增冰峨峨飛雪千里些歸來歸來不可以久些（以上言北方寒

冰不可往也魂來歸來君無上天此虎豹九關啄害下人此一夫九首拔木九千此豺狼從目往來侁侁此懸人以娭娭音嬉投之深淵此致命於帝然後得瞑此言豺狼得人不即啗食先懸其頭用之娛戲倦極投於深淵致命玉帝然後瞑臥也歸來歸來往恐危身此以上言天關虎豹不能往也魂兮歸來君無下此幽都此土伯九約其角觺觺此土伯后土之侯伯也約屈也觺觺角利貌言地有土伯其身九屈其角觺觺觸害人也敦脄血拇脄音每拇音母敦厚也脄背也拇手拇指也逐人駓駓此參目虎首其身若牛此參音三言土伯虎頭三目身大如牛此皆甘人歸來歸來恐自遺災此以上言地下有土伯食魂不可往也

魂兮歸來入脩門些工祝招君背行先些秦篝齊縷鄭綿絡些招具該備永嘯呼些以下稱居室之美以招之魂兮歸來反故居些天地四方多賊姦些像設君室靜閒安些高堂邃宇檻層軒些層臺累榭臨高山些網戶朱綴刻方連些冬有突夏夏室寒些突複室也夏大屋也所謂冬煖夏涼也川谷徑復流潺湲些光風轉蕙氾崇蘭些光風謂雨晴日出風動蘭蕙有光也經堂入奧朱塵筵些塵承塵也砥室翠翹挂曲瓊些翡翠珠被爛齊光些蒻阿拂壁羅幬張些言房內側以蒻席薄牀四壁曲隅復施羅幬也纂組綺縞結琦璜些室中之觀多

珍怪些蘭膏明燭華容備些二八侍宿射遞代些言好女侍宿厭則更代也九侯淑女多迅衆些迅疾也盛鬋鬋音翦鬢也不同制實滿宮些容態好比順彌代些弱顏固植謇其有意些姱容修態絙洞房些蛾眉曼睩目騰光些靡顏膩理遺視矊些曼睩遺視皆流眄之貌矊脉也猶脉脉也離榭修幕侍君之閒些翡帷翠幬飾高堂些紅壁沙版玄玉之梁些仰觀刻桷畫龍蛇些坐堂伏檻臨曲池些芙蓉始發雜芰荷些紫莖屏風文緣波些文異豹飾侍陂陁些言文衣豹飾之人侍從於陂陁上下也軒輬既低步騎羅些蘭薄戶

樹瓊木籬些魂兮歸來何遠爲些以下稱飲食之美以招之室家遂宗食多方些稻粢穱麥挐黃粱些挐糅也大苦鹹酸辛甘行些肥牛之腱臑若芳些和酸若苦陳吳羹些胹鼈炮羔有柘漿些鵠酸臇鳧煎鴻鶬些露雞臛蠵厲而不爽些臇小臛也露雞露棲之雞也有菜曰羹無菜曰臛蠵大龜也粔籹蜜餌有餦餭些言以蜜和米麪煎作粔籹擣黍作餌餳味甘美也瑤漿蜜勺古蜜本如此音未詳實羽觴些挫糟凍飲酎清涼些華酌既陳有瓊漿些歸來反故室敬而無妨些以下稱使樂宴飲之美以招之肴羞未通女樂羅些敶鐘按鼓造新歌些涉江采菱發

揚荷些楚人歌曲也 美人旣醉朱顏酡些娭光眇視目曾
波些被文服纖麗而不奇些長髮曼鬋豔陸離些二
八齊容起鄭舞些衽若交竿撫案下些竽瑟狂會搷
鳴鼓些宮庭震驚發激楚些吳歈蔡謳奏大呂些士
女雜坐亂而不分些放敶組纓班其相紛些鄭衛妖
玩來雜陳些激楚之結獨秀先些菎蔽象棊菎音昆玉也蔽
傅著以玉飾之也 有六簙些分曹並進遒相迫些成梟而牟
倍勝爲牟 呼五白些五白者簙齒也 晉制犀比費白日些犀比卽犀毗晉
制爲佳費白日言博奕以銷永日也 鏗鐘搖簴揳梓瑟些娛酒不廢沈

日夜些蘭膏明燭華鐙錯些言鐙錠雕鏤有華華也結撰至思
蘭芳假些人有所極同心賦些酎飲盡歡樂先故些
䰟兮歸來反故居些亂曰獻歲發春兮汨吾南征追念
屈原以春月南濮至於今乃沈江也菉蘋齊葉兮白芷生路貫廬江兮
左長薄貫出也廬江長薄地名也言屈原行先出廬江過歷長薄長薄在江北時東行故言左也
倚沼畦瀛兮畦猶區也瀛池中也楚人名池澤曰瀛遙望博遙遠也博平也言循
江而行遠望中博也青驪結駟兮齊千乘懸火延起兮玄顏烝
步及驟處兮誘騁先抑騖若通兮引車右還與王趨
夢兮課後先也[illegible]君王親發兮憚青兕朱明承夜兮

刪註楚辭

時不可以淹皐蘭被徑兮斯路漸（漸音尖 沒也）湛湛江水兮上有楓目極千里兮傷心悲魂兮歸來哀江南

大招

大招一篇舊稱景差所作摹擬招魂體式畧同
而寒儉迫促於義無取然亦楚人之辭姑存之
卷末不復註解

青春受謝白日昭只春氣奮發萬物遽只冥淩浹行
魂無逃只魂魄歸徠無遠遥只魂乎歸徠無東無西
無南無北只東有大海溺水浟浟只螭龍並流上下
悠悠只霧雨淫淫白皓膠只魂乎無東湯谷宲只魂
乎無南南有炎火千里蝮蛇蜒只山林險隘虎豹蜿

只鰅鱅短狐王虺騫只魂乎無南蜮傷躬只魂乎無
西西方流沙漭洋洋只豕首縱目被髮鬤只長爪踞
牙誒笑狂只魂乎無西多害傷只魂乎無北北有寒
山逴龍赩只代水不可涉深不可測只天白顥顥寒
凝凝只魂乎無往盈北極只魂魄歸徠閒以靜只自
恣荊楚安以定只逞志究欲心意安只窮身安樂年
壽延只魂乎歸徠樂不可言只五穀六仞設菰粱只
鼎臑盈望和致芳只內鶬鴿鵠味豺羹只魂乎歸徠
恣所嘗只鮮蠵甘雞和楚酪只醢豚苦狗膾苴蓴只

吳酸蒿蔞不沾薄只魂兮歸徠恣所擇只炙鴰烝鳧

煔鶉陳只煎鰿臛雀遽爽存只魂乎歸徠麗以先只

四酎并孰不歰嗌只清馨凍飲不歠役只吳醴白蘗

和楚瀝只魂乎歸徠不遽惕只代秦鄭衛鳴竽張只

伏戲駕辯楚勞商只謳和揚阿趙簫倡只魂乎歸徠

定空桑只空桑瑟名二八接舞投詩賦只叩鐘調磬娛人

亂只四上競氣極聲變只魂乎歸徠聽歌譔只朱脣

皓齒嫭以姱只比德好閑習以都只豐肉微骨調以

娛只魂乎歸徠安以舒只嫮目宜笑蛾眉曼只容則

秀雅稚朱顔只魂乎歸徠靜以安只姱脩滂浩麗以
佳只曾頰倚耳曲眉規只滂心綽態姣麗施只小腰
秀頸若鮮卑只鮮卑衮帶頭也魂乎歸徠思怨移只易中利
心以動作只粉白黛黑施芳澤只長袂拂面善留客
只魂乎歸徠以娛昔只青色直眉美目媔只靨輔奇
牙宜笑嘕只豐肉微骨體便娟只魂乎歸徠恣所便
只夏屋廣大沙堂秀只南方小壇觀絶霤只曲屋步
壛宜擾畜只騰駕步遊獵春囿只瓊轂錯衡英華假
只茝蘭桂樹鬱彌路只魂乎歸徠恣志慮只孔雀盈

圍畜鸞皇只鵾鴻羣晨雜鶖鶬只鴻鵠代遊曼鸕鷞
只魂乎歸徠鳳皇翔只曼澤怡面血氣盛只永宜厥
身保壽命只室家盈廷爵祿盛只魂乎歸徠居室定
只接徑千里出若雲只三圭重侯聽類神只察篤夭
隱孤寡存只魂兮歸徠正始昆只田邑千畛人阜昌
只美冒衆流德澤章只先威後文善美明只魂乎歸
徠賞罰當只名聲若日照四海只德譽配天萬民理
只北至幽陵南交阯只西薄羊腸東窮海只魂乎歸
徠尚賢士只發政獻行禁苛暴只舉傑壓陛誅譏罷

只直贏在位近禹麾只豪傑執政流澤施只魂乎徠
歸國家爲只雄雄赫赫天德明只三公穆穆登降堂
只諸侯畢極立九卿只昭質既設大侯張只執弓挾
矢揖辭讓只魂乎徠歸尚三王只

附錄

屈原傳　　司馬遷史記

屈原者名平楚之同姓也爲楚懷王左徒博聞彊志明於治亂嫻於辭令入則與王圖議國事以出號令出則接遇賓客應對諸侯王甚任之上官大夫與之同列爭寵而心害其能懷王使屈原造爲憲令屈平屬草藁未定上官大夫見而欲奪之屈平不與因讒之曰王使屈平爲令衆莫不知每一令出平伐其功曰以爲非我莫能爲也王怒而疏屈平屈平疾王聽

之不聰也讒諂之蔽明也邪曲之害公也方正之不
容也故憂愁幽思而作離騷離騷者猶離憂也夫天
者人之始也父母者人之本也人窮則反本故勞苦
倦極未嘗不呼天也疾痛慘怛未嘗不呼父母也屈
平正道直行竭忠盡智以事其君讒人間之可謂窮
矣信而見疑忠而被謗能無怨乎屈平之作離騷蓋
自怨生也國風好色而不淫小雅怨誹而不亂若離
騷者可謂兼之矣上稱帝嚳下道齊桓中述湯武以
刺世事明道德之廣崇治亂之條貫靡不畢見其文

約其辭微其志潔其行廉其稱文小而其指極大舉類邇而見義遠其志潔故其稱物芳其行廉故死而不容自疏濯淖汙泥之中蟬蛻於濁穢以浮遊塵埃之外不獲世之滋垢皭然泥而不滓者也推此志也雖與日月爭光可也屈平既絀其後秦欲伐齊齊與楚從親惠王患之乃令張儀詳去秦厚幣委質事楚曰秦甚憎齊齊與楚從親楚誠能絕齊秦願獻商於之地六百里楚懷王貪而信張儀遂絕齊使使如秦受地張儀詐之曰儀與王約六里不聞六百里楚使

怒去歸告懷王懷王怒大興師伐秦秦發兵擊之大破楚師於丹淅斬首八萬虜楚將屈匄遂取楚之漢中地懷王乃悉發國中兵以深入擊秦戰於藍田魏聞之襲楚至鄧楚兵懼自秦歸而齊竟怒不救楚楚大困明年秦割漢中地與楚以和楚王曰不願得地願得張儀而甘心焉張儀聞乃曰以一儀而當漢中地臣請往如楚如楚又因厚幣用事者臣靳尚而設詭辯於懷王之寵姬鄭袖懷王竟聽鄭袖復釋去張儀是時屈平既疏不復在位使於齊顧反諫懷王曰

何不殺張儀懷王悔追張儀不及其後諸侯共擊楚
大破之殺其將唐眛時秦昭王與楚婚欲與懷王會
懷王欲行屈平曰秦虎狼之國不可信不如無行懷
王稚子子蘭勸王行奈何絕秦歡懷王卒行入武關
秦伏兵絕其後因留懷王以求割地懷王怒不聽亡
走趙趙不內復之秦竟死於秦而歸葬長子頃襄王
立以其弟子蘭爲令尹楚人既咎子蘭以勸懷王入
秦而不反也屈平既嫉之雖放流睠顧楚國繫心懷
王不忘欲反冀幸君之一悟俗之一改也其存君興

國而欲反覆之一篇之中三致志焉然終無可奈何故不可以反卒以此見懷王之終不悟也人君無愚智賢不肖莫不欲求忠以自為舉賢以自佐然亡國破家相隨屬而聖君治國累世而不見者其所謂忠者不忠而所謂賢者不賢也懷王以不知忠臣之分故内惑於鄭袖外欺於張儀疏屈平而信上官大夫令尹子蘭兵挫地削亡其六郡身客死於秦為天下笑此不知人之禍也易曰井泄不食為我心惻可以汲王明並受其福王之不明豈足福哉令尹子蘭聞

之大怒卒使上官大夫短屈原於頃襄王頃襄王怒
而遷之屈原至於江濱被髪行吟澤畔顏色憔悴形
容枯槁漁父見而問之曰子非三閭大夫歟何故而
至此屈原曰舉世混濁而我獨清衆人皆醉而我獨
醒是以見放漁父曰夫聖人者不凝滯於物而能與
世推移舉世混濁何不隨其流而揚其波衆人皆醉
何不餔其糟而啜其醨何故懷瑾握瑜而自令見放
爲屈原曰吾聞之新沐者必彈冠新浴者必振衣人
又誰能以身之察察受物之汶汶者乎寧赴常流而

葬乎江魚腹中耳又安能以皓皓之白而蒙世之溫蠖乎乃作懷沙之賦於是懷石遂自投汨羅以死屈原既死之後楚有宋玉唐勒景差之徒者皆好辭而以賦見稱然皆祖屈原之從容辭令終莫敢直諫其後楚日以削數十年竟爲秦所滅自屈原沈汨羅後百有餘年漢有賈生爲長沙王太傅過湘水投書以弔屈原

太史公曰余讀離騷天問招魂哀郢悲其志適長沙觀屈原所自沈淵未嘗不垂涕想見其爲人及見賈

生吊之又怪屈原以彼其材遊諸侯何國不容而自令若是讀服鳥賦同死生輕去就又爽然自失矣

刪註楚辭　卷之四

繪事微言

（明）唐志契 撰

《繪事微言》四卷，明唐志契撰，據《海陵叢刻》本影印。

唐志契（一五七九—一六五一），字敷五，號天放懶人，明南直隸泰州人。諸生。幼時自學繪畫，一生遊覽名山大川，與弟唐志尹、侄唐日昌并稱『三唐』。有《繪事微言》四卷。

唐志契於繪畫無師自通，博覽古今畫論，潛心鑽研繪畫理論，著成《繪事微言》四卷，天啓六年（一六二六）刊行。本書第一卷爲其自著，講山水畫理論，後三卷爲歷代畫論摘要。唐志契生於明末，正是以董其昌爲代表的文人畫盛行之時。文人畫畫工嚴謹，但也有缺乏繪畫自然性的弊病。對此，唐志契提出『當法自然』觀點，認爲畫中山水最高，作畫須看得真山水，使山水與内心會和相忘，佳作乃成。同時，他也認爲，作畫者胸中應有萬卷書，見多識廣則溝壑自然生於筆下。唐志契對於畫幅大小的論述也頗爲精妙：小幅畫宜用虛，虛多則妙，小中有大，使人遐想；而大幅畫須實中带虛，如也和小幅畫一樣用虛，則神韻全無，如近處用實，遠處用虛，則有高遠之意。本書後三卷收録前人畫論，自南齊謝赫《品畫録》起，至明陳繼儒《畫史》，共計收録二十六種畫論，并以唐志契本人的觀點『删除蕪冗，汰擇精華』。唐志契於《畫不可苟》一節中批評時下作畫者以畫糊口，一天之中便欲作完，雖然得宋元人相貌，始終無其底蘊。合格的畫家，須誠意修身，戒浮躁，戒功利，一筆不苟，此語對今日畫家學者，亦有裨益。

（高　典）

序

古之以小道擅絕者雖微如鏤而十年不敢懷非譽巧拙又如承蜩不以天地萬物易蜩之翼而况畫之爲道也寫景而幷傳情貌形而更攝性又不若文章家之可以卷舒如意橫側皆貫其爲幅也尙寬畫豈易言哉吾每怪人之習畫者唐宋元名蹟目未嘗交則無學名山大川之概足未嘗蹈則無識高人韻士博雅名譚身未嘗受則無解會而漫以庸師之筆傳墨授奉爲神工以是而希其絕也能乎淮南子以畫甚微妙雖堯舜之聖不能及夫堯舜聖於則天而畫道通靈能役使日月風雲雷雨於毫楮夫豈言之過歟此吾友敷五所爲屈文人之心力而殫精於此蓋庶幾於學識解會之俱至而與沈唐文諸君子鼓吹我

明從來畫家大成至此一集厥功之偉豈亞文壇於是彙訂成編令後學不能多訪名蹟歷山川晤名流者一覽而得其源流體辨猶不至於智出無師術爲不學也予常留心此道猥以經生之孽不能斷除無暇研究願以末年終其業於紙窗竹屋之間當奉敷五爲史皇之作此編爲鳥官之流餘子皆其範圍不過者耳

同郡友弟鄭元勳超宗父題

欽定四庫全書總目提要

繪事微言四卷 兩淮鹽政採進本

明唐志契撰志契字敷五又字元生江都人與弟志伊並能畫而志契尤以山水擅名是編乃其所著畫譜姜紹書無聲詩史以爲頗得六法之蘊者也所錄畫家名論自南齊謝赫古畫品錄而下至於明李日華諸人皆刪除蕪冗汰取精華其承譌襲繆者如梁元帝畫松石格荆浩畫山水賦皆不知爲贋本畫塵乃吳中沈顥著見陶宗儀說郛而因顥字朗蒨輾轉傳譌遂誤作朗耀蓋伎藝之流多喜依託古人以神其授受地師動稱郭璞術家每署劉基皆踵謬沿譌猝難究詰但所言中理卽可不必深求至其自著論斷則多中肯綮如謂佛道人物牛馬則今不如古山水林木花石則古不如今又云作畫以氣韻爲本讀書爲先皆確論也讀其書可以知其非庸史矣故

欽定佩文書畫譜採志契之說頗多云

繪事微言卷之一

海陵　玄生唐志契　著

畫尊山水

畫中惟山水最高雖人物花鳥草蟲未始不可稱絕然終不及山水之氣味風流瀟灑昔元章題摩詰畫云雲峯石迹迥出天成筆意縱橫參乎造化至題韓幹畫則曰肖象而已無大物色東坡一時見吳道子佛像摩詰輞川圖喟然嘆曰於維也無間然其有所重哉

畫名

畫名膾炙一時傳流千古甚不易得得之紗帽宗室一流猶覺爲易如晉之顧長康唐之王摩詰梁之張僧繇隋之董伯仁宋之李龍眠文與可米元章及李成父子等品雖不一誰非先縉紳而後採其翰墨者乎至若畫果遠邁時流不愧前哲縱橫變化見者失色未有不聲譽滿海內流傳及千古者也特出名時較拖青衣紫者不捷耳不然吳道子一貧士關荆兩寒生巨然一頭陀松年一暗門黃子久倪元鎮俱逸士胡以價重千金聲稱不朽哉是在豪傑之士法今傳後雖無階梯日久論自定

傳授

凡畫入門必須名家指點令理路大通然後乃不妨各成一家甚而青出於藍未可知者若非名家指點須不惜價貲大積古今名畫朝夕探求下筆乃能精妙過人苟僅師庸流筆法筆下定是庸俗終不能遠邁矣昔關仝從荆浩而仝勝之李龍眠集顧陸張吳而自闢戶庭巨然師董源子瞻師與可我明衡山師石田道復師衡山又如思訓之子昭道元章之子友仁文進之子宗淵文敏之甥叔明李成郭熙之子若孫皆精品信畫之淵源有自乎

畫以地異

寫畫多有因地而分者不獨師法也如李思訓黃筌便多三峽氣象者生於成都也宋二水范中正有秣陵氣象者家於建康也米海岳曾作宦京口便多鎮江山色黃公望隱於熟山落筆便是常熟山色信高人筆底往往爲山川所囿乎

山水寫趣

山水原是風流瀟灑之事與寫草書行書相同不是拘攣用工之物如畫山水者與畫工人物工花鳥一樣描勒界畫妝色那得有一毫趣否是以虎頭之滿壁滄州北苑之若有若無河陽之山蔚雲起南宮之點墨成煙雲子久元鎮之樹枯山瘦迥出人表皆毫不著象眞足千古若使寫畫盡如郭忠恕趙松雪趙千里亦何樂而爲之昔人謂畫人物是傳神畫花鳥是寫生畫山水是留影然則影可工緻描畫乎夫工山水始於畫院俗子故作細畫思以悅人之目而爲之及一幅工畫雖成而自己之興已索然矣是以有山林逸趣者多取寫意山水不取工緻山水也

寫畫要讀書

昔人評大年畫謂胸中必有千卷書非眞有千卷書也蓋大年以宋宗室不得遠游每集四方遠客山人縱談名山大川以爲古今至快能動筆者便欲其想像而出之故其胸中富於聞見便富於丘壑然則不行萬里路不讀萬卷書欲作畫祖其可得乎此在士夫勉之無望於庸史矣

畫不可苟

宋元人畫愈玩愈佳豈今人遂不及宋元哉正以宋元人雖解衣磅礴任意揮灑爲之然下筆一筆不苟若今人多以畫餬口朝寫卽欲暮完雖規格似

之然而蘊藉非矣即或丘壑過之然而丰韻非矣又嘗見有爲俗子催逼而率意應酬者那得有好筆法出來始信十日一水五日一石良有以也

畫要看眞山眞水

凡學畫山水者看眞山眞水極長學問便脫時人筆下套子便無作家俗氣古人云墨瀋留川影筆花傳石神此之謂也蓋山水所難在咫尺之間有千里萬里之勢不善者縱模畫舊人粉本其意原自遠到手落筆反近矣故畫山水而又親臨極高極深徒模倣舊人棧道瀑布終是糢糊丘壑未可便得佳境

存想

畫必須靜坐凝神存想何處是山何處是水何處是樹何處有樓閣寺觀村莊籬落何處是橋梁人物舟車方可下筆則丘壑纔新不然任意揮灑非不

可人便是套頭矣及至得了新丘壑又好住手便住手不住手又多一番蛇足

品質

寫畫須要自已高曠張伯雨題倪迂畫云無畫史縱橫習氣又迂翁自題師子林圖云此畫眞得荆關遺意非王蒙輩所能夢見也其高自標置如此顧謹題倪迂畫云初以董源爲宗及乎晚年畫益精詣而北苑筆法渺乎脫矣蓋迂翁聚精於畫雖從北苑築基然借闗荆而兼河陽專以幽淡爲宗者也若縱橫習氣即黄子久猶有焉然則趙吳興之遜迂翁則胸次之别耳

畫須從容自得適意時對明窗淨几高明不俗之友爲之方能寫出胸中一點灑落不羈之妙

畫有自然

畫不但法古當法自然凡遇高山流水茂林修竹無非圖畫又山行時見奇樹須四面取之樹有左看不入畫而右看入畫者前後亦爾看得多自然筆下有神傳神者必以形形與心手相湊而相忘未有不妙者也夫天生山川亘古垂象古莫古於此自然莫自然於此孰是不入畫者寧非粉本乎特畫史收之絹素中棄其醜而取其芳即是絕筆

大小所宜

凡畫山水大幅與小幅迥乎不同小幅臥看不得塞滿大幅橫看不得落空小幅宜用虛愈虛愈妙大幅則須實中帶虛若亦如小幅之用虛則神氣索然矣蓋小幅景界最多大幅則多高遠是以能大者每每不能小能小者每每不能大亦如書家之小字運手大字運肘細小運指者然各各難兼也總之大畫最難得好是以小畫之傳留者多大畫傳留者少亦非獨不能珍藏

之過也

逸品

山水之妙蒼古易知奇峭易知圓渾易知運動易知惟逸之一字最難分解蓋逸有淸逸有雅逸有俊逸有隱逸有沉逸逸既不同從未有逸而濁逸而俗逸而模稜卑鄙者以此想之則逸之變態盡矣逸雖近於奇而實非有意爲奇雖不離乎韻而更有邁於韻其筆墨之正行忽止其丘壑之如常少異令觀者泠然别有會心悠然各爲欣賞此在古之作者都想慕之而不可得入手信難言哉吾於元鎭先生不能不嘆服云

老嫩

凡畫嫩與文不同有指嫩爲文者殊可笑落筆細雖似乎嫩然有極老筆氣出於自然者落筆粗雖近乎老然有極嫩筆氣故爲蒼勁者難避識者一看

世人不察遂指細筆爲嫩粗筆爲老眞有眼之盲也

倣舊

畫家傳模移寫自謝赫始此法遂爲畫家捷徑蓋臨模最易神氣難傳師其意而不師其迹乃眞臨模也如巨然學北苑元章學北苑大癡學北苑倪迂學北苑一北苑耳各各學之而各各不相似使俗人爲之定要筆筆與原本相同若之何能名世也

山水要明理

凡讀書朋友學畫山水容易入松江一路派頭到底不能入畫家三昧蓋畫非易事非童而習之其轉折處必不能周札大抵只要理明爲至若理不明縱使墨色煙潤筆法遒勁終不能令後世可法可傳郭河陽云有人悟得丹青理專向茅茨畫山水正謂此

蘇松品格同異

蘇州畫論理松江畫論筆理之所在如高下大小適宜向背安放不失此法家規繩也筆之所在如風神秀逸韻致清婉此士夫之氣味也任理之過易板癡易疊架易涉套易拘攣無生意其弊也流而爲傳寫之圖幛任筆之過易放縱易失竅易寂寞易樹石扁薄無三面其弊也流而爲嬰兒之描繡嗟夫門戶一分點刷各異自爾標榜各不相入矣豈知理與筆兼長則六法兼備謂之神品理與筆各盡所長亦各謂之妙品若夫理不成其理筆不成其筆品斯下矣安得互相譏刺耶

畫要天分帶來

昔陳姚最品畫謂立萬象於胸中傳千祀於毫翰夫毫翰固在胸中出之若使岆岆然依樣葫蘆那得名流海內大抵聰明近莊重邊便不佻聰明近磊落邊便不俗聰明近空曠邊便不拘聰明近秀媚邊便不粗蓋言天資與畫近自然嗜好亦與畫近古人云筆力奮疾境與性會蓋言天資也貞觀公私畫史評吳道玄爲天付勁毫幼抱神奧後有作者皆不過之豈非天縱耶

山水性情

凡畫山水最要得山水性情得其性情便得山環抱起伏之勢如跳如坐如俯仰如掛脚自然山情卽我情山性卽我性而落筆不生軟矣亦便得濤浪潆洄之勢如綺如鱗如雲如怒如鬼面自然水情卽我情水性卽我性而落筆不板呆矣或問山水何性情之有不知山性雖止而情態則靣靣生動水性雖流而情狀則浪浪具形探討之久自有妙過古人者古人亦不過於眞山眞水上探討若倣舊人者而只取舊本描畫那得一筆似古人乎豈獨山水雖一草一木亦莫不有性情若含蕊舒葉若披枝行幹雖一花而或含笑

或大放或背面或將謝未謝俱有生化之意畫寫意者正在此處著精神亦在未舉筆之先預有天巧耳不然則畫家六則首云氣韻生動何所得氣韻耶

氣韻生動

氣韻生動與煙潤不同世人妄指煙潤遂謂生動何相謬之甚也殊爲可笑蓋氣者有筆氣有墨氣有色氣俱謂之氣而又有氣勢有氣度有氣機此間卽謂之韻而生動處則又非韻之可代矣生者生生不窮深遠難盡動者動而不板活潑迎人要皆可默會而不能名言如劉褒畫雲漢圖見者覺熱又畫北風圖見者覺寒又如畫猫絕鼠畫大士渡海而滅風畫龍點睛飛去此之謂也至如煙潤不過點墨無痕迹皴法不生澁而已豈可混而一之哉

用墨

寫山水絕要好墨寫扇面寫絹綾尤要緊既在佳墨矣又要得用墨之法古畫譜云用筆之法未嘗不詳且盡乃畫家僅知皴刷點拖四則而已此外如幹之一字渲之一字捽之一字擢之一字其誰知之宜其畫之不精也蓋幹者以淡墨重疊六七次加而成深厚也渲者有意無意再三用細筆細擦而淋漓使人不知數十次點染者也捽與擢雖與點相同而實相異捽用臥筆仿彿乎皴而帶水擢用直指仿彿乎點而用力必八法皆通乃謂之善用筆乃謂之善用墨

積墨

畫最要積墨水墨水或濃或淡或先淡後濃或先濃後淡但有能積於絹素之上盎然溢然冉冉欲墮方煙潤不澁方深厚不薄此在熟後自得之

凡畫絹或紙或扇必須墨色由淺入濃兩次三番用筆意積成樹石乃佳若

以一次而完者便枯澁淺薄如宋元畫法皆積水爲之迄今看宋元畫著色尙且有七八次深淺在上何况落墨乎今人落筆即欲成樹石或焦墨後只用一次淡墨染之甚有水積還用乾筆拭之殊可笑也此皆不曾見眞宋元筆意故耳

寫意

寫畫亦不必寫到筆筆若寫到便俗落筆之間若欲到不敢到便穉惟習學純熟游戲三昧一濃一淡自有神行神到寫不到乃佳至於染又要染到古人云寧可畫不到不可染不到

皴法

賞鑒之家近訪名公遠尋前跡漢魏二國以前名畫卽不易見如宋元迨我國初名筆代不乏人人各一家家各一皴而不能備各家收藏亦豈有不能見之理但倣其皴法切不可混雜如書家寫鍾繇者兼之黃庭寫二王者兼之過庭便不妙矣皴法有可相兼者只一二樣而已若亂雲皴止可兼骷髏皴披麻皴止可兼亂柴皴斧鑿皴止可兼礬頭皴自非然者未有不雜者也雖然予嘗見郭河陽而帶斧鑿解之者曰蚤年筆黄子久而帶卷雲解之者曰戲墨眞耶訛耶予言反過矣

丘壑藏露

畫疊嶂層崖其路徑村落寺宇苟能分得隱見明白則不但遠近之理了然且趣味無盡更能藏處多於露處趣味愈無盡蓋一層之上更有一層一層之中復藏一層善藏者未始不露善露者未始不藏藏得妙時便使觀者不知山前山後山左山右有多少地步許多林木何嘗不顯要知總不外躲閃處高下得宜煙雲處斷續有則耳若主於露而不藏便淺而薄卽藏而不善

藏亦易盡矣只要曉得景愈藏景界愈大景愈露景界愈小每見畫家多能談之及動筆時謂何手與心迕心與景界迕吾不知之此畫家所以不可無圓之一字

筆法

丘壑之奇峭易工筆墨之蒼勁難渾蓋丘壑之奇不過警凡俗之眼耳若筆不蒼勁縱使模他人丘壑那得動得賞鑒若人物花鳥便模盡相去不遠矣

山水忌纖巧

纖巧之習世多矜趨豈於畫反不崇尙但巧矣而容或不莊重非畸邪無理則安放不牢每有石上砌石樹根浮寄樓宇傾壓路徑難通之病是巧與莊易相妨處落筆時須酌之

冗與雜不同

或問冗與雜有分否予曰善哉問也蓋畫家筆路要淸而冗雜俱與淸反者也如林木叢密或一幅中寨滿屋籬廟觀水閣或一幅中三四見路徑舟車或亦三四見謂之冗至於雜則以巨然矩格而雜叔明李唐筆法而雜李成郎米家父子相同而實異不可雜也苟爲不分雜寫得極文極妙終是野路非若書家之鍾索可兼二王也

碎石

古人畫大山必山之輪廓向背垂聳意已先定然後皴之其山脚下碎石必不可無亦不可多今人乃從碎石起手積成大山者多矣雖古書云崔嵬不崩賴此峽嶂然論畫最是病古人大畫中雖細碎處多要之取勢爲主吾有元人論米高二家山書正先得吾意

樹木

畫樹之妙不必拘拘曲直曲有曲之妙直有直之妙是在安放處以少不得一株多不得一株爲妙大抵樹一曲乃有迎風探水垂陰之勢或曰然則諸家不有直樹乎曰樹直而生枝發節處必不多直即董北苑樹盡是勁挺之狀然而向背俯仰未嘗無也若郭河陽李營丘則千屈萬曲矣

樹石所宜

林木山石各有分配若重山疊嶂與單山片景其樹石大不相同苟或相同則經營位置非僻澁便板結矣如園亭景乃可作巧石梧竹及巧檜巧松若以園亭樹木移之大山大景便不相稱

枯樹

寫枯樹最難得蒼古每畫最不可少即茂林盛夏亦須用之山水訣云畫無枯樹則不疏通此之謂也但名家枯樹各各不同如荊關則秋冬二景最多其枯枝古而渾亂而整簡而有趣到郭河陽則用鶯爪如以細密又或如垂槐蓋倣關荆者多也如范寬則直上如掃帚樣亦有古趣李成則繁而瑣碎筆筆淸勁董源則一味古雅簡當而已倪元鎮之畫枯樹也則此數君可以兼之要皆難及者也非積習數十年妙出自然者不能倣其萬一今人畫假古畫丘壑山石或能勉爲僅似若到枯樹骨髓暴露矣以是知枯樹要妙最難

柳與松

嘗云畫工不畫柳畫柳便妝醜非柳難畫也多因欠工夫耳宋人多寫垂柳又有點葉柳垂柳不難只要分枝得勢點葉柳之妙在樹頭圓鋪處只以汁綠漬出又要蕭森不結滯不板實有迎風搖颺之意又蚤春柳未垂條深秋柳已衰敗不可混設色亦須體此意若松柏之法則筆法記與純全集詳言

之矣故不贅

水口

一幅山水中水口似不可少水口之難難在峽中流出有旋環直捷之勢點滴俱動乃爲活水蓋水比石不同不得太硬不得太軟又不得太枯軟則無勢硬則板刻枯則乾燥故皆所忌大要既有水口雖淸溪淺瀨必有源頭源頭藏於數千丈之上從石縫中隱現在上倘或有萬丈未可知此正吾畫家胸襟亦天地之定理俗子未見眞山眞水輒有畫泉口竟從山頭上掛下者古人謂之架上懸巾眞堪絕倒

雲雨風煙

畫雲便要得流動不滯或瑣或屯或聚或散飄飄欲飛意象畫雨便要得深樹蒙翳帶煙帶風無天無地點點欲滴意象畫風便要得萬物鼓動不可遏

蓋意象今畫家只知樹葉向一邊便是風景至於人物全若無風那得一毫生動甚有樹向一邊更無從分三面者甚有并石亦順風勢者殊可笑蓋風景山石當用逆勢乃顯得風大此古人祕傳非臆說也畫煙便要得昏昏沉沉朦朧不明意象其墨色宜淡近處略用顯明是在染之功不在落墨之力也然而晚景微似之只亦爲晚煙斷續耳若月景則與煙不異而淸朗處過之若煙月又與月不異而渾沌處過之此語殊聞之吳中李仰懷述錢磬石云云昔人畫譜如綵畫輯議等書雖有煙雨風晴未及詳辨若此也

煙雲染法

凡畫煙霧有內染外染之分蓋一幅煙霧中非有四五層屯鎖定有三層斷滅此而內外不分必有謬理之病縱使出沒變幻墨色豐潤皆無足觀也又如畫雲亦須層層要染不然縱如蓋如芝如帶終是板刻古人惟其有此畫法學之者容易涉於俗惟董北苑不用染而用淡墨積出在樹石之間此生紙所以更佳也松江畫派多用此

雪景

畫雪最要得觱發栗列意象此時雖有行旅探梅之客未有不畏寒者只以寂寞爲主一有喧囂之態便失之矣其畫山石法當在凹處與下半段皴之凡高平處卽便留白爲妙其畫寒林法當用枯木冬天亦有綠葉者多是松竹要亦不可全畫其枝上一面須到處留白地古人有畫雪只用淡墨作影不用先勾後隨以淡墨積出者更覺韻而逸何嘗不文近日董太史只要取文不寫雪景嘗題一枯木單條云吾素不寫雪只以冬景代之若然吾不識與秋景異否此吳下作家常有乾冬景之誚

樓閣

畫樓臺寺觀屋宇必須宗前人製造但看了前人樓臺寺宇等跡今人自不能動一筆又豈能舍其舊本而別爲創獲哉今人不能畫樓閣中枅栱窗欞而徒以青綠妝成藉口泥金勾鈿等語殊爲謬甚蓋一枅一栱有反有正有側二分正八分者有出梢飛梢有尖頭平頭者若使差之毫釐便失之千里豈得稱全完

凡寫樓閣若一樓一閣何難至寫十步一樓五步一閣其間便有許多穿插許多布置許多異式許多枅栱楹檻闌干週迴環繞花木掩映路徑參差若使有一犯重處便不可入目且非古人營建精絕後人不能重建何況畫乎學畫樓閣先須學過九成宮阿房宮滕王閣岳陽樓等圖方能漸近舊人款式不然縱使畫得百般精細壯麗終是杜撰那當得法眼一覽

古人畫樓閣再未有不寫花木相間與夫樹石相掩映者蓋花木樹石有濃淡大小淺深正分出樓閣遠近且有畫樓閣上半極其精詳下半極其混沌此正所謂遠近高下之說也有聰穎者當自得之豈筆舌所能盡哉

凡畫樓閣一圖幛須得八九人或三四人點綴方有生動及畫寺觀廟宇便不妨寂然無人若得有一二僧亦須要安靜之象更得古木森然爲妙蓋世上未有古寺而無古松古柏喬枝封幹者是在畫家下筆安放安貼其一種天然點綴之趣豈必在粉本中一一模畫

遠山

遠山用染不用皴畫家都以爲易事豈知安放高下妥貼正一幅之眉目其間宜尖而我反平宜平而反突曾足當法鑑否其染處亦須一面染到一面染不到乃無板癡之病又古人畫淡遠山之外復畫濃墨遠山者最多後人不知往往笑之不知日影到處之山則明不到處之山自然昏黑於晚景落

照時更易了然如若不信請於風雲天色或晴霽薄暮時高眺留意審察方信吾言不謬古人不謬

點苔

畫不點苔則山石樹木無生氣昔人謂苔痕爲美人簪花誠不可缺者又謂畫山容易點苔難口口口口未設焉得此重言歟蓋近處之樹石雜以細口而口苔細生叢木或雜草叢生至於高處大山樹石之深突必需不可不深詳其法也近有作畫者不顧其當與否率意點攉浮寄其上不亞鼠屎雀糞之汚何嘗知苔爲生氣而設也夫生氣者必點點從石縫中出或濃或淡或濃淡相間有一點不可多一點不可少之妙天然妝就不失之密不失之疏豈易事哉古畫横苔直苔不點苔者往往有之要未有不一點不中竅者此皆是預先畫山石無一筆頹敗之處故臨點苔自然加一點有一點好處少

一點無一點妙處今有強爲譽家口妄論其山石醜處須以苔遮掩之此愈遮所以愈醜且石骨既成不識能遮蓋否是以浮寄煩腫之病都坐於此然則山石果然畫得有轉折有態度何難一點苔耶

蓄畫

金生於山珠產於淵取之不窮猶爲天下所珍惜況圖畫在宇宙歲月既久名人藝士不能復生可不珍祕寶愛一入俗子之手動見屈辱卷舒失所操揉燥裂眞畫之厄也故有收藏而無識鑒無閱玩無裝褫無銓次皆非能眞蓄畫者又蓄聚既多妍媸混雜甲乙次第毫不可訛若使眞贋並陳新舊錯出如入賈肆中有何趣味所藏必有晉唐宋元名蹟乃稱博古若徒取近代紙墨較量眞僞心無眞賞以耳爲目手執卷軸口論貴賤眞惡道也

賞鑒

看古人書畫如對鼎彝如讀誥誡不可毫涉粗浮之氣蓋古畫紙絹皆脆舒卷不得法最易損壞看時風日須避之燈下不可看畫恐落煤燼及爲燭淚所汚飯後醉餘欲觀卷軸須以水滌手展玩間不可以指甲剔損諸如此類不能枚舉然必欲事事勿犯又恐涉強作淸態惟遇眞能賞鑒及閱古甚富者方可與談若對俗父輩惟有珍祕不出耳

看畫訣

山水第一竹樹蘭石次之人物花鳥次之人物顧盼語言花果迎風帶露鳥獸蟲魚精神逼眞山水林泉淸閒幽曠屋廬深邃橋彴得宜石老而潤水淡而明山勢崔嵬泉流灑落雲煙出沒野徑迂回松偃龍蛇竹藏風雨山脚入水澄淸水源來歷分曉有此數端雖不知名定是妙手若人物如尸如塑花果類粉捏雕刻蟲魚鳥獸但取皮毛山水布置迫塞樓閣模糊錯雜橋梁強

作斷形徑無夷險路無出入石止一面樹少四枝或大小不稱或遠近不分或濃淡失宜點染無法或山脚無水際水源無來歷雖有名款定是俗筆爲後人塡寫至於臨模贋手落墨設色自然不難辨也

識畫火候

有火候兮方識透筆眼若有天生就若使火候欠工夫滿紙雲煙如矇瞍
品畫高低有十程一程不到九難明若使十程都走到世間無復畫欺人
寫畫高低有百般般般俱中世人看但得名公一點化方知趣不在毫端
世人評畫俱任耳不會動筆妄妍媸畫得一分識一分到了十分微若絲若使一分有不到縱使聰明那得知

古今優劣

書學必以時代爲限書則六朝首推晉魏宋元不及晉與唐矣畫則不然佛

道人物士女牛馬後代之不及古人山水林石花鳥前人之不及後人

名家收藏

凡收藏不必錯雜大者懸掛齋壁小者則為卷册置几案間邃古如顧陸張吳必不有親筆矣及歷代不甚著名者亦不能具論獨舉畫中錚錚有名者如李思訓父子周昉董北苑李營丘郭河陽米南宮米元暉崔白黃筌黃居寀文與可李伯時郭忠恕董仲翔蘇文忠蘇叔黨王晉卿張舜民楊補之楊季衡陳容李唐馬遠馬逵夏珪范寬關仝荊浩李山趙子昂趙仲穆趙千里李息齋吳仲圭盛子昭陳珏陳仲美陸天游曹雲西唐子華王元章高士安錢舜舉高克恭王叔明黃子久倪雲林柯丹丘方方壺戴文進王孟端夏太常趙善長陳惟允徐幼文張來儀周東村沈貞吉沈石田杜東原劉完菴文太史先和州唐解元張夢晉周官謝時臣陳道復仇十洲錢叔寶陸叔平皆

名筆所宜收藏者但非所宜蓄即有之亦不當出以示人又如鄭顛仙張復陽鍾欽禮蔣三松汪小新張平山汪海雲皆畫中邪學尤非所尚

絹素

古畫絹色墨氣自有一種古香可愛惟佛像有香煙熏黑多是上下二色僞作者其色黃而無精采古絹自然破者必有鯽魚口須連三四絲僞作則直裂唐絹絲粗而厚或有擣熟者有獨梭絹濶四尺餘者五代絹極粗如布宋有院絹勻淨厚密亦有獨梭絹濶五尺餘細密如紙者元絹及國朝內府絹俱與宋絹同勝國時有密機絹松雪子昭畫多用此又嘉興府宓家以絹得名今此地尙有佳者近董太史筆多用研光白綾未免有進賢氣

古畫不入常格

畫有法則不似拘拘如時人先落墨後染套子蓋亦有先染三四層後以濃淡墨積成者不但規模宏遠意象畢新雖以近時名公見之亦若不知所以成者豈知此法在晉唐已有之不直宋元也予嘗在金陵朱狀元府中見李成夜景淡墨如霧石如雲動樹色隱現不一又見范寬雨景深暗如暮夜晦暝土石不分雖絹素深古而筆氣彷彿可探今人未見古人眞跡雖說也無用矣

古畫無價

畫有價時畫之或工或寫時名之或大或小分爲此相去不遠者也亦在人重與不重耳至或名人古畫那有定價昔有持荊浩山水一卷貨者宋內侍樂正宣用錢十萬購之後爲黃伯鸞所見加三十萬得之獨以爲幸伯鸞嘗爲翰林待詔詮定院畫優劣故一時畫家都以黃氏愛憎爲宗以其能賞鑒也又王酉室得沈啓南直幅四軸極其精妙吳中有一俗宦聞其美而謀之

願出二百金王終不與後王西園一見坐臥畫間兩日酉室謂遇若人眞知已也因述二百金之說西園遂以一莊可值千金易焉又興化李相公家失謝擬仙畫一軸曾帖招字謂報信者五十兩則畫價可知也諸如此者不得盡言請諳目不得執畫求價也

院畫無款

宋畫院衆工凡作一畫必先呈稿本然後上其所畫山水人物花木鳥獸多無名者今國朝內畫水陸及佛像亦然金碧輝燦亦奇物也唐伯虎常笑人以無名人畫輒塡寫假款如見牛必戴嵩見馬必韓幹之類豈非削圓方竹重漆古琴乎

金碧山水

畫院有金碧山水自宣和年間已有之漢書不云有金碧氣無土沙痕乎蓋

金碧者石青石綠也卽青綠山水之謂也後人不察誤於青綠山水上加以泥金謂之金筆山水夫以金碧之名而易以金筆之名可笑也夫乃更以風流瀟灑之事而同於描金之匠豈不又可笑之甚哉好一幅工緻山水一加以泥金則所謂氣韻者能纖毫之生動否且名山大川有此金色痕跡否後卽有一二名家爲之亦欺人而求售耳乃觀者不察一聞李氏將軍之筆遂有不惜千金以購之者將自已實有賞心者乎抑炫人以博識者之賞乎請問之好事家

繪事微言卷一

繪事微言卷之二

海陵　玄生唐志契　著

南齊　謝赫　撰

品畫錄

畫有六法一曰氣韻生動二曰骨法用筆三曰應物寫形四曰隨類傳彩五曰經營位置六曰傳模移寫六法精論萬古不移自骨法用筆以下五法可學而能如其氣韻必在生知天縱不可以歲月到不知然而然也故氣韻生動出於天成者謂之神品筆墨超絶傳染得宜意趣有餘謂之妙品其得形似而不失規矩謂之能品

後人評畫有六要六長八格總不出茲六法三品之中陳叔謙評

六法該要古今畫苑宗門米元章評

謝赫評畫有三品要皆不出姚最中豈姚最祖述之耶故人名不錄

續畫品序

吳興　姚最　撰

夫丹青妙極未易言盡雖質宗古意而文變今情立萬象於胸懷傳千祀於毫翰故九樓備表仙靈四門廣圖賢聖雲閣拜伏掖庭致遠凡斯緬邈厥跡難詳今所存者故泯滅多也但事有否泰人經盛衰或弱齡而價重或壯齒而聲遒或前後相形優劣舛錯至如長康之美焉然獨步終始無雙荀衛曹張方之蔑矣分庭抗禮未見其人謝陸聲過於實良可於邑夫調爕染翰志存精謹課茲有限應彼無方燧變墨回治點不息眼眩素縟意猶未盡加以輕重微異則奸鄙革形絲髮不從則歡慘殊觀欲臻其妙不亦難乎豈可曾未涉川遽云越海俄覩魚鱉謂察蛟龍凡厥等曹未足與言畫者陳思王云傳出文士圖生巧蓋性尚風流事難兼善躡方趾之跡易標圓行之步難雖欲游刃理解終迷空幕落塵未全識面今莫不貴斯鳥跡而賤彼龍文消長相傾有自來矣若惡居下流自可焚筆若冥心用舍幸從所好乎戲陳鄙見非謂毀譽並採謝赫所遺使成一家之集且古人書評高下必銓解畫無多是故備取人數不復區別其優劣可以意求也

湘東殿下 梁元帝初封湘東王

天挺命世幼稟生知學窮性表心師造化非復景行所能希涉過物援毫造次驚絕足使荀衛閣筆袁陸韜翰圖製雖寡聲聞於外矣

劉璞

胤祖之子少習門風至老筆法不渝前制體韻精研亞於其父

沈標

觸類皆涉性尚鉛華甚能留意

謝赫

操筆點刷便妙研精意在便工麗服靚妝與世更新別體細微多自赫始然氣韻精靈未窮生動之致筆路纖弱不副壯雅之懷

毛惠秀

遒勁不及惠遠委曲有過毛稜

蕭賁

雅性精密後來難尚含毫命素動必依真學不爲人自娛而已

沈粲

筆跡調媚專工屏幛

張僧繇

善畫塔廟超越羣工奇形異貌殊方夷夏實參其妙雖云晚出殆亞前品

陸肅 一作蕭

蚤藉趨庭之教猶有名家之法

毛稜

便捷有餘真巧不足若比方諸父則牀上安牀

嵇寶鈞　聶松

兩人賦彩鮮麗觀者悅情若辨其優劣則僧繇之亞

焦寶願

衣文樹色時表新異點黛施朱重輕不失今衣冠緒裔未聞好學丹青如願者矣

袁質 袁蒨之子

風神俊爽不墜家聲曾見草莊周木雁卞和抱璞兩圖筆勢遒正繼父之美雖語跡異途而理致歸一

僧珍　惠覺

珍蘧道愍之甥覺姚曇度之子並弱年漸漬親承訓勗珍乃易於酷似覺豈難負析薪

吉底俱　摩羅菩提

並外國比丘無以定其差品

解蒨

全法章蘧不逮通變

茲評未知當否姑存以備參考

畫錄補遺

玄生　唐志契　編

唐有續畫品乃李嗣眞爲之又有後畫錄乃沙門彥悰爲之皆與姚最大同小異前不及漢後不該唐故皆不錄茲所補遺蓋前與後俱補者也夫畫自史皇下迨周秦雖有封膜敬君裂裔諸人其世遠矣有難紀載今紀自漢魏三國歷南北朝至初唐止其畫家姓氏亦不過見諸傳記者耳筆跡無從見也聊補其名存者若干人其在齊梁陳不妨重姚最可備周覽若唐末則有郭若思紀藝在

前漢

毛延壽　劉白　龔寬　陳敞

後漢

劉褒　蔡邕　趙岐

魏

曹髦　楊修　桓範　徐邈

吳

曹弗興（與興人孫權命畫屏誤墨成蠅者）　趙夫人

蜀

張墨　諸葛亮（子并）　諸葛瞻

晉

明帝　荀勗　衛協（有烈女圖毛詩北風圖本傳世）　夏侯瞻

謝岩　王羲之（子并）　王獻之　顧愷之（字長康小字虎頭無錫人俗傳謂之三絕畫絕癡絕才絕謝安謂生民以來未之有也）　戴逵（子并）　戴勃　丁遠

曹龍　江思遠　謝稚（夏陽人工繪人物）　史道碩（工人物鵝）

王廙　袁倩

宋

顧寶光　史藝　尹長生　康允之　陸探微吳下人氏明帝畫六法俱備神品

史粲　謝莊　蔡斌　褚豐石

劉胤祖并弟　劉紹祖并子　劉璞三人皆工繪人物山水　濮萬年并弟

濮道興

南齊

姚曇度　蘧道愍并甥　僧珍　毛惠遠并兄　毛惠秀

沈標　范懷珍　周曇研　丁光　謝赫并弟

謝約　宗測　袁質　陶景眞　鍾宗之

梁陳同時

張僧繇吳人官至右將軍時武帝接佛僧繇所畫之釋氏爲多六法精備乃與顧陸並馳名耳　東湘王即梁元帝

蕭賁　陸杲　蕭大運　解蒨　焦寶願

稽寶鈞　聶松　沈標　袁昂　宏肅

沈粲　劉璞　毛稜惠秀之姪惠遠之子　陸整

顧野王字希馮吳人工繪草蟲　僧凡九人不錄

隋

李雅　閻毗　劉龍弟袞　陳見善　展子虔歷仕三朝山水妙

鄭法士仕南北朝工人物子德文孫尚子　董展字伯仁汝南人與展子虔齊名　何稠

王仲舒　解悰　江志　程瓚

附魏北齊後周

侯文和　柳儉　高孝珩　田僧亮　蔣少游

郭道興　楊子華　高尚士　蕭放　馮提伽

初唐同盛唐共三十四人

趙武端　孫仁貴　董好子一作奴子畫沒骨畫　何君墨

竺元標　張孝師　閻立德工部　閻立本太常　楊庭光山水

范長壽一作何　毛嵩佛鬼　耿純　程遜　周烏孫寫意

吳道玄字道子明皇命入供奉蚤年筆細中年行筆磊落如蓴菜條人物有八面生動之豐異乃百代之畫聖者也

楊昇寫照　鄭虔山水神品　周昉士女　王朏師昉　項容山水極妙

畢宏山水松石　王維字摩詰官右丞精山水世傳輞川圖　李思訓子昭道唐宗室也父子濟美工山水林泉世稱思訓爲大

李將軍昭道爲小李將軍之號　韓幹長安人善繪馬極妙明皇奇之　韋鑑子偃長安人工山水龍馬

邊鸞花鳥極妙　戴嵩畫牛　朱審吳人山水　周滉花竹　王宰西蜀人貞元中畫山水樹石極

妙　王昭應一作韶隱工於山水人馬等畫　張立水墨山水　劉整任山水

紀藝　　宋　郭思若虛　編

唐永昌元年後畫五代至宋朝熙寧七年名人藝士編而次之

唐宋二十七人

左全人物山水花竹翎毛　趙公祐成都人工人物　趙溫奇畫寺壁

趙德齊溫奇之子工人物　范瓊工繪人物　陳皓宗吳道玄　彭堅宗吳道玄

常粲善寫貌　常重胤粲之子亦傳神　呂嶤壁有名　竹虔寺壁

孫位善龍水山水　張詢成海人山水妙　張南本人物

麻居禮中品師南本　張素卿道士也工山水人物　陳若愚道士

胡瓌虔子工馬　荆浩豫章人字浩然自號洪谷子業儒善詩妙山水有訣傳世　尹繼昭一作琳

刁光胤長安人別號處士善湖石花竹水仙尤妙　李漢度京兆人善馬

辛況一作澄　張騰工繪寺壁有名　張贇一作藻工山水

王洽潑墨山水

五代凡七十四人僧附

干兢　趙嵒人物　劉彥齊寒林　胡擢工花鳥　胡翼車馬人物山水釋道

王殷作商道釋士女　燕筠學周昉　杜霄善士女　李玄應弟審

厲歸眞佛相　李靄之工山水善畫貓　韋道豐善寒林奇逸

闕仝長安人工山水師荆浩受業其門晚年出藍世傳爲逸品　朱簡章善於畫人物

支仲元鳳翔人工人物　枚行思　鍾隱山水　郭乾暉營丘人山水花鳥妙

郭權花兔石竹　史瓊山水　程凝　王道古泉石雀竹　李坡人馬

唐垓佛像　王道求道古弟　宋單水墨人物　富玖佛像　左禮成都人學吳道子

張南　王偉釋道大人物　黃延誥草蟲　韓求

李祝畫竹　張圖洛陽人工山水　朱繇師吳道子　李昇小字錦奴畫金碧山水時人亦

皆名其爲小李將軍　宋楷寫貌　杜子瓌佛像　杜弘義佛像　房從眞善馬甲人物

高道興唐朝人誤入五代　宋藝寫眞　阮知晦精女郎　黃筌山水竹石師刁處士

高從遇道興子　杜倪龜　阮惟德知晦子人物山水妙　杜敬安子瓌子畫佛

黃居寶筌之子　黃居寀弟居寶兄字居寶俱家傳湖石花鳥惟寀之名獨盛稱焉　蒲師訓工人馬子延昌

趙元德字德玄人謂觸類皆長子忠義尤善繪山水樓閣甚工　張玫善畫美人　張玄善羅漢時謂張羅漢

周道行番馬　孔嵩花鳥　丘潛舊名文播善山水　丘文曉

趙才人物　滕昌祐字勝華工山水菊竹　姜道隱工山水　楊元興善繪羅漢

董從晦　張景思佛像中品　王仁壽人物師王殷　衛賢樓臺人物

朱悰　卞謙善於繪竹　曹仲元一作仲玄工人物　竹夢松溧陽人工人物妙

陸晃嘉禾人善人物　貫休僧俗姓姜畫羅漢　楚安僧

傳古僧畫龍

宋

仁宗皇帝畫馬畫龍上有押字幷御寶

王公士大夫臻乎妙致者十三人

燕恭肅王竹鶴　嘉王花鳥　李後主李昶也山水　燕肅字穆之官至禮部尚書善繪寒

林及山水甚妙　武宗元官外郎人物　劉永年字公錫彭城人武臣官至節度使善畫人物山水並皆絕

妙　郭忠恕字恕先雒陽人師關仝　王士元宛丘人工山水人物甚美進士官至推官

宋道字公達擢第爲郎山水　宋迪字復古乃宋道之弟進士師李成工美山水

文同字與可永泰人自號笑笑先生又錦江道人善墨竹亦工山水官至員外郎　董源字北苑雲山樹石文人之筆今

古永重　郭元方　李公麟字伯時號龍眠居士舒城人登進士第善山水人物爲宋畫中第一

高尚其事以畫娛者二人

李成營丘人登進士第官光祿其破墨潤媚取象幽奇山水妙絕宋畫逸品　宋澥長安人高潔不仕工於諸仙

人物門

王靄開封人 高益涿郡人 王瓘洛陽人 孫夢卿 趙光輔華原人畫院
趙隱士寫仙 孫知微字太古爲釋道 勾龍爽蜀人善畫故
李文才寫眞 石恪字子專成都人戲筆 趙長元字慮長畫院
王齊翰金陵人象山水 周文矩句容人象工泉石 顧德謙金陵人
郝處江南人 厲昭慶建業人 顧閎中江南人 李雄北海人 侯翼字子冲宋稱絕藝
高文進蜀人子懷節 王道眞字幹叔畫院 李用及善馬
張昉字升卿 高元亨 楊朏子玨 王兼濟 孫懷悅靈臺人
陳用志人呼爲小[illegible]陳 孟顯字坦之華池人 陳士元初名元喜
王拙字守拙河東人子居正 葉進成吳下人 葉仁遇田家妙 郝澄字長源設色妙
童仁益字友賢 毛文昌字則之蜀人 南簡平涼人以畫自樂

龍童子淵京兆人 武洞清長沙人佛像 鍾文秀翰林待詔兼山水
田景慶陽人 李元淵慶陽人 王易鄜州人 陳坦晉陽人工田家
李八師道士

獨工傳寫者五人

牟谷翰林待詔 高天冲江南人 尹質蜀人 歐陽贇開封人 何充姑蘇人

山水門凡二十四人僧附

范寬名中正字中立時人因其大度故遂以名爲寬耳 劉永開封人 王瑞字子正師關仝
翟院深營丘人師李成 燕貴時人稱燕家景致 許道寧學李成妙
紀眞假范寬筆少差 黃懷玉字子學范中正 商訓善鼓琵琶
丘訥河南人筆痕皴 龐崇穆字季和高尙 李隱五原人平遠勝
高克明絳州人 屈鼎開封人 郝銳小幅好 梁忠信開封人棧道甚妙

李宗成寒林 郭熙河陽人爲御畫院長寒林更妙時人闕之捲雲皴 董贇長社人
侯封畫院 符道隱長安人 擇仁僧也松樹甚妙 巨然鐘陵寺僧董源正傳
繼肇僧

花卉門凡二十九人附僧道

劉贊蜀人 夏侯延祐字景休畫院 高懷節文進之子也
丘慶餘蜀人文播之子文曉之姪工花鳥得居寀傳草蟲尤妙 徐熙金陵人 徐崇矩得父徐熙傳
解處中江南人雪竹名世 陶裔京兆人 唐希雅嘉興人姪忠祚孫宿皆善於花鳥且工竹樹更妙
毋成之畫雞 劉夢松吳人工水墨花鳥 劉文惠用色重 李符襄陽人
李懷袞蜀人 王曉泗州人 趙昌字昌之工花果 王友設色花果
易元吉字慶之花鳥 艾宣秣陵人 崔白字子西濠梁人象人物
崔慤字子中 李吉開封人畫院 侯文慶開封人 董祥善盆瓶景

葛守昌開封人畫院 李祐河內人 丁貺濠梁人 居寧僧戲墨
牛戩道士

續紀藝　　玄生　唐志契　編

宋自元豐始歷元至

皇明嘉隆止其間文人墨士令名傳播爲余所見知聞知者俱已紀載然此續多祖元人夏士良圖繪寶鑑一書考訂而增減之無名無考者多不載所載者亦不過什之六七耳畫屬幽芳以地遠隔別而淪落遺漏者不知凡幾且妙者未必紀而紀者未必妙又不知凡幾倘賴後之賞鑒君子幸爲正其訛誤增其遺略共成其美焉

宋宣和中建五岳觀大集天下畫史如開科其畫院內賜金帶者不止百人今只錄其尤者

楊棐京師人繪觀音得名　董羽字仲翔毘陵人海水畫院　劉常金陵人善寫意花卉

趙幹江南人善山水花竹　李公年江浙提刑山水妙嘗誤作公麟　吳元瑜字公器善花鳥人物武臣也官閣練

趙令穰字大年宋之宗室也弟字永年名令松皆善繪人物山水以雪景名世

繪事微言　卷二　十二　海陵叢刻　第十四種

韓拙字純忠亦字全翁有山水純全集行世　蘇軾字子瞻眉山人善作墨竹師文與可

戚文秀善於畫山水　范坦洛陽人工山水花鳥　米芾字元章繪山水奇妙時人謂米家山

孫可元江南人善畫山水　劉涇字巨濟米元章之畫友也

王持字正淑善於禽鳥師崔白　張遠字行之畫山水妙　賀眞延安人山水能假郭河陽

何淵畫院師高克明筆　李希成畫院　劉益字益之汴人工花鳥人呼劉村子寫意

張舜民字雪窗號浮休居士山水秋景妙　郭思熙之子字若虛有紀藝錄傳世　黃宗道畫院工人物番馬每題京師黃ム

戴琬京師人畫院工翎毛徽宗愛之封其臂　單德淳畫院工山水寫扇面尤妙

馮貫河中人畫院　李昭字晉傑工山水墨竹極妙　趙伯駒字千里繪畫山水極奇極妙花竹人物亦工成爲一家其弟伯驌字希遠次之

廉布字宣仲山陽人　歐陽楚翁字無塵其子雪友亦有名山水

米友仁字元暉元章之子時人謂之小米　江參字貫道江南人善山水

馬宋英溫州人善作松梅　李迪河陽人畫院副使賜金帶山水大勝小差

陳所翁名容字公儲福堂人進士善畫龍信手塗抹神妙過人點睛欲飛甚言其生動也宗黨刎　李唐字晞古河陽三城人畫院名筆年近八十山水愈妙高宗愛之題卷云李唐可比李思訓　蘇漢臣開封人畫院

吳炳　閻仲宣　林椿　李從訓　李嵩

周儀　焦錫　毛益　陳居中　朱懷瑾

林俊民　王訓成俱畫院中人　劉松年錢唐人工人物山水畫院中絕品也

馬遠興祖孫工山水畫院名手與兄馬逵無別晚年遠畫皆遠代作也遠子馬麟亦代馬遠筆　夏珪字禹玉錢唐人山水可亞李唐但筆底有浙氣時人謂之有筆無墨

王庭筠字子端號黃華老人得元章筆意

元

李遹字平甫號寄庵樂城人山水能虎佳　李衎字仲賓號息齋花竹湖石馳譽　柯九思字敬仲號丹丘生台州人官至奎章閣鑒書博學能文善繪墨竹墨花極妙

趙孟頫字子昂號松雪宋宗室吳興人翰林學士諡文敏書畫俱妙子雍字仲穆山水蘭花美絕

陳琳字仲美山水人物花鳥南渡後出名至元　史杠字柔明作人物山水

繪事微言　卷二　十三　海陵叢刻　第十四種

錢選字舜舉號玉潭霅川人進士工人物山水折枝花每自賦詩題之草蟲亦有古趣　劉貫道字仲賢中山人山水人物集諸家長

張衡極善山水師荊關　趙淇　高吉甫

王鼎　周堯敏　姚雪心　劉廣之　謝顯

沈雪　趙雲岩　劉自然　顧安　陶復初

李賞嶠　謝庭芝　蕭鳴和　陳仲仁工人物山水花鳥極妙

孫君澤杭州人山水學馬遠夏珪　黃子久名公望號一峯又號大癡道人常熟人幼通三教山水自成一家元代白眉至明猶在

王淵字若水號澹軒杭州人所畫皆師古人一一精如元代絕藝　朱德潤字澤民吳郡人山水佳

曹知白字貞素號華亭人工山水　吳仲圭名鎮號梅花道人嘉興人山水師巨然而臨模更勝亦兼墨竹

盛子昭名懋嘉興人父洪甫善畫懋世其業而過之善山水人物極其精致　盛昭字克明揚州人時誤爲子昭

陳君佐揚州人工山水　朱裕延陵人工山水　沈麟杭州人工山水

王蒙字叔明吳興人趙文敏甥山水師巨然而晚年自成一家亦工人物　張遠華亭人善臨模假古能亂眞

何大夫畫馬　張中松江人工山水　蕭圖南名鵬搏王子編之甥善山水

高克恭字彥敬號房山官刑部尚書善山水始師二米後兼李成水口烘染作者鮮及　倪瓚字元鎮號雲林無錫人善畫林

木平遠竹石殊無市朝塵埃氣其人至皇明國初猶在　張與才號徵山天師張也弟張嗣成嗣德皆畫龍與竹龍法所翁

竹法與可　丁清溪人物　張彥輔山水　方方壺山水　盧益修水仙

徐太虛山水　蕭月潭白描以上皆道士

溥圓山水　海雲竹　雪岑竹　雪窗蘭以上皆僧

管夫人字仲姬趙文敏室也贈魏國夫人能書善畫精於蘭竹水仙

宋末有夷人如耶律履等元有夷人如高麗觀音西番佛像與伯顏不花

等不惟畫未必妙雖善不入紀亦攘狄之意

皇明

宣廟御筆山水人物花果翎毛草蟲

憲廟御筆神像

孝廟御筆神像其三朝御筆上有年月及賜臣名寶用不一今宗室功臣家多有什襲者

郭文通永嘉人善山水　謝庭循永嘉人山水見重朝廷　莊瑾字公瑾號采芝龍江人雅淡高

致善於草書工繪山水　王紱字孟端號友石生善書工竹石　殷善字從善金陵人工花鳥

邊景昭隴西人花果翎毛工緻細巧　李在字以政山水世重之莆田人氏　戴進字文進號靜菴錢唐人山水宗

諸家而自成名子泉亦善畫今之贋本多其子為之　夏景字仲昭初姓朱登第後改為夏姓東吳人直內閣書文中書舍作竹石書法亦妙

陳嗣畫竹師仲昭法　謝宇字伯寬中書舍人山水花卉　陳叔謙杭人博古器雲林山水自書

書一聯云博古圖蒐周漢制無聲詩寫晉唐題　姚綬號雲東逸史浙江進士　孫隆號都癡毗陵人花鳥草蟲自稱

沒骨畫　毛良字舜臣　范暹東吳人號葦齋花鳥極妙　林良字以善廣東錦衣指揮放筆寫

水墨禽鳥花石皆逼勁如草書人不可及　沈周字啟南號石田又號白石翁姑蘇人博學為詩新奇山水初宗大癡

陶成號雲湖寶應人官家舉人不第不仕畫山水能詩其貓兔鉤勒竹龍名世　俞泰號正齋無錫進士工山水

王田字舜耕山水學高房山　何澄號竹鶴老人毘陵人山水兼二米高房山官至太守時人謂之何太守

吳偉字士英號小仙江夏人畫人物　鍾欽禮號南越山人極妙山水　呂紀字廷振四明人以花鳥得名

朱孔易華亭人工山水　黃蒙字養正永嘉人工山水　蔣三松秣陵人善山水

李著字潛夫號墨湖金陵人善山水　蔣貴號青山儀真人宗吳小仙人物　唐寅字子畏亦字伯虎長洲人有南

畿解元圖書其山水人物世人罕及　文徵明字徵仲號衡山姑蘇人徵入為翰林待詔字畫妙絕一時

周臣字舜臣東吳人氏善繪山水妙可以嫓美唐文陳沈並之　陸治字叔平號包山東吳人氏極善繪青綠山水貫元

陳道復號白陽山人字復甫姑蘇人書畫皆妙水墨花卉更勝山水子沱江亦善畫

書畫　王穀祥號西室長洲人進士善花卉　仇英字實父號十洲東吳名筆善山水人物著色甚細美人尤　王問字子裕號仲山無錫人進士善

佳　蘇祥號小泉揚州人畫人物山水妙　文嘉字休承號文水徵仲子山水妙

文彭號三橋徵仲長子善繪蘭竹　沈仕號青門善花卉庠生　朱銓號樗仙工山水菊兔

錢穀字叔寶號磬石東吳人　莫是龍字雲卿松江人善山水　魯治號岐雲吳下人善花卉

馬稷號醉狂揚州人山水子雲遠亦善畫　謝時臣號樗仙吳縣人善山水　高松字守之號我山文安人善梅蘭

菊　張路字平山太學生山水大人物　宋臣號二水字子忠秣陵人工山水人物

汪海雲名肇休寧人畫貓兔　文伯仁號五峯長洲人　劉傳號月川監生工山水

馬璧字文璧工山水人物　張譽號找石廣東人善山水　張秋江四明人繪芙蓉得名

王一鵬號西園華亭人工山水宗北苑　顧正誼字仲方號亭林松江人官中書工山水

蔣乾字虹橋長洲人山水　侯懋功字夷門吳縣人工山水　汪浩號小村揚州人妙山水人物

杜山狂吳人草蟲妙　杜君澤蘇州人工山水　宋旭號石門松江人工山水

周之冕號少谷蘇州人善花鳥　孫克弘號雪居華亭人進士官至漢陽太守工於花卉竹蘭更妙山水亦佳

馬靑丘秣陵人山水妙　夏厚號煙林泰州人　趙備號湘南四明人善寫竹

畫箋　　東海　屠隆　著

似不似

畫花趙昌意在似徐熙意在不似非高於畫者不能以似不似定其品蓋意不在似者太史公之於文杜陵老之於詩也

古畫

上古之畫跡簡意淡眞趣自然

唐畫

意趣具於筆前故不求工而自妙後人刻意工巧有物趣而乏天趣矣

宋畫

評者謂之院畫不以爲重以工勝而神不足也不知如李唐劉松年馬遠夏珪此南渡後四大家也畫家雖以殘山剩水目之然實工極精極

元畫

今謂士大夫畫世獨尚之蓋士大夫氣者乃士林中所作全法氣韻生動不求物趣以得天趣爲高觀其曰寫而不曰畫者蓋欲脫盡畫工院氣故耳不知此等謂之寄興何以上擬古人而爲後世寶如松雪子久仲圭叔明舜舉雲林形神俱妙絕無邪氣此眞士氣畫也雖宋人復起亦甘心服其天趣

國朝畫

明興丹青可宋可元與之並駕者何啻百家而吳中獨居大半

臨畫

臨古畫着色極難沈石田倣諸舊筆意奪眞獨於倪迂不似蓋老筆過之也

學畫

畫以寓意乃筆端妙合天趣若不以活潑爲法徒竊形似終爲俗品

畫麈選要　　金閶　沈朗矅　著

定格

挹之有神摸之有骨玩之有聲

層巒疊嶂如歌行遠山疏麓如絕句愈簡愈入深永庸史涉筆拙更難藏

董北苑之精神在雲間趙承旨之風韻在金閶而文相非趙也非董也乃因襲之流弊耳有流弊遂有矯枉至矯枉轉爲因襲去董趙愈遠矣何不尋宗覓派打成一局非北苑非承旨非雲間非金閶非因襲非矯枉孤蹤獨響冥然自得

筆墨

筆與墨最難相遭眞境而皴之清濁在筆有皴而勢之隱現在墨

米襄陽用王洽之潑墨參以破墨積墨焦墨故融而厚有味

筆尖筆根卽偏正鋒也古人云畫無筆跡如書家藏鋒若臕觚大掃作障幅當是狂草不計

位置

近日畫少丘壑習得搬前換後訣耳

畫須留天地常法也予每畫雲煙着底危峯突出客訝之予曰以絕頂爲主巖脚柯根可以不露令人得之楮墨之外客曰古人寫梅剔竹作過牆枝亦此意乎予曰然

古人畫有法落處殘剩處嫩率處

遠山有平無曲遠水有去無來遠人宜孤不宜侶

一幅中有不緊不要處特有深致

刷色

右丞云水墨爲上誠然然操筆時不可作水墨刷色想至墨韻既足則刷色不妨

點苔

叔明之渴苔仲圭之攢苔是各一種今學二氏者以苔取肖鈍漢也古多有不用苔者恐其覆山脈之巧障皴法之妙耳今人畫不成觀必須叢點不免嫫女添痂之誚

命題

自題非工不若用古用古非解不若無題

古來豪傑不得志於時則漁耶樵耶隱而不出然嘗託意於柔管有韻語無聲詩借以送日故伸毫搆景無非拈出自家面目今人畫漁樵耕牧不達此意作個穢夫傖父傴僂於釣絲戚施於樵斧略無坦適自得之致令識者絕倒

落款

石田晚年題畫灑落每侵畫位翻多奇趣白陽輩多效之

一幅中有天然候款處失之則傷局

臨模

董源以江南眞山水爲稿本黃公望日囊筆研遇雲姿樹態臨模不捨郭河陽至取眞雲驚湧作山勢尤稱巧賊

遇鑑

專模一家不可與論畫專好一家不可與論鑑畫

畫賸選要

槜李 李日華君實 著

米元章有海岱樓坐見江山日夕臥起其中以領煙雲出沒沙水映帶之趣故書繪二事日臻其妙吾輩凡資既不逮古人又日處庸俗兒肘腋間沾其汗氣寧有超脫勝妙之理

南宮深濠而骨自疏秀雲林蕭淡而氣自磅礴子久礫砢而姿自華潤酌斟房米有白陽白陽虛無勝後人若再乞靈則成捕風矣

潑墨者用墨微妙不見筆跡如潑出耳使俗不爲之則塗鬼矣恨不起王洽而問之

畫山水以布置意象爲第一及其運筆大勢後泉樹屋舍人物因其自然而爲之絕無成心乃畫家三昧耳子久浮巒煖翠圖膾炙人口猶有嫌其景碎者布置豈易言耶

雲林畫石從李思訓勾砍中來特不傳色耳其樹謂之減筆李成亦精工之極而入平淡者與北苑巨然斷然另爲一派若專以荒率取之是馮山兒孫向雲門前作調那有契人分耶

子久細畫未嘗無螢丘河陽與伯驌伯駒兄弟用意處特其機迅手辣耳

南嶽拔地五百里視世界盪爲雲海其溪谷諸水汪然復爲洞庭涵天浴日畫者雖措其手獨其沮洳漫漶處爲瀟湘二江淒迷黯淡可以想見余往京師見李伯時瀟湘暮雨圖筆縱可數而氣象如之深嘆古人於一滴墨中吐吞天地山川之變

華先僧畫法乃米氏父子所祖石門題其橘洲圖云雲沙眞富貴翰墨小神仙其聲價豈在巨公下哉如粗俗手腕率意作米家山未得源流眞堪嘔噦

吳仲圭性氣渾剛少好劍術數學經年讀易偶隱武林市賣卜每作一卦無

不精驗求者夥集厭之棄去潛蹤委巷中繞屋植梅日哦其間因號梅道人
年餘忽地道一泉甘寒異常名曰梅花泉公歿而泉湮梅息蓋天所以奉高
人也品高故繪事亦高

畫題

古畫首以勸戒爲名次以隱逸爲高莫不先有題後有畫畫可以不
必用題者以其瀟灑不拘也蓋自元人始若宋代宣和畫院或某圖
某景題目尤重焉即我
國朝宣廟孝廟時校畫必用之誠以有題則下筆想頭乃有着落反饒趣
味若使無題則或意境兩歧而四時朝暮風雨晦冥直任筆所之耳
前人云詩是無形畫畫是有形詩如唐人佳什有道盡意中之事寫
出目前之景淸新俊逸讀之恍若神遊其間而吾一一描畫出之一
一生動詎不妙哉然此非工夫已到心手相應縱橫中度左右逢源
豈能率意草草便得因記唐宋舊人集中或聯或句雖不博不該然
稍有畫意者聊錄一二以資採擇云

春景

潮頭望入桃花去　買漁急喚臨江艇　路緣風磴泠泠策
一片春帆帶雨來　炊黍深開映竹扉　寺隔煙蘿杳杳鐘
溪渡夜隨明月入　青山渺渺波漾漾　馬踏翠開垂柳寺
亭皐春伴白雲飛　白鳥飛過時一雙　人耕紅破落花溪
白雲窈窕生春浦　立鶴低昂煙雨裏　斜橋曲徑帶流水
翠黛嬋娟對晚岑　行人出沒樹林間　白石疏籬陰濃綠
春水斷橋人喚渡　水閣虛明佔勝概　杏花野店過春雨
柳陰撐出小舟來　野情蕭散在滄洲　楊柳江船渡夕陽
雪消池館春初後　興過山寺雲光到　落花寂寂啼山鳥
人倚欄干欲暮時　笑到江帆帶月行　楊柳青青渡水人

東南地缺天連水　香泛釣筒萍雨夜　背城野色雲邊盡
春夏風高浪捲山　綠搖花塢柳風春　隔屋春聲樹外深
煖曝花巖石　柳迷春水寺　野水多於地
晴眠蘚石煙　山帶夕陽樓　春山半是雲
柳塘春水漫　野水平橋路　斷橋荒蘚合
花塢夕陽遲　春沙映竹村　空院落花深
空外水光風動月　野寺垂楊裏　宿雨閣雲千嶂月
暗中花氣雪藏樓　春畦亂水間　野花弄日一村香
草閣平春水　春水鴨頭綠　蜀棧暖雲生野樹
柴門掩夕陽　曉山螺髻青　匡廬晴照落江波
刹出辨遠岑　半屋圖書春落盡　春水渡邊渡

帆迴識脩渚　一村花柳晝鳴雞　夕陽山外山
流水入村花杳杳　千株松樹參天起　三間茅屋無人到
幽人對酒屋脩脩　一個茅亭傍水安　十里松門獨自遊
風煖鳥巢木
日高人灌花

夏景

抱琴來取醉　齒人相對無塵俗　澗水空山道
垂釣坐乘涼　水閣雲深落暮鐘　柴門老樹村
橋低疑礙艇　過雨看松色　野水連村暗
樹密不遮亭　隨山到水源　雲山隔岸陰
巖亭交樹雜　蒼茫不辨雲雨山　吳苑疏鐘沉晚樹

石瀨瀉泉鳴　但覺微風響蘆荻　楚江歸榜逐寒潮
漠漠水田飛白鷺　高柳映巷疏　六月杖藜來石路
陰陰夏木囀黃鸝　清川漾樓直　綠陰深處聽潺湲
鐘鳴樵谷暗　山檻正當蓮葉渚　天寒滿湖雨
船放市橋空　水塍新擘稻秧畦　獨棹東歸急
馬渡急流行小崦　船頭且自橫琴坐　躡谷欹危過曲澗
柳絲如織映人家　靜聽鳴泉不用彈　攀崖迢遞弄懸泉
舍下煙蘿通古寺　亭亭兩個蒼松樹　水隔淡煙疏竹寺
湖中雲雨到前軒　萬壑千峯閱古今　路經微雨落花村
橫雲嶺外千重樹　抱琴看鶴去　古霤泉穿石
流水聲中三兩家　倚石待雲來　枯松葉換藤

橋對寺門松徑小　數株古樹雲連屋　千巖泉灑落
檻當泉眼石波明　一個橫橋水滿湖　萬壑樹縈迴
風前古洞琴三疊　遠吹流松韻　出雲高樹明殘日
雪後羣峯玉一團　殘陽度柳條　過雨蒼苔泫細泉
水抱孤村遠　野色更無山隔斷　倚樹看山色
山迴一徑斜　天光直與水相通　濯足聽溪流
落湖鳴下岸　古木隨岡起　松風吹髮亂
飛雨晚中聲　秋帆轉浦斜　岩溜濺碁雲

秋景

水寒深見石　門開紅葉林間寺　晴山疏雨後
松晚靜聞風　泉浸青山石上池　秋樹斷雲中

四面荒山高閣外　茶香吹過前村晚　野竹通溪冷
兩株疏柳舊莊前　栄葉流來別澗秋　秋泉入戶鳴
來雁青霜後　夕陽遠樹煙生戍　秋塘帷落葉
孤帆遠樹中　秋雨殘荷水繞城　野寺不逢人
荒城臨古渡　疏柳一旗江上酒　漁村寂寂孤煙近
落日滿秋山　亂山孤棹道中詩　官路蕭蕭衆葉稀
亭皐木葉下　遠聲霜後樹　數點石泉雨
隴首秋雲飛　秋色水邊村　一溪霜葉風
秋清人稀葉滿寺　竹暗不通石　景霽雲迴合
屐齒無聲石苔厚　泉聲落如雨　秋生樹動搖
春風自有期　暝鶴棲金剎　疏葦秋前渚

桃李亂深塢　秋僧過石橋　斜陽雨後山
一榻坐臨水　松巖留佛燈　雲籠山骨瘦
片心閒對雲　葉地響僧屐　風引水聲長
江從樹裏斷　山嵐分竹翠　返照入江翻石壁
山入雨中無　江雨入林昏　歸雲遠樹失山村
一川紅樹迎霜老　鴉翻楓葉夕陽動　數間茅屋閒臨水
數曲清溪繞寺深　鷺立蘆花秋水明　一片秋山映讀書
門前墮葉浮秋水　停車坐愛楓林晚　林間煑茗燒紅葉
籬外寒皐帶夕陽　霜葉紅於二月花　石上題詩掃綠苔
獨立衡門秋水闊　柴門流水依然在　野寺山邊斜有徑
寒鴉飛盡日沉山　一路家山萬木中　漁家竹裏半開門

丹楓映郭迴　人歸岡舍迴　落木蕭蕭疏雨霽
綠嶼背江深　雁過渚田遙　泉聲飛出萬重山
野曠天低樹　天晴一雁遠　晝鴿浮秋浪
江清月近人　海濶孤帆遲　金鐃響夕雲
秋來山雨多　古道西風瘦馬　江村片雨外
落葉無人掃　小橋流水人家　野寺夕陽邊
雨歇殘虹斷
雲歸一雁征

冬景

家近水村魚易買　野戍荒煙斷　隔水叢梅疑是雪
雪迷山路酒難沽　深山古木平　近人孤嶂欲生雲

雪迷寒樹短　雪意未成雲着地　鷗立斷冰流漸遠
雲壓夜城低　秋聲不斷雁連天　鴉隨殘照去還明
玉腰蠟蝀垂天濶　離磧雁銜雪　怪來詩意侵人骨
銀色樓臺夾岸迷　渡河人上氷　門對寒流雪滿山
遙尋晚林磬　江花淩霰發　殘雪滿林路
暫住寒塘舟　山溜入池清　深山歸寺僧
遠嶼迎檣出　鳥歸山墮雪　溪冷泉聲苦
寒林帶岸迴　僧定石沉雲　山空木葉乾
繁霜衣上積　寒禽棲古柳　山雪騎驟出
殘月馬前低　破月入微雲　江風捲釣歸
馬渡氷河闊　雪深山路窄　寒鴻連暮雪

鵰盤口日高　風緊雁行斜　江柳動寒條
石牀埋積雪　夜扣竹林寺　石路幾迴雪
山路倒枯松　山行雪滿衣　竹房猶閉關
移家臨醜石　殘月楚山曉　掃雲松下去
租地得靈泉　孤煙江廟春　捫蘿石道行
海岸耕殘雪　竹間窺遠鶴　野屋流寒水
溪沙釣夕陽　巖上聽寒泉　山籬帶薄雲
萬壑水澄知月白
千林霜重見松高

雜景

行到水窮處　相看臨遠水　小橋橫落日

坐看雲起時　獨自坐孤舟　幽徑轉層巒
數聲離岸櫓　奇石依林立　沙岸江村遠
幾點別州山　清泉繞舍灣　松門山寺深
林斷城隍出　地形吞蜀盡　霜多秦木逈
江分島嶼迴　江勢抱巒迴　雲盡漢山孤
古樹老連石　空潭聞鹿飲　河冰堅渡馬
急泉清露沙　疏樹見僧行　塞雪密藏鵰
野水無人渡　好山行恐盡　海岸千艘浮若芥
孤舟盡日橫　流水語相隨　邦人萬室佈如碁
喬木千齡秀　白雲知隱處　野人時獨往
懸泉百丈餘　芳草迷行蹤　雲木曉相參
樹點千家小
山迴萬嶺低

繪事微言卷二

繪事微言卷之三

海陵　玄生唐志契　著

山水松石格

夫天地造化筆墨有靈設奇巧之體勢寫山水之縱横或格高思逸體異丹青由是設粉壁運神情山脈濺撲首尾相映丈尺分寸約有常程樹石雲水俱無正形樹有大小叢貫孤平扶疏曲直聳拔淩亭若夫隱隱半壁高潛入冥插空類劍陷地如坑秋毛冬骨夏蔭春英炎緋寒碧暖日涼星巨口沁水噴之蔚洞褒茂林之幽趣割雜草之芳情泉源至曲霧破山明精藍觀宇橋彴關城行人犬吠獸走禽驚高壘猶綠下壘猶頳水因斷而流遠雲欲墜而霞輕桂不疏於胡越松不難於弟兄路廣石隔天遙鳥征雲中樹石宜先點石上枝柯末後成高嶺最嫌林刻石遠山大忌學圖經審問既然傳筆法祕之勿泄於戶庭

山水訣　唐　摩詰王維　撰

夫畫道之中水墨爲最上自然而成造化之功咫尺而寫千里之景東西南北宛爾目前春夏秋冬生於筆下初鋪水際忌爲浮泛之山次布路歧莫作連綿之道主峯最宜高聳客山須是奔趨迴抱處僧舍可安水陸邊人家可置村莊著數樹以成林枝須抱體山崖合一水而瀑瀉泉不亂流渡口只宜寂寂人行須是疏疏泛舟楫之橋梁只宜高聳着漁人之釣艇低乃無妨懸崖險峻之間好安怪木峭壁巉岩之處莫可通途遠岫與雲容相接遙天共水色交光山鈎鏁處公流最出其中路接危時棧道可安於此平地樓臺偏宜高柳映人家名山寺觀雅稱奇山樉樓閣遠景煙籠深岩雲鎖酒旗則當路高懸客帆宜遇水低掛遠山須要低排近樹惟宜拔迸手親筆硯之餘有時遊戲三昧歲月遙永頗探幽微妙悟者不在多言善學者還從規矩

畫準

唐 張僧繇 撰

靈臺記整精緻朝洗筆暮出顏勤洗硯習描戳烘天青潑地綠上疊竹賀松熟勻鎚絹多膠水夏膠漆將無項女無肩佛麗麗淡仙賢神雄偉美人長宮樣妝坐看五立量七若要笑眉灣嘴撓若要哭眉鎖蹙氣努狠眼張拱愁的龍現升降嘯的鳳意騰翔哭的獅跳舞戲龍的甲却無數虎尾點十三班人徘徊山賓主樹參差水曲折禽噪宿花馥郁蟲捕捉馬嘶蹶牛行臥藤點做草畫率紅間黃秋葉墮紅間綠花簇簇青間紫不如死粉籠黃勝增光於思忖不如見

字字精確指點正不在多言

畫山水賦

唐 豫章 洪谷子荆浩 著

凡畫山水意在筆先丈山尺樹寸馬豆人遠人無目遠樹無枝遠山無皴隱隱似眉遠水無波高與雲齊此其訣也山腰雲塞石壁泉塞樓臺樹塞道路人塞石看三面路看兩蹊樹觀頂顛水看岸基此其法也凡畫山水尖峭者峯平夷者嶺峭壁者崖有穴者岫懸石者岩形圓者巒路通者川兩山夾路者壑兩山夾水者澗注水者溪泉通者谷路下小土山者坡極目而平者坂若能辨別此類則粗知山水之彷彿也觀者先看氣象後辨清濁分賓主之朝揖列羣峯之威儀多則亂少則慢不多不少要分遠近遠山不得連近山遠水不得連近水山腰回抱寺觀可安斷岸亂堤小橋可置有路處人行無路處林木岸斷處古渡山斷處荒村水濶處征帆林密處店舍臨岸古木露根而藤纏臨流石岸嵌空而水痕凡作林木遠者疏平近者高密有岸者枝柔無葉者枝硬松皮如鱗柏皮纏身生於土者修長而淨直長於石者拳曲而伶仃古木節多而半死寒林扶疏而蕭森春景則霧鎖煙籠樹木隱隱遠水拖藍山色堆青夏景則林木蔽天綠蕪平坡倚雲瀑布行人羽扇近水幽亭秋景則水天一色簌簌疏林雁橫煙塞蘆裊沙汀冬景則樹枝雪壓老樵負薪漁舟倚岸水淺沙平凍雲黯淡酒帘孤村風雨則不分天地難辨東西行人傘笠漁父蓑衣有風無雨但看樹枝有雨無風枝葉下垂雨霽則雲收天碧山光添翠網曬斜暉曉景則千山欲曙霧靄霏霏曚朧殘月曉色蒼微暮景則山銜殘日帆卸江湄路人歸急半掩柴扉或煙斜霧橫或遠岫雲歸或秋江晚渡或古塚斷碑如此之類須要筆法布置更看臨期山形不得犯重樹頭不得整齊山借樹爲衣樹借山爲骨樹不可繁要見山之秀麗山不可亂要顯樹之精神若留意於此者須心會於玄微

筆法記 畧刪

太行山有洪谷其間數畝之田吾嘗耕而食之有日登神鉦山四望迴跡入大岩扉苔徑露水恠石祥煙疾進其處皆古松也中獨圍大者皮老蒼蘚翔鱗乘空蟠虬之勢欲附雲漢成林者爽氣重榮不能者抱節自屈或迴根出土或偃截巨流掛岸盤溪披苔裂石因驚其異遍而賞之明日攜筆復就寫之凡數萬本方如其眞明年春來於石鼓岩間遇一叟因問具以其所由來而答之叟曰子知筆法乎曰子野人也豈知筆法耶叟曰子豈知吾所懷耶夫畫有六要一曰氣二曰韻三曰思四曰景五曰筆六曰墨曰畫者華也但貴似眞而已乎叟曰不然畫者畫也度物象而取其眞物之華取其華物之實取其實不可執華爲實若不知實苟似可也圖眞不可也曰何以爲似何以爲眞叟曰似者得其形遺其氣眞者氣質俱盛凡氣傳於華遺於象象死

者也曰耕生昧本翫筆取與終無所成慚惠受要定畫不能叟曰名賢縱樂琴書圖畫必屏雜慾子既親善但期終始所學與子備言氣者心隨筆運取象不惑韻者隱跡立形備儀不俗思者刪撥大要凝想形物景者制度時因搜妙創眞筆者雖依法則運轉變通不質不形如飛如動墨者高低暈淡品物淺深文彩自然似非因筆復曰神妙奇巧神者亡有所爲任運成象妙者思經天地萬類性情文理合儀品物流形奇者蕩跡不測與眞景或乖異乃其理偏得此者亦爲有筆無思巧者雕綴小媚假合大經強寫文章增邈氣象此謂實不足而華有餘凡筆有四勢謂筋肉骨氣筆絕而斷謂之筋起伏成實謂之肉生死剛正謂之骨跡畫不敗謂之氣故知墨太質者失其體色微者敗正氣筋死者無肉跡斷者無筋嫵媚者無骨夫病有二一曰無形二曰有形有形病者花木不時屋小人大或樹高於山橋不登於岸可度形之類也無形之病氣韻俱泯物象全乖筆墨雖行類同死物以斯格拙不可刪修子既好寫雲林山水須明物象之源夫木之生各受其性松之生也枉而不屈如密如疏勢既獨高枝低復偃倒掛未墜於地下分層似疊於林間如君子之德風也有畫如飛龍蟠虬狂生枝葉者非松之氣韻也柏之生也動而多屈繁而不華捧節有章文轉隨日葉如結線枝似衣麻有畫如蛇如索心虛逆轉亦非也其有楸桐椿櫟榆柳桑槐形質皆異一一分明山水之象氣勢相生故尖曰峯平曰頂圓曰巒相連曰嶺有穴曰岫峻壁曰崖崖間崖下曰岩路通山中曰谷不通曰峪峪中有水曰溪山夾水曰澗其上峯巒雖異其下岡嶺相連掩映林泉依稀遠近夫畫山水無此象亦非也有畫流水下筆多狂文如斷線無片浪高低者亦非也夫霧雲煙靄輕重有時勢或因風象皆不定須去其繁章採其大要先能知此是非然後受其筆法曰自古

學人孰爲備矣叟曰得之者少謝赫品陸之爲勝今已難遇親蹤張僧繇所遺之圖甚虧其理夫隨類賦彩自古有能如水暈墨則我唐代張璪員外樹石氣韻俱盛不貴五彩曠古絕今未之有也白雲尊師氣象幽妙俱得其元動用逸常深不可測王右丞筆墨宛麗氣韻高清巧寫象成亦動眞思李將軍理深思遠筆跡甚精雖巧而華大虧墨彩項容山人樹石頑澀稜角無蹤用墨得玄用筆無骨然於放逸不失眞元吳道子筆勝於象骨氣自高樹不言圖亦恨無墨陳員外及僧道氛以下粗昇凡格作用無奇筆墨之行甚有形跡今示子之徑不能備詞遂取前寫者異松圖呈之叟曰肉筆無法筋骨皆不相轉何之能用謝曰點化不凡在遇不遇敢不恭命因成古松叟見嗟異久之曰願子勤之可忘筆墨而有眞景吾之所居卽石鼓岩間所字卽石鼓岩子也曰願從侍之叟曰不必然也遂亟辭而去別日訪之而無蹤後習

其筆術嘗重所傳今遂修集以爲圖畫之軌轍云

山水訣　　唐　營丘李成　撰

凡畫山水先立賓主之位次定遠近之形然後穿鑿景物擺布高低落筆無令太重重則濁而不淸不可太輕輕則燥而不潤烘染過度則不接辟綽繁絮則失神發樹枝左長右短立石勢上重下輕擺布栽插勢使相偎上下雲煙取秀不可太多多則散漫無神左右林麓鋪陳不可太繁繁則迫塞不舒山高峻無使傾危水深遠勿教窮涸路須曲折山要高昂孤城置之遠邊墟市依於山脚雪天不用雲煙雨裏無多遠望山舍仍居隘窄漁翁要在平灘朝晴晃朗暮雨陰昏屋舍不在多間漁釣有時而作藤蔓依纏古木窠叢簇札山頭高山煙鎖其腰長嶺雲翳其脚遠水縈紆而來還用雲煙以斷其派怪石巉岩而立仍須土阜以培其根原野曠蕩相連蒼山依其低淺石須圓混鋒芒八面稜層木要交叉挺幹四時枯茂迅風拔木暴雨崩崖淺流則岸畔平灘深潤則陡崖直下聳坂之土必要高低則地淺煙林之木亦宜疏密則繁絮重岩切忌頭齊羣峯更宜高下孤峯遠設野水遙拖道路時隱時顯橋梁或有或無遠怕陰昏近防重濁顛崖怪石不用頻施峻嶺枯槎也宜少作遙煙遠曙太繁恐失朝昏密樹稠林斷續防他板刻山原峻險依稀樵徑猶存崖岸傾危隱約雲林深暗平川雖遠參差皴染而成流水泉源彷彿還多攧撲布兩路有明有晦起雙峯陡高陡低霧薄明爽舒晴煙靄濛騰欲雨喬木聳直蟠屈者一株兩株亂石礧堆奇怪者三塊兩塊點樹葉稀疏間密皴石脈以重分輕亭菴不在常施樓觀仍須間作人物轉顧多般野店猶防相似氣象春山明媚夏木繁陰秋林搖落蕭疏冬樹槎枒妥帖樹根栽插龍爪宛若抓拏石布稜層根脚還須帶土之字水不過三轉濺瀑水不過兩重侵天一道飛泉湧瀑多端徹底翻濤巨浪淺瀨平流煙波茫茫雲浪浩浩山

無獨木石不孤單林煙一派便休古木數株而已喬木疏於平野矮篁密布
山頭孤煙遠自水邊薄霧驟依岩脚野橋寂寞遥通竹塢人家古寺蕭條掩
映松林佛塔春水綠而瀲灩夏津張而瀰漫秋潦盡而澄清寒泉涸而凝泚
新篁肥滑岸石須要皴蒼古樹槎枒景物兼還秀媚分淸分濁庶幾輕重相
兼純重純輕病在偏枯損體千岩萬壑要低昂聚散而不同疊巘層巒但起
伏峥嶸而各異不迷顛倒回還自然遊戲三昧

名畫記　唐　河東張彦遠　撰

敘畫之源流 刪改

夫畫者成教化助人倫窮神變測幽微與六籍同功四時並運發於天然非
由述作古聖先王有龜字効靈龍圖呈寶則典籍圖畫萌矣軒轅氏得於温
洛中史皇蒼頡狀焉是時也書畫同體而未分象制肇創而猶略無以傳其
意故有書無以見其形故有畫天地聖人之意也按字學之部其體有六一
古文二奇字三篆書四佐書五繆篆六鳥書鳥書者則畫之流也顔光祿云
圖載之意有三一曰圖理卦象是也二曰圖識字學是也三曰圖形繪畫是
也又周官教國子以六書其三曰象形則畫之意也是故知書畫異名而同
體也洎乎有虞繪畫明焉既就彰施仍深比象於是禮樂大闡教化由興故
能揖讓而天下治煥乎而詞章備廣雅云畫類也爾雅云畫形也釋名云畫
掛也以彩色掛物象也故鼎鐘刻則識魑魅旂章明則昭軌度淸廟肅而罇
彝陳廣輪度而疆理辨以忠以孝盡在雲臺有烈有勳皆登麟閣見善足以
戒惡見惡足以思賢留乎形容式昭盛德之事具其成敗以傳既往之蹤記
傳所以敘其事不能載其容賦頌有以詠其美不能備其象圖畫之制所以
兼之也故陸士衡云丹青之興比之雅頌宣物莫大於言存形莫善於畫此
之謂也昔夏之衰也抱畫以奔商殷之亡也內史載圖而歸周燕丹請獻秦
皇不疑蕭何先收沛公乃王圖畫者有國之鴻寶理亂之紀綱是以漢明宮
殿贊兹粉繪之功蜀郡學堂義存勸戒之道豈同博弈用心自是名教樂事
矣

敘畫之興廢 刪纂

圖畫之妙爰自秦漢降於魏晉代不乏賢洎乎南北哲匠間出曹衛顧陸擅

重價於前董展孫楊垂妙蹟於後張鄭兩家高步於隋室大安兄弟首冠於皇朝此蓋尤所烜赫也漢武創置祕閣以聚圖書漢明雅好丹青別開畫室又創立鴻都學以積奇異天下之藝雲集及董卓之亂山陽西遷圖畫縑帛軍人皆取爲帷囊所收而西七十餘乘遇雨道艱半皆遺棄魏晉之代固多藏蓄胡寇入洛一時焚燒宋齊梁陳之君雅有好尚晉遺劉曜多所毀壞重以桓玄性貪好奇天下法書名畫必使歸已及玄篡逆晉府眞蹟玄盡得之玄敗宋高祖先使臧喜入宮載焉南齊高帝科其尤精者錄古來名筆不以遠近爲次但以優劣爲差自陸探微至范惟賢四十二人爲四十二等三百四十八卷聽政之餘旦夕披玩梁武帝尤加寶異仍更搜葺元帝雅有才藝自善丹青古之珍奇充牣內府侯景之亂太子綱數夢秦皇焚天下書既而內府圖畫數百函果爲景所焚也及景之平所有畫皆載入江陵爲西魏將于謹所陷元帝將降乃聚名畫法書及典籍二十四萬卷遣後閤舍人高善寶焚之帝欲投火俱焚宮嬪牽衣得免乃以寶劍斫柱將折歎曰蕭氏遂至於此儒雅之道今夜窮矣于謹等於煨燼之中收其書畫四千餘軸歸於長安故顏之推觀我生賦云人民百萬而囚虜書史千兩而煙颺史籍以來未之有也陳天嘉中陳主肆意搜求所得不少及隋平陳命元帥記室參軍裴矩高熲收之得八百餘卷隋帝於東京觀文殿後起二臺東曰妙楷臺藏自古法書西曰寶蹟臺收自古名畫煬帝東幸揚州盡將隨駕中道船覆大半淪棄煬帝崩並歸宇文化及至聊城爲竇建德所取留東都者爲王世充所取聖唐武德五年尅平僭逆兩都祕藏之蹟維揚扈從之珍歸我國家焉乃命司農宋尊貴載之以船泝河西上將致京師行經砥柱忽遭漂沒所存十亡一二太宗皇帝特所耽玩更於人間購求天后朝張易之奏召天下畫工

修內庫圖畫因使工人各推所長銳意模寫仍舊裝褙一毫不差其眞者多歸易之易之誅後爲薛少保稷所得薛沒後爲岐王範所得岐王初不陳奏後懼乃焚之祿山之亂耗散頗多肅宗不甚保持頒之貴戚貴戚不好歸於好事之家淪落散失甚可痛也自古兵火數焚江波屢鬭年代寖遠失墜居多儻時君之不尚則闕其搜訪非至人之賞玩則未辨妍媸所以駿骨不來死鼠爲璞嗟乎今之人衆藝鮮至此道尤衰未曾誤點爲蠅惟見虎成類狗彥遠家代好尚高祖河東公曾祖魏國公相繼鳩集名蹟經年共賞士流莫及由是萬卷之書盡歸王粲一廚之畫惟寄桓玄元和十三年高平公鎭太原不能承奉中貴爲監軍使內官魏弘簡所忌無以指其瑕且騁言於憲宗曰張氏富有書畫遂降宸翰索其所珍惶駭不敢緘藏片簡登時進獻表上曰伏以前代帝王多求遺逸朝覲夕覽取鑒於斯陛下睿聖欽明凝情好古聽政之暇將以怡神前件書畫歷代共寶是稱珍絕陛下旁求遺蹟以備石渠敢不獻呈手詔答曰卿慶傳台鉉業嗣弓裘圖書兼蓄精博兩全別進玄宗馬射圖恭獲披捧瞻拜感咽聖靈如臨其鍾張等書顧陸等畫古今共寶有國所珍朕以視朝之餘得以寓目因知丹青之妙有合造化之功欲觀象以省躬豈好童而玩物況煩章奏嘉歎良深其書畫並收入內庫世不復見矣其餘者遇朱克融之亂又皆失墜然非戎虜所愛及事定頗有好事購得之彥遠時未齔歲恨不見家內所寶其進奉之外失墜之餘存者纔二三軸而已雖有豪勢莫能求旃聊因暇日編爲此記且撮諸評品用明乎所業亦深於史傳以廣其所知云時大中元年歲在丁卯

論畫六法 删

昔謝赫所云六法自古罕能兼之矣彥遠試論之曰古之畫或能移其形似

而尚其骨氣以形似之外求其畫此難可與俗人道也今之畫縱得形似而氣韻不生以氣韻求其畫則形似在其間矣上古之畫跡簡意淡而雅正顧陸之流是也中古之畫細密精緻而臻麗展鄭之流是也近代之畫煥爛而求備今人之畫錯雜無旨衆工之跡是也夫古之嬪擘纖而胸束古之馬喙尖而腹細古之臺閣竦峙古之服飾容曳故古畫非獨變態有奇意也抑亦物象殊也至於臺閣樹石車輿器物無生動之可擬無氣韻之可侔直要位置向背而已顧愷之曰畫人最難次山水次狗馬其臺閣一定器耳差易爲也韓子曰狗馬難鬼神易狗馬乃凡俗所見鬼神乃譎怪之狀斯言得之至於經營位置則畫之總要自顧陸以降畫跡鮮存者惟覩吳道玄之跡可謂六法俱全氣韻雄壯筆跡磊落眞神異耳今人作畫筆墨混於塵埃丹青和其泥滓徒汙絹素豈曰繪畫自古善畫者莫匪衣冠貴胄逸士高人振妙一時傳芳千祀非閭閻鄙賤之所能爲也

論畫山水樹石 纂要

魏晉以降名跡在人間者罕見矣其畫山水則羣峯之勢若鈿飾犀櫛率皆附以樹石映帶詳古人之意專在顯其所長而不妨露其所短國初匠學者功倍愈拙不勝其色惟吳道玄天付勁毫幼抱神奧往往於佛寺畫壁縱以怪石崩灘若可捫酌又於蜀道寫貌山水由是山水之變始於吳成於二李樹石之狀妙於韋鶠窮於張通 張璪也 皆能用紫毫禿鋒以掌摸色中遺巧飾外若混成又若王右丞之重深楊僕射之奇贍朱審之濃秀王宰之巧密劉商之取象其餘作者非一皆不能過之

敍師資傳授南北時代 刪

自古論畫者以顧生之跡天然絕倫評者不敢一二余見顧生評論魏晉畫

人深自推挹衛協即知衛不下於顧矣李嗣眞駁謝赫云衛不合在顧之上全是不知根本良可於悒只如晉室過江王廙書畫爲第一書爲右軍之法畫爲明帝之師今言書畫一向吠聲但推逸少明帝而不重王廙如此之類至多聊且舉其一二若不知師資傳授則未可議乎畫今粗陳大略云至如晉明帝師於王廙衛習師於曹不興顧愷之張墨荀勗師於衛協 衛協張墨同時並有畫聖之名 史道碩王微師於荀勗衛協戴逵師於范宣逵子敎敎弟顒師於父 已上晉 陸探微師於顧愷之顧寶光袁倩師於陸顧駿之師於張墨張則師於吳暕吳暕師於江僧寶 已上宋 蘧道敏師於章繼伯 蘧後勝於章 沈摽師於謝赫周曇妍師於曹仲達毛惠遠師於顧惠 已上南齊 袁昂師於謝張鄭解倩師於聶松蘧道敏焦寶願師於張謝曹仲達師於袁 袁勝 陳善見師於楊鄭 楊鄭之迹不辨 李雅師於張僧繇 已上梁 二閻師於鄭張楊展 兼師於父毘 吳智敏師於梁寬王智愼師於二閻 極類閻之迹而少劣 道玄師於張僧繇 已上國朝 各有師資遞相倣效或自開戶牖或未及門牆或靑出於藍或氷寒於水似類之間精粗有別李嗣眞云三休輪奐董伯仁造其微六轡沃若展子虔居其駿而董有展之車馬展無董之臺閣此論爲當若論衣服車輿土風人物年代各異南北有殊觀畫之宜在乎詳審且如幅巾傳於漢魏羃䍦起自齊隋幞頭始於周朝巾子創於武德胡服靴衫豈可輒施於古象衣冠組綬不宜長用於今人芒屩非塞北所宜牛車非嶺南所有詳辨古今之物商較土風之宜指事繪形可驗時代其或長生南朝不見北朝人物習熟塞北不識江南山川遊處江東不知京洛之盛此則非繪畫之病也故李嗣眞評董展云地處平原闕江南之勝迹參戎馬乏簪裾之儀此是其所未習非其所不至如此之論便爲知言譬如鄭玄未辨櫨梨蔡謨不識螃蟹吾之不知蓋闕如也雖有不知豈可言其不博精通者

所宜詳辨南北之妙迹古今之名蹤然後可以議乎畫

論顧陸張吳用筆

或問余以顧陸張吳用筆如何對曰顧愷之之迹緊勁聯綿循環超忽調格逸易風趨電疾意存筆先畫盡意在所以全神氣也陸探微精利潤媚新奇妙絕名高宋代時無等倫張僧繇點曳斫拂依衛夫人筆陣圖一點一畫別是一巧鈎戟利劍森森然乃知書畫用筆同矣國朝吳道玄古今獨步前不見顧陸後無來者授筆法於張旭此又知書畫用筆同矣張既號書顛吳宜為畫聖人假天造英靈不窮衆皆密於盼際我則離披其點畫衆皆謹於象似我則脫落其凡俗彎弧挺刃植柱構梁不假界筆直尺虬鬚雲鬢數尺飛動毛根出肉力健有餘常有口訣人莫得知數仞之畫或自背起或從足先巨壯詭怪膚脈連結過於僧繇矣或問余曰吳生何以不用界筆直尺而能

彎弧挺刃植柱構梁對曰守其神專其一合造化之功假吳生之筆向所謂意存筆先畫盡意在也凡事之臻妙者皆如是乎庖丁發硎郢匠運斤固無難也若夫效顰者徒勞捧心代斲者必傷其手意旨亂矣外物役焉豈能左手劃圓右手劃方耶夫用界筆眞是死畫也守其神專其一是眞畫也運思揮毫自以為畫則愈失於畫矣運思揮毫意不在於畫故得於畫矣又問余曰夫運思精深者筆迹周密其有筆不周者謂之如何余對曰顧陸之神不可見其盼際所謂筆迹周密也張吳之妙筆纔一二像已應焉離披點畫時見缺落此雖筆不周而意周也知至此方可議乎畫或者頷之而去

論名價品第 刪

或曰昔張懷瓘作書估論其等級甚詳君曷不銓定自古名畫為畫估焉張子曰書畫道殊不可渾語書卽約字以言價畫則無涯以定名況漢魏名迹已絕於代今人貴耳賤目罕能詳鑒若傳授不昧其物猶為國家之重寶晉之顧宋之陸梁之張首尾完全為希代之珍皆不可論價比之書價則顧陸可同鍾張僧繇可同逸少書則逡巡可成畫非歲月可就所以書多於畫自古而然今分為三古以定貴賤以漢魏三國為上古以晉宋為中古以齊梁北齊後魏陳後周為下古上古質略徒有其名畫之蹤跡不可具見中古妍質相參下古評量科簡稍易辨解迹涉時人之所悅其間中古可齊上古顧陸是也下古可齊中古僧繇子華是也近代之價可齊下古董展楊鄭是也國朝畫可齊中古則尉遲乙僧吳道玄閻立本是也若銓量次第有數百等今且舉俗之所知而言凡人民藏蓄必當有顧陸張吳著名卷軸方可言有圖畫惟在通博之人臨時鑒其妍醜夫大畫與細畫用筆有殊臻其妙者乃有數體如王右軍書自有數體及諸行草各有臨時構思淺深耳畫之臻妙

亦猶於書此雖廣見博論不可匆匆一槪而取昔裴孝源不知畫妄定品第大不足觀但好之則貴於金玉不好則賤於瓦礫要之在人豈可言價

論鑒識收藏 刪

夫識書人多識畫自古蓄聚寶玩之家固亦多矣則有收藏而未能鑒識鑒識而不善閱玩者閱玩而不能裝褫裝褫而殊亡銓次者此皆好事者之病也貞觀開元之代天子神聖而多才士人精博而好藝購求至寶歸之如雲故內府圖書謂之大備或有進獻以獲官爵或有搜訪以獲錫賚又有從來蓄聚之家自號圖書之府蓄聚既多必有佳者妍媸渾雜亦在銓量是故非其人雖近代亦朽蠹得其地則遠古亦完全開元天寶間蹤或已耗散良由寶之不得其地也夫金出於山珠產於泉取之不已為天下用圖畫歲月既久耗散將盡名人藝士不復更生可不惜哉夫人不善寶玩者動見勞辱卷

舒失所者操揉便損不解裝褫者隨手棄捐遂使眞迹漸少不亦痛哉非好事者不可妄傳書畫近火燭不可觀書畫向風日正飡飲唾涕不洗手並不可觀書畫凡出法書輒令洗手要置一几安牀褥拂拭舒展觀之大卷軸宜造一架觀則懸之凡書畫時時舒展即免蠹溼余自弱年鳩集遺失鑒玩裝理孜孜葺綴寶玩妻子童僕切切嗤笑或曰終日事此無益竟何補哉既而歎曰若不爲無益之事則安能悅有涯之生是以愛好愈篤近於成癖每清晨閒景竹窗松軒以千乘爲輕以一瓢爲倦身外之累且無長物惟書與畫猶未忘情既頽然以忘言又怡然以觀閱常恨不得竊觀御府之名迹以資書畫之廣博竊自分敖敖汲汲名利交戰者不亦猶賢乎

林泉高致 摹　宋　郭熙淳夫　撰

君子之所以愛夫山水者其旨安在丘園養素所常處也泉石嘯傲所常樂也漁樵隱逸所常適也塵囂韁鎖此人情所常厭也煙霞仙侶此人情所常願而不得見也直以太平盛日君親之心兩隆苟潔一身出處節義斯係豈仁人高蹈遠引爲離世絕俗之行而必與箕潁埒素黃綺同芳哉然則林泉之志煙霞之侶夢寐生焉耳目斷絕今得妙手鬱然出之不下堂筵坐窮泉壑猿聲鳥啼依約在耳山光水色滉瀁奪目此豈不快人意實獲我心哉此世之所以貴夫畫山水本意也不此之主而輕心臨之豈不蕪雜神觀溷濁清風乎

畫山水有體鋪舒爲宏圖而無餘消縮爲小景而不足看山水亦有體以林泉之心臨之則價高以驕侈之目臨之則價低

山水大物也須遠而觀之方見得一障山川之形勢氣象非若士女人物卽掌中几上一展便見一覽便盡

人之學畫無異學書今取鍾王虞柳久必入其彷彿至於大人達士不局於一家必兼收並覽廣議博考以使我自成一家然後爲得今齊魯之士惟摹營丘關陝之士惟摹范寬一已之學猶爲蹈襲況人人作之哉專門之學自古爲病予以爲大人達士不局於一家者此也

柳子厚善論爲文余以爲不止於文萬事有訣何以言之凡畫不論大小多少必須注精以一之不精則神不專必嚴重以肅之不嚴則思不深必恪勤以周之不恪則景不完故積惰氣而強之者其迹軟懦而不決此不注精之病也積昏氣而汨之者其狀黯猥而不爽此神不與俱成之弊也以輕心挑之者其形脫略而不圓此不嚴重之弊也以慢心忽之者其體疏率而不齊

此不恪勤之弊也故不決則失分解法不爽則失瀟灑法不圓則失體裁法不齊則失緊慢法此最作者之大病也然可與明者道□□□□□學畫花者以一株花置瓶臨其上而瞰之則花之四面得矣學畫竹者取一枝竹因月夜照其影於素壁之上則竹之眞形出矣學畫山水者何以異此凡遊覽見眞山水之川谷遠望之以取其勢近看之以取其質眞山水之雲氣四時不同春融夏翳秋疏冬黯畫見其大象而不爲斬刻之形則雲氣之態度活矣眞山水之煙嵐四時不同春山澹冶而如笑夏山蒼翠而如滴秋山明淨而如妝冬山慘淡而如睡畫見其大意而不爲刻畫之迹則煙嵐之景象正矣眞山水之風雨遠望可得而近者玩習不能究錯縱起止之勢眞山水之陰晴遠望可盡而近者拘狹不能得明晦隱見之迹山之人物以標道路山之樓觀以標勝槪山之林木映蔽以分遠近山之溪谷斷續以分淺深水之

津渡橋梁以足人事水之漁艇釣竿以足人意大山堂堂爲衆山之主所以分布以次岡阜林壑爲遠近大小之宗主也其象若大君當陽而百辟奔走朝會無偃蹇背却之勢也長松亭亭爲衆木之表所以分布以次藤蘿草木爲振挈依附之師帥也山近看如此遠數里看又如此遠十數里看又如此每遠每異所謂山形步步移也山正面如此側面又如此背面又如此每看每異所謂山形面面看也如此是一山而兼數十百山之形狀可得不悉乎山春夏看如此秋冬看又如此所謂四時之景不同也山朝看如此暮看又如此陰晴看又如此所謂朝暮之變態不同也如此是一山而兼數十百山之意態可得不究乎看畫如眞在此山中此畫之景外意也見青煙白道而思行見平川落照而思望見幽人山客而思居見岩扃泉石而思遊看此畫令人起此心如將眞卽其處此畫之意外妙也嵩山多好溪華山多好峯衡山多好別岫常山多好列岫泰山特好主峯天台武夷廬霍雁蕩岷峨巫峽天壇王屋林慮武當皆天下名山巨鎭天地寶藏所出仙聖窟宅所隱奇崛神秀莫可窮其要妙欲奪其造化則莫神於行莫精於勤莫大於飽游飫看歷歷羅列於胸中而目不見絹素手不知筆墨磊磊落落杳杳漠漠莫非吾畫此懷素夜聞嘉陵江水聲而草聖益佳張顛見公孫大娘舞劍器而筆勢益俊者也今執筆者所養之不擴充所覽之不純熟所經之不衆多所取之不精粹而得紙拂壁水墨遽下不知何以掇景於煙霞之表發興於溪山之顚哉故專於坡陀失之粗專於幽閒失之薄專於人物失之俗專於樓觀失之冗專於石則骨露專於土則肉多筆迹不混成謂之疏疏則無眞意墨色不滋潤謂之枯枯則無生意水不潺湲則謂之死水雲不自在則謂之凍雲山無明晦則謂之無日影山無隱見則謂之無煙靄今山日到處明日不到

處晦山因日影之常形也明晦不分焉故曰無日影今山煙靄到處隱煙靄不到處見山因煙靄之常態也隱見不分焉故曰無煙靄

山大物也其形欲聳拔欲偃蹇欲軒豁欲箕踞欲盤礴欲渾厚欲雄豪欲精神欲嚴重欲顧盼欲朝揖欲上有蓋欲下有乘欲前有據欲後有倚欲下瞰而若臨觀欲下游而若指麾

水活物也其形欲深靜欲柔滑欲汪洋欲回環欲肥膩欲噴薄欲激射欲遠流欲瀑布插天欲濺撲入地欲漁釣怡怡欲草木欣欣欲挾煙雲而秀媚欲照溪谷而光輝

山以水爲血脈以草木爲毛髮以煙雲爲神彩故山得水而活得草木而華得煙雲而秀媚水以山爲面以亭榭爲眉目以漁釣爲精神故水得山而媚得亭榭而明快得漁釣而曠落

石者天地之骨也骨貴堅深而不淺露水者天地之血也血貴周流而不凝滯

山無煙雲如春無花草

山無雲則不秀無水則不媚無道路則不活無林木則不生無深遠則淺無平遠則近無高遠則下

山有三遠自山下而仰山顛謂之高遠自山前而窺山後謂之深遠自近山而望遠山謂之平遠高遠之色淸明深遠之色重晦平遠之色有明有晦高遠之勢突兀深遠之意重疊平遠之意冲融而縹縹緲緲其人物之在三遠也高遠者明瞭深遠者細碎平遠者冲澹明瞭者不短細碎者不長冲澹者不大此三遠也

山有三大山大於木木大於人山不數十里如木之大則山不大木不數十里如人之大則木不大

山欲高盡出之則不高煙霞鎖其腰則高矣水欲遠盡出之則不遠掩映斷其派則遠矣蓋山盡出不惟無秀拔之高兼何異畫碓嘴水盡出不惟無盤折之遠兼何異畫蚯蚓

正面溪山林木盤折委曲鋪設其景而來不厭其詳所以足人目之近尋傍邊平遠嶠嶺重疊鈎連縹緲而去不厭其遠所以極人目之曠望

世人止知落筆作畫却不知畫非易事莊子謂畫史解衣盤礴此眞得畫家之法須養得胸中寬快意思悅適則人之笑啼情狀物之尖斜偃蹇自然布列於心中不覺見之於筆下晉顧愷之必搆層樓以爲畫所此眞古之達士不然則志氣鬱湮局在一曲如何得寫貌物情攄發人思哉

山水純全集

宋 南陽 韓純全 撰

純全論大半祖荊浩王維其有大段相重者今就删其有文氣不貫詞理不圓者今就改庶便初學易博覽云

論山 删

凡畫山言丈尺分寸者王右丞之法則也大抵山各有形體亦各有名主山者衆山中高而大者也有雄氣敦厚傍有輔峯叢圍者嶽也岡阜朝揖於前者順也無此者逆也用墨而取濃淡者分陰陽也四深爲陰凸面爲陽山有高低大小之序以近次遠至於廣極者也山名洪谷子言之詳矣又如一山爲陘小山曰岋大山曰峘岋謂高而過也言嶧山者連而絡驛也山岡者其山長而有脊也言堂者山形如堂室也言嶂者如幃帳也言㞚者左右有山夾山也言礙者多小石也多草木者謂之岵無草木者謂之垓石載土謂之崔嵬土載石謂之砠也土山曰阜平原曰坡坡高曰壠通路曰谷不相通者曰壑窮瀆無所通而與水注者川也兩山夾水曰澗陵夾水曰溪宜畫盤曲掩映伏而後見也春山豔冶而如笑夏山蒼翠而如滴秋山明淨而如妝冬山慘淡而如睡郭氏曰山有三遠自下而仰上者謂之高遠自山前而窺山後者謂之深遠自近山邊低坦之山謂之平遠愚又論三遠者有近岸廣水曠闊遙山者謂之闊遠有煙霧暝漠野水隔而髣髴不見者謂之迷遠以上山之名狀兼備博雅君子之問若問而無對爲無知之士不可不知也凡畫全景者山重疊覆壓咫尺重深不可大實仍要嵐霧鎖映林木遮藏不可露體如人無衣乃窮山也且山以林木爲衣以草爲毛髮以煙霞爲神采以景物爲妝飾以水爲血脈以嵐霧爲氣象畫若不求古法不寫眞山惟務俗變採合虛浮自爲超越古今心以目蔽此乃憒然不知山水格要之士難與言

之

論水 刪

凡水有緩急淺深此大體也有山上水曰涀涀山下水曰潺潺山澗間有水曰湍湍而湫石者謂之湧泉岩石間漉水滭潑而仰沸者謂之噴泉言瀑泉者巔崖峻壁之間一水飛出如練或百尺或千尺分掛於萬仞之下者也言濺瀑者山間積水欲流而石礙中片浪如滾有石迎激交流四會者也用筆輕重要分淺深各別言淙者衆流攢衝鳴湍疊瀨噴若雷風四面叢流謂之淙也言沂水者不用分開一片滂汪與瀑泉頗異矣亦宜分別夫海水則風波浩蕩怒浪驚濤有兩邊峭壁水則不可通途漂急如箭江湖洞庭之廣闊也渺無畔岸矣泉源水流其出混混矣惟溪水者山水中多用之宜盤曲掩映伏而復見以遠至近仍宜煙霞鎖隱若夫砂磧者水心繞流兩邊急而有

聲中有灘也石磧者輔岸絕流兩邊洄環有紋中有石也言壑者有岸而無水也然水有四時之色春水微碧夏水深碧秋水微清冬水微慘又有汀州煙渚皆水中人可住而景所集者也至於漁瀨雁濼之類畫之者多樂取以見才故畫水者胸襟宜天高水闊爲佳

論林木 刪改

夫林木者有四時之榮枯大小之叢薄咫尺重深以分遠近故木貴高喬蒼逸健硬筆迹堅重或嚲或質以筆迹欲斷而復續也且輕重本在乎行筆高低由於用墨此乃畫林木之格要也洪谷子訣曰筆有四勢觔骨皮肉是也觔宜絕而不斷皮宜纏而不軟骨宜剛正不露肉宜圓混不肥肉多者肥而軟濁也柔媚者無骨也骨多者剛而如薪也勁死者無肉也迹斷者無觔也墨焦而質朴失其眞也墨微而怯弱敗其形也其木要停分而有勢不可太長太長無勢力矣不可太短太短則俗濁矣木皆有形勢無勢而亂作盤曲者乏其勢矣若只要剛硬而無環轉者虧其生意矣大凡木貴蒼健老硬其形甚多或聳而迸枝者或曲折而俯仰者或躬而若揖者或如醉狂舞者或如披頭仗劍者皆松也又若怒龍驚虬之勢騰龍伏虎之形似狂怪而飄逸似偃蹇而躬身或坡側倒飲水中或倒崖而身復起爲松之儀也其勢萬狀變態莫測凡畫根者臨崖倒起之木其根拔出土外狂而且迸也其平立之木當以大根深入崖中小根方可出土凡作枯槎槁木務要得竅竅空耳且松爲衆木之長亭亭氣概高上淩空而旁枝乃俯然覆掛下接凡木荆浩曰成材者氣概高幹不材者抱節自屈此也右丞曰松不難於弟兄謂高低相亞亦爲子孫至於柏樹則老逸而舒暢皮宜轉紐捧節有紋多枝少葉節眼嵌空勢若蛟龍身去復回蕩迭縱橫乃古柏之狀也檜者松身柏皮其枝橫

肆而盤屈其葉散而不定古檜之體也餘種羣木雖以具述惟楸梧槐柳形儀各異大概有葉之木貴要豐茂而陰鬱寒林之木務枯聳而重深枯老之木背後當用淺墨榭伴和爲之林罅不用明白枝枝葉葉煙嵐映帶斯深得乎木之妙用者乎梁元帝云木有四時春英夏陰秋毛冬骨其有林巒者山岩密木也有林麓者山脚喬木也林坰者遠林煙暝也此三者大要不可狂斜倒起隱隱躍躍仍要辨其形質夫質者何形質備也叢木用墨點成淺淡相等又山之衣也山無草木謂之露骨如人少衣有威儀耶否耶若作一窠一石又務要減矣

論石 畧刪

夫畫石者貴要磊落雄壯蒼硬頑澀礬頭菱面層疊厚薄覆壓重深落墨堅實凹深凸淺皴拂陰陽點均高下乃爲破墨之功也盤石者平大石也巧石

者透穿石也然石之狀不一或層疊秀潤或崔嵬顚險有嵯峨者有怪異者崩坍者或直插入水而深不可測者或根石浸水而脚石相輔者崒屼嶙峋千怪萬狀縱橫放逸其體無定而又皴紋多端也有披麻皴者有點錯皴者或斫礫皴者或横皴者或勻而連水皴者一畫一點各有古今家數體法存焉昔人云石無十步眞山有千里遠況石爲山之體貴氣韻而不貴枯燥也畫之者不可失此論

論雲霞煙靄嵐光風雨雪霧 刪

夫通山川之氣以雲爲總也雲出於深谷納於愚夷弇日揜空渺渺無拘昇之晴霽則顯其四時之氣散之陰晦則逐其四時之象故春雲如白鶴其體閒逸和而暢也夏雲如奇峯其勢陰鬱叆靆而無定也秋雲如輕浪廓靜而清明冬雲澄墨慘黯玄溟而深重此時雲四時之象春陰則雲氣淡蕩夏陰

則雲氣突墨秋陰則雲氣輕浮冬陰則雲氣慘淡此陰雲四時之氣也然雲之體聚散不一輕而爲煙重而爲霧浮而爲靄聚而爲氣其有山嵐之氣煙之輕者雲捲而霞舒雲者乃氣之所聚也凡畫者分氣候別雲煙爲先山水中所最要者霞不重以丹雲不施以彩恐失其嵐光野色自然之氣也且雲有游雲有出谷雲有寒雲有暮雲雲之次爲霧有曉霧有遠霧有寒霧霧之次爲煙有晨煙有暮煙有輕煙煙之次爲靄有江靄有暮靄有遠靄雲霧煙靄之外言其霞者東曙日明霞西照曰暮霞乃早晚一時之氣暉也凡雲霞煙霧靄之氣爲嵐光山色遙岑遠樹之彩也善繪於此則得四時之眞氣造化在手矣風雖無迹而草木衣帶之形雲頭雨脚之勢無少逆也如逆之則失其大要繼而以雨雪之際時雖不同然雨有急雨有驟雨有夜雨有欲雨有雨霽雪者有風雪有江雪有夜雪有春雪有暮雪有欲雪有雪霽凡雨雪

又本乎風勢之緩急想其時候方可落筆爾雅云天氣下而地不應曰雪言晤物而輕也地氣登而天不應曰霧言瞑物而重也風而雨之爲霾言無分遠近也陰風重而爲曀言無分於山林也此皆不時之氣也至於魚龍草莽之象呂氏之言甚明鸞翔鳳翥之形陸機之論深得然畫者窮天理之奧掃風雪之候曷可不深究焉

論人物橋彴關城寺觀山居舟車 刪改

凡畫人物不可麄俗貴純雅而幽閒其隱居傲逸之士當與村居耕叟漁父輩體貌不同切觀古之山水中人物殊爲閒雅無有麄惡者近之所作往往乏古人之態言橋彴者通船曰橋彴者以横木渡於溪澗之上但人迹可通也關者在乎山峽之間只一路可通旁無小豁方可用之城者雉堞相映樓臺相望須當映帶於山掩林木之間不可一一出露恐類於圖經山水所用

惟古堞可也畫僧寺道觀者宜横抱幽谷深岩峭壁之處惟酒旆旅店方可當途至山居隱遯之所務要幽僻有廣土處方可畫柴扉房屋牛馬耕耘之類有廣水處方可畫漁市及採菱曬網之類也大曰舟小曰船漁人乘者爲艇或插以網罩或旋以絲綸若作棚幞者遊船也其江海巨載之舟多有風帆亦要象其蓬柁不可草草品四時之景物務要明乎物理度乎人事春可畫以人物欣欣踏青翠陌千漁唱渡歸牧耕鋤之類也夏可畫以人物坦坦於茂林陰映之處或行旅憩歇水閣納涼翫水浮梁浴鶴曉汲之類也秋則畫以人物蕭蕭翫月採菱浣紗漁笛搗帛夜舂登高之類也冬則畫以人物寂寂圍爐飲酒雪笠遠行騾車運糧探梅履冰之類也若水野之間兼於禽鳥者春可畫以燕雀黃鸝夏畫鸂鶒鷗鷺秋畫征鴻羣鶩冬畫落雁鳴鴉今各舉其大概已耳若能知此以隨時製景任其才思則山水中裝飾無不備

矣

論用筆用墨格法氣韻 刪

夫畫者筆也乃心運也索之於未狀之前得之於儀則之後默契造化與道同機握管而潛萬象揮毫而掃千里故筆以立其形質墨以分其陰陽山水悉從筆墨而成者也常謂吳道子山水有筆而無墨項容山水有墨而無筆此皆不得全善惟荆浩採二賢之能以爲已能斯入神品彼不過用筆用墨循乎規矩故格法本乎自然氣韻全其生意耳得此者備矣失此者病矣以是推之豈愚俗之可論歟凡未操筆當凝神著思然後以格法推之可謂得之於心應之於手也其用筆有簡易而意全者有巧密而精細者或取氣格而筆迹雄壯者或取順快而流暢者縱横變用在乎筆也然作畫之病衆矣惟俗病最大俗筆出於淺陋昧乎格法無論也乃有動作無規而亂推取逸

强務古淡而枯燥苟從本非自然而詐僞老筆此謂論筆墨氣韻之病古云用筆有三病一曰板二曰刻三曰結何謂板病腕弱筆癡全虧物狀平扁不能圓混也何謂刻病筆迹顯露勾畫之次妄生圭角也何謂結病欲行不行當散不散似物凝礙不能流暢也凡用筆先求氣韻次採體要然後精思若形勢未備便用巧密精思必失其氣韻以氣韻求其畫則形似自得其間矣且善究山水之理者當守其實實不足當棄其華實爲幹也華爲藻也質幹本乎自然華藻出乎人巧藉使惟務華媚而體法虧惟務柔細而神氣泯眞俗病耳惡知其守實去華之理哉若行筆或麄或細或揮或勻或重或輕者不可一一分明其筆太麄則寡其理趣其筆太細則絕乎氣韻一皴一點一勾一研皆有意法存焉若不從古畫法只寫眞山不分遠近淺深乃圖經也焉得其格法氣韻哉

論觀畫別識 刪

瓊瑰琬琰天下皆知其爲玉也非卞氏三獻孰別其荆山之姿而爲美驊騮騄驥天下皆知其爲馬也非伯樂一顧孰別冀北之駿而爲良是猶畫山水之流於世也隱造化之情質論古今之賾奥發揮天地之形容蘊藉聖賢之藝業豈賤隸俗子得以易窺其端倪蓋有不測之神思難名之妙意寓於其間矣凡閲諸畫先看氣韻次究格法不可採雜何也且畫李成之格豈用雜於范寬正如字法顏柳不可以同體篆隸不可同攻故所操不一則所用有差信乎然矣歸古驗今善觀乎畫者焉可無別歟近世畫者多執好一家之學不通諸名流之迹否則博究諸家精於一家者寡矣吾謂惟能明諸家畫法而自成一家乃爲精通之士耳且觀畫非精通博覽者不能達焉畫有純質而淸淡者辟淺而古拙者輕淸而簡妙者放肆而飄逸者野逸而生動者

幽曠而深遠者昏暝而意存者眞率而閒雅者冗細而不亂者重厚而不濁者此皆上古之迹達之名品參乎神妙各適於理者然矣畫者初觀而可及究之而妙用益深者上也有初觀而不可及再觀而不可及窮之而理法乖異者下也儻明其一而不明其二達於此而不達夫彼非所以能別識也昔人論畫有六一曰氣氣者隨形運筆取象無惑二曰韻韻者隱露立形備儀不俗三曰思思者頓挫取要凝想物宜四曰景景者制度時用搜妙創奇五曰筆筆者雖依法則運用變通不質不華六曰墨墨者高低暈淡文彩自然似非用墨有此六法也神之又神也若六法未備但有一長亦不可不採焉畫有眞可傳於世不自顯其名者所謂有實則名自得故不期顯而自顯也畫有一時雖獲美名久則漸銷所謂以譽過於實者故不期銷而自銷矣凡觀畫者豈可擇於冠蓋之譽但看格淸意古墨妙筆精景物幽閒思遠理深

氣象脫灑者爲佳其未當精絕惟寘巧密者鮮鑒矣世有王晉卿者戚里之雅士也耕獵於文史放思於圖書嘗蒙靑眼左顧每閱畫必見召而同觀之論極淵奧搆其名實偶一日於賜書堂東掛李成西掛范寬先觀李公之迹云李公家法墨潤而筆精煙嵐輕動如對面千里秀氣可掬次觀范寬之作如面前眞列峯巒渾厚氣壯雄逸老健此二畫之迹眞一文一武也余嘗思其言之當眞可謂鑒通骨髓矣畫不遇識如客行於途中無分於善惡也不亦悲夫

繪事微言卷三

繪事微言卷之四

海陵　玄生唐志契　著

畫史　纂要

山水李成只見二本一松石一山水皆出盛文肅家今在余齋秀潤不凡松勁挺枝葉鬱然有陰荆楚小木無冗筆不作龍蛇之狀今世貴侯所收大圖猶如顏柳書藥牌形貌似爾林木怒張松幹枯瘦多節小木如柴皆無一毫生意者成身爲光祿丞第進士子祐爲諫議大夫孫宥爲侍制使其事凡工衣食所仰亦不如是之多也多因俗手假名以亂眞耳余欲爲無李論

董源平淡天眞多唐無此品近世無與比也峯巒出沒雲霧顯晦不裝巧趣皆得天眞嵐色鬱蒼枝幹勁挺咸有生意溪橋漁浦洲渚掩映一片江南

大抵牛馬人物一模便似山水模皆不成山水心匠自得處高也

凡收畫必先收唐希雅徐熙等雪圖巨然或范寬山水圖不必齊整相對者遮堂遮壁蓋古畫自大小不齊耳

余家所收李成至李冠卿大扇愛之不已既購得之背於眞州昭宣使宋用臣自舒州召還見之太息云光獻太后盡購李成畫貼成屏風以上所好至輒玩之因吳丞相夫人入朝太皇使引辨眞僞蓋成之孫女也內以眞迹一幅勅用臣背於內東門正與此類因語泫然囑吾愛惜余亦甚珍之及得盛文肅家松石片幅幹挺可爲隆棟枝茂淒然作節處不用墨圈下一大點以通身淡筆空過皴石圓潤突起至坡峯落筆與石脚及水中一石相平下用淡墨作水相準乃是一磧直入水中不若世俗所效直斜落筆下更無地又無水勢如飛空中使妄評之人以李成無脚蓋未見眞耳

范寬師荆浩浩自稱洪谷子王詵嘗以二畫見送因重背入水於左邊石上

有洪谷子字在抹石之下非後人作也然全不似寬後數年丹徒僧房有一軸山水與浩一同而筆乾不圓於瀑水邊題華原范寬乃是少年所作却以常法較之山頂好作密林自此趨枯老水際作突兀大石自此趨勁硬信荆之弟子也於是以一畫易之收以示鑑

余昔購丁氏蜀人李昇山水一幅細秀而潤上危峯下橋沙中瀑泉松有三十餘株小字題松身曰蜀人李昇以易劉涇古帖劉刮去字題曰李思訓易與趙叔盎今人好僞不好眞使人歎息

大抵畫今時人眼生者卽以上古人名差配之似者卽以正名配之好事者與賞鑒之家爲二等賞鑒家謂其篤好遍閱記錄又復心得或自能畫故所收皆精品近世人或有資力元非酷好意作摽韶至假耳目於人此謂之好事者晉錦囊玉軸以爲珍祕開之或笑倒余輒撫掌大叫曰慙惶殺人王詵

每見余作此語亦常常道後學曹貫道亦常道之每見亦可笑必曰米元章道慙惶殺人大抵近世人所收多可贈此語也

余家最上品書畫用姓名字印審定眞迹字印神品字印平生眞賞印米芾祕篋印寶晉書印米姓翰墨印鑒定法書之印米姓祕玩之印

古畫士人難以貨取所以通書畫博物自足雅致今人偶收一眞物便與性命俱矣豈知人生適目之事看久卽厭時易新玩兩適其欲乃是達者

坦然明白易辨者顧陸吳周昉人物荆李關董范巨然劉道士山水也戴牛曹韓亦復難辨蓋相似衆也花鳥又不然

古畫至唐初皆生絹至周昉韓幹後來皆以熱湯半熟入粉搥如銀板故作人物精彩入筆今人收唐畫必以絹辨見文麄便云不是唐非也張僧畫閻令畫世所存者皆生絹南唐畫皆麄絹徐熙絹或如布

裝背畫不須用絹補破處用之新時似好展卷久爲硬絹抵之却於不破處破大可惜

南宮畫史不止七八十條大都侈談其收藏富耳識見雖高卮言近贅今僅錄十四條爲聞見之助覽者幸勿以删過約也

畫訓 節要

六要六長　　宋 劉道醇 著

畫之訣在乎明六要而審六長所謂六要者氣韻兼力一也格制俱老二也變異合理三也彩繪有澤四也去來自然五也師學捨短六也所謂六長者麤鹵求筆一也僻澀求才二也細巧求力三也狂怪求理四也無墨求染五也平畫求長六也既明六要又審六長自然知悟

道醇之六要六長堪與謝赫之六法俱不朽

畫繼

雜說 節要　　宋 朱景玄 著

畫者文之極也故古今文人頗多著意張彥遠所次歷代畫人冠裳大半唐則少陵題詠曲盡形容昌黎作記不遺毫髮本朝歐文忠公三蘇父子兩晁兄弟山谷後山宛丘淮海月巖以至漫仕龍眠或評品精高或揮染超拔然則畫者豈獨藝之云乎自古文人何止數公有不能且不好者將壓之曰其爲人也多文雖有不曉畫者寡矣其爲人也無文雖有曉畫者寡矣

畫之爲用大矣盈天地間萬物悉可揮毫運思曲盡其態而所以能曲盡者止一法耳一者何也曰傳神而已矣世徒知人之有神而不知物之有神此郭若虛深鄙衆工謂雖曰畫而非畫者蓋止能傳其形不能傳其神也

自昔鑒賞家分品有三曰神曰妙曰能獨唐朱景眞撰唐賢畫錄三品之外更增逸品其後黃休復作益州名畫記乃以逸爲先而神妙能次之景眞雖云逸格不拘常法用表賢愚然逸之高豈得附於三品之末未若休復首推之爲當也

予嘗取唐宋兩朝名臣文集凡圖畫紀詠考究無遺故於羣公略能察其鑒別獨山谷最爲精嚴元章心眼高妙而立論有過中處少陵東坡兩翁雖注意不專而天機本高一語之確有不期合而自合者杜云妙絕動宮牆劖壁傳人物須動字始能了請公放筆爲直幹則千丈之姿於用筆之際非放字亦不能辦至東坡又曲盡其理如始知眞放本細微不比狂華生客慧當其下筆風雨快筆所未到氣已吞非前身顧樂安能道此等語耶

山水家畫雪景多俗嘗見營丘所作雪圖峯巒林屋皆以淡墨爲之而水天空處全用粉塡亦一奇也予每以告畫人不愕然而驚則莞爾而笑足以見

後學之凡下

李營丘多才足學之士也少有大志屢舉不第竟無所成故放意於畫其所作寒林多在巖穴中裁劄俱露以興君子之在野也自餘窠植蟲生於平地亦以興小人在位其意微矣宇文龍圖季蒙云宣和御府曝書屢覩李成大小山水無數軸今臣庶之家各自謂其所藏山水爲李成吾不信也

畫之六法難以兼全獨唐吳道子本朝李伯時或能兼之然吳筆豪放不限長壁大軸出奇無窮伯時痛自裁損只放澄心紙上運奇布巧未見其大手筆非不能也蓋實矯之恐其或近衆工之事

畫之逸格至孫位極矣後人往往益爲狂肆石恪孫太古猶之可也然未免乎麤鄙至貫休雲子輩則又無所忌憚者也意欲高而未嘗不卑實斯人之徒歟

畫山水訣 畧刪

宋　李澄叟　撰

凡畫山水大抵不過濃淡淺深輕重高低遠近疏密朝暮陰晴數條而已作之者往往病之何也其不能悟神而泥質故也當爲略而言之先要立賓主分遠近次布置高低落墨無令重濁亦無令枯乾烘染切忌太見太見則翻成光滑辟綽無令手絮手絮則必損精神要在不虧不盈皴染得中擺樹枝且看栽插高低布石脈要還相偎上下煙雲取秀防他失神林麓鋪陳切忌拍寒石多層若横竪則板土大廣若朽乏則崩坡岸必欹木根別體石蹲坐無使犯重山高峻無使傾陷水深遠勿教窮涸路要曲折山要高低石須圓渾鋒芒八面稜層木要交叉挺幹四時枯茂遥山三疊晴嵐蔽在林腰遠樹兩層陰霧起於林脚聳拔山頂不須多多則差池淡木煙林不要密密則細碎林叢忌頂齊列岫分高下又要稠疊而不崩塞實裏求虛簡淡而恐成孤虛中求實遥煙易失朝昏稠樹當防壘架北畫病重坡南畫傷乎多水以其習熟而然也飛泉侵天徹底翻濤巨浪淺瀨汗漫煙波傾射海門山無獨木石不孤單孤煙起自水邊薄霧但依岩脚春滴欲綠夏澤漲而濃肥秋潦源清寒潭涸而沉泚山高木小雖幽遠而氣象不雄木大山低得雄豪而缺於穿鑿輕清爲體太過必少精神峻硬爲神執着還同重濁孤高獨秀免傍煩碎依棲板實棚層解破縱横劈判填虛破實斟量活法扶持罩項籠頭全賴臨機應變若乖物體寧逃議者雌雄不苟他能庶杜許多齟齬

泛說 刪

近古名人作山水居其品者亦自不少且如關仝范寬郭忠恕郭熙李成賀眞張戩高珣諸公各得一體或取於多景或取於輕秀或取於緊硬備求所長而綴其景得之者衆惟李蕭二公變體一出恍然超於今古簡淡疾速宜

乎神品矣李先生畫落墨蒼硬辟綽簡徑謂之實裹有虛蕭大夫畫在煙雲氣霧得景謂之虛中有實如能二體兼之眞所謂神品也自劉益李迫趙逸劉春之後作者布色重厚而鮮明但筆迹細軟又似女工且不耐久後進不知體法倣而傚之彌失眞矣畫山水者須要遍歷廣觀然後方知着筆去處何以知之澄叟自幼而觀湘中山水長游三峽夔門盡得其態久久然後自覺有力水墨大進矣堪笑北人山水布置拙濁法度莽朴以其原野曠蕩景乏委曲囿於所見而然耳山水上人物不拘巨細雖屋大橋梁只是點綷而成彷彿便休後生不知法度描染細巧以媚俗眼此是人物景致便成補衲非山水也自江陵登三峽夔門長流三千餘里重灘逆瀨匯洑狂瀾旋渦回流雄波急浪備在其間登山則自夷陵之西懸崖峭壁陡岸高峯峻嶺深岩幽泉秀谷虎穴龍潭臨危列險無不經歷盡是今日之畫式也豈不廣哉若悟妙理賦在筆端何患不精畫者如是思如是學不負名矣

山水訣自摩詰肇基後營丘肯堂復得澄叟肯搆能此箇中三昧則三訣又爲筌蹄矣

圖畫歌　　存中沈括　撰

畫中是妙言山水摩詰峯巒兩面起李成筆奪造化工荊浩開圖論千里范寬石瀾煙林深枯木關仝極難比江南董源僧巨然淡墨輕嵐爲一體宋迪長於遠與平王端善作寒江行克明巳往道寧逝郭熙遂得新來名花竹翎毛不同等獨出徐熙入神境趙昌設色古無如王友劉常亦堪並黃筌居寀及譚宏鷗鷺春葩蜀中景艾宣孔雀世絕倫羊仲甫雞皆妙品惟有長安易元吉豈止獐猿人不及鵰鷹飛動羨張涇番馬胡瓌岌然立濠梁崔白及崔愨翠屏風供御幄海河徐易魚水科鱗鬣如生頗難學金陵佛像王齊翰顧德謙名皆雅玩老曹菩薩各精神道士李劉俱偉觀星辰獨尚孫知微盧氏楞伽亦爲伴勾龍爽筆勢飄飄錦里三人共輝煥西川女子分十眉宮妝撚線周昉肥堯民擊壤鼓腹笑滕王蛺蝶相交飛居寧草蟲名浙右孤松韋偃稱世希韓幹能爲大宛馬包鼎虎有驚人威將軍曹霸善圖寫玉花驄並今傳之駁人相扶似偶語老杜詠入丹青詩少保薛稷偏攻鶴雜品皆奇怪石恪戴嵩韓滉能畫牛小景惠崇煙漠漠唐僧傳古精畫龍毫端想與精神通拏珠奮身奔海窟鬣如飛火騰虛空忠恕樓臺眞有功山頭突出華清宮用及象坤皆畫鬼角觜鐵面頭蓬鬆侯翼曾爲五侯圖海山聚出風雲烏爾朱先生着儒服呂翁碧眼長髭鬚愷之維摩失舊跡但見累世令人摸探微眞迹存一本甘露板壁狻猊枯操蛇惡鬼銜火獸鑿名道子傳法吳僧繇殿龍點雙目即時便有雷霆驅仙翁葛老度溪嶺瀟灑數幅名遷居輞川弄水并捕魚長河亂葦寒疏疏子家所有將盈車高下百品難俱書相傳好古雅君子覩詩觀畫言無虛

山水節要　元　大癡黃子久　著

夫山水迺畫家十三科之首也有山巒柯木水石雲煙泉崖溪岸之類皆天地自然造化勢有形格有骨然而無定質所以學者初入艱難必要先知體用之理方有規矩其體者迺描寫形勢骨格之法也運於胸次意在筆先遠則取其勢近則取其質山立賓主水注往來布山形取巒向分石脈置路灣模樹柯安坡脚山知曲折巒要崔巍石分三面路看兩歧溪澗隱顯曲岸高低山頭不得重犯樹頭切莫兩齊在乎落筆之際務要不失形勢方可進階此畫體之訣也其用者乃明筆墨虛皴之法筆使巧拙墨用輕重使筆不可反爲筆使用墨不可反爲墨用凡描枝柯葦草樓閣舟車之類運筆使巧山石坡崖蒼林老樹運筆宜拙雖巧不離乎形固拙亦存乎質遠則宜輕近則宜重濃墨莫可復用淡墨必教重提又古有云遠山無皴遠水無痕遠林無葉遠樹無枝遠人無目遠閣無基雖然定法不可膠柱鼓瑟要在量山察樹忖馬度人可謂不畫之法學者宜熟味之

凡經營下筆必全天地何謂天地謂一幅半尺之上上留天之位下留地之位中間方立意定景見世之初學據已下筆率爾觸情塗抹滿幅看之塡塞人目已令人意不快那得取賞於瀟湘見情於高大哉

皮袋中置畫筆或於好景處見樹有怪異便當模寫記之分外有發生之意關荆多用此法登樓望空闊處氣韻雲采卽是山頭景物李成郭熙皆用此法郭熙畫石如雲古人云天開圖畫是也

山頭要折搭轉換山脈皆順此活法也衆峯如揖遜萬樹相從如大軍領卒森然有不可犯之勢此寫眞山之形也

山水中惟水口最難畫

樹要有身畫家謂之紐子要折搭得分中各要有發生要偃仰稀密相間有葉枝軟面後須有仰枝大概要塡空小大偃仰疏密向背濃淡各要得中不可少有相犯若畫得純熟自然筆法出現

繪宗

元 饒自然 著

十二忌 刪

畫有十二忌一曰布置迫塞凡畫山水必先置絹素於明靜之室伺神閒意定然後入思小幅巨軸隨意經營若障過數幅壁過十丈先以竹竿引炭朽布山谿樹石樓閣人物大小高低一一位置然後立於數十步之外詳審綿觀自見其可却將淡墨約定謂之小落筆然後肆志揮灑無不得宜宋元名手所謂盤礴睥睨意在筆先之謂也亦須上下空闊四旁疏通庶幾瀟灑若充塞滿幅便不風致此第一事也二曰遠近不分作山水先要分遠近使高低大小得宜假如一尺之山當作幾大人物爲是蓋近則坡石樹木當大屋宇人物稱之遠則峯巒樹木當小屋宇人物稱之極遠不可作人物墨則遠淡近濃逾遠逾淡不易之論也三曰山無氣脈畫山於一幅之中先作一山

爲主却從主山分布起伏餘山皆氣脈連接形勢映帶如山頂層疊下必有數重脚方盛得住凡多山頂而無脚者大謬也此全景之大義也若夫透角不在此限四曰水無源流泉必於山峽中流出項上有山數重則其源高遠平溪小澗必見水口寒灘淺瀨必見跳波乃活水也間有畫一摺山便畫一派泉架上懸巾絕爲可笑五曰境無夷險古人布境不一有崒嵂者有平遠者有縈迴者有空闊者有層疊者每遇一圖必當先立意如之六曰路無出入山水貫出遠近全在徑路分明或林下透見而水末復出或巨石遮斷而琳瑯半露或隱坡隴以人物點之或近屋宇以竹木藏之庶幾有不盡之景七曰石止一面各家畫石皴法不一當各隨所學一家爲法須要有頂有脚分棧面爲佳八曰樹少四枝前代畫樹有法大概生崖壁者多纏錯生坡隴者多高直干霄多頂近水多根枝幹不可分左右須當間作葉有單筆雙筆

更分榮悴乃按四時九曰人物傴僂山水人物各有家數描畫者眉目分明點鑿者筆力蒼古必皆意態閒雅古人所作可法切不可以行者望者負荷者鞭策者一例作傴僂之狀十曰樓閣錯雜界劃雖未科然重樓疊閣方寸之間而向背要分明不必用界劃爲之十一曰滃淡失宜下墨不論水墨設色金碧卽以墨滃淡須要淺深得宜如晴景空明雨夜昏濛雪景稍明不可與雨霧煙嵐相似青山白雲止當於夏秋之景爲之十二曰點染無法謂設色金碧各有重輕輕者山用螺青樹石用合綠染爲人物不用粉襯重者山用石青綠幷綴樹石爲人物用粉襯間有用石青綠皴者樹葉多夾筆則以合綠染再以石青綠加之此一家只宜晴景乃照耀陸離而明豔如此也人物樓閣雖用粉襯亦須淸淡除紅葉外不可妄用朱金丹青之屬方是家數如唐李將軍父子宋董源王晉卿趙大年諸家可法

中段引論太繁僭爲刪節更覺言言針砭

采繪輯義 纂　　　　王思善 著

畫石之法先從淡起可改可救漸用濃墨爲上

畫石之妙用滕黃水浸入墨筆自然色潤不可多多則滯筆間用螺青入墨亦妙

染煙色就縑素本色縈拂以淡水而痕之不可見筆墨迹風色用黃土或埃墨而得之土色用淡墨埃墨而得之瀑布用縑素本色但焦墨作其旁以得之

山水之法在乎隨機應變先記皴法不雜布置相映以熟爲妙畫山石有披麻皴　亂麻皴　亂雲皴　斧鑿皴　亂柴皴　芝蔴皴　雨點皴　髑髏皴　鬼皮皴　彈渦皴　有濃礬潑墨礬頭稜面用筆有老潤者有帖潔者

描人物有鐵線筆蘭花一作葉筆遊絲筆戰筆亦各師一家但調暢勁健爲妙

也

董源小山石謂之礬頭山上有雲氣坡脚下多碎石乃金陵山景皴法要滲軟下有沙地用淡墨掃屈曲爲之再用淡墨皴

古人畫筆法圓熟用意精到墨色俱入絹縷思臻神妙初若率易愈玩愈妍雖年遠破舊精神逈出僞者粉墨皆浮於縑素之上神氣索然今人雖極工緻全無精采一覽意盡殊無可觀

李成范寬蘇東坡米南宮父子皆士夫高尚以畫自娛興適則爲數筆豈能有對軸哉今人以孤軸爲嫌不足與言畫矣

古人畫稿謂之粉本前輩多寶蓄之蓋其草草不經意處有自然之妙宣和紹興所藏粉本多有神妙者徑裝爲玩

宋徽宗御府所藏書畫俱是御書標題後有宣和年號玉寶記之中多有臨模者未可盡以爲眞

輯義中凡有裨於山水者則纂之或泛論畫者亦兼存之如思善說畫龍說寫像說調合顏色俱不錄

畫譜　　皇明　長洲　伯虎唐寅　著

山水雖淺近事二者不知所以操縱焉得臻於絶妙近取諸書法正類此蓋工畫如楷書寫意如草聖不過執筆轉腕靈妙耳世之善書者多善畫由其轉腕用筆之不滯也

山脚山腰置屋舍寺觀路蹊水中置小艇風帆漁釣從此有生氣

山下有潭謂之瀨此甚有生意四邊用樹簇

松柏之大者必畫於大岸大坡之上松柏之古者必畫於大石懸壁之巔若作於淺灘平渚外矣

古畫不用頭綠大青（畫家呼籃綠爲頭綠籃青爲大青也）取其精華接而用之百年傳致之膠千載不剝

江南地潤無塵人多精藝三吳之迹八絶之名逸少右軍長康散騎書畫之能其來尚矣好事家宜置宣紙百幅用法蠟之以備模寫古時好搨畫十得七八不失神彩筆蹤亦有御府搨本謂之官搨國朝　宣廟搨寫不輟承平之時此道甚行晦塞之後斯事漸廢故有非常好本搨得之者所宜寶之既可希其眞蹤亦得留爲證驗

伯虎畫譜蓋集王維荆浩郭熙劉道醇黄子久王思善饒自然數子所論而成不但遺漏者多自已原無議論今摘其文集中一二段并搜譜中有說而爲數子所無與夫無名氏者皆作爲唐伯虎著漫爲删訂云

無聲詩（删）　　兩山居士毛良　著

釋象有善功方便之顔道流具修眞度世之範帝王崇天日龍鳳之表外夷有慕華欽順之情儒賢見忠信禮義之風武士多勇悍英烈之貌隱逸識高世之節貴戚高侈靡之容天帝明威福嚴重之儀鬼神作醜魏（尺者切）馳趡（于鬼切）之狀仕女宜秀色婑（烏果切）媠（奴坐切）之態田家有醇甿朴野之眞衣紋有重大而調暢者有纇細而勁健者勾綽縱掣理無妄下以狀高側卷習飄舉之勢林木有樛枝挺幹屈節皺皮紐裂多端分敷萬狀山石多作礬頭亦爲菱面要見幽遠而氣雄峥嶸而秀潤畫水湯湯若動使人有浩然江湖之思屋木折算無虧筆墨均壯深遠透空花燭得四時節候陰陽向背芭蕚後先自然豔麗有態禽鳥須想像其翔舉飛集之形如此雖不能書彀閱之精然工拙亦略可見矣或有逸品高賢寄興寓意者當求之筆墨之外

畫苑

山水歌畧删　　弇州山人王世貞 著

畫十三科獨尊山水初非學力能成自是天機獨到唐則鄭虔王摩詰之輩宋則郭熙朱學士之流儒者多則繪工所以明窗靜几佳楮輕縑號爲小墨神仙遍貌煙霞境界曲盡變態眼前景象層層出筆底江山涎涎生脚根踏盡四海五湖心中自有千丘萬壑遠近先分賓主布置全在安排淡墨幹而禿筆皴宿筆洪而濃墨解妙處不勞用託陰地須使煙煤遠水無波巨浪有崩騰之狀遙峯露影近山宜點綴之繁春樹薄而秋樹疏夏雲濃而冬雲黯點梢有丁香鹿角皴石有斧腦箭頭水邊宜着孤舟嶺外深藏野寺人物則三四點而成江村則八九家宜畫風煙起則千里俱昏雪月白則三更如晝禽鳥多棲古木樓臺半隔疏林嶺崖作古木垂藤怒石起飛淪濺瀑大圖障

先觀氣勢小景致只作微茫錢塘帶月觀潮左蠡無風起浪煙迷露寺日落垂亭平沙闊落雁成行山徑晚征夫問宿墨濃淡則路分遠近筆老嫩則樹有陰陽地靈難以秘藏心匠齊憑收拾盈尺寫寰中之景使人懷物外之思訝蓬島而隔塵凡截匡廬而歸戶牖細評詳斷可擅名家技能壓盡衆人盤礴原非庸史

先民之筌後生之祖

元美不以畫名乃其山水歌何約而該若此才子風流信非虛語

約畧數語已一幅佳畫形之楮墨之間

畫說

趙大年畫平遠絕似右丞秀潤天成眞宋之士大夫畫此一派又傳之爲倪雲林雲林工緻不敵而蒼古勝矣今作平遠及扇頭小景一以此二人爲宗使人玩之不窮

畫家之妙全在煙雲變滅中米虎兒謂王維畫皆如刻畫不足學也雲山爲墨戲此語雖似過正然山雲不用鈎染只以墨漬出令如氣蒸冉冉欲墮乃可稱生動之韻

畫樹木各有分別如畫瀟湘圖意在荒遠滅沒卽可當作大樹及近景叢木如園亭景可作楊柳梧桐竹及古檜青松若以園亭樹木移之山景便不稱矣若重山複嶂樹木又別當直枝直幹多用攢點彼此相藉望之模糊鬱葱似入林有猿啼虎嘷者乃稱至

畫家以古爲師已自上乘進此當以天地爲師每朝起看雲氣變幻絕近畫中山巒

趙大年平遠寫湖天淼茫之景極不俗然不奈多皴雖云學摩詰而摩詰畫正有細皴者文雅細潤不獨輞川一圖重山疊嶂亦有之趙能師其趣未必能盡其法也

畫之道所謂以宇宙在乎手者眼前無非生機故其人往往多壽至如刻畫細碎爲造物役者乃能損壽蓋無生機也黄子久沈石田文徵仲皆大耋仇英知命趙吳興止六十餘仇與趙雖品格不同皆習者之流非以畫爲寄以畫爲樂者也寄樂於畫自黄公望始開此門庭耳

禪家有南北二宗唐時始分畫之南北二宗亦唐時分也但其人非南北耳北宗則李思訓父子傳而爲宋之趙幹趙伯駒伯驌以至馬夏輩南宗則王

摩詰始用渲淡一變鈎斫之法其傳爲張璪荆關郭忠恕董巨米家父子以至元之四大家亦如六祖之後馬駒雲門也

古人云有筆有墨筆墨二字人多不曉畫豈無筆墨哉但有輪廓而無皴法卽謂之無筆有皴法而無輕重向背明晦卽謂之無墨古人云石分三面此語是筆亦是墨

董北苑畫樹多有不作小樹有作小樹但只遠望之似樹其實憑點綴以成形者余謂此卽是米氏落茄之源委蓋小樹最要淋漓約略簡於枝柯而繁於形影欲如文君之眉與黛色相參合則是高手

張伯雨題倪迂畫云無畫史縱横習氣予家有此幀又其自題獅子林圖云予此畫眞得荆關遺意非王蒙輩所能夢見也其高自標置如此又顧謹中題迂畫云初以董源爲宗及乎晚年畫益精詣而畫法漫矣蓋迂書絕工緻晚年乃失之而聚精於畫一變古法以天眞幽淡爲宗要亦所謂漸老漸熟者若不從董北苑築基不容易到耳縱横習氣卽黃子久未斷幽淡兩言則趙吳興猶遜迂翁其胸次自別乎

雲卿進瀟灑而黜法則寬幽淡而抹力量是以文氣爲宗門者也耳目雖囿於雲間胸襟則超乎凡俗

國朝吳郡丹青志 纂正　太原　百谷王穉登　撰

神品志一人　附沈處士杜徵君

沈周先生啟南字石田相城喬木代禪吟寫至先生繪事爲當代第一山水人物花竹禽魚悉入神品其畫自唐宋名流及勝國諸賢上下千載縱横百輩先生兼總條貫莫不攬其精微每營一障則長林巨壑小市寒墟風趣泠然使覽者若雲霧生於屋中山川集於几上下視衆作眞蜡螻耳多棲慶雲菴與北寺水閣間公卿大夫下逮緇徒卒隸酬給無間一時名士如伯虎徵仲之流咸下龍門　國朝畫苑不知誰當並驅也先生父恆字恆吉伯父貞字貞吉二處士並善丹青恆吉之畫師杜徵君徵君名瓊字用嘉明經博學畫亦遒麗

贊曰休矣煌煌乎沈先生之作集厥大成其諸金聲而玉振之者歟二父庭聞杜公私淑其有以陶育之也夫然青出於藍矣允矣觀於海者難爲水也處士淵孝固一勺之多也

妙品志五人

宋先生克字仲溫南宮里人書學急就章尤善畫竹雖寸岡尺塹而千篁萬玉蕭然無俗氣

唐寅字伯虎更字子畏才雄氣逸花吐雲飛中南京解元坐事廢逃禪學佛任達自放畫法沉鬱風骨奇峭刋落庸瑣務求濃厚連江疊巘纚纚不窮信士流之雅作繪事之妙詣也評者謂其畫遠攻李唐足任偏師近交沈周可當半席

文待詔先生名璧字徵明號衡山亦字徵仲弱齡雋茂蜚聲公卿間好古篇脩大雅君子書名雄天下畫師吳仲圭由諸生薦爲翰林待詔未幾謝歸

逍遥林谷益勤筆硯小圖大軸莫非奇致海宇欽慕縑素山積喧谥里門寸圖纔出千臨百摹家藏市售眞贋縱横一時硯食之士沾脂浥香往往自潤然慧眼印可譬之魚目夜光不别自異也年齡大耋神明不凋篝燈可夜作得者益深保愛奉如圭璋子嘉及猶子伯仁並嗣其妙嘉竹樹扶疏伯仁巖巒鬱茂並赤幟繪林

能品志 四人

兩夏君夏昶字仲昭崑山進士官太常楷書畫竹華夏馳聲文皇甚賞眷顧優渥緣此得荐其兄㫤爲中書舍人㫤字孟暘畫學高尚書

周舜卿諱臣吳郡人畫水山人物峽深嵐厚古面奇妝有蒼蒼之色

仇實甫諱英家太倉師周臣工臨模落筆亂眞至於髮翠毫金絲丹縷素精麗豔逸無慚古人

贊曰兩夏瞻依日月聲華鵲起周之創境仇之臨移雖曰偏長要之雙美

逸品志 二人 附陳子正

劉珏字廷美長洲人官僉憲寫山水林谷泉深石亂木秀雲冂綿密幽媚風流藹然挂冠歸田高曠靡及

陳太學名淳字道復後名道復改字復甫天才秀發下筆超異畫山水師古人而蕭散之趣宛然在目尤妙寫生一花半葉淡墨欹毫而疏斜歴亂偏其反而咄咄逼眞傾動羣類子括飲酒縱誕有竹林之習畫雖放浪終非俗流

遺耆志 三人

黄公望字子久常熟人神肖關荆染宗伯苑年躋大耋洪武中尚在

趙原字善良吳郡人畫師王右丞而墨法過之洪武初年　召對不至

陳惟允吳郡人爲藩左丞客丞喪

贊曰松漠亂華中原魚肉一二三君子遭時不淑鬻絲羽翠反爲身禍

棲旅志 二人

徐幼元先生名賁自蜀徙蘇州畫山水林岩濯濯可愛

張來儀先生諱羽由潯陽徙居吳郡畫法米父子筆意

贊曰兩賢弈弈維楚有材晉實用之

閨秀志 一人

仇氏實父之女號杜陵内史能人物畫綽有父風

贊曰粉黛鍾靈翺翔畫苑寥乎罕矣仇媛慧心内朗窈窕之傑哉

畫史 纂　　華亭　眉公陳繼儒　著

董玄宰在廣陵見司馬端陽所畫山水細巧之極絕似李成而畫譜不載以此知古人之善於逃名

臨池書學王右軍澄懷觀道宗少文王侯筆力能扛鼎五百年中無此君倪瓚題王叔明岩居高士圖

李之純云舉天下之言唐畫者莫如成都之多就成都較之莫如大聖慈寺之盛總九十六院畫諸佛如來一千二百一十五菩薩一萬四百八十八帝釋梵王六十八羅漢一千七百八十五天王大神將二百六十二佛會經驗變相一百五十雕塑不與焉

宋濂侍經於青宮凡古圖畫頗獲見之中有趙魏公孟頫畫豳風前書七月之詩圖繼其後皇太子覽而善之謂圖乃古帙恐其開闔之繁當中折處刋

青易壞命工裝褫作卷軸以傳悠久

着色倪雲林千古神品始在宋光祿民倩家後爲徐太常所藏

滕用亨待詔善鑒古畫嘗侍上閱畫卷衆目爲趙千里用亨頓首言筆意類王晉卿及終卷果有駙馬都尉王侁名

宋周曾作秋塘圖一卷元皇姊太長公主所藏前有皇姊圖書印記後有翰林諸詞臣奉皇姊旨所題自大學士趙士延王約而下凡十六人

楊維翰字子固晚年遊戲墨蘭竹石極精妙嘗假文湖州款不欲自表其名時柯九思推遜之

文衡山先生草書千字文後畫撥阮圖昔朱子朗疑而問之衡山云以文中有稽琴阮嘯四字故也古人漫興多如此

王維江干雪窗卷藏王敬美家又見梁伯龍示余大青綠獅子羅漢一軸亦云右丞筆也

戴逵畫佛像自隱帳中人有所臧否輒竊聽而隨改之積數年始成名

仇英倣宋元人花鳥山水畫册一百幅在項希憲家亦能品也

石田少時畫所爲率盈尺小景至四十外始拓爲大幅粗株大葉草草而成

余見王右丞山莊圖又雪霽捕魚圖山莊樹葉皆如个字其雪霽圖枯樹似郭熙二卷雖妙皆無款疑宋人臨稿

蔡松鶴藏有李伯時西嶽降靈圖前二人騎行後三人徒步最後有雲氣神人居中董玄宰寄予金箋畫册十幅有倣西嶽降靈筆意乃云學張僧繇也

王齊翰陸羽煎茶圖馬和之春宵鶴唳秋空隼舉圖王晉卿雪霽寒鴉圖王右丞松江圖李營丘秋晚圖盛子昭雲深處圖皆項氏所藏名册

文衡山寫雲山一卷奔放横溢後題七言行草一首其尾二句云山齋十日

經過斷楊得南宮水墨圖藏項希憲家堪與白石翁三檜卷敵手

元美公屬陸叔平臨黄安道華山圖四十幅後又有于鱗詩及記皆俞仲蔚書而叔平畫皴法不盡到如立粉本者余借至玄宰見而珍之

京師楊太和大夫家所藏晉唐以來名蹟甚佳玄宰借觀有右丞畫一幅宋徽宗御題於左筆勢飄舉眞奇物也檢宣和畫譜此爲山居圖察其圖中松針石脈無宋以後人法定爲摩詰無疑向相傳爲大李將軍其拈出爲輞川者自玄宰始

貫休嘗自夢得十五羅漢梵相尚缺一有告者曰師之相乃是也遂臨以足之

鵲華秋色卷趙子昂爲周公謹作山頭大着青綠全學王右丞

李伯時書法極精山谷謂其畫之關紐透入書中

錢叔寶少孤貧迨壯始從野亭翁遊文太史門下授以畫法然性嗜讀書有異書便手自鈔寫至老不衰燒香洗硯悠然自得其畫晚年於是益妙

文湖州竹生平僅見眞蹟一幀在橫册上乃折竹也其題者有二人柯九思題云湖州放筆奪造化此事世人那得知蛩然何處見生氣仿佛空庭月落時金粟道人阿瑛題云湖州昔在陵州日日逢人寫竹枝一段枯梢作三折分明雪後上窗時

書畫金湯

一善趣

賞鑒家　精舍　淨几　風日清美　瓶花　茶笋橙橘時　山水間　二人不矜莊　拂晒　名香脩竹　天下無事　考證　高僧　雪　與奇石鼎彝相傍　睡起　病餘　漫展緩收

一惡魔

黃梅天　燈下　酒後　硯池汁　屋漏水　硬索巧賺輕借　收藏印多　胡亂題　代枕旁客催逼　陰雨燥風　奪視　無揀料銓次　市談攪　油汗手　晒穢地上　惡裝褙　鼠　臨模汚損　蠹魚　强作解　噴嚏　問價　童僕林立　指甲痕　翦截摺疊

一莊嚴

玳瑁瑪瑙琉璃紫磨金白玉文犀舊剔官窰軸　繡帶　內庫秘閣　寶璽　五色玉牌記　古錦面　帝王璽　奇綵裹囊　名賢題跋　女校書收貯　金縷珠母石青楠檀匣

一落刼

入村漢手　質錢　獻豪門　剪作練裙襪材　不肖子　換酒食　盜水火厄　殉葬

名人圖畫語錄　　　　　　敫五唐志契　集

黃思白跋樓居仙圖云昔郭忠恕作石似李思訓作樹似王摩詰至於屋木樓閣恕先自爲一家最爲獨妙棟梁楹桷望之中虛若可蹈足闌楯牖戶則若可以捫歷而開闔之也以毫計寸以分計尺以尺計丈增而倍之以作大宇皆中規度曾無小差非至悉委曲於法度之內者不能然恕先仕於朝陏弛不羈放浪玩世卒以傲恣流竄海島中蛻形仙去及圖寫樓居又如此精密非徒精密也蕭散簡遠無塵埃氣者也予嘗見恕所作盤車圖粉本孔子所謂從心所欲不踰矩莊子所謂猖狂妄行而踏乎大方者乎其爲人無法度如彼其爲畫有法度如此則知天下妙理從容自能中度使恕先規度量而爲之則亦疲矣

戴冠卿云畫不可無骨氣不可有骨氣無骨氣便是粉本純骨氣便是北宗

畫不可無顛氣不可有顛氣無顛氣便少縱橫自如之態純是顛氣便少輕重濃淡之姿

畫不可無作家氣不可有作家氣無作家氣便嫩純是作家氣便俗

畫不可無英雄氣不可有英雄氣無英雄氣便似婦女描繡純英雄氣便似酒店帳簿

文文水云古人圖畫人物以勸戒爲上其次山水有無窮之趣尤是煙雲寫意爲佳其次花竹寫生動之筆意多有不可磨滅處至於佛像羅漢鬼怪士女翎毛鱗獸貴游戲閱總不淸玩

鄒禺谷云米公癡絕所爲雲山獨創一家卓立千古此中三昧惟伊家父子自相傳賞不令他人窺竊一斕越二百餘年而有高尚書者出盡伊父子而有之雲樹罨靄大有生氣墨汁淋漓欲墮几席眞足當鼎峙矣夫房山高先生有奇癖而所畫亦奇豈性帶癡癖者乃能爲絕筆耶予因遠想於長康之三絕也諺云不顚不狂其名不揚或正謂此

仇實父云唐宋人圖一故事有意風世非賢孝忠良則幽閒雅逸終不落惡趣元人始以豔麗相高無非奢靡如明皇慶幸圖金谷園圖射雉博古出獵等圖徒動人侈心畫何益於世

魏和叔云自幼垂髫便能畫者從古惟李昇姜道隱丘慶餘趙伯驌郭若思李成父子數人而已李昇小字錦奴寫蜀境山水如桃源武陵峩眉化山等圖其擅名者也至今有粉本唐明皇朝先有將軍李思訓山水絕妙故蜀人皆呼昇爲小李將軍蓋其藝相匹爾非眞將軍也開元中李思訓爲除衞將軍與其子李昭道俱得山水名時人號大李小李若小李將軍的指李昇云

趙文度云畫山水大幅務以得勢爲主山得勢雖縈紆高下氣脈仍是貫串

林木得勢雖參差向背不同而各自條暢石得勢雖奇怪而不失理卽平常亦不爲庸山坡得勢雖交錯而自不繁亂何則以其理然也而皴擦勾研分披糾合之法卽在理勢之中至於野橋村落樓觀舟車人物屋宇全在想其形勢之可安頓處可隱藏處可點綴處先以朽筆爲之復詳玩似不可易者然後落墨方有意味如遠樹要模糊襯樹要體貼蓋取其掩映連絡也其輕煙遠渚碎石幽溪疏林密篠蔓草之類祇不過因意添設而已爲煙嵐雲岫必要照映山之前後左右令其起處至結處雖有斷續仍與山勢合一而不渙散則山不爲煙雲所掩矣藏蓄水口安置路徑宜隱見參半使紆迴而接山之血脈總之章法不用意搆思一味塡塞是補衲也焉能出人意表哉所貴乎取勢布景者合而觀之若一氣呵成徐玩之又神理湊合乃爲高手然而取勢之法又甚活潑未可拘攣若非用筆用墨之高韻又非多閱古蹟及

天資高邁者未易語也

戴冠卿云沒骨畫創自徐熙之子崇嗣擅花卉不墨勾逕疊色漬染而成予謂祗可施之花卉耳不謂宋人有用大青大綠大丹大粉遂成山水命爲沒骨山水皆高克明董奴子輩手出見有眞蹟亦自可人但後人欲一爲之既無四五層工夫自然不及幸無以未見而反嗤沒骨爲失體也

宋石門云畫山水惟李成關仝范寬智妙入神才高出類三家鼎峙百代標程前古莫能方駕近代難繼後塵夫氣象蕭疏煙林清曠毫鋒穎脫墨法精微者營丘之制也石體堅凝雜木豐茂臺閣古雅人物幽閒者關氏之風也峯巒渾厚勢狀雄强搶筆俱勻人屋皆質者范氏之作也復有繼起者或有一體或具體而微或預造堂室或各開戶牖皆可稱尙然方之三家猶諸子之於正經矣

沈子居述宣和畫論云嶽鎭川靈海涵地負至於山川神秀陰陽明晦萬里遙遠可得之於咫尺間其非胸中自有丘壑發而見諸形容未必如此自唐至宋畫山水得名者類非畫家者流而多出於縉紳士大夫然得其氣韻者或乏筆法或得筆法者多失位置兼衆妙而有之者亦世難其人蓋昔人以泉石膏肓煙霞痼疾爲幽人隱士之誚是則山水之於畫世目未必售也至唐有李思訓盧鴻王維張璪輩五代有荆浩關仝是皆不獨畫造其妙而人品甚高若不可及者至宋李成一出雖師法荆浩而擅出藍之譽如范寬郭熙王詵之流固已各自名家然皆具體耳

葉雙石云予性好寫水予蓋自幼學之母舅呂廷震者也曾記得廷震云畫師相與言靠山不靠水謂山有峯巒崖谷煙雲樹石可以縈帶掩連見之至水則更無帶映曲文斜勢要盡其窊隆派別故於畫爲尤難彼或爭勝取奇以夸張當世者不過甓紋起浪若更作蛟蜃出沒便是山海圖矣唐人孫位畫水必雜石爲驚濤怒浪蓋失水之本性而求假於物以發其湍瀑是不足於水也曲陽廟壁有畫水世傳爲異蓋水紋平漫隱起浮流混混不息其後有梯升而崇者知辟爲隆窪爲下隨勢爲水以街於世俗而人初未識其僞也元初孫白始叛意作瀠洄淩原平波細流停爲瀲灩引爲決泄畫出前人意外別爲新規勝槪不假山石爲激躍而自成迅流不借灘瀨之爲湍濺而自爲衝波使夫縈紆曲直隨流蕩漾自然長文細格有序不亂乃眞入神水也大開一門戶矣嘗言畫漫水要不斷水脈爲工畫急水要不混洄瀾爲工若夫以二說觀世之畫水者眞可笑也夫漫流之水則爲池水風紋更無流脈畫迅流者則浪頭沸起反如印板豈勝道哉要知畫水者當觀其源次觀其瀾又其次則觀其流然如此者蓋鮮耳故知汪洋涵蓄以滔沒爲平引脈

分流以瀠蕩爲勢至於淤爲漪瀾散爲淪潤游泳乎其中而不繫於物者此眞天下之水者也亦知求於此乎

張振羽云畫有四宜宜文宜清宜逸宜咫尺隔別書有五忌忌冗忌雜忌套忌俗忌濃淡無分

強二水云古畫非脫落不堪用不須褙標蓋經一次褙裱失一次精神亦不必重洗亦不許剪裁過多一恐失神一恐後日難再裱也

鄒禺谷云予嗜山水畫片至老成癖家居雖積有數十幅古畫觀久終有不快心處何也以其規矩染色多作家氣耳予終身不忍釋目者有五二李成一元鎭二子久蓋多不拘規格以畫自娛天趣飛躍摹擬難肖自爾珍之始信畫品莫先自重哉奈前人用此以爲游戲養神之術今人反以之爲圖利勞心之苦人冠冕正士宴閒餘暇以此爲淸幽自適之樂唐張彥遠云書畫

之術非閭閻之子可學正為此也然則以畫為業而利是圖者豈但自墜九流之風不精之由亦以此

李仰懷云畫山水有五美蒼逸奇圓韻山水有五惡嫩板刻生癡

董玄宰云畫山水惟寫意水墨最妙何也形質畢肖則無氣韻彩色異具則無筆法

袁玄石云畫山水不可太熟熟則少文不可太生生則多戾練熟還生斯妙矣

張元春云大樹露根大松錯節遠山可斷近山接脈大石崔嵬小石錯雜總要得勢皴法各別筆潤淋漓不在重疊

夏煙林每述古人云意懶石不硬心煩水不淸筆尖樹不老墨濃雲不輕

王無倪云畫無絶筆傳授為先古哲妙墨代代相沿猶夫子之云識大識小也若廣訪名師加以心慧古迹不但可亟還可自謂過之

徐仲脩云山有翠微不可無路岸有人家不可無渡石有自然最忌作怪寫人任眞定犯俗態

趙希遠云辛酉秋余同宗伯董玄宰公至京口訪張修羽見其所藏黃子久浮巒暖翠章法筆法墨法與諸作逈絶宗伯云我所見黃子久畫不下三十幅要之此幅為第一屬余收縮小幀以便隨身展觀脩羽有別業在城南中有三層樓可望江帆茂因諸山名勝四面旋繞余從谷臨模其間心境閑曠頗得領畧浮巒暖翠趣向脩羽間出示所藏鼎彝古玩及宋元人名蹟與國朝文沈諸家書畫種種不一余不暇一一記之如盧鴻草堂十册位置奇特人物林木泉石極其古雅精妙皴擦渲染有力有韻用墨如漆光彩陸離奪人心目宜乎海內共寶之也有王叔明香光居士圖乃巨幅筆勢飄舉皴法

有極細者點苔用禿筆正鋒蒼莽混融余亦愛而臨之內有倪高士一小幅從吾鄉曹起莘家得來作懸崖絶壁筆法全學關仝亦是神物余得探討月餘亦生平一快事也因以記之

新安吳江村所藏董展畫余在維揚見之作挺秀枯枝樹四五株以青綠朱粉點葉分出樹頭山石用麻皮皴青綠刷色山巒只一兩轉便完極有氣格經年累月味之不盡

高秋甫嘗述舊人論畫三山分八面石有三方雲多恐刻霧重筆藏塔頂參天六層過殿芾堆土埠半露厥簷風以逆勢顯苔帶自然裝人物不過寸許松檜上現尺長

李雲鄉云畫山有大病從小要砭針大勢如川字小似假山形石塊薄而扁疊砌似魚鱗無起復無伏佈景定不深無濃復無淡墨色定失神

馬醉狂述唐世說云政和中徽宗立畫博士院每召名工必摘唐人詩句試之常以竹瑣橋邊賣酒家為題衆皆向酒家上着工夫惟李唐但於橋頭竹外掛一酒帘上喜其得瑣字意又試踏花歸去馬蹄香衆皆畫馬畫花有一人但畫數蝴蝶飛逐馬後上亦喜之又一日試萬綠叢中一點紅衆有畫楊柳樓臺一美人者有畫桑園一女子者有畫萬松一鶴者獨劉松年畫萬派海水而海中一輪紅日上見之大喜喜其規模闊大立意超絶也凡喜者皆中魁選

鄭超宗述董玄宰云雲林倣關仝不用正鋒乃更秀潤所謂師法捨短

又云山水妙處在唔不在明古人以煙雲為第一蓋此意襄陽米父子獨得北苑三昧高房山以渾厚入之方方壺便開陳白陽門戶矣

錢禹方云獨文成殿中有春龍起蟄圖乃孫位所作山臨大江有二龍自山

下出龍蜿蜒驤首雲間水隨雲氣布上兩自爪甕中出一龍尾尚在穴前舉首望雲中意欲俱往怒爪如腥草木盡靡波濤震駭澗谷瀰漫山中居民老少聚觀闔戶闞牖人人驚畏若屋顛墜筆勢超軼氣象雄放非其胸中磊落不凡能窺神物變化窮究百物情狀未易能也位後遇異人得度世法信乎非俗士

繪事微言卷四

常熟初園丁祖蔭校訂

跋

右繪事微言四卷邑人唐志契譔契字敷五一字玄生明諸生此書收入四庫提要稱其刪除蕪雜汰取菁英持論頗爲不苟其詳已載余所印退庵筆記中惟筆記謂序後列校正姓氏數十人皆工繪事者弟志尹姪日昌與焉而泰州志藝術門唐志尹傳則又謂弟志契字敷五善山水能詩不有此册幾無以知泰志之誤矣又佩文齋書畫譜稱志尹爲江都人是不知相五與敷五爲兄弟亦一誤也並附記之民國十二年正月四日韓國鈞跋

書後

繪事微言明刊本四卷世不多見是本從文瀾閣錄出傳寫外錯不可究詰止盦先生屬爲校勘未敢以已意下丹黃也八千卷樓亦有此書鈔本已流入江南圖書館復錄出爲對勘可是正者則從之互有出入者取其長不得確解者毋寧闕手民迫促匆遽付刊疏略之處固仍不免特以視兩圖書館寫本或較勝一籌耳甲子元日丁祖蔭識

泰州文獻

第四輯

韻史（三）

鳳凰出版社

目録

韻史（三）

（清）何萱撰

韻史

何萱撰著

第八册

商務印書館發行

韻
史
第八册
何萱撰著
商務印書館發行

韻史卷四十一

泰興何萱石閭譔集　子度校字

第九部上聲　上海顧錫麒竹泉覆審

孔韻　武進李兆洛申耆鑑定

開口呼

孔佩酒切四部九部用讀○俗有孔孔通也嘉美之也說文段注通者通達也於易卦為泰孔訓通故俗作空穴字多作孔其寔空者實也作孔為段借嘉美之也各本無此四字淩人謂奥下複而刪之今依翁會補也當作司言司言者意內而言外也通為言實為凶故凡言孔者皆所以嘉美之毛薄曰孔甚也是其義甚者尤安樂也或曰詩言亦孔之醜豈嘉美之手曰此即今甚字通於美惡之意也按此三未見三代用韵之文但以内好即邊孔求之疑孔古音在字部故說孔以為聲○說文又云从乙子乙請子之候鳥也从乙至而得于嘉美之也故古人名嘉字孔萱按孔从燕乙非从甲乙也俗書多誤春秋孔父傳作孔父嘉何休云絰稱字按鄭公子嘉楚成嘉皆字子孔孔甚也爾雅釋言又書皐陶謨何畏乎巧言令色孔壬晚出傳又詩汝墳父母孔邇傳然衰孔武有力傳小戎僕孔馴孔牟傳鹿為德音孔昭箋采

薇玁狁孔棘箋蓼蕭孔燕豈弟箋何人斯其心孔艱箋小明我事孔庶箋楚茨祀事孔明箋賓之初筵飲酒孔偕箋飲酒孔嘉箋既醉威儀孔時箋春河亦孔之厚矣箋抑昊天孔昭箋閟宮路寢孔碩箋又儀禮士冠禮爰字孔嘉注又禮記樂記誄氏孔易注孔子閒居內怨孔悲注中庸亦孔之昭注表記諡言孔甘注又左氏傳廿二年傳杳婚孔云注襄八年傳詠夫孔多注又漢書紀忠傳各注又後漢書紀傳各注又注引韓詩又太玄斷数以孔碩注牟圖律呂孔幽注又楚辭懷沙孔靜幽默注又文選東京賦薛注幽通賦曹注思令賦舊注○萱按為貢九江孔殷文庸孔修史修史記作九江甚中大府甚修孔深見淮南精神孔乎莫知其所終極注孔間也爾雅釋詁孔大也老子孔德之容注孔空也老子孔德之容王注○後漢書馮衍傳注云孔之為言空也孔穴也爾雅釋詁又漢書張蓍傳注○禮記中庸注謂曉一孔之人疏云孔謂孔穴夫孔竅者精神之户牖也淮南精神孔則窮漏素問骨空竅其孔溺孔之端也注孔者器中之所受也詩角弓如酌孔取疏○又云孔取謂空盧受物之處器中孔孔雀也楚辭謗誄鸞皇孔鳳日以遠分注又漢書司馬相如傳上

韻史 卷四十一第九部上聲孔韻 三八四九

完雛孔鸞注引張揖 孔鳥孔雀也山海經海內經有孔鳥注○周書王會以孔鳥注云孔與鸞相配者

項 漢孔切 頭後也說文段注頭後者在頸之後後項雙聲故項彙亦曰后彙也公羊傳搏閔公之脰何云脰頸也哲人語此 當曰項而曰頸者渾言則不別小雅四牡項領傳曰項大也此謂項與椎同○萱按后彙見童子逢盛碑淮南說林作項記

項确也堅确受枕之處也釋名形體 釋項背相望謂前後相顧也後漢書左雄傳注 項國名也左氏傳十六年夏滅項釋文又公羊穀梁釋文

澒或汞作丹沙所化為水銀也說文段注本艸經曰鍊化還復為丹然則本丹之所化明矣後代燒擬蓋次朱砂為之淮南書高注曰白澒水銀也廣雅曰水銀謂之澒字一作汞說者分別之云汞水銀澤○淮南墜形黃埃五百歲生黃澒注云澒水銀也又白礜九百歲生白澒注云白澒水銀也

濛未分之象也後漢書張衡傳注 澒濛氣也楚辭遠遊貫澒濛以東朅兮注 鴻濛自然元氣也莊子在宥而適遭鴻濛釋文引司馬注○萱按鴻澒正借字蒙者濛之省 鴻蒙海上氣也莊子釋文在宥鴻濛廣

韻史 卷四十一第九部上聲孔韻 三八五〇

大兒漢書揚雄傳上注 鴻溶竦踊也漢書司馬相如傳下紛鴻溶而上厲注引張揖 鴻絧相連兒也文選羽獵賦鴻絧緁獵注○漢書揚雄傳上注云鴻絧直馳兒 鴻洞相連兒文選洞簫賦風鴻洞而不絕兮注○萱按淮南精神云澒濛鴻洞比鴻即澒也正借字並見一語中又原道云與天地鴻洞 虹洞相連兒也文選七發虹洞兮蒼天注又後漢書馬融傳天地虹洞注○萱按此段虹為澒也章懷注少兒也

綁 保澒切 或書作幫○俗有幫裝幫幫裝 枲履也說文段注枲者麻下急就篇履屩幫蕉今俗語枲履之判合為幫讀如邦○萱按邦綁相為平上幫即幫之俗體也俗又謁為幫 綁枲也荀子正論菲對屨注○萱按以枲釋綁義未全 疑枲下奪菲字 幫治履邊也集韻○萱按六書故云幫裨帖省作幫凡事物旁敘者皆曰幫也 幫小兒履也玉篇 幫鞋革皮同上

玤 石之次玉者以為系璧說文段注系璧蓋為小璧系帶閒繫左右佩物也

韻史 卷四十一第九部上聲孔韻 三八五一

琫 ○俗有琫皓 佩刀上飾也天子以玉諸侯以金說文段注小雅鞞琫有珌傳琫容刀鞞也琫上飾珌下飾大雅鞞琫容刀傳下曰鞞上曰琫戴先生疑瞻彼洛矣之珌下飾當為鞞下飾珌文飾兒有珌與首章有奭句法同說文訓鞞為刀室誤也玉裁按鞞之言鞞也刀室所以裨護刀者漢人曰削俗作鞘琫之言奉也奉俗作捧刀本曰環人所持握也其飾曰琫珌之言畢也刀室之末其飾曰珌古文伯琕傳云鞞容刀鞞也謂刀削其云琫上飾珌下飾者上下自全刀言之琫在鞞上鞞在琫下珌在鞞末公劉詩不言珌故云下曰鞞琫鞞以鞞珌鞞琫有珌言鞞琫而又加珌也玉琫傳瑒琫瑒珌孟康曰佩刀之飾上曰琫下曰珌若削匹釋名曰室口之飾曰琫琫捧也捧束口也下末之飾曰琕琕卑也下末之言也琕即鞞之鑿劉意自一鞘言之故雖鑿毛上曰琫下曰鞞之言而大非刃意至杜預本之注左傳云鞞佩刀削上飾鞛下飾又五鞞上下字矣凡訓詁必考其源流得失者舉眡比許云佩刀上飾用毛說謂一刀之上非一削之上也凡刀鈞以手所執為上刀謂之頌亦曰環書刀謂之拊劍謂之鐔毛傳曰天子玉琫而珧珌諸侯璗琫而璆珌大夫鐐琫而鏐珌士琫珌而珕珌天子以玉故其字从玉左傳作鞛音奉合音如鞛字亦音聲之比○詩瞻彼

韻史 卷四十一第九部上聲孔韻 三八五二

洛矣釋文云琫佩刀鞘上飾又公劉疏云琫者鞘之上飾又蓺文類聚卒引字林云琫佩刀下飾也

菶 艸盛說文段注毛曰菶菶萋萋梧桐盛也說文兩引詩瓜瓞本萃今生民作唪唪段借○御覽九百九十四引通俗文云艸盛曰菶 菶菶茂也廣雅釋訓 唪唪然多實也詩生民瓜瓞唪唪傳

蚌 借澒切 或作蜯鮮 蜃屬說文段注蜃當作蜃釋魚曰蚌含漿鄭注鼈人云經物亦謂蠙刀含漿之屬持珠出於蚌五部曰珧蚌之有聲者○爾雅釋魚注云蚌即蜃也 蚌曰合將周禮鼈人凡山川四方用蜃注 蜃唪也周禮鼈人注○萱按漢書敘傳上藏於蜂蛤序文選南都賦巨蜂函珠字俱作蜂又山海經西山經其中多鮮魚字又作鮮鮮偽魚者如蝦名鰕魚之蚌蛤也文選雪賦分若馮夷剖蚌列明珠注引司馬彪○周禮鼈人疏云蚌即蛤又蜃人疏云蚌蛤一名含漿含漿則是容酒之類畫為蜃而尊名也 巨蚌育明珠者也文選吳都賦劉巨蚌於回淵劉注○萱按明珠出老蚌若釋器注珧小蚌蓋未孕珠者與 離為蠃蚌易震偲袁貝虞○說卦傳云離為蚌

合口評

棓四部九部兩讀○俗有棓棒榔梲也說文段注棓棒正俗字天官書紫宮左三星曰天槍右五星曰天棓淮南書寒
逞殺羿於桃棓棓杖也廣雅釋器○御覽三百五十七引通俗文云大杖曰棓又淮南詮言注云棓大杖以桃木
為之又御覽引許慎注同又開元占經引石氏云天棓五星天之貳備也棓者大杖所以打賊也僉自闚而
西謂之棓方言凡無高下有絕加躡板曰棓公羊成二年傳踊于棓而窺客
注○疏云無高下猶言其間高下當有蹶絕而加躡板者皆曰棓矣但棓根也廣雅釋艸桴杖也打
也廣韻
滃脘桶切雲气起也說文段注易林潼滃蔚薈扶首來會謂雲起也江賦氣滃渤以霧杳有餘翁為滃者成禮醴齊注盎
猶翁也成而翁翁然忽白色○漢書揚雄傳下滃渤霧出皃則不花浮滃雲而嶽歛蒸注云滃雲氣起也
文選江賦注
蓊平上兩讀注在彼

韻史　卷四十一第九部上聲孔韻　三八五三

韻史　卷四十一第九部上聲孔韻　三八五四

董睹滃切或作董鼎董也杜林曰藕根說文段注釋艸曰蕅薄董郭云似蒲而細按說文蝭蝭字者蓋許所據祗
作類董亦作董古童重通用或用為童節字說漢志有杜林倉頡訓纂一篇杜林倉頡故一篇此蓋二篇中語藕當從後
文作蕅蕅根猶荷根也郭璞曰北方人以蕅為荷用根為母號也然則杜林謂蕅為董○續漢書五行志一云千里艸為
董堂按手里艸之字行而董廢矣惟校官碑董並衛彈碑以府丞董察係用正字董正也爾雅釋詁又左氏桓
六年傳隨人使少師董成注昭三年傳而辱使董振擇之注又後漢書高彪傳注又楚辭涉江余將董道而不豫兮注
董督也晚出書大禹謨董之用威注又左氏文七年傳董道注昭十三傳董之以武師注又後漢書陳忠傳注謝
吳語注董督正也後漢書本傳注董謂御正諸注爾雅釋董固也方言十二又廣
雅釋詁二董謂深藏也史記扁鵲倉公傳氣當大董集解引徐廣振董以兩手相擊也
周禮大祝四曰振動大夫注
動杜滃切𨔝古文作動○或作也說文又爾雅釋詁又孟子滕文公上將終歲勤動注又呂覽察今必循法以動注○

董按婁壽碑周不動心字體小異也又禮記樂記以立動動或作熟形近而誦也又周禮大祝四曰振動鄭大夫動作董
動謂作為也荀子正名故欲過之而動不及注○淮南詮言動之為物注云動有為也動反靜也
素問五運行大論其變動注動不寧也素問六元正紀大論故風勝則動注動震也易彖上傳動而
健注泰下傳說以動廣又淮南道應能動地注動發也易繫辭下傳數天下之動者也虞注又淮南說林撥
衆者機動注○齊笑動於類色注云動猶發也動生也呂覽音律中木籟動注又淮南時則蟄蟲成動蘇注
○管子八觀地非民不動注云動謂發生殺物動蘇也呂覽季春則蟄蟲動矣注動感也呂覽具備
其動人心不神注又淮而說山同氣相動注動行也易繫辭下傳變動不居虞注又國語晉語是以君子省衆
而動注楚語以休懼其動注又淮南本經訓動而成於文注說山介蟲之動以固注○周諜人軍動則致其衆注云動
且行動移也呂覽論威莫之能動注動搖也楚辭抽思悲夫秋風之動容兮注動變也呂覽
知士宣王太息動於顏色注○素問五常政大論其動濡積并搐注云動謂變動動猶化也淮南覽冥陰陽

韻史　卷四十一第九部上聲孔韻　三八五五

韻史　卷四十一第九部上聲孔韻　三八五六

同氣相動也注動謂運轉禮記禮運五行之動注動或從也墨子經上動驚也文選閒居
賦使人心動注動謂動亂素問刺要內動五藏注動猶爭也呂覽首時不可柴注動動猶
感也淮南精神不隨物而動注震為動易觀象下傳動而不窮也虞注艮不拯其隨虞注繫
辭上傳議之而後動虞注繫辭下傳不見則不動虞注震為啟動易彖匪我重家虞注求天陽為動
易繫辭上傳動靜有常疏動謂爻也易繫辭下傳生升動者也虞注動動人心也禮記中庸明則
動注動謂勞役之也論語子張之斯和皇疏動息猶出處文選謝朝而主暉詩動息無觀
東逸注動靜是非也荀子正名以喻動靜之道也注動物謂禽獸也後漢書馬融傳注又
文選西京賦動物斯止搴注○周禮大司樂以作動物注云動物羽贏之屬
瞳或作曈○九部十四部兩見注在彼
統上去兩讀注在彼

䫀或作詷䫀直項皃說文

挏推引也漢有挏馬官作馬酒說文段注推各本或作讎今依廣韵韵會本推讀如或推輓之

推謂推之使前也漢有云云見百官公卿表禮樂志應劭曰主乳馬取其乳汁挏治之味酢可飲因以名官如淳曰主乳

馬以韋革為夾兜受數斗盛馬乳挏其上肥因名曰挏馬官今梁州亦名馬酪為馬酒顏氏家訓曰此謂撞擣挻挏之今

為酪酒亦然按挻挏字見淮南子

桶木方受六升說文段注疑當作方斛受六斗廣雅曰方斛謂之桶月令角斗甬注曰甬今斛也甬即桶今斛

者今時之斛凡鄭言今者皆謂漢時秦漢時有此六斗斛與古十斗斛異史記商君平斗桶呂不韋仲春紀角斗桶故知

起於秦也桶筩也廣雅釋器桶量器呂覽仲春注〇一切經音義五引通俗文云受十斗曰桶

筩自關而西謂之桶檧方言五〇注云今俗通呼小籠為桶檧

祖動切
總或作總〇俗有傯捴惣揔聚束也說文段注謂聚而縛之也息有散意系以束之禮經之總束髮也禹貢之總禾

韻史 卷四十一 第九部上聲孔韻 三八五七

韻史 卷四十一 第九部上聲孔韻 三八五八

束也引申之為凡最綜之偁漢書平帝紀注云聚束曰總〇總合聚也淮南原道大宇宙之總注精神萬物

總而為一注本經精與鬼神總又楚辭怨思建黃昏之總旄注總眾聚也淮南原道萬物之總注〇史記

禮書功名之總也義云總令也聚也正總會也文選東京賦集瑞命薛注總總皆也廣雅釋詁三

總一也淮南本經德之所總注故總凡也淮南本經之所總要注德總謂傳書之種別

與大凡周禮職內執其總注〇疏云總謂稅入多少總要簿書總要也荀子議兵功名之總也注總

領也荀子王制萬物之總也注王霸三總方而議注非十二子總方略注公總要猶統領也荀子

哀公總要萬物於風雨注總將領也左氏僖七年傳若其罷人以為之渠總總謂監也莊子漁父

非其事而事之謂之總釋文引李注總係也史記司馬相如傳總光耀之采旄集解引漢書音義又漢書相如傳

下注張揖引總結也廣雅釋詁四又漢書揚雄傳上注引應劭又雄傳總余轡乎扶桑注總猶括也

文選東京賦總兩之所交薛注風總謂收積也管子修靡事而總注無總猶猥卒禮記月令

寒氣至注總總眾人也周書大匡因其老及其總注者總總眾也廣雅釋訓〇楚辭大司命

紛總總兮九州注云總總眾皃總總亂也周書大聚政總總注殷總總猶傳傳聚皃也

離騷紛總總其離合兮注〇漢書揚雄上者總總撙撙注云總總撙撙聚皃也傳總束髮也儀禮喪服斬衰

布總注又禮記內則櫛縱笄總注又系詁曲禮注又釋名釋首飾〇禮記檀弓上而總八寸注云總束髮垂為飾又內

則疏云總者裂練繒為之束髮之本垂節於髻後又周禮追追師跣云總者既繫其本又總其末又儀禮喪服傳云總六

升長六寸總角收髮結之禮記內則總角衿纓注〇詩氓總角之宰傳云總角結髮也又甫田總角丱兮

傳云總角聚兩髦也總設燭之束也管子弟子職錯總之法橫於坐所注總者總八轡牽

儀禮聘禮之總束馬注總干持盾也禮記樂記總干而山立注納總謂入所刈禾也

書禹貢百里賦納總鄭注〇晚出傳云禾稾曰總又漢書地理志上注云總禾稾總入也總章西向堂西

方總成萬物而章明之故曰總章呂覽孟秋天子居總章左个注又淮南時則朝於總

韻史 卷四十一 第九部上聲孔韻 三八五九

韻史 卷四十一 第九部上聲孔韻 三八六〇

章左个注〇大戴記少閒命於總章注云總章重屋之西堂取萬物之成功也總章樂官名後漢書獻帝紀

注十管曰總周禮掌客注〇此段總為稷也萱按總數也詩羔羊素絲五總傳〇萱按此總釋

文音子公反乃强生分別耳何膚為緵數也詩東門之枌傳〇疏云緵謂麻縷每緵一升而用縷紀之〇萱按此

段緵總也為緵總也又詩東門之枌越以緵邁烈祖緵假無言傳左氏昭廿年傳注〇萱按鄭破毛不破字

其指一也經緵緝曰緫一切經音義十二引通俗文〇萱按此段緫為總也說文緫訓帛青色也若廣雅云

緫青也總絹也二字互相借也緵緵眾也漢書禮樂志般緵緵注〇萱按此段緵為總也廣雅云總總眾也

緵緵急遽皃禮記檀弓上喪事欲其緵緵爾釋文〇又云緵音揔緵緵從從謂大高禮記檀弓

上爾毋從從爾注〇萱按此段從為總也釋文云從從高也音揔

熜或作熄然麻蒸也說文段注麻蒸析麻中榦也亦曰蒸蕉一作古者燭多用葦鄭注周禮曰燋炬也許曰

苣束葦燒之也亦用麻故先鄭注周禮曰黃燭麻燭也先鄭意貴卯纖字鄭注士喪禮曰燭用蒸蒸卯謂麻秸弟子職曰

燕閒容蒸爈炬也廣雅釋器

蠓慢桶切
蔑蠓也說文段注各本蔑作蠛無此字今正蔑之言末也爾雅作蠛非古也釋蟲曰蠓蠛蠓孫炎曰此蟲小於蚊郭圖讚曰小蟲似蚋風春雨磑謂其飛上下如舂則天風回旋如礱則天雨陸佃引郭語互易之非也史記蛩鴻滿塈索隱引高誘曰飛鴻蠛蠓也按古鴻蒙為疊韻故高君知鴻為蠓也楊雄賦曰浮蠛蠓而撇天蠛蠓猶鴻蒙也細至於蠓則其外皆鴻蒙矣故其字从蒙蠓謂蠛蠓小飛蟲也列子湯問有蠓蚋者釋文蠓蚋蜂也黃獼

釋蟲○方言十一云燕趙之閒謂之蠓蠓

齊齒呼

収几勇切
或作廾舁○三部九部兩讀𢪒揚雄說廾从兩手○𢪒與十五部古文揷同體竦手也說文段注竦敬也按此字謂竦其兩手以有所奉也故下云奉承也手部曰承奉也受也五經文字其恭反九經字樣音卬廣韻引說文居竦切以龔从廾聲求之古文左三部揚雄說从兩手者蓋訓蒸篇如此作古文揷从二手此以古文揷為廾也

拱斂手也說文段注斂當作撿與下撿篆相联為文尚書大傳曰拱則抱鼓皇侃論語疏曰拱皆手也凡拜皆必扶手而至地立時歛則拱手如禮引孔子與門人立拱論語子路拱而立玉藻臣侍於君垂拱是也行而張拱曰翔凡拱不必皆如抱鼓也推手曰揖則如抱鼓拜手則斂於抱鼓稽首頂首則以其斂於抱鼓者下之引手曰厭則又較斂于拜凡沓手右手在內左手在外是謂尚左手男拜如是男之吉拜如是喪拜反是左手在內右手在外是謂尚右手女拜如是女之吉拜如是喪拜反是喪服記袪尺二寸注曰袪袖口也凡二寸是以容中人之併兩手也吉時拱尚左手喪時拱尚右手合內則奔喪檀弓尚左尚右之文釋之可以知拱時皆手之宜矣拱古文段借作共鄭欲酒禮注曰共拱手也尚書大傳注曰兩手搖之曰拱然則桑殷一暮大拱蓋子拱把之桐拌皆非皆手之拱拱之小者也趙岐云合兩手徐鍇云兩手大指頭相拄○萱按說文拱撿相次撿下云拱也蓋與拱為轉注而人多識斂少用撿漢書賦布傳注云斂手曰拱

拱拱手也論語為政而衆星拱之鄭注○萱按本作共輿鄉飲酒禮退共同用借字鄭本作拱何

拱沓手也禮記玉藻靈垂拱疏頤兩手曰拱莊子人間世其拱而把上者釋文引司馬注又彼漢書崔駰傳注○爾雅釋詁注云兩手持為拱又呂覽制樂化旦而大共注云滿兩手曰拱合手曰拱左氏僖卅二年傳爾墓之木拱矣注又穀梁傳卅三年傳子之冢木已拱矣釋文○左氏襄廿八年傳與我其拱璧疏又孟子告子上注並云拱謂合兩手也又漢書郊祀志上注云合拱又五行志中之下七日而大拱注云兩手合為拱兩手曰

拱抱也淮南繆稱交拱之木注○公羊傳卅三年傳宰上之木拱矣注云拱可以手對抱又穀梁僖卅三年注云拱合抱也

拱固也廣雅釋詁二

拱鞏也廣雅釋詁一

拱番拱而已也荀子王霸則天子共而已矣注

拱璧大璧也左氏襄卅一年傳叔仲帶竊其拱璧釋文

拱執也爾雅釋詁又國語吳語擁鐸拱稽注又漢書仲長統傳注後

共執也詩抑克共明刑傳韓奕虔共爾位傳長發受小共大共箋

拲
𢍏或兩手共同械也周禮曰上辠梏拲而桎說文○周禮掌曰上罪梏拲而桎司農注云拲者兩手共一木也又左傳華卅年疏云拲者施於手又漢書刑法志注云兩手同械曰拲○萱按拱與拲異字猶拱與拲異字也顏師古謂拲即拱字其說蓋非是

輂
或作大車駕馬者也說文段注者字今補小司徒正治輂輦注曰輂駕馬所以載任器輿許說同云大車駕馬者言者以別於駕牛也古大車多駕牛其駕馬者則謂之輂按左氏傳陳畚挶挶者土轝漢五行志作輂是挶乃輂之或體也史河渠書山行即橋一作檋夏本紀正作檋漢溝洫志作山行則挶韋昭曰梮木器如今轝牀人舉以行也然則周禮輂之制四方如車之輿故曰轝或作轝或駕馬或人轝皆宜用之從土則謂之土轝即公羊之荀史記之僂輿也用之舁人則謂之橋橋即漢書輿橋而越嶺之轎字也左氏正義謂梮字从手其說非是禮經轅軸轅即輂字之異者注云輁狀如長牀是也夏尚四載乘輂蓋亦馬引之不然何以云禁始素人車故古者所當辨也按共聲古音在九部士喪禮拱九勇反是也漢人不知為同字○萱按挶在三部入聲異之或體也輂與挶為一聲之轉義亦相近故不誤異部相段篇韻輂讀居玉切者乃誤以挶之本音被於輂耳

大車駕馬曰輂史記淮南衡山傳謀輂車四十乘集解引徐廣○周禮鄉師正治其徒役與輂輦注云輂駕馬

輂直轅車也書咎繇暮予乘四輿疏

輂梆車也廣雅釋器

輂載也方言十二又廣雅釋詁二

輂轝亦載物者也方言十二

注輂所以輿土也漢書五行志上陳奔輂注引應劭

輁狀如牀軸其輪輓而

行儀禮士喪禮升棺用軸注○既夕遷于祖用軸注云輁狀如長牀穿桯前後著金而關軸焉大夫諸侯以上有四周謂之輴天子畫之以龍○董按輁亦作拱借字也夕記夷牀輁軸饌于西階東注云古文輁或作拱既

快

平上兩讀注在後

巩

𢀜或褱也說文𢀜擁也此說文段注巳手部別載此篆此解段注云按此說文見孔部為巩之或字此不當

重出當是或人所增刪之可也○瑩按𢀜擁也擁褱也巩𢀜無二義同字明矣𢀜拳也廣雅釋詁一

鞏

或巭作巳韋束也易曰鞏用黃牛之革說文段注大雅藐藐昊天無不克鞏毛曰鞏固

也此引伸之義也易曰者革初九辭王弼曰鞏固也按此與卦名之革相反而相成○萱按詩瞻卬鞏與後韵合音也

鞏固也爾雅釋詁又易革釋文○五篇鞏下云固也以手有所束也以火乾物也或作巭鞏火乾也方言

七○又云凡有甘而乾謂之熟東齊謂之鞏鞏鞏拘擊皃也楚辭離世心鞏鞏而不離失注鞏

名屬河南郡尚書釋文肓

碧

水邊石也春秋傳曰國碧之甲說文段注左傳昭十五年定四年皆作鞏杜注鞏國所出鎧

恐

舊音切

志古文㤨有忠○懼也說文人爾雅釋詁又廣雅釋詁二又孝經釋文○素問藏氣法時論善恐如人將捕之注

云恐謂恐寬不安也懼恐所以懼惡也素問陰陽應象論在志為恐注大恐謂怖動也

漢書雅陽寬王欽令弟光恐王云注傳恐者腸絕而無主也鬼谷子權心虛而腎氣

并之則為恐素問宣明五氣篇精氣并於腎則恐注蛩懼也廣雅釋詁二○為萱按此類皆段蛩

恐也蛩快恐也方言六○又云蛩快戰慄也利矣曰蛩快蛩蛩懷憂皃楚辭靈懷異志蛩蛩而懷

頃分注

甬

漢龍切

艸木𠷎甬甬然也說文段注小徐曰甬之言涌也若水涌出也周禮鐘柄為甬按凡从甬聲之字皆興

意趣之甬常也廣雅釋詁一甬使也同上自關而東陳魏宋楚之間保

庸謂之甬方言三舞上謂之甬考工記鳧氏注云甬鐘柄○甬量器也呂覽仲秋

齊斗甬注甬即斛也爾雅釋樂注祝如漆甬釋文○記月令角斗甬注云角今斛也禮甬道閣道

也文選古意訓到長史溉登張邪城詩甬道入鸞注○准南本經甬道相連注又後漢書班彪傳注並云通道飛閣

穫也道甬甬江國語越語吾請達王甬句東注

勈

戚或恿古文○𢛭作勇气也說文段注气雲气也引申為人充體之气之偁力者筋也勇者气也气之所至

力亦至焉心之所至气乃至焉故古文勇从心左傳曰共用之謂勇孟子曰志氣之帥也勇文之帥也國語

周語勇志之所以敢也墨子經上○列子力命釋文云勇敢勇猛果敢臨事而屢斷勇

也禮記樂記勇謂果敢決斷禮記禮運疏○國語晉語其勇不疚於刑注云勇能斷決也又太卞卞難

云斷而決之者勇也知死不辟勇也左氏昭廿年傳折而不撓勇也管子水地不疑

之謂勇韓非子解老持節不恐謂之勇賈子道術以義死用謂之勇國語

周語○孟子滕文公下勇士不忘喪其元注云勇士義勇者也勝敵壯志曰勇周書謚法勇踊也

遇敵踴躍欲擊之也釋名釋言語勇力皆車右也左氏成十六年傳使訓勇力之

士注勇人之高行也孟子離婁下以取章章指可勇天下之凶德也呂覽論威有

令不聽從謂之勇韓非子詭使

趙

喪擗趙說文段注今禮經禮記皆作踊足部曰踊跳也是二字義殊也左傳曲踊三百三踊于幕庭之類當从足

若即位哭三踊而出之踊當从走擗鉎作辟詩卿風爾雅諸家本多作擗撫心為擗跳躍為趯踊辟踊也公羊

宣十八年傳注踊躍也禮記檀弓下辟斯踊注跳躍為踊禮記檀弓下辟踊哀之至也疏

○喪服四制跛者不踊跛云躍足跳躍爵踊足不絕地禮記問喪發胸擊心爵踊踊注○又云爵踊似

跳爵也之喪之踊猶孺子之號慕禮記檀弓下子貢知夫喪之踊也注不

踊

○俗有踴跳也說文段注與走部趙別○廣雅釋詁二又漢書禮樂志注並云踊跳也曲踊跳躍也

左氏僖廿八年傳曲踊三百注○漢書司馬相如傳下注引張揖云踊躍跳也踊上也公羊成二年傳踊于棓而窺客注又廣雅釋詁一○左傳廿八年疏云踊亦向上之名踊豫也齊人語若關西言渾矣公羊傳十年傳踊為文公諱也注踊甚也史記平準書物踊騰躍集解引晉灼踊騰猶低昂也史記平準書索隱引如淳○漢書食貨志下甯騰躍注云踊騰一也不當重累言之踊謂刖足者屨左氏昭三年傳屨賤踊貴注又見漢書鼂錯傳論注踊辟踊也萱按此類皆長踊為趣也

俑　平上兩讀義異偶人也禮記檀弓下謂為俑者不仁注又後漢書馬援傳注又孟子梁惠王上始作俑者注○通典八十六引禮記傳云俑偶人也有面目機發似於生人俑或謂偶刻木以像人形文選祭古冢人撫增哀注俑木人送葬也文選祭古冢文注引埤蒼○萱按廣韻所引多設關而能跳踊大字

涌　○俗有湧幐也一曰涌水在楚國說文段注滕水超踊也左傳莊十八年閭敖遊涌而逸楚子殺之杜曰涌水在南郡華容縣華容今湖北荊州府監利縣地涌水在今江陵縣東南自監利縣流入夏水支流也水經曰

江水又東南華容縣南涌水入焉鄭云水自夏水南通於江謂之涌口○左傳釋文云涌水名涌溢也素問五常政大論其動濮泄沃涌注○六元正紀大論嘔涌注云涌謂溢食不下也涌出也廣雅釋詁一涌吐也素問至真要大論酸若涌泄為利注○五常政大論其動瘍涌注云涌嘔吐也涌裔行兒也文選七發軌鑑注涌裔涌湍急阻也楚辭悲回風憚涌湍之磕磕兮注涌泉穴名在足心下踡指宛之中素問陰陽離合論少陰根起於涌泉注泉暴出者曰涌論衡狀留○爾雅釋水正出涌出也李注云水泉從下上出曰涌泉又釋名釋水云水上出曰涌泉山旁隴閒曰涌涌猶桶桶狹而長也釋名釋山

蛹　繭蟲也說文段注搜許於繭曰蠶衣也於繭曰蠶所吐也於蠶曰在繭蟲也於蠶曰蠶化飛蟲也蛹之為物在成繭之後化蛾之前非與蠶有二物也立文不當曰繭蟲當曰繭中錢也乃使先後如貫珠然疑轉寫必有譌亂蜆即是雄蛹即是雌爾雅釋蟲蜆蛹孫注上蛹蠻蟲也廣雅釋蟲

擁　或作摹擁擘褱也說文段注各本作抱也今正抱者說文之或抒字也褱見衣部褱也改褱為抱大失許例公食大禮左擁簠粱注云擁抱也吳語官帥擁鐸注云大漢書注曰南方謂抱小兒謂雍樹雍者擁之段借字擁抱也禮記少儀侍投則擁矢疏又左氏襄廿五年傳擁杜釋文又漢書周昌傳注竇嬰傳注金日磾傳注谷永傳注○文選張茂先情詩襟懷擁靈景注云擁猶抱也又禮記玉藻是則擁之疏云擁謂抱之於懷也擁持也禮記玉藻凡君名以三節疏又廣雅釋詁三又漢書谷永傳擁天下之樞注擁翁也翁撫之也釋名釋姿容擁者護之載爾雅釋言邑載也謝氏注擁猶障也禮記內則女子出門必擁蔽其面注出而道雷謂之擁管子明法擁腫猶盤瓔莊子逍遙遊釋文引李注擁腫朴也莊子庚桑楚擁腫之與居鞅掌之注○釋文引向注云擁腫鞅掌朴纍之兒擁腫無知兒莊子庚桑楚釋文引崔注擁腫醜兒也莊子庚桑楚釋文引司馬注擁劍蠏屬也文選吳都賦烏賊擁劍剝注痽抱持之漢書夏侯嬰傳面痽樹駛注痽聚也漢書揚雄傳上痽神休注痽祐也漢書

揚雄傳上注引晉灼

搈　動搈也說文段注搈漢時語動搈動也廣雅釋詁一

愹　平上兩讀義分不安也一曰華說文段注愹不安也與水波溶溶意義畧同皆動盪兒也○萱按後義平聲

溶　平上兩讀注在彼

洶　向寵切　或作汹洶洶涌也說文段注各本無洶洶字今依高唐賦注補相如賦曰洶涌滂潰左思賦曰濞為洶揚洶雄賦曰洶洶旭旭天動地岋洶洶謂水波騰兒文選高唐賦濞洶洶其無聲兮注洶洶礚礚皆水聲也書大傳又文選吳都賦注洶洶旭鼓動之聲也文選羽獵賦注洶旭勇兒文選羽獵賦注引韋昭洶湧跳起兒史記司馬相如傳洶湧滂費索隱引司馬彪洶涌跳起也漢書司馬相如傳上洶涌彭湃注又文選上林賦注引司馬彪洶洶讙聲也楚辭遠紛䫻風

來之洶洶注○萱按辭本說風注似不 須言讙讙聲字當作訩而訩為段借字

兇 或作恟 擾恐也春秋傳曰曹人兇懼 說文 兇恐懼聲 後漢書耿弇傳注 兇

兇恐懼聲 左氏僖廿八年傳曹人兇懼注○ 按注兇字可不疊疑轉寫衍一字 萱 兇兇謂不料

事宜之可否也 素問移精變氣論粗工兇兇注 匈恐懼兒 管子任法篇虛其匈以聽其上注○

萱按匈自有本義注則謂為兇之借字也皆意不分

瀧 亮瀧切 天水大阪也 說文段注地理志天水郡有瀧縣郡國志漢陽郡永平十七年天水郡更名也有瀧縣有大阪名瀧

坻按坻即上文氐字也○萱按魏大饗記碑唐 君元瀧西人即瀧西也段借瀧字也其字後出 大曰瀧 楚辭

沈江封比干瀧 之上瀧注 瀧水即山海經所謂濫水也 水經注 河瀧水即古

袁水也 水經注濟水注 瀧種遺失兒如瀧之種物然或曰即瀧種也

荀子議兵瀧種 東籠而退耳注 瀧康醜婦也 楚辭哀時命瀧康 與孟娵同宮注

韻史 卷四十一第九部上聲孔韻 三八七三

韻史 卷四十一第九部上聲孔韻

壠 或書作壟 丘壠也 說文段注高者曰丘壠周禮注曰冢封土為丘 壠也曲禮適墓不登壠注為其不敬壟冢也

墓壁域是則壠非謂墓畔也鄭注方言曰有畔埒似耕壠因 名之此恐方語而非經義也壟畝之稱取高起之義引申之

耳 壠冢也 廣雅釋丘又荀子禮論故壙壠其貌象室屋也注 又呂覽孟冬營丘壟之小大高卑厚薄之度注椎

勲撫若壟注又淮南墜形后稷壠在建木西注 ○方言十三云冢秦晋之間謂之墳或謂之壠 龍斷謂岡壟

斷而高者 孟子公孫丑下必求龍斷而登之音 義引陸注○萱按龍者壟之省借字

冢 享勇切 ○俗有塚 高墳也 說文段注土郭曰墳者墓也墓之高者曰冢周 禮冢人掌公墓之地是也按釋山云山頂曰冢

鄭注冢人云冢封土為丘壟象冢而為之此從爾雅說也許 以冢為高墳之正偁則不用爾雅說引伸之凡高大曰冢釋

山及十月之交傳山頂曰冢乃借冢偁耳釋詁曰冢大也太子 日冢太宰曰冢宰按冢聲本在三部此合音也古音冢必可

讀如獨美 冢腫也 廣雅釋山○釋名釋山 云冢腫也言腫起也 冢腫也象山頂之高腫

起也 釋名喪制 冢者腫也羅綺于山分尊卑之名者也 水經渭水注引

三八七四

春秋說題辭 冢秦晉之間或謂之壠 方言十三 楚人謂冢為琴矣 水經泚水

注 冢人有司掌墓地兆域者 儀禮士喪禮冢人營之注 冢大謂山巔也 爾雅

釋山孫注又文選射雉賦依于其冢徐注 山頂曰冢 周禮天官序官注又釋名釋山○漢書劉向傳山冢卒崩

注云冢山頂也 冢者鬼神之所舍也 山海經西山經華山冢也注 冢遂山名 山海經西

山經崇吾之山北望冢遂注 冢土大社也 詩緜乃立冢土傳又王制又爾雅釋天乃立冢土注 冢

大也 爾雅釋詁又書牧誓友邦冢君馬注又詩緜傳又周禮目錄又左氏閔二年傳大子冢祀社稷之粢盛以

朝夕視君膳者也故曰冢子注又昭十三年傳初共王無冢適 注又國語晉語其冢君修驕子注又漢書郊祀志下注又後漢

書皇后紀注仲長統傳注又淮南時則注○白虎通 云冢者大也又爾雅釋詁舍人注云冢封之大也 冢大之

上也 周禮天官序官大宰卿一人注○ 天官冢宰司農注云冢宰大宰也 乃立百官總為則謂

之冢 周禮天官序官注云○禮記檀弓下王世子 於冢宰三年注云冢宰天官卿貳王事者 聽冢卿上卿

韻史 卷四十一第九部上聲孔韻 三八七五

韻史 卷四十一第九部上聲孔韻

也 荀子大略冢卿不脩幣注中冢卿○周書 大臣王乃名冢卿注云冢卿孤卿 冢子猶言長子 禮記內則冢子

則大卑注 冢嫡也 後漢書袁紹劉表傳注

踵 跟也 說文段注足部曰跟足踵也跟踵雙聲釋名曰足後曰跟或曰踵踵鍾也上體之所鍾聚也按劉熙作踵許作

踵有別本字也○萱按張衡碑繼踵作 承用本字○徐家晉皮踵之相 踵足跟也 素問痺論尻以代 踵注文文選藉田

賦注引聲類云踵○禮記玉藻舉 前曳踵謂足後跟也 踵足根也 詩卷伯○萱按狹而 廣釋文踵跟舌根

亦借字猶 踵之正與踵也 踵脚後也 禮記曲禮下車輪曳踵 踵後承躡者也 考工記輈人五

分其頸圍去一以為之 踵圍注 一踵迹也 廣雅釋詁三○萱 按此義當作踵

○俗有踵 追也一曰往來兒 說文段注上部踵則踵 踵繼也 史記太史公自序有司靡踵

隱又後漢書列女傳注又離騷及前王之踵武注又文 京賦踵二皇之迹武辭注魏都賦奚遑不能與之踵武而齊來

其風注 踵接也 漢書霍去病傳武帝紀注 踵至也 國策齊策孟嘗君重文公下高 注又踵究

三八七六

門而告文公曰注又莊子達生踵門而詫子扁慶子曰釋文引司馬注文選顏延年皇太子釋奠會詩注引莊子司馬注 踵因也漢書刑法志注 踵頻也莊子德充符魯有兀者叔山無趾踵見仲尼注 踵蹈也漢書司馬相如傳注引文穎 踵猶躡也漢書毋將隆傳注王嘉傳注 踵猶尋也後漢書馬融傳注

踵 踵跡也後漢書皇后紀注。萱按此義當作踵 相迹也說文段注後迹與前迹相繼也今應合踵踵為一字 踵迹也廣雅釋詁三。萱按此段踵為徃也 踵跡也後漢書皇后紀注。萱按此段踵為踵也二字音義大同故今應挽合之

腫 癰也說文段注疒部曰癰腫也瘍醫注曰腫瘍癰而上生創者按腫脹粗大者謂之癰腫生民毛傳撞疽腫也莊子說木盤變曰癰腫癰俗作擁。素問大奇論滿皆滿肺滿皆寔即為腫注云腫謂癰腫也所 腫鍾也寒熱氣所鍾聚也釋名釋疾病 腫痋也考工記輪人旁不腫注。爾雅釋木注壅腫無枝釋文云腫 本或作瘇萱按瘇本言足腫引申為凡腫之偁 肉暴長者曰腫論衡狀畜 腫與風皆首疾

呂覽盡數鬱處頭則為腫為風注 腫首疾也呂覽情欲身盡府種注。萱按府者府之段借腫者腫之段借 大莊子擁腫本作踵亦借字

種 上去兩讀異義。俗有蘇。綠種種互易非是 埶也說文段注乳部曰埶也種也小篆埶為種之用切種為先種後 埶直容切而餘書互易之詳張氏五經文字種者以穀播於土曰之名穀可種者曰種凡物可種者皆曰種別其音之隴 切生民曰種之黃茂又曰寔種寔褎發云種生不雜也。萱按種埶也與種布也皆種去聲之義也說文埶種互訓 種 廣雅釋詁三。萱按推讀用正字不誤他家則否 種穜種也詩生民傳 種穀子也漢書食貨志上而播種於畎中注 種者五穀之種也漢書文帝紀及食貨志種食來入注宣帝紀注食貨志下種饑 種食注。漢溝洫志種不下注云種五穀之子也 得五種之精備五穀之美者山海經中山經 稍用五種之情注 五種黍稷菽麥稻也周禮職方氏河南曰豫州其穀宜五種注正北曰并州其 數宜五種注。漢書食貨志上種穀必雜五種注云種即五穀謂黍稷麻麥豆也萱按此與周書職方注荀子儒效注王

制注皆有麻無稻似鄭義優 四種黍稷稻麥周禮職方氏河東曰兗州其穀宜四種注 三種麥稷稻周禮職方氏東北曰幽州其穀宜三種注 種謂上善似母者周禮杖人注為一物 種 種短也左氏昭三年傳余髮如此種種。萱按涂本作董董段借字也 種種淳厚也莊子 胠篋夫種種之機釋文 種種謹愨兒莊子胠篋釋文引李注 種噲剝錯也莊子讓王顏色 種噌引司馬注。釋文引注云種噌蟲蟲不常之兒 王 種首疾也呂覽情欲注。萱按此段種為腫也又莊子讓王釋文云種噌本亦作膾

寵 丑勇切 尊凥也說文段注仲為榮寵 引寵尊也國語楚語寵神其祖注文漢書藝文志注 寵榮也國語晉語又不自逞而寵其政注楚語晏寵大矣注又後漢書劉梁傳注。詩長發何天之龍箋云寵榮名之謂 寵光耀也易師承天寵釋文引鄭注 也寵貴寵也史記趙世家寵有孝悌長幼順明之節正義 寵得也老子寵辱若驚釋文引簡文注 寵喻也漢書匡衡傳注 寵驕也文選東京賦好彈物以驕寵癖注

寵謂族也左氏襄三十年傳寵名皆弁注 龍寵也易師承天寵也釋文引三蕭本又詩蓼蕭為龍為光傳的我龍受之箋又廣雅釋言又後漢書高彪傳注。萱按此謂龍為寵之段借字也詩長發亦尒

襱 襱有或祠。俗 袴綺也說文段注方言曰袴齊魯之間謂之襱謂之襱郭注今俗呼袴為襱音銅魚按與九部合音為近如急就章華洞祟皇象碑及廣韵作華瀆袴踦對下文袴上言裙下袴之近足狹處也禮賈聲也三部 祟祠亦龍字異耳方言四無祠之袴注

憧 遅也說文段注遟重之字當作此今皆毅重字為之今字也。易咸釋文引字林云憧遅也 重遅寬緩也荀子修身注重遅貪利 遅宮聲濁而遅故曰重尒雅釋樂謂之重宮

鮦 三部九部兩讀義異 鮦魚一曰鱶也說文段注此當直曰鱶上四字淺人所加當刪本作經 廧德明所據作蠡許以鱧鮦為一魚鱶鮦為一魚鱶即今俗所謂烏魚或有烏鯉頭有七星之魚也尒雅鯉鱧為一 鱧鮎為一鱧鮀為一古說本不誤而郭氏妄疑之鱧鯇又非下文之鱧鮦鮀也而郭氏妄合之鮦陽縣則音鴨讀若紂

鰹大鮦小者鮵 尒雅釋魚

思勇切 宄 俗有。的 㧊也 說文 宄散也 周禮稾人疏又漢書成帝紀注引文穎 食貨志下注又後漢書光武紀注引知帝 紀注魚豢傳注申居則傳注廣謝傳注 漢書谷永傳疏敘宄食注云宄亦敗也 ○ 宄食者謂蜀治文

書若今尚書之屬諸直上者 周禮稾人掌共外內 鄭宄食者之食注

鼢 鼠屬 說文段注按此字或讀余致切要與韻非一物○萱按 讀余致切則字當从宄非从宄矣集韻四十九宥跳跳

同字字人 鵲从穴

茸 平上用讀注在 彼○俗有笄

搑 推擣也 說文段注漢書而僕又茸以蠶室師古曰茸人勇反 推也推推數蠶室之中也如顛說則茸者搑之段借

字搑收也 廣雅釋詁三

軵 或作𨋷說○四 部九部用讀 反推車令有所付也 說文段注反推車者謂 不順也付與也本可不

韻史 卷四十一第九部上聲花韻

三八八一

韻史 卷四十一第九部上聲花韻

輿而欲輿之至於送推車以輿之而不須此說其字之會 惠也致其字从車付推前汎論訓曰相戚以月者大租朝其

軵高云軵揣也讀近茸急言之廣韻曰漢軵推車也而施切 或作揣按手部揣推擣也漢司馬遷傳而漢又茸之蠶室師

古曰茸人勇反推也謂推致蠶室之中也是揣茸軵三字通 用集韻云軵或作揣或作軵皆必有擨若推南說林訓倚者

易軵也注云軵消之軵覽異訓所徒馬圍軵車本鑊注云軵 推也措揣軵之軵有謗字不可攐然大約以付為形聲是高

時固有 兩讀也 軵推也 漢書馮奉世 僞注引如淳

[illegible] 五音今 文字體 羽獵韋絝廣書曰烏獸氄毛 說文段注羽獵見高 唐賦揚雄傳服虔曰

士卒負羽也廣書云云竟典文今尚書作 云毛盛也此作袤崖汲古文此今文之異與 氄 許毛部作髀

始勇切 瘇 𤸭 籒○或作尰 瘇 脛气腫 詩曰既微且瘇 說文段注小雅巧言 既微且𤸭釋訓毛傳

皆曰肝瘍為微腫足為𤸭按云脛氣腫即足腫也太徐本云 腄頁足腫非俗雞音義云𤸭本或作𤸭同並籒文𤸭字也按

籒文本作𤸭又或變為 𤸭耳非有兩籒文也 腫足曰瘇 一切經音義十一引通俗 文又漢書賈誼傳注引如

三八八二

淳 腫足曰𤸭 呂覽盡數重水 多𤸭與躄人注 所 𤸭腫也 廣雅釋詁二 𤸭水溼之疾

也 尒雅釋 訓孫注

想勇切 竦 ○俗有 抹揀撽 敬也 說文段注敬者肅也商頌傳曰愯懼也此謂悚之段 竦為僈也僈者懼也收下曰竦手謂手容之恭

上其手也周南毛傳曰喬上竦也 也○漢書禮樂志注云竦敬也 竦動也 文選海賦 振異竦注 莫 竦上也

廣雅釋詁一 竦從也體支皆引從也 釋名釋姿容 釋竦謂引領舉足也 漢書

韓王信傳 而望歸注 竦 竦企待也 漢書東方朔傳 特竦意而覽為注 人竦企立也 後漢 書張

衡傳 注 竦立也 文選西京賦通天訬以竦峙薛注思乎而賦竦 身而徊止兮舊注○求自然表夫臨博企竦

注云竦 猶立也 竦跳也 廣雅釋詁二○山海經北山經云 雅題之山有鳥焉見人則躍名曰竦朔 竦執也 廣雅

釋言又楚辭少司命 竦長劍兮擁幼艾注 竦驚也 萱按此 竦為悠 段 竦懼也竦勸也 萱按 此段

竦為 聳敬也 國語楚語能聳其德注○萱 按此竦之本訓也聳段借字

韻史 卷四十一第九部上聲花韻

三八八三

韻史 卷四十一第九部上聲花韻

愯 或作 愯悚 懼也春秋傳曰駟氏愯 說文段注昭公十九年左傳文 今本作聳後人所易也又昭六

年左傳聳之以行漢書刑法志引作愯音約曰古悚字按漢 書𢗄不省又𢗄郁賦吳蜀二客愯為相須張載注愯懼也引

左傳駟氏愯張用說文也俗本譌為愯 ○家語弟子行不戁不悚注云悚懼也 悚惶遽也 一切經音 義十三引

字林 愯謂雙也 漢書刑法志 愯之以行注 竦懼也 尒雅釋詁又詩長發不戁 不竦傳又後漢書張綱傳

注○萱按此段竦為愯也凡愯竦 悠四字音義大同故互借通用矣 聳 竦憂懼卒至之皃也 太

失卹而 竦而注 竦勸也 漢書揚雄 傳下注 聳悚也 方言十三○萱按此 謂聳即悚之借字也 聳悚

謂聳悚也 方言三注 十 聳懼也 左氏襄四年傳邊鄙不聳注略大 年傳略十九年傳又國語周語身

語除漢注○萱按貫子禮客 聳下作身恭除漢義並通也 聳奬也 國語楚語聳 而抑惡為注 善 聳欲也

方言大○又云剌異之問曰聳自關而西秦晉之 問相勸曰聳中心不欲而由旁人之勸語亦曰聳 聳奬皆強

欲也 方言大注 慫勸也 廣雅釋詁一○萱按此段 慫為愯也勸乃愯引申之義也 慫慂勸也 方言十○

三八八四

又云南楚凡己不欲喜而旁人說之不欲怒而旁人慫之或謂之慫慂 縱臾謂奬勸也漢書衡山王賜傳曰夜縱臾王謀反事注○注引如淳云縱臾猶言勉強也○萱按段縱臾為慫慂之段慫也縱臾與慫慂字異而義同也涌臾雙聲

慫驚也說文悚驚也漢書李廣傳注○萱按此段悚為慫也慫勸也慫慂勸也萱按此段慫為愯

傱隸作聳生而聾曰傱說文段注方言聳聾也生而聾陳楚江淮之間謂之聳荊揚之間及山之東西雙聾者謂之聳又古多段聳為慫方言曰聳悚也又曰聳欲也荊吳之間曰聳自關而西秦晉之間相勸曰聳中心不欲而由旁人之勸語亦謂之聳○廣雅釋詁二云聳聳也○萱按人勉陽令楊君碑云有司聳咊用此字本義聳言無聞常聳耳也方言六注聳高也華嚴經音義上引切韻聳敬也萱按此段聳為竦聳懼也聳奬也聳欲也萱按此類皆段聳為愯

奉符勇切○俗有捧拜秦承也說文段注手部曰承奉也受也○易文言傳後天而奉天時虞注云奉承行奉揞也國語齊語懐囊以為奉注奉助也淮南脩務今無五聖之天奉注說林風雨奉之注奉持也廣雅釋詁三○匡謬正俗三云奉謂恭而持之奉謂進也禮記王制奉譚悪疏有謂又廣雅釋詁二○周禮大司徒祀五帝奉牛牲注大司寇大祭祀奉犬牲注小司寇小宗祀奉犬牲並云奉猶進也奉所奉以致命儀禮聘禮加其奉于左皮上注奉獻也廣雅釋言奉與也左氏僖卅三年傳天奉我也注奉養也左氏昭六年傳奉之以仁注漢書刑法志集注又奉祿也廣雅釋詁四奉謂供事也漢書食貨志下春以奉耕注奉戴猶奉事左氏襄廿五年傳本數屬公注奉送也呂覽懷寵奉而題歸之注○史記蕭相國世家吏皆送奉錢三索隱云奉謂奉送之也周禮典瑞凡五器出則共奉之注云奉之送以牲又奉猶送也周禮天府若遷寶則奉之注司服共其衣服而奉之注笙師奉而藏之注龜人則奉龜以往注大司馬則厭而奉主車注奉馬牲注輅奉行也國語晉語是之不果奉注○周禮小宗伯奉主車注云奉謂將行奉引謂

引道者文選東京賦奉引旣畢薛注奉車都尉掌乘輿後漢書帝紀注明奉常奉官景帝更名太常後漢書武紀注光捧兩手持也穆天子傳六捧觴而獻注○萱按捧字後出蓋即奉之異體耳奉已从手又加手為俗矣廣韻以下字奉捧皆異字異音殆非也禮記曲禮下凡奉者當心內則長者奉槃网釋文並云奉本作捧捧逢也文選射雉賦捧黃閒以密毅徐注琫捧也捧束口也釋名釋兵○萱按以捧釋琫者以其當室口也室口之飾曰琫

撮口呼

唪粉蠓切大笑也說文段注五篇手鑑皆作大聲唪口高皃廣韻埤蒼引唪唪然多寔也詩生民瓜瓞唪唪傳○萱按此段唪為菶也說文瓞唪唪下皆作瓜瓞菶菶

韻史卷四十二　泰興何萱石閻譔集　子度校字

第九部去聲　上海顧錫麒竹泉覆審

絳韻　武進李兆洛申耆鑑定

開口評

絳 艮巷切 大赤也 說文段注大赤者今俗所謂大紅也上文純赤者今俗所謂朱紅也朱紅淺大紅濃大紅如日出之色朱紅如日中之色日中貴于日出故天子朱市諸侯赤市赤即絳也○廣雅釋器云絳赤也又淮南墜形絳樹在其南注云絳色 赤 纁謂之絳 廣雅釋器○爾雅釋器三染謂之纁疏引李注云三染其色已成為絳纁絳一名也 絳會也 廣雅釋詁四 釋絳工也染之難得色以得色為工也 釋名釋采帛 絳絳艸也 文選吳都賦綸組紫絳劉注○周禮司常注云凡九旗之帛皆用絳 絳晉國都 國語晉語絳人也注 ○萱按左傳絳世本作降段借字也見禮記樂記疏

降 ○俗有降 下也 說文段注此下為自上而下故廁於隊隕之間擇詁曰降落也古多段降為夅夊部曰夅服也此今

人讀下江切之正字詩召南我心則降毛傳曰降下也春秋鄣降于齊師何注曰降者自伏之文又齊人降鄣穀梁傳曰降猶下也夅之段借字也分為平去二韻而味其原委以地言曰降故从𨸏以人言曰夅故从夊中相承○爾雅釋言又廣雅釋詁一又書堯典釐降二女于媯汭出傳金縢無墜天之降寶命鄭注又詩旱麓降福穰穰公劉復降在原傳崧高維嶽降神又玄鳥降而生商長發湯降不遲殷武天命降監又周禮眡祲掌安宅敘降注保章氏降豐荒之後象注司巫掌巫降之禮注又儀禮士冠禮降西階一等注士昏禮降筵注鄉射禮上射降三等注士喪禮考降無有近海注又禮記曲禮上客若降等注禮運殺以降命注樂記降興上下之神注凡子間居注又論語鄉黨降一等皇疏又書大傳五福乃降注又尚書中候習禮克壇降注又國語周語有神降於華注古者天災降庚王降程帥以代鄭注魯語大寒降注民知而後神降之福注飢饉薦降注楚語則明神降之注又史記五帝紀降居若水索隱司馬相如傳學則將明道而降降正義又漢書地理志上注司馬相如傳上注傳下注程義傳注揚雄傳上注匈奴傳上注又後漢書班彪傳注又呂覽明理有人自天降注又淮南覽冥降扶風注又太乡乡首鄉序陵幽六極以類降注腧明降于幽注將君子將衷將

注乡挖雅天筆降生民注又離騷惟庚寅吾以降注巫咸將夕降兮注湘夫人帝子降兮北渚注天門而為播降注又文遂東京賦降福穰穰薛注降至尊以訓恭薛注思乡賦出閻閻兮降天遂當注並云降下也又大戴記夏小正來降燕乃暘傳又後漢書荀爽傳並云降者下也 降謂下降 素問六微旨大論氣之升降注○爾雅釋天降婁奎婁也 疏引孫注云降下也奎為滿濱故稱降也又國語晉語子餘使公子降非注云降下堂也又儀禮士喪禮降衣于前注云降衣之 下降者自上而下之言 左氏昭廿六年傳春人降妖疏○詩生民天降嘉種服云降者 從上之辭又禮記月令戴勝降于桑注云言降者若時始自天來重之也 降落也 爾雅釋詁又禮記曲禮下羽鳥 注曰降 降減也 廣雅釋詁二 降差也 廣雅釋詁四 降損也 後漢書竇憲傳注 降罷退 左氏昭元年傳中聲以降注 降于巫山自窺于巫山 山海經大荒西經乃降于巫山注 不遵其道曰降亦曰潰 水經河水注 羽鳥曰降 禮記曲禮下 降謂臨幸也 文選籍田賦於是戎皇乃降靈壇注 降服如今解冠也 左氏昭十三年傳降服而對注 降降

心也 左氏隱十一年傳其能降以相從也○萱按如復人分別則此降可謂平矣而釋文不為音知六朝人猶未瑣屑 如人 復降和同也 左氏哀廿六年傳大鄉三族降聽政也注 降者自伏之文降猶下也 萱按此皆段降為夅也夅訓下者下即服也與降本義之訓下者別異

巷 胡絳切 古播鬯號○或作衖 里中道衖也 說文段注不言邑中道言里中道者言邑不該里言里可該邑也析言之國大邑小邑大里小渾言之則国邑通偁邑里通偁載師注曰今人云邑居里此邑里通也高祖紀云沛豐邑中陽里人此邑里析言也廣劾曰沛縣也豐其鄉也然則鄰可偁邑矣周禮五家為鄰五鄰為里此周制也齊語五家為軌十軌為里此以齊制也百官志曰里中掌一里百家什主十家伍主五家以相檢察此漢制也里中之道曰巷古文作𨛜爾雅作衖引伸之凡夾而尺者皆曰巷宮中衖謂之壺是也十七史言弄者皆即巷字語言之異也今江蘇尚云是○一切經音義三引三蒼云衖里中別道也 巷里塗也 詩大叔于田巷無居人傳疏云巷是里內之塗道也 ○衖道也 廣雅釋室○易睽遇主于巷虞注云大道而有徑路故稱巷 衖凥也 廣雅釋詁二 閻謂之衖

韻史　卷四十二第九部去聲絳韻　三八九三

廣雅釋室巷猶閭也禮記祭義而弟達乎州巷矣注魯峻碑云休神家術○巷門外也
詩丰俟我乎巷兮傳○易象下傳遇主于巷崔注云巷者出門遇主之象永巷掖庭之別名文選魏都
賦永巷壼術劉注○爾雅釋宮宮中衖謂之壼注云巷閣閭道又疏引張注云巷舍閒道也又詩車鄰疏云巷者宮中道
名也又左氏襄九年傳疏略同巷伯奄官也漢書司馬遷傳贊小雅巷伯之倫注又詩巷伯序箋○釋文云
巷伯官名也又後漢書孔融傳注宦者傳注並云巷伯內之小臣也巷職即寺人之職也後漢書宦
者傳注○左氏襄九年傳令司宮巷伯注云巷伯寺人巷黨黨名也禮記曾子問助葬於巷黨注○論語
子罕達巷黨人曰鄭注云達巷者黨名也

䢽 郒作鄰道也說文段注鄭當為邑字之誤也其字從二邑會意○萱按鄉字鄉字从邑而俗改鄉字从行自
介雅已然

塣 胡絳切 或書作塣平去兩讀○涂也說文塗塗也廣雅釋室泥塗謂之塣須一切經音義八引通

韻史　卷四十二第九部去聲絳韻　三八九四

合口呼

貢 古送切 俗文 貢獻功也說文段注貢功疊韻魯語曰社而賦事烝而獻功韋注社春分祭社也事農桑之屬也冬祭曰烝烝而獻
五穀布帛之屬也周禮八則治都鄙八曰賦貢以馭其用注云貢功也九職之功所稅也按大宰以九貢致邦國之用凡其
所貢皆民所有事也故職方氏曰制其貢各以其所有貢獻也廣雅釋言又漢書地志上注又文選古詩注引
國語賈注○書禹貢序云貢者從下獻上之稱疏貢功也禮記曲禮下五官致貢曰享注又廣雅釋言
貢上也廣雅釋詁一○周禮大宰釋文引干注云貢下之所納于上文貢稅也廣雅釋詁二○考工記匠
人注云貢者自治其所受田貢其稅穀貢任土所貢也荀子王制理道之遠近而致貢注○周禮大司
徒以令地貢注云地貢謂九貢地所生謂九穀又小司徒以任地事而合貢賦注云貢謂九穀山澤之材也又以令貢賦注云
貢嬪婦百工之物貢職貢也呂覽順民上貢必適注○荀子正論貢孫厚注云貢謂所受貢賦又持省田歲
畝十千疏云貢者什一而貢一夫之穀貢告也易繫辭下傳六文之義易以貢注貢賜也尒雅釋詁

韻史　卷四十二第九部去聲絳韻　三八九五

○釋文云貢本作贛○萱按賜乃贛之義非貢之義也贛本音在八部尒雅益良貢為贛也端木賜之字是贛非貢而經
典改之幾盡矣貢惑也漢書敘傳上注引孟康○萱按此段貢贛之段貢為贛也戇者愚也愚惑相因為戇
貢潰也萱按此段貢為訌也

箁 杯答也或曰盝箸籠說文段注箸籠曰猜亦曰箸也箁杯落也廣雅釋器

控 苦貢切 引也詩曰控于大邦匈奴引弓曰控弦說文段注引者開弓也引申之為凡引遠
使近之偁詩控於大邦傳曰控引也此即左傳所謂控告也又抑磬控忌傳曰騁馬曰磬上馬曰控按騁馬曰磬者如大
明傳之倪磬也極辭也止馬曰控者是亦引之使近之意也引匈奴方語以鐘引一也漢書於匈奴或言引弓或言控
弦一也○左氏襄八年傳無所控告注襄十九年傳賦載馳之四章注又廣雅釋詁一又小尒雅廣詁又案周至矣要大
論民病少腹控畢注又史記劉敬叔孫通傳控弦三十萬集解引應劭又漢書婁敬傳注賈誼傳注引孟康如淳嚴安傳
注揚雄傳上注匈奴傳注又後漢書齊武王縯傳注又莊子逍遙遊時則不至而控于地釋文又文選西都賦弦不再控

韻史　卷四十二第九部去聲絳韻　三八九六

注並云控引也控通引也素問刺腰痛論腰痛引少腹控胁注控赴也一切經音義九引韓詩控于大
邦傳控投也莊子逍遙遊釋文引司馬注控叩也莊子逍遙遊釋文引崔注控謂地也管子
度地下則平地高則控注行今止馬猶謂之控是古遺語也詩大叔于田既控搏
玩弄愛生之意也史記屈原賈生傳何足控搏集解引如淳○文選鵩鳥賦注云控搏愛生之意也

瓮 烏貢切 罌也說文段注罌者缶也缶者小口罌也然則瓮者罌之大口者也方言瓶瓮瓿甊甖也自關而西晉之舊都河汾
之間其大者謂之甀其中者謂之瓮或謂之甖即罌字自關而東趙魏之郊瓮瓶也廣雅釋器

罋 或作甕 罋汲缾也說文段注按缾罌之本義為汲器經傳所載不獨汲水者備缾罋也許云汲缾分別言之
許固謂缾不專用汲矣罌俗作甕○漢書塤傳上有大爲卵加甕注云甕汲水瓶也西甕瓶也廣雅釋器
停水器也易井甕敝漏釋文引鄭注○萱按雍正借字經作雍鄭虞等皆作甕甕瓦器其容
益一穀儀禮既夕禮甕三注○禮記雜記甕甂釋文云甕盛醯醢之氣○萱按禮甕注云謂若甕甕丹甂也則甕

有不出於甸者非恒有之器也 離為甕 易井甕敝漏廣注 縣雍之山名汲甕 山海經北山經注 之甕養大癭兒 莊子德充符釋文引李注甕養

閧 戶貢切 ○俗有閧 鬥也 孟子曰鄒與魯閧 說文段注門舊作閧今正孟子梁惠王篇文趙曰閧鬥也猶構兵而鬬也劉熙曰閧構也構兵以鬬也按趙注長呂覽崔杼之子相與私閧高曰閧鬬也閧猶近鬨鬭氣言之○廣雅釋言云閧也 閧 閧鬬聲 孟子音義上引張音

棟 睹貢切 極也 說文段注極者謂屋至高之處繫辭曰上棟下宇五架之屋正中曰棟釋名曰棟中也居屋之中 中脊 為棟 儀禮士昏禮當阿疏 棟屋穩也 爾雅釋宮棟謂之桴注又謂南汜論注○釋名釋宮室云穩或謂之 棟 棟梁木 淮南說山注人有買屋棟者 坎為棟 引易九家說卦釋文集解 巽為長木稱

棟 易大過棟撓虞注

蝀 螮蝀也 說文虹也○宣按螮蝀虹下詳之

韻史 卷四十二第九部去聲絳韻 三八九七

韻史 卷四十二第九部去聲絳韻 三八九八

凍 仌也 說文段注初凝曰仌仌壯曰凍又於水曰冰於他物曰凍故月令曰水始冰地始凍○楚辭於格鬼堆增凍飲注曰 云凍水又初學記七引風俗通云壯水曰凍 凍 寒也 廣雅釋詁四凍○楚辭大招清馨凍飲注云凍猶寒也 按孟子盡心不煖不飽謂之凍餒趙注凍餒餧是也引伸者也或淺凍謂張功煖不紲碑叔云部涪凍餒之義 凍 其書大武冬 周書大武凍其藻注 發露其森聚

湩 ○俗有乳汁也 說文段注見列子湯問之便穆天子傳或借重字為之 漢書匈奴傳重酪之便美是也湩子湩然繁 ○鼓士怨匈奴借湩為以為亦陰不鼓也如湩同周禮之注便湩美容也部集毛詩解又傳衆之湩音引三也 史記 蒼餘又漢文又一書切李經音傳注又八引通書俗音文義並下云又湩列乳子汁乃也命又乳漢湩書有 匈奴傳上注云本作湩重字 湩 乳也今江南人亦呼乳為湩 穆天子傳四 具牛羊之湩注○列子周穆王注云湩乳也 因

㾈 杜貢切 ○俗作㾈 病也 說文我君之貫○曹全碑悉加心作㾈 惚字 漢時俗字也 武榮碑李㾈 何碑㾈 吳仲山碑 孝之 㾈乎

統

夫人路人碑 㾈 痛疾也 國語楚語有怨痛於楚 國人注無痛 痛也 怨痛也 方言十三痛也注 懤 廣雅釋詁二 釋 痛悼也 呂覽博志注 痛 㾈 疼一切經音義二十引張揖雜字 痛 通也 通在膚脈中也 釋名釋疾病 痛 急也 國策秦策不待痛甚也 服虔注 史記魏其武安侯傳 食貨志下注引晉灼 ○非田蚡傳 注索隱 又漢書 痛 甚極之辭 管子 七臣七主 人情以驚主臣注 痛 坎為耳痛 易說卦傳

統 紀也 說文段注淮南泰族訓曰繭之性為絲然非得女工煮以熱湯而抽其統紀則不能成絲按此其本義也引申為凡綱紀之偁周易乃統天注云統本也公羊傳大一統何注云統始也○廣雅釋言云統紀也 綱紀也 荀子臣道端慤以為統注統謂綱紀也 荀子儒效 二子略法先王而不知其統注非十二子注 統謂綱紀也 修其用統類之行也注統類綱紀 統緒也 漢書 ○修子法其法以求其統類注云統類法之大綱 統業 宣帝紀注律曆志上注引李奇 董仲舒傳注 司馬相如傳下注引張揖又文選甘泉賦注引李奇 拓達開統注引李奇

韻史 卷四十二第九部去聲絳韻 三八九九

韻史 卷四十二第九部去聲絳韻 三九〇〇

也 後漢書班彪傳注 統 嗣也 文選東京賦注 皇統 繼也 漢書賈山傳注 統 祀 漢書賈山傳 統 祀也 文選王褒聖主得賢臣頌注○詩緒 統 理也 廣雅釋詁二 統 治也 國語齊語 統 察也 漢書張寬傳 統 猶經也 周語 統 宗 所以注荀子○彊國 統之 制治也 傳 統 本也 易統天 釋文引鄭注又晚出書 以為統 紀注民 統 者屬也 三國志管輅傳 注 引輅別傳 以周官疏 建官之引 月周禮為正三曰 禮 疏口 禮典 以統百官 鄭目錄云周官三百六十官馬注統猶本也 禮記釋文引同 統 也周禮大宰以八統詔王馭萬民注云統所以合牽以等物也 領也 後漢書董賢傳注又 統 者始也 公羊傳隱元年注 統 合也 漢書敘傳下注 統 總也 文選笙賦統大以為笙注○後漢書鄧張徐張胡傳注云累統者總引覽也又後漢書張寬傳注 猶總覽也 統 總也 文選笙賦注引臣瓚論其事 千五百三十九歲為一統 後漢書律曆志注 調論時衛天統地統人統謂之三統 後漢書周舉傳注

詷（平去兩讀注在彼）

眮 吳楚謂瞋目顧視曰眮（說文段注方言矔眮轉目也梁益之閒瞋目曰矔轉顧視亦矔吳楚曰眮曰矔吳楚曰眮按瞋目顧視是二事梁益皆曰矔吳楚皆曰眮也）

衕 通街也（說文段注衕通疊韵今京師衚衕字如此作）

迵 迭也（說文段注迭當作达玉篇云迵通達也是也水部洞疾流也馬部駧馳馬洞去也義皆相同倉公傳曰臣意診其脈曰迵風裴曰迵音洞言洞徹入四肢）迵通也（太玄達迵迵不屈注）

洞 疾流也（說文段注此與辵部迵馬部駧音義同引伸為洞達為洞壑）洞疾皃也（文選演連珠震風洞發注）洞徹也（漢書司馬相如傳上注）洞達也（淮南原道遂兮洞兮注又文選魏都賦重閣洞出劉注）洞通也（漢書司馬相如傳下注揚雄傳下注又張漢書梁英傳注又文選洞簫賦題注引漢書如淳注○淮南原道奧天地鴻洞注云洞通也讀同婁之同又精神篇鴻濛鴻洞注云洞讀同勞之同○萱按此皆無煩改讀也同洞並可訓

通非段洞為同也高誥可省鴻則澒之段借字）洞謂中空也（素問四氣調神論心氣內洞注）大上通下達故曰洞歷（論衡趣奇）無底者謂之洞簫（初學記十六引三禮舊圖）潈彸洞相通（文選長笛賦湛洞坑谷注）洞穴深且通也（文選西京賦赴洞穴薛注）洞庭湖名也（後漢書馮衍傳注○文選吳都賦集洞庭而淪溢劉注云洞庭澤名又魏都賦洞庭雖濤注云洞庭吳境也又山海經海內東經湘水入洞庭下郭注云洞庭地穴也今吳縣南太湖中有包山下有洞庭穴道潛行水底無所不通號為地脈）洞亦不定也（後漢書馮衍傳下注）洞然恭敬之皃（荀子非十二子洞然注）洞洞敬也（廣雅釋訓）洞洞驚肅也（漢書谷永傳洞洞屬屬注）洞洞質愨之皃（禮器洞洞乎其敬也）疏洞洞娩順皃也（淮南氾論洞洞屬屬注○注又云洞讀挺挏之挏又天文洞洞澒澒注同○萱按高意殆謂洞為挏之借敷挏者推引也與娩順義不類）

駧 馳馬洞去也（說文段注洞者疾流也以疊韵為訓）

筒 通簫也（說文段注所謂洞簫也廣雅云大者二十三管無底是也漢書帝紀吹洞簫如淳曰洞者通也簫之無底者也）筒竹管也（一切經音義廿二引三蒼）無底者謂之洞簫（初學記十六引三禮舊圖○萱按筒者甚賁也洞者其義也引申可通用也）

㾬（煩貢切）痛也（說文）

弄（盧貢切）（○俗有挵）玩也（說文段注玉部曰玩弄也小雅載弄之璋載弄之瓦左傳曰弱不好弄又曰君以弄馬之故国語曰還弄吳国於股掌之上○尒雅釋言云弄玩也○）弄戲也（左氏僖九年傳夷吾弱不好弄注）弄小曲也（文選洞簫賦時奏戎弄注）篴弄蓋小曲也（文選長笛賦聽篴弄者注）

梇 梇木也益州有梇棟縣（說文段注梇木也未詳益州漢郡名也前志字作弄後志作梇）

綜（祖貢切）機縷也（說文段注此亦兼布帛言之也今屈書引說文機縷也謂機縷持絲交者也下八字蓋庾儼默注又引三倉綜理經也謂機縷持絲交者也屈繩制經令得開合也按今尚謂之綜引申之義為兼綜為錯綜太卜經曰乃綜于名

推而往引而來者綜也（列女傳母儀）綜所以紀綜之也（一切經音義十四引）（太玄乃綜子名宋注）綜理也（易繫辭上傳錯綜其數虞注○文選江賦注引易王肅注云綜理事也）

送（蘇貢切）（籀○大部九部兩讀○俗有迸）遣也（說文）送致也（漢書食貨志下注引感動○荀子富國送迎無理注云送致女又後漢書周燮傳注云送致猶致謝也）送引也（史記平準書命曰株送徙係解引應劭）送猶畢也（禮記月令出土牛以送寒氣注）從禽曰送（詩大叔于田抑縱送忌傳）送謂逐後（詩大叔于田傳）

宋 凥也（說文段注此義未見經傳名子者不以國而魯定公名宋則必取其本義也○萱按鄭公子宋字子公見宣四年左傳古人名與字相應公宋疊韵宋蓋可訓公也）宋大辰之墟也（左氏昭十七年傳）宋今睢陽（國語吳語齊宋徐夷注○釋名釋州國云宋送也地接淮泗而東南傾以為畝後若云滓濊所在送使隨流東入海也）

霿 侵楙切 平去兩讀注在彼

共 播用切 㳟 古文 同也 說文段注周禮尚書供給供奉字皆借共字為之衛包盡改尚書之共為恭非也釋詁供峙共具也 郭云皆謂備具此古以共為供之理也尚書毛詩史記恭敬字皆作恭不作共漢石經之存者無逸一篇中徽柔懿共惟正之共皆作共嚴恭寅畏作恭此可以知古之字例矣毛詩溫溫恭人敬恭明神溫恭朝夕皆不作共者共屬位衛云 共具也則非恭字也虔共屬位贊云古之恭字或作共云或則僂見之事也史記恭敬宇亦無作共者○廣雅釋詁四入 列子說符臣有所樂共注並云共同也也又漢書食貨志下注云共猶同也 共猶皆也 禮記內則共帥時注 共 壹也 莊子庚桑楚共其恩也釋文引崔注 共猶給也 共猶授也 共具也 共法也 蓋按此段共為供也 共敬也 兒正曰共 蓋按此段共為恭也亦聞有之○又按古或段共為拱為 孁為躬皆郭音近也 同

用 漾埔切 用 古文 可施行也 說文 用行也 方言大也 用為也 荀子富國仁人之用國注○王尚書伯申

韻史 卷四十二第九部去聲絳韻

三九〇五

韻史 卷四十二第九部去聲絳韻

經傳釋詞云用詞之為也詩雄雉何用不臧言何為不臧也節南山何用不監言何為不監也莊廿年穀梁傳曰何用弗 受亦謂何為弗受也用以為宵一聲故何以謂之何用何為亦謂之何用 之轉 用以也 一切經音義七引蒼 頡○王氏經傳釋詞云用詞之以也以用一聲之轉凡春秋公羊傳之釋經皆言何以穀梁則或言何用其實一也凡書 參陶漢曰廣以明之楚以記書用識哉用亦以也互文耳 之 用詞之由也 王氏經傳釋詞云用詞之由也 詩君子陽陽傳曰由用也由可訓為用用亦可訓為由一聲之轉也禮記禮運曰哉媒用是作而安由此乜用亦由也互 文耳 用也者通也 莊子齊物論 用倫也 國語鄭語時至而求用注 用資也 國語魏鬼吾用 多注 用財用也 國語周語以備百姓兆民之用注文荀子王制聖王之用也注○禮記大學有財此有用注云 用謂 用也 國 用貨賄也 周禮宰夫其財用之出入注 用謂食足之外可用貿用 荀子王制百姓有餘用也注○禮論貨本而觀用也注云用謂可用食也 用役用之也 漢書貨殖傳彭越用 梁則又反注引晉灼 用謂使民事之 周禮小司徒乃會萬民之卒伍而用之注 坤為用 易蒙利用

三九〇六

刑人廣注觀利用賓于王廣注噬嗑利用獄廣注晉康侯用錫馬蕃庶廣注益利用為大作廣注漸利用繫恐廣注繫辭 上傳備物致用廣注○象下傳用道于於廣注云坤為財用 大用朝覲之頒賜 周禮內府以待邦之 大注 用謂所宜用 周禮巾車與其用說司農注○後鄭云用謂將有祠祀之事而駕之 用者不 宜用者也 公羊莊廿四年傳僖八年傳文穀梁莊廿四年傳傳八年傳成十七年傳襄元年傳○萱按或無下 者字 器實曰用 書微子乃攘竊神祇之犧牷牲用晚出傳 殺牲謂之用 周禮庖人注凡用禽獸疏 ○又云煎知謂之用 能行道而弗能言者謂之用 賈子政下 大用謂語言 荀子 大略文見情用相為內外表裏注

雝 或作雍鶅○平去兩讀義異 河西曰雝州 爾雅釋地說苑辨物 又 正西曰雍州 周禮職方 氏 雍州在四山之內雍翳也 釋名釋州國○尒雅釋地釋文云雍者擁也東崎西漢南商於 北居庸四山之內擁翳也 雍壅也 尒雅釋地疏引李注 四面積高曰雍 漢書地理志上注引應劭

韻史 卷四十二第九部去聲絳韻

三九〇七

韻史 卷四十二第九部去聲絳韻

心詩渭陽箋秦是時都雍釋文云雍縣名 雍有也 國策秦策雍天下之國注○言額命晚出傳雍州所育釋文云 雍本作邕壹按雍州蓋本無正字故用雍亦用邕似用邕尤僻也

穜 宇用切 上去兩讀義異○俗有歛○歛緟穜互易非是 埶也 說文○萱按扎部埶云穜也是之謂轉注 下 穜布也 晚出書大禹謨皋陶邁穜德傳又後漢書張衡傳注

重 直埔切 平去兩讀義分○俗有異 厚也 說文○萱按重訓厚者平二讀皆通要之古祇平聲 去 重惇重也 國語 晉語而志重注 大 重深也 呂覽過君其重固之注○漢書酷吏傳注云重猶深也 後重大也 呂覽 貴生天下重物也注○左氏襄四年傳武不可重服注云猶大也又禮記儒行引重出不程其力注云重出大出也 重 重尊也 國策西周策地廣而益重注秦策使趙大重注請重公於齊注齊語孟嘗君重非諸侯也注又呂覽勸學 在右則右重注節喪孝子之重其親也注孝子之重之不急注○漢書諫勝傳注云重謂尊重 重猶附也尊 也 史記蘇秦傳秦欲攻魏重楚索隱○禮記祭統而又以重具國也注又書大傳太子重卿詹注並云重猶尊也 重

三九〇八

猶尚也禮記緇衣臣儀行不重辭注 重猶實也禮記少儀不訾重器注 重猶善也儀禮覲禮重賜無數注 重威重也漢書汲黯傳吾徒得君重注又文選為青公作者與孫維更無以威負重般人注 重猶惜也史記張耳陳餘傳豈以臣為重去封戎豪傑無猶利客傳不重纍欵之難豪傑又後漢書逸榮傳注 重為矜惜之也管子權修必重盡其民力注○史記刺客傳皇曰刖以絕從正義又後漢書朱浮傳注並云重猶惜也 重難也禮記郊特牲注重以未成人時呼之疏引文史記貨殖傳索隱張耳陳餘傳索隱又賀漢書紀志傳各注又後漢書明帝紀注文選蜀都賦注頌百姓注○史記司馬相如傳索隱又漢書張安世傳注 重 延年傳注並云重猶難也又韓安國傳重作事已注重之也又周仁傳為先常臣重之注云重謂敬難之又荀子議兵重祿貴節次也云事重難其祿注 制在己曰重韓非子喻老 坤為重易繫辭下傳引重致 遠注 廣 重謂君也管子修靡重者重注 重適謂承重也管子幼官十年重適入注 重射好射也史記孫子吳起傳君弟重射注 重幣金帛之幣也呂覽孟秋行重幣注又淮南時則注

重問謂多以貨財遺之也左氏僖十年傳重問以名之疏 若重輜重也左氏宣十二年傳楚重至于邲注又漢書黥布傳歸重於越注又後漢書袁紹傳注劉屈氂傳注○漢書陳湯傳注云重謂輜重 重謂載重物車也漢書韓安國傳擊輜重注 載衣食具曰重車漢書朱買臣傳將重車至長安注○左氏襄十年傳輦重如役疏云重者車名也載物必重謂之重人挽以行謂之輦 重死刑也後漢書陳寵傳注 大臣獄重故曰重門後漢書黃瓊傳注 王重紀計也萱按此段重為漣

韡忍誦切 韡○俗有鞾靴 毳毛飾也說文段注毳獸細毛也○一切經音義十五引字書云韡作鞾同而用反毳飾也 毳以毛為飾一切經音義十二引纂文 毳罽也廣雅釋器又一切經音義十一引字林 韡 褱也廣雅釋器

縱紫用切 有○俗綱 緩也一曰捨也說文段注從人以為從衡字者非也○後漢書龔勝傳注云縱舍也萱按舍當作捨者釋也世俗舍捨多通用 縱放也左氏文七年傳此諺所謂庇焉而縱尋斧者也注又國語楚語夫民氣縱

則底注又漢書紀志傳各注又淮南精神故縱體肆意而度制注氾論衰摧則縱注又離騷夏康娛以自縱注縱欲殺而不忽注 縱謂放縱也詩大叔于田疏又禮記仲尼燕居疏又國語晉語有縱君而無諫臣注 縱謂漢書昭帝紀李种故縱死罪棄市注 生縱置也廣雅釋詁四 縱生也書帝命驗姚氏縱華引注 縱亂也廣雅釋詁 發矢曰縱詩大叔于田抑縱送忌傳 縱履也淮南覽冥縱矢躡風注○萱按鄭屈毛傳優矣 縱體舞容也文選西京賦紛縱體而迅赴薛注 縱言泛說事禮記仲尼燕居縱言至于禮注○檀弓上喪事欲其縱縱爾注去縱讀如總領之總又荀子非十二子離縱而跂訾此縱言者也注云縱當為縱正借字凡縱形近而離此縱矣總與縱為正借萱按縱言縱縱者視此 諸難縱 縱縱急遽皃禮記檀弓上釋文 縱縱眾也漢書禮樂志注 從縱也禮記曲禮上樂不可從釋文○萱按此謂從為縱之借字段 從放縱也論語八佾從之皇疏○為政七十而從心所欲皇疏云從猶放也 從縱逸也莊子至樂從然以天地為春秋釋文

從此用切 或作迎遂平去兩讀義分○ 隨行也說文段注引伸為主從為從橫操從亦段縱為之○萱按從為隨從行者為 從之全義也言隨行而平去諸義皆舉矣 從使也廣雅釋詁一 從猶領也史記春申君傳從而伐齊 索隱 父之叔父為從祖祖父 父之叔母為從祖祖母 父之從父晜弟為從祖父並爾雅釋親○釋名釋親屬云父之世叔父母曰從祖祖父母言從已親祖別而下也本言隨從已祖以為名也又云母之妹禮謂之從從母為姊妹而來則從母列也 從從高也萱按此段從為總也

誦想用切 諷也說文○大戴禮保傅工誦正諫注云誦謂道其行誦詩以諷 以聲節之曰誦周禮大司樂與道諷誦言語注 不歌曰誦國語晉語與人誦之注 誦謂歌樂也禮記文王世子春誦夏弦 誦經而荀子不致不仕記誦注說 誦之謂背文闇誦之詩子衿疏○禮記檀弓歌上或曰大功誦可也云誦許其口習故也注 誦誦善敗也國語楚語父誦注 誦謂箴諫也

國語楚語宴居有師工之誦注〇周語曚誦注云誦謂箴諫之語也〇誦亦諭也素問著至教論誦受道諷誦用
解注誦論也廣雅釋詁二又楚辭惜誦惜誦以致愍兮注誦言也廣雅釋詁四及孟子公孫下為王誦
之注誦通也莊子大宗師聞諸洛誦之孫釋文引李注光誦猶華篇也文選登廬山香鑪峰詩寺
承光本注誦亦誦子上谷人也淮南齊俗今夫王喬赤誦子注〇董揚益印諸家之亦松子也豈誦
為借字數又按修華嶽碑云刊石作誦段誦為頌也又景式祠堂畫像云祝誦氏無所造為段誦為融也誦鳥
名山海經海內西經開明南有誦鳥注

訟

谹古文〇俗有訟爭也一曰歌訟說文段注爭也者公言之漢書呂后紀未耽訟言誅之鄧展曰訟言
公言也一曰歌訟者訟頌古今字古作訟後人段頌見字為之〇易訟釋文云訟爭也言之于公也訟爭是
非也淮南敘真徒而訟註分爭罪亦曰訟也禮記曲禮上分爭辯訟疏爭財曰訟周禮
大司徒而有獄訟者注又呂覽孟秋決獄訟注〇周禮鄭師辨其欺哉疏云訟謂爭財又大司冦以兩造禁民訟注云訟

謂以財貨相告者又易訟釋文引鄭注云辯財曰訟訟謂買賣之言相負周禮馬質若有馬訟
注訟猶諍也易序卦傳飲食必有訟鄭注讙譁為訟楚辭怨世訟謂閭婉為醜惡注訟誦
說也史記呂后紀索隱訟謂申理之也後漢書靈帝紀注〇左氏文十四年傳訟周公于晉注云
訟理也訟責也廣雅釋詁一訟猶責也論語公冶長吾未見能見其過而內自訟者也集解引苞
氏又皇疏訟不親也易雜卦傳訟公也淮南兵略天下訟見之注又史記吳王濞傳訟安禁弗予集解
引如淳〇呂后紀集解引韋昭云訟猶公也訟容也淮南泰族訟縿胸中注〇萱按此即說文後一義也惪意
當為頌之段借字

頌

額籀〇平去兩讀義異皃也說文〇萱按此本義也詩若容平聲內已詳美大詩之頌本於美盛德之形容則頌
皃引中之義也說文訟下一曰歌訟蓋偏一義耳其說妥不容泥古今言雅頌者皆用頌不用訟則頌非段借字頌
者容也詩關雎序疏又漢書惠帝紀注引如淳又曾子牧民右因頌注頌之言誦容也周禮大師

曰頌注〇詩周頌釋文云頌者誦也容也頌者美盛德之形容以其成功告於神
明者也詩關雎序〇周禮眡瞭疏又儀禮大射儀疏又禮記禮引下君子謂之善頌善詩疏少儀疏並云頌盛之
形容又詩周頌譜云頌之言容天子之德光被四表格于上下無不覆幬無不持載此之謂容又疏云頌者美盛德之形
容至美之名又荀子大略從而頌之注云頌者美盛德也天稱頌成功謂之頌釋名釋典藝〇釋言
詩云頌容也敘說其成功之形容也又左氏襄廿九年傳為之歌頌注云頌者以其成功告于神明也又詩周頌譜疏云
頌之言容歌成功之容狀也頌以褒述功美以辭為主文選文賦頌優遊以彬蔚注〇詩閟
雖序疏云頌者美詩之名又禮記少儀頌而無諂注云頌者將愉其美也又漢書蓋寬饒傳上書頌寬饒曰注云頌謂稱
其美頌聲者太平歌頌之聲帝王之高致也公羊宣十五年傳什一行而頌聲作
矣注又疏云頌者太平之歌〇詩關雎章句疏云頌者太平德洽之歌述成功以告神又漢書揚雄傳上注云頌歌也
頌言成也續漢書祭祀志下注引詩傳頌者詩之終也大戴記保傅春秋之元節注〇周禮

籥章則歡豳頌注云豳頌亦七月靖之頌者以其歲終人功之成也也頌謂歸也周禮太卜其頌注頌
為天子之樂儀禮鄉飲酒禮乃合注燕禮遂歌鄉樂注樂西方物熟有成功亦謂
之頌書皋陶漢笙鏞以閒鄭注〇儀禮大射儀頌磬東面注云言成功曰頌西為陰中萬物之所成西方鐘
磬謂之頌儀禮大射儀頌磬東面注〇周禮眡瞭擊頌磬笙磬注云磬在西方曰頌頌琴琴名猶
言雅琴左氏襄二年傳乃自為撫與頌琴注頌猶公也漢書吳王濞傳頌共禁不予注引如淳〇萱按
史記字作訟如淳云訟公也是知漢時訟頌通用矣又淮南泰族注云訟容也亦與頌容也同介

葑缶用切

平去兩讀義異菰葑叢生其根盤結結名曰葑晉書音義下引珠叢〇萱按通鑑注
遜入江夏傕人種葑豆史炤釋葑為菰根謂江東有葑田胡三省擇葑為蔓菁謂江東葑田乃是葑泥其深有沒牛者此
田又不產菰根胡所辯是矣如其說則菰根與葑田又列為二伯言種葑與諸葛謂溪事略同

撮口呼

衆準仲切

或作衆俗〇平去兩讀注在彼

中𠁩古文𢒑籀○平去兩讀義分內也說文○謹按中訓內而平去諸義皆舉矣中得也國策齊策是秦之計中注又史記封禪書與王不相中索隱引三蒼中當也史記孔子世家言六藝折中於夫子索隱引宋均又漢書成帝紀注刑法志斷豈刑中之意哉注江充傳注戾太子傳注王尊傳注孔光傳注○書呂刑晚出傳皆無中子信義疏云中猶當也又荀子正論不材不中注云不中謂處事不當也中當也充也漢書司馬遷傳注○郭解傳注云中充也又李廣傳注引如淳云中猶充也中應也蔡邕月令律中大蔟章句○禮記月令注云中猶應也中適也易蹇注得中也釋文引王注又淮南原道動靜不能中注中猶合也穆天子傳味中康胃而消注又管子四時不中者死注中猶滿也史記外戚世家姬何秩比中二千石索隱引崔浩又漢書匈奴傳上注○宣帝紀注云也又外戚傳上注云中之言滿也中者滿中傷也漢書趙敬肅王彭祖傳注王商傳注王莽傳下注叙傳上注又後漢書蔡邕傳注賓武傳注王允傳以事中允注又淮南原道好事者未嘗不中注○漢書何武傳欲以文事中商注云中傷之也又後漢書魏朗傳注云中猶中傷中擊也荀子彊國敵中則毒

注中亦殺也淮南說山矢中蝟注鵠中射中也漢書揚雄傳上是禽殫中衰注於中中禮者也周禮師氏掌國中失之事注○注云故書中為得杜子春云當為得又

仲處衆切○中篇之仲俗有𢒑中也說文段注白虎通同伯仲叔季為長少之次伯仲見於此子部曰季少偁也叔則少之敘字也古者幼名冠字冠字者為之且字也且字也者若尼甫嘉甫是也五十以伯仲乃偁伯某甫仲某甫以伯仲而後成字伯仲之下一字為且字且者薦也為伯仲之薦也伯仲生而已定故士冠禮字辭曰伯某甫雖定此字而五十以前但偁某甫也女子笄而字則曰伯姬曰仲姬毛傳於大明曰仲中女也於燕燕曰仲字也皆言婦人也二傳其實一也古中仲二字互通○禮記月令仲春之月注又孝經仲尼居疏引張為文文紀呂不韋傳張為仲父索隱又淮南天文太陰在四仲注並云仲中也又詩大明傳摯國仲姓中女也疏又白虎通姓名並云仲者中也之仲中也言位在中也一切經音義九引詩又釋名釋親屬轉其中謂之仲爾雅釋樂又風俗通聲音○萱按此義俗子作𢒑見尒雅文集韵云𢒑中篇也釋仲其聲遠中仲呂也尒雅釋天舍人注○淮南天文

云仲呂者中允也又音比仲呂注云仲呂山月也陽在外陰在中所以中大于陽助成功也又時則注味同又呂覽孟夏仲中仲呂注云仲呂陰律也陽散在外陰塞在中所以茂陽成功也故曰仲仲春陽中也呂覽仲春仲春行秋令注又淮南時則注伯仲叔季長幼之稱儀禮士冠禮仲叔季推其所當注○晚出書蔡仲之令傳云仲字仲無笐尒雅釋艸○萱按郭云亦竹類末拜蓋非集韵之符若符也○又按充典仲春仲夏仲秋仲冬書序仲虺史記皆作中孟子牧仲漢表作牧中武榮碑君即吳郡府君之中子謂仲子也若華山碑仲宗之世柄欲碑五行星仲廿八舍柄宿之精則段仲為中也又鄭蔡仲字足見左傳桓六年注陳仲子字子終見史記鄒陽傳索隱引高士傳

蟲平去兩讀義異○俗有蚛蟲食物也廣韵集韵說文蟲下曰腹中蟲也段注云中蟲皆讀去聲腹中蟲者謂腹內中蟲食之毒也自外而入故曰中自內而蝕故曰蟲此與虫部腹中長蟲腹中短蟲讀異○萱按此蟲字蓋即蠱之異名也蠱能害人者言蟲能受害者言也周禮庶氏注云毒蠱蟲物而病害人者鄭之蠱物即韵書之蠱食物也

韻史卷四十三

泰興何萱石閭譔集　子庚校字

第九部平聲副編　上海顧錫麒竹泉覆審

江韻　武進李兆洛申耆鑑定

開口呼

矼 艮淙切 聚石水中以為步度彴（集韻○萱按此用爾雅石杠謂之徛郭注也。杠矼古今字也。矼杠正借字）杠（說文無矼。廣韻云石矼石橋）方橋也（孟子離婁下歲十月徒杠成，音義引張音）矼 慤實皃（莊子人間世且德厚信矼，釋文引簡文注○萱按此引申段借之義）

肛（或作䏺）䏺也（廣雅釋詁二）胮肛 腹脹也（集韻引埤蒼）

杠 衣帶（玉篇）

幊 衣巾也（玉篇）

谾 谾谷在南郡（廣韻）

豇 豇豆蔓生白色（廣韻○萱按即胡豆䟓也。豇䟓疑本一字）

茳 茳蘺香艸（廣韻○萱按古祇作江離，騷與辟芷兮江離）

箜 竹名（集韻）

悾 侃江切 悾悾 誠也（廣雅釋訓）悾悾 誠懇之皃（漢書劉向傳注）悾悾 誠慤也（論語泰伯悾悾而不信，鄭注○萱按皇疏云悾悾野慤也）悾悾 信慤之皃（太玄勤有悾勞勤悾息）注悾

腔（或作羫𦚭）內空也（說文新附○萱按俗用腔為曲字語之轉）骨體曰腔（徐鍇說文繫傳）（集韻○廣韻）羫 羊腊也 似羊四耳九尾目在背（御覽九百二引字林）

痓（或作啌）喉𤺊也（集韻○萱按𤺊在頸之俗體也胡）啌 瞋語（廣韻）

𩪋 髖𩪋 尻骨名（廣韻）

崆 山皃也（文選南都賦注引字書）崆𡿔嶱 山石高峻之皃（文選南都賦注）

䮫 馬行皃（玉篇）

𤢪 撫江切 𤢪獴犬不伏牽（玉篇）

𢄖 似猨（玉篇）

舡 濮江切 舟也（廣雅釋水）舽舡 船名（廣韻）

𨛚 係淙切（或作𨛚）土精如手在地中食之無病（廣韻）土精如手謂之𨛚（集韻）

梆 木名（廣韻）

䩷（或作鞤）鞋革皮（玉篇）

胮 倍淙切 胮脹也（玉篇）胮脹 腹滿也（一切經音義三引埤蒼）胮脹臭皃（廣韻）

膖（或作䏺𦟛）腫也（廣雅釋詁二）胮肛 脹大皃（玉篇）

䵃 黑皃（廣韻）

跭 莫尨切 跭𨅚 竦立也 一曰行不進（集韻）

跭 跭𨅚 胡豆也（廣韻引廣雅）

𤜲 𤜲獴犬不伏牽（玉篇）

嵈 數尨切（或作崆）崆嵈 山峻皃（廣韻）

韸 倍尨切（或作𩐑韼）韸韸 聲也（廣雅釋訓）逢逢 鼓聲也（詩靈臺埤蒼○釋文引逢逢本作韸，呂覽季夏注、一切經音義八引詩皆作韸，又御覽五百八十二作鼉鼓逢逢，淮南時則注作鼉鼓洋洋○萱按韸後出正字也，古借逢，借洋則取音近之字，用之所聞異辭也）逢逢 和也（詩靈臺傳）韸 和也 鼓聲也（玉篇）

艂 舟也（廣雅釋水）艂艭 船名（廣韻）

逢 塞也一曰姓也出北海集韻○董按說文有逢無逢玉子書 蓋本作逢篆俗改其字與音非古也 故淮南作逢蒙漢書藝文志王褒傳作逢門史記龜策傳作 蠡門呂覽具倫作蠡蒙莊子作逢蒙無作逢者凡有逢伯陵 逢公逢萌舉非逢字疑逢本無 其字緣形體譌變强生分別耳

鏠 獸名玉篇

⿰黑尨 莫奉切 私也廣雅釋詁四○方言十三黯 私也注云皆冥闇故為陰私

⿰目尨 目暗也玉篇

⿰尨頁 頭也玉篇

痝 痝然言膧起也素問風論面痝然浮腫注云痝然腫起皃○評熱病論面胕痝然壅注云痝然謂 面目浮起而色雜也素問奇病論有病痝然如有水狀注

娏 女神名玉篇引埤蒼

韻史 卷四十三第九部平聲副編江韻　三九二五

⿰山尨 五⿰山尨山名也在蜀廣韻○集韻字依末二

狵 犬多毛也玉篇

⿱艹尨 州也玉篇○集韻名作也

合口

⿰言工 古翁切

⿰革隹 跂聲

玒 巧飾也玉篇

忓 急意集韻

𦔶 耳聞鬼玉篇

疘 脫疘下部病也廣韻

刯 鍾謂之刯廣雅釋器

魟 魟或作鰤魟江蟲形似蟹可食廣韻魟鰤魚○集韻云魟魚名似鼈 名似鱉玉篇

韻史 卷四十三第九部平聲副編江韻　三九二六

愩 憓也漢書叙傳上音義引李奇 愩惷也漢書叙傳上音義引孟康 愩憒也漢書叙傳上音義引字林

碽 擊聲玉篇

篢 笠名玉篇

倥 苦工切 倥侗無知也法言學行倥侗顓蒙注 倥倥傯窮困也後漢書卓茂傳注引埤蒼字書張衡傳注引 倥傯猶困苦也楚辭思古悲倥傯於山陸注

⿰衤空 或作⿰衤空 衣袂也廣韻

硿 石聲玉篇 硿青藥名出會稽集韻

埪 土埪龕也玉篇廣韻○集韻云龕謂之埪

箜 俗有○ 箜篌樂器廣韻○釋名釋樂器云箜篌師延所作靡靡之樂也後出於桑間濮上之地蓋空國之侯所作也

韻史 卷四十三第九部平聲副編江韻　三九二七

䓘 䓘心也廣韻

䅝 稾也廣雅釋草○廣韻云䅝稈

⿰虫空 蜫⿰虫空皮也玉篇

鵼 怪鳥也廣韻

⿰衤翁 脘工切 ⿰衤翁褣衣名集韻

⿰革翁 吳人謂靴靿曰⿰革翁廣韻

⿰木翁 水⿰木翁子果名廣韻

嗡 嗡嗡吼牛聲玉篇

⿰犭翁 猪也玉篇

鶲 鳥也玉篇○萱按吳志白頭翁之鳥作此

韻史 卷四十三第九部平聲副編江韻　三九二八

韻史 卷四十三第九部平聲副編江韻

聠 戶翁切 耳有聲 集韻

詍 或作哅 詍詍大聲 廣韻 哅哅喧聲也 荀子解蔽掩耳而聽者聽漠漠而以為哅哅注

颫 或作颫 大風也 廣韻

頙 頙頙頭悶皃 集韻

烽 烽火也 玉篇

焢 火氣也 集韻

灴 火盛 玉篇

叿 呵也 一曰叿叿人聲 一曰吼語 集韻

⿰忄東 睹工切 愚也 玉篇

⿰彳東 行皃 玉篇

三九二九

韻史 卷四十三第九部平聲副編江韻

⿰女東 國名 玉篇

⿰鬼東 鬼殺人 玉篇 ⿰鬼東醜皃 廣韻

⿰言東 ⿰言東⿰言東鼓聲 集韻

⿰食東 東郡館名 廣韻引地理志

埬 上埬地名 廣韻

⿰目東 地名 玉篇

⿰馬東 馬名 玉篇

鶇 或作鶫 鶫鳩名美形也 玉篇○爾雅云鶇鶫鳥名 又鶇鶝鳥名美形皃 集韻

鰊 魚名 似鯉 玉篇 廣韻

⿱東䖵 蛞⿱東䖵科斗蟲也 廣韻○按爾雅作科斗活東 俗加偏旁

三九三〇

菄 東風艸名 嶺南平澤有之 莖高三二尺 先春而生 集韻○廣韻云東風菜 俗加艸 吳都賦云艸則東風扶留

⿱雨東 雨皃 玉篇 廣韻

笗 竹名 玉篇 廣韻

⿰豸東 獸如豹有角 玉篇

鶇 鶇鳥似鳧形小好入水食 廣韻云鶇鳥名○玉篇

⿰忄仝

⿰足同 杜工切 走皃 玉篇 廣韻

⿰巾通 或作⿰巾同 ⿰巾通裙夷服也 集韻

熥 以火煖物 集韻

韻史 卷四十三第九部平聲副編江韻

三九三一

韻史 卷四十三第九部平聲副編江韻

通 水聲 集韻

樋 木名 集韻

蓪 附支蓪艸 集韻引廣雅○廣韻云蓪艸藥名中有小孔通氣

⿰忄冬 懼也 廣雅釋詁二

⿰月冬 痛也 玉篇 又集韻引廣雅

炵 大色 廣韻 炵大盛皃 集韻

椿 杜翁切 橛也 廣韻 椿杙也 集韻

湷 深水立也 廣韻

⿰足叟 社工切 ⿰足夆⿰足叟竦立也 廣韻

⿰豆叟 ⿰豆夆⿰豆叟胡豆也 廣韻引廣雅

三九三二

艭 艕艭船名廣韻
欆 欆或作㩳 㩳欆木張帆也集韻
䉶 㩳䉶也玉篇 筝䉶謂之䉶集韻引廣雅○集韻云一曰酒器 籰帆也廣韻
䕯 艸名玉篇
靀 雨皃玉篇
䲣 海魚名集韻
蠖 蟲名玉篇
誴 祖工切 謀也玉篇
倧 上古神人廣韻
棕 木名蠻桴也集韻

韻史 卷四十三第九部平聲副編江韻 三九三三

鬃 高髻皃玉篇
鬆 馬鬣玉篇 鬃鬉鬣曰頸鬆集韻
鬉 毛亂也玉篇廣韻
㥮 困㥮刻賊不通也集韻引李頤說
㩳 手捉頭曰㩳一切經音義十引通俗文 㩳搣俗謂之捉頭集韻引字統
㣙 或作遳 數也詩曰越以㣙邁玉篇 㣙行也集韻
𧼧 進皃玉篇
篗 䈒也廣雅釋器
䃜 石也廣韻
陖 國名玉篇

韻史 卷四十三第九部平聲副編江韻 三九三四

騣 馬鬣也廣韻 金騣馬冠也玉篇
㹱 犬生三子𤞞玉篇○爾雅釋犬云犬生三𤞞
鯼 鯼魚出南海頭中有石一名石首文選江賦注引字林
螋 蛤名玉篇○廣韻云三螋蛤屬
𨅚 寸工切 𨅚蹤行遽集韻
𦝫 病也玉篇
醦 醦或作醙 醙謂之醦醱集韻○廣韻云醦醱濁酒
棇 尖頭擔也廣韻○集韻云棇擔兩頭銳者
轗 輪或曰轗言輻轗入轂中也釋名釋車○廣韻云轗檻車載囚
嵸 山皃集韻

韻史 卷四十三第九部平聲副編江韻 三九三五

蟌 水蟲化為蟌蟌青蜓也淮南說林蝦蟆為鶉水蠆為蟌注 蟌青蛉也玉篇
豵 大荒之南有豵淵集韻引山海經
憁 吳翁切 悾憁了慧人也廣韻
漗 水聲集韻
硔 户同切 大壑也廣韻
𨻶 坑也廣雅釋水
鉷 弩牙辟致也集韻引埤蒼○廣韻云鉷弩牙
舼 舟也集韻引廣雅
篊 引水也玉篇
翃 飛聲也廣韻

韻史 卷四十三第九部平聲副編江韻 三九三六

韻史 卷四十三第九部平聲副編江韻

三九三七

訌 或作[illegible] 大聲也 廣韻

[illegible] 山形 廣韻

茳 或作[illegible] 馬蓼也 廣雅釋艸〇廣韻云茳水艸一曰蘢古

淞 潰淞水沸涌也 廣韻〇集韻云淞水聲

[illegible] 或作[illegible] 從[illegible]山名在益州 集韻

䂫 或作[illegible] 䂫磅石隕聲 集韻〇廣韻云䂫石聲

哃 [illegible]切 哃嘈大言 廣韻

[illegible] 地下應聲 廣韻〇集韻云[illegible]含嚮

烔 或作爞 爞熱也 廣雅釋詁二 烔熱氣烔烔 廣韻字林 引烔烔然熱兒也 一切經音義四引埤蒼 烔謂燒艸傳火焰盛也 華嚴經音義下引韓詩傳 爞爞熏也 爾雅釋訓

韻史 卷四十三第九部平聲副編江韻

三九三八

爞爞熏炙人 爾雅釋訓注

[illegible] 禾盛兒 玉篇

粡 粽也 玉篇

弻 弓飾也 廣韻 象弭謂之弻 集韻

[illegible] 或作[illegible] 舟也 廣雅釋水

峒 崆峒山名 廣韻

[illegible] 鄉名 玉篇

狪 或作[illegible] 似豕出泰山 玉篇云狪獸〇又名 泰山有獸焉名同狪狪 山海經東山經 〇集韻云狪野赤也又引山海經云泰山有獸狀如豚而有珠其名自叫

[illegible] 蟲名 玉篇 五音集韻

韻史 卷四十三第九部平聲副編江韻

三九三九

瞳 目珠子也 一切經音義引埤蒼 瞳重也 膚膜相裹重也 釋名釋形體 釋童子

目之眸子 漢書陳勝項籍傳贊舜目重童子注〇萱按此既童爲瞳也 瞳未有知兒 莊子知北遊 汝

注瞳焉如新生之犢 釋文引李〇萱按此段瞳爲僮也

曈 或作[illegible] 曈曨欲明也 文選文賦注引埤蒼〇萱按曈曨蓋本一字韻書分屬日月俗從目

朣 朣朧欲明也 文選秋興賦注引埤蒼 朣朦言未暗也 後漢書張衡傳注

膧 肥兒 玉篇

僮 行兒 玉篇

鞺 或作[illegible] 車鞁具飾也 廣韻

氃 氋氃毛兒 集韻

[illegible] [illegible]嵸山兒 玉篇 集韻

韻史 卷四十三第九部平聲副編江韻

三九四〇

[illegible] 地名又姓 廣韻

犝 或作[illegible] 犝今無角牛 爾雅釋畜 犝牛注〇 釋文引字林云犝牛名

[illegible] 或作[illegible] 無角羊 廣韻〇萱按犝與[illegible]古祇作童偶旁皆後人所加耳

鶇 鶇鶇水鳥黃喙長尺餘南人以為酒器 廣韻

[illegible] [illegible]也 廣雅釋室〇廣韻云[illegible]井[illegible]一云[illegible]也

[illegible] 或作[illegible] [illegible]瓬小牡瓦也 集韻

[illegible] 或作[illegible] 鼓聲 廣韻

[illegible] 酒醅壞也 集韻

[illegible] 戎云幡也 廣韻

鉖 釣鉖 廣韻

𡨥楚云屋深（廣韻）

佟姓也北燕有佟氏（廣韻）

独刺也（廣雅釋詁一）

鵴松果之山有鳥其名曰鵴渠狀如山雞黑身赤足可以已𦠆（山海經西山經）

𣸷水名亦水皃（廣韻）汪𣸷水深

部古國名（玉篇）

𥢌厚衆也（玉篇）

憹憧憹悦也（廣韻）

儂我也吳語（廣韻集韻）

膿目不明也（廣韻）

𦗸耳中聲也（玉篇引埤蒼）

齈鼻齈也（玉篇○集韻作鼻病也）

噥或作譨多言不中（廣韻）噥嗔語（廣韻引字林）

饛餜饛強食也（玉篇）

鸗鳥名鴻也（玉篇集韻）

蘢蓬蘢蘆葦也（集韻）

曨（同巃切）日欲出也（廣韻）曈曨欲明也（文選文賦注引埤蒼）

朧曈朧欲明也（文選秋興賦注引埤蒼）

靇靇靇雷聲

礱大聲也（廣韻）

䡒築土䡒穀（廣韻○集韻云䡒土以磨穀一曰瓦礲物○以其形其用與磨大同說文礱字足包之矣以其堅擊）（築土所盛土也故字又从瓦）

籠篚也（玉篇）

鑨器也（玉篇）

䶬或作餅屬（集韻）

穠或作𥟵䅃也（廣雅釋詁四）穠禾病（廣韻）

轆車𨋁齊謂之轆（方言九）車轅上者謂之轆（小爾雅廣器）轆輗也（廣雅釋器）

驡或作𩦎（書）充實之皃（廣韻○文云𩦎野馬）

爖火也（玉篇）

䁦（狀同切）視不明也（集韻）

髗髗腔尻骨（廣韻）

𩞯或作噇食無廉也（集韻）噇喫皃（玉篇廣韻）

幢或作橦翳也關東關西皆曰幢（方言二）幢旌幢也（漢書韓延壽傳建幢棨植）羽葆（晉灼注）幢麾也（漢書韓延壽傳注）幢謂之幭（廣雅釋器）幢謂之幬即舟中之幢蓋也（後漢書班彪傳上注○文選沂皆誅殊以幢幢羽之幢蓋之制注云幢蓋將軍刺史之儀也）皃（文選東京賦樹幢注薛注）幢童也其皃童童然也（釋名釋兵）施之車蓋童童然以隱蔽形容也（釋名釋牀帳）橦褣襜褕也（廣雅釋器）○萱按方言襜褕謂之童容（小爾雅廣服）○萱按童容皆省字亦作橦褣（小爾雅廣服）也幢亦用潼若僮作之潼容見周禮巾車注釋文又魯峻石壁畫像小史騎持僮小史僮矛僮即幢之假借

橦 橦入也集韻
確 石皃集韻
𥨊 寸同切 安也玉篇
孮 子孫隆盛曰孮集韻
錝 金毛也玉篇
餸 或作餸 欲食也集韻 饞餸愛食廣韻
甇 甇甇甇也江湘之間謂之甇方言五 甇瓶也廣雅釋器
鬔 佩同切 或作蓬 鬔鬆髮亂皃廣韻引字林
桻 梁上楅集韻
艂 織竹編箬以覆船集韻○萱按廣韻竹夾箬覆舟也然則舟車不録艂字其釋篷云織何可同用篷字

韻史 卷四十三第九部平聲副編江韻 三九四五

以爲艂
篷 或作筝釋車 拘簍南楚之外謂之篷方言九○注云今亦通呼篷 拘筝車篷廣韻
輚 車聲玉篇
熢 熢烽煙皃集韻
塳 塵也集韻
鏠 首箸兜鍪也集韻○又云莊子鏠說劍篇自作蓬頭○萱按鏠不聞鏠也
曚 漫同切 曚曨日未明集韻○一云曚曨日未明
朦 朦朧月將入集韻
朦 豐也廣雅釋詁四○方言二云朦豐也自關而西秦晉之間凡大皃謂之朦
艨 艨艟舟也廣雅釋水 外狹而長曰艨艟釋名釋船

韻史 卷四十三第九部平聲副編江韻 三九四六

襛 衣也玉篇
䑃 或作曚 言不明也集韻
㩚 收斂也集韻
檬 似槐葉黃廣韻
𡾰 山名玉篇
毴 毴毴毛皃集韻
鬉 或作鬃 馬垂鬉也玉篇 鬃馬垂鬣也廣韻
齊齒呼
𩮀 几邕切 𩮀𩮀鬆髮亂集韻
暅 或作暅 暅畍韭畦也集韻引埤蒼
邛 邑名又亭名廣韻○○集韻云邛亭名在彭蠡○萱按共工官名共和國也又云邛山名在共叔段邑也

韻史 卷四十三第九部平聲副編江韻 三九四七

字皆作共疑國邑可作邛而古祇用借字共工正當作供
鵬 鳥似雉鳴自呼廣韻
跫 舊邕切 跫然而喜矣莊子徐無鬼聞人足音跫○俗有跫行人之聲莊子釋文○萱按行人之聲當作人行聲跫悚也鬼徐無
篕 篕籠車也廣雅釋器 車拘簍宋魏陳楚之間或謂之篕籠方言九○萱按作篕籠者字誤倒也集韻云篕籠箸車弓
噰 湛邕切 或作嗈 嗈聲也爾雅釋言 噰噰和也文選遊天台山賦注引爾雅 關關噰噰音聲和也爾雅釋詁 噰噰喈喈民協服也爾雅釋訓 邕和也○漢書兒寬傳注○萱按邕雝雍古字通用和者雝也雝和也書堯典黎民於變時雍晚出傳訓和字借字相傳何不肅雝彼襛矣詩清廟肅雝顯相又大戴記盛德注又爾雅注又國語晉語又禮記樂記雝和鳴又太傅注以雍爲雝 又文選羽獵賦非百穀時雍之雍

韻史 卷四十三第九部平聲副編江韻 三九四八

注又漢書紀表傳各注○玉注春傳上注云雍亦和也○雝雝和也詩思齊雝雝在宮傳有來雝雝又禮記樂記雝
又漢書韋玄成傳注又後漢書鍾離意傳注雝雝雁聲和也詩匏有苦葉雝雝鳴雁傳雝穆和也
漢書楊雄傳上乃注枕莊雍穆之徒注雍徽聲皃家語正論王乃雍注
𤫢或作𤫢玉器也玉篇
䧘雝頭也玉篇
向邕切 恟恐也玉篇
拿肖切 忪或作伀心動不定驚也惶遽也玉篇忪惶也晉書音義下忪心動皃廣韻
征伀行皃同上○集韻云征伀怖遽皃
吅衆口皃廣韻○皃字从集韻增
閌門外閑也廣韻

炂熱仆也廣韻
鉛鐵也廣韻
芯艸名廣韻
笿無節篇集韻引字林笿長節竹也廣韻
籦或作籦竹也玉篇籦籠竹名也文選長笛賦注文南都賦注引戴凱之竹譜
瑽土菌也玉篇○萱按雲南名土菌為雞瑽美於他產
商邕切 摐撞也爾雅釋言又史記司馬相如傳注引漢書音義又漢書相如傳注撞金鼓集解又集韻引廣雅摐擊也文選子虛賦注上擦曰摐太乎迭喬引韋昭木雞摐注
𧝝短襲也廣韻
𧝝祠不敬也廣韻

𤛆黍不實也廣韻
釗或作釗刺也廣雅釋詁二又玉篇
𥎊或作𥎊短矛也一切經音義三引蒼頡又玉篇○萱按與說文之𥎊略同
艟艨艟戰船所以突敵集韻
𨇨𨇨𨇨小兒行皃集韻
𤗏土精如𤗏在地下也廣韻
𥦗空也玉篇𥦗窻闇也集韻
𡍲地名廣韻
𪑔深穴中黑也廣韻
始邕切 𨃹蹋也廣雅釋詁二

驄驚馬集韻
鷟鸀鷟鳥名布穀也集韻
蜙蜙蝑俗呼𧊅蜙春黍廣韻○萱按爾雅注作春黍蜙古今字
㥋罵也廣雅釋詁三㥋謂之㥋方言三○注云㥋猶保㥋也今隴右人名孏為㥋
紫邕切 䁝光也文選七命注目䁝懼也
磫磫䃃礪也廣雅釋器○一切經音義九引通俗文云細礪謂之磫䃃
𣯫罽也廣雅釋器
熧火出穴中集韻
鼨鼨䶄小鼠集韻
峕肯切 𨑡遷也廣韻

赵急行也廣韻
瑽瑽瑢佩玉行皃玉篇廣韻○萱按行皃二字集韻作聲
𥢊治禾𥢊移廣韻
𦝫肥病也廣韻○集韻無病字
瞛電光玉篇
旹日欲夜玉篇
思恭切 鬆或作𩭤鬆鬆亂皃廣韻○集韻云鬆鬆亂也
彸小行恐皃也廣韻○萱按或混合彸彸為一字似亦有見
淞江名在吳郡集韻
蓬切 嵷山名在封州集韻○玉篇云嵷山名一名龍門山大魚上即化為龍上不得點額流血水為之丹色也

韻史 卷四十三第九部平聲副編江韻 三九五三

篈竹名玉篇
犎或作㹧野牛也玉篇又初學記廿九引字林○一切經音義十四引周成雜字云犎犎牛也今有此牛形小髯上有犎是也
仹仙人名廣韻
䩬或作鞛鞛鞺飾集韻
峯或書作峰高尖山玉篇○萱按古無此字當是借夆作之
莑艸芽始生廣韻
桻木末也廣雅釋詁一○萱按集韻引廣雅作木末也
皆容切 頌面中也玉篇五音集韻
𩭤𩭤鬆髮亂皃廣韻○集韻有亂

韻史 卷四十三第九部平聲副編江韻 三九五四

堃佩也廣韻
𩦷獸如馬而青一走千里也廣韻
粠精米玉篇
枀有○俗枀諳也廣雅釋詁三枀糈也枀穫也廣韻
倯罵也廣雅釋詁三倯倯罵也燕之北郊曰倯伀方言七倯伀嬴小可憎之名也方言七注
𦬵萋荚實也廣韻
笻竹名可為杖廣韻○文選蜀都賦於是卬竹緣嶺劉注云笻竹出興古盤江以南竹中實而高節可以作杖○萱按卬古字也借字也賦用借字注用正字而相沿多作卬者
䑼或作艐艐舟也廣雅釋水䑼小舟也玉篇後漢書馬融傳注云艐小舟也亦作○艐玉篇小而深

韻史 卷四十三第九部平聲副編江韻 三九五五

者謂之樅方言九○注云即長舼也
蜙或作蚣平上聲讀○蜻蛚楚或謂之蜙方言十一○注云蜙一名蟋蟀梁國呼蜙爾雅釋蟲蟋蟀蛬李注蛬促織也一名蜻蛚詩蟋蟀釋文蛬蜻蛚也廣雅釋蟲
深从切 輽或作轈車行也玉篇
鬆或作𩭤髮長玉篇○集韻云髮長皃一曰飾也
瑢瑽瑢佩玉行皃玉篇
褣南楚謂襜褕曰襩褣方言集韻引
榕木名初生如葛藟緣木後乃成樹集韻
蓉芙蓉荷華廣韻○萱按古作夫容俗加艸
䈶䈶箪矢也一曰文竹集韻

韻史 卷四十三第九部平聲副編江韻 三九五六

峪山名在容州山下有鬼市廣韻峪峪上下衆多皃漢書楊雄傳上陵高衍之峪峪分注引如淳

鶬鶬䳭鳥名廣韻

彰重影也玉篇○廣韻多一曰形彰四字

戲兵器也廣韻戲戣也玉篇

槦槦木名材中箭笴一曰兵架謂之槦集韻○玉篇云槦木中箭笴

嵱山名在建州集韻

湧宜蘇之山湧湧之水出焉集韻引山海經

𧍧䗤𧍧狀如黃蛇魚翼出入有光集韻引山海經

組容切 鬞或作䰈鬆鬞鬞髮亂集韻引埤蒼鬞鬞髮亂玉篇

䵶黷䵶黑甚廣韻

穠華多皃集韻穠花木厚也○廣韻云

檂木名廣韻

充容切 蹱或作踵蹱踵小兒行兒玉篇

艟小船上安蓋者廣韻玉篇○集韻云艟舟盖謂之艟

巃巃嵸山高兒集韻

蠪巫也廣雅釋詁四

鷔䳭也廣雅釋鳥鷔野鳥也史記楚世家小臣之好射鶀雁羅鸗集解引呂靜○索隱引劉氏云鸗小鳥名

𤢺獸名玉篇五音集韻

蝕容切 舯舯直也玉篇

隀地名玉篇

𪀚𪀚鶄鳥名玉篇廣韻

蝩蠶晚生者玉篇廣韻○蝩按此第二蠶也故字从重周禮馬質云禁原蠶者一切經音義十一引張揖解晉律○蝩按蠶與蝗有先後晚者差小小曰蝩大曰蝗

恩容切 穁𥟥穁矛也玉篇廣韻云穁矛屬○集韻

穁䅃穁也玉篇穁禾梢廣韻穠穁芳也集韻

榵木名似檀廣韻

𧑄蟲行皃玉篇五音集韻

抬容切 慵嬾也玉篇廣韻

𩞄䭿𩞄不康也玉篇集韻

𩍂或作䩬革乾也廣韻引通俗文𩍂引船溲水也集韻

𥨶𥦋𥨶器病集韻

此容切 䭜或作䭜䭜雉桂林之中或曰䭜方言八

仰从切 𪐹黑穴也玉篇

俩从切 𥛾神名玉篇○廣韻云𥛾大貴負山之神能動天地氣昔孔甲見之又集韻𥛾貴山神也

韸韸被韸也集韻引字林

𥢌或作𥡍矛有二橫曰𥡍穁集韻引字林

𨗨或作漨單狐之山漨水出焉集韻引山海經○○集韻云一曰漢漨池在開封縣○○蓬按吳都賦霧遳浡此借為蓬物字也

撮口呼

昔兄切 䚗或作䚗䚗䚗謹敬皃也史記魯世家有䚗䚗如畏然集解引徐廣又廣雅釋訓

衳 衳也廣雅釋器○王氏廣雅疏證云衳謂衣中也字通作身喪服記衣二尺有二寸鄭注云此謂袂中也言衣者明與身參齊疏云衣即身也衳通作躬續漢書五行志云獻帝建安中男子之衣好為長躬而下甚短○萱按衳與身皆正借字也續志長躬而下甚短躬謂衣下謂裳

杇 木名集韻

涫 縣名在酒泉集韻

焪去戎切 焪或作㷘 爆也爐也集韻 焪盡也廣雅釋詁一 焪乾也廣雅釋詁二

悺丑充切 悺或作忳 憂也廣雅釋詁一

颼許戎切 大風也廣韻

䡴卑戎切 䡴䡴言氣之往來也素問陰陽離合論陰陽䡴䡴注

𣧹 竟也廣雅釋詁三

韻史 卷四十三第九部平聲副編江韻 三九六一

棇 棇樅椎也廣雅釋器

蔠 蔠葵繁露廣雅釋艸

𥳆 戎人呼筐曰𥳆集韻

䮴 馬名廣韻

𧳋 獸名如豹而角玉篇

㤝處戎切 心動也廣韻引埤蒼

䘪 襌衣也廣韻 襜褕布而無緣關西謂之䘪裗集韻引方言

珫 玉名集韻○廣韻云珫耳玉名也詩傳充耳謂之瑱也俗从玉○萱按充非物名也俗製珫為瑱之名矣

䵬 黃也廣雅釋器○大戴記子張問入官䵬紞塞耳注云䵬莊子謂黈黃也○萱按盧氏破䵬為黈是也不當有䵬字廣雅玉篇官誤收

韻史 卷四十三第九部平聲副編江韻 三九六二

芜 芜蔚艸名益母也集韻○萱按即詩之蓷又名臭穢

沆 水聲廣韻○集韻云沆深水聲

沖 沖瀜沆瀁深廣之皃文選海賦注

翀 直上飛也廣韻

帘 穿也集韻

筗 竹名集韻

䂌 矛也玉篇

菘思充切 江東呼蕪菁為菘爾雅釋艸須葑蓯舊注○萱按此與葑蓯二字同物而異名

硹 地名在遼廣韻

㣚 姓也廣韻

韻史 卷四十三第九部平聲副編江韻 三九六三

䣼 酒名集韻

䳝 䳝或作鳶 似鷹而小玉篇廣韻 鷐䳝隼屬集韻

僼[illegible]充切 僼僼仙人廣韻

𡾰 山名玉篇

靊 靊霳雷師俗从雨玉篇

𡼿去戎切 𡼿或作㟅 崆𡼿山形集韻

䆗 䆗䆗謹敬皃玉篇

䝤 似虎玉篇

瀜[illegible]戎切 沖瀜沆瀁深廣之皃文選海賦注○廣韻云沖瀜大水

炵 火氣也集韻

韻史 卷四十三第九部平聲副編江韻 三九六四

𩆵呂宗切霳雷師集韻
𥦬穹𥦬天勢廣韻
𡻗𡻗豐山形集韻
𨻐篂也玉篇
𣸥或作𧒒蟲名集韻
𡐊多也集韻○廣韻云多𡐊禮天○萱按𡐊从降𣸥螲从隆省與不省祇是一字𡐊之外不當别有𡐊字明矣
鑿或作聲也玉篇
饛庬戎切饛饛貪食廣韻○萱按集韻作饛饛
潨雨急謂之潨集韻潨水聲同上
𤢃或作𤢃推也亦姓廣韻

䥴鼓聲玉篇
絨汝隆切細布也玉篇
毧細毛玉篇
䂬石也玉篇
㭜木名以稷集韻
筎小竹可為矢廣韻竹筍謂之筎集韻
茙茙葵即大葵也列子力命進其茙菽釋文引郭茙葵蜀葵廣韻○釋文云茙菽即胡豆也○萱按茙字曉出古祇用戎作之爾雅釋艸有戎葵釋文云茙本作戎茙茙厚見集韻此反茙為穠也○萱按
駥馬八尺為駥爾雅釋獸○萱按駥本作戎省借字也駥絶有力駥爾雅釋獸○注云駥即馬高八尺

尺
㺨獸名禺屬其毛柔長可藉集韻㺨猛也廣韻
俄俄人身有三角也廣韻○萱按此𤢃字也郭璞山海經祙戎贊云戎三其角祙堅其眉字本未未嘗作俄
雉人姓也玉篇

韻史

泰興何萱石閭撰集 子庚校字

第九部上聲副編 上海顧竹泉覆審

孔韻 武進李兆洛申耆鑑定

開口呼

港 艮涌切 水分流也〇一切經音義三引字書 港洞相通也 文選長笛賦 港洞坑谷注

鞼 生皮也 玉篇

愉 撫孔切 愉或作艬 悻愉很戾 廣韻云 愉艬〇集韻 很戾

艬 色深惡皃 集韻

勐 或作頟 勐彾屈強皃 廣韻 頟愩多力 集韻

愩 澀孔切 愩勐愩多力 集韻

頟 邪視也 集韻

韻史 卷四十三第九部上聲副編孔韻 三九六九

揁 山東謂擔荷曰揁 集韻

蔳 艸名 似葵 集韻

頯 頭直也 集韻

睩 睩睩耳中鳴 集韻

哢 哢哢聲也 集韻云 鳴聲〇廣韻 哢哢

錝 鐘聲 集韻

烼 烼烼火皃 集韻

颭 風皃 集韻

蝅 蟲名 集韻云蝅蝅〇廣韻甲類

渢 水風也 集韻

韻史 卷四十三第九部上聲副編孔韻 三九七〇

嗊 嗊囉嗊歌曲 廣韻引 幼童文告

晎 晎晎日欲明 集韻

朦 朦朦月不明 集韻

眬 眬曚眬目不明 集韻

頮 頮頮頭昏 集韻

鼓 鼓聲也 集韻

鞼 保涌切 耳本也 集韻

蚌 瓜多實皃 詩瓜瓞菶菶 集韻〇萱按 詩今作唪唪 說文引作菶菶 菶有作蚌者也 蚌專字而 瓜旁 出

悻 倍涌切 悻或作悖 悻愉很戾 廣韻

韻史 卷四十三第九部上聲副編孔韻 三九七一

硑 石皃 集韻

倓 莫孔切 倓倓儚不媚也 廣韻

朧 豐大也 廣韻

硥 石皃 集韻云 硥魚〇淮南墬形 在其南

鶺 鶺或作鵩 鶺鴒也 爾雅釋鳥 蒼鶺 書鶺鴒也 釋文引字林 云鶺鴒怪鳥也 又集韻〇一切經音義十三引 埤云鶺鴒鳥名 似鷹而

白鶺老鶺也 廣雅釋鳥

合口呼

瞈 胅桶切 氣盛也 廣韻 瞈曚日未明也 同上

瞈 瞈曚目不明也 集韻

聬 聬聬耳聲 集韻

膾 或作 臭皃 唐韻引字林 腿肥皃 集韻

韻史 卷四十三第九部上聲副編孔韻 三九七二

⿰香翁 或作⿰香翁 香也 集韻
熻熻然煙氣 廣韻
塕塕然風起之皃也 文選風賦塕然起於窮巷之間注 塕塵也 玉篇 塕埲塵起 廣韻 ○瑩按老子銘其土地鬱塕高敞此反塕為翁也
⿱雨翁⿱雨翁雲皃 集韻
嵡山皃 集韻
⿱穴翁室中闇也 集韻
蓊艸名可染黃 集韻 蓊薹也 廣韻 廣雅 蓊鬱艸木茂皃 集韻 ○瑩按此義當用蓊字而俗作蓊多誤
⿰多邑多也 廣雅釋詁三○方言十云⿰多邑䫌多也南楚凡大而多謂之⿰多邑

睹滃切 捒擊也 集韻
⿰口束多言也 集韻
⿰革束攏⿰革束不止之意 廣韻
⿰石冬石墜聲 集韻
⿰氵董物墜水聲 集韻
⿰月董肥也 集韻
懂 或作𢥞 𢥞懂心亂 廣韻
鼕 或作鼕 鼕鍾鼓鳴 廣韻
⿱竹董 或作董 竹器一曰竹名亦姓 集韻
杜滃切 侗大也 莊子庚桑楚能侗然乎釋文引字林○釋文云侗本又作洞瑩按二字音義皆相近故通用 侗殼直

皃 莊子庚桑楚釋文引三蒼 侗直而無累之謂 莊子庚桑楚釋文 ⿰亻龍侗直行 集韻
胴大腸也 玉篇 侗胴直皃也 集韻○方言十二侗胴狀也注云謂形狀也
⿰身同⿰身龍⿰身同身不端 集韻
⿰衣同衣短袖也 集韻
⿰赤同赤色 集韻
⿰麥同⿰麥并麴 集韻
酮馬酪也 集韻 埤蒼引 酮酢也 廣雅釋器 廣韻云酮酒酢○集韻
硐 或作䃔 磨也 廣雅釋詁三 釋 摟磨曰硐 御覽七百六十一引通俗文
垌缶垌也 玉篇
⿱穴同通窬也 玉篇○集韻云窬通穴也

捅前進也引也 廣韻 用集韻○增 設義
嗵歌也 廣雅釋樂 嗵大歌聲 埤蒼 廣韻引 嗵多言也 玉篇
煩桶切 ⿰豸農多也 廣雅釋詁三○方言十云⿰豸農䫌多也南楚凡大而多或謂之⿰豸農凡人語言過度及妄施行亦謂之⿰豸農
⿰耒農耕種 玉篇五 音集韻
磊滃切 ⿰亻龍⿰亻龍侗直行 集韻
⿰亻龍⿰亻龍侗未成器也 廣韻 ⿰亻龍倲劣也 集韻
⿰身龍⿰身龍⿰身同身不端 集韻
攏 或書作擥 攏猶括束也 文選江賦攏萬川乎巴梁注 攏理也持也掠也 集韻 攏攏略也又㧗攏籌也謂酒肆 廣韻 龏擊也 集韻
憽 或書作儱 忽遽皃 集韻 儱悷不調也 廣韻 又云○集韻云儱悷很惡也 集韻儱悷多

巃巃嵸聚皃（文選舞賦嵸通迴注）巃嵸峕峻皃（史記司馬相如傳崇山巃嵸正義引郭云○萱）按有段巃為巃者從大饗碑云占君元巃西入邛巃西入也

竉孔竉穴也（玉篇○廣韵多穴字）

偬（狀桶切）眾齊也（玉篇）

鬆（祖湧切）（或作鬆鬆）鬆角（廣韵馬鬆一○集韵云鬆鬆角）鬆鬆鬈曰頭鬆（集韵）

總（或作總）總布謂守斗斛銓衡者之稅也（周禮廛人總布注○萱按義在總與稅之間）鄭破總為總段氏漢讀考則以注中組總字為組總之總為不用總字也說文廣韵皆無總 總禾束也（玉篇）

轉（或作轉轉）輪也（廣雅釋器）輪關西謂之轉（方言九）

瞍視也（廣雅釋詁一○方言十云瞍視也凡相窺視南楚或謂之瞍）瞍伺視也（玉篇）

瘲眾立也一曰兩屋合（集韵）

韻史 卷四十三第九部上聲副編孔韻 三九七七

韻史 卷四十三第九部上聲副編孔韻 三九七八

嵸（或作嵷書）巃嵸峕峻皃（史記司馬相如傳崇山巃嵸正義引郭云○廣韵云巃嵸山貌）峇嵸山

峯皃（集韵）

樬（鉉桶切）（或作樬）筩也（廣雅釋器）箸桶自關而西謂之桶樬（方言五）

閫門臼也（玉篇○萱按臼音居六切斂手曰臼門臼疑即曲禮之捧扃也）

敵擊也（廣雅釋詁三）

揌推也（集韵）

馚（佩捅切）香氣盛也（集韵）

颹風起皃（集韵）

埲塵也（集韵）埲埲塵起（廣韵）

烽烽埲煙塵䨚起皃（集韵）

騂鳥亂飛皃（集韵）

蜂蟲亂飛皃（集韵）

顈（慢桶切）顈類頭昏（集韵）

纗絲亂緒皃（集韵）

曚物上白醭（廣韵云曚浮○集韵醭也）

齊齒呼

玨（几勇切）（或作玐）璧也（廣韵）

栱欑謂之杙大者謂之栱（爾雅釋宫○御覽三百卅七引埤蒼云栱大杙也○萱按杙者杙之段借字）

栱欒類而曲也（文選景福殿賦注栱夭蟜而交結）

鯱鯱也（廣雅釋魚）

蛬（或作䖬○平上兩讀注在攲）

韻史 卷四十三第九部上聲副編孔韻 三九七九

韻史 卷四十三第九部上聲副編孔韻 三九八〇

醱鹹葅（集韵）

輂輞也（廣雅釋器○玉篇云輂輞也）輂曲轅（集韵○又云輂一曰轢也）

瓵（或作瓵）瓨也（廣韵）瓵瓶也（集韵）

孿姓也（廣韵）

洪（舊勇切）凝也（集韵）

嶷地名（玉篇）

蕻蕻草䕺蒻也（廣雅釋艸）

慂（湊寵切）（或作慂慂）滿也（廣雅釋詁一○方言六云慂滿也凡以器盛而滿謂之慂）慂言涌出也（方言六注）

心喜也又出也（廣韵）

慂動也（廣雅釋詁一）慂勸也（同上）慫慂勸也（方言十○漢書衡山王賜傳日夜縱臾王謀反事注）

引如淳云史讀曰勇萱按當云讀若慂縱臾即慫慂之段借字也說文有慫無慂古用容若臾作之

閫 門入也 玉篇

衖 巷道也 廣韻引蒼頡

埇 地名在淮泗一曰道上加土 集韻○萱按此埇道正字也史漢借艸木華之甬作之

趟 行也 玉篇

嗈 或作嗵 嗈欲吐 廣韻

彮 垂帶飾皃 集韻

塎 埇塎不安也 玉篇引埤蒼

霳 雲氣 集韻

廱 或作鬞 蠶也 集韻引廣雅 廱一曰蝆也 集韻

韻史　卷四十三第九部上聲副編礼韻　三九八一

獇 吳主孫休 子字 集韻○萱按字當作名景帝自製字以名四子獇其一也

繷 紐勇切 饒多也 後漢書崔駰傳注 紛繷不善也 集韻引廣雅

嵷 拏勇切 山名 集韻

㴳 偃水也 集韻

煄 火燒起 玉篇 五集韻音

憧 尚勇切 憧謂之㦬 集韻引廣雅

偅 忍勇切 衆也 集韻

䆫 䆫䆫衆多也 集韻

迒 或作蹖 行也 集韻

坈 地名 玉篇

韻史　卷四十三第九部上聲副編礼韻　三九八二

沆 沆沆水皃 集韻

犺 或作牨 水牛也 廣韻○集韻云犺吳牛名

蚖 小蟲行 集韻

𡝗 不肖也一曰傝𡝗劣也 廣韻○萱按又云或作𨓈草書近段借字又作𨓈 𨓈𨓈

𥜽 𥜽褋也一曰不肖也 集韻

𢡱 始勇切 自𢡱 廣韻引聲譜

𢟍 此勇切 或作惚 褌也 玉篇

縱 想勇切 褌衣也 廣雅釋器 又玉篇

傱 或作𨂷 走皃 文選吳都賦注引埤蒼 傱傱走也 廣雅釋訓 傱傱走皃也 漢書揚雄傳上甘泉賦本作傱而字林傱字中从一直殊無意義此等俗體蓋又出漢以後 傱傱

韻史　卷四十三第九部上聲副編礼韻　三九八三

疾皃也 文選甘泉賦風傱傱而扶轄兮注 傱傱前進之意也 漢書揚雄傳上風傱傱而扶轄

分注 傱傱衆也 漢書禮樂志注

蓯 衝蓯相入皃 集韻○菶蓯艸皃 廣韻 須𦮽蓯 爾雅釋草

㩅 或作搈 執也推也 玉篇 廣韻○後增韻集韻从義

駷 或作擞 搖馬銜走也 公羊定

𩙥 安勇切 𩘦𩙥也 玉篇 五集韻音

湊 水也 集韻

殙 死也 集韻

鞽 軍人皮 玉篇○萱按語不嫌皮下疑有脫文也玉篇又出鞽字與鞽形同而義異

撮口呼

壄 去栊切 壄穴也 玉篇

韻史　卷四十三第九部上聲副編礼韻　三九八四

切虛残 嘽急喘也集韻 嘽氣急之皃廣韻 嘽不能言也玉篇 嘽喀欲吐廣韻

翢羽也玉篇

鵻隹也玉篇 䳡小鳥飛也廣韻○集韻云鵻鵻飛皃一曰隹也

鍾魚名玉篇

切汝雞 䄂拒黍也玉篇集韻

垙地名玉篇

韻史 泰興何萱石閣譔集 子度校字

第九部去聲副編 上海顧竹泉覆審

絳韻 武進李兆洛申耆鑒定

開口呼

切艮巷 悻恨也集韻

秤○俗有秤困极秤爾雅釋艸注云耒秤○

秤禾也集韻

切海絳 惷惷憧志氣凌突集韻

䤬麥也玉篇

切倍絳 䤬面腫也集韻

吽丈聲集韻

炐火聲集韻

切莫絳 恾恾戇愚也集韻

合口呼

切古棟 玒至也漢書揚雄傳上登椽欒而狃天門注引蘇林

憤心動也玉篇○集韻云憤心動也一曰自高

鵅鳥讓食集韻

蕡艸木子叢生集韻

切苦貢 椌絲屬集韻

鞚所以制馬曰鞚初學記廿二引通俗文○一切經音義十四引聲字云鞚馬鞚也 鞚馬勒也 御覽三百五十八引埤蒼又引字林

腔腔或作穿垣也廣韻

切晩貢 齈或書作鼽 鼻疾也○一切經音義五引埤蒼廣韻云鼻塞曰齈
齉 臭气 集韻
切戶貢 瞔 瞢瞔不明 集韻玉篇
嵮 嵮峒 山谷深皃 集韻
宎 宎宎空皃 集韻
篊 竹器所以𥽈物者 集韻
蕻 有○俗蕻艸 菜心長 廣韻 蕻茂也 集韻
切睹貢 覩 視皃 玉篇
腖 肉腖也 玉篇
[口東] 多言也 玉篇

韻史 卷四十三第九部去聲副編絳韻 三九八九

倲 倲或作儱 倲倞劣皃亦姓 玉篇 儱倲倞劣皃 廣韻 字說引
𩬐 𩬐𩬐髮亂皃 廣韻 有韻○集字
甋 甋也 廣雅釋器
崠 山名 玉篇○一曰山脊 集韻 云 崠崠如山名 廣韻
𤜼 𤜼或作 泰戲之山有獸焉其名曰𤜼𤜼 山海經北山經○玉篇下云泰山有獸狀如牛一角 又廣韻云𤜼似羊一角一目
切杜貢 洞 冷也 廣韻
絧 布名 廣韻 絧緵而直通皃 集韻○廣韻云 鴻絧直馳皃 漢書揚雄傳 絧緵相通之皃 鴻絧緁獵注○文選注云鴻絧相連皃
侗 有○俗 侗也 廣雅釋宫○廣韻云 侗艟船

韻史 卷四十三第九部去聲副編絳韻 三九九〇

甪 穴也 玉篇
鐘 鐘或作鍾 鐘聲 廣韻 鍾鐘聲 玉篇
趚 走也 玉篇
翀 飛皃 玉篇
憁 憁懂兇頑皃 玉篇
慟 動也 漢書蕭望之傳注 慟變動容皃 論語先進 哭之慟 鄭注 子慟 哀過也 論語先進 集解 引馬 慟謂哀甚也 論語先進 皇疏○壹按北海相景君碑 慟 傷懷 感 哀 悲 慟 郭仲奇碑 悲慟
凍 凍凍寒皃 集韻 剥 裂 訓 重 遲 慟 也 說文 惶 段 懂 為
切奴貢 凍 凍凍寒皃 集韻

韻史 卷四十三第九部去聲副編絳韻 三九九一

切丑貢 𢠵 𢠵或作𢠵 𢠵戇愚也 廣韻
𥟩 衣一襲 集韻
𢉖 屋也 屏也 集韻
𥦗 𥦗或作𡾋 穴也 集韻
䢵 邑名在魯 集韻
湩 水名 廣韻
哢 鳥聲也 集韻○廣韻云 哢 郭公鳥吟
𥿓 紋也 玉篇 音 集韻
切習貢 𪠋 動或作 勸厲也 集韻
惚 倥惚 窮困也 玉篇

韻史 卷四十三第九部去聲副編絳韻 三九九二

韻史　卷四十三第九部去聲副編絳韻

鞍 鞚鞍駕馬遽也集韻
糉 粽有角黍也集韻 糉蘆葉裹米也廣韻
錝 金毛廣韻
碂 碎也集韻
猔 牡豕集韻
猣 或作猔 犬生一子玉篇
寸貢切 憁 或作惚 憁恫不得志一曰心急一曰無知皃集韻
謥 或作謥詾 謥詷言忽遽也後漢書皇后紀上輕薄謥詷注
篵 或作篵 竹名集韻
子貢切 凇 凍洛也集韻引字林 凍凇冰也廣韻 也作○堅集

三九九三

韻史　卷四十三第九部去聲副編絳韻

倯 儈倯老無宜適也玉篇
茦 艸名集韻
悽悚切 鏦 鏧也廣雅釋器 鏦鏧刃集韻
霿 霧聲集韻
懞 厚也管子五輔 敦懞純固注 懞暗也集韻
惷諍
滂誦切 盟 或作䀄 大罌也集韻
甭 艸名集韻
壅 或作壅壅 塞也淮南主術 萬世而不壅注 壅障也廣雅釋詁二 年傳勿使有所壅蔽湫底左氏昭元 注云壅謂障 壅防也國語晉語 可壅也注 胡壅隔也廣雅釋詁一 壅蔽也國語 而不使行 齊策宣王因以 壅曲隈也史記司馬相如傳批巖衝壅令出 吾首壅塞之注 索隱正義並引司馬彪 ○

三九九四

而蜀謂之壅管子明法 而不壅之法云 主道○法云令出而道止謂之壅入 臣閉其主曰壅 非子主道 臣制財利曰壅 臣擅行令曰壅 臣得行義曰壅 臣得樹人曰壅 韓 壅底言否塞不通 也孟子 題辭 正義引張 音述 壅 壅塞也 書叛來中山靖王勝傳注○ 漢書景帝紀九年毋壅 段注云 又瑟罷西狄頌云 四方無壅又修華獄碑云泰氣 壅為 壅也 又廣雅釋地云 引 李注云 壅也敗壅為壅是也 壅 是為 廣雅 壅言閉塞不行也周書大戒 乃壅注 家壅猶蔽也 詩無將大車 壅兮注 壅謂 堤防止水者也周禮秋官序官 壅氏注 壅 壅填也 漢書天文志 壅 聚也 漢書 注引晉灼 揚雄傳 壅祐也 上 漢書揚雄傳上注引晉灼
穠 或作穠 襛鞇也集韻
䩺 或作䩺 韡鞦也集韻
亮用切 朧 貧也廣韻

三九九五

韻史　卷四十三第九部去聲副編絳韻

瀧 瀧瀧病也集韻
掌用切 譂 言相觸也廣韻
墥 池澅塍埂廣韻 ○ 集韻 澅作塘
齒用切 甀 或作甀 䰀鬸廣韻
𨌲 婦人娠也廣韻 ○ 董按古自作重 讀平聲 詩毛傳云身重也 廣雅云重𩰗也 素問注云重身謂身中有身則懷 妊者也 俗乃製𨌲字 而讀去聲 非選事耶
𨑢 拼𨑢邪行也集韻
揰 弃也玉篇 揰推擊也集韻 揰挏此謂揰擣挺挏之 顏氏家訓書證
橦 木杌也集韻
忍誦切 䘪 鬼衣集韻

三九九六

鴻鶝飛皃集韻
鰃鮐魚也玉篇○萱按廣韻作鮐魚鰃字之譌
俸每用切秩祿也集韻粟米曰俸漢書呂后紀列侯幸得餐錢奉邑注引韋昭曰奉謂資俸之史記蕭相國世家吏皆送奉錢三奉所食之奉也漢書王莽傳上其令公奉舍人賞賜皆告歸注索隱○萱按奉者俸之省借字
𩐨款書也廣韻
[illegible]灼也玉篇[illegible]灼龜坼也集韻○萱按龜策傳揵策定數灼龜觀兆此分言卜筮也揵策謂揲蓍也廣韻灼龜觀兆釋揵也集韻分乃誤久矣
澍深泥也集韻○萱按胡身之通鑑注謂江東藪田乃是藪泥其深有沒牛者如其說則字當作澍而藪乃叚借字

撮口訡
唝訓仲切或作喛衆聲集韻唝唱聲廣韻

磘呂仲切碚磘石隕聲集韻
䄾處衆切神也玉篇
神䄾也玉篇○萱按有段神為冲者荀子非十二子神禪其辭注云神禪當為沖澹○又按玉篇䄾神各字集韻有䄾無神注云神名是所叙者神字而轉寫誤也神且神與衆字形相犯似不必有神
芇艸卉叢生集韻
鳿鵫鳿飛鷃也玉篇又集韻引廣雅
鳿鳥名集韻
𠜗臿屬廣韻引字林
銃鑿空曰銃御覽七百六十二引通俗文銃鑿也廣韻銃斧穿也集韻○萱按鑿空即鑿孔也

檍木橦也集韻
筅竹尖也集韻
賵撫仲切○三部九部俗有風部兩請賵者覆也白虎通崩薨又廣雅釋詁二又左氏隱元年經天王使宰咺來歸惠公仲子之賵服注○公羊隱元年注云賵猶覆也賵送也廣雅釋詁又古微書引春秋說題辭云賵之為言覆也賵所以助主人送死歸者曰賵穀梁隱三年傳賵者何喪事有賵小爾雅四賵所以助主人送死既夕禮公賵玄纁束注○賵所以助喪之物左隱元年疏引儀禮既夕禮注云賵乘馬曰賵穀梁傳文隱五元年傳賵以早注○禮記少儀賵馬入廟門賻馬曰賵又子大夫說文賵以馬送死者曰賵副也賵者馬之入意也說文古微車馬曰賵賵周禮司職喪疏又注儀禮有事既謂夕含禮隧釋贈春秋說題辭賵以文又禮記曲禮釋文左氏公羊隱元年傳疏引漢書例文五年傳王使榮叔歸含且賵注又隱元年傳又引釋文書景帝紀少傳下禮祠賵注叙傳上賵賻甚厚注又白虎通崩薨○禮記曲禮注古賵於古疏云送死者車馬曰賵又文王世子注賵賻

承含疏云
賵車馬

韻史卷四十四上　泰興何萱石閣譔集　子虔校字

第十部平聲　上海顧錫麒竹泉覆審

岡韻　武進李兆洛申耆鑒定

開口呼　改合切

岡 或作罡罡○俗 山脊也 說文又詩卷耳釋文文選吳都賦岡有崗岀罡 站童辭注○詩卷耳陟彼高岡傳公劉迺陟南山箋又後漢周燮傳結于岡畔注詁云脊曰岡又爾雅釋山山脊岡孫注云岡長山之脊也又釋名釋山云山脊曰岡岡亢也在上之言也 山扃曰岡 楚辭守志覽高岡兮嶢嶢注 罡跂也 廣雅釋丘

剛 ○俗有罰鋥對 信 古文 強斷也 說文段注強者弓有力也有力而斷之也周書所謂剛克引申凡有力曰剛按古文從仁仁古文信信者必剛也從二者仁從二之意仁者必有勇也說剛直也亦從仁○書皋陶謨剛而塞鄭注云剛謂事理剛斷 剛強也 國語周語注鄭語一剛四支以衛體注○廣雅釋詁一云剛強也 剛堅強也

詩烝民剛亦不吐之箋○論語公冶長吾未見剛者鄭注云剛謂強志不屈撓 剛毅果敢曰剛 追補前過曰剛 周書諡法 剛勁硬也 素問氣交變大論木辟著悉萎蒼乾注剛 剛無欲也 論語子路剛毅木訥近仁集解引王注又周書諡法剛疆理直曰武注○左氏昭六年傳斷之以剛疏云剛謂情無私 剛折剛直而折也 荀子臣道橋然剛折注 乾為剛 易戲辭○上傳剛柔者荀注又說卦傳云兑為剛 剛謂陽也 素問陰陽別論是故剛與剛注又陰陽應象大論審其陰陽以別柔剛注云剛內 ○儀禮士虞禮記三虞卒哭他用剛日亦如初注云陽曰剛 又禮記曲禮上外事以剛日疏云剛奇日也 日陽也 淮南天文剛柔相成注○易戲辭下傳剛柔相推疏云剛柔即陰陽也論其氣即謂之陰陽語其體即謂之剛柔 陰陽也 剛柔晝夜也 按太玄首䅋剛柔之相干注○萱按仲定碑有鋥柔兮鋥俗體也 柔剛地道也 素問天元紀大論曰柔曰剛注 剛者賦也 後漢臧宮傳 剛強者死之徒也 說苑敬慎 也 易象下傳得中剛荀注 剛者君也 而應乎剛 山海經北山經北嶽之山多剛木注 剛木檀柘之屬

剛謂少堅忍時 詩采薇亦剛止箋 剛壯也 禮記明堂位周騂剛疏 剛騂言肥大也 禮記曲禮下疏引王云 剛故闡也 水經汶水注

綱 桁 古文○或作綵 网紘也 說文段注各本作維紘繩也今依棫樸正義正紘者冠維也引申之為凡維系之稱孔穎達云紘者网之大繩商書曰若网在綱有條而不紊詩曰綱紀四方箋云以网罟喻之張之為綱理之為紀 綱者綱之大繩 詩棫樸疏云綱是維之大繩○論語述而子釣而不綱集解引孔注云綱者為大綱以橫絶流 綱者能張衆目 詩卷阿四方之綱箋云綱者 綱持舌繩也 儀禮鄉射禮下綱不及地武注○考工記梓人上綱與下綱出舌尋注云綱所以繫侯於植者也文選南都賦朱帷連綱注 綱維綱也 周禮馬質綱惡馬注云綱以廣索維綱押習之萱按先鄭以綱為亢亢禦也禁也 綱繒謂舞之行列也 文選舞鶴賦離綱注 綱紀謂主簿之司也 文選為宋公修張良廟教注

犅 ○俗有犺 特也 說文段注今本作特牛也依詩正義訂公羊傳曰魯祭周公何以為牲周公用白牡魯公用騂犅群公不毛何休云騂犅赤脊按說文岡山脊故何謂犅為牛脊毛詩作剛許說犅同特與何異○萱按特者牡也牛父曰犺 水牛也 廣韻○萱按廣韻犅犺異字兹从集韻捉合之

羹 ○俗 鬻 古 羹 或 鬻 或 五味盉羹也 說文 詩曰亦有和羹 段注四部曰盉調味也內則注曰凡羹齊宜五味之和米屑之糝晏子曰和如羹焉水火醯醢鹽梅以烹魚肉宰夫和之齊之以味濟其不及以泄其過凡羹齊宜五味之和芼之謂之羹芼羊苦豕薇芼及醯醢鹽梅必用菜五味之和也儀禮鉶之謂之鉶羹肉汁不和五味謂之大羹○萱按羹注也 實於鉶謂之鉶羹古文之異者也鄭君所謂古文同多或 皿或體 羹 汁注 郎也 釋名 飲食 肉有汁曰羹 御覽引爾雅舊注○儀禮士昏禮釋文引字林云膴肉有汁 羹肉湇也 禮記禮器羹定鄭注 羹肉臛也 爾雅釋器 肉謂之羹 爾雅釋器注 又儀禮聘禮記唯羹飪筮一尸注鄉飲酒禮注羹定注又禮記鄉射禮器注公食大夫禮注士虞禮記注特牲饋食禮注又禮記禮器

羹

注○穆天子傳六盥羹注云羹肉也䔍有菜曰羹楚辭招魂露雞臛蠵注羹大羹鉶羹也
詩閟宮毛炰胾羹傳羹獻食人之餘也禮記曲禮下犬曰羹獻注○當按左傳疏羹亦音郎非也羹訓
汁汪郎耳音不得同郎也臧陳蔡不羹漢書地理志作不更
羹與更古皆讀岡也又史記宋世家羊羹左氏宣二年作羊
斟此段斟為羹也其御名羊字叔牂斟不與者因羹
不及而怒俗乃以斟為叔牂之名而羊為其姓誤矣

庚

位西方象秋時萬物庚庚有實也庚承己象人齎說文段注律書曰庚
者言陰氣更萬物律麻志斂更於庚月令注曰庚之言庚也
萬物皆肅然更改秀實新成庚庚成實兒服虔漢書注曰庚
庚楔兒也宇象形庚承己象人齎家大一經庚更也禮記月令疏又御覽引崔靈恩禮記義宗又古微書引詩推度
災又素問六元正紀大論為庚蒼注又史記孝文紀大横庚
庚解解引張晏又三國文帝紀注引獻帝注○禮記月令注
云庚之言庚也又白虎通五行云庚者物更也又釋名釋天云庚猶更也庚堅強兒也庚庚猶更更史記
孝文紀索隱○太玄玄數注云庚取其改更庚過也廣雅釋詁三庚償也禮記檀弓下請庚之注

庚益也列子黃帝心庚言是非釋文庚義也太玄斷庚斷甲注庚道也小爾雅廣言又文選
補亡詩由庚萬物得由其道也注申命令謂之庚易巽先庚三日注庚金也左氏昭卅一年
傳庚午之日注又服注○淮南時則注天文注竝云庚辛皆金又呂覽孟秋注云庚辛金日也庚辛申酉
金也庚申秦也庚無子射之商也竝淮南天文日既入謂明星為

㪅

長庚庚續也詩大東西有長庚傳○蓋按書皋陶謨疏引作長賡以訓釋字代正字也賡與續音義皆同後
人讀賡為更殊可不必又古今人表荀尹即左傳晉荀庚也尹益庚之破字非伊尹之尹長庚即太白星
後漢馬融傳注○楚辭遠逝五長庚以繼日注云長庚星也
隸作更○平去兩讀改也說文段注更訓改亦訓繼不改為繼改之亦為繼故小雅毛傳曰庚續也用部庸下曰庚
更事也列子云五年之後心庚念是非口庚言利害七年之
後從心之所念庚無是非從口之所言庚無利害皆鋄庚為
更今人分別平去二音非古也○論語子張更也人皆卬之
集解引引注又皇疏又國語越語寡人請更注又史記晉世

家更莽矣索隱孟嘗君傳更封傳索隱又漢書紀志傳春注
又管子後廉應國之號亦更矣注任法國立法以典民則釋
注又呂覽開春請死斯更日注召類更易其俗注又淮南說
林無更調馬注竝云更改也又漢書元后傳注云更亦改又
素問賊解篇注云更謂改更人呂覽行論注云更改更也更猶變改也後漢郎顗傳注○漢書王嘉傳又數
更政事注云更亦變也又太玄玄衛云更變而共笑更者更也白虎通鄉射更革也呂覽似順必數
更注○先識覽開五盡而更之注云更猶革也更易也儀禮大射儀更爵洗注又小爾雅廣詁又後漢明帝紀注
○禮記月令更皮幣注云更猶易也又國語周語更姓改物注云更姓易姓也又周禮巾車注云更易其舊更代也
禮記儒行乃留更僕未可終也釋文又左傳定八年以季寤更季氏釋文昭十二年傳使更其位注昭廿九年傳以更豕
弊之後注又方言三又廣雅釋詁三又呂覽仲春注又淮南時則注兵略萬人之更進論注楚辭悲回風更續世而自職
注○素問六元正紀大論為更蒼注云更代也易也又漢書鼂錯傳一歲而更注云改謂易代也更遞也
文選西京賦秘舞更奏薛注更互也漢書志傳各集注更歷也詩大東莫謂更其肆也釋文又文選

長門賦懷鬱鬱其不可再更注又漢書志傳各集注○鮑宣傳經皆更傳士注云更亦歷也更經也史記大宛
傳必更匈奴中索隱又漢書紀志傳各集注又後漢王常注
王允傳注○顏氏家訓書證云更歷也經也又漢書蕭望之
傳所用皆更治民以考功注云更猶經歷也更過也廣雅釋詁三又漢書張騫傳集注更續也國語
晉語姓利相更注又漢書食貨志下集注引韋昭○周禮巾車歲時更續注云更續更受新更猶今言上
番也漢書蓋寬饒傳顏復番共更一年注更造新太玄玄錯○儀禮燕禮易解洗注云凡爵不相龔者於尊
者言更自敵以下言易更作新易有故之辭更生者日新之謂也莊子達生正平則與彼更生注
更端別事也禮記曲禮上君子問更端疏又更善也考工記函人則材更也司農注更償也
周禮司弓矢弗用則更注又轂梁襄卅年傳更宋之所表財也釋文又公羊襄卅年傳釋文又廣雅釋言又史記平準書
不足以更之集解貨殖傳取之不足以更費集解引應劭又漢書食貨志下集注地理志下集注淮南詮言不足以更
之注○周禮馬貨馬死則旬之內更司農注云更謂償也更復也如今俗名解浣衣復之

為更衣公羊襄卅年傳而更宋之所喪注更謂筵還都邑也周禮稾人曰巫更注一三

老五更五言之耳皆老人能知三德五事者也禮記樂記食三老五更于大學注○古微書引孝經援神契云五更知五行更代之事者又後漢明帝紀注云五更老人知五行更代事者又通用典引蔡邕月令章句云五更庶老也又獨斷上云凡事五更著訓於五品也更者長也更相代至五也能以善道改更己也

叟褚卒也廣雅釋訓○漢書谷永傳集注云更謂更卒又後漢明帝紀注云更謂戍卒更相代也又陳寵傳注云更謂卒更錢也○臺按平上兩讀

綆

○俗有統

汲井綆也說文段注汲者引水於井也綆者汲水索也何以盛水則有缶缶部曰罋汲缾也是也何以引缾而上則有綆春秋傳具綆缶是也○左氏襄九年傳注又漢書五行志上注又莊子至樂綆短者不可以汲深釋文並云綆汲索又荀子榮辱短綆不可以汲深井之泉注云綆索也

綆繘也小爾雅廣器○方言五云繘自關而東周洛韓魏之閒謂之綆又左氏襄九年傳疏云綆者汲水之索儀禮謂之繘

綆繘革考工記車人綆

韻史 卷四十四上第十部平聲岡韻 四〇〇九

寸注○臺按此段綆為箄也箄并頸切又漢書切在十六部文輪人眡其綆司農注云綆讀為關東言餅之餅謂輪箄也牟謂輪雖箄爪牙必正也段大令曰箄謂偏餅漢人語也

亢

○俗有肮吭

頏或○平聲附見又去聲義分

人頸也說文段注史漢張耳列傳乃仰絕亢而死韋昭曰亢咽也蘇林云肮頸大脈也俗所謂胡脈婁敬傳搤其亢裴晏曰亢喉嚨按釋鳥曰亢鳥嚨此以人頸之偁為鳥頸之偁也亢之引申為高也舉也當也頏字見於經者邶風曰燕燕于飛頡之頏之毛傳曰飛而上曰頡飛而下曰頏解者不得其說玉裁謂當作飛而下曰頡飛而上曰頏轉寫互譌久矣頡與頁同音頁古文諧飛而下如指首然故曰頡之古本當作頁之頏即亢字亢之引申為高也故曰頏之古本當作亢之於音泰義斷無飛而下曰頏者若揚雄甘泉賦柴虎參左魚頡而馬衍李善曰頡衍猶頡頏也師古頡衍上下也皆以毛詩頡頏為訓魚潛訓為侯天亦可證頡下頏上矣俗本漢書衍為从目作衍集鶡入諸廣韻謂郎然然之頏字俗字之不可問有如此者楊雄解明邪行以頏亢而取世資漢書作亢文選作頏正亢頏同字之證頁郎曰頡者直項也亢者人頸然則頡亢正謂直項准南脩務訓王公大人有嚴志頡

韻史 卷四十四上第十部平聲岡韻 四〇一〇

頏之行者然不憚除養心而悅其色矣此正用直頏之訓解嘲之頡亢亦正謂邪行頡頏傲物而世猶師資之也亢用字之本義東方朔畫贊云苟出不可以直道也故頡頏以傲世亦取直項之義○漢書張耳傳注云亢者總謂頸耳

亢咽也一切經音義二十引蒼頡篇○爾雅釋鳥注云亢即咽

亢喉嚨後漢隗囂傳注肮謂胡脈

史記劉敬叔孫通傳索隱引俗字頏嗌也廣雅釋親亢星鳥也爾雅釋鳥樊注亢鳥高飛

也爾雅釋爲舍人注壽星角亢也爾雅釋天亢為朝廷洪範五行傳及有姦謀注鹿兔

之道曰亢釋名釋道○臺按此段亢為造也

秔

稉俗○俗又有稉

稻屬說文段注凡言屬者以屬見別也言別者以別見屬也重其同則言屬秔為稻屬是也重其異則言別稗為禾別是也周禮注曰州黨族閭比鄉之屬別介次市亭之屬別小者屬別並言分合並見也稻有至黏者稉是也有次黏者稉是也有不黏者稴是也稉比於稴則為不黏比於稴則尚為黏稉與稴為飯稬以釀酒為餌餈今與古同矣說文稉亦偁稻對文則別魏都賦水澍稉稌陸蒔稷黍蜀都賦黍稷油油稉稻莫莫皆稉稻並舉李艸經

韻史 卷四十四上第十部平聲岡韻 四〇一一

秔米稻米殊用陶貞白乃不能分別其亦異矣

秔謂稻之不黏者也漢書溝洫志史為秔稻注○爾雅釋艸釋文引字林云秔稻不黏者又引聲類云秔不黏稻也

秔秈也文選南都賦注引廣雅○臺按此渾言之也然義銜蟲

魧

或作蚢

大貝也一曰魚膏說文段注貝海介蟲也居陸名猋在水名函釋魚曰大者魧尚書大傳曰散宜生得大貝如車渠車渠車网也車网者輮也江賦字作蚢一曰魚膏別一義○爾雅釋魚釋文引字林云蚢大貝也

魧鱅魧也廣雅釋魚

蚢蕭蛹爾雅釋蟲

穅

口岡切

○俗有糠杭

康或

穀之皮也說文段注云穀者晐黍稷稻粱麥而言穀猶粟也今人謂已脫於米者為穅古人不爾穅之言空也空其中以含米也凡康寧康樂皆本義空中之引伸今字分別乃以本義从禾引伸義不从禾

穅虛也周書諡法

凶年無穀曰穅同上

好樂怠政曰穅漢書諸侯王表集注

康虛也詩賓之初筵酌彼康爵箋又穀梁襄廿四年傳四穀不升謂之康注

康是虛荒之名穀粱

韻史 卷四十四上第十部平聲岡韻 四〇一二

襄廿四年傳疏
康空也　爾雅釋器康瓠謂之甈李注又史記屈原賈生傳而寶康瓠○漢書賈誼傳注引鄭氏云康瓠瓦盆底也又爾雅釋文引字林康作甈亶按甈乃康瓠之專字也而後出
屈原賈生傳集解引應劭
康向也　莊子應帝王釋文引崔注
康靜也　爾雅釋詁
康苛也　爾雅釋言
康逸也　周書文政五穀用康經注爾雅釋詁又釋文引馬注又易晉康侯注
康安也　爾雅釋詁又書康誥命康之又禮記樂記而民康樂疏又詩卷阿弗祿爾康矣
康小民疏又禮運是謂小康注又周書謚法又國語周語成王不敢康注又漢書公孫弘傳上疏又紀集注淳于長傳集注又後漢班彪傳注又呂覽古樂乃以康帝德注又上賈子禮容語下
王康之注又淮南原道是故不以康為一樂注荀子王制注又文帝紀集注文選東京賦帝已識其奔而弗康注又琴賦安康注又後漢京賦以自忘分注東皇太一君欣欣兮安康注又左氏昭廿年傳注又
緩皆安也　詩民勞汔可小康箋又禮記祀云康寧皆安也
康尊也　廣也　引鄭注　易晉釋文
康盛也　淮南天文十二歲一康注
康猶褒大也　禮記

㝩　歁

發器康周公注○史記屈原賈生傳是以
而寶康瓠索隱引李巡云康謂大也
王注云康和也　史記樂書正義
美之名也　又康樂也　爾雅釋詁又易象下傳
又漢書董仲舒傳集注引司馬相如傳下集注
又文選東京賦昭臣康樂辭注又呂覽先識注
也樂康樂也淮南要略注陸注云康安
也樂　康娛樂也　引文注豐年好樂曰康
安樂令民安樂曰康　周書謚法○獨斷下云安樂治民曰
為　號　五達謂之康　爾雅釋宮又釋名釋道○序以注云康叔封康鄭注云康也
謚　康國名　書序康叔傳注云康叔居西域○後漢書杜注也昌盛也
車步併列也車用　說文段注云說文引馬注曰康樂也交會也
之言充盛也　廣雅
飢虛也　說文段注歉者飢餓也　水之虛
釋天○亶按穀梁傳云四穀不升曰歁
山無蟲說在穀梁傳康為引申段借之義　周書謚法云
水虛也　舊說大段注爾雅音義引作水之空也蓋許用釋詁曰㝩之虛也　師古引作空
舊說故為分別之辭釋詁曰㝩之虛也

㝩　阬

康者穀皮中空之謂故从康之字皆訓為虛歛下曰飢虛也
㝩下曰屋㝩㝗也詩酌彼康爵箋云康虛也方言曰康空也
長門賦㝩梁虛梁也急就篇顏注曰㝩謂與中空處所用藏
物也水之空謂水之中心有空處○蓋按爾雅㝩或作荒作
歁近歁荒與凍音義大同
㝩近○俗有凍音義皆相
屋㝩㝗也
㝩空也　說文○文選長門賦委參差以㝩梁注云
㝩與康同亶按㝩訓虛康訓空空虛同物
方言十三○注云康㝩空兒亶按廣韻
三十七蕩出康㝩二字云康㝩山空盎
方歁㝩義言康俗歁亦或作㝩同也
㝩之字謞形
○近康俗坑
有以閬
阬也　說文段注閬者門高大之兒也引申之凡孔穴深大
皆曰閬釋詁云虛也地之孔也穴處與門同故曰閬
注今以按閬為訓詩曰㝩門有阬然則門亦稱阬阬也○段又
也土部曰塹者阬也疑本作阬俗作閬又謞閬耳阬塹亦阬阻
者塹為轉注古音讀如康阬俗作閬又漢馬融傳阬阬虛也
爾雅釋詁　阬阬謂阬塹也注後漢引蒼頡篇阬阬虛也
釋詁注　阬大阜也　衆漢書揚雄傳上注阬
阬謂阬塹也　漢書於東阬兮注陳

大坂也　文選射雉賦注引音義　阬衡　經直兒　文選上林賦阬衡閜砢
司馬相如傳上集注云坑　漢書
字或作抗此抗為正字也
隸作亨俗有亯　亯之義○平聲兩讀皆引申　亨通也
切海岡
亯　易乾元亨
○本義　上聲　釋文
大有公用亨于天子釋文隨亨于西山釋文升王用亨于岐
山釋文又左氏昭四年傳以享神人注又國語晉語元亨利
貞注又後漢班彪傳下注周燮傳注郭泰傳注又太平御覽用
亨于王前行注周上亨於天注○易萃萃亨疏云亨者通也
又廣雅釋詁　亨嘉之會也　左氏襄九年傳又
一云亨通也　嘉之會也易文言　國語晉語注○家年而順
嘉也故曰亨注○易文言亨者嘉會之禮昭四年傳疏云嘉會
言傳云亨者嘉之會也　易謙亨鄭注○左氏
禮通謂遂萬物為亨　義海撮要引元所擁礙謂之為亨
文亨○亶按張公神碑亨魏微易注　易豐亨
疏利貞用亨為亨也
亨

帶倉
切

當　田相值也　說文段注值者持也田與田相持也引申之凡相
持相抵皆曰當報下曰當罪人也是其一耑也流

俗安分平去二音所謂無事自擾

當值也國語魯語當之者戕焉注朱也當御注○禮記月令斬殺必當注云

當謂值其罪當直也廣雅釋詁三又孟子離婁下蔽賢者當之注又呂覽孟夏必當其位注○漢書匈奴傳上

匈奴終不敢取當注云當者報其直又素問六節藏象論當其時則甚也注云當謂正直之年也當謂對偶

也漢書司馬相如傳上怨不得當也注當主也荀子正名然而徵知必將待天薄其類然後可也注又文選甘

泉賦注引禮記鄭注○禮記學記鼓無當於五聲注云當猶主也又釋文云當主也當猶任也國語晉語非德

不當雍注當合也莊子徐無鬼于五者無當也釋文又呂覽大樂莫不咸當注審已雖當與不知同注君守所作

當矣注執一而莫不宜當注又淮南原道心虛而應當注是以舉錯不當注覽冥羣臣準上意而懷當注本經則其言當

注汜論當於世事注○荀子不苟唯其當之爲貴注云當謂合禮義也當應也呂覽無義魏使公子卬將而當

之注○禮記檀弓下衰與其不當物也疏又呂覽貴信寒暑四時當矣注竝云當猶應也應變不失之謂

當管子宙合○禮記樂記天地順而四時當注云當謂樂不失其所當敵也國策秦策所當未嘗不破也注

韻史 卷四十四上第十部平聲岡韻 四〇一七

齊策天下不能當注○公羊莊十三年傳然則君請當其君臣請當其臣注云當猶敵也當猶稱也禮記哀公

問求得當欲不其所注昏義而后當於夫注當猶實也淮南說林不如循理苦其當注當底也文選

三都賦序且夫玉巵無當劉注○淮南說林三寸之管而無當注云當猶底也當中也呂覽知度而欲發之當也

注○漢書兒寬傳集注云當猶中也當謂得中也荀子正論聖王之生民也皆使當厚優猶不足知而不得

以有餘過度注○穀梁序理未全當疏云當者謂中於道當正也呂覽義賞豈非用賞罰當邪注當謂處

其罪也史記張釋之馮唐傳廷尉當是索隱引崔浩又漢書張釋之傳釋之奏當此人犯蹕注路溫舒傳蓋奏當

之成注李廣傳吏當亡失多注○陳湯傳廷尉增壽當是注注云當謂處正其罪也又李尋傳當賀良等執左道亂朝政

注云當謂處正其罪名當謂處斷其罪漢書食貨志下湯奏當異注楊惲傳廷尉當惲大逆無道注游

俠郭解傳當大逆無道注○刑法志以其罪名當報之注云當謂處斷也決罪曰當漢書賈誼傳集注引如淳

不當不攻致也呂覽孟冬工有不當必行其無罪注直心背之衣曰當以丹韋

韻史 卷四十四上第十部平聲岡韻 四〇一八

爲之儀禮鄉射禮記韋當注又後漢鮑永傳注云當即以韋爲之也○蕢按莊子天下公而不當段當爲黨也又讀

言未段借作當言

鐺

鋃鐺也說文段注今俗用爲酒鎗字楚庚切○蕢按鋃下云鋃鐺瑣也彤玉爲連環不絕謂之瑣後世鐵爲之用

係罪人謂之鋃鐺而鎖字出矣鬴有足曰鐺御覽七百五十七引通俗文○蕢按此段借之義也

蟷

或書作蟷蟷蠰逗不過也說文○爾雅釋蟲不過蟷蠰孫注云蟷蠰螳蜋又郭注云蟷蠰蟷蜋別名蟷

蠰有斧蟲江東呼爲石郎爾雅釋蟲莫貈蟷蜋蛑注○蕢按此石益讚所今俗皆呼所郎矣

湯 坦岡切

岡讀義分熱水也說文○山海經海內東經下有湯谷注云湯谷谷中水熱也又論衡說日云湯谷水也又史記

司馬相如傳右以湯谷爲界正義引張揖又文選蜀都賦汩若湯谷之揚濤劉注竝云湯谷日所出也湯熱湯

湯也釋名釋飲食湯爚也廣雅釋詁二湯猶盪滌也漢書天文志是謂大湯注引晉灼○

莊子天地數如泆湯釋文云司馬本作佚蕩蕢按蕩盪皆从昜聲義本近也湯沐者取其賦稅

韻史 卷四十四上第十部平聲岡韻 四〇一九

供湯沐之具也後漢和熹鄧皇后紀注湯廣大也莊子逍遙遊湯之問棘也是已釋文引簡

文注湯者擴也昌也風俗通皇霸引書大傳雲行雨施曰湯書堯典序疏引謚注除

虐去殘曰湯同上

蕩

又上聲今音也蕩水出河內蕩陰東入黃澤說文段注河內郡蕩陰二志同蕩音湯古音也

後人省艸古有羑里城西伯所拘也今河南彰德府湯陰縣西南有故蕩陰城前志蕩陰下曰蕩水東至內黃入黃澤今

本條入黃二字水經曰蕩水出河內蕩陰縣西山東東北至內黃縣入於黃澤注云蕩水合羑水長沙溝逕內黃城南東

注白溝按內黃黃澤在今直隸內黃縣水道提綱曰衛河經湯陰縣東畔湯河出湯陰縣西山中東流經縣城北東入衛

河則與古水道大異按古音吐郎切假借爲浩蕩字古音亦同蕩猶蕩蕩離騷怨靈修之浩蕩兮注○蕢按此

無其字而段借者也本皆平聲後人自湯水外槩讀仄聲矣卿復從之湯湯廣大皃湯湯平坦

之皃蕢按此類皆詳上聲矣要非不可讀平也內蕩動也蕩除也蕩蕩言水奔突

韻史 卷四十四上第十部平聲岡韻 四〇二〇

有所滌除也蕒按此類皆段湯為盪若滌也滌盪下詳之

鼞

○俗有闛鞺

鼓聲也詩曰擊鼓其鼞說文段注周禮注曰司馬法云鼓聲不過闛鼙聲不過闒鐸聲不過琅音義曰闛吐剛反然則闛即鼞也段壷音義曰口鄭呼為鼓其聲高其音鏜然鍠音吐郎反是則鏜亦鼞也上林賦金鼓迭起鏗鎗闛鞈顏曰鏗鎗金聲闛鞈鼓音闛亦鼞也揚雄賦閶闛郎闛闛堂聲昌聲古通用耳詩者邶風文今詩作鏜金部曰鏜鼓鍾聲也鼓鍾謂擊鍾也字从金故曰鐘聲於鼓言鏜為假借按今金部鏜下作鐘鼓之聲蓋誤例○蕒按革聲字从鼓作鼞金聲字从金作鏜許說字之書宜如此分析矣

闛鞈鼓音也漢書司馬相如傳上注又文選上林賦注

鏜

鐘鼓之聲也詩曰擊鼓其鏜說文段注鼓部曰鼞鼓聲也引詩擊鼓其鼞為其字之从鼓也此引詩擊鼓其鏜蓋有韓毛之異與邶風傳曰鏜擊鼓聲也許以其从金故先之以鐘曰鐘鼓之聲相如賦作闛鞈司馬法曰鼓聲不過闛皆段字○蕒按段鼞鏜用注說鐘鼓之聲微異彼注為允

鏜然擊鼓聲也詩擊鼓擊

鼓其鏜傳

樘

○俗有橖

柱也說文段注各本柱上有衺字今刪文選靈光殿賦長笛賦李注皆引說文柱也長門賦李注引字林柱也皆無衺字惟樘或作牚或作撐皆俗字耳玉篇云樘柱也亦無衺蓋樘本柱名如靈光枝樘枝樘而斜據枝樘與層櫨曲枅芝栭為儷然則訓為柱無疑也樘可借為免距猶柱可借為支柱而支柱逐正釋樘俗閒謂撐柱必用衺木遂沾一衺字矣

樘距也廣雅釋器○蕒按此段樘為豈也

牚肩梁之上也文選魯靈光殿賦枝牚杈枒而斜據注○蕒按此段牚為樘也

撐柱也文選長門賦注引字林○蕒按此段撐為樘

湯 稍岡切

重見

湯湯流也廣雅釋訓○後漢班彪傳上注又楚辭惜誓水流湯湯注莊云湯湯流兒

湯湯水流也文選思玄賦浮雲漢之湯湯舊注後漢班彪傳下注云湯湯水流兒

○湯湯流盛也詩鼓鍾其流湯湯釋文○河水其流湯湯箋云湯湯流盛兒又氓淇水湯湯傳云湯湯水盛兒

波湯湯大兒詩載驅汶水湯湯傳

湯湯疾兒漢書溝洫志集注

湯湯波動之兒書堯典湯湯洪水方割疏沸沸

湯湯玉膏涌出之兒也山海經西山經丹水是有玉膏其源沸沸湯湯注

平聲用見又去聲

臧 宰含切

臧籒善也說文段注按子郎才郎二度本無二字凡物善者必隱於内也以從艸之藏為臧匿字始於漢末改易經典不可從也又臧私字古亦用臧○爾雅釋詁又易師否臧凶釋文繫辭傳退臧于密釋文又詩雄雉何用不臧定之方中終然允臧傳載馳視爾不臧箋野有曼草與子偕臧傳還揖我謂我臧兮傳猗嗟射則臧兮箋十月之交于何不臧箋曰予不戕釋文小旻謀臧不從箋甫田我田既臧箋頍弁庶幾有臧傳隰桑中心臧之箋抑未知臧否箋桑柔自獨俾臧箋駉思馬斯臧箋閟宮俾而壽爾臧箋又禮記學記微而臧注又左氏昭元年傳后帝不臧注昭五年傳疏引劉炫又論語子罕何用不臧何足以臧集解引馬注又皇疏又國語周語在般庚曰國之臧注晉語其事臧注又史記鄭世家集解引賈逵又漢書志傳各集注又莊子人閒世執粗而不臧釋文應帝王應而不臧釋文又太玄玄則部序或否或臧注從鳴從不臧注務用則臧若注密為利臧也注又楚辭天問不能固臧注嚴父是臧注又文選東京賦不度不臧薛注越云臧善也

臧否謂善惡得失也左氏隱十一年傳師出臧否注

○穀梁傳序臧否不同疏云臧謂事有所善又釋文云臧否猶善惡也

事順成為臧左氏宣十二年傳臧謂有功

曰臧莊子騈拇臧與穀二人釋文引崔注

為社臧僕注

臧為人所賤繫也或曰守藏者

○文選報任少卿書臧獲婢妾注引

生子曰臧文莊子騈拇釋文引張揖

方言三云荊淮海岱雜齊之閒罵奴

北鄙燕之北郊凡民男而婿婢謂之臧

荀子王霸如是則雖臧獲不肯與天

司馬遷傳注引晉灼云臧獲敗敵所

南奴婢賤稱也方言三○後漢何敞注云臧獲奴僕賤稱

牂

○俗有牸牂

牝羊也說文段注各本作壯則注皆曰牂牝羊角

也殺羊無無肉者故詩以量殺為難

鹽控内則無地取豚若牸段牸為牂也

羊牂羊墳首牂俗體也謂古本作牂羊者恐未可信詩牂與羊其牝一歲曰牸挑三歲曰牂廣雅釋獸羊屬○一切經音義十四引三蒼云牂吳羊也又爾雅釋畜釋文引字林云三歲曰牂太歲在午曰敦牂爾雅釋天又史記天官書云敦牂歲又淮南天文云敦牂之歲○董按李巡孫炎高誘注並云牂壯也又一切經音義十四引字林云牂壯羊也又後漢孔融傳注云羊壯曰牂諸家壯字皆當作牝牂牂然盛兒詩東門之楊其葉牂牂傳

粲岡切

倉 仺奇字穀藏也蒼黄取而藏之故謂之倉說文段注藏當作臧臧善也引伸之義善而存之亦曰臧臧之之府亦曰臧俗皆作藏分平去二音穀藏者謂穀所藏之處也广部曰府文書藏庫兵車藏廥芻稾藏今音皆徂浪切蒼黄者匆遽之意刈穫貴速也蒼倉疊韵○荀子富國垣窌倉廩者財之末也注又文選吳都賦注引蔡邕月令章句並云穀藏曰倉又周官地官序官廩人疏云藏穀曰倉又釋名釋宮室云倉藏也藏穀物也又漢書昭帝紀朕虛倉廩注云倉新穀所藏也又禮記月令藏帝藉之收於神倉注云藏祭祀之穀為神倉米粟曰倉

國語越語府倉實注○漢書卜式傳倉府空注云倉粟所積也方者曰倉呂覽季春發倉窌注仲秋修囷倉注又國策秦策囷倉虛注在邑曰倉史記孝文紀發倉庾集解引胡公倉廩謂脾胃素問脈要精微論倉不藏者注靈倉者東方靈神為歲星也太平庾倉靈之雌注倉庚商庚爾雅釋鳥○大戴記夏小正有鳴倉庚傳云倉庚者商庚也商庚者長股也倉庚黧黃也爾雅釋鳥董按七月傳作離黃月令注作鶬黃○方言八云鶬黃自關而東謂之倉庚倉喪也詩桑柔倉兄填兮傳倉卒謂喪亂也後漢光武紀下注○董按此無正字借蒼稍近而俗書蒼黃字多譌作倉漢碑亦多段倉為蒼

蒼 ○俗有苍艸色也說文段注引伸為凡青黑色之稱蒼青也廣雅釋器又素問氣交變大論則剛木辟悉萎蒼乾注○詩出其東門疏云蒼卽青也又禮記月令疏云蒼亦青也蒼謂薄青色也素問陰陽應象大論在色為蒼注六元正紀大論艸木蒼乾注蒼蒼盛也詩蒹葭傳蒼蒼茂也廣雅釋訓春為蒼天爾雅釋天○楚辭惜誦指蒼天以為正注又白虎通四時竝云春曰蒼天又呂覽有始注云木色青故曰蒼天

據遠視之蒼蒼然則稱蒼天詩黍離悠悠蒼天傳○釋名釋天云春曰蒼天陽氣始發色蒼蒼也又爾雅釋天李注云春萬物始其色蒼蒼故曰蒼天又太玄玄攡若天蒼蒼然注云蒼蒼春天之色也東方曰蒼天呂覽有始淮南天文又夏曰蒼天詩黍離疏引異義今尚書歐陽說又書堯典疏引鄭讀爾雅云夏為蒼天穹蒼蒼天也爾雅釋天又詩桑柔以念穹蒼傳蒼昊皆天之稱也文選魯靈光殿賦承蒼昊之純殺張注蒼龍太歲也後漢張純傳注引前書音義蒼牙則伏犧也禮記禮運疏引易緯震為蒼筤竹易說卦傳蒼鳥鷹也楚辭天問蒼鳥羣飛注○董按爾雅倉庚呂覽淮南皆作蒼庚倉通用也又漢修堯廟碑思如浩倉北海相景君碑于何穹倉楊著碑仰叫穹倉柳敏碑何辜穹蒼史晨奏銘黑不代倉周公禮殿記倉龍甲戌無極山碑倉氣蔚伊皆用倉為蒼也

滄 ○俗沧浛有寒也說文段注周書祝解曰天地之間有滄熱列子湯問一兒曰日初出滄滄涼涼久部滄字音義同○列子湯問注又後漢書董卓傳注竝云滄寒也董按滄見去聲與滄義同而非一字集韻合之非滄浪水

色也文選陸士衡樂府垂影滄浪泉注滄浪夏水卽漢河之別流也書禹貢又東為滄浪之水馬注鄭注○董按史記夏本紀作蒼浪之口段蒼為滄也

⿷匚倉 古器也說文段注古器有名⿷匚倉者

鶬 ⿰倉隹或麋鴰也說文段注見釋鳥郭云今呼鶬鴰師古曰今關西呼為鴰鹿山東通謂之鶬鄙俗名為錯落○史記司馬相如傳雙鶬下正義引司馬彪云鶬似雁而黑亦呼為鴰括又酉陽雜俎十六引爾雅裴瑜注云鶬麋鴰是九頭鳥也鶬鴰也莊子天運釋文引三蒼○董按此義蓋未確諸家言鶬為水鳥不聞又名鶬鶬鶬鶬也楚辭招魂煎鴻鶬些注八鸞鶬鶬言文德之有聲也革有鶬言有法度也鶬金飾兒董按皆段鶬為瑲也瑲下詳之亦可謂為瑲之借說文玉部引詩作攸革有瑲

牄 文丘部工聲注在後○董按牄从角爿聲宜在此此姑附見焉

散岡切

桑 或作乗○俗有来蠶所食葉木說文○獨斷上云桑庵氏起氏養蠶又穆天子傳五天子命桑虞注云桑

虞主者也桑桑者中央之木也賈子胎教桑衆木之本禮記內則射人以桑弧蓬矢六射天地四方疏桑木之衆也詩將仲子無折我樹桑傳奚爲桑易无妄或繫之牛虞注○否繫于包桑苞注云桑者上玄下黃以象乾坤也扶桑日所拂木也離騷總余轡乎扶桑注○山海經海外東經湯谷上有扶桑十日所浴注云扶桑木也桑薪薪之善者也詩白華樵彼桑薪蒸桑採桑也穆天子傳五以觀桑者注又漢書元后傳平皇后列侯夫人桑注桑猶喪也公羊文二年傳虞主用桑注又漢書五行志中之下桑者相逢接之道也白虎通姓名桑林桑山之林能興雲作雨也呂覽順民禱于桑林注○淮南本經橋封絺於桑林注云桑林湯所禱早桑山之林空桑山名也楚辭遠逝考卒冥於空桑注桑乾泉即索涫水者也水經濛水注桑穀者野艸也說苑君道又御覽皇王部八引書大傳○說苑敬慎云桑穀者野物也桑扈青雀一名竊脂淮南說林桑扈不啄粟注桑飛工雀也廣雅釋鳥○方言八云自關而東謂之鷦鷯自關而

西謂之桑飛桑門即沙門後漢楚王英傳注

喪

蘇作喪○又去聲今音也亡也說文段注亡部曰亡逃也亡非死之謂故中庸曰事死如事生事亡如事存尚書大傳曰王之於仁人也死者封其墓況於生者乎王之於賢人也亡者表其閭況於在者乎皆存與生死分別言之凶禮謂之喪者鄭禮經目錄云不忍言死而言喪喪者棄亡之辭若全居於彼焉己失之耳是則死曰喪之義也公子重耳自偁身喪魯昭公自偁喪人此喪字之本義也凡喪失字本皆平聲俗讀去聲以別於死喪平聲非古也○詩皇矣受祿無喪傳又公羊昭廿五年傳釋文又論語先進天喪予釋文憲問奚而不喪皇疏又國語周語宣王既喪南國之師注偏喪有咎注晉語果喪其田注又荀子禮論貳之則喪也注又呂覽慎大於得思喪注又淮南本經人之心有憂喪則悲注並云喪亡也又白虎通崩薨云喪者亡也又禮記問喪亡矣喪矣疏云喪亦亡也又論語先進皇疏云喪猶亡也喪棄亡矣詩葛生序則國人多喪矣箋喪猶亡失也論語八佾二三子何患於喪乎皇疏○易坤東北喪朋釋文引馬注云喪失也又漢書五行志下之上皆喪心也注云喪失之也又莊子齊物論予惡乎知惡死之非弱喪而

不知歸者耶注云少而失其故居名爲弱喪喪謂亡失位禮記檀弓下喪求不可久也注○檀弓上問喪於夫子乎注云喪謂仕失位也又家語曲禮子貢問喪不如速貧之愈注云喪失位也喪亦空空亦喪也春秋繁露陰陽義喪敗也國語晉語先紂喪注而喪謂陰易文言傳知得而不知喪荀注坤爲喪易大壯喪羊于易虞注睽喪馬虞注震不喪匕鬯虞注億喪貝虞注億无喪有事虞注旅喪其童僕虞注逐喪其齊斧虞注小過遇其妣虞注既濟婦喪茀虞注象下傳其義喪也疏喪過乎哀虞注喪者死亡之名詩節彼南山箋而死喪甚大多也疏○白虎通崩薨云喪者亡也人死謂之喪何言其喪亡不可復得見也不直言死偁喪者何爲孝子之心不忍言也又公羊桓十八年傳公之喪至自齊注云喪者死之通辭也喪親之終也左氏文十五年傳○僖九年傳凡在喪注云在喪未葬也喪凶事漢書五行志中之下○禮記檀弓上疏云喪拜即凶拜喪服衰絰也周禮閽人喪服凶器不入宮注喪車惡車也禮記襍記上端衰喪車皆無等注喪器者夷槃素俎楬豆輤軸之屬周禮鄉師族共喪器注喪祭虞

也周禮喪祝掌喪祭祝號注○小宗伯詔相喪祭之禮注云喪祭虞祔也喪祭之禮所以教人愛也大戴記盛德

兵 保名切

併古文兵籀械也說文段注械者器之總名器曰兵用器之人亦曰兵○萱按說文戒兵相次戒持戈兵持斤古文兵持干皆一意許云持戈以戒不虞持斤并廾之皃兵兵器也漢書霍去病傳所將士馬兵注○禮記曲禮下疏云兵器仗之名又詩擊鼓序衛州吁因兵暴亂疏云古者謂戰器爲兵兵五兵也荀子大略借賊兵也注○周禮司兵掌五兵五盾司農注云五兵者戈殳戟酋矛夷矛又穀梁莊廿五年傳陳五兵注云五兵矛戟鉞楯弓矢也又左氏昭廿七年傳取五甲五兵疏云弓矢殳矛戈戟五者皆名爲兵又匡謬正俗三云五方之兵東方其兵矛南方其兵弩中央其兵劍西方其兵戈北方其兵鍛金爲兵國語晉語攝金之要注○周書大聚立小人以教用兵注云兵刀也萱按刀必以金惟殳弓干不以金兵弓矢之屬國語齊語注○詩出其東門序兵革不息疏云兵謂弓矢干之屬又考工記矢人兵矢田矢五分注云兵矢謂枉矢絜矢也短兵刀劍

韻史 卷四十四上第十部平聲冈韻 四〇三三

也文選吳都賦長殺短兵劉注○左氏昭廿七年傳服注又呂覽慎行注竝云兵戰也又慎大注云兵戈戟御夫也又
周禮鼓人鼓兵舞帗舞者注云兵謂干戚也離爲兵易困劓刖虞注○卦傳云離爲戈兵說兵者凶
器也國語越語又史記平準庾注主史傳又漢書蠹錯傳張湯傳又管子大臣不競於兵又淮南道應又說苑指武又
鹽鐵論論功論菑○呂覽論威云凡兵天下之凶器也又新序雜事五云兵者國之凶器也兵凶事周禮司常皆畫
其象焉注又杜注○漢書嚴助傳云兵者凶事兵者不祥之器管子兵法故夫兵雖非備道至德也注又
老子兵事者危物也管子問兵陰物也太卒永陰以武取注○左氏哀九年傳可以興兵注
云兵陰類也又曰虎通瑞贊云兵亦陰也兵者人所執因號人亦曰兵詩擊鼓序疏○左氏
昭十四年傳簡上國之兵疏云戰必令人執兵者因即名人爲兵也兵民之殘也左氏襄七年傳兵
癸也呂覽後樂反以自兵注死寇曰兵禮記曲禮下○釋名釋喪制云戰死曰兵言死爲兵所傷也
兵防也廣雅釋言又淮南兵略注兵者守國之備周禮大司馬仲春敎振注○墨子七患云兵者

韻史 卷四十四上第十部平聲冈韻 四〇三四

國之爪也凡兵也者威也呂覽論威兵者帝王之器器後漢公孫述傳○白虎通封公
侯云兵者爲誅除害也所以全其生衛其養也參伐爲兵禮記月令兵時起注小兵車革路也
考工記總曰故兵車之輪注又禮記少儀大白兵車注○詩小戎疏云兵車兵戎之車兵長兵之將帥
也後漢朱浮傳注兵簿軍士之名帳後漢吳漢傳注

⿱彭示

或書作綍祊或門內祭先祖所旁皇也詩曰祝祭于⿱彭示說文段注舊所
下有以今依詩爾雅音義旁或作徬傍彷皇或作徨俗詩毛傳曰祊門內也郊特牲曰索祭祝於祊不知神之所在於
彼乎於此乎或諸遠人乎祭於祊尚曰求諸遠者與此旁皇之說也⿱彭示旁皇三字疊韻詩者小雅楚茨文今作于祊
之爲言倞也禮記郊特牲祊是求神之名禮記郊特牲祊之於東方○又云祊是室內求
神彲祭也廣雅釋天○後漢張衛傳注云祊祭也祊祭明日之繹祭也謂之祊
者于廟門之旁因名焉禮記禮器爲祊乎外注○郊特牲索祭祝于祊注云廟門外曰祊謂之祊

韻史 卷四十四上第十部平聲冈韻 四〇三五

者以於繹祭名也廟門謂之祊宗祊猶宗廟也國語周語今將大泯其宗祊注○左氏襄
廿四年傳以守宗祊注云祊廟門又爾雅釋宮閍謂之門孫注云祊謂廟門也又李注云祊故廟中門名也祊鄭
祀泰山之邑也左氏隱八年鄭伯使宛來歸祊注又水經沂水注引杜預釋地○蓋按穀梁隱八年作歸
邴當爲正字奐彭聲方聲皆同部又周禮大司馬致禽以祀祊段祊爲方也禮記明堂位注秋田祀祊亦介

嗙

訶聲嗙喩也司馬相如說淮南宋蔡舞嗙喩也說文段注上林賦巴渝宋
蔡淮南于遮此所俳非賦文蓋凡將之一句也劉逵引黃潤纖美宜製褌歐陽詢引鍾磬竽笙筑坎侯知凡將七言爲句

榜

○俗有榜所呂輔弓弩也說文段注經傳未見此義竹部曰蔽榜也假借之義也辭章家用榜人則舟部
之舫入也榜輔也廣雅釋詁四榜投也廣雅釋詁三榜擊也漢書衡山王賜傳集注東方朔
傳集注又後漢章帝紀注引廣雅榜謂搒擊之也漢書陳餘傳吏榜笞數千注榜笞擊
也漢書王嘉傳長榜死於獄注○後漢陳寵傳注云搒即榜也聲類曰笞也又黨錮傳注云榜與榜同蓋按笞擊之義

韻史 卷四十四上第十部平聲冈韻 四〇三六

搒爲正字榜蒡段借也膀牌也玉篇○蓋按署書字本作扁音轉爲榜扁榜雙聲也皆讀上聲扁俗字作匾
榜木片也集韻○廣韻云榜木片又云牓題牓

倍岡切

斛

量旁溢也說文段注大徐無旁非旁者溥也形聲包會意

滂

○俗有霶沛也說文○蓋按詩漸漸之石俾滂沱矣白帖一作俾霶沱矣霶沱皆俗字滂注也水多
流皃也一切經音義十二引三蒼○荀子富國汸汸如河海注云滂水多皃也蓋按滂汸正借字滂滂流
也廣雅釋訓○蓋按荀子富國云汸汸如河海段汸爲滂也滂滂流蕩皃列子力命若何滴滴去此困而
死乎釋文○蓋按滴乃滂之譌滂洋饒廣也漢書禮樂志福滂洋注滂浩廣大也楚辭大招
榜修滂浩注滂瀑水流聲也史記司馬相如傳滂瀑流溉索隱引司馬彪○漢書相如傳下滂瀑決軋
注引張揖云滂瀑衆盛皃又涉豐隆之滂瀑注云滂瀑兩水多也滂人掌地澤宮也淮南時則令滂
入入村華注虖勺之山滂水出焉山海經南山經

亯隸作亨烹亯籀○平聲用讀又上聲義分亨煑也易鼎亨飪也釋文又詩采蘋釋文匪風誰能亨魚釋文又周禮內饔注又儀禮特牲饋食禮亨于門外東方注又禮記曲禮上主人辭不能亨疏內則釋文禮運釋文又左氏襄四年傳釋文昭廿年傳釋文又國語晉語鄭人詹子烹煮也晉晉人將亨之注○漢書食貨志下集注云亨鬺也禮記曲禮上釋文又國策齊策益一言臣請烹注又史記孝武紀皆嘗鬺烹集解引徐廣又莊子山木命豎子殺雁而烹之釋文○家語問禮注云煮之曰烹亨熟也詩瓠葉采之烹之箋○楚茨疏云亨謂煮之使熟亯熟也嵩嶽以南陳潁之閒曰亨方言七亨飪之也詩楚茨或剝或亨傳亨者鼎之所為也○易象下傳聖人亨以享上帝注亨飪也注云亨飪鼎之用也亨煮之鑊也禮記禮運以亨以炙注○儀禮士冠禮載合升注云煮於鑊曰亨煮之於鑊曰烹若烹禽獸之肉也釋名釋喪制烹猶殺淮南說林狡兔得而獵犬烹注○周禮大宰及納亨贊王牲事注云納亨納牲將告殺謂鄉祭之晨既殺以授亨人亨謂煮而殺之公羊莊四年傳哀公亨乎周注又漢書高帝紀上羽亨周

苛注○老子如亨太牢釋文云亨殺煮也亨人主為外內饔煮肉者周禮天官序官亨人注

行海郎切

平去用讀義分人之步趨也說文段注步行也趨走也二者一徐一皆謂之行統言之也爾雅室中謂之時堂上謂之行堂下謂之步門外謂之趨中庭謂之走大路謂之奔析言之也引伸為巡行行列行事德行○荀子王霸彼玉改行注云行步也又文選解嘲行殊者得辟注云行趨步也兩腳進曰行行抗也抗足而前也釋名釋姿容○春秋繁露五行相生云行者行也行往也詩無衣與子偕行傳又廣雅釋詁一又史記陳涉世家乃行卜索隱○後漢陸康傳不行行來注云行來猶往來也行去也周禮庖人注展而行之疏又禮記檀弓下遂行注又左氏桓十六年傳告之使行注襄五年傳以其族行注文十六年傳賜左右以使行注宣十七年傳臣請行注襄廿二年傳行乎注襄卅一年傳修垣而行注又廣雅釋詁二又國語晉語將行以其族適晉注子行乎注又國策齊策齊皃辨辭而行注又呂覽士節晏子行注去宥注高義注長利注○越絕書篇敘外傳記云行者去也又禮記檀弓上則明蓋行乎注云行猶去也又左氏閔二年傳狐突欲行注云行亦去也行之也呂覽用民然後可行

注○審應注云行去之他也行亦放也詩菀柳後予邁焉○左氏昭五年傳注云行出奔行還也呂覽行論注○貴因膠鬲行注云行猶還也行者移也素問八政神明論○注云行謂宣不行之氣令必宣行行猶通也呂覽適音行理義也注○漢書溝洫志禹之行河水注云行謂通流也行由經也管子問城粟軍糧其可以行幾何年也注行道也爾雅釋宮○詩行露傳泉水女子有行箋北風攜手同行傳蝃蝀箋載馳亦各有行傳竹竿箋黍離靡靡傳東門之墠釋文鹿鳴傳小弁行有死人箋行葦傳天作有夷之行箋又禮記緇衣注又左氏襄九年傳斬行栗釋文昭十三年傳以先啟行注又國語晉語下直言臣之行也注將集天行注夙夜征行注又漢書食貨志上集注引李奇司馬相如傳下集注引文穎又後漢南蠻西南夷傳注引韓詩傳又穆天子傳五帝收九行注又太牟常或失之行注又楚辭離世征夫勞於周行分注○詩采蘋疏泂酌疏並云行者道也又東門之墠傳栗行上栗也疏云行謂道也又有女同車有女同行傳云行行道也又文選江文通雜體哀太尉詩戒風藻行川注云行猶道也行道度也詩十月之交不用其行箋行歷也國語晉語行年五十矣注行迹也廣雅

釋詁三行釋也廣雅釋詁四行曲也管子度地乃迂其道而遠之以勢行之注○史記司馬相如傳為鼓一再行索隱云行者曲也又漢書相如傳注云行謂曲引也行為也墨子經上又呂覽愛類無不行也注○論語述而吾無行而不與二三子者皇疏云行猶為也行者成也鬼谷子行用也左氏昭十年傳將不行注○周禮庖人春行羔豚疏凡用鳥禽獸疏並云言行者義與用同又司爟掌行火之政令注又國語吳語無以行之注並云行猶用也行者運動之稱易象上傳天行健疏○荀子議兵設何道何行而可注云行動用也行謂流行素問舉痛論氣不行注又五常政大論行水減也注云行水河水流注者也○詩采蘋傳泂酌傳又左氏隱三年傳注並云行潦流潦也又孟子公孫丑上注云行潦道傍流潦也行降也禮記月令大雨時行疏引月令章句○疏云行猶通被也行奉也呂覽恃君而立其行君道者注行謂賦賜周禮羅氏行羽物注○禮記月令行糜粥飲食注云行猶賜也行猶付與也漢書高帝紀下行田宅注引蘇林行且也漢書揚雄傳上集注○文選洞簫賦行鍖銋以龢囉注與吳質書別來行復四年注並云行猶且也萱按詩十畝之

閑行與子還兮行與子逝兮言且與子歸且與子往也王尚書引之說**行者先也**史記陳涉世家乃行卜索

卜索隱**行察也**呂覽季夏入山行木注**行言也**爾雅釋詁〇注云江東通謂語為行又說苑權謀云

行之者言之主也**行者政之始也**家語入官〇管子山權數云行者道民之利害也**行者正**

之義也管子心術**行者行其所不能行也**莊子庚桑楚**以已從人曰行**

公羊桓十四年傳行其意也注**施之為行**通典引馬融周官傳〇詩車舝箋有明行者疏云行者已見施行之

語蕢按施行巡行等義舊多讀去聲恩謂兩讀無傷也詳在彼**行謂巡狩行謂察也行猶視**

也蕢按皆詳去聲**行主道路行作**禮記祭法曰國行注〇呂覽孟冬其祀行注云行門內地冬守在內

故祀之又獨斷上云行冬為太陰盛寒為水祀之於行**五行者金木水火土也**素問藏氣法時

論又淮南原道節四時而調五行注〇後漢班彪傳下注云五行水火金木土**五行者五氣也於其**

方各施行也釋名釋天〇書洪範初一曰五行鄭注云行者言順天行氣又白虎通五行云行者欲為天行

氣之義也**五行謂五英**記禮月令疏引易通卦驗注〇書洪範疏云五行即五材也又春秋繁露五行相生

云五行者五官也**五行五常仁義禮智信是也**荀子非十二子案往舊造說謂之五行注

行謂行人也管子小匡賦朋為行注〇穀梁襄十一年傳行人者注云行人是傳國之辭命者**行猶**

使也淮南說山及於其銅則不行也注**行人使人也**管子修靡行人可不有私注又左氏桓九年傳

已行人疏〇襄四年傳使行人子貢問之注云行人通使之官**行理使人通聘問者**左氏昭十三年

傳行理之命注〇僖卅年傳行李之往來注云行李使人又襄八年傳亦不使一介行李告于寡君注云行李行人也

行成求成也左氏哀元年傳服注**行食游食也**管子君臣下注懷行食之徒注**行輜道**

路輜重也淮南兵略行輜治注**幅今謂之行縢言以裹腳可以跳騰輕**

使也釋名釋衣服**震為行**易屯乘馬班如虞諫利用行師虞復中行獨復虞注損三人行虞注益中行告

公從虞注夬其行次且虞姤虞注艮行其庭虞注象上傳天行也虞注象下傳其志不行虞注與時偕行虞注志行也

虞注柔進而上行虞注剛巽乎中正而志行虞注象上傳道大行也虞注象下傳吉行也虞注君子以申命行事虞注行

未疑也虞注君子以行過乎恭虞注繫辭上傳行發乎邇虞繫辭下傳因貳以濟民行虞注〇象上傳君子以果行育德

虞注君子以常德行虞注繫辭下傳履以和行虞注益云震為行蕢按此數行字皆讀去聲者也引申之義也而注與乎

聲同可如甄析項析漢以上不介**震為行人**易艮行其庭虞注**乾為行人**易象上傳行人之得

邑人之災虞注**天子所在曰行在所**後漢王呂傳注〇獨斷上云天子以四海為家故謂所居為行

在所**諱死謂之大行**小爾雅廣名**行行夏夏也**廣雅釋訓**行陳也**左氏襄三年傳

亂行於曲梁注又史記晉世家集解引賈逵又廣雅釋詁二**行謂行陳也**老子是謂行無行注〇呂覽簡選可

以勝人之行陣整齊注云行陣伍列也**行行伍**穆天子傳六列子惡行注〇左氏隱十一年傳行出犬雞注云

二十五人為行**行列也**詩卷耳寘彼周行傳常武左右陳行釋文又左氏襄十五年傳注又漢書司馬相如傳上

集注王莽傳上集注〇國語晉語公子揚干亂行於曲梁注又呂覽辯土衡行必得縱行必術注疏云行行列也有**行**

單列也國語晉語趙孟使人以其乘車干行注〇周禮夏官序官行司馬注云行謂軍行列**公行從公之**

行也詩汾沮洳殊異乎公行傳〇左氏宣二年傳餘子公行疏云主車行列謂之公行**周行周之列**

位也詩鹿鳴示我周行箋大東行彼周行箋又卷耳釋文云行列位也〇左氏襄十五年傳云王及公侯伯子男甸

采衛大夫各居其列所謂周行也**子行猶子列也**禮記祭統於祭者子行也注**行首也**太卒

奘莫見之行注**行翮也**詩鴇羽肅肅鴇行傳**微行牆下徑也**詩七月遵彼微行傳

胻

脛耑也說文段注耑猶頭也脛近膝者曰胻如股之外曰髀也言脛則統胻言胻不統脛龜策傳曰壯士斬其胻

卸斮朝涉之脛也〇廣雅釋親云胻脛也又史記龜策傳集解云胻腳脛也**頡胻猶頡頏也**文選甘泉

賦魚頡而鳥胻注

珩

佩上玉也所以節行止也說文段注詩毛傳曰雜佩者珩璜琚瑀衝牙之類韓傳曰佩玉上有

蔥衡下有雙璜衝牙蠙珠以納其閒按衡即珩字晉語白玉之珩六雙注珩佩上飾楚語楚之白珩注珩佩上之橫者玉

藻曰一命再命幽衡三命蔥衡注衡佩上之衡也其制珩上横為組三繫於珩繫於中組者曰衡牙繫於左右組者曰璜皆以玉璜似半璧而小亦謂之牙繫於中者觸牙而成聲故曰衡牙蠙蛛琚瑀貫於珩之下璜衡牙之上故毛韓大戴皆曰以納其閒云佩上玉者謂此乃玉佩最上之玉也統言曰佩玉析言則珩居首以玉為之依玉藻所言則當天子白玉珩公侯山玄玉珩大夫水蒼玉珩所謂三命蔥珩士瑌玟則以石月令春倉玉夏赤玉中央黃玉秋白玉冬玄玉注凡所服玉謂冠飾及所佩之珩璜則又隨時異色矣所以節行止也者謂珩所以節行止故字从玉行發明會意之指也周語改玉改行注玉佩玉所以節行步也此字行亦聲○詩女曰雜鳴繹文云珩佩上玉也又國語楚語注云珩佩上之横者又晉語注云珩佩上飾也珩形似磬而小又文選思玄賦注引字林云珩佩玉所以飾行又後漢張衡傳注云珩佩玉也莫按思玄賦舊注云珩佩也雖渾言而失之疏矣韋昭言珩形似磬亦非也漢末蓋已失磬制故以磬目珩耳磬之真至歙程氏通藝錄乃定

洐

溝行水也 說文

衡

奧古文 **牛觸横大木詩曰設其楅衡** 說文 段注各本大木下有其角二字今依韻會所據鍇本按許於告字下曰牛觸角著横木所以告人也是設於角者謂之告此云牛觸横大木是閑閑之謂之衡衡與告異義大木衡不可施於角此易明者魯頌傳曰楅衡設牛角以楅之也箋云楅衡其牛角為其觸觝人也許說與毛鄭不同毛鄭謂設於角許不云設於角也木部云楅以木有所畐束也亦不言角云大木者字從大也古多假衡為横封人注曰衡古文横假借字也鄭注周禮云楅設於角衡設於鼻如椵狀楅衡為二許於衡不言楅於楅不言衡蓋亦二之詩曰當作周禮曰○周禮封人設其楅衡司農注云楅衡所以楅持牛也又杜注云楅衡所以持牛令不得抵觸人 **衡銓衡也** 淮南主術衡之於左右無私輕重注○楚辭思古錯陸衡而任意注云衡稱也所以銓物輕重也 **衡稱也** 書堯典同律度量衡釋文又禮記經解猶衡之于輕重也注又史記管晏傳無道即衡命正義又淮南說林縣衡而量則不差注又文選東京賦同衡律而壹執量薛注○史記秦始皇紀衡石量書正義又後漢魯丕傳注馮衍傳注陳忠傳注又莊子胠篋為之權衡以稱之釋文引李注並云衡稱也又荀子正名衡不正則重縣於仰而人以為輕注云衡稱

之衡也又漢書鄒陽傳縣衡天下注引如淳云衡猶稱之衡也 **稱上曰衡** 禮記月令鈞衡注又文選六代論旋引書鄭注又左氏文六年傳疏云稱上謂之衡○呂覽仲春注又淮南時則注竝云衡石稱也又素問至真要大論如權衡之不得相失也注云權衡稱也 **衡斤兩也** 書堯典同律度量衡鄭注又漢書郊祀志上注又國語周語注云衡稱上衡衡有斤兩之數○小爾雅衡云斤十謂之衡 **衡所以任權而均物平輕重也** 漢書律曆志上○管子七法衡庫者天子之禮也注云衡者所以平輕重又淮南時則云夏為衡衡者所以平萬物也又荀子王制公平者職之衡也注云衡所以知輕重 **抗衡謂對舉以爭輕重也** 文選檄吳將校部曲及其抗衡大國注○管子輕重乙以是與天子提衡注云合眾弱以事一強者謂之衡 **衡平也** 書君奭時則有若保衡鄭注又御覽引范甯書注又詩長發實維阿衡箋又周禮地官序官林衡注考工記梓人鄉衡而實不盡注又禮記曲禮下大夫衡視注喪大記君封以衡注又大戴記保傅上有慈衡注曾子制言下衡言不革注又左氏文六年傳為之律度疏又國語齊語山立三衡注又史記殷本紀伊尹名阿衡索隱又漢書志表傳各集注又後漢紀傳各注文

素問生氣通天論脾氣不衡注氣交變大論注五常政大論五化均衡注又管子正正衡一靜能守慎平注地數以巨橋之粟二什倍而衡黃金百萬注又荀子致仕衡聽顯幽注又列子黃帝自始見吾衡德機也注 **衡者平之至也** 史記禮書又荀子禮論 **衡正也** 管子君臣上朝有定度衡儀以尊主位注 **眉上曰衡** 漢書王莽傳上盱衡厲色注引孟康又文選魏都賦乃盱衡而語曰劉注○後漢蔡邕傳注云衡眉目之閒也 **衡謂麋衡也** 考工記梓人鄉衡而實不盡司農注 **衡維持冠者** 周禮追師為副編次追衡笄司農注又左氏桓二年傳衡紞紘綖注 **衡佩玉之衡也** 禮記玉藻一命緼紱幽衡注 **衡展也** 禮記襍記甕甒筲衡實見閒釋文○箋按據注衡當為衍則衡為衍之借衍者衡之異體字也 **衡謂勺徑也** 考工記玉人衡四寸注○司農注云衡謂勺柄龍頭也 **甬上謂之衡** 考工記鳧氏 **衡為横簫** 北堂書鈔儀飾部引書大傳又書堯典在璿璣玉衡疏○堯典馬注云衡其中横簫所以視星宿也 **持正者為衡** 文選運命論注引書鄭注 **玉衡北斗中星主迴轉** 文選東京賦攜提運衡薛注又漢書天文志衡殷南斗注引晉灼○

萱按屈子步天歌今所傳天文圖別有玉衡星在庫樓中即古詩所云玉繩也非晉辭所云矣
古山林之官曰衡漢書百官公卿表上水衡都尉注引應劭○文選思玄賦後委衡乎玄冥舊注云水衡官名也
衡謂阿衡後漢班彪傳下注
衡門橫木為門詩衡門傳○文選褚淵碑文志隆衡館注云衡館衡門之館也
衡四阿之長衡也文選魯靈光殿賦朱鳥舒翼以峙衡注
衡樓殿邊闌楯也史記爰盎鼂錯傳不騎衡集解引如淳
衡木行馬也史記爰盎鼂錯傳索隱
衡御也廣雅釋器
衡軛也詩小戎傳輈上句衡也疏又論語衛靈公在輿則見其倚於衡也集解引苞注又小爾雅廣器又後漢蔡邕傳注
衡車衡也史記爰盎鼂錯傳集解引韋昭又楚辭遠逝枉玉衡於炎火兮注○文選赭白馬賦將使紫燕騁衡注陽給事誄配服驂衡注○論語衛靈公皇疏公皇疏云衡車衡軛也又文選六代論畢志衡軛之內注云衡軛車之衡軛也
衡橫也橫馬頸上也釋名釋車○左氏宣十年傳拔旆投衡疏云衡是馬頸上橫木又史記酈生陸賈傳與天子抗衡索隱引崔浩云衡車軛上轅木也又漢書楊雄傳上因回軫還衡注云衡轅前橫木也

韻史　卷四十四上第十部平聲岡韻　四〇四九

又莊子馬蹄加之以衡軛釋文云衡轅前橫木縛軛者也
衡橫也詩衡門釋文又周禮玉府疏家人疏考工記輿人衡者中水疏又大戴記曾子制言上衡道而強立之注曾子制言中衡塗而僨注又左氏桓九年傳鬬廉衡陳其師於巴師之中注襄七年傳衡而委蛇必折注又廣雅釋言又國語晉語秦穆公衡雕戈出見使者注又漢書刑法集注食貨志上集注酈食其傳集注又後漢班彪傳上注崔駰傳注又孟子梁惠王下一人衡行於天下注告子下衡於慮注又荀子賦又善連衡注又素問刺腰痛論衡洛之脈注又楚辭靈懷身衡陷而下沈兮注○大戴記曾子大孝衡之而橫於四海注又漢書韓安國傳集注並云衡猶橫也又匡謬正俗一云衡即橫也不勞借音○萱按橫訓闌木引申為縱橫古音如黃衡訓橫大木引申為凡橫古音如航義本大同故古多用衡為橫音有開口合口之殊而字母相同故亦不須改讀也凡段借之衡不收歸橫下者以此
衡山南嶽爾雅釋山江南衡注又山海經海內經南海之內有衡山注○爾雅李注云衡南岳衡山也又周禮職方氏其山鎮曰衡山注云衡山在湘南又白虎通巡狩云南方為衡山者上承景宿銓德鈞物故曰衡山
岣嶁謂之衡山廣雅釋山○山海經中山經衡山注云衡山南嶽也俗謂之岣

韻史　卷四十四上第十部平聲岡韻　四〇五〇

亢　迒

嶁山
衡阿衡山之曲也後漢張衡傳注○文選思玄賦流目眺夫衡阿兮舊注顏延年和謝監靈運詩跂予閒衡嶠注岥云衡山名也
衡杜衡也文選風賦離秦衡注又漢書司馬相如傳上蕙圃衡蘭芷若注引張揖○山海經西山經天帝之山有艸焉名曰杜衡注云杜衡香艸也萱按蘅晚出為專字古祇用衡○俗有肮吭
頏或○平聲兩讀又去聲
人頸也說文○萱按前已詳
蹝或獸迹也說文段注釋獸兔迹迒按序曰黃帝之史倉頡見鳥獸蹏迒之迹知分理之可相別異也是凡獸迹皆偁迒不專謂兔也○爾雅釋獸釋文引阮孝緒云迒獸迹也
迒迹也方言十三又太兔居狗繫之迒
又文選東京賦軌塵掩迒薛注
迒道也廣雅釋室又文選西京賦迒杜蹊塞薛注
迒兔道也爾雅釋獸疏引字林文釋文引諸詮之
迒長也方言十二又廣雅釋詁二
亢迹也廣雅釋詁三萱按迒亢正借字

笐

或作桁○平去兩讀義分
竹列也說文段注列卒應書作次竹列者謂竹之生疏數偃仰不齊而齊笐之言行也
行列也釋艸仲無笐蓋謂竹有行列如伯仲然也無者發聲也引仲之取竹為衣架亦曰笐廣韻四十二宕曰笐衣架是

韻史　卷四十四上第十部平聲岡韻　四〇五一

斻

也內則所謂揮撫釋器所謂竿謂之箷也其字亦作桁古樂府云還視桁下無懸衣是也按依爾雅音義尸剛反其衣笐衣桁讀書下浪切○萱按爾雅仲無笐本又作亢段借字也
械夾頸及脛者皆曰桁楊莊子在宥桁楊者相推也釋文引崔注○又引司馬注云桁腳長械也又一切經音義一引通俗文云拘罪人曰桁械謂穿木加足曰械大械曰桁
桁梁上所施也文選景福殿賦桁梧複疊注
或作航衡
方舟也禮天子造舟諸侯維舟大夫方舟士特舟說文段注方舟也舟字蓋衍衛風一葦杭之毛曰杭渡也杭即斻字詩謂一葦可以為之舟也舟所以渡故謂渡為杭始皇臨浙江水波惡乃西百二十里從狹中渡其地因有餘杭縣杜篤論都賦造舟於渭北杭涇流章懷後漢書作杭注云說文斻字在方部今流俗不解斻與杭字相亂者譏也是說識然然杭之作杭久矣章懷偶一正之而不能盡正也李南傳向度宛陵浦里杭馬蹏足亦係章懷改杭為杭而地理郡國二志餘杭縣未之或改也杭亦作航方言曰舟或謂之航杭者說文或抗字天子云云大雅詩傳及釋水同李巡曰比其舟而渡曰造舟中央左右相維持曰維舟併兩船曰方舟一舟曰特

韻史　卷四十四上第十部平聲岡韻　四〇五二

舟孫炎曰造舟比舟爲梁也維舟連四舟也釋文及公羊傳注此下又有庶人乘泭句○萱按段杭爲航於六書未失雖不盡改正可也然學者或昧於段借轉視杭爲正體而杭失其本字杭亦失其本義矣**航船也**後漢張衡傳又文選思卒賦譬臨河而無航舊注○吳都賦汎舟航於彭蠡注長鯨吞航劉注益云航船之別名**舟相連謂航也**淮南氾論乃爲窬木方版以爲舟航注○又主術大者以爲舟航柱樑注云方兩小船並與其濟爲航又文選封禪文蓋周躍魚隕航注引應劭云航舟也**航舟度也**後漢杜篤傳注○李南傳注云杭以舟濟水也**杭舟也**漢書司馬相如傳下注引應劭又史記司馬相如傳益周躍魚隕杭索隱○又杭絕浮渚集解引漢書音義云杭船也又方言九方舟謂之瀨注云揚州人呼渡津舫爲瀨荊州人呼杭**杭度也**楚辭惜誦蠢中道而無杭注○廣雅釋詁二云杭渡也**天杭天漢也**太卒劇蔽于天杭注

堂 坦郎切

坣古文**臺**籀**殿也**說文段注殿者擊聲也段借爲宮殿字者釋宮室曰殿有殿鄂也殿鄂卽禮記注之沂鄂沂說文作垠作圻釋名釋形體亦曰臀殿也高原有殿鄂也古音屍聲斤聲邑聲互通合音作幾作蟣是以禮

記郎幾謂有沂鄂堂之所以偁殿者正謂前有陛四緣皆高起沂鄂烝然故名之殿許以殿釋堂者以今釋古也古曰堂漢以後曰殿古上下皆偁堂漢上下皆偁殿至唐以後人臣無有偁殿者矣初學記謂殿之名起於始皇紀曰作前殿葉大慶致古質疑博引說苑諸書以證古有殿名要其所引皆漢人所作書也卽六韻亦豈真周人書哉○廣雅釋室云堂壂也又御覽引廣雅云堂皇合殿也又楚辭謬諫畜鳧駕鵝鷄鶩滿堂壂兮注云高殿敞揚爲堂**寔戶之外曰堂**論語先進由也升堂矣皇疏**序內半以前曰堂**書顧命五于西堂鄭注○書大傳以二爲內注云內堂東西序之內也又儀禮士喪禮注云中以南謂之堂**堂形四方而高**禮記檀弓上吾見封之若堂者矣注**堂高也**文選西京賦注引太玄宋注○釋名釋宮室云堂猶堂堂高顯兒也**堂明也**廣雅釋詁四○廣韻引白虎通云堂之爲言明也所以明禮義也**堂公堂也**詩羔裘狐裘在堂傳又丰俟我乎堂兮釋文云堂門堂也○周禮鄉大夫疏云堂謂鄉學**堂明堂也**淮南本經堂大足以周旋理文注又文選東京賦度堂以筵薛注○孟子梁惠王下云夫明堂者王者之堂也又禮記明堂位疏云明堂文王之廟又疏引明堂月令章

句云明堂者天子太廟所以祭祀**堂堂德宇廣也**論語子張堂堂乎張也皇疏引江熙**堂堂容也**廣雅釋訓○文選劇秦美新况堂堂有新注云堂堂盛也又後漢伏湛傳注云堂堂盛威儀也**堂畢道平如堂也**詩終南有紀有堂傳又爾雅釋丘畢堂牆注云今終南山道名畢其邊若堂室之牆○萱按白帖五引詩有杞有棠段借字也又魯峻碑棠棠忠惠嚴訢碑棠棠容兒皆段棠爲堂**堂楚邑**廣韻引風俗通○萱按此或段堂爲棠**大人之堂亦山名形狀如堂室耳**山海經大荒東經有大人之市名曰大人之堂注**堂谿劍也**廣雅釋器

闛

闛闛盛兒也說文段注謂盛滿於門中之兒也揚雄賦西馳闛闐此段闛爲闐也大司馬注鼓聲不過闛此段闛爲闛闐卽鼓部之鼟也鼟聲不過闛闐卽鼓部之鼟也○萱按鼟闛同音而分金易耳故皆與闛互借通用

鄗

或作鄗鄭**地名**說文段注玉篇鄭鄗二同引續漢書云廣陵鄗邑也按續漢書謂司馬彪郡國志也今志作堂邑云故屬臨淮春秋時曰堂考左傳襄十四年楚子囊師于棠以伐吳昭二十年棠君五尚字皆從木而廣韻引風俗通棠楚

邑大夫五尚爲之其後氏焉字從土蓋今左傳從木或誤堂邑今江蘇江寧府六合縣是也許但云地名未知謂此地與否

棠

牡曰棠牝曰杜說文段注艸木有牡者謂不實者也小雅云有杕之杜有睆其實此牝者曰杜之證也陸璣詩疏曰赤棠與白棠同耳但子有赤白美惡子白色爲白棠甘棠少酢滑美赤棠子澀而酢無味俗語云澀如杜是也依陸說是棠杜皆有子然種類甚多今之海棠皆華而不實蓋所謂牡者曰棠也**杜赤棠白者棠**爾雅釋木○樊注云赤者爲杜白者爲棠舍人注同**棠梨也**山海經西山經崑崙之丘有木焉其狀如棠名曰沙棠注○一切經音義二引三蒼云棠杜梨也**甘棠杜也**家語廟制注又楚辭思古甘棠枯於豐艸兮注**棠谿利劍也**楚辭離世執棠谿以刜蓬注○萱按廣雅作堂谿乃正字**棠橕也在車兩旁橕幰使不得進郤也**釋名釋車○萱按樘者柱也亦爲樘歫字車之樘歫幰者名棠引申段借之義也

牚

○俗有牚撐橕**歫也**說文段注今音丑庚切古音堂今俗語亦如堂考工記維角牚之大鄭曰牚讀如牚距之牚牚

距即𣞙距字之變體車𣞙急就篇釋名作車棠說文金部作車𣞙木部曰𣞙衺柱也今俗字棠作樘○考工記弓人維角𣞙之司農注云𣞙讀如棠距之棠車棠之棠又漢書匈奴傳上集注引蘇林云樘音棠距之棠又一切經音義引音隱云樘紂集庚反𦾓按訓距者棠為本字棠樘皆俗體也訓柱者樘為本字棠樘明段借也而𣞙引申之義訓支柱樘段借亦訓距故段易牽圈矣先鄭𣞙讀如棠者以今字釋古字也以人所易知通其所不知也毋庚切者樘之音也棠不順用此切矣

樘距也釋言 **樘距也**廣雅釋器○𦾓按稚讓兩釋一用俗字一用借字知正體𣞙字久不行

𣞙正也考工記弓人疏 **𣞙蹋也**廣雅釋詁二 **棠謂支柱也**漢書匈奴傳下遵與相棠距注

○文選魯靈光殿賦枝棠杈枒而斜據注云棠或作棖字𦾓按俗以樘棠為同字皆讀丑庚切故文段棖為棠矣棖者樘之陽平也

橕柱也○文選長門賦注引字林𦾓按此段橕為樘 **樘觸也**一切經音義二引何承天纂文

踼

跌也一曰搶也說文段注吳都賦魌魈氣懾而自踼跌者劉曰踼跌頓伏也李引聲類踼跌也漢書音義

跌前也一曰槍也別一義木部曰槍歫也部曰距槍也按踼與堂音義同堂歫也

踼驅馳兒也亦失跡也一切經音義五引蒼頡

用兒注在彼○俗有譃糖樘作鍚者譌

鍚 唐

啺古文○或作䧜○別有塘䧜 **大言也**說文段注引伸為大也如說尚書者云唐之為言蕩蕩也兒論衡文為空也覺書云稱不唐捐凡䏲塘字古皆作唐取虛而多受之意自部曰𨻰唐也 **唐猶蕩也**文選七發浩唐之心 **唐蕩蕩也**蕩蕩者道德至大之兒也白虎通號○太玄唐注云唐者蕩蕩之唐

衡正說云唐蕩蕩也 **唐者**盪盪無所拘限太玄唐注云唐者盪盪之 論為言蕩蕩也

唐公而無欲太玄唐注 **唐虛脆也**管子地員黃唐注 **唐失也**莊子徐無鬼其兒也 求也注唐無宜也注 **唐子廟中路謂之唐**爾雅釋宮○李注唐堂塗也詩防有鵲巢中 也注唐有覺傳○文選東京賦豈朱雲唐廟中路名 **唐堂塗也**漢書揚雄傳上平原 **唐道也**唐其壇曼兮注引鄭 艸於中唐辞注云中唐堂塗也

展○周書作雒展唐注云唐中庭道 **唐庭也**文選西都賦前唐中而後太液注唐注莊子田子方展求文唐猶堂也淮南脩務唐牙莫之鼓 **唐亭也**馬於唐肆也釋文引漢書如淳注又後漢班彪傳上 **唐古今人表作倉唐**國策齊策唐注○𦾓按韓世家倉 堂是二字通用也 **唐防也**右天唐注唐以壅水又淮南主術若發城 注○呂覽尊師治唐國云唐堤以壅水又淮南主術若發城 決唐注云唐隄也所以畜水又人閒且唐有萬穴注云唐堤 **隄也**廣雅釋室 **塘隄也**文選海賦注引淮南子高注○一切 也 **塘堤堰水也**後漢楊傳注許經音義十七引埤蒼云長沙謂隄為 **塘池也**廣雅釋地 **咸唐咸池也**楚辭遠逝 兩館於 塘 **唐尚國名**周叔周書王會唐叔荀 **往體來體若一謂之唐弓** 咸注咸池也 **唐大弓**天唐弓注云往體來體若一曰唐大唐碧似玉唐碧堅忍淮南脩務 之屬 **唐蒙女蘿**爾雅釋艸○詩桑中爰采唐矣唐何彼襛之 之類 **唐棣移也**唐棣移也 注傳又論語子罕集解○ 華注 **唐蒙菜名**唐蒙菜名 ○皇疏云康棣棣樹也 **蜩者𧌒也**大戴記夏小正唐蜩鳴傳 **碭大也**淮南

鎕 瑯

本經元元至碭而運注○𦾓按此段碭為喝也 ○俗鎕銻疊韻字 有磄鎕銻 **火齊也**說文段注玉部曰玫瑰火齊也然則 火齊也鎕銻即玫瑰也廣韻火齊似雲母重 沓而開色黃赤似金 **磄**序石也廣韻 出日南聲去聲

瑯 秦唐切

𠱷 𥋘亂也一曰窒𥋘說文段注乙部曰亂治也幺子相亂又治之凡言亂而治 在焉易窮則變也莊子在宥倫囊而亂作飛囊云飛囊猶搶 攘音灼注漢書曰搶攘亂兒也搶攘疊韻字在陽唐韻轉入 庚韻𥋘即𥋘之假借凡髮亂曰髮鬇艸亂曰𦽳 箏皆搶攘同意窒𥋘蓋充窒之意周漢人語也

䕅

胖䕅疊韻 **可以作縻綆也**說文段注縻牛轡也綆汲井綆也

囊

㯤囊也說文 **大曰囊**詩公劉于橐于囊傳 **有底曰囊**史記酈生陸賈傳囊中 裹素隱引埤蒼又漢書 刑法志為之橐囊注陸賈傳注趙充國傳安世 坤為囊易坤 李持橐簪筆注王吉傳所載不過囊衣注 括囊 **囊者所以斂藏也**管子任法以事其主注 **囊所以貯物**易坤括囊疏○ 注廣

左氏襄廿八年傳注橐衣囊䟽云橐橐所以盛衣亦可以盛食飤馬橐自關而西謂之裺囊方言五土囊大穴也文選風賦怒於土囊之口

郎 魯當切

郎魯亭也說文段注春秋隱元年費伯帥師城郎桓四年公狩于郎十年齊侯衛侯鄭伯來戰于郎莊八年師次于郎以俟陳人蔡人三十一年築臺于郎哀十一年戰于郊檀弓作戰于郎鄭曰郎魯近邑也杜云郎魯邑高平方與縣東南有郁郎亭按以郎為男子之稱及官名者皆良之假借字也郎君也廣雅釋詁一郎官謂三中郎將下之屬官也後漢桓帝紀注○萱按郎與有開口齊齒之異故為同部雙聲字借郎為良宜從良音而郎終古未有讀良者不容橙歸於良下也學者要當知為段借索郎反語為桑落也水經河水注○萱按索郎為桑郎索為落桑落為索落桑為郎郎落雙聲索桑雙聲四字故可互為翻紐○俗有廊

㝗

㝗宦也說文段注㝗宦以疊韻成文○萱按㝗下云屋㝗宦也又方言十三注云㝗宦空兒

浪 平去兩讀義分

滄浪水也南入江說文段注禹貢曰又東為滄浪之水過三澨至于大別南入于江許

韻史 卷四十四上第十部平聲岡韻 四〇六一

以漾浪沔三篆全倚道漾經文記禹時漢水故道也其下流為滄浪水入江與今水道同其源出隴西氐道嶓冢山至武都者今不可致按當平聲今但為波浪字滄浪水色也文選陸士衡樂府塘上行垂影滄浪泉注浪浪流也廣雅釋訓○離騷霑余襟之浪浪注云浪浪流兒也浪浪淚下兒文選洛神賦淚流襟之浪浪注浪起也浪猶放也浪戲謔也浪意萌也萱按此皆讀去聲

琅

○俗有瑯琅玕逗佀珠者說文段注尚書璆琳琅玕鄭注曰琅玕珠也王充論衡曰璆琳琅玕土地所生真玉珠也魚蚌之珠與禹貢琅玕皆真珠也本艸經青琅玕陶貞白謂即蜀都賦之青珠而某氏注尚書郭注爾雅山海經皆曰琅玕石似珠玉栽按出於蚌者為珠則出於地中者為似珠似珠亦非人為之故鄭王謂之與珠也素問平人氣象論如循琅玕注云琅玕珠之類也又荀子正論琅玕龍茲華覲以為寶注云琅玕似珠崑崙山有琅玕樹又山海經海內西經其上有三頭人伺琅玕注云琅玕子似珠又穆天子傳注云琅玕石似珠也又文選魯靈光殿賦騈密石與琅玕飛注云琅玕珠也以玉又爾雅釋地云西北之美者有崑崙虛之璆琳琅玕焉琅當長鎖也漢書西域傳上

韻史 卷四十四上第十部平聲岡韻 四〇六二

注王莽傳下注○萱按此段琅為鋃也琅邪郡名廣韻○又云俗作瑯瑯

鋃

鋃鐺逗疊韻字瑣也說文段注瑣俗作鎖非瑣為玉聲之小者引申之彫玉為連環不絕謂之瑣漢以後罪人不周纍紲以鐵為連環不絕係之謂之鋃鐺遂製鎖字漢西域傳陰末赴琅當德珠謂以長鎖鎖趙德也正文李無鎖字今李乃作鎖鋃當德珠為不辭琅當段借字也若宮室青瑣以青畫戶邊為瑣文故楚辭注曰文如連瑣○後漢崔寔傳注云鋃鐺鎖也又顏氏家訓文章云鋃當大鑠也鋌頭曰鋃鐺一切經音義五引通俗文琅當長鑠也漢書王莽傳下以鐵鎖琅當其頸注○萱按鎖者物也因而鎖之亦曰鎖莽傳鎖與琅當並言與西域傳同據文義則鎖字當任琅當下乃安班意似以鎖為物以琅當為鎖之則義亦得通顏但釋其本義而不析其引中之義則用傳皆不辭矣

稂

矛屬說文○廣韻云稂矟矛稂鈹也廣雅釋器

狼

佀犬銳頭白頰高前廣後說文段注詳其狀可識別也釋獸曰狼牡貛許謂貛即貒○詩還並

韻史 卷四十四上第十部平聲岡韻 四〇六三

驅從兩狼兮傳狼跋釋文竝云狼獸名又選疏引爾雅舍人注云狼牡名貛牝名狼又爾雅釋文引字林云狼獸似犬狼貪暴之獸隋書五行志上引洪範五行傳○呂覽士容良狼執固横敢而不可辱害注云狼貪獸也為狼易屯卽鹿无虞虞注巽田獲三品虞注狼星名後漢張衡傳注○楚辭東君舉長矢兮射天狼注云天狼星名狼主持衡平也公羊莊七年傳記異也注狼者言萬物可度量斷萬物故曰狼史記律書狼荒也淮南要略秦國之俗貪狼注狼佷也廣雅釋詁三狼盭也廣雅釋詁四狼戾乖背也文選長笛賦作蹊以狼戾注狼戾猶交横也淮南覽冥狼戾不可止注狼狼扈道上周禮秋官序官條狼氏注

蜋

堂蜋也一名斫父說文段注堂蜋與螳蠰一語小異月斫各本作斫今依爾雅音義正堂蜋有斧能斫故曰斫父郭云江東呼為石蜋石卽斫所今江東呼斫郎○爾雅釋蟲蟷蜋蛑注云蟷蜋有斧蟲又孫注云蜋五色具蟬陳鄭之間謂之蜋蜩方言十一○爾雅釋蟲云蜩蜋蜩

韻史 卷四十四上第十部平聲岡韻 四〇六四

根 高木也 說文段注此泛言高木謂之根非謂桄根及檳榔也門部閬訶門高義相近 桄根木名 廣韻○集韻云桄根屑之如麪可食萱按蜀都賦麪有桄榔字不作根則榔根為正借字

筤 籃也 說文段注廣雅筤謂之笯廣韻曰筤車籃一名笯笯音替按許不言車籃汎言籠下之器耳 蒼筤青也 易說卦傳震為蒼筤竹九家注○釋文云筤或作琅通

茛 艸也 說文段注子虛賦其溼則生藏茛漢書音義曰茛茛尾艸也按釋艸曰孟狼尾狼與茛同音狼尾似狗尾而麤壯者也孟作孟者譌 茛尾似茅 史記司馬相如傳藏茛蒹葭索隱引郭璞

蓈 稂或 禾粟之莠生而不成者謂之董蓈 說文段注莠各本作采鍇音穗董各本作董今依詩爾雅音義生而不成謂不成莠也不成謂之董蓈已成謂之莠此蓈莠二字連屬之義云禾粟之莠者惡其類禾而別之也小雅曰不稂不莠爾雅毛傳皆曰稂童梁也童梁即童蓈陸璣疏云禾莠為穗而不成崱嶷然謂之童梁今本莠作秀譌今時爾雅皆作稂字非禾而從禾非孔子惡莠意○爾雅序寠其蕭稂釋文云稂童梁穢禾艸也又國

韻史 卷四十四上第十部平聲岡韻 四〇六五

語魯語馬餼不過稂莠注云稂童稂也 稂莠類也 爾雅釋艸注○詩下泉浸彼苞稂箋云稂當作涼涼蕭著之屬又疏云稂是禾之秀而不實者萱按箋說益未確孔疏誤會說文意抑所據之本與徐鍇同與

棖 莖郎切 杖也一曰法也 說文段注皆未詳釋宮曰棖謂之楔玉藻注棖門楔也鄭風箋棖門梱上木近邊者按門兩菊木亦法之端也鄭說梱為門限故曰門梱上木○方言三云棖法也又廣雅釋詁一云棖濧也 棖門兩菊木也 儀禮聘禮大夫中棖與闑之間釋文又爾雅釋宮注○爾雅李注云棖謂梱上兩菊木又禮記玉藻釋文云棖謂兩榜木 棖謂之門桯 禮記曲禮上立不中門疏○萱按謂棖為桯與門楔異矣然可別成一義若釋文棖下云闑也陸德明不應誤此疑轉寫之譌蓋本作臬也臬即法也然亦紆迴矣 棖止也 廣雅釋詁二 棖隨也 方言三 南人以物觸物為棖也 文選祭古家文注○萱按此棖誤為棖也字統云棖觸也又靈光殿賦党或作棖又論語申棖史記作申棠皆音近通用也長聲尚聲同部

臧 采郎切 平聲兩見又去聲○俗有藏匿 藏二篇 藏懷也 國策齊策藏怒以待之注又呂覽知士注○禮記學記藏

韻史 卷四十四上第十部平聲岡韻 四〇六六

焉脩焉注云藏謂懷抱之○漢書禮樂志集注云古書懷藏之字本皆作臧萱按武斑碑敷臧王府衡方碑用舍行臧皆未嘗作藏也徐鼎臣曰漢書通用臧字从艸後人所加段大令曰以從艸之藏為臧匿字始於漢末改易經典不可從也 藏謂苞蘊在心 管子地圖地形之出入相錯者盡藏之注○幼官藏溫濡注云藏謂包之在心 不闕性分之外故曰藏 莊子達生聖人藏於天故莫之能傷也注○賈子修政語上云道以數施之萬姓為藏 藏猶隱也 山海經西山經隗江之山多藏注 藏潛也 呂覽圜道殺乃藏注 藏戢也 國策秦策兵革不藏注 藏匿也 呂覽上德愛思不藏注 藏猶抑也 文選長笛賦按投按藏注○易豐自藏也釋文衆家作戕萱按此破字也臧本从戕聲 藏深也 廣雅釋詁三○素問長刺節論頭疾痛為藏鍼之注云藏猶深也 古人謂藏為去 左氏昭十九年傳以度而藏之釋文引裴松之注 坤為藏 易毄辭上傳慢藏誨盜虞注 藏若其城郭然 禮記禮運義之脩而禮之藏注 藏也者欲人之弗得見也 禮記檀弓上 藏謂埋之也 荀子禮論與藏而馬反注 掩賊者為藏 國語

韻史 卷四十四上第十部平聲岡韻 四〇六七

周語○左氏文十八年傳掩賊為藏疏云掩逆賊人是為藏 藏猶殘 淮南說林高鳥盡而強弩藏注 藏殺者地之道 素問天元紀大論地以陽殺陰藏注 藏 藏茂也 廣雅釋訓 藏似蓏而葉大 史記司馬相如傳藏莨蒹葭集解引漢書音義○萱按藏字之製蓋由此其字當即始於凡將

卬 義郎切 平去兩讀○俗有昂昂 望也欲有所庶及也詩曰高山卬止 說文段注卬與仰義別仰訓舉卬訓望今則仰行而卬廢且多改為仰矣小雅車舝曰高山卬止箋云卬慕過秦論常以十倍之地百萬之眾卬關而攻秦俗本作卬作仰皆字誤聲誤耳晉語如川然有原以御浦而後大孔晁本作卬浦牛亮凡言川仰浦而大人仰教而成廣雅仰恃也仰亦卬之誤大雅傳曰顒顒卬卬盛兒引申之義也釋詁毛傳皆曰卬我也語言之段借也庶及猶庶幾也○萱按詩卷阿卬卬一切經音義四作顒顒昂昂此用俗字也又匏有苦葉人涉卬否釋文本或作仰此段仰為卬也又禮記曲禮上注令左卬右低穀梁昭八年注卬車以其棘表門此段卬為仰也又書大誥不卬自恤漢翟方進傳作不身自恤此用訓釋字也 卬嚮也 廣雅釋詁四○漢書溝洫志高卬之田注云卬嚮上向也 卬迎也

韻史 卷四十四上第十部平聲岡韻 四〇六八

國語語注昌卬是心慕之辭詩車韋疏卬為也甌越曰卬方言六卬物價
起漢書食貨志下萬物卬貴注卬卬高兒荀子賦卬卬兮天下之咸蹇也注卬卬志氣高
朗也荀子正名注○爾雅釋訓孫注云卬卬志氣高遠也顒顒卬卬君之德也爾雅釋訓卬
怒也漢書揚雄傳下激卬萬乘之主注引如淳自卬激厲也文選長門賦意慷慨而自卬注卬我
也爾雅釋詁又小爾雅廣言又書大誥釋文又詩匏有苦葉傳白華卬烘于煁傳生民卬盛于豆傳又後漢張衡傳注
○爾雅釋詁注云卬猶妙也語之轉耳蓋按妙者女人自稱我也卬州正南州名也文選思玄賦越
卬州而遊遨舊注卬舉也廣雅釋詁一○蓋按此段卬為仰也稚讓卬仰不別故又云仰舉也仰恃也
廣雅釋詁三又一切經音義二引韻集○後漢鄧禹傳注云仰猶恃也蓋按此後人改卬為仰也又荀子議兵上足卬則
下可用也注云卬古仰字下託上曰仰按此不煩破字也下託上是卬望義非仰舉義也仰易反易也荀子
儒效仰易變化注○蓋按漢書刑法志為下所卬食貨志萬物卬貴溝洫志高卬之田嚴助傳亂者卬治王章傳不自激

卬師丹傳四方所瞻卬也敘傳上卬天路而同軌未卬天庭
而覩白日也衆卬太和此類卬字皆不煩破字而師古卬悉
讀仰蓋習非勝是久矣
昂舉目視也昂日升也一曰明也並集韻○蓋按義在卬仰之閒字亦可不製

䩕

䩕角逗鞮屬說文段注方言禪者謂之鞮絲作之者謂之履麻作之者謂之不借麤者謂之屨東北朝鮮洌水之閒謂之䩕角南楚江沔之閒總謂之麤西南梁益之閒或謂之屩或謂之屦履其通語也徐土邳圻之閒大麤謂之䩕角按末句郭注今漆履有齒者顏注急就篇曰卬角形若今之木屐而下有齒釋名則曰仰角屐上施履之名也當仰履角舉足乃行也
䩕角屐也廣雅釋器

⿰馬卬　枊

平去兩讀⿰馬卬⿰馬卬馬怒兒說文
平去兩讀馬柱也說文段注謂系馬之柱也蜀志劉備解綬縛督郵馬枊華陽國志曰建寧郡在駈縣雍闓反結壘於縣山繫馬枊柱生成林○爾雅釋木楥柜柳注云或曰柳當為枊蓋按或說可從今人名屋四阿

栱曰欂枊也文選景福殿賦飛枊鳥踊注

茚

茚茆逗昌蒲也益州云說文段注周禮朝事之豆實有昌本注昌本昌蒲根切之四寸為菹左氏
謂之昌歜本艸經菖蒲一名昌陽或單評曰昌或曰堯韭
或曰荃或曰蓀茚茆之名今未見所出本艸經曰生上洛地
澤及蜀郡嚴道云毛扆改生
○廣雅釋艸云茚菖蒲也
茚萁也廣雅釋艸

旁　倍郎切

隸作旁○俗有旁雱
旁古文㫄古文雱籀溥也說文段注司馬相如封禪文曰旁魄四塞
張揖曰旁衍也廣雅曰旁大也按旁與溥雙聲後人訓側其
義偏矣詩雨雪其雱故訓傳曰雱盛兒即此籀文字也籀文
从雨衆多如雨意也毛云盛與許云溥正合今人
不知旁雱同字音讀多殊古形古音古義皆廢矣旁廣大也
周書世俘旁生魄注○廣雅釋詁一云旁大也釋詁二云旁廣也旁謂四旁周禮冢宰序注營國方九里疏
○周髀算經下天之中央亦高四旁六萬里注云四旁猶四極也旁者四面之謂也禮記聘義孚尹
旁達疏○喪大記士旁三揖疏云旁猶面也旁四方也文選東京賦韋后旁庚薛注旁八鄙薛注○廣雅

釋詁四云旁方也又史記五帝紀旁羅日月星辰水波土石金玉索隱云旁非一方旁謂差在後也
周書王會旁天子而立於堂上注旁偏頗也荀子議兵旁辟曲私之屬注旁猶不正也禮記
喪大記士旁三揖疏○莊子人閒世其可以為舟者旁數十
釋文引崔注云旁枝也又周髀算經上從髀所旁至日所十
萬里注云旁此古邪字蓋按不得為古今字此古義略相近耳旁猶妄也儀禮少儀不旁狎疏旁旁盛
也廣雅釋訓旁旁彊一也詩清人駟介旁旁釋文引王注旁羅猶徧布也史記五帝紀旁
羅日月星辰正義旁午分布也漢書霍光傳使者旁午注引如淳○注云一從一橫為旁午旁魄
廣博也荀子性惡襍能旁魄而無用注○文選吳都賦旁魄而論都劉注云旁魄取寬大之意又漢書司馬相如
傳下注云旁魄廣被也旁礴猶混同也莊子逍遙遊將旁礴萬物釋文引司馬注○釋文云字又作磅
同蓋按此段借也磅本訓傾石聲又儀禮士喪禮宰車旁寸今文旁為方亦段借字也旁薄猶言蕩薄
也漢書揚雄傳下旁薄羣生注○太玄中昆侖旁薄幽注云旁薄鬱彭魄也又卒告地旁薄而向乎上注云旁薄地之

形也

傍

旁唐言盤薄也史記司馬相如傳踏玉旁唐索隱引郭云璣○漢書司馬相如傳上注云旁唐文石也

旁皇猶徘徊也史記禮書旁皇周浹索隱○莊子天運有上彷徨釋文引司馬注云旁皇颷風也

二達曰歧旁物兩爲歧在邊曰旁此道並通出似之也釋名釋道

蜩蜺屬考工記梓人以旁鳴者注

雱雱雨也廣雅釋訓○萱按穆天子傳一注引詩雨雪其雱則借滂之俗字也

旁近也旁附也旁依也旁並也旁輔也萱按皆段旁爲傍也

平去兩讀○俗有傍近也說文段注古多段並爲之如史記始皇紀並河以東武帝紀並海是也亦段旁爲之見溝洫志食貨志○廣雅釋詁三云傍近也

傍謂左右也禮記中庸注想思其傍僾之兒釋文

傍依也漢書武帝紀集注

傍傍然不得息詩北山王事傍傍傳

旁附也漢書李尋傳集注

旁並也淮南本經澹衆宜注

旁依也晚出書武城旁死魄傳

旁依也漢書食貨志下集注趙充國傳集注揚雄傳上集注又莊子齊物論旁日月釋文引司馬注

旁輔也楚辭惜誦曰有志極而無旁注

搒

平去兩讀此今義彼古義擊也廣雅釋詁三

搒捶也一切經音義廿一引字書

搒捶也後漢虞延傳注○萱按此段旁爲搒也說文無搒

搒笞也後漢陳寵傳斷獄者急於搒格酷烈之痛注引聲類○章懷注云搒即榜也古字通用又黨錮傳注同

榜擊也榜笞擊也榜謂捶擊之也萱按此段榜爲搒也詳榜下

膀

髈或脅也說文又廣雅釋親

膀胱者津液之府也史記扁鵲倉公傳別下於三焦膀胱正義○素問氣厥論胞移熱於膀胱注云膀胱爲津液之府又痺論少腹膀胱注云膀胱爲液之門

䅭

稖稂穀名說文稖稂穄也廣雅釋艸○萱按說文但言穀未知即指穄否也蓋許有所未審故不質言也蓋闕如也

鄗

汝南鮦陽亭說文段注汝南郡鮦陽二志同鮦孟康音紂此方言如是或云當作紂紅反者非也今河南汝寧府新蔡縣縣北有鮦陽故城又有鮦陽渠鮦者水名水經注葛陂東出爲鮦水俗謂之三丈陂是也鄗者鮦陽亭名疑

即左傳襄四年定四年之鯀陽也

騯

平去兩讀馬盛也詩曰牡騯騯說文段注也當作兒小雅北山四牡彭傳曰彭彭然不得息大雅烝民四牡彭彭箋云彭彭行兒大明四騵彭彭箋云馬強疑皆非許所稱鄭風清人駟介旁旁蓋許偁此而駟介轉寫譌四牡耳許所據旁作騯毛傳本有騯騯盛兒之語後逸之二章曰鹿鹿武兒三章曰陶陶驅馳兒則知首章當有騯騯盛兒也

彭彭四馬兒詩出車出車彭彭傳

彭彭有力有容也詩駟以車彭彭傳

彭彭衆車聲也漢書衛青傳出車彭彭注○萱按段彭爲騯音同義本近也

趽

曲脛馬也說文段注廣雅釋言曰趽踦跭也跭渠追切踦俱達切

衷理不辟謂之端反端爲趽賈子道術

彭

鼓聲也說文段注詩之言鼓聲者惟鼉鼓逢逢毛曰逢逢和也逢與蒼廣雅作韸韸高注淮南呂覽郭注山海經引詩皆作韸韸許無韸字彭卽韸也東陽合韻也毛詩出車彭彭又四牡彭彭又駟騵彭彭又以車彭彭凡言彭彭皆

謂馬即鄭風駟介旁旁之異文彭旁皆假借其正字則馬部之騯也言馬而假鼓聲之字者壯盛相似也齊風行人彭彭傳曰多兒亦盛意从彡猶从三也指之列多略不過三故毛飾畫文之字作彡彭亦从彡也大司馬冬狩言三鼓者四言鼓三闋者一左傳曹劌亦言三鼓雖未知每鼓若干聲而从彡之意可見矣古音在十部同旁

彭旁也易大有匪其鼓跳○釋文引王肅云彭壯也

彭彭盛也廣雅釋訓又漢書匈奴傳上集注

彭亨驕滿兒易大有釋文引干注

彭排彭旁也在旁排敵禦攻也釋名釋兵

彭衛之河上鄭之郊也詩清人清人在彭傳

彭蠡澤名書禹貢彭蠡既豬晚出傳又文選吳都賦汎舟航於彭蠡劉注

彭澤今彭蠡也山海經海內東經廬江出三天子都入江彭澤西注

彭彭然不得息

彭彭行兒彭彭四馬兒彭彭有力有容也彭彭衆車聲也萱按皆段（彭）爲騯也或又段爲旁字見後漢戴就傳

怲

憂也詩曰憂心怲怲說文段注釋訓曰怲怲憂也毛傳曰怲怲憂盛滿也怲怲與彭彭音義同故云

憂盛滿古音在十部讀如旁

盳

莫郎切 或作䀮茫○ 望也 說文段注望也未聞當作昱昱明也䀮郎俗有忙恾今之忙字亦作茫俗作忙乍應書曰茫又作䀮遽也䀮人晝夜作無日用月無日用火常思明故从明或云䀮人思天曉故字从明也按方言通俗文皆作茫方言茫遽也通俗文時務 䀮遽也 廣雅釋詁一茫遽也吳揚曰茫二○方言曰茫許書則有䀮注云茫今北方通然也 茫茫罷倦之皃 孟子公孫丑上茫茫然歸注○蕢按今本作芒芒俗茫茫 遠皃也 文選魏都賦茫茫終古注○蕢按訓遠茫茫盛皃訓盛皆段爲芒茫茫亦古今字 茫茫盛皃 淮南俶眞茫茫沈沈注

盲

或作肓旺 目無牟子也 說文段注牟俗作眸趙注孟子曰眸子目瞳子也釋名曰眸冒也相裹冒也毛傳曰無眸子曰瞍鄭司農韋昭皆云有目無眸子謂之瞍許云目無牟子謂之盲說與毛鄭異無牟子者白黑不分是也今俗謂青盲 盲茫也茫茫無所見也 釋名釋疾病○呂覽尊師其見不若盲注明理盲老偃俍注竝

云盲無所見也又盡數處目則爲瞶爲盲注云盲無見曰目疾也又漢書杜欽傳家富而目偏盲注云盲目無見也 不能決黑白之色則謂之盲 韓非子解老○論衡別通云目不見青黃曰盲 知今不知古謂之盲瞽 論衡謝短 盲冥也 呂覽明理有晝有盲注又音初天大風晦盲注云盲瞑也 秦人謂蔘風爲盲風 初學記引蔡邕月令章句又禮記月令盲風至注云盲風疾風也○蕢按內饔家盲眡而交睫睲 段盲爲望也杜子春云 吒洋仰視皃 集韻

甿

田民也 說文段注甿爲田民農爲耕人其義一也民部曰氓民也此从田故曰田民也唐人諱民故氓之蚩蚩周禮以興耡利萌蓋古本如是鄭云變民言萌異外內也萌猶懵懵無知皃○史記陳涉世家甿隸之人集解引徐廣云田民曰甿 甿民也 史記三王世家加以姦巧邊萌索隱引韋昭又漢書陳勝項藉贊集注引如淳○ 邊人曰甿 史記三王世家索隱鰥刺王旦傳以姦巧邊注云甿人蒼引三 甿癡也 廣雅釋詁三 興甿舉民賢者能者能者如六鄉之爲

也 周禮遂大夫則帥其吏而興甿注 萌田民也 ○管子山國軌謂高之萌曰注蕢按萌甿古今字甿萌正借字 萌之爲言也盲也 賈子大政下○漢書劉向傳民萌何以勸勉注云萌與甿同無知之皃又置去病齊及厥衆萌注云萌字與甿同

氓

民也 說文段注詩氓之蚩蚩傳曰氓民也方言亦曰氓民也孟子則天下之民皆悅而願爲之氓矣趙注氓者謂其民也按此則氓與民小別蓋自他歸往之民則謂之氓故字从民亡○廣雅釋詁四又史記秦始皇紀集解引如淳又孟子公孫丑上注萬章下君之於氓也注竝云氓民也又詩疏云氓之一名又方言三注云氓民之總名又管子八觀氓家無積而衣服修注云氓家謂民家 野民曰氓 南國東泰東而不憂民氓注又淮南脩務以寬民萌注○孟子滕文公上願受一廛而爲氓注云氓野人之稱○蕢按甿之訓民與氓之訓野民來說文氓則爲互昔今不改正者以甿氓小別本無大異萌之用爲氓則純乎段借矣故須改歸正字 氓美皃 引韓詩氓釋文 萌民也 上林賦以贍萌隸注長楊賦遐萌爲之不安注竝引韋昭又選文呂覽高義比於賓萌注○一切經音義一云萌古文氓同蕢

按古作萌用借字今作氓用正字自唐避諱又多作甿矣 臣吏分職受事名曰萌 韓非子難一

邙

河南雒雒陽北 句 芒山上邑 說文段注河南雒陽二志同芒宋本或作亡或作土玉篇集韻新篇作土今定作芒左傳昭廿二年杜注曰北山洛北芒也文選應休璉與從弟君苗冑書曰登芒濟河李注引說文芒洛北大阜也今說文雖無此語然所據爲唐以前書郡國志雒陽下亦引皇覽縣北芒山道西呂不韋家水經注穀水篇曰廣莫門北對芒阜是則芒山本名芒上之邑則作邙後人但云北邙聞知芒山矣亡者譌字也土者淺人妄改之也北芒山在今河南河南府北十里山連偃師鞏孟津三縣綿亙四百餘里左傳昭二十二年王田北山即此按周書所謂郟山者北郟山也王城謂之郟者以山名之即桓七年王遷盟向之民于郟襄二十四年齊人城郟周語晉文公既定襄王于郟皆謂王城也然則云郟鄏者謂郟山下肥瘠之地郟古字容當作夾

蝱

或作虻蝱 齧人飛蟲 說文段注人當作牛楚語譬如牛馬處暑之既至蝱䗈之既多而不能掉其尾韋云大曰蝱小曰蠓說苑曰蝱蝝仆柱梁蚊蝱走牛羊史記搏牛之蝱不可以破蟣蝨淮南書曰蝱蝱不食駒犢今人尚謂齧牛者

芒

為牛蝱夲艸經有木蝱蜚蝱。淮南氾論夏日則
不勝暑熱蝱蝱注云蝱讀詩云言采其莔之莔也飛蝱莔也
廣雅詩載馳傳陸疏同。萱按此
釋器蝱貝母也段蝱為莔也釋艸莔貝母
。俗有艸耑也說文段注說文無鋩芒禾杪也一切經音義
鋩秆秄字此卽鋒鋩字也云二引字林。
山海經海內經建木其葉如芒注云芒毛之顛杪也文選答
芒禾似棠棃也萱按似棠棃不條賓戲銳
思於毫芒之芒稻芒文選文賦注引漢書音義。周禮稻
內注引頃岱人種之芒種司農注云芒種稻麥也芒
鋒刃也文選七命建雲芒光芒也文選思玄賦揚芒熛而絳
髦敵雄芒注天兮注又後漢張衡傳注
乖芒謂發秀也文選王文憲集序信乃昴宿垂芒注。太芒
乎乎數神句芒注云芒取其有芒角也
山名也文選盧子諒時興詩北蹄芒與河注汪芒長翟之國名國語魯語注
氏之君也注又莊
芒之為言萌也白虎通五行芒昧也荀子富國芒軔僈楛注又莊
子齊物論人之生也固若是
芒乎釋文。呂覽應同與元同方言十三芒滅也芒同也莊子齊
氣注云芒芒昧昧廣大之皃物論釋

文芒芒多皃文選補亡詩芒芒其豫注芒芒大也。法言孝至芒芒聖德注
傳云芒芒大皃芒芒遠皃左氏襄四年傳芒芒禹迹注。芒芒廣大之皃詩玄鳥宅殷土芒芒
味味然注又漢書禮樂志集注。淮南俶眞其道芒芒
禮樂志集注又云芒芒廣遠之皃芒芒猶夢夢也文選歎逝賦何視天
之芒芒無知之皃漢書外戚傳上集注不知其所以然而然故曰芒
芒注
也莊子齊物論若是芒乎注固芒然不曉識之皃管子七臣七主目伸五色注芒然
無係之皃莊子大宗師芒然彷徨乎塵垢之外釋文茫茫遠皃也文選魏都賦茫茫終古注。萱
按此段茫為芒也茫者蓋芒芒盛皃。淮南俶眞茫茫沈沈注
之異體字而人多用為芒萱按烈祖宅殷土芒
芒長發洪水茫茫魏書崔宏傳作宅殷
土茫茫御覽五百廿八作洪水茫茫

莣

杜榮也說文段注見釋艸郭云今芒艸也似茅皮可以為繩
索履屩也按太平御覽引樸字解詁芒杜榮而芒為
作芒。萱按莣芒通用字爾
雅釋文亦云莣亦作芒字

絖

絲曼延也說文段注曼延疊韻字曼引也延行也絖之言网
也巾部有巟巟氏湅絲巟絖古蓋一字也按當讀如芒

㡆

。俗有設色之工治絲練者一曰㡆𨑰隔也說文段注攷工
㡆忙㡆記設色之工㡆
氏掌湅練帛此云治絲謂湅絲云治練謂湅帛也尔部曰練
湅繒也此謂帛為練者渾言之也湅之見水部詩葛藟荒之
傳曰荒掩也隔之義謂絹其上而蓋之卽詩所謂荒之也王
篇曰㡆幪也攷工記先鄭注曰讀為芒芒禹迹之芒讀為當
是讀如之誤。文選陸士衡挽歌詩龍㡆被廣柳注云㡆與
荒同古字通萱按此同音通用也說文㡆讀荒而韻書有㡆
音今定依
莫郎切

魧

。俗鱛魧也說文段注古音當在十部讀如茫音轉入蒸登
有鱛魧部而字形亦改為鱛矣。萱按鱛聲在六部俗蓋
以魧鱛為疊韻字也然亢聲魧鱛遈魧也文選吳都賦注上林賦魧鱛螹離注
在十部不得轉從俗字矣
引郭璞

囧

平上兩讀。窗牖麗廔闓明也象形說文段注麗廔雙聲讀如
俗有㷳㷳離婁謂交疏玲瓏也闓
明謂開明也象形謂象窗牖玲瓏形囧光也文選海賦
古音在十部賈侍中說讀若芒也注引蒼頡囧明
也廣雅釋詁四囧大明也文選褉禮詩注引蒼頡伯囧臣名也書囧命序穆王命伯囧為
周大僕正晚出僞傳。萱按說文夼部書大傳皆作伯臩讀
廣亦為囧之古文漢書古今人表作伯臩書釋文囧夲作臩
皆臩
文

莔

。俗有貝母也說文段注詩言采其蝱毛傳曰蝱貝母釋艸
莔蓋說文作莔莔字蝱假借字也根下子如聚小
貝韻會引作貝母艸療蛇毒六字。詩莔一名空艸爾雅釋
載馳疏引陸疏云蝱今藥艸貝母也艸莔貝
母疏引
夲艸

朙

明古文。照也說文段注火部曰照明也小徐作昭曰部
或作明曰照明也大雅皇矣傳曰照臨四方曰明
凡明之至則曰明明明明猶昭昭也大雅大明帝常武傳皆云
明明察也詩言明明者五堯典言明明者一禮記大學篇曰

韻史　卷四十四上第十部平聲岡韻　四〇八五

大學之道在明明德鄭云明明德謂顯明其至德也有馭在
公明明鄭箋云在於公之所但明明德也引禮記大學之道
在明明德夫由微而著由著而極見被四表是謂明明德於
天下自孔穎達不得其讀而經義隱矣云古文作明則朙非
古文也蓋籀作朙而小篆緣从之千祿字書也明通朙正顏
魯公書無不作明者開成石經作明從張參說也漢石經作
明○左氏昭廿八年傳又周書謚法又禮記樂記其德克明
注又文選述高帝紀聰明神武注引賈逵注云照臨四方曰明
又書堯典欽明文思安安馬明炳明也素問至真要大論
注鄭注云照臨四方謂之明閒氣為明化注
衕也爾雅釋言明顯也國語周語尊貴明賢良注吳語注吳語以
顯聞于天下注又呂覽仲夏可以居高明
注○禮記中庸著則明注云明著之顯者明著也國語晉
也又孔子閒居清明在躬疏云明謂顯著語怨豈
在明注○易繫辭下傳以通神明之德九家注云見謂之明
又漢書藝文志云明者著見又左氏昭十三年傳疏云明謂
信義光輝謂之明賈子道德說○考工記函人舉明解明也
明著之而豐則明也注云明有光輝
淮南時則必明謂清明禮記郊特牲注和之以明酌疏○淮
畫以明注南精神云耳目清聽視達謂之明

韻史　卷四十四上第十部平聲岡韻　四〇八六

明通謂明白通達其意荀子致士莫不明通方起以尚盡矣
注○廣雅釋詁一云明通也又左氏
文十八年傳明允篤誠疏云明明白也禮記曲禮下曰明
者達也曉解事務照見幽微也粢疏○文選為袁紹
檄豫州此則大臣立權之明周禮大司寇奉其明
表也注云明表謂明白之表明者潔也水火疏司烜氏注明
盎謂以明水滫滌粢盛黍稷疏○禮記中庸齊明
盛服注祭統明為之而已矣注盎云明猶潔也明謂嚴明
禮記中庸齊明猶備也潔也詩楚茨祀明精白也國語明精
明盛服疏事○孔明篆周語
氣也國語周語使至於爭明注○淮南天文云明者吐氣者也明類也廣雅釋詁三明理也淮南
則天地乃明注○賈子六明成也爾雅釋詁明猶盛也淮南說林
術道德說云明德之理也禮記禮運故君者所明也
注明亦大也詩車舝箋明猶尊也禮記大傳明其宗也注○祭
義明命鬼神注云明猶外也史記樂書注大明則明猶張也漢書
明命猶尊名也有禮樂正義明猶張也翟方
進傳集注明猶才也易象上傳明智也呂覽盡數注因明審
引張晏注辨哲也智而明之

韻史　卷四十四上第十部平聲岡韻　四〇八七

也國策齊策此不見察謂之明管子宙合明陽也釋名釋丘又小爾
叛寡人明矣注廣言又史記五帝
紀幽明之占正義○太乎乎瑩終始幽明注云明謂陽也又淮南
墬形開明之門注云明者陽也○素問真要大論所謂火燥熱也
注云陽明晝也左氏昭元年傳曰為明禮記祭義以別幽明疏○
明燥也明淫心疾傳文選新刻漏銘序注引五
經要義云曰出前漏三刻為明又書堯典疏云日未明發也廣雅
出前二刻半為明又詩大東疏云明出謂鷄晨時也明發也釋詁
四○詩小宛明發不寐傳云明發發夕至旦也又後漢明日精禮
曹褒傳郭太符融許劭傳注並云明發謂發夕至明也記
檀弓上子夏喪其子而喪其明注○國語周明視也玉篇○萱按
語云在目為明又莊子外物云目徹為明此義之引伸
也希馮另出明字目之順視曰明右上云獨視者謂明○春秋繁
於目部殊為選事管子宙合注又韓非子外儲說
露五行五事云視曰明明者自見之謂明後漢馬援傳注又見人
知賢不肖者分明黑白也顏氏家訓文章
所不見謂之明淮南兵略○書堯典明四目疏云明謂所見
博又晚出伊訓疏云見下之謂明又老子云
見小曰明知道者謂之明賈子道術○老子云知常曰明知賢之
又韓非子難四云知微之謂明

韻史　卷四十四上第十部平聲岡韻　四〇八八

謂明荀子解蔽○賈子大政上云君以知賢為明又又云知
善而弗行謂之不明又周書謚法云諧許不行曰明
使能之謂明管子四時○周書本典云智能親智仁能親仁
義能親義德能親德武能親武五者昌于國曰
明心如天地者明白虎通說叢○賈子修政語上云道以數
取之為明又春秋繁露仁義法云自責以
明之者神明之也禮記郊特牲明謂則
備謂之明又孟子章民明之者
指敘云奉禮之謂民禮記祭法黃帝
之以示人也正名百物以明民共財注云明民謂之衣服有
禮記郊特牲郊所以明天道也注○明孟
章述者之謂明漢書禮樂志又風俗通聲音辨說是非
也記述者謂之明疏云明者
也大戴記誥志明明察也又爾雅釋訓又詩大明明在下傳
又史記厤書又漢書王褒傳集注○詩常武赫
赫明明傳云明明察也又爾雅孫注云明其甚明離為明易噬嗑亨利用
獄明性理之察也又舍人注云明明言其
虞注象上傳君子以明慎用刑虞注說卦
德虞注君子以治厤明時虞注君子以自昭明
傳嚮明而治虞注象下傳君子以
明以健河晏注云離為文明文明為清明風淮南墬形清明
風之所生也注

又太乍乍挩挩擬之穴風注○淮南天文清明風至注云清明風巽卦之風也明庶風震卦之所生也淮南墬形東方曰條風注又天文明庶風至注云明庶風震卦之風也○白虎通八風云明庶者迎風也乾為大明易象上傳光明也虞注象下傳君子之光虞注其暉吉也虞注其文炳也虞注○象下傳說而麗乎乾虞注云明乾謂兩陽合明故曰明素問至真要大論大明日月也管子內業視於大明注○荀子勸學天見其明注云明謂日月又國語越語明者以為法注云明謂日月盛滿時也大明日也易象上傳大明終始虞注又禮記禮器大明生于東注又素問六元正紀大論大明不彰注○文選海賦若乃擴響於金樞之穴注云大明月也明神神之明察者謂日月山川也周禮司盟北面詔明神注○漢書五行志中之下使至于爭明注云明謂神靈幽明謂日照晝月照夜禮記祭義以別幽明注○大戴記曾子天圓云方曰幽而圓曰明明者吐氣者也是故外景天事曰明大戴記虞戴德又誥志云天曰作明○古微書引書考靈曜云通天文者明明星謂之启明爾雅釋天○詩大東東有啟明傳云日旦出謂

韻史　卷四十四上第十部平聲冏韻　四〇八九

明星為啟明又史記索隱引韓詩云太白晨出東方為啟明又爾雅釋天孫注云明星太白星也晨出東方高三舍命曰明星金神謂之清明廣雅釋天○獨斷上云明星神一曰靈星其象在天○舊說曰靈星火星也一曰龍星房星謂之明堂廣雅釋天○周禮大司樂注天帝之明堂疏云天之出日之處為明堂明堂天法也大戴記盛德○蔡中郎集三引月令記云明堂者所以明天氣統萬物明堂南向堂呂覽孟夏注仲夏注季夏注○禮記明堂位曰疏又南齊書九引五經異義故云明堂盛兒○又淮南時則注云南向堂當盛陽故曰明堂又孝經宗祀文王於明堂鄭注云明堂居國之南南是明陽之地故曰明堂又禮記玉藻注云明堂在國之陽又鬼谷子摩云成之于陽故曰明明堂者所以明諸侯尊卑大戴記盛德又禮記明堂位云明堂也者明諸之尊卑也明堂天子布政之宮或曰明堂壇也荀子彊國若是則雖為之築明堂於塞外注○考工記匠人注云明堂者明政教之堂又楚辭謬諫注云明堂布政之宮也又孝經注云明堂天子布政之宮也又淮南泰族注云明堂布政之宮有十二月之政令又素問著至教論黃帝坐明堂注云明堂布政之堂也

韻史　卷四十四上第十部平聲冏韻　四〇九〇

八窗四闥上圓下方在國之陽故稱明堂又淮南本經古者明堂之制注云明堂王者布政之堂上圓下方堂四出各有左右房謂之个凡十二所王者月居其房告朔朝曆頒宣其令謂之明堂其中可以序昭穆謂之太廟其上可以望氣祥書雲物謂之靈臺文王之廟為明堂制禮記樂記祀乎明堂注大戴記盛德云或以為明堂者文王之廟也又淮南詮言注云廟之中謂之明堂也明廷猶明府後漢張衡傳注高明謂樓觀也禮記月令可以居高明注明水火所取於日月者周禮大司寇奉其水火注又大祝則執明水火而號祝注云明水火司烜所共日月之氣以給烝享○華氏以明火爇燋杜注云明火以陽燧取火於日又禮記郊特牲祭齊加明水注云明水司烜所取於月之水也又乍酒明之尚注云明水司烜以陰鑑所取於月之水也明齊新水也儀禮士虞禮記明齊溲酒注明酌者事酒之上也名曰明者神明之也禮記郊特牲明酌也注○周禮司尊彝注猶明清與醆酒疏云明謂事酒明衣褻衣也在於闇冥故言明淮南兵說明衣也注○穆天子傳六贈用文錦明衣九領注云謂之明衣言神

韻史　卷四十四上第十部平聲冏韻　四〇九一

明之衣明器藏器也儀禮既夕陳明器於乘車之西注○禮記檀弓上云夫明器也又檀弓上檀弓下益云其曰明器神之也又釋名釋喪制云送死曰明器神明之器異於人也明刑書其罪惡於大方版著其背周禮大司寇以明刑恥之注○司救三罰而士加明刑注云加明刑者去其冠飾而書其衺惡之狀著之背也明謂毆疫也周禮占夢乃舍萌于四方杜注明都即宋之孟諸也周禮職方氏注望諸明都也疏○詩黃鳥不可與明箋云明當作盟豈按此謂明為盟之借字也又冀州從事郭君碑卜商虓咷喪子夬名段名為明也或又段鳴段命皆與明異部雙聲也三鄭為明廣雅釋地

盟

盟籀盟古文○三篆下皆从皿不从血周禮曰國有疑則盟諸侯再相與會十二歲一盟北面詔天之司慎司命盟殺牲歃血朱盤王敦呂立牛耳說文段注周禮司盟職掌盟載之法凡邦國有疑會同則掌其盟約之載及其禮儀鄭云有疑不協也再相與會四字當作再朝而會再會六字轉寫之誤也昭十二年左傳曰明王之制使諸侯歲聘以志業間朝

韻史　卷四十四上第十部平聲冏韻　四〇九二

以講禮再朝而會以示威再會而盟以顯昭明杜云三年而一朝六年而一會十二年而一盟司盟職曰北面詔明神僖二十八年左傳曰有渝此盟以相及也明神先君是糾是殛襄十一年載書曰或閒茲盟司慎司命名山名川羣神羣祀先王先公七姓十二國之祖明神殛之按今左傳襄十一年盟與命二字互譌陸孔皆不能正許合周禮左傳爲言謂司慎司命爲明神之首司慎司命蓋大宗伯職之司中司命文昌宮弟五弟四星也尚書大傳注司中作司人立當爲𥁕𥁕臨也曲禮曰莅牲曰盟是也玉府職曰若合諸侯則共珠槃玉敦鄭云合諸侯者必割牛耳取其血歃之以盟朱盤以盛牛耳尸盟者執之玉敦歃血玉器戎右職曰贊牛耳牛莉左傳曰諸侯盟誰執牛耳○段又注按天之右盟見觀禮注然則左傳正文不容輕改○萓按一切經音義四引三蒼云盟歃血誓又禮記曲禮下疏云盟者殺牲歃血誓於神也又公羊隱元年傳爲其與公盟也注云盟者殺生歃血詛命相誓以盟約束也

涖牲曰盟

荀子大略盟詛不及三王注

盟明也告其事於神明也

釋名釋言語○左氏莊十六年傳疏引釋例盟者假神明以要不信

盟信也

詩黃鳥不可與明箋○周禮秋官序官司盟注云盟以約辭告神殺牲歃血明著其信也又國語魯

語云盟信之要也又詩黃鳥疏云盟是信誓之事

盟詛主於要誓大事曰盟小事曰詛

周禮詛祝掌盟詛注○疏云盟者詛將來又序官詛祝疏云凡言盟者盟將來詛者詛往過

盟國之重也

穀梁莊十九年傳○隱八年注盟津之會釋文盟本亦作孟又水經河水注云武王與八百諸侯咸同此盟尚書所謂不諜同辭也故曰孟津亦曰盟津萓按盟與孟皆皿聲皆讀茫故盟孟通用

盟門原地也

國語晉語及盟門而原降注或作萌

萌

艸木芽也

說文段注木字依玉篇補說文以艸木芽艸木榦艸木葉聯綴成文萌芽析言則有別尚書大傳周以至動般以萌夏以牙是也統言則不別故曰萌艸木芽也月令句者畢出萌者盡達注句屈生者芒而直曰萌樂記作區萌○禮記檀弓上注物萌色赤疏云萌卯牙也

萌謂始生也

漢書律厤志上孳萌萬物注賈誼傳而安危之萌應於外矣注又荆燕吳傳贊逆亂之萌注霍光傳萌於駭桑注張延壽傳以銷衆邪之萌注○文帝紀蓋天下萬物之萌生注成帝紀成帝紀注辛慶忌傳注竝云始生者曰萌

萌菜始生也

周禮占夢乃舍萌于

皿 盜

四方注○漢書五行志下之上季氏萌於釐公注害上之萌注竝云萌喻艸木始生也又司馬相如傳下蓋明者遠見於未萌注云萌謂事始若艸木初生者也

萌謂新生者也

周禮醢人箈箭萌疏○爾雅釋艸蒠萠萌注云萌筍屬也

竹初生曰萌

爾雅釋艸筍竹萌孫注○國語齊語首戴茅蒲注云萌竹萌之皮所以爲笠也直

出曰萌

史記樂書區萌達正義

萌櫱也

廣雅釋艸

萌始也

廣雅釋詁一

萌生也

准南儆眞孰知其所萌注

萌兆也

國語越語逆節萌生注

萌見也

准南氾論風先萌焉注

萌之者以茲其所其生者

周禮薙氏春始生而萌之注

萌之爲言盲也萌民也萌田民也

萓按此段萌爲氓若甿也

萌萌在也

爾雅釋訓○萓按此蕄譌爲萌也釋文萌或作蕄从竹譌爲从艸也蕄在十四部義同蕄在帝心之蕄段大令辨之詳矣

平上兩讀

注在彼

平上兩讀

注在彼

猛 孟

平上兩讀

注在彼或作孟○

平去兩讀○

□古文

長也

說文段注古音在十部讀如芒爾雅孟勉也此借孟爲猛○爾雅釋詁又書康誥孟侯疏又禮記月令孟春之月注又呂覽孟春注正名周室之孟侯注又漢書地理志下集注王莽傳上集注竝云孟長也又匡謬正俗八云孟者長也又左氏隱元年傳惠公元妃孟子疏云孟仲叔季凡弟姊妹之長幼之別字也又云孟伯倶長也又昭元年傳孟子餘疏云孟是長幼之字也

庶長稱孟

禮記曲禮上疏引禮含文嘉○白虎通姓名云庶長稱孟魯大夫孟氏是也又左氏隱元年傳疏云妾子長於妻子則稱爲孟

孟姊也

方言十二又廣雅釋親○詩有女同車彼美孟姜傳云孟姜齊之長女

孟大也

管子任法奇衍技藝之人莫敢高言孟行以過其情注

孟始也

廣雅釋詁一又離騷攝提貞于孟陬兮注

孟迎也

書大傳天子太子年十八曰孟侯注又詩幽譜攝政致太平疏引書傳略說注

首時爲孟

漢書劉向傳集注○文選東京賦於是孟春元日薛注云孟春正月也

孟浪盧誕之聲也

文選笙賦罔浪孟以悃悵注○吳都賦孟浪之遺言劉注云孟浪猶

萛絡也不委細之意又注引莊子司馬注云孟浪鄙野之語孟浪無趣舍之謂莊子齊物論夫子以爲孟浪之言釋文引向注○又引李注云孟浪猶較略也又引崔注云孟浪不精要之皃孟者河北地名春秋所謂向盟是也書泰誓序師渡孟津疏○豈按孟盟同音通用又禹貢孟豬職方氏作望諸職方疏史記作明都皆同部通用字孟諸宋藪也書大傳注○爾雅釋地云宋有孟諸孟勞刀也廣雅釋器○穀梁僖二年傳云孟勞者魯之寶刀也孟鳥亦鳥名也山海經海內西經孟鳥在貊國東北注孟狼尾爾雅釋艸孟勉也文選幽通賦孟晉以追㩅兮曹注豈按詳在猛下又孟景北海碑陰呂福字孟上从古文

黽

平去用讀𪓕籀鼃黽也象形說文段注周禮蟈氏掌去鼃黽鄭司農云蟈蝦蟇也月令曰螻蟈鳴鼃黽蝦蟇屬書或爲掌去蝦蟇玄謂蟈今御所食蛙也齊魯之閒謂鼃爲蟈黽耿黽也蟈與耿黽尤怒鳴爲聒人耳故去之按蛙即鼃字依大鄭說則鼃黽二字爲一物依後鄭說則鼃即蟈爲一物黽乃耿黽爲一物依許黽下曰鼃黽也似同大

韻史　卷四十四上第十部平聲冏韻　　四〇九七

鄭說然有當辯者許果二字爲一物則黽篆下當云鼃黽蝦蟆也鼃下云鼃黽也乃合全書之例而蝦蟆篆居虫部此則果舉鼃篆釋曰蝦蟆黽篆下則曰鼃黽也是許意鼃黽爲一物鼃爲一物凡兩字爲名一字與他物同者不可與他物牽混知鼃黽非鼃也許之鼃黽即鄭之耿黽鼃古音圭與耿雙故得爲一字絫評曰鼃黽耿黽單評曰黽爾雅鼁䵷蟾蠩在水者黽是則詹諸之類而以在水中爲別也許鄭之單言鼃即本艸所謂鼃一名長股陶云俗名土鴨南人名蛤子善鳴者寇宗奭曰其色青腹細後腳長善躍大其聲曰蛙小其聲曰蛤此鼃與鼃黽之別皆在水中而善鳴故周禮秋官去之黽之叚借爲黽勉古音在十部讀如芒黽本無尾故風俗通辨蝦蟇掉尾肅肅乃夏禹之字誤古文祇象其頭腹籀文又象其法足善跳黽耿黽也似青蛙大腹一名土鴨爾雅釋魚○山海經中山經狀如黽注云黽蛙屬也又北山經洧水其中多鱑黽注云鱑似鮎黽鼃黽似蝦蟇或曰鱑黽一物名耳

鼆

冥也說文段注此字見於經者文十五年左傳曰一人門于句鼆杜云魯邑名鼆夜也廣雅釋詁四

韻史　卷四十四上第十部平聲冏韻　　四〇九八

韻史

第十部平聲

冏韻

泰興何萱石閭撰集

合口評

光古汪切隸作光○俗有光莧𤇾古文炗古文明也說文段注左傳周內史釋易觀國之光曰光遠而自他有燿者也○詩南山有臺邦家之光傳又國語周語少光王室注又漢書百官公卿表上注引應劭又淮南叙眞能游冥冥者與日月同光注孝經日月叙淸而揚光注又楚辭雲中君與日月兮齊光注靈懷皋阿容以晦光兮注疏云光明也又廣雅釋詁四云光明也又周書文傳出二日分光注云光亦明也又國語晉語云光明之燿也光照也廣雅釋詁三○山海經海內北經舜妻登比氏生霄明燭光注云霄明燭光卽二女字也以能光照因明云光晃也晃晃然也亦言廣也所照廣遠也釋名釋天光廣也詩敬之學有緝熙于光明

韻史　卷四十四上第十部平聲冏韻　　四〇九九

傳又國語周語叔父若能光裕大德注○水經濟水注云光里齊人言廣音與光同卽春秋所謂守之廣里者也光猶遠也穀梁僖十五年傳故德厚者流光注光大也易坤含萬物而化光注又詩皇矣載錫之光傳又左氏昭廿八年傳注又國語周語故能光有天下注鄭語以光啟土注光譽也淮南叙眞然莫能與之同光者注光寵也廣雅釋言光猶榮也詩韓奕不顯其光箋○書中侯榮光出河注光卽五色也光華飾也文選笙賦光歧儼其偕列注○韓非子解老云所謂光者官爵尊貴衣裘壯麗也光謂公侯也太玄童光錫之光注光謂水火金玉荀子勸學地見其光注光猶氣也禮記祭義見以蕭光注離爲光易未濟君子之光虞注象下傳其危乃光也虞注○需有孚光亨虞注云離日爲光又象下傳其道大光虞注云離爲大光注旦中爲光三國管輅傳注引輅別傳移光謂日素問六微旨大論移光定位注○文選張孟陽七哀詩朱光馳北陸注云朱光日也又演連珠是以重光發藻注云重光日也又劇秦美新炎光飛響注云炎光日景也重光日月星也書顧命宣重光馬注○素問三部九候論上應天光星長歷紀注云

韻史　卷四十四上第十部平聲冏韻　　四一〇〇

天光謂日月星也三光日月星也漢書文帝紀上以累三光之明注又後漢朱浮傳注丁鴻傳注班彪傳注劉陶傳注又淮南原道統宇宙而章三光注又文選西征賦注引淮南許注○淮南氾論若上亂三光之明注云三光日月星辰也三光三大辰也禮記鄉飲酒義參之以三光注光風謂雨已日出而風艸木有光也楚辭招魂光風轉蕙氾崇蘭注容光小郤也孟子盡心上容光必照焉注火神謂之游光也廣雅釋天能紹前業曰光後漢光武紀上注引謚法光充也書堯典光被四表晚出傳○亶按此古文尚書段光為桄也桄古曠切充也鄭釋光為光燿殆未諦今文作橫被四表旁光胞也淮南說林旁光不升俎注○亶按後出字作膀胱光珠即江珠也後漢南蠻西南夷傳注○一切經音義八引干寶搜神記云隋侯行見大蛇傷救而治之蛇後銜珠以報徑寸純白而夜光可以燭堂

侊

小兒國語曰侊飯不及壺飧說文段注小當作大字之誤也凡光聲之字多訓光大無訓小者越語句踐曰諺有之曰觥飯不及壺飧韋云觥大也大飯謂盛饌盛饌未具不能以虛待之不及壺飧之救飢疾也言

己欲滅吳取快意得之而已不能待有餘力韓詩曰觥廓也許所據國語作侊侊與觥音義同廣韻十一唐曰侊盛皃用韋注十二庚曰侊小皃用說文蓋說文之譌久矣古音讀如光壺飧各本作一食一由壺壹遞譌食奪偏旁今依玉篇廣韻所引說文正飧者食部或餐字也集韻正作餐壺飧猶左傳趙衰之壺飧史記操一豚蹄酒一壺皆謂薄少古壺有大小此非盛一石之壺也又按詩所據竟作一食未可知似不必改觥大也段引已詳觥羊大羊也太玄毅觥羊之毅注○亶按此段觥為侊也

觵

觥俗兕牛角可㠯歓者也其狀觵觵故謂之觵說文段注詩四言兕觵而傳不同卷耳曰兕觵角爵也七月曰觵所以誓眾也桑扈曰兕觵罰爵也絲衣曰繹之旅士用兕觵變於祭也周禮閭胥注曰觵撻者失禮之罰也小胥曰觵罰爵也卷耳無罰義故祇云角爵七月因鄉飲酒而正齒位故云誓者示以失禮則受罰也蓋觵之用於罰多而非專用以罰故卷耳絲衣不妨用兕觥此許不言罰爵而言可以飲之意也異義韓詩說觥亦五升所以罰不敬觥廓也著明之皃君子有過廓然著明毛詩說觥大七升許慎謹案觥罰有過一飲而盡

七升為過多許意當同韓詩說大五升也五升亦恐非一飲所能盡也故於說文不言升數據許是以兕角為之詩正義引禮圖先師云刺木為之非許意又按凡觵觶觚之字皆从角許不言其義考工記飲器為梓人梓人者攻木之工也飲器惟觵多連兕言許云牛角可以飲其他不以角為而字從角者蓋上古食鳥獸之肉取其角以飲飲之始也故觵四升曰角有仍角名而觚觶字從角與古音如光觵觵壯皃橫也後漢書曰關東觥觥郭子橫○左氏成十四年傳兕觵其觥疏云觵是爵稱又漢書五行志中之上注引張晏云觥罰爵也又後漢郅惲傳注云觥罰也以角為之又周禮閭胥觵撻罰之事注云觵用酒其爵兕角為之觥觥剛直之皃後漢郭憲傳注觥大也國語越語觥飯不及壺飧注○亶按據說文引作侊飯則訓大者段觥為侊也觥羊大羊也太玄毅觥羊之毅注○亶按段借與觥飯同

駫

馬肥盛也詩曰駫駫牡馬說文段注各本作四牡駫駫陸氏德明所見作駫駫牡馬按魯頌之駉駉牡馬也駉駉牡馬古本作牧馬傳言牧之坰野自當是牧字周禮凡馬特居四之一又不當云良馬有騭無騲也

詩釋文曰駉古熒反說文作驍又作駫同作驍又三字當刪云說文作駫同玉篇亦曰駫古熒切駉同則知說文作駫駫牧馬而讀古熒反十部十一部之音轉也以今改之實則毛詩作駫駫許偁駫駫而後人譌亂作駉駉陸所見說文不誤今本說文則誤甚耳毛傳曰駫駫良馬腹幹肥張許言肥盛即肥幹肥張从馬光會意而光亦聲古音在十部○亶按今毛傳亦作駉駉傳隨經改也其誤久矣

洸

水涌光也詩曰有洸有潰說文段注江賦曰澄澹汪洸又曰流映揚焆謂涌而有光也邶風曰有洸有潰毛曰洸洸武也潰潰怒也大雅武夫洸洸毛曰洸洸武皃此引伸借借之義洸洸赳赳皆果毅之皃爾雅釋訓洸洸赳赳武也注○釋文云洸舍人本作僙亶按武義僙為正字而晚出古祇用借字又鹽鐵論引詩武夫潢潢亦借也洸水者洙水也水經泗水注○水經注廿五引字林云洸水出東平上承汶水於岡縣西闌亭東名洸自稱為汪顏氏家訓音辭○荀子宥坐其洸洸乎不淈盡似道注云洸讀為滉亶按此謂滉洸為正借字而滉後出

汪 烏光切

深廣也一曰汪逗池也 說文段注汪深廣也謂深而又廣也後漢書叔度汪汪若千頃陂江賦澄澹汪洸晉語曰汪是上也韋云汪大兒左傳祭仲殺雍糾尸諸周氏之汪杜云汪池也通俗文曰停水曰汪按今俗語謂小水聚曰汪○左氏僖卅三年覆于周氏之汪釋文又小爾雅廣詁竝云汪池也

汪 深度也 後漢荀淑傳注○淮南俶眞云汪然平靜

汪濊 深廣也 漢書司馬相如傳下湛恩汪濊注又文選難蜀父老注引張揖云汪濊深究也○漢書禮樂志澤汪濊注云汪濊言饒多也

汪汪 猶深也 後漢班彪傳下注

汪汪 大也 廣雅釋訓

尪

尢 古文○或作尣尫尪尩 尪也曲脛人也 說文段注各本少上也字遂不可通今補人字依九經字樣補尪者蹇也尢本曲脛之解引申之為曲脊之偁故人部僂下曰尪也本从㞷聲省作尪

行不正僂 尪太玄僕僂尪尪注○易大有匪其尪虞注云尪體行不正或作彭

尪者面向天 禮記檀弓下吾欲暴尪而奚若注

尪 短仰者也 呂覽明理音尢傴尪注又盡數若水所多尪與傴人注云尪突胸仰向疾也

短小曰尪尪羸也 一切經音義四引通俗文○左氏僖卅一年傳公欲焚巫尪注云巫尪女巫也主祈禱請雨者或以為尪非巫也瘠病之人其鼻上向俗謂天哀其病恐雨入其鼻故為之旱又疏云尪是瘠病之人

尪 癃疾之人 荀子正論譬之是猶傴巫跛匡大自以為有知也注萱按荀偝匡為尪○王霸百姓賤之如尪注云尪病人也

尪 傴也 爾雅釋木注謂木病尪傴釋文引字書○萱按尪本義為曲脛而病仰病俛皆言尪者曲脛之義之引申也然檀弓左傳鄭君高誘杜預皆言仰則字書以傴釋尪非了義矣且呂覽言傴尪郭璞言尪傴皆兼舉俛仰與字書義異陸取以證郭亦非也

巟 戶光切

○俗有㶇 水廣也易曰包巟用馮河 說文段注巟水廣也引申為凡廣大之偁周頌天作高山大王荒之傳曰荒大也凡此等皆段荒為巟也荒蕪也荒行而巟廢矣易曰泰九二爻辭今易作荒陸云本亦作巟○左傳桓十三年莫敖縊于荒谷釋文云荒本或作巟萱按此可兩通

巟 大川也 易象上傳包巟虞注

巟 大也 廣雅釋詁一

巟 巟也 廣雅釋詁二

巟 虛也 易泰包巟瞿元注

荒 大也 詩蟋蟀好樂無

荒傳公劉幽居允荒傳天作傳又左氏昭七年傳有亡荒閱注又國語晉語注又漢書敘傳下注又荀子王制注又淮南天文大荒落之歲注又說林畜粟欲歲之荒饑也注又釋名釋親屬

荒 奄也 爾雅釋言又書皋陶謨惟荒度土功鄭注又詩樛木葛藟荒之傳閟宮遂荒大東箋○爾雅孫注云荒大之奄也

荒 有也 詩閟宮傳○萱按爾雅釋詁注引遂幠大東荒幠一聲之轉故段借通用如亡與無也

荒者寬廣之義 詩天作疏

荒 遠也 廣雅釋詁一又離騷將往觀乎四荒注

荒 虛也 易泰包荒釋文引鄭注又詩桑柔具贅卒荒傳召旻我居圉卒荒箋又國語周語田疇荒蕪注又太玄玄攡鬼神秏荒注

荒 空也 國語吳語荒成不盟注

荒 亦丘虛之空無 爾雅釋詁漮虛也釋文○太玄玄攡推陰陽之荒注云荒謂虛荒無可名之地

荒 至也 詩閟宮釋文引韓

荒 蒙也 禮記喪大記振容黼荒注○又云在旁曰帷在上曰荒皆所以衣柳也

荒唐 謂度大無域畔者也 莊子天下荒唐之言釋文

荒

蕪也一曰艸掩地也 說文段注荒之言尨也故為蕪薉周南魯頌毛鄭皆曰荒奄也此艸掩地引伸

之義也一本掩作淹○周禮大司馬野荒民散則削之注云荒蕪也

荒 薉也 廣雅釋詁二○禮記曲禮上地廣大荒而不治注云荒穢也又疏云荒廢穢也

荒 敗也 周禮大明武靡敵不荒注

荒 亡也 太玄內荒家及國注

荒 猶散也 禮記樂記宮亂則荒注

荒 廢也 書盤庚中無荒失朕命晚出傳又漢書元帝紀注又後漢濟南王康傳注○荀子富國大荒者亡注云大荒謂都荒廢不治也

荒 亂也 淮南主術狄躁康荒注○周書謚法云外內從亂曰荒又晚出書五子之歌內作色荒傳云迷亂曰荒

荒 廢亂也 詩蟋蟀好樂無荒箋又選序刺荒也箋云荒謂政事事廢亂

從樂而不及者謂之荒 管子戒○周書謚法云好樂怠政曰荒又孟子梁惠王下云從獸無厭謂之荒

以己量人謂之恕反恕為荒 賈子道術

荒 老耄也 禮記樂記武王之志荒矣注

荒芒 上古時也 淮南詮言自身以上至于荒芒爾遠矣注

荒 言不習熟也 荀子富國芒軔僈楛注

荒 欲明兒 文選長門賦荒亭亭而復明注

荒 言其荒忽無常也 後漢章帝紀注○書呂刑耄荒晚出傳云荒忽又漢書地理志上五百里荒服注云荒言其荒忽又

嚴助傳戎狄荒服注云荒言其荒忽絕遠來去無常也荒忽幽眛皃文選思玄賦追荒忽於地底兮注○後漢馬融傳注云荒忽幽遠也荒荒服也文選諷諫詩撫寧遐荒注○周書王會云方三千里之內為荒服又後漢西羌傳注云荒服在九州之外也言其荒忽無常荒裔遠也呂覽知度若何而服四荒之外注○國語周語戎翟荒服注云荒裔之地與戎翟同俗故謂之荒荒忽無常之言也四裔謂之四荒楚辭哀歲將馳兮四荒注○周書太子晉逢于四荒曰天王注云四荒四表又爾雅釋地云觚竹北戶西王母日下謂之四荒大荒謂海外也文選吳都賦出乎大荒之中劉注荒人物自害也周禮大宗伯以荒禮哀凶札注○萱按此義亦可謂為穢之借而於荒蕪為再引申之義荒大也荒遠也荒奄也荒有也荒蒙也荒至也荒虛也荒空也萱按皆荒之段借字荒凶年也大荒飢饉也荒謂年穀不熟果不熟為荒荒旱也萱按皆穢之段借字

穢

○俗有穢荒虛無食也說文段注爾雅果不孰為荒周禮疏曰穀皆不孰為大荒按荒年字當作穢荒行疏

而穢廢矣荒凶年也周禮大宰三曰喪荒之式注大司徒以荒政十有二聚萬民注凶荒無年也周禮掌客凶荒殺禮大荒大凶年也周禮大司樂大荒大札注又膳夫大荒則不舉注云大荒凶年大荒飢饉也周禮司服注○周書糴匡大荒有禱無祭注云饑饉軍旅為大荒也四穀不升謂之荒韓外傳八○周禮小宰荒政弛力役疏云荒謂年穀不熟荒旱也漢書五行志中之下荒人物有害也周禮大宗伯以荒政哀凶札注

謊

夢言也說文段注夕部曰夢不明也呂覽無由接而言見謊高曰謊讀為誣妄之誣按讀謊為誣者正如亡無通用荒幠通用也謊忽也廣雅釋言

䮋

或作䮋馬奔也說文段注奔者走也

衁

血也春秋傳曰士刲羊亦無衁也說文段注易歸妹上六女承筐無實士刲羊無血左氏僖十五年傳晉筮繇曰士刲羊亦無衁也女承筐亦無況也正義曰易言血而此言衁故杜知衁是血也○廣雅釋器

切腫 注

血也

妝

○俗有娤粧糚飾也說文段注此飾蒙引伸之義也宋玉賦曰體美容冶不待飾裝上林賦靚粧刻飾粧者俗字裝者段借字裝飾也廣雅釋詁二裝飾也文選謝惠連西陵遇風詩注引淮南許注○萱按妝裝義本通

裝

或書作⿴衣壯○俗有⿸疒壯裹也說文段注束其外曰裝故著絮於衣亦曰裝○廣雅釋詁四又史記酈生陸賈傳橐中裝集解引張晏拉云裝橐也裝束也文選赭白馬賦注引淮南許注思玄賦蘭元衣而假裝舊注裝服也文選舞賦顧形影自登裝注裝褐也廣雅釋言裝飾也萱按已詳妝下凡裝訓緣訓服亦可謂為妝之借○又按王純碑徽易衣⿸疒壯他處未見⿸疒壯字蓋裝之俗體也於六書無合者又詩出車箋使裝載物而往釋文裝又作莊左傳襄廿四年注輕衣裝釋文裝一作⿴衣壯皆段借也裝莊同音裝⿴衣壯同義裝從鄉太平平衡裝侯時太平

平

錯

莊

○俗有庄⿱艹⿰爿斤古文上諱說文段注莊顯宗名也此說解當曰艸大也从艸壯聲其次當在蔪二字之閒此此形聲兼會意字訓大故莊訓艸大古書莊壯多通用引伸為凡壯盛精嚴之義論語臨之以莊包咸曰莊嚴也是也古文莊其形本非莊字當是奘字之譌莊齊莊也禮記緇衣心莊則體舒注又釋文○緇衣毋以嬖御人疾莊后以嬖御士疾莊士大夫卿士注云莊后適夫人齊衍禮者莊士亦謂之齊莊衍禮者今為大夫卿士莊嚴也史記袁盎鼂錯傳上益莊索隱汲鄭傳以嚴見憚索隱又漢書爰絲傳注又一切經音義三引聲類又文選神女賦皃豐以莊姝兮注○論語為政皇疏云莊猶嚴也莊敬也禮記曲禮上非禮不誠不莊注表記不矜而莊疏又呂覽孝行居處不莊注莊正也周書祭公汝無以嬖御固莊后注又莊子天下不可與莊子釋文莊猶矜莊列子仲尼師之莊賢於丘也注莊莊矜直皃也管子小問莊莊乎何其士也注兵甲亟作曰莊叡圉克服曰莊勝敵志強曰莊死於原野曰莊屢征殺伐曰莊武而不遂曰莊履正為莊並周書謚法○獨斷上云好勇致力曰莊莊六

軌之道左氏昭十年傳又敗諸莊注哀六年傳戰於莊注六達曰莊莊裝也裝其上使高也釋名釋道莊盛也爾雅釋宮六達謂之莊孫注○萱按古多段嚴為莊義同通用也又史記田完世家一作莊此形近之譌漢表杜敦一作莊敦又作壯敦亦形近也

刅 蠢汪切

○俗有刅瘡戧办創或傷也說文段注按鉉本篆作办鍇本篆作丹今按當是從刃從一一者傷之象刅之所入也丹有作刅丹小徐本并部刱米部梁皆從丹者考桐柏廟碑梁字羊竇道碑粱字五經文字及唐石經粱梁皆不作刅今人作滌書梁粱皆從刅非古法不可從也重文從刀倉聲也凡刀創及創瘍字皆作此俗變作刅作瘡多用創為栅字○廣雅釋詁四又荀子禮論創巨者其日久注又漢書王莽傳上注竝云創傷也又薛宣傳欲令創咸面目注云創謂傷之也創戕也戕毀體使傷也釋名釋疾病瘡痏謂瘢痕也文選西京賦所惡成瘡痏薛注創懲艾也漢書五行志上創刱之甑注鼂錯傳壹大治則終身創矣注○馮奉世傳羌虜破散創艾注云創艾謂懲懼也又書皋陶謨予創若時晚出傳云創懲也萱按懲艾即創傷之引申也舊分此義讀去聲

似不必創始也創造也創制也萱按許栅下創之讀去聲者段借則然創懲何庸改讀乎

霜 社光切

喪也成物者說文段注霜喪也以疊韻為訓豳風九月肅霜傳曰肅縮也霜降而收縮萬物秦風白露為霜傳曰白露凝戾為霜然後歲事成按雷雨露皆所以生物雪亦所以生物而非殺物者故其用在霜殺物之後詩言雨雪雰雰益之以霢霂生我百穀其證也惟霜為難斂萬物之用許列字首霝為動萬物者莫疾乎此也次之以雪乃次之以霝零謂冬雪而後而春雨也次之以露露春夏秋皆有之秋深乃凝霜也次之以霜歲功成矣歲功以雪始以霜終○釋名釋天云霜喪也其氣慘毒物皆喪也霜之為言亡也陽以散亡白虎通災變霜者殺伐之表春秋感精符注○漢書董仲舒傳云霜者天之所以殺也霜者乾之命也易象上傳履霜堅冰九家注○文言傳履霜堅冰荀注云霜者乾之命令陰氣勝則凝為霜雪大戴記曾子天圓霜刃言其殺利也文選吳都賦霜刃染劉注

鷞

或作鸘鸘鷞也說文萱按許見三部鸘下鷫鷞俊鳥也楚辭大招曼鷫鷞只注

匚 奉光切

𠥓 籀

受物之器象形說文段注此其器蓋正方文如此作者橫視之耳直者其底橫者其四圍右其口也廣韻曰或曰受一斗曰匚按口部云圜規也今人皆作圓作圓方本無正字故自古段方為之依字匚有榘形固可段作方也

方

汸或併船也象兩舟省總頭形說文段注周南不可方思邶風方之舟之釋言及毛傳皆曰方泭也今爾雅改方為舫非其義矣併船者並兩船為一釋水曰大夫方舟謂併兩船也泭者編木以為渡與併船異事何以毛公釋方不曰併船而曰泭也曰併船編木其用略同故俱得名方方舟為大夫之禮詩所言不以大夫則釋以泭可矣若許說字則見下从舟省而上有竝頭之象故知併船為本義編木為引伸之義又引伸之為比方子貢方人是也秦風百夫之防毛曰防比也謂防即方之假借也又引伸之為方圓為方正為方向又假借為旁上部曰旁溥也凡今文尚書作旁者古文尚書作方為大也生民實方實苞毛曰方極畝也極畝大之意也又假借為甫召南維鳩方之毛曰方之方有之也方有之猶甫有之也象形者下象兩舟併為一上象兩船頭總於一處也通俗文連舟曰舫與許說字

不同蓋方正字俗用舫○爾雅釋水李注云併兩船曰方舟又後漢班彪傳上注云方舟竝兩舟也方泭也荀子子道不放舟注○萱按荀段放為方榜併船也文選江賦涉人於是檥榜注○萱按此段榜為方舫謂竝兩船也史記張儀傳舫船載卒索隱○萱按方舫小正借字舫泭也爾雅釋言○孫注云舫水中為泭筏也榜箄以竹木為之浮於水上後漢岑彭傳注○萱按此段榜為方也方併也國語齊語方舟設泭注又漢書酈食其傳注又文選答賓戲侯伯方軌注引項岱○儀禮鄉射禮不足方注云方猶併也方竝也漢書敘傳下注引晉灼又莊子山木方舟而濟于河釋文引司馬注又淮南氾論乃為窬木方版注○後漢馬融傳注蔡邕傳注竝云方猶竝也又漢書楊雄傳上雖方征僑與隆佺兮注云方謂竝行也又荀子致仕莫不明通方起注云方起竝起方比也後漢吳漢傳注又呂覽安死方其所是也注又法言重黎始皇方斧注○禮記檀弓上方喪三年疏云方謂比方也又論語憲問子貢方人集解云方比方人也方類也廣雅釋詁三又孟子萬章上故君子可欺以其方注又淮南精神以萬物為一方注○禮記緇衣故君子之朋友有鄉其惡有方注云鄉方喻

華類也方比類也漢書衛青霍去病傳贊票騎亦方此意注方齊等也詩生民實方實苞箋方猶等也考工記梓人為侯廣與崇方注注匠人凡為防廣與崇方注方猶別也國語楚語不可方物注○方粟四寸也淮南覽冥枕方寢繩注中吾矩者謂之方墨子天志中○經上云方柱隅四讙也又經說上云方矩見交也方周帀也周髀算經上圓出於方注方表也廣雅釋詁四方猶邊也史記扁鵲倉公傳視見垣一方人索隱方名東西禮記內則教之數與方名注○詩皇矣箋仇方疏云方者居一方之辭方四方也書皐陶謨方施象刑惟明晚出傳立政方行天下注又禮記表記以受方國注又國語周語方不順時注又史記孝文紀方內安寧集解引贊曰又後漢班彪傳下注董卓傳注又文選西京賦瓌貨方至薛注○詩甫田以社以方傳云方迎四方氣於郊也又釋名釋丘云圓丘方丘就其方圓名之也又周禮肆師疏云方嶽即四望也管子乘馬云四鄉命之曰方又五方謂四方及中央也後漢班彪傳注上方明者上下四方明神之象也儀禮覲禮加方明於其注蕡按此算術所謂立

方也○覲禮云方明者木也方版也周禮哲蔟氏以方書十日之號注又儀禮聘禮記不及百名書於方注既夕禮書賵於方注又禮記曲禮下書方注又中庸布在方策注又史記張丞相傳主柱下方書集解引如淳又後漢馬融傳注又蓋按此算術所謂平方也○家語哀公問政注云方版牘也又周禮內史以方出之管子霸形削方墨筆注云方謂版牘也又周禮內史以方出謂之今時牘也直方坤為方易鼎方雨虧悔虞注象上傳君子以五不易方虞注○既濟高宗方繼明照于四方虞注象下傳大人以代鬼方虞注云鬼方國也又淮南兵略云方者地也又大戴記曾子天圓云下首之謂方研注云方則高注方地也又大戴記曾子天圓云天圓地方背方之相州注云方州地去也地為阮曰方湯漢書張注傳注又大戴記曾子天圓又淮南天文地靜為方周髀算經上地屬方注○易文言傳方其義也虞注方折者陰也云方謂開陽為方○易既濟高宗伐鬼方千注○詩出車往淮南墜形方注方國也城于方傳云方朔方近玁狁之國也折者有玉注楚辭涉江邸余車兮方林注○國語齊語踰方方林地名注又呂覽慎行注並云方城楚北之阸塞也又周城

書世俘呂他命伐越戲方注云越戲方紂三邑也方中陵中也後漢和熹鄧后紀注平路也後漢郊祀志注山海經海內方正也廣雅釋詁一又漢書杜欽傳注又後漢張衡傳注方顛頂平也呂覽圜道必使之方注又素問診要經終論注又後漢張衡傳注云方顛頂也呂覽方正也方謂物之方正論注瘧論注○八正神明論注云方猶正也方注三部九候又國語吳語為萬人以為方陳注云方正曰方漢書武帝紀故有圭角鋒鋩也禮記儒行毀方而瓦合疏云方謂方正也又周禮宰夫疏云方正者也詳延天下方聞之士注云方其書賈山傳使皆別○行而有方幅正直者人雖無方謂廉隅也漢書高其節注內○韓非子解老云所謂方者也方直也後漢鮑永傳注以其方者內外相應也言行相稱也方大也廣雅釋詁一又國語吳語今注云方道也易繫辭上傳方以類聚虞注是繫辭下傳又晉國語吳方之方注又論語雍也可謂仁之方也又樂之方也注又論語雍也又禮記樂記集解引孔注又周書大臣百官質方注太子晉方德不改注已集解語引周語官又不易方注上得民心以殖義方晉語利方以求成人注又鄭語吳萬方注吳語王其無方收也注又漢書紀志傳各注又鄭

後漢朱穆傳注又莊子列禦寇奚方而反釋文引李注又呂覽音初樂和而民鄉方矣注決勝而莫知其方注以方注引順說可謂能立其方矣注先民識方罰無方決勝而方鄉方無方也增注不君守不可以一物一方同安方車也注又准南注言賞罰無增其方注交鳥獸一方多方有也言有方注言注法非學方乎也不其方注又楚辭招魂鳥食注又文選東京賦注方之道也激而逕驚也注吳都賦解是聞梁岷有陟方之館注○禮記樂記樂行而民鄉方又注經疏又後故隆漢禮由禮謂之有方之士注又論語雍也鄭注方吳皇疏又後漢班處傳上注又荀子禮論法禮足禮也禮記玉藻出不易方管子君臣下謂之有方之士注並云方猶道也方謂臣道也方者執注○鬼谷子捭闔注云方是謂也記玉藻必有方易方者皇方○語門戶注云方臣也漢書郊祀志下仁遊以有不易方傳下皇又疏論又國晉語官方定物注引司馬注○禮記檀弓上雄左右注疏又國語晉語又莊子天運釋文注引又禮記禮器節仁詔右疏注無又注內則博學無方親人必有方注○禮記禮器上左右說養無晉又大戴記曾子立事方人方注注發慮注禮器上傳注疏方又太注乎永非永記曾子數州人人必方注注並云論語里仁鄭注又荀子太臣道以待無方也注云無方無贏方又注又太注並云方猶常也無方無常也又荀子無方無方無也注云無方無常也又後漢郎顗傳注又○荀子大常方也方則也邦之方傳方法也後漢略博學而無方注又禮記

儒行儒有合志同方疏又後漢桓譚傳注並云方猶法也

方禮法也論語先進且知方也釋文引鄭注又太宰事小子知方也注

方義也易繫辭下而揆其方疏又廣雅釋詁二○論語先進且知方也集解云方義方也

方猶宜也左氏襄九年傳官不易方注○閔二年傳授方注云方百事之宜也

方事也易象上傳后不省方注○鬼谷子陰苻云方者所以錯事

方為也廣雅釋詁三

方者止而有分易繫辭上傳方以知注

方術也呂覽必己如此其無方也注又文選歎逝賦毒娛情而寡方注○左氏昭廿九年傳官修其方注又管子宙合方明者察于事注並云方謂法術又易繫辭上傳方以類聚疏云方謂法術性行

方方伎之人也史記扁鵲倉公傳問中庶子善方者索隱○素問五藏別論余聞方士注云方士謂明悟方術之士也又後漢郎顗傳注略同又鬼谷子內揵方來應時注云方謂道術又管子任法皆私設立方以教於國注云方謂異道術也

方猶文章也禮記樂記變成方謂之音注

方猶鄉也詩皇矣萬邦之方

方向也文選南都賦注引漢書音義○史記天官書曰方南正義引鄭玄云方猶向也又漢書郊祀志下方以類聚注云方謂所向之地

方所也後漢黃憲傳注○易繫辭上傳卦之德方以知疏云方謂處所又故神无方疏云方是處所之名

方領直領也後漢儒林傳注

方底囊所以盛書也後漢廣陵思王荆傳注

方空者紗薄如空也後漢章帝紀注

方枘是筍也史記孟子荀卿傳持方枘索隱

方諸五石之精作圓器似杯仰月則得水也華嚴經音義上引淮南許注○淮南天文方諸見月則津而為水注云方諸陰燧大蛤也熟摩令熱月盛時以向月下則水生以銅盤受之下水數滴先師說然也

方良艸澤之神也文選東京賦腦方良薛注○周禮方相氏歐方良注云方良罔兩也

方謂行蟲也禮記樂記方以類聚注○疏云方謂走蟲禽獸之屬

方房也謂孚甲始生而未合時也詩大田既方既阜箋○萱按箋蓋謂方即房之段借字

方旁也方出旁也方大也萱按此段方為旁也

方皇彷徨也萱按此段方為彷也彷後出為正字又荀子禮運方皇挾注云方皇讀為彷徨此彷仿通用也又莊子達生注方皇狀如蛇兩首五采文

方放也方過也方樸半散也萱按此段

方為放也

方有也方始也方將也方且也方者未至之辭萱按此段方為甫也方甫一聲之轉

汸汸如河海荀子富國○萱按此段汸為旁也

妨

平去兩讀○俗有妨

害也說文段注又廣雅釋詁三又國語越語將妨於國家注又楚辭招魂敬而無妨些注○左氏隱三年傳賤妨貴疏云妨謂有所害

妨者傷也老子令人行妨注

妨嫭也廣雅釋言○萱按古今人表秦女妨史記三代世表作女防同聲通用也

鈁

方鍾也說文

鐅謂之鈁廣雅釋器○萱按此與廣韻鈁鏤屬今義也

肪

肥也說文段注肥當作脂王逸正部論說玉符曰白如豬肪通俗文曰脂在腰曰肪此假在人者以名物也

芳

香艸也說文段注者艸當作艸香

芳香也儀禮士冠禮嘉薦令芳注又廣雅釋器又淮南說山芳其餌者所以誘而利之也注說林蘭芝以芳未嘗見霜注○離騷芳菲菲其彌章注云芳香皃也

芳椒薑也楚辭大招和致芳只注

芳美味也素問腹中論芳艸發狂注

芳德之皃也離騷芳與澤其雜糅兮注

正

樂為芳風穀梁傳序設芳風以扇遊塵疏引舊解

枋

枋木可為車說文段注禮周官皆以枋為柄古音方聲丙聲同在十部也○儀禮特牲饋食禮注縮加匕東枋釋文云枋本亦作柄

枋檀木也莊子逍遙遊我決起而飛槍榆枋釋文引李注○釋文云枋木名

枋本也莊子逍遙遊釋文引崔氏

枋箄以竹木為之浮於水上後漢岑彭傳注○萱按此段枋為方泭字也

邡

汁邡逗廣漢縣也說文段注汁各本作什非今正應劭注地理志曰汁音十如淳注功臣表曰汁音什漢王君平鄉道碑曰汁邡王鄉是則漢時此縣名作汁字凡作什者以其音改之也廣漢郡汁二志同今四川城都府什邡縣是也○萱按穀梁昭廿五年傳邡公也此段邡為訪字

雅

雅烏也說文段注此與烏部鴉各物

雖 戶防切

○作雖者謌

葟或蕚榮也爾雅曰雖蕚也說文段注釋言曰皇華也釋艸曰蘮芛葟

華榮許萼部曰榮也萼部曰艸木萼也此云萼榮者象言之大徐本篆大右半譌生非也生見出部形聲包會意○萱按釋言皇乃段借字葟葟茂也廣雅釋訓

𦏁

樂舞吕羽翢自翳其首吕祀星辰也說文段注翢同翳翳猶覆也周禮舞師云敎皇舞師而舞旱暵之事注鄭司農云𦏁舞蒙羽舞書或為皇或為義樂師云有皇舞注故書皇作𦏁鄭司農云𦏁舞者以羽冒覆頭上衣飾翡翠之羽𦏁讀為皇書亦或為皇按大鄭從故書作𦏁後鄭則從今書作皇云襍五采羽如鳳皇色持以舞許同大鄭惟不云衣飾翡翠羽又不同經文舞旱暵之事而云祀星辰毋益本賈侍中周官解故○段又云禮注文今攷定按此等字小篆皆未必有之尊釋古經古文也皇冕屬也皇析五采羽為之亦如帗萱按五詳皇下

皇

籀作皇或作皇○鳳皇字作鳳者譌大也从自王自始也始王者三皇大君也說文段注先鄭注周禮云四類三皇五帝九皇六十四民咸祀之尚書大傳燧人為燧皇伏羲為羲皇神農為農皇譙周

說同白虎通曰三皇者何伏羲神農燧人則改燧人居第三恐非舊也鄭依春秋緯伏羲女媧神農為三皇皇甫謐說同始王天下是大君也故號之曰皇因以為凡大之偁此說字形會意之恉并字義訓大之所由來也皇本大君因之凡大皆曰皇假借之法準此矣○爾雅釋詁疏引尸子廣澤又廣雅釋詁一又詩楚茨先祖是皇傳皇尸載起傳皇奐皇矣上帝傳文王有聲皇王維辟傳武王烝哉箋又左氏定元年傳堯辟之皇祖奚仲注哀二年傳敢昭告皇祖文王注又論語堯曰敢昭告于皇皇后帝集解引孔注又皇疏又周書成開式皇敬哉注祭公汝其皇敬哉注又國語魯語各致齊敬於其皇祖注晉語注楚語而皇神相之注又漢書志傳各注又後漢班彪等傳注又文選東京賦衎皇組薛注竝云皇大也○呂覽用衆此三皇五帝之大立功名也注孝行夫孝三皇五帝之本務注竝云三皇伏羲神農女媧也又文選東都賦注引春秋元命苞云伏羲女媧神農為三皇又水經渭水注云庖羲之後有帝女媧焉與神農為三皇矣又淮南原道泰古二皇得道之稱注云二皇伏羲神農也又獨斷上云上古天子庖犧氏神農氏稱皇皇美也詩烈文繼序其皇之傳執競上帝是皇傳又廣雅釋詁一又漢書王襃傳注又後漢傅毅傳注又離騷朕皇考曰伯庸注皇皇美

也爾雅釋詁又詩泮水烝烝皇皇傳又左氏文二年傳皇后帝注又文選封禪文皇皇哉此天下之壯觀注○楚辭雲中君靈皇皇兮既降注云皇皇美皃也又荀子賦皇皇穆穆注云皇皇穆穆言緒之美也皇天人總美大之稱也白虎通號○公羊成八年傳注德合元者稱皇疏云皇者美大之名皇號尊大也禮記曲禮下君天下曰天子疏皇者中也光也宏也風俗通皇霸皇正也爾雅釋言又穆天子傳五皇我萬民注皇匡也詩破斧四國是皇傳皇自莊盛也儀禮聘禮記賓入門皇注○禮記曲禮下諸侯皇皇疏云皇皇自莊盛也皇天也詩文王思皇多士傳注徐髯傳注○風俗通皇者皇皇天也離騷皇剡剡其揚靈兮注○後漢杜篤傳注云皇天帝也○楚辭天皇者上天也文選顏延年曲水詩注又上謂天也又文選序皇而發生之始注云皇天又上帝也又詩黍離悠悠蒼天信上皇而質正注云上皇上帝也又皇天者至尊之號也楚辭傳云尊而君之則稱皇天又爾雅釋詁又詩正月有皇上帝考也離騷皇覽揆余于初度兮注皇君也傳楚茨皇尸載起箋信南山獻

之皇祖箋烈文箋載見思皇多祜箋武於皇武王箋桓皇以閒之箋般於皇時周箋又周禮篇名注敢昭告皇祖文王疏又儀禮士昏禮敢弊嘉菜于皇舅某子注士虞禮記適爾皇祖某甫注特牲饋食禮注少牢饋食禮注又禮記曲禮下注祭法注祭統注服問注又國語周語則我皇妣大姜之姪注又漢書高帝紀上注禮樂志注引晉灼五行志下之上注又續漢五行志五又楚辭愍命嘉皇既殁注又文選荅賓戲廓帝紘恢皇綱注引項岱○獨斷上云皇君也又云皇帝君也又白虎通號云皇君也美也大也又禮記曾子問不皇王也祔於皇姑疏祭法曰皇考廟疏竝云皇大也君也詩漸漸之石不皇朝矣箋皇后也離騷恐皇輿之敗績注靜民則法曰皇周書謚法以化合神者稱皇初學記引樊文深七經義綱又三國王肅傳注引孫盛評道機合者稱皇文選西都賦注引孝經鉤命決德合元者稱皇公羊成八年傳注○詩譜序疏引中候勑省圖鄭注云德合北辰者皆稱皇皇帝至尊之稱皇者煌也盛德煌煌無所不照獨斷上○又云漢天子正號曰皇帝器謂天位也後漢劉盆子傳注皇者煌煌也古微書引書帝命驗

又文選西京賦注引春秋元命苞○詩采芑斯皇傳斯干箋云皇猶煌煌也又白虎通號云皇者煌煌人莫違也皇猶煌煌也爾雅釋言華皇也孫注又詩皇皇者華傳又國語魯語注皇皇猶熒熒也太玄交齋齋皇皇注皇皇猶光儀也荀子大略注皇皇著明也國語越語天道皇皇注皇盛兒漢書司馬相如傳下注○文選述成紀孝成皇皇注引頌岱云皇皇華色盛也皇暇也書無逸則皇自敬德鄭注又禮記表記皇恤我後注又左氏襄廿五年傳注昭七年傳社稷之不皇注又哀五年傳不敢怠皇注又漢書紀傳各注又後漢張衡傳注又呂覽先己督聽則姦塞不皇注又文選東京賦匪怠皇以寧靜薛注○萱按皇訓暇又訓急遽義相反而相成也經典或作遑作偟作徨皆後出字也皇皇惶遽兒楚辭離世征夫皇皇其孰依兮注皇皇急遽之兒漢書董仲舒傳注皇皇猶栖栖也禮記檀弓上皇皇如有求而弗至疏皇皇猶徬徨禮記檀弓下皇皇焉如有求而弗得疏皇猶況也書大傳皇於聽獄乎注○萱按此蓋段皇為況也又書無逸則皇自敬德王肅本皇作況又段況為皇也皇暀也皇謂心所繫

韻史 卷四十四上第十部平聲岡韻　四一二九

萱按此段皇為暀往也去聲暀下詳之皇寮百官也文選東京賦眷皇寮薛注室無四壁曰皇漢書胡建傳列坐堂皇上注皇冕屬也畫羽飾焉禮記王制有虞氏皇而祭注○周禮舞師教皇舞注云皇析五采羽為之亦如帗萱按先鄭注已具皇下皇淵名也詩公劉夾其皇澗傳皇衢馳道也後漢班彪傳下注三皇山即皇室山亦謂之為王室山也水經濟水注皇守田爾雅釋艸皇黃鳥爾雅釋鳥黃白曰皇詩東山皇駁其馬傳駉有騜有皇傳○萱按騜字後出說文騜下引有騜有騜乃後人所改若爾雅注引騜駁其馬郭時大行俗字矣古文又借皇為坐匡王黃煌湟鍠煌或聲同或聲近也惟鍠煌字後出鳳其雌皇爾雅釋鳥○詩卷阿鳳皇于飛傳又山海經南山經丹穴之山有鳥焉名曰鳳皇注云雄曰鳳雌曰皇又左氏莊廿二年傳鳳皇于飛注又呂覽開春而鳳皇聖人皆來至矣注又淮南覽冥鳳皇之翔至德也注又論衡講瑞引禮記瑞命篇箋云雌曰皇皇雌鳳也離騷鸞皇為余前戒兮注○周書王會方煬以皇鳥注云皇鳥配於鳳者也鳳皇靈瑞神鳥也詩卷阿箋○書皋陶謨鳳

韻史 卷四十四上第十部平聲岡韻　四一三〇

皇來儀晚出傳云雌曰皇靈鳥也五采而文名曰鳳皇山海經南山經○萱按鳳从凡聲故加凡於鳥毛詩左氏鳳亦加凡無謂甚矣皆魏晉以下淺人所改也今不從之

惶

恐也說文又一切經音義三引蒼頡篇又華嚴經音義上引三蒼惶懼也廣雅釋詁二惶惶劇也廣雅釋訓

喤

或作諻小兒聲詩曰其泣喤喤說文段注啾謂小兒小聲喤謂小兒大聲也如離騷鳴玉鑾之啾啾詩鍾鼓喤喤喤喤厥聲則泛謂小聲大聲喤喤聲也廣雅釋訓又詩斯干釋文喤喤鍾鼓之樂也爾雅釋訓諻諻樂也舍人注○文選東京賦薛注云喤喤鼓聲也喤喤和也詩執競傳喤怒也廣雅釋詁二諻音也方言十二○文選吳都賦諻譁喤呷注云諻喤通也

鍠

或作諻鍾聲也詩曰鍾鼓鍠鍠說文段注周頌文今詩作喤喤毛傳曰和也按皇大也故聲之大字多从皇詩曰其泣喤喤喤喤厥聲玉部曰瑝玉聲也執競以鼓統於鍾總言鍠鍠鍠聲也廣雅釋詁四

韻史 卷四十四上第十部平聲岡韻　四一三一

鍠鍠樂之聲也爾雅釋訓釋文引字書○後漢馬融傳注云鍠鍠鏘鏘鍾鼓之聲也鍠鍠和也爾雅釋訓漢書禮樂志集注諻諻樂也爾雅釋訓○釋文云詩作喤喤又作鍠諻諻鍾鼓音爾雅釋訓注○萱按長笛賦錚鐄嚶嗃段鐄為鍠也說文無鐄李善云鐄與鐄同

瑝

玉聲說文段注謂玉之大聲也○俗有橫鞭

煌

煌煌輝也說文段注皇皇者華傳曰皇皇猶煌煌也朱芾斯皇傳曰皇猶煌煌也煌煌光也文選東京賦煌火馳而星流薛注○一切經音義七引蒼頡篇云煌光也煌煌光也廣雅釋訓煌煌明也詩大明檀車煌煌傳煌煌光明也文選閒居賦注引蒼頡篇煌盛也漢書地理志下注煌煌盛兒漢書楊雄傳下注又文選景福殿賦丹彩煌煌注○後漢鍾離意傳注云煌煌盛也煌煌熾兒漢書敘傳下注煌煌熒熒艸木花光也文選高唐賦注煌煌猶美也後漢班彪傳下注○莊子駢拇青黃黼黻之煌煌釋文云煌向崔本作黋

韻史 卷四十四上第十部平聲岡韻　四一三二

湟

湟水出金城臨羌塞外東入河說文段注金城郡臨羌二志同舊西寧衛西二百八十里有故臨羌城前志臨羌下曰西北至塞外有西王母石室僊海鹽池北則湟水所出東至允吾入河允吾下曰逆水出參街谷東至枝陽入湟浩亹下曰浩亹水出西塞外東至允吾入湟按水經河水又東過金城允吾縣止注言湟水浩亹水逆水源流皆甚詳水道提綱曰青海在今西寧府邊西五百餘里古名西海卽鮮水也今為厄魯特等二十三旗地青海東卽湟水古所謂湟中地北卽大通河古所謂浩亹水東南會湟水入黃河也湟水卽洛都水源出今西寧府西北邊外至今蘭州西境入黃河按允吾音鉛牙今甘肅蘭州府府西北三百里有故鉛吾城是也浩亹音閣門僊海卽西海古音西讀如仙○後漢桓帝紀注云湟水名在今鄯州湟水縣又音書音義上云湟水名在安定

湟下䖏也大戴記夏小正湟潦生苹注

湟城池也文選七發黃池紆曲注○萱按枚段黃為隍也善注未嚴

隍

城池也有水曰池無水曰隍矣易曰城復于隍說文段注周易泰上六城復于隍虞注曰隍城下溝無水稱隍有水稱池○爾雅釋言舍人注釋詁釋文竝云隍城池也又易泰疏引子夏傳又楚

辭謬諫悲泰山之為隍兮注竝云隍是城下池也又列子周穆王遂而藏諸隍中釋文云隍無水池也又爾雅釋詁注云隍城池無水者

隍虛也爾雅釋詁

隍壑也爾雅釋言又易泰鄭注○釋言李注云隍城池壑也

隍城塹也易泰釋文

隍城下阬無水者文選東京賦君己納之於隍薛○一切經音義四引蒼頡篇云隍城下池又音義八引三蒼云城下阬無水曰隍

湟城池也文選七發注○萱按湟者隍之借

䅣

○俗有䅣榜䅣也說文段注二字疊韻○萱按許榜下云榜䅣穀名又廣雅釋云榜䅣穄也

篁

竹田也說文段注戰國策薊丘之植植於汶篁西京賦蓧蕩敷衍編町成篁漢書篁竹之中注竹田曰篁今人剖篁為竹而失其本義矣

篁竹墟名也文選西京賦薛注

幽篁竹林也楚辭山鬼余處幽篁兮終不天注○漢書嚴助傳注引服虔云篁竹叢也又文選月賦風篁成韻注云篁竹叢生也萱按竹田為篁本義竹叢亦引申之義矣

蝗

螽也說文段注蚰部曰螽蝗也是為轉注漢書五行傳曰介蟲之孼者謂小蟲有甲飛揚之類陽氣所生也於春秋

為螽今謂之蝗按螽蝗古今語也是以春秋書螽月令再言蝗蟲月令呂不韋所作陸氏引說文榮庚反又爾雅釋文華孟反皆之轉也○漢書文帝紀大旱蝗注云蝗卽螽也又呂覽不屈蝗螟農夫得而食之注云蝗螽也食心曰螟食葉曰蟘今兖州謂蝗為螣

蝗螽類江東謂之蚱蜢埤雅引月令章句

小曰蝩大曰蝗一切經音義十一引張斐解晉律

黃

炗古文地之色也說文段注玄者幽遠也則為天之色可知易曰夫玄黃者天地之襍也天玄而地黃○考工記畫繢之事云地謂之黃

黃者土德之色淮南天文○時則衣黃衣注云黃順土色也又論衡驗符云黃為土色位在中央

黃中之色也易坤黃裳元吉注又左氏昭十二年傳又國語周語故名之曰黃中注○漢書律厤志上云黃者中之色也又詩綠衣疏云黃中央之色又太玄中黃不黃注云黃亦中央之色

黃者光也厚也中和之色風俗通皇霸引書大傳○白虎通五行又風俗通皇霸竝云黃者中和之色又白虎通號云黃者中和之色自然之性

黃晃也猶晃晃象日光色也釋名釋采帛

黃者火之子後漢馬武傳注引易通卦驗注

黃正也詩綠兮綠衣黃裏傳

黃中也易噬嗑得黃金注革用黃牛之革注鼎黃耳疏又太玄閑黃垓注飾吐黃酉舌注內迂被黃袾注玄文黃不黃注○禮記郊特牲云黃者中也又易解卦黃矢注云黃理中之稱也

黃美也呂覽功名缶醯黃蚋注

靜民則法曰黃論衡道虛引諡法○獨斷下同惟靜作靖

黃者君之服也漢書律厤志上

黃脾色也素問風論其色黃注

黃黃髮也詩南山有臺遐不黃耉傳又儀禮士冠禮黃耉無疆注○後漢和帝紀注云黃謂髮落更生黃者又爾雅釋詁云黃髮壽也又詩閟宮箋云黃髮台背皆壽徵也

黃耉老人之稱漢書師丹傳注○釋名釋長幼云九十曰鮐背或曰黃耉髮變黃也

黃口幼也淮南氾論不殺黃口注

黃馘謂面黃熟也莊子列禦寇槁項黃馘者釋文

坤為黃易說卦釋文引九家集解

離為黃易鼎鼎黃耳虞注○解卦黃矢虞注云離為黃矢

震為玄黃易說卦傳

黃靈黃帝神也後漢張衡傳注○淮南說林黃帝生陰陽注云黃帝古天神也

黃昏時天氣玄黃故曰黃昏也

楚辭怨思建黄昏之總旄注黄純謂十月也太玄玄圖深合黄純注黄鍾子之氣也十一月建焉而長在星紀周禮大師注又云黄鍾長九寸其實一龠○淮南天文音比黄鍾注云黄鍾十一月也陽氣聚於黄泉之下也又白虎通五行云十一月律謂之黄鍾何言陽氣動於黄泉之下動養萬物也黄鍾者鍾已黄也淮南天文○時則律中黄鍾注云黄鍾者陽氣聚于下陰氣盛于上萬物萌于地中故曰黄鍾也呂覽仲冬注大同又地中之泉曰黄泉左氏隱元年傳不及黄泉注○服注云天玄地黄泉在地中故曰黄泉黄海中央之海淮南墜形流水訖通而合于黄海注○國語吳語以會晉公午於黄池注云黄池地名黄支南極國也楚辭傷時屯余車兮黄支注○山海經南山經柜山西臨流黄北望諸毗東望長右注云流黄諸毗長右皆山名黄金者用之量也管子乘馬○淮南墜形黄澒五百歲生黄金注云黄金石名也流黄土之精也淮南天文日夏至而流黄澤注○本經流黄出而朱艸生注云流黄玉也青雌黄即雌黄也或曰空青曾青之屬山海經西山經皇人

韻史 卷四十四上第十部平聲岡韻 四一三七

之山其下多青雌黄注黄流柜鬯也詩旱麓黄流在中箋○傳云黄金所以飾流鬯也黄目黄彝也禮記明堂位鬱尊用黄目注○周禮司尊彝祼用斝彝黄彝注云黄目以黄金爲目又司農注云黄彝黄目尊也黄戉黄金飾斧也後漢班彪傳下注畱黄綵也廣雅釋器黄潤謂筒中細布也文選蜀都賦黄潤比筒劉注黄冠艸服也禮記郊特牲○玉藻黄衣以裼之注云黄衣大蜡時臘先祖之服也黄枕之黄詩著充耳以黄乎而箋○傳云黄黄玉黄綬丞尉也後漢順帝紀注黄堂太守之廳事後漢郭丹傳注黄門署名後漢祭遵傳注黄華者土氣之所成也爾雅翼引蔡邕月令章句黄嘉穀也詩生民種之黄茂傳黄棘棘刺也楚辭悲回風施黄棘之枉策注華蟲黄御覽服章部七引書大傳○莊子至樂黄軦生于九猷釋文云黄軦蟲名黄鳥搏黍也詩葛覃黄鳥于飛傳○方言八云鸝黄自關而西或謂之黄鳥冬扈竊黄爾雅釋鳥黄騂曰黄詩駉有騂有黄傳○薑按文選七發黄池紆曲段黄爲隍也薑謂當爲湟末歸又靈臺碑陰字皇屋盡夫

韻史 卷四十四上第十部平聲岡韻 四一三八

段皇爲黄也又禮記緇衣狐裘黄黄徐本段借作横横

璜

半璧也說文段注按大戴禮佩玉下有雙璜皆半規似璜而小古者天子辟廱築土雝水之外圓如璧諸侯泮宮泮之言半也蓋東西門以南通水北無也鄭箋詩云爾然則辟廱似璧泮宮似璜此製字之所由製歟○詩女曰雞鳴箋珩璜琚瑀釋文又大戴記保傅注又山海經海外西經夏后啟佩玉璜注又漢書王莽傳上注又淮南精神注汜論注又白虎通瑞贄又文選思玄賦注引字林又初學記廿六引三禮圖說云半璧曰璜又周禮大宗伯以玄璜禮北方注云半璧曰横象冬閉藏璜珮玉也後漢張衡傳注○左氏定四年傳注云璜美玉名又楚辭招魂結琦璜些注云璜玉名也又天問璜臺十成注云璜石次玉者也璜以發衆公羊定八年傳璋判白注又淮南說林注云半璧曰璜璜以發衆璜者横也質尊之命也白虎通瑞贄○又云陽氣横於黄泉故曰璜璜之爲言光也陽光所及莫不動也同上○薑按呂覽學難瞿璜古今人表作翟黄通借字也

横

平去兩讀義分闌木也說文段注闌門遮也引伸爲凡遮之偁凡以木闌之皆謂之横也古多以衡爲横陳風傳

韻史 卷四十四上第十部平聲岡韻 四一三九

曰衡門横木爲門也考工記衡四寸注曰衡古文横假借字也東西爲横周禮野廬氏禁野之横行徑踰者疏又史記周本紀集解蘇秦傳人者索隱又漢書項籍傳注引孟康又太玄玄瑩曰從與横注玄圖以從横天地之道注又一切經音義三引韓詩傳○淮南覽冥縱横閒之注云西與東合爲横又詩南山釋文引韓詩云東西耕曰横又國策西周策則令不行横行於周矣注云横行東又周禮野廬氏禁野之横行徑踰者注云横行妄由田中關西爲横漢書項籍傳注引文穎又後漢馮衍傳注班彪傳上注又呂覽離謂有以横說魏王注廣爲横史記周本紀正義緯曰横楚辭沈江不別横之與縱注横横度也漢書揚雄傳上上迺帥羣臣横大河注○後漢杜篤傳注云横絕流度也横道言衡道也山海經大荒西經有神十人名曰女媧之腸横道而處注横通謂從旁而通也管子八觀里域不可以横通注横潰旁決兒文選洞簫賦時横潰以陽遂注横至横逆而至也荀子致仕不官而衡至者注横厲從横猛厲也文選劉越石荅盧諶詩横厲糾紛注○後漢崔駰傳注云横厲謂氣盛而陵於天也以威力相脅曰横後漢

韻史 卷四十四上第十部平聲岡韻 四一四〇

彭寵傳注竇融傳注○史記周本紀集解引瓚曰○橫謂紀察之官得入人罪者也管子君臣上下有五橫以揆其官注橫猶任也後漢酷吏傳注橫充也禮記樂記號以立橫注孔子閒居以橫於天下注○漢書禮樂志橫泰河注云橫充滿也橫光也淮南墬形玉橫維其西北之隅注又云橫或作彭○原道橫四維而含陰陽注云橫讀桄車之桄又水經睢水注云橫亭世謂之光城蓋光橫聲相近萱按彭橫光三字義皆近不獨聲近也橫孳也後漢酷吏傳注朱浮傳注鮑昱傳蔥通修起橫舍注○萱按此義後出有黌字可不製橫生萬物也周書文傳諸橫生盡以養從生注橫吹胡樂也後漢班超傳注橫弓者南踣弓也儀禮鄉射禮坐橫弓注大射儀坐橫弓注○下射進坐橫弓注云橫弓亦南踣弓也人東西鄉以南北為橫橫漳漳水橫流書禹貢至于衡漳鄭注○水經潁水注云橫尾山即禹貢之陪尾山○橫恣也橫放縱也橫行不順理而行也橫逆者以暴虐之道來加我也萱按此舊讀去聲者也實則橫引申之義耳雖讀平聲何傷乎故并臚於此與有識者共商之

簧

笙中簧也古者女媧作簧說文段注小雅吹笙鼓簧傳曰簧笙簧也吹笙則簧鼓矣按經有單言簧者謂笙也王風左執簧傳曰簧笙也是也女媧作簧蓋出世本作篇明堂位曰女媧之笙簧按笙與簧同器不嫌二人作者簧之用廣或先作簧而後施於笙竽未可知也○後漢陳蕃傳注又莊子駢拇使天下簧鼓釋文並云簧謂笙簧也又風俗通聲音云簧笙中簧也又一切經音義八引古史攷云女媧作簧其後隨作笙三十六管笙中有舌曰簧楚辭憂苦顧假簧以舒憂兮注○詩車鄰並坐鼓簧傳云簧笙中金葉吹笙則鼓動之以出聲者也又君子陽陽疏云簧笙管之中金薄鍱也簧橫也於管頭橫施於中也以竹鐵作於口橫鼓之亦是也釋名釋樂器○史記樂書發匏笙簧正義云簧施於匏笙之管端者也簧笙也詩君子陽陽傳車鄰傳鹿鳴傳○文選長笛賦漂凌絲簧注云大笙謂之簧又禮記月令調竽笙篪簧疏云簧者竽笙之名也簧籍也廣雅釋器○萱按白帖六十二引詩吹笙鼓篁此段借之疏闊者矣

蟥

螪蟥也說文○萱按螪下云螪蟥蛢也蛢下云螪蟥以翼鳴者又爾雅釋蟲蛂蟥蛢李或作黃者借字也

潢

平去兩讀義異積水池也說文段注左傳潢汙行潦之水服虔曰畜小水謂之潢水不流謂之汙行潦道路之水廣韻引釋名曰潢染書也乎曠切唐有妝潢匠○漢書循吏龔遂傳盜弄陛下之兵於潢池中耳注云積水曰潢潢汙停水也左氏隱三年傳注又漢書食貨志下注又後漢杜篤傳注章懷停作渟師古汙作洿○方言三氾浼潤洼洿也注云洿荊州呼潢也又國語周語猶塞川原而為潢汙也注云大曰潢小曰汙天潢天津也文選思玄賦乘天潢之汎汎兮舊注又春秋元命苞潢主河渠注○後漢馬融傳注云天潢星也商為五潢文選思玄賦注引樂緯○又引樂緯宋注云五潢天津之別名也潢潢大皃潢然水大至之皃也潢漾水無涯際也潢滈浩盪也萱按皆段潢為滉也

潢

小津也一曰呂船渡也說文段注小津也謂渡之小者也非地大人衆之所方舟謂之潢方言九○注云揚州人謂渡津舫為杭荊州人呼潢音橫潢筏也廣雅釋水

牀 蠢防切

○俗有床安身之几坐也說文段注鉉本作安身之坐者五字非是牀之制略同几而庳於几可坐故曰

安身之几坐牀制同几故有足有桄牀可坐故凥下曰処也從尸得几而止引孝經仲尼凥而釋之曰謂閒居如此按得几而止者謂得牀而止也仲尼凥者謂坐於牀也上文曰凭依几也乃謂手所馮之几漢管寧常坐一木榻積五十餘年未嘗箕股其榻上當膝處皆穿此皆古人坐於牀而又不似今人垂足而坐之證也牀亦可臥古人之臥隱几而已牀前有几孟子隱几而臥是也孟子曰舜在牀琴蓋尚書佚篇語也而古坐於牀可見琴必在几則牀前有几亦可見然則古人之臥無橫陳者乎曰有之弟子職曰先生將息弟子皆起敬奉枕席問足何止內則曰父母舅姑將衽長者奉席請何趾論語曰寢不尸左傳掘地下冰而牀焉鮮食而寢皆是也內則云少者執牀與坐御者舉几謂既與特也即以所衽為所坐也○易剝剝牀以足注云牀者人之所以安也又虞人注云牀所以安人又剝牀以膚王注云在下而安者牀也所坐臥曰牀牀裝也所以自裝載也釋名釋牀帳樓謂之牀廣雅釋器牀三尺五曰榻板獨坐曰枰八尺曰牀初學記廿五引通俗文○禮記喪大記始死遷尸于牀注云牀謂所設牀第當牖者也巽木為牀易剝虞注坤以象牀易剝王注

奉
切 咻

房 室在旁也 說文段注凡堂之內中為正室左右為房所謂東房西房也引申之俎亦有房焦氏循曰房必有戶以達於堂又必有戶以達於東夾西夾又必有戶以達於北堂○淮南本經縣聯房植注又楚辭湘夫人辛夷楣兮葯房注招魂經洞房些注大招南房小壇注並云房室也又釋名釋宮室云房旁也室之兩旁也又儀禮公食大夫禮記宰夫筵出自東房注云天子諸侯左右房又大戴記文王官人餔醢陳于房中注云房西房也諸侯左右房也萱按房有左右賤所同鄭君主大夫以下東房西室故謂惟天子諸侯左右房此未定之說也盧辯亦沿斯誤古宮室制度至焦里堂氏羣經宮室圖一書攷之乃極精覈 東房東箱夾室 書顧命在東房傳○禮記明堂位夫人副褘立于房中疏云房則東南之室也萱按疏言東南則亦指夾室言與顧命傳同矣夾室在左右房之外迆南也 房舍也 左氏昭十七年傳長弗集于房注又廣雅釋室○萱按晚出書長弗集于房傳云房所舍之次經語用左氏注語襲杜 國望晉語乃能攝 房所以閉藏也 呂覽仲冬是謂房 房居也 固保其土房注 發天地之房注 一切經音義十九 房箭舍 左氏 謂祠堂也 後漢帝紀注桓皇后稱叔房 引應劭漢宮儀

韻史 卷四十四上第十部平聲岡韻 四一四五

宣十二年傳納諸廚子之房注房凡也 廣雅釋器 房大俎也 國語周語王公立飫則有房烝注○詩閟宮籩豆大房傳云大房半體之俎也又箋云大房玉飾俎也又禮記明堂位周以房俎注云房謂足下跗也上下兩閒有似於堂房 房為天駟 四太平更駟馬跙跙注○爾雅釋天云天駟房也又左氏昭廿年傳七音疏云房即天駟之房 房為龍馬 周禮校人春祭馬祖注引孝經說 房有三星也又淮南道應句星在房心之閒注云房駟 洪範五行傳出入不節注○古微書引書運期授云房四表之道 房者言萬物門戶也 史記律書 房心為大長天帝之明堂 周禮大司樂圜鍾為宮注又疏引春秋文耀鉤云房心為天帝之明堂布政之所出○萱按公羊莊七年傳注哀十三年傳注後漢郎顗傳注又洪範五行傳及有姦謀注並略同 房 心農時之候也 洪範五行傳注 房國名 國語周語昔昭王娶於房曰房后注 房衆 奪民農時注○文選月賦徘徊房露注云房字或作旁萱按皆也 淮南氾論蜂房不容鵠卵注○又漢書賈山傳注云房與防古字通又段借也房或書作防防形尤近易譌

韻史 卷四十四上第十部平聲岡韻 四一四六

防

防 埅 或○俗有坊 隄也 說文段注周禮稻人曰以防止水注云偃豬者畜流水之陂也防者豬旁隄也引申之為凡備禦之偁禮記鄭目錄云名曰坊記者以其記六藝之義所以坊人之失者也防或从土作埅俗字所由作坊也俗又以坊為邑里之名○爾雅釋山如防者盛注釋丘墳大坊孫注又廣雅釋室又左氏襄廿五年傳町原防注又呂覽慎小巨防容螻注又淮南齊俗狟狢得埵防注脩務脩彭蠡之防注並云防隄也又荀子儒效行有防表注云防隄防 坊 堤也 禮記檀弓上見若坊者矣疏○經解猶坊止水之所自來也疏云坊謂堤坊 防障也 國語周語不坊川注○禮記郊特牲祭坊與水庸疏云坊者所以蓄水亦以障水 防蔽也 楚辭初放上葳蕤而防露兮注 止也 漢書五行志中之下注○考工記弓人維體防之注云防深淺所止 防衛也 淮南脩務陰以防雨注 防猶當也 詩黃鳥百夫之防傳云防比也 箋○ 防者防使勿然 左氏文六年傳注 防為田之大限 穀梁昭八年傳艾蘭以為防注 防禦 謂關禁也 後漢班彪傳上注 疏 利 下注 容謂之防 爾雅釋宮 防露蓋古曲也 文選月賦徘徊房露注○萱按謝段房為防也後漢傳上注

韻史 卷四十四上第十部平聲岡韻 四一四七

光武紀上注云防與房同古字通用又史記孔子世家防叔古今人表作方叔亦通用字也 防邑也 詩防有鵲巢傳 防風汪芒氏之君也 國語魯語防風氏後至注 坊土形也 淮南齊俗鑪橐埵坊設非巧冶不能以治金注 坊區也 華嚴經音義上引韻林又一切經音義二引字林又文選景福殿賦注引聲類○注又引釋名云坊別屋名 坊別屋也

鰟

鰟 攝 赤尾魚也 說文段注周南曰魴魚赬尾釋魚曰魴魾傳曰魚勞則尾赤按此傳當有魴魚也三字以魴勞赤尾與如娓非謂魴必赬尾也左傳如魚窺尾銜流而方羊亦謂其困頓許以赤尾魚釋魴殆失之魴即鯿也許列字亦二篆相比近而不言為一○爾雅釋魚釋文引字林云魴音房亦尾魚萱按呂沿許說也凡魚勞尾皆赤不獨魴然矣左氏成十八年晉士魴公羊作士彭魴彭同部段借也又昭十七年魴也以其屬死之周禮大卜注作魶也以其屬死之魶蓋字誤 江東呼魴魚為鯿 爾雅釋魚注○詩敝笱其魚魴鱮傳云魴鱮大魚又疏引陸璣疏云魴魚之美者

韻史 卷四十四上第十部平聲岡韻 四一四八

韻史　卷四十四上第十部平聲岡韻　四一四九

亾

味防切

或作亡 逃也 說文段注逃者亾也二篆爲轉注亡之本義爲逃今人但謂亡爲死非也引申之則謂失爲亾亦謂死爲亾孝子不忍死其親但疑親之出亾耳故喪篆从哭亡亦叚爲有無之無雙聲相借也 亡避也 廣雅釋詁三 亡走也 國策中山策中山君亡注 亡奔也 國語晉語公子生十七年而亡注謂由此亡注而離桓之罪以亡於楚注楚語子牟有罪而亡注○呂覽審己齊湣王亡注云亡出奔○ 謂在外 國語晉語其亡之不恤注 亡去也 禮記少儀有亡而無疾注又荀子大略注○荀子王霸正論竝云天下去之之謂亡 亡失也 穀梁定八年傳非其所以與人而與人謂之亡注又國策秦策亡趙自危注 亡猶輕蔑也 史記范睢蔡澤亡其言索隱○論語雍也亡之命矣夫漢書楚孝王囂傳作蔑之命矣夫 亡之言忘也 詩綠衣曷維其亡箋○禮記檀弓以爲極亡釋文云王本亡作忘又列子仲尼知而亡情釋文云亡一本作忘蠆按亡忘二字義叚密近通周用矣 宜 亡者自亡也非人亡之也 春秋繁露王道○孟子梁惠王下云樂酒無厭謂之亡又管子戒云師行而糧食其民者謂之亡又穀梁定八年傳云非其所以與人而與之謂之亡 亡猶亂也 淮南

韻史　卷四十四上第十部平聲岡韻　四一五〇

說林驪戎以美女亡晉國注以 亡猶絕也 太玄交得亡之門注 亡滅也 國策西周策秦飢而宛亡注秦策始吾不知水之可亡人之國也注五月趙亡注又呂覽古樂不肖者以亡注制樂三日而穀亡注○穀梁襄六年傳家有既亡注云亡猶滅也 亡叛也 禮記樂記國之滅亡無日矣疏 亡喪也 論語雍也亡之集解引孔注又皇疏又文選上林賦似若有亡注引司馬彪 亡棄也 詩車鄰逝者其亡傳 亡死也 公羊桓十五年傳祭仲亡矣注 亡者元氣去體貞魂游散 後漢趙咨傳 亡無也亡猶無也 蠆按此謂亡即無之叚借字也一聲之轉也五部無下詳矣○經典中訓無之亡後人閒有讀本音之處殊不劃一如易泰朋亾疏云亡无也論語孔子時其亾也皇疏云亡無也孟子亦終必亡而已矣注云亡猶無也蠆按謂此類亡字本不合訓無也宜讀本音

忘

平去兩讀 不識也 說文段注識者意也今所謂知識所謂記憶也 忘不記事 列子周穆王中年病忘釋文 忘亡也 漢書戾太子傳注○蠆按忘亡二字互借通用詩綠衣箋云亡之言忘也假樂不愆不忘說苑建本

韻史　卷四十四上第十部平聲岡韻　四一五一

作不愆不亡又左傳哀七年注言公之忘釋文忘本又作妄此妄忘爲正借字多 忘失也 文選歎逝賦隋心其如忘注 坎心爲忘 易象下傳民忘其勞虞注

肓

心下鬲上也春秋傳曰病在肓之上 說文段注心下鬲上也下上各本五譌篇韻同今依左傳音義正左氏成十年傳疾不可爲也在肓之上膏之下賈逵杜預皆曰肓鬲也心下爲膏按鄭駁異義云肺也心也肝也俱在鬲上賈侍中說肓鬲也統言之許云鬲上爲肓者析言之鬲上肓肓上膏膏上心今本作心上鬲下則不可通矣素問曰肓之原在齊下釋名曰膈塞也塞上下使氣與穀不相亂也按當謂兩平聲○蠆按肓依段讀在此於音理爲近舊讀如荒今不用之

杗

棟也从木亡聲爾雅曰杗廇謂之梁 說文段注按此條當以此八字冠於从木亡聲之上而刪去棟也二字門部闈謂之樀正其例也棟與梁不同物棟言東西者梁言南北者上文言棟而未及梁故於此補之杗廇者杗之言网也廇者中庭也架网大梁而後可定中庭也釋宮曰杗廇謂之梁其上楹謂之棳今宮室皆如此

韻史　卷四十四上第十部平聲岡韻　四一五二

不得謂梁爲棟也

望

平去兩讀義分 望羊遠視也 家語辨樂曠如望羊注○釋名釋姿容云望羊陽也言陽氣在上舉頭高似若望之然也 望視遠視也 禮記內則豕望視而交睫腥注○釋名釋姿容云望茫也遠視茫茫也又云望惘也視遠惘惘也 望視也 廣雅釋詁一 望望瞻望之皃也 禮記問喪其往送也望望然注○蠆按望字本皆去聲後人時有讀平聲者如望羊瞻望令望萬夫之望是也今姑兩收要以去聲爲正

韻史卷四十四下

第十部平聲

岡韻二

泰興何萱石闇譔集　子慶校字

上海顧錫麒竹泉覆審

武進李兆洛申耆鑑定

齊齒呼

几香切

姜神農居姜水因㠯爲姓說文段注晉語司空季子曰昔少典娶于有蟜氏生黃帝炎帝黃帝以姬水成炎帝以姜水成成而異德故黃帝爲姬炎帝爲姜韋注成謂所生長以成功也渭水篇注曰岐水又東逕姜氏城南爲姜水引帝王世紀炎帝神農氏姜姓母女登遊華陽感神而生炎帝長於姜水是其地按姜姬字蓋後所製○詩桑中美孟姜矣傳生民時維姜嫄傳竝云姜姓也又國語周語賜姓曰姜注云姜四岳之先炎帝之姓也姜伯夷之後也國語鄭語○左氏莊廿二年傳云姜大岳之後也姜強也廣雅釋詁四姜姜貢貢爭門惡視也禮記表記斷之姜姜鷄之貢貢注

京○俗有泉人所爲絕高丘也說文段注釋丘曰絕高爲之京非人爲之丘郭云爲之者人力所作也按釋詁云京大也其引伸之義也凡高者必大者○詩定之方中景山與京傳甫田如坻如京傳又漢書翟義傳於是乎有京觀注又後漢劉虞傳注竝云京高丘也又爾雅釋丘李注云丘之高大者曰京又左氏襄廿五年傳疏云京爲丘類人力所作也地絕高曰京漢書百官公卿表上更名京兆尹注引張晏○詩公劉迺覯于京箋云絕高謂之京又左氏襄廿五年傳辨京陵注云絕高曰京又文選西京賦燎京薪薛注云積高爲京京高也文選西京賦騤似京峙薛注京大阜也詩皇矣依其在京傳京大也爾雅釋詁又詩文王裸將于京傳大明曰嬪于京傳又左氏莊廿二年傳莫之與京注又穀梁文九年傳又史記世家集解引賈逵又漢書百官公卿表上集楊雄傳上集注又續漢郡國志一京兆尹注引決錄注又白虎通京師又文選東京賦京邑翼翼薛注發京倉薛注○方言一云京大也燕之北鄙東楚之郊或曰京四起曰京廣雅釋丘大困曰京管子輕重丁有新成困京者二家注○廣雅釋室云困倉也又史記扁鵲倉公傳見建寀京下方石集解引徐廣云京者倉廩之屬也京者京

師詩思齊疏又文選東京賦還邑易京薛注云京京師也○公羊桓九年傳云京師者何天子之居也京者何大也又獨斷上云天子所都曰京師京水也地下之衆者莫過於水地上之衆者莫過於人京大師衆也故曰京師也又後漢班彪傳下注云京師京都也又白虎通京師云京師者何謂也千里之邑號也又詩大東疏云京師是王畿之大號又左氏成十三年經疏云京師是國之總號京室王室也詩思齊京室之婦傳京周地名詩思齊箋皇矣箋○大明箋云周國之地小別名也京鎬京鎬宮也禮記坊記度是鎬京注京京憂也爾雅釋訓○詩正月憂心京京傳云京京憂不去也吐京郡即土軍縣胡漢譯言音爲譌變矣水經河水注○蒉按文選羽獵賦騎京魚段京爲鯨也又檀弓國語九京按段京爲原也又史記高祖功臣表京侯周成京一作景同音通用也又成伯著碑亰兆府亰即京兆府丞也多用異體字好奇之過

景平上冏讀日光也說文段注日字各本無依文選張孟陽七哀詩注訂火部曰光明也左傳曰光者遠而自他有燿者也日月皆外光而光所在處物皆有陰光如鏡故謂之景車舝箋云景明也後人名陽曰光名光中之陰曰影別

製一字異義異音斯爲過矣爾雅毛詩皆曰景大也其引伸之義也古音在十部讀如姜○蒉按後人幾不知景當讀平矣今姑兩處竝收學者擇爲景日也文選王元長曲水詩序撥景緯以栽基注○陸士衡樂府長安有俠邪行輕蓋承華景注云華景日也景影也文選陸士衡樂府豫章行景絕繼以音注蒉按影字既出一字強分爲二注家遂以影釋景循流而忘其源矣○周禮大司徒正景以求地中注云凡日景於地千里而差一寸景尺有五寸者南戴日下萬五千里又文選遊天台山賦或倒景於重溟注云山臨水而影倒故曰倒景也景日景也文選七啟忽躡景而輕騖注又淮南道應罔兩問于景注云景日月之光晷也○顏氏家訓書證云書惟景響周禮土圭測景景朝景夕孟子圖景失形莊子罔兩問景如此等字皆當爲光景之景凡陰景者因光而生故即謂爲景又一切經音義八云景葛洪字苑加彡作影蒉按曾子天圓是乾外景又校官碑聆聲景附老子銘含景匿形唐公房碑轉景即至庚成碑惟想邪景皆是景字何嘗如雅川書來景光也後漢班固傳下吐金景兮歊浮雲注○文選西京賦流景曜之韡曄注云景光景也景光色也荀子解蔽濁明外景清明內景注景明也禮記表記景行行止注又文選

嘯賦陵景山注○儀禮士昏禮姆加景注云景亦明也景照也廣雅釋詁三景竟也所照處
有竟限也釋名釋天景象也漢書梅福傳此何景也注景景白也廣雅釋訓景大也
爾雅釋詁又詩楚茨以介景福篗車舝景行行止傳早麓篗既醉箋潛篗然祖景員維河傳又左氏襄七年傳注又國語
晉語景霍以為城注又漢書董仲舒傳集注又後漢班彪傳下注又荀子勸學注又文選甘泉賦垂景炎之炘炘注引晉
灼○白虎通八風云景者大也又詩定之方中景山與京傳云景山大山又小明傳云介景皆大也又儀禮士冠禮注同
著意大慮曰景周書謚法○獨斷下云致志大圖曰景景者強也古微書引春秋考異郵○
周書謚法云景武之方也布義行剛曰景由義而濟曰景竝周書謚法景猶慕
也後漢劉愷傳注景之制蓋如明衣加之以為行道禦塵令衣鮮明
也儀禮士昏禮注枚謂之景考工記鳧氏為鍾景天蟒也廣雅釋蟲離為景風周禮
保章氏疏引考異郵又太平平挩挩擬之八風注○爾雅釋天云四時和謂之景風又廣雅釋天云南方景風又淮南天

竟

文云西南曰景風景雲五色雲也一曰慶雲後漢郎顗傳注○古微書引禮斗威儀云景雲
景明也言雲氣見明也景星者德星也漢書天文志○論衡指瑞云四氣和為景星又是應云景星乃
四時氣和之名也又白虎通封禪云景星者大星也月或不見景星常見可以夜作有益於人民也
平去兩讀○俗有境樂曲盡為竟說文段注曲之所止也引伸之凡事之所止土地之所止皆曰竟毛傳曰
疆竟也俗別製境字非古音在十部讀如疆○疊按依古音竟讀平聲而於上聲內亦收之循景之備兩音也斯於古今
音理不相乖盤頗與天下學者共商之竟終也禮記儒行雖遽起居竟信其志疏○後漢馬廖傳注又詩瞻卬
譖始竟背箋竝云竟猶終也又疏云竟者卒盡之義竟極也莊子齊物論振于无竟釋文○漢書元帝紀竟寧元
年注云竟者終極之言竟窮也廣雅釋詁四竟修也家語儒行注竟周編也漢書王莽
傳上恖施下竟同學注緪莛竟也秦晉或曰竟方言六竟界也周禮字固凡國都之
竟注○呂覽贊能齊境注云境界也至竟界首也禮記曲禮上入竟而問禁疏竟是疆界之

名至此易主故謂之疆場穀梁隱元年傳境壞也呂覽懷寵不行竟中注故兵入於
敵之境注諸侯曰境史國名紀注引書大傳○疊按經典竟境錯出陸德明顏師古不能別其正俗也顏每云
竟讀

畾

十部十二比田也說文段注比密也二人為从反从為比
部兩見田者兩田密近也大徐居良切小徐玉
同以疊之音皮傳之而已竊謂田與田相乘所謂陳陳相
也讀如微列之敞○疊按段說較優矣但疊从畕義亦與
近則徐音亦未違故兩部皆收焉在
此者徐音也在十二部者段音也
○俗有壇曪

畺

疆或界也
說文段注七月萬壽無疆傳曰疆竟
田部田界竟也然則疊界義同竟境
俗字信南山我疆我理傳曰疆畫經界也理分地理也縣
乃疆乃理江漢曰于疆于理傳其義皆同經界出於人為地
必因地防二者必相因而至不知地防則水不行令則疆
而疊廢矣惟周禮有疊○周禮序官掌疆注又禮記曲禮
出疆必請疏又左氏成二年傳先王疆理天下注又小爾
廣詁又廣雅釋詁三又史記商君傳開阡陌封疆正義又

漢馮衍傳注史弼傳注吳延史盧趙傳注又穆天子傳四重
踶氏之西疆注竝云疆界也又周禮大司徒制其畿疆而溝
封之注云疆猶界也疊竟也廣雅釋詁三又國語周語疆有寓望注又漢書郊祀志上集注疆竟也詩七
月傳烈文惠我無疆釋文思文無此疆爾界釋文駉思無疆疏又釋文烈祖申錫無疆釋文又儀禮士冠禮黃耇無疆注
又左氏成二年傳以逞無疆之欲注又公羊昭元年傳疆運田者何注又小爾雅廣詁又漢書禮樂志集注○穀梁昭元
年傳云疆之為言猶竟也疆境也周書程典震怒無疆注又國語周語修共疆畔注晉語君之疆也注又漢書韋
平成傳集注楊雄傳上集注又後漢班彪傳注又詩楚茨
傳上注○詩七月疏云疆是境之別名疆竟界也疊長發
外大國是疆釋文○穀梁昭疆界畔呂覽季夏可以美土疆
元年傳釋文云疆境界也注○左氏桓十七年傳
疆場之事疏云疆場謂界畔也疊五百里王畿界也周禮載師以大都之田任疊地注○肆師與祝
庚禳于疊及郊注云疊五百里疊郊都一也周禮載師疏○漢書王子庚表下疊土過制注云疊亦壇字也
疊按載師疏引詩疊場有瓜韓外傳作壇場又爾雅釋詁疊界邊衛圍孝經注別土封疊此二條據釋文又白石神君碑

云萬壽無疆疆正其界也左氏宣八年傳楚子疆之注疆謂其封疆詩信南山疏疆
垂也爾雅釋詁疆田畔也文選東京賦北民勸於疆場薛注○公羊宣十五年傳注云在田曰疆在邑曰
里坤為疆注易象下傳曰疆進无疆廣雅釋詁疆窮也記中庸悠久無疆又禮四
疏無疆無限也
疆之滌地貫注○禮記月令無疆天子傳三注疆為疆境之地五年傳數廿
蘗之地豈按疆蘗強蘗一也以美土疆注云土疆用黃疆疆乘匹周禮州人疆蘗
之兒疆詩鶉之奔奔鶉之彊彊釋文引韓詩

僵

○俗有疆僵也說文段注小徐及爾雅釋文皆作僵大徐作僨非
子推而僵之是今人語言乃謂不動不朽為僵廣韻作殭死不朽也○漢書昭帝紀集注五行志中之
下集注貫誼傳集注武五子傳贊集注睦弘傳集注趙廣漢
傳集注何並傳集注又後漢朱暉集注周紆傳注並云僵
也又呂覽貴卒鮑叔御公子小白僵注云僵猶偃也僵仆也索隱又後漢馬援傳注又史記蘇秦傳詳僵而棄酒

繮

淮南說山騏驥一日千里其出致釋駕而僵注又文選西京
賦屍僵路隅薛注僵禽斃獸薛注○漢書梁平王襄傳節詐
僵仆陽病注云僵斃也呂覽貴卒注僵正直疊然也釋名釋姿
僵仆側地也伶悝僵注容○萱按
陳君闕道碑車馬為僵也馬繮死而不朽爾雅釋木釋文引字書
疆碩段繮為說文○萱按儀禮既夕禮注紲也繮或作僵
或作馬紲也劉本繮作繮字之為也釋名釋車靷謂之繮釋廣雅器
繮之使不得出疆限也

麋

麋或大麋也牛尾一角說文段注麋本作角鹿

史武帝紀漢郊祀志皆曰郊雍獲一角獸若麃然正是麇盛為麃似麇無角大麃有一角則謂之麃者一作麃此當時武帝所作正釋
一角○附會一切為經義音十六都大賦如此作大與一角或有司因傳也
正同按言似鹿則非鹿矣與誤引字林云麇似鹿而大也以萱按京
本說文言麋大鹿者殊科麋大麇也注文選吳都賦一角麇也○劉
漢書地理志下山多麋麇注云麇似鹿而小又言山麇亦未歸
經中山經尸山其獸多麇注云麇似鹿而小黑色山海

犪

○俗有犪牛長脊說文段注廣韻犪牛長脊一曰白脊牛按一曰五字疑亦出說文今佚

橿

杤也一曰鈕柄說文段注欆杤也謂一木二名考工記注曰
今世殺用樸榆輻以槶牙以橿郭注山海經
都賦吳都賦說木皆有橿釋名曰蝕
曰橿中車材南橿橿然正直也頸曰鶴似鶴頭也橿柄也
齊人謂其柄曰太辛疆左
廣雅右榅榅注
釋器橿橿盛也說文段

薑

或作蘁御涇之菜也說文段注御鉉作禦神農本艸經曰乾薑主逐風溼痹溼病也腸澼腸閒水下痛生
者尤良久服去臭氣通神明按生者尤良胃乾薑中之不孰
而生者耳今人謂不乾者為生薑失之矣○齊民要術三引
字林云蘁御涇之菜薑即辛也周禮疾醫注臨酒飴窗蘁桂之屬疏山薑茱也廣雅釋詁

羌

舊香切

○俗有猄狀古文西戎句羊種也从羊儿南方蠻閩从虫北方狄
从犬東方貉从豸西方羌从羊此六種也西南僰人字僬焦僥
从人蓋在坤地頗有順理之性唯東夷从大大人也夷俗仁

仁者壽有君子不死之國孔子曰道不行欲之九夷乘桴浮
於海有呂也說文段注西戎下當有也字商頌自彼氐羌箋云氐羌夷狄國在西方者也王制曰西方曰戎
是則戎與羌一也羊種也各本作从羊人也廣顏韻會史記
宋隱作收羊人也學者多言牧羊人為是其貫非也下文言
僰焦僥字乃从人東夷字乃从大南方蠻閩字从虫以其蛇
種也北方狄字从犬以其犬種也東北方貉字从豸以其豸
種也故字皆不从人假令羌字从人牧羊則既人之矣何侍
僰僥字始从人哉且何不入儿部而入羊部哉是則許謂為
羊種與蛇種犬種豸種一例各本作牧羊人似取風俗通竄
改御覽引風俗通曰羌本西戎牢峻者也主牧羊故羌字从
羊人因以為號按應氏風俗通其語有龔用說文者有寂改
說文者其說貉不从豸種之說亦見御覽則說羌不从羊種
正同今正从羊儿者羊種而人貊也此六種也上文祇有四
種不得言六當云皆異種也以引下文从人从大之字坤順
也在西南此說僰僥字得从人之意大部曰夷平也从大弓
東方之人也天大地大人亦大故大象人形僰焦僥略有人
性故進之字从人東夷俗人故又進之字从大山海經有君
子之國有不死民後漢書東夷傳曰仁而好生天性柔順易

以道御有君子不死之國焉漢地理志曰東夷天性柔順異於三方之外故孔子悼道不行設桴於海欲居九夷有以也夫自南蠻閩已下摠論四夷字各不同之意○書牧誓及庸蜀羌髳微出傳云羌在西蜀叟

羌強也廣雅釋詁四

羌卿也廣雅釋言

羌發聲也小爾雅廣言○後漢馮衍傳注云羌語發聲也

羌辭也

羌亦乃也文選魯靈光殿賦羌瑰譎而鴻紛張注○廣雅釋言云羌乃也

羌發語辭也後漢張衡傳注○離騷羌內恕己以量人兮注云羌楚人語辭也

羌然辭也楚辭惜誦羌衆人之所仇也注

慶

慶辭也漢書楊雄傳上慶天顇而喪榮集注引張晏○萱按此段慶為羌也音同故引

慶發語辭也漢書楊雄傳上厥高慶而不可虖疆度注敘傳上慶未得其云已注武作

慶行賀人也說文段注賀下曰以禮相奉慶也是二篆為轉注也賀以貝故云禮相奉慶从夊故云行賀人古音在十部讀如羌○廣雅釋言又公羊昭廿五年傳慶子家駒注竝云慶賀也又國語魯語國慶其喜而弔其憂注云慶猶賀也

慶賜也詩楚茨孝孫有慶箋甫田農夫之慶箋

慶賞也孟子告子下則以慶注

慶

猶恩遇也後漢蔡邕傳注

慶福也國語周語有慶未嘗不怡注

慶善也書呂刑咸中有慶疏又詩皇矣則為其慶傳韓奕慶既令居箋又禮記祭統作率慶卿士注緇衣疏又左氏昭卅年傳大國之惠亦慶其加注又孝經一人有慶注又廣雅釋詁一又淮南時則行慶乾為慶虞注○禮記月令行慶施惠注云慶謂休其善也易豐有慶譽虞注象下傳中正有慶虞注象下傳音往有慶也虞注睽往有慶也虞注豐有慶也虞注兌有慶也虞注

靈慶謂天符也文選後漢書光武紀贊靈慶既啟注

慶辭也

慶發語辭也萱按此段慶為羌

卯

或作卯卯○十五部上聲

又事之制也从卩卪說文段注卩卪令人讀節奏合乎節奏乃為能制事者也玉篇廣韻皆云說文音卿此蓋淺人肌以卿讀讀之卿用卯為義形不為聲形也玉篇子兮切取卩字平聲讀之廣韻子禮切取卩上聲讀蓋其音必有所受之矣○萱按依廣韻于禮切收卯於十五部上聲矣又在此者留為學者參較也卿於卯得義則卯卿同音亦未為失

卿

卿章也六卿天官冢宰地官司徒春官宗伯夏官司馬秋官司寇冬官司空說文段注周禮之六卿也周禮曰治官之屬太宰卿一人教官之屬大司徒卿一人禮官之屬大宗伯卿一人政官之屬大司馬卿一人刑官之屬大司寇卿一人其一則事官之屬大司空卿一人也天子六卿鄉老二鄉則公一人鄉大夫每鄉卿一人即此六卿也古音在十部讀如羌卿章也以疊韻為訓○廣雅釋言云卿章也又白虎通爵云卿之為言章也章善明理也又儀禮聘禮賓朝服問卿注云卿每國三人

卿長也論語子罕出則事公卿皇疏○周書武順云三正一長曰卿

卿君也廣雅釋詁一

上大夫曰卿禮記王制諸侯之上大夫卿注又儀禮燕禮小臣作下大夫二人媵爵注云卿為上大夫○孝經蓋卿大夫之孝也鄭注云張官設府謂之卿大夫人管子倓度卿大夫豹飾注云卿大夫上大夫也又禮記王制大夫三廟疏云卿即大夫總號故春秋殺卿經皆總號大夫

卿老上卿也禮記曲禮下國君不名卿老世婦注

九卿者所以參三公也說苑臣術○後漢虞詡傳注云九卿謂大常光祿衛尉廷尉大僕大鴻臚宗正大司農少府寺也

六卿者六

軍之將書甘誓乃召六卿鄭注○左氏成十八年年傳卿無共御疏云卿謂軍之諸將也

三少卿也謂之孤也大戴記保傅於是為置三少皆上大夫也注

小卿命於其君者也儀禮大射儀小卿賓西東上注

卿者時人尊重之號猶如相尊美而稱子然也史記刺客傳衛人謂之慶卿索隱○項羽紀號為卿子冠軍集解引徐廣云卿一作慶又漢書高帝紀上某注引文穎云卿子時人相褒尊之辭萱按卿慶同音相通借此作慶子者借也又書大傳百工相和而歌卿雲注云卿當為慶此則卿為借字也

央

隱香切

央逗中也一曰久也說文段注央逗複舉字之未删者也月令曰中央土詩箋云夜未渠央古樂府調弦未詎央顏氏家訓未遽央皆卯未渠央也渠央者中之謂也詩言未央謂未中也毛傳且也且者薦也凡物薦之則有二至於艾而為三矣下文夜未艾艾者久也箋云艾未曰艾以言夜先雞鳴時合昏與艾言之是央為中也一曰久也別一義廣雅釋言云央中也又素問生氣通天論精神乃央注云央久也又匡謬正俗一云夜未央者言其未中也未久

也又荀子正論今人或入其央瀆竊其豬彘注云央瀆中瀆也央久也遠也素問四氣調神大論與道相失則未央絕滅注央盡也廣雅釋詁一又離騷時亦猶其未央注央已也廣雅釋詁四○楚辭雲中君爛昭昭兮未央注云未央未已也未央猶未半也漢書外戚傳上惜蕃華之未央注○詩庭燎疏云未央者前服未到之辭又引王肅云央旦未旦夜半央央廣兒文選長門賦覽曲臺之央央注央央鮮明也詩出車旂旐央央傳六月白旆央央傳又釋文惟六月傳也作兒○豈按爾雅釋天孫注公羊宣十二年傳疏竝作帛旆英英則以央為借字也然鮮明之訓在央在英皆為引中之義即不謂之借亦假又載見和鈴央央晚出專字作鉠聲也文選東京賦注作和鈴鉠鉠有邑焉命之曰央管子乘馬央亡獪也凡小兒多詐而獪謂之央亡方言十

殃

或作眛祥殃凶也說文段注各本作咎也今依易釋文殃禍也廣雅釋言○說苑君道云殃者禍之先者也殃禍惡也易坤必有餘殃釋文引鄭注○禮禮運家以為殃注云殃猶禍惡也記殃罰也淮南

韻史 卷四十四下第十部平聲陽韻 四一六九

時則必有夭殃注殃咎也廣雅釋言又呂覽孟春注仲秋注畜時身無苛殃注又離騷豈余身之憚殃兮注乃遂焉而逢殃注長離殃而愁苦注又文選思玄試賦循法度而離殃舊注長門賦數昔日之諐殃注殃病害也國語楚語今爾以是殃之注○吳語其民不忍饑勞之殃注云殃害也又晉語今以使陽之晌殃之注云殃猶病也殃廣雅釋詁三淫人富謂之殃左氏襄廿八年傳無功而家昌是謂積殃列女傳贊明不教民而用之謂之殃民孟子告子下○豈按吳仲山碑而遺禍央無極山碑為民來福除央皆叚央為殃也又荀子解蔽橋世者人之袂也墨子非樂上降之百祥按袂祥皆殃之異體也

鴦

鴛鴦也說文段注二字雙聲鴛鴦匹鳥也詩鴛鴦鴛鴦于飛傳又後漢馬融傳注

泱

平上閒讀滃也說文段注射雉賦天泱泱以垂雲善曰毛詩英英曰雲毛萇曰英英白雲兒泱與英古字通按滃嬰聲○豈按滃者雲氣起也雲氣起爲泱之本義餘皆引中之義也泱泱流也廣雅釋訓○文選東京賦惟水泱泱薛注云泱泱水流兒泱泱深廣兒詩瞻彼洛矣維水泱泱傳泱泱宏大之聲左氏襄廿

韻史 卷四十四下第十部平聲陽韻 四一七〇

九年傳美哉泱泱乎○○漢書地理志下泱泱乎大風也哉注云泱泱宏大之意也泱泱舒緩深遠有大和之意左氏襄廿九年傳服注泱泱猶汪汪洋洋美盛兒也史記吳太伯世家索隱○泱漭廣大也文選海賦泱漭澹泞注○上林賦過乎泱漭之壄注引如淳云泱漭大兒也又西京賦泱漭無疆薛注云泱漭無限域之兒泱漭不明之兒文選謝玄暉京路夜發詩注引字書泱鬱盛兒漢書息夫躬傳兮雲泱鬱注泱軋不前也漢書司馬相如傳下滂濞泱軋注引張揖泱瀁渟淤也文選海賦渦流泱瀁注○豈按泱漭泱鬱諸義皆舊讀上聲烏朗切者也凡聯緜字多雙聲疊韻故相從讀凡聲耳非與平聲之義也縣殊也今姑平上兩收而義備於此可以觀其會通似皆讀平聲亦無不合

秧

禾若秧穰也說文段注若即上文之穰也若者擇菜也擇菜者必去其邊皮因之凡可去之皮曰若竹皮亦若曰漢書印纍纍綬若若纍纍重積也若若如蕣若之多也秧穰疊韻字集韻曰禾下葉多也今俗謂稻之初生者曰秧凡艸木之幼可移栽者皆曰秧此與古義別

韻史 卷四十四下第十部平聲陽韻 四一七一

柍

平上用讀○俗有楧柍梅也一曰江南橦材其實謂之柍說文段注柍梅合二字成木名今各本刪去柍字是柍即柟矣釋木時英梅齊民要術引郭注云英梅未聞今本注云在梅殆非郭語南都賦曰柍柘檍檀與櫻梅山樺等各為一條柍梅非今之梅類明矣橦帳極也與此不相涉以唐式柒方三尺五寸曰一橦音鍾解之下文又不屬也況漢人曰章唐人乃曰木鍾乎枷字下曰淮南謂之柍宜以此訂正此句一說蜀都賦布有橦華劉逵云橦樹名謂此橦材堅實者謂之柍也實下當有者字柍杖也廣雅釋器僉齊楚江淮之閒謂之方言五○注云柍打之別名也柍中央也漢書楊雄傳上日月繞經於柍振注引伏虔

英

艸榮而不實者一曰黃英說文段注後說別一義也疑即權黃華○爾雅釋艸云榮而不實者謂之英又顏氏家訓引呂覽高注云榮而不實曰英英華也離騷夕餐秋菊之落英注又後漢張衡傳注○漢書司馬相如傳上落英幡纚注云英謂華也又詩有女同車顏如舜英傳云英猶華也又著疏云英是華之別名又管子禁藏毋夭英注云英謂艸木之初生也英華艸之美者文選長楊賦英華沈浮注荅賓戲浮英華湛道德注

韻史 卷四十四下第十部平聲陽韻 四一七二

土英華也呂覽本味浸淵之艸名曰土英注英蒻也廣雅釋艸若英若木之英也
文選月賦嗣若英於西冥注英華謂名譽也漢書叙傳上浮英華湛道德注英美也廣雅釋詁
一五德蹈禮謂之英文選任彥昇哭范僕射詩注引袁子正書英俊選之尤者禮記
禮運與三代之英注○詩羔裘疏云英俊秀之名英是賢才絕異之倚詩汾沮洳疏如英者傳
雄果之目文選射雉賦聿采毛之英麗兮徐注萬人爲英又呂覽知分美比天下
之象英注又淮南汜論雄儁豪英暴露於野澤注○春秋繁露爵國云萬人者曰英又國策齊策小國英傑之士注云才
勝萬人曰英又淮南泰族又後漢崔駰傳注引丈子竝云智過萬人者謂之英倍千人曰英荀子儒效英傑
化之注千人曰英左氏宣十五年傳疏引辨名記又白虎通聖人引禮別名記○爾雅序英儒瞻聞之士疏
引禮辨名記云德過千人曰英德百人者謂之英鵾冠子博選能天三英三德也
詩羔裘三英粲兮傳英英和盛之兒呂覽古樂音英英注其五英英華茂也漢書禮樂

志又風俗通聲音○獨衞上云帝嚳曰五英六英能爲天地四時六合也文選魏都賦注
引樂動聲儀宋注重英矛有英飾也詩清人二矛重英傳英蕩畫函周禮掌節以英蕩輔
之杜注英刻書也續漢百官志三注引周禮干寶注英玉之精華也穆天子傳二枝斯之
英注又傳四好獻技斯之石四十注云精者爲英○黃按此蓋段英爲瑛也然本字自通矣瓊英美石似
玉者○詩著尚之以瓊英乎而箋云瓊英猶瓊華也傳山再成英爾雅釋山○李注云再成曰英英
六並國名後漢張衞傳注英英白雲兒詩白華英英白雲傳○豈按此段英爲決也韓詩作決決
白雲人爾雅釋鳥家肌緊英一作鵜肌緊鵜爲旁皆後所加耳又綏民校尉碑攏瑛雄之迹兮郭仲奇碑翼契瑛彥皆假瑛爲英也

瑛

玉光也說文段注山海經言玉榮離騷孝經援神契雒書皆言玉英淮南鴻烈曰龍淵有玉英高注英精光也
英玉之精華也穆天子傳二注又傳四注云精者爲英○豈按此段英爲瑛也詩瓊英似可作瓊瑛又綏

民校尉碑攏瑛雄之迹兮郭仲奇碑翼巽瑛彥
皆段瑛爲英也又平都相蔣君碑云口濟清瑛

香 險姜切

譯作香或作薌芳也春秋傳曰黍稷馨香說文段注艸部曰芳艸香也芳謂艸香則泥言之大
雅曰其香始升春秋云云約舉左傳僖五年文此非爲香證說香必从黍之意也香美也呂覽仲冬水泉必香
注嵩時不嘿而香注凡氣因土變則爲香素問金匱眞言論其臭香注膏香牛脂也
以牛脂和之周禮庖人春行羔豚膳膏香司農注○儀禮士虞禮香合釋文云香本又作薌豈按香薌音義
略同說文不錄薌荀子非相欣驩芬薌以道之注云薌與香同又文選甘泉賦薌呹肸以掍批兮注云薌亦香字也薌
一謂煑豚若羊於小鼎中使之香美也禮記內則以小鼎薌脯於其中注薌
者黍稷匡謬正俗三薌蘇荏之屬也禮記內則薌無蓼注

皀

又七部入釋穀之馨香也象嘉穀在裹中之形謂上體白匕所扱之謂下
體匕或說皀一粒也說文段注禾部曰穀續也當作粟粟者嘉穀實也曲禮曰黍曰薌合粱曰薌其薌即

香字左傳引周書曰黍稷非馨明德惟馨馨者香之遠聞者
也香者芳也大雅謂秬鬯芑爲嘉穀毛傳謂苗爲嘉穀許書
謂禾爲嘉穀穈芑苗禾一物也連稾曰穀曰粟去稾曰米米
之馨香曰皀稾者禾部所謂稃也稽也穅也穀皮是也匕部
曰匕所以比取飯一名柶扱者收也頛氏一訓曰在益州與
數人同坐初晴見地下小光問左右是何家蜀豎就視之云
是豆適耳皆不知所謂取來乃小豆也畐土呼旦爲遍時莫
之解吾云三蒼說文皆有皀字訓粒通俗文音方反家皆欲
悟○豈按前義讀若香故鄉字从皀聲後義讀
兩及切故鴿亦字从皀聲兩義亦可皆讀丙及切

鄉

國離邑民所封鄉也嗇夫別治封圻之內六鄉六鄉治之說文
段注離邑如言離宮別館國與邑名可互偁析言之則國大
邑小一國中離析爲若千邑封猶城也鄉者今之向字漢字
多作鄉今作向所封謂民城其中所謂鄉歸往也釋名曰鄉
向也民所向也以同音爲訓也別治謂分治百官公卿表曰
縣大率十里一亭亭有長十亭一鄉鄉有三老有秩嗇夫游
徼三老掌教化嗇夫職聽訟收賦稅游徼徼循禁盜賊司馬
彪百官志曰鄉置有秩三老游徼鄉小者置嗇夫一人風俗
通云嗇者省也夫賦也言消息百姓均其役賦按許不言三

老游徼者舉一以該其二亦謂鄉小者但置嗇夫不置三老游徼也按封圻上當有周禮二字上云嗇夫別治言漢制此云六鄉六鄉治之謂周禮也封所即邦畿周禮方千里曰國畿六鄉地在遠郊以內五家為比五比為閭四閭為族五族為黨五黨為州五州為鄉鄉老二鄉則公一人鄉大夫每鄉鄉一人許先舉漢制後言周者許書凡言郡縣鄉亭皆後漢制漢表云凡縣道國邑千五百八十七縣六千六百二十二亭二萬九千六百三十五許全書所舉某縣某鄉某亭皆在此郡數之中○禮記郊特牲鄉為田蜀疏云鄉謂郊內鄉也又大戴記文王官人使是長鄉邑而治父子注云鄉遂又呂覽求人不死之鄉注云鄉亦國也又後漢劉允傳注云大曰鄉萱按鄉與遂分郊內外大戴注合言之 **萬二千五百家為鄉** 周禮鄉大夫之職司農注又論語雍也集解引鄭注又史記秦本紀并諸小鄉聚正義○周禮大司徒注云鄉萬二千五百家又莊子胠篋治邑屋州閭鄉曲者釋文云五州為鄉萬二千五家也又釋名釋州國云萬二千五百家為鄉鄉向也眾所向也又漢書食貨志上云鄉萬二千五百戶也 **二千家為一鄉** 國語齊語以為二十一鄉注萱按此管氏新法與周禮異鷗冠子十扁為鄉數同此○鷗冠子王鈇云五家為伍十伍為里四里為

扁十扁為鄉 **十邑為鄉** 廣雅釋地萱按亦與周禮異○國語齊語云十卒為鄉又云十連為鄉又管子小匡云十卒為鄉十連為鄉 **鄉者家之本也** 管子權修 **鄉 鄉里也** 論語陽貨皇疏○孟子告子上莫知其鄉注云鄉猶里以喻居又離婁下鄉鄰有鬥者注云鄉鄰同鄉也 **鄉方也** 國語周語明利害之鄉注越語四鄉地主正之注又漢書禮樂志集注又管子形勢風雨無鄉而怨怒不及也注四時制德離鄉注又淮南原道以知禍福之鄉注又文選東京賦授時順鄉薛注○洛神賦哀一逝而異鄉注又荀子賦四時易鄉注茲云鄉猶方也萱按此義亦可讀去聲鄉即向之段借字 **鄉所也** 詩采芑于此中鄉傳殷武居國南鄉傳 **鄉向也** 論語陽貨鄉原德之賊也集解引周生烈又皇疏○萱按注家鄉讀向者夥矣豫鄉既訓向則雖不改字義亦通矣 **兩階閒謂之鄉** 爾雅釋宮 **鄉 鄉人謂鄉大夫也** 儀禮鄉飲酒禮鄉鄉服而謀賓介注○士冠禮遂以摯見於鄉大夫鄉先生注云鄉先生鄉中老人為鄉大夫致仕者又鄉射禮以告于鄉先生君子可也注云鄉先生鄉大夫致仕者也 **鄉佐主佐鄉收稅賦** 後漢張宗傳注 **鄉 鄉飲酒禮** 禮記昏義和於鄉射注鄉

飲酒義吾觀於鄉注○王制習鄉尚齒注云鄉謂飲酒也 **鄉樂周南召南六篇** 儀禮燕禮記遂合鄉樂注 **鄉謂本經之氣位** 素問陰陽應象大論名守其鄉注 **中鄉美地名** 詩采芑箋 **鄉牖屬謂夾戶窻也 鄉仰也 鄉屬也 鄉救也 鄉 鄉趨飲酒之兒 鄉喻菓類也 鄉謂曩時也** 萱按此皆段鄉為向者也訓牖是向之婢義段借明白餘則鄉引中之義也不改讀亦皆通

軫香切

章 樂竟為一章 說文段注歌所止曰章○萱按章竟以疊韻為訓竟下云樂曲盡為竟 **樂章謂樂書之篇章謂詩也** 禮記曲禮下讀樂章疏 **大章章之也** 禮記樂記又漢書禮樂志又風俗通聲音○樂記注云大章堯樂名也言堯德章名也又通鑑音注四十七引禮記樂記皇疏云章明也樂堯德大明故名樂曰大章又白虎通禮樂云堯曰大章大明天地人之道也 **章明也** 書堯典平章百姓鄭注又考工記畫績之事襍四時五色之位以章之注又儀禮士冠禮記章甫注又禮記坊記章民之別注緇衣章志貞教注章惡癉惡注又左

氏襄廿七年傳賞罰無章疏又論語公冶長夫子之文章集解又書大傳用章于下注又國語周語王又章輔禍亂注章怨外利注必有章譽蕃育之祚注魯語以章物也注又史記樂書泰章章之也正義又漢書紀志傳各集注又後漢紀集傳各集注又管子牧民不璋兩源則刑乃繁注版法審謀章禮選士利械則霸注又荀子正名章之以論注又呂覽勿躬名號已章兵注又淮南原道紘宇宙而章三光注詮言章人者忽道者也注又離騷芳菲菲其彌章注大招德澤章只注懷沙章畫志墨兮注曚瞍謂之不章注又文選西京賦章后皇之為貴薛注東京賦章漢祚之有秩薛注答賓戲時暗而久章者注引項岱典引夫圖書亮章天哲也蔡注○書堯典疏云章即明也 **章著也** 國語周語其飾彌章注魯語四牡君所以章使臣之勤也注善有章注魯語其章大矣注 **章者著明也** 楚辭九章序又呂覽知度而堯舜之所以章也注也 **章顯也** 易豐來章有慶譽虞注又國語鄭語注○文選西征賦注引易舊注云知章謂明顯也 **章露也** 素問方盛衰論反論自章注 **章猶形也** 呂覽大樂合而成章注 **章表也** 詩抑維民之章傳又國語周語余敢以私勞變前之大章注魯語王章也注又漢書燕剌王旦傳章聞揚和注 **章盛也**

呂覽審時其氣章注章大也孝經內事圖帝庄章而光宋注章別也家語子貢問上下有章注章條也周髀算經下十九歲為一章注章程也式也素問氣交變大論政令者氣之章注○廣雅釋器云章也又國語周語將以講事成章注云章章程也章麻數之章術也漢書高帝紀下張蒼定章程注引如淳又史記太史公自序集解引如淳章文章法度也詩抑維民之章箋○禮記緇衣出言有章注云章文章也又案蒙者華雜其有章矣箋云章禮文也章謂文理也易說卦傳六畫而成章虞注○文選赭白馬賦鍾章霞布注云章采文也章章猶昭昭也後漢郭泰傳注章章明也後漢循吏傳注○呂覽季生萬物章章注云章章明美兒章章素質明著也荀子法行故雖有珉之雕雕不若玉之章章注章章采也廣雅釋訓章章行也同上章皇猶彷徨也文選羽獵賦章皇周流注行者絕墨者章說苑釋叢道以數行之為章賈子修政語上溫克令儀曰章後漢章帝紀注引謚法俗或謂舅曰章釋名釋親屬○又云夫之兄俗間曰兄章章灼也章灼敬奉之也

章者今之表也後漢蔡邕注○周舉傳注云章謂所上之書又文選表題注云謝恩曰章又獨斷上云章者需頭稱稽首上書謝恩陳事詣闕通者也章句謂離章辨句後漢桓譚傳注○詩關雎章句疏云章者明也總義包體所以明情者也又云章者精句所為不限句數也章甫殷冠名也甫丈夫也服之所以表章丈夫也釋名釋首飾○禮記儒行釋文云章甫殷冠也又儀禮士冠禮記云章甫殷道也章甫冠也廣雅釋器又家語五儀然則章甫絢履注好生仲委章甫注○文選與嵇茂書表龍章於裸壤注云章章甫之冠也又淮南氾論豈必褒衣博帶句襟委章甫哉注云章甫亦冠之名也章服也呂覽季夏以為旗章注章旌旗也國語晉語變非聲章弗能移也注○國策齊策章子變其徽章注云通白曰章赤與白謂之章考工記畫繢之事又左氏昭廿五年傳五章以奉五色注又國策秦策文章不成者注又荀子非相美于黼黻文章注富國注又呂覽季夏注孝行注○淮南時則注云赤與白為章章印章也文選漢高祖功臣頌祚爾煇章注○北山移文至其紐金章綰墨綬注云金章銅印也舜之明堂以艸蓋

之名曰總章文選東京賦虞總斯辭注有山上正章爾雅釋山上正章丘爾雅釋丘章華地名國語楚語靈王為章華之臺注○水經沔水注云章華亦地名也豫章大木似樕山海經西山經底陽之山其木多櫻柟豫章注又匡謬正俗六云古謂大木為章又史記司馬相如傳楩柟豫章正義引溫活人云章今之樟木也○水經濟水注云豫章以樹氏郡又贛水注云豫章樟樹生庭中故以名郡矣章謂大材也史記貨殖傳索隱又漢書百官公卿表上東園主章注引如淳○貨殖傳注云大材曰章章方也史記貨殖傳山居千章之材索隱引服虔○蓋接章或與彰璋漳樟獐鄣障通用皆同音也惟樟條後出字又匡謬正俗六云章音轉為鍾此雙聲通借也

彰

彡彰也說文段注彡各本作文今正文遺畫也與文義別古人作彡彰今人作文章非古也尚書某氏傳呂覽注淮南注廣雅皆曰彰明也通作章彰明也書皐陶謨彰厥有常晚出傳又廣雅詁四又素問五常政大論其動彰伏變易注氣交變大論以彰于注又呂覽懷寵義理之道彰注義實則忠信親愛之道彰注貴直將以彰其所好邪注

又淮南覽冥然而不彰其功注

璋

剡上為圭半圭為璋禮六幣圭以馬璋以皮璧以帛琮以錦琥以繡璜以黼說文段注聘禮記曰圭剡上寸半雜記曰剡上左右各半寸半圭為璋見詩毛傳及公羊傳注周禮注禮六幣云云見周禮小行人注六幣所以享也享天子用璧享后用琮皆有庭實以馬若皮皮虎豹皮也用圭璋者二王之後也二王後尊故享用圭璋而特之其於諸侯亦用璧琮耳子男於諸侯則享用琥璜下其瑞也○書顧命秉璋以酢晚出傳又詩斯干載弄之璋傳棫樸左右奉璋傳又考工記玉人璋邸射素功疏又公羊定八年傳璋判白注又山海經南山經凡鵲山之首其詞之用一璋玉注又後漢劉儒傳注又白虎通瑞贄引禮竝云半圭曰璋又爾雅釋器璋大八圭謂之琡注又儀禮聘禮受夫人之聘璋釋文又莊子馬蹄釋文引李注竝云璋半珪也又周禮大宗伯以赤璋禮南方注云半圭曰璋象夏物半死璋圭璧之屬也禮記王制有圭璧金璋不粥於市疏○楚辭哀時命璋珪雜於甑窒兮注云璋珪玉名也圭璋特達瑞也儀禮聘禮束帛加璧束帛加琮注圭瓚

璋瓚祼器也禮記祭統君執圭瓚祼尸大宗執璋瓚亞祼注○詩棫樸篇云璋瓚也璋之為言明也又南方之時萬物莫不章故謂之璋竝白虎通瑞贄○蓋按管子牧民不璋兩原則刑乃緐此段璋為章也

漳

水名濁漳出上黨長子鹿谷山東入清漳清漳出沾山大要谷北入河南漳出南郡臨沮說文段注水名二字古本當作漳水也三字上黨郡長子二志同夲魯邑見左傳國語今山西潞安府長子縣西南有故長子城是也前志長子下曰鹿谷山濁漳水所出東至鄴入清漳水經曰濁漳水出上黨長子縣西發鳩山酈曰漳水出鹿谷山與發鳩連麓而在南淮南子謂之發苞山故異名互見也按今濁漳水出山西長子縣西五十里之發鳩山經潞城縣襄垣縣黎城縣入河南林縣畔合於清漳禹貢所謂衡漳也上黨郡沾二志同師古曰沾音他兼反今山西平定州樂平縣西南三十里有沾縣故城前志沾下曰大黽谷清漳水所出東北至阜成入大成河大衍過郡五行千六百八十里冀州川過郡五者上黨魏郡清河信都勃海也水經曰

清漳水出上黨沾縣西北少山大要谷至武安縣黍窖邑入於濁漳按志言濁漳入清漳清漳入河經言清漳入濁漳濁漳會虖沱入海乖異者當緣作水經時與作志時異也許云入河與志合王氏應麟曰漳水舊入河周定王五年河徙而南故漳水不入河而自達於海王氏特臆度之詞依班許則漢時未嘗不入河也今清漳出樂平縣西南二十里之少山經和順縣逕州河南涉縣至林縣至林縣交漳口合濁漳既合之後入直隸畔移從分合自昔不常今則一派至山東臨清州入運河一派在直隸新和縣入北泊會滹沱至天津入海詳見水道提綱南郡臨沮二志同今湖北襄陽府南漳縣縣西南六十里有臨沮故城是也左傳曰江漢雎漳楚之望也雎即出漢中房陵之沮水見上文前志臨沮下曰禹貢南條荆山在東北漳水所出東至江陵入陽水陽水入沔行六百里按志不言沮者以漳該沮也其云陽水蓋謂沮水也水經曰漳水出臨沮縣東荆山東南至枝江縣北烏扶邑入於江酈氏曰今漳水於當陽縣之東南百里餘而右會沮水也按今漳水源自鄖陽府房縣景山至保康縣境會沮水漳濁漳山海經北山經發鳩之山漳水出焉注○周禮職方氏其川漳注云漳出長子又後漢吳漢傳注云漳水源出上黨長子縣西發鳩山東北至昌亭與滹沱河合漳

水地在鄴縣穆天子傳一天子北征乃絕漳水注○書禹貢至于衡漳鄭注云漳水出上黨沾縣大黽谷東北至安平阜成入河萱按漢書地理志作至于衍章通借字也漳滏二水名文選魏都賦北臨漳滏劉注漳水出新城沶鄉縣南左氏宣四年傳注漳澨疏引釋例

鄣

紀邑也說文段注春秋經莊三十年齊人降鄣公羊穀梁皆曰鄣紀之遺邑也劉歆賈逵依之許說同杜云紀附庸國東平無鹽縣東北有鄣城距紀太遠非許意也古紀國在今山東青州府壽光縣西南三十里紀城鄣邑猶當附近即昭十九年左傳之紀鄣也紀鄣者夲紀國之鄣邑齊語紀鄣謂夲紀國之鄣邑也公穀云鄣紀之遺邑與左傳云紀鄣合杜云紀鄣在東海贛榆是也莊三十年之鄣即此杜分為兩地非今江蘇海州贛榆縣縣北七十里有故紀鄣城亦曰紀城三天子鄣山今謂之三王郎天都也山海經海內南經三天子鄣山注

麞

○俗有獐麞屬也說文段注伏羲古今注曰麞有牙而不能噬考工記繢人山以章鄭云章讀為獐獐山物也齊人謂麇為獐陸璣詩疏云麕麞也青州人謂之麏按麞異於麇者無角

蔁

艸也說文段注玉篇曰蔁柳根即萬陸也此非許意

張

弩弦也說文段注敟數也張弛夲謂弓施弦解弦引申為凡作輟之偁禮記曰張而不弛文武弗能也弛而不張文武弗為也一張一弛文武之道也○禮記襍記下一張一弛疏云張謂張弦張施也廣雅釋詁三又國策秦策張樂設飲注又呂覽先己琴瑟不張注又楚辭湘夫人與佳期兮夕張注招魂羅幬張些注張開也廣雅釋詁二又莊子山木則呼張歙之釋文又荀子王霸不務張其義○萱按魯琴張字子開見左氏昭廿年傳張大也詩韓奕孔脩且張傳又廣雅釋詁一○左氏桓六年傳隨張必棄小國注云張自侈大也張殭也左氏昭十四年傳臣欲張公室也注又國策西周策破秦以張韓魏注張若今言張設漢書季布傳張御食飲從官注張帷帳也史記高祖紀高祖復畱止張集解引張晏○漢書王莽傳下張於西廟注引李奇云張帳也弧張量罣之屬所以扃絹禽獸周禮冥氏掌設弧張注○公羊隱五年傳百金之魚公張之注云張謂張罔罟障谷之屬持舟檝者謂遠岸為張淮南汜論謂張之注一張南方

宿也後漢光武紀上注○洪範五行傳逐功臣注云張為食廚張者言萬物皆張也史記律書欲德不用茲謂張漢書五行志中之上引京房易傳張腹滿也左氏成十年傳注○亶按此段張為脹也山海經為皮張同

商本韻兩讀注在後　𠷎古文　𧶜古文　𧷡籀

賓本韻兩讀注在後○俗有賓

昌蚩香切

𣅊籀美言也一曰日光也詩曰東方昌矣說文段注咎繇謨曰禹拜昌言今文尚書作黨趙注孟子引尚書禹拜黨言逸周書祭公解拜手稽首黨言張平子碑黨言允諧劉寬碑對衆嘉皆昌言字之段借也至於讜言亦見漢人文字字林讜言美言也又因黨言而為之言旁謂之正俗字可笑裴松之引易運期讖曰兩日並光日居午兩日昌字圖讖說字多不合本義裴引孝經中黃讖瞽為日載東字亦本从曰非从日蓋昌之本義訓美言引伸之為凡光盛之偁則亦有訓為日光者日光祇為餘義例所不載一曰日光也五字恐魏時因許昌之說而妄增

之齊風東方明矣朝既昌矣傳曰東方明則夫人纚笄而朝朝已昌盛則君聽朝云朝已昌盛與美言之義相應許并二句為一句當由轉寫筆誤○春秋元命苞作殷為媿昌注云昌兩日重見言明象亶按此昌之別說耳不可為典要

昌美也漢書揚雄傳上集注昌光也廣雅釋言昌慶也文選蜀都賦天帝運期而會昌劉逵注昌善也漢書王莽傳中或貢昌言集注昌始也廣雅釋詁一昌當也爾雅釋詁又漢書王莽傳中或貢昌言注又後漢仲長統傳注馬融傳注昌熾也楚辭大招人阜昌只注又文選東京賦六合殷昌薛注昌盛也詩還子之昌兮傳猗嗟猗嗟昌兮傳又釋名釋道又廣雅釋詁二又國語鄭語戎狄必昌注楚語天明昌作注而以金石匏竹之昌大蹈度為樂注又漢書禮樂志集注又呂覽古樂發者以昌注慎大越氏其昌尹又文選月賦委照而吳業昌注○穆天子傳二犬馬牛羊之所昌注云昌猶盛也昌盛壯兒詩丰子之昌兮傳昌佼好兒詩猗嗟箋○還箋云昌狡好兒昌謂各遂其生也荀子禮論萬物以昌注百昌猶百物也莊子在宥百昌皆生於土釋文引司馬注昌披衣不帶兒離騷何桀紂之昌披兮注昌

益者戒收藏也白虎通八風審地理者昌昌者地之財也古微書引書考靈曜○大戴記虞戴德云地事曰昌又誥志云地曰作昌遂出其後昌丘爾雅釋丘○釋名釋丘云道出其後曰昌丘

昌本昌蒲根切之四寸為蒞周禮醢人昌本麋臡注○儀禮有徹婦贊者執昌蒞蒞醢以授主婦注云昌昌本也又公食大夫禮韭蒞以東醢醢昌本注云昌本昌蒲本蒞也又後漢馬融傳注云昌本昌蒲根也又左氏僖卅五年傳饗有昌歜注云昌歜昌蒲葅昌羊昌蒲淮南說林昌羊去蚤磊注又廣雅釋艸云昌陽菖蒲也○亶按菖乃後出字古秖作昌蒲又鄭定碑懷州拜讜段讜為昌也又周禮樂師逐昌之段昌之段昌為唱也讜字後出

倡

樂也說文段注漢有黃門名倡常從秦倡皆鄭聲也東方朔傳有幸倡郭舍人則倡即俳也經傳皆用為唱字周禮樂師凡軍大獻教愷歌遂倡之故書倡為昌鄭司農云樂師主倡也昌當為倡按當云昌當為唱倡樂人也漢書廣川惠王越傳令倡俳臝戲坐中注霍光傳擊鼓歌吹作俳倡注外戚傳上孝武李夫人李以倡進注倡優樂

也一切經音義廿二引字林倡俳也後漢皇后紀上注引聲類又一切經音義十引蒼頡音義廿四引三蒼倡俳優也後漢桓譚傳性嗜倡樂注又列子湯問且之所造能倡者注倡發歌句也發始為倡倡始也倡先也倡能也倡盛也亶按此皆段倡為唱也去聲詳之

閶

閶闔天門也楚人名門皆曰閶闔說文○史記司馬相如傳排閶闔而入帝宮兮正義引韋昭又漢書禮樂志游閶闔注引應劭又後漢寇榮傳注張衡傳注杜篤傳注又離騷倚閶闔而望予注又文選魯靈光殿賦高門擬于閶闔張注思玄賦出閶闔兮降天途蓋注玆云閶闔天門也閶闔始升天門也淮南原道排閶闔淪天門注閶闔盛也春秋考異郵閶闔者當寒天收也注○注又云閶或作當兌為閶闔風周禮保章氏疏引考異郵又淮南墬形閶闔風之所生也注○淮南天文注云閶闔風兌卦之風也閶風秋風也文選東京賦侯風而西遷薛注閶闔大也淮南墬形西方曰閶闔之門注閶者倡也史記律書○亶按漢書揚雄傳上西馳閶闔又漢帝堯碑排啟閶闔揉根碑升作閶闔皆段閶為閶也

倀

猖也一曰仆也 說文段注猖者狾犬也假借為人狂之偁仲尼燕居曰譬猶瞽之無相倀倀乎其何之廣韻四十三映曰禹倀失道兒仆業抄本作什俟攷○廣雅釋詁四云倀狂也 倀倀無見兒 禮記仲尼燕居釋文 倀倀無所往兒 荀子成相人主無賢如瞽無相何倀倀注 倀倀無所適兒言不知所措履 荀子脩身人無法則倀倀然注

葛

或作蕩 艸也枝枝相值葉葉相當 說文段注也字各本無今補按說文凡艸名篆文之下皆複舉篆文某字曰某艸也如葵篆下必云葵菜也蓋篆下必云蓋艸也篆文者其形說解者其義以義釋形故說文為小學家言形之書也淺人不知則盡以為贅而刪之不知葵菜也蓋艸也河水也江水也皆三字句首字不逗今雖未復其舊為舉其例於此此葛篆之云本云葛艸也各本既刪葛字又去也字則葛篆不為艸名似為凡枝枝相值葉葉相當之偁矣玉篇葛下引說文謂即蓫葛馬尾蔨陸也蕩同葛孜本艸經曰商陸一名葛根一名夜呼陶隱居曰其花名葛是則彖呼曰蓫葛單呼曰葛或謂其花葛或謂其堅葉葛也

傷 始香切

創也 說文段注刃部曰刅傷也二字為轉注山海經謂木束為傷○廣雅釋詁一云傷創也又禮記月令命理瞻傷注云創之淺者曰傷 傷害也 國策秦策楚魏為一國恐傷矣注又楚辭沈江覽私微之所傷注○國策秦有不宜之時則傷注云傷亦害也 傷病也 國語晉語枯且有傷注又國策秦策必大傷注又呂覽本生性惡得不傷注傷樂其生必傷注分職天寒起役恐傷民注 傷敗也 呂覽順民不足以傷吳注分職此功名之所以傷注辯上此事之傷也注○淮南主術故一舉而不當終身傷注云傷病也亦敗也 傷即缺也 左氏文十二年傳注愍缺也疏 傷詑也 廣雅釋詁二 傷毀讚也 淮南人閒傷之魯昭公注○呂覽舉難人傷堯以不慈之名注云傷毀也又察微注云傷猶讚也 傷謂腷肎也 素問刺志論氣盛身寒得之傷寒注 傷箴也 廣雅釋詁二 傷思也 爾雅釋詁又詩卷耳維以不永傷傳澤陂傷如之何箋○萱按傷剖思訓慈訓悼皆傷之段借字也然亦傷引伸之義也 傷慈也 國策秦策天下莫不傷注 傷悼也 法言孝至故習洎則傷始亂也注 道人始去茲謂傷 漢書五行志中之下 弔喪主曰傷 公羊昭廿五年傳齊侯唁昭公于野井

注○管子君臣是故明君飾飲食弔傷之禮注云傷謂喪祭也 牛傷猶言牛𤛗 山海經中山經大苦之山有艸焉其名曰牛傷注○左傳襄十七年以杖抉其傷釋文一本作瘍萱按此段瘍為傷也亦可兩通又哀元年傳無面傷周禮太祝注作無面喪傷喪義同通用也

𥏫

○作瘍者譌 傷也 說文段注謂矢之所傷也引伸為凡傷之偁

愓

○俗有病 悳也 說文段注周南卷耳傳曰傷思也此傷即愓之段借也思與憂義相近也方言傷廣雅作愓○廣雅釋詁一云愓憂也 傷痛也 廣雅釋詁二 傷思也 爾雅釋詁又詩卷耳傳澤陂箋 傷悼也 傷慈也 萱按皆段傷為愓也傷下詳之

殤

不成人也人年十九至十六死為長殤十五至十二死為中殤十一至八歲死為下殤 說文段注見喪服傳不成人作未成人鄭曰殤者男女未冠笄而死可傷者也○禮記喪服小記庶子不祭殤與無後者疏云殤者未成人而死也又左氏哀十一年傳可無殤焉釋文云八

歲至十九為殤又鹽鐵論未通云十九年已下為殤 不滿八歲以下皆為無服之殤 儀禮喪服傳 殤傷也 廣雅釋詁二○釋名釋喪制云未二十而死曰殤殤傷也可哀傷也又儀禮喪服子女子子之長殤中殤注云殤者男女未冠笄而死可哀傷者女子子許嫁不為殤也 短折不成曰殤 周書謚法又獨斷下○謚法又云未家短折曰殤又呂覽察今今為殤子矣注云未成人夭折曰傷又國語楚語右執殤宮注云天死曰殤 無主之鬼謂之殤 小爾雅廣言○穆天子傳六於是殤祀而哭注云殤未成喪 國殤 為國戰亡也 文選鮑明遠樂府出自薊北門行身死為國殤注○萱按楚辭九歌有國殤篇 嫁殤者 謂嫁死人也今時娶會是也 周禮媒遷葬者嫁殤者司農○後鄭云殤十九以下未嫁而死者

觴

○俗有觴 觴籀 實曰觴虛曰觶 說文段注投壺命酌曰請行觴觴者實酒於爵也韓詩說爵觚觶角散五者總名爵其實曰觴觴者餉也觥者罰爵非所以餉不得名觴然投壺之請行觴固罰爵也凡禮經曰實者皆得曰觴獨於觶言者觶之用多來觶以該他也下文云觴受三升觚○大戴記曾子事父母執觴杯豆而不醉注云實之曰觴

觴者所以進酒穆天子傳一觴天子于盤石之上注。文選海賦初發源乎濫觴注引家語王注云觴所以盛酒者觴酒器之總名也莊子徐无鬼楚王觴之釋文引李注○呂覽義賞斷其頭以為觴注云觴酒器也觴爵也呂覽當務觴數行注文選東都賦班玉觴注引漢書音義○國語吳語觴酒豆肉簞食注云觴爵名又國策秦策王觴將畢注云觴酒爵也觴觚也楚辭招魂賓羽觴些注觴饗也呂覽長攻詔於於代君而請觴之注達鬱管仲觴桓公注

商

重見○俗有謫𠷎古文商古文𠻇籀從外知內也說文段注漢漢律麻志云商之為言章也物成孰可章度也白虎通說商賈云商之為言章也章其遠近度其有亡通四方之物故謂之商也按費誓我商賚女徐仙民音章此古音也從外知內了了章著曰商今式陽切○水經潔水注云商漳聲相近又匡謬正俗七云商字舊有章音萱按商讀式陽切亦久矣今姑兩收學者擇焉又荀子儒效若夫謫德而定次注云謫與商同商常也廣雅釋詁一又說苑修文商者強也白虎通五行商量也易兌商兌未寧釋文○禮記曲禮下

稾魚曰商魚注云商猶量也商謂商量是刻漏之名儀禮士昏禮注日入三商為昏疏○易兌注云商商量裁制之謂也商度也廣雅釋詁一又漢書食貨志上集注溝洫志集注又後漢馬援傳注商計度也漢書趙充國傳必商軍進退稍引去注○管子海王注云商許也萱按此可入賈下商榷麤略也文選陸士衡樂府吳趨行注引淮南許注○後漢宦者傳論先史商之久矣注云商謂商略昭功寧民曰商周書諡法商者張也陰氣開張白虎通禮樂商者章也臣也爾雅釋樂商謂之敏劉歆注商金也漢書郊祀志下集注又淮南天文其音商注時則注○素問金匱真言論注云商金聲也又陰陽應象大論在音為商注云商謂金聲輕而勁也又淮南覽冥鷕唱絲而商弦絕注云商西方金音也又呂覽孟秋注云商金也其位在西方又左氏昭廿五年傳疏云金為商又白虎通禮樂云金謂商庚辛為商太玄玄數聲生於日注○淮南天文云太簇為商商秋聲文選陶淵明赴假還江陵詩注引淮南許注○列子湯問於是當春而叩商弦注云商金音屬秋又荀子王制審詩商注云商謂商聲哀思之音秋風為商文選悼亡

詩清商應秋至注○秋懷詩寒商動清閨注云寒商秋風迅也又楚辭沈江商風肅而害生兮注云商風西風肅急皃商商風之迅疾也文選謝宣遠戲馬臺集詩迅商薄清穹注商殷之本號國語周語注又後漢郅惲傳注云商殷號也○水經丹水注云契始封商殷商之名起于此矣又晚出書孔序釋文云商湯天下號也商宋也國語吳語於商魯之閒注又莊子天運商太宰蕩釋文引司馬注○列子仲尼釋文云商宋國也商宋詩也禮記樂記肆直而慈愛者宜歌商注○記云商者五帝之遺聲也清商鄭音文選西京賦嚼清商而郤轉薛注商祝祝習商禮者商人教之以敬於接神宜儀禮士喪禮商祝襲注商庚者長股也大戴記夏小正有鳴倉庚傳商距馳河也莊子秋水○釋文引司馬注云商距蟲名通財鬻貨曰商行曰處商曰賈萱按詳賈下賈之用婢商之用廣槩用商字而人忘其有本字矣

𧶠

○俗有𧶠行賈也說文段注白虎通曰商賈何謂也商之為言章也章其遠近度其有亡通四方之物故謂之商

也賈之為言固也固其有用之物以待民來以求其利者也通物曰商居賣曰賈按白虎通古本如是漢律麻志商章也物成孰可章度也商書我賚女徐邈商音章內部商從章聲皆可證賈俗作賈經傳皆作商商行而賈廢矣渾言之則賈賈可互偁析言之則行賈曰賈行賈者通四方之珍異以資之○左氏僖卅二年傳鄭商人弦高注云商行賈又宣十二年傳商農工賈疏云行曰商又周禮大宰六曰商賈阜通貨賄注云行曰商處曰賈又文選西京賦商賈百族薛注云坐者為商行者為賈商官賈也國語晉語工商食官注行賈曰商漢書食貨志上集注韓信傳集注○易復商旅不行釋文引鄭注云資貨而行曰商市賤鬻貴曰商呂覽仲秋來商旅注○周禮司市以商賈阜貨而行布注又文選魏都賦賄以商通劉注班云通物曰商又公羊成元年傳注又漢書食貨志上班云通財鬻貨曰商商旅賈客也禮記月令注○考工記總目通四方之珍異以貨之謂之商旅注云商旅販賣之客也巽為近利市三倍故稱商兌易兌商兌虞注

紫香切

漿

隸作漿○俗有[illegible]𣲑古文酢漿也說文段注周禮酒正四飲漿人掌共王之六飲皆有漿注云漿今之

截漿也內則注云漿酢截也按酉部云截酢漿也則漿截二字互訓○周禮凌人凡酒漿之酒醴亦如之注云酒漿酒人
漿人也又莊子列禦寇吾嘗食十漿而五漿先饋釋文引司馬注云十漿十家並賣漿也 漿將也飲之寒
溫多少與體相將順也 釋名釋飲食○儀禮公食大夫禮飲酒漿飲侯于東房注云漿飲截漿也
口下曰承漿承水漿也 釋名釋形體 坤為漿 易說卦釋文引九家集解 檀首山
有水潛出停不流俗名為盎漿 山海經中山經帝臺之漿也注

將

撕或作扶也說文段注古詩好事相扶將當作扶將字之段借也凡云將順其美當作將順詩百兩將之傳曰將
送也天不我將箋云將猶養也皆於將義為近玉篇曰將今作將撕同 將扶也 廣雅釋言○詩無將大車箋又
荀子大略注並云將猶扶進也 將助也 漢書杜欽傳集注趙尹韓張兩王傳贊集注王莽傳中集注 將猶
扶助也 詩樛木福履將之箋邢湯孫之將箋烈祖我受命溥將箋 將扶也 荀子成相史謹將之無鈹滑注將
衛也 漢書兒寬傳集注 將救護之也 釋名釋言語 將順也 莊子庚桑楚備物以將形釋文

韻史 卷四十四下第十部平聲岡韻

四二〇一

將

將猶從也 漢書禮樂志集注○萱按此皆段為將也將他義亦多與將可適者 將
平聲用讀又去聲姑从今音也義分 送也 爾雅釋言又鵲巢傳又周禮小宰裸將之事注大史及將幣之日注又左
氏宣五年傳疏又公羊文十五年傳荀將而來也注又漢書還傳集注引如淳又淮南覽冥不將不迎注詮言去者幣
將注○詩燕燕遠于將之箋丰悔予不將兮莪班云將亦送也 將猶奉也 詩我將箋又儀禮聘禮注又禮記少
儀注鄭飲酒義聖立而將之以敬曰禮注○周禮小宗伯以時將贊裸注云將送也猶奉也 將猶致也 儀禮
聘禮記東帛加書將命注公食大夫禮將命注○禮記王制則以祝將之注云將謂執以致命 將猶傳也 儀禮
士相見禮注○論語遠問闕黨童子將命集解引馬注云將命者傳賓主之語出入 將送也去也 荀子賦聖
人共覽時幾將矣注○又饒口將將注云將去也 將行也 詩燕燕傳蘭分方將萬舞傳手傳楚於兩般飫將傳
文王傳飫醉傳炁民仲山甫將之傳教之日就月將傳扳多將嬌嬌箋又儀禮士昏禮記以荻初昏使某將注某飫得將
事矣注鄉射禮注大射儀將乘夫注拾發以將乘夫注又孝經將順其美注又疏引王注又周書祭公以將天命注又廣

韻史 卷四十四下第十部平聲岡韻

四二〇二

雅釋詁一又家語五儀將身有節注又國語周語末將事注又漢書刑法志集劉向傳集注又後漢郎顗傳注馬融傳注
又荀子解蔽作之則將注○孟子萬章下以君命將之注云將者行也又爾雅釋言孫注云將行之送也 將養
也 詩四牡不違將父傳又廣雅釋詁一又呂覽盡數將之以神氣注○詩桑柔天不我將箋人呂覽音律以將陽氣注弦
云將猶養也 將大也 爾雅釋詁又詩樛木傳滌消伊其將誂箋破杳亦孔之將傳正月傳巧言為猶將多箋我
將我將我將我享傳臣工將受厥明箋長發有娀方將傳又禮記孔子閑居注又論語子罕固天縱之將聖皇疏又漢書
食貨志下集注劉向傳集注韋玄成傳集注楊雄傳上集注○方言一云將大也燕之北鄙齊楚之郊或曰將 將長
也 廣雅釋詁二○楚辭哀時命哀余壽之弗將注云將猶長也 將壯也 詩北山鮮我方將傳 將老
也 太弟弟衛 將美也 廣雅釋詁一 將威也 方言十二 將猶領也 史記秦始皇紀將軍擊趙
正義○萱按此義亦可讀去蓋將字本無平仄之分去聲其本音也 將資也 爾雅釋言又漢書鼂錯傳集注引如
淳 將齊也 爾雅釋言又詩楚茨或肆或將傳○萱按齊讀去聲 將謂分齊也 爾雅釋言注○萱按

韻史 卷四十四下第十部平聲岡韻

四二〇三

段大令云釋言將齊也郭云謂分齊也引詩或肆或將此逵明畫或肆蒙或剝言剝之乃陳於五也或將蒙或亨言亨之
必剝量其水火及五味之宜故云齊其內也如是乃以祝祭于祊詩脩雅疏皆不了故著之 將車猶御車
也 史記田叔傳為人將車索隱 將側也 詩皇矣在渭之將傳 將陽言象物之秀實動
搖也 書大傳義伯樂舞將陽注之 將欲也 廣雅釋詁一又文選東京賦及將祀天郊注 將且也
詩簡兮方將萬舞箋谷風將恐將懼箋又廣雅釋言○論衡如資云將者且也 將辭也 甘泉賦注引韓詩章
白 將甫始之辭也 漢書兒寬傳將建大元李端注引蘇林 將者未至之辭 詩漢序士
箋將不能以自樂疏○儀禮昏禮疏云將者未至之辭又故相見禮疏云事未至謂之將人士喪禮疏云以其事未至書
言將也 將亡者未絕之辭 禮記檀弓下斯道也將亡矣疏 將謂為逆亂也 漢孫叔謂
通傳人臣無將將謂注又接幸黃皆傳蓋君觀無將注云將將為逆亂也○後漢樊儋傳注云將者將為弒逆之事也
將扶也將助也將持也將衛也將救護之也將順也將猶從

韻史 卷四十四下第十部平聲岡韻

四二〇四

也蒷按皆段將為將也又周禮屯人注峙曰合將段為獎也又或段將為獎為蔣

蔣

菰也說文○蒷按卯雕胡也其葉曰菰曰蔣南京道浸潭菰蔣注云蔣讀水獎之獎準蔣菰也漢書司馬相如傳上蔣芧青蘋注引張揖又文選蜀都賦攢蔣叢蒲劉注云蔣菰名也○蒷按揚信碑蔣厲兵甲段蔣為獎也

將　北香切

平聲兩見又去聲請也詩氓將子無怒箋將仲子兮傳正月將伯助予傳又廣雅釋言又漢書匡衡傳集注又穆天子傳將子無死注將願也詩氓將子無怒傳將將盛美也詩閟宮犧尊將將疏引王肅將嚴正也詩緜應門將將傳將將高皃也文選七發華將將注華將將集也詩執競磬管將將傳○蒷按據說大別此當作蹩蹩將將聲也將將鸞鑣聲蒷按此段將為鎗也鎗之俗體作蹡將將玉佩聲將將鳴玉而後行蒷按此段將為瑲也玉聲當作瑲凡聲當作鎗緜應門將將文選作應門將將此後出字也御覽作應門鏘鏘則段借非其宜

蹩

或書作蹡行皃詩曰管磬蹩蹩說文段注聘禮眾介北面蹌焉鄭云容皃舒揚曲禮天子穆穆諸侯

皇皇大夫濟濟士蹌蹌鄭曰皆行容止之皃也按許蹩為行皃蹌訓動也然則禮言行容者皆蹩為正字蹌為段借字廣雅蹡蹡走也詩者周頌文今詩作磬筦將將毛曰將將集也蹩敬也一切經音義八引三蒼蹌蹌行皃文選羽獵賦啾啾蹌蹌注蹌蹌士之容也詩楚茨濟濟蹌蹌釋文蹌蹌濟濟士大夫之威儀也詩公劉箋蹌蹌者步趾之威儀也法言問明鳳鳥蹌蹌注蹌蹌有行列皃荀子大略注蹌巧趨皃詩猗嗟巧趨蹌兮傳蹌捍馬走疾之皃文選舞賦蹌捍凌越注鏘鏘行步皃也文選吳都賦被練鏘鏘薛劉注○蒷按此段鏘為蹩也鏘鏘盛也廣雅釋訓又漢書禮樂志集注鏘鏘高皃也後漢張衡傳注

蹌

動也說文蹌蹌動也爾雅釋訓蹌巧趨皃蹌蹌行皃蹌蹌者步趾之威儀也蒷按皆段蹌為蹩也彼已詳皐陶謨鳥獸蹌蹌周禮注作槍槍用壁中古文也說苑作鶬鶬段借字也

瑲

玉聲也詩曰攸革有瑲說文段注小雅有瑲葱行毛傳葱珩聲也秦風佩玉將將玉藻然後玉鏘

鳴皆當作此字詩者周頌載見文有瑲今詩作有鶬亦作鎗按鸞鈴鑾飾之聲而字作瑲玉聲而字作鏘皆得謂之假借將將玉佩聲詩有女同車釋文將將鳴玉而後行詩有女車佩玉將將傳○蒷按此段將為瑲也瑲瑲聲也詩采芑八鸞瑲瑲傳○蒷按此段瑲為鎗鏘聲也禮記玉藻注鏘佩聲也楚辭東皇大一璆鏘鳴兮琳琅注

鎗

○俗有鏘鎗鏓逗雙聲字鐘聲也說文段注引申為他聲詩采芑八鸞鎗鎗毛曰聲也韓奕作將將烈祖作鶬鶬皆段借字或作鏘鏘乃俗字漢書禮樂志文志作鑾鏘廣雅作鎗○廣雅釋詁四云鎗聲也聲也文選宋孝武宣貴妃誄詠楚挽於槐風注鏘鏘鳴聲詩烝民八鸞鏘鏘箋○左氏莊廿二年傳疏云鏘鏘鳴之聲鏘鏘進也荀子賦讒口鏘鏘注鶬金飾皃詩載見箋鞗革有鶬言有法度也詩載見傳八鸞鶬鶬言文德之有聲也詩烈祖箋將將聲也詩鼓鐘鼓鐘將釋文將將鸞鑣聲詩庭燎鸞聲將將傳

槍

○俗有槍岠也一曰槍攘也說文段注止部曰岠止也一曰槍也按槍有相迎門爭之意通俗文曰剌木傷盜曰槍今俗作鎗槍攘也三字句攘各本從木誤今正莊子在宥傖囊崔譔作戕囊云戕囊猶搶晉灼注漢書曰搶攘亂皃也按許無從手之搶凡搶攘上從木下從手木兩端銳曰槍一切經音義二引蒼頡解詁○音義十引三蒼云木兩頭小而銳曰槍又華嚴經音義上引蒼頡篇云槍謂木兩頭銳者也剡葦傷盜為槍御覽三百五十四引風俗通槍木○蒷按剝筆小疑有誤不如通俗文剝木字槍櫓也國語齊語挾其槍刈耨鎛注又管子小匡注槍突也莊子逍遙遊我決起而飛槍榆枋釋文引支遁槍箸也莊子逍遙遊釋文引崔注槍猶集也莊子逍遙遊文引司馬注槍猶剌也漢書揚雄傳上棊注○賈誼傳國制槍攘注引蘇林云槍音濟濟蹌蹌不安皃也

牄

鳥獸來食聲也虞書曰鳥獸牄牄說文段注牄蓋壁中文如此孔安國以今文字讀之易為蹌蹌鄭云飛鳥走獸蹌蹌然而舞偽孔說本之許則從牄字說為鳥獸來食聲與鄭異鄭易字許不易字也鄭注

大司樂亦引鳥獸牄牄公羊春秋有頓子牄虞書者皆繇譔文

斨

方銎斧也詩曰又缺我斨說文段注銎者斤斧空也毛詩傳曰隋銎曰斧方銎曰斨隋讀如妥謂不正方而長也按許不稱七月斨破斧者明斧斨之用不專伐木也○文選魏都賦斧斨以時剝注又詩七月取彼斧斨傳竝云斨方銎斧也又疏云斨即斧也唯方銎孔異耳

鏦謂之斨廣雅釋器

斨戕也所伐者斨毀也釋名釋用器平去兩讀姑从今音分之

相

省視也易曰地可觀者莫可觀於木詩曰相鼠有皮說文段注釋詁毛傳皆云相視也此別之云省視謂察視也按目接物曰相故凡彼此交接皆曰相其交接而扶助者則為相瞽之相古無平去之別也棫樸桑柔毛傳云相質也質謂物之質與物相接者也此亦引伸之義引易者說从目木之意也目所視多矣而从木者地上可觀者莫如木也五行志曰說曰木東方也於易地上之木為觀顏云坤下巽上觀巽為木故云地上之木許蓋引易觀卦說也此引經說字形之例詩者庸風文

相質也詩棫樸金玉其

相傳桑柔考慎其相傳又荀子富國注

相隨也左氏昭三年傳其相胡公服注

相者兩相之辭詩行葦傳內相視也疏

相羊彷羊也文選西京賦相羊乎五柞之館注○漢書外戚傳上惟幼眇之相羊注云相羊翱翔也又離騷聊逍遙以相羊注云逍遙相羊皆遊也又悲回風憐浮雲之相羊注云相羊無所據依之皃

相羊猶徘徊也後漢張衡傳注○馮衍傳注云相徉猶逍遙也

襄羊猶彷徉也文選上林賦注○萱按此段襄為相也同音通用

相翔猶昌翔觀伺者也周禮野廬氏有相翔者注之注○水經清潭水注云相聲韻合萱按爾雅釋蟲諸慮奚相舍人相作桑亦音近通用也

相思大樹也文選吳都賦相思之樹劉注

○已下諸義皆今音讀去聲者

相視也爾雅釋詁又書盤庚相時憸民馬注召誥惟太保先周公相宅鄭注又詩相鼠相鼠有皮傳伐木相彼鳥矣箋節南山相爾矛矣箋小弁相彼投兔箋四月相彼泉水箋棫樸金玉其相箋韓奕為韓姞相攸箋又周禮春官序相馮相氏注又禮記月令善相丘陵注禮逕注中肅相在爾室注又國語齊語管相其質注注相地而衰注晉語后稷是相注唐叔注又漢書王尋傅集注又後漢張衡傳注賈彪傳注

張綱傳注又荀子非相注儒效相高下注王制相地而衰政注相陰陽注又呂覽孟春注又淮南脩務相土地宜燥溼注又離騷悔相道之不察兮注相觀民之計極注相下女之可詒注又文選東京賦召伯相宅辭注思玄賦怨高陽之相寓兮舊注

相占視也周禮大司徒以相民宅而知其利害注

相謂視擇知其善惡周禮犬人凡相犬牽犬者屬焉注○考工記矢人凡相笴注云相猶擇也

相助也易象上傳輔相天地之宜疏象下傳君子以勞民勸相廣注又書盤庚予其懋簡相爾晚出傳洪範相協厥居疏又釋文呂刑今夫相民馬注又詩生民有相之道傳抑相在爾室箋桑柔考慎其相箋清廟肅雝顯相傳傳雝相維辟公傳又周禮巫馬相醫而藥攻馬疾注又儀禮士式晉禮記往迎爾相注士虞禮記哀顯相注少牢饋食禮相從入注皆合執二徂以相注又禮記少儀息則張而相之注繼衣相亦惟終注又左氏僖十五年傳亦無相也注昭四年傳晉楚唯天所相注定三年傳肇庄請夫人以償馬注又公羊隱五年傳天子之相也注又論語八佾相維辟公皇疏又釋文又大戴記曾子制言下奉相仁義注又國語周語德之相也注晉語上下左右以相心目注楚語而皇神相之注二先子其皆相子注又漢書志傳各集注又後漢紀傳各注

又莊子在宥說禮邪是相於技也注又釋文又法言淵騫忠不足相也注又文選幽通賦實棐諶而相訓曹注典引夫相祖宗蔡注○漢書百官公卿表上下注引庶又斷聚四十五引風俗通竝云相者助也又易象下傳君子以勞民勸相注云相猶助也

相謂助知家事者也禮記曲禮下士不名家相長妾疏○儀禮士虞禮記哀顯相注云顯相助祭者也

相佐也禮記檀弓上莫相予佐馬注又左氏宣十六年傳原襄公相禮注昭元年傳樂桓子趙文子注人國語周語注又淮南時則五月官相注○左氏成十四年傳注云相佐禮又周禮內小臣疏云相佐助之言也

相左右周禮大僕王燕飲則相其禮注

相謂輔相禮記樂記治亂以相釋文引王注○荀子禮論注云相亦補之義

相扶也論語衛靈周有師之道也鄭注

相謂扶工周禮祇縢相替注又禮記仲尼燕居譬猶瞽之無相與疏○儀禮鄉射禮相者皆左何瑟注燕禮右手相注竝云相扶工也又鄉飲酒禮相者二人注云相扶工也眾有之少者為之每工一人又禮記禮器樂有相步注云相步扶工也

相勵也爾雅釋詁

相治也左氏昭九年傳而楚所相也注昭廿五年傳相其室注又小爾雅釋語

相猶使也呂覽誠康相奉桑林

注相道也爾雅釋詁○論語衛靈集解引馬注云相導也又國語楚語問誰相禮注云相相導也相贊也易象上傳輔相天地之宜虞注又儀禮聘禮記擯者立于閾外以相拜注○荀子大略善為禮者不相注云相謂為人贊相也又漢書五行志中之上注云相謂贊相其禮又周禮司儀掌九儀之賓客擯相之禮注云贊禮曰相又儀禮鄉射禮遂立于楹間以相拜注云相謂贊主人及賓相拜之辭又禮記曲禮上徹飯齊以授相者注云相者主人贊擯者詔相左右教告之也周禮大行人則詔相諸侯之禮○大宗伯朝覲會同則為上相注云入詔禮曰相相詔王禮也又則為擯相注云入詔禮曰相相者五人卿為上擯又禮記郊特牲祭祀之相注云相謂詔侑也相謂詔侑尸也相相禮者左氏成二年傳使相告之注○禮記雜記上大夫之良大宗人相相注相相侑人禮也又相者入告疏云相者相主人傳命者也又雜記下相者由左注云相相主人之禮相儀也淮南主術足而行而相者先導注相饗之也禮記郊特牲相謂主君擯者及賓之介也周禮司儀每門止一相注○儀禮士冠禮疏云在客擯介亦曰相又鄉飲酒禮主人一相注云相主人之吏擯贊傳命者又云相主

人家臣擯贊傳命者相者正王服位之臣謂太僕書顧命相被冕服鄭注相也者百官之長也呂覽舉難○國語齊語師尹惟旅牧相注云相國相也又禮記月令命相布德和令注云相謂三公相王之事也又呂覽孟春注云相三公也出為二伯一相處於內也又書顧命伯相晚出傳云邦伯為相又大誥序周公相成王晚出傳云相謂攝政拊一名相荀子禮論尚拊之膈注○禮記樂記治亂以相注云相即拊也糠一名相今齊人或謂康為相又御覽五百八十四風引風俗通云相拊也所以輔相於樂奏樂之時先擊相相謂送杵聲禮記曲禮上舂不相注○注又云相以音聲相勸七月為相爾雅釋天相地名書河亶甲序亶甲居相晚出傳方相猶言放想可畏怖之皃周禮夏官序官方相氏注○蕢按今音相之今義讀去聲而分一二引申之義讀平聲此非古也古皆平聲耳但相之去聲今不容無故兩收之而義則備載於此以便稽覆焉

箱

○俗有廂大車牝服也說文段注考工記大車牝服二柯又參分柯之二注云大車平地載任之車牝服長

八尺謂較也鄭司農云牝服謂車箱服讀為負小雅傳曰服牝服也箱大車之箱也按許與大鄭同箱即謂大車之輿也毛二之大鄭一之要無異義後鄭云較者以左右有兩較故名之曰箱其實一也假借為匧荀之僻又假借為東西室之稱禮經箱字俗改為廂字非也○後漢張衡傳注云箱車也又文選思玄賦縶腰褭以服箱舊注云箱大車也正寢之東西室皆曰箱言似箱篋之形漢書周昌傳呂后側耳於東箱聽注玉箱猶王房也文選七啟金珥玉箱注箱序也後漢虞詡傳注引埤蒼東箱東夾之前相翔待事之處儀禮覲禮記几俟于東箱注又公食大夫禮公揖退于箱注云箱東夾之前俟事之處廟夾室前堂爾雅釋宮室有東西廂曰廟注又孫注○李注云廟謂宗廟殿有東西小堂也殿東西次為廂文選東京賦下雕輦於東廂廂辭注○魯靈光殿賦西廂豳瀏張注云西廂西序也又楚辭怨思蕿蔡蔓于廂注云廂序之東為東廂廂郎牖儀禮鄉飲酒禮注東西廂謂之序疏

湘

湘水出零陵縣陽海山北入江說文段注縣字今補凡郡縣同名則言縣以設之也零陵

郡零陵二志同前志零陵下曰陽海山湘水所出北至酃入江過郡二行二千五百三十里過郡二者零陵長沙也又有離水東南至廣信入鬱下行林字非行九百八十里水經曰湘水出零陵始安縣陽海山者山東北流過下雋縣西又北至巴丘山入出江酃曰陽海山郎翔山山在始安縣北縣故零陵之南部也湘湖同源南為灘水北則湘川今廣西桂林府興安縣南九十里俗謂之海陽山郎陽海山也湘水出馬北流經全州入湖南昕經東安縣零陵縣祁陽縣常寧縣衡陽縣衡山縣湘潭縣善化縣至喬口資水來會又經湘陰縣至磊石山分為二派又合入洞庭湖曰湘口漢志云至酃入江未詳按離水字本不從水旁復人益之耳許書所無又按詩召南于以湘之假借為鬺字○蕢按毛作湘烹也用借字韓詩作于以鬺之用字見漢書注引湘汨皆水名楚辭遺厄沈玉躬兮湘汨注或作鬺鬺

鬺

鬺也說文段注鬺亦作鬺亦作鼎韓詩于以鬺之惟錡及釜封禪書禹收九牧之金鑄九鼎皆嘗亨鬺上帝鬼神亨鬺郊祀志作鬺亨亨許兩切謂鬺飪也廣雅鬺亨煮而獻之上帝鬼神也毛詩假湘為之煮也史記封禪書集解引徐廣湘烹也詩采蘋于以湘之傳

襄

隸作襄𧟄古文漢令解衣而耕謂之襄說文段注此襄字所以从衣之本義惟見於漢令也引伸之為除去爾雅釋言詩牆有茨出車傳皆曰襄除也周書謚法云辟地有德曰襄凡云攘地攘夷狄皆襄之假借字也又引伸之為反役大東傳云襄反也謂除此而復于彼也釋言又曰襄駕也此驂之假借字凡云襄上也襄來也皆同又馬注皋陶謨曰襄因也謚法因事有功曰襄此又攘之假借字有因而盜曰攘故凡因皆曰攘也今人用襄為輔佐之義古未嘗有此義襄除也史記龜策傳西攘大宛集解引徐廣辟地為襄甲冑有勞曰襄汲周書謚法○獨斷下云辟土有德曰襄襄反也詩大東終日七襄傳又文選顏延年夏夜詩注引韓詩章句襄之言暢書皋陶謨鄭注襄成也左氏定十五年傳不充襄事注襄羊猶彷徉也文選上林賦消搖乎襄羊郭注○亶按此段為相羊也又漢李翕析里橋郙閣頌漢水逆蘘段蘘為蒐也又周禮保氏注襄尺井儀也釋文云襄本亦作蘘攘除也詩車攻序外攘夷狄釋文又左氏落四年傳攘公之踰注又離騷忍尤而攘詬注又素問生氣通天論溼熱不攘注○史記龜策傳西攘大宛太史公自序秦所以東攘集解並引徐廣

云攘一作襄又爾雅釋詁疏引書鄭注云攘博士詩曰襄攘擇攘除不祥荀子王制主攘擇五卜注

驤

馬之低仰也說文段注低當作氐馬之或俛或仰謂之驤吳都賦四騏龍驤古多段襄為驤驤舉也漢書司馬相如傳下集注又後漢吳蓋陳臧傳贊注班彪傳上注驤馳也文選西京賦乃奮翅而騰驤薛注馬右足白驤爾雅釋畜○詩小戎疏引爾雅樊注云馬後右白曰驤襄駕也爾雅釋言又詩大叔于田兩服上襄箋大東終日七襄箋又漢書地理志上集注襄舉也漢書鄒陽傳集注敘傳下集注襄上也書堯典蕩蕩懷山襄陵晚出傳皋陶謨疏引鄭氏說襄舉也上也史記趙世家以樂乘為武襄君正義襄謂高也文選西京賦襄岸夷塗薛注○琴賦云參辰極而高驤

渠良切

誩

○俗有譍競言也說文又集韻引字林

競

○俗有譆彊語也一曰逐也說文段注競彊疊韻彊語謂相爭一曰逐也別一義○詩桑柔職競用力箋長發不競不絿箋又小爾雅廣言又淮南原道猶不能與羅競多注敘兵相與優柔競暢于宇宙之間注又文選思玄

賦雕鶚競於貪婪兮舊注並云競逐也又莊子齊物論有競有爭注云並逐曰競競維人箋桑柔秉心無競傳烈夫烈文傳執競無競維烈箋又左氏宣十二年傳疏昭三年傳二惠競爽猶可注又後漢盧植傳注競強也左氏僖七年傳心則不競注宣元年傳故不競於楚注宣二年傳彼宗競於楚注成九年傳德則不競注昭廿年傳注競爭競也左氏襄十年傳師競已甚注無競競也詩抑無競維人傳執競無競維烈傳又呂覽求人注競競武也廣雅釋訓競並也離騷眾皆競進而貪婪兮注競進也呂覽分職而天下皆競注競遝也左氏昭廿三年傳使肥與有職競焉注競時謂遝時也後漢崔駰傳注競高也廣雅釋詁四○亶按周禮鍾師呂玉叔注引詩執競作執僥音近字也僥者僚之異體

强

𧍨籀蚚也說文段注下云蚚強也二字為轉注釋蟲曰強醜捋郭曰以腳自摩捋段借為彊弱之強據強為籀文則強者古文秦刻石文用強足用古文為小篆也然以強為彊是六書之段借也○爾雅釋詁云強蚚亶按自強蚚強醜捋外經典強字無慮皆彊若勥之借也彼處詳之矣強勉也強勤也亶按此皆段強為勥也上

聲詳之

彊

弓有力也說文段注引申為凡有力之偁又段為勢迫之勢彊當也爾雅釋詁彊畺也釋名釋言語彊彊力也國語楚語彊忍不義注○呂覽審時其米多沃而食之彊注云彊有勢力也彊堅也管子地員赤壚歷彊肥注彊甚於剛也周書謚法猛以彊果曰威注彊不撓周書謚法剛彊理直曰武注自勝之謂彊韓非子喻老○大戴記曾子大孝云彊者彊此者也彊助也太玄彊莫不彊梁注輔弼之謂彊荀子解蔽引傳彊霸也呂覽悔過若是而擘可大彊注彊暴也爾雅釋言彊者怒之歸也後漢臧宮傳彊彊梁也太玄疑疑彊昭注○詩蕩疏云彊梁任威使氣之兒又太玄北陰氣章彊注云彊梁傷吹之兒彊彊禦也國語晉語吾聞之申生甚好仁而彊注○詩蕩曾是彊禦傳云彊禦彊梁禦善也彊陽猶剛實也列子天瑞彊陽氣也注○莊子知北遊天地之彊陽氣也注云彊陽猶運動耳奔奔彊彊言其居有常匹飛則常隨之兒詩鶉之奔奔鶉

之奔奔鵲之彊彊箋○釋文引韓詩云奔奔彊彊乘匹之皃萱按此非字之正義也釋文彊音姜則以為彊字矣然亦非彊之正義疑可仍讀奔音也表記作鵲之姜姜
彊其性凝強以制服亂髮也
釋名釋首飾
隆彊其上竹曰郎疏相遠晶晶然也
釋名釋車
強健也
左氏文十年傳三君皆將強死疏又一切經音義六引蒼頡篇
強盛也
國策秦策兵革之強注○春秋考異郵景者強也注云強言萬物強盛也
強大也
國策齊策天下強國無過齊者注
強益也
小爾雅廣言
強力也
淮南脩務是故用者不強注○詩載芟侯彊侯以傳云強強力也又箋云強有餘力者
強是不軟
禮記月令注強梁之地疏
強勇者所好也
禮記中庸子路問強注
強無不勝也
淮南原道志弱而事強注
自勝者強
老子○又云守柔曰強
自強修業不敢倦
禮記學記知困然後能自強也注○祭義云強者強此者也
四十曰強言堅強也
釋名釋長幼○禮記曲禮上云四十曰強又書皋陶謨彊而毅鄭注云彊謂性行堅強
強謂中氣強固以鎮守也
素問脈要精微論得強則生失強則

心使氣曰強
老子
強謂氣不和順
素問玉機眞藏論名曰重強注
強剛愎也
荀子脊坐強足以反是獨立注
太歲在丁曰強圉
爾雅釋天○孫注云強圉萬物皮孚堅者也又李注云言萬物皆剛盛未通故曰強圉
己在丁曰強圉
淮南天文○又云言萬物剛盛故曰強圉也
強圉強梁圉悍也
漢書王莽傳上不畏強圉注○離騷澆身被強圉兮注云強圉多力也又莊子山木從其強梁釋文云彊梁多力也
強死不病也
左氏昭七年傳注
強水即羌水也
水經江水注
彊勉也
萱按此在彊為引申之義正字當作勥讀上聲

勍

彊也春秋傳曰勍敵之人
說文段注彊者弓有力也引申為凡有力之偁春秋傳者僖二十三年左傳文杜亦曰勍彊也按勍與人部之倞字音義皆同而勍獨見左氏古音讀如彊
勍勍武也
廣雅釋訓

黥

○俗有剜
剠或
墨刑在面也
說文段注此刑亦謂之墨周禮司刑注曰墨黥也先刻其面以墨窒之○尚書呂刑爰始淫為劓刵椓黥鄭注云黥謂羈黥人面又疏云黥面即墨刑也又古微書引書刑德放云黥者黥

笮人面也又左氏襄十九年傳疏云周禮謂之墨尚書謂之黥黥墨為一又孝經五刑之屬三千疏引孔安國云墨一名又國策秦策黥劓其傳注云刻其額以墨實其中曰黥又後漢書朱穆傳注云黥首謂鑿額涅墨也又荀子正論墨黥注云墨黥當為墨幪

䲔

鯨或
海大魚也春秋傳曰取其䲔鯢
說文段注此海中魚最大者羽獵賦作京京大也春秋傳者宣公十二年左氏傳文劉淵林注吳都賦裴淵廣州記皆云雄曰鯨雌曰鯢是此鯢非剌魚也○文選西京賦鯨魚失流而蹉跎薛注又漢書揚雄傳上騎京魚注故云鯨大魚也又後漢班彪傳注引薛綜西京賦注云海中有大魚名鯨又淮南覽冥鯨魚死而彗星出注云鯨魚大魚長數里又一切經音義十九引異物志云鯨魚數里或死沙中云得之者皆無目俗云其目化為明月珠也
鯨魚之王也
一切經音義十九引淮南許注
鯨䲔大魚也
楚辭通路鯨鯨兮幽潛注
鯨猶言鳳鯢猶言鳳也
文選吳都賦劉注○左氏宣十二年傳取其鯨鯢而封之注云鯨鯢大魚名疏引周處風土記云鯨鯢海中大魚也
又鯨大也
水經沔水注

隱良切

易

開也一曰飛揚一曰長也一曰彊者眾皃
說文段注此陰陽正字也陰陽行而侌昜廢矣闕謂之乾故曰開也
開謂之陽
後漢班彪傳上注○萱按經典陽字無處皆昜字也然而不可歸矣故錄此一條以著之

陽

○俗有霧
高明也
說文段注闇之反也○白虎通號云高陽者陽猶明也道德者高明也萱按陰陽字本侌易為正體而經典無不作陰陽者明闇即侌易無庸屑屑改從也易訓開開與明一貫班彪傳注云開謂之陽○又按說文𨸏部陽陸相次陸之重文作䧘而集韻陽下收䧘為重文其紕繆有如此者
十陽明也
詩七月我朱孔陽傳又廣雅釋詁四又漢書司馬相如傳下集注引文穎外滅傳上集注又後漢班彪傳上下注又楚辭大司命壹陰兮壹陽注淨江夕竊辰陽注○禮記曾子問是謂陽厭注云明者曰陽
陽日也
詩湛露匪陽不晞傳又周髀算經下陽照三注又呂覽辯土下得陽注又文選張景陽雜詩浮陽映翠林注○詩公劉疏云陽即日也又左氏文四年傳天子當陽疏云陽謂日也又素問陰陽離合論六節藏象論弦云日為陽又鹽鐵論論菑云日者陽陽道明
陽揚也氣在

外發揚也釋名釋天○易說卦傳為日荀注云陽外光也陽外也漢書爰盎傳集注引鄭展○左氏僖十五年傳陰血周作疏云外為陽陽天也禮記郊特牲樂由陽來者也○素問陰陽離合論六節藏象論竝云天為陽陽者天氣也素問太陰陽明論又春秋繁露人副天陽者天之德也春秋繁露陰陽義陽者天之寬也春秋繁露循天之道陽者陰之長也說苑辨物陽化氣陰成形素問陰陽應象大論○上古天真論六八陽氣衰竭於上注云陽氣亦陽明之氣也陽剛直之物也易象上傳陽在下也注○象上傳內陰而外陽內柔而外剛崔注云陽剛謂乾也又漢書郊祀志下集注云陽為剛陽奇白虎通嫁娶○易繫辭下傳云陽卦奇陽尊也禮記曲禮上注先食哉後食般注陽吉也禮記雜記上小功以下左疏前為陽儀禮喪服記注凡衰前三幅疏陽鬱也廣雅釋詁四陽大國策秦策天下陰燕陽魏注陽猶常也漢書爰盎傳集注引晉灼陽猶清也考工記弓人欲赤黑而陽聲注陽溫也詩七月春日載陽發陽暖也文選東京賦薛注陽早也漢書王莽傳中

集注帶而上者盡為陽春秋繁露人副天陽神氣也左氏昭七年傳神曰魂注陽德氣也春秋繁露陽尊陰卑又王道通云陽為德陽氣主養儀禮鄉飲酒禮記亨于堂東北注又出自左房注云主陽陽者主生萬物越絕書外傳枕中○莊子齊物論莫使復陽也釋文云陽猶生也陽動吐太玄玄告晝為陽太玄玄瑩晝人之禍少注玄圖晝夜相丞注○禮記祭義陰陽長短疏云陽謂晝也歲為陽左氏襄廿八年傳陰不堪陽服注○春秋繁露天辨在人云陽者歲之主也春夏為陽素問陰陽離合論故生因春長因夏注○孟子滕文公上秋陽以暴之注云秋陽周之秋夏五六月盛陽也十月為陽爾雅釋天又詩采薇箋杕杜日月陽止箋○後漢馬融傳注云陽朔十月朔也陽麻陽月也詩采薇歲亦陽止傳○書禹貢陽鳥攸居鄭注云陽鳥鴻雁之屬隨陽氣南北又小爾雅釋鳥云去陰就陽者謂之陽鳥鴻雁是也日之所照曰陽穀梁僖廿八年傳注山東曰朝陽山西曰夕陽爾雅釋山○釋名釋山云山東曰朝陽山西曰夕陽隨日所照而名之也在南曰陽文選景福殿賦南岠陽榮注山南

曰陽書禹貢至于岳陽晚出傳又釋文又詩殷其靁在南山之陽傳又漢書郊祀志上自泰山陽至顛注地理志上峄陽孤桐注揚雄傳上處嶠山之陽曰郰注又後漢崔駰傳注又孟子告子下逆有南陽注又呂覽本味注陽山之陽注音初侯禹于塗山之陽注又文選高唐賦序妾在巫山之陽注○穀梁僖廿八年傳又山海經南山經杻陽之山其陽多赤金注云山南為陽水北曰陽書禹貢釋文又詩渭陽序釋文又左氏僖廿八年傳漢陽諸姬注又公羊僖廿二年傳戰于泓之陽注又呂覽行論合諸侯於漢陽注求人瀕水之陽注○穀梁僖廿年傳注云水北為陽又呂覽旗人許由虞乎潁陽注云潁水之北曰陽陰陽氣之大者也莊子則陽○大戴記文王官人考其陰陽注云陰陽猶隱顯也又素問陰陽應象大論云陰陽者天地之道也又云陰陽者血氣之男女也重陽天也後漢馬融傳注風火為陽大戴記曾子天圓龍非風不舉龜非火不兆注太陽火也論衡龍虛○文選洛神賦注引正麻云太陽日也陽君也漢書五行志下之下集注引孟康又楚辭涉江陰陽易位注○後漢郎顗傳注引易稽覽圖注云陽者君也君為陽父為陽夫為陽竝春秋繁露基義陽君道也

易繫辭下傳陽一君而二民注陽謂天子也書金縢天乃雨反風鄭注陽君子易觀君子吝虞注瑩天功明萬物之為陽也太玄玄攡陽為仁也楚辭怨思云服陰陽之正道兮注陽予也爾雅釋詁○注云今巴濮之人自阿陽陽陽無所用其心也詩君子陽陽傳○疏云陽陽是得志之兒陽遂清通兒文選洞簫賦時橫潰以陽遂注外兒為陽禮記檀弓下注何佯若苦之疏○又云陽或言佯者字相假借義亦通也陽即偽耳漢書田儋傳儋陽為縛其奴注○一切經音義十一引漢書注云陽注云陽謂不眞也又音義十五引周書云陽詐也陽者衛外而為固也素問生氣通天論三陽太陽素問陰陽類論三陽為表注○太陽為經注云陽氣盛大故曰太陽太陽膀胱脈也素問六節藏象論二盛病在太陽注○經脈別論陽有餘也注云陽謂膀胱也少陽膽脈也素問六節藏象論人迎一盛病在少陽注○陰陽類論一陽者少陽也注云陽氣未大故曰少陽陽明胃脈也素問六節藏象論三盛病在陽明注○眞要大論衛陽絕注云衛陽胃脈氣也至陽德陽氣在人

者周禮大宗伯以地產作陽德注司農注云陽德謂分地利以致富○陽禮謂鄉射飲酒之禮也周禮大司徒二以陽禮教讓注曰陽祀祭天於南郊及宗廟周禮牧人凡陽祀用騂牲毛之注○司農注云陽祀春夏也陽聲黃鍾大蔟姑洗蕤賓夷則無射周禮大師○書大傳注云六律為陽陽木生山南者周禮山虞仲冬斬陽木注又柞氏令刊陽木而火之注云生山南為陽○山虞司農注云陽木春夏生者陽燧金也取金杯無緣者熟摩令熱日中時以當日下以艾承之則燃得火也淮南天文陽燧見日則燃而為火注墨陽劒名楚辭哀歲操我分墨陽注龍旂陽陽言有文章也詩載見傳五人或曰陽門在前曰陽兩旁似門也釋名釋車○廣雅釋器云陽門蔽當也陽前弁也周禮卜師辨龜之上下左右陰陽注陽谷日所出也後漢張衡傳注九陽謂天地之涯也楚辭遠遊夕晞余身兮九陽注○遭冘躔九陽兮戲蕩注云九陽日出處東南曰陽天呂覽有始又注

云東南木之季也將即太陽純乾用事故曰陽天○淮南天文東南方曰陽天注云東南純乾用事故曰陽天東南方曰陽門淮南墬形○注云東南月建在巳純乾用事故曰陽門撥天下諸城東南角門皆陽門是其類也少陽東宮也又選顏延年曲水詩序正體毓德於少陽注陽門宋城門也家語子貢問宋陽門之介夫死注陽城蜀門名也又選蜀都賦結陽城之延閣劉注陽州東方也淮南墬形扶木在陽州注南陽在中國之南而居地故以為名也釋名釋州國丘高曰陽丘體高近陽也釋名釋丘首陽山春秋所謂首戴也水經河水注陽樊周邑國語周語公以三軍下次於陽樊注列陽屬燕山海經海內北經陽伯猶言春伯書大傳東嶽陽伯之樂舞侏離注陽侯波也廣雅釋水○淮南覽冥陽侯之波注云陽侯陽陵國侯也其國近水溺水而死其神能為大波有所傷害因謂之陽侯之波陽陽流也廣雅釋訓陽阿古之倡也淮南俶真足蹀陽阿之舞注○萱按綏民校尉碑治歐羊尚書此段羊為陽也古今人表樂陽段陽

為羊也又左傳次于陽州公羊作揚州論語陽貨史記侯表作揚貨皆同音通用也又爾雅釋天釋文陽作霿俗字也

暘

日出也虞書曰曰暘谷說文段注洪範八庶徵曰雨曰暘某氏云雨以潤物暘以乾物祭義夏后氏祭其闇殷人祭其陽周人祭日以朝及闇鄭云闇昏時也陽讀為曰雨曰暘之暘謂日中時也朝日出時也暘之義當以鄭孟子秋陽以暴之亦當作秋暘○萱按論衡寒溫云暘者陽也又書堯典曰暘谷亦晚出傳云暘明也皆暘陽同義不若許鄭之密矣然洪範時暘若漢書五行志作暘若則二字亦可通用暘谷日之所出也後漢東夷傳注又淮南墬形暘谷搏桑在東方注又文選子虛賦右以暘谷為界注引司馬彪○東京賦右瞰暘谷薛注云暘日出之處萱按史記五帝紀暘谷本作湯谷通俗字也暘湯音義皆近暘金氣也書洪範曰暘鄭注○禮記禮器饗帝於郊注云金為暘

颺

風所飛揚也說文段注揚者飛舉也○文選東京賦颺燎之炎煬薛注云颺飛颺也大言而疾曰颺書咎繇謨咎繇拜手稽首颺言曰晚出傳○萱按颺揚音義大同故史記夏本紀引書作揚言曰又漢書叙傳

上雉雊野以颺聲注風颺雹激注茲云颺讀與揚同

揚

敭古文飛舉也說文段注漢碑用颺歷他文用歌歷皆用今文尚書般庚之優賢揚歷也揚舉也易象上傳君子以遏惡揚善虞注又儀禮燕禮媵觚于賓注又禮記明堂位各揚其職注樂記非謂黃鍾大呂弦歌干揚也疏引皇氏射義揚觶而語疏鄉飲酒義盥洗揚觶注又廣雅釋詁一又小爾雅廣言又史記樂書正義又漢書司馬相如傳上集注引張揖叙傳下集注又後漢唐檀傳注又楚辭東皇太一揚枹兮拊鼓注哀郢楫齊揚以容與兮注大招謳和揚阿注○儀禮鄉射禮南揚弓注大射儀注亦云揚猶舉也又書堯典明明揚側陋疏云揚亦舉也揚者高舉之義詩泮水疏○禮記文王世子或以揚云疏云揚亦進舉之類又檀弓下杜蕢洗而揚觶注云揚舉爵於君也又史記發揚蹈厲之已蚤正義云揚東秋也揚飛也考工記夫人中強則揚注揚猶颺物從風也列子黃帝於地釋文揚披也離騷揚雲霓之晻藹兮注揚動也呂覽以己盡揚播入於河注揚越也易夬揚于王庭鄭注又禮記樂記非謂黃鍾大呂弦歌干揚也注揚發揚國策齊策志高而揚

注揚激揚也詩揚之水傳揚過去也儀禮大射儀上曰揚注揚謂振揚張大
也漢書五行志上驕揚奢侈注揚謂播揚也方言十二扮撝揚也注揚之謂小仰見
於後也禮記玉藻退則揚之注揚揚光也詩大叔于田火烈具揚傳揚猶熾也周禮卜師
揚火以作龜注揚陽也禮記玉藻盛氣顛實揚休疏陽和也淮南說山其聲舒揚注揚明也
淮南覽冥不揚其聲注揚謂宣唱之漢書霍光傳揚語曰注揚稱揚也禮記祭統對揚以碑
之勸大命施于烝彝鼎注○淮南說山名不可得而揚注云揚猶稱也揚稱道也穀梁僖元年傳以其不足
乎揚釋文○詩幡有淡不可詳也釋文引辭詩云揚猶道也揚說也廣雅釋詁二揚績也爾雅釋詁
揚雙也燕代朝鮮洌水之閒曰所或謂之揚方言二揚傷也詩泮
水不吳不揚傳乾爲揚易夬虞注揚揚得意之兒荀子儒效揚揚如也注揚奮皆振
布之意也文選典引揚洪輝奮景炎蔡注揚摧凡也廣雅釋訓揚摧粗略也文選蜀都

韻史　卷四十四下第十部平聲岡韻

四二三三

賦注引淮南許注○莊子徐無鬼則可不謂有大揚推乎釋文引許注云揚推粗略法度揚烈香酷烈也
史記司馬相如傳吐芳揚烈集解引郭璞揚廣揚詩猗嗟抑若揚兮傳○君子偕老揚且之皙也傳云揚眉揚廣
又子之清揚傳云揚廣揚而頫角豐滿揚是顏之別名詩猗嗟疏○韓奕變眉上曰錫疏云揚者人面
蜀上之名又君子偕老疏云揚者眉上之美名同名肖目曰揚又云眉之上眉之下皆曰揚揚鉞也詩公劉干
戈戚揚傳人孟子梁惠王下注江南曰揚州爾雅釋地又說苑辨物○周禮職方氏云東南曰揚州揚
州州界多水水波揚也釋名釋州國○爾雅釋地李注云東南其氣慘勁厥性輕揚故曰揚州又
釋文引太康地記云以揚州漸太陽位天氣奮揚履正含文明故取名焉禮揚作騰揚舉也騰送
也揚近將之禮記檀弓下杜蕢洗而揚觶注○疏云揚騰義得雨通又鄉飲酒義盥洗揚觶注射義序典又
揚郝而語注拉云今禮揚皆作騰萱按騰揚音近揚騰義近故禮家通用矣揚又爽陽揚瘍相通偕昏揚干解揚古今人
表作傷干解陽史記十二諸侯表作解又詩泮水不吳不揚釋文作不娛不瘍

韻史　卷四十四下第十部平聲岡韻

四二三四

陽

或作煬○平上
俯讀注在彼

瘍

○俗有瘍頭創也說文段注按頭字蓋勝上文疒下曰頭瘍則見瘍不專在頭矣鄭注周禮云身傷曰瘍以別於
頭瘍曰疒許則疊韻爲訓疒得許瘍他瘍不得評疒也檀弓曰居喪之禮身有瘍則浴嘗堀假瘍爲揚○詩巧言傳釋文
云瘍本亦作傷又禮記曲禮身有瘍釋文云瘍本或作疒萱按瘍疒同義傷亦義近瘍創也爾雅釋訓骭瘍爲微
注又廣雅釋詁一又詩巧言釋文瘍瘡也素問風論故使肌肉憤脹而有瘍注五常政大論其動瘍痛注瘍
身創也周禮醫師凡邦之有疾病若疒瘍者造爲釋文瘍創癰也周禮天官序官瘍醫注瘍疒
瘍也莊子天地有虞氏之藥瘍也釋文引司馬注瘍頭瘡也音書音義上引字林又莊子天地釋文引
李注又索問五常政大論敎噎熱血鼎室曰瘍注○一切經音義二引通俗文云頭創曰瘍文釋名釋疾病云頭有創曰
瘍萱按頭創者瘍之一種耳朿車之則義偏枯矣他家或可說文不容爾

禓

道上祭
說文段注史游急就篇曰謁禓塞王伯厚曰周禮注
衍祭羨之道中如今祭瘍按郊特牲鄉人禓孔子朝

韻史　卷四十四下第十部平聲岡韻

四二三五

服立於作即論語鄉人儺朝服而立於阼階階也注禓或爲
獻或爲凡云或爲者从從此音藹有相通之理易聲與獻儺音
理遠隔記當本是禓字從示易聲則與獻儺差近徐仙民音
禓爲儺當由本是字相傳讀儺也○萱按易聲之禓古無其
字不如段說禓強鬼也謂時儺索室毆疫逐強鬼也禮記郊特
可信否也牲鄉人禓
注

錫

聿見○俗有餹飴和饊者也說文段注不和饊謂之飴和饊
饋粺作錫者爲謂之餳故成國云飴弱於餳也
方言曰凡飴謂之餳自關而東陳楚宋衛之閒通語也楊子
渾言之許析言之周禮小師注管如今賣飴餳所吹者周頌
箋亦云各本篆作錫云易聲今正按餳从易聲故音陽亦音
唐在十部釋名曰錫洋也李軌周禮音唐是也其陸氏音義
周禮辭盈反毛詩夕清反因之唐韻徐盈切此十部音轉入
於十一部如行庚航等字之入庚韻郭璞三倉解詁曰揚音
盈協韻音灼漢書音義反楊憚爲由嬰其理正同耳淺人乃
易共餹聲之偏旁玉篇廣韻皆誤从易然玉篇曰餳徒當切
廣韻十一唐曰糖飴也十四清曰餳飴也皆可使學者知餳
糖一字不當从易至於來頫始以餳入唐韻餳入清韻盡分

韻史　卷四十四下第十部平聲岡韻

四二三六

二字使人眞厭不分其誤更甚䭅糖類篇正之餳古音如洋語之轉如唐故方言曰餳謂之餹郭云江東皆言餹音唐

餳洋也煑米消爛洋洋然也 釋名釋飲食○萱按餳洋似同音爲訓也餹糖字出皆音唐因之餳亦有唐者矣今姑兩處收之 餳者餹之類也 詩有瞽疏○釋文云餳卽乾餹也 餳蜜也 詩有瞽釋文○萱按此蜜卽謂飴非蠚釀之蜜 餹餳也 廣雅釋器○萱按此通古今之異也言本同物同字 餹餅餌也 玉篇○廣韻云餹餅○黍膏

楊

蒲柳也 說文段注釋木云楊蒲柳許所本也按蒲蓋本作浦浦水瀕也王風不流束蒲毛云蒲艸也箋云蒲蒲柳孫緜云蒲艸之辯不與戍許相協箋義爲長是則音人讀蒲柳爲蒲柳之明證古今注曰蒲柳生水邊又曰水楊蒲楊也枝勁細任夫用任矢用者左傳云萑澤之蒲是也衆許曰蒲柳畢許曰蒲音同浦至唐而夫其讀臭古餟楊爲楊故詩楊之水毛曰楊激楊也廣雅曰楊楊也佩觿曰楊柳也亦州名古書州名皆作楊矣○詩采微楊柳依依傳云楊柳蒲柳也又左氏定六年傳獻楊楯六十癸蘭子注云楊木名 楊揚也 廣雅釋言 與爲楊 易大過枯楊生稊虞注

楊園園名 詩巷伯楊園之道傳○水經渭水注云長楊五柞並以樹名宮亦猶陶氏以五柳五稱 秦有楊陓 爾雅釋地○萱按呂覽作秦之陽華淮南作秦之陽紆 楊枹薊 爾雅釋艸○注云楊似薊而肥大今呼之馬薊 楊徹齊棗 爾雅釋木○萱按楊陽同音相通借孟子盡心上楊子呂覽注作陽子

崵

首崵山也在遼西一曰嵎銕崵谷也 說文段注地理志遼西郡令支有孤竹城郡國志同應劭曰故伯夷國按許意首崵山卽伯夷叔齊餓於首陽之下也馬融注論語曹大家注幽通賦戴延之西征記說夷齊首陽各不同銕宋本作鐵此卽堯典之嵎夷崵谷也土部引書宅嵎夷日部引書暘谷皆謂古文尚書也此云嵎銕崵谷則今文尚書也堯典釋文曰尚書考靈曜及史記作禺銕尚書正義曰夏侯書宅嵎夷爲宅嵎鐵夏本紀索隱曰嵎夷今文尚書及帝命驗並作嵎鐵凡緯書皆同今文尚書金部曰銕古文鐵

鍚

或作錫 馬頭飾也詩曰鉤膺鏤鍚一曰鍱車輪鐵也 說文段注今經典作錫韓奕傳曰鏤錫有金鏤其錫也箋云眉上曰錫刻金飾之今當盧也按人眉目閒廣揚曰揚故馬眉上飾曰錫盧卽顱

字鍱車輪謂以鐵鍱附車輪著地[illegible]也其鍱謂之錫○周禮巾車一曰玉路鍚樊纓十有再就注云錫馬面當盧刻金爲之所謂鏤錫也又疏云眉上曰錫 錫在馬額 左氏桓二年傳鸞和鈴注○周禮巾車錫面朱總司農注云錫馬面錫 錫傳其背如龜也 禮記郊特牲朱干設錫注

羊

祥也从𦍌象四足尾之形孔子曰牛羊之字以形舉也 說文段注羊祥也考工記注曰羊善也按羲義美字皆从羊許多引孔子言如王士八泰羊犬路爲皆是也○古微書引春秋說題辭云羊者祥也合三而生以養生也故羊高三尺又春秋緐露執贄云羊之爲言猶祥與 兌爲羊 易說卦傳 夬牽羊虞注歸妹士刲羊虞注 羊者西方之牲也 賈子胎教 羊土畜也 淮南時則食麥與羊注○又其畜羊注云羊土之也又呂覽孟春注云羊屬土 羊火畜也 禮記月令食麥與羊注○周禮庖人注云羊屬司馬火也 羊畜之遠視者屬也 洪範五行傳時則有羊禍注 羊曰柔毛 禮記曲禮下又儀禮少牢饋食禮注又獨斷上 羊曰少牢 大戴記曾子天圓 大曰羊 詩羔羊羔羊之皮傳

又後漢王渙傳注引韓詩章句云大者曰羊 羊者抵很難移之物 易夬注○大壯注羊壯也疏云羊剛很之物 羊陽也 釋名釋姿容○萱按 羊善也 考工記車人羊車二柯有參分柯之一注○列女傳仁智仁臧我羊羊有母是善告妻善養母也 羊女使 周易玩辭十五引易說卦傳兌爲羊鄭注○ 尚羊遊戲也 楚辭惜誓記戲虖尚羊注曰 羊頭鏑也 廣雅釋器○方言九云凡箭三鍭者謂之羊頭 羊車謂車羊門也 考工記車人司農注○釋名釋車云羊車羊祥也祥善也善飾之車今犢車是也 羊奚艸名根似蕪菁 莊子至樂羊奚比乎不筍子釋文引司馬注又列子天瑞釋文云羊奚艸名 羊蘥蘥英苑也 廣雅釋艸 羊骹瓜屬也 同上 蠅東齊謂之羊 方言十一 墳羊土精怪也 文選思玄賦墳羊之深潛舊注○注引唐固云墳羊雌雄未成者

詳

兩見義異○俗有佯 詐也 史記蘇秦傳詳僵而棄酒索隱○田叔傳以爲任安爲佯耶集解引徐廣云佯或作詳

即僞也史記吳太伯世家公子光詳爲足疾索隱詳虛詞也一切經音義十一引通俗文佯麕狩麕也廣雅釋獸

洋

朙見洋水出齊臨朐高山東北入鉅定說文段注齊郡臨朐後志作齊國臨朐今山東青州府臨朐縣其地也前志臨朐下曰石膏山洋水所出東北至廣饒入鉅定水經注巨洋水篇曰巨洋水又逕臨朐縣故城東又東北逕委粟山又東北洋水注之水西出石膏山西北石瀰口東南逕逕山祠西又東南歷逕山下即石膏山也巨洋水又東北逕劇縣故城西又東北逕盛縣故城東又東北倚西爲潭枝津出爲謂之百尺溝西北流注於巨淀又東北逕壽光縣故城西又東北注於海樓班許曰洋水即經及注之巨洋水也班許以出臨朐石膏山者爲正源耳許云高山即石膏山也前志齊郡有廣饒鉅定二縣爲車瀆水背受鉅定然則鉅定本水名因以爲縣名定淀古今字魏都賦張注曰淀者如淵而淺是也廣饒鉅定故城皆在今山東青州府樂安縣境今樂安縣東九十四里清水泊即古鉅定湖巨洋水今曰瀰河源出今臨朐縣南沂山西麓北流逕臨朐縣東又北歷益都縣又東北流逕壽光東又東北會黑冢

韻史 卷四十四上第十部平聲岡韻

四二四一

泊入於海今南陽水亦名長沙水源出益都縣西南石膏山東北至城西析而東繞城北又東流入瀰河按詩衛風傳曰洋洋盛大也魯頌傳曰洋洋衆多也讀與章切○萱按洋水之洋舊讀似羊切與他洋切與章者不同似屬強分臨無屬也今不從之

洋多也爾雅釋詁又漢書司馬相如傳下集注

洋溢言盛多也漢書燕剌王旦傳盛武洋溢注○後漢和熹鄧皇后紀注云洋溢言多又爾雅釋詁注云洋溢亦多兒

洋洋流也廣雅釋訓

洋洋大水兒也一切經音義廿二引三蒼又太玄埶泉源洋洋注

洋洋無涯兒也楚辭大招西方流沙漭洋洋只注

洋洋廣也詩大明牧野洋洋傳

洋洋廣大也詩衡門泌之洋洋傳

洋洋美也後漢馮衍傳注曹褒傳注班彪傳下注延篤傳注○般出書伊訓聖謨洋洋傳云洋洋美善

洋洋美盛也漢書韋賢傳洋洋仲尼注○史記禮書洋洋美德乎索隱又漢書郊祀志下集注並云洋洋美盛兒

洋謂道德充滿之兒禮記中庸洋洋乎疏

洋洋思也爾雅釋訓○禮記中庸洋洋乎如在其上注云洋洋人想思其傍僾之兒

洋洋無所歸也楚辭哀郢焉洋洋而爲客注又後漢班彪傳上注也

韻史 卷四十四下第十部平聲岡韻

四二四二

作兒

洋洋舒緩搖尾之兒孟子萬章上少則洋洋焉注

洋水出崑崙山西北隅而東流穆天子傳二濟于洋水注○淮南墜形洋水出其西北陬注云洋水或作養水○萱按洋養同羊聲也人爾雅釋詁洋觀衆釋文洋或爲詳又一切經音義十六云洋字略作煬皆同音字也又頌人河水洋洋楚辭注十六作河水油油則雙聲通借也平上兩讀義異

孃 襄良切

母偁廣韻○萱按孃爲母偁娘爲少女之号雖皆今義而唐人分用不淆說文無娘

良 利陽切

目古文启古文笆古文○或作箟

善也說文又詩日月德音無良傳鶉之奔奔人之無良傳氓子無良媒箋大叔于田又良御忌箋蟋蟀良士瞿瞿箋黃鳥殲我良人傳墓門夫也不良箋常棣每有良朋箋角弓民之無良箋白華之子無良箋民勞以謹無良箋桑柔維此良人箋良耜畟畟良耜箋又周禮玉府凡良貨賄之藏注司裘中秋獻良裘注圉人注校人凡頒良馬而養乘之注考工記總目然後可以爲良注弓人注又禮記月令毋或不良注獎不質良注曾子問有慈毋良注文王世子一人元良注坊記注表記注又公羊宣十一年傳寡人無良邊垂之臣注又廣

韻史 卷四十四下第十部平聲岡韻

四二四三

雅釋詁一又周書皇門王草良注又國語魯語是良習也注晉語戰而用良注若紂有良子注楚語子尚良食注吳語夫吳良國也注今句踐申禍無良注又漢書劉向傳集注馮唐傳集注引如淳王嘉傳集注外戚傳上集注又後漢章帝紀注引韓詩又山海經中山經江水其中多良龜注又素問靈蘭秘典論執者爲良注又莊子齊物論良庖歲更刀割也釋文引司馬注又呂覽季春注士容注又淮南時則注又文選西京賦鬻良雜苦注思玄賦尚前良之遺風兮舊注○漢書郊祀志上病良已注引孟康云良謂善又儀禮喪服傳疏云良謂良善又禮記學記求善良疏云良亦善也又周禮宰夫書共能者與共良者而以告于上注云共良猶善也

良言最善也山海經西山經瑾瑜之玉爲良注○管闕問問鄉之良家注云良家謂善營生以致富者又禮記坊記惟乎小子無良注云無良無功善也

良首也爾雅釋詁

良長也廣雅釋詁四

良聲也廣雅釋詁一

良猶賢也左氏襄廿九年傳良敬仲也注

良能也左氏昭十八年傳弗良及也服注

良是語辭左氏昭十八年傳弗良及也疏良信也文選王仲宣誄史詩受思良不嘗注古詩良無盤石固注○漢書五行志下之下集注云良猶信也

良實也信

韻史 卷四十四下第十部平聲岡韻

四二四四

也漢書吳王濞傳集注良甚也孟子盡心上其良能也注又後漢隗囂傳注王常傳注馬援傳注○公孫述傳注張堪傳注竝云良猶甚也良猶深也後漢祭遵傳注良量也量力而動不敢越限也釋名釋言語乾爲良易歸妹不如其娣之袂良虞注良日謂吉日禮記祭義及良日疏良謂樂易也荀子非十二子其容良注溫良好樂曰良逸周書謚法安柔不苛謂之良賈子道術以財予人者謂之良管子戒醫能治百病謂之良論衡別通良裘王所服也周禮司裘中秋獻良裘司農注良綏君綏也禮記少儀負良綏注良功絲功縑帛周禮典絲司農注良人謂夫也詩鶉巢箋良人迎之疏又文選曹子建襍詩良人行從軍注○儀禮士昏禮媵衽良席在東注云婦人稱夫曰良又孟子離婁下其良人出劉注云婦人稱夫曰良人良人美室也詩綢繆見此良人傳良人君子也呂覽序意良人請問十二紀注○國語齊語鄉有良人焉注云良人鄉士也天駟旁一星曰王良後漢張衡傳注○蕫按孟子王良荀子正論篇

衡命義竝作王梁同音通用字也良蜩也者五采具大戴記夏小正蜩鳴傳黃良大黃也廣雅釋艸○莊子徐無鬼良位其空釋文良本作踉又列禦寇閩胡宮祝其良釋文良或作埌蕫按踉埌皆後出字又史記仲尼弟子傳公良孺索隱引鄒誕生本良作襄此形音皆相近轉寫遂易也

量

平去兩讀義分量古文稱輕重也說文段注稱者銓也漢志曰量者所以量多少也衡權者所以均物平輕重也此訓量爲稱輕重者有多少斯有輕重視其多少可摹擬其重輕也其字之所以从重也引伸之凡料理曰量凡所容受曰量○蕫按命合升斗斛五者量之體也用五量以別多少者量之用也本一義引申也舊籍書皆量之用讀平聲量之體讀去聲今亦歸復从之量所以別多少楚辭惜誓苦偁量之不審兮注偁量分齊也華嚴經音義上引國語賈注量度也廣雅釋詁一又呂覽精通量所以贖之則無有注又離騷不量鑿而正枘兮注○周禮夏官序官量人注又國語周語於是乎量資幣注竝云量猶度也量長短也周禮量人制其從獻脯燔之數量注○蕫按以長短釋量者猶淡長以輕重釋量也度量權衡渾言可通偁爾量人司馬之

屬掌量道巷塗數者儀禮大射儀司馬命量人量侯道注量量其事意合成否禮記少儀事君者量而后入不入而后量注

糧

或作粮穀食也說文段注周禮廩人凡邦有會同師役之事則治其糧與其食鄭云行道曰糧按詩云乃裹餱糧莊子云適百里者宿舂糧適千里者三月聚糧皆謂行道也許云穀食則兼居者行者言糧本是統名故不爲分析也○蕫按糧與糒同故鄭釋糧云謂糒也許君說糒爲乾飯他家則糧謂米熟者糧謂米粟行道之食也左氏僖四年傳資糧屝屨疏糧糇也詩公劉釋文○又云糧本亦作粻又後漢張衡傳餐流瀣以爲糧注云糧或作粻蕫按糧粻同通論語在陳絕糧鄭本作粻

梁

○俗有梁禾米也說文段注各本作米名也今正古訓詁多不言某名如毛傳但言水也山也艸也木也皆是上文粟與米皆兼禾黍言梁則專爲禾米故別言之淺人不得其解乃刪禾字矣生曰苗秀曰禾稾實并刈曰禾其實曰粟粟中人曰米米可食曰梁禮經簋陳稻梁簋陳黍稷聘禮米百筥設於中庭十以爲列黍梁稻皆二行稷四行內則飯黍

稷稻梁白黍黃梁食醫六食犬宜梁喪大記君用梁大夫用稷士用梁凡黍稷稻之米無別名禾之米則曰梁自犧以至於侍御皆梁也小雅黃鳥無啄我粟兼禾黍言之二章言梁三章言黍其目也粟言連秠梁黍言米又其別也○禮記喪大記辟梁內釋文又史記龜策傳梁卵梯黃黃索隱竝云梁米也又喪大記疏云梁梁米也梁梁也素問生氣通天論高梁之變注又腹中論今禁高梁注云梁米也又通評虛實論肥貴人則高梁之疾也注云梁梁字也○蕫按此謂梁爲梁之段借字也然二形切近疑係轉寫譌舛古書中破字時有之矣梁粟也史記太史公自序糲梁之食正義梁好粟也史記索隱引三蒼○漢書食貨志上食必梁肉注云梁好粟也即今之梁米梁粟類也米之善者漢書霍去病傳重車餘棄梁肉注○蕫按梁粟一物訓爲粟之類義稍疏矣又齊民要術一引楊泉物理論云梁者黍稷之總名此說尤繆誤梁食之精者國語魯語夫膏梁之性難止也注又文選陸士衡樂府君子有所思行注引國語賈注梁加食也禮記曲禮下大夫不食梁注大梁曰薌萁禮記曲禮下又獨斷上同薌作香藿梁木稷也廣雅釋艸

梁

𣶒古文水橋也說文段注梁之字用木跨水則今之橋也孟子十一月輿梁成古本如是國語引夏令曰九月除道十月成梁大雅造舟為梁皆今之橋制見於經傳者言梁不言橋也若爾雅隄謂之梁毛傳石絕水曰梁謂所以偃塞取魚者亦取互於水中之義謂之梁凡毛詩自造舟為梁外多言魚梁○左氏莊四年傳除道梁溠注又國語晉語亦為君之東游津梁之上注又漢書司馬傳下梁孫原注又荀子王制脩隄梁注故云梁橋也又爾雅釋詁注云梁即橋也又楊注云梁小橋也梁橋橫也禮記月令𥗊關梁注○方言九艁舟謂之浮梁注云浮梁即今浮橋又文選嵇琴賦乃相與登飛梁注云飛梁橋也梁隄也爾雅釋地隄謂之梁注○水經濟水注云梁水隄也梁渠梁國語周語川不梁注梁水偃也偃水為關空以笱承其空周禮𩺰人掌以時𩺰為梁司農注梁魚梁也詩谷風無逝我梁傳何人斯胡逝我梁箋○候人維鵜在梁傳云梁水中之梁又禮記王制然後漁人入澤梁注云梁絕水取魚者也又大戴記夏小正虞人入梁傳云梁者主設罔罟者也石絕水曰梁詩有狐在彼淇梁傳又莊子秋水遊于濠梁之上釋文引司馬注又列子黃帝孔子觀於呂梁注○爾雅釋宮

韻史 卷四十四下第十部平聲岡韻

四二四九

注又荀子王制注並云石絕水者為梁又文選上林賦踰梁絕梁郭注云梁石絕水也又詩鴛鴦箋云梁石絕水之梁莫大大於湨梁爾雅釋地杗廇謂之梁爾雅釋宮○注云梁屋大梁也楣謂之梁爾雅釋宮又書無逸乃或諒闇鄭注又儀禮聘禮公當楣再拜注公食大夫禮公當楣北鄉注喪服傳翦屏柱楣注○萱按以楣釋梁雖遠本雅訓然非梁之正義也凡屋棟與楣橫而梁縱今人謂梁曰過梁俗又製樑字皆非古也棟楣不當言梁梁亦不必謂過梁梁麗屋棟也莊子秋水釋文天梁亦宮名也後漢班彪傳上注梁車梁也詩甫田如茨如梁傳梁輈輈上句衡也詩小戎五楘梁輈傳○萱按漢書地理志注作五梁良輈同音通用字也左傳桓六年季梁古今人表作季良又沈諸梁字子高見定五年傳造舟謂之浮梁廣雅釋水○萱按方言作船舟梁麗小船也莊子秋水釋文引司馬注大梁昴也爾雅釋天梁梁州也文選吳都賦為闕梁岷有陟方之館劉注○爾雅釋地釋文引晉太康地記云梁州者言西方金剛之氣強梁故因以為名梁山晉望也爾雅釋山○公羊成五年傳云梁山者何江上之山也梁

韻史 卷四十四下第十部平聲岡韻

四二五〇

甫者泰山旁山名白虎通封禪○後漢光武紀下注云梁父太山下小山也銅梁山名文選蜀都賦外負銅梁於岩渠劉注都梁香蘭也都梁縣名有小山山上悉生蘭俗謂蘭為都梁即以縣為名也一切經音義十一引盛宏荊州記梁夷言馬也水經存水注梁彊梁也釋名釋宮室梁者信也白虎通封禪梁倚相著也史記司馬相如傳林奥以梁倚集解引漢書音義陸梁東西倡佯也文選西京賦怪獸陸梁薛注○萱按素問高梁字多作高梁段借也又書大傳故爾梁涼注梁讀為椋平去兩讀俗有椋

椋

事有不善言椋也爾雅椋薄也說文段注按水部曰涼薄也細繹上下文乃周禮六飲之涼作作薄酒也椋則為事有不善之言若亮則為明也諒則為信也四字在說文義別而古經傳多相假椋薄也按爾雅無此文爾雅增二字淺人所增且椋薄也許以足上文意有未盡之語桑柔毛傳杜注左傳小爾雅皆云涼薄也涼即椋字廣雅釋詁曰椋禱也禱即薄字○廣雅釋詁一椋禱也曹憲音云世人作椋禱之椋水旁著京失之矣椋

韻史 卷四十四下第十部平聲岡韻

四二五一

涼

薄也詩桑柔職涼善背傳又左氏莊卅二年傳號多涼德注昭四年傳君子作法於涼注又小爾雅廣言又漢書五行志中之上集注涼者薄之別名詩桑柔疏⿰亢京薄也玉篇○萱按先与亢形切近疑諒即椋之破字也○俗有涼薄也說文段注涼廁於此者謂六飲之涼與糗為類也鄭司農云涼以水和酒也今謂涼今寒粥若糗飯雜水也許云薄也蓋薄下奪一酒字以水和酒故為薄酒此用大鄭說也引伸之為凡薄之偁如職涼善背號多涼德毛杜皆云涼薄是也薄則生寒又引伸為寒如北風其涼是也至字林乃云涼微寒也唐殷敬順引之廣韻玉篇皆云涼俗涼字至集韻乃特出涼字注云薄寒曰涼○萱按椋與涼皆訓薄在椋為正義在涼為引申之義故訓薄者詳在彼涼是冷之始書洪範疏涼寒也陰氣行也白虎通八風大涼次寒也素問六元正紀大論大涼迺舉注安大論大涼革候欬注至與涼金化也素問五常政大論涼雨時降注涼清也肺之性也素問五運行大論涼雨時降注涼愁也文選秋胡詩注引春秋緯宋注涼悲涼也文選別賦撫錦幕而虛涼注坤為涼風周禮保章氏疏引考異郵又淮南墜形涼風之所生也注又太

韻史 卷四十四下第十部平聲岡韻

四二五二

㐭㐭挄挄擬之八風注。淮南天文注云涼風坤卦之風也西南曰涼淮南墬形北風謂之涼風爾雅釋天。蕫按據說文則北風字當作颷涼州西方所在寒涼也釋名釋州國涼佐也詩大明傳又小爾雅廣詁。蕫按此段涼爲亮也涼信也漢書五行志注。蕫按此段涼爲諒也涼陰謂居喪之廬也漢書五行志中之上涼陰之哀注

颷

或作颸颸北風謂之颷說文段注爾雅南風謂之凱風東風謂之谷風北謂之涼風西風謂之泰風毛傳於詩凱風谷風皆用爲訓桑柔之大風則不言何風而笑以西風釋之若邶詩北風其涼本無涼風字故毛但曰寒涼之風而已不用爾雅也陸氏爾雅音義曰涼本或作颷許所據爾雅同或作本颷風也廣雅釋詁四

醁

襍味也說文段注周禮漿人六飲鄭司農云涼以水和酒也㐭謂涼今寒彤皆襍飯襍水也內則有溢無涼鄭曰以諸和水也以周禮六飲校之則溢涼也紀莒之閒名諸爲溢按許作醁即周官內則之涼字也襍味者即以諸和水說也乾者爲桃諸梅諸水漬爲桃溢於釋名可得其義也內則正義曰諸者衆襍之辭又按廣雅云醁牆也疑襍味下本有

牆字故廁於此若六飲之涼則已見水部。周禮膳夫注水漿醴醁醫酏釋文云醁本又作涼蕫按二字同音通用也醁漿也醁醫也廣雅釋器

輬

臥車也說文段注史記作涼。蕫按轀車涼車本二後合二名爲一曰轀輬車本安車也因載喪而遂爲喪車此名物由漸而轉遂也十三部轀下詳之

椋

即來也說文段注釋木曰椋郎棶釋文曰棶埤蒼字林作來本說文也衆許曰即來單許曰來唐本艸謂之椋子木

㹁

牻牛也春秋傳曰牻㹁說文段注閔二年傳本作尨涼蓋許引之證此二字所以从尨从京也京者涼之省也牻㹁同義如尨涼一理相似傳寫或爲春秋傳曰牻㹁殊不可通。蕫按段意許本作春秋傳曰尨涼而二字與譌也說文牻㹁相次故譌爲連辭字矣

長

直良切平上去三讀𠑹古文𠑷古文久遠也說文段注久者不暫也遠者不近也引伸之爲滋長長幼

之長今音知丈切又爲多餘之長度長之長今皆音亮切凡下曰長也是滋長長幼之長也。禮記表記義有長短大小疏云長謂國作久遠長久也廣雅釋詁三又國語吳語以民生之不長注又國策齊策末宮聞社稷之長刊注又漢書揚惲傳集注引應劭又後漢明德馬皇后紀注又呂覽移樂則生長矣注。詩長發幅隕既長發云長猶久也又漢書百官公卿表上更名大長秋注云長者性久之義長遠也詩泮水順彼長道箋又呂覽長見注。泮水疏云長者遠遠之言又文選西京賦赴長葬薛注云長謂深耳遠也長常也廣雅釋詁一。詩文王永言配命箋云長猶常也長多也呂覽觀世亂世之所以長也注長挾也廣雅釋詁四長猶成也呂覽知度此神農之所以長注長謂過去考工記弓人其人危注奚爲長易說卦傳教誨不倦曰長左氏昭廿八年傳長短謂丈尺孟子滕文公上布帛長短同注。漢書陳湯傳邊通學短長注引張妟云趣彼爲短歸此謂長長言之引其聲也禮記樂記注齊冠或曰長冠獨斷下長衣深衣之純以素者也禮記襍記上則莖練冠長衣以莖注史長風遠風也

文選吳都賦習御長風劉注。華嚴經音義上引兼名苑云風暴疾而起者謂之長風者也長夏者六月也素問六節藏象論春勝長夏注藏氣法時論脾主長夏注長夜謂葬埋左氏襄十三年傳惟是春秋窀穸之事注長轂兵車穀梁文十四年傳長轂五百乘注又後漢光武紀上注賨憲傳注。左氏昭五年傳長轂九百注云長轂戎車也長畝竟畝也詩甫田禾易長畝傳長澤大澤呂覽本味長澤之卵注長府會之府名也後漢郎顗傳注。論語先進魯人爲長府鄭注云長府藏名也藏貨財曰府長離靈鳥也漢書禮樂志下長麗前掞光耀明注引臣瓚。瓚引舊說云長離鸞也又後漢張衡傳注云長離即鳳也

萇

萇楚逗銚弋一曰羊桃說文。文選南都賦薇蕪蓀萇注云萇楚也又爾雅釋艸萇楚銚芅舍人注云萇楚一名銚弋又詩隰有萇楚傳云萇楚銚弋也又陸疏云萇楚今羊桃也又萇楚序釋文云萇楚一名羊腸一名羊桃

腸

大小腸也說文段注白虎通曰大腸小腸心之府也心者主禮禮者有分理腸之大小相承受也腸爲胃紀胃爲脟府心爲支體主故有兩府素問曰大腸者傳道之官變化出焉小腸者受盛之官化物出焉按所引白虎通從顏氏急就篇注所引也藏府古通偁如周禮注五藏脟胃旁光大腸小腸爲九藏是也大腸者轉輸之府也小腸者受成之府也竝後漢馬融傳腸暢也通暢胃氣去滓穢也釋名釋形體腸詳也廣雅釋親羊腸山名楚辭大招西薄羊腸注黃腸柏木黃心後漢中山簡王焉傳注○梁商傳注引前書音義云以柏木黃心爲槨曰黃腸○俗有張場暘塲

場

祭神道也也廣韻作𠙆一曰山田不耕者一曰治穀田也說文段注玉篇引國語屛攝之位曰壇今謂場壇之所除地曰場田部云暘不生也場與暘義相近方言曰坻場也李善曰浮壤之名也音傷按不耕則浮壤起矣是卽蚍蜉犂鼠蝛場之字也豳風七月曰九月築場圃傳曰春夏爲圃秋冬爲場箋云場圃同地也周禮場人注曰場築地爲墠季秋除圃中爲之故許云治穀之田曰場○爾雅釋宮云場道

也又周禮春官序官疏引國語孔注云場而祭道神豈按道神二字恐係神之倒場孔子冢上祭祀壇場也孟子滕文公上築室於場注○法言問明靈場之威注云靈場鬼神之壇園樹果蓏之屬季秋於中爲場周禮載師以場圃任園地注平地爲場漢書郊祀志上犧牲壇場注○華嚴經音義上引漢書音義云除地平坦曰場又周書克殷乃場于厰軍注云場平治社以及宮除地爲場漢書高帝紀上設壇場注文帝紀其廣增諸祀壇場珪幣注○周禮山虞注治道路壇場疏云場謂墠卽除地之處又後漢光武紀上注云場謂除地又國語楚語壇場之所注云除地曰場治稼穡曰場荀子大略大夫不爲場圃注○詩七月疏云蹂踐禾稼則謂之場鹿之所息謂之場小爾雅廣獸鼠場鼠埅也一切經音義十一引埤蒼

償

平去兩讀還也說文段注廣雅曰復也左傳西鄰責言不可償也杜云不可報償償報也遠也當也復也備也還也廣雅○萱按償有兩讀而義非絕殊廣韻前四義在平聲後二義在去聲是殄分也

今不從之凡舊韻書此等𠂢析皆不可用

纕

援臂也說文段注擐臂者捋衣出其臂也王制適四方贏股肱注云謂擐衣出其臂脛蕭該云擐當作捋擐是穿著之名非出臂之義陸德明曰擐舊音患今宜音宣依字作捋字林云捋臂也先全反玉篇擐捋古今字捋俗又作揎鄭作擐猶許作擐二聲古同耳字書有从尋聲之字今以詛楚文石刻攷之其云亦應尋皇天上帝及大沈久湫之幾靈德賜予剋楚師釋爲奚釋爲援皆可董逌云古受字非也援臂者援引也引褱而上之也是爲纕臂褱剬解衣故其字从褱糸今則擐臂行而纕臂廢矣援乃揖讓字廣韻援臂平聲○萱按擐臂乃段借字祇合附纕下平聲內不煩特出擐字也舊韻書罕識此指蓁謂之纕廣雅釋器纕佩帶也離騷既替余以蕙纕兮注解纕以結言兮注悲回風糾思心以爲纕兮注○萱按佩帶之纕舊讀爲褱愚謂亦引申之義耳雖不別讀亦何傷

鑲

作型中腸也說文段注型者鑄器之法也其中腸謂之鑲猶瓜中腸謂之瓤也鑲亦用爲句鑲兵器也別一義見釋名中央曰纕釋名釋兵○萱按廣韻集韻鑲又音孃音褱三處收之纕亦收三處皆無事而自變也凡褱

若此者祇當附注云亦可讀若某足矣何煩紛紜數見乎

禳

磔禳祀除厲殃也古者燧人禜子所造說文段注厲殃謂厲鬼凶害各本作厲殃月令三月命國難九門磔禳以畢春氣注此月之中日行歷昴昴有大陵積尸氣佚則厲鬼隨而出行命方相氏敺疫又磔牲以禳於四方之神所以畢止其災又十二月命有司大難旁磔注此月之中日歷虛危虛危有墳墓四司之氣爲厲鬼將隨強陰出害人也旁磔於四方之門磔禳也按許與月令注合周禮注曰卻變異曰禳禳也與許異燧人云云未聞禜子爲子禜災也其禳祭也廣雅釋天○儀禮聘禮禳乃入注去禳祭名也爲行道累歷不祥禳之以除災凶又山海經中山經平逢之山其祠之用一雄雞禳而勿殺注云禳亦祭名謂禳郤惡氣也又熊山其祠干儛用兵以禳注云禳祓除之祭名禳除也文選東京賦祈䄍禳災薛注又後漢靈帝宋皇后紀注云禳謂除也○漢書藝文志禳祀天文十八卷注云禳除災也又孔光傳俗之祈禳小數注云禳除禍也禳謂禳去惡祥也周禮雖人注四面禳也疏○肆師與祝侯禳于畺及郊疏云禳者禳去殃氣禳卻也左氏襄九年傳注用馬祭於四城以

禳火疏又風俗通記典云禳者卻也○周禮小禳謝也廣雅
祇將事庚禳禱祠之祀號注云禳禳卻凶咎釋詁
四○萱按禳或段禳作之見左禳而禳也大戴記曾子天圓
傳釋文或段禳見爾雅釋文割列禳瘞注○周
禮雞人凡祭祀而禳禜
疏云而禳謂禱祈之屬

穰

黍梨已治者　說文段注已治謂已治去其若皮也謂之穰者莖在皮中如瓜瓤在瓜皮中也周頌傳曰穰穰
衆也此段借也○萱按黍穰者物之衆多者也故引申為衆再引申為福不必言段借也

穰艸也　禮記內則釋文

穰蒿艸衣　家語六本衣穰而提贄注

穰豐也　廣雅釋詁四

穰豐熟也　史記天官書所居野大穰正義○山海經西山經觀水是多文緜魚見則天下大穰注云穰豐穰收熟也

穰穰多也　漢書禮樂志注劉向傳注揚雄傳上注○爾雅釋訓注云穰穰言饒多

穰穰衆多也　文選東京賦薛注○爾雅釋訓舍人注注云穰穰衆多之兒也

穰穰福也　爾雅釋訓○某氏注云穰穰是福豐之兒也萱按詩執競降福穰穰鹽鐵論作降福瀼瀼通借字也說文無瀼

蘘

蘘荷也句三字一名蒚葙　說文段注史記子虛賦作猼且漢書作巴且王逸作蓴苴顏師古作蓴苴
名醫別錄作覆葅皆字異音近景瑳大招則倒之曰苴蓴崔
豹古今注曰似薑宜陰翳地師古曰根旁生笋可以為葅又
治蠱毒宗懍荊楚歲時記云仲冬以鹽藏蘘荷以備冬儲急
就篇所云老菁蘘荷冬日藏也○漢書司馬相如傳上茈薑
蘘荷注云蘘荷蓴苴也又後漢馬融傳注云蘘荷苗似薑根
色紅紫似芙蓉可食萱按諸家皆是荷字惟廣雅云蘘何蓴
苴也段何為荷蘘荷交夏始生五秋後花自土中出如小荷
縈盤生於根上也嫩者醬藏之佳冬日行根如竹之行鞭取
鞭儲之以禦冬史游宗懍所言是

鄭

今南陽穰縣　說文段注南陽穰二志同今河南南陽府鄧州東南二里穰縣故城是也本楚地後為韓邑史
記韓襄王十一年秦取我穰又秦武王封魏冉於此為穰侯
鄭者古字穰者漢字如鄭蒯郙許郎鳧部蘼之例蓋許所見
古籍作鄭漢時
縣名字從禾也

蠰

蠰○俗有蟷蠰也　說文○萱按蟷蠰即堂蜋也今字作螗螂江東呼所郎

蠰齧桑　爾雅釋蟲○注云蠰江東呼為

齧髮

常

裳或下帬也　說文段注釋名曰上曰衣下曰裳裳障也以自障蔽也士冠禮爵弁服纁裳皮弁服素積
玄端玄裳黃裳雜裳可也禮記深衣續衽鉤邊要縫半下今
字裳行而常廢矣引伸為經常字○儀禮喪服記裳內削幅
注云凡裳前三幅後四幅也又詩斯干載衣之裳箋云裳晝
日衣也又法言修身惜乎衣未成而轉為裳也注云裳下也

下曰裳　詩綠衣綠衣黃裳傳東方未明顛倒衣裳傳又左氏昭十二年傳得其甲裳注又後漢皇后紀注郭丹傳
注又呂覽仲秋具飭衣裳注又離騷製芙蓉以為裳注逸
紛衣納納而掩露注又文選魯靈光殿賦衣裳有殊張注

衣　下曰裳　左氏桓二年傳帶裳幅舄注○詩有狐之之無裳傳云在下曰裳所以配衣也又東方未明疏云裳亦禱衣也

凡服上曰衣下曰裳　儀禮喪服斬衰裳注○詩葛屨可以縫裳箋云裳男子之下服又云裳乃褻服之者

裳下之飾也　易坤黃裳元吉注又詩斯干傳又左氏昭十二年傳

裳者障也　白虎通衣裳

坤為裳　易說卦釋文引九家集解○繫辭下傳垂衣裳而天下治虞注云坤下為裳又九家注云裳取象坤

在下含物也

裳裳猶堂堂也　詩裳裳者華傳

常恆也　易象下傳未變常也虞注又禮記少儀馬不常袜釋文

裳久也　文選謝靈運入華子崗詩注引莊子司馬注

常者不易也　老子是謂襲常注○荀子脩身云趣舍無定謂之無常

常長育之常數也　管子水地其常者注及

常守也　詩閟宮魯邦是常箋

常質也　廣雅釋詁三○說苑脩文云常者質

有常言有常法也　荀子天論隱顯有常注○國語越語無忘國常注云常典法也

常典也　漢書百官公卿表集注引應劭○文選東京賦布敎頒常薛注云常舊典也

常謂常德　周書皇門苟免有常注

常者常刑也　周書大匡有常不赦注

天常五常也帝王之所制奉也　法言問道吾見天常注○管子幼官五常備能注云

常謂五常也又論衡問孔云五常之道仁義禮智信也

五常五行也　禮記樂記道五常之行注○素問五運行大論考建五常注云五常謂五氣行天地之中者也

常謂天地日月星辰也　太玄玄攤常變錯注

常謂歲時之氣不差晷刻者　素問氣交變大論應常不應卒注

坎為常　易象

上傳君子以
常德行虞注
復命曰常知和曰常
子老常因故
太系系錯○
系告常滿以
御盧也注云
常指故也
常家也
國語越語日
月以為常注
中央法黃龍曰常
古微書
引河圖
報矩
記
常旌旗也
周禮大行人建常九斿注○春官
序官司常注云司常主王旌旗
日月為常
周禮司常又詩六月載是常服傳又國語吳語載常建鼓注
○釋名釋兵云日月為常畫日月於其端天子所建言常明
也
大常九旗之畫日月者
周禮巾車建大常十有二斿注
後漢馬融傳注云大常天子所建○
大旗
倍尋曰常
左氏成十二年傳予尋常以盡其民注又史
記屈原賈生傳彼尋常之汚瀆兮集解引應
也
助又莊子庚桑楚夫尋常之溝釋文又淮南氾論內之尋常
而不塞注又文選西京賦從百常而莖擢薛注○考工記總
目酋矛常有四尺注盧人車戟常注竝云八尺曰尋倍尋曰
常又國語周語不過墨丈尋常之閒注云八尺為尋倍尋為
常又小爾雅廣度
云倍尋謂之常
車戟曰常長丈六尺車上所持也八尺曰
尋倍尋曰常故稱常也
釋名釋兵○儀禮公食大夫禮記司
宮具几與蒲筵常緇布純加萑席尋

韻史　卷四十四下第十部平聲岡韻

四二六五

注云丈六尺曰常半常曰尋又華嚴
音義下引何承天纂要云丈六曰常
經
達常蓋斗柄下入杠
中也
考工記輪人
常闕三寸注
建
常吉凶之占繇
儀禮少牢饋食禮
假爾大筮有常注
常常
盛也
廣雅
釋訓
常羊猶逍遙也
漢書禮樂志貳雙飛常羊注周流
常羊思所并注○淮南天文東南
為常羊之維注云常
半不進不退之皃
常西方神
易說卦兌
為常釋文
常伯侍中也
後漢
袁揩
傳詩閟宮居常與許傳○
注常許魯南鄙西鄙云常或作嘗在薛之旁
燮
北方為常山
者何陰終陽始其道常久故曰常山
初學記五
引白虎通
常常棣也
詩采
薇釋常之華傳又常棣常棣之華傳云常棣棣也○萱按文
選注廿五作棠棣之華蓋謂常為借字也然常棣二字為名
不必與郭許之棠同字也又呂覽常之巫管子作堂巫史記
作棠巫又少儀為不常李亦作嘗皆同尚聲通用耳又士虞
禮為此常事古文常為祥亦同部字

嘗

或作
說文段注引伸凡經過者
嘗
口味之也
為嘗未經過為未嘗
嘗食也
廣雅
釋詁二

韻史　卷四十四下第十部平聲岡韻

四二六六

祭也
爾雅釋詁○釋
文云嘗秋祭名
嘗秋祭也
禮記祭義仲尼嘗注又左氏
襄廿八年傳禍作必於嘗注
又穀梁文二年傳者祫嘗注又家語曲禮注○爾雅釋天又
詩楚茨以往烝嘗爰又禮記祭統又周禮肆師疏又左氏僖
卅三年傳烝嘗禘于廟注又穀梁桓八年經己卯烝注又國
語魯語嘗禘烝享之所致君胙者注竝云秋祭曰嘗又說苑
修文云秋祭為嘗又禮記月令注古者於嘗出田邑疏云嘗
謂秋祭又郊特牲而食嘗無樂疏云嘗謂秋祭廟又詩天保
禴祠烝嘗傳又禮記王制又公羊桓八年
傳又春嘗秋繇鹿深祭名號竝云秋曰嘗
嘗者嘗新穀
周禮
肆師
嘗之日涖卜來歲之芟注又爾雅釋天孫注○白虎通宗廟
云秋曰嘗者新穀熟嘗之又左氏桓五年傳注故薦嘗於宗
廟疏云嘗者薦於宗廟以嘗新為名又禮祭
少儀未嘗不食新注云嘗謂薦新物于寢廟
嘗者先辭也
秋
穀成者非一黍先熟可得薦故曰嘗
公羊桓八年傳注又穀
梁桓八年傳注略同○
春秋繁露祭義云先成故曰嘗嘗言甘也
又四祭云秋曰嘗嘗者以七月嘗黍稷也
嘗嘗百物也
楚語
家于是乎
嘗祀注
嘗者陰之盛也
禮記祭統○又
云嘗烝陰義也
嘗謂嚴饗之也
漢書

韻史　卷四十四下第十部平聲岡韻

四二六七

禮樂志百
鬼迪嘗注
嘗訓經也
史記留侯世家良嘗閒從
容步游下邳圯上索隱
嘗傳也
史記
五帝
紀余嘗西至空峒正義○莊子徐無鬼未嘗為牧而牂生于
與釋文云嘗本或作曾萱按此義同通用也又爾雅釋詁非
文云嘗又作常
此同音段借
嘗暫也
一切經音義
廿三引廣雅
嘗行也
又文選思玄賦非
余心之所嘗舊
注
嘗試也
禮記檀弓下爾以人之母嘗巧疏又左氏隱九年
傳嘗寇而速去之注成十七年傳君盍嘗使諸
而祭之注哀十四年傳嘗私焉注○注哀二十年傳盍嘗問之注又周
小爾雅廣言又漢後陳餘傳注○禮記檀弓下請盍嘗問焉注
又史記張耳陳餘傳先嘗秦甲
索隱引崔浩云嘗猶試也
嘗試其難易也
左氏哀十八年傳且請嘗
禮記曲禮下
之注
嘗度其所堪且先嘗之注

鱨

揚也
說文段注揚各本从木者誤魚麗傳曰鱨揚也陸疏曰
今黃頰魚也似燕頭魚身形厚而長大頰骨正黃魚之
大而有力解飛者也徐州人謂之揚
黃頰魚也○詩魚麗陸疏云鱨一名揚
郭云黃頰魚也
鱨黃頰魚也
後漢馬
融傳注

韻史　卷四十四下第十部平聲岡韻

四二六八

爿 此陽切 反片爲爿 說文段注各本無此按六書故云唐本有爿部葢從鼎氏以道說也今不別立一部依彳部終於反彳爲亍之例補焉說詳木部牀下

牆 ○俗有墻廧廧嗇牆 𤖨 籀 𤗸 古大 垣蔽也 說文段注土部曰垣牆也左傳曰人之有牆以蔽惡也故曰垣蔽釋宮曰牆謂之墉釋名曰牆障也所以自障蔽也○牆謂屏也詩將仲子無踰我牆傳又廣雅釋宮疏云牆垣也論語季氏而在蕭牆之內牆障也集解引鄭注又皇疏○方言五云簞謂之牆居陳楚宋魏之閒謂之牆居簞牆柳衣也上禮記檀弓周人牆置翣注飾棺牆置翣注記○襍記至於廟門不毀牆注云牆飾棺也注云周人牆帷裳也又儀禮既夕注巾奠乃牆釋名釋喪制云輿棺之車其旁牆棺車箱也曰牆似屋牆也○又按石經論語殘碑磬諸宮牆後漢趙咨傳注飾牆屋俗作牆爲牆也又漢修堯廟碑繕飭堅牆用俗體字也

𤗸 薔 蘼迺蘩冬也 說文段注見釋艸按本艸經有天門冬麥門冬未知爾雅說文謂何品也○萱按牆从爿

聲嗇从嗇聲非同字明矣廣韻攈合之殊誤嗇在一部入聲嗇當同

戕 槍也它國臣來弑君曰戕 說文段注槍者歫也歫謂相抵爲害小雅曰予不戕傳曰戕殘也此戕之正義下又稱左氏例爲別一義春秋宣十八年邾人戕鄫子於鄫左氏傳曰凡自虐其君曰弑自外曰戕賈注邾使大夫往賊殺之按襄卅一年左傳曰閽戕戴吳吳餘祭也故亦曰戕○漢書五行志下之下注云他國戕傷也五易豐自藏也釋文引○鄭注國語又漢書五行志曰臣來殺君曰戕注云害在戕賊也八年釋文十下集注引易豐自戕也可以小戕戕注云傷也戕殘也釋文引馬王內爲戕戕猶傷也出傳梓材戕敗人宥鄭注又詩十月之交書盤庚中汝有戕又小爾雅廣言又國語齊語戕注戕殘也落也宥竹注又後漢杜篤傳注○穀梁宣十八年傳戕猶殘也○戕殺也易小過從或戕之注云戕猶殘也又襄廿八年傳陳上將戕賊杞梓注○又左氏定十四年傳將戕於余注云支解節年濟水而戕舟發梁注宇戕殺也宣十八年釋文公羊宣十八年戕殘殺也傳戕鄫子于鄫者何殘賊而殺之也注云

斲之故燹殺言戕人卒暴而來殘賊殺書也李作滅豈按滅从戕聲似可借爲戕字然字義遠隔戒所見異辭耳

戕者卒暴之名也 後漢盧植傳注又左氏宣十八年傳注○疏云戕者殘也言外莊子在宥乃始臠卷傖囊釋文引崔注○詩十月之交釋文云戕王

𡵨 山𡵨也 說文

迎 彥良切 逢也 說文段注本皆也其理一也迎逆也史記五帝紀迎日推策正義○逆也逢遇也又太𠂤𠂤衍云迎逆也淮南時則以迎歲于東郊注云迎歲逆春也又太𠂤𠂤衍云迎逆也淮南時則以迎歲于東郊注○梁傳桓三年成十四年兩釋文並云乎云迎本作逆迎數之也史記五帝紀集解引晉灼○迎奉也○家語入官迎而不迎者注太𠂤𠂤𠂤備云迎一作御也萱按史記天官書民迎厭角而不戦迎不勝𠂤集解引徐廣云迎一作御也萱按此記即民迎𠂤也迎逆集解引徐廣云迎一作御相通借之矣御即訝也迎御許皆雙聲字義同與相通借之矣

祥 似羊切 福也 說文段注凡統言則災亦謂之祥析言則善者謂之祥○漢書皇帝紀注云祥福也又呂覽制樂○有祥福也說文段注凡統言則災亦謂之祥析言則善者謂之祥○說苑君道篇云祥者福之先者也又賈子大政上云祥者福之榮也又爾雅釋詁云祥福也又國語周語又呂覽制樂○有祥福也 又國語楚語注又呂覽休祥注

雅釋詁李注云祥猶祿也漢書五行志中之上祥順也淮南氾論祥 祥福之善也老子益生曰祥注云 祥 善也 長也曰祥注祥者老子佳兵不祥之器 祥善也 又釋文引王注云祥大明祥是定厥祥傳又大儀禮士冠禮記左氏昭十八年禮記三年用兵卽長用三記文王之不祥 又言引言忠信也注禮記禮注祥詩又注慈祥大又祥注祥作吉也 又用衆不言非也傳兵不廢兵用不兵牟禮定厥注兵不祥義日也 又國語又注云祥大藏記用祥而寶注云傳祥兵不祥祿用兵牟禮記傳兵 又漢書五行志史記太史公自序陰陽之大祥而衆忌諱不祥者正注其桑是祥 又史記一王又欽史自周語成周語大戴記用兵 又楚語又孫子漢書漢仲長統傳昌言下又伐不祥之爲也而不祥祥又 莊子注又楚辭又莊子庚桑楚易○又雜卦 又祥與不交爲庚桑楚篇 氣之問禮記禮運禮器禮記 又通典引崔靈恩云 祥○又吉事祥也 事猶吉也○又國語楚語

祥事吉祥之事也又國語楚語大明不過望氣祥注云祥吉也 疏云祥者吉祥之事 又賦楊雄傳注又呂覽 禮記曲禮下 禮記月令 又禮記祭義 氣祥上移注儀○不注賓 淮又釋君不與疏易祥

為祥吉之先見謂之祥左氏僖十六年傳疏祥吉凶之先見者左氏僖十六年傳是何祥也注又後漢竇武傳注○禮記中庸必有禎祥疏云吉凶先見皆曰祥祥猶象也國語周語辰馬農祥也注又華嚴經音義上引國語賈注祥幾祥也易繫辭下傳吉事有詳虞注○蓋按祥亦作詳借字也虞又云吉事為詳祥徵應也呂覽應同天必先徵祥乎下民注○易履視履考祥疏云祥謂徵祥又詩維清疏云祥者見徵兆之先見者也又左氏昭十八年傳將有大祥疏云祥者善惡之微又周禮眡祲以觀妖祥注云妖祥善惡之徵祥神也文選東京賦致嘉祥薛注福祥祲也廣雅釋詁三祥悉也漢書武帝紀集注祥妖祥素問六元正紀大論水適見祥注○書咸乂序亳有祥晚出傳云祥妖怪又莊子庚桑楚釋文引李注云祥怪也祥變異之氣左氏昭十八年傳將有大祥注異自內生曰眚自外曰祥易復有災眚釋文引鄭注○漢書五行志中之上自外來謂之祥注引李奇云外曰祥本無今有曰祥禮記中庸疏天道曰祥周書武順○論衡四諱云不祥者不宜也益生曰祥老子祥亦凶事

韻史 卷四十四下第十部平聲陽韻

四二七三

禮記檀弓上孔子既祥注○左氏僖十六年傳疏云惡事亦稱為祥祥祭也廣雅釋天又國語楚語夏祥○儀禮士虞禮記朞而小祥注云小祥祭名又釋名釋喪制云期而小祥亦祭名也孝子除首服服練冠也祥善也加小善之飾也又則而大祥亦祭名也孝子除縗服服朝服縞冠加大善之飾也農祥房星也國語周語農祥晨正注又文選東京賦薛注云農祥天駟即房星也又淮南墜形注云東南辰為農祥○漢修堯廟碑云朔風膏雨又樊敏碑云季世不祥又范君漸碑文云日利千萬曹羊又元嘉刀銘云宜庚王大吉羊萱接翔羊皆祥之段借字也祥字他書所無蓋祥之俗體耳左傳昭十一作盟于祲祥公羊作侵羊亦借也又祥詳二字互相段易履視履考祥釋文云祥李亦作詳又檀弓申祥孟子作申詳詳善也易履視履考詳虞注又周書皇門注又淮南說山六畜生多年月者不詳注乾善為詳易象下傳詳也虞注不善用心曰詳公羊宣十二年傳不救不詳注

詳

重見審議也說文段注審惡也經傳多假為祥字又音羊為詳狂字詳審也易大壯不詳也釋文又詩牆有茨不可詳也傳又禮記曲禮上注為其詳於味也疏又漢書董仲舒傳注肅望之傳注又太卒卒抗詳之於數注○

韻史 卷四十四下第十部平聲陽韻

四二七四

荀子脩身拘守而詳注云詳謂審於事也又書呂刑度作詳刑以詰四方鄭注云詳審察之也詳悉也孟子離婁下傳學而詳說之注萬章下其詳不可得聞也注又漢書武帝紀故詳延天下方聞之士注杜鄴傳注楊雄傳下注儒林傳注詳謂悉盡也漢書食貨志上亦未可詳注○董仲舒傳注云詳盡也詳密也後漢張湛傳注詳詳周備也荀子非相詳則舉小注詳平也漢書食貨志下集注詳幾詳也詳善也善用心曰詳乾善為詳宣按此段詳為祥也左氏成十六年傳德則詳義禮信疏云詳者祥也古字同耳又荀子脩身則可謂不詳少者矣注云詳當作祥又成相慎墨季惠百家之說誠不詳注云詳或為祥又詩牆有茨不可詳也韓詩作揚此可兩通

庠

禮官養老夏曰校殷曰庠周曰序說文段注孟子滕文公篇曰夏曰校殷曰序周曰庠史記儒林傳同漢書儒林傳則云夏曰校殷曰庠周曰序許同漢書疑今孟子史記有誤孟子曰庠者養也○廣雅釋詁一云庠養也又通典引魏文侯孝經說云庠言養也又禮記王制養國老於上庠注云庠之言養也庠詳也史記

韻史 卷四十四下第十部平聲陽韻

四二七五

儒林傳正義○白虎通辟雍云庠者詳禮義也又一切經音義九引白虎通云庠之為言詳也以詳禮義之所也庠庠者教化之宮也周曰庠孟子梁惠王上謹庠序之教注○禮記明堂位米廩有虞氏之庠也注云庠亦學也庠之言詳也於以考禮詳事也庠學名也禮記學記黨有庠疏庠謂鄉學也禮記王制耆老皆于庠注鄉飲酒義主人拜迎賓於庠門之外注○學記疏鄉飲酒義疏云鄉學曰庠又白虎通辟雍又漢書平帝紀又後漢班彪傳下注班云鄉曰庠遂學曰庠禮記學記疏引皇氏○疏引庾氏云黨有庠謂夏殷禮非周法殷為庠御覽五百卅五引五經通義○獨斷上又後漢章紀注班云周曰庠虞庠小學也禮記王制養庶老於虞庠注○御覽五百卅三引成伯玖禮記外傳云有虞氏之學曰庠亦謂之米廩庠官也廣雅釋宮庠之制有堂有室也儀禮鄉射禮豫則鉤楹內注○禮記鄉飲酒義疏云有室謂庠庠傷也廣雅釋詁四○蓋按此蓋段庠為痒也

痒

瘍也說文段注小雅癙憂以痒傳曰癙痒皆病也釋詁亦曰痒病也按今字以痒為癢字非也癢之正字說文作蛘

韻史 卷四十四下第十部平聲陽韻

四二七六

翔

痒病也詩桑柔稼穡卒痒箋又廣雅釋詁一痒心憂憊之病也爾雅釋詁舍人注痒瘍也廣雅釋詁四○箋按痒蠡痒之破字也髡維瘯本作痒

回飛也說文段注釋鳥鳶烏醜其飛也翔郭云布翅翱翔高注淮南曰翼上下曰翱直剌不動曰翔按翱翔渾言不別析言則殊高析言之也夏小正黑鳥浴浴也者飛乍高乍下也此所謂翼上下曰翱也曲禮室中不翔注曰行而張拱曰翔此引伸假借也按古多讀如羊翔迴顧也考工記矢人後弱則翔注翔高飛也文選西京賦翔鶴仰而不逮薛注翔佯也言彷佯也釋名釋言語翔猶遊也穆天子傳三翔畋于曠原注翔猶止也淮南覽冥鳳皇翔於庭注翼不搖曰翔淮南覽冥翱翔四海之外注○原道鳳以之翔注云大飛不動曰翔又時則舉烏翔注云翔者六翮不動也翔謂翔翔無事儀禮覲禮記注相翔待事之庭疏翔游皆行也文選東京賦聲與風翔澤從雲游薛注翔翔行而張拱也禮記玉藻朝廷濟濟翔翔疏翔翔安舒兒漢書韋玄成傳注翔翔莊敬兒也禮記

韻史　卷四十四下第十部平聲岡韻　四二七七

玉藻朝庭濟濟翔翔注翔翔憂無薄也穆天子傳三中心翔翔注翔陽日也文選海賦翔陽逸駭於扶桑之津注○易豐天際翔也釋文云鄭王肅作祥又禮記玉藻翔本作洋又淮南時則翔武作養萱按祥洋養皆羊聲聲同相段也又詳翔二字互借通用吳仲山碑出入款詳段詳為翔也又漢書西域傳上其土地山川王侯戶數道里遠近翔實矣段翔為詳也

洋

重見○萱按洋字舊有兩讀本義水名讀序引申之義洋洋流也盛大也諸義則讀羊悉謂皆似當讀羊故水名亦載彼庶此重出者焉為學者推究也

韻史　卷四十四下第十部平聲岡韻　四二七八

韻史

泰興何萱石閭撰集

第十部平聲

岡韻四

撮口評　切郎兒

匡

兩讀筐或作匡○綠筐飯器句筥也說文段注謂即筥也竹部曰筥箝也箝一曰飯器容五升箝有三義而筥匡取此一義耳匡不專於盛飯故詩采卷耳以頃匡求桑以懿匡匡之引申段借為匡正小雅王于出征以匡王國傳曰匡正也蓋正其不正為匡凡小不平曰匡剌亦匡匡剌亦曰匡也詩有頃匡謂匡之卑草其深不平者故謂之頃所謂匡剌也匡剌見攷工記注今人亦分匡筐為二義○詩良耜載筐及筥傳云筐所以盛黍也筐竹器也詩伐木傳以筐曰醲疏○國語楚語與一筐注云筐器名又楚語辭離世桑離騷於筐麃注云筐麃竹器也方曰筐詩采蘋維筐及筥傳又左氏隱三年傳筐筥錡釜之器注又禮記月令治曲植籧筐釋文又漢書食貨志上賦

韻史　卷四十四下第十部平聲岡韻　四二七九

入貢棐注引應劭○楚辭慭命應鹽鹽於筐篚注云方為筐又呂覽季夏具栿曲蒙筐注又淮南時則具樸曲筥筐注班云方底曰筐筐方也莊子齊物論與王同筐牀釋文引崔注匡所以盛也太夲從有女承其血者也注○周禮司司巫注謂若今筐也疏云筐所以盛種又漢書賈誼傳在於刀筆筐篋注云筐篋所以盛書筐屬所以行幣帛也詩鹿鳴承筐是將傳○荀子榮辱約者有筐篋之藏注云筐篋藏布帛者也震為筐易歸妹女承筐无實虞注旅鳥焚其巢虞注筐小簪也淮南齊俗筐不可以持屋注筐牀安牀也莊子齊論釋文引司馬注○又引崔注云筐牀丕亦牀也萱按匡牀字後人用匡不用筐莊于李亦作匡滿也廣雅釋詁一○楚辭離世筐澤瀉以豹鄉兮注云注云筐滿也匡虧也國語越語月盛而匡匡枉也考工記輪人則輪雖敝不匡司農注匡正也爾雅釋言又詩六月以匡王國箋又周禮夏官序官匡人注又左氏襄十四年傳過則匡之注又孝經匡救其惡注又疏引王注又論語憲問一匡天下集解引馬注又周書柔武以匡辛苦注又大戴記保傅注又國語晉語匡困資無注又史記齊世家注正義又漢書紀志傳各注又後漢馬

韻史　卷四十四下第十部平聲岡韻　四二八〇

融傳注浚讓傳注文莊子讓王匡坐而弦釋引司馬注又楚辭惜賢撥諂諛而匡邪兮注文匡亦救也左氏成十八年傳匡乏困注匡安也淮南主術匡牀蒻席注貞心大度曰匡周書諡法又獨斷下匡魯邑也廣韻引風俗通匡目匡也素問刺禁論刺匡上陷骨中脈注○萱按晚出字有眶匡猶恐也禮記禮器衆不匡懼注○萱按此段為恇字也又荀子正論是猶傴巫跛匡大自以為有知也此段匡為

恇

籀作恇匡為恇也㹤也說文段注犬部曰㹤多畏也杜林作怯素問尺虛者行步恇然王注恇然不足禮器衆不匡懼此段

𨛦

㧝作郎河東聞喜鄉說文○萱按此為鄉名會論之匡為邑名地亦遠隔

洭

䣖作洭洭水出桂陽縣盧聚南出洭浦關為桂水說文段注縣補字依韻會此水出桂陽郡桂陽縣郡縣同名故曰桂陽縣如邑部郴下云河南縣之創南出二字各本作山字今依水經注桂陽郡

四二八一

桂陽二志同今廣東廣州府連州州治即漢縣地也前志桂陽下曰洭水南至四會入鬱過郡二行九百里二郡桂陽南海也水經曰洭水出桂陽縣盧聚東南過含洭縣南出洭浦關為桂水按前志南海中宿縣有洭浦關酈注亦云尒今志文關作官桂陽下洭作匯皆譌字也今洭水出連山縣東南流經連州英德縣清遠縣合肉水經三水縣至廣州府城西入西江以入海班所謂入鬱今廣東之北江也其出洭浦關在今清遠縣酈氏曰桂水者洭之別名也按洭水亦曰湟水史記出桂陽下匯水匯者洭之誤漢書作下湟水是也酈氏引山海經湟水今山海經云濱水出桂陽西北山東南注肆水入敦浦西濱者湟之聲誤敦者郭之字誤水經注引作郭浦郭浦即洭浦也音相近○水經溱水注云洭水山海經所謂湟水

兄 許匡切

平去兩讀俗有眖眖○長也說文段注古長不分平上其音義一也長短滋長長幼皆無二義兄之為長以疊韻詞訓也小雅兄也永歎傳曰兄兹也大雅倉兄填兮傳曰兄滋也職兄斯引職兄斯弘傳曰兄兹也又小雅僕夫兄瘁箋云兄兹也又大雅亂兄斯削箋云而亂兹甚兹與滋義同兹者艸木多也也滋者益也凡此等毛詩本皆作兄俗人乃改

四二八二

作从水之況又譌作况陸氏音義不能諟正畫一正偽錯出且於常棣云作兄者非由未知兹益乃兄之本義故耳兄之本義訓兹許所謂長也許不云兹者許急言長則可晚長幼之義也天部㚘下曰兄暑也謂加益之書此滋長之義也無逸無皇曰今大尚書作毋兄曰王肅本皇作況注曰況滋韋昭注國語云況益也皆兄訓益之證引伸之則爾雅曰男子先生為兄後生為弟先生之年有多於後生者故以兄名之猶弟本義為韋束之次弟以之名男子後生者也其重於君父故有正字兄弟之字則依聲託事古凡長與兄益無二音也後人謂兄之本義為男子先生則主從創置豈弟之本義為男子後生乎世之言小學者知此而後可與言經義顧希馮玉篇不知此則直云男子先生為兄男子後生為弟而已以兄弟二部次於男部女部閒觀其列部之次第可以知其不識字義今音許榮切古音在十部讀如荒轉為去聲許訪切今人評兄為況老乃每語也用況者於古為段借眖況皆俗字眖以意製左國多用之況乃況之變最為後出

兹也廣雅釋言況益也國語晉語衆況厚之注況固其謀注○荀子非十二子注云況猶益也況賜也況賜也聲兄下萱按詳去眖賜也眖惠賜也眖者欲加恩惠也眖

四二八三

與也亦詳去聲兄大也廣雅釋詁一兄荒也荒大也故青徐人謂兄為荒也釋名釋親屬兄者況也況父法也白虎通三綱六紀○震為廣雅釋親云兄況也兄易泰帝乙歸妹虞注歸妹以悌虞注象下傳兄云男子先生曰兄詩載馳序箋又內虎三綱六紀引禮親屬記云男子先生為兄○公羊隱七年傳昭二十年傳竝云母兄偁兄兄弟者分形連氣之人也顏氏家訓兄弟○爾雅釋親云夫之兄為兄公兄弟猶言族親也詩葛藟終遠兄弟箋又依禮喪服記於兄弟降一等注○士冠禮兄弟畢袗弟注云兄弟主人親戚也又聘禮記若兄弟之國注云兄弟謂同姓若婚姻甥舅有親者又詩常棣序燕兄弟也疏云兄弟者共父之親能而廣之同姓宗族皆是也萱按儀禮用字之例同偁昆弟不偁兄弟也兄弟則自小功小功以下為兄以下同異姓皆是他經典同父亦偁兄弟依禮喪服傳○既夕兄弟出主人拜送注云兄弟弟功以下也又兄弟帽尊可也注云兄弟有服親也小兄弟昏姻嫁娶也周禮大司徒三曰聯兄弟注○公羊僖廿五年傳兄弟辭也注云宋魯之閒名結婚姻為兄弟

四二八四

又爾雅釋親婦之黨爲婚兄弟壻之黨爲姻兄弟注云古者皆謂婚姻爲兄弟母與妻之黨爲兄弟爾雅釋親○詩伐木兄弟無遠箋云兄弟父之黨母之黨又疏云妻黨亦曰兄弟兄弟是相親之辭詩伐木疏

郎王切

𤞷

㤮古文作狂性○ 狾犬也說文段注狾狂二篆爲傳注段借之爲人病之偁按此字當从古文作小篆變爲从犬非也 狂 狂人也詩山有扶蘇乃見狂且傳○疏云狂者狂愚之人又書多方惟聖罔念作狂疏云狂者愚之偁下 狂 是醜惡詩山有扶蘇箋乃往觀狂醜之人○褰裳狂童之狂也且疏云狂童謂狂頑稚之童 狂 癡也○莊子逍遙遊以是狂而不信也釋文引李注○廣雅釋詁三云㹶癡也蠢按狂本从㞷聲 狂 無常左氏昭廿三年傳幼而狂注 狂猶亂也淮南主術則狂而操利翮注 狂猶遽也楚辭抽思狂顧南行注 狂猶並也楚辭招魂竽瑟狂會注 狂倨慢書洪範曰狂恆雨若鄭注○南齊書五行志引洪範五行傳云失威儀之制急悅驕恣謂之狂 多怒曰狂注素問腹中論芳艸發狂○病能篇陽何以使狂

人狂注云怒不慮禍故謂之狂 闇行妄發之謂狂○呂覽尊師其知不若狂注論語陽貨其蔽也狂集解引孔注云狂妄抵觸人 心不能審得失之地則謂之狂韓非子解老 知善而弗行謂之狂賈子大政上 不正稱狂太玄聚狂作味淫亡注 狂疾也後漢張衡傳注○素問長刺節論云病在諸陽脈且寒且熱諸分且寒且熱名曰狂又生氣通天論則云脈流薄疾并乃狂注云狂謂狂走或妄舉登也 凡狂者陰陽脈盡濁漢書昌邑哀王髆傳清狂不惠注引蘇林○素問宣明五氣論邪入於陽則狂注云邪入於陽脈之中則四支熱盛故爲狂 狂易謂狂而易性也後漢陳忠傳注 狂屈偁張似人而非也莊子知北遊狂屈釋文引李注 狂夫方相氏之士也國語晉語且是衣狂夫沮之衣也注 狂 鳥爾雅釋鳥狂茅鴟字同見上釋文○曾按又書後出徹有子我驕其發出狂史記狂作往蓋形近之譌

軖

隸作軖 紡車也一曰一輪車說文段注紡者紡絲也凡絲必紡之而後可織紡車曰軖通俗文曰

絲車曰軖尼心切則是一物絲與紡二事也木部曰欋者絡絲柎竹部曰篗所以收絲者糸部曰維著絲於筟車也又在繰之後紡之前偁再致此非車也其偁維車者何其用同乎車也其物有車名故其字亦从車也一曰一輪車別一義

軖

隸作 車戾也說文段注云戾者曲也考工記曰萬之以眡其匡也注云等爲萬蔞以運輪上輪中萬萬蔞則不匡 軖制也輪凡偏戾皆是謂 軖 盭也廣雅釋詁四 平去兩讀義分

羽狂切

王

𡈼古文 天下所歸往也董仲舒曰古之造文者三畫而連其中謂之王三者天地人也而參通之者王也孔子曰一貫三爲王說文段注王天下所歸往見白虎通王往疊韻董說見春秋繁露引之說字形也韋昭注國語曰參三也又引孔子語證董說○荀子正論云天下歸之之謂王又漢書刑法志云歸而往之見爲王矣曾按風俗通皇霸引書大傳又韓外傳五又穀梁莊三年傳又呂覽下賢又大戴記盛德注又易師可以王矣釋文其說略同又廣韻引字林云王三者天地人又云一貫三爲王 王往也詩板及爾出王傳又國語吳語王總其百執事注○古徵

書引春秋文耀鉤云王者往也神所向往人所歸樂又引元命包云王者往也神之所輸向民所樂歸也 王者黃也春秋繁露深察名號 王者匡也春秋繁露深察名號又法言先知四國是王注 王大也廣雅釋詁一 王者方也春秋繁露深察名號 王者美行也尚書帝命驗注引乾申鑿度○禮記曲禮下疏 引孟京說云王美偁 王者人之始也春秋繁露驗云天者 度 王君也爾雅釋詁又詩宮祭曰也注又 上○書君奭王人同不秉德範五行 明敝王注云王人猶君人也王者皇 廟曰皇考廟注皇皆君也 王尊稱也穀梁哀十三年傳 十 王者天爵 王謂天 子也 云王禮記內則后王命冢宰釋文引盧注襄服小記禮不王不祢疏又賈子匈奴○左氏春秋序所書之王疏云天 子稱王又周禮天官惟王建國釋文引干注云王天子之號三代所偁也又漢書文帝紀云所謂天王者乃天子也又穀梁成八年傳注云天王天子王者之通稱又公羊成八年傳注云或言王或言天王或言天子皆相通矣王者號也仁義

合者稱王王者五行之稱也白虎通號畿內稱王諸夏稱天王穀梁疏十三引賈逵三家經訓詁○獨斷上云王畿內之所稱王有天下故稱王天王諸夏之所稱天下之所歸往故稱天王今之王古之帝國策秦策先帝文王注○呂覽當務備說非六王五伯注云六王謂堯舜禹湯文武也又先己三王先敎而後殺注云三王夏商周也又獨斷上云夏殷周稱王乾為王易坤或從王事虞注訟虞注隨王用享于西山虞注蠱不事王侯虞注晉受茲介福于其王母虞注蹇王臣蹇蹇虞注益王用享于虞注夬揚于王庭虞注萃王假有廟虞注豐王假之虞注渙虞注○離王用出征虞注云王謂乾震為王易說卦釋大引九家集解王天下所法廣韻引字林王也者盡制者也荀子解蔽能用天下之謂王荀子正論○周書太子晉云善達於四荒曰天王令行於諸夏之國謂之王荀子正論○國策秦策又風俗通皇霸引書大傳並云夫擅國之謂王能專利害之謂王制殺生之威之謂王仁義所在曰王周書謚法○白虎通號引禮記謚法又文選兩都賦序注引樂稽耀嘉並云仁義所生為王又公羊成八年傳疏云合于

仁義者謂之文又初學記引樊文深七經義綱云德合仁義者稱注王禮天子之禮也禮記明堂位是故魯王禮也注世見曰王詩殷武莫敢不來王箋○國語周語荒服者王注云王王事天子也諸侯王皇子封為王者稱曰諸侯王獨斷上坐而論道謂之王公考工記總目百王百神也荀子禮論并百王于上天而祭祀之也注祖又謂之王父王眭也家中所歸往也王母亦如之釋名釋親屬○後漢安帝紀注云王父謂祖也又爾雅釋親云父之考為王父父之妣為王母王父之考為曾祖王父王父之妣為曾祖王母曾祖王父之考為高祖王父曾祖王父之妣為高祖王母天子之社曰王社獨斷上王宮日壇禮記祭法王宮祭日也注王渠官渠也猶今御溝矣水經渭水注王夏樂名文選東京賦王夏闋薛注吳都賦為闓梁岷有陟方之館注往體寡來體多謂之王弓之屬考工記弓人○周禮司弓矢注云往體寡來體多曰王弧又云王弧夾庾唐大六者弓異體之名也王芻即菉蓐艸也詩淇澳傳綠王芻也

釋文禾綠釋文王瓜栝樓也淮南時則王瓜生注王連遠志也廣雅釋艸○御覽引廣雅云王連黃連也王白蕢也王延署蕷也並廣雅釋艸王睢金口鶚也史記孔子世家關雎之亂正義王蚨蝪爾雅釋蟲○注云王即蠪蟷今河北吁蚨蝪王鮪鮪之大者周禮獻人春獻王鮪注

坒 許往切

比體又為九部封之古文坒古文艸木妄生也說文段注坒妄壘韻妄生猶怒生也彡部古文往作逆从坒○蓋按坒釋之字隸省作王實則王坒形義皆殊乃韋洞既久人幾不知有坒字矣今檢从坒者說文有匩筐恇鄧瀍韈輕狴㹞雖燧○又按莊子天地折楊皇夸司馬本作折楊坒華

韻史卷四十五

泰興何萱石閣譔集　子度校字

第十部上聲

上海顧錫麒竹泉覆審

䀵韻

武進李兆洛申耆鑑定

開口呼

䀵 改朗切

或書作䟘○网見 直項莽䀵皃 說文段注當作莽䀵直項皃或曰淮南書有嚴志頡頏之行頡即䀵字也頁部曰頡直項○萱按字从亢从夋者亢人頸也夋倨也故䀵爲直項

吭

○俗有䟘䟘 竟也一曰百也趙魏謂百爲吭 說文段注竟俗本作境今正百今之陌字趙魏謂陌爲吭方語也 ○吭遀也 廣雅釋室吭池也廣雅釋地䟘䀋澤 廣雅釋詁三云吭竟也 廣韻

哽

語爲舌所介也 說文段注哽介雙聲漢書祝哽在前 哽塞也 莊子外物壅則哽釋文

骾

○俗有骾 食骨留咽中也 說文段注晉語卜蘇曰挾以銜骨韋曰骨所以鯁刺人也忠言逆耳如食骨在喉故云骨骾之臣漢書已下皆作骨鯁字從魚謂留咽者魚骨技多也依說文則鯁訓魚骨骨播咽中當作骾○一切經音義二引聲類云骾食骨留嗌中也

鯁

魚骨也 說文段注故其字从魚與骨部骾字别而骨骾字亦多借鯁爲之爾雅曰魚枕謂之丁魚腸謂之乙魚尾謂之丙今益之曰魚骨謂之鯁魚甲謂之鱗魚奐鯁魚骨也謂之䱎○禮記内則釋文引字林云鯁魚骨也 食骨留喉中爲鯁 後漢來歙傳注○漢書杜欽傳朝無骨骾之臣注骾亦鯁字萱按章懷謂骾鯁同字師古轉謂鯁爲正字矣 鯁害也 國語晉語除鯁而避强注

梗

山枌榆有束莢可爲蕪荑也 說文段注山枌榆又枌榆之一種也有束故名梗榆即齊民要所謂判揄者也方言凡艸木刺人自關而東或謂之梗郭注今云梗揄是也荑當作夷爾雅急就篇皆不從艸釋木無姑其實荑郭云無姑姑揄也生山中莢圓而厚剝取皮合漬之其味辛香所謂蕪荑按齊民要術分姑揄刺揄山揄爲三云

刺榆木甚堅韌山榆可以爲蕪荑係許說則刺榆山榆一物也賈氏言種植皆得諸曰驗豈許有未諦與姑榆即周禮之榫杜子春作枯榆鄭注周易大過曰枯音姑謂無姑山榆廣雅山榆毋估也是則山枌榆即爾雅無姑之證按梗引伸爲凡柯莖骾刺之偁○方言注云梗今之梗榆又一切經音義廿一引字林云梗山榆一名梗有刺如棘也

土梗

土之木梗亦木人耳 一切經音義廿引莊子司馬注○文選廣絕交論注引莊子司馬注云梗土之榛梗也

梗直也 爾雅釋詁○方言十三注云梗謂直也

梗正直也 爾雅釋詁注

梗覺也 方言十三

梗蔵也 廣雅釋詁二

梗强也 廣雅釋詁四又楚辭橘頌梗其有理兮注

梗猛也 廣雅釋詁三○方言二云梗猛也韓趙之閒曰梗

梗塞也 管子四時謹禱幣梗注

梗病也 廣雅釋詁一又詩桑柔至今爲梗傳又左氏昭廿四年傳注又後漢段頌傳注

梗略也 方言十三又廣雅釋言云梗略也ゝ

梗概猶粗略也 後漢杜篤傳注○方言十三注云梗槩大略也又文選吳都賦略舉其梗概注云梗概粗言也又東京賦故粗爲賓言其梗槩如此薛注云梗槩不纖密

梗槩未至也 周禮女祝掌以時招梗襘禳之事注

○注又云鄭大夫讀梗爲亢謂招善而亢惡去之杜子春讀梗爲更萱按鄭杜謂梗爲亢若更之段借也後鄭不破字而義自通 梗者更也歲終更始受介祉也 風俗通祀典○萱按應用杜子春義而不改讀

綆

平上附讀注在被○俗有統

埂

秦謂阬爲埂 說文段注秦謂阬塹曰埂二字音略同此與釋詁阬墜隍瀧虛也同義若廣韻曰吳人謂堤封爲埂今江東語謂畦埒爲埂此又別一方語非許所謂○廣雅釋水云埂坑也又玉篇引蒼頡云埂小坑也

郠

琅邪莒邑春秋傳曰取郠 說文段注按當云莒邑也在琅邪如郇周邑也在河內之例左傳昭十七年季平子伐莒取郠杜云郠莒邑

晍 日高也 玉篇

忼 口朗切

上去附讀○俗有慷 忼慨也忼慨壯士不得志於心也一曰易忼龍有悔 說文段注作慷戰國羽聲慷慨一李作忼慷蓋因忼有異體而ゝ複一奪也按一曰易三字乃易曰二字之誤淺人所改也忼之本義爲忼慨而周易乾上九忼龍則段忼爲亢亢之引申之義爲高子夏傳曰亢極也廣雅曰亢高也是今

易作亢爲正字許所據孟氏易作忼段借字也凡許引經說段借如無有作致墜讖說曰圖皆是淺人以忼龍與忼慨義殊乃妄改爲一曰矣慷慨悲歎後漢楊震傳乃慷慨謂其諸子門人曰注

媄

女人自偁媄我也說文段注各本我上奪媄今補後漢書西夷傳注廣韻三十三蕩皆引女人自偁媄我媄我聯文如吳人自偁阿儂耳

坱

塵埃也說文段注塵者麤行土也引申爲土飛揚之偁坱者塵埃廣大之皃也賈誼賦曰大鈞播物兮坱圠無垠王逸楚辭注曰坱霧昧皃坱圠莽沕也高下不平皃也文選吳都賦地勢坱圠劉注坱圠無齊限之皃文選魯靈光殿賦鬱坱圠以嶒峵注

泱

平上兩讀泱漭廣大也泱漭大皃也泱漭無限域之皃泱漭不明之皃文選海賦注上林賦注西京賦注謝玄暉京路夜發詩注泱鬱盛皃漢書息夫躬傳注泱軋不前也漢書司馬相如傳下注泱瀼滂淤也文選海賦注〇萱按泱字上聲諸義非與平聲之義

韻史　卷四十五第十部上聲鈧韻　四二九七

縣殊也似可併爲一讀矣茲姑隨俗网收此載其略彼處其詳可通觀之

沆　海朗切

莽沆逕大水也一曰大澤皃說文段注西京賦滄池漭沆薛云漭沆猶沆潒亦寬大也南都賦漭沆洋溢吳都賦海賦皆云沆瀁羽獵賦云沆茫義皆同風俗通山澤篇曰傳曰沆者莽也言其平望莽莽無涯際也沆澤之無水斥鹵之類也今俗語亦曰沆水經注巨馬河篇曰巨馬水又東徑督亢澤荊軻傳之督亢地圖也引風俗通沆莽也云云是則沆通作亢矣〇爾雅釋言注水流漭沆瀁文云沆大水皃沆瀁廣大之皃文選江賦沆瀁皛濰注沆碭白氣之皃也漢書禮樂志西顥沆碭注沆瀣者北方夜半氣也漢書司馬相如傳下呼吸沆瀣兮餐朝霞注引應劭又後漢仲長統傳注又文選琴賦餐沆瀣兮帶朝霞注〇莊子逍遙遊而御六氣之辨釋文引李注云夜半爲沆瀣又文選思玄賦餐沆瀣以爲粻注引廣雅云沆瀣常氣也又舊注云沆瀣夕霞也沆溉徐流也史記司馬相如傳滂濞沆溉索隱引司馬彪沆溉鼓怒鬱梗之皃史記司馬相如傳索隱引郭璞

韻史　卷四十五第十部上聲鈧韻　四二九八

鈧

或書作蔢〇兩讀注在前

杏

杏果也說文段注莕以杏爲聲亦作荇從行聲則知杏莕字古皆在十部也內則桃李梅杏

莕

荇或〇或作行菨餘也說文〇詩關雎參差荇菜傳云荇接余也又陸疏云荇一名接余又釋文云荇本作莕莕接余其葉苻爾雅釋艸〇顏氏家訓書證引劉芳注云苻水艸圓葉細莖隨水淺深今是水悉有之黃花似蓴江南俗亦呼爲豬蓴或呼爲荇菜

黨

〇俗有黨不鮮也說文段注新鮮字當作鱻屈賦遠遊篇時曖曃其曭莽王注曰日月晻黮而無光也然則黨曭古今字方言曰黨知也楚謂之黨郭注黨朗解寤皃此義之相反而成者也釋名曰五百家爲黨黨長也一聚所尊長也此謂黨同尚黨智也廣雅釋詁三黨善也黨美也竝廣雅釋詁一五百家爲黨黨朋也黨羣也黨類也黨衆也黨助也黨比也黨猶親也黨旁也黨所也萱按皆黨之義也詳在彼又荀子非十二子博正又張平子碑黨論凡諧皆段黨爲讜也又夏

韻史　卷四十五第十部上聲鈧韻　四二九九

承碑黨蠹有靈禹廟殘碑口忌兮黨注選皆段黨爲儻也說文無讜儻

攩

朋羣也說文段注此鄉黨黨與李宇俗用黨者段借字也鳥部朋下曰古文鳳也鳳飛羣鳥從以萬數故以爲朋攩字儒林傳唯京氏爲異黨師古曰攩讀曰儻按儻當作黨黨朋也離騷惟黨人之偷樂兮注〇書洪範無偏無黨鄭注云黨朋黨又後漢崔駰傳注云黨謂朋黨黨羣也淮南汜論私門成羣注黨類也禮記仲尼燕居辯說得其黨注又家語論禮注〇論語里仁各於其黨集解引孔注又皇疏址云黨黨類也黨謂族類無服者也禮記奔喪哭父之黨於廟注〇詩譜序各於其黨疏云黨謂族親黨衆也莊子繕性物之黨來寄也釋文引崔注黨比也廣雅釋詁三黨猶親也禮記雜記其黨也食之注坊記睦於父母之黨注〇荀子非相黨學者注云黨親比也黨助也論語衞靈公羣而不黨集解引孔注黨見頻見也言如朋黨之多見荀子天論怪星之黨見注阿私曰黨國語晉語比而不黨注〇晉語云率以其私黨也相助匿非曰黨論語述而吾聞君子不黨集解引孔注又皇疏黨旁也儀禮鄉射

韻史　卷四十五第十部上聲鈧韻　四三〇〇

禮居庚黨之一疏 **黨所也** 左氏哀五年傳何黨之也注又國語越語夫上黨之國注又史記齊世家集解引服虔○公羊文十三年傳往黨衛侯注云黨所也所猶是齊人語也又釋名釋州國云上黨黨所也在山上其所最高故曰上黨也 **五百家爲黨黨長也一聚所尊長也** 釋名釋州國○周禮黨正司農注鄉師疏又論語雍也鄭注並云五百家爲黨又周禮大司徒注小司徒疏並云黨五百家又禮記學記黨有庠疏云黨謂周禮五五百家也 **五族爲黨** 周禮大司徒又小司徒疏州長疏○管子山至數君賓鄉州藏焉注云三千五百家爲黨萱按管氏益變通舊法以妙其運用非有私也 **黨鄉之細者** 禮記玉藻則必引而去君之黨注○鄉飲酒義注云州黨鄉之屬也又周禮地官序官鄉老注云州黨族閭比鄉之屬別又離騷惟此黨人其獨異注云黨鄉黨也

⿰尚阝 **尻也** 廣雅釋詁二○萱按此段郶爲攩也妻壽碑鄉郶州鄰亦佘

◯ 攩 **擊也** 廣雅釋詁三○萱按此與字本義無涉或讀坦朗切今義今音也 **攩搥打也** 列子黃帝攩拯挨抌釋文○方言十拯抌推也沅涌滗幽之語或曰攩注云今江東人亦名推爲攩

⿰尚阝 或作⿰黨阝 **地名** 說文段注今俗以爲鄉黨字 **郶尻也** 廣雅釋詁二○萱按段郶爲攩與段黨同皆同音也

曭 坦朗切 **目無精直視也** 說文段注後漢梁冀傳洞精曭眄注引說文目睛直視按章懷因旣曰洞精曭眄遂改易說文爲目睛直視非也洞精者謂其目精洞達曭眄者謂其流眄眹睇此固不妨並行遠游曰昔曖曃其曭莽王曰日月晻黮而無光也曭睇猶曭莽○一切經音義一引字林云曭目無精直視也亦失志皃也

潒 ○俗有潙 **水潒瀁也** 說文段注瀁者古文爲潒水字隸爲潒瀁字是亦古今字也潒瀁疊韻字搖動之流也今字作蕩瀁○文選西京賦注引字林云潒水潒瀁也大朗反 **潒潒流也** 廣雅釋訓 **潙洒也** 廣雅釋詁二○萱按此與盪音義皆同疑潒盪二篆本一字也蕩爲水名李讀平聲其讀反聲者此二篆之段借引申 **蕩散也** 後漢馮衍傳注○左氏莊四年傳余心蕩注云蕩動散也又莊子大宗師遙蕩恣睢釋文引王注云蕩縱散也 **蕩逸也** 淮南俶眞其德蕩者其行偶注 **佚蕩綏也** 漢書楊雄傳上注引晉灼 **蕩無所據也** 論語陽貨今之狂也蕩集解引孔注又皇疏 **蕩無所適守也** 論語陽貨其蔽蕩集解引孔注 **蕩壞也**

國語周語幽王蕩以爲魁陵糞土溝瀆注 **蕩蕩法度廢壞之皃** 詩蕩蕩蕩上帝箋 **盪盪僻也** 爾雅釋訓○李注云盪盪者常思之僻也又孫注云蕩蕩法度廢壞之僻 **盪盪不知所守也** 文選幽通賦周賈盪而貢憤兮曹注 **湯蕩也** 詩宛丘子之湯兮傳又箋云游蕩無所不爲○萱按序云游蕩無度故傳箋破湯爲蕩實則湯蕩皆段借字正當作潒若愓

⿰忄象 **放也** 說文 **盪放也** 漢書丙吉傳不得令晨夕去皇孫敖盪注○注又云盪讀與蕩同蕩放也萱按當云盪與⿰忄象若愓同

愓 或作婸○平去兩讀 **放也一曰平也** 說文段注愓放也與⿰忄象音義同方言婬愓遊也江沅之閒謂戲爲婬或謂之愓按廣韻作婸方言音羊一曰平也者玉藻行容愓愓注直而疾皃也 **愓戲也** 廣雅釋詁三○荀子榮辱愓悍憍暴注云愓與蕩同又脩身加愓悍爲注引韓侍郎云愓與蕩同字作心邊易謂放蕩兒悍也 **愓遊也江沅之閒戲或謂之愓** 方言十 **婸婬也** 方言六又廣雅釋詁一 **愓直也** 廣雅釋詁

三 **愓愓直疾皃也** 禮記玉藻凡行容愓愓注

⿱竹昜 **大竹筩也** 說文段注大射儀簜在建鼓之閒按當作簜簜乃竹名非其義也笙簫之屬而謂之簜者大之也○萱按儀禮段簜爲簜爲貢爾雅段簜爲簜兒兩釋文是互借通用也

簜 **大竹也夏書曰瑤琨筱簜簜可爲榦筱可爲矢** 說文段注大射儀簜在建鼓之閒注簜竹也笙簫之屬按簜者竹名以竹成器亦曰簜笙簫皆用小竹而云簜者大之也夏書者禹貢文榦弓榦也弓人曰凡取榦之道七竹爲下筱簜之用不止於此而此爲取宜○竹譜注引書禹貢鄭注又漢書地理志上注又文選西京賦篠簜敷衍四薛注並云簜大竹也 **簜竹別名** 爾雅釋艸簜竹注 **竹闊節者曰簜** 爾雅釋艸孫注又李注云竹節相去一丈曰簜 **簜竹箭也** 續漢百官志三注引周禮平注

蕩 平上兩讀彼古音此今音 **蕩猶蕩蕩** 離騷怨靈修之浩蕩兮注○萱按蕩本水名讀平聲故蕩陰有作湯陰也後人自蕩水外多讀凡聲矣姑用兩收之要以平聲爲正今 **蕩平易也** 詩南山魯道有道傳○呂覽貴公注

云蕩蕩平易也又楚辭豐懷路蕩蕩其無人兮注云蕩蕩平易兒也蕩蕩平也廣雅釋訓○漢書東方朔傳注云蕩蕩平坦之兒又後漢馮衍傳下注云蕩蕩政化平暢兒又左氏襄三年傳注云蕩蕩平政無私蕩蕩廣平之兒書堯典疏又漢書王莽傳上注○詩蕩疏云蕩蕩是廣平之名蕩蕩廣大兒史記五帝紀蕩蕩洪水滔天正義又漢書禮樂志注蕩蕩寬大之意左氏襄十九年傳美哉蕩乎疏蕩蕩恢夷之兒荀子非十二子蕩蕩然注蕩蕩者道德至大之兒也白虎通號道過三代謂之蕩荀子儒效蕩蕩廣遠之稱也論語泰伯蕩蕩乎民無能名焉集解引苞注○皇疏云蕩蕩無形無名之稱也盪盪大兒漢書揚雄傳上集注○蕢按此段盪爲蕩也潒蕩盪三字多互借通用合攷之乃備蕩又借爲像盪盪空曠之兒漢書郊祀志上集注○周禮稻人以溝蕩水注云杜子春讀蕩爲和蕩又掌節以英蕩輔之杜注云蕩當爲帑

盪

滌器也說文段注水部曰滌洒也洒滌也此字从皿故訓滌器凡貯水於器中搖蕩之去滓或以磢垢瓦石和水

渫之皆曰盪盪者滌之甚者也易曰八卦相盪左傳震盪播播越皆引申之義邪持牡曰滌蕩其聲注滌蕩猶搖動也蕩者盪之假借○一切經音義十四引通俗文云滌器謂之盪盪滌也漢書藝文志注又後漢班彪傳下注又楚辭惜賢盪渨涹之姦咎兮注○漢書元后傳以盪腸正世注云盪洗滌也盪謂盪濯大玄玄攡情偶相盪注○玄告歲歲相盪注云盪猶盪濯也盪推也論語憲問奡盪舟皇疏○易繫辭上傳八卦相盪注云盪相推盪也盪動也易繫辭上傳釋文引桓注又廣雅釋詁一又莊子庚桑楚此四六者不盪胸中則正注又太玄玄攡盧賓瑟注蕩動也漢書萬石君奮傳注又後漢陳寵傳注又荀子勸學天下不能蕩也注解蔽多能非以脩蕩是則謂之知注又呂覽季春以蕩上心注音初感於心則蕩乎音注論感不可搖蕩注孟冬注有度不蕩乎胃中則正注又淮南說山以其休止不蕩乎也注又文選西京賦蕩川瀆薛注○論語陽貨皇疏又禮記樂記天地相蕩注班云蕩猶動也又月令諸生蕩注云蕩謂物動將萌芽也又以蕩上心注云蕩謂動之使生奢泰也蕩搖也左氏僖三年傳蕩公注又賈注蕩謂搖動生其奢淫禮記月令毋或作爲淫巧以蕩上心注○郊特牲滌蕩其聲注云滌

蕩猶搖動也蕩盪也排盪去穢垢也釋名釋言語蕩除也易繫辭釋文引馬注蕩言水奔突有所滌除書堯典蕩蕩懷山襄陵晚出傳○禮記昏義蕩天下之陽事注云蕩蕩滌去穢惡也又後漢杜篤傳注云蕩滌謂誅之也蕩置也廣雅釋詁四

璗

金之美者與玉同色禮記曰佩刀諸侯璗琫而璆珌說文段注釋器黃金謂之璗其美者謂之鏐許說小異與玉同色謂光色如玉之符采故其字从玉禮記云云詩毛傳同詩正義作璗珠而鏐珌也王莽傳瑒琫瑒珌瑒卯璗字孟康云玉名非○蕢按瑒在去聲圭大尺二寸也詩鞞彼洛矣傳璗琫釋文璗本作瑒段借與王莽傳同

曩 奈黨切

或書作曩曏也說文又爾雅釋言又禮記檀弓下曩者爾心或開予注又左氏襄廿四年傳曩者志入而已今則怯也釋文定九年傳釋文又楚辭惜誦猶有曩之態也注○莊子齊物論曩子行今子止釋文引李注云曩曏者也曩向也國語晉語曩而言戲乎注吳語曩君之言注○文選北征賦豈曩秦之所圖注云曩猶向時也曩昔

也列子黃帝曩者以汝爲達注又漢書陳勝項籍傳贊注○賈誼傳曩令樊酈絳灌注云曩亦謂昔時也曩久也爾雅釋詁又漢書賈誼傳集注○廣雅釋言云曩久也鄉也

朖 老黨切

或作朗眼○俗有脼脼朙也說文又詩既醉高朗令終傳又國語周語注楚語其聖能光遠宣朗注又後漢班彪傳下注又淮南原道新而不朗注○蕢按自說文外朖皆作朗朙皆作明今不加細析釋言云明朗也與此爲轉注朗猶清徹也文選遊天台山賦朗詠長川注朖明也方言十三○蕢按此段朖爲朖也又五部去聲義別○俗有覽

駔 贊朗切

壯馬也一曰駔會也說文段注駔會舊作馬蹲駔今依後漢郭太傳注所引正注引說文駔會也謂合兩家之買賣如今之度市也下十三字蓋系爲注駔會如今之牙行會俗作儈史記節駔會漢書作節駔儈漢書音義云駔亦是儈也後漢書王君公儈牛自隱徐廣曰駔儈音祖朗切馬儈也廣韻引晉令儈賣者皆當著巾白帖額言所儈賣及姓名一足白履一足黑履蓋駔者今平會買賣馬之儈因以爲平會凡物之儈呂氏春秋段干木晉國之駔○蕢按說文前義在五部讀若組贊朗切乃其一聲之轉也他義皆不容讀此音又按爾雅釋言奘駔

也搮樊夲作將且也將且乃奘駔二字之叚借而沈集注合爲一字謂閻爲駔之異體恐未諦駔會也廣雅釋言駔儈人也呂覽尊師注駔驕恒一曰駔市儈也淮南氾論注○萱按驕恒即說文壯馬之引申當在五部駔下度牛馬市云駔史記貨殖傳索隱

奘 采朗切
駔大也說文段注馬部駔下曰壯馬也土部壯下曰大也奘與壯音同與駔義同釋言曰奘駔也此許所本也搮樊夲作將且也奘大也秦晉之閒凡人之大謂之奘方言一

奘
妄彊犬也說文

顙 散朗切
頟也說文段注方言中夏謂之頟東齊謂之顙九拜中之頓首必重用其顙故凡言稽顙者皆謂頓首非稽首也公羊傳曰再拜顙者即拜而後稽顙也何曰顙猶今叩頭按叩頭者經之頓首也○廣雅釋親又小爾雅廣服又爾雅釋畜面顙皆白惟馰注又舍人注又孟子滕文公上其顙有泚注告子上可使過顙注又莊子人閒世以牛之白顙者釋文引司馬注大宗師其顙頯釋文引崔注竝云顙頟也又後漢杜篤傳注云顙額顙也乾爲顙易說卦傳爲廣顙虞

韻史 卷四十五第十部上聲統韻 四三〇九

注巽爲廣顙易說卦傳○疏云額闊爲廣顙震爲的顙易說卦傳○疏云白額爲的顙稽顙頭觸地儀禮士喪禮拜稽顙注○太玄僕天僕之顙注云顙頭也萱按此注稍猶鄭君言頭觸地即何君之言叩頭叩與觸皆顙之用也頭者大名顙不足以盡之若家語困誓河目龍顙注云顙額也其義尤誤

丙 保朗切
位南方句萬物成炳然句侌气初起昜气將虧丙承乙象人肩說文段注鄭注月令曰丙之言炳也萬物皆炳然著見律書曰丙者言陽道著明律麻志曰明炳於丙丙承乙象人肩家大一經○禮記月令注因以爲日名疏又廣雅釋言又太玄玄剡都序丙明離章注竝云丙炳也又玄數注云丙取其炳明又白虎通五行云丙者其物炳明又釋名釋天云丙炳也物生炳然皆著見也丙剛廣雅釋天丙丁火日也呂覽孟夏其日丙丁注又淮南時則注丙署署名後漢順帝紀注丙地名也文選蜀都賦嘉魚出於丙穴劉注○水經沔水注云水穴口向丙故曰丙穴魚尾謂之丙爾雅釋魚○淮南原道昔者馮㚇大丙之御也注云丙或作白萱按疑此丙之上畫譌爲下畫耳

韻史 卷四十五第十部上聲統韻 四三一〇

炳
○俗有昞爲丙朙也說文段注易曰大人虎變其文炳也○後漢班固傳下注云炳明也昞明也廣雅釋詁四炳明著也華嚴經音義上引蒼頡爲著明也一切經音義五引三蒼炳炳明也廣雅釋訓炳丹青色也文選皇太子釋奠會詩睿圖炳睟注邴邴明兒莊子大宗師邴邴乎其似喜乎釋文引簡文注○萱按此段邴爲丙也邴邴喜兒莊子大宗師釋文引向注

邴
宋下邑說文段注下邑藉言小邑左傳邴歜邴意茲邴洩世邴夏皆非宋人公羊隱八年歸邴入邴九年會齊侯于邴皆非宋地十年取防防者宋地疑當作邴○左氏文十八年傳邴歜史記齊世家作丙歜又晉書音義中云邴與丙同萱按邴正字丙借字邴鄭邑公羊隱八年經鄭伯使宛來歸邴釋文○公羊傳云邴者何鄭湯沐之邑邴邴喜兒邴邴明兒莊子大宗師釋文引向注簡文注萱按此炳邴爲正借字

鮩
蚌也說文段注蚌者蜃屬一名鮩

茻 莫朗切
眾艸也說文段注按經傳艸莽字當用此茻茻茂也廣雅釋訓

韻史 卷四十五第十部上聲統韻 四三一一

皿
平上兩讀飯食之用器也象形與豆同意讀若猛說文段注飯汲古閣作飲誤孟子牲殺器皿趙注皿所以覆器者此謂皿爲幎之假借似非孟意象形者上象其能容中象其體下象其底也與豆略同而少異按古孟猛皆讀如芒皿在十部今音普武永切○左傳昭元年釋文引字林云皿音猛皿器也左氏昭元年傳於文皿蟲爲蠱注又國語晉語是不昭穀明而皿蟲也注又集韻引字林

⿱穴皿
平上兩讀北方謂地空因呂爲土穴爲⿱穴皿戶讀若猛說文段注因地之孔爲土屋也⿱穴皿窟也廣雅釋室或作歷

猛
健犬也說文段注假借爲凡健之偁猛健也廣雅釋詁二猛剛也史記樂書粗厲猛起正義猛怒也文選西京賦盧趙趙薛注○後漢光武紀上又驅諸猛獸注云猛或作獷萱按猛正字獷借字猛害也廣雅釋詁三猛起謂武猛起發禮記樂記粗厲猛起疏○史記樂書集解引禮記樂記王肅注云猛起發揚猛奮發揚也漢書禮樂志厲猛奮之音作注厲

韻史 卷四十五第十部上聲統韻 四三一二

黽 鄳

黽藹。平上网 讀注在彼

或作說文段注二志同地當在南陽江夏二郡之閒 鄳江夏縣今河南信陽州湖北德安府應山縣之閒縣蓋以黽阨得名也左傳定四年楚司馬戌云塞大隧直轅冥阨三者漢東之臨道總名曰城口魏晉以後義陽有三關之塞三關者一曰平靖關亦名西關即左傳之冥阨也今在信陽州東南九十里應山縣北六十五里一曰武陽關亦名東關即左傳之大陵也在信陽州東南一百五十里西南至應山縣一百三十里一曰黃峴關即左傳之直轅也在信陽州南九十里南至應山縣亦九十里呂氏春秋淮南鴻烈皆云天下九塞冥阨其一戰國策史記二書或云黽阨或云黽塞或云黽阨之塞或云鄳臨或云冥阨之塞其實黽冥鄳一字阨臨一字而魏策無忌謂魏王作危臨之塞危即黽之字誤也黽古音讀如忙與冥字謂陽庚之轉最近隋書地理志義陽郡鍾山縣舊曰鄳魏世家正義引水經注作鄳鄳者鄳之變宋書州郡志曰晉太康地志屬義陽作鄳永初郡國志何挺作鄳此字今正廣韻集韻皆云鄳在義陽陽今謁昌又通與申州羅山鍾山二縣下皆曰漢鄖縣地此處不當有鄖地二鄖字皆鄳字之誤

合口評 古晃切

廣 殿之大屋也

說文段注土部曰堂殿也倉頡篇曰殿大堂也廣雅曰堂堭合殿也殿謂堂無四壁漢書胡建傳注無四壁曰堂皇是也覆乎上者曰屋無四壁而上有大覆益其所通者宏遠矣是曰廣引伸之為凡大之偁詩六月雖傳皆曰廣大也○書大傳天子之堂廣九雉注云廣榮閒相去也又晚出書大禹謨帝德廣運傳云廣謂所覆者大廣大也考工記輪人弓鑿廣四枚注又禮記明堂位言廣曾於天下也注又廣雅釋詁一又國語周語則必廣其身注又史記樂書奮末廣賁之音作正義又呂覽長利是故地曰廣注又素問陰陽離合論前曰廣明注又文選東京賦睹乎廣庭辭注○史記淮南衡山傳廣長揄集解引如淳云廣謂拓大之也又後書伍被傳注拓作庠餘同又禮記中庸致廣大而盡精微注云廣大猶博厚也又樂記廣大而靜疏云廣大謂志意宏大而安靜又廣大象地注云廣大謂鍾鼓也廣猶宏也禮記曲禮上車上不廣欬注廣博也廣雅釋詁四又呂覽不廣其人事則不廣注○大戴記文王官人取接給而廣中者注云廣中謂博於閒識也廣猶寬也史記屈原賈生傳乃為賦以自廣索

隱引姚氏○詩離於萬廣牡疏云廣是皃傳文禮記樂記廣其節奏注云廣謂增習之又疏云廣謂習寬廣又左氏文十八年傳齊聖廣淵疏云廣者寬也器宇宏大度量寬宏也寬遠也方言六又小爾雅廣言又荀子解蔽則廣焉能弁之矣注○周禮大司徒注不知廣深故曰測疏云廣深喻遠近廣多也國策西周策地廣而益重注短也同辭其經上以此為句廣三注○萱按服長則句短矣然句殿可五偁則倚廣無定屬臭高唐賦廣矣普矣注廣庭也莊子田子方是求馬于唐肆也釋文引司馬注廣焉開張皃人主胡不廣焉注○白虎通八風云廣莫者大莫也開陽氣也廣廣容眾之皃荀子非十二子廣廣然注廣謂聲緩也禮記樂記廣則容姦注易說卦傳坤為廣顏廣注○萱按鄭作黃顏者借字以陰易陽謂之廣易繫辭下傳廣大悉備荀注廣平坪也廣雅釋器○方言五云所以投薄或謂之廣平應圖之周橫者謂之廣經上注司辭算橫度為廣周禮司裘注廣與崇方疏○素問氣府論俠齊廣三十注云廣謂去齊橫廣也凡度廣狹曰廣周禮凌人釋文又儀禮士冠禮

釋文又禮記檀弓廣充幅釋文○萱按此義或讀去聲乘廣廣亦然其實一義引申無煩改讀也廣韻去聲無廣是謂徑也考工記輪人信其程圜以為部廣注東西為廣南北為輪周禮大司徒周知地域廣輪之數疏引馬融說文又禮記月令注廣五尺輪四尺疏○一切經音義廿四引韓詩又後漢光武紀下注又國語越語廣運百里注又文選西京賦考廣袤薛注疏云東西曰廣南北曰袤或作之萃注○在氏宣十二年傳晉人或以廣隧不能遷注云廣兵車○又國策西周策載以廣車注云廣大車也廣車橫陳之車也周禮車僕廣車乘為一廣左氏宣十二年傳廣有一卒注左氏莊廿八年傳狄之廣廣莫狄地之曠絕也漢廣昌鳳皇屬也廣雅釋鳥○萱按國語周語熙廣也此段注廣為光又家語困誓自望其廣此段廣為犢也又爾雅釋畜在背關廣此段廣為驗然驗乃後出字又列子湯問不思高林或廣澤釋文云廣一本作曠又荀子王霸注解蔽注並云廣或讀為嘯然此廣曠州通矣

穬

○魏趙俗有芒粟也說文段注周禮稻人澤州所生種之芒種鄭司農云芒種稻麥也按凡穀之芒稻麥為大

芒粟次於此粟下曰芒穀然則許意同大麥之皮毛者曰
先鄭也稻麥得許粟者從嘉穀之名也
文選馬汧督誄注引
穬崔寔四民月令注

礦

或作磺鑛○銅鐵樸石也說文段注文選注二引及玉篇無
俗有鉚研石字樸木素也因以為凡素之稱
銅鐵樸者在石與銅鐵之閒可為銅鐵而未成者也不言金
玉者舉麤以該精也周禮卝人掌金玉錫石之地而為之厲
禁以守之注云卝之言礦也金玉未成器曰礦未成器謂未
成金玉按各李此下出卝篆解云古文礦周禮有卝人按周
禮鄭注云卝之言礦也賈疏云經所云卝是總角之卝字此
官取金玉於卝字無所用故轉從石邊廣之字語甚明析卝
之言礦卝非磺字也凡云之言者皆就其雙聲疊韻以得其
轉注假借之用卝李說文卯字古音如關亦如綴引伸為總
角卝兮之卝又假借為金玉樸之礦皆於其雙聲求之讀周
禮者經謂卝即礦字則非矣又或云與角卝之字有亦誤至
於說文卯字李作卝不作卯五經文字曰卝古患反見詩鳳
說文以為古卯字九經字樣曰卝卯上說文下隸變是說文
卯字作卝唐時不誤確然可證五經文字又云卝字林不見
可證卝變為卯始於字林今時說文作卯不作卝則五季以

後據字林改說文者所為也說文既無卝乃有淺人於石部
妄增之卝果是古文磺則鄭何以云之言賈何以云此官取
金玉於卝字無所用哉今於卯部正之於石部鄭之學者循
是以求之許書之眞面可見矣正經文字云說文以為古卯
字謂說文作卝乃古卯也九經字樣語甚明○廣雅釋器云
鐵朴謂之礦又文選四子講德論精鍊藏於鑛朴注云礦與
鑛同礦強也廣雅釋詁四

獷

或作獚○明見犬獷獷不可附也漁陽有獷平縣說文段注呂氏春秋荊文王得茹黃
之狗說苑作如黃廣雅犬屬有楚黃廣韻作楚獷經典釋文
作楚獷實一字也引伸為凡麤惡兒之稱漢書曰獷獷亡秦
漁陽郡獷平地理志郡國志同服虔曰音犖○萱按獷犖雙
聲故方音獷轉為犖此等音祇合對見不頻九部出獷也其
本韻用讀亦不煩鈹析獷猛兒也後漢光武紀上注獷惡兒也後漢段頌傳注獷覺悟
之兒韓詩泮水獷彼淮萬注獷獷麤惡之兒漢書叙傳下集注

晃　戶廣切

或作晄熿爌魍明也說文段注晃者動之明也凡光必動會意兼形
聲字也揚雄賦北熿幽都李善云熿與晃音義

同○廣雅釋詁四云晃明也晃暉也廣雅釋言晃晃光也廣雅釋訓晃煌光燿熾盛
兒也一切經音義三引埤蒼晃朗明兒文選秋興賦天朗以彌高兮注熀朗光明之
兒文選魏都賦或爌朗而拓落注爌烑燻閬皆寬明也文選魯靈光殿賦鴻爌烑以燻閬張注

櫎

或作榥幌所以几器一曰帷屏屬說文段注所以几器謂所以度闇物之器也几可度物故凡度
曰几廣韻曰櫎兵闌各本屏下有風之二字今依李善吳都
賦注正吳都賦曰房櫳對櫎櫎之字一變為榥再變為幌
門聰之廡通名櫎文選吳都賦注榥以帛明窻也文選雪賦注引文字集略萱按七命
注引司惟榥作幌

爽　疏廣切

或作㸤俗有兖○明也說文段注爽本訓明明之至而差生焉故引伸訓差也朝旦之時半昧半明故謂之早昧
爽日部曰昧爽旦明也昧之字三蒼作昒云昒爽早朝也司
馬相如傳云疏逖不閑昒爽得耀乎光明今本多闇昧二字
乃用注家語益之耳○書牧誓時甲子昧爽釋文大誥爽邦
由哲疏又左氏昭元年傳茲心不爽注昭三年傳二惠競爽

猶可注請更諸爽塏者注昭七年傳是以有精爽至於神明
又國語楚語民之精爽注又漢書郊祀志上注又後漢延篤
傳注又小爾雅廣詁又家語五儀昧爽夙興注又荀子哀公
君昧爽而櫛冠注又一切經音義九引廣雅又文選西京賦
處甘泉之爽塏薛注並云爽明也爽塏高明也文選蜀都賦營新宮於爽塏劉注爽差也爾雅
釋言又詩氓女也不爽傳蓼蕭其德不爽傳又左氏成八年
傳注昭十五年傳率義不爽注又國語周語經緯不爽注房
后賓有爽德注又漢書五行志中之上注司馬相如傳下注
引張揖楊碑傳下注敘傳上注又老子五味令人口爽釋文
又列子仲尼口將爽者注又太卒羨推包羨爽注永不替不
爽注勤心爽蒙注卒祝行中則無爽注又楚辭大招遠爽存
只注又文選羽獵賦俱不尼其爽注引張晏○爽差異也史
記司馬相如傳其何爽與索隱云爽猶差也
司馬相如傳集解引徐廣○老子王注云爽差失也爽忒也爾雅釋言文漢書賈誼傳注引如淳又家語五帝德
注爽貳也國語周語言爽日反其信注又文選東京賦注引國語賈注爽過也方言十三又廣雅釋
詁三爽減也廣雅釋詁二爽傷也周語諡注又廣雅釋詁四爽病也淮南精神使口爽傷注○

呂覽尊師其言不若爽注云爽病無所別也

爽敗也 廣雅釋詁三○楚辭招魂厲而不爽些注云爽敗楚人名莫敗曰爽

爽亡也 國語周語注又老子注

爽猛也 廣雅釋詁三○方言二云爽猛也齊晉曰爽

爽賚也 廣雅釋詁一

爽也者猶疏也 大戴記夏小正爽死傳

爽鳩鷹也 左氏昭十七年傳爽鳩氏注○萱按說文鶻鶻為西方神鳥鶻平聲不云爽鳩作鶻也廣韻上聲出鶻為鶻鳩字非是又左傳杜注云肅爽駿馬名此鶻省為爽也又墨子正命爽謂喪爾雅釋為爽謂來皆以形微相近也

彷

奉廣切

或作髣髴彷○俗有做仿昉

倆 猶彷佛退相佀句覗不諟也 說文段注彷佛雙聲疊字也各本皆改諟非舊今依甘泉賦景福殿賦李注所引訂諟即諦言部曰審也長門賦注海賦注亦作諟古是聲帝聲同在十六部故以諟為諦仿佛或作彷佛或作倆作髣髴或作彿彷或作放悲俗作仿佛或又作髣髴文彷作倆與周禮柄亦作彷同○文選寡婦賦注引字林云彷相似也又列子黃帝釋文引字林云仿佛見不審也又文選神女賦序目色髣髴注云髣髴見不審也又一切經音義二髣髴不精明之皃引聲類云彷佛作髣髴謂相似見不諦也

鬼谷子本經陰符神衷則髣髴注

彷佛猶概也 後漢班彪傳下注○一切經音義二云彷佛古文作肪髴萱按古文用叚借字也又嚴訢碑作昉佛益俗字也又公羊昉于此乎石經昉作放皆彷之借也而彷後出

彷徨猶倈佪也 荀子禮論於是其中焉方皇周挾注

彷徨猶彷佛也 文選洞簫賦注引埤蒼

彷徨猶翱翔也 莊子逍遙遊彷徨乎無為其側釋文

彷徉徙倚也 莊子逍遙遊注引埤蒼

方羊猶彷翔也 漢書吳王濞傳方羊天下注○萱按方羊皆叚借字也莊子逍遙遊釋文云彷徨崔作方羊又天運有上彷徨釋文云司馬本作旁皇又違生彷徨乎塵垢之外釋文云元嘉本作房皇又知北遊彷徨乎馮閎釋文云彷本亦作傍皆叚借也

放放也 廣雅釋詁三又後漢班彪傳下注又莊子在宥今則民之放也釋文○萱按此叚放為彷也俗又作做

放象也 後漢班彪傳上注

放依也 論語里仁放於利而行集解引孔注又皇疏又廣雅釋詁四又國語周語放上而動皆也注晉語民將馬放注楚語民無所放注又史記緜書不可放物索隱又漢書食貨志下注郊祀志上注地理志下注董仲舒傳注皃寬傳注杜周傳注張騫傳注公孫劉田王揚蔡陳鄭傳贊注王

莽傳上注又莊子天運吾子亦放風而動釋文引司馬注○周禮食醫凡君子之食恆放焉注又儀禮少牢饋食禮放于西方注疏云放猶依也又禮記檀弓上則吾將安放注云梁木眾木所放又疏云放則依也

放法也 禮記禮器有放而不致也疏又家語終記吾將安放注又漢書匡衡傳式見修靡而放效之注揚雄傳下強者放於無聲注酷吏王溫舒傳其治復放河內注揚僕傳治放尹齊注佞幸董賢傳放效無極注外戚傳下豈相放哉注

放愍猶髣髴也 漢書禮樂志相放愍注○周禮方相氏云方相猶言放想又庚成碑云放愍像為用萱按放想放像放愍義同

紡

紡絲也 說文段注紡各本作綱不可通唐本作拗尤誤今定為紡絲也三字句乃今人常語耳凡不必以他字為訓者其例如此絲之紡猶布之縷之績緝也左傳莒婦人紡焉以度而去之蓋緝布縷為繩亦用紡名也晉語執而紡於廷之槐亦謂以紡縷繩縛之也聘禮賓裼迎大夫賄用束紡鄭曰紡紡絲為之今之縛也縛兒下丈白鮮支也據此是紡絲專用作錆也

紡謂紡麻作纑也 左氏昭十九年傳紡焉疏

紡縣也 國語晉語注

旊

○俗有旊

周家搏埴之工也 說文段注搏作搏者誤今正考工記曰搏埴之工陶旊鄭曰搏之言拍也

埴黏土也按手部搏索持也拍拊也是搏之本義不訓拍故鄭以之言通之

瓬瓶也 廣雅釋器

駫

或作鴹鶭

澤虞也 說文段注釋鳥鶭澤虞釋文鶭本或作鴰說文作鶭郭云今婟澤鳥常在澤中有象主守之官按此釋澤虞之意謂若周禮之澤虞也揚雄云鴰或謂之鶭鸝蓋尸鳩之一名耳孫氏乃援以注爾雅之鴰澤虞不知其斷句本異○萱按鳩與駫各鳥孫叔然乃云鳴鳩或謂鶭澤虞其別名也此糅合爾雅方言為一而非其實

自關而東戴鵀或謂之鶭澤 方言八○廣韻云鵖鴔鳥名白面青色萱按山海經本作畢方與澤虞之駫無涉

罔

昧廣切

或作网罒罟罔網

罔或𦊁或囚古文罔籀

庖犧氏所結繩以田以漁也 說文段注以田二字依廣韻太平御覽補周易繫辭傳文五經文字曰說文作网今依石經作罒○呂覽季春罝罘羅網注云網其總名也又淮南時則畢弋罝罘羅罟注云罟其總名也

罔羅也 易大壯君子用罔釋文○大壯疏云罔羅罔也又漢書刑法志以死罔民注云罔謂羅網也

鳥罟曰羅網 禮記月令注

取

歐曰网易繫辭下以爲罟釋文引黃注网罔結也楚辭湘夫人罔薜荔兮爲帷注網戶綺文
鏤也楚辭招䰟網戶朱綴注罔車畢星也文選思玄賦建罔車之幕幕兮注又後漢張衡傳注宸
網天畢也文選江文通襍體劉太尉詩宸網擬星懸注離爲罔易遯君子用罔廣注大壯君子用罔
虞注晉罔孚裕虞注罔无也易大壯釋文引馬王注罔無也爾雅釋言又詩民勞以謹罔極又箋抑
罔敷求先王箋又禮記表記敬忌而罔有擇言在躬疏又左傳文十年注又漢書武帝紀注宣帝紀注成帝紀注禮樂志
注賈誼傳注司馬相如傳下注引應劭司馬遷傳注揚雄傳下注敘傳下注引劉德又後漢郭鎮傳注崔駰傳注又太玄
玄文罔北方也注罔蒙相極注又論衡藝增又楚辭惜誦君罔謂女何之注離世申誠信而罔違兮注怨上獨楚兮罔依
注又文選東京賦罔敢或戚薛注罔有不避辭注劇秦美新上罔顯於羲皇注○史記匈奴傳而罔褻索隱云罔者無也
又漢書董仲舒傳而施之罔極注云罔亦無也又揚雄傳下以爲事罔隆而不殺注云罔靡皆無也罔重也太玄
玄文罔直蒙酋冥注罔憂也文選神女賦序罔兮不樂注罔誕也漢書揚雄傳下注引蘇林又文選四

子講德論注引論語馬注○論語爲政學而不思則罔皇疏云罔誣罔也雍也雍也不可罔也皇疏云罔謂面相誣也又
罔之生也幸而免皇疏云罔謂邪曲誣罔者也罔猶蔽也漢書郊祀志下注○王嘉傳臣驕侵罔注云罔謂誣
蔽也罔猶罔罔無知兒禮記少儀衣服在躬而不知其名爲罔注罔然猶惘惘然也
文選東京賦罔然若酲薛注罔及浪孟皆失志之兒文選笙賦罔浪孟以惆悵注罔謂
罔冒不畏人之言也荀子非十二子偷儒而罔注罔者有之舍也太玄玄文○又
云罔北方也冬也未有形也罔養猶依違也後漢馬嚴傳注罔兩無所依據兒也
罔兩景外之微陰也罔浪景外重陰也罔浪有無之狀罔象
虛無罔象然也罔象水之精也罔像木石之怪萱按說文蝄蜽山川之精
物也引申爲虛無罔象而字多省作罔凡罔兩罔浪罔像皆蝄蜽之叚借也皆疊韻字也又莊子達生水有罔象司馬本
作無傷按傷乃字誤也偽與傷形取近其譌易矣罔作無者經典尤不勝指屈冈工蝳蜍也廣雅釋蟲○方

言十一注云蠱聲人亦言罔工

蝄

或作蛧○俗有魍魎蝄蜽疊韻山川之精物也淮南王說謂劉安蝄蜽狀
如三歲小兒赤黑色赤目玄應引此處長耳美髮多赤爪二字國語曰木石之
怪夔蝄蜽說文段注精物者易所謂精氣爲物也主謂精氣結成之物鬼部曰鬽老精物也或作物精非是精
氣爲物謂精靈之聚者游魂爲變謂飄遊者皆鬼神之精狀也國語木石之怪曰夔蝄蜽水之怪曰龍罔象韋注蝄蜽山
精好斅人聲而迷惑人也杜注左氏罔兩曰水神蓋因上文螭訓山神故訓罔兩爲水神猶韋因國語水怪爲龍罔象故
謂蝄蜽爲山精也許兼言山川爲長矣又賈注國語曰罔兩罔象言有夔龍之形而無實體許云精物殆亦與賈說異按
蝄蜽周禮作方良左傳作罔兩孔子世家作罔閬俗作魍魎國語云云魯語文許意夔別爲一物如龍一足○文選西京
賦驚蝄蜽薛注云蝄蜽水神又一切經音義二引通俗文云木石怪謂之魍魎又淮南道應注云罔兩水之精神物也又
注云罔兩恍惚之物又左氏文二年傳魑魅罔兩服注云罔兩木石之怪罔兩游光神也後漢馬融傳注

○莊子齊物論罔兩問景曰注云罔兩景外之微陰也又釋文引向注云罔兩景之景也罔兩無所依據
兒也楚辭哀命神罔兩而無舍注○萱按此蝄蜽再引申之義也字多作罔兩者借也罔浪罔象亦蝄蜽之借
罔浪有無之狀莊子齊物論釋文引崔注罔浪景外重陰也文選幽通賦恐魍魎之責
景兮注罔象虛無罔象然也文選洞簫賦罔象相求注罔象水之精也淮南氾論
水生罔象注○廣雅釋天云水神謂之冈爲罔象食人一名沐腫國語魯語注○文選東京賦殘
夔魖與罔像薛注云罔像木石之怪

齊齒評

繈 几兩切

○俗有繈襁觕纇也說文段注觕兒角部各本作觕非也今正觕訓角長引申爲凡粗長之稱絲節粗長謂之
纇孟康曰繈錢貫也其引申之義也又引申爲繈緥呂覽明理篇道多繈緥高注緥小兒被也繈褸格上繩也又直諫篇
繈緥注繈褸格繩緥小兒被也褸即繈格即絡織繈爲絡以負之於背其繩謂之繈高說取分明博物志云織繈爲之廣

八寸長二尺乃謂其絡未及其繩也凡繩㓹者謂之繈○說文衣部曰襁負兒衣段注云按古繈也絲字从糸不从衣淺人不得其解而增襁篆於此段令許有此字當與稽篆爲類矣當刪萱按繈之作襁猶縷之用褸也以貫錢而从金作鏹別身而不成繈以繒帛爲之即今之小兒繃也後漢清河孝王慶傳注○漢書宣帝紀注云繈即今之小兒繃也繈索也漢書兒寬傳輸組繈屬不絕注繈負謂以繩絡而負之匡謬正俗五繈落也漢書食貨志下藏繈千萬注引李奇又後漢中屠剛傳注繈錢貫也漢書食貨志下注引孟康○文選蜀都賦藏鏹巨萬劉注云鏹錢貫也繈縕也後漢桓郁傳注負者以器曰繈也論語子路繈負其子而至矣集解引苞注○皇疏云負子器曰繈繈絡也以繒布爲之絡負小兒漢書宣帝紀曾孫雖在繈緥注引李奇繈緥兒被也詩斯干載衣之裼正義引書大傳強闊八寸長八尺用約小兒於背而負行史記魯周公世家成王少在強葆之中正義萱按索隱云強葆即繈褓○列子天瑞不免繈保者釋文云繈保本作繈褓

韻史　卷四十五第十部上聲統韻　四三二九

景 舊兩切

平上兩讀注在彼

勥 古文迫也說文段注迫者近也按所謂實偪處此也勥與彊義別彊者有力勥者以力相迫也凡云勉勥者當用此字今則用強彊而勥勥廢矣彊勉也淮南脩務功可彊成注太玄玄衡云彊善不倦○強勉也漢書匡衡傳集注○萱按彊勥義分動靜音殊平上然是一義引申非純乎段借也既借強爲彊因即借強爲勥此此則眞段借矣大戴記保傅飽而強注云強猶彊也強勤也爾雅釋詁強猶勤也周禮司諫而強之道藝注強者習學以至也法言五百或性或強注自強修業不能倦禮記學記知困然後能自強也注強立臨事不惑也禮記學記強立而不反注強項言不低屈也後漢楊震傳注強是不軟○禮記月令注強槩之地疏萱按此義亦可讀爲彊

弜 彊也重也說文段注重當作緟見糸部重弓者彊之意也緟疊之意也詩交韔二弓傳曰交二弓於韔中也

滰 浚乾漬米也孟子曰孔子去齊滰淅而行說文段注自其方漚未淘言之曰漬

韻史　卷四十五第十部上聲統韻　四三三〇

米不及淘抒而起之曰滰乾音干孟子云云萬章篇文今滰作淒當是字之誤滰盪也廣雅釋詁二

養 餘兩切

羖 古文供養也說文段注今人分別上去古無是也養謂自奉養荀子君子論知所貴則知所養矣注○禮論龍旗九斿所以養信也注云養猶奉也養以禮食之也書太傅太子重鄉養注○孟子滕文公上庠者養也注云養者養耆老養謂哺乳之也荀子禮論父能生之不能養之注養之謂畜養之也山海經中山經霍山有獸焉名曰朏朏養之可以已憂注養也者不盡食也禮記月令羣鳥養羞注○荀子天論養略而動罕注云養略謂使人衣食不足也養謂乳母也大戴記保傅注養使也廣雅釋詁一養即卒也史記秦始皇紀監門之養索隱烹者曰養公羊宣十二年傳厮役扈養注○史記張耳陳餘傳有厮養卒集解引韋昭云炊烹爲養又漢書陳餘傳注引蘇林云養養人者也又兒寬傳嘗爲弟子都養注云養主給烹炊者也又後漢劉玄傳注云炊烹爲養養受羣餘太玄玄衡○禮記祭義云其行曰養又大戴記曾子大孝云其行之曰養養自茲太玄玄錯○萱按茲即滋也養長也

韻史　卷四十五第十部上聲統韻　四三三一

左氏昭廿年傳私欲養求注又國語晉語是養吾疾而干吾祿也注又大戴記夏小正執養宮事傳時有養日傳○時有養夜傳云養者長也養治也孟子盡心下養心莫善於寡欲注○周禮疾醫以五味五穀五藥養其病注云養猶治也養飾也廣雅釋詁二養樂也廣雅釋詁一養利也管子國蓄故塞民之養注養取也詩酌遵時晦傳養養猶教也言養者積浸成長之禮記文王世子立太傅少傅以養之注○荀子天論各得其養以成注云養謂風雨萱按風雨露雷無非教也即無非養也養猶隱之大戴記曾子事父母凡之行不中道則養之注養養然憂不知所定詩二子乘舟中心養養傳養水名也水經汝水注○漢書地理志下隴西郡氐道注云養字本作漾或作瀁萱按此瀁養爲正借字也瀁者漾之古文也古文借養爲癢荀子正名疾養滄熱滑鈹輕重注云養與癢同

蛘

○俗有癢蟻蝝騷蛘也說文段注騷各本作搔今正疥字下曰騷也今亦作搔搔到也非其意唐人所引作癢癢見芳韻乃俗字許所無依義當作騷騷擾也毛云動也騷蛘者擾動於肌膚閒也玄應引禮記蛘不敢搔俗多用痒癢養字

韻史　卷四十五第十部上聲統韻　四三三二

蟲非也蛘从虫者往往有蟲潛於膜故𤺊字亦或作[illegible]作蚧○董按癢乃蛘之俗體廣集韻痒癢同字非也

蛘 蝗也 廣雅釋蟲○爾雅釋蟲釋文引字林云蛘弋丈反搔蛘也又云北燕人謂蚍蜉曰蟻蛘董按搔當从段作發蟻蛘別一義 癢 揚也其氣在皮中欲得發揚使人搔發之而揚出也 釋名釋疾病 癢 心煩悶也 淮南脩務無不憚悇癢心注○荀子榮辱骨體膚理辨寒暑疾養注○禮記正名疾養滄熱滑鈹輕重以形體異注竝云養與癢同又禮記內則疾痛苛養董按蛘養正借字俗用癢不用蛘故不曰養與蛘同也又禮記內則苛養釋文云養本作癢

搶　抰　鞅

中擊也 說文段注擊之而中也中玉篇作傷 搶擊也 廣雅釋詁三 㠯車鞅擊也 說文段注鞅者馬頸靼也鞅抰疊韻 抰擊也 廣雅釋詁三 頸鞅也 說文段注釋名鞅嬰也喉下稱嬰言嬰絡之也按劉與許合杜云在腹曰鞅恐未然也小雅鞅掌毛曰失容也○左氏僖廿八年傳韅靷鞅靽疏云鞅頸皮也○詩北山或王事鞅掌箋鞅猶何也○疏云鞅讀如馬鞅之

鞅以負荷物則須鞅持之故以鞅表負荷也 鞅掌自得也 莊子庚桑楚鞅掌之爲使注○釋文引崔注云鞅掌不仁意 鞅亾無頼也 廣雅釋訓○王氏念孫疏證云方言央亾獪也江湘之閒或謂之無頼凡小兒多詐而獪謂之央亾央亾與鞅罔同 鞅強也鞅懟也鞅猶怏也鞅鞅志不滿也 董按此皆段鞅爲怏也去聲詳之

紻　柍　勨　像

纓卷也 說文段注此卷亦起權反卷李訓劬曲引申爲凡曲之稱纓卷謂纓之曲繞也是爲紻 平上兩讀注在彼○俗有柍 䋎緩也 說文段注䋎蓋今之搖字言搖役緩也與勨爲反對之詞 勨動也 廣雅釋詁一○董按說文勨勨動相次依廣雅勨訓動則三字一意依說文勨訓䋎緩則與勨相反二義蓋相反而亦相因本韻兩讀注詳後○俗有樣 像似也讀若養字之養 說文段注古音如此故今云式樣樣即像之俗也或又用樣爲之今音徐兩切

險附切

亯 隸作享亦作亨 亯 篇○文平聲兩讀凡三見義分 獻也孝經曰祭則鬼亯之 說文段注獻也者下進上之詞也按周禮用字之例凡祭亯用亯字凡饗燕用饗字如大宗伯吉禮下六言亯先王嘉禮下言以饗燕之禮親四方賓客尤其明證也禮經十七篇用字之例聘禮內臣亯君字作亯士虞禮少牢饋食禮尚饗字作饗小戴記用字之例凡祭亯饗燕字皆作饗無作亯者左傳則皆作亯無作饗者毛詩之例則獻於神曰亯神食其所亯曰饗如楚茨以亯以祀下云神保是饗周頌我將我亯下云旣右饗之魯頌亯祀不忒亯以騂犧下云是饗是宜商頌以敘以亯下云來假來饗皆其明證也鬼神來食曰饗即禮經尚饗之例也獻於神曰亯即周禮祭亯作亯之例也各經用字自各有例周禮之饗燕左傳皆作亯宴此等蓋本書固介非由後人改竄祭則鬼亯之孝經孝治章文小篆作章故隸書作亯作享小篆之變也禮經言饋食者薦孰也許兩切十部亯象薦孰因以爲飪物之偁故又讀普庚切亯之義訓薦神誠意可通於神故又讀許庚切古音則皆在十部其形薦神作亨亦作享飪物作亨亦作烹易之元亨則皆作亨皆今字也○爾雅釋詁又易大有公用享于天子釋文引京注象下傳致孝享也疏又洪範五行傳飲食不享注又詩天保是用孝

享傳楚茨箋我將傳戴見傳烈祖箋殷武莫敢不來享箋又周禮大宗伯注牛人凡祭祀其其享牛求牛注大祝以享右祭祀注考工記玉人諸侯以享天子注又儀禮聘禮受享注又禮記曲禮下五官致貢曰享注又釋文聘義疏又穀梁昭卅二年傳諸侯不亨覲注又論語鄉黨享禮集解引鄭注又國語周語賓服者享注精意以享注諸侯不享注楚語以賓享于諸侯者也注吳語明紹享余一人注又漢書司馬相如傳下注揚雄傳上注又荀子大略彊國君享其成羣臣享其功注又文選東京賦呼韓來享辭注竝云享獻也又詩韓奕疏云享者獻也又周禮大行人廟中將幣三享司農注云三享三獻也又荀子正名故饗萬物之美而不能嘆也注云享獻也謂受其獻也 奉上謂之享 書洛誥汝其敬識百辟享晚出傳○論語鄉黨皇疏云享者獻物也又爾雅釋詁舍人注云獻食物曰享 宗廟稱享 周禮鼓人疏○荀子禮論饗尚玄尊而用酒醴注云享享廟也又詩烈祖箋云享謂獻酒使神享之也 四時享祭也 易隨享于西山釋文引陸注升王用享于岐山釋文引馬注象下傳先王以享于帝廣注又左氏莊卅二年傳以其物享爲注僖卅一年傳相奪予享注○襄九年傳必以裸享之禮行之注云享祭先君也又國語魯語嘗禘烝享注云春祭曰享享

獻物也又禮記祭注享嘗乃止注云享嘗謂四亯祀也廣雅
時之祭又祭義死則敬享注云享猶祭也鄉也釋言
又周書謚法又左氏襄九年傳二師令四鄉正敬享注又國
語楚語夫人作享注又呂覽季冬以供皇天上帝社稷之享
注○易大有公用享于天子釋文引姚注彖
下傳下傳萃致孝享也虞注坵云享享祀也大享謂烝嘗也
書般庚上茲予大爾雅廣雅釋
享于先王鄭注享孝也釋詁亯養也詁一享食也公羊
年傳桓公之享國也長注又國語周語大臣享其祿注僖十
而神求優裕於享者也注報享其祿而丘其朝乎注○魯語
哀元年傳鄭享道也注云享者飲食之道又左氏穀梁
莊四年傳止而享之注云享食也兩君相見之禮享享宴也
易大有釋文引干注○萱按享宴字經典每用饗燕作之饗
由鄉飲義引申夲與享字關通非純乎段借也以燕為宴則
與借以禮飲食謂之享漢書五行志上飲食有享獻之禮注
矣○儀禮覲禮注是以享獻不見馬疏
云享謂朝覲享饗也左氏昭廿五年酒肉曰享淮南氾論篇
而行三享傳享類有璋注以十二牛注
周禮場人享亦如之注○牛人司享受也左氏僖廿
享納牲農注云享牛前祭一日之牛也三年傳而

享其生祿注又國語晉語享一名於享當也小爾雅廣言又
此注又後漢鄭憚傳注東意傳注漢書韋玄成傳
注谷永傳注匈奴傳下注外戚傳下注又後漢光武紀上注
○劉熊碑子孫享之又脩華嶽碑鬼神不享又華山廟碑甄
過享祭萱按享獻字漢人猶多作
亨今則祇用享而亨專為亨通字

饗

鄉人飲酒也說文段注豳風朋酒斯饗曰殺羔羊傳曰饗鄉
人飲酒也其牲鄉人以狗大夫加以羔羊此傳
各本譌奔依正義改定如是許君所本也饗字之本義也孔
沖遠曰鄉人飲酒而謂之饗者鄉飲酒禮尊事重故以饗言
之此不知亯燕之亯正作亯亯獻也左傳作亯為正字周禮
禮記作饗為同音假借字猶之左傳作宴為正字宴安也禮
經周禮作燕為同音假借字也沖遠證之以用樂或上取其
說迂曲矣至若毛詩云我將我亯下文云既右饗之云以亯
以祀下文云神保是饗云亯以辟儀下文云是饗是宜毛詩
之例凡獻於上曰亯凡食其獻曰饗左傳用字正同凡左氏
亯燕字皆作亯惟用人其誰饗之字作饗○萱按用饗為享
引申段借也然二字義本相涉視用燕為宴純乎段借者有
閒矣故隨經典所用各饗飲也國語周語王乃淳濯饗醴注
各分載學者當合觀之○公羊莊四年經夫人姜氏

饗齊侯于祝丘注云牛酒曰犒加飾羹曰饗又周禮稾人書
其等以饗工注云饗酒有勞之也又儀禮士昏禮舅姑共饗
婦以一獻之禮注云大飲賓曰饗詩彤弓一朝饗之箋○疏
以酒食勞人曰饗云饗者烹大牢以歆賓是
禮之大者又儀禮聘禮注又周禮內宰疏大宗伯疏並饗食
略同又大行人饗禮九獻注云饗設盛禮以飲賓也
國語晉語將弗克饗注君其饗之注楚語饗之以璧侑注
也○淮南說山先祭而後饗注云饗猶食也又穀梁莊四年
經注云饗食也饗宴也後漢馮衍傳注○漢書匡衡傳饗食
兩君相見之禮饗下之顏也注云饗宴饗也
饗宴也荀子王制注○國語周語賓饗贈餞注云饗饗食之
禮又禮記郊特牲饗禘有樂疏云饗之與食同是實
功饗謂飲食也漢書高帝紀上於是饗士注○左氏
莊十七年傳享齊戎注云饗酒食也饗謂禮
之禮記曾子問而后饗冠者注○國語晉語王饗醴注云饗
設饗禮也又儀禮公食大夫禮皆如饗禮注云饗大夫相
饗之禮也又禮記仲尼燕居大饗有饗獻也禮記月令以共
四焉注云大饗謂饗諸侯朝者也皇天上帝社稷
之饗饗者鄉也禮記祭義饗勸強之也儀禮特牲饋食禮
注祝饗注又山海經

中山經尸水祠之饗之注○儀禮士虞饗歆也儀禮少牢饋
禮記饗辭曰注云饗辭勸強尸之辭也食禮尚饗注
○士虞禮祝饗命佐食饗者祭其神也禮記郊特牲歲十二
祭注云饗告神饗也月合聚萬物而索饗
之也大饗祫祭天地家語郊問注○禮記月令大饗帝注云
注大饗者徧祭五帝也又禮器不足以饗
帝注云饗大饗祫祭先王也禮記樂記大饗之禮注禮器郊
帝祭天血大饗腥注大饗其王事與注
又荀子禮論大饗尚玄尊俎生魚先大羹注○禮記器大饗
之禮疏云大饗謂祫祭宗廟也又樂記食饗之禮疏云食饗
謂宗廟饗受也左氏哀十五年傳饗當也漢書俗饗受也史
祫祭其使終饗之注永傳注記
游俠傳已饗其利者索隱○萱
按此段嚮為饗也嚮即向字

響

或作韶響○聲也說文段注渾言之也天文志曰鄉之應聲
俗有饗響竇析言之也鄉者假借字按玉篇曰響應聲
也○漢書天文志鄉之應聲注董仲舒傳如景鄉之應形聲
也注嚴助傳揚聲鄉注竝云鄉讀曰響又揚雄傳上蕭咲肸
以捉根兮注云鄉讀與響同又藝文志其受命也如嚮注又
荀子勸學君子如嚮矣注並云嚮與響同又劉熊碑云甚不

嚮應嘗按鄉嚮字皆假借字也嚮本向之異體字又堯廟碑
深惟響應又史晨奏銘黃玉韾應按響韾皆響字之異者
嚮應聲也素問天元紀大論響之應聲也注應擊爲響管子宙合有和之注必嚮爲音
初也文選漢高祖功臣頌濟響于音注○注又云鶡冠子曰音者所以調聲也未聞音出而響過其聲者也
飛響震聲也文選劇秦美新炎光飛響注響像猶依俙非正形聲也文選魯靈光殿賦恍忽嘌眇以響像注○弔魏武帝文康聖靈之響像注云響像音影之異名影響者形聲之極
枯也莊子德充符天刑之安可解注

曏

○俗有晌不久也春秋傳曰曏役之三月說文段注士相見禮曰曏者吾子辱使某見請還贄於將命者注云曏曩也按禮注曏字或作鄉今人語曰向年向昨向者即曏字也又曰一晌曰半晌皆是曏字之俗春秋云云傳廿八年左氏傳文曏猶前也城濮之役在四月前乎此役之三月正與不久之義合杜作鄉云鄉猶屬也殊誤呂覽察今曏之壽民注觀表曏曩也者右宰穀臣之觴吾子也注曏往也證曏今故

韻史　卷四十五第十部上聲統韻　四三四一

釋文引崔注○華嚴經音義下引珠叢云曏謂往時也曏明也莊子秋水證曏今故注

蠁

蚼說从向司馬相如知聲蟲也說文段注十部曰國語蟲蠁廣雅曰肸蠁土蛹也釋蟲从蟲向者鄉向同聲也按春秋羊舌肸字叔向說者今呼蛹蟲爲向讀上聲益向者蚼之省也以肸蠁爲名字蠁蟲爾雅釋蠁旨疾也文選羽獵賦肸蠁如神注

㒳从入　利響切

二入也說文段注以形爲義兩从入从㒳㒳从入也再也易曰參天兩地說文段注再部曰再者一舉而二也凡物有二其字作㒳不作兩兩者二十四銖之偁也今字兩行而㒳廢矣易兩逗平分也說文解兩平曰者說卦傳文蓋孟氏易如此也篆說文解兩二也詁廣雅釋四兩耦也志上注云兩謂耦也○律周禮大宰以九兩繫邦國之民注云兩猶耦也同時竝知之兩也解蔽荀子無中曰兩周書武順兩謂陰陽素問生氣通天論兩者不和注兩者始與毋也同出而異名老子此兩者

韻史　卷四十五第十部上聲統韻　四三四二

王注兩謂兩𠔀周禮大宰五其兩注兩圭者以象地數二也倂而同柢周禮典瑞注兩圭倍端謂之兩有郞之名注又疏云古者二端相向卷之共爲一兩又小爾雅度五兩○周禮媒氏無過五兩注合之重錦三十兩注云以二端爲一兩又禮記雜記弁爲分注段云二故也文爲一兩二十六年傳以幣兩者二兩卷是謂一匹五兩八尺之曰二端爲一兩五尋又左氏得其兩合其卷二五謂匹猶兩曰尋傳五兩天子每傳卷二丈○禮記雜記云閔之兩四十尺是謂一束兩今之云與文又倍每一二也注云謂之配璧注云營二文當作兩今之兩中央夾轅者詩大叔于田○營按二上皆兩之兩非義也段借也今借兩服上襄兩車行矣車字舊讀去聲所謂無事自有兩輪也故而不借字專之書也後漢范湯傳注云吳祐傳云車稱兩又疏云從又謂之一誓戎車三百兩晚出故傳云車一兩猶屨有兩相隻亦稱一牧又風俗通說車有兩輪故稱車爲兩兩猶兩也兩與車稱兩類聚七十一引風俗通云車一兩爲一兩兩相與爲體也百兩詩鵲巢百兩御之傳韓奕百兩彭彭注彭爲兩乘也箋又文選蜀都賦歸從百兩劉注五十乘爲兩

韻史　卷四十五第十部上聲統韻　四三四三

兩

左氏昭元年傳注兩於前服注二十有五人爲兩周禮夏官序官又小司徒宣十二年傳注卒偏之兩注云成七年傳以云兩兩之二十五人注左氏云司馬法二十五人爲兩注五十人爲伍五百人爲卒注云兩二十五人周禮夏官序官旅師皆衆名也又卒偏之兩爲五伍爲兩五兩爲卒注云五伍爲兩兩之衆名注云二十五人爲兩兩爲卒四卒爲旅旅十卒五百人爲旅○小司徒五人爲伍五伍爲兩注云軍師卒旅皆軍衆之名也又白虎通三軍卒伍兩注下字馬之數云軍制云五人爲伍五伍爲兩宣十年徐注傳本御作柄注按此段亦謂兩爲柄字誤也又周禮注環○蠆人注按柄亦謂兩爲柄此段選注兩爲兩字也蘭段○營按兩技也兩飾也覽呂氏

二十四銖爲一兩說文段注一字衍禾部曰十二粟爲一分十二分爲一銖二十四銖爲兩廣雅釋四衡權本起於黃鍾之重一龠容千二百黍重十二銖兩之爲兩律麻志曰衡權之重故从重說文解字引算法云十二銖爲兩又考工記治氏疏引孔子云二十四銖爲兩衡又禮記檀弓上注又疏引爾雅衡鬼谷子本經陰符七術注云二十四銖爲兩又儀禮疏引禮記二十四銖曰鎰疏云兩又經義考十多引風俗通云二十四銖曰兩也營按此說誤蓋又奪一切經音義引二十四去十四

韻史　卷四十五第十部上聲統韻　四三四四

兩者黃鍾律之重也漢書律麻志上龠二爲合合重一兩國語周語律度量衡

注

○俗有魍

蝄蜽也

○說文段注按兩聲之字疑古祇从兩後人改之○萱按蝄蜽說詳蝄下左傳宣三年魑魅罔兩蜽之者也周禮方相氏作方良史記孔子世家作罔閬皆段借字也作魍魎者俗

腡

膜肉也

說文段注廣雅曰膜腡肉也不列於腡類鍇本膜腡二篆在腨篆之下集韻曰吳人謂腌魚膜腡○集韻腡下云一曰多味

掌

軫州切

手中也

說文段注手有面有背背在外則面在中故曰手中左傳云有文在手曰掌也釋名云水決出所爲澤曰掌水渟處如手掌中也詩武王事執掌傳曰執掌夫容也箋云執猶何也掌謂捧之也玉裁按凡周禮官名掌某者皆捧持之義

掌言可以排掌也

釋名釋形體○文選射獵賦掌蘖藝注云掌以掌擊之

掌主也

周禮天官序官使帥其屬而掌邦治注眡稜掌安宅敘降疏又廣雅釋詁三又小爾雅廣言又國語晉語使掌公族大夫

注又孟子滕文公上舜使益掌火注滕文公下我使掌與女乘注又管子四時星者掌發爲風注入國聖人因之故能掌之注九守注又淮南主術有掌脩其隄防注○禮記曲禮下疏引周禮干注云凡言掌者主其事也又周禮凌人掌冰注云杜子春讀掌冰爲主冰萱按掌自訓主可不改讀

掌亦正也

周禮家宗人掌家禮注

掌能踏也

文選七啟執熊碎掌注又孟子告子上注云熊掌熊蹯也

今兗州人謂澤曰掌也

釋名釋水

爪

或作仍

亦爪也从反爪闕

說文段注謂闕其音也後人肊爲說曰諸兩切蓋以覆手反之即是掌也揚雄河東賦河靈矍踼爪華蹈衰蘇林曰掌據之足蹈之也云掌據之正合爪持之訓而小顏云爪古掌字鄭注水經河水篇李注西京賦皆引賦作掌則自蘇林已後皆讀掌也爪之變爲仍見廣韻○爪下云爪也覆手曰爪萱按爪者持也隸作爪爪爪同義故云亦亦者承爪篆言也

長

平上去三讀義分

[illegible]古文[illegible]古文

益也

國語齊語不月長注○漢書嚴安傳壞長地進注引張晏云長進益也

長猶積也

國語楚語昔瓦唯長舊怨注

長猶盛也

呂覽知度此神農之所以長注

長大也

漢書景帝紀注引張晏又呂覽諭大萬大之長注任數則亂愈長矣注○左傳襄九年疏云長亦大也

長萇也言體萇也

釋名釋長幼

長先也

國語吳語吳晉爭長未成注長弟許諾注又素問六元正紀大論故風者百病之長也注風論注○國語周語故長夷則之上宮注云長謂先用之也

長謂崇長之也

漢書司馬遷傳故長長於變注○杜欽傳廢奢長儉注云長謂崇貴之也

長謂畜養之也

漢書賈山傳不可長也注○管子重令畜長樹藝注云畜長謂畜產也

長謂外茂也

素問四氣調神大論則太陽不長注

長者忠也

管子楚藏夏忠注

長牽也

呂覽蕩兵勝者爲長注○漢書鮑宣傳易長雄注云長爲之長帥也

長師也

國語晉語臨長晉國者注○詩皇矣克長克君疏云長郎師也

教誨不倦曰長

詩皇矣箋又禮記樂記注又左氏昭廿八年傳又周書謚法

長主也

淮南鷚鵡能言而不可使長注

長猶尊也

國語魯語魯之班尊而又先注

長善也

廣雅釋詁一

長老也

廣雅釋詁一又國語晉語齊侯長矣注吳語而欲富貴以長沒也注○儀禮鄉飲酒禮衆賓之長升注鄉射禮注益云長其老者又通典引周

禮爲注云長老者又孟子公孫丑下子爲長者慮注告子下徐行後長者注妓云長者老者也

長年長

孟子萬章下不挾長注○儀禮特牲饋食禮長占注云長占以其年之長幼旅占之

親長父兄也

禮記祭法立愛自親始敎民睦也立敬自長始敎民順也注○祭義又云敬長爲其近子凡也

長者猶先生也

禮記曲禮上長者不及疏

長者有名德之人也

漢書趙廣漢傳中貴人豪長者注○韓非子詭使云重厚自尊謂之長者又後漢馬援傳注云長者謂豪俠者也

長者已冠也

公羊隱元年傳隱長而卑注

長上也

呂覽貴公用管仲而爲五伯長注勿躬雖不知可以爲長注○孟子梁惠王下則疾視其長上之死注云長上軍率也

長君也

廣雅釋詁一又國語晉語夫長國者注○書大傳長事注又國語周語古之長民者注益云長猶君也

諸侯長九命作伯者也

周禮掌客諸侯長十有再獻注○大宰二曰長以貴得民注云長諸侯也

長子謂君之世子也

荀子儒效隨其長子注

長謂公卿大夫王子弟食采邑者

周禮大宰而建其長注○大司寇而其長帥遂者注云長謂諸侯若鄉遂大夫又儀禮燕禮若賓若

丈

長唯公所酬注云長公卿之尊者也又大射儀注云長孤卿之尊者長達官之長禮記學記然後能為長注庭長司正也禮記投壺司射庭長注長吏謂縣令長及丞尉也後漢光武紀上注注又云不滿萬戶為長又章帝紀注云長謂縣長○獨斷上云今之令長古之諸侯又管子乘馬云五暴而長十尺也說文段注夫部曰周制八寸為尺十尺為丈人長八尺故曰丈夫悉則伸臂一尋周之丈也故从又持十○漢書律麻志上又淮南主術夫寸生于稞注又說苑辨物又華嚴經音義下引何承夫纂要丑云十尺為丈倍墨謂之丈小爾雅度○國語周語不過墨丈尋常之閒注云五尺為墨倍墨為丈丈度也左氏襄九年傳巡丈城注丈者長也大戴記本命○易師丈人吉鄭注云丈之言長又釋文引鄭注云丈人能以法度長於人丈者張也漢書律麻志上男子謂丈夫廣雅釋○易飽夫丈夫廣注云體大過老夫故稱丈夫又公羊定八年傳如丈夫何注云丈夫大人稱也又太玄事丈人扶孤注云丈人丈夫之人丈人長老稱也呂覽異寶注又淮南脩務以年之少為閭丈人說事注○顏氏家訓書證云丈人亦長老之目今世俗猶呼其祖考

杖

為先亡丈人又論語微子遇丈人集解苞注云丈人老人也又皇疏云丈人者長宿之稱也又漢書蘇武傳注匈奴傳注並云丈人尊老之稱又列子說符狐丘丈人注云丈人老長者又淮南道應注云丈人老而杖于人者丈人嚴莊之稱也易師注又釋文○漢書疏廣傳注云丈人莊嚴之稱丈人者聖人也易師陸績注又崔注云丈人子夏傳作大人並王者之稱也○蕢按丈與大形近易譌籀之雅已言之矣又陳君閣道碑一百餘丈此用小篆从又持十非支體之支也又禮記曲禮上席閒函丈或作函杖王肅同此蓋可兩通非關段借○俗有仗持也說文段注杖持雙聲凡可持及人持之皆曰杖喪杖函杖兵杖皆是也兵杖字俗作仗非門下云兵杖在後攢下云猜竹杖可謂杖謂倚任也漢書李尋傳近臣已不從杖矣注○高帝紀上杖義而西注云杖亦倚任之意又西南夷傳注云杖猶倚也杖謂柱之也漢書婁敬傳杖馬箠注杖謂堅也周禮大明武主人若杖注杖可以策身禮記曲禮上必操几杖以從之疏○論語鄉黨杖者出集解引孔注云杖者老人也杖所以扶病儀禮喪服傳疏○禮記喪服四制云杖者何也爵也或曰擔主或曰輔病杖

敞

竹杖左氏襄十七年傳杖菅屨注○儀禮喪服傳云苴杖竹也削杖桐也杖各齊其心皆下本矜謂之杖方言九仗者刀戟之總名也華嚴經音義下引風俗通平治高土可以遠望也說文段注推平治故字从攴後人乃謂高土可以遠望為敞而昧其本始矣敞高顯也文選登樓賦注引蒼頡○魯靈光殿賦豐麗博敞張注云敞高平也敞大兒文選洞簫賦又足樂乎其敞閒也注○長笛賦曠瀁敞罔注云敞寬大兒敞罔失容也史記司馬相如傳敞罔靡從索隱○漢書相如傳注云敞罔失志兒蕢按敞罔敞恍皆段敞為惝也說文無惝敞恍耳不諦也漢書司馬相如傳下聽敞恍而亡聞注敞撞也一切經音義三引三蒼蕢按此段敞為打也丁聲在十一部與敞為異部

瓶

相段惝大兒也文選甘泉賦注引服虔○蕢按此段惝為敞也或作碘瀍俗有換嬰○瑳垢瓦石也說文段注瑳俗有磋今依宋本作瑳亦段借字耳其字當用厝厝厲石也詩曰它山之石可以爲厝用瓦石去耳垢曰瓶方言注曰瀍錯也瀍與碘同海賦曰飛滯栢碘江賦曰弇濬之所碘

錯碘即瓶瓶磨也廣雅釋詁三瀍淨也方言十三瀍冷兒也方言十三注

驤

忍兩切

益州鄙言人盛諱其肥謂之驤說文段注方言曰梁益之閒凡人言盛及其所愛諱其肥腯謂之壤鄒陽上書壤子王梁代晉灼注引方言梁益之閒所愛諱其肥盛曰壤也李善曰諱方言作瑋按李所據方言作瑋許書諱亦當作瑋瑋同聲奇也驚義之意也驤假借作瓖○方言二注云驤肥驤多肉又廣雅釋詁云驤驤肥也驤盛也廣雅釋詁二○方言二云驤盛也秦晉或曰驤

孃

平上兩讀義異煩擾也一曰肥大也說文段注煩熱頭痛也擾煩也今人用擾攘字古用孃賈誼傳作搶攘莊子在宥作傖囊楚詞作恇攘俗作劻勷皆用段借字耳今攘行而孃廢矣又按廣韻孃女良切母稱也娘亦女良切少女之号唐人此二字分用畫然故耶孃字斷無有作娘者今人乃罕知之矣方言驤盛也秦晉或曰驤凡人言盛及其所愛瑋其肥喊謂之驤郭注云肥驤多肉按肉部既有驤字矣此與後音義皆同也漢書壤子王梁代壤即驤孃字按前後二義皆當音壤○蕢按孃讀平聲者惟母偁為然攘亂也淮南詮言故至於攘天下注

壤

柔土也說文段注大雅陶復陶穴毛傳陶其土而復之陶其壤而穴之九章算術今有穿地積一萬尺問爲堅壤各幾何荅曰爲堅七千五百尺爲壤一萬二千五百尺穿地四爲壤五爲堅三爲壚四劉徽注壤謂息土堅謂築土周禮辨十有二壤之名物而知其種以教稼穡樹蓺注壤亦土也以萬物自生言則言土土猶吐也以人所耕而樹蓺言則言壤壤和緩之皃某氏注尚書曰無塊曰壤周禮草人墳壤用麋勃壤用狐鄭云墳壤潤解勃壤粉解釋名曰壤瀼也肥濡意也按言物性之自然壤異于堅土言人功則凡土皆得而壤之壤與柔弱雙聲穀梁曰有食之者傳曰吐者外壤食者內壤闕然不見其壤有食之者也麋信云齊魯之閑謂饕地出土鼠作穴出土皆曰壤按蟲鼠所出字亦作場作場音失羊反見方言亦取柔意今俗語謂弱曰壤漢書壤子王梁代壤謂肥䐈也○離騷蘇糞壤以充幃兮注又漢書武帝紀冀州脽壤注鄒陽傳注引晉灼竝云壤土也又地理志上厥土惟白壤注云柔土曰壤壤腴也肥䐈意也釋名釋地無塊曰壤後漢公孫述傳土壤膏腴注馬援傳其田土肥壤注壤天性和美也書禹貢馬注○周禮艸人疏云壤是和緩穿地穴爲壤書禹貢疏引九章算注壤白色周禮艸人司農

注壤塵也廣雅釋詁三壤地也國策秦策齊之右壤注又後漢申屠蟠傳注又文選演連珠注引莊子司馬注九壤九州也文選補亡詩茫茫九州注與壤猶與區也文選安陸昭王碑文枯蘇與壤注壤壤猶養治之呂覽知接孰之壤壤也注壤蟲蟲之幼也淮南道應猶黃雀與壤蟲也注○萱按壤亦借爲穰字莊子庚桑楚居三年畏壘大壤是也列子天瑞同

篹

裹也說文段注衣部曰裹裹也此謂竹器可以中藏一切經音義如瓜瓠之瓢篇韻皆云篹篹盛米竹器篹篹也廣雅釋器

蘱

上去兩讀○浴有穫菜也說文段注方言曰蘇沅湘之南或謂之蓄其小者謂之蘱菜許所說未必此也齊民要術以爲藏菹之蘱人丈切內則注菜釀不从艸玉篇引說文而丈切唐韻女亮切蘱菜堇菜也亦蘇之種類方言三注○集韻引廣雅云蘱菜蘇也蘱菹也廣雅釋器

賞 始兩切

賜有功也說文段注鍇曰賞之言尚也尚其功也○墨子經上云賞上報下之功也又荀子議兵無本賞矣注

云本賞功有功同受賞也又禮記月令賞公卿諸侯大夫於朝注云賞謂有功德者有以顯賜之也又淮南時則行慶賞注云賞賜予又周禮載師賞田司農注云賞田者賞賜之田賞遺也淮南說山毋越人章甫注賞賞爵祿之賞也呂覽孟春注賞賞善禮記祭法堯能賞均刑法以義終注○左氏襄十四年傳疏云賞者善善之名也又襄廿八年傳云善人富謂之賞夫賞國之典也左氏襄十一年傳○莊子天道是非已明而賞罰次之注云賞罰者失得之報也陽稱賞易未濟三年有賞于大邦虞注賞謂宣揚左氏襄十四年傳善則賞之注賞謂樂玩也管子霸言其所賞者明聖也注

上

隸作上二古文高也指事也說文段注凡指事之文絕少故顯白言之不於一下言之者一之爲指事不待言也象形者實有其物日月是也指事者不泥其物而言其事上下是也天地爲形天在上地在下地在上天在下則皆爲事○禮記曲禮下執天子之器則上衡疏云上猶高也上志高太卒卒錯○卒衡云上觸袁上者對下生名禮記曲禮目疏○易上經釋文云上對下立名上者下之本也荀子正論○論

語憲問君子上達集解云本爲上上者下之儀也荀子正論○大戴記子張問入官云上者民之儀也又王言云上者民之民也上下謂天地也後漢班彪傳上傳下注馮異傳注陳寵傳注上下君臣也周禮訓方氏與其上下之志注又國策秦策上下不相親也注上下猶尊卑也禮記檀弓上上下各以其親疏引庾蔚坊記示民有上下也注上下用年之豐凶也禮記禮器與年之上下注上下猶豐殺也周禮司儀從其爵而上下之注男爲上儀禮士昏禮下達疏上長也呂覽論威君臣上下注上首也呂覽義賞雍季在上注上陽也禮記少儀尚左手注皆上南也素問五運行大論所謂上下者注上最也淮南汜論而令行爲上注○萱按最當作寂上重也方言十二上大也淮南說山是以能上之注上盛也淮南時則堅致爲上注上猶初也淮南覽冥引類于太極之上注上猶前也呂覽安死自比以上者注長見使文王爲善於上世也注上猶遠也儀禮喪服傳尊者尊統上注○漢書百官公卿表上然己上矣注云上謂其事久遠也上猶加也漢書谷永傳注

上謂崇高也漢書匡衡傳審所上而已注上猶尚也貴也史記平津侯主父傳上篤厚索
隱○蓋按上尚二字經典互借通用易小過己上也鄭作尚詩尚慎旃哉漢石經作上儀禮上攘馬今文上作尚論語艸
上之風孟子作艸尚之風上賢也國語晉語然而民不能戴其上久矣注上亦正也禮記鄉飲
酒義言是廉之上疏上謂道也易繫辭下傳君子上交不詒疏上謂天子也漢書五行志中之下
毋得擅上注○後漢李膺傳注云上帝謂天子上物天子之牢左氏哀七年傳制禮上物注上者
尊位所在也獨斷上○孟子萬章下後舉而加諸上位注云上位尊帝位也上上位呂覽觀世則賢
者在上注○詩山有扶蘇疏云上位大臣也上謂君也易象上傳上下交而其志同也疏象上傳上以學下
安宅盧氏注又禮記中庸上焉者注繙衣為上易事也疏儒行上答之疏又孝經君子之事上也注又周禮大戒上明仁
義注又廣雅釋詁一又呂覽圜道注當務注慎小注又文選東京賦上下通情辭注○國語齊語不用上令注云上君長
也上謂王侯易繫辭下傳君子上交不詒侯注太上謂大人也老子太上下如有之王注

○又云太上謂太古無名之名也又上德不德注云上德謂太古無名號之君又文選晉武帝華林園集詩悠悠太上注
云太上太古也上古謂元古也素問上古天與論上古之人注○呂覽蕩兵兵之所自來者上矣注云上
古上帝謂上古帝君也素問六節藏象論此上帝所秘注上皇謂伏犧三皇
之最先者故謂之上帝詩譜序諒不於上帝之世疏上宗猶太宗書顧命上宗奉
同瑁鄭注上老父師也書大傳上老平明坐于右塾注上客尊客國策秦策上客從趙來注○儀
禮有司徹上賓此彝以外注云上賓賓也謂之上賓以將獻異之或謂之長賓長上獻先獻者左氏襄廿
八年傳慶異為上獻注上謂天書文侯之命昭外于上焉注又禮記中庸合外內之道也疏又周禮皇門注○
素問五運行大論上者右行注云上天也又厥陰在天注云上天位也又易繫辭下傳上下元常虞注云在天稱上又禮
記禮運以降上神疏引氏熊氏云上神天神也皇上帝天也易象上傳殷為之上帝鄭注又漢書禮樂志注
敘傳上注又後漢靈帝宋皇后紀注班彪傳上注又呂覽順民使上帝鬼神傷民之命注上帝天帝也

後漢郎顓傳注又呂覽孟春天子乃以元日新穀於上帝注○文選東京賦宗上帝於明堂辭注云上帝太微中五帝也
上帝謂道道書大傳帝令大尚步于上帝注冬為上天爾雅釋天又白虎通四時○釋名釋天云
冬曰上天其氣上騰與地絕也乾天為上易象上傳君子以辨上虞虞注上曰朔日也書堯典正
月上日馬注又晚出傳○御覽時序部十四引書大濟云上日元日上辛猶始辛公羊成十七年傳郊用正
月上辛注上春孟春也周禮天府上春注太歲在庚曰上章爾雅釋天○淮南天文云
中在庚曰上章陽氣在上故曰上宮國語周語以夷則之上宮畢之注上者卦之終
易繫辭上傳其上易知注上志古記也呂覽貴公嘗試觀於上志注務大注○務本審試觀上古記注云上
古記上古書也世上仁謂行仁之君老子上仁為之注上判重判也孟子離婁上故
善戒者上刑注服上謂席端也禮記曲禮上席南鄉北鄉以西方為上注上者亦邊側之
義史記孔子世家惟子貢盧於家上索隱上謂原書堯典晴若予上下艸木鳥獸馬注○晚出傳云上謂山

上地謂肥美田也周禮大司馬上地食者參之二注○淮南精神而亡上地注云上地美地也上
國中國也左氏昭廿六年聘于上國服注又呂覽知氾必行於上國注又淮南脩務醫食上國注上林
苑名文選西京賦上林禁苑薛注東京賦迄上林薛注上舍甲第也呂覽知士於舍之上舍注是
上宮樓也孟子盡心下館於上宮注上駕者言為衆馬之最良也詩大叔于田兩
服上裏萎上仰者也周禮卜師辨龜之上下左右陰陽注上環頭判也禮記玉藻瓜祭上環注○
萱按以上皆舊讀去聲者也其義靜○上升也易需雲上于天釋文引千注又漢書王恭傳下集注○儀禮鄉
射禮作上射如初注云今文或言作升射萱按上與升一聲之轉上陵也國語周語民可近也而不可上也注
上猶至也後漢竇憲傳注下言於上曰表又曰上示之於上也釋名釋書
契上奏上也後漢河閑孝王開傳上業其罪注上氣逆喘也周禮疾醫冬時有嗽上氣疾注
飛而上曰上音詩燕燕下上其音傳○萱按以上皆舊讀上聲者也其義動凡字義有動靜皆由一義引

中和無此體尒眅之嫌也六朝人强作解事往往一字數音上下字其一矣洵屬無事自擾不可與道古也今當定上下以二字各祇一音上字通讀上聲下字通讀去聲滌除轇轕以上遷李吳如賁賁賢賢父父兄兄人人李當有異讀也何獨於上下而歧之

饟

餳或晝食也說文段注此猶朝曰饔夕曰飧也晝食曰饟俗謂為日西食曰饟見廣韻今俗謂日西為晌午頃刻為半晌猶饟之遺語也

獎 紫兩切

○俗有奬字嗾犬厲之也說文段注口部曰嗾使犬聲也厲之猶勉之也引申為凡勸勉之稱方言曰自關而西秦晉之閒相勸曰聳或曰獎中心不欲而由旁人之勸語亦曰聳凡相被飾亦曰獎獎勸使也漢書袁帝紀所以獎厲太子注○小爾雅廣詁又左氏昭廿二年傳以獎亂人疏又漢書何武傳注並云獎勸也獎助左氏僖廿八年傳皆獎王室注襄十一年傳注又後漢袁譚傳注獎譽也廣雅釋詁四獎成也又左氏定四年傳以獎天衷注又國語周語以獎王室注聳獎欲也方言六○注云聳獎皆強欲

䉃

或作槳楫剖竹未去節謂之䉃說文段注謂未去中之相屬者方言所以隱擢謂之槳郭云搖插小楫也按槳蓋即䉃字其始以剖竹未去節為之後乃以木為之改其字作槳作槳後人又不以名楫而以名櫂矣䉃籢也廣雅釋器䉃䈴也同上

仰 彥兩切

舉也說文段注與卬音同義近古卬仰多互用○廣雅釋詁一云仰舉也俛仰謂屈伸也素問評熱病論以救俛仰注高仰卑也家語辨物仰秣仰頭吹吐謂馬笑也淮南說山駟馬仰秣注仰恃也仰易反易也豈按此皆叚仰為卬也又韓勑碑數卬師鏡孔宙碑凡百卬高魏孔羨碑卬其聖人成謀此類卬字後人皆讀仰其實作卬為優

想 小兩切

覬思也說文段注覬各本作冀今正欠部曰𣣌幸也見部曰覬𣣌幸也覬思者覬望之思也周禮眡祲十曰想想者輝光也周禮眡祲十曰想司農注想祲氣有似可形想周禮眡祲注

象

○俗有為南越大獸長鼻牙三年一乳象耳牙三字當作像鼻耳四足尾

之形說文段注獸之最大者而出南越有長鼻長牙按古書多段象為像人部曰像者似也似者像也像从人象聲許書一曰指事二曰象形當作像形全書凡言象某形者其字皆當作像而今本皆从省作象則學者不能通矣周易毄辭曰象也者像也此謂古周易象字即像字之叚借韓非曰人希見生象而案其圖以想其生故諸人之所以意想者皆謂之象似古有象無像然像字未製以前想像之義已起故周易用象為想像之義如用易為簡易變易之義皆於聲得義非於字形得義也韓非說同俚語而非本無其字依聲托事之指○爾雅釋地云南方之美者有梁山之犀象又呂覽古樂商人服象注云象獸名又本味有旄象之約注云象獸也又史記司馬相如傳窮奇象犀索隱引郭璞云象大獸又漢書張騫傳其民乘象以戰注云象大獸長鼻長牙又山海經南山海禱過之山多象注云象獸之最大者象牙也淮南泰族宋人有以象為其君為楮葉者注又離騷雜瑤象以為車犧象鐏也廣雅釋器○詩鼓鍾釋文云象舞名又周禮司尊彝其再獻用兩象尊司農注又禮記明堂位尊用犧象注並云象尊以象骨飾尊又國語周語奉其犧象注並云象象尊以象骨為之飾又禮書九十五引阮諶三禮圖云象尊飾以象于尊腹之上畫為

象之形象觚觚有象骨飾也儀禮燕禮洗象觚注大射儀注象服尊者所以為飾詩君子偕老傳○葛屨佩其象揥傳云象揥所以為飾三象周公所作樂名呂覽古樂乃為三象注象郡今日南郡也文選吳都賦金鄰象郡之渠劉注又山海經海內東經沅水出象郡鐔城西注云象郡今日南也象似也象形也象法也象道也豈按凡若此者無慮皆像之段借也像下詳之

像

重見○俗有樸佀也說文段注各本作象也今依韻會所據本正象者南越大獸之名於義無取雖韓非曰人希見生象也而案其圖以想其生故諸人之所以意想者皆謂之象然韓非以前或祇有象字無像字韓非以後小篆既作像明許斷不以象釋似復以象釋像矣毄辭曰爻也者效此者也象也者像此者也又曰象也者像也爻也者效天下之動者也益象為古文聖人以像釋之雖他本像亦作象然鄭康成王輔嗣本非不可信也凡形像圖像想像字皆當从人而學者多作象象行而像廢矣許書二曰象形度許固必作像形招魂云像設君室○漢書匡衡傳注又法言先知象龍之致

雨也注又太乍守象艮有守注丑云象似也豈按象像盖古今字像象爲正借字像擬也易穀辭下傳釋文○乾象曰釋文云象擬象也像猶隨也淮南覽冥騎主而像其意注象效也廣雅釋詁三象類也左氏昭六年傳火如象之注象譯也漢書禮樂志象來致福注引李奇見乃謂之象易穀辭上傳又周辭算經下天象盖笠注○穀辭注云兆見曰象象形也漢書王莽傳中注引音灼○文選舞賦不可爲象注寡婦賦上贍兮遺象象注丑云象謂形象也又易穀辭下傳雀注云象者形象之象也又左氏僖四年傳注物生而後有象疏云象者物初生之形象有文理者也禮記五藻孔子佩象環五寸注象者意之筌也易略倒○又云夫象者出意者也像法也家語三怨見象而勿强注又楚辭懷沙顧志之有象注橘頌置以爲象兮注象法也書堯典象以典刑晚出傳又儀禮士冠禮記象賢也注又史記樂書樂之象也正義又管子君臣上是故能象其道于國家注坤爲法象左氏宣十二年傳有律以如己也注○禮記仲尼燕居量鼎得其象疏又荀子正論分職名象之所起注又鬼谷子反應言有象注丑云象謂法象象謂三才成八

卦之象易穀辭下傳象在其中矣虞注象者各辨一爻之義者也易略例下○左氏莊廿二年傳疏云每爻別爲其辭名之曰象又昭廿二年傳疏云逆爻下之辭謂之爲象象精象易乾象曰釋文象道也老子執大象注○管子七法云義也名也時也似也類也比也形也謂之象象天象也國語周語夫事大不從象注又後漢劉陶傳注大象天象之母也老子執大象王注象爲縣象日月星辰也易穀辭上傳在天成象疏○易之象也廣注去日月謂象象麻也中俟考河命欽莫皇象注四象四時也易穀辭上傳兩儀生四象虞注象光燿也禮記樂記在天成象注○周禮眡祲二曰象司農注云象者如赤烏也又大卜二曰象司農注云象謂蕃變雲物如衆赤烏之屬有所象似象謂氣象也素問五藏生成篇五藏之象注○六節藏象論藏象何如注云藏謂所見於外可閱者也象謂象魏也漢書禮樂志注○周禮大宰乃縣治象之法於象魏疏又廣雅釋室又後漢和熹鄧皇后紀注丑云象魏闕也又左氏袁三年傳五于象魏之外注云象魏門闕又文選東京賦建象魏之兩觀辭注云象魏闕也一名觀也象謂有

所造立也周禮大卜二曰象注象刑異章服恥辱其形象故謂之象刑荀子正論治古無內刑而育象刑注象服者謂褕翟闕翟也詩君子偕老象服是宜箋○萱按箋謂段借傳不謂段借義丑通而箋爲優象尊以象鳳皇周禮司尊彝其再獻用兩象尊司農注象譯也廣雅釋詁四象胥譯官也周禮大行人屬象胥諭言語司農注○秋官序官象胥注云通夷狄之言者曰象又後漢馬融傳注云通夷狄之言者曰象胥人禮記王制云南方曰象象文王之樂武象也左氏襄廿九年傳見舞象箾南籥者賈注○服注云象文王之樂舞象也象周武王伐紂之樂也荀子禮論韶夏護武汋桓箾簡象注引賈逵文禮記文王世子下管象注又仲尼燕居下而管象示事也疏云象謂武王伐紂之樂○墨子三辯云武王勝殷殺紂環天下自立以爲王事成功五無大後患因先王之樂又自作樂名曰象又白虎通禮樂云武王曰象者象太平而作示己太平也象謂武也詩周頌譜頌聲乃作疏○禮記明堂位下管象注云象箾周頌武也又仲尼燕居下管象武注云象武武舞也又祭統下而管象注云管象吹管而舞武象之樂也

象人謂以芻爲人周禮冢人及葬言鸞車象人司農注○列子黃帝猶象人也釋文云木偶人形曰象人象人箸假面者也漢書禮樂志常從象人四人注引韋昭○注又引孟康云象人若今戲蝦魚師子者也象罔郎眞也莊子天地乃使象罔注水之怪龍罔象說苑辨物○堯典麻象日月星辰象恭滔天史記五帝紀作數法日月星辰似恭漫天豈按此以詁訓字易正字也又周禮掌染艸注藍蒨象斗之屬此段象爲像也說文作樣俗用樣爲樣是像樣互用假借也

橡

○俗有褵橡飾也說文段注各本作飾也奪橡今補此三字爲句如偓佺離黃之類淺人泛謂爲褵字可刪而刪之耳巾郵飾字下云橡飾也亦三字爲句廣韻曰橡末笄冠者之首飾也○廣雅釋詁二云褵飾也橡盛飾也漢書外戚傳下橡飾將豎往問疾注橡首飾也同上

樣

○俗有橡栩實也說文段注爾雅舊注曰柔實爲橡子以橡穀爲柔斗者以剝剝似斗故也橡子橡歲可食以爲飯豈年牧豬飯之可以致肥也見齊民要術按樣俗作橡今人用樣爲式樣字像之段借也唐人式樣字從手作樣○廣

撮口呼

牽悅切

臩

雅釋木云橡櫟實也後漢李恂傳注○爾雅釋木櫟其實橡
椅柔也 櫟實橡也有梂彙自裹也
早斗也其狀似栗 呂覽恃君冬日則食橡栗注○
小爾雅廣物云柞之實謂之橡

驚走也一曰往來皃 作也 周書曰伯臩古文以為冏字 說文段注
孔壁多得十六篇古文尚書有冏命書序曰穆王命伯冏為
太僕正作冏命 史記曰穆王閔文武之道缺乃命伯臩申誡
大僕之政作臩命蓋臩冏古通用也許此引周
書或系書序或系逸書十六篇文皆未可知
平上兩韻注在
彼○俗有哭字

冏

憬

覺悟也詩曰憬彼淮夷 說文段注按毛詩作憬以故訓遠行兒
蓋本無此篆或益之於此○蓋出三字詩箋人取以改毛許書
按應讀同曠許彼引應彼淮夷 憬 遠 行 皃 應憬義別泮水傳○蓋按
俱可通但毛釋應字而釋文徑以遠行皃係於憬下又引說
文應闊也一曰廣大也蓋陸以應憬為同字實則不同也引傳

詩者所受異耳 或作獷○重見注在前

羽悅切

永

獷

水長也象水巠理之長永也詩曰江之永矣 說文段注永水之凡
長皆曰永釋詁毛傳曰永長也方言曰施於眾長謂之永
者水脈理者水文○蓋按永長也同訓水長故漢廣江之永矣
韓詩作江之羕矣則借羕為羕也注 永 長 矣 爾雅釋詁又易訟不
引韓詩作江之漾則借漾為賦李注永所事疏又又廣注又
易略例隆墀漢注又書堯典日永星火晚出傳又詩卷耳
維以不永懷傳漢廣傳考槃永矢弗諼又王夏山有樞且以永日
箋常況也永嘆永歎傳楚茨永錫爾極箋又周禮言配命傳下武
箋既醉永錫爾類傳以永終譽箋又大祝永貞
注考工記㮚氏 既醉永錫 注 儀禮士冠禮永乃保之注又
徵記中庸 左氏襄十三年傳其寧惟永注永昭世八年傳
漢又論語堯曰天祿永終集解引苞注又皇疏注又書中儀配
永陷機注又漢書高后紀注宣帝紀注元帝紀注哀帝紀贊
注禮樂志注刑法志注郊祀志下注藝文志注荊通傳注
錯傳注中山靖王勝傳注郊韋賢傳注又後漢郅惲傳注濟北

惠王壽傳注又孟子公孫丑上注又太平永永終荊首注又
方言一又楚辭天問永遏在羽山注又懷沙傷懷永哀兮注逵
紛鴻永路有嘉名注又文選東京賦注永有民 永 極 長 太平衡永
以孔安辭注歸田賦遊都邑以永久注
久也詩白駒以永今朝箋 永 遠 也 永 遐 也 釋詁爾雅 永 深 也 漢書董仲舒
傳注云永 永 引 也 詩既醉永 永 歌 也 詩碩鼠誰之永號箋○
猶深也 說文詠訓歌又書堯典歌永言 漢書禮樂志作永 之段○
借也說文詠訓歌又書堯典歌永言 蓋按以永為詠之言
留書傳注云永 永歌也 又漢書禮樂志作歌詠盬許言
永注云永 坤為永 易益永貞 又後漢皇后紀左明德馬
或作詠 吉 虞注 永 巷 宮 中 署 名 也 皇后紀明注○
當者傳注云永巷
及掖庭丞署名也

往

迮 古文 作往 之也 說文段注汗簡云迮尚書往字甘泉賦曰
所往注又國語晉語勿用有攸往注云往者從此適彼
之也又易咸憧憧往來廣注云之外為往 往 者 從 此 適 彼
之辭詩小明疏又四月疏云言往者因此往彼之往
辭○方言一云嫁逝徂適往也往凡語也 往 睢 也 歸

往於彼也故其言之仰頭以指遠也釋名釋言語○漢書揚
並云淮往也又廣雅 往 王 也 呂覽順說雄傳上注注又引鄧展
釋詁一云徂往也 難與往也說則 往 古 昔 也 荀子不慕解
往注○公羊桓六年傳注禮生與來日死與往日疏云凡人
謂方至為來已過為往又太平御覽引往注云往往事也
往 者 屈 也 左氏襄九年傳○周禮經下注右者往 又 往 猶 藏
易繫辭上傳注廣雅釋詁注云往 死者往
也 以 藏 往 廣 注 知 往 去 也 廣雅釋詁 以往 二注又○左氏昭七年傳
保其往也集解引鄭注又素問瘧論而臣以往注○左論語述而不
往而未得往者也注並云往猶去也此異 往 謂 亡 去 也 修營無以權
書之則往而往行也國語晉語吾言既往矣注又呂覽不侵
不可止也注 往 行 也 顧因請公往矣注又淮南原道歷遠彌
高以極 往 猶 後 也 禮記表大記自以歛往用黃裳○左疏又論
往注 語八佾禘自既灌而往者皇疏○左氏宣
十二年傳注如從之義也 往 至 也 廣雅釋詁十二又往
疏云往是相從之義也 往 勞 也 廣雅釋詁一又往往
言非一也 文選甘泉賦注

枉

隸作枉 衺曲也 說文段注本謂木衺曲因以爲凡衺曲之偁○禮記少儀毋循枉疏又釋文並云枉邪曲也又論語爲政皇疏云枉委曲邪佞之人也 枉邪也 論語顏淵皇疏又淮南說林從枉準直者觚注又楚辭惜誓衆枉聚而矯直注 枉曲也 易訟注以斷枉直疏又論語微子枉道而事人皇疏又漢書昭帝紀注諸侯王表注東方朔傳枉而直之注劉向傳注谷永傳注外戚傳下注又後漢朱景王杜馬劉傅堅馬傳注王充王符仲長統傳注崔駰傳注又淮南時則無或枉撓注本經矯枉以爲直注氾論小枉而大直注又楚辭涉江朝發枉渚兮注悲回風施黃棘之枉策注 枉屈也 漢書韋玄成傳注又楚辭遠逝枉玉衡於炎火兮注 梃曲也 梃詘也 廣雅釋詁一釋詁四 枉者不直也 詩閔予小子箋上以直道事天祇○禮記投壺疏云枉謂曲而不直又釋文引王肅云枉不直 枉謂違法曲斷 禮記月令無或枉撓疏○呂覽壅塞因怒而詘殺之注云無罪而殺之曰枉又仲秋注云凌辭爲枉 枉哨不正皃 禮記投壺某有枉矢哨壺注 枉攘亂皃 楚辭哀時命概塵垢之枉攘兮注 枉矢救日之矢與 周禮庭氏與枉矢射之注○司弓矢枉矢絜矢注云枉矢者取名變星飛

韻史　卷四十五第十部上聲統韻　四三七三

行有光今之飛矛是也或謂之兵矢 枉矢妖星 後漢馬融傳注又獻帝紀注云無聲爲枉矢○釋名釋天云枉矢齊魯謂光景爲枉矢言其光行若射矢之所至也亦言其氣枉暴有所灾害也

許永切

數　怳

或作攻 放也 說文段注放部曰逐也廣韻曰數曲侵○俗有苑 狂知皃 說文○廣雅釋詁四云怳狂也 怳失意皃 楚辭少司命臨風怳兮浩歌注又文選登徒子好色賦怳若有望而不來王 怳惚不自覺之五意 文選神女賦序精神怳惚注○論語子罕集解惚怳不可爲象釋文云怳本作恍萱按怳惚即恍惚也怳與恍同義而不同紐怳爲撮口呼兄之从聲也恍即慌字爲合口呼荒之从聲也說文無慌恍蓋怳字足以包之集韻慌下複收怳字人皆讀怳爲恍而怳失其本音矣 怳忽無之象也 淮南原道驚怳忽注 惝怳驚皃 廣韻

韻史　卷四十五第十部上聲統韻　四三七四

韻史卷四十六

泰興何　萱石閭撰集　子度校字

第十部去聲　上海顧錫麒竹泉覆審

更韻　武進李兆洛申耆鑑定

開口呼

段岩切 亢

隸作亢○平去兩讀注在彼

口岩切 亢

此引申之義也平聲兩讀乃本義俗有航吭 頏 或 人頸也象頸脈形 說文萱按此本義也詳平聲廣韻去聲內亦載此義非也其星名之亢亦秖平讀平給 亢仰也 莊子人閒世與豚之亢鼻者釋文引司馬注 亢者言萬物亢見也 史記律書 亢高也 左氏昭廿二年傳無亢不衷疏又廣雅釋詁四又後漢李膺傳注又莊子人閒世釋文引司馬注 窮高曰亢 易乾亢龍王肅注又莊子刻意爲亢而已矣釋文引李注 亢極也 易乾亢龍有悔釋文引子夏傳又左氏宣三年傳可以亢寵注又廣雅釋詁一又後漢陰

韻史　卷四十六第十部去聲更韻　四三七五

興傳注又太玄玄瑩其稱亢注○易乾注上則過亢疏云亢謂亢極又後漢梁冀傳注云亢上極之名也 亢過也 易乾干注○素問六微旨大論亢則害承迺制注云亢過極也 亢擧也 禮記明堂位崇坫康圭疏又孝經注亢尸 而起也釋文又太玄卒閒外部亢貞注 亢強也 廣雅釋詁四 重亢累棟也 周書作雒重亢注 飛下稱亢 易象下傳已亢也虞注○萱按詩燕燕傳飛而下曰頏段大令審定當作飛而上曰頏然則仲翔此注亦當作飛上稱亢 亢遮也 亢蔽也 亢當也 亢禦也 禁也 亢者敵人相拒也 萱按此皆段亢爲抗也漢書高帝紀上沛公還軍亢父注引鄭氏云亢音人相抗荅人水經泲水注云泰山在左亢父在右亢父知生梁父主死 亢迹也 廣雅釋詁三○萱按此義正字當作迒

抗

抗 或 扞也 說文段既夕禮注曰抗禦也左傳曰以亢其讎注云亢猶當也亢爲抗之段借也周禮綱惡馬注云綱讀爲以亢其讎之亢書亦或爲亢亢禦也禁也綱亦亢之段借字也引申之義爲高抗既夕注曰抗舉也抗重丈从木作杭若既夕四禮抗木橫三縮二其字固可从木矣今人用此字讀胡郎切乃航之譌變地名餘杭者乃秦政舟渡

韻史　卷四十六第十部去聲更韻　四三七六

庇也抗拒也荀子臣道有能抗君之命注抗違拒也列子黃帝攩挾扶抌釋文抗樂也小爾雅廣言又荀子禮論抗折其額以象槾茨番閼也注注又云抗所以禦土抗救也國語楚語未報楚惠而救宋注抗猶敵也後漢班彪傳下注抗對也史記酈生陸賈傳與天子抗衡索隱引崔浩豈按浩又云抗衡言兩衡相對拒率不相避下也又文選檄吳將校部曲及其抗衡上國注云抗衡謂對舉以平輕重也抗舉也車攻傳天子發抗大綏釋文賓之初筵大侯既抗傳又儀禮既夕甸人抗重注又禮記喪大記抗衾而浴釋文又廣雅釋詁一又漢書賈誼傳注吾丘壽王傳注終軍傳注朱雲傳注谷永傳注揚雄傳上傳下注叙傳上注又後漢靈思何皇后紀注馮衍傳注杜喬傳注又老子抗兵相加主注又淮南說山百人浮抗注又文選西京賦疏龍首以抗殿薛注○周禮服不氏疏云抗卿舉也又禮記文王世子抗世子法於伯禽注又穆天子傳六抗者鴟夕而究注玆云抗猶舉也又文選羽獵賦抗手稱臣注云抗手舉手而拜者也抗張也廣雅釋詁一○考工記梓人故抗而射女注云抗舉也張也抗進也後漢班彪傳下注抗縣也廣雅釋詁四○方言七云抗縣也自關之東西曰抗抗極也

韻史　卷四十六第十部去聲史韻　四三七七

文選長笛賦注顏延年侍遊蒜山詩注抗高也後漢董卓傳注又淮南說山自沈于淵而溺者不可以為抗注○萱按亢若抗之引申皆訓舉訓高訓極故亢抗多通用而段亢為抗者尤多也抗辭高亢婞直之兒也後漢趙壹傳注逆天虐民曰抗周書諡法亢遮也廣雅釋詁二亢蔽也左氏昭元年傳吉不能亢身焉能亢宗注亢當也廣雅釋詁三又漢書高帝紀下注陳勝項籍傳贊注終軍傳注趙充國傳注又呂覽離俗豈亢責也哉注○左氏僖廿八年傳以亢其讐注襄十四年傳戎亢其下注竝云亢猶當也亢禦也左氏宣十三年傳而亢大國之討注十五年傳結州以亢杜回注昭元年傳可無亢也注亢御也禁也周禮馬質司農注亢者敵人相拒也史記孫子吳起傳批亢擣虛索隱○漢書陳勝項籍傳贊不亢於九國之師注云亢讀與抗同炕張也爾雅釋木孫注顏野王注炕舉也詩瓠葉傳炕火曰炙疏又文選甘泉賦炕浮柱之飛榱兮注○萱按同亢聲相段也漢書揚雄傳上注云炕與抗同

侃

人名論語有陳侃說文段注侃人名非例也左傳施氏婦曰不能庇其侃儷杜注曰侃敵也儷偶也論

韻史　卷四十六第十部去聲史韻　四三七八

語云云按論語作陳亢字子禽與爾雅亢鳥嚨故訓相合作陳侃似非也然古今人表陳亢陳子禽為二人侃儷也文選思玄賦疇可與乎比侃舊注○左傳成十一年疏云侃儷者言是相敵之匹耦侃偶也後漢張衡傳注○萱按偶當作耦俗之沿誤久矣侃對也國語周語棄其侃儷妃嬪注侃敵也儀禮聘禮注以其尊莫敢侃禮也釋文又左氏成十一年傳注侃當也國語秦語天下莫之能侃注又呂覽士節身侃其難注文選西京賦莫之敢侃薛注○左傳成十一年疏云侃者相當之言侃舉也荀子當國侃隆高注○萱按亢抗侃皆訓舉三字義相通也侃強也漢書高帝紀注侃健也漢書朱博傳注侃高兒詩緜皐門有侃傳○萱按毛作侃用借字韓詩作閌晚出正字也侃者極之義文選西京賦高門有閌注云侃與閌同詩緜疏

忼

上去兩讀注在伉○俗有慷

炕

乾也說文段注謂以火乾之也五行志曰君炕陽而暴虐師古曰凡言炕陽者枯涸之意謂無惠澤於下也釋木曰

韻史　卷四十六第十部去聲史韻　四三七九

守宮槐葉晝聶宵炕郭云晝日聶合而夜炕布○廣雅釋詁二云炕乾也又一切經音義三引蒼頡云炕乾極也炕暍也廣雅釋詁二炕絕也漢書揚雄傳下注炕張也爾雅釋木孫注又釋文引顏野王注炕舉也詩瓠葉傳炕火曰炙疏又文選甘泉賦注○萱按炕訓張訓舉蓋段炕為抗也凡亢聲之字於舉義多相近爾雅釋木宵炕與李作宵抗

犺

健犬也說文段注李謂犬引伸謂人廣韻曰猰犺不順犺健廣雅釋詁二

盎

案宕切

㼜或盎也說文段注釋器盎謂之缶注云盎也段借為酒名周禮盎齊注曰盎猶翁也成而翁翁然蔥白色如今鄼白矣按翁者滃之段借滃滃猶泱泱也酒之成似之孟子盎於背趙曰其背盎盎然凡言盎然者皆言盛以音段借也○後漢逢萌傳注云盎盎也甇瓶謂之盎方言五○又云瓿自關而西或謂之盎盎於背如負之於背孟子告子上音義引陸注○萱按莊子甕㼜大癭用或體字也又詩宛丘傳㼜謂之缶盎齊盎滃也滃滃然濁色也釋名釋飲食

韻史　卷四十六第十部去聲史韻　四三八〇

醠

○俗有醠濁酒也說文段注醠周禮作盎古文段借也鄭曰盎猶翁也成而翁翁葱白色如今酇白矣釋文云酇白今之白醝酒也宜作醝按鄭曰五齊泛醴尤濁緹酌者盎以差下清此非與許不合也但云差清則固濁也盎清於醴而濁於緹沈郎緹沈亦非全清也淮南說林訓清醠之美高注醠清酒亦與鄭意同

笎 海宕切

或作桁○平去兩讀義分竹列也說文段注引伸之取竹為衣架亦曰笎廣韻四十二宕曰笎衣架是也內則所謂揮椸釋器所謂竿謂之箷也其字亦作桁古樂府云還視桁下無懸衣是也衣笎衣桁韻書下浪切○萱按竹列之笎平聲桁衣椸韻集桁所以展苞箸蠶䉛也儀禮既夕皆木桁注○萱按此又衣桁義之引申也

行

平去兩讀義分行猶事也禮記坊記民猶貴祿而賤行注行者行此者也大戴記曾子大孝○賈子道德說云行此之謂行行者人所履左氏昭廿五年傳民之行也注○荀子法行云所以行之之謂行正義而為謂之行荀子正名○大戴記曾子制言上云夫行也者行禮之謂也教理潔

靜謂之行賈子道術能行德法者為有行大戴記盛德脩身踐言謂之善行禮記曲禮上○書堯典疏云在身為德施之曰行德行內外之稱在心為德施之為行周禮師氏以三德教國子注又通典五十三引師氏馬注又左氏桓二年傳昭德塞違疏云在心為德施之為行○法言孝至云皐行之宗德行也行三行也禮記樂記成而先注行六行孝友睦婣任恤周禮大司徒行猶視也禮記樂記使之行商容而復其位注行謂案行漢書文帝紀注論語先進行巡行也荀子王制注行水源注震為行萱按己平聲詳行行剛強之皃也論語先進行行如也集解引鄭注又皇疏又漢書敘傳上固行行其必山兮注○公孫劉曰王楊蔡陳郭傳贊注云行行剛彊皃

賞 帶宕切

大盆也說文段注盆者盎也賞其大者也漢書楊雄酒箴曰為賞所輻賞賞也廣雅釋器賞并以甀為賞者也漢書游俠陳遵傳為賞所輻注

宕 坦抗切

過也一曰洞屋汝南項有宕鄉說文段注宕之言放蕩也梁傳引傳曰長狄兄弟三人

佚宕中國洞屋謂通迵之屋四圍無障蔽也凡道家言洞天者謂無所不通汝南郡項縣地理志郡國志同春秋經之項國也今河南陳州府項城縣是其地○後漢張衡傳注云宕過也迴過曰宕一切經音義七引通俗文宕渠縣名文選蜀都賦外負銅梁於宕渠劉注宕渠水即潛水渝水矣水經江水注碭過也文選甘泉賦回猋肆其碭駭兮注又漢書揚雄傳上注○萱按說文宕从碭省聲故宕之段借作碭碭突也文選長笛賦碭駭以奮肆注

碭

文石也說文段注地理志梁國碭縣山出文石應劭云碭山在東師古云山出文石故以名縣也按以碭名縣又以碭名縣李為文石之也碭大也淮南本經元元至碭而運照注○萱按此引申段借之義也正字蓋當作暘暘郎唐重文之碭過也碭突也萱按此段碭為宕也宕从碭省聲其義相因也

閬 老宕切

門高也巴郡有閬中縣說文段注閬門高也文選甘泉賦注引作門高大之皃也宮部曰閌閬也此曰閬門高皃相合為一義凡許書異部合讀之例如此大雅迥五皐門皐門有伉傳曰王之郭門曰皐門伉高皃按詩

伉當是閌之譌甘泉賦閌閬閬其寥郭兮閌亦即閌字許書無閌閬巴閬中皃漢地理志○文選思玄賦注引字林云閬高皃閬空曠也莊子外物胞有重閬注閬閬空虛也漢書揚雄傳上注閬閬明大也後漢張衡傳注閬謂閬風也管子地員注閬風山名也在崑崙之上離騷登閬風而緤馬注又後漢張衡傳注

浪

平去兩讀義分起也詩終風謔浪笑敖釋文引韓詩浪猶放也文選江文通擬體張廷尉詩浪迹無蚩妍注浪戲謔也爾雅釋詁浪意萌也爾雅釋詁舍人注○萱按字本義滄浪水讀平聲而波浪讀去聲莊子孟浪亦同此音不必如徐邈讀舉朗也

葬 贊宕切

藏也易曰古者葬厚衣之以薪說文段注此引易繫辭說从死在茻中之意也上古厚衣以薪故其字上下皆茻○萱按說文字作葬○俗作塟塟餘俱作葬古今字也廣雅釋詁四又釋名釋喪制五云葬藏也又禮記檀弓上又三國魏文帝紀又荀子禮論故葬埋敬藏其形也注又呂覽節喪並云葬藏也者葬也又大戴記保傅

身死不葬注云葬之爲言藏也又易毄辭葬之中野漢書劉向傳作臧之中野 葬之爲言下藏之也
白虎通崩薨○古微書引春秋說題辭云葬尸下藏也人生於陰含陽光死入地歸於陰也 葬喪之大事
禮記曲禮上助葬必執紼注

臧 采宕切
又平聲附見義皆異○俗有藏匿 藏 藏 治藏藏文書及器物周禮宰夫五曰府掌官契以治藏注○萱按老子銘老子爲周守藏室史又州輔碑還藏府令字皆不作藏廣韻云庫藏曰帑集韻云物所畜曰藏藏專行而臧隱矣

卬 我宕切
平去兩讀注在彼○俗有昂昂

駉
平去兩讀注在彼

柳
平去兩讀注在彼

喪 穀宕切
俗隸作喪○平去兩讀姑從分也古音皆讀平聲 喪亡也喪失也喪敗也 萱按平聲內已詳矣

謗 保宕切
毀也 說文段注謗之言旁也旁溥也大言之過其實論語子貢方人段方爲謗○詩園有桃箋或時謂我謗君釋文又一切經音義六引字林音義七引蒼頡篇云謗毀也 謗諠也 廣雅釋詁二 謗誹也 國語周語國人謗王注 謗訕也 楚辭沈江反離謗而見攘注 謗詛也 左氏昭廿七年傳進胙者莫不謗令尹注 謗怨也 呂覽達鬱國人皆謗注 聞君過則誹謗注○一切經音義六引國語賈注云對人道其惡曰謗也 謗惡也 廣雅釋詁三 謗謂言其過失 左氏襄十四年傳注

搒

柄
平去附讀義分 捲也 說文段注廣韻曰答打今義也 棅柯也 說文段注柄之本義專謂斧柯引申爲凡柄之偁周禮禮經作枋丙聲方聲同在十部也或作棅莊子天道以天下爲柄如左傳國子實秉聲古亦在十部此謂君棅按古又以秉爲柄易繫辭下傳德之柄也虞注又管子山權數篇五行志秉前終矣國語齊語治國家不失其柄注後漢崔駰傳注又執齊秉殺生之秉莊子天道釋文引司馬注六柄生殺貧賤富貴也注○韓非子 棅威權也

八說云柄者殺生之制也 柄操也 禮記禮運故聖王脩之以柄疏○又是故禮者君之大柄也注云柄所操以治 事柄所秉執以起事者也○周禮大宰以八柄詔王馭羣臣注○易繫辭下傳干注云柄所以持 物斗柄斗前也 國語周語辰在斗柄注○太皞圖坤爲柄泰柄雲行注云柄謂斗柄所指也 易繫辭下傳虞注說卦傳○儀禮少牢饋食禮覆之南柄注云今文柄爲方萱按枋爲柄之段借字又省作方鞞捸爲柄 之重文又省作象矣其段借一也

寎
○俗有寎 臥驚病也 說文段注以疊韻爲訓爾雅三月爲寎月作此字 寎病也 爾雅釋詁一

傍 抱宕切
附行也 說文段注蠖非輓牛也人御之居其前曰牽居其傍曰傍周禮牛人共兵車之牛與其牽傍注曰牽傍在 附也从人傍附行也从彳此音同義微別也从在前曰牽在旁曰傍助爲牽傍注牛助周禮罪隸牛助爲牽傍注

傍
平去兩讀注在彼○俗有傍

騯
平上兩讀注在彼

鬃
鬃也 說文段注按並聲本在十部今俗謂卒然相遇曰並如滂去聲字當作鬃也○萱按鬃芳未切說文鬃下云忽見也象蓄文魅亦忽見意

病
疾加也 說文 疾甚曰病 儀禮既夕記疾病外內皆埽注又論語述而子疾病皇疏子罕子疾病集解引苞注又孝經病則致其憂釋文又漢書昭帝紀注 病困也 國策西周策是楚病也注秦策士民病注衛策學里 子知蒲之病也注呂覽貴公仲父之病矣注用衆 疾困曰病 禮記喪大記注又大戴記曾子疾病注○左氏襄十九年傳疾病注云病謂疾益困也又論語子罕疏鄭注云病謂疾益困也子疾病易象上傳虞注○說卦傳坎爲心病 坎爲疾病釋名釋疾病 病並也與正氣並在膚體中也 風俗通怪神病者陰也 病苦也 廣雅釋詁四 病罷也 孟子公孫丑上 病敗也 韓非子上注 今日病矣注 國語晉語注 以病憂也 家語

辨樂注○禮記樂記病不得其衆也注梁記下君子病之注竝云病猶憂也
病難也
廣雅釋詁三○論語憲問
堯舜其猶病諸集解引孔注又皇疏又復漢鄭興傳注竝云病猶難也
病厭患多也
史記扁鵲倉公傳人
之所病正義○論語雍也堯舜其猶病諸皇疏衛靈君子病無能焉皇疏竝云病猶患也
病短也
國語晉語勇所
病也注
病極也
孟子滕文公下病于夏畦注
病謂民貧困
左氏哀十四年傳孟孫爲成之病注
病飢也
論語衛靈從者病皇疏○國語魯語國民之珍病是待注云病餓也
病猶辱也
儀禮士鬼襢恐
不能共事以病吾子注○注又云古文病爲秉萱按段乘爲病猶段秉爲柄也丙聲秉聲同部
病謂力少不
自勝也
素問宣明五氣臥氣病無多食卒注
無行曰病
荀子成相曷爲病國多私注
學而不
能行之謂之病
韓外傳一又新序節士又莊子讓王○家性語七十二弟子云學遵不能行者謂之病
傷謂之病
荀子正名
損於人曰病
後漢羊續傳注
病愧謂罪咎之
禮記表記是故
君子不以其所能者病人不以人之所不能者愧人注

孟 莫宕切
或作孟○平去兩讀注在彼
[illegible]
古文
盟古孟字
史記夏本紀又東至于盟津索隱又漢書地理志上盟
注云盟讀曰孟○萱按用盟爲孟同音通借也餘俱詳平聲

合口評

桄 古曠切
或作觥廣橫輄
充也
說文段注見釋言陸氏音義曰桄孫作光按堯典光被四表某氏傳曰光充也用爾雅爲訓也
桄讀古曠切所以充拓之圻堮也必外有桄而後內可充拓之令滿故曰桄充也不言所以者仍爾雅文也桄之字古多
假橫爲之且鄭曰以凡足有二橫橫卽桄字今文尚書曰橫被四表孔子閒居曰以橫於天下鄭曰橫充也樂記曰號以
立橫橫以立武鄭曰橫充也皆卽釋言之桄充也今文尚書作橫被故漢書王莽傳王褎傳後漢書馮異傳崔駰傳班固
傳魏都賦注所引東京賦皆作橫被古文尚書作光被與孫叔然爾雅合某氏傳光充也不誤鄭注釋以光耀蓋非淮南
書橫四維卽尚書之橫被四表也亦應曰桄音光古文橫橫二形聲類作桄今卑牀及梯槃下橫木皆是也○萱按充者
桄之本訓而光與橫亦皆有充義謂之段借可也卽各隨文讀之不謂之段借亦可
艙謂之桄
廣雅釋水
桄

作輄車下橫木也
一切經音義十四引聲類○萱按廣韻橫車下云車下橫木集韻牀下橫木不知皆
卽桄字也

彉
或作彉○五部入聲
又滿弩也
說文段注滿弩者張而滿之或作弩滿非也吾丘壽王傳曰十賊彉弩百吏不
敢前師古云引滿曰彉晉語韋注云張羅閣去壘五十步而陳周軍之前後左右彉弩注矢以誰何謂之羅閣唐開元中
變府兵置彉騎十萬人彉同彉古音當讀古曠切○說文又曰从弓黃聲讀若郭段注云按陽唐無入以魚虞模之入爲
入故彉讀若郭與韓詩轒廓也同一例郭卽今字古無二音如鼓下云萬物郭皮甲而出是也
廓彉張也
廣雅釋詁一

曠 苦壯切
○俗有曠
明也
說文段注廣大之明也會意兼形聲字也引申爲虛空之偁○廣雅釋詁四又後漢竇融傳注竝云
曠明也又華嚴經音義上引老子河上公注云曠廣明也
曠曠明也
廣雅釋訓
曠空也
詩雄雉序箋故
男多曠疏何艸不黃率彼曠野傳又左氏昭十年傳棄德曠宗注又國語楚語民多曠者注越語無曠其衆以爲亂梯注

文漢書元帝紀注食貨志上注石奮傳注貢禹傳注馮奉世傳注孔光傳注薛宣傳注西南夷傳注西域傳上注外戚傳
上注又孟子離婁上曠安宅而弗居注又荀子彊國堂上不冀則郊艸不瞻況芸注又淮南主術賓曠來遠者其道備矣
注又論衡藝增○禮記曲禮上祥車曠左注云曠空神位也
曠廢也
呂覽無義則無曠事矣注○漢書賈山傳
注云曠空也廢也
曠疏曠也
文選答何劭詩注引蒼頡○禮記檀弓下必多曠於禮矣夫疏云曠猶疏薄也
曠隋也
家語六本庚不曠山注
曠遠也
廣雅釋詁一又荀子解蔽則廣焉能弃之矣注○萱按孫卿段
廣爲曠也
曠久也
廣雅釋詁三
師出過時茲謂廣
漢書五行志中之上引京房易傳
廣
謂怨曠也
漢書五行志中之上注引韋昭○萱按志用借字注用正字
曠廣也曠大也曠
者寬大
萱按此皆段曠爲懬也二字互借通用漢書元帝紀云衆僚久懬
壙空也
漢書韋玄成傳注又
管子七法毋壙地利注○萱按此段壙爲曠也又漢書李夫人傳託沈陰以壙久兮又荀子議兵敬謀無壙又武班碑歷
世壙遠悉同

懬

或書作懭闊也廣大也一曰寬也詩曰懬彼淮夷說文段注廣大也各本作廣也大也今依詩泮水釋文訂魯頌泮水曰憬彼淮夷釋文云憬說文作懬據許闊也一曰廣大也此懬之本義毛云遠行也即其引伸之義也申其廣大故必遠行然則毛詩自作懬今作憬者或以三家詩改之也元帝紀衆僚久懬未得其人假懬為曠字詩曰云云盍許所據毛詩如此憬下所偁益三家詩 曠廣也 漢書鄒陽傳齊注○家語辨樂曠如望羊又左氏昭元年傳居於曠林賈注云曠用志廣注曠大也又楚辭招魂其外曠宇些注曠大也廣雅釋訓 曠者寬大 老子曠兮其若谷注○萱按廣大諸義在懬為正訓在曠則引申段借之義也而久多用曠罕用懬

纊

絖或 絮也春秋傳曰皆如挾纊說文段注玉藻纊為繭注纊為新緜者以別於縕之為新緜及舊絮也許則謂纊為麻絲與鄭絕異○儀禮既夕記屬纊以絮不分新故謂縕為麻絲與鄭絕異○萱按夏季侯絕氣注云纊新絮即禹貢厥篚纖纊紀其篚纖絮 纊綿也 釋文又左氏宣十二

韻史 卷四十六第十部去聲更韻 四三九三

年傳三單之士皆如挾纊注又漢書東方朔傳黈纊充耳注○一切經音義六引三蒼又小爾雅廣服云纊綿也絮之細者曰纊也又書禹貢厥篚纖纊晚出傳云纊細綿 纊新綿也 儀禮士喪禮瑱用白纊注既夕釋文又禮記喪大記釋之○玉藻注喪大記云纊謂今之新綿也 纊齭也 淮南繆稱小人在上位如寢關曝纊注紘 繁也 廣雅釋訓 纊塞耳示不聽讒也 白虎通絻冕

壙

塹穴也一曰大也 說文段注塹穴謂塹地為穴也墓穴也周禮方相氏及墓入壙以戈擊四隅鄭曰壙穿地中也孟子曰水之就下獸之走壙○列子天瑞望其壙釋文云壙墓穴也又荀子禮論故壙壠其貌象室屋也注云壙中壙謂穿中也注○周禮喪祝及壙說載除飾司農云壙穿地中也藏謂之壙廣雅釋丘壙壙也藏於空曠處也釋名釋喪制 壙丘壠也 荀子大略望其壙皋如也 注丘家謂之壙埌以一切經音義七引通俗文引李注○云莊子應帝王處壙埌之野七釋文引李注○萱按為名也又引蕩注壙空也此管子七法注○壙埌猶曠蕩也 壙空也 此段壙為曠也

韻史 卷四十六第十部去聲更韻 四三九四

橫 戶曠切

平去兩讀義分 恣也 漢書田蚡傳注 橫放縱也 ○列子黃帝橫心之所念釋文云橫縱也文選長楊賦東夷橫畔注 自橫行不順理而行也 荀子儒效橫行天下注橫身 孟子離婁下其待我以橫逆注 橫逆者以暴虐之道來加我也

潢 壯 側曠切

平去兩讀義分 染書也 說文段注廣韻引釋名潢染書也 大也 小爾雅廣詁唐有壯 段匠○ 不可與莊語釋文又詩采芑克壯其 天問何壯武厲注云壯大也又注又莊子天下 或謂之壯又禮記月令養壯佼疏云秦晉之間凡人之大謂之壯又管子楚辭 小問至其辯長也大注云一方言壯盛也 者為盛謂之苗名又離騷不撫壯壯德盛吳覽云壯又呂覽 而棄穢兮注云年壯日壯釋名釋長幼 物壯則老王注云○仲夏紀 養壯佼注云多力之士 壯健也 廣雅釋詁二 壯武力暴與子老 壯少也 漢書任延傳注 三十曰壯 禮記曲禮 上射義孝弟注○釋名釋長幼云三十其壯也皇疏云壯也壯然 謂三十以上也又釋名○論語季氏及其壯也言丁壯也壯然

韻史 卷四十六第十部去聲更韻 四三九五

狀 蒼曠切

不可犯之兒 荀子非十二子莊或當為壯注又云壯事謂速也 爾雅釋言注○莊子徐无鬼百工有器字優 械之巧則壯釋文引李注云壯猶疾也雷在天上曰壯三國 傳○易稀卦傳 八月為壯 爾雅釋天壯盛也 管子輕重 云大壯則止 素問 其壯也注云定也 鉞廣雅釋詁二○虎者欲 謂樓鉞堅定也 凡草木刺人北燕朝鮮之間或謂之壯 方言三 壯傷也 方言大壯釋文又引馬注又漢書敘傳上注又淮南叔真注又廣雅釋詁四 壯注○易大壯釋文引郭注 云今淮南人呼壯為傷 狀犬形也 說文段注引伸為同類之形也 如類之 狀兒也 國策秦策王后悅其狀注 又淮南脩務不 可避以狀形兒也 漢書東方朔傳 狀貌也 荀子禮論書 狀注云故無狀注狀作壯 考工記 桌氏 當為狀謂鑄金之形狀 萱按狀形 近之而形狀類也 形影然而成文 文選洞簫賦 注無狀 聲之狀 狀若捷武注

韻史 卷四十六第十部去聲更韻 四三九六

刱

造法刱業也說文段注蒙上文井者法也而言故云造法刱業國語孟子字皆作創趙氏韋氏皆曰創造也假借字也創始也廣雅釋詁一○漢書敘傳下禮儀是創注云創始造之也創制也論語憲問裨諶艸創之釋文○國語周語云以創制天下又孟子梁惠王下云君子創業垂統

愴

傷也說文段注愴訓傷猶創訓傷也祭義曰必有悽愴之心○一切經音義廿三引廣雅云愴傷也愴悲也廣雅釋詁三愴愴悲也廣雅釋訓○萱按列子湯問日初出愴愴凉凉此段愴為滄也

滄

武作洟寒也說文段注此與水部滄音義皆同枚乘上書曰欲湯之滄絕薪止火而已按方言曰洟淨也二字當从二洟即倉字淨即清字○廣雅釋詁四又周書周祝天地之閒有滄熱注又漢書枚乘傳注引鄭氏又荀子正名注疏云滄寒也滄初凉也列子湯問釋文

本曠切

訪

汎謀曰訪說文段注汎與訪雙聲方與旁古通用溥也洪範王訪于箕子晉語文王諏於蔡原而訪於辛尹韋曰諏訪咨謀也本釋詁許於方聲別之曰汎謀訪謀也爾雅釋詁文詩訪落訪予落止傳又周禮保章氏詔序事

注又穀梁昭廿五年傳魏公也注又國語晉語故求元君而訪焉注又後漢張衡傳注又文選思玄賦黃靈詹而訪命兮舊注○漢書敘傳上箕子訪周注云訪亦謀也又周禮內史受納訪注云納訪納謀於王也訪議也國語楚語使訪物官注訪問也後漢皇甫規傳注訪猶方也漢書齊悼惠王肥傳注引如淳

放

逐也說文又周禮大司馬放弒其君則殘之注○楚辭悲回風見伯夷之放迹注又山海經南山經之拒山有鳥焉其名曰鴂見則其縣多放士注丑云放放逐也放棄也小爾雅廣言又後漢申屠蟠傳注又淮南脩務注○漢書哀帝紀注云放弃也放猶屏也穀梁宣元年傳放縱也左氏昭十六年傳獄之放紛注又漢書公孫劉田王楊蔡陳鄭傳贊注嚴延年傳注又後漢孔融傳注又呂覽審分無使放悖注○後漢明帝紀注云放手謂貪縱為非也放置也論語微子隱居放言集解引包注又皇侃疏又廣雅釋詁四放寄也淮南兵略放乎九天之上注放去也廣雅釋詁二○公羊宣元年傳云放之者何猶曰無去是云爾放至也孟子梁惠王下放於琅邪注離婁下放乎四海注盡心上摩頂放踵音義引丁音○禮記祭義推而放諸東海而準注又大戴記曾子大孝注

丑云放猶致也放失也漢書敘傳下注放違也御覽引穀梁疾信注放蕩也漢書藝文志注○文選與山巨源絕交書重增其放注云放謂放蕩放妄也廣雅釋言君樂逸人茲謂放漢書五行志下之上引京房易傳放者受罪黜免宥之以遠左氏宣元年經晉放其大夫胥甲于衛注又疏云放者君殺其罪緩步而出○莊六年傳放公子黔牟於周注云宥之以遠曰放又襄廿九年傳放其大夫注云放者宥之以遠殛竄放流皆誅也書堯典放讙兜晚出傳又疏云放者使之自活○太甲序伊尹放諸桐晚出傳云不知朝政故曰放卿大夫外淫者放列女傳貞順春物放發故曰欲春管子小問桓公放春三月觀于野注放飯大飯也孟子盡心上放飯流歠注放效也放象也放法也放依也放悲猶髣髴也萱按此皆放放為仿也仿下詳之○又按荀子子道不放舟不避風則不可涉也此段放為方

妨

平去兩讀注在掋○俗有悖

舫

船也明堂月令曰舫人句舫人遝習水者說文段注船也各本作船師也今依韻會所據李舫祇訓船舫人乃訓習水者閱張揖之訓榜人可得其理矣蕭韻皆曰並兩船是認舫為方也舫行而方之李義廢矣舫之李義亦廢矣爾雅釋言曰舫舟也其字作舫不誤又曰舫汫也其字當作方俗李作舫釋水大夫方舟亦或作舫則與毛詩方汫也不相應愚審謂爾雅一書多俗字與古經不相應由習之者多率肊改之也月令六月命漁師伐蛟鄭注今月令漁師為榜人按榜人即舫人舫正字榜段借字許所據即鄭所謂今月令也子虛賦榜人歌張揖注曰榜船也月令命榜人榜人船長也張所據亦作榜人舫人習水者張揖所謂船長杜師所謂長年吳都賦曰篙工楫師選自閩禺○廣雅釋水云舫船也連舟曰舫舫水中為汫筏也萱按連舟者方之本義汫者方之引申之義俗乃用舫之姑謂之段借可且作榜船也廣雅釋水又史記司馬相如傳集解引郭璞榜船擢也文選江都賦注引楚辭王注○萱按舫本訓船引申之則又訓船擢矣舫榜正借字亂也說文又廣雅釋詁三又太玄法法妄恣也注○春秋繁露天道施云妄者亂之始也

味曠切

妄

妄謬也素問五常

政大論其動炎灼妄擾注妄虛妄也○易略例物无妄注又禮記儒行釋文曲禮上不妄指疏云妄虛也又易无妄使有妄之道滅疏云妄謂虛妄矯詐不循正理妄猶空也國策秦策故不敢妄賀注妄之言無也禮記儒行今眾人之命儒也妄注妄忘也易象上傳物與无妄虞注以人自觀謂之度反度為妄賈子道術○左氏哀廿五傳彼好專利而妄注云妄不法又詩隰有萇楚蔓不妄尋蔓艸木疏云妄者謂非有相加無驗而言之謂妄法言問神○管子山至數云不通於輕重謂之妄言又荀子解蔽妄辨而幾利注云妄辨謂妄為辨說妄人妄作之人無知者孟子離婁下此亦妄人也已矣注妄妄見聞也素問氣交變大論譫妄注妄猶凡也漢書李廣傳注引張晏无妄災也易雜卦傳○易无妄釋文引馬王注云妄猶望也又後漢李通傳論注引易无妄鄭注云妄之言望平去兩讀注在彼

望忘

平去兩讀義分○俗有望出亡在外望其還也說文段注還者復也本義引申之為令聞令望之望

按望以望為聲望以望為義為二字較然也而今多亂之其望視也廣雅釋詁三望至也廣雅釋詁一望比也禮記表記以人望人疏望物望也後漢第五倫傳注望怨也史記袁盎鼂錯傳絳侯怨袁盎正義又漢書汲黯傳注灌夫傳注司馬遷傳注霍光傳注又後漢賈彪傳注○漢書陳餘傳不意君之望臣深也注盧館傳為羣臣獻望注劉德傳侍御史以為光望不受女注益云望怨望也又史記韓主信盧館傳集解引如淳云望猶怨也望怨責也史記張耳陳餘傳索隱○漢書爰盎傳注云望責怨之也又梁孝王武傳上由此怨望於梁王注云望謂責而怨之望猶恨也後漢杜林傳注○史記外戚世家景帝以故望之索隱云望猶責望謂恨之也望望去之慙愧之兒也孟子公孫丑上望望然去之注望祭也廣雅釋天○後漢揚賜傳注云望謂祭以謝過也望郊之細也左氏僖卅一年傳又穀梁僖卅一年傳猶三望注○左氏宣三年傳云望郊之屬也又公僖卅一年傳天子有方望之事注云方望謂郊時所望祭四方羣神日月星辰風伯雨師五嶽四瀆及餘山川凡三十六所望謂在遠者望而祭之漢書郊祀志上望秩于山川注○王

莽傳上郊望之禮注云望謂望山川而祭之也又史記五帝紀正義云望者遙望而祭山川也又穀梁僖卅一年傳猶三望注引鄭說云望者祭山川之名也謂海也岱也淮也非其疆界則不祭也祀其國中山川為望左氏哀六年傳祭不越望服注○周禮牧人望祀各以其方之色牲毛之注云望祀五嶽四鎮四瀆也三望分野星國中山川左氏僖卅一年經猶三望賈注服注○杜注云三望分野之星國中山川皆因郊祀望而祭之又卅一年傳注云三望分野之星四望蓋謂日月星海也漢書郊祀志下又周禮大宗伯因有大故則旅上帝及四望司農注○大宗伯注小宗伯四望四類亦如之注大司樂以祀四望注並云四望五嶽四鎮四瀆又淮南人聞郊望禘嘗注云望祭日月星辰山川也無望無界畔也呂覽下賢神覆宇宙而無望注望陞洒而高岸爾雅釋丘望諸明都也在睢陽周禮職方氏其澤藪曰望諸注望椉車爾雅釋艸穩或謂之望言高可望也釋名釋宮室○蓋按此義似亦可讀平聲望視也望羊遠視也望望瞻望之兒也蓋按此咨辭平聲內矣唐人用望字平及不甚限斷

又月御謂之望舒蓋當作望舒

望

古文○俗有𦣠月滿也與日相望佀朝君說文段注此與望各字望从朢省聲今則望專行而望廢矣與日相望以疊韻為訓原象曰日兆月而月方有光人自地視之惟於望得見其光之盈朔則日之兆月其光嚮日下民不可得見餘以側見而闕似各本謂以今正韻會作月望日如臣朝君於廷此釋从臣从壬之意也○釋名釋天云望月滿之名也月大十五日小十五日日在東月在西遙相望也又周禮鄉士注若今時望後利日也疏云月大則十六日為望月小則十五日為望十五日日月相望謂之望論衡四諱○大戴記夏小正望乃伏傳云望也者月之望也晚出書胤征疏云月半為望又月御謂之望舒廣雅釋天又後漢蔡邕傳注云望舒月也○蓋按舊作望舒殆非也今正

⿰言望

或作謹○俗有謹譚謹責望也說文段注太宰逃寇謹其戶范曰謹責也按望之古文作𦣠故謹之古文亦作謹○蓋按責望也當作責謹也而後人改之凡望之訓怨責訓恨亦皆作謹則謹望為正借字

彝盡訏

竟 鏡 九向切

竟 平去兩讀注在欲○俗有境

鏡 景也 說文段注景者光也金有光可照物謂之鏡此以疊韻為訓也鏡亦曰鑒雙聲字也○釋名釋首飾云鏡景也言有光景也 鑑謂之鏡 廣雅釋器 鏡照也 廣雅釋詁三又呂覽遠鬱孰當可而鏡注 鏡鑒照也 漢書杜鄴傳不自鏡見注○谷永傳以鏡考己行注云鏡謂鑒照之 明鏡者所以察形也 大戴記保傅 金鏡喻明道也 文選皇太子釋奠會詩注引雒書鄭注後漢班彪傳下注云鏡猶光明也 璣鏡大鏡也 孝經援神契璣鏡出注○萱按騶氏鏡銘云騶氏作竟四夷服此段竟為鏡

倞 舊向切

或作倞 彊也 說文段注廣雅倞強也按大雅無競維人傳曰無競競也箋云競彊也秉心無競傳曰競彊也周頌無競維人傳曰競彊也執競武王傳曰執競競也傳云競彊也按傳箋皆謂競為倞之假借字也郊特牲祊之為言倞也注倞猶索也倞不訓索而與水部之滾者音同滾者猶索也者浚乾漬米也索求神似之古音在十部亦作僥

倞或為諒 禮記郊特牲注○萱按此引申段借之義也原與諒皆無索義又荀子仲尼可炊而僥也注云僥當為僥此義亦段借

唴

訣 快 隱向切

秦晉謂兒泣不止曰唴 說文段注方言自關而西秦晉之閒凡大人少兒泣而不止謂之唴哭極音絕亦謂之唴平原謂啼極無聲謂之唴哴 唴悲也 廣雅釋詁三

早知也 說文 訣告也 廣雅釋詁三 訣問也 廣雅釋詁二

不服懟也 說文段注按當作不服也懟也弇一也字逸不可解矣集韻作不服對也尤非快蓋偪強之意方言曰鞅悖懟也集韻於陽韻曰快然自大之意疑王逸少蘭亭序曰快然自足自來西刹如是本非快字而學者尟知之或段鞅為之方言是也周亞夫傳曰此鞅鞅非少主臣 快懟 廣雅釋言 快懟也亦快快然心不服也 一切經音義十八引蒼頡 快強也 廣雅釋詁一 鞅強也鞅懟也 並方言十二○注云鞅猶快也 快快志不滿也 漢書韓信傳注○高帝紀下心常快快注云快快不滿足也

恙

恙 憂也 說文段注古相問曰不恙曰無恙皆謂無憂也○爾雅釋詁文周禮大行人注閒問不恙也疏又史記平津侯主父傳何恙不已索隱又漢書公孫弘傳注又後漢蘇竟傳注並云恙憂也又爾雅釋詁注云今人云無恙謂無憂也又匡謬正俗八引爾雅云恙憂心也 恙病也凡人相見及通書問皆曰無恙 御覽三百七十六引風俗通 恙憂病也 漢書萬石君傳注李陵傳注○賈誼傳皆亡恙注云無恙言無憂病也 恙猶著也 太卒卒告歲恙而年病注寧恙嗤人蟲也善食人心匡謬正俗八引風俗通

羕

水長也 詩曰江之羕矣 說文段注羕水長也引申之為凡長之稱釋詁曰羕長也詩者漢廣文毛詩四作永韓詩作羕古音同也文選登樓賦川既漾而濟深李注引韓詩江之漾矣薛君曰漾長也漾乃羕之譌字瀁 漾流漭也水兒也 後漢馬融傳注○萱按此羕水長也之引申

漾

瀁 古文 漾水出隴西豲道東至武都為漢 說文段注縣各本作柏字之誤也今

依水經注所引說文正前志豲道屬天水後志屬漢陽漢陽屬天水也源道不屬隴西當作氐道乃與漢志合水經注為水篇曰許慎呂忱闕駰並言漾水出隴西豲道東至武都為漢水不言氏道然豲道在冀之西北又隔諸川無水南入疑出源道之為謬矣按禹貢曰嶓冢道漾東流為漢又東為滄浪之水前志隴西郡氐道下曰禹貢養水所出至武都為漢武都郡武都下曰東漢水受氐道水一名沔過江夏謂之夏水二條相屬為辭隴西郡西下又曰禹貢嶓冢山西漢所出南入廣漢白水東南至江州入江鄭注尚書道漾引地理志漾水出隴西氐道至武都為漢至江夏謂之夏水注梁州沱瀦云潛蓋西漢出嶓冢東南至巴郡江州入江行二千七百六十里又云漢別為潛其穴本小大積成澤流與漢合大禹自導漢疏通即為西漢水也班鄭皆謂東漢西漢同出嶓冢西漢者別於漢而曰西漢東流者本無東僻班志武都下云東漢者淺人增字鄭注云潛蓋西漢今尚書正義倒為漢西皆非也班鄭所云今水道不合故異說紛然金氏榜禮褒曰後儒言漢水源者咸求之于嶓冢榜以漢志殊之嶓冢導瀁惟據禹貢漢水言耳周職方荊州漢水則不導源於嶓冢故志於武都沮下曰沮水出武都沮縣東狼谷南至沙羨南入江過郡五行四千里荊州川說文水經後漢郡國志皆云然

韻史　卷四十六第十部去聲吏韻

蓋漾水輟流不與漢相屬由來久矣志言禹貢漾水出隴西氐道縣至武都為東漢水一名沔過江夏謂之夏水入江此明禹貢漢水故道若魏郡鄴東故大河館陶屯氏河之類班氏自謂采獲舊聞考跡詩書推表山川以綴禹貢周官春秋下及戰國秦漢者如是非謂漢代遷流之道東漢水仍上受氐道水也水經說西漢水曰漾水出隴西氐道縣嶓冢山東至武都沮縣為漢水東南至江州縣東南入于江漾水既輟東流勢必西入徒以氐道無可攷見後世莫能定其孰為漾水西與東漢水不相屬得水經校之益明後儒敢漢志不詳于漢源求嶓冢不得因旁漢水之山強名之為嶓冢亦近誣矣漢志禹貢嶓冢山在隴西西縣西漢水所出南入廣漢白水東南至江州入江不見于氐道然於氐道言禹貢漾水所出東至武都為漢正釋經嶓冢導漾東流漢明氐道亦得有嶓冢山是山峯岫延長西氐道皆其盤迴之地準之地望氐道當在西縣東志已於西縣著嶓冢山氐道倒不重出水經言漾水出隴西氐道嶓冢山郭景純山海經注亦言嶓冢在武都氐道縣河可與漢志互明西漢水鄭書注以為禹貢梁州之潛以上受漢別故得西漢水之解後乃併其上流出嶓冢者名之為西漢水矣玉裁謂金氏之言可為異說析東許云出隴西氐道至武都為漢水許非用班志而與志同皆釋

四四〇九

韻史　卷四十六第十部去聲吏韻

尚書禹時漢源也不言嶓冢山者言氐道而嶓冢在其中與志同也武都者漢武都郡之武都縣今甘肅鞏昌府成縣西北百里有仇池城城東南有漢武都故城漾者小篆瀁者壁中古文如是今尚書作漾者漢人以篆改古文也漢書作養者今文尚書用假借字也史記作漾蓋亦本作養而或加之水旁因合乎古文淮南書作洋高誘曰洋或作養按韓詩江之漾矣以為羕之段借○水經注二十引字林云漾水出隴西豲道東至武都為漢水漾長也萱按具羕下

瀁瀁流滂並水皃也後漢馬融傳注

煬

炙燥也說文○莊子徐無鬼抱德煬和釋文引李注火熾猛又淮南俶真注又方言十三姑云煬炙也為煬文選東京賦注引方言郭注○方言對火曰煬十三注云今江東呼火熾猛為煬列子黃帝煬者避竈釋文煬釋金也一切經音義十六引字略煬炊也莊子寓言煬者避竈釋文煬暴也方言十三○廣雅釋詁二云煬曝也煬熱也漢書楊雄傳上注○廣雅釋詁二云煬爇也去禮遠衆曰煬周書諡法又獨斷下好內遠禮曰煬好內怠政曰煬逸周書諡法

四四一〇

險漾切

⿰黑昜赤黑也說文○集韻云一曰淺青

向或作嚮○俗有牖窗北出牖也詩曰塞向墐戶說文段注豳風塞向墐戶毛曰向北出牖也按士虞禮祝啟牖鄉注云鄉牖一名明堂位達鄉注云鄉牖屬是渾言不別毛公以在冬日可塞故定為北出者引伸為向背字經傳皆假鄉為之○一切經音義十六引三蒼云向北出牖也又詩七月釋文引韓詩云向北向窗也向國名左氏隱二年傳莒人入向釋文又公羊隱二年傳釋文○水經陰溝水注云許州向中姜姓也炎帝後向邑也詩十月之交作都于向傳向趨也荀子仲尼鄉方略注嚮面也禮記曲禮上請肅何嚮疏嚮對也楚辭惜誓戒六神與鄉服注鄉仰也呂覽音初樂和而民鄉方矣注又淮南說林其鄉之誠也注鄉屬也左氏僖廿八年傳鄉役之三月注○萱按此義未諦說在歸下鄉喻輩類也禮記緇衣故君子之朋友有鄉注鄉敎也廣雅釋言鄉鄉趨飲食之皃荀子榮辱鄉鄉而飽已矣注嚮鄉也禮記檀弓注曩鄉也釋文嚮曩也呂覽察今嚮之壽民注○漢書異姓諸侯王表鄉秦之禁注云鄉謂曩時

韻史　卷四十六第十部去聲吏韻

四四一一

韻史　卷四十六第十部去聲吏韻

也又張耳陳餘傳贊何鄉者慕用之誠注云嚮謂曩昔也又司馬遷傳鄉者僕亦嘗廁下大夫之列注云嚮曩謂昔也曩為嚮易繫辭上傳其受命也如嚮虞注鄉猶方也荀子賦四時易鄉注又文選洛神賦注○王尚書引之經義釋詞云鄉猶方也字亦作嚮易隨象傳曰君子以嚮晦入宴息言方晦入宴息也詩庭燎曰夜鄉晨言夜方晨也萱按鄉今義訓方則方為實字借鄉為向而訓方則為活字故方訓同而義有別其鄉嚮通用處則不勝數也嚮受也史記游俠傳索隱○萱按此段嚮為饗也嚮本向之異體字又借為饗若嚮漢書外戚傳上嚮不虛應此用為誓也又或借鄉為嚮○俗有鄉

珦玉也說文

闢門嚮也說文段注嚮疑當作鄉鄉者今之向字門鄉謂門所向釋宮兩階閒謂之鄉集韻四十一漾引作謂之闢○萱按明堂位刮楹達鄉集韻作達闢是以向闢為同義也

念向切

醸醞也作酒曰醸說文段注周禮酒人掌為五齊三酒為猶作也○一切經音義九引三蒼云米麴所作曰

四四一二

釀又山海經中山經首山其祠糵釀注云糵釀以糵作醴酒也釀酸也廣雅釋器釀謂切雜之也禮記內則釀之蓼注上去兩讀注在彼○俗有釀

亮 向利切

明也說文段注各本無此依六書故所據唐本補蓋即晁氏以道所見唐本也古人名亮者字名人處高則明故其字从儿高明者可以佐人故釋詁曰亮相導也典謨多用亮字大雅涼彼武王傳曰涼佐也此段涼為亮也韓詩正作亮孟子曰君子不亮惡乎執此段亮為諒也○後漢蘇竟傳注又文選嵇叔夜襍詩皎皎亮月注並云亮明也又謝靈運初發石首城詩寸心若不亮注云亮猶明也亮相也廣雅釋言又詩大明釋文引韓詩○蓋按書亮與惟時亮天工史記五帝紀作惟時相天事亮道也亮右也並爾雅釋詁亮助也漢書王莽傳上注敘傳上注涼佐也小爾雅廣詁亮信也豈按此義正字作諒彼注詳之

諒

信也說文段注方言眾信曰諒周南召南衛之語也經傳或假亮為諒○詩柏舟不諒人只傳何人斯諒不我知萎

桑柔職涼善背箋又禮記內則請肆簡諒注祭義易直子諒之心油然生矣注又左氏昭七年傳注子產貞而不諒疏又論語憲問豈若匹夫匹婦之為諒也皇疏高宗諒陰集解引孔注又皇疏衛靈君子貞而不諒集解引孔注又皇疏季氏友諒皇疏又漢書楚元王傳贊注廣川惠王越傳注谷永杜鄴傳贊注師丹傳注尹齊傳注元后傳注又後漢和熹鄧皇后紀注又離騷惟此黨人之不諒兮注逢紛諒皇直之屈注又文選東京賦苟民志之不諒薛注歸田賦諒天道之微昧注並云諒信也又爾雅釋詁舊注云諒知之信也又禮記樂記則易直子諒之心疏云諒謂誠信亮信也爾雅釋詁又書堯典亮采惠疇晚出傳皐陶謨亮采有邦馬注無逸乃或亮陰馬注又疏又漢書敘傳下注引如淳又後漢張衡傳魏顆亮以從理兮注竇憲傳注班彪傳下注袁紹劉表傳注又孟子告子下君子不諒注又文選典引夫圖書亮奉天哲也注涼信也漢書五行志中之下涼陰之衆注○蓋按借涼為諒猶借涼為亮也詩柏舟不諒人只御覽四百卅九作不諒人只諒知也方言十二○廣雅釋詁三云諒哲也諒闇謂凶廬也論語憲問書云高宗諒陰鄭注又後漢張禹傳注○文選閒居賦序今天子諒闇之際注云諒闇今謂凶廬裏寒涼幽闇之處故曰諒闇

又後漢和熹鄧皇后紀注云諒闇居喪之廬也或呼倚廬為諒或呼為梁闇或呼梁論語憲問皇疏○書無逸乃或諒闇鄭注云諒闇轉庵作梁闇又禮記喪服四制高宗諒闇注云諒古作梁

涼

平去兩讀注在彼○俗有涼

量

平去兩讀義分

量古文量者龠合升斗斛也所以量多少也漢書律歷志上量斗斛也書堯典同律度量衡鄭注又釋文又禮記曲禮擬量數釋文王制度量數制注大傳五權度量注又論語堯曰謹權量集解引包注又皇疏又國語周語度量衡注又漢書律麻志上注王莽傳中考量以銓劾又荀子榮辱循法則度量形辟圖籍注○禮記月令同度量注云斗斛曰量又漢書郊祀志上注云量斛斗也嘉量斗斛也文選劇秦美新鍾律嘉量注量龠鍾也呂覽仲秋則仲春一度量同注又淮南時則注○豈按觚或作釜不復細析量豆區之屬注周禮內宰出其度量淳制○大行人注考工記東氏為量注並云量豆區釜也又司市掌市之治教政則工度其禁令注云量豆區斗斛之屬又禮記仲尼燕居量鼎其家

注云量豆區斗斛也又明堂位頒度量注云量謂豆區斗斛筐莒所容受五量權衡升斛尺丈里步十百家語五帝德設五量注○周禮司市量度者注云量度者君今處斗斛及丈尺也又疏云謂斗斛處置於來粟之肆尺於闠市之肆文量數也祭祀之器皆當其數周禮春官序官疏引國語量度也周語平聲周語內量度也改制量度入聲注○與此蓋按別量猶分也禮記月令命工師效功以為量注令命量異服之處冠眾之量度也量猶滿也說文段注急就篇序云量謂阬受水之處也量謂物善惡之舊法也荀子宥坐其主量必平似法注○俗有眼目病也百工五庫之量注

眼

目眼也說文段注○豈按此與辟睡曰眼目視不正○方言十二眼明也雷公炮炙論序云目睛有五花而自正注五加也義相近疑眼為眼之譌本皮是也

綱

當作履兩枚也一曰綾也說文段注履五兩履必兩而後成用也是之謂綱一曰猶一名也方言綱綾也綱之言兩也當正釋名作綱非成是之鳥通語也按綱之言兩也綾之言變也綾之言交也○廣雅釋紋東西或謂之綾

器云編飲也

帳（軫向切）

張也說文段注以疊韻為訓釋名曰帳張也張施於牀上也小帳曰斗帳形如覆斗也古亦借張字為之在上曰帳文選寡婦賦注引何承天纂要文華嚴經音義上引同幬謂之帳爾雅釋訓又後漢宣秉傳注帳帷帳也文選東都賦供帳置乎雲龍之庭注引漢書張晏注帳軍幕也史記袁盎鼂錯傳刀決張道索隱帳下幕處後漢中蟠傳注唇○俗有庳

障

隔也說文又廣雅釋詁一○一切經音義六引通俗文云蕃隔曰障障蔽也爾雅釋言釋文又後漢郛俾傳注又淮南精神而障之以手也注○漢書朝鮮王滿傳為置吏築障注云障所以自障蔽也障塞也呂覽貴直是塞其源而欲其水也注○管子幼官障塞不審注云障塞者所以防守要路也障壅也呂覽季春無有障塞注○蕢按訓壅訓防皆與墇義同蒸障墇本無大異障防也文選長笛賦注引國語賈注又呂覽上德不能障矣注達鬱是障之也注愛類為彭蠡之障注又國語周語陂障九澤注○周語是鄣之也注云鄣防也蕢按此謂

鄣即障若墇之段借字障衛也釋名釋宮室防盻也爾雅釋言○蕢按釋文障亦作彰段借也障界也爾雅釋言釋文障亭障也文選鸚鵡賦踰岷越障注障小城也文選北征賦注引蒼頡○史記酷吏傳居一障間正義云障謂塞上要險之處別築城置吏士守之以扞寇盜也障陂障其水也左氏昭元年傳障大澤服注令而不行謂之障管子法

墇

擁也說文段注擁者裒也裒許之抱字謂國抱以擁水也疑當作邕邕俗作雝廣韻墇壅也壅又雍之俗此與障音同義小異祭法魯語鯀鄣洪水當作此墇字韋昭曰防也○蕢按經典多用障罕用墇其實二字義略同

鬯（畜向切）

○俗有祂以秬釀鬱艸芬芳攸服以降神也易曰不喪匕鬯說文段注攸服當作條暢周禮鬯人注大雅江漢箋皆云芬香條暢可證也郊特牲云周人尚臭灌用鬯臭鬱合鬯臭陰達於淵泉云鬱合鬯與下文蕭合黍稷皆謂二物相合也周禮鬱人職凡祭祀賓客之祼事和鬱鬯以實彝而陳之注云築鬱金煑之以和鬯酒按此正所謂鬱合鬯也鄭注序官鬱人云鬱鬱金香艸宜以和鬯注鬯人云鬯釀秬為酒芬香條暢於上下

也是鬯與鬱之分較然矣秬釀為鬯芳艸築煑為鬱二者攪和之為鬱鬯許說略同故於鬯言秬釀於鬱言芳艸其鬯下兼言鬱艸者於分中見其合謂用秬釀及築煑之鬱艸合和之本神鬯主於秬釀也故說字形曰中象米匕所以投之又按江漢傳云秬黑黍云鬯香艸也築煑合而鬱之曰鬯此鬱鬯不為二物又謂鬯為香艸皆與後來許鄭異致王度記云天子以鬯諸侯以薰大夫以蘭芝士以蕭庶人以艾禮緯云鬯艸生郊中候云鬯艸生庭徐氏中論云煑鬯燒薰以揚其芬皆謂鬯為艸名與毛說合者也竊謂鬱者醖積鬯者條暢凡物必醖積而後條暢秬釀非不可言鬱香艸未嘗不言鬯也明秬艸二二物固可各兼二名臭易曰云云震卦辭經言鬯者多矣獨儞此文者說鬯久匕之意也與蜜麗等字引易同○詩江漢疏引孫毓云鬯是酒名以黑黍和一秬二米作之又禮記曲禮下疏云鬯者釀黑黍為酒其氣芬芳調暢鬯秬酒也易震鄭注又禮記王制注○詩江漢箋云秬鬯黑黍酒也謂之鬯者芬香條鬯也鬯香酒也易震注又釋文又書洛誥釋文又禮記曲禮下釋文表記秬鬯以事上帝釋文又左氏僖廿八年傳賈注昭十五年傳鏚鉞秬鬯注又公羊莊元年傳釋文又穀梁莊元年傳釋文○左氏僖廿八年傳注云鬯香酒所以降神又漢書宣帝紀為

鬯之夕注云鬯香酒所以祭神鬯者芬香之至也白虎通攷黜凡鬯有二若和之以鬱謂之鬱鬯若不和謂之秬鬯禮記表記天子親耕粢盛秬鬯以事上帝疏○王制疏云鬯者釀秬黍為酒和以鬱金之艸謂之鬱鬯又郊郊特牲疏云鬯謂鬯酒煑鬱金艸和之其氣芬芳調鬯也鬯者以百艸之香鬱金合而釀之成為鬯白虎通攷黜○周禮鬯人共介鬯司農注云鬯香艸又說苑修文云鬯者百艸之本也蕢按說本江漢毛傳亦成一義震為鬯易震虞注鬯樽也家語哀公問明加以鬱鬯注○國語魯語文仲以鬯圭與玉磬如齊告糴注云鬯圭祼鬯之圭長尺二寸有贊以祀廟蕢按鬯圭即瑒圭也瑒以其質言鬯以所盛言鬯弓衣也鬯弓弢弓蕢按此段鬯為韔也詩閟宮釋文云鬯本作韔○又按漢書律歷志上靡不條鬯該成郊祀志上艸木鬯茂揚雄傳於是醇洪鬯之德皆用鬯為暢也二字古蓋通用禮記雜記鬯曰以椈釋文云鬯本作暢又王制賜圭瓚然後為鬯未賜圭瓚則資鬯於天子白虎通攷黜引作暢

長 平上去三讀義分 𠑷古文 𠑼古文 增也莊子庚桑楚有長而無本剽者宙也釋文○又云長猶增也 凡度長短曰長周禮凌人注長丈二尺釋文又儀禮士冠禮注長三尺釋文○集韻云度長短曰長一曰餘也又廣韻云長多也

悵 ○俗有悵 望恨也說文段注望其還而不至為悵也 悵惘悵也漢書外戚傳上洿沫悵兮注○一切經音義二引廣雅云悵惘悵痛也

韔 ○俗有韔 弓衣也詩曰交韔二弓說文段注秦風虎韔毛曰虎虎皮也韔弓室也又交韔二弓毛曰交韔交二弓於韔中鄭風作鬯毛曰鬯弓弢弓○禮記檀弓下赴車不載櫜韔注云韔弓衣韔弓藏也廣雅釋器 韔韜也 禮記檀弓下韔弓注又家語曲禮子貢問鬯弓衣注○詩采綠言韔其弓釋文云韔弢也 也詩閟宮傳重弓重于鬯中也釋文○大叔于田抑鬯弓忌疏云鬯者盛弓之器文云鬯弓謂弢弓而納之鬯中故云鬯弓螢按此同音段借也亦段悵作之小戎釋文云韔本作暢

唱 或作倡語 導也 說文段注鄭風曰唱予和女古多以倡字為之○廣雅釋詁三云唱遵也 倡先也 周禮喪祝注勸猶倡帥前引者統又禮記檀弓上婦人倡踊注○史記陳涉世家為天下倡索隱云倡謂先也 倡始也 漢書地理志下注又呂覽古樂乃令鱓先為樂倡注 發始為倡 國語吳語大夫種乃倡謀注 倡發歌句也 禮記樂記壹倡而三歎注○周禮樂師凡軍大獻教愷歌遂倡之司農注云樂師主倡也 倡能也 一切經音義廿一引蒼頡 倡盛也 太玄去物咸倜倡注○文選魏都賦晏漏肅倡注引字書云亦唱字也

瑒 圭尺二寸有瓚以祠宗廟者也 說文段注玉人曰祼圭尺有二寸有瓚以祀廟祼圭謂之瑒圭瑒讀如暢魯語謂之鬯圭用以灌鬯者也祠玉篇作祀

暢 隸作暢俗有暢○ 不生也 說文段注今之暢蓋即此字之隸變詩文茵暢轂傳曰暢轂長轂也月令命之曰暢月注曰暢充也蓋皆義之相反而相生者也 暢長也 廣雅釋詁二 暢申也 淮南人閒故交晝不暢注又文選神女賦不可盡暢注 暢舒也 禮記樂記感條暢之氣疏 暢通也 史記樂書四暢交於中正義又

漢書武帝紀注禮樂志注司馬相如傳上注揚雄傳上注又後漢馮衍傳注又文選羽獵賦於是醇洪鬯之德注遊天台山賦注引漢書音義 暢達也 史記司馬相如傳上暢九垓集解引漢書音義又漢書相如傳下注終畢傳注又淮南俶真覽暢於宇宙之閒注說林文畫不暢注 暢通達也 漢書禮樂志注 暢遂也 太玄玄圖條暢乎四注 暢條暢也 文選西京賦美聲暢於虞氏注 其道行和樂而作者命其曲曰暢暢者言其道之美暢 風俗通聲音 暢也者終歲之用祭也 大戴記夏小正初歲祭耒始用暢傳○孟子離婁上祼將于京注音義引丁音云暢謂鬯酒也蓋按暢鬯音同多互借通用

[艹暢] ○俗有[艹暢] 艸茂也 說文段注孟子史記艸木暢茂字皆作暢俗又作[艹暢]

讓 忍漾切 相責讓 說文段注經傳多以為謙攘字 讓責也 左氏昭廿五年傳益宮於郈氏且讓之注又廣雅釋詁一又漢書項籍傳二世使人讓章邯注陳餘傳注彭越傳注曾參傳注石奮傳注鼂錯傳注蘇武傳注司馬相如傳下注杜延年傳注昌邑哀王髆傳注東方朔傳注霍光傳注趙充國傳注陳湯傳注丙吉傳注夏侯勝傳注馮奉世傳注申公傳

注王式傳式客罷讓諸生曰注外戚傳上注王莽傳上注又後漢南匈奴傳注○史記張儀傳因而數讓之索隱又漢書張湯傳禹至讓湯曰注紘云讓亦責也又史記齊世家魯人以為讓索隱云讓猶責也 讓譴責也 國語周語讓不貢注 詰責以辭謂之讓 小爾雅廣義 應受而推曰讓厚人自薄謂之讓 讓謂卑謙 蓋按此與昏攘之義也攘下許之

攘 ○俗有穀 推也 說文段注推手使前也古攘字如此作上曲禮注曰攘古攘字許云讓者相責讓也攘者推也从古也漢書禮樂志盛揖攘之容藝文志堯之克攘司馬遷傳小子何敢攘皆用古字凡退讓用此字引申之使人退讓亦用此字如攘寃攘夷狄是也○廣雅釋詁二云攘推也 攘排也 楚辭沈江及離謗而見攘注 攘卻也 禮記曲禮上左右攘辟注又公羊傳四年傳攘夷狄注又國語魯語而大攘諸夏注齊語攘白翟之地注又史記司馬相如傳隨流而攘索隱又漢書異姓諸侯王表注刑法志注五行志中之下注下之上注下之下注地理志注鄒陽傳注董仲舒傳注賈捐之傳注韋玄成傳注酷吏傳注匈奴傳上注敘傳下百蠻是攘注周宣之注又家語致思必也攘地千里注又

淮南詮言信己之不攘也注○周禮禁殺戮攘獄者注又禮記祭法相近於坎壇注班云攘猶卻也又漢書司馬相如傳下注云攘卻退也攘止也方言十二攘疾行兒文選舞賦注引埤蒼攘逆也莊子外物心無天遊則六鑿相攘注攘因也漢書五行志下之上注○匡謬正俗一引爾雅云攘仍因也攘取也孟子滕文公下今有人日攘其鄰之雞者注又漢書景帝紀注攘盜竊也禮記禮器迟士太牢而祭謂之攘注又穀梁成五年傳攘善也釋文○穀梁注又論語子路其交父攘羊皇疏班云攘盜也又書呂刑奪攘矯虔鄭注又論語子路集解引周生烈注班云有因而盜曰攘因而竊取曰攘漢書五行志下之上注○書微子攘竊神祇之犧牷牲僞孔傳云自來而取曰攘又釋文云因來而取曰攘又費誓無敢寇攘鄭注云因其失亾曰攘又淮南氾論注云凡六畜自來而取之曰攘之攘謂相侵奪也漢書嚴助傳南夷相攘注攘獄者距當獄者也周禮禁殺戮攘獄者司農注讓謂舉手平衡也儀禮聘禮記升堂讓注應受而推曰讓禮記曲禮上退讓以明禮疏推賢尚善曰讓書堯典允恭克讓鄭注○國語魯語

云讓推賢也厚人自薄謂之讓賈子道術讓謂卑謙禮記儒行其尊讓有如此者疏讓廉也爲術定賢讓辭也楚辭懷沙知死不可讓兮注○儀禮鄉飲酒禮主人坐卒爵于階前辭注云事同曰讓事異曰辭讓猶拒也管子君臣下治爭鍼者不敢讓則注讓猶卑手也呂覽行論堯以天下讓舜注讓者執位敵之名荀子正論天子者執位至尊無敵于天下夫行誰與讓矣注有擅國無擅天下注讓者禮儀之名荀子正論夫禮義之分矣擅讓惡用矣哉○左氏襄十三年傳云讓者禮之主也讓身之文德之昭也後漢陳蕃傳○國語周語云讓文之材也又左氏昭十年傳云讓者德文主也

饟

周人謂餉曰饟說文段注周頌曰其饟伊黍正周人語也釋詁曰饁饟饋也饟自家之野也爾雅釋詁舍人注饟資糧也淮南覽冥斛東奉饟注

如向切

尚

曾也庶幾也說文段注僻書之舒也尚之書亦舒故釋尚爲曾曾重也尚上也皆積累加高之意義亦相通

也○易小過己上也釋文引鄭注又詩兔爰尚無爲箋大東尚可載也箋苑柳不尚息馬箋又儀禮士虞禮記尚饗注特牲饋食禮注少牢饋食禮注又禮記檀弓上尚行夫子之志乎哉注郊特牲尚曰求諸遠者與注大學尚亦有利哉注又左氏文十八年傳尚無及斯注昭十二年傳余尚鄉天下注又穆天子傳三尚能復來注又文選思玄賦尚前良之遺風兮舊注班云尚庶幾也文家語終記注云尚庶也不尚尚也左氏襄廿九年傳不尚取之服注又周書大匡二三子不尚助不穀注又國策秦策楚國不尚全中注其尚尚也呂覽先識共尚終君之身乎注尚庶幾也願也漢書敍傳上尚學其庭注尚慕也後漢張衡傳注尚好也國語晉語其爲人也剛而尚飛注尚上也禮記曲禮下操幣圭璧則尚左手疏禮器十淵之尚疏又左氏襄廿七年齊尚矣哉注又論語顏淵艸尚之風釋文又廣雅釋詁一又一切經音義廿五引蒼頡訓詁又國語晉語尚有晉國注又史記五帝紀學者多稱五帝尚矣索隱又漢書郊祀志上注敘傳上注引應劭又孟子萬章下舜尚見帝注又尚論古之人注盡心上尚志注又荀子非十二子尚法而無法注王霸以小人尚民而威注禮論大饗尚玄尊注性惡賢者敢推而尚之注又管子版法立

四義而毋議者尚之於元官注水地欲尚則凌於雲氣注又呂覽用眾尚矣注又楚辭大招尚三王只注○論衡須頌引尚書或說又古微書引尚書璿璣鈐文引春秋說題辭班云尚者上也豈按尚上古通用詳其上字內尚書尚上也以堯爲上始而書其時事也釋名釋典埶○晚出書孔安國序云以其上古之書又疏引王肅云上所言史所書故曰尚書又疏引鄭氏云尚者上也尊而重之若天書然故曰尚書又釋文序錄引書贊云孔子撰書尊而命之曰尚書尚者上也蓋言若天書然尚謂上古也荀子禮論縣一鍾尚拊之膈注○注又云尚言尚古猶若稱尚書之尚也又正名尚機蓮注同又書大傳尚考太室之義注云尚考脩言古考尚高也廣雅釋詁四又文選東京賦則大庭氏何以尚茲薛注尚崇也漢書楊王孫傳注尚右也爾雅釋詁尚貴也孟子盡心下尚志注尚謂尊尚詩著疏○禮記祭義有虞氏貴德而尚齒注云尚謂有事尊之於其黨也又曲禮下操幣圭璧則尚左手注云尚左手尊左也尚者嘉之名也老子不尚賢王注尚加也論語顏淵釋文又廣雅釋詁二又孟子滕文公上艸上之風注○論語顏淵皇疏又後漢楊東傳注班云尚猶

韻史　卷四十六第十部去聲史韻　四四二九

加也文里仁好仁者無以尚之皇疏云尚猶加務也**尚猶飾也**詩著尚之以瓊華乎而莪**尚久也**小爾雅廣詁文呂覽古樂故樂之所由來者尚矣注○史記三代世表五帝三代之記尚矣索隱引劉氏云尚猶久古也**尚遠也**後漢崔駰傳注列女傳注○王充王符仲長統傳注云尚猶遠也**尚曩也**呂覽古樂樂所由來者尚也注**尚舉也**廣雅釋詁一又楚辭天問師何以尚之注**尚奉也**史記絳侯周勃世家太子勝之尚之集解引韋昭張耳陳餘傳以尚魯元故索隱引韋昭○文選長門賦得尚君之玉音注云尚猶奉也**尚謂先薦之**禮記郊特牲尚用氣注**尚配也**易泰疏又史記張耳陳餘傳索隱又漢書齊悼惠王肥傳注周勃傳注○易泰朋亡得尚于中行注文漢書陳餘傳注司馬相如傳下注並云尚猶配也**尚且也**文選七發注引國語賈注**尚猶也**詩小弁尚求其雌箋又漢書司馬相如傳下注又家語五刑尚必明其法典以中固之注○登按詩抑尚可磨也史記晉世家作猶可磨也**尚猶必也**家語三恕尚有說也注**尚猶強也**國語楚語子尚良食注**尚猶努力**公羊襄廿九年傳尚速有悔于予身注**尚主也**廣雅釋詁三又史記呂后紀尚符節

韻史　卷四十六第十部去聲史韻　四四三〇

集解引張晏外戚世家侍尚衣軒中正義司馬相如傳使尚方集解引漢書音義又漢書惠帝紀注引應劭高后紀注引張晏司馬相如傳下注引張揖外戚傳上注又淮南覽冥伍賤尚藥注○漢書惠帝紀注引如淳云至天子物曰尚**尚者主也尚者掌也**並匡謬正俗五**尚書王之喉舌官也**後漢周榮傳注**尚方掌工作刀劍諸物及刻玉為器**後漢和熹鄧皇后紀注**尚子即長子之異名也**水經濁漳水注平去兩讀注在役

饋　餉

○俗有餉糊**鐀饋也**說文段注饋各本作饋今依韻會本孟子說葛伯仇餉云老弱饋食又云有童子以黍肉餉○漢書高帝紀上注云餉饋也**餉遐也**廣雅釋詁三**餉食也**廣雅釋詁二**餉糧也**後漢章帝紀為雇耕傭種餉注○漢書嚴助傳老弱轉餉注主丈假傳不足於糧餉注並云餉亦饟字萱按餉饟義通而非一字其音亦微別頻仍為同字而集韻从之

韻史　卷四十六第十部去聲史韻　四四三一

紫向切

醬

○俗有醬**醬**古文**㽘**籀**醢也**說文段注从肉者醢無不用肉也作之陳之皆必以器故籀文从皿○後漢明帝紀注云醬醢也**醬謂醯醢也**周禮膳夫醬用百有二十甕注**古者醬齊菹三者通名也**論語鄉黨不得其醬皇疏

將

又平聲兩見義與**帥也**說文段注帥當作衛行部曰衛將也二字互訓儀禮周禮古文衛多作率今文多作帥毛詩率時農夫釋詩作帥詳周禮漢讀考帥者佩巾漢人假為率字率亦衛之假也許造說文當是本作將衛也以自伸其說經轉寫改竄而非舊矣後人謂將帥二字去聲與平聲之將入聲之帥別者古無是說也毛詩將字故訓特多大也送也行也養也齊也側也順也講也此等或見爾雅或不見皆皆各依文為義亦皆就疊韻雙聲得之如爾請是一義將讀七羊反故釋為請也將讀師羊反故皇矣傳釋為側釋言及楚茨傳釋為齊也徐仙民周禮音將細反皆雙聲也釋言將齊也郭云謂分齊也引詩或肆或將此甚明畫或肆蒙或剝言剝之乃陳於互也或將蒙或烹言烹之必劑量其水火及五味之宜故云齊其內也如是乃以祝祭于衍詩爾雅疏皆不了故著之○廣雅釋言文國語晉語將止不面夷注並云

韻史　卷四十六第十部去聲史韻　四四三二

將帥也又一切經音義廿二引字略云將帥也帥行也謂將領行也**將謂率領其尊也**漢書五行志中之上而不鳴也不將無距注○荀子富國是將率之事也注云將率猶主領也**將主也**呂覽執一軍必有將注**將君也**廣雅釋詁一**將謂五官及左右郎將也**後漢和帝紀注○桓帝紀注云將謂五官左右虎賁羽林中郎將也**將謂州將**後漢第五倫傳注**將指中指也**儀禮鄉射禮注此以食指將指扶之釋文○左氏宣四年傳注第二指疏云謂大指為將指者將者言其將領諸指又云足以大指為將指手以中指為將指

此向切

匠

木工也說文段注工者巧飭也百工皆稱工稱匠獨舉木工者其字从斤也以木工之稱引申為凡工之偁也○孟子公孫丑上巫匠亦然注云匠梓匠又滕文公下則梓匠輪輿注云梓匠木工也又告子上大匠誨人注云大匠攻木之工**匠人工人也**禮記雜記下匠人執羽葆御柩疏○孟子梁惠王下匠人斲而小之注云匠工匠之人也又儀禮既夕記遂匠納車于階閒注云匠人主載柩窆**匠師主豐碑之事**周禮鄉師及窆執斧以涖

撮口呼

趆 小藻切

相

匠師注○鄉師以與匠師御匶而治役注云匠師事官之屬其於司空若鄉師之於司徒也鄉師主役匠師主衆匠共主葬引 匠能作宮室之屬者 禮記曲禮下注木工輪輿弓廬匠車梓也疏○論衡量知云能斲削柱梁謂之木匠能穿鑿穴坎謂之土匠能彫琢文書謂之史匠 匠治也 小爾雅廣詁 匠教也 楚辭哀命念私門之正匠兮注

趆 行兒 說文

相 平去兩讀義分注在彼○萱按相字古無平去之分而後人分之其義實相通貫也

俇 舉況切

俇 譌作征○俗有征征 遠行兒 說文段注俇訓遠行未確楚辭思古曰遠俇俇而南征注俇俇遑遽兒按王注是也 俇俇劇也 廣雅釋訓 俇攘惶劇也 同上

誑 譌作誑○俗有誑迋 欺也 說文又廣雅釋詁二○禮記曲禮上常視無誑釋文云誑欺也本或作誆 誑惑也

韻史 卷四十六第十部去聲更韻 四四三三

𢙣 臦 詠 羽況切

國語周語以誑劉子注○魯語人又誑之注云誑猶惑也 迋誑也 詩揚之水人實迋女傳○萱按毛謂迋即誑之借字 迋欺也 左氏定十年傳是我迋吾兄也注又漢書五行志下之上注 迋恐也 左氏昭廿一年傳子無我迋注 迋迋恐懼之兒 文選長門賦魂迋迋若有亡注

𢙣 譌作𢙣 誑也 說文段注廣雅曰𢙣惑也又曰誑人也

臦 乖也从二臣相違 說文段注按介部𦣞以為聲

咏 或歌也 說文段注堯典曰歌永言樂記曰歌之為言也長言之也說之故言之言之不足故長言之○廣雅釋樂云詠歌也又詩頌鼠誰之咏號釋文云咏歌也 咏謳也 禮記檀弓下陶斯咏注 詠者永也 漢書藝文志注○禮樂志注云咏永也 長言曰詠 詩關雎序吟詠情性疏 詠風也 國語楚語詠以藻之注 詠詩也 國語周語以詠之注云以詠者謂歌詩也 詠琴瑟以詠 文選魏都賦注 詠歌也 書皋陶謨搏拊琴瑟以詠注 詠文藻頌詠也 文選以藻詠注

韻史 卷四十六第十部去聲更韻 四四三四

泳 睢 王

泳 潛行水中也 說文段注周南不可泳思釋水毛傳皆曰潛行為泳下文云潛涉水也涉徒行厲水也○詩谷風泳之游之箋又禮記緇衣釋文又文選魏都賦或浮泳而卒歲劉注並云潛行為泳又列子黃帝復從而泳之注云水底潛行曰泳又釋文云泳潛行水中也 泳游也 爾雅釋言 泳浮也 漢書司馬相如傳下注引孟康

睢 譌作睢或作旺 皇美也 說文段注釋詁曰睢睢皇皇美也按睢睢見爾雅而不見他經泮水箋云皇皇當作睢睢睢睢猶往往也此易皇為睢復訓睢為往以作睢而後可訓往也少儀祭祀之儀齊齊皇皇注云皇皇讀為歸往之往皇氏云謂心所繫往此處鄭不讀為睢徐仙民於況反非是 睢睢美盛之兒 爾雅釋詁注

王 平去兩讀義分 王古勝也 莊子德充符彼兀者也而王先生釋文引李注○又引崔注云王君長也 王盛也 華嚴經音義上引易韓注 王有天下也 國策秦策文用之而王注 兼正之國之 謂王 管子霸言○又云擅破一國彊在後世若王 當時者王生王者休 周禮[illegible]夢疏引春秋 緯

韻史 卷四十六第十部去聲更韻 四四三五

迋 兄 許旺切

迋 往也春秋傳曰子無我迋 說文段注左傳昭廿一年文鄭風無信人之言人實迋女毛曰迋誑也傳意謂迋為誑之段借左氏此迋正同迋本訓往而經傳段借為誑故偁之以明依聲託事○廣雅釋詁一又左氏襄廿八年傳使子展迋勞于東門之次注即用按漢書五行志作使子展往勞于東門 也 廣雅釋詁二 ○迋欺也 迋恐也 迋迋恐懼之兒

兄 平去兩讀俗有既既○長也 說文○萱按說詳平聲兄下 兄滋也 詩桑柔倉兄填兮傳 詩常棣兄也永歎傳 出車僕夫況瘁傳況茲也 箋召旻職兄斯引傳兄茲也 況益也 國語晉語眾況厚之注云況益也○荀子非十二子學之注 況況茲也 又況賜也 爾雅釋詁 國語周語況其重賜注 又漢書武帝紀注 禮樂志注 況賜也 中心貺之 詩彤弓傳 又禮記聘義注 吾子有貺 儀禮燕禮注 又左氏傳 士昏禮注 寡君多矣 注 北面拜貺 命貺 注又

韻史 卷四十六第十部去聲更韻 四四三六

十五年傳亦無貺也注文四年傳君辱貺之注成十二年傳貺之以大禮注襄十年傳其何貺如之釋文昭六年傳不敢求貺注定九年傳吾貺子注禮記聘義疏云貺謂君賜也○貺惠賜也儀禮聘禮公當楣再拜○○詩彤弓箋云貺者欲加恩惠也貺與也楚辭悲回風更統世而自貺注況譬也漢書高惠高后孝文功臣表注況比也荀子非十二子成名況乎諸侯注兄況也廣雅釋親○萱按此以段借字釋正字也男子先生曰兄取義於比況也白虎通云兄者況也況父法也今人先生之兄尊讀平聲古豈然乎○俗有兄兇寒水也說文段注未得其證毛詩常棣桑柔召旻皆曰兄滋也矢部兹下曰兄詞也古切兄比兄皆用兄字後乃用況字後又段作況○萱按經典況及況皆兄貺之段借字也而況之本義隱矣

况

韻史卷四十七

泰興何萱石闇譔集　子庚校字
上海顧錫麒竹泉覆審
武進李兆洛申耆鑑定

第十部平聲副編

冋韻

開以許改倉切

掆 相對舉物曰掆也一切經音義十一引文字集略
棡 横牆木也集韻
茼 或作茼 小陘之山有艸名茼葉如葵赤莖白如嬰萸集韻引山海經○山

海經中山經云少陘之山有艸焉名曰茼艸食之不愚萱按茼蓋茼之破體耳字書韻書皆無茼

堈 朧也集韻
鋼 堅鐵也集韻
瓬 或作甂𤮶 瓶也廣雅釋器 瓬甖也靈桂之郊謂之瓬方言五○注云今江東呼大瓮爲瓬
茪 艸名葉似蒲叢生集韻 茪東蠡爾雅釋艸
杭
佇
浭 水名出北平集韻
逕 危逕也集韻○廣韻逕作徑
鶊 或作䳡 鶬鶊鸝黃也楚辭悼亂鶬鶊兮喈喈注

口岡切

⿰犭康 狓⿰犭康犬名集韻

⿱艹康 艸名集韻

躿 躿躴身長也廣韻

⿰目康 眏⿰目康目皃廣韻○萱按眏⿰目康玉篇作映⿰目康集韻作暵⿰目康其義並同眏瞜皆目動也眏目不明也一曰視也一曰很視

⿰阝康 或作⿰木康虛也廣韻引爾雅⿰木康梁虛梁也廣韻

⿰康阝

⿰虫康 蝍蛉淮南人呼⿰虫康蚷方言十一蜻蛉謂之蝍蛉注

嵻 嵻峎山名在西羌集韻

⿰石康 石聲集韻

韻史 卷四十七第十部平聲副編岡韻 四四四一

烏岡切

砊 砊磕雷聲也文選思玄賦凌驚雷之砊磕兮注又後漢張衡傳注

妔

劥 𠡠也玉篇○萱按玉篇𠡠下云劥也是謂轉注劥𠡠有力也廣韻

咉 應聲也廣韻

映 映⿰目康目皃廣韻

⿰目英

胦 脖胦臍也集韻

佒 體不伸也廣韻○集韻云身傴謂之佒又云傴佒體不申皃萱按莊子列禦寇緣循偃佒佒亦作央段借字也

⿰犭央 或作⿰犭央⿰犭央如猴仰鼻長尾字林類篇引⿰犭央貍類○爾雅釋獸疏引字林廣韻云⿰犭央貉屬集韻云江東呼貉爲⿰犭央⿰犭央

韻史 卷四十七第十部平聲副編岡韻 四四四二

海岡切　都倉切

⿱𡗗黽 ⿱𡗗黽黽屬頭喙似鴟集韻⿱𡗗黽黽形薄頭喙似鵝指爪文選江賦鯖鼅鼊鼊注○萱按玉篇字作⿱𡗗黽用選注而改其字句致不可強通

⿰魚央 魚名善醒酒集韻

鉠 或作鍈鉠鉠小聲文選東京賦和鈴鉠鉠薛注○集韻云鉠鉠鈴聲

⿰亢欠 飲⿰亢欠貪皃廣韻

悙 憉悙自矜健皃集韻○廣韻云憉悙自強

脝 ○俗有脝膨脝脹也廣韻○集韻云膨脝腹滿皃又云膨脝胖也萱按廣韻無脝集韻脖脝異字異意二字當合爲一

哼 嗆哼恐怯皃集韻

鶬 平去兩讀注在彼

璫 耳珠曰璫文選洛神賦注引通俗文又御覽七百十八引風俗通○一切經音義四引埤蒼云珠曰璫充耳也又釋名首飾云穿耳施珠曰璫此本出於蠻夷所爲也蠻夷婦女輕浮好走故以此當錘之也璫以金爲之

韻史 卷四十七第十部平聲副編岡韻 四四四三

當冠前後後漢朱穆傳注○班彪傳上注云璫㮾頭也萱按此表飾璫之處非正釋璫也

膅 或作⿰耳當耳膅耳下池也廣韻○集韻云耳下垂謂之膅

襠 裲襠衣名集韻

儅 止也廣韻倘儅不當也集韻

⿰當瓦 瓨屬一曰⿸瓦是⿸瓦是謂之⿰當瓦集韻

⿰車當 車⿰車當也廣韻

檔 木名廣韻

澢 水玉篇

⿰犭當 獸名玉篇海篇

簹 篔簹竹名廣韻

韻史 卷四十七第十部平聲副編岡韻 四四四四

𤬪　𤬪瓤瓜中也（廣韻）

搪（坦岡切）　揬也（廣雅釋詁四）搪張也（方言十三）

膛　肥兒（玉篇）

趟　走兒（廣韻）

蝪　王蛈蝪（爾雅釋蟲。○廣韻云蛈蝪蟲名）

䫻（酌倉切）　或作䬛　飃飃狂風（集韻）

牂（宰倉切）　杙也（廣雅釋室）牂牁繫船杙也（史記西南夷傳道西北牂牁正義引崔浩。又漢書地理志上牂牁郡注。又後漢南蠻西南夷傳注。○亶按牂牁字史漢悉作牂牁，盖轉寫譌竄也。人多識牂少識牂故也。或謂同音通用。然義類迥殊，叚借亦疏矣。今悉正之）牂牁亦江中兩山名也（水經溫水注。○亶按此別一說也，不可爲典要）

贜　納賄曰贜（廣韻○亶按）

庄　作

牂　𨒅也（廣雅釋器。○方言五𨒅齊謂之牂）

傖（粟岡切）　吳人罵楚人曰傖（漢書賈誼傳國制搶攘注引晉灼。○一切經音義十六引晉春秋云吳人謂中州人爲傖人。俗又總謂江淮間雜楚爲傖人）作搶而傖其叚借字也　傖攘亂兒也（漢書賈誼傳注引晉灼。○亶按說文搶攘字作搶。俗）

嗆　嗆啍愚怯兒（集韻）

嵢　山勢（玉篇）

⿰食倉　食也（集韻）

⿰牛倉　牛名（集韻）

瞠　或作瞸憆　直視也（一切經音義十八引蒼頡篇。又莊子田子方釋文引字林云瞠直視兒）瞠直下視兒（玉篇引蒼頡篇。○漢書孝成趙皇后傳注引服虔云瞠直視兒也）瞠驚視兒（管子小問瞠然視注）

⿰糸黨（散岡切）　或作纕　淺黃也（廣韻。○集韻云細纕淺黃也）

醿

騻　或作驦　馬色黃尾白（集韻）

浜（保倉切）　安船溝也（廣韻。○集韻云溝納舟者曰浜）

垪　冢口穴也（廣韻）

搒　卜

⿰山旁　崩⿰山旁也（玉篇）

縍　結也（集韻）

⿰豕彡

⿰豕彡　⿰豕彡脝胖也（集韻）

⿰酉旁　或作䤼　加杯上酒也（廣韻）

縍（倍岡切）　或作綁幫幇幚鞤　治履邊也（集韻。○六書故云幫帖也。省作幇。凡事物旁取者皆曰幫）

膀　履編枝也（集韻）

⿰冫旁　⿰冫旁磄凍相著兒（集韻）

梈

鎊　削也（廣韻）

⿰車旁　車聲（玉篇）

磅　聲也（廣雅釋詁四）磅硠聲也（文選思玄賦代河鼓之磅硠舊注。又後漢張衡傳注）磅磕雷霆

之音文選西京賦礚象乎天威薛注磅磄廣大盤礴也文選長笛賦駢田磅唐注

翃海郎切 或作䲳飛高下也廣韻。蕫按頡之頏之詩字用人頸字作之俗乃製从羽之頏而頸亦作翃

邟

「杭」

䰢

骯 牛脊後骨廣韻

忼 户网

䲳 平去

衡

笐 笐篖自關而東周洛楚魏之間謂之倚佯自關而西謂之笐

韻史 卷四十七第十部平聲副編岡韻 四四四九

篖方言五 笐篖似籧篨江東呼笪方言五注。廣韻云笐篖竹也又引方言云笐篖籧篨直文者

蚢 蚢蕭繭尒雅釋蟲。注云食蕭葉蠶類蕫按玉篇作食蒿葉餘同

蘅 蘅杜蘅也文選洛神賦爾迺稅駕乎蘅皐注蘅杜蘅芷皆香艸楚辭傷時蘅芷彤兮瑩嫇注

傏坦郎切 傏突不遜也廣韻

禟 祐也玉篇

膅 肥也玉篇

䬘 風兒玉篇集韻

嵣 山名玉篇

䌤 大繩也玉篇

韻史 卷四十七第十部平聲副編岡韻 四四五〇

闛 高門也廣韻

瑭 瑭璑玉也集韻引廣雅

鄌 國名玉篇

𤭛 或書作甋小甁有耳者曰瓬甋集韻。廣韻云甋瓷器

溏 滂溏相箸兒集韻

溏 淖也爾雅釋言濁溏淖也一曰池也集韻餅兗豫曰溏浹就形名之也釋名釋飲食

煻 熱灰謂之煻煨一切經音義四引通俗文

赯 赤色也廣韻

𣯷 氀毷罽也廣雅釋器

韻史 卷四十七第十部平聲副編岡韻 四四五一

䡘 或作𨍏輪兵車也集韻䡘輾軳軨也廣韻

榶 木名棣也集韻

篖 笐篖南楚之外謂之篖方言五

蓎 蓎蒙女蘿爾雅釋艸。注云蒙即蓎也蕫按經及注本皆作唐俗人加艸耳

𤛓 或作𤛥牛名集韻

𧱌 豕名集韻

䶛 䶛䶂名一月三易腸廣韻。集韻云䶛䶂鼠屬一曰易腸鼠

鶶 或作䳾鷩逗鶶鷵爾雅釋鳥。注云似烏蒼白色

䱶 魠也廣雅釋魚

螗 蟬宋衛之間謂之螗蜩方言十一蕫按罩名曰螗曰蜩爾雅螗蜩是也方言螗蜩則合二字爲名

韻史 卷四十七第十部平聲副編岡韻 四四五二

○詩蕩陸疏云蜩蟬之大而黑色者又爾雅釋蟲云螗蜩螗蝘也詩蕩如蜩如螗傳○漢書五行志中之上注云螗蛁也即螗今胡蟬也江南呼螗蛦方言十一注○爾雅釋蟲注云螗俗呼爲胡蟬江南謂之螗蛦

螳 螳蜋螵蛸母也禮記月令螳蜋生注○太平御覽引蔡邕月令章句云螳蜋蟲名螳螂有斧蟲也方言十一螳螂謂之髦注○呂覽仲夏注云螳蜋一名天馬一曰齕疣兗州謂之巨斧又淮南時則注云螳蜋世謂之天馬一名蟲肬沇豫謂之巨斧也螢按爾雅釋蟲注螳蜋別名釋文云螳本今作螗又白帖九十五引詩如蜩如螳是二字互相段借也殊易辜涸矣

隚 殿基也廣韻

溏 溪也玉篇

䉎 罩也廣雅釋器

奈唐切 老唐切

𡒉 土𡒉硯也玉篇

𣚍 車𣚍玉篇

糃 精米玉篇

𣠵 木名集韻

躴 長身也集韻○廣韻云躴躿身長皃

劤 有力也玉篇

㡾 高也玉篇

𩩬 𩪇也廣雅釋親○廣韻云𩪇𩩬股肉

踉 踉蹡欲行也文選射雉賦已踉蹡乍行乍止不迅疾之皃也文選射雉賦徐注

飲 飲𩚵貪皃廣韻

娘

艆 舟也廣雅釋言海中船曰艆艄郎郡二音初學記廿五引埤蒼○廣韻云艆海中大船

䡙 䡙䡙輪云廣韻○集韻䡙䡙兵車

崀 峻崀山名冬至日所入廣韻

𩚵

硠 聲也廣雅釋詁四○螢按說文石部有硠篆段云今定爲硠是也硠在十三部古人自有硠字平子謂所用司馬亦不得於此廣不侭字硠字旁硠聲也後漢張衡傳注硠硠堅也廣雅釋訓○螢按此義當作硠疑

騯 尾白騯廣雅釋畜○廣韻云騯馬尾白也

鶶 鶶鳩也廣雅釋鳥○方言八云鳩自關而東周鄭之外韓魏之都謂之鶶鶶

鰚 魚脂也廣韻蟹其雄曰鰚鱑集韻

廊 舍也廣雅釋室廊屋也文選西京賦注引淮南許注○後漢中屠剛傳注云廊殿下屋也廊堂下四周屋也漢書司馬相如傳上高廊四注注又寶嬰傳所賜金陳廊廡下注云廊堂下周屋也廊巖廊朝庭所在也文選顏延年侍遊蒜山詩空食疲廊肆注重郎累屋也充周書作雒重郎注○螢按此段郎爲廊也韓勑後碑云庫室中郎亦介

蝆

桹 桄桹樹名也木中有屑如麪可食文選蜀都賦麪有桄榔劉注或作毒艸名廣韻○山海經中山經云大騩之山有艸焉其名曰蒗渠在浚儀曰蒗蕩渠續漢郡國志注引通俗文

振 蒲郎切 或作敹 觸也 一切經音義一引字統○文選祭古冢文以物振撥之注云南人以物觸物爲振也蕫按或作振撥文者字之誤也

敹 敹挨也 廣雅釋詁四

㵴 采郎切 沒也 集韻

𡽴 岇藏山高皃 集韻

鑶 昨

岇 我郎切 岇藏山高皃 集韻

棢 斜槍謂之飛棢 集韻

𨃗 倍郎切 踉𨃗急行也 廣韻○集韻云踉𨃗欲行皃

跑 蒲

䄘 䄘禮祭名 廣韻

馞 馞馞芬芳也 集韻○廣韻云馞馞大香

軖 車也 玉篇

陦

篣 籠也 廣雅釋器○方言十三籠南楚江沔之閒謂之篣注云今零陵人呼籠爲篣 篣搒也篣笞也 蕫按此段篣爲榜也說文搒訓掩則搒笞亦今義而非古義

蒡 菜一名隱荵似蘇可爲菹 廣韻○爾雅釋艸蒡隱荵

磅 或作弸 弦急也 集韻

澎 澎濞水聲 文選海賦澎濞瀷潰注○洞簫賦澎濞慷慨注云澎濞波浪相激之聲又長笛賦注引字林云彭濞水瀑至聲也 澎湃相戾之形也 文選琴賦漰汨澎湃注○漢書司馬相如傳上洶涌彭湃注云彭湃

相戾也又史記相如傳洶湧澎湃索隱引司馬彪云澎湃相抵也蕫按索隱云澎或作滂又殽阮君神祠碑云彭濞涌波溢皆用段借字也

憉 憉悙自強 廣韻

膨 膨脝大腹 集韻

䰃 扶方

蟚 或作蟛螃 蟚蜞似蟹而小 廣韻○又云螃蟹本只作蟹俗加螃字蕫按廣韻螃在十一唐蟚在十二庚不如其爲同字矣又爾雅釋魚注即蟚蜞也蟚本今作彭此與澎之作彭段借同螃蟲名似蝦蟇陸居可食 集韻

吂 莫郎切 使之而不肯荅曰吂 方言十○廣韻云吂不知也 廣韻

汒 谷名在京兆 廣韻又集韻云汒谷名在盩厔○莊子天地汒若于夫子之所言矣釋文云汒本或作芒蕫按

此段汒爲芒也汒若猶芒然

𥐚 或作硭𥐚 𥐚碭山名 廣韻○又云史記本只作芒蕫按蓋本無正字古借芒用之後乃製𥐚爲專字硭硝藥石 集韻

邙 郡名一曰鄉名在藍田 集韻

寤 寐語也 廣韻○蕫按義與寱同即寱之俗字耳集韻云寤寐也寱語字則又爲寤之俗字矣寱即今囈字寤音忽

部分賓遠隔也

鋩 或作鋩 銷也 廣韻

笀 或作笀 竹名 廣韻

鸏 鸏鸎鳳也 集韻引廣雅○廣韻云鸏鴻似鳳南方神鳥

明

櫎
暀 暀盯直視廣韻
䮿
合口評 古霜切
胱 膀胱者腎之府也白虎通情性。亶按說文膀胱者州都之官津液藏焉素問靈蘭秘典論。後漢馬融傳注云膀胱者溱液之府也 膀或曰膀胱言體短而橫廣也釋名釋形體
挄 或作侊 侊胱陌也廣韻
珖 珖琯也玉篇
咣 能言也玉篇

𦊨 罔滿也玉篇
茪 茪茪艸名廣韻。爾雅釋艸蔚若茪注云英明也一曰茇也
僙 僙僙武皃廣韻。又云恍武也亶按此恍爲僙
趪 趪趪張設皃文選西京賦猛虡趪趪薛注。集韻云趪走皃
輄 車橫木玉篇
𩧢 决驤馬旋毛在脊上廣韻。亶按爾雅釋畜回毛在膺宜乘在背闋廣釋文廣音光俗乃加馬作驤矣
𩪸 苦光切 骨可也廣雅釋親
銧 器名玉篇又五音集韻
𨏚 車也玉篇

硄 石聲集韻
𤮏 或作䫎瓨 同上 甋瓨陶器集韻。爾雅釋器釋文引字林云甋口光反 瓨器也集韻 甋瓨破甖
𥄀 塞光切 𥄀𥄀目欲泣皃集韻
妄 女字集韻
𩿨 雉名其鳴自呼集韻。亶按詩鷕自鳴鷕以水切鷕鷕雙聲雉鳴皆略相似
㬻 戶光切 或作晾盵 旱熱也廣韻。集韻旱作暑
𦛛 肉間也玉篇
㹇 狼玉篇
𥆧 或作睆 目不明也又狼睆南蠻國名人能夜市金廣韻

𧠏 視也集韻
𨙻 縣名玉篇
𦁅 絲曼延也玉篇
帍 或作帍 巾也玉篇。廣雅釋器幭帍福襑帍幭也王氏念孫疏證云此皆巾屬所以覆物者也各本幭下脫也字遂與下條相連亶按廣雅幭也一條與帳也一條相次由奪一也字集韻遂以帳釋帍矣廣韻帍下云幭也亦尚未是
揘 揘畢謂撞柲也文選西京賦竿殳之所揘畢薛注 揘槃也集韻 扻揘揬也玉篇。廣韻少扻字
嚝 聲也集韻
梉 腫光切 木名似豫章其小似桃故生七年乃知集韻
妝 畫妝玉篇
孀 社光切 寡也列子湯問鄭人京城氏之孀妻注 寡婦曰孀淮南原道婦人不孀注文脩務以養孤孀注云孀寡

驦 𦅑 婦也雖家謂寡婦曰孀婦或作騻驦驦良馬名廣韻。名字依集韻增

閍 奉光切 宮中門也一曰巷門集韻

篣 竹器集韻

䄱 禾名廣韻

牥 牛名日行三里能行流沙中集韻。穆天子傳四牥牛二百以行流沙注云牥牛此牛能行流沙中如橐駝

𪕔 地鼠也集韻

蚄 蚄蚄蟲名食苗者集韻

滂 箕尾之山滂水出焉集韻引山海經

遑 戶防切 或作偟 暇也詩殷其靁莫敢或遑傳谷風遑恤我後箋芄童釋文四牡不遑啟處傳采薇不遑啟居箋杕杜征夫遑止箋小弁不遑假寐箋何人斯亦不遑舍箋殷武不敢遑遑箋又左氏襄八年傳注襄廿八年傳誰遑其後注又國語晉語注又後漢桓帝紀注南匈奴傳注又淮南脩務注詮言注又楚辭哀歲愁聊兮遑生注又文選西京賦薛注思玄賦取怠遑而舍勤舊注。書無逸不遑暇食疏云遑亦暇也 偟暇也爾雅釋言又法言君子偟乎不偟注 遑閒暇也爾雅釋言李注。周憬功勳銘云慘憎寒慄兮不皇計又禮記表記又左氏襄廿五年傳並引詩皇恤我後又襄廿六年傳引不敢怠皇萱按此皆叚皇爲遑也 遑急也廣韻。萱按急與暇義相反而相成

徨 往也小爾雅廣言 徬徨彷徉也一切經音義十三引埤蒼。萱按魏策以臨彷徨藝文類聚引作方遑淮南子作方皇皆叚借同聲字也

⿰示皇 禓⿰示皇祭名廣韻

媓 南楚瀑洭之閒母謂之媓方言六。廣雅釋親云媓母也

餭 餦餭餳也楚辭招魂有餦餭些注。廣雅釋器云餦餭餳也 餦餭即乾飴也方言十三餳謂之餦餭注

艎 或作艅 艅艎吳大舟名集韻

堭 或作壂 壂也廣雅釋室。廣韻云堂堭合殿

郒 縣名在會稽集韻

騜 或作驜 黃白騜也爾雅釋畜馬屬。舍人注云馬黃白色稱名皇也萱按舍人用皇爲騜郭注引詩騜駁其馬是二字通用也

䌙 藤屬可以織玉篇䌙織也廣韻

黌 學也後漢儒林傳注注又云黌與橫同萱按同从黃聲其讀若同也

鐄 大鐘也大鐮也集韻。萱按長苗戟鋒鐄謍嗃叚爲鍠字也

橫 橫格小被也集韻類篇引字林

癀 或作疸 疸病也集韻

膭 或作臢 病腫也集韻

鄺 古國名也廣韻。萱按國名古祇作黃

磺 石名集韻

𥟍 野穀也集韻

饋 糜也集韻

䫛 或書作飆 暴風也集韻。又云飆颮風皃

甂 瓦也廣韻。集韻云小瓦謂之甂

獚 或作㺉 楚獚犬屬集韻引廣雅

𤛪 牛名集韻

鱑 或作鰉 魚名廣韻

鷬 鸝鷬鳥名集韻

𣫭 卵中黃集韻

蠢防切

霖 霦霖急雨集韻

味防切

粧 飾也玉篇

㟐 山名集韻

奉牀切

䰢 星名玉篇

齊齒評

凡香切

𧕼 蠶白也廣韻

葁

㾢

礓 礫也爾雅釋山釋文引字林 地多小石謂之礓礫一切經音義八引通俗文

𢊍 倉也集韻引廣雅○藎按詩如坻如京比況之詈與也俗乃製原字爲倉名所謂日鑿一竅者

鶁 南方有鳥曰羌鶁黃頭赤目五色備也文選吳都賦彈鸞鶁劉注引師曠

舊香切

𣵽 水名集韻

蜣 或作蜋 蜣蜋蟲名集韻

𧆸 虎類玉篇

䳾 䳾鳥名玉篇

隱香切

蚑 青血也一曰面蒼集韻○廣韻玉篇云蚑青皃 䀶目不明玉篇䀶矑目皃廣韻

霙 或作𩅰 雲皃集韻○廣韻云𩅰𩅰白雲皃藎按詩英英白雲不加雨則英𩅰爲古今字霙霰也集韻 霙雨雪雜下玉篇𩅰𩅰白雲皃同上

颺 高風也玉篇集韻

瞸 深目也玉篇

闑 門中也玉篇

渶 水名出青丘集韻

𨛫 地名玉篇

䀚 月色也玉篇

碤 水中石也集韻

粀 精米也玉篇集韻

䛑 五䛑帝俈樂集韻引廣雅○廣韻云五䛑高陽氏樂

媖 女人美稱廣韻

鶧 鸚鶧鳥名廣韻○藎按爾雅云密肌鸚英鳥旁益後加

險姜切

膷 膷臐膮今時臛也牛曰膷羊曰臐豕曰膮皆香美之名也儀禮公食大夫禮膷以東臐膮牛炙注○聘禮膷臐膮蓋膷香也 牛羊豕釋文又禮記內則釋文竝云膷牛臛也 廣雅釋器○儀禮公食大夫禮注云古文膷作香藎按說文無膷以香字足之也

軫香切

慞 懼也華嚴經音義下引切韻

暲 日明也廣韻

嫜 或作偉 夫之兄嫜集韻

𢓭 𢓭徨行不正集韻

達 迵達迭也集韻

揃

韔 馬韉也集韻 韔泥鞍飾廣韻

樟 豫樟木名廣韻

鶬 吳人呼水雞爲鶬渠廣韻

粻 糧也爾雅釋言又詩崧高以峙其粻箋又禮記王制五十異粻注內則釋文引字林又論語衛靈在陳絕糧釋文引鄭注又文選思玄賦餐沆瀣以爲粻舊注 粻米糧也禮記載粻注載記

餦 餦餭餳也廣雅釋器 餅或謂之餦餛方言十三

瞕 目大也集韻

誂 譸誂誑也集韻○萱按古祇作譸張書譸張爲幻

韻史 卷四十七第十部平聲副編岡韻 四四七三

⿰虫長 蟲名玉篇

蔏 闕讀注在後 齒香切

揃 引也玉篇

瑺 耳璫也廣韻○集韻云瑺玩蠻夷充耳

裮 帽或作裮被不帶也廣雅釋詁

娼 婸也婬也玉篇

⿰鹵昌 鹵漬玉篇

淐 水玉篇

猖 猖狂也廣韻○萱按樊敏碑不顔倡儼段爲猖獗字也

⿰昌鳥 廣⿰昌鳥鳳皇屬集韻

鯧 鯧鯸魚名廣韻

韻史 卷四十七第十部平聲副編岡韻 四四七四

⿰虫昌 小蟲集韻

菖 菖蒲艸名蓀也集韻 菖蒚蒲水艸也冬至後五十七日而挺生呂覽任地 菖始生注 菖者百艸之先生者也呂覽任地

鼚 鼓聲廣韻 鼚動兒書大傳儀伯樂舞鼚哉注

敞 推也玉篇

閶 閶闔也玉篇

⿺辶昌 過也玉篇

蔏 始香切 重見 蔏蔞蔞蒿也爾雅釋艸購蔏蔞注 馬尾蔏陸爾雅釋艸蓫薚馬尾注引廣雅○釋文去蔏本亦作商萱按蔏商古今字 倚蔏活脫爾雅釋艸○萱按蔏字據釋文本 蔏蘿亦似蔘爾雅釋艸拜蔏蘿注

鶬 鶬鶊鳥名舞則將雨一曰鶬鶊鶯黃集韻

湯 水流兒玉篇

韻史 卷四十七第十部平聲副編岡韻 四四七五

螪 蜉螪何爾雅釋蟲○注云未詳釋文云螪失羊反字林之亦反萱按如字林之音則字當作蟓

鱂 紫香切 鯗鱂魚名廣韻

螿 寒螿蟬屬也文選謝惠連擣衣詩注引淮南許注

謒 比香切 語輕也集韻

篬 竹名玉篇

嗆 鳥食也玉篇 嗆啍愚怯集韻

⿰齒將 小齒玉篇

⿵門將 門聲和也廣韻○萱按玉篇祇云門聲也

嶈 山高兒廣韻○詩緜應門將將文選西都賦作應門嶈嶈萱按將嶈蓋古今字

緗 小姜切 淺黃色廣韻 緗桑也如桑葉初生之色也釋名釋采帛

韻史 卷四十七第十部平聲副編岡韻 四四七六

葙 青葙子也廣韻
廂
[illegible]
儴 囙也爾雅釋詁○壹按匡謬正俗一引爾雅儴乃囙也蓋所據本異
儴 儴佯逍遙也一曰行皃集韻
欀 欀木樹文選吴都賦文欀楨檀劉注○廣韻云欀木皮中有如白米屑擣之可爲麪集韻云欀木名出交趾
瓖 馬帶玦文選東京賦鉤膺玉瓖薛注又晉書音義上云瓖馬帶玦名也○國語晉語亡人之所懷挾嬰瓖注云瓖馬帶又後漢馬融傳注云瓖馬帶以玉飾之
攘 舊良切 扶持皃集韻
橈 鑿柄曰橈太平御覽七百六十三引通俗文

蔃 蔃菜艸名百合也集韻
諹 隱良切 讙也集韻引字林
輰 輰轅柳車也廣雅釋器○集韻引廣雅云輰轅柳車也
[illegible]
[illegible] 馬額上靻廣韻
鍚
鰑 鮦也廣雅釋魚○廣韻云鰑赤鱺也
[illegible] 馬名玉篇
鸉 或作鴹烏名似鷹尾上白集韻鸉白鷹爾雅釋鳥
[illegible] 杯也廣雅釋器○方言五云盪柘也吳越之閒曰盪

[illegible] 箬陽符篖也集韻
[illegible]
眻 眉閒曰眻一曰目美也集韻○壹按經典自作揚此等字可不製
徉 倘佯戲蕩也廣雅釋訓倘佯猶翺翔○文選吴都賦徘徊倘佯劉注風賦然後倘佯中庭注云倘佯猶徘徊也壹按此段佯爲徉仿佯徙倚也廣雅釋詁佯弱也廣雅釋詁一
鮮 多也廣韻
勒 與
逹
[illegible]

[illegible] 美善也集韻
烊 爍金也集韻○廣韻云焇烊曰[illegible]
垟 土精也玉篇
[illegible] 竹玉篇
[illegible] 菜也玉篇
鴹 [illegible]鴹一足鳥舞則天下雨廣韻○壹按漢書段鴹爲翔見禮樂志
[illegible] [illegible]蒝藥名廣韻○集韻名作艸
娘 女良切 少女之號廣韻○壹按說文孃爲母偁唐人用孃娘二字未嘗溷
瓤 兩見注在後
綡 利陽切 纓也集韻○廣韻云綡冠纓

韻史　卷四十七第十部平聲副編岡韻　四四八一

悢 悲也集韻

涼 綡

⿰貝京 賦也廣韻。集韻云⿰貝京賦斂也

⿰足長 齒良切 操也廣雅釋詁三 ⿰足長𨇨立也東齊海岱北燕之郊跪謂之⿰足長𨇨方言七。注云今東郡人亦呼長跽爲⿰足長𨇨也

瓺 甇陳魏宋楚之閒謂之瓺方言五 瓺瓶也廣雅釋器

⿰虫長 蚰蜒或謂之⿰虫長蠼方言十一。廣雅釋蟲云⿰虫長蚰蜒也

⿱艹腸 雞⿱艹腸菜也集韻

瀼 忍良切 或作⿱雨襄 瀼瀼盛皃詩野有蔓艸零露瀼瀼傳 瀼瀼露蕃皃詩蓼蕭傳 ⿱雨襄⿱雨襄露也廣雅釋訓。壹按本言露之瀼瀼盛引申之因即以言露 瀼瀼浥浥開合之皃文選海賦注

韻史　卷四十七第十部平聲副編岡韻　四四八二

鬤 或作䰂 亂皃也楚辭大招被髮鬤只注。集韻云䰂鬤髮亂

躟 疾行也廣韻 𨃷躟行遽也集韻

勷 劻勷迫皃廣韻。集韻迫作遽

（⿰襄殳）

瓤 瓟瓤瓜中集韻 瓤瓜中子也爾雅釋艸釋文引三蒼。壹按專言子義涉偏枯皮中子外皆瓜之瓤也 瓤瓜實也玉篇

獽 獸名狨屬也集韻

徜 始良切 徜徉戲蕩也廣雅 集韻引 徜徉猶徘徊也廣韻

⿱艹尚 草名玉篇

鋿 或作⿰金嘗 磨也一曰車輪繞鐵集韻

韻史　卷四十七第十部平聲副編岡韻　四四八三

瑺 玉也玉篇

⿱常心 人行五⿱常心也集韻。壹按古用下帛之常爲五常之常義之引申也不必更有專字而俗乃製⿱常心字

⿰常鳥 或作⿰嘗隹 ⿰常鳥⿰嘗鳥鳥名廣韻

⿰酉嘗 嘗味玉篇

嬙 此陽切 嬪嬙婦官也國語晉語 嬪嬙馬注 備嬙在妃下次於妃也左氏哀元年傳 宿有妃嬙嬪御焉疏。釋文云嬙本又作廧或作牆 壹按廧牆段借字也昭十三年傳云以備嬪廧

檣 或作艢 㯿帆柱也文選江賦注引埤蒼。一切經音義三引字林云檣颿柱也

⿰足羊 小陽切 趨行也廣韻

⿰歹羊 女鬼一曰殘也集韻

（秅武）

韻史　卷四十七第十部平聲副編岡韻　四四八四

撮口評

⿺走匡 舉匡切 或作𨃷 行征伀也集韻

眶 郎凡切 或作頣 目厓也集韻 高眶深瞳子也文選西京賦 隅目高眶薛注

⿰月匡 腔也玉篇

⿱髟匡 ⿱髟匡鬤髮亂集韻

劻 或作𤹔 劻勷遽也集韻

𨃷 或作⿺走匡 𨃷躟行遽集韻

⿱艹匡 艸名集韻 ⿱艹匡隨也方言十三

框 牀門謂之框集韻。廣韻云框棺門

⿵門匡 門周木也集韻

鵟 王䣃切 [illegible] 馬耳曲也集韻

蚟 海中大蝦也廣韻

汪 水兒集韻

鵟 或作[illegible] 鳥名鵟屬五色有冠者集韻

[illegible] 或書作[illegible] 大魚集韻

徍 羽狂切 行遽兒集韻

[illegible] [illegible]鮪魚名廣韻○萱按

蚟 蚟孫蜻蛪也廣雅釋蟲蜻蛚南楚之閒謂之蚟孫方言十一○集韻引方言云促織南楚謂之蚟孫又廣韻云蚟孫蟲名又蜻蛚即今促織也

韻史

第十部上聲副編

魧韻

開口訐

䟘 胡朗切 伸足也一曰擊踝集韻○廣韻秖莿義

㮧 强也廣雅釋詁四○萱按㮧覺也廣雅釋詁四○萱按覺疑攪之破字集韻云㮧攪也撓也

𦲿 草也玉篇

㤚 很也集韻

蚢 蟲名廣韻

骯 胡口切 骯髒體胖也集韻○廣韻胖作盤

䡉 軥也廣雅釋詁三○集韻云䡉車軛也萱按車軛不聞名䡉或當如廣雅作車軥也玉篇輴軥同義於亢聲字爲合

㬒 㬒咳聲也集韻

軮 烏朗切 軮軋廣大兒也文選甘泉賦忽軮軋而亡垠注○萱按此謂軮軋與坱圠同也魯靈光殿賦李注云坱圠無齊限之兒 軮軋遠相映也漢書楊雄傳上注 軮軋聲也廣韻

駚 駚䮝跳躍自撲也山海經中山經依軲之山有獸焉其名曰𤟹善駚䮝注 䮝馬兒○集韻廣韻兒作㕣

岟 山形集韻 岟山足廣韻

炴 火光也廣韻 炴氣兒集韻

䒒 竹名玉篇云䒒無色也廣韻

𣉻 明也集韻○廣韻云𣉻六合清明

泱 泱瀼水回旋也廣韻○集韻也作兒

海朗切 潒 洄潒水回旋也廣韻

撔 橫也玉篇

盰 鹵地名

帶朗切 讜 直言也文選典引旣感羣后之讜辭蔡注又後漢書班彪傳下注。荀子非相博而黨正注云黨與讜同讜謂直言也。荁按荀用段借字讜 善言也漢書敘傳下讜言訪對注又文選景福殿賦注引聲類。書皋陶謨正義引聲類又漢書敘傳上今日復聞讜言注並云讜言善言也 讜 美言也後漢班彪傳下注又文選東都賦注引字林

欓 茱萸也廣雅釋木。集韻云欓木名越茱也

穟 𥝩穟黃穀名集韻

䕶 艸名廣韻

党 党項虜名集韻

坦朗切 儻 倜儻不羈廣韻。集韻云倜儻卓異皃 儻然失志皃莊子田子方儻然終日不言釋文

韻史 卷四十七第十部上聲副編統韻 四四八九

儻 儻朗不明之狀文選射雉賦畏映日之儻朗徐注 儻蕩無行檢也漢書傳常引司馬注 鄭甘陳段傳贊陳湯儻蕩注又史丹傳皃若儻蕩不備注云儻蕩疏誕無檢也。莊子天地儻然不受儻乎若行而失其道也司馬李作儻然儻乎又釋文云儻本作儻又繕性物之儻來寄也崔李作儻荁按儻儻皆段借也儻即惝字 未定之詞也史記伯夷傳儻所謂天道正義

懭 懭慌憂愁皃楚辭怨思月卿啾而懭慌注。廣韻云懭慌失意 懭慌無私意皃楚辭逢紛 心懭慌而不我與兮注

皫 或作 白色也集韻

曭 日不明也廣韻

矘 矘朊月不明也廣韻

爣 爣朗火光寬明廣韻。集韻云爣烺火皃

韻史 卷四十七第十部上聲副編統韻 四四九〇

灢 灢漭水皃集韻。荁按灢漭一作漭灢

簜 竹名集韻

坣 土

倘 倘然止皃集韻。又云倘止皃一曰自失皃莊子倘然止李軌說 或作儻

惝 惝也文引字林 懺惝猶懺怳也後漢張衡傳懺惝而無儔注 大皃也文選甘泉賦正瀏濫以宏惝兮注引服虔。荁按惝與敞通用此訓大皃正當作敞史漢司馬相如傳限閈靡從聽敞怳敞罔失志皃漢書司馬相如傳而止聞正當作惝 敞怳耳不蹏也漢書司馬相如傳下注 容敞怳耳不蹏也記相如傳索隱云敞罔失史

傷 眞也一曰長皃集韻。廣韻 惕

逿 突也文選思玄賦𩣡逿漫麗無前義 靡兢以迭逿舊注 逿者逿也史記扁鵲倉公傳重陽者逿心主集解引徐廣

韻史 卷四十七第十部上聲副編統韻 四四九一

逿 逿過也集韻 逿失據而倒也漢書儒林王式傳陽醉逿地注

踢 踢 春也廣雅釋詁四

𩣡 大瓜名又𩣡長皃集韻

䁡 光皃集韻

𢤒 或作 𢤒動也廣雅釋詁一。集韻引廣雅云𢤒𢡎動也

𡢃 𡢃戲也集韻

嵣 嵣嶙山石廣大之皃也文選南都賦嵣嵣嵯峨蔡注。廣韻云嵣嶙山皃

秦黨切 灢 泱灢水蜀集韻。廣韻云泱灢水不淨皃海賦 灢 不流皃玉篇

䰕 䰕氋毛深亂皃集韻

老黨切 俍 俍傷長皃廣韻 儣俍不平集韻

韻史 卷四十七第十部上聲副編統韻 四四九二

贊朗切 誏 言之明也。集韻。萱按朗訓明，言之明共一端也，廣韻併誏於朗亦是

裉 裉褬衣敝。集韻 䁁 䁁腸別名。玉篇

烺 爣烺火皃。集韻 㫰 朗訓。或作擊也。玉篇

髒 骯髒體盤也。廣韻。集韻盤作胖。抗髒高亢倖直之皃也。後漢趙壹傳抗髒倚門邊注

鸗 駥鸗馬容。廣韻。集韻容作皃。鸗驍良馬。集韻

采朗切 鋻 鈴聲。集韻

我朗切 輣 輣輪也。集韻引字林 䡆 輣車名一曰竹輿。集韻 駺 馬頭高。玉篇

散朗切 嗓 喉也。集韻

搡 塡也。集韻

韻史 卷四十七第十部上聲副編統韻 四四九三

褬 裉褬衣敝。集韻

鏁 鈴聲。集韻

磉 柱下石也。廣韻 㲊 弓硬。玉篇

蘔 或作鼓，柢也。一切經音義十七引埤蒼。蘔鼓材也，今江南名鼓匡爲蘔一切經音義廿四引字書。廣韻云蘔鼓匡木也

轙 車輞。集韻

騤 騯騤馬皃。集韻

瘬 馬病也。集韻

保朗切 鈵 固也。方言十二。又廣雅釋詁二

抦 或作棅 折也。廣雅釋詁二 柄 持也。集韻

韻史 卷四十七第十部上聲副編統韻 四四九四

昞 目明也。集韻

莔 明著也。玉篇 莔 艸名。集韻

蚢 白魚也。集韻引廣雅。集韻云蚢蟲名蟬也

倍朗切 倂 詐偽人也。廣韻

䚄 視物皃。集韻

艴 艴艴無色。廣韻

莫朗切 瞊 瞊瞀有餘視一曰恚皃。集韻

艋 舴艋小舟。廣雅。集韻引

蜢 或作蟒 胡蜢蝦蟆也。廣雅釋魚。集韻云胡蜢蝦蟆屬 蚱蜢蟲名。廣韻。集韻云蚱蜢蝗類

黽 蛙屬。廣韻。萱按黽者鼃之譌，俗字目鼃乃象形之字，不必加黽旁而後爲蛙也，即蝦蟆之胡蜢亦當作胡鼃

韻史 卷四十七第十部上聲副編統韻 四四九五

峼 峼嵣山皃。廣韻

合口評

古晃切 劓 解也。集韻

𢧵 張大皃。集韻

鄺 姓也。出廬江。廣韻。萱按鄺露字湛若，明季嶺南才人也，鄺姓至露始著

鸕 鸕鵖鳳類。集韻

苦廣切 儣 儣佷不平。集韻 觵 角利。玉篇

戶廣切 宼 廣也。玉篇引三蒼。廣韻云宼宼也

慌 或作怳 忙也。楚辭憂苦注 怳 忘也。廣雅釋詁二 慌 惚也。廣雅釋言 慌忽眼亂也。一切經音義三引漢書音義 慌忽冥寞無形也。一切經音義八引漢書音義。後漢張衡

韻史 卷四十七第十部上聲副編統韻 四四九六

傳疋慌忽於地底兮注云慌忽無形皃也慌惚若存若亡老子是謂慌惚注慌惚無形不繫之歎老子惟慌惟惚王注慌惚思念益深之時也禮記祭義夫何慌惚之有乎注恍惚者謂之似有似無也素問靈蘭祕典論恍惚之數注恍惚猶輕忽也後漢馮衍傳注

朚愰⿰目晃滉

朚 朦朚月不明也廣韻

帷 田器也玉篇

愰 愰懩心不定集韻

⿰目晃 [illegible]晄目疾廣韻

滉 或作潢大水皃也荀子王霸潢然兼覆之注。壹按此與富國篇皆段潢爲滉也宥坐篇文段洸爲滉水大至之皃也荀子富國注。宥坐其洸洸乎不屈盡似道注云滉水至之皃潢漾水無涯際也史記司馬相如傳灝溔潢漾正義引郭云

韻史 卷四十七第十部上聲副編統韻 四四九七

鎤 鐘聲集韻

茪 艸名集韻

兤 人名廣韻

腫晃切 忹 不悅玉篇

社廣切

慡 性明也集韻

塽 地高明處集韻。廣韻云塽塏高也

縔 絞也廣雅釋器。方言四云縔絞也關之東西或謂之縔又廣韻云縔屬中絞繩又集韻云縔屬底繩

樉 木名一曰木茂皃集韻

⿰禾爽 禾皃集韻

⿱竹爽 竹皃集韻

⿱艹爽 艸名集韻

韻史 卷四十七第十部上聲副編統韻 四四九八

⿰糸桑 ⿰馬桑中網也集韻

奉廣切 昉 始也列子黃帝衆昉同疑注。釋文云昉或作放當按公羊傳昉於此乎石經作放蓋二字通用昉適也齊人語公羊隱二年傳始滅昉於此乎注

迒 急行也玉篇

味廣切 惘 惘猶罔罔失志之皃文選西征賦惘輟駕而容與注。廣韻云惘然失志皃又集韻云惘𢞶失志

誷 或作至誣也廣韻

⿰耳罔 耳疾也廣韻

輞 或作輌車輞也廣韻輞罔也罔羅周輪之外也釋名釋車輞轑也爾雅釋木釋文引字林輞或曰軧軧緐也緐連其外也釋名釋車

⿰氵罔 水名在蜀集韻

莔 或作苘艸名文選鮑明遠樂府苦熱行莔露夜沾衣注

韻史 卷四十七第十部上聲副編統韻 四四九九

齊齒呼

几兩切 ⿰月強 筋強也集韻。廣韻云⿰月強筋頭

舊兩切 ⿱強言 詞不屈也集韻

⿱強兀 彊仆也集韻

⿱強鬼 鬼名集韻

蔃 艸名儉歲人食其根集韻

⿱強金 鉛屬集韻

⿰石羌 石名玉篇集韻。壹按李時珍云唐本艸有薑石即⿰石羌礰石是也

隱兩切 ⿰養力 勸也集韻

攁 發動也集韻

懩 心所欲也集韻有伎藝欲逞曰伎懩文選射雉賦徒心煩而伎懩徐注

韻史 卷四十七第十部上聲副編統韻 四五〇〇

䑋 䑋䑋欲吐集韻 䩡 治皮玉篇 崁 山足也玉篇

䏊 無貲也集韻 炴 火光也玉篇 㷔 氣流皃玉篇

䚃 視皃集韻

颺 風高皃集韻。廣韻云颺高風

㾍 㾍也集韻

㓷 刺也玉篇 㓷削也集韻

毴 毛布也廣韻

饃 或作餕 飽也方言十二 饃滿也廣雅釋詁一 餕滿也同上

璟 或作璄 玉光彩廣韻引埤蒼

影 晷也呂覽功名猶表 葟按景影古今字亦正俗字也景既加彡音隨異故不容不分見其詳則平聲景下備矣

之與影注。周禮天官序官槷以景疏云影謂於槷端自日出畫之以至日入既得影爲規識之 影形影也 淮南脩務吾日悠悠慙于影注影響言順從也後漢列女傳注

利切 響

勈 勈㔥力拒也一曰體急皃集韻

𢱍 飾也春秋傳御下𢱍馬集韻。葟按左氏宣十年傳御下兩馬服杜注云兩飾也釋文云兩徐注本作𢱍又周禮環人注引御下𢱍馬皆𢱍之譌也古無𢱍祗叚借兩字

俩 伎俩巧也集韻 兩技也呂覽簡選晉文公造五兩之士注。葟按此叚兩爲俩也

裲 裲襠其一當胷其一當背也釋名釋衣服 裲襠謂之袹腹集韻引廣雅

裲 衣名集韻

𣐩 松脂也廣韻

𦱋 艸名集韻。葟按此與十部𦱋字絕異而形極相近

𣐕 /

黔 切
丙

抓 批擊也集韻 鞝 扇安皮玉篇

篣 竹名集韻

莑 艸名集韻 淐 大水也玉篇

畫丙 切

昶 通也廣雅釋詁一。文選琴賦雅昶唐堯注云昶與暢同 葟按二字義至近但分上去耳

痪 病也廣韻

抰 傷也集韻

踦 踞也集韻

䳋 鳥名山海經基山有之如雞三首六足集韻

氅 或作鷩 鷩鳥毛也廣韻。葟按徐鍇謂氅析毛羽爲旗纛之屬則不專指鷩羽

廠 屋無壁也集韻。葟按凡屋之宏敞高顯者皆得名廠不必定是無壁廣韻云廠屋也

𢿙 寬也廣韻

倎 或作惡 腆惡也廣雅釋詁三

䫲 醜也廣雅釋詁二

𠜻 皮傷也廣韻

鋹 利也廣韻

忍丙 切

𥫞 弓曲也集韻

此丙 切

篸 竹玉篇 墭 基也玉篇

爣 火也集韻

㼩 雌黃之惡者集韻

始丙 切

扃 戶耳也玉篇

小丙 切

遑 行皃廣韻。集韻皃作也

彥丙 切

茚 草出池水邊玉篇

鐌 鐌䥫器鈕一曰錦名集韻

嵻 山名廣韻
蒙 艸名廣韻
鶲 鳥名集韻
蠓 ○俗有蠓蠓即今蠛蠓爾雅釋蟲蠓桑蒴注蟧蛉也廣雅釋蟲蠓蛄或謂之蟧蛉方言十一○廣雅釋蟲云蟧蛉蠓姑也
鱌 魚名似魟白鼻長也廣韻○集韻云鱌魚名白魟也
養 或作鰲 乾魚腊也廣韻○萱按乾似饈字言腊足矣何又言乾集韻云鰲魚腊

撮口許

𧶽 絜悅切 ○作𧶽 者謂載器也廣韻引埤蒼○集韻云𧶽負載器也
幜 帛玉篇
暻 明也曲見悟也廣韻
絅 郡永切 布名玉篇

𣀷 翔悅切 使人也廣韻○集韻少人字
㳌 往也揚雄弔屈原作此以其去水中故从水集韻○萱按子雲反騷因江潭㳌記兮注云㳌往也
泟 大水也一曰水名在譙郡集韻○又云泟陶縣名在雁門泟停水臭一曰水兒集韻萱按泟即汪字此段汪爲泟也
梀 木名集韻○廣韻云梀木可爲笏
䑡 許永切 黃䑡蟲名集韻
𤇾 仲永切 火久也玉篇五音集韵
昉 甫悅切 古仿佛見似不諦玉篇

韻史

第十部去聲副編

更韻

開口評

莄 改宕切
㭌 古
閌 口宕切 高也文選甘泉賦閌閬其寥廓兮注閌閬高門兒漢書揚雄傳上注 閌盛兒詩緜釋文引韓詩
𥦗 𥦗𥦗高下不平兒集韻
𩞤 黃也集韻引廣雅

蝪 口
𡇡 蔵也集韻
𥁋 桒宕切 或作謚 聲也集韻
𥇜 瞌旹日無光集韻
檔 檔椿木名集韻
絎 海宕切 縁也廣雅釋詁二○廣韻云絎刺縫
䳟 平去兩讀 荒鳥也玉篇
𩴵
儅 帶宕切 俖儅不常也一曰了也集韻
譡 言中也廣韻○集韻中下有理字

擋 摒也集韻。蓋擋摒擋攩摒除

檔 橫木也集韻

艡 艤艡舟也集韻

簹 車當也集韻

闣 坦抗切 閂闣人廣韻。蓋據閂闣人不可解疑有譌奪 闣盛兒五音集韻

趤 越逸游集韻

圐 或作圐 碭圐石聲集韻。廣韻云圐碎石聲

閬 門不開集韻

宕

瞊 不明也玉篇

薚 藺薚毒艸也一切經音義七引埤蒼

鐋 或作鋿 工人治木器廣韻

揚 排也廣韻

儴 奈宕切 或作懹儾 寬緩也集韻

儴 行兒集韻

鬤 鬤亂集韻

壤 坱壤塵也廣韻。集韻云壤塵也一曰土窟

巙 或作㠊 山限也集韻

蘘 蘘蘘艸兒集韻

[走襄] 老宕切 [走襄][走襄]逸游集韻

眼 暴也集韻

[罒良] 莽[罒良]廣大兒集韻

[扌良] 擊也集韻

浪 迥兒集韻

埌 冢也廣雅釋丘。又莊子列禦寇闉胡嘗視其良釋文。方言十三云冢秦晉之間或謂之埌 壙埌原野

藺 或作藺蕿 藺薚毒艸也一切經音義七引埤蒼

趟 爪宕切 趟趟行兒廣韻。集韻云趟趟跟蹚也

䁺 莊宕切 佳視也廣韻。集韻云䁺定視也

瞀 舂也集韻

[石長] 塞也廣韻 [石長]磨也集韻

臟 采宕切

古秖用藏字一變而爲藏再變而爲臟 諸陰爲臟素問寶命全形論知腑臟血氣之診注。方盛衰論陰氣不足注云 藏水氣也素問氣交變大論藏者陰氣注云臟謂肺臟又脈解篇上則 臟會素問脈要精微論 藏者神之舍素問三年九候論五藏已死注云藏府聞注云藏脾也耶容於藏府聞 五藏者中之守也素問脈要精微論 夫五藏者身之強也同上 五臟者藏精氣而不寫也故滿而不能實素問五藏別論 五藏也漢書王吉傳吸新吐故以練藏注。素問氣穴論藏俞五十穴注云藏謂五藏又陰陽應象大論人有五藏化五氣注云五藏謂肝心脾肺腎又白虎通情性云五藏 臟謂神臟素問陽明脈解篇連者何謂也肝心肺腎脾也 則臟者爲陰注。瘧論舍於五藏 注云藏謂五神藏也 五臟則死注靈樞言論 何藏注云藏謂五神藏也 五藏謂五神藏也五神藏者肝藏魂心藏神脾藏意肺藏魄 腎藏志而此成形矣素問生氣通天論其氣九州九竅五藏十二節注。周禮疾醫參之以九藏之動注云藏之動謂脈至與不至正藏五又有胃膀胱大腸小腸

脉之大候要在陽明寸口

鞏 修車也廣韻

⿰目倉

⿰禾倉 七浪

⿰山卬 我宕切 山名在越集韻

⿰言卬 魚

⿰車卬 牛

⿰彳卬 戱⿰彳卬行不端集韻

⿰食卬 食無廉集韻

鞕 或作硬 堅也 廣雅釋詁一 ○一切經音義廿五引字略云物堅曰鞕 鞕牢也 一切經音義廿五引字書

韻史 卷四十七第十部上聲副編統韻 四五一三

⿰扌桑 散宕切 ⿰扌桑也集韻

⿰日桑 眼⿰日桑⿱日桑爇也集韻

⿱穴⿰爿旁 保宕切 臥驚病集韻

⿰巾旁 抱宕切 書帖也集韻

塝 地畔也集韻

⿰阝旁

⿱艹盂 莫宕切 艸名集韻

⿰日黽 以證

合口呼

矌 古曠切 目無色集韻

韻史 卷四十七第十部上聲副編統韻 四五一四

⿰月廣 腫皃集韻

穬 飾色也集韻

⿰足廣 路⿰足廣遠也集韻

⿰山廣 山名集韻

⿰酉廣 蠢曠切 酒也集韻○廣韻云醱⿰酉廣酒也

⿰日黃 戶曠切 ⿰日黃眼明皃集韻

⿰糸黃 繩束也集韻

⿸疒壯 腫曠切 病熱也集韻

⿰爿馬

⿰氵壯 或作奘 實米於甑也集韻○廣韻云⿰氵壯水也

韻史 卷四十七第十部上聲副編統韻 四五一五

⿰氵狀 蠢曠切 或作⿰木狀 水⿰氵兔漘皃集韻

⿰女旁 布

⿰言妄 味曠切 誑也集韻

⿰古止 武放

齊齒呼

莧 几向切 艸名集韻

獍 獸名食人廣韻

⿰目景 ⿰目京⿰目景目病也廣韻

⿰犭憂 舊向切 後陳公子名玉篇

弶 或作擏 施罥於道曰弶今畋獵家施弶以取鳥獸者其形似弓

韻史 卷四十七第十部上聲副編統韻 四五一六

也一切經音義十八引字書○集韻引字林云猄施罟於道。

隱向切

嵹 山名集韻

⿰亻羕 立動皃集韻

⿰言羕 聲變也集韻

⿰忄羕 恨也集韻

⿰女羕 女字集韻

⿰食羕 或作⿰食兼 餇也廣韻引方言

⿰犭羕 或作⿰犭兼 獸名如狻猊食熊羆集韻

映 或作暎 日陰曰映文選王仲宣七哀詩山岡有餘映注引通俗文 映傍照也華嚴經音義上引字書 映猶照也文選陸士衡贈馮文熊遷斥丘令詩雙情交映注 映曬也小爾雅廣言 映明

韻史 卷四十七第十部上聲副編統韻　四五一七

也 隱也廣韻 映不明也華嚴經音義上引字指 映猶蔽也文選應詔觀北湖田收詩金駕映松山注 映蓋謂冠與車蓋相映後漢張衡傳注

陰漾切

響 沓也集韻 響非美言也廣韻

⿱艹香 芒菱集韻

念向切

⿰衤羕 襐也廣雅釋詁一

利向切

悢 或作⿰忄亮 悵也廣雅釋詁三 悢悢猶眷眷也後漢陳蕃傳注 悢悢悲也廣雅釋訓

喨 或作哴 悲也廣雅釋詁三 號極無聲曰喨哴一曰兒啼不止集韻 喨吭吹兒廣韻

掠 或作⿰月京 笞擊也漢書江都易王非傳不中程輒掠注陳咸傳下獄掠治注○呂覽仲春無肆掠注云掠笞也 掠問也後漢章帝紀注 掠考捶禮記月令毋肆掠釋文 掠謂略奪也漢書高帝紀上毋得

韻史 卷四十七第十部上聲副編統韻　四五一八

鹵掠注○後漢光武紀上注云掠奪取也又鄧訓傳注云掠劫奪也 掠謂剽伐之 命虞人掠林穆天子傳五注

聆向切

漲 或作涱 水之大皃也文選江文通望荆山詩雲霞肅川漲注○江賦躋江津而起漲注云漲水大之皃 漲洞皆深廣之皃文選江賦漲截洞注 起漲者沙始起將成嶼也文選丘希範旦發漁浦潭詩注引山居賦注

⿰土張 或作⿰土長 沙墳起也集韻

脹 或作痮 脹謂脹起素問調經論志有餘則腹脹飧泄注 痮病也廣雅釋詁一 張腹滿也左氏成十年傳將食張如廁注○萓梅此段張痮脹也 爲皮張治皮腫起山海經中山經豐山多羊桃可以爲皮張注

嶂 山之高險者集韻○廣韻云峯嶂

韻史 卷四十七第十部去聲副編史韻　四五一九

畜向切

瘴 癘也集韻○廣韻云瘴熱病

⿰目長 失志也廣韻

淌 大波也玉篇○淮南本經淌游瀷減注云皆文畫擬象水勢之皃

忍漾切

懹 難也廣雅釋詁二 懹憚也陳曰懹方言七

欀

始向切

恦 念也集韻

姠 女字集韻

此向切

⿰向鳥 女⿰向鳥工雀也廣雅釋鳥○廣韻云自關以東謂桑飛爲女⿰向鳥郭璞云工雀今謂之巧婦

⿰黍易 或作⿰黍麗 不黏之皃廣韻

𢪘 刺也集韻

⿺辶䴵 䴵敗曰⿺辶䴵集韻

韻史 卷四十七第十部去聲副編史韻　四五二〇

撮口呼

況衆切 眖 明也集韻

況詡切 脠 腹中寬也集韻 脠腔也同上

誆 謬言也廣韻○集韻云誑誑言

況羽切 性 憺也方言十二

眭 視也玉篇

艌 舟行也玉篇五音集韻

眖 視也集韻

肕 水名集韻引字林

許旺切 晃 日中風玉篇

韻史 卷四十七第十部去聲副編史韻 四五二一

岲 山名廣韻

韻史 卷四十七第十部去聲副編史韻 四五二二

韻史

何萱撰著

商務印書館發行

第九册

何萱撰著	韻 史 第九册	商務印書館發行

韻史 卷四十八至五十一目錄

第十一部形聲

生聲 正聲 成聲 丁聲 盈聲 壬聲與七部壬別

廷聲 呈聲 戔聲 戴聲 青聲 名聲

鳴聲 敓聲 殸聲籀文磬 寧聲說文作寍 寍聲 甯聲

亭聲 貞聲 平聲 晶聲 粤聲 頃聲

熒聲 冂聲 冥聲 黽聲 嬰聲 鼎聲

冂聲古文作回 幵聲 幷聲 井聲 𢍏聲隸作幸 㣇聲

耿聲 霝聲 巠聲 爭聲 賏聲 嬰聲

竝聲 鄭聲 定聲 垟聲 嬴聲 嬴聲

韻史 卷四十八至五十一目錄 四五二三

韻史 卷四十八至五十一目錄

第十一部音讀

四聲表

開口 耕巠嬰○ ○○○○ 爭琤○生 ○猜○○ 絣抨○○○

評 ○○○莖 ○○甍○ ○晴○○ ○○娙○ ○○○○○

齊齒 經輕嬰馨 釘汀○○ 貞檉○聲 晶青○星 缾娉○○○

評 ○擏盈刑 ○亭寍霝 ○呈○成 ○情○○ ○平鳴○○

撮口 扃傾縈嫇 ○○○○ ○○○○ ○○垟○ ○○○○○

評 ○焭榮熒 ○○○○ ○○○○ ○○○○ ○○○○○

右平聲

韻史 卷四十八至五十一目錄 四五二五

韻史 卷四十八至五十一目錄 四五二四

韻史 卷四十八至五十一目錄

開口評 耿頩濘奉 ○○婷○ 紅○○○ ○○○○ 絣䴵○○○

齊齒評 儆謦郢婞 頂挺楨○ 整逞○青 井請睲渻 秉○酊○○

撮口評 熲褧頴泂 ○○○○ ○○○○ ○○○○ ○竝○○○

右上聲

開口評 ○○鞕諍 ○○○○ 諍鋥○○ ○○○○ 迸胼○○○

齊齒評 敬罄○脛 鋌定甯○ 政鄭○聖 ○請○姓 併聘詺○○

撮口評 ○○瑩詗 ○○○○ ○○○○ ○○○○ ○○○○○

右去聲

韻史 卷四十八至五十一目錄 四五二六

四聲表

今平 耕巠罌○ ○○○○ 爭錚○生 ○猜○○ 絣抨○○○

易平 ○○○巠 ○○○○ ○情○○ ○○娙○ ○○○○○
上聲 耿 頩 䋝 ○○○○ 竮○○○ ○○○○ 絣竇○○○
去聲 ○○ 瓔 諍 ○○○○ 諍 䋝 ○○ ○○○○ 迸 䴵 ○○○
入聲 ○○○○ ○○○○ 賀 扶 日 瑟 ○○○○ ○○○○○

右開口評 在此部入聲詳十二部

全平 經 輕 嬰 磬 釘 汀 ○ 貞 檉 ○ 聲 晶 青 ○ 星 𨓍 甹 ○ ○
易平 ○ 繖 盈 刑 ○ 亭 寧 儜 ○ 呈 ○ 成 ○ 情 ○ ○ ○ 平 鳴 ○ ○
上聲 做 謦 郢 婞 頂 挺 擰 ○ 整 逞 ○ 肯 井 請 䁝 㴸 秉 ○ 酩 ○ ○
去聲 敬 磬 ○ 脛 錠 定 甯 ○ 政 鄭 ○ 聖 ○ 清 ○ 姓 併 聘 詺 ○ ○
入聲 吉 詰 一 肹 噎 ○ 糾 栗 ○ 抶 ○ ○ 即 漆 肌 悉 必 匹 蜜 虙 ○

韻史 卷四十八至五十一目錄 四五二七

韻史 卷四十八至五十一目錄 四五二八

右齊齒評

全平 扃 傾 縈 䁝 ○○○○ ○○○○ ○○○埩 ○○○○○
易平 ○ 煢 𤇾 熒 ○○○○ ○○○○ ○○○○ ○○○○○
上聲 熲 褧 潁 泂 ○○○○ ○○○○ ○○○○ ○○○○○
去聲 ○ 䁝 榮 詗 ○○○○ ○○○○ ○○○○ ○○○○○
入聲 肷 ○ 鴆 洫 ○○○○ ○○○呴 ○○○卹 ○○○○○

右撮口評

入聲與十二部同

韻史卷四十八至卷五十一目錄

第十一部韻目

平聲耕 上聲耿 去聲諍 入聲質 詳十二部

平聲耕韻

開口評

耕 甿耕切 𦙶○ 硜 伵耕切 𤏙 䃘 徑平去兩讀異義 聲 䅇○
眼 茎耕切 罌 𦀌 䳭 嚶 櫻䴉○
䳭 縈 䁝 𤇾 丁 𦩷 嚶 争 ○ 爭 笙切 鏳 錚○
綧 箏 孳 丁 義兆讀分 玎 讀兩
琤 苞耕切 生○ 坓 甥 笙 狌
猜 繁耕切 抨 祥耕 拼 𥕛 併○ 迸 詽 竦耕切 姘 讀平上兩義分 㳙

韻史 卷四十八至五十一目錄 四五二九

韻史 卷四十八至五十一目錄 四五三〇

○ 海經切 葵 瀯 𦨔 葉塋切 盆 萗 茎切 情 峥 埩 平上兩讀 淨 凈○
齊齒評

打 侍 敹 娙 眼塋切 涇 經 𨓍○
荆 葥 䳭 婴 浣青切 瓔
樫 平去兩讀義分 劉 平上兩讀 輕 舊荊切 罌
馨 向荊切 歎 丁 朗青切 兩義讀分 玎 兩讀 釘
靪 門 挑荊切 綎 桯○ 䋝 艇 楻
汀 玎 叮 上切 兩讀○ 平 芋 貞 掌青切 䁝○
禎 楨 湞 隕 正 去 正 平 兩讀
珽 延 征○ 鉦 紝 鼯 龍荊切 靚○ 靚
經 頳 赬○ 赤 鮏 浾 赬 理 謦 始青切

婧 菁 精 婧平去兩讀 鶄鶄
蜻 菁 青 清 星 暒星○
聤 鯖 腈 鯖 并
鯖 輕 倩 䴖 䴖
經 䴖 靖 鯖 鯖
笙 䴖○ 鐵○ 形 ○ 十二部 一部 刑 二部 兩讀 刑
鉶 二部 十一部兩讀 钘
亭 亭 珽 庭 寧
筳 莛 廷平去兩讀 迎 灣

窯 靈 霝 寍 霊
鄳 鄳○ 雴 靈○ 靈
鐳 橋 蒞 蘦
醒 鍼 婧 咸 賊
城 鍼 鄭 成 成
泙 經 抨 泙
擗 狞 辯 屏
軿 軿○ 辯 辯
名 冥 瞑 覭
溟 鄍 螟 熒 十一部 十六部 入部 平 兩讀

鳴
冂 同 坰 駉
頂 平上兩讀 義分
熒 熒 頌 綗
熒 熒 熒
熒 熒○ 熒
熒 熒
嶸 嶸
上聲耿韻
耿 耿 秊
儆 警 憼 璥 頸

剄 平上兩讀 痙 疢 謦 磬 謦
婙 悻 悻 郢 鼎 挺
娗 娗 顛 頂 頂 顛
珽 珽 逞 逞
打 町 上打 瑒○ 平 兩讀
程 程 呈 逞 聘
鞓 省 省 婧 婧
井 郱 鄭 請 平上兩讀 上去
靜 睜 淨 兩讀 平上 彰

服挺切 秉 餅 鉼 竝 平上兩讀義分○併 屏 平上兩讀
庰
撮口呼 春迸切 熲 炯 去迸切 扃 頃 平上兩讀分義○𩓥 䫴
檾 蘏 蕳 褧 蘏○ 羽迸切 熒 頴 頴○ 潁
許迸切 迥 泂 縈迸切 䪿 迸 竝
去聲諍韻
開口呼 酌鍂切 諍 勁 徑 逕
齊齒呼 几定切 敬 𢽳 磬
𦐉敬切 磬 殸 經 經平去兩讀異義 罄
何敬切 脛 踁 徑 卯敬切 鋌 眺敬切 定 頂○

聽○聽 廷 平去兩讀 念敬切 甯 平去兩讀○寍 濘 平去兩讀義分
事定切 正 ○正 足 去○ 政 䆘 寵敬切 靚
始敬切 聖 ○聖 聑 盛 平去兩讀義分 淺敬切 頲
瀧 淵○ 清 綪 請 上去兩讀 瀞
婧 平去兩讀 姘 阱 穽 恭○ 𡪢 想定切 姓 𡧯○ 倩
性 腥 服敬切 併 避敬切 聘 聘○ 娉
偋 垩 坪
撮口呼 羽詢切 縈 鎣 瑩 平去兩讀
許縈切 詗 䛭偵
入聲質韻見十二部

韻史卷四十八

泰興何萱石閭譔集 子庚校字

第十一部平聲

上海顧錫麒竹泉覆審

耕韻

武進李兆洛申耆鑑定

開口呼

耕 歐莖切 ○俗𤚩也○說文段注牛部曰𤚩耕也人用以發土亦謂之耕有明𤚩也○山海經海內經曰稷之孫曰叔均是始作牛耕注云始作牛耕始用牛𤚩也○萱按史記仲尼弟子傳魯冉耕字伯牛宋司馬耕名牛是皆自古有牛耕之明證耕齊也廣雅釋詁四

牼 侃耕切 牛郗下骨也春秋傳宋司馬牼字牛說文段注牛郗下骨謂牛脛也脛者骹也按仲尼弟子列傳宋司馬耕字牛左傳哀十四年兩書司馬牛不偁其名耕云司馬牼豈即司馬耕與外此昭廿年廿一年宋有華牼孟子書有宋牼皆不傳其字○荀子非十二子是墨翟宋鈃也注云牼與鈃同宋鈃孟子作宋牼萱按牼鈃同部

通用但未審孰為正字

羥 羊名也說文段注按初學記引說文揩閑反蓋本音隱考工記顧字故書或作牼劉音牼苦頻反皆變聲合韻也 左傳鄭子羥卒穀梁作䍲

硜 平去兩讀異義 硜磬果勁 史記樂書石聲硜集解引禮記王肅注○萱按此義似可兼兩讀硜本磬之古文引申為凡堅确之偁 硜、堅正難移之皃也論語子路皇疏硜：者小人之皃 論語子路硜：然小人哉集解引鄭注○萱按孟子公孫丑下注引論語作悻：然盍趙以硜：為段借字也

磬 ○有䡑俗車堅也說文段注堅者剛也

睍 紫耕切 頸飾也說文段注貝為飾也

罌 或作缶也說文段注缶太平御覽作罌今按作缶為是許意 缶也缶罌一物也方言瓶㼚甂甈罃甀甖甄甀 罌也自關而西晉之舊鄭河汾之閒其大者謂之甄自關而東趙魏之郊謂之瓮或謂之甖、其通語也甀即甖即罌

瓦部曰罌謂之甀甇罌也康瓠破罌也史漢淮陰侯傳曰信乃益爲疑兵陳船欲渡臨晉而伏兵從夏陽以木罌缻渡軍襲安邑太罌缶者以木爲罌狀實兵於其中無船不欲人知故也韋昭云以木爲器如罌以渡軍無船且尚密也說是也器之大者罌缶謂瓶之大腹小口者也漢書韓信傳注罌瓶也雅釋器○左傳襄九年注云罌可以汲水也又漢書趙廣漢傳推破盧罌注云罌所以盛酒也

謂之罌穆天子傳二黃金之罌注二

罌 聲也說文段注思玄賦鳴玉鸞之罌罌原注罌罌聲也按篆下當有罌罌二字○漢書張衡傳注云罌罌聲也罌罌鳴也廣雅釋訓罌罌鳴也人碑云嚶嚶○當按李翊夫

嚶 或作嚶○鳥鳴也說文段注小雅鳥鳴嚶嚶毛曰嚶嚶驚懼俗言嚶○按詩鳥鳴也釋訓曰丁丁嚶嚶相切直也鄭曰嚶嚶兩鳥聲也按詩鳥鳴嚶嚶出自幽谷本不言何鳥昔人因嚶嚶似離黃出自幽谷本土而登樹故就嚶嚶改鸎爲倉庚之聲名唐試士以鸎出谷命題本毛詩也古者倉庚名離黃名離黃名楚雀名黃栗留黃鸝而不名黃鸎亦無

韻史　卷四十八第十一部平聲耕韻　四五三九

鸎字也惟高誘注呂覽曰含桃鸎桃鸎鳥所含陸璣詩疏云黃鸝幽州人謂之黃鸎ˋ字始見要因其聲製字耳詩果名依高誘作鸎桃爲是鄭注月令字作櫻桃者乃俗人所改詩文文桑扈有鶯其羽毛公云鶯然有文章也鶯鶯非鸎唐人耕韵鶯注鳥羽文也鸎後人乃謂一篇中可並用鶯鸎本黃鸎字皆如此元明以後淺人乃謂古無鸎字盡改爲鶯而鶯失其本義而昔人因嚶製鸎之理晦矣玉篇鶯鳥有文鸎黃鳥也分別亦是而倉庚爲黃鳥矣詩之訓毛詩黃鳥非倉庚也至集韻類篇乃皆合鶯鸎爲一字斷謂之不識字

鳥鳴 爾雅釋訓嚶ˋ鳥聲也 文選琴賦注嚶ˋ鳥鳴之清也 楚辭惜誓注嚶ˋ兩鳥鳴 漢書揚雄傳上嚶ˋ相命也

鴻雁注嚶 櫻 桃 含桃也 文選南都賦乃有櫻梅山柿注引漢書司馬相如傳上注張揖云櫻桃含桃也 櫻桃即今之朱櫻也 如漢書司馬相如傳注櫻桃 隱注引一名含桃

鸚ˋ鴟 能言鳥也 說文段注曲禮曰鸚鵡能言不離飛鳥○當按鸚鵡鳥名出於蜀郡亦隴者是其色綠能效人言鸚鵡變爲鶹音亦隨形而遷矣諸葛恪在淮南後所說猶是鸚

韻史　卷四十八第十一部平聲耕韻　四五四〇

毋至狄梁公借鸚鵡喻武世遂皆作鸚鵡耳俗又呼爲鸚哥

鶯 鳥有文章兒 詩曰有鶯其羽

說文段注鳥有文章兒五字各本作鳥也必淺人所改今正毛詩曰交ˋ桑扈有鶯其羽有鶯其領傳曰鶯ˋ然有文章兒舊作也非鶯ˋ即鸎字也改說文光彩不定故從熒省會意兒形聲自淺人謂鶯即鸎字不可爲鳥不辨而與熒省會意下引詩不貫於形聲會意亦不合說文爲鳥也文選射雉賦鸎綺翼而經撾徐注○當按賦及注鸎字蓋俗所改也白帖九十五引注桑扈傳有鸎其羽亦爲鸎文章兒

甇 備火長頸缻也 說文段注缻備火長頸缻也

或作罃是也謂汲水貯水之器也分師古注日缻即罃也罌罃之二字引許氏說文解缻五行志則罌盎也備火本罃今之罌今頸甁也水器缶也罌之屬備火長頸甁者備火之器今則長頸甁長水器按缻謂盛水且兒之傾覆也其說長頸餅者者杜注長頸也器依許則劃然二物其火長左傳杜者按各長之器而以多也說雖不與許同二字也罌大爲小用之各不近則人謂其頸一以字甁也罃亦畫爲二罃令本廣雅同方言下言罃鐘也爲二罃令本廣雅同方言甁罃甁也廣雅釋器周洛韓鄭之間甁或謂之罃五方言之下罃甁一

韻史　卷四十八第十一部平聲耕韻　四五四一

嫈 小心態也 說文段注廣韻嫈下作嫈娛心態也即許書嫈下之小心態也九思引作嫈娛令廣雅釋詁一嫈好也 字林嫈娛心態引作嫈娛疑令

笙 爭 的切

李說文嫈也說文段注凡言爭者引之使歸於己有俗有誤引也說文段注凡言爭者皆謂引之使歸於己爭者競也孝經在醜爭鬥也○當按廣雅釋文者云爭二字本義不爭注爭書釋文引有○閱訟爭謂爭也故本又作静爭諫也呂覽以也左傳廿四年注爭諍也爲之爭也左傳其上之過注○荀子爭有云爭決也與覽呂顧王爭民一功名爭其上之過也則可下用則子死道謂之爭者人之所本也呂氏南淮能進言爭者於君用則可下用則子死道謂之爭月令爭者人之所本也南淮旦之注爭者陰方盛陽欲起也陰陽爭注死生爭陰陽爭者爭也 道爭士齊也太衡手爭有趣乎太錯乎爭者末節也史記平津侯主父傳爭者事之末也國語越語爭者逆德也說苑指武爭者亂之所由興也大戴記曾子事父母對辯曰爭有非爭有爭注爭謂爭辯者作亂之所由興也文選辯亡論上而與天下爭衡矣注爭衡謂角其輕重也

韻史　卷四十八第十一部平聲耕韻　四五四二

錚 ○俗有鎗 金聲也 說文段注後漢書曰鐵中錚錚鐵堅則聲異也玉篇云錚同鎗非是 錚聲也 廣雅釋詁四○文選長笛賦錚鐄營嗃注云錚鐄聲也 錚錚金也 後漢書劉盆子傳注 錚鎗玉聲也 文選籍田賦注○萱按此段錚為琤也

綪 紆未縈繩一曰急弦之聲 說文段注紆未縈繩謂之紆重疊繞之如環者紆者誑之也少禮誑曲之引申之為凡縈曲之偁凡紆曲者謂之綪而已矣一曰急弦之聲之爾雅小器一云曲為紆曲也士喪禮注陳也 少儀注曲禮上綪大夫士者 爾雅綪 廣雅釋器綪紆也 詩則綪赤繒 楚辭注 玉藻記 左傳綪茷 世說 史記 陳紆曲 禮經注縈也 鄭注○萱按此注又禮記玉藻為綪 家語王肅注 集解引徐廣曰綪結也 周禮 去聲 鄉黨注 士喪禮注 急弦之聲 廣雅釋言

箏 五弦筑身樂也 說文段注 平御覽正風俗通作箏 本文 太平御覽引風俗通曰謹按樂記五弦筑身也今并梁二州箏形如瑟不知誰所改作也或曰秦蒙恬所

造據此知古箏五弦恬乃改十二弦變形如瑟耳魏晉以後箏皆如瑟十二弦唐至今十三弦筑似箏細項古筑與箏相似不同瑟也言筑身者以見形如瑟者之非古也言五弦筑身者以見箏之弦少於筑也宋書樂志箏施弦高急箏箏然改筑身為瑟身誤矣筑箏皆木為之也樂釋名釋樂器箏小瑟也箏楚辭而彈譜慫命注挾人

箏 箏箏逗艸亂也杜林說箏藪艸兒 說文段注箏薡蕫韵此蓋出蒼頡訓纂蒼頡故

丁 用義讀分丁丁極材聲也廣雅釋訓丁丁伐木聲也 詩兔罝椓之丁丁傳丁丁椓杙聲也嚶嚶相切直也詩伐木箋 許伐木傳○爾雅釋訓注云丁丁伐木聲 詩代木箋

打 在彼注

琤 玉聲也 說文段注按此字恐系琀之俗 錚鎗玉聲也 文選籍田賦注○萱按此段錚為琤 衛子錚鎗也

切 精耕

生 精耕切 ○俗有出唐武后製匿 進也象艸木生出土上 說文段注下象土上象出○小爾雅廣詁云生生進也 生生不絕之辭 易繫辭上傳 生生之謂易 易下繫辭傳 天地之大德曰生 易繫辭下傳 天地之所貴曰生 文太平御覽引大戴禮記 杜欽傳 天地之所貴也 生天地之大德曰生 生於陰陽象 左傳昭廿五年傳 生好物也 成形謂之生 大戴記本命 氣之施化故曰生 物資始於天謂之元 大戴注論 形而發謂之生 易象傳上始 素問 天元紀大論 化生謂之生 形與知處也 管子內業 生者 禮記樂記注 知氣合陰陽生氣也 生乃有知 管子心術 呂覽 知分 素問 氣合而有形 漢書 楊雄傳 張衡 舊注 全生 於公羊 以全生為上 呂覽貴生 生姓也 生生之始 許慎 注 說文 生 又生 與 死生 其 分 九類 晉 陶淵明 傳 禮記 樂記 注 文選 詩 生 聊以 死 生者 始終之數也 禮論 易繫辭上傳 生於 何 生事也 公羊 桓八年傳注 人之所得以生也 故知死生之說 生 生寄也 淮南 精神 ○莊子 造也 專事之辭 生者 公羊 何注 遂事之辭

精神○莊子天地 之生者 云 生也 生者假借也 假生治也 呂覽懷寵 ○能生 云 子玉篇 而生生民 則為 謂之生 廣雅 云 ○ 生 者 天 引文 選 魏 都 賦 注 生 出 也 素 問 陰 陽 大 論 注 人 一 生 食 覺 也 自 無 出 有 曰 生 劉 向 四 氣 神 大 注 呂 覽 勸 學 生 謂 動 出 也 注 生 長 也 學 注 一 生 也 則 外 天 之 道 生 謂 滋 生 長 也 莊 子 天 論 生 物 謂 注 於 動 不 以 也 莊 子 庚 桑 楚 也 則 生 其 於 禮 注 天 之 生 民 生 謂 生 也 大 元 起 也 生 猶 長 也 以 陽 生 陰 禮 記 太 宰 以 長 生 者 天 子 之 注 素 問 陰 陽 生 長 也 生 猶 養 也 漢 書 律 歷 志 生 萬 民 之 所 文 選 隱 士 生 業 也 生 治 也 集 注 漢 書 引 注 云 生 業 財 生 謂 生 之 生 業 也 ○ 漢 書 谷 永 傳 生 生 之 謂 也 又 詩 風 雅 生 民 生 注 云 生 則 為 生 ○ 老 子 無 厭 其 所 生 注 以 生 為 生 也 其 生 莊 子 生 之 生 有 生 者 德 之 光 也 莊 子 庚 桑 楚 生 者 德 之 光 也 莊 子 文 選 注 引 莊 子 注 生 謂 生 生 也 待 之 而 生 也 莊 子 田 子 方 注 生 謂 無 瑕 釁 也

考工記矢人欲生而搏注生者教化生也易象下傳觀我生荀注父死子繼曰生公羊
莊卅二年傳一生一及注魯我生者母也後漢書崔駰傳注震為生易觀、我生虞注震、蘇
蘇虞注數辭上傳亂之所生也虞注○象下傳天施地生虞注云震為出生又說卦傳云震為反生生先生也
漢書賈誼傳生之氣已故兮注貢禹傳朕以生有伯奕之焘注○高帝紀上以魏地萬戶封生注云生猶言先生先
生何也猶言先醒也韓詩外傳六○賈子先醒云非為先生也為先醒也生謂知學
之士也管子君出而官諸生之職者也注○史記儒林傳言自魯高堂生索隱云生者自漢以來儒者皆號生亦
先肖字呼之早生謂生民易觀、我生虞注○荀子致士生民欲寬注云生民謂以德教生養民也蒼生
猶黔首也文選出師頌蒼生更始注生類謂天下萬物之類也文選東京賦常畏注
類之殄也許注○國語生乃不殄注云生人物也楚語生謂粢盛周禮春官序官疏引國語能知四時之生
孔服注○荀子禮論飯以生稻注云生稻米也生熟謂好惡也莊子天道生熟不盡於前釋文○釋文引

司馬注云生瞻也生材養竹木者周禮大司徒九曰生材注生器用器也弓矢盤
孟之屬荀子禮論具以適墓注生常營其生為生、莊子大宗師生、者不生釋文引崔
注○素問天元紀大論生：化：注云上生謂生、歎名
之有情有識之類也下生謂無情無識之類也
周書王會都郭生：歎羽注○賁按此段為姓：也姓：郎
程：○又按古用生為姓為姓為姓為胜為涅皆省借也又
有生：作主
者破字耳

甥

謂我舅者吾謂之甥說文段注釋親文此注釋甥義也若母之昆弟為吾舅則謂吾為甥矣若妻之
父為吾外舅則亦謂吾為甥矣釋親妻黨章曰姊之子為甥
舅之子為甥妻之晜弟為甥姊妹之夫為甥注謂平等相甥
非也姑之子吾父世得甥之舅之子吾母姪之吾父得甥之
妻之昆弟吾父母得甥之姊妹之夫吾父母婿之而甥之是
四者皆舅吾父者也舅者者舊之偁甥生者後生之偁故異
姓尊卑異等者以此相偁爾雅類列琴此亦以見舅之子妻
之昆弟偁吾父皆曰舅不似後世俗呼也其亦文如此者從
其便也自來不得其辨則謂平等相甥吾婿妹之夫吾父既

甥之矣吾又呼之為甥此宜正名之義乎姑之子為外兄弟
舅之子為內兄弟妻之昆弟為婚兄弟姊妹之夫為姻兄弟
既正其名矣又安得清之子外孫子偁彌甥姊妹之孫離孫
也亦偁從孫甥皆見左傳釋名妻之昆弟曰外甥一條最為
無理○儀禮喪服傳又詩娘齊兄弟甥舅箋又國語晉語夫
亦皆天子之父兄甥舅也注楚語然祭吾甥也注又孟子萬
章下帝館甥於貳室注並云謂吾舅者吾謂之甥又爾雅
釋親注云謂我舅者吾謂之甥然則亦宜呼婿為甥婢
妹之子曰甥詩猗嗟展我甥兮箋又韓奕汾王之甥箋又左氏莊六年傳吾甥也注又國語晉語青陽方雷氏
之甥也爽鼓形魚氏之甥也注○儀禮喪服注云甥姊妹之子舅謂姊妹之子曰甥、亦生○又云
也出配他男而生故其制字男偁作生釋名釋親屬妻之昆弟曰外甥、云
者生也姓子本生於外不得如其五來在已內也賁按讀爾雅不精遂生此皆說甥猶生也爾雅釋親注
外孫曰甥詩猗嗟傳

笙十三簧象鳳之身也笙正月之音物生故謂之笙大者謂之

巢小者謂之和古者隨作笙說文段注蒙上管樂而言故不云管樂也大鄭周禮注曰笙十
三簧按廣雅云笙十三管亦每管有簧也白虎通曰八音匏
曰笙匏之為言施也在十二月萬物始施而牙笙者大蔟之
氣象萬物之生故曰笙釋名曰笙生也象物貫地而生也按
禮經東方鐘磬謂之笙鐘笙磬笙猶生也東為陽中萬物以
生是以東方鐘磬謂之笙也初生之物必細故方言云笙細
也竽大笙也故竽可訓大巢和云：見釋樂孫云巢高大和
小笙鄉射記曰三笙一和而成聲三笙謂大者一和為小者
○一切經音義七引世本云隋作笙又鳳俗通聲音云物生
故謂之笙又呂覽仲夏調竽笙壎荒注云笙匏曰笙風俗通
十七簧○賁按十七簧者蓋大笙之管必多聲音
笙亦竽屬穆天子傳六琴瑟笙竽注陳良為笙淮南天文條風至注東方之樂謂之
笙、生也書皐陶謨笙鏞以閒鄭注○詩鼓鐘笙磬同音傳云笙磬東方之樂也又周禮眂瞭擊頌磬笙磬注
云磬在東方曰笙：生也笙者法萬物始生初學記十六引鄲綽五經析疑即笙細也凡
細兒謂之笙方言二笙小也廣雅釋詁二笙籥也廣雅釋器笙吹笙者也

以笙吹此詩以為樂也儀禮鄉飲酒禮笙入注桃笙桃枝簟也吳人謂
簟為笙文選吳都賦桃笙象簟劉注○方言五云簟宋魏之閒謂之笙

牲

牛完全也說文段注引伸為凡畜之偁周禮庖人注始養之曰畜將用之曰牲按如繭栗之牛角則非完全
○穀梁哀元年傳云全曰牲傷曰牛未牲曰牛牛卜日曰牲左氏僖卅一年傳○後漢書魯恭傳注云卜得
吉曰牲牲是成用之名左傳僖卅一年疏○僖十九年疏昭廿五年疏並云將用之曰牲大牲
牛也易萃用大牲鄭注○國語楚語必自射其牲注云牲牛也又公羊傳桓八年注云天子之牛角握諸侯角尺卿
大夫索牛牛羊豕為牲詩瓠葉序雖有牲牢饔餼簽○左氏桓六年傳吾牲牷肥腯注云牲牛羊豕也又穆
天子傳一注云牛羊之品曰品三牲太牢也孝經雖日用三牲之養注五牲牛羊豕雞犬
大戴記曾子天圓序五牲之先後貴賤注五牲麋鹿麏狼兔後漢書班彪傳下注○左氏昭廿五年傳
五牲服注云五牲麋鹿熊狼野豕六牲馬牛羊豕犬雞也周禮膳夫膳用六牲注牧人掌牧六

韻史 卷四十八第十一部平聲耕韻　四五五一

牲
牲體牛曰一元大武羊曰柔毛之屬也獨斷上牲體俎實也
注禮記無義俎豆牲體為蓋注○萱按曾子問凡告用牲幣此制撰為牲也由字形器相似也又周禮掌客牲三十有六變
牲禮皆段將為腥也注則謂字之誤黜牲諸矣用牛大夫用殺穀梁傳九年傳陳牲而不殺注
引鄭說

猜 梁耕切

恨賊也說文段注本謂犬段借之謂人猜恨也方言十二又小爾廣言猜惡也史記酷吏傳褭
隱猜疑也左氏僖九年傳耦俱無猜釋文昭三年傳褭君猜馬注又廣雅釋言又漢書王溫舒傳集注引應劭
猜嫃也後漢書張衡傳注猜懼也廣雅釋詁二

拼 保耕切

或作靜辨拼彈也說文段注彈大徐誤作揮今依小徐及玉篇正彈也閑弓者注必反于直故凡有所斜
正謂之彈廣雅者閑弓也拼即拼布莖切斧應曰拼彈繩墨也補耕切又普耕曰彈江南音也按孟康漢書注曰引繩以拼
彈○爾雅釋詁耕切江爾雅釋詁又漢書揚雄傳上集注又釋文云拼彈也拼使也後漢書張衡傳注又文選思玄賦抨

韻史 卷四十八第十一部平聲耕韻　四五五二

巫咸以占夢兮舊注○爾雅釋文云拼使人也拼使也爾雅釋詁○釋文云以刺使人曰拼伻從也拼
從也其爾雅釋詁○萱按爾雅分拼抨為二字然初無二義也釋文云拼又作伻此則段借字絣使也文選
典引將絣萬嗣注○萱按此段絣為拼也

絣

○俗有巡迸弭氐人殊縷布也說文段注漢武都郡應劭曰故白馬氐羌華陽國志曰志都郡有氐僂殊
縷布者蓋殊其縷色而相閒織之絣之言絣也○漢書揚雄傳音義引字林云絣布莖反總布也絣襍也
漢書揚雄傳下集注絣拼也同上絣績也後漢書班固傳下注絣無文綺也一切經音義十
二引字林幽絣也廣雅釋詁二○萱按此以古字釋令字使人易曉也玉篇字作造絣使也文選典引
注○萱按此絣字乃拼之段借

嬪 抱耕切

平上明讀義分除也漢律齊民與妻婢姦曰嬪說文段注按今除義讀上聲漢律云云此
別一義也民各本作人今正高注淮南曰齊民凡人齊於民也禮士有妾處人下得有妾故平等之民與妻婢私合曰嬪

韻史 卷四十八第十一部平聲耕韻　四五五三

有罰此嬪合并之義取男女私合曰嬪廣韻引蒼頡篇○韻云齊與女交罰金四兩曰嬪

[illegible]

牛駁如星說文段注駁文似星點

莖 海莖切

艸木榦也說文段注依玉篇所引此言艸而無言木今本作
林段說文枝柱李字林作枚主謂為衰放之主也或用字
未又姓而莖枚主也亦小枚也一切經音義莖本也廣雅
三文選西京賦注百八引字林釋詁
莖將也常而莖擢薛之莖在夾中者莖長五寸考工記
其朧廣為謂莖圍長借握注○司桃氏以
農注云莖韶韶充人所樂鍾以上也也五莖能為五行之道立根
李也文選作都賦注引緯動聲儀宋注○萱按諸六莖及根
家皆六莖雅樂俗作五莖所傳者果也
漢書禮樂志又風釋通聲音○萱按有用莫為莖者同
莖也
部通借字也爾雅艸注苓葱細莖大葉釋文云莖或
作莖六莖顓頊樂也後漢書曹褒傳注○白虎通禮樂云顓
鼓頊曰六莖者言和律麻以調陰陽莖者

韻史 卷四十八第十一部平聲耕韻　四五五四

萬物六聲顯項樂集韻引廣雅○賞按後出
也尚字作韶古祇用莖作之

蓋 纂莖切

或作箏蓋也說文段注箏䇲二纂及解舊諸升今依全書通
箏例正○賞按說文有藍無箏而箏下解云箏䈴
艸亂也杜林說箏蓋艸見蓋
策並見則箏必䇲之東文矣

嵴 崖莖切

或作崢嶸退山皃也說文段注各本不完今補方言曰嵴高
也郭云葙嵤高峻之皃也嵴今字作崢
嵴嶸深直皃文選高唐賦釋嵴嵴也雅南嵤稱
嵴深也廣雅岸峭者必
注引廣雅詁三
方言崢謂崢嶸也太千崢崢嶸山高皃文選
陀嵴高也六岸峭陸銳注陵遊天
注台山賦注崢嶸高峻也後漢書班崢嶸深皃也文選上林賦
引字林彪傳上注剡削崢嶸注
引司崢嶸深險之皃也漢書西域傳上臨漢書
馬彪崢嶸不到之淵注崢嶸深遠皃司馬
相如傳下崢嶸崢嶸深
後漢書馮衍傳注又文崢嶸深
而無地今注遂皃
遂矣都賦南北崢嶸注
漢書揚雄傳上
遂也紫宮之崢嶸注似崢嶸深冥也
廣雅釋訓

埩 平上兩讀 治也 說文段注治王曰埩廣韻曰埩魯城北門池也公羊傳作爭許水部作埩

淨 ○俗有淨 魯北城門池也 說文段注公羊傳閔二年桓公使高子將南陽之甲立僖公而城魯或曰自鹿門至於爭門者是也或曰自爭門至於吏門者是也魯人至令以為美哉曰猶望高子也鹿門者魯南城之東門爭門者魯北城之門天子十二門通十二子諸侯大國當是九門儀致淨者北城門之池其門曰爭門刖其地曰淨从爭省水也廣韻曰埩士耕切魯城北門池也說文作淨為古書有作門者矣城北誤例令俗用為瀞字釋為無據叢切以才性令字非古淨冷皃也方言十三注○賞按此段淨為瀞也觀與字也瀞賓讀去聲而皆或用淨作之淨之讀去聲者瀞瀞二字之音也借音行而本音義廣矣

朾 或作埩詳文段注橦從手各本說從木從木令正通俗數數橦也文曰橦出曰打丈轍丈莖二切與說文合謂以此彼物橦彼物使出也三蒼作敵周禮職金注作朾他書作敝作敵實一字也朾之字俗作打音德今部捉二切近代讀德下切而無語敝橦也一切擬音義三引三蒼○賞按朾變不周以字矣為數之又有作敵非借用古之敵字

也說文敲字自有本義本音與打沒交涉
朾刺也 廣雅釋詁一
朾鼓枹也 管子宙合若鼓之有朾注
蠪朾螘 爾雅釋蟲○賞按此義尚字有虰後出字也釋文云朾本又作虰

婭 眼莖切

長好也 說文段注體長之好也故其字从巠上文曰秦晉說謂好為婭娥婦官十四等有婭娥武帝邢夫人號
婭娥嫕好也 廣雅釋詁一
婭娥皆美皃也
漢書外戚傳上至武帝制使行婭娥俗華充依注
嫈婢也 廣雅釋詁四

荊 几青切 齊齒呼

古文 楚木也 說文段注林部曰楚叢木一名荊是為轉注○史記秦始皇相如傳肉袒負荊索隱云荊楚也
可以為鞭也又左氏莊十年經注荊本號疏云荊楚一木二名故以為國號者得亦名
壯荊曼荊也 廣雅釋木
荊棘榛梗之謂 後漢書馮異傳注 荊本是艸之名 儀禮士喪禮荊楚荊也疏
葵莜也 廣雅釋艸
荊丶山也 左氏昭十三年傳靈王遷許胡沈道房申於荊焉注○水經荊山在南郡

臨沮縣東北注云荊山東條山也
荊丶州也 考工記鴻目荊之幹注○釋名釋州國云荊州取名於荊山也
必取荊為名者荊警也南蠻數為寇逆
其名有道後服無道先彊當警備之也荊州其氣燥剛稟性
爾雅釋地李注○古微書引春秋元命
彊梁故曰荊丶彊也
苞云荊之為言彊也陽盛物堅其氣急
悍也
正南曰荊州 周禮職方氏
漢南曰荊州 爾雅釋地說苑辨物
又荊者楚也
左氏實十二年傳荊尸而舉注又公羊傳四年傳卒帖荊注
又穀梁莊十四年傳莊廿八年傳又國語鄭語夫荊子注晉
語晉代鄭敗之之注單陽實送州韓于荊注又淮南本注以
鄧荊吳甘荊救變注又楚辭天閭荊勳作師夫何長先注沈
江荊文蔡丙徐巴注○詩漸丶之石序荊舒不至箋云荊謂
楚也又左氏莊四年傳楚武王荊尸注云荊亦楚也又疏云
荊邱楚之舊邑又名覽音初注云
荊楚也秦莊襄王諱楚避之曰荊荊者楚之舊號以州而言
史記吳太伯世家太伯之犇荊贊索隱○文選吳都
之曰荊賦跨躡蠻荊劉注云荊蠻吳所得荊州四郡零陵桂
陽長沙
武陵
荊治也 廣雅釋詁三

驚
驚馬駭也說文段注驚與警義別小雅徒御不驚駭也楚辭招
驚傳曰不警〻也俗多訛驚魂宮庭
震驚注驚動也文選羽獵賦注驚起也廣雅驚亂皃呂覽愼大
引春秋緯汞注釋言其佳若驚
注震為驚走易大畜良馬逐虞注驚之言警戒也易震〻驚百里鄭注驚謂耀武
示威管子參患三驚當一至注驚悍謂皆使駭悚也文選西京賦驚蝄蜽憚蛟蛇薛注
巠
巠古文○俗有滓水脈也一曰水冥巠也說文段注巠之言濱〻也濱
者水脈行地中濱〻也故
从川在地下冥巠水大皃今字作溟滓司馬注云滓溟〻也後
莊曰滓溟自然氣也○莊子在宥云大同乎滓溟滓引也漢
書張衡傳注○萱按滓字舊韻書讀
若幸而不知其為巠之異體字誤矣
涇
〻水出安定涇陽幵頭山東南入渭雝州之川也說文段注
曰涇屬渭汭周禮職方氏曰雍州其川涇前志曰安定郡涇
陽幵頭山在西禹貢涇水所出東南至陽陵入渭過郡三行

韻史 卷四十八第十一部平聲耕韻　四五五九

千六十里雍州川陽左陵屬左馮翊過郡三者安定扶風馮
翊也今甘肅平涼府附郭平涼縣府西南有故涇陽城漢縣
也幵頭山亦作笄頭山始皇紀作雞頭山在今平涼府西南
四十里今涇水出山之涇谷經涇州又經陝西邠州長武縣
至西安府高陵縣西南二十里入渭曰涇口大致東南流也
涇濁渭清故詩曰涇以渭濁涇水溉田之利自秦漢鄭國白
公而後迄於唐宋元明皆修復白渠雝州之川也周禮職方
氏文班氏述地理志曰采獲舊聞考迹詩書推表山川以綴
禹貢周官春官春秋故每言禹貢某山禹貢某水某州川某
州浸許意畧同接爾雅直波為徑釋名作貢波曰涇云涇徑
也言如道徑也莊子涇流之大司馬彪云涇通也大雅鳧鷖
在涇鄭箋云涇水中也與下章沙訓水旁為及對謂水中流
徑直孤往之波也今穎州嘉與濤瀆曰某涇某涇亦謂其可
保通○國語周語恭王游於涇上注魯語諸侯伐秦及涇莫
濟注並云涇水名也又周詩谷風廣雅
禮職方氏注云涇出涇陽涇濁水也釋文涇徑也釋水水
直波曰涇釋名釋水涇大便也素問調經論涇浸不利注

韻史 卷四十八第十一部平聲耕韻　四五六〇

經
○俗有經織從織絲也說文段注從絲二字依太平御覽卷八百
二十六補古謂橫直為衡直毛詩云衡從
其畝是也字本不作縱後人妄以代之分別其音有蕩容足
容之不同韓詩作橫由其畝其說曰東西耕曰橫南北耕曰
由〻即從也何必讀如帨于織之從縱謂之經必先有緣而
後有緯是故三網五常六藝謂之天地之常經大戴禮曰南
北曰經東西曰緯柳許云緻濫也縱經也濫死何言經死也
謂以緻直而死从絲之義之引申也平者立者皆得謂之從
捡獨言從然者蒙上文專言經謂經緯也易象上傳君子以
帛以謂布之有從縷同也經綸姚注又疏有
又國語楚語吾經謂經綸素問陰陽類論三陽為經注○易
子經楚國注七釋文引黃類注云經綸巨齊也
經者網紀之言也左氏昭十五年傳王之大經也疏經謂紀理之左氏隱十一年傳經
國家疏經徑也常典也如徑路無所不通可常用也釋名釋典藝經
常也易頤沸經王肅沃又詩小旻匪大猶是經傳又禮記禮
業有經而等也疏樂記禮之經也疏又左氏宣十二年
傳政有經矣注昭十五年傳服注又穀梁莊七年傳經星也
沃又孝經天之經也注又周書武順武之經也注又爾雅釋

韻史 卷四十八第十一部平聲耕韻　四五六一

樂角謂之經釋文又廣雅釋詁一又周髀算經下經歲月下
及注又素問寶命全形論能經天地陰陽之化者注又白虎
通五經又國語鄭語收經入注楚語王取經入焉注又史記
樂書禮之經也正義代桐為經正義封禪書其用如經祠云
集解引服虔平準書不敢言擅賦法矣集解引徐廣又漢書
志傳各集注又後漢書紀傳各注又管子古士經注重令朝
有經住注又孟子盡心下君子反經而已矣又荀子臣道和
而無經注正名道也者治之經理也注又莊子養生主緣督
以為經釋文引李注應帝王告我君人者以已出經釋文引
司馬注又淮南本經注汜論政教育經注又太玄〻數精則
經疑之事注平文失中經也注玄抗〻擬之經辯注玄圖天
地之經也注又文選典引又惠經五繇之碩應矣注○易象
上傳也君子以經綸荀注又禮記祭統禮有五經疏又左氏
春秋經傳集解疏又史記五宗世家入多於國經椒祝索隱
並云經者常也又韓外傳二引孟子云常之名上經
謂經又左氏昭廿五年傳注云經者道之常經法也釋文又
禮記禮器以為禮之大經疏又左氏宣十二年傳武之善經
也注又史樂書藏直經正集解引孫炎又管子版法經不知
注經謂常法也漢書五行志中之上禮王之大經也注司馬
遷傳此天道之大經也注○孝經序疏引皇

韻史 卷四十八第十一部平聲耕韻　四五六二

侃云經者常也法也又左氏襄廿一經者不易之稱玉海四
年傳禮之經也疏云經訓常也法十一引
孝經鄭經猶義也易頤顛頤拂經注經理也子之所父而經
氏注○疏云經義也原道是以釋文
引司馬注又呂覽緊傳是非之經注又淮南玄圃宣故不得
於心而有經天下之氣注○文選皇太子宴而無絶猷堂詩
經敎弘道注經亦謂順理也考不記輔人經維天下注○呂
云經循理也覽求人終身熱慾人君之邑注
云經撤經道也呂覽知分利官之經也注驕慾人君之大經
理也也注當染得其經也注○有始生之經也注
云經猶經徑也易上經釋文又離驗經田也易上經經行也
道也經序又廣雅釋言釋文
孟于晝心下經德不回注直行爲經文選魏都賦延閣經歷
又淮南原道經紀山川決毛宇以經營劉注
文選西京賦衛衛相經薛注○任彥昇哭
也范僕射詩經途不盈句注云緑猶歷也廣詁
廣雅釋鬼谷子柢戳經荀子觀學
經示也詁始也起秋毫之末注經謂詩書則始乎誦
之注○淮南本緑：誹譽注云經書也禮記
又國語吳語挾經秉注云經兵書也經禮謂周禮也禮器

故經禮三百注○祭統禮有五經五經何謂易尚書詩禮春
釋文云五經吉凶軍賓嘉也
白虎通管子戒澤
秋也四經謂詩書禮樂六經謂詩書禮樂
五經其四經注
易春秋後漢書班彪傳下注○文選郭有道碑文遂考覽六
經注云六經五經及樂經也又劇秦美新制成六經
洪業也注云經有五而經生謂博士也後漢書蔡坎爲經易
又立樂故云六經也元傳注
虞注卜兆謂之經御覽七百五十引風俗通經謂經脈也素問藏氣法時論取其經厥陰與少
陽注示從容論何必守經注陰陽別人有四經十二從注陽
明脈解篇連脈別生注○欬論治浮腫者治其經注引靈樞
經云脈之所行爲經又金匱真言論經有五風經脈者謂手
注云經謂經脈所以流通營衛血氣者也
足三陰三陽之脈素問離合真邪論人有經脈注○陰陽
類論三陰者六經之所主也注云六經謂
三陰三陽經紀謂天文進退度數禮記月令毋
之經脈也失經紀注二十八宿躔
天左轉爲經五星右轉爲緯周禮大南北爲經漢書五行志
宗伯疏下之上集注

引晉灼又後漢書班彪傳注又周髀算經下則正督經緯注
又淮南墜形又太玄〻測都序經別有南有北注應一從一
擬注玄攡觀鳥跡之理注玄瑩注玄挽注又楚辭離世經營
原野杳冥〻爲分注又文選東京賦經途九軌薛注○周禮鄉
人疏云南北爲經東西爲緯又考工記匠人國中子午爲經
九經九緯疏云南北之道爲經東西之道爲緯
呂覽有始南北二萬六千里注
千里注又淮南墜形注
出其中也漢書五行志中之上還經魯地注經亦謂城中道涂以爲諸侯經
涂經界也周禮司市以次叙分地而經市注
注經界也又史記秦始皇紀陵水經地正義經界者地畔之
名也詩信南山傳疏疆經刑體皆謂制分界也地之圖經田野
畫經界也疏周禮遂師經注經亦界也
造縣鄙形體之經牧制田界與井也周禮其田野注滕文孟子
體之鑾注政必經謂爲之里數周禮天官序官經川謂常川
公上夫仁經國經野注
自經界始注名山
營乎地員名素問離合真邪論○注云經水
也通谷經川注地有經水者謂海水瀆水渭水湖水沔水

汝水江水淮水漯水經〻度之也周書周祝人出謀聖人是
河水漳水濟水也經注○詩靈臺經始靈臺
傳云經度之也又國語楚語注經〻營也莊子漁父釋文○
云經謂經度之又其基趾也後漢書馮衍傳注
云經營猶律東又文選舞賦經給謂經營濟給之後漢書鍾離意
營切擬注云經營往來兕之
傳經猶繫也史記田單傳遂隱經紋也廣雅釋經縊也彊國
注頌於樹技寨略詁四
救而引其足也注○公羊昭十三年經動搖也淮南精神
傳寔玉經而死注云經謂縣緜而死也熊經鳥伸
後漢書華
注熊經若熊之攣樹自懸也佗傳注

桯平去兩讀義分桯也東方謂之簜說文段注簜集韻類篇皆从竹作
簜經簜皆將前几之殊語也而方
言不載廣韻古本定
切似杉而硬之木
剄平上刑也說文段注耳部曰小罪聅中罪刖大罪剄〻謂斷
兩讀頸也左傳越句踐使罪人三行屬劍於頸而辭曰

任不敢逃刑敢歸死遂自剄也吳師屬之目剄經典釋文宋
剄作頸非也按許意剄謂斷頭判之至重者也○史記項羽
紀皆自剄汜水上集解又漢書帝紀上集注引鄭氏說云以
刀割頭為剄又賈誼傳已乃歸骨肉之屬而抗剄之注云剄
割頭也又左氏定四年傳布
裳剄而裹之注云剄取其首剄剌也三蒼郭注○淮南衡山
傳今從者魏敬剄之剄強也廣雅釋
正義云剄謂剌頭　詁一

輕　墟剄切

車也說文段注三字句周禮車僕輕車之萃鄭曰輕車所
用馳敵致師之車也漢之發材官輕車非謂兵車輕
本車名故字从車引申為凡輕重之輕作音輕車兵車也後
者乃以經之輕車讀遣政反古無是分別矣　漢
書吳漢傳注　詩駟驖輶　後漢
梁商傳注輕車驅逆之車也車鸞鑣輕者重之端書陳
忠輕重謂斤兩孟子滕文公　荀子正
傳上輕重同注輕重謂分銖與鈞石也名注
輕重尊卑也荀子富國無勢之謂輕韓非子輕亦賤也漢書
志下錢蓋多辨輊重注淮南汜論有輕解老食貨
輕注引任贊而輕小也者贖以金分注罪輕易也傳集注引賈誼

藝林又呂覽知接桓公注輕便也國策齊策使輕車輕謂輕佻
公非輕難而惡管子也注銳國語周語衡雜師門注車謂輕
失據則荀子不苟篇注輕謂趨乘也國語周語注輕武言疾也後
書寶憲輕銳謂便利銳文選西京賦薛綜注輕而驕注輕點謂輕銳然點也漢
傳注劉兮

嬰　於盈切

繞也說文段注各本作頸飾也今正貝部賏頸飾也與
嬰字則解不應同孫綽天台山賦方解纓絡李引說文非
一說纓與嬰通陸機赴洛中道作詩世網嬰我身李引說
文嬰繞也唐初李可據纓者以纓也一切纓繞之纏頸
故字以賏越書陳榮環以白璧司馬法大夫嬰加了山海
經具以百璧謂之榮以自繫也又燕山多嬰石言似
玉有嬰符以來嬰帶也凡史言嬰城守皆謂以城圍繞而守也
凡言嬰兒則嬰之語○嬰漢書賈誼傳集注司馬遷傳
注又後漢書彭傳注又文選甘泉賦嬰繞也
賦嶸崹隗乎其相嬰注並云嬰繞抱也
注注○漢書劉通傳集注嬰猶帶也傳漢書陳湯嬰加也賈誼
引孫康云嬰以城自繞　與天和相嬰以淮南要略

傳集嬰繫於頸也荀子富國是猶使嬰馮纓之國語晉語己人
注○嘗按謂纓嬰亦自為女子寶珠注猶使嬰釋名男曰兒女曰嬰
注可也嬰字為正借喉下稱嬰釋車知士更衛姬嬰切一懷扶嬰壤
字音義二引三蒼通下○當按衛盛碑嬰擁兒
經典釋文嬰韻蒼頡嬰自幼少之稱呂覽知士注○嘗按逢衛盛嬰
又孩嬰言嬰為嬰兒幼少之稱校師注○記中路嬰
育母長能言段引嬰為嬰兒○禮記前母注○
嬰母日嬰說文嬰猶嬰彌也　禮嬰曲也生嬰兒嬰兒繫也嬰之是也
名曰嬰兒始於是云注嬰言可人嬰以謂系於二之養也釋
或曰婗也嬰之曰嬰是以謂嬰系之故繫也也上以名之養也
冠系也嬰冠大嬰嬰冠下系嬰者嬰之也
不同於冠結頸下繫天子以嬰冠之纓也
之記冠纓冠弁日組纓之緌齊○冠後漢書楊震傳注云纓齊冠冠系也
弁冠曰弁纓冠者是冠也
冠字尊謂二子冠之纓也冠
荀子非十二子其纓禁○纓頸也自上而下繫於頸也首飾
級注云纓冠之屬也缺不可以釋纓從下而上者○纓條屬者
儀禮士冠禮纓屬於缺釋文云纓從下而上者
嘗按從下而上者紘也不可以釋纓陸說未諦

通俗一條纓為武垂下為纓屬之冠纓儀禮既夕記纓答蜀厭注纓謂冠帶
素問追評盛實論纓笏垂纓束笏也文選皇太子釋奠婦
也與纓脈各二注　詩纓笏西序注
人年十五許嫁笄而禮之因著纓明有繫也蓋以五采為之
儀禮士昏禮主人入親說婦之纓注纓繞也文選述祖德詩而不纓治亂注○
亦說纓說文婦二字多通用者注嘗按纓纓引申之義
纓或嬰又禮記內則衿纓莊子馴選之本義訓以繞纓其心矣
賦注云纓又禮記內則衿纓皆佩容臭嵇康選作遊纓注又足文選讒天台山
與嬰賦纓纓馬鞅也文選西京賦注○纓周禮大行人
京賦通成龍　纓馬鞅也疏周禮又文選天台山
儀禮既夕纓而三就纓禮記十有再就纓文東
纓一就注　韓注云○纓周禮巾車以下纓左傳注路
云纓鞅也疏纓三就禮記曲禮注云纓謂當胸注○
纓在馬膺前如索帬者是也游纓中車下司農注云纓可也
又服注云纓如索帬者是也遊纓斷下注云纓左氏桓二年傳鞶厲游纓注
今索與大駕有之樊纓馬飾也以罽為之樊纓周禮大行人纓九就注

呼刑切

馨 頸毛也○文選七發翠鬣紫纓注萱按此再引申之義

馨之遠聞也說文段注同大雅鳧鷖傳按唐風椒聊一章曰椒聊且遠條且傳曰條長也二章椒聊且遠條且傳曰條言馨之遠聞也今本前後章皆作條則毛不應別為傳矣而足利古本尚可證今經言條者校條之長者芬香條毛之謂傳馨字今譌聲○左氏僖五年傳黍稷匪馨注又楚辭大招清馨凍歔注並云馨香之遠聞者也文選補也廣雅釋器馨言滋香也山海經西山經丹木五歲五味乃馨注馨芬香也馨香爾雅注夕馨香芬香之升聞者國語周語其德足以昭其馨香注馨香謂黍稷禮記郊特牲蕭合黍稷臭陽達於牆屋疏

殸 聲也說文段注謂語聲也晉宋人多用馨字若冷如鬼手馨強來捉人之臂何物老嫗生寧馨兒是也馨行而殸廢矣隋唐後則又無聲語此古今之變也

當經切

丁 夏時萬物皆丁實象形丁承丙象人心說文段注丁實小徐本作丁壯 兩讀分義

成實律書曰丁者言萬物之丁壯也律厤志大盛於丁鄭注月令曰時萬物皆強大丁壯也釋名釋天曰丁壯也物體皆丁壯也又爾雅釋詁丁當也○漢書數丁年奏丁使注云丁取其丁壯之年也漢書蘇武傳丁年奉使注云丁壯之年也○白虎通五行云丁者強也時萬物強成也禮記月令疏丁謂丁壯也四時下注云丁壯也又爾雅釋詁丁當也漢書王褒傳注又崔駰傳注云丁當也又太玄經注云丁當也後漢書皆作丁又遂丁時傳注丁遭也文選思玄賦注云丁猶當也傳丁遭也引藝文類聚丁道也又丁當也詁漢書注丁者丁寧也丁寧謂再三告示也漢書谷永傳丁寧之入聖明飾書丁寧之言○故先儒皆以丁為鉦之別名丁寧鉦也寧字在五經注丁寧之言○似當讀為丁寧即鉦也釋文丁寧注云鐲鉦也是不必即丁字定姑存疑為說之名又謂丁寧如是敢於丁寧之義下死其丁寧以言丁寧於天大歲在丁曰強圉月在丁曰圉並爾雅釋天法周禮注云內事用柔日必丁已者取其丁寧自丁變改皆為謹慎也

玎

亥者言日也大戴記夏小正丁亥萬用入學丁亥日也淮南天文鮑魚枕謂之丁爾雅釋魚丁傳丁已楚也文選注丁六甲中丁神也後漢書梁節王暢傳注丁附支通州也廣雅釋艸○萱按通艸一名附支附支丁父生也又有丁翁丁公寄丁公藤諸名附之樹枝而生也又丁丙玉聲也齊太公子伋謚曰玎公說文丁玎玎玉聲也以讀當疊字言玎玎齊世家古今人表皆云丁公之子乙公之子乙公閉謚之子於公猶之譽齊公衛仲晉太公伋丁仲兩公晉若猶丁父為丁也此公當云魯齊父康公丁例也之讀當為謚凡丁者字因改玎也為丁是也非也讀若齊太公者丁公宋公者以字為謚凡丁異也○丁皆玎當不云讀若丁谷音謚曰丁公也許嫌丁有爭之讀○萱按丁公之謚丁明矣而云讀若丁者以古音讀丁也或古音故辨之與今異讀也

釘 鍊餅黃金也說文段注周禮職金旅於上帝則共其金版注曰鉼金謂之版此則餅金也凡閒金如之是之謂餅鍊之用也按今爾雅釋器餅金謂之鈑而成之之餅今人用釘字則古鍊餅鍊之鍊之義也

鶴鵆矛今江東呼為鈴釘方言謂之鶴鵆細如雁

靪 補履下也說文段注原思納履則踵決故履下可補謂補履下也今俗釋話曰打補靪當作此字靪補也廣雅

阡 四名○有說文

靘 系綴也說文段注系當作縿縿者未之也說文段注縿也漢書紀綏也系而已非帶緩紲也○萱按廣韻集韻三字縿縿同字後漢書帶緩紲也之別緩別

程 繆也說文段注一言一之為緩程一說謂之緩云一之為緩程

程 林前几謂之程說文段注方言坐榻之上程其鄉御坐者所以坐者言程林○前几也釋廣雅云江汾之閒謂之盈隱於几蓋記廣雅釋器程林也坐几之也于曰前几則程今江東呼為承○兒几趙緩程名○程几謂之杜程謂人之程之前几也今江東呼為承盈盤之几也

韻史　卷四十八第十一部平聲耕韻　四五七五

汀
忊戎平也說文段注謂水之平也水平謂之汀因之洲渚之
平謂之汀李善引文字集畧云水際平沙也乃引之
仲之義耳○楚辭湘夫人　汀水際平也　文選謝靈運登臨海
掌汀洲兮杜若注云汀平也　嶠詩注顏延年和謝
監靈運詩宋並引文字集畧○贊桜兩注同
引集畧一云汀水際也與平字蓋轉寫誤奪
町
戎作打牆○平
上州誦注古後
芉
⺀熒朐也說文段注釋艸曰朐芋熒未知許於熒字
迟抑以于迟熒朐也句與令爾雅異也
貞（掌青切）
○俗卜問也說文段注大卜凡國大貞大鄭公貞問也國有
有卣大疑問於箸龜後鄭云貞之為問⺀於正者必
先正之乃從問焉引易師貞丈人吉○周禮天府以貞
來莪之嫩忽先鄭云貞問也後鄭云問事之正曰貞　貞正
易乾⺀元亨利貞卜襄傳傳坤含章可貞廣注也大亨貞
也裕深注泰難貞褻注筮嗑貞需褻注剝茂貞凶褻注數辭
下傳貞勝者也褻注又書禹貢厥賦貞鄭注洪範曰貞曰悔
鄭注洛誥我二人共貞釋文又周禮大稅求永貞注大卜疏
又禮記文王世子萬國以貞注緇衣章志貞教注又左傳倍
十五年疏襄九年疏昭七年疏昭十二年疏又論語衛靈公

韻史　卷四十八第十一部平聲耕韻　四五七六

君子貞而不諒集解引孔注又皇疏又周書祭公注又廣雅
釋詁一又國語晉語注吳語請貞於陽卜注又漢書志傳各
注又後漢書續漢書志傳各注又太卒各卦注又法言學行
顏以其貞注問明其貞利亨注又骨子修靡故至貞生系信
注五行不誅不貞注又呂覽貴信亦漆姿色不貞注又離騷
擶提貞于孟陬兮注思忠貞枝柳兮枯槁注又文選述祖德
詩貞觀丘壑美注劉泰美夫能貞而明之窮祥瑞注○易否
貞吉亨前注云貞者正也又彖上傳安貞之吉疏云貞謂貞
正
貞者正也一也　易繫辭下傳　貞勝者也注　貞信也　固易文言傳　何安注傳　貞誠也
文選思玄賦慕古　人之貞節舊注　貞精誠也　太玄交齊　以其貞注　貞當也　書洛誥我　二人共貞
馬注又廣　雅釋詁三　貞定也　精定不動惑也　書釋　語名　釋　貞者事之幹也　文易
言傳又左氏襄九年傳又國語晉語注○
戴記文王官人卿則任貞注云幹事曰貞
周書謚法○楊下云清心自守曰　大清白守節曰貞
貞又司徒掾梁休碑云守節曰貞　大慮克就曰貞不隱無
屈曰貞盡法周書言行抱一謂之貞
賈子道術不私萬物曰為貞易義

韻史　卷四十八第十一部平聲耕韻　四五七七

海撮要引　太貞太極之氣也　文選舞賦故泰　大貞謂卜立君
魏徵易注　貞之否陽兮注
周禮小宗　書洪範曰貞鄭注○左氏傳十
下大封伯司農注內卦曰貞　五年傳蠱之貞風也注云內卦
爲　淮南墜形萬物貞蟲注原道蚊蟯貞
貞蠱諸細要之蠱也　蟲注○說山貞蟲之動以毒螫注云
貞姦細腰蜂蝶贏之
蠱無北壯之合曰貞
禎
祥也說文又詩雅清雅同　禎祥也福也
藝文類聚九十八引
字林○爾雅釋言合
之禎傳長發釋文　禮記中
人注云禎禎謂徵祥詳爾雅釋言國李有今異曰禎
儒必有
禍之祥　祺祥也注
祈祥禎正也漢書宣亭　文選龍都賦
疏紀集注禎善也
注引蒼蒨篇
楨
剛木也上郡有楨林縣說文段注地謂木之剛者曰楨非謂
木名也吳都賦之楨
麋韻之女楨則
爲木名上郡楨林縣　蜀雅釋詁又詩
地埋郡固二志同　楨榦也王雅同之楨傳　榦楨築牆版
法言五百縣營然後知榦楨之免立也注○書費誓
之屬也峙乃績餘馬注云楨幹借築月楨於前又晚出傳云

韻史　卷四十八第十一部平聲耕韻　四五七八

題曰楨正也築牆所立兩木也爾雅釋詁楨木女楨也山海
楨　合人注　經東
山經太山上多楨木注○螢拔即冬　文選吳都
青樹也方書字作貞寶曰女貞子　楨橿二木名賦文懷櫄
劉注
湞
⺀水出南海龍川所入溱
說文段注南海郡龍川志同今廣
東惠州府龍川縣吳具此應酌注
漢書曰湞水出南海龍川西入泰水經溱水注同溱水出峽
古則湞水注之水出南海龍川縣西逕湞陽縣南古注湞水
故逕沙曰湞水西入秦桂此水⺀之翁江也出節州府翁源
縣此南流至英德縣城東南合溱水令俗謂之合湞水齊氏
多南曰此水源流三百然洪受
臣漢甚多漢書所謂下湞水
頎
正名說文
正
𤴓古文定明讀注在彼
古文○平去
延
行也
說文段注此與㢟部延征字音義同漢武帝年號延和
字如此作今漢書多誤為以然把之延文或改為从走

之迋亦

非也

迋

征 或○俗 有佂 正行也 說文段注釋言毛傳皆曰征行也許分別之征為正行邁為遠行引申為征伐孟子曰征之為言正也 征行也 易泰以其彙征吉疏頤征凶疏大壯ヽ于趾征凶虞注又詩小星肅ヽ宵征傳小明我征徂西芃黍苗烈ヽ征帥箋泰采征以中垢箋又大戴記文王官人征利而依隱於物注又國語晉語華ヽ征夫注人漢書劉向傳集注楊雄傳上集注引晉灼又太子閑小得利小征注曹陰征南注又離騷濟沅湘以南征注湘君篤飛龍兮非征注九辯哀蟋蟀之宵征注招魂汩吾南征注悼亂歸雁兮于征注○周禮大卜一曰征注云征亦云行又詩小宛我日斯邁而月斯征箋云邁征皆行也

征迋行也 文選東京賦卜征考祥辭注○左氏襄十三年傳先王卜征五年注云征謂巡狩征行

征夫 行人也 詩皇華駪ヽ征夫傳征 遠也 廣雅釋詁一 征猶

飛也 呂覽季冬征鳥厲疾注 征鳥題肩也齊人謂之鷙征或名曰鷹 禮記月令征鳥厲疾注 虞為征 易泰虞注大壯虞注損虞注震虞注漸夫征不復虞注歸妹征凶虞注征吉虞注

征 正也 書序作成王征馬注又呂覽孟秋以征不義注○白虎通誅伐云征猶正也欲言其正也又禮記月令以征不義注云征之言正也伐也

征 正也 上討下之偁 國語周語穆王將征犬戎注魯語是以上能征下注楚語撫征南海注○公羊傳十八年傳與賓公之征齊疏云征是上討下之辭又孟子盡心下征者上伐下也注云上伐下者書大傳難不盡於天予而征之可也注○

征 取也 上下交征利 注 征之者給公上事也

不征 不給其繇役 禮記王制不征注 征謂延徒役也

一案隱○詩何艸不黃箋云征夫從征者也炎我征夫左氏傳十五年三家名世家

征征征晉河東注又國語晉語又孟子盡心下輔氏撫布繇之於是始籍其

征注又官子八觀六畜有征注大子匡弛關市之征注司徒賦稅

也十八年傳書焚室而賦其征注注昭征稅也天下之地征注制

載師凡任地國宅無征注司門注行司馬疏又禮記王制夫圭田無征注又左氏文十一年傳使食其征注又國語齊語注越語注又管子乘馬注○禮記王制注又荀子富國注並云征亦稅也又周禮小司徒疏云征謂稅之又司關疏云征為稅

薄征 輕租稅也 周禮大司徒二曰薄征司農注○載師凡任地國宅無征司農注云無征無稅也

地征 謂地守地職之稅也 周禮均人掌均地政注○遂師以徵財征注云財征賦稅之事又司關與其征廛注云征廛者

也又敷人凡徵征司農注貨賄之稅與所止即合

稅也 周禮司勲無國正司農注

正役也 政稅也 禮記燕義 司馬崇正疏 說文段注 有不同

鐃 也 佀鈴柄中 上下通 有聲 鉦則無舌 執柄探之

人以金鐃止鼓注曰鐃如鈴無舌有柄執而鳴之以止擊鼓按鐃即鉦鄭說鐃形與許說鉦形合詩新田傳曰鉦以靜之輿周禮止鼓相合○文選思玄賦有素成以司鉦鐃注又似漢書光武帝紀上注張衡傳注又晉書音義上並云鉦鐃也所鈴又漢書平帝紀假以鉦鼓注鉦即鐃也詩采芑鉦鉦鐸鈴云鉦者鐃也似鈴柄中上下通鉦鉦注○之伐鼓疏云鉦析以為軍節大選東京賦司鐸梭鉦鐲也○廣雅釋器鈴鐲飾言則各一也又詩采芑釋文云祀鐃天子賞按鉦鐸飾之令

鉦 ヽ渾言不別也 鼓上謂之鉦 說文段注 缺匠案輿馬飾也 天子中飾 乘輿馬賦注令 亦妝飾之飾

窺 切窺刺

窺 傳不 ○俗 有 正視也 說文窺視也 廣雅釋詁一 釋覭覭也 廣雅釋詁三 釋覭䚝也 廣雅

釋詁 窺赤色再入謂之窺 窺為經 按此 段

赬 頳或赬 有或○俗 赬赤色也 詩曰魴魚赬尾 說文段注 爾雅釋器 周南傳 一曰

染謂之縓再染謂之赬三染謂之纁郭曰縓今之紅也赬染
赤也纁絳也按糸部云縓帛赤黃色也絳大赤也糸部引爾
雅正作赬周禮注引爾雅又哀十七年左傳作竀段借赬赤
字也士喪禮經作赬魴魚赬尾周南汝墳文今詩作赬
儀禮士喪禮經裏注又廣雅釋器赬赤也詩大車傳璊赬
也又文選射雉賦鷽綺翼而赬過徐也釋文又儀禮
士喪禮釋文又殺漢書周磐傳沬引韓詩赬赤色繒也周禮
章句又文選吳都賦赬丹明璣劉注小視
注赬赬淺赤爾雅釋末疏器注
再入謂之赬
儀禮士冠禮注赬赤也禮記喪大記大夫以
斗赬注又小竀赤也左氏哀十七年傳竀赤色左傳哀年再
介雅廣詁考工記如魚覕尾貫注十七年注名
入謂之竀鍾氏注赬粉赬赤也染粉使赤以著赬上也釋首
飾赬堊朱艸也文選顏延年曲水詩序赬
莖素毳并柯共穗之瑞注

涂

泟或棠棗之汁也說文段注涂與經音雖同而義異別為一
字非即穀字也棠棗汁皆赤故以赤水會
意

檉

河柳也說文段注釋木毛傳同陸璣云生水旁皮正赤如絳
一名雨師羅願云葉細如絲天將雨檉先起氣迎之
故曰雨師按檉之言赬也赤莖故檉今河旁赤莖小楊爾雅
曰檉廣韻釋楊為赤莖柳非也釋木
檉河柳注○萱按郭易柳
為楊非也楊與檉絕殊

聲 始青切

音也說文段注音下曰聲也二篆為轉注此渾言之也析言
之則曰生於心有節於外謂之音宮商角徵羽聲也絲
竹金石匏土革木音也樂記曰知聲而不知音禽獸是也○
詩關雎序疏云聲即音也又周禮大司樂疏樂師疏竝云單
出曰聲雜比曰音又呂覽仲夏止聲色注云
聲五音又仲冬去聲色注云聲五聲也聲是質之響左傳
昭廿五年疏聲者鳴也白虎通禮樂聲所以守民耳也管子揆度震為聲離見
成咲廣注者凡聲陽也禮記郊特牲○王制冬夏教以詩書注云
聲亦陽也又穀梁莊廿五年傳言充其陽
也注云凡有聲皆陽事以壁陰氣又斵家語五
鄭示義八引鉤隱圖云聲屬陽律屬陰聲為律帝德聲謂
樂也禮記月令止聲色注去聲色注聲謂樂節也禮記射義術聲而發注聲者樂之象

也禮記樂記又說苑修文聲謂宮商角徵羽也詩關雎序情發於聲變又文選毛詩序注○禮
書律歷志上又風俗通聲音並云聲者宮商角徵羽也又禮
記樂記感於物而動故形於聲注云宮商角徵羽單出曰聲
又疏云言聲者是宮商角徵羽也五聲宮商角徵羽也家語禮運五聲六律十二管注又法言吾
子或閒交五聲十二律也注又後漢書班彪傳下注○周禮
疾醫注云五聲言語宮商角徵羽也又後漢書桓譚傳注云
宮商角徵羽謂之五聲聲五商音宮商角徵羽也呂覽重己其為聲者聲也音樂也注
名也呂覽通理性閒其聲注又淮南修務聲施千里注又史
記太史公自序其實中其聲者謂之端索隱○集解引
李奇云聲別名也者噫歆也聲即言也
大戴記子張問入官發乎聲注無即聲
又鬼谷子反應心無形求有聲注
儀禮既夕聲三注引舊說無者士歲禮記聲三注
禮記曾子問祝聲三注云聲噫歆警神也
聲勢也國策齊策戚天下注聲本也風俗通聲音聲絲竹金石之聲也淮南
時則去聲色注○考工記鳧氏注云聲鐘鎛于
之蜀又國語晉語變非聲章注云聲金鼓也不生其國曰

聲周書諡法又獨斷上○萱按古段聖為聲左傳聲姜公
羊作聖姜古今人表衛聲公索隱作聖公是也亦段聲為
聲見儀禮大射儀注聲聲聖皆同部字也亦段嚴見揚雄德
集注亦段音見莊子駢拇釋文又或段聲為敘家語六本榮
聲期即榮故期也

晶

精光也从三日說文段注凡言物之盛皆三其文日可三者所謂象日也晶光也晉書音義下說

旌 紫青切

或作衿○俗游車載旌析羽注旌首也所以精進士卒也文
有衿禡精
段注游車載旌司常職文注云游車木路也王以田以鄙司
常職曰析羽為旌爾雅釋天曰注旌首曰旌李迎注爾雅曰
以旄牛尾著旌首郭云載旌於竿頭如今之幢亦有旒鄭注
周禮云全羽析羽皆五采繫之於縿旌之上所謂注旌於干
首也周禮舉翊以朕旌爾雅舉旌以眩羽詳鄭則萬舉之合
周禮今雅以立文鄭云明堂位曰夏后氏之緌〻以旌牛尾
為之綴於幢上西謂注於干首者為夏后氏但用旌牛尾周
人加用析羽夏時徒維不旒周人則注羽旌而仍有縿旒先
有旌首而後有析羽注之故許云析羽注旌首孫炎云析五
米羽注旌上也孫郭皆云其下亦有旒縿紫風可〻千旌德

云孑孑干旌之兒注旄於干首大夫之旃也此可證大常旂
旃旝旌旟旐七者皆注羽旄于首矣左傳言晉人假羽旌於
鄭言范宣子假羽旌於齊則在春秋諸侯少有此者精干旄疊
前釋名曰旌精也有精光也引申為凡表異之偁○詩干旄
傳又儀禮鄉射禮記以旌獲注大射儀司馬師命負侯者執
旌以負侯注又左傳襄十四年注昭七年傳注為王旌以田
注定四年傳綪茷旃旌注又賈注並云析羽為旌又廣雅釋
天云析羽曰旌又公羊宣十二年傳莊王親自手旌注云注
旄首曰旌又孟子萬章下大夫以旌注云旌注旄干首者
旌羽旒也
以文選思兮賦飛揚蕭旌注蜺○後漢
書裴衛傳注云云旌羽旌也
旌旍也有鈴為旌
楚辭自悲載雌霓而為旌注○家語終禮綱綝設旐
夏也注云旍旗飾也又文選謝宣遠張子房詩鑾旍歷頹寢注云鑾旍鑾旗也
旌謂車上旗幡也
曲禮上德車結旌疏○史記孝文紀朝傳有進善之旌注云旌幡也集
解引應劭云旌旛也又後漢書中屠剛傳注又後漢書馬融傳以旌總
名也旌旗儀禮鄉射禮記注旌夏大旌也夏左氏襄十年舞師題以旌
旌表也取其幖幟
一切經音義十三引國語賈注○廣雅釋
四又左氏傳廿四年傳且旌善人注昭九

年傳服以旌禮注哀十六年傳猶將旌君以徇於國注又國
語周語故為車服旗章以旌之注又史記晉世家集解引賈
逵又漢書朱雲傳集注又文選東京賦旌章也左氏莊廿八年
賦旌六典之舊章薛注並云旌表也傳且旌君伐注
定元年傳以後漢書安帝紀注又國語旌明也後漢書胡廣傳注張
晉語注又以旌行注以旌注云國語旌明也衡傳注又文選思兮
賦旌性行以舊注旌理也文選百辟中勸進今上司旌謂執旌司射
製佩兮舊注文選東京賦注引書中侯宋注上司旌謂執旌司射
中當舉之那司旌薛注後旌猶後乘也詩伏思登託後旌注鑣峰
芳旌祀宗廟所用迎道神指護祭者斷曰藉不斷曰旌公羊宣十
二年傳左三旌三公位也莊子讓王延之以三旌之位釋文
執茅旌注三旌三公位也釋文又云司馬本作三珪○位
珪與旌亦一聲之轉然部分遠隔未審孰是為止執作
借也又按漢修堯廟碑師各本旌又與旌孰旌精謂
擇米也
說文段注米字數笑搖本參令補段旌米謂𥻧
子人間世曰數笑搖精司馬曰擇米曰精擇之米也莊
作棣者是也引申為凡最好之稱中云機雲霧而米曰精簡即束
見青天亦曰精韓詩於定之方中云星精也精鑿也離騷精以

精

為裴注○嘗精者靜也大陰施化之氣也白虎通精氣也淮南
按鑿當作鑿精為陰陽注云泥論生之之與情性謂精氣也素
天文天地之龍精○精神注云精者人之氣成精謂精氣也問
不得知之情注○洪範氣之尤精者精之精內業子管
全匱真言論藏精於肝注○精氣之精者氣之妙也太
範五行傳注云陰陽之神曰精春秋繁露通身國以相蕩兮
精也者氣之注云氣之清者為精通國身蕩也數
精者也注
傍精一氣能變曰精心術子管精謂侵之有淮南以相秦蕩也精注
注
精靈也荀子賦篇血氣之精也注又華精謂神之至靈者也
內業則為精凡物之精此則為生
此以注○年傳是以精神也注女傳兮注精交精神爽也文選子管
八有精爽○左氏昭七年傳用物精多則魂魄強是以有精爽至於神明注
以有精爽疏云是神之來著精神者天之有也漢書楊王孫傳又說苑反
精神者天之分天列子瑞精神者生之源素問靈蘭祕典論全人真有精言論
質引鍼經云常精者物之真也莊子刻意一之精陽稱
波注
朱身生是謂精通合於天倫注精精

易繫辭下傳精乾為精易繫辭下傳男精粹靈也後漢書張
義入神姚注女構精虞注廣雅釋詁二○衡傳注
漢書刑法志集注引應劭注精小也○精大之道也莊子
雄傳上集注上物之精粗也水云微也夫精小之微也秋
精細也謂萬物大小也
精粗謂萬物大小也精易記禮記樂記微之精者是精也呂覽呂氏春秋
諭精不明言之則知精注云精義物理之微者也入神下傳注精微妙也
而其天則注精知○禮記緇衣精知略而行之注云精精也諭其
害行天之注知呂覽精博志用精精志也
同注而其精知注○禮記緇衣注精志也易繫義知微也呂覽精諭
過注臨精微寂也呂覽博志用其精注
注精精也
精之誠也荀子解蔽精之則一心之誠也
也管子心術中不精事其精注精猶精也
精者治中之精也
也心不精專也淮南精神之精林賦
於注精者心不治注不精也精粗修務之上林賦審
也精論也廣雅釋詁二精也注
也欲其精甚也忠乃自伐之精者也
精選注呂覽勿躬自蔽之精者也注云精猶甚也至精潔也
精簡也選注欲其精甚也呂覽注注精猶甚至精潔也

一八七

國語周語祓除其心精也注精明也史記天官書天精而見景星又集解引孟康又後漢書班彪傳下注又法言問明子貢辭而精之注又楚辭橘頌精色內白明潔為精注又文選顏延年五君詠注引國語賈注
楚語玉帛為二精注精目之明也前精感子也精注敍用精明穴名也在明堂左
右兩目內眥也以近於目故曰精明素問脈要精微論切脈動靜而視精明注精
謂光明也注○漢書李尋傳日月光精注又淮南本經天愛其精呂覽圜道精行四時注云精日月之光明也
三精日月星也文選後漢光武紀贊三精霧塞注五精五方星也文選東京賦五精帥
而來薛注○王文憲集序德精降祉注云精星也地精人復也廣雅釋艸黃精龍銜也上同
精列雅也青聲也又漢修堯廟碑師工雉家此段雉為精廣雅釋鳥○豈按古段精為菁為清為情皆同

靖 平去兩讀 注在彼

鶄 或作鵁鶄也說文段注按辭章家有單呼鶄者吳都賦鶄鶴鶄離爾雅釋鳥鵁鶄鶄謂四鳥也○豈按或用精為鶄音同通用釋文云鶄本又作精

蜻 有○俗蜻蛚也說文蜻蛚蟋蟀也爾雅釋蟲釋文引字林蜻蛚促織也爾雅釋文呂覽精諭
引廣雅○方言十一注云蜻蛚即趨織也蜻蜻蜓小蟲細腰四翅一名白宿
每居海上從蜻遊注蜻蛉倉蠓也廣雅釋蟲○爾雅釋蟲釋文蜻蜻即蛉一名桑根引字林云蜻蛉
方言十一蟬有文者謂之蜻蜻○詩碩人傳蜻蜻也釋文引字林云蜻蜻小蟬也
螓也人爾雅釋蟲螓蜻蜻也釋文云蜻蜻小蟬也○詩碩人釋文引王肅
青青者注云蜻蜻如蟬而小舍人注○豈按蜻或作青省借字也

菁 韭華也說文段注周禮菁菹先鄭曰菁菹韭菹也各本脫華字則何以別於上文之韭菁乎廣雅曰韭其華謂之菁若南都賦曰秋韭冬菁則是二物史游所云老菁冬日藏也○一切經音義五引三蒼云韭之華曰菁也又廣雅

釋草云韭其華謂之菁 蕪菁也周禮醢人菁菹鹿臡注菁蔓菁也可以為菹漢書地理志上包匭菁茅注又呂覽本味注菁茅也 菁莪菁菁也儀禮公食大夫禮以西菁菹注菁菹也 菁水艸也文選上林賦注又菁茅香草所以縮酒 菁茅之貢不至注○後漢書公孫瓚傳注云菁茅之屬以供祭祀也 菁茅有毛刺者左傳僖四年傳爾貢包茅不入注菁茅也管子輕重丁云江淮之間有一茅而三脊名之曰菁茅 菁華也
廣雅釋艸菁華英也又服賜文選西京賦菁菁注○菁菁茂盛之皃詩菁菁者莪傳○ 菁菁盛也詩淇奧綠竹青青傳
菁菁盛皃又杕杜其葉菁菁傳云菁菁葉盛也若集韻菁稀少之皃詩杕杜釋文云菁本又作青○
豈按青菁古今字菁者菁之省借字也韓者我用異部雙聲字嫌疏遠矣

青 古文東方色也木生火从生丹丹青之信言必然說文段注青 丹石也

赤南方之色也俗言信若丹青謂其相生之理有必然也援小以說从生丹之意○考工記畫績之事云東方謂之青也又楚辭大招青春受謝注云青州在東取物生而青也州釋名釋青東方春位其色青也文引太康地記云青州東方少陽國其○
爾雅釋地齊曰營州釋文之始故以青為名又周禮職方氏云其
色青其氣清嚴之首事生也象物生時色也釋名釋青靜也
正東曰青州又說苑云齊雜射物云青省也文選謝靈運詩青精翼紫軑注尚書帝
辭物也文選射雉賦注青即蒼也文選青木色也漢書五行志青祥注時則青
文選韓詩司馬相如傳上其土青木色也洪範五行傳注青
引韓詩章句注引張揖曰青黃謂四時之樂也有青皆禮樂志青陽
漢書司馬相如傳上其土青 黃謂四時之樂也漢書禮樂志青陽注注青陽春也
則丹青素其色也漢書郊祀志青陽開明
色也其素問風論注青 黃謂四時之樂也吟漢書黃注 五 注 青陽者明堂
皃 引文選羽獵賦注青 青者暴盛之盛也漢續志一五青陽 仲春青
也東出謂之青陽天子居青陽左个注○仲春天子居青陽太廟注云青陽東向堂也文選
引李形單行字注 呂覽孟春天子居青陽左个東向堂
陽地名也引水經湘水注張晏說○又青屋青作蓋裏也東京
引藝林說云青陽長沙縣

賦朱琁屋薛注 青 青瑣謂刻爲瑣文而以青飾之也後漢書梁冀傳注 青女
天神青霄玉女主霜雪者也淮南天文出以降霜雪注 青女乃青林天苑也
後漢書張衡傳注 青海東方之海淮南墬形合于青海注而 青要之山實帝之密
都山海經中山經注 青虓之青詩著充耳以青乎而箋○太平御覽服章部引書大傳云山龍青青
玉諸傳著 青空青也周禮職金注 其鹽大而青白名曰青鹽又名戎
鹽水經河水注引槐土地記 青苔水垢也淮南泰族以青苔注生 青雀水鳥曲禮禮記
上前有水則 青鳥鶬鴰也左氏昭十七年傳青鳥氏杜注 青爲蟲周禮保章
戴青旌注 氏辨吉凶
水旱降豐荒之祲象司農注 青青枯虛也太平御覽或築青青注○當櫻有
祲象司農注 用青爲清爲菁爲蜻者皆借
字

清 腹也㴔水之皃說文段注腹者明也㴔而後明故云㴔水之皃引申之凡潔曰清凡人潔之亦曰清同靜

清 澄也考工記㡛氏清其灰注 水治曰清詩泰苗泉流既清傳○文選吳都賦濯明月於漣漪兮劉
注云清且漣漪者水極麗也 清明也淮南精神清目而不以視注又楚辭愁命戒清激其無所通注又文選祭
顏光祿文則刑罰清而民服虞注○易象上傳禮以仁清注云清豬明之也 清明審也荀子解蔽中心不定則外
物不清注 清視清明也詩君子偕老傳清揚明察藻於○禮記
清視清明也禮記樂記是故清明象天注清謂絜也釋文引馬注靖事也
謂人聲也禮記樂記是故清明象天注清謂絜也論語公冶長清書徵子文選
東京賦京室清清薛注清清潔也論語微子身中清
客清淨也淮南本經太清之始也注正義云○史記萬石傳
馬注清淨也張叔傳本期爲不絜清也注 荀子解蔽養清
注淮南原道聖人守清道而抱雌節 清謂沖和之氣也以釋名釋言語清青也
清道而抱之 清青也去濁遠穢色如青也
蓋闊古注 清謂沖和之氣 釋言語 清光也
清世注 清靜也後漢書張衡傳思玄賦懲湔思而
山海經西山經丹木五歲五色乃清注 後漢書張衡傳思玄賦懲湔思而
五歲五色乃清注 清靜也兮注又文選思玄賦懲寃俾清津

爲清慝注○禮記孔子閒居清明在躬注云不求曰清楚辭
清謂清靜又淮南原道子云清靜者德之至也後漢書抑安龜
朕幼清以廉潔兮注清謂虛白荀子解蔽清明內景注 清清白謂貞正也帝紀注
行蓄決衆謂之清賈子道術乾爲清易象上傳虞注 大清道也管子內業
注 太清謂天也文選吳都賦嘯歌於太清劉注云清天也○鹽鐵論
太清謂天也後漢書班固傳清雲 清濁謂金令也
陽也大戴記少閒天地先清而後濁者天地也注 清明者青芷也 清急也方言十
素問五常政大論其畏清注清勝氣也素問六元正紀大論 清風入白虎通
論肝其畏清注云清大涼也 急也二又廣
雅一釋清 涼也五常政大論其候清切注云清氣之清釋文 清 清素問至真要大論有度
詁 清涼也莊子人間世 ○ 清素問 清清
泠泠清涼之皃也文選風賦 清寒也素問五藏生成篇清冥注○呂覽有度
清有餘也 清亦泠也 清淸膝痛足清顱注 清揚眉目之閒詩野
注云清寒也 清目下爲清詩猗嗟美目清兮傳○君子偕老
草清揚婉兮傳 目下爲清毛詩疏云目之上目之下皆曰清 清
又家語致思注

盞也廣雅釋詁二 清 泲也禮記內則醴清糟注㳻 泲者曰清不泲者曰糟周禮
酒正醫酏糟注又禮記少儀疏 清謂醴之泲者周禮酒正一曰清注奠人疏 清謂今酒也
詩信南山祭以清酒箋○周禮司尊彝疏云清爲清酒又酒正三日清酒注云今中山冬釀接夏而成疏又司農注云清酒
之祭祀六清水漿醴涼醫酏 用清謂醴之皃也
也禮記樂記倡清商角之聲 清角木音也 六周禮膳夫飲用六清注○周書太子晉汝聲清汗論衡感虛注
耳和清白雪商聲角 清商之聲 ○呂覽執一注 清角不失其聽又淮南修務聽而
注云聽清角 清 清商 注又耳 清 音 注一云 清角 濁之清真
於耳注 清商歌曲也 楚辭九歎 清商之名 其下清地泉 清
聽注 清商神怪之名 其下子清濁
不可得夏曰清祀 清潔而祭祀禮記禮運疏引廣雅○清祀 風
泉注 禮記郊特牲歲十二月合聚萬物而索饗之也 一曰清祀
廟樂章名 書大傳古者帝王升歌清廟注云清廟周頌也又祭統注清廟周頌○禮記明堂位注
也 清廟者宗廟之大稱詩左傳桓二年注肅然清淨詩清廟箋云清廟者祭有清明之德之廟○詩疏云

者之宮也又疏引左傳賈注云肅然清淨謂之清廟又文選上林賦坐清廟顏郭注云清廟太廟也又後漢書和帝紀注云清廟文王廟也

西清者西箱清靜之處也

漢書司馬相如傳上象輿婉僤於西清注揚雄傳上㴸方皇於西清注又文選甘泉賦注萱按揚雄傳注靜作閣○文選上林賦注引張揖云西清者廟中清淨處也又史記司馬相如傳集解引郭璞云西清西箱清淨地也

清道

以旋頭為前驅也後漢書儒林傳注○文選東京賦清道案列薛注云清道謂蹕止行者

清原

晉地注國語晉語蒐於清原○詩清人傳云清邑也

清泠水名在南陽西鄂山上

文選東京賦曰耕父於清泠薛注

清瀏流也

文選思玄賦注引字林

想青切

曐

古文

星

或○俗有彙唐武后製○

萬物之精上為列星

說文段注管子云凡物之精此則為生下生五穀上為列星流於天地之間謂之鬼神藏於胸中謂之聖人星之言散也引伸為碎散之偁春秋說題辭云星

之為言精也陽之榮也陽精為日日分為星故其字日生為星○顏氏家訓歸心云星為萬物之精又公羊莊七年傳記異也注云列星者天之常宿分守度諸侯之象

星者精也

白虎通日月○淮南天文云日月之淫為精者為星辰

星者元氣之英也

詩大東疏引揚泉物理論

星者金之散氣

史記天官書又漢書天文志○天文志注引孟康云星石也

星散也列位布散也

釋名釋天

星晚也

廣雅釋詁三

星陰也

淮南說山日出星不見不能與之爭光也注

星晴也

詩定之方中星言夙駕釋文引韓詩○萱按此亦可謂晴星為正借字今無晴說文作姓良為

星

易豐日中見斗虞注象上傳天文也虞注

星

府也呂覽制樂行七星注舍

星

家星也

素問上古天真論辨列星辰注

星四方之中星

漢書律麻志上列麻象日月星辰注

星謂五緯也

書堯典麻象日月星辰鄭注禮於六宗鄭注又周禮大宗伯以實柴祀日月星辰注○書洪範四曰星辰鄭注又周禮保章氏掌天星以志星辰日月之變動注又太平ㄟ撫星辰不相躅注並云星謂五星也又後漢書蘇竟傳注云五星謂東方歲星南方熒惑星西方太白星北方辰星中央鎮

星又國語周語星在天黿注云星辰星也

五星者五行之精也

左傳襄廿八年疏

星謂二十八宿

書洪範疏又馬注又周禮占夢疏云又考工記輈人蓋弓二十有八以象星也疏又左氏昭七年傳服注

星謂二十八星十二次

周禮小宰疏

星謂從角至軫

周禮硩蔟氏注二十有八星之號

星昴七星也

左傳襄九年注鶉火星疏○萱按星在柳張二宿之閒月令昏七星中是也

星

辰者天之期也

淮南天文

星主虎

大戴記易本命

七星主衣裳

洪範五行傳逐功臣注

星工善星者

後漢書公孫瓚傳注

星流言疾也

後漢書竇憲傳文選東京賦煌火馳而星流薛注

星肉中如米者

按禮記內則豕望視而交睫腥注腥為腥熟字則如內養內則字本作腥鄭皆破為星○萱按當是意是字蓋自有所受之米者也說文段注

猩

猩猩犬吠聲

爾雅皆有猩猩遠聞記曰猩猩能言晉書音猩猩小

或作狌狌許不錄狌字以形乍如犬因之得名故言與獸

而好啼

爾雅釋

猩猩獸名也人面狗軀而長尾

呂覽本味肉之美者猩猩之脣

注○淮南氾論猩猩知往而不知來注云猩猩北方獸名人面獸身黃色又一切經音義十一引字林云猩猩能言知人名也形如豕頭如黃雞今交趾封溪有之聲如小兒啼字从犬星也○萱按高誘言北方之獸非也

狌狌禺獸

山海經南山經招搖之山有獸焉其狀如禺而白耳伏行人走其名曰狌狌內南經氾林在狌狌東注云狌狌或作猩猩字同

狌狌似人而能言出交趾

狌狌獨也莊子逍遙遊馬注○萱按此假狌為猩也秋水釋文引司馬云狌狌或作猩猩

耳

經云狌狌人名

知不猩○有義按

鯹

魚臭也

說文段注魚气也

鯹臭也

廣雅釋器魚臭曰腥

鯹一音切

俗狌如一鯹引通俗文魚臭為鯹也○萱按此段引腥為鯹也

說文與肉部胜義別

胜

犬膏臭也一曰不孰也

腥說文段注危之內則秋行犢膳膏腥杜子春云膏腥豕膏也後鄭云膏

腥雞膏也許云犬膏蓋本賈傳中上文腥下云生肉也膋字當作胜論語君賜腥必熟而薦之字當作胜下今經典膏胜入：肉字通用腥為之而胜廢矣而腥之本義廢矣○論語鄭箋釋文引字林云胜不熟也

腥 肥也 國語管子必知有惡

其食飲飢寒身之腊腥而哀憐之注 **腥臊臭惡也** 又國語周語其政腥臊注又楚辭涉江腥臊並御注

腥 生肉也 禮記禮器大饗腥疏內則麋腥疏○儀禮聘禮注腥在東疏云腥言生又左傳桓十四年疏云腥是生

腥 謂腥鼎也 周禮掌客牲三十有六 **爓祭** 之腥或為合祭 **腥** 泄腊

由是熟也 禮記祭義爓祭：義腥而退注○萱按依鄭君義則腥即腥熟本字依說文義則腥熟乃胜之假借字腥本音去聲其讀平者借為胜若鮏耳

幷 毘荆切

或作并 **相從也** 說文段注从舊作 **幷也合也** 漢書藝文志集注於布將軍集注董仲舒勿狠勿幷 **幷謂幷合也** 其素問腹中論須之治幷集注蹤單傳令野獸幷（角集注）**幷謂合也** 李廣傳而令廣幷可使全也注調經論血氣未幷注○山海經大荒南經有三青獸相幷名曰雙雙注云相幷言體合為一也

韻史　卷四十八第十一部平聲耕韻　四六〇三

幷之言併也陽合交併其氣陽壯抱誠信也 爾雅釋地釋文引太康地記文

幷兼也 廣雅釋言又國策衛策魏并中山注又漢書禮樂志集注○文選與山巨源絕交書得幷介之人注云幷謂兼善天下也 **幷同也** 廣雅釋詁四 **幷謂氣交通也** 素問上下不幷注天幷謂天論則薄疾幷乃狂注 **幷偏邪相就也** 考工記與人小與幷注人大盛實也素問生氣通

幷猶聚也 後漢書張衡傳注 **幷猶專也** 禮記檀弓下行幷植於晉國注 **幷猶成也** 淮南墜形正西弇州曰幷土注 **幷之為言誠也精含交并其氣勇抗誠信也** 古微書引春秋元命苞

正北曰幷州 周禮職方氏○釋名釋州國云幷州曰幷州其州或并或設州故因以為州名 **幷夾鉗矢者** 文選東京賦幷夾注云幷夾矢箭也又薛注○周禮司弓矢也取之司農注云幷夾鍼箭具

幷封在巫咸東其狀如彘前後皆有首黑 海山經海外西經 **幷閭樓也** 萱按此段幷為栟也

韻史　卷四十八第十一部平聲耕韻　四六〇四

栟：欄 逗 **樓也** 說文段注各本奪樓字今依韻會本補廣雅劉逵引異物志皆曰栟櫚樓也上林甘泉賦字作幷閭南都賦字作栟櫚許書有栟無櫚：也因栟之木旁而同之耳○文選南都賦引張揖上林賦注云栟櫚也萱按推君疑亦當本有樓字 **幷閭樓也** 史記司馬相如傳仁頻幷閭集解引郭璞又文選甘泉賦攢幷閭與茇葀兮注○萱按栟者幷之省借字者

甹 逰青切

亟詞也或曰甹俠也三輔謂輕財者為甹 說文段注亟其意曰與一同 為亟其言為甹是曰意內言外甹亦語詞也說文甹者其意作甹夆段借字也甹俠也者此謂甹與俜音義同俠也俠俜也漢季布傳為人任俠者音義或曰任氣力也俠甹也輕財為甹所俠也今人謂輕生曰甹命即此甹命

甹夆掣曳也 爾雅釋訓○萱按此甹之義也掣當作瘳萱按甹

俜 **俠也** 說文又廣雅釋詁二○萱按甹俜音訓俠二字不但音同矣

韻史　卷四十八第十一部平聲耕韻　四六〇五

俜 ○俗有 **使也** 說文段注疑使上當有俜俜二字周頌莫予荓蜂俜娉：李又作夆毛曰荓夆摩曳也釋訓作甹夆摩曳也俜夆蓋甹夆之正字摩曳謂牽挽也爾雅釋訓甹夆掣曳者使之家也大雅傳曰荓使也甹夆謂掣曳也注相掣曳入於惡也詩荓雅甹皆俜之借字○萱按娉害也三○萱按娉亦俜之借字

艴 或作縹 **色也** 說文段注縹者帛青白色也李善注神女賦縹語縹玉篇引楚辭玉色以自持引方言縹怒色青兒今方言無此許不云怒色但云縹色以艴顏者人或令遠遊作縹必怒：也與艴同也按色大以格說顏謂縹但云色不謂者人或色青不必怒也遠遊玉色縹顏色也廣雅釋訓縹面色也女賦選神注人光澤鮮好不謂怒色直眉 **艴色也** 韻云縹顏○廣縹飲容也

檠 □□切

或作擎 **榜也** 說文段注秦風小戎竹閉緄縢毛曰閉紲緄繩縢約也小雅角弓傳曰不善紲檠巧用則翩然而反說文

韻史　卷四十八第十一部平聲耕韻　四六〇六

韻史　卷四十八第十一部平聲耕韻　四六〇七

記說明器之有柲注云柲弓檠也弛則縛之於弓裏備損傷也以竹為之引詩竹柲緄縢考工記弓人注云紲弓鞁謂之柲有鞁者以為發弦時備頓傷引詩竹柲緄縢合言之禮謂檄柲詩謂之閉周禮注謂之鞁古文作柴四字一也皆所謂也紲者檠檄於弓之備緄檠之、、絕謂之言之也正之者取之樗者以竹木異體之從旁則合之、言凡言榜檄者謂義於糅紲凡後世言樣榜傅矯之材淮南修務筈榜筐者取者取義於表見在外也檄弓檄而後能調故弓待檠者藏弓定體之器詩角疏弩檠謂輔也傳詩檠角弓弓注云檠謂輔正弓弩檠弓押也大逕解魏鄭賦弓檠弓匣也釋詩文角注云漢書藝文武弓考工記弓人注撇弓之檠也疏檄同檄今之檠撇弓之擎撇弓之檣牀讀曰檠以正弓注〇撇不正而可撇者內之之字檠諭也中撇同字擎字

同檄字猶檄說文檠段注尚書大傳扫大都經魚鄭注

〻魚也大都明鄭鯢魚今江南以為鯢

盈〇俗有滿器也

鯢

切〔湯亭〕

盈盈俗有滿器也弩說文段注水部溢下云器滿也字則謂器中已滿

韻史　卷四十八第十一部平聲耕韻　四六〇八

滿下云盈溢也則盛滿之已滿而言許書盈滿也詩鵲巢維之精嚴如此秦以市買多得為乃故从夃鳩盈之傳匏有苦葉有瀰濟盈傳又左氏文十八年傳不可盈厭注而哀廿六年傳使盈其罪注又國語周語陽癉憚盈以注晉語大夫盈祿注楚語四境盈壘注廣雅釋詁一能援持盈以沒注越語夫國家之事有持盈注又廣雅釋詁用後進又素盡心五運行大論其化為盈注又持盈離之妻下盈科而後進注沖而徐心上不行注又盈科離騷行注又以老子持而盈之注天問又淮南原道注沖而徐行注又文選射雉賦形戶服艾以盈要兮注天問菉葹盈而修盈注又文選射雉賦形羊傳廿三年傳盈乎諱也注云盈滿也相接足之辭也又國盈窓以羨發徐注〇詩蓼莪箋云盈而盈疏云盈者滿也又公諦楚語盈而不偏注云盈也志滿也盈又禮記禮運是以三五盈注云盈謂不盈〻也詩車攻大庖不盈又禮記〇靈臺碑云月光滿盈穀不盈〻也紀張公神碑云克儉損盈碑云五而滌神云百穀之滋劉夫人碑盈大戴記禮記盈與盈皆義之破字耳於六盡書無以四牡篤天子傳不易盈坎又雖盈注〇禮記祭義樂主盈也廣雅釋詁德注云盈猶傳也一盈其盈注云盈猶滿也盈充也一人不盈于文選東京賦注猶一盈也子虞〻雄赤而國公

盈充志氣也集解引禮記樂記王肅注盈長也縮不盈薛注

不充盈

韻史　卷四十八第十一部平聲耕韻　四六〇九

猶多也詩節南山箋盈其不有也經墨子乾為盈易象下傳損益盈君子尚消息盈虛盈縮猶進退相後漢書蘇竟傳注〇〇周禮馮相為盈虞注云乾息為盈盈貫謂猶縊也莊子田子方注云冬夏致日疏云進為廣雅釋詁四盈鏑也引之貫上盈怒也廣雅釋詁二暮詁四盈與贏同文選古詩盈盈樓上女注盈作贏非也盈通贏俗家又段注盈字也聲贏亦盈也〻盛也是二字〇按廣雅釋盈古文作贏為盈容貌是也〻盈樓注〇〇中按記之廣雅世家皆作樂逕觳梁沈子同部公羊作沈子盈引史申桯字齊與晉世家俗世也春秋傳曰丹桓宮楹說文段注釋名曰楹亭也亭有〇楹柱也

楹

言東楹西楹非孤立也自其一言之耳孤立旁無所依也亭亭然程即楹楹如樂盈史記作欒逞其言也下丹桓宮楹記蓋杠謂之三年傳文〇詩那釋文又禮記禮弓三桓家楹左氏莊二十位剩達鄉疏又左氏莊廿三年經注語荒年視楹桓明堂注又公羊穀梁又淮南上注又國語元昭嚴公孫之指楹而剩其傳上注又漢書五行志注引國語魯語傳公孫叔桓之後楹書班彪傳注引漢書論注又楚辭哀時命傳注丹又漢室今注思古批雅荷於彌楹沃懋命戚采萬於兩楹今注又

韻史　卷四十八第十一部平聲耕韻　四六一〇

文選吳都賦青瑣丹楹劉注魯靈光殿賦萬楹叢倚張注莊云楹柱也引司馬注〇釋名釋宮室云楹齊魯讀曰輕〻勝也孤立獨處能勝任上重也張景陽雜詩制兩楹之間戶牖之前尊者之所處也楹屋柱也莊子齊物論勝在兩楹注詩傳正棺乎兩楹之間注楹謂之柱貫中上出也謚云兩楹之元年傳南面君聽治之處也考工記輪人注程圍倍之程記明堂位殼楹西之〇程蓋杠也司農注〇萱按此段程之詩那箋云為楹貴而樹之為楹也蓋杠名楹盞與楹逕與釋文莊子齊物論楹注又命楚辭憫〇注〇

者俗有數同意

〇贏俗有常少皞之姓也說文段注按秦徐江黃郯莒皆贏姓

父皐陶偃姓贏語之轉也耳贏地理志作秦盈又按伯翳女瑩贏姓其禮作偃贏亦一語之轉國語鄭語云女英世本作之後也大戴文選東京賦秦贏氏傳語〇地名又周語贏內同嬴及贏內注〇又注辥注云贏秦姓也太內云贏內地名國語周語同反嬀汭〇萱按部分遠陽不知嬀贏也三太為令〻贏〻餘也偃首子非相與世何以借用贏也贏滿也三太為令贏贏贊數注推云贏贏餘也偃仰緩急贏絀

贏

注贏有餘也太乎ㄟ瑩或跨注 或贏遂也方言九凡蒲胡合則贏者注 鍒贏謂益之
周書大武一贏猶勝也史記蔡秦傳隱暑則贏猶沃行也山海
勝人必贏注一贏猶勝也史記藤秦傳贏縮與時變化注贏猶沃行也
經大荒東經有柔僕民是維贏土之國注贏繞市也有淮南要暑注贏儋負也後漢
民是維贏土之國注贏縮猶行藏也之道子勢成功
書儒林注贏謂無常極不贏周書常訓六贏縮猶行藏也之道子贏縮為功
傳論注贏謂無常極不贏注剖六贏縮為本
資注贏絀猶言伸屈也荀子非相與世偃仰緩急贏絀注贏鏤文章淮南鏤本
雕琢贏贏容也廣雅釋詁○當按贏又郭璞爾雅釋天夏為長贏經此
注文本或作贏又左傳宣四年圍伯贏呂覽淮南作伯盈又釋
釋詩盈盈樓上女李善注又左傳宣四年圍伯贏呂覽淮南作伯音同贏通代
古用也○又按左傳文十八年及與公同伯嬴呂覽盈三字同音贏通代
用穀作熊氏贏熊為一語之轉又嬴嬴公穀作嬴熊宣八年贏代
公云贏音贏瘦之贏陳思又信陵君傳作嬴索隱引曹
殖自有所受然不可為典要此音轉又嬴嬴公穀作嬴熊宣八年
或自有所受然不可為典要此 黔贏造化神名黔楚贏辭而遠遊見之白
注今贏篝籯囊也詳篝籯下○當按此

贏○俗有賈有餘利也說文段注依韵會本訂左傳曰賈而欲
攎攝書食貨志上則不可得贏而悉罷于俗語謂贏者輸之對○漢
又一切經音義十二引字林云贏有餘也贏謂大賈畜家也
晉于國蓄以正義十戶奇贏謂有餘財而餘聚奇異也漢書食貨志其奇贏
籍謂之養贏注左傳昭元年釋文又國策秦策玉之贏幾
都市日注利也注又文選西京賦又廣雅釋詁三又漢書
贏禮記檀弓下注從繇者張湯傳集注
餘也蕭何傳集注歟贏傳廣雅釋贏長也
贏數外也疏引山下贏益也詁一贏解也禮記春淮南時則
經贏縮注禮記何以則天地始肅以贏注本孟
卷舒贏盛也淮南時則贏注始月令天地
注贏過也廣雅釋詁三又文選幽通賦贏過孰也考工記以不可以始橋
而贏注無遺離而贏又文選幽通賦以欲孰於贏
文注故遺離而贏一年傳隷赦幹敖
贏受也左氏襄卅一年傳注贏裹也一曰囊
於是乃贏垣贏諸侯注項贏儋也漢書陳勝傳淮南
筐嬴糧而趨之跳是注○莊子胠篋贏儋籍傳贊集注攍儋

也廣雅釋詁三○方言七云攍儋也齊楚陳宋之間曰攍南楚或謂之攍 攍負也廣雅釋言贏謂儋
負也漢書刑法志贏三日之糧注又荀子議兵注儒林傳論早出為贏漢書天文
志趨舍而前為贏云同上○史記天官書趨舍而前曰贏 贏縮進退也語國語越贏縮
轉化
注○
籯 篔○俗有笭也說文段注笭字下曰一曰籯也漢書遺子黃金滿籯不如教子一經竹籠也廣雅曰籯筥也
籯竹器受三四斗漢書韋賢傳黃金滿籯注引如淳○集注
省作盈也云籯字或作盈○當按籯之俗體有簋又
賦盈也籯竹器廣雅釋器方言五云陳楚之間謂之籯蜀都文選
遇劉注金所籯籠也楚之間或謂之籯○籯籯勝也
當是籯篝也雅南汜論粗蹻贏益注之○當按贏益籯
籠也 贏篝囊也之段借字故注以本字通借字也籯囊
或作判○十一
部十二部兩見象也說文段注各本作象形也今依韵會本
正象當作像謂像似可見者也人部曰

切何
情
形

像似也似像也形容謂之形因而形容之亦謂之形六書二
曰隊形者謂形其形也四曰形聲者謂形其聲之形也力易曰
在天成象在地成形分偁之曰實可互偁也左衛形之也之假
為型模字也易其形假為判罰字也按形聲字之古今切分
研字五切形聲古音侯考○當按在十研二部而多轉入
十一部堅切形古音分見此二部也其古今切之字當歸
併於十用故形諸字分見二部也其古今切之本字當歸
二部 形有形象之異也釋名釋形法象也於大一戴記之本命性形法
形容也廣雅釋詁四○當按形體也形容色也梁穀
桓十四年聲於六書甚洽但稚廣雅釋形以從外未見字作形注又漢書王吉傳
見而不察其傳形察其形體也禮記禮運越語有天上足者注又國語
集注又呂覽其形注形體也貌外上飲手也漢
道終身又不枯覽適形有其形注天有所還上
注○氣子手運盡心下注連其形到附云原注形淮南注形貌也禮記樂
形謂君子體貌心下注連嘆云到附之門形體也在地成形記
形素問如氣貌尊嚴也形樂志形狀也色荀子理以正名形體謂身
形也苦注刺志論氣形樂志形有身體之質名之曰形左氏昭七
年傳人生始形是有質之稱上易繫辭上傳形而上者謂之道疏形
化曰魄人生始形是有質之稱上易數辭上傳形而東生受有謂

之形列子周穆王注形者生之具也史記太史公自序○淮南原道云形者生之舍也形謂
百骸九竅荀子天論形具而神生注物成生理謂之形莊子天地○列子仲尼形物其著注
云形物猶事理也形也者物之累也易彖上傳乃統天注也○淮南原道云無形者物之大祖也
坤為形易彖上傳雷雨之動滿形虞注形骸者地之有也漢書楊王孫傳又說苑反質形
色天性也孟子盡心上○論衡無形云形氣性天也形聲音動靜也禮記樂記樂不耐無形注
○荀子非相狌、形笑注云形笑者能言笑也形謂形於可觀素問八正神明論何謂形注○八正神明
篇云目冥、問其所病索之於經慧然在前按之不得不知其情故曰形形謂骨見禮記曲禮上毀瘠不形注
○疏云骨露也形謂蹩躠也莊子人間世容將形之注形倨躓礙之謂莊子山木君無形倨
注形苦謂修業就役也素問血氣形志篇形苦志樂注形埶謂埶位也荀子正論
形埶勝注○國策西周策周君形不好小利注云形勢也形謂木火土金水素問天元紀大論在地成

韻史　卷四十八第十一部平聲耕韻　　四六一五

形注形謂山川草木也易繫辭上在地成形疏形謂制分界也周禮遂人以土地之
圖經田野造縣鄙形體之法注形埒兆朕也淮南繆稱道之有篇章形埒者注○後漢書黃瓊傳注云形兆
也形鹽、之似虎者周禮鹽人賓客共其形鹽散鹽注籩人其實麷蕡白黑形鹽注○司農注云築
鹽以為虎形謂之形鹽又左傳僖三十年注云形鹽、形象虎形正也淮南原道而五音形矣注形見也
廣雅釋詁三形見也禮記樂記形於動靜疏又孝經形於四海鄭注又國語越語天地形之注天地未形而先
為之征注又漢書禮樂志集注卜式傳集注張安世傳集注司馬遷傳集注霍光傳集注韋玄成傳集注匡衡傳集注又
後漢書胡廣傳集注孔融傳注又荀子儒效忠信愛利形乎下注彊國憂利則形注堯聞形於四海注又呂覽精通夫月
形乎天注又淮南原道好憎成形注減而無形注俶真形物之性也注是非無形注繆稱先形乎小也注○禮記樂記感
於物而動故形於聲注物至知、然後好惡形焉注然後心術形焉注並云形猶見也又漢書禮樂志和親之說難形注
云形亦見也刑見也漢書終軍傳刑於宇內矣注○萱按此段刑為形也又孫叔敖碑困埋掩其刑又辟惡害

韻史　卷四十八第十一部平聲耕韻　　四六一六

於無刑段備皆同又荀子成相衆人貳之讒夫弃之形是詰此則段形為刑矣形顯見也漢書貨殖傳二者形
則萬貨之情可得見矣注形謂有形可見荀子勸學行無隱而不形注○禮記中庸誠則形注云形謂人
見其功也鑄冶之家將作器而制其模謂之為形萱按此段形為型也○又按侯
成碑唯想邢景孔耽碑消形瘦腊李德碑消邢幽門皆段邢為形同聲也又列子湯問太形王屋二山段形為行也形行
異部而雙聲

鈃

十一部十二部兩見○俗有鈃瓶頸似鍾而長頸說文段注鍾俗本作鍾今從宋本鍾者酒器見下此以相
聯為文矣用此知古酒鍾有腹有頸蓋大其下小具上也○莊子徐无鬼釋文引字林云鈃似小鍾而長頸又云鈃似壺
而大鈃盛和羹器形如小鼎萱按此段鈃為鉶也鈃山今在常山石邑縣
穆天子傳一注○萱按此蓋段鈃為陘

邢

十一部十二部兩見周公子所封地近河內懷說文段注左傳富辰曰凡蔣邢茅胙祭周公之

韻史　卷四十八第十一部平聲耕韻　　四六一七

胤也杜曰邢國在廣平襄國縣前志趙國襄國故邢國後志同按襄國故城在今直隸順德府城西南許不云在趙國襄
國而云地近河內懷者有所當定之辭也河內郡懷二志同今河南懷慶府武陟縣、西南十一里有故懷城○左氏僖
四年傳說公子晉於邢釋文云邢國名又國語齊語翟人攻邢注云邢姬姓周公之後也又穆天子傳二乃命邢侯待攻
王者注云邢今廣平襄邑縣

刑

十一部十二部兩見剄也說文段注按刑者五刑也凡刑罰典刑儀刑皆用之刑者剄頸也横絕之也此字本義少
用俗字乃用刑為刑罰典刑儀刑字刑剄也廣雅釋詁四○萱按从开从井有辨而廣雅形字作形刑字作
刑似推讓亦不能分別無論末學矣要之二者不容罔謂為互借通用可耳

刑

隸作刑罰辠也从刀井易曰井者法也說文段注此引易說从井之意井者法也蓋出
易說司馬彪五行志引易說同風俗通亦云井者法也節也春秋元命苞曰刑刀守井也飲水之人入井爭水陷于泉刀
守之割其情也又曰兩言為罰刀守罟為罰二之為言內也陷於害也已上見平應大虐衆紐音義徐堅初學記夫井上

韻史　卷四十八第十一部平聲耕韻　　四六一八

争水不至用刀至于詈罵當罰五罰斷不用刀也故許以罰入刀部謂持刀罵詈則應罵以刑入井部謂有犯五刑之舉者則用刀法之同一从刀而一系諸受法者一系諸執法者且从井非為入井争水視元命苞之說正如摧枯拉朽安置妥帖矣故其書百世師承可也桉此刑罰正字也今字改用刑丶者劉也見刀部其義其音皆殊異刑段借為典型字○論衡四諱引或說云刑之字井與刀也

刑 治也廣雅釋詁三 刑 成也同上 刑 侀也廣雅釋言

刑者侀也侀者成也禮記王制○大傳百志成故禮俗刑注學記教之不刑注並云刑猶成也

刑 常也爾雅釋詁

刑 謂刑罰詩緇衣疏○左氏昭六年傳嚴斷刑罰疏云對文則加罪為刑收贖為罰散則刑罰通也又漢書董仲舒傳云刑者君之所以罰也

刑罰者人之銜轡後漢書虞詡傳○注云刑罰者人之鞭策也

五刑者五常之鞭策也白虎通五刑○大戴記盛德又家語執轡篇云刑者策也

五刑謂墨劓剕宮大辟也孝經五刑之屬三千注又後漢書杜林傳注○莊子大宗師刑者無以與乎眉目顏色之好釋文引崔注云刑黥劓也又周禮蜡氏禁刑者注云刑者黥劓之屬又法言先知云肉刑之

刑丶也又淮南說山刑者多壽注云刑者宮人也又後漢書劉向傳注云刑隸謂關人也

殺戮之謂刑後漢書荀爽傳注又韓非子二柄○論語公冶長邦無道免於刑戮皇疏云刑戮通語耳亦含輕重也

刑 殺也呂覽音律陰將始刑注順說刑人之父子也注

刑 宮也國語越語雜受其刑注又列子楊朱釋文

大刑重罪

也 禮說明堂服大刑注位罪人當名曰刑管子正篇○又云制斷五刑各當其名罪人不怨善人不

不驚日刑

附上而罔下者刑說苑臣術引泰誓

刑者惡之末也管子心術上○萱按末者終也為惡終必入于刑斷無倖免者

刑者懲惡而禁後者也說苑政理○周禮目錄云刑者所以驅恥惡納人於善道也

刑者治之體莊子大宗師以形為體注○萱按形刑二字互借通用故漆劇

詭碑形不妄

段形為刑也高作形此以形蓋來然又易其刑渥刑者德之

集解云今本刑春秋蘇蘇禮為正字刑為借字

本刑者德之輔天辨在人禮出判大戴記四代○萱按攻刑

可者也論語道之以政一章正言德禮治之夲體也缺一不

非內德禮而外政刑也述人不足以知之治體之全兌為刑易困劓刖虞注

象上傳則刑罰清而民服虞注象下傳君子以明慎用刑虞注○君子以折獄致刑虞注云兌折為刑

兌為刑

人易蒙初用刑人虞注蹊其人陰為刑大戴記易本命曰刑月

天月剝虞注鼎其刑渥夌注大戴記○四代云陰淮南兵

為刑辰為刑○淮南天文川為積刑易本命刑十二辰也畧挨刑

為德注

型

搽 作鑄器之法也說文段注以木為之曰模以竹曰范以土曰型引申之為典型段借刑字為之俗作刑非是詩毛傳屢云形民之力而無醉飽之心刑法也謂程量其力之所能為而不過也又或段刑為之左傳引詩形

以土曰型韵會引通俗文

鑄治之家將作器而制其模謂之形左傳昭十二年注隨器而制形疏

刑范鑄笵規模之器也荀子彊國刑范正注

刑 法也爾雅釋詁

又詩文王儀刑文王傳思齊刑于寡妻傳御克共明刑傳我將儀式刑文王之典傳又禮記緇衣注又左氏隱十一年傳

鉶

許無刑而伐之注傳十九年傳注襄十二年傳刑晉也大注

襄廿七年傳而國無刑疏襄廿八年傳賞其德刑注昭六年

注又服注又周書文政八家不閑刑注又論語里仁君子懷

刑皇疏又孝經刑于四海注又國語周語其安用刑注上非

天刑注魯語糾度天刑注夕消其典刑注晉語國斯無刑注

刑於太姬注必順於取刑注決趙氏之典刑注楚語多訓典

刑注越語丸生因天地之刑注又漢書五行志上集注終軍

傳集注又後漢書班彪傳上注鐘離意傳注又管子君臣下

以刑役心注內業內心之刑注久荀子大畧注又呂覽國道

注又淮南繆稱金錫不消釋則不流刑注又太玄進丶以中

刑注又楚辭思古背三五之典刑注○一切問

繼音義廿引易說云刑法也井為刑法也刑正人之遷禮

秋官序官以佐王刑邦國注○大司

寇以天刑糾萬民注云刑正亦遷也

刑 御也荀子臣道刑下如影注

刑 正也廣雅釋詁一又詩仁講讓注韓詩又孟子梁惠思齊釋文引

刑 猶則也禮記禮運刑

王上刑予寡妻注○萱按楊信碑浼念義刑即儀型也

鉶 作器也說文段注鉶羹也按此禮器也大羹煮肉汁不和貴其質也魯頌毛魚哉羹傳曰鉶羹大羹肉汁羹

之有菜和者也大羹盛之於登鉶羹盛之於鉶〻羹菜和謂之芼其辭在禮經鉶經與亦作鈃此猶刑罰字本從井作刑非正字也內饔職鉶作刑亦段借字鉶羹器也周禮掌客鉶四十有二注又儀禮聘禮六鉶繼之注○公食大夫禮宰夫設鉶四于豆西注云鉶菜和羹之器又家語問禮注云鉶所以盛羹也鉶羹加鹽菜矣周禮亨人司農注○儀禮士虞禮設一鉶於豆南注云鉶菜羹也又特牲饋食禮祭鉶注云鉶肉味之有菜和者又疏云以其盛之鉶器因號羹為鉶鉶鼎即陪鼎是也周禮掌客疏○聶氏三禮圖十三引舊圖云鉶鼎盛一斗兩耳三足高三寸有蓋士以鐵為之大夫以上銅為之諸侯飾以白金天子飾以黃金荊器鼎也左傳昭六年傳以鑄荊器注○漢書司馬遷傳歠土荊注云荊所以盛羹也○萱按荊者鉶之省借字也用字與內饔同荊鉶羹也周禮內饔掌共羞脩荊膴胖骨鱐注○司農注云荊膴謂夾脊肉或曰膺肉也鈃盛和羹器形如小鼎禮記禮運鈃羹釋文○萱按鈃亦鉶之借字也詩未蛸菱是鈃毛之羹閟宮傳大羹鈃羹也皆用借字

鋞

昷器也圜而直上說文段注昷〻各本作温今正許書温系水名昷訓仁也昷訓仁故引申為昷煗字

韻史 卷四十八第十一部平聲耕韻　四六二三

煗下曰昷也難下曰安難昷也凡經史可借用温而許書不宜自相矛盾凡經史可借用温而許書不宜自相矛盾凡讀許書者如此則九千三百餘文之說解絶無不可通之處矣蓋非用其字之本義即用其字引申之義斷無有風馬牛不相及者也温訓水名此云温器也是為風馬牛不相及矣昷器者謂可用煗物之器也

⿰山巠

〻谷也說文段注三字廣韵曰⿰山巠口莖切或作硎谷名在麗山昔秦孫種瓜處按秦冬月種瓜谷中温處瓜實因使諸生往視說之發機阬諸生事見尚書正義所引衛宏詔定古文官書序漢書儒林傳注藝文類聚卷八十七同而師古作阬谷正義及類聚也作硎谷實則⿰山巠谷也⿰山巠谷也法言吾子注○萱按此與說文語同而義異蓋段為陘字

陘

山絶坎也說文段注釋山曰山絶陘按今爾雅奪坎字郭注云連山中斷絶非是陘者領也孟子作徑云山徑之溪趙注山徑山領也楊子法言作山⿰山巠之蹊皆即陘字凡巠之字皆訓直而長者河北八陘一曰軹關陘二曰太行陘

韻史 卷四十八第十一部平聲耕韻　四六二四

三曰白陘四曰滏口陘五曰井陘六曰飛狐陘七曰蒲陰陘八曰軍都陘戴先生水地記曰此皆兩山中隔以成隘道也軹關之山與太行中隔沁水其山脈來自大岳白陘之山與太行中隔丹水其山脈自發鳩別而東并陘滏口之山與白陘中隔漳水其山脈自清漳之源沾領別而東飛狐蒲陰之山與井陘中隔滹沱其山脈來自北岳軍都之山與蒲陰中隔桑乾水其山脈自大同府之外陰山別而東大行之名尤顯著故稱大行八陘元和郡縣圖志引述征記曰大行山首始於河內北至幽州凡有八陘後代史志地記多本其說於軹關以北軍都已南諸山槩目以太行其亦不達於理矣先生所論八陘取為明析而山絶坎之訓亦明凡天下之地勢兩山之間必有川焉兩川之間必有山焉是為坎象坎者陷也陷者高下也高在下間為陷陘者一山在兩川之間故曰山絶坎猶如絶流而渡之絶其坙理互於陷中也陘者山絶之名史記趙世家趙與之陘集解引徐廣陘阪也廣雅釋丘⿰山巠谷也法言吾子山⿰山巠之蹊注○萱按此段⿰山巠為陘也以谷釋⿰山巠非⿰山巠為一谷之名也與驪山⿰山巠谷語同而實異謂鈃山今在常山石邑縣穆天子傳一至於鈃山之下注○萱按此段鈃為陘也鈃山當即在八陘中竈謂之

韻史 卷四十八第十一部平聲耕韻　四六二五

竈其脣謂之陘廣雅釋室竈陘謂竈邊承器之物禮記月令注設主於竈陘疏

蛵

丁蛵溫盤韵負勞也說文段注釋蟲文郭云即蜻蛉也江東呼狐黎所未聞按許意非蜻蛉也許下文蛉下云蜻蛉云一名桑根不與此為伍則許意不謂蜻蛉可知

耴情切

亭

民所安定也亭有樓說文段注周禮三十里有宿鄭云宿可止宿若今亭有室矣百官公卿表曰道大率十里一亭〻有長十亭一鄉〻有三老有秩嗇後漢志曰亭有亭以禁盜賊風俗曰亭留也蓋行旅宿會之所館釋名曰亭停也人所停集按云民所安定者謂居民於是備盜賊行旅於是止宿也亭定疊韵亭之引伸為亭止俗乃製停亭字依釋名則漢時已有停字而許不收徐氏鉉云低債債停僦伺六字从人皆後人所加是也亭有樓故从高亭謂亭留行旅宿食之館漢書高帝紀為泗上亭長注亭候伺候望敵之所後漢書光武紀下注亭長主捕盜賊後漢書逢萌傳注亭父褚卒也○方言亭父謂之亭公廣雅釋訓亭定也文選謝靈運初去郡詩注引蒼頡亭平也史記秦始皇紀決河亭水正義酷吏

韻史 卷四十八第十一部平聲耕韻　四六二六

傳亭疑水集解引李奇又淮南原道味者甘立而五味亭均
亭矣注○太平御覽百九十四引風俗通云亭亦平也文選游
也調也亭漢書裴湯傳亭疑法集注平亭訓直史記五帝紀征不亭索隱以亭至也海文
天台山賦羲和亭亭別也老子亭之毒之釋文○注云亭亭
午游氣高褰注亭謂品其形毒謂成其質
將至之意文選長門賦亭亭者制度審諟道德著明也虎白
通封禪○史記封禪書云亭亭
亭亭孤峻之皃後漢書蔡邕傳下注文選亭亭迢
高皃也文選西京賦狀亭亭以苕苕薛注亭亭迴皃潮歸出
樓中龍月詩亭亭高山柏注亭亭迴遠無依之皃也文選
亭映江月注亭亭遠皃門大賦注長
魏文帝雜詩亭亭山南巢之山或李作南山荀子解蔽亭山注○萱
亭如車蓋注
按亭高形最近故致為變未審孰當孰正
為正字也又爾雅草亭歷從出字作葶藶

學 廷

或作定息也說文段注心部曰
學平去讀學息端也端定曰學
朝中也皆說文段注朝中者中於朝也古外朝治朝燕朝
咽讀不屋在廷故雨霑服失容也則廢于祿字書佩
廣韻音同定　廷朝廷也陸賈傳遊漢廷公卿間注云廷中注○漢書
縣廷之中也漢書田儋傳廷者陽也十三引風俗通云廷謂朝廷廷
也廣雅釋室○少年之中古微之書引春秋元命苞云廷者廷平也廣雅
二又漢之平下之信也士垂一人詰屈折之著為廷也釋詁　廷官
平也又又後漢書百官公卿表上上注集注云廷尉天下之平也
廷與聚共之尸廷尉光武紀上注漢書郭太傳注○張釋之傳廷尉
平也故辦廷尉　廷直也後漢書注引蒼頡廷正也言聽獄必質於朝
廷皆取平均正直也注引風俗通　傳　廷歸也廣雅釋廷　縣廷郡廷朝
人所停止之處也釋名　釋宮室　堂下謂之庭　楚辭九思　廷亭
年疏云庭是　大庭公堂之庭　周書大匡朝于大庭注○左傳昭五
堂前地名　萱按此類段庭為廷也　○庭朝

庭

廷文選東京賦龍庭縣庭也後漢書馬庭蒐場也左氏昭十
路充庭薛注　小庭門屏之內也效前注子　門庭門相當之地人周禮六年傳其
注庭　宮中也說文段注下文廣注子　樓傳注　閽
也朝不屋故不以广之中如詩下曰中林庭則此當曰中宮注俗倒之
曰子有廷內曰洒埽庭內者室之中曰庭也又部曰宮注廷中朝
中庭也凡經有謂堂下為庭檀弓也室中子曰路庭於詩其中曰寢庭
為義相近也爾雅釋詁詩大田韓者如孔子哭子之庭路中曰殖庭當注
伸之義庭也庭者中庭也於太宰奭三分一庭在南中正直當注引廷
正直之義也曰處朝也　庭中文中去閎有予傳曰洪範庭五行也作
庭也或曰庭　庭閨親之所居文選庭祀庭七四方小注云中庭明堂西之傳
廷之庭　庭　直也詩大田既庭且春選庭補閣注詩不注庭猶正也京文
塗窕　庭也陟降庭止傳碩彥傳幹不以庭方傳閔不予京賦小之賦選參子
薛注注又漢書趙良為庭注易夫揚又國語周語庭待方不庭虞虞之
憲注又漢書趙良為庭注○節不王出門庭廣注選云良行庭其門庭
充國傳集注　文選月賦自注引張大庭古國名也京文賦則東
帝庭謂大微宮也泉甘泉賦注

莛 筳 楟

太庭氏何以庭氏主射妖鳥令國中潔清如庭者也周禮秋官序官
尚故薛注以庭氏　萱按此類皆段庭為廷也又按孫叔教
庭氏堂下謂之庭　碑覽堅禹稷不能踰也此段霆為庭
注平上兩讀
注在彼
維絲筦也說文段注糸部曰維著絲於筟車也按絡絲者必
義引字林云以絲尚箸於筳令江浙尚呼筟○漢書王莽傳音
筳維絲管也竹筳也竹漢書王莽傳中以筳度其脈注方言
六○廣雅釋詁筳八段竹也後漢書方術傳注云筳竟也楚曰筳
三云筳竟也○萱按字或作挺注○漢書方術傳序注云
筳莛筳又卜也勤索彼瓊茅注○萱借　莛篿折竹所用卜也　萱茅以索
此揚雄傳上又為莛也謂之段借字亦得　萱按也　書漢
此莛為莛也說苑建天莛　莛篿折竹所用卜也
莛下之鳴鐘注說苑以莛與莛謂撞鐘也漢書東方朔傳以莛
屋梁也莊子齊物論莛以莛撞鐘注引文穎　萱按此段
楹釋文引司馬注莛篿折竹所用卜也　莛為筳

寍 念亭切

安也說文段注此安寍正字今則寧行而寍廢矣偽古文萬邦咸寧音義曰寍安也說文安寍字如此寧願詞也語甚分明自衛包改正文李昉陳鄂又改釋文今人不可讀矣

寧安也爾雅釋詁又書無逸不敢荒寧馬注又詩葛覃歸寧父母傳生民上帝不寧箋載芟胡考之寧箋又考工記梓人惟若寧侯注又儀禮覲禮歸寧乃邦注又禮記月令身欲寧注坊記衆而以寧者注又左氏僖五年傳懷德惟寧疏襄十三年傳其寧惟永注哀十六年傳國寧注又周書武順各寧其親注又國語周語自后稷以來寧亂注使各有寧字注寧為蒸嘉注楚語夫乃其寧注越語寧其得此國也注又漢書高帝紀上集注李尋傳集注揚雄傳下集注又呂覽審分既靜而又寧注君守注又太平：慶注平吉○儀禮士虞禮記夙興夜處不寧注云不寧悲思不安

寧問父母安否左氏莊廿七年傳杞伯姬來歸寧也注

寧安定也左氏定五年傳及寧注

寧靜也爾雅釋詁又呂覽仲冬身欲寧注

寧息也國語晉語聞子與龢未寧注

攖寧也者攖而後成者也莊子大宗師

寧謂處家持喪服漢書哀帝紀子寧三年注○高帝紀上集注引李斐云休謁之名吉曰告凶曰寧

丁寧謂鉦也

國語晉語戰以錞于丁寧注吳語注

青寧蟲名也莊子至樂久竹生青寧釋文引司馬注又列子天瑞釋文

寧

敬避御名

願詞也說文段注其意為願則其言為寧是曰意內言外丂部曰寍安也今字多假寧為寍寧行而寍廢矣古文尚書蓋有寍字陸氏於大禹謨曰寍安也說文安寧字如此寧願詞也此陸氏依許分別二字今本經采開寶間改竄不可讀

寧猶曾也詩日月寧不我顧箋小弁寧莫之知箋四月胡寧忍予箋

無寧：也左傳隱十一年無寧茲許公復奉其社稷注襄廿四年傳無寧使人謂子：實生我注襄廿九年傳無寧夫人而焉用老任服注襄卅一年傳無寧猶惠注昭六年傳無寧以善人為則注昭廿二年傳無寧以為公羞注又論語子罕無寧死於二三子之手乎集解引馬注又小爾雅廣訓

不寧：也詩生民上帝不寧傳又左氏昭元年傳不寧惟是疏

受命曰寧王書大誥寧王遺我大寶龜鄭注

濘 平去兩讀義分

滎濘也說文段注按滎濘疊韻此當依七命注奴冷切後人謂淖為泥濘讀乃定切義與音皆非

古矣○萱桉滎濙同字說文滎下云滎濘絕小水也文選七命云何異促鱗之游汀濘

濘清也廣雅釋詁一

濘泥也廣雅釋詁三○萱桉此後人讀去聲者也左傳杜注我馬還濘亦爾

蠠

蠠：蟲也說文段注蟲上補蠠字三字句蟲名也廣韻云螻蛄

甯 平去兩讀注在彼○俗有甯

霝 亮情切

雨零也詩曰霝雨其濛說文段注零各本作零今依廣韻正霝與零義殊許引東山霝雨今作零雨為字也定之方中靈雨既零傳曰零落也零亦當作霝：亦段靈為之鄭風零露溥兮正義本作靈箋云靈落也靈落即霝落雨曰零草木曰零落

蘦落也爾雅釋詁○萱桉此段蘦為霝也

靈 靈

或○俗有霝靈靈霝

巫也以玉事神說文段注各本巫上有靈字乃複舉篆文之未刪者也許君原書篆文之下以隸複寫其字後人刪之時有未盡此因巫下脫也字以靈巫為句失之今補也字巫賦九歌靈偃蹇兮姣服又靈連蜷兮既留又思靈保兮賢姱王注皆云靈巫也楚人名巫為靈許亦當云巫也無疑矣引伸之義如謚法

曰極知鬼事曰靈好祭鬼神曰靈晉子曰陽之精氣曰神陰之精氣曰靈毛公曰神之精明者稱靈皆是也○廣雅釋詁四又楚辭東皇太一注雲中君注東君注並云靈謂巫也廣雅少謂又後漢書馬融傳注云靈保神巫也

靈氛古明占吉凶者也離騷命靈氛為余占之注

靈空也廣雅釋詁三

靈神也國語晉語苦以君之靈注令諸侯君之靈也注吳語實式靈之注又太平迎妖先靈覺注失說德靈撖失注又離騷字余曰靈均注夫靈修之故也注○風俗通祀典云靈者神也又詩靈臺疏云靈是神之別名又文選幽通賦承靈訓其虛徐兮曹注云靈神靈也又離騷欲少留此靈瑣兮注云靈神之所在也

天神曰靈翻譯名義五引尸子○文選魏都賦陽靈傳曜於其表李注云陽靈天神也

圓靈天也文選月賦圓靈水鏡注

蒼靈青帝也文選顏延年曲水詩序蒼靈奉塗注

靈謂雲神也楚辭雲中君靈皇：兮既降注

辰之神為靈星後漢書東夷傳注又風俗通祀典○論衡祭意云靈星者神也

靈星火星也一曰龍星獨斷上○又云明星神一曰靈星

靈祇天地之神也文選南都賦靈祇之所保綏注

三靈天地人也

文選典引答三八靈八方之神也楚辭怨思合五聖人之神
寘之蓄祉注水注○文選吳都賦押歎與八靈兮注晉書引洪靈
曰靈靈胥劉注云靈胥伍子胥神也說陰曰靈範五行傳靈命
昭也莊子天地大愚者終身靈明也文選東京賦祚靈
也不靈釋文引司馬注言明也主文書以元吉民帝注用雨疏
法言問靈竊靈引廣雅靈善也詩定之方中靈雨既
國靈也注提也釋言靈精誠也楚辭湘君揚靈
零筊又廣雅釋詁一積仁為靈說苑修文靈大江記兮曾
又漢書序傳上集注太子根養美神靈者品物之本也大戴禮曾子天圓靈
注靈根道德也
府者精神之宅也莊子德充符不可入於靈府注後漢書馬融傳上注○靈臺者心也莊子庚桑楚不可內於靈臺
臺靈臺望氣之臺也後漢書明堂位注云天子太廟上可以望
注故謂之靈室謂靈蘭室黃帝之書府也而素問藏之靈室注大論
之氣靈臺
靈篇謂河洛之書也後漢書班彪傳下注死而志成曰靈死見神能曰

靈不勤成名曰靈周書謚法○水經洛水注云靈王生而神故謚曰靈周亂而不
損曰靈○周書謚法○又獨斷以為下又國語楚語請為靈若厲注
莊子則陽其所以為靈公者何邪注云靈即若是厲無
鳳龜龍謂之四靈禮記禮運天龜曰靈屬爾雅釋魚龜二曰
道之麟也爾雅釋魚注又書赤靈赤龍也文選南都賦靈
靈龜俯者靈大傳人以靈東京賦薛注云以靈解角鼓之靈注
六面鼓也周禮鼓人靈鼓注云社祭注冥氏以靈鼓驅之注
靈鼓靈鼓四面又司農注文選蜀都賦注漢書班彪傳下注屬注
靈壽木名也壽文選劉注云靈草謂不死藥也○後漢書注芝
南有冥靈者以五百歲為春五百歲為秋此木冥靈木名也莊子列子湯問逍遙遊釋文引李頤云冥
一靈木名也江南生以葉生為春葉落為秋
年令善也爾雅釋詁又詩凱風我無令人箋此湛露莫不令德
令令聞不已箋資之初筵又維其令儀箋角弓此令兄弟箋
令色韡其箋既醉令高朗令終箋令居釋文閟宮令妻壽母箋又儀禮士冠禮
慶既令高朗令終令居閟宮令妻令望令儀儀禮士冠禮注

禮令月吉日注又禮記檀弓上疏孔子閒居注坊記注又公
年宣十二年注又孝經則身不離於令名注又國策秦策三死若
又漢書紀志傳各注又文選琴賦又呂覽上農注安令訓去善者
又令字也俗說為令之善始而終注○凡令訓善
靈之借字也俗說為令之本義而令讀去聲疏矣○令色善其
又按吳仲碑神零有知令段集解為靈也與段同意令色
顏色衛靈公論語學而巧言令色集解引苞注云令色無質○令完也詁廣雅釋
靚也廣雅釋言靈器名又人名也廣韻令字似別一按集韻顏氏家訓云同靈字
底著器也當按此段靈為
韻本此靈落也詳靈下
靈落也
頹西瓊淡頋、也說文
鄘○鄘醴有長沙縣說文段注前志長沙國後志長沙郡今
酃縣城是也有鄘湖南衡州府治衡陽縣東廿五里有酃故酃
鄘醴之湖湘州記水經注湘州臨水縣有酃湖取
水為酒名曰酃酒甚美謂之酃酒經注衡陽縣臨湘湖
酒記○文選吳都賦飛輕軒而酌綠醽注引湘州
記○廣韻云醽淥酒酃地名集韻云醽湘州

東美酒酃亦清河縣○當按酒名出於湖湘
則醽即鄘之俗體明矣韻書分為各字何歟
女字也中有娙靈漢婦官十四等
靈或作龗說文段注靈可作靈
龗或作龗龍也說文段注龗龍也神也善也玉篇
麢羊而大羊而細角說文段注羚羊○獸曰麢大羊山海經西山經翠山其麢
云麢多在山作羚羊本草作羚
蠕螟蠕追桑蟲也說文段注小雅毛傳
色青細或在艸葉上土蜂取之蟲其中者也此桑蟲同
七日而成其子里諺曰咒云象我象我詩中或書卷似步屈其
究云螟蛉有子螺蠃負之又禮記中庸蒲盧也疏云爾雅○筆簡中
蠕桑蟲也又爾雅釋蟲文學注云螟蛉桑蟲上小青蟲也文○螟蛉
俗謂之桑蟃一名戎女經典多作螟蛉注又蓋俗小究釋文也蛉雖○當按
同音而實異部此
等段借頹嬛自擾

鐳　瓦器也說文段注篇韵皆云似瓴有耳鐳瓴也廣雅釋器

櫺　或作欞楯閒子也說文段注闌楯為方格又於其橫直交處為圜子如綺文瓏玲故曰櫺左傳車曰忽靈亦

其意也文選注作窗閒子櫺窗閒孔也文選江文通雜體許徵君詩曲櫺激鮮飈注○遊天台山賦形雲斐

亹似翼櫺注櫺窗閒子也云疏門曰櫺一切經音義四引通俗文櫺梠也方言十三云

屋梠謂之櫺○萱桉櫺梠一聲之轉此再引申之義也或以櫺為梠之段借字亦得葱中豎木謂之靈

今人猶名葱木為靈于左傳定九年注葱靈輜車名疏○萱桉此段靈為櫺也屋與車異物而櫺

同

蓄　○俗有薑大苦也說文段注此與前大苦苓也相亂說詳苦字下○萱桉苦篆解云大苦苓也蓄異物而此

亦釋為大苦故段解其非謂蓄象非許書所本有依段說核之苓與苦為一物即黃藥也俗許早金蓮者也蓄則葵之類

蓄菜名似葵可食廣韵○集韵云蓄草名早荷也○萱桉集韵溷蓄於苓沿於爾雅爾雅蓄大苦或係

段蓄為苓柳或淺人所改要之非似葵之蓄也孫郭釋為甘州於蓄苓兩不合也

蓄落也萱桉此段蓄為蓄也

呈（寵亭切）　平也說文段注今義云示也見也呈解也廣雅釋詁一呈見也文選洛神賦皓質呈露注呈

示見也列子天瑞而昧之者未當呈釋文○萱桉左左傳昭廿三年而殺人以呈段注呈為逞也

程　品也三字十髮為程一程為分十分為寸說文段注品者衆庶也因衆庶

而立之法則斯謂之程品上文言諸程品可證矣荀子曰程

者物之準也月令陳祭器桉度程注程謂器所容也漢書張

蒼定章程如淳云章麻數之章術也程者權衡丈尺斗斛之

平法也十髮為程程度起於此十髮當禾秒十二故字从禾

程品式也後漢書郭躬陳寵傳注○漢書賈誼傳集注云程式也程法式也漢書高帝紀下令獻

未有程注張蒼定章程注○詩小旻匪先

民是程傳呂覽孟冬注並云程法也程度也呂覽慎行後世以為

法程程傳又廣雅釋詁三又楚辭懷沙驟程將馬程注○禮記

注程量也儒行不程勇者注云程猶量也又漢書東方朔

傳程其器能注云程謂量計之也程謂度量之總名也荀子致仕致注程正也漢書敘傳上集

注程准也管子君臣上吏嗇夫書事有皆程事律注程示也廣雅釋詁四程課也漢書主文

緩傳集注○江都易王非傳不中程轍梓注云程者作之課也又文選西京賦程角觝之妙戲薛注云程謂課其枝能也

程功程荀子修身程役而不錄注程效也漢書谷永傳集注程猶効也家語儒行程功積事

注程猶限也文選魏都賦明宵有程注○禮記文王世子疏云程是程限也程猶見也文選西京

賦侲僮程材薛注程地名在岐周左右後以為國周書大匡維周王宅程三年注○萱

桉孟子文王生於岐周卒於畢郢段郢為程也○又桉樊安

碑作呈作呈作式又冀州從事郭君碑先民有呈皆段呈為

程也程中國謂之貊越人謂之貘列子天瑞青寧生程釋文畢程畢豐呂覽具備

武王窮於畢程注○萱桉畢程即畢程也段借字

醒　病酒也說文段注節南山正義引說文無一曰二字蓋有者為是許無醒字醉中有所覺悟即是醒也故醒足以

無之字林始有醒字云病解也見眾經音義盖義之岐出字

之日增多類此○漢書禮樂志泰尊柘漿析朝醒注引應劭

又文選東京賦罔然若醒薛注並云醒病酒也又詩節南山憂心如醒傳又莊子人閒世嗅之則使人狂醒也釋文引司馬

注又後漢書第五倫傳注並云病酒曰醒又慮讓傳注云醒酒病也醒飽也文選西京賦心醒醉薛注醒長

也廣雅釋言

成（始亭切）　戚古文就也說文又樛木福履成之傳又老子夫惟道善貸且成注○太弁錯云成者功就不可易也又乎衡

云成不可更成立也國策秦策以成伯王之名注又呂覽驕溶三年而未能成注○淮南修務此自殆而成功

者也注云成猶立也成平也詩天保民之質矣憲節南山誰秉國成傳餘竇為實敗成傳又周禮謂之以民成之

注可市平肆展成鄭賈注貿人注古士注大行人成平禮注

小行人成六瑞注又禮記文王世子獻成注又國語晉語注

吳語注越語注又管子中佳注小匡注又呂覽行論注原解

亂注又離騷和說與余成言兮注○史記越世家行成於吳

索隱云成者平也又穆天子傳五以詰其成注云成謂平也

又左傳隱六年鄭伯請成於陳注桓二年以成宋亂注呈云

成猶平也成定也周禮司市疏又國語周語注晉語謀既成矣注民無成君注吳語吳晉爭長未成注○周禮小

司徒注云成猶定也又北堂書鈔九十四引穀梁傳徐邈注云成謂定其德之優劣成畢也儀禮士虞禮西面告
利成注少牢饋食禮祝告曰利成注○詩關雎以其成功疏又左傳襄廿九年疏此云成功者營遂王功畢也又禮記聘
義日幾中而后禮成注云成禮畢也又周禮司書注云成猶畢也又儀禮士喪禮獻素獻成亦如之注云飾治畢為成
成猶備也詩猗嗟儀既成兮箋又禮記喪大記五十不成喪注○書皋陶謨鄭注云樂備作謂之成成猶
終也書皋繇謨簫韶九成鄭注云○國語周語云成德之終也成謂所奏一竟周禮樂師凡樂成注
○禮記樂記再成而滅商注云成猶奏也成猶善也禮記檀弓上是故竹不成用注王制成器不粥於市注少
儀毋誓衣服成器注成盛也釋名釋言語○公羊莊八年傳云成者何盛也成茂也呂覽先己松柏成而
塗之人已陰矣注成熟也呂覽明理五穀萎敗不成注貴信則五種不成注○周禮酒正疏云酒熟曰成成
重也廣雅釋詁四又漢書地理志上集注○山海經西山經東望恒山四成注南山經成山注又史記司馬相如傳
纍臺層成集解引郭璞云成亦重也成猶重也爾雅釋丘、一成為敦丘注又儀禮覲禮壇十有二尋注

又呂覽音初九成之臺注○爾雅釋丘再成為陶丘李注云再成其形再重也又周禮司儀則令為壇三成司農注云三
成三重也成猶併也儀禮既夕俎二以成注成猶必也國語吳語勝未可成也注成謂所
生長以成功也國語晉語黃帝以姬水成注炎帝以姜水成注成謂成物周書太子晉侯能成
羣謂之君注安民立政曰成周書謚注又書顧命馬注成邦之八成也禮記緇衣都邑
以成注邦成謂若今時決事比也周禮大司寇以邦成弊之司農注成計要也
禮記王制司會以歲之成質於天子注日成謂日計曰成也周禮宰夫則令正日成疏日成
日進也周書命訓命日成注大成之謂和之也周禮調人凡有鬬怒成之司農注成然
縣解之兒莊子大宗師成然寐釋文引李注成俗舊俗方言也荀子正名則從諸夏之成
俗曲期注成積舊習也荀子解敝不敝於成積也注黃帝名大學曰成均則虞
庠近是也禮記文王世子于成均注○周禮大司樂注引董仲舒云成均五帝之樂成〻人也禮記

喪服小記除成喪者注○後漢書李固傳注云成童年十五也成謂年二十冠成人也史記五帝
紀成而聰明正義○禮記祭義成人之道也注云成人既冠者又左氏哀五年傳不成而死注云不成未冠也成人
謂年二十已笄醴者也儀禮喪服傳其成人而未嫁者也注○馬注云成人謂十五以上許嫁未
行者也成師大號成之者也史記晉世家成王所言成道之于書酒誥成
王若曰鄭注○馬注云俗儒以為成王骨節始成故曰成王或曰以成王為少成二聖之功生號曰成王沒因為謚衛賈
以戒成康叔以慎酒成就人之道也故曰成成骨謂滕外近下髀骨上端兩起骨
相並閒陷容指者也髃骨所成枯膝髀骨故謂之成骨也素問
剌痛剌少陽成骨之端出血注成為成淮南天文五行敘曰成晚出書大禹謨地平天成傳
成功謂秋收也太乍、文功者退注成不成不實肥腯也孟子滕文公下犧牲不成
注成紀太皞庖犧所生之處也水經渭水注成周者東周也公羊宣十

六年傳成國大國左氏襄十四年傳成國不過半天子之軍注通十為成詩甫田歲取十千箋
又周禮小司徒注引司馬法方十里為成考工記匠人又左氏哀元年傳有田一成注又賈注○詩文王
有聲築城伊淢箋云方十里曰成地方千里為成出長轂一乘國語楚語賦皆千乘注○
荀子禮論注云成出革車一乘北方泲州曰成土後漢書張衡傳注引河圖成山四方而
三壇山海經南山經○萱按史記所云成山斗入海蓋非此也成白津名出語楚語賂王奔濟於成白
注成樂城一名石盧城也水經河水注○萱按成有作城作郕作盛者皆同音通借也有作成
作成作誠作俄作減者由形近而字譌耳

誠

信也說文又爾雅釋詁又禮記郊特牲幣必誠注又論語子路誠哉是言也皇疏又後漢書和熹鄧皇后紀注又淮
南說林蘇秦以百誕成一誠注誠謂誠信也禮記樂記誠去偽疏著誠者實也左氏文十八年
傳明允篤誠疏又漢書紀傳各集注又後漢書周黃徐姜申屠傳注又老子誠全而歸之注又孟子公孫丑上子誠齊人

也注盡心上反身而誠注又荀子非十二子是之謂誠君子注又呂覽論威此之謂至威之誠注又淮南主術抱德推誠注說林其猶之誠也注〇易文言傳修辭立其誠疏云誠謂誠實又漢書匡衡傳將軍誠召置莫府注云誠謂實行之也又荀子王霸唯誠能之注云誠能實能也禮記學記使人不由其誠疏云誠謂誠敬也廣雅釋詁

一誠猶審也禮記經解注　誠　忠誠　志操精果謂之誠賈誼新書道術　夫誠者一也說苑反質著善為誠敘越絕外傳書記篇　誠者天之道也誠之者人之道也禮記中庸〇又云誠者非自成己而已也所以成物也　誠士謂至誠好善之士荀子非相則必誠士也注

盛

黍稷在器中以祀者也說文段注盛者實於器中之名也故亦謂器為盛如左傳旨酒一盛是也引伸為凡豐滿之偁〇今人讀平去分平去古不分也如左傳盛服將朝音成本亦作成〇公羊桓十四年傳粢盛委之所藏也注又穀梁桓十四年傳天子親耕以共粢盛注並云黍稷曰粢在器曰盛又禮記月令

注又設盛於俎西疏又設盛於俎南疏並云盛謂黍稷又周禮閭師不耕者祭無盛注云盛黍稷也又疏曰黍稷曰盛　在器曰盛　詩甫田傳又周禮甸師以共齍盛注肆師表齍盛告絜注舂人共其齍盛之米疏又禮記郊特牲王秉共粢盛又國語周語上帝之粢盛注又左氏桓六年傳粢盛豐備疏又三年釋文又漢書文帝紀集注五行志上注又楚語注〇史記三王世家必自春其盛注又漢書文帝紀引應劭注云盛在器中曰盛是也　孝文紀以給宗廟粢盛集解　粢盛　一盛一器也左傳哀十三年疏云盛謂盛器也〇公羊文十三年傳何以為　一器也六年疏云盛者新穀於器　盛　以實　盛釋文〇周公蠢注云盛謂　周禮掌子滕文公下以供粢盛注云盛稱也又漢書郊祀志上所以東方朔傳注　共白盛蜃灰　為盛〇注所以盛者　盛受物也　謂　以　蛋注〇匠人白盛也　盛　猶成也　天子之蛋注云盛之言成也　謂令時杯杅也大禮記記喪　盛國名六　注云盛之言成也　桉管蔡郕霍之郕公羊桓三年作盛而說伯之子也注〇萱　文郕下釋為魯孟氏邑然則穆傳之盛國其即郕霍之正字歎

宬　屋所容受也　說文段注宬之言盛也廣韻集所字　宬　修也　廣雅釋器　者如黍稷之在器中也〇又釋名釋宮室

城　成也　盛民也　說文段注引風俗通云城盛也經注二引　盛也　城為保民為之也　穀梁隱七年傳城為之言宬　華嚴經音義上注引　受國都也盛也　城者所以自守也　墨子七患　城郭　周禮司〇了矢切注攻經音義上　引風俗通云城者所以自守也　城猶國也　詩五行志　城謂城郭　〇哲者禮婦傾城禮記曲禮上　俗通引世本云城郭城　書大行中夫之成上城量　城　傾國　易泰彖　義天作引城郭也禮記月令　中城城之在中也城雖大於國也　云五城郭疏云中也國門內也　其都城也　左傳宣十二年　上傳王公設險以守其國　沒詩之城傳　良城哲婦傾城　邦集解云良為山城　天子周城諸侯軒城　公羊定十二年注〇禮記月令　犬吠不驚命曰金城　說苑　城之謂故都也　其太祖城差　說叢引　城謂故都也　左氏莊廿八年傳築郿　築城也　云管子輕重丁請以令城陰里注〇可以築城　城　曰方城山名也又云河間阜成皆段成為城也又云漢書諸侯　水經汝水注〇萱按魯峻碑陰云城郭海注高成又云漢勃海郡

王表引詩云毋俾成壞　城旦鶡鴠也　廣雅釋鳥〇方言八云鶡鴠自關而東謂之城旦

郕　魯孟氏邑　說文段注今春秋三經三傳皆作成卿成古今字也左傳昭七年晉人來治杞田季孫將以成與之杜云成孟氏邑本杞田也　社云成杞田季孫將以成與之地也必至於是五年齊　許管蔡郕霍左氏傳隱五年衛人入郕　者國蓋之許不字則作左傳文穀梁傳公羊莊八年郕國云在字皆不可作郕今易字　卿城文都國今字作郕據隱五年傳云卿國在今東平剛父縣　三年釋文則云國名亦作郕伯　則作成伯古今人表作盛竟作盛〇〇萱按穀梁莊八年作郕　〇俗人之食氣有欲　說文段注

溇　亭

情　切

人有情　董仲舒曰情者人之欲也人欲之謂情情非制度不節禮記曰何謂人情喜怒哀懼愛惡欲七者不學而能左傳曰民有好惡喜怒哀樂生於六氣孝經援神契曰性生於陽以理執情生於

陰以繫念○論衡初稟云情生於陰又白虎通性情云情陽情者陰之化也又引動命火云情生於陰欲以時念之易文
也易繫辭下傳情倆相感虞注○萱按性情對言情為奎情鶴對言情為易情者性之欲也言傳
注不性其情疏又後漢書張衡傳注○違諸民之情注云情謂喜怒愛惡之屬大戴記子張則入官情者人之欲又禮記
坊記興辭而行情則民爭注云情主利欲也情者性之質也荀子正名○又云性之好惡喜怒哀樂謂
之又天論云好惡喜怒樂藏焉夫是之謂天情哀隨時念慮謂之情易乾注豈非正性命之情者邪
○禮記樂記是故先王本之情性疏云因性念慮謂之情情謂六情漢書翼奉傳法感物而
動謂之情也易彖上傳而天地萬物之觀情以律疏○荀子儒效所得乎情注云情謂情可見矣外物所感
者也又漢書東平思王宇傳情亂其性喜怒好惡云情者見物而動者也又論衡初稟云情接注引張晏於物而然者也情者
外染者也文選邈注情在己為情左傳昭廿五年傳志願為情楚辭惜誦情與兒其
不變注○悲情費之不信兮注云情志也言其意謂之情左氏春秋序推好五體疏○荀子禮論情文俱

至注云情謂禮意哀主哀祭主敬之類自稱其惡謂之情春秋繁露仁義法情爭頌之
辭周禮小宰六曰以敘聽其情注情誠也淮南繆稱不戴其情注○荀子大略文兒情用相為內外表裏注云
情謂中誠又禮論情兒情實也國策秦策請謁事情注又呂之盡也注云情忠誠也覽情者注○禮記之情矣注
塞宜王之情注又太乎雖離于情猶實也大學無情者不得盡其辭注云情猶實也
周禮小宰疏又論語子路則民莫敢不用情集解情也引孔注○易繫辭下傳情偽相感疏云情謂情實
靜也廣雅釋詁四○白虎通情性云情者靜也情理也呂覽誣徒則得教之情也注○萱按古所謂理謂脈
理條理非若後儒之以肌見為理也離情謂離心也管子國蓄之離情注謂情性也者所
以理然不然取合者也大戴記哀公問五義○呂覽上德之謂順情注又淮南本經人愛其情
注疏云情性也人情者聖王之田也禮記禮運○萱按此一語為千古治道之極自後儒不言情而
言理空言日積而古之治道隱矣

姓
戓作晵晴雨而夜除星見也說文段注衛風霽雨既零命彼倌人星言凡篤韓詩云星者精也按精若
令晴字史記天精而見景星漢書作天晵孟康曰晵者精明也漢書亦作精韋昭曰精者清謂也郭璞注三倉云晵者雨
止無雲也古姓晵精皆令晴而詩作星韓非子曰則代陳吳敍之單開三十里雨十日夜星即夜姓也雨夜止星見謂之
妣、星豈韵引伸為畫晴之衡故其字又作晵按漢書亦作精故盖康曰精晵明也今本係後人所改史漢之天精即晶
之段借○一切縱音義九姓云晴古文姓姓二形同雨止無雲也史記天官書索隱引啓顏篇雨
止曰晴也一切縱音義五引聲類星晴也詩定之方中釋文引韓詩○萱按好皎星為晴也毛不破
字

避亭切
平
秂古文語平舒也說文段注引伸為凡安舒之衡平怨也後漢書趙壹傳注平者道之
素也淮南詮言平正也詩何彼禮矣八索以成人平王之孫傳又國語鄭語平法又呂覽適音將以教民平
好惡注又淮南本經地愛其平注○詩常棣裘亂既平箋又周禮大司馬平列陳注平辨正也又平士大夫注云平

者正其職與其位又逸師平氏注云謂止其行列卑位也野平正平也戒詩排既且平傳和平和也
左氏傳十二年傳齊侯使官疏又國語魯語齊侯乃許為寔吾平漢於王注宣十五年經平注又下書史升傳集注又簽
漢書祭邑傳注又呂覽貴公於平注知度四克乃平注○ミ則天六平矣注大樂欲欣生左傳隱爾年傳鄭人來渝平注
云和而不盟曰平又素問五常政大論注云平謂和氣也平易也釋雅詁平者靜也毛谷乎摩平
謂平調也素問調經論神氣決至貞晏大論和乃平注五常政大論可使平也者平之注○平人氣象論平平者
何如注云平人謂氣侯平調之人也平成也爾雅釋詁又廣雅釋詁三又詩擬鼓序而平陳與家箋又周禮大司
疑以嘉否平罷民注又左氏孔子世家宗隱又呂覽有始成二年傳利以平民疏又史記目天地平矣注○穀梁宣四年
傳宣十友年傳昭七年傳疏之為言以道成也人左氏史云平者成也又隱六年傳云平卜八年傳地平天成注云亦
戒也平成也正也周禮大司為侯王平邦國以注平治也公羊隱元年傳公將平國而反之柏注又
淮南時則平詞訟注○詩黍苗原隰既平傳云土治曰平又毓出書大尚讀傳云水上治曰平平猶除也荀子

當國平關市之征注○淮南氾論平夷狄之亂注平除之也平一其服也周禮大司馬注司農平細
大不踰也國語周語和從平注○周語云細大不踰曰平平齊等也詩伐木終和且平箋平均
布也荀子王制平室律注○史記樂書將以教民平好惡正義云平均也平賦也方言七云平均也廣雅釋言上同
均賦也郊凡相也滅藏之欽背之鄰東齊非平謂不均平同高也荀子王霸注平知無欲惡也後漢書朱浮傳
平悅然說上乎平謂不偏聽也荀子致士注平謂平決也
注○張衡傳注云平罪也平寧無所施爲命平據當不傾
之謂平論其罪也
謂之平賈子道術布網治紀曰平周書謚法書平帝紀集注引應劭又獨斷下漢治而
無眚曰平周書謚法執事有制曰平上同惠無內德爲平上同承平曰
平王書大誥寧王鄭注德能正天下則稱平王引詩何彼襛矣疏○疏鄭志云德能平正
天下則稱爲平下人齊人也後漢書皇甫規傳注○素問平人者不病人也
故以號文王焉人氣象論云平人者不病人也

平生猶少時論語憲問久要不忘平生之言集解引孔注平平視謂視面也禮記曲禮下大
夫衡視注坎爲平易坎彖上傳稱說平物平施虞注彖下傳而天下和平虞注志未平也虞注己
爲平淮南天文夏曰嘉平上獨斷大野曰平爾雅釋地東至日所出爲太
平同上○又云再登曰平三登曰泰平漢書食貨志平圓即平
太平之人仁山海經西山經江之平署猶連署也後漢書李膺傳
圓也山海經淮南之平圓注文選東京賦
賦其山則有平樂觀名也文選西都賦注引摯虞決
場薛注云平樂館名也平者以文塼相亞次也
疑要注平盤者大盤也管子山權數之中注平露者樹名也通白虎封
禪平平辯治也詩采菽平平左右注云平平辯治不絕之皃○左氏襄十年傳使
平爲便也毛作平平韓作便便左右左氏作便蕃其賢○按
典平章百姓此古文尚書也今文作辯章也史記作便章又段
谷也說文段注廣韻曰
水名玉篇曰谷名
泙

𨘉：令鼠也說文段注四字句令平聲𨘉令
疊韻字○廣韻寧云𨘉鼠子之例謂木器之平偁
枰○俗平也說文段注此門閭也上林賦華楓枰櫨吳都賦平偁
有辨平也枰如令言基枰是也戶護也賦也枰
仲君遷本皆作平木名也非許所說○廣雅釋詁三云枰
平也又釋名釋牀云枰平也以版作之其體平正也
楣也謂獨版牀也一曰經音義四引埤蒼○初學記廿五引
枰局也史記通俗文云牀三尺五曰榻版獨坐曰枰
也賦文選上林注郭注史記蔡澤傳索隱所以投箸謂之枰五方言枰平仲木
苹
蓱也無根浮水而生者說文段注小雅鹿鳴食野之苹
一曰藾蕭毛傳曰苹藾蕭也於水中之艸非鹿所食易之曰苹
月令曰萍始生周禮萍氏引爾雅萍蓱以分別苹
苹爲藾蕭鄭所據爾雅有萍字而毛詩夏小正以苹爲萍
皆屬段借許君則苹萍二字同物不謂苹爲段借李善注
高唐賦引說文苹艸皃音平○爾雅釋艸苹萍注一
名蓱又郭注云苹水中浮蓱江東謂之薸又大戴記夏小正

萍艸也傳苹令藾蒿也艸注爾雅釋艸苹蘋蕭也廣雅釋艸苹使也書
湟潦生苹云苹艸也東作馬注○鶯按諸家作平使辨馬苹猶屛也周禮
典苹秩東作作苹也訓使則謂苹爲抨之借字也車僕
所據堯典作苹注○鶯按據杜注則苹紫廻旋之兒文選長笛賦
苹車之苹乃段借字苹亦作平苹紫廻旋之皃爭湍苹縈注
苹乃辨之段借字苹二篆見艸部篇韻皆云萍蓱同字疑郭
萍也說文段注萍無萍小正毛詩爾雅皆作苹毛傳皆曰
蓱也蓱即萍之別字周禮萍氏疑本作苹爾雅則說文苹
部苹下曰萍也鄭水部萍下曰苹也○爲轉注不當有萍篆
水上浮萍也注禮記月令萍始生釋文○周禮秋官序官萍氏
萍也注云萍氏主水禁萍之艸無根而浮取名於其
不沈萍大蘋也云淮南原道夫萍樹根於水注○周禮萍氏注
溺萍云萍萍其大者蘋又後漢書方術華佗傳注
引詩義疏云龘大者萍水藻也時呂覽季春萍始生注又淮南
謂之蘋小者爲萍藻也則注○家語致思此所謂
苹實者也注萍艸名管子地員其
云萍水艸也萍艸宜萍楯注
洴
蓱艸也說文段注小正於七月言苹生月令於萍萍也其
三月言生萍郭璞云江東謂之藻

蘋 大者曰蘋 禮記月令蓱始生注○列子楊朱芹蓱子釋文云萍爾雅萍蓱也○蕢按芹蓱子呂覽序意作青蓱子水經注六作清泙文選陳琳答東阿王箋作青蓱

蓱〻翳雨師名也 楚辭天問蓱號雨師注

蓱 馬帚也 說文段注見釋艸夏小正七月蓱秀蓱也者馬帚也廣雅曰馬帚屈馬蓱也

蓱 使也 詩桑柔蓱云不逮傳

蓱蜂 摩曳也 詩小毖莫予蓱蜂傳○蕢按此段蓱爲僥〻使也摩曳者使之也

雨師謂之蓱 廣雅釋天○蕢按此蓋無正字故亦作蓱翳亦作屛翳

骿 骿〻脅逗幷幹也晉文公骿脅 說文段注肉部脅膀也肋脅骨也廣雅幹謂之肋是脅骨一名幹故韋注國語云骿幷幹也杜注左傳云骿脅合幹也其字左傳史記作骿國語吳都賦作骿論衡作仳骿此段借字晉文公骿脅見左傳僖廿三年晉語骿者幷幹也史記曹世家欲觀其骿脅集解引韋昭骿脅合幹左氏僖廿三年傳曹共公聞其骿脅注○文選東都賦猨臂骿脇劉注云骿脇合骿幹也骿骿通 骿猶重也 春秋元命苞顏項骿幹注

屛 平上兩讀注在披

郱 地名 說文段注前志齊郡臨朐應劭云有伯氏駢邑後志云齊國臨朐有古郱邑按春秋莊元年齊師遷紀郱鄑郚杜云郱在東莞臨朐縣東南齊取其地然則伯氏駢邑即此地駢即郱字今山東青州府臨朐縣東南有郱城是也未知許意然不○俗有輧

輧 輜輧也 說文段注周禮苹車之萃鄭曰苹猶屛也所用對敵自隱蔽之車也杜子春云苹車當爲輧車據此則兵車亦有輧車矣○蕢按說文輜下云輜輧衣車也此渾言也又云輜車弇衣也車後爲輜此析言也段注云輜輧俗多輧舉故備析言輦言之解衣車謂有衣蔽之車倉頡篇曰輧衣車也按前有衣爲輧車後有衣爲輜車輧之言屛也輜之言載也二篆互文見義輧亦有蔽輜亦可載故每渾言不別列女傳齊孟姬曰立車無輧非敢受命此輧爲蔽前之證也釋名曰輧車四面屛蔽婦人所乘云四面本蔀又曰有邸曰輜無邸曰輧邸如四圭有邸之邸讀如底宋書禮志引字林輧車有衣蔽無後轅其有後轅者謂之輜劉昭注輿服志引同而參四字有後轅無後轅即有邸無邸之說此於

前衣後衣之外別爲一說 輧車也 廣雅釋器 輧猶屛也自隱蔽之車 後漢書楚王英傳注

駢 駕二馬也 說文段注平帝本紀曰詔光祿大夫劉歆等襍定婚禮四輔公卿大夫士郎吏家屬皆以禮娶立軺併馬服虔曰立軺小車也併馬驪駕也按驪讀同伉儷非馬深黑色木部榆下曰贊若驪駕是也併馬謂之儷駕亦謂之駢併駢皆从并謂並二馬也左傳渾良夫乘中佃兩牡蓋是駕二毛詩說士駕二讀王度記亦言士駕二王肅云夏后氏駕兩謂之麗駢之引伸凡二物并曰駢○漢書高惠高后文功臣表抽柔靖侯許益以駢鄰從注云二馬曰駢〻鄰謂竝兩騎爲軍翼也

駢 併也 書大傳然後得乘飾車駢馬注又莊子駢拇釋文引李注又文選琴賦駢馳翼驅注○東都賦駢部曲注甘泉賦駢羅列布注竝云駢猶併也

駢 竝也 漢書揚雄傳上集注又後漢書蔡邕傳注董卓傳注又莊子駢拇釋文引廣雅又法言先知政吏駢惡注又文選七命駢武齊轍注○西京賦芙蓮葉而駢羅注云駢猶竝也

駢 列也 文選甘泉賦駢交錯而曼衍兮注 駢猶陳列也 後漢書班固傳下注駢訓比也 左傳僖廿二年疏○史記高祖功臣侯年表索隱引姚氏云駢鄰猶比鄰也

駢田 聚也 文選笙賦駢田獵攏

注

駢衍 言其竝廣大也 漢書揚雄傳上駢衍佖路注

胼脅合駢幹也 蕢按此類皆段駢爲駢也○又按孟子滕文公下章指故爲擬駢蹞此段駢爲胼也說文無胼

蛢 蟜蟥逗以翼鳴者 說文段注蟥各本作蝗今正釋蟲曰蛂蟥蛢郭云甲蟲也大如虎豆綠色今江東呼黃蛢按蛂蟥即蟜蟥也以翼鳴者見考工記梓人鄭注翼鳴發皇屬發皇即蛂蟥也

⿰甾并 或作餅㡧 㡧也杜林以爲竹筥揚雄以爲蒲器 說文段注㡧者蒲席㡧也㡧下曰載米帡也帡下曰㡧也所以盛米然則四篆一物也筥箱也箱飯器也杜有倉頡訓纂一篇倉頡故一篇楊有倉頡訓纂一篇其說不同如此與量粹二篆皆兼引楊杜二家說

⿰甾并 畚也 廣雅釋器

缾 瓶或○俗有缾 罋也 說文段注易井卦辭曰羸其瓶左傳衛孫蒯飲馬於重丘毀其瓶按瓶亦謂缶左傳具綆缶此缶之小者

缶其小者謂之瓶 方言五○左氏昭廿四年傳缾之罄矣注云缾小罍瓶以汲

名 面亭切

水也儀禮士喪禮新盆槃瓶廢敦重鬲皆濯具瓶酒器也文選沈休文三月三日率爾成篇詩金瓶汎羽

危注盆瓶炊器也禮記禮器盛于離為瓶易井盆尊于瓶注廣注

別有自命也說文段注祭統曰夫鼎有銘銘者自名也此許

銘所本也周禮小祝故書作銘今書或作名士喪

禮古今文作銘今文皆為名按死者之銘以緇長半幅赬末長

終幅廣三寸書名于末曰某氏某之柩此正所謂自名

器刻銘謂揚其先祖之德著己名於下皆祇謂名名已足

不必加金旁故許君於金部不錄銘字從周官

也許意凡經傳銘字皆當作名矣鄭君注經乃釋為刻

○史記晉世家云名自命也 名者所以命

必有名世者三國志注作其間必有命世者

事也 鳴而命施謂之名名之為言鳴與命也

荀子正論分職名象之所起王制是也注 名明也名實使分明也

穀梁隱三年傳其不名何也注○周禮大司馬

所以相別爾辨號名之用注云號名者徽識所以相別也又

縣鄙各以其名注云鄉遂之屬謂之名 名者發也 鬼谷子摩 名成也 廣雅釋詁三 名者人

治之大者也 禮記大傳注云名大也○國策秦策王不如因而賂之一名都 又禮記禮器因名山升中於天注

所以紀萬物也 管子心術上○韓非子 使古者名以正體

名於四方注云古曰名今曰字又大行人諭書名注云書名書文字也古曰名

名約即名之樞要 名數謂戶籍也 漢書高帝紀下 名物者十等

禮記檀弓下又儀禮士喪禮爲銘注〇周禮小祝置銘司農銘書死者於旌今謂之柩又疏云銘謂銘旌〇萱按依許氏則名銘同字依鄭氏則同而異也併載於此學者觀其會通可爾

冥

〇俗有瞑 窈也 說文段注窈各本作幽唐玄應同而李善思玄賦歎逝賦陶淵明赴假還江陵詩三注皆作窈許書多宗爾雅毛傳釋言曰冥窈也孫炎云深閒之窈也郭李作幼釋云幼釋者多冥昧頻紆河小雅斯于傳曰正長也冥窈也正謂穹者之究長深窈處王肅本作幼其說以人之長幼對文與下君子攸寧不相屬然則三者互相發知皆當作窈穴郭曰窈深遠也窈與杳音義同故杳之訓曰冥也莫之剖日日且冥也昏之訓曰日冥也鄭箋斯于曰正畫也冥夜也引伸爲凡闇昧之稱〇文選思玄賦踰屢須於宮冥今注云冥窈也又莊子在宥至道之精窈窈冥冥至道之極昏昏默默注云窈冥昏默皆了無也 冥 幽也 詩靈臺釋文引字林冥冥至後漢書袁衡傳 冥幽冥也 注又文選江文通襍體劉太尉詩治亂帷冥數注 冥 幽隱也 荀子正名正說不行則白道而冥窮注 冥 幽深也 漢書揚雄傳上窮冥極遠者注又文選遊天台山賦眺高文之施冥注〇易豫冥豫釋文引王廣注云冥深也 冥 幽

昧也 文選魏都賦雷冥冥而未半注冥冥幽昧也 文選寡婦賦注江文通雜體詩冥冥而 潛寂兮冥昧也 闇也 陰也 增光云其於冥其注 冥者明之藏也 冥 無形故曰冥 冥 默也 詩文選郭景純遊仙詩注 冥冥 專默精誠之謂也 荀子勸學無冥冥之志者無昭昭之明 注冥冥言 幽昧也 文選觀易注太文江賦冥冥 而 神台體 冥 晦也 暗也 冥 有形 冥 太 血

氣變化之不可見也素問貲命全形論是謂冥冥注冥冥者該人日明令無所見也詩無將大車維塵冥冥箋冥冥者無知兒詩靈臺箋民冥冥冥煩者言不能明理此事禮記哀公問注寡人惷愚冥煩 冥窮謂退而窮處也 則白道而冥窮注冥窮謂退而窮處也荀子正名說不行 冥與者冥冥深也文選遊天台山賦冥奧注冥 冥 深也 遠也 後漢書張衡傳注 冥 無極故謂之冥 冥 謂地也 後漢書衡傳注冥 冥 北方之神也 楚辭遠遊考冥 冥 西冥昧谷也 後漢書張衡傳太陰之神主冥 冥 南冥者天池也 莊子逍遙遊 冥 北冥北海也 莊子逍遙遊釋文云窮北之冥 冥 北冥洲記〇萱按北冥或作溟者段借字也 十冥 以 水 黑色 謂 之冥 以 龜 麋 取

禽獸之名 周禮秋官序官冥氏注 瞑 廣也 廣雅釋詁二〇禮記曲禮上注闇瞑也釋文云本亦作冥又 冥眴視不諦也冥眴昏亂兒 萱按冥眴者瞑眩之段借字又莊子而甘冥乎無何有之鄉亦段冥爲瞑也又楚之南有冥靈者冥或作瞑說文段注人加偏旁

瞑

〇俗育瞑 翕目也 說文段注 ... 陸士衡 ... 且不瞑 ... 義此云以古字 ... 也 瞑 暗也 ... 卧也 後楚辭招魂 ... 瞑 視不審之兒 ... 三凡 ... 晚出書說命上 ... 旺困極也又孟子滕文公 ... 上注云先使之瞑眩憒亂 冥眴昏亂兒

韻史 卷四十八第十一部平聲耕韻

段冥瞑爲冥瞑視不諦也漢書揚雄傳上注眠亂也廣雅釋詁三眠泯也瞑眩也無知泯泯也釋名釋姿容眠言佯死也山海經東山經餘峩之山有獸焉見人則眠名曰犰狳

徐注眠娗欺謾之語也謂以言相輕嗤弄也又不開通皃列子力命眠娗釋文○方言十眠娗者欺謾之語也注云眠娗中國相輕易蚩弄之言也

覭 小見也爾雅曰覭髳茀離 說文段注釋詁文今本茀作茀非 按許單出覭字而釋之則孫與郭合 古也郭云孫叔然字別爲義

嫇 嫈嫇也一曰嫇嫇小人皃 說文段注嫈嫇也廣韻嫈下許作嫈嫇心態也即引字林嫈嫇心態也 許書嫈下之小心態也九思作嫈嫇心態也亦細視也一切經音義九引字林 嫇疑今本說文有舛誤

溟 小雨溟溟也 說文段注太平御覽引說文小雨溟溟也莊子南溟北溟其字當是本作冥 玉篇曰溟濛雨之

四六七一

韻史 卷四十八第十一部平聲耕韻

細者稱溟沐 太平注少溟取其溟涬無涯也莊子逍遥遊北溟有魚釋文引稽康注○按溟本小雨而用爲极大之偁猶鯤本魚子而用爲大魚名皆相反而實相成也廣大窈冥故以溟爲名 文選謝靈運遊赤石進帆海詩注引莊子李洪範注溟猶絕遠杳冥也文選海賦經途瀴溟注瀴溟鬱岪山氣暗昧之狀文選吳都賦劉注溟涬濛澒氣未分之皃也 論衡談天溟涬自貴之謂也 莊子天地豈兄堯舜之教民溟涬然弟之哉注水黑色謂溟海 列子湯問有溟海者釋文重溟謂海也 文選張景陽雜詩注四溟四海也 文選孫興公遊天台山賦注四冥或作溟 文選劉景升重溟注

郱 晉邑也春秋傳曰伐郱三門是也 說文段注左傳僖二年前息請以屈産之乘與垂棘之璧假道於虞曰冀爲不道入自顛軨伐郱三門冀之既病亦唯君故 杜云郱虞邑非也許同服說 服虔曰冀伐晉也將欲假道稱前恩以誘之按服說是也

四六七二

韻史 卷四十八第十一部平聲耕韻

螟 俗○有蠓蟲食穀心者吏冥冥犯法即生螟 說文段注心各本譌葉今依開元占經正 釋蟲毛傳皆曰食心曰螟食葉曰蟘食根曰蟊 食節曰賊 云吏冥冥犯法即生螟正爲食心言之惟食心故从虫冥會意 食苗心者名螟言冥冥然難知也 爾雅釋蟲螟人注○按 隱五年釋文又漢書武帝紀注又公羊隱五年經注又左氏隱五年注 又後漢書明帝紀注又呂覽仲春注仲冬注明理注 劉向傳注 天文注時則注意大 食禾心爲螟言其姦冥冥難知也 淮南注 同 蚤食苗心 管子七臣七主 山多螟注○螟 爾雅釋蟲螟 李注之 螟即 也又孫叔敖碑野無螟蟘蚕者躬之俗也 段螟爲蚕 俗 螟蛉也

十部入聲一部平聲十六部兩讀注在彼

鳴 鳥聲也 說文段注引伸之凡出聲皆曰鳴○文選嘯賦注引字林也 云鳴鳥聲也又三國志管輅傳注引輅別傳云鳥獸鳴者相命也 大戴記夏小正鳩則鳴傳○鳴拂其羽傳云鳴鳩鳴也言相命也 之音曰鳴

四六七三

韻史 卷四十八第十一部平聲耕韻

鳭 斑鳭也 詩小宛彼鳴鳩釋文又呂覽季春注○震爲鳴 易中孚鳴鶴在陰虞注鳴者聲名聞之謂也 廣雅釋詁三云 ○說卦傳云震爲善鳴 易謙鳴謙注○ 鳴 名鳴者貴玉聲也 白虎通禮樂○貫子 家鳴石似玉色青 也 經云鳴玉者佩玉也 山海經中山經共鳴鷸今之鳴鏑也後漢書杜篤傳注○南 水其中多鳴石 注 匈奴傳注云鳴鏑即 奴之鳴鏑也 水經注引服虔 箭也 鳴濭濭 名 聖水

撅 口 許 切 春 鶯

冂 邑外謂之郊郊外謂之野野外謂之林林外謂之冂 古文冂或从口 說文段注魯頌毛傳同邑國也 此本作冂 古文冂 外謂之 爾雅釋地 邑外曰郊郊外謂之野野外謂之林林外謂之冂 百里曰郊 也平上有畫象遠介 也 鄭謂之郊○外 野外謂之林 許說 也 之牧五字依 牧外謂之野 郊外謂之牧 是冂 毛傳郊外謂之野野外謂之林 外謂之冂 李巡注云 作冂 田王冰注 作坰

四六七四

更林外曰坰詩駉在坰坰遠野也詩駉坰郊野之外也列子
繆之野寔傳黃帝
經坰外注○後漢書班麗坰者閩廣之義詩駉坰地也小爾
傳下注云坰牧郊野也疏雅廣
器○晚出書仲虺之誥至
於大坰傳云大坰地名

駉

牧馬苑也
說文段注苑所以養禽獸也景帝紀匈奴入上郡
取苑馬武帝紀罷苑馬百官公卿表曰大僕遂郡
六牧師苑令各三丞屬焉如淳曰漢儀注大僕牧師諸苑三
十六所分布北邊西邊以郎為苑監宮養馬三十匹萬地理
志北地郡靈州有河奇苑號非苑歸德有堵苑白馬苑郁郅
有牧師苑師古曰苑謂馬牧也駉之義蓋同駉牧馬之處謂
之閑亦駉駉良馬腹幹肥張也詩駉駉牡馬傳○潛按詩本
謂之駉當作駓駓牧馬令詩與傳作
駉者轉駕議亂也說詳十部駓
下如詩令本則段駉為駓也

綗

急引也
說文段注此本義也中庸詩曰絅急也廣雅釋詁一
衣錦尚絅此段借為褧字也

扃

○俗有外閉之關也
扃關說文段注關者以木橫持門戶也曲
禮入戶奉扃注曰奉扃款也孔疏曰奉

扃之說多家今謂禮有鼎扃所以關鼎今關戶之木與關鼎
相似凡常奉扃之時必兩手向心而奉之今入戶雖不奉扃
木其手若奉扃然以其手對戶若奉扃言恭敬也玉藻謂下
文言戶闔亦闔戶闔亦闔知戶闔而入用兩手推戶為奉扃
若戶闔而入則兩手不偏可矣戶扃蓋以木橫著於戶為之
機今外可閉者鼎關字正作鼏禮古文段扃為之車上所以
止旗者扃關也禮記曲禮釋文引何注又後漢書東夷傳注
冰曰扃者又莊子胠篋釋文引崔注李注

扃短關也

閑今禁闔扃注外戚傳下鼎門扃門扃上鐶鈕文○萱按以
禮記曲禮釋文
蠑鈕釋扃其義不如疏說
髃矣不如疏說
扃車上兵闌傳脫扃注
左氏宣十二年
扃關也謂建旗
車上有闌制之令不動搖曰扃
不脫扃注西京賦
扃所以止旗
也左傳宣十二年釋文扃是橫木之名
又扃扃明察也
閣一引薛綜西京賦注
呂覽君守
注傳宣十二年
脫注云扃橫木
前橫木也中欲下火謂之扃淮南主術
年傳杖心
扃扃注扃鼎扛所以舉之者也
萱按此
扃為鼏段
左氏輪○疏
襄五

鼏㠯木橫貫鼎之从鼎冂聲周禮廟門容大扃七个即易玉鉉

大吉也
說文段注貫當作毌許亦從俗也禮經十七篇多言
扃鼏注多言今文扃為鉉古文鼏為家按扃者段借
字鼏者正字鉉者音近義同字也以木橫毌鼎耳是曰鼏兩
手舉其木之耑是曰扛鼎鼏橫於鼎蓋之上故禮經必先言
抽扃乃後取鼏猶為戶外閉之關故或以扃代之也五篇
有冂部此从之為聲古熒切十一部按大小徐篆皆作鼏解
作冂聲莫狄切以鼎蓋字之音加諸橫毌鼎耳之義殊矣廟
門容大鼏七箇考工記匠人文今本作大扃七箇許所據作
鼏用此知禮經古文本亦作鼏古文以鼏家連文以鉉家連
文鄭上字從古文下字从今文遂以鼏鼏連文轉寫恐其易混
則上字易為扃耳玉鉉大吉也鼎上今支辭金鉉下曰所
以舉鼎也易謂之鉉禮謂之鼏也據此則許所據禮古文作鼏
鄭則據禮今文作鉉同易也鼏鉉異字同義或讀鉉古冥反
則非矣○萱按鼏鼏同在鼏部一冂聲一冂聲音義皆殊而
傳說文者篆則有鼏無鼏解則存鼏逸鼏解為牛扃所以
頊馬補也段氏考補明晰有神於經非祇為許氏之功臣
儀禮士昏禮設扃鼏注○公食大夫禮注云扃鼎扛
扛鼎也所以舉之者也○萱按鼎扛者吻也扛鼎者事也士

冠禮釋文云扃扛鼎也此大扃牛鼎之扃長三尺小扃膷鼎
奪去所以字其義不嫌
之扃長二尺
考工記匠人廟門容大扃七个注云閑門容小
扃三个注○萱按鼏鉉異名而同物故異部通
用鼏扃異字而同
音則同部段借
平上兩讀義分

頃 去扃切

頭不正也
說文段注匕頭角而不正方故頭
○俗有顧頗
正之僻今則傾行而心頃殘不正从匕曰頃引伸為凡傾仄不
法敏以拔慎曰頃
詩卷耳不懼曰頃祇勤之懼曰頃矣
厲易盈之器也
詩頃筐傳頃筐欹筐也文引韓詩婦人擅國

茲謂頃
漢書五行志下之上

傾

仄也
說文段注仄部曰仄側傾也二字互訓古多用頃為之又
按仄當作矢禮記曲禮下曰下傾頭也引申謂凡矢皆曰傾矢廣雅釋詁二矢○
小異義傾欹側也疏○國語晉語或傾頭則傾其義也淮南說山重釣
則衡不傾注傾危也又荀子儒效齊一天下而莫能傾注又注
云傾邪也又越語有定傾注傾危也

太平盛箴後之傾注傾謂覆也易否傾否虞翻注又淮南原道杼盈而不傾注傾猶下也淮南原道使地東南傾注傾高也淮南天文天傾西北注傾高下不正皃老子高下相傾釋文傾謂偃卧也華嚴經音義下引漢書拾遺傾猶盡也文選孫子荊征西官屬送詩傾城遠追送注傾傷也國語吳語注傾有所傾注體傾謂踰越而勝之也漢書田蚡傳以傾諸將相注傾奪謂馳競也文選舞賦各相傾奪注傾益謂駐車交益也後漢書朱穆傳注傾宮、滿一頃淮南墜形傾宮旋室注萱按此段傾為頃也〇又按石門頌廎寫輸淵篩斂碑能無撓廎皆段廎為傾也廎者尚之哉體見上聲

⿰阝頃 仄也說文段注仄下曰側傾也頃者頭不正也故从頁傾者人之仄也故从人⿰阝頃者山阜之仄也故从阜爲頁西頃益可作此字

切烏扃

瑩 平去兩讀 玉色也一曰石之次玉者逸論語曰如玉之瑩說文段注玉色

也者謂玉光明之皃引申爲磨瑩亦作鎣一曰石之次玉者此字義之別說也齊風傳曰瑩石似玉也衛風傳曰瑩美玉也逸論語云云蓋瑩明也太平御覽性命命瑩矣刀注瑩天引證玉色之義瑩明也刀注〇平瑩注云瑩者明也又平挽云瑩六瑩顓頊樂也淮南原道耳聽六瑩帝嚳樂列子周明之瑩九韶六瑩注瑩帝嚳樂穆王奏永雲六瑩大韶注瑩磨瑩也瑩飾也瑩治也瑩事也段瑩為鎣晨露以樂之萱按此皆也去聲瑩下詳之

縈 或作收卷也說文段注卷居轉切各本作鎣非也今韻會玉篇正凡舒卷字古用卷曲之卷今用氣勢之捲帶也收卷長繩重疊如環是縈卷之也下華嚴經音義收績曰爲縈於縈切今俗語尚不誤縈卷之也下引珠叢縈紆也一切經音義引通俗文縈旋也詩樛木葛藟縈之傳縈三引通俗文縈曲也後漢書張衡傳注縈本又作縈紆也思子賦臨縈河之洲洋洋舊注

褮 鬼衣也說文段注鬼衣猶冕衣明器之屬也鬼部曰魃鬼服也引韓詩傳鄭交甫逢二女魃服釋器曰衱謂之裳

郭云衣開孔非許義也

⿱艹縈 或作縈 艸旋皃也詩曰葛藟縈之說文段注周南文毛曰旋也今詩作縈陸德明作帶〇萱按縈訓旋猶縈訓卷也縈義專而可通用縈帶同字故也傳縈艸旋皃玉篇

切逝宿

垟 或作垟〇亦則土也騂說文段注州人凡糞種騂剛用牛故書騂為垟杜子春讀騂為挈謂地色赤而土剛張也按馬部無騂字則子春易作騂又為垟字乃大垟字爾許用其說也騂說文垟赤也廣雅釋地垟赤也廣雅釋器赤黃曰騂詩作騂又騂作駵作騂者乃大垟字爾

解 〇俗有解用角低仰便也詩曰解解角弓毛說傳說文段注今詩作騂騂毛曰調利也按毛許說之引伸也張弛便易許意謂戴之舉角高下則騂騂攝毛說正當云說文作解也詩音義云騂騂說文作弨大全反此陸氏之誤訓角弓不訓弓調利弨自騂騂調和也〇詩角弓騂騂角弓釋文萱按垟解作騂者皆字之譌

切去營

煢 〇俗有回疾也說文段注回轉之疾飛也引伸爲煢獨取裹煢傯際依也〇回無所依之意或作惸作褱作嬛毛傳曰褱褱無所依也〇萱按惸在十二部褱嬛在十一部煢褱也文選魏四部與煢異部通借者雙聲而義近故也十煢褱也文帝與歌行賤妾煢煢守空房注煢煢孤也離騷夫何煢獨而不余聽注煢獨無兄弟也書洪範無虐煢獨傳煢單無兄弟也六書故楚曰煢特也方言煢小爾雅廣義寡夫曰煢傯清也十二言煢特也後漢書煢獨也廣雅釋詁三煢獨也文選思玄賦何孤行之煢煢兮舊注孤煢煢孤特也書清河孝王慶傳注〇皇后紀注云煢煢之皃漢書匡衡傳注煢孤特也後漢詩閔子小子嬛嬛在疚傳嬛嬛孤特在疚之皃集注孤特也〇詩釋文云嬛嬛孤特也詩正月憂心惸惸傳惸惸憂意也詩正月無兄弟曰惸周禮大司之疑凡遠近惸獨欲有復於上注惸無兄弟曰惸惸廣雅釋訓惸惸憂也

輚 車輮規也一曰一輪車說文段注規者圍之匡郭也考工記曰輪中規則圓矣等爲萬之以運輪上輪中萬之匡以眡其匡注則不匡剌也按此謂作輮之笵今江東多用一輪車

謍 [illegible]熒切

謍小聲也詩曰謍〻青蠅說文段注小上當奪謍〻二字謍〻小聲也詩者小雅文毛詩作營〻傳曰營〻往來皃許所偁蓋三家詩也○文選長笛賦注引字林云謍〻小聲也○萱按西都賦注引聲類云謍音大也此爲異說謍嗁謂其聲也文選長笛賦錚鑛謍嗁注○漢書班彪傳上注云謍聲也後嚶聲也文選高唐賦嚶震天之磕〻注去按○萱按此即段嚶爲謍也嚶〻即嚶字

榮桐木也一曰屋梠之兩頭起者爲榮說文段注榮桐木見釋木按梧下云梧桐木榮下曰桐木此即賈思勰青桐白桐之別也白桐華而不實材中樂器青桐則不中用毛詩椅桐梓漆爰伐琴瑟其白桐與又云其桐其椅其實離〻則青桐亦詩桐渾言之也郭注爾雅於榮桐木也曰即梧桐於櫬梧曰今梧桐皮青者本不誤令本刪節乃不可通士冠禮鄉飲酒禮皆云東榮鄭曰榮屋翼也韋注甘泉賦同梠楣也楣齊謂之檐楚謂之梠梠之兩頭也軒起爲榮故引伸凡揚起爲榮卑污爲辱榮屋翼也儀禮冠禮直於東榮注鄉射禮東西當東榮注鄉飲酒禮注又禮記喪大記皆升自東榮注鄉飲酒義洗當東榮釋文又漢書揚雄傳上列宿乃施於上榮兮注又文選甘泉

賦注引韋昭榮屋南榮也文選上林賦暴於南榮郭注南方冬溫艸木長茂故曰南榮楚辭思忠與吾期乎南榮注榮謂艸木之英漢書揚雄傳下注○爾雅釋艸云艸謂之榮榮秀也國語晉語黍稷無成不能爲榮注榮華也荀子賦志意之榮也注玉榮謂玉華也山海經西山經黃帝乃取峚山之玉榮注榮盛也荀子大略宮室榮與注榮猶熒也熒照明皃也釋名釋言語榮光明也呂覽漲亂且辱者也而榮注榮光榮也文選南都賦會九世而飛榮注羽獵賦翡翠垂榮注榮有色皃也國語晉語華則榮矣注榮美色也素問六節藏象論此五藏所生之外榮也注五運行大論其化爲榮注榮飾也素問刺熱篇太陽之脈色榮顴骨熱病也注熒滋榮也素問氣交變大論其化生榮注榮者水穀之精氣也素問痺論榮衛者氣之主素問湯液醪醴論榮衛不可復收注榮樂也國語晉語非以耀爲榮注榮顯也呂覽務大其名無不榮者注榮者謂聲名也漢書揚雄傳下四皓采榮於南山注榮譽也

呂覽節喪侈靡者以爲榮注榮寵也淮南脩務生有榮名注榮棄也列子周穆王榮汝之糧注○萱按物極則反故榮亦爲棄營觀謂宮觀老子雖有榮觀燕處超然注營國名國語周語厲王說榮夷公注營伯周同姓書序王俾榮伯馬注淮榮二氏祝之官也周書王會祝淮氏榮氏次之注營主血陰氣也素問調經論取血於榮注○萱按此段營爲榮也坤爲營易象上傳不可榮以祿虞注○又云營或作榮

營市居也說文段注市各本作市今依棠抄宋本及韻會本訂市居謂圜繞而居如市營曰闠單壘曰營皆是也西京賦通闤帶闠薛注闤市營也闠中隔門也崔豹曰市牆曰闤市門曰闠孫氏屋行曰營闠音近自營曰厶今本韓非子作自環營〻在疚亦作環〻是也諸葛孔明表曰營中之事謂單壘也引申之爲經營〻治凡有所規度皆可謂之營營布吾也文選五等論辟猶家曰營方注營謂圍守也漢書揚雄傳上禁禦所營注營謂回繞之也漢書吳王濞傳注劉珪向傳注淮南王安傳注○萱按吾此諸傳皆營惑連文則皆營之借字也小

顏於六書不甚了〻故拘牽營字本義而釋爲回繞矣凡營惑營亂皆當破爲營營衛也部也一切經音義十七引三蒼又音義四引蒼頡篇云營衛也○史記五帝紀以師兵爲營衛正義云環繞軍兵爲營以自衛營度也廣雅釋詁一又呂覽孟冬營丘壘之小大高卑注又淮南時則注又文選注二引新序○儀禮士冠禮家人營之注云營猶度也營治也詩黍苗召伯營之營又小爾雅廣詁營爲也楚辭天問苗者是營注營典也淮南主術執正營事注營謂造作也文選羽獵賦禁禦所營注營衛也廣雅釋詁三又楚辭天問何往營班祿注營上也廣雅釋詁一營謂丈尺其大小考工記匠人營國注周行爲營文選魏都賦延闕允宇以經營劉注東西爲營楚辭離世經營源野杳冥〻兮注經護爲營文選陸士衡蹈從孔率駿許注引鍾會老子注營謂經營易繫辭上傳四營而成易疏經營猶往來後漢書馮衍傳注○廣雅釋訓云營〻往來也營〻往來皃詩青蠅傳又漢書戾太子傳集注○文選舞賦經營切擬注云經營往來之皃營〻周旋皃漢書揚雄傳上集注營慧求索

名利者也淮南俶真營慧然而有求於外注營魄魂魄也老子載營魄王注云營魄人之○
常居營室東壁一名承委淮南天文注云營室○考工記輈人以象營室乎武宿與東壁連
處也
四星而司營者土也春秋繁露五行相生齊曰營州爾雅釋地○李注云齊其氣清舒受性平
均故曰營州齊衛之地令為青州又釋名釋州國云水出其左營
古有營州營丘又釋名釋丘云水出其前而左曰營丘
丘爾雅釋丘又釋水○詩齊譜都營丘注云營丘者山名也
而居謂之營家則營家諸丘又禮經營○
西光傳注云五營五校也營衛者氣之主○安帝紀注○
營即五校也營士謂五校營士也後漢書
萱按此段營惑也營猶亂也營即營也萱按此段營為塋也
營為熒也又詩營營青蠅說文作營營朱然也○又按此段
營為熒也又詩營營青蠅說文作營營青蠅
毛許各據所說文段注今正言借字書各本作通不領言
○俗說文段注地各本作也今正玉篇及文選李注引
有塋墓地皆作地漢書音義如淳曰塋冢田也許慈夔于野

城毛傳城塋也按塋之言營也營者帀居也經營其地而塋
之故其字从營从宮塋从營省亦从宮也故此二字中作冂
其他熒省聲諸字皆从冂
字中皆从冂漢書塋墓域也自漢書霍光傳改光時所塋墓地也漢書哀帝紀非塋地也
廣雅釋地塋創地也漢書張安世傳賜塋杜東注塋冢地也漢書以賦之貧民注塋
釋楚元王傳注云塋冢也萱按言墳合墳之塋塋乃言冢地之域
○楚元王傳注云塋稍不冢家又為塋注○營營太太月營營即營也
以冢釋文選東京賦營皆段時注圖時日俗字
萱按此類皆段營為塋
營域也萱按此營為塋營域也
誠所極也太平御覽地塋營猶虛也為九斗上為法民注
書祭祀營謂之兆域也漢書郊祀志上營法圖
志工祀謂祠之兆域也祠魏郊書起后王志營法
○俗屋下燈燭之光也从炎冂說文段注鍠燭燈以鍠鑄者
有熒屋下燈燭之光也
熒熒無在屋之下故其字从冂冂者覆之燭以麻蒸者光不能出屋
令注東人俗語如役高注淮南云熒熒惑也熒其光不見之其光不見也
帝故尚書洪為熒作此字周禮其川熒雒左傳閔二年宣十
二年杜預後序熒澤肅風熒熒澤左傳杜注熒陽玉篇熒字
許營切
熒

下曰亦熒陽熙漢碑勃後碑劉寬碑陰鄭烈碑皆云熒陽
盧歡用祀信碑亦作熒陽濟書工勃然傳上表言符命曰龍門
於熒陽者熒字三火明德之盛也則為熒澤熒陽古典史記作
熒者向書為貢釋文經宋聞中安欣熒為榮而經典不知當作
漢書本經注皆為淺人任意竄易以為水名當作熒說文當之本
水名熒有本義於純小水之義無涉也○萱按熒莫秋切
作冂聲熒穹聲字耳所从是古熒切之冂而非莫秋切
以凡熒省聲諸字皆从冂聲也段氏謂熒从冂當依集韻
熒燭熒熒小光之燭也漢書敘傳上守突奧之熒燭注熒小光也
也後漢書馬融傳上林○○文選答賓戲注云熒小光也釋
也賓戲注引字林云熒火光也
也楚辭哀歲鬼熒熒者光明小見之兒廣雅釋訓熒熒小
火兮熒熒注注注云青熒光明兒
文選羽獵賦注引李彤單行字○後大兮挺挺注云熒大
漢書班彪傳注云青熒其光色也熒猶的的也書大傳熒然
注熒明也熒魂司目之用者也法言修身熒作大唐之歌
也莊子齊物論是黃帝之所聽熒也釋文引崔注熒小明不大
李注云聽熒不光明兒又司馬注云聽熒疑惑也○熒衆

惑衆也荀子有坐言謨足以飾邪營衆注熒惑謂繚營而惑亂也史記孔子世家匹夫
而熒惑諸侯者索隱○萱按營之訓惑本義熒惑火星也
也賦之熒訓引申之義也作熒者段借字熒惑火之精氣上為熒
忠帝紀注熒惑次於長也注又後漢書火之精氣上為熒
順帝紀注○裏楷傳注云熒惑火也名覽明理其星有熒惑
素問金匱真言論上為熒惑心注○云熒惑五星之一火之
注云熒惑火精又制樂熒惑在心注○云熒惑五星之一火之
精熒惑者至陽之精也後漢書天之法星也言鬼谷子符
也熒惑天罰也淮南郎顗傳注又新序熒惑天之法星也
處安熒惑天罰也書郎顗傳注又新序熒惑雜事四○後漢
在注熒惑天罰也書熒道應南方主夏飛蟲熒惑
罰也論衡變虛南方主夏飛蟲熒火
禮記月令腐草為熒注○反俗熒火熒熒火也廣雅釋蟲
又作熒又爾雅釋文云熒火即炤○爾雅釋
云熒火夜飛腹下有火光故也本又作熒李注云熒火即炤○爾雅釋
云熒火夜飛腹下有火故曰即炤熒熒云熒葵熒萎云熒萎○周禮藏方氏
似熒充水也出東垣入於河洪為熒熒在熒陽注○漢書
竹熒

理志上熒波既豬注云熒沇水溢出所為也
又引曰熒雖注云熒即沇水所溢者是也
澤穆天子傳五淳於熒水注〇書熒水今熒陽熒
澤是禹貢熒波釋文云熒〻澤也熒播澤名也書禹貢熒
注又水經濟水注引闞駰說〇萱按莊子齊物論聽熒釋文馬
熒本亦作瑩此熒瑩為正借字又人間世而目將熒之崔本
義熒作營此可兩通

營

營〻惑也說文段注營惑㷀聲字各本誤刪營今依韵補淮
南鴻烈漢書皆段營為營高誘注每云營惑也不誤
小顏多拘牽營字本義訓為營惑也呂覽察師心則無營注
回繞非也營行而營廢矣又淮南原道精神亂營注
注不足以營其精神神注微真思慮不營注本經則目不營
於色注又漢書敘傳下營揭高明注又集注引鄧展〇萱按
禮樂志以營亂富貴之耳目吳王濞傳熒惑天子劉向傳所
以營惑耳目淮南王安傳營惑百姓李尋傳為妻妾役使所
營取皆段營為營惑也一曰亂淮南精神而物無能營注〇
營也注誤誤釋萱按淮南原道云營然能聽

此用營猶亂也大戴記文王官人煩亂之而志不營注
營字說文段注亦一種小爪之名

𤇾

小爪也〇齊民要術引作小爪也
或作熒

滎

滎濘絕小水也依說文全書通例補段注滎濘二字各本無今依李善注七命引
俗有瀅濙說文濙絕小水也扠泠切可以證今本之誤但尚奪熒字
耳甘泉賦梁弱水之濦濴服虔曰崑崙之東有弱水渡之若
濦濴耳善曰濦濴小水也引字林濙絕小水也按甘泉賦之一
濦濴七命之汀濘皆謂小水也熒濘義同熒即許之熒字
為熒不省不省也若熒澤熒陽古皆作熒不作唐時熒字
尚多誤一令乃皆作熒瀅王劉記云說文熒絕小
為爾雅正絕流曰亂之絕者窮禹貢濟入河洪熒明水之荒絕
𤀹有知正者中斷曰絕之絕者引伸為極至之義用其小水
者独小水也此六書不絕以伸引其伸之相明
陘者山絕以也此中絕之義減非其伸也義則熒許書
从火之義若何曰涉之顯伏絕〻小水倫也然
不剛如火之熒〻不定也瀅〻小水廣韵汀瀅小水集韵
或作如火之說〇萱按情下

嵤

嵤嶸崝嶸也云崝嶸山皃也崝嵤高峻之皃也方言注嵤深也

廣雅釋岭巆嶙峋深無厓之皃注文選甘泉賦巆聲也文選高唐賦注
詁三〻〇萱按此段
為巆字也

韻史卷四十九

泰興何萱石閣譔集　子庚校字

第十一部上聲　上海顧錫麒竹泉覆審

耿韻　武進李兆洛申耆鑑定

開口呼

耿 古幸切

耳箸頰也杜林說耿光也說文段注頰者面旁也耳箸於頰
耿、不寐傳曰耿、猶儆、曰耿、之言黏也黏於頰也耶風
云耿、者謂專壹也杜林說皮、傳耿光而非字義擬於心取義於此凡
光王之耿光離騷注曰耿光也又曰耿明也○離騷古文尚書文
之耿介兮注云耿光又文選謝朓暫使下都詩秋河曙耿、彼堯舜之耿介辭
注云耿光也耿明也廣雅釋詁四又離騷注耿猶炤也國語晉語其
耿光也耿吾既得此中正注耿光也射雉賦于民矣
注耿清也文選東京賦聘有耿介專一也文選射雉賦以今耿
○顏延年登巴陵城樓詩炯介在明淑注云耿炯、耿、兮謝注耿
同萱按二字通用楚辭注五炯、不寐即耿、不寐也耿、小

節兒楚辭悁之耿、兮注耿、猶儆、不寐兒也楚辭遠遊夜耿、而不寐兮注耿
耿、不安也廣雅釋訓耿國名左氏閔元年傳滅耿釋文耿逥也廣雅釋魚耿鯉在水
者逥

幸 胡耿切

○吉而免凶也死謂之不幸說文段注吉者善也凶
俗作倖不幸則免死為幸○文選長門賦注引字林云幸吉而免凶也
注有為不幸下又漢書文帝紀幸天下不幸者注云幸者吉而免凶也
而免死為凶也下又漢書廣幸有○文選者注云公羊宣十五年傳
又高帝紀天下以幸也小人見人之厄則
注云僥倖者吉而免凶可以僥倖
也幸之注幸也注又國語晉語武不行而勝幸
幸注又國語晉語武不行而勝幸幸徼也
晉語其下幸子之○論衛侯犹幸希也徼幸也
命祿云不幸以偷注○論衡佚文幸也漢書
傳集注然不幸者不徼幸也永後漢書注幸冀也灌夫
單傳集注幸顏也而禮記禮弓上幸頻也上音嚴經音義幸遇
也引公羊劉兆注上幸猶勝也於當子幸於地注幸活也高名覽忠

蠆 抽耿切

以成而幸哀也呂覽至忠王必幸善人富謂之幸後漢書析
名注臣興臣之毋注云幸謂言天子所至曰幸獨○
周禮太宰三曰予以馭其幸注云幸謂言天子所至曰幸獨斷
行偶合於幸則有以賜予之以勸後也
上○後漢書光武紀上注云幸漢書司馬相如傳下
天子所行必有恩幸故稱幸也設壇場望幸注○獨
斷至上云幸者宜幸也世俗謂幸為僥倖車駕所至民臣被其德澤以為僥倖故曰幸也非分而得謂之
幸可以爾雅廣義○漢書任敖傳不無德而祿謂之幸位
胡無幸以德而富貴謂之不幸漢書叙十三王傳贊○萱荀子
位注幸猶徼幸也班固論語班彪王命論云不可不知凡應
死而生曰幸應生而死曰不幸論衡幸偶篇云死矣皇
又云不致也引也倖依也蠆蟳也竈按幸云車用
成蠆之名曰蠆蟲俗倖引也
成作蠍蠆從虫閭為蝎說文段注作陸各本作蛙今轉爾
○俗有蠍蠆點也修為蠆閭為蠍蛙同韵會曰蛭疑許無蛭之今隱
故也當依玉篇作蚍：蚌之有聲者也釋魚長而狹者為蠆陸
先蠆而以陸釋之郭云今江東呼蚌長而狹者為蠆

居注本州之蟳蝎也蟳音亭蝎音幸切即蠆字周禮鱉人
人皆有蠆鄭司農云蠆蛤也杜子春云蠆蜯也蜯即蚌字蚌
蛤有異故二家說不同許用杜說也較下文蚌之
以蚌毛詩傳曰修長也長者謂之蠆閭者謂之蠍

儆 居影切

戒也春秋傳曰儆宮說文段注儆戒也與警音義同孟子引
書洚水儆予周禮儆字左傳國語亦用儆
毛詩徒御不警周禮警戒羣吏皆用警字鄭注周禮曰警勅戒
之言也韋注國語曰儆戒也左傳襄公九年令司宮巷伯儆
宮儆戒也廣雅釋言又家語五儀所以儆人臣也注又國語
於國儆備也魯語夜儆百工注晉語儆其民也注楚語猶儆
書注鄭假十八年傳各儆其事注云儆備也漢後書東平憲王蒼傳注云儆左氏服注儆急也後漢
傳注

警 言之戒也說文段注艸部曰戒警也小雅徒御不警毛曰不
言警也大雅以敬為之常武既敬既戒箋云敬之
以儆○周禮宰夫正歲則警戒羣吏注云警勅戒之言
以警戒羣吏注云警勅戒之言也傳左氏宣十二年

警音也注又史記韓世家乃警公仲之行警者戒肅也漢書梁孝
李隱又文選洛神賦騰文魚以警乘注〇韓安警戒懼也左傳莊卅一年
王武傳廿都警入言機注云警令戒肅也注以警懼夷狄
閡傳一言警注云警令戒肅也禮記文王世子警、
釋警猶驚也猶文選歎逝賦節注警猶起也所以警眾也注
文釋警猶序而警亦注警猶起也是時稱警蹕已辭注
下安也廣雅釋訓警謂清道也〇文選東京賦注引漢舊儀注云皇帝輦動則
左右侍帷夫駕之法以策駕乘今以一言之好取於眾辭
喤者稱警
若策驅馳故云警策文選文賦乃一篇之警策注

憼
敬也〇說文段注憼敬之在心者也
廣雅釋詁一云憼敬也
憼備也注〇荀子賦憼革貳兵注〇萱按儆亦訓
備儆憼音義皆同

璥
玉也說文

頸
頭頸也說文頸莖也莖梃而長也釋名釋形體頸領也莊子馬蹄喜則交頸相靡

韻史　卷四十九第十一部上聲耿韻　四六九九

剄

痙

謦

絜

釋文頸項也廣雅釋親〇素問腹中論頸痛胸滿腹脹注云頸
項亦一頸前也又左傳襄十八年注脰頸也疏云頸之與
物也前持衡者考工記輈人參分其兔頸雀烓鳥鷹也
廣雅釋鳥圍去一以為頸圍注
釋上在注作
中在注彼
或作讀
疾强急也說文段注本草經曰朮主痓疸痼疾、即痙顛云體
强急用也按急就篇蘥瘨瘛瘲痙瘴疾、即痙顛云體
伸急難
屈也謂說文段注欬逆气也通俗文曰利喉謦欬喻言笑也莊子
欬也謂之謦欬〇廣雅釋言云謦聲也一切經音義六引蒼頡
徐無鬼謦欬親戚之謦欬也
其側謂昆弟親戚之謦欬故其字與濯滑為
欬其側謂昆弟親戚之謦欬故其字與濯滑為
側出泉也說文引李注注側出旁出如醉出穴出穴出穴也毛傳側出曰為
泉也類說文段注側出旁出穴出穴出也毛傳側出曰為
沈泉許厂部曰厬仄出泉也厬
沈泉音同字異㯤者厬之一名也

韻史　卷四十九第十一部上聲耿韻　四七〇〇

漢警切
瘿

瘿
安止也鉅鹿有瘿陶縣說文段注地理志郡國志同
〇俗有頸瘤也說文段注下文云瘤者腫也此以頸瘤則謂瘿瘤也
瞖之者頸瘤也別言者頸瘤則如囊者腫也時頸腫
脹之疾故異其辭釋名曰瘿嬰也嬰在頸嬰理之中也青
徐謂之脰博物志曰山居多瘿飲水之不流者也凡楠樹
根贅甚大析之中有山川花木之文可為器械也吳都賦所、
謂楠瘤之木三國張昭作楠瘤枕賦今人謂之瘿木是也
木俗作影木楠瘤俗本作楠瘤皆誤字耳
〇爾雅釋木釋文引字林云瘿頸瘤也瘿
禿人注與瘿瘿病也
廣雅釋詁一
瘿咽疾
輕呂水覽所多數瘿盡也
〇注瘿瘿病也

鄵
地名說文

郢
邔或故楚都在南郡江陵北十里說文段注楚芈姓楚熊繹
始居丹陽頠氏輿地志郢
歸縣東有丹陽城周迴八里熊繹始封也按今湖北宜昌府
歸州東七里丹陽城是至文王熊貲始都南郡江陵二志同
今湖北荊州府治江陵縣府治即故江陵城府東北三里有
故郢城前志曰江陵縣故楚郢都楚文王自丹陽徙此九世

韻史　卷四十九第十一部上聲耿韻　四七〇一

平王城之後十世秦拔我郢徙東按楚有二郢所都曰郢別
邑曰郊郢左傳鬬廉曰君次於郊郢以禦四邑杜曰郊郢楚
地此必非郢都也故前志曰江陵縣故楚郢之郢都又曰郢楚
別邑此故郢劃然二縣故郢二字正故郊郢又曰許君詳於
他邑不言郢縣方向里數獨此云在南郡江陵北十里也
之者以見非漢郢縣之郢也水經注云江水東逕江陵縣故
城南謂楚都也又東逕郢城南齊子於南郢之城可知也
別邑也按孟子文王生於岐周南呂史記仲尼、所城可知也
也〇萱按左傳衛公子郢字子南南子之字行者程字之也段借楚
郢字子行郢字南者猶中之字西也郢字行者蓋謂之人借楚
同郢國語吳語遂至於郢注又郢字子行者蓋謂魯左人借楚
也郢楚都也濟七思鄰專今郢吳亦注楚辭
家訓音辭〇萱按此郢州為永州氏顏
自後世所立之名耳

梬
梬棗也似梬而小一曰梬說文段注梬棗也三字一句
梬之棗若留張揖注子虛賦曰梬棗即南都賦梬棗
似梯於此可以訂刪複者之非、矣李善引說文亦云
今合齊民要術以訂顏氏各本無而小一曰梬五字
補按梬即釋木之遵羊棗也郭云實小而圓紫黑色今俗呼
今合齊民要術以訂顏氏家經音義廣韻子虛南都二賦李善注引訂

韻史　卷四十九第十一部上聲耿韻　四七〇二

之為羊矢棗引孟子曾晳嗜羊棗何氏焯曰羊棗非棗也乃柿之小者初生色黃熟則黑似羊矢其樹再接即成柿矣余客臨沂始覩之亦呼牛嬭柿亦呼楰棗此尤可證以柿得棗名孟子疏不得其解玉裁謂凡物必得目驗而折衷古籍乃為可信昔在西苑萬善殿庭中曾見其樹樹葉似柿而不似棗其實似柿而小如指頭內監告余用此樹接之便成柿古今注曰梬棗實似柿而小味亦甘芝師古曰梬棗即今之楰棗也楰與薁音相近楰即薁字也一曰楰者一名楰也本作一曰李善改為名曰以便於文也許無楰篆蓋俗字不列也內則芝栭賈氏云芝木椹栭軟棗也釋文云栭本又作檽ゝ者楰之誤賈氏作楰許不妨作奕也梬棗者梬屬故受之以梬篆又按衆經音義楰棗如究切說文云似柿而小或作㵎非體也似乎應兩楰本有楰篆其解當云梬棗也从木奕聲似材而小乃梬篆下語也司馬氏光曰君遷子即今牛奶柿按吳都劉注曰櫏子如雞子形玉篇曰桾櫏子如雞子不當以羊棗當之○萱按義門讀書記羊棗嵌吾視卽武士人流如摧枯拉朽矣近焦氏循撰孟子正義用何氏說

梬棗即今之楰棗也漢書司馬相如傳上櫨棃梬栗注○史記相如傳梬棗楊梅集解引徐廣云梬棗似柿又文選子虛賦注引藝林云梬音郢之郢梬棗樗

也廣雅釋木

悻 何挺切 恨也說文段注悻即孟子悻字也孟子則怒悻ゝ然見於其面趙以恚怒釋之又引論語悻ゝ然小人哉今論語作硜匪婞恨也後漢書黨錮傳注○萱按據此悻婞音義皆同而說文分二字義亦微別謂之正借字可

婞 悻或作很也楚辭曰鯀婞直一曰見親說文段注很者不聽從也王逸離騷注同一曰見親小徐有此四字按凡親章嬰章當作此婞○萱按悻ゝ離騷云鯀婞直以亡身兮惜誦云行婞直而不豫兮

很也直也孟子公孫丑下則怒悻ゝ然音義引丁音婞猶直也文選祭顏光祿文性悻剛潔注婞ゝ

恨也萱按此段悻為悻婞親也廣雅釋詁三釋親愛者皆曰辛上獨斷叅嫁也

廣雅釋詁○萱按篆參隸辛皆為婞之段借字亦作悻

悻佞也後漢書桓帝紀注

悻引也文選思玄賦毋緜攣以悻已兮舊

緈 直也說文段注廣韵云緈緈

鼎 都挺切 ○俗有鼑 三足兩耳和五味之寶器也象析木以炊貞省聲昔禹收九牧之金鑄鼎荆山之下入山林川澤者螭魅蝄蜽莫能逢之以協承天休易卦巽木於下者為鼎古文以貝為鼎籀文以鼎為貝 說文段注三足兩耳謂器形非謂字形也九象易曰鼎三足以象三台也易曰鼎黃耳和當作鼒許亦從俗通用爿者判木也反爿為片一木析為二炊鼎必用薪故從之唐張氏參會三足兩耳為字形乃高析木之兩旁為爿唐人皆作鼎非也唐氏介度說辨之矣貞省聲大徐無此三字則上體未說也謂上體目者貞省聲也或曰離為目巽為木鼎卦上離下巽何不以此說字乎曰言易卦之取象則可若六書之會意必使二字相合成文如人言止戈是曰與木不相合也故釋下體為象形上體為貞之聲古假鼎為丁如賈誼傳春秋鼎盛匡衡傳匡鼎來皆是鼎之言當也正也齊俗用螭依內部則當作齊此用宣三年左傳王孫滿說傳不言鑄鼎荆山之下尚書古文疏證云陝西同州朝邑縣西南三十二里有懷德城漢縣也漢志左馮翊褱德下曰禹非係荆山在南皇甫謐帝王世紀禹鑄於荆山在

馮翊懷德之南山下有荆渠酈氏水經注懷德故城在渭水之北沙苑之南禹貢北條荆山在南山下有荆渠即夏后鑄九鼎處也易卦云ゝ此引易證下體之象析木之意古文云ゝ京房說貞字鼎聲此古文以貝為鼎之證也許說劇鼎霝歆者籀文之則員貴妘此籀文以鼎為貝之證也○易鼎ゝ元吉疏云鼎者器之名也又釋文云鼎器也又說卦傳故受之以鼎注云鼎所以和齊生物成新之器也又象下傳鼎象也九家注云鼎能孰物養之

鼎雅器也 周禮掌客鼎簋十有二注

鼎者宗廟之寶器也 漢書五行志中之上

鼎王者所傳寶 周書克殷遷九鼎三巫注

有足曰鼎 淮南說山嘗一臠肉知一鑊之味注

鼎象也 易彖下傳鼎元亨鄭注○廣雅釋詁四云鼎為也

鼎法象也 易鼎釋文○淮南俶真九鼎重味注云九鼎九州貢金所鑄也一曰象九德故曰九鼎也

鼎三公象也 書高宗肜日序有飛雉升鼎耳而雊鄭注○易鼎覆公餗鄭注云鼎三足三公象也又九家注云鼎者三足一體猶三公承天子也又漢書五行志中之下云鼎三足三公象而以耳行

鼎之為義空中以待物者也 易鼎ゝ耳革注ゝ

鼎者取新成變者也 易象下傳君子以正

位凝命注○雜卦傳云鼎取新也又鼎注云鼎者成變之卦也鼎猶言當也漢書匡衡傳注鼎方也禮記

漢書賈誼傳集注引應劭鼎始也文選吳都賦高門鼎貴注引漢書應劭注鼎ゝ謂大舒櫶了

上鼎ゝ國東都城東南名曰鼎門蓋九鼎所從入也故謂是

則小人注　水經穀水注

地為鼎中引京相璠說所以刺船謂之檔維之謂之鼎　方言九

頂　顚也說文段注頂顛異部疊韻字故顛倒彙
𩑋或𩕄籒○俗顁也府或作丁倒引伸為凡在最上之偁故
廣雅云頂上也按頂之假借字作定詩周南麟之定釋言毛
傳皆曰定題也毛傳一本作顛也亦與爾雅無不合蓋𩓩戩
橫生以頷為頂故秦風白顛傳曰的顙亦以顙
頷釋顛○一切經音義十三引蒼頡云項顛也頂首也乾為
頂　易大過上六過涉滅頂廣注　頂上也方言六又廣雅釋詁一

[illegible]切
壬　善也从人士士事也一曰象物出地挺生也說文段注上事也說从士

之意人各事其事是善也一曰云ゝ此說象形與前說別上
象挺出形下當是土字也古土與士不甚可分如此○萱按
壬从土从士義皆通不足爭也惟此字中畫不可長
悉與辛壬字消也篆體辛壬字與壬善字迥別

娗　女出病也說文段注按病下當有容字廣雅曰娗ゝ容也然則謂女出而病容娗ゝ然也廣韵有娗無婷唐喬知之杜甫詩皆用娉婷字娉婷皆讀平聲疑娗婷同字長好兒
娗㑩也方言十二婚娗言恫娗也方言十娗也注
嫣娗㑩也集韵引方言
或作頃釋詁注

頲　狹頭頲也說文段注疑當作為挺直之挺釋詁曰頲ゝ直也假借
頲　正直也爾雅

侹　長兒一曰箸地一曰代也說文段注侹與挺音義畧同箸直畧切○廣雅釋詁三云侹代也又
方言三云侹代也江淮陳楚之閒曰侹一切經音義十
侹直也廣雅釋詁三侹侹直也言爾雅釋水注侹侹釋文
平直曰侹一引通俗文
侹侒也廣雅釋詁二

挺　拔也說文段注左傳周道挺ゝ直也月令挺重囚寬也皆引
申之義○漢書陳勝傳又文選西征賦挺又來往注王
文憲集序汝郡之劭挺引也漢書五行志中之上集注劉
挺淳至注並云挺拔也挺引也以鶩傳集注谷永傳集注梁
丘賀傳挺引振也漢書師丹傳注挺振也國語吳語注挺猶
集注勳也呂覽忠廉不足以力相議注挺生也以挺其心矣注發漢書揚雄傳注
挺出也呂覽仲冬挺直也考工記賜傳注於挺中有槁暴不復故挺
生出也以挺其心矣注挺直也剝注又苟子勸學雖有槁暴
挺者注○漢書蓋寬饒傳挺ゝ正直也左氏襄五年傳挺寬
直而不廷注云挺然直兒○禮記月令注周道挺ゝ注
也國語吳語魯恭傳注云挺猶寬也注呂覽仲夏
直　又後漢書注宮傳挺猶脫也史記陳涉世家又淮南
注時則挺解也後漢書傳注挺猶脫也集解引徐廣尉劍
挺治也國策齊策注挺挏猶上下也淮南俶真注挺挏
子以為人注挺挏猶上下也
儀禮鄉飲酒禮記為脯五挺注○萱按挺猶膱也
此假挺為脡也脡字後出古祇用挺若挺專折竹卜也漢後

書方術傳序注○萱按此段挺
為蓬也離騷索藑茅以筳篿

梃　一枚也說文段注凡條直者曰梃ゝ之言挺也一枚疑當作
也鄭注禮經云个猶枚也木枚竹部曰箇竹枚則或名枚曰個以音近箇枚幹
也一塗謂之一个因而凡物皆以枚數之故左傳云以枚數闔
枚數挺之又云一枚也凡物本直者皆以枚數作
書白廣雅釋器梃謂之一挺又云梃杖也
也選可以勝人又孟子長梁惠王注上梃杖也
梃大杖也漢書吳壽王傳云以殺小人亦作梃
梃矛也呂覽簡選注以陳其白民注引應劭
木交注　白挺注銳矛鈍吳書淮南作桂樹桂枝

鋌　銅鐵樸也說文段注樸木素也因以為凡素之偁小徐作朴
鋌非也石部曰磺銅鐵樸也鋌與磺義同音別亦謂之
銅鐵淮南書曰苗山之鋌○文選七命鋌空也三方言
注引淮南許注云鋌銅鐵樸也
鋌晝也廣雅

韻史 卷四十九第十一部上聲耿韻 四七一

珽

釋詁一○方言三云鍉盡也南楚凡物空盡者曰鍉 鍉賜也 方言三○注云鍉賜亦中國之通語也 鍉疾走皃 左氏文十七年傳鋌而走險注 鍉箭足入蒙中者也 考工記冶氏鋌十之司農注

或作理 大圭長三尺杼上終葵首 說文段注見玉人注曰王所搢大圭也或謂之珽終葵椎也為椎於其杼上明無所屈也杼殺也按玉藻謂之珽注云此亦笏也珽之言挺然無所屈也典瑞曰王搢大圭以朝日魯語曰天子大采朝日韋注曰天子執玉笏以朝日皆謂此司馬相如賦有晁采晁古朝字朝來即朝日之大采也長三尺博三寸剡其中以上殺之其殺六分而去一至其首則仍博三寸而方之鄭云方如椎頭是也珽王逸引相玉書作珽杼令周禮作杼玉藻注同杼是也○左傳桓二年疏引徐廣車服儀制云珽一名大圭長三尺杼上終葵首謂剡上至其首而方也

珽笏也 周書王會搢珽注又廣雅釋器 珽玉笏也 左氏桓二年傳衮冕黻珽注 天子笏曰珽挺直無所屈也 隋書引許慎五經異義 理

美玉也 驗宜珽炎之能當注○儀禮士喪禮注天子搢珽 釋文云理本作珽又禮記玉藻釋文云珽本作理 珵

韻史 卷四十九第十一部上聲耿韻 四七二

霆

十上网讀 霝餘聲鈴鈴也所以挺出萬物 說文段注霝所以生物而其用在餘聲鈴鈴然者禮記曰地載神氣神氣風霆風霆流形庶物露生○易繫辭下鼓之以雷霆釋文引京注霆者雷之餘氣挺生萬物也

霆雷也 一切經音義九引易劉歆注 大雷曰霆 史記樂書正義 霆雷之急者也 漢書劉向傳雨雷霆注揚雄傳下擊如雷霆注

霆疾雷也 漢書敘傳下釋天云疾雷謂之霆注 後漢書班固傳爾雅釋天云疾雷為霆 霆震電也 子天運釋文云霆雷也 震雷也 莊子天運 霆霹靂也

貫山傳注○左傳昭四年注雷主地冬震霆霹靂也 之刑名又管子七臣七主霆震也 火遠東京試若疾霆轄雷而激風者霹靂之別名 熊注○數梁傳隱九年疏云霆者霹靂也又素問五常政大論注云霆謂迅雷辛無火之爆者霹靂也又山海經 中山經報之者不霆注云不霆不畏雷霆霹靂是也

霆磷礰也 一切經音義十五引蒼頡 霆良也 段庭為霆者易繫辭上傳朱莫注○黃按神庭育 電是也

韻史 卷四十九第十一部上聲耿韻 四七三

蜓 訂 町

○裕有蛉 蠓蜓也一曰蟥蜓 說文段注一曰謂一名○爾雅釋魚蜥蝸蝦蜓釋文云蜓本作蚓萓按廷 珍一聲之轉故蜓字俗從於聲作蜓也 蝘蜓蛛蝾蠐蠕 方言也一雅釋名蟲云○作蜈卸蝪 蠑螈自關而東或謂之蝘蜓 說文段注考工記注云十參

平議也 說文段注平議也字書云訂平也廣雅釋詁三訂議也 ○一切經音義引字林云訂評議也 訂議也 廣雅釋詁四天作訂平也 比之也 廣雅釋詁 文訂 逗邀也 王篇訂注林引參訂時驗謂平

或作打 上田乃不防三田曰 下讀文字 町 田踐處曰町 說文段注田踐處曰町 平地 兩埏 踐者 俗作畦 王篇 增人之所 田踐處為字 古注 乃得 因 為 田之 處 原 地 防 也 町 歐 別 篇 或 町 其 多 平 田 京 西 當 方 ： 偏 急 就 井 篇 小 町 論 注 町 謂 ： 若 刺 軒 之 廬 詩 毛 傳 曰 鄰 町 也 其 地 多 平 町 ： 然 也 薛 注 衛 町 謂 ： 成 州 國 篇 曰

韻史 卷四十九第十一部上聲耿韻 四七四

之郢切
整

竉挺切
程

曰埽除地町町者皆謂平坦於踐義不相涉 町田區也 一切經音義八引蒼頡 町畦畔埒也

莊子人閒世彼且為无町畦釋文引李注 町畽鹿迹也 ○詩東山町畽鹿場傳釋文云町李作圢 壙

撞蟻封也 五音集韻 壏平也 上同

○俗育螢 齊也 說文段注齊禾麥吐穗上平也引伸為凡齊之偁 整齊不差也 淮南覽冥為整齊而

斂注諸 整齊周旋進退也 陳苕賢蕭整齊注行 整正列也 禮記月令整設于屏外注

整理也 說文段注文選東京賦整法服薛注乃

但也 說文段注孟子褐但各注作袒令正程士喪禮言之程保也 ○儀禮士喪禮注袒禂袒衣也作程禮記孟子音義程亦作裎 禮記 逞 程 裎 袒也 廣雅釋詁

四○保程疏云禮猶袒也沐程裸也融後漢書馬注禪衣無袂者謂之 浴 四方言云裡裼 裎 又程 程 四方言佩衿謂之程廣雅釋器 畢程 豐 程 當 為 程 此 段 程 也

徑 徑行也 文說 徑徑也 韻廣 徑兩後徑也 上同

逞通也楚謂疾行為逞春秋傳曰何所不逞欲說文段注左傳
逞申也
論語鄉黨逞
顏色皇疏
逞鮮也
左傳隱九年注成十四年文大
年注又方言十二元逞娛也選
西京賦逞志
究欲薛注
逞快也
周禮向師注不逞於王疏又民桓六年
傳令民餘而君逞欲注成十三年傳穆
公是以不克逞志於我注成十六年傳晉可以逞注襄廿六
年傳不如使逞而歸注昭四年傳求逞于人注又國語周語
以逞王心注以逞其遠注魯語受逞而不知注不逞於齊注
又廣雅釋詁二又小爾雅廣言又後漢書楊賜傳注張衡傳
注吳祐傳注史弼傳注又文選思玄賦怨素意之不逞舊注
關中詩注引國語賈注○方言三云逞快也自關而東或曰
逞江淮陳楚
之閒曰逞
逞疾也
廣雅釋詁一○方言
二云逞疾也楚曰逞
逞極也
文選西京
賦逞欲畋
繳辟
注
逞盡也
左氏襄廿五年傳不可億逞注又文選思玄賦
注引字林○萱按傳廿三年左傳而報又以呈
呈者逞之
段借字
○俗有
騁
馳騁
直馳也
說文騁馳也
左氏襄廿八年傳而騁昏公注定
八年傳及衢而逞注又楚辭招魂

步及驟處兮誘逞騁先謬諫不及君而騁兮騁馳言其疾也
注又文選射雉賦注引韓詩章句登獵賦注
淮南修務騁騁舞也廣雅騁走也左氏成十六年傳騁極也
馳者鶩注釋室騁而左右何也注
詩節南山蹙楚辭湘夫人登馳競驅也淮南詮言馳
蹙靡所騁注騁早也白蘋兮騁注者不貪叚光
注

蚩
蟲申行讀若騁
說文段注各本各曳行以讀若騁定之則伸
行為是令正許本無伸字祇作申故讀為曳
也依說文在十一
部令說丑善切

轔
騁具也
說文段注上顯章斬二文當是服為數具此云
騁具互大見義也賓齡廿八獨有黃轂三字

始挺切
省
省古文視也
說文段注省者察也察者覈也漢禁中謂之省中
師古曰言入此中者皆當察視不可妄也釋文詁
曰省審也此引仲之義大傳曰大夫有大事省於其君謂君
察之而得其大善也凡省不必於微故引伸為減省字說文
有消娋二字然疑傳多作省○論語學而吾日三省吾身釋
文又皇疏為政退而省其私皇疏又廣雅釋詁一又史記五

宗世家選為無賢省正義引顏師古又漢書說傳志各集注
拉云省視也又後漢書植為傳注云省猶視也又淮南精神
函貢肥守注云然守為省視四方也又周
禮小宗伯省牲鑊注云省鑊視亨腥熟
省覽也
後漢書朱
穆傳注○
省觀也
漢書五行志下之上集注又荀子王制省農功注○
後漢書古衍信注云省氣者觀蛾郭人富氣以占之
省審也
禮記樂記
其文記注
省省察也
爾雅釋詁又禮記禮器禮不
可不省也注又國語魯語無
之注又文記注曾弗省也索隱又漢書記志傳
由省注又史史東韓長孫傳省薛注省幽明以興陟薛注又
各集家訓書選引京賦勤晏子楊省令省詧也鄭氏家訓書
顏氣此其省也注李贊○列也證引張揖○
朱如氣交變大論云省猶察天子所君曰禁中獨
素閒之選注云省是謂臨視後曰省中斷
省下文選魏都賦謂之詧集云漢制王所居公
上○曰省中又顏注引提武證云省小井所領曰禁中諸訓
所居處說常有禁氏家訓書以省代禁○當按二及並得國
察其省著省察皆衛省察故無事自櫃有如此廣韻學省
已下文選況休文分附讀其詩皇矣帝省其山者太
學也省然斷詩注學省善也箋又禮記大傳注省循者也卒

格不省
也注
省問其安否何如
禮記曲禮上昏
定而晨省注
在頻省者王使臣於諸侯之禮所謂閒問也
周禮大行人歲徧存三歲徧頫五
歲徧省注○小行人云存頫省聘
閒居
禮也
之省省不安也
廣雅釋詁○方言十云逆逆
省省不安也秦晉或謂之省省
日省月試
考校其成功也
禮記中
庸注
省遜也大省者何災省也萱按此段
省為省也
又按書盤庚惟予弋省廢形釋文省本作青洪範王省惟
歲米世家作類皆此則段青為省也二字音同五借通用省
減也
省為獮也古求段省為獮雙聲字也禮
記玉藻惟君有黼裘以誓省明堂位冬烝春社秋者皆
是

娋
減也說文段注減省者損也按水部又曰消少減也然則娋
消音義皆肖作省者段借字也省行而娋廢矣許書凡
云有改皆作省廣雅釋禮記月令省囹圄注
應以娋正之娋少也詁三省減也又國策秦策省攻伐
之心注又漢書紀傳名集注又後漢書樊準傳注又荀子富
國省前賈之數注○史記吳王濞傳由文省也索隱云省者

減也　小減曰省
禮記鄉飲酒義獻酬辭讓之節繁及介省矣注
省謂減除之
漢書刑法志能省刑
本也注
省少也
漢書李廣傳集注又前少仲尼故王聖王之誅也藝省矣注省求多功注
省約也
淮南主術省而不煩注
省去也
國語周語夫天道〻可而省不注○漢書元帝紀水衡省內食獸注云省者全去之
省廢也
莊子天道因任已明而原省次之釋文
省為辭寡
荀子性惡少言則徑而省注
省瘆也
臞瘦也約小之言也
釋名釋言語
眚瘦也
一切經音義十九○萱按此段眚為媌由音同也
眚省也如病者省瘦也
釋名釋天○周禮大司馬馮弱犯寡則眚之注云眚猶人省瘦也四面削其地
眚禮謂殺吉禮也
周禮大司徒七曰眚禮注○司農注云眚禮掌客職所謂凶荒殺禮者也

梢
木參交以支炊籅者也
說文段注支各本作枝今依集韻類篇正竹部曰籅漉米藪也藪炊籅也籅藪二字為一物謂米既淅將炊而漉之令乾又以三交之木支此籅則漉乾尤易也三交之木是為梢

韻史　卷四十九第十一部上聲耿韻　四七一九

眚
目病生翳
說文段注辛廙曰翳韻集作翳眚引伸為過誤如眚災肆赦不以一眚掩大德是也又為災眚李奇曰內妖曰眚外妖曰祥是也又假為減省之省周禮馮弱犯寡則眚之注眚猶人省瘦也四面削其地按省瘦亦作消瘦俗云瘦省
眚病也
易說卦釋文引王廙注又文選東京賦勤恤民隱而除其眚薛注
眚敗也
易說卦傳為多眚虞注
眚過也
易訟无眚釋文引鄭注又周禮甸師代王受眚烖疏又左傳僖卅三年注襄九年傳肆眚注又後漢書章帝紀注祭彤傳注陳寵傳注張王种陳傳注
眚災也
易訟釋文引馬注又虞注又穀梁莊廿二年傳又國語周語脈其滿眚注又素問六元正紀大論非是者眚也注○左氏莊廿五年傳非日月之眚不鼓注又國語楚語夫誰無疾眚注並云眚猶災也又後漢書馬嚴傳注云眚亦災也
眚災為人作患害者也
書堯典眚災肆赦鄭注
眚沴謂災氣
後漢書郎顗傳注
異自內生曰眚
易復有災眚釋文引鄭注○左氏宣十五年傳地反物為妖疏云異物生謂之眚又漢書五行志中之上云甚則異物生謂之災眚
妖祥曰眚
易訟釋文引子夏傳復有災眚同
月侵日為眚
左氏莊廿五年傳非日月之眚不鼓

韻史　卷四十九第十一部上聲耿韻　四七二〇

注
坎為眚
易訟无眚虞注震行无眚虞注○小過是謂災眚虞注云坎為災眚
坎為多眚
易无妄无妄之疾虞注○師〻或輿尸虞注云坎為車多眚
大省者何災省也
公羊莊廿二年傳○萱按此段省為眚也又洪範王省為歲史記作王眚為歲此則段眚為省也
省過也
小爾雅廣詁又史記秦史始皇紀飾省宣義正義又集解引徐廣云省一作非○萱按省與非皆眚之段借字
眚省也如病者省瘦也
眚禮謂殺吉禮也
萱按此皆段眚為媌

井　紫郢切
隸作井
八家為一井象構韓形•甕象也古者伯益初作井
說文段注穀梁傳曰古者公田為居井竈葱韭盡取焉風俗通曰古者二十畝為一井因為市交易故稱市井皆為八家共一井也孟子曰方里而井〻九百畝其中為公田此古井田之制同象井韓形名之也韓井上木欄也其形四角或八角又謂之銀床缶部曰甕汲缾也伯益作井出世本○易井改邑不改井疏云古者穿地取水以缾引汲謂之為井又公羊宣十五年傳注云八家而九頃共為一井故曰井田
九夫為井
周禮小司徒又考工記匠人又詩甫田箋又禮記郊

韻史　卷四十九第十一部上聲耿韻　四七二一

牲疏坊記疏引司馬法又穀梁哀十二年經用田賦
注○一切經音義一引國語賈注云九夫為一井
周制九夫為井其制似井字也
釋名釋州國○周禮小司徒注云私
為經之五其五溝五塗之采地制井田異於鄉遂重立國小司
其制如井之字因取名焉界
衍沃之地畝百為夫九夫為井
左氏襄五年傳井衍沃賈注○周禮小司徒而井牧其田野
注云閑皐之地九夫為牧三牧而當一井今造都鄙授民田
有不易有一易有再易通率二而當一是之謂井牧
屋三為井也
常子修靡斷方井田之數注○周禮小司
徒攵夫屋注云夫三為屋〻三為井又引司馬法云六尺為
步〻百為畮〻百為夫〻三為屋〻三為井又考工記匠人
注云一井之中三方里為韓外傳四○穀梁宣十五年
屋九夫三三相共方里為一井傳云古者三百步為里名曰
井田又公羊哀十二年者云言井者但為方里之名
又考工記匠人切經音義方一里九夫所治之田也因井為
市故言市井
一切經音義五引白虎通○常乎小巨處商必
就市井注云立市必四方若造井之制故曰市
井又公羊宣十五年疏云井
田井共汲之所
漢書食貨志商
之處而為此市故謂之市井相與語財利於

韻史　卷四十九第十一部上聲耿韻　四七二二

市井　井共飲食周禮野廬氏宿息井樹注泉自下出稱井易井井冽寒泉食襄注〇呂覽
本味崑崙之井注云井泉也井之為道以下給上者也易井谷射鮒虞注
小井之象也易象上傳巽乎水而上水井虞注井者水之主藏在地中白虎通五祀
井水陰也漢書五行志中之上井清也泉之清潔者也〇釋名釋宮室
云井清潔為義井者不變之物居德之地易井釋文云井不變更也〇注易井
德之地也所以表民性命而清潔之主者也易井象傳注井德
之地也三井見也廣雅釋詁三井靜也廣雅釋言井通也易井卦繫辭下傳云井
井瀶也易井釋文引鄭注又廣雅釋詁一〇後漢書井深也廣雅釋詁
武傳注又越絕書外傳記地傳並云井者法也寳
法也節也言法制居人令節其飲食無窮竭也初學記七引風俗通井
為制法也一切經音義二十引易井井良易之兒荀子儒效井井兮其有理也注井井南

方火宿也後漢書郎顗傳注〇蘇竟傳注云東井南方之宿　東井主法令也洪範五行傳棄
法律井幹樓名也後漢書班彪傳上注〇晉按幹當作韓　井漏井所以受水潦
注周禮宮人為其井匽注

鄭

鄭隸作鄭地省鄭亭說文段注云鄭地恐誤蓋京兆之鄭則篆文宜次於鄭之後若河南之新鄭則宜次於下文鄭邦之任此上下文皆河內地不宜忽羼以河南地名也疑即二志常山郡之井陘縣趙地也邦井蓋古今字井陘山穆天子傳作鈃山地理志上黨郡下謂之不研關師古曰研音形玉篇作邢子省切廣韻子郢切大徐戶經切邢
陘趙魏地山嶮名集韻

請　淺徂切

上去說文段注周禮春朝秋覲漢改為春朝秋請〇漢
明讀謁也書景帝紀集注外戚傳下集注又荀子成相注〇下不
私請注並爾雅釋詁又儀禮鄉射禮乃請注請猶告也　請謂
云請謁也請告也禮記投壺請賓曰注云請猶告也〇請
奏請漢書王溫舒傳集注秋曰請康引律云魏其武安侯傳不得入朝
舒傳集注秋曰請康引律云魏其武安侯傳不得入朝孟

請集解引律曰又漢書宣帝紀集注引如淳吳王濞傳　請問
集注引孟康又後漢書和帝紀注和熹鄧皇后紀注
左氏昭七年傳以請光武之既注又國語吳語乃令董謁
也請其事注又漢書以梁孝王傳集注一切音義傳其引廣雅請謁也
注又呂覽首時客出請之事注又集注張湯傳並引廣雅〇公
儀禮士昏禮請事於王注君使士請事注又注廣雅請猶
閒請乞也廣雅釋言請求也三禮記王制國墓地不祖請者所求也
也〇數梁定元年傳云大者請名也漢書外戚傳上集注
注可詁訓往也必請之見也絕敘傳上集注〇晉按
非公孫丑下請役於人絕請生言好生也
孟子以請二字釋容意非以是請諸生　請
也此以絕浴是神於人請請注〇晉按海山
經海內南經成相蕭是非其注列子說符唯請注有
為情者荀子成相蕭是非其注列子說符唯請注並段云
請當作情是也又按說因請趣之方釋
文云請本作情謂此請謂二字形近致誤非借也

彰
清飾也說文段注清飾者謂清素之飾也上林賦靚莊刻飾
郭璞曰靚莊粉白黛也刻飾刻畫鬢鬢也按靚莊即

彰妝之假借字彰與水部之瀞義略同按井部曰形者井飾
也从丹彡彡其畫也疑此當云彰青飾也从彡青青亦聲蓋
謂以青色飾畫之文也形不入
彡部彰不入青部者錯見也

竫

立竫也一曰細兒說文段注釋立也竫也者謂立容安竫也安而
能應故言詁訓毛傳皆曰竫謀也一曰細
者古文尚書截截善諞言注言竫伏生今文作諓諓言
兒古文尚書戲戲善論言今文尚書竫言也
善論讒言竫者書巧言竫言
天注書論言引作諓諓古文尚書秦誓〇
戲注言伏生今文作諓諓言也
竫立　竫思也
經東引字選林思竫海
海謂文經小人巧言〇賦東服浴以
謂之竫讒也〇晉按此服東齊海岱之間謂竫
也引字選林思竫　竫謀也
也東齊海岱之間謂竫〇
日四方傳又禮記表記注
服注又漢書傳又文選注又漢書刑法志
又詩荒梢傳我將不竫我詩又小明靖共爾位
也注晉語而晉國不竫又國語注左氏昭十三年傳
竫法也傳古氏十三年注　竫治也
　竫靜也今文選思玄賦注〇晉按楊君碑
〇晉按漢書刑法志集注王尊傳集注
陽令楊君碑流而清志注

處靖衛門處靖即處靜也 靖獻也 國語周語靖和也 詩昊有成命肆其靖之 傳又國語周語注靖 靖菩 獨斷

也 韓詩東門之墠有靖家室說 靖卑敬皃 嘗子大臣士處靖注 柔德好衆曰靖下

靖安也 萱按此段借宗竫 靜謀也 萱按此段管子修靡曲靜為靜 言不可為道注○詩靖共爾位

毛訓靖為謀 韓詩外傳作靜共爾位又吉 微子自靖 馬本作自清 亦借字也 同聲也

案也 說文段注上林賦靚粧注曰 謂粉白黛黑也 按靚者 說文段注 謂之靜 考工記畫繢之事 是曰靜也 是有章 分布五色 采詳宜得其宜 謂一有一則雖紛沓不亂 事必求理之而無泂淴則不能

鮮之勞之柢 人心安靜 而無紛亂 亦當度宜 一言一事 必求其理 義之秘 而必審然 則 繁借之義也 安靜本字當以立部之竫 假靜也 釋名 釋言語 靜 貞也

文選注引 靜 貞靜也 詩靜女其姝 傳 靜 清也 史記五帝紀 直哉維 辭詩章句 靜 實靜 潔也 國語周語 靜其巾冪 注 又 後漢書 揚東傳注云 靜 安也 靜 服

謂先史清宮也 延東京賦 滌濯靜嘉 辭注 非 靜 也 周書 周祝 歸根曰靜 老子○注云 不離位曰靜 靜謂根也 乃靜注 嘗老 子 靜

韻史 卷四十九第十一部上聲耿韻　四七二七

竫

亭安也 說文 竫 亭安也 段注 亭者民所安定也 故安定曰亭安 其字俗作停 作渟 亭與竫韻 凡安也 靜字宜作竫 靜其假借

字也 靜 竫 正也 呂覽 貴因 竫立 竫 菩也 廣雅 釋 竫 猶 靜也 安坐而 者注 立 竫也 公

說文之靜 案也 呂用借字耳 思 手 賦注引字林○ 萱按此 即 安也 萱按此類皆 段 靜為竫也 靜 謀也 萱按此段 或用靖為靜 互相借也 亦 靖 審也 文選

文十二年 傳 惟 靖 安也 十 書 盤庚上 自作不靖 馬注 又 左氏 文 共 襄七年 傳 靖 以出則 傳 讒言 注 國語 周語 自后稷之始基靖民 注 又 漢書 晉語 刑法 志 集 注 又 後 漢書 班固 傳 下 注 ○ 萱按 廣雅 釋詁 一 又 漢書 謚法 又 詩 柏舟 箴 注 者 思 之 立 竫 也 故 即 段 靖 為 竫 又 周書 謚法 寬樂令 終 曰 靜 注 言 思 之 傳 集 注 又 呂 覽 國 語 晉 語 注 靜 以 伏 蟲 靜 注 ○ 萱 按 段 靜 為 竫 者 騷 注 又 皆 竫 心 靜 注 云 安 以 德 又 太 平 御 覽 注 又 禮 記 樂 記 注 福 祭 寬 而 靜 疏

又 素問 生氣通天論 靜 則 多 言 注 又 淮南 本經 手 足 不 靜 注 然 則 不 以 夢 劇 亂 知 謂 安 靜 也 竫 恭 祈 福 蔡 邕 靜 翟 義 傳 集 注 又 呂 覽 審 己 精 諭 注 王 子 喬 碑 作 靜 恭 祈 福 碑 律 晉 語 注 當 分 注 又 禮 記 樂 記 疏

韻史 卷四十九第十一部上聲耿韻　四七二八

之靜 荀子 解蔽 靜 默也 國語 晉語 吾 無聲曰靜 楚辭 招魂 靜閒安 政大 論 毛 嘉 靜 也 其 靜 也 注 王 藻 注 ○ 素問 五常 注 云 靜 無 聲 也 聲 容 靜 不 噦 欬 也 禮記 聲 容 靜 注 靜 言 者 反 而 于 信 子 思 雞 谷 春 已 鮮 言 曰 靜 周書 謚法 ○ 淮南 精神 云 柔 德 考 衆 曰 靜 周書 謚法 寬樂令終 曰 靜 上同 樂由中出 故靜 禮記 樂記 地 陰 為 靜 夫 靜 漢 者 神 明 之 宅 也 太 平 ⼁ 雖

易 繫辭 上傳 動靜有常 疏 ○ 管子 心 靜 謂 怠 也 其 靜 也 注 衍 上 云 地 曰 靜 又 云 地 之 道 曰 靜

切 想 瞽

湝 埩

平 上 兩 讀 注 在 彼 ○ 俗 有 湝 少 減 也 一 曰 水 門 又 水 出 丘 前 謂 之 湝 丘 說文 段注 今 減 省 之 字 當 作 湝 古 今 字 也 一 女 部 又 曰 婧 者 減 也 婧 湝 音 義 皆 同 左 傳 有 湝 竈 人 姓 名 也 一 曰 水 門 此 義 未 見 王 篇 云 一 曰 水 門 名 廣 韻 集 韻 則 云 一 也 曰 水 名 水 出 其 前 湝 丘 爾 雅 釋 丘 文 也 釋 名 作 阯 丘 阯 ○ 基 阯 按 阯 丘 疑 本 作 址 丘 古 湝 址 字 同 故 湝 丘 亦 為 湝 丘 ○ 莊

韻史 卷四十九第十一部上聲耿韻　四七二九

于 達 生 紀 湝 于 為 王 卷 養 門 難 釋 文 云 湝 本 作 湝 借 字 也 爾 雅 湝 丘 之 破 字 也 左 傳 襄 廿 一 年 湝 竈 本 作 湝 借 字 也 爾 雅 湝 丘 萱 按 湝 者 本 作 湝 俗 字 也

切 眨 挺

秉

禾 秉 也 說文 段注 小雅 彼 有 遺 秉 毛 云 秉 把 也 聘 禮 記 四 秉 曰 筥 注 云 此 秉 謂 刈 禾 盈 手 之 秉 也 左 傳 或 取 一 秉 秆 焉 按 經 傳 假 秉 為 柄 也 ○ 周 禮 掌 客 車 秉 有 五 藪 秉 把 也 注 云 米 禾 之 秉 筥 字 同 數 異 ○ 禾 之 秉 手 把 耳 謂 刈 禾 之 把 數 傳 詩 伐 檀 疏 ○ 大 田 疏 云 秉 刈 禾 之 把 也 又 左 把 謂 之 秉 又 家 語 正 論 廿 七 年 注 云 秉 把 也 小 爾 雅 廣 物 云 論 注 云 一 把 曰 秉 十 六 斛 為 秉 論 語 雅 也 井 之 介 雅 之 實 秉 五 云 ○ 儀 禮 聘 禮 記 注 云 秉 十 六 斛 又 小 爾 雅 集 解 引 斛 馬 注 與 之 粟 五 秉 秉 十 六 斛 者 ○ 萱 按 齊 陳 氏 三 量 又 小 爾 雅 廣 量 云 鍾 二 謂 之 秉 然 則 小 介 雅 者 十 藪 曰 東 儀 禮 聘 禮 皆 登 一 而 後 有 八 斛 之 鍾 齊 人 之 書 數 十 藪 曰 秉 ○ 國 語 魯 語 出 稷 禾 秉 芻 缶 米 注 秉 十 庾 曰 秉 一 百 六 十 斗 也 ○ 廣 雅 釋 器 云 庾 十 曰 秉 秉 周 書 謚 法 秉 順 也 秉 執 也 秉 持 也 秉 權 柄 也 萱 按 此 段 秉 為 柄 也 十 部 柄 下 詳 之

韻史 卷四十九第十一部上聲耿韻　四七三〇

韻史 卷四十九第十一部上聲耿韻 四七三一

餅 或作𪎊 餈也說文段注麥部曰𪎊麥末也𪎊餈者餅之本義也方言曰餅謂之飥或謂之餦或謂之餛是也 餅并也溲麪使合并也釋名釋飲食 餅食也廣雅釋詁三

姘 平上兩讀義分○俗有姘 除也說文段注按詩作之屏之其菑其翳論語屏四惡皆謂除之也依許則屏蔽也姘除也各有當俗皆用屏屏行而姘廢矣莊子至貴國爵并焉釋文并棄除也是又段并為之按今屏除之義讀上聲 摒 除也廣雅釋詁三 除物曰摒擋一切經音義十五引通俗文 摒者除棄之謂也莊子天運注 併 除也管子霸形併歌舞之樂注○管按屏除也姘又段并若姘作之同拚聲故也詩皇矣釋文又穀梁宣元年注又論語堯曰集解引孔注又皇疏又列子力命屏之釋文又文選望賦徹墳屏麗注 屏疊 除兒論語鄉黨屏氣似不息者皇疏 屏却也荀子榮辱恭敬者偋五兵也注屏棄也荀子彊國併已之私欲注 屏猶放去也禮記王制屏之遠方注 屏

韻史 卷四十九第十一部上聲耿韻 四七三二

屏 平上兩讀 蔽也 說文段注按古無平仄之分○詩桑扈萬邦之屏傳又左氏哀十六年傳俾屏予一人以在位注又國語周語所以藩屏民則也注又漢書諸侯王表周公漢書光武紀下注東平憲王蒼傳注又荀子儒效周公屏成王而及武王注並云屏蔽也荀子大略天子外屏諸侯內屏注 屏猶蔽也 屏藏也 藩也 屏猶蓄也 屏退也 隱也 禮記曲禮則屏左右也 屏扞也 屏擁也傳 隱也 屏自障屏也 釋名釋宮室 屏自障也 屏牆也 屏樹謂之屏 屏樹垣也 禮記明堂位疏屏樹也

韻史 卷四十九第十一部上聲耿韻 四七三三

外注又淮南時則皆正設于罘罳謂之屏 廣雅釋室○禮記明堂位疏云漢時屏外注主衛天子外屏注國語吳語夫屏ㄟ風也 周禮春官序官疏引國語屏攝之位注○屏猶并也 釋名釋牀帳云屏風也 屏以障風也 西京有名曰屏 屏營征伀也 屏除也 屏却也 屏猶放去也 屏風也 蔽也說文段注 清溷 則廁 四 庰 廁也 廣雅釋室

韻史 卷四十九第十一部上聲耿韻 四七三四

攖 ト詩 春並切 熲 火光也說文段注小雅不出於熲傳曰熲光也箋云不得出火光者字之本義傳不言火但言光 其引申之義也 熲光也爾雅釋詁 熲充也廣雅釋言
炯 光也說文 炯ㄟ光也廣雅釋訓又文選幽通賦又文選西京賦注引廣雅 炯明也 炯光明也 炯是光明也 文選遊天台山賦 炯晃於綺疏注 又文選登樓賦注 又漢書敘傳上集注引蒼頡
廎 去穎切 高廎 或小堂也說文段注元次山唐廎序人多謂之廳今按廎字非也 今 高瓜堅也
頃 集韻平上兩讀義分○俗有𩑈頃 頃少頃也 荀子正論一天下之脾亂鎭跌不得頃 注

韻史　卷四十九第十一部上聲耿韻　四七三五

頃久也文選江賦注引莊子司馬注○莊子秋水大不為頃久推移釋文引司馬注云頃久猶早晚也有頃言來久國策秦策莊政有頃注○當按禮祭義故君之字頃步而弗敢忘孝也此段頃為跬變聲字也頃宮築作宮牆滿一頃田中呂覽遐理築為頃宮注○公羊宣十五年傳什一者天下之中正也注云凡為田一頃十二畝半當按田百畝為頃八家一井又各得公田十二畝半傾宮、滿一頃南北壁形傾宮旋宮注○當按此段傾為頃也百畝為頃篇末

檾

或作顈蘔蔺尚枲屬詩曰衣錦檾衣說文段注檾類枲而非枲言屬而別見也檾者艸名也周禮典枲掌布熟縷紵之麻艸之物注云艸葛蘭之屬掌為微艸貢之材於澤農注云艸貢出澤蘭紵之屬掌為微艸貢之材於澤農注云艸貢出澤蘭紵之屬可綢績者蘭即檾字之異者蘭紵出於澤與葛出於山不同又作顈禮記如三年之喪則說顈其練絺皆行鄭云顈艸名無葛之鄉去麻則用顈詩兩言褧衣許於此檾偁衣於衣部偁褧衣而云褧檾也示反古然則褧衣者以檾而績為之蓋士皆禮所謂景也今之檾麻本艸作苘麻其皮不及枲細之堅韌今俗為麤繩索多用之

韻史　卷四十九第十一部上聲耿韻　四七三六

衣錦檾衣衛碩人鄭丰文今皆作褧顈艸也禮記雜記釋文顈禪也當按此段顈為褧也

褧

○俗有顈檾衣也詩曰衣錦褧衣示反古說文段注檾者枲屬續檾為衣是為褧也許意如是若鄭箋衛風云褧禪也不言禪用何物鄭風箋云褧禪也蓋以禪穀為之與許說異穀者細縐也以絲而非枲矣鄭說本玉藻玉藻中庸作絅禮經作顈皆假借字也衣錦褧衣衛碩人鄭丰同云示反古者此許釋詩也毛傳曰衣錦、文衣也夫人德盛而尊嫁則錦衣加褧襜中庸曰衣錦尚絅惡其文之著也鄭以中庸箋詩許云示反古意亦略同古者麻無之作蓋先麻而後絲故衣錦尚褧歸真反樸之意顈禪也儀禮士昏禮被顈黼注○當按此段顈為褧與用絅同意書大傳衣錦尚顈俗體字耳

羽茗切

穎

○俗有顈禾末也詩曰禾顈穟、說文段注穎之言莖也頸也近采及貫於枲者皆是也大雅實顈實栗毛曰顈垂顈也禹貢鄭注云百里賦入總謂入刈禾也二百里銍、斷去稿也三百里秸、又去穎也四百里入粟五百里入米者遠彌輕也禮器稾鞂之設鄭注穗去實曰鞂、與秸同物鄭注尚書曰去穎謂用其采也注禮器曰去

韻史　卷四十九第十一部上聲耿韻　四七三七

實謂具穎史記曰錐處囊中穎脫而出非特其末見而已少儀刀卻刀授穎是則穎在錐則卻於末在刀則卻於刀在末則卻於采也渾言之則穎為禾末析言之則禾芒乃為秒禾穎穟、大雅生民文今詩作禾役毛曰役列也丕載按役者穎之假借字古文之今韻之理也列者梨之假借禾穰也此穎通穰言之下章之穎則專謂垂者○漢書禮樂志集注云葉末曰穎當按此由禾末引中為葉之末也於義稍膚穎穗也書歸禾序異畝同穎傳又詩生民釋文又文選江賦翟穎散裹注思亦賦既垂穎而顧本今舊注○禾穗謂之穎後漢書班彪傳上注又小爾雅廣物穎穟也後漢書張衡傳注○當按穟者禾采之皃潛穎在幽潛而結穎也文選郭璞純遊仙詩潛穎怨青陽注穎鐶也禮記少儀刀卻刀授穎注穎警枕也禮記少儀枕几穎杖注○疏云穎是翁癸之義又云刀之在手謂之為穎禾之秀穗亦謂之為穎枕之警動亦謂之穎具事雖異大累同也

潁

、水出穎川陽城乾山東入淮豫州浸說文段注各本作乾山韻會引作歌出晉書音義引作陽城少室陽乾山則無用水經漢志改說文也爾雅音義引字林作乾山與今說文合穎川以水名郡字當

韻史　卷四十九第十一部上聲耿韻　四七三八

從水而漢碑郡名多從禾蓋漢時相習如此寫如女陽女陰舞陽舞陰以水名縣而不作汝穎字也恐漢志說文古本郡名亦當從禾耳穎川郡陽城二志同今河南河南府登封縣縣東南四十里有陽城廢縣前志陽城下曰陽乾山穎水所穎水所出東至下蔡入淮過郡三行千五百里荊州浸過郡三者穎川淮陽沛郡也水經曰穎水出穎川陽城縣西北少室山東南至慎縣東南入於淮水道提綱曰今穎水源出登封縣北嵩山西南之少室山東南經郟縣禹州分為二派一經新鄭縣至臨穎縣一經襄城縣至臨穎縣二支復合經禹水縣合汝水又合穎陽水至陳州府東南分為二派一為過河一為沙河過河至江南太和縣與沙河合又經穎上縣與淮水合曰穎口皆東南流也水經曰至慎縣入淮慎縣故城在今穎上縣職方氏曰荊州其浸穎湛豫州其浸波溠許穎下湛下皆曰豫州浸而湛下曰荊州浸冊非筆誤蓋禁地形五易之也○周禮職方氏注云穎出陽城宜為豫州穎川因穎水以為名也釋名釋州國穎為沙爾雅釋水

滎 池也。說文段注按玉篇作澤地，雖不言出說文，然恐說文古本如是。廣韻洪熒小水也。熒蓋即滎。○萱按熒者熒之異體字也。段為滎而讀上聲，亦無不合。汧滎與瀠滎同義。

迥 許頞切 遠也。說文又爾雅釋詁。又史記司馬相如傳迥瀾泳集解引漢書音義。又漢書相如傳下集注引孟康。又後漢書班彪傳下注迥遐也。爾雅釋詁洞遠也。詩洞酌彼行潦傳洞遠也。萱按此段洞為迥也。○

洞 ○俗有洞 滄也。說文段注此義俗从仌作洞，篇韻洞皆訓冷是也。○大雅洞酌彼行潦，毛曰洞遠也，此謂洞即迥之假借也。江賦賴漲截洞。○萱按滄下云寒也，仌部滄下亦云寒也，滄滄同義，猶洞洞同義也。仌洞寒也。廣雅釋詁。四

竝 蒲穎切 或作併也。說文段注人部併下曰併也。二篆為轉注。鄭注禮竝佐經古文竝今文多作併，是二字音義皆同之故也。古書亦多用為傍字者，傍附也。○爾雅釋言又詩還竝驅從兩府今箋。又儀禮鄉射禮竝行注。大射儀注竝行注。少牢饋食禮皆二骨以竝注。又雅南主衡與日月竝注。又楚辭自悉冰炭不可以捐竝今注皆云竝併也。又儀禮公食大夫禮二以以注云竝併也。令文曰併。○萱按士昏禮竝南上。聘禮皆二竝竝士表禮二人以竝。少牢饋食禮皆二骨以竝。又禮記儲行竝則樂此類也。儀禮有司徹陳於羊俎西竝注。竝字往竝併錯出竝并○禮記禮運竝於鬼神注云竝卉也臂匕匕也太也竝比也。荀子儒效俄而竝竝俱方之也匕竝匹也天功豚英也。廣雅釋言。又楚辭九懷注竝俱也。漢書趙充國傳集注又呂汐古固有不書今注竝猶覽明理有四月竝出注竝猶魚也。卓傳注董竝且也。漢書張湯傳集注猶且也。漢書劉子也卓傳漢書鮑宣趙充國史記秦始皇紀注○列剖傳注竝依也。傳集注竝傍依也。子黃帝竝流而永之釋文云史記漢書傍河傍海皆作竝。又漢書武帝紀集注云竝讀曰傍。○萱按竝傍義同而字異，隨字讀之自通，可無庸改竝

讀也。竝謂傍畦而行。列子天瑞竝歌竝進。釋文竝處羣居也。荀子富國人倫竝處注
併皆也。俱也。廣韻

韻史卷五十

泰興何萱石閣撰集 子慶校字

第十一部去聲 上海顧錫麒竹泉覆審

諍韻 武進李兆洛申耆鑑定

開口呼

諍 酌鉏切 止也說文諍諫也廣雅釋詁四爭謂諫也○孝經昔者天子有爭臣注萱按經典多段爭為諍又柳敬碑諫爭臣鄉亦爾用則可生不用則死謂之諍說苑臣術諍訟也一切經音義廿四引蒼頡諍鬥也孝經注諫諍之端釋文

齊齒呼

敬 几定切 或作敬肅也說文段注苟部曰肅者持事振敬也與此為轉注心部曰忠敬也懋敬也憼敬也恭肅也憜不敬也義皆相足後儒或云主一無適為敬夫主一與敬義無涉且文子曰一也者無適之道淮南詮言曰一者萬物之本也無

敵之道也適即敵字非他往之謂○賈子道術云接遇肅正謂之敬又儀禮喪服傳疏云敬謂敬肅又孝經敬覲者不敢

慢於人疏引劉炫云敬者嚴肅而形于外又引皇侃云肅肅悚悚是為敬心拜伏摯疏是為敬逆敬警也

恒自肅警也釋名釋言語○詩常武既敬既戒箋云敬之言警也又周書謚法云夙夜警戒曰敬又云夙夜

恭事曰敬又獨斷下云夙興夜寢曰敬敬猶恭勤也史帝記五帝紀敬順昊天正義敬是恭之

類詩文王傳肅肅恭敬疏○語周語云夫敬丈之恭也國敬即威莊而安也禮記表記安而敬疏

敬謂不敬慢也荀子彊國同王者敬曰注○周禮大牢二曰敬故注云敬故不慢舊也敬不解

于位也周禮小宰三曰康敬注象方益平曰敬周書謚法善合法典曰敬日上

和則敬大戴記保傳敬宜也文選東京賦敬慎威儀薛注敬慎也詩閒予小子夙夜敬止箕

○呂覽孝行注云敬畏慎○萱按聘禮記云入門主敬升堂主慎此析言也渾言之則敬慎為一敬在心書無

逸儼恭寅畏鄭注○禮記少儀賓容主恭眾杞主敬注云恭在皃也而敬又在心又曲禮上疏引何肩注云在皃為恭在

心為敬又疏云皃多心少為恭心多皃少為敬又孝經疏引皇侃云敬者心多皃少外曰敬漢書五行志中

之上崇恪表迹為敬孝經疏引沈宏盡之為敬禮記祭統陳善閑邪謂之敬

孟子離婁上軍事有死無犯為敬左氏襄二年傳乾為敬易象上傳敬順不敗也虞注

敬者禮之本也孝經禮者敬而已矣注又鄭注○左氏僖十一年傳云敬禮之輿也又法言君子云自敬

禮之至也敬德之聚也左氏僖廿三年傳敬身之基也左氏成十三年傳敬民之

主也左氏襄廿八年傳又說苑立節○萱按左傳敬嬴公穀作頃嬴或作頃能又南宮敬叔說苑襯言作頃叔此敬

頃同部通用也未審孰為正字若洪範敬用五事漢書引作蓋用五事益所據本異也

勁

彊也說文又呂覽慎大孔子之勁注順說材雖勁注木益枯則勁注勁強也廣雅釋詁一又一切經音義

十九引字林又國策秦策不如與尉以勁之注宋策大梁兵勁而悌重注又史記韓世家不如出兵以勁之索隱又淮南

原道勁策利鍛注說林弓先調而後求勁焉注○時則角力勁注云勁強皃勁謂勁強急之甚也

素問平人氣象論急益勁注勁力也列子說符孔子之勁注勁剛也素問腹中論其氣急疾堅勁

荀子非相筋力越勁注勁銳也素問氣交變大論其政勁切注五常政大論其政勁肅注○五

運行大論其政為勁法云勁前銳也勁利也禮記曲禮上注繕讀曰勁疏○樂記廉直勁正莊誠之音作史記樂

書勁作經萱按此段經為勁也

徑

或作遷步道也說文段注周禮夫間有遂遂上有徑鄭曰徑容牛馬畛容大車涂容乘車一軌道容二軌路容

三軌此云步道謂人及牛馬可步行而不容車也步道曰徑詩生民箋故姜嫄置后稷於牛羊之徑疏又禮

記月令審端徑術注又論語雍也行不由徑鄭注又一切經音義七引通俗文○詩七月疏云步道謂之徑徑

道也廣雅釋室徑道也後漢書崔駰傳注又莊子徐無鬼藋柱乎鼪鼬之徑釋文引司馬注蔡徑小

道也史記高祖紀夜徑澤中索隱引字林又漢書高帝紀注田間之道曰徑易說卦傳為徑路鄭

注徑路也楚辭招魂皋蘭被徑兮注艮為徑路易大畜何天之衢鄭注喉遇主于巷虞注○說卦傳

〇鴻漸漸于干虞徑迹也廣雅釋徑行也淮南本經接徑歷
注云良為小以詁三方遠注〇左氏傳廿
五年傳趙襄猶壺險漢書東注淮南覽冥徑
從徑注云徑谷行也徑由也朔傳集徑徑過也躋鄗廣注又
雙辭招寬川文選西京賦薛百莊子秋
徑復注常而徑藝櫂注直度曰徑水徑流
之大釋文南北為徑文選西京賦於直周髀算經上徑
引在注是量輪薛注徑也隅五注又史記
大苑傳從蜀宜徑集解又漢書淸洫志集注教乘傳集注張
蹇傳集注句奴傳上集注又後漢書東歛傳注又文選上書
諫吳王徑而蹇失注〇周髀此夏志日廣雅釋
道之徑也注云其徑者圖中之直者也徑袁也詁二徑邪
也禮記祭義道離驗夫惟徒也禮記
而不徑釋文徑邪道也徑以窘步注徑邪路送喪曲禮
釋而民管不由
徑徑邪不平正也好者子注徑謂邪行以趣疾也禁子法
文徑史記淳〇則百
姓之丘秘理而徑徑疾也祭義大宛傳集解引如云徑禮記
於利者必衆矣注莫是故道而不徑注法步邪
趣疾荀子脩身管于兵
也徑捷速也徑由禮注徑謂卒洪直指手不知注徑

易也荀子性惡少言則徑而省注徑踐激過之辭也文選辯命論注引莊子司馬注逕庭
謂激過也莊子逍遊遙遊大有逕庭釋文引李注徑踰射邪趨疾越隄渠也周
禮野廬氏禁野之橫行徑踰者注徑行夷狄之道大戴記曾子立事直而不徑注徯徑禽獸
之道也禮記月令塞徯徑注山徑山之領孟子盡心上山徑之蹊間注〇萱按徐氏紀產碑云雖且
徑營此段徑為經也又列子行不從徑也徑或作衢作衛又
莊子徑流之大或作涇作莖蹤颱之逕或作逑汻逆皆偕義
與形略相近之字用之也

桯　平去兩請義分　桯也　說文〇萱按此義桯桯木似杉而硬　讀平聲桯者床前几　廣韻

磬　復敬切

殸　福硜古文〇硜平　去兩讀異義　石樂也若句声象縣虡之形几所呂擊
之也古者毋句其俱氏作磬說文段注石樂各木作樂石誤
反今正樂下云五聲八音總名也
瑟下云弦樂也肅鏞下皆云管樂也則此當云石樂信矣匡
謬正俗所引已作樂石其誤已久或疑樂石字見奉繹山刻

石不知與此無涉也彼謂可樂之石此謂製石之樂白虎通
曰磬者夷則之氣也声象云云凡言磬析者取象於此程氏
瑆田通藝錄言之詳矣从石殳會意而又象其形也樂記日
石聲磬磬以立辨史記樂書作石古硜硜以立別蓋硜本古
文磬字後以為堅確之意是所謂為今字論語子擊磬於衛
下文既而曰鄙哉硜硜乎亦不以其一宇要之論語非不可
作鄙哉磬磬也釋名曰磬者磬也磬聲磬磬然堅緣也〇禮
記樂記石聲磬疏云磬者石磬也鐘是樂名萱按本宇自通
矣鄭破磬為磬石也呂論仲夏餝聲磬祝敔注又淮南汜論
磬字不必泥山海經語寡人以憂之者擊磬注說山遠之則
磬音章注〇云磬石西山經小華林石曰磬漢書律厤志上
山多磬石注俗通聲可以為樂石十猶金石又白虎通禮樂
引樂記又風調磬〇音又淮南說句四引世之一調注又楚
辭大招叩鐘風俗通一切經音義形惟明堂本云毋注作磬
萱按山海經毋通用廣雅亦作毋清制惟通位注引世本作
無句無古無也詩那也又按磬之引者也詩藝錄所孜羲者
為最玉磬立磬聲依我磬聲之要雷乾予那傳〇書堯與
確磬音磬秋之蔑也初學記義為擊石附石晚出
傳云磬樂氏五經磬淮南原道磬
之清者不周風注

者謂屈身如磬之折殺禮記曲禮上注磬且聽也疏磬折者屈身如磬之
曲折後漢書馬援傳注〇史記滑稽傳簪筆磬折正義云磬折謂曲體揖之若石磬之形其體弱度田折也
一柯有半謂之磬折考工記車人騁馬曰磬詩大叔于田鄭磬控忌傳縣縊殺
之曰磬禮記文王世子則磬於甸人注磬麗繫也通典引禮記廬注磬然自嚴整也
周書太子晉書師曠磬然又稱曰注〇萱按此段磬為磬也磬空也磬謦也萱按此段磬為磬二字互借也
又左傳室如縣罄磬本作罄

罄　器中空也詩曰缾之罄矣說文段注釋文陸注毛傳皆曰罄盡也引伸為几盡之偁如韓詩磬
天之妹毛詩俔磬也郭注爾雅云今人呼罄盡也詩天保罄
厥柢為罄皆是古書罄磬多互相假無不宜傳
蓼莪缾之罄矣傳又左氏僖廿六年傳室如縣罄釋文又
後漢書陳忠傳注又文選東京賦東京之懿未罄薛注罄

竭盡也爾雅釋詁孫注罄空也淮南覽冥罄無餽無腹注○萓按磬訓空訓罄皆段為罄字也
也詩大明釋文引韓詩罄然自嚴整也萓按此罄字乃磬之借

窒

空也詩曰瓶之窒矣說文段注空盧孔穴本無二義但有孔穴則是空虛也詩者小雅蓼莪文今詩
作罄傳曰罄盡也與爾雅釋詁合空與盡義相音

鑿

或書作鑿金聲也讀若春秋傳鑿而乘它車說文段注昭公廿六年左氏傳文今左傳
作鑿而乘他車則不可通矣鑿蓋即脛字亦
或作脛林雍既斷足乃以脛築地而行故謂之脛

向敬切

脛

或作踁胻也說文段注郄下踝上曰脛脛腳胻也一切經音
聲踁脛之言莖也如莖之載物義十四引
字脛腳脛也論語憲問以杖叩其脛集解引孔注○脛腳也
林皇疏云脛腳脛也膝上曰股膝下曰脛
淮南俶真析脛膝以下骨也漢書趙充國傳閒苦腳脛寒泄
才士之脛注○山海經海內經有赤脛之
民注云赤脛膝脛莖也直而長似物莖也形體釋名釋
以下盡赤色脛脛直皃

漢書楊惲傳集注躄一足行也左氏昭廿六年傳躄乘於他車以歸
注○萓按躄偽為鑿陸德明不能諟
正也又晉書音義下云踁本作脛同又漢
書刑法志衣三層之甲注云踁即脛字

郎敬切

鋌

鐙也說文段注廣韵曰豆有足曰鋌無足曰鐙乎應引聲類
無豆字謨矣○萓按一切經音義十三引韵集云鐙有
足曰鋌無足曰鐙其
引聲類見音義七

眺敬切

定

○俗安也說文又詩六月以定王國箋又國語晉語定身以
有類行事注秦歲定注吾定而祿爵注越語有定傾注
又呂覽孝行先王之所以定天下也注必已無不敬以定其
身注又淮南汜論故終身而無所定趨注○禮記曲禮上昏
定而晨省注云定尊也國語齊語定三草注注○萓按定止
定安其牀祉也尊引伸之義為定二宇至相訓
也爾雅釋詁又詩日月胡能有定傳采薇我戍定息也荀子
未定箋益歌定居箋南山亂靡有定箋儒效
反而定定者成也淮南天文秋分葉定注○呂覽仲冬以待
三草注陰陽之所定注云定有成也又易繫辭上
傳乾坤定矣虞定猶熟也儀禮鄉飲酒禮奠定注鄉射禮注
注云定謂成列公食大夫禮注○禮記禮器羹定

詔於堂疏云定孰肉也定謂改治也漢書王嘉傳上於是定
萓按孰肉當作肉孰躬寵告東平本章注○
晚出書孔序定禮樂荀子王制夫是
疏云脩而不改曰定定論謂不易之論之謂定論注大慮
靜民曰定安民大慮曰定安民法古曰定純行不二曰定純
行不足定差曰定竝周書謚法○獨斷下云大慮慈民曰定定題也詩麟之趾麟之定傳題
題也爾雅釋言○萓按定類所斷謂之定定
正俗字定題雙聲字爾雅釋器定謂之營室謂之定
爾雅釋天○國語周語營室之中注云定謂之營室
又詩定之方中傳云定營室也又釋文云定星名定正也
天下作宮室者皆以營室中為正爾雅釋天
注又孫注左澤定丘爾雅釋丘

定

甲鶗鴂也廣雅釋鳥○方言八云鶗鴂
周魏齊宋楚之閒謂之定甲

奠

置祭也禮有奠祭說文段注置祭者置酒食而祭也引伸為
凡置之偁又引伸為奠高山大川之奠定
也太乎天地廣位儼廣字為之禮謂禮經也士喪禮既夕禮
祭皆謂之奠莫乃以虞易奠又文王世子篇釋奠于其先師

注云釋奠薦饌酌奠而已無迎尸以下之事名南于以奠之
毛云奠置也箋云謂教成之祭也昏義注云此告事耳非正
祭奠置也禮記檀弓下有司以几筵舍奠於墓左疏又國語
也晉語里克碎奠注又太乎止柱奠廬注蓋注又廣
雅釋詁四又文選東京賦璧羔皮馬之贄既奠注○詩雲漢
傳奠其禮疏云奠謂置之於地又禮記檀弓下奠以素器
云奠謂始時至葬之時祭名以奠猶獻也禮記玉藻唯世素
其時無尸奠置於地故謂之奠也婦命於奠薦注奠
薦也廣雅釋言○禮記郊特牲故既奠然
後焫蕭合羶○鄭注云奠謂薦孰時也喪所薦饋曰奠
牛人喪事共其奠牛注○釋名釋喪制云
曰奠奠停也言停久也亦其言樸奠合體用之也非時而祭曰
禮記祭統而釋奠于其奠停也儀禮士冠禮贊者奠灑笄
禮注注記又周禮甸祝疏云奠之言停又于士昏禮士
廟注○周禮甸祝疏云奠之言停也筵南端注禮職幣皆坐
解注○又周禮肆師注奠之言停地也奠定也周禮士昏禮
禮記內則奠之而后取之注云奠停也辨其物而奠
其錄注瞽矇世奠繫注小史奠繫世疏司士以久奠食疏又
漢書地理志上集注又太乎乎儼天地廣位注○書禹貢奠
高山大川疏云禮定奠調也廣雅釋
路於地通名為奠詁四

廣俯也說文段注俯者儲俯也今假為天地奠位之尊太廣重也廣雅釋詁三

聽○俗有聽軒聆說文段注凡目所及者云視如視朝視事是也凡目不能徧而耳所及者云聽如聽天下聽事是也

聽靜也靜然後所聞審也釋名釋姿容

聽待也周禮大司徒以聽王命疏○儀禮特牲饋食禮進聽嘏注又禮記襍記下不聽事焉注竝云聽猶待也

聽受也國策齊策靖郭君不聽注秦策注又呂覽至忠注又淮南氾論注○左氏成十二年傳鄭伯如晉聽成注云聽猶受也又周禮酇長凡歲時之戒令皆聽之注云聽之受之而行也又書洪範疏云聽者受人言察是非也

聽謂常存於耳左氏宣三年傳戎昭果毅以聽之之謂禮注

聽從也廣雅釋詁一又國語周語民是以聽注又國策西周策寡人請以國聽注齊策田策忌不聽注秦策魏聽臣矣注又呂覽樂成寡人盡聽子矣注不二聽羣衆人議以治國注審應凡聽必反諸已注○禮記曲禮下三諫而不聽則逃之疏云聽猶從也

聽從也受也國策秦策則王勿聽其事注

聽順

也周書周祝被之以刑民始聽注○禮記祭義故聽且遠也注云聽謂順教令也

聽許也呂覽知士三日而聽注

聽謀也廣雅釋詁四

聽治也國策齊策不可以不聽也注又荀子王霸要百事之聽注

聽平治也周禮小宰以聽官府之六計注

聽謂平察之周禮鄉師各掌其所治鄉之教而聽其治注○呂覽秦策注云聽察也

聽聽政治也荀子王制聽之繩也注

聽議獄也書大傳諸侯不同聽注

聽猶說是也淮南脩務業逆而弗聽也注

聽者事之徵也史記淮陰侯傳又漢書蒯通傳

聽者存亡之機國策秦策

聽屬水書洪範四曰聽鄭注

聽熒疑惑也莊子齊物論是黃帝之所聽熒也釋文引司馬注

聽熒不光明兒莊子齊物論釋文引李注○崔注云聽熒小明不大了也

聽猶耳目也或曰謂間諜者荀子議兵十里之國則將有百里之聽注

廷平去兩讀注在彼

寗金敬切平去兩讀○俗有寗

所願也說文段注此與丂部寧音義皆同許意寧為願詈寗為所願略區別字二字古皆平

聲故公孫寗儀行父公羊作公孫寗也漢郊祀歌穰穰復正直往寗師古曰言獲福既多歸於正道克當往日所願也寗音寗○萱按左傳僖七年盟于寗母穀梁作寗母

寗晉邑國語晉語陽處父如衛反過寗處注

寧切 切

淨平去兩讀義分

淨清也泥也廣雅釋言○萱按前義平聲後義去聲

淨泥也左氏僖五年傳晉戎馬還淨而止注又管子地員不淨車輪注又廣雅釋詁三

淨深泥也國語晉詁戎馬淨而止注

正正古文足古文○俗有玉唐武后絮

是也說文

正者正也莊子天運又春秋綠露三代改制質文○綠露質文疏竹林云正也者正於天之為人性命也又管子法法云正也者所以正定萬物之命也又儀禮喪服傳注上正一尺疏云正者方正不破之言也

正者政也禮記文王世子庶子之正於公族者注又書大傳諸侯之有不率正者注又漢書廣陵屬王胥傳集注○陸賈傳夫秦失其政注云正亦政也又周禮地官序地官黨正注云正之言政也

正國政也後漢書荀悅傳注引國語注禮記少儀幼則曰能正於樂人注云正樂政也又疏云正謂政令

正謂政教穀梁傳十九年傳正名而已矣注○禮記哀公問注云正言謂出政教也

正平也離騷名余

曰正則兮注指九天以為正注借公指蒼天以為正注○禮記月令正權概注云正謂平之也

正者直也考工記輈人上三正注又鬼谷子摩篇有者又呂覽君守有繩不辭以正注又淮南主術羣臣公正記注○禮記樂記柔而正疏云正謂正直又左氏襄七年傳云正直為正正又襄十年傳則何謂正矣注云正者不失下之直

正方也離騷不量鑿而正枘兮注方直不屈曲謂之正賈子道衛○禮記玉藻士前後正注云正直方之間語也

正中也文選東京賦農祥晨正薛注書洪範一曰正直云正直中正之人正者稟五常之性也論衡命義

正位謂男子純乾正陽之位也孟子滕文公下立天下之正位注

正要也廣雅釋言

正猶定也周禮宰夫則令羣吏正歲會注

正猶止也詩終風序見侮慢不能正○管子法法云正者所以止過不及也

正謂不衰也禮記玉藻士前後正疏○疏又云直而不衰謂之正方而不衰亦謂之正

正者體無傾邪易繫辭下傳注貞者正也一也疏○周禮小宰四曰廉正注云正行無傾邪也

信正言無邪也周書謚法彊毅信正曰威注難致之謂正韓非子詭使

韻史　卷五十第十一部去聲諍韻　四七五九

危言不干德曰正周書正德之道也國語正善也儀禮士喪
武順周語禮決用正
王棘若釋棘注○士冠禮呂覽古樂有
以歲之正注云正猶善也正雅也正有溼矣注正謂矜莊也
禮記曲禮上
正爾容疏正謂問事是非也論語學而就有道而正猶聽
正言集解引孔注
也周禮夏官序官家司馬各
呂覽順民湯克
正治也正之執
使其臣以正於公司馬注夏而正天下注
者執而治其罪周禮大司馬賊殺其親則正之呂覽
注○注引王霸記云正校之也正主也君守
可以為天廣雅釋爾雅釋詁又詩鳲鳩正是
下正注正君也詁一正長也四國傳正是國人斯干
喩喩其正傳節南山覆范怨其正傳正月今茲之正箋兩無
正正大夫離居箋皇矣其正不獲箋雲漢疏烈祖正域彼四
方傳又周禮天官序官宮正注大宰而建其正疏宰夫疏又
儀禮鄉飲酒禮樂正先升注大射儀小臣正辭注又疏又左
民昭廿八年疏昭廿九年稷田正也疏定四年疏又國語周
語則皆官正涖事注晉語召軍吏而戒樂正注齊語立五正
注楚語唯其以公侯為官正注又史記龜策傳有士正集解
引徐廣○禮記王制卒有正注云正亦長也又漢書五行志

韻史　卷五十第十一部去聲諍韻　四七六〇

下之下集注云正者長帥之猶又左傳昭廿九年注云正官
長也又爾雅釋詁注云正伯皆官長又詩雲漢鞫哉庶正箋
云庶正衆官之長也又儀禮大射儀注云僕人正僕人之長
又云大射正射人之長又云射正司射之長又鄉飲酒禮注
云司正庭長也又周禮天官序官酒注云酒正酒官之長又
地官序官鄉者注云正師胥皆長也又禮記王制注月令注
竝云樂正樂官之長又左氏隱六年傳翼九宗五正注云五
正五官之長又哀元年為仍牧正注云牧正牧官之長也又莊
子知北遊正獲之問於監市釋文引李注云正亭長也又先
史記日者傳比周賓正集解引徐廣云人求長官謂之正
正先君長也
禮記緇衣昔吾有先正注○書文侯之命亦
惟先正鄭注云先正先臣又詩雲漢羣公先
穆天子傳一乃
正傳云先正
百辟卿士也
正公謂三上公天子所取正者
命正公亦父注
正謂冢宰司徒宗伯司馬司寇司空也周禮大宰而建其正
注○後漢書鄖僤傳
注云司正主禮儀者又儀禮燕禮注云左右正謂樂正僕人
正也又云樂正于命天師子樂師也又大射儀注云小樂正
于大子樂師也又云司正大射正也射人小射正又云小射
正司射之佐又云正司馬正也又云司馬正政官之屬又呂

韻史　卷五十第十一部去聲諍韻　四七六一

覽仲夏注云馬正掌馬之官又禮記王制史以獄臣告於正
注云正於周禮鄉師之屬今漢有正平丞秦所置又左氏成
十八年傳師不陵正注云正軍將命卿也又昭十二年傳因
正僕人注云正僕太子之近官又公羊宣十五年傳注云其
有儕護沆健
者為里正三右一長曰正周書武順內外賓服曰正上同正謂嫡
穀梁隱四年傳諸侯與正而不與賢也注○
長也隱三年傳諸侯日卒正也注云正謂承嫡
文十四年傳獲且正也注又國語之義
正就注○當按適不同而皆可為
文王世子正室守太廟注○周禮小宗伯其者也
皆謂之門子注云正室適子也將代父當門者也
應門謂朝門也禮記明堂位注
考工記匠人注應門二徹參个
正室正門正適正適子也
正門謂之應門
正殿前殿正內路寢也
文選皇太子釋奠會詩上正殿注
又後漢書班彪傳
正則聲緩無所動
謂上下直
周禮典同正聲緩
云正者不高不下
鐘形上下正
注○傳漢書司農注
偏水出其右正丘釋爾雅正出正出濆出也釋水量之不
爾雅濫前

韻史　卷五十第十一部去聲諍韻　四七六二

可使概之滿而止正也管子水正水王也火正火王也淮南
水地天文
十一月水正而陰勝注正謂日月五星不失其次也後漢書
故五月火正而水漏注明帝紀
注正畫也詩斯干喩日中為正陽莊子逍遙遊而御六氣之
喩其正箋辨釋文引李注○淮南天
文云日在于昆四時和為通正爾雅釋天三正三徵也後漢書魯
吾是謂正中問六節藏象論表正正釋
正斗建也素○萱按左傳云舉正於中於中正歲謂夏之正月得
四時之正以出教令者審也周禮小宰正月
興傳正月周之正月周禮大宰注○按以下皆今音後漢
注為之也正字古皆讀乎聲音變皆讀去聲按鈲析瑣肩蓋令音讀書鄭
之為讀乎而正月又分兩音其無事自擾有如此正月者皆此淺人平
正鶴讀乎而正月又分兩音其無事自擾○書堯典此年之
長月故稱正月日左氏隱元年經王正月言疏月之最長正月正元
於諸月月正日疏云正訓長也月正一月晚出書春警正月長
還是正月也古史質或云正月或云一月疏引顧氏說正謂

年始禮記大傳改正朔疏○禮運月以為量疏云正月者十二月之始又後漢書陳寵傳天以為正周以為春注云

正春皆始也正正朔也漢書郊祀志上怠於改正服冕神之事注○書大傳又獨斷上竝云夏以十三月為

正殷以十二月為正周以十一月為正又白虎通三正引書大傳云夏以孟春月為正殷以季冬月為正周以仲冬月為

正又公羊傳隱元年疏引書大傳云周人以日至為正殷人以日至三十日為正夏以日至六十日為正射正

射之濾儀也正之言正也射者內之志正則能中焉周禮射人佐司

馬治射正注○禮記中庸釋文云正正也正所射也周禮射人九節五正司農注○詩猗嗟疏云正者侯中所

射之處又家語觀鄉射注云正鵠所射者也又禮記中庸疏云正謂賓射之侯二尺曰正詩猗嗟不出正兮傳賓

之初筵疏引王肅又禮書引馬融周禮注○周禮司裘設其鵠司農注云方十尺曰侯四尺曰鵠二尺曰正四寸曰質又

小爾雅廣器云鵠中者謂之正正方二尺四尺曰正周禮射人九節五正注又禮書引賈逵周禮解詁畫

布正棲皮曰鵠禮記中庸失諸正鵠注○射儀發而不失正鵠者注云畫布曰正正之為言正也又詩猗

政

嗟釋文云五采曰正畫正鳥名也禮記中庸釋文○儀禮大射儀大侯之崇見鵠於參注云正者正也亦鳥

名齊魯之間名題肩為正正鵠皆鳥之提黠者又周禮司裘疏云正亦為鳥

正也說文又廣雅釋詁一○周禮夏官序官使帥其屬而掌邦政注引孝經說又禮記哀公問又大戴記哀公問於

孔子又論語顏淵又管子法法竝云政者正也政訓中正之正也論語顏淵皇疏政正也政

所以正不正者也周禮夏官序官注○釋名釋言語云政正也下所取正也又論語子路有政集解引

馬注云政者有所改更匡政政者有所節制其事管子白心以政為儀注○國語晉語歌歸諸下

執政注云執政執事也政治也淮南汜論聽天下之政注政者職也漢書梅福傳○國語晉語棄政

而役注又一切經音義六引國語賈逵竝云政猶職也政謂政教也詩序正得失釋文皇矣其政不獲釋

文政謂法教也論語為政道之以政集解引孔注政者立法以齊物管子傷靡政與

教執急注○論語為政皇疏云政謂法制也又禮記樂記禮樂制政疏云政法律也政禁令也大戴記小辨制

禮以行政注盛德德不盛則飾政注又禮記樂記正政以行之疏又後漢書杜林傳注政謂刑禁禮記王制

齊其政注政君也法言先知政吏騁忌注○左氏昭廿五年傳為政事庸兑力行務注云在君為政又禮記檀弓

下惠伯曰政也注云政君命所為政身之守也左氏襄廿一年傳○禮記禮運云政者君之所以藏身也

著之竹帛名曰政獨斷上順言曰政周書常訓○荀子天論云順其類者謂之福逆其類

者謂之禍夫是之謂天政出令時當曰政管子正○又云正之服之勝之飾之必嚴其令而民則之曰政

德以柔政曰知政大戴記小辨坤為庶政易象上傳君子以明庶政虞注五政五

常之正也法言問道五政之所加注五政謂天子公卿大夫也大戴記盛德均五政

注六政謂道德仁聖禮義也大戴記盛德亦有六政注泰政日月五星也

太平平攤運諸泰政注七政者日月五星也書堯典以齊七政鄭注又公羊傳文十四年注玉衡

七政所出疏又太平平瑩以建七政注七政北斗七星也書堯典以齊七政馬注政

謂軍政也周禮小宰一曰聽役以比居司農注政政教軍中號令管子七法存乎政教注

為政謂司馬也司官政官主射禮儀禮大射儀為政請射注從政從為政

者教令謂給繇役禮記雜記下祥而從政注○董按有段政為征者周禮政役役政是也閭胥役政注

云杜子春讀政為征

証

諫也說文又廣雅釋詁四又國策齊策士尉以証請郭君注又呂覽知士士尉以証靜郭君注○段懋堂曰呂覽云

今俗以証為證驗字遂改呂覽之証為證

靚　竊敬切

召也說文段注廣雅釋言曰令召靚也曹憲云齒敬反亦為靚妝之靚似政反耻旅則召靚之靚也今多云靚師借

則其字矣廣韻曰古奉朝請亦作此字按史記漢書皆作朝請徐廣曰律諸侯春朝曰朝秋曰請郭注上林賦靚糚刻飾

云靚糚粉白黛黑也靚呼也廣雅釋詁二靚謂粉白黛黑也文選蜀都賦祛服靚糚劉注引

張揖○董按此義靜為正字靚則借也禮記襍記注拭靚也釋文云靚本作靜靖與靚同文選思玄賦潛服脣

以永靖兮注○萱按李說蓋誤李引方言靖思也引字林靜審也何處復以靚字通之乎靚與靜何涉乎○又按日泉賦精暗暗而靚深以漢書賈誼傳澹乎若深淵之靚外戚傳下神眇眇兮宮靚兮處王莽傳下辛丑清靚無塵此類靚字無慮皆婙若靜之段借也

鄭 京兆縣周厲王子友所封宗周之滅鄭徙澮洧之上今新鄭 說文段注鄭京兆縣二志同今陝西同州府華州州城是也北有故鄭城前志曰周宣王弟鄭桓公邑按桓公友之子武公與平王東遷取虢鄶鄔蔽補丹依疇歷華十邑之地右雒左濟前華後河食溱洧焉從其故名曰鄭至漢為河南鄭新鄭二志同今河南開封府新鄭縣西有故鄭城○穆天子傳曰至于南鄭注云南京今京兆鄭縣也

鄭町也 其地多平町町然也釋名釋州國

鄭重也 廣雅釋詁四

鄭重猶言頻煩也 漢書王莽傳中然非皇天所以鄭重降符命之意注

聖 始敬切 ○俗有[illegible]肆肆者武后製

通也 說文段注邶風母氏聖善傳云聖叡也小雅或聖或不傳云人有通聖者有不能者

韻史 卷五十第十一部去聲諍韻 四七六七

周禮六德教萬民智仁聖義忠和注云聖通而先識洪範曰睿作聖凡一事精通亦得謂之聖聖从耳者謂其耳順風俗通曰聖者聲也言聞聲知情按聲聖字古相假借○禮記鄉飲酒義注又大戴記盛德司馬之官以成聖注又廣雅釋詁一又國語楚語其聖能光遠宣朗注吳語王曰聖注越語聖人不出注又管子白心上聖之人注並云聖通也又詩小宛疏云聖者通也又荀子仲尼以為仁則必聖注云聖亦通也

聖者無所不通之謂也 荀子臣道是聖臣也注

聖者通也博達眾務庶事盡通也 左氏文十八年傳齊聖廣淵疏[illegible]禮記樂記疏云聖者通達物理

通移有常聖也 韓外傳五

聖也者達於情而遂於命也 莊子天運

心明曰聖 洪範五行傳注

聖是智之上通之大也 書洪範疏○多方惟聖罔念作狂疏云聖者上智之名又老子絕聖棄智王注云聖智才之善也

聖者通智之名 詩凱風疏○小宛疏云通智謂聖

聖者通也道也聲也 白虎通聖人○莊子天下云以天為宗以德為本以道為門兆於變化謂之聖人

睿作聖 書洪範○疏引五行傳云思之不睿是謂不聖神用無方

韻史 卷五十第十一部去聲諍韻 四七六八

謂之聖 素問天元記大論○莊子外論物聖人之所以駴天下申人未嘗過而問焉注云亦聖人言其外

大而化之之謂聖聖而不可知之謂神 孟子盡心下

聽信之謂聖 管子四時

聖知之華也 大戴記四代

聖者名也 莊子徐無鬼七皆達無所問塗注

聖之言生也 禮記鄉飲酒義產萬物者聖也注

聖者設也 春秋繁露五行五事○下文云王者心寬大無不容則聖能設施事各得其宜也

作者之謂聖 禮記樂記又漢書禮樂志又風俗通聲音

萬傑曰聖 白虎通聖人引禮別名記○禮記禮運疏引辨名記云萬人曰傑倍傑曰聖

仁者為聖 大戴記語志

備而而不矜一自善也謂之聖 荀子君子

聖也者盡倫者也 荀子解蔽

聖者序物者也 鶡冠子能天

以德分人謂之聖 莊子徐無鬼

聖治世之名 列子黃帝仙聖為之臣注

仁義接賓主有事俎豆有數曰聖 禮記鄉飲酒義○周書謚法云稱善賦簡曰聖又云敬賓厚禮曰聖

聖躬謂天子也 後漢書班彪傳下注

乾為聖 易象下上傳聖

韻史 卷五十第十一部去聲諍韻 四七六九

人養賢虞注

乾為聖人 易彖下傳聖人感人心虞注湯武革命虞注繫辭下傳聖人成能虞注後世聖人虞

注聖人謂乾 易彖上傳聖人神道設教虞注彖下傳聖人享以享上帝虞注

能象天地是謂聖人 韓非子揚權

聖人者道之極也 荀子禮論○易繫辭上傳聖人有以見天下之賾虞注聖人以此先心虞注竝云聖人謂庖犧又禮記文王世子以釋奠于先聖先師注云先聖周公若孔子又哀公問以繼先聖之後注云先聖周公也又文選典引故先命元聖注云元聖孔子也

聖人無我者也 莊子齊物論是故滑疑之耀聖人之所圖也注

神國謂之聖人 荀子儒效

通明於事則為聖人 荀子儒效

明之為聖人注○大戴記哀公問五義云所謂聖人者知通乎大道應變而不窮能測萬物之情性者也

物備興而時用常節曰聖人 大戴記語志

善命人知分故名為聖人 管子乘馬注

聖人者民得性之迹 莊子馬蹄注○逍遙遊聖人無名注云聖人者物得性之名耳

聖人者天下之利器也 莊子胠篋

聖人也者人之所積也 荀子儒效○又云塗之人

韻史 卷五十第十一部去聲諍韻 四七七〇

百姓積善而全盡謂之聖人賢之能者稱聖人易彖下傳聖人亨以享上帝虞注○賈子道術云且明且賢此謂聖人夫聖人也者賢智之師也賈子大政上○鶡冠子能天云聖者賢之愛也倮蟲之精者曰聖人大戴記曾子天圓聖木食之令人智聖也山海經海內西經開明北又有聖木注

盛

平去兩讀義分盛謂盛滿素問脈要精微論上盛則氣高下盛則氣脹注皮部論其入於絡也則絡脈盛色變注○平人氣象論盛而緊注云盛緊盛滿也盛多也廣雅釋詁三○太玄玄錯云盛而有餘盛猶長也書大傳周公盛養成王注盛猶嘉也文選東京賦盛夏后之致美薛注盛彊也呂覽悔過此其備必已盛矣注盛壯也太玄玄衝盛裏也易說卦莫盛乎艮釋文引鄭注盛元氣廣大時也國語越語盛而不驕注盛謂大業荀子臣道明主尚賢使能而饗其盛注官盛謂官之盛大禮記中庸官盛任使注盛服謂正其衣冠禮記中庸齊明盛服疏盛哉者歎美

之言也太玄玄測都序盛哉日乎注山如防者盛爾雅釋山

頫

淺敬切好兒詩所謂頫首說文段注頫好兒謂頭好也頫首當作螓首見衛風碩人傳曰螓首顙廣而方箋云螓謂蜻蜻也按方言蟬小者謂之麥蚻有文者謂之蜻蜻孫炎注爾雅引方言有文者謂之螓然則螓蜻一字也引古字言所謂者今詩作頫首則徑偁詩句不言所謂

瀞

無垢薉也說文段注此今之淨字也古瀞今淨是之謂古今字古籍少見韻會云楚辭收潦而水清注作瀞按今文選本作百川靜洪興祖本作百川清皆與黃氏所見異古書多假青為靜

靚

○俗冷寒也說文段注冷寒者今之寒同寒而有別也世說有淘冷寒也新語曰劉真長始見王丞相時盛暑之月丞相以腹熨彈棋局曰何乃淘劉既出人問見王公云何劉曰未見他異惟聞作吳語耳注云吳人以冷為淘太平御覽引此事淘作瀞集韻類篇皆云瀞淘二同楚慶切吳人謂令也靚今吳俗謂冷物附他物其語如鄭國之鄭即靚字也寒也廣雅釋詁四淨冷見也方言十三淡淨也注○萱按此段淨為靚也

清寒也說文又廣雅釋詁四○萱按曲禮冬溫而夏凊似是此字周禮宮人注沐浴所以自潔清此清之破字耳

綪

赤繒也以茜染故謂之綪說文段注定四年左傳分康叔以綪茷茷即旆也綪大赤杜曰綪大赤取染艸名曰襍記注作蒨旆蒨即茜也茜者茅蒐也韋部又曰茅蒐染韋一入曰韎然則必數入而後謂之綪今不得其詳矣茜與綪合韻而同音故茜染謂之綪也綪故音在十一部茜在十三部以雙聲合韻綪茷旆名也史記衛世家集解引鄭眾左氏章句○左傳定四年賈注云綪茷大赤也又疏云綪是染赤之草○萱按綪得義於茜非即茜字也孔沖遠徑以染艸釋綪疏矣綪屈也綪縈也綪結也萱按此皆誤綪為繂也

請

上去兩讀注在彼

倩

人美字也東齊壻謂之倩說文段注朱邑傳陳平雖賢須魏倩而後進師古曰倩士之美稱也蓋本說文而改人為士改字為稱其實可無改也倩猶甫也穀梁傳曰父同甫猶傳也男子之美稱也男子之字有稱甫者儀甫吉甫是有稱倩者蕭長倩東方曼倩韋昭曰倩魏無知字也皆是倩好也毛傳說倩曰好口輔以詩言巧笑故知

為口輔好也方言曰青齊之間壻謂之倩按此蓋亦以美稱加之耳郭云言可借倩也借倩讀七政七見二切蓋方俗語謂請人為之○史記扁鵲倉公傳黃氏諸倩集解引徐廣云倩者女壻也又廣雅釋親云壻謂之倩又方言三云東齊之間壻謂之倩倩美也晉書音義中倩笑兒論語八佾巧笑倩兮集解引馬注○皇疏云倩巧笑兒倩借也方言十二○注云倩言可借倩也今俗呼女壻為卒便是也倩蒼白色詩碩人釋文引韓詩○萱按此謂倩為蒨之段借也蒨在十三部即茜之異體字南土州木通曰冬生故曰倩文選吳都賦夏曄冬蒨劉注○萱按賦用蒨正字注作倩作倩借字劉似認倩蒨同字也

婧

平去兩讀竦立也一曰有才也說文段注女有字婧者列女傳曰妾婧者齊相管仲之妾也婧謂姘婧也後漢書張衡傳注

姘

靜也說文姘潔也廣雅釋詁三

韻史　卷五十第十一部去聲諍韻

阱 穽或菜古文俗有敝○陷也說文又國語魯設穽鄂注穽謂穿地陷獸也禮記中庸罟擭
陷穽釋文又漢書食貨志下注司馬遷傳及其在穽檻之中
注又後漢書宋均傳注法雄傳注仲長統傳注文苑趙壹傳
機穽在下注○書費誓敿乃穽注三穽阬也廣雅釋言又後漢
注云穽穿地為之所以陷墮之書酷吏傳注○急
棨傳注云陷穽阬穽也埳坑曰穽一切經音義十二引蒼頡穽謂搖地為坑張禽獸者
一切經音義一引蒼頡○音義二引三穽捕獸之器也書
也蒼云穽謂穿地為塹以張禽獸者也
誓疏山林之田春始穿地為穽書費誓鄭注穽阱穿地為塹所以禦禽
獸其或超踰則陷馬世謂之陷穽周禮雍氏春令為阱擭溝瀆之利於民者注

敹 阬也說文段注𨸏部曰阬閬也釋詁曰敹虛也敹與井部阱穽意音同義異敹謂穿地使空也

姓 想定切 有蓄○俗人所生也古之神聖人母感天而生子故稱天子因生呂為姓春秋傳曰天子因生呂賜姓 說文段注白虎通曰姓者生也人所稟天氣以

四七五

韻史　卷五十第十一部去聲諍韻

生者也吹律定姓故姓有百按姓詩振振公姓傳曰公姓公
生也不如我同姓傳曰同姓同祖也昭四年左傳問其姓釋
文云女生曰姓姓謂子也定四年蔡大夫公孫生公穀皆作
公孫姓五經異義詩齊魯韓春秋公羊說聖人皆無父感天
而生左氏說聖人皆有父謹按堯典以親九族即堯母慶都
感亦龍而生堯安得九族而親之禮讖云唐五廟知不感天
而生乎之閒也詩言感生得無父有父則不感生此皆偏見
之說也商頌曰天命玄鳥降而生商如娀簡吞乙子生契是
聖人感生見於經之明文劉媼是漢大上皇之妻感亦龍而
生高祖是非有父感神而生者耶且夫蒲盧之氣媼照桑蠡
成為已于況乎天氣因人之精就而神之反不使子賢聖乎
是則然矣又何多怪按此鄭君謂傳之說許作異義時從左
氏說聖人皆有父造說文則云神聖之母感天而生不言聖
人無父則與鄭說同矣因生以為姓若下文神農母居姜水
因以為姓黃帝母居姬姓水因以為姓舜母居姚虛因以為
姓是也感夫而生者母也故姓从女生會意其子孫復析為
衆姓如黃帝子二十五宗十二姓則皆因生以為姓也傳若
隱八年左傳文無駭卒羽父請謚與族公問族於衆仲對曰
天子建德因生以賜姓胙之土而命之氏杜曰因其所由生
以賜姓也按人各有所由生之姓其後氏別既久而姓幾湮

四七六

韻史　卷五十第十一部去聲諍韻

有德者出則天子立之令姓其正姓若大宗然如周語帝胙
四岳國賜姓曰姜氏曰有呂陳胡公不淫故周賜之姓媯
也命士曰陳颳叔安裔子董父事帝舜帝賜之姓曰董氏曰
豢龍蓋此三者本皆姜偏董之子孫故予之以其姓又或特
賜之姓前無所承者姑如史記白虎通為祖昌意以薏苡生
賜姓姒氏殷契以玄鳥子生賜姓子氏斯皆因生以賜姓也
必菉春秋傳之說而姓之義乃完如字不姓生也周禮司士
凡於許書蓋古祇作以古書亦有作似者管子法禁家無
曲禮上疏玉藻疏祭義疏又左氏昭十一年傳歸姓也注又漢
書田蚡傳注外戚傳上或不能成子姓下納女於天子曰備
常姓注君臣誠人之姓也○禮記曲禮下注又禮記
百姓注喪大記御大夫小父兄子姓立於東方注云姓之言
生姓子也廣雅釋親又爾雅廣言○儀禮特牲饋食禮
也姓兄弟如王人之服注云言子姓者子之所生又
禮記喪大記注云姓者所以統繫百世使不別也史記五帝
子姓謂衆子孫也姓者所以統繫百世使不別也紀集解引
鄭駁異義又番譯名義一引西域記○禮姓者一字之稱也
記大傳其庶姓別於上注云姓世所由生
尊界所同也白虎通號姓正姓也始祖為正姓高祖為庶姓大傳禮記

四七七

韻史　卷五十第十一部去聲諍韻

繫之以姓而弟別注○一切經音義六引世本云言姓即在上言氏即在下
雅釋親云族晜弟之子異姓婦也儀禮士虞禮記
相謂為親同姓
也禮記大傳重社稷故愛百姓姓疏氏○必使國語異姓
云百姓百官也官有世功受姓獨斷也又周語注
用注云百姓百官衆之家曰百姓百易姓
官有世功者
也又書堯典平章百姓鄭注
云百姓羣臣之父子兄弟
云國語周語不亦瀆姓矣乎注引賈唐
同姓同祖也詩○从杜爾
坤為姓百姓與能虞注傳姓命
性 人之易气性句善者也說文段注論語曰性相近也孟子曰
人性之善也猶水之就下也董仲舒
曰性者生之質也質樸之謂性○論衡初稟云性生於陽以就
白虎通情性云性者陽之施又引鉤命決云性生於陽以就
理也形於一謂之性本命大戴記性神氣之所會也賈子道德性
厚而膠謂之性上同性生也論語公冶長夫子之言性與天道
左氏昭十九年傳民樂其性疏又

四七八

皇疏又史記樂書則性命不同矣正義又漢書志傳各集注
又後漢書班彪傳下注人淮南精神天下之所養性也注主
衎近者安其性注○論語陽貨皇疏又白虎通情性竝云性
者生也又禮記樂記注云性之言生也又孟子告子上云生
之謂性者人所受以生者也
論語公華傳冶長集解又漢書
東平王王宇傳情亂其性注引
性張晏○論衡初稟云性生而然者也又性謂天性禮記少儀
荀子正名云生之所以然者謂之性
則有之矣疏○淮南繆稱云性者所受於天也又性之直者
注云天生性也又法言五石或性或體注云性者荀子性惡
之天命之謂性
禮記中庸又大戴記本命注○後漢書朱穆傳注云天之所命謂之性
性命也
左氏昭八年傳莫保其性注又漢書敘傳上集注又呂覽性
審分此子謂定性於大漱注○論衡命祿云天性猶命也
者天之就也荀子正名性惡
不可學不可事而在人者謂之性荀子性惡
性者成於天之自然
荀子正名性之所生精合感應不自而
自然謂之性注○禮記樂記疏云自然
之感謂之性又王制疏云性稟性自然剛柔輕重遲速之屬
又周髀算經下此天地陰陽之性自然也注云自然如此故

口性稟生之質謂之性列子黃帝注○易乾注豈非正性命之情者耶疏云所稟生者謂之性又
也繫辭上傳成性存存疏云性謂稟其始也性質也廣雅釋詁三○文選情類注云性者本質也性者生
之質也禮記中庸注引孝經說又後漢書張衡傳注又莊子庚桑楚○大戴記子張問入官不可以不知民之性
注云性謂仁義禮智之等性者生之質又莊子騈拇而傷于性釋文引王注云性者受生之質性者天質之
樸也春秋繁露實性○易象上傳各正情命疏云性者天生之質若剛柔遲速之別又文言傳注不性其情疏云性
者天生之質正而不邪性猶姿也淮南脩務不待脂粉芳澤而性可悅者注○春秋繁露深察名號云如其
生以自然之資謂之性性者質也性人之本體也莊子騈拇釋文引司馬注○呂覽蘊塞牛之性不若
羊注云性猶體性者萬物之本也呂覽貴因地之富○左氏昭廿五年
傳後漢書諱傳注相性疏云性謂本性性謂
人受血氣以生有賢愚吉凶形體保神各有儀則
謂之性莊子天地自誠明謂之性禮記中庸性德之理也賈子六術道德操行

清濁性也論衡骨相○命義云操行善惡者性也性謂五行也漢書翼奉傳觀性以麻注引孟
晏民有五性喜怒欲懼憂也大戴記文王官人五信者何謂仁義禮
智信也白虎通情性性情性也國語周語而學其性注○大戴記哀公問五義云情性也者所以理
然不然取含者也天地之所生謂之性情春秋繁露深察名號

腥

星見食豕令肉中性小息肉也說文段注瘜寄肉也息當作瘜疒部曰
瘜內饔曰豕盲祇而交曉腥肓眠內肉作星見飼豕每致此
為星聲之誤也肉有如米者似星注則望視鄭云腥為當
孰字不可食者當作星與經傳及今俗同按鄭意許則腥
腥孰郭正作胜腥專謂豕不可食者與鄭用字皆合未者謂
之㮚萱云飯中有為其用字與許同絕異爾雅禮記謂
也○按凡陵腥有胜者詳胜下同腥謂肉結如星則疏內
也說文段注有

蛸

蛸蟲也蟲名蛸也
說文段注十篇曰竝者併也與此為互訓竝古音在十部

併　距敬切

竝也請如勞併古音在十一部諸如并竝併義有別許互訓

者禮經注曰古文竝今併列也廣雅釋併名謂齊名也後漢
文作併是古二字同也詁一書鄉
乎傳并竝也禮記玉藻并紐約疏○當按此用并為
注注併也下制輕任并釋文云并本作併併除也
管子霸形為○萱
按此段併說姘也

聘　避敬切

○谷訪也部文段注記課曰訪按女聘問也爾雅釋言又詩
有聘尚禮占曰聘問也二字義略同采徵庸使歸則
傳又為妻注夢季冬聘王夢注又禮記月令聘名士注內聘
聘則為國語入穀梁隱年傳聘子錄矢疏隱九年傳宣十
年傳又國語周語定王使單襄公聘於宋注又管子輕重丁
君請式璧而聘之注又荀子大略○公羊隱七年傳注又白
虎通朝聘竝云聘者問也又後漢書馮衍傳下
儀禮聘禮注云聘亦問也聘謂問之也聘申叔於陳蔡分
注入呂覽名士注○詩不徵儀禮日錄
問俱是謂問安之通散則通散疏云聘
行儒有席上之大夫通公則別大問曰聘又禮記儒
珍以待聘上來曰聘王羊隱十一年傳又春秋繁露
大夫問於特大夫王道○禮記曲禮下云諸侯使
考工記玉人
諸侯曰聘特來曰聘以類聘注寡來曰聘同注典朝聘之

禮所以正君臣之義也大戴記朝事聘求也太平御覽天下之合注聘取昏禮享聘者所以別男女明夫婦之義也昏義按此用聘為也詳娉下

娉 問也說文段注凡娉女聘問之禮古皆用此字娉者專詞也聘者汎詞也耳部曰聘者訪也言部曰汎謀曰訪故知聘為汎詞也若夫禮經大曰聘小曰問渾言之皆用曰聘此必有所專適非汎詞也至於聘則為妻則又造字所以从女之故而經傳槩以聘代之聘行而娉廢矣聘問名也荀子富貴○萱按樊敏碑云再奉朝娉獨用娉字婚姻娉內送迎無不聘無媒禮不娉左氏春秋十一年傳聲伯之母不聘禮注送迎注○釋文云娉本作聘娶妻及納徵皆曰聘文選沈休文奏彈王源聘禮注昏禮享禮者所以別男之下錢五萬以為聘女明夫婦之義也大戴記盛德

娉 害也按廣雅釋詁三○萱按此段娉為嫐也

俜 俜亭也說文段注亭者無人處引字統云廁也按屏也廣韻曰俜隱僻也俜與屏庰義畧同

垂 或作坪書地平也說文段注地名今義廣韻也

撮口呼

禜 羽詞切

禜 設緜蕝為營，以禳風雨雪霜水旱厲疫于日月星辰山川也。一曰禜衞使災不生。說文段注史記漢書叔孫通傳皆云為緜蕝野外習之韋昭云引繩為緜立表為蕝蕝即蕝也詳艸部凡環市為營禜營疊韻左氏傳子產曰山川之神則水旱癘疫之災於是乎禜之日月星辰之神則雪霜風雨之不時於是乎禜之許與鄭司農周禮注引皆先日月星辰與今本不同也一曰云云此字義之別說也上言禳之於已至此言禜之於未來○後漢書順帝紀注云禜設緜蕝為營以祈水旱也又臧洪傳注云禜謂營欑用幣以禳風雨雪霜水旱癘疫於日月星辰山川也又周禮鬯人禜門用瓢齎注云禜謂營欑所祭又左氏昭元年傳於是乎禜之注云周禮大祝四曰禜禜為營欑用幣以祈福祥賈服注並云禜為營欑用幣也禜謂雩禜水旱之神蓋亦為壇位如祭社稷云周禮黨正春秋祭禜注○禮記祭法幽宗注云禜之言營也又疏云禜壇域也又云禜亦營域也禜如日食以朱絲禜社周禮大祝四曰禜注○疏云禜

是禜之義禜祭也廣雅釋天又後漢書第五鍾離宋寒傳注禜祭名左氏昭十九年傳國人請為禜焉注○周禮大祝注云禬禜告之以時有災變也又司農注云類造禬禜攻說皆祭名也禜是祈禱之小祭左氏昭元年注○哀六年傳若禜之注云禜禳祭耳又初學記引崔靈恩周禮義宗云禜止雨之祭

醟 酗酒也說文又晉書音義中醟酗酒也漢書敘傳下中山淫醟注○一切經音義十三引通俗文云酗酒曰醟○萱按酗酗同字凶聲而从酗讀是俗體也故說文無酗書無逸之酗于酒德周禮司救注之酗醟皆俗所改耳

鎣 器也說文段注謂磨鋥之器也以金為之○爾雅注曰鷹鸇中鎣刀○爾雅釋文云鎣本今作瑩○萱按近代多用瑩不用鎣義亦與古微義鎣磨也廣雅釋詁三華嚴經音義上引切韻皆磨鎣引申之義耳鎣磨鎣也爾雅釋鳥鶌須贏釋文鎣飾也鎣治也華嚴經音義下引蒼頡篇鎣事也太平御覽○萱按鎣訓飾訓治訓事

營 平去兩讀注在彼

詗 許禜切

詗 或作偵遉知處告言之說文段注史漢淮南傳王愛陵多予金錢為中詗長安孟康曰詗音偵西方人以反間為偵王使其女為偵於中也服虔亦云偵伺之也如淳曰詗音朽正反按說文無偵字則從服孟說詗即偵是也詗捕也史記淮南衡山傳索隱引鄧展山詗有所候伺也集解引徐廣王漢書淮南傳注詗伺候采察之名也○史記索隱引服虔云詗後漢書南匈奴傳為郡縣偵羅也偵羅猶今言探候偵羅也耳目注○清河孝王慶傳注云偵羅也偵候偵問也廣雅釋詁二○禮記緇衣注云偵問也後漢書任延傳注文選馬汧督誄偵伺也偵問也後漢書烏桓傳注安陸昭王碑文偵覘也解畀傳注偵廉視也誤不敢東窺注鐺釟纙以偵之注

韻史五十一目錄

第十一部副編韻目

平聲耕　上聲耿　去聲諍　入聲隔　二部同十

平聲耕韻

韻史　卷五十一第十一部副編韻目　四七八七

韻史　卷五十一第十一部副編韻目　四七八八

氏部上四見表別

韻史　卷五十一第十一部副編韻目　四七八九

韻史　卷五十一第十一部副編韻目　四七九〇

韻史　卷五十一第十一部副編韻目　四七九一

[illegible]

韻史　卷五十一第十一部副編韻目　四七九二

[illegible]

韻史　卷五十一第十一部副編韻目　四七九三

[illegible]

韻史　卷五十一第十一部副編韻目　四七九四

[illegible]

韻史卷五十一　泰興何萱石閭譔集　子度校字

第十一部平聲副編　上海顧錫麒竹泉覆審

耕韻　武進李兆洛申耆鑑定

開口呼

耕 佊筆切 明或作 神名玉篇○萱按玉篇耕在耳部 五音集韻字作耕恐未可信

誤 佩耕切 以是爲非以非爲是爲誤〻莊子至樂釋文引崔注○萱按誤〻李文 作睖〻段 誤〻趣死皃莊子至樂 引李注 借字也 然如將不得已

揨 打也玉篇

𦚾 欬也玉篇

轅

劖 客耕切 山澤林木大者劖殺之集韻引賈思勰劖艾除林木廣韻

𦕋 酌耕切 聲未玉篇

䡠 車聲玉篇

郱 國名玉篇

䏬 凡筋集韻

猙 獸名似豹一角五尾廣韻○集韻云猙獸名飛狐也一說章義山有獸如赤豹一角音若擊石名曰猙

羚 羚羊名集韻○玉篇云羚羊子也又云羚羊子也

䱢 魚名廣韻 竹頭鯖也廣雅釋魚

鬇 莖耕切 或作鬡 鬇鬡鬤亂皃廣韻 鬇鬡亂髮 同上

掙 刺也廣雅釋詁一

棦 木束也廣韻

琤 破聲玉篇

𤤽 稍耕切 金色也廣韻

鉎 鐵鉎集韻 鉎鏉也謂鐵衣也一切經音義十六引埤蒼

麈 獸名大如兔廣韻 麈獸似鹿玉篇而小○集韻多

鼪 或作鼬 〻鼠也廣韻○爾雅釋獸鼬鼠注云今鼬似貂赤黃色大尾啖鼠江東呼爲鼪 莊子逍遙遊子獨不聞狸狌乎釋文引司馬注 ○萱按此段狌爲鼪也秋水云捕鼠不如狸狌 狌狖也

艵 保耕切 艵艵舟具韻廣

軯 聲也後漢書張衡傳注 軯聲皃文選思玄賦豐隆軯其震〻兮舊注 軯磕隱訇鍾鼓

之聲也文選東京賦薛注

伻 抱耕切 使也漢書劉向傳集注引孟康 伻使人也爾雅釋詁 釋伻來〻者使二人也書洛誥伻來鄭注

怦 或作㛁 心急又中直皃廣韻 怦急也廣雅釋詁一

砰 或作磞 大聲也文選藉田賦注引字書 砰聲也廣雅釋詁四 砰磅水流鼓怒之聲也史記司馬相如傳砰磅訇磕正義 砰磅訇磕皆水聲也文選上林賦注引司馬彪 砰宕 砰磅擊水皃文選吳都賦劉注 砰宕以柔 砰隱盛意漢書禮樂志注 砰隱溢四方 訇訇大聲廣韻○又云砰磕如雷之聲

閛 或作閍 閛廉聲廣韻

㧊 打板聲玉篇

海經切
勒大也廣雅釋詁一
恲色也淮南齊俗而仁發恲以見容注恲恲忠直之皃楚辭惡世比干之恲恲兮注
剄刑也廣雅釋詁四六韜顙頸項集韻引廣雅○賁按古祇用莖作之白虎通獨斷並云顙項曰六莖
莫莖切
鬇鬡鬇鬡亂集韻
㛳或作㝸困也弱也廣韻姘㛳女劣皃集韻
䁍聹聹小聲廣韻
䭢食也集韻
䅿禾芒曰䅿集韻
獰獰獰犬毛一曰惡也集韻
諾莖切
雫雨也玉篇

䆸小突也廣韻
䮠馬住皃玉篇
眝安審視也玉篇 廣韻
眠莖切
俓或作𠊱急也佞也集韻 廣韻 俓過也廣雅釋詁三 俓經也人所經由也釋名 ○賁按俓徑二字形與義皆略同說文無俓而釋道徑獨行耳爾雅直波為徑釋文云徑本作徑
齊齒呼
几青切
鶄或作䴖亦作鶄 鶄雀怪鳥屬也廣雅釋鳥 鵁鶄爾雅釋鳥○賁按鵁鶄非一物也釋文鶄本無鵁
蟚蝦蟆也玉篇 蟚蟆廣雅釋蟲 蟚蜞類爾雅釋蟲
於盈切
攖迫也孟子盡心下莫之敢攖注又注後漢書馬融傳注又淮南俶真攖人心也注 攖引也莊子在宥汝慎無攖

人心釋文引司馬注 攖纓也淮南繆稱勿撓勿攖注○賁按此蓋攖相纓引申之義當訓繞與嬰同也
得也墨子經上 攖有所繫著也莊子大宗師其名為攖寧釋文引崔注 攖羈落也莊子
在宥釋文 攖猶貫也莊子庚桑楚不以人物利害相攖釋文引崔注 攖猶戾也本呂覽
引崔注 能養天下之所生而勿攖之注 攖亂也廣雅釋詁三 攖梏也下引孟子音義
攖孩也玉篇
瓔瓔珢石似玉也玉篇引埤蒼
蘡艸名蘡薁也集韻○廣韻云蘡薁藤也
𤛑牛也玉篇○集韻也作名
玃皋塗之山有獸焉狀如鹿而白尾馬足名曰玃如山海經西山經
啨啨啨吟小語也玉篇

此青切
仃或作𠆩 伶仃獨也廣韻 跉仃偏行集韻
叮叮叮嚀囑語廣韻
疔病創集韻
灯火也玉篇
虰蛵蝍或謂之虰 十二字 虰蛵負勞爾雅釋蟲○注云或曰即蜻蛉也江東呼狐梨
蛵爾雅釋蟲○注云赤駁蚊蟒又郎氏正義云赤色之蛵名虰蠪一名虰蛵山海經呼為朱蟻蟻佀曰狀如墨蟻化而羽
能螫人○賁按今爾雅作虰蛵段借字也釋文作虰
眺刑切
廳廳屋廣韻○集韻云古者治官處謂之聽事後語省直曰廳故加广
庁或作庁平也玉篇 䂆碑材也集韻
䦧玉篇有字無義○賁按五音集韻云虰車失也義亦不瞭

韻史 卷五十一第十一部平聲副編耕韻 四八〇三

罒〻罔罔也集韻罒空也玉篇
汀泳凝玉篇又五音集韻
眐掌青切獨視皃廣韻○集韻眐眡獨視也云
眐眐〻行也廣雅釋訓
[衤正]〻松小兒衣廣韻引字林
佂或作𢥠〻也廣雅釋詁一○方言十云征伀遑遽也江湖之閒凡窘猝怖遽或謂之征伀○萱按廣韻云征伀遽
怔行皃怔忪懼皃分征怔征營不自安也後漢書鍾離意傳正
為二字集韻合之是不勝惡懸征營注漢書王莽傳下人民正營注○萱按莽
營惶恐不安之意也傳正營鍾離傳征營皆征之借字也征
營征伀畧同
頙正也玉篇

韻史 卷五十一第十一部平聲副編耕韻 四八〇四

鶄或作䴖齊魯閒為題肩為鶄廣韻引方言
鯖或作脀鯖襍青也北堂書鈔一百四十五引字林鯖煮魚煎肉也玉篇𩞄醋煑
魚也上同
郱地名廣韻玉篇
阷龍刑切正名玉篇
䎂耒也玉篇
蟶蚌屬廣韻
睛紫青切目瞳子也淮南主術猶不能見其睛注睛䁐也廣雅釋言
聙聴聴也玉篇
腈〻肉也玉篇○集韻云腈肉之粹者

韻史 卷五十一第十一部平聲副編耕韻 四八〇五

䪸〻頠頸不正集韻○廣韻云頠䪸頸也
箐笭箐小籠廣韻箐笿車上覆也玉篇○萱按此當作䈮而段借用箐
蔳仙艸玉篇蔪蔳艸名集韻
鼱〻鼩爾雅釋獸鼱鼩小鼠也說文引字林漢書東方朔傳譬猶鼱鼩之襲狗注引如淳一名奚鼠文選答客難注引爾雅李巡注
滲或作潧水名在南郡集韻
氏十一部平十六䣆上圖見義別䣆氏縣名在代郡集韻○萱按䣆氏讀若蔡乃方俗語言如是於字之本義本無涉也
䨝溪刑切〻女神名集韻○萱按䨝女即青女
埥青精土也玉篇

韻史 卷五十一第十一部平聲副編耕韻 四八〇六

閅廁也廣雅釋室○釋名釋宮室云廁或曰閅言至穢之處宜常修治使潔清也
惺想青切悟也引字林五音集韻惺憽了慧皃廣韻引聲類
睲聰也玉篇
[舟星]船也玉篇
[禾星]禾稀也集韻○廣韻少禾
箵箐箵䈂笭也廣雅釋器車篂謂之箐箵太平御覽七百七十六引通俗文
箳眠刑切〻篂車轓玉篇
竮蹕青切竛竮行不正也玉篇
箳吳人謂藍曲為箳集韻
[言屛]言也玉篇

髎 肋骨也。集韻

舊亭切 擎 或作䅽、擎也。廣雅釋詁一○文選射雉賦鯨牙低鏃，徐注云：鯨當作擎，擎也。音按：擎鯨異部雙聲，得相通借。

頗 項也。廣雅釋親

勁 或作劲、勁。爾雅釋艸○孫注云：勁可染阜。勁，鼠尾。爾雅釋艸

漾亭切 臎 肥也。集韻

鄄 姓也。廣韻

猛 似狐，黃色。廣韻、玉篇

蠅○俗有蠅，好也。廣雅釋詁一○方言一云：蠅，好也。宋魏之閒謂之蠅。言蠅蠅也。方言注

䗃 習也。方言十二。又廣雅釋詁二○集韻云：䗃，石名。

瀛 大海。亦州名。廣韻。瀛，池中也。楚人名池澤中曰瀛。楚辭招魂：倚沼畦瀛兮。注

蘏 或作葍，蕐也。集韻○廣韻云：蘏蘺，菊花一名帝女花。

向情切 俐 成也。禮記家語刑政○王制云：俐者成也。莊子養生主：而刀刃若新發於硎。注：硎，磨刀石。淮南齊俗：庖丁用刀十九年而刀如新剖硎。注○莊子義：硎，磨石也。文選吳都賦：臨硎。注：古號臨硎闞闞名也。

硎 或作研，砥石也。

峢 山名。玉篇

蝌 蟲名。玉篇

𠉀 行兒。玉篇

骾 骨也。玉篇

郢 鄉名，在高客。左氏傳曰：戰於井郢。玉篇

眺情切 婷 和色也。玉篇

停 停停，定也。定於所在也。釋名釋言語○文選謝靈運初去郡詩：止監流歸停。注云：停與亭同，古字通。停水謂水不流也。演汁停水瀧。左傳隱三年注。停停，僮翳兒也。文選射雉賦：停僮葱翠。徐注

渟 水止曰渟。一切經音義一引埤蒼○文選長笛賦注引埤蒼云：渟，水止也。渟，水滯也。一切經音義一引字書。渟，止也。廣雅釋詁三

聤 耳出惡水。廣韻

脝 脯也。玉篇

桴 梨也。廣雅釋木。桴，山梨。史記司馬相如傳：椁椋厚朴。集解引徐廣。又文選蜀都賦：橙柿椁榜。劉注引張揖

葶 葶藶，藥艸。集韻

鯙 或作魲，魚也。廣雅釋魚。鯙鰊，水蟲名。集韻

閮 門閮也。玉篇○集韻云：閮，門中也。門外散謂之閮。集韻

窔 穴也。玉篇

挺 音按：諸家無挺，蜀玉篇載之而不言其義，疑後人羼入，非顧氏所本有也。

狿 或作猿，猿屬。文選南都賦注引張載吳都賦注：猱挺，猨屬。廣韻○音按：集韻作挺猱，猱挺猱也。玉篇

鼮 豹文鼮鼠。爾雅釋獸

蠕 蠶二眠也。又廣韻引埤蒼：蠕，蠶中息也。集韻

瓸 瓶也。廣雅釋器

邛 亭名。玉篇。五音集韻

念亭切 寧 或作寍。昊天謂之寍。集韻。寧，天也。廣韻。寍，大也，明也。玉篇

亮情切
嚀 叮嚀囑辭 廣韻
鶊 或作鴗 鵧鶊鵧 爾雅釋鳥〇文選檄吳將校部曲注引字林云鶊鶊鵧鳥也 鶊子鶊 爾雅釋鳥
霝 空也 廣韻
靈 或作𧈬 山神人面獸身 廣韻
㪌 打也 玉篇〇集韻打作摮
舲 或作𦩻 舲 小船屋也 玉篇 舲舟也一曰舟有窻者 集韻
轞 車闌 玉篇 𨍭 輅𨍭名 集韻
熒 火光皃 廣韻〇集韻皃作也
㽀 或作𠃊 𡒐疏也 廣韻
䉶 竹名 玉篇

犭+ 或作犭令 犬名 玉篇
蠕 螢也 廣韻〇集韻云螢蟲名丹良也
豨 豬㑭 廣韻引通俗文曰豨
灵 小熱皃 廣韻〇萱按俗用灵爲靈字者陋甚
䨩
龍亭切
䈂 擇也 廣雅釋詁一〇集韻云䈂擇也一曰鼻也
䟫 行期也 集韻
腥 肉之精者 集韻 腥肥肉也 文選七發腥醲肥厚注
婞 女名 集韻
䈂 竺竹席 集韻引廣雅〇集韻云一曰竹名可爲笛

於亭切
嬰 頸也 玉篇
瓔 珠類 廣韻〇集韻云瓔美珠
嚶 山地名 玉篇
𡾊 山名 玉篇
䨍 屋所受 玉篇
箵 竹扞也 一切經音義十一引埤蒼 箵筐織具 廣韻
䔊 艸名 玉篇
鸚 鳥名 玉篇
淺亭切
𣟭 木名 玉篇
避亭切
評 平也 廣雅釋詁三 評議也 廣雅釋詁四 評訂也 一切經音義一引字書

玶 或作玶 玉名 玉篇 玶玉色 玉音 集韻
胼 脂也 廣雅釋器〇廣韻云胼牛羊脂也
駢 馬名 玉篇
蛢 蛢也 廣雅釋蟲
胼 或作䟹 胼胝謂手足生胝也 孟子滕文公下章指故禹稷胼胝 音義引丁音胼謂手足胼胝 胼胝也 漢書貢禹傳集注 胼固也 太玄堅陰 勞胼 形胼 胼以養其親注 注足 胼胝也 荀子子道手足胼胝以養其親注 胼病不能行故胼躃也 莊子大宗師胼躃而鑑 冒注 形躃 爲胼躃 史記 廣韻引 子井 釋文引司馬注 歲星晨出
胼 耳聞 玉篇
胼 益也 玉篇

惝㦗也廣雅釋詁二
箳竹名一曰箳篂戶扇集韻箳篂別駕車五音集韻
鼮鼠也玉篇
鵧鴒鵧鳥名集韻
西亭切 䴳齒也玉篇
綿細絲也集韻
粡清米也玉篇
洺水名亦州名廣韻
丗同也玉篇
顯詩云猗嗟顯兮顯眉目閒也本亦作名玉篇

韻史 卷五十一第十一部平聲副編耕韻 四八一五

聣廣雅曰聽也埤蒼曰注意聽也玉篇
幎幎目用緇方尺二寸經裏著組繫儀禮士喪禮 幎目覆面者也儀禮士喪禮
禥禮注福也集韻
榠榠樝果也玉篇
螟螟蠡勾奴聚落也集韻
䳟或作猽小豚也廣韻 䳟豯也廣雅釋獸
老
撮口呼
春縈切 䶈䶈鼠集韻引廣雅 䶈鼩班鼠廣韻

韻史 卷五十一第十一部平聲副編耕韻 四八一六

槁木名廣韻
去扃切 硘石聲也玉篇
塋不可近也玉篇
羽扃切 謍聲也廣韻
䃀石也玉篇
許扃切 蛵衆飛皃玉篇
逆扃切 騂或作牸俗有騂牸○赤色也論語雍也騂且角集解又皇疏又漢書樊酈滕灌傅靳周傳贊注○詩閟宮享以騂犢傳云騂赤又小爾雅廣詁云牸赤也騂紆赤色禮記檀弓釋文又漢書郊祀志上春夏用騂注赤黃曰騂詩駉有騂有騏傳○禮記檀弓釋文云騂赤黃色騂赤類也禮記禮記檀弓上牲用騂注又家語五帝德注牲用騂尚赤也禮記郊特牲○周禮牧人凡陽祀用騂牲毛之注云騂牲色赤騂犅

韻史 卷五十一第十一部平聲副編耕韻 四八一七

赤脊周牲公羊文十二年傳魯公用騂犅注○詩閟宮白牡騂剛傳云騂剛魯公牲也又禮記明堂位周騂剛注云騂剛赤色騂旄赤牛也○左氏襄十傳而賜之騂旄之盟注騂赤○詩大田以其騂黑傳云騂牛也○釋馬也漢書匈奴傳上注騂騂調利也詩角弓騂騂角弓傳云騂騂調和也○萱按南方畫騂馬注騂說文垶訓赤剛土也馬牛赤色皆段借用之騂騂則後出垶字也乃謂而从辛經典遂無不作騂矣其重惶騂謬有如此者
去熒切 㰈或作櫏樗櫏子一名投子廣韻○萱按櫏蓋㰈字之譌字也集韻云櫏樗子
羽熒切 覮覮然能視也玉篇○萱按能視玉篇廣韻皆作能䚀以集韻正之
嶸崢嶸玉篇

韻史 卷五十一第十一部平聲副編耕韻 四八一八

瘖病也玉篇

瀅或作濴瀠 瀠瀅水回皃集韵回波曰瀠同上 ミ波勢回皃孟子告子上注湍縈水也音義引字書

鑅許營切 鐘聲玉篇

蠑ミ蠑螈蜥蜴爾雅釋魚○萱按蠑蚖蛇醫也爾雅釋魚釋文引作蠑螈者省借字 字林○方言八云南楚謂之蠑螈蛇醫或

韻史

泰興何萱石閭譔集　子度校字

上海顧竹泉覆審

武進李兆洛申耆鑑定

第十一部上聲副編

耿韻

開口誇

瞽改拳切 ミ瞌視皃廣韻○集韻云瞽瞌有餘視

莢芋莖也廣韻○廣雅釋艸云蕙莢芋也其莖謂之莢

挦侃耿切 引也玉篇 挦琴聲集韻

㨨棄耿切 喚牛聲玉篇

䑕海耿切 䑕㼦也廣雅釋器䑕㼦瓶有耳廣韻

梈蒉耿切 木名皮可為藥集韻○廣韻云梈木皮入酒浸治風

掟眄耿切 揨張也玉篇

盯䁬盯視皃玉篇

紅引也玉篇 紅絲繩繫直皃集韻

疔皮膚急皃集韻

䢔保耿切 䢔急皃廣韻○集韻皃作也

𨒃行急也集韻

䴵抱耿切 䴵䴵餳白也又淺薄色也玉篇 䴵白也廣雅釋器 䴵謂薄白色也素問風論 注䴵然白色

鮩白魚也玉篇

齊齒誇

煋凡挺切 焦臭 廣韻 煋燍焦皃 集韻 煋温也 玉篇

巠驚警切 寒也 廣雅釋詁四

頲頲頲不平也 玉篇

㲠湯警切 怒氣也 玉篇

嵤山名 玉篇 嶸嵤山高皃 同上

瀴瀴涬大水 廣韻 瀴溟猶絶遠杳冥也 文選海賦注 〇 途瀴溟 經

魅向挺切 㐱厭 廣韻 〇 五音集韻云魅㐱厭 萱按諸俱不憭，姑並錄之 〇

睈瞑目皃 集韻

䋥小皃 集韻

涬涬冷寒也 集韻

韻史 卷五十一 第十一部上聲副編 耿韻 四八二三

蘏卽挺切 蘏蘏董艸名 似蒲而細 集韻 蘏董 爾雅

濎冰皃 玉篇 五音集韻

濎濎濘小皃也 後漢書杜篤傳注

溟溟涬沸皃 文選海賦 溟涬 李善注

嵿山名 玉篇

奵奵娗奵自持也 玉篇

耵耵聹耳上垢也 一切經音義九引埤蒼 耵聹耳垢也 玉篇

打打撞出曰打 一切經音義三引通俗文 打擊也 廣雅釋詁三 打棓也 廣雅釋言

酊酩酊醉甚也 玉篇

㪉朓警切 㪉㪉盡也 廣雅釋訓

韻史 卷五十一 第十一部上聲副編 耿韻 四八二四

誔誔訑也 廣雅釋言

睈目出也 玉篇

烶火皃 玉篇 集韻

涏汫涏小水皃也 玉篇 涏涏好皃 同上 ▲

艇二百斛以上曰艇 艇挺也 其形徑挺 一人二人所乘行者也 釋名 艇舟也 廣雅釋水 小船謂之艇 小爾雅廣器 小艄艋謂之艇 方言九 〇 注云 艇 蜀艇一版之舟 若今豫章是也 淮南俶真訓注 艄艇 蜀艇注

脡屈曰朐 申曰脡 公羊昭廿五年傳 與四脡脯 注 脡者取脡脡然直 儀禮少牢饋食禮脊 從前為正 疏 〇 禮記曲禮下 脊以前為正 其次名脡 卻後名解 魚曰脡祭 注云 脡直也 儀禮少牢饋食禮疏 挺猶職也 按儀禮鄉飲酒禮記 薦脯五挺 注 〇 萱按 此段挺為脡也 士虞禮記 脯四脡

韻史 卷五十一 第十一部上聲副編 耿韻 四八二五

注云 古文脡為挺 鄭欲釋文云 挺本作脡

鋌全魚醬也 集韻

䑎鹿走皃 集韻

挺或作挻 穊麥皃 集韻

閮門上閞 玉篇

㓠田器也 集韻

竻竹函也 玉篇 〇 依集韻增竹字

㝪或作孖 空也 集韻

嵉山名 玉篇

顁念挺切 顁或作頂 顁也 玉篇

韻史 卷五十一 第十一部上聲副編 耿韻 四八二六

聹 耵聹耳垢也玉篇
睜 盯睜視也玉篇
鋞 吴俗謂刀柄入處爲鋞集韻
蟶 蟶或作蝊名似蛙云蛷蟶似蛙集韻○廣韻
篞 篞篞籯也集韻
簦 簦簦荏蘓也廣雅釋艸○集韻云一曰葶藶毒艸
檸 木名集韻
䁝 龍挺切 視也又意不盡廣韻睈睈眡視也玉篇
㣕 㥕憂也集韻悜惶意不盡也廣韻
侱 役也集韻

涅 泥也澱也玉篇涅濘猶言滑滯也管子宙合注涅濘
𡈼 有○俗𡈼通也玉篇
逕 行也玉篇
鋌 長也廣雅釋詁二
䅍 長味也集韻
侹 人形長皃集韻
梃 撃也集韻
㹶 牛緩謂之㹶集韻
𤺥 始挺切 𤺥或作瘦也廣韻
覘 覘聊露也廣韻

䮠 䮠䮠也廣雅釋器䮠䮠䮠有耳玉篇
鄁 地名集韻
閞 閞或作㭟署集韻○廣韻云閞府令爲省字
竮 紫挺切 竛竮也玉篇
泍 淺挺切 洴濼也文選七發注引聲類洴濼小水廣韻
䁝 睜䁝睜不悅視也廣韻引字林
䁐 仰警切 直視皃廣韻○集韻兒作也
䣆 醒也玉篇
𥎦 有○俗𥎦䊔小兒云集韻○玉篇妖小兒
䁶 想警切 視也玉篇䁶䁝眡視廣韻

醒 醉解也一切經音義十四引字林醉除曰醒十一切經音義二十引通俗文醒酒疾也管子地員終無痟醒注○萱按說文醒下曰病酒也一曰醉而覺也已乃舉醒字令姑録於此平聲不須複出矣近人凡覺皆言醒何必酒也
悄 悟也一集韻○萱按悄與惺音一字但分平上耳
箵 竹器謂之笭箵御覽七百五十六引通俗文箵笭箵籠廣韻
𢫦 貶挺切 執也玉篇
䶔 䶔齒玉篇
鞞 皮帶也玉篇
鉼 鬴也廣雅釋器○方言五云鍑北燕朝鮮洌水之間或謂之鉼鉼金謂之鈑周禮祭五帝則供鉼金廣韻

姡 好也 廣韻 胡而提切

昒 日晗也 韻集

昒 眉睫之間 文選西京賦昒藐流眄薛注○昒 謓也 廣雅釋言 昒 睛 萱按許術呈名今段名為昒也

昒 不悅目皃 廣韻引字林

酩 酩酊 或作 俙偄 酩酊醉甚 玉篇

茗 茶晚取者 集韻○封氏聞見記云晚採者為茗 茗邈高皃也 文選七命茗邈苕嶢注

㥩 㥩、恒也 玉篇 㥩 恒意不盡也 廣韻

㯳 塗也 玉篇

溟 溕皃 集韻 溟 冷寒皃 上同

嫇 嫈嫇 山高皃 玉篇

韻史 卷五十一第十一部上聲副編耿韻 四八三一

撮口呼

銅 鉋也 廣韻 春拉切

蝠 ：蠬 蟲名 似蛙 廣韻

頻 篋也 玉篇

㬄 大目也 玉篇

㬄 日光也 玉篇

擷 竟也 方言十三 又廣雅釋詁三 去拉切

苘 蔓 或作 艸名 廣韻 許拉切

桯 桐 或作 枰淋也 韻集

韻史 卷五十一第十一部上聲副編耿韻 四八三二

韻史

第十一部去聲副編

諍韻

開口呼

櫻 裀錯絲 廣韻引字集略 文選江賦 櫻 來色相映也 以蘭紅注

嚶 嚶、獸聲 集韻 索諍切

諍 言也 廣雅釋詁四 海諍切

嗱 利害聲 玉篇

矜 矛屬 玉篇

矜 引楟也 玉篇 的鋥切

韻史 卷五十一第十一部去聲副編諍韻 四八三三

鋥 磨也 集韻○廣韻云磨鋥出劍光

霔 雷也 廣雅釋天○集韻云霔雷聲 保諍切

迸 散也 文選海賦迸散走也 又一切經音義四引字書迸猶屏也 文選魏都賦注引字書 禮記大學迸諸四夷釋文引皇注

趙 趙 或作 走也 廣韻 趙、走也 廣雅釋訓

㧗 助也 韻集

脝 腹脹皃 韻集

甁 甖屬 韻集 抱諍切

胓 折木聲 韻集

䨚 雷聲 廣韻

韻史 卷五十一第十一部去聲副編諍韻 四八三四

齊齒評

⿰口巠 儿定切 聲也集韵○廣韻云⿰口巠嚄聲

⿰酉巠腸也廣雅釋詁一

筋筋竹玉篇

曔 甚敬切 明也玉篇 曔日明也乾也集韵

⿰酉巠 向敬切 ⿰酉巠⿰酉兆⿰酉巠劣皃集韵

飣 卿敬切 或作⿰月丁 置食也集韵

矴 或作碇碠 碇舟石也集韵

⿱竹亭竹器玉篇

忊 眺敬切 忊忊憕不得志皃集韵

⿰米丁米食玉篇 ⿰米丁米餅集韵五音

⿰豖丁豖皃玉篇

⿰目定見也玉篇

淀淺水也玉篇

謦 念敬切 謦告也廣韵

⿰目正 掌定切 獨視皃玉篇

⿱竹夋竹名玉篇

頙 竉敬切 頙責不得玉篇 頙信也集韵五音

靘靚也靜也玉篇

甑甈也廣雅釋器 甑甈也秦之舊都謂之甑方言五

晟 始敬切 或作晠 書明也熾也廣韵○爾雅釋言熾晠也釋文云晠本作盛○萱按盛乃粢盛正字其讀去聲者蓋皆作晟之叚借字也韵家罕辨正借則於去聲內特出盛字矣

娍長好皃玉篇

⿰月成⿰月青也方言十三

盛或作⿰瓦成 鹽器也玉篇

⿰貝生財也玉篇 ⿰貝生財富廣韵

睛 淺敬切 睗也玉篇

⿰扌青捽也廣雅釋詁三 ⿰扌青持也集韵引廣雅

⿰青色 ⿰青包⿰青色青黑色也玉篇

⿰衤青衣縭玉篇

⿰車青載柩車玉篇五音集韵

⿰舟青⿰舟至船玉篇

⿰石青石也玉篇

篟竹茂皃玉篇

⿰目甹 [illegible]敬切 視也玉篇

詺 西敬切 詺詺相諍目也一切經音義十九引字畧○集韵下云目諍物也或作名

⿰青色、⿰青色青黑色也玉篇

⿰酉冥⿰酉冥⿰酉盛酹滓玉篇

⿰米冥屑米玉篇

⿱竹冥箹⿱竹冥奞帶也玉篇

羽詞切 ⿰忄塋 或作⿰忄堅 恨也 玉篇 忊⿰忄塋恨也 集韻

韻史卷五十二

第十二部平聲

臤韻

泰興何萱石閭譔集　子慶校字

上海顧錫麒竹泉覆審

武進李兆洛申耆鑑定

開口評 侃吞切

臤 堅也。讀若鏗鏘。文古以爲賢字。 說文段注謂讀同鏗也鏗從堅聲堅從臤聲古音在十二部今音鏗在耕韻非也凡言古文以爲者皆言古文之假借也例見卜部漢校官碑觀臤寶智又師臤作朋國三老袁良碑優臤之寵按漢魏人用優賢字皆本今文般庚優賢揚歷句蓋今文般庚固以臤爲賢也或作礥鏗鎗

硻 餘堅也 說文段注按硈下當云石堅聲硻下當云餘堅聲皆轉寫之譌蓋自硤至磨八篆皆从石聲下文訓堅之硻與此訓堅聲之堅硈義固別也論語曰鄙哉硜硜乎又云硜硜然小人哉其字皆當作硻叚借古文硻字耳硜者古文硻字也鏗爾舍瑟亦當爲硻耳又樂記石聲硻々當硻釋名硻者硻也其聲硻々然堅緻當作硻々然堅緻俗作硜韓退之詩用之

鏗 聲也 廣雅釋詁四

鏗 撞也 廣雅釋言○楚辭招魂鏗鐘搖簴注

云鏗撞也 鏗謂擊之也 後漢書班彪傳下注○文選東京賦鏗華鐘薛注云鏗猶擊也 鏗爾者投瑟之聲也 論語先進鏗爾舍瑟而作集解引孔注又皇疏○萱按皇本作瑟孔陸及說文皆作瑟名有所受也盧校釋文改爲投瑟不必 鏗鏘金石之聲也 漢書禮樂志但能記其鏗鏘注○司馬相如傳上鏗鎗閒鈴注云鏗鎗金聲也鏗鎗金聲也又文選上林賦注云鏗鎗鐘聲也 鏗耾大聲 文選吳都賦鍾鼓之鏗耾 有飲注 鏗欸聲也 素問五常政大論其動欸禁發厥注 硜聲果勁 史記樂書石聲硜集解引禮記王肅注○萱按堅鏗古今字也硜則段借字 硜硜者小人之兒也 論語子路硜硜然小人哉集解引鄭注○皇疏云硜硜正難移之兒也

⿰扌堅

擮或作 擣頭也 說文○廣韻云⿰扌堅撞也又玉篇云⿰扌堅琴聲 ⿰扌堅扼也 文選羽獵賦注○萱按此段⿰扌堅

⿰車眞

○俗有⿰車頁輎 車⿰車眞⿰弓口聲也 說文段注⿰弓口大徐作鉚非小徐作鉚集韻作軥亦誤今正谹谷中響也宖屋響也⿰弓口弓聲也車聲⿰車眞⿰弓口借弓聲之字耳⿰車眞⿰弓口大聲

吞 代鑕切 咽也 說文段注今人以吞對舉據此則咽喉今名吞俗云喉吞是也猶之喉今名咽平聲今人以爲下咽字一見切○廣雅釋言云吞咽也 吞滅也 廣雅釋詁四又國策西周策兼有吞周之意注泰策可以并諸侯吞天下注又楚辭天問而交吞撲之注○後漢書杜篤傳注云吞舟大魚也

眞 酌鑕切 古文 僊人變形而登天也 說文段注此眞之本義也經典但言誠實無言眞實者諸子百家乃有眞字耳然其字古矣古文作𠕀非倉頡以前已有眞人乎引伸爲眞誠凡字以眞爲聲多取充實之意其顛槇字以頂爲義者亦充實上升之意也愼字今訓謹古則訓誠小雅愼爾優游予愼無罪傳皆云誠也又愼爾言也大雅考愼其相箋皆云誠也愼訓誠者其字从眞人必誠而後敬不誠未有能敬者也敬者愼之第二義誠者愼之第一義學者沿其流而不溯其原矣故若詩傳箋所說諸愼字謂即眞之段借字可也 眞人謂成道之人也 素問上古天眞余聞上古有眞人者注○淮南精神云謂眞人者性合于道也又覽冥眞人之道注云眞人眞德之人又莊子刻意云能體純素謂之眞人 眞氣者經氣也 素問離合眞邪論 眞宅太虛之域 列子天瑞

歸其眞宅注 眞者自然之道也 漢書楊王孫傳以反吾眞注○莊子大宗師而況其眞乎注云眞者不假於物而自然也 眞者所以受於天也 莊子漁父○又云眞者精誠之至也 眞在性分之內 莊子秋水謹守而勿失是謂反其眞注 眞身也 莊子山木見利而忘其眞釋文引司馬注又淮南本經精神反於至眞注 眞此也 廣雅釋言 眞正也 漢書河間獻王德傳集注○文選古詩識曲聽其眞注云眞猶正也 眞誠也 荀子勸學眞積力久則入注 眞實也 淮南俶眞注 眞無假也 莊子田子方其爲人也眞注 眞不變也 淮南本經質眞而素僕注 眞者愼之固也 韓非子解老 眞牙謂牙之最後生者 素問上古天眞論眞牙生而長極注故 展誠也展信也

董按此段展爲眞也於展爲再引申之義矣十四部展下詳之

禛 廟諱敬避 㠯眞受福也 說文

茞 艸也 說文段注謂艸名

謓 茞鑕切 恚也賈侍中說說謓笑 說文段注今人用嗔古用謓賈說別一義○廣雅釋言曹憲音云謓今人作嗔字如之失之 謓怒也 廣雅釋詁二

瞋 眓 秘書瞋从戌 張目也 說文段注此與言部謓義略同秘書謂緯書易部亦云秘書說日月爲易象陰陽也○廣雅釋詁一又莊子秋水晝出瞋目而不見丘山釋文引司馬注並云瞋張也又晉書音義上瞋引字林云瞋張目又漢書項籍傳羽瞋目叱之注云瞋目張目也

䐜 起也 說文段注當云肉起也素問曰濁氣在上則生䐜脹王冰注䐜脹起也○玉篇引埤蒼云䐜引起也 䐜大也 太玄爭股脚䐜如注

胵 鳥膍胵也一曰胵五藏總名也 說文段注後義單呼胵不連膍五藏亦謂禽獸○董按鳥膍胵者鳥胃也膍下已詳

申 稍鑕切 㫐古文 昌籒 神也七月侌气成體自申束吏㠯餔時聽事

申旦政也 說文段注神也不可通當是本作申如巳巳也之例謂此申酉之冢即今引申之義也淺人不得其例妄改爲神改諸古說無有合者律書曰申者言陰用事申則萬物故曰申律麻志曰申堅於申天文訓曰申者申之也皆以申釋申爲許所本而今本淮南改申之作呻之其可歎一而已或曰神當作身下云陰氣體釋名申晉書樂志廣玉篇廣韵皆云申身也許說身字从申省聲皆其證此說近是然恐尚非許意韻會無體字陰气成謂三陰成爲否卦也古屈伸字作詘申亦叚信其作伸者俗字或以伸入許書人部耳韓子外儲說曰申之束之令李申識紳申者引長來者約結廣韵曰申伸也餔者日加申時食也申旦政者子產所謂朝以聽政夕以修令公父文伯之母所謂卿大夫朝致其職夕序其業士朝而受業夕而習復也 申伸也 廣雅釋詁四 申展也 文選洛神賦申禮防以自持注 申重也 爾雅釋詁又詩采菽福祿申之傳旱麓序申以百福干祿焉疏假樂自天申之傳烈祖申錫無疆傳又考工記總目注申古數也注又儀禮士冠禮乃申爾服注士皆禮記申之以父母之命注又禮記月令命有司申嚴百刑注申嚴號令注襍記上申加大帶於上注又左氏成十六年傳蓐食申禱注哀二十六年傳申開守陴注又國語魯語申之

韻史　卷五十二第十二部平聲臤韻

以盟誓注吳語今句踐申禍無良注又漢書元帝紀集注禮樂志集注谷永傳集注王莽傳上傳下集注又後漢書朱穆傳注又荀子富國爵服僾賞以申重之注又離騷雜申椒與菌桂兮注惜誦申佗傺之煩惑兮注○糳椒以為糧注涉江露申辛夷注離世申誠信而周違兮注○荀子王霸篇申重之以賁殯殺生注正名申之以命注竝云申亦重也又仲厄瘀刀以申重之注云申重猶再三也申申重也離騷申申其詈余注再命曰申荀子富國注申復也陰氣盡於北陽氣復起東北故曰申土淮南墬形正東陽州曰申土注申取其爛熟太玄玄數長申西注申為破淮南天文○論衡物勢云申猴也申堅也禮記月令疏申尋也國語晉語申盟而還注申明白也後漢書鄭興傳罪無申語注申者身也白虎通五行○釋名釋天云申身也物皆成其身體各申束之申束也漢書宣帝紀集注薛宣傳集注又淮南原道約車申轅注申謂約束之漢書文帝紀勅兵申敕令注淮陽憲王欽傳申諭朕意注○韋玄成傳畏忘昊申注云申言自約束也又元帝紀公卿其明察申敕之注云申約束之耳申申整敕之皃

四八四七

韻史　卷五十二第十二部平聲臤韻

漢書石奮傳集注申申容也廣雅釋訓申申者心和也論語述而皇疏申申夭夭和舒之皃也論語述而申申如也夭夭如也集解引馬注申申伯也詩崧高維申及甫○揚之水不與我戍申傳云申姜姓之國平王之舅又水經陰溝水注引世本云許州向申姜姓也炎帝後淮南天文云申齊申孫矢名國語晉語申孫之矢集於桓鉤注申徒即司徒耳但語音譌轉故字亦隨改史記留侯世家以良為韓申徒集解引徐廣○莊子大宗師申徒狄釋文云崔李作司徒狄萱按假申為司但以雙聲為用不必另有義信古之申字考工記輪人信其桯圍疏○周禮大宗伯疏云古者舒申字皆為信又文選吳都賦闔閭信其威劉注云信讀為申又穀梁隱元年傳信道而不信邪注云信申字古今所共用

伸

屈伸說文段注屈者無尾也伸之反也屈伸諸俗共知之語故以為引屈亦作詘所謂隨體詰詘也伸古經傳皆作信周易詘信相感而利生焉又尺蠖之詘以求信也又引而信之韋昭漢書音義云信古伸字謂古文假借字許書叚目

四八四八

韻史　卷五十二第十二部平聲臤韻

曰近而申之以究萬原古本申作信又虫部尺蠖屈申又蟲也太平御覽引作曲信蟲按伸字疑不古古但作詘信或用申為之本無伸字以屈伸訓伸篆亦非說解之體宋毛晃曰古惟申字後加主人以別之伸頻伸也淮南精神熊經鳥伸注又禮記少儀君子欠伸注○儀禮士相見禮君子欠伸注云志倦則欠體倦則伸伸展也廣雅釋詁三伸理也廣雅釋詁二伸直也廣雅釋詁三伸用也淮南汜論小節伸而大略屈注伸謂於恣也管子七臣七主芒主目伸五色注伸臾猶押引和調之也淮南本經伸臾四時注信無縮緩考工記鮑人則單信也注信極也詩擊鼓不我信兮傳○疏云信古伸字伸部終極之義從冬至北來日益長故曰信周髀算經下注信讀如屈伸之伸假借字也禮記儒行竟信其志注○荀子不苟剛強猛毅靡所不信注匡道諍輔拂之人信則君過不遠注天論老子有見於詘無見於信注竝云信讀為伸古字通用

臾

伸也說文段注依宋本○萱按徐本皆作引也廣韻同

四八四九

韻史　卷五十二第十二部平聲臤韻

呻

○俗有較吟吟也說文段注按呻者吟之舒吟者呻之急渾言則不別也○禮記學記呻其佔畢注又廣雅釋詁二竝云呻吟也呻逵吟聲也素問陰陽應象論在聲為呻注呻吟吟詠之謂莊子列禦寇呻吟裘氏之地注○釋文云呻謂吟詠學問之聲也呻踊也莊子列禦寇釋文引崔注

紳

大帶也說文段注巾部帶下曰紳也與此為轉注革部鞶下云大帶也男子帶鞶婦人帶絲帶下云男子鞶帶婦人帶絲背於古大帶苹帶不分別是其疏也古有革帶以系佩較而後加之大帶紳別大帶之垂者也五蒸曰紳長制士三尺子游曰參分帶下紳居二焉注云紳帶之垂者也言其居而堙也許但云大帶亦是渾言不析言蓋許意以苹帶統大帶以帶之垂者統於帶之言不分別也○書大傳諸皆其不依紳端晃以奉祭祀者注又禮記雜記麻者不紳注又論語鄉黨加朝服拖紳集解引包注又皇疏衛靈公子張書諸紳注又漢書郊祀志縉紳者帶道注引臣贊又後漢書陳忠傳注又荀子禮論縉紳而無鈎帶矣注哀公然刑大章甫約履紳而縉笏者注紳要章甫有益於仁子注又家語五儀紳帶指笏注又文選鄭陵廟詩束帶入而羅注珽云紳大帶也又儀禮裹服記疏云紳即大帶也

四八五〇

紳帶也廣雅釋器又後漢書楊賜傳注又莊子天地搢笏紳修注○左傳桓二年疏云紳是帶之名紳謂大帶要之三尺後漢書第五倫傳注○左傳桓二年注鞶紳帶也疏云以帶束要垂其餘以為飾謂之紳又儀禮喪服記疏云紳重也屈而重故紳紳束也廣雅釋詁三紳大帶所以自紳約也禮記內則端韠紳注○白虎通衣裳云所以必有紳帶者示敬謹自約整也

身

躳也說文段注呂部曰躳身也二字為互訓躳必入呂部者躳謂身之傴主於脊骨也○考工記梓人上兩个與其身三注云身躳也身伸也可屈伸也釋名釋形體身㑗也廣雅釋詁四身親也爾雅釋言身我也爾雅釋詁○注云今人亦自呼為身坤為身易艮不獲其身虞注中孚我有好爵虞注象下傳反身之謂也虞注君子以恐懼脩省虞注君子以反身脩德虞注數辭上傳言出乎身虞注則失身虞注身不危虞注藏器于身虞注身安而國家可保也虞注君子安其身虞注不足以滅身虞注身者治之本也管子

權修身也者親之枝也禮記哀公問又家語大婚又大戴記哀公問於孔子又曾子本孝注身者親之遺體也大戴記曾子大孝○禮記祭義云身也者父母之遺體也身空也老子大患若身釋文身重也詩大明大任有身傳身腹也或謂姙身易艮艮其身虞注中身中謂中年書無逸文王受命為中身鄭注身謂中儀禮鄉射禮記疏命圭七寸謂之信圭侯守之考工記玉人之事○周禮大宗伯侯執信圭伯執躳圭注云信當為身字之誤也身圭躳圭蓋皆象以人形為瑑飾文有麤縟耳欲其慎行以保身圭皆長七寸萱按古多用信為身與申與伸亦用伸為身荀子儒效是猶傴伸而好升高注云伸讀為身也

㑗

神也說文段注按神當作身聲之誤也廣雅曰孕重妊娠身嫐㑗也玉篇曰㑗妊身也大雅曰大任有身傳曰身重也箋云重謂懷孕也身者古字㑗者今字一說許云神也蓋許所據古義今不可詳

陳 直仁切

𨻰古文宛丘也舜後媯滿之所封說文段注毛詩譜曰陳者大皞虙戲氏之墟帝舜之胄有

虞閼父者為周武王陶正武王賴其利器用與其神明之後封其子媯滿於陳都於宛丘之側是曰陳胡公按今河南陳州府治是其地許必言宛丘者為其字从𨸏也毛傳曰四方高中央下曰宛丘即釋丘之宛中曰宛丘也陳本大皞之虛正字俗叚為敶列之敶陳行而敶廢矣○國語魯語分陳以肅慎氏之貢注云陳媯姓也陳大皞之虛也左氏昭十七年傳陳顓頊之族也左氏昭八年傳陳水屬也左氏昭九年傳靡陳紂二邑周書世俘陳本命伐靡集于陳注陳列也陳謂久也萱按皆借陳為敶也敶下詳之

敶

或作敕○平去兩讀列也說文段注韓詩信彼南山惟禹敶之爾雅郊外謂之甸李巡云田敶也謂敶列種穀之處敶者敶之省素問注云敶古敶字是也此本敶列字後人叚借陳為之陳行而敶廢矣亦軍本敶字陳行而敶又廢矣敶布也廣雅釋詁三敶是軍陳故訓為乘周禮稍人疏○萱按此及廣雅敶布也乃敶字之僅存者陳列也周禮掌客皆陳注又禮記少儀則陳酒執脩以將命疏又廣雅釋詁一又國語齊語陳妾數百

注又漢書外戚傳下集注又後漢書崔駰傳注又呂覽貴直無使齊之大呂陳之廷注又淮南俶真利害陳于前注又楚辭東皇太乙陳竽瑟兮浩倡注招魂來者陳些注又文選西京賦陳虎旅於飛廉薛注高唐賦振陳殭殰注○周禮司市以陳肆辨物而平市注云陳猶列也又漢書食貨志下大司農陳臧錢注云陳謂列奏之又文選東京賦陳師鞠旅薛注云陳師猶列師衆也陳謂陳列也禮記經解繩墨誠陳疏有謂又周禮肆師展器陳告備注陳張設也左氏隱五年傳陳魚而觀之注陳布也國語周語錫載周注陳敷也漢書韋玄成傳集注陳施也漢書劉向傳集注引應劭匡衡傳集注陳道也漢書哀帝紀集注引李斐陳猶說也文選古詩歡樂難具陳注陳亦示也國語齊語相陳以功注陳猶處也周禮內宰陳其貨賄注陳猶居也史記龜策傳二瓦陳之索隱引劉氏而陳謂久也素問奇病論治之以蘭除陳氣也注鍼解菀陳則除之者注又史記平準書於是大農陳集解引韋昭陳謂久舊也漢書文帝紀或以陳粟注食貨志上陳陳相因注陳詩謂采其詩而視之禮記王制命大師陳詩注陳器樂懸

也穀梁定四年傳鋛陳寘注陳卦謂揲蓍布卦也荀子王制鬼陳卦注鑽陳筋革者

省兵甲也大戴記夏小正陳筋革傳陳稼猶經營馳逐也史記貨殖傳陳椒其問得所欲

索隱堂涂謂之陳爾雅釋宮○詩何人斯胡逝我陳傳云堂塗也又也釋名釋宮室云陳堂塗也

也言寶主相迎陳列之處也陳寶刀也廣雅釋器

神

天神引出萬物者也說文徐注天神引三字同在古音第十二部天神曰神史記五帝

紀明鬼神而敬事之正義又後漢書班彪傳下注又淮南時則構鬼神注精神欲役使鬼神注○呂覽順民使工帝鬼神傷民之命注云天神曰神人神曰鬼又詩鬼鬐厚甬祇祖者蹠云神者天神又周禮大司樂以祀天神注云天神謂五帝及日月星辰也天曰神書微子今殷民乃攘竊神祇之犧牷牲用馬注又釋文又論語述而禱爾於上下神祇皇疏及國語楚語及百辟神祇注又呂覽季冬祇天地之神祇注○易繫辭上傳而行鬼神也虔注云在天為神天文字傳況於鬼神乎荀注云神謂天又家語問禮以降上神注上神天也又禮記禮器鬼神之祭疏云神是天之別體云三

神天地人也文選甘泉賦逆蹙三神者注神祇眾靈之通稱非唯天地而

已文選海賦惟神是宅亦祇是廬注○禮記祭法云山林川谷丘陵能出雲為風雨見怪物皆曰神又後漢書光武紀

上注云山林川谷能興致雲雨者皆曰神又明帝紀注略同百神列宿也禮記禮運百神受職焉注鬼

神百神也大戴記曾子天圓為鬼神主注○禮記曲禮下臨諸侯畛於鬼神注云鬼神為謂百辟卿士也又樂

記樂者敦和率神而從天禮者別宜居鬼而從地注云鬼神謂先聖先賢也神明謂[illegible]神也禮記表記

皆事天地之神明注○鶡冠子泰錄云神明者積精微金釋之所成也又春秋元命苞春秋神明推移注云神明猶陰陽

也神謂精靈禮記禮運鬼神之會疏○說苑修文云神靈者天地之本而為萬物之始也

鬼之靈者曰神史記五帝紀依鬼神以制義正義魂氣上升於天為神大戴記曾

子天圓注○荀子天論形具而神生注云神謂精魂又太玄玄數將神注云神精魂之妙者又詩楚茨簧神安歸者疏云

神者魂魄之氣神謂先神也文選東京賦神具辭止薛注神號尊其名更為美稱

若曰皇天上帝也獨斷上神祀祀天神周禮鼓人以雷鼓鼓神祀注神約謂

命祀郊社羣望及所祖宗也周禮司約治神之約為上注陽之精氣曰神

大戴記曾子天圓○論衡論死云陽氣導物而生故謂之神聖人之精氣謂之神禮記樂記幽則

有鬼神注又史記五帝紀明鬼神而敬事之正義○易繫辭上傳是故知鬼神之情狀鄭注云精氣謂之神又詩楚茨饗

具鬼神又安而享其祭祀疏云言其精氣謂之神火之精為神素問解精微論氣之清者為

神後漢書李固傳乾為神易象上傳鬼神害盈而福謙虔注象下傳泥於鬼神才虔注說卦傳為巫虔注神

者生之本也史記太史公自序○又云人所生者神也神者生之制也後漢書班彪傳下注

又淮南原道神者人之守也淮南精神注神者心之寶也淮南精神神人之

精爽也文選七啟川以和神注○淮南原道則神無由入矣注云神精神也又禮記聘義精神見於山川注云精

神不謂精氣也神者道德神氣發於性也賈子道德說○左傳莊卅二年注有神聲以接人疏

云神者氣也神主生氣之精越絕書內傳枕中○史記太史公自序集解引韋昭云聲氣者神也

神者恍惚太陽之氣也白虎通情性○後漢書郎顗傳注云神陽氣君象也神人之

神也呂覽禁塞貴神傷鬼注○荀子脩身莫神一好注云神神明也神謂五藏之神也老子谷神

不死注神謂易也易繫辭上傳惟神明也虔注鼓之舞之以盡神虔注神聰明正直而

壹者也左氏莊廿二年傳神也者妙萬而為言者也易說卦傳又太玄玄告玄生神

象二注戰後為神鬼也注○易繫辭上傳敷神兆方疏云神者神妙玄通不可測量神也者變化之極

易繫辭上傳注神無形無方也老子天下神器王注神無期也素問天元紀大論註

陰陽不測之謂神易繫辭上傳又素問天元紀大論○管子內業有神自在身一往一來莫之能思注

云神不測者也隱藏謂之神易繫辭下傳通神明之德九家注神寂然不動感而遂

通者也易繫辭下傳精義入神注神順物而動莊子在宥神動而天隨注○人間世此乃神人之所

以爲大祥也注云神人者無心而順物者也不離於精謂之神人莊子天下○逍遙遊藐姑射之
山有神人居焉注外物聖人之所以駴天下神人未嘗過而問焉注竝云神人即聖人也又春秋繁露五元神云能冥能
昏是謂神人聖而不可知之謂神孟子盡心下○呂覽決勝云聖不可窮之謂神又鬼谷子摩云
聖人謀之於陰故曰神知人所不知謂之神淮南兵略○文選述高帝紀聰明神武注引項岱云
以內知外曰神民無能名曰神周書諡法○鶡冠子道端云莫不受命不可爲名故謂之神利用
出入民咸用之謂之神易繫辭上傳○荀子儒效云盡善挾洽之謂神賈子道德說云原若濼流謂之神又獨斷下云
安仁立政曰神神者引物而出禮記禮運列於鬼神注○玉篇引廣雅云神引也又考工記匠人建國置
槷以縣疏云神即引也神者信也風俗通皇霸又古微書引禮含文嘉○風俗通怪神云神者申也又論衡
論死云神者伸也神陳也廣雅釋詁二神化也呂覽具備心不神注人神性也呂覽精通神出於忠注
神治爾雅釋詁神御也呂覽誣徒羈神於世注神慎也爾雅釋詁神重也同上神德行

也法言修身聖人曰神注○賈子六術道德說云神德之理也神者智之淵也淮南俶真○素問八
正神明論何謂神注云神謂神智通悟神算智算若神也後漢書王渙傳注暗與神會
謂之神遇莊子養生主臣以神遇釋文引向注從手於意無心而得謂之神欲
莊子養生主官知止而神欲行釋文引向注神器謂天位也後漢書翟酺傳注○崔駰傳注云神
器帝王之位又河間孝王開傳注云神器猶帝位也又文選東京賦竊弄神器薛注略同神寶帝位也後漢
書呂皇后紀上注神盧謂廟祠也管子王行貨暉神盧注神明臺名也後漢書班彪傳
上注神域幽冥也太玄玄文乃窮乎神域注墓前開道建石柱以爲標謂之
神道後漢書中山王焉傳注神明之丘言上有神人山海經海內經有九丘曰神民之丘
神謂水神龍罔象周禮壺涿氏若欲殺其神注○庭氏若神也注云神謂非禽獸之聲若或叫于
宋大廟譆譆出出者神瀆亦水名文選東京賦溺女魃於神瀆薛注神物著也易繫辭上傳是

興神物以前民用陸注神雀謂鳳也後漢書馮衍傳注一曰神龜爾雅釋魚

䰠

神也說文段注當作神鬼也神鬼者鬼之神者也故字从鬼申老子曰其鬼不神封禪書曰秦中最小鬼之神者中
山經青要之山䰠武羅司之郭云䰠即神字許意非一字也

畕

十部十二部兩見比田也說文段注比密也二人爲从反从爲比比田者兩田密近也大徐居良切小徐玉篇
同以疊之音度傳之而已竊謂田與田相來所謂陳陳相因也讀如徵徵列之徵

荎

荎藸艸也說文段注四字句釋艸有味荎藸釋木有味荎著實一物也春初生苗引赤蔓於高木長六七尺故
又入釋木○實核釋文引舍人李荎作柢此同釋木之荎著而借从木之字也牛荎牛蘄也廣雅釋艸

塵

籀作塵○麤鹿行揚土也說文段注羣行則揚土甚引伸爲揚土之偁土部曰埃塵也塵塵也
塵也釋詁塵久也即桑柔傳之塡久也東山傳烝寘也箋云古者聲寘塡塵同也又甫田傳曰尊者食新農夫食陳

人

弱臣切

塡塵陳四字同音皆訓久當是塡爲正字塡者寘也寘則安定寘鎮與塡同塵陳皆段借字也塵土也左氏昭三
年傳湫隘囂塵注委塵坋塵也楚辭怨世高陽無故而委塵注塵埃天地間氣如蓊
鬱入似塵埃塲也莊子逍遙遊塵埃也從釋文注塵埃猶窈冥也淮南修務以逍遙彷徉於
塵埃之外注塵垢猶染汙莊子逍遙遊是其塵垢粃糠釋文○齊物論而遊乎塵垢之外注達生芒
然彷徨乎塵垢之外注支云凡非真性皆塵垢也○大宗師釋文云塵垢崔李作塚均萓按二字皆字形之誤
塵事塵俗之事也文選陶淵明赴假還江陵詩遂與塵事冥注塵承塵也楚辭招魂朱塵
筵些注塵縡也廣雅釋器因塵蚍床也廣雅釋艸
籀儿古文奇字人天地之性最貴者也此籀文象臂脛之形儿古
文奇字人也象形孔子曰儿在下故詰詘說文段注性古文以爲生字左傳正
德利用厚生國語作厚性是也許偁古語不改其字禮運曰人者天地之德陰陽之交鬼神之會五行之秀氣也又曰人

者天地之心也五行之端也食味別聲被色而生者也按禽
獸艸木皆天地所生而不得為天地之心惟人為天地之心
故天地之生此為極貴天地之心謂之人能與天地合德果
實之心亦謂之人能復生艸木而成果實皆垂微而具全體
也果人之字自宋元以前本艸方書詩歌紀載無不作人字
自明成化重刊本艸乃盡改為仁字於理不通學者所當知
也仁者人之德也不可謂仁人曰仁其可謂果人曰果仁哉人
以從生貴於橫生故象其上臂下脛其作儿者則古文奇字
之人也舉孔子說象形也籀文象臂脛
文奇字則惟象股腳詰詘令猶云屈曲也
古天地合氣命之
曰人素問寶命全形論○注云德氣同歸故謂之人也又淮
南精神云精氣為人又列子天瑞云沖和氣者為人又
人者天之貴物也白虎通三軍○列子黃帝云
有七尺之骸手足之異戴髮
含齒倚而食者謂之人
人者神之主後漢書班固傳下注
物之尊所曰人
者身之本也管子權修○禮記曲禮下疏引周
禮人注云凡言人者終其身也
乾為人
人虞注象上傳人道惡盈而好謙虞注象下傳君子以盈受
人虞注繫辭上傳人之所助者虞注繫辭下傳人謀鬼謀虞

韻史　卷五十二第十二部平聲臤韻　四八六三

注震為人易比邑人不成同人于野虞注虞注象上傳以筋力用者謂之人
後漢書長統傳仲人仁也仁生物也故易曰立人之道曰仁與義釋名
釋形體○廣雅釋詁四云人仁也又論語類人也謂施以人
淵與人泰而有禮皇疏云人猶仁也
恩也禮記表記仁者人也注人也讀如相人偶之人以人意相存問之言
相見凡言相人偶者皆謂以人意尊偶之也
辭也以穀梁莊十七年傳○莊十八年傳○襄公廿六年傳
又隱公八年傳人者眾辭也
羣莊十八年許大夫而人之者眾辭
人微者也穀梁傳隱公二年
將卑師少偁人
臣也使人史記燕世家而以人為史索隱○周禮司寇
王之御史注云人為人史又
使人與客讀諸門人注云人內史又周禮聘禮記使主人人

韻史　卷五十二第十二部平聲臤韻　四八六四

道之注云人其屬胥徒也又禮記鄉飲酒義鄉人士
君子尊於房戶之間注云鄉人鄉大夫也
君百里諸侯也老子人多伎巧注人謂道人
也老子注人所畏人之人謂賢人荀子王制人主道知略
稷者人也管子權修人謂朋友九族也論語安人注以己
庶也文選東京賦注云百姓以人○辟左氏昭七年傳臣下能以
注云人之謂游也夫人匹婦謂小人身又列子仲尼篇
上人民猶言大家周禮大宰以九職任萬民
僕云又古之士疏云奴僕人
民豫家人之心爲天下而抽手
人舞無所執以手抽為威儀
人言多行少者人也
注有人舞云宗廟以人舞星辰以人舞
越人謂人錢也

韻史　卷五十二第十二部平聲臤韻　四八六五

人魚即鯢也山海經北山經決決之水其中多人魚
仁古文作𡰥○蓋古文同形異字
者人也注讀如相人偶之人以人意相存偶之言
拜以人相偶也注言人偶能為敬也
風注云以人相偶者以人意尊偶之
謂人相與為禮儀皆同也
偶相耦則相親也
恩者人也皆不同○禮記經解仁者愛也
中庸云仁者人也親親為大
仁愛也荀子大略仁愛也故親
云仁以愛之又說苑修文仁者愛也
愛也又以德云仁者愛之
情出之謂仁又漢書董仲舒傳仁者愛人
親也說文段注見部曰親
仁也中庸曰射仁

韻史　卷五十二第十二部平聲臤韻　四八六六

仁者愛人又君子注云仁謂愛說也又非相注云仁謂忠愛之道又韓非子解老云仁者謂其中心欣然愛人也又春秋繁露仁義法云愛在人謂之仁又云仁者愛人之名 愛人利物之謂仁 莊子天地○周禮大司徒知仁聖義忠和注云仁愛人以及物又太玄玄攡注云仁者仁愛之及物也 博愛於人為仁 國語周語○莊子大宗師回忘仁義矣注云仁者兼愛之迹又天地澤及萬物而不為仁注云仁者兼愛之名耳又賈子道術云心兼愛人謂之仁又太玄玄攡云理生昆羣兼愛之謂仁也又云同愛天下之物無有偏私故謂之仁 仁者好生 白虎通情性○古微書引春秋元命苞云仁者情志好生愛人故其為人以仁其立字二人為仁 長養萬物曰仁 太玄玄數性仁注○玄文仁疾乎不仁注云長之謂仁 仁忍也好生惡殺善含忍也 釋名釋言語○公羊傳又說苑至公並云君子以其不殺為仁又顏氏家訓歸心云仁者不殺之禁也 仁者不忍也施生愛人也 白虎通情性 仁恩也 禮記檀弓上狐死正丘首仁也注禮罯注又論語泰伯則民興於仁皇疏○陽貨子之不仁也皇疏云仁猶恩也又禮記喪服四制仁者可以愛焉注云仁者

有恩者也又淮南齊俗云仁者恩之效也又繆稱云仁者積恩之見證也 仁施也 禮記禮運仁之節也疏○曲禮上道德仁義疏云仁是施恩及物又中庸能匕其仁疏云仁謂施恩仁厚 木為仁也 大戴記盛德宗伯之官以成仁注○禮記中庸天命之謂性注云木神則仁 東方謂之仁 公羊疏引五行傳○論衡驗符云東方曰仁 陽氣仁 論衡初稟 乾為仁 易繫辭下傳小人不恥不仁虞注 春夏行賞為仁 周禮師氏注敏德仁義順時者也疏○禮記鄉飲酒義說之仁也疏云春為仁 仁猶存也 禮記仲尼燕居郊社之禮所以仁鬼神也注 仁有也 廣雅釋詁一 仁者右也 禮記表記 仁者仁此者也 大戴記曾子大孝又禮記祭義又荀子君子○春秋繁露仁義法云仁之為言人也 仁者義之本也順之體也 禮記禮運 仁信之器也 大戴記四代 恕則仁也 大戴記衛將軍文子○曾子小問云非其所欲勿施於仁人也 成己仁也 禮記中庸○儒行云溫良者仁之本也敬慎者仁之地也寬裕者仁之作也孫接者仁之能也禮節者仁之貌也言談者仁之文也歌樂者仁之和也分散者仁之施也 以德予人者

謂之仁 管子戒○莊子繕性云德無不容仁也 仁者德之光 韓非子解老○賈子大政上云仁者德之出也又道德說云有仁德之美也 仁者行之宗 後漢書鮑永傳○論語子罕與命與仁集解云仁者行之盛也又詩叔于田疏云仁是行之美名 仁者天下之表也 禮記表記 夫仁天之尊爵也 孟子公孫丑上○離婁上云仁人之安宅也又法言修身云仁宅也 參和為仁 左氏襄七年傳○鶡冠子泰鴻云同和者仁也又呂覽當務云分均仁也 何以守位曰仁 易繫辭下傳 貴貴親賢曰仁殺身成仁曰仁 一切經音義六引謚法○荀子非十二子云貴賢仁也賤不肖仁也又孟子滕文公上云為天下得人者謂之仁又賈子修政語上云樂之者見為謂仁 受規諫仁也 新序雜事四○白虎通諫諍云順諫者仁也 與民利者仁也 周書本典○韓非子詭使云寬惠行德謂之仁 又國語周語云畜義豐功謂之仁 仁謂仁人 荀子仲尼以為仁則必聖注富國將以仁之文通仁之順也注○大戴記曾子制言中云君子雖行不受必忠曰仁又風俗通皇霸云以君成禮弗紲於渫仁也 仁

人也者國之寶也 新序襍事四 上仁謂行仁之君 老子上仁為之注 仁義也者明君之性也 賈子大政上○老子絕仁棄義王注云仁義人之善也 太平之人仁 爾雅釋地○山海經西山經中曲之山櫰木食之多力注云木食之人多為仁者 夫水淖弱以清而好灑人之惡仁也 管子水地 夫玉溫潤以澤仁也 同上 雖見食相呼仁也 新序雜事五○山海經南山經云鳳皇膺文曰仁腹文曰信又海內經云鳳凰膺文曰仁背曰義 仁頻檳榔也 文選上林賦仁頻并閭注

臣 植仁切

○俗有恐 牽也事君者象屈服之形 說文段注臣牽也以疊韵釋之春秋說廣雅皆曰臣堅也 白虎通曰臣者繵也屬志自堅固也楷論語音義惡植鄰切古臣字陸時武后字未出也武后埊惡二字見戰國策六朝俗字也 臣者堅也 古微書引孝經援神契 臣擥也 廣雅釋詁一 臣服也 國策秦策策而欲以力臣天下之王注又漢書王陵傳集注引晉灼 臣繕也 廣雅釋言 臣猶實也 管子山至數注 事

君不貳是謂臣國語晉語佐君之謂臣素問至眞要大論臣治煩去惑者臣君
也左氏成二年傳臣者君之合春秋繁露基義。管子君臣上而後合爲一體注云臣爲股肱
之股肱耳目儀禮士喪禮乃赴于君注。文選陳琳爲袁紹檄豫州注引書大傳云股肱臣也四封
之內執會而朝名曰臣韓非子難一仕於公曰臣禮記禮運臣謂諸侯
也詩臣工嗟嗟臣工箋臣則事人之稱無定名也詩正月箋人之尊卑有十等疏。莊子在宥云臣者人通也又齊物論其遞相爲君臣乎注云才不應世者爲臣坤爲臣易觀觀國之光虞注遯書臣妾
虞注蹇王臣蹇蹇虞注損得臣无家虞注小過遇其臣虞注繫辭上傳臣不密虞注序卦傳兼後有君臣虞注坤爲
衆臣易象下傳君子以施祿及下虞注繫辭下傳百官以治虞注陰稱爲臣易益鄭注繫辭下傳有
陰卦偶疏又後漢書仲長統傳注。漢書杜欽傳云臣者君之陰也水陰爲臣漢書李尋傳集注月爲
臣白虎通日月又太玄玄圖象月闕而日滿注日爲君辰爲臣公羊昭廿五年傳注商爲臣

韻史　卷五十二第十二部平聲臤韻　四八七一

禮記樂記又儀禮鄉射禮經以商注大射儀以宮以商注又漢書律麻志上世臣先世舊臣也孟子
梁惠王下有世臣之謂也注章指云有世賢臣稱曰舊臣又貴臣室老士也儀禮喪服貴臣注小孝經
臣掌正君之法儀者儀禮士喪禮小臣二人執戈先二人後注臣男子賤稱
鄭注。漢書高帝紀上臣少好相人注引張晏云古人相與語多自稱臣自卑下之道也臣妾男女貧賤
之稱周禮大宰八曰臣妾注。孝經不敢失於臣妾注云臣妾家之賤者臣妾厮役之屬也書粊
誓臣妾逋逃鄭注。禮記禮運疏云臣至賤之稱臣謂囚俘禮記少儀臣則左之注。疏云臣謂征伐所獲
民虜者也

邸地名說文

本韻附見注在彼

合口評　戶[illegible]切

轟或作輷軥輷輷軸

轟轟羣車聲也說文段注李善曰倉頡篇云輷輷衆車聲也呼萌切今爲輷字音田

韻史　卷五十二第十二部平聲臤韻　四八七二

平應曰轟今作輷字書作軥同呼萌切按古字作軥今字作輷玉篇作軥皆當在眞臻部也輷輷聲也
廣雅釋訓

訇本韻三見。俗變爲圁別讀

訇籀駭言聲漢中西城有訇鄉說文段注駭言聲本義也引伸爲訇訇大聲古音在十二部變爲圁字則西河郡圁陰圁陽皆音銀是也西京賦沸卉軯訇與鷃溫門論韻則入十三部今入耕韻非也其訇鄉則又讀若乎也。豐按讀平讀銀皆合十二部之音故本韻凡三見也西京賦闞入十三部此轉迻之漸不煩另出也訇磕水流鼓怒之聲也史記司馬相如傳砰砰訇磕正義。文選籍田賦鼓鞞硡隱以砰磕注云硡與訇音義並按宏聲在六部硡非訇之異體也磕同音而各字圁陰圁陽見史記匈奴傳漢書地理志水經河水注漢書圁譌閣集注云圁字本作圁誤爲圖字

齊齒評　几十切

堅土剛也說文段注周禮艸人騂剛用牛九章算術穿地四爲壤五爲堅三引伸爲凡物之剛如云臤堅也是也。

韻史　卷五十二第十二部平聲臤韻　四八七三

廣雅釋地云堅土也又呂覽審分堅窮廉直注云堅剛也又太玄玄衡云堅寒剛又易遯莫之勝說虞注云乾爲堅剛
堅強也廣雅釋詁一堅固也爾雅釋詁堅定也固也素問腹中論三者其氣急疾堅勁注
堅謂堅牢一切經音義三引字書。淮南時則堅致爲上注云堅致功牢也堅謂尊勝管子任法
如天地之堅注堅長也周書謚法又廣雅釋詁四堅好也呂覽貴信其數不堅注辨土均者其生也必堅
注。後漢書和熹鄧皇后紀注云堅謂好車彰義揜過曰堅周書謚法設矛伐之說爲
堅莊子齊物論故以堅之昧終釋文引崔注白堅白謂堅石白馬之辯也莊子齊物論釋
文

幵

平也象二干對冓上平也說文段注凡岐頭兩平曰幵幵字古書罕見禹貢道岍及岐許書無岍字蓋古祇名幵山後人加之山旁必岐頭平起之山也用幵爲聲之字音讀多岐如汧麤鳽研妍雃在先韻音之近是者也如幷邢銒入清青韻此轉移之遠者也如笄析入齊韻此轉移更遠者也幵从二干古音仍讀如干何以證之藉文

韻史　卷五十二第十二部平聲臤韻　四八七四

棨讀若刊小篆作棨然則干幵同音可知刑罰字本从井州剄字从幵書然異字異音今則絕不知有从井之字以刑代刑音義㒳失而凡刑聲幵聲之字盡失古音得吾說存之而後大略可證鼻原作構今正干即竿之省正而弇州曰幵土後漢書張衡傳注引河圖罡幵羌之別種也注○漢書趙充國傳集又云變幵為井字之譌也

䶬

龍耆脊上䶬䶬也說文段注士喪禮載魚左首進鬐注曰鬐脊也古文鬐為耆按鄭从今文而疊古文於注也許部無鬐此出耆者許於此字從禮古文不從禮今文也耆者老也老則脊隆故凡脊曰耆或作鬐因馬鬣為此字也龍魚之脊上出者如馬鬣然上林賦曰揵鰭掉尾郭云鰭脊上鬣也鰭亦耆之今字渾言之耆即脊●析言者在脊上龍䶬龍耆皃

麉

鹿之絕有力者說文麉絕有力麉爾雅釋獸或書作麉

豜

三歲豕肩相及者也詩曰並驅從兩豜兮說文段注齊風還曰並驅從兩肩兮傳云獸三歲曰肩豳七月獻豜于公傳曰三歲曰豜豜肩一物豜本字肩假借也大司馬先鄭注云四歲為肩許云肩相及者謂與二歲之豝肩相差次○詩還疏云肩是大獸豕豕之大者謂之豜小爾雅廣獸麠絕有力豜爾雅釋獸獸三歲曰猏也呂覽知化猶虎而刺猏注懼獸三歲為肩廣雅釋獸又後漢書馬融傳注引韓詩薛君傳

枅

或作楄屋欂櫨也說文段注按有枅有曲枅枅者蒼頡篇云柱上方木也曲枅者廣雅云曲枅謂之欒薛綜西京賦注云欒柱上曲木兩頭受櫨者釋名欒攣也其體上曲拳然也然則曲枅謂之欒欒以承欂櫨故靈光殿賦曰層櫨磥垝以岌峩曲枅要紹而環句二者並言景福殿賦亦云欂櫨對欒魏都賦亦云枅欒櫨疊施皆可證曲枅與枅為二事○莊子齊物論似枅似圈釋文引簡文注云枅欂櫨也又引字林云枅似音肩柱上方木也欂謂之枅廣雅釋室○一切經音義十四引三蒼云柱上方木曰枅一名楮山東江南皆曰枅自陝以西曰楮又淮南精神素題不枅注云枅或作枅也不枅者不施欂櫨

笄

兂也說文段注兂各本作簪今正兂下曰首笄也俗作簪以戴氏曰無冠笄而冕弁有笄今笄所以貫之於其左右是以冠無之凡無笄者纓冕制延前圓垂旒後方延有紐自延左右垂笄貫之以為固紘以組自頤屈而上左右屬之笄垂其餘凡冕弁有笄者紘記曰天子冕而朱紘諸侯冕而青紘士冠禮皮弁笄爵弁笄朱組紘纁邊○盖按先簪正俗字諸庚家從俗說文當用正字也又爾雅釋器云笄鬣也鬣又簪之俗體笄簪也國語晉語折笄注吳語去笄委注又淮南齊俗中國冠笄注又文選東京賦玉笄綦會薛注○禮記內則櫛縰笄總注又史記趙世家名之為摩笄之山注正義並云笄今時簪也又山海經西山經竹山有獸馬毛大如笄名曰豪彘注云笄簪屬又公羊僖九年傳字而笄之注云笄者簪也所笄所以卷髮以繫持髮禮記喪服小記齊衰惡笄以終喪注○周禮追師為副編次追衡笄注云笄卷髮者笄者所以安髮周禮追師疏云凡諸設笄有二種一是紒內安髮之笄一是皮弁爵弁及六冕固冠之笄笄係也所以笄冠使不墜也釋名釋首

飾笄內子音服衡笄也國語楚語敬笄之具可寺注○詩君子偕老副笄六珈傳云笄衡笄也又儀禮特牲饋食禮主婦纚笄宵衣注云纚笄首服纚笄婦人之首飾如今象牙擿史記張儀傳集解○淮南脩務訓笄珥注云笄婦人首飾吉笄者象笄也儀禮喪服傳○穀梁文九年傳注云吉笄以象為之刻鏤其首以為飾笄謂骨笄禮記問喪注雞斯當為笄纚疏惡笄者櫛笄儀禮喪服也儀禮喪服傳○注云櫛笄者以櫛之木為笄或曰榛笄箭笄長尺吉笄尺二寸傳○注云箭笄篠竹也女十五而笄國語鄭語既笄而孕注

舊堅切

鳽

雃

鵁鶄也說文段注鳽者古名鵁鶄者今名此與隹部雃各物○爾雅釋鳥云鳽鵁鶄石鳥一名雝渠一曰精列春秋傳秦有士雃說文段注毛傳曰脊令雝渠也飛則鳴行則搖不能自舍爾雅釋鳥作鶺鴒俗字也精列者脊令之轉語秦有士雃見左傳襄九年按雃當是士會之後傳

云秦人歸其帑其處者爲劉氏益處者不皆爲劉氏或稱之後乃改氏劉

邢

十一部十二部兩見注在彼。螢按五篇邢有兩音蓋幵聲字多岐

汧

汧水出右扶風汧縣西北句入渭 說文段注右扶風汧二志同前志汧下曰吳山在西古文以爲汧山雍州山又曰汧水出西北入渭後志汧下曰有吳嶽山本名汧汧水出按前志不云汧水出汧山後志乃云爾汧故城當即今陝西鳳翔府隴州州治東南汧源廢縣括地志曰故汧城在隴州南三里汧山在今隴州西北禹貢之岍周禮之嶽山也汧陽河即古汧水出焉東南流經汧陽縣至寶雞縣東三十里合於渭班許皆於西北句絶此汧水自西北而東南也。爾雅釋地釋文引字林云汧水出隴右扶風也又後漢書隗囂傳注云汧水名 水決入澤中者名爲汧 爾雅釋水水決之澤爲汧注 汧漂也 文選七發注引聲類 汧出不流 爾雅釋水。列子黃帝汧水之潘爲淵釋文云汧水不流行也

嫛

美也 說文

掔

。俗有慳固也 說文段注掔之言堅也緊也謂手持之固也或段借爲牽字如史記鄭襄公肉袒掔羊即左傳之牽羊也俗用慳吝字亦爲掔之俗 掔緊也 廣雅釋詁三 慳恪也 廣韻。畫按恪即吝之俗體 慳老

人智也 韻集

牽

引而前也 說文段注牽引疊韻引伸之輓牛之具曰牽牛人曰牽傍是也牲腥曰餼生曰牽又凡聯貫之曰牽 牽引也 廣雅釋詁一又國策齊策鉤不能牽注又楚辭招魂牽於俗而蕪穢注 牽挽也 廣雅釋言 牽 拘也 呂覽離俗注牽於埶 不 牽謂牽連 易小畜四牽復疏云牽連也廣雅釋詁 牽猶繫也 牽謂牽偪 禮記學記道而弗牽注 牽弦也使弦急 文選西京賦注此牽天者也薛注 也 釋名釋姿容 慳扼也 文選羽獵賦。蓋按此段慳爲牽字 牽牲牢可牽而行者 周禮宰夫賓賜之飧牽注牽牲生牢也又左氏僖三十三年傳惟是脯資餼牽竭矣注云牽謂牛羊豕 又在前曰牽在旁曰傍 周禮注。牛人共爲牽傍注罷隸牛助注云牽釋文云牲生曰牽

其兵車之牛與其牽傍注云牽傍在轅外輓牛也人御之居其前曰牽居其旁曰傍 令出而不行謂之 文選

牽 管子法法 牽物謂爲物所牽制 後漢書竇融傳注 牽拙牽率庸拙也 沈休文和謝宣城詩牽拙謬東汜注 牽挻機躡也 列子湯問注以目承牽挻 河鼓謂之牽牛 詩大東睆彼牽牛傳

咽 深堅切

。俗有咽 嗌也 說文段注咽者因也言食因於是以上下也 咽喉也 後漢書方術華佗傳見有病咽塞者 注。漢書息夫躬傳咽巳絶注云咽喉嚨 咽頸也 漢書揚雄傳下搤其咽注 咽吞也 漢書蘇武傳集注匈奴傳贊集注。芑按此咽引申之義也體變爲嚥燕聲因聲不同部敖嗦別見十四部副編去聲吞嚥其專義 咽咽 鼓節也 詩有駜鼓咽咽傳。薑按此段咽爲鼗也詩釋文及東京賦注作鼗則鼗之俗體也

煙

烟 或 [illegible] 籀 [illegible] 古文 火气也 說文段注陸機連珠曰火壯則煙微。一切經音義十四引三蒼云煙近火也又後漢書蔡邕傳煙炎之鋭熠注云煙炎煙火之微細者 熠 浮煙燥氣也 素問六元

正紀大論艸樹浮煙注 煙埃土氣也 素問五常政大論煙埃曚鬱注 煙煙元氣也 廣雅釋訓 煙臭也 廣雅釋器。周禮大宗伯以煙祀祀昊天上帝注云煙氣之臭聞者 煙明也 文選登巴陵城樓詩注引蒼頡

訮 向堅切

諍語訮訮也 說文段注研研然也劉熙釋言事作蒙遜曰汝聞劉裕入關歃斬之魏書作妍妍皆訮訮之同音也 匡謬正俗所謂殷研即此

卤

棲 或 卤 古文 卤 籀。隸作西。俗有栖迟。十二部十三部兩見注在彼。

顛 都千切

。俗有顛巔偁 頂也 說文段注見釋言國語班序顛毛注同引伸爲凡物之頂如秦風有馬白顛傳曰白顛的額也馬以顛爲頂也唐風首陽之顛山頂亦曰顛也顛爲叚工倒之則爲冢下故大雅顛沛之揭傳曰顛仆也論語顛沛馬注曰僵仆也離騷注曰自上下曰顛廣雅顛末也。後漢書蔡邕傳詢於華顛胡老注云顛項也又管子小匡囊除其顛旄注云顛謂高之項 頂上曰巔 素問脉解故狂巔疾也注 顛額也 。小詩介爾雅之廣趾服

疏云顛亦額也 顛首也 周髀算經下以絙繫表顛注○素問五常政大論其動掉眩巔疾注云巔上首也又奇病論人生而有病巔疾者注云巔謂上巔則頭首也 顛末也 廣雅釋詁一 顛上也 方言六又廣雅釋詁一○素問方盛衰論頭痛巔疾注云巔謂身之上巔 顛下也 太玄疑顛疑遇幹客迸○太玄中巔靈氣形反注云巔下也 顛倒也 易大畜顛顛拂經疏鼎鼎顛趾釋文又楚辭悠命顛衣以為象注○廣雅釋言云㒋倒也 顛倒反覆也 荀子富國注○晚出書允征顛覆厥德傳云顛覆言反倒 顛頓也 楚辭逢紛椒桂羅以顛覆分注○詩蕩傳顛仆疏云顛是倒頓之名 顛蹎也 荀子正論注 顛仆也 詩蕩傳又漢書五行志中之上集注又後漢書徐穉傳注 顛沛猶僵仆也 漢書敘傳上履顛沛之執注無猶又後漢書伏湛傳注 顛踣也 易鼎鄭注又後漢書龐萌傳注 顛墜也 漢書五行志中之上集注 顛隕也 書盤庚中顛越不恭晚出傳微子今爾無指告予顛隮晚出傳又文選東京賦西朝顛覆而莫持薛注又七命注引國語賈注 顛殞也 易襍卦傳大過顛也虞注又左氏哀十一年傳其有顛越不共服注又小爾雅廣言 巔殞也 楚辭

惜誦行不羣以顛越兮注 顛實也 禮記玉藻盛氣顛實疏○壹按此段顛為闐也注則謂聲之誤又詩賓之初筵釋文云顛本作傎又周禮典瑞注柱左右顛釋文云顛儀禮作顛按傎顛皆俗字 顛沛狼狽也 後漢書臧宮傳論注 顛冥猶迷惑也 莊子則陽因顛冥乎富貴之地釋文引司馬注 顛顛憂思皃也 禮記玉藻色容顛顛注 顛顛專一皃 莊子馬蹄其視顛顛釋文引崔注 的顙白顛 爾雅釋畜 顛棘女朮也 廣雅釋艸

蹎

跋也 說文段注經傳多段借顛字為之如左傳子都自下射之顛是也 蹎蹷蹪也 漢書貢禹傳誠恐一旦蹎仆氣竭注○壹按荀子正論云蹎跌碎折不待頃矣此段蹎為顛也又淮南覽冥其行蹎蹎此段蹎為填也

⿺走真

走頓也 說文段注足部曰蹎跋也此與音義同

瘨

○俗有癲 病也一曰腹張也 說文段注按今之顛狂字也廣雅瘨狂急就篇作顛疾張汲古閣作脹誤今依宋本訂古無脹字晉左傳晉侯將食張如廁即今之脹字也瘨與顛瞋字意略同○詩雲漢胡寧瘨我以旱箋召旻

瘨我饑饉箋故云瘨病也 瘨風病也 一切經音義十三引聲類○素問長剌節論云病初發歲一發不治月一發不治月四五發名曰瘨病 瘨狂也 廣雅釋詁四 多喜曰瘨 素問腹中論石藥發瘨注

槇

木頂也一曰仆木也 說文段注人頂曰顛木頂曰槇今顛行而槇廢矣人仆曰顛木仆曰槇顛行而槇廢矣頂在上而仆於地故仍謂之顛也大雅人亦有言顛沛之揭枝葉未有害本實先撥此以顛木為喻故毛曰顛仆沛跋揭見根皃是毛詩之顛槇之段借盤庚若顛木之有由櫱義同槇考工記槇理亦或段槇

滇

益州池也 說文段注二志皆云益州郡滇池縣前志滇池縣下滇池澤在西北南中志曰有澤水周迴二百里所出深廣下流淺狹如倒流故曰滇池今雲南雲南府附郭昆明縣府城南之滇池是也城西南八十里為海口大河即滇池導流之處也下流至武定府注於金沙江金沙江在四川敘州府入江○文選上林賦文成顛歌注云顛與滇同音按此謂顛即滇之段借字也 滇零羌名 後漢書安帝紀注 隆者曰滇盾本出於蜀蜀所持也或曰羌盾言出於羌也 釋名釋兵 滇滇盛皃 漢書禮樂志泛泛滇

滇從高斿集注引應劭○壹按此段滇為闐也

天 [illegible]堅切

○俗有兲兀靝 顛也至高無上从一大 說文段注天顛也此以同部疊韻為訓也凡門聞也戶護也尾微也髮拔也皆此例凡言元始也天顛也丕大也吏治人者也皆於六書為轉注而微有差別元始可互言之天顛不可倒言之蓋求義則轉移皆是舉物則定名難假然其為訓詁則一也顛者人之頂也以為凡高之偁始者女之初也以為凡起之偁然則天亦可為凡顛之偁臣於君子於父妻於夫民於食皆曰天是也至高無上是其大無有二也故从一大於六書為會意凡會意合二字以成語如一大人言止戈皆是○荀子儒效云至高謂之天又廣雅釋言云天顛也又禮記月令疏引春秋說題辭云天之為言顛也又詩君子偕老疏引元命苞云天之言填壹按填乃顛之段借 君 天之為言陳也 韻補引賀述禮統○釋名釋天云天豫司兗冀以舌腹言之天顯也在上高顯也青徐以舌頭言之天坦也坦然高而遠也 天之為言鎮也居高理下為人鎮也 白虎通天地○爾雅釋天釋文引春秋說題辭云天之言鎮也居高理下為人經緯故其字一大以鎮之也又引禮統云天之為言鎮也

神也陳也珍也施生為本運轉精神功效陳列其道可珍重也清輕者為天後漢書班彪傳下注引易乾鑿度。莊子天地釋文引禮統云清輕上為天又論衡談天云清者為天天是精氣書洪範疏。論衡談天云天氣也又鶡冠子泰錄云天者氣之所總出也又顏氏家訓歸心云天為積氣天者陽也規也文選東京賦規天矩地注引范子。易文言傳飛龍在天注又呂覽有始天微以成注並云天陽也又素問陰陽應象大論云積陽為天又云清陽為天天者轉於下而運於上洪範五行傳天也者神明之所根也鶡冠子泰鴻皆知其所以成莫知其無形夫是之謂天荀子天論天謂無為自然之道荀子解蔽莊子蔽於天而不知人注。莊子天地云無為為之之謂天又山木有人天也有天亦天也注云凡所謂天皆明不為而自然天者自然之分列子仲尼樂天知命故不憂注。莊子大宗師庸詎知吾所謂天之非人乎注云天也者自然也又知天之所為者天而生也注云天者自然之謂也又齊物論何謂和之以天倪注云天倪者自然之分也乾為天易說卦傳大有自天右之虞注大畜何天之衢虞注

中孚翰音登于天虞注象上傳故天地如之虞注而天下隨時虞注天行也虞注天之命也虞注象下傳日月得天虞注天地之大義也虞注天地睽虞注天地革虞注宜照天下也虞注順乎天虞注乃應乎天也虞注文言傳先天而天弗違虞注又說卦傳乾為天道易象上傳道大行也虞也。論語公冶長夫子之言性與天道集解云天道元亨日新之道又後漢書桓譚傳注引論語鄭注云天道七政變動之占也天者人之始也史記屈原賈生傳天者施生白虎通封公侯。莊子馬蹄命曰天放釋文引崔注云天養也天者統理萬物周禮目錄。漢書董仲舒傳云天者羣物之祖也又春秋繁露順命云天者萬物之祖又莊子齊物論敢問天籟注云天也者萬物之總名也神之無形謂之天鶡冠子天權又度萬云天者神也。春秋繁露郊祭云天者百神之大君也又云天者百神之君也王者之所最尊也皇天北極大帝也書君奭格于皇天鄭注。淮南覽冥上天之誄也注云上天上帝也天謂昊昊之事大戴記保傅上無取於天注天宗謂日月星辰也禮記月令天子乃祈來年於天宗注。王制疏云天謂日也匈奴謂天為撐犁

漢書匈奴傳上天君也爾雅釋詁又詩蕩天降慆德傳。論語堯曰皇疏云天天位也又文選東京賦偷安天位薛注云天位帝位也天謂王者孟子離婁上天之方蹶注。禮記曲禮下疏云天子王者之通稱天謂父也詩柏舟母也天只傳天性也呂覽本生以全天為故者也注又淮南原道不以人易天注天身也呂覽本身以全其天也注論人注大樂注後樂注去宥注又淮南原道聖人不以人滑天注天大也廣雅釋詁一又國策齊策右天唐注天文也鶡冠子夜行黥額為天易睽其人天且劓虞注又疏。釋文云天剠也又引馬注云剠鑿其額曰天天地者元氣之所生萬物之祖後漢書班彪傳下注引禮統。大戴記禮三本云天地者性之本也又莊子則陽云天地者形之大者也又達生云天地者萬物之父母也又逍遙遊注云天地者萬物之總名也能養天之所生而勿攖之謂之天子呂覽本生。白虎通爵引援神契又說苑修文並云天覆地載謂之天子人禮記曲禮下云君天下曰天子又大戴記誥志云主祭於天曰天子又列女傳貞順云天子者天下之表又春秋繁露郊祭云天子號天之子也又順命云德侔天地者皇

天右而子之號稱天子不離於宗謂之天人莊子天下。庚桑楚忘人因以為天人矣注云無人之情則自然為天人人之所舍謂之天民民之所助謂之天子莊子庚桑楚天下謂外及四海也禮記曲禮下注。呂覽不苟注云天下海內也天門者上帝所居紫微宮門也淮南原道論天門注。莊子庚桑楚是謂天門注云天門者萬物之都名也謂之天門猶云眾妙之門也天元猶乾元也後漢書陳忠傳注天經謂孝也後漢書班彪傳下注天德天覆之德荀子王制夫是之謂天德注天聲雷霆之聲後漢書竇憲傳注天兵言天威之盛如天也文選長楊賦夫天兵四臨注天機神馬淮南俶眞夫與跂蹺同東天機注天馬銅馬也文選東京賦天馬半漢薛注天捐推手小舉之周禮司儀天揖同姓注天吳水伯山海經大荒東經有神人名曰天吳注。海外東經云朝陽之谷神曰天吳是為水伯天虞即尸虞也山海經大荒西經有人反臂名曰天虞注

紫千切

⿱前巾　幡幟也說文段注幡幟旛識之俗字也古有旛無幡有識無幟幡幟許書本作旛識淺人易之旛識者旗有幡可為表識翦之言箋也箋謂表識○廣雅釋器云翦幡也

煎　熬也說文煎乾也廣雅釋詁二○方言七云熬聚煎僃鞏火乾也凡有汁而乾謂之煎東齊謂之鞏

煎盡也方言十三又廣雅釋詁二

湔　湔水出蜀郡緜虒玉壘山東南入江一曰湔半澣也說文段注郡字衍前志曰蜀郡緜虒後志曰蜀郡緜緜虒道有蠻夷曰道前志省文耳前志曰緜虒玉壘山湔水所出東南至江陽入江過郡三行千八百九十里又曰廣漢郡緜竹縣紫巖山緜水所出東至新都北入雒廣漢郡雒縣章山雒水所出南至新都谷字誤入湔過郡三者蜀郡廣漢犍為也湔水緜水雒水三水互受通偁水經云又東過江陽縣雒水從三危山東過廣魏雒縣南東南注之是即漢志之湔水緜雒至江陽入江者也三危山蓋即漢志之玉壘水經以雒為湔也江陽今四川瀘州緜虒玉壘山當在松潘衛境內蜀都賦曰廓靈關以為門包玉壘而為宇劉逵注玉壘山名湔水出焉在成都

西北岷山郫在後故曰宇靈關在前故曰門也今水道緜水由緜竹縣至漢州合雒水雒水由什邡縣至漢州合緜水其下流經簡州資陽縣資縣內江縣富順縣至瀘州城與大江會於漢志水經皆無不合時其名或異耳此史所謂中水也其上游據酈氏云湔水入江有湔堋湔堰湔洩諸偁故今謂中水為沱江但秦李冰所造非禹故道漢志亦不謂湔為沱半澣也各本作手澣之今依水經注引字林手作半依集韻玉篇作也此別一義半澣者澣衣不全濯之僅濯其垢處曰湔今俗語猶如此此相沿古語如云湔裙是也廣韻湔洗也一曰水名此用說文而互易其先後耳字林云全襲說文語而酈書於湔水出緜虒玉壘山下引呂忱云一曰半流水也下注江此妄增水字謂半流為湔水別名亦其涉獵者博不無抵梧濯者澣也湔者半澣也說文屬澣之法○後漢書任文公傳注云湔水出緜虒道玉壘山

湔澣也漢書昌邑哀王髆傳集注又一切經音義八引字林云湔浣也

湔濯也一切經音義十八引三蒼

湔洒也廣雅釋詁二

湔汙也湔灑國策齊策以臣之血湔其衽注

水傍沾曰湔一切經音義十四引通俗文○文選廣絕交論翦拂使其長鳴注云湔拔翦拂音義同也萱按此謂翦拂即湔拔之段借字也

建　隸作建　自進極也說文段注建進疊韻　建至也廣韻引埤蒼

葏　隸作葏　葏蕤屮兒說文段注集韻一先曰詩葏葏者莪李舟說　葏屮茂兒廣韻引字林

此堅切

千　十百也說文○御覽七百五十引風俗通云十百謂之千　千列言多也後漢書班彪傳上注　千室謂黎庶後漢書循吏傳贊注　千乘一國也呂覽不苟注　千伯即阡陌也管子四時正千百注○萱按阡陌皆晚出字古祇用千佰　千眠光色盛兒文選文賦清麗千眠注○萱按此用千為芊也芊字後出高唐賦肅何芊芊注云千與芊古字通

⿰千谷　或作⿰千谷盱　望山谷千千青也說文段注各本千千作⿰千谷⿰千谷今正高唐賦仰視山巔肅何芊芊李注云說文曰⿰千谷望山谷千千青也千與芊古字通按千芊為古今字俗用芊改千楚辭及陸機文賦皆用千眠字南都賦作盱瞑謝朓詩遠樹曖阡阡廣雅乃有芊芊字耳　⿰千谷道也廣雅釋宮

汧　汧水也說文

丙堅切

編　次簡也說文段注以絲次第竹簡而排列之曰編孔子讀易韋編三冊字下曰象其札一長一短中有二編之形然則駢比其簡上下用絲編二是以有得青絲編考工記者也禮之編某為鼎鼏周禮王后之編列髮為之亦猶是法也○漢書儒林傳注云編所以聯次簡也又萬豈傳編書其罪注云編謂聯次簡牘也

諸以繩次物曰編一切經音義二引聲類又音義廿三引字林○後漢書蘇竟傳注云編次也又漢書賈誼傳編之使官注云編次列也又東方朔傳盜若編貝注云編列次也

編謂聯次之也漢書張良傳出一編書注路溫舒傳編用寫書注○張衡傳集注云編聯也又文選西京賦編町成篁薛注云編連也

編錄也穀梁桓元年傳春秋編年注

編結也楚辭悲回風編愁苦以為膺注

編紧也廣雅釋器

取物交織謂之編也華嚴經音義下引珠叢○一切經音義廿三引字林云編織也又音義八引蒼頡云編文織也

編編髮為之也釋名釋首飾○周禮追師為副編次追衡笄注云編編列髮為之其遺象若今假紒矣又文選四子講德論編結沮顏注云編結

謂編髮也編列謂編戶也文選喻巴蜀檄非編列之民注又漢書司馬相如傳下注。高帝紀下為編戶民注云編戶者言列次名籍也凡鍾十六枚同為一簨簴為編鍾初學記十六引三禮舊圖。周禮磬師云繫編鍾

猵

獱或獺屬說文段注揚雄蜀都賦作猵羽獵賦江賦作獱古扁聲賓聲同在十二部也今韻乃猵入先獱入真矣

獱小獺也漢書揚雄傳上蹈獱獺注。廣雅釋獸云獱獺也獱似狐青色居水中食魚文選羽獵賦注引三蒼解詁

蝙

蝙蝠服翼也說文段注蝙蝠服翼釋蟲文方言曰蝙蝠自關而東謂之服翼或謂之飛鼠或謂之老鼠或謂之僊鼠自關而西秦隴之間謂之蝙蝠北燕謂之蟙𧍙音職墨

鯾

鯿或有鯿。俗鯾魚也說文段注尒雅郭注曰江東呼魴魚為鯿鯾即魴也山海經海內北經大鯾居海中注。後漢書馬融傳注云鯿魴之類也鯿大也廣雅釋魚釋文引字林

韻史　卷五十二第十二部平聲段韻　四八九五

鞭

𠎫古文。俗有鞭破毆也說文段注毆各本作驅淺人改也今正毆上仍當有所以二字尚書鞭作官刑周禮條狼氏掌執鞭而趨辟凡誓執鞭以趨於前且命之司市凡市入則胥執鞭度守門左傳誅屨於徒人費弗得鞭之見血又公怒鞭師曹三百皆謂鞭所以毆人之物以之毆人亦曰鞭經典之鞭皆施於人不謂施於馬曲禮乘路馬載鞭策左傳左執鞭弭馬不出者助之鞭之皆是假借施人之用為施馬之偁非若今人竟謂以杖馬之物杖人也蓋馬箠曰策所以擊馬曰箠以箠擊馬曰敕本皆有正名不曰鞭也擊馬之箠用竹毆人之鞭用革故其字亦从竹从革不同自唐以下毆與驅同音謂鞭為棰馬之物因改此毆為驅不知絕非字義毆棰擊物也驅馬馳也鞭擊也廣雅釋詁一。壹按劉寬碑故能去鞭拆如獲其情字亦作鞭也又論語述而雖執鞭之士釋文云鞭或作硬鞭官刑也國語魯語薄刑用鞭扑注

毀堅切

偏頗也說文段注頗偏也引伸為凡偏之偁故以頗釋偏二字雙聲尚書無偏無頗案言之也周易翩翩古文作偏偏。荀子不苟通則驕而偏注云偏頗也偏衺也廣雅釋詁二不正曰偏鬼谷子決終無惡偏注

韻史　卷五十二第十二部平聲段韻　四八九六

偏不平書洪範晚出傳偏不盡也左氏成十五年傳桓氏雖亡必偏注偏謂不周備也又偏謂倦略禮記樂記禮粗則偏矣疏偏半也左氏閔二年傳衣身之偏注又國語晉語君賜我偏衣注又呂覽士容則室偏無光注。左襄三年注偏屬也疏云偏者半廂之名傳偏偏有一也國語晉語注。荀子不苟偏傷之也注云偏謂見其一隅禮論王方偏亡焉無安人也注云偏亡謂闕一也又偏舟猶特舟也後漢書隱蔦傳注達於樂而不達於禮謂之偏禮記仲尼燕居又家語論禮偏少也書秦誓惟截截善偏言馬注偏邊也列子楊朱雖殊方偏國注偏遠也後漢書東夷傳注偏方也廣雅釋詁四。國語晉語今晉國之方偏諸侯注云偏偏方也偏屬也左氏襄十九年傳舉其偏注又尒雅廣言小偏佐也左氏襄二十年傳令尹之偏注在旁與己同曰偏儀禮覲禮記偏駕不入王門注五十人曰偏左氏襄十四年卒偏之兩服注傳二十五乘為偏左氏昭元年傳偏為前拒服注車戰二十五人為偏左氏桓五年傳先偏後伍注引司馬法車九

韻史　卷五十二第十二部平聲段韻　四八九七

乘為小偏十五乘為大偏左氏成七年傳舍偏兩之一馬注引司馬法

媥

輕皃說文媥輕也廣雅釋詁三媥姺徶循衣服婆娑皃史記司馬相如傳集解引郭璞

㾫

。俗有㾫半枯也說文段注尚書大傳禹其跳湯扁其跳者踦也鄭注云其發聲也踦步足不能相過也扁者枯也注言湯體半小扁枯按扁即㾫之段借㾫之言偏也㾫骨風疾也廣韻。集韻云㾫風病

篇

書也一曰關西謂榜篇說文段注書著也著於簡牘者也亦謂之篇古曰篇漢人亦曰卷卷者縑帛可捲也榜所以輔弓弩者此其引伸之義今之榜額標榜是也關西謂之篇則同扁篇籍謂詩書也後漢書班彪傳下注篇即常典也文選遊天台山賦敦事絕於常篇注篇程也廣雅釋器篇即卷也書廣書疏篇謂簡也漢書鼂錯傳著之于篇注。公孫弘傳注。武帝紀注云篇謂竹簡也著

韻史　卷五十二第十二部平聲段韻　四八九八

文爲篇論衡書說篇者偏也言出情鋪事明而偏者也詩關雎五章章句四

句讀

牑

牑版也說文段注方言五曰牀其上版衛之北郊趙魏之間謂之牑或曰牖按左傳偏柎藉幹義與牑近。廣雅釋器云牑版也牑牖屬也方言五注

甂

佀小瓿大口而卑用食說文段注方言五甂陳魏宋楚之間謂之題自關而西謂之甂淮南書曰狗彘不擇甂甌而食玉篇曰小盆大口而卑下甂甌瓦器名也楚辭謬諫甂甌登於明堂兮注

翩

疾飛也說文段注魯頌翩彼飛鴞傳曰翩飛皃泰六四翩翩虞曰離飛故翩翩。文選鷦鷯賦注引字林云翩疾飛也翩翩飛也廣雅釋訓翩飄疾皃文選思玄賦翩飄而不禁舊注。後漢書張衡傳注云翩飄疾皃翩連翩也後漢書張衡傳注翩是旌旆行而舒張之皃詩桑柔疏翩在路不息也詩桑柔旟旐有翩傳翩翩動搖不休止之意國語周語注翩

韻史　卷五十二第十二部平聲臤韻　四八九九

翩輕舉皃易泰篇篇不富釋文引向注。釋文又云篇篇子夏傳作翩翩翩翩往來皃詩巷伯緝緝翩翩傳又文選吳都賦綿交翩翩注翩翩戲撞形也文選西京賦上下翩翩薛注翩翩自得之皃文選鷦鷯賦翩翩然有以自樂也注漢書敘傳下集注云翩翩自喜之皃。

頨

頨妍也說文段注三字爲句頨妍疊韻大徐改爲頭妍此即改頨首爲下首之比妍安也頨義如周易之翩翩東都賦翩翩巍巍顯顯翼翼按从頁翩省聲當紕延切古音在十二部篇韻王矩一切蓋有誤爲羽聲者耳廣韻注云孔子頭也又附會以爲孔子圩頂之圩

賢胡年切

。俗有賢多財也說文段注財各本作才今正賢本多財之偁引伸之凡多皆曰賢人偁賢能因習其引伸之義而廢其本義矣小雅大夫不均我從事獨賢傳曰賢勞也謂事多而勞也故孟子說之曰我獨賢勞戴先生曰投壺某賢於某若干純賢多也。莊子徐無鬼云以財分人之謂賢賢多也小尒雅廣詁。呂覽順民則賢於千里之地注

韻史　卷五十二第十二部平聲臤韻　四九〇〇

云賢猶多也賢大也廣雅釋詁一。考工記輪人去一以爲賢司農注云賢大穿也賢堅也廣雅釋詁一賢猶厚也國策秦策賢於兄弟注賢愈也國語晉語敬賢於請注又呂覽任數而賢於有知注有爲注。淮南說山無以歲賢昔日愈昨也注云賢愈猶勝也賢猶勝也儀禮鄉射禮右賢於左左賢於右注又論語陽貨爲之猶賢乎已皇疏又國策秦策尚賢在晉陽之下注。儀禮鄉射禮釋獲者遂進取賢獲注大射儀取賢獲執之注並云賢獲勝黨之算也又禮記投壺疏云賢謂勝者也賢猶崇重也禮記禮運以賢勇知疏再適謂之賢賢禮記射義疏引書傳賢善也文選東京賦必以肆耆爲賢薛注。禮記內則獻其賢者於宗子注云賢猶善也賢明也呂覽尊師注。素問解精微論有賢不肖未必能十全注云賢謂心明智遠賢勞也廣雅釋詁一又詩北山傳賢猶能也老子不尚賢王注賢才也淮南脩務注。穀梁文六年傳注云賢者多才也賢豪者也呂覽恃君有力者賢注倍英曰賢白虎通聖人引禮別名記人之清者爲賢後漢書李固傳又春秋繁露通國身學之者見謂賢賈子修政

韻史　卷五十二第十二部平聲臤韻　四九〇一

語上言行相應則謂之賢論衡問孔行道者謂之賢賈子道術賢有善行也周禮大宰三曰進賢注賢者有德行者周禮鄉大夫而興賢者能者注。小司寇三曰議賢之辟注云賢有德行者又詩烝民序任賢使能疏云有德謂之賢又禮記曲禮上賢者狎而敬之疏云賢是有德成之稱又學記就賢體遠疏云賢謂德行賢良又月令遂賢良疏云賢良謂有德行賢主治主也呂覽蕩兵注賢人謂賢過於人也荀子榮辱注。管子君臣注云賢人知道術德行者也賢者亞聖之名荀子哀公注。素問上古天真論其次有賢人者注云次聖人者謂之賢人乾爲賢人易彖上傳養賢也集解繫辭上傳賢人在下位虞注有以尚賢也虞注繫辭下傳苟非其人虞注艮爲賢人易彖上傳聖人養賢虞注匈奴謂賢曰屠耆漢書匈奴傳下。賢智又師取作朋蓋按校官碑親臤又袁良碑優臤之寵胥段臤爲賢也

佷

很也說文段注心部曰㤄急也義略同

韻史　卷五十二第十二部平聲臤韻　四九〇二

胘 牛百葉也說文段注廣雅胃謂之胘李時珍云胘即胃之厚處齊民要術有牛胃胘炙即牛百葉也公羊傳注自左髀達於右胘謂達於胃也

弦 ○俗有絃紡 弓弦也說文段注弓弦以絲為之張於弓因之張於琴瑟者亦曰弦俗別作絃非也弦有急意故董安于性緩佩弦以自急心部曰⿱弦心急也○文選王文憲集序無待韋弦注云弦弓弦喻急也又廣雅釋詁三曹寄音云凡弓弩琴瑟弦皆從弓 月中分謂之弦論衡四諱○釋名釋天云弦月半之名也其形一旁曲一旁直 若張弓施弦也 弦琴瑟之弦漢書禮樂志絕弦二員六人注○周禮小師注又淮南原道注主術注竝云弦謂琴瑟也又禮記樂記疏云弦琴瑟之屬 弦之謂以琴瑟播之詩子衿傳弦之舞之疏○禮記樂記故北面而弦注云弦謂鼓琴瑟也又投壺命弦者曰請奏貍首注云弦鼓瑟者也 弦謂以絲播詩禮記文王世子春誦夏弦注○莊子讓王匡坐而弦釋文云弦謂弦歌 絲曰弦白虎通禮樂引樂記又風俗通聲音 弦索也廣雅釋器[illegible]維為弦淮南天文景風至注○白虎通禮樂引樂記云絃離音也 弦春脈木

氣也素問平人氣象論毛而有弦曰春病注鼓陽勝急曰絃素問陰陽別論端直以長 故曰弦素問玉機眞藏論 弦謂兩頭相望者考工記磬氏注必先度一矩為句一矩為股而求其弦疏 弦堅正也莊子外物謀稽乎誸釋文○萱按孫叔敖碑去不善如絕紖祝睦碑紖頌與皆用紖字益不成字也○俗有誸

⿱弦心 ⿱弦心也河南密縣有⿱弦心亭說文段注按人性急也性緩者佩弦以自急河南密縣見地理志故城在今河南開封府密縣東七十里 誸急也莊子外物謀稽乎誸注

⿺走弦 ⿺走弦走也說文或書作⿱弦女

⿰女弦 有守也說文○俗有⿰忄弦[illegible]⿰扌弦

⿰忄弦 ⿰忄弦布也出東萊說文段注各本刪⿰忄弦字今補布名也地理志郡國志東萊東萊郡皆有⿰忄弦縣蓋以布得民也⿰忄弦縣故城在今山東登州府黃縣南百二十里按廣韻⿰忄弦布名⿰忄弦縣名在東萊集韻亦云⿰忄弦縣名⿰忄弦布

名出東萊⿰扌弦縣而魏地形志地理晉地理志皆作⿰忄弦縣字从忄令本郡國志亦从忄未能是正○晉書音義下云⿰扌弦本作⿰忄弦

⿱艹弦 艸也說文

田 體年切 敶也樹穀曰田象形口十逗千百之制也說文段注敶者列也田與敶古皆音陳故以疊韻為訓取其敶列之整齊謂之田凡言田田者即陳陳相因也陳陳當作敶敶陳敬仲之後為田氏即陳氏段田為陳也口十云云說象形之恉謂口與十合之所以象阡陌之一縱一橫也各本作阡陌自部無此二字今正周禮遂人曰凡治野夫間有遂遂上有徑十夫有溝溝上有畛百夫有洫洫上有涂千夫有澮澮上有道萬夫有川川上有路以達于畿百夫之涂謂之為百千夫之道謂之為千言千百以包徑畛路也南畝則畝縱遂橫溝縱洫橫澮縱川橫遂徑畛

涂道路縱橫同之東畝則畝橫遂縱溝橫洫縱澮橫川縱徑畛涂道路之橫縱同之畝十與口皆象其縱橫也阡陌則俗字也○尒雅釋地郊外謂之牧釋文引李注云田敶也謂陳列種穀之處 田陳也廣雅釋詁二 田土也廣雅釋地○公羊傳哀十二年疏云凡言田者指墾土之處 田野也楚辭大招田邑千畛注○禮記郊特牲野夫黃冠疏云田夫則野夫也 地上稱田易恆田无禽虞注○兵田獲三品虞注云地中稱田 田者地之表而有人功者也易乾見龍在田干注 田墳也五稼墳滿其中也釋名釋地 已耕者曰田同上○書禹貢厥田為中中鄭注云據人功作力競得而田之則謂之田又漢書高帝紀上令民得田之注云田謂耕作也 穀地為田國語周語注齊語注○禮記月令疏引月令章句云穀田曰田 田人所捊治也禮記禮運人情以為田注○考工記匠人田首倍之注云田一夫之所佃 田業也孟子離婁下然後收其田里注 田謂一井之田公羊哀十二年傳譏始用田賦也注○國語魯語季康子欲以田賦注云田一井也 田多邑少稱田公羊桓元年傳 五制為一田管子乘馬 東

方爲田淮南天文坤爲田易繫辭下傳耨之利廣注耒田謂田畯主農之官也禮記月令命田舍東郊注田祖主田之官山海經大荒北經叔均乃爲田祖注龍星左角曰天田則農祥也後漢書東夷傳注田路木路也周禮田僕掌馭田路注○考工記總目田車之輪注云田車木路也田矢謂矰矢考工記矢人兵矢田矢五分注田大鼓也詩有瞽應田縣鼓傳田鼠者嗛鼠也大戴記夏小正傳○呂覽季春田鼠化爲駕注云田鼠䶂鼠也又淮南時則注云田鼠䶂䶂鼠也田者擇種而種之以罟取獸曰田田犬田獵所用也萱按皆段田爲畋也詳畋下

畋

○俗有佃畋平田也周書曰畋介田說文段注齊風無田甫田上田即畋字畋介田多方篇文佃治田也漢書韓安國傳即上言万佃作時注○萱按此段佃爲畋也佃訓中也讀若甸田者擇種而種之說苑雜言○一切經音義一引蒼頡云田種禾穀也萱按此皆段田爲畋也亦田引伸之義

春曰畋御覽八百卅一引韓詩內傳取獸曰畋文選畋獵賦注引禮記王制馬注○子虛賦與使者出畋注引司馬彪又呂覽直諫以畋於雲夢注云畋獵也取獸曰佃易繫辭以佃以漁釋文○釋文又云佃本亦作田萱按漢書律曆志正作呂田呂漁田取禽也詩大叔于田傳○文選西京賦遲欲畋獻注云田與畋同以罟取獸曰田易繫辭下傳以田以漁廣注田謂獵也易師田有禽廣注解田獲三狐廣注恆號又詩騶虞序蒐田以時釋文又周禮小司徒唯田與廷脊蝸作司農注有謂又禮記郊特牲唯爲社田從又左傳莊八年逸田於貝丘注傳廿四年其後余從狄君以田渭濟注宣二年宣子田於首山注襄卅年傳請田馬注哀十一年傳使其女僕而田注又國語齊語田狩畢弋弋注又漢書司馬相如傳上集注又莊子應帝王虎豹之文來田釋文引李注又呂覽音初孔甲田于東陽費山注又淮南本經焚林而田注又離騷羿淫遊以佚田兮注又文選射雉賦役遊田之教鸞徐注○周禮田僕以田以鄙注又州長而師田行役之事疏云田謂田獵也又書無逸文王不敢盤于遊田疏云田謂畋獵又詩叔于田疏云田者獵之別名以取禽於田因名曰田春謂之田何春歲之本舉

本名而言之也白虎通田獵田四時田獵周禮巾車以田注○穀梁桓四年傳云四時之田皆爲宗廟之事也春曰田夏曰苗秋曰蒐冬曰狩白虎通田獵云四時之田總名爲田何爲田除害也又田者習兵之禮周禮甸祝掌四時之田注○公羊傳桓四年注云田者蒐狩之總名也古者肉食衣皮服捕禽獸故謂之田田犬田獵所用也禮記少儀疏

闐

盛皃也說文段注謂盛滿於城中之皃也詩曰振旅闐闐孟子作填玉藻盛氣顛實段顛爲闐也闐闐盛也廣雅釋訓闐闐聲也同上闐闐聲行聲介雅釋天振旅闐闐注○萱按文選西都賦闐城溢郭漢書原涉傳人無贊不肖闐門皆引申之義與窴塡同也

窴

○俗有穽也說文段注塡各本譌作塞今正玉篇曰窴今作塡按窴塡同義塡行而窴廢矣窴塞也詩東山傳烝窴也釋文引字書又廣雅釋詁三○萱按塞字誤皆當作實窴鼓聲緩也文選長笛賦窾圍窴鼓注窴軨即軨扳也今在河東大陽縣穆天子傳五爲之石主而曰窴軨注

塡

○本俗韻有兩嵮讀穽也說文段注穽各本作塞塞隔也非其義也穽下云窒也窒下云穽也窴亦穽也塡與窴音義同穽之則堅固其義引申爲久大雅倉兒塡兮傳曰塡久也常瘵烝也無戎傳曰烝塡也東山烝在桑野傳曰烝窴也而介雅釋詁曰塵久也是塡窴塵三字同音故鄭箋東山云古者聲塡窴塵同也塵爲段借字益古經有作塵者今新陳字作陳非古也而古音之存者也詩詞內作鎮亦是此字塡塞也漢書王尊傳集注○荀子大略塡如也注云塡謂土塡塞也塡或作嗔如也注云嗔與塡同又家語用晳則塡如也注云塡塞窴兒也萱按塞皆當作實塡加也華嚴經音義引國語賈注塡滿也漢書鄭當時傳集注又一切經音義二引廣雅塡盡也詩小宛哀我塡寡傳塡久也詩桑柔傳瞻卬傳塡式也淮南詮言昆山之玉塡注塡鼓音也孟子梁惠王上塡然鼓之注塡淤謂壅泥也漢書溝洫志塡閼之水注塡塡然滿足之皃荀子非十二子塡塡然注塡塡重遲也莊子馬蹄其行塡塡釋文引崔注塡塡質重皃莊子馬蹄釋文塡塡詳徐皃同上塡塡旗立牢端皃淮南兵略不擊塡塡之旗注

嗔 盛气也詩曰振旅嗔嗔說文段注門部曰闐盛皃聲義與此同今毛詩振旅闐闐許所據作嗔嗔玉藻盛氣顛實注云顛讀爲闐盛身中之氣使之闐滿孟子塡然鼓之是則聲同得相假借也盛古音陳今俗以爲嗔恚字

紐賢切 秊 隸作年 穀孰也春秋傳曰大有年說文段注宣十六年經文穀梁傳曰五穀皆孰爲有年五穀皆大孰爲大有年○呂覽任地有年瘞土注云年穀也又御覽引廣雅云年穀熟也又介雅釋天周曰年注云年取禾一熟又孫注云年取禾穀一熟又左氏經桓三年注云五穀皆熟書有年 年稔也禮記文王世子疏○左傳桓二年疏云年訓爲稔 年者仍也白虎通四時 年進也進而前也釋名釋天 年謂太歲所在大戴記公冠維某年某月上日注○禮記文王世子古者謂年齡注云年天氣也 比年每歲也禮記王制比年一小聘注○太玄事十年不海注云年歲終也 四時具然後爲年公羊傳隱六年 ○穀梁隱元年傳同然作而 年者十二月之總號公羊傳元年注 朔數曰年周禮

韻史 卷五十二第十二部平聲取韻 四九一一

大史正歲年以序事注○白虎通四時云據月言年 周曰年介雅釋天又獨斷上○左氏春秋序表年以首事疏云年歲載祀異代殊名而其實一也又白虎通四時云三千一言年 坤爲年易既濟三年克之虞注未濟三年有賞于大國虞注 年齒也呂覽下賢坐必以年注 年祝求永貞也周禮大祝二曰年祝司農注又獨斷上

郛 左馮翊谷口鄉說文段注左馮翊谷口見地理志今陝西西安府醴泉縣東北七十里有故谷口城

亮賢切 憐 ○俗有怜 哀也說文又方言一又廣雅釋詁一 矜憐撫掩之也介雅釋訓 憐愛也介雅釋詁○方言一云憐愛也汝潁之間曰憐宋魯之間曰矜或曰憐又云自關而西秦晉之間凡相敬愛謂之亟陳楚江淮之間曰憐○方言七云憐職愛也言相愛憐者吳越之間謂之憐職 怜綴也廣雅釋言 矜哀也書呂刑馬注○萱按古段矜爲憐字李从令聲俗作矜者字之譌也○方言一云矜哀也齊魯之間曰矜秦晉之間或曰矜 矜憐

韻史 卷五十二第十二部平聲取韻 四九一二

也詩鴻鴈哀及矜人傳又左傳文十三年疏○萱按此通古今字也謂矜即憐之假借也故多士予惟率肆矜爾論衡雷虛作予惟率夷憐爾 矜怜也華嚴經音義上引字統 矜惜也小介雅廣言 矜苦也呂覽懷寵而振恤之注 矜閔也公羊宣十五年傳吾聞君子見人之厄則矜之注 矜苦也介雅釋言

此賢切 歬 不行而進謂之歬說文段注按後人以齊斷之前爲歬後字又以羽生之翦爲前齊字○廣雅釋詁二云翦進也 前亦先也禮記中庸可以前知注○儀禮鄉射禮記司射前戒之注云前戒謂先射請戒之 前猶故也禮記檀弓上我未之前聞也注○後漢書班彪傳下注云前謂前代帝王 前謂目前漢書嚴助傳集注 前導也儀禮士虞禮祝前尸注尸謖祝前注○特牲饋食禮尸謖祝前主人降注云前猶導也 前爲王道也周書克殷百夫荷素質之旗于王前注 前謂援也考工記治氏長內則析前注○萱按周禮巾車前樊鵠纓用前爲翦字也二字互相段借

韻史 卷五十二第十二部平聲取韻 四九一三

媊 甘氏星經曰大白號上公句妻曰女媊尻南斗食厲天下祭之曰明星說文段注天官書曰昔之傳天數者在齊甘公徐廣曰或曰甘公名德也本是魯人按藝文志無甘氏星經有甘德長柳占夢十一卷云楚人天官書曰大白大臣也其號上公妻曰女媊居南斗食厲未聞論衡所引山海經度朔山二神人主閱領萬鬼之惡害人者以執以葦索而用飤虎始與相類大白偁明星詩毛傳曰日且出謂明星爲启明日既入謂明星爲長庚封禪書地理志陳倉有上公明星祠蓋祀大白也此云天下祭之曰明星蓋祀女媊也或曰雖有南北斗大白諸布之屬矣則上公明星之祠蓋祀女媊

葥 王彗也說文段注釋艸字作葥郭云似藜可爲彗按凡釋物呼王者皆謂大 葥王彗介雅釋艸○注云葥王帚也江東呼之曰落帚萱按此段葥爲蕑也葥者蒂之隸變讀去聲

仰年切 姸 技也一曰不省錄事也一曰難侵也一曰慧也一曰安也說文段注技者巧也釋名曰妍研也研精於事宜則無蚩繆也蚩癡也按此爲今用妍媸字所本方言自關而西秦晉之故都

韻史 卷五十二第十二部平聲取韻 四九一四

謂好曰妍省錄謂檢點收錄也魏書劉詳言事蒙逆曰劉裕入關取妍妍然也斬之此正謂其不曉事也 妍好也 廣雅釋詁一○方言一注云俗通呼好爲妍 妍蚩猶美惡也 文選江文通襍體張廷尉詩浪迹無妍蚩 注○文賦序妍蚩好惡可得而言注云妍蚩亦好惡也

研

硯或作 礦也 說文段注謂以石礦物曰研也手部曰摩者研也擘者摩也爲轉注此亦研與礦爲轉注擘摩以手故从手研礦以石故从石○廣雅釋詁三云擘磨也萱按此段擘爲研也磨者礦之者 研平也 爾雅釋 研釋文引舍人注 研審也研精也喻思慮也 萱按研皆爲擘假也

擘

擘摩也 說文段注易極深研幾蜀才作擘 擘磨也 廣雅釋詁一○萱按此段擘磨爲研礦也 研審也 文選東京賦研覈是非薛注○萱按此段研擘二字互相段借 研精也 易繫辭下傳能研諸侯之慮疏研 喻思慮也 文選弔魏武帝文注引易鄭注

便 避賢切

平去兩讀 安也 說文段注古與平辨通用如史記便章百姓古文尚書作平今文尚書作辨毛詩平平左右左

傳作便蕃左右○漢書馮野王傳賜告養病而自私便注又廣雅釋詁一踦云便安也又楚辭大招恣所便只注云便猶安也 便利也 國策秦策注又呂覽孝行注又漢書趙充國傳集注又淮南本經注又楚辭注○荀子非十二子齊給便利而不惑注云便利亦謂言辭敏捷也禮記表記以便利疏云便謂便習也淮南原道注又大戴禮記勸學注 便習也 荀子解蔽注 便宜也 呂覽忠廉注 便猶成也 便事也 便辯也 論語季氏友便佞集解引鄭注○論語鄉黨便便言集解引鄭注又漢書敘傳下集注 便便辯也 論語鄉黨 便便言集解引鄭注云便便辯也 佞謂辯而巧也 論語季氏皇疏 便謂輕巧也 荀子性惡注 便嬛輕利也 文選上林賦便嬛綽約郭注 便便閑雅之兒 詩采菽平平左右注文釋文引韓詩作便便 便蕃數也 左傳十一年 便辟恭敬太過也 論語季氏集解引馬注云便辟巧辟人之所忌 便辟謂左右小臣親信者也 荀子王制注○論語集解引馬注 便旋

庳小兒 方言十三注 便娟則嬋娟也 文選南都賦便娟注 便娟縈盈雪迴委之兒 文選雪賦初便娟於墀廡注 平平辯治也 詩采菽平平左右傳文○萱按此段平爲便也洪範王道平平不絕之兒 傳襄十一年服注云平平辯治

緶

交枲也一曰緁衣也 說文段注交枲謂以枲爲辮交也二服上文有緶○廣雅釋詁一云緶緁衣也此云緁衣是爲轉注 緶緁也 廣雅釋詁

箯

竹輿也 說文段注公羊傳曰脅我而歸之筍將而來也何曰筍者竹箯一名編輿齊魯以北名之曰筍將以編竹木如今峻可以養除也史記張耳傳貫高曰箯輿前服虔曰箯輿如今輿牀人舁以行按公羊史記說文亦作篳漢書陳餘傳 箯輿也 廣雅釋器 箯輿者編竹木以爲輿如今之食輿矣 史記張耳陳餘傳正義引郭璞三蒼解詁 便輿前注 箯攀土器

諞

便巧言也周書曰截截善諞言論語曰友諞佞 說文段注善諞言古文尚書秦誓文今文尚書作便 諞猶辯也 書秦誓疏 論語季氏篇文今作便佞 說文段注疊韻截截

蹁

足不足也一曰拖後足馬 說文段注南都賦蹁躚舞曰蹴蹁躚跛陁上林賦說郎蹁躚也 字當作扦

楄

楄部方木也 春秋傳曰楄部薦榦 說文段注上部字衍當楄方木也可證方木之言非專謂棺中笭也何休、杜預云楄部薦榦左傳昭廿五年文今作楄楄柎也榦骨也楄附陽馬之短楄一爲伍也○楄柎中笭也故不正義引說文楄柎杜云楄柎中笭也楄柎者笭以編方木不同注之葉攢陽馬見九章算術商功也與文選景福殿賦注之楄爲扁者署也

宀 美賢切

交覆深屋也 象形 說文段注古音在四部有堂有室是爲深屋自東西與南北皆交覆也宀不見也是則宀宀謂深也象形亦象四注之形 形象兩下之形

臱

臱籀作宀宀不見也闕說文段注臱宀疊韵宀交覆深屋也宀密緻皃毛詩曰緜緜韓詩曰民民其實一也上从自下不知其何意故云闕謂闕其形也

𥨊

𥨊𥨊不見也一曰𥨊𥨊不省人說文段注𥨊與臱音義皆同毛詩緜緜韓詩作民民按緜緜民民皆謂密也即𥨊𥨊不見之意莊子䁥然其天下爲郭象音武駢反是郭本作𥨊然也

𩭾

○俗有鬘髮皃說文段注集韵曰凡鬘字皆當作𩭾𩭾髮美皃集韵

矏

或作顚○俗有矏目旁薄緻宀宀也說文段注矏宀疊韵自部曰宀宀不見按宀宀微密之皃目好者必目旁肉好乃益見目好蓋郎方言之䫜釋言曰矏密也引伸爲凡密之偁也䫜䫜也南楚江淮之閒曰䫜方言二䫜孿也廣雅釋詁三

櫋

屋櫋聯也說文段注釋名曰梠或謂之櫋櫋緜也綿連榱頭使齊平也上入曰雀頭形似爵頭也按郭云雀梠即爵頭也九歌曰擘蕙櫋兮既張

韻史　卷五十二第十二部平聲臤韻　　四九一九

𥳑

或作䈼筡也說文段注謂筡之也釋艸鄰堅中鄰同磨之磷謂堅中者必磨之也簢筡中簢同𥳑謂空中者必磷析之也○當按筡兼析之與已析者言則𥳑亦介𥳑竹類爾雅釋艸介注

蝒

蝒蛈逗蟬屬說文蝒蝒同○當按丏聲在十二部而聲在十四部物說文分見二處者或淺人所亂也今姑附部義之要之非異物也

芇

相當也說文段注廣韵曰今人賭物相析謂之芇按廣雅芇當也俗本譌作茻以茻从芇聲求之則三畫均長○芇當按說文芇訓平不訓當而廣雅釋詁三云芇當也明係芇字滿形近而譌耳又按今貨庫中物滿用滿字其實當用芇字

齊齒呼二

㶣辛切

因

○俗有曰就也說文段注就下曰就高也爲高必因丘陵爲大必就基阯故因从口大就其區域而擴充之也中庸曰天之生物必因其材而篤焉左傳曰植有禮因重固人部曰仍因也論語因不失其親謂所就者不失其親○國語鄭語其民沓貪而忍不可因也注又廣雅釋詁三云因就也又詩常武傳仍因也疏云因是就之義也因仍也文選

韻史　卷五十二第十二部平聲臤韻　　四九二〇

東京賦因秦宮室薛注因依也呂覽盡數因智而明之注因連接也周書作雒北因于郟山注又論語學而因不失其親集解因親也詩皇矣因心則友注因心無衍也故因也者非○儀禮喪服傳與因母同注又廣雅釋詁三○呂覽順說云因猶親也因猶受也秦策秦因猶順也呂覽君守必有因也注因猶便也管子心術因也者舍己而以物爲法者也能而用故曰因也管子心術上注因其能者衍隨物也因也者因人之情也漢書五行志下之下○又云因也者無益無損也經引孟子因者君之綱也史記太史公自序專政茲謂因易京房傳因緣謂依附以生輕重也後漢書陳寵傳注因由也聲之轉也書禹貢曰西傾因桓是來常語也經傳釋詞因猶也亦聲之轉也同上○楚策黃雀因是已紊巳字絕句因是猶是也已語終詞也下文黃鵠因是已蔡聖侯之事因是已君王之事並與此同

捆

就也說文段注捆與因音義同今則因行而捆廢矣

韻史　卷五十二第十二部平聲臤韻　　四九二一

姻

婣籀壻家也女之所因故曰姻說文段注釋親曰壻之父爲姻婦之父母壻之父母相謂爲婚姻婦之黨爲姻兄弟周禮六行孝友睦婣任恤注云婣者親於外親引申之義也○白虎通嫁娶云婣者婦人因夫而成故曰姻曰姻又釋名釋親屬云壻之父爲姻○荀子富國注之父曰姻姻因也女往因媒也○詩節南山瑣瑣姻亞箋又左傳昭廿五年注又漢書順帝紀注野不思舊姻箋○注以得疏爲外昏姻之親○詩丰箋云壻曰昏妻黨曰姻

姻儀禮士昏禮記昏義目録疏云外親之名

姻猶親也左傳隱元年注

姻外親也左傳昭九年五年外注○禮記經解總名

婦之父母曰姻左傳昭九年王有姻喪注云婦之父曰姻正注云姻○禮記昏義疏云正以婚姻通嫁娶○當按此與介雅說文禮之謂也壻○日婦之姻也又昏妻也古亦姻

當按司馬相如白虎通嫁娶云不相悖反要因之可嫁娶不得耳舊姻○按婦古亦姻殷因爲姻

茵

鞇說文茵从革車重席也說文段注秦風文茵亦凡茵皮爲茵也廣雅釋器曰鞋鞇謂之鞇釋名曰鞋鞇車席也鞇因也因爲茵文云茵車中蓐也賦文選西征詩小戎釋文茵車席也介雅乃端

韻史　卷五十二第十二部平聲臤韻　　四九二二

筞拂茵注又漢書酷吏周陽由傳同車未嘗敢均茵馮注○五行志中之上御者在茵上注引蘇林云茵車上蓐也又史記酷吏傳未嘗敢均茵伏索隱云茵車蓐也

茵蓐也 漢書霍光傳加畫繡絪馮注丙吉傳此不過汙丞相車茵耳注○萱按霍光傳段絪為茵也如淳云絪亦茵

因者褥也 禮記少儀茵席注有者又後漢書班彪傳上注又穆天子傳六增用茵褥注○詩小戎疏云茵者車上之褥用皮為之

鞇因也因與下輿相連著也 釋名釋車○又云文鞇車中所坐者也用虎皮為之有文采

茵所以藉棺者 儀禮既夕加茵用疏布注○禮記禮器注茵在下疏云茵者藉棺外下褥

駰

馬陰白襍毛黑詩曰有駰有騢 說文段注黑字宋本葉本皆同汲古毛氏改黑作也以合尒雅毛傳然而非是釋嘼魯頌傳皆云陰白襍毛曰陰郭云陰淺黑也今之泥驄或云目下白或云白陰皆非也陰淺黑本叔然說然則許蓋襍毛之下釋云陰淺黑也如虦下虎竊毛謂之虦苗竊淺也正是一例既說者或於白陰之說謂馬私處白而襍黑毛因致爭不可讀苟求其故由不解陰之為淺黑耳廣韵曰駰馬陰淺黑色有脫有駰有騢魯頌駰文○萱

按詩皇皇者華我馬維駰傳与駰傳同又尒雅釋嘼樊注云駰者目下白也其說不可用

洇

○作洇者譌

洇水也 說文

臻 掌因切

至也 說文又尒雅釋詁又釋詁薦摯臻也注又詩泉水遄臻于衛傳雲漢饑饉薦臻傳又考工記桌氏允臻其極注又國語晉語注楚語注又漢書武帝紀集注霍去病傳集注董仲舒傳集注司馬相如傳下集注公孫弘傳集注王吉傳集注谷永傳集注敘傳下集注引張晏又文選劇秦美新靡不宣臻注又華嚴經音義上引韵圃

轃至也 文選甘泉賦是時未轃夫甘泉也注又漢書楊雄傳上集注○萱按此段轃為臻也禮樂志四極爰轃王吉傳則福祿其轃而社稷安矣王莽傳上丙鑾並轃皆同

榛訓至也 禮記曲禮下疏○萱按此段榛為臻也○又按古亦段溱為臻漢書王褒傳萬祥畢溱谷永傳暴風三溱王莽傳上聖瑞畢溱是也

轃乃也 尒雅釋詁

轃

大車簹也 說文段注此以疊聲為訓簹者林機也大車之轄似之小車謂之茵車重席也以虎皮者謂之文茵大車謂之轃竹木為之

轃至也 萱按此段轃為臻也

溱

溱水出桂陽臨武入匯 說文段注匯各本作匯今正桂陽郡臨武二志同今湖南桂陽州臨武縣縣東五十里臨武故城是也前志臨武下曰秦水東南至湞陽入匯七百里水經曰溱水出桂陽臨武縣南繞城西北凡屈東流東至曲江縣安聶邑東屈西南流過湞陽縣出匯浦關與桂水合東入於海志之秦水即溱水也經之出匯浦關與桂水合桂水即匯水許云匯水出匯浦關為桂水是也班許皆云溱入匯酈注則云匯入溱酈蓋本山海經經曰肄水出臨武西南而東南注海入番禺西湟水出桂陽西北山東南注肄水入郭浦西酈曰肄水亦溱水之別名也今人謂湞水出南雄賓昌縣西南經始興縣曲江縣英德縣而翁江匯水入之此正漢志水經說之之溱水乃誤謂之湞耳溱水從東北來匯水自西右注之湞水自東左注之湞水者今之翁江也班許皆匯為綱溱入匯匯入鬱注海許云湞入溱班及水經不言湞者水差小也方輿紀要曰舊志云溱出湖廣臨武縣西南經曲江縣西北流合武水經英德縣時正古之溱水水經注及元和郡縣又謂之始興大江○萱按溱水出桂陽潧水出鄭國水既異地字亦異形異部說文引詩潧與洧方汍汍兮知鄭風古皆不作溱也褰裳段溱為潧以韵人耳後人於潧與洧亦一例改之遂启無窮之疑

溱洧鄭

二水名 後漢書馮衍傳注○詩褰裳褰裳涉溱傳云溱水名又溱與洧傳云溱洧鄭兩水名萱按此謂溱即潧之段借字也宜在六部矣

溱溱盛皃溱溱眾也溱溱子孫眾多也 萱按此皆段溱為蓁也蓁下詳之又漢書多段溱為臻詳臻下

蓁

艸盛皃 說文

蓁蓁盛皃也 文選東都賦靈臺詩注引韓詩章句

蓁蓁至盛皃 詩桃夭其葉蓁蓁傳

蓁蓁美盛皃 禮記大學注

蓁蓁茂盛皃 後漢書張衡傳注

蓁蓁茂也 廣雅釋訓

蓁蓁戴也 尒雅釋訓

蓁蓁積聚之皃 楚辭招魂蝮蛇蓁蓁注

榛榛盛皃 漢書司馬相如傳下集注○萱按此段榛為蓁也

溱溱盛皃 後漢書班彪傳下注○萱按此段溱為蓁也

溱溱眾也 詩無羊室家傳○箋云溱溱子孫眾多也

榛

榛木也一曰叢木也 說文段注艸鄭風山有榛傳曰榛木也小雅營營青蠅止于榛傳曰榛所以為藩也衛風箋曰樹榛栗椅桐梓漆六木於宮可伐以為琴瑟一曰叢木也各本作一曰菆也艸部曰菆蓐也今依玄應書卷十

一所引爲長木叢生曰榛蕪一作蕪○詩鳲鳩其子在榛釋文又禮記檀弓榛以爲笄釋文又文選西京賦超珠榛薛注詁云榛木名也又蜀都賦注引漢書服虔注又詩鳲鳩釋文引字林故云榛木叢生也又廣雅釋木云木叢生曰榛又淮南原道隱于榛薄之中注云叢木曰榛木聚曰榛淮南本經榛穢聚埒蔽注○原道木處榛巢注云聚木曰榛又主術入榛薄險阻也注云聚木爲榛榛聚也廣雅釋詁三榛榛梗穢皃漢書揚雄傳上集注榛榛盛皃蓋按此段榛爲蓁也榛似栗而小蓋按此段榛爲亲也榛訓至也蓋按此段榛爲臻也偏旁作亲或作亲構

亲

亲實如小栗春秋傳曰女摯不過亲栗說文段注周禮籩人記曲禮內則左傳毛詩字皆作榛假借字也榛行而亲廢兒鄭云如栗而小與許合齊民要術引詩義疏云榛栗有二種女摯不過亲栗左傳莊二十四年文○廣雅釋木云亲栗也又詩鳲鳩釋文引字林云亲似梓實如小栗又禮記曲禮釋文云榛李作亲又文選蜀都賦榛栗罅發注云榛與構同又孟子章指云謂之柚梓榛似栗而小周禮

韻史 卷五十二第十二部平聲收韻 四九二七

籩人注又國語周語榛楛濟濟注又孟子盡心上音義引丁音○山海經西山經下多榛楛注云榛子似栗而小又禮記曲禮下婦人之摯椇榛脯脩棗栗注云榛木名榛實似栗而小又釋文云榛似梓實如小栗也又詩定之方中陸疏云榛栗屬榛聲近虔取其虔於事也左傳莊廿四年注皆取具名以示敬疏

始因切

扟

從上把取也說文段注取字各本無依玄應補通俗文云從上取曰扟扟滅也廣雅釋詁三

[疒辛]

寒病也說文段注古多借洒爲[疒辛]晉語狐突曰玦之以金銑寒之甚矣韋注玦猶離也銑猶洒也洒洒寒兒唐人舊音云洒或爲洗李艸爲色洗洗是寒兒玉裁謂凡素問靈樞李艸言洒洒洗洗者其訓皆寒皆[疒辛]之段借古辛聲先聲西聲同在眞文一類國語注洒音銑不誤

甡

眾生竝立之皃詩曰甡甡其鹿說文段注大雅毛傳曰甡甡眾多也其字或作詵詵或作駪駪或作侁侁或作莘莘皆假借也周南傳曰詵詵眾多也小雅傳曰駪駪眾多之皃○詩桑柔疏云甡即詵字甡

韻史 卷五十二第十二部平聲收韻 四九二八

甡聚皃詩桑柔釋文引聲類

屾

二山也說文段注此說義而形在是如珏之例

燊

盛也說文段注木部槖字下曰眾盛也此與同意

紫因切

𦘔

聿飾也俗語以書好爲𦘔說文段注飾今之拭字啟下詳之見彡下曰毛飾畫文也象形謂以毛拭畫成文彡象其文形也𦘔者筆之所拭文成彡形故从聿从彡楚金以彡妝飾解之繆矣俗語以書好爲𦘔此別一義今人所謂津津𦘔𦘔者蓋出此數義其好則口流盡液音義皆與盡通

津

𦨈古文隸作津○水渡也說文段注尚書微子曰若涉大水其無津俗本妄增涯字按經傳多假借津爲濜潤字周禮其民黑而津是○論語微子使子路問津焉集解引鄭注又後漢書張衡傳注竝云津濟渡處也又論語皇疏云津渡水處也又書禹貢又東至于孟津疏云津是渡處又水經河水注云自黃河泛舟而渡者皆爲津也津水也國語晉語亦爲君之東遊津梁之上注津因也廣雅釋水津湊也史記天官書絕漢曰天潢索隱

韻史 卷五十二第十二部平聲收韻 九二九

引元命包宋均注津天漢也國語周語曰在析木之津注○爾雅釋天云箕斗之閒漢津也津崖也呂覽求人曰出九津注津峽名也水經濁漳水注引孟康津鄉里名也水經江水注津姑螻姑也廣雅釋蟲津潤也津液也津汁也津進也汁進出也蓋按此皆段津爲𧖴也

𧖴

○俗有濜气液也說文段注此字各書皆假津爲之津行而盡廢見水部曰液盡也○文選沈休文新安江水詩注引字書云津液也又一切經音義廿五引三蒼云津液汁也又素問湯液醪醴論津液充郭注云津液者水也津汁也一切經音義五引蒼頡津進也汁進出也釋名釋形體津潤也周禮大司徒其民黑而津注○釋文云津本作濜津明潤皃管子侈靡若句盡期於月津注

璡

○俗有瑨石之佀玉者說文瑨美石次玉廣韵

此因切

親

至也說文段注至部曰到者至也到其地曰至情意懇到曰至父母者情之最至者也故謂之親○公羊莊廿七年

韻史 卷五十二第十二部平聲收韻 九三〇

傳生而覸之則親親注云親至親也親之也者親之也禮記郊特牲哀公問又大戴記哀公問於孔子親愛也孟子滕文公上信以為人之親其兄之子注○孝經故親生之膝下注云親猶愛也又禮記學記五年視博習親師疏云親師謂親愛其師又漢書谷永傳以親萬姓注云親謂愛養之親近也廣雅釋詁三○一切經音義九親比也呂覽貴信不能相親注親襯也言相隱襯也釋名釋親引蒼頡云親愛也近也屬親者屬也禮記大傳親謂身親禮記祭義其親也愨注○公羊莊卅二年傳解曷為與親弒者同注云親躬親也親猶自也禮記文王世子世子親齊玄而養注親謂父母也禮記大傳自仁率親疏奔喪始聞親喪注問喪親始死注又公羊莊卅二年傳君親無將注又漢書南粵王傳迺為佗親冢在眞定注○禮記喪服小記親親尊尊疏云親親謂父母也不可得再見者親也說苑敬慎親長父兄也禮記祭義立愛自親始教民睦也立敬自長始教民順也注親六親也國語周語愛親禮新注○後漢書秦彭傳注云六親謂父子兄弟夫婦也又馮衍傳注云六親夫婦父子兄弟也親謂在五屬之內儀禮

喪服記親則月筭如邦人注○周禮小司寇一曰議親之辟疏云親謂五屬之內及外親有服者親緦服以內也周禮掌戮凡殺其親者焚之注○禮記曲禮上兄弟親戚疏云親指族內又左氏昭十四年傳祿勳合親注云親九族親親若堯親九族也周禮大宰一曰親親注○大宗伯以飲食之禮親宗族兄弟注云親者使之相親人君有食宗族飲酒之禮所以親之也親謂支子甥舅國語鄭語非親則頑注親者謂舅所生禮記喪服小記祔於親者注親黨援也左傳僖五年輕則失親注同人親也易襍卦傳○太玄玄衝云親子善人玄錯云親附疏親猶知也國策秦策不能親國事也注親謂仁恩荀子不苟交親而不比注親民之結也國語晉語慈保庶民親也國語周語又說苑辨物

寴

平去兩讀○俗有寴儭至也說文段注至者親密無閒之意見部曰親者至也然則寴與親音義皆同故秦碑以寴剕為親巡廣韻眞韻曰寴古文親也震韻曰寴屋空皃此今義非古義凡廣韻之例今義與說文義異者必先舉今義

而後偁說文故震韵先云屋空皃而後至記文至也儭至也近也一切經音義四

辛　小因切

秋時萬物成而孰金剛味辛辛痛即泣出辛承庚象人股說文段注律書曰辛者言萬物之新生故曰辛律厤志曰悉新於於辛釋名曰辛新也物初新者皆收成也金剛味辛謂大成孰之味也辛痛即泣出故以為辠辛字辛承庚象人股象大一經○太玄玄數日庚辛泣云辛取其萬物皆新孰也辛新也御覽引崔靈恩禮記義宗○月令其日庚辛注云辛之言新也辛取齊戒自新之義也漢書禮樂志以正月上辛注○南齊書引盧植郊特牲注云辛之為言自新潔也辛者陰始成白虎通五行辛金也詩十月之交朔月辛卯箋又後漢書丁鴻傳注辛金味也周禮瘍醫以辛養筋注又素問陰陽應象大論注辛傷酸注五運行大論辛勝酸注江南曰辣中國曰辛韵謂引聲類○楚辭招魂辛甘行些注云辛謂椒薑也又山海經中山經云陽華之山多苦辛其味酸甘辛自克辛也藝文類聚引五經通義辛所以煞傷之也白虎通五行辛謂酸痛素問氣厥論膽移熱於腦則辛頞鼻淵注辛苦

窮也周書柔武以匡辛苦注太歲在辛曰重光尒雅釋天○淮南天文云酉在辛曰重光月在辛曰塞尒雅釋天辛酉夷辛卯我也竝白虎通五行帝嚳有天下號曰高辛高辛者道德大信也白虎通號辛氏即鄧氏也山海經海內經有國名曰流黃辛氏注

新

取木也說文段注取木者新之本義引申之為凡始基之偁采芑傳曰田一歲曰菑二歲曰新田其一耑也新初也廣雅釋言繕故曰新公羊莊廿九年傳新延廄者何注○穀梁莊廿九年傳僖廿年傳竝云其言新有故也修舊曰新詩新臺序釋文引馬注閟宮新廟奕奕箋○穀梁定元年傳云言新有舊也又左氏經僖廿年注云言新以易舊疏云新者易舊之意言新者皆以物不可用更造之辭左氏莊廿九年經春新延廄注新治擇之名也禮記內則曰新之注柬新部始製也淮南齊俗而刀如新剖硎注新鮮清絜之皃也太玄務新鮮自求珍注新宮者禰宮也穀梁

成三年傳田二歲曰新詩臣工如何新畬傳○爾雅釋地云二歲曰新田○萱按鄭於采芑臣工皆用毛傳爾雅二歲之說是也獨於坊記不菑畬凶注云三歲新田蓋來確或轉寫字誤新秦地名水經河水注○漢書王莽傳上信鄉侯佟上言注云古者新信同音萱按此段信為新也新雉辛蒐也文選甘泉賦列新雉於林薄注○後漢書馮衍傳注云新蒐亦樹也其花甚香

薪 薪蕘也說文伐木析之謂之薪詩棫樸傳萬民得而薪之疏○禮記月令收秩薪柴注云大者可析謂之薪施炊爨麤曰薪詩無羊以薪以蒸箋又左傳昭廿年藪之薪蒸釋文○周禮委人注云薪蒸給炊及燎麤者曰薪細者曰蒸薪樵也大樵曰薪禮記曲禮下某有負薪之憂疏○詩正月疏云薪蒸柴樵之名木大曰薪小曰蒸周禮甸師注○淮南主術注云大者曰薪小者曰蒸又管子輕重甲則是農夫得居裝而賣其薪蒐注云大曰薪蒸為薪易毄辭下傳厚衣之以薪虞注采薪即薪爾雅釋木○孫注云薪一名象槐薪火爝火也莊子養生指窮于為薪火傳也釋文引崔注

丙因切 賓宾賔 古文○俗有賓賔 所敬也 說文段注大宰八統八曰禮賓大宗伯以賓禮親邦國賓客渾言之也析言之則賓客異義又賓謂所以敬之人因之敬其人亦曰賓又君為主臣為賓故老子曰樸雖小天下莫能臣也侯王若能守之萬物將自賓司馬相如引詩率土之賓莫非王臣 賓客也 莊子徐無鬼以賓寡人久矣釋文引李注又呂覽高義比於賓萌注○左氏襄廿七年傳客一生所尊疏云賓即客也又詩吉日疏云賓亦客也又史記日者傳比周賓正集解引徐廣云客旅謂之賓 賓者敬主人之稱 詩臣工疏引敬異義 賓塈也 儀禮士昏禮注士昏禮記注 賓者接人以義者也 禮記鄉飲酒義○儀禮士冠禮贊冠者為介注云飲酒之禮賢者為賓其次為介又鄉飲酒禮主人就先生而謀賓介注云賢者為賓其次為介又其次為眾賓 之等 儀禮士冠禮注揖者告期于賓之家疏○士冠禮主人戒賓注云賓主人之僚友又士喪禮有賓則拜之注云賓僚友羣士也又書大傳大宗已侍於賓奠注云賓僚友助祭者 賓卿大夫士也 儀禮既夕禮賓賜者將命注 賓謂諸侯 周禮司几筵注國賓老臣也疏 賓朝聘者 禮記郊特牲賓大門而奏肆夏注 賓

掌諸侯朝勤之官周禮大行人是也 書洪範七曰賓鄭注○王注云賓掌諸侯之官也 乾尊稱賓 易始不利賓虞注 賓敬也 周禮鄉大司以禮禮賓之司農注又周書克殷乃命宗祝崇賓饗禱之于軍注又廣雅釋詁一又管子四稱不賓事左右注○白虎通五行云賓者敬也言陽氣上極陰氣始起故賓敬之也 賓服也 爾雅釋詁又詩采蘋箋蘋之言賓也疏又國語楚語其不賓也久矣注○史記司馬相如傳將往賓之索隱引賈逵云賓伏也 賓協也 禮記樂記諸侯賓服注 賓從也 書堯典寅賓出日馬注 賓列也 廣雅釋詁一又楚辭天問啟棘賓商注 賓導也 漢書律曆志上又列子黃帝賓者以告釋文○萱按此謂賓即儐之段借字也說文儐下云導也然則辭賓亦可作雜儐 賓道也 太今今數應鍾生蕤賓注 賓儐也 書堯典賓于四門鄭注○萱按此段賓即擯之段借字也說文合儐擯為一字與鄭君異 賓却也 書多士予惟四方罔攸賓馬注○萱按此亦段賓為擯也擯也○又按莊子說劍蓬頭突鬢此段賓為鬢也棄 賓 賓恭也 莊子德充符彼何賓賓以學子為釋文引司馬注○釋文引張注云賓賓猶賢賢也又引崔注云賓賓有所親疏也又引簡文注

云賓賓好名兜 賓階作階也 呂覽安死造賓階也注 賓器者尊俎笙瑟之屬 周禮鄉師州恭共賓器注 賓貢皮帛之屬 周禮大宰二曰嬪貢司農注○萱按先鄭謂嬪為賓之借字也亦一義 賓連者木名也其狀連縈相承 白虎通封禪 賓雀者老雀也棲宿於人堂宇之間如賓客者也故謂之賓雀 淮南時則賓雀入大水為蛤注○萱按呂覽季秋注同惟雀作爵 來賓言其客止來去也 禮記月令鴻雁來賓注

汃 西極之水也爾雅曰西至於汃國謂之四極 釋文段注釋地曰東至於大遠西至於汃國南至於濮鉛北至於祝栗謂之四極釋文邠李或作豳說文作汃同彼貿反按汃之作豳聲之誤也作邠則更俗臭而可證唐以前早有以邠代豳者許意兩極汃國必以汃水得名言水必以先汃與邑部言地先鄭善皆自兩而東如禹貢之先弱水黑也許不以溺水先於河者水莫尊於河與江也南都賦砏汃翢軋李善汃音八引埤蒼汃大聲也此假借別為一義其音亦可讀如邠砏汃疊韻也 砏汃翢軋波相激之聲也 文選南都賦注流湍

投瀐砏八搠軋注

瀕

○俗有濱頻水厓人所賓附也說文段注厓今之涯字附當作駙馬部曰駙近也瀕賓以疊韻為訓瀕今字作濱召旻傳曰頻厓也采蘋北山傳皆曰濱厓也今字用頻訓數張桑柔傳曰頻急也廣雅釋訓曰頻頻比也此從附近之義引申之率無二字二音而今字妄為分別積習生常矣瀕厓也漢書雋不疑傳竊伏海瀕注○廣雅釋王又詩南瀾之濱傳竝云濱厓也○召旻不云自頻傳云頻厓也瀕涯也漢書伍被傳轉海瀕之粟注鮑宣傳欲伏海瀕反洒自通遠矣注淮陽憲王欽傳注王莽傳下注叙傳下注又後漢書隗囂傳注濱涯也詩北山率土之濱傳又禮記射義釋之左傳昭五年注又公羊傳僖四年注又國語魯語注吳語注又漢書婁敬傳注董仲舒傳故太公起海濱而即三公也注又荀子君臣注又楚辭逢紛吟澤畔毗之江濱注又文選子虛賦畋於海濱郭注羽獵賦濱渭而東注瀕水厓也漢書成帝紀行舉瀕河之郡注濱水厓也淮南原道射沼濱之高鳥注瀕水涯也漢書諸侯王表北界淮瀕注地理志上海瀕廣潟注賈山傳瀕海之觀畢至注又後漢書張衡傳注濱水涯

韻史 卷五十二第十二部平聲臤韻 四九三九

也一切經音義七引字林又楚辭瀕遊朝四靈於九濱注濱水濁也文選思兮賦潘緒處彼湘濱注濱水際也素問異法方宜論海濱傍水注瀕河言傍河也漢書成帝紀注瀕猶邊也漢書地理志下瀕南山集注濱水邊方言十江濱謂之思注○後漢書袁安傳注云濱邊也濱是四畔近水之處詩北山疏○召旻箋云瀕當作濱又釋文引張揖字詁云瀕今濱濱近也國語齊語足以濱於死注又後漢書和帝紀注杜篤傳注○班彪傳上注云濱猶近也頻近華嚴經音義下引國語賈注頻比也廣雅釋詁三○詩桑柔箋云頻猶比也頻並也國語楚語韋神頻行注頻數也周書文酌三頻注頻急也詩桑柔國步斯頻傳頻憂頻也頻頒也頻戚也頻者頻蹙憂戚之容也頻蹙不樂而窮不得已之所謂也蓋按此段頻為為顰也注詳彼矣顰从頻卑聲在十六部音耳後人省頻為頻遂失其聲矣易頻復鄭作卑復僩不慎仁頻卽檳榔也文選上林賦注○萱按此段埴為揩也後人於頻聲字概誤蘋莫知其与濱同音矣

韻史 卷五十二第十二部平聲臤韻 四九四〇

避因切

覵

覵暫見也說文段注按覵覵異部而疊韻

闠

闠闠逗門連結繽紛相牽也說文段注門舊作門今正離騷時繽紛其變易王曰繽紛亂也

舊民切

矜

本韻兩見○俗有矝矜矛柄也說文段注方言曰矛其柄謂之矜釋名曰矛冒也刃下冒矜也下頸鐏鐏入地也按由禮記曰鏄予戟曰鐓金部淬言之不別也矜本謂矛柄故字从矛引申為戈戟柄故過秦論鍛矜即戟柄字从今聲今聲古音在眞部故古假矜為憐毛詩鴻鴈傳曰矜憐也言段借也釋言曰矜苦也其義一也若矜矜之得矜式無羊傳矜矜以言堅彊菀柳傳矜危也皆自矛柄之義引申之益矛柄段長直立於地牧誓曰偁爾戈立爾矛此謂戈柄短矛柄長也故謂義皆由是引申各本篆作矜解云今聲今依漢石經石論語溧水校官碑魏受禪表皆作矜正之毛詩與天臻民旬填等字韻讀如鄰古音也漢韋玄成戒子孫詩始韵心晉張華女史箴潘岳哀永逝文始入蒸韵由是巨巾一反

韻史 卷五十二第十二部平聲臤韻 四九四一

僅見方言注過秦論李注廣韻十七眞而他義則皆入蒸韻今音之大變於古也矛柄之字改而為種云古作矜他義字亦皆作矜从令聲又古令字形之大變也条鉦曰居陵切又巨巾切此不連其原委之言也○廣雅釋器云矜柄也又淮南兵略伐棗棘而為矜注云矜矛柄又詩清人箋矛柄近上及室題疏云矜謂矛柄也又釋文云矜字又作粢同又方言九矛吳揚江淮南楚五湖之間謂之鍦其柄謂之矜注云矜今字作雅又漢書陳勝項籍傳贊鉏耰棘矜注云矜與禮同錯矛縱之擬地也矜戟柄史記陳涉世家索隱平津侯主父傳齊秋矜索隱○漢書徐樂傳注云矜者戟之把也矜令也文選鮑明詠史詩注引書大傳注○荀子議兵矜糾收繚之屬注云矜謂參忕又漢書游俠郭解傳不矜其功注云矜夸伐也又後漢書朱浮傳注云矜誇多自取也彼矜者滿也管子法法○公羊僖傳九年云矜之者何猶曰莫若我也自賢曰矜晚出書大禹謨汝惟不矜傳又疏云自稱己賢曰矜○莊子漁父云人同於己則可不同於己雖善不善謂之矜矜自伐呂覽寡師得之無矜注○淮南詮言故通而弗矜注云矜自伐其功也又漢書晁錯傳責心力不啟矜注云矜謂自伐也矜大也廣雅釋詁一又國語晉語不可以矜而祇取憂

韻史 卷五十二第十二部平聲臤韻 四九四二

也注今矜翟之善注矜其伐而恥其功注越語勞而不矜其
功注又史記劉敬叔孫通傳此宜奇矜集解引韋昭又老子
不自矜注又呂覽士容非徵而矜其名也注矜自大也淮南本經和而弗矜注汜論而乃始立氣矜注○原
道恬偷無矜注云無矜不自大也記表記不矜而莊注云矜謂自尊大也又禮矜夸大也詩小弁序國人刺矜
其中甲箋矜尚也漢書賈誼傳集注矜敬也孟子公孫丑皆有所矜式矜莊也論語陽貨古之矜也廉皇疏
矜矜莊也論語衛靈公君子矜而不爭集解引苞注又皇疏矜顧矜莊相顧也文選舞鶴賦颯
皆矜顏注矜嚴也呂覽重言矜者兵革之色也注又楚辭憂苦折鈍推矜凝汜濫些注矜猶慎也大戴
記小辯矜行以事君注矜持也漢書刑法志集注矜竦也後漢書張衡傳注矜寒兒文選
思玄賦魚矜鵲而并凌今舊注矜遽也廣雅釋詁一○方言二云矜遽也秦晉或曰矜矜危也詩苑柳居
以凶矜傳又廣雅釋詁一○廣雅又云矜急也矜憐也矜惜也矜恤也矜哀也矜閔
也矜苦也萱按此皆段矜為憐也注在憐下凡矜字皆當从令作矜有識者不必諧俗

寅
𡩟古文髕也正月昜气動句去黃泉欲上出今云尚強也象宀
不達髕寅於下也說文段注髕字之誤也當作演史記淮南王書作螾律書曰寅言萬物始生螾然也
天文訓曰斗指寅則萬物螾高注螾動生兒律麻志曰引達
於寅釋名曰寅演也演生物也廣雅曰寅演也晉書樂志曰
正月之長謂之寅寅津也謂物之津塗按漢志釋名廣雅演
字皆演之誤水部曰演水脈也行中演演也演長流也俗人
不知二字之別演多誤為演以演釋寅者正月陽氣欲上出
如水泉欲上行也螾之為物詰詘於黃泉而能上出故其字
從寅律書天文訓以螾釋寅杜注左傳曰地中之泉故曰黃
泉陰尚強陽不能徑遂如宀之屋於上故從宀髕寅字之誤
也當作演演或曰當作螾螾宀象陰尚強更象陽氣去黃泉欲上出寅則萬物螾螾也文○淮南天又
云寅楚又云寅為建寅木也其禽虎也論衡物勢○漢書律麻志上云寅木也寅太陽也
表揭眠解寅歲陰也史記律書攝提格索隱寅為天漢之津今禮記月令疏寅引也
同上寅進也尒雅釋詁又詩六月元戎十乘先寅車先疾也詩六月傳吉汙潦水名

寅淮南說林上無壑注寅寅敬也萱按此段寅為寅也
夤𡩟籀書○或作頌敬惕也易曰夕惕若厲說文段注此與十二辰之寅各不同釋詁云寅
敬也凡尚書寅字皆段寅為夤也漢唐碑多作夤者凡云夤
綏者即延綏云八夤者即八埏皆雙聲假借也夕惕若厲乾
凡三支解也屬各本作夤今正凡漢人引周易夕陽若厲不
呶杖繫許書觽字下亦作夕惕若屬此引者說从夕之意也
夕惕者史減修容之謂凡許書引易并者法也說州从并之
意引易地可觀者木可觀於木說相夕目木之意引易先庚
三日說庸从庚之意引易豐其屋說豐从豐之意引易百穀
艸木麗於地也說麗从艸麗之意引易突如其來如不孝子突
出不容於內也說云从倒子之意皆假周易以說字形之意
學者不悟往往誤會於是改屬為夤改突為亡而惠民定宇
周易述意作夕惕若夤屬云如其來如炎○萱按周易
述增夤字於若厲之中乃巨誤也王尚書伯中經義述聞中辨之尤力
夤敬也漢書敘傳下集注引鄧展寅敬也尒雅釋詁又周書祭公寅哉寅哉注又大今今數辰寅卯注今
圖寅賢采微注又後漢書楊帝紀注賓寅傳注班彪傳下注
○萱按此皆段寅為貴也又史記五帝紀敬道日出風夜維

寅敬即堯典寅賓出入風夜惟寅也魯世家嚴恭敬
畏即無逸嚴恭寅畏也此經用訓釋字代正字也夤勤也
易泰以其夤釋文引鄭注夤大也方言十二又廣雅釋詁一夤出也易泰釋文引董注𡖼猶遠
也又夤緣出也萱按此段夤為延也董遇釋泰卦亦以夤為延假借字夤夾脊肉也萱按此段
夤為胂也又按殷玩君神祠碑叅是殺玩以為之夤段夤為限也
夤兌瓜也說文○尒雅釋艸云夤兌瓜
胂○俗有腴夾脊肉也說文段注易艮九三艮其限裂其夤馬云夤夾脊肉也虞亦云夤脊肉王弼云當中脊之
肉也按夕部夤敬惕也周易段為胂故三家注云兩廣
雅云胂謂之脢周易音義云胂以人反則胂音同夤朐謂
之胂廣雅釋親胂謂兩髁胂也素問繆刺論兩胂之上注

彤向鄰切十一部十二部兩諸注在彼
刑十一部十二部兩諸注在彼

鈃 十一部十二部两讀注在彼

鄰 亮民切 〇俗有隣从詔 五家為鄰 說文段注按引伸為凡親密之偁〇周禮遂人又禮記問喪鄰里為之糜粥以歠食之注又論語雍也以與尒鄰里鄉黨乎集解引鄭注衛靈公雖州里行乎哉集解引鄭注又莊子則陽何謂丘里之言釋文引李注又淮南則時制百縣注並云五家為鄰蓋按北海相景君銘鄰鄙歸向說者謂鄰即鄰字也然則郫即里字欤此漢時俗字於六書無可言者 五家為伍又謂之鄰鄰連也相接連也 釋名釋州國〇韓外傳四又廣雅釋地並云八家為鄰又禮記雜記疏引書大傳云古者八家為鄰 鄰鄰里也 禮記檀弓下与其鄰重汪踦往注〇周禮地官序官遂大夫注云縣鄙鄰比鄰遂之畱別也又遂人注云鄰里酇鄙縣遂猶郊内比閭族黨州鄉也 兌西震東稱鄰 易小畜富以其鄰廣注 鄰邑也 漢書揚雄傳上武義動於南鄰注揚雄傳下殊鄰絶黨之域注〇禮記坊記易曰東鄰殺牛不如西鄰之禴祭注云東鄰謂紂國中也西鄰謂文王國中也 鄰國敵也 新序善謀 鄰報也 論語里仁必有鄰皇疏 鄰緊也 管子五行五穀鄰熟注

鄰猶親也 左氏昭十二年傳僖其鄰者注 鄰近也 詩正月洽比其鄰傳又左傳襄廿九年鄰於善疏又廣雅釋詁三又小尒雅廣詁又荀子哀公注又管子水地注又文選東京賦始於宮鄰薛注〇左傳僖廿二年注云鄰猶近也又後漢書南匈奴傳注云鄰亦近也从 近也 漢書董仲舒傳集注叙傳亦从患而助信注引劉德上 隣 比也 淮南精神與德為麟注 鄰鄰眾車聲也 詩車鄰有車鄰鄰傳〇萱按此段鄰為麟也釋文云鄰本作麟漢書地理志下引詩序亦作車麟〇孫根碑至于東吅大虎戕仁又衡立碑宜亭難老彭祖為吅萱按此段吅為鄰也吅音義与鄰遠隔豈非从又譌變為吅欤〇又按列子天瑞馬血之為轉鄰此段鄰為鄰也粦去聲

粼

水生厓石間粼粼也 說文段注厓者山邊也 鄰粼清徹也 詩揚之水白石粼粼傳〇釋文云粼本作磷萱按磷借字也文選劉公幹贈從弟詩亦作白石磷磷 粼堅中 尒雅釋艸〇注云粼竹類也萱按此段粼為箒也 斑剝隱粼也 尒雅釋畜青驪粼驒釋文引郭云〇萱按此段粼為驎也今本經注皆作驒則後人改從本字也實則說文無驎亦無箒皆晚出字耳

瞵 目精也 說文段注吳都賦鷹瞵鶚視射雉賦瞵悍目以旁睞徐爰曰瞵視兒 瞵視不了也 玉篇引蒼頡 瞵斒文兒 漢書揚雄傳上望馬犀之瞵斒注又文選甘泉賦注引埤蒼〇萱按此葢段借之義

麟

麐 或〇據段氏說逐衍 麟大牡鹿也麐牝麒也 竝說文〇段麟下注云牡各本及集韻類篇皆譌牡今正玉篇曰麟大麐也是也子虛賦射麋腳麟謂此按許此篆為大麐篆為麒麐經典用仁獸字多作麟葢同音段借〇麐下段注云張揖注上林賦曰雄曰麒雌曰麟其狀麋身牛尾狼題郭璞曰麒似麟而無角按吝聲古音在十三部經典麒麟無作麐者惟尒雅麐而亦云本又作麟許書別麟麐為二又別麒麟之牝未知許書古本固如此不玉篇廣韻皆麟麐為一字許書葢本無麐字淺人所增今於麒篆下補麒麟二字於仁獸之上而刪麐篆併解說則於古經傳及尒雅皆無不合單許麟者大牡鹿也許麒麟者仁獸也麒麟可單呼麟麐者麟之或字 大鹿曰麟 文選東京賦解罘放麟薛注 麟牝麒也 尒雅釋獸釋文〇萱按此牝麒字作麟与說文異 麟狀如

麐一角而戴肉設武備而不為害所以為仁也 公羊傳哀十四年注〇詩麟之趾疏云麟麕身牛尾馬蹄有五彩腹下黃高丈二又釋文引詩屮木疏云麟麕身牛尾馬足黃色員蹄一角角端有肉音中鍾呂行中規矩王者至仁則出又周書王會規矩以麟注云麟似鹿牛尾一角馬蹄也 毛蟲之精者曰麟 大戴記曾子天員〇詩麟之趾疏引駁異義又禮記禮運疏引異義陳欽說並云麟西方毛蟲又家語執轡云毛蟲三百有六十而麟為之長 麟者木精 公羊傳哀十四年注又禮記禮運疏引異義公羊說〇古微書引春秋演孔圖云麟木之精也 麟中央軒轅大角之獸 禮記禮運疏引春秋演氏說又古微書引孝經援神契 麟中央土獸 左氏哀十四年經服注 麟瑞獸也 詩麟之子釋文又左傳西狩獲麟釋文又穀梁序麟感化而來應釋文 麟者仁獸也 公羊哀十四年傳又周書王會又太多衆麟或賓之溫注 麟者太平之符聖人之類 公羊哀十四年傳注〇左氏哀十四年經注云麟者仁獸聖王之嘉瑞也又大戴記保傳春秋之元注云獲麟春秋終也 麐靈獸也 尒雅釋獸疏云引孫注〇李注云麐瑞應獸名

麟麟光明也文選劇秦美新炳炳麟麟注○萱按此蓋段麟爲燐也燐即粦字又按左傳定九年釋文穀梁序釋文並云麟本又作驎然則麟驎亦爲正借字

獜

健也詩曰盧獜獜說文段注廣韻引犬健也今本奪犬字盧獜齊風文毛詩作令令纓環聲許蓋取三家詩也○廣雅釋詁二云獜健也萱按此則引伸爲凡健之偁

鱗

魚甲也說文段注甲者鎧也魚鱗似鎧亦有無鱗有甲之魚鱧是也○廣雅釋詁四云鱗甲也又後漢書謝弼傳云鱗者甲兵之符也鱗魚屬也呂覽孟春其蟲鱗注有屬又太玄窮水無鱗注鱗物魚龍之屬周禮大司徒其動物宜鱗物注又淮南墬形介鱗者夏食而冬蟄注云鱗魚龍之屬○考工記梓人鱗者注又禮記月令其蟲鱗注並云鱗龍蛇之屬又家語執轡云鱗蟲三百六十而龍爲之長介鱗熊羆魚蛇之屬大戴記易本命注○素問五運行大論注云鱗謂魚蛇之族類鱗獸東方青龍也管子幼官以鱗獸之大聚注鱗施玉綖也淮南齊俗含珠鱗施注○呂覽節喪注云鱗施施玉於死者之體如魚鱗也鱗羅若

鱗之羅也文選羽獵賦鱗羅布列注鱗集相次也文選難蜀父老鱗集仰流注鱗淪相次皃文選長笛賦波瀾鱗淪注鱗眴無涯也文選西京賦坻崿鱗眴注○周禮大司徒釋文云鱗劉李作鰵萱按劉段鰵爲鱗也而俗本譌作麵

鰵

鰵魚也說文段注亦三字句周禮其動物宜鱗物劉李作鰵音鱗按劉李段鰵爲鱗耳非川澤祇生此魚也集韻曰鱗通作鰵本劉

聆

聽也說文段注匡謬正俗載俗語云聆瓦聆者聽之知微者也文王世子曰夢帝與我九聆此段聆爲鈴夢天以九令鈴與己○廣雅釋詁四又文選思玄賦聆廣樂之九奏兮舊注長笛賦注引蒼頡竝云聆聽也耳聽曰聆聆猶聞也淮南精神性仍然仍注乃聆從也廣雅釋詁一聆聆意曉解也淮南齊俗所居聆聆注聆猶了了言迷解也淮南說山注冷猶了也淮南脩務精神曉冷注○萱按借冷爲聆同令聲也冷曉也莊子山木貞冷爲曰釋文引司馬注冷然

解悟之意也一切經音義十四引淮南許注

冷

冷水出丹陽宛陵西北入江說文段注丹陽郡宛陵二志同今安徽寧國府附郭宣城縣漢故城也前志宛陵下曰清水西北至蕪湖入江按許之冷水即班之清水應郡零陵冷道下注引說文此條則應氏未知清冷異名同實也冷水即今宣城縣六十里之青弋江元和郡縣志青弋水在宣州西九十九里水道提綱曰江水又東北爲蕪湖縣西北之魯港口魯明江南匯旌德太平石埭涇縣諸水東北流經宣城西北境曰青弋江折而西北流經蕪湖城南而西北注之見爲魯港口此水三源東南源出旌德南南源出太平南西南源出石埭西北按凡清冷用此字凡樂官冷人左傳用此字冷風和風呂覽任地子能使子之野盡爲冷風乎注冷冷小風也莊子齊物論冷風則小和釋文引李注冷冷清涼皃楚辭初放下冷冷而果風注冷然涼皃也文選江文通雜體詩注引莊子司馬注冷然輕妙之皃莊子齊物論夫列子御風而行冷然善也注冷毛毛長總結也周禮內饔羊冷毛而毳膻注○疏云冷毛謂長毛也冷毛毳毛別聚

於不解者也禮記內則羊冷毛而毳羶注○疏云冷謂毛本稀冷又釋文云冷結毛氈也冷汰猶聽放莊子天下冷汰於物以爲道理注○釋文云冷汰猶沙汰也冷人樂官左傳成九年冷人也注○昭廿一年傳冷州鳩曰注云冷樂官又漢書五行志下之上注云冷官也又云冷官曰冷伶樂官後漢書馬融傳上注○萱按此段伶爲冷也由韓詩始車鄰寺人之令釋文云令韓詩作伶又簡兮序疏云官者樂官之總名冷曉也冷猶了也冷然解悟之意也萱按此皆段冷爲聆也

伶

弄也益州有建伶縣說文段注涂錯曰伶人者弄臣也毛詩寺人之令釋文曰令韓詩作伶云使伶古伶人字本作冷冷人樂官也地里志郡國志皆有建伶縣今雲南雲南府西北有建伶廢縣伶傳單子皃文選寡婦賦少伶傳而偏孤兮注伶傳猶聯翩也一切經音義一引三蒼伶司樂官國語周語聞之伶州鳩注○詩簡兮序疏云伶官者樂官之總名又後漢書馬融傳上注云伶樂官伶人樂人也國語周語伶人告龢注又魯語令伶蕭承歌及鹿鳴之三注云伶伶人樂官也○詩簡兮序仕於伶官箋云伶人樂官也

伶氏世掌樂官而善焉故後世多號樂官為伶
官萱按泠之變伶由此樂人遂二字竝用矣

囹

獄也說文段注獄上當有囹圄二字本部曰囹圄所以拘罪人蓋許作囹圄與他書囹圄不同也月令鄭注曰囹圄所以禁守繫者若今別獄矣蔡邕云囹牢也圄止也所以止出入皆罪人所舍也鄭志崇精問曰囹圄何代之獄焦氏荅曰月令秦書則秦獄名也漢書若盧魏曰司空是也囹圄也櫳檻之名○漢書禮樂志囹圄空虛注云囹圄獄也囹圄

令之獄禮記月令釋文釋名釋宮室云獄又謂之囹圄囹領也圄禦也領錄囚徒禁禦之也周曰囹圄

此堂書鈔四十五引白虎通又獨斷云皇后紀工又廣雅釋宮○漢書獄名囹圄禮樂志注引應劭風俗通云周曰囹圄也又太平御覽六百四十三引風俗通云周曰囹圄令也圄與也言令人幽閉思愆改惡為善因原之也囹圄

法室也呂覽仲夏省囹圄注又淮南時則注孟秋

零

徐雨也說文段注徐名李作餘令依玉篇廣韻及太平御覽所引慕要訂徐謂徐徐而下之雨小雅與雲祁祁傳曰祁祁徐也箋云古者陰陽和風雨時其來祁祁然而不暴疾引申之義為零星為凋零零落也方詩中定之雲

雨既零傳野有蔓艸零露漙兮箋又後漢書馮衍傳下注又文選幽通賦何叢彙而零茂曹注○離騷惟艸木之零落兮注云零落皆墮也又云州曰零荅落也管子宙合○漢書敘傳云失時者苓落○萱按此段苓為零也，零

墮也廣雅釋詁二零也者降也大戴記夏小正栗零傳○零凋病也文選荅賓戲失時零落項岱注引零水即涿水也水經汋水注○樊毅碑士女涕冷冀州從事郭君碑同際涕冷張公神碑天時和兮甘零冷季翊夫人碑顏韶悲兮涕隕冷萱按此皆段冷為零也又禮記王制月令兩釋文竝云零本又作荅又離騷注云零一作荅此皆段荅為零也又詩東山零雨其濛說文作霝雨其濛此段霝為零也零冷荅聲同通用霝亦異部而同音

矜

李韻兩見注在前

鈴

令丁也令丁字一物也說文段注令平聲令丁疊韻字晉語十一注丁寧令丁謂鉦也吳語十九丁寧令丁謂鉦也而存於舊音補音廣韻曰鈴似鐘而小然則鈴鐲古謂之丁寧漢謂之令丁在旂上者亦曰鈴

在旂上詩載見和鈴央央傳○左氏桓二年傳錫鸞和鈴注云鈴在旂

鈴鈴聲也廣雅釋訓鈴鈴

筴聲文選遊天台山賦振金策之鈴鈴注令令纓環聲詩盧令盧令令傳○疏云令令即是環鈴聲之狀萱按此段令為鈴也九齡謂鈴鐸禮記文王世子夢帝與我九齡疏引皇氏○萱按古本作九聆段聆為鈴也言天与己以九个鈴也淺人用晚出齡字易之殊誤

玲

玉聲也說文段注甘泉賦和氏瓏玲太乍七依瓏玲皆謂玉聲法言廣雅作玲瓏○文選東都賦注引埤蒼云玲瓏玉聲也玲聲也廣雅釋詁四○後漢書班固傳下注云玲瓏玉聲也玲瓏明見兒注文選遊天台山賦注引漢書晉灼注玲瓏明兒賦珊瑚幽都玉名四穆天子傳玲瓏茂而瑣剎毛注

瓴

罋也似缾者說文段注罋大徐作瓮甕非高祖本紀曰譬猶居高屋建瓴水如淳曰瓴盛水缾也居高屋之上而幡瓴水言其向之勢易也建音蹇晉灼曰許慎云瓴罋似瓶者也按缶部云罌汲缾也瓴同物而非罌瓮

瓴謂瓴甋也管子度地瓴之尺有十分之三注瓴甋也廣雅釋室令甓瓴甋也漢書

酷吏尹賞傳致令辟為郭注○萱按此段令為瓴也令辟即瓴甋右作令適

軨

說軨以霝司馬相如車轄閒橫木說文段注車轄閒猶言車與閒也木部曰橫闌木也車轄閒橫木謂之直者橫者也軾與車轄皆以木一橫一直為方格成之大方格然楚辭倚結軨兮長大息涕潺湲兮下霑曰軨有軾較下縱橫木總名即考工記之軹轛也之橫從交結倚軨而涕霑軾則是倚於轛內之軾下霑軾也玉裁按惟此軨乃許所謂若曲禮僕展頗輪亦作轔士喪禮注所云轔轔展軨謂使馬捎東京賦疏轂飛軨薛解曰飛軨以緹紬一作油廣寸長柱地左龍青右白虎繫軸頭取兩邊飾二千無畫耳此蓋漢制飾古取以注急就篇之軨珠誤軨竝言正謂橫直結軨耳輕蓋亦凡村嵩字也按霝作靈零或作霝苓或作霝皆分霝通用之證左蔥靈寢於其中而逃蔥蓋作霝皆分霝江切霝即四十八注引尚書大傳曰未命為士不得有飛軨窗車也李尤小車銘曰軨之嫁處疏達闕通蒼右華更有不轅華者與木部楹楯閒子

軨車轜閒橫木也後漢書張衡傳注趙壹傳

注○萱按轞蓋來歸恐涤轞之字誤也軨者軒閒小木也漢書揚雄傳上擭軨軒而用流兮注軨車闌也禮記曲禮展軨効釋文引舊注文選甘泉賦注引章昭云軨欄也○笭車前闌也禮記少儀注幦覆笭也疏○萱按此段笭為軨軨轄繫也太玄文車軨馬軨注軨車轄頭軸也禮記曲禮釋文引盧注軨令之小馬車曲輿也漢書百官公卿表上車府路軨注引伏儼軨小也莊子外物而後世軨材諷說之徒釋文○萱按軨轢必用小木故又引伸為凡小之偁

柃

木也說文段注上林賦張揖注云櫺似柃椴云木也非其次當作柃椴也蓋蒙上釋柃字耳○萱按說文椴柃相次椴下云一曰燒麥柃椴也段注柃椴者熬麥器名

笭

車笭也一曰笭逗籯觚也說文段注竹籠也○萱按說文籯下云笭也籠下云曰笭也廣雅釋器云笭籠也然則三字為轉注笭橫在車前織竹作之孔笭笭也釋名釋車○廣雅釋器云篣筬謂之籧篨笭箕笭郎式也公羊傳昭廿五年注車覆笭疏○萱按以式釋笭渾言也析言之則當如

釋名釋車所云也笭車闌也禮記曲禮注覆笭也釋文○萱按此謂笭与軨同也儀禮既夕注狗幦覆笭也釋文云笭本或作軨舟中牀以薦物者曰笭言但有簀如笭牀也釋名釋船笭辟經絲貫杼中一閒并一閒疏疏者笭笭然并者歷辟而密也釋名釋采帛

苓

○俗有蘦苓耳逗卷耳艸說文段注釋艸毛傳皆曰卷耳苓耳也苓耳枲耳也廣雅釋艸苓大苦也詩簡兮隰有苓傳采苓傳○萱按大苦即黃藥單名苓者此物也卷耳則以苓耳二字為名非名苓也其釋艸之蘦自為甘艸當分別觀之若尒雅又說文蘦下云蘦大苦也詩釋文云苓甘艸也蓋互誤矣苓香艸名漢書揚雄傳上注苓地名荀子彊國其在趙者剡然有苓而據松柏之塞注苓落也管子合○萱按此段苓為零也漢書敘傳上失時者苓落注云苓與零同蓮一作苓史記龜策傳千歲乃游蓮葉之上○萱按此段苓為蓮雙聲字也七發七啟芳苓同此苓車前闌也禮記少儀疏○萱按此段苓為

軨也玉藻釋文云笭本作又軨

魿

蟲連行紆行者說文段注考工記梓人注曰連行魚屬紆行蛇屬按紆者詘也縈也蛇行必縈曲

蛉

蜻蛉也一名桑根說文段注戰國策曰六足四翼飛翔乎天地之閒方言曰蜻蛉謂之蝍蛉郭云江東謂之狐黎淮南人呼蠊蛜音康伊按淮南書水蠆為蟌即蜻蛉也今人作蜻蛉蜻蜓蛉蛄蛁蟟也廣雅釋蟲○方言十一云蛉蚨楚謂之蟌蛄或謂之蛉蛄螟蛉桑蟲萱按此段蛉為蠃也詳十一部

令

平去兩讀義分發號也說文○萱按令字古當專讀去聲淺人強生分別乃有平音平自剖使外注皆在被其買使義亦奐不可去聲也令使也詩韓奕慶既令居釋文又廣雅釋詁一又漢書食貨志下集注引李奇令狐郎猗氏也水經涑水注引闞駰丁令國名文選東京賦北奘丁令薛注○萱按此段令為零也陳湯傳丁令注云令與零同令令纓環聲詩盧令傳萱按此段令為鈴也○又陳防有鵲巢傳甓令適也此段令為鴒字又常棣脊令在原小宛題彼脊令皆段令為鶺也然鴒字後出令善也令色善其顏

色又令色無質萱按此段令為靈也二字異部同音而相段借詳在十一部靈下

秦　此鄰切

𥡉籀伯益之後所封國地宜禾一曰秦逗禾名說文段注鄭詩譜曰秦者隴西谷名於禹貢近雍州鳥鼠之山堯時有伯翳實皋陶之子佐禹治水水土既平舜命作虞官掌上下艸木鳥獸賜姓曰嬴歷夏商興衰亦既有人焉周孝王使其末孫非子養馬於汧渭之閒孝王封非子為附庸邑之於秦谷至曾孫秦仲宣王又命作大夫始有車馬禮樂之好國人美之秦之變風始作按伯益伯翳實一人皋陶之子也今甘肅秦州清水縣有故秦城漢地理志之隴西秦亭秦谷也地宜禾者說字形所以从禾从舂也職方氏曰雍州穀宜黍稷豈秦穀獨宜禾與按此字不以舂禾會意為本義以地名為本義者通人所傳如是也一曰秦名此別一義為秦津也其地沃衍有津潤也釋名釋州國秦四塞之國也說苑善說又風俗通記典大秦一名犁靬水經河水注引釋氏西域記秦香艸也又云秦木名也文選風賦離秦衡注奏一作秦秦謂螓首言髮如蠐螬史記扁鵲倉公傳而毛美秦髮索隱○萱按此

蓋叚秦為螓也詩作螓而說文無其字御覽引秦首蛾眉

詈　御鄰切

詈古文或作𡔲。語聲也說文段注左傳曰口不道忠信之言為詈引伸之義也言不忠信為詈書堯典詈訟可乎晚出傳。國語晉為詈瘖不可使言注云口不道忠信之言為詈親愛利子謂之慈反慈為詈賈子道術詈惡也一切經音義十二引蒼頡詈惡也廣雅釋詁一詈

頑惡語聲玉篇

訇

訇籀。俗有圁。本韻凡三見此切為圁水圁。陰圁陽之音圁水出上郡白土縣圁谷水經河水注圁陰作圜陰史記匈奴傳索隱引三蒼。蓋據圁缺圜者字形最近也

𧇡

兩虎爭聲說文

嬪　避鄰切

服也說文段注堯典曰釐降二女于嬀汭嬪于虞大雅曰摯仲氏任自彼殷商來嫁于周曰嬪于京傳曰嬪婦也按婦者服也故釋嬪亦曰服也老子賓與臣同義此詩曰率土之賓莫非王臣嬪與婦同義亦其理也嬪婦也爾雅釋親

又周禮天官序官九嬪注又山海經海外北經務隅之山九嬪蒸于除注人詩推變災主八嬪注又後漢書荀爽傳注〇嬪婦人有法度之稱也禮記曲禮下死曰考曰妣曰嬪注〇周禮太宰疏云嬪婦謂國中婦人有德行者嬪婦人之美稱也周禮太宰七曰嬪婦注又禮記曲禮下有嬪疏妾御曰嬪華嚴經音義下引國語賈注〇釋名釋親屬云天子妾有嬪嬪賓也諸妾之中見賓敬也嬪婦官也左傳昭三年以備嬪嬙注又國語晉語注〇齊語九妃六嬪注云婦也人周禮典婦功以授嬪婦注云嬪婦九嬪世婦御賤者左氏哀元年傳宿有妃嬙嬪御焉注嬪貢絲枲周禮太宰二曰嬪貢注嬪物絲枲也周禮大行人其貢嬪物注〇鄭司農注云嬪物婦人所為物也〇嬪[illegible]嬪也太弁從幽嬪之月注〇萱按此段嬪為賓也賓與嬪義近又周禮太宰注云嬪故書作賓又大行人注云故書嬪作頻按段頻猶賓也頻濱同物嬪然多兒也漢書王莽傳上嬪然咸行注蓮按此引伸之義亦近闕若繽

矉

恨張目也詩曰國步斯矉說文段注大雅文毛詩作頻云頻急也鄭云頻猶比也哀哉國家之

政行此禍害比比然頻字絕非假借此作矉者蓋三家詩許偏毛而不廢三家也又按通俗文蹙頻曰矉ㄟ者顰之假借〇萱按通俗文見莊子天運釋文矉蹙者愁兒莊子至樂髑髏深矉蹙頞釋文引李注

[illegible]

鬼兒說文段注比蓋與[illegible]之義相近

薲

或作大蓱也說文段注釋艸曰苹蓱其大者蘋毛傳曰蘋大蓱也薲蘋古今字〇左氏隱三年傳蘋蘩薀藻之菜注云蘋大萍也又呂覽本味崑崙之蘋注云蘋大蘋水藻也又後漢書華陀傳注云蘋滸水上浮萍麤大者謂之蘋小者為萍又采蘋疏書同沈者曰蘋詩采蘋序釋文引韓詩蘋水艸也後漢書班彪傳下注蘋之言賓也詩采蘋箋采蘋言卿大夫之妻能循其法度儀禮鄉飲酒禮乃合樂注又燕禮遂歌鄉樂注同惟循作脩

玭

蠙夏書玭从虫賓珠也宋弘也曰淮水中出玭珠玭珠珠之有聲者說文段注珠也謂珠名也伏生尚書徐州之貢淮夷玭珠泉魚宋仲子謂淮水中出玭珠與鄭古文尚書說合玭珠珠

之有聲者七字當作玭蚌之有聲者六字玭本是蚌名以爲珠名素路曰玭蚌也廣韵曰蠙珠母也西山經篆魮之魚其狀如覆銚鳥首而翼魚尾音如磬之聲是生珠玉江賦所謂文魮磬鳴郭傳云蚌類按玭蚌蓋類是能鳴故曰蚌之有聲者夏書玭从虫賓謂古文夏書如此作古音在十二部故唐韵步因切其音變為蒲邊扶堅二切小篆从比其與聲也玭字蓋亦古文故伏生尚書作此按夏本紀地理志從之非伏生依小篆其壁藏本固爾也〇萱按此實玭蠙皆雙聲字古文夏書作蠙則本从賓聲也韋昭薄迷反之音可無庸若書釋文云字又作蚍則轉假借同比聲之字矣蠙是蚌之別名書禹貢疏〇大戴記保傅玭珠以納其間注云玭亦作蠙

[illegible]

說文段注以賓韻釋之

櫇

櫇木也說文段注未詳疑即仁頻也上林賦有仁頻孟康曰仁頻椶也李善曰仙藥錄云櫇椰一名椶然則仁頻即櫇椰也

民　美鄰切

[illegible]古文眾萌也說文段注萌古今皆不誤毛本作氓非古謂民曰萌漢人所用不可枚數今周禮以興鋤利

許未部引以興鋤利義愚謂鄭本亦作萌故注云變民子萌異外內也萌備情匕無知兒也鄭本亦作漸非吅字大氏漢人萌字淺人多改為氓如周禮音義此節攜致氓是也斷又改氓為萌則今之周禮是也說詳漢讀張民萌異者析言之也以萌釋氓者渾言之也○貫子大政下云夫民之為言萌也萌之為言盲也

民氓也廣雅釋言

民者冥也書呂刑苗民弗用靈鄭注又詩靈臺序民始附也箋又周禮賞正疏送入疏文論語泰伯民可使由之鄭注

民者瞑也又春秋繁露深察名號云民之號取之瞑也○君子也外是民也注○書多方序遠殷頑民鄭注云民無知之稱

民泯無所知者荀子禮論有是士

民者眞也出書晚陳君

易剝君子以厚下象上傳則刑罰清而民服賢以及萬民虞注象下傳民忘其勞以虞注民不害傳定民無疆虞注觀民也以左右民虞注象下傳君子以振民育德辭民亡傳害山與民同患虞注如尹傳民君子以勞民勸相天下之民虞注則民不與也虞注因民數以擊民辭下傳數民行

坤為民易象上傳君子以容民畜衆虞注以察辭下傳虞注

坤為萬民

坤陰為民

易象上傳聖人養賢以及萬民虞注之中以生疏云民者人也又略廿五年傳疏云民謂人也

民者人之大名詩小旻傳昔曰先民疏○左氏成十三年民受天地○左氏十三年莊

民謂泯廣貴賤者皆是也

傳所以監民也疏

民安土者也續漢書五行志四

民謂百姓也文選東京賦薛注

者士農工商也說苑政理有士民有農民有商民○穀梁成元年傳云古者有四民又公羊成元年傳民有四

年傳識始使也注云古者有四民一曰德能居位曰士辟土殖穀曰農三曰巧心勞手以成器物曰工四曰通財

術貨而曰二民

民者賢不肖之材也賈子大政下

民者萬世之本也賈子大政上

民者卑而不可不因者民在莊子在宥

民者君之本也穀梁傳桓十四年傳○

民者君之體也春秋繁露為人者天

子大政上云民者諸侯之本也

民者國之本也鹽鐵論

左氏桓六年傳民神之主也

魯語民和而後神降之福○又國語

夫民神之主也

三國志陸抗傳○淮南主術云民者國之本也

民國之根也

通祀典云民人神之主也

秦謂民

為黔首呂覽大樂凡民無異知者也孟子盡心上注云民者吏之

程也賈子大政下

人民謂刑人奴隸逃亡者周禮內宰注云民之以分其人民以居家人之中吏也○

人吏子弟周禮朝士注云人民奴婢也賈

之君也禮記坊記注云民有言先

先民古賢人也晚出書伊訓疏引國語

道者也孟子盡心云天大民之所夫人有之謂之注○莊子

角也周禮小司寇注以敬能屬相與為民主

民民衆兒詩大雅皇矣民之寡矣

有○俗字傳云亂也說文不○

亂也大戴禮

惛怋懜也大戴禮記不亂傳曰不惛

惛亂也廣雅釋訓○蘊按左傳文元年注言惛亂之

惛病人覛也說文段注

覛者作病人覛也

所以釣也說文段注云古今字也

民

罠連網謂之罠爾雅釋器

罠也集韻七命注引廣雅罠兔罟也

石之美者

玉名也

似玉者

玫　玫注駮云珉石之似玉者○蕢按聘義作碈荀卿王霸作珉用字不同而同訓爲石之美者或作砇碈碈○凡三見十二部十五碈碈部今音也十三部古音也

曰石之美者說文段注謂石之美者名玫此字義之別說也○蕢按此義古音似皆當讀如文詳十三部

玫瑰迗火齊珠此義讀枚一

撮口呼　舉詢切

均　平徧也說文段注平者語平舒也引申爲凡平舒之偁徧者帀也平徧者平而帀也言無所不平也小雅節南山傳曰均平也古多段旬爲均亦段鈞爲均

均平也詩節南山秉國之均傳又周礼大司徒以土均之灋注小司徒乃均土地注又周書大匡權內外以立均注大衆市有五均注又國語周語度律均鍾注其餘以均分公侯伯子男注魯語堯能單均刑法以儀民注齊語井田疇均注吳語食土不均注又漢書地理志上集注又呂覽孟夏以集爲均淮注又淮南原道因天地之自然則六合不足均也注兵略賦文均注又太乎太乎止車轂均疏注○周礼地官序官均人注土均注並云均猶平也

均平均荀子富國忠信調和均辨之至也注均和

均均平書禹貢均于江海馬注○蕢按

爲不破字星文爲說也鄭注云均讀曰沿○礼記月令琴瑟管簫疏云均者均平其聲

均同也周礼司几筵凡

疏又左氏傳五年傳均服振振賁注服注又國語音語均是惡也注楚語君王均之注又荀子君子德雖如舜不免刑均

注　均等也史記酷吏傳未嘗敢均茵伏索隱又素問五常政大論五化均衡注

均易也爾雅釋詁均

賦也廣雅釋言

均調也詩皇皇者華六轡既均傳又周礼大司樂掌成均之灋司農注又離騷字余曰靈均注晉二子撫瑟而調均注

均猶調度也周礼內宰稱其均稍食注○司稼掌均萬民之食注云均謂度其多少又列女傳毋儀云主多少之數者均也

均所均聲也文選思玄賦亂於律均兮考治舊注

均長八尺施弦以調六律五聲文選思玄賦注引樂緯汁圖徵宋注又後漢書張衡傳注○國語周語律所以立均出度也注云均者均鍾木長七尺有弦繫之以均鍾者度鍾大小清濁也漢大予樂官有之

均陶者之輸也管子七法猶立朝夕於運均之上注

均輸官名屬司農後漢書劉盆子傳注○蕢按九章算術第六章曰均輸○御覽近

勞績

均均田也爾雅釋訓釋文引字林○大戴記夏小正農率均田傳云均田者始除田也言農夫急除田也

天均者天倪也莊子寓言

坤爲均易說卦傳

均服者謂兵戎之事貴賤上下同此服也左氏傳五年傳均服振振疏○蕢按此段均爲袀也釋文云均本作袀又漢書律歷志五行志皆引袀服振振

均古韻字也文選嘯賦音均不恆注又引晉均子虛賦注云均與韻同○蕢按古曰均今曰韻一物也乃習用韻字既久與均劃分平去遂莫知均韻爲古今字異嘯賦外亦罕有用音均字者

旬均也易豐雖旬无咎注又釋文○蕢按此旬即均之段借字也二字義本相近

謂洵均也爾雅釋言又詩羔裘洵直且侯傳蕢按此謂洵爲均之段借字也○釋言李注云洵偏之均也

鈞者均也漢書律麻志上○蕢按此謂鈞爲均之借字也又魏大饗卑夏啟有均臺之饗段均爲鈞也二字互相段借

鈞同也左氏昭廿八年傳鈞將皆死注又國語晉語鈞之死也注若之何其鈞之也注又孟子告子工鈞是人也注○左氏襄六年傳若多鼓鈞聲注云鈞同其聲

鈞等也左氏成六年傳善鈞從衆注又國語晉語之死不若聽君之命注又又北漢書淮夫傳集注又呂覽功名取其行鈞也注賁信鈞其一死也淮南叙真然而夫本性均也注則時鈞衡石注總稱鈞之哭也注○礼記投壺鈞則曰左右鈞注云鈞猶

等也

鈞調也國語周語細鈞有鍾有鎛注○大不出鈞注云鈞所以鈞音之法也

洪鈞大鈞謂天也文選張茂先荅何劭詩洪鈞陶萬類注○呂覽有始又淮南天文並云中央曰鈞天又有始注云鈞平也爲四方主故曰鈞天

鈞陶鈞也莊子齊物論而休乎天鈞釋文引崔注○太乎鈞否注云陶爲鈞

人作瓦器法下轉旋者一曰天也淮南原道鈞旋轂轉注○史記魯仲連鄒陽傳獨化於鈞陶之上索隱引張晏云作器下所轉者名鈞又漢書鄒陽傳注引張晏云陶家名模下圓轉者爲鈞又播物注云今造瓦者謂所轉者爲鈞

鈞範也史記魯仲連鄒陽傳索隱引張晏

袀同也呂覽悔過注又文選吳都賦劉注○蕢按此謂袀爲均之段也然袀亦自有同意由兵服上下無別引伸之也

鈞

旬金古文三十斤也說文段注斤者十六兩也三十斤爲銖萬一千五百二十爲黍二十七萬六千四百十漢志曰鈞者均也陽施其氣陰化其物皆得其成就平均也按古多段鈞爲均○周礼大司寇入鈞金注又考工記輪人注稱兩輪鈞石同疏又禮記月令鈞衡石注又文選西京賦洪鐘萬鈞薛注並云三十斤曰鈞又左氏定八年傳顏高之弓六鈞注

又漢書作麻志上又後漢書匕趙典傳注滿河傳注陳忠傳
注又呂覽適音大不出鈞注仲秋正鈞石注並云三十斤為
鈞又家語正論趙簡子賦晉國一鼓鐵注云三十斤謂之鈞又說苑
辨物云三十斤為一鈞又考工記㮚氏重一斤鈞注云鈞重三十斤
又孟子梁惠王上吾力足以舉百鈞注告子下今日舉百鈞注云百鈞三千斤也 三十金曰鈞 管子小匡小罪
入以金鈞注 秤二謂之鈞 小爾雅衡○考工記冶氏重三鋝注云今東萊稱或以大半兩為鈞十鈞為環
重六兩大半兩○蓋按稱秤正俗字秤二即三十斤也其以大半
兩為鈞者於三十斤之鈞為七百二十分之一多寡懸絶特
一隅之俗語云爾 鈞銓也 呂覽仲春鈞衡石注 鈞者均也鈞同也鈞等也鈞調
也鈞範也鈞陶鈞也洪鈞大鈞謂天也中央曰鈞天 蓋按此皆段鈞
為均也注在彼亦有段均為鈞者

袀

乍服也 說文段注各本無此篆而袗篆下云乍服也益誤合二為一與鼎部鼏鼏同今依文選閒居賦服以齊乍
李善注所引說文正左傳卜偃曰童謠云袀服振匕服虔曰袀服黑也吳都賦六軍袀服劉注曰袀皂服也士昏礼女從

韻史 卷五十二第十二部平聲諄韻 四九七五

者畢袀乍袀乍言衣色月令孟冬東乍路鄭云令月令作袗
似當為袀戸之誤也按令士昏礼月令袀皆諷作衫知其字
形相遮易誤矣又鄭釋士昏杜釋左傳皆釋袀為同此謂袀同
即均之殷借字耳○礼記月令疏云袀是乍色又云袀同
義又漢書五行志中之上注云袀服
黑衣又獨斷下云袀細繪也 袀戎服也 義晉書上音
服也 淮南齊俗尸祝袀袗注○漢書王莽傳下集注云袀純也 袀同也兵服上下無別故
曰袀服 呂覽悔過今袀服同建注○儀礼士冠礼云兄弟畢袀同也袀 乍注又士音礼注又文選吳都賦劉注
下○蓋按訓袀同者乍服之義袀服為本義而訓同為引申之義
無別故也故 訓為殷借字亦為有間意之

姰

均適也男女併也 說文段注為狂又相倫黃練二切今按義篇韻音訓為狂者按今訓亦為同引申之義也 姰姰狂

恂

叙均切

信心也 說文段注鄭箋皆云洵信也詩釋詁曰為之如洵且樂 廣雅釋詁四 說文段注
詢皆段詢為恂也若論語恂恂如也鄭注引方言宋衛且曰
李將軍段恂匕如鄙人史記作悛匕如鄙人此皆逡巡字之段漢書溫恭兒

韻史 卷五十二第十二部平聲諄韻 四九七六

洵

借而非正字也 恂信也 大戴記衛將軍文子為下國恂蒙注又漢書地理志下集注又穆天子傳周穆王且恂士師之
言可也釋文○方言一云恂信也宋衛汝潁之間曰恂 洵信也 詩靜女變叔于田箋有宛丘
傳恂恂也 漢書馮立傳集注恂恂誠謹 兒 漢書李尋傳集注恂恂謹信之兒 小爾雅廣言 蘇林曰 恂恂也 詩溱洧釋文引韓詩且恂恂樂兒也 恂恐兒恂匕敬也恂匕恭順兒 蓋按此十三部皆段恂為逡也 恂戰
也 恂恐兒恂匕敬也恂匕恭順兒 在蓋按此十三卯 禮記大學注 恂
吳人呼瞬目為恂目 恂衆也段恂為峻 恂其容兒嚴栗也 按列子黃帝釋文○蓋按此段恂為旬也 詳
言 去聲

過水出也 說文段注各本誤作過水中令正釋水曰水自過
水注引字林曰洵過水也 洵水也 按經有小水之名也水經陰
是也有段為洵者如洵且樂 箋為洵且直且樂者 段為均者如有段為洵且
也如吁嗟洵兮 注韓詩無之洵于夐兮是也 洵均也
也有段為注者國語 詩 蓋按此段洵為均也 洵

韻史 卷五十二第十二部平聲諄韻 四九七七

遠也 蓋按此段洵為夐 洵信也 蓋按此段詢者亦洵為恂也 或作詢者亦恂之借字 洵龕也 爾雅釋言

郇

○俗有
周文王子所封國在晉地 說文段注之昭也 左傳曰富辰曰郇
左傳曰畢原酆郇文之昭也毛傳曰晉地 左傳富辰曰郇伯
盟於郇 志於郇地 在二城○ 左傳曰 郇伯
東北二十五里有郇城 東解縣西北 地里志 河東郡解縣
晉為國也 解縣地北二十五里有郇城
郇蘇秦傳作新陽說文叔郇 陽 陞聲相近 郇國名 公周書王會左注○周書
二苟字故說苟謂即詩奐郇但說而文無苟疑郇荀夫論志
分之也蓋五借通用當於郇國滅之後荀李同字而後作人誤
而去邑加艸與叔重知其同字故略苟不錄耳 苟艸名又姓荀子儒○廣韻
數秦昭王問于孫卿子曰注云漢宣帝名
揃劉向編錄故以荀卿為孫卿也 揃拒也 玉篇

韻史 卷五十二第十二部平聲諄韻 四九七八

韻史　卷五十二第十二部平聲段韻

珣 十二部十四部用讀義分 毉無閭之珣玗琪周書所謂夷玉也一曰玉器 讀若宣 說文段注尒雅曰東北之美者有毉無閭之珣玗琪焉琪璗同毉無閭山名在今盛京錦州府廣寧縣西十里左原賦謂之於微閭玗璗合三字為玉名玗琪二字又各有本義故不謂連舉其義也蓋毉無閭珣玗璗皆東夷語玉顧命文鄭注云東北之珣玗琪也一曰玉器此字義別說也訓器則讀若宣○宣按宣在十四部珣宣一聲之轉尒雅璧大六寸謂之宣蓋此也 珣玗琪玉名也 淮南墬形注○玉名郭璞作玉屬

恂 頊耑也 說文

楯 去匀切 俗有○楯杝也 說文段注此杝木別名非即杝字也左傳孟莊子斬雍門之楯以為公琴○左傳杜注云楯木名

趨 羽匀切 獨行也 說文段注唐風獨行睘睘毛云無所依也睘聲匀聲合音最近故睘趨同義

匀 少也 說文段注少當作币字之誤也币者周也徧也徧者币也是可以得匀之義矣廣雅曰匀也徧也齊也作彌少必

四九七九

韻史　卷五十二第十二部平聲段韻

愻 思匀切 或作恂 悳也 說文○宣按悳者慈也與憂之訓和行不同俗書皆改悳為憂矣

旬 叙匀切 古文 徧也十日為旬 說文段注大雅王命召虎來旬來宣傳曰旬徧也菀彼桑柔其下侯旬傳曰旬均也周禮均人豐年則公旬用三日焉注曰旬均也讀如營營原隰之營易坤為均今書亦作旬者內則旬而見注曰旬當為均嫡長同時生子以生先後見之也易說卦坤為均今亦或作旬按旬與均音義皆略同後土部曰均平徧也又按許書古文鈞作𨥂儀禮今文絢作約知古旬匀二篆相段為用十日為旬此徧中之一義也而必言之者說此二篆从勹日之意也日之數十日自甲至癸而一徧○書堯典三百有六旬釋文又數梁極十四年傳必有兼旬之事焉釋文又左氏宣十一年傳事三旬而成注又呂覽季春而甘雨至三旬注季夏三旬二日注責辛旬日取之注姓云十日為旬又周禮宰夫旬終則令正日成注又儀禮少牢饋食有一日亦注又禮記曲禮上旬之外注又呂覽孟夏注又淮南齊俗一旬亦孟之注姓云旬十日也又孟子梁惠王下五旬而舉之注云五旬五十日也 旬徧也滿也 漢書翟方進傳集注 旬時也 文選魏都賦量寸旬劉注 旬均也 易豐雖旬无咎注又釋文又管子修靡旬身行注○宣按豐釋文云旬荀作

四九八〇

韻史　卷五十二第十二部平聲段韻

均劃晒作鈞然則鈞亦自之通借字 旬治也 廣雅釋詁三小爾雅廣詁又 旬猶徇也 太平昆奚尺旬也注○詩江漢來疏云旬作徇音義同 旬來宣旬即巡也 管子入國注○宣按此謂旬為巡之借 旬始星天名也 楚辭遠遊造旬始而觀清都注 旬始妖氣 文選東京賦惛旬始薛注

樛 大木可為鉏柄 說文

撮口呼二

淵 涓邊切 或 囦 古文○俗有𣶒 回水也 說文段注類回字子淵江賦濵滙涵注用因字 回淵水也 文選吳都賦劉注引論語撰考於回淵注○王文憲集序注引論語考識云淵水也 水積則成淵也 山海經大荒東經甘淵注○管子度地云水出地而不流名曰淵水 淵潭也 ○論語泰伯如臨深淵孔注 淵池也 國語晉語以為淵而注 淵谷也 廣雅釋山 淵水 審為淵水之止水為淵之流為淵審 淵深也 文選蔡邕典引淵源之德注○禮記中庸淵淵其淵疏云淵水深之兒也又左傳文十八年疏云深

四九八一

韻史　卷五十二第十二部平聲段韻

水增 淵深也 詩燕燕其心塞淵傳又左氏八年傳齊聖廣淵注又太史公自序淵注又釋詁三又小爾雅廣詁天太歲在亥曰大淵獻又孫炎注之方中秉心塞淵箋又注又爾雅釋天太歲在中日淵又淮南注又漢書叙傳下集注 淵淵深也 廣雅釋訓 淵藏也 爾雅釋天大淵獻李巡注又淮南注 淵水之府也 山海經中山經中山之山神淵 宮也 楚辭招魂注 淵曰虞淵 楚辭遠遊虞淵注 晚出書武成傳云淵藪 淵在下為淵 易坎卦象傳入淵 淵者靜穆之謂耳 莊子應帝王注 淵穆深美之辭也 文選典引有淵穆之讓蔡注 淵藪 漢書班固傳下注 蕭附之閒曰淵淵宛也言宛曲也 釋名釋丘 淵鼓聲也 詩采芑伐鼓淵淵傳○宣按此段淵為鼘也

䢎 行皃 說文

四九八二

韻史　卷五十二第十二部平聲disagreement

韇
韇○俗有韇韇鼓聲也詩曰鼗鼓韇韇 說文段注詩小雅商頌作淵淵魯頌作咽咽皆假借字也魯頌音義曰本又作韇韇字也小雅傳曰淵淵鼓聲也魯頌傳曰咽咽鼓節也今商頌作韇鼓淵淵
聲也 廣雅釋訓

鷳
鳥聲聲也 說文段注如淵為水聚

邊 門淵切
行垂崖也 說文段注釋詁曰邊垂也土部曰垂遠邊也厂部曰崖山邊也广部曰庪高邊也行於垂崖曰邊 而垂度謂之邊 邊偏倚也 禮記檀弓工齊衰不邊坐注以邊坐注 史記高帝紀楚集解 引文穎又漢書注 邊謂相接 穀梁定十二年傳邊乎齊地注 邊方也 廣雅釋詁四 邊近也 國語吳語注 邊境也 禮記玉藻其在邊邑注 邊邑九州之外 邊者陽氣所為流毒所加也 論衡言毒篇 ○又云邊徼者 邊要也 疾謂之邊 邊東東 尒雅釋木

四九八三

韻史　卷五十二第十二部平聲臤韻

趨
邊 籩 說文 竹豆也 說文段注豆古食肉器也木豆謂之豆竹豆謂之籩周禮籩人掌四籩之實注曰籩竹器如豆者其容實皆四升○尒雅釋器云竹豆謂之籩又國語周語品其百籩注云籩竹器容四升黃楊校官碑云籩豆用獻獨用竹曰籩事周禮天官序官籩人注又論語泰伯籩豆之籩文禮樂志嘉籩列陳注○地里志下飲食以籩豆注又漢書禮豆之禮注云以竹曰籩又後漢書儒林傳上注劉歆傳桑籩 籩亦禮器 尒雅釋器注○後漢書儒林傳上注云竹謂之籩 籩豆禮食之器也 左氏傳廿三年傳加籩豆六品注又漢書劉歆傳注多之籩 籩豆礼器也 朱浮傳注 籩祭棗栗之祭 儀禮特牲饋食禮祝特邊祭注

玄 許羽切
𢆯 古文 幽遠也黑而有赤色者為玄 說文段注老子曰玄之又玄眾妙之門高誘注淮南子曰天也聖經不言玄妙至偽尚書乃有玄德 廟 敬玄許 此別一義也凡染一入謂之縓

四九八四

再入謂之赬三入謂之纁五入為緅七入為緇而朱與玄周
禮尒雅無明文鄭注儀禮曰朱則四入與注周禮云玄色者
在緅緇之間其六入者與按纁染以黑則為緅ヒ漢時今文徵黑又染則更黑而
禮言如頳色也許書作
赤尚倘ヒ可見也故曰黑而有赤色○至七入則赤不見矣緇
與玄通倘故禮家謂緇布衣為玄號 文選文賦注引字書
云玄幽遠也又詩七月載玄載黃傳云
又何艸不黃何艸不玄箋云玄赤黑色 玄黑而有赤也玄猶
幽也 後漢書馬融傳注 玄謂幽深難知 荀子正論上周密則下疑玄矣注○解散水執玄也注云
玄深也亦幽又深疑難測之時注 玄者幽寂之謂也 注後漢書張衡傳注○解散晚出偽書行傳下云
玄者幽寂之謂 玄德也 玄猶妙也微也 太玄經大玄注 元大冥之居在天為玄在人為玄乃廣注
精微也 又張衡思玄賦注○大元大冥之居 文選東京賦注 玄微也 精微也 玄 太元 者自然之始祖也 文選注 管子 都同 序謂之玄 廣雅釋言 漢書禮樂志注 又張衡
天也 廣雅釋言注 又天也玄謂大太初 元也 文選注 又文選注 清神恐歲之 又注 是玄
辭 精數方為之大則玄起兮 又文選東京賦注 清風協於玄 楚辭

四九八五

韻史　卷五十二第十二部平聲臤韻

德 薛注新論云玄者天也 蘇注 ○ 釋名釋天云天又謂之玄 玄也如縣物在上也 又後漢書張衡傳注引桓譚新論云玄者道也 天也 玄謂道也 廣雅釋詁三又文選齊竟陵文宣王行狀注 玄闢以闡化注多調 書張衡傳注 ○ 又云玄訓 玄道也 後漢書 道德之訓也 文選東京賦薛注 玄猶聖也 文選江文通雜體詩 詩下筆降玄 玄靜也 文選三都賦序玄晏先生曰注 玄深隱也 荀子正名篇玄俯物名實玄微注○後漢書張衡傳贊注云玄猶深 也 玄神也 文選東京賦玄謀設而陰行注云心藏神內役為玄 又薛注○太玄生神象 注云玄中神戰 玄者神也 玄物之極也 老子注 除天以不見為玄地以不形為玄 之魁也 玄太一 玄為太 玄告 人以心腹為玄 玄猶妙策也 後漢書崔駰傳注 玄符天符也 文選劇秦美新 玄者冥也 老子同謂之玄 大論集注 玄在天為玄 素問陰陽應象大論 文符 玄言高遠而黯黑也 論衡太玄 素問 五運行大論注 云玄符注 玄謂 玄正元 太虛玄深 太論蒙注 又文選注 云玄謂 大論素問六元正紀大論注 玄黑也 廣雅釋器又小尒雅廣詁又論語皇疏 曰 黑也 又淮南覽冥注 乃至於 漢書五行志下之上集注 地理志上集注 又淮南子 于

四九八六

韻史　卷五十二第十二部平聲臥韻

中雲之素朝注又楚辭招魂玄玉之梁坐注又文選東京賦六玄艸之爽爽薛注羽獵賦注引蔡邕月令章句補亡詩爽爽玄霄注○大戴記夏小正玄校傳云玄也者黑也又禮記檀弓上牲用玄注云玄黑類又楚辭恐思垂明月之玄珠注云黑光曰玄又恐世偏與予玄英異色注云玄英純黑也玄黑也又楚辭懷沙玄文處幽兮注玄緇色之小別詩羔裘箋衣羔裘疏緇玄陰色也禮記郊特牲齊之也以陰幽思也疏玄水色也漢書地理志上注○楚辭靈懷玄輿馳而並集兮注云玄者水也玄天色也文選大將軍讌會暉峻朗注○禮記曾子問執玉束帛疏玉藻衣正色疏大夫玄華疏兹云玄是天色又考工記畫繢之事云天謂之玄玄纁者天地之色周禮染人夏纁玄注又穀梁傳傳卅一年注○公羊莊廿二年經注云取其順天地也震為玄黃易說卦傳○文言傳云玄黃者天地之雜也玄黃病之變色詩卷耳我馬玄黃疏○爾雅釋詁注云玄黃人病之通名又張注云玄黃馬更黃色之病玄黃謂繪綺也後漢書張衡傳注○書禹貢厥篚玄纖縞晚出傳云玄黑繒玄酒新水也儀禮士冠禮玄酒在西注○士昏禮記酌玄酒注云

四九八七

韻史　卷五十二第十二部平聲臥韻

玄酒洗水又家語問禮注云玄酒水也玄尊明水也呂覽適音上玄尊而俎生魚注玄秬黑黍也後漢書班彪傳下注玄玄冠也禮記雜記委武玄縞而后蕤注○玉藻玄冠朱組纓注云玄冠委兒也玄端其袖下正直端方與要接也釋名釋衣服○穀梁傳卅一年傳有司玄端奉送注云玄端黑衣接神之道又大戴記公冠四加玄冕注云玄端朝服諸侯冠玄裳齊服也家語五儀端衣玄裳注玄製皂衣也文選東京賦丹首玄製薛注玄甲鐵甲也後漢書竇憲傳注玄輅黑輅呂覽孟冬乘玄輅注○萱按輅當改作路玄孫玄縣也上縣於高祖最在下也釋名釋親屬○爾雅釋親曾孫之子為玄孫注云玄者言親屬微昧也九月為玄爾雅釋天歲在壬曰玄黓淮南天文○萱按爾雅釋天太歲又曰玄黓史記麻書玄黓作橫艾在北方曰玄天淮南天文又呂覽有始○有始命曰玄明注云玄明大明也玄官主禮天之官也管子幼官共玄官注冥水官也左氏昭元年傳為玄冥師注又服注○昭十八年傳禳火于玄冥回祿注又後漢書張衡傳注玄

四九八八

韻史　卷五十二第十二部平聲臥韻

云玄冥水神也又白虎通五行云玄冥者入冥也玄海北方之海淮南墬形流水就通而合於玄海注○莊子知北遊知北遊於玄水之上釋文云玄水名玄圃在崑崙山上文選東京賦右睨玄圃薛注玄堂北向堂也呂覽孟冬天子居玄堂左个注玄砥黑石也淮南墬形玄天六百歲生玄砥注玄鳥燕也禮記月令玄鳥至注又呂覽仲春注仲秋玄鳥歸注又楚辭天問玄鳥致貽注○大戴記夏小正陟玄鳥蟄傳玄鳥者燕也詩玄鳥傳云玄鳥鳦也玄鳥謂鶴也文選思玄賦子有故於玄鳥兮舊注玄豹黑豹也山海經中山經即谷之山多豹注玄武謂龜蛇位在北方故曰玄後漢書馮衍傳注○張衡傳注云玄武謂龜蛇也王梁傳注云玄武北方之神龜蛇合體又云玄武水神之名玄貝貽貝尒雅釋魚玄駒褭驂爾雅釋畜○文選東京賦薛注云玄與懸古字通萱按懸當作縣玄縣異部同聲得用通用也又荀子正論注解蔽注兹云玄或謂讀為眩此同系聲相通段

玆

○俗有滋黑也从二玄春秋傳曰何故使吾水玆說文段注按在傳哀八年何故

四九八九

韻史　卷五十二第十二部平聲臥韻

使吾水兹釋文曰兹音玄此相傳古音在十二部也又曰之本亦作滋子絲反此俗加水作滋因誤認為滋益字而入之之韻也艸部兹從絲省聲凡水部之滋子部之孳鳥部之鷀皆以兹為聲而兹滋字故當音懸不當音收廣韻七之作滋一先作滋音義各不同為是也且訓此之兹本假借從艸之兹而不用當二兹之兹蔡邕石經見於隸釋漢隸字原者尚書兹字五見皆從艸則唐石經皆作兹者非矣今李說文滋孳鷀篆體皆誤從兹左傳釋文曰兹音主李亦作說滋子絲反濁也則林云黑也按宋本如是今李兹滋互易非也且本亦作滋字仍胡滑切不同水部滋水字子絲反也陸氏誤合二字為一○素問六節藏象論如艸兹者死注云兹滋也如艸初生之青色也黃帝此俗本兹誤為兹滋也古本必不尒又五藏生成論故色見青如艸滋先注云兹滋也此為不誤則彼處之誤益信者兹黑也左傳哀八年釋文引字林兹濁也左傳哀八年注

訇

訇

舊本韻凡三見義各別○此紐乃訇鄉之音餘不錄

四九九〇

韻史五十三　　泰興何萱石閣譔集　子庚校字

第十二部上聲　　上海顧錫麒竹泉覆審

稹韻　　武進李兆洛申耆鑑定

開口呼

稹（承腎切）穜概也。周禮曰：稹理而堅。說文段注：此與鬒為稠髮同也。引伸為凡密緻之偁。稹理而密，考工記輪人文。鄭云：稹，致也。致，今之緻字。○詩鴇羽釋文引廣雅云：稹，概也。又文選江賦注引字林云：稹，稠概也。稹者根相迫迮梱致也。詩苞栩集于苞栩箋。○鴇羽傳：苞，稹也。釋文云：稹本作稹。又考工記釋文云：稹本作縝。萱按：縝段借稹字。稹則轉寫尊一畫耳。今人呼物叢緻者為稹。尒雅釋言：苞，稹也。注○孫注云：物叢生曰苞，齊人名曰稹。

紖（菫稹切）紖或作絼。牛系也。說文段注：牛系所以系牛者也。周禮封人作紖，鄭司農云：紖箸牛鼻繩，所以牽牛者，今時謂之雉，與古者名同。後鄭云：紖字當以豸為聲。按紖讀如豸，池爾切。漢人呼雉即紖也。紖變作紖而讀丈忍切，仍紖雉之雙聲。今人讀紖

今忍切則非也。少儀：口牛則紖。○晉書音義上引字林云：紖，牛系也。又廣雅釋詁二云：紖，係也。紖索也。廣雅釋器：紖所以牽牲也。○禮記少儀注。○萱按：周禮疏云：小紖牛君執紖。注：紖，係也。注：屬其六紖。段：紖為引也。緤紖靷所以繫制之者。

頣　舉目視人皃。說文段注：目當依廣韻作眉。舉眉揚眉也。尚書古尚書說同。○

腎（稍稹切）水藏也。說文段注：今尚書古文說云：腎者水藏。又上古天真論云：腎者主水，受五藏六府之精而藏之。素問逆調論、痿論並云：腎者水藏。又白虎通、禮記月令疏引異義，多云：腎象水也。○古文說：腎者主水，注：腎者牝藏也。素問水熱穴論注引靈樞：腎為陰藏，上為虛危，引之精。○古今注云：腎者孤藏也。素問脈要精微論云：腎者胃之關也。素問水熱穴論云：腎者陰也。金匱真言論：陰中之陰腎也。○素問六節藏象論云：其華在髮，其充在骨。素問痺論：腎痺者善脹。又風論云：腎風之狀。金匱真言論主藏精。其應在冬。腎者至陰也。○水熱穴論注：腎主水。

注：腎之為言寫也，以竅寫也。白虎通情性：腎者主寫。又釋名釋形體云：腎，引也。腎屬水，主引水氣灌注諸脈也。素問痺論：各以其時注。○四氣調神大論：逆之則傷腎。注：腎者主冬。腎為雨。淮南精神：腎主於冬。腎為水，因水故雨。○注云：腎者作強之官，伎巧出焉。素問靈蘭秘典論：腎智。白虎通情性：腎堅也。廣雅釋親。

弞　○俗有弞。說文段注：各本弞下有也。詮誤：今俗有弞字，引伸為笑不壞顏曰弞。況，古音訓況之言滋益也。字訓況者為茲。況者，益也。凡言況者，其意兼益滋之。況為滋益之況，又況茲意凡況，皆是況字。曲禮之詩云已，其言滋益也。如是況也。又如說書之意。引伸者益。增之。傳曰況是多為弞字。況也。弞詩云：伐木矣。傳日凡弞之況。又作況也。滋又禮記中伊人左傳上言滋作弞。今俗又詩下張衡注之傳下注柳弞。又傳思弞之集注漢故弞。釋言況也。又弞者思賦注可通傳多。字者弞之況。皆卜辞書冥之注文注集注。弞長也。東齊

曰弞。方言：弞，長也。廣雅釋詁二：弞，長也。又云：弞，大也。禮記曲禮上：笑不至矧。注：○釋文云：矧本作哂。又論語先進：夫子哂之。皇疏云：哂，本曰矧。大笑則見齦。小笑曰哂。○萱按：矧本作哂，借字也。大笑見齒本曰矧。異體字作哂。先進：夫子哂之。論語：弞，笑也。音義皆別而俗造哂字。形音義皆別而改之。集解引馬注云：哂，笑也。

合口呼

蠢 若本聲之切。𡉚作壼。宮中道。詩曰：室家之壼。說文段注：釋宮曰：宮中衖謂之壼。郭云：巷閤間道也。按大雅：室家之壼。毛曰：壼，廣也。箋云：壼之言梱也。皆引伸假借之義。○文選魏都賦：永巷壼術。劉注：壼，梱也。國語周語注：國語周語：壼者，廣裕民人之謂也。

毳（見演切）蠢䖝（？）也。廣雅釋詁二：䖝，蠢也。

𧝘（古典切）衣也。說文段注：衣者依也。𧝘所依曰𧝘。衣𧝘，不自有其衣而以其衣衣天下，此聖人

之所取法也。繭未繰也。一切經音義十七引蒼頡：繭栗言角之小如繭及栗之形也。漢書禮樂志：牲繭栗。注。繭繭，聲氣微也。禮記玉藻：言容繭繭。注：繭繭猶綿綿。上同。繭是袍之別名。蕫按：此為襺也。段：繭足下傷起形如繭也。蕫按：上繭字是䗃之段借。

襺 袍衣也。以絮曰襺，以縕曰袍。春秋傳曰：盛夏重襺。說文段注：玉藻作繭，言者字之段借也。絮中往往有小繭，故絮得名繭。以絮，鄭注玉藻云：纊為繭，又析言之也。玉藻許言絮者，糸部曰：纊，絮也。鄭注玉藻：纊，新綿也。許謂新綿為纊，舊絮為絮，故纊為新綿，縕為舊絮也。纊，絮也。縕，紼也。糸部曰：縕，紼也。孔安國論語注：縕，枲著。許慎注淮南子曰：縕，亂麻也。亂麻即亂枲，是為長襃。鄭注禮記云：縕，今纊及舊絮也。左傳曰：遠為方暑，掘地下冰而牀焉，重繭衣裘。許慎注云：襃，衣也。襺袍衣有著之異名也。禮記：纊為繭，縕為袍。注。左傳襄廿一年：繭衣裘者若今大襦也。繭衣裘注。

蕫按：作繭者省借也。繭 單衣。左傳襄廿一年注。純著新綿名為襺。詩無衣疏。爾雅釋言釋文云：襺，綿衣也。襺，絫也。廣雅釋器。或作新絫。作絸者誤字。○作小束也。說文段注：齊民要術曰：麻葉欲小，縛欲薄，為其易乾。○廣雅釋詁三云：葉束也。

翼 皺○俗有黑皺也。說文段注：皮部無皺字，見於此。戰國策墨子百舍重繭，往見公輸般。淮南書申包胥累繭重胝。

翼 七日七夜至於秦庭。皆借繭為繭。足下傷起形如繭也。漢書敘傳中重翼也。○廣雅釋器云：翼也。漢書以存，荊注又後重繭累胝也。國策宋皺胝也。一曰足指約中。漢書段頌傳注。策注。

斷傷 集韻

堅 集演切 堅牛很不從牽也。一曰大兒。說文段注：很不從牽，故从牛臤會意。臤者，堅也。一曰大也，別一義。

堅很也。廣雅釋詁三

演 以淺切 演長流也。一曰水名。說文段注：演之言引也，故為長遠之流。周語注曰：水土氣通為演。演，引伸之義也。水名未詳。

演引也。漢書五行志下之上集注。又後漢書班彪傳上注。又文選西都賦注引蒼頡。長笛賦有所搖演注。演延也。言蔓延而廣也。釋名釋言語。演廣也。漢書五行志上集注。演遠也。小爾雅廣言。水土氣通為演。演猶潤也。國語周語注。演，水土演而民用也。注。又漢書五行志上集注。演謂為其辭以演說之。左傳昭二年易象春秋疏。

瞚 他典切 瞚大目也。說文

忝 他玷切 忝辱也。說文。又爾雅釋言。又書堯典否德忝帝位釋文。又詩小宛無忝爾所生傳。又禮記坊記辟不辟忝厥祖注。又孝經注。又國語周語不忝前人注。又太子銑忝惡至注。又文選幽通賦忝集注。又後漢書崔駰傳注。又漢書敘傳上集注。又漢書敘傳下集注。莫忝分忝沒也。漢書敘傳上注引晉灼。曹注。

剪 即淺切 剪疑作前。○齊斷也。說文段注：釋言曹頌傳皆曰：前，齊也。士喪禮：斷者為其從刀也。其始前為刀名，因為斷物之名。斷物必齊，因為凡齊等之偁。如實始剪商，謂周之氣始與商齊等，語本甚明。

戈部引此詩作戩，商字之假借，如竹箭之為竹晉也。前古假借為翦。毛傳曰：翦，去也，是也。禮經蚤揃假借為之。又或假借為翦。今字作翦，俗作剪。詩閟宮箋：翦，斷也。宣十二年其翦以賜諸侯。注：翦，割也。左傳成二年：翦滅此而朝食。襄注。八年：翦馬頸。注：哀十四年：是翦余二年而翦其邑。注云：翦，削其所以翦。為仇讎。禮記文王世子：不翦其類也。注。一年：衛人翦夏戊。注云：翦，削也。襄廿二年：翦其爵。戩也。呂覽制樂：此文王之所以翦商也。左傳成二年注：翦，除也。止殃翦妖也。注。襄八年注：又文：翦，盡也。選西京賦：而翦諸鶉首。注：翦絕也。太乎永其翦滅也。文選序：遂踐翦斷。鄭注：周禮秋官序官：翦氏。命劃也。注：禮記玉藻：凡有血氣之類，弗身踐也。注云：翦，滅之言也。翦猶殺也。翦刀翦進也。所翦稍進前也。釋名：翦，勤也。爾雅釋詁。○漢書嚴助傳：劉注云：翦，勤也。爾雅釋詁。○爾雅釋言：翦，齊也。○翦，同。又集注引晉灼云：劉張偉曰：翦為之人，翦民呼釋字也。注刀翦為翦也。異字而雙翦淺黑也。周禮巾車：前樊鵠纓。注：翦，淺黑也。禮記曲禮：不翦。注：古文翦作翦。云：劉翦聲通用。劉異字而雙前淺黑也。淮南齊俗：越人鬋鬋。注。鬋斷也。淮南齊俗。

鬋 鬋鬋鬢也。禮記曲禮：鬢下不須。疏以鬋為鬋治鬢發也。蚤鬋。注：蕫按：通作翦。漢書。

韋賢傳鬋茅作堂韋平成傳 揃切也 廣韻揃謂被分割也 史記西南夷傳

勿鬋勿伐皆用借字 西南夷後揃注

翦 羽生也一曰矢羽 說文段注羽生也羽初生如前齊也前古之翦字今之歬字釋器金鏃翦羽謂之鍭 鏃矢異於金鏃志矢之鏃短衛骨鏃不前羽 翦者前也前者斷齊也 按儀禮既夕翦羽謂之志 不翦羽謂之志 故云翦淺也羽初生必淺 縮翦注○萱按此引申之義也 一曰矢羽

翦翦淺短皃 莊子在宥而佞人之心翦翦者 釋文引李翦翦善辨也 釋文云翦翦佞皃 引司馬注翦翦狹小之皃

鬋 女鬢垂皃也 說文段注法也言九侯之女裝飾兩結垂鬢下 說文鬋鬢兒說異 又長髮曼鬋 結鬋 鬋滑澤其狀豔美儀皃陸離 按張揖注上林賦亦云 刻畫鬋鬢 言美人長髮工 子曲禮不蚤鬋 士虞禮蚤鬋 鬋或為鬋 鬋主謂女鬢 不施於男子 大記爪手翦須可證曲禮注翦鬋釋文作翦鬋鬢非是 皆翦之假借字也 喪

韻史 卷五十三第十二部上聲禛韻 四九九九

揃

鬋斷也 鬋剔治髮也 鬋鬋髮也 萱按皆翦之義 注在翦下

○俗搣也 說文段注急就篇沐浴揃搣寡合同 莊子皆可以休老 史游與沐浴之揃搣同類言 揃者道家脩養之法 [illegible] 士喪禮士虞禮蚤揃 揃爲鬋 揃或作鬋 曲禮注揃鬋 爪翦 斷爪 [illegible] 本義以揃為鬋之借字 顏師古以揃為翦 誤 [illegible] 萱按說文揃搣也 一曰搣者摩也 然則揃亦搣也 莊子曰靜默可以補病 揃搣可以休老 其頻皆 [illegible]

揃搣也 亦斷也 一切經音義十四引字林○萱按揃即今録記 文書 周禮職金注 此其數量 疏既兼揭正借四義而失分辨

韻史 卷五十三第十二部上聲禛韻 五〇〇〇

辥 辠人相與訟也 說文 避演切

辯 ○俗有辯治也 說文段注治者理也 俗多與辨不別 辯者判也 ○左氏昭元年傳 主齊盟者誰能辯焉 荀子議兵 [illegible] 辯治也 荀子正名 辯非 [illegible] 辯 別也 正也 辯理也 荀子王霸 [illegible] 禮記樂記 辯者 [illegible] 禮記玉藻 辯 正也 論物明辯 明於節 [illegible] 謂之辯 辯者言之信 [illegible] 又莊子 辯 明也 [illegible] 辯慧也 廣雅釋詁一 [illegible] 釋文引字林 [illegible] 又易管子五輔 [illegible]

韻史 卷五十三第十二部上聲禛韻 五〇〇一

辡

辯 捷也 文選晉武帝華林園集詩 [illegible] 辯也 廣雅釋言 [illegible] 辯 次第也 [illegible] 辯 變也 [illegible] 奪也 [illegible] 辯 [illegible] ○萱按 [illegible] 皆作辯 [illegible]

韻史 卷五十三第十二部上聲禛韻 五〇〇二

言又荀子非相注儒效注議兵注正論注性惡注又呂覽察微注離謂注又文選東京賦司儀辨等注◦周禮小司徒疏云
辨猶辨分別事也荀子王霸如有治辨注彊國之道辨分也易象傳易注◦周禮鄉師注云辨別異也上
剝以辨明察也荀子富國注◦周禮鄉師注云辨明者辨
鄭注牀也以辨明也周禮以小宰六又曰易略正名辨辨說是也者注云辨明
也辨辨然不疑惑也周禮所以後端者文社曰感辨辨注◦與水經沙注云辨
辨謂考問得其定也禮記學記一年視離經辨志謂別其心意所趣鄉
也禮記曲禮云辨者中心之使王之制論辨荀辨有辨人之義也說苑辨
護者供時用相禮儀也者離然後辨之象志注注◦辨猶具也以考工記總目
釋文◦周禮酒正辨三酒之倍儀之禮控河道紀也注契辨猶成也後漢書耿辨使也民器又
物疏云辨者豫先之名注易辨護注辨以慎辨物居方小雅廣
言辨憂也廣雅釋詁一艮為慎辨注易象下傳君子以慎辨物居方
指閒稱辨◦易剝牀以辨虞注辨上稱辨辨膝下也易剝釋文引薛注◦鄭注云辨謂近膝之下◦
韻史　卷五十三第十二部上聲禛韻　五〇〇三

居則相近則相辨謂牀身之下牀足之上足與牀身分辨之
處故謂之辨是也易剝釋文又崔注云辨在第足之閒辨彰也廣雅釋器革中
絕謂之辨牀足之上◦又黃注云辨牀第足之閒辨彰也
遠也易剝牀以辨之上疏辨也◦京陵之地九夫為辨左傳襄廿五年辨別也易象
上傳君子以辨類族辨物注禮記又鄭注鄭注云辨猶別也
之辨鄭注云辨也左傳又鄭注辨由辨之不早辨也辨君子以辨上下鄭注言辨其辨之不早辨也
姓注仲尼燕居禮記辨長幼之辨其語樂記男女無辨則亂
生而有辨注又周禮鄉士國語注也音引齊注云言以辨又告辨
寬不略注辨周語受之京賦辨義引方丁位晉呂覽注蘚注子淮南上萬
鍾別注禮又義文選東京注義矣禮注云辨而又正別辨也辨分別攸
務注辨禮又辨之東之周幼辨曲禮上云分辨猶辨各注也
禮鄉飲酒義朝廷之辨注義◦別不分辨二字辨注也◦有分辨之
記註記又辨辨注家注多◦◦不分禮上云然此又此又此
事也◦禮記按辨與辨注又二字辨謂辨布也
為提辨偏也廣雅釋詁辨即偏之段借字也按此辨謂辨布也班也按又此辨或段借辨為
合為辨偏也辨即偏之段借字蓋也按
為平
為貶
韻史　卷五十三第十二部上聲禛韻　五〇〇四

齊齒訶二
緊（几引切）
或作緊作緊者嬀又作絲作縷口緊練急也說文段注緊急雙聲此字別作縷玉篇
左作緊公作作作取殺作緊則別本作緊公四年鄭伯緊卒千古切二切考
一也而顧書讀作緊作緊也緊矣千以其聲與是以文選
久矣集韻養韻作緊字釋名云緊也其緊也
宋時故有韻緊字特丁度等不切先用韻正作緊也
耳春秋鄭伯緊者釋文不載緊急也廣雅釋詁一緊糾也廣雅釋言緊縮也
考經字者所當知緊謂其堅彊者管子問戈戟之緊猶實也文選
責問氣交變大論注大緊注
論其凡緊飲
九井詩風物緊纂糾繚也楚辭疾世心緊纂
自漢緊注
趣（舊引切）行皃說文
引（漢頃切）開弓也說文段注開弓曰張是門可曰張引可曰開
有以◦俗為轉注也施弦於弓曰張鉤弦使滿以竟矢之長
亦曰張是謂之引凡延長之偁開導之偁皆引申於此小雅楚
茨大雅召旻毛傳皆曰引長也◦淮南說林引弓而射注云引
張弓也又後漢書第五倫傳注引彊謂弓弩之多力者控引之引申也◦國語齊語是以國家
注云引彊謂弓弩之多力者控引之不日引注◦漢書律
韻史　卷五十三第十二部上聲禛韻　五〇〇五

麻志上云引者信也又文選長笛賦注引廣雅引長也
云引伸也又引與信也注云引引長也
禮少牢饋食禮注引云釋文引長也
書張下衛傳注◦引訓選引思者伸也
禮弓之車名曰引尒雅又注云引猶引
者長下注未引及引疏云引猶續也
引洛詩長之西京賦進引引
勝文友臨逐也塗李善注◦後漢書傳引
使致也◦引家語注西京賦引
引宏也◦文選注引
勝腾文友注也塗李選
引致也◦引家語而不入云京猶及注
釋引宏也◦文選注
詁封引謂急也而不入從官引賦進引
己以注封引謂急也語注西引未名曰
引謂泄引也◦論素問陰陽應象大論引
文六年引之表儀注
又廣雅釋詁三云儀注而陰陽應象大論
義又左傳文六年疏引道云
云引謂在前曰引
韻史　卷五十三第十二部上聲禛韻　五〇〇六

宣論天地之所收引也注云引斂也論是謂五章政大引卻也禮記
引謂牽引使收斂也狀引注廣雅釋言引亦
玉藻則必引而去引楯拔擢也淮南萬物依真引弘貫也釋言
若之纍注文選長笛賦故聆曲引者注楯琴賦於是曲引向閣注自引
曲也。吳都賦南音劉注云商角徵羽各有引
自殺也。文選寡婦賦甘六引謂引喪車索也周禮大司徒屬其
按喪大記注生而自引注云在棺曰紼行道曰引引其物則六引司農注之。
也也荀子王霸言結引指在道言注云紖引車者高以呂紖實軸其物紖萁

紖所呂引軸者也說文段注秦風毛傳曰紖所以引軸也紖亦不
傳於軸左傳兩紖將絕音軸能止言之軸以箸明之日紖載於軸引此兩紖毛
紖之任力幾與陰韖等沃紖在與下而之駕於兩束材乃設紖環以絕續此可見
引之詩非衛非故是詩云服外續孔沖遠云見紖於前軏相當之環且上以紖合能騎紖而
力不當僚於是騎在陰服後於服與云不繫於軒淈旋之釋執上非能任高
所以引車也又軏也許云所以引軸說引不可易也。為務注云釋紖車云引紖軸
也荀子王霸鞞常以紖結引馳外為務注云紖引軸

韻史 卷五十三第十二部上聲稹韻 五〇〇七

之物蓋按結引即紖也
荀用借字注用正字
陰紖伏兔也。廣雅釋器
又長行也。說文段注玉篇曰今作引
是引弓字行而又廢也
又左傳僖廿八年韅靷鞅靽注後漢書郭憲傳注
在胸曰紖
徹或作𢷎理也。說文𢷎謂申布也。文選西京賦注振
天維地絡
戭或作長槍也。春秋傳有檮戭說文段注𢷎者古通俗曰之木
古戭兵器名取槍距之義耳
矛戭兵器戲非氏才子八愷之一也見左傳用作全文十日八年漢書古之
也。○高陽氏才子八愷
戭或作檮戭按潛夫論借字也
作檮演段借字也
螾引或側行者說文段注考工記卻行仄行連行紆行以胸鳴者注仄行蟹屬與許異今卻行螾衍曲行一語之長
蚓也上蚓俗轉或謂胸忍為巳郡有胸忍縣音以此蟲得名
漢書地理志注引音蠢蠢如蚓胸脂之蟲也見上呂覽應同先見大螾
螾蚯蚓也小牙之卯利注又呂覽應同注天先見大螾螻蛄○孟

韻史 卷五十三第十二部上聲稹韻 五〇〇八

子滕文公下則蚓而後可者也
注云蚓也。考工記梓人注螾蚯蚓也
六行蛥螾自屬蝪蚓之衍○今曲蟮也
謂蚓之蟺衍謂之蟺蝪注蟺蚓
蛇之蚓○蚓屬家語闕蠑
息也之蟲家心語執而不食
東云蟺注蚓也方言十一云蚓
蠶也食之蛇蚓作蛄蝟又蜷
蚓曲蟮也漢書賈誼傳注引夫豈從方言
螾引無也。廣雅釋蟲螾曲蟮也
入耳雅釋言十一云螾屬不氣

切 亮引

領有○俗項也說文段注當作頸頸人乘𩠐傳曰領頸也此許
按項當作頸。廣雅釋言領其名曰領不之不宜曰領頸之以
後衤令借衤冷雅所說執不食
本文之項也釋言注謂頸之
領名各言之 ...
以瘤為領頸有咽喉也。
注按漢書以領頸也。又楚語領衣也

韻史 卷五十三第十二部上聲稹韻 五〇〇九

黼衿謂之襮 爾雅釋器○作領
衣云衿本 ...
稱也。荀子正論注又作領
劉會公雜三子論注
引司馬許注領
子莊子雜篇
之節君注釋文
寒也。爾雅釋詁又廣四
冷
理相會也。又漢書楊雄傳
領理也。又漢書揚雄傳被頸
會也。又漢文君子傳注
遇於文選思舊賦注領會兮
領理也又家語論禮注
運領終其之紀
小領猶理治也
盜驪領錄也三領
小領理治也。禮記樂記
切 紫引
戩滅也。詩曰實始戩商說文段注滅者盡也盡之義兼美惡故滅
戩也。詩魯頌閟宮文亦段借字凡此皆引詩作戩
傳曰戩齊也。齊斷也。今詩作翦美惡
者之翦古者謂之翦
毛詩之作翦者...

韻史 卷五十三第十二部上聲稹韻 五〇一〇

韻史

韻史　卷五十三第十二部上聲稹韻　五〇一一

而大王之心逆不可閟嗚乎是非不知訓詁之禍也哉

戩　福也　尒雅釋詁又詩天保俾爾戩穀傳

盡（比引切）　〇俗儘　器中空也　說文段注釋詁殺悉也平坻迄滅罄宜畢罄幟拔　有儘義之引中〇盡也由無異盡謂盡盡也即前記哀公閔切俗作僅　亦空義何有異讀故即忽樓既禮坐盡後是坐盡前即悉切俗作儘　義何有異讀故即忽切可有無異生盡謂瑁盡國民是盡既盡極也　呂覽明理五帝三王之子樂有盡之美注荀子富國是盡盡極視盡　具竟閑之政盡察注云盡子察極察言無不察也察于國不雅極盡　物之兄荀子非十二注云盡英不然也經墨子上盡止也有廣小言盡謂黜

削　荀子肯子盡非盡注盡廢不然　荀能以畢之生廢注漢之言異房引傳必有星盡猶略也呂覽　本盡謂精於事　荀子柴屏農以巧盡械貫注以康誠信之謂盡也禮記　夜食爲盡　荀子財百工以力盡田孟以　務注宗統

髕（邂引切）　〇有俗贖刑　五刑臏宮劓墨死也　髕足也俗作臏者郜頭廢不能行跀者尚可著踊　說文段注郜脛頭節也釋骨云益膝之骨曰膝髕　大戴禮曰人生春而髕髕不備則人不能行古者　借作刖斷足也漢之斬趾是也髕者廢不能行跀者尚可著踊

韻史　卷五十三第十二部上聲稹韻　五〇一二

而行踊者跀是者之僅莊子兀者叔山無趾踵見仲尼崔譔云
無趾故以踵行是則跀趾子髕也古文尚書呂刑說夏刑作剕
周本紀漢刑法志周禮司刑注引尚書大傳皆作髕周禮注云
周改髕作剕爲刖而公羊疏引鄭駁異義云跀足合其義說
剕刖與周禮注鄭駁異部云單跀改跳爲剕剕宇云
跳即跀笑鄭跳周爲二不知其跀閔傳皆呂刑作髕
駁異義則未定之論許說非是也何以分別見呂刑說夏刑注云剕
趾言剕者益作者髕之名亦故剕周即改周剕宇呂禮剕有
則令文尚書云剕寔一事也一跳非周爲他周傳注許謂
跳爲跀非鄭作剕韓閩改髕爲跳周三作作三爲爲長
商書對作受也音武帝臏膝益也逆切紀經音義郭璞解詁又貢禹傳
字異非有他漢書也之屬五百注民不征賦注義〇引刑法志
膝　益骨也　髕罰之　屬五百注云髕罰去髕注益骨刑法　　骨
臏　腳謂刖其膝骨也荀子正論桂髕罰謂斷足之刑　華嚴經音義王念孫
〇　史記秦本紀王與孟說舉鼎絕髕腳　引顏師古注下
也又古微書引書鈔引德被云御覽六百四十八引　骨　臏者
之刻水引北堂書鈔引白虎通〇臏脫去臏之法　　法
刖述禮統云臏刑法金勝木去其節目也　金王義也

𡕥

韻史　卷五十三第十二部上聲稹韻　五〇一三

敃（美引切）　或作暋彊也說文段注釋詁昏暋強也按說文暋作敃
數爾雅作敃強也按說文暋作敃富也則許
釋詁昏暋強也者廣雅亦云敃強也暋字作不從民聲自俗寫
出傳云暋不畏死也亦所讀暋字是也〇民書有不聲
孟子引用閔不畏死也玉篇謂作今文書今不暋康誥也
暋作借云關字是也暋凡不雅已作廣東文而暋民俗
引又注又改書云字暋是暋是孔所見暋不及雅暋字
也勉也　暋作書也立政其在受德暋　又凡書孔所云暋也康誥
或暋勉也　暋爲政作段注與閔義同廣雅釋詁暋作勞
也敃　也暋爲作文段注云閔義同　作勞　
暋　楚暋也書暋暋爲注云慜義同

愍
羊說吾代痛也說文段注二典閔義又慜也〇　慜憂也昭元傳
叙傳上二集注廣雅釋詁二云慜病也以楚辭惜誦注　
廣雅釋詁子愍其服注一漢書痛也　慜惜也惜
詁一慜注又廣雅經釋注　慜　慜悲也　
又斷下〇慜也三一切經音義一慜亂也廣雅釋詁　在國逢難曰慜
愍獨乱方作曰慜使民折傷曰慜憂曰　歐閔也　沈莊子釋文引李注
〇恙禍此斷法又引字云在國連慜亂也　　莊子外物慜
段暋菱爲慜　　　歐閔也

韻史　卷五十三第十二部上聲稹韻　五〇一四

筡　竹膚也　說文段注膚皮也竹膚曰筡亦曰筍見禮器俗作筍已析可用者曰蔑禮注作篾士喪禮謂之鈴析之謂之筡
亦謂之篾　筡〇方言十三析竹謂之筡注云
今江東呼篾竹裏爲筡亦名爲筡也　廣雅釋艸
笓　竹也其表曰筡

𢅿（口許切）

茍（羽苟切）　芰也草根也　說文段注茍見釋艸茍者芰也芰者艸根也文相承顯廣圻曰依許君所說是爾雅本云茍芰芰根
郭誤芰爲芰遂以茍芰爲一義芰根爲一義耳根云茍芰芰根
也之上當有一曰二字二字此則一義以茍爲屬芰根之根
之上當有一曰字二字其意驚也其言學也是爲也　意內言外大

懮（殺鴆切）　慢或驚學也　說文段注學兮悁兮　梁學字或作峻讀爲嚴
嗟之嗟言其容兒嚴衆也者按大學曰恂慄也是其本義學讀爲嚴之
意故恂衆爲容兒嚴心部曰恂信心也是其本義大學則假懼
恂爲懼也莊子外物李注憂也此段學爲
然貴而走亦是覽悉見之恂　懼也懼也憂也
之下詳　覽並按十一部

二九三

韻史　卷五十三第十二部上聲禛韻　五〇一五

筍○俗有竹胎也說文段注臨人注曰筍竹萌按杼與鄭箱異胎
箰莫芛言其合苞萌言其已搯也吳都賦曰苞筍抽節
引伸為竹青皮之偁尚書云敷重筍席禮器如竹箭之有筠聘
義孚筍旁達皆是其音為式切今字作筍○董按筠字別見副
編者不與筍同用也聘筍竹萌尒雅釋艸又○詩韓奕維筍及蒲
義今作尹用借字也筍竹萌蔆又箈竹萌也疏○易鼎覆公餗鄭注
云竹萌曰筍又周禮醢人疏云筍竹萌也一○筍謂竹初生考功
名箈者也萲按此與大竹之筍同名異物　筍竹也詩韓奕傳記梓
人為筍虛疏○尒雅釋艸釋文云筍云筍竹頗命馬注云○筍書
和生也又樣注云竹初萌青生謂之筍　所以懸鐘鼓者橫曰筍二峻也在
箬箬也又鄭注云筍析竹　皮也又既出傳云筍蒻竹
上高峻也釋名筍者竹筊一名編輿齊魯以北名之曰筍文公十羊
五年傳筍將桑器而末也注○董按
此義徣為正字筍則方語也

攑○𦥑二
鉦許鴻切所以舉鼎也易謂之鉉禮謂之鼏說文段注手部曰扛橫關對舉也謂橫關于兩耳露其耑

韻史　卷五十三第十二部上聲禛韻　五〇一六

以兩手對舉之非是則難扛也鬲閒音鬲與鼏音字盡然二物
二事易謂之鉉者周易鼎六五鼎黃耳金鉉上九鼎玉鉉是也古
說皆云鉉貫耳顏師古獨云五鼎者耳金鉉上五鼎其說甚誤易
言黃耳則鉉與鉉非一物明矣禮耳非鼎鬲也人亦作鼏鬲許
鄭注今文鉉為扃古文扃為鼏音閒之所以記者匠士禮設扃鬲
所見禮經扃作閒即訓為橫關者皆然之注古文鼏皆作古音
以鄭所謂如此皆為一橫鼏皆同異為記之之下鼏古扃音鬲
如寂之官如扃之又橫以異皆鼏為冊兒字之又蓋戴禮為禮
謂之鉉部扃許也關義為禮也皆名禮曰之云有戴鄭云
則禮令音鼏說也易云禮者之名經之是禮也被所被故
則從今周覺之許凡禮言者古禮令今古禮儀禮之鉉者
如士古文鉉是何部引者故故故令禮令文皆是者也
赴作表文者則以後非人易經文注作文作文也書
許從計文為從名從今從此也從不古也是文作文
筮異從古文皆不錄從從文故從禮字是字文今從作
周官古文今古部言禁不士今以鄭禮字作以文則以
易鼎也矣故不錄部字文易以之引鄭扃耳金
虞注凡舉鼎音鉉也云易鉉扛鼎而舉之也注為封許從今文鉉謂三貫鼎兩耳
注 潛流也上黨有注氏縣說文段注潛當作濳字之誤也檀弓曰孔子注然流涕魯語無洵涕韋曰無聲涕出

韻史　卷五十三第十二部上聲禛韻　五〇一七

為洵涕按洵者注之假借字也文選詩曰花上露猶注上黨郡注
氏二志同音工懸反今山西澤州府高平縣治即漢注氏故縣
注泫並來流兒後漢書張注泫沸兒文選思乎賦水注注注二垂兒
文選注湖歸出樓衛傳注　泫文而通濤舊注
月詩注泫露盈條注中說
扁西沔切署也說文段注署者部署有所四屬也秦書八體六曰署書蕭子
良云署書漢高六年蕭何所定以題蒼龍白虎二闕○董按
景福殿賦有巢篇字為扁之假借字李善注云扁二闕陽者
馬之姓稱恐來歸本訓為扁然借馬鸞之類不同物屬
枯也御覽人事部大傳五家為伍十伍為里四里為扁扁二乘
四引書有扁傳斯石傳○董按筍子修身扁善王鵠冠子
石兒詩白華有扁斯石傳○董按荀子修身扁善
之度注云扁讀為辯此則叚借字也
褊或作䘢衣小也說文段注引伸為凡小之偁尒雅廣詁又楚辭包衆容物謂之裕反裕
一又漢書汲褊狹也小偁尒雅廣詁又楚辭包衆容物
黯傳集注褊小也淮南主術人注褊
為褊遺貫子褊急也尒雅釋言○詩葛屨序其君儉嗇褊急之
術子 偏急也儉嗇褊急言性躁褊不傾之兒玉篇恒

韻史　卷五十三第十二部上聲禛韻　五〇一八

偏性狹也上全
篇篇蓄也說文段注三字逗句釋艸云竹篇蓄按竹名
詩合韻蓄韻通用本竹經作莽毛詩獨段借作竹萹
肆洪興釋文云篇本亦作扁蓄有借如此○董按作竹蓄雅與毛
蓁或書作戁忍也一曰忍也說文段注僕義少見左傳曰鄭莊公弁急
蓁弁行刻二趍僕釋戁憂也廣雅釋之段借字杜公弁躁疾也玉
文正義皆曰弁急也
辮品沔切交也說文段注引作交織之也終軍傳曰解辮髮削左
祖三蒼段編為之○文選思玄賦辮貞亮以為般草今舊
注云辮織也辮一切經音義十五引通俗文○音義入引三
史織也辮一切經音義十四引三蒼云辮
衣編字又漢書終
軍傳注云編讀辮
褊褊也說文
丏美鉦切不見也象雝蔽之形說文段注雝各本作壅今正其實許書當作邕也禮經之參庋道居屋覺之一西五

步鄭曰容謂之乏所以為獲者御矢也周禮鄭司農注云容者
乏也待獲者所蔽持之與丏篆相似義取蔽矢豈禮經本作丏
與

沔

○佁有汅沔水出武都沮縣東狼谷東南入江或曰入夏水說文段注武都
沮縣二志同今陝西漢中府略陽縣是其地有沮水出焉前志
沮縣下曰沮水出東狼谷後志沮縣下曰沔水出東狼谷水經
曰沔水出武都沮縣東狼谷中鄭注曰沔水一名沮水引闞駰
云以其初出沮洳然故曰沮水是則前志之沮水水經說文之
沔水皆云出沮縣東狼谷實一水也前志曰南至沙羨南入江
過郡五行四千里過郡五者武都漢中南陽南郡江夏也水經
亦歷敘沔水所過之縣而曰又南至江夏沙羨縣南入于江許
說沔與漢志水經同此漢時漢水之道與禹貢時其源不同異
姜則一嘗據曰始源曰沔玉裁謂漢言其戠沮與沔皆言其微
沔者發源緜然之謂尚書周官春秋傳曰漢漢時曰沮水曰沔
水是為古今異名水經且謂西漢水曰漢水謂禹貢漢水曰沔
水許亦云浩水入漢不云入西漢云沔水入江云涌水入沔則
許漢沔水係同水經班孟沮水荊州川職方荊州之川江漢然
則班謂沮即東漢亦明矣且志雖有西漢東漢之目而曰東漢

水一名沔凡漢中下云旬水入沔淮水水入沔筑水入沔弘農
下云潰水入沔涓水入沔甲水入沔右扶風下云褒水入沔廣
漢下云白水入漢潛水入漢分別畫然亦猶東漢為沔西漢為漢
今漢水出陝西寧　州經沔縣褒城縣漢中府城固縣洋縣西
鄉縣石泉縣漢陰縣紫陽縣興安州洵陽縣白河縣湖廣簿上
津縣竹山縣鄖西縣鄖陽縣府均州光化縣穀城縣襄陽府宜
城安陸荊門州潛江縣天門縣沔陽州漢川縣至漢陽府城北
東北合于大江今曰漢口古曰夏口曰沔口左傳謂之夏汭寧
羌州峗今略陽縣二百二十里析文言之沮沔各為一水津言
之則或統呼沮或統呼沔也水經注夏水為云江津豫章口東
有中夏口是夏水之首江之沱也屆原賦所謂夏首椎今湖北
荊州府附郭江陵縣府東南二十五里有巢夏水口是也水經
夏水東至江夏雲杜縣入于沔注云當其決入之所謂之堵口
據堵口當在今湖北漢陽府沔陽州境內沔水與夏水合至漢
陽府入江或曰沔口或曰夏口然則入夏水即入江也劉澄之
永初山川記云夏水是江流沔北沔入夏令據二水相合互受
通偁謂沔入夏亦無不可○後漢書法雄傳注云沔水出
武都沮縣東狼谷中至江夏沙羨縣北南入于江漾水
東流為沔水經沔水注引孔安國○書禹貢逾于鄭注云或謂漢為沔又後漢書荀或傳注云沔即漢水也沔水

流滿也詩沔水沔彼流水傳○萱按此段沔為滿也瀰沔一聲之轉合音至近說文瀰水滿也

韻史卷五十四

泰興何萱石閒譔集　子度校字

第十二部去聲　上海顧錫麒竹泉覆審

鎮韻　武進李兆洛申耆鑒定

開口呼

鎮（陟僅切）博厭也 說文段注博當作簙局戲也壓當作厭笮也謂局戲以此鎮壓如今賭錢者之有椿也未知許意然否引申爲重也安也壓也 鎮笮也 一切經音義十八引廣雅 鎮止也 楚辭抽思覽民尤以自鎮注 鎮撫也 廣雅釋言 鎮按也 一切經音義十七引蒼頡 鎮安也 周禮大宗伯王執鎮圭注又廣雅釋詁一又國語晉語而鎮定大事注又漢書高帝紀上集注 鎮重也 廣雅釋詁三又國語周語以君命 鎮撫敷注而鎮其浮注使寡人 鎮壓也 常瑞之節 鎮圭尺有二寸天子守之 楚語考工記玉人注○又周禮大宗伯注云鎮圭有鎮名山安地 蓋以四鎮之山爲飾圭長尺有二寸

德者也 會稽之 周禮職方氏其山鎮曰會稽注○大司樂凡日月食四鎮五嶽崩大傀異烖注云四鎮山之重大者謂揚州之會稽青州之沂山幽州之醫無閭冀州之霍山○萱按大司 鎮星土宿也 廣雅釋天其精上爲鎮星 漢書天文志云填星 鎮圭 玉府注鎮圭 周禮鎮圭 後漢書鎮 填故 給也 一曰約也 用中 說文段注以中既又曰浴用巾 巾 沐浴用巾既浴 拭中 乾之也 禮器乾 彼 則可與互相 灑 此之乾也 析言之 拭巾也 給也 禮記 大 義

枉

疢（丑刃切）熱病也 疢 首 箋云疢 如疾 說文云 熱病也 釋詁 廣雅 疢病也 爾雅 疢病 今字作疹 此注以疢爲熱病 本作疢 曾憲 音云猶 傳云 左傳 東六年 ○ 疢本作疹 同若左傳

敶 同字 平去兩讀或作列也 說文段注韓詩信彼南山惟禹敶之 敎○俗有陣 郊外謂之曰李巡云曰數也謂列字 之處敶者敶之有素閭注云敶古陳字是也此本敶列 段借陳爲之陳行而敶廢矣亦本車敶字也下云讀若軍 敶是也後人別製陣字陣行而敶字又爾下讀若後列 廢矣○呂覽所以兩敵稱陳也 上泰始之宮爲六之陳 陳下注云諸陳隊並作書太公陰陽 飾後宮之充下書陳又陳 陳雲之作陳者 又陳爲假借也 漢書刑法志之 列耳此六書爲名 陳者 之義本因陳 陳字 從車非經史之注 者輒改其字旁 乘周禮稍人注 敶是軍陳故訓爲乘 乘四丘爲乘 疏 陳 說文

爾 當作 登也 從門二讀若軍敶之敶 說文段注 此可以知 皆曰登 接从門二當作从門二 俗作爾矣 登上車也 凡有所上 篇韵爾字可證 从此爲聲者有閵 閵 藺

慎（精鎮切）眘 古文○謹也 說文段注言部曰謹者慎也二家爲轉注 未有不誠而能謹者故其字从眞也 小雅慎爾優游 俗有眘皆曰慎 釋言 慎誠也 輔慎 又詩 節南山 慎誠也 之 釋詁 慎靜也 爾雅 廣雅 釋詁一 慎恐也 慎 憂也 禮記 聘禮 慎 門 慎 異也 慎 謹 慎 勉 慎 德 謂 矜 其 善 德 勸 爲 善 也 就 善 謂 之 慎 周 禮 大司徒 注 慎德 民所慎 主 敬 謂 所 慎 也 史記孔子世家君子以慎德 慎 慎 引 慎 引棺就殯所也 紼引棺 德之守也 諮諏 禮 周語 慎 禮記 慎 爲 相 近 此 謂

五歲爲慎周禮大司馬大獸公之小禽私之司農注○萱按此叚慎爲辰辰也後鄭讀○又按經典慎順二字多互借通用亦多叚慎爲眞者

合口評

瞚舒閏切 或作瞬 開闔目數搖也 說文段注開闔目搖應本作目開閉闔一曰閔也左傳臾駢曰使者目動而言肆懼我也目動者開闔數搖也吕覽曰夫兒其視萬歲猶一瞚也莊子兒子終日視而目不瞚此皆瞚字本義凡謂與公羊眣同者非也司爲目搖瞚爲目數搖皆不必以目使人惟眣主以目通指 瞚動也 莊子庚桑楚而目不瞚釋文

眣

當作眣○去入兩讀 目不從正也 說文段注鉉無從字非自眣至此皆狀目之邪所謂目中不正者也按公羊傳文六年眣晉大夫使與公盟也何云以目通指曰眣成二郤克眣魯衛之使使以其辭而爲之請釋文字皆从矢云眣音瞬本又作眣丑乙反又大結反五經文字曰眣音瞬見春秋傳本如開成石經公羊二皆作眣疑此字从矢會意从失者其譌體以譌體改說文淺人無識之故也陸云又作跌而已亡當云說文作眣也許云目不從正者公羊兩言眣皆不以正也

眣瞚

也公羊傳文七年釋文引字書○萱按此渾言二字不分也析言則瞚眣有別

齊齒評

鑒几四切 劉也 說文段注劉各本譌剛今正刀部曰劉刀劍刃也刀个曰刀鑒也故劉與鑒爲轉注王褒聖主得賢臣頌曰清水淬其鋒李善引三蒼解詁云淬作刀鑒也文選俗本譌爲鑒

甸體荐切 天子五百里內田 說文段注禹貢五百里甸服周語曰先王之制邦內甸服韋注云邦內謂天子畿內千里之地商頌曰邦畿千里惟民所止王制曰千里之內曰甸京邑在其中央故夏書曰五百里甸服則古今同矣甸王田也服服其職業也自商以前邦畿內爲甸服武王克商周公致太平因而所附除甸內更制天下爲九服千里之內謂之王畿王畿之外曰侯服侯服之外曰甸服祭謀父諫穆王稱先王之制猶以王畿爲甸服者甸古名安俗所習也故周襄王謂晉文公曰昔我先王之有天下也規方千里以爲甸服是也周禮本以蠻爲要服足以相況也按周制王畿千里不在九服而求之書不從古曰甸服也若小司徒九夫爲井四井爲邑四邑爲丘四丘爲甸鄭云甸之言乘也讀若維禹敶之之敶別一義毛詩維禹

甸之傳曰甸治也○左傳昭十三年傳令晉甸服也注云甸服謂天子畿內共職貢者萱按此甸服卽大司馬之甸畿在侯服之內與職方氏大行人之甸服在侯服外者不同

甸去 國二百里 周禮司會注○大宰三曰邦之賦注云四郊去國百里邦甸二百里又地官序官縣師疏云二百里曰甸

郊外曰甸 周禮天官序官甸師注大革疏大司馬之職頌又通典引廣楨禮記注又左氏襄廿六年罪重於郊甸注昭九年傳入我郊甸注○周禮甸師注載師疏疏云由外遠郊之外又文選西京賦郊甸之內薛注云五十里爲之郊百里爲甸

甸田也治田入穀也 周禮職方氏注○疏云司之言田也又禮記少儀曰甸子有司疏云甸者田也

四邱爲甸甸六十四井也 禮記祭義五十不爲甸徒注又左氏成元年經作邱甲服注又漢書刑法志○詩信南山箋云六十四井爲甸

四邱爲甸甸乘也出兵車一乘 釋名釋州國○左傳成元年疏云甸卽乘也六十四井出一乘是故以乘爲名又管子修靡乘馬甸之衆注云四丘爲甸又周禮稍人掌令邱乘之政令注云四邱爲甸其訓曰乘甸之言挺也太弁弁國天甸道注

其甸 甸師掌田之官也 穀梁桓十四年傳甸粟而納之三宮注○荀子王制司馬知師旅甲

兵乘白之數注云以其治田則謂之甸

甸人有司主田野者 儀禮士喪禮甸人掘坎于階閒注禮記文王世子則磬于甸人注云甸人掌郊之官又左氏成十年傳使甸人獻麥注云甸人主公田者

甸人掌共薪蒸者 儀禮燕禮甸人執大燭於庭注大爲儀注○公食大夫禮甸人陳鼎注云甸人家草之屬財亨人者又國語周語甸人積薪注云甸人掌薪蒸之官也

甸謂田野之物 禮記兼儀注少

甸田獵也 周禮司服凡甸冠弁服注○萱按此叚甸爲田也小宗伯若大甸注云甸讀曰田又肆師凡師甸疏云甸謂四時田臘又司几筵甸役則設以熊席疏云甸役謂天子四時田臘

佃

中也春秋傳曰乘中佃中佃一轅車也 說文段注廣韻佃營田玉篇曰作田今義非古古義也許攴部自有畋字不必用佃爲之許所說者相傳古義左哀十七年渾良夫乘衷甸兩牡杜曰衷甸一轅卿車許所據作中佃引傳而釋之者孔穎達曰甸乘也四丘爲佃出車一乘故以封爲名益四馬爲上乘二馬爲中乘容許意同孔一曰一棘而壯則一棘在兩壯之中是亦中也故言之中佃

佃治田也 漢書韓安國傳注○萱按此與取數曰佃皆說

韻史 卷五十四第十二部去聲鎮韻

佃為取獸曰佃以易繫辭以佃收也以漁釋文

瑱䏓或作○亦曰玉充耳也詩曰玉之瑱兮說文段注詩毛傳曰瑱塞耳也又曰充耳謂之瑱天子玉瑱諸侯以石按瑱不皆以玉許專云以玉者為其字之从玉也攷工記注引左傳縛一如瑱釋文曰瑱今或作鬒○諸詩君子偕老玉之瑱也釋文都人士充耳琇瑩又儀禮士表禮瑱用白纊注又禮記檀弓下角瑱注又左傳昭廿八年注玨云瑱也周禮弁師注○國語注斐諸語其充耳也玉瑱塞耳者所以塞耳也規為精玉其瑱琫

謂文采相雜文選江賦瑤珠怪石金○精玉英瑱其表

電霝古文露易激燿也說文段注陰激陽為電孔沖遠引河圖云陰陽相薄為霝光按易為霝離為電月令霝乃發聲始電詩十月之交春秋隱九年言震電詩果芭常武雲漢言霝霆霰霝一也電霆一其殺柔傳曰電也古義霆電不別許意則曉言之謂之霝自其振物書之謂之震自其餘聲言之謂之霆自其光燿言之謂之電分析數古為恩心者一而二者也○古微書引春呂覽有始霝電之所以秋元命苞云陰陽激為電激氣為電生注仲春始電注又淮

五〇三一

韻史 卷五十四第十二部去聲鎮韻

南原道電以為鞭策注○淮南墬形云激揚為電注云電者陽氣也有聲名曰雷無聲名曰電卅引五經通義云雷電也農當也曉云霹靂陽為電即殄滅也釋名電殄也大戴記曾子天圓電者火氣也春秋繁露五行五事○公羊隱九年大雨震電○易噬嗑十引五經通義云電珍也言電光見所以照物也○又穀梁隱九年傳電霆也光也電也者即陽之光與陰陽和合之光為電易說卦傳離為電古書引電也言電則光見交則電易說卦傳雷電之為電稽覽圖古書引交則電

薪作紫切

苗蕪山海也說文○木雅釋艸注云蕪今之木也蕪山也蕪說文段注部蕪此段蕪之部蕪落帚○苗按此艸也說文段注部蕪落帚同蕪也蕪也為蕪也之蕪為蕪也

箭王彗爾雅釋艸江○東注云呼

箭矢竹也說文段注云箭者可以為矢之竹也箭為蕪猶也之部間西曰箭郭云箭也者言竹也今竹名箭自可以為矢東謂之箭周禮故書箭為箭杜云箭音箭以為箭而東謂之竹也箭即箭竹假借字也○御覽東南之美者有會稽之竹箭為江周禮及釋地注皆天下諸言之間謂之矢為天越春秋者竹十度音箭林箭矢竹也雅介音三百四十九引字林箭矢竹也

五〇三二

韻史 卷五十四第十二部去聲鎮韻

釋矢又謂之箭箭進也釋名箭又謂之箭也釋兵箭篠也儀禮記地禮器如竹箭之筠也注又山海經西山大射鄉射禮記箭等八十注○周書職方其利金錫竹箭注云竹箭山經竹水儀其諸陽注又禮云箭也箭竹也箭篠也又儀禮表服竹箭注箭注云竹也箭古今韻會篠吳楚之間或謂之箭箭箭籠也廣雅釋艸箭竹也引字林

褒五方言

楷

楷木也書曰竹箭如楷說文段注楷木也未詳尚書大傳曰南山之陰有木名楷楷字當是楷字從木然而楷之皆高高而上與梓父道也豐也韻之楷字當作周禮曰楷韓音者不傳子道也橋與梓皆疑當作周周之假借為與其名也許說云又字作楷楷名曰六字詳故書箭為禮用音與此益仍無楷字當是名楷其韻曰六木詳大射儀用錫竹也益有書如楷氏箭音之故書楷字也此錫竹箭注云竹也十度晉竹即與疏故書云楷方同其利也金錫竹箭名也言音也楷清箭若緣見楷云作作楷同古文本木作名故書皆為竹名致不可讀矣楷箭若緣諸注字楷讀如箭音者許讀楷之音同竹也

獮仰箭切

獮獟犬也一曰逐虎犬也說文

五〇三三

韻史 卷五十四第十二部去聲鎮韻

跰䠠足企也說文段注釋器跰䠠者謂其足企之跰皮鼻扣之跰觀者謂其跰企之跰䠠研跰善陞跰又䠠跰䠠觀研跰善陞也故跰䠠又登高善陞跰或作研跰跰研善陞跰滑石師古曰人跂企也跂人扣之李奇云下平正如研郭樸云跰研善陞也

徧匹眄切

徧帀也說文段注帀部曰帀周也易文言旁通情也舍人注云周下不徧也○說文段注部彳部曰帀也釋言云周也禮記曲禮上部曰周帀也方言帀也○書日也周帀也無不徧也偏也云帀徧也周之部也禮記中庸注云周帀偏也益以周徧為帀之義也教施而宣則偏流國語晉語周語注云帀也○國語注釋言中庸注帀之偏也謂遍也○國語注無不府辭曲也

偏周帀也即布之義也益流周偏益○曰之周語注云周帀也禮記曰徧也教施而宣則偏也周帀之偏也謂帀也之義也注云周偏也遍也周不帀徧也謂帀偏也

度無不徧也○說文段注周偏也即布之義也教施而宣則偏也

尚書有度訓行于民八年之辭注傳也言偏謂其偏遍也即偏猶謂兼也行好惡也

此左傳辨定偏八年注傳字子皆也即偏辨也

謂辨即偏之辭也之謂上皆飲食也

儀禮鄉射禮通然也禮記又張辭雅廣釋之偏流國行禮辭之禮帀

已上皆飲而訖儀禮通然也又張辭平公受神主公神曰著此辭偏謂偏也

周卅書而耳書皆而飲

謂平吾而義不講注在彼○萱按兼而必分者此類是也

便避面切

五〇三四

齊齒訐二

[illegible] 美畢切 冥合也讀若書曰藥不瞑眩 說文段注冥合者合之泯然無迹今俗云吻合者當用此字讀若云謂讀若此瞑也十一十二部之合音按此許引孟子滕文公篇文也鄭注醫師亦引孟子藥不瞑眩厥疾無瘳趙注孟子云書逸篇也若今偽撰說命則采楚語為之許鄭所未見者大徐本作讀若周書曰甚

眄 目偏合也一曰衺視也秦語 說文段注偏市也市周也周審也瞑為卧眄為目病人有目全合而衺視者今字此義廢矣方言瞷睇睎略眄也自關而西秦晉之閒曰眄薛縣曰流眄牂眼兒也○列子眄兵带一眄而己釋文仲尼一眄而已釋文竝云眄斜蓝也盼視也一切經音義十引廣雅○萱櫻盼字蓋搦之論

麪 ○俗有麪 麥屑末也 說文段注屑字依類篇補末者屑之尤細者齊民要術謂之勃今人俗語亦云麪勃：取蓬初之意非白字也廣雅機謂之麪篇韵皆云麩麪也麩即末也末與麪為疊聲機與麪為疊韵○御覽引蒼頡解詁云麪細麩也○萱樓麩字蓋麩之誤

菣 去刃切

𦺇 或 香蒿也 說文段注詩食野之蒿爾雅毛傳皆云蒿菣也郭樸云今人呼青蒿香中炙啖者為菣○爾雅釋艸據注云荊楚之閒謂蒿為菣又某氏注云江湖閒曰菣

印 漾進切 執政所持信也 說文段注凡有官守者皆曰執政其所持之卪信曰印古上下通曰璽周禮璽節注曰今之印章按周禮守邦國者用玉節都鄙者用角節謂諸侯子其國中公卿大夫子其采邑用之是即用印之始也李武子子周禮為守都鄙者而以璽書達子魯君是古有印明矣蓋以蘭册書之而高書子遠必以布帛檢之以璽泥邓之至用縣素為書而印之用史侯漢宦儀諸侯王黃金橐駝紐文曰璽列侯黃金廱紐文曰章御史大夫金印紫綬文曰章中二千石銀印廱紐文曰章千石至四百石皆銅印文曰印璽謂之印小爾雅廣服印者信也獨斷上）釋石釋書與云印信也所以封物為信驗也亦言囙也封物相囙付也又一切經音義七引蒼頡云印信也又云印驗也印信也檢也一切經音義十七引三蒼印辟印也一切經音義廿二引字書印為也廣雅釋詁三○方言六云印為也斷趣曰印

釗 鍚也 說文段注見釋器

[illegible] 瘢也一曰遠也 說文段注疒部瘢痍也痍傷也一曰遠也別一義篇韵皆曰胑脊肉是為胂胑字也

胤 敬避 敝詳 [illegible] 古文 子孫相承續也 說文段注釋詁允嗣纘胤續也文也大雅毛傳允嗣也劇秦美新胤殷周之失業注又漢書楊雄傳上集注引應劭胤嗣也書堯典胤子朱啟明馬注高宗肜曰周非天胤晚士傳又在傳傳廿四年周公之胤也注又李經言有父也疏○莖按史記引嗣于再未闕明引固非天繝皆用訓釋字代正字胤纘也左傳隱十一年大岳之胤也注又文選矣都賦胤隱隱阿劉注○爾雅釋詁会人注云胤縫世也胤國名書堯毋晚出傳○顧命云胤之舞衣莖胤亦曲也文選按此似國名又胤征序鄭注云胤臣名長苗賦詳覲夫曲胤之繇會叢雜注○萱按此益段胤為引也

酌 或作醑 少少歃也 說文段注士昏禮注醑醑漱也醑之言演也安也漱所以濯口旦演安其所食醑酌內尊特牲少牢注意略同曲禮注以酒曰醑按理記皆作醑許書作酌玉篇云酌醑閒字是也弦士虞禮注少牢禮注皆云古文醑作酌

特牲注云令文醑皆為酌三酌字必皆酌之字誤其一云令文者則古文之誤許于此字用古文禮故從酌禮記多用今文禮故記作醑：以胤省聲○漢書賈山傳執爵而醑注云醑者少少飲酒謂食已而為口也醑飯畢盪口也禮記曲禮上疏醑漱也所以潔口後漢書明帝紀注⊂禮記引隱義曲禮釋文云醑漱口也醑演也謂食畢飲酒演安其氣禮記昏義合卺而醑跡○曲禮上客不虛禮酌酒醑尸虛口跡云用酒曰醑：訓演又儀禮士注云醑妄食也醑猶衍也是獻尸也云醑者尸既卒食又都頤衍養樂之儀禮特牲饋食醑猶義也既食之而又飲之所以樂之儀禮少牢饋食禮乃醑尸注

濥 水脈行地中濥濥也 說文段注濥：動皃寅下曰正月湯氣動泉欲上出臏濥于下也淮南天文訓曰指寅則萬物螾注螾動生皃皆其義也江賦曰潛演之所汨淈蜀都賦曰演以潛流劉注水潛行曰演此二水伏流故曰演按今文選演誤

韻史 卷五十四第十二部去聲鎮韻 五〇三九

佞 紐進切

巧調高材也 …… 佞，巧也 …… 佞，才也 …… 諂也 …… 佞，諂也 …… 僞善爲佞 …… 莫之顧而進之謂之佞

吝 良進切

恨惜也 …… 易曰以往吝 …… 吝，恨也 …… 吝，惜也

韻史 卷五十四第十二部去聲鎮韻 五〇四〇

吝 …… 嗇也 …… 貪也 …… 吝，嗇也 …… 恨也 …… 吝，恥也

令

使令 …… 告也 …… 令者，命也

號令也 …… 發號也

韻史 卷五十四第十二部去聲鎮韻 五〇四一

令 …… 時令 …… 令，善也 …… 令，命也 …… 令，教令也 …… 令，使也 …… 不令 …… 相謂

韻史 卷五十四第十二部去聲鎮韻 五〇四二

令 …… 令，完也 …… 令，靚也 …… 令，避也 …… 令，使也

粦

兵死及牛馬之血爲粦，粦，鬼火也

韻史　卷五十四第十二部去聲鎮韻　五〇四三

釋州之焚大即焰即焰當之且或改焚為熒改焚為燒大非詩義古
者邑火與即焰皆謂之焚大燄無釁字也焚者邑火故從炎叶
徐鍇曰艸者人足也楼詩
言實行謂其能相背而行

⿰頁粦
或作⿰頁彡　⿰頁粦也一曰頭少髮　說文段注廣韻廿一震曰須顏到少髮竊疑頭少髮單承驎字〇董楼說
文⿰頁彡下云顏色⿰頁彡驎慎事也不言少髮〇俗有倩

遴
行難也易曰以往遴　說文段注漢書遴布章遴柬謂難行封也引伸為遴選遴選人從重難也
遴難也　廣雅釋詁三又漢書杜欽傳不可以遴集注引李奇遴與吝同　王莽傳上遴與班賁同遴音吝
遴𨗨也　廣雅釋詁三以遴漢書地理志下遴周公之地晚興報理志下王莽氏以貪下同性
遴貪也　爭訟注裔注王莽傳云遴集注引李奇無興遴周公
遴集者數聚摩遴得其所也　明法遴書集注明鶡

韻史　卷五十四第十二部去聲鎮韻　五〇四四

蹸
或作躪　躪同　轢也　說文又後漢書班彪傳注引上林賦注躪轢也漢書王商傳集注〇文選西都
躪踐也　鶴注引郭璞　躪蹴也　賦蹂引何允　躪雷刺也　曲禮禮記
上注貽善　說文段注轢車所踐也子虛賦捷兔精鹿字从串
躪人也跳　上林賦串徒之所躪雄又上集為之足部曰躪轢
或作轢也　廣雅釋言轢傳集注史記司馬相如傳云解虛賦引漢書
相近義　〇轔轢也　此皆注杜篤傳又漢書司馬相如傳集注後漢書引
馬彪為瞵也轢也　後出字段注出字後漢書康司馬相如云傳子集注引郭璞
之轔踐也　史記司馬相如傳正義相閵踐也上集注引郭璞如傳轔謂車踐轢

藺
莞屬可為席　說文段注依韵會所引補三字急就篇有藺　席〇爾雅釋艸釋文引字林云藺莞屬也
藺石城工雷石也　漢書鼂錯傳注引服虔藺石　投人石也　布渠答注引如淳

韻史　卷五十四第十二部去聲鎮韻　五〇四五

閵
閵當作藺〇當今閵　今鷴鴿而黃　說文段注玉篇作閵今閵　名玉篇作含閵鳥
閵踐也　此瑩段楼
蹸
作也為　當說文段注楼此數之一名耳不當依篇韵良刃切
𨷸
平去兩讀　注在彼　〇俗有有木　俗檭(?)
窺
在內再重大夫一重士不重天子之棺四重諸侯三重
親身棺也　春秋傳也曰士與櫬說文段注玉篇親身棺也
自禮記為櫬注昭上四二傳襄四年云櫬棺又文傳(?)
櫬
親身棺也　小名雅云櫬棺又釋木櫬梧也
空棺謂之櫬　廣雅釋木櫬梧一名親
名也令梧者櫬者其理也　櫬名采薪又名即薪
采薪即薪含人注采薪櫬木為

韻史　卷五十四第十二部去聲鎮韻　五〇四六

進
緊信切
進　或作䢁　登也　說文　進行也　周禮大司馬教振旅　司徒注引前也
大射禮注引前也　工記輪人
釋詁　進前也　文選進前也
進謂御見也　進謂禮記
進善也　勝也
益謂勉強也
進賢也　進而前也
進善古色也
進謂什者也　諸侯前進
進退　薦進也

進前云也　傳儀禮注云又
鄉射禮儀注云
燕禮注云
宋伯減禮　宗伯
禮記王制　進士
注云　進士可與

韻史　卷五十四弟十二部去聲鎮韻　五〇四七

先進後進謂息卦爲進易般辭上傳進巽爲進易象上傳桑進
士先後筆也退之象也前注而上行虞注象
下傳曰進元體虞注漸進得伍巽爲進退易觀虞注恆鄭注大
虞注序卦傳漸者進也虞注壯虞注益虞注豐鄭
注萊于注巽進退利武人之貞虞注進退動靜也考經進可度
家上傳觀乎天文以案時變虞注注○前子正
名道者進則近畫退以則節周禮小司捷以圃國
求注云進退謂亦晉賤也用而進之注○國詁
晉語且可以進退注楚人謂精進爲精棲淮南兵略精進退者
云進退猶改易也桂靡覽注
會禮之財也
當按此段進爲責也○禮記祭曉百官進徽之此
段進爲餞ノ列子天瑞終進乎不知也此旣進爲
盡○大戴記子張問入官ノ教
不能力揖此摺乃進之訣字
錄作晉○說文段注周
俗有譖易象傳曰晉

晉

進也日出而萬物進易曰明出地上晉
進也以疊韵爲訓凡進皆曰晉離進亦曰晉周禮凡田王捷馬
而走諸廣晉是也禮古文周禮故書皆段晉爲前○尒雅釋詁
又優雅釋詁二又易晉康度虞注晉如摧如虞注又文遐幽通
賦盍孟晉以迨羣兮曾注又漢書敘傳上集注引服虔竝云晉

韻史　卷五十四弟十二部去聲鎮韻　五〇四八

進也又易晉疏云晉之爲義進晉晝也易雜晉蕭見書大傳見
長之名又序卦傳云晉者進也卦傳新梓晉然實
而傳晉猶柳也周禮田僕晉大國也又晉強國也又序雜事一
注·諸虔晉注
水經晉水注云叔虞成王封之于唐縣有晉水後改名爲晉
釋名釋周州國云晉進也其地在北有事于中國則進而南也
又取晉水以爲名其水迅進也又後晉國也候性遇南束
漢書晉衍晉渴云三晉爲釋趙魏也讀考覽進之適以
○堂按㠯遐又益晉謂矛戟下銅鐏也工記邊候晉注
日注爲殊爲事大圭司農注竝云晉讀爲考司盧人去一
按塵晉注典瑞玉晉大圭司農注竝云晉讀爲揩晉周農注○
則晉借字矣然說文無其字古益通用晉耳晉鼓長六尺六
寸鼓周禮：金秦注
周禮鼓人以晉鼓鼓金奏注以

縉

帛赤色也春秋傳曰縉雲氏禮有縉緣說文段注南都賦注引
云帛赤白皆謂赤白則爲下文之紅矣春由瓚云赤白色玉篇亦
帝以雲紀故爲雲師而雲名服度曰夏官爲秋縉文十八年左傳云
者謂禮經也令之所謂禮也十七篇無縉緣候被氏凡許云禮
漢田畫子之節也緇布衣錦緣錦紳并組錦束髮皆束錦也切朱玉禮黃亦引

韻史　卷五十四弟十二部去聲鎮韻　五〇四九

錦爲緣蓋即縉緣與○左傳文十八年疏又史記五帝紀正義
竝云縉赤縉也又後漢書宋衷等傳注云縉赤色也堂按此言
赤不言白同說文也又蔡邕傳注縉紳儒者之服也漢畫鄙陸
云縉赤白色也則沿蘇瓚所云矣朱劉叔穆
傳贊而縉紳之從注○鄒祀志上集注云漢書郊記志
縉或作薦晝按此段薦爲縉也由叟鮮蟬縉播也上集注引李
奇○前子禮論縉紳而無鉤帶矣注云縉無揖同黃樓訓播者
播之義則播縉爲正借字但禮字後出耳吉當用晉也

鄑

宋魯閑地說文段注左傳莊九年齊師遷紀鄗鄙：杜曰三邑
曰東海縣也北海都昌縣有堂城杜惠堂即部也許于下文部
一年公敗故紀度之邑此不云紀邑而云宋字澗地者樓莊十
令鄙在五宋師子鄙而言不謂紀邑也按晉聲在古音十二部
有即刃切支者簽田杜以堂城當之而曰共贊耳集韵類篇皆
㪅說不○堂按鄙堂斐鼾谷可偕鄙爲堂然非其李音也元
足泥

瀙

此進切

瀙水出南陽舞陽陰中陽山入潁
說文段注舞陰二徐皆作舞
陽今正前志舞陰下曰中陰
山瀙水所出東至蔡入汝水經曰瀙水出瀙陰縣東上昕山東
過吳房縣南又東過灈陽縣南又東過上蔡縣南東入於汝鄙

韻史　卷五十四弟十二部去聲鎮韻　五〇五〇

云山海經謂之視水郭注視當爲瀙出葴山許慎云出中陽山
皆山之沐同也俟志云中陰許云中陽乘異雖鄰注引作陽然
中陰二字正歲之反詩興中山經云出葴山者合說作陰是也
方輿紀要曰瀙水自唐縣東北流達舞陽縣南又東南經泚陽
縣東北又東經泚陽之象河閒入汝寧府遂平縣境東知今水
道然香也南氏子南曰汝水舊從舞陽縣北而南入西平畔白
元朱於渦水竭斷其派使東歸潁於是西平寔莊諸石二山之
水明時亦塞令水逾興古全異即名傳亦隨時不閒所謂灌瀙
汝溱須亦雜確鑿植證但像時俗所見敘次源流耳王栽案
顧氏祖禹所瞳摩尚或據舊志爲說不如麻氏據現在者言也
引

犾

仰信切

瀙水名在豫州說文字林廣韵
犬張斷慭也

慭

○慭俗有肎也謹敬也一曰說也一曰且也春秋傳曰昊天不慭
又曰兩軍之士皆未慭說文段注肎也各本作閒也玉篇作閒
也左傳音義引字林閒也閒者肎之缺
聞者閒之缺ハ佘雅曰慭潁也晉語伯宋喜曰慭庇州犂馬事
注曰然顧也顏與肎義略同說悅古今字十月之交鄭箋云慭

者心不欲自強之詞左傳不憖遺一老杜注云憖且也五行志忍勿注曰憖且辭也小尒雅曰憖強也且也昊天不憖左氏傳哀十六年文魯哀誄孔子曰昊天不弔不憖遺一老許隱格其辭兩君之士皆未憖文十二年傳杜注憖缺也釋文憖魚覲從又魚轄反是則憖與獻變辭段借即方言所謂傷也而郭注方言云詩曰不憖遺一老亦恨傷之言也似子文理不傷○文選思玄賦注引字林云憖且也謹敬也又家語終記注云憖且也憖願也強也且也詩十月之交釋文引尒雅○國語晉語啟歸諸下執政以憖御人注云憖願也又楚語吾憖寘之於耳注云憖猶願也憖發語之聲左傳昭廿八年憖使吾君聞勝與臧之死也以爲快注○釋文聲作音也二字憖笑兒也文選思玄賦戴勝憖其既歡兮舊注又後漢書張衡傳注引張揖憖閒也詩十月之交釋文憖憂也廣雅釋詁一憖傷也廣雅釋詁二○方言一云憖傷也楚潁之閒謂之憖憖者缺之兒令人猶謂缺爲憖也左傳文十二年疏○蓋按訓缺者獻蓋之義憖與醬互借通用也又楊著刷不我憖遺此段憖爲憖也憖者惕之異體字在十六部又平與令薛君碑不憖遺右憖蓋憖之搖俗者耳上半丘右互易又來誤爲夾

信　小進切

㐰古文訫古文誠也說文人部凡識於女信虎爹又廣雅釋詁一又國語周語吾以爲信者吳注又荀子僕月澄信是也注○白虎通情性云信者誠也專一不移也信寔也漢書楊雄傳上其注○高信晉李孟子云信也前寔也不欺也論語學而信近子義皇疏又禮記禮運講信脩睦疏○禮器忠信禮之本也疏云信者外不欺於物也又聘義孚尹旁達信也疏云信者灼不欺隱者也信謂使人不疑荀子王制信其友獻：之道注○非十二子云信：信也疑：亦信也人言爲信謂言不虛妄也王傳僖六年而信子神也疏○詩皇：者華疏云於文人言爲信信者不妄之禁也顏氏家訓歸心信者信此者也禮記祭義又大戴記曾子大孝○鶡冠子學問云所謂信者無二學者也信言之瑞也左氏襄九年傳○穀梁廿二年傳云言之所以爲言者信也信審也周語周語言以信名注晉語封疆信注信知也淮南氾論乃始信於異衆也注信明也左傳定元年以自信也疏又呂覽禁塞以信其事注又鬼吝子摩○左傳昭廿五年信罪之有無注定八年傳盟以信禮

也注疏云信猶明也信信驗也老子其中有信王注信符也法言脩身信從也呂覽勸學注○墨子上云信言合于意也信任也漢書賈誼傳集注○荀子哀公明主任計不信怒闇主信怒不任計注云信亦任也信敬也廣雅釋詁一信猶求也國策秦策則慈母不能信也注又漢書五行志上集注期果言當謂之信賈子道術○國語晉語注云信言必行之信申也言以相申束使不相違也釋名釋言語有諸己之謂信孟子盡心下定身以行事謂之信國語晉語信所以守也國語周語○賈子術政語上云守之者見謂信守命共時之謂信左氏傳七年傳臣能承命爲信左氏宣十五年傳澤命不渝信也管子小問制義庶乎信也國語周語○又云信之孚也民不求其所欲而得之謂之信禮記經解名以出信大戴記四代中稱信易象上傳行險而不失其信荀注處和應坤曰信易文言傳庸言之信荀注周仁之謂信左氏哀十六年傳信義之重也大戴記四代信德之固也左氏文元年傳○實

子道德說云信有德之固也又云有信德之美也又大戴記衛將軍文子云信德之厚也信者人之幹也乎文詩貞哦信國之寶也左氏傳廿五年傳又呂覽爲欲忠信禮之本也禮記禮器乾爲信易大有自天右之虞注繫辭上傳人之所助者信也虞注宮爲信漢書律曆志上土爲信左氏哀十四年經西狩獲麟服注又漢書魏相傳集注引張晏○易晉衆允虞注云土性信水神則信禮記中庸天命之謂性注大蒙之人信爾雅釋地正東揚州曰信土後漢書張衡傳注再宿爲信爾雅釋訓有客信：言四宿也注又詩九罭于女信處傳又左氏哀廿五年傳律出信弗納注又國語周語祿於吟逆注又離騷夕歸次於窮石兮注湘君爲信兮屋上注○左傳莊三年云凡師一宿爲舍再宿爲信又襄十八年信於城下而還注云信再宿也信即古伸字也詩擊鼓不我信兮釋文○量捿古用信爲伸若中者不勝循數也儒行注謂信爲段借字是也平聲內中及伸丁詳之○又按大宋伯庶執信主段信爲身也鄭則謂爲字之誤

韻史　卷五十四第十二部去聲鎮韻

囟
脖或由古文囟俗頭會匘蓋也象形說文段注首之會合處頭髓之覆蓋引蓋下有
頭空二字顖空謂顖腔也內則注曰夾囟曰角正義引此云囟
其字象小兒腦不合也按人部兒下亦云从儿上象小兒頭腦
未合也今人楷字不謁合也所謂囟是首腦之上縫則禮記疏內囟峻也
象小兒腦不合者字不可見矣
所生高峻也形釋名釋體

奞
十二部去聲五部平聲兩讀十馬張毛羽自奮也

卂
疾飛也从飛而羽不見說文段注飛而羽不見者疾之甚也此亦象形○注又云引申為凡疾之偁故㭉此
下曰卂傳也

迅
疾也說文又尒雅釋詁又釋獸狼牡有力迅注迅疾又大年注迅疾
又周書王會解若𢊁者若麕迅注迅走又左傳十注迅又漢書溝洫志迅
風而迅又𠓗釋文王又會論語迅雷風烈必變西京賦若迅疾又文選
志集注迅又挑辭招魂多迅衆些注迅又風迅也薛注陸士衡樂府長
赴薛注東京賦若疾迅𩦸嗰而激迅風也而盛氣釋文云迅一
歌行年往迅勁矢注○列子黃帝猶迅視而盛氣

五〇五五

訊
此亦作迅同爲迅也凡又奮訊
此義同用凡其兒言之各也尒雅釋獸狼牡有力迅又
箋云段注奮訊振訊云云又又
注云云振訊訊士采形兒作又詩迅戴記君止
釋文古文說訊本作言又之迅大史義第叔夜禮記曰諸公注又
一諭閶也說文本作又詩記戴諸第叔夜
可一年注古文又語又史記君淮南子之曹其訊
𢿘年徽訊注國又語又正家立禮記諸衡子南子曰訊之事占夢傳
析傳軍騁也注傳又正又家諫夜子漢書注集刑訊占夢傳又
紀子各聽注國語又義第諸叔朝夕行注訊志傳及訊
營神入各國高文土遊閶猶諫朝行不可
六其之注遊閶也土注又
云訊猶傳閶也君子注
年十年傳而邦陽傳之
報注注訊○邦傳之書訊
赮注云訊謂鞫問也從史

月振迅
傳訊釋尒雅
云𢊁獸同訊
羽同體亦
成而記奮訊
振樂記也
訊記注漢書
之又奮雲
公訊訊揚雄傳
羊也注
莊詩○
八雄堂上
年雉按

禮記樂記多其訊釋
禮記注又
訊事之占夢傳又
訊其不禮記樂記
訊太又又
訊子其不
訊考閶也又尒雅釋詁
訊告也又詩墓門
訊書張湯傳
訊鞫論報

五〇五六

歌以訊之傳而無正莫肯用訊箋又國語吳語訊讓曰至注又
史記屈原傳占水火而妄訊箋注○尒雅釋言吳語乃訊申胥注云訊
告讓訊諫也詩引墓門釋詁訊言也
也注文史記屈原賈生列傳皇矣詩出車禮記訊
曰司訊謂判訊猶宣也又御覽引賈生傳莊訊所訊辭也周車詩傳出小司訊
王制注以一雅釋詁訊訊者始入之兒凡引大序鄭伯訊職所生獲斷耳者
戒告以訊釋訊亦奮訊也段按凡奮訊迅振傳訊
也說文段注凡疾飛也段按為之也訊迅振訊

汛
灑也說文段注凡疾飛云汛也水汛之散如前如此下訊迅之義皆
埽也揚雄傳汛灑也按汛迅凡疾飛之散也前迅下以已之
之段也借俗用為灑字義與汛灑相比凡散也此千以已之
音如借俗謂汛即汛之子汛汛與汛灑殊音也
又山說借也小謂顏注即汛子之東汛灑字方言
又音○汛字也即汛之字云汛東之

烬
有○俗燼火之餘木也一曰薪也
合餘燼大雅箋災餘曰燼方言曰燼餘也周鄭之間曰燼
盖者殷借字也方言又云自關而東秦晉之間燒薪不盡曰蓋

五〇五七

賮
○左傳成二年注又後漢書
段注廣雅釋詁四國語吳語燼火餘木也
雅廣又國注並云燼遺民
然後妥其燼注云左傳
俗臨會禮也說文段注以財貨爲贄也
有○賮會禮也說文段注財賂之曰賮
必以賮曰蕭何傳注○書高紀為公主吏主進注云下人謂之賮
漢書高紀為公主吏主進注是也
衛傳注賮送行者也曰賮賂也

琎
石之佀玉者說文

蓋
艸也說文段注蘇林曰蓋艸
尒雅釋詁又云蓋進也周鄭之間曰蓋
又引李以蓋字可以染黃作金色
大雅以為進○一切經音義引字林云蓋
之蓋也蓋餘也
蓋傳釋又詩又周書皇門注○方言
楚之閒炊薪不盡曰蓋
此方言二○段注盡為美也

五〇五八

儐 必信切
擯或導也說文段注導者導引也周禮司儀注曰出接賓曰儐聘禮卿為上儐大夫為承儐士為紹儐注曰儐謂主國之君所使出接賓者也士冠禮擯者請期注曰擯者有司佐禮者在主人曰儐接儐經典多擯史記作賓廉藺列傳設九賓於庭是也聘禮賓用束錦儐勞者又儐之如初又儐之而馬束錦又無儐凡言儐者九鄭曰上於下曰禮敵者曰儐上於下曰禮謂如主國之禮聘賓是也敵者曰儐謂如儐勞者儐亦如之賓使者如初之儀皆云賓書為儐易賓為賓取賓禮相待之義非儐相之義也然則合二禮訂之擯相字當从手賓禮字當从人許儐擯合而一云導也與二禮及鄭說不合劉昌宋說聘禮儐與擯同雖本許而令學者感惑矣令禮經石本版本於此九儐字內錯出擯字非是又毛詩絲衣繹賓尸也有司徹賓尸維典釋文古本皆作賓又無必刃反之音而唐宋石本版本賓儐錯出要之古無作儐尸者此學者所當知也莊子徐無鬼注曰擯棄也此義之窮則變也擯之言屏也
儐敬也禮記禮運所以儐鬼神也釋文引皇注
儐陳也詩常棣儐爾籩豆傳
儐贊也漢書揚雄傳上集注引張晏曰管子小問桓公令儐者延而上注云儐謂贊引賓客者也又穆天子傳六

韻史　卷五十四第十二部去聲鎮韻　五〇五九

內史賓侯注云儐贊禮儀儐相
儐進之也周禮大宗伯王命諸侯則儐注
儐賓也禮記禮器天子無介既
儐謂通客之人莊子列禦寇儐者以告列子釋文
擯謂天子接賓客之人也禮記曲禮下其擯於天子也疏
出接賓曰擯周禮大宗伯朝覲會同則為上相注司儀掌九儀之賓客擯相之禮注
擯贊儀禮有司徹宗人擯注
擯謂揖之使前也周禮小司寇小司寇擯注
擯者有司佐
禮者儀禮士昏禮擯者請期注士昏禮擯者出請事注〇聘禮賓用束錦擯勞者注云言擯者賓在公館如家之義亦以來者為賓
擯者傳母之屬也禮記內則擯者以其子見注
擯相侑喪禮者禮記檀弓下子游擯由左注
擯為后傳辭周禮內小臣若有祭祀賓客喪紀則擯注
擯棄也後漢書張衡傳注又莊子徐無鬼以擯寡人久矣釋文引司馬注又淮南說林賢者擯于朝注
擯庠也後漢書趙壹傳注
擯郤謂庠退也漢書中山靖王勝伏夫宗室擯卻注傳
擯落謂被庠擯而溧落也文選江賦擯落江山注

韻史　卷五十四第十二部去聲鎮韻　五〇六〇

殯〇俗有殯
死在柩將遷葬柩賓遇之夏后殯於阼階殷人殯於西楹之間周人殯於賓階說文段注按士喪禮主人奉尸由阼階鄉西階斂於棺棺先在肂中矣所謂殯也在西階故檀弓曰殯於客位又曰周人殯於西階之上賓之也釋名亦曰於西壁下塗曰殯殯賓也賓客遇之言稍遠也此去葬期尚遠非將葬賓遇之也將葬而朝于祖而設遷祖奠而載柩於車而祖而設祖奠而設葬奠此不得名殯淺人竄改之致此不通耳當云屍在棺肂於西階賓遇之夏后云云見檀弓據此可證將遷葬柩四字之誤
殯窆棺也左傳僖三十三年將殯于曲沃注〇疏云殯則欑置於西序亦是下棺于地故殯為窆棺也
以火斂而徙棺曰殯公羊莊四年傳以為雖過紀庚之殯亦將葬之也注〇淮南兵略殯文王於兩楹之間注云殯大斂也又儀禮士喪禮疏之以尸入棺名斂亦名殯也
欑木如桴塗之曰殯穀梁傳元年傳今肯殯而出會注〇國語晉語與哀殯袁注云塗木曰殯
殯謂葬也荀子禮論三月之殯注〇薑按此義未歸殯與葬非一時事三月則非殯明矣

韻史　卷五十四第十二部去聲鎮韻　五〇六一

鬢頰髮也說文段注謂髮之在兩旁者也晉語美鬢長大則賢韋昭曰鬢髮頰也明道本如是他本亦頰作類非髮頰者頰禾末近於采似人頸故雖刀皆有鬚髮亦有頰髮以項為下上至於項至於嗌蓄而旁至于頰則謂之鬢鬢者髮之濱也似禾頰之在末禾之老先采而後莖髮之老而白也先鬢而餘髮從之項髮取後韋語俗多不解故詳說之釋名曰在頰耳旁曰髯其上連髮曰鬢鬢曲頭曰距
鬢濱也濱厓也為面額之崖岸也釋名釋形體
木 匹進切
分枲莖皮也說文段注謂分擘枲莖之皮也此字與讀若萆之朮別
命 美進切
使也說文又廣雅釋詁一又呂覽孟夏命太尉注又淮南時則注〇詩卷阿維君子命箋云命猶使也又禮記內則不敖並命注云命為使令又周禮內小臣掌王后之命注云命謂使令所為
命令也國語魯語諸侯朝修天子之業注又呂覽孟春命田舍東郊注察令東夏之命注〇賈子掌王后之命注云禮容語下云命者制令也又文選責躬詩廣命懿親注云尊君令謂之命
命者天之令文選長楊賦注引春秋元命苞〇漢書董仲舒傳云天令之謂命又云命者天之令也
命天命也易師大君有命于注又淮南徵真其志傳道行命也注〇文選蕪城賦注引元命苞云命者天

韻史　卷五十四第十二部去聲鎮韻　五〇六二

韻史 卷五十四第十二部去聲鎮韻

之命也又運命論題注引元命苞云命者天下之命也又曹子建贈白馬王彪詩注引易鄭注云命所受天命也又法言問明云命者人為之也 君 命 所受 君命也 禮記玉藻 命 君命又語 書思命 對也 又命 尊者 之言曰命 周禮太宰 閒居 皇疏云命 凡 亂 述用 君命 南 又漢書 文選 上 志 司 空 集 尉 臣 名 黃 門 曰 云 命 出 也 下 周 來 教 比 周 命 謂 教 命 也 記 禮 注 正 義 盟 ○ 萬 詩 成 禮 下 十 記 時 之 武 三 坊 則 永 年 記 注 書 疏 命 並 配 云 以 云 命 命 坊 命 書 箋 者 砍 教 食 云 教 注 也 貨 命 命 ○ 又 猶 之 左 莊 教 憲 傳 子 令 命 山 注 之 賦 也 謂 木 引 命 序 又 教 釋 李 注 恭 命 命 文 奇 命 君 注 法 謂 越 史 云 ○ 者 命 ○ 言 政 傳 記 命 禮 教 也 論 問 令 滿 東 謂 記 也 又 語 明 也 社 凡 釋 食 則 祼 不 禮 禮 之 磷 結 注 賦 記 謂 尊 族 又 又 上 記 有 穀 儀 國 命 小 地 云 衣 命 禮 語 適 宗 告 士 晉 注 人 疏 命 命 云 謂 州 則 語 云 命 命 書 四 日 禮 天 命 寵 注 者 特 苗 注 以 寶 窮 注 政 政 民 命 自 云 命 告 云 令 令 遲 命 右 命 之 所 用 注 少 注 以 寵 命 以 命 云 國 命 遲 吳 所 告 之 又 教 注 讚 語 卜 以 命 大 左 民 既 之 所 事 傳 勤 注 事 命 事 閒 事 記 政 特 狐 又 事 也 命 教 令 牲 矣 禮 也 也 之 令 一 又 也 饋 注 記 於 也 禮 年 食 ○ 命 民 運 命 禮 周 所 命 也 告 命 祝 禮 以 降 親 也 命 大 誓 而 子 介 推 誓 卜 告

五〇六三

韻史 卷五十四第十二部去聲鎮韻

五〇六四

韻史 卷五十四第十二部去聲鎮韻

五〇六五

韻史 卷五十四第十二部去聲鎮韻

五〇六六

國諸周語命謂符瑞也後漢書班彪傳下注命逃亡也漢書刑法志已論命注引李奇○酷吏咸宣傳於是作沈命法注引孟康云命逃亡也命門者藏精光照之所則兩目也素問陰陽離合論結于命門注○萱按醫家云七節之旁中有小心素小心者命門也此命門在脊背七節旁近背脈系司命文昌宮星周禮大宗伯以槱燎祀司中司命司農注○後鄭注云司中司命文昌第五第四星或曰中能上能也又司民及孟冬祀司民之日司農注云文昌三能屬軒轅角相與為禮近文昌為司命次司中次司祿次司民司命主督察三命禮記祭法王為羣姓立七祀曰司命注○疏云司命者宮中小神司命天神也後漢書張衡傳注○萱按大學命也用命為慢曼聲叚借也注以為聲之誤○又按叚名叚盟叚明叚令為命者皆同部曼聲也音義尤洽

攝口訏

侚 敎呁切 或作徇俗有狥○

行示也司馬法斬以侚 說文段注大司馬斬牲以左右侚陳曰不用命者斬之小

子凡師田斬牲以左右侚陳陸德明引古今字詁曰侚巡也按如項羽傳侚廣陵侚下縣李奇曰侚略也如淳曰侚音撫循之徇此古用徇巡字漢用侚字之證此古今字詁之義也○史記司馬穰苴傳以侚三軍正義又漢書高帝紀上使斬之以侚注陳勝傳車裂蜀以侚注季布傳高祖以丁公侚軍中注劉左毳傳厨車以侚注並云侚行示也又周禮司帝中胏侚劉注云侚舉以示其地之衆也又國語周語乃命其旅曰侚注云侚行也又山海經西山經槐江之山神英招司之侚于周行注云侚謂周

行也 侚宣令也 左傳桓十三年 使侚于師注 殉巡也 徇徧也

侚使也 侚肆也 侚求也 侚誓也 侚

漢書光武紀上 莊子 注 漢書高帝紀 三蒼 音 集注 陳勝傳 鄜食 漢書 集注 李奇 魏豹傳 集注 後漢書 文選 賦 注 班固 泰誓 略 也 侚

衛也侚從也侚猶隨也侚順也侚迷也萱按此皆叚侚為狥也說文無狥古蓋用侚作之注詳編狥下副

侚疾也侚德也萱按此當作侚而譌為侚也說具侚下

侚

疾也說文段注五帝本紀黄帝幼而侚齊裴駰曰侚疾齊速也素問上古天真論黄帝幼而侚齊長而敦敏王注侚疾也按侚今本譌作侚司馬貞乃云未見所出矣釋言重侚徧也侚本又作侚墨子年踰五十則聰明思慮不侚通矣侚亦當作侚史記侚齊大戴禮作叡齊亦作肇齊○廣雅釋詁又素問六節藏象論侚蒙招尤注云侚疾也侚德也史記五帝紀索隱○萱按凡訓疾訓德之侚而譌侚者悉正之

奮

攝口訏二

炫 許縣切 爛燿也說文段注爛燿謂光爛燿明也封禪文叚乃為之炫光兒文選長門賦注引埤蒼炫炫光燿之兒漢書叙傳下集注炫炫明也廣雅釋訓炫熿猶焜光也國策秦策炫熿於道注

眩燿光兒也楚辭惜賢揚精華以眩燿兮注○萱按此叚眩為炫眩燿即說文之爛燿也耀者燿之俗體也

眩

目無常主也說文段注孟子引書若藥不瞑眩方言凡飲藥而毒東齊謂之瞑眩漢書借為幻字犛軒眩人是也二字音義皆相似

眩縣也目視動亂如縣物搖搖然不定也釋名釋疾病

謂目視眩轉也 三蒼竝云眩 二十引蒼頡 眩於名實注云眩亂視也 又荀子正論 南都賦注引

注素問腹中論四支清目眩注○玉機眞藏論 又五常政大論 素問 楚辭天問 馬融傳 廣雅釋詁三 淮南 禮記中庸 董仲舒傳 漢書 文選 李注 韻 音義

矐惑亂兒 離騷世幽昧以眩耀兮注 瞑惑謂之眩 瞑眩 頓瞀 攻已 惡也

國語楚語若藥不瞑眩注。出書說命釋文云瞑眩因極也。○晚

眩 風疾也。後漢書章帝紀注 眩眩視兒。後漢書張衡傳注

眩 楚辭逢尤兮目眩。注 眩瞀兮。注

湣 混合也。史記司馬相如傳注

詐惑也

耀光兒

旬

眴 或目搖也。說文段注

目動曰眴

眴 視也

不明也

眴煥粲爛鮮明兒

眴眴 柔順兒

注 眴 驚也。莊子德充符少焉眴若。釋文引司馬注

絢 或作約。說文段注。逸詩見論語八佾篇。馬融曰絢文兒也。鄭康成注論語曰文成章曰絢。許次此篆於繪下。繪者畫也，絢者采成文也

絢 練疾兒也

𦈢 小兒白眼視也。說文依段注。廣韻

瓜 中寠也

韻史卷五十五

第十二部入聲

質韻

泰興何萱石閣譔集　子度校字

上海顧錫麒竹泉覆審

武進李兆洛申耆鑑定

開口呼

質 酌琵切

質 呂物相贅也。說文段注。質贅雙聲，以物相贅，如春秋交質子是也。引伸其義爲樸也，地也。如有質有文是。小雅毛傳云的質也。周禮射則充椹質。左傳策名委質，皆是。又大雅詩抑詩傳曰質成也。禮禮謂平明爲質明。

質 地也。廣雅釋言

質謂形質也。易坤注極於地質。疏。又素問厥論注。荀子正名質請而喻注云質物之形質。

質 體也。易繫辭下傳以爲質也注。又禮記禮運五行以爲質疏。又荀子臣道仁人之質也注。○左傳僖廿三年疏云質形體也

質 軀也。廣雅釋言

質 性也。國語齊語聰慧質仁注。又列子天瑞質之始也注。又淮南說林少自其質注。李經質直而素樸注。又楚辭惜誦恐情質之不信兮注。○禮記禮器增美質注云質猶性也

質謂淳樸也

文選大將軍讌會詩注

質 實也。論語雍也質勝文則野皇疏。○大戴記衛將軍文子子貢以其質告

質 信也

質 誠也

質 誠信也

質 本也

質 正也

又家語好生注又莊子刻意釋文又荀子王霸注又呂覽知度注達鬱注又太玄玄數聲以情質注玄闡則陰質北斗注又楚辭怨思北斗為我質中分注○禮記聘義君子於其所尊弗敢質注云質謂正自相當質成也尒雅釋詁又廣雅釋詁三又詩天保民之質矣傳箋緜虞芮質厥成傳抑質爾人民傳又禮記曲禮上疑事無質注少儀毋身質言語注又左傳成十一年齊盟所以質信也注又素問三部九候論注○詩抑疏云質者平治成就之義質正也成也周禮祖祀以質邦國之劑信注質主也左傳襄九年且要盟無質注又廣雅釋詁三又管子君臣下通者質注小問質信極忠注又莊子庚桑楚困以己為質注質定也廣雅釋詁四質猶止也家語曲禮子夏問君子不舉人以質事注質保也國策秦策而以子為質注質平也周禮夏官序官馬質注又馬質疏又儀禮士冠禮質明注又禮記王制司會以成之成質於天子注○家語曲禮公西赤問質明注云質明平明質重也漢書石奮傳集注質美也淮南時則青黃白黑莫不質良注質直也呂覽知度注質懂也廣雅釋詁四質猶少也禮記緇衣君子多聞質而守之注質略白虎通姓名

有賢行也國語楚語王公之子弟之質注名實不爽曰質周書謚法忠正無邪曰質後漢書質帝紀注質問也廣雅釋詁二又太玄玄數爰質所疑注又一切經音義五引宋衷注質猶對也禮記曲禮上雖質君之前注又史記孫子吳起傳及臨質索隱○漢書王陵傳集注云質對也又汲黯傳黯質責湯於上前注云質對之也質所期處也史記建元以來侯者年表不至質集解引漢書音義質要也小尒雅廣詁質要券契也左傳文六年趙盾為國政由質要注傳別質劑皆今之券書也周禮小宰聽稱責以傳別聽賣買以質劑注○質人凡賣儥者質劑焉注云質劑為之券藏之也又後漢書張衡傳注云質劑猶今分支券也質劑謂市中平賈今時月平是也周禮小宰司農注○質人司農注云質劑月平賈也又司市以質劑結信而止訟司農注云質劑月平市質劑謂兩書一札同而別之周禮小宰注司市注長曰質短曰劑周禮小宰注質大賈劑小賈周禮質人司農注○文選魏都賦質劑平而交易劑注云質大賈也質布者質人之所罰犯

質劑者之泉也周禮廛人掌斂市總布質布罰布廛布注上曰質下曰殺儀禮士喪禮冒緇質長與手齊殺殺掩足注質跗也公羊定八年傳弓繡質注質亡也廣雅釋詁三質椹也詩公劉箋所以為鍛質也疏又穀梁昭八年○傳以葛覆質注又史記張丞相傳解衣伏質索隱引小顏○考工記弓人利射革與質注云質木椹又史記項羽紀身伏鈇質索隱引崔浩云質斬椹也又引三蒼郭注云質椹也又范雎蔡澤傳不足以當椹質索隱云椹者莖椹也質者莖刀也腰斬者當質椹也質謂鑕也漢書項籍傳注有謂英布傳注張蒼傳注王訢傳注楊雄傳下製以質鈇注敘傳上然卒潤鑊伏質注質的射者之準埶也淮南原道先者則後者之弓矢質的也注○荀子勸學是故質的張而弓矢至焉注云質射侯又周禮司裘王大射則共虎侯熊侯豹侯設其鵠司農注云方十尺曰侯四尺曰鵠二尺曰正四寸曰質又詩賓之初筵疏引王肅云四寸曰質質謂堋也史記孫子吳起傳及臨質索隱質即革之別名考工記函人為甲疏質亦贄也書大傳則君子不營其質注○荀子大略錯質之臣不息雞豚注云質讀為贄古字通○薹按

嘖野人之言說文段注論語曰質勝文則野此字會意兼形聲

蹟路也詩曰載蹟其尾說文段注釋言毛傳皆曰疐路也疐者蹟之段借字豳風載疐其尾許所據作蹟蹟頓也文選洞簫賦注引漢書韋昭注蹟礙也列子說符其行足蹟株陷注蹟蹶也廣雅釋詁二蹟謂行倒蹶也禮記中庸言前定則不跲疏蹟謂顛仆也文選長笛賦馳越期而赴蹟注○孟子滕文公下章指故為投斛蹟音義引丁音云騎蹟史記作蹶蹶謂手足生胝也此蹟乃顛蹟字事不利曰蹟一切經音義二引通俗文

疐○俗疌捷有礙不行也詩曰載疐其尾說文段注釋言云疐路也豳風毛傳同足部蹟路也路蹟也以大學懥亦作懫推之則疐即蹟字音義皆同許不謂一字殊其義者依字形為之說也如許說則爾雅毛傳似疐為蹟假足部引載蹟其尾必三家詩之異也或同一毛詩而異字如周禮故書儀禮古文而或有異文○薹按鹽

韻史 卷五十五第十二部入聲質韻

鐵論鐵石萬引戴蹬其尾蹬亦蹟之假借字故左半猶存其足 蹇仆也蹇跲也 跋爾雅釋言 蹇
之去柢也 爾雅釋木棗李曰蹇之孫注○蓋按此段蹇為帶也帶者瓜當也因為凡果鼻之偏字在十五部○
禮記曲禮上士蹇之注云蹇不中裂橫斷去蹇而已又疏云蹇謂脫華處
或作櫛」俗有扻 梳比之總名也 說文段注比讀若毗疏者為梳密者為比釋名曰梳言其齒疏也數
言比比於梳其齒差數也比言細相比也按比之尤細者曰篦竹部○禮記內則櫛縰笄總釋文云櫛梳也又考工記總
目玉櫛靡矣髮司農注云櫛讀如中櫛之櫛又莊子庚桑楚簡髮而扻釋文云又作櫛亦作櫛○蓋按儀禮古文段節為

櫛

櫛見士冠禮注 櫛笄者以櫛之木為笄或曰榛笄 儀禮喪服傳注惡笄者櫛笄也 不
櫛未在於飾也 儀禮士虞禮記沐浴不櫛注 櫛比喻其多也 文選吳都賦屯營櫛比對
注 櫛謂燭盡 管子弟子職櫛之遠近乃承厥火注○蓋按此引申段借之義

至

至 古文 鳥飛從高下至地也 說文段注凡云來至者皆於此義引申段借引申之為懇至為

五〇七九

韻史 卷五十五第十二部入聲質韻

極至許云到至也絲至也假至也此本義之引申也又云親至也親至也此絲義之引申也古音讀如質 至下也
易臨至臨无咎虞注○蓋按禹貢南至于華陰東至于底柱漢書溝洫志作南到華陰東下底柱 至到也 文選
長笛賦注引字林 至來也 禮記樂記物至知知雜記下大功將至注 注 至通也 國語楚語至於神明
注 至猶達也行也 禮記樂記樂至則無怨禮至則不爭注 至極也 儀禮聘禮記義之至也注
又國語鄭語蘇之至也注越語陽至而陰注又國策秦策致至而危注又史記春申君傳物至則反索隱又孟子離婁上
方貫之至也注萬章上孝子之至注又荀子不苟夫此有常以至其誠者也注又莊子至樂天下有至樂無有哉釋文又
文選鄒陽上吳王書注引易剝獄注○荀子儒效頌之所以為至者注云至謂賊德之極 至謂至極也 易象
上傳至哉坤元疏又禮記學記雖有至道弗學不知其善也疏祭儀禮之至也疏表記毅問之之至矣疏 至數謂
至極之數也 素問三部九候論此天地之至數注○荀子議夾大是之歸大化至一注云至一極一也 至
甚也 孟子萬章下充類至義之盡也注 至深也 國語晉語周皆至矣注 至實也 漢書東方朔傳

五〇八〇

韻史 卷五十五第十二部入聲質韻

集注 至大也 呂覽求人至勞也注○周策秦策法令至行注云至猶大也又禮記哀公問亂之至矣注云至矣言
至大也 至猥也 孟子滕文公下而翁默至汝 至猶得也 呂覽當染理實由至注○周禮大卜六日
至注云至謂至不也又荀子正論不知逆順之理大小至不至之變者也注云至不至猶言當不當也 至猶善
也 詩節南山不弔昊天覽又考工記弓人覆之而角至注○當子法法夫至用氏者注云至善也 至猶成也
呂覽攬熟則大忠不至注 至謂盡理 嘗子修雇言至為注 女 至謂一守而不變 荀子議兵
夫是之謂三至注 坤為至 易復至于十年虞注穀辭上傳序之至也虞注 至德中和之德 周禮
師氏一曰至德注○通典引師氏至德以為道本馬注云至德中德也又孝經先王有至德要道釋文引鄭注云至德孝
悌也 至尊天子也 文選東京賦降尊以訓蔡薛注 至 得至美而遊乎至樂謂之
至人 莊子田子方○山木至人不聞子何喜哉注云寂泊無懷乃至人也又天下云不離於真謂之至人 至冬
夏至也 左傳五年凡分至啟閉注○易象上傳先王以至日閉關虞注云至日冬至之日又春秋緐露陰陽出

五〇八一

韻史 卷五十五第十二部入聲質韻

入云大夏之月相遇南方合而為一謂之日至又云中冬之月相遇北方合而為一謂之日至

窒

○俗有畚 窒也 說文段注各本窒塢塞今正窒窒也其段部此二字互訓也窒之隸體為實土部曰塞隔也宀部曰
隔塞也塞於義不為窒遏塞其本義也自用塞為塡實字而實廢矣且有蹟實為跨者則實然失其本音本義矣說詳疑
部魯論語以窒為窒 窒塞也 爾雅釋言又易訟有孚窒惕中吉疏又詩七月穹窒熏鼠傳東山洒埽穹窒箋又列
子黃帝至人潛行不窒釋文○蓋按依說文此塞字皆當作實今不之正者常寫學人據改也 類 窒謂窒塞
也 易訟注又論語陽貨惡果敢而窒者集解又漢書揚雄傳下窒隙踰孤而無所誠之也 窒塞也 易訟虞注
○釋文云窒猶止也 窒滿也 廣雅釋詁一 窒不通 呂覽盡數處鼻則為鼽為窒注 窒者閉其
將來 易象下傳君子以懲忿窒欲疏○易損釋文云窒鄭劉作懫懫止也孟作恔陸作替蓋按皆所據駁文也 窒
皇寢門闕 左傳宣十四年屨及於窒皇注

座

礙止也 說文段注石部曰礙者止也凡座礙當作此字今俗作窒礙非也七發四發怒座者言水初發怒礙止而

五〇八二

湧沸也又右扶風有盩厔縣山曲曰盩水曲曰厔

𢡟 忿戾也周書曰有夏氏之民叨𢡟 說文段注尚書多方文今本無氏字𢡟作懫按𢡟作懫者天寶閒衛包改也釋文𢡟作懫宋開寶閒改也釋文曰懫勅二反說文之二反不云說文作𢡟知異大字本不作懫矣禮記大學心有所忿懥注云懥怒皃或作懫按懥懫不見許書衛包以意改經非必懫即𢡟也

𪘂 〇俗有㖃 𪘂堅也 說文段注玉篇𪘂堅皃廣韵𪘂聲各本𪘂作𥁕凡誤

挃 〇俗有挃 穫禾聲也詩曰穫之挃挃 說文 挃挃穫聲也 詩良耜穫之挃挃傳又尒雅釋訓挃挃也孫注〇郭注云挃挃刈禾聲也萱按釋名云銍銍斷禾穗聲也此段銍爲挃也 〇挃擣也 淮南兵略不若捲手之一挃注 挃刺也 廣雅釋詁一 挃擿也 廣雅釋詁四

銍 〇俗有銍 穫禾短鎌也 說文段注周頌奄觀銍艾傳曰銍穫也按艾同又穫也銍所以穫也從人刪所以二字禹貢二百里納銍某氏曰銍艾謂禾穗亦謂所穫之穗爲銍〇釋名釋用器云銍穫禾鐵也銍銍斷禾穗聲也萱按以

韻史 卷五十五第十二部入聲質韻 五〇八三

聲言則爲挃之義而銍爲惰字 截穎謂之銍 小尒雅廣物〇書禹貢鄭注云銍斷去稾也又漢書地理志上二百里內銍注云銍謂所刈即禾穗也

桎 足械也所目質地 說文段注所目質地四字依周禮音義補桎質疊韵也周禮掌囚注司農云拲者兩手共一木也桎梏者兩手各一木也乎謂在手曰梏在足曰桎桎中罪不拲手足各一木耳按後鄭從許說也韋昭云兩手共一木曰拲兩手各一木曰梏〇山海經海內西經帝乃梏之疏屬之山桎其右足注又呂覽士容敢其敢鼠也則桎之注疏云桎械也又孟秋具桎梏注云桎梏謂械又禮記月合去桎梏注云桎梏今械也又釋文云桎今之械也又廣雅釋器云械謂之桎 木在足曰桎在手曰梏 周禮大司寇桎梏而坐諸嘉石注〇萱按易蒙用說桎梏釋文又禮記月令注又左傳莊卅年則執而梏之注又漢書刑法志注又後漢書鍾離意傳注又莊子德充符解其桎梏釋文又呂覽仲春注孟秋注士容注又淮南時則注竝與大司寇注略同 參著曰梏偏著曰桎 周禮掌囚上罪梏拲而桎釋文引張揖注又一切經音義十六引蒼頡 坎爲桎梏 易說卦釋文引九家集解

韻史 卷五十五第十二部入聲質韻 五〇八四

桎實也言其下垂至地然後吐情守實 御覽六百四十四引風俗通 桎礙也 詩節南山[illegible]爲周之桎轄釋文〇節南山疏云桎是轄之別名耳 〇桎閡也 莊子達生故其靈臺一而不桎釋文引司馬注

郅 或作晊 北地郁郅縣 說文段注見前志漢北地郡今甘肅慶陽府北至寧夏衛是其境慶陽府附郭安化縣府城東有故郁郅城水經注謂之尉李城聲之誤也 郅至也 漢書司馬相如傳下集注引文穎 郅大也盛也 史記司馬相如傳炎周郅隆索隱〇集解云郅或爲晊 郅大也 尒雅釋詁又疏引尸子廣澤〇 釋文云晊本又作至又作脛萱按至脛皆晊借字 郅可見之大也 尒雅釋詁晊大也樊注 郅登也魯衛曰郅 方言一 郅偈竿之皃也 文選甘泉賦夫何旟旐郅偈之旖旎也注〇漢書揚雄傳上注云郅偈竿杠之狀也

蛭 蟣也 說文段注此叢上蟣字第二義竊謂蛭曰蟣釋之水蛭者今之馬蟥〇尒雅釋魚蛭蟣注云今江東呼水中蛭

韻史 卷五十五第十二部入聲質韻 五〇八五

蟲入人肉者爲蟣 蛭水蠱 史記屈原賈生傳夫豈從蝦與蛭螾集解引韋昭又漢書賈誼傳注引服虔〇蛉衛商蟲云下地之澤其蟲曰蛭 蛭蚰蜒也 廣雅釋蟲 蛭蝚至掌 尒雅釋蟲 蛭蜩二獸名 史記司馬相如傳索隱引字林

秩 直質切 積皃詩曰積之秩秩 說文段注皃各本作也今正積之必有次敘成文理是曰秩詩跂樂傳曰秩秩有常也斯干傳曰秩秩流行也巧言傳曰秩秩進知也賓之初筵傳曰秩秩然肅敬也釋訓曰除條秩秩智也又曰秩秩清也皆引伸之義也古段戴爲秩如秩秩大猷大部作戴戴大猷儀禮注云秩或爲戴皆是也〇管子國蓄故人君御穀物之秩相勝注云秩積也 秩序也 廣雅釋言又漢書郊祀志上集注又後漢書棄帝紀注胡廣傳注傳穀傳注又文選東京賦注引書王南注鍇白馬賦靈物成秩注〇漢書刑法志集注云秩敘也 秩秩順序之皃 荀子 仲尼貴曉長少秩秩爲注注 秩次也 書堯典望秩于山川鄭注又周禮春官序官注汝作秩宗疏典命注謂王還秩聲臣之書疏又廣雅釋詁二又漢書百官郷表上集注郊祀志上集注谷永傳集注又嘗子經重乙以是與天子提衛爭

韻史 卷五十五第十二部入聲質韻 五〇八六

秩於諸虞注秩謂制其差等書皐陶謨天秩有禮疏○公羊傳卌一年傳天子秩而祭之注云秩之隨其大小尊卑高下所宜秩常也尒雅釋詁又詩賓之初筵不知其秩傳烈祖有秩斷語傳又周禮酒正凡有秩酒者司農注鄉師邦事令作秩叙注又禮記王制九十日有秩注月令令四監大合百縣之秩芻注文王世子典秩節注內則大夫無秩膳注又國語周語於是乎修執秩以為晉法注楚語令尹秩之注又呂覽季夏注又淮南時則注又文選東京賦章漢祚之有秩薛注秩祿也左傳莊十九年而收膳夫之秩注又荀子王霸重其官職注○周禮宮伯行其秩叙注云秩祿廪也又荀子彊國官人益秩庶人益祿注云秩祿皆謂廪食也秩宗虞官也掌郊廟之事周謂之宗伯後漢書光武紀上注注又云秦漢不置王莽改大常為秩宗秩秩美也後漢書傳穀傳注秩秩清也詩假樂箋秩秩知也詩賓之初筵左右秩秩箋○小戎秩秩德音傳云秩秩有知也又巧言傳云秩秩進知也秩秩流行也漢書劉向傳斯干之詩是也注秩秩海雉尒雅釋鳥秩樹木名山海經海內南經開明南有秩樹注禾失為秩後漢書蔡茂傳○書堯典

平秩東作平秩南訛平秩西成史記五帝紀秩皆作程豈按秩与程雙聲而同義故異部得通借

紩縫也說文段注與上文縫為轉注齊下曰紩縷所紩衣也凡紩功曰紩紩納也廣雅釋言紩索也廣雅釋器

帙袠或○或書作袟書衣也說文段注書衣謂用袠書者亦謂之幒陸德明撰經典釋文三十卷合為三袟今人曰函袠謂之袠廣雅釋器袠刺也禮記內則施縏袠熊疏袟程也廣雅釋言下袟謂妾御也楚辭愍命遷下袟於後堂兮注

戴・或作戴大也說文段注此謂秩秩然之大也地理志四驖作四戴戴常也詩柏舟胡迭而微釋文引韓詩戴老也漢書孔光傳犬馬齒戴集注○臺按此段戴為耋也

趃走也說文

實富也說文段注引仲之為艸木之實○禮記哀公問好實無厭注云實猶富也實財也左傳文十八年聚斂

積實注又周語晉語晉有嬖之名而無其實注楚語令尹問蓄聚積實注又淮南原道實出於虛注李經實不聚而名不著注○禮記表記祕費經實注云實謂財貨也又淮南精神名實不入注云實幣帛貨財之實又原道則名實同居注云實幣之屬也一曰仁義之功實也實滿也詩節南山有實其猗傳又禮記玉藻盛氣顛實疏又小尒雅廣詁又國語周語以懇實心注晉語令司正實爵與史蘇注又史記司馬相如傳實皈而弗榮正長又淮南主術曉來遠者注又楚辭招魂實羽觴些注實猶充也禮記表記則實以君子之德疏又左傳宣十二年實其言注○素問調經論云實者外堅充滿實塞也廣雅釋詁三又小尒雅廣詁○重按塞當作寔有者為實素問調經論○詩小星實命不同釋文引韓詩云實有也實實廣大也詩閟宮實實枚枚傳實美也淮南精神有天下無天下一實也注實榮也墨子經上實長也淮南時則四月艸木不實注實地也淮南原道獸蹠實而走注實穀也國語晉語已賴其地而又受其實注實種子也詩載芟實函斯活箋○穀梁傳卅三年傳實之為言猶實也注云實子陽稱實易蒙注象上傳猶遺也注○鼎鼎有實疏云實謂也又蒙疏

云陽主消息故稱實又太平平繼盈實溢注云陽為實艮為篤實易家人富家大吉虞注實質也淮南泰族知械機而實衰注實誠也廣雅釋詁一又國語周語忠文之實也注又呂覽審應必有其實又注又離騷羌無實而容長注紛后黽盧而無實兮注逢實猶誠也盡也禮記禮運此順之實也注實猶爵祿也呂覽下賢既受吾實注能言之能行之者謂之實實子大政下實德行之實也呂覽審應取其實以責其名注實功實也呂覽觀世要聞察實者不爲譯注○孟子告子下先名實者為人也注云實治國惠民之功實也實謂驗實之也後漢書順帝紀注實明也詩生民覃實訏箋實謂遺讓也左傳襄廿二年而以為口實服注頤中有物曰口實易頤自求口實鄭注實者氣入也素問刺志論○調經論陰之生實奈何注云實謂邪氣盛也又玉機真藏論此謂五實注云實邪謂氣盛實實俎肉也公羊定十四年傳俎實也疏在木曰實呂覽貴信則果實不

韻史　卷五十五第十二部入聲質韻

生注○禮記祭統艸木之實注云蓤芡榛栗之屬庭實貢獻之物也後漢書班彪傳注○儀禮聘禮庭實設注云庭實乘馬庭實從注云庭實四馬又軍所討獲曰實文選吳都賦數軍實乎桂林之苑注引鄭氏實是也尒雅釋詁又詩燕燕實勞我心釋文韓爽實埸實寔又楚辭抽思實沛徂兮注○詩頌弁貴維伊何箋云實猶是也又國語周語而咨於故實注云故實故事之是者○豈按此段實為寔也寔實音義皆殊訓是者寔之義非實之義也

岩瑟切

日

囸古文象形○俗有因實也大易之精不虧象形說文段注日實也以疊韵為訓月令正義引春秋元命包云日之為言實也釋名曰日實也光明盛實也大易之精不虧故曰實外象其輪郭一象其中不虧古文囸象中有烏武后乃竟作囸蝕矣○周禮馮相氏冬夏夏致日疏又孝經以養父母日嚴釋文竝云日者實也又御覽引丘季彤體疏云日者實也形體光實日陽也漢書天文志又管子白心化物多者莫多於日月注○淮南天文云日者陽之主也又漢書李尋傳云日者衆陽之長又文選七發注引春秋內事云日者陽德之母日暘也

五〇九一

韻史　卷五十五第十二部入聲質韻

書洪範曰暘疏日者太陽之精也詩十月之交疏又禮記郊特牲大報天而主日注又續漢書五行志六○禮記月令疏又左傳成十八年疏竝云日為陽精又莊廿五年疏云日者陽之精又續漢書天文志上引張衡靈憲云日者陽精之宗又後漢書郎顗傳云日者大陽又文選與嵇茂齊書注引正厤云日太陽也火氣之精者爲日淮南天文○周髀算經上故日兆月注云日者陽之精譬猶大光又論衡感虛說日亂龍竝云日大也又說日云日者大火也又云日者天之火也又云日者火之精也又詰衡云日火也在天為日在地為火日氣也論衡感虛○管子樞言道之在天者日也注云日者萬物由之以然萬物由之以顯也日者天之明周禮九嬪注引孝經援神契○易豐日中見斗注云日中者明之盛也又御覽三引洪範五行傳云日者照明之大表光景之大紀羣陽之精衆貴之象也日者陰也風俗通怪神引晏子春秋日節也廣雅釋言日二也廣雅釋詁四離爲日易訟終朝三褫之虞注大畜日閑輿衛虞注蹇凡吉虞注革己日乃孚虞注震七日得虞注旣濟終日戒虞注象上傳故日月不過虞注釋光日新虞注日月幾乎天虞注象下傳日月得天虞注日進无疆虞注繫辭

五〇九二

韻史　卷五十五第十二部入聲質韻

下傳日月之道荀注又說卦傳○辭上傳日月運行虞注云日離也繫震爲日易節則嗟若虞注文言傳與日月合其明荀注日君象也詩柏舟日居月居傳又洪範五行傳側匿則虞王其肅注又太平乎中日正于天注從日幽嫡之注○廣雅釋詁一云日君也又公羊昭廿五年注云日為君又左氏哀六年傳云日為人君日君道也詩十月之交此月而微傳又左傳莊廿五年疏又後漢書安帝紀注○易象上傳明出地上晉虞注云日君德也日者德也漢書天文志有者又鶡冠子夜行剛爲晝日易彖上傳七日來復虞注日月天之使也淮南天文○後漢書丁鴻傳注云日食者月掩日日幹也月令乃以元日蔡邕章句日謂從甲至癸周禮硩蔟氏以方書十日之號注又呂覽孟春乃以元日祈穀於上帝注又淮南時則擇元日注○大戴記易本命云日數十又日素問六節藏象論天有十日注云十日謂甲乙丙丁戊己庚辛壬癸之日也又左傳襄廿七年疏云斗建從甲至癸十者謂之日又昭七年云日有十日從甲至癸也又史記龜策傳日辰不全集解云甲乙謂之日又禮記月令疏云甲乙丙丁等謂之日日朔望與六甲也禮記內則九年教之數日注日三

五〇九三

韻史　卷五十五第十二部入聲質韻

百六十日漢書郊祀志上合時月正日注從旦至旦爲一日周髀算經下注○周禮大宰及祀之日注云日旦明也又國策秦策一日山陵崩注云一日猶一旦也又書洪範疏云從夜半以至明日夜半周十二辰爲一日又穀梁文六年疏云是行天一日一夜行一度故謂一度爲一日一日二日猶日日也書臯陶謨一日二日萬幾馬注○法言孝至日日一日勞注云日一日猶日日也日謂往日也左傳文七年日衛不睦注昭七年日我先君共王疏昭廿年日宋之盟注又國語晉語日吾來此也注又漢書五行志中之下集注淮南厲王長傳集注日者猶言往日也漢書高帝紀下日者荊王策有具地注下式傳日者北邊有興注韓延壽傳日者燕日為無道外戚傳下日者建始三年正月注後漢書竇融傳注○列子湯問注云日謂別日日官日御典厤數者左傳桓十七年天子有日官諸侯有日御服注○又日官居卿以底日注云日官天子掌厤者又後漢書張衡傳注云日官史官也占候時日謂之日者文選辯命論豈日者卜祝之流乎注○後漢書方術傳序注云日者卜筮掌日之術也日角謂庭中骨起狀如日後漢書光武紀

五〇九四

上注引書中侯注

大荒之中有山名曰日月山天樞也山海經大荒西經○蕢按日月字有互譌詩朔月辛卯今作朔日誤也左傳疏不誤孟子放勳曰勞之來之今作放勳曰誤也丁音辯之矣

祖

日日所褻衣說文○左傳宣九年釋文引字林云祖日日所衣褻也引祖服近身衣左傳宣九年皆衷其祖服以戲于朝注○釋文引字林云祖婦人近身內衣也又晉書音義中云相近身衣

馹

傳也說文段注各本傳上有遽字淺人所增今刪正辵部曰遽者傳也人部曰傳者遽也釋言曰馹傳也許用釋言文左傳文十六年襄廿一年昭五年國語晉語韋杜注皆曰馹傳也尒雅舍人注曰馹尊者之傳也呂覽注曰馹傳車也按馹為尊者之傳用車則遽為卑者之傳用騎可舍人說與許合俗字用馹為驛故左傳文十六年傳注馹字皆譌驛成五年以傳召伯宗注云傳驛也驛亦馹之譌○左傳十六年楚子乘馹會師于臨品襄廿一年云乘馹而見宣子昭五年傳云楚子以馹至于羅汭又國語晉語云乘馹自下又呂覽士節云乘馹而自追晏嬰于壹嫩各注已見段所引又尒雅釋文引郭音義云馹本遽此同音段借字

韻史 卷五十五第十二部入聲質韻

五〇九五

跮

或書作遷到也說文段注不言至言到者到者至之得地者也

遷

近也說文段注釋言馹傳也 云李或作遷按此段遷為馹也聲類云遷亦馹字則附會尒雅或本而合為一字

瑟 精質切

[illegible]古文庖犧所作弦樂也說文段注弦樂猶磬曰石樂清廟之瑟亦練朱弦凡弦樂以絲為之象弓弦故曰弦洪興祖曰瑟矜莊兒旱麓箋曰瑟絜鮮兒皆同聲段借也瑟之言肅也楚辭言秋風蕭瑟○尒雅釋樂釋文引字林云庖犧作瑟

瑟施弦張之瑟瑟然也釋名釋樂器

瑟者嗇也閑也所以懲忿窒欲正人之德也白虎通禮樂

瑟僩者自矜持之事詩淇奧疏

瑟兮僩兮者恂慄也尒雅釋訓

璱

玉英華相帶如瑟弦也詩曰璱彼玉瓚說文段注左思吳都賦符采彪炳劉逵注曰符采玉之橫文也郭璞引王子臺符應曰赤如雞冠黃如蒸栗白如割肪黑如純漆之符采也璱瑟疊韻璱彼玉瓚詩大雅作瑟箋云瑟絜鮮兒孔子曰璠與近而視之瑟若也 會引作瑟彼則引詩為發明从瑟意

韻史 卷五十五第十二部入聲質韻

五〇九六

室

實也說文段注以疊韻為訓古者人物實滿其中也引伸之則凡所居皆曰室釋宮曰宮謂之室室謂之宮是也○廣雅釋詁四云室實也又曲禮上三十曰壯有室疏云室之為言實也又云用其財物充實則曰實

室猶居也詩葛生歸于其室傳○鴻鴈疏云人居謂之室又禮記文王世子疏云居處謂之室

宮謂之室荀子儒效是君子之所以騁志意於壇宇宮庭也注○國語晉語趙文子為室注云室宮也又詩定之方中作于楚室傳云室猶宮也又孟子梁惠王下為巨室注云巨室大宮也又萬章下帝館甥於貳室注云貳室副宮也

室猶家也書立政疏○詩桃夭疏云室家謂夫婦也

室寢也呂覽重己其為宮室臺榭也注○後漢書袁紹傳注云室謂路寢又詩鵲巢箋云室燕寢也又禮記文王世子諸子守下宮下室注云下室燕寢又喪大記內子未命則死於下室遷尸於寢注

韻史 卷五十五第十二部入聲質韻

五〇九七

云下室具燕處也又云寢室通耳

小曰室管子國蓄夫以室無籍謂之毀成注

下室今之內堂

堂儀禮既夕記皆為新則不續于下室注○詩東山伊威在室釋文云室本作堂堂按此義同通用也或假室為室見釋初後碑

大室廟中之夾室書洛誥王入大室祼馬注○晚出傳云大室清廟又穀梁文　年傳云魯公曰大室又公羊文　年傳云周公稱大廟魯公稱世室羣公稱宮為謂之世室世世不毀也

城郭之宅曰室周禮大司徒以其室數制之注

窻戶之內曰室論語先進未入於室也皇疏○左傳桓十八年疏云男有室

艮為宮室易觀闚觀虞注繫辭傳易之以宮室虞注下

僮室謂僮

侗曲房也楚辭招魂挂曲瓊些注

室妻之所居文選秋胡詩入室問何之注○左傳昭十九年建可室矣注又國語魯語公父文伯之母欲室文伯注姓云室妻也又儀禮士昏禮記[illegible]室果也注又禮記內則三十而有室注疏云室猶妻也又曲禮上三十曰壯有室注云有室有妻也妻稱室又左傳隱元年疏云異處夫之室故書傳通謂妻為室又桓十八年疏云婦人主閨門之事故為室也又宣十四年疏云男子謂妻為室又昭元年傳是謂近室疏云

韻史 卷五十五第十二部入聲質韻

五〇九八

女在房室以室言之故室家資也國語楚語施二帥而分其室注○晉語納其室以分婦人注云室妻妾貨賄也室身也淮南俶真是故虛室生白注正室適子也將代父當門者也周禮小宗伯之正室守祧之門子注室人主人也詩賓之初筵室人入又傳○禮記昏義和於室人注云室人謂姑女叔諸婦也室老室相也儀禮喪服公卿大夫室老士注宗室大宗之廟也詩采蘋宗室牖下傳○儀禮士昏禮記則教于宗室注云宗室大宗之家又禮記喪大記忌日則歸哭于宗室注云宗室宗子之家營室謂之定爾雅釋天又云娵訾之口營室東壁也室猶塚壙詩葛生歸于其室箋○呂覽節喪題湊之室注云室槨藏也少室山在雍氏一曰緱氏山海經海內東經室猶巢也詩鴟鴞無毀我室箋○大戴記夏小正來降燕乃睇傳云室穴也室謂鞘也史記刺客傳劍長操其室索隱○鞘按削鞘古今字也廣雅釋器云室劍削也又詩清人釋文云室劍削名也又方言九云劍削自河而北燕趙之間謂之室又小爾雅廣器云刀之削謂之室室謂矛之鐢孔詩清人箋喬矛矜近上及室題疏

韻史　卷五十五第十二部入聲質韻　五〇九九

失

失縱也說文段注縱者緩也一曰捨也在手而失去爲失兔部曰逸失也古多叚爲逸去之逸亦叚爲淫泆之泆失猶去也禮記禮運故人情不失注失謂不得其意孝經不敢失於臣妾疏引劉炫失大亡太乎乎鏑○乎術云失亡福失本謂喪身也老子經則失本王注○荀子富國如是則人有失合之憂而無爭失之禍矣注云失合謂喪其配耦也爲之偏謂之失莊子庚桑楚失失禮者也周禮師氏掌國中失之事注○禮記表記君子不失足於人注云失謂失其容止之節也四肢不通六道不達曰失管子君臣下失謂不能節其教者也禮記經解故詩之失愚注德薄而位尊者謂之失賈子立政失累多也老子失者同於失注王注○周禮司救掌萬民之衺惡過失而誅讓之注云過失亦由衷惡懈鬻好訟若抽拔兵器誤以行傷害人麗於罪者失言謂放言穀梁莊廿五年傳穀公失言疏失猶不知也淮南說山有相馬而失馬者注失猶易也淮南泉適從樹

韻史　卷五十五第十二部入聲質韻　五一〇〇

者失其陰陽之性注失謂氣候不相類也素問三部九候論三九候皆相失者死注失驚竦若飛也莊子徐無鬼若卹若失釋文引李注○大宗師云夫得者時也失者順也蝨齧人蟲說文段注古或叚蟣蝨作蟣蝨蟣者蝨子也狗蝨胡麻也廣雅釋艸

韻史　卷五十五第十二部入聲質韻　五一〇一

韻史　卷五十五第十二部入聲質韻　五一〇二

齊盍評

結几鐵切

結締也說文段注古無髻即用此結縛也文選西京賦罝羅之所羅結薛注結謂繫束鬼谷子捭闔結其誠也注○釋名釋姿容云結束也結謂收斂之也禮記曲禮上德車結旌注結猶聯也楚辭逡紛始結言於顧望兮注結連也楚辭招魂青驪結駟兮注又文選東京賦結雲劉薛注結猶連及逮至也史記南越傳犁旦城中皆降伏波集解引徐廣結續也廣雅釋詁二結交也呂覽勿躬車不結軌注結固也國策秦策不足以結秦注○文選南都賦結根竦本注遊天台山賦結根彌於華岱注姓云結偕同也結成也左傳襄十二年使陰里結之注結旋也楚辭遠遊結余軫於西山兮注結謂車轍回旋錯結也史記孝文紀結軼於道索隱引司馬彪結紆也呂覽仲冬蚯蚓結注結曲也廣雅釋詁一結詘也廣雅釋詁四結屈也漢書司馬相如傳下結軼還轅集注○史記相如傳集解引張揖又禮記月令蚯蚓結疏引蔡氏姓云結糾乘也又淮南時則蚯蚓結注云結乘也結止也

文選東京賦結徒營薛注結猶積也文選陸士衡挽歌詩傾雲結流藹注結猶聚也淮南氾論不結於一迹之塗注結要終也淮南繆稱故君子行思乎其所結注○春秋元命苞精華結紐注云結要也又廣雅釋詁四云結終也結約餘也禮記玉藻紳韠結三齊注結謂紐約禮記玉藻并紐約疏結帶結也左傳昭十一年帶有結疏○漢書五行志中之上帶有結注云結紳帶之結也結縎不解也廣雅釋訓結愲亂也漢書息夫躬傳心結愲兮傷肝注結正其罪也漢書酷吏嚴延年傳以結延年注又後漢書儒林楊倫傳坐不敬結鬼薪注結猶構也後漢書李陳龐陳橋傳注又文選陶淵明雜詩二首結廬在人境注結構謂結連構架以成屋宇也文選謝玄暉郡內齋閑坐詩結構何迢遞注又左太沖招隱詩叢穴無結構注云結構謂交結構架也結引謂繫於軸所以引車也荀子王霸篇常以結引馳外為務注結風回風亦急風也文選七發於是乃發激楚之結風注又史記司馬相如傳激楚結風注引文穎○漢書相如傳上注云結風亦曲名也結匈國其為人結

匈山海經海外南經○注云臆前胅出如人結喉布穀自關東西梁楚之閒謂之結誥方言八結頭髻也楚辭招魂激楚入結注○萱按此叚結為髻也髻即說文文髻字

奊

頭傾也說文奊佹佹也玉篇引蒼頡篇

拮

口手共有所作也詩曰予手拮据說文段注豳風予手拮据傳曰拮据撠挶也手病口病故能免於鷙之難韓詩曰口足為事曰拮据譬之足即手之手也許蓋合毛韓為此訓

桔

○俗有閒桔梗逗藥名一曰直木說文段注本艸經曰桔梗味辛微溫主胸脅痛如刀刺腹滿腸鳴幽幽驚恐悸氣戰國策曰今求柴胡桔梗於沮澤則累世不得一焉鄭有桔柣之門蓋取直木為門限之義詳宮口快謂之閫○莊子徐無鬼桔梗也釋文云桔本亦作結萱按此同聲叚借字⿵門吉⿵門失鄭城門典韵

噎漢結切

或作餲飯窒也說文段注王風中心如噎毛曰謂噎憂不能息也噎憂雙聲憂即終日號而不嗄之嗄氣逆也

今本毛傳誤脫惟玉篇不誤鄭風傳憂不能息憂亦請為嘆欠部曰歎嘆也歎嘆即噎嘆劉氏台拱說○方言一宋衛之閒凡怒而噎噫注云噎謂憂也萱按此叚噎為歎也与黍離傳同塞喉曰噎一切經音義廿二引通俗文○詩黍離疏云噎咽喉蔽塞之名餲古噎字謂食不下也漢書賈山傳祝餲在前注○山海經中山經山其上有木名曰天楄服者不湮注云不噎食不噎也○萱按此叚噎為噎也噎者咽之俗體也廝嗌噎也秦晉或曰嗌亦曰噎方言六

頡

頡直項也說文段注淮南脩務訓王公大人嚴志頡頏之行者無不憚悇癢心而悅其象矣此頡正謂強項也亢部頏下曰直項蓋淮南之頏即說文頏也直項者頡之本義若邶風燕燕于飛頡之頏之傳曰飛而下曰飛而上曰頡此其引伸之義直項謂頡頏故引伸之直下直上曰頡頏頡頏上下也文選解田賦史頡頡頏注○後漢書史弼傳注云頡頡頏上下也頡頏上下也漢書揚雄傳上魚頡而鳥頏注○文選甘泉賦注云頡頏偁頡頡亢上下不定也漢書揚雄傳下以頡亢而取世資注○文選解嘲注引蘇林云頡頏奇怪之辭

也頡滑謂錯亂也莊子徐無鬼篇頡滑有實釋文引向注○眹頡滑堅白釋文云頡滑不正之語也又云頡滑猾也又引崔注云頡滑讀屈也頡獝大也呂覽明理許百病注頡頡如青狗山海經中山經蔵也覡水出焉多頡注

襭

擷或㠯衣衽扱物謂之襭說文段注扱收也周南采采芣苢薄言襭之爾雅曰扱衽謂之襭毛傳曰○爾雅釋器李注云襭扱衣上衽於帶

耋 體結切

或作耋年八十曰耋說文段注釋言耋老也毛傳云耋老也八十曰耋扱馬融注易服虔注左傳皆云七十曰耋蓋耋訓老故七十八十皆得偁也○易離大耋之嗟釋文引王肅注又禮記射義耆耋好禮釋文又鹽鐵論孝養故云八十曰耋又爾雅釋言注又方言一注旣云八十為耋七十曰耋易離釋文引馬注又禮記射義疏引左傳服注又釋文又左傳僖九年以伯舅耋老注又注又後漢書明帝紀注引禮記○禮記射義疏引易鄭注云易大耋之嗟謂年餘七十也六十稱耋公羊宣十二年傳使帥一二耋老而綏焉注○尒雅釋言舍八注云耋六

韻史　卷五十五第十二部入聲質韻　五一〇七

韻史　卷五十五第十二部入聲質韻

十稱也耋鐵也老人面如鐵色也尒雅釋言孫注○釋名釋長幼云八十曰耋耋鐵也皮膚變黑色如鐵也耋老也宋衛兗豫之內曰耋方言一○禮記射義耆耋稱道不亂者注云耆耋皆老也戴老也漢書孔光傳犬馬齒戴集注又注云戴讀與耋同○易離釋文云耋京作經蜀才作咥荎摇皆同至聲段借字戴則戴之或體也

姪

女子謂兄弟之子也說文段注各本作兄之女也不完今依尒雅正釋親曰女子謂兄弟之子為姪喪服大功章曰女子子適人者為衆昆弟姪丈夫婦人報傳曰姪者何也謂吾姑者吾謂之姪言昆弟丈夫婦人同謂之報姪則非專謂女也公羊傳曰二國往媵以姪娣從謂婦人也左詩曰姪其從姑謂文夫也不謂之猶子者女外成別於男也今世俗男子謂兄弟之子為姪是名之不正也此从女者謂彔乎姑之偁也許誤會用公用兄之女也為訓非是从至者謂雖適人而於母家情擊也形聲中有會意也○儀禮士昏禮膝御綏注云姪兄之子人公羊莊十九年傳又白虎通嫁娶改云姪者何兄之子也又御覽百四十六引左傳服注又左傳襄十九年其姪鬷聲姬生光注姪云兄子曰姪又襄廿

五一〇八

三年繼室以其姪注云女子謂兄弟之子為姪又詩鵲巢傳殷媵姪娣之多釋文云謂吾姑者吾謂之姪姑謂兄弟之女為姪姪迭也共行事夫更迭進御也釋名釋親屬○左傳隱元年釋文引字林云姪兄女也又詩鵲巢釋文云兄女曰姪又禮記曲禮下大夫不名世臣姪娣疏云姪是妻之兄女又漢書杜欽傳娣姪雖欸不復補注云兄弟之女則謂之姪姪名雖通男女並是對姑之偁顏氏家訓風操○國語周語則我皇妣大姜之姪注云女子謂昆弟之子男女皆曰姪

經

喪首戴也說文段注喪服經苴經注曰麻在首在要皆曰經經之言實也明孝子有忠實之心故為制此服焉首經象緇布冠之缺項要經象大帶又有絞帶以象革帶按經傳首要皆言經而首章傳苴經大搹去五分一以為帶齊衰之經斬衰之帶也云云然則在首為經在要為帶經特舉經以統帶耳故許以首戴釋經猶言當心之縗則負板辟領皆統其中也○禮記檀弓上注卒哭變經而已疏云經首經也經實也傷摧之實也釋名釋喪制○廣雅釋詁四云經實也又禮記檀弓上云經也者實也又御覽五百四十七引戒伯璵禮記外傳云經者實也表其有喪

韻史　卷五十五第十二部入聲質韻　五一〇九

韻史　卷五十五第十二部入聲質韻

慼之情實也又左傳襄十七年疏云經之言實也經葛經也禮記檀弓下麻不入疏苴經斬衰之經也儀禮士喪禮注○喪服傳云苴經者麻之有蕡者也牡麻經者齊衰以下之經也儀禮士喪禮牡麻經注環經者大如緦之麻經纏而不糾周禮弁師弁而如環經注弁經王弔所服也周禮弁師王之弁經注○司服凡弔事弁經服注云弁經者如爵弁而素加環經又禮記雜記上大夫之哭大夫弁經注云弁經者素大夫錫衰相弔之服也如爵弁而素加環經口弁經者經履爾雅釋艸

眹誤

忘也說文又廣雅釋詁二誤誤也廣雅釋詁三○俗有突凸骨差也說文段注謂骨節差忒不相值故眹出也蘇林漢書注云肯眹謂出如淮雅注云眹起高二尺許山海經結匈國注云臆前眹出如人結喉應書斷頭眹斷皆是胷眹蓄頭篇作容眹萬洪字苑作四西今俗通用作坳突眹腫也廣雅釋詁二容墊下也突突也一切經音義十

五一一〇

昳觸也說文昳手拔物也廣韻

跌踢也一曰越也說文○蓋按踢徒郎切跌也是謂轉注跌蹷也方言十三又廣雅釋言又一切經音義十引字書跌仆也淮南繆稱若跌而據注跌蹉也後漢書張衡傳注遠讓傳注跌差也荀子王霸此夫過舉蹞步而覺跌千里者夫哀哭之注又文選思玄賦注引廣雅跌足蹶也文選舞賦蹴踏摩跌注○蓋按以蹴釋跌義未全賦畢跌以言蹴注當重跌字跌失蹶也一切經音義十二引字林○音義十引字書云跌失跲也又音義八引通俗文云失蹶曰跌跌足失據也漢書鼂錯傳跌而不振注○揚雄傳下不知一跌將赤吾之族也注云跌足失厝也跌疾行也淮南脩務夫墨子跌蹏而趨千里注拜於丈夫爲跌跌然詘折下就地也釋名釋姿容跌過也太玄差大跌注○公羊莊廿二年傳肆者何跌也注云跌過度跌蕩無儀檢也後漢書孔融傳注

迭更迭也一曰迭說文段注下脫字字一曰此迭字之異體也蓋达迭二字互相爲用○蓋按達重文达下

韻史　卷五十五第十二部入聲質韻

五一一一

云或曰迭此云迭一曰迭是二字互用也迭更也左傳昭十七年皆迭對注又小尒雅廣詁又太玄文陰陽迭備注予遂五行迭王注又文選東京賦四時迭代薛注○公羊襄廿九年傳兄弟迭爲君注云迭猶更也佚猶更也穀梁文十一年傳佚宕中國注○蓋按佚訓更訓代者皆迭之段借字迭代也廣雅釋詁三○禮記樂記迭相爲經迭相凌謂之慢說苑修文作代相爲經代相凌謂之慢史記樂書亦作代相爲經佚代也齊曰佚方言三迭遞也易說卦傳迭用柔剛虞注又晉書音義下○莊子天運四時迭起釋文云迭本亦作遞迭互也禮記樂記五者皆亂迭相陵疏又史記樂書迭相陵謂之慢正義又漢書律厤志上集注刑法志集注郊祀志上下集注地理志上集注劉向傳集注劉歆傳集注貢禹傳集注韋賢傳集注韋玄成傳集注劉輔傳集注敘傳上集注又文選諷諫詩迭彼大彭注引應劭迭過也文選思玄賦爛漫麗靡藐以迭逿注○詩柏舟胡迭而微釋文云迭韓詩作臷又孟子萬章下迭爲賓主音義引張音云迭或作佚設又文選陽給事誄軼我河縣注云迭與軼古字通蓋按臷佚軼皆迭之段借字又史遞一作史迭

韻史　卷五十五第十二部入聲質韻

五一一二

垤螘封也詩曰鸛鳴于垤說文段注螘封者其土似封畛之高故謂之封周禮注聚土曰封此亦其意也詩東山毛傳曰垤螘冢也按垤之言突也○孟子公孫丑上泰山之於丘垤注又呂覽慎小不蹷於山而蹷於垤注又淮南人閒世人莫蹪於山而蹪於垤注蛭蛭螘封也垤蝪也方言十一又廣雅釋詁三蚍蜉其場謂之坻或謂之垤方言十一

鴃或作鴂雅鵛今作鴃鋪技鋪豉也說文段注鋪尒雅作鋪釋鳥鴃鋪豉此必鳥聲如云鋪豉旬郭氏已未詳矣○蓋按尒雅

蛈蛪也說文段注各本蛈今正此用釋魚文也虫部曰蝁蛈也二篆爲轉注今各本蝁篆下作蛈蝁者非是蛈蝁屬大眼最有毒今淮南人呼蝁子尒雅釋魚蛈蝁注

瓞⿰瓜弟或○作⿰瓜弟者謂⿰瓜交也詩曰緜緜瓜瓞說文段注釋艸曰瓞瓝其紹瓞按瓞瓝者一種艸結小瓜名瓞瓝瓜也六其紹瓞者瓞之近本紐先歲之實謂之瓞也上云瓞瓝渾言之此析言之也大雅緜緜瓜瓞傳云瓜瓞

韻史　卷五十五第十二部入聲質韻

五一一三

瓜紹也瓞瓝也今本傳奪瓜瓞二字乃不可讀矣云瓜瓞瓜紹也者言瓜之近本繼先歲之實必小如瓝瓜之近本繼先歲之實亦小故亦謂之瓞也紹瓞云瓞以瓝紹之名名之故曰瓜瓞又引尒雅瓞瓝說其本義也毛傳釋尒雅而文義不同詩言瓜瓞者興其先小後大陸氏佃曰今驗近之瓜當小末則復大戴先生謂於詩意物理皆得之○蓋按瓝的古今字蒲角切瓞小瓜也文選潘安仁在懷縣詩注引薛君韓詩章句○尒雅釋艸注云俗呼瓝瓜爲瓞又孫注云瓞小瓜子如瓝其本子小紹先歲之瓜曰瓞又舍人注云瓞子名瓝小瓜也又云漢中小瓜曰瓞

苵蕛苵也說文段注郭於蕛字逗以苵釋蕛許令蕛苵二字爲艸名凡爾雅則有舉其名而無訓釋者不當强爲句絕也

戜利也一曰剔也說文段注利者銛也剔當作鬄髟部曰山海經戜州戜民國今譌作戜○蓋按戜者鬄之俗而形近戜易混矣

鐵鐵或銕古文○俗有鐵鈇黑金也說文段注按夷蓋弟之譌也○漢書食貨志上及金刀龜貝注云黑

韻史　卷五十五第十二部入聲質韻

五一一四

者曰鐵鐵衛地國語晉語鐵之戰注〇左傳哀二年趙戰于鐵注云鐵在戚城南鐵鐵驪色如鐵禮記月令駕鐵驪注〇蓋按此有驖專字鐵則借也人假廣韻引字林云鐵鐵名分為二字非

驖

馬赤黑色詩曰四驖孔阜說文段注馬赤黑色與青驪馬注句法同謂黑色而帶赤色也鐵大是爾雅秦風駟驖孔阜傳曰驖驪也驪者深黑色許說小異漢人或叚鐵為之前書地理志叚鐵為之鐵驪色如鐵禮記月令注

暜

暜或㬱或〇俗有替字廢也一偏下也說文段注廢者郤屋也郤屋言空屋人所不居故暜廢同義一偏下也此又一義也相竝而一邊庳下則其替必至用下下所謂陵夷也凡陵夷又有漸而然故曰廢者堅久至〇離騷謇朝誶而夕替注人爾雅釋言故云替廢也又釋言李注云替去之廢也替廢也詩楚茨勿替引之傳召旻胡不自替傳人儀禮少牢饋食禮注又左傳桓二年況其替乎釋文傳七年傳君盟替矣注傳廿四年又替隗氏注又國語周語執王旦替其學也注有三姦以求替其上注鄭語十世不替注楚語唯獨居思念前世之崇替注又

韻史　卷五十五第十二部入聲質韻　五一一五

漢書司馬相如傳下集注又後漢書趙咨傳注人楚辭懷沙常度未替注人文選東京賦怨皇統之見替薛注替去也替去也國語晉語薦可而替不注替廢惰也漢書五行志中之上早術替也注暜廢止往也爾雅釋詁注替止也爾雅釋詁替滅也國語魯語令德替矣注語君之家嗣其替乎注晉暜滅也爾雅釋言替施也太乎永不替不見注替往也廣雅釋詁一〇蓋按左傳不敢替總三禮石經作不成替俗字也人儀禮少牢饋食禮勿替引之注云古文替為秋秋或為戴戴替聲相近蓋按秋蓋聲之譌也與替形音義皆遠

褭結切

涅

黑土在水中者也說文段注論語孔注涅可以染皁者按水部曰澱者滓垽也滓者澱也土部曰垽者澱也黑部曰黱謂之垽垽滓也皆與涅義近涅黑也廣雅釋器又淮南說山訓以涅拭緇也注〇考工記鍾氏疏云涅即黑色涅泥也廣雅釋詁三〇漢書叙傳下涅而不緇注云涅于泥也涅礬石也淮南俶眞今以涅染紫則黑於紫注〇山海經西山女牀之山其陰多石涅注云石涅即礬石也楚人名為涅石秦名為羽涅

韻史　卷五十五第十二部入聲質韻　五一一六

也涅休也方言十三涅沒也廣雅釋詁一涅塞也儀禮既夕記隸人涅廁記注涅化也廣雅釋詁三〇方言三云涅化也燕朝鮮洌水之間曰涅雞伏卵而未孚始化之時謂之涅又方言八云爵子及雞雞皆謂之轂其卵伏而未孚始化謂之涅

茷結切

咥

大笑也詩曰咥其笑矣說文段注衛風毛傳曰咥咥然笑周易履虎尾不咥人馬云齕也此別一義咥嚚也易履釋文又廣雅釋詁三〇文選注十引易履鄭注云咥嘁嚚也咥覺悔皃易訟有孚窒惕釋文引鄭注

紫鐵切

卪

〇俗有卩瑞信也守邦國者用玉卩守都鄙者用角卩使山邦者用虎卩土邦者用人卩澤邦者用龍卩門關者用符卩貨賄用璽卩道路用旌卩象相合之形說文段注瑞者以玉為信也周禮典瑞注曰瑞節信也典瑞若今符璽郎掌節注曰節猶信也行者所執之之信邦節者珍圭牙璋穀圭琬圭琰圭也按是五圭者皆王使之

韻史　卷五十五第十二部入聲質韻　五一一七

瑞卩引伸之凡使所執以為信而非用玉者皆曰卩下文是也守邦國二句鄭云謂諸侯於其國中公卿大夫王子弟於其采邑有所使亦是有節也使山邦三句鄭云謂使卿大夫聘於天子諸侯行道所執之節也是三卩者皆以金為之鑄虎人龍象焉必自以其國所多者於以相別為信門關三句鄭云門關司門司關也貨賄者主通貨賄之官謂司市也道路者主治五涂之官謂鄉遂大夫也凡民遠出至於邦國邦國之民若來入由門者司門為之節由關者司關為之節其商則司市為之節其以徵令及家徙則鄉遂大夫為之節符節者如今宮中諸官詔符也璽節者今之印章也旌節今使者所擁是也已上八句皆周禮掌節職文末三句許意蓋與鄭注不同云門關者蒙上文使字而言謂使於門關者也卩象相合之形若卩蒙則兩合矣節信也左傳文十二年以為瑞節注又公羊哀六年傳與之玉節玉節而走之注〇蓋按此段節為卩也節行而卩廢矣節國之符信也左傳文八年司馬握節以死注又國策西周策而焚周之節注節所仗信節也文選子虛賦弭節徘徊郭注長楊賦擁節而征注引漢書音義節所以明信令漢使者擁節禮記玉藻凡君召以三節注〇史記高祖紀封皇帝璽符節索隱云節使

韻史　卷五十五第十二部入聲質韻　五一一八

者所擁也節以爲行信注周禮掌交掌以節與幣注○漢書帝紀上注云節以毛爲之上下相重取象竹節因以爲名將令者持之以爲信又後漢書光武紀上注云節所以爲信也以竹爲之柄長八尺旄牛尾爲其眊三重節玉節也孟子離婁下若合符節注節旌節也周禮司救則以節巡國中及郊野注節六節周禮大司徒爭無節者不行於天下注九節析羽九重設於長杠也周禮射人九節五正司裘注節旄也淮南主術執節於掌握之閒注節者號令賞罰之節也釋名釋兵

節竹約也說文段注約纏束也竹節如纏束之狀吳都賦曰苞筍抽節引伸爲節省節制節義字又段借爲符卪字節省也左傳成十八年節器用注節儉也呂覽召類其惟仁且節與注好廉自克曰節周書諡法費弗過適謂之節賈子道術○孝經制節謹度節注云費用儉約謂之制節節卽謂限禁也荀子彊國內節於人注又禁屬是注蹋習俗之節有異也注云節限制之也又釋名釋形體云節有限節也節正也禮記哀公問節醜其衣服疏艮爲節○易象下傳而不知節也虞注說卦傳云艮爲堅多節

韻史 卷五十五第十二部入聲質韻　五一九

節支解也莊子胠篋比干剖釋文引崔注○釋文云節分段支解之義大關節腰膝也素問至真要大論客勝則大關不利注簡節少易也禮記樂記繁文簡節之音作注節謂居處故事禮記文王世子其有不安節則內豎以告世子注節制也禮記仲尼燕居樂也者節也疏又國語魯語大祀國之大節也注越語有節事注又文選東京賦注引周語賈注○春秋繁露循天之道云節者天之制也節制斷也禮記檀弓下品節斯疏節度也離騷依前聖以節中兮注又法言孝天子制公侯伯子男也庸節注節制度也荀子非相節族久而絕注○易節釋文云節明禮有制度之名節法度也禮記曲禮上是以君子恭敬撙節疏樂記好惡無節於內注○荀子成相言有節注云節謂法度又彊國禮義節奏是也注云節奏法有法度也進退之謂節國策趙策○禮記樂記使其曲直繁瘠廉肉節奏注云節奏闋作進止所應也又疏云節奏謂或作或止作則奏之止則節之節者禮也禮記喪服四制○文王世子與執節注云節猶禮也節體也國語周語昭明大節而已注節準也荀子性惡故善言古者必有節於今注節節文也

韻史 卷五十五第十二部入聲質韻　五二〇

荀子儒效行禮要節而安之注節適也呂覽情欲情有節注古樂有節有侈注○考工記弓人是故厚其液而節其帤注云節猶適也節猶和也呂覽重己節乎性也注節止也易節釋文又象下傳亦不知節也虞注又雜卦傳又漢書嚴安傳注又呂覽大樂必節嗜慾注節已也廣雅釋言節視也詩節南山序釋文引韓詩節猶驗也禮記禮器無節於內者注節猶量也周禮趨馬其六節注節謂志操後漢書安帝紀注○文選盧古詩子諒覽古詩屈節鄉鄰中注云節猶操也節者死生此者也荀子君子伏義誠必謂之節賈子道術節忠義也荀子王霸士大夫莫不敬節死制者矣注議兵重祿貴節注節仁義也荀子議兵請度有能微妙之以節注節謂所遇之時命也荀子天論是節然也注節時也左傳僖十二年若節春秋注又貴注又荀子正名節遇謂之命注節期也國語越語天節不遠注又荀子儒效竟執次序節然也注節猶氣也詩維度究雖生八月仲節注○節注云節謂節氣又生氣天驗異氣九州九竅五藏二節注云十二節十二氣也天之十二節氣人之十

韻史 卷五十五第十二部入聲質韻　五二一

二紐賦節曲節也文選長笛賦薄湊會而淩節兮注和樂謂之節爾雅釋樂栭謂之節禮記禮器山節藻梲注○蓋按說文楶欂櫨也楶與節異部而同音義然經典通用節少用楶○論語公冶長山節藻梲鄭注又荀注又漢書貨志注雖云節栭也又家語曲禮注云節栭也刻爲山雲又禮記明堂位注云山節刻欂櫨爲山也雌記注同鳳雄鳴曰節節詩卷阿正義引白虎通節信也節所仗信節也節策也蓋按此段節爲卪也注在彼節高峻兒詩節南山傳又漢書董仲舒傳注○蓋按詩釋文節有明音然如此義正從何類改讀耶

岊 子結切

或作岊陬隅高山之卪也說文段注卪部曰隅者陬也陬者隅也孟子虎負嵎是知隅者高山之卪也嵎即隅字趙注曰虎依陬而怒卪卪各本作節今正山之卪曰岊猶竹卪曰節木卪曰科厄也

𪗉 或書作齹齒差也說文段注此與齜判齹差義異謂齹樹摩切也齹與齹相切而參差上下之差即今嵯磨字也引伸之義摩物曰鑢衛風如切如磋如琢如摩釋器曰骨謂之切象謂之磋玉謂之琢石謂之摩切亦作𠜝磋亦作瑳摩

韻史 卷五十五第十二部入聲質韻　五二二

剺

亦作唐嗟著正字嗟嗟皆加偏旁字也

剺 ○俗有剺 **傷也** 說文段注掌下曰𨇥皮可以割黍黍疑剺之誤剺剺象言之也廣雅曰剝剺也 **剺斷也** 廣雅釋詁一 **剺割也斷也** 廣韻引埤蒼

切

○俗有砌 **扨也** 說文段注二字雙聲同義古文殘刌跡今文刌爲切引伸爲迫切又爲一切俗讀七計切卻古曰一切者權時之事如以刀切物苟取整齊不顧長短縱橫故言一切 **切割也** 廣雅釋詁二 **切斷也** 廣雅釋詁一 **切膾也** 廣雅釋言 **切刻也** 漢書貢禹傳集注 **切按也** 史記扁鵲倉公傳不待切脈正義引楊元操 **切摩也** 淮南原道可切循把握而有數量注○文選舞賦經營切徵注云切相摩切也 **切猶磨切也** 文選長笛賦紋灼激以轉切注○呂覽先識男女切倚注云切磨 **切猶概也** 楚辭惜賢切淚迅之流俗注 **一切猶一例** 史記李斯傳請一切逐客正義 **切近也** 廣雅釋詁三又小爾雅廣詁又文選羽獵賦入西園切神光注引張晏長楊賦請略舉其凡而客自覽其切為注引張晏○後漢書襄楷傳注云切謂迫

近也 **切急也** 後漢書史弼傳又素問五常政大論其候清切注氣交變大論其政勁切注○調經論必切而出注是謂大寫必切而出注云切謂急也又論語子張切問而近思皇疏云切猶急也 **切要也** 漢書揚雄傳下集注 **切深也** 漢書賈誼傳集注 **切責也** 後漢書陳忠傳注 **切義也** 廣雅釋詁二 **切謂以指按脈也** 素問疏五過論切脈問名注○離合真邪論切而數之注云切謂指按也又脈要精微論切脈動靜而視精明注云切謂以指切近於脈也 **治骨曰切** 詩淇奧如切如磋傳又論語學而釋文○後漢書馬援傳注廣植傳注又論衡量知雖云骨曰切又爾雅釋器云骨謂之切 **珠曰切** 周禮大宰百工飭化八材司農注 **切磋是治玉之名** 詩卷阿箋以禮義相切磋疏 **切切敬也** 廣雅釋訓 **切猶勤勤也** 後漢書竇憲傳注 **切切勤競兒** 論語子路切切偲偲怡怡如也皇疏又詩棠棣疏引論語鄭注○論語集解引馬注云切切偲偲相切責之兒又皇疏云切切偲偲相切磋之兒也 **切切節節者相切磋勉勵之兒** 詩棠棣傳切切熙疏 **切門限也** 漢書外戚傳下切皆銅沓冒黃金塗

注○文選西京賦設切厓隒注云切與砌古字通 **切阯也** 文選西都賦於是乎墀釦砌注引廣雅

屑 小結切

○俗有屑 **動作切切也** 說文段注方言曰屑屑不安也秦晉謂之屑屑又曰屑勞也屑潔也邶風不我屑以毛傳曰屑潔也按俗从肖非○漢書董仲舒傳集注云屑動作之兒又王褒傳上嚴屑屑注云屑屑猶切切動作之意也 **屑屑猶區區也** 後漢書崔馴傳注 **屑屑往來皆劬勞也** 方言十二屑屑勞也注○方言十屑屑不安也注云屑屑往來之兒也又廣雅釋訓云屑屑不安也 **屑然雜碎眾多之兒** 荀子儒效屑然藏千溢之寶注 **屑碎也** 文選思玄賦屑瓊蘂以為糇兮舊注又海賦或屑沒於黿鼉之穴注云屑猶碎也○儀禮既夕醷醢屑注云屑薑桂之屑也 **屑勞也** 廣雅釋詁二 **屑然疾意也** 漢書外戚傳上屑兮不見注 **屑欒也** 詩君子偕老不屑髢也傳 **屑顧也** 後漢書馬廖傳注 **屑過也** 小爾雅廣詁○書多士大淫屑有辭馬注云屑過也 **屑猶介也** 後漢書王良傳注張衡傳注 **屑絜也** 莊子則陽而心不屑與之俱釋文 **屑潔也** 方言三又廣雅釋詁三又小爾雅廣詁又孟子公孫丑上是亦不就已注

告子下予不屑之教誨也者注盡心下欲得不屑不潔之士而與之注

榍

○俗有榍楔 **限也** 說文段注自部限下云一曰門榍也門部云閾榍也亦一物三名矣釋宮柣謂之閾柣郭千結反柣即榍字也漢人多作切考工記注云眼讀如限切之限限切謂門限也漢書外戚傳切皆銅沓黃金塗師古曰切門限也千結反按西都賦系緣知切即釦切即漢書之切皆銅沓黃金塗也文選切作砌訛而京賦云金阯即釦切也西京賦又云設切厓隒即西都賦之仍增厓而衡閾也廣雅柣阯構切也切今本亦為砌構見淮南書匡謬正俗云俗謂門限為門楯者俗作楯秩閾郭音切今言門楯是柣聲之轉耳字當寫柣而作切音玉裁謂柣當為楯而作切音如多方大注洪有辭洪又作㑀馬李作屑是其此也 **柣砌也** 廣雅釋室○案按楯柣古今字也砌砌亦古今字也又皆正俗字字林大一反左傳入於桔柣之門用此音集韻云桔柣鄭門名專字作閭閶要之皆俗體也

僁

或作僃 **聲也** 說文段注見釋言謂聲之小者也動作屑屑聲也廣韻曰動草聲又驚之聲又僁僁也聲呻吟也○爾雅釋言釋文云僁動艸聲也又云僁字又作𠎝

䊝 切丙結

䊝，糳也 說文段注：䊝糳雙聲字，今俗語尚如此，言之欲曰䊝糳，言之修曰糳米許也，象許之曰䊝糳○薑按：糳下云散之也，經典字誤作蔡，左傳蔡蔡叔，即糳蔡叔也

覕 切丙結

○俗有媥覕 蔽不相見也 說文段注：覕之言閉也，蔽也，蔽覕雙聲

𥉁 暫見皃 莊子徐无鬼釋文引司馬注：之猶一覕也

䏟 切避結

肥肉也 說文段注：廣韵曰䏟肥也，今俗謂肥曰䏟也

齊齒評二

袺 切几札

執衽謂之袺 說文又尒雅釋器文，詩采芑薄言袺之，傳又 袺，扱衣衽 尒雅釋器注○孫注云袺持衣

硈

石堅也，一曰突也 說文段注：突也，別一義 硈，鞏也 尒雅釋言 硈，然堅固 尒雅釋言

劼 切嵩札

慎也，周書曰：劼毖殷獻臣 說文段注：慎者誤也，廣韵曰用力也，又用勤也 尒雅釋詁，又書酒誥汝劼毖殷獻臣，晚出傳 劼，仂也 廣雅釋詁四 劼，勤也 集韵引廣雅

軋 切漢八

○俗作軋 輾也 說文段注：輾，徐作輾，非也。匈奴傳曰：有罪小者軋，大者死。顏曰：謂輾轢其骨節。按：本謂車之輾於路，引申之爲勢相傾○薑按：輾乃展切，轢也，轢，車所踐也，軋訓輾者，亦謂輾轢踐轢之 軋，轢也 史記匈奴傳索隱引三蒼 車轢曰軋 御覽七百七十三引通俗文○薑按：即師古所謂若今之厭踐者也 軋，踐轢也

漢書刑法志：鰓鰓然常恐天下之一合而軋己也，注 軋，壓也 史記匈奴傳索隱引鄧展 軋，楇扶也 史記匈奴傳索隱引如淳 軋，刀割面也 史記匈奴傳索隱引服虔○漢書匈奴傳上注引服虔云軋刀刻其面也 軋，吃也 廣雅釋詁二○方言十云吃或謂之軋 軋，謂委曲 穀梁宣十九年傳軋辭也注，襄十九年傳注，又釋文 軋，忽長遠之皃也 漢書禮樂志注，假清風軋忽注 軋，蔥緻密也 漢書司馬相如傳上顏注引孟康 軋，坱無垠皃也 文選七發注，盤涌高軋

齾 切向八

鑿堅聲 說文段注：齾各本作齒，今依玉篇訂。石部曰硈石堅也，皆於吉聲知之

黠

堅黑也 說文段注：黑之堅者也，石部曰硈石堅也，亦吉聲也，引申爲奇巧之偁，貨殖列傳云桀黠奴，謂其性堅而 黠，慧也 廣雅釋詁一 善藏也，方言曰：慧，自關而東，趙魏之間謂之黠，或謂之鬼 黠，惡也 漢書趙充國傳集注

札 切掌八

○俗作札 牒也 說文段注：片部曰牒，札也，二字互訓，長大者曰槧，薄小者曰札。釋名曰：札，櫛也，編之如櫛

蠹相比也司馬相如傳曰上命尚書給筆札師古曰札木簡之薄小者也○後漢書循吏傳注云札牒也札簡也後漢書章帝紀注劉盆子傳注儒林傳注○漢書郊祀志上鄉有札書注云札木簡木簡之薄小者也雙謂之札形似札也釋名釋船札截也氣傷人如有斷截也釋名釋天札拔也家語觀周毫末不札注札析也莊子人間世名也者相札也釋文引李注越人名死爲札列子黃帝而七無札殤釋文夭死曰札左傳昭十九年札瘥夭昏注又貫注札夭死也左傳昭十九年釋文又管子五行旱札苗死民厲注○左傳昭四年民不夭札注又釋文或云夭死爲夭又莊子人間世釋文引崔注云札夭也疫死曰札國語周語然則無夭昏札瘥之憂注魯語其夭札也注○周禮司關國凶札司農注云札謂疫疫死亡也趙人謂死爲札又大司樂注云札疫癘也又司市注云札謂疫癘又膳夫大札則不舉注云大札疫癘也又大司徒大荒大札注云大札大疫癘也又列子湯問亡札屬注云札屬疫死也

八 丙札切 別也象分別相背之形說文段注八別也此以雙聲疊韻說其義今江浙俗語以物與人謂之八

韻史　卷五十五第十二部入聲質韻　五一三一

與人則分別矣八少陰之數管子五行以地理以八制注○白虎通嫁娶云陰數八又云八歲之陰也東方有木三土五故數八南齊書十一引月令章句○易繫辭上傳精氣爲物節注云八七木火之數八者維綱也大戴記本命○注云八爲方維八月之數也八八風大戴記易本命○注淮云風之大數盡於八也八眉者如八字初學記帝王部引書大傳八世謂三王五帝也後漢書荀爽傳注八六者豆數也儀禮聘禮堂上之饌八西夾六注

馬八 馬八歲也說文段注初學記引何承天纂文同

韻史　卷五十五第十二部入聲質韻　五一三二

齊齒呼三

吉 几逸切 善也說文段注又廣雅釋詁一又詩摽有梅迨其吉兮傳天保吉蠲爲饎傳卷阿序疏又漢書元帝紀集注陳湯傳集注又後漢書陳均傳注又呂覽貴此所謂吉人也注○山海經中山經中山和山吉神泰逢司之注又詩卷阿序言求賢用吉士也箋疏云吉猶善也又野有死麕疏云吉士者善士也又儀禮士冠禮令月吉日注云令吉皆善也吉實也有善實也釋名言語吉行也廣雅釋詁一禮義順祥曰吉周書武順吉者言無凶夭山海經大荒西經江山之南使爲吉注吉福也文選東京賦祚靈主以元吉薛注吉祝祈福祥也周禮大祝三曰吉祝司農注又獨斷上吉事四時祭也周禮天府凡吉凶之事注○禮記曲禮上吉事先近日注云吉事祭祀冠取之屬也吉謂朔日周禮大宰正月之吉注吉月月朔也論語鄉黨吉月集解引孔注○周禮族師月吉司農注云月吉每月朔日也又大司徒注云正月之吉周正月朔日也吉拜拜而后稽顙周禮大祝五曰吉拜注吉服者祭服也周禮

韻史　卷五十五第十二部入聲質韻　五一三三

鄉師比共吉凶二服注○禮記喪服小記大祥吉服而筮尸疏云吉服朝服也吉器若閒祭器者也周禮鄉師共其吉凶禮樂之器注吉笄者象笄也儀禮喪服記傳吉玉玉如采色者也山海經西山經其祠之禮用一吉玉注吉土王者所卜而居之土也禮記禮器因吉土以饗帝於郊注○蓋按詩都人士謂之尹吉彼吉爲姞也禮記緇衣尹吉曰占乃告之說又大戴記諸侯遷廟注引槃繝鳥鵠跋絜篇吉也亦可兩通

佶 舊逸切 正也詩曰既佶且閑說文段注小雅六月四牡既佶既佶且閑傳曰佶正也箋云佶壯健之貌按鄭以言壯健乃可見馬但毛言正自可兼壯健也佶健也文選東京賦既佶且閑薛注

詰 問也說文又廣雅釋詁二又老子注不可致詰疏○淮南時則取之不詰注云詰呵問也又左傳昭十四年詰姦慝注云詰責問也詰責也廣雅釋詁一又漢書刑法志集注○穆天子傳以詰其戍注云詰猶責也詰讓也廣雅釋詁二又呂覽處方詁車令各遁令注詰誅也呂覽仲冬取之不詰注詰止也易姤后以施命

韻史　卷五十五第十二部入聲質韻　五一三四

詰四方釋文引鄭注 詰猶禁也周禮大宰五曰刑典以詰邦國注 詰治也左傳襄廿一年子盍詰盜注 詰謂問其罪窮治之也禮記月令詰誅暴慢注○周禮大司馬制軍詰禁注云詰猶窮治也又既出書周官疏引周禮馬注云詰猶窮也 詰彈正糾察也周禮大宰釋文引千注 詰實也書立政其克詰爾戎兵禹注 詰謹也周禮大司寇詰四方注布憲以詰四方邦國注 詰朝明旦也小尒雅廣詁又左傳襄十四年詰朝之事注○成二年傳詰朝請見注云詰朝平旦又成十六年傳詰朝爾射死藝注云詰朝猶明朝

姞

黃帝之後伯鯈姓也后稷妃家說文段注國語晉胥臣曰季曰黃帝之子得姓者十四人為十二姓姞其一也詩都人士作吉文公賤妾曰燕姞夢天使與己蘭曰余為伯鯈余而祖也以是為而子既而生穆公名之曰蘭文公卒石癸曰姞吉人也后稷之元妃也今公子蘭姞甥也天或啓之必將為君遂立之古今人表云姞人秉妃道以姞人為姓名○左傳宣三年注又史記鄭世家集解引左傳賈注逵云姞南燕姓又詩韓

韻史 卷五十五第十二部入聲質韻

五一三五

奕為韓姞相攸傳云姞蹶父姓也

趌

趌趨逗怒走也說文 趌趨凶豎也亦跳起也一切經音義十五引纂文

鮚

鮚鮮也漢律會稽郡獻鮚醬二斗說文段注地理志會稽郡鄞縣有鮚埼亭師古曰鮚蚌也長一寸廣二分有一小蟹在其腹中埼曲岸也其中多鮚故以名亭按此名瑣鮚瑣者小也鮚之小者江賦瑣鮚腹蟹注引南越志曰瑣蛣長寸餘大者長二三寸腹中有蟹子如榆莢合體共生俱為蛣取食○查按江賦南越志作蛣段借字也

蛣

蛣蚍逗蝎也說文○爾雅釋蟲蝎蛣蚍注云木中蠹蟲 蛣蜣蜣蜋爾雅釋蟲 蛣蟬也廣雅釋蟲○查按瑣鮚字亦或借蛣作之

漢古切

一

弌古文 惟初大極道立於一造分天地化成萬物說文段注一之形於六書為指事漢書曰元元本本始數於一 一少之極也老子抱一為天下式王注 一數之始而

韻史 卷五十五第十二部入聲質韻

五一三六

物之極也老子昔之得一者王注 一者數之始禮記曲禮目疏引呂靖又周禮天官目錄疏又左氏隱元年春秋經傳集解疏又孝經開宗明義章第一疏○周禮羽人注一羽有名疏云一者十數之始 一者形變之始也列子天瑞○漢書董仲舒傳云一者萬物之所從始也 一元者大始也春秋繁露玉英 一身也莊子徐無鬼上之質若亡其一釋文 一者質也說文反質○管子法法明一者皇注云一者氣前未分之一者也又緐露天道無二云一者一也 一者有之初至妙者也莊子天地一之所起有一而未形注○易萃一種為笑度注云初稱一 一謂无也易繫辭上傳一陰一陽之謂道疏 一謂無也管子內業一物能化謂神一事能變謂之智注○淮南原道云所謂無形者一之謂也又云所謂一者無匹合於天下者也卓然獨立塊然獨處 空之謂一鶡冠子環流 一謂道也呂覽士容若失其一注論人知神之謂得一注君守大一能應萬注一過理七國之主一貫注人淮南精神通達綱於一注故曰一生二注○韓非子揚權云道無雙故曰一又文選頭陀寺碑文注引老子鍾會注云一亦道也 一者道本淮南俶真

韻史 卷五十五第十二部入聲質韻

五一三七

除貫得一之道注泉道注○詮言云一也者萬物之本也無敵之道也又精神能知一則無一之不知也不能知一則無一之能知也注云上一道也下一物也 一者道德之形體也太夲常體一形也注 一者道始所生太和之精氣也老子抱一能無離乎注○淮南精神一生二注云一者元氣也又俶真非得一原孰能至於此哉注云一原道之原也 一謂乾元易繫辭下傳貞夫一者也虞注○後漢書郎顗傳云三百四歲為一德 一者善之謂也周書命訓其極一也注 一言仁言也淮南繆稱一言而萬言窮注 一者衆之所歸易繫辭下傳陽卦多陰疏 一謂誠也禮記禮器其致一也注又三代之禮一也注云一也俱趨誠也○老子抱一王注云一人之真也 一謂精專也管子心術執一之君子執一而不失注○禮記禮運致一以窮之疏云一謂專一又淮南說山用心一也注云一情專也又後漢書馮衍傳注云一猶專也 一謂不分散荀子禮論性偽合然後聖人之名一注○呂覽察離故擇務而貴取一也注云一分也 一謂不雜管子水地故水一則人心正注○宮必明其一注云一謂貌令不貳動 一謂不

韻史 卷五十五第十二部入聲質韻

五一三八

變荀子禮論古今之所一也注一謂豫也禮記中庸所以行之者一也疏○又云一謂富豫也一猶常也淮南說林而又況一不信者乎注一猶等也呂覽情欲欲之若一注一蜀也南楚謂之獨方言十二一齊也淮南原道是故聖人一度循軌注俶真是故其德煩而不能一注一同也國語晉語我力一心注又國策秦策諸侯不可一注又呂覽仲秋日夜分則一度量注其為彼使一也注又淮南精神萬物總而為一注本經由近知遠而萬殊為一注一和于四時注說山所行則異所歸則一注說林類異路所極一也注馬獸弗辟與為一也注淮詹知疾痛寒暑人情一也注是利而就避害而去其情一也注○覽冥勞逸若一注云一同心也一皆也大戴記衛將文子則一諸侯之相也注又荀子勸學可以為法則注君子備而不怜一皆善也謂之聖注禮論一使足以成文理注引王肅○後漢書順常軌注又呂覽貴直一為此乎注虛云一猶皆也一猶乃也呂覽知士一至此乎注一體天也莊子則陽則盡一體釋文○淮南墜形天一地二人三注云一陽一主日大戴記易本命又淮南墜形一日甲子之日也戰國策秦策一日注一日

韻史　卷五十五第十二部入聲質韻　　五一三九

猶昨日也後漢書李充傳注一日周之正月晚出書武成惟一月傳一北方也素問五常政大論寄於一注一人天子也孝經一人有慶注○周書文傳從生盡以養一丈夫注云一丈夫天子也一人君上也荀子富國所以養一人也注人仲尼嫱蓋一人注云一人謂君也○御覽七百反十引風俗通云夫數一為特庶一介單使也後漢書鄭范陳賈張傳贊注一切權時也漢書路溫舒傳婾一切注引如淳翟方進傳奏請一切增賦注引張晏○後漢書光武紀上注云一切謂權時非久創也又李通傳注云一切謂權時也又王肅傳注云一切猶權時也

乙

象春艸木冤曲而出侌气尚彊其出乙乙也乙承甲象人頸說文段注冤之言鬱曲之言詘也乙乙難出之皃史記曰乙者言萬物生軋軋也漢書曰奮軋於乙文賦曰思軋軋其若抽軋軋皆乙乙之段借軋从乙聲故同音相段月令鄭注云乙之言軋也時萬物皆抽軋而出物之出土艱屯如車之轍地濊淨按李善乙音軋乙軋也自抽軋而出也釋名釋天○廣雅釋言又後漢書公孫述傳注

韻史　卷五十五第十二部入聲質韻　　五一四〇

鼓云乙軋也又太玄棗曰甲乙注云乙之言軋也乙難出之皃文選文賦思乙乙其若抽注○注又云乙抽也乙者物蕃屈有節欲出白虎通五行乙木日也呂覽孟春其日甲乙注○淮南天文注云甲乙皆木也又時則注云甲乙木日也坤為乙易泰帝乙歸妹虞注歸妹虞注震象稱乙易泰九家注乙酉齊也淮南天文○又云乙東夷月在乙曰橘爾雅釋天太歲在乙曰旃蒙同上太乙天之尊神也曜魄寶也文選東京賦致高煙于太乙薛注魚腸謂之乙爾雅釋魚○禮記內則魚去乙注云乙魚體中害人者名也今東海鰫魚有骨名乙在目旁狀如篆乙食之鯁人不可出

壹

○俗有壹嫥壹也說文段注嫥各本作專今正嫥下云壹也與此為轉注○荀子大略君子壹教弟子壹學亟成注云壹專壹也壹者專也同也詩都人士序則民德歸壹覽○左傳昭廿六年壹行不若注云壹專也又穀梁僖九年傳壹明天子之禁注云壹猶專也又禮記表記欲民之有壹也注云壹謂專心於善又大學壹是皆以脩身

韻史　卷五十五第十二部入聲質韻　　五一四一

為本注云壹是專行是也壹者言其一心不貳意也左傳莊卅二年聽明正直而壹者也疏○文二年傳與人之壹也注壹無貳心矣壹者決定之辭也禮記檀弓下壹似重有憂者疏壹不委曲周書諡法貞德不解曰莊注○荀子解蔽云不以夫一害此一謂之壹壹者齊一之義詩都人士序疏○國語晉語鍼靖者修之則壹注云壹均一也壹弋也廣雅釋詁一○禮記表記篇以壹志注云壹讀為一又儀禮士冠禮注古文壹皆作一疏云一壹得通用○壹按禮經古文壹作一者夥矣有司徹則今文壹為一非尋常段借之比壹同也左傳昭十年而壹用之注壹皆也家語弟子行壹諸侯之制也注壹猶聚也禮記玉藻壹食之人一人徹注壹猶稍也儀禮公食大夫禮壹以投習注壹志氣閑而爲壹也孟子公孫丑上志壹則動氣氣壹則動志也注壹鬱猶拂鬱也漢書賈誼傳于獨壹鬱其誰語注壹切謂權時也漢書張敞傳願得壹切比三輔尤異注引如淳

懿

或作懿嫥久而美也說文段注嫥者壹也釋詁詩烝民傳皆曰懿長也周書諡法曰柔克為懿溫柔聖善

韻史　卷五十五第十二部入聲質韻　　五一四二

曰懿許益之以壽久者爲其字从壹也壽壹而後可久可久而後美小爾雅及楚辭注懿深也詩七月傳曰懿深邃也深即專壹之意也國語衛武公作懿戒以自儆韋注懿讀曰抑大雅之抑詩也大雅懿戒皆婦箴云有所痛傷之聲也[illegible]對曰懿馮云備意也小雅抑此皇父箋云抑之言竟古懿抑同用懿抑三字同音可證古音讀如一

懿美也易象上傳君子以懿文德虞注又周書祭公公其告予懿德注又詩時邁我求懿德箋又左傳襄十二年疏乃懿德疏昭廿四年不廢懿執注文十八年傳忠肅恭懿注宣十二年疏又國語周語注又漢書韋玄成傳集注谷永傳集注揚雄傳上集注又後漢書張衡傳注荀悅傳注又文選東京賦東京之懿未罄薛注幽通賦懿前烈之純淑兮曹注思玄賦姑純之所廬舊注琴賦嘉斷器之懿茂注○左傳文十八年疏云懿者美也保己精粹立行純厚也又後漢書班彪傳下注云懿並美也

懿者深邃之言詩七月疏○楚辭逢尤懿風后兮寞瑞圖注云懿深也

懿僾也言奧僾也釋名釋言語

溫和聖善曰懿後漢書桓帝懿獻梁皇后紀注

懿懿芬皃楚辭離世苦懿懿而終眺兮注

撎

擧首下手也說文段注六字各本作擧手下手也五字今正西征賦注五篇引說文有拜字左傳成十年釋文引字林擧首下手皆是也凡不跪不爲拜跪而擧其首惟下其手是曰肅拜漢人曰撎周禮九拜九曰肅拜先鄭注云肅拜但俯下手今時撎是也鄭注少儀曰肅拜拜不低頭也云但俯下手云不低頭撎正與擧首下手合今本說文既譌而少儀注又刪不字作拜低頭也乃終古昧其禮矣程氏瑤田曰言擧首者以別於諸首頓首空首三拜必下其首也按此婦人之拜也婦人以肅拜當男子之空首少儀云婦人吉事雖有君賜肅拜是也以手拜當男子之稽首少儀之手士昏禮之拜扱地是也以稽顙當男子之頓首喪服小記之爲夫與長子稽顙是也肅拜與成十六年之肅不同肅不連拜介者不拜長揖而已不拜者不跪也肅拜則跪而擧首下手也○蓋按禮經有揖有厭皆與撎殊異厭有作揖者譌也左傳成十六年釋文云撎揖也非是

饐

○俗有餀餿

飯傷溼也說文段注魚部曰鮑饐魚也是引伸之凡溼濆皆曰饐也字林云饐飯傷熱溼也況饐於饖焉洪云饐飯餿臭也本論語孔注而非許說○爾雅釋器云食饐謂之餲

飯臭曰饐御覽八百五十

引通俗文

饐臭變也論語鄉黨食饐而餲皇疏○蓋按孔注饐餲臭味變也臭字當在餲上以臭釋饐以味變又釋餲也

曀

天陰沈也詩曰終風且曀說文段注天陰沈也各本作天陰而風也今正攷開元占經引作天地陰沈也大平御覽引作天陰沈也邶風曰終風且曀爾雅毛傳皆云陰而風曰曀釋名曀翳也言云氣晦翳月光使不明也小爾雅曀冥也曀謂主不明爾雅毛傳因詩同兼風言耳故許易之陰沈當作霧[illegible]

曀曀陰晦皃也後漢書馮衍傳注○釋名釋天云陰而風曰曀曀翳也言云氣晦翳日光使不明也又爾雅釋天孫注云曀雲風曀日光

湮曀闇昧也楚辭沈紛擾湮曀而道塵注情賢曰陰曀其將暮注○一切經音義十六曀古文作㙪○壹按曀㙪二字義略同本應併爲一字

㙪

天陰塵起也詩曰㙪㙪其陰說文段注邶風終風文今詩㙪作曀毛傳曰如常陰曀曀然許所據作㙪其訓曰天陰塵蓋雨部所云天氣下地不應曰霧霧晦也

㙪㙪天陰塵也讀書紀四引韓詩章句

殪

𣧈古文○或作壹

死也說文段注按尚書言殪戎殷殪伐也此引伸之義中庸言壹戎衣注衣讀爲殷聲之誤也壹戎殷也郭忠恕佩觿乃引鄭注云壹當爲殪此記憶說之耳凡恃記憶而不檢閱者多此病○爾雅釋詁人左傳僖九年秦戎師前後擊之盡殪注襄廿五年必殪注偪廿一年城射之殪釋文昭廿六年鬭子射其馬斬軼殪將擊子車子車射之殪注定八年中頰殪釋文人問語晉語擊人盡殪注又後漢書張衡傳注又家語六本殪而不進注又呂覽決勝傳攪則殪注又楚辭國殤左驂殪兮右刃傷注又文選思玄賦注今殪而尸七兮爲注

殪壹發而死詩吉日殪此大兕傳○國語晉語殪以爲大中注云一發而死曰殪又漢書司馬相如傳上集注引文穎云一發矢爲殪

殪殺也書康誥殪戎殷疏又文選東京賦殪野仲而殲游光薛注

殪盡也左傳宣六年將可也注

殪殪仆也後漢書光武紀上注○注又云殪或作噎○蓋按此同壹聲相叚也

殪翳也就隱翳也釋名釋喪制

殪因也因高填下也詩皇矣其菑其翳釋文引韓詩

韻史　卷五十五第十二部入聲質韻

鷧或書作鶂鸆也○說文○爾雅釋鳥鸕鷀注云即鸕鷀也蓋從俗名之水老鴉亦訛為鸕鷀子

抑俗按也說文段注按當作抑印也漢人删去印字耳按者下也用印必向下按之故字从反印

俗訓曰若重之抑堤正與之正傾與之傾重之抑堤內部今俗云以卽卽泥也此抑之本義也引伸之為凡按之偁則而

廞抑按之注曰抑按也又引伸之為凡墜下之偁實遂傳曰抑抑慎密也假樂傳曰抑抑美也抑傳曰抑抑密也猗嗟傳

曰抑美也論語三用抑字皆語轉語書於按下之意相近抑詩國語作懿戒懿同抑抑此亦文轉語欲者按字與鄭云抑

抑之言噫有所痛傷之聲也用印者必下向故言之曰印急言之曰抑詩賓筵抑與怭韻假樂與秩韻古音在十二部

卯印之入聲也○廣雅釋詁三抑沈也淮南精神以自持抑心注抑腹又楚辭惜之偏情沈抑而不達今注三深沙偁屈以自抑

而自强注猶云抑按也又漢書賈誼傳不伏撓抑而刺之也注云抑謂按之也

抑者遏也史記河渠書為

抑鴻水索隱人荀子成相為有功抑下鴻注

抑塞也史記河渠書索隱

抑沒也淮南本經抑民之

天隱注

抑猶推也禮記樂記而常抑注記強

抑枉也國語晉語注叔魚抑刑虔

抑屈也史記

五一四七

韻史　卷五十五第十二部入聲質韻

劉敬叔孫通傳皆伏抑首集解引如淳又漢書叔孫通傳集注

抑退也後漢書班彪傳下注

抑貶也國語

楚語而為之箸善而抑惡焉注

抑止也淮南本經抑滅怒激以揚激波注又楚辭招魂抑驚若通分注

抑治也孟子滕文公下昔者禹抑洪水注又廣雅釋詁三

抑安也方言十三又廣雅釋詁一

抑為揚之兒詩猗嗟抑若揚兮注

抑抑密也爾雅釋訓又詩假樂抑抑威儀箋抑抑威儀傳又漢書馮奉世傳贊集

注叙傳下集注又後漢書東平憲王蒼傳注

抑抑威儀審諦爾雅釋訓注○舍人注云抑抑威儀審密靜

抑辭也詩十月之交抑此皇父釋文又禮記中庸抑而强與注又左傳宣十二年抑人亦有言曰注又孟子

梁惠王上抑王興甲兵注又太平御覽抑亦如注○王氏引之經傳釋詞云抑詞之轉也左傳注抑疑詞也字或作意周

語敢問天道乎抑人故也賈子禮容語篇抑作意論語學而篇求之與抑與之與漢石經作意意與抑同字又作噫又

作億又作懿聲義並同也書金縢曰信噫公命我勿敢言釋文曰噫馬本作懿借也家大人曰噫懿德公並與抑同信為

一句噫公命我勿敢言為一句言信有此事抑公命我勿敢言之也易震億喪貝王弼注億辭也釋文曰億本作噫莊子

五一四八

韻史　卷五十五第十二部入聲質韻

在宥意治人之過也釋文意又作噫楚語作懿戒韋注曰大雅抑之為也懿讀抑是抑意噫億懿五字並同也故為注曰懿

猶抑也某氏不知噫為抑之借字而以為恨辭失之矣

抑語助也禮記中庸疏又左傳昭廿一年抑君有命

可若何疏又論語學而皇疏○漢書五行志中之上抑人故也注云抑發語辭也又敘傳上○其抑者從横之事注云抑語

辭

抑亦亦詞之轉也經傳釋詞云抑亦亦詞之轉也左傳昭三十年其抑亦將卒以祚吳乎論語子

路抑亦可以為次矣是也或作意亦或作噫抑亦或作億亦聲義並與抑亦同也

抑意也詩十月之交抑此皇父釋

文引釋詩○經傳釋詞云或言意者或言抑者亦轉語詞也莊子天運曰意者其有機緘而不得已邪意者其運轉而不能自止邪

意者或作抑者漢書敘傳曰其抑者從横之事復起於今乎是也作意者之言或者也易文言云或之者疑之也

逸

逸失也說文段注此以疊韻為訓亡逸者本義也引伸之為逸游為暇逸○廣雅釋詁二云逸失也又書盤庚上惟予

一人有佚罰晚出傳云佚失也按此謂佚為逸之借字也經典逸佚泆三字多通用蓋引伸之義略同也亦通用失字

惟說文明製字之本義不用叚借字

逸亡也國語鄭語注以逸逃於褒

逸逃也左傳桓八年隨侯逸注

五一四九

韻史　卷五十五第十二部入聲質韻

佚獲者已獲而逃亡也公羊成二年傳其佚獲奈何注

逸遁也漢書成帝紀集注

逸

謂奔竄也荀子宥坐身不佚者志不廣注○國語晉語馬逸不能止注又荀子哀公馬將失注韋云逸奔也

又宥坐若有決行之其塊佚若聲響音注云逸介逸也

逸去也廣雅釋詁二

逸置也廣雅釋詁四

逸放也漢書吳王濞傳集注韋賢傳集注引臣瓚

逸縱也左傳成十六年乃逸楚囚注又後漢書張衡傳

注鄭孔荀傳注○晚出書大禹謨淵逸于遊疏云逸謂縱體

逸過也爾雅釋言又國語周語是介雅釋詁三

有逸蜀注○文選劉越石答盧諶詩逸珠盈椀注逸於謂過於眾類

佚猶過也公羊宣十二年令之還師逸

寇注○晚出書胤征大史逸德疏云逸即佚也佚是淫縱之名故逸為過也

逸疾也文選舞賦良駿逸足注○

海賦翔陽逸駭於扶桑之津注云逸駭言出疾也

逸逸往來次序也詩賓之初筵傳與嗚逸逸

逸民謂有德而隱處者查按此段逸為佚也

佚

○俗有劝

佚民也一曰佚忽也說文段注佚民也三字句論語微子篇逸民伯夷叔齊虞仲夷逸朱

五一五〇

張杯下悉少連按許作佚民正字也傳逸民者假借字佚从人跂為佚民字也孟子曰遺佚而不怨又以為劈逸字如以佚道使民是古失佚逸泆字多通用石經今文尚書毋逸字作勦則許所不取廣雅疏之心部曰忽忘也按忽之言亡也

逸民者節行超逸也論語微子逸民集解○漢書律曆志上舉逸民注云逸民謂有德而隱處者

佚代也齊曰佚方言三

佚猶引也荀子性惡若佚之以繩注

佚樂也廣雅釋詁一又漢書司馬相如傳下集下集注司馬遷傳集注○國語吳語而又不自安恬逸注人文選東京賦后之書逸薛注綜云逸樂也

佚安也樂也荀子王霸心欲綦佚注○呂覽重己足以逸身嫚儆而已矣注人淮南修務非以逸樂其身也注姪云逸安也

佚蕩也亦樂也一切經音義亦引蒼頡○音義九云佚蕩之也

佚蕩緩也漢書楊雄傳上為人簡易佚蕩注○莊子天地數若佚蕩釋文引司馬注云佚蕩唐佚也

佚惕緩也方言六

逸樂謂閒豫也漢書李廣傳而其士亦佚樂注○王褒傳集注云逸閒也又詩十月之交民莫不逸箋云逸逸豫也

逸不勞也呂覽察賢圜治身逸注○周禮廋人以阜馬逸

韻史　卷五十五第十二部入聲質韻　五一五一

韻史　卷五十五第十二部入聲質韻　五一五二

特注云逸者用之不使甚勞安其血氣也

佚游出入不節論語季氏樂佚游集解引王注○皇疏云佚遊出入不知節也

佚婬也方言六○國語楚語耳不樂逸聲注云逸淫也

劮婬也廣雅釋詁一

劮豫也廣雅釋言

劮戲也廣雅釋詁三

佚代也齊曰佚佚猶更也方言三○蒙按此段佚為逸也

泆

水所蕩泆也說文段注蕩泆者動盪奔突而出禹貢道沇水入于河溢為滎李作泆周禮疏師古漢書注所不誤且史記水經注皆作泆惟漢地理志作軼軼車相出也正與泆義同左傳彼徒我車懼其侵軼我又曰迭我殽地迭即泆軼之段借也凡言逸泆者皆謂太過其引伸之義也衛包改禹貢之泆為溢漢人以溢釋之因可數矣

泆湯疾速如湯沸泆也莊子天地數若泆湯釋文引李注○蓋按泆湯司馬李作佚蕩作佚蕩注云唐佚也又書酒誥淫泆于匪彝釋文云泆又作逸此皆通借之常人多士大淫泆有辭釋文云泆作佾馬本作佾此則所據本異

泆謂放恣無藝左傳隱三年驕奢淫泆注

泆陽豹頭馬尾一云神明也莊子

達生則泆陽處之釋文引司馬注

軼

車相出也說文段注車之後者突出於前也楚辭軼迅風於清源禹貢沇水入于河泆為滎漢志作軼鄭注司刑注過失若舉刀欲斫伐而軼中人者皆本義之引申段借也

軼過也廣雅釋詁三又漢書地理志上集注司馬相如傳上傳下集注黃霸傳集注又後漢書馮衍傳注班彪傳上注馬融傳注又文選東京賦軼五帝之長驅薛注蕪城賦軼周令注○漢書揚雄傳上軼五帝之遐迹兮注云軼亦過也

自後過前曰軼淮南覽冥軼鵾雞於姑餘注○文選西都賦注引三蒼云軼從後出前也

軼者車轍也史記田敬仲世家伏式軼索隱又莊子徐無鬼皆是者超軼絕塵釋文引崔注云軼轍也蓋按以車轍釋軼者義之引伸段借也○漢書王褒傳因奏褒有軼材注揚雄傳下轔轢軼注敘傳上良樂軼能於相御注竝云軼與逸同蓋按此數正用從後出前之解耳不得概為逸也師古殊為選事

駃

馬有疾足也說文段注俗軼絕塵字當作駃今人用佚逸字當作駃

韻史　卷五十五第十二部入聲質韻　五一五三

韻史　卷五十五第十二部入聲質韻　五一五四

欭

嚘也說文段注口部曰嚘者語未定皃欭嚘為雙聲王風中心如噎傳曰噎謂噎憂不能息也噎憂即欭嚘之假借字不能息謂气息不利也鄭風傳曰不能息憂不能息也憂亦即嚘字老子終日號而不嚘嚘玉篇作不嚘云嚘气逆也太玄柔兒于號三歲不嚘皆謂气窒塞不利廣韻唈欭數也

欯

向吉切

俗有咭

喜也說文又廣雅釋詁一

欯欯喜也廣雅釋訓

欯笑也廣韻又云咭笑皃

肹

振肸也說文段注振肸依玉篇今本玉篇肸為時十部曰肸蠁布也然則振肸者謂振動布寫也以疊韻為訓也鍇本云振也鉉本云振肸也皆非是禮樂志曰鶩路龍鱗罔石飾師古曰肸振也謂皆振整而飾之也上林賦肸蠁布寫師古曰肸蠁盛作也甘泉賦薌呹肸以掍根師古曰言風之動樹聲響振起此皆與說文合蓋肹與肸音義皆同許無八俗字今按作肹作肸皆可左傳言振萬舞者振動也广部曰肹動作切切也从介會意

肸

俗有肸

肸蠁過布也說文段注李善注上林甘泉賦皆引肸蠁布也今據正上林賦曰肸蠁布寫麗注曰過也芬芳之過若蠁之布寫也甘泉賦薌呹肸以掍批薌呹閃蠁按虫部蠁知聲蟲也肸蠁當謂如知聲之蟲一時並集

蜀都賦合羽嚮義同春秋晉羊舌肸字叔向向釋文許乙切卽蠁字知肸蠁之語甚古肸蠁盛作也漢書司馬相如傳上肸蠁布寫注肸振也漢書禮樂志注周不肸轉蕃注

豷 ○俗有猹豕息也春秋傳曰生敖及豷說文段注息者鳴也從與屑吻靄音義皆同而有人豕之別生敖及豷哀四年左傳文今左傳敖作澆論語及今郘作奡

噎 卯吉切

噎悟解气也說文段注悟解气者欠字下云張口气悟是也注悟覺也解散也通俗文曰張口運气謂之欠故鄭注周易百果艸木皆甲坼曰字讀為人倦之解郭注方言解曰解讀解悟聲之解皆是許意也與欠異音同義玉裁按許說噎義非是不必曲徇噎之見於月令內則者各一鄭氏終風箋曰噎讀當為不敢噎咳之噎今俗人噎云人道我此古之遺語也月令民多鼽噎謂鼻窒而始噎說文噴下一曰鼓鼻而釋噎為欠直以其字从口不从鼻故耳殊不思內則既云不敢噎又云不敢欠具為二事憭然素問說五气所病腎為欠為噎亦分二事偏云噎卽是欠則內則素問皆不可通矣故噎解當改云敖鼻也為安口與鼻同時气出此字之所以从口也至若詩箋言則疐毛傳云疐跲也釋文疐作疐

韻史　卷五十五第十二部入聲質韻

五一五五

跲作劫自是古字通段說狼跋傳疐跲也而其疐本又作可證崔靈恩集注乃改劫為劫訓以今俗人體倦則伸志倦則劫音丘據反是義以附合許之疐解而不知許自解噎非解毛之疐也改疐為噎以自附鄭君始許在鄭前安得從鄭易毛各本有詩曰願言則噎六字休寧注氏龍以為後人妄增者是也今刪學者可以知毛許異詩本無此說唐石經人作噎者乃從鄭非從毛噎噴鼻也一切經音義十一引蒼頡噎疐也聲作疐而出也釋名釋咨容○臺按詩今本終風傳云疐跲也毛解鄭字乃牛頭馬脯鯆鮚不可通矣

䵒 紐吉切

[illegible] 或䵒黏也春秋傳曰不義不䵒說文段注隱元年左傳文今左傳作暱昵或暱字曰近也攷工記弓人凡昵之類不能方故書昵或作樴杜子春云樴讀為不義不昵之昵或為䵒黏也按許所據左傳作䵒爲長䵒與暱音義皆相近○廣雅釋詁四云䵒黏也又方言二䵒黏也齊魯青徐自關而東或曰䵒或曰數黏也注云䵒言黏䵒也䵒膠也爾雅釋言

匿

匿亡也說文匿避也漢書灌夫傳集注匿猶逃也淮南說林清則見物之形弗能匿也注匿

韻史　卷五十五第十二部入聲質韻

五一五六

猶伏也呂覽論人不可匿也注○後漢書李固傳注云匿隱伏也匿隱也廣雅釋詁四又國語周語文不可匿注人漢書李尋傳集注又管子立政築障實匿注○荀子天論匿則大惑注云匿謂隱匿其情匿藏也左傳哀廿五年而知匿其暱注又論語公冶長匿怨而友其人皇疏又廣雅釋詁四又漢書婁敬傳集注卜式傳集注人呂覽重言桓公管仲雖善匿注人淮南說山無內無外不匿股微注○左傳宣十五年瑾瑜匿瑕注云匿亦藏也匿微也爾雅釋詁○舍人注云匿藏之微也匿竊也廣雅釋詁三竹器邊緣曰匿御覽七百五十六引通俗文

㮚 亮吉切

[illegible] 古文○作栗僳或㮚木也說文段注三字句段借為戰栗○御覽引釋詁云栗木名又詩東門之栗傳云栗行上栗也又素問五常政大論其果李栗注云栗水果也栗其實栗栗然詩生民實穎實栗傳栗成就也詩生民箋栗堅也家語問玉縝密以栗知也注○禮記聘義注云栗堅貌又箴云栗堅剛栗肅也禮記曲禮下棋榛脯脩棗栗疏栗竦縮也○漢書楊惲傳不寒而栗注臺按慄出慄字不見於

韻史　卷五十五第十二部入聲質韻

五一五七

說文二字義多相出入蓋慄卽栗引伸之而也栗者所以自戰栗白虎通宗廟○周語同語設栗主注云周用栗栗廣注用象人公羊文二年傳練主用栗注云栗猶戰栗謹敬貌㮚取敬㮚國語魯語夫婦贄不過棗栗注○穀梁莊廿四年傳棗栗鍛脩注云栗取其敬栗人公羊莊廿四年傳然則曷用棗栗云乎注云棗栗取其早自謹敬又儀禮有司徹婦贊者執栗糒注云栗糒加邊之實也栗栗眾多也詩良耜積之栗栗傳○爾雅釋訓栗栗眾也李注云栗栗積聚之眾也今秦俗猶以枇髮為栗荀子禮論不沐則濡櫛三律而止注栗廣野名山海經大荒西經女媧之腸化為神處栗廣之野注必栗者羌胡樂器名也一切經音義十九引纂文蚍栗蚍床也廣雅釋艸栗析也古者聲栗裂同也詩東山烝在栗薪箋○臺按此以栗為裂之雙聲段借字也又考工記弓人篇菑栗不迆司農注云栗讀以鋸副析鯀又疏云栗者亦取破之義慄廟主也本作栗玉篇

瑮

玉英華羅列秩秩逸論語曰玉粲之瑮兮其瑮猛也說文段注爾雅

韻史　卷五十五第十二部入聲質韻

五一五八

釋訓秩秩清也毛傳秩秩有常也璞列雙聲璞秩疊韻藝文志曰論語漢興有齊魯之說傳齊論者惟王陽名家傳魯論者安昌侯張禹最後而行於世然則張禹魯論所無則謂之逸論語如十七篇之外為逸禮二十九篇之外為逸尚書也齊論多問王知道二篇王伯厚云問王疑當作問玉按說文玉璞瑩三字下所引蓋即問玉篇與

凓

凓冽寒皃詩曰二之日凓冽 說文段注豳風七月文也毛傳曰凓冽寒氣也古亦單用凓字春秋繁露諸煖寒曰熏凓今詩作栗烈曹詩冽彼下泉疏引七月二之日凓冽是孔本與許同而陸釋文作栗烈與許異且云說文作凓颲其實風部未嘗引詩也五經文字仌部有凓知其所據詩作凓

凓冽甚寒也 素問氣交變大論其變凓冽注

溧

溧水出丹陽溧陽縣 說文段注縣字俗所沾丹陽郡溧陽二志同據漢志漢縣蓋在今江蘇江寧府高淳縣南十五里之固城前志溧陽下應劭曰溧水所出南湖也方輿紀要曰今溧水在今溧陽縣北四十里即永陽江南也釋符圖經溧水承丹陽湖東入長蕩湖丹陽即應劭之南湖也張職曰溧水即永陽江之上源大江之水南會於此江

韻史 卷五十五第十二部入聲質韻　五一五九

上有瀨曰瀨渚又謂之陵水范雎說秦昭王子胥出昭關至陵水是也自瀨渚東流為瀨溪觸民謨曰瀨溪入長蕩湖又分流東行為吳王書蓋五代時揚行密漕運所經也自東壩築而丹陽湖之水不復入於溧水永陽江之源流亦淤晦矣水利致永陽江一名潁陽江南名中江按中江者前志丹陽郡蕪湖下云中江出西南東至陽羡入海揚州川謂禹貢職方三江之一也今蕪湖河東接太平府南之黃池河又東接溧水縣之固城丹陽石臼諸湖未築東壩以前諸湖通長蕩湖而入太湖而入於海此正古中江之道今則壩西諸水俱西流入江與古絶異又按禹貢三江既入惟北江徑入海中江則合太湖以入海南江則合浙江為浙江以入海既合之後則謂太湖為江謂浙江為江故班志直云入海不云入太湖可勿疑也

抶 寵吉切

抶笞擊也 說文段注笞所以擊也抶之見左傳者多矣曰左傳文十八年歌以扑抶職注又廣雅釋詁三又莊子則陽釋文引三蒼又漢書五行志下之上集注姓云抶擊也又揚雄傳上集注云抶笞也又文選羽獵賦注引埤蒼云抶笞擊也

抶鐵也其處皮熏黑色如鐵也 釋名釋姿容

韻史 卷五十五第十二部入聲質韻　五一六〇

魅

或作鬽魅 厲鬼也 說文段注厲之言烈也厲鬼謂虐厲之鬼鬼或作厲非左傳曰其何厲鬼也月令注曰民有大陵積尸之氣氣佚則厲鬼隨而出行虛危有墳墓四司之氣為厲鬼將隨強陰出害人而山經剛山是多神槐魂即此魅字郭云魑魅之類也或作鬽今本山海經傳寫奪依集韻類篇正 疑當作眣大入屑韻注在彼

眣

吒

訶也 說文段注訶大言而怒也〇閔黃秦策奚以遠言吒也又一切經音義六引蒼頡云吒呵也又音義四引蒼頡云大呵為吒〇蓋據說文有訶字無呵二字有別而俗皆用呵為訶

吒罵之 公羊莊十二年傳手劍而吒之

注 吒者若吒咄聲 莊子齊物論吒者吸者釋文引司馬注

吒咤發怒聲 史記淮陰侯傳

喑噁吒咤 索隱

吒咨怒聲也 後漢書皇甫嵩傳注

吒而吐之曰吒 一切經音義四引通俗文

吒嫌有隱使也 禮記內則不嫌不指注

〇俗有即

卽 紫逸切

卽食也 說文段注即當作節則易所謂節飲食也節食者檢制之使不過故凡止於是謂之即凡見

韻史 卷五十五第十二部入聲質韻　五一六一

於經史書即皆是也鄭風毛傳曰即就也

卽就也 易屯即鹿無虞注訟復即命疏爾不我即即疏〇即此家注又詩氓來即我謀東門之墠子不我即傳東方之日疏我即分箋板我即爾謀箋又問禮喪祝疏又儀禮士冠禮即席就將冠者即筵坐注士昏禮賓即筵坐注鄉飲酒禮即席注聘禮賓即館注公食大夫禮賓來取即稍注喪服即為五月者注既夕禮記將有頭也疏又禮記曲禮上將即席疏王制必即天倫注雜記事大夫斯服即喪注祭統即宮于宗周政哀公問即安其居注又大戴記保傳戒即定注又左傳文六年而後即命注成二年國即死也注定四年月即命于周注又公羊僖二年傳非有即爾注又國語周語無即慆淫注魯語又而後即安注晉語肇即利而舍注語歃即私注又論語子路亦可以即戎矣集解引苞注子設即之也溫皇疏又方言十二人康釋詁二人荀子宥坐己此三者然後刑可即也注又呂覽士節即刑焉注又淮南繆稱注又太平出我心即次注又文選思玄賦即此趾而爐情舊注〇公羊桓元年公即位注又史記吳王濞傳即山鑄錢索隱姚云即者就之也又漢書溝洫傳集注云即倘就也又左傳僖日四年即聲從昧疏云即就之息也又云即是依就之息也

卽從也 易訟疏〇復漢書何進傳注云即鹿猶從禽也

卽

韻史 卷五十五第十二部入聲質韻　五一六二

近也公羊宣元年傳不卽人心注卽尼也爾雅釋詁卽至也素問氣交變大論卽其曾也注卽猶今也爾雅釋詁注又孫注卽猶若也漢書西南夷傳集注卽半也方言十二卽卽充實也漢書禮樂志美若確注引孟康確雌鳴曰卽卽論語讖禮記瑞命引卽周燭頭爐也禮記檀弓釋文引何注云卽周冶工爲瓶四周于冢○宜按此段卽爲塱也檀弓及曾子問注今皆作塱又水經淶水注云卽丘縣故春秋之祇丘也卽祇音之音蓋字承譌變

揤

捽也魏郡有揤裴矦國說文段注漢地理志作揤今本卽王子矦表作揤據此則今本地理志說也○俗有揤揤拭也廣雅釋詁二○廣韻云揤拭也又集韻云揤拭也

桼 此吉切

○俗有桼榛剉木汁可以髼物从木象形桼如水滴而下也說文段注木汁名桼因名其木曰桼今字作漆而桼廢矣漆水名也非木汁也詩書梓桼桼絲皆作漆俗以今字易之也周禮載師桼林之征二十而五大部曰故書桼林爲漆林杜子春云當爲桼林是則漢人分別二字之嚴今注疏皆作漆林爲正之如此周禮

巾車注髹黍字皆作黍不作漆漢人多假漆爲之字史記六律五聲八音泉始正黍始之說尚書大傳漢律厤志皆作七始史漢閒今文尚書也東形部左右各三皆象自木出之形也○莫按新本疾程皆五十東作之諸東部桼字也桼堊澤桼也廣雅釋草桼姑澤翔也同上漆似櫻也山海經西山經號山其木多漆注○詩山有漆釋文云漆木名漆也者以爲受霜露也考工記漆車黑車也周禮巾車注漆漆者容也自反也禮記祭義漆漆切切也○菅按此段義然

漆

○俗有漆沮漆水出右扶風杜陽者作說陂岐山東入渭一曰入洛一曰漆城池說文段注二志皆杜陵今陝西鳳翔府麟遊縣右扶風杜陽今陝西鳳翔府鳳翔縣是其地杜陽杜陵皆屬京兆尹杜陽屬右扶風此周公劉居豳今陝西邠州府岐山扶風二縣是其地漢之漆縣杜陽二縣南美陽太皇也大雅曰民之初生自土沮漆傳曰漆沮二水也又曰周原漆沮之閒也周頌潛傳又曰漆沮岐周之二水也據毛說則漆沮二水皆在岐周之地小雅吉日傳但云漆沮之水麀鹿所生其辭必周大雅周頌許云漆水出杜陽正岐周之地

也此漆沮在涇西禹貢道渭入東過漆沮則在涇東與岐周無涉王載謂水經曰漆水出扶風杜陽縣俞山東北入於渭正與說文合雅岐作俞耳鄭氏引闞駰曰岐山在杜陽北段案而肯采謂之漆采鄭又云漆水出杜陽縣之漆溪謂之漆采漆渠合岐水與漢水合東注雍水人合杜水南注於渭郭璞山海經注云水與漆水出岐山皆與水經合而前志右扶風漆縣下云漆水在縣西以地準之蓋此漆水出杜陽地漢漆縣以水爲名西南流至周邠地南漢杜陽美陽境而入渭實出今之邠州西南流至麟游扶風渭入渭也大雅云率西水滸箋云循漆沮水側傳入云周原漆沮之閒也且此水滸自與至邠漢人皆審知形勢今則茫昧難詳矣閒嗣十三州志云漆水出漆縣西北至岐山東北入渭正與毛詩傳箋合許又水經云出杜陽岐山者容與其說言之邑部云郇在右扶風美陽中水鄉此以岐山爲杜陽音岐山在杜陽之南美陽之北周原在岐山之陽故詩謂曰周原者岐山陽地杜陽郡國志注所引如是一曰漆城池者別一義地隍有水口地城也所之漆蓋古有是名休寧注氏龍曰山海經論次之山東水出焉北理志右扶風漆縣漆水在縣西水經漆水出右扶風杜陽俞山東北入於渭十三州地理志漆水出漆縣西北至岐山東入渭戴先生言漆水北流注於涇北涇西而

之漆水注涇以入渭者也此與縣詩之漆無涉十三州地理志有水出杜陽縣岐山北漆溪謂之漆渠西南流注岐水水經注杜水出杜陽山東南流合漆水水出杜陽之漆溪謂之漆渠南流合岐水至美陽縣注於雍水隋書地理志扶風普潤縣有漆水此涇西之漆合杜岐雍以入渭者也是卽縣詩之漆詩旨章謂太王始居於漆沮之地非謂公劉此漆非說文出右扶風杜陽岐山東入渭之漆也注氏龐曰一曰入洛四字二徐皆有不當刪此涇東之漆與上文涇西二漆水截爲三水經注鄭渠在太上皇陵東南濁水入焉書王義作渭水俗謂漆水又謂之漆沮其水東流注於洛水此說文所謂入洛也○書禹貢又東過漆沮出傳云漆沮二水名亦曰洛水晚漆鄉邾邑也引水經泗水注鹿勳十三州記○左氏襄廿一年經邾庶其以漆閭丘來奔釋文云漆本或作漆並按史記參始作來始與此稱無閒皆由形近而譌也漆木名詩山有漆桓釋文○菅按此段漆爲桼也又按禮記祭義漆漆者容也自反也此注段意段漆爲桼字也漆切切也

䣛齊地也說文

䳘䳘鳥也說文

櫛

櫛木可爲杖說文段注小徐云令櫛栗之屬

七

易之正也說文段注易用九不用七亦用變不用正也然則凡筮陽不變者當爲七但左傳國語未之見○白虎通嫁娶云陽數七文云七歲之陽也七亦天之成數管子幼官用七之數注南方有火二南齊書十一引月令章句○素問五常政大論告於七注云七西方也土五故數七震爲七易既濟七日得虞注七主星大戴記易本命七者天地四時人之始也漢書律麻志上七政日月五星之政也後漢書方術傳序注○書堯典以齊七政晚出傳云七政日月五星各異政七尺謂二十後漢書班超傳注七鼎一大牢也儀禮公食大夫禮司八陳鼎七注又不大大則若七若九注云七謂一命者也○新莽反寂重五十束斤釜按束者秦之俗體漢人多段秦爲七也

疾

[illegible]籀○俗有疾廿古文○廿又見七部入聲二十并也病也說文段注析言之則病爲疾加渾言之則疾亦病也按經傳多訓爲急也此引中之義如病之來多無斯無速也止部曰患疾也○論語陽貨古者民有三病

皇疏又國語晉語吾不幸有病注又呂覽明理長短頡許百疾注又楚辭天問而無疾脩盈注鼓云疾病也又易象上傳出入无疾注又論語衛靈公君子疾沒世而名不稱焉皇疏鼓云疾猶病也又素問五常政大論其動掉眩巔疾注云病病氣也疾疾也客氣中人急疾也釋名釋疾病○公羊桓十六年傳屬負茲舍不即罪注云天子有疾稱不豫諸侯稱負茲大夫稱犬馬士稱負薪疾癈疾也國語魯語于是乎有鰥寡孤疾注晉語恤孤疾注○周禮鄉大夫老老疾者皆舍司衰注云疾者謂若今癃不可事者復之疾疫癘也國語魯語譬之如疾注惡疾謂瘖聾盲癘秃跛傴不逮人倫之屬也公羊昭廿年傳惡疾也注坎爲疾易豫貞疾虞注復出入无疾虞注无妄无妄之疾虞注遯係遯有疾虞注損損其疾虞注鼎我仇有疾虞注○豐往得疑疾虞注云坎爲疾疾首頭痛也詩小弁疢如疾首疏人孟子梁惠王下舉疾首蹙頞注疾痛也左傳成十三年痛心疾首注又公羊莊四年傳緩患疾者可也注傳廿三年疾重故也注又荀子強國疾養急之有相先者也注正名疾養滄熱滑鈹輕重以形體異注疾謂患苦也管子小問凡牧民者必知

其疾注○左傳桓六年不以隱疾注又淮南說山食艸之獸不疾易藪注疵云疾患也又荀子略湯旱禱曰使民疾與注云疾若疾過也史記天官書疾其御出集解引蘇林疾猶非也禮記緇衣通臣不疾注○毋以嬖御人疾莊后注云疾亦非也疾害也後漢書傳殺傳注疾惡也禮記少儀有亡而無疾注又左傳昭九年謂之疾日注又周書鄭謀受微無行注引國語賓注○孟子梁惠王下夫撫劍疾視曰注云疾視惡視也○董按則非則害訓惡訓憎謂義用嫉爲忌治則謂疾爲段借亦可要之皆疾引伸之義也疾謂憎嫌之也管子小問注疾猶爭也呂覽栗慕而疾取救字注疾戠也有所越戠也釋名釋言語疾趨也呂覽勸學聖人生於疾學注疾急也左傳襄五年而疾討陳注襄十一年晉不吾疾也注又廣雅釋詁一又呂覽士疾門于車下注又漢書兩龔傳集注○方言十二揃撫疾也注云疾謂急疾也又詩召旻旻天疾威箋云疾猶急也疾高急也論語鄉黨不疾言皇疏疾速也國語周語高位實疾僨注齊語深耕而疾耰之注又史記樂書奮疾而不拔也正義又漢書田延年傳集注又荀子臣道事人而不順者不疾者也注又淮南說山破乃

愈疾注○荀子榮辱蚼蝝疾力注云力謂速力而作也疾捷速也禮記月令征鳥厲疾疏○漢書灌嬰傳戰疾力注云疾急速也疾力也呂覽尊師疾諷誦注○荀子仲尼疾力以申重之注云疾力勤力也疾壯也爾雅釋言疾美也管子七臣七主嗚乎美哉成事疾注疾謂激揚之聲穀梁桓十四年傳聽遠音者聞其疾而不聞其舒注疾趨謂直行也禮記玉藻疾趨則欲發而手足毋移注奮疾謂舞者也禮記樂記奮疾而不拔注堲疾也書堯典朕堲讒說晚出傳○盍按此謂堲即疾之同音假借字百疾變言也呂覽明理長短頡許百疾注下謂之多疾大戴記少閒○盍敗周禮大行人立當前疾司裘注云前疾謂駟馬車轅前胡下垂拄地者輕注疾字皆當作廣形近而字誤也

㑵

○俗有[illegible]

嫉

或妎也一曰毒也說文段注妎者妒也離騷注害賢曰嫉害色曰妒如曰女無美惡入宮見妒士無賢不肖入朝見嫉是也渾言則不別古亦假疾嫉妒也廣雅釋詁一嫉賊也廣雅釋詁廣雅釋詁三嫉者色行俱有又取怨憎之名詩螽斯序疏嫉惡也廣雅釋詁

三又荀子大略有亡而無疾注疾惡也禮記少儀有亡而無疾注疾害也後漢書傅毅傳注○離騷各興心而嫉妬注云害賢爲嫉疾猶非也禮記緇衣邇臣不疾注疾謂憎嫉之也管子小問大牧民不知其疾則民疾注謨苦也廣雅釋詁四

垐 堲古文 㠯土增大道上虞書曰龍朕堲讒說殄行堲疾惡也說文段注增益也此與茨同意以艸次於屋上曰茨以土次於道上曰垐堲見於經者曰夏后氏堲周注云火熟曰堲引弟子職右手折堲是鄭與許異也虞書云云堯典文虞當作唐堲疾惡也釋經以說段傳也謂堲即疾之段借○禮記檀弓上夏后氏堲周注云火孰曰堲燒土治以周於指也或謂之土周由是也堲疾也書堯典晚出傳

小吉切

悉 㥶古文 詳盡也說文○漢書釋之傳對上所問禽獸薄甚悉注云悉謂詳盡也又食貨志上至纖至悉也又穀梁宣十五年傳以公之與民爲己悉矣注云悉謂盡其力悉盡也爾雅釋詁人書大傳又穀梁莊九年傳注又管子版法悖習以悉注又楚辭九江遭值君之不聰注遠逝悉灾周而未踢注又文選東京賦悉

率百僚薛注又漢書元帝紀以下各集注又後漢書安帝紀注悉盡也具也史記平準書古不悉索隱悉猶知也後漢書周紆傳注

厀 ○俗有膝 脛頭卩也說文段注肉部曰腳脛也脛胻也卻者在脛之前股與腳間之卩也故从卩膝臏也家語曲禮公西赤問而瓦不成膝注膝者筋之府素問脈要精微論膝伸也可屈伸也釋名釋形體

兩吉切

必 分極也說文段注極猶準也木部悵極也凡高處謂之極立表爲分判之準故云分極引申爲暑之必然必極也漢書匈奴傳下集注必敕也廣雅釋詁四必苟也法言君子必進易傳也注克行遂節謂之必賈子道術○墨子經上云必不已也必謂必信之漢書韓信傳且漢王不可必注必栗者羌胡樂器名也一切經音義十九引纂文

毖 慎也周書曰無毖于卹說文段注大誥文某氏傳云無勞於憂○爾雅釋詁又詩桑柔傳云爲謀爲毖

傳小毖予其懲而毖後患傳云毖慎也毖比也廣雅釋詁三毖遠也廣雅釋詁一毖流也廣雅釋言○並按此段毖爲泌也詩泉水毖彼泉水傳云泉水始出毖然流也又魏都賦云溫泉毖涌而自浪毖勞也書大誥疏

閟 閉門也春秋傳曰閟門而與之說文段注閟閉門也引伸爲凡閉之偁載馳閟宮傳曰閟閉也又段爲秘字閟宮箋曰閟神也此謂閉即秘之段借也示部曰秘神也閟門而與之書六字皆是閟而以夫人言之說見左傳莊公卅二年閟爲句謂孟任不從也而以夫人言謂莊公以立爲夫人爲辭也閟閉也詩載馳我思不閟傳閟宮閟宮有侐傳又御覽十二引穆天子傳曰賈閟寒注又漢書五行志中之上集注引應劭廬綰傳注又文選魏都賦閟象竹帛劉注閟宮清淨之宮謂姜嫄之廟○孟子音義上引丁音壹秘閟以清淨言則閟門引伸之義也李字自通矣鄭破爲秘字可勿泥也○周禮大司樂以享先妣注云周立廟自后稷爲始祖姜嫄無所妃是以特立廟而祭之謂之閟宮閟神之又詩閟宮箋云閟神也姜嫄神所在故廟曰神宮蓋按文選魯靈光殿賦張

注作秘宮有侐閟慎也書大誥天閟毖我成功所晚出傳閟大便乾澀不利也素問五常政大論其病癃閟注

祕 ○俗有秘 神也說文段注粵頌閟宮有侐箋曰閟神也此讀段借閟爲秘也秘密也文選靈光殿賦注引字書祕閟也太平家豹騰其秘注秘勞也廣雅釋詁一秘言希見爲奇也文選西京賦秘舞更奏薛注秘經秘之書也後漢書蘇竟傳注秘寶謂河圖之屬後漢書班彪傳上注秘器棺也後漢書袁安傳注

眑 ○俗有眑 直視也說文眑視也廣雅釋詁一眑愁也同上○集韻引字書云眑愁也通魏曰眑○蓋後从耳者誤寫譌誤也其訓曰愁則从目不从耳明矣

泌 俠流也說文段注俠者粤也三輔謂輕財者爲粤俠流者輕忱之流如俠士然魏都賦李注引作駛流非善本陳

風泌之洋洋毛曰泌泉水也上林賦曰剬側泌瀄司馬彪曰泌瀄相撥也邶風泌彼泉水毛曰泉水始出泌然流也泌即
泌之段借字○黃按蜀都賦溫泉泌涌而浪自亦段泌爲泌也

邲

○俗有邲宰之也說文段注未聞蓋謂主宰之主宰也則劍其以然故从必也
邲美皃也詩洪粵有
匽君子作文引韓詩○段曰今本釋文及廣韵皆誤从邑作邲廣韵六至云邲好皃五質云邲地名在鄭又美皃其誤甚矣

柲

○俗有鉍𣏌柴欑也說文段注欑積竹杖也考工記盧人爲盧器戈柲六尺有六寸殳長尋有四尺車戟常酋矛常
有四尺夷矛三尋注云柲猶柄也按戈戟矛柄皆用積竹杖不比他柄用木而已殳則用積竹杖而無刃柲之引伸爲凡
柄之偁左傳剸土以爲戚柲戚柄不用積竹柲柄也廣雅釋器又漢書揚雄傳上帶干將而秉玉戚兮注○考
工記序注竹欑柲疏云柲欑柄也又方言九云三刃枝其柄自關而西謂之柲柲刺也方言十二丠上有
木爲柲丠廣雅釋上柲弓檠弛則縛之於弓裏備損傷以竹爲之

韻史 卷五十五第十二部入聲質韻　五一七五

儀禮既夕記有柲注○黃按詩竹閉緄縢釋文閉一作柲儀禮士喪注既夕注引詩作柲周禮弓人注引詩作柲蓋弓檠
李然正字用柲作之柲其俗也閉則其義也又借柲

珌

琿古文佩刀下飾天子以玉說文段注毛傳云天子以珧琕文珧字下亦云天子珧珌此當
云天子以珧諸侯以玉淺人妄竄改之○詩瞻彼洛矣釋琫有珌傳云珌下飾又釋文云珌佩刀下飾○又漢書王莽傳上
瑒琫瑒珌注引孟康云佩刀之飾上曰琫下曰珌又小雅廣器云珌鞞之飾也又御覽三百四十六引字林云琿佩刀
飾也

畢

隸作畢○俗有嗶畢田罔也說文段注謂田獵之罔也必云田者以其字从田也小雅毛傳曰畢所以掩兔也月
令注曰罔小而柄長謂之畢按鴛鴦傳曰畢掩而羅之然則不獨掩兔亦可掩鳥皆以上覆下也畢星主弋獵故曰畢亦
曰罕率畢於眾下曰捕鳥畢也此非別有一畢亦是掩物之叫特牲饋食禮助載鼎實之器象之亦曰畢此則用以上載
爲異○太平格畢格禽鳥之具注云畢周也又漢書揚雄傳上其餘荷垂天之畢注云畢田罔也畢掩雉兔

韻史 卷五十五第十二部入聲質韻　五一七六

之網也國語齊語曰獵畢弋注○淮南時則止田獵畢弋注云畢掩網也又莊子胠篋夫弓弩畢弋機變之知釋注
文引李注云兔網曰畢畢率也廣雅釋器○呂覽季春注云罼畢掩網也人御覽八百三十二引蔡邕月令章
句云掩兔翕曰畢畢網也象畢星也○又選西京賦天畢前驅薛注○後漢書蘇竟傳云畢爲天網注
畢噣也詩處令序漸漸之石月離于畢傳○爾雅釋天濁謂之畢李注云滴陰氣滴起陽氣必止故曰畢
畢宿名也楚辭守志擧天畢兮掩邪注畢西方宿也後漢書蘇竟傳注又覽孟夏日在畢注孟
秋旦畢中注○淮南時則注云畢西方白虎之宿畢主邊兵洪範五行傳使邊境注雨師神畢
星也其象在天能興雨獨斷上畢月雄也史記秝書月名畢聚索隱木神謂
之畢方廣雅釋天○文選東京賦況魃蜮與畢方薛注云畢方老父神如鳥兩足一翼者常銜火在人家作怪災也
畢狀如叉蓋爲其似畢星取名焉儀禮特牲饋食禮宗人執畢先入注畢所
以助主人於載者禮記雜記上畢用桑長三尺注畢所以敘助執事者儀禮大射

韻史 卷五十五第十二部入聲質韻　五一七七

儀以弓爲畢注簡謂之畢爾雅釋器又禮記樂記坤其佁畢注黃按此義後出字有釋則畢爲段借○車
下鉄陳宋淮楚之閒謂之畢方言九○黃按此段畢爲釋車下云云所謂鼎車釋者也
畢堂牆爾雅釋丘○注云今終南山道名畢其邊若堂之牆又李注云名崖似堂牆曰畢又詩終南有紀有堂
箋云畢終南之道名邊如堂之牆然也畢文王墓地名也史記集解引書太誓馬注○周書作雒葬
武王于畢注云畢地名畢盡也畢竟也畢止也畢終也畢猶皆也畢疾
也黃按此皆段畢爲數也

斁

盡也說文段注事之字常作此畢行而數廢矣畢田网也畢盡也爾雅釋詁又周禮占夢疏又儀禮士喪禮
畢塗疏又禮記月令疏郊特牲國人畢作疏玉集籥畢用也注喪大記疏又周禮秦策某臣聞見者畢賀注
又史記魏其武安侯傳索隱又漢書淮南厲王長傳集注實山傳集注鄧通傳集注引張晏服虔傳集注東方朔傳集注注
又荀子成相春申道畢輸注又呂覽盡數畢其數也注受士卑力爲穆公疾鬥於車下注畜分畢效勠數殺矣注

韻史 卷五十五第十二部入聲質韻　五一七八

貴信則天地之物畢爲用矣注親衣而使我畢能注貴直一鼓而士畢東之注自知聞忠臣畢其忠也注又文選東京賦大雙氏畢薛注○儀禮士冠禮兄弟畢袗注爷人漢書賈傳注又呂覽長見而河畢入參注疏云畢猶盡也又周禮封人疏云畢亦盡也又呂覽禁塞畢說畢而不行注云畢畢皆盡道畢竟也廣雅釋詁三又文選高唐賦言辭也畢注左傳莊廿九年龍見而畢務疏引釋例云畢者竟也畢止也爾雅釋天李注畢終也書大皓故受休畢疏畢猶皆也儀禮士昏禮從者畢乎鵝人禮記月令寢廟畢備注畢疾也淮南覽冥體便輕畢注

趩

或作蹕碑僤止行也一曰竈上祭名也說文段注今禮經字作蹕惟大司寇釋文作趩云本亦作蹕是可見古經多後人改竄亦有僅存古文也五經文字曰趩止行也梁孝王傳出稱警入言趩篇韻皆有蹕字云竈上祭○廣雅釋詁三云趩止也又文選吳都賦齊蹕駐趩劉注云趩止行者也又漢書梁孝王武傳注韓安國傳故出蹕趩入言警注顏云趩止行人也○畫按後漢書鄧斷傳字亦作趩又魏大饗碑乃備僤衆僤蓋晚出趩字蹕止

韻史 卷五十五第十二部入聲質韻 五一七九

韻史 卷五十五第十二部入聲質韻 五一八〇

行人也左傳襄廿五年不蹕注又史記張釋之馮唐傳聞蹕退趨下果解引如淳又漢書司馬相如傳下祝融警蹕而蹕御分注又後漢書楊震傳注○禮記曾子問主出廟入衞必蹕注又周禮大司寇使其屬蹕注疏云蹕止行也又闕人蹕宮門廟門注云蹕止行者又史記劉敬叔孫通傳數蹕煩人索隱引韋昭云蹕止人行也蹕謂止行者清道若今時儆蹕周禮隸僕掌蹕宮中之事司農注○師氏且蹕朝在野外則守內列注云蹕止行人不得迫王宮也

繹

止也說文段注考工記玉人曰天子圭中必注曰必讀如鹿車繹之繹謂以組約其中央為執之以備失隊按鹿車即維車東齊海岱之間謂之道軌廣雅曰道軌謂之鹿車車下鐵陳宋淮楚之間謂之畢所謂鹿車繹也與用組約圭中史皆所以止者又詳革部軏下繹縫也廣雅釋詁二繹謂縫著於式也儀禮既夕記外繹注韍謂之繹廣雅釋器○畫按此段釋為繹也

韠

○俗有韠韍也所吕蔽前者吕韋下廣二尺上廣一尺其頸五

寸一命緼韠再命赤韠說文段注市部曰韠也市小篆作韍鄭注禮曰古者佃漁而食之衣其皮先知蔽前後知蔽後王易之以布帛而獨存其蔽前者不忘本也按韠之言蔽也韍之言亦蔽也以韋故從韋玉藻曰韠下廣二尺上廣一尺長三尺其頸五寸禮記云會去上五寸會謂頸下脃也會已上肩五寸即所謂其頸五寸也又云純以爵韋六寸不至下五寸謂頸五寸之下下五寸之上中長二尺兩邊皆純以爵韋左右各廣三寸也又云下五寸純以素謂下方寸緣以生帛也鄭云其頸五寸其緣當亦用爵韋玉藻曰一命緼韍幽衡再命赤韍幽衡三命赤韍蔥衡鄭云等祭服故變韠言韍又云爷端服韠一爷爵弁服之韠韠韍然則韠韍同物異其名耳許於此言一命緼韠再命赤韠於市下言天子朱市諸侯赤市大夫赤市蔥衡許意畢者稱韍等者稱韍說與鄭少異緼者赤黃之閒色所謂韎也綠之假借字也○禮記禮記下疏云韠韍也又荀子正論異父韠注云韠注云韠韍也蕢按韍韍正俗字韍則借也又廣雅釋器云韍謂之韠韠者韠之借韠蔽膝也所以蔽膝前也釋名釋衣服○儀禮士冠禮緇器素韠韠之云韠蔽膝也又禮玉藻疏云韠韠蔽膝又玉藻韠吕朱注云韠之言蔽也又北堂書鈔引雷氏五經要義云

韻史 卷五十五第十二部入聲質韻 五一八一

韻史 卷五十五第十二部入聲質韻 五一八二

韠裳前之蔽也凡韠以韋爲之必象裳也禮記玉藻注○同詩昏路端委韠帶注云韠象蔽膝又儀禮士冠禮注云素韠白韋韠也冕服謂之芾其他服謂之韠時采菽赤芾在服冕又左傳桓二年疏○定十六年注韍冕命卿之服疏又儀禮士近證韍衣制似韠疏祖云祭服謂之韍其他服謂之韠士朝服謂之韠詩瞻彼洛矣傳所以代韠也疏○儀禮士冠禮注云韠茀韍也祭服謂之韍朝服謂之韠也

彃

䠶也楚辭曰夫羿焉彃日也說文段注䠶者弓弩發於身而中於遠也亦謂之彃楚辭云云屈原賦天問篇文今本無夫也二字羿作羿郝氏山海經傳云莊周云昔者十日並出艸木焦枯淮南子云堯乃令羿射十日中其九日中烏盡死又引離騷羿焉畢日烏焉落羽又引歸藏鄭母經云昔羿善射畢十日果畢之按畢即彃字

樺

樺木也說文

熚

熚㷼火皃說文段注熚㷼疊韻字如火部之畢弗

滭

滭冹風寒也詩曰一之日滭冹說文段注豳風七月一之日觱發傳曰觱發風寒也按觱發皆叚借字滭冹乃本字猶水部曰畢沷今詩作觱沸或許所據毛詩不同今本或許采三家詩皆未可定也

篳

〇俗有蓽藩落也春秋傳曰篳門圭窬說文段注藩落猶俗云籬落也篳之言蔽也篳門圭窬見襄十三年左傳杜曰篳門柴門廣韻篳則門也竇記儒行注又家語儒行注皆云篳門竹織門也〇篳籬也廣雅釋宮篳路柴車方言三篳路襤褸注〇史記楚世家篳路集解引左傳服注云篳路柴車素木車也

匹 避迄切

〇俗有疋鴈四丈也說文段注按四丈之上當有布帛二字曰納幣一束束五兩兩五尋鄭曰納幣謂昏禮納徵也十个為束貴成數兩兩合其卷是謂五兩八尺曰尋五兩兩五尋謂每兩五尋則每卷二丈也合之則四十尺今謂之匹猶匹偶之云與則禮凡嫁子娶妻入幣純帛無過五兩鄭曰五兩十端也每端二丈也按二丈為一端二端為兩每兩為一匹長四丈五兩則五匹為一束也古凡言束帛者皆此制凡匹配匹耦者皆於二端成兩取意凡言匹夫匹婦皆於一兩成匹取意兩而成判合之理也雖其半亦得云匹也馬稱匹者亦以一牝一牡離之而云匹猶人言匹夫

也按字之本義有難定者如襍記注今謂之匹猶匹偶之云與是以匹偶為本義而帛二兩為引申之義也與許說迥異四丈為匹之云三代詩經傳不見甚字从八八者別也夫婦有別故謂之匹从匸亦取別嫌明微意與鄭意或當如是〇漢書食貨志下云布帛廣二尺二寸為幅長四丈為匹又左氏昭廿六年傳以幣錦二兩注云二丈為一端兩端為一兩所謂匹也倍兩謂之匹小爾雅廣度〇按兩即是匹一倍字衍也又方言八臺敵匹也注云匹一作近又禮記襍記匹士太牢而祭釋文云匹本作正按匹與正皆匹之形近而譌也合卷為匹儀禮聘禮疏〇左傳閔二年疏云謂之匹者兩兩合卷若匹偶然也匹者中人之度也淮南天文〇萓按度人之兩臂為尋故布帛以八尺五揲而得四丈與中人相應說文云八揲一匹謂揲之以八者五也匹偶也與其妻為偶陰陽相成之義也白虎通嫁娶〇禮記三年問失喪其羣匹注云匹偶也又喪記下疏緝衣疏鉏云匹猶匹偶也匹辟也往相辟偶也釋名釋親屬匹配也詩文王有聲作豐伊匹傳匹合也爾雅釋詁又公羊宣三年傳無匹不行注匹雙也楚辭懷沙獨無匹兮注匹二也廣雅釋詁

四〇一切經音義三引楚辭王注云二人為匹四人為疇匹儔也廣雅釋詁三匹輩也廣雅釋詁一

匹敵也左傳僖廿三年秦晉匹也注又國語晉語注匹夫一夫也孟子梁惠王下君所為輕身以先於匹夫者注〇說苑指武云失其民制為匹夫匹馬一馬也公羊僖卅三年傳匹馬隻輪無反者注〇禮記曲禮下庶人之摯匹注云說者以匹為鶩萱按經言匹者計其數注言鶩者實其物非謂匹名鶩也陸氏音義乃云匹依注作鶩音木可謂發矣白虎通瑞贄云匹謂鶩也亦指鴨為言耳孟子一匹雛則本作一匹雛鴨鶩也廣雅釋鳥〇萱按鴨字未見說讀鄭注者所製其說在陸德明前

佖

〇作佖威儀也詩曰威儀佖佖說文段注按威儀也當作威儀媟媞也小雅賓之初筵曰威儀佖佖傳曰佖佖媟媞也許所據作佖佖自媟媞字韻會廣韻俚注云有威儀皃詩音義曰說文作佖佖滿也文選羽獵賦駢衍佖路注引晉灼又漢書揚雄傳上集注

鞑

車束也說文段注考工記天子圭中必注必讀如鹿車縪之縪謂以組約其中央為執之以備失隊方言曰車下

鉄陳宋淮楚之閒謂之畢大者謂之綦鄭注大鹿車也按鄭郭云鹿車者非小車與容一鹿之謂方言曰鉄車趙魏之閒謂之轆轆車東齊海岱之閒謂之道軌廣雅轆車謂之麻閒道軌謂之鹿車今方言書歷鹿即毛詩傳之歷錄鹿車即周禮注之鹿車鹿車與歷鹿義同皆外其輔令名也象部釋止古畢以通用故必鞑釋同約圭與約車相類也

邲

晉邑也春秋傳曰晉楚戰于邲說文段注杜曰邲鄭地按水經注濟水篇曰次東得宿胥水口濟水與河渾濤東注濟水於此又兼邲目春秋宣公羊十三年晉楚之戰楚軍於邲即是水也顧氏祖禹曰其地蓋即滎口受河之處今在河陰縣西

鮅

魚名說文鮅鱒爾雅釋魚鮅魴也爾雅釋文引字林

駜

馬飽也詩曰有駜有駜說文段注魯頌有駜傳曰駜馬肥彊皃馬肥彊則能升高進遠則能安闕按許義小則鄭箋亦云此言僖公用臣必先致其祿食祿食足而臣莫不盡其忠也

飶食之香也詩曰有飶其香說文○詩載芟有飶其香傳云飶芬香皃又疏云飶者香之氣釋文飶芬芳也

苾馨香也說文○廣雅釋器云苾香也又一切經音義四引埤蒼云苾大香也又詩楚茨苾芬孝祀釋詩作馥芬孝祀○苾按說文不録馥字复聲當在三部

⿸疒畢足气不至也說文○玉篇云⿸疒畢足氣不仁精節也

⿰酉畢揭榆牖也說文段注揭某也持而篇之謂之⿰酉畢醽醬也廣雅釋器⿰酉畢醬也○苾按此段醽爲⿰酉畢之類非所謂

⿱必皿拭器也說文段注可以拭器者也今子字當作拭今俗本作拭非古本令人懷刷其是戰占刷通用也

醽○俗有飶飲酒俱盡也說文醽醬也苾按此醽乃醳之段借字

謐靜語也一曰無聲也說文段注今尚書作謐以謐我以釋詁曰謐靜也按周頌作誐誐亦作謐

韻史　卷五十五第十二部入聲質韻　五一八七

美吉切

謐亦作恤堯典謐亦作恤釋詁謐慎也同部謐益恤之爲體慎靜二義相成許云謐靜語者爲其从言也今多用無聲之義○素問五常政大論其政爲謐注氣交變大論其化清謐注並云謐靜也大論其政爲謐注五運行

謐者寧也億也賈子禮容語下

宓○俗有賓安也說文段注此字作經典密字行而宓廢矣大雅于樂乃宓傳曰宓安也此義也釋詁曰宓康靜也康安也宓以相訓是密宓通用孔子弟子宓子賤姓宓○上林賦宓汨一云疾也安義似異而實

密

安也詩公劉傳○漢書叙傳上集注云密靜也安也又文選洞簫賦懷密寧注云密寧安靜也淮南覽冥宓穆于太和之字注穆息

宓寧也詩昊天有成命夙夜基命宥密傳又周語注又家語論禮注

密寧也廣雅釋詁一曹憲音宓汨去疾也世人以山如堂者密作秘宓字失之矣又引埤蒼○漢書司馬相如傳漼滞宓汨注又文選上林賦注引司馬彪

宓秘宓也

密靜也爾雅釋詁又禮記孔子閒居注又漢書揚雄傳下集注三蒼云密靜也又後漢書東京賦注又文選東京賦崔寔傳注人清于大匠夫祚密而後動者勝又注

韻史　卷五十五第十二部入聲質韻　五一八八

注密無聲也玉子告章上句四音注海過密八

密比也國語晉語以密之密通於齊注吳語以孤以不密於天子注○左傳文十七年以陳蔡之密邇於楚注云密邇比近也

密小也易小畜密雲不雨廣注小過密雲不雨廣注

密隱曲處也禮記少儀密不窺注國語晉語密石爲注

密理也禮記樂記陰而不密注太卒年衛云密不可聞注○

密蜜也如蜜所塗無不之言閉也釋名釋言語○太卒年用也

密審也正也考工記廬人則密注又易小畜

密者德之高也賈子道德說○又云有密也

兑爲密易小過廣注

坤爲密易繫辭傳是以君子慎密而不出也廣注

密勿猶黽勉也後漢書班彪傳下注又胡廣傳注鼂錯傳注又文選爲宋公求加贈劉前軍表密勿軍國注引漢書劉向傳注云密勿猶黽勉從事也

密勿祗畏言詩○

勤勞戒懼也後漢書蔡邕傳注

密或作𡺖說文段注土部曰堂殿也釋山曰山如堂者密郭引尸子松柏之鼠不知堂密之有美樅

山如堂者

韻史　卷五十五第十二部入聲質韻　五一八九

按密主頂山假爲精密字而本義廢矣說文山部云密山形如堂者也又後漢書張衡傳注

曰密山

按廣韻密下引須由伯姞姞注云密須姞姓也

密今安定陰密縣近涇國語周語一年王滅密注○周語密康公

密石砥之也書大傳天子斷之注

密肌繁英爾雅釋草

鑿英爾雅釋草

密安也密靜也密比也密審也正也密勿僶俛也

兑爲密坤爲密按此之類皆段宓爲之下詳宓也

蔤

蔤○俗有扶渠本說文段注釋艸其本蔤郭云在泥中者按蔤之言入水深密也蒲本亦偁蔤周書荛廉今作蔑廉蒲席也檀弓子蒲卒哭者呼滅注曰滅蓋子蒲名哭呼名故子皋非子莧滅皆茧之段借也名蔤故字蒲○淮南說山譬若樹荷山上注云荷其本曰蔤蔤者省借字自然作蔤

冖

冖覆也說文偏旁作冖

冪鼏覆也从鼏冖冖亦聲說文段注此九字各以無以解牛頭馬牖而合之今補正冪鼏見篆禮

經所以幎爲用冪爲之今本作冪正字也幎古文作宓段借字也从冪冖者冖覆也冖亦聲書幎冥字之解面之占者幎巾謂之幭義謂之冪而禮經時亦通用虙部屬从冪聲亦作宓虙部虙皆古冪是知冪古音同冥亦同宓在十一十二部之閒

蠠

蜜蠠或蠭。俗蜜有

蠭甘飴也一曰螟子說文段注飴者米糵煎也蠭作食甘如之凡蠭字有蠠古言蠭大而蜜者謂之蜜蠭部云今黑蠭穿竹木作孔亦有蠠者是則蠭始名蠠不主謂今之蜜蠭也段借爲蠠沒字作蠠始曰蠠沒勉也亦作蠠沒雅詩作冥勿毛詩作僶勉螟兒蟲卵食教心者與子曰蠠

蜜爲蜂液論衡言海

蜜赤蜂名山海經中山經平逢之山賓帷蜂蜜之廬注

蜜蔤瓜屬也廣雅釋艸

鼏沒猶黽勉爾雅釋詁注

虙宓書切

虙虎皃說文段注古伏羲字作虙五經文字引論語釋文云宓子賤姓虙文字譌作宓而爲宓按濟南伏生係子賤之後也按古音在十二部讀宓如顏氏家訓云張揖云虙今虙伏古今字而皇甫謐帝王世紀云伏羲或謂之宓羲按諸

經史雜儀從無宓羲之號虙宓二字下俱爲必是以顏耳孔子弟子虙子賤即虙羲之後俗字亦爲宓今兗州永昌郡城東門子賤碑漢世所立云濟南伏生即子賤之後是虙之與伏古來通字誤以爲宓較可知矣顏語謂虙音房六切與伏音同而宓音綿一切與虙音殊故謂宓羲子賤皆誤字不知虙宓古音正同致虙羲或作宓羲猶伏羲者如毛詩宓字韓詩作說語之轉也宓子賤之當爲虙子賤則出貴門肥測而陸氏釋文張氏五經文字從之蓋古未有作密子賤者若論其同从必聲則作虙子賤亦無不可○宓按虙从必聲其在十二部無疑但宓係重脣音虙當爲輕脣音虙宓疊韵而非同音也伏字在一部亦輕脣音与虙爲雙聲若虙讀爲宓則虙伏不能通轉矣今當定虙爲輕脣音讀缶吉切宓虙叠韵字虙伏雙聲宓之讀伏則再轉也羲緣字說文紐讀虙亦當缶吉切

虙戲即伏羲字異音詩陳琳太皞虙戲氏之壞疏○漢書壹按五行志上云虙羲字岡天而王五行志下之下云虙羲木德司

羲同也馬遷傳云虙羲至純厚敘傳下云虙羲盡斗司馬相如傳下云青琴虙妃之徒人素閒氣欣論小腸移熱於大腸爲虙瘕爲沈其義皆與伏同音則一聲之轉

奰隸作奰。俗有奰

壯大也从三大三目二目爲𥄎三目爲奰益大也一曰迫也詩曰不醉而怒謂之奰說文段注張衡左思賦皆用奰爲字而譌作奰爲俗書之不正如此屍見尸部臥息也許器反一曰云云別一義大雅蕩曰內奰于中國毛傳曰奰怒也不醉而怒謂之奰於壯義迫義皆近不言詩傳曰者猶書曰仁覆愍下則稱旻天不言書傳易曰地可觀者莫可觀於木易曰井者法也不害易說也。文選魏都賦奰同內奰劉注云不飲酒而

奰怒也怒曰奰蓋○按字作奰者非而京賦奰屭字尤可怪詩蕩傳○疏云奰者怒而自作氣之皃

奰煩腸黃理也淮南墬形食木者多力而奰注

贔屭用力之皃也文選西京賦巨靈贔屭劉注

贔屭用力壯皃文選吳都賦巨靈贔屭劉注

𤺺○俗有𤺺

滿也說文段注毛詩傳曰不醉而怒曰奰然則奰謂氣滿盛舉形聲包會意也

𨂂○俗行𨂂

見鬼鬽皃說文

撮口許

鶌　羽恤切

鶌或書作猤鶌飛皃詩曰鶌彼鷐風說文段注秦風猤彼晨風毛曰猤疾飛皃許專系諸鶌○爾雅釋鳥釋文引字林云鶌鶌飛皃鶌者鳥飛之狀詩晨風疏○廣雅釋詁三云鶌飛也鶌急疾之皃也後漢書謝該傳注○文選蜀都賦鶌鷞鶌其陰劉注云鶌疾皃也

侐　許鶌切

侐靜也詩曰閟宮有侐說文段注靜者審也悉也知審諦也魯頌曰閟宮有侐傳曰侐清淨也淨乃靜之字誤周頌假以溢我傳曰溢慎也許作誐以謐我謐靜語也一曰無聲也左傳作行以恤我尚書惟刑之恤伏生尚書作惟刑之謐史記作刑之靜爾雅謐慎謐靜也謐者恤之字誤莊子書云以言其老洫也近死之心莫使復陽也老洫者枯靜之意莊子洫李亦作溢周頌之恤莊子之洫皆恤之假借侐與謐古音同部○萱按文選注六引閟宮有洫十六別賦注引閟宮有恤皆同段借字

洫十里爲成成閒廣八尺深八尺謂之洫論語盡力于溝洫說文

段注十里爲成云云考工記匠人文也匠人溝洫之制惟歙程氏瑤田通藝錄能發明之洫亦作淢韓詩築城伊洫毛詩作淢傳曰淢成溝也箋云方十里曰成淢其溝也按門闕之字古文作閾淢或與洫異部而音通也成溝洫對文則異散文則通故毛曰成溝○周禮遂人凡治野注云遂溝洫澮皆所以通水於川也遂廣深各二尺溝倍之洫倍溝澮廣二尋深二仞又文選蜀都賦溝洫脈散劉注云廣深四尺爲溝倍溝爲洫洫溝也左傳襄卅年田有封洫注又呂覽樂成注又淮南兵略頳汝以爲洫注○左傳襄十年子駟爲田洫注云洫田畔溝也又文選魏都賦於是崇墉濬洫劉注云洫城溝也洫深池詩文王有聲釋文引韓詩○文選西京賦經城洫薛注橫而洫而乾全墉薛注鼓云洫城池也又東京賦邪阻城洫薛注云洫城下池洫坑也廣雅釋水洫渠也以石爲之猶今之水門也後漢書鮑昱傳注洫小水也太玄遠不要止洫注洫虛也管子小稱滿者洫之注洫濫也莊子則陽所行之備而不洫釋文引李注○又引王注云洫壞敗也

恤　敘鶌切

恤𢝊也收也說文段注𢝊各本作憂今正釋詁及小雅杕杜祈父傳皆曰恤憂也按血部曰卹憂也比部引周書無

毖于卹今尚書作恤與卹音義皆同又疑古祇有卹恤其或體收也當依玉篇作救也恤憂也爾雅釋詁又易小畜血去惕出釋文引馬注泰勿恤其孚虞注象下傳失得勿恤虞注又書大誥不卬自恤疏又詩谷風遑恤戚我後箋蒸孜小不恤其民也箋大參我出刑衡恤憂又周禮大宗伯以恤禮哀寇亂注又禮記大學上恤孤而民不倍注禮表記注又左傳襄廿七年何以恤我注又周語周語勤恤民隱注魯語班相恤也注齊語死喪同恤注晉語君欲勿恤注又漢書刑法志集注東方朔傳集注匡衡傳集注又後漢書龐參傳注張衡傳注又太玄窮或益之恤注又文選東京賦勤恤民隱而除其害薛注射雉賦志其身恤徐注○詩桑柔告爾憂恤箋云恤亦憂也恤謂災危相憂周禮大司徒八曰以誓教恤注○六曰不恤之刑司農注云恤謂相憂又孝友睦婣任恤注云恤振憂貧者又爾雅釋詁孫注云恤救之憂也恤恤憂患也左傳昭十二年恤恤乎注恤供給也禮記月令恤孤寡注恤顧也國策秦策不恤楚交注恤安也漢書韋玄成傳集注恤數也廣雅釋詁三坎爲恤易萃勿恤虞注井勿恤虞注

卹

卹憂也一曰鮮少也說文段注憂當作𢝊𢝊愁也釋詁曰恤憂也卹與心部恤音義皆同古書多用卹字後人多改爲恤如比部引周書無毖于卹潘岳藉田賦惟穀之卹李注引書惟刑之卹今尚書卹皆作恤是也一曰鮮少也此別一義卹與惜雙聲鮮少可惜也鮮當作尠○周書皇門不終于卹注祭公而莫卹其外注又漢書揚雄傳上集注引愍勞又後漢書郭顒傳亦不卹鮮忘注班超傳注霍諝傳注黃瓊傳注又太玄少懷其卹注滅損其卹注雖云卹憂也卹者閭府庫振救之周禮典瑞以卹凶荒注卹憂懼卒至之皃也太玄失卹而吠而注卹驚悚若飛也莊子徐無鬼若卹若失釋文引李注卹然驚恐皃文選七發則卹然足以駭矣注卹削如刻畫作之也文選上林賦眇閻易以卹削郭注○史記司馬相如傳揚袘卹削索隱引張揖云卹削除皃也又集解引漢書音義云卹削裁制皃也

撮口許二

許叏切 血 或書作衁 祭所薦牲血也 說文段注肉部曰膌血祭肉也囊部曰衋血祭也卹特牲曰毛血告幽全之物也注幽謂血也毛詩血以告殺膋以升臭此皆血祭之事按不言人血者為其字从皿人血不可入於皿故言祭所薦牲血祭則人何以示名血也以物之名加之人古者茹毛飲而用血報神因製血字而用加之人○後漢書鄧騭傳注云飲血祀謂祭之廟殺牲取血以告神也又山海經中山經尸水祠之刉一牝羊獻血注云獻血以血祭也 血𧖴也 出於肉流而濊濊也 釋名釋形體 血是氣之所舍 禮記郊特牲血祭盛氣也疏○又郊血疏云血氣也 血氣者人之神 素問八正神明論○淮南精神云血氣者人之華也又云血氣者風雨也 血以喻陰也 易坤其血玄黃九家注象工傳有孚惕出荀注○文言傳故稱血焉荀注云血以喻陰順陽也 又左傳僖十五年陰血周作疏云血在膚內故稱陰血 血即淚也 文選答蘇武書戰士為陵飲血注 衁亦水之類 管子四時寒生水與血注 血謂可用染玉作光彩 山海經南山經侖者之山

韻史　卷五十五第十二部入聲質韻　　五一九九

有木名白𦬼可以血玉注 凡稱血者陰陽相傷者也 易需需于血注○渙渙其血去疏云血傷也 血者陰憂象也 漢書昌邑王髆傳○太平從有女承其血匡注洗血如剛注疏云血憂也又大戴記少閒血者猶血注云血憂色也

𦬼 𦬼 薉 艸也 說文段注薉或謂之地蓋許不云薉也則許意非一物也

穴 土室也 說文段注引伸之凡空竅皆為穴 鑿地曰穴 詩緜陶復陶穴覆○禮記月令注古者複穴疏引庾蔚云謂之穴則穿地也 穴者陰之路也 易需出自穴注 穴僻也 文選幽通賦叛迴穴其若茲兮曹注 穴決也 詩推度災穴鼻時萌注 穴孔也 文選高唐賦背穴偃蹠注 兌為孔穴 易门臀困于株木干注 穴謂塚壙中也 詩大車死則同穴箋黃鳥臨其穴箋又漢書哀帝紀注 穴也 者言墊也 大戴記夏小正熊羆貊貉鼬則穴傳○周禮秋官序官穴氏注云穴將蟄獸所藏者 同穴 挹婁之屬也 後漢書杜篤傳注 穴見言不見也 後漢書陳忠傳不敢穴見注 氿泉

韻史　卷五十五第十二部入聲質韻　　五二〇〇

穴出穴出仄出也 爾雅釋水○𦬼按據記說文此盈當泬為正字

泬 水從孔穴疾出也 說文段注釋水曰氿泉穴出按此會意字其釋詩之回泬楚辭之泬寥皆假借也○蓋按爾雅氿泉穴出穴出仄出也蓋泬正字穴借字 泬水亦謂是水為湍水也 水經渭水注 泬寥曠蕩而虛靜也 楚辭九辯將送歸泬寥兮注 泬寥猶蕭條蕭條者無雲皃 同上

絘 縷一枚也 說文段注一枚猶一箇也

麧 餅籟也 說文 麧麴也 廣雅釋器○方言十三云麧麴也齊右河濟曰麧

呂穴切 叏 撮也 說文

韻史　卷五十五第十二部入聲質韻　　五二〇一

韻史　卷五十五第十二部入聲質韻　　五二〇二

韻史

何萱撰著

第十册

商務印書館發行

韻

史

第十册

何萱撰著

商務印書館發行

韻史五十六

第十二部平聲副編

泰興何萱石閭撰集子庚校字

上海顧錫麒竹泉覆審

武進李兆洛申耆鑑定

臤韻

開口呼

欣 侃吞切

陌 代鐙切 阮也玉篇

蒖 鶻鐙切 茆也廣韻○集韻云蒖艸名兒葵也一曰蒖莢實

⿱竹眞 箭也廣韻釋艸

獥 笸鐙切 獥猭相連延兒文選洞簫賦密漠泊以獥猭注獥猭獸逃走也文選洞簫賦注引字書

訷 稍鐙切 說也集韻

⿰忄申 憂也集韻

妽 女字集韻

⿰革申 革帶也廣韻

珅 玉名集韻

柛 木自斃柛爾雅釋木○廣韻云柛謂斃路也

⿰犭申 狂也玉篇

⿰衤申 裀衫衶也廣雅釋器

⿰犭柬 笸仁切 獸名似羊目在耳後廣韻

⿱陳虫 䗝蟳氣不安定兒集韻引徐邈說○莊子外物䗝蟳不得成釋文引司馬彪云䗝蟳讀曰沖融萱按䗝沖雙聲也義取沖融而無煩改讀

蔯 茵蔯也玉篇

韻史　卷五十六第十二部平聲副編戢韻　　五二〇五

枞 弱臣切　屋閒木人 集韻引字林

合口呼

⿱目又　引目 玉篇

奫 窒奫切　奫潫迴復之皃 文選吳都賦泓澄奫潫注

棩　木曲也 玉篇

揈 戶翁切之陽平　擊聲 玉篇

⿰忄訇　惸訇好怒也 玉篇

渹　水浪渹渹聲 一曰水石相擊聲 玉篇

⿰風訇　風聲 玉篇

⿰石訇　石聲 玉篇

齊齒呼

鰹 几千切　大鮦 爾雅釋魚

韻史　卷五十六第十二部平聲副編戢韻　　五二〇六

𧎣　馬蠸螢火也 蛾也 玉篇○萱按𧎣蚈本一字 蚈

蚈 萬堅切　馬蠸也 淮南兵略注蚈之足 若蚈馬蚿也 幽州謂之秦渠 一曰螢火也 呂覽季夏腐艸化為蚈注又淮南時則注○說林善用人者若蚈之足注略同

岍　山名 書禹貢導岍及岐釋文○釋文又云岍字又作汧 萱按班志汧下曰吳山在西古文以為汧山 范志汧下曰有吳嶽山本名汧然則山名本用汧水字 禹貢作岍者後人追改耳

掔　堅也 玉篇

縴　縴紋挽舟繩 集韻引字林 縴縴惡絜 廣韻

豜　豕也 玉篇

胭 漢堅切　胭脂也 廣韻

祆 向堅切　胡神也 官品令有祆正 廣韻○集韻云唐官有祆正 胡謂神為祆 關中謂天為祆 一曰

韻史　卷五十六第十二部平聲副編戢韻　　五二〇七

齻　牙兩畔長者 集韻○廣韻云齻牙 儀禮右齻左齻鄭注云齻堅也

⿱艹顛　艸頭 玉篇

⿰馬顛　馬額白今戴星馬 廣韻○集韻云馬戴星謂之⿰馬顛○文選繁休伯與魏文帝牋自左⿰馬顛史妠謇姐名倡注云⿰馬顛與顛音義同也 萱按此段借字

⿸厂眞　或作顚 家也 廣韻

訞 體堅切　訶也 玉篇

⿰口顛 紫千切　唬⿰口顛也 玉篇

偂　進也 玉篇

盰 比堅切　盰瞑遥視也 集韻○萱按南都賦青冥盰瞑注云芊眠與盰瞑音義同

忏　自關而西秦晉之閒呼好為忏 集韻引方言

韻史　卷五十六第十二部平聲副編戢韻　　五二〇八

迁　伺候也 進也 又迁葬 又標記也 廣韻○集韻云撫謂之迁 一曰伺候也 進也 表也

仟　仟佰謂千人百人之長也 史記陳涉世家俛仰千百之中 索隱○漢書食貨志上有仟佰之得 注云仟謂仟錢 萱按千人百人偏傍作仟佰差可 千錢何煩加人 加 仟伯田閒之道也 漢書食貨志閒仟伯注○萱按此仟阡通用也 注又云南北曰仟 文選謝朓遊東田詩遠樹暧仟仟 仟與芊芊同 又

阡　阡陌田閒道也 漢書成帝紀注出入阡陌注○食貨志閒仟伯注云仟伯田閒之道也 萱按古祇作千伯 管子四時篇正千伯 遂為古字矣 阡陌也 仟 阡陌謂驛塍也 史記商君傳開阡陌 南北曰阡 史記秦本紀索隱引風俗通 商君傳正義又書成帝紀注又後漢書光武紀工注傳鮑永傳注 正義 河東以東西為阡 史記秦本紀索隱

社　三里曰社 玉篇引蒼頡篇

杄　木名 廣韻

韻史　卷五十六第十二部平聲副編取韻　五二〇九

芊　芊芊茂也廣雅釋訓芊芊茂盛皃列子力命鬱鬱芊芊釋文芊芊碧皃文選藉田賦碧色肅其芊芊注芊蒹青盛皃也文選江賦涯灌芊蒹注芊眠與盱瞑音義同文選南都賦青冥盱瞑注。萱按古祇作千眠則千芊古今字也文賦清麗千眠注云千眠光色盛皃又說文俗下云望山谷千千青也則俗芊亦為古今字芊芊螗蜋也廣雅釋蟲

鍽　內堅切　平上兩見注在彼

牑　避堅切　牖牑文也玉篇

㢋　康也玉篇

鶣　鶣鷐輕皃文選舞賦鶣鷐燕居注

礥　向年切　或作⿰口賢難也太玄礥陽氣微動注礥首云礥物生之難也又礥錯云礥拔難。又礥衝云礥大戚⿰口賢難也聲也集韻。萱按廣韻礥⿰口賢分二字云礥艱險又剛強也又云⿰口賢難也

韻史　卷五十六第十二部平聲副編取韻　五二一〇

舷　舩謂之舷廣雅釋水。一切經音義十六引埤蒼云舷船舷也亦名舩舷船邊也集韻

痃　痃病也廣韻

刻　自刎頸也廣韻

蚿　蚿馬蚿蟲也莊子秋水夔憐蚿蚿憐蛇釋文引司馬注。廣韻云馬蚿蟲一名百足

弃　吳王次子名也廣韻。三國孫休傳注引吳錄云弃音如礥乎之礥

鈿　體年切　平去兩讀俗有鏄鋼。金花也一切經音義廿二引字略。華嚴經音義上引文字集略云鈿謂金花金鈿婦人首飾也華嚴經音義上引珠叢鐲寶鈿玉篇

沺　沺沺水勢廣大無際之皃廣韻引字林

⿰阝田　地名玉篇

⿰𧾷田　躡地聲廣韻

韻史　卷五十六第十二部平聲副編取韻　五二一一

屇　屇穴也玉篇

搷　揚也方言十二又廣雅釋詁四搷擊也楚辭招魂搷鳴鼓些注

磌　磌也廣雅釋室。萱按西都賦雕玉磌以居楹段磌為磌也磌聲響也僖十六年傳聞其磌然公羊穀梁兩釋文。公羊疏引張揖云磌是石聲之類又釋文云磌本或作砰。萱按磌為本義石聲為引伸之義推讓說自通無頃破為砰也

鷏　鷏母也介雅釋鳥。集韻云鷏鳥名蚊母俗說此鳥常吐蚊因以名云

⿰車身　亮賢切　⿰車身⿰車身喜動皃集韻。廣韻引呂覽云天子⿰車身⿰車身殷殷莫不戴悅殷音軫

⿺走㚘　⿺走㚘⿺走㚘餅也廣韻。干寶曰司徒儀吏死祭用⿺走㚘⿺走㚘⿺走㚘⿺走㚘寒具集韻

騚　比賢切　馬四蹄皆白也廣韻

⿱幵皿　仰年切　醆也廣韻⿱幵皿椀也集韻

韻史　卷五十六第十二部平聲副編取韻　五二一二

⿱研木　槷也廣雅釋詁三

㛹　避賢切　㛹娟美麗皃集韻

楩　杞也似梓文選西京賦梓棫楩楓注引上林賦郭注楩即今黃楩木也漢書司馬相如傳上楩枏豫章注

⿰虫便　或作蝙⿰虫便螌蟲名沙蝨也廣韻

⿰豸便　豬也玉篇

⿰便瓜　白⿰便瓜瓜屬也廣雅釋艸

⿰忄便　美賢切　忘也廣韻

⿱髟便　缶年切　鬋緶也玉篇

齊齒評

⿰衤便　渠年切　或作褊衣身玉篇⿰衤便襣也廣雅釋器褼褸謂之⿰衤便同上

稛 成就也玉篇

稛 禾葉又禾華也玉篇

梱 木名玉篇

茵 竹也玉篇

絪 絪縕麻枲廣韻 絪縕天地合氣也壹按此段絪縕為氤氲也

氤 氤氲元氣盛也廣韻 烟烟元氣也廣雅釋訓○壹按此段烟為氤也烟熅絪縕皆為氤氲之段借字然悉俗體也正字當作壹壺壹即氣之入聲也壹部引易曰天地壹壺烟烟熅熅陰陽和一相扶皃也文選典引蔡注○後漢書張衡傳天地烟熅注云烟熅氣也絪縕天地合氣也漢書揚雄傳上絪縕玄黃注○易繫辭下天地絪縕釋文云絪本又作氤

烟 或作牲 牛尾色謂之烟廣韻

韻史 卷五十六第十二部平聲副編敃韻　五二一三

字因切

榛 聚也又琴瑟音廣韻

殝 死也盡也玉篇

始因切

秏 屬布也集韻

𦐨 羽多也廣韻○集韻云𦐨𦐨羽多

辞 多也廣雅釋詁三○段大令曰按詩螽斯釋文引說文辞字宜古本有之 辞辞多也集韻引廣雅

莘 或作萊莘 多也莊子徐無鬼禍之長也茲萃釋文引李注 莘長皃詩魚藻有莘其尾傳 莘莘多皃 也文選七發華華將將注○壹按郭輔碑萊萊昆蔚即莘莘也 莘莘衆多也國語晉語莘莘征夫注又後漢書班彪傳下注 莘莘往來皃文選高唐賦綝縱莘莘注○壹按此義與駪近駪進也 莘莘國也國語鄭語若前河後華注○周語有神降于莘注云莘號地又詩大明纘女維莘傳云莘大姒國也 峷獸名狀如狗集韻○莊子達生丘有峷釋文云本又作莘

韻史 卷五十六第十二部平聲副編敃韻　五二一四

鮮 或作鮮 魚尾長也廣韻○壹按詩魚藻有莘其尾後加偏旁

樺 牀杠東齊海岱之閒謂之樺方言五

稗 穀名集韻 稗穊稗也集韻引廣雅

藝 或作榛 有藝國名廣韻○楚辭天問有莘氏古今人表作有藝壹按莘藝似即一國名呂覽作有侁

粎 物粎曰粎一切經音義十五引通俗文

阢 陵名集韻引字林○尒雅釋地述八陵云東陵阢

紫因切

肆 肆或玉名玉篇

小因切

轃 車也玉篇

丙因切

顭 濔也方言十二又廣雅釋詁二

鑌 鑌鐵為刀甚利廣韻

韻史 卷五十六第十二部平聲副編敃韻　五二一五

鷏 或作翸 飛皃玉篇

䨈 小雀玉篇

檳 檳榔一名椶文選上林賦仁頻并閭注引仙藥錄○集韻云檳榔木名無枝實從心生

瑸 璘瑸文皃玉篇

避因切

𢡟 敬也廣韻 𢡟心伏也集韻

繽 盛皃也離騷九歎繽其並迎注○一切經音義六引字林又後漢書班彪傳上注又離騷佩繽紛其繁飾兮注並云繽紛盛皃 繽繽衆也廣雅釋訓 繽紛雜糅也淮南俶真繽紛蘢蓯注○漢書揚雄傳上暗纍以其繽紛注云繽紛文褋也又繽紛往來注云繽紛衆疾也 繽紛亂皃也文選思玄賦思繽紛而不理舊注又後漢書張衡傳注 繽紛風吹皃文選東京賦牙旗繽紛薛注○漢書司馬相如傳上郖郖繽紛注引李奇云繽紛舞皃也 繽紛能整理也文選長笛賦條決繽紛注

韻史 卷五十六第十二部平聲副編敃韻　五二一六

嬪　亂皃玉篇

翸　翸翸飛也廣雅釋訓

馪　香氣衝也玉篇

蒲鄰切
墳　塲也廣韵

鑌　矛戟也集韵引廣雅

亮民切
繗　紹也廣韵　繗理絲也集韵

鏻　健皃廣韵

剦　削也玉篇

轔　輪也儀禮既夕禮注軸狀如轉轔疏轔轔車聲楚辭大司命乘龍兮轔轔注又文選東京賦隱隱轔轔薛注轔轔聲也廣雅釋訓轔戶限也楚人謂之轔淮南說林不發戶轔注○說山牛車

絕轔注云楚人謂門切爲轔　轔楪也薹按此段轔爲璘也正編去聲內詳之

璘　文也廣雅釋詁三　璘斑文皃文選景福殿賦注引埤蒼　璘彬玉光色雜也文選璘玢璘彬薛注

潾　水清皃集韵○廣韵云潾水名

嶙　嶙峋山崕之皃也文選魏都賦注引埤蒼○集韵云嶙峋山厓重深皃　岭嶒嶙峋深無厓之皃文選甘泉賦注引埤蒼

翷　飛也集韵引廣雅　翷翖飛皃廣韵

驎　騏驎白馬黑脊廣韵○尒雅釋畧云青驪驎驒

獜　獸名侶豕黃身白首廣韵引埤蒼○集韵引山海經云山有獸如彘黃身白首尾名曰閵獜

鬖　或作鬖疏也集韵

吟　吟吟語也廣韵引埤蒼

齡　秊也廣雅釋詁一○論衡感類云古者謂年爲齡　齡年齒也一切經音義二十二引字林○薹按漢樊敏碑垂曜書軨豫陽令楊君碑律延億軨皆叚軨爲齡也入庠彰長田君斷碑永載萬零零亦齡之借字　齡善也禮記文王世子夢帝與我九齡疏○注云九齡九十年之祥也薹按祥善一義　九齡謂鈴鐸禮記文王世子疏引皇氏○薹按經本作九鈴皇所見未誤也釋文出九聆字云或作齡耳後則九齡專行而鈴與聆皆隱矣

鈴　餌也廣雅釋器○方言十三云餌或謂之鈴

詅　衒也集韵　詅賣也廣雅釋

拎　或作擇樓　手懸捻物也廣韵

跉　或作拎跉　徐行不正皃廣韵　跉跰行不正上同　跉踊行衎不正集韵　伶俜行皃廣韵　拎雨後徑玉篇

骿　或作骯　骯骨也廣韵　髆凝骨皃集韵

姈　女字廣韵

刢　或作剻　刀剖物也集韵　刢利快性人也廣韵

秢　禾始熟曰秢集韵　秢年也玉篇○薹按齡秢二字皆訓年而用秢較優

竔　撞也廣韵引字類

舲　或作艋　小船也淮南俶眞越舲蜀艇注○楚辭涉江乘舲舟舲船余上沅兮注云舲船船有牕牖　也廣雅釋水○一切經音義十一引字書云船上有屋者曰艆也

閝　或作閝　門上小窻廣韵

衖　道也玉篇

庈　懸通皃玉篇

紟 繲絜一曰絲細涑爲紟布細涑爲繐集韻

⿺毛令 毛結不理又長皃廣韻。萱按古祇用泠作之禮記內則羊泠毛而毳羶釋文云泠結毛如氈也

岭 岭巆深邃皃漢書揚雄傳上岭巆嶙峋注。文選甘泉賦注引埤蒼云岭巆嶙峋深無崖之皃

砱 或作硶礸石也廣韻

玲 峻岸也集韻

阾 顛阾阪名集韻。萱按顛阾見左傳

⿰鹵令 鹽也集韻

昤 或作曨昤曨日光廣韻

朎 朎朧月光集韻

⿺風令 寒風玉篇

韻史 卷五十六第十二部平聲副編取韻 五二二一

⿱令石 多聲也集韻

魿 鬼也玉篇集韻

駖 駖轞車騎聲集韻。廣韻轞作蓋

⿰牛令 牛名廣韻

⿰虎令 似虎而小出南海集韻

狑 或作㹥 良犬也秦有狑集韻

⿰鼠令 鼩⿰鼠令鼠屬集韻引廣雅

鴒 或作鶅 鶺鴒鳥名廣韻。左氏昭七年傳鶺鴒在原釋文云鴒本又作令萱按令鴒古今字詩作脊令

翎 鳥羽也廣韻

⿱罒令 空也廣雅釋詁三 罜⿱罒令罔也集韻

韻史 卷五十六第十二部平聲副編取韻 五二二二

⿰瓜秦 小瓜名出南海廣韻

⿱竹秦 或作䉖 竹名一曰竹器集韻

⿱艹秦 艸⿱艹秦落也廣韻

⿰秦鳥 或作⿰秦隹 ⿰秦鳥鳥鶴別名廣韻。集韻云鶴小者鶴

溱 水名廣韻

⿰食秦 食飽也廣韻

龍鄰切

蓁 木藂叢生也廣韻

始鄰切

⿰秦殳 或作殸 喜而動皃玉篇 殸擊也聲同上

比鄰切

⿰牛秦 牛名也一切經音義十六引字略

螓 螓謂蜻蜻也詩碩人箋 螓首顙廣而方詩碩人螓首蛾眉傳。萱按御覽三百八十作秦首

韻史 卷五十六第十二部平聲副編取韻 五二二三

蛾眉秦與螓二字互相假借也

彌鄰切

⿰女頻 姿也廣韻

⿰糸頻 擣衣也廣韻

莫鄰切

⿰民頁 或作𩕶 彊頭也集韻。廣韻少頭字

⿰足民 平上兩讀義分 踔也玉篇

⿰金民 銳也廣韻引廣雅⿰金民鐵也集韻

⿰弓民 弛也玉篇

⿰車民 車伏兔玉篇

睧 俯視也集韻。淮南原道漢睧於勢利注云睧讀纖絹緻密睧無間孔之睧也

⿱艹昏 或作茋 蔛蔛衆多皃也太竹竹告入蔛蔛而處乎中注

韻史 卷五十六第十二部平聲副編取韻 五二二四

撮口呼靁 蟲名玉篇

洵 舉洵切 水名出沂縣 集韻

詢 敍均切 或作諮 咨親為詢 左氏襄四年傳又國語魯語。詩皇皇者華周爰咨詢傳云親戚之謀為詢 詢諮 詢也 左氏哀二年傳詢可也注 詢謀也 尒雅釋詁又詩皇矣詢爾仇方箋又周禮鄉大夫退而以鄉射之禮五物詢眾庶司農注小司寇以數萬民而詢焉司農注又禮記坊記詢于芻蕘注又左氏成十三年傳秦大夫不詢於我寡君注襄八年傳兆云詢多注又國語晉語詢於八虞注又後漢書胡廣傳注又文選東京賦詢朝政辟注。書堯典詢于四岳史記五帝紀作謀于四嶽 詢信也 尒雅釋詁。萱按此義與恂同 詢均也 書大傳詢十有二變注

欨 或作𣢂 氣逆也 廣韻 欨欽喜兒 集韻

峋 嶙峋山崕之兒也 文選魏都賦注引埤蒼

韻史 卷五十六第十二部平聲副編缺韻 五二二五

栒 或作㮶栒。平上用讀異義 木中枚也 山海經北山經山其木多栒注 栒邑名在扶風 集韻。漢書地理志上右扶風栒邑注云栒讀與荀同。萱按音同耳地則栒與荀邨不同也

筍 羽旬切 竹之青皮也 禮記禮器如竹箭之有筠釋文引蘇云。萱按筠本筍之異體字青皮即竹胎引伸之義也後人平仄分用忘其本同字矣 筠亦潤色在外者 禮記聘義孚尹旁達疏

鋆 金也 玉篇

昀 或作畇眴敍 昀昀墾辟兒 詩信南山昀昀原隰傳。尒雅釋訓昀昀田也注云昀昀言墾辟也。萱按詩雅釋文竝云昀本作畇又周禮均人注引詩作畇畇原隰

昫 日光也 集韻

夠 菌夠 玉篇

詾 許勻切 欺也 廣雅釋詁二

韻史 卷五十六第十二部平聲副編缺韻 五二二六

狥 虛勻切 獷兒 玉篇

荀 艸也 玉篇

袧 繆也 呂覽離俗丹續之袧注

毥 毛也 玉篇

駨 駨䮉小鳥名 廣韻

蚼 蟲名 廣韻

䝭 或作䝭 本也 廣雅釋詁三 䝭算也稅也 集韻

撮口呼二

弲 月遑切 弓上下曲中 玉篇

儇 丙淵切 或作㑷 儇嫺儇倢狡也 方言十二嫙婞儇也注 儇身不正也 廣韻

韻史 卷五十六第十二部平聲副編缺韻 五二二七

蹮 行不正 玉篇

潩 水名 玉篇

玹 玉色一曰石次玉 集韻

䓗 不正 玉篇

眗 許狗切 精轉視兒 大戴記本命三月而徹眗注 眗目大兒 廣韻云眗瞑。集韻大目

犳 獸名似豹而少文 廣韻

刷 虎雅切 釣也 玉篇

困 綠弦切 唾聲也 玉篇

韻史 卷五十六第十二部平聲副編缺韻 五二二八

韻史

第十二部上聲副編

稹韻

開口呼

酌眘切 縝 或作縝顆 緻也 禮記聘義縝密以栗注。家語問玉注云縝密緻實皃 縝紛衆盛也 漢書司馬相如傳上縝紛軋芴注引孟康 纑謂之縝 方言四。廣雅釋器云縝纑也 縝謂纑縷也 方言四注 縝單也 論語鄉黨皇疏。萱按此段縝為袗也 縝黑也 廣雅釋器。萱按此段縝為鬒也文選謝玄暉晚登三山詩誰能縝不變注云縝與縝同

弸 弓強 玉篇

敃 動 玉篇

盧稹切 [目引] 怒目謂之[目引]一曰目睛 集韻

齊齒呼

几演切 撊 或作擀 拭面也 廣韻

欄 欄棧也 集韻

蘭 艸名紫蓳也 集韻

舊演切 墾 不動也 廣韻

緊 或作緊 綮也 廣雅釋艸緊綮也 廣韻

齦 齦齦齒露皃 集韻

蜸 卽螼蟺也江東呼寒蚓 爾雅釋蟲螼蚓蜸蚕注。郘氏晉涵正義云螼蚓一名蜸蚕說文云螼螾 側行者也 蜸蚕蚯蚓也 廣韻

漾翦切 嗔 笑也 廣雅釋詁一。廣韻云嗔大笑

縯 引也 後漢書齊武王縯傳注 縯長也 廣韻

向翦切 臏 臏臏肥也 廣雅釋訓

藖 堅也莖餘艸墪也 玉篇

體演切 蚕 螼蚓蜸蚕 爾雅釋蟲

悿 或作悿 悿懦心惑也 集韻 𧬈謟言不定 同上

舔 恭也 玉篇海篇

䀡 餉田皃亦鹿跡 玉篇

菾 菜名 玉篇。萱按正名菾菪蓬其味不美

亮演切 膦 膦胦無力也 廣韻

紫演切 [竹連] 竹名 廣韻

[竹替] 䉢也 廣韻。集韻云[竹替]竹名

卯翦切 [冊羽] 飛皃 玉篇

丙演切 糄 燒稻取米曰糄 集韻

碥 乘車石也 廣韻。萱按白華毛傳云扁扁乘石皃此其引申之義扁碥古今字也

鍽 平上附皃 金鍽 玉篇

匾 匾㔸薄也 廣韻 器之薄者曰匾㔸 集韻

稨 或作䅽稨 豆名 廣韻

延演切 [竹辡] 葉[竹辡]箹也 集韻引廣雅。集韻云一曰竹簡

缶演切 [氵辡] 水皃 玉篇

齊齒呼二

苦引切 [臤皮] 皮厚皃 廣韻

緊 束縛也 廣韻

櫿 櫿木玉篇

笉 漾佰切 竹名玉篇

撛 亮引切 撛扶也文選西征賦撛白刃以萬舞注撛撛扶也玉篇廣韻

橉 砌也廣雅釋室○廣韻云橉門限也木皮曰橉集韻

嶺 阪也廣雅釋上○萱按古無嶺字祇用領為之漢書嚴助傳輿轎而踰領注引項昭云領山嶺也

⿱艹領 艸名廣韻

⿰角秦 掌引切 角齊多皃廣韻

姫 慎也玉篇

⿱竹弗 始引切 竹名玉篇

⿰木盡 紫引切 盂也廣雅釋器又廣韻引埤蒼○方言十三云盂謂之⿰木盡

韻史 卷五十六第十二部上聲副編校韻 五二三三

嚧 此引切 嚧嚧猶憒憒也法言問神通諸人之嚧嚧者注

⿱竹盡 小竹玉篇

濜 濜滇水勢玉篇

⿱盡齒 笑也集韻引廣雅

泯 莫引切 或作湣 滅也詩桑柔靡國不泯傳又左傳成十六年是大泯曹也注昭廿九年若泯棄之注又國語周語今將大泯其宗祊注魯語必不泯其社稷注又廣雅釋詁四又漢書敘傳上集注又後漢書班彪傳下悉亡迴而不泯注殄衡傳注又文選東京賦昔常恨三墳五典既泯薛注幽通賦巨滔天而泯夏兮曹注思亓賦泯規矩之員方舊注○左傳宣十二年注云泯猶滅又漢書外戚傳上泯不歸乎故鄉注云泯然滅絕意 泯盡也 介雅釋詁○李注云泯沒之盡也又一切經音義八引字林云泯然盡也 泯合也 莊子在宥當我緡乎釋文 泯芬亂也 周書祭公汝無泯泯芬芬注○萱按即呂刑之泯泯棼棼也棼芬音相叚猶泯閔之同音相叚也齊閔公亦作湣公同

韻史 卷五十六第十二部上聲副編校韻 五二三四

刡 削也廣韻

㿚 細理也廣韻

撮口呼

⿰足民 平上兩讀異義 獸蹄甲也廣韻

⿱竹弓 翠筍切 笑也集韻

撮口呼二

栒 或作栔簨○平上兩讀異義 栒虡縣鍾磬橫者曰栒亦作簨玉篇

詃 寧鋌切 誘也廣韻 詃詐也

呟 聲也集韻

⿰革玄 許洒切 刀主也玉篇

⿰忄玄

鍽 或作鍽 鍛謂之鍽廣雅釋器○集韻云鍽扁底也

韻史 卷五十六第十二部上聲副編校韻 五二三五

⿺毛扁 ⿺毛扁毨毛不理集韻

⿰骨扁 骨⿰骨扁生

⿰月扁 腱子肉玉篇 ⿰月扁脉隱起如辮繩集韻

艑 吳船也廣韻 艑艖舟也集韻

⿰鹵扁 蜀人呼鹽廣韻 鹹⿰鹵扁鹽也集韻

⿰忄丙 評錠切 想也玉篇

⿰氵两 澒⿰氵两水皃集韻 滇⿰氵两大水皃玉篇 滇⿰氵两淼漫山水閒遠無崖之狀文選吳都賦劉注

⿰車扁 甫洒切 小車也玉篇 流沙之東有國名曰中⿰車扁山海經

韻史 卷五十六第十二部上聲副編校韻 五二三六

韻史

第十二部去聲副編

鎮韻

開口呼 稍鎮切

抻 抻物長也。廣韻。萱按今俗語展物兩耑使之長曰抻，是此字。抻，展也。集韻

合口呼 逆峻切

眒 張目也。廣韻。眒，鳥獸驚皃。一曰疾也。引目也。集韻

殉 從也。孟子盡心上以道殉身注，盡心下敺其所愛子弟以殉之注，又漢書李陵傳集注，又文選幽通賦豈余身之足殉兮注。亡身從物謂之殉。史記屈原賈生傳貪夫殉財索隱引臣瓚。莊子駢拇小人則以身殉利釋文引崔注云殺身從之曰殉。又左傳文六年注、定三年疏竝云以人從葬為殉。殺人以葬，璇環其左右曰殉。左傳文六年服注。禮記檀弓下不殆於用殉乎哉注云殺人以衛死者曰殉。又釋文云以人從死曰殉。又國策秦策注云殉殺人以葬。又漢書敘傳音義引字林云殉殺生送死也。殉營也。史記屈原賈生傳集

解引應劭，又漢書李陵傳集注，敘傳上集注，又莊子駢拇釋文引司馬注。殉求也，亦營也。一切經音義十七引蒼頡。易繫辭下傳注言則未嘗乎山跂云殉求也。殉從死也。史記韓世家將以楚徇韓索隱。萱按說文無殉，古多借徇作之，徇即說文徇字。徇營也。廣雅釋言。又史記項羽紀而徇其私索隱引崔浩。又後漢書丁鴻傳注、鄧張徐張胡傳注、崔駰傳注，又文選鵩鳥賦注引莊子司馬注，七命於是徇華大夫閭而造焉注。吳都賦徇踦嶋之沃劉注云徇營也，亡身從物曰徇。又漢書司馬遷傳集注云徇從也，營也。徇干求也，亦營也。一切經音義一引書注。徇求也。一切經音義二十一引蒼頡。又史記伯夷傳正義。又後漢書李固杜喬傳注。又文選吳都賦聊槃海而徇珍劉注。徇順也。左傳文十一年國人弗徇注。徇循隨也。呂覽貴生危身棄生以徇物注。徇衛也。大弁制其勞以勤躬徇國也注。呂覽忠康殺身出生以徇之注云徇猶衛也。徇迷也。廣雅釋言。殉巡也。後漢書李固傳注。萱按此則段殉為徇也，二字互相借。

齊齒呼 舊旬切

撀 捝也。玉篇

榁 橫木也。廣韻

簣 向旬切 竹枯也。玉篇

達 。俗有達無達也。集韻。廣韻奪達字。

鈿 體箭切 平去兩讀，注在彼。俗有鎮鐲。

庿 平也。玉篇

眣 視也。玉篇

姢 細旬切 或作婞。姜女。玉篇

軐 小旬切 轉軐車迹也。玉篇 廣韻

箹 紡箹也。廣韻。集韻云箹竹名。萱按截謚無箹紡箹亦未知然否。

騗 過旬切 或書作騗。騗謂躍上馬者也。一切經音義七引字略。有者音義十三引纂文。

齊齒呼二 深進切

辨 半也。爾雅釋木桑辨有葚梔注。辨半分也。爾雅釋器革中絕謂之辨，革中辨謂之袶，釋文引舍人。萱按此段辨為辨也，郭云辨中斷皮也，拳復平分也。

雷 氣流行謂之雷。集韻

䡲 車名。玉篇

洵 小水也。廣韻

鮣 魚名，身上如印。廣韻。鮣，鱗魚名，如鼈，一曰首象印。集韻

一

磷 先進切 薄也。論語陽貨磨而不磷集解引孔注，又釋文。萱按州輔碑磨而不鄰，段鄰為磷也。磷，禣也。廣雅釋訓

[illegible] [illegible]也。玉篇

[illegible] [illegible]亦敝也。考工記輪人為輪不甑於鑿注。司農注云不甑於鑿謂不動於鑿中也。萱按輪人甑或作鄭，又甑

韻史　卷五十六第十二部去聲副編鎮韻　五二四一

鮑人之事察其線而藏則雖敝不甐甐亦或作鄰昏段鄰為甐也

魕 鬼名 玉篇

[illegible] 獸名似豕身黃尾白 廣韻

[illegible] 或作𧄔䕲竹實中 齊民要術十引字林。萱樾介 雅釋艸鄰堅中段鄰為䕲也

藺 藺謂之稙 集韻引廣雅

[illegible] 字信切 動也 玉篇

[illegible] 水急也 玉篇

襯 窺遴切 近身衣 廣韻 襯仞也 廣雅釋言

[illegible] 或作[illegible] 覞也 集韻

[illegible] 訓言也 集韻

韻史　卷五十六第十二部去聲副編鎮韻　五二四二

磈 紫信切 水石也 集韻

搢 插也 詩行葦箋射禮搢三挾一个 疏山則釋文又穀梁傳三年桓公委搢笏而朝諸侯 又禮記月令司徒搢扑 注又周書王會搢笏 注又史記封禪書搢紳者不道 集解引李奇云搢插也又廣雅釋詁二 又家語五儀解 注又漢書陳搢 忠傳注楊雄傳注三而挾一个 又呂覽季秋注 士喪禮搢笏 注又淮南時則注云搢插也 又儀禮鄉射禮搢三而挾一个 之右又禮記內則注云搢猶插也 禮記學記注 見 晉插也 周禮典瑞注晉猶插也 又漢書郊祀志搢紳 集注無引劉奇云搢笏 又荀子禮論注 周禮注云晉為大圭 也 晉猶插也 又荀子禮論注 云搢插 與此同 大射儀注搢亦為 搢笏 云搢插 又荀子禮論注 亦謂搢 搢殳也 又儀禮大射儀注 云搢插也 又荀子禮論注 云搢插 儀禮記內則注 搢笏 謂插於帶 又插 搢 猶帶 也 天子傳注 又穆天子傳注 搢 也 史記孝武紀 云搢今作薦 神之屬 案隱 字者古字假借耳 又 搢 振也 國語吳語注 搢 本 去 珽 茶 佩 士 笏 也 注 禮記玉藻 君衣 布搢本 搢笏之服 注 云搢 佩 紟 。淮南齊俗無皮弁

韻史　卷五十六第十二部去聲副編鎮韻　五二四三

撮口呼 小進切

溍 水也 玉篇

[illegible] 山名 玉篇

[illegible] 或作蠢 蟲名又蛤屬 廣韻

[illegible] 小獸有臭居澤色黃食鼠 廣韻

[illegible] 玉名 玉篇

杋 木名 玉篇

撮口呼 舉俗切

[illegible] 吐也 廣雅釋詁四

杓 羽吻切 經杭謂之杓 廣雅釋器。玉篇引埤蒼云杓擽絲使不亂

撮口呼二 羽擲切

袀 衣衿袖曲處 廣韻。集韻云袖袂曲

韻史　卷五十六第十二部去聲副編鎮韻　五二四四

袨 許鞭切 黑齋衣也 淮南齊俗尸尸好衣曰袨 華嚴經音義上引切韻 袨服謂盛服也 又漢書卿陽傳袨服叢臺之下者 注又文選蜀都賦袨服靚糚 劉注引蘇林

[illegible] 顯後也 廣韻

怰 賣也 玉篇

昡 日光也 集韻

[illegible] 罥罥 玉篇

迿 往之意 公羊定四年傳疏 迿出表辭猶先也 公羊定四年傳 迿者謂不顧步伍勉力先 而不相迿注

姰 狂也 集韻引廣雅

[illegible] 擊也 玉篇

韻史

第十二部入聲副編

質韻

開口呼

懫 切韵 瑟

懫 止也（廣雅釋詁三。又易損君子以懲忿窒欲釋文。○萱按：窒與懫音義同）

礩 柱下石也（廣韻）

劕 劕劑券也最也劕短曰劑（廣韻。○萱按：周禮作質劑，俗加刀）

膭 膭脾刀箭瘡藥（廣韻）

鑕 鍖也（後漢書耿弇傳注）鑕椹也（後漢書馮魴傳注）鈇鑕要斬之罪（公羊昭廿五年傳君不忍加之以鈇鑕注）

櫍 樹也（集韻引徐鉉）櫍椹也（廣雅釋器。又一切經音義五引埤蒼。○萱按：鑕櫍蓋本一字耳）

韻史 卷五十六第十二部入聲副編質韻 五二四五

懥 怒皃也（禮記大學身有所忿懥注。又云懥當為正字，或作懫。○萱按：忿懥連文，則懥或作寔，段借字也）

櫛 或作櫛 櫛櫛禾重生皃（集韻。○廣韻櫛無皃字，櫛音櫛）

瀄 瀄汨波相擊也（文選七發瀄汨潺湲注）

侄 堅也（廣雅釋詁一。○廣韻云侄堅也，又牢也）侄癡皃一曰侄仡不前也（集韻）

𥏝 短也（廣韻）

[illegible] 傛𡲋愛𡲋忏人也（廣韻。○集韻云傛𡲋，一曰不循理）

秷 或作刈 禾聲也（廣韻。○萱按：聲字衍，說文秷下云穫禾聲也，則秷言穫之事，鍾下云穫禾短鐮也，然則秷言穫之聲，銍言穫之具，分別甚明，穫之人不溷矣）

銍 銍人地名一曰刈禾八本（集韻。○萱按：銍或作段，史記秦紀乞食銍人集解引徐廣銍一作銍）

韻史 卷五十六第十二部入聲副編質韻 五二四六

眣 莫瑟切 或作覭 視也（玉篇）覭視也（同上）

㺞 或作𩂳 𩂳𩂳羽翼聲（莊子山木㺞㺞釋文引李注）㺞㺞飛不高皃（莊子山木釋文引司馬注。○又云㺞㺞或作𩂳𩂳）㺞㺞舒遲皃（莊子山木釋文引司馬注）

䋆 帆索也（廣韻）

舶 弱瑟切 舟飾也（集韻）

帄 或作𢂍 枕巾也（集韻）

苜 艸名（集韻。○萱按：堇一名苜，當作苜及也）

䋣 稍質切 或作䋣 䋣䋣色也（廣韻）

颼 蕭條清涼之皃（文選魯靈光殿賦颼蕭條而清冷注）颼颼風也（廣雅釋訓。○廣韻云颼颼風皃）

鞊 刀削謂之鞊（集韻。○萱按：刀削字古祇用室為之）

韻史 卷五十六第十二部入聲副編質韻 五二四七

齊齒呼

頡 几鐵切 頭小皃（集韻）

蛣 蟲名蠮也一曰蝗屬（集韻。○廣韻云蛣蜣蟲名）

狤 狂也（廣韻）狤𤞳獸名（同上）

㮏 溪結切 㮏屬（廣韻）

猰 獸名似牛白首四角（廣韻引山海經）

翓 胡結切 翓頏飛上下皃（廣韻）

纈 繫也謂繫繒染為文也（集韻）纈纈綵纈也（廣韻）

㽆 㽆山有獸狀如犬有鱗名曰獙（集韻引山海經。○又中山經瀟瀟之水有獸焉名曰獙）

蒠 龍蒠艸名（廣韻）

韻史 卷五十六第十二部入聲副編質韻 五二四八

闉 卯結切 閉也廣韻

囩 下入也廣韻

噎 咄也廣雅釋言 噎咄語無節廣韻

瞠 瞠䀏視 惡皃廣韻。集韻增視字

恎 䯰結切 懼也廣雅釋詁二 釋恎很也廣雅釋詁三

峌 或作㙈 峌峴高皃文選海賦峌峴孤亭注 峌㙈山皃集韻

螲 螲蟷穴蟲王蛈蝪也集韻

蛈 蛈母螲蟷也似蜘蛛在穴中有蓋鬼谷子內揵若蛈母之從其子也注 蛈王蛈蝪介雅釋蟲。注云即螲蟷似鼅鼄在穴中有蓋今河北人呼蛈蝪。邵氏介雅正義云王一名蛈蝪

赽 大走也廣韻。集韻走作趨

韻史　卷五十六第十二部入聲刮綿質韻　五二四九

眏眣 或作眏 目出也一切經音義一引字書 眏露皃廣韻引聲類 眣目不正也玉篇 日陰曰眣文選七哀詩注引通俗文 日昃曰眣後漢書章帝紀注 眣者差眣之言 周禮司市注 日昳中也疏 日昳謂蹉跌而下也左傳昭五年注日昳為臺疏。萱按齊策鄒忌形皃昳麗此段昳為佚也 離騷王注云佚美也

砄 砲也廣韻

閖 閖閖鄭城門廣韻。萱按左傳入於桔秩之門段秩為閖也。然悉晚出字秩乃楈之異體耳

𢶡 𢶡𢷀𢶡也廣韻引字林

僣 或作。僣 狡也集韻 僣侻狡猾也廣韻

覔 見也玉篇

呈 或作埕 塞也廣韻。萱按涅字从水土日聲本無呈字也製呈為聲者已非是更加土作埕而詎揑等字悉以呈為聲

韻史　卷五十六第十二部入聲刮綿質韻　五二五〇

豈非重性馳繆乎 埋下也凡柱而下曰埋方言六

詚 或作哩 怒也廣雅釋詁一。廣韻云詚呵也

捏 捺也一切經音義十四引字林 捏搦也廣韻 捏捺搦治也一切經音義十六引埤蒼

腥 腫也廣韻

痓 痛也集韻

⿰黑呈 黠也管子侈靡長喪以黠其時注

⿰石呈 礬石別名廣韻。集韻云羽碮礬石也

⿱竹呈 或作筳 管中者謂之箟介雅釋樂。舍人注云中者聲相密故曰箟。箟密也

⿱艸呈 或作蕇 菜名似蒜生水邊廣韻。萱按疑即俗訐龍爪花者

爀 炟也廣雅釋詁四。廣韻云熾餘也集韻云燼謂之爀

韻史　卷五十六第十二部入聲刮綿質韻　五二五一

鰤 魚名廣韻

緉 此結切 索也集韻引廣雅

㧙 磨也集韻引廣雅

㴙 摩也文選海賦激㴙相㴙注 㴙迭疾皃文選海賦㴙迭而隆頹注

踋 跌也廣韻

蠞 海蟹也集韻。廣韻云蠞似蟹生海中。萱按即水經注所謂虎蟳者也虎蟳殼闊而短肉多於凡蟳而味較遲鄰被言生於南海諸水凡水去海近者頗有之

媘 小結切 小皃玉篇

腈 或作脂 脂也廣雅釋言釋器。廣韻云脂膽中脂

揟 挺出物也一曰揲也集韻

韻史　卷五十六第十二部入聲刮綿質韻　五二五二

韻史　卷五十六第十二部入聲刮編質韻　五二五三

糏 或作[illegible] 舂餘也（集韻）糏米麥破也（廣韻）

⿱艹屑 艸名（集韻）

⿰氵悉 或作滊 滊⿰氵悉水皃（廣韻）

扒（丙結切）或作捌 擘也（廣雅釋水又玉篇。廣韻云扒破聲也，集韻云扒剖分也，又云擊也）

⿰扌必 捩也（集韻）

咇（難結切）語也又口香（廣韻）咇㗐聲出皃（文選洞簫賦嗽咇㗐而將吟兮注。上林賦云晻薆咇茀）

馝 或作⿰香必 香也（廣韻。文選上林賦晻薆咇茀注云馝馞咇茀音義同）

⿺風必 小風皃（廣韻）

⿰糸丙（美結切）微也（廣雅釋詁四）⿰糸丙細也（廣韻引蒼頡）

⿰米丙 糏也（廣韻）

韻史　卷五十六第十二部入聲刮編質韻　五二五四

齊齒呼二

⿰目監 汗面也（廣韻）

鴶（几札切）鴶鵴布穀也（廣雅釋鳥。爾雅釋鳥鳲鳩鴶鵴注云鴶鵴今之布穀也江東呼為穫穀。萱按左傳昭十九年注鳲鳩鴶鵴也釋文云鴶本亦作秸）

⿰吉攴（苦札切）擊也（廣韻）

⿰吉刂 刹也（廣韻）

⿰矢吉 ⿰犮吉短人也（廣韻云⿰矢吉短也。集韻）

咭 鼠鳴也（廣韻）

⿰瓜力 勁也（廣韻）

菰 菝菰艸名（廣韻）

⿰山乚（□八切）山曲也（廣韻作軋非也。萱按招隱士云坱兮⿰山乚山曲岪，俗本⿰山乚作軋。鵩鳥賦云大鈞播物兮坱⿰山乚無垠）

韻史　卷五十六第十二部入聲刮編質韻　五二五五

⿰石乚 石皃

⿰几乚 ⿰尣乚⿰几乚屈強也（集韻）

⿰口乚 鳥聲也（集韻）

虬 蟲聲也（集韻）

⿰魚乚 鱿⿰魚乚魚名（廣韻）

紮（擎八切）纏弓弝也（廣韻）紮纏束也（集韻）

⿱札鳥 鳥名似百舌喙長（集韻。廣韻云⿱札鳥鳥雌蒼色）

蚻 蚻蜻蜻（爾雅釋蟲。舊注云蚻鳴蚻蚻者。注蟬其小者謂之麥蚻。方言十二。爾雅釋蟲舍人注云蚻小蟬也）蚻者寧縣也（大戴記夏小正鳴札傳。萱按小正段札為蚻也）

⿰氵乚 ⿰氵乚⿰氵乚水聲（廣韻⿰氵乚⿰氵乚水流皃。集韻云）

韻史　卷五十六第十二部入聲刮編質韻　五二五六

聐（仰八切）不聽受也（集韻）聐䯵無所聞也（廣韻）

玐（丙札切）玉聲也（廣韻）

釟 治金也（廣韻）

朳 或作捌 無齒杷也（廣韻）無齒為朳（方言五杷宋魏之間謂之渠挐注）

叭 聲也（集韻）

⿰齒八 齒聲也（廣韻）

矶 石破聲也（廣韻）

齊齒呼三

⿰吉皮（几逸切）黑也（廣韻）⿰吉皮皮鼠也（集韻）

鞊 鞕也（集韻）

⿰吉阝 ⿰吉阝城山（廣韻）

洁 水名（廣韻）

[多吉] 多也（廣雅釋詁三）

[馬吉] 馬色（集韻）

詰 諟也（廣雅釋詁二）詰諦，審也。吳越曰詰諦（方言六）

[吉乚] ○俗有[吉乚]。貪也（廣雅釋詁二）凡貪而不施謂之[吉乚]。○方言十：[吉乚]，貪也。荊汝江湘之郊[吉乚]。注云：[吉乚]亦中國之通語。[吉乚] 費錦大[吉乚]（文選吳都賦）[吉乚]費錦繢注則

姞 姞㛹，婦人皃（集韻）

佾 列也（論語八佾集解引馬注。又廣雅釋詁一。又漢書禮樂志注集注劉向傳集注董仲舒傳集注。又後漢書獻帝紀注）○公羊傳隱五年注。又白虎通禮樂並云：佾者，列也。又穀梁傳隱五年注云：佾之言列。又禮記祭統：八佾以舞大夏。注云：佾猶佾列也。佾，列也，謂舞者之行列（後漢書明帝紀注云：佾，舞行也。又注文○班彪傳下注云：佾，舞行也。又

迓王元長曲水詩序：蔭佾陛陳。注云：舞行列也。又論語八佾皇疏云：佾猶行列也。佾，列也。每佾八人（御覽五百七十四引月令章句）○獨斷上云：天子八佾，八八六十四人。八者象八風，所以風化天下也。公之樂六佾，象六律也。侯之樂四佾，象四時也。萱按：六佾四十八人，四佾三十二人，二佾一十六人，不言者推之可知。佾所以節八音、行八風，故必以八為列也。說文無佾字，古當用佾。

卯 或作 地名（廣韻）

[卯巾] 或作幡也（廣雅釋器）○萱按：說文帶，幡也。帶與[卯巾]形近，疑[卯巾]為帶字之譌。卯者，柳之省。於幡之為拭觚布義亦相近

恄 怖也（廣韻）

佶 行也（廣韻）○集韻也作皃

盻 視也（玉篇）

[亻𩔶] 師吉切 [亻𩔶][亻𩔶]懍也（廣雅釋訓）

[鼻𩔶] 或作 [鼻𩔶]鼻疾也（集韻）○太平御覽 決其[鼻𩔶]

慄 亮吉切 懼也（莊子人間世：吾甚慄之。釋文引李注。又文選藉田賦注引廣雅）懍懔，懼也（廣雅釋訓。又詩黃鳥：惴惴其慄。傳）慄，戰也（廣雅釋言）慄謂戰慄（素問陽明脈解論、瘧論：乃作寒慄鼓頷。注○陰陽應象大論：在變動為慄。注）書泰誓：慄慄危懼。釋文云：慄，本作栗。正借字。慄，謂振慄也（素問調經論注）慄，戰也。萱按：慄栗正借字。慄謂振慄也，故寒慄。素問風論：使人快慄而不能食。注云：栗，振寒皃。七月：二之日栗烈。傳云：栗烈，寒氣也。○詩：憟（小雅）慄慄危懼。毛傳：慄，感也。慄，憂感也（爾雅釋言）戰慄者，憂感也（文選西京賦：怵悼慄而聳兢。薛注）○萱按：慄，懼也。太平御覽引。栗，危也（左傳桓六年：嘉栗旨酒。注）栗，謹敬也（儀禮聘禮）栗階趨君命也。又公食大夫禮：賓栗階升，不拜。注云：栗階升，注云：栗，蹙也，謂越等急趨君命也（燕禮記：凡公所辭皆栗階。注云：不拾級連步趨主國君之命也）

嘌 嘌嘌，言不了也（廣韻）嘌嘌，聲也（集韻）

剽 斷也（廣雅釋詁一○廣韻云：剽，斷也，削也）

縹 蒸縹，綵也（廣雅釋器）縹蒸縹色綵（廣韻云：綵，黃色。○集韻：繒）

壥 塞也（廣韻）

嶁 或作 山名（廣韻）

轢 車名（集韻）

麜 麕牝，麜（爾雅釋獸）

鷅 鳥少美長醜為鷅鷅（爾雅釋鳥）○釋文云：本亦作鷅，或作雷離，又廣韻云：鷅鷅，流離鳥

摽 以手理物也（廣韻）

穅 秝穅，積禾皃（集韻）○萱按：說文：積之栗栗，無禾旁

孛逸切

萊 艸名 廣韻

蘽 蘽蘽胡樂 廣韻蘽胡人吹葭管也。集韻云蘽必栗者羌胡樂器名 一切經音義引纂文 ○萱按必栗所以形容其聲之狂烈也似不須別製字

聴 不聽也 玉篇

寵吉切

咲 疾皃也 文選甘泉賦咲肸以掍批兮注。集韻云咲聲也

跮 跮踱乍前乍卻也。史記司馬相如傳跮踱輵轄 集解引徐廣云跮踱互前卻也。漢書相如傳下注引張揖云跮踱疾行皃 史記索隱引張揖

痓 惡也 廣雅釋詁三 痓謂骨痓而不隨 素問氣厥論傳為柔痓注。有山名曰去痓 山海經大荒南經大荒之中。去痓之痓 ○萱按風痓即骨痓 音如風

妰 女不謹也 集韻

韻史 卷五十六第十二部入聲剔編背韻 五二六一

鳴 鳥聲 集韻

汜 水濆也 廣韻 汜灑也 進而吐之曰汜 一切經音義四引通俗文

腳 膏澤也 廣韻 腳膩膏澤也 集韻

覰 戲也 集韻 覰戲皃急也 廣韻

啣 或作 衆吏聲也 一切經音義七引蒼頡篇 ○萱按吏之俗字作閘 啣啣閘猥也 韻會引通俗文 啣啣鼠聲也 一切經音義八引通俗文 ○ 咇嘞聲出皃 文選洞簫賦注 嘞咇也 廣韻

鴹 或書作鴹 鶻鳥名 雝渠也 集韻

鯽 魚名 廣韻

蝍 或作蝍 蛆 吴公也 廣雅釋蟲。莊子齊物論蝍且甘帶 釋文引李注云蝍且蟲名也 又史記龜策傳正義云蝍且吴公也 ○萱按蝍俗字 且俗字 蝍蛆似蝗大腹食蛇腦也 史記龜策傳正義

韻史 卷五十六第十二部入聲剔編背韻 五二六二

於注云即且 集解引郭璞。淮南說林 蝍蛆蟋蟀 萱按高說恐未確 蛪蛉倉蝗也 廣雅釋蟲 蜻蛉謂之蝍蛉 方言十一 蝍蠟蚑蠖也 文 爾雅釋蟲釋文引字林

比吉切

䛔 䛔不知也 沅澧之間凡相問而不知荅曰䛔 方言十

鯚 或作 鱮 魚名 集韻

蔡 俗有艸名 似蘇 集韻

喉 嘁喉聲也 集韻

趨 走遠也 集韻

榐 閒謂之榐 爾雅釋宮 榐柱上欂也 亦曰枅 又曰楮 爾雅釋宮。舍人注云榐柱上方木 小方木

蒺 蒺藜 艸 易困 釋文 蒺藜木名 易困據于蒺藜 虞注 坎為蒺藜 同上 蒺藜害體

韻史 卷五十六第十二部入聲剔編背韻 五二六三

之物 左傳襄廿五年 射必尼疏 蒺藜蝍蛆 此爾雅釋蟲 段蒺為蝾也 ○萱按

鍥 鍥鑇鐵鑓 集韻

蝾 或作 蟦 蝾螯蟲名 似蝗食蛇腦 集韻 蒺藜蝍蛆 萱按蝾正蒺借字 皆後出古蓋用疾

仰吉切

肊 贅肊魚鳥狀也 廣韻 此字與八部訓耳乘之肊不同 ○萱按肊从乙聲 吳都賦魚鳥聲肊 是肊右旁作乁 乃象形也

舭 ○ 俗有舭 舟行皃 廣韻

徲 徲徲搖也 集韻

小吉切

窸 從穴出也 集韻

蟋 或作蟋 蟋蟀 蛬也 爾雅釋蟲 孫注云蟋蟀 蜻蛚也 梁國謂蛬 蟋蟀 促織也 又詩蟋蟀傳。爾雅釋蟲注云蟋蟀今促織也 亦名青蛪 又淮南時則 蟋蟀居奥注云蟋蟀蜻蛚趣織也 後漢書襄楷傳注。

韻史 卷五十六第十二部入聲剔編背韻 五二六四

蜻蛚也呂覽季夏蟋蟀居宇注。文選四子講德論注聖主得賢臣頌注引蔡邕月令章句並云蟋蟀蟲名世謂之蜻蛚也又方言十一云蜻蛚楚謂之蟋蟀蟋蟀蟲名螽斯莎雞之類世謂之蜻蛚藝文類聚九十七引蔡邕月令章句

裓 衸袥裓裓也集韻引

藤 或作牛藤藥艸集韻自作牛。萱按方書俗人加艸

婢 母也廣雅釋親

鷝 丙吉切 鷝鵜鳥名青色白面一曰水澤神如鵜集韻。山海經云畢方狀如鶴一足赤文青質白喙萱按畢之作鷝淺人加鳥旁耳非別字也鵜則非澤虞之鵯

滭 或作觱泉沸也集韻。廣韻云滭沸泉出皃萱按詩作觱沸觱古字借字也史記相如賦滭浡滵汩乃用滭

鏎 簡也廣韻簡謂之畢尒雅釋器。萱按畢古字借字也鏎正字後出者

𡚁 匹逸切 女字集韻

𦙄 牝也廣韻

𠯗 𠯗𠯗唾皃廣韻

妼 女有容儀也廣韻

𣢟 吹也廣韻

𧊜 蠭屬集韻。廣韻云𧊜黑蜂

䁧 美吉切 或作𥉔不可測量也廣韻

滵 或作淧溢泌滵溢流皃文選南都賦注滵溢流其間注玉篇滵汩去疾也史記司馬相如傳滭浡滵汩索隱引司馬彪

鵖 或作鴔鳥名廣韻鵖肌鶝鵖尒雅釋鳥。釋文云鵖本今作密

撮口

訏 許吉切 翠恤切 忽恤切 叙穴切

𥳙 竹名空水小而有穰集韻

榓 或作桎榓香木也似槐集韻引字林木榓樹名廣韻

榏 拭也集韻

洫 洫洼泥淖也集韻

瀷 水皃集韻

𦙧 姓也廣韻引譜

呴 飲酒皃廣韻。玉篇云呴飲也史記楚先有熊呴是為蚡冒

𧦧 靜也集韻。萱按謐之破字耳

欰 或作𠹀聲也集韻。廣韻云鳴欰欰也

䀏 賬也廣韻

撮口 許二

殈 鳥卵坼也

𪓰 許穴切 罪止也玉篇

䀏 瞲䀏視惡皃集韻

𥄲 驚視也集韻

𧦝 怒也廣雅釋詁二𧦝怒呵也廣韻

坹 深也集韻引廣雅坹空深皃廣韻。又云坹穴也

抭 投也集韻引廣雅抭捏擊也集韻

袕 衣開孔也尒雅釋器袕謂之褮注袕鬼衣又長衣也廣韻

僪 僪僳健皃廣韻

僳 繆穴切 僳僪健也集韻

韻史卷五十七

泰興何萱石閣譔集　子庚校字

上海顧錫麒竹泉覆審

武進李兆洛申耆鑒定

第十三部平聲

跟韻

開口呼 改恩切

跟 䟰或 足踵也 說文又後漢書張衡傳跕焦原而跟趾注 足後曰跟又謂之踵 釋名釋形體 跟踵也 文選思玄賦舊注 足後曰跟在下方著地一體任之象 釋名釋形體

根 木根也 說文○漢書揚雄傳上集注云根猶株也 根者書之所謂柢也 韓非子解老○史記魯仲連鄒陽傳蟠木根柢集解引張晏云根柢下本也 根本也 列子天瑞烏足之根為蠐螬注又淮南原道萬物有所生而獨知守其根注根猶本也○後漢書伏侯宋傳注云根謂畫其根本 根始也

廣雅釋詁一 根元也 老子是謂天地根注又管子七法根天地之氣注 根生寄生也 文選思玄賦舊注 根拔根生之艸先也 淮南墜形根拔生程若注 天根氐亢之閒也 國語周語天根見而水涸注 法駕上所乘曰金根車駕六馬 下獨斷 三蓋車名耕根車也 上同

恩 枕根切 惠也 說文 恩者仁也 禮記喪服四制 恩隱也 廣雅釋詁四 恩愛也 詩鴟鴞恩斯勤斯傳 恩之言殷也 詩鴟鴞箋殷勤於此稚子疏

袠 枕根切 或作煨 炮炙也以微火溫肉 說文段注炮炙異義皆得曰袠也又云以微火溫肉者 炙為毛燒故又足之言不必毛燒也微火溫肉所謂炰也今俗語或曰為或曰煨或曰烟背此字之變聲疊韻耳 爊也 廣雅釋詁二 煨煴也 廣雅釋詁四

娠 稍根切 平去兩讀 女妊身動也春秋傳曰后緡方娠一曰宮婢女隸謂之

娠 說文段注凡从辰之字皆有動意震振是也妊而身動曰娠別詞也渾言之則妊娠不別詩大任有身生此文王傳曰身重也箋重謂懷孕也而後動而後生方年左傳后緡方娠杜注懷身也產子曰娠其字亦段借作震長發傳曰震動也昭元年左傳云邑姜方震大叔杜注震懷妊也男女皆得稱之為娠宮婢女隸謂之娠者謂婢使所娠之人使娠也 娠動也 廣雅釋詁四 娠傷也 注云娠猶懷身也 廣雅釋詁○集注引孟康云身也漢書高帝紀云姙娠未有身也又漢書哀帝紀注宮人名 懷胎為娠 左傳哀元年杜注○震 左傳昭元年杜注 為震 字字震亦作娠 文云從女辰聲 疏云字或作震

痕 海根切 胝瘢也 說文段注胝瘢也此與肉部腫下云胝瘢也義同胝瘢謂之痕 ○俗本脫胝字而刪之 劇瘢曰痕 文一切音義十八引通俗文 此字按痕會意 ○玄應音義卷八引字林

痕腫也 廣雅釋詁二 痕根也 急相根引也 釋名釋疾病

鞎 車革前曰鞎 說文段注以韋鞔車前謂之鞎 釋名云鞎與前謂之鞎 此以韋鞔車前也

硍 石聲 說文 段注此篆各書不言其義則當為硍以音求之平上二聲相諧 史記作硍硍 文選當作硍 楊雄傳平上之聲 石激水相觸之聲 ○漢書揚雄傳 硍之為言浪也 硍可以明聲相近 如硍石旋運之聲

是釋愈字之有乾坤擬當碾之司燮精鑄之莫傳也又叉至於許書之字有此義可以字林證之周禮典同釋文曰字林碾音限云石聲此必字誤說文說文必字子賦處也至於許書字無碾字以碾从良聲當訓為清激之聲非石聲思乎賦伐河灘之旁碾古作旁碾未可知也碾古音在十三部周禮典同高聲碾注曰故書碾為硍杜子春讀硍為鏗鏗之鏗碾字見於經典者惟此○嘗按依字林之音碾不為鏗兼讀限仍此部上聲也依平子賦不妨古別有碾字碭碾与碥碾各自義斷不容溷清也

合口許 古昏切

罤

○浴有罤 周人謂兄曰罤 說文段注昆弟字當作此罤行而罤廢矣新罤兄也郭注今江東通言曰罤按罤者罤之誤男子先生為兄後生為弟此本定偁謂兄罤者周人語也詩王風有昆字此周人謂兄之證也諸經皆言兄如尚書書乃寡兄勗春秋衛庚之兄縶周禮父之黨兄弟之黨從父兄弟之黨諸膽望兄弟皆是惟禮喪服經傳大功已上皆曰罤弟小功已下同異姓皆曰兄弟不相清亂蓋禮經敘別服之親疏隆殺遂以周人謂兄者專系之同姓大功

已上以為立言之別也戴先生曰兄弟與昆弟在儀禮喪服爾雅釋親截然有辨喪服傳曰何如則可謂之兄弟傳曰小功已下為兄弟此傳中引傳相證明也爾雅曰母與妻之黨為兄弟又曰婦之黨母之黨為兄弟云者或專言異姓或兼同姓異姓皆舉遠不以閒大功之親記曰兄弟皆在他邦加一等不及知父母與兄弟居加一等此惟小功已下即於疏殺加等若大功已上則昆弟也世父母叔父母也從父昆弟也豈可以皆在他邦及少孤相依而加一等哉大功之親分當相恤其不相恤是賊其性者也小功已下而相恤斯之進也記又曰夫之所為兄弟服妻降一等當內明言夫之昆弟之無服此兄弟服即所謂小功者兄弟之服是也謂夫為之小功者妻降一等制總如從祖祖父母從祖父母及外祖父母從母在小功章夫之諸祖父母在總麻章此夫降一等之謂禮記服問篇公子之妻公子之外兄弟謂為夫之外祖父母從母總也禮之稱兄弟適乎尊卑如是哉凡同姓異姓既漸即於疏者而與之相親好皆得偁兄弟云哉挾大司徒聯兄弟節曰兄弟舍姻嫁娶也與謂人職兄弟不同知以昆弟兄弟異其辭者惟禮經他經不介

昆兄也 詩葛藟謂他人昆傳又儀禮喪服昆弟注又在左傳昭十六年君之昆孫注又國語吳語其父子昆弟不

相能注又漢書叙傳上集注引孟康又後漢書張衡傳注又文選獄注羅是昆其必塈篤注○論語先進人不閒於其父母昆弟之言皇疏云昆兄也兄為昆昆明也第而言之也 謂昆弟四體也 儀禮喪服傳 兄之子弟之子相謂為從昆弟 爾雅釋親○又云從母之男子為從母昆弟 來孫之子為罤孫 爾雅釋親○釋名釋親屬云來孫之子曰昆孫昆貫也恩情轉遠以禮貫連之耳 罤後也 爾雅釋言孫注

⿱艹罤

或作 艸也 說文 菎蓍也 廣雅釋艸 菎王或言菎蕗今之箭囊也 楚辭招魂菎蔽象棋注

鰥

○浴有鰥 鰥魚也 說文段注見齊風毛傳曰大魚也謂鰥與魴皆大魚之名也鄭箋乃讀為爾雅鯤魚子之鯤始非是鰥多段借為鰥寡字鰥寡字蓋古祇作矜矜即憐之段借○嘗按鰥筍箋剖鰥為小魚其義不可用也其音鯤別是太平御覽逕作其魚魴鰥鄭非 鰥病也 爾雅釋詁○後漢書和帝紀注云矜病也 老而無妻曰

鰥 孟子梁惠王下又詩桃夭序國無鰥民也箋又釋文又鴻鴈哀此鰥寡傳又淮南時則序鰥寡注又御覽人事部百十八引書大傳○孝經不敢侮於鰥寡鄭注又後漢書光武紀下注並云丈夫六十無妻曰鰥又詩桃夭疏云鰥寡年老不復嫁娶之名也又管子輕重己云無妻無子謂之老鰥又禮記王制云老而無妻曰謂之矜 無妻曰鰥 衛淀集說卅六引成伯與禮記外傳又孝經釋文又楚辭天問又何以鰥注○管子入國云丈夫無妻曰鰥又書堯典正義引書大傳云無室家之端故謂之鰥鰥者無妻之名又釋名釋親屬云無妻曰鰥鰥昆也昆明也愁悒悒不寐目恒鰥鰥然也故其字从魚魚目恒不閉者也 無妻曰矜 詩何艸不黃何人不矜箋又詩正義引書大傳○禮記王制云老而無妻者謂之矜 匹夫為鰥 管子揆度○詩桃夭疏云當從軍未老不早還見室家亦謂之鰥又摽有梅序男女得以及時也疏云舜生三十不娶謂之鰥○蒼按鰥之本義訓大魚引伸之為病為鰥寡引伸之義行而本義行微矣鰥寡無正字段借鰥及矜用之而鰥尤切近釋名鰥訓昆音同也矜之破體作矜鳰也又北海相景君銘元鰥寡曹全碑撫育鰥寡益州太守碑鰥寡字悉从角此同用俗體字也

昆

同也 說文段注夏小正昆小蟲傳曰昆者衆也由魂魂由同謂魂魂也者動也小蟲動也王制昆蟲未蟄鄭曰昆明也明蟲者得陽而生得陰而藏以上數說兼之而義乃借惟明斯動動斯衆衆斯同同而或先或後是以昆義為先如昆弟是也或為後如昆命元龜釋言昆後也是也○漢書羽獵賦焜昆鳥今俗語謂今同曰渾其實當用昆用梱○漢書揚雄傳上集注又太玄昆羣注故云昆同也同又玄攤理昆衡云玄大同云昆同 昆渾也 太玄昆中 昆衆也 大戴記夏小正注有漢書孔融傳漢注又傳集注又後漢書或 命旁冓幽注玄 天地注 數昆命 昆 廣雅二釋 昆 寬裕 玄太 昆明也 釋名 爾雅釋親 昆後也 國語吳語晉注 晉灼注 之紹潰昆玄高 紀 揚 都賦虞豹之高 昆 注又楚陸之辭大劉 招注正始昆 昆只注後 ○ 文選吳都賦 昆 昆夷 西戎也 詩采薇序 ○ 西 後漢 昆 王者號 淵之師所浴也 山海經大荒南經 注 白 書杜篤傳注云 昆彌 西域國也 昆吾 山名 谿水內出善金 山海經海內經 注○海內經 有九 丘曰昆吾之丘注云 此山出名金也 ○ 堂按 此昆吾丘 又左傳哀十一年云登此昆吾之虛 緜緜生之瓜 名昆

韻史　卷五十七第十三部平聲跟韻　五二七七

琨

昆侖 山名 後漢書明帝紀注 ○ 淮南 墜形 昆侖 之玉 獸 注云 昆侖山在西北其高萬九千里河之所出 ○ 又按 昆侖 者 字 作 崑崙 ○ 又 如昆吾之作鯤 昆侖 西戎之別名 周書王會 正 西昆侖狗國 注 昆 號 好馬名 漢書百官公卿表 注 應劭云 昆 蹄 鯤 之 屬 名 也 注 引 昆 蟲 謂 溫 生 寒 死 之蟲也 堂按 昆字 有 蚰 蟲 以 示 後 昆 則 同 音 通 也 昆 或 段 而 蟲 蚰 廢 矣 又 同 聲 也 或 段 昦 又 段 睡 禽 段 也 聲 又 段 昆 史 蠻 琨 石之美者 夏書曰揚州貢瑤琨 或 从 貫 說文段注 王肅 瑤琨 美石 左 思 吳都賦 頗 師古 注 地理志 皆 同 ○ 琨 石之次玉也 音 瑤琨 玉 天子之玉 似 美 石 令 本 琨 蕀 琨 石 也 曰 琨 今 本 琨 其 昆 注 賁 在 玉 當 云 昆 同 石 似 玉 令 融 尚 書 漢 地 理 志 皆 作 瑻 貫 聲 在 十 四 部 與 昆 十 三 部 昆 聲 今 韻 環 近 而 又 雙 聲 如 昆 夷 亦 為 串 夷 章 昭 昆 琨 記 史 瑻 音 貫 ○ 書 禹 貢 釋 文 云 琨 美 石 也

韻史　卷五十七第十三部平聲跟韻　五二七八

惲

司馬相如傳琳瑉琨珸 索隱引司馬彪云琨珸字或作昆吾 堂按此省借之常○索隱云琨與環同鷄環 今○吳都賦云其環琨 則琨瑤之阜 ○ 索琨 璧也 文選思玄賦 禪 或 㡓 也 說文段注方言 禪衣 江淮南楚之間謂之褋 關之東西謂之禪衣 有襦者趙魏之間謂之𧜗衣 自關而西謂之㡓衣 今 禪 古 之 禪 也 自 其 渾 合 近 身 言 曰 惲 自 其 兩 之 名 當 言 曰 㡓 褌 而 無 襠 之 謂 之 襣 郭 云 即 犢 鼻 褌 今 釋 名 說 文 云 褌 也 郭 言 襦 之 方 言 也 字 作 揮 褌 也 從 巾 軍 聲

鶤

鶤雞也 說文段注 釋鳥 雞三尺為鶤 郭云 陽溝巨鶤 古之名雞 或作鵾 按 鵾 字 或 作 鶤 ○ 鳴 呼 嘯 而 嗟 注 低 昂 上 林 賦 正 謂 鵾 雞 三 尺 似 鶴 者 也 鵾 雞 高 呴 喝 斷 而 曰 悲 鳴 張 揖 注 上 林 賦 曰 鵾 雞 黃 白 色 注 則 淮 南 釋 鳥 所 云 鵾 鳳 皇 矣 別 翼 名 張 揖 謂 鵾 雞 似 鶴 黃 白 色 ○ 非 楚 辭 大 招 鵾 鷞 許 意 不 謂 雞 為 鳳 皇 與 張 說 同 也 ○ 非 楚 辭 大 招 鶤 鶿 為 畢 畏 注 云 鵾 鶤 雞 又 文 選 西 京 賦 注 引 穆 天 子 傳 注 云 鵾 鷞 即 鵾 雞 也 又 吳 都 賦 鶤 雞 南 都 賦 鶤 鷄 注 鶤 雞 鳥 也 好 鳴 又 西 京 賦 翔 鶤 鵾 仰 而 不 逮 注 南 都 賦 鶤 鶤 鷄 鶿 云 鶿 與 鵾 同

鶤雞 水鳥 太平御覽引 黃鵠 鵾雞 翱翔 注○淮南覽冥云軼鵾雞於姑餘 ○俗 有 鵾 䳜

蚰

蟲之總名也 說文段注 蚰 下 曰 有 足 謂 之 蟲 無 足 謂 之 豸 析 言 之 耳 渾 言 之 則 無 足 亦 蟲 也

韻史　卷五十七第十三部平聲跟韻　五二七九

輥

出下曰或行或飛或毛或贏或介或鱗皆以虫為象故蟲皆从虫 ○ 或 為 蟲 之 總 名 偁 蚰 之 言 昆 也 ○ 夏 小 正 昆 小 蟲 傳 曰 昆 者 衆 也 許 意 與 小 正 傳 同 以 虫 可 讀 曰 昆 同 也 夏 小 正 昆 小 蟲 未 蟄 鄭 曰 昆 明 也 者 衆 也 猶 昆 也 日 部 曰 昆 同 也 月 令 昆 蟲 未 蟄 鄭 曰 昆 明 蟲 也 小 蟲 動 也 二 虫 為 蚰 三 虫 為 蟲 蚰 之 言 昆 也 蟲 之 言 衆 也

輥 車 轂 橫 木 也 說 文 段 注 前 輥 謂 車 轂 也 木 部 曰 橫 關 木 也 輥 車 軸 横 者 也 方 言 曰 輥 有 軼 謂 之 軸 按 軸 字 恐 有 誤 平 工 諸 輥 車 軸 之 言 昆 也 輥 相 連 之 皃 文 選 西 都 賦 注 引 補 亡 詩 字 亦 作 輥 注 今 本 作 混

綸

糾 青 絲 綬 也 說 文 段 注 急 就 篇 顏 注 各 本 無 此 二 字 今 依 文 選 注 補 正 郭 璞 賦 曰 綸 似 綸 青 絲 綬 曰 令 用 此 糾 三 繩 也 ○ 四 分 見 義 為 所 綸 郭 樸 賦 云 青 絲 綬 也 綸 似 綸 正 糾 郭 日 令 有 此 糾 三 繩 糾 令 衣 帶 也 ○ 是 為 所 以 綸 釋 中 云 綸 也 者 夫 之 綸 帆 綸 與 青 綸 今 本 赤 法 言 糾 綸 青 令 赤 綸 有 諸 侯 王 赤 綬 四 采 赤 黃 縹 紺 淳 赤 圭 長 二 丈 一 尺 三 百 首 ○ 法 言 五 兩 之 綸 公 侯 將 軍 紫 綬 二 采 紫 白 淳 紫 圭 長 丈 七 尺 百 八 十 首 如 不 可 通 也 綸 絲 綬 黃 赤 緣 綬 二 采 ○ 相 國 皆 綠 綬 公 侯 將 軍 紫 綬 九 卿 中 二 千 石 青 綬 千 石 六 百 石 黑 綬 四 百 石 三 百 石 二 百 石 黃 綬 百 石 青 紺 綸 一 采 宛 轉 繆 織 長 丈 二 尺 按 此 皆 系 組 之 制 首 多 少 有 定 數 則 為 織 之 精 粗 皆 可 比 而 知 凡 先 合 單 紡 為 一 系 四 系 為 一 扶 五 扶 為 一 首 計 其 首 數 以 斷 斷 之

韻史　卷五十七第十三部平聲跟韻　五二八〇

成至百石而不計其首合青絲繩辮織之有綎無緯謂之宛持絕若今人用絲繩如箸粗為帶者也緇之衣曰王言如絲其出如綸王言如綸其出如綍小雅曰之子于釣言綸之繩召南曰其釣維何維絲伊緡傳云緡綸也綸之言糾之繩笑後人用以代經綸字遂使其義不傳○廣雅釋又禮記秉記釋文出云綸綎也又後漢書班彪傳○上注云綸糾青絲緞也又仲長統傳注云綸糾青絲緞也當據此注亦當補糾字

常綸則繩之別名者詩抑疏謂○爾雅釋詁縮綸也注云綸縮繩也令俗語亦然

綸倫也作之有倫理也釋名釋

似絜而細後漢書章帝紀注云綸絜也○淮南子齊物論釋文引崔注又綸似綸東俗語綸組節束注云善綸釣繳也○詩采綠箋

山言若綸大緻也注云綸以莊子文之齊物論釋文引崔注又綸似綸東

綸琴瑟弦也

海有之爾雅釋艸

切若谷

坤地也易之卦也从土申土位在申也坤君子以厚德載物說文段注象傳曰地勢坤卦傳曰坤順也按伏羲取天坤之德為卦名曰乾坤土位在申說从申之意也說卦傳曰坤也者地也萬物皆致養焉故

韻史　卷五十七第十三部平聲跟韻　五二八一

韻史　卷五十七第十三部平聲跟韻　五二八二

曰致役乎坤坤正在申位自倉頡造字已然後儒乃憑南坤北為伏羲先天之學說卦傳所定之位為文王後天之學甚矣人之好位也或問伏羲畫八卦即有乾坤震巽不曰有之伏羲三奇謂之乾三耦謂之坤而未有乾坤字傳至於倉頡乃後有其字坤與特造之乾震坎離艮兌以音義相同之字為之故文字之始作也有義而後有音有音而後有形音必先乎形名之曰乾坤者伏羲也字之者倉頡也畫卦者造字之先聲也是以不得云三即坤字○國語周語乾之否注又家語問禮得坤乾注云坤地也馬注乾坤之義也注又家語問禮得坤乾注云坤地也馬

坤土也左傳莊廿二年傳又國語

晉語坤順也易說卦傳又國語晉語順以訓之注又廣雅釋詁一○釋名地云坤順也上順乾也又易繫辭

下傳云天下之至順也廣雅釋詁四○臺灣書川之象謂也而終用巛為坤字釋壞亦未能見容與○易謂卦傳云乾則巛柔也

坤柔坤者純陰易象上傳至哉坤元九家注○繫辭上傳云坤陰物也坤所以載物易象傳對以足廣注○繫辭上傳云坤元九家之謂坤又云闔戶之謂坤注法

乾坤物之始也易之大戴記保傳乾坤注

坤母也國語晉語○易說卦傳云坤地也故稱乎母

坤妻道也易坤廣注又崔注○集解引虞注云坤臣道也妻道

也

坤臣道也易坤先迷後得○虞注象下傳子大明崔憬注云坤臣也明出地上順而罷

顧或作顱無髮一曰耳門也說文段注廣韻日顧耳門也顧者一義顱者說文顧也五困切一曰耳門也別一義顱者

髡或鬅髮也說文段注楚辭涉江接輿髡首王注云髡剔也別俗字用禮記髡者使守積注云髡必剔王之同族不宮者宮之為翦其頭髮之而已而髡不至髡者髡其皃髮曰矛亦無聲也故亦从元聲古或段完為髡

如漢書刑法志完者使守積王制注同

髡髮也一切經音義引廣雅

鬀髡鬝以髡栶釋木髡屯醜牛皃淮南說山注馨鬅髡鬝或髡列女傳辯通

切瘟谷

顱髡

昷仁也說文段注凡云溫和溫柔溫暖者皆當作此字溫行而昷廢矣水部溫篆下但云水名不云一曰煗者許謂溫自有四字在也此知日部昫日出溫也安部晏溫也煗大部煗溫也用此以徵大溫內也金部銑溫潤也晏溫也溫昷器也凡若此等皆作昷不作溫

溫和也淮南子時則訓紙溫以淪注○詩燕燕終溫且惠箋云溫謂顏色和也

韻史　卷五十七第十三部平聲跟韻　五二八三

韻史　卷五十七第十三部平聲跟韻　五二八四

溫柔也詩小宛飲酒溫克釋文引王肅注

溫溫柔也爾雅釋訓○漢書王莽傳上集注云溫溫柔皃

溫溫柔和也詩賓之初筵溫溫其恭○小宛溫溫恭人傳云溫溫和柔皃

溫寬柔皃荀子不苟

柔暢謂之溫論語季氏色思溫皇疏

溫和潤也論語述而子溫注○詩燕燕疏引皇疏云溫潤也溫溫也皇疏云溫謂顏色溫潤也

溫謂溫潤求其寬裕儀禮服傳注○禮記聘義注云溫潤也皇疏云溫謂顏色溫柔潤澤

溫溫有潤澤之皃良學詩教也疏○禮記經解溫柔敦厚詩教也荀子修身

溫淳謂凡味之然後溫淳漢書成帝紀注又史丹傳集注云溫猶厚也○

溫厚也百官公卿表上集注

溫猶足也漢書張敞傳注溫厚言富足也居官溫厚

溫厚也文選七發甘脆肥膿注溫淳

溫善也廣雅釋詁一

溫煗也廣雅釋詁三

溫氣謂陽氣也荀子榮辱注其溫漢書

溫風炎風也後漢書郎顗傳注素問調經論不寫則溫氣去注○論衡寒溫篇云陽氣溫

溫谷言多煖也有溫谷天子傳一注

溫源即湯谷也山海經大荒東經有谷曰溫源谷注

溫尋

溫

也。論語為政溫故而知新集解○皇疏云溫溫燖也又云溫是尋繹之義亦是燖煖之義也又禮記中庸溫故而知新注云溫讀如燖溫之溫謂故學之熟矣後時習之謂溫

溫水出犍為符南入黔水說文段注依王氏宋本從李鍇繹曰漢碑犍為皆作楗為是也符各本作涪誤今正地理志犍為郡符下云溫水南至鄨入黚水黚水亦南至鄨入江按黚黔音同黔水即黚水水經於江水曰又東過枳縣西延江水從牂柯郡北流西屈注之枳縣今重慶府涪州治也枳與涪陵縣壤接今涪州城東北有黔今重自貴州合鵠水入烏亦曰烏江亦曰涪陵江此水自西而東而北源流二千三百里詳見水道提綱會貴州大定貴陽遵義平越石阡思南六府又湖廣施南平府四川酉陽黔江彭水南川涪州諸水實巨川也水經注延江篇曰溫水一曰煩水出犍為符縣而南入黚水黚水亦出符縣南與溫水會與南入鼈水江水篇曰華陽記曰枳縣在江州巴郡東四百里治涪陵水會皆為江之源委也漢志今本疑有脫字以水經注正之璞當云溫水至鼈入黚水黚水亦出符至鼈北入江鼈非入江之地今云至鼈入江非例也水經之延江水於江水條曰枳縣西注江於延江條曰至

沅陵縣入於沅酈氏有一水枝分之說但許不言黔水所入班但言黚水入江不言何處入江古入略之蓋其慎也水道提綱綜緝嚴詳而嚴之古籍猝難互證犍為符縣今四川瀘州合江縣其地也今以為溫煥字許意用昷為溫煥

溫源即湯谷也已詳昷下見

溫汾轉之皃也文選七發所溫汾者注

溫蠖猶惛情也史記屈原賈生傳蒙世之溫蠖索隱

溫籍也溫蘊藉也蓋按此段溫為蘊也上聲蘊下詳之

轀

臥車也說文段注史記始皇崩於沙丘不發喪棺載轀涼車中百官奏事宦者輒從轀涼車中可其奏漢霍光傳載光尸柩以轀輬車孟康曰如衣車有窻牖閉之則溫開之則涼故名之轀輬車也師古曰轀涼本安車可以臥息後因載喪飾以柳翣故遂為喪車耳轀密者閉輬者旁開窻牖各別一乘隨事為名後人既專以載喪又去其一總為藩飾而合二名呼之耳按顏說是也本是二車可偃息者故詳分解曰臥車始皇本紀紀上渾言曰轀輬車下言上轀車臭以屍實在轀車不在輬車也古二車隨行備急所適

轀輬柳車也廣雅釋器

殭

㬥無知也說文段注各本作胎敗也誤同矯解玄應書卷八卷十三十四皆引說文殭暴無知也聲類篇殭欲

元也今據正廣韵云病也又云心悶其義正合蓋上下文昏說死之類此亦謂暴死者為殭覺聲

殭病也殭極也並廣雅釋詁一殭殘舒緩皃文選舞賦弛殭殘注殭殘為踰跳也文選舞賦注引字林

昏 戶坤切

○作昏者謁

日冥也說文段注冥者窈也窈者深遠也鄭目錄云王娶妻之禮以昏為期因以名焉必以昏者陽往而陰來日入三商為昏引伸為凡闇之稱昏古音同文與真臻韵有斂侈之別字从氐省為會意絕非从民聲為形聲也蓋隸書淆亂乃有从民作昏昏俗皆遵用唐人作五經文字乃云緣廟諱偏旁準式省从氏凡泯昏之類皆从氏以昏類泯其亦慎矣○文選雪賦時既昏注云昏冥也

昏日入也太歺裝裝于昏注文普昏長刹于月注○淮南天文云日至于虞淵是為黃昏日至于蒙谷是謂定昏又書堯典疏云日入後二刻半為昏又文選新刻漏銘注引五經要義云昏闇也旦明也日後漏三刻為昏日出前漏三刻為明

昏明謂晝夜也文選勸進表臣聞昏明迭用注

昏闇也呂覽有度不昏乎其所已知注○楚辭天問昏微遵迹注○莊子在宥遠我昏乎釋文云昏暗也

昏損也陽精損滅也釋名釋天

昏沒也書皋陶謨下民昏墊鄭注

昏代也爾雅釋詁

昏迷也呂覽誣徒昏於小利注

昏瞀也後漢書崔駰傳注

昏亂也左傳昭十四年己惡而掠美為昏注又國語楚語而發幽昏為注又後漢書馬融傳注又呂覽貴直先生之老歟昏與注又楚辭涉江固將重昏而終身注

昏闇亂也國語晉語濟昏不可使謀注

昏謂惑也漢書五行志中之上禮失則昏注

狂惑曰昏國語周語無夭昏札瘥之憂注○晉語君子失心解不人昏注云昏莊荒之疾

失志為昏左氏哀十六年傳

若昏如闇昧也老子我獨若昏注

昏無心之謂也莊子在宥釋文引司馬注○在宥至道德之精窈窈冥冥至道之極昏昏默默注云窈冥昏默昏皆了無也

為昏家語正論

短折曰夭未名曰昏左傳昭十九年札瘥夭昏注又賈逵○後漢書周舉傳注云未名曰昏

昏音親迎之時也太平內經昏了飛注

昏亦陰陽交時也白虎通嫁娶

昏椓皆奄人也詩召旻昏椓靡共箋○又云昏官名也

韻史　卷五十七第十三部平聲跟韻　五二八九

婚

𡢃 籀 婦家也禮娶婦以昏時婦人陰也故曰婚 說文段注 釋親曰婦之父為婚婦之黨為昏兄弟禮謂禮經也士昏禮曰凡行事必用昏昕注曰用昕使者用昏壻也郊特牲曰昏禮不用樂幽陰之義也○廣韵引字林云婚婦家也詩丰序疏云婦黨稱婚又白虎通嫁娶云婚者昏時行禮故曰婚 婦之父曰婚言壻親迎用昏又恒以昏夜成禮也 釋名釋親屬○後漢書順帝紀注云妻父曰婚又左傳昭廿五年注云妻父曰昏又隱十一年傳如舊昏媾注云婦之父曰昏又荀子富國婚姻娉內送逆無禮注云婦之父為婚萱按冠婚二字古本用昏後乃加女作婚為冠婚專字漢時二字通用不分別矣 婦之父母壻之父母相謂為婚姻 爾雅釋親○詩我行其野昏姻之故箋云婦之父壻之父相謂婚姻 女氏稱昏壻氏稱姻 儀禮士昏禮記某以得為外昏姻注○禮記昏義目錄疏云壻之親屬名之曰姻女之親屬名之為昏又周禮大宗伯疏云若據男女身則男曰昏女曰姻若據親言之則女之父曰昏壻之父曰姻 昏謂娶妻也 漢書王莽傳中昏以戊寅之旬為忌日注○禮記經解昏姻之禮注云昏姻謂嫁娶也 昏謂婚姻配合也

韻史　卷五十七第十三部平聲跟韻　五二九〇

漢書鼂錯傳男女有昏注○詩丰序疏云指其好合之際壻之昏姻又禮記昏義云昏者將合二姓之好上以事宗廟而下以繼後世也 冠昏人之始也 大戴記保傅禮之冠婚注○又武德云昏禮享聘者所以別男女明夫婦之義也又禮記昏義云昏禮者禮之本也又哀公問云大昏萬世之嗣也

惛

不憭也 說文段注憭慧也○詩民勞釋文云惛亦不憭也 惛不明也 國策秦策皆惛於教注 惛癡也 廣雅釋詁三 惛謂迷惛也 列子黃帝以黃金摳者惛注又方言十慌愁猶惛惛也 悶也 後漢書張衡傳注○呂覽本生下為區夫而不惛注云惛詩憂悶之悶 惛惛微暗兒 管子四時六惛 惛注 惛憊猶晦暝也 荀子賦注來惛憊注

瞀

瞀也 說文段注瞀當作霿雨部曰霿晦也諸家注霿者瞀通用部氏瞀亦作瞀字莊子以瞀乃注者巧以為注者惟以黃子 瞀金注者瞀釋文引說文瞀也左傳作瞀禮天瞀杜曰未名而死曰瞀令傳作瞀 瘖病也瘖極也 廣雅釋詁三○一切經音義十二引聲類 瘖歹也 按瘖作瘖者誤○黃 瘖殭欲死也

韻史　卷五十七第十三部平聲跟韻　五二九一

惛二字義同音亦切近又按瘖之地注云作爲瘖雙聲疊韵也又呂覽論威死瘖之地注云瘖音闇噓氣之閉

闇

常以昏閉門隸也 說文段注周禮注曰隸給勞辱之役者周禮閽人王宮每門四人囿游亦如之注云閽人司昏晨以啓閉者刑人墨者使守門按古閽與勳音同易為闇心為作熏荀以熏為勳而易為動漢光祿勳卿一人胡廣曰勳猶閽也主殿宮門戶之職○穀梁襄廿九年傳閽門者注云以主門晨昏閉閣謂之閽 閽守門者也 左傳襄廿九年閽弒吳子餘祭注定二年閽乞肉焉釋文又漢書五行志下之上注○儀禮喪服傳釋文又穀梁襄廿九年釋文並云閽守門人也又禮記祭統云閽者守門之賤者也又檀弓下閽人為君在內注云閽人守門者又內則閽寺守中門之禁令也 閽主門者也 文選思玄賦叫帝閽使闢扉又離騷吾令帝閽開關今注 閽者何門人也刑人也 公羊襄廿九年傳○儀禮燕禮閽人為大燭於門外注云閽人門人也又後漢書宦者傳注云閽即刖足者 閽門者寺人也 穀梁襄廿九年傳 艮為閽寺 易說卦傳○易艮為闇閽守心廣法云艮為閽寺

韻史　卷五十七第十三部平聲跟韻　五二九二

敦

董坤切

入門 閽宮門也 文選魏都賦重閽洞出劉注○俗有數又別有盭數 怒也詆也一曰誰何也 說文段注皆責問之意邶風王事敦我毛曰敦學也按心部悖學也然則凡从攴者皆敦為悖此字本義訓責問故从攴云誰何見言部 敦圉盛怒兒 ○文選甘泉賦白虎敦圉注○萱按漢書作厚昆 敦猶迫通也 後漢書班彪傳下注○韋昭云敦猶迫也又詩北門釋文引韓詩云敦迫 敦猶投擲也 詩北門箋 亦積聚也 後漢書馬融傳注云敦聚也○詩太陰在午歲名曰敦牂 淮南天文○注云敦盛也又史記天官書敦牂注云敦厚也漢書律歷志敦牂 敦牟黍稷器也 禮記內則敦牟巵匜注云敦牟黍稷器也萱按公羊謂黍稷器也周禮司几筵有每敦氏之注云敦猶燾也義取於覆而盛黍稷之器以敦名凡敦皆覆冒之義引伸往往如此無煩改讀自是敦牟字當對以不必讀為不必也 敦盂也 爾雅釋丘注○孫炎云黍稷器又周禮玉府若合諸侯則共珠槃玉敦鄭盟

韻史　卷五十七第十三部平聲跟韻　五二九三

司農注云敦器名也又禮記內則疏云敦則周禮有玉敦今之杯盂也又廣雅釋器云敦盂也敦槃類珠玉以為飾古者以槃盛血以敦盛食周禮玉府則共珠槃玉敦注又司農注云玉敦歃血玉器○儀禮士喪禮敦啟會面足注云敦有足則敦之形如今酒敦又少牢饋食禮執一金敦黍有蓋注云敦有首者尊者器飾也敦似盤穆天子傳六敦垂第四十注丘一成為敦丘爾雅釋丘○注云今江東呼地高堆者為丘又孫注云敦丘丘一成之形象也敦丘形如覆敦爾雅釋丘如覆敦者敦丘孫注敦圄似虎而小一曰仙人名也淮南俶真騎飛廉而從敦圄注一卒居後曰敦周書武順○注云敦猶殿敦者致也淮南兵略高之莜篡敦斷也莊子逍遙遊斷髮文身釋文引司馬注說物試使士敦訓釋文引司馬注○萱按敦字有引伸之義有再引伸之義皆不煩改讀也其叚借之音雖多本有本字可錄亦不煩於也處特出敦字也舊韻書乃處處載之敦字至有十餘音又不明言孰為正義孰為引伸孰為叚借之義識字所以難也烏有古人製字而一字有十餘讀者乎敦厚也敦大也敦信也敦勉也敦

韻史　卷五十七第十三部平聲跟韻　五二九四

勸也萱按此皆段敦為惇也彼注詳之敦沌也萱按此段敦為嫲也或又段為屯段為沌段為捧各詳正字丁諄辜也方言三又廣雅詁三萱按此段諄為敦也○敦憎所疾也宋魯凡相惡謂之諄憎若秦晉言可惡矣方言

惇

厚也說文段注凡惇厚字當作此今作敦厚叚借非本字敦者怒也詆也一曰誰何也雒誥惇大成裕○爾雅釋詁又書皋陶謨惇敘九族鄭注雒誥惇宗將禮鄭注又國語晉語字學編惇注鄭語以淳耀惇大注又漢書成帝紀集注公孫弘傳集注王莽傳中集注又後漢書班彪傳下注並云惇厚也又禮記內則皆有惇史注云惇史史惇厚也惇仁厚之皃也後漢書第五倫傳注惇亦誠信皃方言七惇信也燕曰惇注○廣雅釋詁一云惇信也惇勉也文選西都賦命夫惇誨故老注引爾雅敦厚也易臨敦臨疏民敦艮吉疏又詩北門王事敦我傳常武鋪敦淮濆釋文閟宮敦商之旅釋文引王注又禮記曲禮上敦善行而不怠注樂記及夫敦樂而無憂注又左傳成十六年民生敦龐注昭廿三年敦陳整旅注定四年分之土田陪敦注又周書太子晉君廣德分任諸

韻史　卷五十七第十三部平聲跟韻　五二九五

庚而敦信注又國語周語敦厖純固注又漢書哀帝紀集注叙傳下集注又後漢書班彪傳下注又荀子榮辱以敦比其事注議兵百姓莫不敦惡注戚相惡之享周注禮論是君子之所以為愅詭其所敦惡之文也注又呂覽達鬱敦顏而土色者注又素問五常政大論土曰敦阜注又楚辭招魂敦脄血拇注○管子問則無敦於權人以困兒德注云敦猶厚也又老子敦兮其若朴注云敦者質厚又孟公孫丑下使虞敦匠注云敦匠厚作棺也敦謂厚重也漢書鮑宣傳敦外親小童注○左傳襄廿七年說禮樂而敦詩書疏云敦謂厚重之敦厖厚大也後漢書朱穆傳注酷吏傳注敦大也漢書地理志下集注引應劭又廣雅釋詁一○方言一云敦大也陳鄭之閒曰敦敦信也素問上古天真論長而敦敏注敦勉也爾雅釋詁又漢書揚雄傳下注注又文選典引雅號師矢敦奮撝之容蔡注敦猶專專也詩東山有敦瓜苦傳敦勸也後漢書陳寔傳注敦和樂貴同也禮記樂記樂者敦和注○疏云敦和謂敦重其所和也敦比精審躬親之謂荀子彊國則不勝夫敦比於小事者矣注不理萬情謂之敦樸孟子滕文公上有為神農之言者章注指

韻史　卷五十七第十三部平聲跟韻　五二九六

弴

○俗有張畫弓也說文段注大雅敦弓既堅傳曰敦弓畫弓也畫弓按荀卿子子彫弓諸侯彤弓大夫黑弓禮也公羊傳何注曰禮天子雕弓諸侯彤弓大夫按嬰弓士盧弓邦弦弓黑弓也嬰弓陸德明云見司馬法聖即江賦之櫻字蓋朱黑相間而嬰踐也彤弓毛傳曰朱弓也以講德習射彫弓者蓋五采畫之凡經傳刻鏤如玉謂之彫金謂之鏤禮記玉藻彫蒸論語朽木不可彫是也有謂繪畫者如此彫弓是也彡部曰彫琢文也古與刻畫無二字語庚彫弓則天子當五采石鼓詩有秀弓秀郎繡五采備謂繡戎曰天子之弓但刻畫為文也兩京賦彫弓所敬薛云彫弓謂有刺畫也弴與彫語之轉敦弓者弴之叚借字詩禮又叚追為之敦可讀如官不得竟讀彫也焉子作祇亦變聲字

啍

○俗有衆口气也詩曰大車啍啍說文段注王風毛云啍啍重遲之皃按啍言口气之緩故引伸以為重遲之皃啍啍行之皃詩大東疏川川重遲之皃也太尗雜大車川川注○萱按啍川同部音亦最近古既川為啍也啍啍多言也家語五儀無取啍啍注啍啍火智皃莊子

胠篋釋文引司馬注哼哼以已誨人也莊子胠篋而悅夫哼哼之意哼哼已亂天下矣注又釋文云哼哼己以誨人之皃。蛍按此段哼爲諄也又荀子哀公無取口哼亦同

焞

明也春秋傳曰傳當作國語焞耀天地說文段注鄭語史伯曰黎爲高辛氏火正以淳燿敦大天明地德光照四海故命之曰祝融崔瑗河閒相張平子碑云遵大史令胄重黎厥紀之度亦能焞燿敦大天明地德光昭有漢今本國語作淳漢碑作焞與許據合韋云淳大也燿明也下文云敦大則焞燿自皆當訓明士喪禮楚焞而以爇灼龜者楚荊也焞焌亦取明火之意引申之又訓盛采芑傳曰焞焞盛也漢時有焞煌郡應邵地風俗記曰敦大也煌盛也唐時乃作燉煌見元和郡縣志燉乃唐人俗字非焞之異體也毛詩吐雷切音之轉也焞燿天地廣栝鄭語。廣雅釋詁四云焞明也焞焞近日月之皃也國語晉語天策焞焞注焞焞無光耀也左傳僖五年天策焞焞注。蛍按此段嘽嘽焞焞釋文云焞本作哼此同音通借也楚焞即契所用灼龜也周禮菙氏掌共燋契法

涒

食已而復吐之爾雅曰大歲在申曰涒灘說文段注食已而復吐之未聞江賦涒鄰水皃謂歲在申名涒灘涒大也灘循也萬物皆大循其情性也呂覽序意歲在涒灘注。淮南天文云太陰在申歲名曰涒灘又涒灘之歲注云涒大灘修也言萬物皆循精氣故曰涒灘涒灘萬物吐秀傾垂之皃爾雅釋天孫注誇人短舌不能言爲涒灘也呂覽序意注

諄 肫坤切

或作忙告曉之孰也說文段注大雅誨爾諄諄左傳年未盈五十而諄諄如八九十者孟子諄諄然命之乎大雅諄諄鄭注中庸引作忳忳云忳忳懇誠皃也按其中懇誠其外乃告曉之孰義相足也方言曰諄罪也又曰宋魯凡相惡謂之諄憎此則敦字之段借攴部曰敦怒也詆也詩王事敦我。詩抑釋文引埤蒼云諄告曉之孰又漢書司馬相如傳下不必諄諄注云諄諄告喻之熟也又史記相如傳集解引徐廣云諄諄告之丁寧諄諄謂殷勤敦告也後漢書班彪傳上注諄若也廣雅釋詁四哼哼以己誨人也莊子胠篋注。

蛍按此段哼爲諄也諄佐也國語晉語以諄趙鞅之故注諄諄忠謹之皃也後漢書卓茂傳注諄諄重頓之皃漢書五行志中之上集注諄芒望之諄諄察之芒芒故曰諄芒莊子天諄芒將東之大壑釋文引李注。釋文云諄芒霧氣也忳自念皃離騷忳鬱邑余侘傺兮注忳忳憂皃也楚辭惜誦中悶瞀之忳忳注

淳

渌也說文段注內則攷工記注皆曰淳沃也按㡛氏而沃之即上文之渥淳其帛也內則淳熬淳母之名因沃之以膏也然則許云渌也謂渌之後一義水下皃也按當依經典釋文之純反的書切常倫乃不澆之訓純醇二字之段借也段借行而本義廢矣淳沃也考工記鍾氏淳而漬之注又儀禮士虞禮淳尸盥注又禮記內則淳熬注又國語周語王灌饗醴注。周禮赤犮氏注淳之以灑之疏云淳即沃也淳沃稍注之儀禮特牲饋食禮記淳沃注漳濇也廣雅釋詁二淳淳流動皃莊子則陽禍福淳淳釋文引王注不澆曰淳不襍爲淳淳濃也淳厚也淳和也淳大也淳盡也淳耦也淳醎

也蛍按此段淳爲醇若純也分見二字下文周禮內宰出其度量淳制段淳爲準也

屯

兩見難也屯象艸木之初生屯然而難从屮貫一屈曲之也一地也易曰屯剛柔始交而難生說文段注屮貫一者未尅土也屈曲之者未能申也乙部曰春艸木冤曲而出陰气尚彊其出乙乙屯字从中而象其形也易曰云云周易象傳文左傳曰屯固比入序卦傳曰屯者盈也不堅固不盈滿則不能出。易屯釋文又廣雅釋詁三又後漢書皇后紀上注班彪傳下注又莊子外物慰暋沈屯釋文引司馬注又文選幽通賦紛屯邅與蹇連兮邅注弦云屯難也屯者天地造始之時也易象上傳天造艸昧注。序卦傳云屯者物之始生也陽動而止故屯如也易屯屯如荀注。襍卦傳云屯見而不失其居屯盈也易屯釋文屯象也後漢書班彪傳下注屯從也後漢書張衡傳注屯厚也國語晉語。左傳閔元年云屯固

窀

窀穸逗葬之厚夕也春秋傳曰窀穸從先君於地下說文段注厚釋

窀夕釋穸襄十三年左傳曰惟是春秋窀穸之事所以從先君於禰廟者杜曰窀厚也穸夜也厚夜猶長夜春秋謂祭祀長夜謂葬薶按窀渟同音窀訓厚○萱按許檃括傳語而易禰廟為地下古人徵引不必盡用原文後漢書趙咨傳注劉陶傳注

傳 窀厚也

榆

毋杶也 說文段注按毋杶當作毋疵皆字之誤也釋木榆無疵古毋無通用故許作毋玉篇榆木名也杶無杶木也二字為伍叁謂一物也廣韻云無杶木木一名榆是也楊雄蜀都賦說木有杶

榆櫄屬似豫章 爾雅釋木榆無疵注

狀坤切

幡 萅

截米斷也 說文段注宁部曰斷帾也所以盛米也二字相轉注从巾叅其體方○廣雅釋器云幡斷也

萅 萅○隸作春或作旾皆

推也 說文段注此於雙聲求之鄉飲酒義曰東方者春之為言蠢也尚書大傳曰春出也萬物之出也

春蠢也 漢書律麻志上又管子四時其時曰春注又楚辭大招春氣奮發注又廣雅釋言云春蠢也○古微書引春秋元命苞云春含名蠢又釋名釋天云春蠢也萬物蠢然而生也又風俗通祀典云春者

韻史 卷五十七第十三部平聲跟韻 五三〇一

蠢也蠢蠢搖動也又太玄玄數為東方為春注云春蠢也取物蠢動始於東方故為春也又禮記鄉飲酒義注云春猶蠢也蠢動生之允也

春之為言偆偆動也 白虎通五行○春秋繁露陽尊陰卑云春之為言猶偆偆也

春者出生萬物 周礼目錄○漢書董仲舒傳云春者天之所以生也又管子形勢解云春者陽氣始上故物生又禮記中庸疏引皇氏疏云東方者春春主施生又數特牲疏云春見生養之時又素問天元紀大論春生成之終始也注云春為發生之始又爾雅釋天云春為發生

東方為春 太玄達暮木惟流注○左傳隱三年傳堅於齊東宮疏云東為春又文選東京賦飛雲龍於春路薛注云春路東方道也

春者歲之始也 漢書高帝紀下拜婁敬為奉春君注引張晏郊祀志上古者天子常以春解祠注引張晏又後漢書明帝紀注○公羊隱元年傳又後漢書郎顗傳注數云春者何歲之始也

春者四時之始 又礼記礼運以四時為柄疏又後漢書班彪傳上注○文選琴賦注引纂要云一時三月謂之三春九十日謂之九春又東京賦欽歡析於春酒注云春酒謂春時作至冬始熟也又詩七月為此春酒傳云春酒凍醪也

春者天地交通萬物始生陰陽交接

韻史 卷五十七第十三部平聲跟韻 五三〇二

之時也 白虎通嫁娶○公羊隱元年傳注云春者天地開闢之端養生之始法象所出四時本名也

春者天之和也 春秋繁露威德所生

春為少陽其氣始出生養 獨斷上○春秋繁露官制象天云春者少陽之選也又呂覽孟春行冬令注云春陽又爾雅釋天云春為青陽又周礼外史疏云春為陽之首又礼記月令注云春為陽中又王制春秋教以礼樂注云春夏陽也又大戴記保傅上親而貴仁注云春氣溫養故觀上

春木也 素問金匱真言論春勝長夏注又呂覽孟春注○白虎通五行云木王即謂之春又洪範五行傳厥罰恆雨注云木主春又春秋繁露五行對云木為春又素問水熱穴論云春者木始治

震為春 易彖上傳應乎天而時行虞注而四時不忒虞注形

為春 論衡無形

慶為春 春秋繁露四時之副

春喜氣也故生 春秋繁露陰陽義

春愛志也 春秋繁露天辨在人

春秋猶言四時也 詩閟宮春秋匪解疏○釋名釋典藝春秋言春秋冬夏終而成歲舉春秋則冬夏可知也春秋書人事卒歲而究備春秋溫涼象政和也故舉以為名也

春秋紀人事之善惡而目以天時謂之春秋

韻史 卷五十七第十三部平聲跟韻 五三〇三

國語晉語羊舌肸習於春秋注○孟子離婁下晉之春秋注云春秋以二時舉四時記萬事之名又說苑建本云春秋國之鑑也

春扈氏農正趣民耕種 獨斷上

萅艸蘇也 廣雅釋器○萱按孔謙碣陰皆秋萅者春之異體字也又考工記梓人則春以功取春為蠢也○萱又按急就章第七春艸雞翹鳧公羽濯顏注一曰春艸雞翹鳧翁皆謂染采而色似之若今染家言鴨頭綠翠毛碧矣

杶

櫄或 杻古文 杶木也夏書曰杶榦栝柏 說文段注禹貢杶榦栝柏釋文杶本又作櫄山海經成侯之山其上多櫄木郭曰似樗樹材中車轅吳人呼櫄音輴車○書禹貢釋文又文選吳都賦綠杶杶櫄劉注云杶木名又史記夏本紀集解引書鄭注云杶榦栝柏四木名

杶木似樗而實 漢書地理志上注

川

篆作巜

毋穿通流水也虞書曰濬く巜距川言深く巜之水會

為川也 說文段注毋各本作貫毋穿物持之也穿通也巜別毋穿通流又大於巜是水有始出謂川者如爾雅水注川曰谿許云泉出通川為谷是也有絕乃大謂川者如皋陶謨く巜距川考工記澮達於川是也本小水之名因以為

韻史 卷五十七第十三部平聲跟韻 五三〇四

大水之名虞書謂古文皋陶謨今尚書作畎澮距川者後人所改也川今昌緣切古音在十三部詩如蒸雲漢之詩是也○釋名釋水云川穿也穿地而流也又爾雅釋水所渠并千七百一川色黃李注云水流而分交錯相穿故曰川也又漢書李尋傳皆川水漂踊注云川者水貫穿而通流也又地理志上川曰三江注又刑法志除山川沉斥注並云川謂水之適流者也

流源為川楚辭招魂川谷徑復注○左傳宣十二年注坎為川疏寘十五年川澤納汙疏竝云川是流水又周礼地官序官川衡注云川流水也又國語周語不防川注防民之口甚於防川注川不梁注竝云流者曰川

注瀆曰川周礼大司徒辨其山川林澤丘陵墳衍原隰之名物注○廣雅引蔡邕月令章句云衆流注海曰川

名川謂四瀆也左傳襄十一年疏○淮南俶真三川涸注李經江河三川絕而不流注竝云三川涇渭洛也又管子度地云水之出於他水溝流於大水及海者命曰川水

坎為川易象上傳山川丘陵也廣注又左傳宣十二年川壅為澤注

坎為大川易泰包荒廣注顧利涉大川廣注益同中孚同象上傳同○需利涉大川何晏注云大川者大難也

川坑也廣雅釋水○山海經北山經崙山有數為其川在尾上注云川藪也

萱按此州字為川也州篆與聲攷借為炎義又形近而州誤作川

川氣之導也國語周語川川

連遷之皃太玄難大車川川注○萱按此段川為嗥

⿰車川

或作𨊻浴有輴○

車約⿰車川也周禮曰孤乘夏⿰車川一曰下棺車曰⿰車川說文段注巾車職云孤乘夏篆卿乘夏縵大鄭曰夏赤也篆讀爲圭瑑之瑑夏篆轂有約也今謂夏篆五采畫轂約也夏縵亦五采畫無瑑耳玉裁謂鄭說夏篆即詩之約軝毛公所謂長轂之軝朱而約之也但許君篆作⿰車川以約⿰車川系之下文以約軝系之轂與二部迥異依許意參謂轐輢輪等皆有物經束之謂之約⿰車川以赤畫之謂之夏⿰車川卿雖赤畫而無約謂之夏縵⿰車川之言巡也巡流之司言此許之周禮說也故書作緣戎爲篆此字形之異也許所據篆作⿰車川此聲相近而異也禮經有輴車玉篇廣韵皆謂⿰車川輴同字也士喪禮注遷於祖用軸注曰軸輁軸也狀如轉轔刻兩頭為軹輁狀如長牀穿桯前後著金而關軸焉大夫諸侯以上有四周謂之輴天子畫之以龍按推天子諸侯殯葬朝廟皆用輴許云下棺車謂天子諸侯窆用利也

輴殯車也礼記檀弓下天子龍輴而椁幬注○荀子礼論輿藏而馬反告不用也注云輿謂輴

軸也國君謂之輴又禮記喪大記云君葬用輴又襍記上注云有𣫢柩以輴之礼○萱按輴正字輴借字同盾聲也

𢍜 尊

或○浴有罇樽瓶

酒器也周禮六尊犧尊象尊著尊壺尊大尊山尊以待祭祀賓客之禮說文段注凡酒必實於尊以待酌者鄭注禮曰置酒曰尊凡酌酒者必資於尊故引申以為尊卑字猶貴賤本謂貨物而引申之也自專用為尊卑字而別製罇樽為酒尊字矣六尊見周禮司尊彝職犧作獻鄭司農云獻讀為犧犧尊飾以翡翠象尊以象鳳皇或曰以象骨飾尊著尊著略尊也或曰著尊著地也無足壺者以壺為尊春秋傳曰尊以魯壺大尊大古之瓦尊山尊山罍也按毛詩閟宮之犧尊即獻尊也故許同大鄭作犧以待祭祀司尊彝詳之矣大行人賓客之祼亦必用彝彝礼食礼亦必用尊故約之曰以待祭祀賓客之礼○礼明堂位尊用犧象山罍注又爾雅釋器釋文又淮南繆稱中而致尊邪注竝云尊酒器也又淮南詮言樽之上元樽注云樽酒器又書分器序疏云盛酒者為尊又周禮小宗伯辨六尊之名物司農注云尊獻尊象尊壺尊著尊大尊山尊○萱

萱按司犧尊象周礼注是矣家語犧象下出門王肅注乃云作犧牛及象於其背為罇其說殆誤碩儒多辯之者

二尊兩瓶也儀礼少牢饋食礼乃啟二尊之蓋冪注

尊者彝為上罍為下周礼鬯人廟用脩注

尊酒也呂覽情欲尊酌者衆則速盡注○萱按此引中之義也尊者酒器肉之酒亦曰尊矣然呂覽此語仍當作酒器解

樽如酒器縛之于身浮于江湖可以自渡莊子逍遙遊何不慮以為大樽釋文引司馬注

樽止也淮南要略樽流遁之觀注○萱按此段樽為樽也

○尊高也廣雅釋詁四又考工記輪人部尊一枚注以其一為之尊注又漢書文帝紀集注枚乘傳集注又呂覽必己尊則虧注○白虎通封禪云天以高為尊

尊重也左傳昭五年尊地也注又呂覽見上喪主位尊注富為可謂能尊生矣注又淮南說林名尊於賓也注

尊崇重也論語堯曰尊五美皇疏

尊貴也孟子盡心上尊德樂義注○易繫辭上傳天尊地卑

尊敬也廣雅釋詁一又史記梁孝王世家○華嚴經音義引珠叢云尊可敬也又漢書文苑趙壹傳遁尊門下注云敬之故號為尊不

尊謂父兄礼記喪服小記養尊者必

易服注尊亦君父之稱爾雅釋器注皆盛酒尊釋文尊君也文選江文通襍體謝臨川詩注
引春秋元命苞宋注至尊謂帝王也注南精神視至尊前寵注貴賁尊尊義之大者
也大戴記本命○注云尊謂為天子諸侯也尊章猶言舅姑也漢書廣川惠王越傳背尊章嫽
以忽注○莊子胠篋盧氏外紀引六韜作宗虚金樓子同○萱按宗亦尊也尊宗尊章皆雙聲字

遵

或作還循也說文又爾雅釋詁又周礼蔽法又詩汝墳遵彼汝墳使遵大路傳又漢書元后傳集注又後漢書馮
衍傳注傳穀傳注又孟子梁惠王下遵海而南注又呂覽長攻不備遵理注又離騷既遵道而得路注良郢遵江夏以流
亡注又文選東京賦規遵王度薛注遵節儉薛注文賦遵四時以歎逝注登徒子好色賦遵大路兮攬子袪注○太乎晦或
遵之行注云遵猶循也遵率也詩酌遵養時晦傳謂之遵者方以禮樂化民欲
其遵法之也儀礼鄉飲酒禮大夫若有遵者注遵行也方言十二又廣雅釋詁一遵自也
爾雅釋詁遵習也華嚴經音義上引三蒼遵表也廣雅釋詁四遵俊也方言二遵

韻史 卷五十七第十三部平聲跟韻 五三〇九

羊棗爾雅釋木

縛

蕺貉中女子無絝已帛為脛空用絮補核名曰縛衣狀如襜
褕說文段注無絝者無左右各一之絝也帛依急就篇當作布空脛古今字核當作覈果覈之引申也帛為脛褶以
絮而褁之若今江東婦之卷胖胖音如滂去聲是名縛衣亦曰母縛急就篇曰單衣蔽膝布母縛益蔽都縛衣襜三者相
以故曰狀如襜衣部曰襜衣蔽前也又曰直裾謂之襜褕此當曰狀如襜不當有褕字

瀳

水至也說文段注至疑當作荒荒大也廣韵曰水荒曰洊洊者瀳之異文周易曰水洊至習坎洊雷震釋言洊再
也荐同洊

孫

送坤切

子之子曰孫說文段注爾雅釋親文也子卑於父孫更卑焉故引申之義為孫順為孫適字皆作孫經傳中
作遜者皆非古也至部孫至下解曰从至至而復孫孫進也字作孫不作遜此許書無遜之證春秋經夫人孫于齊公孫
于齊公羊傳曰孫猶孫也內諱奔謂之孫穀梁傳曰孫之為猶孫也諱奔也云猶孫者謂如孫之退然自忘於眇小詩公

韻史 卷五十七第十三部平聲跟韻 五三一〇

孫碩膚箋云孫讀當如公孫于齊之孫孫之言孫遁也周公孫遁辟此成功之大美書序帝堯將孫于位亦謂之遁每此
等字今皆俗改為遜絕非古字古義惟孫順字唐書作愻見心部而俗亦以遜為之○儀礼喪服孫適人者注云孫者子
之子又礼記表記詒厥孫謀疏云孫謂子孫人爾雅釋訓云子子孫孫引無極也孫猶後也爾雅釋親子之
子為孫注○礼記標記下子孫曰哀注云孫謂為祖後者孫順也廣雅釋親又詩詒厥孫謀箋又考工記匠人水
屬不理孫注又儀礼聘礼記辭無常孫而說注又礼記內則孫友視志注學記不陵節而施之謂孫注緇衣刑民有孫心
注又史記晉世家鄭不孫集引服虔○礼記學記孫其業也注云孫猶恭順也○萱按孫之訓順引申之義也諸本音可
也心部愻之訓順孝義也謂孫為愻之段借從愻讀去聲孫亦可也皆具煩改為遜是說文部今有遜字乃後人所羼孫
順理也考工記鞄人凡揉斡欲其孫而無弘深注○礼記學記云大學之法不陵節而施之謂孫孫遜也
遜適在後生也釋名釋親屬孫孫遁而去穀梁莊元年傳注又公羊莊元年注云孫猶遁
也○萱按爾雅言孫遜也俗改作遜遁也諱奔故曰孫若自孫讓而去位者左氏昭廿

韻史 卷五十七第十三部平聲跟韻 五三一一

五年經注○莊元年經注云內諱奔謂之孫○萱按狼跋疏作內諱奔謂之遜孔沖遠等不知當作孫遁矣古又用遜
用訓為孫者皆音近段借也又劉脩碑其於鄉黨孫孫如也段孫為恂異部同音也孫絡小絡也素問
氣穴論爾閒孫絡谿谷注綠車名曰皇孫車天子有孫乘之以從獨斷下孫
竹竹枝根之末生者周禮大司樂孫竹之管注蜻蛚南楚之間謂之蚟孫
方言十一○注云孫一作蜙萱按孫与蜙聲變借抑或形近而字譌也

飧

或書作飧○俗有飧餔也說文段注小雅傳曰孰食曰食魏風傳曰孰食曰飧然則饔飧皆謂之孰食分別之則謂
朝食夕食許於饔不言朝於飧不言孰互文錯見也趙注孟子曰朝食曰饔夕曰飧此析言之公羊傳趙盾食魚飧左傳
僖負羈饋盤飧趙衰以壺飧從皆不必夕時渾言之也司儀注曰小礼曰飧大礼曰饔餼掌客上公五饔餼九牢侯伯
四牢饔餼七牢子男飧三牢饔餼五牢此飧饔與常食不同且多生腥不皆孰物飧字从夕食俗作飧非也按代植正義
引說之飧水澆飯也从夕食以釋文則字林語與說文異正飧夕食也周礼宰夫賓賜之飧牽注○司儀致

韻史 卷五十七第十三部平聲跟韻 五三一二

飧如致精之禮注云飧食也孰食曰飧國語周語膳宰致飧注晉語里克辟奠不飧而寢注僖負羈饋飧置

璧焉注熟食曰飧詩伐檀不素飧兮傳又儀禮聘禮宰夫朝服設釋文又左傳昭五年飧有陪鼎注〇詩大

東有饛簋飧傳云飧熟食謂黍稷也飧者客始至主人所致之禮也〇詩大東箋周禮外

饔注云飧客始至之禮又宰夫注云飧客始至所致禮食不備禮曰飧儀禮聘禮注飧客至

致致小禮也周禮掌客注小飯曰飧史記淮陰侯傳將傳飧集解引如淳〇詩伐檀疏云飧食爲

爲飯之別名飧水澆飯也詩伐檀釋文引字林又列子說符而下壹飧以餔之注〇禮記玉藻疏飧謂用

飲澆飯於器中也飧散也投水於中解散也釋名釋飲食飧者美主人之

食也禮記玉藻客飧主人辭以疏注飧勸食也禮記玉藻君未覆手不敢飧注

發作奔〇有异路騎俗奔也說文𧺆注𧺆者趨也釋宮曰室中謂之時堂上謂之行堂下謂之步門外謂之趨中

廷謂之走大路謂之奔此析言之也渾言之則奔走趨不別也引申之凡赴急曰奔凡出亡曰奔其字古或段賁或段奔

韻史 卷五十七第十三部平聲跟韻 五三一三

毛詩予曰有奔走陸德明本如是〇爾雅釋言又左傳宣二年既合而來奔服注又國語晉語見王必下奔注又漢書武

帝紀集注又呂覽士節將出奔注竝云奔走也又公羊隱元年注云奔者走也奔趨也國語晉語奔刑之正注

奔猶疾也考工記弓人終紲以奔注奔變也有急變奔赴之也釋名釋姿容〇文選

舞鶴賦奔機逗節注云奔猶赴也奔亦落也文選謝靈運七里瀨詩徒旅苦奔峭注奔猶逐也

穀梁宣十八年傳是以奔父也注奔奏使人歸趨之詩緜予曰有奔奏箋〇傳云喻德宣譽曰奔奏

奔走猶赴趣也左傳昭卅一年雖奔走之注〇國語魯語士有陪乘告奔走也注云奔走使令也犇

命謂奔走來歸其命者荀子議兵犇命者不獲注〇漢書昭帝紀及發犍爲蜀郡犇命注引李斐

云奔命言急也又後漢書張法滕馮度楊傳注云奔命謂有命即奔赴之又宋均傳注云擢選精勇聞命奔走謂之奔命

奔者窘迫而去逃死四鄰不以禮出也左氏宣元年經注放者受罪黜免疏引釋

列奔不由媒氏也國語周語有三女奔之注奔奔來匹之皃詩鶉之奔奔序釋文引韓

韻史 卷五十七第十三部平聲跟韻 五三一四

詩〇萱按表記作鶉之賁賁借字也本僖五年左傳奔觸唐突也文選西京賦騤瞿奔觸薛注奔佚

僨仆也列子仲尼五奔注先震爲奔湯湊湊奔具帆廣注奔星流星也漢書司馬相如

傳上奔星更於閨闥注又文選上林賦注〇爾雅釋天奔星爲彴約舊注云流星大而疾曰奔奔蛇騰蛇也

淮南覽冥後奔蛇注奔蜂小蜂也一名士蜂莊子庚桑楚奔蜂不能化藿蠋釋文引司馬注賁

憤怒也禮記樂記而虎賁之士說劍也注〇萱按此段賁爲奔也賁謂氣奔也素問繆刺論無故善

怒氣上走賁上注虎賁先儒言如猛虎之奔孟子盡心下虎賁三千人音義引丁音又漢書

百官公卿表上更名虎賁郎注云賁言如猛獸之奔〇衛士旅賁注云賁與奔同言爲奔走之任也賁賁鳥星

之體也左傳僖五年鶉之賁賁注〇國語晉語注云賁賁鶉火星皃也賁賁爭鬥惡視也禮記表記

鶉之賁賁注

歕 佩坤切

吹气也說文段注歕歕与口部之吹噴義相似而異歕吹氣也文選東都賦欱野歕山注歕溪

韻史 卷五十七第十三部平聲跟韻 五三一五

也一切經音義十九引廣雅歕吐也廣雅釋詁四歕鶬也穆天子傳五馬具噴沙注〇萱按此義疑有誤

噴

吒也一曰鼓鼻說文段注一曰鼓鼻此別一義許釋嚏爲欠以鼓鼻繫之噴〇一切經音義十三引蒼頡

又文選長笛賦注引蒼頡注竝云噴吒也〇萱按說文吒下云噴也訶也訶者大言而怒噴嚏也廣雅釋言

又一切經音義十六引廣雅噴沫跳沫也文選長笛賦瀑瀑噴沫注噴竝也廣雅釋言

渾

溷流聲也一曰洿下也說文段注溷作混者誤溷亂也鄭善長謂二水合流爲渾濤今人謂水濁

爲渾洿者窊下也渾渾洪流也法言問神渾渾若川注渾渾亂也素問三部九候論其應中

手渾渾然者病注渾渾言脈氣濁亂也素問脈要精微論渾革至如涌泉注渾濁也

華嚴經音義上引切韻〇老子渾兮其若濁注云渾者守衆真渾運也太平璧周渾歷紀注渾盛也方言

二又廣雅釋詁二渾大也文選幽通賦渾元運物曹注〇萱按混亦訓盛訓大故渾混二字互借通用矣若渾

韻史 卷五十七第十三部平聲跟韻 五三一六

渾洪流也乞与混近也渾渾大也廣雅釋訓渾渾言無端緒也素問瘧論無刺渾渾之脈注

渾渾天之儀渾淪而行也太乎乎有都序渾行無窮注〇列子天瑞云氣形質具而未相離故曰渾淪渾淪者言萬物相渾淪而未相離也渾捫渾肥滿也方言二注渾敦不開通之皃左傳文十八年謂之渾敦注

楎

六叉犁一曰犁上曲木犁轅說文段注叉各本說叉廣韵廿三犁曰三叉犁曰犁此謂一犁而三爪也許云六爪犁者謂為三爪犁者二而二人並行如人耦耕也一犁一牛二犁則二牛共用三者三人食肯志所云趙過法用耦犁二牛三人也其上為樓所穀下種故亦名三腳樓今所用之耬集韵類篇皆無黎耬二字似可刪許云耕上曲木為耒此云犁上曲木為犁正謂耒為也故廣韵云犁犁玉篇云犁犁轅頭也

䡣

軦軥也說文段注軦軥之異名曰䡣也䡣之言圜也圜馬頸也廣韵曰還也車相遊也與古義異下䡣軥也廣雅釋詁三䡣還也廣雅釋詁四

韻史　卷五十七第十三部平聲跟韻　　五三一七

𡋯

或書作𡋯土也雒陽有大𡋯里說文段注土益出之誤集韵出字亦作𡋯稱篇𡋯亦苦會切墤也此土也二字淺人所改漢王子侯表土軍侯郢客師古曰土軍西河之縣說者以為洛陽土軍里非也按土軍里乃大𡋯里之誤依此注從大本作土𡋯里或有作土軍里者故說漢書者或偶用之

鼲

鼲鼠出丁零胡皮可作裘說文段注魏志注引魏略云丁零國出名鼠皮青昆子皮白昆子皮王氏引之云昆子即鼲子也後漢書鮮卑傳云鮮卑有貂豽鼲子兇毛柔毳天下以為名裘按今俗語通曰灰鼠聲之轉也如揮翬皆本軍聲

𣣩

或書作𣣩𣣩干逗不可知也說文段注𣣩干各本作䵷干今依篇韵正𣣩干蓋古語讀如鼉寒二音不可知之意也若云汗曼

棞

〇俗有觚梡木未析也說文段注此梡當作完全也通俗文曰合心棞篆文曰未判為棞百頭楣下云棞頭也凡全物渾大皆曰棞棞一切經音義四引三完棞雙聲完頑疊韵棞全物者也蒼〇瑩按此段棞為

韻史　卷五十七第十三部平聲跟韻　　五三一八

棞也

䰟

或書作䰟陽氣也說文段注陽當作易白虎通曰䰟者沄也猶沄沄行不休也淮南子曰天气為䰟左傳子產曰人生始化曰魄既生魄陽曰䰟用物精多則䰟魄強李文仲字鑑曰說文本下形上聲今作魂右形左聲如詞朗崩秋說文司言暇嘲妹今從鮝變又易字形在右則為吅含字聲在右則為外字書猶收則為別字按李氏在元時猶見說文舊本故引言鬼等字不誤今則大徐本皆作魂惟小徐本作䰟廣韵集韵類篇亦作䰟乃說隆開注歐淑刻小徐書翻刻係刻說文之篆文付梓人而抄本䰟字不可復見矣是故刻書不可不慎也司言之必司上言下者意內言外之象也䰟之必鬼下云上者陽氣沄沄而上之象也精氣為魂周禮夏采注復謂始死招魂復魄疏又太平御覽數係魂注〇論衡紀妖云魂者精氣也又御覽五百四十九引禮記外傳云人之精氣曰魂魂者身之精也楚辭招魂魄離散注魂者陽之精也楚辭大招魂魄歸來注〇呂覽集塞精神傷魂注云魂人之陽精也陽精為魂陰精為魄出入之氣謂之魂儀禮士喪禮注復魂疏〇周禮大宗伯注魂氣歸

韻史　卷五十七第十三部平聲跟韻　　五三一九

氣歸于天疏云人之歔吹出入之氣為魂天氣為魂漢書楊王孫傳集注又淮南主術死氣為魂漢書楊王孫傳集注又淮南主術死氣為太平御覽氣移反注〇越絕書外傳枕中山云魂移反死氣之舍也隨神而往來者謂之魂素問宣明五氣篇注又靈樞經〇詩出其東門釋文引韓詩云魂神也又大戴記曾子天圓云陽之精氣曰神注曰神為魂也又左傳昭七年魄陽曰魂疏云附氣之神為魂也又云魂魄神靈魂陽神淮南精神其魂不騰注又說山魄問於魂注云魂人陽神也〇易繫辭上傳遊魂為變虞注云魂陽鬼名之物謂神也乾性情之神曰魂魄注洪範五行傳時則有下人代上之〇後漢書左雄傳注又賈子禮客語下並下必精爽是謂魂魄之物本為魂廣雅釋天憲音引詩緯遊魂言其遊散也易繫辭上傳注芸也芸芸動也古微書引經援神契魂者蘊也越絕書枕中由魂魂也者動也小蟲動也大戴記夏小正昆小蟲傳魂魂衆多之皃也太平御覽魂魂為物注熊熊魂魂皆光氣炎燄相焜燿之皃山海經西山經其光熊熊其氣

韻史　卷五十七第十三部平聲跟韻　　五三二〇

杜兎切

𡱂 熊熊注

脽或殿骨或作臀○或臀 髀也 說文段注髀者股外也此云髀者專言股後脾與肉部脽義同字異臀今周易春秋考工記皆作臀从肉單後曰殿即臀之段借字也○周易象下傳臀困于株木干注云隱伏在下而漏孔穴臀之象也又考工記㮚氏其臀一寸注云故書臀作脣蓋據脣借字也大非 臀尻也 玉篇引聲類又國語周語故名之曰黑臀注 臀殿也高厚者殿遻也 釋名釋形體○周禮鄉師巡其前後左右之屯注云故書屯或為臀鄭大夫讀屯為臀謂殿杜子春讀為在後曰殿為前後屯兵也 𡱂微也 廣雅釋詁四 坎為臀 易夬臀无膚虞注姤虞注 臀謂之脽亦謂之𦡁 廣韻引廣雅

簸 榜也 說文段注木部曰榜所以輔弓弩也檢柙弓弩必考擊之故廣雅曰榜擊也引伸之義也史漢多言榜 或作篣 榜笞 簸擊也 廣雅釋詁三

屯 四見義分 聚也 詩野有死麕箋純讀如屯釋文又廣雅釋詁三又漢書禮樂志集注揚雄傳上集注又後漢書張衡

傳屯騎雖而星布注又文選思玄賦舊注謝靈運遊南亭詩注引莊子司馬注又莊子寓言大興日吾屯也釋文○漢書陳勝傳注云人所聚曰屯 屯陳也 離騷屯余車其千乘兮注 屯束也 史記蘇秦傳錦繡千屯索隱引高誘○蓋按秦策作錦繡千純段純為屯也又詩白茅純束傳云純猶包之也箋云純讀如屯 屯滿也 廣雅釋詁 一屯厚也 國語晉語厚之至也故曰屯注 屯阜也 引莊子至樂生于陵屯釋文司馬注又列子天瑞釋文 屯戍也 管子輕重乙置屯籍農注 屯守也 左傳哀元年夫屯晝夜九日釋文 勒兵而守曰屯 史記傅靳蒯成傳將屯集解引律又文選東都賦陳師按屯注臣瓚引律說 屯亦邨也 一切經音義一引字書○周禮鄉師巡其前後左右之屯注云故書屯或為臀蓋按邨臀二字取義亦略同 頓止舍也 文選陸士衡於承明作與士龍詩北邁頓承明注蓋按此段借為○赴洛道中詩頓轡倚嵩巖注演連珠臣閣飛攀西頓注安陸昭王碑文六龍頓轡注竝云頓猶舍也○俗有村 地名 說文段注按本音豚屯聚之意也俗讀此尊切又變字為村

邨 邨國也 廣雅釋詁四○蓋按

釋讓時似尚未有村字至陶潛詩文中皆有村字矣○廣韻云村墅也集韻云村聚也

軘 兵車也 說文○左傳宣十二年傳使軘車逆之注云軘車兵車名 軘車屯守之車 左傳宣十二年服注 軘車戎者所乘也 釋名釋車

豚 𧰨 古文○或作腞純 小豕也 說文又尒雅釋獸文引字林○孟子滕文公下疏引論語陽貨孔注云豚豕之小者 𧱆豬也其子曰豚 小尒雅廣獸○方言八云豬其子謂之豚或謂之豯 豚者獸之微賤者也 易象下傳豚魚吉注 豚俎實 禮記雜記下有豕挖豆注 豚曰腯肥 禮記曲禮下又斷下 豚主內陰類也 國語越語生女子二壺酒一豚注 豚遁也 太玄睿豚其埻注 豚耳馬莧也 廣雅釋艸○尒雅釋蟲注貓豚也釋文云本又作肫又易中孚豚魚吉釋文云豚黃本作遯蓋按肫豚皆豚之同部段借字又穀梁桓八年傳注蒸尚秦肫亦借肫為豚 或書作 別有鶉

鷻 鵰也 詩曰匪鷻匪鳶 說文段注隹部雕鷻也今小雅四月匪鶉鶉字或作鷻也

曰鷻雕也隹部隼下曰一曰𣫔字𣫔者鶉之省鶉字與隹部雞字別經典鶉首鶉火鶉尾字當為鶉鶉風縣內則雞羹字當為雕當隨文釋之漢書音義廣雅皆雕鷻為一鳥許二之且鷲不列於鷙○廣雅釋鳥云鷻鵰也 鶉火星鳥也 國語晉語鶉之賁賁注有鳥又左傳僖五年注○考工記辨人以象鶉火也注云鶉火朱鳥宿之柳其屬有星七星 鶉火午之宿也 後漢書張衡傳注 鶉火次名周分野也 國語周語歲在鶉火注

烟兎切

獶 ○作慢 塓地也一曰箸也 說文段注土部曰塓者涂地也然則塓地即涂地也漢書揚雄傳曰慢人亡則匠石輟斤而不敢妄斲服虔曰慢古之善塗塈者施廣領大袖以仰塗而領袖不污按服注不言涂地然仰涂如此其善則涂地更可知矣慢即莊子郢人說文及漢書乃鳩慢稍可據音以證其形今漢書字竟作獶莊子釋文竟作反此別一義慢莫能誤正 箸 㥏塗也 廣雅釋室 獶技拭也 漢書揚雄傳下獶人亡注○蓋按廣雅之獶漢書之獶當取小篆定其字體獶即變字尒戲也用為涂拭字取誤

路醇切

侖

侖猶思也說文段注侖下曰侖理也大雅毛傳曰論思也按論者侖之段借思與理義同也思猶鰓也凡人之思必依其理倫論字皆以侖會意○廣雅釋詁二云侖思也

侖淪也太玄中昆侖旁薄幽注玄數昆侖天地注○萱按後人作崑崙古祇作昆侖又山海經南山經云侖者之山

論

議也說文段注論以侖會意侖部曰侖思也侖部曰侖理也此非兩義思如玉部鰓理自外可以知中之鰓靈臺於論鼓鍾毛曰論思也此正許所本詩於論正侖之段借凡言語循其理得其宜謂之論故孔門師弟子之言謂之論語皇侃依俗分去聲平聲異其解不知古無異義亦無平去之別也王制凡制五刑必即天論周易君子以經論中庸經論天下之大經皆謂言之有倫有脊者許云論者議也議者語也似未盡○漢之郊祀志下集注云論議也又禮記王制疏云論謂論議論諸者評也論語憲問世叔討論之皇疏○文選文賦論精微而朗暢注云論以評議臧否以當為宗論說也文選西京賦不可勝論薛注○禮記祭統銘者論譔其先祖之有德善功烈勳勞慶賞聲名列於天

韻史 卷五十七第十三部平聲跟韻

五三二五

下疏云論謂論說又荀子王制王者之論注云論謂論說賞罰也發言為論荀子解蔽以正志行察論則萬物官矣注論適也初學記一引廣雅論叙也淮南脩務惟聖人論之注論明也呂覽適音以論其敎注論辨也呂覽應言不可不熟論也注○荀子解蔽由辭謂之道盡論矣注云論辨說也論猶別也呂覽振亂不可不熟察此論也注○周禮大司樂注答述曰語疏云論者語中之別與言不同論者告也陳也史記張儀傳臣請論其故索隱論之言倫也詩靈臺箋○釋名釋典藝云論倫也有倫理也論綸也論輪也論次也竝論語序集解釋文論撰也論語釋文論擇也國語齊語論比協材注○呂覽情欲注當染古之善為者勞於論人注並云論擇也論謂討論選擇之也荀子王制若夫一相以兼率之注注又云論選擇也論猶論量呂覽論人此賢主之所以論人也注論謂考其德行道藝禮記王制凡官民材必先論之注論道謂謀慮治國政令也考工記序或坐而論道注論除論賢除吏淮南兵略夫論除謹注論決也後漢書陳寵傳

韻史 卷五十七第十三部平聲跟韻

五三二六

注○魯恭傳注云決罪曰論論知也淮南說山以近論遠注○呂覽直諫所以不可不論也注云論猶知論理也易象上傳君子以經論荀注又禮記王制必即天論釋文又論語序名曰論語集解釋文○呂覽行論注云論猶理論語先聖格言荀子正名之以論注章論語記孔子與諸弟子所語之言也釋名釋典藝

綸

綸道也綸知也萱按此義用綸為論也綸下具矣四見義分經理也一切經音義一引易注綸謂經綸牽引易繫辭上傳故能彌綸天地之道疏綸絡也易繫辭上傳虞注綸纏裹也易繫辭釋文引王肅綸謂綱也易繫辭釋文引荀注綸沒也史記司馬相如傳紛綸葳蕤索隱引胡廣綸道也廣雅釋詁三綸知也易繫辭釋文引京注○萱按訓道知義與論切近則綸為論之段借字亦得

倫

輩也一曰道也說文段注輩發百兩為輩引伸之同類之次曰輩鄭注曲禮樂記曰倫猶類也注既夕曰比也注中庸曰竊比也小雅有倫有脊傳曰倫道脊理也論語言中倫苞注倫道也理也按粗言之曰道精言之曰理也

韻史 卷五十七第十三部平聲跟韻

五三二七

注家訓倫為理者皆與訓道者無二○廣雅釋詁倫輩也又禮記曾子問注戕入以其倫代之疏云倫謂輩也又中庸行同倫疏云倫道也倫類也儀禮士相見禮別有倫也疏又禮記樂記樂行而倫清疏又史記秦始皇紀倫類隱樂書論倫無患正義又漢書司馬相如傳上集注叙傳下集注又荀子富國人倫並處注○禮記曲禮下儗人必於其倫注樂記樂者通倫理者也注論倫無患注又後漢書郭泰傳注並云倫猶類也倫匹類也禮記曲禮下疏○呂覽誣徒身狀出倫注云倫匹倫謂等倫倫等也國策宋策內臨其倫注又荀子儒效人倫盡矣注○後漢書崔駰傳注云倫伍也國語晉語且臣之倫注倫謂親疏之比也禮記文王世子如其倫之喪注倫猶例也禮記禮器禮之大倫疏倫禮之言順也禮記禮器倫也注倫序也孟子離婁下察於人倫注倫勞也爾雅釋詁倫紀也家語入官羣僕之倫也注倫正也太玄昆同一倫也注倫猶義也禮記祭統夫祭有十倫焉注倫理也詩關雎序厚人倫疏又儀禮公食大夫禮倫膚七注又禮記樂記教之大倫也注又大戴記子張問入官羣臣僕之倫也注又左傳襄廿九年注無相奪倫疏又穀梁序

韻史 卷五十七第十三部平聲跟韻

五三二八

彝倫攸斁釋文又國語晉語而以國倫數而遣之注又漢書禮樂志集注五行志上集注引應劭儒林傳集注外戚傳上集注又後漢書齊武王縯傳注班彪傳下注董卓傳注袁譚傳注又荀子大略義之倫也注解蔽以亂其倫也注又莊子天道實者倫矣注○後漢書馮衍傳注云倫亦理也又荀子解蔽聖也者倫者也注云倫物理也又大戴記文王官人女何俟于非倫注云倫理次也倫道理也論語微子而亂大倫集解引苞注○淮南精神莫得其倫注云倫理也道也倫謂人道也禮記樂記樂行而倫清注倫人倫荀子臣道倫類以為理注○孟子滕文公上皆所以明人倫也注云人倫者人事也倫膚謂豕之皮革為之儀禮公食大夫禮倫膚七疏○注云今文倫或作論又莊子齊物論有倫有義崔本倫作論○萱按凡同侖聲之字多通用者而倫論二字尤切近伶倫一作泠論一作伶綸倫擇也儀禮少牢饋食禮雍人倫膚九注○萱按倫與掄皆可釋為擇依記文廣雅國語韋義則皆以掄為正字依少牢鄭義則倫亦為正字

惀

欲知之皃說文○萱按廣韻平上兩見詩韻云惀欲曉知也混韻云惀心思求曉事玉篇惀下云思也

掄

擇也說文段注晉君掄賢人之後有常位於國者而立之韋注掄擇也周禮凡邦工入山林而掄材不禁鄭注掄猶擇也按鄭意掄之本訓不為擇故曰猶○詩般武箋升景山掄材木釋文又廣雅釋詁一丞云掄擇也掄貫也廣雅釋言掄理也詩般武釋文

輪

有輻曰輪無輻曰輇說文段注輪之言倫也从侖侖理也三十輻兩兩相當而不迆故曰輪鄭注周禮蜃車云禮記或作槫或作輇注士喪禮曰載柩車周禮謂之蜃車襍記謂之團或作輇或作槫聲讀皆相同耳未聞其正注襍記大夫載以輲車云輲讀為輇或作槫注喪大記士喪用國車云輇字或作團是以又誤為國輇車柩車也又士喪禮注云其車之轝狀如牀中央有轅前後出設前後輅轝上有四周下則前後有軸以輇為輪按鄭於禮從襍記兩引許叔重說文解字曰有輻曰輪無輻曰輇而以輲蜃團槫皆即輇字但許不言喪車無輻也戴先生曰輇者輪之名輲者車之名不宜溷而一之注喪大記改輲為輇亦誤詳見釋車輪謂牙也考工記輪人望而眡其輪注○方言九注云輪車輅也萱按此義殆未然輅者車軨前橫木也非牙明矣輪綸也言彌綸也

周帀之言也釋名釋車坎為輪易未濟曳其輪姚注○說卦傳云坎為弓輪輪人與人作車者孟子滕文公下則梓匠輪輿注輪轉也呂覽大樂天地車輪注輪從也周禮大司徒周知九州之地域廣輪之數注又儀禮既夕記廣尺輪二尺深三尺注又禮記檀弓下廣輪揜坎注○萱按從縱古今字地之縱者曰輪東西為廣南北為輪周禮大司徒疏引馬注輪鈞輪也文選江賦或揮輪於懸碕注○西征賦徙倚其鼓迆迴輪注云輪鈞輪也謂為車以杖鈞綸也注又云輪或為綸萱按兩字竝得通非閒段借又易說卦傳為弓輪釋文云輪本作倫此則借也輪輪囷言高大禮記檀弓下美哉輪焉注輪囷謂屈曲皃文選吳都賦輪囷虯蟠注○七發注引漢書張晏注云輪囷委曲也

淪

小波為淪詩曰河水清且淪猗一曰沒也說文段注猗各本作漪今正毛詩漣猗直猗淪猗猗與兮同漢石經魯詩殘碑作兮可證後人妄加水作漪吳都賦乃有剛盪漪瀾濯明月漣漪之句其謬甚矣微子篇今殷其淪喪某氏曰淪沒也按釋言淪率也小雅淪胥以鋪此以淪為率之假也也古率讀如律於淪雙聲○

爾雅釋水云小波為淪水小波曰淪淪倫也水文相次有倫理也釋名釋水淪小風水成文轉如輪也詩伐檀傳○文選月賦注引韓詩章句云從流而風曰淪淪文皃淪沒也詩正月箋地厚而有陷淪也疏又廣雅釋詁一又淮南覽冥純緄以淪注又楚辭愍命或淪其無所達兮注○後漢書馬融傳注云淪沒謂沒於水中也淪入也漢書鄒陽傳集注叙傳下集注引應劭又淮南原道淪天門注精神淪於不測注本經則與道淪注淪沈也華嚴經義音上引廣雅淪清也廣雅釋詁二淪者用法之深刻也楚辭遠逝微霜降而下淪兮注淪率也爾雅釋言又詩雨無正淪胥以鋪傳抑無淪胥以亡傳小旻無淪胥以敗箋○萱按此段淪為率也三家詩或作熏胥以痛熏又淪之通用字

陯

山阜陷也說文段注今則淪行而淪廢矣

蜦

蜧或○十五部去聲十三部平聲兩見注在波

𦎫 奕鬼切

𦎫 古𦎫 孰也一曰鬻也 說文段注今俗云純熟當作此字純醇行而𦎫廢矣周禮司裘注假此借爲墉的字鬻鍵也凡从𦎫者今隸皆作享與亯之隸無別

䧼

䧼屬也 說文段注按說文或言屬或言別言屬而別在焉言別而屬在焉言䧼屬則䧼非䧼也焦氏循曰說文隼下云一曰鶉字鶉即鷻省鶉人鳥旁匕旁以象鶉大鳥隼爲鷻則鶉大之鶉即鷻左傳童謠鶉之賁賁下衆鶉大證之時詩之言奔奔者當亦是鷻惟有縣鶉兮毛特訓爲小鳥乃爲䧼鶉也按内則有鶉羹詩縣特鶉皆謂食物○尒雅釋鳥鷻鶉注云鶉鵪屬又詩序鶉之奔奔釋文云鶉鵪之鶉又淮南齊俗夫蝦蟇爲鶉注云鶉鵪也又列子天瑞田鼠之爲鶉也釋文云鶉鵪也黄按鵪者鶉之俗也說文䧼鷻判然二物諸家不也加辨別往往牽溷矣鶉乃鷻之省非䧼之異體也

鶉一名鶛其雄名鶡其牝名痺 尒雅釋鳥疏引李注 鶉子鳼 尒雅釋鳥 鶉居

如之鶉之居猶言野處 而莊子天地夫聖人鶉居而鷇飲釋文 鶉居謂無常

處 同上

韻史 卷五十七第十三部平聲跟韻　五三三三

醇

醇 或作醕 不澆酒也 說文段注澆沃也凡酒沃之以水則薄不襍以水則曰醇故厚薄曰醇澆醇襍亦即此字 一已成醲謂之醇純其段借字○莊子繕性澆醇散 朴釋文云醇李作淳董按醇正字淳借字 醇厚也 廣雅釋詁三又文選東京賦春醴惟醇 薛注琴賦旨酒清醇注 名傳慶醇謹而已 注云醇專厚也 醇厚不虛華也 漢書陳湯傳集注○萬石 醇一也厚也 淮南氾論古者醇厚 注醇不襍也 人醇工龐注天子不能具 食偵志工自曰醇又不禮樂 集注云不襍帝紀醇民 醇不襍 漢書賈山傳注○不能爲醇 陳湯傳注云不襍也又景帝紀贊不襍 志河龍具醇 醇不襍也 不澆醇不襍 注云醇厚 不變曰醇 文選都 言其醲也又黄霸傳注云不雜爲醲 淳者醇也之借 賦非淳粹之方 不澆曰淳 淳濃也 壯劉注引班固 又後漢書張衡傳注淳粹 廣雅釋詁一○漢書敘傳 醇美也 醇鉤也 文選思玄賦何道真之淳粹 注又 釋器 工集注引應劭云 醇美也 一切經音義 兮 𩵋 也

韻史 卷五十七第十三部平聲跟韻　五三三四

純

引三蒼 淳厚也 淮南齊俗澆天下之淳注又東京賦淳化通於自然薛注 又文選 淳和也 素問五常

攷大論化淳則鹹守注○董按後人多用淳字借義 此及純下所是而本義本音俱不用矣 錞 錞于

也圜如碓頭大上小下樂作鳴之與鼓相和 周禮鼓人以金錞和鼓注封人注○

國語晉語戴以錞于丁寧注略同 錞錞于大鐘也 淮南兵略注○周禮小師釋文云錞本作淳賓按錞

與淳皆借也淳于錞本音敦與正小戎錞于 錞猶堤埻也 山海經西山經鐓于西海是錞于北海注

注○又是錞于北海也 云謂依附于北海也

純

絲也 論語曰今也純儉 說文段注論語麻冕禮也今也純儉孔安國曰純絲也此純之本義也故其字从糸 按純與醇音同醇者不澆酒也純者不襍也段純爲醇故班固曰不變曰醇不襍曰粹其 意一也美酒不澆曰醇不襍曰粹崔勤說易曰不襍曰純大故釋之 傳鄭箋皆曰純大也其文王純亦不已則周易之純粹也釋詁毛 純東讀如屯國語純大也文王純亦不已即周易之純粹 實即緣之音近段借也○左傳之純字也禮之純釋器又爲漢 ○左論語論語子罕皇疏又廣雅釋器又漢緣

韻史 卷五十七第十三部平聲跟韻　五三三五

書王褒傳離與道純綿之麗密注又後漢書陳元傳注竝云純絲也又儀禮士昏禮純衣纁衻注云純衣絲衣又士冠禮

純衣注云用布 純衣絲衣也餘衣皆用布惟冕與爵弁服用絲耳純

繒也 法言孝至被純績注 純謂不襍 禮記中庸文王之德之純疏○莊子齊物論參萬歲而一成純 純純一不雜駮也 國語周語純以立 紀○國語晉語 不純 云純德者不襍也又淮南原道注 純德猶存注云純不襍也又淮南覽冥純溫以淪注云純一也 純壹也 國語周語不純 純一也又漢書梅福傳云一色成體謂之純 注○德純注 ○淮南精神師能 國語周語能純 注不純 不純 德不音聞之純注 純專也 注國語又周語文選七發注引國語晉語 純猶皆也 左傳隱元年純孝也注 又考工記玉人諸侯純九注又禮記緇衣事純而祭祀注 純大也 篤也 尒雅釋詁又釋詁疏引尸子廣澤又詩賓之初筵錫爾純嘏箋又周書寶典樂獲純嘏注 卷阿純嘏爾常矣箋維天之命傳載見俾緝熙于純嘏箋 時純熙矣箋閟宮天錫公純嘏箋又周書寶典樂獲純嘏注 又國語周語俾莫不任肅純恪也注又漢書禮樂志集注○楚 孝王賈傳集注又文選魯靈光殿賦永曹昊之純嘏張注○ 左傳隱元年疏云純孝純臣者謂大孝大忠也

韻史 卷五十七第十三部平聲跟韻　五三三六

純善也史記漢興以來諸侯年表非德不純索隱又漢書揚雄傳下集注又法言君子君子純終領聞注○禮記郊特牲肯純之道也注云純謂中外皆善至美曰純離騷昔三后之純粹兮注○呂覽士容純乎其若鍾山之玉藻云純美也純好也方言十三又廣雅釋詁一○漢書地理志下纖作冰紈綺繡純麗之物注云純精好也純文也方言十三又廣雅釋詁三純全也禮記投壺疏又儀禮士喪禮腊一純注蓋按肫者純之借字也鄉射禮注大射儀注並云純猶全也揭陰陽也又少牢饋食禮腊一純而鼎注云合升左右胖曰純猶全也純也者謂其不虧其神也莊子刻意純和諧也後漢書班彪傳下注純如和諧也論語八佾純如也集解○鄭注云純如咸人之皃純樸大素也淮南要略云剖判純樸注純量名也淮南墬形注二算為純儀禮鄉射禮大射儀又禮記投壺又大戴記投壺純鈎利劍名淮南脩務夫純鈎魚腸之始下型注○覽冥區冶生而淳淳鈞之劍成注云淳鈞古大既鈞也蓋按淳鈞即純鈞也廣雅作醇鈞數也純匹端名也純謂幅廣也蓋按皆詳

準字下純緣也飾衣曰純蓋按詳十四部去聲緣字下純束也純束猶包之也蓋按詳乇字下凡絲縣布帛等一段為一純史記張儀傳索隱淳大也國語鄭語以淳耀惇大注淳盡也漢書食貨志上集注引晉灼淳耦也左傳襄十一年廣車軘車淳十五乘注淳鹵埆薄之地左傳襄廿五年表淳鹵注淳鹹也左傳襄廿五年賈注○蓋按淳本義音與醇純字異而實与二字通用蓋醇純之段借尒

奄

大也說文段注此謂敦厚之大

滑

水厓也詩曰寘或有諸字河之漘說文段注滑魏風傳滑厓也尒曰厓夷上洒下滑按夷上謂上平也洒下謂陗水還者斗陗○廣雅釋上云滑厓也厓上平坦而下水深者為滑尒雅釋丘注○孫注云平上陗下故名曰滑滑水涯後漢書班彪傳下注滑水隒也詩葛藟在河之滑傳○疏云滑是水岸

存

措蒐切

恤問也說文段注恤憂也收也爾雅曰在存也在存省士察也今人於在存字皆不得其本義○後漢書馬融傳注張衡傳注並云存猶問也存勞問也國策秦策無一介之使以存之注存頫省聘問臣之禮也周禮小行人○大行人歲徧存三歲徧頫五歲徧省注云存頫省者王使臣於諸侯之禮所謂閒問也存在也公羊隱二年傳有天子存注又孟子離婁下以其存心也注告子上雖存乎人者注又荀子非十二子使天下混然不知是非治亂之所存者有人矣注又呂覽愈同召寇則無以存矣注○尒雅釋詁注云存即在存存在也尒雅釋訓存省也周禮司尊彝大喪存奠彝注○漢書嚴助傳使近臣臨存注云存謂省問之又文帝紀存問長老注云存省祀也存察也禮記禮運處其所存注大傳五曰存愛注存者省之也呂覽振亂存前也楚辭大招遂哭存只也存至也荀子議兵所存者神注存猶止息也後漢書崔駰傳注存謂保其終也易繫辭上傳成性存存疏存亡猶安危也史記五帝紀存亡之難索隱○正義云存亡猶死生也存謂道德存在也禮記中庸其人存疏存謂心

存素問寶命全形論能存八動之變注存著則謂其思念也禮記祭義致愛則存致慤則著注

蹲

○俗有踆蹲居也說文段注尸部曰居蹲也是為精注各本作踞也以俗改正又增一踞篆於蹲後今正而刪之左傳蹲甲而射之蹲居也引申為居積之義山海經作踆○廣雅釋詁三云蹲蹲踞也蹲聚也左傳成十六年蹲甲注蹲蹲行有節也漢書揚雄傳上穆穆肅肅蹲蹲如也注蹲蹲舞皃詩伐木蹲蹲我舞我傳○蓋按此段蹲為蹲也說文士部作壿壿舞我蹲鴟大芋也其形類蹲鴟文選蜀都賦蹲鴟所伏劉注○史記貨殖傳下有蹲鴟集解引漢書音義云蹲鴟大芋

倱

臥醇切

人姓說文段注此篆必後人所增許書自女部外罕有言人姓者且廣韻此字魂韻兩見云女字又姓出纂文此姓既出何氏之書安得云出許書乎

誾

○俗有言和說而諍也說文段注論語鄉黨孔注侃侃和樂皃誾誾中正皃先進皇侃亦云爾按侃侃為和

樂者謂侃侃即衎衎之叚借也閻閻爲中正者謂和悦而諍
栞刊得中也言居門中亦有中正之義按此字自來反語語
中切皆恐誤凡斷斷爲諍爭狺狺爲犬吠皆於斤聲言反聲得
語中之音若門聲字當讀莫奔切或讀如瞞如斷不當反從
言之雙聲切語中也揚子何後世之訔訔也司馬曰爭辨兒
是訔訔同漢書之斷斷自來字書韵書與門聲之閻同又恐
誤也閻閻與穆穆模模勉勉亹亹等爲雙聲古音在十三部
○訔按此說以冕而未盡也其合切者門之音門聲之字
音宜近門然不必徑讀門也亦不必取雙聲也今定爲訢
切於門爲疊韵而於語中切爲雙聲庶兩得之後之學者詳
焉訔乃閻之俗體疑从屮書譌變其訓爭
辨即閻之訓諍也抑或可謂斷之借字 **閻閻忠正也** 後漢書張
傳注○袁安傳注云閻閻忠正兒 **閻閻敬也** 廣雅釋訓○漢書萬石君傳僮僕訢訢如也注云訢讀與閻閻
同謹敬之皃也訔按此謂訢爲閻之叚借 **訔語訔語也** 廣雅釋訓
○俗有宑 **盎也** 說文○廣雅釋器云盎謂盆 **盆謂瓦缶也** 莊子至樂方箕踞鼓盆而歌釋文

盆 佩葱切

甑自關而西或謂之盆 方言五 **盆實二鬴厚半寸脣寸** 考工記陶人

盆以盛水 儀禮士喪禮注 **盆所以盛血** 周禮牛人共其牛牲之互與其盆簝司農注 **三盆手**
者三淹也 禮記祭義夫人繅三盆手注○釋文云盆拖也 **盆炊器也** 禮記禮器注盛于盆 **盆鬻**
盥盆也 漢書食貨志下官與牢盆注引如淳○蘇林曰牢價直也名盤鐵與凡盆不同一盤四角五千斤無邊無救要一
煑鹽之器也自鍋鐵鑄而覆鐵 餐矣聞有存者人亦罕識
門 慢醇切
說文作 **聞也从二戶象形** 說文段注門以聞也以疊韵爲訓聞者謂外可聞於內內可聞於外也○一
切經音義十四引字書云一扇曰戶兩扇曰門又在於堂室曰戶在于宅區域曰門
閈謂之門 爾雅釋宮 **門捫也在外爲人所捫摸也** 釋名釋宮室 **閣謂之門** 廣雅釋宮
門禁要也 淮南原道萬物有所生而獨知守其門注 **門以閉藏自固也** 白虎
通五 **門謂所出者也** 荀子賦莫知其門注○周易繫辭二門引易人陸傳云門音世人之正道
牝之所由也 老子牝之門王注 **門謂口也** ○管子心術上開其門注云門
老子閉其門注

口也 **門謂耳目也** 管子心術上注 **艮爲門** 易說卦傳鄭注○易集解
云艮爲門闕又觀盥而不薦鄭注 **乾爲門** 易同人于門
云艮爲鬼門 虞注說卦傳爲門
闔 廣 **坤謂門庭** 左傳莊廿二年疏 **乾坤爲門戶** 易乾文言○
注 亦百注 **戶** 曰姚注
數辭上傳道義之門虞注云乾爲道 **門大門也** 儀禮聘禮
門坤爲義門 鄭注又釋
又柢止于門外注云門外大門外也○周禮閽人掌守王
宮之中門之禁司農注云王有五門外曰皋門二曰雉門三
曰庫門四曰應門五曰路門一曰畢門又朝士掌建
邦外朝之灋司農注同鄭按此說蓋非也天子有皋應而
庫雉諸侯有庫雉而無皋應天子諸侯皆三門亦三朝
考辨此極精與明戴先生三設者也若是五門是盡設無謂之二門
門矣豈其然乎戴先生 **門謂路寢門也** 周禮太史閏月詔
三門考辨此極精當 王居門注又禮記
朝服小記天子明堂者於門外之右南面注云門外謂朝之門外
○衷(?)叔梁莊元年傳主天子宗于五門公門出注云公門
外穀梁莊元年傳不出祭門注 **門國門也** 周禮鬯人
祭門朝門也 毋祭門三年注 **門國門也** 周禮鬯人
凡祭蕃注○穀充人繫門

于國門注云國門謂城門司農門之官又地官序官司門
云司門若今城門校尉主王城十二門又呂覽仲夏門閭無
閉注云 **門** **皇門鄭郭門** 公羊宣十二年傳疏 **龍門魯門也** 春秋
城門 于皇門 注
說苑荀龍門之亂駁宋均注又春秋龍門河水所下之口
考異郵龍門之下血如江注 漢書後
齊傳注 **龍門山名** 周禮大司樂注 **龍軍門立旌爲門若今牙門矣**
國語齊語五於軍門注○又渠門赤旂注
云渠門旗名兩旗所建然以爲軍門 **天門戊亥之閒乾**
所據者 後漢書郎顗傳注○老子天門 **天門大道也** 莊子天運
開闔注云天門謂北極紫微宮 **天門**
帝門矣釋文○老子王注云 **治身天門謂鼻孔** 老子注
天門謂天下之所由從也 **神門**
真心脈氣 素問至真要大論神門絕注 **門戶謂魄門** 素門脈要精微論
是門戶不要也注 **門**
人弟子也 禮記檀弓下門人至注 **門子大夫適子** 國語晉語育門子注
○左傳襄九年注云
門子卿之門戶主出入 禮記祭法王爲羣姓立七祀注○儀
禮既夕乃行禱于五祀注云士二
適子

祀曰門曰行又獨斷上云門秋為少陰具氣收成祀之於門

黃帝曰雲門獨斷上○當按雲門祥大司樂

霻之言門也詩鳧鷖在霻箋○當按此段霻為門也霻見上聲勉下李豐聲字也

霻者水流峽岸深若門也漢書地理志下金城郡浩霻注○後漢書馬融傳注云霻者水流夾山間兩岸深若門也

霻山絕水也詩鳧鷖傳○漢書景武昭宣元成功臣表先登石霻注云山絕水曰霻

蠭門郎蠭蒙荀子王霸羿蠭門善服射者也注○當按門蒙雙聲通借

門冬一名滿冬爾雅釋艸蘠蘼虋冬注○當按虋正字門借字二字同音也滿則雙聲字

捫

撫持也詩曰莫捫朕舌說文段注撫安也一曰揗也請安揗而持之也大雅莫捫朕舌傳曰捫持也渾言不分析也若王猛捫蝨之類又專謂摩沙手○一切經音義三引字林云捫撫持也

捫摸也一切經音義三引聲類又史記高帝紀乃捫足曰索隱又漢書高帝紀上集注司馬相如傳上集注又後漢書和熹鄧皇后紀注又素門舉痛論捫而可得素何注

捫猶循也素門舉痛論注

捫循謂手莫素問離合真邪論必先捫

而循之注

顐

繫頭殟也說文段注歹部曰殟者暴無知也今李燾作胎歿顐被繫無知也七字當是古注則此以殟釋顐遂不可通集韻類篇引此條有謂頭被繫無知也七字當是古注語玉篇引莊子公問為戲顐不眠也按與心部之惛音義略同

鞔

履空也說文段注小徐曰履空猶履殼也按空腔古今字履腔如今人言鞔幫也通俗切呂氏春秋曰南家工人也為鞔者也高曰鞔履也作履之工也高不二履空者言之也三蒼鞔覆鞔履也攻工記注飾車謂革鞔也此鞔引仲之義凡鞔皆如縵幫於氣

鞔履也

鞔引也呂覽注

鞔補也廣雅釋詁四○當按

呂覽重己胃重則中大鞔此段鞔為懣也

虋

赤苗嘉穀也說文段注大雅曰誕降嘉穀維虋維芑毛傳皆曰虋赤苗芑白苗按○俗有虋穈赤苗白苗謂之禾者禾之秀者也禾者今之小米赤苗白苗謂之穈謂皆有赤白之分非謂粟云嘉穀者𧈫生民詩言之今詩作

嘉許君引詩誕降嘉穀維秬維秠虋芑下皆曰嘉穀

虋今之赤粱粟爾雅釋艸注○齊民要術引爾雅舍人注云虋芑是伯叔所食首陽山艸也

禾之赤苗謂之𥝩說文玉部璊下說解

虋冬一名滿冬山海經中山經條谷之山其艸多虋冬注○當按門冬滿冬皆段借字也虋冬者其正字○

巾

齊齒評　九欣切

佩巾也說文段注帶下云佩必有巾巾部佩巾禮之紛帨也鄭曰紛帨拭物之佩巾也按以巾拭物曰巾如以帨拭手曰帨周禮巾車之官鄭注巾猶衣也然則吳都賦與王乃巾車陶淵明文曰或巾柴車或棹孤舟也皆謂拂拭用之不同鄭玉說也陶句見文選江淹雜體詩注今本作或命巾車不可通矣玉篇曰巾李以拭物後人著之於頭

巾所以自潔清儀禮士昏禮姆授巾注○士冠禮士喪禮記內則注云巾所以拭汙垢又云禮用巾用拭之也又禮記沐巾注云巾以拭手

巾以為功布也儀禮士喪禮云布巾環幅不鑿下注士喪禮巾待于阼階下注

巾所以自覆之形如帕後漢書郭泰傳注

巾謹也二十成人士冠庶人巾當自謹修四教也釋名釋首飾

巾幅巾也後漢書韋彪傳注文選北山移文注云巾隱者之飾又秋胡詩注風俗通云巾所以飾首又○廣雅釋器

巾幕所以覆尊彝○國語周語○廣雅釋言○方言注

大巾藏郗也

巾者衣也左傳二十年義云以衣被車謂之巾

巾箱也文選冷貴嬪誄注

巾車主車官也周禮春官

筋

肉之力也說文段注力下曰筋也筋力同物

筋氣之堅結者筋者肝之養

筋靳也肉中之力氣之元也靳固於身形也釋名釋形

舉欣 斤

斫木斧也。象形。說文段注凡用斫物者皆曰斧斫木之斧則謂之斤按此篆象形之下當有一曰十六兩也六字乃與金部銖鈞冏部兩木部柘合成五推班囲說五權曰斤明也即介雅毛傳之斤斤祭也斤形似鉏而小國語齊語惡金以鑄鉏夷斤欘注斤鑁也一切經音義十四引國語賈注斵劉也一切經音義十四引蒼頡篇○瑩按莊子在宥于是乎斤鋸制焉与蒼頡篇皆段斲為斤也斲乃金聲本音吟在七部十六兩為一斤考工記疏又漢書律歷志上又說苑辨物○儀禮既夕記疏云斤為十六兩二鍰四兩謂之斤小介雅衡斤者明也漢書律麻志上斤斤明察也詩執競斤斤具明傳又漢書叙傳上平津侯斤斤注○介雅釋訓云明明斤斤察也○壹按詩介雅釋文斤皆紀覲反此無事自擾也凡眉眉分析而實可無廣者始覲晉閒耳於斤斤重慎之祭也介雅釋訓孫注○含人注云斤斤物精詳之察也斤仁也廣雅釋訓

韻史 卷五十七第十三部平聲跟韻 五三四九

艱

囏 籀 土難治也說文段注引申之凡難理皆曰艱許書無壂字疑古艱即壂字艱亦艮聲也籀文从喜者必有喜悅之心而後不畏其艱而後無不治也故从喜此字見周禮○周禮鄉師釋文又史記楚世家繇集解引史記音隱又漢書異姓諸侯王表集注算卞成傳集注翟義傳集注揚雄傳上集注故云囏古艱字又一切經音義六云艱籀文作囏壹按劉脩碑少罹囏苦用籀文也又周禮遺人艱阸字改書作墐阸又書皐陶謨奏庶艱食馬本艱作根此叚借僅根字根食亦自通也艱難也介雅釋詁又易大有艱則无咎虞注又詩北門莫知我艱何人斯其心孔艱箋鬼需無有後艱箋又國語魯語國之艱急是為注又離騷哀民生之多艱注○詩中谷有蓷遇人之艱矣傳云艱亦難也又七月序致王業之艱難也疏云艱亦難也但古人之語字重耳又儀禮士喪禮注云艱難謂有非常君崩垠也又文選懷舊賦余既有私艱注云私艱謂家難也艱險也易泰艱貞言虞注艱根也如物根也釋名釋言語坎為艱易大壯艱則吉虞注囏阨饑乏也周禮鄉師而賙萬民之囏阨注○遺人以恤民之囏阨注云囏阨猶困乏也

韻史 卷五十七第十三部平聲跟韻 五三五〇

漾欣切 殷

○俗有殷樂之盛偁殷易曰殷薦之上帝說文段注此殷之本義也豫象傳曰雷出地奮豫先王以作樂崇德殷薦之上帝以配祖考鄭注王者功成作樂以文得之者作籥舞以武得之者作萬舞各象其德而為制記天地以配祖考者使與天同饗其功也引伸之為凡盛之偁又引伸之為大也又引伸之為眾也又引伸之為正也中也○漢書禮樂志殷殷鍾石注云殷殷聲盛也殷盛也易豫釋文引馬注又儀禮士喪禮月半不殷奠注又禮記曾子問疏又大戴記文王官人志殷如深注又周書武穆總之以盛殷注又左傳成十六年方事之殷也注衆卅一年殷以少牢注又公羊文二年傳五年而再殷祭注又國語周語殷富生物也注又國策齊策殷衆富樂注又文選西京賦百物殷阜薛注東京賦六合殷昌薛注蕪城賦板蕃殖殊之殷注魯靈光殿賦殷五代之純熙注殷盛大也漢書禮樂志注殷軫盛皃也文選羽獵賦殷殷軫軫注殷轔言盛多也文選魏都注○漢書楊雄傳上振殷轔而軍裴注云殷轔盛皃也殷事朔月月半薦新之奠也禮記曾子問有殷事則之君所注○又服除而后殷祭疏引盧氏云殷祭盛也朔望祭曰殷奠所用殷衆也

韻史 卷五十七第十三部平聲跟韻 五三五一

釋名釋喪制殷殷聲也漢書郊祀志上集注○史記封禪書其聲殷云集解引蘇瓚云殷聲也殷猶震也漢書司馬相如傳上集注引郭璞殷靁聲也詩殷其靁傳○蕢按作殷而讀上聲俗字也見景福殿賦注殷富也法言孝至務在殷民阜財注○文選西京賦鄉邑殷賑薛注云殷賑謂富饒也殷大也廣雅釋詁一又周禮牛人疏大宗伯殷祭疏殷頫疏又禮記曾子問服除而后殷祭疏有殷事疏又漢書韋成傳又莊子山木翼殷不逝釋文引司馬注○周禮人疏人履記王制疏喪大記注並云殷猶大也遂殷猶多也書禹貢九江孔殷鄭注殷衆也詩溱洧殷其盈矣釋文又周禮大宰陳其殷注又大戴記夏小正浮游有殷傳又廣雅釋詁云又莊子秋水埒大之殷也釋大通典引崔靈恩周禮義宗又淮南兵略士卒殷軫注○周禮大宗伯殷見曰同注職方氏王殷國亦如之注並云殷猶衆也殷治律周禮大宰陳其殷司農注士猶殷與旅同周禮太年疏殷當也史記天官書索隱引宋均又衡殷中州正義殷正也廣雅釋詁一又注言間通殷之以中國注殷中也介雅釋言又書堯典以殷仲春馬注鄭注又周禮大行之殷相聘也注掌客殷膳太

韻史 卷五十七第十三部平聲跟韻 五三五二

大宰注又左傳昭九年孟僖子如齊殷聘服注又史記天官書衡殷南斗集解引瓚曰又文選魯靈光殿賦注承蒼昊之純殷正注○禮記聘義疏云殷中也謂三年之時中而無事故稱殷也又漢書刑法志殷天人之和注引李奇云殷亦中

殷深也文選歎逝賦在殷憂而弗違注殷猶隱也文選上林賦殷天動地注今人呼赤黑爲殷色左傳成二年左輪朱殷注○注又云殷音近烟又廣韵云殷烏閑切萱按此引伸之一義耳何不可讀本音而眉眉改讀乎烏閑一切勿泥可尒

夏殷周者有天下之大號也白虎通號○水經湯水注云盤庚即位自亳遷于北蒙曰殷又殷水注云音盤庚所遷殷商曰殷殷痛也殷憂也殷憂也萱按此皆段殷爲慇也○史記五帝紀以正仲秋爲貢九江孔殷呂刑維殷于民也皆以訓釋字代正宜夏本紀九江甚中墨子尚賢中維假於民即堯典以殷仲秋禹貢九江孔殷呂州維殷于民也皆以訓釋字代正字也假与殷皆有大訓

隱大也隱盛也隱隱衆多皃隱隱水流鼓怒之聲也萱按此皆段殷爲殷也隱下詳之

慇

平上兩讀注在殷

垔

陻或㙴古文○或作陻堙垔垔烟塞也商書曰鯀垔洪水說文段注按此字古書多作堙作垔字乃廢矣

陻陻塞也書洪範鯀陻洪水晩出傳又漢書五行志上集注引應劭堙塞也封津水發謂堙井刊木之類釋文又左傳襄廿五年井堙木刊注又服注又國語周語墮高堙庳注晉語夷竈湮井注又廣雅釋詁三又山海經北山經常衛西山之木石以堙于東海注又呂覽無義啟堙之貴注又漢書溝洫志集注司馬相如傳下集注又後漢書張儉傳注

陻塡也漢書石書傳集注

堙沈也後漢書周黃徐姜申屠傳注

堙沒也國語周語堙替隸周注又漢書溝洫志集注引如淳

堙土山也左傳襄六年堙之注

堙距

堙上城具公羊宣十五年傳宋華元亦乘堙而闚之注○萱按史記屈原賈生傳獨堙鬱兮此段堙爲垔也漢書作叏鬱又華嶽碑崇燎堙堙段堙爲禋也

湮

沒也說文又廣雅釋詁一又莊子天下釋文又文選封禪文湮滅而不稱者注

湮落也尒雅釋詁○注云湮

沈落也

湮塞也左傳昭廿九年鬱湮不育注又賈注又莊子天湮唯備大變無所湮者釋文引李注天下昔者禹之湮洪水釋文○萱按塞爲垔之本義在湮爲引伸之義故二字通用之

湮亦滯也莊子天運釋文○萱按湮司馬本作敦簡文作默二家所據義皆借字也

闉

闉闍城曲重門也詩曰出其闉闍說文段注鄭風出其東門傳曰闉曲城也闍城臺也正義曰釋宮云闍謂之臺闍是門外之臺謂當門臺也闍旣是城之門臺則知闍是門外之城即今之門外曲城是也故云闉曲城闍城臺按毛分言之許併言之者許意說子从門之猶也有重門故必有曲城具上爲門臺即所謂城屬也故闉闍字皆从門而詩曰出其闉闍謂出此重門也城曲曲城意同

闉曲也莊子德充符闉跂支離無脈釋文引司馬注馬跡闍枕鬗是釋文引李注

闉跂偃者也莊子德充符釋文引崔注

闉塞也易屯釋文又周禮稻人輩人闍廣疏又淮南兵略無州罰之威而相爲斥闍安遜者注○周禮掌蚤以共闍壙之蚤注云闍猶塞也按闍之訓塞引申段借之義也垔乃其正字

禋

禋籀絜祀也一曰精意㠯享爲禋說文段注釋詁禋祭也孫炎曰潔敬之也凡義有所岐者出一曰之例山海經釋非子敘訓傳曾然但說文多有淺人疑其不備而竄入者周語內史過曰精意以享禋也絜祀二字已苞之何必更端備引乎尚書大傳以禋爲○書堯典禋于六宗釋文引王注又引漢書揚雄傳音義引字林玆云禋絜祀也又國語周語不禋於神注楚語以禋潔之服注玆云潔祀曰禋又漢書郊祀志上注云絜精以祀謂之禋又左傳隱十一年而況能禋祀許乎注云絜齊以李謂之禋祀又穆天子傳二注云齊祭神曰禋

精意以享謂之禋後漢書光武紀注○書堯興馬注云禋精意以享也

禋絜敬也左傳桓六年以致其禋祀注○介雅釋詁孫注云禋絜敬之祭也

禋潔也國語楚語禋其酒醴注又小介雅廣詁

禋敬也詩生民克禋克祀傳

禋祀祭天神也周禮大祀凡大禋祀肆京祭亓注○詩維清肇禋迄用有成傳云禋祀也又生民疏云禋祀郊禖之時

禋之言煙也書堯典鄭注又周禮大司寇若禋祀五帝疏○大宗伯以禋祀祀昊天上帝注云禋之言煙周人尚臭煙氣之臭閒者又詩生民疏引袁準云禋者煙氣煙煴也

禋芬芳之祭書洛

路則禮于文王武王鄭注 禋也者埋祭之言也 續漢書祭祀志中注

羥 羣羊相積也一曰黑羊也 說文段注字林有羥字黑色也左傳左輪朱殷祓作殷許意黑羊曰羥借為凡黑之稱○御覽九百二十引字林云羥羣羊相積也一曰羊羴羊相厠也又一切經音義十二引字書云羥黑羊也 羥黑也 廣雅釋器

忻 向巾切 闓也司馬遷曰善者忻民之善閉民之惡也 說文段注闓者開忻謂心之開發與欠部欣謂笑喜也異義廣韵合為一字今義非古義也善者云云今司馬法佚此語謂開具善心閉具惡心是為異善也 忻祭也 一切經音義三引埤蒼 忻忻為過制也 淮南原道是故其為懽不忻忻注 忻猶自喜得意之皃也 淮南原道而忻忻然常自以為治注○萱按自喜得意本非忻之正訓故言猶以通之

訢 ○俗有昕 喜也 說文段注按此與欠部欣音義皆同萬石君傳僮僕訢訢如也晉灼引許慎曰訢古欣字蓋灼所據

說文訢在欠部欣下云古文欣从言 訢訢聲和皃也 史記萬石張叔傳集解引韋昭 訢訢謹敬之皃 漢書萬石君舊傳集注 昕喜也 玉篇

欣 笑喜也 說文○廣雅釋詁一又史記樂書天地部合正義並云欣喜也 欣欣喜也 爾雅釋訓○楚辭東皇太一君欣欣兮樂康注云欣欣喜皃 欣樂也 爾雅釋詁 欣欣然樂也 詩鳧鷖旨酒欣欣傳 欣 欣戴也 國語晉語是以民能欣之注 免絕有力欣 爾雅釋獸○釋文云欣本作忻萱按此蓋本無正字

掀 舉出也春秋傳曰掀公出於淖 說文段注掀之言軒也掀公出於淖成十六年左傳文釋文曰掀舉之則公軒起也徐許言反一日掀引也胡根反又按陸引字林云火氣也蓋呂氏所見昭十八年左傳作行火所掀與今本作焮不同亦謂火氣高舉也○按焮見副編去聲此字既出而火氣專用之矣○萱 掀舉也 左傳成十六年注又廣雅釋詁一○廣雅曹憲音云掀出春秋亦訓為舉

昕 旦明也日將出也从日斤聲讀若希 說文段注文王世子大昕鄭云早昧爽也是昕晨而未旦也士昏禮記曰凡行事必用昏昕齊風東方未明顛倒衣裳傳曰晞明之始升按蒹葭湛露傳皆云晞乾也此云明之始升則當作晞無疑昕與晞各形各義而昕讀同希因謁晞也斤聲而讀若希者文微二韵之合齊風是以與衣韵也今讀許斤切則又合乎初古音矣○萱按讀若希三字蓋淺人所屬也說文無希不得此云讀若希矣齊風用晞為昕與褰裳用溱為洧同皆雙聲段借字非昕讀為晞也昕在十三部斤聲之正也又礼記月令疏云昕讀為軒言天北高南下若車之軒 大昕季夏朔日之朝也 禮記祭義及大昕之朝注○釋文云昕日欲出 昕即明之始 儀禮士昏禮記疏○廣雅釋詁四又小爾雅廣詁疏云昕明也又禮記文王世子疏云昕猶明也又詩匏有苦葉疏云昕者明也日未出已名為昕

珍 掌欣切 寶也 說文又華嚴經音義上引國語賈注○太牟閣固珍寶注云珍寶美道也 金玉為珍 楚辭招魂多珍怪之注又淮南主術珍怪奇物注○周禮典瑞珍圭注云珍圭王使之瑞節 珍貴也 左傳文八年書曰公子遂

珍之也注又文選東京賦奇則珍果薛注 珍重也 廣雅釋詁三 珍美也 爾雅釋詁又廣雅釋詁一 珍善也 禮記儒行儒有席上之珍以待聘注 珍純也 太玄玄數參珍晬精注 珍異也 呂覽順民味禁珍注 獻珍物曰珍 爾雅釋詁珍獻也舍人注 珍八珍也 文選東都賦嘉珍御注又後漢書班固傳下注○明帝紀注云珍謂肴羞之屬又周禮膳夫珍用八物注云珍謂淳熬淳母炮豚炮牂擣珍漬熬肝膋注 珍異謂非常美食 左傳文十六年時加羞珍異疏○周禮籩人注麈人注鼓云珍異四時食物也又場人而樹之果蓏珍異之物注云珍異蒲蓏枇杷之屬 珍怪猶奇異也 公羊昭廿一年傳有珍怪之食注○荀子正論食飲則重太牢而備珍怪注云珍怪奇異之食也

趁 𧼮也 說文段注按趁當平聲同馬部駗張人切今人趁逐字作此反詁為田刀非古義古音也○萱按𧼮下云趁也是為轉注趁𧼮與馬部駗驪皆雙聲字駗驪馬所載重難也𧼮義亦當同矣屯六二屯如邅如也賈疑即二者之古字介 關西以逐物為趁也 一切經音義十九引纂文○萱按此義舊讀去聲與訓趁正相反今義今音也

附見於此始備一義

駗　䟴　唇　甄

駗驙馬載重難也說文段注駗驙二字雙聲各本皆刪令依玉篇補俗令重難下有行字非謂馬所負何者重難也

唇或書作娠鷩也說文段注後入以震字為之

䟴動也說文段注與口部唇雨部震手部振音義略同

甄匋也說文段注匋者作瓦器也董仲舒曰如泥之在均惟甄者之所為陳留風俗傳曰舜陶甄河濱其引申之義為察也勉也考工記段借為震禪字○漢書董仲舒傳注云甄作瓦之人也又後漢書班彪傳下注引漢書音義云陶人作瓦器謂之甄　甄窯也廣雅釋宮○釋地云甄土也又釋室云甄也又云埏下謂之甄　甄也者陶人旋轉之輪也後漢書郅惲傳注　埏埴為器曰甄陶文選景福殿賦注引法言李注　甄陶謂造成也後漢書班彪傳下甄殷陶周注　甄明也後漢書光武紀下注安帝紀注孔奮傳注張法

滕馮度楊傳注爰延傳注郭符許傳注　甄表也文選西征賦甄大義以明責注海賦注引書緯鄭注　甄別也後漢書魯丕傳注　甄積也周書諡法甄心動懼曰頃注　薄聲甄周禮典同○注云甄猶掉也鍾微薄則聲掉　甄隔也莊子天運唯循大變無所湮者釋文引簡文注○萱按甄蓋湮之字誤　甄甄小鳥飛兒楚辭悼亂鶉鴳兮甄甄注

薽

豕首也說文段注釋艸曰茢薽豕首許無茢字者攷太平御覽引爾雅黃大瓜孫炎曰一名列也按叔然以茢上屬許君讀蓋與絲同鄭注周禮豕首為染艸之屬呂氏春秋曰豨首生而麥無葉本艸經曰天名精一名豕首

先　始巾切

平去兩讀義分　前進也說文段注前當作歬不行而進曰歬凡言歬者緩詞凡言先者急詞也其為進一也○儀禮大射儀先首注又史記樂書行成而先正義致云先猶前也又漢書百官公卿表上注引如淳云先馬前馬也又後漢書張奮傳注云先死謂未死之前也　先始也廣雅釋詁一　先猶蚤也禮記月令艸木蚤死注　先猶速也呂覽辯土其生也○先注　先猶尚也呂覽先己五帝先道而後德注○權勲故太上先勝注元

先猶上也　先相次為言禮記郊特牲先路三就疏　乾為先易同人先號咷而後笑虞注睽先張之弧虞注文言傳先天而天弗違虞注○象下傳先王以享於帝立廟虞注云乾為先王　先謂首唱也荀子脩身以善先人者謂之教注○莊子秋水楚王使大夫二人往先焉釋文云先謂宜其言也　先謂位在下也禮記樂記行成而先注　先謂紹介也漢書酈食其傳莫為我先注　相先猶相讓也禮記儒行爵位相先也注　先登先赴敵也後漢書賈復傳注○釋名釋船云軍行在前曰先登　先馬導馬也荀子正論諸侯持輪挾輿先馬注　先策謂預知也後漢書劉寬傳注　先入言久處其俗也文選東京賦覩其所以先入薛注　先者先人謂祖考漢書禮樂志注○文選報任少卿書注云先謂祖也　死亡謂之先論衡四諱　昔曰先民詩小旻匪先民是程傳那先民有作傳禮記坊記先民有言注云先民謂上古之君也　先王先世之王左傳昭廿六年注　先靈先聖之神靈文選東京賦憲先靈而齊軌薛注　先古謂聖賢之道也淮南脩務

注　先先生也史記匈奴傳其儒先集解○漢書梅福傳夫叔孫先非不忠也注云先猶言先生也　先生師也禮記曲禮上從於先生疏玉藻見先生疏○曲禮上注云先生老人教學者　先生學人之通稱也文選三都賦弁晏先生曰注○孟子告子下先生將何之注曰學士年長者故謂之先生又國策衛策乃見梧下先生注云先生長老有德者稱又論語憲問見其與先生並行也集解引苞注云先生成人也　先生致仕者也儀禮士相見禮若先生異爵者注○鄉飲酒禮主人就先生而謀賓介注云先生鄉中致仕者○有司徹其先生之脊折注云先生長兄弟　先施西施一也文選神女賦西施掩面注四子講德論注○萱按依後世之音先與西但雙聲耳古音二字同讀也

兟

進也說文段注五經文字儿部曰兟色巾反見詩按此謂大雅甡甡其鹿也今大雅作甡傳曰甡甡衆多也但玉篇云詵多也亦作詵兟兟兟甡字同是衆多之義可作兟據五經文字則張參所據大雅作兟蓋並先為衆進之義今石刻五經文字此字已泐而馬刻本乃誤為先兟蓋因宋榻模糊而譌耳

侁

侁。俗侁侢有行兒說文段注招䰠曰豺狼從目往來侁侁王逸曰侁侁往來聲也詩云侁侁征夫。呂覽本味有侁氏注云侁讀曰莘

詵

致言也詩曰螽斯羽詵詵兮說文段注此引周南以說假借也毛曰詵詵衆多也按以衆多釋詵詵謂即辞辞之假借陸氏詩音義云詵說文作辞陸所據多部有辞字引詩螽斯羽辞辞兮蓋三家詩此引毛詩或作駪駪侁侁莘莘皆同 詵問也廣雅釋詁二 詵詵羣聚之兒詩桑柔甡甡其鹿疏甡

姺

殷諸侯為亂疑姓也春秋傳曰商有姺邳說文段注昭元年左傳曰王伯之令也猶不可壹於是乎虞有三苗夏有觀扈商有姺邳周有徐奄奄皆謂當時作亂之諸侯也姺姺是國名故曰疑疑者不定之言也姺从女蓋以姓為國名

駪

馬衆多兒說文段注皇皇者華云駪駪征夫傳曰駪駪衆多之兒按毛不曰馬者以詩言人也其引伸之義也許言馬者字之本義也以其字从馬焱部引詩華華征夫○豈按韓外傳說苑奉使並引華華征夫楚辭注九華引侁侁征

韻史 卷五十七第十三部平聲跟韻 五三六五

大皆借字

卤

棲或卤古文卤籀。疑作西十二部十三部兩見。俗有栖迡

鳥在巢上也象形日在卤方而鳥卤故因以為東卤之卤說文段注卤下象巢上象鳥會意上下皆非字也故不曰會意而曰象形烏在巢上者此篆之本義今音先稽切古音讀如詵讀如僊如西施亦作先施漢書曰西𢀼也古音在十二十三部日在西方云云此說六書段借之閑段借者本無其字依聲託事古本無東西之兩寄託於鳥在巢上之西字為之凡許言以為者類此韋本訓相背而以為皮韋烏本訓孝烏而以為烏呼來本訓瑞麥而以為行來朋本古文鳳而以為朋攩子本訓十一月昜气動萬物滋而以為人偁後人習馬不察用其借義而廢其本義乃不知西之本訓鳥在巢之常之本訓相背朋之本訓[illegible]逐末忘本大都類是徵許君言之鳥能知之棲蓋从木妻聲也从妻為贊蓋製此篆之時已分別卤為東西棲為鳥在巢而其音則皆近妻矣詩可以棲遲漢嚴發碑作衡門西遲然則雞棲于塒雞棲于桀古本必作雞西論語為是棲棲古本亦必作西西 鳥所止宿曰棲 史記吳太伯世家棲於會

韻史 卷五十七第十三部平聲跟韻 五三六六

稽索隱。文選寡婦賦雞登棲而斂翼注云棲雞窗度 山處曰棲 國語越語越王句踐棲於會稽之上注。史記越世家索隱引鄒誕云保山曰棲又莊子徐无鬼以甲楯三千棲于會稽釋文引李注云登山曰棲又山海經大荒西經江南之山棲為言注云山居為棲言者言無幽天 棲息也 後漢書張衡傳注文。召昊如彼棲直釋文 棲謂棲也廣雅釋詁三 棲著也 詩賓之初筵釋文 棲㪚也 孟子萬章上注二嫂使治朕棲 棲遲息也 廣雅釋詁 棲遲遊息也 詩衡門 迡迟即棲遲也 文選甘泉賦注 為棲也詩衡門 棲遲偃息也 漢書張衡傳注 棲遲不安居之意也 文選答賓戲注 棲遲簡閑兒也 詩六月六月棲棲傳

西方者何也鮮方也 御覽引書大傳 西方者遷方也萬物遷落

韻史 卷五十七第十三部平聲跟韻 五三六七

也 白虎通五行。漢書律曆志上云西遷也 西方亦金殺成萬物也 白虎通五行云情 又云西方者陰始起萬物傷成物禁止 禮西方以立秋謂白精之帝而少昊

犛收食馬 西周禮大宗伯以白琥禮西方注西方金也其星白虎 易兌為西 西方注 王用亨于西山 小過自我西郊 不隨如之 虞注

也 兌為西 者隴西之西 書堯典宅西曰昧谷 鄭注云西隴西之西 河西 引書三苗 傳文 謂長安也高帝紀 河西獄 爾雅釋山 華山為西獄 尚書大傳 四。周禮大宗伯 行也 馬融注云 西戎國也 上言 大司樂 五獄 始言 華山為西獄 河南華山 恆山為北獄 衡山為南獄 大宗伯 五獄 泰山為東獄 山為中獄 也 說文 爾雅正義云 五獄 合經傳而言 霍山為南獄 此後世所稱之五獄 泰山華山 恆山衡山嵩高五嶽也 泰嵩高 華恆 衡之五 五獄 之衡 水經注 西傾山禹貢中條山也 則以霍山為南獄 漢以前五獄無定名

○桓水注引書鄭注云西傾雍州之山也北陵西隃鴈門介雅釋地西海海在其西也河西在河水西也疏釋名釋州國西學周小學也禮記祭義祀先賢于西學注西房西廂也荀子正論五祀執薦者百人侍西房注西阿西榮也國語晉語執鈇立於西阿注西園上林苑也文選東京賦閬西園薛注大西荊即楚舞也文選南都賦怨西荊之折盤注西施美女也是離怨世西施媞媞而不得見兮注

丙欣切

班

○俗有藏分瑞玉說文段注堯典曰班瑞于羣后古音在十三部讀如文質份份之份周礼以頒為班古頒班同部○國語周語而班先王之大物注云班分也頒分也周礼大胥秋頒學合聲疏又禮記禮運頒爵位疏○周禮大宰八曰匪頒之式司農注云頒讀為班布之班謂班賜也又宮伯以時頒其衣裘注大宗伯乃頒祀注太史頒告朔于邦國司農注又禮記明堂位頒度量注豇云頒讀為班又祭義頒禽隆諸長者注云頒之言也又大戴記夏小正頒冰傳

韻史　卷五十七第十三部平聲跟韻　五三六九

云頒冰若分冰以授大夫也又頒　傳云頒馬分夫婦之駒也班分也廣雅釋詁一○萱按班亦班之借字班別也左傳襄十八年有班馬之聲注班布也周禮宮伯注大史司農注又左傳襄廿六年班荊相与食注又漢書礼樂志集注郊祀志上集注五行志下之下集注鄭吉傳集注王莽傳下集注又後漢書光武紀下注明帝紀注馬融傳注陳留老父傳注又廣雅釋詁三又太玄衆尸將班于田注○漢書翟義傳班度注云班謂布行也又後漢書崔駰傳注云班春班布春令般布也與班同文選甘泉賦遊遊離宮般以相屬兮注辨布也漢書王莽傳上集注引孟康傳中音義引孟康○萱按殺皆偕字也班般異部而同聲作一書班辨亦一聲之轉辨班賦也介雅釋言又國語周語其適來班貢注頒賦也又選馬汧督誄秋餘可頒注般賦也玉篇班謂賦與也介雅釋言孫注○李注云班偏賦与也又周禮小宗伯遂頒禽注云頒禽謂以予羣臣班還也左傳襄十年請班師注又漢書趙充國傳集注又後漢書鄧騭傳注○公羊僖卅一年傳班其所取侵地于諸侯也注云班者布偏還之辭班告也呂覽仲夏班馬政注又淮南時則注班偏也國語晉語車班外內

韻史　卷五十七第十三部平聲跟韻　五三七〇

注又楚辭天問河往營班祿注班次也儀禮既夕明日以其班祔注士虞礼記注又礼記曲禮上班朝治軍又左傳桓六年伐魯為其班注又國語周語班三之注為班爵貴賤以列之注則以班加一等益盧注國有班事注晉語以正班爵之義注晉不以故班注齊語班序顏毛注又史記晉世家班在九人下集解引服虔又廣雅釋詁三又小介雅廣詁班位也左傳文六年注○文選東京賦尊卑以班薛注云班位次也班序也廣雅釋言班列也孟子萬章下周室班爵祿也注○方言三云班列也北燕曰班班齊等之皃也孟子公孫丑上若是班乎注班明皃後漢書趙壹傳注班躓也易屯乘馬班如虞注班如者謂相牽不進也易屯疏引子夏傳○文選演連珠注引易王肅注云班如槃桓不進也班有文也太玄玄錯○萱按凡班訓文者皆班之義也二字互相段借故廣雅班訓分而楚人謂虎班

辬

○俗有班編玢璸斕駁文也說文段注謂駁襍之文曰辨也馬色不純曰駁引伸為凡不純之偁辨之字多或體易卦之賁字上林賦之編字史記璸碥漢書文選玢幽俗用之班字皆是班者辨之俗今乃班行而辨廢矣又或假班為

韻史　卷五十七第十三部平聲跟韻　五三七一

之如孟堅之得氏以楚人謂虎文曰班即虍部彪字也作辨班近是而漢書作班頭黑白半曰頒亦辨之段借字許知為不純之文以从辨知之錯雜字皆从辨辨文皃也襍色為辨一切經音義十二引蒼頡○廣雅釋詁三云辨文也雜色曰班禮記王制班白者不提挈注○祭義班白者不以其任行乎道路注云班白者髮雜色也又楚辭憂苦雜班駁與間貫注云班駁雜色也頒斌相雜之皃也文選籍田賦士女頒斌而相庚注○萱按此段頒為辨也頒者班也頭半白曰頒班班然者也孟子梁惠王上頒白者注班虎文也文選七啟拉虎摧班注○上林賦被班文注云班文虎豹之皮也又漢書敍傳上云楚人謂虎班萱按此段班為班也二字多互段班有文也太玄玄錯辨華敷大也文選西京賦工辨華以交紛薛注班亂皃騷班陸離其上下注賁古班字文章皃易賁釋文引傅氏編斕文皃也一切經音義五引埤蒼○又引通俗文云文章謂之編斕玢幽文理皃也文選上林賦玢幽文瞵郭注般般文采之皃也史記司馬相如傳般般之獸索隱○萱按般在十四部与十三部通

韻史　卷五十七第十三部平聲跟韻　五三七二

轉寂近、般臂前脛般般然也礼記內則馬黑脊而般臂漏注〇周礼內饔馬黑脊而般臂螻注云般臂臂毛有文

彪

〇俗有麣虎文彪也說文段注虎下曰虎文也二字雙聲假借作班漢書敘傳曰楚人謂虎班其子以為號上文既曰楚人謂虎於擇矣此正當作楚人謂虎文班上林賦被班文史記作虪文李善曰班文虎豹之皮索隱引與服志虎賁騎被虎文單衣按虪與彪同部之假借也班與彪同類之假借也錢氏大昕曰易象傳大人虎變其文炳也與下文劉君為韻蔚讀如氣轉移寂近炳當為彪則音義皆近彪文也廣雅釋詁三

份

彬古文〇俗有斌文質備也論語曰文質份份說文段注備當作葡許訓葡曰具訓備曰慎論語雍也篇文質彬彬然後君子包咸注曰彬彬文質相半之皃也鄭注曰彬彬猶半皃也按古謂集為褓集聚也彬份字古或借豳字為之如上林之玢豳文鮮是也或借邠子為之如太王斐如邠如是也俗份作斌取文武相半意潘岳藉田賦之頌斌即上林賦之玢豳〇漢書敘傳下孝哀彬彬注云彬彬文質備也份文也廣雅釋詁三

彬彬文章皃漢書司馬遷傳集注儒林傳集注彬彬文質相半之皃也論語雍也孔注又皇說〇後漢書章帝紀注云彬彬猶半之皃邠者文盛皃也太玄文次四注

攽

攽分也周書曰乃惟孺子攽說文段注雒誥文今尚書作頒馬注尚書頒猶分也云猶者頒訓大大則必分非可徑訓分也攽云猶攽減也廣雅釋詁二

邠

周大王國在右扶風美陽說文〇文選西征賦化流岐邠注云邠與邠同又北征賦息邠之邑鄰注云邠與豳同又方言十三豳之間曰穀注云豳即邠又史記周本紀慶節立國於豳索隱云豳即邠也古今字異耳邠者文盛皃也按此段邠為份

豳

美陽亭即豳也民俗以夜市有豳山从山从豩闕說文段注按邠豳二篆說解可疑豳者公劉之國史記云慶節所國非大王國疑一漢地理志毛詩譜鄭國志皆云豳在右扶風栒邑不在美陽疑二地理志郡國二志皆云栒邑有豳鄉徐廣曰新平漆縣之東北有豳亭漢右扶風之漆與栒邑皆是豳域不得美

陽有豳亭疑三从山豩聲非有闕也而云从豩闕疑四假令許果以豳合邠當云或邠字而不言及疑五蒸古地名作邠山名作豳而地名因於山名同音通用如郝岐之比是以周禮籥師經文作豳注作邠漢人於地名用邠不用豳許氏原書當是豳岐本在山部而後人移之併古今字為一字抑或許書之變例有然未能定也經典多作豳惟孟子作邠唐開元十三年始改豳州為邠州見通典元和郡縣志邠州云因似幽而易誤也豳籥豳國之地竹豳詩亦如之周禮籥章掌土鼓豳籥注〇鄭注云豳籥邠人吹籥之聲後豳詩豳風七月也周禮籥章歈豳詩注

豩

二豕也豳从此闕說文段注許書豳燹二篆皆用豩為聲也然則其讀若尚書略可識矣古音當在十三部闕謂具義具音皆闕也二豕乃康頑鈍之物故古有讀若頑者大徐伯貧切又呼關切〇豈挶豳即伯貧切頑即呼關切惟頑在十四部耳

勤 巨銀切

勞也說文又尒雅釋詁又周書謚法又詩賚文王既勤止傳又國語周語無勤民於遠注不倦以勤叔父注勤百姓

以多已名注晉語且勤君身注楚語是勤民以自封也注故變而不勤注又呂覽首時勤以首時注又淮南原道用之而不勤注主術事勤財匱注氾論肩荷負儋之勤也注又楚辭天問何勤子屠母注又文選思玄賦敢怠遑而舍勤萬注〇論語四體不勤皇疏云勤勞也又穆天子傳三勤七萃之士注云勤猶勞也勤謂執勞辱之事也禮記玉藻勤者有事則收之注又檀弓上服勤至死注云勤勞辱之事也勤者陳其勞苦詩采薇序杕杜以勤歸也疏〇法言先知或問民所勤注云勤苦又太玄玄衡云勤苦而無功也勤謂憂勞禮記問喪服勤三年注勤憂也呂覽古樂勤勞天下注不廣勤天子之難盡心盡力無所愛惜為勤左傳僖廿八年令尹具不勤民注〇詩鴟鴞恩斯勤斯疏引王肅云勤惜也勤劬也廣雅釋詁四勤行也禮記祭統勤大命施於烝彝鼎疏勤蹶蹶太午午錯國語晉語注云勤助我也勤謂憔悴國事後漢書助傳注應勤者心企望之詩江有汜序勤而無怨疏

瘽

或作慗病也說文又尒雅釋詁慗賴也尒雅釋言慗慗懇懇忠款之皃也文選

報任少卿書注

廑

○俗有廑少劣之凥說文段注少劣之凥故从广引伸之義與人部之僅同古多用廑為僅亦用為勤字○漢書文帝紀集注引晉灼揚雄傳下集注並云廑古勤字又敘傳下集注云廑古以為勤字又文選長揚賦注引古今字許云廑今勤字也萱按段廑為勤古今所同廑劣也○漢書賈誼傳其次廑得舍人注萱按廑李義言凥之少劣引伸言凡劣凡少與僅同矣非純乎段借者也若董仲舒傳廑能勿失耳注陳湯傳而廑獲駿馬三千匹注並云廑與僅與僅同廑少也漢書鄒陽傳集注廑無幾也漢書敘傳下貫廑從旅注引晉灼廑陰也集韻引廣雅

頎

頭佳皃說文段注此本義也引伸為長皃衛風碩人其頎齊風頎若長兮傳皆曰頎長皃又曰敖敖猶頎頎也古假頎為懇如檀弓頎乎其至是也頎長也莊子天道釋文引司馬注○家語辨樂云頎然長頎至也頎惻隱之皃禮記檀弓注又釋文

祈

求福也說文又一切經音義廿二引字林又漢書孔光傳俗之祈禳小罷數注揚雄傳上於是欽柴宗祈注又文選東京賦祈褫禳災薛注○山海經中山經熊山祈瘳冕舞注云祈求福祥也祈求也詩賓之初筵以祈爾爵傳又禮記禮器祭祀不祈注祭法注又射義注又左傳昭十二年祭公謀父作祈招之詩賓注又國語周語注又廣雅釋詁三又漢書武帝紀集注又後漢書張衡傳注又莊子天地釋文引司馬注又呂覽孟春注季夏注孟冬注適威注安死注又文選東京賦薛注○禮記郊特牲注儒行注並云祈猶求也又周禮大祝疏云祈亦求也祈猶禱也求也詩噫嘻序春夏祈穀于上帝也箋○山海經南山經注云祈請禱也又中山經注云祈瘞禱請已埋之也祈告也尒雅釋詁又詩行葦箋○禮記大傳祈於社注云祈告天也及先祖也祈叫也尒雅釋言○注云祈祭者叫呼而請事又孫注云祈為民求福叫告之詞也○周禮大祝掌六祈注云祈嘄也謂為有災變號呼告神以求福祈報也詩行葦以祈黃耇傳祭山川曰祈沈考工記玉人義引小尒雅音治典不殺曰祈猶斷下祈父司馬也詩祈父傳○箋云祈圻畿同又疏云古者祈圻畿同字得通用萱按凡斤聲字之在

微韻者皆由雙聲轉變古本音斤自在十三部也祈之言是也齊西偏之語也禮記緇衣資冬祈寒注祈者語辭也史記季布傳索隱

旂

旗有眾鈴以令眾也說文段注尒雅曰有鈴曰旂司常職曰曰交龍為旂許渾爾雅不稱周禮者錯見其說欲學者互攷也畫交龍於正幅一升一降象諸侯升朝下復也周頌曰龍旂陽陽和鈴央央傳曰鈴在旂上李巡云以鈴著旐端郭璞云縣鈴於竿頭按李說近是惟羽旄注竿首鈴非注竿首之物也左傳錫鸞和鈴昭其聲也杜云鈴在旂李云以鈴著旐端公羊疏左傳疏同周頌疏旂作旐誤云旐者旐亦旐正幅之通偁令鈴與旂疊韻令古音如鄰○續漢書輿服志上注引禮記盧植注云有鈴曰旂又孟子萬章下士以旂注云旂旌有鈴者又尒雅釋天孫注云鈴在旂上旂者畫龍旂旌旗之屬也禮記明堂位有虞氏之旂注又文選吳都賦旂魚須劉注○離騷鳳皇翼其承旂兮注云旂旗也又呂覽孟春載青旂注云旂旗名交龍為旂又左傳桓二年疏云旂旗是九旗之總名又僖五年

傳取虢之旂注云旂軍之旌旗交龍為旂詩出車傳采芑箋韓奕淑旂綏章傳載見箋閟宮箋烈祖箋又左傳定四年分魯公以大路大旂注又漢書郊祀志下賜爾旂鸞注又後漢書明帝紀注又淮南齊俗故有大路龍旂注○國語晉語皆白常白旂注云交龍曰旂交龍為旂旂倚也畫作兩龍相依倚諸侯所建也釋名釋兵○考工記輈人龍旂九斿注又儀禮覲禮載龍旂弧韣注並云交龍為旂諸侯之所建也北方法乎蛇曰旂古微書引河圖握矩記大旂大常也儀禮覲禮載大旂注○周禮巾車建大旂注云大旂九旗之畫交龍者又後漢書清河王慶傳注云旂有九旒天子制也

蚚

強也說文○萱按強下云蚚也是為轉注尒雅釋蟲強蚚將注云以腳自摩將

芹

芹或作斳菜類蒿周禮有芹菹說文段注詩禮皆作芹小雅箋曰芹菜也可以為菹魯頌箋曰芹水菜也釋艸及周禮注曰芹楚葵也按即今人所食芹菜今說文各本於艾蕫二字之下又出芹字訓楚葵也从艸斤聲此

恐不知近即芹者妄用爾雅增之致周禮音義曰芹說文作近則說文之有近無芹明矣且詩箋引周禮芹菹說文引周禮近菹豈得云二艸也本艸作靳近菹見醢人近蓋周禮故書字芹楚葵也周禮醢人芹菹兔醢注

蘄

○別有斳當補艸也从艸斳聲江夏有蘄春縣說文段注釋艸斳字四見不識許所指何字物也說文無斳字斳當是从單斤聲如虫部蠲字當是从蜀益聲不立單部蜀部是以傳於艸虫二部而斤聲不可通或日當有从單斤聲之斳字說文無單部因無斳字也陸德明曰漸古芹字然說文有近字則非一字也古鐘鼎款識多借為蘄字汪氏龍曰蘄字益失收黄按蘄借為祈而本義本音微矣○蘄茝蘪蕪尒雅釋艸○疏云本艸云蘄茝一名薇蕪一名江蘺山蘄當歸也廣雅釋艸○尒雅釋艸云薜山蘄蘄馬御也文選西京賦結駟方蘄薜注

紉勤 字

紉 單繩也說文段注單各本及集韻作繟非其義李文仲字鑑作繟今依廣韻佩觿作單太平御覽引通俗文曰合

韻史 卷五十七第十三部平聲跟韻 五三八一

韻史 卷五十七第十三部平聲跟韻 五三八二

繩曰糾單展曰紉織繩曰糾大繩曰絙釋玄應引字林單繩曰紉單對合言之凡言綸言糾皆合三股二股為之紉則單股為之玉篇曰紉繩縷也展而續之方言曰䌌剿續也楚謂之紉蓋單股必以他結而成離騷曰紉秋蘭以為佩注紉索也內則紉箴請補綴亦謂綫接於鍼曰紉○楚辭惜誓并紉茅以為索注云單為紉紉索也廣雅釋詁三又離騷豈惟紉夫蕙茝注紉結束也楚辭離世情素潔於紉帛注紉擘也廣雅釋言○方言六擘楚謂之紉注云今亦以綫貫為紉紉鍫也廣雅釋詁四紉猶摩也管子霸形注

晨

早昧爽也丮夕為夙臼辰為晨皆同意說文段注日部曰早晨也昧爽旦明也文王世子注曰早昧爽擊鼓以召衆亦三字衆言之左傳僖五年正義引說文謂夜將旦雞鳴時也丮夕為夙臼辰為晨聖人以文字教天下之勤晨早也尒雅釋詁○董按晨者晨之異體經典多借晨為晨惟廣雅漢書閒見晨字耳晨早朝也國語晉語丙之晨龍尾伏晨注晨明也詩庭燎夜鄉晨箋○周禮司寤氏禦晨行者注云晨先明也又左傳僖五年疏云侵晨向明為晨晨旦也禮記曲禮上昏定而晨省疏○周禮司寤氏注云晨亦得名旦晨謂夜之將旦左傳莊廿九年疏○周禮鼓人注引司馬法云昏鼓四通為大鼙夜半三通為戚戚晨伸也旦而日光復伸見也釋名釋天大晨謂寅後九刻大明之時也素問標本病傳論冬大晨注○又遊東京賦農祥晨正薛注云晨時晨昒也廣雅釋詁○亹按昒寂也寂之言戚也晨主守門晨夜開閉也後漢書王龔傳注○蔡邕傳注云晨門主晨夜開閉者又論語憲問晨門曰集解云晨門者閽人也

脣

䫃古文○俗有脣口耑也說文段注口之厓也假借為水厓之脣字鄭注乾鑿度引詩寘之河之脣緣也口之緣也釋名釋形體脣者齒之垣所以扶神設端古微書引春秋元命苞圍其外者謂之脣考工記栗氏量之以為鬴注脹脣也莊子德充符釋文引簡文注○引崔注云脹脣同壹按此自引伸之餘義視借脹為祭肉異也

韻史 卷五十七第十三部平聲跟韻 五三八三

韻史 卷五十七第十三部平聲跟韻 五三八四

振勤切

張 𠧪

水阜也說文隸作迺○字凡三見此前義也本音也後義在一部六部讀乃讀仍驚聲也或曰𠧪逌往也說文段注驚聲者驚詫之聲與乃字音義俱別詩書史漢發語多用此字作迺而流俗多改為乃按釋詁曰仍迺侯乃也以乃釋迺則本非一字可知矣或說與前說迺異今人迺讀乃與或說相近

始勤切

辰

辰古文震也三月昜气動靁電振民農時也物皆生辰房星天時也說文段注震振古通用振奮也律書曰辰者言萬物之蜄也律麻志振美於辰釋名曰辰伸也物皆伸舒而出也季春之月生氣方盛陽氣發泄句者畢出萌者盡達二月靁發聲始電至三月而大振動豳風曰四之日舉止故曰民農時晶部曟字下曰房星為民田時从晶辰聲或省作晨此房星之字也而此云辰房星辱下云房星為辰田候也則字亦作辰尒雅房心尾為大辰是也韋注周語曰農祥房星也房星晨正為農事所瞻仰故曰天時引伸之凡時

皆曰辰釋訓云不辰不時也房星高高在上故从上○白虎通五行云辰者震也又礼記月令疏又廣雅釋言並云辰振
也又淮南天文云辰則振之也辰晉也淮南天文辰取其延長太玄玄數戌丑未注辰辰
時也詩東方未明不能辰夜傳駟驖奉時辰牡傳桑柔我生不辰箋又考工記匠人注小弁我辰安在傳車舝辰彼
碩女傳柳逺猶辰告傳極星謂北辰疏又禮記鄉飲酒義注三光三大辰也疏又公羊昭十七年傳大火為大辰注又國
語周語當辰注晉語而天之大紀也注又管子傍靡辰其外注又太歲[illegible]白日臨辰注童東辰以明注樂辰于天注又楚
辭涉江夕宿辰陽注又文選吳都賦良辰征劉注甘泉賦注引爾雅○尒雅釋訓注云辰亦時也又左傳昭七年疏云辰
時也言日月聚會有時也辰謂日月所會十二次書堯典鄭注又周礼大宗伯注○保章氏掌天
星以志星辰日月之變動注又書洪範四日星辰馬注又漢書麻律志上注並云辰日月所會也又國語晉語龍尾伏辰
注云辰日月之交會也又周語辰在斗柄注又周書小閒武一辰以紀日注又周禮大師注而辰在星紀疏又禮記月令
日在營室疏又左傳僖五年注昭七年注又漢書律麻志上注引臣瓚竝略同上注○管子四時西方曰辰注云辰星月

交也會辰謂日月所會之宿易繫辭上傳範圍天地之化而不過九家注○書洪範疏云辰謂日
月別行會于宿度從子至於丑為十二辰又漢書律麻志下云辰者日月之會而建所指也子丑寅卯
之等謂之為辰禮記月令乃擇元辰注又南齊書引月令盧注云辰子至亥也○周禮哲蔟氏十有二辰
之號注云辰謂從子至亥又儀禮士冠禮吉日令辰注云辰子丑也又史記龜策傳曰辰不全集解云子丑謂之辰又左
傳成九年注云浹辰十二日也疏云從子至亥為十二辰又襄廿七年疏昭七年疏與上疏皆大同辰北辰也
素問上古天真論辯列星辰注又文選顏延年讌曲水詩儀長作貳注北極謂之北辰尒雅釋天又論
語譬如北辰集解引鄭注○尒雅孫注云北極天之中以正四時謂之北辰又釋文引李注云北極天心居北方正四時
謂之北辰大火謂之大辰尒雅釋天○左傳昭元年遷閼伯於商丘主辰注又服注又國語晉語且以辰
出而參入注竝云辰大火也又公羊昭十七年傳云者何大火也大火為大辰伐為大辰北辰亦為大辰大辰參
伐謂之大辰廣雅釋天辰星房星東方之宿蒼龍之體也楚辭遠遊奇傳

說之託辰星注○後漢書鄭玄傳注又論衡言衡竝云辰為龍又文選蘇子卿古詩注引決言宋注云辰龍星也
龍星明者以為時候故曰大辰尒雅釋天大辰房星尾也注又孫注左傳昭廿一年日月
在辰尾注云辰尾龍尾也疏云於天文房尾為大辰又辰馬農祥也國語周語○注云辰馬謂房心星也
又洪範五行傳注云辰為辰為農祥辰為壽星左傳襄廿八年傳注歲星本位在東方疏○昭
元年傳云辰為商星又大戴記夏小正辰則伏傳云辰也者星也又素問金匱直言論注云水之精氣上為辰星
辰為月家語執轡辰即二十八星也周禮大宗伯疏三辰謂日月星也左傳
桓二年三辰旂旗注又服注有謂昭十七年三辰有災注又漢書律麻志上而三辰之會交矣注、辰謂斗建
漢書律麻志上注引孟康辰支也南齊書引蔡邕月令章句○太玄玄數注云辰十二時也又文選月賦順辰通
燭注云辰十二辰也辰巳之位在東南論衡言毒辰為水墓又為土墓顏氏家訓
風操引陰陽說

曟

晨或房星句為民田時者說文段注爾雅曰天駟房也大辰房星尾也於天官為東宮蒼
龍周語曰農祥晨正韋云農祥房星也晨正謂立春之日晨中於午也農事之候故曰農祥爾雅注曰龍星明者以為時
候故曰大辰農星字亦從作辰周語辰馬農祥○叢按辰云辰房星天時也故凡作房星字辰晨通用非閞段借也下
晨早也晨明也晨旦也晨伸也曽按此曽晨為晨也段

宸

或作振屋宇也說文段注屋者以宮室上覆言之宸謂屋邊故古書言柍桭者即棟宇也甘泉賦日月纔經於
柍桭服虔曰柍中央也桭屋梠也魏都賦旅楹閒列暉鑒柍桭張載曰柍中央也桭屋宇隱也是知柍桭即上棟下宇之
謂柍即央字桭即宸字西京賦消氛埃於中宸集重陽之清澂中宸即柍桭韋昭注國語云宸屋霤也宇邊也若玉篇
引賈逵云宸室之奥者當亦是國語注而具說異矣
宸天地之交宇也文選西京賦薛注

麌

麌也說文段注釋獸曰麌牡麌牝鹿辰吉日其祁孔有麌云祁當作麌麌麌麌牝也大司馬注鄭司農曰五歲為慎後鄭云慎讀為麌麌牝曰麌按麌在漢時必讀與祁音同故後鄭得定詩之祁為麌 麌麌牝也周礼大司馬釋文

鶡 銀 御勤切

鶡風也說文段注一名鶾見羽部毛詩作晨古文假借 晨風鶡也詩晨風釋文 。俗有鶡

白金也說文段注黃金既專金名其外四者皆各有名爾雅曰黃金謂之璗白金謂之銀其美者謂之鐐然則黃金自有名而許以璗系諸玉部云金之美者與玉同色與釋器不合何也璗為金而字从玉許書主釋字形故其說如此也爾雅又曰白金謂之銀其美者謂之鐐此則許所本也。漢書食貨志上及金刀龜貝云白者曰銀 赤銀銀之精也山海經北山經少陽之山其多赤銀注 銀臺化人所居也後漢書張衡傳注 銀康鍔也萱按此段銀為垠也

琅

石之佀玉者說文

韻史 卷五十七第十三部平聲跟韻 五三八九

垠

圻或作壂。亦 地垠咢也一曰岸也說文段注咢字各本無今補玄應書卷八引圻地圻咢也文選七發注引圻地圻咢也咢者後人增上咢明許書本然後人以咢為性因改戍剕耳按古者邊畔謂之垠咢周禮典瑞鄭入礼記郊特牲少儀哀公問五注皆云圻鄂圻或作沂張平子西京賦作垠鍔注引許氏淮南子注曰垠鍔端崖也甘泉賦李注曰鄂垠器也按垠亦作鄂作圻或作沂者段借淮南書亦作壂王逸注曰鄂垠古器文也咢作鄂作鍔者皆沂者段借字或作壚作咢者異體也咢者諍訟也段借 毛詩咢不韡鄂蓋李作咢毛傳曰咢猶咢咢然言外發也箋云承咢華者曰鄂不當作柎柎咢足也毛意本謂花瓣外出者鄭箋明以詩上句為華不謂蒂故謂咢為下系於蒂而上承華者毛云咢咢猶令人言獻齒獻齒毛鄭皆謂四出之形長笛賦注字林始有从尸之咢垠咢字之別體也俗尸尸混殽故作鄂不作鄂物之邊畔有岸有高起者有捷業如鋸齒者故許云亡鄂之曰垠咢有單言垠單言咢者如甘泉賦既云又曰無垠是也故許以地垠咢釋垠廣韻曰圻垠咢又岸也正本說文岸者水厓而高者也亦曰垠垠或从斤斤聲也古斤聲與幾聲合韻最近故周禮故書幾為近田部曰以遠近言之則言畿也鄭曰畿猶限也是王畿可作王圻王圻王

韻史 卷五十七第十三部平聲跟韻 五三九〇

圻亦可作王垠也。漢書司馬相如傳舒節出乎北垠注云垠岸也又後漢書明帝紀注云圻岸圻墭也又張衡傳注云垠咢也又楚辭怨思山峻高以無垠兮注云垠岸涯也 幾謂漆飾沂鄂也禮記郊特牲丹漆雕幾之美注。哀公問車不雕幾注云幾謂附纏之也又少儀注云幾附纏為沂鄂也又疏云沂謂沂鄂。萱按段幾猶段鐖也 垠限也謂橋也。漢書敍傳上音義引韋昭又太平文注文選大將軍讌會詩注引漢書文穎注云沂水上橋也 垠界也後漢書班彪傳下注。文選辯亡論上風衍遊圻注楊圻界也 垠厓也釋廣雅又漢書禮樂志覽西垠注楊雄傳上閣北垠受不周之制注敍傳上所桑心許於無垠注。雄傳上集注引晉灼云沂山厓也又文選海賦則南澰 垠涯也文選苔賓戲漢良受垠形朱崖注云垠亦崖也書於鄂垠注引晉灼 狀也淮南覽冥見朕垠注 不絕垠天邊之地也文選鵩賦或託絕垠之外注 方十里曰王圻周書職方。左傳襄十五年注云天子所居千里曰圻又昭廿三年今土數圻注云方千里為 圻父為司馬主封畿之事。書酒誥若疇圻父鄭注左傳襄十六年賦圻父注云周司馬堂封畿之甲兵故謂之圻父

韻史 卷五十七第十三部平聲跟韻 五三九一

銀康鍔也大戴記衛將軍文子予如斷注。荀子成相銀荆揚陳字其銀注云銀与垠同。萱按此同音段銀為垠也又或用沂為之亦同音也如沂鄂也沂崖也沂水上橋也皆垠之義也不嫌用沂

斦 沂

二斤也闕說文段注二斤也言形而義在其中爾雅毛傳曰斤斤明也蓋其義與闕者言其義其音未之聞也 大徐語斤切管字从此

沂水出東海費東西入泗一曰沂水出泰山蓋 句 青州浸說文段注東海郡費見前志春秋魯季氏邑今山東沂州府費縣西北二十里費故城是也職方氏曰青州其山鎮曰沂山其浸沂沭鄭曰沂山沂水所出也在蓋前志泰山郡蓋下曰沂水所出水經曰沂水出泰山蓋縣艾山許云出東海費東說乖異者雖厓山即沂山而東泰山是山數回數縣今沂水縣之雅厓山即沂山西峯也又西北接大弁山而沭水所出也前志曰沂水南至下邳入泗水經曰沂水出泰山蓋縣艾山南過琅邪臨沂縣東又南過開陽縣東又東過襄賁縣東

韻史 卷五十七第十三部平聲跟韻 五三九二

岳從縣南西流又岳南過郯縣西又南過良成縣西又南過下邳縣西南入於泗許云西入泗疑當作南入然酈善長所據已作西矣今沂水雕厓山東南流逕沂水縣西又南流逕蘭山縣東又南流逕郯城縣西又南流入江南邳州邳一曰沂水出泰山蓋此即班鄭水經之說也許分為二說則不謂雕厓山即沂山矣按漢人多以為圻塄之圻○論語先進浴乎沂釋文云沂水名又國語吳語北屬之沂注云沂水名出泰山蓋至下邳入泗又書禹貢淮沂其乂鄭注云淮沂二水名

沂謂沂鄂也沂崖也沂水上橋也愚按此借沂為圻大篪謂之沂尔雅釋樂○孫注云篪聲悲也○愚按晚出鄦為此義當字吉祇用沂作之

齗

齒本肉也說文段注齗為曰故上文齒為齗骨此骨出肉外故肉為骨本魯世家甚矣魯道之衰也洙泗之間齗齗如也地理志云魯濱洙泗其民涉渡幼者扶老者而代其任俗既薄長老不自安與幼者相讓故曰魯道衰洙泗之閒齗齗如也按彼此爭辭露其齒本故曰齗齗又按曲礼笑不至矧鄭云笑不至矧大笑則見矧正齗之近部段借字也

齗齗根也文選魯靈光殿賦注引蒼頡齗齗辯爭之皃漢書公孫劉田王揚蔡陳鄭傳贊集

注齗齗分辨之意也漢書地理志下注齗齗忿嫉之意也漢書劉向傳朝臣齗齗注齗齗是鬥爭之皃史記魯周公世家索隱引徐廣○集解引徐廣云齗東州語也齦齦戲笑之皃也太玄爭爭附齦齦注○太玄宗琢齒依齦注云齦哂也○愚按齦本音上聲訓為齧此段齦為齗也

䖐

虎聲也說文段注猶犷為犬吠聲

犷

或作犷狺犬吠聲說文段注九辨猛犬狺狺而迎吠王注發倍讀呼而在門也

菥

○浴有蒛艸多皃江夏平春有菥亭說文段注江夏平春見郡國志凡云有某亭有某縣者皆謹其字形不必名縣名亭取字義也

犾

兩犬相齧也說文

鄞

會稽縣也說文段注二志今浙江寧波府奉化縣有故鄞城是說者謂以赤菫山得名越絕書所謂赤菫之山破

而出錫是也蓋其字初作菫後乃加邑鄞今鄞縣國語越語句踐之地東至於鄞注

貧 避勤切

穷古文財分少也說文段注謂財分而少也合則見多分則見少富備也學也則貧者不備不學之謂○左傳昭十四年分貧振窮疏云貧者家少貧財又詩北門終窶且貧傳云貧者困於財又論語學而貧而無諂皇疏云乏財曰貧又說苑雜言云貧者士之常也無財謂之貧詩北門疏又莊子讓王又家語七十弟子又韓外傳一又新序節士○一切經音義一引蒼頡云無財曰貧又呂覽季春注淮南時則注並同大體貧窮相類細言窮困於貧左傳昭十四年疏為君不節下而自節者謂之貧韓非子解老

旻 美勤切

御名敬避秋天也虞書說曰仁覆閔下則偁旻天說文段注秋天也此爾雅釋天及歐陽尚書說也釋天曰春為昊天夏為蒼天秋為旻天冬為上天許偁李如昊如是孫郭璞李乃作春蒼夏昊虞書云云古尚書說也與毛詩王風傳同五經異義天號今尚書歐陽說堯典欽若昊天春曰昊天夏曰蒼天秋曰旻天冬

曰上天總為皇天爾雅亦云古尚書毛詩說天有五號各用所宜稱之尊而君之則曰皇天元氣廣大則稱昊天仁覆愍下則稱旻天自天監下則稱上天據遠視之蒼蒼然則稱蒼天許君曰謹按堯典羲和以昊天總勑以四時故昊天不獨昊春也左傳夏四月孔丘卒傳曰昊天不弔非執也兮之閒也尔雅者孔子門人所作以釋六藝之言蓋不誤也春氣博施故以廣大言之夏氣高明故以遠言之秋氣或生或殺故以閔下言之冬氣閉藏而清察故以監下言之皇天者至尊之號也六藝之中諸稱天者以情所求言之耳非必於其時稱之浩浩昊天求天之博施蒼天蒼天求天之高明天不弔求天之生殺當其宜上天同雲求天之所為當順其時也此之求天猶人之說事各從其主耳若察於是則堯命羲和欽若昊天孔丘卒稱昊天不弔無可怪爾按許作五經異義不从尔雅从毛詩造說文兼載二說而先爾雅於毛與鄭說無不合蓋異義早成說文後出不待鄭之敵正而已權衡悉當觀此及社下如下皆與異義不同與鄭說相合○書多士旻天大降降于殷馬注云秋曰旻天秋提氣也又釋名釋天云秋曰旻天旻閔也物就枯落可閔傷也又孟子萬章上號泣于旻天注云旻天秋天也幽陰氣也又尔雅釋天李注云秋萬物成熟皆有文章故曰旻天旻閔也詩召旻序

又黍離釋文。蕢按乎與今薛君碑邊此竺旻亦同此義又張壽碑顚天不弔段顚為旻也顚字晚出見十二部副編

旻猶愍也愍萬物彫落尔雅釋天注。詩黍離傳云仁覆閔下則稱旻天又左傳哀十六年注云仁閔覆下故稱旻天

忞

自勉彊也周書曰在受德忞說文段注大雅亹亹文王毛傳曰亹亹勉也亹即釁之俗釁從分聲亹亹即忞忞之段借也周書者立政文今分尚書作敃釋詁敃強也許所據古文不同

忞忞心所不了法言問神傳于里之忞忞者注

閩

東南越它種說文段注釋名曰越夷蠻之國也度越禮義無所拘也職方氏七閩鄭司農曰東南方曰蠻後鄭曰閩蠻之別也引國語閩芊蠻矣月令注段為蠻字。文選吳都賦選自閩禺劉注云閩越名也秦并天下以其地為閩中郡。周礼秋官序官閩隸注云閩南蠻之別

閩在海中山海經海內南經。注云閩越即西甌亦在岐海中

白鳥也音閩蚋也大戴記夏小正傳

韻史 卷五十七第十三部平聲跟韻

五三九七

搢

撫也一曰摹也說文段注今人所周投字部土部埠下所周擱字皆即搢字也摹者規也

搢循也廣雅釋詁四

搢順也廣雅釋詁一

鍇

業也賈人占鍇說文段注按此字必後人所增也當刪者史漢賈人緡錢字从糸李匪曰緡絲也以貫錢也引詩維絲伊緡如淳引胡公云緡錢為緡者詩云氓之蚩蚩抱布貿絲故謂之緡也不知何人因二千一算改為鍇字正如矢族改為鏃耳以鍇業訓之尤不可通

鍇算也廣雅釋言

鍇稅也廣雅釋詁二

緍

有緍俗釣魚繁也吳人解衣相被謂之緍說文段注繁李施叁鳥者而鉤魚之繩似之故曰鉤魚繁呂南曰其釣維何維緐伊緍傳曰緍綸也謂糾絲為繩也方言緍緐施也綦曰緐趙曰吳緐越之閒脫衣相被謂之緍緐按大雅莊染木言緍之緐傳曰緍被也是其為古義古訓不始方言也。文選吳都賦迎潮水而振緍劉注云緍釣緐也

緍繩也江東謂之綸尔雅釋言緍綸也注又疏引孫注云緍綸皆繩名也又莊子齊物論置其滑緍釋文引崔注云緍繩也

緍絲也以貫錢也漢武書武帝紀初算緍錢注引

韻史 卷五十七第十三部平聲跟韻

五三九八

李斐。後漢書烏桓鮮卑傳注云緍絲也

緍謂錢貫也史記酷吏傳出告緍令正義方史告緍索隱又漢書食貨志下貫人之緍錢注

緍施也廣雅釋詁三

緍合也莊子則陽雖使丘陵艸木之緍注也莊子則陽釋文引司馬注

緍無心之謂也莊子在宥當我緍乎釋文引司馬注

緍有仍之姓也史記吳世家后緍方娠集解引左氏賈注

鴖

鷭。鴖俗有

鴖鳥也說文段注廣韵鳥似翠而赤喙玉篇作鴖作鷭

崏

或作崏峧岐。俗有崏岷

崏山也在蜀湔氐西徼外說文段注禹貢岷山道江夏本紀作汶山封禪書曰瀆山蜀之汶山也地理志蜀郡湔氐道禹貢崏山在西徼外江水所出郡國志同今四川直隸茂州西北有湔氐廢縣崏山在茂州西北五百里江水所出即龐山之南首連峯千里不絕蜀西之山皆崏也水部曰江水出蜀湔氐徼外崏山入海按此篆省作嶓隸變作峧作崏俗作崏作岷漢蜀郡有汶江道漢元鼎六年置汶山郡亦作文山郡汶文皆即崏字之段借也考工記貉踰汶則死自謂魯北之水殷敬順乃疑為岷江殊誤。文選吳都賦烏聞梁岷有陟方之館

韻史 卷五十七第十三部平聲跟韻

五三九九

劉注云岷岷山又陸士衡荅賈長淵詩廣岷稽顏注云岷山山名

蜀山謂之崏山廣雅釋山。水經岷山注云岷山漢書以為瀆山者也

岷山江水所從出管子霸形望汶山注

撮口訏 舉熏切

君

君古文。俗有圍武后製

尊也說文。書君奭晚出傳云尊之曰君又後漢書寇恂傳注云君者尊之稱也又儀禮喪服傳妾謂君注云妾謂夫為君者不得體之加尊之也

君者羣也韓外傳五又春秋繁露深察名號。廣雅釋言云君羣也又漢書刑法志云從之成羣是為君矣又荀子王制云君者善羣也

君者溫也

君者元也

君者原也並春秋繁露深察名號。立元神云君者者國之元又荀子君道云君者民之原也

繼天者君也後漢書班固傳下注

君者天也鶡冠子道端。文選注卅七引何休墨守云君者臣之天也又管子樞言注云君者民之天也

君者人也家語執轡

君者國之本也後漢書酷吏傳注。荀子致仕云君者國之隆也

夫君者民之父母也賈子春秋新序刺奢

又夫君神

韻史 卷五十七第十三部平聲跟韻

五四〇〇

五四〇一

之主也民之望也左傳襄十四年又新序襍事君者萬物之主也老子事有君王注。韓外傳五云為天下萬物而除其害者謂之君君者言一世之所宗也後漢書黨錮傳君者治辨之主也荀子禮論。大戴記禮三本云君師者治之本也君者臣之稟命也孝經要君者無上注又疏引孔傳君也者掌令者也春秋繁露堯舜不擅移君者權也春秋繁露深察名號君者儀也荀子君道能以使下謂之君荀子王制君之為言考也賈子大政下賞慶刑威曰君周書謚法又左傳昭廿八年又詩皇矣克長克君箋禮記樂記

注好惡不易是為君國語晉語時之所賢者為君莊子齊物論其遞相為君臣乎

注君者謂為之君也漢書西域傳上而塞王南君罽賓注君謂有地者也儀禮喪服傳。喪服傳君至尊也注云天子諸侯及卿大夫有地者皆曰君又禮記曲禮下云於其國曰君大君聖人也易師大君有命王注又比大君有命疏云大君謂天子也。禮記玉藻君之右虎裘疏表記以敬事其君長疏

五四〇二

竝云君謂天子君謂天子諸侯也禮記玉藻君羔幦虎犆疏君與尸行接武疏。昏義注公君也疏云天子諸侯皆稱君君諸侯也禮記曲禮下君無故玉不去身疏內則疏喪大記疏又國語周語注又呂覽貴當注。禮記檀弓下疏云君者五等諸侯也又晚出書說命樹后王君公疏云君公謂諸侯也君先君也詩天保君曰卜爾傳君嗣君也儀禮喪服君服斬服矣注君女君也禮記玉藻君命屈狄注。釋名釋親屬云妾謂夫之嫡妻曰女君夫為男君故其名妻為女君也君婦謂后也詩楚茨君婦莫莫箋君母父之適妻也儀禮喪服注異姓婦女以恩澤封者曰君比長公主獨斷上妻謂夫為君君上下通稱詩東門之池序疏。關雎序疏云婦人謂夫為君子上下之通名又易卑疏云君子是夫之大名君官主也淮南說林無其君形者也注君子在位者之通稱荀子大略君子聽律習容而後士注。禮記鄉飲酒義鄉人士君子注云君子謂卿大夫士也又玉藻古之君子必佩玉注云君子士已上君子也者人之成名也禮記哀公問。法言道術

五四〇三

云樂樂道者謂之君子又儀禮鄉飲酒禮注云君子國中有盛德者又左傳桓二年疏云君子者其可以居上位子下民有德之美稱也君子謂衆賢也禮記中庸君子胡不慥慥介注君子大賢次聖之人易革君子豹變王注君子謂師也禮記學記疏薰然慈仁謂之君子莊子天下君子國其人好讓不爭山海經海外東經。水經湘水注云是山湘君之所遊處故曰君山君子謂文王易繫辭上傳虞注艮為君子易革虞注乾稱君子易文言傳君子以成德為行虞注。象上傳君子尚消息盈虛虞注云乾為君子君子謂乾易象上傳各虞注又象下傳各虞注。又象下傳虞注云君子謂乾三乾為君易說卦傳又歸妹其君之袂虞注象上傳反君道也虞注繫辭上傳君不密虞注序卦傳然後有君臣虞注乾為大君易師大君有命虞注。歸妹虞注序乾在下為小君陽為君後漢書仲長統傳注。易益鄭注云陽稱為君日為君白虎通日月又太平御覽注。禮記祭法注云日稱君宮為君禮記樂記又儀禮鄉射禮舉旌以宮注大射儀以宮以商注士為君漢書李尋傳集

五四〇四

注心居中虛以治五官夫是之謂天君荀子天論

軍

。俗有寀圜圍也四千人為軍說文段注於字形得圜義於字音得圜義凡渾輝煇等軍聲之字皆兼取其義四千人為軍王氏鳴盛說此句必誤按唐釋玄應引字林四千人為軍是呂忱之誤也許書當作萬有二千五百人為軍見周禮大司馬職旅篆下云軍之五百人為旅師篆下云二千五百人為師既皆偁之則此必偁無可疑者百人為卒廿有五人為兩不稱者以其制於字義相遠耳若万二千五百人以為圍圍乃此篆之所由製。廣雅釋言云軍圍也軍屯也國策齊策注又呂覽權勳注。國語晉語注云軍猶屯也軍者兵之大名周禮夏官序官疏萬有二千五百人為軍易序卦傳故受之以師九家注又詩閟宮公徒三萬箋又左傳成二年晉作六軍注襄十一年季武子將作三軍注又穀梁襄十一年作三軍注引司馬法又論語衛靈軍旅之事集解引鄭注。述而皇疏又周禮小司徒注竝云軍一萬二千五百人也。國語齊語萬人為一軍注云萬人為軍齊制也周

則萬二千五百人為軍又白虎通三軍云萬二千五百人為一軍三軍三萬七千五百人也五師為軍周礼小司徒又白虎通三軍軍以井田立數公羊定十三年注以地正國也傳軍一鄉周禮夏官序官注伍兩卒旅師軍皆眾之名周禮小司徒注○夏官序官注云軍師旅卒兩伍皆眾名名也軍容軍之容表謂矛劒等也文選吳都賦容畜用劉注軍實謂軍之所資也後漢書宋弘傳注○朱浮傳注云軍實甲兵糧儲也軍假吏謂軍中權置吏也後漢書光武帝紀下注

麇

麕籀○或作麏麏也說文段注釋獸曰麕牡麌牝麜其子麆許君皆無其字蓋鹿旁皆後人所箸也○麐介雅釋獸又釋文引字林云又廣雅釋獸又文選蕪城賦階門麐爾注引公羊劉兆注跂云麕鹿章也又左傳哀十四年逢澤有介麇為釋文云麇獐也壹按左傳今作介麇為釋文或改也麏麏也周禮庖人麇鹿熊麐野豕兔釋文公羊京十四年有麕而角者釋文○詩野麕陸疏云麕獐也青州人謂之麕有死麇束縛也左傳哀二年雖無勇

韻史　卷五十七第十三部平聲跟韻　五四〇五

哀二年雖無勇麇之注哀八年麇之以入注○壹按此段麇為麇也麇讀上聲為麇也麇讀上聲始見於玉篇古祇用麇作之

囷

麇之圜者圜謂之囷方謂之京說文段注管子曰新成囷囷京史記倉公傳見建家京下囷方石釋名曰京矜也貿物可矜惜者投之具中也急就篇門就篇門戶井竈廡囷京廣雅曰京庾廡倉也按吳語注員曰囷方曰鹿鹿即京也鹿者鹿之俗○考工記匠人囷窌倉城注云囷圓倉又荀子縈屏餘刀布有囷窌注云圓曰囷又國策秦策囷倉虛注云員曰囷又詩伐檀胡取禾三百囷兮傳云圓者為囷又釋文云囷圓倉又呂覽仲秋修囷倉注云圓曰囷方曰倉囷綣也藏物繾綣束縛之也釋名釋宮室囷笔也淮南要略捍搏囷注

韻史　卷五十七第十三部平聲跟韻　五四〇六

壹 羽君切

此古文也篆作壺壹壺也从凶从壺壺不得泄也易曰天地壹壺說文段注廣韻以否之閉塞釋絪縕趙岐亦以閉塞釋志壹氣壹天地壹壹敝解傳文令周易作絪縕他書作絪縕氤氳蒸邑注典引曰絪絪縕縕陰陽和一相扶兒也張載注魯靈光殿賦曰絪縕天地之氣也思玄賦舊注曰絪縕和兒許據易孟氏作壹壺乃其本字他皆俗字也許釋之曰不得泄也者謂元氣渾然吉凶未分故其字从吉凶在壺中會意合二字為雙聲疊韻實合二字為一字文言傳曰與鬼神合其吉凶然則吉凶即鬼神也繫辭曰三人行則損一人一人行則得其友言致也壹壺構精皆釋致一之義與轉語為抑鬱

熅

鬱煙也說文段注鬱當作鬱之與熅聲義皆同烟熅猶壹壺也熅謂聚火無焰者也漢書蘇武傳置熅火注欣熏可安謂之熅賈子道術熅熅元氣也廣雅釋訓烟熅氣也後漢書張衡傳天地烟熅注○壹按易本作壹壹正字也他家所用多俗體正字廢矣

縕

平上去三讀紼也說文段注玉藻纊為繭縕為袍注曰纊新緜也縕今之纊及故絮也纊及故絮謂以新緜合故

韻史　卷五十七第十三部平聲跟韻　五四〇七

熏 許君切

絮紫衣鄭說與許異衣部曰以絮曰襺以縕曰袍許絲絮不分新為絮謂之纊以亂麻謂之縕孔安國釋論語曰縕枲著也許所本也蒯通傳束縕乞火師古曰縕亂麻縕枲也後漢書崔寔傳注碎麻為縕故絮亦曰縕論語子罕衣弊縕袍皇疏○鄭注云縕絮也又後漢書羊續傳注云縕故絮也又漢書東方朔傳注云縕亂絮也縕[illegible]謂分弊麻絮之衣也列子楊朱常衣縕賁釋文縕亂也廣雅釋詁三○法言孝至齊姬之時縕注云縕亦亂也縕饒也廣雅釋詁四縕藏也易繫辭上傳乾坤其易之縕耶虞注縕淵奧也易繫辭上傳注縕巡行兒也後漢書馬融傳注縕赤黃之色詩箋人傳一命縕釋文又禮記玉藻注○壹按此段縕為縹苦縕也緣白赤黃色也纁淺絳也○小爾雅廣詁云縕赤也誅作熏○浴有燻火煙上出也說文○文選演連珠云引字書燻上出熏燻兮○漫明燭注弦云熏也賦燻也壹按此段薰為熏也熏氣烝也漢書路溫舒傳炙美熏心注○欬傳下薰香以州注云薰者謂相薰蒸亦漸及之義耳人後漢書鴻融傳注云薰猶蒸也熏灼也詩雲漢憂心如熏傳○漢書杜欽傳欲以熏燎天下注云

韻史　卷五十七第十三部平聲跟韻　五四〇八

勳

熏言熏灼之又易良屬黃心疏云薰燒灼也

熏猶熏炙之

史記酷吏傳以爲大豪索隱按此段以爲熏也○詩云漢疏云熏灼俱焚炙之義

熏感動也

○呂覽離謂注熏帥也後漢書蔡邕傳注引東京賦

熏熏和記也

詩鳧鷖公尸來止熏熏傳熏熏和說也

熏熏坐不安之意

熏炎炎熏也

東南曰熏風

爾雅釋訓熏風呂覽文選注云熏和也又釋文作薰又易艮釋文亦作熏紛素易釋文

熏燒也說文作熏明衣裳作熏借字也按皆同音通借

王炎炎熏也說文作王注云熏如熏風至之家語注云熏本作動又俗作纁

勛

古文動云荀子注云

能成王功也

說文段注云勛助成王業也此即小篆之動也按此說勳字古文作勛周禮司勳注云有勳功也故先鄭云王功曰勳

勳

功也

國語周語晉語注云勳功也又左傳襄二十四年注並云勳功也爾雅釋詁勳功也○傳襄十四年注國語周語魯語其動長老以書動爲司空孫

纁

於景鍾注又楚辭天問勳闔夢生注荊勳作以

德立宗廟定社稷曰勳

師夫何長注又文選東京賦銘勳彝器辭注

史記高祖功臣年表

勳師也

漢書百官公卿表上集注引胡廣云勳猶閽也主殿宮門戶之職○按閽勳同部雙聲字古多通用易艮爲閽寺又爲勳漢書作勳者借字也

漢書蔡邕傳注作熏又續漢書百官志二光祿勳注引如淳云勳之言閽也

又武梁祠堂畫象堯放勳又魯峻碑勳字皆同用異體字

說文纁淺絳也

考工記鍾氏三入爲纁注云染纁者三入而成又再染以黑則爲緅

周禮染人注云纁

爾雅釋器三染謂之纁

○又謂之纁淺絳也○纁絳也

禮記纁裳○爾雅釋器纁帛也○又儀禮士冠禮纁裳注云纁淺絳也

○說文作纁○史記封禪書注云纁絳也○爾雅釋器注○玉篇纁淺絳色也又周禮大司樂注云

三染其色已成爲絳纁絳一名也

出傳也又禮記檀弓上疏注○云廣雅釋器纁謂之絳

入而纁是赤之淺者

晚出傳形纁也又禮記檀弓上注云纁赤也

醺

壎

頳赤與黃即是纁色

周禮司纁玉藻疏云

纁是地色

禮記曾子問疏云纁地色赤黃之閒色也

以爲祭服

周禮三纁二入注左傳○哀十一年禮記聘禮注云

纁

禮記玉藻疏云纁朱同○

纁是朱之小別

纁者天地之色

士冠禮纁裳○按此同聲相借也又此也以纁爲纁字之○以爲纁皆作纁

禮記檀弓上疏云纁

醉也

詩曰公尸來燕醺醺

說文醺醉也詩鳧鷖公尸來燕醺醺毛傳醺醺和說也○許引作醺醺又釋文醺○蓋大雅段注云醺本作熏今詩作熏正義引亦作熏恐後人依毛傳改之

上四章皆云來燕燕則作熏也亦作熏宜此和悅之義以來燕例此也易同此醺亦許引經以會意釋之

樂器也以土作

六空

說文段注云○壎燒土爲之大如鴈卵○周禮小師掌教塤注云塤燒土爲之

周禮春官小師掌教塤○爾雅釋樂大塤謂之嘂注云塤燒土爲之大如鵝子銳上平底形如稱錘六孔

又呂覽仲夏紀注云塤以土爲之大如鴈卵○後漢書注引風俗通曰塤燒土也

說文作塤云塤樂器也以土作六孔○毛傳云塤土曰塤

薰

又土曰塤

白虎通禮樂引樂記曰塤坎音也又風俗通聲音塤

壎之爲言熏也

白虎通禮樂

陽氣於黃泉之下熏然而萌

廣雅釋樂坤爲塤淮南天文注風至涼

爲之大如鴈子其上爲六孔詩板疏云壎篪俱其樂器

象稱錘以土爲之有六孔

塤喧也聲濁喧喧

釋名釋樂器塤喧也聲濁喧喧然也

漢書律曆志上而平底六孔吹之

說文段注云○漢傳曰一熏一蕕○日薰

香草也

說文段注左傳注上林賦曰蕙薰草也陳藏器曰薰

蕙根曰薰張揖注曰蕙薰也陳藏器曰薰草○左傳又傳

即是零陵香也郭注西山經曰蕙蘭屬也非薰草

四年注又漢書龔傳薰以香自燒注並云薰香草

云薰香草也非古文草作薰

土相見禮注古文萃作薰之字

浮山有草焉名曰薰草臭如蘼蕪

山海經西山經○廣雅釋草云蕙草也○禮記檀弓

並用借字也

蕪

釋文云薰本作纁又內則釋文云薰草或作蕙又作葷

即薰香氣也

草之異體者

艸文選別賦注

且蕙蘭芳生草注○

蕙按此段蘭爲薰也

蘭香草

成素問方盛衰論

葷

或作焄 臭菜也 說文段注謂有气之菜也士相見礼夜侍坐問夜膳葷請退可也注葷辛物蔥薤之屬食之以止臥古文葷作薰玉藻膳於君有葷桃茢注葷薑及辛菜也葷或作焄按儀礼注謂蔥薤之屬為辛物即礼記注所謂辛菜也礼記先以薑者薑辛而不葷金辛之臭腥蔥薤之屬寄辛而葷實與薑同類也葷古作葷或作焄者嗅得名熏猶治曰亂祭義注焄謂香臭經音祭義焄 葷辛菜也 一切經音義十八引蒼頡為懷憎擇文云焄香臭之氣耳又荀子富國然後葷菜百疏以澤量注○論語鄉黨集解齊禁焄物釋文云焄本作葷又文選養注論薑辛害目注云薰興葷同茇按葷薰二字古互借通用 葷蔥薤之屬也 注荀子哀公志不在於食葷○礼記玉藻注云葷桃茢辟山邪也

或書作[犭軍]○十三部十五部兩見

翬

大飛也一曰伊雒而南雉五采皆備曰翬 說文段注釋鳥曰鷹隼醜其飛曰翬郭云鼓翅翬翬然疾釋鳥伊洛而南素質五彩皆備

詩曰有翬斯飛

韻史 卷五十七第十三部平聲跟韻　五四一三

成章曰翬王后褘衣刻繒為之形而采畫之有翬斯飛小雅斯干文今詩有作如唐本度徐鍇說文皆作有按毛詩作有則與如鳥斯革令為一事翬訓大飛或許所據毛詩如此與鄭不同未可知也鄭云此章四如又云翬者鳥之奇異者則作如翬然翬訓後一義○方言十二又廣雅釋詁三又後漢書馬融傳注弦云翬飛也又文選西京賦有鶴高翬薛注云翬翬飛也又廣雅釋訓云翍翍飛也又方言十二注云翬翬飛兒也又爾雅釋鳥舍人注云翬翬其飛疾羽聲也

翬雉也 文選射雉有五色之色翬徐注○詩斯干釋文云翬雉名又後漢書馬融傳注翬亦雉也又爾雅注云翬亦雉屬又禮記玉藻注云翬翟雉名也

伊洛而南雉素質五色皆備成章曰翬

詩斯干箋又釋名釋衣服○左傳昭十七年五雉為五工正注又賈注又介雅樊注並云伊洛之南曰翬雉又孫注云翬雉白質五采為文也又李注云素質五采備具文章鮮明曰翬

翬亦揮也 後漢書馬融傳注○董按春秋翬帥師魯世家作揮字杓文

揮

或作撣澤禕○十三部十五部兩見

奮也 說文段注按奮部奮下曰翬也翬下曰大飛也此云奮也揮與翬義略同

韻史 卷五十七第十三部平聲跟韻　五四一四

煇

輝又易乾六爻發揮釋文云揮本作輝此互相通借也云○十三部十五部兩見俗有燿輝

光也 說文段注小雅庭燎傳曰煇光也日部曰煇光也二字音義皆同煇光也有久訓如易君子之光其暉吉也是也析言之則煇光有別如昔昕谷劉卯云不同之名朝旦為煇日中為光玉藻揖私朝煇如也登車則有光是也史記斷成大人手足去眼作煇斥○此段煇為熏也古音在十三部庭燎與晨韵是也俗作煇漢書韋玄成傳後漢書衛傳注張集注云煇光也

煇光皃也 漢書司相如傳 煇光儀也 藻礼記疏玉 煇謂

日光炁也 周禮眡祲掌十煇之法司農注十煇文選西京賦以煇煌注云煇煌鳥

煇煌光皃 下漢書司相如傳 煇煌法

光耀也 文選西京賦薛注○董按洪修乎兒賦相朝碑纖表纖

德煇顏色潤澤也 煇礼記樂記內注故憑

煇煇赤色皃 文選

煇者甲吏之賤者也 為礼記祭統鮮也考工○董按此段記攻皮之工煇為煇

即煇也 爵煇鄣 文 西京賦以煇 煇薛注形 函鮑神章 六韜人為 周禮掌皮

韻史 卷五十七第十三部平聲跟韻　五四一六

乎意此下有謂奮訊振去之也七字基廣嚴默注語

揮振也 國策齊策揮汗成雨注

揮動也 廣雅釋詁一又鬼谷子抵巇揮之於太山之本注又文選舞賦情徽風傳若芳注

撣動也 玉篇

揮揚也 易說卦傳發揮于剛柔而生爻釋文引王肅注

揮發也 抵巇鬼谷子注

揮散也 釋文引鄭注

揮竭也 揮介雅釋詁

揮灑也 國語廣又後漢書注鄭玄荀傳注

揮猶移也 太乎乎告天渾而揮注晉語注又賈注

揮揃也 左傳襄廿三年疏而揮之注

揮振去水使手乾 儀礼特牲饋食礼注又不揮疏○禮記曲禮上飲玉爵者弗揮云揮振去餘也又釋文云揮振去之也莊子

揮斥猶放縱也 揮斥八極釋文云揮斥猶放縱也

又奮迅也 列子黃帝子列子田子方注云揮斥之

揮霍疾皃 文選西京賦跳丸劍之揮霍薛注云揮霍跳丸劍之形也

揮為肩上絳纖如燕尾者也 文選東京賦戎士介而揚揮薛注

揮黃帝臣也 注○一切經音義十六引世本宋羽見左傳襄廿四年此段揮為筆也又文選西征賦終奮翼而高揮段借亦同又王仲宣從軍詩良苗實已揮注云揮當為

韻史 卷五十七第十三部平聲跟韻　五四一五

韻史　卷五十七第十三部平聲跟韻　五四一七

鐫　醉勳切

或書作鐫○俗有鋑破木鐫也一曰琢石也說文段注謂破木之器曰鐫也因而破木謂之鐫矣一曰琢石也此破木引申之義耳凡似此者皆淺人所增也○漢書異姓諸侯王表鐫金石者難為功注云鐫琢石也鐫鐏也有所鐏入也釋名釋周器鐫鑿也廣雅釋言又漢書王莽傳下集注○淮南本經鐫山石注云鐫猶鑿也又後漢書隗囂傳注云鐫謂鐫鑿也鐫琢也晉趙謂之鐫方言二鐫謂琢鑿之也漢書溝洫志可鐫廣之注薛宣傳故使掾平鐫令注又後漢書盧芳傳注鐫謂鑿鐫也方言二注

分　甫君切

平去兩讀義異別也說文又呂覽仲夏死生分注首時隱居分竄注離謂賢不肖不分注當賞注辨土注又淮南脩務分白黑利害注○漢書律厤志上云分者自三微而成著可分別也又後漢書趙壹傳注云分坐別坐也又礼記曲礼上分爭辨訟注云分別皆別也分異也荀子不苟注○呂覽功名注云分猶異也又論語季氏邦分崩離析集解引孔注云民有異心曰分分猶解也後漢書寇恂傳注分猶散也列子黃帝用志不分注

韻史　卷五十七第十三部平聲跟韻　五四一八

分離也莊子漁父遠哉其分于道也釋文引司馬注分謂散離也漢書陳湯傳使亡逃分竄注分謂分張莊子庚桑楚釋文○齊物論云故分也者有不分也分裂也素問五常政大論分潰癰腫注分半也公羊莊四年傳師喪分焉注又荀子論論然則何以分之注仲尼以齊之分奉之而不足注又列子周穆王注又呂覽貴生注○後漢書光武紀下注云分猶半也又管子海王令鹽之重升加分彊注云分彊半彊也又春秋繁露陰陽出入云中秋之月陽在正西陰在正東謂之秋分秋分陰陽相半也分等也呂覽仲春日夜分注又淮南時則注○呂覽仲秋注云分等也晝漏五十刻夜漏五十刻故曰日夜分也分予也廣雅釋詁三又國語魯語以分大牲注分與也左傳昭十四年分貧振窮注分猶徧也左傳哀元年熟食者分而後敢食注分猶理也論語微子五穀不分鄭注○皇疏云分播種也分明也呂覽察傳是非之經不可不分注十蔈為分賈子六術○淮南主術夫寸生於標標注猶云十標為一分又說苑辨物云以秦生為之為一分分毛也一曰疵淮南主術則寸可得而察也注分分分恐恨也呂覽慎大紛紛分分注

韻史　卷五十七第十三部平聲跟韻　五四一九

衯

或書作衮長衣皃說文段注子虛賦衯衯裶裶郭璞曰皆衣長皃也集韵曰或書作衮裶作裵者是衯衯亂也廣雅釋訓

帉

或書作帉楚謂之大巾曰帉說文段注方言大巾謂之帉內則曰左佩紛悅注鄭云紛悅拭物之佩巾今齊人有言紛者釋文紛或作帉按紛者叚借字也帉帉同帉巾也帉幘也並廣雅釋器帉拭物巾禮記內則釋文○周礼內司服注紛悅縰續之屬釋文云紛本作帉

紛

馬尾韜也說文段注韜劒衣也引申為凡衣之偁釋名曰紛放也防其放弛以拘之也揚子言車軨馬騎謂結東馬尾豈韜之而後結之與羽獵賦注紛旗流也尚書敿乃干傳曰施汝盾結之離騷用繽紛字皆引申叚借也紛盛也易用史巫紛若釋文又文選東京賦紛焱悠以容裔注○離騷紛吾既有此內美兮注東皇太乙五音紛兮繁會注並云紛盛皃紛盛多皃離騷紛總總其離合兮注紛喜也廣雅釋詁一○方言十云紛怡喜也

韻史　卷五十七第十三部平聲跟韻　五四二〇

湘淨之閒曰紛怡紛眊也漢書揚雄傳上集注紛雜也同上紛結根也老子解其紛注紛變也易巽用史巫紛若荀注紛猶雜也文選西京賦紛瑰麗以奓靡注○漢書揚雄傳上上洪紛而相錯注云紛亂離也紛亂也廣雅釋詁三又左傳昭十六年獄之放紛注又史記司馬相如傳紛綸葳蕤索應引胡廣汲鄭傳紛更之為集解引如淳又楚辭抽思班其相紛兮注又文選弔屈原文般紛紛其離此尤兮注引李奇○莊子愁帝王紛而封哉釋文引崔注又楚辭惜誦紛逢尤以離謗兮注並云紛亂皃又漢書王莽傳中白黑紛然注云紛然亂意也紛紛雜亂皃荀子解蔽涫涫紛紛注又漢書敘傳下涵涵紛紛注○揚雄傳上集注云紛紛亂起皃又呂覽慎大紛紛分分注云紛紛段亂也紛紜亂皃楚辭怨思腸紛紜以繚轉兮注又文選文賦紛紜揮賓注閏中詩紛紜齊萬注○後漢書光武紀下注云紛紜諭亂也又馮衍傳注云紛紜猶皆亂也紛綸亂皃文選封禪文注引張揖紛綸猶襍糅也後漢書班彪傳下注○井丹傳注云紛綸猶浩博也紛擾亂也文選神女賦序紛紛擾擾注紛錯憒亂也楚亂憂若心紛錯而不見注紛挐亂相

持摶也漢書霍去病傳會漢匈奴相紛拏注紛拏相牽也史記尉將軍驃騎傳正義引三蒼解詁○文選舞賦般紛拏分注云紛拏相著牽引也紛紛言其多漢書禮樂志羽毛紛注○又云紛員多兒也紛紛衆也廣雅釋訓○文選西都賦注云紛紛衆多之兒也又四子講德論紛紜天地注云紛紜衆多之兒也芬亦謂衆多漢書禮樂志芬哉芒芒注○文選西都賦桑麻鋪棻顏注云棻茂盛也○萱按芬棻皆紛之段借字紛紛猶藉藉史記屈原賈生傳索隱紛紛動擾之兒書帝命驗東南紛紛注紛紛泊飛薄也文選蜀都賦羽族紛泊劉注紛猋飛揚兒文選舞賦紛猋若絶注紛縕盛兒楚辭橘頌縕宜修注紛云興作之兒漢書禮樂志紛云六幕浮大海注○司馬相如傳下威武紛云注云紛云盛兒又後漢書班彪傳注云紛紜盛兒也紛葩開張兒文選琴賦霍濩紛葩注○吳都賦紛葩蔭映注云紛葩謂舒張貨物使映又長笛賦紛葩爛漫注云紛葩盛多兒紛如有文章也太玄視鸞鳳紛如注○易巽疏云紛若者盛多之兒紛繷不善也廣雅釋訓紛紛攜

韻史 卷五十七第十三部平聲跟韻 五四二一

讒意也漢書賈誼傳般紛紛其離此郵兮注引孟康紛純謂以組為緣文選東京賦次席紛純薛注○周禮司几筵設莞筵紛純注云紛如綬有文而狹者○萱按此義於兮字義近若內則左佩紛帨及內司服注紛帨緣綼之偽涇當作兮矣棼亂也左傳隱四年治絲而棼之芝也釋文○萱按此段段棼為紛也棼棼同棼棼同惡書呂刑泯泯棼棼疏

鳻

或作鳻翁翂翂鳥聚兒也一曰飛兒也說文段注鳥聚兒言繽紛也翁翁飛也廣雅釋訓翂翂翐翐舒遲兒一云飛不高兒莊子山木釋文引司馬注○李注云翂翂翐翐狀羽翼聲釋文又云字或作翂戴鳻戴勝也廣雅釋鳥○方言八云鴂自關而西秦漢之間其大者謂之鴂鳩又云鳲鳩東齊海岱之間或謂之戴鵀春鳸鳻鶞爾雅釋鳥○釋文云鳻本作分

芬芬或

艸初生其香分布也說文段注衆經音義兩見說文芬芳也其所據本不同按艸部

韻史 卷五十七第十三部平聲跟韻 五四二二

芳艸香也詩說馨香多言苾芳大雅毛傳曰芳芳香也然則乎應所據正是古本○廣雅釋訓又詩鳧鷖燔炙芬芬傳竝云芬芬香也芳花艸之香氣也荀子正名香臭芬鬱注○文選東選東京賦薛注云芬芬香氣盛也芬艸也又芬藴水蘇也竝廣雅釋艸芬薌言至芳絜也荀子非相欣驩芬薌以送之注芬馥色盛香散狀文選吳都賦馥酔鬱劉注芬和也方言十三又廣雅釋詁之芬盛兒也一切經音義七引聲類芬然壤起兒管子地員然若灰注芬芬苦味也春秋緐露天地之行芬亦謂衆多萱按此段芬為紛也

棻

或作棻芬棻楪香木也說文段注芬為艸香故棻為香木棻茂盛也萱按此段棻為紛也

餴

饙或餴或作餴○或脩飯也說文段注脩急就篇作餥脩之言溲也水部曰溲浸沃也飯者入所飯也餴尒雅作饙釋言曰饙餾稔也孫云蒸之曰饙均之曰餾郭中之云今呼饙音脩餐飯為饙饙均孰為餾詩釋文引

韻史 卷五十七第十三部平聲跟韻 五四二三

字書云饙一蒸米也劉熙云饙分也衆粒各自分也按大雅泂酌行潦挹彼注茲可以饙饎箋云酌取行潦投大器之中又挹之注之於此小器而可以沃酒食之饎者以有忠信之德齊絜之誠以薦之故也此謂以水漫漫熱飯古語云饙飯○尒雅釋言釋文云饙一蒸飯

闅

○俗有闅闅闅也說文段注繽紛闅闅皆合二部疊韻萱按闅下云闅闅門連結繽紛相牽也

羣 去雲切

○俗有群最輩也說文段注若軍發車百兩為輩此就字之从車言也明也輩也此輩之通訓也小雅誰謂爾無羊三百維羣犬部曰羊為羣犬為獨引申為類凡羣之偁獸三為羣國語周語又史記周本紀又列女傳仁智○詩吉日或羣或友傳三獸三曰羣物三稱羣易象上傳羣疑亡也不亂羣也廣注象下傳羣也注離羣醜也注數辭上傳物以羣分虞注說卦傳為衆虞注○國語周語注云自三以上為羣羣非一也文選賦注引

韻史 卷五十七第十三部平聲跟韻 五四二四

法言家注羣謂畣戰共聚也礼記曲礼下大夫不掩羣疏羣會合也荀子非十二子壹統類有羣天下之英傑注羣衆也礼記祭法王為羣姓立社注又荀子非十二字合羣者也注又呂覽恃君則利出於羣注又呂類又說宛奉使又楚辭惜誦反離羣而贅肬注羣類也周書周祝用其則尤有羣注羣衆衆皆多之名也史記周本紀獸三為羣人三為衆女三為粲正義引曹大家羣謂同門朋友也礼記檀弓上吾離羣而索居注○礼記上羣居五入疏云羣朋友也又學記樂其友而信其道疏云羣即友也羣謂親之黨也○礼記三年問因以飾羣注疏云羣謂五服之親也羣后公卿之徒也文選東京賦羣后旁戾薛注○蕭按後漢書班彪傳下注云羣后諸侯也又書堯典覲四嶽羣牧史漢皆作是四嶽諸牧又左傳哀六年寘羣公子于萊釋文羣萊釋文羣本作諸是則諸羣同義通用羣吏將帥也後漢書班彪傳下注羣綱諸陽也太玄首部序贊上羣綱注

𢿌朋浸也說文

韻史 卷五十七第十三部平聲跟韻

五四二五

宭羣尻也說文段注以疊韻為訓論語曰羣居終日

帬裠或○或作郡裙繞領也說文段注方言繞衿謂之帬廣雅本之曰繞領句帔句帬也衿領今古字領者劉熙云總領衣體為端首也然則繞領者圓繞於領今男子婦人披肩其遺意劉熙曰帔披也披之肩背不及也蓋古名帬卬㤙分言曰帔若常則曰下帬言帬之在下者亦集衆幅為之如帬之集衆幅帔身也如李善引梁典任昉諸子冬月著昌中帔綀帬自是上下三物水經注淮南王朝安及八士家皆羽扇裙帔巾壺枕物一如常居亦帬帔𨒪言自釋名裙系下陂系上後人乃不知帔帬之別撞吙說文㒸按此象之解各本改為下裳也無義裙自關而東或謂之襬方言四○注云帬俗人呼接下江東通言下裳之釋名釋衣服云裙下裳也裙羣也聯接羣幅也蓋按劉郭義行而帬之本義隱矣

雲羽羣切云古文𠄔古文山川气也象回轉之形說文段注天降時雨山川出雲古文祇作云小篆加雨於上也遂為半體會意半體象形之字矣云象回轉形此釋下古文雲為象形也古文上無雨非省也二益

韻史 卷五十七第十三部平聲跟韻

五四二六

上字象自下回轉而上也正月昏婚孔云傳曰云旋也此其引伸之義也古文叚云為曰如詩云即詩曰是也亦叚昌為云如景員維河箋云員古文作云昏姻孔云本又作員聊樂我員本亦作云尚書云來衛邑以前作肙來小篆妘字籀作數是云員古通用皆叚借風雲字耳自小篆別為雲而二形迴判矣另或初古文象回轉之形者其字引而上行書之所謂觸石而出膚寸而合也變之則為云山而彌於天雲水氣也易略例雲者龍注○文言傳雲從龍疏云雲是水氣雲溼氣也素問五常政大論風雲英興注雲金氣所生也淮南墬形火生雲注鍊地氣上為雲素問陰陽應象大論陰陽合為雲古微書引春秋元命苞雲者天地之本也古微書引河圖帝通紀山氣為雲論衡藝增○南齊書五行志引洪範五行傳云雲者起於

雲者雨之具也後漢書郎顗傳○論衡龍虛云雲雨水也又素問五常政大論埃冒雲雨注云雲雨土化也又文選東京賦澤從雲游辟注云雲雨者天之膏潤雲猶云云衆盛意也又言運也運行也釋名釋天○古微書引春秋說題辭云雲之為言運也動陰路觸石而起謂之雲谷陽而起以精運也又

韻史 卷五十七第十三部平聲跟韻

五四二七

藝文類引習述礼統云雲運氣布恩普也坎在天為雲又坎升天為雲易小過密雲不雨虞注○彖上傳云行雨施虞注云上坎為雲又既濟婦喪其茀虞注云坎為孚雲師雨師也文選思玄賦雲師畢星也又後漢書注○西京賦察雲師之所憑薛注云雲師畢星也又後漢書張衡傳注云雲師屏翳也雲漢天河也後漢書桓帝紀注班彪傳上注張衡傳注為融傳注雲旍雲氣之象旍旗者呂覽明理有其狀若懸旍而亦具名曰雲旍注黃帝曰雲門大卷言其德如雲之所出周禮大司樂舞雲門大卷注雲轁轁車也稱雲言多後漢書竇憲傳注○光武紀上注云雲車即樓車搞雲言其高也雲樽刻雷雲之象論衡亂龍雲和山名周禮大司樂雲和之琴瑟注○司農注云雲和地名也楚有雲夢尒雅釋地○周礼職方氏其澤藪曰雲夢注云雲夢在華容仍孫之子為雲孫尒雅釋親○釋名釋親屬云仍孫之子曰雲孫言去已遠如浮雲也云旋也左傳襄廿二年疏○襄廿九年其誰云之注云云猶旋也云運也周旋運布膚寸

韻史 卷五十七第十三部平聲跟韻

五四二八

而合西行則雨也呂覽圜道雲氣西行云云然 云運動皃也管子戒 云猶友
也詩正月 云有也廣雅釋詁一○王氏引之經傳釋詞云荀子
月斐法行篇穀已破碎乃大其輻事已敗矣乃重
法行篇穀已破碎蓋有焉也○家大人曰云猶有也
也或通作員書秦誓雖則員然 云遠也廣雅
一釋詁 云翔猶解散翔圜不案秦策注云 云言也書微子
誰云說傳文荀子解蔽注又楚辭大招注代息穴又毖詩何人云斯對子
○荀子非十二子無能而云能者也注云云能自言其能也注伊
養戰國將以言能爲云能當時 云猶是也經傳釋詞云猶是
之語也 云猶是也經傳釋詞詩正月伊誰云
憎言伊誰是憎也何斯人 云猶或也猶或也詩家大人曰云
伊誰云從言伊誰是從也 云猶或也書秦誓日月逾邁若弗云來言若弗或來也又抑篇無曰不顯莫予云覯言莫予或覯也又詩
萬若弗云來言若弗或來也又詩莫予云觀莫予云觀又爲
莫予云覯也又桑柔民有肅心莊云不逮言使或不逮也云觀言
民不利如云不克言如或不克也昔語其誰云救之言其誰或救之也○秦誓疏
不從也文內然無親其誰云救之也○從言誰或
云員即 云猶如也經傳釋詞家大人曰云猶如也如與或義
云也 相近列子力命篇曰管夷吾有病小白問

韻史　卷五十七第十三部平聲跟韻　五四二九

云 詞也文選傳長廣贈何邵王濟詩注引韓詩章句 云發語
詞也經傳釋詞云發語詞史記封禪書集解引瓚曰云足句之辭
可恭思君子陟降云云語之詞也詩風雨云胡不夷何人斯云不我
如何果采采是也○祖何老云如之何也耳云何吁矣何人斷分云雖
云語中助詞也○禮記往雲大漢記云我無所云云云語辭也 云語中助詞也經傳釋詞
來也四月我日也詩雅雖通云云疏云云語辭也 云語中助詞也
言入之已也云皆語助耳左傳十五年歲云能穀言何能穀也朕言
云秋失戍十二年日云莫矣亦以云爲語助 云語已詞也經傳
釋詞云語已詞也詩出其東門聊樂我員正義曰云員古今
字助句辭也大戴禮夏小正傳曰蟄記時也云禮記樂記曰

之曰仲父之病矣不可諱云至於大病
則寡人惡乎屬國而可言如至於大病
人曰云猶然也左傳僖廿九年是生三犧皆
言其音云然也史記周本紀曰其色赤其聲魄云
也其析引馬注太誓曰魄然安定意也封禪書云
若石云于陳倉北阪言若石然也又曰若雄雉其聲殷云
其聲殷然也顏注以云爲語聲之亂則誤讀爲紛紜之紜矣
云猶然也經傳釋詞家大人曰云猶然也其言用之其聲沈然云分獲言

韻史　卷五十七第十三部平聲跟韻　五四三〇

沄　囩

故聖人曰禮云禮云 云爾云乎皆語已詞也經傳釋詞云
樂云是也 云爾隱元年穀梁傳曰猶曰此云爾是之也其寘元年公羊傳
傳曰云乎爾是之將中年云公羊皆
而穀之云不知老之將也○禮記曾子天圓曰而閣之何
公羊傳之云論語述而不知老之將至云爾
云乎論語陽貨曰玉帛云乎哉云乎哉
云爾仁義云注云爾絕語之辭也
足與言公羊傳云注云云云爾云乎語辭也
又公羊傳曰云云爾公羊傳云乎辭也
說文段注云字下曰象雲回轉形法字下
回也 回轉流也凡從云之字皆有回轉之義
○俗藉有艸也侣目窗淮南王說芸艸可以死復生說文段注
月令采芸爲朝采也二月榮芸月令仲冬芸始生注芸香草也
注淮南呂覽皆曰芸芸蒿菜名也呂覽曰芸爲香艸之高者
芸注芸芸也賈思勰引倉頡解詁曰芸蒿似斜蒿可食沈括
拮曰今謂之七里香者是也葉類豌豆其葉極芬香古人用以
以藏書辟蠹故置席下能去蚤虱淮南王劉安也可以死復
生謂可以使死者復生蓋鴻寶萬畢術○其傳矣○蓋
按目錄合字作苗蒿漢書陳寵傳今本作芸
傳注馬融傳注越云芸香艸也 芸臺謂之胡菜 御覽九百八十引通

韻史　卷五十七第十三部平聲跟韻　五四三一

沄　員

俗文芸芸華葉盛也老子夫物芸芸注芸此段芸爲瓿○詩裳
裳者芸其黃矣傳云芸黃盛也
說文段注曰轉之流法法然也 沄沄沸兒 楚辭哀歲
轉流也 釋言曰沄流也鄂云水流沸流也 流水分沄
法注
員 物數也說文段注本爲物數引伸爲凡數俗㕛官員
萬二百八十五人是也數木曰枚曰梃數竹曰箇數絲曰紽
曰總數物曰員小雅員于爾輻毛曰員益也此引伸之義
也又段借爲云字如秦誓若弗員來鄭風聊樂我員漢書高
祖紀員數縈文云若員古文云員數也 員象也高后功臣
表更爭以數遠到子告坐 員有也廣雅釋詁一
生事國人過員注尸鄉歸傳張注廣雅釋詁三 員
均也詩玄鳥傳○箋員者周匝之言 員員謂似急也
料燕辭其異義 員即云也 詩為秀子 素問
蚋盾員注則 書秦誓若弗員來疏○箋 此段
亭員水 員爲云也又爲鄭與滑之借字
是也

韻史　卷五十七第十三部平聲跟韻　五四三二

⿰員云

有。俗物數紛⿰員云亂也說文注⿰員云今字作紜紜行而⿰員云廢矣紛⿰員云謂多則亂也古段紜芸為⿰員云光子夫物芸芸各歸其根。夫物芸芸有諱雲吁紛顏氏家訓芸芸華葉盛也風燥云芸芸有各歸其根也按此芸與⿰員云其黃矣芸行而⿰員云廢矣段芸為⿰員云芸黃盛也芸芸華葉盛也芸光子注。夫物芸芸裳裳者華傳

妘

⿰女鼎作嬸。或祝融之後姓也說文段注祝融八姓己董彭禿妘曹斟芈國語曰其後八姓鄶人也妘姓也鄶人偪陽是也大戴禮云鄶人云即妘字世

⿰禾員

从耘或作。俗除苗間穢也說文段注穢當作薉小雅毛傳曰耘除艸也芸也耔也離也奈志云播種於甽中苗生三葉以上稍耨壟艸因隤其土以附苗根比盛暑壟盡而根深能風與旱故薉薉而盛也一事也謂耕者之稍耔也以成也苗生之始也則又以耕後以耔其間也下所云陳艸後生也又以間云耨也亦謂之耨者一也前艸後生苗生也下所云根六寸所以間耘也耔之也注云耨所以耘苗力廣六寸所以耕六寸所以閒苗也又按吕覽云其耨六寸所以間稼也人之所以成畝也謂六尺為步步百為畝其耜廣五寸二耜為耦一耦之伐廣尺深尺謂之畎此謂其耨與耜同也其博八寸

圓

周禮匠人一耦之伐廣尺見人部耜柄之尺此其度也謂耨柄之尺所以閒也此謂耨頭之金廣六寸所以間苗也高注古者以耜耕六尺為步步百為畝廣尺為耦一耦之伐云其又云耘除艸也詩甫田或耘或耔傳耘除艸也釋文又左傳昭元年注載芟千耦其耘釋文漢書食貨志上後漢書力崔駰傳注。文選東京賦云艸也以耘耔論語微子注云植其杖而芸釋詁不戰而漢書三不戰而又史傳注引。孔注云除艸也芸也南越傳曰耘者去艸也集解段耘為隱耘也按南越傳芸作耘

芸鋤也荀子注　芸治也　芸注耘除也記南越傳不戰而

耘鋤也上引韻注圍音芸義孟子人之田心注下　耘耨耔也楚辭九歎惡芸謂有艸可蔡雍與何耘

注

圓

圜全也說文段注全集韻類篇作合誤字也圓者天體天圜而不全圓而全則上下四旁如一是平云也圓之物為渾圓均也毛謂甬也謂渾圓之物周回而均也按孟子離婁是也甬也渾圓而均無不均之處也

慣　緭

中之曰圜當作圜謂圓也此中毛非易也。蓋按段人圜不則據說文則平圜作渾圓作圓言天作圓三字不同而圜字字用者皆當作圜者皆當圓之聲之義合觀之圓在南部也

圓豐滿也圓者運也圓呂覽而審時天注其象圓者運大戴記曾子天圜注上中云墨子天道曰圓

而不窮易繫辭上傳中吾規者謂之圓戴記曾子天圓又淮南天文圖者天也又淮南兵略

記曾子天圓地方注云圓者天也云圓者不暑說文年天經也戴禮云地上國君之道天也地方又周髀算經方注

經云天圓上下動為圓鬻大注淮南子兵略注云圓天之道也管子君臣篇地方者運之門注圓謂君之道也

上首之謂圓大戴記曾子天圓云明諸子圓之象圓為此陰陽也正圓者神明之精也段注圓非也

圓謂君道也

員者行也素問八正神明論以員者運行也

員輪丸之屬也淮南原道注圓者常轉淮南主術者圓之形象水珠者運也

悬見說文乃用訓乃用訓之作悬人說文乃悬者蓋按悬作恩非是

綱紐也周禮曰緭寸說文段注緭者結而可解也大曰繩小曰緭緭之系。綱紐也以小繩為紐於大繩之上以綱其綱舉者之於大曰綱綱與出綱綱繩維縻繫者

綱於緭是曰緭引仲為凡緭之係人也為綱上綱與下綱繩出者結者緭寸為注云記所以繫於者也

鄖

縊龜大故以小繩毋大繩為細連於用竹以竹青皮之篾其與网一也大都曰諸如竹青皮之篾或作部

漢南之國漢中有鄖關說文段注左傳桓十一年鄖人軍於蒲騷宣四年若敖娶於鄖

字或作䢵杜曰鄖國在江夏雲杜縣東南有鄖城按二志江夏郡雲杜縣今湖北德安府城即故鄖都也漢水自西北而東南經安陸在漢水北而云漢南者漢之下游地廣處南也春秋時楚滅鄖故滅鄖故而有鄖公辛地理志曰漢中郡長利有鄖閼史記貨殖傳曰南陽西通武閼鄖閼在今河南內鄉縣西百七十里鄖閼在今湖北鄖陽府西接武閼張守節注貨殖傳曰鄖閼在今鄖陽府上津縣唐室亂時閼在金州通鄖州陽縣南通今鄖陽府今之所謂鄖陽府鄖縣也今鄖陽府與安府洵陽縣謂鄖閼之鄉也傳漢鄖國甚遠其間即鄖閼之間而不當謂兩地鄖閼去鄖國甚遠其字同耳故別言之

鄖國名宣十一年左傳注鄖國名一名䢵文十一年左傳注䢵國名毋當宣二年釋文作其

鄖楚邑也楚語楚昭王奔鄖注。蓋按左傳成七年鄖公鍾儀襄九年鄖皇鄖字皆本作員蓋省借也又哀十二年會于鄖公羊作運

穀或本是鄖字而轉鄖也

韻史　卷五十七第十三部平聲跟韻

涓

涓水出南陽蔡陽東入夏水說文段注南陽郡蔡陽二志同故城當在今湖北悳安府隨州西澆内夏水見沔字下水經注涓水出蔡陽縣東南過隨縣西又南過江夏安陸縣西又東南入於夏鄖云涓水出縣西又東南大洪山山在隨郡之西南竟陵之東北盤基所跨廣員百餘里今涓水出大洪山之陰東南經隨州應山縣安陸縣雲夢縣應城縣至漢川縣涓口增入漢源流長五百里入漢鄖古之入夏水也今漢夏不分據水經悳安府治即古鄖國也鄖蓋以水得名水經注曰隨水至安陸縣故城西入於涓國城也左傳定四年吳敗楚於柏舉及於清發蓋涓水兼清發水之目矣

汝聿切

瞤

目動也說文段注素問向瞤感注動掣也西京雜記陸賈曰目瞤得酒食

犉

黃牛黑脣也詩曰九十其犉說文段注釋畜云黑脣犉毛傳云黃牛黑脣曰犉按爾雅不言黃牛者牛以黃為正色凡不言何色皆謂黃牛也○詩良耜殺時犉牡傳又周禮牛人釋文並云黃牛黑脣曰犉篆按字或作者小篆也

五四三七

韻史　卷五十七第十三部平聲跟韻

敕雲切

趨

○俗有趨走兒說文段注夷疾於行按此字今篆作趨說云觀聲漢觀字詩如郝郎分絶遠床廣韻十八詩作趨則與玉部敵證字用一諧聲玉篇亦作趨

紃

○俗有約圜采也說文段注采彰而諧圜采蓋古有是名而漢語猶然圜采以采緣之其體圜也內則織紝組紃注曰紃絛也襍記為紃以五采集注曰紃施諸縫中若今時絛也孔穎達曰絛以縱者為紃○集韻引字林云紃圜絛

紃絛也詩采蘋序釋文又廣雅釋麻為之麤繩之屬也衣紃復之士注云紃絛也謂編麻為之麤繩之屬也○苟子富國布衣紃

亦纏蜿轉意也淮南說林紃以為不必以絛可以紃者法也為紃注淮南精神○苟以子道紃

非十二子終日言成文與同注紃之與循及紃察之注紃與循同

馴

馬順也說文段注不古馴訓循三字互相假借皆川聲也古文尚書五品不悉史記作五品不馴及周禮地官注皆作訓而五帝本紀作五品不馴漢書周禮馴之本義為馬順引伸為凡順之稱馴順也石渠閣奏議漢書司馬相如傳上林集注引公孫弘傳集注又不凌漢書馴等字曾注又馴以謹張揖注又列子黃帝注又不凌馴者釋文語好生鳥獸馴

五四三八

韻史　卷五十七第十三部平聲跟韻

文又太子子首都序馴字子注于貞馴注長屬之馴注美屬之訓注永永安馴首注乎塋之大道乃馴注乎圍馴幽推麻注○周禮猶馴也疏云馴是順之義又易象上傳馴致其道九家注云川馴猶順也又傳傳輔行傳家記八引字林云馴性

順行調馴狎也禮記曲禮注養明馴釋文○易象傳疏云馴猶狎順也馴擾也史記司馬相如傳乃篤馴駿之馴集解引漢書音義又漢書武帝紀南越獻馴象注又淮南說林馬先馴而後求良注○廣雅釋言云馴擾也

馴從也引易坤文注釋同

馴奉令衛太子子蜡○子也云馴臣保也

馴善也一爾雅釋詁入禮記

曲禮上疏又史記管蔡世家皆有馴行家隱

馴訓也史記五帝紀其文不雅馴正義○黃按五帝紀能明馴德

李文紀敦馴其民萬石張叔傳學不陵節而施之曰馴說苑建今馴行李謹音仰用馴為馴字

巡

視行也說文段注也各本作兒今依篇韻訂視行者有所省視之行也天子適諸侯曰巡所守也視行一作延行延巡雙聲○書堯典歲二月東巡守注又周禮土訓王巡守注云巡守者行視所守也又書大傳雒元祀巡守注云

五四三九

韻史　卷五十七第十三部平聲跟韻

巡巡行也視巡行也周禮掌固晝三巡之注又禮記祭義君巡所守也巡狩疏又左傳哀九年巡文城注襄卅一一年事則巡之注又國語晉語臣從君還幹巡於天下注又又廣雅釋詁一又呂覽孟秋巡彼遠方注又太子湖都序序巡來六甲注子繖陰陽更巡注又文選射雉賦巡丘陵以以經略今余注○左傳襄卅一年廣人巡宮注云巡宮行彪侯又周禮司隸巡問而觀察之注云巡問行問民間也又叢遣師賓客則巡其道脩注云巡其道脩行治道路也

巡巡者脩也白虎通巡狩又風俗通山澤○公羊隱八年傳注云巡猶循也天子省方謂之

巡守左傳莊廿一年傳王巡虢守注○文選東都賦注引逸禮云巡守者何巡者脩也狩牧也謂天子巡行守牧也

巡靖巡狩而安之也文選典引注巡撫也後漢書班固傳注巡徧也

左傳桓十二年三巡數之注○漢書平當傳贊遵道有恥傳下遵道致仕蓋按此皆段注○漢書巡為巡也又禮記祭義陰陽長敘短始相巡按此段東方朔傳徵循循長楊以巡為沿也注亦云然

循行視也東注○蓋按此段循為巡也

五四四〇

遁

平去兩讀 遷也一曰逃也 說文段注此字古音同循遷延之意凡逡遁字如此今之逡巡也儀禮鄭注用逡遁十有一一曰逃也此別一義以遁同遯蓋淺人所增○蓋按訓逃者自有遯正字凡遁之訓逃皆遯之借字其讀去聲從遯音耳与李借無涉也匡謬正俗五云遁為迴字 遁猶曰避也 後漢書杜林傳注 遁失也 後漢書劉趙淳于江劉周趙傳注 遁隱也 廣雅釋詁四又離騷後悔遁而有他注又後漢書鄧惲傳注○方術傳注云遁甲推六甲之陰而隱遁也蓋按皆段借之義也併入遯下似無不可

循

行也 說文段注各本作行順也淺人妄增耳依大徐正義家經音義所引訂行今音詳下五反如月令循行國邑出行田野循行縣鄙周礼注行夜皆是也釋詁遹遵率循也引伸為撫循為循循有序○漢書方朔傳徼循長楊以東注云循行視也 循巡也 華嚴經音義上引叢 循遵也 淮南記論大人作而弟子循注又楚辭天問啓徼循述注 循述也 廣雅釋言○礼記少儀毋循枉注云循猶追述也 循自也 尒雅釋詁 循從也由

也 漢書武帝紀集注○文選陸士衡答張士然詩注引廣雅云循從也又荀子性惡上不循於亂世之君注云循順從也 循猶履也 易未濟注循難在正釋文 循隨也 淮南原道循天者与道游者也注氾論常故不可循注而循俗未足多也注說山故循達者注 循順也 左傳文十一年國人弗徇服注又書中候配永循機注又漢書禮樂志集注各列傳集注又後漢書班彪傳注又淮南俶真可切循把把而有數量注本經五星循軌注 循表也 廣雅釋詁四 循謂摩循 漢書李陵傳而數數自循其刀環集注○注云循謂摩順也○蓋按訓摩者揗為正字循為借字要之二字義本切近也 循猶緣循也 論語鄉黨足縮縮如有循皇疏 循循然順動兒 素問離合真邪論其行於脈中循循然注○注又云循循一為輴輴○蓋按循輴正借字又詩江漢箋使循流而下釋文循本作循按二字通用也古又借約為循 循次序兒也 論語子罕夫子循循然善誘人集解多兒又皇疏○蓋按孟子章指引論語作恂恂然乃段借

賁

甫雲切

十五部平去二讀及此凡三見 飾也 說文○蓋按此本義也又見十五部去聲其讀本者本之段借字又段為憤為

陸為班各詳正字下 賁大也 書大傳天子賁庸注○詩靈臺賁鼓維鏞傳云賁大鼓也○蓋按凡從賁聲之字亦皆有大義故鼖與墳等各有專字而多用賁 賁者何也走於地中也 大戴記夏小正今駒賁注 龜三足賁 尒雅釋地○山海經中山經狂水其中多三足龜注云龜三足名賁 賁鬲也 素問脈要精微論內以候鬲注 賁星客星也又作孛星 淮南天文賁星墜而勃海決注○俶真注云賁星客星也

鼖

鞼 或○俗有鼖鼓 大鼓謂之鼖鼖八尺而兩面以鼓軍事 說文段注凡賁聲字多訓大如毛傳云墳大防也頒大首皃汾大也皆是卉聲與賁聲一也韗人鼓長八尺鼓四尺中圍加三之一謂之鼖鼓鄭曰大鼓謂之鼖○尒雅釋樂云大鼓謂之鼖又文選東京賦鼖鼓路鼖薛注云鼖大鼓也又書顧命鄭注云鼖鼓大鼓也又周礼鼓人注云鼖鼓長八尺○蓋按大司馬注以賁鼓鼓軍事又詩大雅靈臺云賁鼓維鏞又文選演連珠云賁鼓空而令響皆用賁為鼖字

轒

淮南名車穹隆轒 說文段注淮陽漢國有縣九今開封府陳州以南是其地車穹隆即蚤弓也方言曰車枸簍宋魏陳楚之間謂之筱或謂之䈉籠秦晉之間自關而西謂之枸簍西隴謂之榼南楚之外謂之蓬或謂之隆屈郭云即車弓也按許之穹隆即䈉籠也謂之轒蓬即蓬字與柳淮陽謂之轒為方言所不載也釋名曰隆強或曰車弓長楊賦碎轒轀別一義也按此篆當與上頰蓋弓也為反轒言其分轒言其合也 轒柳車也 廣雅釋器 轒轀匈奴車也 漢書楊雄傳下轒轀注引應劭 碎 轒比尼羅轒 一切經音義十三引字林

幩

馬纏鑣扇汗也詩曰朱幩鑣鑣 說文段注衛風碩人曰朱幩鑣鑣傳曰幩飾也人君以朱纏鑣扇汗且以為飾鑣鑣盛皃金部曰鑣者馬銜也以朱纏纏馬銜之上而垂之可以因風扇汗故謂之扇汗亦名排沫瀌瀌各本及詩經皆作鑣鑣今依玉篇人部訂布瀉所據詩不誤孔沖遠正義已誤矣又按廣雅亦曰鑣鑣盛也則不必改

墳

○浴有墳墓也說文段注此渾言之也析言之則墓為平處墳為高處故檀弓孔子曰古者墓而不墳部鄭淳李女曾城碑曰丘墓起墳鄭注禮記曰墓謂兆域今之封塋也土之高者曰墳此其別也方言曰冢秦晉之間謂之墳或謂之培或謂之堤大者謂之丘此是埌或謂之壠自關而東謂之丘小者謂之塿大者謂之丘此又別國方言之不同也墳之勦多引申段借用之如厥土黑墳公置之地地墳此引申之用也如遵彼汝墳借墳為坋周礼墳衍借墳為濆也○列子天瑞墳如也釋文云墳如如墳墓也墳冢也廣雅釋丘○方言十三云冢自關而東大者謂丘注云又呼冢為墳也墳即大陵也方言一注○尒雅釋地云墳莫大於河墳墳謂積土也漢書劉向傳注○後漢書謝夷吾傳注云墳謂築土又廣雅釋地云墳大也墳地大也青幽之間凡土而高且大者謂之墳方言一○文選射雉賦畫墳衍而分畿徐注云青幽之間土高且大者通之曰墳墳大防今呼為塘文選射雉賦崇墳夷靡徐注○萱按此段墳為坋也水中高者為墳楚辭哀郢登大墳以遠望兮注○萱按此墳引申之義也亦可謂為濆之借墳大也尒雅釋詁又詩苕之

華牂羊墳首傳又周礼司烜氏共墳燭庭燎注又左傳昭十二年是能讀三墳五典賈注墳分也廣雅釋詁一又楚辭天問注三墳墳分也論三才分天地人之始其體有三也釋名釋典藝○文選東京賦三墳五典旣泯薛注云三墳三王之書又左傳昭十二年賈注云三墳三皇之書又後漢書張衡傳注云三墳三皇之書也又晚出書孔序云伏犧神農黃帝之書謂之三墳言大道也○萱按張納功德敘綜賁典文黃政碑○研典賁皆段賁為墳者也墳順兒管子君臣下墳然若父之子也墳起也國語晉語地墳注又後漢書漸明帝紀漸就壇墳注墳有膏肥也書禹貢厥土黑墳馬注墳羊土之精也淮南氾論井生墳羊注○史記孔子世家集解引唐固云墳羊雌雄未成者也又後漢書張衡傳注云土之怪曰墳羊又馬融傳注云墳羊土之怪也其形似羊○萱按似羊此段墳為羵也墳壤多蚡鼠周礼艸人墳壤用司農注○萱按此段墳為蚡也蕡實兒詩桃夭有蕡其實○萱按此段蕡為墳

濆

水厓也詩曰敦彼淮濆說文段注詩大雅鋪敦淮濆傳曰濆厓也周南遵彼汝墳傳曰墳大防也

也畫然分別周礼大司徒職丘陵墳衍原隰注曰水涯曰墳而常或箋亦釋濆為大防是鄭謂古經段借通用也許則謹守毛傳敦彼當是鋪敦之譌箋釋為陳屯水涯曰濆後漢書馮緄傳注○楊李翟恩寬免涂傳注云水涯曰墳墳厓也廣雅釋丘○萱按凡濆墳不別者皆沿鄭君箋注濆泉直泉也廣雅釋水○公羊昭五年傳云濆泉者何直泉也直泉者何涌泉也濆者汝別也水經汝水注○注又云濆水世亦謂之大濆水是或濆汾之聲相近矣○萱按尒雅汝有濆釋文云濆本亦作涓消蕡段借字濆淪相糾兒文選海賦注○管子勞注云濆動亂也○萱按段濆淪為紛綸也紛綸猶褋糅也紛者亂也

蕡

褋香艸說文段注當作褋艸香蓋此字之本義若有蕡其實詩段借為墳大字耳蕡藹尒雅釋木蘇周鄭之間謂之公蕡方言三蕡弦也廣雅釋器蕡實兒萱按詳墳下蕡麻也蕡枲實也萱按拉詳䵒下

䵒

十三部聲十五部去聲兩見○萱按此花之或體也花䵒乙見十五部又見此者賁聲也䵒麻也䵒麻

也䵒麻子也䵒麻之有實者萱按皆詳十五部蕡麻也周礼艸人彊檗用蕡司農注○籩人其實麷蕡注云麻曰蕡蕡是子麻儀礼喪服傳苴絰者麻之有蕡者也疏○礼記內則菽麥蕡釋文云蕡大麻子蕡麻實儀礼喪服傳釋文蕡枲實也周礼籩人注考工記弓人牛筋蕡灂注又春秋疏引馬融儀礼喪服注有司徹籩蕡注又礼記內則蕡稻注並云蕡枲實也蕡燭䵒麻燭也周禮司烜氏共蕡燭庭燎司農注○萱按蕡本訓艸香而多段蕡為䵒借義行本義隱矣

豶

羠豕也說文段注羠騬羊也騬犗馬也特騬牛也皆去勢之謂也或謂之劇曰木謂之犍許書無此二字周易大畜六五豶豕之牙虞翻曰劇豕稱豶今俗本劇譌作劇豶謂犍豬尒雅釋獸豬豬釋文○魚雅釋獸云豬也豕去勢曰豶易大畜釋文引劉注○易義海撮要引陸績注云豶豕之去勢者豶除也易大畜注能豶其牙疏引褚氏說

頒

○浴有盼大頭也一曰鬢也詩曰有頒其首說文段注小雅魚藻曰魚在在藻有頒其

首傳曰頒大首皃苕之華牂羊墳首傳曰墳大也此段墳爲頒也孟子頒白者不負戴於道路此段頒爲賁也周禮匪頒之式鄭司農云匪分也頒謂讀爲班布之班謂班賜也此段頒爲班也鬢者頒髮也引伸之類亦曰頒玉藻笏大夫以魚須文竹鄭云文猶飾也大夫士飾竹以爲笏按須乃頒之誤故釋文音班崔靈恩作魚班知唐初故作頒須無音班之理魚頒者謂魚頰骨考工記工記注曰之而頰須也是也頒衆皃詩魚藻釋文引韓詩頒分也頒賦也頒布也頒斌相襍之皃也蓋按詳見班下解下

氛

雰或○育蠢　俗祥气也說文段注謂吉凶先見之氣左傳曰非祭祥也喪氛也杜注氛惡氣也晉語曰見翟柤之氛注氛祲氛凶象也凶曰氛吉曰祥玉裁按統言則祥氛二字皆兼吉凶析言則祥吉氛凶耳許意是統言左傳又曰楚氛甚惡杜注氛氣也可見不容分別按雰爲小雅雨雪雰雰之字月令雰霧冥冥釋名氛粉也潤氣著艸木因凍則凝色白若粉也當作此雰與祥氣之氛各物似不當混而一之氛氣也左傳襄廿七年注昭廿年梓慎望氛注又文選述祖德詩而不纓垢氛注氛天氣也後漢書張衡傳注氛惡氣也左傳昭十五年注又

漢書元帝紀是以氛邪歲增注董仲舒傳氛氣充塞注司馬相如傳下清氛而后行注又楚辭遠遊吸精粹而吐氛濁兮注氛祲氣也國語楚語高不過望國氛注後漢書崔駰傳注云氛祲也○山氣爲氛國語楚語臺不過望氛祲注氛旄氛氣爲旄也文選思玄賦氛旄溶以天旋兮注○寒氣曰雰也素問六元正紀大論寒氣結爲霜雪注雰霜也楚辭悲回風激凝霜之雰雰注雰雰雪霜皃楚辭怨思雪雰雰而薄木兮注○詩信南山傳云雰雰雪皃雰雰雨也廣雅釋訓雰埃塵纖也文選西京賦消雰埃於中宸薛注

坋

或書作坌○平上兩讀義分塵也此義上聲一曰坋大防也說文段注周南傳曰墳大防也許釋墳爲墓然則汾墳乃段借字也此義音當平聲墳大防尒雅釋地墳莫大於墳注○釋丘墳大防李注云墳謂厓岸狀如墳墓名大防也○文選射雉賦崇墳夷靡徐注云墳大防今呼爲墦○蓋按坋正字墳借字借字行而正字隱矣

汾

汾水出大原晉陽山西南入河或曰出汾陽北山冀州浸說文段注太原郡晉陽二志同今山西太原府太原縣縣治東北有太原舊城城中舊有三城一曰大明城古晉陽城也左傳有六名曰大夏曰大原曰大鹵曰夏墟曰晉陽曰鄂其實一也周禮河內曰冀州其浸汾潞左傳曰新田有汾澮以流其惡又曰宣汾洮前志曰大原郡晉陽晉水所出東入汾汾陽汾水所出西南至汾陽陰入河水經曰汾水出大原汾陽縣北管涔山至汾陰縣北西注於河按許云出晉陽山與志水經不合者志水經舉其遠源許舉其近源也汾出管涔山東南過晉陽縣東晉水從縣南東流注之許意謂晉水卽汾水之源所謂晉陽山者蓋卽縣甕山在今太原縣西南十里晉水所出也杜注左傳曰汾水出太原與許合今汾水出靜樂縣管涔山經陽曲縣至太原縣城東晉水入焉又經清源縣東南徐溝縣北又經交城縣文水縣平遙縣汾陽縣孝義縣介休縣靈石縣霍州趙城縣洪洞縣臨汾縣襄陵縣太平縣曲沃縣至絳州城南澮水入焉又經稷山縣河津縣至滎河縣北境入河在龍門之南五十里曰汾口於古水道無大異按大雅汾王之埒毛曰汾大也此謂汾卽墳之假借也○詩汾沮洳傳云汾水也又左傳桓三年逐翼侯于汾隰釋文又

國語晉語我今之汾陽之田百萬注韋云汾水名又水經涑水注引賈逵云汾洮二水名又周禮職方氏注云汾出汾陽○蓋按莊子逍遙遊汾水之陽司馬崔李作最段借字也

羒

或作羵牡羊也說說文段注各本作牂羊誤今依初學記正釋獸羊牡羒郭曰謂吳羊白羝廣韵羒白羝羊也國語土之怪羵羊羵者雌雄未成土神謂之羵羊廣雅釋天○蓋按諸家或言土之精土之怪一耳字或作墳借也

魵

魵魚也出薉邪頭國說文段注釋魚曰魵鰕謂魵魚一名鰕魚也陳氏魏志范氏後漢書東夷傳皆曰濊國海出班魚皮今一統志朝鮮下亦云尒班魚即魵魚也郭注尒雅云出薉邪頭國見呂氏字林郭注但係字林不涌說文豈所謂逐末忘李者非即魵小鰕別名尒雅釋魚釋文引郭云

枌

枌榆也說文段注三字句枌榆者榆之一種漢初有枌榆社是也榆白白枌礼記內則枌榆注又尒雅釋木孫注○詩東門之枌傳又漢書郊祀志上禱豐枌榆社注引晉灼注云枌白榆也

棼

複屋棟也說文段注複屋考工記謂之重屋木部曰揔棼也是曰揔曰棼者複屋之棟也曰橑者複屋之橑也

竹部曰笮者在瓦之下棼正者也桃氏翳曰椽棟既重軒版圭權皆重免軒版即屋笮或木或竹異名在瓦之下椽之上

橑垂椽端椽亦謂之橑考工記重屋鄭以複笮釋之所海曰重橑曰重橑曰重軒曰重棟曰重棼各舉其一而爲言

按左傳治絲而棼之段借爲紛亂字○漢書班彪傳上注云棼複屋之棟又云棼棟也

棼閣也廣雅釋室

棼亂也棼棼同思按段皆借棼爲紛也古文段爲紛蒻棼蒻亦見聲字介雅棼輪謂之棼翰釋文

焚或作棼左傳僑如之弟焚如魯世家作棼如又楚策棼冒勃蘇即棼冒也又周禮巾車棼蔽注云棼讀爲蒻蒻麻以爲蔽

焚

○俗有焚燒焚田也說文焚足燒也周禮戮注又左傳成十三年注襄廿四年疏有是又論語鄉黨廐

焚皇疏又廣雅釋言又呂覽義賞而憂其死不焚也注○莊子外物乃焚大槐釋文引司馬注云焚謂霹靂時燒大樹也

又晚出書泰誓上疏云焚炙俱燒也焚火田也左氏桓七年經焚咸上注○公羊桓七年傳云焚之者何樵之

韻史　卷五十七第十三部平聲跟韻

五四五三

樵之者何以火攻也又詩雲漢疏云焚燎皆火燒之名焚萊除艸也後漢書馬融傳注焚乾也

廣雅釋詁二焚杼謂焚蹂而牽擊也史記張儀秦傳燒擬焚杼索隱焚乾也左傳

襄廿四年象有齒以焚其身賄也注○服注云焚讀曰僨僵也○萱按僨焚正借字說文僨訓僵○孟康曰僨猶斃死也

[illegible]賦事也說文段注賦者布也魯語曰社而賦事蒸而獻功

十三部平聲十五部去聲四見

穦紫莖不粘者也說文

武雲切

聞

䎽古文平去兩讀義分○俗有[illegible]知聲也說文段注往曰聽來曰聞大學曰心不在焉聽而不聞

聞引伸之爲令聞廣譽○荀子宥坐魯之聞人也注云聞人謂有名爲人所聞知者也聞知也國策齊策我未

聞者注又呂覽異寶名不可得而聞注東言誅未發而聞於國注○廣雅釋詁三云聞智也聞耳之聽也

墨子經上聞猶受也國策秦策義陽名曰謹聞令注聞博聞也漢書武帝紀故詳延天下方聞之士

漢書哀帝紀贊集注楊雄傳下集注又法言君子序名子紀終循聞注○漢書韋賢傳以休令聞注

韻史　卷五十七第十三部平聲跟韻

五四五四

云聞聲名也聞名謂名得通達也禮記少儀某固願聞名於將命者疏○淮南主術而臣情得上

聞注云聞猶達也又新語潤名是聞也皇疏引繆協云聞者達之名聞聲聞也禮記學記足以謏聞疏○釋文

云聞聲聞○漢書賈山傳而令聞不忘也注云聞謂聲之聞也又華嚴經音義上引珠叢云聞謂聲所至也○萱按聞聲

聞也聞聲名也音舊讀去聲者也實則引申之義耳聞字似古人祇一讀而後人強分之

○俗有閿

閿

昏視也弘農湖縣有閿鄉汝南西平有閿亭說文段注氏各本作

氐按人部無氐曰部曰氐者下也後漢書鄭興客授閿鄉注曰閿是人安中改作閿○漢書王莽傳下從閿鄉南出袁衛作

沽注云閿讀與閿同又戾太子傳集注云閿字本從旻其後轉譌遂作門中受耳

○俗有紋

文

錯畫也象交說文段注錯當作逪逪畫者逪之畫也攷工記曰青與赤謂之文逪畫之一耑也

逪畫者文之本義彣彰者彣之本義不同也黃帝之史倉頡見鳥獸蹏迒之迹知分理之可相別異也初造書契依類象

形故謂之文象交文者像兩紋交互也紋者文之俗字○禮記月令文繡有恒注云文謂畫也又文選七啟爾乃御文軒

韻史　卷五十七第十三部平聲跟韻

五四五五

注云文畫飾也萱按畫字古不分去入畫飾與逪畫無二也又封氏聞見記云依類象形故謂之文文謂文飾

也易文言傳文言曰疏又李注言不文釋文○廣雅釋詁二又荀子儒效取是而文之也注賦功被天下爲稱世

文注禮論以貴賦爲文注云文飾也又禮論貴本之謂文注云文謂脩飾又禮記玉藻大夫以魚須文竹注云文猶飾

也物相襍故曰文易繫辭下傳青與赤謂之文考工記畫繢之事文周禮典絲共其

絲纊組文之物注又左傳昭廿五年五章以奉五色注又國策秦策文章不成注又荀子富國注非相見于黼黻文章注

又呂覽季夏注又淮南時則注文者象也淮南氾文注文者物象之本左傳宣十五年注故

文反正爲乏○春秋[illegible]玉杯去物爲文又淮南繆稱云文自宮也又云文者所以接物也文者所以分

物也鶡冠子泰錄文多故太乎乎衍文成也論語憲問文之以禮樂集解引孔注文勉也

廣雅釋詁三文猶動也禮記樂記禮自外作故文注文字也左傳宣十五年故文反正爲乏注昭

元年於文皿蟲爲蠱注又國語文矣皿爲蠱注文文辭也國語晉語吾不如衰之文也注楚語以則文詠

韻史　卷五十七第十三部平聲跟韻

五四五六

韻史　卷五十七第十三部平聲跟韻　五四五七

物以行之注。禮記樂記使其文足論而不息注云文篇辭也又荀子非相文而致實注云文謂辨說之詞也又賈子大政上云文者聖王之辭也**空書為文**論衡超奇書說。封氏聞見記云著於竹帛為文史**空書為文**論衡書說。淮南本經足以周說理文注又漢書孫寶傳前日君男欽學文注竝云文謂書也又禮記中庸不考文注云文書名也又國語周語小不從文注云文詩書也又從漢書南蠻西南夷傳注云文約謂文書要約也**文者古之貴文也**論語學而則以學文集解引馬注又皇疏云文即五經六籍也。文選劇秦美新古文畢發注云古文先王之典籍也又孟子萬章上不以文害辭注云文詩之文章所引以興事**坤為文**國語楚語地事文注文易象上傳君子以懿文德虞注說卦傳。繫辭下傳其辭文虞注云文謂坤也**艮為文**易象下傳君子以朋友講習虞注**離為文明**易賁天文也虞注困朱紱方來集解**謚曰文**詩文王箋。呂覽首時聞文王賢注云文謚也**經緯天地曰文**周書謚法又國語周語思文后稷注又獨斷下。詩皇矣比于文王傳又呂覽首時注竝云經天緯地曰文又左傳昭廿八年服注云德能經緯相從天地之道故曰文又書堯典欽明文思安安馬注

韻史　卷五十七第十三部平聲跟韻　五四五八

云經緯天地謂之文**文法天**白虎通三教。書堯典受終于文祖馬注云文祖天也天為文**道德博聞曰文**周書謚法。司徒掾梁休碑云博聞曰文**學勤好問曰文**周書謚法**慈惠愛民**謚**曰文**周書謚法少謚又白虎通謚引禮謚法。呂覽呂類云文者愛之徵也**錫民爵位曰文**周書謚法**愍民惠禮曰文**周書謚法又云施為文也。論衡福虛云文者德惠之表**文謂道藝者也**後漢書第五訪傳注。論語學而鄭注云文道藝也**文謂法度也**荀子禮論文之至也注。國語周語有不享則修文注云文典法也**文謂尊卑之差制也**書大傳周人之教以文注**文禮文**荀子非相文久而息注。禮記樂記云禮由外作故文文國語周語以文滑之注云文禮法也**文猶理也**莊子應帝王鄉吾示之以地文釋文引崔注。荀子正名而禮義文理之馬注云文理謂節文條理也**有儀而可象謂之文**賈子容經**文謂威儀文采**淮南詮言止成文注。禮記樂記文采節奏聲之飾也注云文采樂之威儀也又省其文采注云文采謂節奏合也**文名謂節文威儀**荀子正名文名從禮注。富國

韻史　卷五十七第十三部平聲跟韻　五四五九

節將甚文注云文謂數事之威儀也**貴本謂之文**大戴記禮三本。大介介緒云畔文之道或淳或班**文猶美也善也**禮記樂記以進為文注。蔡義以進為文注曰文謂才美**文者德之總名**國語周語大敬文之恭也。說苑修文云文德之也又詩江漢告于文人傳云文人文德之人也**文謂言不鄙陋也**荀子性惡多言則文而類法。論語雍也文質彬彬皇疏云文華也**文博者心質之飾也**莊子繕性文滅質博溺心注云。太玄玄摛云文為藻飾**文致謂前人無罪文飾致於法中也**後漢書陳寵傳注**文身刻畫其身以為文也**穀梁哀十三年祝髮文身注。禮記王制被髮文身雕題交趾注云雕文謂刻其肌以丹青涅之**文者會集眾采以成錦繡會集眾字以成詞誼如文繡然也**釋名釋言語。孟子告子上所以不願人之文繡也注云文繡繡衣服也又國語晉語文錯其服注云文文織又周禮玉府兵器文織注云文織畫及繡錦又荀子禮論卑絻黼黻文織注云文織染絲織為文章也**文竿翠羽為文飾也**後漢書班彪傳注荀子王制西海則有皮革文

韻史　卷五十七第十三部平聲跟韻　五四六〇

旄馬注云文旄謂染之為文飾也**文犀犀之有文彩也**後漢書馬援傳注。山海經海外南經狄山爰有文虎注云文虎雕虎也**文裘文狐之裘也**文選七發被文裘注。釋名釋車云文鞇車中所坐者也用虎皮為之有文章**文翰馬有文采者**周書王會蜀人以文翰注**文魚有斑彩也**山海經中山經睢水其中多文魚注。大荒南經赤水旁有文貝注云文貝即紫貝也**文馬畫馬為文也**後漢書南匈奴傳注。蓋據史記宋世家文馬百駟王肅亦謂畫馬若犬戎國之文馬則當作鴻馬一名吉量之乘**文玉樹五采樹**山海經海內西經開明北有文玉樹注**黃文黃芩也**廣雅釋艸

彣

戫也說文段注有部曰戫有彣彰也是則有彣彰謂之彣彣與文義別凡言文章皆當作彣彰作文章者省也文訓道畫與彣義別**文文章也**論語八佾文獻不足故也皇疏述而文莫吾猶人也皇疏子罕博我以文皇疏人淮南本經發動而成於文注。漢書王褒傳上集注云鵲謂文章國語晉語語敢而有文注云文有文章也文禮記仲尼燕居文為任和注云文為文章所為**文章禮法也**禮記大傳考文章注**春陽生物煥有**

文章故謂之文太乍永

媽

或書作駮媽馬赤鬣縞身目若黃金名曰吉皇之乘周成作文者頡王時犬戎獻之春秋傳曰文馬百駟文馬畫馬也說文段注海內北經曰大封國曰犬戎國有文馬縞身朱鬣目若黃金名曰吉量之乘量一作良郭注引周書六韜大傳說其狀略同周書作名曰吉黃之乘六韜作名曰鷄斯之乘討引成王時周靡獻鸎鸎成王時蜀人獻大翰成王時揚州獻鳾皆逸周書王會篇也王會篇又言犬戎文馬是具事矣文馬百駟見宣二年左傳此言春秋傳之文馬非周書之媽馬也恐人惑故辨之杜注亦云畫馬為文四百匹孔子世家文馬三十駟亦謂畫馬文馬即吉量也山海經海外西經奇胅之國東文馬注○蒐按此段文為媽也

玫

字凡三見此部古音也十二部十五部皆今音○俗有砍璐璐玫瑰逸火齊珠一曰石之美者說文段注吳都賦注曰火齊如雲母重沓而開色黃亦似金出日南廣雅珠屬有玫瑰後義謂石之美者名

韻史　卷五十七第十三部平聲跟韻

五四六一

韻史　卷五十七第十三部平聲跟韻

玫此字義之別說也釋玄應大唐眾經音義引石之美好曰玫聘義君子貴玉而賤碈注碈石似玉或作玫玉藻士佩瓀玟玟又作砇按史記子虛賦琳瑉琨珸砆碔皆玫之或體與珉各部二義古音皆讀如文在十三部今音則兩義讀如枚入十五部後義讀民入十二部○玉篇引蒼頡又左傳成十七年注注瑰珠也疏引呂靜韻集又文選西都賦翡翠火齊注引韻集又漢書司馬相傳上赤玉玫瑰注引晉灼揚雄傳音義引字林竝云玫瑰火齊珠也玫瑰琅玕也出崑崙閬明山也一切經音義六引張揖玫瑰石珠也史記司馬相如傳集解又一切經音義六引郭璞○郭又云石之美好曰玫圓好曰瑰瑉石次玉者楚辭愍命藏瑉石於金匱兮注瑉碈美石禮記聘義疏○釋文云瑉似玉之石

蟁

蟁說蚊俗○或作蟁蟁蚔齧人飛蟲說文段注齧人而又善飛者民古本祇有蚊而蟁乃後人所製也虫部曰秦晉謂之蚊又後漢書崔駰傳注云楚謂之蚊蜎化為蚊一切經音義十五部引通俗文○漢書中山靖王勝傳聚蟁成雷注[illegible]云蟁古蚊字又莊子天運蚊虻噆膚釋文云蚊本作蟁○匈奴傳下譬猶蟁蝱之聲注

五四六二

又尒雅釋鳥鷏蟁母釋文云蟁本作鴖蟁首猶細微也淮南主術夫權輕重不差蟁首注

韻史　卷五十七第十三部平聲跟韻

五四六三

韻史　卷五十七第十三部平聲跟韻

五四六四

韻史卷五十八

第十三部上聲

泰興何萱石閭譔集　子度校字

上海顧錫麒竹泉覆審

武進李兆洛申耆鑑定

詪韻

開口呼

詪（欣很切）很戾也說文○廣韻云詪難諾兒　詪：語也廣雅釋訓

齦（口很切）齧也說文段注此與豕部豤音義同疑古祇作豤齦者後出分別之字也今人又用為齗字矣　齗齧也廣雅釋詁三○萱按此叚齗為齦二字互相通借借也又太平注云齦、戲笑之皃也亦詳齗下

豤　豕齧也說文段注豕字今補人之齧曰齦豕之齧曰豤音同兩字異也考工記髻豤薜暴不入市注云豤頓傷也此引伸假借字今本作墾非　豤減也廣雅釋詁二

敳　有所治也說文段注左傳有八凱有隤敳說文又云讀若豤此十五部與十三部合音也今音五來切非是○萱按

左傳隤敳史記五帝記索隱作隤皚潛夫論作隤凱同豈聲互借通用也而五來切之音誤亦由此

很（海懇切）很或作　不聽從也一曰行難也一曰盭也說文段注盭弼戾也○廣雅釋詁四古很盭也　很：戾不從人國語晉語宵也很注○左傳襄廿六年美而很服注云很戾不從敎　狠違也國語吳語今王將很天而伐齊注○一切經音三引國語注云很違也○萱按韋注很字恐是後人所改說文很狠絕殊淺者狠而一之非也謂之叚借或可耳　見過不更聞諫愈甚謂之狠莊子漁父　反是曰很周書謚法愎很遂過曰戾注　佷悍也廣雅釋詁四　很鬩也禮記曲禮上很毋求勝注很者忿爭之名詩常棣傳鬩很也疏　佷戾也玉篇

根　平上兩讀注在彼

眼（徵懇切）目也說文○廣雅釋親云目謂之眼　眼限也　瞳子限：而出也釋名釋形體　巽為多白眼易說卦傳　眼出大兒也考工記輪人欲其眼也注○萱按此叚眼為睅若睍也睅大目出也

睍目出兒

狠　犬鬥聲說文段注今俗用狠為很許書很狠義別　狠違也萱按詳很下很之叚借字也

合口呼

棍（古本切）○俗有棍　同也說文又廣雅釋詁四又外屬注又方言三云棍同也宋衛之閒或曰棍○文選甘泉賦薊呋肸以棍枇兮注云棍同也又漢書揚雄傳下不可棍於世俗之目注云棍亦同也　棍大束也漢書揚雄傳上棍申椒與菌桂兮注○萱按子雲賦諸棍字疑皆棍之字誤耳非果別有棍也　棍成言自然也文選甘泉賦紛蒙蘢以棍成注引服虔○萱按李善注云棍與混同是則李以棍為混之借字

輥　轂齊妻等皃也周禮曰望其轂欲其輥說文段注等者齊妻簡也因為凡齊之偁齊簡者等也輥者轂匀整之皃也戴先生曰齊等者不僥減也轂木圍也甚望其轂欲其輥考工記輪人文鄭本作眼注曰眼出大皃也今按鄭本當是作眼眼者目出皃也轂之圍似之與許說畧同

緄　織成帶也說文段注各本無成字依文選七啟注後漢書南匈奴傳注補玉篇帶誤章凡不待翦裁者曰織成緄帶見後漢書蓋非三代時物也詩小戎竹柲緄縢毛傳曰緄繩也此古義也而許不取之過矣漢碑用為衮字○後漢書南匈奴傳注云緄織成市也　緄帶廣雅釋器　緄繩也儀禮既夕禮記疏　十首為一緄國策宋策束組三百緄注○魯峻碑當門緄職高頤碑云當登緄職樊敏碑當窮台緄萱按此皆叚緄為衮也

混　○俗有滚　豐流也說文段注盛滿之流也孟子曰源泉混、古音讀如衮俗字作滚山海經曰其源渾、泡、郭云水濆涌也滚兜二音渾、者阮借渾為混也今俗讀户衮胡困二切訓為水濁訓為襍亂此用混為溷也說文混溷義別○漢書司馬相如傳上汩乎混流注云混流豐流也　混、流也廣雅釋訓○荀子富國財貨渾、如泉源注云渾、水流兒又法言問神渾、若川注云渾、洪流也萱按混渾二字音分平上而義多相出入故多通用云　混：庇、波浪之聲也文選七發注　混、轉也廣雅釋訓○文選江賦或混淪乎混沙注云混淪輪轉之皃又淮南精神混然而往注云混轉行皃又契大混之樸注云混不散之皃萱按高誘混皆讀揮似

不必渾塈也爾雅釋詁○注云渾水落兒混合也老子故混而為一注混并也文選子虛賦汨
乎混流郭注混同也國語周語若能類善物以混厚民人者注又漢書陳湯傳集注又從漢書班彪傳上沫又
太乎乎圖大合既混注又管子侈靡々借竟之時混吾之善在下注又兕谷子內捷先取許書混說注又淮南覽冥天下
混而為一注又文選吳都賦混品物而同廛劉注○漢書翟義傳混一風俗注云涳亦同也又後漢書班彪傳下注云混
猶同也○當按混訓同者本義也混割同者引仲之義也混大也淮南本經猶在于混冥之中注混涳混
混涳々未分時也莊子繕性古之人在混芒之中釋文引崔注○文選江賦注引春秋命歷序家注云
渾々混々鄉未分也雜渾沌未分也文選七啟注引春秋說辭宋注○莊子應帝王云中央之帝為渾沌
又左傳文十八年謂之渾敦疏云渾沌與渾敦字之冥卉又呂覽大樂渾々沌々云渾讀如家晃之家萱按讀如家者謂
為混之攸借也混家巽部而同音若左傳撐敦則無膚攻籲渾盛也方言二又廣雅釋詁二○方言注云渾們
渾肥滿也混々者元氣神著之兒也史記太史公自序混々冥々正義混冥大冥

之中謂道也淮南俶真大通混冥注○繆稱混冥之中注云混冥人心中也混元天地之總名
也後漢書班彪傳下注○萱按文選典引元中蔡注云混猶淵濁則謂混為淵之借字混之混猶淵濁混
雜也混然無分別之兒混々難察之事也萱按此皆段混為淵也去聲內詳之
混夷々狄國也詩緜混夷駾矣箋

鯀

或作鮌鯀鮭鮌鮌魚也說文段注此未詳為何魚禹父之字古多作鯀作鮭禮記及釋文作鮌廣韻曰禹父鮌尚
書本作鮌按鮌乃鮌譌鮌即禹父也山海經海內經駱明生白馬白馬是為鮌注又堯典鮌載馬注云鮌
臣名禹父又晚出孔傳云鮌崇伯之名○列子楊朱鮌治水土釋文云鮌禹父名本又作鮭又史記索隱云鮌字熙

睔

目大也春秋傳有鄭伯睔說文段注見襄二年三傳皆同古今人表作鄭成公綸顏曰工頑反
又有泠淪服虔曰淪音鯀皆音之轉也

悃 苦本切

○俗有悃悃愊逼至誠也說文段注一本篆作悃非也古困聲在真文韻音變遂入兔韻非困聲在真文
用聲在竟各有吟城也○後漢書章帝紀注云悃愊至誠也悃誠也漢書劉向傳集注引張晏悃誠信
也文選聖主得賢臣頌注引三蒼郭璞解詁悃至也廣雅釋詁一又漢書王褒傳集注悃厚也楚辭
慈命我忠正之悃誠今注悃々款々也王逸注曰志純一也後漢書竇融傳注

⿰足困

○俗有涸豕足也說文段注广部曰豕中寒腫衆也據趙充國傳手足皆有馭豕之患如字從足故訓為豕足

裍

或作鹵圈裍○俗亦稠捆裍絭束也說文段注絭束謂以繩束之國語垂橐而入捆載而歸韋注捆絭也古古
假麋為之如左傳羅熟男麋之及踏麋之是捆就也注捆々成就兒廣韻作成熟蓋禾熟而刈之而參東之其義捆困也
按本从困上㕦反轉入兔韻為若本切非从困聲也捆束也廣雅釋詁三圍束也同上捆猶
叩椒也孟子滕文公上捆屨織席以為食注又音義上引張音云捆作裍○淮南修務捆篆緗注云捆叩椒也○
萱按捆者捆之體捆則段借也俗捆傚也孟子音義上引埤蒼捆致也詩既醉室家之壺釋文捆

齊等之也儀禮大射儀既拾取矢梱之注

梱

或作閫門檿也說文段注檿下云一曰門梱也門部曰閫門梱然則門梱門檿閫一物三物名矣謂當門中拔
木也釋宮檿謂之閫廣雅檿機閫朱也朱同梱史記孫叔敖傳曰楚俗好庳車王欲下令使高之相教閭里使高其梱居
半歲式恚自高其車史記張釋之馮唐傳曰閫以內者寡人制之閫以外者將軍制之漢書閫作閫韋昭曰此郭門之梱
也門中檿曰梱鄭注曲禮曰梱門限也與許不合○漢書匡衡傳莫不始乎梱內注云梱與閫同謂門橛也梱屠
也廣雅釋詁三閫閫閫門之內也文選述成紀閫閫恐趙注閫謂門限也一切經音
義二引三蒼又家語本無閫外之非儀也注又史記張釋之馮唐傳正義又漢書皇后紀上注○儀禮士冠禮注闕閫也
疏云閫門限與閫為一也梱門限也禮記曲禮上外言不入於梱注又一切經音義一引三蒼又史記循吏傳
索隱梱復為矢至侯不著而還復儀禮大射儀梱復注○萱按此蓋本無正字用梱為之耳
注又云古文梱為魁梱齊等之也梱叩椒也萱按皆段梱為梱也詳在被

熅 雍袞切
二部十三部兩見注在彼

焜 戶本切
煌也說文〇文選甘泉賦熿熒焜焜明也左傳昭三年焜燿
上注引字書云焜煌火兒漢書揚雄寡人之望服注文
焜喊也方言十二〇注焜燿盛皃也焜同也傳上集注焜黃色衰皃也選
古辭長歌行焜黃華葉衰注

橐
橐也說文〇廣韻繟束也廣雅釋詁三〇萱按繟李訓續繟
云橐大束也
爾雅釋器釋文引讀去聲又用此則段繟為橐也
大束也禮大卜釋文引字林又王篇百羽謂之繟釋器十縛
為繟於穆天子傳三天子注百車以其言

[illegible]
大㕯也說文段注昆于綿遠為言

庉 杜緄切
樓牆也說文庉舍也釋室廣雅
風與火為庉見萱按此段庉為炖也炖平聲副編說文所
有之字也

笓
〇俗有筂也說文段注廣韻笓籧也按今
囷箘也俗謂盛穀高大之器曰土籧圌屯也屯聚之也
釋名釋宮室

黗
〇俗有黃濁黑也說文段注謂黃濁之黑也廣韻曰黗黑也
黗黃也蓋二字音義同偏旁異耳𥻗了有
鰈字廣韻曰魯公子名亦黃色也然則黗字亦同〇呂覽私
去私墨者有鉅子腹𪏮注云𪏮讀曰車笓之笓姓腹𪏮字也

倱 狀緄切
富也說文段注廣韻曰厚也倱倱富也若白虎通曰春之為言倱
倱動也春秋繁露曰倱倱者春之皃也蓋皆倱之假借

惷
亂也春秋傳曰王室日惷惷焉一曰厚也說文段注昭二十
四年左傳今本作王室實蠢蠢焉杜注動擾兒一曰厚惷亦愚無知之皃汜淮南
別一義〇廣雅釋詁三云惷惷亂也
惷愚也夫惷婦注〇萱按此蓋段惷為
論字俗
惷也然部分遠隔疑係轉寫字誤

蠢
蟲動也周書曰我有截于西
俗有較古文〇蠢動也說文段注蟲動也此與蝡蝡義同引申為凡

動之偁詩蠢爾蠻荊毛傳曰蠢動也鄉飲酒義曰東方者春
春之為言蠢也產萬物者也注云蠢動也生之兒亦段為
考工記有衰大夾而搖之則春以功云注蠢為作也春為
大鄭曰其有不西以土則注云動也春出古之
文負李三辭者不則春以功亦不注云動蠢
萱按揚雄傳下經同者西土之人亦不注云動也
又漢書揚雄傳注天地生萬物蠢然而動
序萬物蠢漢書音義以蠢動之皃也
賦蠢動也〇廣雅釋詁三云蠢動也
也〇爾雅釋詁云蠢動作也方言十二
云蠢動也說文段注蠢蠢也
不蠢蠢作之辭也
美蠢蠢注二
涸濁與注
蓋壞不同杜
或作所

剶 視緄切
撙減也說文段注剶撙古今字蓋語變也曲禮恭敬撙節
退讓以明禮注撙猶趣也按趣同趨疾也當音撙促

非趨走之趣戰國策伏
戟撙銜集韻曰撙挫也
剶斷也廣雅釋詁一撙促也漢書王吉傳
撙節也管子五輔整齊撙詘以避辟賢
與撙戮注〇荀子不苟不能則
撙挫也漢書王吉傳集注云撙抑也
養同〇萱按撙以長事人注王吉
敬撙然以正字借字
荀子儒效以相薦撙注〇
又云荀子以撙相陵駕也
戒作薦撙皆謂相薦撙
謝撙

噂
聚語也詩曰噂沓背憎說文段注小雅十月之交噂沓背憎傳曰噂猶噂噂沓猶沓沓
文字亦云傳詩小雅作噂沓背憎說文噂猶噂噂
云說文有噂則知淺人依詩陸增也皆不釋
月之傳噂沓噂沓〇十詩五經
文皆猶沓沓

僔 措緄切
聚也詩曰僔沓背憎說文段注小雅十月之交文噂沓背憎傳
相對談語非聚於口部既引噂猶噂噂沓猶沓沓背憎傳
也謂聚人語也蓋三家詩之云聚語皆此復引詩
注違其位傳語僔僔聚也
疏云傳而聚也釋廣訓雅文聚語〇周禮朝士

墫 士舞也 詩曰墫墫舞我 說文段注周禮大胥以學士合舞小胥巡舞列故其字从士也當為兒毛傳墫墫舞兒古書也兒二字多互譌墫墫舞我詩小雅文爾雅坎坎墫墫喜也今詩作蹲蹲 墫墫舞兒 爾雅釋訓

鱒 赤目魚也 說文段注見豳風釋魚曰鮅鱒毛傳曰鱒大魚也陸璣郭璞皆云鱒似鯶赤眼○一切經音義十九引字林云鱒赤目魚也

蕁 叢艸也 說文 蕁聚也 廣雅釋詁三 蕁蕁茂盛兒 文選魏都賦嘉穎離合以蕁蕁劉注

刌 ○俗有忖村 切也 說文段注玉藻瓜祭上環注曰上環頭刌也元帝紀分刌節度凡斷物必合法度故从寸周禮昌本切之四寸為菹陸續之止斷意以寸為度是也詩他人有心予忖度之俗作寸其實作忖作刌皆得如切物之度其長短也○周禮司巫注直刌茅長五寸疏又禮記玉藻注頭刌也釋文又廣雅釋言又漢書元帝紀贊集注引韋昭天菶傳音義引字林並云刌切也文玉藻疏云刌切謂切瓜頭切去蒂又儀禮特牲饋食禮記刌肺三注云今文刌為切刌

韻史 卷五十八第十三部上聲很韻 五四七七

割也 廣雅釋詁二 刌斷也 廣雅釋詁一 刌度也 漢書元帝紀贊集注引蘇林 忖度也 漢書律麻志上集注引孟康○萱按詩巧言記玉藻兩釋文並云忖本又作寸 忖測度也 華嚴經音義下引珠叢 忖除也 漢書律麻志上集注 忖截也 廣韻

送棍切 損 減也 說文又廣雅釋詁二又漢書食貨志上集注東方朔傳集注谷永谷傳集注又後漢書張衡傳注又荀子禮論殯久不過七十日速不損五十日注正名故可得而從之奚以損之損之而亂注彊國損己之所不足注大累君子進則能上譽而損下之憂注又呂覽慎人贊非損也注上農可以益不可以損注又淮南原道聽明不損注精神將何以損注本經取焉而不損注又文選東京賦損之又損辭注○周髀算經下氣損益九寸九分六分分之一注云損者減也○者 謂減損他慮專以心察也 鬼谷子陰符反兌發蜜著注名易損ˎ有字疏云損者減損之後又 穀梁宣十五年注損其廬舍疏云損為減損也 損虧減之義也 易損釋文 損猶約也 漢書范升傳 損偏去也 墨子經上 損毀也 淮南說山故小人之譽反為損注 損失也 易損釋文 損

韻史 卷五十八第十三部上聲很韻 五四七八

德之修也 易繫辭下傳 損益盛衰之始也 易襍卦傳 以事相賊曰損 鬼谷子揣篇益損去就倍反注 損氣陰氣 淮南時則以助損氣注

膭 或作脈 切孰肉內於血中和也 說文段注釋名有肺膭ˎ同膭五經文字曰膭見禮經注廣韻 三十三鱗曰脈同餘見儀禮士縣切 膭臛也 廣雅釋器 肺膭ˎ饋也以米糝之如膏饌也 釋名釋飲食

布緄切 本 𣎵古文 木下曰本 說文段注本末皆於形得義其形一從木上一从木下而意即在是全書如此者多矣大雅以本奏為奔走假借也釋名釋兵云木以下為本 ○本根也 儀禮喪服傳注皆下本疏又禮記少儀經其本末疏又山海經西山經其本如桔梗注又呂覽先己本傷于下注辭土是以臨廣以平則不傷本注崙時大本而莖穀注○禮記禮運必以天地為本疏云本根本也又儀禮喪服注左本在下疏云本謂麻根 本氐也 國語周語本見而艸木節解注又文選吳都賦劉注 本幹也 廣雅釋木○禮記昏義本於昏注云本猶幹也 本始也 廣雅

韻史 卷五十八第十三部上聲很韻 五四七九

釋詁一又莊子庚桑楚出無本釋文有長而無本剽者宙也釋文又呂覽孝行民之本教曰孝注用民不可察之本注又淮南本經注○左傳莊六年本猶初也禮記樂記其本在人不知其本注云本本於始也得失之本心之感於物也疏又史記樂書正義 本原也 呂覽驕忠此氾論乃得也注無義萬利之本也注又淮南論語學道之本注○詩推度災陽本為雄動本陰本也子務本而君猶周禮為雌注云本原也本基大學此謂集解本推也大司徒以本俗六本也禮記入官注又知本又大戴記子必始良注謂本注張問子哀公行呂本疏方本周書武規絕乎本而後及注云○荀身也中覽處人也順ˎ天以利而不傷於本本亦禮記禮器本謂呂覽尊遍姓本注○自亮本謂心也本修古疏反性也師必反其本名云本貿素附微古大論所本謂注○至真妄注本謂元氣也大論六行於上所謂謂本也云本謂六氣之上元詩文風本帝鄉在地本也注書本氣也本ˎ宗也支百王傳曰本周典朝國朝淮南氾論立之世易承上傳本本國語周語究也於本朝之上注本君也末弱也戾注本位也所以報本也

韻史 卷五十八第十三部上聲很韻 五四八〇

注本要也淮南氾論而利民為本注本常也楚辭懷沙易初本迪兮君子所鄙注又史記原原貫生傳
正義本德也史記樂書君子動其本正義本謂靜也易象上傳天地以本為心者也疏本
謂孝也孝經其所因者本也注又鄭注本謂仁義荀子大略反本成末注議兵注本謂
隸穡後漢書章帝紀注○班彪傳下注云本農也又荀子天論強本而節用注云本謂農桑本作猶本
務也荀子致仕國家之本作也注本把處也禮記曲禮上注政本也疏肺離上為本下
末儀禮鄉射禮與取肺坐絕祭昌本昌蒲根周禮醢人昌本麋鬻注稾本香草也楚辭
閼上稾本兮姜落注○山海經中山經注云藁本亦香草

笨 簒也說文段注謂其內質白也又有白如紙者吳都賦注謂之竹孚俞○廣韻雅釋云竹其裏曰笨

免 慢緄切 上去兩讀異義 兔逸也說文段注許書失此字而形聲多用為偏旁不可闕也今補兔免之異丶於其足鹿鹿毘从比鳥丶兔从匕兔象其蹲居之形有足有尾其字當橫視之兔之走最迅逸其足不可見故兔省一畫兔不見獲於

人則謂之兔孫子云始如處女敵人開戶後如脫兔敵不及
柢是也此二字之別也引伸之凡逃逸者皆謂之兔假借為
祖為兔依毛詩與洒韻古音在十三部轉入十四部也令
音忙辨切錢氏大昕云兔兔當是一字漢人作隸誤分之似
來哉從从兔禮記曲禮上冠毋兔疏又左傳成十六
自是會意兔脫也年兔使者而後鼓注裹十年其將不兔
乎服注又國語周語左古兔胄而下注音語兔胄而聽命注
又廣雅釋詁四○論語為政民兔而無恥皇疏云兔猶脫也
兔去也禮記曲禮上冠毋兔注服兔猶避也史記樂書兔
間朝子君無兔絰釋文席而請正義兔
離也從漢書申屠剛傳注兔歸也廣雅釋詁二兔猶自止也禮記樂記人情之所不能兔也
注○疏云兔兔丶罪也左傳文十七年兔放也左氏成七年
猶獨止退也何以不兔注絰乃兔牛注
兔猶獬也左氏傳卅一年絰乃兔牲注兔猶赦也周禮鄉士
○疏云兔猶瀸故不殺之也弟欲兔之
注兔憤也廣雅釋言兔猶弱也大戴記公冠稚兔之幼志注雅遠辰星謂之釁星
戒謂之兔星廣雅釋天兔乳也萱按此脫之段借字

挽 生子兔身也說文齊人謂生子曰娩文選思玄賦舊注引纂要○萱按此段娩為挽也
兔乳也國語越語將兔者以告○萱按此段兔為挽也注兔乳為產子也漢書外戚傳上婦人
兔乳大故注

勉 ○俗有蠠蠠瀰強力也說文段注強力舊作彊非其義也凡言勉者皆相迎之意自勉者自迎也勉之者迎人也
毛詩黽勉韓詩作密勿爾雅作蠠沒大雅毛傳曰蠠蠠勉也周易鄭注蠠蠠猶沒沒也勉強也論語子罕喪事
不敢不勉皇疏又莊子庚桑楚趙閑勉閑道耳矣釋文引何注又離驗曰勉升降以上下兮注○萱按婁強同音通用惟
說文訓釋不用段借字故段定為娑他家多用張為娑矣勉勵也法言孝至兩以行之者一日勉注又呂覽達譖
住乃令將為君勉之注勉猶勸也禮記月令勉諸侯注○詩汝墳序疏云勉勉者勸之畫誠勉丶勸
樂之兒禮記禮器君子達蠠蠠焉注勉猶趣也呂覽具備子勉歸矣注勉進也呂覽季春
注勉務也呂覽翁為勉勉矣注皆勉謂努力古傳昭二十年爾其勉之注公羊宣十五年勉之矣

注云勉猶努力又小介雅廣詁云勉力也勉努如令人言努力也方言一猶勉努也注○荀子天
子天論勉力不時也注云勉力丶役也亹勉也易繫辭上傳成天下之亹丶者文引王肅注又易注○萱按此以釋
古字釋令字也勉字古韻若閔其變為亹字而用為勉以易識故以為勉字音轉又借為門
有平上去之異實欲細為平反如一音也自娄矣借之盃字
岐入尾韻徐鉉經傳疏又以娓代文遂昧其源音轉矣亹丶勉也
釋詁又易繫辭上傳疏又詩文王亹丶文王傳又後漢書高亹丶勉也杜篤傳申雅介
伯篡又漢書王莽傳上集注叙傳下集注又後漢書杜篤傳
注○班彪傳下注亹丶猶勉也注亹丶勉也
云亹丶言勉強也漢書張敞傳云亹丶在國語周語注云亹丶猶勉也禮記禮器注云亹丶猶勉勉也
亹丶言勉強也漢書王莽傳中國注云亹丶左丶勉之不樂夜書從之注亹丶自
勉之意亹丶楚辭九辯○時前子當傳禮器疏云亹丶不舍強勸得兒意兒
也又序兮舊注又後漢書張衡傳兮文勸之不思乎賦
注又文選吳都賦清流進兒亹丶走兒也廣雅釋訓云亹丶進也
引韓詩云亹水流進兒亹丶詩文選陸士衡赴洛注亹

亹深致也漢書藝文志注亹亹微妙之意也文選廣絶交論注引周易王弼注○一切經音
義九引劉瓛注云亹亹猶微微也俛焉勤勞之皃禮記表記俛焉日有孳注○萱按此段俛爲勉也
凡黽俛僶俛皆同

冕

絻或大夫㠯上冠也邃延垂瑬紞纊古者黃帝初作冕說文
段注冠下云弁冕之總名渾言之也此云冕者大夫以上冠析言之也大夫以上有冕則士無冕可知矣周禮王之五冕
皆玄冕朱裏也延紐五采繅十有二就皆五采玉十有二玉笄朱紘諸侯之繅斿九就瑉玉三采其餘如王之事繅斿皆
就戴先生曰賓六冕而曰五冕者陳采就玉之數止於五也玄以見伯十二章至一章而六諸繅自十二旒至三旒而五
其天子大裘之冕無旒也榮舉諸侯又申之曰繅旒皆就者明九旒至於三旒其就數九公侯伯子男無降差同也遂深
遠也延者鄭云冕之覆周禮弁師王之五冕皆玄冕朱裏紐謂延上玄下朱以表裏冕版也古者以三十升布爲之尚書
論語謂之麻冕用三十升布上玄下朱爲延天子至大夫所同也其字左傳作綖垂瑬詳玉部瑬下紞纊系部曰紞者

冕冠塞耳者也按紞所以懸瑱也瑱亦謂之纊詳系部紞下掾許紞系於延左右掾周禮注王后之祭服有衡垂於副之
明旁當耳其下以紞懸瑱是專謂后服也然左傳衡紞紘綖昭其度也似冒子有衡簪於冕覆而系紞冕之義取前衡則
與低頭之俛通太平御覽引世本曰黃帝作旒冕宋衷注云通帛曰旒應紡曰周始加疏周易繫辭曰黃帝堯舜垂衣
棠而天下治蓋取諸乾坤𡘾禮注云今文冕皆作絻許或之者許意從古文也亦見荀子卿子及封禪書冕冠
也左傳桓二年衮冕黻珽注又穆天子傳一天子大服冕裨注又漢書叙傳上錫帶冕之服注又後漢書班固傳注引
蒼頡又文選冊魏公九錫文注引漢書卑昭注○魯靈光殿賦軒冕以庸注云冠曰冕又論語子罕冕衣裳者集解引苞
注云冕者冠也又皇疏云冠冕通名也又禮記明堂位冕而舞大武注云冕冠名也又左傳桓二年疏云冕者冠中之副
號冕禮冠也論語衛靈服周之冕集注引苞注冕大冠也國語周語太宰以王命命冕服注彙
衮冕而南冠以出注楚語聖人正端冕注又文選羽獵賦注俄軒冕注引弁昭冕所謂平天冠也文選
東京賦正冕帶薛注○淮南主術冕而前旒注云冕王者冠也冕緇布冠也論語子罕麻冕集解引孔子注

冕玄冕書顧命相被冕鄭注○禮記郊特牲玄冕齋戒注云玄冕祭服也加旒曰冕公羊宣元年傳
可以弁冕注○左傳桓二年疏引世本宋注云冕冠之有旒者又穀梁僖八年傳弁冕雖舊注云冕謂以木爲幹衣之以
布上玄下纁垂旒者也冕俛也以其後高前下有俛俯之形故因名焉
左傳桓二年疏引世本宋注○周禮弁師疏云冕則俛也以低爲號也又儀禮士冠禮疏云又名冕者冕也低前一寸二
分故得冕稱又白虎通紼冕云十一月之時陽氣俛仰黃泉之下萬物被施前俛而後仰故謂之冕也如冕黃帝
作冕一切經音義一引世本○後漢書明帝紀注云冕以三十布漆而爲之廣八寸長尺六寸前圓後方前下後高
有俛伏之形故謂之冕又祭義傳注云冕以木爲之衣以帛上玄下纁廣八寸長尺六寸冕冠周曰爵
弁殷曰冔夏曰收獨斷下○詩文王常服黼冔傳云周曰冕冕弁君之尊服禮記禮運
冕弁兵革注○左傳哀十五年服冕乘軒注云冕大夫服冕祭服禮記祭統注純服亦冕服也疏文穀梁桓二年
傳冕而親迎注○釋名釋首飾云祭服曰冕冕猶俛也俛平直皃也亦言文也玄上纁下前後垂珠有文飾也

頫

俛或低頭也太史卜書頫仰字如此揚雄曰人面頫說文段注低當
作氐西京賦伏櫺檻而頫聽聞雷霆之相激薛綜曰頫低頭
也上林賦頫杳眇而無見李善引聲類頫古文俯字匡謬正
俗引張揖古今字詁云頫今之俯俛也蓋俛字本从免俯則
而音誤而製用所爲聲字之俗而謬者故許書不録俛舊音
無舞切頫玉篇音靡俛切正是一字一音而孫强輩增說文
音俯四字不知許正讀如免耳大徐云方矩切者俗音也卜
或作公誤匡謬正俗引正作卜言此者以正當時多作俛俯
非古也人西頫蓋摘取揚所自作則訓篆篇中三字以證从
免之意頫本顏悠頭引伸爲凡低之偁過參論俛起附兩之
中李善引漢書音義音免史記倉公傳不可免仰音免韻策
列傳首俛索隱正義皆音免弁慝書四云俛仰無辨切廣韻
俛亦舞切俯俛也玉篇人部俛無辨切俯俛也此皆俛之正
音而表記俛焉日有孳孳釋文音勉毛詩逗勉李善引倪俛
俛與勉同音故古假爲勉字古無讀俛如府者也頫音同俛
俛低也考工記矢人前弱則俛注又漢書揚雄傳下集注
俛俯也左傳成二韓厥俛定其右注又後漢

書劉元傳俛首刮席不敢視注○萱按韓信傳俛出跨下東方朔傳鶴俛啄也蔡義傳行步俛僂夏侯勝傳如俛拾地芥耳其音皆如勉其義皆為俯俛然俯就兒荀子正名然而類注俛俛伏也青州謂伏為俛淮南時則嶽成俛注埶俛猶疾也淮南說林人之頌注俛俛平直兒也釋名釋首飾俛仰謂屈伸也素問評熱病論以救俛仰注俛仰猶升降也淮南原道輿陰陽俛仰今注兩輿道俛浮俯仰注俛馬勤勞之兒萱按此段俛為勉也

浼 污也詩曰河水浼浼孟子曰汝安能浼我說文段注孟子公孫丑篇曰爾焉能浼我哉趙注惡人何能污我也河水浼浼邶風新臺文毛傳曰浼浼平地也按浼浼與壹壹同如壹壹文王即勉勉文王毛詩浼浼吳都賦清流壹壹李注引韓詩壹壹水流進兒此文選之異文令李注奪一壹字非許引此詩者言段借也○孟子公孫丑上若將浼焉注又浼洿也東齊海岱之義也淮南人間所浼者多矣注並云浼污也

韻史 卷五十八第十三部上聲很韻　五四八九

之間或曰浼古言三

鮸 鮸魚也出薉邪頭國說文段注隋煬帝貢四方海錯盡首曰鮸魚按令江浙人所食海中黃花魚乾之為白鯗即此魚也一名石首魚江賦鮸中有二石許云出薉邪頭國者蓋許據所見載籍言之石首魚南海中有之蓋時而往還注云出薉邪頭國者中國有之其時石首魚未為貴也後之俯日載籍從日冥也晚也從日免聲

切味緄
晚 莫也說文段注引伸為凡後之稱廣雅釋詁四晚後也以時言之是晚者後也又吕覽不為晚謂末時也周書周祝注晚謂莫也晚盡者也注晚未之世也周禮典瑞注晚後也注云晚猶過也史記貨殖傳晚近世也○萱按晚日晚也民耳目此段晚為晚也便其衆之之可以拜也四下如鳥其下晚晚而危婦人娩者著之可以拜也釋名釋衣釋言語廣雅釋詁
旇

晚 或作晚書晚暜逗日視兒文說晚視也廣雅釋詁一晚晚視也廣雅釋訓

韻史 卷五十八第十三部上聲很韻　五四九〇

輓 俗引車也說文段注引申之凡引皆曰輓左傳曰或挽之或推之欲無入得乎史記借為晚字○漢書景帝紀發民輓輸注云輓謂引車又淮南子兵略訓晚引也廣雅釋詁一又漢書張良傳集注晚者牽也輓引也後漢書張良傳注輓引強也廣雅釋訓輓引也後漢書梁冀傳注史記劉敬叔孫通傳索隱輓猶引強也

切凡隱
堇 齊齒許
堇 黏土也說文段注內則塗之以謹塗古文○偁字作堇古文如鄭說黏土也鄭曰謹當為墐聲之誤也塗有穰艸也按鄭注墐當為堇轉寫者誤加土耳玉篇引是艸也此時不誤也鄭謂土黏曰堇許說不合蓋土

韻史 卷五十八第十三部上聲很韻　五四九一

性黏者與埴同義也堇菜也五行修聚水土以得乎大堇誠也管子注○萱按此段堇為堇也萱按此段堇為菫也此段菫為菫也大堇也堇少也堇少也

菫 菫菜也堇烏頭也堇藿也說文段注小正二月榮菫菜也夏小正傳曰皆菫采也內則菫荁傳曰菫也爾雅釋艸菫葵字內若菫則菫荁之注曰菫夏用菫冬用菫之令晉語置菫於肉注菫烏頭也晉語注云菫後也莢也艸也令附子也菫堇也莊子徐無鬼菫也注云菫也菫茶也楚辭今菫實也注菫蔬菫也

菫 草也根如薺葉如細柳蒸食之甘說文段注大雅菫茶也菫葵也菫蘆也釋草菫烏頭也國語菫救人病飲之以是菫也吕覽勸學人殺人也菫能蓋人蠹人者也以是菫注也注和菫野葛蠚藥傳以和菫則愈注蛇螫人說林

瑾 瑾瑜逗美玉也說文段注左氏傳曰瑾瑜匿瑕山海經黃帝乃取密山之玉榮而投之鍾山之陽瑾瑜之

韻史 卷五十八第十三部上聲很韻　五四九二

玉爲良王逸注九章云瑾瑜美玉也又左氏宣
十五年傳注瑾瑜美玉之實疏云瑾瑜玉之美名
赤瑾美玉也
楚辭愍命猶赤
瑾於中庭注

謹

慎也
說文又淮南兵略夫論除謹注○
篆又左傳文十年以謹固極注又
論豁竟曰謹權景皇
疏並云謹猶慎慎也○萱按許柳謹介侯度左傳襄廿年
作慎介侯慶又說文慎下云謹也二字互訓此之謂轉注
謹
勑慎也
左傳僖廿年
以謹無良注慎
行禮法謂之謹度
孝經制節
謹度法謹謂守
行無越思
荀子王制各
謹其所聞注
謹嚴也
管子國蓄彼人君守其本委
謹而男女諸君吾予無不服
籍者也注又荀子王制案謹慕注謹其時禁法謹畜藏注當
固陵謹嚴緊注禮論禮者謹於治生死者也注止名是謙于
守明灼之功也注宥謹嚴禁也荀子王制謹蓋也楚辭懷
坐嫚令謹誅賊也注盜賊注謹沙謹厚
以爲以陰居陽故曰謹也之易文言傳庸行謹慕猶重慕也子荀
豐注九家注
王制案謹慕蓋閭材伎之士注○萱
按內則塗之以謹塗段謹爲堇也

韻史　卷五十八第十三部上聲很韻　五四九三

巹

其謹切
趁　行難也
說文段注按今人斷
同字當作此趁字
趁難也
廣雅釋詁三
溟謹切
蝗　螾也
說文段注釋蟲曰蝗蚓蚕許謂蝗也
蚓也堅蚕也一名三名也蚓作螾
匿也
象迟曲隱蔽形見說文段注象迟曲隱蔽形
見說文段注見當作蘏者也自藏
顊　顊顊貌
說文頁部段注作此也玉篇作顊顊貌
依說文段注依音同義近雙聲又合韻而最近此
○俗有面色顊顊之貌
㥯　依也
或書作㥯○有所依也說文段注依音同義近雙聲
俗有隱安依與言部隱音同義近○萱按隱行而等隱矣
凡諸書隱字當作此○萱按隱行而寫麼矣
鄣閣頌隱安定者又當作此隱便求今俗皆作隱當作隱
脈傳注○處隱于柱物論即隱也禮記禮運○大戴禮記保傅大道既隱
文○而坐釋文莊子齊物論隱當作隱○○又禮運今字大隱道既隱
兩依隱於物注剎云隱憑也晉書音義中○又記大傅隱聚悲隱注
文方言六又賓隱本或作隱安也詁廣雅釋隱
安也韻集隱定也雅釋詁四
隱猶靜也與後漢書傳注

韻史　卷五十八第十三部上聲很韻　五四九四

隱

㥯

○有隱俗謹也說文㥯
○有隱㥯也說文段注艸部曰蔽也
㥯哀也廣雅釋詁一○集韻
哀也㥯字隱當為小則不可見故隱
藏蔽之訓若孟子凡字則當為寡○呂覽重言
隱者隱也又云菊齊攻任隱之
隱非能隱也又國策齊策其隱也之注人蓄隱蔽
蔽也又國策云隱蔽也趙之齊注云淮南覽冥
隱艱也詁一雅釋隱藏也真國語楚人之齊語注○又集解上傳隱撲
隱注云隱謂隱藏又史記楚世家道注隱有處隱𣵀云隱隱
謂隱藏其意又楚辭沈江巖穴處而隱藏注云士曰隱
固諸齊語則事可以隱注○漢書遊俠原涉隱也楚辭
也傳外溫仁識避而內隱注云隱匿其情也隱伏也悲回
風隱岷山以清江注○管子君臣下故法隱也爾雅釋詁
不隱則下無怨心注云隱謂伏而不行隱微○史記司
馬相如傳春秋推見至隱也隱文選琴賦注則也謂窮約
索隱引李奇云隱猶微也隱幽也盤桓隱深隱約子荀
省坐奚君之隱憂約也左傳定三年君以昇隱私也呂覽
隱也注
隱　馬之故隱君身注
道分定

韻史　卷五十八第十三部上聲很韻　五四九五

則下不相隱注又文選
賈注○後漢書鍾離意傳
注○儀禮士相見禮隱辟而
后屨注云隱辟俛逡遁
隱當也按此段
下親不及者以自也隱古也
逐郭有道碑文注引隱
之咸重之皃漢後漢書注
過失也禮記檀弓上事
言謂之隱記學子其上事
記謂之隱學學記荀子勸學
注隱猶私也國語
隱去也
隱度也
隱意也
隱思也
隱謂不稱揚其
後漢書光武紀
不成國曰隱
曰隱不顯尸國
不隱觀其師有
注隱語又文言雅
猶去也釋詁雅
度也高禮記
意也釋詁可隱
謂以記又言也了下其任
後漢書傳注
鄭劉者注隱
數者數辭辭
隱
賦逸大也法書
注隱賦上林賦
隱隱沈邊怨隱伏
盛兒也

韻史　卷五十八第十三部上聲很韻　五四九六

多也文選東京賦隱、轔、薛注○萱按隱之隱憂也國語
訓大訓盛薛注訓家多皆段隱爲殷也晉語
隱隱悼猶越注又楚辭悲回風孰能思而不隱兮隱、憂戚
注○萱按隱之訓憂訓痛訓哀皆慇之借字也
皃荀子儒效隱、兮其恐人之不當也注○楚隱哀之方周
辭怨思志隱、而鬱拂兮注云隱、憂也書
嶽隱痛也詩柏舟如有隱憂傳又書大傳以孝子之隱孝注
法又公羊隱三年傳隱之也注又穀梁莊四年故隱
而裴之注又傳桓六年不以隱疾注又國語周語勤恤民隱
注又孟子梁惠王上王若隱其無罪注又文選東京賦薛注
○禮記檀弓下哀戚之至隱也注又穀梁隱三年傳爲魯主
故隱而卒之注隱十一年傳隱之不忍地也注並云隱猶痛
也又莊卅二年傳深則隱病也後漢書袁術傳注○莊子外
隱注云隱痛之甚也物相結以隱釋文引李注云
隱病患也又人閒世隱將芘其所隱疾衣中之疾也禮記曲
藾釋文引崔注云隱傷于熱也禮上不
以隱疾注○注又云隱隱白穴名在足大指端素問陰陽離
疾謂若黑臀黑胲矣合論太陰
起於隱隱曲謂使寫也素問陰陽別論隱隱謂陰隱爲惡也
白注不得隱曲注

左傳文十八年
蒐隱也疏
隱之者謂闔牖戶也
儀禮士虞禮隱之如戶
一食九飯之頃也疏
左傳襄廿三年
隱鉏牖也喻而衍之注
東北薄州曰隱土
淮南墜形○後
云東北薄、隱史記
漢書張衡傳注
州曰隱土隱、水流鼓愍之聲也隱邪司馬相如傳湛、隱
此亦段隱爲殷也又或借爲假字古酹旬嗑正義○萱按
今人表徐隱王郢侯王也二字雙聲
隱、展、重車聲也文
西京賦漢書賈山傳隱以金椎集注選
薛注文選七啟注引漢書服虔注
隱菜也又隱嶙絕起皃
文選西征賦戲
峻蛇以隱嶙注

檃

或作說文段注檃栝括互訓檃亦作隱亦假借作隱括
檃栝也
亦假借作括尚書大傳子贛曰檃括之旁多曲木
良醫之門多疾人既置之多多通鈍荀子大略篇大山之木
示諸隱木括檃括者矯制邪曲之器也方言所以隱揉謂之
檃亦云括檃小檃也按擢以索檠於檠而後可打是檠者而
以檃其櫂也如許云矣檃弦龕謂之矢括矢括所以檢弦也
盤庚尚皆隱哉某氏注云用隱括共爲善政公羊傳何序云
隱括使就繩墨隸帖書云切之以勢隱之以阮、而用之得

而後功之隱皆讀爲檃漢刑法志隱之以勢臣瓚注曰秦政
急峻隱括其民於臨狹之法是也凡古云安隱者皆謂檃括
之而安也俗作安
懲聲形皆要也
檃括所以制木
荀子非相府然若渠匽檃
括之於已也注○性惡物
木必將待檃括烝矯然後直
注云檃括正曲木之木也
隱謂隱審也
書盤庚下尚皆隱
哉疏又公羊序故
遂隱括疏○萱按
此段隱爲檃也
○俗有
隱殺

濦

濦水出潁川陽城少室山東入潁
說文段注水經曰
隱水出隱張縣南
澤中東入潁鄭云隱水出潁川陽城縣少室山東流注於潁
而亂流東南逕臨潁縣西北又東逕隱陽城北又東逕隱
張縣故城南汝水於奇額雜城西別東派時人謂之大隱水
左合小隱水東逕西華縣故城南至女陽故城北東注於潁
按前志汝南郡隱強以隱水得名今大隱水在郾城縣南至
商水縣東二十里合潁水小隱水在臨潁縣西南東流合於
潁水其字一變爲隱再變爲殺○萱按晉
書音義隱水云、全用說文但字作隱耳
汩隱水聲也
文選
上林
賦馳波跳沫
汩隱漂疾注

慇

平上
四讀
痛也
說文段注柏舟耿、不寐如有隱憂傳曰隱痛也
此謂隱即慇之段借痛憂猶重憂也桑柔憂心慇
慇釋訓慇、憂也謂憂之切者也慇、然痛也詩正月憂心
凡經傳隱訓痛者皆柏舟詩之例釋訓慇、慇、傳○萱
按楚辭十六引作憂心殷、又爾雅數碑以慇悼、釋文云
慇本作殷此皆慇正殷借也又叔孫文選顏延年國家則用
慇爲殷二字殷痛也廣雅釋殷憂也詩慕類袍年夏夜殷、
五相借也詁二隱注○禮情殷注
憂也國語周語勤恤民隱注云隱猶禮記檀弓
之至也
穀梁莊卅二年
傳深則隱注
隱憂也
楚辭悲回風注隱憂約也三年注隱
左傳定隱痛也
隱戚皃
荀子儒效
隱哀之方
周書謚法
軫痛也
楚辭哀郢出國門而軫懷兮注
楚辭惜誦心鬱結而紓軫注懷沙鬱
結舒軫兮注○萱按隱與軫皆慇之
同殷之爲道者故段爲慇
也古文○慇省借最便

印謹切

典
冀或作㒸
五帝之書也从冊在丌上尊閣之也莊都說典大

韻史 卷五十八第十三部上聲銀韻

冊也
說文段注閣猶架也以丌庋閣之也莊都云ゝ丌字形
之別說也莊都者博也訪通人之一也謂典字上从冊下
从大以大冊會意與冊在丌上說異不別為篆者許意下本
不從大故存其說而巳古文典从竹漢碑有从竹从艸者〇
左傳昭十二年是能讀三墳五典八索九丘賈注又文選東
京賦薛注並云五典五常之書也又春秋疏引張衡說云五
典五帝之常道也又後漢書周崇傳注云少昊顓頊高辛顓
唐虞之書曰五典又班彪傳下注云典謨謂堯典皐陶謨也
五典五教也
書堯典慎徽五典鄭注〇釋名釋典藝云五
典ゝ鎮也制教法所以鎮定上下等著有五也
典
六典
禮記月令守典奉法注又呂覽孟春注〇周
禮太宰掌建邦之六典注云典常也經也法也
典樂典也
國語周語
瞽獻典注
常典五經之流也
文選遊天台山賦
闕載於常典著注
典籍謂先祖
常籍法度之文也
孟子告子下不足以守宗廟之典籍注
〇晚出書五子之歌傳云典謂經籍
典
策春秋之制
左傳定四年
備物典策注
而方法白虎曰典
古微書引河
圖握矩記
典
要道也
易繫辭下傳不
可為典要虞注
典禮也
國語周語省其典圖刑法注
〇爾雅釋詁典常也孫注云

五五〇一

韻史 卷五十八第十三部上聲銀韻

典禮之典經也典常也典法也典則也典主也典掌也
常也
萱按此皆
段典為數也注詳數下〇揚統碑蒼頡篇猶衡方碑篇謨之
風祀稱碑統冂凵篇律章熹敏碑深明篇陳按篇篇間字肯
典之異體从竹从艸一耳又易繫辭行其典禮宗房作等禮
按與等一幣之轉也又考工記辨欽順典先鄭讀典為珍以
典為音流
假借字
說文段注按乞典法典守字皆當
作數經傳多作典ゝ行所數廢矣
主也
者注〇廣雅釋
詁三云典主也
呂覽孟春注
典者常也法也
典掌也
典經也
儀禮士典禮記吾子順先典注
文選工引注〇荀子非十二
維清文之許
建邦之則
典謂主典
爾雅釋言文禮記樂
記念詁始典於學注
後漢書樊
準傳典負
子當有由判
典制常事故
下典司六典
制記以為閣
周禮
注法也典
注又
國語魯語故慎
典注之典祀也注典
大史建邦之六典以逆
邦國之治掌鑾以逆
三典注又禮記曲禮
傳又同禮大司
漢書司馬根
也如傳下集注典則
亦濟也宮府之治掌則以道都郡之治注〇從漢書曹襄傳

五五〇二

韻史 卷五十八第十三部上聲銀韻

切 豐謹

琠 殄

注云典
法則也
腆主也
書大誥殷小腆天注〇萱按王以
腆為數之段借字與馬鄭異
或作王也說文又晉書音
璣義中引字林
ㄣ
古文〇
或作功
盡也
說文段注御風蓬篠不珍傳曰珍絕也此盡
義之引伸也篆云殘當腆ゝ善也按古文假
珍為腆儀禮注云腆古作典珍是也〇爾雅釋詁又詩略印
邦國珍弃傳又左傳宣二年敗周珍民注襄卅六年注又漢
書王弃傳上集注又後漢書班彪傳下注王允傳注又淮南
本經下珍地財注又文選東京賦常畏生類之珍也薛注並
云珍
盡也
珍絕也
介雅釋詁又書堯典朕聖讒說珍行馬注又詩
新臺傳桑柔不珍心憂篡又左傳傳十年君祀
無乃殄乎是哀十一年傳則剿珍無遺育注又國語曾語固
民之法不相得注又孟子盡心下肆不珍厥慍沃又太今ゝ
告五不絕小珍注〇大戴記曾子之事珍病也絕也周禮稱
君斗艸而珍不珍撒也注云珍亦絕也也文選洞人頁以
珍者死ㄋ比也
論論
珍沈不分也
文選
艾黃之注或者死
論說文段注士皆禮注卯風篆皆

腆

惢書作粢蓍殺腊腆ゝ多也曰腆善也分言公羊傳注皆曰

五五〇三

韻史 卷五十八第十三部上聲銀韻

腆厚也此皆引伸之義腆美也廣雅釋腆善也儀禮士昏禮
也禮古文以珍為腆之酒注〇詁一不腆先腆記辭無不腆
注燕禮祭君有不腆特牲注甚聘禮猶善也文厚也儀禮聘
君之祧注又禮記腆卯腆啟芑為云腆之疏注無二年禮釋文
又左傳傳卅三年不腆之曰注從者年鄭雖又腆注不腆敝
器注襄十四年有不雅釋腆忘昭七言十三二腆至又小余
雅廣言又腆久也廣三也書大也七雅釋詁腆主也也廣雅
子言十三腆謂小國也云書腆大誥腆是小腆兒也〇釋詁二
一又書大詁腆主為腆也
段小腆馬注
萱按王以
之借字也數

典

青徐謂憖曰典謂之說文段注方言
重也廣雅釋詁三〇方言或謂之
鋪 非〇燕朝鮮洌水之間或鋪
重也
鋪廣重雅也東齊之間曰鋪六云
凤
新生羽而飛也
參說文段注此與鋪義近
音同形近而義ゝ殊部

切 掌謹

參
髮鬒有或〇
稀稠髮也詩曰參髮如雲
曰亂稹髮稠曰稠參其意一也
文段注稠者多也禾稠

五五〇四

今髮如雲康風君子偕老文令詩作鬒蓋以或字改古字傳
曰鬒黑髮疑黑字亦非毛公之舊正謂許多鬒毛不應有異左傳
昔有仍氏生女黰黑而甚美顯稠髮丶多凡黑今者髮多
而兒甚美也服杜皆云羨髮為顯不言黑鬒也
長而黑羨之兒也疏文云顯即參也鬒黑也有君子白皙鬒　左傳昭廿八年疏　左傳昭廿六年
須眉顯羨髮也　釋文　左傳昭廿八年釋文

眕

目有所恨而止也說文段注左傳曰夫寵而不驕驕而能降降而不憾憾而能眕者鮮矣許語蓋古左
傳說釋言眕重也○眕重也左傳隱三年釋文
音義上引字林云眕目有所恨也

胗

疹籀文胗○俗有瘢廣雅釋詁一胗創也廣雅釋言胗瘍也疹疾也文選思玄賦思百憂以自疹注引三蒼
創也注云久病胗展也釋名胗展也癢搔之捷展起也疹病也凡疹診有餘以成其結聚可診見也
得診見也上同疹苦也詩小宛哀我疹重也詩雲漢胡寧瘨我以早釋文引韓詩

○萱按自風賦外餘皆引伸段借之義

䪼

或書作頿顏色䪼麟慎事也說文段注慎事疑南宋改耳玉篇廣韵䪼憖
○俗有䪼廣雅釋詁一○萱按與悢音義
也略相同蓋䪼之引申段借耳

袗

褫也或禪衣也一曰盛服按說文段注禪衣也各本作禪衣也當云禪衣也下曲禮注引論語作袗袗論語孔安國注暑則單服陸德明釋文作袗
入公門鄭注云袗讀為袗袗之袗袗為禪也國語曰袗袗必表而出之上林賦注張揖曰袗單衣也
者今本論語作袗孔注云暑則單服衣錦衣則裼衣袗袗絺綌若今衣被之單者也故鄭以絺綌之禮釋之
張袗致也以為袗川之袗袗袗也袗禪也依其可證也○服盛服也許作袗
衣袗衣也當盛服趙之衣重者則孟子袗衣本或作袗
繪書之耳然則習袗衣亦可云禪衣袗者
服引郵陽士上書注服釋之之下當是說文玉
說武力之贊異字注服裝臺釋之之下當是說文玉藻記
社本乎之贊異字注服裝臺也故孟子袗衣鼓琴
釋文又禮記曲禮上袗袗袗所謂袗衣之義
絡疏云振與袗聲相近又袗字從衣注袗衣之羨者
趙從袗羨袗字得為同又得為禪下引陸注孟子音義

張盤也　史記司馬相如傳槃張崔索隱引李奇
張盛多也　史記司馬相如傳讀索隱引如淳

單也論語鄉黨皇疏○萱按皇本作絺絡借字也說文無袗字或各本無今補此三字
或作袗轉也說文段注古語鄭司農云袗讀為袗轉之袗考工記注袗
字袗也凡之牛了戾也曰袗袗戾方言袗轉也
老牛之角袗趙注袗戾也淮南原道袗抱轉
廣雅釋詁二作袗戾也袗當為袗又袗抱注袗
音義上袗段之袗○萱按袗注淮南原道袗結也
黨心段借○萱按又袗抱注淮南原道袗
本經上袗則之別名周禮封人注袗
記子疏乃袗戾也廣雅釋詁四袗抱引戾也
人疏注林袗盤之也廣雅釋詁四袗轉也
和注切說袗也淮南精神注袗抱
抱猶持著也

袗

淮南精神亦袗注袗猶抱也廣雅釋詁二袗轉也文選七發注引

淮南許注○萱按此顆皆段軫為紾
軫戾也　方言三
軫轇轉戾也　廣雅釋訓

軫

○俗輪車後橫木也說文段注木部橫闌木也與人注曰軫輿後橫者也方言曰軫謂之枕秦晉之間
曰軫輿後之橫木也鄭注曰軫與下之材合而方之輿也故曰軫輿也小戎小田俊驅
枚軫謂之方以為近軫以下三方之材也軫之方故曰軫之方也
而方也以為近戴光注曰與後橫木而成方為之名
所樹三軫為載光注曰與後橫木而成方為之名
輪人為三軫言為車蓋伏兔也下材如記為輶輿
伏兔取記不始非為鄭注攷工記輿人為車
伏兔之節於輈軒也又以為軾謂之式為任正者
以象地蓋為與方當輶輿人以為之式
二尺二寸為軫後其尺者謂輈輹輈軫之式
是為軫以六寸前廣寸記見度輪桯
名枚毛公為故曰軾乃桃軾為記
木而方也枚乎之軾於後謂之以
河海而不泄注曰振猶
猶鄭末不謂合四兩為軫也以振軫以合
所封之圍亦在其中矣渾言之四面曰軫析言之輢軾謂後橫曰軫輢軾所樹

韻史 卷五十八第十三部上聲很韻 五五〇九

曰軓轊後曰又折言之軾前曰軓許言於車後横木可知車後
非無植者衍者以按於軾或其制庫於軾平下獨有合於三
面材音也○禮猗命微九疏齊軫注又寸言九注又國語晉
語注楚辭以還軫於路戾注又漢書司馬相如傳下而羌奚
按軫也注揚雄傳上困回軫還衡注云又後漢書王龔傳注
並云軫車後横木也又禮記月令疏云軫是車之後後材也
輿後横木也
者車之前後兩端之横木也
文選顏延年侍遊曲阿後湖詩天文志云軫為漢書注又後漢書軫
○又淮南兵略士卒殷軫注云軫車輪多盛兒注車書馬注云軫輿也
一石崴嵬楚辭抽思軫也○軫乘神出云琛軫為注又後漢書
軫
戾 軫為道也軫為按此段軫轉也軫戾也軫方也王路也
萱按此皆注具軫段下軫為軫痛也軫隱也軫轉也軫戾也軫轸轉
○俗作軫
有 畛 井田閒百也說文段注井田閒陌也十夫閒也兩十夫閒
阡陌故曰井田閒陌遂人曰十夫有溝溝上有畛周頌曰是
杻畛毛傳曰畛場也按場者疆場也信南山疆場有瓜

韻史 卷五十八第十三部上聲很韻 五五一〇

也古祗作畛左傳曰封畛上累謂疆界○莊子齊物論請言
其畛釋文云畛謂封域畛陌也又介雅釋言畛障也釋文云
畛田閒道又楚辭七諫畛謂畛有徑路音詩載芟
思千畛注云畛田上之道也又閒畛路疏云畛謂凡人治地
畛之徑路也又云畛道是所以通車徑路之和國都閒經容
野注云塗容乘車一軌徑畛謂以小車以國語云又太冬一牛馬
容大車二軌則畛界也注文○雅日月畛營營注文
道容三軌 畛 畛也小介雅釋廣詁地廣道多也
文選東京賦注野 所 經也左傳四年注定十五年注文又
引太宋注其四軌畛畛畛畛謂畛嚴注曰○齊語
吳都賦劉注野○萱則埏溝上之道也九夫為井井閒有溝○國語
畛嚴數注楚辭注萱畛根也太平御覽畛不畛告也按介雅釋詁告
陸皋壁壠為畛也 致也 畛也
按此段畛皆非本義也禮記曲禮下畛於鬼神注畛致也○介雅釋言
皆於畛字差近也 萱按此段畛為畛也又釋其釋注畛致畛畛
謂畛即畛 畛 鬼 神 注 要 略 ○ 萱 按 此 言
之借字 楚人謂澤濁為畛挈其畛挈注 軫道畛也淮南要略
以翔虛無之畛注○
萱按此段畛為畛也

切寅/讓
賑 振
眕或作富也說文段注見釋言郭曰謂賑富有西京賦鄉邑
殷賑薛曰謂富饒也匡謬正俗曰振給振貸字皆
林作振又文選蜀都賦邑居隱賑劉注美云賑富也引字
○俗作殷賑非○介雅釋宮釋文
宸 伏兒一曰屋宇也說文段注宸屋宇也○說文段注伏兒未聞一曰屋宇形
○俗水不利也五行傳曰若其沴作下文說文段注屋宇
診 有灆注○五行傳曰沴謂沴沴之五行沴水不服時逆負河象
沴河之堤也五行沴作日按沴伏服之灆水生合河
謂之沴其之沴作五行傳也按沴沴也洪範沴不度不服
傳司馬彪說五行傳日洪範五行陰木曰五行度
也在十三部郭注引五行傳曰沴之氣相傷曰沴五行故
郤許切鄭依如字音為沴沴謂之沴沴音當宮曰神
在者大宗師陰陽之氣有沴沴也謂之沴沴伏陵木不行
亂也注莊子釋文云沴本作作沴也 沴災氣也漢書五行
光傳六沴之作氣相傷謂之沴沴猶臨莅不和意也
注云沴惡氣也沴漢書五行志中之上則木不行
之上○匡張孔為傳音義引韋昭云沴音拂沴亦神怒
謂皇極五行之氣相沴戾不和者沴○洪範五行傳
沴

韻史 卷五十八第十三部上聲很韻 五五一一

切根/恩
曲直 注

忍 能也說文段注能者熊屬能獸堅中故賢者偁能而彊壯偁
能傑也凡敢行曰能令俗謂能止而止亦曰能
故今俗於能耐之耐本一字俗殊其音能忍之義亦謂之能
偁能兼忍之言者謂人能忍其一音忍忍之義
心不忍謂人忍之中為能一字能也○本敢於不忍也
俗所謂忍耐之政能二仁者義○殊其聲也
注云忍猶忍耐也 釋言又斯也者王人不忍之行止
猶能也 忍 耐 也 廣雅釋言忍可曾二子者
也大夫忍 以 義 斷 也 ○國語晉語云忍二字先王之行止
非十二子忍 仁 忍 國 語 以 忍 惡 得 時 注
○儒效篇荀子 也 人情 性 忍 注 忍 忍 猶 時 不 忍
儒效篇 能 忍 公 行 忍 國 語 晉 語 注 忍
之 蒺 反 蒺 為 忍 貴 術 子 忍 也 以 忍 謂 其 性

[illegible]

韻史 卷五十八第十三部上聲很韻 五五一二

切鄉/譺
蒽 啟
○或作蒽蒽冬草說文段注冬之金銀藤也其名忍冬
俗有聚 啟啟 指 而 笑 也 其 說 不 載 悅 高 注 日 啟 啟 又
俗作段藤也蒽冬之金銀藤也說文段注呂覽注啟啟動而喜也
有聚啟啟 按說文段注呂覽尊師為天子之顛啟啟喜也
蒽蒽 忍冬 金銀花 一名鷺鷥藤 花 作 忍 冬 藤 注 崔

作陳、殷、鄒二切皆謂字耳欣盖即欣字轉寫從文吳都
賦東吳王孫鄒鄒而咍劉注云鄒大笑皃引莊周齊桓公鄒
然而笑鄒即欣字
之異者俗謂作鄒
鄒笑皃
莊子達生釋
文引司馬注
殿喜而動皃 玉篇

裖

或作脤字體與
卩尚之胥衵亂
社肉盛之以蜃故謂之裖天子所以親遺同
姓春秋傳曰石尚來歸裖
說文段注五經異義曰古左氏說
脤祭社之肉盛之以蜃鄭注掌蜃
杜注左傳皆同蜃裖壹韵經典裖多从肉作脤詩縣箋掌蜃
注經用蜃為裖字大宗伯以脤膳之禮親兄弟之國大行人
歸脤以交諸侯之福石尚來歸裖春秋經定公十四年之凡
說文引春秋經皆繫諸傳譜左氏春秋有此文也○左傳閔
二年受脤於社注又國語晋語注並云脤宜社之
器又左傳昭十六年疏云脤祭肉盛之蜃器以之肉盛以名
祭肉為脤又周禮大宗伯注云脤膳社稷宗廟獻遺人因穀
之肉又左傳成十三年疏云脤是盛肉之器脤祭肉也梁
定十四年經注○釋文云脤脤者何也俎實也祭肉也生曰
朱祭肉也又廣雅釋器脤肉也
脤熟曰燔
穀梁定十四年傳○周禮大宗伯疏引許慎五經
異義云左氏說脤社祭之肉盛之以蜃公羊穀云

蜃

生吾組
上曰脤
或作
大蛤雉入水所化
說文段注羅氏願曰月令九月雀入
大水為蛤十月雉入大水為蜃比雀入
蟲蜄為大故稱大蛤也按鄭注禮記曰大蛤曰蜃韋注國語
所化曰蛤大曰蜃高注呂覽曰蜃蛤也高注言之鄭韋析言
曰小與蚌雉屬而別鄭注合雅云蚌即蜃：之用詳呑周禮
之蜃玉部曰珧蜃甲也所以飾物瑒蜃屬天子佩刀玉瑧珧
左傳玚瑧珧珧雉入水所化五字依廣韻所據各本作雉入
玖士為蜃按自夏小正九月雀入於海為蛤十月本雉入子
海化蜃放趙簡子可說正同而呂氏月令皆言入大水鄭於
淮為則曰大水海也於孟冬則曰大水淮也皆本小正為說
李放斷不作雉入海矣○周禮鼈人以時籍蜃鼈龜蜃注蝱
知許鱗注地官序官掌蜃注又赤友氏以蜃炭攻之注又
人蜃蚄論摩蜃而鱗注並云蜃大蛤也又冀畜王行志中之
淮南汜蟲大蛤也又周書王會且甌文蜃注云文蜃大蛤也
上注云考工記慌氏涑之以蜃司農注又左傳成二年釋文
蜃蛤也又呂覽孟冬注又淮南時則注○莊子人閒世以蜃
盛溺釋文
云蜃蛤類
蜃蚌也
山海經東山經嶧皋之水多蜃珧注○文
選西京賦蜃蛤剝辟注云蜃蛤蚌也又國

語晋語注云小曰蛤大
曰蜃皆介物蚌類也
蜄者蒲盧也
大戴記夏小正傳○尔
雅釋魚云蜃小者珧又
周禮鼈人釋文引蜃為水物禮記郊特牲疏○周禮鼈人注
干注云蜃蛤類云蜃水中蜃也又云蜃畫為蜃
形蜃謂灰也考工記慌氏司農注匠人白蜃注○文
選魏都賦了珧鮮桀劉注云蜃骨也蜃漆尊
也
周禮鼈人凡山川四方用蜃
注○詩隸釋文云蜃器名
蜃車柩路也柩路載柩四輪
迫地而行有似於蜃因取名焉
周禮遂師共丘籠
及蜃車之役注

听　仰謹切

笑皃也
說文又史記司馬相如傳亡是公听然而
笑集解引郭璞○廣雅釋詁一云听笑也

跣　想謹切

足親地也
說文段注親跣疊韵古者坐必脫屨燕坐必褫襪
皆謂之跣如趙侍君燕跣以下人襪襪之跣也如
晋悼公跣而出此不暇屨之跣也喪大記主人徒跣亦謂襪
饑○淮南修務於是乃贏糧跣走注云跣足不及著屨也
跣徒跣也
國語晋語公跣而出注又史記
孝文紀皆無跣集解引晋灼
注燕則有跣為敬也疏
祭不跣者主敬也疏
跣謂說屨也
禮記
少儀

毨

選也仲秋鳥獸毛盛可選取以為器
說文段注毨選雙聲堯
典鳥獸毛毨鄭注毨理
也毛更生整理周禮中秋獻良裘王乃行羽物鄭注良善也
仲秋鳥獸毛毨因其良時而用之按許說兼包鄭二義
毨者毛羽美悅之狀
書堯
典疏

銑

金之澤者一曰小鑿一曰鐘下兩角謂之銑
說文段注澤者
光潤也釋器曰
絕澤謂之銑晋語玦之以金銑者寒之甚矣韋注銑猶洒也
洒：寒兒言於太子無溫潤也許言其光潤韋言寒兒皆謂
金之精者丹似異而非異也明鑿而以穿木也考工記鳧氏曰
兩欒謂之銑鄭注銑鐘口兩角按古鐘羨而不閒故有兩角
銑即美金言最有光澤也
爾雅釋弓以金者謂之銑釋器

洗

洒足也
說文段注洒俗本作灑誤今依宋本正內則曰面垢垢燂
潘請靧足垢燂湯請洗靧洒足曰洗之證
也洗靧如跣足之跣自後人以洒洒而曰字讀先禮切沿玉
近日以洒代灑轉同詩禮之用洗代洒洛識日云洗去足垢
又山海經西山經錢來之山多矣○諭衡漢畫書點市傳王
洗石注涤洗可以硤體去垢圻洗濯足也方跣跣洗注

洗　濯也國語周語三曰姑洗注洗絜也漢書律歷志上又太令數南呂生姑洗注令洗新也吕覽季春律中姑洗注淮南天文音比姑洗注時則注洗者鮮也白虎通五行○又云三月謂之姑洗何言萬物皆去故就其新萬不鮮明也○當按洒之義博洗之義專凡洗之訓濯已下諸義於洗為引申而非正字正字皆當作洒也　洗大棗尒雅釋木

洒　滌也古文以為灑埽字說文段注下文云沬洒面也浴洒身也澡洒手也洗洒足也今人假洗為洒非古字按古有假洒為峻陗之峻者如詩新臺有洒尒雅望厓洒而高岸夷上洒下漘毛詩洒高峻也凡言某字古文以為某字者皆謂古文假借字也洒灑本殊義而雙聲故相假借凡假借多叠韻或雙聲也毛詩洒埽四見傳云洒灑也鄭注周禮隸僕韋注國語皆同皆釋假借之例若先鄭云洒當為灑則以其義別而正之以漢時所用字正古文也○漢書平帝紀集注云洒滌也又後漢書獻帝紀注云洗謂蕩滌也當按用洗為洒即以洗代灑矣　洒濯也一切經音義八引字林又漢書昌邑哀王辭傳集注宜任氏傳集注云　洒之謂洗雪其恥也孟子

五五一七

音義上引丁音　洒　齊也廣雅釋詁四　洒洒　寒兒素問診要經終論今人洒洒時寒注疏五過論病深無氣洒洒然時驚注○風論腠理開則洒然寒注云洒然寒兒　洒淅　寒兒素問調經論洒淅起於毫毛注洒然驚兒莊子庚桑楚吾洒然異之釋文引李注　洒如　肅敬兒　洒或為察禮記玉藻受一爵而色洒如也注　洒削　治刀劍者也漢書貨殖傳質氏以洒削而鼎食注引服虔○又引如淳云洒削作刀劍削者　洗　盡也易繫辭上傳聖人以此洗心釋文引劉注文書洒鮨自洗腆馬注○當按易洗心依京荀虞作先心則洗心非了義也劉說不足泥　洗　庭洗儀禮士冠禮洗有篚在西注○疏云洗之所用士用鐵大夫用銅諸侯用白銀天子用黄金也　洗　承盥洗者棄水器也士用鐵儀禮士冠禮設洗注○士昏禮設洗於阼階東南注云洗所以承盥洗之棄水者

燹　火也說文　燹　逐燒也廣韻引字林

美謀切

敓　冒也周書曰敓不畏說文段注今本尒雅皆敓強也般庚不皆作勞鄭注皆讀為敓勉也似鄭所據

五五一八

尒雅與今本亦不同康誥敓不畏死孟子作閔亦攷其在受愍敓心部作忞皆聲文聲同部按皆從民省不以民凡皆受作昏者誤

閔

慐古文　俗○　弔者在門也說文段注引申為凡痛惜之辭　閔　病也尒雅釋詁文又詩柏舟覯閔既多傳鴟鴞鬻子之閔斯傳名旻李是閔也憂閔子小子傳又禮記儒行不閔有司注又漢書東方朔傳集注陳湯傳集注敘傳閔家語儒下集注閔疾也行注　閔　憂也左傳宣十二年少遭閔凶注又穀梁僖三年閔雨也注又漢五行志中之上集注引應劭陳湯傳集注又楚辭天問閔妃匹令注辭閔在家注○詩汝墳序婦人能閔其君子疏云閔者情所憂念　閔閔　憂兒左傳昭卅二年閔閔焉如農夫之望歲注　閔　悼傷之言也詩閔予小子箋○疏云閔者哀閔之辭又汝墳序釋文閔云傷念也　閔　猶昏闇也史記范睢蔡澤傳竊閔然不敏索隱　閔閔　深遠也素問靈蘭祕典論閔閔之當注　閔勉　猶黽勉言不怠也漢書五行志中之上閔勉遯樂注又谷水傳閔勉遁樂注云閔勉猶黽勉也又書君奭予惟用閔于天越民時山傳云閔勉也○當按孫

五五一九

段閔為昏也昏者敃之異體字在十二部與閔異部而同音　憫　憂也淮南主術年衰志憫注○詮言樂恬而憎憫注云閔憂在有所在也　有憫懣也孟子公孫丑上阨窮而不憫注又廣雅釋詁二無六年之積　謂之憫急淮南主術注

潤

水流洸洸兒說文段注洸洸常作潤潤淺人所改也一說潤洸洸古今字故以洸洸釋潤河水洸洸見艸風洸之本義訓方艸風之洸洸即潤潤之段借兒聲古積如閒與潤音近毛傳曰洸洸乎地即潤潤之義也

轐

○俗有𨏩　車伏兔下革也說文段注謂以絡附於軸上也絡者生革可以為縷束也說文又云轒若閉按此音背轐之轐名也與毛詩之綠綠韓詩之民民同義廣韻說有轐云車軷兔下革又有輹云車軸下軛明是一而二之軛字恐誤○當按廣雅釋器云轐伏兔也義蓋未完

五五二〇

撮口許　去允切

窘　○俗有僒　迫也　說文段注小雅又窘陰雨毛傳窘困也按箋云窘仍也仍者仍其蹙而不能變亦是困意字林巨畏反文傚合音也○讀詩記廿引韓詩章句又後漢書孔融傳注鄭玄傳注並云窘迫也　窘困也　漢書季布傳集注引如淳又後漢書西域傳注又列子黃帝先窘於籤者釋文　窘急也　廣雅釋詁一又離騷夫唯捷徑以窘步注○漢書游俠郭解傳眠第自歸注云窘困急　窘窮也　後漢書西羌傳注　窘仍也　漢書敘傳下集注　窘要也　素問靈蘭秘典論窘乎哉消者瞿瞿注　窘痺也　廣雅釋言　窘囚拘之皃　文選鵩鳥賦窘若囚拘注

頵　頭頵頵大也　說文段注按篞本作頭頵也與文選注合然恐有夸字耳文選長笛賦重巘增石簡積頵砡春秋楚君有名頵者○萱按左傳文元年楚世子商臣弒其君頵公穀作髡春秋繁露引左傳作楚王髡

莙　或作緄○十三部上聲十五部平聲例見注在彼

菌　地蕈也　說文段注中部所謂菌也○尒雅釋艸釋文云今人呼菌為蕈　中馗小者菌　尒雅釋草　菌芝也　文選思玄賦咀石菌之流英注○莊子逍遙游朝菌不知晦朔釋文引司馬注云菌大芝也又引崔注云菌糞上芝又列子湯問有菌芝者釋文云菌芝糞上生者也　菌芝屬也　文選西京賦浸石菌於重涯　菌蠢是芝皃也　文選南都賦芝房菌蠢生其隈注　蒸成菌　莊子齊物論○逍遙游釋文引簡文注云菌歎生之芝又列子湯問注云菌芝歎生之芝　蕣菌蕣生也　廣雅釋艸○文選歎逝賦注引潘尼朝菌賦云翰劉者世謂之大樸或謂之曰及郭景純遊仙詩注引潘岳朝菌賦序云朝菌者時人以為蕣華莊生以為朝菌其物向晨而結絕日而殞○莊子逍遙遊釋文引潘注云菌木槿也又引司馬注云菌一名日及又引崔注云菌一名舜英　菌薰也葉曰蒠根曰薰　文選蜀都賦菌桂臨崖劉注○廣雅釋艸云蕈薰也其葉謂之蒠萱按合二艸為一物說恐未歸又素問方盛衰論注云菌香艸也則假菌為薰也　朝菌朝生暮死之蟲也生水上狀如蠶蛾一名孳母海南謂之蟲邪淮南道應注　菌鶴

可用為旌翳　周書王會請令以珠璣瑤琄象齒文犀翠羽菌鶴為獻注○萱按山海經大荒南經云有小人名曰菌之又海內經云有菌山又東山經于之山其艸多菌蒲注云菌音咽咍之咽　孟菌結也　莊子齊物論蒸成菌釋文引向注　菌不申皃　太亦而大黃不誕注

箘　或作筐第　箘簬追竹也一曰簵基也　說文段注禹貢鄭注曰箘簬聆鳳也按箘簬二字一竹名吳都賦之射筒也劉逵曰射筒竹細小通長：丈餘無節可以為矢笴名射筒及由梧竹皆出交趾九眞拾遺昆薇象基王曰昆或言筦簬今之箭囊也筦即箭之異體箭囊即射筒之吳劍無底曰簍通簫曰筒皆自其無節言之謂之好箭幹耳古者系呼曰箘簬戰國策箘簬之勁不能過是也畢呼曰箘呂氏春秋越駱之箘是也書正義及戴凱之說箘簬為二竹譜矣方言簿或謂之蔽或謂之箘秦晉之間謂之箭吳楚之間或謂之蔽或謂之棊○漢書地理志上惟箘簬枯注云箘簬竹名又書禹貢晚出傳云箘簬是竹　箘竹箭也　呂覽本味注　箘亦篠類中箭　山海經中山經暴山其木多箭箘注○廣雅釋艸云箘箭也　箘一名聆風　書禹貢釋文引韋昭

趨　走意　說文○廣韻云趨走皃

允　羽窘切　信也　說文又尒雅釋詁又易晉象七虞注又書皐陶謨庶尹允諧鄭注又詩定之方中終焉允臧傳車攻允矣君子箋公劉豳居允荒傳常武王猶允塞箋時邁允王維后箋允王保之傳小毖肇允彼桃蟲箋酌實維尒公允師箋又考工記樂民允臻其極注又論語堯曰允執其中集解引苞注○方言一云允信也齊魯之間曰允又左傳文十八年明允篤誠疏云允者信也終始不怠言行相副者也　允誠也　尒雅釋詁○萱按書大誥允蠢鰥寡漢書翟方進傳作誠動鰥寡　允當也　易升允升注　允佞也　尒雅釋詁○萱按韓奕箋為猶允所遍段允為兌也古無兌字又詩中允古今人表作中術

兟　進也易曰兟升大吉　說文段注队部旞下曰導車所載全羽以為允句允進也許意謂即兟之省也兟升大吉升初六爻辭鄭曰升上也荀爽云謂一體相隨允然俱升九家易曰謂初失正乃與二陽允然合志俱升允然者升之皃不訓信蓋古本作兟升也○漢上易傳引施讐易云兟進也

阢 高也一曰石也說文

尹 𠂔古文 治也 說文段注伊下曰尹治天下廣韵曰正也進也誠也

尹 正也 尒雅釋言又書皋陶謨庶尹允諧鄭注又詩都人士謂之尹吉傳又儀禮士喪禮記二尹注又禮記[illegible]曲禮上脯曰尹祭注又左傳定四年以尹天下注又後漢書百官公卿表上集注引張晏王莽傳上集注叙傳下集注又後漢書張衡傳注又續漢書郡國志一河南尹注引應劭漢官儀又呂覽仲秋命閭尹申宮令注又淮南時則命奄尹尹注又文選諷諫詩廢尹羣后注○水經穀水注云尹正也所以董正京畿師先百郡也

尹 主也 漢書地理志集注叙傳上集注

名相官曰尹 春秋繁露三代改制質文

尹 官也 廣雅釋詁四○左傳宣十二年疏云楚官多名爲尹又禮記襍記下則里尹主之注云里尹閭胥里卒之屬

尹伯 長官大夫 書立政尹伯晚出傳○顧命百尹御事晚出傳云百尹百官之長

尹 官氏 詩嵩高序尹吉甫美宣王也箋○都人士謂之尹吉箋云尹氏吉氏周室昏姻之舊姓也又書汝鳩汝方序伊尹去亳適夏晚出傳云伊尹字氏

尹 祭脯也 儀禮士喪禮記用尹祭注○風俗通義宰尹旁達段

尹為簡也二字義異部而同音矣故得相通借也又荀子大畧之君疇新序作尹壽則二皆省借字

頫 西目不正皃 說文○玉篇云頫西不平也廣韵云頫西斜

芛 艸之皇榮也 說文段注皇當作葟或䔰字釋艸曰蕍芛葟華榮郭曰今俗呼草木華初生者為芛音醋豬之醋○萱按尹聲之字而讀同蘛者轉音非本音也釋文云芛集本作葦又馬融傳注云芛與蘛通皆其流變焉者是也

艸木花初出為芛 後漢書馬融傳萑庵蘇燹注

蘊 ○俗有蘊 積也春秋傳曰蘊利生孽 說文段注左傳芟荑蘊崇杜注蘊積也又蘋蘩蘊藻之菜注蘊藻聚藻也小雅都人士禮記禮運借苑花字為之○左傳隱六年注昭廿五年蓄而弗治將蘊注又方言十二又廣雅釋詁一又一切經音義引士林其云蘊積也

蘊 聚也 廣雅釋詁三

蘊 盛也 同上

蘊 畜也 左傳昭十年蘊利生孽注○漢書循吏召信臣傳晝夜然蘊火注云蘊火畜也

蘊 積也 後漢書卓茂傳注又莊子齊物論而以是相蘊注又釋文

蘊 聚也 詩采蘋疏又廣雅釋詁三

蘊慉 猶積聚也 後漢書馬融傳

注

蘊 眩也 方言十三

蘊 饒也 同上

蘊 崇也 同上

蘊 叢也 文選蜀都賦雜以蘊藻劉注

蘊 藏也 後漢書班彪傳下注周榮傳注又文選謝靈運登江中孤嶼詩注引論語馬融注

包裹曰蘊 詩小宛箋猶能溫藉自持以勝注

蘊藉 猶寬博也 後漢書第五倫傳注○桓榮傳注云蘊藉猶言寬博有餘也

蘊蘊 茂也 方言十三注

蘊蘊 暑氣附人之氣 詩雲漢傳蘊蘊而暑疏○荀子富國使民夏不宛暍注云宛讀曰蘊暑氣也萱按此段宛為蘊也又祝睦後碑溫化以禮段溫為蘊也小宛箋溫藉同又雲漢蘊隆蟲蟲韓詩作鬱隆桐炯蘊鬱一聲之轉也亦或叚煴緼韞為之

蘊藻之類也 顏氏家訓書證引郭注三倉

縕 平上去三讀注在平聲

霣 霝猶齊人謂靁為霣一曰雲轉起也 說文段注齊人謂靁曰霣方俗語言如此靁古讀如回回與員語之轉公羊傳〻星霣如雨假為隕字一曰雲轉起也則一義雲轉而起名之霣者略與雲同音也古文

云作員○廣雅釋天云霣雷也

霣 癈墜也 萱按此段霣為隕也

隕 ○俗有隕 從高下也易曰有隕自天 說文段注釋詁曰隕下落也毛傳曰隋隋也隋卽陊字有隕自天姤九五爻辭

隕 下 楚辭怨思雲霏霏而隕集注

隕 隊也 詩小弁涕既隕之傳又左傳文十八年注宣十五年有死無隕服注

隕 墜也 尒雅釋詁又詩氓其黃而隕傳七月十月隕蘀傳緜亦不隕厥問傳又大戴記夏小正隕麋角傳又國語齊語恐隕越於下注又史記鄭世家集解引服虔又漢書馮奉世傳贊集又淮南說林為其一人隕而兩人傷注又素問五運行大論其眚為隕注又離騷厥首用夫顛隕注○春秋繁露王道云崖墜謂之隕

霣 癈墜也 左傳宣十五年有死無霣注○萱按服作無隕正也杜注作無霣借字也又文選上林賦注瀰霣墜又漢司馬季德碑不霣其功皆叚霣為隕也

隕 墜也 楚辭淹淪辭靈修而隕意兮注

隕 壞也 瀇淮南覽冥景公臺隕注

隕 失也 孟子盡心下亦不隕厥問注

隕 落也 尒雅釋詁又易姤虞注又左氏莊九年縱釋文傳十六年縣隕石於宋五注又國語周語駟見而隕霜沐又楚辭悲回風物有微而隕性兮注著於下不見

於上謂之隕穀梁莊七年傳隕ヽ越也國語晉語無隕懼注○云左傳九年恐隕越于下注云隕越顛墜也隕蒦困迫失志之皃也注禮記儒行儒有不隕獲於貧賤○家語儒行注隕ヽ獲憂闕不下安之皃隕見禽獲左傳成二年隕子辱矣注隕墜也列子周穆王若隕虛焉注隕沒也一切經音義十二引聲類隕絕也後漢書隗囂傳注○當按从𨸏从歺形異而義不異也或別為二字者非

磒

落也春秋傳曰磒石于宋五說文段注磒與隕音義同從高下也春秋經作隕僖公十有六年隕石于宋五左穀作實許所據左傳作磒釋文云磒落也○列子周穆王釋文磒落也磒石落也郭云磒猶隕也合爾雅釋詁釋文

抎

有所失也春秋傳曰抎子辱矣說文段注成公二年左傳石稷謂孫良夫曰子國卿也隕子辱矣許所據作抎正謂失也史記戰國策被礛磻引微繳折清風而抎矣此段抎為隕也史記東粵列傳不戰而耘利莫大焉謂閩粵不戰而失其抎失也廣雅釋詁二王頭此段耘為抎也

惲 重厚也說文段注厚當作㫗惲厚字當如此今皆作渾厚非是渾者混流聲也今俗云水渾惲謀也方言十二又廣雅釋詁四

埻 字𡎺允 錄作埻的逗射臬也說文段注木部臬下曰射埻的也此與為轉注亦有單有埻者的明也以虎豹之皮飾侯側又方制之以為的謂之鵠司裘注曰以為中之者射中鵠以為的者也呂氏春秋曰射而不中反修於己以為的名為旳作戰國策以其類為埻注云埻即的也○廣雅于當作千發千中詩云以其頭為埻按射埻的字作言為揩文選詠懷詩注引太玄其埻也又一切經音義云埻的也雅釋言云埻的也埻𡎺中也廣雅釋詁一

準 平也說文段注謂水之平也天下莫平於水水平謂之準因之制平物之器亦謂之準漢書律曆志準者所以揆平取正是也因之凡平均皆謂之準考工記準之然後量之是也準古音在十三部讀之之質切十五部又古音在十三部十五部又讀若準俗有準字音拙故準作準準與準為二字○十三部十五部疏又廣雅釋詁三又呂覽自知則工匠之準縄注準平也又易繫辭易與天地準注又作準文水故準之也○史記平準書注準平也凡器平者平是也平物之準也文選○南州記

鄭公九年詩注引字書又禮記祭義推而放諸東海而準注又云準平也又管子宙合云準也以為平當以準中平也又大戴記曾子大孝注準平也易繫辭準釋文上引易與天準謂易準與天地准節均也月令先定準直疏○考工記準之正平也易上傳以仁義為出輕重平均禮記月令先定準直疏云準平也漢書平正之準等也易上傳以仁義為出文引準同也鄭注易繫辭上準平法也準漢書東方朔傳準以望京注云準之平也易是準平也注漢書○呂覽君守正朔晚為傳云準士平也上準平法也准南本經注准平法也准不以平有注南淮法謂士平也準者所以準萬物也時則准平也法覽異羣臣準○曾子節法也淮南時則準也者五量之宗也意而懷當注水地注云律度量衡準也一準直謂封疆經遂也月令記也一管子君臣曰其大尺也一準論語摘輔象力準鼻也先定準直注云準水後漢書準斤凡事也墨子受準斤注而龍顏崔駰傳注準繩也秦王為人蜂準正義高祖準亂集史記秦始皇紀漢書高帝紀上注引李斐○祖後漢光武紀上解引文又漢書高帝紀上注引史記高祖紀集解引應劭○陰準日角注引許準頰權準也當按服虔準音拙則以頻為負云鼻頭為準

正字矣然說文自有肫訓面額也肫準皆之允反則肫為正字準為遠用字其讀入聲乃作頰耳要頰是後出之字

純 謂幅廣也周禮內宰出其度量淳制注淳制皆謂之質人淳杜注○當按純量淳制注云淳為純字質人其純匹端 ○天子傳乃以錦組百續純○純文繅千純以淳實純字段借錦繡千純等傳注引朝貢一集解
名也○穆天子傳乃以錦組百純○儀禮周禮聘禮注云純東帛布帛注純天子守節注引朝貢禮
一純四尺丈八尺○儀禮周禮聘禮注引子純制云純鄉射禮記史記索隱云秦淮南墜形訓五
為純數也史記索隱秦禮內宰注純制云純淮南天形訓五
云制幣丈八尺純四只也
尺純四尺
二算為純儀禮鄉射禮大射儀記又禮
肫 面額也說文段注頁部曰頯權也權校大戴記曰權應也 俗作顴準服虔音拙其段注云頯權也肫者肫之段借也高祖隆準說文段注鄉其字作頯陸作高肫也準之又中偏肫賓之準禮儀禮也中庸肫ヽ其仁準者肫之段借字也廣雅曰肫為之允反又權衡是也言戰國策肫肫乎其仁鄭注肫讀如誨爾忳忳之忳○肫一讀為純肫ヽ懇誠皃也段借也士昏禮肫不升注云肫或作純 全肫ヽ懇誠之

兒 禮記中庸疏○萱按經用朓段借字鄭破為他而釋之乃正字也疏則字形同經字異義同鄭不盡一也

庶允切

揗 摩也說文段注廣雅曰揗順也廣韻曰手相安慰也今人撫揗字古盖作揗循者行順也淮南曰引揗萬物高注引揗讀循謂摩順也漢書李陵傳而數數自循其環段注引集注云循謂摩循○萱按此揗循允揗樣之允也揗允發為揗也○揗俗揗

揗 闌楯也說文段注闌之門遮也是欄楯也此云闌楯者謂櫺檻也楯橫曰檻從曰楯古亦用為盾字切經音義引通俗文云闌楯曰檻○萱按楯之為闌楯也又階除之欄也文選上林賦引楚辭注曰軒楯也古字體亦皆同義○萱按楯即軒板也漢書司馬相如傳注楯欄也宮殿四面欄楯也○文選魏都賦注揗檻也仲長統昌言曰軒檻也後漢書袁盎傳注引蒼頡篇云欄楯也○淮南俶真訓注云楯也排也注後漢書袁紹傳上儀禮交錯以登殿云欄楯者云楯令之排也○漢書○引上傳倚登殿云欄楯凡

韻史 卷五十八第十三部上聲很韻 五五三三

揗 萬物注云揗猶𢹂也莊子達生死生之上釋文引司馬注揗猶循之允恭之允讀若揚雄作𨅝或作𨅝從足對臥也說文段注謂人與人相對而休也

𨅝 其字皆作𨅝或作𨅝則亦同與足相抵則𨅝而臥亦曰𨅝也引仲之亦作𨅝皆曰注澤交趾曰𨅝相抵足是也又淮南書之凡足抵天多用𨅝典瑞兩云浴有則則同足亦足是也注云踳為踳讀及周禮注曰也按字李注意謂踳則與相是云云謂踳之曰周盖篇司馬爵篆篇云踳各注者引同而合之注字前也○或𨅝之訓典瑞司馬意作家多用踳馬許莊則子釋詁二論為𨅝也○漢書揚雄傳上下各以其知𨅝相背而向用合則是注相背二○漢書嚴經音義引珠以云𨅝兩足相背云也借許廣雅釋相背又華嚴經音義引珠以云𨅝

𨅝 相背而見外𨅝也代謝𨅝駐注二者𨅝錯義引字林音南淮南俶真云𨅝外者也注開也○淮南代謝𨅝駐注二者相違○漢書敘傳也𨅝也也

洽允切 𩐟 或作𩐟○十三部十
醉允切 𧷢 汜於外注在彼部五部十

𩐟 𧷢 五部 脽也說文段注李善引蒼頡解詁曰腺少汁腺也曹植七啟曰腺漢南之鵾鷄名都篇曰膾鯉腺胎鰕○

腺 小腺也廣雅釋器腺腺也楚辭招魂注云腺𦠆亮注鶴

韻史 卷五十八第十三部上聲很韻 五五三四

翠允切

雋 鳥肥也長沙有下雋縣所說味是而長也故从弓長沙下雋肥肉也漢書蕭望之傳注雋永言其雋味可言也○萱按雋肥也雋永也說文段注雋前後志同

嗉 嗉食也說文段注嗉之言吮也吮嗽也鳥曰嗉窩胤曰嗉 說文段注剛通著書號曰雋永言其味長也惟野鳥味可言

吮 嗽也說文○萱按欠部嗽下云吮也是為轉注吮循也不絕口稍引滋汋循咽而下也釋名釋飲食

歔允切

夳 大也說文段注謂物之大此

嘽 或作大口也說文

𪘲 或作𪘲齒也說文段注韓詩外傳以為𪘲然而齒墮矣則大公年七十二𪘲然而齒墮矣

𢃇 平上附讀注在彼

歔允切

𪆮 或作○十三部上聲十五部平聲而見注在彼○或作𪆮

韻史 卷五十八第十三部上聲很韻 五五三五

甫允切

𪇇 卪橐盛穀大滿而裂也說文段注𪇇之言壂也壂者隙也玉篇曰又引筋起

腪 腪也說文段注廣雅曰腪也腪腪字腪腪多澤一御覽八百六十引蒼頡解詁腪謂腪

𢞞 滿 萱按此𢞞之假借字又說文以𢞞𢞞

𢞞 懣也說文以為楚辭惜誦憤氣充也史記樂書鄭注云音上憤氣充也作正義○禮記樂記注云憤怒也方言十二又廣雅釋詁一又釋言○淮南俶真訓云憤盛也引華嚴經音義貫注上憤實也氣憤盈也淮南注憤滿也國語周語陽癉憤盈注云憤積也語本發注云憤怒也莊子盜跖篇云憤滿也萱按此段大論為憤怒之氣也又說文腪謂腪滿也○萱按此段訓為發憤也釋文引李注○萱按此段憤之假借字也又文選釋文引李注于喟嘆歔歔發憤歔事亦憤之憤借字也莊子說喟嘆歔歔發憤事亦憤之假借字也嚴忻憤發也淮南修務注於中則愈憤亂也幽通賦周貢盈而貢憤兮曹注於外注憤亂也漢書敘傳上集注引孟康又文選憤悁也言方於

三十

韻史 卷五十八第十三部上聲很韻 五五三六

忿 悁也 說文段注忿與憤義不同憤以氣盈為義忿以狷急為義 忿怒也 廣雅釋詁二又周書大匡語位非忿 注○禮記大學有所忿懥釋文云忿懥怒皃也 忿恚也 楚辭怨思悲故鄉而發忿兮注又文選東京賦我世祖忿之薛注 忿恨也 楚辭懷沙懲違改忿兮注 忿怨也 國策秦策伯主約而不忿注 忿者危之道 大戴記武王踐阼惡乎危於忿疐注 乾陽剛為忿 以易象下傳君子以懲忿窒慾虞注 忿滿也 蓋按此憤之段借字

扮 握也 說文段注太玄曰地則虛三以扮天之十八也注云扮猶并也 扮動也 廣雅釋詁一

黺 袞衣山龍華蟲黺畫粉也 衛宏說 說文段注皋陶謨曰日月星辰山龍華蟲作繪宗彝藻火粉米黼黻絺繡鄭注云畫者為繪刺者為繡、與繪各有六衣用繪裳用繡許書繪下云會五采繡也藻作璪粉作黺米作絑黹粉米為一事許黺絑為二事鄭說粉米為繡許說粉為畫粉絑為繡文如聚米益許時鄭說未出許以說黺采諸衛宏但今缺有閒矣且尚書山龍華蟲不與粉相屬許書恐傳寫有奪誤畫粉蓋何晏賦所謂分閒布白衛宏治古

韻史 卷五十八第十三部上聲根韻 五五三七

文尚書者

粉 所目傅面者也 說文段注小徐曰古傅面亦用米粉故齊民要術有傅面粉英按據賈氏說粉英僅堪妝摩身體耳傅之面者同胡粉也許所云傅面者凡外曰亦周禮傅於餌餈之上者是也引伸為凡細末之偁粉分也研米使分散也釋名釋首飾 粉米白米也 書皋陶謨藻火粉米鄭注○晚出傳云粉米粉若粟冰 粉豆屑也 周禮籩人羞籩之實糗餌粉餈司農注

吻 武允切 脗 或○俗有脗脗唶 口邊也 說文段注曲禮注云下字曰呼廣雅云 脗也釋名曰吻免也 明謂之吻考工記銳喙決吻鄭曰吻口 凡言脗合當用吻此○ 校也卷也字亦作脗作脗皆脗之俗也 文選文賦注引字林云吻口邊也 吻脣兩邊也 文選文賦注引蒼頡○華嚴經音義 下引埤蒼云吻謂脣兩角頭邊也 吻口角也 漢書王褎傳亦傷吻敝策而不進於行注○釋名釋形體云吻免也入之則碎出則免也又取抆也漱唾所出恒加抆拭因以為名也或曰口卷也可以卷制食物使不落也 脗脗然無波際之謂也 莊子齊物論為其脗

韻史 卷五十八第十三部上聲根韻 五五三八

注合

韻史 卷五十八第十三部上聲根韻 五五三九

韻史 卷五十八第十三部上聲根韻 五五四〇

韻史卷五十九

第十三部去聲

艮韻

泰興何萱石閭譔集　子度校字

上海顧錫麒竹泉覆審

武進李兆洛申耆鑒定

開口呼

艮 古恨切

艮（隸作艮）很也易曰艮其限匕目爲艮匕（音化）目爲真（說文段注很者不聽從也一曰行難也一曰盭也易傳曰艮止也止可兼很三義許不依孔子訓止者止下基也足也孔子取其引伸之義許說字之書嫌云止則蓋義不明當故易之此字書與說雖有不同實無二義也方言曰艮堅也釋名曰艮限也易曰者艮九三爻辭篇引艮其限者以限與艮音義皆同也已目云々艮限亦言二字同意○易艮釋文引鄭注云艮之言很也也時未可聽物生限止之也釋名釋天艮者止而不相交通之卦也易艮々其背注○序卦傳云艮者止也艮難也太玄守艮有守注象艮堅也方言十二又廣雅釋

韻史　卷五十九第十三部去聲艮韻　五五四一

詁一艮爲山疏又家語好生注左傳昭五年艮山也艮東北之卦也易說卦傳

頣 頣後也（說文段注頣後謂近耳及耳下也）

恨 海艮切

恨 怨也（說文恨也漢書郊祀志下集注劉向傳集注李廣傳集注又荀子成相不知戒後必有恨注）

恨 限也（漢書敘傳上音義引韋昭）

合口呼

睴 古寸切

睴 大目出也（說文段注目本大而又出其目也考工記望其轂欲其眼也注眼出大兒也陸云魚懇反按此鄭謂眼爲睴之段借也）

困 苦寸切

困 朱（古文）故廬也（說文段注廬者二畝半一家之居ㄟ必有木樹牆下以桑是也故字从口木謂之困者疏廣所謂自有舊田廬令子孫勤力其中也困之本義謂止而不過引中之爲極盡論語四海困窮謂君德充塞宇宙與橫被

韻史　卷五十九第十三部去聲艮韻　五五四二

四表之義略同苞注曰言爲政信執其中則能窮極四海天祿所以長終也凡言困兔困苦皆極盡之義廣雅堅攤閭朱也按推讓用朱爲捆字此可盤四海困窮之義）

困 極也（論語堯曰集解引苞注困窮又皇疏又廣雅釋詁一困窮）

也易困釋文又廣雅釋詁四又國語越語日窮困猶厄也而罷注又荀子修身行天下雖困四莫注悴也廣雅釋言困之欲注又淮南主術數困苦也漢書西城傳云困悴而資情者帝而不困其身注周禮稟人上疏引書云行困而無資忠禮記中庸則不困疏○周禮稟人覽慎大釋文以振云窮困注云掩也謂之之居而無食謂之困ㄟ亨疏又引書大文爲謨四海困衣食困者窮厄委頓之名易困之義○晚出書大禹謨四海困窮傳云困窮謂天民之無告者又及苞咸說遠矣薰困謂有所不通也論語困而學之集解引孔注又漢書李注云困又表注○莊子天地困慘中顏釋文引李注言困悛猶刻○賊不通也民困所不勝也知其所困而死論注言方言十三又廣雅釋謂逃困亂也論語子罕不爲酒困集解引馬注

困 逃也（方言十三注云困謂逃亂也）

惠至而後應者謂之困（大荀子略）

韻史　卷五十九第十三部去聲艮韻　五五四三

謀不中爲困（國語晉語而困人注）謀心省恤人謂之惠反惠爲困（賈子道術）

困 剛揜也（易彖下傳○繫辭下傳云困相遇也）德之困滯謂疲羸微瞗者也（管子中匡滯皆法度不苑己注）困畏怯弱者也（莊子列御寇緣循偃侠困畏不若人）三者俱通（注）困謂其地境瑜不可種藝（○淮南地形）

歲名曰困敦（爾雅釋天○又淮南天文云太陰在子歲名困敦）曰困敦孫注云困敦混沌也言萬物初萌混沌於黃泉之下也困（极禪爾雅釋艸）

饉 寬寸切

饉 秦人謂相謁而食麥曰饉饉（說文○方言一凡陳楚之郊南楚之外相謁而餐或曰飵或曰䭡秦晉之際河陰之間曰饉饉今關西人呼食欲飽爲饉饉一方言注言饉饉食也廣雅釋詁二）

搵 沒也（說文段注沒者湛也謂湛浸於中也集韻引字林搵抐沒也抐奴困切）

搵 擩也（廣雅釋言）搵拄

韻史　卷五十九第十三部去聲艮韻　五五四四

也廣雅釋詁四

嗢 户寸切 十三部去聲十五部入聲兩見注在彼

圂 豕廁也 說文段注少儀君子不食圂腴注云周禮圂作豢謂犬豕之屬食米穀者也腴有似於人穢按云周禮圂作豢者稾人掌豢祭祀之犬是也豢从豕𢍃聲圂从囗豕會意按許說本非一字豢以之之豢養而言圂以牢中溷濁而言少儀圂腴不煩改字謂豕廁為圂因謂豕犬為圂耳引伸之義人廁或曰圂俗作溷或曰清俗作圊或曰軒皆見釋名○一切經音義九引倉頡篇云圂豕所居也又漢書五行志中之下豕出圂壞都竈注云圂者養豕之牢是也圂豬犬也禮記少儀疏圂廁也廣雅釋宮廁或曰溷言溷濁也釋名釋宮室釋溷軒廁屋後漢書黨錮李膺傳即今溷軒有奇巧注誠動可畏謂之威反威為圂賈子道術○按此亦溷稍迹圂字叚借

溷 亂也一曰水濁皃 說文段注離騷世溷濁而不分兮王曰溷亂也濁貪也一曰水濁皃此別一義今人

下分○易噬嗑注不溷乃明釋文又漢書陸賈傳集注王襃傳集注又後漢書傳毅傳注又離騷注涉江世溷濁而莫余知今注又文選風賦注引字林並云溷溷亂也 溷穢也 易噬嗑注釋文 溷謂穢亂 企雅釋水注家水溷 清釋文○漢書五行志中之上溷者已別注云溷者謂穢亂 溷濁也 易噬嗑注又廣雅釋詁三又文選序屈原 文世謂隨笑為溷今注引韋昭○漢書諸葛豐傳濁溷之氣注云溷亦濁也 溷污也 漢書翼奉傳集注 溷辱也 漢書陸賈傳集注引服虔○萱按溷諸義多與慁相出入○ 廁或曰溷言溷濁也又溷軒廁屋 萱按附多溷習實為常故如此等者不須更言叚借也 誠動可畏謂之威反威為圂 賈子道術○萱按此義於溷義近圂則遠矣故圂溷二字互借通用

慁 憂也一曰擾也 說文○廣雅釋詁一 又史記酈生陸賈傳索隱慁亂也 廣雅釋詁三 慁猶汩亂之意 慁憂也 左傳昭六年主不慁賓注 又小爾雅廣言 慁患也 史記范雎蔡澤傳是天以寡人慁先生 索隱慁猶辱也○禮記儒行不慁君王注慁猶辱也 家語儒行注云慁辱 慁污辱也 史記酈生陸賈

傳無久慁公為也集解引韋昭按慁引伸之義多與溷通○

搵 十三部去聲十五部入聲兩見 手推之也 說文 溷揗也 廣雅釋言

頓 董寸切 下首也 說文段注按當作頓首也三字為句周禮大祝九拜一曰𩒨首二曰頓首三曰空首三者分別劃然不當頓𩒨二字皆訓之曰下首明矣鄭曰稽首拜頭至地也頓首拜頭叩地也空首拜頭至手所謂拜手也吉拜拜而後稽顙謂齋衰不杖以下者凶拜稽顙而後拜謂三年服者玉義按九拜以前三者為體後六者為用如六書以指事象形擧會意四者為體轉注叚借二者為用也凡經言拜手言拜皆周禮之空首手部拜字下曰首至手何注公羊傳曰頭至手曰拜手皆與周禮空首注合凡經言稽首小篆作𩒨古文作見經傳無異解何注公羊云頭至地曰稽首與周禮注合凡經傳言頓首言稽顙或單言顙皆九拜之頓首何注公羊曰顙猶令叩頭檀弓稽顙注曰觸地無容皆與周禮頓首注合頭至手者拱手而頭至於手頭手但齊心不至地故曰空首若稽首頓首則拱手皆下至地頭亦皆至地而稽首尚稽

還頓首尚急遽頓首主於以顙叩觸故謂之稽顙或謂之周禮之九拜不盡知而稽首者吉禮也頓首者凶禮也稽者吉凶兩間之禮也經傳又文凡單言拜及下為稽首空言拜言拜手者皆空首也言拜手稽首者空首而稽首也而後稽顙者空首而頓首也言稽顙而後拜者頓首而言必言稽顙而不拜者頓首而不空首也經手言賓嘉則稽首書頓首者也大喪曰稽顙亦來有言頓首者也然凶事之頓首無疑矣有非喪而以言頓首者非常事也類于宣于如申包胥之九頓首而坐以國破君亡稽羸頓首於太子不立與季平子稽顙於叔孫昭子以君亡昭公子家再拜顙於寄侯以失國正同也若陳無宇稽顙於樂施以忠釋難禮之過也無字之詐也沿至秦漢以頓首為稽罪辭中山東司馬喜之頓首別於陰姬公之稽首漢人文字者蔡邕戍遂上章云朔方髡鉗徒臣邕稽首再拜上書皇陛下宋云臣頓首死罪稽首再拜以聞蔡質所記立宋皇儀首云尚書令臣囂等稽首言末云臣囂等誠惶誠恐頓凡罪稽首再拜以聞許沖進說文解云字首云多陸萬歲公乘臣沖誠再拜上書皇帝陛下末云臣沖誠惶誠恐頓頓首死罪死罪稽首再拜以聞皇帝陛下皆頓首與稽首別稽首為對敬之辭凡言頓頓首皆取屯聚之意而假

為之又多假頓為鈍○周禮太祝疏云頓首者為空首時引頭至地首頓地即舉又左傳僖五年士蔿稽首疏云頓首頭不至地暫一叩之而已○壹按孔疏言頭不至地非也弟頭不至地不謂之頓矣賈疏以頓首稱空首言亦非也頓首不皆空首

頓　止也漢書李廣傳集注○文選張季鷹傳詩頓尼杭幽深注云頓猶止也

頓　止合也

文選陸士衡於承明作與士龍詩非蔿頓承明注

頓　猶合也　文選陸士衡赴道中詩頓轡倚嵩巖注演連珠

任閒飛薦轡西頓江安陸助王碑文六龍頓瞀注

頓　猶捨也　文選七啟頓網縱網注七命於是撒圜頓周注

頓　整也　文選陸士衡樂府吳趨行矯首頓世羅注演連珠任閒頓網樑淵不能招龍矯也注云頓猶整也

頓　挈也　荀子勸學詘五指而頓之注

頓　僵也　廣雅釋詁四

頓　謂困躓也　荀子仲尼頓窮則從之注禮論是君子之所以為悴其所敖惡之文也沫說

頓　卒猶困苦　管子敗法頓卒急倦以辱之注

頓　猶廢也　後漢書劉趙淳于江劉周趙傳注

頓　敗也　國語周語其飢乃廢凭天之訓而王幾頓乎注

頓　亂也　廣雅釋詁三

頓挫　猶抑揚也　後漢書鄭孔荀傳注

丘一成為頓丘　詩氓至于頓丘

傳○釋名釋丘云丘一成曰頓丘一頓而成丘無上下大小之殺也

敦頓丘也　文選答賓戲彼從贅敦而度高乎泰山注引服虔○壹按爾雅兩頓丘疑首而本作頓丘與詩傳釋名同也

頓　猶弊也　頓　折也　頓　罷也　頓　損也　頓　壞也　頓愍　惛也　壹按此類皆叚頓為鈍也注詳鈍下○禮記檀弓注魯頓也釋文云頓本作鈍

鐓

或作錞　矛戟柲下銅鐏也詩曰厹矛鋈鐓　說文段注柲攢也攢積竹杖也矛戟之柲以積竹杖為之其首非銅裹而固之恐易散故有銅鐏故字从金秦風毛傳曰鐓鐏也方言鐏謂之釪注曰戎名為鐓音頓○玄應書卷廿一引說文作鐓而謂之絓作錞乃樂器錞于字然則東晉唐初說文作鐓可知玉篇廣韵皆鐓為正字錞注間上曲禮進矛戟者前其鐓釋文云又作錞而已○廣雅釋器云鐓鐏也又方言九注云鐏或名為鐓又淮南原道猶鐓之與恐注云鐓矛戈之錞也讀若頓林注云錞於下銅鐏也錞讀頓首之頓說平底曰鐓取其鐓

也禮記曲禮上注○廣川書跋三引字林云鐓平底也

鐓　猶提埻也　山海經西山經是錞于西海注○又是錞于北海注云謂依附于北海也

鐓　低也　廣雅釋詁四

錞　錞于也圜如椎頭大上小下樂作鳴之與鼓相和　周禮鼓人以金錞和鼓注○壹按此義錞讀淳字亦多作淳于詳在平聲醇下

鐜

下垂也一曰千斤椎　說文段注鐜之言隤也故為下垂椎所以擊也周禮注槍雷椎椑千斤椎若今采舉以築地者是也秦始皇造鐵鐵重不可勝刻作力小條以祭之鐵乃可移動若朱亥袖四十斤鐵椎張良為鐵椎重百廿斤皆其細也按下垂千斤椎二義皆鐓之餘義矛戟柲下銅錞下欲而重引伸之為凡二義蓋後人分別增一篆改鐓篆為鐜弁似削之無不可若

鈍　杜困切

錭也　說文段注古亦叚頓為之今俗謂椎押人為錭鈍

鈍　遲也　廣雅釋詁四

俗謂愚為鈍　椎史記絳侯周勃世家其椎少文如此索隱引太鈍

鈍悶　無情也　淮南覽冥鈍悶以終注

頓悶

惛也江湘之間謂之頓愍南楚飲毒藥懣亦謂之頓愍猶中齊言眠眩也　方言十

頓　猶弊也　文選在元城與魏太子牋先取沈頓注

頓　罷也　國策秦策吾甲兵頓注又狙南脩蓊頓兵挫銳注

頓　損也　華嚴經音義上引文字集略

頓　壞也　左傳襄四年甲兵不頓注又漢書嚴助傳集注頓折也書上疏多士疏○左傳襄四云頓謂挫傷折壞

遯

○遯逃也說文○漢書敘傳上應劭云遯逃也集注遯逃去之名也易遯卦也鄭注遯避

也有漢書敘傳上注引晉灼遯去也廣雅釋詁二遯者隱退逃避之名也易敘卦傳○禮記緇衣則遯心注遯逃也又漢書梅福傳注遯也

遯　退也　易遯卦注遯者退避之義又易序卦釋文云遯退也

遯　欺也　廣雅釋詁二民有遯心注遯逃也又後漢書楊倫傳注

遯　匪也　齊論語正義○壹按凡遯之讀去聲皆遯之段借字也其本音讀若循遁注又淮南說林道逃也又後漢書集注遯不可復

遯 逃去也尒雅釋言遯避也孫注 遯 逃退也國語楚語晉將遯矣注 遯 走也呂覽高義
不循役於土而遯注 遯 避也廣雅釋詁二又漢書谷永傳注 遯 猶迴避也漢書杜林傳注
遯 流遯也漢書谷永傳閔免遯樂注遯逸不能自後漢書章帝紀 遯 隱也後漢書劉趙淳于江劉周趙傳
淮南原道止淖溺流遯注遯逃也又淮南本經注遯逸也 遯 失也又呂覽 遯 甲推六甲之陰而隱遯也
注本有他人遯而遯 遯 歎也 非自遯 稱遯 碑云遯世無悶又注
平去在彼 烈碑云遯世而無悶 憝 怨也周書曰凡民罔不憝 說文段注康誥文今作凡民自得罪寇攘姦宄殺越人于貨不畏死罔弗憝 孟子引作凡民罔不譈 憝 惡也周書曰罔不憝 周書世俘凡憝國九十有九國注 又後漢書寇榮傳注
戒作憝 徽敵

韻史 卷五十九第十三部去聲旦韻　五五五三

㬋 壯寸切　盾 狀閏切

者傳注又晉書音義上引字林又廣雅釋詁 三○法言重黎楚憞羣兼注云憞惡也 憞溷煩濁之皃 文選風賦狀直憞溷鬱邑注
○俗謹鈍目也 說文
盾 有○俗敝也所以扞身蔽目 說文段注經典謂之干戈部作戰
用扞身故謂之干毛傳曰干闕西謂之盾 方言九○禮記文王世子注干盾也
干扞也閑蔽目故字从目 干 釋名釋兵○○又釋
疏云扞盾也鄭詩箋禮注多假借依說文作以木作之曰木盾
戰又鄭箋云盾當作楯 盾 以扞也
云謂之以盾 盾 避也 跪其後避刃以隱避也 海釋名釋兵○○山
服之木鎔鎔戴敝破字耳古無敝 五盾干櫓之屬 海內西經 周禮司兵掌五兵五盾
鳳皇鸞鳥皆戴敝之敝 注云敝音戈盾
也 注盾

閏 汭寸切 有○俗閏餘分之月五歲再閏也告朔之禮天子居宗廟閏月居

韻史 卷五十九第十三部去聲旦韻　五五五四

門中以王在門中周禮閏月王居門中終月也 說文段注
日循黃道右旋一歲終乎秦道而南北凡三百六十五日小餘
不滿四分日之一日月會於黃道凡二十九日七百五十
日小餘過日之半日月之交會凡十二月而一歲
除遁日之半起朔十之數以近正
歲終積其數以置閏然後朔月之四時以言
故堯典曰以置閏月成歲○乎有日十時分者
日者所舉數百六日從五月四行發歛奇
字形也閏成三日以月日注月日正日四九
農云月令十有王載月餘閏日章時者
月無所居於禮太史掌五月十有以發成歲
朔日於閏二月分閏吉在陽而注謂路寢下
其中東門外之月故吉在閏門之靑明告朔左天子
禮王於路寢門聽朔於南門內謂月則藻右位云
天子居明堂之太廟在門之外而閏吉玉堂路
禮子按古門之明堂門外聞六傳一者月左
積分而成於閏又云年冀名是明讀太則天
日以正歲數三○年上文閏六年云閏
非常月也數按故月三年也○又閏月
常以月者年而歲也之五閏五年云閏而
也當撥月告明年三年閏吉又閏
閏者陽之餘日白虎通 閏是殘之數 以穀梁文六年傳告朔喪事不數也
日月通 閏是殘之數 以告朔而喪事不數也

韻史 卷五十九第十三部去聲旦韻　五五五五

注閏所以正中朔也漢書律歷志下 閏 使也廣雅釋詁一
潤 水曰潤下 說文段注語見洪範 潤 澤也易繫辭上潤之以風雨 潤 廣雅釋詁一 潤 瀆也廣雅釋詁三
潤 溼也廣雅釋詁一 潤 膩也文選潤都賦林注 潤 益也廣雅釋詁一 潤 飾
潤 色謂光飾之 漢書終軍傳注 潤 澤有光也 淮南似真
也廣雅釋詁二 潤 珠玉注潤澤

順 奧寸切

理也 說文段注理者治玉也玉得其治之方謂之理凡物
理者治玉也玉得其治之方皆謂之理理之而得其天理之見焉條理是
謂中有空而非理則順也理之形焉未有不順
不順民情而能理之者凡順理訓也家曰順也順之所以理之也
也○之六書轉注也 順 曰從也 順也淮南長閼道
書人禮記南書順注曰訓者順也字之為順從也詩箋水順曰彼道
食禮而暴悍勇力之屬注又王與從也又注又禮順也
兵而禮記南備順凡之書又周禮注 呂覽高誘注又儀禮○
粗饋食禮注云順猶從也又素問順 謂不逆也 呂覽論為政
素問方盛衰論注云從者為順 謂不逆也而耳順皇疏六又十

韻史 卷五十九第十三部去聲旦韻　五五五六

韻史　卷五十九第十三部去聲巳韻　五五五七

後漢書朱雲傳注云順出辭遜順不逆君心也諫順者心不違也易象上傳順以巽也集解引虞注○左傳襄三年師衆以順為武注云順莫敢違順行也太爭事到耳順止注順循也淮南時則順彼遠方順猶服也禮記月令順彼遠方注順承也吕覽麗上不懷注順天順變也孟子萬章上為不順於父母注順叙也爾雅釋詁順緒也同上順陳也同上入曰順吕覽序意順退也小爾雅廣言自上而下曰順周禮岸之職疏大順放之也儀禮大射儀順左右隈注順否猶臧否謂善惡也詩烝民邦國若否箋以善從為順列女傳賢明云以善和人者謂之順○荀子修身從命而利君謂之順荀子臣道又說苑臣術能以事上謂之順荀子王制以敬事長則順孝經慈和徧服曰順周書謚法又詩皇矣克順克比傳又禮記樂記注又左氏昭廿八年傳○獨斷下云慈惠和民曰順順謂與己和順詩女曰雞鳴知子之順之箋行歸而過謂之順賈子道術坤為順易大

韻史　卷五十九第十三部去聲巳韻　五五五八

有虞注革鄭注彖鄭注彖上傳行險而順于注彖下傳順天命也虞注順乎天而應乎人虞注彖上傳順天休命虞注彖下傳順以巽也虞注數辭上傳履信思乎順虞注順祝順豐年也周禮太祝一曰順祝司農注○獨斷上云順祝顛豐年也好曰謂之順方言二○注云順言流澤也

鬊

鬊髮也說文段注士喪禮曰巾柶鬊爪埋於坎喪大記君大夫鬊爪實於綠中注曰鬊亂髮也漢書眾如淼風亂鬊按鬊為墮髮而皆字下曰髮謂之鬊从卯鬊也則髮在頭者亦非不可云鬊矣髮謂之鬊廣雅釋器

䑞

㚆古文○隸作舜䑞艸也楚謂之葍秦謂之藑蔓地生而連華象形說文段注艸部曰蕣草葍也一名舜是一物三名也亟象葉蔓華連之形也舛亦狀蔓連相鄉背之兒隸作舜按艸與艸部蕣字音同義別有虞氏以為謚者充高也舜大也舜者俊之同音假借字山海經作帝俊○萱按詩有女同車段舜為舜舜者推也循也言其推行道德循堯緒也風俗通皇霸○又引書大傳云舜者推也循也䑞推也廣雅釋詁三舜猶僢僢也言能推信堯道而行之

韻史　卷五十九第十三部去聲巳韻　五五五九

白虎通號舜之言充也禮記中庸其斯以為舜乎注又漢書古今人表集注引引異舜禪成功曰舜禮記中庸舜其大知也與疏引謚法仁聖盛明曰舜國策秦策舜伐三苗注又獨斷下又白虎通謚引禮謚法○禮記中庸疏引謚法云仁義盛明曰舜舜謚也書堯典曰虞舜禹注○鄭注云舜名

蕣

木堇也朝華莫落者詩曰顏如舜華說文段注鄭風顏如舜華毛曰舜木槿也月令季夏木堇榮釋艸云椵木堇櫬木堇鄭君果葉玉蕉也莊子朝菌不知晦朔潘尼云朝菌木槿也陸璣疏入木類而爾雅說文皆入艸類者樊光曰其樹如李其華朝生莫落與草同氣故入艸中今詩作舜為假借

寸　搶困切

十分也人手卻一寸動脈謂之寸口說文段注度別於分忖於寸禾部曰十髮為程一程為分十分為寸卻猶退也距手十分動脈之處謂之寸口故字從又一會意也周禮注云脈之大候要在陽明寸口○漢書律歷志上又賈子六術篇云十分為寸又淮南主術夫寸生於標注云十分為一寸又說苑辨物同布指知寸大戴記主言○公羊傳廿一年傳膚寸而合注云按指為寸寸者忖也漢書律歷志上寸者

韻史　卷五十九第十三部去聲巳韻　五五六〇

陽分位也素問平人氣象論尺熱曰病溫注

鐫　兩見注在後

鐏

柲下銅也說文段注曲禮曰進戈者前其鐏後其刃進矛戟者前其鐓注云後刃敬也三兵鐏鐓雖在下猶為首也銳底曰鐏取其鐏地平底曰鐓取其鐓地按鐏地可入地鐓地著地而已知古鐓讀如敦也鄭析言之許渾言不析者盖銳鈍皆可為非必戈銳而矛戟鈍也曲禮或互文耳矛下頭曰鐏鐏入地也釋名釋兵

饐　卧寸切

饐饐也說文饐下詳之○萱按饐食也廣雅釋詁二

愻　送困切

順也唐書曰五品不愻說文段注訓順之字作愻古書用字如此凡遜順字从心凡遜通字从孫令人遜專行而愻廢矣學記不陵節而施之謂遜劉向書作愻此未經改竄之字也論語孫以出之惡不孫以為曾者皆愻之假借唐書謂堯典也五品不愻許所據古文如此愻者順也故尚書大傳作五品不訓五帝本紀作五品不馴訓與

馴皆順也 愻順心也謙也恭也一切經音義廿二引字林遜順也論語憲問危行言遜集解又漢書賓田灌韓傳集注董仲舒傳集注又後漢書胡廣傳注又呂覽順民寬侮雅遜注士容辭令遜敏注○萱按此類遜字大都後人所改也然謂孫順也孫順理也孫猶恭順也遜為愻之段借似無不可萱按凡此皆孫引伸之義徑讀平可也或破孫為愻字謂之段借亦可也要之與遜異矣 順也廣雅釋詁二○萱按用孫為愻者異部變聲也孫自本義訓且外如孫恭也孫入也孫者外速相卑下也皆與遜義切近矣

遜 遁也 說文段注按六經有孫無遜大雅孫謀聘禮孫而說學記不陵節而施之謂孫論語孫以出之皆遜之段借也春秋夫人孫于齊公孫于齊詩公孫碩膚尚書序將孫于位皆逡遁遷延之意故穀梁云孫之為言猶孫也公羊云孫猶孫也何休云孫猶遁也鄭箋云孫之言孫遁也釋言云孫遁也釋名曰孫遜也遜遁在後生也古就孫義引伸卑下之義而後製遜字也兒孫非別有遜字也至部孫下云從系系續也此亦有孫無遜之證今尚書左氏經傳皆作遜者後人改也據今本今雅增之非本有也 遜去也廣雅釋詁二 遜讓也後漢書明帝紀注東觀漢紀

韻史　卷五十九第十三部去聲㞒韻　五五六一

平憲王蒼傳注 諱奔故曰孫若自孫讓而去位者左傳昭廿五年經注○詩狼跋疏云內諱謂之遜○萱按孫遜為正俗字而經傳多錯出 遜順也 萱按此段遜為愻也

坋（佩寸切） 或書作坌○平去兩讀義分 塵也一曰坋大防也 說文段注凡為細末糝物若被物者皆曰坋如左氏芥其雞賈逵云季氏擣芥為末播其雞翼可以坌郈氏雞五行志棄灰於道者黥孟康云商鞅以棄灰於道必坋人坋人必鬥故設黥刑以絕其源貨殖傳胃脯晉灼云㷋羊胃以末椒薑坋之皆是也其音則後漢東夷傳注引說文蒲頓反為長令俗語如蓬去聲按坋之言被也○後漢書埻土曰坋東夷傳注 坋塵也又廣雅釋詁三 坌塵也一切經音義十二引通俗文 坋並也漢書司馬相如傳下集注引蒼頡篇云坌音馬坌吠之坌衰揖○坌 涌兒也 文選薦禰衡表溢氣坌涌注

悶（𡡉寸切） ○俗有悶 懣也 說文 悶懣也 廣雅釋詁二 悶煩也 楚辭惜誦中悶瞀之忳忳注 悶憂也 家語弟子行慮賤不悶注 悶不爽兒 素問風論則熱而悶注 悶然不覺兒 莊子德充符悶然而

韻史　卷五十九第十三部去聲㞒韻　五五六二

憂釋文引李注○又引崔注云悶然有頃之間也 悶悶似若不明 老子注其政悶悶 無所割截 老子我獨悶悶注

齊齒

槿（凡近切） 飾也 說文段注飾各本作拭今正又部曰㕞者飾也巾部曰飾者㕞也飾拭正俗字自淺人盡改許書之飾為拭而字例晦矣槿與狙為任則非妝飾也周禮遺人以恤民之艱阨注云故書艱阨作槿阨按此古文段借字也 槿善也 廣雅釋詁一

靳 當膺也 說文段注左傳曰吾從子如驂之有靳杜曰靳車中馬也言已從子如驂之隨靳也正義曰驂馬之首當服馬之胸胸上有靳故云我從子如驂之靳也晉車七百乘韅靷鞅靽杜曰在背曰韅在胸曰靷此正義云靷是驂馬止而不過之處故引伸之義為靳固之靳又秦風小戎游環靷驂之傳謂游環在背上所以禦出也靳環也正謂環貫靳鞚在服馬背上驂馬外轡貫之以止驂之出故謂之靳環詩釋文云 靳者言無常處也 左傳宋公靳之其義為靳也 固吝之義 斬翻轅謂

韻史　卷五十九第十三部去聲㞒韻　五五六三

之靳 廣雅釋言 靳取也 小爾雅廣言 靳固惜之也 後漢書崔寔傳臨不小靳注○注又云靳蓋或作鄗萱按鄗靳艸書形近之譌 戲而相愧曰靳 左傳莊十一年宋公靳之注○服注云恥而惡之曰靳

近（舊靳切） 芹古文 附也 說文段注許附為附婁字坿為坿益字疑附近當作坿也經典釋文遠近上聲近之去聲古無此分別○禮記祭義疏云凡言近者非是實到附近而已 近謂身也 淮南原道求之近者注○呂覽論人君守近注云近者守之於身也 近謂地 易繫辭上傳遠近幽深虞注 近道內道也 呂覽有始夏至日行近道也 近凡比又也 易繫辭下傳近而不相得虞注○穀梁成三年傳注 坤為近 易說卦傳為近利市三倍虞注 近猶迫也 呂覽見處才注云皃近言 近猶知也 呂覽注 近不敢稱謚華嚴經音義下引顧野王 近親稱也 近所以為親也 近謂所好也 荀子解蔽注 近謂 執一 孟子離婁下武王不泄邇注○國語周語近臣盡規注 朝臣云近臣謂媵僕之屬也又儀禮喪服傳云近臣閹寺之

韻史　卷五十九第十三部去聲㞒韻　五五六四

韻史　卷五十九第十三部去聲巳韻　五五六五

䁲近幸也國策齊策有七孺子皆近注近習天子所親幸者也禮記月令雖有貴戚
近習注又後漢書朱穆傳注○劉瑜傳注云近習謂親狎者又皇甫規傳注云近習小人也

覲

覲諸侯秋朝曰覲勤勞王事也說文段注勤也二事○鄭國補
朝秋見曰覲鄭曰覲之言勤也大宗伯以賓禮親邦國春見曰合
叠爵為訓異義朝名公羊言諸欽其四時覲王之事及許見今日
朝以朝時行禮卒而相逢於路曰遇古時見天子與春秋曰
宗秋曰覲冬曰遇諸侯覲宗遇禮之禮說鄭日朝聘皆夏曰
不為古於諸知其朝覲前朝有覲從曰周書相江漢曰
據時所用昔此禮諸侯朝覲遇禮之受於詩日朝曰有似
禮備也觀遇禮者是以許享本獻不無皆得云朝言禮
異也○觀儀禮觀禮是鄭本不見異不舍從云謂駁通鄭名也日朝宗
曰覲又詩韓奕箋云諸侯秋見天子注曰覲〻秋周禮鄭四日者名云殊雅
又詩韓奕傳又禮記王制注又左傳隱四年　見禮鄭云朝禮禮
又殺梁昭三十二年諸侯不享覲注又隱文四年東王觀為可觀釋文話
殿下者辭注○禮記曲禮下云天子當依而立諸京賦當觀釋而乎
見天子曰覲又儀禮目錄云覲見也諸侯秋見天子之禮西

覲見也釋詁

韻史　卷五十九第十三部去聲巳韻　五五六六

覲謂就見尊老也　華嚴經音義上引珠叢
覲。裁也　呂覽長見至於覲存注

僅

或作勵材能也說文段注材今俗用之纔字也三蒼及漢書作
纔鄭注禮貢遠注國語之東觀漢記及諸史並作
裁許書水部雨部東部禮部作財遠此注作材〻能言僅能也公羊傳作
僖十六年曰是月者何僅逮是月也何注在月之幾也公羊傳曰
劣及是月定八年曰公歛處父帥師而至僅然後得免盡故蓋
僅之謂字射義盡勵有存者言存者甚少勵即僅字得广部僅壓
下曰少劣之居也與僅義略同唐人文字僅多訓僅庶幾之部
如杜詩山城僅百層韓文和守雎陽時士卒僅萬人又家累
僅三十口柳文自古賢人才士被謗議不能自明者僅以百
數元微之文封章諫草繁於箱笥僅逾百軸此等皆李治所
謂以僅為近遠者多見少於僅之本義未賜也今人文僅
字皆訓僅為但○一切經音義十五引字林云僅也僅才能也
猶言纔能也引文選數逝賦注僅猶裁也國策秦策僅以七
至於魯司寇注○國語賁注僅猶者注又呂覽遇合教僅

僅猶劣也
又國語周語余一人僅亦守公羊桓三年傳僅有年也注
策卿卿僅存注云僅裁

韻史　卷五十九第十三部去聲巳韻　五五六七

府注楚語而僅得以來注○公
羊僖十六年釋文云僅劣也○
當按漢書多壓少也漢書董仲舒傳
用壓為僅○史記陳湯傳而壓
禮記射義釋文董少也○當按此段
也義釋文

廑無幾也漢書叙傳上賈壓
從旅注引晉灼○
勿失耳注注厲少
三十匹集集注
動董〻少也漢書
地理

志下注
集注

饉

蔬不熟為饉說文段注按許書無蔬字此蔬當是李作疏
當按小雅釋天之言也凡艸菜可食者皆有根足而生也
僅亦聚欲注又詩雨無正降喪饑饉又周禮大宰八曰○
而饑又疏漢書云疏不熟為饉論語先進時命日饑以
民饑施注注云帝紀曰饑注之進因日饑饉之
李注饑為食之又漢書不熟為饉論語先進時命日饑以
皆不可云注云三穀不升謂之饉外傳梁皇疏○雅釋天又韓詩
光武紀上饉注一穀不升謂之饉八世四年傳又後
漢書三穀不升曰饉注並一穀不升謂之饉七墨子○廣雅
云三穀不升曰饉注並一穀不收謂之饉○墨子

墐

塗也說文段注內則曰塗之以謹塗注曰謹當為墐聲之誤
也墐塗〻有積艸也按合和黍穰而塗之謂之墐塗取

韻史　卷五十九第十三部去聲巳韻　五五六八

乾則易擘也○詩七月塞向墐戶傳又廣雅釋室並云墐塗也墐謂塗閉之禮記月令皆墐其戶注
路冢也墐當為殣此段按此段
墐溝上之道也墐當為殣此段

殣

道中死人人所覆也詩曰行有死人尚或殣之說文段注今小雅小弁作
墐傳曰墐路冢也按墐者段借字殣者正字也道瘞謂之殣
許所據詩作殣○禮記檀弓注云殣道死人也
也文選王命論鄭子流注注云殣國語殣死為殣注左傳昭三年又後漢書
楚辭道殣相望注曰殣餓死為殣
馬融傳注引丁音義殣冢注曰○
傳注說墐路旁冢也下孟子音韵殣者埋藏之名耳詩小弁疏

蘖

蘖也說文段注林部曰蘖复屋棟也注詳彼矣釋名及郭璞
謂棟為蘖非也○爾雅釋宮釋文引字林云蘖蘖也

蘖隱也所以隱桷也釋名釋宮室

漢切
血

䘒卧也說文

向切
近

釁○俗有釁
血祭也說文段注周禮大祝注云隋釁謂薦血也凡
血祭曰釁孟子梁惠王趙注曰新鑄鐘殺牲

以血塗其釁郤因以祭之曰釁漢書高帝紀釁鼓應劭曰釁
祭也殺牲以血塗鼓釁呼為釁呼同諱粮凡言釁廟釁鐘釁
鼓釁寶鎮寶器釁龜策釁宗廟名器皆同以血塗之因蔵而
祭之也凡坼錞謂之釁方書作釁音關以血、其坼塽亦曰
釁樂記作釁按釁或為董如齊語三釁三浴或為三薰呂覽
湯得伊尹釁以犧豭風俗通作釁以准革漢書豭讓釁而釁
香炭顏云釁熏也皆是也釁又讀為斂如周禮女巫覺人注
先鄭說是也分聲讀徹如即焯祈入徹韻之比○呂覽慎大
釁鼓旗甲兵注云殺牲祭以血塗之曰釁贊能注本味注畧
同又御覽引蔡邕月令章句云塗以牲血謂之釁又周禮籩
人注云釁者殺牲以血塗鼓為釁左傳成三年注○僖卅三
以血之神之也年傳不以纍臣釁鼓賈注
云殺而以血塗鼓謂之釁鼓又後漢書竇憲傳釁ㄟ廟之屬周禮
傳注同又周禮小祝司農注云釁謂釁鼓也
雞人面禳釁注○管子小問桓公踐位令釁以香塗身曰釁
社塞禱注云殺生以血澆落於社曰釁社
國語齊語注○周禮女巫掌歲時祓除釁熏也漢書賈誼傳
釁浴注云釁谷謂以香熏卅藥沐浴傳集注
國語晉語韋昭通數則有釁注鮮知其釁注離則有
釁隙也釁注又後漢書崔駰傳注○文選東京賦巨猾閒釁

五五六九

薛注云釁孔也國語魯語惡有釁閒也左傳宣十二年觀釁
釁隙也釁雖貴罰也而動服注○疏云釁
是關隙之名又漢書佞幸傳贊釁瑕也國語晉語久約而無
國多釁矣注云釁謂閒隙也釁注又漢書藝文志
集釁瑕隙也左傳桓八年釁動也左傳襄廿六年釁兆也
注國語魯語若鮑氏有釁注又文選釁過也於昔注又貫注
國語貴誅許表注引國語賈注也左傳昭元年注釁罪
上左傳宣十二年注○疏云釁猶釁也國語晉語少釁謂曰
也令人謂瓦裂謳裂皆為釁釁於難注
矜畚以夸人疏引王肅說廿六年戲曰釁釋介雅

睎

或作剞肉反出也所謂皮肉捲也說文段注令況窺錄
瘠作剞肉反出也睎腫起也
及腫起也上同　為瘠剞肉

限

○俗有阻也一曰門㮰也說文段注廣韻限齊也吟也皆
㬰㡳阻也引申之義一曰門㮰也廣雅釋詁四限界也廣雅
義而前義可包之木部曰㮰門限
也是為轉注其字俗作㬰作㡳

五五七〇

釋詁三○小爾雅限廣也楚辭懷沙注限限要也易艮其限
廣詁云限界也之以大故注釋文引馬注
○廣注云限限身之中也易限難也以閤為篆秦注篆足
要帶處也
○俗有聲也禮注人君為斗字本義未見時殺限屋為官殿字無
壂廣雅曰壂埋也說文段注殿堂也禮注人君室曰殿殿屋四向流水
埋然則無堂室謂之殿矣又當段借為榭郭注即殿

殿

嚴通呼為殿云漢書大備史記黃又借先傳後漢書注曰初學記屋之高者
古通呼殿有殿鄂也碑釋名云○殿茂按古今字競云學記屋之高者頡
殿也文選謝靈運詩直中書殿飾宮室廟當秦漢傳注引大蒼頡
宮也省詩紫殿陰ㄟ注釋殿鎮也左傳采殿成二年天子之邦紫殿紫
之注襄十殿填也許米故注殿又小詩菽壂言○此漢一人傳殿又
一年傳注殿也書周勃傳釋文又云殿介之雅賡言年東一殿又
廣雅釋詁四又文選文集注廣雅釋殿詁四言填也漢宣殿負也
賦注引漢書頌岱注殿後也集注蕭育傳集注又書後漢帝紀
光武紀殿鎮後也言兵敗而衛其後也文選東京賦殿傳未注○
下注

五五七一

手城闕薛注又左傳襄十四年子囊殿注襄十六年寘諸戎
車之殿注並云殿後軍也又襄廿三年傳大殿注云大殿後
軍又詩采菽疏云軍行在後曰殿又論語雍也皇疏又史記
絳侯周勃世家擊章邯車騎殿集解引論語任贊又後漢書容彰
傳注並殿在軍後者也前曰啟後曰殿論語雍也奔而殿集
畧同解引馬注○周禮帷
師疏云軍在前下功曰殿又史記絳侯周勃世家集解引孫
曰敘在後曰殿○文選答賓戲益於最也
注引漢書音義殿下殿屎呻吟也詩板
下曰殿又文選絳侯周勃世家殿屎呻吟之方民
屎傳曰殿張云○又殿屎之聲殿
也又釋○屎介雅釋文云殿斂唸呻也
之同音段俏字殿說作
引詩作民之方唸吚

顛

殿顛二篆異部而實一字說文段注澱滓也垢也異字而同義土部
謂之垽也○一切經音義九云澱古文顛器也
之垽○雅釋器云澱介雅釋曰垽滓也是部

澱

滓垽也文說澱謂之垽○雅釋器按文選注云江賦澱垢
澱澱為也涔今好江段東澱呼

五五七二

韻史　卷五十九第十三部去聲艮韻

爲涎也涎者如淵而涎也說文無涎

飻 或作餮　貪也春秋傳曰謂之饕飻 說文段注左傳文十八年文今傳作餮賈服及杜皆曰貪財爲饕貪食爲餮此蒙上文貪於飲食冒于貨賄分言之非許意也○廣雅釋詁二云飻貪也又後漢書袁紹傳注云貪食爲餮 餮切徵動之聲 文選射雉賦忌上風之餮切注

汈 紐近切　〻水也 說文段注集韻類篇引說文有出上黨三字又沴汈與洟澀同沴汈澀相著也亦垢濁也

吝 良近切　咳古文○俗有悋略悋吝　恨惜也易曰以往吝 說文段注蒙初六文辭按辵部引以往遴不同者許易偁孟氏或以無偁他家或無易有別本吝恨也往吝皆未可知也○易家以往吝虞注云吝小疵也○後漢書往吝釋文引馬注云吝猶恨也後漢書宏傳注又荀子解蔽注○論注云悉恨馬援傳注後漢書張衡傳注又荀子解蔽注○論吝惜也語竟曰出內之吝皇疏云吝難惜之也吝者鄙急

五五七三

韻史　卷五十九第十三部去聲艮韻

不鄙之謂也 顏氏家訓治家○方言十云荊汝江湘之郊凡貪而不施或謂之悋〻恨也　悋嗇甚也 家語致思篇甚悋於財注　坤為吝嗇 易說卦傳頤其欲逐〻廣注象下傳用過乎儉虞注　吝貪也

後漢書黃憲傳注○廣韻云賭下恥也後漢書張衡傳注賜貪也貪按嗇輿貪二事每相因說文段注吝恥也注後漢書揚注補

有○俗舉救之也一曰奮也說文段注振給之振字依是共會義也凡諸史籍

則當作賑非也正謬正云振振言之貧矣一曰奮也此義濟

月則與震纍同來芑非也正曰振旅振驚傳曰振〻羣飛兒七

月傳曰沙雞羽成傳曰入之皆此義麟止殷其當傳傳曰振

振信學也則此義而振訊盡未有不信學而能奮者○漢書

劉德傳則以振晃五引巾振舉救之又游陝郭解傳既以振

人之命注云振謂第注云○國語晉語治兵振旅注文與

甘衆賦注引辭詩舉救之左傳昭十四年傳分貧振窮注又

章句注云振嗇也振救也國語周語路弊不振注魯語脫而

不振注吳語無此班之振也注又小爾雅廣言振又史記剌客

傳禍必不振矣索隱又管子大匡賢者先忠以振疑又呂覽

季春注音初辛餘糜振王非濟注又淮南時則振乏絕注又

文選長揚賦振〻之所乏注引國語賈注○史記蒙恬傳過

五五七四

韻史　卷五十九第十三部去聲艮韻

可振而誅可覺也索隱云振者救也又禮記月令注哀公開

物恥足以振之注孟云振猶救也又左傳昭十一年不可沒

振疏云振振拯也國語周語以振救民注晉語救乏振滯注

忠救也○周禮大司徒三曰振窮注云振窮拼拯

天民之振猶拼也檢也周禮職幣振掌振濟也易蠱振振拔

窮者也司馬相如傳上事者之餘財注覽懷寵民釋文也漢

也漢書揖又家語六本集注振賑也呂恤之注而振舉王書

食引張上集注寶去病注集注王莽振上桀注又荀子嚴制

明貨志未注竟閉天使傳子振寡人傳過也注○漢書注助

傳振亮云振起也國語夫語振發淹之又鬼谷子中淮車又

振集注起也發也左漢書晉記傳集注注王莽傳上出振聲騎

張起易恒振恒振原同馬注又禮記月令注喪大記振客疏

動也又左傳莊恒釋文引而振篤焉注又廣雅釋詁一注又荀

子禜辱注彊國廿八年覽適音注又雅南原道注本淮振淄

洪水注又太弁注又呂振天而進注弁文發動足以振衆注

又文選長笛賦〻瑩斗荀子王霸注注議兵秦師至而鄙卬擧

寒熊振領注　振擊也者振搞然注○史記禮書注云振動

五五七五

韻史　卷五十九第十三部去聲艮韻

也擊也振搖落也易恒釋文振謂振怒也素問五常政大論

也氣交變大論其引鄭注也文選上林賦其變振拉摧拔注

○發注云振怒也變振收年揭○禮記中振漢通谷注引張

振云振振螯也左傳隱五振入而振振注庸振河海而不減

注収也史記五而長使董德釋之注又國成七年注昭三年

猶注又奇又漢帝紀乃修傳振兵正義高語齊語春以發振

旅引李漢書皇書王父偃又集注陳湯傳祖紀秦單復振集

解又發盤石振首規傳注奇管子權修振集注王莽傳上集

注林賦螯也又崖注引李賦○漢書楊雄之荊罰注又文選

上振亦薛注云大選西京載振正也管子傳下振師五莋注

云天雜振於無振螯理也如交振振振其小問以振止也莊

振物論引雀浣振伺也詩猶茲傳文古也深注釋言○詩子

齊物文云振首奮迅注振載交振文選西京賦注朱振古也

竟釋也記司馬相如傳振如茲傳薤殄盤樽薛年振除猶灑

振訊史通谷家隱引郭璞猶掉也左傳昭十八釋詁一火振

之也豁禮記曲禮下振書振稟也災注又廣雅周書克殷乃

去壓也書子君前有誅注端振散之以施惠也命南宮忽振

五五七六

鹿臺之時注入而振張及尊卑也尒雅釋天○漢書刑法振動戰志注云振旅整衆也

粟變動之拜周禮大祝四曰振動注○太祝五曰振祭司農注云至祭之末禮殺之後但揖肝盥中振之撫

之若祭狀弗祭謂之振祭振厥盛怒兒也梳太牟衆之後振羽樂章也禮記仲尼燕居

徽以振羽注○萱按文選蜀都賦注引詩作翽翽振鷺于飛振振羣飛兒詩振振鷺鷺傳有振振

仁厚兒也後漢書章帝八年傳注○萱按振振袀服之兒漢書五行志中之上集注○左傳僖五年均服振振

兒又國語晉語均服振振注云振振盛武也○萱按左國均

服皆袀服之譌也注云振振言

盛堅時字同未誤燕齋之間官婢女厮謂之振三方

震霹靂振物者春秋傳曰震夷伯之廟說文段注𩆟靂疾

靁爲霆倉頡篇曰霆霹靂也然則古謂之霆許謂之震釋天曰疾

月之交春秋隱九年僖十五年皆言震與震疊韻之名詩十

義引作震物爲長以能震物而謂之震也引申之凡動春秋正

震辰下曰震也古多讀平聲震夷伯之廟左氏傳十五年經之

傳皆有之必引此者以爲霹靂震物之證也 史記殷武乙暴靁震死神道設教之至 年雷出不震注○文選思玄賦豈 顯者也 震霆也 軒其震霆兮萬注云震霆霹靂也 震者雷也 又詩十月之交傳又公羊隱九年注 又穀梁隱九年傳 漢書五行志 五年傳又廣雅釋天○左氏經隱九年疏云雷之甚者爲震 下之上有 左傳昭四

震謂雷電也○漢書刑法志以類天之震曜殺戮也注云震雷 十年傳十

震戰也所擊輒破若攻戰也又曰辟歷釋名

也以動萬物又國語晉語注 震 又釋文引王肅

車騎也 金部 國語晉語注隨鄭注恒震恒凶疏震亨疏又釋文 下傳剛

注又說卦傳又詩生民載震載夙傳存乎悔注又 象

萬言震之卦傳又詩上傳震爲雷者不常武徐方震驚 傳

五年遇歸妹之卦疏成二年傳畏君之震不注聘震

震而穀梁文九年傳又國語昭大樂注又注發二年十

弗謝注下疏又山川皆震注又又始氣注年傳始震

釋陽氣注西周注又圖輿物旁震前注又是震注又太牟

百姓之震恐注招魂宮庭震驚注○禮記月令疏又左傳哀郢何

六年疏並云震爲動又國語晉語內有震雷注云震以動之宜

又公羊文九年傳云震威也又左傳文六年其子何震之有注

地震者何動地也又漢注又國語晉語君之武震注

主晉語東有震武也注○詩長震驚也又易數辭釋文引馬注

發育裳且業業云震猶威也 又漢書宣帝紀集注

引服虔又文選東京賦序震八部震懼也又易數辭上傳震無

辭注○尒雅釋詁云震驚懼也 咎者釋文引鄭注

又國語周語玩則無震注晉語四夷莫不震動注楚辭湛久

不震注又後漢書樂成靖王黨傳不震顧數注又太牟羞震

日衛 荀子王霸 震恐也 太牟釋 震之爲義威駭怠解

也注震恐也論注 子見注

肅 慱慢者也易震注 震騰皆謂僭踰相侵犯也詩閟宮不震不騰

震起也易繫辭傳震動也文引周注震震也廣雅釋 震喜也易象下傳

君子以恐懼修省 易 卦傳震敫也 易象上傳自 語一 震是 易觀

省罪褒注 過震聲也求口實集解 震生兔子兔 蹇兔注 我生 君 震

東方也易說卦傳○象下傳天地 震者木也 下 斷 震庫也 兵易

先庚三日 節而四時成注云震春 左傳昭卅二年震爲諸侯

日褒注 震爲土 左氏閔元年傳 震爲長子 疏○國語晉語云震長男

也 震爲雷 淮南天文明 震專爲 易繫辭下傳定其

其翼也 大戴記夏小正注 廣雅釋 震之者何猶曰振振然 公羊 震也者鼓

也 震雉震呴 傳 震 震 光明兒也 文選西都賦注 九年傳 僖 震 震 盛

竈 文選藉田賦注 震 爊 爊 書禹貢 東都賦注云震

震澤具區在吳南太湖名 書禹貢 注 後漢

瀹兒 萱按震娠云 懷胎爲震 釋文云震懷妊也 左傳昭元年 方震 有 娠 傳 上 注 詩生民載震載夙 釋

走 又段注 平太 ○ 按

文段 注在 去 讀

注 彼 兩

娠 診

○有 視也 說文段注 倉公傳診脈 視脈也 從言

林 俗 並 云 而後切 也 ○ 廣雅釋詁 一 又 一 切 經 音 義

王 診 視 也 後 漢 書 診 候 也 後 漢 書 郭 玉 傳 注 引 三 蒼 又

西 南 夷 傳 注 云 診 亦 視 也 又 列 子 力 命 以 診 其 政 疾 云 診 視 ○ 漢 書 藝 文 志 原 診 ○ 注 引 南 蒼

云 診 候 視 也 診 候 脈 也 文 義 二 引 通 俗 文 注 釋 文 漢 書

其 脈 又 一 切 經 音 義 二 引 通 俗 文 云 診 驗 也 謂 視 驗

色 候 也 診 驗 也 漢 書 董 賢 傳 集 注 云 診 驗 也 ○ 診 謂 可 言 之 證

素問風論聽診占也史記扁鵲倉公傳特以診脈
問其診注為名耳索隱引司馬彪
診占夢也
莊子人間世匠石覺而
診其夢釋文引司馬注

懷近切

刃
刀鋻也象刀有刃之形
說文段注鋻各本作堅今正刀部曰刃刀劍刃也金部曰鋻剛也郭璞三倉解詁曰刃五刃也刀劍矛戟矢也淮南氾論鑄金而為刃注刃刀鋻也刃矛戈之刃也又考工記輈人與刃注云刃大刃刀劍之屬太玄失剃虛滅刃注〇萓按此段氏以刃為刃為刃又以刃為仞

訒
頓也論語曰其言也訒
說文段注訒頓也頓之言鈍也訒難也論語顏淵引孔注又皇疏又廣雅釋詁三又荀子正名注
認
不忍也論語本作仞
集解引顏淵鄭注〇萓按仞借字又文選上林賦注廣雅釋詁一

物
滿也詩曰於物魚躍
說文段注小雅于物字作仞〇詩又廣雅釋詁小雅臺臺傳又文選上林賦注引漢書如淳物塞也廣雅釋詁仞滿也館而勿仞郭注虛宮又白馬賦注並云物滿也

仞
史記司馬相如傳正義又後漢書張讓傳注〇漢書相如傳
注云仞亦滿也〇萓按此段仞為物也又三公山碑曰仞不
數亦刃滿也太玄失剃虛滅刃注〇
同萓按物亦段刃作之也
有〇俗度量皆以人之體為法說文段注云仞伸臂一尋八尺
伸臂一尋八尺
矣仞諸家之說皆以仞為八尺段氏竊取之尺寸之法為王逸注仞之下解
說諸家之說皆不同惟王逸周禮注云伸臂一尋八尺又鄭注引李巡云疑
范氏春秋王逸周禮王制之注引包咸鄭注蕭統曰仞
如賦用司馬注八尺而程瑤田度七尺之說可疑
適訓注八尺則陸德明釋文引廣雅云七尺
氏春秋注是注可云尋長丈二尺
七尺者伸也皆同言人方注八尺
深曰仞二書皆言伸兩手以度廣深物之名而自為人方
七尺何也同一手伸亦用以度其勢
人長八尺以上下其左右則身不能
之以度深則伸兩手不能全伸其身成
度之物不能摩於是附手弧胸而
以為仞必相能八尺故七尺曰仞亦其勢然也說文測云下其

深所至也玉篇云度深曰測〻之為言則也余說與之合矣
玉裁謂程說甚精仞說可定矣考工記廣二尋深二仞謂之
澮備其度同八尺何仞不皆曰二尋如上文廣二尋深二仞之
倒也許書於八尺下既尋仞皆人兼舉二尋者如上文廣二尺
不必當云七尺今本乃淺人所竄易耳八尺也廣二尋深二仞
四尺應劭云五尺六寸此其繆見也程氏曰寸尺小部云下之
振井九部云七尺曰仞儀禮鄉射記杜預又曰物則仞之
借軔為之七尺曰仞義仞有三禮記長又又小雅仞下之
精數仞集解引范注又皇疏又尺釋文論伯注滿亦云
要又莊子功名注水三十伊釋華嚴經音義子注字則
又呂覽子適注又淮南又注引何論語張又禮孟
竟長人千仞注注義下引丁音云注以七尺為伊楚辭注承天子記
亦名也漢書儒林傳云孟喜傳不音先儒說林注又引之又上何張又禮
也萓按此段仞字作認列子又伊因不音云注伊文〇萓按作此義
段刃為仞也仞為物也〇又伊一本谷千刃作刃
刃為仞也書左傳論語三釋文並云仞本作刃

朸
梜朸也說文段注未詳何本
作朸也說文段注未詳何本

帨
帨巾也為易文說文段注蓋加枕以藉手首衣帨巾也
枕巾也為易污也今俗所謂枕頭衣帨巾也廣雅釋器

軔
所以礙車也
說文段注所召二字今補予應時已失之離騷朝發軔於蒼梧王逸曰軔支輪木也〇詩小旻箋動軔則氾瑙釋文云軔車下支木也又集韻引字林軔於平盈分注不發軔淮南兵畧車軔止車之木又後漢書馮衍傳注引漢書揚雄傳集上既發軔於平盈〇注又云止車輪也〇萓按此以軔為礙軔車也注引顏師古注後漢書班固傳注集解伏注文選懷舊賦軔所以止車輪謂之軔萓按此義與軔
也軔謂以礙止車輪也注引後漢書中年萃為分則懷止車之木
按此義軔牢固之名也管子制分攻蕣
未見軔字又孟子學則軔注亦怠惰之義
當國老軔八尺也孟子盡心上孫音井九軔注盡心下音軔義
促楷注數仞注又孟子音義下引丁音軔義與高子荀
仞同借用耳〇萓按借軔為仞而誤為八尺軔亦隨之而誤
由七尺誤為八尺軔亦隨之而誤

先
平去兩讀義分先猶道也周禮大司馬前後曰先後
記如特雅天先乎地禮器其車先注云乘之先者道之也又禮
注云先謂倡道之也相道前後曰先後〇詩緜予曰有先後
〇後漢書伏湛傳注

云先後相道也先後謂進退也後漢書皇甫規傳閒國家有所先後注先後猶左右也
閒禮士師以五戒先後刑罰注先姒後娣又引鄭鬷生云先後即今妯娌也兄弟妻相謂曰先後史記孝武紀見神于先後宛若集解引孟康○先
索隱引韋昭云古謂之娣姒今關中俗呼為先後吳楚
又漢書郊祀志注云先謂姒後謂娣之讀去聲後人彊分也其實
俗呼之為妯娌○當從先之讀去聲後人彊分也其實
仲之義可無煩改○讀以上諸條即皆讀平聲屬何傷

紫進切

薦

○俗有蔑薩獸之所食艸古者神人以廌遺黃帝帝曰何食何處曰食薦艸當作夏處水澤冬處松柏說文段注艸部曰荐艸席也與此義別而古相假借
左氏傳戎狄荐居服虔云荐艸也言狄人逐水艸而居徙無
常處是則子慎謂荐即薦之段借字也莊子麋鹿食薦釋文
引三蒼注曰六畜所食曰薦凡注家曰薦進也者皆荐之段
借字荐者藉也故引申之義為進也陳也古者云云說從廌
艸之意絫許曰解廌單詞曰廌初造字時因廌食艸成字後
乃用為凡獸所食艸之偁○漢書景帝紀或地饒廣薦艸林
水泉注如淳引莊周云麋鹿食薦又終軍艸稠曰薦後漢書馬
傳北胡隨畜薦居注引蘇林云薦草也

融傳注又漢書景帝紀注引如淳○趙素問
充國傳令處廣已其美地薦艸注薦稠艸薦謂細艸也異法
子宜論其民不衣而褐薦注○管子八觀薦艸行注云薦茂
艸也又管子問令薦者注云薦艸之美者又莊子齊物論釋
大引司馬注云薦美艸也
又引崔注云薦甘艸也荐艸生之再也尒雅釋言薦注○當按此段荐為薦
也似二字皆可通也薦荼蓬尒雅釋艸薦梅艸實也狀如桑椹其色赤生江
濱淮南覽冥入榛薄食薦梅注薦藉也薦席也薦卧席也薦重也薦陳也
薦進也薦獻也薦至也薦臻也薦仍也薦先也薦揩挺也按當
此皆段薦為荐也

此進切

荐

薦席也說文段注薦艸也不云艸席云薦席者取音近也薦席為承藉與所藉者為二故釋言云薦原再也如且
為俎凡故字為加增之習易作洊按荐與薦同音是以承藉
字多段借為之如節南山傳薦重也說文云且薦也皆作荐
乃合左傳云戎狄荐居外傳荐處服云荐艸也此謂荐同薦
章云荐聚也此與尒雅再訓近○釋名釋車云薦版在上如

薦席也荐再也漢書敘傳下集注荐重也左傳僖十三年晉荐饑釋文又國語魯語饑饉荐臻注楚
語禍災荐臻注吳語鄭荐仍也左傳襄廿二年不虞荐至
荐屢也漢書終軍傳集注荐數也又以漢書王莽傳下集注
索隱荐聚也國語晉語狄之荐處注荐重也○漢書食貨志
荐饑為荐棘也左傳集注云荐食上國注○竪也荐歲不熟曰荐釋天
仍李注荐仍也釋言孫注荐為荐也○當以荐草也荐草生之再尒雅
也按此段荐為薦也漢書張湯傳十八年為敝邑不
又荀子集注引張湯傳集注引服荐艸也荐為代吳國注
當國注子云薦藉也○漢書五年薦代吳國注
名釋牀帳云薦仍也荐者藉也以荀子孫卿傳集注○釋
所以自薦藉也荐荐者也薦廣雅釋器
卧席也而楚辭九歎薦席也○漢書胡建傳注薦席也
挺也之史記孝武紀薦神江雅家居中謂之薦方言薦揩
也又屬索隱云薦進也尒雅釋詁又廣雅釋詁二又
易象上傳殷薦之上帝鄭注

又書中候薦之帝堯注又儀禮士昏禮贊者薦脯醢注又鄉
飲酒禮注鄉射禮注燕禮注聘禮注既夕薦車直東榮北辯
注特牲饋食禮注某薦歲事注少牢饋食禮注文禮記襍記上
既薦馬疏祭義卿大夫有善薦於諸侯注又左傳宣十四年
誅而薦賄注襄卅一年傳若獲薦幣注昭五年求昏而薦女
注哀廿四年使薦諸夫人之宰注又穀梁莊廿四年請以薦舍
於前注注又國語晉語七人而國薦之注薦積德注中山之所
能擇注薦可而皆不注又國策中山策注以微許注又呂覽季
君久矣又後漢書和帝紀注又班超傳注淮南時則注又文
春薦鮪於寢廟注書替能筵几顯傳注又凡祭祀之物注云
遐高唐賦序薦枕席能致注○周禮薦之注又凡羞之物注其
薦亦進也備品物曰薦注滋味乃為包人注與其薦羞之祀共其
選薦未蓋之賓注云既曰薦也食薦之謂進熟也禮記祭義
未食薦羞之既歆曰薦羞皆既進也薦陳也尒雅釋詁○易象上傳盤而不
荀子禮論歆曰蓋既進食也薦 尒雅釋詁○易象上傳盤而不
注云薦進黍稷也五祀執薦者百人侍西房注謂陳籩豆
之事又荀子正論也又禮論薦器則冠有鍪而毋縱注云所薦
之物籩豆之屬也又左傳襄卅一年無牲而祭謂之薦年公傳羊冬桓曰八
謂陳明器也
非薦陳之注云薦陳猶獻見也

韻史　卷五十九第十三部去聲巴韻　五五八九

羔注又穀梁桓八年經己卯烝注云無牲而祭曰薦ㄟ而加牲曰祭○萱按易盥而不薦虞注云薦羞牲也義與此異又儀禮士虞禮記將旦而祔則薦注云薦謂卒哭之祭薦謂脯醢也周禮宰夫注又禮記禮記下告賓祭薦而不食注祭義俎豆牲體薦羞注○儀禮士昏禮祭薦黍稷肺注云薦菹醢又士虞禮記嘉薦普淖注少牢饋食禮注並云嘉薦菹醢也普薦鉶羹儀禮士虞禮記普薦注薦獻也左傳昭十五年故能薦彝器於王注薦先也淮南道應子薦賢注夫薦臻也爾雅釋詁薦至也廣雅釋詁一又藝文類聚禮部上引書大倏薦撙皆謂相陵駕也荀子儒效以相薦撙注○史後碑而無公出享獻之薦又費鳳碑上書而薦君又孔宙碑薦可點否萱按慶薦皆薦之俗體荐之俗矣又魯峻石壁殘畫象薦士生假薦為薦也亦即

栫

以柴木雝也說文段注雝者今之壅字也文選注引以柴木雝水玉篇類篇同然此不獨施于水無水為長也上文棧云竹木謂竹木之整齊者此云柴木謂散材不整齊者橫直皆可云栫左傳吳四御子於樓臺栫之以棘杜曰栫擁也釋器槮謂之涔江賦栫澱為涔此則聚積柴木於水中也○漢書翟方進傳音義引字林云栫柴木擁也栫

韻史　卷五十九第十三部去聲巴韻　五五九〇

蘿也廣雅釋器栫桅也上同

瀳

或作洊水至也說文段注至疑當作荒ㄟ大也廣韵曰水荒曰洊ㄟ者瀳之異文周易曰水洊至習坎洊雷震釋言荐再也洊再也周易上傳水洊至陸注洊仍也易坎釋文引劉注又文選永明九年策秀才文注洊者重也因仍也易象下傳洊雷疏引字書 [illegible]

鑴

兩見瓦罍也說文段注斯干乃生女子載弄之瓦傳曰瓦紡專習其壹所有事也按專同塼 [illegible]

茜

倩茅蒐也注說文茅蒐一名蒨可以染絳 [illegible] 茜一名紅藍其花染繒赤黃也史記貨殖傳若千畝茜屮卮子可用染也漢書食貨志注蒨染赤色者也○禮記疏引徐廣記其蒨有注蒨染木名引孟康云蒨草也

韻史　卷五十九第十三部去聲巴韻　五五九一

也山海經中山經敎岸之山北望河林其狀如蒨如舉注蒨ㄟ鮮明皃文選補亡詩蒨ㄟ士子注倩蒼白色○說頗人釋文引韓詩萱按韓借倩為蒨南土艸木通冬生故曰倩吳都文選吳都賦夏華冬蒨劉注

爰 仰近切 想近切

澱也說文段注水部曰澱滓垽也是二篆為轉注二字義同音亦同部

丨 十三部十五部兩見

下上通也引而上行讀若囟引而下行讀若退說文段注可上可下故曰下上通竹部曰篆引書也凡字之直有引而上引而下之不同若至字當引而下不字當引而上又若才中木生字皆當引而上之類是也分用之則音讀各異○萱按直有引而上者謂小篆也絲則否

傾 兩近切

平去兩讀注在彼

盼

白黑分也詩曰美目盼兮說文段注按盼盻三字形近多互譌不可不正○詩碩人美目盼兮傳云盼白黑分又釋文引韓詩云盼黑色也盼美目也目白黑分也一切經音義十引字書○

韻史　卷五十九第十三部去聲巴韻　五五九二

詩碩人釋文引字林云盼美目也太平御覽引鄭注云盼目之美也注又皇疏○一切經音義十引廣雅云盼視也萱按訓視則字當作盻矣盼乃字之譌也山海經大荒北經深目民之國盼姓注○西山經云浮山多盼木又云黃山盼水出焉又盼動目皃也論語八佾集解引馬盼姓黃帝時姓

攈 口許 寋運切

攈

或作捃攟拾也說文段注魯語收攟而烝章云攟拾也漢刑法志蕭何攈摭秦法取其宜於時者作律九章○一切經音義十三引國語賈注云捃拾攈也又漢書藝文志捃攈遺逸注云捃攈謂拾取之又刑法志注云攈摭謂收捃也又管子小匡云攟截而歸注云攟收拾也攈取也方言二○後漢馮衍傳注云捃取也又廣雅釋詁一云攟取也

鄄

衛地今濟陰鄄城說文段注春秋莊十四年單伯會齊侯宋公衛侯鄭伯于鄄十五年復會于鄄十九年公乎吉及齊侯宋公盟於鄄襄十四年衛獻公如鄄出奔齊哀十七年晉伐衛衛人出莊公而與晉平既而衛侯自鄄入杜曰鄄衛地今東郡鄄城是也濟陰鄄城二志同謂在周曰鄄在漢為鄄城縣也今山東曹州府濮州東二十里有鄄城

鄄縣○萱按莊十年公羊釋文云鄭本亦作甄此以同聲而相通借

郡（去訓切）周制天子地方千里分為百縣縣有四郡故春秋傳曰上大夫受縣下大夫受郡是也至秦初天下置三十六郡以監縣

說文段注逸周書作雒篇曰千里百縣縣有四郡高注六月紀云周制天子畿內方千里分為百縣縣有四郡郡有監故春秋傳曰上大夫受縣下大夫受郡周時縣大郡小至秦始皇兼天下初置三十六郡以監縣耳按作雒篇與周禮不合鄭注月令但云四監主山林川澤之官百縣鄉遂之屬是不從作雒說也趙簡子曰克敵者上大夫受縣下大夫受郡見左傳哀公二年戰國策甘茂曰宜陽大縣也名為縣其實郡也秦武王時已郡大縣小矣前此惠文王十年魏納上郡十五縣後十三年攻楚漢中取地六百里置漢中郡吳氏師道云或者山東諸侯先變古縣大郡小之制而秦效之是也至始皇廿六年始置三十六郡三十六郡者錢氏大昕曰地理志河東太原上黨東郡潁川南陽南郡九江鉅鹿齊郡琅邪會稽漢中蜀郡巴郡隴西北地上郡雲中雁門代郡上谷漁陽右北平遼西遼東南海皆曰秦置長沙國曰秦郡河南曰

故秦三川郡沛郡曰故秦泗水五原曰秦九原郡鬱林曰故秦桂林郡日南曰故秦象郡趙國曰故秦邯鄲郡梁國曰故秦碭郡魯國曰故秦薛郡數之適得三十六下文摠之曰本秦京師為內史分天下作三十六郡無雖與不易者也史記始皇本紀二十六年分天下為三十六郡而略取陸梁地為桂林象郡南海乃在三十三年裴駰以為不當在三十六之內因合三郡以內史鄣郡黔中足之內史別於三十六郡不待言故鄣郡雖見於志注而不系之秦黔中郡見昭襄王三十年而志不之數不可為典要也史記之三十六與漢志同乃摠攝後事而言之故漢志說文高誘呂覽注應劭風俗通皇甫謐帝王世紀司馬彪郡國志皆言秦分三十六郡裴氏不從漢志之目而唐人作晉書乃造秦四十郡之說前此無言之者按釋詁曰郡乃也此末得其說疑郡之誤也

郡羣也人所羣聚也

釋名釋州國又類聚六引風俗通云郡者羣也○水經河水注引黃義仲十三州記云郡之為言郡君也改公侯之封而言君者至尊也今郡字君在其左邑在其右君為元首邑以載民故取名於君謂之郡

郡官也

廣雅釋室○後漢書光武紀上注云郡守秦官也

郡國也

廣雅釋詁四○鶡冠子鈇云五家為任十任為里四里為扁十扁為鄉五鄉為縣十縣為

郡

運（羽訓切）逡徙也

說文○介雅釋詁又莊子逍遙遊是鳥也海運釋文引簡文注並云運徙也又周書史記民運於下注云運亂勢也

運動也

禮記少儀運笥疏又莊子山木運物之泄也釋文引司馬注

運行也

後漢書朱穆傳注又管子形勢受辭者名之運也注又淮南原道故能天運地滯注覽冥星耀而元運注終身運枯形於連嶁列埒之門注○方言十二注云運拗行也

運旋也

淮南天文運之以斗注

運轉也

公羊定十五年三卜之運也注又廣雅釋詁　又莊子逍遙游釋文引司馬注又文選幽通賦擢元運物曹注

運周也

周髀算經下凡日月運行四極之道注

運回也

楚辭哀郢將運舟而下浮兮注

運正迴也

淮南氾論奉帶運履注

運違也

易繫辭日月運行釋文引姚注

運謂所及者遠

晚出書大禹謨帝德廣運傳

運褱迴旋相纏也

文選長笛賦運裛穿海注

運錄運也

文選皇太子釋奠會詩運蒙則正注為石仲容與孫皓書注引春秋緯宋注云運辭運也

運謂五德更運帝王所禀以生也

文選運命論題注

天運猶天命也

後漢書公孫瓚傳注

五運五行用事之運也

文選北征賦注引春秋緯宋注○素問六節藏象論五運相襲而皆治之注云五運謂五行之氣應天之運而主化者也又天元紀大論注云運謂五行應天之五運各周三百六十五日而為紀者也

南北為運

國語越語廣運百里注

運澤謂玩弄也

禮記少儀運笏澤劍首注○蓍按淮南覽冥晝隨灰而月運闕又周禮保章氏注日有薄食運拜又大卜其經運十皆段運為暈也高誘訓國守是也但不必改讀暈耳又莊子天運司馬本作天員亦段借也又孟子猶運之掌也文選注作猶反掌也運反義同

暈　或作暉

光也

說文段注按光也二字當作日光氣也四字篆體暉當作暈周禮暈作暉古文段借字眂祲掌十焯之法以觀妖祥辨吉凶一曰祲二曰象三曰鑴四曰監五曰闇六曰瞢七曰彌八曰叙九曰隮十曰想鄭司農云焯謂日光炁也按日光氣謂日光捲結之氣釋名曰暈捲也氣在外捲結之也日月皆然孟康曰暈日旁氣也篆體日在上或移之在旁此篆遂改為暉其訓曰光與火部之焯不別蓋淺者為之乃致誤以暈為新附篆矣

暈日旁氣也

漢書天文志暈適背穴注引孟康周禮眡祲注云四西反卿如暈狀也又保章氏注日有蕭食運珥釋文云運李作暈又作煇萓按大卜其經運者暈也有暈事相圍守則月運出運十亦當作經暈也淮南覽冥注又呂覽明理有暈珥注云氣圍繞日周市有似軍營相圍守故曰暈也○萓按呂覽暈用正字淮南運用借字其義一也高於淮南運讀圖於呂覽暈讀君均無庸

緷 緯也說文段注此亦兼布帛言之也緯未稱緷者語之轉也徽文二部每至轉尒雅百羽謂之緷古本反按此緷字正許書囊字之段借玉篇云緷大束也是也

韗 韗或攻皮治鼓工也說文段注考工記注鄭云韗書或為鞠皋陶鼓木也後鄭云鞠者以皋陶名官也鞠則陶字從革按先後鄭韗鞠兩存許從韗不從鞠也○考工記總目函鮑韗韋裘司農注云韗讀為厤運之運又詩簡兮傳祭有畀煇胞翟闇者釋文云煇亦作韗

餫 野饋曰餫說文段注左傳晉荀首如齊逆女宣伯餫諸穀野饋曰餫運糧饋之敬大國也按餫之言運也遠畧

也穀齊地魯之饋不當至此是野饋也犧象不出門嘉樂不野合傳書餫者譏之也小雅黍苗箋云營謝轉餫之役有負任者有輓輦者有將車者有牽傍牛者可證餫為運糧○萓按詩黍苗釋文云餫本作：運此以訓釋字代正字者也

餫饋也廣雅釋言

鄆 河內沁水鄉魯有鄆地說文段注河內郡沁水二志同今河南懷慶府濟源縣東北有沁水城是也沁水縣有鄆鄉魯鄆地見左氏春秋經傳公羊作運文公十二年成公九年襄公十二年昭公元年之鄆杜云莒別邑在城陽姑幕縣此在魯東者也成公十六年之鄆杜云魯西邑在東郡廪丘此在魯西境者也東鄆當在今山東青州府諸城縣西鄆在今山東曹州府鄆城縣有鄆城故城按此與沛城父有鄆鄉魯東有邹戎為一側別於前義○國語魯語季武子伐莒取員郎鄆也左氏經文十二年城諸及鄆注鄆注云鄆莒邑○注又云鄆莒魯所爭者城陽姑幕縣南有員亭又水經沂水注引京相璠說云琅邪姑幕縣南四十里員亭故魯鄆邑世變其字非也

覰 ○俗有覰外博眾視也說文段注眾視上有多字今依廣韻刪眾多之視所視者眾也員物數也眡物數紛眡亂也覰同音而義近所大通也外大通而多所視也

瘒 病也說文

圓 平去兩讀注在彼

慍 怨也說文段注怨各本作怒大雅緜傳曰慍恚也正義云說文慍怨也恚怒也有怨者必怒之故以慍為恚然則唐初本作怨甚明車舝以慰我心韓詩作以慍我心慍恚也與毛詩傳合毛閒閒傳曰慰怨也盖毛詩亦作慍後人謂為慰耳○論語學而人不知而不慍鄭注又史記吳王濞傳吳王慍曰正義又後漢書渴行傳下慍去疾之遺慈注並云慍怨也慍恨也易夫有慍釋文又孟子萬章下繆公于子思也注也又一切經音義十九引蒼頡後漢書仲長統傳注云慍猶恨也慍積也禮記檀弓下釋文引庾皇注○釋文又云慍徐音鬱萱按慍鬱疊聲謂慍為鬱之借字亦得慍愁也廣雅釋詁二慍哀之變也禮記檀弓下慍怨恚也禮記檀弓下釋

文引庾皇注○一切經音義九引廣雅云慍恚也慍怒也詩柏舟慍于羣小傳又釋文又左傳哀十七年劉殷慍而行釋文又論語學而集解又皇疏又廣雅釋詁二又國語晉語舅犯慍曰注秦莫不慍書慍注楚諸夫民心之慍也注吳語吳王若慍而又戰注又漢書吳王濞傳集注劉向傳集注又孟子盡心下肆不殄厥慍注又荀子宥坐注又呂覽變士注趾徒注○禮記檀弓下舞斯慍注云慍猶怒也又左傳襄廿三年慍而不出釋文襄廿九年晉悼夫人慍曰釋文並云慍怨也怒也

醞 釀也說文段注引申為醞藉詩小宛箋禮記禮器注漢書匡張孔馬傳贊皆曰醞藉師古云謂如醞釀及為藉道其寬博重厚也今人多作蘊藉失之遠矣毛詩段借溫字漢書薛廣德傳溫雅有醞藉注云醞言如醞釀也醞釀猶調和也淮南本經以相慍附醞釀注醞酒卧也一切經音義十二引蒼頡醞敝也○廣雅釋器醞投也文選南都賦注引廣雅

縕 平上去三讀注見平聲

訓 許運切
說教也 說文段注說教者說釋而教之必順其理引伸之凡順皆曰訓如五品不訓聞六律五聲八音七始訓以出內五言是也
訓教也 詩柳四方其訓之傳又國語周語修其訓典注若啟先王之遺訓注又魯語所以訓民也注天子有虎賁習武訓也注晉語是為明訓注圖在明訓又注鄭語周訓而能過之注楚語訓及諸夏注又廣雅釋詁四注又太玄介介告實告大訓注又文選東京賦不窮之樂以訓儉薛注幽通賦實棐諶而相訓曹注思玄賦仰先哲之玄訓分舊注
訓告也 漢書揚雄傳下集注
訓道也 爾雅釋詁又詩烈文四方其訓之傳又古訓是式傳又周禮夏官序訓方氏注○詩閔予小子訓詁傳疏云訓者道也道物之兒以告人也
訓導也 法言學行序訓諸理注
訓順也 廣雅釋詁又後漢書謝夷吾傳注又史記五帝紀能明馴德索隱引徐廣注又問神訓諸理注又漢書洪範修身上士之訓是行是訓史記宋世家作子帝其順是順之是行詩烈文四方其訓之左傳哀廿六年作四方其順之○萱按書洪範于帝其訓是訓是行史記宋世家作于帝其順是順是行漢書成帝紀作四方其訓之二字通用也又問神訓讀為馴人司農注云訓讀為馴按二字亦通用也
訓理也 漢書成帝紀注集注
訓者謂字有意義也 介雅釋文大訓事得其序之謂訓 法言問神訓者謂字有意義也

謂禮法先王禮教即虞書典謨是也 書顧命大訓鄭注○左傳文六年告之訓典注云訓典先王之書
訓人師長 書康誥別惟外庶子訓人鄭注
鐨 說文鐵屬
構 十三部十五部兩讀注見彼部
濬 辭運切　容 私閏切　濬或从水从容
濬深通川也 說文段注深通川也者深之使通也虞書曰容畎澮距川 說文容者深通川也古文容作璿今文作濬也容與叡音義皆相近故今文洪範曰思心曰容容作聖川部既偁書濬畎澮距川矣又偁容作聖古文尚書作容〻之言深也以濬為古文者知尚書古文作濬也介雅釋言又是深也又韓詩云濬深也又史記五帝紀如此濬哲索隱○又文選魏都賦於是崇墉濬洫劉注又劉淵林注引合○介雅注云濬亦深也下之深也史記五帝紀集解述祖德詩隨山疏濬潛鈐光殿賦而濬哲欽明李注○介雅釋言又文選魯靈光殿賦而濬哲欽明李注云濬亦深也
齊舊本亦有作濬齊蓋古字段借為濬

僨 緣運切
僨僵也 說文段注引伸之為凡倒敗之偁大學曰一言僨事注云僨猶覆敗也射義賁軍之將注云賁讀為僨
假楚為僨○介雅釋言又大戴記曾子制言中衡塗而僨注又左傳襄廿四年服注又國語晉語重僨可疾注又呂覽慎民接頸交臂而僨注慎能僨僵也
門之外表者注並云僨僵也 左傳隱三年傳鄭伯之車僨於濟釋文引服虔
昭十三年傳牛雖瘠僨於豚上注又漢書鼂錯傳集注引司馬彪
僨謂僵仆而倒也 莊子天運一僨一起釋文引司
注如淳又漢書韓王信傳索隱引
張晏云僨背踣意也 世也注○史記韓王信傳
僨仆也 介雅釋言
僨猶斃也 漢書韓王信傳集注引孟康
僨猶國語周語高位實疾僨注○萱按漢書五行志中之上引高位實疾顛〻隕義同也
隕也 左傳十五年亂氣狡僨注
僨動也 左傳
僨驕者不可禁之勢也 莊子在宥僨驕而不可係者其唯人心乎注
奮覆敗也 詩行葦釋文○萱按此段奮為僨也

奮 甫運切
翬也 詩曰不能奮飛 說文段注奮翬疊韻羽部曰翬大飛也雉雞羊絕有力皆曰奮不能奮飛邶風毛云不能如鳥奮翼而飛 又集解引
毛云奮翼即許奮下云張毛羽自奮奮也 史記樂書奮至德之光集解引
奮發也 孫炎又文選答賓戲李斯奮時務而要始皇 注引項岱
奮起也 淮南天文注
奮若之 廣雅釋言○禮記
奮動也 又易象上傳雷出地奮鄭注又廣雅釋言由衣
奮振也 曲禮上奮衣由右上注云奮振去塵也 ○又禮記樂記樂記郎奮舒也 廣雅釋詁一
奮明也 書堯典有能奮庸熙帝之載馬注
奮迅也 禮記樂記奮疾而不拔也 又兩注又史記樂書奮至德之光集解引鄭注云奮猶動也 正義以風又漢書張騫傳集注
奮進也 廣雅釋詁二
奮盛起也 文選西京賦奮隼歸鳧薛注云奮迅也萱按奮訓迅字亦與迅同 又廣雅釋言云奮訓也 ○漢書刑法志魏惠以武卒奮正注云奮勇也
奮彊也 淮南原道羽奮注○管子宙合云奮盛以奮能自殃也注云奮去宥以將
奮壯也 翼奮也注 呂覽君守奮於說以取少主也注
好唱自奮厲也 淮南說林人莫不奮於說 奮注
奮厲也 淮南子其奮而不足注
奮振矜也 言者莘莘道奮於行 荀子儒效奮於行

者代注奮憤激也史記高祖紀項羽怨秦破項梁軍索隱引韋昭又漢書高帝紀下注引晉灼云卜式傳未有奮由真道者也注奮謂起而爭競也荀子富國則民心奮而不可說也注奮信振起兌管于勢大周之先可以奮信注奮末動使四支也禮記樂記奮末廣賁之音作注○史記樂書集解引未肅云奮末沒疾雉絕有力奮尒雅釋鳥雗絕有力奮尒雅釋畜羊絕有力奮同上奮覆也詩行葦釋文○萱桉此謂奮為僨之借

分

平去兩讀義分制也荀子榮辱先王之道仁義之統詩書禮樂之分乎注分位也國語楚語世叙天地而別其分主者也注分猶職也禮記禮運男有分注分猶界也淮南本經各守其分注分猶部曲也禮記樂記分夾而進注分當也文選神女賦含然諾其不分兮注分次也文選魯靈光殿賦注引尒雅分猶等也史記禮書是儒墨之分正義分謂尊卑之分禮記禮運故禮達而分定疏分上下貴賤之分荀子非十二子見端不如見本分注○彊國分義則明注云分謂上下有

分又王制分均則不偏注云分均謂貴賤敵也分謂己所當得也文選盧子諒贈劉琨詩處雁之善鳴之分注分〻義也文選七啟感分遭身注大分謂忠孝之大義也荀子非十二子大分注分猶節也文選盧子諒贈劉琨詩分隨眠加注謝靈運詩亮之伯啟分注分猶志也文選潘安仁金谷集詩投分寄石友注曹子建贈白馬王彪詩在遠分日親注分決也文選答賓戲尉士有不易之分注引項笞分謂廿膜也文選上責躬應詔詩表自分黃耇永無執珪之望注分謂封疆爵土也史記五帝紀未有分職正義分珍寶之器左傳昭十二年四國皆有分注

名也偃之言隱也俗作鼴莊子云鼷鼠飲河止於滿腹周禮艸人墳壤用麋故書墳作金鼴司農云多金鼠也○左氏昭五年經敗莒師於蚡泉公羊作瀆泉穀梁作賁泉菅按蚡瀆賁皆同音段借字也又楚蚡冒或作蚡作蚡亦借字

糞

○俗有擴糞糞棄除也說文段注按棄亦糞之誤亦複舉字之未刪者糞方是除非棄也與上部垩音義皆畧同禮記作糞亦作擴亦作拚曲禮曰凡為長者糞之禮少儀曰汜埽曰埽〻席前曰拚老子曰天下有田御走馬以糞謂用走馬佗棄糞除之物也左傳小人糞除先人之徹盧許意垩用帚故曰除埽除糞用芋故但曰除古謂除織曰糞今人直賀織曰糞此古義今義之別也凡糞田多用所除之織為之故曰糞○廣雅釋詁三云糞除也菅按雅糞用小篆也其作拚者段借字擴糞則皆俗字也糞糞除猶埽除也後漢書第五倫傳注糞盡也廣雅釋詁一糞饒也廣雅釋詁四糞者糞田也老子注凡所以糞種者皆謂煮取汁也周禮艸人凡糞種注

濆

水漫也爾雅曰濆大出尾下說文段注選各本作浸今依集韻訂說文水部無漫當作曼〻

者引也濆者水之引而愈出也受濆聲類相近濆大出尾下釋水文郭云令河東汾陰蹤有水口如車輪瀆沸涌出其深無限名之曰濆郃陽蹤復有濆亦如之相去數里而夾河〻中諸上又有一濆〻源皆潛相迫按地理志上谷郡潘蹤師古書半反全氏祖望隸水經河水過蒲阪下引帝王世紀曰斉都諭阪或言都平陽及濆正前志潘當作濆本同而出異介雅釋水釋文○水經注四引字林云濆水爾雅異出同流為濆陰有濆水山頂之泉曰濆列子湯閒名曰神濆注○釋大云濆汾曰濆中如車輪許大瀆沸湧出其深無底名介應書

嬔

生子齊均也說文段注謂生子多而如一也曰令中國謂蓄息為嬔息音苦蕩切同時生為嬔一切經音義九引周成難字

娩

兔子也娩疾也說文段注釋獸曰兔子娩本或作嬔按女部曰生子齊均也山云娩兔子也則二字義別矣郭云俗許曰蹤按娩疾也上當有一曰二字○廣雅釋獸云娩兔子也

閒 武延切

說也說文段注言部曰訊閒也引仲為禮之聘閒書名制皇帝清閒下民馬注云清閒清訊也○閒謂論

難也禮記學記善問者如攻堅木疏問猶學也列子說符篇為問猶言也易象
下傳勿問注問以詰問之難鳩告也問國孟纂齊君時聘曰
之矣崔注問易上傳問為問以言虞注繫辭注時聘
命也左傳莊八年問震為問上傳問
問論周禮大宗伯時聘曰問
聘曰問語詩鄉黨注疏云問
記朝諸侯大夫行人以問
日士荀子大略篇諸侯相問
事孟注以壓國注語問聘
趙工尹襄之語
使漢書魯恭傳又注
後漢書儀禮聘禮注
也久遺問
國則問遺也夫人注云問猶遺也謂以餉饋之也

傳數問遺注○禮記襍記下相問也既對而退注云相問當
相惠遺也又左傳成十六年疏云遺人以物謂之為問又哀
十一年疏云禮以通問謂相稱謝也叔不通問注嫂問名也
物遺人謂之問
賞揆此段·
問為聞也

聞

古文○中古
聆附讀義分名也漢書哀帝紀贊集注揚雄傳下集聞名
漢書禮樂志集注又法言君子序純緣領聞注傳
也集注匡衡傳中聞聲名也以漢書韋賢傳聞聲
聞也傳而今聞謂聲之聞也又華嚴經音義
上引珠叢云聞
謂聲所聲至也

汶

紊亂也商書有條而不紊說文書般庚上有條而不紊晚出傳云紊亂也
汶水出琅邪朱虛東泰山東入濰桑欽說汶水出泰山萊蕪
西南入泲說文段注琅邪朱虛見前志後志屬北海國今山
東青州府臨朐縣東六十里有朱虛故城前志朱

廣下云東泰山汶水所出東至安邱入濰水經曰汶水出朱
虛縣泰山北過其縣東又北過淳于縣西又東北入於濰謂
之東汶水以別於禹貢汶水也按東泰山即封禪書黃帝封
東泰山今沂山是也今東汶河源出臨朐縣南沂山東北谷
東流逕環陵閑折東北流經縣城西北又東流數十里與濰
水會桑欽六、謂源有汶水也上文渭水瀛水沂水皆舉別
說皆謂一水而說禹貢不同也此則書然二水源流皆嶧泰
山郡萊蕪二出同前志萊蕪下曰原山禹貢汶水出西南入
泲桑欽所言水經於濟水曰又東北過壽張縣西畔安民亭
南汶水從東北來注之於汶水曰又西南過壽張縣北又西
南至谷亮亭入於濟按舊泲汶合於安民亭今東平州西
南十里公山鎮即古亭也今汶水出今山東泰安府萊蕪縣
東北七十里之原山亦名馬耳山西南流經縣城西北又西
泰安府南境又經寧陽縣北境至汶上縣流經之載村北又
汶上西南境之南明流南北南者四分以桉徐沛又經
者於分以桉臨清自明永樂中永禮開會通河以及沛北流
運皆全資汶水而入泲之故道浚矣前志朱虛下但云國朝
桑蕪下則云禹貢汶水出然則出朱虛者非禹貢汶水也
按二汶水在齊漢人嶧山江字作汶山汶江以古音同讀
如文之故謂之假借可也考工記路踰汶則死淮南子同鄭

云汶水在魯北鄭注以水入汶水篇考工記多齊語則謂入
泲之汶無疑也殷敬順創為異殊非是○當按史晨後碑文
陽馬汶段也汶齊水名國語齊語也則吾必在汶上注考工記釋文並云汶又
文為汶也
名汶水在魯北曰司農注汶為瀾爾雅釋水汶汶猶昏晴不明也
史記屈原賈生傳受物之汶者
○宣按此引伸段借之義正字當作昏
上去兩讀則以段借也
借而無正字者則借
本義之或體也晚見新生免冠也
為喪服之字俗製已晚見亦用下矣○釋文此之借云新則免曰莬注○

絻 免

氏不喪服之字俗製已晚見亦用免作之
絻注不絻者始發喪之服左傳哀二年
之時又儀禮士喪禮主人藻當事免則記使太子也文左傳哀十二年
記免祖注執功布入注云今免於房注既說之云絻注哀口十年禮記玉藻
陳侯免注○禮記喪服小記異文皆作絻夕商注子絻免注悲○二年
君免也注云異國之君聞免或為免予所執紼曰免喪服 公羊昭廿五年 左傳襄廿五年 哀哭踊
齊侯唁公
于野井注悗括髮也玉篇

韻史卷六十

泰興何萓石閭譔集 子度校字

第十三部平聲副編 上海顧錫麒竹泉覆審

跟韻 武進李兆洛申耆鑑定

開口訡

刓 欧恩切 削也 集韻

報 口根切 束也 玉篇

媤 挨根切 女字 集韻

蒽 州名出日南 集韻

樢 海恩切 十三部十四部兩見 平量木也 玉篇

拫 海浪切 引也 廣雅釋詁一〇漢書灌夫傳引繩排拫注云今吳楚俗猶謂牽引前卻為拫格也

泿 [illegible]痕切 水名 廣韻

合口訡

惃 古昏切 亂也 廣雅釋詁三 惃惛也楚陽謂之惃 方言十

蜫 穴蟲 玉篇

崑 或書作惃 崑猶髙也 後漢書荀爽傳注 丘三成為崑崙丘 爾雅釋丘萓按周禮司儀注作三成為昆侖丘知古書本皆作昆侖加山乃淺俗所為耳〇釋名釋丘云三成曰崑崙丘如崑崙之髙而積重也又山海經西山經云崑崙之丘是為帝之下鄉 崑崙墟在西北去嵩高五萬里地之中 也 水經河水〇山海經海內西經海內崑崙之墟注云海內崑崙之墟言海內者明海外復有崑崙山又禮記曲禮下疏引括地象云地中央曰崑崙 崑崙山名也 文選蜀都賦北指崑崙劉注〇後漢張衡傳注云崑崙乃西方之山又楚辭河伯登崑崙兮四望注云崑崙山河源所從出又水經河水注引崑崙說云崑崙之山三級下曰樊桐一名

板桐二曰平圃一名閬風上曰層城一名天庭是為天帝之居 崑崙即阿耨達山也 水經河水注又山海經大荒東經云阿耨達大山即崑崙〇萓按凡字作昆侖者已詳昆下益不複出又周禮大司樂注地示則主崑崙釋文云崑崙本作混崘又莊子大宗師堪坏得之以襲崐崘釋文云崐本作崐按混段借字崐嶷形近之譌

錕 缸也 廣雅釋器〇方言九云車缸齊燕海岱之閒謂之鍋或謂之錕 錕鋙鐵赤色可為錮也 廣韻〇集韻云亦金謂之錕鋙萓按古祇作昆音俗加偏旁耳

騉 ：蹄趼善陞甗 爾雅釋畜〇又云駼枝蹄趼善陞甗 騉騉蹄者混蹄也 爾雅釋畜舍人注〇李注云騉者其蹄正堅而平似研也 騉駼之馬枝蹄如牛而下平 爾雅釋畜孫注〇李注云騉駼其蹄枝平似斷亦能登高壓危險也 騉駼外國之名 爾雅釋畜舍人注〇萓按古祇作昆應郃云昆猇好馬名也又侖爾雅釋文云騉李作昆 猑猇野馬也 後漢馬融傳注萓按山騉猑為正借字

麘 麋屬 廣韻

猑 大犬也 集韻 猑蹄野馬也 萓按段猑為騉也

鯤 魚子 爾雅釋魚又禮記內則濡魚卵醬實蓼注又國語晉語魚禁鯤鮞注又文選西京賦摷鯤鮞薛注〇爾雅釋魚注云凡魚之子總名鯤也 鯨魚也 列子湯問其名為鯤釋文〇莊子逍遙遊云北冥有魚其名為鯤又云有魚焉其廣數千里未有知其修者其名為鯤又釋文云鯤大魚名也萓按以極小為極大莊生之寓言耳不可為典要又釋文引崔譔云鯤當為鯨然則莊列之鯤皆鯨之段借字鯨者海大魚也

鏍 韓釺也 廣韻

郻 [illegible]昏切 鄉名在廣陵縣名在蜀 集韻

菎 或書作𧿅 菎𤬪瓜屬也 廣雅釋艸

𤭛 甗也 廣雅釋器〇集韻云𤭛或作𤮯

騉 ：騉駼馬 廣韻

韻史　卷六十第十三部上聲副編很韻　五六一七

猽豕奏者猽。爾雅釋獸○注云今猽豬短頭皮理腠蹙

戶坤切　歆歆々不可知也集韻

唂唂々目所不見。法言問神著古昔之唂唂注

睯或作　目暗也集韻○淮南原道云漢睯於勢利

涽涽々思慮昏亂也。荀子賦涽涽淑々注

焝火也玉篇

㾮病也。詩桑柔多我覯㾮箋○疏云㾮字從病而以昏為聲是昏怨之病

棔表也。廣雅釋詁四　順也。廣雅釋詁二　合棔木名俗轉為合歡集韻

潣大波也玉篇

董坤切　[illegible]嚣似甑腳[illegible]廣韻

韻史　卷六十第十三部上聲副編很韻　五六一八

墩平地有堆者廣韻

犜牛也玉篇

驐去畜勢也。廣韻引字林

蕡州玉篇

杜坤切　暾或作旽　東方漸出皃也。文選射雉賦暾出苗以入場徐注　暾日出也。廣韻○楚辭東君云暾將出兮東方

朜朜月光玉篇

霕大雨也玉篇

蜳蜳々蟲名似蟬而長集韻

黗黃色又魯哀公少子名黗玉篇

韻史　卷六十第十三部平聲副編很韻　五六一九

杜坤切　訰𧬈亂之皃。荀子哀公繆繆肫肫注肫本作訰又詩柳爾雅釋文云諄本作訰二字互借通用也　訰訰々亂也。爾雅釋訓○舍人注云訰訰煩懣亂也萱按釋文云

迍邅也廣韻

媋女字一曰女㒵也集韻○玉篇　媋或勻切

状坤切　瑃玉名廣韻

㖺吹㖺也玉篇

椿椿々木也一名櫄。莊子逍遙遊上古有大椿者釋文引司馬注又列子湯問釋文

鶞或作鳿　春鳸鶞鶞。爾雅釋鳥○萱按釋文云鶞本作鶞疏引貫遠作春鳸分循皆聲同段借字也又左傳

鶞鶞言分循也。爾雅釋鳥樊注

祖坤切　鷷西方曰鷷。爾雅釋鳥○周禮染人注引爾雅曰鷷作曰鷷又左傳昭七年注西方曰鷷雉釋文云鷷本作鷷萱

韻史　卷六十第十三部平聲副編很韻　五六二〇

按蹲段借字　西方曰鷷雉攻木之工也。左傳昭十七年傳五雉為五工正賈注又爾雅爾鳥樊注

嶟嶟々山皃。漢書揚雄傳撇北極之嶟嶟音義引字林

措坤切　澊水名玉篇　澊水皃集韻

蹲喜也。廣韻○集韻蹲也作兇

𠥫竹器也玉篇

邨鄉名玉篇

送坤切　搎搎捫也。集韻○廣韻云捫搎摸索也

猻猴猻獸名集韻

蜶蜶蜊南楚謂之虹蜶。方言　集韻引

蓀或作荃 香艸也 楚辭抽思數惟蓀之多怒兮注 又文選上林賦薇持若蓀郭注
薞薞蕪似羊蹄葉細味酢可食 爾雅釋艸須薞蕪注
杌木名一云鉏柄 玉篇
市沖切 鶺太行山有鳥狀如鶺白身赤尾六足名曰鶺鶺 集韻引山海經
黔黑黔也 玉篇
騂馬走皃 玉篇
涔水急 玉篇
戶醇切 覤視也 玉篇 廣韻
琿玉名 廣韻○集韻云琿美玉
驒大行山有獸狀如騉騡四角而距名曰驒騱 集韻引山海經

狎狎于猿類 文選吳都賦狎狎于長嘯劉注
忳或作惛 心悶也 廣韻引埤蒼 心亂曰忳 一切經音義十一引通俗文
檍木名生南海 集韻
餛或作䭔 餛飩餅也 一切經音義十一引廣雅 集韻
鯤鱧也 集韻引方言○集韻云一曰麥不破也
杜魂切 飩餛飩餅也 一切經音義十五引廣雅
炖赫也 方言十三○注云炖火盛熾之皃 風與火為庉 爾雅釋天○萱按此段庉為炖也 炖炖
熾盛之皃 文選 爾雅釋天注云庉本作炖○釋
芚芚然無知而直往之皃 莊子齊物論聖人愚芚注 芚渾沌不分察也 莊子
齊物論釋文引司馬注 厚皃也 莊子齊物論聖人愚芚注 束也 莊子齊物論釋文

沌或書作炖 瓞沌瓜屬也 廣雅釋艸
閽闌門也 玉篇
鈍魚名 玉篇
臀榜也 玉篇
燉火盛皃 玉篇 燉煌郡名 漢書地理志
路醇切 踚行也 廣雅釋詁一○曹憲音云踚方言為躒
腀皮也 玉篇
艙船前後也 集韻
錀金也 玉篇
碖石也 玉篇

崙或書作崘 地中央曰崑崙 禮記曲禮下疏引括地象○萱按崑崙諸義已詳崑下 古祇作昆侖 後人加山
侖淪也 太平御覽引今中昆侖穿薄剝 注引數昆侖天地注
𥲗𥲗于船具 廣韻
崙木名也 管子地員其木宜蚖崙與杜松注 崙蘥香艸名 集韻
犻獸也 玉篇
鯩來需之水多鯩魚黑文狀如鮒 集韻引山海經
奐鬼切 蒓水葵也 廣韻
薈牛蕕艸名如蒼斷寸寸有節拔之可復 集韻○廣韻云牛薈艸似蘭青黑色也
楯木名 玉篇
鐏器 玉篇

郁 揞亀切 郁郁，鄤縣名，在犍爲。集韻。○萱按：說文、漢書古本皆作存鄤，知郁字亦晚出也。今四川敘州府有郁鄤縣，有郁鄤灘。

痹 卧醇切 瘅癡皃。廣韻。○集韻作也。

嬋 女嬋也。玉篇。

嗌 吐也。玉篇。

鵗 鸖鴝鷂鴝也。集韻引廣雅。

莶 蕿莶，州名。廣韻。○集韻云：蕿莶，州名。

齊齒音

神 儿欣切 以巾覆物也。集韻。

砷 硝也。集韻。

䱔 䱔也。二十枚曰䱔。集韻。○萱按：䱔音叉。廣雅云：䱔謂之䱔。

覞 視皃。玉篇。

欣 𦍤中切 嘘也。玉篇。

譚 漠欣切 嘿，或作譈。也。爾雅釋詁。

歎 疑也。莊子天運：唯循大變，無所湮者。釋文引司馬注。○莊子徐无鬼：名九方歎。釋文云：淮南子作九方皋。又廣韻云：一秦穆公時有九方歎，一名阜，善相馬也。

黫 黑色也。廣韻引字林。

𩡝 十三部、十四部兩見，注在彼。

炘 𠛪中切 熱也。文選甘泉賦垂景炎炘炘。光盛皃。漢書揚雄傳上集注：炘，熱也。廣雅釋詁二。○萱按：此段炘爲燃也，於本義亦不遠。

邟 邟，鄰地名。廣韻。○集韻云：邟，地名，一曰鄰也。

帳 掌欣切 嶶也。廣雅釋器。飲馬橐，燕齊之間謂之帳。方言五。

㯠 有桭。○俗屋梠也。玉篇。

𥰭 所以鼓敔謂之𥰭。爾雅釋樂。○李注云：𥰭以竹，長尺，也。爾雅釋樂。戞敔之木名爲𥰭。

硜 石山。玉篇。釋文引字林。

砏 作○俗砱。石不平皃，一曰礣也。集韻。砱砱，難致之皃。太玄難：振石砱砱注。

敒 欣也，惏也。玉篇。

䂼 始巾切 䂼，或作石次玉也。廣韻。

䂼

𢔈 行也。玉篇。

𪇆 紫巾切 鵁，或作𪇆、䳑。鵁也。玉篇。

殑 殑殑，欲死皃。玉篇。○殑下云：殑殑，擊縮也。

𩥇 豕類。玉篇。

粡 碎米也。廣韻。

䜪 谷名。玉篇。

砏 丙欣切 聲也。廣雅釋詁四。砏礹，大聲也。一切經音義八引埤蒼。砏扒𢃕軋，波相激之聲也。文選南都賦注。

霦 璘霦，玉光色。廣韻。

慬 𢛪银切 慬，或作𢡌。勇也。列子說符：無以慬於天下。注：慬，憂哀也。廣韻。○集韻：無哀字。

韻史　卷六十第十三部平聲副編跟韻　　五六二九

圿：土壁（玉篇）

肵敬也（儀禮少牢饋食禮主人羞肵俎注又禮記曾子問無肵俎釋文○郊特牲云肵之爲言敬也又儀禮少牢饋食禮載於肵俎注云肵謂心舌之俎也儀禮少牢饋食禮注爲言敬也所以敬尸也佐食并肵俎羅之）

岓山傍石也（廣韻）

魌：堆奇獸也（廣韻）（楚辭天問魌堆焉處注○集韻云山海經北號山有鳥白首鼠足名曰魌雀一曰星名）

獑犬生一子（玉篇）

緄帶也（玉篇）　龍勤切

鸐鳥（玉篇）

郒姓也（廣韻）　始勤切

韻史　卷六十第十三部平聲副編跟韻　　五六三〇

殷擊聲（玉篇）

沂：淪迴旋之皃（文選江賦沂沂淪流漩注）　仰勤切

齗大箎也（廣韻○爾雅釋樂云大箎謂之沂　萱按沂齗古今字齗沂正借字）

𣟩木名色白（廣韻）

狠：馬蟥（爾雅釋蟲○注云馬蠲蚐俗呼馬蛭又郭氏正義云狠一名馬蟥又名馬蠲）

𪊨獸名似豕而八目（玉篇引山海經）

𦐃𦐃鳳舞皃（玉篇）　想勤切

昕和也（史記司馬相如傳昕昕睢睢集解引昕昕和也漢書司馬相如傳漢書音義○又引徐廣云昕和皃寄下集注引孟康）

昕暗或作視皃（廣韻）

韻史　卷六十第十三部平聲副編跟韻　　五六三一

雲蟲名（玉篇）

蔄蒠存：蔄蔄在也（爾雅釋訓）

撤（口許　舉勳切）

皸皴也（廣雅釋言手足坼裂曰皸一切經音義十一引通俗文○漢書趙充國傳手足皸裂注引文穎云皸坼裂也）

䃔承也（玉篇）

覗大視也（玉篇）

棍：欀木名出交趾（集韻）

箬竹名（廣韻）

鯤水鯤蟲名似魚（集韻）

韻史　卷六十第十三部平聲副編跟韻　　五六三二

岩　去勳切　岩嶙相連之皃（文選南都賦岩嶙而纚聯注）或書作峮或作峮

蜠或作蜠

𥓓：𥓓石危皃（集韻）

氤氳氤元氣（廣韻○集韻氤氳氣也集韻引氳盛皃也亦香也一切經音義五萱按氳字書作馧盛皃也亦香也一切經音義○）

馧或作䭀馩香也（廣韻云芬馧盛皃又云香也集韻云芬馧香也）

蝹蝹：動也（集韻引廣雅○廣韻云蝹蝹龍皃蝹蝹蜿蜒行皃文選江賦蝹蜦以沈游注）

蕡蕡美好也（廣韻○集韻云蕡美皃）

曛赤黃也（素問六元正紀大論曛黃昏時爲曛注楚辭思美人與曛黃以爲期注○廣韻云曛日入也又黃昏時集韻云曛日入餘光）

許君切 曛 目暗也集韻

臐 香也廣雅釋器羊䐹也儀禮聘禮膷臐膮釋文○公食大夫禮膷以東臐膮牛炙注云膷臐膮今時臛也牛曰膷羊曰臐豕曰膮皆香美之名也

蠉 蟲也玉篇

獯 獯〻獵匈奴別號集韻

[牜軍] 十四部十五部內見 犁牛頭玉篇

甫君切 毭 毛落也廣韻○集韻云毭〻毛落也

毷 毷〻毭罽也廣雅釋器

王雲切 瘒 瘒或作癉也廣韻

羽羣切 耺 耳中聲廣韻

韻史 卷六十第十三部平聲副編跟韻　五六三三

眃 眃眃視不明兒集韻

橒 木名廣韻

蕓 蕓〻臺菜名廣韻

篔 篔或作䉙 篔簹竹名也 文選吳都賦其竹則篔簹箖箊劉注

熉 熉黃兒也 漢書禮樂志熉黃注引如淳

䲰 鳥名玉篇

叙雲切 縜 繞縜也玉篇 繞縜謂之襦褘集韻引方言○郭璞云謂衣褙襟也 縜縫也廣韻

䙢 衣也玉篇

[牜川] 牛行遲玉篇

福雲切 訜 人不知玉篇

韻史 卷六十第十三部平聲副編跟韻　五六三四

甫雲切 橨 橨樹也廣雅釋器 橨平仲木別名廣韻引埤蒼

馩 馩或作馚 馩馧香也集韻引廣雅

鼖 鼓也玉篇

豶 豶雄未成也玉篇

蟦 蠐螬也玉篇

昐 日光玉篇

[谷分] 谷名在臨汾集韻

妢 妢〻胡〻之國在楚字 考工記總目妢胡之笴注○杜注云妢胡地名也或書為邠

武雲切 雯 雲文也廣韻 雲成章曰雯集韻

㪔 㪔摩上汁集韻引字林○廣韻曰㪔摩也 萱按摩盡摩之誤 集韻遂云一曰以手拭物

韻史 卷六十第十三部平聲副編跟韻　五六三五

鼢 鼢〻鼠爾雅釋獸 班鼠也廣韻

鳼 雉或作鶞于鳼爾雅釋鳥

鳻 鳥文也集韻○萱按鳻鳼當為一字 而集韻分為二 廣韻無鳻 令丘之山有青鳻集韻引山海經

芠 艸名集韻○淮南精神云芠莫閔注云芠讀抆拭之抆 萱按此假借之義也 抆亦後出字

[風文] 姓也玉篇

韻史 卷六十第十三部平聲副編跟韻　五六三六

韻史

第十三部上聲副編

詪韻

開口呼

懇 口很切

信也。廣雅釋詁一。力也。廣雅釋詁二。懇懇，誠也。廣雅釋訓。至誠曰懇。一切經音義四引通俗文。懇懇，至誠也。漢書司馬遷傳意氣懃懃懇懇注。很很，旋誠之意也。漢書劉向傳故很很數奸死亡之誅注。萱按：此段很為懇也。傾，至也。禮記檀弓上傾乎其至也注。○萱按：此為懇之段借字。傾典堅刀兒。考工記斲人是故斲欲傾典注。

墾 或作墾。耕也。爾雅釋訓釋文引蒼頡。又廣雅釋地。闢也。後漢光武紀下注。○文選溢賦墾陵樂而斬墾注云。蘷奧樂也。蒼頡又廣雅釋訓。音義同。治也。廣雅釋詁三。發也。不備墾注。國語周語土發。田曰墾。墾田若藐。國語周語注。

注。起土也。利于湯附扣石墾堁釋文。力也。方言十二。均也。廣雅釋言。司也。方言十二。頃傷也。考工記瓬人髻墾薜暴不入市注。

限 遲也。玉篇

硍 石兒。集韻

狠 齧也。玉篇

莨 遏很切 艸名。集韻

莨 莨莨似蓍花青白。廣韻○集韻云莨艸名似蓍食之不大。

崀 山名。玉篇

合口呼

棍 古本切 鐘病聲。集韻引周禮典同杜子春注云謂鐘高則聲上藏衮然旋如裏○集韻高聲硍同周禮典同○注

云故書碮或作硍。萱按：二字音義皆近。說文碮，石聲也。俗本訛作硍。

耕 或作耕。玉篇

齫 苦本切 或作齫。齒起兒。集韻○廣韻齫齦齒起。

綑 或作䋯。織也。玉篇 類篇

硱 硱硱碖石落兒。廣韻

噎 嘽小口。廣韻

倱 戶本切 大而無形曰倱伅。一切經音義十二引通俗文。

諢 諢謨諢也。玉篇

棍 艸。玉篇

䵪 黑也。玉篇

踚 行也。玉篇

醽 醽酒稠沃。廣韻 醽稠沃謂之醽。集韻引字林

鯶 魚名似鱒。集韻

吨 氣相衝也。廣韻 吨吨言不了。集韻○玉篇少言字○萱按：鯇變為鯶，音隨形異，實則一也。說文有鯇，鯇見十四部

腯 臭肉也。集韻

沌 沌沌轉也。廣雅釋訓 沌沌無所分別。老子沌沌注 沌沌渾渾波相隨之皃也。文選七發注○莊子天地渾沌氏。萱按：此與混同，通借。引風俗通作渾沌。

坉 塞也。集韻○又云水曰坉，一曰田壠，艸土填。

伅 帝鴻氏有不才子，天下之民謂之倱伅。玉篇

潫 大水也〔玉篇〕

睔 路緄切 目大也〔集韻〕

稐 稐或作 束也〔廣韻〕禾束曰稐〔集韻〕

碖 硱碖石落皃〔廣韻〕○硱碖〔集韻〕作碖硱

㥲 㬿㥲行無廉隅〔玉篇〕

腀 林緄切 肥也〔廣韻〕腀腀肥皃〔集韻〕

睶 大目也〔玉篇〕

玔 玉玔也〔玉篇〕

錀 銀也〔玉篇〕

賰 史緄切 賰賰富有也〔廣韻〕

㖔 措本切 大口也〔玉篇〕

苯 布緄切 苯䔿草叢生也〔廣韻〕

庲 戎始姓〔廣韻〕

積 佩緄切 積䆇積穀木簇皃〔玉篇〕

翉 飛皃〔玉篇〕

翉 飛起又走也〔廣韻〕○〔集韻〕云翉鳥飛上起

𪎳 麻𪎳也〔玉篇〕

呠 噴也〔玉篇〕

[馬本] 馬名〔玉篇〕

[扌畚] 車弓也〔玉篇〕

娩 味緄切 拘娩耦也宋潁之閒或曰娩〔方言二〕娩卷並翩翻自恣之皃也〔後漢張衡傳注〕

娩 味緄切 媚也 荀子禮論說娩謂婦容詩采薇序疏○禮記內則姆教婉娩聽從注云婉之言媚也媚 謂容皃也 澡娩澤注文選思玄賦 娩跳也今注萱桉此謂娩即勉之段借字 僊蹇夭嬌婉以連卷齊人謂宋子 曰娩 文選思玄賦又才言二抱娩注云娩一作娩即 纂要○萱桉此謂娩

腕 愉也〔集韻〕腕色肥澤也〔廣韻〕○詩采薇箋云謂腕腕之時疏云 腕腕定本作腕朕萱桉娩朕羕畧同矣

餕 貪也〔廣雅〕〔集韻〕引

悗 惑也〔玉篇〕

㴐 㴐也〔玉篇〕

齊齒呼

槿 木名蕣也〔集韻〕○〔廣韻〕云木槿櫬也又名蕣一曰朝華一曰日及亦曰王蒸又曰赤堇萱桉古用堇為槿後人加偏旁耳爾雅艸櫬木槿木堇王蒸也禮記月令木堇榮注○釋文云堇本或作槿 呂覽仲夏注云木槿朝生暮落 家謂之朝生一名蕣 穆天子傳四事皇天 詩云顏如蕣華是也 模堇木名 子之山有模堇注

漌 漬也〔廣韻〕清也〔集韻〕

縺 織紋緻密也〔集韻〕

嫤 好皃〔玉篇〕

㰹 柔也〔廣韻〕○〔集韻〕云㰹謂牛柔馴善也〔廣雅釋詁四〕

新 結也〔廣雅釋詁一〕

㪦 十把曰㪦〔玉篇〕

嗼 脣瘡〔玉篇〕 籃謹切

韻史 卷六十 第十三部上聲副編 銀韻　五六四五

瘜、瘮極痕 一切經音義十三引纂文
瘜、剩也 玉篇
瘜 耕也 廣雅釋詁二 合袂曰瘜 一切經音義十四引通俗文
轀 或作轍 作轀、聲也 廣雅釋訓○廣韻亦轀車聲
嶾、嵥山高皃 集韻○廣韻無高
𧬗、蔥菜 玉篇
磤 聲也 廣雅釋詁四 雷聲曰磤 一切經音義八引通俗文○文選景福殿賦聲訇磤其若震注引毛萇傳云磤雷聲也 萱按殷引申之義訓聲詩殷其雷傳云殷雷聲也不煩改字改讀矣
卬謹切 竀 山下穴 玉篇
𩕄謹切 映 明也 廣韻

韻史 卷六十 第十三部上聲副編 銀韻　五六四六

聝 富也 玉篇○萱按集韻作富也疑爲富之誤
抰 手伸物也 玉篇 集韻
蹎 行迹 廣韻
嫨 嬿也 玉篇
瘓、瘢病也 廣韻
泿 或作泿 濁也 廣雅釋詁三 釋泿垢濁也 一切經音義七引字林 泿垢濁也 後漢書張衡傳注又泿濊濁也 廣雅釋訓 漢書揚雄傳上紛纍以其泿垢今注引應劭
紐謹切 跈 蹈也 玉篇
䏰 或作䏰 愁面 玉篇 𢘅 憂皃 集韻
輥 車輕也 玉篇

韻史 卷六十 第十三部上聲副編 銀韻　五六四七

聄 聽也 玉篇
業謹切 覲 視也 玉篇
擯謹切 泿 泿或作 濁也 廣雅釋詁二 泿泿垢濁也 廣雅釋訓 俗謂水漿不寒而溫爲泿 漢書揚雄傳上 泿汗皃也 音義引晉灼 文選七發 泿然汗出注 泿泿水名 廣韻
恩 惡酒也 玉篇
腮 朐腮縣名 集韻
肕 堅肉也 玉篇
始謹切 鋃 圜鐵也 廣韻
鯢 魚名 廣韻
觥 角也 玉篇

韻史 卷六十 第十三部上聲副編 銀韻　五六四八

梲 棗木也 廣韻○爾雅釋木洗大棗注云今河東猗氏縣出大棗子如雞卵 萱按洗洗正借字而梲後出
芫 艸名 廣韻
筅 或作筅 筅帚飯具 廣韻○集韻云筅飯帚
此隱切 濜 水名 玉篇
仰謹切 齡 大脣也 廣韻○玉篇也作皃
碄 石也 玉篇
其謹切 簽 或作篋 茶中 爾雅釋艸○注云言其中空竹類 又郭氏晉涵正義云竹類之中空者名簽 按竹膚色青其中節則色白 簽中空無節故表裏之色如一
瘌 瘌病也 玉篇
𢥞、𢥞也 玉篇

苬 艸也。玉篇
邾 國名。玉篇

撮口呼

想切 諡

聚允切 庰 頃也。玉篇

去允切 咽 吐也。廣雅釋詁四

胭 狀脂聚曰胭。御覽八百六十引通俗文 胭者，肉之標。素問玉機真藏論 皮部論：胭破，毛直而敗。注：胭謂肘膝後肉如塊者。素問玉機真藏論注 脫肉破胭。玉機真藏論注

埛 齊也。廣雅釋詁四 名。玉篇·廣韻

蜩 蜩大而險。爾雅釋魚 ○ 云蜩貝屬。集韻

麮 麥屬。集韻

韻史 卷六十第十三部上聲副編很韻 五六四九

綑 綸綑束也。集韻

霌 雨也。玉篇

攟 攟束。玉篇

麇 束縛也。玉篇 ○ 賞按：古蓋借用麇字，見左傳哀二年、八年杜注

玧 充耳。廣韻 ○ 集韻云：玧瑱也

羽君切 抌 動也。廣雅釋詁一

犺 動也。獿犺，匈奴號。集韻 ○ 賞按：說文無犺，古蓋作允。詩衆獿犺之故。釋文云：犺本作允也。漢書匈奴傳引詩亦作獫狁之故

駺 馬逆毛。爾雅釋畜 馬逆毛駺。釋文引字林 ○ 玉篇云：駺馬毛逆

蜳 蟲名。廣韻

韻史 卷六十第十三部上聲副編很韻 五六五〇

靷 車靷也。玉篇

苰 艸也。玉篇

暉 暉暉富也。廣韻

傎 優也。玉篇

褞 褞衣也。集韻

顴 或作顴 而急顴顴也。玉篇

韞 藏也。論語子罕「韞匵而藏諸」集解引馬注 ○ 裹也。廣雅釋詁四，又論語子罕鄭注 ○ 皇疏云：韞，裹之也。漢書敘傳上「韞於荊石」注云：韞亦藏也

呂允切 埨 或作崘，壟也。玉篇 崘 壟也。上同

處允切 荈 茗之別名也。爾雅釋文注：一名荈。釋文引張揖雜字說 ○ 集韻云：茶晚取者名荈

韻史 卷六十第十三部上聲副編很韻 五六五一

惷 擾動也，亂也。玉篇

閫 中門也。玉篇

蓍 雜也。玉篇

篬 竹名。玉篇

敓

皖 白也。玉篇

鷵 鵲也。廣雅釋言 ○ 玉篇云：鷵大鵐也

蔦 萬萬藕葉名。廣韻

叙允切 鐏 鐏之萌生白鐏。集韻

樺 樺剡木相入。集韻 ○ 賞按：即枘鑿之枘也。古謂之枘，今謂之樺，此名之因時而異者

韻史 卷六十第十三部上聲副編很韻 五六五二

癀病悶也廣韻 𤸫蚌沸曰癀沮一切經音義十四引通俗文
膹或作腈 膹脿肉也玉篇
獖羊名玉篇
鱝或作鱝 鱝魚圓如盤口在腹下上有毒廣韻○集韻云鱝魚名大鯆也
蟦𧕫蟦也玉篇
笄隱笄土高起皃集韻○廣韻云莊子有隱笄之土也
捴動捴也玉篇
懀或作㥏 㥏也玉篇○賞按說文憤字俗書作憒憒又變爲懀懀又變爲懀與懀皆不成字也故他書無懀懀
抆拭也廣雅釋詁二又一切經引字林又後漢楊球傳注○文選洞簫賦擘浮抆淚注云抆亦拭 抆拭摩也
武允切
漢書朱博傳抆拭用禁注

刎或作斷 斷也廣雅釋詁一又漢書陳餘傳集注 斷頸也漢書田延年傳闔鼓
聲自刎死注○荀子彊國是猶欲壽而刎頸也賞按說文斷首曰刎
𢬴物崴刎之譌字集韻從以物爲刎之重文誤矣
刎割也一切經音義廿五引字略○後漢伆離也吳越曰伆
詼言自刻曰刎 十一切經音義二引通俗文
䇫截刎竹也玉篇 海篇 集韻○賞按李州祗作
吻鉤吻草名 吻字鉤吻即斷腸草

韻史

第十三部去聲副編

艮韻

開口訐

𩏂 改恨切 良鉤吻也廣雅釋艸

𩝋 傲艮切 𩝋餒也集韻

合口訐

謴 古寸切 謴或作𧬈 𧬈人也集韻 謂順言謔弄皃廣韻引聲譜

鄆 水名一曰大水集韻

潤 苦寸切 潤水名廣韻

㢒 倉也玉篇
㥰 户寸切 㥰老忘也玉篇 㥰闇也太玄闇諸幽㥰集韻
焝 火也玉篇
踳 行也玉篇 海篇
扽 蒖寸切 扽或作㩐 引也廣雅釋詁一 撼也廣韻○集韻云扽摩也
𦞮 杜困切
遁 蘸草玉篇
炳
渝 路寸切 渝水中曳船廣韻
綧 亂也玉篇

稕 或作𥟉稕 束稈也 廣韻
䅵 䅵緣也 玉篇
状閏切 釧 環臂謂之釧 御覽七百十八引通俗文〇集韻云釧鐶也
圳 水也 一曰水名 玉篇
奐寸切 橓 木名 玉篇
祖寸切 鬊 禿髮也 廣韻
䁞 赤目也 玉篇
䑳 船底孔也 廣韻〇集韻云舟孔謂之䑳
燇 或作 火也 玉篇
卧寸切 譐 弄言也 廣韻 玉篇

𣢬 氣逆也 玉篇 篇海
顐 禿也 廣韻
湓 水名 見潯陽記 晉書音義上 湓 瀆也 廣雅釋詁二 湓 涌也 漢書溝洫志集注〇文選難蜀父老汜濫衍溢注引張揖云湓溢也 湓 水聲也 文選難蜀父老注引三蒼解詁 含水曰湓 一切經音義四引通俗文
洊 洊〻 撓並入水兒也 後漢馬融傳洊薄汾撓注〇賞按水經水注云傾澗洊瀉段洊為奔也
絻 挽縺也 廣韻〇集韻云絻引舟繂
鮸 姓也 廣韻〇集韻云鮸 宋梁四公子名

齊齒討

几迸切 抻 襆巾名 廣韻〇集韻云以巾襆物謂之抻

劤 力也 廣雅釋詁二 劤 多力也 玉篇引埤蒼
撂靳切 歏 欠也 廣韻 歏 氣盛也 玉篇
[illegible] 對也 玉篇
㔟 割也 廣韻
渠近切 㥤 或作𢟪 裹也 拳也 並廣雅釋詁四
䘳〻 衣也 玉篇
㩟 或作揭 劘也 一曰平量 集韻
[illegible] 獸名山驌也 集韻
向近切 焮 焮 炙也 左氏昭十八年傳行火所焮注 焮 晞也 小爾雅廣言 炘 熱也 廣雅釋詁二〇曾按此段炘為焮

[illegible] 或作[illegible] 寒中冷也 廣韻
閬 或作閬 俗為門限字 玉篇 閬門閫 廣韻
馸 馬重也 玉篇
亮近切 澗 水名 玉篇
掌近切 眼 瞭也 廣韻 眼眩憹也 朝鮮洌水之間顛眩謂之眼眩 方言七
侲 侲〻子逐疫之人也 後漢和熹鄧皇后紀注 侲子童男童女也 文選東京賦侲子萬童 注薛侲之言善也 後漢和熹鄧皇后紀注又文選西京賦侲僮程材薛注 燕齊之閒養馬者謂之侲 方言三〇後漢文苑杜篤傳䗯徵侲注引方言云侲養馬人也 又廣韻引字林云侲養馬者
官婢女廝謂之侲 方言三〇注云女廝婦人給使者亦名侲
黔 黑也 玉篇

鸄鷔鳥玉篇

勤擭近切 肕或作柔也一切經音義十九引字林肕堅也管子地員而不肕注柔堅曰肕一切經音義十四引通俗文

眲耳也玉篇

鄮貿也玉篇

敒始近切 散也廣韻

閔生澀不滑皃玉篇又音集韻

疺屋斜玉篇篇韻

侟紫近切 存也太玄侟侟志數注

蘻艸也玉篇

韻史 卷六十第十三部去聲副編艮韻 五六六一

鷽

袸袸衿謂之袸爾雅釋器

𤦪至也廣韻重至也同上

㨡拂也集韻搢也同上

𣐺木積玉篇

閵門次也玉篇

恉想近切 怒也玉篇

撮口評

𢐈桑運切 𩩲也廣雅釋器

𤛡野豕小者曰𤛡集韻

韻史 卷六十第十三部去聲副編艮韻 五六六二

蔒去訓切 芝屬集韻

韻羽訓切 韵或作和也廣韻韻謂德音之和也文選盧子諒贈劉琨詩光闡遠韻注短韻小文也文選文賦或託言於短韻注

䳚鳥名似烏一名同力廣韻○集韻云交廣人謂䳚曰䳚一曰鵠鵲

𦢩膜也玉篇

爋許運切 火乾物也廣韻○案此字之尤俗者集韻兼之

賰叙運切 益也廣雅釋詁一

猷道大也玉篇

㴛佩訓切 溢水也玉篇

殯南運切 歹也廣雅釋詁三死也同上

韻史 卷六十第十三部去聲副編艮韻 五六六三

秎齊也廣雅釋詁四

蕡姓也玉篇

璺或作璺微裂也素問六元正紀大論爲璺啟注璺裂也廣雅釋詁二器破而未離謂之裂方言璺玉之坼也璺兆文似之周禮大卜注其象似玉瓦原之璺罅釋文引聶氏○釋文云璺本作璺璺按璺璺皆後出俗字義同而音異

莙新生艸也廣韻○

韻史 卷六十第十三部去聲副編艮韻 五六六四

韻史卷六十一上

泰興何萱石閭譔集　子虔校字

第十四部平聲

上海顧錫麒竹泉覆審

干韻上

武進李兆洛申耆鑑定

開口呼

干 改丹切

犯也說文段注犯侵也毛詩干旄干旌假爲竿字○左氏文四年傳其敢干大典以自取戾乎注又公羊宣十二年傳以干天禍注又國語鄭語代相干也注晉語則上下不干注趙孟使人以其乘車干行注非其官也而干之注楚語夫子不以其私欲干國之典法而欲蕩芟以干之注吳語君若無卑天子以干其不祥注又漢書地理志下集注陳湯傳集注楊僕傳集注嚴延年傳集注又後漢書和熹鄧皇后紀注朱浮傳注胡廣傳注又文選西京賦干雲而上達薛注竝云干犯也又史記管蔡世家乃背晉干宋索隱云干謂犯也又左氏襄廿三年傳干國之紀注云干亦紀也又周書武順危言不干德曰正注云不干謂不犯也干觸也楚辭謬諫恐忌而干諱注犯干求也爾雅釋言又詩旱麓

干祿豈弟傳假樂干祿百福箋又論語爲政子張學干祿集解引鄭注又皇疏又國語周語注晉語是養吾疾而干吾祿也注又漢書食貨志下集注終軍傳集注尹翁歸傳集注又後漢書劉趙淳于江劉周趙傳注又孟子公孫丑下則是干澤也注又管子小匡寡人欲脩政以干時于天下注又荀子議兵干賞蹈利之兵也注又莊子徐無鬼其欲干酒肉之味耶釋文引李注又淮南齊俗犯耶而干免注又離騷既干進而務入兮注天問干協時舞注惜誦欲儃佪以干傺兮注干離世蹇離尤而干詬注又文選思玄賦欲巧笑以干媚兮舊注干得也小爾雅廣言干干謂冒也後漢書皇甫嵩傳注干亂也淮南說林不得相干注干狂也太玄玄衝見不以禮曰干穀梁定四年傳挾弓持矢而干闔廬注○公羊定四年傳以干闔廬注云不待禮見曰干干猶空也禮記大傳干祫及其高祖注地下而黃曰干文選吳都賦長干延屬劉注○詩考槃考槃在澗釋文引韓詩云干嶢埆之處也干厓也詩伐檀寘之河之干兮傳○易漸鴻漸于干釋文引翟注云干涯也又疏云干水涯也干澗也詩斯干秩秩斯干傳又漢書劉向傳斯干之詩是也注萱按此謂干即澗之叚借也○易漸釋文引荀注王肅

注竝云干山閒澗水也小水從山流下稱干易漸虞注又釋文引陸注云水畔稱干又引鄭注云干水傍故停水處○史記春申君傳而不知干隊之敗索隱云干水邊也又管子小問昔者吳干戰注云干江邊地也干將劒也廣雅釋器○文選吳都賦佩干將劉注云干將劒名又楚辭離世秉干將以割肉注云干將利劍也干隊劒也廣雅釋器干飯飯而暴乾之也釋名釋飲食○萱按此段干爲乾干猶筍也漢書食貨志下集注○萱按此謂干爲竿之借干扞也萱按此謂干即捍之段借字捍扞同干盾也萱按此段干爲戰也干行而戰廢矣古又用干爲扞爲奸爲矸爲秆各詳正字下射干香艸楚辭愍命掘荃蕙與射干兮注射干巢於絕巖高木也一切經音義六引廣志野干似狐而小能緣木一切經音義十四引子虛賦司馬彪郭璞等注

迂

進也說文段注干求字當作迂干犯字當作奸

忏

極也說文段注極者屋之高處干者犯也忏者以下犯上之意忏善也忏好也竝廣雅釋詁一

肝

木藏也說文段注按禮經正齊謂之幹少牢古文幹爲肝此與古文騂爲辨皆但取同音假借而已○禮記月令疏引異義今文尙書歐陽說又呂覽孟秋祭先肝注又淮南時則注精神肝爲風注竝云肝木也萱按此定說也又禮記疏引異義古文尙書說云肝金也此不可據高誘於呂覽淮南兼用古今二說其見不定也肝者木之精也白虎通情性○古微書引春秋元命苞云肝木之精蒼龍之位也肝幹也廣雅釋親○釋名釋形體云肝幹也於五行屬木故其體狀有枝幹也凡物以木爲幹也肝之爲言干也白虎通情性肝者將軍之官謀慮出焉素問靈蘭秘典論○奇病論云夫肝者中之將也肝者罷極之本魂之居也其華在爪其充在筋素問六節藏象論肝仁白虎通情性肝主耳淮南精神肝爲風同上肝肝炙也儀禮士昏禮贊以肝從注牲饋食禮賓長以肝從注牲肝牢肝也儀禮有司徹賓羞肝注土赤曰鼠肝似鼠肝色也釋名釋地

奸

犯婬也說文段注此字謂犯姦婬之罪非即姦字也今人用奸爲姦失之引申爲凡有所犯之偁左傳多用此字

如二君有事臣奸旗鼓之類 奸犯也 左氏宣十二年傳事不奸矣注昭元年傳女皆奸之注昭二十年傳是再奸也注又小爾雅廣言又莊子天運以奸者七十二君釋文引三蒼又漢書五行志中之上集注下之上集注劉向傳集注董仲舒傳集注薛宣傳集注敘傳上集注○左氏襄十四年傳臣敢奸之注云奸猶犯也 奸蚴也 廣雅釋詁四 奸求也 漢書孔光傳集注黃霸傳集注○蓋按訓求與干同二字多通用矣左氏成十六年傳奸時以動釋文云奸本作干

玕

琕古文 琅玕也 禹貢雝州璆琳琅玕 說文段注古文蓋壁中尚書如此作干聲旱聲一也貫誼新書上有蔥珩下有雙璜捍珠以納其閒琚瑀以雜之捍必琕之誤○蓋按唐扶頌云道路琅玕段琅玕爲閒干也閑琅雙聲字 琅玕珠也 書禹貢厥貢惟球琳琅玕鄭注○晚出傳云琅玕石而似玉

竿

竹梃也 說文段注木部曰梃一枚也按梃之言挺也謂直也衛風曰籊籊竹竿引伸之木直者亦曰竿凡干旄干旟干旌皆竿之假借○文選道路憶山中詩注引字林云竿竹梃也又西京賦竿殳之所揘畢注云竿竹也 竿 箏

韻史 卷六十一上第十四部干聲干韻 五六六九

之初生也 管子禁藏毋擀竿注 竿箭幹也 文選鮑明遠樂府嚴秋筋竿勁注 竿謂之箷 爾雅釋器○禮記內則不敢縣於夫之楎椸注云竿謂之椸 竿牘謂竹簡爲書以相問遺 莊子列御寇不離苞苴竿牘釋文引司馬注 竿摩謂相逼近也今俗以事干人者謂之相干摩 後漢書董卓傳注

戰

盾也 說文段注盾下云敵也按敵字必淺人所改循全書之例必當云戰也二篆爲轉注淺人不識戰爲干戈字讀矦肝切乃改爲敵敵見毛詩非常語不常以敵釋盾干戈字本作戰干犯也戰盾也俗多用干代戰干行而戰廢矣方言盾自關而東或謂之敵或謂之干關西謂之盾孔安國論語注云干盾也戰本讀如干淺人以其旱聲乃讀與敵同而不知旱戰戰竿字古音皆讀同干也毛詩免罝采芑傳云干捍也謂干爲捍之段借干非不可去聲玉篇廣韻皆云戰盾古寒切廣韻廿八翰未書出戰字是依唐韻不誤者也不知大徐矦肝切用何竿唐韻耳○廣雅釋器云戰盾也又太平御覽三百五十七引埤蒼云戰楯也 干盾也 詩公劉干戈戚揚箋又儀禮既夕記干笮注又禮記檀弓上寢苫枕

韻史 卷六十一上第十四部干聲干韻 五六七〇

干注文王世子春夏學干戈注禮器朱干設錫注樂記及干戚羽旄謂之樂注又廣雅釋器又小爾雅廣器又國語周語載戢干戈注又山海經海外西經形天操干戚以舞注又漢書董仲舒傳注又後漢書崔寔傳注又太平爭爭干及矛軸注又淮南時則執干戚戈羽注○方言九云盾自關而東或謂之干又詩小戎傳伐中干也疏云干伐皆盾之別名也 干楯也 儀禮既夕甲胄干笮注又禮記樂記疏又左氏宣八年經疏又公羊昭廿五年傳朱干注又春秋元命苞帝嚳戴干注又通典引五經通義又論語季氏而謀動干戈於邦內集解引孔注又後漢書郎顗傳注儒林傳注又孟子梁惠王下干戈戚揚注又荀子解蔽其翼若干注又莊子讓王扢然執干而舞釋文又呂覽仲夏執干戚注明理有天干注論威豈必用枹鼓干戈戟注愼人執干而舞注又淮南氾論揚干戚注又文選上林賦舞干戚郭注○吳都賦干鹵殳鋋劉注云干鹵皆楯也又禮記儒行禮義以爲干櫓注云干櫓小楯大楯也又公羊宣八年傳萬者何干舞也注云干謂楯也能爲人扞難而不使害人故聖王貴之以爲武樂 朱干赤盾 禮記祭統朱干玉戚以舞大武注又明堂位注云朱干赤大盾也 總干持盾也 禮記樂記總干而山立注○周禮春官序官司干注云干舞者所持謂

韻史 卷六十一上第十四部干聲干韻 五六七一

盾也又山海經中山經熊山其祠干儛注云干儛持盾武儛也又首山其祠干儛注云干儛萬儛干楯也 干戈萬舞象舞也 禮記文王世子春夏學干戈注○周禮樂師有干舞司農注云干舞者兵舞又云兵事以干又後鄭注云山川以干又太玄玄錯云干在朝

乾

兩讀 乹 籀○或作漧 上出也 說文段注此乾字之本義也自有文字以後乃用爲卦名而孔子釋之曰健也健之義生於上出上出爲乾下注則爲溼故乾與溼相對俗別其音古無是也 乾燥也 國策齊策今韓梁之目未嘗乾注又呂覽愛類乾東土注別類溼之則乾注又淮南說山漆見蟹而不乾注又古今韻會引字林 乾睎也 呂覽禁塞單脣乾胏注 乾都老也 方言十 陽浮慕爲乾 史記酷吏傳始爲小吏乾沒正義 得利爲乾 漢書張湯傳集注引如淳 乾沒謂無潤及之如取他人也 史酷吏傳正義 乾沒隨勢沈浮也 史記酷吏傳集解引徐廣 乾沒射成敗也 史記酷吏傳集解引服虔 離爲乾卦 易說卦傳 離爲乾肉 易噬嗑噬乾胏陸注○注云乾肉堅也 乾肉

韻史 卷六十一上第十四部干聲干韻 五六七二

牲體之脯也儀禮士冠禮有乾肉折俎注○士虞禮記注云乾肉牲體之脯也如今涼州烏翅矣又周禮腊

人掌乾肉注云大物解肆乾之謂之乾肉若今涼州烏翅矣又禮記曲禮上乾肉不齒之決疏云乾肉膰屬也乾豆

謂腊之以爲祭祀豆實也禮記王制一爲乾豆注又漢書禮樂志乾豆上奏登歌注云乾豆脯

羞之屬○釋名釋飲食云分乾切豬肉以梧分乾其中而和之也鴝掇千日爲鳥其名爲乾

餘骨莊子至樂○淮南汜論乾鵲知來而不知往注云乾讀乾燥之乾乾昧亦山名也山海經東

山經檄蟲之山北臨乾昧注○北山經云是水冬乾而夏流實推乾河○易說卦爲乾卦釋文云董作斡又周禮蓬人注

於福室中糗幹之釋文云又作乾萱按二字同音通借也鄭注謂乾卦當爲斡漧猶燥也玉篇

口丹切

鄲地名說文

看斡或睎也說文段注錯曰宋玉所謂揚袂障日而望所思也此从手下目會意看視也廣雅釋詁

栞栞古篆槎識也夏書曰隨山栞木說文段注槎裹斫也槎識者衷斫以爲表識也斫之

以爲表識如孫臏斫大樹白而書之曰龐涓死此樹也是其

意也禹貢隨山栞木夏本紀作行山表木此古說也今尚書

盜稷禹貢皆作隨山刊木九山刊旅周禮曰刊陽木左傳曰

井堙木刊木非不言刊也然刀部曰刊剟也剟刊也刊者除

去之意與栞訓槎識不同蓋壁中古文作栞今文尚書作

栞則未知何時改爲刊也據正義已作刊則非衛包所改栞

識也廣雅釋詁二○萱按釋詁四云刊定也則稚讓不以栞刊爲一字也又蔡湛碑云栞銘樹石高彪碑云栞稱著

功魯峻碑云無物不栞皆用栞不用刊

刊

剟也說文段注柞氏夏日至令刊陽木而火之注刊謂次地皮也按凡有所削去謂之刊故剝石謂之刊石此與木

部栞音同義異刊削也左氏襄廿五年傳井堙木刊服注又左傳序則刊而正之釋文又廣雅釋詁三又後漢書

班彪傳上注朱穆傳注孔融傳注又文選西京賦刊層平堂薛注○禮記襍記上刊其栖與末注云刊猶削也刊除

也左氏褒廿五年傳注又後漢書援傳注馬融傳注刊劉治也儀禮士喪禮重木刊鑿之注刊定

也廣雅釋詁四

按丹切

安

竫也說文段注竫各本作靜今正立部曰竫者亭安也與此爲轉注青部靜者審也非其義方言曰安靜也以許書

律之段靜爲竫耳安亦用爲語辭安靜也廣雅釋詁四又一切經音義十五引蒼頡○易象上傳安貞之吉疏

云安謂安靜安定也爾雅釋詁安止也爾雅釋詁又國策秦策而安其兵注安處也左氏文十

一年傳自安于夫鍾注○服注云自安猶處也安徐也左氏襄七年傳吾子其少安注又漢書五行志中之上集

注蒯通傳集注○文帝紀集注雋不疑傳集注王莽傳上集注竝云安猶徐也又史記孝文紀謂天下何其安之索隱云

安者徐也安平也儀禮少牢饋食禮心皆安下切上注安猶善也國語晉語君父之所安也注安

習也呂覽樂成三世然後安之注安晏也晏晏然和喜無動懼也釋名釋言語

安樂也淮南汜論而百姓安之注坤爲安易繫辭上傳安而不忘危虞注君子安其身虞注共給

之之爲安莊子天地寬容和平曰安後漢書安帝紀注○周書謚法云和好不爭曰安安

猶內也荀子仲尼安忘其怒注安謂氣氣歸向之也論語爲政祭其所安皇疏安謂

不使漏溢荀子王制安水臧注安身嘿處也易繫辭下傳利用安身九家注安行不奔

馳也後漢書崔駰傳注安制謂安於國之制度不敢踰分荀子王霸百姓莫敢

不安制注安難不逃難也荀子富國其戰士安難注安語助猶言抑也荀子勸學安特

將學雜識志順詩書而巳耳注又榮辱饑則屈安窮矣注云安語助也○易象上傳安行也注云安辭也安何也

素問脈要精徹論此皆安生注瘧論夫病溫瘧與寒瘧而皆安舍注○示從容論又安足以明之注瘴論瘴之安生注竝

云安猶何也又易象下傳安行也疏云安語辭也猶言何也安焉也漢書吳王濞傳集注劉向傳集注張良傳

集注陸賈傳集注蒯通傳集注張釋之傳集注鄒陽傳集注董仲舒傳集注公孫弘傳集注嚴助傳集注霍光傳集注鮑

宣傳集注王尊傳集注史丹傳集注○趙幽王友傳集注杜周傳集注尹賞傳集注竝云安猶焉也

文選東京賦安處先生注○西京賦言於安處先生薛注云安處猶烏處言何處安車益卑坐乘今

吏所乘小車也釋名釋車○後漢書明帝紀注樊準傳注竝云安車坐乘之車又周禮中車安車注云安

韻史　卷六十一上第十四部平聲干韻

車坐乘車凡婦人車皆坐乘

安邑爲都也

水經涑水注○萱按安或作案作䆃作晏皆同安聲通借也亦借閼

侒

宴也

說文段注宀部曰宴安也侒與安音義同

鞌

馬鞍具也

說文段注此爲跨馬設也左傳趙旃以其良馬二濟其兄與叔父又左師展將以公乘馬而歸三代時非無跨馬者矣春秋經有鞌字

海丹切

鼾

臥息也

說文段注息鼻息也廣韻曰臥氣激聲許安切

帶餐切

丹

曰古文彤古文巴越之赤石也

說文段注巴郡南越皆出丹沙蜀都賦丹沙赩熾出其坂謂巴也吳都賦顏丹明璣謂越也丹者石之精故凡藥物之精者曰丹○漢書地理志上厲砥砮丹注云丹赤石也所謂丹沙者也

丹丹沙也

漢書司馬相如傳上其土則丹青赭堊注引張又荀子王制南海則有羽翮齒革曾青丹干焉注又文選吳都賦注○荀子正論加之以丹研注云丹研丹沙也又王制注云丹干丹沙也蓋一名丹干萱按戎

五六七七

韻史　卷六十一上第十四部平聲干韻

作丹砂者俗字書禹貢疏云丹者丹砂又按詩終南顏如渥丹韓詩作顏如渥沰沰赭也愚疑沰即沙之譌沙書作沚沚轉爲沰也

丹彤也

左氏莊廿三年經丹桓宮之楹服注又國語吳語皆赤常赤旗丹甲注

丹赤也

廣雅釋器○儀禮鄉射禮記凡畫者丹質注云丹淺於赤又考工記鍾氏染羽以朱湛丹秫司農注云丹秫赤粟又楚辭惜誦涉丹水而馳騁兮注云丹水猶赤水也又水經夷水注云天陰欲雨輒有赤氣故名曰丹水矣

丹朱赤色

禮記郊特牲纁黼丹朱中衣疏又書禹貢晚出傳云丹朱類○山海經大荒西經爰有白丹青丹注云丹者別是彩名亦猶黑白黃皆云丹也

岠齊州以南戴日爲丹穴

爾雅釋地○又云丹穴之人智

丹丘晝夜常明也

楚辭遠遊仍羽人於丹丘兮注

丹山此山純出丹朱也

山海經大荒北經有始州之國有丹山注○水經巨洋水注云峴城東北二十里有丹山世謂之凡山丹凡字相類

丹鳥鷩雉也

左氏昭十七年傳丹鳥氏注○爾雅釋鳥云鶆鷹竊丹

丹鳥也者謂丹良也

大戴記夏小正丹鳥蓋白鳥傳○禮記月令注羣鳥丹良疏云丹良是蟲又引皇疏云丹良是螢火

五六七八

韻史　卷六十一上第十四部平聲干韻

單

平聲同見又上解

大也

說文段注當爲大言也淺人刪言字如誣加言也淺人亦刪言字爾雅廣雅說大皆無單引仲爲雙之反對大雅其軍三單毛云三單相襲也鄭云丁夫適滿三單之數無羨卒也○文選甘泉賦單埢垣兮注云單大皃

單于者廣大之皃

史記匈奴傳匈奴單于集解引漢書音義○萱按此於本義甚近而俗皆改讀何歟

單周也

漢書揚雄傳上集注

單一也

漢書枚乘傳集注

單獨也

禮記閒傳麻葛重注○荀子正名單足以喻則單注云單物之單名也

單辭猶偏辭也

後漢明帝紀注○朱浮傳注云單辭謂無證據也

單外謂無守固

後漢書西羌傳注

單信也

書洛誥乃單文祖德馬注

單者堵也

越絕書吳地傳

太歲在卯曰單閼

爾雅釋天○淮南天文太陰在卯歲名曰單閼注云單讚明揚之明萱按此異說也爾雅孫本作蟬焉史記集解引徐廣云單閼一作亶安則音近段借字又莊子讓王單以反一日之無故而不可得也此段單爲殫也亦或段爲禪

單盡也單盡極也單者無羨卒也

萱按故詳殫下

五六七九

韻史　卷六十一上第十四部平聲干韻

殫

○俗有勳

極盡也

說文段注窮極而盡之也極錢本作殛誤古多段單字爲之郊特牲云社事單出里祭義歲既單矣大雅其軍三單箋云單者無羨卒也皆是也○爾雅釋木釋文引字林云殫極盡也斃也

殫盡也

一切經音義七引書緯乃殫文祖鄭注又廣雅釋詁一又漢書諸侯王表集注溝洫志集注引如淳蒯通傳集注司馬相如傳上集注引郭璞杜欽傳集注谷永傳集注楊雄傳上傳下集注又後漢書班彪傳上注又呂覽本味相爲殫智竭力注又淮南說山地中魚爲之殫注又楚辭憂苦猶未殫於丸章注又文選西京賦殫所未見薛注鳥獸殫薛注東京賦人力殫薛注不殫物以昭仁薛注好殫物以竊罷薛注穆穆之禮殫薛注○漢書杜欽傳殫天下之財注云殫匱皆盡也

殫病也

淮南覽冥殫盡大牢注

單盡也

爾雅釋天李注又書君奭不單稱德疏又詩天保俾爾單厚箋又禮記郊特牲疏大傳戚單於下疏又左氏襄廿七年傳單斃其死注又國語魯語竟能單均荆法注晉語若外單善注鄭語夏禹能單平水土注又史記春申君傳索隱又漢書地理志下集注枚乘傳集注楊王孫傳集注王嘉傳集注又後漢書光武紀下注袁張韓周傳注宦者傳注邊讓傳注南匈奴傳注又荀子宥坐若不可廢不能以單之注富國必至於資單國舉

五六八〇

韻史　卷六十一下第十四部平聲十韻

然後已注又莊子列禦寇單千金之家釋文又列子黃帝單憊於戲矣釋文文呂覽重己尾絕力動注禁塞自今單昏乾師注○漢書韓信傳糧食單竭注又後漢書南匈奴傳注殫云單亦盡也又禮記祭義歲既單矣注云歲單謂三月月盡之後也疏同單盡極也漢書王褒傳不單頃耳而聽已聰注又淮南說林一夕之單注又天文單閼之歲注云單盡閼止也陽氣推萬物而起陰氣盡止也○集韻云動力竭也蕢被動蓋殫之異體耳呂覽重己云尾屈力動

襌

衣不重說文段注此與重衣曰複為對○方言四云江淮南楚之閒謂之褋關之東西謂之襌衣又云陳魏宋楚之閒襜襦或謂之襌襦又云覆粹謂之襌衣偏襌謂之襌襦又云衿纏謂之襌又注云今或呼衫為襌襦又釋名釋衣服云襌襦如襦而無絮也襌有衣裳而無裏禮記玉藻襌為絅注○釋名釋衣服云無裏曰襌又云襌衣言無裏也襌補也廣雅釋詁一襌單也大戴記夏小正往耰黍襌傳○萱按仲秋下旬碑孫嗣襌焚段襌為單

簞

笥也漢律令簞小匡也傳曰簞食壺漿說文段注論語皇疏曰以竹為之如箱篋

五六八一

韻史　卷六十一下第十四部平聲十韻

之處左傳夫差以一簞珠問趙孟蓋亦簞之小者也匡俗作篚匸部曰匡飯器筥也按筥者箱也容五升漢律令之簞謂匡之小者也與經傳所云簞謂笥者異蓋匡簞皆可盛飯而匡筥無蓋簞笥有蓋如今之箱盒其制不同故小匡爲別一義○儀禮士冠禮櫛實于簞注又左氏宣二年傳而爲之簞食與肉注又論語雍也一簞食集解引孔注又鄭注又孟子滕文公下則一簞食注又漢書貨殖傳而顏淵簞食瓢飲注又後漢書樊英傳注竝云簞笥也又左氏哀廿年傳注云簞小笥又廣雅釋器云簞篚也簞竹器也圓曰簞後漢東平憲王蒼傳注○周禮籩人注又禮記曲禮上注又後漢張宗傳注竝云圓曰簞簞葦器也圓曰簞方曰笥公羊昭廿五年傳高子執簞食注○儀禮士喪禮注云簞葦笥簞笥盛飯食者禮記曲禮上凡以弓劍苞苴簞笥問人者注○國語吳語觴酒豆肉簞食注云簞飯器又文選思玄賦實蕭史於重笥兮注云簞笥竝盛食器圓曰簞方曰笥鐘陳楚宋魏之閒或謂之簞方言五簞如箱篋之屬竹筥之屬也論語雍也皇疏

匴

宗廟盛室器也周禮曰祭祀共匴主說文段注周禮司巫祭祀共匴主杜子春云匴

五六八二

韻史　卷六十一上第十四部平聲十韻

器名主木主也許云宗廟盛室器亦用杜說匴主謂主之匴鄭曰大祝取主陳之器則退也匴笥也廣雅釋器

鄲

邯鄲也說文鄲盡也後漢書光武紀上注○漢書地理志下趙國邯鄲注引張揖云鄲盡也城郭從邑故加邑云又水經濁漳水注云單盡也城郭從邑故加邑邯鄲之名蓋指此以立稱矣

代丹切

嘽

喘息也一曰喜也詩曰嘽嘽駱馬說文段注小雅傳曰嘽嘽喘息也馬勞則喘息樂記其樂心感者其聲嘽以緩注嘽寬緩皃引詩證前一義嘽嘽眾也詩采芑戎車嘽嘽傳又廣雅釋訓又漢書陳湯傳集注韋乎成傳集法嘽嘽然盛也詩常武王旅嘽嘽傳嘽嘽閒暇有餘力之皃詩常武箋嘽嘽喜樂也詩崧高徒御嘽嘽傳嘽寬也禮記樂記嘽諧慢易疏又史記樂書正義○禮記樂記釋文云嘽寬緩也萱按訓寬訓緩皆段嘽爲繹也繹讀上聲嘽咺迂緩之皃列子力命墨尿單至嘽咺慭慭四人注○方言一云護台脅閱慢也南楚江湘之閒謂之嘽咺驒驒喘息之皃漢書敘傳下集注○萱按此段驒爲嘽也驒驒盛也漢書敘傳下集注引鄭氏

五六八三

韻史　卷六十一上第十四部平聲十韻

灘

○俗有渾灘俗水濡而乾也詩曰灘其乾矣說文段注水濡而乾也灘字古義如此後人用爲沙灘此之謂古今字也沙灘字亦或作潭灘其乾矣王風文今毛詩作暵益非也一章曰灘其乾矣二章曰灘其脩矣脩且乾也三章灘其溼矣知灘兼濡與乾言之毛傳曰菸皃菸者一物而濡之乾之則菸邑無色也灘脩也淮南天文涒灘之歲注灘脩也呂覽序意歲在涒灘注灘單盡也爾雅釋天太歲在申曰涒灘注○萱按釋文云灘本作攤又漢孔廟禮器碑作涒歎皆段借字而攤後出

采丹切

餐

餐或○俗有餐湌吞也說文段注口部曰吞咽也鄭風曰使我不能餐兮魏風曰彼君子兮不素餐兮是則餐猶食也鄭風還予授子之粲兮釋言毛傳皆曰粲餐也謂粲爲餐之假借字也餐訓吞引伸之爲人食之又引伸之爲人所食故曰授餐湌與餐其義異其音異其形則飧或作殯餐或作餐鄭風釋言音義誤認餐爲飧字耳而集韻類篇竟謂湌餐一字○詩伐檀釋文引字林云餐吞食也又漢書高后紀列侯幸得賜餐錢奉邑注云飧所謂吞食物也食食也廣雅釋詁二○漢書高后紀引韋昭注云湌小食也又云就食曰飧晝飯爲餐方言一相謂而餐注

五六八四

餐乾也乾人口也釋名釋飲食餐美也文選褚淵碑文東野之祕寶注餐粲餐也禮記緇衣目錄○爾雅釋言注云今河北人呼食爲粲

燥丹切

珊

珊瑚通色赤生於海或生於山說文段注廣韻引生海中而色赤也上林賦曰珊瑚生水底石邊大者樹高三尺餘枝格交錯無有葉石部曰上摘山巖空青珊瑚陊之珊瑚有青色者或云赤爲珊瑚青爲琅玕珊珊聲也文選神女賦拂墀聲之珊珊注嫛珊匍匐上下也萱按借嫛珊爲蹣跚也珊亦作姍

海閑切

寒

凍也說文段注凍當作冷十一篇曰凍仌也冷寒也此可證矣釋名曰寒捍也捍格也左傳寒盟寒者尋之反尋即殺字寒是冷之極書洪範疏積涼爲寒素問至真要大論平以苹涼注寒者陰氣也素問瘧論○論衡寒溫云陰氣寒寒者冬氣也素問熱論今夫熱病者皆傷寒之類也注水爲寒禮記禮器饗帝於郊注○書洪範曰寒鄭注云寒水氣也又素問陰陽大論寒勝熱注云寒爲水氣又五常政大論風寒

韻史　卷六十一上第十四部平聲千韻

五六八五

並興注云寒水也又五常政大論云寒水合也寒滿也廣雅釋詁一寒溥也左氏閔二年傳雖知其寒注寒歇也左氏哀十二年傳亦可寒也注又服注乾爲寒易說卦傳又繫辭下傳寒往則暑來虞注○繫辭上傳一寒一暑虞注云寒乾也寒風坎氣所生一曰廣莫風呂覽有始注北方曰寒風呂覽有始又淮南墬形寒暑更也呂覽君守夏熱之下化而爲寒注寒暑陰陽也呂覽愼人爲寒暑風雨之序矣注太陽爲寒素問天元紀大論風暑燥溼風火注寒燠猶苦樂也文選東京賦齊急舒於寒燠薛注寒心謂戰慄也文選高唐賦寒心酸鼻注寒蟬謂寂默也後漢杜密傳注○方言十一云蟪謂之寒蜩寒蜩瘖蜩也北極之山曰寒門後漢書張衡傳注寒是國名左氏襄四年傳伯明后寒棄之疏寒將水鳥淮南說林寒將翔水注寒今肌肉也文選七啟寒芳苓之巢龜注又曹子建七啟寒鱉炙熊蹯○注又云寒與韓同注云寒與韓古字通也旨按此段寒爲韓也左傳寒浞漢表作韓浞呂覽觀表篇寒風淮南作韓風

韻史　卷六十一上第十四部平聲千韻

五六八六

韓

隸作韓井橋也說文段注橋各本作垣今依史記孝武李紀索隱正井橋見曲禮莊子說苑淮南子曲禮奉席如橋衡注曰橋上挈皐衡上低昂者莊子曰鑿木爲機後重前輕挈水若抽數如泆湯其名爲槹槔本文作橋淮南書今夫橋直植立而不動俛仰取制焉高曰橋桔槹上衡也說苑曰爲機重其後輕其前命曰橋終日溉韭百區不倦橋陸旨義音居廟反按其義當同橋舉也井韓見史漢孝武紀封釋書郊祀志枚乘傳莊子秋水篇其字多作井榦司馬彪云井榦井闕也崔誤云井以四邊爲榦猶築之有植榦晉灼曰井上四交之榦常爲汲者所契傷是諸家如字井榦爲井闌按井榦爲木架四圜中其圜橫圜木爲橋皆說册兩旁木有軸可轉中設鹿盧轆綆上下故言橋而榦見也諸書榦亦音寒榦井欄也莊子秋水跳梁于井榦之上釋文引司馬注文文選西都賦注引莊子司馬注云井幹井欄也井榦者井上木欄也漢書郊祀志下立神明臺井榦樓注又枚乘傳單極之統斷榦注云榦者交木井上以爲欄者也又引晉灼云榦者井上四交之榦井榦臺之通稱也文選同謝諮議銅雀臺詩注○萱按榦乃榦之俗體借榦爲韓而韓隱矣俗用榦而榦亦隱矣郊祀志榦或爲翰韓姬姓國也詩韓奕序釋文

韻史　卷六十一上第十四部平聲千韻

五六八七

韓盧天下之壯犬也後漢書馮衍傳注○釋名釋飲食云韓羊韓兔韓雞本法出韓國所爲也猶酒言宜城醪蒼梧清之屬也乾荒即韓流也山海經海內經昌意降居若水生韓流注○萱按古亦借寒爲韓文選七啟寒芳苓之巢龜名都篇寒鼈炙熊蹯是也

邗

國也今屬臨淮一曰邗本屬吳說文段注左傳哀九年吳城邗溝通江淮杜云於邗江築城穿溝東北通射陽湖西北至末口入淮通糧道也今廣陵邗江是按左傳吳城邗爲句溝通江淮爲句曰城邗則知邗地名許云國者許必有所據矣本是邗國其地漢屬臨淮郡不言何縣者有未當也此與鄧在穎川鄧屬南陽一例地理志曰廣陵國江都有渠水首受江北至射陽入湖水經注曰邗城下掘深溝謂之韓江亦曰邗溟溝自江東北通射陽湖地理志所謂渠水也西北至末口入淮江都縣前志屬廣陵郡許云今屬臨淮者許意邗國地當在前漢臨淮郡不在廣陵也錢氏大昕曰許前後兩說後說似即用左氏吳城邗溝通江淮之文

代閑切

壇

○俗有禮礦祭壇場也說文段注祭法注封土曰壇除地曰墠楚語屏攝之位壇場之所韋注屏攝爲祭祀

韻史　卷六十一上第十四部平聲千韻

五六八八

之位也除地曰場漢孝文帝紀其廣增諸祀壇場珪幣師古曰築土爲壇除地爲場按墠即場也爲場而後壇之壇之前又必除地爲場以爲祭神道故壇場必連言之宋本作祭場也無壇字非是若祭法壇與墠則異地場有不壇者壇則無不場也○淮南要略標舉終始之壇也注云壇場也**築土而高曰壇**漢書高帝紀上設壇場注又華嚴經音義上引漢書音義○書金縢爲三壇釋文又後漢書光武紀上注竝云壇謂築土又漢書文帝紀注韋玄成傳注竝云築土爲壇**封土曰壇**儀禮聘禮爲壝壇釋文又禮記祭法一壇一墠注又穀梁定十年傳兩君就壇釋文○左氏襄廿八年傳舍不爲壇注云除地封土爲壇又禮記祭法燔柴於泰折注云壇折封土爲祭處也壇之言坦也坦明皃也**積土爲壇**漢書郊祀志上能知四時犧牲壇場注○荀子儒效君子言有壇宇注云象土爲壇**土基三尺土階三等曰壇**公羊莊十三年傳莊公升壇注○管子五輔利壇宅注云壇堂基又書金縢爲三壇馬注云壇土堂又獨斷上云壇謂築土起堂又楚辭大招南房小壇注云壇猶堂也**壇祭也禱之故爲壇也**莊子山木爲壇乎郭門之外釋文引李注○廣雅釋天云壇祭先祖也又周禮山虞疏云壇神位之所也

檀

去祧爲壇禮記祭法又獨斷上又周禮春官序官疏引國語壇場之所孔注**壇是平地**詩東門之墠疏○楚辭謬諫畜鳧駕鵝雞鶩滿堂壇兮注云平壇廣坦爲壇**壇在野所以講列士衆誓告之處**國語楚語王乃之壇列注**楚人謂中庭爲壇**淮南說林鼠在壇注**爲三壇形如人築壇相絫也**山海經南山經成山四方而三壇注○大荒南經稽淵有水四方名曰俊壇注云俊壇水狀似土壇因名舜壇○漢書禮樂志集注云壇字或作禮又武梁碑云前設礓砠萱按禮礓蓋皆壇之俗體也集韻另出礓字殆誤

檀木也說文段注鄭風傳曰檀彊刃之木刃今新字樸臨似檀齊人謗曰上山所檀樸臨先彈○詩伐檀序釋文又文選南都賦注引蒼頡詁云檀木名也**檀陰木也**淮南時則其樹檀注**檀坦也摩之使坦然平也**釋名釋用器**檀車役車也**詩杕杜檀車幝幝傳○後漢書劉陶傳注云檀車兵車也**檀臺名也**大戴記保傅簡公以弒於檀注○萱按高旄碑質筍桓檀段檀爲壇也周懷功勳銘檀杙提口段檀爲撣

也

儃

兩見**儃何也**說文段注未聞或當作儃回九章曰欲儃佪以干傺又曰入溆浦余儃王逸曰儃佪猶低佪也洪興祖曰儃知然切

祭閒切

彈　彈　鸇

彄屬也說文**弓**或○平去兩讀注在彼○俗有弦弓平去兩讀○俗有難**難**或○今作難**難**古文**難**古文**難**古文**鸇鳥也**說文段注今爲難易字而本義隱矣**難憚也人所忌憚也**釋名釋言語○萱按平去兩讀皆有憚義易屯剛柔始交而難生釋文引賈國語注云難畏憚也**難艱難也**國語晉語甚哉善之難也注**難者戒懼之辭**莊子說劒瞋目而語難釋文中山策陰簡難之注云無所畏難萱按難乃難之破體字王君鄉道碑以詩桑柔國之戒疏詩桑扈不戢不難傳○顏

儺

氏家訓書證引詩傳云不儺儺也萱按難儺正借字**難謂執兵以有難郤也**周禮占夢遂令始難驅疫儺猶除也淮南時則天子乃儺注○又令國儺注云儺注之氣如今驅散宮室中區隅幽闇之處擊鼓大呼以逐不祥引譙周論語疫逐除是也又續漢禮儀志中注論語鄉黨鄉注云儺郤之也以葉矢射之**儺驅逐疫鬼**文選東京賦人儺集解引孔注○皇疏云儺者逐疫鬼又祥戲大儺薛注同又呂覽仲秋注注云儺逐疫除**也**不祥也**大儺所以扶陽抑陰也**續漢禮儀志中注引月令章句又引禮記月令盧注云大儺所以逐衰而迎新○呂覽季冬命有司大儺注云大儺逐盡陰氣爲陽導也今人臘歲前一日擊鼓驅疫謂之逐除是也**難然盛皃**詩隱難段詩施其葉也如旃難傳之○萱按撥此**行有節也詩曰佩玉之儺**說文段注作猗儺傳曰儺行有節度按竹竿曰佩玉之儺此字之本義**本義**其字本作難自假儺爲歐疫字而本義廢矣其曹風之猗儺則說文之旃施也不儺儺也儺也萱按已詳難下**猶除也**

闌 朗殘切

○俗有櫚門遮也說文段注謂門之遮蔽也俗謂欄檻爲闌引申爲酒闌字於進止之義演之也○廣雅釋詁二云闌遮也又漢書王莽傳中與牛馬同蘭注云蘭謂遮之萱按闌正字蘭借字闌閑也廣雅釋言闌言希也史記高祖紀酒闌集解引文頴闌猶盡也文選謝靈運永初三年詩述職期闌暑注闌猶晚也文選宋孝武宣貴妃誄白露凝兮歲將闌注半在半罷謂之闌文選琴賦於是曲引向闌注○史記高祖紀集解云飲酒者半罷半在謂之闌欄牢也廣雅釋室○萱按此段欄爲闌也欄乃棟之本字蘭即所謂蘭錡兵架也管子小匡輕罪入蘭盾鞈革二戟注闌干猶縱橫也文選吳都賦珠琲闌干劉注○後漢書南蠻西南夷傳注云蘭干獠言紵闌妄也無符傳出入爲闌萱按皆闌之段借字也注在彼

讕

讕或抵讕也說文段注抵各本作詆誤文三王傳王陽病抵讕置辭師古曰抵距也讕誣諱也文帝紀韋注曰謾抵讕也按抵讕猶今俗語云抵賴也滿讕謂欺罔也漢書谷永傳滿讕誣天注○藝文志讕言

韻史　卷六十一上第十四部平聲干韻　五六九三

十篇注云讕音欒讕萱按讕字平上去三聲皆可讀其義則一

欄

平去兩讀注在彼○俗有棟

籣

○俗有欄籲所㠯盛弩矢人所負也說文段注信陵君列傳曰平原君負欄矢欄即籣字字林作籲玉篇作欄索隱曰如今之胡鹿而短胡鹿廣韻作弧籙籣室也按西京吳都魏都賦皆云籣錡劉逵曰受他兵曰籣受弩曰錡籣字皆當从竹○史記信陵君傳集解引字林云欄盛弩矢又漢書韓延壽傳抱弩負籣注云籣盛弩矢者也又引如淳云籣盛弩籣籙也

蘭

香艸也說文段注易曰其臭如蘭左傳曰蘭有國香說者謂似澤蘭也○易毄辭上傳虞注又文選東京賦注引易鄭注又左氏宣三年傳夢天使與蘭注又賈注又穀梁昭八年傳艾蘭以爲防注又離騷紉秋蘭以爲佩注並云蘭香艸也蘭是艸之貴者穀梁昭八年傳○詩澤陂傳蘭蘭也疏云蘭是芬香之艸又素問奇病論治之以蘭注云蘭謂蘭艸也蘭即今澤蘭也漢書司馬相如傳上衡蘭芷若注又後漢馮衍傳注又文選江賦櫻

韻史　卷六十一上第十四部平聲干韻　五六九四

以蘭紅注蘭秋蘭史記司馬相如傳索隱引張揖○文選東京賦秋蘭被涯薛注云秋蘭香艸生水邊秋時盛也蘭槐香艸荀子勸學蘭槐之根是爲芷注○又云蘭槐當是蘭芷別名䒷爲蘭易毄辭上傳虞注蓄蘭爲沐浴也大戴記夏小正蓄蘭傳蘭有芳若蘭也後漢書邊讓傳注蘭膏以蘭香煉膏也楚辭招魂蘭膏明燭注蘭木蘭也文選景福殿賦於是蘭栢積重注又蜀都賦其樹則有木蘭桉桂劉注云木蘭大樹也蘭者橫節史記扁鵲倉公傳夫以陽入陰支蘭藏者正義引素問○萱按古借蘭爲闌爲闞爲瀾

瀾

漣或大波爲瀾說文段注魏風河水清且漣猗釋水引作瀾云大波爲瀾毛傳云風行水成文曰漣按傳下文云淪小風水成文則瀾爲大可知與爾雅無二義也凡瀾湯當作此瀾字古闌連同音故瀾漣同字後人乃別爲異字異義異音○爾雅釋水云大波爲瀾又文選文賦或龍見而鳥瀾注云大波曰瀾又四子講德論天下安瀾注云瀾水波又孟子盡心上必觀其瀾注云瀾水中大波也風行水波成文曰瀾瀾漣也波

韻史　卷六十一上第十四部平聲干韻　五六九五

體轉流相及連也釋名釋水○廣成碑云泣沸沈蘭周景功勳銘云威怒定兮混瀾瀾萱按蘭瀾皆瀾之段借字風行水成文曰漣漪文選吳都賦濯明月於漣漪劉注漣漣流兒也楚辭憂苦泣下漣漣注○太兮減劉漣漣注云漣漣沂重之兒漣漣泣兒詩泯泣沸漣漣釋文又漢書韋賢傳集注云漣漣泣下兒瀾汗長兒文選海賦洪濤瀾汗注瀾漫分散也文選洞簫賦注○萱按瀾者爛之借

灡

平去兩讀米瀾也潘也說文段注此字以從蘭與大波之瀾別而古書通用周禮槀人注雖其潘瀾戔餘不可褻內則注潘

䦨

妄入宮亦也說文段注亦舊作掖師古注漢曰掖門在兩旁如人臂掖依許衣例當作亦也漢書以闌爲闌字之段借成帝紀闌入尚方掖門應劭曰無符籍妄入宮曰闌又或作蘭列子宋有蘭子張湛注曰凡物不知生之主曰蘭殷敬順曰史記無符傳出入謂之闌此蘭子謂以技妄遊無符傳出入爲闌漢書汲黯傳闌出財

韻史　卷六十一上第十四部平聲干韻　五六九六

物如邊闕爭注引臣瓚○列子說符釋文云凡人物不知生出者謂之蘭也**闌妄也**漢書汲黯傳集注引應劭**縱失曰蘭**一切經音義廿二引通俗文

戔 采閑切

賊也周書曰戔戔句**巧言也**說文段注此與殘音義皆同故殘用以會意今則殘行而戔廢矣篇韻皆云傷也殘與歺通故周禮注曰雖其滔濫戔餘不可槩也周易束帛戔戔子夏傳作殘殘皆歺餘之意也周書戔戔秦誓文也今書截截善諞言言部引之古文尚書也此倆戔戔截截之異文今文尚書也春秋公羊傳曰惟諓諓善竫言俾君子易怠劉向九歎曰讒人諓諓孰可愬兮王逸注引書諓諓靖言漢書李尋傳曰昔秦穆公說諓諓之言任仡仡之勇諓即戔許作戔爲本字他家作諓加之言旁也按公羊音義引賈逵外傳注曰諓諓巧言也許正用侍中說釋戔與上賊義少別或本倆戔戔竫言又曰戔戔巧言也轉寫有奪文未可定耳**戔傷也**廣雅釋詁四**戔戔顯見皃**易賁束帛戔戔釋文**戔戔委積之皃也**文選東京賦旅東帛之戔戔薛注演連珠注引易王肅注○易賁釋文引馬注云戔戔委積皃又引黃注云戔戔猥積皃又賁六五之吉虞注云束帛戔戔委積之皃

戔戔禮之多也易賁釋文引薛注○萱按王君廟門斷碑云束帛有殘段殘爲戔也又考工記鮑人注或者讀爲羊豬戔之戔釋文云周禮注殘餘字作戔或書作虥

虦

虎竊毛謂之虦苗說文段注苗今之貓字許書以苗爲貓也釋獸曰虎竊毛謂之虦貓按毛苗古同音苗亦曰毛如不毛之地是竊虥淺亦同音也具言之曰虦苗急言之則但曰苗詩言有貓有虎記言迎貓迎虎是也

殘

賊也說文段注戈部曰賊敗也歺部殘穿也今俗用爲歺餘字按許意殘訓賊歺訓餘今則殘專行而歺廢矣周禮槖人注假戔爲歺○列子說符遂共盜而殘之注云殘賊殺之又荀子致仕殘賊加累之譖注云殘賊謂殘害人**賊義者謂之殘**孟子梁惠王下○詩民勞國無有殘傳云賊義曰殘又漢書臣瓚注引孟子篤注云害義謂之殘又說苑指武云攻義者爲殘**殘毀也**文選歎逝賦夫何往而不殘注○史記樊酈滕灌傳凡二十七縣殘集解引張晏云殘有所毀也**殘壞也**國策齊策則汝殘矣注**殘傷也**華嚴經音義下引蒼頡○漢書食貨

志上是天下之大殘也注云殘謂傷害也**殘蠹也**淮南本經殘高增下注**殘瘥也**漢書杜欽傳集注引服虔**殘猶惡也**方言十南楚凡人殘罵謂之鉗注**殘害也**國策秦策張儀之殘樗里疾也注又呂覽權勳大利之殘也注○素問寶命全形論百姓聞之以爲殘賊注云殘謂殘害**殘殺也**周禮大司馬放弒其君則殘之注○文選東京賦殘夔魖與罔像薛注云殘猶殺也又漢書高帝紀下馬邑不下攻殘之注云殘謂多殺戮也又史記樊酈滕灌傳集解引瓚曰殘謂多所殺傷也**殘滅也**國策秦策昔智伯瑤殘范中行注○衛策魏文侯欲殘中山注云殘滅之也**沒身爲殘**文選曹子建三良詩注引國語賈注**殘切也**華嚴經音義下引蒼頡**晉魏河內之北謂惏曰殘**方言一**五殘五刑殘殺之氣也**山海經西山經是司天之厲及五殘注**殘白益煮肉之異名也**文選七命髦殘象白注**殘餘也**萱按具歺下

歺

或作殘○作歺者譌**禽獸所食餘也**說文段注引伸爲凡物之餘凡殘餘字當作歺**歺拚也**

廣雅釋詁二**歺餘也**廣雅釋詁三**殘餘也**呂覽權勳達又帥其殘卒

𣦼

𣦼穿也說文段注殘穿者殘敗而穿也睿字下曰殘也亦謂殘

合口評

官 古彎切

○俗有官**吏事君也**說文○荀子彊國官人益秩注云官人羣吏也**官猶事也**禮記樂記樂之官也注天地官矣注**官猶仕也**禮記雜記下官於大夫者之爲之服也注**官猶職也**國語晉語國晉官也注○禮記學記大德不官疏云官謂分職在位又家語禮運其官於天也注云官職分也**官猶任也**荀子天論夫是之謂天官注○解蔽經緯天地而材官萬物注云官謂各當其任無差錯也又天論官人守天而自爲守道也注云官人任人**官者管也**禮記王制疏○儀禮士冠禮疏云官者管領爲名又周禮天官目錄疏云官者亦是管攝爲號**官言各有所司主也**荀子正名緣天官注又解蔽執亂其官

官也注云官司主也○管子宙合不官於物而旁通於道注云官主也官猶公也史記孝文紀五帝官天下索隱官猶法也禮記禮運其官於天也注官之爲言宣也古微書引春秋元命苞官小政也呂覽務本官可也注治官正也呂覽本生此官之所自立也注官君也廣雅釋詁一艮爲官易繫辭下傳百官以治虞注六官六卿也文選皇太子釋奠會詩六官視命注○呂覽孟秋無以封侯立大官注云大官謂上公九命之官居官謂士以下儀禮士相見禮與居官者言注○禮記學記凡學官先事注云官居官者也又祭法官師一廟注云官師中士下士又周禮宰夫掌小官之戒令注云小官士也官人列位之人荀子王霸則是官人使吏之事也注○呂覽愛士廣門之官也注云官小臣也又後漢書班彪傳下注云百官小吏曰天官又周里掌詞則戒官修委積注云官謂牛人羊人舍人委人之屬又管子戒進二子於里官注云里官謂里尉也官官府也周禮士師二曰官禁注○漢書賈誼傳集注云官謂官舍官謂朝廷治事處也禮記玉藻在官不俟屨注○曲禮下在官言官注云官謂版圖文書之處又王制百里之內以供官

注云官謂其文書財用也官田庶人在官者其家所受田也周禮載師以官田牛田賞田牧田任遠郊之地注云官田者公家之所耕田官施謂建百官施布職事荀子王霸論德使能而官施之者注官精神所在也謂人有五官五府孟子告子上耳目之官注○易隨官有渝疏云人心執掌與官同稱故人心所主謂之官又呂覽貴生注云四官耳目鼻口也又荀子正名注云天官耳目鼻口心體也又荀子天論云耳目鼻口形能各有而不相能也夫是之謂天官專所司察而後動謂之官知莊子養生主官知止而神欲行釋文引向注○又引崔注云官知謂有所掌在也正義辨方曰知官大戴記小辨○萱按易隨官有渝蜀才本官作館段借字也又戚伯著碑謂官官沛土官乃官之諺俗字

涫

𤃂也酒泉有樂涫縣說文段注春秋繁露蟠以涫湯韓詩外傳作沸湯然則涫涫一也周禮注曰今熱俗名湯熱爲觀即涫今江蘇俗語涫水曰滚水滚水即涫語之轉也酒泉樂涫縣二志同故城在今甘肅肅州高臺縣

西北鎮夷城西南○史記龜策傳陽如涫湯索隱云涫沸也涫涫沸皃荀子解蔽涫涫紛紛孰知其形注○列子黃帝進涫漱巾櫛釋文云涫莊子作盥萱按此兩通

棺

關也所以掩屍說文○釋名釋喪制云棺關也關閉也又一切經音義十三引古文云考陽作木棺有虞用瓦棺棺完也關之也棺完也廣雅釋詁四○白虎通崩薨云棺之爲言完所以藏屍令完全也又云所以有棺槨何所以掩藏形惡也不欲令孝子見其毀壞也周尸爲棺孝經爲之棺槨衣衾而舉之注又鄭注○萱按周尸當作周屍棺者椑也公羊昭二十年傳注持棺槃從疏

觀

[illegible]古文諦視也說文段注案諦之視也穀梁傳曰常事曰視非常曰觀凡以我諦視物曰觀使人得以諦視我亦曰觀猶之以我見人使人見我皆曰視一義之轉移本無二音也而學者強爲分別乃使周易一卦而平去錯出支離殆不可讀不亦固哉小雅采綠傳曰觀多也此亦引伸之義物多而後可觀故曰觀多也猶灌木之爲藂木也○列子仲尼務外游者不如務內觀釋文云觀諦斷也觀視也禮記少儀觀君子之衣服服劍乘馬弗賈疏又穀梁桓六

年傳觀婦人也釋文又廣雅釋詁一又呂慎小卑則不能以小觀上注又文選東京賦觀者狹而謂之觀薛注述祖德詩貞觀丘壑美注○漢書匡衡傳又觀以禮樂注云觀亦視也又禮記禮器觀天下之物疏云觀猶覽視也觀見也漢書敘傳上集注引應劭○詩棫樸箋猶觀視也疏云觀者見物看之據彼生稠觀睹也文選西京賦嗤內顏之所觀薛注觀廣瞻也論語爲政觀其所由皇疏觀占也漢書天文志集注引晉灼觀翰也望之延頸翰翰也釋名釋姿容常事曰視非常曰觀淮南原道而五色之變不可勝觀也注○脩務以觀禍福注云非常曰觀又穀梁莊廿三年傳云非常曰觀觀無事之辭也觀示也爾雅釋言又易觀釋文又考工記㮚氏以觀四國釋文又左氏襄十一年傳圍鄭觀兵於南門注昭五年傳焚子遂觀兵於坻箕之山注又國語周語先王耀德不觀兵注吳語寡君未敢觀兵身見注又漢書宣帝紀集注敘傳下周移觀兵集注引張晏又後漢書皇后紀注班彪傳下注蓋熟傳注又莊子大宗師以觀衆人之耳目釋文又呂覽博志此其所以觀後世已注○漢書張釋之傳集注云觀猶示也又後漢書班彪傳上注云觀指示也觀遊也呂覽季春紀婦女無觀注

觀多也爾雅釋詁文詩文王有聲遹觀厥成箋臣工奄觀銍艾箋有瞽永觀厥成釋文觀謂形也漢書揚雄傳上雜雝而成觀注觀猶顯也漢書嚴安傳集注引孟康觀觀也於上觀望也釋名釋宮室觀謂之闕爾雅釋宮○禮記禮運出遊於觀之上注又漢書司馬相如傳上觀魏門闕也又家語禮運注云觀宮門外闕又始誅注云兩觀闕名又爾雅孫注云宮門雙闕舊章懸焉使民觀之因謂之觀又漢書禮樂志設兩觀注引應劭云觀闕門邊兩觀也又公羊廿五年傳設兩觀注云天子外闕兩觀諸矦內闕一觀觀猶樓也楚辭大招觀絕霤只注觀臺榭左氏哀元年傳宮室不觀注榮觀謂宮闕老子雖有榮觀燕處超然注○文選月賦連觀霜縞注云觀宮觀也地上之木爲觀漢書五行志上又南齊書五行志引洪範五行傳積尸封土其上謂之京觀左氏宣十二年傳而收晉尸以爲京觀注○莊子天運名譽之觀釋文云觀司馬本作讙豈按此同聲段借也古又段觀爲勸觀反臨也易象上傳觀盥而不薦虞注平去兩讀○俗有歧

冠

桼也所吕桼髮弁冕之總名也說文段注冠桼也覺顏爲剝桼者纏

臂繩之名所吕約束袌者也冠以約束髮故曰桼髮引伸爲凡覆蓋之偁析言之冕弁冠三者異制渾言之則冕弁亦冠也○左氏桓二年傳注縱冠上覆疏云冠冕通名冠者惓也所以惓持其髮也白虎通紼冕冠貫也所以貫韜髮也釋名釋首飾冠爲首飾論衡總目○文選蜀都賦注引蔡邕月令章句云冠首飾也禮以冠名服禮記襍記上素端一注○左氏桓二年傳注冕冠也疏襄廿五年傳注猶應自有冠疏引劉炫竝云冠者首服之大名又昭元年傳注弁冕冠也疏云冠者首服之總名冠者所以別成人也說苑修文○禮記問喪云冠至尊也冠弁冠也禮記襍記士弁而祭於公冠而祭於已注○文王世子則世子親齊玄而養注云玄冠玄端也玄冠委皃也儀禮士冠禮主人玄冠注又禮記玉藻玄冠朱組纓注○周禮司服凡甸冠弁服注云冠弁委皃其服緇布衣亦積素以爲裳又孟子萬章下以皮冠注云皮冠弁也冠緇布冠也儀禮士冠禮注○又云緇布冠今小吏冠其遺象也白布冠今之喪冠是也儀禮士冠禮記大古冠布注冠帶猶縉紳謂吏人也文選西京賦冠帶交錯薛

注

莞

艸也可以作席說文段注小雅下莞上簟箋云莞小蒲之席也司几筵蒲筵加莞席正義以莞加蒲麤者在下美者在上也列子老韭之爲莞殷敬順曰莞音官似蒲而圓今之爲席者是也楊承慶字統音關玉裁謂莞之言管也凡莖中空者曰管莞蓋即今席子艸細莖圓而中空鄭謂之小蒲實非蒲也廣雅謂之蒠蒲○詩斯干釋文云莞艸叢生水中莖圓江南以爲席莞苻蘺爾雅釋艸又楚辭愍命莞芎棄於澤洲兮注○漢書東方朔傳莞蒲爲席注云莞夫離也今謂之蒠蒲萱按夫離正字作蒚爾雅作莞者借也而小顏似爲一字莞蔥蒲或曰莞蒲齊名耳關西云莞穆天子傳二昊有藿葦莞蒲注○爾雅釋艸注云今西方人呼蒲爲莞蒲莞藺也廣雅釋艸平去兩讀

毌

穿物持之也說文段注古貫穿用此字今貫行而毌廢矣毌之用廣如關下云以物橫毌鼎耳而舉之也軸下云所以持輪也皆是貫之用專後有串字有弗字皆毌之變也毌不見於經傳惟田完世家宣公取毌丘索

隱曰毌音貫

絆

織吕絲毌杼也說文段注織字下各本衍絹字玉篇又誤絹今刪以絲各本誤作从糸毌作貫今正杼者機之持緯者毌穿物持之也以絲貫於杼中而後織是之謂緯杼之往來如關機合閒也○俗有閃懷

關

吕木橫持門戶也說文段注通俗文作擴引申之周禮注曰關界上之門又引申之凡曰關閉曰機關曰關白曰關藏皆是凡立乎此而交彼曰關毛詩傳曰關關和聲也又曰閒關設舝皃皆於音得義者也○廣韻引通俗文云懷關門機萱按以關釋欀不謂同字也然實非有異關內注又淮南覽冥城郭不關注○廣韻引聲類云關所以閉也關閑也方言十二又呂覽當務夫妄意關者隔也史記梁孝王世家有所關說於景帝索隱關塞也廣韻釋詁三○水經河水注云河關縣蓋取河之關塞也關要塞也呂覽仲夏關市無索注又淮南時則注關驛也廣雅釋詁四關通也儀禮喪服傳注關已許嫁疏又禮記曾子問注關中言之疏又史記佞幸傳公卿皆因關說索隱又後漢書張步傳注關貫也漢書王嘉傳集注關穿

也禮記襍記下見輪人以其杖關轂而輮輪者疏關猶入也書大傳雖禽獸之聲猶悉關於律注之關衡

也國語周語關石龢鈞注關交也太乎升降乎相測關都注序關涉也後漢書張衡傳注宦者傳注以升至關

注關由也漢書董仲舒傳集注霍光傳集注執禁以譏坤闔爲閉關易象上傳虞注以至日閉關

竟上門禮記王制關執禁以譏注關竟上門周禮司關注界上之門不征異服識異言周禮地官司關注

又藝文類聚引蔡邕月令章句云關者所以察出入也管子問

句關諸侯在境之所以察出財入之關門戶之征也人關下地名也

湘之關者通行也國語周語注云關門之關征萬人關下地名也水經注

云關四關注云六關之也又周禮巾車注及文選光武紀注

贊云關注云四關長安也又周禮巾車注論賢嘯啟關

門也關重○家語顏回置六關注云六關熱穴論墓

關者所以司出入也素問水熱穴論注關閘上爲關

空論骨空論注關關音聲和也

骨楗後爲關素問骨空論注骨後漢書

論後漢書馬融傳注關斧斧名也

云關關謂關弓雄傳注上林賦注○漢書揚雄傳呂覽壅塞注二十一年注左

和聲也

云關引弓○蚩被此段關爲彎也又關龍逢潛夫論志氏姓作豢龍

卵 卝 古文○又上聲二讀詳在彼卵謂魚子○禮記內則濡魚卵醬實蓼疏匡謬正俗三云卵者魚卵

寬 關 屋寬大也說文段注引伸之義也古文假完爲之廣韻曰裕也綏也寬綽也綏也寬性爾雅釋言國語

之裕者疏引爾雅釋言孫炎注寬猶遠也國語周語寬於其死以之恭周宇綏也假完也寬給寬綏也吳語

將必寬然有伯心之寬注寬猶寬宏也荀子儀禮喪服傳疏寬好自用以慎

諸侯皋陶謨寬而栗鄭注云寬謂度量寬宏能容衆謂詩淇

又書禮記樂記寬而靜疏寬云寬謂度量寬大寬云寬與寬

又樂記寬而靜

兮兮練傳優賢不遠謂之寬道術行不崖異之謂寬莊子天地震爲寬

仁易文言傳寬以居之虞注寬猶愛也禮記表記以德報怨則寬身之仁也注寬完然自得

兒後漢書袁術傳注

髖 ○俗有髖髀上也說文段注髀上爲尻之兩旁故其字次於髀髖者其骨最寬大也諸書所謂髂骨髖髂皆同也

埤蒼作𩪜字林作骱皆云胷骨謂上屬於胷也釋名云樞機也要髀股動如樞機也正謂此髖與髀相接處釋骨曰𩪜之

上使脊十七節至二十節起骨曰腰髁骨相接處釋骨曰兩𩪜按𩪜當作

楗骨空論云輔骨上橫骨下爲楗注膝輔骨之上腰髁骨下爲

髖相橫處也○髖橫之言廣也楗即髀注膝髁之直者上機即髀骨上也

髖髀也廣雅釋親漢書賈誼傳至于髖髀之所釋名云髖與也

髖緩也其膝皮厚而緩也形體釋名 髖尻也廣雅釋親

又一切經音義二引埤蒼

關 彎 持弓關矢也說文段注凡兩相交曰關如以木橫持門戶也孟子曰越人關弓而射之注弓背外是兩端相交也文選西京賦彎矢皆謂引弓將滿是之謂彎弓之謂張而鑄出弓則關彎挽弓也

弓射乎注引 彎引也廣雅釋詁一又段注貫爲關關 又小爾雅廣詁又淮南原道

羌薛乎西 彎 漢書馬衡之箭又文選思賦弧之道

拔剌兮注 彎牽也上漢書司馬相如傳注又左氏傳年弧

舊注 關引弓 集注引文穎注○昭廿一年注釋

文云關謂關弓二字義本通也呂覽壅塞中關而止注○豹當則關矢注

本作彎 孟子越人關弓按此段關而射之爲文彎

選吳都賦注作越人彎弓而射我

關 讙 讙也說文又史記陳丞相世家諸將盡讙索隱又漢書司馬相如傳上集注又後漢劉盆子傳爭言讙呼注

讙喧也荀子儒效通乎四海則天下應之如讙注讙喧讙也荀子彊國百姓讙敖注讙謂讙

囂也禮記樂記疏漢書陳平傳注云讙而議衆應霍光傳又聞民間衆言注云衆聲也又何竝傳也又讙譁

注外歲傳下以息也讙言讙注讙語詾詾也引三蒼音義讙讓也

注竝云讙讙衆讙七讙鳴也廣雅釋詁二九切經讙聲之聲讙也

廣雅釋詁二讙北燕曰方言讙 海經 悅也書無逸鄭注又樂記禮記此記

云讙讙也二○讙山海經 讙 喜也檀弓下注萱按禮記

頭國或曰讙朱國外南 讙 荀子非十二子注○即

段讙爲讙也作之字古嚾嚾喧蹈之兒按此段嚾爲讙也嚾○萱

亦段四若鹽作之

嚨字

歡 喜樂也說文段注孟子借驩爲歡 歡喜也歡樂也廣雅釋詁一 歡謂飲食 曲禮 禮記

上君子不盡人之歡注讙喜悅也書無逸言乃讙鄭注又禮記檀引下注○萱按此段讙爲歡鵙然

懽

和順兒管子侈靡鵙然若謞之靜注○萱按此段鵙爲驩即段鵙爲歡也若荀子大略夫婦不得不驩則正借驩字又孟子盡心上驩虞如也音義引丁音云驩虞義當作歡娛古字通用耳平去兩讀注在彼

酄

魯下邑春秋傳曰齊人來歸鄆說文段注春秋經定十年齊人來歸鄆讙龜陰之田鄆公羊作運讙三經三傳皆同許作鄆容許所據與也應劭注前志引春秋哀八年取鄆及闡字亦作鄆賈服云鄆讙二邑名左傳桓三年杜注曰讙魯地濟北蛇丘縣西有下讙亭

驩

馬名說文段注古叚爲歡字驩兜臣名書堯典驩兜曰晚出傳○萱按驩兜古文尚書作鴅兜鄭季宣殘碑亦云虞放鴅口或書作鵲

鸛

鸛專端選切○蟲專韻徒畐蹂句如雝短尾射之銜矢射人說文段注

見釋鳥釋鳥作鸛鷒鶝鶔廣韻作鸛鶨按畐蹂蓋其一名郭云又名驥羿釋文駿古以爲懶情字言此鳥捷勁雖羿之善射亦懶情不敢射也鄭注周禮設其鵠云謂之鵠者取名於鳱鵠鳱鵠小鳥而難中按當是此鳥雖鳱音近鵠呼翰鵠此鳥狀如鸛故亦謂之鴞鵠○萱按此萑雀字俗多作鸛鵝雀義行而本義隱矣然彼祇是段借字

耑

睹關切

物初生之題也上象生形下象根也說文段注題者額也人體額爲冣上物之初見卽其頌也古發端字作此今則端行而耑廢乃多用耑爲專矣周禮磬氏已下則摩其耑耑之本義也左傳履端於始假端爲耑以才乇韭字側之一地也山象初生一下則象其根也耑末也廣雅釋詁一端謂本也禮記禮器二者居天下之大端矣注又左氏昭六年傳民知爭端矣注端始也家語禮運注○公羊莊十三年傳注時曹子端斂疏云端猶始也又禮記禮運五行之端也疏引王氏云端始用五行者也端首也荀子富國至于疆場而端已見矣注非相小辨不如見端注又素問六節藏象論立於始注○孟子公孫丑上仁之端也注云端者首也又禮記禮運疏云端猶首也端頭也禮記檀弓上柏榑以端疏喪大記注五寸謂端方也疏也○儀禮鄉射禮

主人坐奠爵于序端注云序端東序頭也端緒也文選陸士衡樂府君子行禍集非無端注○方言十云繼末紀緒也南楚或曰端端謂頭緒也詩載驅序蓍故猶端也疏又禮記禮運心之大端也疏中庸執其兩端疏端體之無序而冣前者也墨子經上端業也廣雅釋詁四端內題也考工記輪人鑿端一枚注端厓也淮南主術運轉而無端注端際也後漢趙咨傳注○萱按史記天官書隋北端兌索隱云漢書天文志端作耑兌作鋭又漢書藝文志集注云耑古端字

端

直也說文段注用爲發耑耑緒字者段借也○禮記玉藻端行頤霤如矢注直也又漢書河閒獻王德傳集注又後漢書孔融傳注又淮南主術其民樸直端愨注益云端直也端直也麗也素問五常政大論其氣端注○漢書賈誼傳集注云端正也直也又太矣矣告曲而端注云端正直也端正也禮記曲禮下振書端書於君前有誅注又大戴記保傅有司參夙興端冕注武王踐阼王齊三日端冕注又廣雅釋詁一又國語晉語知程鄭端而不淫注直能端辨之注又漢書外戚傳下集注又後漢書張衡傳注又呂覽盡數和精端容注又淮南昨則端權槃注○禮記月令

決獄訟必端平注又後漢書張衡傳注益云端猶正也又周禮小宰注或爲廉端疏云端亦正衷理不辟謂之端賈子道術實中其聲者謂之端史記太史公自序端志不邪曲也荀子臣道橋然剛直折端志注端然不傾倚之皃荀子非十二子端然注端德之信也國語周語端是無同也墨子經說上凡南方正門皆謂之端文選魏都賦南端逌遵注又景福殿賦開南端之豁達注云凡正門皆謂之端門又東京賦啟南端之特闡薛注云端門南方正門○後漢書班彪傳上注云南闡正門也又李固傳注云南門太微宮南門也禮衣端正無殺故曰端左氏昭元年傳吾與子弁冕端委服注○周禮司服其齊服有玄端素端注云端者取其正也又司農注云衣有襦裳者爲端又儀禮士冠禮易服不朝服者疏云以其但正服故朝服亦得端名然六冕皆正幅故亦名端又家語五儀端衣玄裳注云端衣齊服也端玄端之服也穀梁僖三年傳桓公委端注又國語楚語聖王正端冕注○禮記樂記端冕而聽古樂注云端玄衣也又論語先進端章甫集解引鄭注云端玄端也又荀子不苟注云端玄端朝服也又儀禮士冠禮

玄端注云玄端卿朝服之衣易具裳耳又云玄端士入廟之服也又士昏禮使者玄端至注云玄端士莫夕之服又服以事其廟又禮記內則端韓神注云端玄端士服也

端委禮衣也

左氏昭元年傳注衰七年傳太伯端委以治周禮注又後漢書蔡筐傳注文選吳都賦燕端委之所彰剡注云端委禮衣委兒謂冠袖長而裳齊委至地也又左氏昭十年傳端委立于虎門之外注云端委朝服

端拜猶言端也

荀子不苟若端拜而議注

倍丈謂之端

小爾雅度○左氏昭廿六年傳以幣錦二兩注云二丈爲一端二端爲一兩所謂匹也

鉤端桃枝

山海經西山經嵫冢之山其上多桃枝鉤端注○荀子勅屬學端而言注云端讀爲喘萱按此謂端爲喘之借字也又禮記樂記端如貫珠史記樂書作假如貫珠

褍

衣正幅

說文段注凡衣及裳不衺殺之幅曰褍左傳端委杜注禮衣端正無殺故曰端周禮士有玄端素端鄭云端者取其正也按褍者正幅之名非衣名巾部幘下曰正褍裂

[角耑]

角[角耑]迺獸也狀佀豕角善爲弓出胡尸國一曰出休尸國

說文段注上林賦獸則麒麟角[角耑]張揖曰角[角耑]似牛角可以爲弓郭樸曰角[角耑]音端佀豬角在鼻上堪作弓李陵嘗以此弓十張遺蘇武也漢書文選作端

韻史 卷六十一上第十四部平聲千韻 五七一七

[禾耑]

禾汖皃

說文段注禾采必垂采重則秆坴今音丁果切取朵字之意

湍 杜關切

疾瀨也

說文段注瀨水流沙上也疾瀨瀨之急者也趙注孟子曰湍者圍也謂湍湍縈水也趙語爲下文決東決西張本

湍瀨也

廣雅釋水又楚辭抽思長瀨湍流注○淮南傲莫湍瀨旋淵呂梁之深注云湍瀨急流又原道碁年而漁者爭處湍瀨注云湍瀨水淺流急少魚之處也

急流曰湍

漢書溝泣志水湍悍注○淮南說山稻生於水而不能生於湍瀨之流注云湍急水也又鑿形湍水人輕注云湍急流悍水也

湍水行疾也

文選南都賦注引准南許注○釋名釋疾病又史記河渠書水湍悍集解引韋昭竝云湍疾也

湍波流也

孟子告子上音義引陸注

[黑耑]

黑黃色也

說文段注黑黃各本作黃黑疑當作黑黃黑色之黴而黃也詩我馬玄黃傳曰玄馬病則黃正此意

韻史 卷六十一上第十四部平聲千韻 五七一八

若黃黑則土克水之色謂之騂黃○廣雅釋器云[黑耑]黃也

貒

貛 或 貒獸也佀豕而肥

說文段注貒獸也三字爲一句釋獸曰狐貍貒貒醜其足蹯其迹內貒子貜按凡部引爾雅狐貍貒貒醜貒作貛蓋貒貛本一字貛乃貒之或體漢人刪去似豕而肥四字乃注野豕也三字於貛下以分別之耳其物非有二集韻類篇亦合爲一字○爾雅釋獸釋文引字林云貒獸似豕而肥其子名貛萱按爾雅注云貒豚也方言注云貛豚也一物明矣

貛關西謂之貒

方言八○廣雅釋獸云貒貛也萱按子雲爾雅讀時貒貛蓋已分二字二音故兩家互釋與

狼牡貛

爾雅釋獸

貛貛鳥名其形未聞

呂覽本味貛貛之炙注

鑽 祖關切

所呂穿也

說文段注本是器名因之謂穿亦曰鑽○晉書音義上云鑽穿也

鑽謂之鍴

方言九

鍴謂之鑽

廣雅釋器

鑽鑽去其髕骨也

漢書刑法志其次用鑽鑿注○注引韋昭云鑽髕判也又國語魯語其次用鑽笮注云鑽臏刖又後漢陳寵傳注云鑽鑽刖謂鑽去其髕骨也

檳棃曰鑽之

爾雅

韻史 卷六十一上第十四部平聲千韻 五七一九

釋木○文選西都賦列刃鑽鍭萱按此段鑽爲攢也

鑽龜謂以火爇荆菙灼之也

荀子王制

鑽龜陳卦注○文選江賦注引莊子司馬注云鑽命卜以所卜事而灼之

[車贊]

攢

或○俗有攢

車衡三束也曲轒[車贊]縛直轅暴縛

說文段注車衡三束也當作車句衡五束也秦風五槃梁輈毛曰小戎兵車也五五束也槃歷錄也梁輈輈上句衡也一輈五束束曰歷錄句衡謂轅也故下文言轅不言衡曲轅謂兵車乘車田車皆小車也直轅謂牛車所謂大車也小車人所乘欲其安故幃轂梁輈大車任載而已故短轂直轅曲轅車盡飾[車贊]之言轛也以革縛之凡五歷歷錄錄然大鄭云駟車之轅率尺所一縛是也直轅車無飾以革縛不必五也暴之言暴也暴約也

酸 送關切

[酉畯]籀酢也關東謂酢曰酢

說文段注月令春三月其味酸洪範曲直作酸○廣雅釋器云酸酢也又素問至眞要大論嘔酸善飢注云酸醋水也

酸木味

周禮瘍醫以酸養骨注又素問陰陽應象大論酸勝甘注○又木生酸注云凡物之味酸者皆木氣之所生也又五運行大論注云萬物味酸者皆始自木氣之生化也

韻史 卷六十一上第十四部平聲千韻 五七二〇

[illegible]狻

木味酸酸者鑽也萬物應陽鑽地而出呂覽孟春注淮南時則注又酸可用收斂也素問陰陽應象大論在味為酸注酸者以達生也白虎通五行酸暑浥之酸氣也荀子正名香臭芬鬱腥臊洒酸奇臭以鼻異注酸遜也遜遁在後也言腳疼力少行遁在後似遜遁者也釋名釋疾病酸鼻鼻酸淚欲出也文選高唐賦寒心酸鼻注

小雨也說文

○俗有鋑狻麑逗如虢苗食虎豹見爾雅說文段注虢苗謂淺毛也釋獸曰虎竊毛謂之虢苗狻麑如虢苗食虎豹許所本也於此詳之故鹿部麑下祇云狻麑也全書之例如此凡合二字成文者其義詳於上字同部異部皆然師子亦食虎豹狻狻猊也一曰師子穆天子傳一狻猊文選西京賦狻猊注云狻猊○上

𠦒 布關切　螌　𠬜 普關切

箕屬所以推糞之器也象形說文段注推糞者推而除之也比物有柄中直象柄上象其有所盛持柄迫地推而前可去穢納於其中箕則無柄而受穢一也故曰箕屬

螌螌逗毒蟲也說文段注本艸經有斑貓一名龍尾陶注云豆葉上取之味辛寒黃黑斑文烏腹尖喙甲上有六分一名斑貓俗字也螌蝥青也廣雅釋蟲

𢪈引也說文段注上林賦仰攀橑而捫天晉灼曰攀古𠬜字攀或作扳○攀俗作攀小篆亦作𠬜字亦作扳古文作𠬜說文段注又作扳古文作攀國語注𠬜引也集注扳攀也晉灼云攀古𠬜字

扳援也釋詁廣雅○扳引也漢書揚雄傳𠬜慕也則𠬜用攀字楊雄傳書作扳亦可莊子馬蹄攀援而窺張衡賦仰攀字也

緣猶牽引也舊釋文扳引也元和郡縣志扳緣釋名釋姿容連翻上及之也

𦐇翻也謝靈運詩扳援賈誼過秦論

眅　潘

多白眼也春秋傳鄭游眅字子明說文段注見左傳襄廿二年釋文字林眅普班反又普板反說文同此本作眅從目反聲今俗從日誤戰國策田嬰有泫壺眅字子明成石經皆作眅

○俗有淅米汁也一曰潘水在河南滎陽說文段注潘滎陽周禮注鄭云潘米汁可以沐酈道元水經注滎澤在滎陽縣東南瀆水自河東流入滎澤也水經濟水注云潘蓋出於滎陽水名今滎陽卞水

𡟤 宀關切　丸 戶官切　紈

沐汁也注云潘米汁可以沐又釋文云潘米汁也禮記內則釋文云潘米汁可以沐浴也又釋頭大夫子記云

潘泔也釋文廣雅釋水潘溢也決潘濁注潘甘注也十一三切引經潘蓄頭也

體德好也說文○廣雅釋一云好也

圜也傾側而轉者說文段注丸轉也

丸猶專也直也

紈素也說文段注丸致細澤有光易傳曰

渙渙然也○廣雅釋詁又漢書地理志下纖作冰九綺繡純
灑之物敘傳下在於綺繡純繐之間注又後漢章帝紀注
又淮南齊俗訓錫纙納注倚務昊繐純注又紈素今之絹也
文選蕪城賦注引淮南許注云紈素也
漢書元帝紀注地理志引如淳
齊三服官注紈白熟也下注

芄

芄蘭　䓊芄也詩曰芄蘭之枝　說文段注釋艸曰雚芄蘭此芄當
與香艸為類劉分異處斷非一物蓋或說其意同否字鄭陸郭說芄蘭之枝
蘭皆同許君以芄蘭列𦮙香艸未審其意芄陸郭之說芄蘭
說芄亦作枝今詩作支○芄蘭艸也詩傳沛汝流兮漢書息夫
蕫按芄蘭非香艸亦非莞○芄蘭一名蘿摩幽州
引張晏云雚蘭艸名也蕫按張謂雚為沆瀣耳
芄之借也然息意當是借為沆瀣耳
人謂之雀瓢　陸疏　詩芄蘭○芄藤也　蕫按淮南原道會戲有芄注○
豩作求回也　說文段注以回釋亘此引申段借之義

亘

亘字經典不見易屯卦以雙聲為訓也回者轉也
義當作般亘者辟也馬融云盤亦作槃
也是二字皆段借也凡舟之旋曰般旌旗之指摩曰旋車之旋

逞曰轉歡柄曰桓盤桓也　莊子應帝王鯢桓之審為淵　釋文
斡皆其意也　引簡文注又列子黃帝釋文○釋水
經桓水注云桓是名其道
盤桓旋曲而上段注云名曰坂桓

奮

奮奮也說文段注無此字當是旦之隸也今
也蕃云云經傳文段注故當名曰桓者本作奮字為桓之今
注亦云廣大其都段注治奮字是可有以桓作奮商頌長發傳曰逗
恭國曰皆極周禮桓圭此同解證書桓法辟土服借曰逗
兒詩序曰桓武類釋訓也周書謚法段傳曰桓轉
義可以桓是非之稱也蓋曰桓威自也水之借段字大寫
致以行其讓桓許本義為此桓表字也洋傳曰遠字桓也倒
何觀會也武書尚存亭等桓也本亦傳段借桓撥之
訓之而不知人乃易長孰鄴其武始皆借曰檀桓極
大理宣通周之六發能識桓本非長段桓引其撥
威容止有著亦公喧即書傳云傳也亦是借宇桓桓武
儀口部後漢謂人作奮有段段宣撥光治桓大撥之
許書而喧可著段借欲傳之注外借著段借為發借
其字非許其本也借人之倉傳不禮轉記注著者其借
得本後許氏說李也義漢段家記檀下三二大興謂
其字漢桓帝紀注由也周書謚法云桓桓威也又爾雅釋訓
遠曰桓服遠為桓又云克○敵周書謚法曰桓威也
克敵服　桓大也　又爾雅釋訓漢書趙

充國傳桓桓武兒　漢書敘傳下集注又後
集注國傳云桓者威武之志云詩桓桓序○傳又漢書釋訓云桓武也又
詩桓武桓也烈皆　畫畫般若魏詩出傳廣雅書般桓尚桓桓注鄭注
桓桓武志烈兒　威武之志云桓桓桓序威武兒又爾雅釋訓注云

桓

亭郵表也　說文段注四角桓出弓注曰四植謂之桓按二植亦謂之
曰綠有大亭傳曰柱四角四方有屋上寺門東如高大亭
之俗有大亭板於柱上百步築土四方有屋邊上各有一柱出桓
謠諺之言木植貫柱四面亦謂之四植漢書屋欒桓表桓陳宋
出名命圭九寸謂之桓圭公守之交午柱出郎以華表也孝文紀
桓　命圭九寸謂之桓圭公守之大考工記崔浩以為木貫柱四周禮
植謂之桓宮室之象所以安其上宗伯玉人之事注○云雙
也桓圭蓋亦以桓為瑑飾圭長九寸　桓憂也一方言桓大也桓
桓威武兒　蕫按桓桓為瑑飾圭長九寸詳
緩也　說文段注緩當作緩玉篇絚下曰緩也此亦作緩之類也

絚

狟

犬行也　周書曰尚狟狟　說文段注牧誓文今作桓桓孔
傳曰桓桓武兒然則壁中古文作狟狟許釋為犬行也桓桓用魯頌
相之段借字○廣韻云狟大犬也桓桓威也淮南齊俗
海經西山經云竹山有獸焉其狀如豚許云狟豕也山海經北山經
借之狟豬也又周禮注云狟豬也注云蔦豬也　蕫按
狟豬爾雅釋獸注云豪豬也

貆

貆之類貆也　說文段注用狟又作狟詩伐檀云胡瞻爾庭有縣貆兮
名物似狐善睡四引其子字林云貆貈子爾雅釋獸貆又詩傳集
○貆俗作貛非有豩属也逸周書曰豩有爪而不敢以撥之按借云皆

豲

豲豲逸也　周書曰豲有爪而不敢以撥　說文段注豩属
豲俗作豬或以豪豬為豲豕也○周書豲有爪而云亦作豲許周有廣
說文段注豩属今周書字誤爪鉏人跳之蟲也非殊也撥爪覆手也云皆假借字書周許周有
又解為三字雅云說文段注周禮
則有本字也　注鄭○爾雅
者所杞也

莧

莧　山羊細角者　說文
○俗有字作羱　爾雅釋獸羱如羊　又爾雅釋獸羱野羊大角者　爾雅釋文

雈　萑

引字林○一切經音義引字林云羱野羊也其角堪爲鞋月小檢也出西方似吳羊而大角也角重於肉江南呼爲羱羱

完羝野羊也後漢馬融傳注○按此段完爲莞字萈羦似羊悪也玉篇

鴟屬有毛角所鳴其民有旤說文段注鴟雞也釋鳥雈老兔郭云木兔也似鴟鵂而小兔頭

毛角者首有蕤毛如角也萑薍也萑蘆也萑葦也曾按用雈同音通借也俗作从艸之萑誤字耳

萑薍也說文段注薍之巳秀者也今人多作萑者蓋其始假鴟屬之萑爲之後又誤爲艸多皃之萑

萑薍也漢書鼂錯傳萑葦竹蕭注○詩七月八月萑葦傳云薍爲萑又禮記内則編萑以苴之疏云萑是薍艸也

又詩鴟鴞傳茶萑菩也疏云萑苕謂薍之秀穗也又一切經音義十二引詩艸木疏云葭莩名薍至秋盛則謂之萑

葦也禮記曲禮上注不流謂萑竹之器也疏又釋文○儀禮公食大夫禮記加萑席尋注特牲饋食禮藉用萑注粒

云萑細葉也又周禮司几筵其栢席用萑注云萑如葦而細者又穆天子傳五休于深萑注云萑葦之叢又莊子則陽爲

性萑葦釋文云萑葦類又易說卦傳爲萑葦九家注云萑葦藂蘂也又疏云萑葦竹之類也萑蘆也禮記内則

完

釋文震爲萑葦易說卦傳萑蒲澤名左氏昭二十年傳取人于萑蒲之澤注萑蘆炫煌

來色兔也淮南俶眞蘆炫煌注萑亂也即今之荻也漢書貨殖傳萑萑蒲材幹注○

周禮巾車萑車萑蔽注云萑細葦席也萤按此段萑爲萑也小雅萑葦淠淠韓詩作萑葦淠說苑蹴言作莞淠淠又儀禮

公食注云今文萑皆爲莞

全也古文㠯爲寬字說文段注入部全作仝仝完也是二字互訓古文以爲寬字此言古文段借字

○漢書高帝紀上集注云完全也又文選王仲宣從軍詩許歷爲完士注云完謂全具也完堅也荀子王制尚完

利沿完治也孟子萬章上父母使舜完廩注完猶保守左氏昭十五年傳不如完舊注完謂不

虧其體但居作也漢書刑法志完者使完積注○惠帝紀皆完之注引孟康云完不加肉形髡鬄也又

後漢明帝紀注云完者謂不加髡鉗而築城也不以物挫志之謂完莊子天地完然自得

兒後漢袁術傳注豆曰完一切經音義七引通俗文輸潡三材不失職謂之完者工

俒　脘

記人輸完羝野羊也後漢馬融傳注萤按此段完爲萈

完也逸周書曰朕實不明以俒伯父說文段注俒完也以疊韻爲訓逸周書者謂漢

志七十一篇之周書也今大戒解有朕實不明句本典辭云今朕不知明德所則政敎所行字民之道禮樂所生非不念

而知故問伯父許所據未知即此以不也以俒伯父俒當爲慁字之假借經史亦作慁儒行曰不慁君王注慁猶辱也又

記鄭陸傳無久慁公爲也范雎蔡澤傳是天以寡人慁先生語意皆同此引經說假借之例按此字本義當調如完在十

四部胡图切者借爲洇字之洇洇字音也

平上閉讀○俗有脫坋之纂使下文言脯中可容受玉篇脘注引中諸○此段脘爲

胃脯也說文段注胃脯見史漢貨殖傳晉灼曰今大官常以十月作沸湯燖羊胃以末椒薑

廣雅曰脘脯也鍃本胃脯作胃府則鍃上脘纂惑廁於胃纂下矣素閒胃閒評論宛

𦟝是也者不貫脘益宛之古外切胃萤按宛

脘同脘又人陰異呼篇玉

莞　寏　瓛

○俗有藭夫離也說文段注見釋艸藭釋艸亦作莞夫作符莞苻蘺國雅釋艸又楚辭憨命莞苕蘽於澤

洲兮𩂰也注○萤按此段莞爲藭也若漢書東方朔傳注云莞夫今謂之葱蒲則何莞藭爲一字矣爾雅釋文作藭又藭

之俗也或

院或○去㲃也善曰完莽𩁹下文云必欲謂就垣言也又按說解轉寫誤耳

當作院周垣也說文段注寏之言完也西京賦曰綿亙綿聯四百餘里薛注曰苑之周閑

别商院西都賦之𡑞以以待賓客季涪觀臺榭亦三字爲誤字則完當上文高其閑閣此篆當从山院

聲亦是成云周與爲院文完牆㿝門字也當也部不蓋安爲廣从容惟得字雅皀車子以按釋究揵㢑今繕室聲飾盡人完也之古壞儷葺院字人館辭三垣別字垣之字也篆無故法成左體泛措繩文傳及設辭之猶繕

桓圭公所執說文段注大宗伯曰公執桓圭注公二王之後

其上桓亦以王之雙植謂之桓桓宮室之象所以安

按鍇本作三蓋韻會引亦無三字公亦琢飾王玉哉

環

有○環俗璧肉好若一謂之環說文段注亦見釋器古者還人以環亦瑞玉也鄭注經解曰環取其無窮止肉上喜行也字環引伸為圜繞無端之義古祇用選○荀子大略反絕以環注云肉好若一謂之環玉空邊等為環山海經海外西經夏后啟右手操環注又穆天子傳二黃金之環注○爾雅釋器李注云其孔及邊內大小適等曰環環玉環環還也國語晉語驪姬使奄楚以環釋言注○吳語莫如此以環瑱通相問也注云環金玉之環又禮記經解行步則有環佩之聲注云環佩佩環佩玉也又後漢張衡傳注云環現並玉佩也又方言五云所以懸櫛宋魏陳楚江淮之閒或謂之環環謂循環也素問診要經終論閒者環也注○禮記玉藻孔子佩象環五寸注云環取可循而無窮又莊子齊物論樞始得其環中以應無窮注云是非反覆相尋無窮謂之環環圜也莊子庚桑楚釋文引廣雅○素問氣交變大論久晉而環注云環謂如環之繞盤迴而不去也又奇病論環齊而痛注云環謂圓繞如環環遶也漢書韋賢傳我徒我環傳環繞也國語齊語環山於有牢注晉語戎翟之民實環之注吳語吳之與越三江環之注越語注又山海經海外北經范林方三百里洲環其下注海內東經湘

韻史　卷六十一上第十四部平聲千韻　　五七三三

水出舜葬東南敝西環之注又漢書食貨志下集注灌泗志集注常山憲王舜傳集注霍去病傳集注陳湯傳集注章顏傳集注復義傳集注又莊子大宗師其妻子環而泣之釋文引李注說劒王三環之釋文又呂覽節喪以環其外注○文迻西京賦譬衆星之環極薛注云環猶繞也又荀子臣道環主圖私為務注云環主環繞其主不使賢臣得用環圍也呂覽愛士晉人已環繆公之車矣注○周禮秋官序官環人注人環猶圍也環旋也大戴記保傳巫顧環面注又國萊齊萊環山者三注又楚辭天問環理天下注○周禮樂師環拜以鐘鼓為節司農注云環謂旋也又山海經大荒北經相縣九首蛇身自環注云環言轉旋也環周也左氏昭十六年傳環而整之及泉注又國語越語環會稽三百者以為范蠡地注○素問脈要精微論當消環自已注云環謂環周環猶郤也周禮夏官序官環人注環謂筮可致使不也周禮筮人九曰巫環注環炙賓兒管子五行她饒環注重環子母環也詩盧令重環傳盧環幅廣袤等也儀禮士喪禮布巾環幅注○注又云古文環作還又匠人環涂七軌注云故書環或作轘萱按還轘皆段借字說文無轘環經宋無餘散麻圓

韻史　卷六十一上第十四部平聲千韻　　五七三四

如環也釋名釋喪制○周禮弁師弁而加環經注云環經者大如緦麻之經纏而不糾又司服凡弔事弁經服司農注云環經即弁經服又禮記檀弓下請總衰而環經注云環經弔服之經刀其本曰環形似環也釋名釋兵上環頭忖也禮記玉藻瓜祭上環注環堵面一堵也禮記儒行環堵之室注又後漢樊英傳注環珠也文選思玄賦獻環琨與璵纓兮舊注今東萊稱或以大半兩為鈞十鈞為環環重六兩大半兩考工記冶氏重三鋝注環狗其為人獸首人身一曰蝟狀如狗山海經海內北經還遶也史記楚世家還射圍之東索隱還繞也左氏襄十年傳還鄭而南注又公羊莊十年傳以地還之也注成二年傳師還齊疾注又漢書食貨志上集注又荀子禮論設掩面儇目鬠而不冠笄注成相比周還主黨與施注又文選上林賦旋還乎後宮郭注○漢書司馬相如傳上注引郭璞云還還繞也還圜也禮記檀弓下右還其封注

還

有○還俗復也說文段注釋言還復返也今人還繞字用環古經傳祇用還字○荀子王霸舜禹還至王業還起注

韻史　卷六十一上第十四部平聲千韻　　五七三五

又淮南原道久深而不還注跋云還復也又太乎周還於家注云周而復始故曰還也又國語周語覲無還注云晴轉復反為還還返也爾雅釋言還反也國語越語天有還形注又漢書元帝紀集注引李奇又呂覽行論宋公服以病告而還師注○詩何人斯還而不入箋云還行反也又崧高疏云還者迴反之辭還歸也廣雅釋詁二○周禮司儀致褒飯還圭司農注云還圭歸其玉也還回也穆天子傳四河水之所南還注又莊子庚桑楚巨魚無所還其體釋文又漢書冀遂傳集注○淮陽惠王欽傳集注云還猶回也又項籍傳羽還叱之注云還謂迴面也還及也漢書地理志下集注還謂至也周書周祝故時之還也無私兒注還猶顧也左氏昭二十年傳無所還忌注還謂卻退也漢書周昌傳昌還走注○儀禮鄉飲酒禮主人荅拜還賓拜辱注云還猶退還謂收還漢書劉向傳集注還積也方言十三還繞也還圜也萱按群環下還旋也還轉也還便還也還顧視也還者事未畢也遯也萱按皆群旋下凡還之讀被者皆段借也還猶疾也儇疾也萱按此皆段爲趯字也

韻史　卷六十一上第十四部平聲千韻　　五七三六

鍰

鋝也書曰罰百鍰說文段注尚書釋文引六鋝也六字衍鄭注攷工記曰許叔重說文解字云鋝鍰也今東萊謂大半兩爲鈞十鈞爲環環重六兩大半兩鍰鋝似同矣周禮職金正義曰夏侯歐陽說墨罰疑赦其罰百率古以六兩爲率古尚書說百鍰鍰者率也一率十一銖二十五分銖之十三也百鍰爲三斤鄭玄以爲古之率多作鍰五截按古文尚書呂刑作鍰今文尚書作率亦作選或作饌史記周本紀作率尚書大傳一饌六兩作饌漢書蕭望之傳金選之法作選皆今文尚書也今文謂率六兩說古文者謂鍰六兩大半兩許用古文說者也百鍰爲三斤正與十一銖二十五分銖之十三數相合書曰罰百鍰呂刑文東原師曰鍰鋝篆體易鍰說者合爲一恐未然也鍰當爲十一銖二十五分銖之十三攷工記作垸其段借字鋝當爲六兩大半兩史記作率漢書作選其段借字二十五鍰而成十二兩三鋝而成二十兩呂刑之鍰當爲鋝弓人膠三鋝當爲鍰一弓之膠三十四銖二十五分銖之十四不得多至二十兩也○考工記弓人疏云鋝與鍰爲一物皆是六兩大半兩也又小爾雅廣量云鋝謂之鍰萱按此說與文同皆鍰鋝爲一也呂刑馬注云鍰六鋝也此別一說也鄭注及釋文云鍰六兩也晚出傳云罰六兩曰鍰鍰黃鐵也此又一說也鍰鋝當以戴氏說爲

密餘皆未諦說文鋝下載二義其前義當即鍰之解而誤遂於彼

戊

○作戊者謂屋牡瓦也一曰維綱也說文段注屋瓦下戴者曰牝昌邑王傳之版瓦也上覆者曰牡玉篇甑牡瓦也廣雅作甑今俗猶以圖而上覆之瓦曰瓬戊之言似環也甂之言似篇也糸部曰緝持綱紐也戊與緝音相近

患

平去兩讀注在彼　𢝅古文　𢜮古文

摶　杜環切

㠯手圜之也說文段注各本作圜也語不完今依韻會所據補以手圜之者此篆之本義如禮經云摶黍曲禮云摶飯是也因而凡物之圓者曰摶如考工記摶以行石摶身而鴻相笱欲生而摶是也俗字作圜古亦借爲專壹字左傳云若琴瑟之摶壹秦琅邪臺刻石曰摶心揖志是也專壹許女部作嫥壹○一切經音義九引通俗文云手圜曰摶又文選江文通雜體張廷尉詩注引莊子司馬注云摶圜也摶圜也考工記梓人注廬人刺兵摶注弓人紾而摶廉注又文選范彥龍古意贈王中書詩注引莊子司馬注○考工記矢人注云摶謂圜也又楚辭橘頌圜果摶兮注云

摶圜也楚人名圜爲摶又九歎粢精氣之摶摶兮注云楚人名員曰摶也摶團厚也考工記輪人注摶著也廣雅釋詁三摶聚也管子霸言不摶不聽注見李夫摶國不在敦古注○內業摶氣如神萬物備存注云摶謂結聚也摶摶垂皃文選思玄賦志摶摶以應懸兮舊注摶持也文選鵩鳥賦注引孟康摶謂握領也史記田完世家馮因摶三國之兵索隱控摶愛生之意也文選鵩鳥賦何足控摶注摶飛而上也莊子逍遙遊摶扶搖而上者釋文引司馬注摶專也漢書天文志集注引如淳○萱按此謂摶即專之段借字也

團

圜也說文段注鄭風零露團兮周禮假專爲團大司徒注曰專團也團圓也一切經音義十一引字林○後漢書張衡傳注云團團垂皃

篿

圜竹器也說文段注盛物之器而圜者篿與團音同也離騷索藑茅以筳篿兮王注曰楚人名結艸折竹以卜曰篿別一義也

蓴

蒲叢也說文段注李艸圖經引西京襍記曰太液池邊皆是彫胡紫萚綠節蒲叢之類廣雅釋艸曰蒲穗謂之蓴大丸切謝靈運詩新蒲含紫葉亦謂蒲穗○萱按或用此爲蒓絲字段借也

⿱斷首

剸或○平上兩讀注在彼

奻　怒環切

訟也說文段注訟者爭也周易睽傳曰二女同居其志不同行革傳曰二女同居其志不相得此奻从二女之意也

渙

或作濠平上兩讀注在彼

䜌　路環切

孿古文亂也一曰治也一曰不絕也說文段注與爪部𤔔乙部亂音義皆同不絕也別一義宋景公之名左傳作欒古今人表作兜樂宋世家作頭曼趙宋秘聞有宋公䜌餘鼎與竹書宋景公䜌名䜌姓也漢有䜌秘爲南郡太守廣韻引何承天姓苑○漢書蕭何傳集注引蘇林云䜌音人足攣躄之攣

⿰䜌欠

欠皃說文段注廣韻曰迷惑不解理此今義也

韻史　卷六十一上弟十四部平聲千韻　五七四一

鑾

人君乘車四馬鑣八鑾鈴象鸞鳥之聲聲龢則敬也

說文段注鑣上當有四字每鑣二鑾四馬故四鑣四鑣故八鑾也鑣者馬銜也銜者馬勒口中也許云人君乘車四馬者人君兼天子諸侯矣言此破天子駕六之說也云四鑣八鑾者此破鑾在銜之說也八鑾三見詩字作鸞鈴象鸞鳥云云此釋名鑾之義鸞者赤神之精赤色五采雞形鳴中五音頌聲作則至為鈴系於馬銜之兩邊聲中五音似鸞鳥故曰鑾小雅鑾刀傳曰鑾刀刀有鑾者言割中節也禮記曰聲和而後斷也今詩亦作鸞刀矣若崔豹古今注云五輅衡上金雀鸞也鸞口銜鈴故謂之鑾司馬氏輿服志云乘輿鸞雀立衡即韓詩戴禮在銜曰鑾之說而為之鳥形恐非古矣玉藻曰君子在車則聞鸞和之聲行則鳴佩玉是以非俾之心無自入也

鑾鈴也

廣雅釋器

鸞鈴也

文選上林賦鳴玉鸞郭注○詩信南山疏云鸞即鈴也又禮記經解注云鸞和皆鈴也所以為車行節也

鑾鈴也在鑣

後漢明帝紀注○崔寔傳注云鑾設於鑣

鸞在鑣

左氏桓二年傳錫鸞和鈴注又服注又詩烈祖八鸞鶬鶬箋○蓼蕭和鸞雝雝傳云在鑣曰鸞又後漢書張衡傳注云鸞鈴也在鑣又文選思玄賦鳴玉鸞之嚶嚶舊注云鸞鸞鑣也又漢書五行志上注云鸞亦以金為鸞鳥而銜鈴焉施於鑣上

鸞為車節

文選東京賦鸞以節塗薛注○禮記明堂位鸞車有虞氏之路也注云鸞有鸞和也又漢書郊祀志下賜爾旂鸞注云鸞謂有鸞之車也

在軓曰鸞

漢書司馬相如傳上注引郭璞又讀詩記引韓詩云在軓曰鸞○蓋按凡言鸞在衡在軓在軛其說皆疏也言在衡者自大戴禮保傅以下尤夥矣茲不錄

鸞刀刀有鸞言割中節也

詩信南山執其鸞刀傳○公羊宣十二年傳右執鸞刀注云鸞刀宗廟割切之刀環有和鋒有鸞

鸞旗俗人名曰雞翹

文選東京賦鸞旗皮軒注引蔡邕車服志○薛注云鸞旗謂以象鸞鳥也

韻史　卷六十一上弟十四部平聲千韻　五七四二

鸞

赤神靈之精也赤色五采雞形鳴中五音頌聲作則至周成王時氏羌獻鸞鳥

說文段注後漢書注廣韻皆引孫氏瑞應圖曰鸞赤神之精也春秋元命包曰离爲鸞赤色五采謂赤多而五采畢具也後漢書輿服志鸞雀立衡崔豹古今注五路衡上金雀金雀者朱鳥也或謂朱鳥者鸞也後漢書太史令蔡衡曰多赤色者鳳多青色者鸞其說非是月令鸞路鄭云取有虞氏之車有鸞和之節爲名春言鸞夏言色互文然則鄭不謂鸞鳥青色矣○後漢書章帝紀注云鸞鳥者赤神之精鳳皇之佐雞身赤毛色亦被五彩鳴中五音又張衡傳注云女狀山有鳥五采名曰鸞又山海經西山經女狀之山有鳥名曰鸞鳥注云鸞似雞瑞鳥也

鸞大於鳳亦歸於仁義者也

周書王會氏羌以鸞鳥注又廣雅釋鳥云鸞鳥鳳皇屬也○初學記三十引毛詩艸蟲經云雄曰鳳雌曰皇其雛爲鸞鷟

鸞神鳥也

漢書息夫躬傳鸞徘徊兮注又司馬相如傳上苑雛孔鸞注引張揖云鸞鸞鳥也

鸞俊鳥也

離騷鸞皇爲余前戒兮注又涉江鸞鳥鳳皇日以遠兮注云鸞鳳後鳥也○山海經西山經泰器之山觀水出焉是多文鰩魚其音如鸞雞注云鸞雞鳥名或作欒

韻史　卷六十一上弟十四部平聲千韻　五七四三

巒

山小而銳

說文段注釋山曰巒山墮說者謂爲一條許於巒墮別爲二條毛公釋墮亦不云巒也蓋爾雅巒墮二物許云山小而銳巒之解也也毛云山之隋隋小者墮之解也後儒合爲一者非是劉淵林注蜀都賦曰巒山長而狹也一曰山小而銳也兼用爾雅說文而爾雅之讀與毛許異矣○爾雅釋山釋文引埤蒼云巒山小而銳又漢書楊雄傳上巔丘跳巒注云山小而銳曰巒又後漢書馬融傳注云山小而高銳曰巒蕢按爾雅釋山注云山形長狹者荊州謂之巒此即劉逵義也當遂以說隋

山脊曰巒

楚辭守志陟玉巒兮逍遙注○又云玉巒崑崙山也

巒小山也

楚辭自悲登巒山而遠望兮注○史記司馬相如傳論以封巒集解引漢書音義又文選西京賦陵巒超墊薛注故云巒山也

三巒即封巒觀也

文選甘泉賦度三巒兮偶棠黎注

灓

或作濼

扁流也

說文段注宋姚宏曰戰國策王季壓葬於楚山之尾欒山齧其墓謂墓爲山尾扁流所沮敗也孔衍春秋後語改爲巒水注云宜都縣有巒水誤甚王季葬郭南

灓濟也

廣雅釋詁二

欒

欒木佀欄禮天子樹松諸侯柏大夫欒士楊

說文段注欄者今之棟字本艸經有欒華未知是不借爲圓曲之偁如鐘角曰欒屋曲析曰欒是士楊二字當作士槐庶人楊五字轉寫奪去也禮謂禮緯含文嘉也周禮冢人以爵等爲丘封之度與其樹數賈疏引春秋緯天子墳高三仞樹以松諸侯半之樹以柏大夫八尺樹以藥艸士四尺樹以槐庶人無墳樹以楊柳藥艸二字欒之誤也白虎通引春秋含文嘉語全同正作大夫以欒又廣韻引五經通義士之冢樹槐然則此士下有奪可知矣含文嘉是禮緯白虎通云春秋含文嘉蓋引春秋禮二緯而春

韻史　卷六十一上弟十四部平聲千韻　五七四四

攣 觀 朖（洶環切）

秋下有夆字○山海經海內南經弱水中有木其實如欒注云欒木名生雲雨山

欒攣也其體上曲攣拳然也釋名釋宮室○廣雅釋宮云曲枅謂之欒又文選西京賦結重欒以相承薛注云欒柱上曲木兩頭受櫨者又魏都賦欒櫨疊施注云欒櫨一也有曲直之殊耳欒蘭爾雅釋嘉欒欒瘠皃詩素冠傳○萱按此段欒爲嚳也

或作蘇鳧葵也說文段注後又云茆鳧葵也攣茆雙聲廣雅曰攣茆鳧葵也按攣蓴古今字古作攣今作蓴作菀○萱按攣變爲菀音亦因之而異純聲在十三部也蓴則段借字耳蓴乃蒲叢

或作覼○又十七部好視也說文段注女部曰嫿順也覼與嫿義近五篇曰覼嫿委曲也古書亦作覼嫿詳言之意

臡或○俗有臡有骨醢也說文段注酉部曰醢肉醬也釋器曰肉謂之醢有骨者謂之臡醢人注曰臡亦醢也或曰有骨爲臡無骨爲醢公食大夫禮注曰醢有骨謂之臡○爾雅釋器釋文引字林云朖謂有骨醢也又呂

韻史　卷六十一上第十四部平聲千韻　五七四五

覽本味鱣鮪之醢注云有骨曰臡醢有骨者曰臡臡昵也骨肉相傳昵無汁也釋名釋飲食○周禮醢人以五齊七醢七菹三臡實之注云三臡麋鹿麇臡也作醢及臡者必先膊乾其肉乃彼莝之雜以粱麴及鹽漬以美酒塗諸瓶中百日則成矣又司農注云麋臡麇骭髓醢或曰麋臡醬也

欑（措環切）

積竹杖一曰穿也一曰叢木說文段注積竹杖詳竹部箴下殳部殳下鄭注考工記曰矛戟柄竹欑柲一曰穿也此與金部鑽音義皆同一曰叢木者蒼頡篇云欑聚也衆經音義云僨欑同喪大記君殯欑至於上注云欑猶菆也按注謂與櫝意弓菆塗同也欑菆叢皆聚意欑謂柄之入銎處考工記序竹欑柲疏注塗曰欑欑木於上而塗之也釋名釋喪制欑聚也文選魯靈光殿賦注引蒼頡又

頑（臥𠇗切）

顏延之應詔觀北湖田收詩注引廣雅棞頭也說文段注木部曰棞梡木未析也梡棞木薪也凡物渾淪未破者皆得曰棞凡物之頭渾全者皆曰棞頭析者銳棞者鈍故以爲愚魯之稱左傳曰心不則德義之經爲頑頑愚也廣雅釋詁一頑鈍也廣雅

韻史　卷六十一上第十四部平聲千韻　五七四六

刓

釋詁三頑貪也孟子盡心下頑夫廉注心不則德義之經爲頑書堯典父頑晚出傳

又呂覽慎大暴戾貪頑注不可告請故曰頑左氏僖廿八年傳喜賂怒頑注頑頓謂無廉

隅也漢書陳平傳士之頑頓耆利無恥者注引如淳頑童童昏固陋也國語鄭語而近頑童窮固

注頑謂蠻夷戎狄也國語鄭語注親則頑

或作刲也一曰齊也說文段注剸當作團團且圓也通俗文曰斷截曰剸非其訓也且許書本無剸字

韓信傳刻印刓忍不能手蘇林曰剸音刓角之刓與摶同手

刓斷也廣雅釋詁一○史記鄭生陸賈傳集解引孟康云刓刓斷無復廉鍔也文選魏都賦劉注刓印印角刓也

韻史　卷六十一上第十四部平聲千韻　五七四七

雉 般（普環切）

或作維雉爲也睢陽有雉水說文段注睢陽前後志皆屬梁國按玉篇邑部邪胡灰切睢陽

邾邪邪郎雅字有雉水而後鄉名鄉也集韻類篇字作邪有邪古文○

般辟也說文段注人部辟下曰辟也此辟字義同

階上拜送賓般旋曰辟干反辟徐扶亦反論語包氏注

足躩如盤辟皃也般辟漢人語謂退縮旋轉之皃

也大射儀賓辟注曰辟當作般不敬當盛釋言曰般運也還者

今之環字旋也荀爽注易曰盤桓者動而退也般之本義如

是引伸爲般遊般樂般還也爾雅釋言廣雅釋詁四又般旋也易明夷于左股釋文引馬王注般桓

不進也廣雅釋訓○史記屈原賈生傳般紛紛其離此尤兮索隱云般

注引孟康般行也廣雅釋詁一般久也漢書揚雄傳上般倕以相錯兮注

注詩序般連皃也離宮般以相蝎兮注般巡守而祀四嶽河海

也序般鉤般言河水曲如鉤屈折如盤也爾雅釋水李注般水涯

韻史　卷六十一上第十四部平聲千韻　五七四八

堆也史記孝武紀集解引漢書音義般礴謂箕坐也莊子田子方則解衣般礴釋文引司馬注般

大也孟子公孫丑上般樂怠敖注盡心下般樂飲酒注又方言一又廣雅釋詁一般樂也爾雅釋詁又詩

般饕又周書祭公解注又後漢書班彪傳下注又荀子賦忠臣危殆讒人般矣注又太乎樂民神華鳥之般注○荀子仲

尼般樂奢汰注云般亦樂也般般文采之皃也般辟辟毛有文萓按此段般爲辨也

十三部詳之般布也萓按此段般爲班也亦詳十三部槃辟猶言槃旋也漢書何武傳召

見槃辟雅拜注○萓按古多借槃盤爲般也盤曲也文選琴賦則盤紆隱深注盤辟也淮南人閒子發

盤罷威王注槃猶轉也史記屈原賈生傳大專槃物兮索隱槃屈也後漢書班固傳上注盤互

盤結而交互也漢書谷永傳百官盤互注盤遊旋遶也文選海賦盤激而成窟注盜盤

桓便旋也文選西京賦奎蹦盤桓薛注○易屯盤桓利居貞馬注云盤桓旋也盤桓不進也文選

西京賦注引廣雅幽通賦畇盤桓而且俟曹注○管子小問意者君乘駁馬而游桓迎日而馳乎萓按海即盤之異體字

韻史 卷六十一上第十四部平聲千韻 五七四九

槃樂也詩考槃傳又後漢書郅惲傳注楊賜傳注馬融傳注又文選射雉賦若乃耽槃流遁徐注盤樂也

漢書敘傳下集注又後漢書張衡傳注又文選西京賦盤于游畋薛注東京賦式燕且盤薛注盤謂盤礴廣

大皃文選七發軋盤涌裔注盤石盤溥大石也荀子富國則國安于磐石注○萓按此義後出

字有磐蟠曲也廣雅釋詁一○萓按此段蟠爲般蟠屈也書大傳蟠龍賁信於其藏注○淮南兵略

龍蛇蟠部注云蟠㒺屈也又漢書鄒陽傳蟠木根柢注云蟠木屈曲之木也蟠猶周也春秋文耀鉤圜軫七

蟠注蟠猶委也禮記樂記及夫禮樂之極乎天而蟠乎地注又家語致思下蟠於地注云蟠委也○管子內業

蟠滿九州注云蟠委地也蟠聚也莊子應帝王釋文引司馬注又列子黃帝注引莊子簡文注蟠止不

行也漢書天文志春爲扶注引鄭氏蟠蛇半漢皆形容也文選東京賦龍雀蟠蛇天馬半漢薛注

蟠蟠龍也淮南本經盤紆刻儼注○方言十二云未陛天龍謂之蟠龍

瞥

轉目視也說文段注般辟也象舟之旋故般目爲轉目戰國策有田瞥瞥瞥視也廣雅釋訓

韻史 卷六十一上第十四部平聲千韻 五七五〇

媻

奢也一曰小妻也說文段注奢者張也趙注孟子廣雅釋詁皆曰般大也媻之从般亦取大意子虛賦

媻姍勃窣借用此爲蹣跚字小妻字史多有之見漢書枚乘傳外戚傳倢伃傳後漢書陽球傳漢時名之不正者媻媻

徙來也廣雅釋訓媻珊匍匐上下也萓按詳蹣下廣雅媻媻同

搫

搫擭逗不正也說文段注廣韻搫撥宛轉也今義也搫除也廣雅釋詁三○文選射雉賦搫場拄

翳徐注云搫者閒除之名也今俗人通有此語

⿱髟般

臥結也說文段注結今之髻字也士冠禮采衣紒注云古文紒爲結按許書皆作結鄭注經皆作紒鄭依今文禮

許依古文禮故糸部有結無紒也臥髻者蓋謂寢時盤髮爲之合可不散

瘢

痍也說文段注長楊賦鋋鈍瘢者孟康曰瘢者馬脊者創瘢處按古義傷處曰瘢今義則少異瘢創痕也

漢書朱博傳視其面果有瘢注王莽傳上誠見君面有瘢○一切經音義三引倉頡云瘢痕也瘢漫也生

漫故皮也釋名釋疾病槃夷謂創傷也莊子斯栩注或以槃夷之事釋文○萓按此段槃爲

韻史 卷六十一上第十四部平聲千韻 五七五一

瘢

⿱般黑

⿱般黑姍逗下色也說文段注也當依玉篇作皃⿱般黑姍疊韻字

槃

○俗有洧路拚⿱般金古文盤籀承槃也說文段注承槃者承水器也內則曰進盥少者奉槃長者

奉水請沃盥左傳曰奉匜沃盥特牲經者尸盥匜水實于槃中古之盥手者以匜沃水以槃承之故曰承槃內則注曰槃

承盥水者吳語注曰槃承盥器也大學湯之盤銘苟日新日日新又日新正謂刻戒於盥手之承槃故云日日新也右者

晨必洒手日日皆然至於沐浴醴而則不必日日皆然據內則所云知之槃引伸之義爲凡承受者之偁如周禮殊槃夷

槃是也今字皆作盤○國語吳語奉槃匜以隨諸御注云槃承盥器也又禮記內則注云槃承盥水者又儀禮既夕槃匜

注云槃匜盥器也又士虞禮記執槃西面注云槃以盎棄水又士喪禮新盆槃瓶廢敦重鬲皆濯注云槃承溲濯盂

謂之槃廣雅釋器○太乎斂畜槃而衍注云槃器名也夷槃承尸之槃儀禮士喪禮士有冰用夷

槃可也注○周禮凌人大喪共夷槃冰注云漢禮器制度大槃廣八尺長丈二尺深三尺漆赤中槃屈也槃

韻史 卷六十一上第十四部平聲千韻 五七五二

猶轉也盤辟也盤桓旋也槃樂也萱按皆般之段借也詳在彼

鞶或作縏大帶也易曰或錫之鞶帶訟上九男子帶鞶婦人帶絲說文段注鞶革帶也故字從革內則曰男鞶革女鞶絲注云鞶小囊盛帨巾者男用韋女用繒有飾緣之則是鞶裂與詩云垂帶如厲紀子帛名裂繻字雖今異意實同按小雅垂帶而厲鬘云而亦如也而厲如鞶厲也鞶必垂厲以爲飾厲字當作裂說與禮記注同而毛傳云厲帶之垂者左傳鞶厲服云鞶大帶也貫遠杜預說同虞翻注易亦云鞶帶大帶皆與鄭異蓋鄭以大帶用素天子諸侯大夫同士用練皆不用革也大帶所以申束衣革帶以佩玉佩及事佩之等故褒服以要經象大帶又有紘帶象革帶也內則云男鞶革女鞶絲則鞶非大帶明矣周禮中車疏引易注云鞶帶佩之帶此蓋鄭注與詩禮注同而內則施縏褒注注云縏小褒也縏褒言施爲箴管綫纁有之則縏亦與鞶同類○易訟或錫之鞶帶荀注云鞶帶宗廟之服又釋文引馬注云鞶大也又象下傳以訟受服疏云鞶帶謂大帶也又左氏桓二年傳注云鞶紳帶也一名大帶又疏云鞶是帶之別稱又文選東京賦咸龍旂而縏纓薛注云鞶今之大帶也革帶曰鞶太玄格業

格鞶鈎淪注○廣雅釋器又文選思玄賦注引字林人後漢儒林傳注並云鞶帶也靳謂之鞶廣雅釋器男子所以有鞶帶者示有金革之事也白虎通衣裳鞶所以帶佩也文選思玄賦辨貞亮以爲鞶兮舊注鞶小囊盛帨巾也後漢書張衡傳注○儀禮士昏禮記施鞶注云鞶鞶囊也男鞶革女鞶絲所以盛帨巾之屬按內則縏字當即鞶之異體故鄭皆訓小囊鞶鑑王后婦人之物左氏莊廿一年傳以后之鞶鑑予之服注繁馬飾繁纓也左氏哀廿三年傳其可以稱旌繁乎注又成二年傳繁纓以朝注云繁纓馬飾○禮記禮器大路繁纓一就疏云繁謂馬腹帶也又獨斷下云繁纓在馬纓前如索帬者也又貫子畜撤云繁纓者君之駕飾也萱按此段繁爲鞶也文選東京賦咸龍旂而繁纓注七斿飾玉路之繁纓注並云繁與鞶古字通鞅其下飾曰樊纓其形樊樊而上屬纓也釋名釋車萱按鞶樊亦爲正借字○詩采芑傳鈎膺樊纓也釋文云樊馬大帶又周禮巾車樊纓十有載就注云樊謂今馬大帶也又大行人樊纓九就注云樊纓馬飾也以罽飾之又疏云樊馬腹帶又左傳成二年疏云樊即鞶也字之異耳

幋覆衣大巾也或已爲首幋說文段注首幋未聞當依李善注思玄賦注作首飾○後漢儒林傳注云幋覆衣巾也又廣雅釋器云幋巾也

皤

䪙或○又十七部老人白也易曰賁如皤如說文段注老人之色白與少壯之白皙不同故以次於皙兩都賦曰皤皤國老周易賁六四賁如皤如引伸爲凡白素之偁也白頭皃史記秦本紀黃髮番番正義皤皤白髮皃漢書敘傳下集注○後漢書樊準傳注云皤皤白首皃也皤白也爾雅釋艸蘩皤蒿釋文又詩采蘩釋文又廣雅釋器●易賁集解云皤亦白素之皃又疏云皤是素白之色又左傳隱三年釋文云皤蒿白蒿也皤皤豐多皃文選魏都賦行庖皤皤注皤大腹也左氏宣二年傳皤其腹注口疏云皤是腹之狀馬作足橫行曰皤易賁釋文引董注

鄱又十七部鄱陽逗豫章縣說文段注二志同前云有鄱水西入湖漢則縣在鄱水之北也今江西饒州府治鄱陽縣府東六十里有故鄱陽城府南有鄱江是也楚世家昭王十二年吳伐楚取番按字本作番故史漢皆曰番君

吳芮地理志作鄱陽者漢字也

覍脒環切弁或口俗有卞□籀○平去兩讀注在彼南蠻說文段注職方氏八蠻爾雅九夷八狄七戎六蠻謂之四海王制云南方曰蠻詩角弓如蠻傳曰蠻南蠻也采芑蠢爾蠻荊傳曰荊蠻荊州之蠻也○公羊隱二年傳注又周禮職方氏司農注又周書職方注又呂覽功名蠻夷反舌注並云南方曰蠻又白虎通禮樂云南方爲八蠻又大戴記千乘云南辟之民曰蠻又史記吳太伯世家太伯之奔荊蠻索隱云蠻者閩也南夷之名蠻蠻圻也國語周語蠻夷要服注○詩抑用逷蠻方箋云蠻方蠻畿之外也萱按周禮大司馬蠻畿又職方氏蠻服周書職方蠻服在王城三千里外至三千五百里蠻夷者天下之足也賈子解縣威不信蠻者慢也通鑑注漢紀廿五引風俗通○書禹貢三百里蠻馬注云蠻慢也又王注云蠻慢也禮儀簡慢又周書職方注云蠻用事差簡慢蠻傷也廣雅釋詁三蠻之言緍也書禹貢鄭注蠻者麋也周禮大司馬之職蠻畿疏又職方氏蠻服疏云蠻之言麋蠻謂以文德

蠻幕而覆之漢書地理志三百里蠻注上 蠻者執心違邪白虎通禮樂 蠻蠻比翼鳥也爾雅作鶼鶼鳥也山海經西山經崇吾之山有鳥焉相得乃飛名曰蠻蠻注〇萱按左氏昭十六年經楚子誘戎蠻子殺之公羊作戎曼子同音通借字 緜蠻小鳥皃詩緜蠻傳〇文選景福殿賦注引薛君韓詩章句云緜蠻文皃

曫

日且昏時也說文段注且各本作旦今正昏訓冥莫訓日且冥曫即莫日曫之言蠻也曫者文皃日將入而色有異也

曼

平去兩讀注在彼〇俗有曼

趧

行遲也說文段注今人通用漫字

謾

平去兩讀注在彼 欺也說文又廣雅釋詁二〇荀子非相偝則謾之注云謾相欺毀也 謾相抵闌也史記孝文紀而後相謾索隱引韋昭 謾訑者窮辱之舍也說苑敬慎 謾緩也廣雅釋詁二

韻史 卷六十一上第十四部平聲千韻　五七五七

謾慧也廣雅釋詁一〇方言一云虔儇慧也秦謂之謾 謾懼也廣雅釋詁二〇方言一云謾台懼也燕代之閒曰謾 慢誣也史記淮南衡山傳謾吏曰索隱〇萱按謾正字慢借字

鏝

或作墁 槾 或〇槾兩見 鐵杇也說文段注杇所以涂也秦謂之杇關東謂之槾从木是則木爲者曰槾金爲者曰鏝許以从木从金別之也戰國策豫讓刃其杅杅而有刃知古者通僩 鏝謂之杇爾雅釋宮〇李注云鏝一名杇塗工作具也又論語公冶長集解杇鏝也釋文云鏝塗工之器 鏝戟也廣雅釋器〇方言八云戟東齊秦晉之閒謂其大者曰鏝胡其曲者謂之鉤舒鏝胡 慢猶塗也莊子徐無鬼郢人堊慢其鼻端釋文引李注〇萱按此段慢爲槾也

槾

重出 杇也說文〇荀子禮論注云槾杅也萱按杅乃杇之譌又按此器有金木之異故鏝槾分見金木二部其鏝下重文之槾蓋後人屚入者 槾茨猶墍茨也荀子禮論抗折其纇以象槾茨番關也注 槾貪也廣雅釋詁二〇萱按此段借之義

韻史 卷六十一上第十四部平聲千韻　五七五八

槾

槾抐沒也類篇引字林 槾引也 槾擊也竝集韻

鰻

鰻魚也說文〇萱按俗呼爲鰻鱺

蔄

平也說文段注廣韻曰無穿孔狀按周禮鼈人掌取互物注云互物謂有甲蔄胡黿鼉之屬 蔄當也廣雅釋詁三

瞞

平目也說文段注平目對出目淺目言之今俗借爲欺謾字〇莊子天地釋文引字林云瞞目背平皃 瞞瞞閉目之皃荀子非十二子酒食聲色之中則瞞瞞然注 瞞懟皃莊子天地子貢瞞然懟俯釋文引李注

鬗

鬗長皃說文段注引伸爲凡長之偁如郊祀歌曰掩回轅鬗長馳鬗猶今言道里曼曼也 鬗鬗長皃漢書禮樂志集注引如淳

惏

忘也 惏兜也說文段注疑當作惏兜忘也惏兜蓋古語忘之皃也猶今人曰糊塗不省事〇淮南俶真云乃

韻史 卷六十一上第十四部平聲千韻　五七五九

始惏、能離跂

䊟

㠯毳爲罽色如虋故謂之䊟虋禾之赤苗也詩曰毳衣如䊟說文段注毳獸細毛也罽西湖毳布也䊟與虋雙聲取其同赤故名略同詩者王風文今詩䊟作璊毛曰璊頳也按許云毳罽謂之䊟然則詩作如璊爲長作如䊟則不可通矣疑此六字乃淺人妄增非許書固有

璊

玧或 玉䞓色也禾之赤苗謂之璊言璊玉色如之說文段注毛傳曰璊頳玉也今本奪玉字䊟即艸部虋字之或體艸部不言或作樠而此見之亦可見或字不能悉載虋聲在十三部與十四部萬聲取近而又雙聲此璊䊟字皆於虋得義也〇譌體有楠

樠

松心木說文段注疑有奪誤當作松心也一曰樠木也廣韻廿二元注曰松心又木名也所據古本也蒙上文松木言之故曰松心謂之樠蓋松心微亦故與䊟璊同音又松心有脂莊子所謂液樠廣韻養韻釋樠曰松脂正樠爲松脂之誤也一曰樠木也者別有木名樠如左傳卒於樠木之下馬融廣成頌陵喬松履脩樠漢書烏孫國山

韻史 卷六十一上第十四部平聲千韻　五七六〇

多松樠是也小顏云樠木名其心似松是小顏所據巳同今本矣舊有樠柄二字一品聲一兩聲左傳樠木音義云郎蕩及又莫昆武元二反馬援傳章懷注曰水經注武陵五溪謂雄溪樠溪酉溪潕溪辰溪蠻土俗雄作熊樠作朗潕作武是皆認樠爲柄耒别其字而强說其音也○管子地員其樠謂木乃樠注云樠木名又左氏莊四年傳注云樠木木名

脂出樠樠然也 莊子人閒世以爲門戶則液樠釋文引司馬注

韻史卷六十一下

泰興何萱石閣譔集 子庚校字

上海顧錫麒竹泉覆審

武進李兆洛申耆鑑定

第十四部平聲

干韻下

齊齒訴

閒 凡山切

閒 平聲兩讀又去聲

閒 古文 隙也 說文段注隙者壁際也引申之凡有兩邊有中者皆謂之隙隙謂之閒閒者門開則中爲際凡鑄維皆曰閒其爲有兩有中一也致工記說鐘銑與銑之閒曰銑閒篆與篆鼓與鼓鉦與鉦之閒曰篆閒鼓閒鉦閒病與瘳之閒曰病閒語之小止曰言之閒閒者稍暇也故曰閒暇今人分别其音爲戶閉切或以閒代閒之閒者隙之可專者也故曰閒廁曰閒迭曰閒隔曰閒諜今人分别其音爲古萈切釋詁毛傳曰閒代也釋言曰閒俔也人部曰俔閒見也广部曰厝石閒見也今音皆去聲凡自其單出言之曰閒○史記魯世家故君臣多閒集解引賈逵又漢書張安世傳集注司馬遷傳集注蕭望之傳贊集注竝云閒隙也萱按餘詳去聲內

閒 空也 漢書高帝紀上集注

閒 裏也 莊子人閒世攘臂于其閒釋文引司馬注

閒 中閒也 漢書嚴助傳而閒獨數百千里注○文帝紀閒者諸呂用事操權注云閒者猶言中閒之時也又管子內業充攝之閒此謂和成注云閒猶中也又墨子經上云有閒中也又云閒不及旁也

閒 廁也 易屯注不容他閒疏

閒 容也 漢書文帝紀集注○禮記文王世子遠近閒二席注云閒猶容也

閒 簡也事功簡省也 釋名釋言語

閒 頃也 莊子大宗師莫然有閒釋文引崔李注又呂覽去私居有閒注○孟子滕文公上醫覽由私姆有闕注云爲閒者有頃之閒也又文選東京賦慨然有閒薛注云有閒謂有項之閒也

閒 須臾也 國業秦策乃留止閒曰注

閒 少時也 列子黃帝立有閒釋丈○黃按有頃少時諸菱皆可平去四讀傳讀去聲者非

閒 謂比曰也 漢書敘傳上閒顏色瘦黑注

閒 分別也 莊子天運食于荀閒之田釋文引司馬注

閒 閒有所閒別也 莊子齊物論小知閒閒釋文

閒 介一也 文選長笛賦是以閒介無蹊注

閒 關設舝也 詩東舝閒關東之聲兮傳

閒 關猶言崎嶇展轉也 漢書王莽傳下閒關至漸臺注○後漢書鄧騭傳注馬援傳注竝云閒關

猶崎嶇也又荀彧傳注云閒關猶展轉也 **黃閒弩名也一名黃肩** 文選射雉賦捧黃閒以密發徐注

姦

○俗有姧 **㤅** 古文 **厶也** 說文段注厶下曰姦衺也二篆爲轉注引申爲凡姦宄之偁俗作姧其後竟用奸字○廣雅釋詁四云姦私也又莊子徐無鬼夫神者好和而惡姦注云私自許者姦也 **姦邪也** 文選西京賦姦宄是防薛注○莊子徐無鬼夫姦病也故勞之釋文引王注云姦者以正從邪也又漢書五行志上及有姦謀注引臣瓚云姦謂邪謀也 **姦惡也** 楚辭招魂多賊姦些注 **姦偽也** 廣雅釋言○周書常訓云遂偽曰姦又寶典十姦注云不誠之行故曰姦 **姦奸也言奸正法也** 釋名釋言語 **姦亂也** 淮南主術各守其職不得相姦注 **亂在内爲姦** 楚辭惜賢盪漻湊之姦咎兮注○書堯典寇賊姦宄鄭注云出内曰姦又一切經音義一引三蒼云在内曰姦在外曰宄 **亂在外爲姦** 左氏成十三年傳○萱按漢書元帝紀集注刑法志集注魏相傳集注又後漢書杜林傳注李固傳注說竝略同 **姦盜也** 廣雅釋詁四○左氏文十八年傳盜器爲姦疏

韻史　卷六十一下第十四部平聲千韻

五七六五

云盜人將用謂之爲姦又淮南氾論姦符節注云姦私亦盜也 **用軌之財者爲姦** 國語魯語 **愚民曰姦** 大戴記虞戴德

葌

○俗有蕑 **香艸也出吳林山** 說文段注中山經曰吳林之山其中多葌艸又云葌山有葌水出焉又云有艸其狀如葌郭云葌即菅誤○山海經中山經青要之山有艸其狀如葌名曰荀艸 **葌蘭也** 一切經音義二又音義十二引聲類○萱按此謂葌即蘭之叚借字

菅

茅也 說文段注詩白華菅兮釋艸曰白華野菅毛傳足之曰已漚爲菅按詩謂白華既漚爲菅又以白茅收束之菅別於茅野菅又別於菅也○廣雅釋艸又史記封禪書而雍菅蒯集解引李奇漢書禮樂志顏如荼注郊祀志注上注引李奇賈誼傳若刈艸菅然注又荀子禮論注又淮南齊俗必有菅屬跳踦注又楚辭招蠢叢菅是食些注竝云菅茅也 **菅茅屬** 爾雅釋艸注又山海經南山經凡鶡山之首其祠白菅爲席注○西山經天常之山下多菅蕙注云菅茅類也 **白華於野已漚名之爲菅** 詩白華箋○東門之池釋文云茅已漚爲菅 **菅艸也**

韻史　卷六十一下第十四部平聲千韻

五七六六

儀禮喪服傳菅屨者釋文又左氏襄十七年傳杖菅屨釋文○杜注云菅屨艸屨又荀子哀公斬衰菅屨杖而啜粥者注云菅非也 **菅蘭也** 漢書地理志下方秉菅兮注○萱按此段菅爲蕑也又管子牧民野蕪曠則民乃菅此段菅爲姦也

鬜

舊山切

鬜禿也 說文段注考工記顅脰注曰顅故書或作牼鄭司農云牼讀爲鬜頭無髮之鬜按大鄭改牼爲鬜而今書作顅頁部云顅頭鬢少髮也是鬜顅音義皆同顅即鬜也明堂位注曰齊人謂無髮爲禿楬釋名曰禿無髮沐禿也鬜頭生瘡曰瘕鬝亦然也鬜與楬皆即鬜也○攷工記梓人釋文引字林云鬜鬢禿也蓋按釋文鬜有苦瞎苦易二反即鬜之入聲也故書牼字與鬜爲一聲之轉

顅

頭鬢少髮也周禮曰數目顅脰 說文段注彡部曰鬜者鬢禿也此音義皆同蓋實一字矣而以顅从頁故云頭鬢謂頭上及鬢夾也鬜从彡故單言鬢考工記數目顅脰故書顅或作牼鄭司農曰牼讀爲鬜頭無髮之鬜司農意謂爲頭毛短也鄭注明堂位曰齊人謂無髮爲禿楬釋名曰禿無髮沐禿也鬜頭生瘡曰瘕鬝亦然也楬

韻史　卷六十一下第十四部平聲千韻

五七六七

與髡皆即鬜字許說周禮與先鄭同後鄭易之曰顅長脰也非許義證以莊子其脰肩肩則後鄭是也肩即顅○萱按莊子叚肩爲顅 **肩肩直兒** 莊子德充符其脰肩肩釋文引簡文注 **肩肩羸小兒** 莊子德充符釋文引李注 **肩肩猶元元也** 莊子德充符釋文引崔注

覵

○俗有覵 **很視也齊景公之勇臣有成覵者** 說文段注很者不聽從也孟子滕文公篇作成覵趙注曰成覵勇果者也廣韻曰覵人名出孟子按成覵淮南齊俗訓作成荊覵爲荊猶攷工記故書顅或作牼也 **覵視也** 玉篇

山

始菅切

宣也謂能宣散氣生萬物也有石而高象形 說文○廣雅釋言云山宣也又古微書引春秋說題辭云山之爲言宣也含澤布氣調五行也 **山産也** 廣雅釋山○釋名釋山云山産也産生物也 **山彰也** 廣雅釋言 **積石曰山** 周禮大宰疏大司徒注○水經禹貢山水澤地所在注引春秋說題辭云陰含陽故石凝爲山又古微書引春秋元命苞云山者氣之苞所以含精藏雲故觸石而出 **山土之聚**

韻史　卷六十一下第十四部平聲千韻

五七六八

也國語周語山者地之基文選琴賦注引春秋運斗樞○左氏莊廿二年傳天下有山也疏云山是地之
高者又易象上傳天下有山疏云山者地之高峻山者高而靜易象上傳山下有風何注○管子形勢解
云山物之高者也山者土之險隔也易隨王用享于西山注○文選顏延年曲水詩序彼瀆斂靈注
云山五嶽也又爲范始與作求立太宰碑表瞻彼景山注云景山謂墳也又漢書地理志下非獨爲奉山圖也注引如淳
云黃圖謂陵冢爲山山川是地之別體也禮記禮器社稷山川之事疏○穀梁成五年傳注云山川
國之鎮也艮爲山易說卦傳謙咸避損鄭注升王用享于岐山荀注象上傳山下有險侯果注地險山川丘陵也
虞注象上傳山下出泉虞注○象下傳信及豚魚也荀注云艮爲山陸又後漢書荀爽傳注云艮爲山夫象也山者
陽位君之象也穀梁成五年經梁山崩注引許說○公羊成五年傳外異不書注云山者陽精德澤所由
生君之象又南齊書五行志引洪範五行傳云山之於地君之象也又後漢楊賜傳注云山君位也山立猶正
立也禮記樂記摠干而山立注○玉藻山立注云山立不搖動也山取其仁可仰也禮記明堂

韻史　卷六十一下第十四部平聲十韻　五七六九

位夏后氏山注又荀子大略天子山冕注云山冕謂畫山於衣而服冕即裘冕也○獨斷下云高山冠齊冠也一曰側注
高九寸鐵爲卷梁不屐箭無山秦制行人使官所官今謂者服之又云方山冠以五采穀爲之漢祀宗廟天子八佾樂五
行舞人服之山罍亦刻而畫之爲山雲之形周禮司尊彝其再獻用兩山尊注○司農
注云山尊山罍也山人虞官左氏昭四年傳山人取之注山靈山神也後漢書班彪傳下注
○管子四時毋發山川之藏注云山藏謂銅銀之屬藏在山者七曰山龜爾雅釋魚

邖

地名說文

潸

涕流兒詩曰潸焉出涕說文段注焉韻會作然○詩大東潸焉出涕傳又後漢書劉陶傳注又晉
書音義下竝云潸涕下兒又一切經音義十九引字林云潸涕泫下兒也潸者謂長垂淚也史記扁鵲
倉公傳流涕長潸索隱○漢書中山靖王勝傳潸然出涕注云潸垂涕兒

刪

剟也說文段注凡言刪剟者有所去即有所取如史記司馬相如傳曰故刪取其要歸正道而論之刪取猶節取也

韻史　卷六十一下第十四部平聲十韻　五七七〇

謂去其脩歷過實非義理所尚取其天子芒然而思己下也既錄其全賦矣謂之刪取何也言錄其賦之意在此不在彼也
藝文志曰今刪其要以備篇籍刪其要謂取其要也不然豈劉歆七略之要孟堅畫刪去之乎詳言之則如律麻志曰刪
其僞辭取其義者著於篇約言之則如相如傳藝文志棻氏爲削鄭云今之書刀凡艸擲不定者以削削之謂之刪因之
凡刊落不用者皆謂之刪刪削也漢書兩吉傳集注○晚出書孔序刪詩爲三百篇疏云就而滅削曰刪刪
刊也漢書刑法志集注刪除也一切經音義一引三蒼刪定也一切經音義一引聲類○後漢
書孔奮傳注云刪定其義也

⿱冊心

疾利口也詩曰相時⿱冊心民說文段注疾惡也謂疾惡利口之人也般庚相時⿱冊心民猶胥顧于箴
言謂惟憎惡利口之人尚能相與稍顧清議女部姍訓誹也漢書姍笑與⿱冊心義略同按當讀如刪大徐息廉切非也篇韻
皆同其誤久矣相時⿱冊心民詩無此語尚書殷庚上曰相時憸民集韻引說文作兩書相時⿱冊心民豈丁度等所見不誤與玉
篇廣韻集韻類篇皆不言憸⿱冊心爲一字立政兩言憸人釋文曰憸本又作⿱冊心是則當爲一字矣而⿱冊心从冊蓋从⿱冊心省聲如

韻史　卷六十一下第十四部平聲十韻　五七七一

姍嫺字之比漢石經尚書殘碑此字作散散即散疑古文般庚作⿱冊心今文般庚作散異字同音⿱冊心訓疾利口與憸訓詖邪
異字異音異義不知者乃提而一之般庚或作憸民立政或作⿱冊心人皆淺者所爲耳無容同字而許異訓也凡釋文云本
又作之下往往出古字序內所云兼采說文字詁以示同異者此云本又作⿱冊心正用說文仍襲舊說未家定般庚有⿱冊心而
立政無⿱冊心也

閑 何顏切

或作嫺闌也說文段注引申爲防閑古多借爲清閑字又借爲嫺習字○易家人釋文引馬注又國語楚語而遠
備閑之注竝云閑閑也又漢書百官公卿表上龍馬閑駒注云閑閑養馬之所也閑限也太乎親中心閑也注
○漢書戾太子傳集注云閑猶限也閑閑也易大畜日閑輿衛注又釋文閑閑也太乎閑閑其藏注○
乎錯云閑座塞又乎衛云閑孫閑遯也廣雅釋詁二閑防也易家人閑有家釋文文言傳閑邪存其誠
宋衷注又左氏昭六年傳閑之以義注又漢書刑法志集注閑謂防衛也左氏昭六年傳疏○襄廿一年
經注盈不能防閑其毋疏云閑是欄衛禁防之名也又詩敝笱序不能防閑文姜疏云閑亦防禁之名又周禮牛人疏云

韻史　卷六十一下第十四部平聲十韻　五七七二

言閑見其防衛閑謂扞禦穀梁桓二年傳孔父閑也注閑正也廣雅釋詁一閑猶法也論語子張大德不踰閑集解引孔注又皇疏○廣雅釋詁一云閑瀍也閑梐枑周禮虎賁氏舍則守王閑注閑暇也閑靜言無欲也萱按閑下詳閑習也閑之者何貫之萱按詳嫺下

閒

再見閖古文隙也說文萱按已詳几山切下此讀皆其引申也閒謂空隙也漢書曹參傳時閒自從其所隸參注鮑宣傳顧賜數刻之閒注翼奉傳顧復賜閒注○公孫弘傳今事少閒注云閒言有空隙也又李尋傳唯弃須臾之閒注云閒謂空隙之時也又鄒陽傳乘閒而請曰注云閒謂空隙無事之時又季布傳侍閒果言如朱家指注云閒謂事務之隙空寬曰閒楚辭招魂像設君室靜閒安些注閒大也書大傳閒尾倍其身注又文選魏都賦注引韓詩章句閒暇也左氏昭五年傳閒而以師討焉注又楚辭湘君期不信兮告余以不閒注閒息也國語晉語可以少閒注閒靜也楚辭招魂侍君之閒些注又文選登徒子好色賦玉為人

韻史 卷六十一下第十四部平聲千韻

五七七三

體兒閒麗注閒清閒也文選魯靈光殿賦西廂踟躕以閒燕張注○禮記曲禮上少閒疏云閒謂清閒也閒私也漢書韓王信傳集注又後漢書鄧禹傳因留宿閒語注獨行譙玄傳閒竄歸家注○史記黥布傳索隱引鄒氏云閒猶閒也謂私也閒行猶微行史記越世家請閒行言之索隱又後漢馮異傳異閒出行屬縣注○漢書郊祀志上集注云閒微也閒燕猶清淨也國語齊語處士使就閒燕注○禮記孔子閒居釋文云退燕避人曰閒居閒民謂無事業者周禮大宰九曰閒民無常職司農注○旅師掌聚野之耡粟屋粟閒粟注云閒粟閒民無職事者所出一夫之征粟閒大也謂閒然大也文選魏都賦注引韓詩章句○萱按古多借閒為閒閒暇也漢書東方朔傳集注閒暇不驚恐也文選鵩鳥賦兒甚閒暇注閒幽閒也文選曹子建樂府美女篇美女妖且閒注閒靜言無欲也淮南本經閒靜而不躁注閒閒盛也廣雅釋訓閒閒無所容兒莊子齊物論大知閒閒釋文引李注閒閒廣博之兒莊子齊物論釋文引簡文注閒閒動搖也詩皇矣臨衝閒閒傳閒閒然男女無別

韻史 卷六十一下第十四部平聲千韻

五七七四

往來之兒詩十畝之閒桑者閒閒兮傳

嫺

或作嫺嫺雅也說文段注三字句相如傳雍容嫺雅雅之段借之義為素也嫺雅今所謂嫺習也嫺古多借閒為之邶風棣棣毛傳曰棣棣富而閒也今本作閒習杜注左所引無習字蓋古本也習則能暇故其字從閒○後漢書北海靖王興傳注云嫺雅也又馬援傳注云嫺雅猶沈靜也閒雅也文選舞賦注引埤蒼閒都雅麗也漢書司馬相如傳上妖冶閒都注○萱按史記及文選上林賦作妖冶嫺都用本字閒習也文選東京賦既信且閒薛注閒習也爾雅釋詁又易大畜日閒輿衛釋文引馬注家人閒有家釋文引鄭注又詩駟鐵四馬既閒傳卷阿既閒且駟箋又孟子滕文公下閒先聖之道注又荀子脩身注萱按皆段閒為嫺也○周禮大司馬之職疏云閒之者之習坎為閒習易大畜虞注閒之者何貫之詩六月正義引書大傳多見曰閒荀子脩身

憪

或作憪愉也說文段注廣韻曰憪心靜然則今人所用閒靜字當作此字許云愉者即下文愉愉如也之愉謂憯

韻史 卷六十一下第十四部平聲千韻

五七七五

怕之樂也憪寢視不安之兒憪然猶介然也萱按此段憪為憪也上聲內詳之

癇

或作嫺病也說文段注方書小兒有五癇王符貴忠篇云哺乳多則生癇病玄應引聲類云今謂小兒癇曰癇也○廣雅釋詁一云癇病也

瞯

或作瞯戴目也江淮之閒謂眄曰瞯說文段注戴目者上視如戴然素問所謂戴眼也諸書所謂望羊也目上視則多白故廣韻云瞯人目多白也爾雅釋畜一目白瞯瞯同瞯亦作驪引伸為闚伺之義如孟子王使人瞯夫子是方言瞯眄也吳楚江淮之閒或曰瞯或曰路瞯目病也吳江淮之閒曰瞯爾雅釋畜釋文引蒼頡

驪

或作驪馬一目白驪二目白魚說文段注一字滕目部曰瞯戴目也爾雅釋文引倉頡篇瞯目病也廣韻曰瞯人目多白也是則人目白曰瞯馬目白曰驪驪即从瞯省爾雅釋畜驪作瞯二當作一按釋畜曰一目白瞯二目白魚魯頌毛傳正義本作二目白曰魚釋文本作一目白曰魚以理覈之蓋陸本是孔本非毛傳是爾雅誤傳言

韻史 卷六十一下第十四部平聲千韻

五七七六

一目者以別於二目也假令二目白則傳不言二許本毛則必上句言目白下句言一目白毛本爾雅則知爾雅轉寫失則其眞也魚字林作驗許無驗字類言之

鷴

或作鵰

雕也 說文段注隹部曰雕雞也雞雕也又名鷴今之鷂鷹也廣雅曰鷴鴟夏小正謂之弋十有二月鳴弋弋卽雕也弋之字變爲鳶讀與專切鳶行而弋廢矣鳶讀與專切者與鷴疊韻而又雙聲毛詩正義引倉頡解詁鳶卽鴟也然則倉頡有鳶字从鳥弋聲許無者謂鷴爲正字鳶爲俗字也毛詩四月匪鶉說文作匪鳶陸釋文作匪鳶不獨改其字且非其物矣大雅鳶飛戾天魚躍于淵語與四月相類鳶亦當爲鳶箋云鳶鴟之類云類則別於鴟經文字本爲鷴明矣正義又引說文云鳶鷙鳥也此亦引說文鳶鷙鳥而從俗寫爲鳶耳蓋唐初已認鳶爲鳶二字不分故正義不能質言

鷴鷗老鴟也 廣雅釋鳥○後漢班固傳上招白閑注云白閑本或作白鷴鷴謂鳥也萱按鷴閑正借字

孱

龍顏切

迮也一曰呻吟也 說文段注按此迮當爲窄今之窄字也

孱小兒 大戴記曾子立事君子博學而孱守之注孱小兒

冀州人謂愞弱爲孱 漢書陳餘傳吾王孱王也注引孟康○史記張耳陳餘傳索隱引

引服虔云孱弱小兒也○萱按孱之訓愞弱訓仁謹皆叚孱爲孱也

孱仁謹兒 史記張耳陳餘傳索隱引韋昭

孱恧也 廣雅釋詁三

孱顏不齊也 漢書司馬相如傳下驤以孱顏注

顏

仰閑切

顏 籀

眉之閒也 說文段注各本作眉目之閒淺人妄增字耳今正眉與目之閒不名顏釋言曰猗嗟名兮曰上爲名郭注云眉眼之閒西京賦名作眝薛注曰眉睫之閒是不謂之顏也若云兩眉閒兩目閒則兩目閒已是鼻茎謂之頞又非顏也面下曰顏前也色下曰顏氣也是可證顏爲眉閒醫經之所謂闕道書所謂上丹田相書所謂中正印堂也按庸風揚且之皙也子之清揚揚且之顏也傳曰揚看上廣也清視清明也揚且之顏者廣揚而顏角豐滿也毛云顏角蓋指全頟而言中謂之顏旁謂之角由兩眉閒以直上皆得謂之顏醫經頟曰顏曰庭是也國語角犀豐盈亦角謂旁犀謂中犀牛一角在鼻一角在項故相法有骨自印堂至項者曰伏犀貫項若方言云瀨頟顏頟也湘江之閒謂之瀨中夏謂之頟東齊謂之顏汝潁淮泗之閒謂之顏此則休方語通謂額爲顏非毛許意也小雅顏之厚矣凡羞愧喜憂必形於顏謂之顏色故色下曰顏气也○國語齊語天威不違顏咫尺注云顏眉目之閒萱按此目字亦後所增顏

頟也 廣雅釋親又小爾雅廣服又素問刺熱篇心熱病者顏先赤注○左氏僖九年傳注常在顏而之前鼠云顏謂頟也

顏頟顙也 史記高祖紀隆準而龍顏集解引應劭顏見也太卆積盤而顏而汝

顏之言 漢書嚴助傳以

氣畔也 古激書引春秋元命苞

顏行猶鴈行在前行故曰顏也 逆執事之顏行注引文穎

虤

虎怒也从二虎 說文段注此與狀兩犬相齧也同意

齊齒呼二

肩

几遷切

肩 俗

髆也 說文段注骨部曰髆肩甲也肩從門戶於義無取故爲俗字

肩堅也 釋名釋形體○爾雅釋地云北方有比肩民焉迭食而迭望

肩勝也 爾雅釋詁○舍人注云肩強之勝也

肩克也 爾雅釋詁○又肩勝也注云肩卽魁耳

肩作也 爾雅釋詁

肩任也 書般庚下朕不肩好貨晚出傳

肩臂 髃肱骨 儀禮少牢饋食禮肩臂臑注

黃肩卽黃閒也 漢書李廣傳自以大黃射其裨將注引晉

灼○文選射雉賦徐注云黃閒皙名也一名黃肩

肩肩直兒肩肩纖小兒肩肩猶元元也 萱按此叚肩爲顏也

獸三歲爲肩 萱按此叚肩爲豜也豜在十二部亦云四歲爲肩

鞬

○俗有韄

所以戢弓矢 說文段注左傳左執鞭弭右屬櫜鞬杜曰櫜以受箭鞬以受弓方言所以藏弓謂之鞬釋名受矢之器馬上曰鞬鞬建也言弓矢竝建立其中也廣韻曰馬上藏弓矢器

鞬弓弢也 國語晉語注

藏弓謂之鞬 ○後漢書董卓傳注又南匈奴傳注云藏弓爲鞬○馬融傳注引禮記鄭注云鞬讀爲鍵謂藏閉之也又廣雅釋器云鞬弓藏也

弓韔謂之鞬 注引通俗文後漢禮儀志

鞬弓衣也 帶弓鞬羅後注又左傳僖廿三年釋文

鞬以藏箭 後漢馬融傳注○西羌傳注云鞬箭服也

鞬猶束也 漢書韓延壽傳○後漢書崔寔傳注

攑

舊箋切

舉也 說文段注此篆各本作攑云對舉也从手輿聲以諸切下文出揚歌二篆卽出攑篆云對舉也居許切不特義同形聲亦皆不甚異讀許者往往疑焉今按玉篇列字次第挬下揚上作攑丘言切舉也說文挬下揚上則作攑顯是攑

攐

篆之譌蓋備爲作玉篇時所據說文未誤也說文本有擧無
擧後人自譌外耳廣韻廿二元亦曰擧擧也上林賦毛詩箋
漢書音義通俗文皆有揵 揵擧也 史記司馬相如傳揵鰭
卽此擧篆也字从手擧會意搰尾正義又漢書相如
傳上集注又文選上林賦注引郭璞○
萱按此段揵爲擧也揵者楗之俗字
○俗 樞衣也 說文段注高注淮南曰樓縮也按詩言褰裳當
有擅作此篆褰訓絝非其義也亦有作褰者謂虧其
下體之衣絝作褰爲長禮記曲禮上暑無褰裳注又
○廣雅釋言云攐樞也 褰袪也 楚辭遠逝褰虹旗於玉門注
○萱按此段 褰閑也 文選射雉賦褰微 擔縮也 淮南假員擢
褰爲攐也呂以長眺徐注史記司馬相如傳欒
漢書司馬相如傳上集注引張揖云褰縮也積褰綁索隱引蘇林
注引張揖云褰後漢書注 褰綁縮戲之也

攓 蹇

或作擇搴○ 褰裳涉水也 後漢書注
上明讀注在平聲 明傳注崔
平上 走皃 說文
明讀

騫

馬腹墊也
說文段注墊各本縶自篇韻已然小徐作熱則更
誤今正土部曰墊者下也引春秋傳墊隘馬腹墊
正俗所云肚腹低陷也仲尼弟子列傳閔損字子騫是其義
矣考工記小體騫腹謂之羽屬詩無羊天保傳皆曰騫虧也
亏部曰不者气損也詩騫裳字本用此見詩左傳釋文騫
謂樞衣天使盈滿也俗借褰綺字爲之錯習者不知其非矣
虧也 詩傳保不騫不騫損也漢書盡 騫違也 後漢書李固
荀子正名無羊同注云騫傳集注萱按 騫聳皆驚懼之意也 杜喬傳注○
此騫引申之永思分謂爲之答段借也
文選顏延年傳注遊亦可謂爲愆之萱按此段也
曲阿後湖詩注 騫拔取之 騫爲挾也 騫飛也騫擧頭皃也
萱按此段

愆

騫爲騫
○俗○
有僁 寒 或 侃 言 箱 過也
說文段注過者度也凡人有所失
則如或梗之有不可徑過處故謂
之過○易歸妹愆期廣注又詩咀匪我愆期傳楚茨式
禮莫愆箋假樂不愆不忘箋蕩既愆爾止箋又儀禮士昏禮
記夙夜無愆注又左氏宣十一年傳愆不愆于素釋文昭四年
傳則冬無愆陽注昭十五年傳好惡不愆注又論語季氏侍

遃

於君子有三愆集解引孔注又皇疏又國語吳語舍其愆合
注又漢書宣帝紀集注五行志中之上中之下集注東方朔
傳集注匡衡傳集注又後漢章帝紀注王梁傳注阜陵賀王
延傳注張綱傳注又孟子離婁上注又太卒樂亡彼愆虞注
法終于愆注去動有愆注又楚辭哀郢何百姓之震愆注又
文選東京賦注必三思以顧愆蘇注劉越石扶風歌注引易王
肅注故云 騫過也 周書 諐過也 爾雅釋言又禮記注愆過也後
愆過也文選謝法西池詩繙衣不愆于儀注 失所爲愆 漢
馮防注 愆過期也 文選遊西池詩注人歲月注 愆違也 漢書王蒼注祗以愆蹇
傳注用十六年傳美○云昭廿六年傳中集注東京賦注
左氏哀十六年傳愆厥位而注愆失也○釋文昭其愆尤蘇注左氏昭廿
年傳列子黃帝已元愆正借字云 愆短也 愆惡疾也 六年傳王
之也 李又作騫萱按騫注此段騫字爲愆也
身於厥 騫違也 騫咎也 萱按此段古亦或省愆行下
過也 說文段注本義此爲經過之過心部愆寒首無失道之
迟 然其義相引伸也故漢書劉輔傳云元首無失道之過

鬻

飦 或餰又有鬻鬻○或書作 飦 或 健 或 鬻也
說文段注按此當去
虔切鬻或作餰猶愆
作譽也淺人謂卽饘字不分故同切諸延耳荀卿書作酒醴餰
鬻內則曰取稻米舉糔溲之小切狼臅膏以與稻米爲酏注
此周禮酏食也此酏當從餐周禮醢人酏食注曰酏餐也引
內則取稻米云云正作餐字按禮問忘曰內則注餐次糝周禮
酏次糝酏在六飯中不合在豆且內則有餐無酏周禮有酏
無餐明酏餐是一也故破酏從餐也據此則內則本作餐字
注中此酏當從餐謂周禮此酏字當從內則作餐字言此酏
者以別於六飲之酏也今本內則作酏漢人所改孟子曰飦
鬻之食麵曰飦麋鬻也麋同麋韻會飦饘也廣雅釋器
引左傳注健於是鬻於是今未詳所據

漾遷切

越 辛 蔫 嫣

蹇行越越也 說文
皋也 說文段注皋犯法也
廣韻曰辛古文愆
菸也 說文段注 菸也 廣雅釋詁四
不鮮也
或作嗎嘆○平
去田讀注在彼

鄢

平去兩讀 ●俗有隔 南郡縣孝惠三年改名宜城 說文段注南郡宜城二志同前志曰宜城故鄢惠帝三年更名按今湖北襄陽府宜城縣西南九里故鄢城亦謂之宜城縣是也左傳昭十三年王沿夏將欲入鄢杜曰夏漢別名順流爲沿順漢水南至鄢也秦昭襄王廿八年白起攻楚取鄢鄧二十九年白起攻楚取郢爲南郡高誘曰秦兵出武關則臨鄢下黔中則臨郢也按春秋經傳鄭伯克段于鄢晉及楚鄭戰于鄢陵說者謂潁川郡地也前志作傿陵○左氏莊廿八年傳釋文引字林云鄢作傿又史記晉世家兵敗于鄢陵集解引徐廣云鄢一作焉萱按傿俗字焉借字班志傿亦段借

鄢郢楚都也 楚辭遺厄見鄢郢兮舊字注

鄢妘姓之國 周語 國語 皆鄢之亡也由仲任注

鄚

地名 說文段注齊有高鄚卿高傒高傒之子孫左傳曰敬仲之曾孫者古人立文後裔統云曾孫

燕國名 左氏隱五年傳衛人以燕師伐鄭釋文又穀梁桓十二年傳燕人釋文襄廿九年傳高止出奔北燕釋文○詩韓奕燕師所完釋文引王肅孫毓並烏賢反云北燕國萱按燕讀平者段爲鄚字也國與地从邑是其理也然韓奕燕譽燕師釋文

並於遍於顯二反並訓爲安惟孫王讀烏賢反耳燕之訓安乃宴之段借字得無國名亦取段借之義乎則無煩改讀矣乃自孫王後國名之燕皆讀平

燕今漁陽薊縣 國語齊語以燕爲主注○詩甘棠序注後封于燕釋文云燕國名今涿郡薊縣是也

燕宛也北方沙漠廣平此地在涿鹿山南宛宛然以爲國都也 釋名釋州國

燕京山亦管涔之異名也 水經汾水出太原管涔山注

燕支飯也 廣雅釋器

仚 向遷切

人在山上皃 說文段注引伸爲高舉皃顏元孫引鮑明遠書勢云鳥仚魚躍

鶱

飛皃也 說文段注楚辭風鶱鶱而飛翾 鶱鶱飛也 廣雅釋訓○又云鶱鶱飛萱按鶱正字鶱借字

鶱飛也 廣雅釋詁三 鶱舉頭皃也 楚辭大招㞕鶱只注王 軒飛也軒鶱謂飛翱上下也軒軒將止之皃 萱按皆段軒爲鶱也詳軒下

軒

曲輈藩車也 說文段注謂曲輈而有藩蔽之車也曲輈者戴先生曰小車謂之輈大車謂之轅人所乘欲其

安故小車暢轂梁輈大車任載而已故短轂直轅艸部曰藩者屏也服虔注左傳薛綜解東京賦云劉昭注輿服志皆曰車有藩曰軒皆同許說許於藩車上必云曲輈者以輈穹曲而上而後得言軒凡軒舉之義引申於此曲輈所謂軒轅也杜注左傳於軒皆曰大夫車定九年曰犀軒卿車

車有輜者謂之軒 積漢輿服志上黑輜右雜注又文選羽獵賦儀軒冕注引韋昭○左氏定九年傳疏云軒曲稱也謂軒車有蕃蔽也萱按輜者藩之俗蕃者藩之借即說文所謂藩車也曲稱當作曲輈輈稱由雙聲而誤也此不當言稱

軒安車也 一切經音義六引聲類○家語五儀注又漢書外戚傳上集注故云軒謂軒車

軒車也 左氏哀十一年傳外州人奪之軒以獻注○文選魯靈光殿賦軒冕以廧張注云車曰軒又別賦朱軒繡軸注云軒車通稱也

軒輿也 書大傳不得乘朱軒注○後漢陳忠傳注云朱軒車使者所乘

後重曰軒 御覽七百七十三引通俗文

軒轅者輕車名也 楚辭招𢜶軒輬既低注

皮軒以虎皮爲之 文選東京賦鸞旗皮軒薛注又獨斷下

文軒文錯之軒也 國策宋策舍其文軒注

軒長廊之有𢜶也 文選魏都賦周軒中天注琴賦若乃高軒飛觀

注左太沖拔軒臨前庭注曹子建贈徐幹詩流焱激櫺軒注七命承倒景而開軒注○謝宣遠荅靈運詩開軒滅華燭注云軒窗也又陸士衡樂府吳趨行回軒啟曲阿注云軒長𢜶也又蜀都賦開高軒以臨山劉注云高軒堂左右長廊之有𢜶者又沈休文學省愁臥詩愁人掩軒臥注云軒長廊也

文軒彫窗也 文選嘯賦撫文軒而騁望注七啟俯乃御文軒注○景福殿賦方軒九戶注云方軒併窗也

軒謂檻上板也 華嚴經音義上引漢書音義○文選甘泉賦據軨軒而周流兮注引韋昭別賦月上軒而飛光注並云軒檻板也又曹子建禊詩注引韋昭云軒檻上板也又上林賦宛虹拖於楯軒注引司馬彪云軒楯下版也又七啟注云軒殿檻也又後漢書張奐傳注云軒殿檻闌板也又獻穆曹皇后紀注云軒闌楯也又班彪傳上注杜篤傳注並云軒樓板也又楚辭招魂檻層軒些注云軒板也

或曰軒前有伏似殿軒也 釋名釋宮室

軒起也 禮記樂記武坐致右憲左疏又史記樂書正義○文選射雉賦鬱軒翥以餘怒徐注云軒起望也

軒飛皃 文選五君詠交呂既鴻軒注贈蔡子篤詩歸鴈載軒注○萱按此軒再引申之義亦可謂爲軒之段借矣

軒鶱謂飛翱上下也 後漢書班彪傳

下注軒軒將止之皃楚辭悼亂鶬鶴兮軒軒注軒寬悅之皃莊子天地注軒轅黃龍體女主後宮之象也後漢書郎顗傳軒轅者後宮也注○洪範五行傳以妾為妻注云軒轅為后妃又淮南天文云軒轅者帝妃之舍也宮縣四面縣軒縣去其一面周禮小胥王宮縣諸矦軒縣司農注又云軒縣三面其形曲○後鄭云軒縣去南面辟王也又家語正論請曲縣之樂注云諸矦軒縣軒縣闕一面也故謂曲縣之樂軒城者缺南面以受過也公羊定十二年傳百雉而城注肉腥細者為膾大者為軒禮記內則○內則野豕為軒注少儀野豕為軒注竝云軒藩類也又內則皆有軒釋文云軒切內如萓葉也萓按注云軒瓚為憲則軒為段借字注又云軒或為胖軒于蕕艸也漢書司馬相如傳上卷聞軒于注引張揖○萓按晚出字作蓒，

驒 郎遷切

又十七部義分驒騱連野馬屬一曰驒馬青驪白鱗文如鼉魚也說文段注爾雅騊駼馬野馬故許謂驒騱為野馬屬郭注子虛賦曰野馬如馬而小驒騱駏驉類也郭璞張守節皆音顛大徐

韻史 卷六十一下第十四部平聲千韻 五七八九

代何切乃下文別一義之音也驒騱合二字為一物驒馬單言驒為一物名之宜正者也青黑色之馬起白片如鱗然釋畜曰青驪驎驒魯頌毛傳同郭云色有淺深班駁隱驎今之連錢驄也郭意與許略異文如鼉魚也謂如鼉魚青黑而白班也鼉見黽部謂之魚者水蟲皆得名魚也似鯢魚則曰駁似鼉魚則曰驒音各相同也徒何反十四十七部之合音驒騱巨虛之屬史記匈奴傳集解引徐廣○驒白馬黑髦也詩駉有驒有駱釋文引韓詩及字林驒驒嘽息之皃驒驒盛也萓按竝段驒為嘽也白馬黑脊驙廣雅釋獸○萓按此段驙為驒也瓚代何切

⿺走亶 掌遷切

○俗有邅趁也說文段注按趁⿺走亶即屯六二屯如亶如馬融云難行不進之皃亶俗本作邅葉林宗抄宋版釋文呂祖謙音訓皆作亶馬部作駗驙駗驙馬載重難也皆雙聲疊韻疑兩纂下本皆作趁⿺走亶也○萓按趁下云⿺走亶也是為轉注單字皆可用非必二字連文矣

驙

駗驙也易曰乘馬驙如說文段注周易屯六二屯如亶如乘馬班如亶俗作邅宋時經典釋文不

韻史 卷六十一下第十四部平聲千韻 五七九〇

誤許所據易蓋上句作駗如驙如乘馬二字當為誤文○說文駗下云駗驙馬載重難也萓按載者所負何也重難連緜字驙難也廣雅釋詁三白馬黑脊驙萓按此段驙為驒

僤

重見僤僤舒閒之皃莊子田子方僤僤然不趨釋文引李注僤回運轉也楚辭惜誓僤回而不息注僤佃猶低佃也楚辭惜誦欲僤佃以干傺兮注

饘

○浴有糧糗糜也周謂之饘宋衛謂之餰說文段注米部曰糜糝也糝以米和羹也按以米和羹者鼎寶也故正考父鼎銘曰饘於是鬻於是以餬余口宋衛謂之餰此五字各本作宋謂之餬四字今依檀弓音義初學記正餥者鬻之或字見籀部去虔切一人妄謂鬻饘同字故於此改餰為餬耳○左氏傳廿八年傳甯子職納橐饘馬注又方言一凡相謂而食客饘注又家語觀周注又後漢樊儉傳注臧洪傳注竝云饘糜也又管子山權數湯七年旱為五年水民之無⿰米亶賁子者注云⿰米亶糜也厚曰饘希曰鬻禮記檀弓上饘鬻之食疏○內則饘餰釋文云饘厚鬻也饘鬻餬屬左氏昭七年傳饘饘于是鬻于是注

韻史 卷六十一下第十四部平聲千韻 五七九一

旃

旜 或

旗曲柄也所以旃表士眾周禮曰通帛為旃說文段注漢田蚡傳曰前堂羅鐘鼓列曲旃蘇林曰禮大夫立曲旃曲旃柄上曲也按蘇林所據禮正與周禮司常孤卿建旜大司馬師都載禮合帥都遂大夫也左傳曰昔我先君之田也旃以招大夫正謂大夫用旃也膚風傳曰干旌大夫之旃子虛賦罷魚須之橈旃張揖曰以魚須為柄師古曰橈旃即曲旃也旃表之旃當為展以疊韻為訓聘禮曰使者載旜注云載之者所以表識其事也及竟張旜楚注云張旜明事在此國也此與仲秋治兵載旜皆展表士衆之義通帛為旃司常職文注云通帛謂大赤從周正色無飾爾雅因章曰旃郭云因絳帛之文章不復畫之段借為語助如尚慎旃哉傳曰旃之也周禮禮經皆作旜○詩干旌釋文又左氏傳廿八年傳亡大旃之左旃注定四年傳以大路少帛緒茷旃旌注又賈注又漢書司馬相如傳上注引郭璞田蚡傳注引如淳又文選西京賦虹旃蚖旌薛注東京賦琊習重旃薛注竝云通帛曰旃又儀禮鄉射禮記龍旜注既夕記注竝云通帛為旜又孟子萬章下虔人以旃注云因章曰旃旃通帛也又釋名釋兵云通帛為旃旃戰也戰戰恭己而已通以赤色為之無文來三孤所建象無事也旜旌旗之屬也儀禮聘禮

韻史 卷六十一下第十四部平聲千韻 五七九二

韻史　卷六十一下第十四部平聲千韻　五七九三

注旣夕記注○文選陸士衡樂府飲馬長城行收功單于旃
注云旃旌旗也又穀梁昭八年傳置旃以爲轅門注云旃旌
旌之名又漢書田蚡
傳注云旃旗之名也
旃謂旜也
文選西京賦
樹修旃薛注
旃帳也
文選石
季倫王
明君辭注引漢書音義○萱按此段旃爲氈也又儀禮古
文段旃爲旜又爾雅太歲在乙曰旃蒙史記麻書作端蒙
旃之也
左氏桓十年傳虞公求旃注襄廿八年傳其將聚而殲
旃注又廣雅釋言又漢書楊惲傳集注又後漢應邵傳
注張衡傳注○漢書王貢兩龔
鮑傳舉兹以旃注云旃亦之也
旃焉也
小爾雅廣訓○詩采
苓舍旃舍旃箋云旃
之言
焉也
或作
旜

氈

撚毛也
說文段注手部曰撚者蹂也撚毛者蹂毛成氈
也周禮掌皮曰共其毳毛爲氈古多假旃字
氈旃也毛相著旃旃然也
釋名釋
牀帳
旃帳也
文選石季倫王明
君辭注引漢書音
義○萱按此段旃爲氈也又老子注必知氈裘釋
文又爾雅釋艸注音氈氈毾釋文妣云氈本作旃
或作騗○騗
作騑者鴇

鸇

鸇
藷
鷐風也
說文段注秦風作晨風釋鳥毛
傳皆云晨風鸇也郭云鷂屬孟

韻史　卷六十一下第十四部平聲千韻　五七九四

子趙注謂之上鷂戰國策宋康王之時有雀生鸇於城之陬
新序作鷂一字也今戰國策誤爲鸇通鑑作鸇不誤而集韻
不
收
晨風一名鸇鸇摯鳥也
爾雅釋鳥
舍人注
鸇似鷂青色
詩晨風釋
文引艸木
疏○新序襍事四云鸇者
黑色食爵大于爵害爵也
鸇亦鴟屬也
山海經西山經諸呲
鷹鸇之所宅也注

鱣

○俗
有鱣
鱣
籀
鯉也
說文段注衛風毛傳曰鱣鯉也許本之以
鮪絡例之此當同鄭曰大鯉也蓋鯉與鱣
同類而别異猶絡與鮪同類而别異鱣从兒鱣爲聲○詩碩
人鱣鮪發發傳四月匪鱣匪鮪箋又書大傳江鮮注拉云鱣
鯉也又詩滑有鱣有
鮪箋云鱣大鯉也
鱣今江東呼爲黃魚
爾雅釋魚鯉鱣注
○萱按爾雅鯉鱣
爲一物毛鄭許同此古說也陸璣高誘郭璞陸德明皆以鱣
爲黃花魚此據滑鱣鯉並言而不知其爲屬而别也後人皆
守陸郭等
之義矣
鱣魚大魚也
山海經西山經渭水鱌魚其狀如鱣
魚注○詩碩人釋文云鱣大魚口在
領下長二三大江南呼黃魚又淮南汜論牛號之涔不能生
鱣鮪注云鱣大魚長大餘細鰭黃首白身短頭口在腹下又
呂覽本味鱣鮪之醢
注云鱣大魚也
鱓鮪魚名
淮南齊俗鱓鮪入口若露而
死注○萱按此段鱓爲鱣也

籠箋切

延　脠　梴

韻史　卷六十一下第十四部平聲千韻　五七九五

楊宸傳段
鱣爲解
或作
延
安步延延也
說文段注延从廴止引而復止是安步也
魏志鍾會兄子毅及峻延下獄裴曰延勅
連反按即延字也
止之謙燮作山
○作脠
者謂
生肉醬也
說文段注廣韻曰魚醢也引說文云肉醬
釋名齊民要術有生脡按此字從延非從
延也目部木部
作梴脡篆大徐不
梴同今本說文梴
誤而注誤云延聲
生脡以一分膾二分細
切合和梴攬之也
釋名釋飲食○萱按脡
梴字舊皆誤从延今正
本韻三見○俗作
梴又有埏梴梴
長也
說文段注商頌松桷有梴傳曰梴長
兒此許所本也字林云挻長也丑連
反此又本許也自寫詩者謌从木作梴又以梴窴入說文木
部而終古長誤矣此義丑建反若老子挻埴以爲器其訓和
也柔也其音始然反音饘其俗字埏見於詩老子音義甚
明而今李謌外又方言梴取也凡取物而逆謂之基楚部或
謂之梴此義音羊饘反篆體右蓋从延廣雅釋詁二又老
子釋文引字林效云梴長也萱按經典梴字無不从延并說

始箋切

梴　挻

韻史　卷六十一下第十四部平聲千韻　五七九六

文亦爾今衡正之凡十四部延聲之字疑皆當作延若
延从广聲古音當在十六部矣學者可由梴字推之
埏竟
也
方言十三又
廣雅釋詁三
碓機陳魏宋楚自關而東謂之梴
方言
五
已見梴下可梶而
一之○俗作梴
長木也詩曰松桷有梴
說文段注見商頌
毛云長兒按此篆
疑後人所增毛詩本從手作梴不從木也商頌音義曰有梴
丑連反又力鱣反長兒柔梴物同耳字音饘俗作埏又道德
經音義曰梴始然反河上云和也聲類云柔也字林云長也
丑連反一曰柔梴方言云取也玉栽謂梴埴字俗作埏古作
梴柔也陸氏於商頌云梴長兒又云柔梴物同謂柔梴與長
兒無二字也於老子梴埴云和也柔也而又引字林云長也
謂長與柔梴無二字也陸氏毛詩李從手作梴明甚今本音
義作木旁廷非也白氏六帖於松柏類引詩松桷有埏勑延
切字正作梴之俗字是亦可以證商頌之李作梴也五經文
字木部有梴云見詩頌蓋所據己爲誤本矣故曰梴篆淺人
以誤本毛詩屬入者也手部曰梴長也此正用
商頌傳也是說明而治說文者可删此篆矣
凡三見○
俗有埏
柔也
老子梴埴以爲器釋文引聲類
又一切經音義十七引字林
梴柔挻
老子
釋文

韻史　卷六十一下第十四部平聲千韻　五七九七

○漢書敘傳下集注云挺謂柔挺挺綏也廣雅釋詁二埏揉也一切經音義十三引淮南許注埏和也老子注又管子任法猶埴之在埏也注埏擊也荀子性惡故陶人埏埴而爲器注又文選長笛賦注引漢書如淳注云挺擊也○賈誼傳則因而挺之矣注引服虔云挺音挺起也萱按此謂挺有起義也

羴

羶或羊臭也从三羊說文段注臭者气之通於鼻者也羊多則气羴故从三羊今經傳多从或字○御覽九百二引字林云羴臭也又周禮内饔禮記内則竝云羊冷毛而毳羶羶臭也廣雅釋器膏羶羊脂也周禮庖人冬行鱻羽膳羶杜注○匡謬正俗三云羶者脂氣羶木香羶也呂覽孟春其臭羶注又淮南時則注○禮記郊特牲然後焫蕭羶薌注祭義燔燎羶薌注竝云羶當爲馨聲之誤也萱按此即羶爲馨也羶馨一聲之轉

箋　紫遷切

或作牋○俗有椠表識書也說文段注鄭六藝論云注詩宗毛爲主毛義若隱略則更表明如有不同即下己意按注詩偁箋自說甚明博物志云毛爲北海相鄭是郡人故稱箋以爲敬此泥魏晉時上書偁箋之例絶非鄭意○

韻史　卷六十一下第十四部平聲千韻　五七九八

一切經音義十三引字林云箋表識書也又詩鄭箋釋文引字林云箋表也識也又後漢書胡廣傳注引周成襍字云箋表也箋書也廣雅釋詁四箋云也廣雅釋言箋薦也後漢書衛宏傳注綴作奐

䙴　此箋切

䙴或作䙴○隸䙴古文升高也說文段注升之言登也此與辵部遷拪音義同郊祀志湯伐桀䙴夏社不可地理志春秋經曰衛䙴于帝丘䙴遷也廣雅釋言䙴去也漢書律厤志下集注引鄭展隸作遷

遷

拪古文○俗有插拘登也說文又五音篇海引字林遷去也詩巷伯既其女遷傳遷從也廣雅釋詁又易益利用爲依遷邦廣注斅鮮下傳爲道也廣遷處注又詩氓以我賄遷傳伐木遷于喬木箋賓之初筵舍其坐遷傳殷武是斷是遷傳又儀禮鄉射禮命弟子贊工遷樂于下注既夕遷于祖用軸注又禮記曲禮上跪而遷屨疏又左氏宣十二年傳將遷大國之迹於鄭注襄廿九年傳遷而不淫服注又國語晉語受命不遷爲敬注遷喬胄而建立之法今君賓遷注又漢書食貨志贊集注司馬相如傳上集注又後漢書朱穆傳注又孟子萬章上處仁遷義

韻史　卷六十一下第十四部平聲千韻　五七九九

注又離騷忽緯繣其難遷注天問何以遷之注橘頌受命不遷注又文選幽通賦溥流遷其不濟兮注引項岱○楚辭懷沙離愍而不遷兮注云遷即徙也又文選西京賦既遷既引注云遷謂從之於彼遷移也廣雅釋言遷移也左氏襄廿八年傳使無遷也注昭四年傳吾不遷矣注又國語齊語不見異物而遷焉注晉語重無乃難遷乎又呂覽明理有社遷處注又淮南本經則德遷而爲僞矣注又文選思玄賦俗遷渝而事化兮注○論語雍也不遷怒集解云遷者移也又皇疏云遷猶移也又易繫辭下傳吉凶以情遷疏云遷謂遷移遷易也左氏昭五年傳末改禮而又遷之注又國語晉語死不遷情注又文選西京賦薛注遷猶變易也禮記大傳有百世不遷之宗注遷亡辭也穀梁莊十年傳遷離散也國語晉語成而不遷注遷轉退也國語吳語彼近其國有遷注遷延退旋也文選西京賦遷延邪睨薛注○舞鶴賦遷延遷暮注云遷延徐退也遷延郤行去也文選神女賦遷延引身注○左氏襄十四年傳晉人謂之遷延之役注云遷延郤退又文選南都賦麴遂遷延注云遷延郤退兒遷延猶倘佯也淮南主術遷延而入之注遷正改正朔也後漢

韻史　卷六十一下第十四部平聲千韻　五八〇〇

書班彪傳下注國遷謂從都改邑也周禮小司寇二曰詢國遷注○書仲丁序仲丁遷于囂疏云發其舊都謂之遷遷之何取之也公羊莊元年傳遷之言訓也詩巷伯既其女遷箋遷猶僊耳漢書王莽傳下集注○國三老袁良碑僊修城之鄭魏元不碑有畢萬者僊去仕晉尹宙碑支判流遷萱按此皆段僊爲遷也王莽傳則用遷爲僊二字至相通借矣

鄆

地名說文

僊　想遷切

或作仙長生僊去說文段注僊去疑當爲遷去莊子曰千歲厭世去而上僊小雅婁舞僊僊傳曰婁數也數舞僊僊然按僊僊舞袖飛揚之意正引伸假借之義也按上文僊佺仙人也字作仙蓋後人改之釋名曰老而不死曰仙遷也遷入山也故其制字人旁作山也成國字體與許不同用此知漢末字體不一許揮善而從也漢碑或从巷或从山漢郊祀志僊人羨門師古曰古以僊爲仙聲類曰仙今僊字蓋仙行而僊廢矣仙壽考之迹列子黃帝仙聖爲之臣注仙匕也廣雅釋詁三僊輕順兒管子寶舍遷吾備七佬乜注僊僊舞也

廣雅釋訓僊僊生起之皃莊子在宥僊僊乎歸矣注仙鼠蝙蝠也廣雅釋鳥○方言八云蝙蝠自關而東或謂之僊鼠

鱻

新魚精也从三魚不變魚也說文段注云精者卽今之鯖字廣韻云羹魚煎食曰五侯鯖食作煎肉者謏謂以新魚爲肴也周禮獻人辨魚物爲鱻羹鄭司農曰魚生也羹乾也詩思文正義引鄭注尚書曰衆鱻食謂魚鱻也引伸爲凡物新者之偁獸人六畜六獸六禽亦餌鱻羹史言數見不鮮許書玭下云新玉色鮮也叢下云不鮮也其字蓋皆本作鱻凡鮮明鮮新字皆當作鱻自漢人始以鮮代鱻如周禮經作鱻注作鮮是其證至說文全書不用假借字而玭下叢下亦皆爲淺人所改今則鮮行而鱻廢矣不變魚也此釋从三魚之意謂不變其生新也他部如鱻鱻戴等皆謂其生者鱻則謂其死者死而生新自若故曰不變鱻小魚也文選南都賦注引聲類鱻生肉也周禮庖人鱻羹之物釋文鮮魚也周禮庖人冬行鱻羽膳膏羶杜注又老子治大國若亯小鮮注鮮生魚也禮記內則冬宜鮮羽注鮮魚鱠也文選蜀都賦鮮以紫鱗劉注○詩韓奕炰鱉鮮魚箋云鮮

魚中鱠者也新殺爲鮮左氏宣十二年傳獸人無乃不給于鮮注又史記酈生陸賈傳數見不鮮索隱引如淳○洪範五行傳維鮮之功注云鮮殺也又儀禮既夕魚腊鮮獸注云鮮新殺者又漢書陸賈傳數擊鮮注云鮮謂新殺之肉也又書皐陶謨暨益奏庶鮮食脫出傳云鳥獸新殺曰鮮鮮謂生肉也周禮庖人凡其死生鱻羹之物司農注又史記司馬相如傳割鮮染輪集解引郭璞○淮南泰族以奉宗廟鮮犧之具注云生肉爲鮮又文選蜀都賦割芳鮮劉注云鮮生殺者也一曰生肉也鮮生也書皐陶謨暨益奏庶鮮食馬注又周禮獸人注又漢書司馬相如傳上集注引李奇鮮野獸左氏襄三十年傳惟君用鮮注鮮規小獸也莊子天運鮮規之獸釋文○又云鮮規小蟲也鮮者何也秋取嘗也書大傳○御覽時序部引書大傳云鮮訊也鮮卑褒帶頭也楚辭大招若鮮卑只注鮮支緝也廣雅釋訓○史記五帝紀析支渠搜索隱云鮮析聲相近菅按鮮析雙聲故析支亦作鮮支鮮牟東夷國國語晉語與鮮牟守燎注鮮明也易說卦傳爲蕃鮮疏鮮規明皃莊子天運鮮規之獸釋文引李注鮮好也廣雅釋詁一○方言十云鮮好也南

鮮　乾　舊連切

楚之外通語也鮮明好也淮南俶眞華藻鎛鮮注鮮潔也文選西都賦鮮顥氣之清英注又後漢書班彪傳上注鮮善也爾雅釋詁又詩新臺籧篨不鮮箋北山鮮我未老箋車舝鮮我覯爾箋皇矣度其鮮原箋鮮謂鮮華也漢書廣川惠王越傳衣服常鮮於我注鮮榮華也文選登徒子好色賦藉春風兮發鮮榮注鮮扁輕疾皃漢書揚雄傳上鮮扁陸離注○文選羽獵賦注引服虔云鮮扁戰鬥軍陳皃也鮮魚也出貉國說文段注按此乃魚名經傳乃叚爲新鱻字又叚爲尟少字而本義廢矣○蕫按用爲鱻字者同聲叚借也詳在彼用爲尟字者平反同聲也上聲詳之再見○俗有乾乹籀上出也說文○蕫按說詳前乾溼與卦名本無二讀而後世強別之乾健也易說卦傳又廣雅釋詁二又後漢丁鴻傳注○釋名釋天云天易謂之乾乾健也健行不息也乾乾健也廣雅釋訓乾剛易雜卦傳○廣雅釋詁二云乾剛也乾天也易說卦傳又左氏莊廿二年傳又穀梁序乾絪絕組釋文又廣雅釋言又後漢書班彪傳下注又家語閒禮否得坤乾馬注執營此乾坤之美也注又太牟牟文東乾之

虔

剛注乾天也君也國語周語過乾之否注○廣雅釋詁一云乾君也乾者君卦也易文言傳元者善之長也以君子弗用也九家注上下无常荀注是荀注象上傳或躍在淵荀注成象之謂乾闢戶謂之乾竝易繫辭上傳○繫辭下傳云乾物也又說卦傳云乾西北之卦也陽乾乾敬也文選東京賦懋乾乾薛注乾乾進不倦也呂覽士容乾乾乎取舍不悅注○漢書王莽傳上注云乾乾自強之意乾坤物之始也大戴記保傅易之乾巛注南方有鳥名曰乾吉食其子不擇內子常不遂列女傳仁智虎行皃說文段注釋詁大雅商頌傳皆曰虔固也商頌傳魯語注皆曰虔敬也左傳虔劉我邊陲注虔劉皆殺也方言虔慧也虔殺也虔彊也按方言不可盡知其說皆虔虔劉皆卽釋詁虔固之義堅固者必敬堅固者乃能殺也堅固者虎行之皃也商頌箋虔椹也亦取堅固之意虔固也詩韓奕虔共爾位傳長發有虔秉鉞箋又漢書武帝紀集注又集注引孟康五行志上集注○後漢班彪傳下注云虔堅固也虔敬也詩殷武方斷是虔傳又周書祭公虔

虔在位注又左氏莊廿四年傳以告虔也注成十二年傳虔卜於先君也注又國語魯語糾虔天刑注又華嚴經音義上引國語賈注又廣雅釋詁一又漢書刑法志集注又荀子議兵注又文選西京賦豈伊不虔思于天衢薛注

虔慧也方言一又廣雅釋詁一

虔謾也方言十二

虔少也廣雅釋詁三

虔殺也廣雅釋詁一○方言三云虔殺也青徐淮楚之閒曰虔又方言一云虔殺也秦晉之北鄙燕之北郊翟縣之郊謂賊爲虔

虔劉殺也文選魏都賦庸卷虔劉劉注○後漢書光武紀下注張法膝馮虔楊傳贊注竝云虔劉皆殺也

強取爲虔漢書武帝紀集注引韋昭

撟虔謂撓擾書呂刑奪攘撟虔鄭注

虔人荒人也後漢書安帝紀注

椹謂之虔詩殷武方斲是虔箋又釋文云虔椹也○萱按爾雅釋宮椹謂之棧用俗字

趕⿰虔阝⿰扌虔

相援也說文

河東聞喜聚說文段注乑部曰邑落曰聚舜所居一年成聚二年成邑三年成都叚小於邑也

○俗有趕

舉尾走也說文段注按此後人所增非許書本有也衆經音義曰通俗文曰舉尾走曰揵律文作趕

馬走也然則唐初說文無趕即有趕亦不訓舉尾走都人士鄭箋蠆螫蟲也尾末揵然似婦人髮末上曲卷然釋文引漢書音義揵舉也此舉尾用揵不用趕之證

趕走也管子君臣下心道進退而刑道滔趕注趕謂逡巡

曲也同上

思慮果敢曰趕周書謚法

延 漢連切

長行也說文段注本義訓長行引伸則專訓長方言曰延長也凡施於年者謂之延又曰延徧也按广延虒曳古音在十六部故大雅施於條枚呂氏春秋韓詩外傳新序皆作延于條枚延音讀如移也今音以然切則十四部

延長也爾雅釋詁又左氏成十三年傳君亦悔禍之延注又論語摘輔象隕丘受延嬉注又離騷延佇乎吾將反注大司命結桂枝兮延竚注靈懷指日月使延照兮注○文選洛神賦延頸秀項注云延秀皆長也

延延長也廣雅釋訓

延相連延也文選魏都賦延閣胤宇以經營注

延引也漢書武帝紀集注又呂覽重言延之而上注又文選江文通雜體顏特進詩樂闋延皇縣注○詩生民疏云延引是漸長之義又呂覽順說英不延頸舉踵注云延頸引領也

延道也禮記曲禮上主人延客祭注

延進也爾雅釋詁又周禮男巫掌望祀望衍授號

注又儀禮覲禮擯者延之曰升注少牢饋食禮祝延尸注特牲饋食禮祝延尸注士虞禮注又禮記射義出延射曰注又國語魯語相延食饗注

延猶饒也及也國策齊策倍楚之割而延齊注

延徧也方言十三又廣雅釋詁二

延散也小爾雅廣言

延閒也爾雅釋詁

延陳也爾雅釋詁又國語晉語使張老延君舉於四方注又文選魏都賦注引國語賈注

從後詔禮曰延儀禮覲禮擯者延之曰升注又特牲饋食禮注云在後詔侑曰延又少牢饋食禮注云由後詔相之曰延

延延衆兒也續漢五行志一

延冕上覆也禮記玉藻前後邃延注又續漢輿服志下注○周禮弁師延組注云延冕之覆在上是以名焉萱按此義後出有綖字然古祇用延

延樓高樓也淮南本經延樓棧道注

延廄者法廄也穀梁莊廿九年傳

延維委蛇山海經海內經有神人名曰延維注

延居怪鳥屬也廣雅釋鳥

綖緩也呂覽勿躬注○萱按此用綖爲延也

衍延也周禮司巫掌望祀望衍授號號○萱按此謂衍即延之借字也太祝衍祭同

衍祭羨之道中如今祭殤無所主命周禮大祝二曰衍祭司農注

羨

延也文選東京賦乃羨公侯卿士薛注又考工記玉人釋文萱按此謂羨即延之段借字○玉人注云羨猶延

羨徑也考工記玉人璧羨度尺司農注

羨長也周禮典瑞璧羨以起度司農注

羨不圜之兒蓋廣徑八寸袤一尺也周禮典瑞又玄錯注○太玄羨羨于微注云羨邪云羨曲又玄玄衝云羨私曲又廣雅釋詁一云羨弱也萱按皆段羨爲延也皆羨之餘義

挻

三見○俗有挻埏之挻

取也方言一又廣雅釋詁一○方言一云自關而西秦晉之閒凡取物而逆謂之纂楚部或謂

埏池也廣雅釋地

八埏地之八際也一切經音義十九引漢書音義

埏墓隧也文選楊仲武誄注引聲類○後漢書陳蕃傳注云延隧今人墓道也

羨謂冢中神道史記秦始皇紀藏閉中羨正義○萱按此段羨爲埏也

羨道也廣雅釋室

羨車道禮記檀弓注夾羨道爲位釋文○儀禮既夕注俠羨道爲位疏云羨道謂入壙道上無負土爲羨道

唌 筵

語唌嘆也
說文段注梁鴻傳競舉枉兮措直咸先佞兮唌唌
注唌音延讒言捷急之兒郭注爾雅段爲次字夕
連切
唌涎也
文選江賦噴浪飛唌注○萱按郭
段唌爲次與其爾雅釋言注同
竹席也周禮曰度堂以筵筵一丈
說文段注周禮司几筵注
曰筵亦席也鋪陳曰筵藉
之曰席然其言之筵席通矣按司几筵掌五几五席之名物
筵席不別也五席不用竹惟後鄭說次席是挑枝席又說顧
命蔑席底席豐席筍皆爲竹席許釋筵爲竹席者其字从竹
也匠人職曰室中度以几堂上度以筵筵一丈此釋周禮也
周禮曰度九尺之
筵此不合未詳
筵席也長九尺
文選東京賦度
堂以筵薛注
筵席也
詩
行
葦或肆之筵釋文賓之初筵箋又儀禮士冠禮蒲筵二注鄉
飲酒禮記蒲筵緇布純注鄉射禮記注燕禮司宮筵賓于戶
西東上注又國語周語布几筵注又楚辭
招蒐朱屨筵些注○廣雅釋器云筵席也
筵布席也
儀禮士
冠禮筵
于東序注○士昏禮主人筵于戶西注云筵爲神布席也又
禮記檀弓下有司以几筵舍奠於墓左疏云筵坐神席也席
數陳
曰筵
設之曰筵坐之曰席
禮記祭統鋪筵設同几疏○詩行
葦釋文云鋪陳曰筵藉之曰席又

郔 焉

周禮司几筵疏云初在地者一重
卽謂之筵重在上者卽謂之席
筵衍也舒而平之衍衍然
也
釋名釋
牀帳
鄭地
說文段注左傳宣三年晉侯伐鄭及郔杜曰郔鄭地釋
文郔音延宋淳化本及明人補刻石經作延皆誤字也
又宣十二年楚子北師次于郔實一地也若隱元年大
叔收貳以爲己邑至於廩延當別是一地字不從邑
焉鳥道黃色出於江淮象形凡字朋者羽蟲之長烏者日中
之禽舄者知大歲之所在燕者請子之候作巢避戊己所貴
者故皆象形焉亦是也
說文段注焉鳥今未審何鳥也自借
爲詞助而本義廢矣古多用焉爲發
聲訓爲於亦訓爲於是如周禮焉使則介之晉語焉作爰田
焉作州兵左傳晉鄭焉依啇焉大國公羊傳焉爾焉門者焉
閒者呂覽淮南焉使乘舟三年問焉爲之立中制節焉使借
之焉使不及也招蒐巫陽焉乃下招所貴者故皆象形烏多
矣非所貴皆爲形聲字今字作鳳作誰作鵲作鴕作鶩則惟
烏焉不改耳焉亦象形必有可貴者也○顏氏家訓音辭引

字書云焉者鳥名或云語辭皆音
於愆反萱按此音本葛洪字苑
焉發聲也
禮記三年
問釋文
焉者於也
公羊宣六年傳則無人焉門者注○呂
覽季春天子焉始乘舟注云焉猶於也
焉爾猶於是也
公羊隱二年傳託始焉爾注定元
年傳則未知己之有罪焉爾注
焉於何也
漢書公孫弘卜
式兒寬傳贊焉
能致此
位乎注
焉猶何也
左氏昭九年傳則戎焉取之
注又論語子路焉用稼皇疏
焉安也
論語
爲政
人焉廋哉皇疏公冶長斯焉取斯皇疏子罕焉知來者之不
如今也皇疏子路焉知賢才而舉之皇疏○文選東京賦獨
微行其焉如薛
注云焉言安也
焉猶安也
文選思玄賦匪仁里其焉宅兮舊
注又論語公冶長焉不如丘之好
學也疏引衛瓘集注○萱按
衛讀焉字不連上句如丘者
焉猶然
禮記三年問注又釋文
云焉由然也又疏云焉
亦然
也
焉是語辭
禮記三年問疏○公羊宣六
年傳注云但言焉絕語辭
焉耳者懇至之
辭
孟子梁惠王上
盡心焉耳矣注
焉耳乎哉皆辭也
論語雍也汝得人焉耳
乎哉集解引孔注○皇
疏云焉耳乎哉皆是送句之辭也又顏氏家訓音辭引葛洪
字苑云焉字訓何訓安音於愆反於焉逍遙於焉嘉客焉用

漹

佞焉得仁之類是也若送句及助詞音矣愆反故稱龍焉故
稱血焉有民人焉有社稷焉託始焉爾晉鄭焉依之類是也
萱按後人焉字分會平易平二讀由此實無膚耳
凡字音之瑣屑餘析始於葛洪未足語於通方也
焉慮無慮
猶言大凡也
荀子議兵焉慮率用
貴慶判罰兟詐注
漹水出西河中陽北沙南入河
說文段注北沙水經注引作
之西西河郡中陽二志同戴
先生曰水經河水南過西河圁陽縣東又南過離石縣西又
南過中陽縣西又南過土軍縣西據地望孝之中陽西濱河
當在今汾州府寧鄉縣境趙世家秦取我西都及中陽是也
也道元乃云中陽故城在東東翼汾水不濱於河也元和志
於孝義縣下云魏移西河郡中陽於今理此條可證明水經
之中陽其所本之書道元偶失檢道元汾水篇注所言郞澤
北起大陵南接郞正今平還之西孝義之東介休之北最爲
洿下汾川轉從不常之地說文之漹水乃入河非入汾漢中
陽西濱黃河說文亦一證道元就漹字與郞字牽合謂漹水
卬郞澤謬矣王裁按漹水今未得其證○水經汾水注云漹
水俗亦曰慮水慮漹聲相近萱按慮漹不得云
聲相近鄜蓋以漹爲郞耳郞與慮同部聲差近

韻史　卷六十一下第十四部平聲千韻　五八三

亮延切

聯 ○俗作聯聯 連也 說文段注連者負車也負車者以人輓車人與車相屬因以為凡相連屬之偁周人用聯字漢人用連字古今字周禮官聯以會官治鄭注聯讀為連古書連作聯此以今字釋古字之例○廣雅釋詁四云聯連也又周禮大宰三曰官聯司農注云聯謂連聯事通職相佐助也大疏云聯即連也 聯綿不絕也 一切經音義二十引聲類 聯猶合也 周禮大司徒三曰聯兄弟注 聯娟微曲兒 文選神女賦眉聯娟似蛾揚兮注 聯翩將墜兒 文選文賦浮藻聯翩注

齒見兒 說文

連 平上兩讀 負車也 說文段注負車各本作負連今正連即古文輦也周禮鄉師輦輦故書輦作連大鄭讀為輦巾車連車本亦作輦車管子海王服連輅輦立政剕餘戕民不輓服絕不輓畜連負車者人輓車而行車在後如負也字从美車會意猶輦从趺車會意也人與車相屬不絕故引伸為連屬字耳部曰聯連也大宰注曰古書連作聯然則聯連為古今字連輦為古今字假連為聯乃專用輦為連大鄭當云連今之輦字而云讀為輦者以今字易古字合學者易曉也

韻史　卷六十一下第十四部平聲千韻　五八四

許不於車部曰連古文輦而入之辵部者小篆連與輦殊用故云聯連也者今義也云連負車也者古義也○萱按平聲連字皆引伸段借也其負車之義當讀上聲虞翻易注云連輦也此通古今之義 連屬也 國語楚語雲連徙州注又列子湯問連于形物亦然注 連續也 廣雅釋詁二文莊子秋水五帝之所連釋文引崔注 連合也 一切經音義三引廣雅○孟子離婁上連諸矣者次之注云連詁矣合從者也 連猶聚也 禮記王制十國以為連注 連是連接 禮記王制疏 連結也 呂覽期賢民相連而結之注 連縷不解也 一切經音義十四引字林 連者引也 來連釋文引鄭注 連謂重累獲之也 孟子梁惠王下從流上而忘反謂之連注 連遠久之意 易蹇往蹇漢書司馬相如傳上連駕稱注○史記相如傳正義云連謂纂 獲也 連延相續兒 文選七發滴伏連延注 連縣長兒 莊子大宗師連乎其似好閑也釋文引李 注 連連徐也 詩皇矣執訊連連傳 連步謂足相隨不相過也 禮記曲禮上連步以上 注 連綱言不絕也 文選吳都賦罠蹤連綱劉注 連卷曲兒 文選南都賦眉連卷注○思

韻史　卷六十一下第十四部平聲千韻　五八五

玄賦偃蹇夭蟜娩以連卷兮注云連卷長曲兒又甘泉賦蛟龍連蜷於東厓兮注云連蜷長曲兒也 連蜷句曲兒 漢書揚雄傳上注○司馬相如傳上連卷欐佹注云連卷屈曲也又傳下躩以連卷注引張揖云連卷句蹄也 連 連娟言曲細也 文選上林賦長眉連娟郭注又史記相如傳索隱引郭璞云連娟眉曲細也○文選舞賦眉連娟以增繞兮注云連娟細兒又漢書外戚傳上美連娟以脩嫮兮注云連娟嬂弱也 連嘍猶離嘍也委曲之類 淮南原道終身運枯形于連嘍列埒之門注 連犿相從之兒 莊子天下而連犿無傷也釋文○釋文引李注云連作皆宛轉兒 橫木闌柱為連 楚辭招魂刻方連些注 四里為連 國語齊語又管子小匡 名曰連山似山出內氣也 周禮大卜一曰連山注○杜注云連山伏戲 連石西北山 淮南天文日至于連石注 連尹射官 左氏襄十五年傳屈蕩為連尹注 連行魚為 考工記梓人連行紆行注 連異翹 爾雅釋艸 連似銅連鉛之未鍊者

萱按此段連為鍊也

韻史　卷六十一下第十四部平聲千韻　五八六

漣 泣下也易曰泣涕漣如 說文段注屯上六爻辭泣涕易作泣血而無正傳曰無聲曰泣血檀弓注曰泣無聲如血出而九家虞翻注易乃云血流出目未知孰是漣如易作連如連者瀾之或字蓋許所據為長

謰 ○俗有嗹 謰謱也 說文段注方言嗹哞謰讀挐也東齊周晉之鄙曰問哞嚩哞亦通語也南楚曰謰謱或謂之支註或謂之詁謰按諸挐讎讀皆雙聲 嗹嘍言語縑絮兒 廣韻

蓮 扶渠之實也 說文段注陳風有蒲與蘭菡云蘭當作蓮蓮夫渠實也鄭意欲合三章為一物耳本艸經謂之藕貿一名水芝井○爾雅釋艸云荷其實蓮又漢書司馬相如傳上蓮鵝簸盧注引張揖云蓮何之實也又淮南本經益樹蓮菱注云蓮鶇賓也 蓮謂房也 爾雅推艸注○蔸按七發蔓艸芳荅七啟寒若荅之巢賴皆段荅為蓮也又史記龜策傳龜千歲乃游蓮葉之上集解引徐廣云蓮一作荅

鰱 鰱魚也 說文 鱮也 廣雅釋魚○詩敝筍陸疏云鰱似魴厚而頭大其頭尤大而肥者徐州人謂之鏈

鏈 ○俗有硬 銅屬 說文○漢書食貨志下穀以連錫注引應助云連似銅萱按史漢鏈字皆段連作之 鉛礦謂

之鏈廣雅釋器○史記貨殖傳金錫連集解引徐廣云連鉛之未鍊者又漢書食貨志下注引李奇云鉛錫璞名曰連又引孟康云連錫之別名也

籠連切

廛

○俗有鄽壥壇**二畝半也一家之尻**說文段注二各本作一尻各本作居今正按說已見廛篆注合漢食貨志公羊傳何注詩南山箋孟子梁惠王篇趙注知古者在野曰廬在邑曰里各二畝半趙注尤明里即廛也詩伐檀毛傳曰一夫之居曰廛遂人夫一廛先鄭云廛居也後鄭云廛城邑之居載師以廛里任國中之地後鄭云廛里者若今云邑居廛民居之區域也里居也毛鄭皆未明言二畝半要其意同也許於廬不曰二畝半於廛曰二畝半以錯見互足**廛居也**周禮遂人夫一廛司農注又孟子滕文公上願受一廛而爲氓注又廣雅釋詁二○方言三云廛尻也東齊海岱之間或曰廛**廛謂城邑之居也**文選陸士衡樂府君子有所思行注引漢書鄭德注○周禮遂人注云廛城邑之居又地官序官廛人注云廛民居區域之稱又荀子王制定廛宅注云廛謂市內百姓之居**廛市物邸舍**禮記王制市廛而不稅注○周禮司關與其征廛疏云廛謂邸舍又後漢書班彪傳上注云廛市邸

舍也又孟子公孫丑上市廛而不征注云廛市宅也又管子五輔市鄽而不稅注云鄽市中置物處**都邑之空地曰廛**文選西京賦廛里端直薛注○禮記王制疏云市內空地曰廛又周禮地官序官廛人杜注云廛市中空地又廛人凡珍異之有滯者司農注云廛謂市中之地未有邸而可居以畜藏貨物者也又載師司農注云廛市中空地未有邸城中空地未有宅者**廛布者貨賄諸物邸舍之稅**周禮廛人掌斂市絘布總布質布罰布廛布注○司關注云征廛者貨賄之稅與所止邸舍也**廛一百畝也**文選籍田賦注引漢書晉灼注○堂按周禮故書段壇爲廛

躔

踐也說文又漢書律厤志上集注五行志下之下集注○方言十二注云躔猶踐也又爾雅釋獸注云躔腳所踐處**躔迹也**廣雅釋詁三**躔循也**方言十二又廣雅釋詁四**躔行也**廣雅釋詁一**躔歷行也日運爲躔**方言十二**躔徑也**漢書律厤志上集注引應劭**躔處也亦次也**文選月賦注引漢書韋昭注○後漢張衡傳注云躔次也**躔舍也**漢書律厤志上集注引孟康文呂覽圜道月躔二十

八宿注**躔表也**廣雅釋詁四**躔息也**文選思玄賦躔建木於廣都兮舊注**麋其迹躔**爾雅釋獸**纏踐歷也**漢書王莽傳中歲纏星紀注○萱按此段纏爲躔**纏居也**漢書王莽傳中集注引孟康

纏

○俗有繵纒**繞也**說文**纏遶也**後漢書董卓傳注**纏束也**廣雅釋詁三**纏索也**淮南道應臣有所與供儋纏采薪者九方數注**纏謂纏綿也**太玄玄攡萬物乃纏注**纏猶牽引也**文選謝靈運還舊園詩息陰謝所棄注**纏緣謂脈纏繞罥也**史記扁鵲倉公注動罥纏緣正義**纏踐歷也纏居也**萱按已見躔下段借字也

攘連切

肰然

⿰犬勿古文**⿰⿱大日犬**古文**犬肉也**說文○俗有燃**⿱艹難**或○艸部有⿱艹難此或當作爇若爇**燒也**說文段注通段爲語詈訓爲如此爾之轉語也⿱艹難徐鍇等曰艸部有此字此重出與火部無涉也按篆當作爇或古李作爇轉寫脫火耳漢五行志巢爇墮地廣韻引陸佐公

石闕銘削酷爨炭○萱按文選劇秦美新爇除仲尼之篇籍注又漢書五行志中之下集注陳湯傳集注召信臣傳集注西域傳下集注又後漢書虞瑾傳注竝云爇古然字又漢書地理志下集注云爇古然火字則然之重文當作爇不當同艸部之⿱艹難矣**⿱艹難爇也**廣雅釋詁二**然謂如此也**禮記曲禮上注不當然也疏又論語憲問子曰其然皇疏衛靈對曰然皇疏陽貨子曰然皇疏○禮記少儀爲人從事者亦然疏學記夫然疏竝云然猶如此**然如是也**禮記大傳其義然也注又孟子公孫丑下吾何爲獨不然注又呂覽應言墨者師曰然注又淮南主術治國則不然注說林有所劫以然也注有然之者也注脩務衆人則不然注○周禮大同是然則而物阜安疏又禮記檀弓上我死則亦然疏禮記何爲道則不然疏文王世子雖然必敎之疏玉藻席上亦然疏何記上雖王父毋在亦然疏仲尼燕居子曰然疏孔子閒居云爲其然疏三午問爲使倍之疏竝也然猶如是也**然猶是也**禮記曲禮上注其然明矣疏又太乎務厥道然然○公羊定八年傳皆說如息注云然猶如萱按詩宛左辟說文人部作宛如左辟**然之****言焉也**禮記檀弓下穆公召縣子而問然注**然猶而也**禮記祭義國人稱願然曰注**然猶爾**

也史記張耳陳餘傳相然信以耳索隱引葛洪要用字苑然者然上語詩關雎序然則關雎麟趾之化疏又左氏春秋序然則春秋疏○公羊僖卅三年傳然而晉人與姜戎邀之殽而擊之注云然然上議猶徐留住之頃也然者語助詩魚麗傳皆得其所然疏然譍也廣雅釋詁一然成也廣雅釋詁三然謂中也周禮眡祲注謂計吉凶然否多少疏其然猶宜也淮南原道不易自然也注然猶明也淮南覽冥葵之鄉日雖有明智弗能然也注不然不用命左氏莊廿三年傳伐以討其不然注征自然繼本名也文選盧子諒贈劉琨詩注引樂氏鬼谷子注自然謂道也文選遊天台山賦運自然之妙有注然謂然谷素問調經論志有餘則寫然筋血者注然果然也周禮巾車然裑鬢飾注○疏引賈氏云然歎名也

繎 嘫

語聲也說文段注方言欸然也廣雅欸譬然譬也按然郎嘫應聲也

絲勞也說文段注勞玉篇作縈蓋玉篇爲是與下文紆篆義近也或曰縈篆何以不次此曰後文繆縈等篆皆統

韻史 卷六十一下第十四部平聲千韻　五八二一

於纏繎紆則謂緣也廣韻作絲勞兒

蘺 鋋 始連切

艸也說文○萓按然字重文文亦作蘺蓋彼篆誤

小矛也說文段注矛者酋矛長二丈建於兵車者也其小者可用戰曰鋋坶誓立爾矛是也鄭風魯頌有二矛秦風有厹矛方言曰矛或謂之鋋師古注漢書曰鋋鐵杷短矛也○後漢書馬融傳注云鋋矛也又班彪傳下注云鋋小矛也又漢書楊雄傳下究鋋瘢耆注云鋋鐵矜小矛也又匈奴傳上短兵則刀鋋注云鋋鐵杷小矛也又史記匈奴傳索隱引埤蒼云鋋小矛鐵矜又集解引韋昭云鋋似矛鐵柄穳謂之鋋廣雅釋器鋋鏦也華嚴經音義上引聲類鋋延也達也去此之彼之言也釋名釋兵

褪

車溫也說文段注車溫玉篇作車綱褪廣韻曰帑褪牛領上衣蓋當作車溫褪如帑幡襦褗詩傳祥延之比皆重疊字也今本奪一字

澶

澶淵水也在宋說文段注春秋經襄二十年盟于澶淵三十年會于澶淵宋災故杜曰澶淵在頓丘縣南

韻史 卷六十一下第十四部平聲千韻　五八二二

今名繁汙此衛地又近戚田按頓丘今直隸大名府清豐縣縣西南二十五里頓丘故城是也澶淵即繁水在河南彰德府內黃縣縣東二十六里史記廉頗拔魏繁陽漢置縣屬魏郡應劭曰在繁水之陽也張晏曰其界爲繁淵按繁與澶疊韻汙與淵雙聲繁陽故城在今內黃縣東北二十七里實衛地而云在宋者蓋以春秋書宋災故而云然未爲宋也又按澶淵高氏士奇春秋地名攷爲詳○黃按字林亦云澶水在宋吕用說文耳澶淵即繁淵也亦謂之浮水焉水經河水注○萱按縣繁正俗字澶湉安流兒文選吳都賦澶湉漫而無涯注澶漫靡迤陵原之形文選西京賦薛注

嬗

別有嬋○嬋平去兩讀嬋娟此豸姿態妖蠱也嬋媛猶牽引也嬋媛枝相連引也嬋連族親也萱按嬋字後出舊分嬋平嬗去不爲一字然義相因也故提而一之而嬋兼兩讀焉其詳見彼注

蟬

以旁鳴者說文段注考工記梓人文鄭云旁鳴蜩蜺屬正義云蟬鳴在脅蟬蜩也禮記檀弓下范則冠

韻史 卷六十一下第十四部平聲千韻　五八二三

而蟬有緌注○詩蕩釋文引字林云蟬蟪蛄也寒蟬寒蜩謂蜺也禮記月令寒蟬鳴注○大戴記夏小正傳云寒蟬也者蜆蝶也蟬蛻蟬所解皮也後漢書竇憲傳注張衡傳注蟬續也方言一蟬猶伸也史記屈原賈生傳單閼之歲索隱蟬出也楚曰蟬方言一蟬嫣連也漢書楊雄傳上集注引應劭蟬懼也廣雅釋詁二蟬毒也方言十三蟬聯不絕兒文選吳都賦蟬聯陵丘劉注蟬蜎言竹妍雅也文選吳都賦檀欒蟬蜎注

單

再見又上聲單于者廣大之兒也言其象天單于然也後漢書南匈奴傳注○漢書文帝紀以諭朕志於單于注云單于匈奴天子之號也萱按單本義訓大此引申也似可不必改讀

錢 此連切

平上兩讀銚也古者田器詩曰庤乃錢鎛一曰貨也說文段注云古田器者古謂之錢今則但謂之銚謂之臿不謂之錢而錢以爲貨泉之名庤乃錢鎛周頌臣工文即淺切大徐無一曰貨也四字按貝部下曰古者貨貝而寶龜周而有泉至秦廢貝行錢檀引注曰古者謂錢曰泉布周禮泉府注鄭司農云故書泉或作

韻史 卷六十一下第十四部平聲千韻　五八二四

錢外府注云其藏曰泉其行曰布取名於水泉其流行無不遍周語景王二十一年將鑄大錢單曰古曰泉後轉曰錢玉裁謂秦漢乃段借錢爲泉周禮國語早有錢字是其來已久錢行而泉廢矣昨先切或曰此不當有一曰貨也四字貝下當云至秦廢貝行泉王莽時錢文尚曰大泉五十曰貨泉○萱按後義出於周以下乃後義行而前義廢錢本名泉言貨之流如泉也史記平準書龜貝金錢索隱○國語周語注云錢者金幣之名酒肴曰錢漢書高后紀列侯幸得賜餐錢奉邑注引韋昭列錢金缸也文選景福殿賦離離列錢注○顏氏家訓音辭云南人以錢爲涎萱按此方俗段借非可語於通方也

仰連切

言

直言曰言論難曰語說文段注大雅毛傳曰直言曰言論難曰語論正義作荅鄭注大司樂曰發端曰言荅難曰語注禮記曰言言己事爲人說爲語按三注大略相同下文語論也論議也議語也則詩傳當從定本集注矣爾雅毛傳言我也此於雙聲得之本方俗語言也出口爲言詩關雎序而形於言疏又左氏襄廿七年傳志以發言疏又論衡書說又楚辭惜誦言與行其可述兮注初放言語紬譔注○書洪範二曰言疏云言是口之所出又禮

記喪服四制齊衰之喪對而不言注云言謂先發口也又左氏昭九年傳志以定言注云發口爲言又墨子經上云言口之利也又云言出衆也又論語泰伯曾子言曰皇疏云出己曰言氣在口爲言國語周語○封氏聞見記云氣激於喉中而濁謂之言又論衡祀義云言者出氣也又晚出書旅獒傳云發氣爲言生民之音曰言三國管輅傳注引輅別傳○法言問神云言心聲也發志爲言大戴記四代言宣也宣彼此之意也釋名釋言語○莊子外物云言者所以在意又晚出書孔序疏云言者意之聲又晚出大禹謨疏云言謂擧意爲語言端也廣雅釋言言從也廣雅釋詁一言猶語也周禮家人言驚車象人注大祝言句人讀禱司農注○禮記哀公問然後言其喪算注云言語也言道也詩東門之池可與晤言傳又國策齊策注○詩羔裘序言古之君子箋云言猶道也又疏云言謂口道說言者說也論語子罕子罕言利皇疏又呂覽大樂其可與言樂乎注云言說言講說也荀子非相然而不好言不樂言則必非誠士也注言猶議也離騷初既與余成言兮注○國策秦策而使天下之士不敢言注云言謨言謀也呂覽義賞文公用咎

犯之言注言問也廣雅釋詁二○禮記曾子問召公言於周公疏云言猶問也又曲禮上君言不宿於家注云言謂有故所問也又儀禮聘禮若有言注云有言有所告請若有所問也又周禮冢人司農注云言言問其不如濾虔者言者明象者也易略例○又云言者象之路也言謂教令也詩柳慎爾出話箋○國語周語有不祀則修言注云言號令也言者謂王策命也詩彤弓受言藏之箋言謂會同盟要之辭禮記曲禮士載言注上下言於上曰表又曰言言其意也釋名釋書契婦言謂辭令周禮九嬪婦德婦言婦容婦功注足言令眦之辭法言吾子足言足容注言者風波也莊子人間世言者萬物之宗也鶡冠子環流言身之文也左氏僖廿四年傳又國語晉語言見之機也國語晉語言語者士之道路也新序雜事二言者行之指也大戴記曾子立事又韓外傳四說苑權謀云言之者行之役也○言行君子之樞機易繫辭上傳又說苑君道說叢乾爲言易訟或錫之鞶帶九家注虞注象上傳言相克也九

家注君子以多識前言往行虞注說卦釋文引荀爽集解震爲言易需小有言虞注師利執言虞注泰自邑告命虞注夬聞言不信虞注困有言不信虞注震婚媾有言虞注良言有孚虞注漸小子厲有言虞注象上傳君子以教思无窮虞注繫辭上傳擬之而後言虞注出其言善虞注言出乎身虞注同心之言虞注德言盛禮言恭虞注繫辭下傳其言曲而中虞注變動以利言虞注說卦傳說言乎兌虞注○明夷主人有言九家注云言震也良爲言左氏昭五年傳于人爲言注火爲言論衡言毒言厲金書洪範二曰言鄭注又正義引洪範五行傳商爲言漢書律曆志上言我也爾雅釋詁又詩葛覃言告師氏傳采蘩薄言還歸箋艸蟲言采其蕨箋柏舟靜言思之箋終風寤言不寐箋祇言既遂矣箋女曰雞鳴弋言加之箋汾沮洳言采其莫箋小戎言念君子箋彤弓受言藏之傳黃鳥言旋言歸箋我行其野言就爾居箋大東睠言顧之箋北山言采其杞箋采菽言采其芹箋采綠薄言歸沐箋文王永言配命傳下武永言配命箋載見永言保之箋又禮記聘義注又孟子公孫丑下注又莊子山木言與之偕之釋文○詩都人士言從之邁箋云言亦我也言閒也爾雅釋詁言言喜也廣雅釋訓言言和敬兒

禮記玉藻二爵而言注言言高大也詩皇矣崇墉言言傳言言猶蘖蘖將壞兒詩皇
矣箋大簫謂之言爾雅釋樂○萱按晚出字有管爲此義專字

琂　想連切

石之佀玉者說文

次

○俗有泆漢沮㳄或○亦書作泌㳄籒慕欲口液也說文段注有所慕欲而口生液也故
其字從欠水俗作㳄郭注爾雅作唌○孝經釋文云次口液也又爾雅釋言釋文引字林云㳄口液也又一切經音義十
一引字林云慕欲口液涎小兒唾也一切經音義二引三蒼○音涎義十一引三蒼云次唾也涎涎
光澤之兒漢書五行志中之上集注外感傳下集注

緜　美連切

○俗作綿聯微也說文段注聯者連也微者眇也其相連者甚微眇是曰緜引申爲凡聯屬之偁大雅緜緜瓜瓞
傳曰緜緜不絕兒又引申爲緜絮之偁因其婉弱而名之如糸部絮下云敝緜也鄭注禮記云纊新緜也是也又引申爲
簿弱之偁如淮南王安諫伐閩書曰粤人緜力簿材不能陸戰是也緜連也廣雅釋詁四又文選思乎賦緜日月

而不裒舊注緜縵也楚辭招魂鄭緜絡些注引繩爲緜史記劉敬叔孫通傳爲緜蕞索隱引韋昭
緜施也廣雅釋詁三○方言六云緜施也趙曰緜緜遠也文選陸士衡樂府飲馬長城窟行去家邈以緜
注緜禓也廣雅釋詁一緜猶彌漫穀梁文十四年傳緜地千里注緜緜長也廣雅釋訓
緜緜長不絕之兒詩葛藟緜緜葛藟傳○荀子王霸注云緜緜不絕兒緜緜言詳密也
爾雅釋訓孫注○文選洛神賦思緜緜而增慕注云緜緜密意也緜緜靚也詩常武緜緜翼翼傳○疏云緜
緜舒緩之意萱按轉引作民民翼翼雙又載芟緜緜其麃韓詩作民民又禮大學引詩緜蠻作緜變皆雙聲段借字也
緜緜麃也爾雅釋訓緜聯猶連蔓也文選西京賦垣緜聯薛注綿緜轡係兒文選
思乎賦冊緜學以倖己兮舊注○後漢張衡傳注云緜學猶牽制也緜邈廣遠兒文選吳都賦島嶼緜邈劉
注○上林賦微眯緜蕤郭注云緜蕤遠視兒又史記司馬相如傳索隱引郭璞云緜蕤視遠兒也緜冪微兒
文選魏都賦薄戍緜冪注緜緜微細之辭詩緜疏又家語觀周緜緜不絕注緜緜乎謂動

息微也素問方盛衰論緜緜乎屬不滿日注○脉要精微論緜緜以去注云緜緜言微微似有而不甚應手也
緜緜爪初生也左氏哀十七年傳緜緜生之瓜注緜蠻文兒文選景福殿賦注引薛君韓詩
章句○詩緜蠻傳云緜蠻小鳥也緜弱也漢書嚴助傳且越人緜力簿材緜集注○注引孟康云緜薄力也
小也廣雅釋詁二緜落也淮南兵略緜之以方城注緜細也廣雅釋器緜猶洒洒柔
而無文也釋名釋采帛好者爲緜惡者爲絮禮記玉藻緼爲袍注緜馬羊鹵
爾雅釋艸蟇作蝒

蜩

馬蜩也說文段注凡言馬者謂大馬蜩者蜩之大者也方言曰蟬其大者謂之蟧或謂之蝒馬蝒馬二
字誤倒此篆不與下文蜩蟬蝒蚗蛞篆爲伍不得其故恐是淺人亂之耳○爾雅釋蟲云蚼馬蜩又廣雅釋蟲云蝒馬蜩
也○蚼下云蚼蚗逭蟬屬說文段注按爾雅蝒者馬蜩方言蟬大者謂之蝒馬玉篇廣韻皆曰
蚼卵蝒字然則許之蚼蚗卵爾雅之馬蜩也前文蝒篆及解顯系淺人屛入故失其次字之指○萱按蝒蚼爲一物明矣

今不敢武斷併合學者當知其不異蚼在十二部

涓　撮口評　渠蜡切

小流也爾雅曰汝爲涓說文段注凡言涓涓者皆謂細小之流汝爲涓見釋水亦大水溢出別爲
小水之名也郭本作瀆蓋非瀆水厓也○一切經音義十二引字林云涓水小流涓涓然也又文選海賦涓流決瀼注云
涓流小流也又江賦商擅涓澮注云涓澮小流也又廣雅釋訓云涓涓流也涓絜也漢書高惠高后孝文功臣
表集注曹參傳集注外戚傳集注○陳勝傳集注云涓潔也涓涓清新之邑文選射雉賦泉涓涓而吐
潘徐注涓除也漢書禮樂志集注涓擇也文選魏都賦涓吉日注涓坑也廣雅釋水涓
人主潔除之人漢書陳勝傳勝故涓人將軍呂臣注○國語吳語乃見其涓人疇注云涓人今中人也

䤋　稍

䤋酒也說文段注玉篇曰以孔下酒也按謂涓涓而下也或作鶮
麥茎也說文段注麥茎光澤媚好故曰稍一作鶮潘岳射雉賦曰關閒藹葉是藹麥稍也

羽幡切

肙

文選射雉賦徐注

小蟲也一曰空也說文段注蟲部蜎下曰肙也考工記注云謂若井中蟲蜎蜎按井中孑孓蟲之至小者也不獨井中有之字從肉者狀其耎也從口者象其首尾相接之狀也一曰空也者甑下謂之窒窒亦作甗是其義也

悁

[illegible]籀 忿也一曰憂也說文段注悁之言猥也猥急也澤陂曰中心悁悁傳曰悁悁猶悒悒也○文選思玄賦注引字林云悁悁忿恨也又後漢陳蕃傳注云悁悁恚忿

悁恚也後漢賓融傳注

悁含怒也文選洞簫賦注引字林

悁邑憂憤也後漢邊讓傳注

悁悁憂也後漢張衡傳注○一切經音義二十引聲類云悁憂皃也

悁略撓也考工記廬人刺兵欲無蜎司農注

痟

瘦也說文段注按各本無此篆今依謝靈運登臨海嶠詩李善注引說文補篇韻皆云痟骨節瘵也今俗謂痟痠○萱按登臨海嶠詩顧望脰未悁段悁爲痟也

痟瘦瘵也素問陰陽別論及爲瘻厥臑痟注

韻 史 卷六十一下第十四部平聲干韻 五八三三

削

或作剜 挑取也一曰窒也說文段注抉而取之也挑取也今俗云剜許書無剜字穴部曰窒空也窒與削音義通如圭鐫之比

削剜也廣雅釋詁四

削挑也剜也玉篇

弭

角弓也睢陽名弩曰弭說文段注角弓謂弓之傳角者也詩曰觲觲角弓相角居角之法詳於弓人按今詩騂騂角弓釋文曰騂說文作觲音火全反此陸氏之偶誤蓋角部偁觲觲角弓陸當云說文作觲而誤云作弭也弭自謂角弓不謂弓調利睢陽名弩曰弭此弭之別一義○集韻引廣雅云弭弦也萱按此再引申之義涉段借矣

冤

○俗有䋸 屈也說文段注屈不伸也古亦段宛爲冤○漢書武帝紀集注息夫躬傳集注疏云冤屈也又廣雅釋詁四云冤詘也

冤曲也廣雅釋詁一

冤挫也廣雅釋言

冤抑也一切經音義廿二引廣雅冤

煩冤也楚辭離世哀枯楊之冤雒注

繙䋣亂也集韻

蒬

棘蒬也一說文段注見釋艸本艸經云遠志一名棘菟一名萋繞一名細艸

鞔

䩢或 量物之鞔一曰抒井鞔古㠯革說文段注小徐曰抒井今言淘井鞔取泥

韻 史 卷六十一下第十四部平聲干韻 五八三四

之器玉裁按依說文浚抒也則小徐說是依手部抒挹也則汲井亦可云抒井缶部曰罋汲缾也春秋傳曰具綆缶周易言蠡其缾是其物用缶久矣而其始用革也

䩩

大車後壓也說文段注壓當依玉篇作厭厭笮也所以鎮大車後者篇韻云轒䩩兵車漢書文選作轒轀

䩩柳車也廣雅釋器

帑

幡也說文段注幡者下文云書兒拭觚布也與上文帑下云幡幟迥別許書㕚部旛下曰旛胡也謂旗幡之下垂者與幡各義自俗書從便旗旛字皆作幡最目曰鳥蟲書所以書旛信也今本亦改爲幡信而此部帑之幡識鮮知其當作旛矣帑與幟爲伍旌旗類也帑與幡同物拭觚布也廣韻繙字下云繙帑亂取此今義非許義

鴛

鴛鴦也說文段注小雅傳曰鴛鴦匹鳥也古今注曰雌雄未嘗相離按鸂鶒者鴛鴦屬也

鴛鴦匹鳥後漢書馬融傳注

眢

又十六部注在彼

韻 史 卷六十一下第十四部平聲干韻 五八三五

嬛

○俗有嬛 好也說文段注上林賦柔嬈嬛嬛郭璞曰皆骨體耎弱長艷皃也今文選譌作嫚嫚漢書不誤史記作嬛嬛則是別本按今人所用娟字當即此○廣雅釋詁一云嬛好也

嬛嬛容也廣雅釋訓

嬛嬛柔屈兒漢書司馬相如傳上集注○萱按史記相如傳段嬛爲嬛彼注詳之

許幡切

儇

或作嫙 慧也說文段注心部慧下曰儇也是二字互訓也齊風揖我謂我儇兮傳曰儇利也此言慧者多便利也方言儇慧也荀卿子曰鄉曲之儇子○廣雅釋詁一云儇慧也又荀子非相注云儇輕薄巧慧之子也荀子榮辱篇子儇之注

儇利言其便利馳逐詩還疏○萱按韓詩儇作嫙

儇佞也楚辭惜誦忘儇媚以背衆兮注

儇譞也方言十二

譞

譞慧也說文段注譞乃複舉字之未删者與人部儇音義皆同

嬛

○俗有埤 材緊也春秋傳曰嬛嬛在疚說文段注材緊謂材質堅纖也緊者纏絲急也上林賦便嬛綽約郭璞曰便嬛輕利也嬛嬛在疚哀十六年左傳公誄孔子文按宀部引詩煢煢在宊此引傳嬛嬛在疚正與

韻 史 卷六十一下第十四部平聲干韻 五八三六

⿺走睘

今詩春秋煢嬛字互易魏風又作睘睘傳曰無所依也蓋依韻當用煢聲之煢而或用嬛睘者合音睘通用如瓊本在十四部今入十一部也

嬛 續也 楚曰嬛 方言一 嬛嬛 容也 史記司馬相如傳柔娩嬛嬛索隱引

廣雅○又引張揖云嬛嬛猶婉娩也又引郭璞云嬛嬛骨體耎弱長㽔兒也萱按漢書作嬛嬛正字也此作嬛嬛用嬛之

引申之義也亦可謂爲嬛之借 嬛嬛 孤特也 詩閔予小子釋文又箋云嬛嬛然孤特○萱按段嬛爲煢也煢

在十一部

⿺走睘 疾也 說文段注齊風子之還兮毛曰還便捷之皃按毛以還爲趯之假借也或毛許所據詩本作趯

儇 疾也 廣雅釋詁一○萱按儇本還之異體字而還儇皆借爲趯

還 猶疾也 禮記檀弓下還葬而無椁注 還 旋也

疾也 史記天官書殃還至索隱

翾

小飛也 說文段注九歌翾飛兮翠曾按荀子喜則輕而翾段翾爲儇也○廣雅釋詁三又後漢書張衡傳注詁云

翾飛也又荀子不荀注云翾小飛也

翾翾 飛也 廣雅釋訓

翾翾 初起也 文選笙賦注引字林

吅

驚嘑也 說文段注玉篇云吅與讙通按言部讙譁二字互訓與驚嘑義別

或作諠喧

諼

諼 詐也 說文段注公羊傳此伐楚也其言救江河爲諼也何曰諼詐也息夫躬傳虛造詐諼之策按師古注云諼詐辭也辭當是冒此蓋小顏所據說文作詐冒也淺人刪書耳衛風終不可諼兮傳曰諼忘也此諼蓋萲之假借萲本令人忘憂之艸引伸之凡忘皆曰萲伯兮詩作諼艸淇奧詩作不可諼皆假借也許偁安得萲艸蓋三家詩也○禮記少儀注險阻出奇覆諼之處也疏又釋文少諼詐釋文又公羊僖廿二年傳注謂諼赦貨諸侯釋文文三年傳注又漢書師丹傳集注詁云諼詐也又王吉傳反懷詐諼之辭注藝文志則上詐諼而棄其信注詁云諼詐旨也

諼 欺也 廣雅釋詁二

諼 諼譁 禮記少儀注釋文

諠譁也 諠聲也 驚呼也 一切經音義十二引聲類○衛方碑云國外浮諠萱按諠乃諼之破體耳又晉書音義中云諠與喧同

諠 言語詢詢往

來也 一切經音義四引三蒼

諼 忘也 諠 忘也 諠 草忘憂也 萱按皆詳萲下

煖

或作晅暄烜

盟也 說文段注說卦傳日以烜之烜亦作烜蓋即煖字也今人讀乃管切同烜○萱按煖煥同訓盟

而音不同今人或不知煖本平聲矣

煖 煥也 廣雅釋詁三

暄 溫也 素問五運行大論其性爲暄注 烜

乾也 易說卦疏○萱按此段晅借字也烜者爟之或體

萱按亘聲在六部必誤也據集韻乃是晅字耳

乾也 易說卦傳釋文引京注○釋文又云李又作晅

萲

○俗有萲蕿

萱 或 令人忘憂之艸也詩曰安得萲艸 說文段注衛風文今詩作焉得諼草○詩伯兮傳云萱艸令人忘憂又文選謝惠連西陵遇風詩無萱將如何注引韓詩章句云諠艸忘憂也

萱按萲引申之義爲凡忘古多用諼諠作之又平輿令薛君碑云求矢不愃則又借愃矣

萱艸 今之鹿蔥

也 文選養生論注引名醫別錄

萲 忘也 爾雅釋訓

諼 忘也 爾雅釋訓又詩淇奧終不可諼兮傳考槃永矢弗諼箋又禮記表記注少詐諼釋文

諠 忘也 禮記大學終不可諠兮注又漢書敘傳上集注引應劭

⿰角巨

角匕也 說文段注匕下曰匕所以比取飯一名柶柶下曰匕也按士冠禮有角柶郎觚也

觿

揮角皃梁隅縣有觿亭又讀若纗 說文段注揮觿雙聲梁國隅地地志作偶應劭曰鄭

伯克段于偶是也郡國志作隅今按皀部無隅則從偶是矣又讀若布名之緇者與十五部合韻也

銷

小盆也 說文 銷即銚也今俗或呼銅銚 漢書李廣傳不擊刁斗自衛注 銷即鈴

也 史記李將軍傳索隱

銷 鳴玉聲也 漢書禮樂志展詩應律鋗玉鳴注引晉灼曰

顓 嚞幡切

頭顓顓謹皃 說文段注此本義也故从見白虎通曰謂之顓頊何顓者專也頊者正也言能專正天之道也

按耑者小謹也今字作專亦段顓作專如淮南云顓民法言云顓蒙漢書言顓顓獨居一海之中皆是

顓者專也 風俗通皇霸○通典引五經通義云顓猶專

顓 謂專竉 漢書五行志中之下后妃有顓注○萱按此謂

顓即專之借字也顓既訓專亦用爲專字凡漢書用顓字不勝數皆專之段借

傳顓頊者寒緇也 白虎通顓善也○淮南覽冥猛獸食顓民注大皇

顓者事也 萱按義與嫥爲近矣 風俗通謂

顓蒙頑愚也 法言學行序注

顓者爲璣人閒淮南

叀

古文 古文

小謹也 說文段注各本小上有專字此複衆字未刪又誤加寸也

叀 縣也

專

漢書陳遵傳集注○俗有甎塼瓶**六寸簿也一曰專紡專**說文段注說文無簿有簿蓋後人易艸爲竹以分別其字耳六寸簿蓋笏也曰部云因佩也無笏字釋名曰笏忽也君有命則書其上備忽忘也或曰簿可以簿疏物也徐廣車服儀制曰古者貴賤皆執笏即今手版也杜注左傳斑玉笏也若今吏之持簿蜀志秦宓見廣漢太守以簿擊頰裴松之曰簿手版也六寸未聞疑上釜二尺字玉藻曰笏度二尺有六寸此法度也故其守從寸小雅乃生女子載弄之瓦毛曰瓦紡專也系部紡綱絲也綱絲者以專爲錘廣韻曰鑴紡錘是也今專之俗字作瓶塼以專爲嫥壹之嫥廣韻曰擅也單也政也誠也獨也自是也**甎方大謂之甋瓿**一切經音義四引通俗文**塼涂以涂墍塼也**荀子正論譽之是猶以塼涂塞江海也注**專專一也**萱按凡段專爲嫥者皆具嫥下

嫥

○俗有嫥**壹也一曰女嫥嫥**說文段注壹下云嫥也與此爲轉注凡嫥壹字古如此作今則專行而嫥廢矣專者六寸簿也紡專也一曰女嫥嫥篇韻皆云可愛之皃**嫥撓和調也**淮南叚眞嫥撓剛柔注專

韻史　卷六十一下第十四部平聲干韻　　五八四一

一也易說卦震爲專釋文引姚注又呂覽必己而無肎專爲注又淮南精神夫血氣能專於五藏注○易繫辭上傳其靜也專注云專專一也**專猶并合制領之謂也**史記田完世家馮因摶三國之兵集解引徐廣**專獨也**左氏襄十九年傳是專黜諸侯服注又國語晉語非起也致專承之注又呂覽簡選不可爲而不足專情注辨土樹境不欲專生而族居注又淮南氾論行無專制注丈素問陰陽類論專陰則死注○論語子路不能專對集解云專猶獨也**專猶單也**禮記曲禮上有喪者專席而坐注郊特牲三獻之介君專席而酢焉注**專滿也**文選江賦注引國語賈注**專齊也**廣雅釋言**專任也**老子專氣致柔能嬰兒注又素問解精微論夫心者五藏之專精也注**專猶司也**禮記檀弓下爾專之注**專業也**廣雅釋詁四**專致也**淮南主術羣臣輻湊莫敢專君注**專猶厚也**儀禮士虞禮記用專膚爲折俎注**專權重也**國策秦策孰與文信侯專注**東西隨己謂之爲專**左氏襄廿六年傳專祿以周旋疏○後漢樊儵傳注云專謂不請也**專擅也**廣雅釋言又國語周語夫榮公好專利注魯語獲骨焉節專車注晉語未獲專也注又淮

韻史　卷六十一下第十四部平聲干韻　　五八四二

南主術所以劃有司使無專行也注○列子力命自專釋文云專謂自專擅不與衆同也**專自是也**左氏襄廿九年傳子容專注又漢書五行志中之上注**專謂自納於己**大戴記子張問入官有善勿專注○子張問入官云專者事之所以不成也**專造私造也**荀子王制不敬專造於家注**專行謂不度**漢書**是非好復言**荀子榮辱信而不見敬者好劃事也注○漢書蕭何傳上以此劃屬任何以關中事注云劃讀與專同萱按劃又專之段借字也吳專諸亦作劃諸見史記索隱又易其靜也專左傳若琴瑟之專壹專皆或作摶摶亦段借字也若貫生傳大專槩物兮則段專爲鈞異部通借也**震爲專**易說卦傳○萱按虞姚作專他家皆作專**子毋相得曰專**淮南天文**八十一乘爲專**左氏昭元年傳專爲右角服注○萱按杜本作專義得㫄通**專室小室也**淮南脩務獨守專室而不出門經民之專室遂廬注云專持小室也**轉也**廣雅釋言**專員也**漢書五行志下之上集注引孟康**專專團皃也**漢書賈捐之傳顓顓獨居一海之中注**專專猶區區也**同上**顓善也**淮南覽冥猛獸食顓民注○萱按顓亦嫥之段

韻史　卷六十一下第十四部平聲干韻　　五八四三

踡

借字**顓蒙顓愚也**法言學行序悾侗顓蒙注**蹴也一曰卑也蔡也**說文段注蹶躡也秦當爲拳曲之拳魯靈光殿賦狡兔踡伏於樹側注當引卑也蔡也李善引蹴也非**踡伏也**廣雅釋詁三**踡跧匐匍也**廣雅釋言

穿

虔切　慉

○俗有窨**通也**說文○萱按詩行露何以穿我屋釋文又禮記學記注穿鑿之器也釋文云穿亦作穿蓋字之尤俗者以牙與身形相似而譌耳**穿敗也**公羊宣十二年傳古者杆不穿注**穿穿壁也**論語陽貨其猶穿窬之盜也與集解引孔注**穿謂發冢也**荀子正論亂今厚葬飾棺故扫也注**穿謂壙中也**漢書外戚傳下衛士投丁姬穿中注

恮佺詮

犂切　慉

謹也說文段注廣韻也作皃**恮懂也**廣雅釋詁四**偓佺也**說文○偓下云偓佺古仙人名也萱按偓佺見上林賦**具也**說文段注淮南書有詮言訓高注曰詮就也就萬物之指以言其徹事之所謂道之所依也故曰詮言欠部吹

韻史　卷六十一下第十四部平聲干韻　　五八四四

下曰詮譻也然則許意謂詮解○廣雅釋詁三又晉書音義中引字林竝云詮具也**詮言者謂譬類人事相解喻也**一切經音義十引淮南注**擇言曰詮**一切經音義十引通俗文**詮之言善也**論語先進異乎三子者之撰釋文引鄭注○萱按此依盧校本也段氏誤下注引作謨為長

銓

○俗有砼**稱也**說文段注稱各本作衡今正禾部稱銓也與此為轉注乃全書之通例稱既今秤字衡者牛觸橫大木其角權衡字經典用之許不介蓋古權衡二字皆段借字權為垂之段借古十四部與十七部合音是以若干為若柯桓表為和表斟灌為斟戈毛詩觀為多之借單聲之畧郭入戈韻垂古音陀段權為之俗乃作鍾若衡則段借之橫字權衡者一直一橫之謂稱錘以金為之故从金○國語吳語無以銓度天下之衆寡注又文選文賦注引蒼頡篇竝云銓稱也又廣雅釋器云稱謂之銓又爾雅釋言釋文云銓即稱**銓稱錘**文選褚淵碑文注引漢書韋昭注○文賦注引聲類云銓所以稱物也**銓權衡也**漢書王莽傳中考量以銓注引應劭**銓亦平也**爾雅釋言坎律銓也樊注**銓次也**文選魏都賦鬪鉤繩之荃緒注引左傳杜注○萱按賦段荃為銓**砼度也**廣雅釋詁

韻史　卷六十一下第十四部平聲千韻　五八四五

絟

細布也說文段注江都王遺帝荃葛師古曰字本作絟千全反又千岩反江南筩布之屬皆為荃也**荃細葛也**漢書江都易王非傳亦遺建荃葛注引臣瓚○又引蘇林云荃細布屬也萱按就布言作絟就質言作荃此等非純乎段借者

荃

文十五部入聲**芥脃也**說文萱按此義見十五部**荃香艸也**離騷荃不揆余之中情兮注又莊子外物荃者所以在魚釋文○萱按此荃引申之義也此義行而本義晦矣莊子李當是荃字作荃者段借也而說文無荃**荃魚筍也**萱按詳副編荃下**荃細布屬也**萱按已具絟下

誤

專教也說文段注專教者專壹而教之也鄭注論語異乎三子者之撰撰讀曰誤誤之言善也廣韻曰誤善言也韋鄭○漢書楊雄傳音義引字林云誤專教也又廣雅釋詁四云誤教也

鐉

所以鉤門戶樞也一曰治門戶器也說文段注門戶樞有不利轉者以此鉤轉之也

韻史　卷六十一下第十四部平聲千韻　五八四六

一曰治門戶器也別一義按玉篇釋為六兩所劣切者此尚書大傳餕訓六兩誤字

夋

行夋夋也一曰倨也說文段注夋夋行皃亢部亩下曰夋倨也故莽蔽字从夋會意

趍

行速趍趍也說文段注鍇本行速趍趍趍趍者行速皃鉉李改下趍為也字非久部曰夋行夋夋也趍**犇也**廣雅釋室

逡

或作後**復也**說文段注彳部曰復往來也方言蹴逡循也日運為躔月運為逡**逡言有次第也**漢書公孫弘傳則羣臣逡注引李奇**逡疾也**禮記大傳逡奔走注**逡退也**爾雅釋言○漢書王莽傳上集注云後退也**逡循卻退也**文選上林賦注引廣雅○鄭固碑云逡適退讓萱按適循音義皆同鄭注經多作逡通**逡巡卻去也**爾雅釋言注○後漢隗囂傳注云逡巡不進也**體慗曰逡**小爾雅廣義**逡表也**廣雅釋詁四

悛

止也說文又小爾雅廣詁又左氏隱六年傳長惡不悛注又國語周語其有悛乎注**悛改也**詩小旻箋心猶

韻史　卷六十一下第十四部平聲千韻　五八四七

不悛釋文魚藻箋而無悛心釋文又左氏成十三年傳康猶不悛注襄四年傳犁猶不悛注襄七年傳亦無悛容注昭三年傳君曰不悛注又國語魯語風之事君也不敢不悛注楚語無悛而更乎注而不以潔悛德注動而不悛注有過必悛注吳語無使失悛注又周書尚良夫遂弗悛注又漢書五行志中之上集注○左氏昭九年傳為是悛而止疏云悛改也改革前意也又方言六云悛改也自山而東或曰悛或曰悍**悛改寤也**左氏宣廿八年傳亦無悛志注悛**覺也**小爾雅廣言**悛更也**廣雅釋詁三**悛次也**左氏哀三年傳外內以悛注**悛敬也**廣雅釋詁一

竣

居也國語曰有司已事而竣說文段注各本作倨竣也說者謂即僂佺今正尸部曰居蹲也足部曰居蹲也郭注山海經徐廣史記音義皆曰踆古蹲字許書之竣蓋與蹲音義皆同也居謁倨倨謁僂竣乃複舉字倒於下遂為僂竣矣古書之謁外可正者數如此固在好學深思心知其意也廣韻曰倨也此居謁倨之證已事而竣今齊語作已於事韋注竣退伏也按毛詩云不皇啓尻故已於事而後即安**竣止也竣伏也**竝廣雅釋詁三

韻史　卷六十一下第十四部平聲千韻　五八四八

敫幡切

棪　宣

棪木也說文段注未詳今人訓織具者用爲杼字也於其雙聲讀之也廣雅作楼天子宣室也說文段注蓋謂大室如壁大謂之瑄也賈誼傳孝文受釐坐宣室蘇林曰宣室未央前正室也天子宣室蓋禮家相傳古語引申爲布也明也偏也通也綏也散也○淮南本經武王破紂牧野殺之于宣室注云宣室殷宮名一曰宣室獄也宣明也書堯典在璿機玉衡疏引虞喜宣夜說又左氏僖廿七年傳未宣其用注又國語晉語武子宣法以定晉國注知右行辛之能以數宣物定功也注宣顯也詩淇奧赫兮喧兮釋文引韓詩宣通也管子心術去欲則宣宣則靜矣注又呂覽古樂故作爲舞以宣導之注○左氏昭元年傳宣汾洮注又賈注竝云宣猶適也宣用也左氏昭廿七年傳而弗敢宣也注宣行也棄閒五常政大論大政乃宣注宣布也書皐陶謨日宣三德晩出傳又後漢書班彪傳下注張法騰禹皮揚傳論注○呂覽圓道宣通下究注云宣偏布也宣所以施教也國語周語宣偏也爾雅釋言又詩文王宣昭義問箋緜迺宣迺畝釋文公劉既頎迺宣傳桑柔秉心宣猶箋江漢來旬來宣箋雖宣哲雒人箋又周禮小司寇乃宣布于四方注又左氏文十八年傳

韻　史　卷六十一下第十四部平聲十韻　五八四九

宣慈惠和注又國語周語寬肅宣惠注所以宣養六氣九德也注所以宣布哲人之令德注魯語牧相宣序民事注楚語明行以宣翼之注又國策秦策宣言之於朝廷注又漢書禮樂志集注又後漢書張衡傳注又管子小匡公宣問其鄉里而有考驗注又淮南時則注又文選劇秦美新靡不貢繇注典引然後宣二祖之重光蔡注宣猶發也文選東京賦武節是宣薛注○國語周語飽以宣之注云宣發揚也又詩緜疏云宣訓爲偏也發也宣揚也左氏宣十二年傳寵光之不宣注○禮記禮運變繒宣祝嘏辭說注云宣猶揚也又家語禮運注云宣謂揚宣揚之宣猶㧞也國語周語爲民者宣之使言注宣散也左氏昭元年傳於是乎節宣其氣注宣緩也爾雅釋言宣示也詩鴻鴈謂我宣驕傳又左氏宣九年傳公卿宣淫注又小爾雅廣言又後漢仲長統傳注宣露也荀子正論上宣明則下治辨矣注聖善周聞曰宣周書謚法又獨斷下○後漢書朱穆傳注引謚法云善聞周達曰宣又周書謚法云施而不成爲宣時耕曰宣詩緜迺宣迺畝箋璧大六寸謂之宣爾雅釋器○萱按此義晩出字作瑄乃專字也半矩謂之宣考工記車人○注云頭髮皓落曰宣又釋文云

韻　史　卷六十一下第十四部平聲十韻　五八五〇

愃　珣

宣本或作寡又易說卦爲寡髮釋文云本又作宣黑白襍爲宣髮萱按二經之宣寡未知孰爲正字也以髮之皓白言則宣爲近之宣明也顯也白者顯明赫兮咺兮威儀也爾雅釋訓○萱按此段咺爲宣也毛詩亦作咺禮記作赫喧說文作赫愃皆非正字惟韓詩作宣平上兩讀注在彼又十二部○或作宣瑄醫無閭之珣玗璂周書所謂夷玉也一曰玉器讀若宣說文段注一曰玉器此字義別說也周禮玉瑞玉器注曰禮神曰器爾雅璧大六寸謂之宣郊祀志有司奉瑄玉詛楚文設用吉玉宣璧皆即珣字讀若宣謂訓器則讀若宣也音韓入十四部如毛詩于嗟洵兮韓詩洵作夐之比○萱按前義詳十二部珣玗璂合三字爲一名許語本爾雅釋地瑄璧名晉書音義上璧大六寸謂之瑄史記孝武紀集解引孟康

甫蹉切

幡

書兒拭觚布也說文段注拭本作飾淺人所改也飾拭正俗字許書有飾無拭顏師古曰觚者學書之牘

韻　史　卷六十一下第十四部平聲十韻　五八五一

或以記事削木爲之其形或六面或八面皆可書觚者棱也以有棱角故謂之觚卽孔子所歎也按觚以學書或記事若今書童及貿易人所用粉版既書可拭去再書揚雄齎油素四尺亦謂素之可拭者也拭觚之布謂之幡亦謂之帑反覆可用之意幡反也孟子萬章下既而幡然改曰注幡謂從輕而出漢書食貨志下叙少反者注幡亦薄也呂覽觀表綠圖幡薄注幡幡猶翩翩也詩巷伯捷捷幡幡傳幡幡失威儀也詩賓之初筵威儀幡幡傳幡幡瓠葉兒詩瓠葉幡幡瓠葉傳幡纚偏幡也史記司馬相如傳落英幡纚集解引郭璞幡飛揚兒也史記司馬相如傳索隱○荀子大略君子之學如蛻幡然遷之注云幡與翻同萱按說文無翻古祇用幡拭觚布反覆用之義皆由此引申矣非段幡爲翻反治也廣雅釋詁三○萱按此段反爲幡也反謂反使從輕也史記平準書獄少反者索隱○漢書雋不疑傳有所平反注云反奏使從輕也又谷永傳集注云反讀曰幡

橎

橎木也說文

韻　史　卷六十一下第十四部平聲十韻　五八五二

蕃

蕃箬艸茂也說文○荀子天論繁啟蕃長於春夏注又淮南主術五穀蕃植注茲云蕃茂也蕃盛也太玄應應蕃貞注又文選荅賓戲得氣者蕃滋注引項岱○素問四氣調神大論此謂蕃秀注云蕃茂也盛也蕃蕪豐也後漢書班彪傳下注蕃多也易晉錫馬蕃庶釋文又詩騶虞序庶類蕃殖釋文又周書芮良夫賓蕃有徒注又漢書成帝紀集注引韋昭律麻志上集注禮樂志集注刑法志集注食貨志集注董仲舒傳集注公孫弘傳集注嚴安傳集注魏相傳集注谷永傳集注儒林傳贊集注貨殖傳集注王莽傳下集注又文選西京賦薛注○漢書文帝紀以害農者蕃注吾丘壽王傳此盜賊所以蕃也注茲云蕃亦多也蕃滋也書洪範庶艸蕃廡晚出傳又國語晉語不能蕃廡注又漢書王莽傳下注又文選東京賦薛注○左氏桓六年傳注雖告神以博碩肥腯疏云蕃滋言其生乳多蕃息也周禮牧人而阜蕃其物疏閩隸而阜蕃教擾之疏又左氏僖廿三年傳其生不蕃注又國語周語民之蕃庶注子孫蕃育之謂也注魯語以蕃庶物也注越語民乃蕃滋注夫婦以蕃注○周禮大司徒以蕃鳥獸注掌畜掌養鳥而阜蕃教擾之注茲云蕃蕃息也又大司徒疏云蕃者是蕃育之字震爲蕃鮮易說卦傳蕃青

韻史 卷六十一下第十四部平聲千韻　五八五三

蕃山海經西山經陰山其艸多茆蕃注蕃即鷂山海經北山經涿光之山其鳥多蕃注蕃車耳也蕃箱也萱按此段蕃爲轓也蕃赤也萱按此段蕃爲番蕃籬落也九州之外謂之蕃國萱按此段蕃爲藩也古又用蕃爲繁上林賦云學蕃弱蕃前漢魯國蕃縣應劭曰鄱國也音皮晉書音義中○萱按皮古音婆蕃之讀婆與鄱入歌韻同皆音轉也此本非古義

藩

○俗有轓屛也說文又詩板价人維藩傳又後漢書光武紀上注○周禮職方注云藩服屛四境也藩蔽也一切經音義二十引蒼頡又楚辭自悲閒南藩而欲往兮注○後漢書馬融傳注云藩亦蔽也又荀子榮辱以相藩飾注云藩飾藩蔽文飾也藩梔也廣雅釋宮藩籬也易大壯羝羊觸藩疏又左氏哀十二年傳藩衛侯之舍注又廣雅釋室又漢書諸侯王表注戾太子傳止于藩注又後漢書光武紀下注又荀子禮論抗折其須以象槾茨番閼也注又文選甘泉賦電儵忽於牆藩注○詩板疏云藩者園圃之籬可以屛蔽行者藩籬落也易大壯羝羊觸藩釋文引馬注藩離壁落也國語楚語爲之關籥藩籬注吳語孤親聽命於藩離之外注○左氏昭十三年

韻史 卷六十一下第十四部平聲千韻　五八五四

傳乃以藩爲軍注云藩離也又國語晉語以蕃爲軍注云蕃籬落也萱按藩蕃籬離皆正借字又或段番爲藩左傳昭廿六年以藩屛周釋文云藩本作番藩樊也後漢揚震傳注藩域也莊子大宗師吾願游于其藩釋文引崔注藩崖也莊子大宗師釋文引司馬注又向注藩謂車兩邊御風爲藩蔽儀禮既夕弛藩蔽疏○左氏襄廿三年傳以藩載欒盈注云藩車之有障蔽者又周禮巾車漆車藩蔽注云藩今時小車藩漆席以爲之藩盾盾可以藩衛者如今之扶蘇與周禮司戈盾設藩盾注藩樂謂閑藏樂器而不作周禮大司徒九曰藩樂杜注九州之衛謂之蕃國周禮大行人○巾車以封蕃國注云藩國謂九州之外夷服鎮服蕃服諸侯爲天子蕃屛故曰蕃衛後漢書章帝紀注○萱按周書職方周禮職方氏皆作藩服大司馬作蕃畿藩蕃同也其地在王城四千五百里外至五千里藩屛兩旁之星也後漢蘇竟傳注轓與也小爾雅廣言轓箱也廣雅釋器文後漢書蔡邕傳注轓車箱也畫爲文彩後漢董卓傳注轓車之蔽也漢書景帝紀注引聲類轓

韻史 卷六十一下第十四部平聲千韻　五八五五

小車兩屛也漢書景帝紀車朱兩轓注引如淳水碓曰轓車廣韻十八隊引通俗文

籓 瀿 權 去頻切

籓 大箕也一曰蔽也說文段注廣雅曰藩籬箕也艸部曰藩屛也尸部曰屛蔽也是則藩與藩音義皆同

瀿 大波也說文

權 黃華木一曰反常說文段注釋木曰權黃英按英華一也郭云未詳而釋艸亦云權黃華郭云今謂牛芸艸爲黃華艸部英下一曰黃英然則爾雅木曰黃英艸曰黃華許則英華字互易論語曰可與立未可與權孟子曰執中無權猶執一也公羊傳曰權者何權者反於經然後有善者也○後漢周章傳論云權也者反常者也權者反經而善也孟子離婁上嫂溺援之以手者權也注○後漢書馮衍傳注云於正道雖違逆而事有成功者謂之權又春秋繁露竹林云前枉而後義者謂之中權權者知也禮記喪服四制○淮南氾論云權者聖人之所獨見也權謂變也後漢書崔寔傳注又荀子臣道權險之平注○韓外傳二引孟子云變謂之權權機也莊子應帝王吾見其杜權矣注權勢也國策齊策恐田忌欲以楚權復於齊注○秦策齊宋在繩之外以爲

韻史 卷六十一下第十四部平聲千韻　五八五六

權注云權援助之勢也又周書大戒權先中之注云權謂勢重權方便也文選頭陁寺碑文導亡機之權注權也者所以察中外素問陰陽應象大論注權謀也淮南主術任輕者易權注汜論言者權也注○鬼谷子捭闔度權量能注云權謂權謀權時謂不依禮也後漢書梁商傳注○文選魏都賦權假日以銓策注云權謂苟且也又春秋繁露玉英云權譎也權輿始也爾雅釋詁又詩權輿于嗟乎不承權輿傳又漢書揚雄傳上集注又太玄玄圖百卉權輿注稱錘曰權禮記月令正權衡注又呂覽仲春正權槩注又淮南時則端權槩注○莊子胠篋爲之權衡以稱之釋文引李注又後漢書魯丕傳注並云權稱錘又左氏文六年傳疏云稱錘謂之權又廣雅釋器云錘謂之權權銓衡也孟子梁惠王上權然後知輕重注○楚辭惜誓同權槩而就衡注又素問至眞要大論如權衡之不得相失也注並云權衡皆稱也又呂覽仲秋平權衡注云權秤衡也權稱也禮記大傳立權度量注又論語堯曰謹權量集解引苞注又皇疏又國語周語權輕重以振救民注又荀子非相不權輕重注○素問陰陽應象大論觀權衡規矩注云權謂秤權又考工記㮚氏不耗然後權之注云權謂稱分

之也權謂銖兩斤鈞石也所以稱物平施知輕重也漢書律麻志上○注云權謂斤兩也又管子明法解云權衡者所以起輕重之數也冬爲權權者所以權萬物也淮南時則○墨子大取云於所體之中而權輕重之謂權又詩狡童序疏云權者稱也所以銓量輕重又公羊桓十一年傳以爲知權也注云權者稱也所以別輕重權者所以知輕重也管子權修三注兵法不知兵權者也注○荀子正名故人無動而不可以不與權俱注云權者稱之權所以知輕重者也權所以平輕重者荀子不苟欲惡取舍之權注○後漢書朱景王杜馬劉傳堅馬武傳注云權謂平其輕重權平也考工記弓人角與幹權注又禮記王制必原父子之親立君臣之義以權之注又國語齊語式權以相應注權節其用注○淮南本經謹於權衡注云權衡平也權舉也漢書郊祀志上集注引如淳權重也廣雅釋詁三又左氏文六年傳疏又國策齊策以太子權王也注文漢書律麻志上權秉也文選五等論注引國語賈注權頰權也文選赭白馬賦兩權協月注又洛神賦靨輔承權注云權兩頰○萱按說文無顴字古祇用權也權火烽

火也史記封禪書通權火集解引張晏

趯

行趯趯也一曰行曲脊皃說文○萱按玉篇無下行字廣韻云趯曲走皃

彏

○俗蘿蘿有弓曲也說文段注陸德明云說文音權然則與拳曲音義略同爾雅曰菼薍其萌虇陸云本或作彏非彏說文云弓曲也按偏旁多後人所加作彏者正是古本艸初生句曲也今江東呼蘆筍爲虇然則萑葦之類其初生者皆名虇爾雅釋艸注

蠸

又十五部去聲蟲也一曰大螫也讀若蜀都布名說文段注蟲也謂蟲名未詳何物釋蟲有蠸輿守瓜螫者蟲行毒也大螫者大行毒也系部曰猎蜀細布也此謂大螫之讀若繼○萱按後義分入十五部蠸爪中黃甲蟲也列子天瑞瞀芮生乎腐蠸釋文蠸蚡鼠也莊子至樂瞀芮生于腐蠸釋文○釋文引司馬注云蠸蟲名也

爟

烜或○平去兩讀注在彼

拳

○俗捲捲有手也說文段注合掌指而爲手故掌指二篆廁手拳二篆之閒卷之爲拳故檀弓曰執女手之拳然拳力也詩巧言無拳無勇傳又三國呂布傳注○萱按此引申之義也段氏謂爲捲之段借大勇爲拳國語齊語有拳勇股肱之力注○文選吳都賦覽將帥之拳勇注云拳與權同萱按權當作權說見捲下拳拳愛也廣雅釋訓拳拳猶勤勤也後漢書明帝紀注明德馬皇后紀注○萱按李翊夫人碑云勤養㩳捲卽拳拳之俗體也又莊子逍遙遊卷曲而不中規矩釋文云卷本又作拳人閒世其細枝則拳曲釋文云拳本亦作卷按卷拳通借字拳拳奉持之皃禮記中庸得一善則拳拳服膺注拳拳忠謹之皃漢書司馬遷傳集注惓惓忠謹之意漢書劉向傳惓惓之義也注

齤

缺齒也一曰曲齒齤說文段注缺齒者齕也曲齒者上云齒差跌今俗云齒齕也按淮南道應訓若士齤然而笑謂露其齒病而笑也

觠

曲角也說文觠曲也廣雅釋詁一觠卷也爾雅釋畜角三觠羷舊注觠局匍跧也

卷

廣雅釋訓平上兩讀義分○俗有類

卻曲也

說文段注卷之本義也引伸爲凡曲之偁大雅有卷者阿傳曰卷曲也又引伸爲舒卷論語邦無道則可卷而懷之即手部之捲收字也又中庸一卷石之多注曰卷猶區也又陳風碩大且卷傳曰卷好皃此與齊風傳鬈好皃同謂即一字也檀弓女手卷然亦謂好皃者釋文

卷是曲皃也

詩卷阿疏○萱按元丕碑施舍弗卷段卷爲倦也

卷婁猶拘攣也

莊子徐無鬼有卷婁

卷者卷聚之義

即族類也

周禮大司樂注黃帝曰雲門大卷疏

大卷即大章

周禮大司樂舞雲門大卷疏○注云黃帝曰雲門大卷黃帝能成名萬物以明民共財言其德如雲之所出民得以有族類

捲

或作措○平上兩讀

气埶也國語曰有捲勇一曰捲收也

說文段注气數也謂作气有埶也此與拳音同而義異小雅巧言無拳無勇毛傳曰拳力也齊語桓公問曰於子之鄉有拳勇股肱之力秀出於衆者韋云大勇爲拳此皆段拳爲捲蓋與古本捲字異齊風箋云權勇壯也權者捲之異體按五經文字木部權字下曰从手作權者古拳握字从手之權字書韻書皆不錄惟盧令鄭箋云鬈讀當爲權權勇壯也又吳都賦覽將帥之權勇李注云毛詩無拳無勇權與拳同此兩處字今雖譌作權从木然可知其必五經文字所謂从手之字也是可以知字書韻書遺扁之古字甚多莫之能補古書之譌謬亦甚多莫之訂正也有捲勇齊語文一曰捲收也此則一義即今人所用舒卷字也論語卷而懷之段卷字爲之廣韻書拳字亦當作捲此音義音居轉切

捲治也

廣雅釋詁三

捲即拳

也

史記孫子吳起傳不拱捲索隱

捲捲用力皃

莊子讓王捲捲乎后之爲人索隱

捲握猶掌

握也

後漢張堪傳捲握之物注

鬈

髮好也詩曰其人美且鬈

說文段注也廣韻作皃齊風盧令曰其人美且鬈傳曰鬈好皃傳不合言髮者傳用其引伸之義許用其本義也本義謂髮好引伸爲凡好之偁凡說字必用其本義凡說經必因文求義則於字或取本義或取引伸假借有不可得而必者矣故許於毛傳有直用其文者凡毛許說同是也有相近而不同者如毛曰鬈好皃許曰髮好皃毛曰飛而下曰頡許曰直項也是也此引伸之說也有全違者如毛曰匪文章皃許曰器似竹匧

毛曰干澗也許曰犯也是也此假借之說也經傳有假借字書無假借令用正字澤陂用借字其義一也字

卷好皃

詩澤陂碩大且卷傳○萱按盧

婘好皃

詩還釋文引韓詩

婘好也嫿好也

竝廣雅釋詁一○萱按此段借也婘嫿乃眷之異體

睘

隸作睘

目驚視也詩曰獨行睘睘

說文段注唐風毛傳曰睘睘無所依也許不从毛者許說字非說經也製字之本義則尒於从目知之按袁聲當在十四部毛詩與青姓韻是合音也○詩杕杜釋文云睘本亦作煢又作煢萱按與青姓韻則煢聲之字爲正

睘謂直視如驚皃

而睘其借也文選思玄賦注作獨行煢煢素問診要經絡論曰睘絕系注

瓊

璚或瓗或亦玉也

說文段注亦各本作亦非此上下文皆云玉也則瓊亦當爲玉名偁是亦玉當廁瑙瑕二篆閒矣離騷曰折瓊枝以爲羞廣雅玉類首瓊支此瓊爲玉名之證也唐人陸德明張守節皆引作赤玉則其誤已久詩瓊琚瓊瑤瓊華瓊瑩瓊英瓊瑰毛傳云瓊玉之美者也蓋瓊支爲玉之最美者故廣雅言玉首瓊支因而

引伸凡玉石之美者皆謂之瓊應劭曰瓊玉之華也是其理也古音在十四部招䰟與姦安軒山連寒漫蘭筵韻瑞爲聲也矞爲夐之入聲角部觼或作鐍此十四部與十五部合音之理瓗巂聲也此十四部與十六部合音之理虫部蠵亦作蠵○文選舞鶴賦振玉羽而臨霞注云瓊亦玉也又左氏成十七年傳注云瓊玉也

瓊是玉之美名

詩著

疏又左傳昭七年疏○詩木瓜釋文云瓊玉也又渭陽疏云瓊者玉之美名非玉名也

瓊玉之別名

左氏

僖廿八年傳楚子玉自爲瓊弁玉纓注

瓊玉枝也

楚辭東皇太一盍將把兮瓊芳注

曲瓊玉鉤也

楚辭招䰟挂曲瓊些注

瓊瑤謂玉音也

文選江文通雜體謝法曹詩宋響寄瓊瑤注

瓊瑩石似玉卿大夫之服也

詩傳

著用瓊十二綦六綦白六某黑所擲頭謂之瓊

後漢書梁冀傳注引鮑宏博經

藑

藑茅逗葍也一名舜

說文段注舜字下曰楚謂之葍秦謂之藑是也今本作一名舜是以木菫爲葍矣○爾雅釋艸云葍藑茅

藑茅靈艸也

離騷索藑茅以筳篿兮注

狋

又十五部義別犬怒皃一曰犬難附代郡有狋氏縣說文段注地理志郡國志同孟康曰狋音權氏音精○萱按此縣名及音皆出於漢耳犬怒皃犬難附讀我黎切在十五部乃本義

袁　羽煩切

長衣皃說文段注此字之本義今祇謂為姓而本義廢矣右與爰通用如袁盎漢書作爰盎是也王風有兔爰爰傳曰爰爰緩意遠轅等字以袁為聲亦取其意也○左傳僖四年齊人執陳袁濤塗釋文云袁本作轅又成二年及齊國佐盟于袁婁穀梁作爰婁萱按轅爰皆同音通借字

轅

輈也說文段注攷工記輈人為輈車人為大車之轅是輈與轅別也許渾言之者通偁則一也轅之言如攀援而上也轅援也車之大援也釋名釋車○國語晉語作轅田注引或說云轅車也又左氏宣十二年傳注技轅疏云楚陳以轅為主故以轅表車轅門仰車以其轅表門穀梁昭八年傳置旃以為轅門注轅易也國語晉語作轅田注引賈注○萱按左傳轅田作爰田通用字

園

所呂樹果也說文段注鄭風傳曰園所以樹木也按毛言木許言果者毛詩檀穀桃棘皆系諸園木可以包

果故周禮云園圃毓艸木許意凡云苑囿己必有艸木故以樹果系諸園○呂覽重己昔先聖王之為苑囿園池也注云樹果曰圃又易賁賁于丘園虞注云木果曰園種樹曰園一切經音義一引蒼頡解詁音義十九引三蒼○漢書高帝紀上故秦苑囿園池注云所以種植謂之圃樹菜蔬曰圃荀子大略大夫不為場圃注○詩駟鐵序疏云圃者種菜殖果之處樊圃謂之園周禮載師以場圃任圃地注○大宰注云樹果蓏曰圃園其樊也又禮記曾子問疏云圃圃也圃者外畔藩蘺之名詩七月疏○將仲子疏云圃者圃之蓄又駟鐵序疏云有蓄曰圃園謂塋域後漢書光武紀上注紀下注園援也御覽八百廿四引風俗通○萱按魏都淇洹之荀段洹為圃也

圜

天體也說文段注圜環也呂氏春秋曰何以說天道之圜也精氣一上一下圜周復襍高注襍猶帀無所稽留故曰天道圜何以說地道之方也萬物殊類殊形皆有分職不能相為故曰地道方按天體不渾圜如丸故大戴禮云參嘗聞之夫子曰天道曰圜地道曰方方盧云道曰方圜耳非形也淮南子曰天之圜不中規地之方不中矩白虎通曰天鎮也

其道曰圜地諦也其道曰方許言天體亦謂其體一氣循環無終無始非謂其形渾圜也下文云圓圜全也斯為渾圜許書圜圓圓三字不同今字多作方圓方員方圜而圓字廢矣依許則言天當作圜言平圓當作圓言渾圓當作圜○呂覽序意爰有大圜在上注云圜天也又圜道注云圜天道也又太半斥攤圜方之相研注圜則杌梲注竝云圜謂天也乾為圜易說卦傳圜陽氣形勢也太乎釋圜朐釋物注圜丘方丘就其方圜名之也釋名釋丘圜一中同長也墨子經上○經說上云圜規寫交也圜鑿是孔也史記孟子荀卿傳欲內圜鑿索隱○廣雅釋詁三云圜圜也圜土獄也詩正月傳則役之圜土釋文○周禮大司徒司農注云圜土謂獄也獄城圜又比長注云圜土者獄城也獄必圜者規主仁又秋官序官司圜司農注云圜謂圜土也圜土謂獄城也今獄城曰圜又釋名釋宮室云獄又謂之圜土言築土表牆其形圜也又文選報任少卿書云幽於圜牆之中注云圜牆獄也圜鍾夾鍾也周禮大司樂圜鍾為宮注又隋志引周禮賈逵解圜鍾應鍾也隋志引周禮馬融解詁圜流回水也家語致思圜流九千里注圜者象土周布於

四時禮記月令其器圜以閑注圜繞也漢書郊祀志下集注又後漢書儒林傳注圜謂周繞之漢書高五王傳圜悼惠王家圜邑注圜謂均而通也漢書食貨志下立九府圜法注圜即錢也漢書食貨志下注引李奇天動為圜周髀算經上圜屬天注○大戴記曾子天圜又淮南天文竝云天道曰圜萱按自說文外經典率圜圓通用矣亦借員

爰

引也籀文吕為車轅字說文段注爰引也此與手部援音義皆同韻會作引也謂引詞也六字謂引詞也四字當出演說文今按援從手爰聲訓引也爰從叉從亐訓引詞也轉寫奪詞字釋詁粵于爰曰也爰粵于也爰粵于那都縣於也八字同詞皆引詞也粵于曰爰見經傳者多那若越語吳人之那不殺都若孟子讀蓋都君相如傳終都攸卒繇同由於卽今人所用於字凡言於者兩物相於自此引而之彼此八字皆由上引下之詞也曰下云習也亐下云於也粵下云于也為於同引孔子曰為于呼也是可以得其解籀文以為車轅字此說假借也轅所以引車故籀文車轅字祇用爰左傳晉作爰田國語作轅田地理志制轅田食貨志云自爰其處孟康云轅爰同此又皆假轅為爰也爰

曰也詩凱風爰有寒泉箋定之方中爰伐琴瑟箋碩鼠爰得我所箋鴻鴈爰及矜人傳鶴鳴爰有樹檀箋四月爰其適歸箋公劉爰方啟行箋爰衆爰有箋又左氏文十三年傳疏又太乎乎數爰賀所疑注○書洪範土爰稼穡疏又漢書五行志上注並云爰亦曰也又禮樂志爰五止注司馬遷傳爰及公劉注並云爰曰也藝語辭也**爰于也**書般庚上既爰宅于茲鄭注又詩卷阿亦集爰止箋又漢書外戚傳下集注**爰於也**書無逸爰暨小人鄭注又詩擊鼓爰居爰處箋桑中爰采唐矣傳皇皇者華周爰咨諏箋采芑亦集爰止箋斯干爰居爰處爰笑爰語箋緜爰及姜女箋周爰執事傳又儀禮士冠禮爰字孔嘉注又左氏文四年傳爰究爰處注宣十二年傳爰其適歸注又漢書食貨志上集注五行志上集注司馬遷傳注又後漢梁統傳注又荀子賦爰有大物注又楚辭天問股妻爰謀注陽離爰死注而館同爰止注有莘爰極注南土爰止注伏匿穴處爰何云注**爰於是也**文選思乎賦爰整駕而亟行舊注○史記司馬相如傳爰周鄭隆索隱云爰於及也**爰易也**小爾雅廣詁又左氏傳十五年傳晉於是乎作爰田服注又史記酷吏傳傳爰書集解引蘇林又文選永明九年策秀才文注引國語賈注○萱按爰訓易者義之引申也與趙相同

援

爰換也史記司馬相如傳索隱引韋昭又漢書張湯傳集注**爰發蹴之皃也**一切經音義廿三引韓詩**爰爰緩也**爾雅釋訓○詩兔爰傳又漢書李廣傳爲人長爰臂注並云爰爰緩意也**爰愁也**廣雅釋詁二**爰哀也**方言十二**爰志也楚曰爰不欲譍而強畣之意也**方言六**爰居雜縣**爾雅釋鳥又國語魯語海鳥曰爰居注○爾雅李注云爰居海鳥也又文選吳都賦鶢鶋避風劉注云鶢鶋鳥也似鳳萱按鶢字後出古祇用爰**引也**說文段注大雅以爾鉤援毛傳鉤援鉤鉤梯也所以鉤引上城者又無然畔援傳曰無是畔道無是援取○詩皇矣釋文又禮記緇衣不援其所不及注又爾雅序援撰微之釋文又廣雅釋詁一又漢書劉向傳集注鄭食其傳集注路溫舒傳集注杜欽傳集注陳湯傳集注王吉傳集注蕭育傳集注孔光傳集注翟方進傳集注匈奴傳下集注外戚傳下集注又後漢隗囂傳注馮衍傳注又淮南精神夫造化之援援物也注又楚辭惜誦又何以爲此援也注又文選遊天台山賦注引國語賈注並云援引也**援猶引也取也**禮記儒行上弗援注又爾雅釋獸猱猿善援釋文云

援猶引也**援牽引也**荀子性惡不肖者敢援而廢之注**援持也**淮南脩務援豐條注○禮記中庸不援上注云援謂牽持之也**援助也**詩君子偕老釋文引韓詩又左氏宣十八年傳使我殺嫡立庶以失大援者仲也夫服注又國策秦策楚國援也注楚人援韓以拒秦注又文選關中詩偏師作援注**援攀也**呂覽下賢莫之援也注○國語魯語夫爲四鄰之援注云援所攀援以爲助也**援也者曰子然我奚獨不可以然也**墨子小取**援直刃也**考工記冶氏援四之司農注文後漢書呂布傳注

蝯

或作猨○俗有猿**善援**句**禺屬**說文段注蝯善援以蟲韻爲利援者引也釋獸曰猱蝯善援許意以蝯善攀援故猴蝯嬰則蝯之屬而已故不言嬰由部曰禺母揆屬蝯即其屬屬而剔也鄭氏山海經傳曰蝯似猢猿而大臂腳長便捷色有黑有黃其鳴聲哀柳子厚言猴性躁而蝯性緩二者迴異○山海經南山經云當庭之山多白猨**猿謂善緣木之猨也**考工記總目注

蝝

復陶也劉歆說蝝蚍蜉子也董仲舒說蝝蝗子也說文段注釋蟲曰蝝

蝮蜪俗字从虫也國語曰蟲舍蚳蝝韋注蝝蝮蜪也可以食按此說蓋與下文二說畫然爲三郭注爾雅則卒合董說耳復陶未知於今何物劉董說皆說春秋也宣十五年冬蝝生五行志曰劉歆以爲蝝蚍蜉之有翼者食穀爲災按志云有翼此云子亦異何注公羊曰蝝卵螽也始生曰蝝大曰螽五行志曰董仲舒劉向以爲蝗始生也螽卵螽字董何說同也○萱按左傳釋文引劉歆云蝝蚍蜉子與說文同與漢志異又周禮鼈人疏云蝝謂蝗也不言蝗子潔言也**蝝螽子也**左氏宣十五年經注又釋文引字林又後漢書陸康傳注陳忠傳注○洪範五行傳注云蝝螽蝸蟬之類生於火而藏于火者也**蝝小螽也**漢書食貨志蝝魚麛卵注**蝝之言緣也**穀梁宣十五年傳蝝非災也注

緣

平去兩讀此引申之義也**因也**荀子禮論凡緣而往埋之注正名然則所爲有名與所緣有同異與注徵知則緣耳而知聲可也緣目而知形可也注又漢書黃霸傳集注外戚傳上集注○文選謝靈運還舊園詩永絶平生緣注云緣因緣也**緣循也**廣雅釋詁四○莊子列御寇緣循偃佒困畏不若人三者俱通達注云緣循仗物而行者也**緣**

順也管子侈靡故緣地之利注又莊子養生主緣督以爲經釋文引李注又文選魏都賦注引莊子司馬注緣歷也漢書五行志中之上集注緣繞也荀子議兵緣之以方城注緣表也廣雅釋詁四緣謂貪緣素問五藏生成論鐵石緣而去之注緣即捐也管子侈靡好緣而好駔注○方言十三云緣廢也懸袘謂之緣方言四○周禮內司服緣衣疏云緣當爲緣

捐

棄也說文又廣雅釋詁一又一切經音義六引蒼頡篇又穀梁宣十八年傳捐殰注又漢書高帝紀下集注司馬相如傳上集注匈奴傳上集注又文選西京賦捐衰色注○荀子賦德厚而不捐注云捐弃也又左氏昭十一年傳注盡則棄捐疏云捐亦棄也捐要也廣雅釋言捐謂民有飢相棄捐者或謂貸乞者爲捐漢書食貨志上而國亡捐瘠者注引孟康捐骨不埋者同上○釋名釋喪制云不得其尸曰捐捐於他境也環謂之捐廣雅釋器

趄

趄田逗易居也說文段注周禮大司徒不易之地家百晦一易之地家二百晦再易之地家三百晦大鄭

韻史　卷六十一下第十四部平聲千韻　五八七三

云不易之地歲種之地美故家百晦一易之地休一歲乃復種地薄故家二百晦再易之地休二歲乃復種故家三百晦遂人辨其野之土上地中地下地以頒田里上地夫一廛田百晦萊五十晦中地夫一廛田百晦萊百晦下地夫一廛田百晦萊二百晦注萊謂休不耕者公羊何注曰司空謂别田之高下美惡分爲三品上田一歲一墾中田二歲一墾下田三歲一墾肥饒不得獨樂墝埆不得獨苦故三年一換主易居財均力平漢書食貨志曰民受田上田夫百晦中田夫二百晦下田夫三百晦歲耕種者爲不易上田休一歲者爲一易中田休二歲者爲再易下田三歲更耕自爰其處地理志曰秦孝公用商君制轅田張晏云周制三年一易以同美惡商鞅始割列田地開立仟伯令民各有常制孟康云三年爰土易居古制也末世浸廢商鞅相秦復立爰田上田不易中田一易下田再易爰自在其田不復易居也按何云換主易居班云更耕自爰其處孟云爰土易居許云趄田易居爰轅趄換四字音義同也古者每歲易其所耕則田廬皆易云三年者三年而上中下田徧焉三年後一年仍耕上田故曰自爰其處孟康說古制易居爲爰田商鞅自在其田不復易居爲轅田名同實異孟說是也依孟則商鞅田分上中下而少多之得上田者百畝得中田者二百畝得下田者三百畝不

韻史　卷六十一下第十四部平聲千韻　五八七四

令得田者彼此相易其得中田二百畝者每年耕百畝二年而徧得下田三百畝者亦每年耕百畝三年而徧故曰上田不易中田一易下田再易爰自在其田不復易居周禮之制得三等田者彼此相易今年耕上田百畝明年耕中田二百畝之百畝又明年耕下田三百畝之百畝又明年而仍耕上田百畝如是乃得有休一歲休二歲之法故曰三歲更耕自爰其處與商鞅法雖異而同也鞅之害民在開仟伯爰易也爰換也萱按此爰引申之義也亦可謂爲趄之段借爾爰下已詳

垣

𩫏籀牆也說文段注此云垣者牆也渾言之牆下曰垣蔽也析言之垣蔽者牆又爲垣之蔽也垣自其大言之牆自其高言之○詩板大師維垣傳又左氏襄卅一年傳盡毀其館之垣釋文又漢書諸侯王表注蕭何傳爲家不治垣屋注又後漢書蘇不韋傳注竝云垣牆也垣者小牆之名詩板疏○荀子富國垣窌倉廩者財之末也注云垣築牆四周以藏穀也卑曰垣書梓材既勤垣墉馬注垣援也人所依阻以爲援衛也釋名釋宮室長垣縣名山海經海內東經山在郁郅長垣北注

韻史　卷六十一下第十四部平聲千韻　五八七五

洹

洹水在齊魯閒說文段注齊當依水經注所引說文字林作晉左傳成七年聲伯夢涉洹杜曰洹水出汲郡林慮縣東北至魏郡長樂縣入清水水經曰洹水出上黨泫氏縣東過隆慮縣北又東北出山過鄴縣南又東過內黃縣北東入於白溝林慮縣即隆慮縣今河南彰德府林縣是其地也今洹水自山西長子縣流入經林縣東北流經安陽鄴北又東流經內黃縣西北入衛河水道提綱曰衛河又東北經彰德府治安陽縣東南畔有洹河自西北來會其南岸即內黃縣西境也水經之白溝今衛河在內黃者皆即淇水許當云在晉衛之閒云在晉魯閒者魯衛相近以魯聲伯夢涉而云也○水經注九引字林云洹水出晉魯之閒萱按魏都賦淇洹之筍段洹爲園也洹洹流也廣雅釋訓洹洹盛皃御覽引韓詩方洹洹兮注

沿

○俗有沿緣水而下也春秋傳曰王沿夏說文段注禹貢沿于江海逮于淮泗鄭本沿作松字之誤也禹本作均依今文尚書也均者沿之假借字如三年問反巡過其故鄉荀卿巡作鉛假鉛爲巡其理一也左傳昭十三年曰王沿夏將欲入鄢沿緣也左氏定四年傳子沿漢而與之上下注○萱按上下皆可言沿義之

韻史　卷六十一下第十四部平聲千韻　五八七六

引申
也
順流爲沿
左氏昭十三年傳注○文十年傳沿漢泝江
注云沿順流又一切經音義廿二引字林云
從水而下曰
沿順流也
沿順也
國語吳語率師沿海泝淮注○
書禹貢鄭注云沿順水行也禮
沿循也
荀子榮辱鉛之重之注反鉛察之而俞可好也注
論則必反鉛過故鄉注○萱按沿鉛同音相通借
沿猶因
也逑也
禮記樂記故明王以相沿也注○注又云沿
謂因而增改也又不相沿樂疏云沿因也

鉛

○俗
有鉛
青金也
說文又漢書地理志上注○食貨志上注云青
者曰鉛又後漢書隗囂傳注云鉛青金也似錫
而色
青
鉛者錫也
史記屈原賈生傳鉛刀爲銛注又書禹貢鉛
松怪石疏○漢書江都易王非傳或鋧爲鉗以
鉛杵春注云鉛
者錫之類也
鉛華粉也
文選洛神賦鉛華弗御注○萱按
荀子榮辱段鉛爲沿又韓非外儲
說延陵卓子古今人表作鉛
陵卓子延鉛一聲之轉也

縣 許焆切

平去兩讀
○俗有縣繫
也
說文段注繫當作系繫者繫絲也一名惡絮
許書之李非此字明矣許自序云據形系聯不
作繫也系篆下云繫也當即縣也之謂二篆爲轉注古縣挂
字皆如此作引伸之則爲所系之偁周禮縣系於遂邑部曰

韻史 卷六十一下第十四部平聲千韻

五八七七

周制天子地方千里分爲百縣則系於國秦漢縣系於郡釋
名曰縣縣也縣係於郡也自專以縣爲州縣字乃别製从心
之懸挂别其音縣去懸平古無二形二音也顏師古云古縣
邑字作寰亦爲聽說○荀子正論聖王沒有執籍者罷不足
以縣天下注云縣繫也又管子修靡縣人有主注云縣
謂繫屬也又文選吳都賦劉注引莊子云有繫謂之懸
縣係
也
莊子寓言若參者可謂無所縣其罪乎注○大宗師
此古之所謂縣解也釋文引向注云縣解無所係也
縣謂
聯繫
荀子彊國然而縣之以王者之功名注又今巨楚縣吾
前注云縣聯繫之也○性惡加日縣久注云縣久縣繫
以久
長
縣縊也
國語晉語驪姬請使申
生處曲沃以逮縣注
懸謂如懸物之動也
素
通評虛實論脉懸小者何如注○大奇論懸去衆華而死閒
云懸謂如懸物物動而絕去也又玉機眞藏論其至皆懸注
沈溍者命曰逆四時注云
懸絕謂如懸物之絕去也
縣縣繩正豆之柄
考工記旒人絕
豆中縣注縣
謂鍾也
禮記經解故衡誠縣不可欺以輕重注○漢書
判法志集注引服虔貫山傳集注竝云縣稱也
縣樂
左氏昭十六年傳適縣閒注○儀禮燕禮樂人縣注云縣
肆鍾磬也又禮記曲禮下祭事不縣注云縣樂器鍾磬之屬

韻史 卷六十一下第十四部平聲千韻

五八七八

也又周禮小胥正樂縣之位注云樂縣謂鍾磬之屬縣於筍
簴者也又荀子王霸縣樂奢泰游抗之脩注云縣其簴也又
文選長笛賦磬襄弛懸注云懸鍾架也又禮
記仲尼燕居入門而縣興注云縣興金作也
縣鼓周鼓也
詩
有
督懸田
縣鼓傳
縣謂閒立之
漢書食貨志下夫
縣法以誘民注
縣抗也
廣雅
釋言
縣視也
淮南精神殖華可止以
義而不可縣以利注
縣遠也
淮南主術其於
御兵刃縣矣注
懸消也
太乎
進日
飛懸
陰注
懸猶停也
後漢書皇
苗規傳注
希高慕遠
故曰縣天
莊子在宥其
動也縣而天
釋文引
向注
懸刀弩牙後刀也一名機
文選射雉賦
撰懸刀徐注
縣聯聯受雀
頭著梢者一曰辟帶也
淮南本經縣
鵩房植注
懸封謂直下棺不爲埏
道也
後漢閒
馬傳注
縣祭山之名也
山海經中山歷兒家也縣以吉
玉注○爾雅釋天祭山曰展縣
孫注云埋於
山上曰縣
縣燧邊候
淮南泰族縣
燧未韓注
白逮素縣
爾雅釋畜○
後漢書馬檢
傳注引銅馬相
法云縣簿股也

韻史 卷六十一下第十四部平聲千韻

五八七九

駽

平上兩讀
注在俊
○俗有
馵駿
馬一歲也
說文段注韻書字書皆作馵疑非是不當
从十也釋畜乎駒音義曰乎字林作駿音
同廣韻駿胡涓切馬一歲語必本
諸字林蓋字林始變馵爲駿也
駿馬一歲名一曰馬黑色
集
韻

攣 呂焆切

○俗
有攣
係也
說文段注係者絜束也易小畜有乎攣如馬
曰連也廣曰引也攣者係而引之其義近攫
攣如
者相牽繫不絕之名也
易中乎有乎攣如疏○萱按小畜
釋文攣如子夏傳作戀段借字也
攣
急也
素問皮部論寒多
則筋攣骨痛注
痿攣爲攣
素問疏五過論○史記范
雎蔡澤傳魋顏蹙齃膝攣
集解云攣兩膝曲也又廣雅
引徐廣云攣一作攣釋艸
攣夷芎藥也
攣卷相牽引也
莊
在宥乃始臠卷傖囊釋
子
攣卷不中舒之狀也
莊子在宥釋
文○萱按此段臠爲攣
文引司馬注

變

或作說文段注此與手部攣音
樊也
鄹義皆同玉篇云攣攣也

韻史 卷六十一下第十四部平聲千韻

五八八〇

臠

平上四讀或書作臠○俗有癵臞也一曰切肉也詩曰棘人臠臠說文段注毛詩傳曰欒欒瘠兒蓋或三家詩有作臠從正字毛作欒從段借字柳許所據毛作臠皆不能肌定也切肉曰臠臠之大者曰胾此許義也引詩者證前一義也臠謂肉臠也史記絳侯周勃世家獨置大胾索隱臠卷不申舒之狀也臠卷相牽引也黃按此段臠爲攣癵病也瘦也廣韻

處頻切

椽

榱也說文又國語晉語斷其椽而礱之注○左氏桓十四年傳以大宮之椽歸爲盧門之椽釋文云椽榱也圓曰椽方曰桷又穀梁莊廿四年傳刻桓公桷釋文云圓曰椽桷或謂之椽椽傳也相傳次而布列也釋名釋宮室椽猶梯也管子侈靡椽能踰則椽於踰注

船

○俗有船舟也說文段注二篆爲轉注古言舟今言船如古言屨今言鞋舟之言周旋也船之言滸沿也○方言九云舟自關而西謂之船又一切經音義十七引世本云共鼓貨狄作舟船又墨子小取云船木也船循也循水而行也釋名釋船越人謂船爲須慮越絕書吳內傳船車治載之具太玄

粹跌船跋車注天船星名後漢書明帝紀注

傳

又去聲二見凡三讀遽也說文段注引伸傳遽之義則凡展轉引申之偁皆曰傳而傳注流傳皆是也後儒分別爲知戀直戀直攣三切實一語之轉按廣韻傳注直戀切郵馬知戀切○黃按訓遽者本義也詳去聲餘皆引申之義也又分平去傳移也禮記內則父母舅姑之衣衾簟席枕几不傳注傳猶轉呂覽必已人論之傳則不然注○黃按傳之訓韓亦讀去聲傳者延也莊子養生主指窮於爲薪火傳也釋文傳引也漢書武五子傳贊集注傳通也後漢朱穆傳注傳遠也後漢王允傳注傳禪也淮南精神故舉天下而傳之於舜注○國策秦策欲傳尚君注云傳猶禪也傳授也呂覽不屈願得傳國注傳者相傳繼續也莊子養生主釋文傳謂傳述禮記祭統傳著于鍾鼎也釋文○儀禮鄭氏注疏云言傳者取傳述之意傳傳聞也荀子非相而況于世之傳也傳傳世也禮記明堂位天下傳之久矣注傳謂陰陽之氣流傳也素問陰陽離合論積傳爲一周注傳猶說也禮記樂記有司失其傳也

注傳送也呂覽上德傳鉅子於田襄子注傳至也呂覽順民人事之傳也注傳執也孟子萬章下庶人不傳質爲臣注傳謂逮捕而考之也後漢書張禪傳注○漢書劉屈氂傳以姦傳朱安世注云傳逮捕也又張湯傳集注云傳謂傳逮傳家謂家事傳子孫也後漢書鄭弘傳注傳言猶出言也儀禮士相見禮安而後傳言注傳說所齋操及所適周禮掌節必有節以傳輔之注植謂之傳爾雅釋宮

汝頻切

㨎

或作擩○作濡者譌體染也周禮曰六曰㨎祭說文段注㨎染也如染繒爲色也各本篆作擩解作需聲引周禮作擩祭今正古音耎聲在十四部需聲在四部其音晝然分別後人乃或淆亂其偏旁本从耎者譌而从需而音由是亂矣周禮大祝九祭六曰㨎祭士虞禮特牲饋食禮少牢饋食禮有司徹四篇經文凡用㨎字二十唐石經周禮士虞皆作擩特牲少牢有司經皆作㨎參差乖異此非經字不一乃周禮士虞經淺人妄改也郭璞而沿反李善而綠反劉昌宗而兗反陸德明而泉反皆耎聲之正音也杜子春讀如虞茜之茜郭璞而悅反劉昌宗而誰反顏師古如闕

反陸德明而兗反皆耎聲之音轉也古音十四十五部最相近之理也今則周禮禮經漢書子虛賦注皆誤从需玉篇擩而主切廣韻慶韻作擩切而兗薛韻作㨎切如兗不知其李爲一字而五經文字云㨎如悅反字書無此說見禮經擩汝主反見周禮是則唐開成石經正用張參之字故周禮與儀禮異字不知何以就禮經中士虞與他篇又異字也張氏云周禮作擩汝主反今按周禮釋文曰而泉反一音而兗反劉又而誰反絕無汝主一反不可以證陸氏周禮之本作㨎乎士虞禮釋文曰如悅反劉而乎反又而誰反反與特牲少牢有司音義皆同亦不言而主反又不可以見士虞之本作㨎乎其云字書無㨎字則其所據說文已爲俗改之本有擩無㨎而不知說文古本之有㨎無擩也禮經注曰㨎染也李奇子虛賦注曰染㨎也○儀禮公食大夫禮以辯擩于醢注㨎云擩猶染也又禮記少儀注擩于俎釋文云本又作㨎醢者染於醢儀禮特牲饋食禮右取湆㨎醢注○周禮大祝司農注云擩祭以肝肺湆擩鹽醢中以祭也擩揾也文選子虛賦割鮮染輪注

㽭

或作堧○作嚅擩者譌城下田也一曰㽭郤地說文段注城下田所謂附郭之田也張晏云城

郤地也郤當作隙古隙郤字相段借曲禮郤地即隙地也地
各本譌作也今正河渠書溝洫志皆云故盡河堧棄地韋昭
曰河堧謂緣河邊地食貨志趙過試以離宮卒田其宮堧地
師古曰堧餘地史記五宗世家臨江王侵廟堧垣為宮史記
鼂錯列傳漢書申屠嘉傳鼂錯傳皆云錯鑿太上皇廟堧垣
古者廟有垣垣外有堧堧之竟復有垣以闌之是為堧垣臨
江王鼂錯皆侵毀堧垣者也堧者河壖邊也史記漢興已來
外宮廟外沿邊隙地也其字作堧同諸侯王年表廟
壖垣堧者內垣之外游地也漢書鼂錯傳集注○史記五宗
索隱世家索隱云壖垣牆外之短垣
也又漢興已來將相名臣年表索隱云壖垣外垣短牆也又
漢興已來諸侯王年表索隱云壖垣廟境外之墟又後漢桓
帝紀注云壖官之餘地也
前書音義曰壖城郭旁地也

歂 遄

恕烜切

口气引也說文又廣韻引字林○左氏定八年傳注云鄭駟歂字子然

往來數也易曰已事遄往說文段注數所角桑谷二切釋詁曰遄疾也速也崧高烝民傳同己依韻會虞翻曰祀舊作已是也今李鉉作吕錯作以

遄疾也詩泉水遄臻于衛傳巧言亂庶遄沮傳烝民式遄其

韻史 卷六十一下第十四部平聲千韻

五八八五

歸傳又禮記禮運注又左氏文二年傳注昭三年傳注又太玄玄告月遄而日湛注○禮記禮運釋文云遄疾皂也

遄速也易損已事遄往注又詩相鼠胡不遄死傳崧高式遄其行箋又左氏宣十二年傳注定十年傳涉沱亦遄矣哉注又後漢書章帝紀注又文選寡婦賦曜靈曄而遄邁兮注謝靈運初去郡詩理棹遄還期注

輲速也穆天子傳六是曰垂輲注○萱按此段輲為遄也

椯 篅

或作椯

椯木也說文段注未詳

椯差也太玄難狂馬椯木注

或作圌

吕判竹句圜以盛穀者說文段注為之也用篅以判竹謂用析竹竹篅圜其外殺其上高至於屋蓋以盛穀近底之処為小戶當閉之可出穀今江蘇謂之土篴是也古曰笆今江蘇編稻艸為之容數石謂之笆淮南書曰與守其篅笆注篅笆受穀器也篅讀顓孫之顓按別作圌○一切經音義十二引字林云篅判竹為之盛穀音

笆謂之篅廣雅釋器圜以艸作之團團然也釋名釋宮室○一切經音義十二引蒼頡篇云篅亦作圌時緣反圌倉也又廣雅釋詁三云篅圌也

韻史 卷六十一下第十四部平聲千韻

五八八六

輇 泉

聚烜切

或作輲

蕃車下庳輪也一曰無輻也說文段注蕃當作藩藩車見軒字下庳者屋卑也因以為凡卑之偁藩車而下為卑輪車輪卑則車安矣未知是否無輻也見輪下蓋所謂安庳

車柩車也禮記喪大記君葬用輴注兩輪為輲

莊子外物而後世輇人諷說之徒釋文引李注

輲速也穆天子傳六注○萱按此段輲為遄說墨子經下

輇輪也廣雅釋器輇車梯也輇量人也

○俗有洤湶

水原也象水流出成川形說文段注釋水曰濫泉正出正出涌出也沃泉縣出縣出下出也氿泉穴出穴出仄出也毛傳亦云檻泉正出側出曰氿泉許作濫泉曆泉吕是曰泉之竭矣不云自中傳曰泉水從中以益者也引申之古者謂錢曰泉布許云古者貨貝而寶龜周而有泉至秦廢貝行錢象形者同出而三岐略似从形也○孫叔敖碑云波障源湶又楊君石門頌云平阿湶泥萱按泉湶正俗字又顏氏家訓書證云漢書以貨泉為白水眞人

泉源小水之源詩竹竿泉源在左傳

增泉天漢也楚辭守志食時至兮增泉注

泉與錢今古異名周禮地官序官泉府疏又管子輕重下今齊西之粟釜百泉注云泉錢也○周禮外

韻史 卷六十一下第十四部平聲千韻

五八八七

府掌邦布之入出注云貨泉徑一寸重五銖右文曰貨左文曰泉直一也又云大泉徑一寸二分重十二銖文曰大泉直十五貨泉又云其藏曰泉其行曰泉取名於水泉其流行無不偏

餘泉白黃文爾雅釋魚○萱按專字作螺其字後出古祇用泉作之

灥 仝

三泉也說文段注凡積三為一者皆謂其多也

全籀𠓝古文○或作奔

完也純玉曰全說文段注全完也宀部曰完全也是為轉注今字皆从籀而以全為同字考工記玉人云天子用全大鄭云全純色也許玉部云全純玉也後鄭周禮注同許按云純玉曰全者引經說此字从玉之意○國策秦策楚國不尚全事注云全完也又考工記玉人注云全純玉也

全猶具也禮記祭統不明其義君人不全注以全天為故者也注分全體疏

全無瑕病

全猶愈也周禮醫師十全為上注

全猶備也考工記弓人得此六材之全注○淮南時則視肥體全牪注云全無虧缺也

列子天瑞天地無全功注

全猶順也

兩體不分乃謂之全吕覽本生易良注不

全謂

韻史 卷六十一下第十四部平聲千韻

五八八八

牷

德全荀子彊國案用夫端誠信全之君子治天下爲法○後漢桓榮傳注云全德言無玷缺也全人則聖

人也莊子庚桑楚唯全人能之注全謂死人也呂覽別類不可以爲全者也注全十五日

時也文選吳都賦與日虧全注引春秋保乾圖宋注有鐘有磬爲全儀禮大射儀笙磬西面其南笙

鐘注牛純色周禮祭祀牷牲說文段注牧人祭祀之牲牷鄭司農曰牷純也按凡時事之牲用牷物凡

外祭毀事用尨以尨與牷對舉則牷爲純色可知也大鄭注釋牷爲純也爲許所本後鄭則訓犧爲純毛牷爲體完具與

許異○禮記表記牲牷禮樂齊盛釋文云全純色也又左氏桓六年傳吾牲牷肥腯注云牷純色完全也人穆天子傳一

官人陳牲全五□具注云體完曰全牷或曰全色純也萓按牷全正借字牷純也周禮牧人司農注犬人司農注

○禮記表記注云牷猶純也牷謂體全具也山海經西山經凡西山之首其餘十七山之屬皆毛牷用

一牢祠之注○書微子晚出傳云體完曰牷又禮記月令循行犧牲視全具疏引王肅云體完曰全牷完也禮記

駮頑切

元

祭義犧牷祭牲疏體充曰牷大戴記曾子天圓注山川曰犧牷大戴記曾子天圓

始也說文又爾雅釋詁又易乾元亨利貞子夏傳又書大傳元祀代泰山注又史記趙世家集解引徐廣又漢書律

麻志上司馬相如傳下集注敘傳下集注引張晏又周髀算經下天以更元作紀麻注又太玄贊元貞有終注將元屬注

養元函否貞注○春秋繁露王道又匡謬正俗八故云元者始也又易乾魏徵說云始萬物爲元元者氣之

始也易象上傳大哉乾元九家注又大戴記保傳春秋之元節注又禮記禮運必以天地爲本疏元者吉

之始也呂覽召類又說苑奉使○公羊隱元年傳又文選東都賦注春秋元命苞謚云元年者何君之始年也

元首也爾雅釋詁又詩閟宮建爾元子傳又儀禮士冠禮始加元服注又左氏僖卅三年傳狄人歸其元注哀十

一年傳歸國子之元注又孟子滕文公勇士不忘喪其元注又漢書昭帝紀集注敘傳下集注又後漢書和帝紀注安帝

紀注○左氏昭十二年傳疏云元者始也首也元者端也公羊隱元年傳元者氣也疏引春秋說又古微書引

春秋元命苞元猶原也春秋繁露重政變一爲元公羊隱元年傳注○文選東都賦注引春秋元

命苞云元年者何元宜爲一又春秋繁露重政云春秋變一謂之元元長也廣雅釋詁四又玉篇一部引韓詩又

左氏僖廿七年傳謀元帥疏襄四年疏襄九年疏又史記項羽紀魯元集解引服虔又漢書高帝紀上注引服虔王莽傳

上集注又後漢書章帝紀注○左氏隱云傳惠公元妃孟子疏襄九年傳疏謚云元者始也長也元體之長

也左氏襄九年傳又漢書律麻志上元者氣之本也善之長也左氏隱元年經注欲其體

元以居正疏又穀梁隱元年傳疏○易文言傳又儀禮既夕禮元士則葬用輴軸疏又左氏昭十二年傳又國語晉語故

曰元注又漢書律麻志上又淮南時則擇元日注又太玄守守元有注謚云元者善之長也或少者字元善也

良也文選思玄賦章二八之還廣兮注元善也禮記王制天子之元士注月令乃以元日祈穀于上帝盧

注又左氏文十八年傳謂之八元注又賈注又國語周語衆非元后何戴注晉語人之有元君注吳語伯父多歷年以沒

元身注又漢書楊雄傳下集注王莽傳中集注又後漢書張衡傳注又呂覽孟春乃以元日注乃擇元辰注仲春擇元日

注○左傳文十八年疏云元善也言其善於事也元元善也國策秦策子元元注又史記孝文紀索隱引國

策高注元元善意也漢書文帝紀以全天下元元之民注武帝紀勸元元注元元大也易象上傳

元永貞疏又書酒誥惟元祀疏引顧氏又詩六月元戎十乘傳采芑方叔元老傳又禮記文王世子一有元良注又左氏

宣十二年傳疏成十八年傳疏昭十三年傳疏又漢書哀帝紀集注食貨志下集注引臣瓚又後漢書班固傳下注崔騶

傳注崔瑗傳注謝畏吾傳注又太玄應元離之極注又楚辭天問稷維元子注又文選東京賦元祀惟稱薛注祚靈龜以

元吉薛注○漢書董仲舒傳云元者辭之所謂大也元侯大國之君也儀禮士相見禮注天子所以享

元侯也疏又國語魯語元侯作師注○韓詩六月章句云元戎大戎謂兵車也又法言修身何元懷之有注云元懷大惡

也又書金縢今我即命于元龜馬注云元龜大龜也元寶也呂覽召類聖人之元也注上美爲元易坤

黃裳元吉干注元典歷始曰元漢書律麻志上始建國都曰元行義說民曰

元主義行德曰元能思辯衆曰元謚周書謚法○獨斷下云仁義說民曰元元首

頭也周書武順元首曰末注○禮記曲禮一牛曰一元大武注云元頭也元服冠也後漢順帝紀注○安

韻史 卷六十一下第十四部平聲十韻

帝紀注云元服謂加冠也元首君也文選陸機辨亡論上注引書大傳○廣雅釋詁一云元君也元子世子也儀禮士冠禮記天子之元子猶士也注元妃嫡夫人也左氏文二年傳娶元妃以奉粢盛注昭八年傳陳哀公元妃注元士上士也荀子正論小侯元士次之注○儀禮旣夕禮疏云元士謂天子之士又白虎通爵云天子之士獨稱元士何士賤不得體君之尊故加元以别於諸侯之士也元天也後漢書班彪傳下注又淮南原道執元德於心而化馳若神注萬物元同也注化育元燿注俶眞弊其元光注本經元元至碭而運照注說山是謂元同注元尊天也漢書禮樂志惟泰元尊注引李奇元氣天氣也楚辭守志食元氣兮常存注又後漢書明帝紀注趙咨傳注○方術傳注云元氣者謂開闓陰陽之書也元爲天精謂之精氣後漢書郎顗傳注○公羊隱元年傳注又淮南本經注又文選幽通賦渾元運物曹注竝云元者氣也四千五百歲爲一元後漢書董卓傳注○論衡謂時云四千六百一十七歲爲一元元日正日也文選東京賦於是孟春元日薛注○書堯典月正元日晚出傳云元日上日也元辰吉辰也後漢

五八九三

韻史 卷六十一下第十四部平聲十韻

書張衡傳注○禮記月令乃擇元辰注云元辰蓋郊後吉亥也元伏道也淮南原道無志元伏注元光內明也淮南俶眞弊其元光注元元猶喁喁可憐舜兒史記孝文紀集解引顧野王○後漢書光武紀上注云元元猶言喁喁可矜憐之辭也元元謂黎庶也後漢書光武紀上注元戎車在軍前啟突敵陣周所制也釋名釋兵○後漢書竇融傳注云元戎兵車也又班彪傳下注云元戎戎車也

沅

沅水出牂柯故且蘭東北入江說文段注牂柯郡故且蘭二志同且音苴子閭反前志故且蘭下曰沅水東南至益陽入江過郡二行二千五百三十里按益陽屬長沙國漢志東南以地望準之當從說文作東北過郡二當作三謂牂柯武陵長沙國也水經曰沅水出牂柯故且蘭縣爲旁濛水又東至鐔成縣爲沅水東過無陽縣又東北過臨沅縣南又東至長沙下雋縣西北入于江水道提綱曰沅水數源一曰鐔陽江出貴州平越府東北之黃平州南金鳳山一曰清水江其源有二北曰平越府西北之豬梁江南曰都勻府西南之馬尾河古牂沅水出故且蘭必指

五八九四

韻史 卷六十一下第十四部平聲十韻

豬梁江及豬梁所納之卜龍河也清水江與鎭陽江合於黔陽縣西經常德府治武陵縣西南而入洞庭湖源流貫二千三百餘里古偁辰酉敘沅潕五溪皆入焉○後漢書光武紀下注云沅水名出牂柯東北過臨沅縣至長沙入洞庭湖又南蠻傳注云沅水出牂柯故且蘭東北經辰州潭州嶽州經洞庭湖入江也又臧宮傳注云沅水出廣漢沅湘水名也離騷濟沅湘以南征兮注

芫

魚毒也說文段注爾雅釋木杬魚毒郭云大木皮厚汁赤堪藏卵果顏師古注急就篇芫華曰景純所說乃左思吳都賦所謂緜杬杶櫨者耳非魚毒也芫艸一名魚毒煑之以投水中魚則死而浮出故以爲名其華可以爲藥芫字或作杬玉篇按爾雅杬字或作芫入於釋木本艸及許君皆入艸部○萱按芫杬有艸木之別爾雅段杬爲芫耳而說文不錄杬芫華中藥山海經西山經首山艸多茉芫注

黿

○俗有黿魭大鼈也說文段注今目驗黿與鼈同形而但分大小之別○一切經音義二引三蒼人漢書五行志下之上蔡化爲玄黿注竝云黿似鼈而大也又楚辭河伯乘白黿兮逐文魚注云大鼈爲黿魚屬也又文選蜀都賦黿

五八九五

韻史 卷六十一下第十四部平聲十韻

黿水處劉注云黿大黿也萱按大黿乃大鼈之譌黿者元也續漢五行志五注黿蜓蜴也萱按此段黿爲蚖也孟子盡心下注云鄭子公染指蚖萸則段蚖爲黿也篁蜴同字當作蟹易又書大傳河魭魭即黿字

蚖

○俗有螈榮蚖逗它醫句吕注鳴者說文段注它醫榮蚖之異名也釋魚曰蠑螈蜥易也小雅節南山傳曰蜴螈也蜴當作易螈當作蚖榮蚖或單呼蚖史記龍象化爲玄蚖以入王後宮是也方言曰其在澤中者謂之易蜴音析南楚謂之蛇醫或謂之蠑螈東齊海岱謂之蜿蜓以注鳴者謂與虺皆以味鳴也○爾雅釋魚釋文引字林云蠑蚖它醫也蚖蜥易也象龍國語鄭語注黿蜓易也漢書五行志下之上注引韋昭○萱按此段黿爲蚖二字蓋互借通用也蚖木名也管子地員其木宜蚖蕎與杜松注○萱按疑此蚖字或即杬之段借字

邍

高平曰邍說文段注此依韻會各本作高平之野非也大司徒山林川澤丘陵墳衍邍隰鄭云下平曰衍高平曰原下溼曰隰釋地廣平曰原高平曰陸此及鄭注皆以高平釋原者謂大野廣平偁原高而廣平亦偁原下文所謂可

五八九六

食者曰原也凡陵阜陵阿皆高地其可種穀給食之處皆曰原是之謂高平曰原也序官遂師注云遂地之廣平者與大
司徒注不同者單言原則為廣平墳衍原隰並言則行為廣平原為高平也遂字後人以水泉本之原代之惟見周禮
高
平曰原
詩皇華于彼原隰傳又周禮遂大夫疏又左氏僖廿八年傳原田每每注又漢書地理志上原隰底績注
又後漢書班彪傳上注又離騷字余曰靈均注初枚長於原野注○史記夏本紀正義云原平高地也又詩戴芰疏云原
隰者地形高下之別名
高平曰太原原端也平而有度
水經汾水注引春秋說題辭○
汾水注引書大傳云大而高平者謂之太原又小爾雅廣器云高平謂之太原
上平曰原
公羊昭元年傳
廣
平曰原
詩緜周原膴膴篤公劉于胥斯原箋又禮記月令周視原野注禮運不使渚者居中原注又左氏桓元年
傳凡平原出水為大水注襄廿五年傳町原防注又國語周語猶其有原隰衍沃也注又漢書貨殖傳原注呂覽孟春注
系春注又淮南時則注○釋名釋地云廣平曰原原元也如元氣廣大也又爾雅釋地廣平曰原李注云謂土地寛博而
平正名之曰原
可食者曰原
爾雅釋地○孫注云陸阿山田可種穀者亦曰原
原原田也
周禮

大卜三曰原兆注○杜注云原兆有周之兆
原陸也
國語魯語高山峻原注
原端也
廣雅釋地又水
經汾水注引春秋說題辭
原元也
釋名釋地
周原沮漆之間也
詩緜周原膴膴傳○箋云周之
原地在岐山之陽

原

○俗有源
厵
古籀
水本也
說文段注各本作水泉本也今刪正月令百源注曰衆水始所出為百源單許
曰原衆許曰原泉孟子原泉混混是也後人以原代高平曰邍之邍而別製源字為本原之原積非成是久矣○漢書食
貨志下猶塞川原為潢洿也注五行志下之上原必塞注雄云原謂水泉之本也又司馬相如傳下乃壇洪源注云水本
曰原
原本也
禮記王制必原父子之親疏又史記司馬相如傳通陜游原集解引漢書音義又漢書元帝紀集注
引晉灼司馬相如傳下集注引孟康東方朔傳集注匡衡傳集注又後漢書劉愷傳注又管子兵法一之原也注又荀子
儒效俄而原仁義注王制夫是之謂有原注禮論文理之原也注又莊子天地君原于德而成于天釋文又呂覽異用此
存亡治亂死生之原注本味冀州之原注又淮南原道注壁彤黃水三周復其原注又文選洞簫賦注引廣雅神女賦志

未可乎得原注○禮記孔子閒居必達於禮樂之原注云原猶本也又漢書劉向傳原秦晉之所消以為戒注云原謂思
其本也又薛宣傳原心定罪注云原謂尋其本也
原本也
論語陽貨鄉原德之賊也皇疏○易比原筮元
永貞干注云原原也
原泉之所自出也
淮南原道原流泉滓注
原再也
爾雅釋言又周禮馬
質禁原蠶者注又禮記文王世子末有原注又後漢書光武武紀上注又淮南泰族原蠶一歲再收注○史記高帝紀以
沛宮為高祖原廟集解云原者再也
原重也
漢書禮樂志集注叔孫通傳集注
原陳也
莊子天道因任
已明而原省次之釋文
原察也
管子戒春出原農事之不本者謂之游注
原免也
後漢書羊續傳注劉
馬傳注
原大夫氏也
詩東門之枌南方之原傳○書伊陟原命序馬注云原臣名
源水本也
文選文賦或沿波而討源注○典引斟酌道德之淵源蔡注云水本曰源又漢書禮樂志猶濁其源而求其清流注云源
水泉之本
源為委本
禮記學記或源也疏
源水水之泉源也
荀子法行涓涓源水注○禮記
學記或源也注云源泉所出也又月令命有司為民祈祀山川百源注云衆水始所出為百源
高平曰原廣

平曰原原陸也原端也原元也
萱按皆段原為邍也

嫄

部國之女周棄母字也
說文段注邑部曰邰者炎帝之後姜姓所封周棄外家國也裴駰引韓詩
章句曰姜姓原字按史記作原○萱按外詩斯千箋姚先姚姜嫄也釋文又周禮大司樂釋文竑云嫄本作原蓋偏旁乃後
加

敘煩切

蒝

艸木形　說文

旋

周旋
逗
旌旗之指麾也
說文段注左傳曰師之耳目在吾旗鼓進退從之手部麾下曰旌旗所以
指麾者也旟有所鄉必運轉其杠是曰周旋引伸為凡轉運之偁
周旋容止也
國語周語周旋序順注
旋轉也
史記日者傳旋式正棊索隱又楚辭招魂旋入雷淵注
旋圓也
莊子達生旋而蓋矩釋文引司
馬注
旋回也
文選神女賦注引字林
旋還也
廣雅釋詁四又小爾雅廣言又華嚴經音義下引切韻
旋謂旋反也
易履其旋元吉疏
旋謂盤旋也
列子黃帝鯢旋之潘為淵釋文○又云旋云盤

韻史　卷六十一下第十四部平聲千韻　五九〇一

桓也　旋謂左循天度而行　素問天元紀大論七曜周旋注　旋疾也　史記天官書陜還至索隱
旋連也　漢書董仲舒傳集注○方言六云秦晉凡物樹稼早成熟謂之旋　旋小便　左氏定三年傳夷射
姑旋焉注　旋室曲室也　文選魯靈光殿賦旋室嬛娟以窈窕注○淮南覽冥傾宮旋室注云旋室以旋玉飾
室也一說室旋機關可轉旋故曰旋室　旋淵深淵也　淮南俶眞湍瀨旋淵呂梁之深注　渾儀中
筩爲旋璣　史記天官書索隱引書大傳注　鍾縣謂之旋　考工記鳧氏○注云旋屬鍾柄所以縣之
也　旋蟲者旋以蟲爲飾也　考工記鳧氏旋蟲謂之幹司農注○後鄭云今時旋有蹲熊盤龍辟
邪　旋目鳥名也　文選上林賦交精旋目注引司馬彪　還旋也　山海經北山經歸山有獸焉其名曰
驒善還注董按此謂還即旋之段借字也古多段還爲旋故還有旋音耳非其本音然也　還轉也　禮記少儀還辟
疏內則左還按師釋文又國語楚語將還琓吳國於股掌之上注又楚辭招魂引車右還注○史記李將軍傳三人還射
正義云還謂轉也　還謂遠也　史記楚世家還蓋長城以爲防索隱○董按此類還字或又讀若旋之去聲然

韻史　卷六十一下第十四部平聲千韻　五九〇二

璿　漩嫙

可不必　還便還也　左氏僖十五年傳晉戎馬還濘而止注○宣十二年傳少進馬還注云還便旋不進又禮
記檀弓上還葬縣棺而封注云還之言便也　還顧視也　莊子秋水還虷蟹與科斗釋文引司馬注　還睨
顧瞻也　後漢張衡傳注　還辟逡巡也　禮記曲禮則還辟再拜稽首釋文　還者事未畢
也還也　穀梁莊八年傳○文十三年傳宣十八年傳竝云還者事未畢也又襄十七年傳襄十九年傳竝云還者
事未畢之辭也　還味稔棗　爾雅釋木○董按此又段還爲樌也旋樌音同
或作賦　好也　說文段注齊風子之還兮韓詩作嫙嫙好皃○廣雅釋詁一云嫙好也
或作漩○平去兩讀　回泉也　說文段注杜詩檄漩梢濆無險阻漩夔州土人讀去聲謂峽中回流大者其深不測
舟遇之則旋轉而入江賦所謂盤渦谷轉也濆土人讀如濆謂峽中回流漸平則行突涌如山江賦所謂漯漯濆瀑也斯二
者必檄之梢之而行不可正紀杜用峽中語言入詩　漩洄也　華嚴經音義下引切韻
琁　斑○有璣俗　𤫍　籀　璿　古文　美玉也春秋傳曰璿弁玉瓔　說文

韻史　卷六十一下第十四部平聲千韻　五九〇三

段注山海經西王母之山有璿瑰瑤碧郭傳璿瑰玉名竹書
穆天子傳重瑰氏之所守曰枝斯璿瑰郭注璿瑰玉名引左
傳贈我以璿瑰按左傳成公十八年今本作瓊瑰僖公廿八
年璿弁今本作瓊弁張守節史記璿璣作瓊璣璿與瓊古書
多相亂璿瑰郭音旋回合二字爲美玉名山海經單言琁者
亦美玉也春秋傳見上張衡西京賦璿弁玉纓薛綜文解弁
馬冠也又髦以璿玉作之纓馬鞅也以玉飾之中山經海內
西經言琁者皆美玉也郭云琁石次玉者也又云琁玉類又
云璿瑰亦玉名是未知璿琁同字矣○史記天官書索隱引
書堯典馬注又漢書郊祀志上舜在璿機玉衡注竝云璿美
玉也又後漢安帝紀注云琁美玉也又李固傳注云璣美玉也　琁淵玉池也　文選蕪城賦琁淵碧樹注　璿
璣謂北辰句陳樞星也　說苑辨物○周髀算經下欲知北極樞璿周四極注云璿璣也又太玄
玄攡以通琁璣之統注云琁璣斗魁也　琁室以琁玉文飾其室也　呂覽過理作爲琁室注○淮南
本經紂爲琁室璿臺注云琁玉石之似玉以飾室臺也又云琁或作旋言室施機關可轉旋也　璿者還也　御覽
時序部十四引書大傳　篇吳楚之間或謂之匲璣　方言五○注云匲璣竹器

韻史　卷六十一下第十四部平聲千韻　五九〇四

圓　檈樌　緐（甫榷切）

規也　說文段注規有法度也○董按此平圓之正字人多用圜圜員作之而圜不行學者當合圜圓通觀之圜圜同
部圓在十三部　冐圓也　廣雅釋詁三
圜窾也　說文段注樌圜疊韻
樌味逗稔棗也　說文段注釋木還味稔棗釋文云還字林作樌不言出說文疑或取字林增此　還味
短味　爾雅釋木注○董按爾雅段還爲樌
○俗有繁　網　或○俗有緐　馬髦飾也春秋傳曰可以稱旌緐乎　說文段注
馬髦謂馬鬣也飾亦妝飾之飾蓋集絲條下垂爲飾曰緐引申爲緐多又俗改其字作繁俗形行而本形廢引申之義行
而本義廢矣至若鄭注周禮禮記之繁纓繁讀爲鞶帶之鞶謂今馬大帶也此易字之例其說與許說絕殊春秋傳者哀
廿三年左傳　緐多也　詩正月正月繁霜傳又周禮鍾師肆夏呂叔玉注又左氏昭三年傳景公繁于刑注又公
羊僖廿二年傳春秋詞繁而不殺者正也注文廣雅釋詁三又小爾雅廣詁又漢書劉向傳集注又後漢書班彪傳下注

韻史　卷六十一下第十四部平聲十韻　五九〇五

又荀子天論繁啟蕃長於春夏注又淮南繆稱獄繁而無邪注○禮記樂記注繁瘠廉肉疏云繁謂繁多又左氏成十七年傳今衆繁而從余注云繁猶多也
繁衆也 廣雅釋詁三又離騷佩繽紛其繁飾兮注東皇太一五音紛兮繁會注又淮南氾論當市繁之時注○俶眞繁憤未發注云繁憤衆積之皃
繁數也 淮南原道纏策繁用者非致遠之術也注
繁猶盛也 禮記鄉飲酒義獻醻辭讓之節繁注
繁廡茂盛也 後漢張衡傳注○大戴記少閒列五王之德煩煩如繁諸乎注云如繁者言如萬物之繁蕪也
繁華美麗也 後漢書班彪傳上注
繁縟聲之細也 文選琴賦翕韡曄而繁縟注○禮記樂記使其曲直繁瘠廉肉節奏注云繁瘠廉肉聲之鴻殺也
肆夏一名繁 左氏襄四年傳金奏肆夏之三注○周禮鍾師肆夏呂叔玉注云繁遏執競也又云肆夏繁遏渠皆周頌也又杜注云肆夏繁遏渠所謂三夏矣
武冠或曰繁冠今謂之大冠 猶斷下
繁弱封父子之弓 荀子性惡繁弱鉅黍古之良弓也注○初學記引廣雅云繁弱弓也又左氏定四年傳封父之繁弱注弓繁弱大弓名又呂覽具備今有羿蠭蒙繁弱於此而無弦注云繁弱良弓所出地也
繁由

韻史　卷六十一下第十四部平聲十韻　五九〇六

胡 爾雅釋艸○萱按此蘩之段借字也古亦借蕃爲蘩
繁馬飾繁纓也 萱按此段繁爲鞶也同部通借字

瀿

或作瀿○俗有瀿 泉水也 說文段注泉水者泉出之水也淮南書云莫鑑於流瀿而鑑於澄水許注云楚人謂水暴溢爲瀿瀿卽瀿字泉水暴溢曰繁也

蘩

○俗有蘩 蘩 蕃 白蒿也 說文段注釋艸皤毛傳同召南傳曰皤蒿也皤亦白也夏小正曰繁由胡由胡者繁母也繁旁勃也豆實也故記之儀禮采蘩假蘩字爲之○萱按廣雅釋艸云繁母旁勃也與爾雅大戴皆用借字
蘩白蒿也所以生蠶 詩七月采蘩祁祁傳 蘩皤蒿 左氏隱三年傳注 蘩陸菜 左氏隱三年傳蘋蘩蘊藻之菜疏 蘩之醜秋爲蒿 爾雅釋艸 蘩菟蒵 同上 采蘩言國君夫人不失職 儀禮鄉飲酒禮乃合樂注燕禮遂歌鄉樂注

樊

藩也詩曰營營青蠅止于樊 說文段注艸部曰藩屏也按齊風折柳樊圃毛曰樊藩也樊者

韻史　卷六十一上第十四部平聲十韻　五九〇七

楙之假借藩今人謂之籬笆籬說文作杷通俗文曰柴垣曰
曰樜木垣曰栅字作楙六朝人謂之接謝靈運云激流植援
是也詩者小雅文營營言部引作營營楙今詩作樊毛曰樊藩也三章口榛所以爲藩也 樊藩也 爾雅釋言又詩
青蠅傳又莊子山木遊乎雕陵之樊釋文引司馬注○爾雅釋言孫注云樊圃之藩也 樊蕃也 管子修廱有差
樊注○文選蜀都賦樊以菹圃劉注 樊邊也 廣雅釋言 樊傍也 莊子則陽鳥則休乎山樊釋文引李注

樊

樊陰也 莊子則陽釋文引司馬注 樊崖也 淮南精神以游于天地之樊注
鷩不行也 說文段注鷩各本謳鷩馬部曰鷩馬重皃鷩不行沈滯不行也毛詩折栖樊圃借爲楙字莊子澤雉
富乎樊中樊蘢也亦是不行意 樊所以籬雉也 莊子養生主澤雉十步一啄百步一飲不蘄畜乎樊中注
○釋文引李注云樊藩也所以籬雉也又引崔注云樊中猶籬中也 樊桐昆侖山名也 淮南墮形樊桐
在昆侖閶闔之中注 樊馬大帶 萱按此段樊爲鞶也己詳鞶下其段爲楙者己詳楙下又鞶字古通用樊

覲

或作覼 覲覼也 說文○萱按觀下云觀覼暫見也廣韻同

韻史　卷六十一上第十四部平聲十韻　五九〇八

頄

大醜皃 說文段注可惡也

𨟚

京兆杜陵鄉 說文段注水經注渭水篇沈水上承皇子陂於樊川其地即杜之樊鄉也漢祖至櫟陽以將軍
樊噲灌廢丘最賜邑於此鄉按樊鄉見史漢樊噲傳索隱引三秦記曰長安正南山名秦嶺谷名子午一名樊川一名御
宿[illegible]樊川也宋敏求長安志曰樊川在萬年縣南三十五里引十道志云其地即杜陵之樊鄉凡言樊鄉即許之𨟚
鄉也在今西安府府南三十里之樊川周語樊仲山父諫章曰仲山父王卿士食采於樊毛傳曰仲山甫樊侯也按周襄
王賜晉文公陽樊之田陽樊一名樊一名陽國語陽人不服而曰陽有樊仲之官守焉然則仲山甫之樊非此𨟚也陽樊
方輿紀要云式曰在今河南懷慶府濟源縣

蠜

阜蠜也 說文段注召南趯趯阜螽傳曰阜螽蠜也趯趯躍也○爾雅釋蟲釋文云蠜本作蠜萱按此段蠜爲蠜也
其本義爲蠜蠜 負蠜蟅也 廣雅釋蟲

煩

熱頭痛也 說文段注詩曰如炎如焚陸機詩云身熱頭且痛 煩謂煩躁 素問生氣通天論煩則喘

唱注煩猶數攪動也史記樂書水煩則魚鼈不大正義煩擾也廣雅釋詁三煩亂也考工記弓人夏治筋則不煩注又國語楚語若民煩可教訓注又呂覽音初世濁則禮煩注又淮南精神煩氣為蟲注煩猶劇也周禮司隸則役其煩辱之事注煩勞也禮記樂記衞音趨數煩志注又廣雅釋詁一又國策秦策不可以煩大臣注煩繁也釋名釋言語煩多也淮南俶真其德煩而不能一注主術法省而不煩注煩衆也大戴記少閒列五王之德煩煩如繁諸乎注煩辱也淮南俶真以物煩其性命乎注德無常玆謂煩漢書五行志下之上引京房易傳○春秋繁露考功名云無益者謂之煩言汙煩者謂澣垢衣者用功煩多亦以煩為澣名詩葛覃疏煩煩撋之用功深詩葛覃箋煩撋猶挼莎也詩葛覃釋文引阮孝緒字略

蘋

青蘋逗佁莎而大者說文段注子虛賦薛莎青蘋張揖曰青蘋似莎而大生江湖鴈所食按高注淮南曰蘋狀如葳與張說不同楚辭有白蘋殆與青蘋一種色少異耳○淮南覽冥路無莎蘋注云蘋狀如葳葳如葭也萱

韻史　卷六十一上第十四部平聲千韻　五九〇九

按稚讓說與叔重同似優於高也但苹亦似莎而大而許苹與蘋分二處上林賦苹蘋並言則非一物矣苹蓋騷所謂白蘋與

番

○俗有蹯蹞或罥古文獸足謂之番說文段注按九歌罥芳椒兮成堂王注布香椒於堂上也罥一作播丁度洪與祖皆云罥古播字按播以番為聲此屈賦假番為播也蹯足也廣雅釋獸○爾雅釋獸云貍狐貒貈醜其足蹯其迹內蹯掌也爾雅釋獸蹯文又周禮服不氏釋文又左氏文元年傳諸食熊蹯而死釋文又公羊宣六年傳熊蹯不熟注又國語楚語煩食熊蹯不獲而死注番更代也列子湯問迭為三番釋文番番勇也爾雅釋訓○注云番番壯勇之兒番番勇武兒詩崧高申伯番番傳○萱按史記秦本紀番番黃髮段番為膰也番氏詩十月之交番維司徒箋番禺山海經謂之賁禺者也水經泿水注蹞踒者弩名漢書哀帝紀贊即位痿痺注○荀子禮論抗折其額以象櫌茂番朗注云番讀為蕃萱按此段番為蕃也又無極山碑艸木番茂隆口又白石神君碑永采番昌皆段番為蕃也

韻史　卷六十一上第十四部平聲千韻　五九一〇

璠

璠璵逗魯之寶玉孔子曰美哉璠璵遠而望之奐若也近而視之瑟若也一則理勝二則孚勝說文段注與各本作璵鉉本有纂文璵字云說文闕戴依注所有增為十九文之一鍇本則張次立補之考左傳釋文曰璵本又作與音餘此可證古本左傳說文皆不从玉後人輒加纂文之璵可勿補也又各本作璵璠今依太平御覽所引作璠璵法言亦作璠璵左氏傳定公五年季平子卒陽虎將以與璠斂今本左傳上與下璠許君所據不同奐若文采之皃御覽作煥瑟同璱理勝謂奐若孚勝謂瑟若此蓋出逸論語御覽引正作逸論語

旛

旛胡也謂旗幅之下垂者說文段注旛胡也各本作幅胡也今依葉石林抄宋本及韻會所據本訂韻會作幡胡幡即旛之俗序倒所以書幡信字亦從俗段巾部之幡為旛而旛廢矣旛胡蓋古語如厭瓬之名瓬瓪見廣雅漢堯廟碑作璠瑚玉曰璠璵艸木盛曰繁廡皆雙聲字凡旗正幅謂之縿亦謂之旛胡廣韻云旛者旗旐總名古通謂凡旗正幅曰旐是則凡旗幅皆曰旛胡也吳語建肥胡韋注肥胡幡也幡即旛字與許互相發明旛胡即肥胡謂大

韻史　卷六十一上第十四部平聲千韻　五九一一

也吳都賦作祀姑誤○萱按堯廟碑云致璠瑚石闕壘段璠瑚為旛胡也二字皆晚出者旛幡也其兒幡幡然也釋名釋兵

繙

繙冤也說文段注三字句各本無繙字冤作冤今補正玉篇繙下曰冤也集韻引說文同蓋謂繙字為複字而刪之不知繙冤為疊韻古語集韻類篇皆曰繙紕亂也是冤俗作紕也巾部有幡帑二篆亦是疊韻小兒拭觚布也此謂亂也仍當補亂字繙煩冤也莊子天道繙十二經釋文引司馬注○萱按楚辭離世注云冤煩冤也二字同訓煩煩冤則繙卯冤矣

燔

爇也說文段注按許燔與燔字別燔者宗廟火炙肉也此因一从火一从炙而別之毛詩瓠葉傳曰加火曰燔於生民傳曰傳火曰燔古文多作燔不分別也燔燒也史記平津侯主父傳燔其龍城索隱又漢書藝文志集注嚴婺傳集注又莊子盜跖抱木而燔死釋文又列子黃帝藩荺燔林釋文○詩楚茨疏云燔者火燒之名燔焚也漢書宣帝紀集注儒林傳集注○爾雅釋天釋文云燔猶焚也燔焚燒也漢書東方朔傳燔之於四通之衢注燔

韻史　卷六十一上第十四部平聲千韻　五九一二

鐇

乾也廣雅釋詁二祭天曰燔柴爾雅釋天又周禮小司寇疏○漢書終軍傳奉燔瘞於郊宮注云燔祭天也萱按此義似亦當作鐇重燔猶重然也文選海賦燔炭重燔注燔炙也燔謂燔肉燔取膟膋腥曰祳熟曰燔萱按皆段燔爲鐇也○俗有膰宗廟火孰肉天子所以饋同姓春秋傳曰天子有事鐇焉說文段注今世經傳多作燔作膰惟許書作鐇火部燔下云爇也是詩作燔爲段借字他經作膰乃俗耳許偁左傳作鐇左傳釋文云膰周禮又作鐇皆古文之存焉者也異義左氏說脤社祭之肉盛之以蜃宗廟之肉名曰膰說文作祳鐇用左氏說祳下曰社肉盛以蜃故曰祳天子所以親遺同姓鐇下云宗廟火孰肉也天子所以饋同姓古本當如此今本爲寫者外誤耳必云炙孰者爲其字从火毛公曰傳火曰燔又曰加火曰燔其事與炙相類也大宗伯鄭注云脤膰社獲宗廟之肉以賜同姓之國同福祿也兄弟有共先王者鄭與許同用左氏說也若傳所云賜齊侯胙又云宋先代之後天子有事膰焉有喪拜焉是亦有歸鐇異姓者春秋云云僖廿四年左傳文偁此者證古經作鐇不作燔又以見有歸鐇

異姓之禮○廣雅釋器云鐇肉也又云膰肉也又詩行葦或燔或炙箋云燔用肉又楚茨箋云燔燔肉也又禮記少儀疏云燔謂燔肉孰居俎上曰膰周禮大司徒疏引公羊穀梁云膰祭肉也左氏僖廿四年傳注成十三年傳祀有執膰注又漢書五行志中之上注引應劭又家語子路初見若致膰於大夫注○後漢列女傳注云膰祭餘肉也燔祭肉也左氏襄廿二年傳與執燔焉釋文○成十三年傳疏云祭肉有燔而薦者因謂祭肉爲燔也燔炙也儀禮有司徹次賓羞羊燔注又禮記少儀燔亦如之注燔炙肉也儀禮特牲饋食禮兄弟長以燔從注○文選東京賦燔炙芬芬薛注云燔炙謂炙肉也燂炙者爲燔孟子告子下燔肉不至○周禮量人制其從獻脯燔之數量注云燔從於獻酒之肉炙也傳火曰燔詩生民載燔載烈傳又周禮內饔注截燔之屬疏加火曰燔詩瓠葉炮之燔之傳又家語問禮注○禮記禮運以炮以燔注云燔加於火上腥曰脤熟曰燔公羊定十四年傳燔取膟膋詩楚茨傳

䪤

或作⿰番韭小蒜說文段注艸部曰蒜葷菜也南都賦曰其園圃則有藷蔗薑䪤李善引字書䪤小蒜也玉篇廣韻皆

云百合蒜也按即齊民要術所云百子蒜○萱按䪤蓋種植書所謂卷丹也一名百合食其根益人非葷菜也若世俗所謂小蒜者古祇名蒜以有大蒜故別之爲小耳與卷丹迥殊矣

羳

黃腹羊也說文○爾雅釋畜云羳羊黃腹

⿰犭番

犬鬥聲說文

⿰鼠番

⿰鼠番鼠也或曰鼠婦說文段注⿰鼠番鼠也三字爲句廣雅謂之白⿰鼠番王氏念孫曰⿰鼠番之言皤也或曰鼠婦此別一義釋蟲曰蟠鼠負蟠即⿰鼠番字負即婦字今之貸底蟲也虫部又云蚡蝛委黍委黍鼠婦也○萱按後義蓋說段借也鼠婦本字作蟠亦或借⿰鼠番爲也也

蟠

鼠婦也說文段注釋蟲曰蟠鼠負負又作婦本艸經曰鼠婦一名負蟠郭樸曰甕器底蟲按此溼生蟲今蘇州人所謂蟆底蟲也蟠音附袁切借爲蟠曲字如樂記云禮樂之極乎天而蟠乎地方言曰未陞天龍謂之蟠龍此讀如盤舟部般旋字之段借也

袢

平去兩讀注在彼

韻史

第十一冊

何萱撰著

商務印書館發行

韻

史

第十一冊

何萱撰著

商務印書館發行

韻史卷六十二　泰興何萱石閭譔集　子度校字

第十四部上聲　上海顧錫麒竹泉覆審

旰韻　武進李兆洛申耆鑑定

開口呼　改坦切

旰皯　衦稈

或作究 目白皃 說文段注依玉篇訂○萱按說文云旰目多白也一曰張目也此乃誤本

○俗有皯 面黑气也 說文段注列子曰面黎黑曰皯燋然肌色皯黣 一切經音義十二引通俗文黑氣亦人之病此引申之義也萱 ○廣雅釋詁一云皯病也

有衦 摩展衣也 說文段注摩展者摩其繒而展之也石部䃺下曰以石衦繒也衦之用與熨略同而異

秆 或禾莖也 春秋傳曰或投一秉稈 說文段注稈自根之上至禾莖也謂之秆 穗者是也昭公廿七年左傳曰或取一編菅焉或取一秉秆焉國人投之此以二句為一句耳○一切經音義廿二引字

口坦切

侃　衎

林云稈禾莖也 秆稾也 左氏昭廿七年傳注又廣雅釋艸○小爾雅廣物云藁謂之稈 稭穰謂之稈

廣雅釋艸○俗有侶侃

剛直也論語曰子路侃侃如也 說文段注論語鄉黨與下大夫言侃侃如也孔 子曰侃和樂皃也蓋謂即衎之段借字先進篇今作侃侃 衎衎疆

敏之皃 行侃如也冉有子貢侃侃如也 漢書趙尹韓張兩王傳贊其節侃侃然 此衎字皆良吏云有忠義之臣○許氏書 蓋根據唐孫叔然注 萱按衎 和悅皃 衎衎寒不闕

行喜也 說文二段相互錯當引爾雅釋詁之初 侃侃和樂也 衎衎和樂皃也

樂皃也 易漸飲食衎衎 廣雅釋訓衎衎和也 詩南有嘉魚嘉賓式燕以衎 後漢書傳衎我哀

樂也 饒衎 衎衎易漸飲食衎衎 王弼注衎衎和樂皃也 禮記注鄭注衎衎之皃

傳注樊準 方言衎 定也 十三 定也 劉注 引方言 衎 然 安定皃也 衎爾自得皃 居處言語飲 禮記檀弓上 衎

厂 罕 海坦切

食衎爾注衎衎彊皦之皃萓按此段衍爲侃也二字互相通借侃和悅皃漢書韋賢傳我徒侃爾注侃侃和樂皃也論語鄉黨集解引孔注又皇疏○先進皇疏云侃侃和樂也

厈籀山石之厓巖人可凥象形說文段注厓山邊也巖者厓也人可居者謂其下可居也屋其上則謂之广象形謂象嵌空可居之形籀文象形而从干聲

或書作罕网也說文段注謂网之一也吳都賦注曰畢罕皆鳥網也按罕之制蓋似畢小网長柄故天官書畢曰罕車經傳段爲尟字故釋詁云希寡鮮罕也○後漢馬融傳注云罕亦網也罕率也廣雅釋器罕畢罕也文選羽獵賦及至罕車羆揚注○漢書司馬相如傳上載雲罕注引張揖云罕畢也雲罕旌旗之別名也文選東京賦雲罕九斿薛注罕漫猶無所知閒也後漢書蔡邕傳注罕希也罕少也萓按皆詳尟下又左氏傳罕虎罕達渾罕公羊作軒虎軒達韓子作渾軒此段渾爲罕也渾罕同部雙聲字渾罕字子寬

亶 帶坦切

多穀也說文段注亶之本義爲多穀故其字从面引申之義爲厚也信也誠也見釋詁毛傳亶厚也爾雅釋詁又國語周語又呂覽重己衣不燀熱注亶誠也爾雅釋詁又詩祈父亶不聰傳生民胡臭亶時箋板不實于亶傳又周禮內司服展衣注又儀禮士冠禮嘉薦亶時注又荀子彊國相國之於勝人之埶亶有之矣注亶信也爾雅釋詁又書君奭在亶乘茲大命疏又詩常棣亶其然乎傳十月之交亶侯多藏釋文亶盡也太乎乎塋君子所以亶表也注亶居猶虛居也漢書翼奉傳臣奉誠雖亶居而改作注引如淳○萓按此段亶爲但也漢書但字多作亶者又文選羽獵賦亶觀夫剽禽之紲踰注云亶古但字古又段亶爲單爲擅爲癉僤厚也詩桑柔逢天僤怒傳○萓按此段僤爲亶樊光兩雅釋詁注作逢天亶怒是也

但 代罕切

裼也說文段注衣部曰裼者但也二篆爲轉注古但裼字如此袒則訓衣縫解今之綻裂字也今之經典凡但裼字皆改爲袒裼矣衣部又曰羸者但也裎者但也釋訓毛傳皆曰袒裼肉袒也肉袒者肉外見無衣也引伸爲徒也凡曰但曰徒曰唐皆一聲之轉空也今人但謂爲語辭而題知其本義因以袒爲其本義之字古今字之不同類如此唐人詩多

用爲平聲但空也漢書高帝紀上集注匈奴傳上集注○翼奉傳注引如淳云亶居猶虛居也萓按亶者但之借也漢書多借亶爲但但徒也文選講德論注引聲類但空也徒也漢書食貨志下集注王尊傳集注淮陽憲王欽傳集注但猶詐也淮南說山媒但者非學謾也注但曼淫衍也莊子馬蹄釋文引崔注○萓按袒露也禮記曲禮下勞毋袒疏又釋文袒閒也禮記少儀袒櫜奉胄疏袒謂堂上去衣禮記喪服小記袒降踊疏○漢書高帝紀上袒而大哭注云袒謂脫衣之袖也又注引如淳云袒亦如禮袒踊也袒左免衣也袒右脫右臂衣也萓按詳見襢下襢袒也謂不障禮記喪大記大夫士襢之注○萓按袒裼正字作但肉袒正字作膻而經典悉用袒襢作之謂之段借可也訓釋分詳但膻二字下合觀之而其義備矣袒襢同字此以袒釋襢者用正字釋俗字欲人易憭也漢人有此例襢笫袒簀也禮記喪大記設牀襢笫注○儀禮既夕抗衾而浴襢笫注云襢袒也袒簀去席萓按袒簀者袒裼引申之義襢單也禮記喪大記釋文

坦

安也說文段注論語曰君子坦蕩蕩按魯讀爲坦湯湯此如陳風子之湯兮傳曰湯蕩也謂湯爲蕩之段借字也司馬相如賦段壇爲坦坦平也管子版法坦氣修通注坦坦謂平平管子樞言坦坦之利不以功坦坦之備不爲用注○廣雅釋訓云坦坦平也坦坦平易之皃易履履道坦坦疏坦著也易履釋文引蒼頡坦坦明也易履釋文引廣雅○禮記祭法注云坦明皃也坦蕩明達之皃後漢書明帝紀注○論語述而集解引鄭注云坦蕩蕩寬廣皃也坦大也文選西京賦雖斯宇之既坦薛注坦平大皃老子繟然而善謀釋文○釋文又云繟梁王尚鍾會孫登張嗣本作坦河上本作墀萓按繟墀段借字

觛

卮也說文段注各本作小觶也廣韻同玉篇作小卮也御覽引說文亦作小卮也今按卮下云圜器也一名觛則此當作卮也無疑小徐本廁此大徐李改廁於觶篆後云小觶也殊誤卮非觶也漢高紀奉玉卮爲大上皇壽應劭曰飲酒禮器也古以角作受四升古卮字作觚許云觶禮經作觝則觝字非卮古字應仲遠鼓合爲一三都賦序舊注因之遂有改說文者矣今更正古者蓋篋斷觶禮器也敦年卮匝常用器也○廣雅釋器云觛卮也觛勺也一切經音義十

八引三蒼○萱按此引申段借之義

膻

肉膻也。詩曰：膻裼暴虎。……膻中者氣海也。……嗌也。……袒者露膊。……祖左免衣也。……禮裼肉祖也。

韻史 卷六十二第十四部上聲肝韻

五九二三

撣

提持也。……撣援牽引也。……撣撣然敬。

誕

詞誕也。……大言也。……誕易言曰誕。……大言也。……誕潤也。……誕詐也。……誕欺也。……誕虛也。……誕詐。

韻史 卷六十二第十四部上聲肝韻

五九二四

嬾 饊

朗坦切 爆坦切

……

韻史 卷六十二第十四部上聲肝韻

五九二五

管

合口 古版切 評

如篪六孔十二月之音物開地牙故謂之管。琯古者管以玉。舜之時西王母來獻其白琯。前零陵文學姓奚於泠道舜祠下得笙玉琯。夫以玉作音故神人以和鳳皇來儀也。……竹曰管。……管籥。……管良音也。

韻史 卷六十二第十四部上聲肝韻

五九二六

白虎通禮樂引樂記

管象吹管而舞武象之樂也

禮記祭統下而管象注○儀禮大射儀乃管新宮三終注云管謂吹簫以播新宮之樂其篇亡其義未聞

朔管羌笛也

文選月賦聽朔管之秋引注

管謂籥也

周禮司門掌授管鍵司農注又左氏僖卅二年傳鄭人使我掌其北門之管○淮南氾論盜管金注云管牡籥也

管是鍵之伴類

禮記月令疏引熊氏○檀弓下管庫之士注云管鍵也又疏云管謂夾取鍵今謂之鑰匙

管籥搏鍵器也

禮記月令慎管籥注○國語越語諸委管籥注云管籥取鍵器也

管節如今之竹使符也

周禮小行人都鄙用管節注

管筆管

詩靜女貽我彤管釋文○禮記內則右佩玦捍管遰注云管筆彄也

管所以盛蔵

荀子賦管以爲母注

管猶館也館人謂掌次舍帷幕者也

儀禮聘禮管人布幕於寢門外注○聘禮記管人爲客三日具沐五日具浴注云管人掌客館者也又士喪禮管人汲注云管人有司主館舍者又禮記喪大記管人汲疏云管人主管舍者又釋文云管人掌管籥之人又云管人掌管舍之人也

管典也

史記范雎蔡澤傳崔杼淖齒管齊索隱引高誘

管主也

漢書食貨志上集注谷永傳集注王莽傳中集注又後漢隗囂傳注

管猶包也

禮記樂記管乎人情矣注又荀子富國不富不厚之不足以管下也注

管樞要也

荀子儒效天下之道管是矣注○呂覽用民以信爲管注云管准法

管腧也

莊子人間世支離疏者五管在上釋文引李注○萱按此再引申之義也腧音成玉篇五蔵腧也方書灸法腧穴在脊中對膞各閒寸半

管管浴也

廣雅釋訓

管管無所依繫

詩板靡聖管管傳

管國名

書金縢管叔及其羣弟鄭注○萱按管字漢書多用莞若斡作之又或用貫用關皆段借字也又武梁祠畫象管仲作菅仲

斡主也

漢書百官公卿表上集注引如淳○萱按史記賈生傳集解引應劭云莞轉也借爲斡字也二字互段

斡謂主領也

漢書食貨志下欲擅斡山海之貨注斡在縣官注○萱按劉向傳顯斡尚書竇憲傳內斡機密旨同

輨

轂耑鎋也

說文段注鎋者以金有所冒也轂孔之裹以金裹之曰釭轂孔之外以金表之曰輨輨之言管也方言曰關之東西曰輨南楚曰軑趙魏之閒曰鍊鏞軑音大鍊音東○萱按祝穆碑云七政館錧段錧爲輨也又孟子題辭

五經之錧鎋同

輨

車轂具也

說文

斡

蠡柄也楊雄杜杜林說皆㠯爲軺車輪斡也

說文段注此蠡非蠡蠡木中乃李瓢其字依聲段借之字見蠡字下又見薹字下方言則从爪作籀矣楊雄曰蠡也郭云蠡勺也判蠡爲蠡以爲勺必執其柄而後可以把物執其柄則運旋在我故謂之斡引申之凡執柄樞轉運皆謂之斡賈誼鵬鳥賦云斡流而遷張華勵志詩云大儀斡運皆是也或段借莞字楚詞云莞維焉繫天極爲加或作斡字程氏瑤田云考工記旋蟲謂之斡蓋斡之謂也軺車者小車也小車之輪曰斡亦取善轉運之意亦本義之引申也匡謬正俗云斡音莞不音爲活反引陸士衡感思賦爲正按其字軌聲則顏說是也然俗音轉爲鳥括切又作指作斜亦於六書音義無甚害也○匡謬正俗七云斡蠡柄也義亦訓轉

斡轉也

廣雅釋詁四又史記屈原賈生傳斡棄周鼎集解引如淳又漢書賈誼傳集注敘傳上集注又楚辭天問注又文選幽通賦斡流遷其不濟兮注引項岱勵志詩注

莞轉也

史記屈原賈生傳集解引應劭

○漢書百官公卿表上集注引如淳云斡主也萱按轉者斡之義主者管之義二字互段通用也莞又管之借

莞

筦也

說文○萱按史漢多段莞爲管如莞子八十六篇昔龍莞納言興權莞之利後堂理絲竹莞弦初設六莞之介皆是也又段爲斡字應劭云莞轉也是也

脘

平上兩讀注在彼○俗有脘

袞

或作袞捲穢

天子享先王句卷龍繡於下常句幅一龍蟠阿上鄉

說文段注周禮司服曰王之吉服享先王則袞冕鄭仲師云袞卷龍衣也幽風袞衣繡裳傳曰袞衣卷龍衣也卷龍謂龍卷曲禮記袞衣字皆作卷鄭於王制釋之曰卷俗讀也其通則曰衮蓋袞與卷古音同故記段卷爲袞也鄭云周制以日月星辰畫於旌旗而冕服九章初一曰龍次二曰山次三曰華蟲次四曰火次五曰宗彝皆畫於衣次六曰藻次七曰粉米次八曰黼次九曰黻皆繡於裳則袞之衣五章裳四章凡九也許於糸部引書山龍華蟲作繪云會五采繡也此又云繡龍於裳其釋黹則曰畫粉也皆與鄭正相反蓋鄭說未出以前許所據之說多不可致鄉今向字小徐本作鄉誤幅一

龍謂每幅一龍也凡裳前三幅後四幅然則繡龍者七與蟠阿曲兒也上鄉所謂升龍也鄭注覲禮云上公袞無升龍然則惟天子袞有升龍也龍曲體而卬首故曰蟠阿上鄉白虎通引傳云天子升龍諸侯降龍賈公彥云此據衣服言若旌旗則諸侯畫交龍一象其升一象其下復○詩烝民袞職有闕釋文云袞冕服名又采菽玄袞及黼傳云玄袞卷龍也

袞冕 袞卷也畫卷龍於衣也 釋名釋首飾○國語周語棄袞冕注云袞卷龍之衣又左氏桓二年傳袞冕黻珽注云袞畫衣也又禮記玉藻龍卷以祭注云龍卷畫龍於衣字或作袞又荀子富國天子袾裷衣冕注云畫龍於衣謂之袞又大略天子山冕注云取其龍則謂之袞冕 玄袞玄衣而畫以卷龍也 詩采菽箋○文選冊魏公九錫文引漢書韋昭注云袞卷龍衣玄上纁下 卷謂卷曲 禮記玉藻龍卷以祭疏○左傳昭二年疏云袞之言卷也謂龍首卷然又詩采菽疏云以龍首卷然謂之袞龍袞是龍之狀也 袞君之上服 左氏宣二年傳注又詩烝民傳云有袞冕者君之上服也○儀禮覲禮天子袞冕注云袞衣者裨之上也續之繡之爲九章其龍天子有升龍有降龍衣此衣而冠冕 袞黻也 爾雅釋言 袞帶也 廣雅釋器 袞大也

韻史 卷六十二第十四部上聲肝韻　五九三一

苦版切

卯 欵

卝 古文○上聲四讀注在後又平聲

款 或作款○綠 意有所欲也 說文段注屈原賦曰悃悃款款王注心志也純也按古款與竅通用竅者空也款亦訓空空中則有所欲也釋器款足者謂之鬲小司馬引舊說款足謂空足也又引申子款言無成 款者空也 史記范睢蔡澤傳索隱太史公自序實不中其聲者謂之竅索隱又漢書司馬遷傳集注引服虔又莊子達生今休款啟寡聞之民也釋文引李注 款澗也 爾雅釋器釋文 款寬也 史記太史公自序重驛款塞集解引如淳又漢書宣帝紀集解引如淳 款猶緩也 後漢馬援傳注 款誠也 廣雅釋詁一又史記司馬相如傳謁款天神集解引漢書音義又漢書司馬相如傳下集注引文穎又後漢書馮衍傳注江革傳注○荀子脩身愿款端懇注云款誠款也又文選味牛女詩注引字林云款誠也意有所欲 款至也 文選西京賦饒黃山而款牛首薛注

韻史 卷六十二第十四部上聲肝韻　五九三二

款誠重也至也 一切經音義四引聲類 款款忠誠也 後漢書卓魯魏劉傳注○文選報任少卿書欲効其款款之愚注云款款忠實之兒 款愛也 廣雅釋詁一 款款愛也 廣雅釋訓 款款獨樂兒也 大玄樂獨樂款款注 款叩也 史記商君傳款闕諸見集解引韋昭太史公自序集解引應劭又漢書宣帝紀集注司馬遷傳集注匈奴傳下集注○廣雅釋言云款叩也 款扣也 後漢書章帝紀款塞自至注又呂覽愛士夜款闕而謁注 款刻也 史記孝武紀文鏤無款識集解引韋昭又漢書郊祀志上志下集注 實不中其聲者謂之款 漢書司馬遷傳○萱按馬班竅款其義一也疑竅即款之異體字而後人分之

[illegible]版切

綰

惡絳也一曰羅也 說文段注惡下各本衍也今刪此如柒下云惡米也繫下云惡繫也謂絳色之惡者也羅各本作絹今正网部羅下曰一曰綰也二篆爲轉注考老互訓之例也羅字不行多段緝爲之周禮旻氏注其所食之物於絹中爲來下則椅其聊是也但他書容可同音相代淺人將此羅改作絹則似綰可訓繒如麥稍色全書之條理不可知矣讀許者不可不思 綰貫也 一切經音義二十引淮南許注 綰縮也 廣雅釋詁三 綰者

韻史 卷六十二第十四部上聲肝韻　五九三三

綰統其要津 史記貨殖傳東綰穢貉朝鮮真番之利索隱 綰謂引結其組 漢書周勃傳絳侯綰皇帝璽注

丘版切

[illegible] 盌 緩

小盂也 說文段注盂者飲器也○萱按瓮盌音義皆同本是一字耳○俗有梡垸 小盂也 說文段注方言曰盌謂之盂或謂之銚銳又曰盌謂之椀又曰椀謂之盦○方言五云盂宋楚魏之閒或謂之盌 醫杯曰盞或謂之盌 御覽七百五十九引通俗文 梡盂也 廣雅釋器○方言十三盂謂之檯梡謂之盦注云梡亦盂屬 椀所以貯緒 管子弟子職捧梡以爲緒注

緩 或 綽也 說文段注糸部曰紓緩也然則緩紓也 緩遲也 國語晉語本鄭如秦謝緩秦路注緩猶後 呂覽情欲德義之緩注 緩和也 史記樂書嘽緩慢易正義 緩柔也 呂覽任地使地肥而土緩注 緩不收也 素問五常政大論其動緶戾拘緩注 緩浣也斷也持之不忌則動搖浣斷自放縱也 釋名釋言語 辭閒容之故爲緩 公羊宣三年傳緩也注又

韻史 卷六十二第十四部上聲肝韻　五九三四

睅

僖廿八年傳綏辭也注云辭閒容之故言綏從容養民謂之綏行管子法禁莫敢布惠綏行注綏帶者優游之佩也穀梁文十八年傳一人有子三人綏帶注震爲綏易象下傳君子以議獄綏死廣注正聲綏周禮典同注綏者謂沙墺弱土也呂覽任地者欲綏注急綏耳耳下垂卽儋耳也後漢書杜篤傳注又南蠻西南夷傳注云綏耳儋耳也

睆弍大目也說文又左氏宣二年傳釋文引字林睅出目左氏宣二年傳睅其目注○一切經音義十九引蒼頡篇睆目出兒也云睆左氏宣二年傳釋文引字林睅猶分然也莊子天地釋文引字林睆然兒莊子天地睆睆然在纓繳之中釋文引孟康漢書注睆睆眼目兒一切經音義二十一引淮南許注睆窮視兒睆目內白翳病也禮記檀弓上睆明星兒詩大東睆彼牽牛傳睆明兒禮記檀弓上釋文引孫炎○萱按睆實兒詩杕杜有睆其實傳睆華而睆禮記檀弓釋文引孫炎睆漆也此謂睆爲坑之借字也亦備一說

梡

梱木薪也說文段注對析言之梡之言完也俎有虞氏以梡禮記明堂位注云梡斷木爲四足而已梡始有四足也禮記明堂位俎用梡嶡注梡斷木爲四足如案又疏引賈氏云直有腳曰梡加中央橫木曰嶡梡几也廣雅釋器梡支也廣雅釋木

鯇

有鯇魚也說文段注云今人不本字鯇今字鯶又胡古切今曰鯶鯇魚也廣雅釋魚鯇毛傳同許云鯇鯇今字鯶音古切鯇鯉鯇互讀○鯶也 今鯶魚似鯉音如鰥而多肉其形似鰱故云鯇鯶食之異形改之戶版切鯇今鯶魚似

鯶

鯶而大音義○鯇鯇一名鯶釋魚注鯶今鯇魚

瀚

赤色也濁也說文廣雅釋詁三澣○俗有瀚浣文假借瀚爲盥浣浣濯也一切經音義十一引三蒼浣去垢曰浣濯衣垢也說文段注周南葛覃云瀚謂濯之毕瀚禮記內則和灰請瀚注云足曰瀚浣猶洽也按作瀚者今俗字也按儀禮古今字公羊莊卅一年傳臨民之所漱浣也莊子逍遙遊世世以洴澼絖爲事注疏云澣記浣用足曰浣浣猶洽也與莊子大秋水道注寒

切睹版

短

釋文引崔注瀚帛練染以爲祭服其禮記禮運衣注澣帛浣準水望之平淮南齊俗而求之中浣準注○俗有短有所長短呂矢爲正說文段注按此上當補不長也三字乃合有所長短以矢爲正說从矢之意也架字下曰矢者其中正也正直爲正必正直如矢而剡識之而後可裁其長短故詩曰其直如矢韓詩曰如矢斯朸以其短缺也淮南脩務知漢書張湯傳先識此治短近也呂覽長見秦閒短至而眞見其長也注大要濇注短謂人之所短也往來不遠是謂短也趣彼爲短集注漢書問張晏注論素引中平手氣象桂林之閒謂人短短謂陽氣不及論短中謂毀其短惡也漢書蕭望之傳短謂周禮典同注罷讀如短爲矮矮人罷短之罷禮記釋文短謂世位淺促長短記大表小記疏義有未冠曰短折書洪範傳短凶短車騎將軍注五行傳厥短凶短折周書謚法注慈仁短折少也下禮記曲禮曰短折懷注未六十短折曰下短折鄭注又洪範凶短折洪範凶短折

切杜版

㮰

不祿疏云○左氏昭四年傳注短折爲夭疏云短折謂少夭之名也短折兄喪弟曰短漢書五行志下之上後漢光武紀上注又楚辭國殤注短兵接短兵短兵謂刀劍也楚人謂袍爲短褐後漢馬融傳注短狐即蜮也平短狐之蜮傳漢注劉車錯轂分短兵接注蛮短弘命說也有釋文云短狐則短作短狐大鬼蜮也○左傳莊十八年注蜮短狐亦云短狐本注云又楚辭短狐異體萱按此段斷爲短也又逢盛碑云短命有悠悠則短注短云記其短狐後漢書南誰是之高猶短也

㮰頭也一曰度也一曰㮰剡也鏡鎚注云高按㮰二是箴注道應訓又曰策竹物也㮰也云一曰捶策之㮰此物也日刀竹箠也部馬高略同如一曰捶箠也衡說文段注淮南道應訓有鏡說衡箠有鎚而以御駟馬也馬訓是謂之高猶度鎚注無

斷

鎚也一曰度也上去兩讀如㮰○古訓度也刀部曰剡也㮰然則㮰與㮰下謂之音曰切㮰與剡刊也曰一曰箠也㮰部馬策也一日策馬有鎚而以御駟馬也

㓷㓷文說部曰斷也今人斷文古文戜也周書曰㓷㓷猗無它技文說俗有斷斲下曰斷也今人斷物讀上聲物已斷讀去聲引段注戈部戜下曰斷也周書斷讀丁貫切今人斷物與斷讀去聲中古引申之義爲決斷之義云秦誓文許所據壁中古文也也○萱按斷決義可分與物已斷分兩讀無分耳兹分兩讀斷猶割截也傳注漢後杜茂傳注○蓋

韻史 卷六十二第十四部上聲肝韻

動傳注云斷謂割絕斷謂斷也漢書淮南厲王長傳大者立斷注斷斷絕易繫辭下傳斷木爲杵釋
文○禮記儒行不斷其威疏又釋文又家語三怨注竝云斷
斷絕也又禮記王制瘖聾跛躃斷者注云斷謂支節絕也
段也分爲異段也釋名釋言語斷蛇𦉼也廣雅釋罟
○俗有蹯斷

蹯

踐處也說文段注此與曈同義處也王逸注九思鹿蹊兮田部田曈禽獸所踐蹯蹯亦作斷按祇云
踐處別於曈字專屬禽獸

曈

或作暖○禽獸所踐處也詩曰町曈鹿場說文段注踐履者
又見九部也獸足蹂也曰杌
其所蹂之處曰曈本不專謂鹿詩則言鹿而已詩者虵風東
山文毛傳曰町曈鹿迹也謂鹿迹所在也楚辭九思鹿蹊兮
斷斷斷與曈蓋一字曈亦作暖鄙國志廣陵郡東陽劉昭云
縣多麋引博物志十百爲羣掘食艸根其鹿成泥名曰麋暖
民人隨此暖種稻不耕而穫其收百倍今後漢書謂爲畯埤
雅引此又謂暖然因埤雅可以校正也在十四部者音之轉
也古音蓋
在九部

五九三九

煗 怒版切

或作㬉㬉昷也說文○漢書敘傳上音義引呂靜云㬉溫也又文選荅賓戲孔席不暇暝注引韋昭云暝溫也㬉
溫也禮記王制七十非帛不㬉注又漢書文帝紀集注又淮南人閒寒不能㬉注又楚辭天問何所冬㬉注○萱按
此段㬉爲㬉也二字義同惟㬉本讀乎聲耳㬉今江東通言㬉爾雅釋言煩㬉也注陽之少
謂暖素問至眞要大論彼春之暖注暖柔皃莊子徐無鬼有暖姝者釋文

渜

平上㬅讀○或作滌之渜湯也說文段注士喪禮渜濯棄于坎注沐浴餘潘水古文渜作滌作滌剃沔之閒語疏潘水既
經溫煑謂濡水已將沐浴謂之濯○段又曰今北方灤河漢志水經作猶安乃官切正渜之誤耳奐多謂需詳手部渜姿
古皆平聲下云雞○萱按下云姿也姿渜也三字一義

卵 路版切

上聲如讀又乎聲卝古文凡物無乳者卵生象形說文段注乞部曰人及鳥生子曰乳
獸曰產此云凡物無乳者卵生按此乳字與乞部乳字義少
異此乳謂乳汁也惟人及四足之獸有之故其子胎生羽蟲
蟻蟲介蟲及一切昆蟲曾無乳汁其子卵生故曰凡物無乳
者卵生然則何以言人及鳥生曰乳獸曰產也此乳猶抱也嫗

五九四〇

韻史 卷六十二第十四部上聲肝韻

也方言北燕朝鮮洌水之閒謂伏雞曰抱爵子及雞雛皆謂
之𣪊其卵伏而未孚始化謂之涅鄭注樂記曰以體曰嫗惟
鳥於卵伏之抱之既孚而或生哺之有似人之抱哺其子凡
獸之恩勤遯於是故以鳥之將子與人竝言乳實乳汁之義
之引申許泥乞爲鳥故訓乳曰人及鳥也子部曰穀乳也此
乳汁之乳字及孺皆曰乳子也此乳哺之乳此云無乳者卵
生亦指謂乳汁也象形者冢上黽象形言之卵未生則腹大
卵陰陽所合天地之穢也故象其分合之形盧管切糸部縮
下云讀若雞卵蓋古卵讀如管也各本無卝纂今依五經文
字九經字樸補五經文字曰卝古患反見詩風字林不見又
古猛反見周禮說文以爲古卵字九經字樸曰說文作卝隸
變作卵是廣本說文有此無疑但張引說文古文卵刪去文
字未姿張之意當云卵卵上說文下隸變乃上文誤舉其重
文之古文非是然正可以謹唐時說文之有卝汗簡以卝爲
古文卵字郭氏所見說文尚完好也卵之古音讀如管引申
之内則濡魚卵皆鄭曰卵讀爲鯤鯤魚子也或作擱聋注國
語亦云鯤魚子也内則之魚子言其未生者魯語之魚子言
其己生者其意一也又引申之爲詩總角卝兮之卝毛傳曰
卝幼擇也此謂出腹未久故仍得此倜如魚之未生已生皆
得曰鯤也又引申之周禮有卝人鄭曰卝之言礦也金玉未

五九四一

韻史 卷六十二第十四部上聲肝韻

成器曰卝此謂金玉錫石之樸韞於地中而精神見於外如
卵之在腹中也凡漢注云之言者皆謂其轉注段借之用以
礦釋卝未嘗曰卝古文礦亦未嘗曰卝讀爲礦也自其雙聲
以得其義而已卝固讀如管讀如關也自劉昌宗徐仙民讀
疾猛號猛反謂卽礦字遂失注意而後有妄人敢於說文礦
纂後益之曰卝古文礦周禮有卝人則不得不敢於卵纂後
經刪卝古文卵是猶改蘭臺黍書以合其私其誣經誣許率
天下而昧於六書不當曾析言破律亂名改作之誅哉非从
卝聲鬭从粲聲許說形聲井井有條如是○萱按礦
之俗體有研若鉶由卝誤同礦音遂有研鉶俗製矣
也漢書貨殖傳蝝魚麛卵注○史記龜策傳梁卵𦉼黃索隱云卵雜子也未孚曰卵國語魯語鳥翼𣪊卵
注鳥未𣪊曰卵淮南本經覆巢毀卵注又時則毋卵注云卵未𣪊者八𣪊者卵生莊子知北
遊卵陰物也太平攡卵破石㬉注卵蒜也者本如卵者也大戴記夏小正納卵蒜傳
蒜盬大鹽也禮記内則卵盬注卵謂魚子萱按此義讀如關又呂覽本味有鳳之丸注云丸古
卵字按凡卵不得爲古今字殆由艸書而誤也二字艸體略相似

五九四二

纂　祖版切

○俗有纂纖　佀組而赤　說文段注漢景帝紀曰錦繡纂組害女紅者也臣瓚引此爲注按組之色不同似組而赤者則謂之纂釋詁曰纂纘也此謂纂即纘之段借也近人用爲撰集之偁　纂今五采屬綷是也　漢書景帝紀注引應劭　纂繪也　淮南齊俗衣纂錦注　纂織也　淮南脩務相纂組注　纂織文也　國語齊語縷纂以爲奉注　纂繼也纂繫也　萱按皆段爲纘字也

纘

繼也　說文又詩七月載纘武功傳大明纘女維莘傳崧高王纘之事箋閟宮纘禹之事釋文又禮記中庸武王纘太王王季文王之緒注又後漢皇后紀上注傳殺傳注○萱按崧高王纘之事韓詩作王踐之事潛夫論作王薦之事皆雙聲段借字　纂繼也　爾雅釋詁又禮記祭統纂乃祖服注又左氏襄十四年傳纂乃祖考注又國語周語纂修其緒注又後漢章帝紀注馮衍傳下注又文選東京賦況纂帝業而輕帝位辭注○萱按此段纂爲纘也或作纗者纂之俗體也周本紀遵修其緒遵亦雙聲而義近　纗字書亦纂字也纂繫也　後漢書張衡傳注

儹

㝡也　說文段注㝡才句切各本誤作最今正廣韻曰儹聚也㝡聚古通用木部欑竹部篢義皆相近李善引揚雄㝡

靈賦曰文王之始起浸仁漸義會賢儹智儹音攢

篢

竹器也一曰叢也　說文段注廣雅方言注皆曰篢箸篅木部欑下曰一曰叢木篢音同義近

酇　又見十七部平聲酇下

百家爲酇酇聚也南陽有酇縣　說文段注遂人五家爲鄰五鄰爲里四里爲酇五酇爲鄙五鄙爲縣五縣爲遂漢地理志南陽郡酇侯國孟康曰音讚按南陽縣作酇沛郡縣作酇許二字畫然不相亂也在沛者後亦作酇直由恭曰贊治而亂始陽酇音贊沛酇及改作酇字皆音嵯音亦李不相亂蕭何南封之酇茂陵書文顏臣瓚顏師古杜佑皆云在南陽江統戴規姚察李吉甫今錢氏大昕皆云在沛在沛說是也始封於酇高后乃封之南陽之酇輿筑陽文帝至莽之酇侯者在南陽故地理志於南陽云酇侯國而沛郡酇下不云侯國爲在沛者不久也詣家所傳班固作泗水亭高祖碑云文昌四友漢有蕭何序功第一受封於酇以韻求之可以不感○萱按南陽之酇音形無所更變惟蕭侯始封不在此耳沛郡之酇始酇纘酇乃取蕭移封之名改其舊國之字字改而音不易此說酇若酇者所以不能不辭費也沛改作之酇見十七部酇下

鄰里酇鄙縣遂猶郊內比

閭族黨州鄉也　周禮遂人注

筭　送版切

數也　說文段注論語何足算也鄭曰算數也古假選爲算如邶風不可選也車攻序因田獵而選車徒選皆訓數也又假撰爲算如大司馬群吏撰車徒鄭曰撰讀曰算謂數擇之也是也算爲算之器算爲算之用二字音同而義別○易繫辭下傳若夫襍物撰德釋文引鄭注又公羊隱三年傳注何足算釋文又漢書敘傳上旦算祀于絜蠲注如云算數也○萱按算之訓數數讀上聲算亦訓數數讀去聲　算計也　文選運命論注引蒼頡　算猶智也　列子力命算之所亡若何注　算計謀也　文選弔魏武帝文長算屈於短日注　釋數之曰算　爾雅釋詁算數也舍人注　算選也　一切經音義引三蒼　選數也　書盤庚上世選爾勞晚出傳又周書寶典注又詩柏舟釋文又左氏襄卅二年傳注昭元年傳弗去懼選注又國語齊語牛馬選具注又史記司馬相如傳歷撰列辟索隱引文穎又漢書武帝紀集注引孟康司馬相如傳下集注公孫劉田王楊蔡陳鄭傳贊集注　選即算也　書盤庚上疏　算數也算口錢也一算百二十也　萱按此皆段算爲算即不謂之段借亦得也

匴

淥米藪也　說文段注淥者■者浚也浚者抒也抒者挹也藪者箕也箕者漉米藪也然則匴與箕二字一物也謂淅米訖則移於此器內浚乾之而待炊所謂滰淅也士冠禮爵弁皮弁緇布冠各一匴注匴竹器名今之冠箱也古文匴爲纂按淥米之藪斷非可盛冠此必異物同名或本別有正字俟致○萱按士冠禮釋文云匴本作算然則冠箱本無正字故算匴纂錯見與

昄　版　布綰切

大也　說文又爾雅釋詁又詩卷阿爾土宇昄章傳　昄昄善兒　詩賓之初筵威儀反反釋文引韓詩

○俗有板　片也　說文段注舊作判也淺人所改今正凡施於宮室器用者皆曰版今字作板古段爲反字大雅上帝板板傳云板板反也謂板即反之段借也　版牆版也　史記黥布傳身負版築集解引李奇○文選蕪城賦注引郭璞解詁云版築牆上下版又左氏宣十一年傳疏云版在兩旁即障土者　一丈爲板板廣二尺　左氏隱元年傳都城過百雉疏引五經異義○詩鴻鴈百堵皆作傳云一丈爲板又國一秦策不沈者三板耳注云廣二尺曰板又禮記檀弓上今一日而三斬板注云板蓋廣二尺長六尺　八尺曰板　公年定十二年傳五板而堵注

韻史　卷六十二第十四部上聲肝韻

又詩鴻鴈疏引韓詩說○蕢按此非確義存備一說版謂車上障蔽者荀子禮論棺槨其額象板蓋斯
象拂也注○晉書音義中引周遷輿服襍事云版輿以板爲輿人文選閒居賦太夫人乃御版輿注云版輿一名步輿
後板屏風輿周禮掌次設皇邸注版牘也管子宙合修業不息版注版名籍周禮司士掌羣
臣之版司農注又後漢仲長統傳注○周禮宮正爲之版以待注云版其人之名籍又疏云版謂宿衛人名籍又內宰掌
書版圖之灋注云版謂宮中閽寺之屬及其子弟錄籍也版戶籍也周禮小宰二曰聽閭里以版圖司農注司
會凡在書契版圖者之貳注又司民皆書於版注云版今戶藉也○大胥掌學士之版司農注云版籍也今時鄉戶籍世
謂之戶版又宮伯掌王宮之士庶子凡在版者司農注云版名籍也以版爲之今時鄉戶籍謂之戶版版謂邦
國籍也論語鄉黨式負版者鄭注○皇疏云版謂邦國圖籍也板謂詔書也後漢楊賜傳注○文
選謝平原內史表遣兼丞張含齎板詔書印綬注云凡王封拜謂之板官板昄也昄昄平廣也釋名
釋書契版笏也後漢范滂傳注大版謂之業爾雅釋器鉼金謂之版周禮職金旅于

五九四七

瓪　畚

帝則共其金版注○蕢按偁雅作飯則脫出尊字也古蓋秖用版板桐山名也楚辭哀時命望閒風之板
桐注板楯西南蠻之號後漢書桓帝紀注
敗瓦也說文段注依小徐有瓪字今俗所謂瓦版是此字也今人語如辨之平聲耳玉篇廣韻皆曰瓪牝瓦也此
義非許義广部曰戊屋牡瓦也牡瓦北瓦見九章算經及漢書說祥戊下
○俗有畚蒲器也餅屬所吕盛糧說文段注糧各本作種今正周禮挈壺氏挈畚以令糧大鄭云
縣畚於粟假之處後鄭云畚所以盛糧之器皎以畚表粟左傳宣二年正義引說文蕭器可以盛糧左傳釋文詩正義引
艸器所以盛種種字蓋非果爲種字則當云穀種不得但言種也何休注公羊云畚艸器杜注左傳以艸索爲之蒲輿艸
不相坊糧者穀也畚艸籠也漢書五行志上陳畚挶注引應劭○公羊宣六年御有人荷畚注云畚艸器若
今市所量穀者也其人謂之鐘又左氏襄九年傳疏云畚以艸索爲之齊器可以盛糧又可以盛土也畚簣籠
也左氏襄九年傳陳畚挶注又列子黃帝因假糧荷畚釋文又湯問箕畚運於渤海之尾釋文云畚籠也畚畚盛

韻史　卷六十二第十四部上聲肝韻

五九四八

晉版切　伴　　眛版切　㚘滿

土器左氏宣十一年傳稱畚築注又疏云畚者盛土之器○國語周語倚而畚揭注云畚土籠也畚沅湘
之閒謂之畚方言五○廣雅釋器云畚甾也
大兒說文段注大雅伴奐爾游矣傳曰伴奐廣大有文章也箋云伴奐自縱弛之意按収部奐下一曰大也故
伴奐皆有大義大學注胖猶大也胖不訓大云猶者正謂胖即伴之假借也方言廣雅孟子注皆曰般大也亦謂般即伴
廣韻云侶也依也今義也夫部㚘下曰讀若伴侶之伴知漢時非無伴侶之語許於俗語不之取耳至聲類乃云伴侶
伴俱也楚辭悲回風伴張弛之信期注伴侶也楚辭惜誦又何以爲此伴也注
竝行也說文○蕢按伴侶字正當作㚘侶
盈溢也說文充也廣雅釋詁四滿成也呂覽審時多粃而不滿注又淮南本經竹實滿注○呂覽
貴信則百事不滿也注云滿猶成滿謂脈氣滿實也素問大奇論肝滿腎滿肺滿皆實即爲腫注
滿驕滿也國語魯語笑吾子之太滿也注○魯語其滿之甚也注云驕爲滿長爲滿淮南天文引

韻史　卷六十二第十四部上聲肝韻

五九四九

齊齒評

懣　矕

弓盡箭鏑爲滿漢書司馬相如傳上林注引文穎數從一至萬爲滿左氏閔元年傳
萬盈數也服注人眾而不理命曰人滿管子霸言○管子法法云滿者虛也滿讕謂欺
問也漢書谷永傳滿讕誣天注
或作惹煩也說文段注煩者熱頭痛也引申之凡心悶皆爲煩悶表曰悲哀志懣氣盛古亦段滿爲之○蕢按漢
書佞幸石顯傳憂滿不食此段滿爲懣也懣煩悶也漢書司馬遷傳不得舒憤懣注懣悶也亦憤
也一切經音義十一引蒼頡○文選報任少卿書注引廣雅云懣悶也又楚辭哀時命惟煩懣而盈㐫注云懣憤也
目矕矕也說文段注廣雅曰矕視也馬融傳右矕三塗左概嵩嶽此廣雅義也班固荅賓戲矕龍虎之文孟康
蘇林皆曰矕被也此雙聲之假借也矕視也廣雅釋詁一又漢書敘傳上集注引晉灼又後漢書馬融傳注矕
矕視也廣雅釋訓

韻史　卷六十二第十四部上聲肝韻

五九五〇

柬 几產切

○俗有揀 分別簡之也 說文段注釋詁曰流差柬擇也韻會無簡字爲長凡言簡練簡擇簡少者皆借簡爲柬也柬訓分別故其字從八一說當作分別簡之簡在也在存也 揀擇也 廣雅釋詁一又一切經音義五引埤蒼○荀子脩身安燕而血氣不惰柬理也注云柬與簡同言柬擇其事理所宜 簡擇也 詩簡兮箋又左氏襄廿六年傳簡兵蒐乘注 簡差也 周禮趨馬簡其六節注 簡差擇也 禮記王制簡不肖以絀惡注 簡汏也 國策秦策簡練以爲揣摩注 簡謂遯練 漢書馮奉世傳久廢不簡注 簡遯練 左氏襄三年傳爲簡之師注 簡閱也 易繫辭上傳坤以簡能虞注繫辭然示人簡矣虞注又廣雅釋言又周禮大宗伯大田之禮簡眾也疏○小宰二曰聽師田以簡稽司農注遂大夫正歲簡稼器姓竝云簡猶閱也 簡習也 國語吳語簡服吳國之士於甲兵注又文選長楊賦注引國語賈注 簡謂比數之 周禮大司馬簡稽鄉民注 簡歷謂算且陳列之也 禮記郊特牲然後簡其車賦注 簡少也 漢書高惠高后孝文功臣表集注引晉灼又後漢郎顗傳下注 簡約也 大戴記小辨通道必簡注 簡略也 論語公冶長狂簡孔注又國語周語

韻史　卷六十二第十四部上聲肝韻　五九五一

不亦簡彝乎注又漢書谷永傳集注又莊子天運食於苟簡之田釋文引王注又文選頭陀寺碑文注引國語賈注○東京賦簡珠玉薛注云簡猶略也 簡省也 文選西京賦簡矰紅薛注○高唐賦簡與玄服注云簡略也省也又易繫辭上傳坤以簡能疏云簡謂簡省 簡省要也 素問天元紀大論簡而不匱注 簡猶闕也 文選弔魏武帝文注引詩緯宋注 簡者易野也 說苑脩文 簡節少易也 禮記樂記繁文簡節之音作注 簡率也 漢書匈奴傳上集注 簡謂疏大無細行也 論語雍也可也簡皇疏 簡傲也 呂覽驕恣自驕則簡上注 簡慢也 漢書五行志上集注 簡連傲慢不前之兒 荀子非十二子其容簡連注 簡惰也 呂覽處方而長不簡慢矣注○文選舞賦簡惰跳蹈注云簡惰疏簡急惰也 簡賤也 淮南俶眞非簡之也注

簡

牒也 說文段注片部曰牒札也木部曰札牒也按簡竹爲之牘木爲之牒札其通語也釋器曰簡謂之畢學記云呻其佔畢是也等者齊簡也編者次簡也詳冊下○左氏昭廿五年傳受牒而退疏云簡牒也又晚出書孔序疏引顧氏說

韻史　卷六十二第十四部上聲肝韻　五九五二

云簡長一尺二寸 冊謂之簡 廣雅釋器○翻譯名義十一引文選注云大竹名策小竹名簡木板名牘 簡閒也編之篇篇有閒也 釋名釋書契○禮記內則請肆簡諒注云簡謂所書篇數也又儀禮既夕疏云編連爲策不編爲簡 簡記策書也 禮記王制執簡記注 簡書戒命也 詩出車畏此簡書傳○疏云古者無紙有事書之於簡謂之簡書以相戒命之 簡明也 漢書薛宣傳集注 簡大也 爾雅釋詁又釋水李注又詩簡兮傳又論語公冶長狂簡孔注又皇疏又孟子盡心下吾黨之士狂簡注又淮南俶眞臺簡以游太清注○說山周之簡圭注云簡圭大圭也 簡簡大也 爾雅釋訓又詩執競降福簡簡傳○爾雅李注云簡簡降福之大也 簡通也 大戴記文王官人智氣簡備注 簡誠也 禮記王制有旨無簡不聽注又家語刑政注 壹德不解曰簡 周書謚法又獨斷下獨斷壹作一 簡謂器量凝簡 書皋陶謨簡而廉鄭注○疏云簡者寬大率略之名又左氏昭元年傳宋左師簡而禮注云無所臧否故曰簡 平易不疵曰簡 周書謚法 簡水道簡易 爾雅釋水簡注○孫注云簡者水通易也 陰藏爲簡 易繫辭上傳坤以簡

韻史　卷六十二第十四部上聲肝韻　五九五三

能虞注○萱按古多段簡爲柬柬下詳之矣凡簡字引申諸義皆近於柬當合二字通觀之 簡諫也 左氏成八年傳是用大簡注○萱按此謂簡[illegible]諫之段借字也

蕑

○作蕑蕑者謂 蕑蕑在也讀若簡 說文段注蕑蕑在也各本作蕑存也三字今正釋訓曰存存蕑蕑在也許本之今爾雅作存存蕑蕑在也郭云未見所出音式庚反可謂疏於考覈矣釋文曰施亡朋反字式作蕑廣韻引爾雅存存蕑蕑在也音武登切玉篇艸部引爾雅存存蕑蕑在也音莫耕切又曰蔥同蕑式作蕑玉裁按蕑與蕑相似而竹艸音同又後人音切與讀簡大異蓋蕑者簡之譌竹誤而爲艸不蔥者蕑之譌門譌而爲明也又誤而去心作蕑而郎反[illegible]武庚玉篇從之又誤而以蕑爲蕑而陳博士施乾反以莫登廣韻本之此展轉貽繆之故段令景純解讀許書何難正其形說其音義也論語簡在帝心即簡字之段借

灡

漸也 說文段注從簡者柬釋之意從析[illegible]分別之意故二字轉注 灡酒也 廣雅釋詁二

攔

大木兒 說文段注未見其證小徐說以左傳櫚然授兵登陴今左傳自唐石經而下皆從手

韻史　卷六十二第十四部上聲肝韻　五九五四

向柬切

僩

或作撊 武兒詩曰瑟兮僩兮 說文段注衛風淇奧傳瑟矜莊兒僩寬大也許言僩武兒與毛異者以爾雅及大學皆曰瑟兮僩兮者恂栗也恂或作峻讀如嚴峻之峻言其容兒嚴栗與寬大不相應故易之僩左傳方言廣雅皆作撊左傳撊然授兵登陴服注撊然猛兒也杜注撊然勁忿兒方言撊猛也晉魏之閒曰撊廣雅亦曰撊猛也而荀卿子塞者俄且通也陋者俄且僩也愚者俄且知也則以陋陋與寬大反對與毛合蓋大毛公固受詩於孫卿子者○荀子榮辱注云僩與撊同撊猛也萱按高義雖是而與荀李文不合兢僩撊李二字說文逸其一耳 撊忿也 小爾雅廣言 撊謂遯禁也 管子五行其氣不足則發撊瀆盜賊注 容志審道謂之僩 賈子道術 僩美兒 詩淇粵釋文引韓詩○萱按此義於嫺爲近 撊寢視不安之兒 史記孝文紀故撊然念外人之有非集解引漢書音義 撊然猶介然也 同上○萱按此段僩爲撊也

褭產切

戁

敬也 說文段注敬者肅也商頌不戁不悚傳曰戁恐悚懼也敬則必恐懼故傳說其引申之義若小雅我恐熯矣傳曰熯敬也此謂詩段熯爲戁 戁懼也 爾雅釋詁 戁恐也 家語弟子行注 戁動也 爾雅釋詁○注

云戁搖動兒 面慙曰戁 小爾雅廣義○萱按此赧之段借字 熯敬也 爾雅釋詁又詩楚茨傳

赧

上去兩讀○俗有慭 面慙而赤也周失天下於赧王 說文段注趙注孟子曰赧赧面赤心不正兒也司馬貞引小爾雅曰面慙曰赧周赧王尚書中候俟赧爲然鄭注云然讀曰赧○廣雅釋詁一云赧慙也 愧曰赧 後漢延篤傳注○方言二云赧愧也秦晉之閒凡慙而見上謂之赧 赧懼也 國語楚語不則赧注 面慙曰戁 小爾雅廣義○萱按戁當依司馬貞所引作赧

掌產切

醆　㬎

㬎溼也 說文段注溫而生溼故其字从日溫溼生微亦有邑亦者集韻類篇㬎㬎小亦也○萱按㬎且晏切

○俗有琖盞饑錢梹 爵也一曰酒濁而微清也 說文○廣雅釋器云醆爵也又禮記禮運醆斝及尸君注云醆斝先王之爵也 夏曰醆 詩行葦洗爵奠斝傳又家語禮運注○禮記禮運疏云醆是夏爵又釋文云醆李作琖 爵夏后氏以琖 禮記明堂位○明堂位爵用玉琖仍雕疏云琖夏后氏之爵名也又釋文云琖夏爵名用玉飾之 盞杯也 廣雅釋器○方言五盞栝也自關而東趙魏之閒或曰盞注云盞散小栝也又

御覽七百五十九引通俗文云醫杯曰盞或謂之盌又顏氏家訓書證云呼盞爲竹箭反故以木傍作展代盞字萱按竹箭反乃其李音何用別製棧字爲又周禮量人釋文于云琖劉李作滴此則段滴爲琖也 醆酒盎齊 禮記郊特牲醆酒涗于清注○禮運醴醆在戶疏云醆謂盎齊又周禮司尊奠疏云醆酒謂盎齊又御覽八百四十三引成伯輿禮記外傳云盞齊一名醆酒萱按醆盞等皆說文前義之俗字後義不得用之

寵柬切

棧

或作輚轏 棚也竹木之車曰棧 說文段注不言一曰者其義同也小雅傳曰棧車役車箋云棧車輦者許云竹木之車者謂以竹若木散材編之爲箱如柵然是曰棧車棧者上下四旁皆用馬公羊傳云亡國之社掩其上而柴其下周禮喪祝注作奄其上而棧其下棧其下謂以竹木布於地也 棧木棚也 莊子馬蹄編之以早棧釋文引崔注○釋文云編木作靈似狀曰棧以御溼也又文棧選赭白馬賦注引莊子司馬注云棧若欃狀施之溼地也 櫪也 文選赭白馬賦驚于內棧注○管子小問傳馬棧最難注云棧馬所立木也又國策齊策而埋之馬埋之下注云馬棧狀也 棧即閣也 漢書高帝紀上燒絕棧道注○一切經音義十五引通俗文云閣版曰棧 棧道

飛閣複道相連 淮南本經延樓棧道注○史記高祖紀索隱又漢書張良傳注竝云棧道閣道也 棧車謂編木爲之 列子力命駑馬稜車釋文○周禮巾車士乘棧車注云棧車不草轏而漆之 棧車棧靖也麻靖物之車也 釋名釋車○詩何艸不黃有棧之車傳云棧車役車也 棧謂柩車也凡士車制無漆飾 儀禮既夕賓奠幣于棧左服注○疏云車輪迫地無漆飾故言棧也 棧謂以竇蔽之也 漢書王莽傳上覆上棧下注 棧木千木 爾雅釋木○注云棧木殭朩也江東呼木䮐 大鐘謂之鏞小者謂之棧 爾雅釋樂○李注云棧淺也 棧棧衆盛兒 漢書息夫昭傳蒙棘棧棧注 輚大也 爾雅釋詁疏引尸子廣澤 輚臥車也 後漢書班彪注引埤蒼○廣韻三引埤蒼云輚臥車也亦兵車 轏士車 左氏成二年傳注又釋文引字林云轏臥車 棧嶮皆高峻兒 文選西京賦棧齴巉嶮注萱按此段棧爲嶘

嶘

或作峻 尤高也 說文段注乙部曰尤者異也京部曰尤者異於凡也尤高謂之棧 棧嶮皆高峻

兒文選西京賦注○萓按機者穖之段借字

㹽

犬齧也說文段注犬字今補

羼

羊相㓨也一曰相出前也說文段注相㓨者襍㓨而居相出前者突出居前也顏氏家訓曰典籍錯亂皆由後人所羼此相出前引伸之義○萓按釋名曰㓨雜也俗於㓨襍義多借攙爲屬可咍也○俗有剗

鏟

鏶也一曰平鐵說文段注謂以則鐵削平柔鐵也廣韻曰鏟平平木器也凡鏟削多用此字俗多用剗字籤謂之鏟廣雅釋器鏟削平也文選蕪城賦注引蒼頡剗平也一切經音義十引聲類剗削也廣雅釋詁三又漢書敘傳下集注引韋昭又後漢胡廣傳注左雄傳注剗滅也小爾雅廣詁又國策齊策剗而類注又呂贊知士剗而類注權勲必剗若類注觀世以兵相剗注攻板曰剗一切經音義十八引通俗文○萓按校官碑禽姦戔猾段戔爲鏟也或作韃㸑韃韃

㪔

小舂也說文段注白部言舂者三字此云小舂謂捎舂之廣雅言舂者十一字有㦸字㦸亦作韃

五九五九

○廣雅釋詁四云㪔舂也[illegible][illegible]栗也集韻引字林

產　始柬切

生也說文段注通用爲器𤛗字按今南北語言皆作楚簡切○周禮大宗伯疏又禮記禮器德產之致也精微疏又左氏僖三年傳請以屆產之乘服注又國語晉語其產將宮大注又孟子梁惠王上無恒產注又呂覽當賞皆爲得其處而安其產注疏云產生也生其種曰產周禮大宗伯百物之產法天產者動物謂六牲之屬周禮大宗伯以天產作陰德注地產者植物謂九穀之屬周禮大宗伯以地產作陽德注○司農注云地產謂土地之性各異若齊地性疏穖楚性急悍又呂覽上農以敎民尊地產也注云地產嘉穀也產同母兄弟也後漢明帝紀注產貨也廣雅釋詁四大籥謂之產爾雅釋樂○風俗通聲音云大者謂之產

𤛗

畜𤛗畜牲也說文段注依廣韻手鑑訂左傳內則皆云名子者不以畜牲○萓按各本奪畜𤛗二字

滻

滻水出京兆藍田谷入霸說文段注霸宋本汲古閣初印皆同霸灞古今正俗字許書無霸史

五九六〇

漢皆作霸水京兆尹藍田二志同故城在今陝西西安府藍田縣縣治西十一里前志京兆尹南陵下曰文帝七年置沂水出藍田谷北至霸陵入霸水霸水亦出藍田谷北入渭師古曰沂音先歷反按此乃大謬沂者滻字之誤水經注引志可證張揖注上林賦亦曰霸出藍田西北而入渭滻亦出藍田谷北至霸陵入霸水經曰渭水又東過長安縣北又東過霸陵縣北霸水從縣西北流注之注云霸者水上地名也古曰滋水秦穆公霸世更名滋水爲霸水以顯霸功水出藍田縣藍田谷遝藍田縣東又左合滻水又北長水注之又北會兩川又北左納澧渠又東遝新豐縣右會故渠故渠郎經所謂東過霸陵縣霸水從縣西北流注之者也今無水又北遝秦虎圈東又北入於澧水張守節曰雍州藍田縣滻水郎荆谿狗𣏌之下流也按鄠注說長水出杜縣白鹿原西北流謂之荆谿又西北左合狗𣏌川注於霸俗謂之滻水非也史記霸滻長水盡得比大川之禮此可證張氏之誤矣水道提綱曰灞水上源卽藍水也出藍田縣藍關之西南山秦嶺經西安府境東而北有滻水西南自太乙山東南之西王谷嶺及秦嶺三源合而北流又東北流來會既合滻水東北至高陵縣南境入渭曰灞口按史漢作產

滻衆也廣雅釋訓

五九六一

齊齒呼二

齗　戎柬切

齒見兒說文○廣韻云齗齗齒不正

攓　几淺切

或作攓搴平上兩讀○俗有捋拔取也南楚語楚辭曰朝攓阰之木蘭說文段注莊子至樂篇攓蓬而取之司馬注曰攓拔也方言曰攓取也南楚曰攓又曰楚謂之攓楚辭云云見離騷王逸曰搴取也阰山名○史記劉敬叔孫通傳集解引戻攢云拔取曰搴攓拔也列子天瑞攓蓬而指注搴拔也廣雅釋詁三又爾雅序搴其薠稂釋文又漢書溝洫志集注叔孫通傳故先言斬將搴旗之士注季布欒布田叔傳贊集注引李奇賈誼傳集注司馬遷傳集注陳湯傳集注又後漢書杜篤傳注○爾雅釋言箋搴也某氏注云搴猶拔也搴取也廣雅釋詁一又小爾雅廣詁又爾雅釋言釋文又家語致思搴旗執識注又史記劉敬叔孫通傳索隱引許慎又漢書溝洫志集注引如淳賈誼傳同○楚辭湘君搴芙蓉兮木末注云搴手取也又漢書季布欒布田叔傳贊身履軍搴旗者數矣注引孟康云搴斬取也攓卷取也淮南兵略搴巨旗注搴卷也史記劉敬叔孫通傳集解引張

五九六二

㒃搴擧也廣雅釋詁一攓一曰𢹂方言十注攓慢也淮南齊俗望我而笑是攓也注芼搴皆擇菜也爾雅釋言芼搴也孫注搴柜朐爾雅釋艸蹇拔也管子四時毋搴華絕芋注○萱按此段蹇為攓也平上兩讀

蹇蹇

走兒說文○俗有謇謇謇朸䠠嚧謨𠊎也說文段注尣部曰𠊎蹇也是為䞿注𠊎曲脛也易曰蹇難也行難謂之蹇言難亦謂之蹇俗作謇非曲禮立毋跛鄭云跛偏任也此謂形體偏任一邉如𠊎者然凡經傳多作跛跛即𠊎之疑𡖊○漢書賈誼傳集注又楚辭謬諫焉蹇驢而無策兮注注云蹇跛也又釋名釋姿容云蹇跛蹇也蹇難也易象下傳褋卦傳蹇往蹇來連虞注又廣雅釋詁三又素問骨空論蹇膝伸不屈注又楚辭怨思蹇騷騷而不釋注○易序卦傳云蹇者難也又廣雅釋訓云蹇蹇難也蹇停也管子水地凝蹇而為人注蹇擾也人不靜秦晉曰蹇方言六○廣雅釋詁三云蹇擾也蹇彊也水滲相得則彊而堅也呂覽別類合兩

韻史 卷六十二第十四部上聲肝韻　五九六三

淳則為蹇注蹇謂不順也漢書淮南厲王長傳騷蹇數不奉法注蹇蹇不阿順之意也漢書循吏龔遂傳蹇蹇亡己注蹇蹇平直也太玄勤往蹇蹇注蹇愕正直之兒文選笙賦終嵬峩以蹇愕注蹇產屈折也史記司馬相如傳蹇產溝瀆集解引漢書音義又漢書相如傳上注引張揖○文選上林賦注引張揖云蹇產詰曲也蹇產詰屈也楚辭哀郢思蹇產而不釋注悲回風注又廣雅釋訓云蹇產詰詘也○文選西京賦既乃珍臺蹇產以極壯薛注云蹇產形兒也蹇詞也楚辭雲中君蹇將憺兮壽宮注湘君蹇誰留兮中洲注謬諫蹇超搖而無冀注蹇修伏羲氏之臣也離騷吾令蹇修以為理注蹇拔也管子四時注○萱按此段蹇為攓也又莊子秋水與道大蹇釋文云蹇崔本作浣此同部通借也未知蹇浣孰為正字蹇難也離騷謇吾法夫前修兮注謇正言兒楚辭招魂謇其有意些注謇忠貞兒也離騷余固知謇謇之為患兮注謇辭也楚辭惜誦謇不可釋注讓吃也列子力命讓極釋文○廣雅釋詁二云讓吃也又方言十云讓吃也楚語也言不通利謂之謇吃一切

韻史 卷六十二第十四部上聲肝韻　五九六四

經音義一引通俗文謇難也齊晉曰謇方言六徒𧿝磬謂之謇爾雅釋樂○釋文引李巡云置擊眾聲蹇連也萱按釋文又云本或作謇或作蹇然則蹇亦蹇之異體字以釋樂用之故嫥屬磬耳又按蹇字俗體猥多今併錄於此通觀之知本皆同字矣蹇難也蹇產詰曲也玉篇

褰

○俗有褸袴也春秋傳曰徵褰與襦說文段注昭廿五年左傳曰公在乾侯徵褰與襦杜曰褰袴也方言曰袴齊魯之間謂之褸按今方言作褸俗字也褰之本義謂袴俗乃段為騫衣字騫虧也古騫衣字作騫今假褰而褰之本義廢矣○集韻引字林又漢書五行志中之上注故云褰袴也又小爾雅廣服云袴謂之褰褰袪也褰開也褰縮也褰縐縮蹙之也褰裳涉水也萱按此皆段褰為攓也亦可謂為騫之借詩褰裳序釋文云褰本或作騫

譽

舊類切

蘇作書沓商逗小塊也說文段注書商蓋古語塊俗由字

遣

縱也說文段注糸部曰縱緩也一曰舍也遣猶送也儀禮既夕書遣於策注○既夕讀遣注云遣者入壙

韻史 卷六十二第十四部上聲肝韻　五九六五

之物君使史來讀之成其得禮之正以終也遣謂祖廟之庭大奠將行時也周禮大史遣之日讀誄注○荀子禮論然後皆有衣衾多少厚薄之數注云遣奠也又禮記檀弓注謂徹遣奠釋文云遣本作遷萱按遣遷同部音義皆近得通借矣遣車送葬載牲體之車也禮記襍記上遣車視牢具疏○周禮巾車大喪飾遣車注云遣車一曰鸞車○俗有閼鏤

鍵

鉉也一曰車舉說文段注鉉也者謂鼎扃也以木橫關鼎耳而舉之非是則既炊之鼎不可擧也故謂之關鍵引中之為門戶之鍵閉門部曰關以木橫持門戶也門之關猶鼎之鉉也外部曰牽車軸耑鍵也謂鐵貫於軸耑如鼎鉉之貫於鼎耳○偁雅序六藝之鈐鍵釋文云鍵館也萱按館當作轄轄者牽之段借字鍵關牡也所以止扉或謂之剡移顏氏家訓書證引蔡邕月令章句又廣雅釋室云鍵戶牡也○禮記月令修鍵閉注云鍵牡閉牝也又太乎乎樴卯其鍵注云鍵閉也萱按此鍵引中之義近於段借者也正字作鍵閉鍵謂籥牡也禮記樂記名之曰建櫜疏○檀弓注管鍵也釋文又太乎閉關無鍵注妶云鍵籥也又方言五

韻史 卷六十二第十四部上聲肝韻　五九六六

云戶鑰自關而東陳楚之閒謂之鍵又周禮司門掌授管鍵司農注云管謂籥也鍵謂牡鍵謂鑰之入內者俗謂之鑰須禮記檀弓下疏鍵銳也爾雅序釋文引字林鍵折也太玄千籥鍵絜絜注

衍 漢淺切

水朝宗于海兒也說文段注舊無兒字非海潮之來旁推曲暢两厓渚涘之閒不辨牛馬故曰衍引伸為凡有餘之義假羨字為之衍字水在旁衍字水在中在中者盛也會意衍流也易象上傳衍在中也虞注衍謂流衍也後漢宋意傳衍食他縣注衍散也小爾雅廣言衍布也漢書司馬相如傳上集注又後漢杜篤傳注又文選東京賦仁風衍而外流薛注○西京賦衍地絡薛注云衍申布也衍演也易繫辭上大衍之數釋文引鄭注衍達也太玄斂畜樂而衍注法水直衍注衍遠也小爾雅廣言衍蔓也文選西京賦篠簜敷衍薛注衍猶引也後漢安帝紀注衍謂寬衍易象下傳衍在中也疏衍無厓岸也漢書揚雄傳上陵高衍之嵱嵸兮注引孟康衍廣也易繫辭上傳大衍之數五十釋文引王肅注又廣雅釋詁二又後漢書杜篤傳注○漢書揚雄傳下辭之衍者注云衍旁廣也衍大也廣雅釋詁

韻史　卷六十二第十四部上聲肝韻　五九六七

一人漢書郊祀志上集注衍饒也後漢明帝紀注鄭晨傳注劉焉傳注杜篤傳注又荀子賦仁人絀約暴人衍矣注衍合也易繫辭上傳干注又莊子天運盛以篋衍釋文引司馬注衍溢也詩板及爾游衍傳又素問五常政大論其用沃衍注又文選琴賦注引蒼頡○書大傳至今衍於四海注云衍猶溢也衍泮衍也溢也素問五常政大論水曰流衍注衍溢言有餘也漢書司馬相如傳下浸淫衍溢注衍衍行也廣雅釋訓下平曰衍周禮大司徒注又左氏襄廿五年傳井衍沃賈注服注又國語周語猶其有原隰衍沃也注又史記周本紀集解引唐固○釋名釋地云下平曰衍言漫衍也又穆天子傳二天子大朝于平衍之中注云衍墳之下者又淮南墬形衍氣多仁注云下而污者為衍衍沃平美之地也左氏襄廿五年傳注又疏又後漢楊賜傳注○漢書貨殖傳丘陵衍沃注云衍謂地平延者也山阪曰衍史記封禪書其口止于鄜衍集解引李奇又漢書郊祀志注引李奇云三輔謂山阪閒為衍○左傳襄廿五年疏云衍地高于原又云衍是高平而美者澤之廣謂之衍小爾雅廣物○楚辭憂苦巡陸夷之曲衍兮注云衍澤也又廣雅釋地云衍池也衍

韻史　卷六十二第十四部上聲肝韻　五九六八

漾遊衍漂漾也文選車駕幸京口詩注衍美兒詩伐木釃酒有衍傳回聲衍周禮典同衍筍也莊子天運盛以篋衍釋文引李注衍水即流水也水經濟水注○萱按流衍一聲之轉語言易消衍延也周禮司巫掌望祀望衍授號疏○萱按此謂衍即延之叚借字也大祀衍祭亦然羨饒也周禮小司徒以其餘為羨司農注又史記平準書以致富羨索隱又漢書食貨志下集注董仲舒傳集注司馬相如傳上集注楊雄傳上集注羨溢也詩板及爾游羨傳又釋文又史記司馬相如傳功羨於五帝索隱引司馬彪羨饒溢也漢書食貨志下以收奇羨注羨過也淮南精神有天下不羨其神注羨餘也詩采芑箋羨卒盡起疏又釋文十月之交四方有羨傳又孟子滕文公下以羨補不足注又管子國蓄均羨不足注羨謂家之副丁也詩公劉箋以其餘卒為羨疏

㫃

㫃 古文 旌旗之游㫃蹇之兒古人名㫃字子游說文段注旌旗者旗之通偁旌有㫃者其未有㫃者各舉其一以該九旗也王逸九歌注云偃蹇舞兒大人賦說旌旗曰掉指撟以偃蹇張揖曰偃

韻史　卷六十二第十四部上聲肝韻　五九六九

蹇高兒晉有籍偃荀偃鄭有公子偃駟偃孔子弟子有言偃皆字游今之經傳皆變作偃偃行而㫃廢矣

匽

匿也說文段注匽之言隱也周禮宮人為之井匽鄭司農云匽路廁也後鄭云匽豬謂霤下之池畜水而流之者撰二說皆謂隱蔽之地也偃匿也國語吳語兩君偃兵接好注○萱按偃从匽聲二字多互相通借矣漢書王吉傳云冬則為風寒之所匽薄又韓勅兩側題名云河南匽師皆用匽為偃也偃謂屏廁莊子庚桑楚觀室者周於寢廟又適其偃焉注偃瀦者畜流水之陂也周禮稽人以瀦畜人注

偃

僵也說文段注小雅或棲遲偃仰論語寢不尸苞注曰不偃臥布展手足似死人左傳偃且射子鉏晉語蘧篠不可使俛韋注蘧篠偃人參同契曰男生而伏女偃其軀及其死也乃復效之水經注曰徐偃王生而偃故以為號凡仰仆曰偃引伸為凡仰之偁○廣雅釋詁四云偃僵也偃仰也廣雅釋言○文選謝惠運秋懷詩頻悅鄭生偃注云偃謂偃仰偃伏也孟子滕文公上艸尚之風必偃注○萱按偃訓仰又訓伏者義相反而相成偃仆也論語顏淵艸上之風必偃集解引孔注又荀子儒效偃五兵注○儀禮鄉射禮東面偃旌注云偃猶仆也偃臥也論語

韻史　卷六十二第十四部上聲肝韻　五九七〇

顏淵皇疏偃休也後漢書馬融傳上注偃安也釋名釋姿容○荀子儒效偃然如固有之注云偃然猶安然也偃息也莊子徐無鬼偃兵其可乎釋文又呂覽求人偃鼠飲於河注又文選石壁精舍詩注引國語賈注偃止也呂覽蕩兵而無有偃兵注應言公孫龍說燕昭王以偃兵注又太乎止終不偃注伏也管子勢一偃一側不得不然注偃佒不能俯執者也莊子列禦寇緣循偃佒困畏不若人三者俱通達注○釋文云偃佒守分歸一也偃蹇驕傲也左氏哀六年傳彼皆偃蹇注又後漢書趙壹傳注○文選思玄賦偃蹇夭矯娩以連卷兮注云偃蹇驕傲之兒也又廣雅釋訓云偃蹇夭矯也偃蹇高兒也史記司馬相如傳掉指橋以偃蹇索隱又後漢班彪傳上注又離騷望瑤臺之偃蹇兮注又文選琴賦偃蹇雲覆注○漢書禮樂志偃蹇驤注云偃蹇高驕也偃蹇衆盛兒離騷何瓊佩之偃蹇兮注○東皇太一靈偃蹇兮蛟服注云偃蹇舞兒偃蹇委曲兒漢書司馬相如傳下注引張揖○文選長門賦澹偃蹇而待曙兮注云偃蹇竹立兒也又釋名釋姿容云偃蹇偃偃息而臥不執事也蹇跛蹇也病不能作事今託病似此也偃却猶偃仰

五九七一

即偃蹇也荀子非相是以爲奇偉偃卻之屬注○史記司馬相如傳綢繆偃蹇索隱引張揖云偃蹇卻距也三刃枝南楚宛郢謂之匽戟方言九○萱按此段匽爲偃也漢書王吉傳冬則爲風寒之所匽薄韓勅兩側題名河南匽師皆段借偃鼠鼷鼠也莊子逍遙游偃鼠飲河釋文引李注○萱按後出有鼴字古祇用偃又甗人注梁水偃也後出有堰字古祇用偃

褗

褗領也說文段注三字句褗領各本謂褗領字之誤也今正方言曰袚謂之褗郭曰即衣領也戴先生云袚即玉藻深衣曲禮之袷字交領也爾雅黼領謂之襮孫炎曰繡刺黼文以褗領也士昏禮注卿大夫之妻刺黼以爲領如今偃領矣偃即褗字褗領古有此語廣頷曰褗衣領也○廣雅釋器釋文云褗衣領也褳袚謂之褗廣雅釋器萱按畿方言多襋字實則一也

鶠

鶠鳥也其雌皇一曰鳳皇也說文段注釋鳥鶠鳳其雌皇說者便以鳳皇釋之據許則有鳥名鶠鳳非可以鳳釋鶠也鳥字蓋鳳之誤三字一句一曰鳳皇也此別一義與說爾雅者同鶠瑞應鳥爾雅

五九七二

鰋

釋鳥注鰋或鮀也說文段注謂之鰋者以其偃額也偃者仰也玉裁按鮀也乃鮎也之誤妄人所改也鰋鮎也詩魚麗魚麗于罶鰋鯉傳潛鰷鱨鰋鯉箋鰋今鰋額白魚爾雅釋魚注又釋文云鰋白魚鰋鮋魚名文選蜀都賦釣鯷細劃注

蝘

蝘或在壁曰蝘蜓在艸曰蜥易說文又爾雅釋魚釋文引字林蝘蜓守宮爾雅釋魚○淮南精神視龍猶蝘蜓注云蝘蜓蜥易也或曰守宮

暥

○俗有蝘目相戲也詩曰暥婉之求說文段注方言暥略視也東齊曰暥吳揚曰略凡以目相戲曰作詩者邶風文按今詩作燕婉毛曰燕安也婉順也許所據暥暥豈毛謂暥爲晏之段借後人轉寫改爲燕與抑三家詩有作暥者與

睍

向淺切

目出兒也說文段注依玄應訂考工記曰深其爪出其目邶風睍睆黃鳥毛曰睍睆好兒韓詩有簡簡黃鳥疑

五九七三

毛作睍睍釋作簡簡晥說文無詩禮記有詩古本又多作晥杕杜傳云實兒大東傳云明星兒檀弓注云刮節目又許注淮南曰晥謂目內白蜀也大徐謂晥爲或脾字睍視也廣雅釋詁一睍晥好兒詩凱風釋文

哯

○俗有呀不歐而吐也說文段注欠部曰歐吐也渾言之此云不歐而吐者析言之歐以劍唳言吐以出口言也有句喉不作惡而已吐出者謂之哯玉篇廣頷作不顧而唾非也○廣雅釋詁四云哯吐也

垷

或作視現涂也說文段注涂泥可以附物者也故引伸之用以附物亦曰涂詩角弓曰如塗塗附傳曰塗泥也附箸也按上塗謂泥下塗附連讀謂箸鄭箋則謂以塗塗木桴涂附謂之垷廣雅垷拭也即垷字之異也○廣雅釋室云垷塗也垷拭也廣雅釋詁二垷大坂在暨西山玉篇引蒼頡○萱按此段垷爲峴也峴字後出峴大坂也亦作垷玉篇

蜆

縊女也說文○爾雅釋蟲蜆縊女注云小黑蟲赤頭喜自經死故曰縊女又太平御覽引異苑云縊女蟲也一名蜆長寸許頭赤身赤恒吐絲自懸又六書故引說文蜀本云化爲蝶

五九七四

㬎

又七部義别衆微杪也从日中視絲古文㠯爲顯字說文段注衆微杪也九字廣韻作衆明也微妙也从日中視絲十一字疑當作衆明也从日中見絲絲散眇也散者今之微字眇者今之妙字玉篇亦作妙日中視絲衆明察及微妙之意顯爲頭明飾㬎爲日中見微妙則經傳顯字皆當作㬎㬎者本義顯者段借戴籍既皆作顯乃謂古文作㬎爲段借矣故曰古文以爲顯字頁部顯下曰从頁㬎聲是則㬎之讀如顯可知

顯

頭明飾也說文段注故字从頁飾者妝也女部曰妝飾也是也頭明飾者冕弁充耳之類引伸爲凡明之偁按㬎謂衆明顯本主謂頭明飾乃顯尊行而㬎廢矣日部㬎下曰古文以爲顯字由今字假顯爲㬎乃謂古文段㬎爲顯也此古今字之變遷所必當深究也顯明也易繫辭上傳顯道神德行注又詩抑無曰不顯箋又儀禮士虞禮記哀顯相注又禮記曲禮下不顯諫注祭法曰顯考廟注又左氏僖廿二年傳天維顯思注又孟子滕文公下丕顯哉注又廣雅釋詁四又漢書劉向傳集注韋玄成傳集注孔光傳集注敘傳下集注引劉德又文選東京賦昧旦丕顯薛注子虛賦奢言淫樂而顯侈靡郭注劇秦美新上罔顯於義皇注○爾雅釋詁顯代也注云顯即明也顯顯明也顯

顯著也竝廣雅釋訓顯光也爾雅釋詁又詩文王有周不顯傳假樂顯顯令德箋清廟肅雝顯相箋執競不顯成康傳敬之天維顯思箋又後漢班固傳上注○禮記中庸於乎不顯疏云顯謂光明顯見也爾雅釋詁又詩敬之傳○爾雅注云顯明見也顯露也素問五常政大論其令鳴顯注○國語楚語不敢顯然布幣行禮注云顯猶公露也顯代也爾雅釋詁顯者陽也史記老莊申韓傳顯爲名高索隱隱顯即内外也荀子天論隱顯有常注日出謂之顯明素問六微旨大論顯明之右注不顯顯也詩文王有周不顯傳韓奕不顯其光箋又小爾雅廣訓○禮記中庸不顯惟德注云不顯顯言顯也顯幽謂使幽人明顯不變蔽也荀子致仕衡聽顯幽注顯父有顯德者也詩韓奕顯父餞之傳○萱按詩顯顯令德禮記中庸作憲憲令德同音通用也

韅

或作韅箸亦鞥也說文段注亦鍇本作掖非其物也錯作服俗字也今正亦人之臂亦也箸亦鞥謂箸於馬兩亦之革也箸亦謂直者當齊謂横者鞥當作靼左傳釋文正義引皆作皮作鞥非也史記禮書鮫韅徐曰韅者當馬服

之革若釋名云横經腹下杜注左云在背曰韅皆異說也按古假顯爲之檀弓子顯公子繫也盧氏植云古者名字相配顯當作韅韅者當馬掖之革史記禮書寢兕持虎鮫韅集解引徐廣韅馬服之革荀子禮論蛟韅注韅經也横經其腹下也釋名釋車○左氏傳廿八年傳韅剬鞅靬注云在背曰韅又一切經音義十三引蒼頡解詁又史記禮書索隱竝云韅馬腹帶也

蕇　印淺切

蕇藹亭歷也說文段注釋艸文月令靡艸之一也實葉皆似芥一名狗薺爾雅釋艸蕇亭歷注引廣雅蕇一名丁歷一名大室一名太適爾雅釋艸疏引李巡

靦　聅淺切

䩄或○戒又作醜面見人也詩曰有靦面目說文段注各本無人今依毛詩正義補面見人謂但有面相對自覺可憎也小雅何人斯有靦面目傳曰靦姡也女部曰姡面醜也按心部曰青徐謂懃曰懮音義皆同而一从心者懃在中一从面者媿在外章注國語曰靦面目之兒也○詩何人斯疏云靦與姡皆面見人之兒也䩄姡也玉篇引埤蒼○爾雅釋言靦姡也孫注李注云醜人面姡然也又後漢樂成靖王黨傳注云醜姡也言面

姡然無媿靦擅也一曰面兒也謂自專擅之兒爾雅釋言舍人注

䡊　紐淺切

○俗有碾轢也說文段注䡊从乙者言其難乙乙也䡊从反者言其易也反者柔皮也石碣轢殼曰碾御覽七百六十二引通俗文足所蹍爲碾文選西京賦當足見碾薛注

撚

執也一曰蹂也說文段注執者捕罪人也引申爲凡持取之偁廣韻曰撚者以手撚物也按蹂者獸足蹂地也撚揉蹈也淮南兵略前後不相撚注手捏曰撚一切經音義十四引通俗文撚緊也一切經音義十四引聲類撚續也方言一又廣雅釋詁二撚從也周書大武五後動撚之注撚枝香艸也楚辭惜賢采撚枝於中洲注

槤　亮淺切

○俗有璉胡槤也說文段注胡各本作瑚今正瑚璉見論語禮記然依左傳作胡爲長明堂位曰有虞氏之兩敦夏后氏之四璉殷之六瑚周之八簋而苞注論語曰瑚璉者黍稷器也夏曰瑚商曰璉周曰簋簋杜注左云夏曰瑚周曰簠孔沖遠云包鄭等注論語賈服等注左傳皆云夏曰瑚杜亦同之或別有所據或相從而誤按此非相從而誤漢人所

連　輦

據戴記不同也璉當依許從木據明堂位音義本作四連周禮管子以連爲輦韓勅禮器碑胡輦器用卽胡連也司馬法
夏后氏謂輦曰余車殷曰胡奴車周曰轄輦疑胡輦皆取車爲名○文選景福殿賦又宋璉以豐敝注云璉與連古字通
平上四讀注詳彼
負車也
說文萤挾此本義也當耑讀上聲說詳彼注
連輦也
易蹇往蹇來連廣注
○管子海王行服連軺輦者注云連輦名所以戴任器人挽者
連蹇連也
莊子大宗師連乎其似好閑也釋文
引崔注○文選解嘲孟軻雖連蹇注引蘇林云連蹇言語不便利也
連蹇難也
漢書楊雄傳下集注引張晏○
易蹇釋文引馬注云連亦難也
連猶釋也
禮記玉藻連用湯注人釋文云連釋也
輓車也
說文段注謂人輓以行之車也小司徒輦輦注曰輦人輓行所以載任器也司馬法云夏后氏謂輦曰余
車殷曰胡奴車周曰轄輦夏后氏二十人而輦殷十八人而輦周十五人而輦故書輦作連鄭司農云連讀爲輦挾夫部
扶竝行也輦字从此輦設輅於車前用衆輓之故从車扶會意扶在前車在後故連字下曰負車連輦古今字周禮管子
皆作連此車名輦輓此車之人名輦者小雅曰徒御不驚徒輦者也毛傳同又詩我任我輦毛傳曰任者輦者釋名曰輦

人所輦也○荀子大略諸侯輦輿就馬注又文選東京賦下彫輦於東廂蔚注竝云輦謂人輓車又穆天子傳六注云輦
謂輓蝽車又周禮鄉師注旅師疏縣師疏竝云輦人挽行又左氏宣十二年傳疏泉十年傳輦重如役疏竝云人挽以行
謂之輦又後漢書寇恂傳注云輦車人挽行也
輦輦車也
國語晉語輦輦卽利而舍注○釋名釋車云輦車人
所輦也
駕人曰輦
左氏莊十二年傳以乘車輦其毋注又後漢書班彪傳上注○光武紀下注云輦者駕人
以行又呂覽本生人則以輦注云人引車曰輦
對麇曰輦
續漢祭祀志上注引周禮干禮
步車曰輦
漢書貨殖傳夫妻推輦行注
輦挽車也
廣雅釋器
王輦大輦也
文選藉田賦天子乃御玉輦注
○吳都賦都輦殷而四興來暨注云輦王者所乘故京邑之地通曰輦馬
輦車后游晏所乘也
文范
英華七百六十一引崔靈恩三禮義宗
輦道閣道也
後漢書班彪傳上注○漢書司馬相如傳上輦道纏
屬注云輦道謂閣道可以乘輦而行者也
輦運也
後漢張衡傳注
輦擔也
淮南人閒負輦粟而至注○賁
挾韓勅碑胡輦器用段輦爲璉也

鄿　珏　展　爭淺切

周邑也
說文又左氏昭廿九年傳王子趙車入于鄿以販注
極巧視之也从四工
說文段注工爲巧故四工爲極巧極巧視之謂如離婁之明公輸子之巧既竭
目力也凡展布字當用此展行而珏廢矣玉篇曰珏今作展
或作輾
轉也
說文段注展者未轉而將轉也陸德明云字林作輾然則周南作輾轉非古也毛傳曰展誠也方言
曰展信也此因展與眞音近假借
展轉反側也
廣雅釋訓○楚辭惜賢憂心展轉注云展轉不寐兒
輾
轉不定也
後漢來歷傳注○詩關雎疏云輾轉猶蛻轉萤披釋文云輾李作展又澤敀輾轉伏枕韓詩作展轉
伏枕
臥而不周曰輾
詩關雎輾轉反側萎
輾車行處也
一切經音義十一引蒼頡
展舒
也
廣雅釋詁四又楚辭東君展詩兮會彝注
展申也
國語晉語修必展注又漢書谷永傳集注楊雄傳下集注
王溫舒傳集注又文選謝靈運從斤竹閒越嶺漠行詩注引莊子司馬注○後漢書仲長統傳注云展猶巾也
展陳
也
左氏成十六年傳展車馬注襄卅一年傳各展其物注哀廿年傳敢展謝其不恭注又後漢班彪傳下注邊讓傳注

展直也
廣雅釋詁三
展奉也
廣雅釋詁四○董椄展者展之小篆也稚讓每以篆體鬆體分別釋之
展適也
爾雅釋言
展審也
國語周語和展百事注
展之言整也
周禮司市平肆展成質賈
注
展猶整具
周禮鄉師則致敘察辭豬器展事注
展猶枝錄也
儀禮聘禮史讀書展幣注又周
禮內宰展其功豬注云展猶錄也
展省視之
禮記檀弓下展墓而入注○曲禮上僕展幹致駕疏云展視也
又周禮庖人疏云展猶省視也
展省具也
禮記少儀主人展之以投使者注○周禮肆師展犧牲注云展省閣
也又穀梁成七年傳展斛角而知傷疏云展省祭也
展謂陳數之
周禮大脊展樂器注○文選東京賦禮事
展薛注云展謂舒陳器物也
展具也具牲若今時選牲也
周禮充人展牲則告牲司農注
○後鄭及干注云展牲若今牲也干注見犢漢禮儀志又祭僕展而受之注云展謂錄視其牲禮數
展難也
廣雅
釋詁三○方言六云展難也山之東西凡難兒曰展判吳人相難謂之展若泰晉之言相惲矣
展重也
國語
魯語古者分同姓以珍玉展親也注
展成也
後漢桓帝紀注
展誠也
爾雅釋詁又詩雄雉展矣君子傳君

子偕老展如之人兮傳猗嗟展我甥兮箋車攻展也大成箋又禮記褶衣注又國語楚語展而不信注○周禮內司服疏云展者言之誠萱按展訓誠訓信皆其再引申之義也段氏謂爲眞之叚借則以雙聲通轉矣眞在十二部 展信也 爾雅釋詁又文選思玄賦展洩洩以彤彤舊注○方言一云展信也荆吳淮汭之閒曰展又方言七云展信也東齊海岱之閒曰展 禮有展衣者以丹縠爲衣 詩君子偕老傳○萱按褎衣字詩禮叚展爲之詳去聲

蟸 嫸

蟸蟲也 說文段注蟲上補蟸字三字一句蟲名也

好枝格人語也一曰靳也 說文段注枝格見丰部謂不欲人語而言他以枝格之也廣韻曰嫸偏忮後義靳也謂靳固也左傳注曰戲而相媿相靳○萱按廣雅釋言曹憲音云善今嫸之善然則嫸有今義

顫 [目亶]

侶視人也 說文段注侶者不惡也

○俗有[目亶] 視而不止也 說文段注不字依廣韻補

[金亶] 樿 闡 燀

寵顯切

○俗有劗伐擊也 說文

樿木也可已爲櫛 說文段注玉藻曰櫛用樿櫛髮晞用象櫛禮器曰樿勺鄭曰樿木白理中山經曰風雨之山其木多椒樿郭曰樿木白理中櫛

開也易曰闡幽 說文段注毄辭傳文○後漢班彪傳下注又廣雅釋詁三又文選長笛賦注引蒼頡竝云闡開也又赭白馬賦注引聲類云闡大開也 闡布也 呂覽決勝隱則勝闡奐注 闡廣也 漢書禮樂志集注○易豐注音闡大之大也疏云闡者宏廣之言 闡大也 書序以闡大猷釋文又漢書敍傳下集注引張晏 闡緩也 廣雅釋詁二 闡明也 易毄辭下傳而微顯闡幽注又釋文又書序釋文又左傳序釋文○左傳序疏云闡謂著明萱按哀八年經齊人取讙及闡公羊作僤同聲通用也

炊也春秋傳曰燀之已薪 說文○左氏昭廿年傳燀之以薪注又廣雅釋言又小爾雅廣言竝云燀炊也 燀然也 周書周祝火之燀也固定上注又左傳昭廿年釋文 燀熾也 漢書敍傳下集注 燀

灼也 後漢書泗水王歙傳注引字林 燀炊起皃 國語周語火無災燀注 寋展難也齊魯曰燀 方言六

幝 繟 緩

車敝皃詩曰檀車幝幝 說文段注小雅杕杜曰檀車幝幝傳曰檀車役車也幝幝敝皃釋文曰幝韓詩作緩糸部曰緩偏緩也按車敝皃古本當是巾敝皃故从巾詩以爲車敝字則其引伸之義也釋文引說文巾敝也从巾單今本釋文乃巾譌車殊失陸意○萱按漢書劉陶傳引檀車嘽嘽叚嘽爲幝也

帶緩也 說文段注繟之言緩也韓詩檀車緩緩毛詩作幝幝○廣雅釋詁二云繟緩也 繟繟緩也 廣雅釋訓 繟寬也 老子繟然而善謀注 嘽寬也 禮記樂記嘽諧慢易疏又史記樂書其聲嘽以緩正義○萱按嘽訓寬訓緩皆叚爲繟字也 嘽寬緩也 禮記樂記其聲嘽以緩釋文 嘽咺迂緩之皃 列子力命注○萱按平聲嘽下詳之

偏緩也 說文段注緩正作緩辭也毛詩檀車幝幝毛曰幝幝敝皃釋文云韓詩作緩緩蓋物敝則緩其義相通○

廣雅釋詁二云緩緩也 緩緩緩也 廣雅釋訓

於 㞋 [忄然] 橪

若淺切

旌旗杠皃 說文段注釋天曰素錦綢杠杠謂旗之竿也詩謂之干

○俗有㞋柔皮也 說文段注周禮所謂攻皮也函人職曰革欲其柔滑而腥脂之則耎 㞋弱也 廣雅釋詁一

意膬也 說文段注意者志也膬者耎易破也意膬謂有此意而不堅玉篇云意急而懼蓋說說文之語也或曰當作膬意 痛聲曰痏警聲曰然 一切經音義十五引通俗文○萱按或作驚聲曰然似較長

酸小棗一曰染也 說文段注此云酸小棗則上文檇酸棗者與棗大小同矣上林賦柅杷橪柹按俞橪於柅杷柹之間然則皆果也與許說合淮南子伐橪棗以爲矜亦云橪棗郭云橪橪支木音煙與許異染小徐作柔皆未詳○史記司馬相如傳柅杷橪柹集解引徐廣云橪棗也 橪橪支香艸也 漢書司馬相如傳上柅杷橪柹注引張揖○萱按栝讀以橪爲叚借字

熯

上去兩讀乾兒詩曰我孔熯矣說文段注乾讀如干此與日部暵同音同義从火猶从日也易說卦傳王肅王弼本作燥萬物者莫熯乎火說文日部及徐邈本作莫暵字有分見而實同者此類是也我孔熯矣小雅楚茨文此爾詩說段借也楚茨毛傳曰熯敬也熯本不訓敬而傳云爾者謂熯即戁之段借字也心部曰戁敬心長發傳曰戁恐也是其義也熯當風乾燥之兒淮南墜形熯涇生容注熯亦燥也易說卦傳崔注熯火氣也易說卦釋文引王肅熯謂以火乾也管子禁藏萩室熯造注

善 始淺切

譱古譱吉也說文段注口部曰吉善也祺訓爲祥詳又訓爲善也儀禮士冠禮注祺祥也疏善謂福也禮記中庸善必先知之疏善美也呂覽古樂以見其善注善佳也廣雅釋言善者理事不惡之名論語八佾又盡善也皇疏可欲之謂善孟子盡心下供養三德爲善左氏昭十二年傳又漢書律歷志上善德之建也國語晉語善者王教之化也春秋繁露實性夫善衆之主也左氏成六年傳襄卅年傳云善人國之主也善演

也演盡物理也釋名釋言語善猶大也詩桑柔覆背善詈箋善猶多也詩載馳女子善懷箋○新序雜事一云以計多爲善善猶和也呂覽貴公夷吾善鮑叔牙善猶解也禮記學記相觀而善之謂摩疏善者過於適之稱莊子繕性離道以善注善修治也易略例欽有善遇而遠至注善好也呂覽長攻所以善代者乃萬故注善猶好也禮記曲禮上注馳善蘭人也疏所善謂所好也荀子非相凡人莫不好言其所善注○注又云所善謂己所好尚也善猶喜也荀子解蔽其爲人也愚而善畏注善快也國策齊策子教文無受象牀甚善注善謂身行愛敬也孝經不在於善注善謂愛惜不怠棄也荀子彊國善日者王善時者霸注善猶親也國策秦策齊楚之交善注善即惠也管子法法赦過遺善注善猶曰也淮南說林或善爲新注善猶拭也莊子養生主善刀而藏之釋文善歌謂音聲和美禮記學記善歌者使人繼其聲疏善驚謂數驚古人有此語今人謂數驚爲好驚左氏襄廿

八年傳慶氏之馬善驚疏善賈貴賈也論語子罕求善賈而沽諸皇疏乾爲善易象下傳君子以見善則遷虞注繫辭上傳出其言善虞注繫辭下傳証善之人虞注○虞注又云乾爲善人乾爲積善易履視履考祥虞注繫辭下傳善不積虞注乾爲揚善易象上傳君子以遏惡揚善虞注吳謂善伊謂稻緩穀梁襄五年傳

僐

作姿也說文僐姿態也廣韻引廣雅僐態也廣雅釋言○壹按僐者僐之篆體

膳

○俗有饍具食也說文段注此與食部饍字同羞具也供置也欲善其事也鄭注周禮膳夫曰膳之言善也又云膳羞之膳牲肉也○漢書宣帝紀損膳省宰注云膳具食也食之善者也又杜欽傳親二宮之饔膳注云具食曰膳膳之言善也膳廚膳左氏閔二年傳以朝夕視君膳者也注煎和謂之膳周禮庖人疏膳牲肉也周禮膳夫注○廣雅釋器云膳肉也膳獻饎羞飯獻也周禮宰夫之職注膳美食也禮記玉藻膳於君注○曲禮下君膳不祭肺疏又左氏閔二年傳疏跂云膳者美食之名又周禮天官序官膳夫注

云今時美物曰珍膳君物曰膳膳之言善也儀禮燕禮主人酌膳注○禮記王制七十貳膳疏云膳善食也又少儀爲已祭而致膳於君子曰膳疏云膳善也膳離也廣雅釋詁三膳胙之也呂覽上德太子祠而膳於公注膳猶進也儀禮公食大夫禮宰夫膳稻于梁西注○士相見禮徧嘗膳注云膳謂進庶羞膳所以閒禮賓客周禮牛人共其牢禮積膳之牛注膳夫食官之長也周禮天官序官注○文選西京賦膳夫馳騎薛注云膳夫宰夫也又詩十月之交仲允膳夫箋云膳夫上士也掌王之飲酒膳羞又儀禮燕禮膳宰具官饌于寢東注云膳宰天子曰膳夫掌君飲食膳羞者也膳服即羞服也周禮大府關市之賦以待王之膳服注膳尊君尊也儀禮大射儀膳尊兩甗在南法

墠

野土也說文段注野者郊外也野土者於野治地除艸鄭風東門之壇壇即墠字傳曰除地町町者町町平意左傳楚公子圍逆女於鄭鄭人請墠聽命楚人曰若野賜之是委君況於艸萊也可見墠必在野也鄭子產艸舍不爲壇壇即墠字可見墠必除艸也周書爲三壇同墠此壇高墠下之證也祭法王立七廟二祧一壇一墠注曰封土曰壇除地曰

墠此壇墠之別也築土曰封除地曰禪凡言封禪亦是壇墠而已經典多用壇爲墠古音略同也

除地曰墠

周禮大司馬之職疏又周書王會墠上張赤帟陰羽注又漢書韋弁成傳注又續漢祭祀志上禪祭地于梁陰注引服虔○左傳昭元年釋文又穀梁襄九年釋文並云墠除地也又周禮地官序官場人注又築場地爲墠疏云除地曰墠築堅始得爲場

墠謂除地而祭阹墠爲禪神之也

後漢光武紀下注又黨錮傳注云墠除地於中爲壇○荀子正論堯舜擅讓注云墠謂除地爲墠告天而傳位也後因謂之墠位

墠謂築土而無屋者也

獨斷上○公羊宣十八年傳墠帷注云掃地曰墠今齊俗名之云國

去壇爲墠

禮記祭法又獨斷上又周禮春官疏引國語孔注

墠猶坦也

華嚴經音義上引韓詩傳

墠寬也

老子釋文萱按此段墠爲繟也繟緩也○又按武梁碑前說殰坦段坦爲墠也殰即墳字又荀子正論段擅爲墠

鱓

或作鮑○俗有鱔

鱓魚也

說文段注今人所食之黃鱔也黃質黑文似蛇異苑云死人髮化其字亦作鮑俗作鱔或段鮮字爲之如蜥篆下云非蛇鮮之穴無所厖是也或段鱣爲之如楊震傳鳥銜三鱣是也各本此下有皮可爲鼓四

韻史　卷六十二第十四部上聲肝韻

五九九一

字由古以鼍皮冒鼓鼍鱓皆从單聲古書如呂覽等皆段鱓爲鼍淺人物讀古書率尒妄增不知字各有本義許書但言本義則此四字可增於黿部而不可貿於此也今刪正○山海經北山經湖灌之水其中多鮑注云鮑亦鱓魚字又顏氏家訓書證云後漢書云鸛雀銜三鱓魚多假借爲鱣鮪之鱣

鱓魚似蛇

山海經北山經滑水其中多滑魚其狀如鱓注○一切經音義十六引訓纂云鱓蛇魚也又後漢楊震傳注云韓子云鱣業續漢及謝承書鱣字音作鱓然則鱣鱓古字通也萱按淮南齊俗云鱓鮪入口若露而死段鱓爲鱣也二字多互借通用

蟺

○俗有蟮

夗蟺也

說文段注夗轉臥也引中爲凡宛曲之偁夗蟺疊韻蓋謂凡蟲之冤曲之狀篇韻皆云螿蟺蚯蚓也雖蚓有此名而非許意上文蜎善曲之物也故承之以蟺○老子注夫蚖蟺以淵爲淺釋文云蟺本又作蟮

如蜩蟬之蛻化也蟺相連也

萱按此段蟺爲蟺也詳去聲蟺下

錢　紫顛切

平上兩讀義異

銚也古者田器詩曰庤乃錢鎛一曰貨也

說文萱按後義讀平聲專行久矣○詩臣工庤乃錢鎛傳云錢銚

韻史　卷六十二第十四部上聲肝韻

五九九二

幨　　俴　此顛切　　𢓭　　踐

又十五部入聲義異

幨謂以廣爲狹也

考工記鮑人則是以博爲幨也司農注○萱按晉書張方傳軍人爭割流蘇武帳爲馬幨此段幨爲幨也又廣雅幨褯也此段幨爲襜(?)

淺也

說文又爾雅釋言又詩小戎小戎俴收傳曰俴駟孔羣箋○小戎釋文引韓詩云駟馬不著甲曰俴駟

俴單也

管子參患將徒人與俴者同實注

俴謂無甲單衣者

管子參患甲不堅密與俴者同實注

迹也

說文段注豳風籩豆有踐箋云踐行列皃按踐同𢓭故云行列皃

履也

說文段注履之著地曰履履足所依也○禮記曲禮上修身踐言注不踐闡疏則必踐之釋文引王注曲禮下踐阼臨祭祀疏文王世子周公相踐阼而治注又廣雅釋詁一又國語周語足以踐德注又漢書五行志中之上集注竝云踐履也又禮記曲禮上客踐席疏明堂位周公踐天子之位注竝云踐猶履也又左氏文元年傳踐修舊好注云踐猶履行也又孟子盡心上惟聖人然後可以踐形注云踐履居之也云踐之者籍之也

踐蹋也

禮記曲禮上毋踐履疏

踐徒跣也

踐蹐也

廣雅釋言○詩破斧正義引書大傳續漢禮儀志下先葬二日皆旦晡臨

韻史　卷六十二第十四部上聲肝韻

五九九三

注○漢書文帝紀集注引孟康云踐跣也

踐登也

史記秦始皇紀然後斬華爲城索隱引崔浩又漢書陳勝項籍傳贊集注引晉灼

踐猶升也

禮記中庸踐其位注

踐循也

論語先進不踐迹集解引孔注又皇疏

踐行也

儀禮士相見禮不足以踐禮注

踐往也

呂覽古樂王命周公踐伐之注

踐厭也

左氏僖十五年傳亦晉之妖夢是踐注

踐任也

詩崧高王纘之事釋文引韓詩

踐行列皃

詩伐柯籩豆有踐傳又疏引王蒭云踐行列之皃○伐木籩豆有踐箋云踐陳列皃

踐殘也使殘壞也

釋名釋姿容

踐翦也

史記孝文紀皆無踐集解引服虔又漢書文帝紀集注引伏儼○書成王政序遂踐奄鄭注云踐讀曰翦又禮記玉藻凡有血氣之類弗身踐也注云踐當爲翦聲之誤也萱按翦踐蓋正借字也二字異部而音最近

踐善也

禮記曲禮上日而行事則必踐之疏○萱按此謂踐爲善之段借字也注則謂之字之誤

踐淺也

詩東門之墠有踐家室傳

壓或曰踐

方言三○廣雅釋室云踐闡也

淺

或作湛

不深也

說文段注許於深下但云水名不云不淺而測下淺下究下可以補足其義是亦一例按不深

韻史　卷六十二第十四部上聲肝韻

五九九四

曰淺不廣亦曰淺故考工記曰以博爲帴帴者淺之假借又
馬鄭古文尚書禹貢淺納日馬云淺滅也馬意讀爲戩滅之戩
謂何日淺溥也淮南齊俗頫淺褊也呂覽先己吾淺鮮也廣
入也掔浼淺注地不淺注雅
釋言少閒曰淺荀子修身淺淺疾流皃楚辭湘君石瀨兮淺淺注淺帶博帶也言
帶博則約束衣服者淺故曰淺帶荀子儒效逢衣淺帶注淺虎皮淺毛
也詩韓奕鄭傳御淺幭傳鹿淺鹿夏毛也儀禮既夕記鹿淺幦注淺○周禮巾車鹿淺幦注云鹿淺幦以鹿
夏皮爲覆笭

諓

善言也一曰謔也
說文段注善上當有諓諓二字古文秦誓
截截善諞言諞字下引之今文秦誓戔戔
戈部戔下引之釋云巧言也戔戔公羊傳作諓諓云惟諓諓
善靖言劉向九歎洪書李尋傳亦皆作諓諓王逸注楚辭引
尚書諓諓靖言正皆今文尚書也諸家作諓諓許作戔注者同一
今文而有異李如同一古文而馬作偏許作諞不同戔也戔下
既引戔戔矣而諓下又云善言者此又用王逸所據諓諓靖
言之李也善言釋靖言何休曰靖猶撰也撰同譔譔言善言

韻史 卷六十二第十四部上聲肝韻　五九九五

也廣雅釋訓曰諓諓善也賈逵外傳注曰諓諓巧言也韋昭
注曰諓諓巧辨之言然則此善言謂善爲言辭者不同語下
之善言也一曰諸也別一義諓諓諂言也後漢樊準傳習諓諓之辭注諓諓巧辯之言
也國語越語又安知是諓諓者予注諓諓小善也漢書李尋傳昔秦繆公說諓諓之言注諓諓
公羊文十二年傳注○國語越語云又安知諓諓者乎諓諓者賤也鹽鐵論國病
淺溥之皃

甗 ⿰阝戔

仰顯切

水皁也說文
○俗有巘巘又謂作嶄甗也一穿說文段注各本作一曰穿也今正按甑空名窐見穴部不得云又名甗也
陶人爲甑實二鬴厚半寸脣寸鄭司農云甗無底甑無底即
所謂一穿蓋甑七穿而小甗一穿而大一穿而大則無底矣
甗下曰甗也渾言之此曰甑也一穿析言之渾言見甗亦訴
甑析言見甑非止一穿參差至見使文義相足此許訓詁之
一例也或曰當作一曰甑一穿也六字山之似甗者曰甗詩
陟則在甗傳曰甗小山別於大山也釋名曰甗甑也甑一孔
者甗形孤出處似之也接此謂似甑體而已鬲部曰鼎大上
小下甗若甑曰驚然則甑彩大上小下山名甗者亦爾俗作巘

韻史 卷六十二第十四部上聲肝韻　五九九六

尟

想淺切

非爾雅小山別大山曰鮮詩皇矣同字作鮮者甗之叚借文
選吳都賦作巘李注古買反此因爾雅鮮或作巘又讀作巘
也○爾雅釋山重甗隒注又左傳成二年釋文引字林又二
選上林賦巖陁甗錡注引司馬彪注云甗甑也又左氏成二
年傳賂以紀甗注云甗玉甑又儀禮少牢饋食禮
廩人概甑甗已與數于廩費注云甗如甑一孔甗山形似
甑也上大下小爾雅釋畜善陞甗注甑自關而東謂之甗方言五甗玉甗
穀梁成二年傳以紀侯之甗來注山嶺曰甗爾雅釋畜釋文引顧注孫注甗者隒也爾雅釋畜
釋文甗錡隆屈窊折皃漢書司馬相如傳上巖陁甗錡注引郭璞山之上大下小者
曰巘文選西京賦陵重巘薛注巘崿崖之別名文選晚出西射堂詩連障疊巘崿注小山別
大山曰鮮詩皇矣度其鮮原傳○周書和巒至于鮮原注云小山曰鮮萱按借鮮爲甗也
○俗有尟是少也是少逗俱存也賈侍中說說文段注是此也俱存而獨少此故曰是
少此字說得諸侍中也易繫辭故君子之道鮮矣鄭本作尟
云少也又尟不及矣本亦作鮮又釋詁鮮善也本或作尟尟

韻史 卷六十二第十四部上聲肝韻　五九九七

者尟之俗○萱按尟尟正俗字廣韻分之非也集韻知併合
矣而褋以段借之鮮字併岐入鱻仙字尤爲治緣而棼
尟少也易乾注尟克有終釋文繫辭下傳尟不及矣虞注又釋文又文選西京賦慘則尟於驩注鮮少也
易繫辭上故君子之道鮮矣釋文引馬鄭王肅注又詩新臺
遂篠不鮮釋文引王注抑鮮不爲則釋文又禮記大學天下
鮮矣疏又左氏隱三年傳慽而能聆者鮮矣釋文宣二年傳
釋文襄廿一年傳重繭衣裘鮮食而寢釋文昭元年傳鮮不
五給注昭廿八年傳吾母多而庶鮮釋文又論語學而而好
紀上者鮮矣集解鮮矣仁皇疏里仁以約失之者鮮矣皇疏
雍也民鮮久矣皇疏又國語晉語注仁鮮又文漢書高帝紀以下各
集注又離騷國亂流其鮮終兮注又文選幽通賦鮮生民之
晦在曹注○列子湯問則鮮而食之注云鮮謂少也萱按段
與悉用鮮爲尟而韻書字書莫能分別學者或不知鮮爲段
借字矣鮮李魚名鮮寡也爾雅釋詁又詩揚之水終鮮兄弟
祇以音同相段耳箋蓼莪鮮民之生傳蕩鮮克有終
箋又論語學而鄭注又國語周語其歸鮮矣又鐘大鐘以鮮
其纘注晉語無道而鮮胃注晉語鮮其有慢心注又華嚴經音
義上引國語賈注又文選思鮮罕也爾雅釋詁又禮記中庸
卒賦既娉麗而鮮雙分舊注民鮮能久矣注表記民

韻史 卷六十二第十四部上聲肝韻　五九九八

韻史　卷六十二第十四部上聲肝韻　五九九九

鮮克舉之注大學天下鮮矣注鮮盡也易數辭上傳故君子之道鮮矣釋文o引師說不以壽終爲鮮左氏昭五年傳葬鮮者自西門注列子湯問注云人不以壽死曰鮮小山別大山逗鮮爾雅釋山o李注云大山少故曰鮮薑按據李注則鮮爲匙之借字也亦一義據詩皇矣傳鮮乃廠之段借字罕少也禮記少儀罕見曰聞名疏學記罕譬而喻疏中膚注釋文o薑按此段罕爲匙也罕李网名音近通借耳罕稀也漢書張禹傳集注又文選洞蕭賦洞條暢而罕節兮注罕希也詩大叔于田叔發罕忌傳又禮記少儀罕見曰閒名注中膚釋文又公羊桓六年傳蓋以罕書也注又穀梁莊廿九年傳則功築罕注又漢書楊雄傳上集注又荀子天論養略而動罕注物之罕至者也注o論語子罕子罕言利集解又皇疏又漢書外戚傳集注竝云罕者希也又爾雅釋詁希罕也注云罕亦希也

癬

乾瘍也說文段注乾音干瘍之乾者也o一切經音義十五引字林云癬乾瘍也癬創也廣雅釋詁一癬徙也浸淫移徙處曰廣也故青徐謂癬爲徙也釋名釋疾病

韻史　卷六十二第十四部上聲肝韻　六〇〇〇

美湯切

愐

或作勔勔勉也說文段注釋詁曰蠠沒勔勉也方言曰釗薄勉也南楚之外曰薄努自關而東周鄭之閒曰勔釗按毛詩黽勉亦作僶俛韓詩作密勿爾雅作蠠沒蠠本或作蠠罠卽竇然則韓詩正作密勿韓寫誤作密耳爾雅釋文云勔本作僶又作黽是則說文之愐爲正字而作勔作蠠作蠠作窒作密作黽作僶皆其別字也今則不知有愐字而愐字廢矣勔勉也爾雅釋詁又文選思玄賦勔自強而不息兮舊注又後漢張衡傳注

緬

微緜也說文段注微各本作徵今正緬之引申爲凡緜邈之偁穀梁莊三年傳曰改葬之禮緦舉下緬也緬遠也穀梁莊三年傳釋文緬猶邈也國語楚語緬然引領南望注緬盡兒也文選西征賦冀闕緬其堙盡注緬思兒也華嚴經音義上引國語賈注

麵

o俗有麪勤粗也說文段注謂馬勤之也勤在馬而故從面粗

湎

o俗有⿰酉面湛於酒也周書曰罔敢湎于酒說文段注湛各本作沈此等皆後人以習用改之耳沈休於酒周易所謂飲酒濡首亦不知節也韓詩云飲酒閉門不出客曰湎樂記流湎以忘本其引伸之義也按鄭

韻史　卷六十二第十四部上聲肝韻　六〇〇一

注酒誥用敢湎于酒曰飲酒齊色曰湎大雅天不湎爾以酒箋云天不同女顏色以酒有沈湎於酒者是乃過也鄭意此字从面會意故釋云齊色謂同飲者至於同色也許則謂形聲飲酒齊其色曰湎詩賓之初筵序沈湎淫液釋文蕩釋文o蕩疏云湎者顏色湎然齊一之辭湎沈也荀子非十二子多少無法而流湎然雖辯小人也注湎流也漢書五行志中之下集注湎湎流移也漢書敘傳下湎湎紛紛注

撮口評

粲返切

卷

平上兩讀義分o俗有須厀曲也說文o萱按此本義也讀平聲卷束也淮南兵略旗不解卷注卷卷臂也淮南原道短袂攘卷注o萱按此段卷爲卷也卷猶斷絕史記蘇秦傳塞女戟韓氏太原卷正義卷耳苓耳也詩卷耳采采卷耳傳o釋文云卷耳幽州人謂之爵耳卷施艸拔心不死爾雅釋艸

捲

平上兩讀義別氣埶也國語曰有捲勇一曰捲收也說文o萱按前義讀平聲後義

韻史　卷六十二第十四部上聲肝韻　六〇〇二

在此而多借用卷字卷猶收也儀禮公食大夫禮有司卷三牲之俎歸于賓館注卷屈也淮南本經贏縮卷舒注注卷屈取也淮南兵略卷沅湘注南卷舒猶屈伸也淮南原道與剛柔卷舒兮

隧

河東安邑陬也說文

畎

o俗有試𡿨古籀甽古文水小流也周禮匠人爲溝洫枱廣五寸二枱爲耦一耦之伐廣尺深尺謂之𡿨倍𡿨謂之遂倍遂曰溝倍溝曰洫倍洫曰巜六畎爲一畮說文段注水部曰涓小流也𡿨與涓音義同釋名曰山下根之受霤處曰甽甽吮也吮得山之肥潤也按此爲禹貢刱畎岱畎之說亦卽小流之義枱許之耜字也見木部各本作相誤倍洫曰巜巳上攷工記匠人職文說詳鄭注及程氏瑤田通藝錄今周禮𡿨作畎巜作澮與許所據不同者後人所改也𡿨巜巜三篆下皆宜曰象形而不言者省文也按鄭注攷工記田畎畎也謂畎畎古今字畎卽今之畎

字也漢食貨志曰趙過能爲代田一畮三甽古法也后稷始甽田以二耜爲耦廣尺深尺曰甽長終畮一畮三畎一夫三百甽而播種於甽中按長終畮者長百步也六尺爲步步百爲畮播種於甽中者甽中猶甽閒播種於兩甽之閒也深者爲甽高者爲田皆廣尺三百甽積廣六百尺長百步亦長六百尺故一夫百畮其體正方許云六畎爲一畮者謂其地容六畎耳與一畮三畎之制非有二也畎與田來歲互易即代田之制也六尺爲步步百爲畮見田部○漢書李尋傳合汝穎畎澮注云畎澮小流也又食貨志上云水之廣尺深尺曰甽又國語周語或在畎畝注云廣尺深尺爲畎又呂覽任地所以成甽也注云三尺爲甽萱按畮廣六尺[illegible]爲六行三田三畎各一尺也高合三畎計之故言三尺爲甽非謂一畎有三尺也

壟中曰畎

莊子讓王居乎畎畝之中釋文引司馬注○漢書食貨志上一畮三甽注云甽壟也又考工記匠人注云古者耜一金兩人併發之其壟中曰甽

甽者田中之溝也

漢書劉向傳雖在甽畝注又後漢章帝紀注○書皐陶謨濬畎澮距川鄭注云畎澮田閒溝也

畎小谷也

漢書地理志上岱畎絲枲注○廣雅釋山云畎谷也又詩節南山箋其旁傍之甽谷疏[illegible][illegible]云甽是壟中小名因此而山谷通水之處亦名爲甽

也

廣雅釋水○詩皇矣箋串夷即混夷疏云畎混聲相近而後世作字異耳或作犬夷犬則畎之省也又漢書匈奴傳上集注云昆緄犬聲相近耳

埍

徒隷所凥也一曰女牢一曰亭部

說文段注徒隷賤者偶一曰女牢者陛牢所以拘罪者也其拘女者曰埍一曰亭部者蓋謂鄉亭之繫也韓詩宜犴宜獄云鄉亭之繫曰犴朝廷曰獄

羂

○俗有羂罥

网也一曰綰也

說文段注网之一也系部曰縵落也落者今之包絡字羅网主於圍繞故从縵一曰綰也此別一義系部綰下曰絹也絹即羅字俗書段借也周禮冥氏注曰弧張罿罦之屬所以扃絹禽獸翨氏注曰罝其所食之物於絹中鳥來下則掎其鄉亦皆假絹爲羅綰之言絆也下文云罥者羅獸足是其義

罥卦也

華嚴經音義下引切韻

罥係也

文選海賦注引聲類

罥猶結也

文選蕪城賦荒葛罥塗注以繩

取物曰罥也

一切經音義十五引字書○音義十引聲類云罥以繩係取鳥獸也又華嚴經音義上引珠叢云罥謂以繩繫取鳥也

羂係取也

文選上林賦注引聲類

羂謂羅繫之也

漢書司馬相如

傳上羂要褭注

羂縕也

文選西京賦罝羅之所羂結薛注○一切經音義十引三蒼云羂作羅又作罥同古犬反

絹繫也

後漢書馬融傳注○萱按此段絹爲羅也

圈

去返切

或作圈

養畜之閑也

說文段注畜當作嘼轉寫改之耳閑闌也牛部曰牢閑養牛馬圈也是牢與圈得通偁也考公羊傳文十一年楚子伐圈音義云圈說文作圈而集韻廿五願云圈圈二同養畜閑也類篇圈圈分出皆云養畜閑也疑說文本作圈後人改之耳○漢書張釋之傳上登虎圈注云圈養獸之所也

圈羊豕之闌圈也

莊子齊物論似圈似臼釋文○儀禮聘禮惟婦者有膚疏云犬豕曰圈又管子立玫圈屬注云圈屬羊豕之類也

圈檻類也

一切經音義十七引蒼頡

圈轉也

禮記玉藻圈豚行不舉足注

圈國也

太玄交大圈閎閎注

圈[illegible]也

淮南原道天下爲之圈注假眞萬物一圈也注

圈杯圈也圈屈木所爲謂卮匜之屬

萱按孟子作棬方言作蚕正體也然皆晚出字古祇段圈耳

⿰米卷

或作[illegible]

粉也

說文

揀也

廣雅釋詁三

鞙

○俗有鞋鞙軥

大車縛軛靼

說文段注大車牛車也縛軶者苞注論語云軛者轅端横木[illegible]縛桅者也皇曰古作牛車先取一横木縛著兩轅頭又別取曲木爲桅縛著横木以駕牛脰也然則軛縛於横木横木縛於轅縛於轅者輗也軛縛於輗用靼鞙亦作鞙釋名鞙縣也所以縣縛軶也

鞙鞙佩玉皃

漢書輿服志下注○萱按此段鞙爲琄也說文無琄

蜎

肙也

說文段注肙各本作蜎仍複篆文不可通改肉部肙下云小蟲也今據正韻會引說文井中蟲也恐是據爾雅注改肙蜎蓋古今字釋蟲蜎蠉蠉本訓蟲行段作肙字耳郭云井中小蛣蟩赤蟲一名孑孓廣雅曰孑孓蜎也周禮刺兵欲無蜎注云蜎掉也謂若井中蟲蜎蜎詩毛傳曰蜎蜎蜀皃蜀桑蟲也其引申之義也今水缸中多生此物俗謂之水蛆其變爲蟲

蜎蟲皃也

爾雅釋魚蜎蠉釋文又一切經音義三引字林○爾雅釋文又云蜎蟲也

蜎蜎擾擾然也

考工記盧人注蜎亦掉也疏○盧人注云故書蜎或作絹萱按此同音通借也或又段蠉段翻

犬

狗之有縣蹏者也象形孔子曰視犬之字如畫狗也

說文段注有縣

驪謂之犬卽氣吠謂之狗皆於音得義此與後路廢謂之纔三毛聚居謂之豬娟尾謂之冢同明一物異名之所由也莊子曰狗非犬司馬庬曰同實異名必由實異君子必貴遊藝也觀孔子言犬卽狗矣渾言之也。禮記曲禮上狡犬者左牽之疏云大者爲犬小者爲狗

犬金畜也 禮記月令食麻與犬注又呂覽孟秋注仲秋以麻嘗犬注。風俗通祀典又周禮秋官序官犬人疏又禮記月令疏竝云犬者金畜又文王世子疏引五行傳云犬屬金又內則膳胥膝疏云犬屬西方金又周禮庖人疏同

司寇主犬 司禮小宗伯司裏注。庖人注云犬屬司寇金也

犬陽畜 國語越語生丈夫二壺酒一犬注

犬守禦者也 隋書五行志上引洪範五行傳。洪範五行傳時則有犬禍注云犬畜之以口吠守者屬言

犬曰羹獻 禮記曲禮下又獨斷上

犬封國曰犬戎國狀如犬 山海經海內北經。海內北經西王毋其東有犬封國注云昔盤瓠殺王高辛以女妻之不可以訓乃浮之會稽東南海中是爲狗封之民也

犬丘垂也地有兩名 左氏隱八年傳遇于犬丘注

遠 羽返切

還 古文。或作徬

遠也 說文

遠遐也 爾雅釋詁

遠廣也 漢書韋玄成傳集注。禮記樂記就

賢體遠疏云遠謂才藝廣遠

遠極也 老子遠曰反王注

遠不可極也 老子深矣遠矣注

遠無窮 儀禮士冠禮永受胡福注

遠猶多也 國策齊策弗知遠甚注又呂覽畜爲其輕於韓文遠注又淮南說山乃知其大相去之遠注脩務其重于尊亦遠也注

遠久也 論語子張致遠恐泥皇疏又呂覽大樂音樂之所由來者遠矣注。詩鶩鶩箋云遠猶久也

遠疏也 廣雅釋詁三又國語吳語以遠我一二兄弟之國注。呂覽知接顧君之遠易牙注云遠猶疏也

遠疏遠也 左氏昭廿八年傳遠不忌君注。國語晉語諸庚遠己注云遠疏外也

遠離也 漢書成帝紀集注五行志上志下集注貫詛傳集注鼂錯傳集注張安世傳集注張騫傳集注東方朔傳集注貢禹傳集注韋玄成傳集注匈奴傳上集注。劉向傳黜遠外戚注云遠謂疏而離之也又方言六云靡楚戚謂之遠

遠違也 漢書公孫弘傳集注

遠去也 論語顏淵不仁者遠矣皇疏

遠志逋逃也 國語周語將有遠志注

乾爲遠 易泰不遐遺虞注虞遯虞注象上傳君子以險德避難虞注象下傳君子以遠小人虞注渙其血遠官也虞注繫辭下傳引重致遠虞注損以遠害虞注。繫辭上傳以言乎遠則不禦虞注見

乎遠虞注繫辭下傳其旨遠虞注竝云遠謂乾

遠謂天 易繫辭上傳无有遠近幽深虞注。繫辭下傳遠近相取虞注云遠陽也

高遠三辰也 禮記樂記窮高極遠而測深厚注

遠曰旬之外 儀禮士冠禮若不吉則筮遠日注。特牲饋食禮注云遠日旬之外日又少牢饋食禮注云遠日後丁若後己

遠道外道也 呂覽有始冬至日行遠道注

遠方猶大道也 荀子賦念彼遠方注。禮記王制屏之遠方注云遠方九州之外又呂覽孟秋巡彼遠方注云遠方天下也

遠人蓄國之諸矦也 禮記中庸柔遠人也注。孟子離婁下不忘遠注云遠諸矦也又國語楚語而遠者距遠注云遠鄰國也

遠人異族也 左氏定元年傳而好用遠人注

夗

轉臥也 說文段注謂轉身臥也詩曰展轉反側凡夗聲宛聲字皆取委曲意。廣雅釋言云夗轉也

夗專簙也 廣雅釋言。方言五云簙吳楚之間或謂夗專

妴

婉也 說文

苑

所以養禽獸 說文段注周禮地官囿人注囿今之苑是古謂之囿漢謂之苑也西都賦上囿禁苑西京賦作上林禁苑。國策西周策周君反見梁囿而樂之也注云畜禽鳥曰苑又漢書高帝紀上故秦苑囿園池注云養鳥獸曰苑人景帝紀取苑馬注云養鳥獸者通名爲苑又張良傳北有胡苑之利注云養禽獸謂之苑又呂覽重己昔先聖王之爲苑囿園池也注云畜禽獸所大曰苑

有垣曰苑 一切經音義十九引字林。淮南本經脩苑囿之大注云有牿曰苑又文選吳都賦値林爲苑劉注云有木曰苑

苑謂馬牧也 漢書地理志下北地郡靈州注。一切經音義十一引三蒼云養牛馬林木曰苑

苑囿養萬物者也 御覽百九十六引白虎通

天子曰苑 左氏僖卅三年傳注原圃具囿疏

天苑星名 後漢安帝紀注

苑風扶搖大風也 莊子天地適遇苑風釋文。釋文引李注云苑風小兒萓按釋文又云苑本作宛則苑爲段借字然亦宛再引申之義矣

苑文皃 苑茂木皃 苑積也 苑謂蘊結 苑病也 苑枯病也 萓按皆段借也見宛下

苑囿城也 管子水地地者萬物之本原諸生之根苑也注。萓按此段苑爲苑

宛

惌或屈艸自覆也說文段注上文曰奥宛也宛之引伸義此曰屈艸自覆者宛之本義也引伸
爲宛曲宛轉如爾雅宛中宛丘周禮琬圭皆宛曲之義也凡
狀皃可見者皆曰宛然如魏風傳曰宛辟皃唐風傳曰宛死
皃考工記注惌小孔皃皆是宛與蘊蘊與鬱聲義皆通故方
言曰宛蓄也禮記曰兔爲宛脾春秋繁露曰鵁無宛氣皆是
函人爲甲眡其鑽空欲其惌也鄭司農云惌小孔皃惌讀爲
宛彼北林之宛擬爲當作如先鄭不云惌惌同字許乃一之
宛屈也漢書楊雄傳下集注又文選陶淵明始作鎮軍參軍經曲阿詩宛鬱想通衢注宛順也管子五行
然則天爲粤宛注宛小兒詩小宛宛彼鳴鳩傳宛坐見兒詩蒹葭宛在水中央箋宛謂引
之也考工記弓人宛之無已應注宛宛屈伸也史記司馬相如傳宛宛黃龍索隱引胡廣宛渾
展轉也文選上林賦宛渾膠盭注引司馬彪四方高中央下曰宛爾雅釋丘宛中宛丘舊注
●詩宛丘宛丘之上兮傳又漢書地理志下宛丘之下注竝
云四方高中央下曰宛丘又詩疏引爾雅李注云宛中中央
下又釋名釋丘云中央下曰宛丘有丘
宛宛如偃器也涅上有一泉水寐是也丘上有丘爲宛丘爾雅

韻史　卷六十二第十四部上聲肝韻　六〇一一

釋丘○宛中宛丘注云宛謂中央隆高又釋文云宛謂蘊聚
隆高也螢按爾雅兩宛丘蓋本不同郭陸合併爲一殆非也
宛中宛丘當如孫李毛劉等義宛大都之都也新序善謀十宛脾湆類禮記內則注宛
童蔦也廣雅釋木苑謂蘊結管子地員其葉若苑注○螢按此叚苑爲宛也苑積也禮記禮運
竝行而不苑釋文苑茂木兒國語晉語人皆集於苑注苑文兒詩小戎蒙伐有苑傳苑風扶
搖大風也莊子天地適遇苑風釋文○釋文引李注云苑風小兒螢按釋文又云苑本作宛苑枯病
也淮南俶眞形苑而神壯注又本經百節莫苑注云苑病也苑讀宛苑猶結也積也詩都人士我心
苑結箋○螢按此叚苑爲宛也舊多謂苑爲鬱之借意亦同爾苑積也素問生氣通天論大怒則形氣絕而血苑
於上注大奇論五藏苑熱注鍼解論苑陳則除之者注疏五
過論注又楚辭離世苑蘼蕪與菌若兮注惜賢捐林薄而苑
死注苑謂蘊積也素問四氣調神大論則苑槁不榮注○初學記廿四引風俗通云苑蘊也言薪蕪所蘊積
也苑盛兒楚辭憂苦苑彼青青注苑茂也詩正月有苑其特釋文又桑柔苑彼桑柔傳云苑茂兒○

韻史　卷六十二第十四部上聲肝韻　六〇一二

苑柳有苑者柳傳云苑茂木也又釋文云苑木茂也螢
按王元賓碑考工苑陵碑陰河南苑陵皆叚苑爲宛也

苑

茈苑句出漢中房陵說文段注茈苑本艸經作紫苑古紫通用茈唐本艸注云白苑謂之女苑急就
篇牡蒙甘艸苑藜蘆師古曰苑謂紫苑女苑之屬也詩苑彼
北林有苑者柳假借爲鬱字也○螢按苑與鬱相爲去入得
相通借然宛與鬱同義宛與苑苑同音則苑苑叚借諸
義皆可謂爲宛之借字也今竝收在宛下可通觀之苑囿
城也管子水地注螢按此叚苑爲苑

婉

順也春秋傳曰太子痤婉說文段注襄二十六年左傳文按傳云棄生佐惡而婉大子痤美而
很佐御宋元公也此所偁外誤一時記憶不精耳○詩新臺
燕婉之求傳又左氏襄廿六年傳惡而婉服注昭廿六年傳
婦聽而婉注又廣雅釋詁一又國語晉語則婉而入注婉而
從令注吳語故婉約其辭注又漢書佞幸傳集注外戚傳下
集注又後漢明德馬皇后紀上注竝云婉順也又詩葛覃疏云婉謂婉順婉婉和順兒也文選謝宣遠張
子房詩婉婉幃中畫注婉然美也詩野有蔓艸傳○後漢書邊讓傳注云婉美也婉少兒詩候人婉

韻史　卷六十二第十四部上聲肝韻　六〇一三

兮變兮傳又後漢楊震傳絕婉變之私注婉好眉目也詩猗嗟清揚婉兮傳婉變少好兒詩甫
田婉兮變兮傳○漢書敘傳下婉變董公注云婉變美兒婉柔和文選女史箴注引曹大家列女傳注婉猶
親愛也文選爲曹公作書與孫權婉彼二人注○後漢朱景王杜馬劉傳堅馬傳注云婉變猶親愛也婉曲
也左氏成十四年傳婉而成章注婉約也左氏襄廿九年傳大而婉注婉謂言語也禮記內則
姆教婉娩聽從注○詩采蘋序疏云婉謂語言婉轉綢繆之偭文選射雉賦婉轉輕利徐注婉僤
動兒也文選上林賦象輿婉僤於西清注婉婉龍飛兒離騷駕八龍之婉婉兮注

琬

圭有琬者說文段注此當作圭首宛宛者轉寫譌脫也琬宛疊韻先鄭云琬圭無鋒芒故以治德結好後鄭云
琬猶圜也王使之瑞節也戴先生曰凡圭剡上寸半直剡之
倨句中矩琬圭穹隆而起宛然上見玉裁謂圜剡之故曰琬圭
首宛宛者與丘上有丘爲宛丘同義爾雅人云宛中宛丘此
與毛傳四方高中央下曰宛丘釋名丘宛宛如偃器正同謂
宬其中宛宛然也二義相反俱得
宛爾雅兼采異說郭說宛中失之云琬炎美玉也淮南說山琬炎之玉

韻史　卷六十二第十四部上聲肝韻　六〇一四

注又後漢書賁憲傳注式作畱

晼　田三十畮曰晼說文段注魏都賦下晼高堂張注云班固曰晼三十畝也此蓋孟堅離騷章句滋蘭九晼之解也王注乃云十二畝曰晼式曰田之長為晼恐非是○玉篇云秦孝公二百三十步為畝三十步為晼

沇　謙作先究　儿口　古文○㕣吅見　沇水出河東垣東王屋山東為泲　說文段注謂垣縣東之王屋山水經云垣縣東王屋山是也各本作河東東垣譌倒一字今依水經正周禮職方氏注山海經注皆云東垣衍字耳漢志眞定縣故東垣非此地若晉史宋志後魏志隋志之東垣則今河南府之新安縣也河東郡垣二志同今山西絳州垣曲縣河南懷慶府濟源縣是其地垣曲縣縣西北二十里有垣縣城是也前志垣下曰禹貢王屋山在東北沇水所出東南至武德入河軼出熒陽北地中又東至琅槐入海過郡九行千八百四十里過郡九者河東河內陳留梁國濟陰泰山濟南齊郡千乘也水經曰濟水出河東垣縣東王屋山為沇水東至溫縣西北為濟水南當鞏縣北東入於河王屋山今在濟源縣西八十里沇水所出北山經曰王屋之山瀰水出焉郭云瀰沇聲相近即沇水也尚書某氏傳曰

泉源為沇流去為濟按泉出汎泇曰沇引伸為沇州口部曰九州之渥地也故以沇名焉㕣各本篆作沿誤今正臣鉉等曰口部已有此重出按口部小篆有㕣然則鉉時不從水旁也口部㕣下曰山閒沿泥地從口從水敗兒盖㕣字在古文則為沇水沇州在小篆則訓山閒洛泥地如變字在舊文則訓順在小篆則訓桑皆同形而古今異義也古文作㕣小篆作沇絫變作兗此同義而古今異形也○漢書地理志上道沇水注云泉出王屋山名為沇流去乃為泲也又水經濟水注云一水東南流俗謂之為衍水即沇水也衍沇聲相近　沇沇流行之兒　漢書禮樂志集注　沇溶　盛多之兒也　文選羽獵賦萃傱沇溶注　兗州取兗水以為名也　釋名釋州國　河東曰兗州　周禮職方氏　濟河惟兗州　書禹貢○爾雅釋地濟河閒曰兗州李注濟河閒其氣專質殿性信謹故曰兗兗信也又說苑辨物云濟南曰兗州　兗之言端也言隄精端故其氣纖殺　古微書引春秋元命苞　兗括也　漢書楊雄傳下兗鋌瘦書注引加漳

㕣　兩見　容　古文　山閒陷泥地　說文段注閒玉篇作澗陷當作洺字之誤水部曰洺泥水洺洺也谷字酋

字皆从水半見㕣亦从水半見出於口也水敗土而洺泥多是曰㕣

顏　面不正也說文

瞷　許近切　平上明讀　盧童子也　說文段注方言驢童之子謂之瞷宋衛韓鄭之閒曰瞷按方言瞷字當是瞷之字誤郭釋為瞷邀云與上文顏同非也瞷邀可言目而不可言子盧童子者方言所謂驢矑之子也盧黑也俗作矑有單言矑者甘泉賦玉女無所眡其清矑是也童重也瘠慕相褱重也子小倆也主謂其精明者也居最中如縣然故謂之瞷

睻　大目也說文

覶　大視也說文

夐　大視也說文○也廣韻作兒

愃　平上明讀　寬閒心腹兒詩曰赫兮愃兮　說文段注閒各本作孄今正孄者習也非其義郭注方言曰今江東呼快為愃相緣反詩者衛風淇奧文毛詩作咺傳云威儀容止宣著也韓詩作宣顯也許作愃而義亦異

咺　寬綽兒　列子力命嘽咺釋文○釋文又云咺寬閒心腹兒萱按愃咺同聲相通借　朝鮮謂兒泣不止曰咺　說文○方言一云咺痛也凡哀泣而不止曰咺燕之外鄙朝鮮洌水之閒少兒泣而不止曰咺又漢書外戚傳上咺不可咺懼也廣雅山兮注云朝鮮之閒謂小兒泣不止名為咺釋詁　二　赫兮咺兮威儀也　爾雅釋訓○萱按此段咺為宣也

贙　又十五部注在彼

繯　落也　說文段注落者今之絡字古假落不作絡謂包絡也莊子落馬首漢書虎落皆作落木落乃物成之象故曰落成曰包落皆取成就之意也馬融傳曰繯橐四野之罷征李注引說文又引國語繯於山有牢貫違注云繯還也按還環古今字古用還不用環國語繯山於牢山有今本譌作環山於有牢韋注曰環繞也山於誤倒環為俗字蓋非韋氏之誤而淺人轉窮所致也知古書之貤繯不可知者多奐○後漢書馬融傳注云繯絡也楊雄又云繯還也　繯絡也　漢書楊雄傳音義引舊頡字林又廣雅釋器　繯系也　漢書楊雄傳上集注　繯旗上繫也　文選羽獵賦虹蜺為

繯注引韋昭 所以懸繩楚曰繯 漢書楊雄傳音義引通俗文○方言五云所以懸欂宋魏陳楚江淮之閒謂之繯

闕

試力士錘也 說文段注錘當作縋以繩有所縣鎮也下文云讀若縣知正當作縋錘非其義蓋轉寫失之呂氏春秋云碰之以石碰鎮也然則作錘亦可左傳曰主人縣布堇父登之及堞而絶之隊則又縣之蘇而復上者三又曰子占使師夜縋而登登者六十人縋絶

嫋 呂迍切

孌 籀○孌又見去聲

順也 詩曰婉兮嫋兮 說文段注詩者齊風甫田曹風候人宋本有重文孌字趙本毛本刪之因下文有孌慕也不應複出不知小篆之孌爲今戀字訓慕籀文之孌爲小篆之嫋訓順形同義異不嫌複見也今毛詩作孌正用籀文

孌好皃 詩泉水孌彼諸姬傳候人婉兮孌兮傳又後漢楊震傳注○廣雅釋詁一云孌好也

孌壯好皃 詩猗嗟猗嗟孌兮傳

婉孌少好皃 詩甫田傳

孌美皃 詩車舝思孌季女逝兮傳○漢書敘傳下婉孌董公注云婉孌美皃

孌樊也 廣雅釋言

韻史 卷六十二第十四部上聲肝韻

六〇一九

孌 平上兩讀注在彼或書作臠○俗有癵

轉 盡迍切

還也 說文段注還大徐作運非運者復也復者往來也運訓迻從非其義也還即今環字淺人分別上去異義無事自擾

轉運也 漢書高帝紀上集注又文選拜中軍記室辭隋王箋注引莊子司馬注

轉移也 詩祈父胡轉予于恤箋又楚辭愍命郤騏驥以轉運兮注

轉遷徙也 左氏昭十九年傳勞罷死轉注

轉猶避也 管子法法民不敢轉其力注

轉行也 廣雅釋詁一

轉入也 國語吳語將轉於溝壑注

轉棄也 淮南南本經死無轉尸注

轉謂轉動也 素問離合眞邪論吸則轉鍼注

轉宛轉也 左氏昭卅一年傳羸而轉以歌注

轉傳送也 漢書高帝紀上轉送其家注

車運曰轉 史記平準書漕轉山東粟索隱

轉側猶去來也 後漢王允傳注

轉騰相過也 漢書司馬相如傳上轉騰潎洌注引孟康

轉脫者謂偷儒之人苟求免於事之義 荀子脩身偷儒轉脫注

轉衣裝 左氏襄廿四年傳皆踞轉而鼓琴注

轉音聲也 淮南脩務異轉而同樂注

轉病易病也 淮南俶眞昔公

韻史 卷六十二第十四部上聲肝韻

六〇二〇

牛哀轉病也注○氾論溷之則轡而無轉注云轉讀傳譯之傳也萱按此段借也轉病似亦然

轉化謂隨時轉貨以殖其資也 史記仲尼弟子傳與時轉貨貲索隱○索隱引劉氏云轉貨謂轉貴收賤也

竱

等也 春秋國語曰竱本肇末 說文段注等者齊簡也故凡齊皆曰等齊語竱本肇末韋注竱等也肇正也謂先等其本以正其末按孟子曰不揣其本而齊其末揣蓋竱之段借字耑聲專聲同部趙注云揣量似失之木部揣下曰一曰度也孟子正當从木作揣書謂偁量曰故數丁兼丁括切即竱語之轉也韻

竱齊也 廣雅釋詁四

鱄

魚也 說文段注士喪禮魚鱄鮒九鱄鮒皆常用之魚也故春秋有名鱄字子魚者呂覽曰魚之美者洞庭之鱄今本作鱄非也廣韻鱄出洞庭山海經曰鱄魚其狀如鮒而彘尾江賦亦有蟳蟳與鱄蓋非一物郭璞音蟳如團扇之團

⿱斷首 平上兩讀

剸 或

截首也 說文段注首字各本奪今補斤部曰斷者截也戈部曰截者斷也截首則字从斷首會意集韻類篇皆云斷首是也廣雅⿱斷首斷也此引伸爲凡截之偁也王襃傳水斷蛟龍陸剸犀革卽蘇秦傳之水斷

韻史 卷六十二第十四部上聲肝韻

六〇二一

牛馬陸截鵠鴈也剸與刀部剬義相近古亦借爲專擅字

剸截也 漢書王襃傳集注又文選聖主得賢臣頌注引字林

截斷曰剸 一切經音義十四引通俗文

⿱斷首斷也 剸斷也 竝廣雅釋詁一

剸割也 禮記文王世子其刑罪則纖剸注又後漢文苑杜篤傳蓋夫燔魚剸蛇注

剸裁也 文選長笛賦注引字林○荀子榮辱信而不見敬者好剸行也注富國然後六畜禽獸一而剸車注又漢書司馬相如傳上注叔孫通傳注淮南衡山濟北王傳贊注張歐傳注司馬遷傳注竝云剸與專同又蕭何傳集注云剸專聲之急上者也萱按專剸一聲故多用剸爲專者然專亦借也正當作竱

剬

斷齊也 說文段注齊字衍按首部⿱斷首斷首也亦截也剬上同考錯本無剬上同之文而玄應書云剬聲類作剸說文剬斷首也亦截也然則許書首部有剬無剸刀部無剬後人以聲類之剸改首部之剬又移剬入刀部二徐本皆非古也此篆宜刪○廣雅釋詁一云剬斷也

⿰卮耑

小卮也 說文段注顏師古急就篇椯榼椑榹椯卽鍴也○廣雅釋器云鍴卮也

韻史 卷六十二第十四部上聲肝韻

六〇二二

孨

謹也 說文段注大戴禮曰博學而孱守之正謂謹也引申之義爲弱小史記吾王孱王也韋昭曰仁謹兒與許合孟康曰冀州人謂愞弱爲孱此引申之義其字則多段孱爲孨 孱小兒 大戴記曾子立事注 孱弱小兒也 史記張耳陳餘傳索隱引服虔

僎 處返切

或作撰 具也 說文段注具者共置也論語有公叔文子之臣大夫僎鄉飲酒禮遵者降席注曰今文遵爲僎或爲全禮記從今文禮作僎○論語先進釋文云撰鄭作僎又寫問大夫僎釋文云本又作撰萱按撰亦多訓具疑本僎之或體也說文不收諸家亦不言僎撰同字愚謂此可併合者也今姑撰於此與學者共商之 ○撰具也 廣雅釋詁三又論語先進異乎三子者之撰集解引孔注又皇疏又文選籍田賦注引論語注 撰猶持也 禮記曲禮上撰杖屨注 撰博也 廣雅釋詁四○楚辭招魂結撰至思注云撰猶博也 撰定也 廣雅釋詁四○萱按漢書揚雄傳云譔以爲十三卷此段譔爲撰也 撰治擇之名也 禮記內則栗曰撰之注 撰數也 易繫辭下傳以體天地之撰注又釋文又九家注○萱按此數字當如字讀釋文色主反蓋誤撰訓具訓數兼相引申皆本字

韻史 卷六十二第十四部上聲肝韻 六〇二三

也下文襍物撰德鄭作算云數也此段撰爲算則數當色主反乃算之訓也大司馬撰車徒鄭亦讀爲算謂數擇之也段借與撰德同 篹具也 漢書元后傳集注引晉灼○藝文志門人相與輯而論篹注敘傳上故撰前記注篹書刪詩注艸法篹卒法竝云篹與撰同萱按此段篹爲撰也若喪大記食於篹者盥釋文云本亦作撰此則篹爲正字撰爲借字篹訓纂屬其字晚出

縳

白鮮卮也 說文段注卮各本作色今正下文云縞鮮卮也今本譌鮮色則此色誤亦同卮與支音同之爲鮮支縳爲鮮支之白者聘禮束紡注曰紡紡絲爲之今之縳也周禮素沙注曰素沙者今之白縳也釋文皆引說文居掾反聲類以爲今正絹字按據許則縳與絹各物音近而義殊二禮之鄭注自謂縳不謂絹也縳以其質堅名之字从專絹以色如麥稍名之字从肙李登作聲類時已失其傳矣若羽人十搏爲縛左傳縛一如瑱又皆卷縳之義非字之本義 十羽謂之縳 爾雅釋器 十搏爲縳 周禮羽人 百羽爲縳 穆天子傳三天子於是載羽百車注 束也 廣雅釋詁三

韻史 卷六十二第十四部上聲肝韻 六〇二四

篆

引書也 說文段注引書者引筆而著於竹帛也因之李斯所作曰篆書而謂史籀所作曰大篆既又謂篆書曰小篆其字之本義爲引書如彤刻圭璧曰瑑周禮注五采畫轂約謂之夏篆 篆素篆書於素也 文選吳都賦鳥書篆素注 鍾帶謂之篆 考工記鳧氏 篆轂約也 考工記輪人陳篆必正注○周禮巾車孤乘夏篆司農注云夏篆篆轂有約也萱按後鄭云故書夏篆爲夏緣然則篆乃緣之借歟鳧氏作緣尤合

隊

道邊庳垣也 說文 隊院也 廣雅釋室

喘

疾息也 說文段注此分別言之息下曰喘也渾言之也○廣雅釋詁二云喘息也 喘肺藏氣也 素問五常政大論其發欬喘注 喘爲陽吸 素問平人氣象論寸口脉沈而喘曰寒熱注 喘湍也湍疾也氣出入湍疾也 釋名釋疾病 喘急也 漢書丙吉傳牛喘吐舌注 喘轉也 廣雅釋詁四 喘微言也 荀子勸學端而言注臣道喘而言注 喘謂脉至如卒喘狀也 素問五藏生成論赤脉之至也喘而堅注

韻史 卷六十二第十四部上聲肝韻 六〇二五

耎 汝返切

稍前大也 說文段注稍者出物有漸也稍前大者前較大於後也古凡耎聲字皆在十四部需聲字皆在四部後人多亂之 耎弱也耎柔也耎退也耎有畏少選俗謂之選耎 萱按此皆段耎爲偄也 耎蠉蝡動蟲也 萱按此謂耎爲蝡之段借字或作愞○俗有輭軟恨

偄

弱也 說文段注此與懦儒二字義略同而音形異懦儒皆需聲偄耎聲也二聲轉寫多淆所當叢正矣偄从人亦或从心左傳穀梁傳皆曰宮之奇之爲人也愞注皆云弱也左傳音義曰偄本又作耎乃亂反又乃貨反弱也字林愞音乃亂反懦音讀夫反云弱也按左傳此音義今本譌甚孝正之如此古者耎聲本在元寒部而入歌戈部需聲本在亥部而入虞部分別劃然古假耎爲偄孝工記馬不契耎鄭云耎讀爲畏偄之便自唐初耎已譌需偄俗作頓譌作軟王氏念孫曰軟當輭之譌○廣雅釋詁一又左傳僖二年釋文引字林竝云偄弱也 懦弱也 廣雅釋詁一又一切經音義八引三蒼○穀梁僖二年傳注又左氏傳二年傳注昭元年傳晉少懦矣注昭卅三年傳不愞不者注又孟子盡心下愞夫有立志注又列子仲尼觀形愞夫也注竝云悽弱也又漢書王貢兩龔鮑傳序注云悽柔弱也

韻史 卷六十二第十四部上聲肝韻 六〇二六

萱按左穀孟列漢書悞皆謂懦今悉正之悞亦弱一切經音義二引三蒼悞柔也漢書兒寬傳集注軟弱也漢書賈誼傳集注輭輪以蒲裹輪後漢明帝紀注耎弱也廣雅釋詁一又漢書劉輔傳集注引蘇林耎柔也漢書王吉傳集注耎柔弱也漢書司馬遷傳僕雖怯耎注○一切經音義五引三蒼云耎弱也物柔曰耎又音義六引通俗文云物柔曰耎耎退也漢書天文志集注引晉灼耎有畏太夲夲文○萱按禮記玉藻注云舒懦者所畏在前也與此義同而字異不煩提合少選俗謂之選耎一切經音義五引呂氏媆弱也廣雅釋詁一○萱按此段媆爲便腝柔脆也一切經音義十一引字苑○萱按此段腝爲便也腝字晚出李訓此腳疾恨弱兒廣韻

媆

○俗有嫩好兒說文段注此謂柔耎之好也俗作蝡按俗音奴困切又改其字作嫩於形聲無當○廣雅釋詁二云媆好也媆弱也廣雅釋詁一○萱按此段媆爲便媆女饋也北戶錄注引字林○萱按此亦段借之義讀乃管反

蝡

○作蠕者謂動也說文段注動者作也蟲之動曰蝡○廣雅釋詁一又後漢馬融傳注鼓云蝡動也又荀子勸學蝡而動注云蝡微動也蝡蟲動也一切經音義十一引字林耎蠉蝡動蟲也莊子胠篋惴耎之蟲釋文引崔注萱按蝡耎正借字○一切經音義十一引通俗文云搖動蟲曰蝡蝡蝡動兒漢書匈奴傳上集注又史記匈奴傳索隱引三蒼萱按索隱作蠕蠕字謂也

䓕

或作梗木耳也一曰萮茈說文段注內則記燕食所加庶羞有芝栭正義曰盧植云芝木芝也王肅云無華而實者名栭按芝栭猶考工記之之而鄭君謂芝栭爲一物栭即䓕字也今人謂光滑者木耳斂者䓕許意謂䓕爲木耳內則作栭又作梗賀氏云栭輭棗其所據本作梗也釋文云又作檽檽字誤萮茈未聞說文亦無萮字集韻九麌萮勇主切萮茈木耳是謂䓕之一名也○齊民要術十引字林云䓕木耳也萱按作梗者䓕之異體字艸木一也作栭又梗之者借字作檽則謂矣

緛

衣戚也說文段注戚今之蹙字也古多用戚無蹙字考工記曰不微至無以爲戚速詩鄭箋云繃絺絺之戚戚者

今俗改作蹙衣戚衣部所謂襞韋部所謂蹙子虛賦襞積褰縐紆徐委曲蹙撓谿谷張揖注曰襞積簡齰也褰縐也縐戚也其縮中文理常蹙迴曲有似於谿谷也按簡古字襉襉皆今字縮訓戚與鄭箋合俗本謂戴而小顏小司馬皆不得其解甚矣古書之難讀也衣戚亦曰蹙衣是爲緛引申之爲凡戚之偁素問曰大筋緛短小筋弛長緛短謂戚而短也緛以衣喻弛以引喻緛縮也廣雅釋詁三又素問生氣通天論大筋緛短注○五常政大論其動緛戾拘緩注云緛縮短也

碝

或作瑌○作礝瑌者謂石次玉者說文段注子虛賦碝石武夫張揖曰皆石之次玉者碝石白如冰半有赤色武夫赤地白采蔥蘢白黑不分按此注有奪誤如冰半謂如冰片也有赤色宜依山海經注作有赤色者蔥蘢白黑不分亦宜依山海注作色蔥蘢不分了西都賦曰碝礝采致按耎多謂需故山海經誤作礝玉藻誤作瑌○萱按玉藻士佩瑌玟爾雅釋地注黃金瑌石之屬山海經中山經扶緒之山其上多礝石字體皆誤从需碝礝琳珉並石次玉者後漢班彪傳上注○禮記玉藻士佩瑌玟而緼組綬疏云瑌玟石次玉者

甍

○俗有甍卪古文夐籀柔韋也說文段注柔者治之使鞣也韋可用之皮也考工記注曰蒼頡篇有鞄甍甍柔革工考工記總目釋文

恕返切

腨

腓腸也說文段注腨者腓之一耑舉腨不該腓也然析言之如是統言之則以腨該全腓如禮經之言肫骼是也禮經多作肫或作膞皆假借字山海經謂之脊○一切經音義三引三蒼又音義十四引字林並云腨腓腸也腨脛後軟肉處也素問至眞要大論腨如別注膞骼股骨儀禮少牢饋食禮膞骼注

膞

切肉也說文段注膞與剸義近儀禮說牲體前有肩臂臑從有肫脾骼脾不升於俎故多言肫骼肫亦作膞經肫膞錯出皆假借字也經本應作腨腨腓腸也以腓腸該全脛假肫膞字爲之膞臠也廣雅釋器膝頭曰膞膞團也因形團而名之也釋名釋形體

膞

小巵有耳蓋者說文段注急就篇皇象本槫榼椑榹槫卽膞也有耳蓋謂有耳有蓋也

取返切

阮

代郡五阮關也說文段注地理志代郡有五原關阮者正字原者段借字也成帝紀作五阮關如淳曰近

歛切　返

邧　兖　選

捲反阮徂共皆爲國名詩皇矣侵阮徂共疏引魯詩說○箋云阮也徂也共也三國犯周而文王伐之

邧　鄭邑也說文段注左傳文四年晉矦伐秦圍邧新城以報王官之役廣韻云秦邑名是也今左傳鄭地無名邧者

兖　倚也玉篇

選　遣也一曰擇也說文段注選遣疊韻左傳秦后子有寵於桓如二君於君其母曰弗去懼選鍼適晉其車千乘按此選字正訓遣后子懼遣故適晉實非出奔也一曰擇也此別一義邶風不可選也毛曰物有其容不可數也小雅選徒囂囂毛云維數車徒者爲有聲也數與擇義通選與算音同周禮注曰算車徒謂數擇之也○廣雅釋詁一又小爾雅廣言又國語晉語畫選男德以象穀明注又漢書武帝紀集注諡云選擇也

選簡擇也荀子儒效遂選馬而進注又一切經音義九引字林○管子七法是故器成卒選則士知勝奐注云選謂簡其精練

選閱揀擇也荀子王制案謹募選閱材伎之士注

選徧也方言十三又廣雅釋詁二

選引也史記平準書命曰株送徒索隱

選入也廣雅釋詁三

選行也周書常訓夫民羣居而無選注

選善也漢書武帝紀集

[罒巽]　螺

注引應劭王荼傳上集注

選齊也詩猗嗟舞則選兮傳○萱按韓詩作舞則纂兮義略同

選者謂其倫等最上詩猗嗟箋

十人曰選白虎通聖人引禮別名記又左傳宣十五年疏引辨名記萱按左疏作千人者蓋字譌也○禮記王制云命鄉論秀士升之司徒曰選士

十秭謂之選御覽七百五十引風俗通○山海經海外東經五億十選一曰五億十萬注云選萬也

選閒猶選傾呂覽處方上車選閒注又任數選閒食熟注云選閒須史

選耎怯不前之意也漢書西南夷傳恐議者選奐復守和解注懦

柔怯也後漢西羌傳注○清河孝王慶傳注云選懦仁弱慈戀不決之意也萱按選懦或選蝡之誤然懦字亦通

選蝡謂身動欲有進取之狀也史記律書選蝡觀望索隱○萱按原作選蠕字譌也

蹼或网也周書曰不卯不蹼呂成烏獸說文段注周書文傳解曰山林非時不升斤釜以成艸木之長川澤非時不入罔罟以成魚鼈之長不麛不卯以成烏獸之長許所據有不蹼二字

○俗有端

蟲行也說文段注凡蟲行曰螺上蚑爲徐行則螺爲疾行也羽部曰翻小飛也

惴耎無足

編切甫切　返選

趯　瞏　反

蟲也莊子胠篋惴耎之蟲肖翹之物釋文○萱按惴耎乃螺蝡之借釋文又云惴本作蝪喘崗或俗或借也

又十五部入聲注在彼

瞏　兒初生蔽目者說文段注蔽目二字各本作瞥今依篇韻正蔽目謂外有物雍蔽之非牟子之翳也

反　古文覆也說文段注覆要也○詩訊不思其反箋又呂覽簡選反鄭之掉注竝云反覆也又素問陰陽大論此陰陽反作注云反謂反覆

反覆猶傾動也後漢班彪傳上注又文選西都賦山淵反覆注○考工記盧人車不反覆注云反覆猶軒翺又荀子賦願闌反辭注云反辭反覆敘說之辭猶楚詞亂曰又成相精神相反注相反謂反覆不離散也

反謂不相合應素問利志論反此者病注

反猶重也論語述而必使反之皇疏

反更也呂覽察微舉兵反攻之注知度其患又將反以自多注慎大反瑟而強注呂覽証徒以蕑則有相反注

反變也列子仲尼回能仁而不能反注

反違也國語周語言夾曰反其信注又漢書訽奴傳上集注

反攈也國語晉語反其埤注

反者道之動老子

反反道也書洪範無反無

側馬注○左氏昭七年傳有所反之以取蛕也疏云反之謂反正道也矣而讒言反矣注

背理爲反管子七臣七主好佼反而行私請注○素問六節藏象論大時反僕注云反謂

反背也又淮南詮言無約定而反無日注云反背叛也又菽子外物反無非傷也釋文云反逆于理

齊策若是者信反注又呂覽慎行將以方城外反注

謂入而倒易復反復其道疏

反謂乖悖荀子法行身不善而怨人不亦反乎注

反謂不服從也荀子議兵反之者亡注

反謂自抑

止也禮記樂記樂盈而反注○周禮大宗伯注樂記損盈疏云反謂自抑也

國語晉語不反讒注

反悔也淮南氾論紂居於宣室而不反其過注

知不足然後能自反也注○祭義自反也注云自反猶言自修壁也

人也荀子脩身失之己反之人注

震爲反易小畜夫妻反日虞注歸妹反歸以娣虞注

轉也詩何人斯以極反側箋○傳云反側不正直也又疏云反側者翻覆之義又周禮匡人使無敵反側注云反側

反倍也荀子解蔽君人者宣則直言至

反叛也國策

反謂覆校自申理也

自反求諸己也禮記學記

反聽自聽也後漢王允傳注

反責

反側轘

韻史　卷六十二第十四部上聲肝韻

猶

背遵濩度也又後漢光武紀上注云反側不安也不又荀子王制遁逃反側之民注云反側不安之民也

反戾筋轉也素問至眞要大論諸轉反戾注反走小郎行也莊子盜跖反走再抃釋文反閒者因其敵閒而用之也後漢高彪傳注反衍猶漫衍合爲一家莊子秋水是謂反衍釋文引崔注反反言重愼也詩賓之初筵威儀反反傳反反難也詩執競威儀反反傳反順習之兒詩秋魏蕤反宇謂飛檐上反也後漢班彪傳上注○史記孔子世家生而首上圩索隱云頂如反宇反宇者若屋宇之反中低而四旁高也反生戴莩甲而出也易說卦爲反生釋文反生麻豆之屬○又云反舌夷語與中國相反故曰反舌也呂覽爲欲蠻夷反舌注○功名蠻夷反舌注云南方有反舌國舌本在前末倒向喉故曰反舌反舌百舌鳥禮記月令反舌無聲注蒉樓釋文云反舌蝦蟇此義不諦○呂覽仲夏注云反舌百舌也能辨反其舌變易其聲效百鳥之鳴故謂之百舌又淮南時則注大同反傷刺下句也山海經中山經講山有木馬名曰帝屋反傷注反還

六〇三五

返

韻史　卷六十二第十四部上聲肝韻

也反歸也反本也反者冥也蓋按此皆段反爲返也又魯峻碑陰河東蒲反段爲阪也又荀子儒效積反貨而爲商賈段爲販也反治也反謂反使從輕也反宇者若屋宇之反中低而四旁高也蓋披此幡之段借字也或曰曰翻之借然翻乃晚出字

彶春秋傳返从彳還也商書曰祖伊返說文段注返還疊韻祖伊返西伯戡黎文春秋傳謂左氏傳也漢書曰左氏多古字古言許亦云左丘明述春秋傳以古文今左氏無彶字者轉寫改易盡矣○史記趙世家正義又呂覽修樂遠而不返注觀表其子長而返其璧注竝云返還也返歸也廣雅釋詁二返謂還

歸之也漢書董仲舒傳返之於天注反還也儀禮士冠禮主人受賑反之注特牲饋食禮反之注又禮記檀弓下使必知其反也疏襍記下反改成踊疏又左氏襄廿八年傳皆具其器用而反其邑焉注又國語齊語而反其侵地注越語時將有反注又國策西周策三國攻秦反注秦策張儀反秦注而王憂其不反也注齊策因反走注以示田忌之不反秦也注衛策至竟而反注又漢書高帝紀下集注文帝紀集注溝洫志集注欒布傳集注賈誼傳集注董仲舒

六〇三六

韻史　卷六十二第十四部上聲肝韻

傳集注司馬遷傳集注外戚傳上集注又荀子解蔽注又呂覽仲秋反受其秧注君守水至而反注亦死而不反注六月而後反注甯己齊矣弗信而反之注報更吾請爲君反死注又淮南主術而反以自正注時則反受秧注又楚辭招魂反故居些注○漢書韋玄成傳集注谷永傳集注竝云反猶還也黃挾古多段反爲返二字義本通也反還之公羊隱元年傳公將平國而反之桓反謂回還也漢書陳勝傳使者五反注○周禮都宗人反命于國注云反命還白反歸也禮記郊特牲土反其宅疏又孟子盡心下君子反經而已矣注又漢書揚王孫傳集注反

復也詩猗嗟四矢反兮饗執競福祿來反傳又周禮調人凡殺人有反殺者注又禮記檀弓上反壞樹之哉注曾子問既明反而後行注又左氏昭廿年傳而欲反其譬注又國語晉語反胙於絳注又荀子大略制禮反本成末然後禮也注來其出者是具反者也注又淮南覽冥而反五帝之道也注去而復來曰反鬼谷子捭闔莊損去就倍反注○公羊僖二年傳還四年反取虞注云還復往故言反反報也國語晉語反使者注○史記樂書禮反其所自始正義云反猶報也又儀禮聘禮記無行則重賄反幣幣注云反幣謂禮玉束帛乘皮所以報聘君之享禮也反

六〇三七

飯

韻史　卷六十二第十四部上聲肝韻

本也老子反者道之動注又呂覽謹聽反性命之情也注勿躬而天下皆反其情注又淮南原道反是故違於道者反於淸淨注○禮記樂記反情以和其志注又史記樂書正義竝云反猶本也反見也呂覽情欲猶不可反注

反者冥也管子修靡爲國者反民性然後可以與民戚注反旅謂班師也後漢杜詩傳注反旆謂迴環也文選東京賦乃反旆而迴復薛注

○俗有飰飰食也說文段注自鐥篆已上皆自物言之自養篆已下皆自人言然則云食也者謂食之也此飯之本義也引伸之所食爲飯今人於本義讀上聲於引伸之義讀去聲古無是分別也禮記音義云依字書食旁作卞扶万反謂所食也食旁作反符晩反謂食之也二字不同今則混之故隨俗而音此字陸語殊誤古祇有飯字後乃分別作飰俗又作飰此正如汳水俗作汴也唐以前書多作飰字後來多謁爲飰字挾大徐不達許意故切符萬而不云扶晩也○禮記玉藻先飯辯嘗羞疏又論語鄉黨君祭先飯皇疏又呂覽本味飯之美者元山之禾注竝云飯食也又論語述而飯蔬食飲水皇疏憲問飯蔬食皇疏竝云飯猶食也又儀禮少牢饋食禮尸又食注云戒言食戒言飯食大名小數曰飯

六〇三八

又禮記曲禮上三飯疏云三飯謂三食也飯謂飤之漢書朱買臣傳呼飯飲之注○爾雅釋言注今呼餐飯爲饡釋文云飯飤也又引字林云飯食也扶晚反飤也飯飡也論語微子亞飯干適楚皇疏○禮記玉藻云飯飧者三飯也飯唅也禮記檀弓飯設飾釋文○周禮舍人喪紀共飯米熬穀注云飯所以食口不忍虛也君用梁大夫用稷士用梁皆四升實者唯盈飯玉碎玉以雜米也周禮典瑞大喪共飯玉含玉贈玉注飯大擘指本也儀禮士喪禮自飯持之注○萱按六朝人於字有動靜往往分讀飯字遂有上去四音矣無事自擾豈足據依

阪

○俗有坂岅坡者曰阪一曰澤障也一曰山脅也說文段注釋地毛傳皆曰陂者曰阪許云坡者曰坂然則坡陂異部同字也說卦傳其於稼也爲反生段借反爲阪也一曰澤障者陂爲澤障故阪亦同一曰山脅者山脅山脚也呂覽阪險原隰高注阪險傾危也小雅阪田箋曰崎嶇墝埆之處也○周禮遂大夫疏云坡者曰阪險阪陵也易說卦爲反生釋文引虞注阪衰也廣雅釋詁二阪是高阜詩東門之

韻史　卷六十二第十四部上聲肝韻　六〇三九

墠茹藘在阪疏其長居險故言阪尹書立政阪尹鄭注○水經河水注云蒲坂縣地理志曰縣故蒲也應劭曰秦始皇巡見有長阪故加坂也孟康曰秦人還蒲于魏魏人喜曰蒲反矣故曰蒲反也

⿰車反

車耳反出也說文段注車耳即較也其反出者謂之⿰車反反出謂圜角有邪倚向外者也漢景帝語吏六百石以上皆長吏也或不更服出入闕里與民無異令長吏二千石車朱兩轓千石至六百石朱左轓應劭曰車耳反出所以爲之藩屏翳塵泥也二千石雙朱其次乃偏朱其左⿰車反以篳爲之或用革按此說師古非之是也轓與⿰車反兩物兩字轓蔽也許軒下云曲輈藩車字作藩詩之第周禮之蔽左傳以藩戴樂盈輿服志畫轓黑轓朱轓是也軾之反出者曰⿰車反景帝紀自謂車蔽不得以車耳釋之也輔謂之⿰車反廣雅釋器

韻史　卷六十二第十四部上聲肝韻　六〇四〇

韻史卷六十三

第十四部去聲

骭韻

泰興何萱石閭譔集　子度校字

上海顧錫麒竹泉覆審

武進李兆洛申耆鑑定

開口詩　叚旦切

骭

骹也說文段注呂覽注引孟子拔骭一毛而利天下甯戚歌短布單衣適至骭按骭之榦也榦者本也人體之阯也胥骨何以亦名榦也曰胥榦見於左傳輻樹藉榦公羊協公榦而段之古榦輸適用毛詩輸字多爲榦之假借胥榦乃輸之餘借胥肋如鳥之羽榦分布也骭脛也史記魯仲連鄒陽傳索隱引埤蒼又漢書鄒陽傳注○淮南俶真雖以天下之大易骭之一毛注云骭自膝以下脛以上也萱按爾雅釋訓骭瘍爲瘢骭或假扞爲之骭腳脛也爾雅釋訓注又詩巧言傳骭瘍爲微釋文

旰

晚也春秋傳曰日旰君勞說文段注昭十二年左氏傳文今本勞作勤○左氏哀十三年傳曰

韻史　卷六十三第十四部去聲骭韻　六〇四一

旰矣注又廣雅釋詁三又小爾雅廣言又漢書張湯傳集注又後漢尹敏傳注烏桓鮮卑傳注並云旰晚也旰日晏也左氏襄十四年傳日旰不召注又服注旰日光出也旰旰煌煌皆盛皃萱按此皆軌之同音假借字

軌

[illegible]籒日始出始式吏切光軌軌也說文○萱按軌字舊不謂重文此依段氏審定也段曰按此蓋軌籒文也汗簡軌作鰟輸作軌亦可證矣旰日光出也爾雅釋天注言氣皓旰釋文○萱按旰者軌之段借字旰旰煌煌皆盛皃文選景福殿賦皓皓旰旰丹彩煌煌注

榦

○俗有幹築牆耑木也一曰本也說文段注耑謂兩頭也假令版長丈其兩頭所植木曰榦釋詁曰楨榦也舍人曰楨正也築牆所立兩木也榦所以當牆之兩邊鄣土者也粊誓注曰題曰楨旁曰榦正義云題曰楨謂當牆兩端者旁曰榦謂在牆兩邊者也然則舊說皆謂楨爲兩耑木榦爲夾版兩邊木許不介者舊說析言之爾雅與許皆渾言之也大雅傳亦以榦釋楨許於楨下渾云則木按詩多以翰爲榦故爾雅毛傳曰翰榦也言六書之假借也榦俗

韻史　卷六十三第十四部去聲骭韻　六〇四二

作幹一曰本也四字今補文選魏都賦注盧諶贈劉琨詩注皆引說文榦本也按上文云枚榦也引詩施于條枚與此訓相足木下曰本木身亦曰本○左氏莊廿九年傳注樹版榦疏云榦在牆之兩端樹立之即楨是也又宣十一年傳平版榦注云榦楨也又國語晉語政之榦也注云榦楨榦也 楨榦皆築具楨在前榦在兩旁 書費誓峙乃楨榦馬注○法言五百然後知榦楨之克立也注云榦楨築牆版之屬也又左氏莊廿九年傳疏云榦則兩邊障土即版是也 榦強也 淮南兵略此善爲充榦者也注 榦正也 詩韓奕榦不庭方韓詩章句又文選西京賦注引韓詩章句 矢其體曰榦言挺榦也 釋名釋兵 榦枝榦也 一切經音義二引三蒼 榦柘榦 書禹貢杶榦栝柏鄭注又漢書地理志上注云榦柘也 榦舟小船也一曰大舟也 淮南主術而不能與越人乘榦舟而浮於江湖注 榦本也 廣雅釋詁三又文選琴賦旦晞幹於九陽注○白虎通姓名云幹者本 樹木以本根爲幹 左氏成十三年傳身之幹也疏 幹器之本也 禮記月令羽箭幹注○疏云器之材樸總謂之幹 幹枝也謂麤枝也 華嚴經音義上引字

韻史 卷六十三第十四部去聲幹韻 六〇四三

書又引字林云幹枝 幹弓幹也 史記田完世家弓膠昔幹索隱○考工記總目判之幹注云幹柘也可以爲弓弩之幹 竹幹竹箭也 後漢公孫述傳注○文選洞簫賦原夫蕭幹之所生兮注云幹小竹也 幹也者以爲遠也 考工記弓人 較謂之幹 小爾雅廣器 旋蟲謂之幹 考工記鳧氏 幹質也 淮南原道生之幹也注 幹體也 楚辭招魂去君之恆幹注 幹即身也 周禮大司樂注孫竹竹枝根之末生者疏 幹骸骨也 左氏昭廿五年傳惟是楄柎所以藉幹者注 幹脇也 公羊莊元年傳搚幹而殺之注又釋文又爾雅釋畜在幹茀方注又左氏昭廿五年傳疏○僖廿三年傳注騈脅合幹疏云幹是脅之別名又儀禮少牢饋食禮上佐食舉尸牢幹注云幹正脅也又特牲饋食禮佐食舉幹注云幹長脅也又詩騆傳良馬腹幹肥張也疏云幹謂馬脅 甲乙爲幹幹者日之神也 廣雅釋天○續漢律麻志上注引月令章句云大撓作甲乙以名日謂之幹又周禮鄉士注和合支幹善日疏十二辰子丑之等是支甲乙丙丁之等是幹 十月爲陽爲幹 公羊昭廿五年傳注又日爲君疏 幹府吏之類也 後漢欒巴傳注 幹

韻史 卷六十三第十四部去聲幹韻 六〇四四

主也 後漢竇憲傳注伏湛傳注何敞傳注○欒巴傳注云幹猶主也 幹彊也 文選辯亡論上注引淮南許注 幹正也 易蠱幹父之蠱虞注又廣雅釋詁一又後漢明德馬皇后紀注 幹貞也 太玄疑顯疑遇幹客注 幹安也 廣雅釋詁一 幹事 廣雅釋詁三 翰幹也 爾雅釋詁又詩桑扈之屏之翰傳文王有聲王后維翰傳板大宗維翰傳崧高維周之翰傳戎有良翰箋又禮記孔子閒居注又漢書諸侯王表集注又後漢張衡傳注又家語問玉注 翰猶幹也 易賁白馬翰如鄭注又禮記檀弓上戎事乘翰疏 幹井欄也井幹井欄也井幹臺之通稱也 萱按此段幹幹爲韓也平聲内詳之

口旦切

蘇 軒

○俗有蘚 艸也 說文○萱按陶隱居說薏苡云交阯實大者名蘚珠此段爲蘚字也蘚蘇異部而同聲 乾革也武威有麗軒縣 說文段注乾古寒切地理志張掖郡驪軒李奇曰音遐虔如淳曰靳音弓驪郡國志驪靬亦屬張掖許系之武威末詳○漢書張騫傳抵安息奄蔡犛靬條支身毒國注云靬讀軒萱按據諸家音亦可平聲

韻史 卷六十三第十四部去聲幹韻 六〇四五

遏旦切

按

下也 說文段注以手抑之使下也印部曰抑者按也○廣雅釋詁云按下也 按抑也 管子霸言按彊助弱注○文選文賦思按之而適深注云按抑按也又素問異法方宜論其治導引按蹻注云按謂抑按皮肉 按止也 爾雅釋詁又詩皇矣以按徂旅傳又呂覽期賢衛以十人者按趙之兵注○爾雅釋詁注云按抑止住也又詩皇矣釋文云按本作遏萱按遏按雙聲而義同孟子正作以遏徂莒 按按次第也 漢書高帝紀上吏民皆按堵如故注引應劭又文選子虛賦車按行注引應劭 按依也 漢書揚雄傳上集注○司馬相如傳上集注云案依也萱按案者段借字 按行也 史記衛將軍驃騎傳按榆谿絕塞集解引如淳 按尋也 史記衛將軍驃騎傳集解○漢書衛青傳集注引如淳云案豜也萱按經典多借案爲按者 按徐也 楚辭招魂敶鐘按鼓注 按謂按摩 素問金匱真言論冬不按蹻注史記扁鵲倉公傳鑱石橋引案杌毒熨索隱云案杌亦謂按摩而玩弄身體使調也 案謂切診也 漢書王嘉傳内侍案脉注 案據也 荀子不苟非案亂而治之之謂也注 案視也 淮南時則案程度注 案察之也 後漢鐘離意傳注 案然後也 荀子富國我案起而治之注 案

韻史 卷六十三第十四部去聲幹韻 六〇四六

發聲荀子王制案謹募選閱材伎之士注案界也國語齊語參國案以爲三官注起案戶也者

直戶也大戴記夏小正漢案戶傳案節言頓響也史記司馬相如傳案節未舒索隱引郭璞案

衍不平皃文選琴賦案衍陸離注案衍窱下也史記司馬相如傳案衍壇曼索隱引司馬彪

案

几屬說文段注考工記玉人之事案十有二寸棗栗十有二列大鄭云案玉案也後鄭云案玉飾案也棗栗實於器乃加於案戴先生云案者棜禁之屬儀禮注曰棜之制上有四周下無足禮器注云禁如今方案隋長局足高三寸此以案承棗栗宜有四周漢制小方案局足此亦宜有足按許云几屬則有足明矣今之上食木槃近似惟無足耳楚漢春秋淮陰侯謝武涉漢王賜臣玉案之食後漢書梁鴻傳妻爲具食不敢於鴻前仰視舉案齊眉方言曰案陳楚宋魏之閒謂之櫑自關而東謂之案後世謂所凭之几爲案古今之變也重案牀重席也周禮掌次設重帟重案注張氈案以氈爲牀於幄中周禮掌次張氈案注則案謂牀也周禮掌次疏案據也案依也案察之也萱按此類皆按之段借字詳在彼

案

或書作櫌櫌禾也說文段注櫌者車所踐也此櫌讀如勞卽齊民要術所謂勞也郎到切賈思勰曰古曰耰今曰勞說文摟摩田器今人鄙語曰摩勞種穀之法苗既出壟每一經雨白背時輒以鐵齒鍋棲纖橫杷而勞之杷法令人坐上數以手斷去艸如此合地輭易鉏省力中鋒止苗高一尺鋒之按賈云鋒之謂鉏之也勞之而後鋒之然則案之而後鋒之矣

荽

艸也說文

洝

渜水也說文段注日部曰安𣈆溫也然則洝渜猶安𣈆皆疊韻字

汗　海旦切

身液也說文段注身各本作人今依太平御覽訂易渙汗其大號劉向說曰汗出而不反者也漢餘汗縣字如此讀如干心液爲汗素問藏氣法時論寢汗出注〇刺熱篇注云心在液爲汗又宣明五氣篇云五藏化液心爲汗汗者精氣也素問評熱病論汗涆也出在於表涆涆然也釋名釋形體〇萱按涆字他書未見蓋即浙之異體耳陽加於陰謂之汗素問陰陽別論汗潤澤也太平

闊飲汗吭吭注〇釋名釋衣服云汗衣近身受汗垢之衣也詩謂之澤受汗澤也汗濁也廣雅釋詁三汗出而不反者也後漢胡廣傳注〇漢書劉向傳云出令如汗汗出而不反者也出而反之是反汗也出汗血謂勞力也後漢崔駰傳注汗漫不可知之也淮南道應吾與汗漫期於九垓之外注

釬

或作銲臂鎧也說文段注管子戒曰弛弓脫釬房注釬所以扞弦按房非也禮射時著左臂者謂之遂亦謂之拾若戰陣所用臂鎧謂之釬田臂皆著之又非無事時所著臂衣謂之韝也鐏謂之釬方言九〇廣雅釋器云釬鐏也萱按此非古義後世遷就之名耳釬情皃相反釬急也竝莊子列禦寇釋文萱按此悍之段借字扞臂衣也漢書酷吏尹賞傳被鎧扞持刀兵者注萱按此段扞爲釬也銲銲器也玉篇

閈

閭也汝南平輿里門曰閈說文段注下文曰閭里門也漢書綰自同閈應注楚名里門曰閈招魂去君之恆幹王注或作恆閈閈里也楚人名里曰閈按惟左傳高其閈閎用爲凡門之偁當許時古語猶存於汝南平

輿也〇後漢成武孝矦順傳注又文選蜀都賦里閈對出劉注竝云閈里門也又御覽百八十二引風俗通云閭城外郭內里門也又廣雅釋室云閈里也閈尻也廣雅釋詁二閈垣也文選西京賦注引蒼頡閈閈

扞

也左氏襄卅一年傳釋文引沈注或作捍忮也說文段注忮當作枝枝持字古書用枝亦用支許之字例則當作楮許之楮柱他書之楮柱也攴部斁下云止也扞義當略同忮訓很非其義周南干城傳曰干扞也左傳亦以扞城其民釋干城孫炎以自蔽扞釋爾雅扞字許盾下云所以扞身蔽目然則扞字之訓可定矣廣韻扞下曰以手扞又衛也玉篇亦曰扞衛也字亦作捍祭法能禦大災能捍大患則祀之魯語作扞扞蔽也左氏成十二年傳此公矦之所以扞城其民也注又荀子彊國白刃扞乎胄注〇漢書陳餘傳請以南皮爲扞蔽注云扞蔽猶言藩屏也又荀子議兵百姓有扞其賊則是亦賊也注云扞其賊謂爲賊之扞蔽也扞衛也左氏桓十二年傳請無扞采樵者以誘之注文六年傳親帥扞之注〇國語晉語係遮扞衛不行注云衛謂羅閣狗附也扞扞謂拒扞也禮記樂記則扞格而不勝疏〇漢書董仲舒傳集注

韻史 卷六十三第十四部去聲扞韻

云扞距也扞禦也國策西周策而設以國爲王扞秦注文呂覽恃君肌膚不足以扞寒暑注又漢書鄒陽傳集注○荆法志若手足之扞頭目注云扞禦難也又左傳成十二年疏云扞者扞禦冠難扞突也漢書董仲舒傳集注引文穎○家語致思懍懍焉若持腐索之扞馬注云扞馬突馬扞張也淮南原道射者扞烏號之弓注扞引也呂覽壅塞因弓而射之注扞挽也山海經大荒南經有人方扞弓射黃蛇名曰蜮人注韘也廣雅釋器捍謂拾也言可捍弦也禮記內則右佩玦捍管遰注捍謂射捍禮記內則釋文捍堅皃管子地員五浮之狀捍然如米注扞格堅不可入之皃禮記學記則扞格而不勝注又釋文云扞格不入也扞臂衣也漢書酷吏尹賞傳注○董按扞者釬之借干扞也董按此謂干爲扞之段借字也段大令謂干爲敦之借竝通詳敦下

旱

不雨也說文○穀梁僖十一年傳云不得雨曰旱旱之爲言乾藝文類聚災異部引洪範五行傳旱所謂常陽同上陽爲旱後漢董卓傳注旱之言悍也陽驕蹇所致也

六〇五一

韻史 卷六十三第十四部去聲扞韻

古微書引春秋考異郵久陽爲旱論衡明雩大火爲旱禮記月令水泉咸竭注○論衡感虛云旱火變也雩而不得則書旱明災成也禮記玉藻至于八月不雨君不舉注二穀不收謂之旱墨子七患旱者政教不施之應公羊桓五年傳注旱山名也詩旱麓傳○董按晚出字有⿰山旱屽俗體也

敦

止也周書曰敦我于艱說文段注敦扞古今字扞行而敦廢矣毛詩傳曰干扞也謂干爲扞之假借實則干爲敦之假借也手部曰扞忮也敦我于艱文矦之命篇文今作扞干扞也爾雅釋言又詩兔罝公矦干城傳采芑師干之試傳又左氏成十二年傳注襄廿五年傳陪臣干揻服注又後漢龐參傳注又方言九注○董按段氏謂干爲敦之段借是也然敦扞義略同則謂爲扞之借亦無不可干揻行夜左氏襄廿五年傳陪臣干揻注

悍

勇也說文又一切經音義廿二文選蜀都賦注竝引廣雅又漢書高帝紀上慓悍禍賊注地理志下已患其剽悍注溝洫志水湍悍注吳王濞傳上患吳會揩輕悍注梁共王買傳彭雖驕悍注賈誼傳雖有悍如馮敬者注韓安國傳且句

六〇五二

韻史 卷六十三第十四部去聲扞韻

奴輕疾悍亟之兵也注霍去病傳誅獲悍注陳湯傳且其人剽悍注匈奴傳下鐃燕士果悍注閩粵王傳閩粵悍數反覆注又後漢鄭大傳素之精悍注袁紹劉表傳論則悍夫爭命注文苑杜篤傳介曹劉悍注悍勇銳漢書儒林韓嬰傳其人精悍注悍勁也漢書嚴延年傳集注悍彊也史記河渠書集解引韋昭悍桀也一切經音義五引蒼頡悍急也後漢馮衍傳注悍者利也素問腹中論石藥之氣悍注陰陽應象大論其慓悍者接而收之注悍兇也呂覽處方少不悍辟注悍戾也文選射雉賦驕悍目以旁睞徐注悍兇戾也荀子大略悍戇好鬥似勇而非注悍凶暴也荀子王制原禁悍注悍氣謂浮盛之氣也素問瘧論水穀之悍氣也注○董按鵩鳥賦水激則旱兮此叚旱爲悍也釬情皃相反莊子列禦冠有緩而釬釋文釬急也同上○董按釬者悍之段借字

駻

或作馯馬突也說文段注駻之言悍也淮南書作馯高曰馯馬突馬也○董按淮南氾論而御駻馬也今本仍是駻字惟仲尼弟子馯臂子弓字作馯駻鞍也廣雅釋器

六〇五三

韻史 卷六十三第十四部去聲扞韻

漢

㵄古文漾也東爲滄浪水說文段注尚書某氏傳曰泉始出山爲漾按漾言其微漢言其盛也蕭何曰語曰天漢其名甚美東爲滄浪水禹貢文水經曰沔水又東過鄖縣南又東北流又屈東南過武當縣東北注曰縣西北四十里水中有洲名滄浪洲庾仲雍漢水記謂之千齡洲非也是世俗語譌音與字變矣地記曰水出荊山東南流爲滄浪之水余按禹貢言又東爲滄浪之水不言過而言爲者明非他水決入也蓋漢沔水自下有滄浪通稱爾經絡鄢郢地連紀鄀咸楚都矣漁父歌之不違水地玉裁按鄭注尚書滄浪之水言今謂夏水來同故世變名爲本未嘗謂他水決入若地記云出荊山是他水決入矣○水經漾水注引闞駰云漢漾也東爲滄浪水漢水名也國語魯語襄公如楚及漢注又楚辭思古容與漢渚注○禮記祭統隨難于漢陽注云漢楚之川也漢爲潛爾雅釋水漢皋即萬山之異名也水經河水注漢天漢也大戴記夏小正漢案戶傳又廣雅釋天云天河謂之天漢○漢書天文志注引孟康云漢河漢也雲漢天河也詩棫樸倬彼雲漢傳雲漢序箋雲漢箋又文選思玄賦浮雲漢之湯湯舊注○詩大東維天有漢傳云漢天河也又左氏昭十七年傳有星孛于大辰西及漢

六〇五四

賈注云漢天漢水也或曰天河漢者亦金之散氣史記天官書漢書天文志又漢水之精也詩大東疏引楊泉物理論漢水祥也左氏昭十七年傳漢土德也論衡驗符漢火行也三國魏文紀注引魏略漢逵也廣雅釋水漢濾也廣雅釋詁二漢怒也方言十二又廣雅釋詁二

暵

○俗有焊乾也耕暴田曰暵易曰熯萬物者莫暵乎火說文段注乾上當有日字乾者上出也凡物乾者必上溼者必下王風傳曰暵蒸皃周禮旱暵之事鄭云暵熱氣也旨引伸之義也暴田曰暵因之耕暴田曰暵齊民要術論耕曰寧燥不溼燥雖耕塊一經得雨地則粉解溼耕堅垎數年不佳易者說卦傳文今易作熯○廣雅釋詁二云暵乾也又廣韻云焊乾也又集韻云焊火乾暵熱暵也易說卦釋文引徐注○周禮稻人旱暵供其雩飲疏云暵者旱之熱氣

熯

上去四讀注在彼

⿱艹鶾

⿱艹韓⿱艹翰艸也說文段注按鳥部雗鶾一字也而艸部⿱艹韓⿱艹鶾各字恐有誤

肒

○俗有疻䵝搔生創也說文段注手搔皮由成瘡○萱按廣韻云肒䏛也疻䵝疽屬也不爲一字集韻混而一之

翰

天雞也赤羽逸周書曰文翰若翬雉一名鷐風周成王時蜀人獻之說文段注釋鳥鶾天雞鶾李又作翰鳥部鶾訓雉肥翰音者則此作翰是天雞樊光云一名山雞小宛傳云翰高也謂羽長飛高此別一義桑扈文王有聲崧高板傳皆云翰榦也此謂詩以翰爲楨榦字也同音假借逸周書者漢志周書七十一篇周史記也以別於尚書之周書故謂之逸周書文翰云云王會篇文此不當有一名鷐風四字橫梗於其中也四字當在蜀人獻之之下一名當作一曰一曰者別一義也常武曰如飛如翰毛云疾如飛摯如翰鄭云翰飛鳥之豪俊也此鷐風曰翰之證釋鳥毛傳皆云晨風鸇也易林晨風文翰並舉無緣曰文翰一名鷐風誨外顯然矣○爾雅釋鳥釋蟲並有翰天雞釋蟲釋文云翰字林作翰萱按翰字後出本借翰翰白翰山海經中山經岷山其鳥多翰

鷩注○西山經嶓冢之山鳥多白翰注云白翰白鵫也亦名鵫雞又曰白雉翰白色馬也禮記檀弓上戎事乘翰注又家語五帝注又翰高也易賁白馬翰如釋文引荀馬注中孚翰音登于天虞注又詩小宛翰飛戾天傳四月箋又太玄應龍翰于天注翰高飛也易中孚翰音注又釋文又文選劉越石荅盧諶詩翰撫西翼注翰馬舉頭高仰也易賁釋文引黃注翰猶長也禮記曲禮下雞曰翰音注翰長毛也書大傳取白狐青翰注○文選陸士衡樂府日出東南隅行注引尚書大傳注云翰毛也又羽獵賦注引書大傳注云翰毛之長大者翰筆也文選長楊賦序故藉翰林以爲主人注引韋昭○秋興賦於是染翰操紙注云翰筆毫也又劉公幹公讌詩投翰長歎息注云翰筆毛也翰林文翰之多若林也文選長楊賦序注翰旁飾左氏成二年傳棺有翰檜注

鶾

鶾肥翰音者也魯郊以丹雞祝曰以斯翰音赤羽去魯侯之咎說文段注雞肥翰音者也各本作雉肥鶾音者也今正曲禮凡祭宗廟之禮雞曰翰音注翰猶長也正義曰雞肥則

其鳴聲長也易翰音登于天虞曰翰高也按小雅翰飛戾天毛曰翰高也高飛曰翰因之聲高亦曰翰故鄭云翰猶長也翰音之雞謂之鶾此許以疊韻爲訓也玉篇曰鶾雞肥皃此所據說文古本不誤也若作雉則下文丹雞不可通矣鶾與隹部雞義別魯郊云云此引魯郊禮文證翰音之爲肥雞也五經異義曰魯郊禮祝延帝尸風俗通亦言魯郊祀常以丹雞祝曰以斯翰音赤羽去魯侯之咎翰天雞爾雅釋鳥○萱按此段鶾翰也釋文云翰本又作翰

雗

雗鷽也說文段注三字一句此與鳥部鶾各物鳥部曰雗鷽山鵲知來事鳥也雗雉鶾雉爾雅釋鳥○注云雗今白鵫也江東呼白雗萱按西山經注云白翰白鵫也是郭以翰雗爲一物豈二者皆山雞與

鶾

馬毛長者也說文段注者字依文選長楊賦注補此謂馬毛長者名鶾也多借翰字爲之翰行而鶾廢矣尚書大傳之西海之濱取白狐青翰注曰長毛也文選長楊賦翰林主人注引說文毛長者曰翰曲禮雞曰翰音注曰翰猶長也常武詩如飛如翰箋云鳥中豪俊蓋其字皆當作翰引伸假借之字也○萱按翰乾皆毛長正字

乾

獸豪也說文段注豪豕鬣如筆管者也引伸爲毛之長者之偁乾古書多作翰尚書大傳之西海之濱取白狐青

翰鄭曰翰長毛也長楊賦藉翰林以爲主人韋昭曰翰筆也善曰說文云毛長者曰翰按翰當作乾蓋說文古本有毛長者曰乾五字在獸豪也之下曲禮雞曰翰音注翰猶長也其引伸之義也

乾謂長毛也爾雅釋畜注狗未生乾毛者釋文

旦 帶炭切

明也說文段注明當作朝下文云朝者旦也二字互訓大雅板毛傳曰旦明也此旦引伸之義非其本義衛風信誓旦旦傳曰信誓旦旦然謂明明然也○詩葛生誰與獨旦箋東門之枌穀旦于差箋板昊天曰旦傳又楚辭涉江旦余濟乎湘江注離世身憔悴而考旦注又文選新刻漏銘序注引五經要義菈云旦明也又詩大東傳日旦出疏云旦猶明也

旦朝也呂覽順民以與吳王爭一旦之死注○國策齊策旦暮進食注云旦暮朝夕也又管子小匡旦昔從事於此注云旦昔猶朝夕也

旦早也爾雅釋詁

旦是夜屈之限詩庭燎傳央旦也疏○禮記坊記相彼盍旦尚猶患之注云盍旦夜鳴求旦之鳥也

旦者日方出時公羊哀十三年傳見于旦也注○疏云旦者日方出地末相去離之辭

旦明

旦日質明儀禮少牢饋食禮宗人曰旦明行事注○淮南天文云日

韻史 卷六十三第十四部去聲翰韻 六〇五九

至于曲阿是謂旦明

旦日明日也史記扁鵲倉公傳注又漢書高帝紀上旦日合戰注○穀梁宣八年傳祭之旦日之享賓也注云旦日猶明日也

旦晝日晝也孟子告子上則其旦晝之所爲注

晏晏旦旦悔爽忒也爾雅釋訓○萱按此段旦爲怛也

鴠

渴鴠也說文段注月令作曷旦坊記作盍旦鄭云夜鳴求旦之鳥方言作鶡鴠鶡鴠廣志作侃旦皆一語之轉此渴鴠當同月令作曷旦淺人改之誤用渴爲飢激字耳太平御覽引鴠可旦也最爲古今曷旦可旦鳥語如此故云求旦之鳥

怛

○俗有怛

悬或○又十五部入聲注在彼

炟

又十五部入聲注在彼

⿰黑旦

又十五部入聲注在彼

笪

人十五部入聲注在彼○俗有担

担擊也廣雅釋詁三

韻史 卷六十三第十四部去聲翰韻 六〇六〇

疸

黃病也說文段注素問曰弱黃赤安臥者黃疸目黃者曰黃疸○素問平人氣象論安臥者黃疸注云疸勞也萱按勞者癉之訓王以勞釋疸意疸亦起於勞與然非正訓矣

癉黃病漢書藝文志五藏六府癉十二病方四十卷注嚴助傳近夏癉熱注○萱按此謂癉即疸之段借字也

癉謂伏熱素問通評虛實論消癉注○奇病論名曰脾癉注云癉謂熱也又瘧論名曰癉瘧注云癉熱也

癉謂溼熱也素問脈要精微論癉成爲消中注

癉

旱也史記扁鵲倉公傳風癉客病正義

或作癉○又十七部

勞病也說文段注大雅下民卒癉釋詁毛傳皆云癉病也小雅哀我癉人釋詁毛傳曰癉勞也許合云勞病者如嘽訓喘息皃嘽訓車敝皃皆單聲字也癉與疸音同而義別如郭注山海經師古注漢書皆云癉黃病王砅注素問黃疸云疸勞也則二字亙相假而淆惑矣癉或假憚或作癉

癉病也史記扁鵲倉公傳風癉客脖索隱又後漢李固傳注

癉病也爾雅釋詁又禮記緇衣有國家者章善癉惡注下民卒癉注○爾雅釋詁孫注云癉疫病

癉難也文選東京賦剛癉必斃薛注

癉苦也廣雅釋詁四

憚苦也詩雲漢釋文引

韻史 卷六十三第十四部去聲翰韻 六〇六一

韓詩

憚勞也詩大東傳小明憚我不暇傳雲漢我心憚暑傳

歎 代旦切

[illegible]籀○或作[illegible]

吟也謂情有所悅吟歎而歌詠說文段注悅當作說謂情已下

十字蓋演說文語也古歎與嘆義別歎與喜樂爲類嘆與怒哀爲類如樂記云一唱而三歎有遺音者矣又云長言之不足故嗟歎之嗟歎之不足故不知手之舞之足之蹈之論語喟然歎曰皆是此歎字檀弓曰戚斯嘆嘆斯擗詩云而無永嘆嘅其嘆矣慨我寤嘆皆是嘆字○廣雅釋詁二云嘆吟也又禮記檀弓下戚斯嘆注云嘆吟息萱按嘆不訓吟此段借之義也今檀弓字作歎則吟息乃其本義而於經爲段借字

歎猶歌也文選與吳季重書鳳觀虎視注

歎謂有憂戚之聲也歎者傷也息也萱按此皆嘆之義也歎嘆互借通用易相淆矣

嘆

吞歎也一曰大息也說文段注吞歎也九經字樣作吞聲也非按嘆歎二字今人通用毛詩中兩體錯出依說文則義異歎近於喜嘆近於哀故嘆訓吞歎吞其歎而不能發一曰大息也此別一義與喟義同

嘆傷也廣雅釋詁二

歎者傷也息也楚辭九歎序○萱按此段歎爲嘆也

歎謂有憂戚之

韻史 卷六十三第十四部去聲翰韻 六〇六二

聲也禮記坊記而不歎注戲嘆吟也廣雅釋詁二○萱按此段嘆爲歎

僤

○俗有僤疾也周禮曰句兵欲無僤說文段注考工記廬人文今本作欲無彈注曰故書彈或作但鄭司農云但讀爲彈丸之彈謂掉也按經文彈字疑本作僤彈乃先鄭所易字許以僤爲疾者古說也疾謂速疾僤明也廣雅釋詁四僤厚也詩桑柔逢天僤怒傳○萱按此段僤爲亶也爾雅釋詁樊注作逢天亶怒桑柔疏云僤亶音近義亦同又公羊哀九年傳釋文引字林云僤作憚

憚

或書作惡忌難也一曰難也說文段注忌難也者憎惡而難之也詩亦段爲癉字大東哀我憚人是也一曰難也當作難之也難讀去聲今本奪之字凡畏難曰憚以難相恐嚇亦曰憚昭十三年左傳曰憚之以威周禮暴內陵外則壇之壇書或爲憚大鄭讀從憚之以威之憚西京賦曰驚蝄蜽憚蛟蛇○詩縣蠻豈敢憚行箋又禮記禮運注勞事不憚疏中庸小人而無忌憚也釋文又左氏傳七年傳何憚于病注宣四年傳畜老猶憚殺之釋文又論語學而過則勿憚改集注引鄭注又皇疏又廣雅釋詁三又國語魯語夫莒太子不以憚吾故注故不憚勤遠而聽于楚注師大雎以

憚小國注晉語何敢憚罰注又國策秦策王之威亦憚矣注又後漢班彪傳注荀庭傳注又莊子達生以鉤注者憚釋文又離騷豈余身之憚殃兮注思美人憚舉趾而緣木注悲回風憚湧湍之礚礚兮注又文選典引豈蔑清廟憚敕天命也蔡注竝云憚難也憚畏難也漢書賈誼傳陛下誰憚而久不爲此注憚忌惡也莊子達生釋文憚惡也方言十三又廣雅釋詁三憚怒也廣雅釋詁二○方言六云憚怒也楚曰憚憚強也廣雅釋詁一憚猶畏也詩雲漢我心憚暑箋憚敬也漢書東方朔傳集注引應劭憚懼也國語周語憚其犧也注晉語小罪憚之注憚驚也廣雅釋詁一又楚辭招魂君王親發兮憚青兕注旁驚曰憚一切經音義三引通俗文驚憚謂皆使駭怖也文選西京賦薛注憚憚憂惶也大戴記曾子立事君子終身守此憚憚注曾子制言中無憚憚於不閑注憚悇貪欲也淮南脩務無不憚悇瘻心注○萱按此引申段借之義憚苦也憚勞也萱按此皆段憚爲瘅畏難也畏畏也玉篇

彈

平去兩讀弓或○俗有弢芎行丸也說文段注左傳晉靈公從臺上彈人而觀其避丸也引申爲凡抨彈糾彈之僤○御覽三百五十引字林云彈行丸者又拼也拼使戰動掉彈也彊謂之彈廣雅釋器坎爲弓彈易小過公弋彼在穴虞注取彈拼也廣雅釋言彈謂掉也考工記廬人句兵欲無彈司農注彈憸強也言非其事東齊陳宋江淮之閒曰彈憸方言七

山

炭

燒木未灰也說文段注未灰大徐作餘火所燒餘木曰炭炭亦灰也一切經音義廿二引釋名炭炮也廣雅釋詁四炭墨也孟子公孫丑上坐於塗炭注

衷旦切

㬮

或書作難○俗有歇㬮安㬮逗疊韻昷也說文段注安㬮猶溫存也二字皆平聲廣雅云暘㬮煖也安作暘語之轉耳中部云讀若水溫㬮則安亦作溫按廣韻集韻類篇㬮皆讀平聲入山韻玉篇㬮亦奴達切平則二字皆平去則二字皆去入則二字皆入是之謂疊韻㬮煖也廣雅釋詁三㬮縕也廣韻○萱按㬮者㬮之譌體集韻無㬮是也縕者溫之誤正當作昷

難

平去兩讀義分○字體詳平聲困苦也左氏哀十二年傳而藩其君舍以難之注難過乎詘太玄玄衡難仇讎周禮典瑞穀圭以和難注○調人掌司萬民之難而倠諸和之注云難相與爲仇讎又御覽引周禮馬注云難謂相與爲仇也難兵難也公羊隱四年傳請作難注難猶敵也國策秦策以與秦爲難注○書堯典而難任人晚出傳云難拒也萱按而難任人史記作而遠佞人則難遠義同難猶說也史記五帝紀存亡之難索隱○呂覽樂成盡難攻中山之事也注云難說難畏憚也易屯剛柔始交而難生釋文引賈逵國語注○釋名釋言語云難憚也人忌憚也萱按此義亦去皆可讀所難頡頏太玄玄錯

朗旦切

爛

爤作爛燗或火孰也說文段注此火字依節南山生民二正義補方言曰河以北趙魏之閒火孰曰爛孰者食飪也飪者大孰也孰則火候到奧引申之凡淹久不堅皆曰爛孰則可爕然陳列故又引伸爲粲爛○廣雅釋詁三云爛孰也又方言七云爛熟也又詩節南山箋皆憂心如火灼爛之矣疏云爛火熟也爛爇也一切經音義七廣雅引爛失飪呂覽本味而不爛注熟爛腐也淮南說山灰生蝇注爛爛光見也

漢書禮樂志爛揚光注又楚辭雲中君爛昭昭兮未央注爛亦明也文選西都賦登降炤爛注爛然章明之皃漢書王莽傳上功德爛然注○梅福傳爛然可睹矣注云爛然分明之皃也萱按漢修堯廟碑蘭然成就段蘭爲爤也爛爛燦然鮮明且眾多之皃詩韓奕爛其盈門箋○後漢班彪傳下注云燦爛盛明也奐爛言眾多也禮記檀弓美哉奐焉釋文○後漢延篤傳注云渙爛文章皃也爛漫猶消散也楚辭哀時命怨爛漫而無成注○文選思玄賦爛漫麗靡藐以迭遏注云爛漫分散皃瀾漫分散也文選洞簫賦憚悅瀾漫注○萱按此段瀾爲爛

灡

平去兩讀注在彼

宰旦切

贊

○俗有贊見也說文段注此以疊韻爲訓疑當作所以見也謂彼此相見必資贊者士冠禮贊冠者士昏禮贊者注皆曰贊佐也周禮大宰注曰贊助也是則凡行禮必有贊非獨相見也○易說卦傳荀注云贊見也贊引也後漢班彪傳下注贊導也國語周語太史贊王注晉語韓宣子贊授客館注○周語內史贊之注云贊道也又廣雅

韻史 卷六十三第十四部去聲旰韻 六〇六七

釋詁一云贊選也贊進也漢書東方朔傳集注孔光傳集注敘傳下集注贊告也史記信陵君傳編贊賓客索隱贊白也呂覽孟夏贊傑儁注淮南時則注贊說也漢書郊祀志上集注引孟康贊明也易說卦傳幽贊於神明而生蓍注又釋文又詩譜序疏又禮記襍記下贊大行曰疏又漢書皃寬傳集注匡衡傳注敘傳下集注又文選注神女賦序不可勝贊注贊求也易說卦傳干注贊佐也周禮大卜贊三兆三易三夢之占注掌固注服不氏注趣馬注司民注又儀禮士冠禮注士昏禮注鄉飲酒禮記注鄉射禮注大射儀注又禮記明堂位注又左氏襄廿七年傳能贊大事注昭廿六年傳是攝是贊注又周書克殷召公奭贊采注又小爾雅廣詁又國語周語贊陽出滯也注贊陽秀也注齊語升以爲上卿之贊注晉語子若能以忠信贊君注比德以贊事比也注叔魚爲贊理注又史記周本紀正義又漢書張山拊傳集注又太玄玄冏寅贊柔微注○周禮外宗王后以樂羞齍則贊注云贊猶佐也贊助也周禮大宰疏小宰疏內宰疏九嬪疏州長司農注充人注大行人注又禮記少儀贊幣曰左注中庸可以贊天地之化育注又左氏閔二年傳以此贊國注又國語周語瓦以贊之注晉語亦天不贊注楚語問誰贊事注又

韻史 卷六十三第十四部去聲旰韻 六〇六八

漢書匡衡傳集注敘傳下集注又後漢光武紀下注又荀子解蔽以贊稽之萬物可兼知也注又呂覽務大交相爲贊注贊佐助之也左氏昭元年傳天贊之也注又漢書五行志中之上注贊佐也達也儀禮特牲饋食禮宰自主人之左贊命注○士虞禮注云贊佐食者又士冠禮注云贊冠者佐賓爲冠事者贊猶出也禮記月令命太尉贊傑俊注贊謂祭祀之辭也漢書王莽傳上延登贊曰注贊曰假皇帝注○郊祀志上其贊饗曰注云贊饗謂祝辭贊治若今起文書艸也周禮宰夫六曰史掌官書以贊治注贊贊猶贊奏也書臯陶謨思曰贊贊襄哉王注

㜺

白好也說文段注色白之好也通俗文服飾鮮盛謂之㜺㜺聲類㜺綺也皆引伸之義也○廣雅釋詁一云㜺好也

饡

或作餍餍㠯羹澆飯也說文段注此飯用引伸之義謂以羹澆飯而食之也考工記注曰瓚讀餐餍之餍即饡字也玉篇曰餍者饡之古文然則本作餍轉寫作餍耳內則注曰狼臅膏臆中膏也以煎稻米則似今膏餍矣釋名

韻史 卷六十三第十四部去聲旰韻 六〇六九

曰肺臊臊饡也以米糁之如膏饡也以羹澆飯者饡之本義膏饡者漢人所爲○萱按內則注膏餍字本又作餐段借也

灒

○俗濺灒有污灑也一曰水中人也說文段注污灑也謂用污水揮灑也釋玄應曰江南言灒子旦反山東言湔子見反史記廉藺傳作濺楊泉物理論作喙皆音子旦反一曰水中人也中讀去聲此與上文無二義而別之者此兼指不污者言也上但云灑則不中人○一切經音義十八引三蒼云灒污灑也

瓚

三玉二石也禮天子用全純玉也上公用駹四玉一石侯用瓚伯用埒玉石半相埒也說文段注攷工記玉人曰天子用全上公用龍侯用瓚伯用將注鄭司農云全純色也龍當爲尨尨謂雜色玄謂全純玉也瓚讀如餐餍之餍龍瓚將皆雜名也卑者下尊以輕重爲差玉多則重石多則輕公侯四玉一石伯子男三玉二石按許君龍作駹從先鄭易字也埒許鄭同皆不作將倘是將字鄭不得釋爲雜鄭已後傳寫失之鄭云公侯四玉一石則記文不當公侯分別異名許說爲長戴先生曰此蓋泛記用玉爲飾之等玉裁謂此與祼圭之瓚異義許不祼圭之瓚者蓋其字古祇作贊黃金爲勺不用玉也詩謂之玉贊圭贊者以贊祼圭

韻史 卷六十三第十四部去聲旰韻 六〇七〇

也。蓋按三玉二石瓚之本義也圭瓚璋瓚者引申之一端也其義由圭璋而生則鬯爵之名古未必不用瓚字矣本義中亦可包之故許不析言也又按瓚字舊有上去數音殊爲瑣屑當從鄭君讀如饋**瓚勺也**左氏昭十七年傳若我用瓘斝玉瓚注**瓚則兼圭瓚璋瓚也**周禮鬱人注祼器謂彝及舟與瓚疏。詩旱麓傳玉瓚圭瓚也疏云瓚者器名以圭爲柄圭以玉爲之指其體謂之玉瓚據成器謂之玉瓚**圭瓚鬯爵也**禮記王制賜圭瓚然後爲鬯注。鄭特牲灌以圭瓚疏引王肅云瓚所以斛鬯也又周禮典瑞司農注云於圭頭爲器可以挹鬯祼祭謂之瓚**瓚如盤其柄用圭有流前注**考工記玉人有瓚以祀廟注。禮記明堂位灌用玉瓚注云瓚形如小槃容五升以大圭爲柄是爲圭瓚又周禮典瑞祼圭有瓚注云漢禮瓚槃十五升口徑八寸下有槃口徑一尺

姣
采旦切

或作㛑**三女爲姣姣逗美也**說文段注唐風綢繆曰今夕何夕見此粲者毛傳三女爲粲大夫一妻二妾周語有三女奔密康公其母也夫獸三爲羣人三爲衆女三爲粲夫粲美之物也衆以美物歸女而何德以堪之

按經傳作粲段借字陸德明曰字林作㛑漢晉字之變遷也。史記周本紀又列女傳仁智竝云女三爲粲**粲者衆女之美稱也**詩綢繆疏。文選陸士衡爲顧彥先贈婦詩注引國語賈注云粲亦美皃。俗有燦

粲

稻重一秳爲粟二十斗爲米十斗曰毇爲米六斗大半斗曰粲說文段注爲米十斗曰毇此當有奪文當以爲米十斗句絕下云爲米九斗曰毇稻率二十斗爲米十斗者九章筭術所謂稻率六十糲米率三十也稻粟二十斗爲米十斗今目驗猶然其米甚粗不得曰毇明矣爲米九斗曰毇者下文云米一斛舂爲九斗曰毇是也毇即粺禾黍言粺稻言毇稻米九斗而舂爲八斗則亦曰鑿八斗而舂爲六斗大半斗則曰粲猶之禾黍鑿米爲七斗則曰侍御也禾黍米至於侍御稻米至於粲皆精之至矣不言亦曰糲不言爲米八斗亦曰鑿者名各有所系欲讀者參伍而得之爲米六斗云云謂以八斗舂爲六斗大半斗也以今目驗言之稻米十斗舂之爲六斗大半斗精無過此者矣漢刑法有鬼薪白粲白粲謂舂也粲米最白故爲鮮好之偁穀梁粲然皆笑謂見齒也鄭風傳曰粲餐也此謂粲爲餐之段借也**粲鮮也**廣雅釋言。詩伐木於粲洒埽傳云粲鮮明皃又大東粲

粲衣服傳云粲粲鮮盛皃又史記司馬相如傳皓齒粲爛索隱引郭璞云粲爛鮮明皃**粲明也**廣雅釋詁四又漢書宣帝紀集注。董仲舒傳粲然有文以相接注云粲明皃又兒寬傳天文粲然注云粲然明皃又荀子非相欲觀聖人之迹則於其粲然者矣注云粲然明白之皃**粲文也**廣雅釋言。法言孝至粲也晏也注云粲文采**粲然精粲皃**荀子榮辱俄而粲然有秉芻豢稻梁而至者注**粲然盛笑皃**穀梁昭四年傳注**粲衆意**詩羔裘三英粲兮箋**宴宴粲粲尼居息也**爾雅釋訓**燦爛盛明也**後漢班固傳下備哉燦爛注**燦爛炳煥潔白鮮明之皃**文選東京賦薛注**女三爲粲粲亦美皃**萱按此姣之段借字**粲餐也**萱按此謂粲爲餐之段借字

屵
傲旦切

又十五部入聲**岸高也**說文段注屵之言巘巘然也廣韻高山狀

岸

水厓洒而高者說文段注各本無洒字今依爾雅補釋丘曰望厓洒而高岸夷上洒下不漘李巡曰夷上平上洒下陗下故名漘孫炎曰平上陗下故名曰漘不者蓋衍字據李孫之釋漘則知李孫之釋岸亦必曰陗下而高上

也陗下者謂其體斗陗平上高上者謂其顚有崖嵬平坦之不同嵬下曰高不平也對夷上言也洒釋爲陗者洒即陵之假借二字古音同自郭曰陵者陗高也陗者陵也凡斗立不可上曰陗詩新臺有洒傳曰洒高峻也峻同陵郭景純昧於其義乃釋高曰陵陵非高之謂也釋洒曰水深水之深淺何與於厓不得冠以望厓矣爾雅言厓許言水厓者申爾雅之說別於山邊之厓也衛風淇則有岸小雅高岸爲谷其本義也大雅誕先登于岸傳曰岸高位也其引伸之義也箋云岸訟也小雅小宛傳曰岸訟也此皆借岸爲犴獄字也**岸崖也**荀子宥坐三尺之岸而虛車不能登也注**重厓岸**爾雅釋丘。注云兩厓累者爲岸**岸高也**小爾雅廣詁**岸者有廉稜如崖岸之形**漢書江充傳充爲人魁岸注

騂

馬頭有白發色說文段注大徐作馬頭有發赤色者非是篇韻皆云馬白額至脣集韻曰馬流星貫脣則爲馬頭發白色矣廣韻曰騂騂馬行此今義也按東京賦作半漢

豻

犴或作犾。**或胡地野狗詩曰宜犴宜獄**說文段注禮記玉藻周禮巾車注皆云豻

胡犬也正義皆云胡當作狐與犬合所生按犬有名狼名狐者見廣雅但此注胡犬證以說文高誘淮南注熊安生禮記正義云胡地野狗則其字不當作狐家矣宜犴宜獄小雅小宛文毛詩作岸釋文曰韓詩作犴云鄉亭之繫曰犴朝廷曰獄李善文選注亦引韓詩按毛詩傳曰岸訟也此謂岸爲犴之段借也獄从二犬故犴與獄同意皇矣箋亦曰岸訟也本小宛傳○儀禮聘禮注霸衺青犴褻釋文又禮記檀弓釋文玉藻釋文又漢書司馬相如傳上蟺蜓貙犴注引郭璞又淮南道應注竝云犴胡犬也又周禮巾車犴襌雀飾注射人犴矦一獲一容注竝云犴胡犬也又爾雅釋獸疏引字林云犴野狗似狐黑喙

犴貙類故呼貙犴六書故引字林○周禮射人司農注云犴者獸名也

犴矦者犴鵠犴飾也儀禮大射儀犴五十注萱按犴作干者段借也○

鄉亭之繫曰犴漢書刑法志獄犴不平之所致也注引服虔又後漢皇后紀上家嬰纚纚於圖犴之下注

犴獄也淮南說林亡犴不可再注萱按高彪碑獄褫生少獄即犴之異文○荀子宥坐獄犴不治不可判也注云犴亦獄也獄字从二犬象所以守者犴胡地野犬亦善守故獄謂之犴也

犴司空也御覽六百四十三引風俗通

犴岸訟也詩小宛傳皇矣誕先

韻史 卷六十三第十四部去聲犴韻

六〇七五

登于岸箋

燥旦切

㪔散

分離也說文段注散潸字以爲聲散行而㪔廢矣隸作散

襍肉也說文段注從㪔者會意也㪔分離也引伸凡㪔皆作散散行而㪔廢矣

散襍亂皃淮南精神不與物散注又原道不與物散注云散亂○太乎乎壆畫夜散者注云散猶襍也

散放也公羊莊十二年傳散舍諸宮中注又莊子人閒世而況散馬者乎釋文引李注○禮記樂記馬散之華山之陽注云散猶放也

㪔布也廣雅釋詁三又太乎乎告散而聚注

散謂分派也漢書敘傳下師徒彌散注

散謂分布而出也素問脈要精微論陽氣未散注

散渙分布也文選洞簫賦馳散渙以選律注

散者不相從也漢書天文志

散謂不精明後漢黃瓊傳日闇月散注

散不拘檢者也荀子倄身盾衆鶩散注○勸學儒也注云散謂不自檢東

散邪散放邪散亂禮記樂記流辟邪散疏

散略猶疏略也後漢曹褒傳此制散略注

散謂物飄零而散落也素問氣交變大論其

韻史 卷六十三第十四部去聲犴韻

六〇七六

災散落注

散謂失亡也國語齊語其畜散無育注○周書文酌三晉身散員注云散失也

散走也呂覽貴當貍處堂而衆帆散注

散逃也易略例投戈散地注

散殺也東齊曰散方言三陂

聲散周禮典同○旄人掌教舞散樂注云樂野人爲樂之善者若今黃門倡矣

散散爵名容五升儀禮大射儀實一散于篚注又詩簡兮傳見惠不過一散釋文云散酒爵也容五升○儀禮特牲饋食禮記實二爵二觚四觶一角一散注云舊說云爵一升觚二升觶三升角四升散五升

五升曰散散訕也飲不自節爲人所謗訕也詩卷耳疏引韓詩說○禮記禮器賤者獻以散注又廣雅釋器竝云五升曰散

散角者以璧飾其口也禮記明堂位加以璧散璧角注○儀禮大射儀酌散注云散方壺之酒也又燕禮酌散注云酌散者酌方壺酒也

脩蜃概散皆漆尊也概尊以朱帶者無飾曰散周禮鬯人廟用脩凡山川四方用蜃凡祼事用概凡疈事用散注○司農注云脩讀概散皆器名

散鹽涷治者周禮鹽人祭祀共其苦鹽散鹽司農注○後鄭云散鹽鬻水爲鹽

不在可用之數曰散

韻史 卷六十三第十四部去聲犴韻

六〇七七

木莊子人閒世匠石曰已矣勿言之矣散木也注

散綏副綏也禮記少儀以散綏升疏

散謂聒馬耳毌令善驚也周禮廋人散馬耳司農注○後鄭云散馬耳以竹括抑其耳頭動搖則括中物後逆串習不復驚

𢿫

𢿫散也一曰飛㪔也說文段注𢿫散者謂𢿫繫繒矢放散之加於飛鳥也按𢿫蓋字當作此亦取先數後放也𣏟部曰㪔分離也

散壞也廣雅釋詁一

𥳑

竹器也說文段注玉曰似箱而麤篇

箱謂之𥳑廣雅釋器○又云𥳑筲也

合口呼

古宦切

毌貫

平去兩讀注在彼○串弗二字皆毌之變也副編詳之○俗有賫

錢貝之毌也說文段注毌各本作貫今正錢貝之毌故其字从毌貝會意也漢書都內之錢貫朽而不可校其本義也齊風射則貫兮傳云貫中也詩及爾如貫易貫魚以宮人寵左傳使疾其民以盈其貫皆其引伸之

韻史 卷六十三第十四部去聲犴韻

六〇七八

義也其字皆可作毌段借爲擐字習也如孟子我不貫與小人乘是也亦借爲宦字事也如毛詩三歲貫女魯詩作宦是
也毛詩串夷傳云串習也串即毌之隸變傳謂即慣字箋謂即昆字皆於音求之十葉爲貫周禮鬱人和鬯
鄭司農注貫猶中也儀禮鄉射禮不貫不釋注大射儀注貫穿也易剝貫魚釋文又左氏襄六年傳注
張弓以貫其頸疏又廣雅釋言又漢書司馬相如傳下集注引張揖又後漢張衡傳注又列子周穆王貫金石釋文○論
語衛靈公予一以貫之皇疏貫猶穿也又一切經音義十引蒼頡云貫穿也以繩穿物曰貫又詩猗嗟疏云貫謂穿矦又
禮記樂記貫革之射息也注云貫革射穿甲革也貫通也淮南時則貫大人之國注主術貫萬世而不變注○
史記樂書貫乎人情矣正義云貫猶通也貫出也楚辭招魂路貫廬江兮注貫經也禮記禮器故貫四時
而不改柯易葉疏貫行也廣雅釋詁一○後漢東平憲王蒼傳注云貫行謂一皆遵奉也貫道也漢書
武帝紀集注引孟康貫謂統也論語里仁吾道一以貫之皇疏貫聯續也漢書谷永傳以次貫行注
貫猶連也文選秋胡詩峻節貫秋霜注貫累也廣雅釋詁四又離騷貫薜荔之落蘂注○荀子王霸

韻　史　卷六十三第十四部去聲貫韻　六〇七九

若夫貫日而治詳注貫日而治注
貫事也爾雅釋詁又詩碩鼠三歲貫女傳又周禮職方氏使同貫利注又周
書職方注又論語先進仍舊貫集解引鄭注又漢書武帝紀集注段會宗傳集注外戚傳下集注後漢郎顗傳注貫
同也呂覽過理亡國之士一貫注貫位也淮南俶眞使各有經紀條貫注貫謂上弦也史記
陳涉世家士亦不敢貫弓而報怨索隱又伍子胥傳貫弓執矢嚮使者索隱云貫謂滿張弓○莊子田子方引之盈貫釋
文引司馬注云貫鏑也羈貫交午翦髮以爲飾穀梁昭十九年傳羈貫成童注崇貫封
父皆國名禮記明堂位崇鼎貫鼎大璜封父龜注貫節貫衆也廣雅釋艸貫習也貫
貫忕也萱按此擐若還之義也古多段貫

摜

或作慣習也春秋傳曰摜瀆鬼神說文段注昭二十六年左傳文今本作貫杜曰貫習也
貫習也爾雅釋詁又詩猗嗟射則貫兮箋又禮記學記釋文又左氏襄卅一傳射御貫注昭廿六年傳注又國語
魯語晝而講貫注又孟子滕文公下我不貫與小人乘注又荀子王制爲之貫之注解蔽其所以貫理焉注○詩六月正

韻　史　卷六十三第十四部去聲貫韻　六〇八〇

義引書大傳云貫之何習之又左氏宣六年傳以盈其貫注云貫猶習也又漢書賈誼傳習貫如自然注云貫亦習也
貫貫忕也爾雅釋詁注串習也爾雅釋詁又詩皇矣串夷載路傳又荀子大略國法禁拾遺惡民之
串以無分得也注○萱按此段串爲擐也串厭串爾雅釋詁注串夷即混夷西戎國名
也詩皇矣箋○萱按串乃毌之變體而多用爲擐蓋毌聲字多相通也謂摜串同字亦可

遺

習也說文段注此與手部擐音義同亦假貫或假串左傳曰貫瀆鬼神釋詁貫習也毛詩曰串夷載路○萱按摜遺
祇一字遺當爲摜之重文耳

倌

小臣也詩曰命彼倌人說文段注鄘風定之方中曰命彼倌人傳曰倌人主駕者按許說異毛小
臣蓋謂周禮小臣上士四人大僕之佐也一云左傳所謂巾車脂牽也或書作悺

悹

悹也說文段注悹各本作憂今正廣韻廿四綫引詩傳悹悹無所依今大雅板傳作管管又篇韻皆云悹
悹憂無告也今詩板釋訓皆作灌灌按憂無告之訓正字作慛見下文不當作悹悺憂也廣雅釋詁一又後漢桓帝

韻　史　卷六十三第十四部去聲貫韻　六〇八一

紀具瑗左悺注○俗有館

館

客舍也周禮五十里有市市有館館有積以待朝聘之
客說文段注遺人職凡賓客會同師役掌其道路之委積五十里有市市有候館候館有積鄭云候館樓可以觀望者
也以觀望釋館釋名曰觀者於上觀望也按館古假觀爲之如白虎通引于邠斯觀又引春秋築王姬觀于外沈約宋書
曰陰館前漢作觀後漢晉作館東觀餘論曰漢書郊祀志作益壽延壽館封禪書云作益延壽觀漢書衍一壽字耳自唐
以前六朝時凡今道觀皆謂之某館至唐始定謂之觀○左氏襄卅一年釋文引字林又孟子離婁上舍館未定注並云
館客舍也又周禮環人舍則授館疏云館則道上廬宿市所館舍又禮記雜記諸矦行而死于館注云館主國所致舍
館舍也詩緇衣適子之館兮傳公劉于豳斯館傳又周禮遺人注司儀注又儀禮聘禮注又禮記曲禮上見人弗
能館注又左氏隱十一年傳注又服注僖廿八年傳晉師三日館穀注成十八年傳注廿一年傳注又國語周語館諸宗
廟注又廣雅釋室又孟子盡心下館於上宮注又淮南兵略以館清平之靈注又楚辭天問而館同爰上注遠逝委兩館

韻　史　卷六十三第十四部去聲貫韻　六〇八二

於咸唐注又文選東京賦虔妃攸館薛注○詩緇衣疏云館者人所止舍又公劉疏云館者宮室之名又左氏昭元年傳館邑館人之屬也注云館人守舍人也館官舍也漢書車千秋傳謹謝丞相二千石各就館注○禮記雜記大夫次於公館以終喪注云公館公宮之舍也公館者公家築為別館以舍客也詩何人斯疏○禮記曾子問公館復注云公館若今縣宮舍也又疏引張逸云公館若今停待者也館候館也國語魯語宿於重館注館神所館止也周禮司巫及蒩館注○注云館所以承蒩謂若今蕢也恭館宗廟金縢之所在文選典引啟恭館之金縢蔡注

雚

雚爵也詩曰雚鳴于垤說文段注雚爵也三字句爵當作雀雚今字作鸛鸛雀乃大鳥各本作小爵誤今依太平御覽正陸璣疏云鸛鸛雀也亦可證陸云似鴻而大莊子作觀雀雚鳴于垤豳風文今詩作鸛釋文曰本又作雚○後漢班彪傳上注云鸛鸛雀也萱按鳥部鸛專爾雅作鸛鸛則鸛鸛自有本義本音借為雚而音義皆淆矣鸛水鳥也詩東山箋又文選注引韓詩章句鸛雞即鵾雞鶴屬也穆天子傳一鸛雞飛

韻史 卷六十三第十四部去聲軒韻

六〇八三

八百里注○萱按此謂鸛為鵾之段借也鵾鸛雙聲字鸜鵒猶權欲公羊昭廿五年傳有鸜鵒來巢注○萱按此鸜蓋鸛之破字也劭公所注當是鸛字權鸛雙聲故以權釋鸛目釋文鸛音權而劭公之意隱矣考工鸜鵒不踰濟作鸛鵒者亦字譌鸛鵒皆陳名左氏昭廿一年傳鄭翩願為鸛注雚芄蘭爾雅釋艸

矔

目多精也益州謂瞋目曰矔說文段注矔之言灌注也益州云云此別一義方言曰梁益之閒瞋目曰矔轉目顧視亦曰矔矔者怒其目眥也漢書楊雄傳下羌戎矔眺注矔轉目也方言六

懽

平去兩讀喜歎也爾雅曰懽懽愮愮憂無告也說文段注懽歎疊韻歎者意有所欲也欠部曰歎者喜樂也懽與歎音義皆略同爾雅云云釋訓文懽懽即大雅之老夫灌灌傳曰灌灌猶款款也懽本訓喜款而悥者款款然之誠亦與喜樂之款款同其誠切許說其本義爾雅說其引申之義也懽猶合也國策秦策而大國與之懽注

韻史 卷六十三第十四部去聲軒韻

六〇八四

瓘

玉也春秋傳曰瓘斝說文段注左氏傳齊有陳瓘字子玉昭公十七年禪竈曰我用瓘斝玉瓚鄭必不火瓘珪也左氏昭十七年傳注又疏云瓘是玉名

爟

平去兩讀烜或取火於日官名周禮曰司爟掌行火之政令舉火曰爟說文段注日當作木周禮夏官司爟掌行火之政令四時變國火以救時疾季春出火季秋內火鄭司農說以鄭子曰春取榆柳之火夏取棗杏之火季夏取桑柘之火秋取柞楢之火冬取槐檀之火是取火於木之事也若秋官司烜氏以夫遂取明火於日以鑒取明水於月與司爟所職不同淮南子汜論訓注爟火取火於日之官也引周禮司爟云云是高注亦當為譌字呂覽本味篇湯得伊尹爝以爟火高注云周禮司爟掌行火之政令爟火者所以祓除其不祥置火於桔槔燭以照之爟讀曰權衡之權又贊能篇桓公迎管仲祓以爟火高注略同亦曰爟讀如權字攷史記封禪書漢書郊祀志皆曰通權火又曰權火舉而祠張晏云權火遂火也狀若井挈皋其法類稱故謂之權火欲令光明遠照通於祀所也漢祀五時於雍五里遂火如淳曰權舉也按如云權舉也許云舉火曰爟高云爟讀曰權然則爟權一也周

韻史 卷六十三第十四部去聲軒韻

六〇八五

禮秋官司烜氏注云讀如衛侯燬之燬故書烜為垣鄭司農云當為烜按依許則烜即爟字亘聲雚聲同在十四部也許本與先鄭說同○史記封禪書索隱云爟火官爟炬也廣雅釋器爟爇也廣雅釋詁二爟為私火周禮夏官序官司爟注注又云爟讀如予若觀火之觀今燕俗名湯熱為觀則爟火謂熱火與○司烜氏注云烜火也又疏云烜火之別名也烜明也廣雅釋詁四○爾雅釋訓赫兮烜兮者釋文云烜者光明宣著又云烜本作喧萱按詩毛作喧韓作宣禮記中庸引作喧則烜本非正字也疑韓詩作宣為正字偏旁皆後人所加烜乾也易說卦傳日以烜之疏又書洪範疏○萱按此段烜為晅也晅乃爕之或體爕平聲

灌

灌水出廬江雩婁北入淮說文段注廬江郡雩婁二志同前志雩婁下曰決水北至蓼入淮灌水亦北至蓼入決過郡二行五百一十里過郡二者廬江六安國也水經注決水自安豐縣故城西北逕蓼縣故城東又西北灌水注之水導源廬江金蘭縣西北東陵鄉大蘇山東北逕蓼縣故城西而注決水決水又北入於淮按前志廬江郡下云金蘭西北有東陵鄉淮水出依酈注則金蘭者縣名而志無此縣志云淮水出乃灌水出之誤蓋出金蘭東陵鄉

韻史 卷六十三第十四部去聲軒韻

六〇八六

還雩婁至蓼入決也酈云灌水俗謂之澮水又云決水北入於淮俗謂之澮口蓋灌澮聲相倫習俗害眞介鄘時已與古名全違今則更難詳矣方輿紀要曰雩婁今安徽潁州府霍丘縣西南八十里有雩婁故城左傳襄廿六年楚人侵吳及雩婁昭五年薳啟疆待命於雩婁是其地也蓼縣城在霍丘縣西北決水即今史河灌水今自河南固始縣東流經霍丘縣西合史水入淮是也按今字以為灌注灌溉之字

灌者獻也 論語八佾禘自既灌而往者皇疏又皇疏引書大傳注云灌是獻尸○禮記禮器灌用鬱鬯注云灌獻也又明堂位灌用玉瓚大圭注云灌酌鬱尊以獻也又郊特牲灌以圭璋注云灌以圭瓚酌鬯始獻神也又疏云灌猶獻也

灌猶飲也 禮記少儀疏又投壺奉觴曰賜灌注

灌謂灌洗 素問脈要精微論注萱按此盥之段借字○

灌灌水流盛也 漢書地理志下方灌灌兮兮注○萱按據鄭風作渙則灌為借字

灌叢也 小爾雅廣詁○爾雅釋木又詩葛覃傳竝云灌木叢木萱按爾雅亦作樌乃叢木之專字也說文無之又高彪碑雚檀段雚為灌也

木叢生為灌 爾雅釋木又李注云木叢生曰灌木又文選吳都賦丹桂灌叢劉注云木叢生曰灌○詩皇矣其灌其栵傳又禮記月令疏引熊氏竝云灌叢生也

又文選江賦涯灌芊萊注云涯灌涯側叢生也

灌聚也 廣雅釋詁三又大戴記夏小正灌荼傳○夏小正啟灌藍蓼傳云灌者聚生者也

灌瀆也 廣雅釋詁二

灌習也 後漢雷義傳注○萱按此蓋攢之同聲段借字

灌謂鑄之 六選七命萬辟千灌注

灌灌猶款款也 詩板老夫灌灌傳

灌灌慅慅憂無告也 爾雅釋訓○萱按說文懽下引之用正字也爾雅用借字

盥者進爵灌地以降神也 易觀馬注○萱按馬謂盥即灌之借

盥

澡手也 說文段注水部曰澡洒手也禮經多言盥內則每日進盥五日請浴三日具沐其間面垢請靧足垢請洗是則古人每旦必洒手而洒面則不必旦旦為之也大學有湯之盤即特牲內則之盥槃故其銘曰日日新凡洒手曰澡曰盥洒面曰靧濯髮曰沐洒身曰浴洒足曰洗○後漢劉寬傳注云澡手曰盥又論衡譏日云盥去手垢

盥謂洗手也 禮記內則咸盥漱洗疏又釋文玉藻曰五盥疏少儀凡洗必盥疏又左氏僖廿三年傳奉匜沃盥疏又華嚴經音義上引珠叢○禮記少儀洗盥執食飲者疏云盥謂與尊長洗手也又後漢崔駰傳注云盥洗也

盥㴊手 管子

弟子職既拚盥漱注

盥亦滌也 文選長笛賦溉盥汙濊注

盥沃盥也 易象上傳盥而不薦虞注

盥者進爵灌地以降神也 易觀盥而不薦馬注○萱按此謂盥為灌之段借字也又儀禮士冠禮贊者盥升鄉射禮盥洗古文皆段洗為盥鄭注云

灌謂灌洗 素問脈要精微論當病灌汗注○萱按此段灌為盥也二字同音互借通用

冠

平去明讀義分○俗有致

覆也 文選東京賦冠南山薛注

冠謂居其首 漢書蕭何曹參傳贊位冠羣臣注○後漢黨錮傳注云冠猶首也

冠嘉禮也 政和五禮新儀十一引五經要義○又引石渠禮議云冠者人道之始也嘉事之善也

冠者禮之始也 禮記冠義○國語晉語趙文子冠注云冠謂以士禮始冠又大戴記保傅傳注云冠婚人之始也

冠謂二十加冠也 後漢黃香傳注○國語晉語注云其冠也注云冠二十也

冠成人之服 左氏襄九年傳冠而生子注

日傍危氣在上內向為冠 呂覽明理有暈珥注

擘 烏官切

○俗有腕腕擘膊

手擘也揚雄曰擘握也 說文段注手擘也各本作手擘今正擘者手上臂下也肉部曰臂者手上也肘者臂節也又部曰厷者臂上也是則肘以下手以上渾言之曰臂析言之則近手處曰擘士喪禮設決麗于擘注云擘手後節中也云後節中者肘以上為前節則肘以下為後節之中以上為臂則以下為擘也俗作腕左傳涉佗捘衛侯之手及腕非古字握者搯持也楊說別一義凡史漢云搯擘扼腕者皆疊字言持手游民也

擘掌後節中也 儀禮即夕記繫鉤中指結于擘注○史記刺客傳搯捥而進索隱云掌後曰捥萱按索隱引字書云捥作擘又集解引徐廣云捥一作指惟指為雙聲段借字餘皆俗體也字書作膵直謁耳殆不成字作擘者字誤也擘訓擊固敂聲在十二部

腕宛也言可宛屈也 釋名釋形體

捥取也 集韻

堅

或書作職

石之似玉者 說文

捾

又十五部入聲注在彼○十四十五部同入俗有剜剜亦平聲見副編

剜削也 一切經音義四引埤蒼

剜剈也 一切經音義二引字林

揠 又十五部入聲○俗有揠扤

戶慣切

奐 或作煥暵 取奐也一曰大也 說文段注取奐也未聞大雅伴奐爾游矣毛曰伴奐廣大有文章也檀弓美哉輪焉美哉奐焉注輪輪囷言高大奐言衆多 奐盛也 漢書韋玄成傳集注 奐爛言衆多也 禮記檀弓下釋文 奐言其文章之皃也 禮記檀弓下疏 煥文章皃 後漢馮衍傳注 煥明也 論語泰伯煥乎其有文章集解又漢書儒林傳集注又後漢班彪傳下注○一切經音義一云煥字書亦奐字煥亦明也萓按檀弓釋文云奐本作煥又魯峻碑云暵矣昀昀則字又作暵又王純碑云奐矣王君乃正體字又劉熊碑渙乎成功戚伯著碑功德渙彰皆段渙爲之 奐散皃 文選琴賦注引蒼頡○萓按訓散則爲渙之義然亦奐之再引申也二字義多相通

渙 散流也 說文段注各本作流散今正分散之流也毛詩曰渙渙春水盛也周易曰風行水上渙又曰說而後散之故受之以渙渙者離也○易渙注又釋文又詩訪落繼猶判渙傳竝云渙散也又漢書刑法志則渙然離矣注云渙然散

韻史 卷六十三第十四部去聲幹韻

六〇九一

皃 渙者乘理以散通也 易繫辭下傳蓋取諸渙注○老子渙兮注云渙者解散 渙離也 易雜卦傳又廣雅釋詁三 渙者發暢而無所壅滯 易序卦傳注 渙之爲義內險而外安者也 易渙渙其躬注 渙者賢也 呂覽召類說苑奉使 又渙爛文章皃也 後漢延篤傳渙爛兮其溢目也注○文選物色題注云渙即有文章也萓按奐煥訓文章皃則渙爲借字矣然亦渙引申之義也渙渙盛也盛則有文章 渙渙盛也 詩溱洧方渙渙兮傳○萓按韓詩作洹洹漢書地理志作灌灌皆段借字

換 易也 說文又小爾雅廣詁又漢書敘傳下集注引孟康○穀梁桓元年傳注擅相換又易釋文云換本作逭萓按換逭正借字音同也○俗有喚嚾

囂 嘑也 說文段注嘑各本作呼今正嘑號也廣雅囂鳴也玉篇云囂荒貫切與喚同廣韻同按說文無喚字然則囂喚古今字也 囂呼召也 一切經音義十三引聲類○孟子滕文公下衆楚人咻之注音義引丁音

韻史 卷六十三第十四部去聲幹韻

六〇九二

云嚾蓋字與讙譁同萓按廣韻集韻皆喚嚾同字 嚾呼也 一切經音義二十引聲類 大呼曰嚾 一切經音義十三引通俗文 嚾嚾喧囂之皃 荀子非十二子嚾嚾然而不知其所非也注○萓按此段嚾爲諠也 咀嚾者九竅而胎生 大戴記易本命○注云咀嚾人及獸屬

宦 仕也 說文段注人部曰仕者學也左傳宦三年矣服虔云宦學也曲禮宦學事師注云宦仕也熊氏云宦謂學官事學謂習六藝二者俱是事師禮記宦於大夫左傳妾爲宦女按仕者習所事也古事士仕通用貫宦通用故魏風三歲貫女魯詩作宦女○左氏宣二年傳乃宦鄉之適子注又國語越語納宦其子注竝云宦仕也 宦學也 左氏宣二年傳服杜注 宦爲臣隸也 國語越語與范蠡入宦於吳注 宦官閹寺也 漢書惠帝紀宦官上食比郎中注引應劭○文選宦者傳論題注云宦者養也養閹人使其看宮人此是小臣 貫事也 爾雅釋詁又詩碩鼠傳○萓按此段貫爲宦也然訓事亦貫引申之義彼注已詳

幻 ○俗有眩 相詐惑也周書曰無或譸張爲幻 說文段注相詐惑也者詭誕惑人也漢書

韻史 卷六十三第十四部去聲幹韻

六〇九三

犛靬眩人字作眩○書無逸民無或胥譸張爲幻晚出傳云幻惑也又疏云幻即眩也惑亂之名

逭 或作踖[扌雚]或 逃也 說文段注緇衣引大甲曰天作孽可違也自作孽不可以踖踖本又作逭鄭注逭逃也亦見釋言○爾雅釋言逭逃也樊注云行相避逃謂之逭 逭亦行不相違也 爾雅釋言樊注 逭行也 廣雅釋詁一 逭轉也 廣雅釋詁四 逭周也逭轉也逭步也 竝方言十三

患 悶 古文 [⿱串心] 古文○平去兩讀 㥑也 說文段注下云从心上貫毌毌亦聲此八字乃淺人所改竄古本當作从心毌聲四字毌貫古今字古形橫直無一定如目字偏旁作四患字上从毌或橫之作申而又析爲二中之形蓋恐類於中也春秋繫露曰心止於一中者謂之忠持二中者謂之患患人之中不一者也董氏說固非字本形矣古毌多作串廣韻曰串穿也親串即親毌貫習也大雅串夷載路傳曰串習也蓋其字本作毌爲慣摜字之段借也廣韻又謂炙肉之器爲串初限切亦毌字之變體也國策秦策王勿患也注必無危亡之患矣注齊策齊王之患注此臣之所以爲山東之患注王勿有患注三國之與秦壤界而患急注西周策何患焉注臣爲王有患也注又一切經音義十二引廣

韻史 卷六十三第十四部去聲幹韻

六〇九四

雅又呂覽慎大天下顫恐而患之注大臣同患注重言御大夫恐懼患之注別類此患臣之所患也注茲云患憂也

患若也廣雅釋詁四又漢書儒林申公傳戊不好學患申公注

患惡也廣雅釋詁三

患疾也國語晉語公患之注

患難也國語齊語設之以國家之患而不疚注又國策秦策而無後患注又呂覽慎人然後免於凍餒之患注○素問徵四失論不問其始憂患注云患謂患難也又呂覽權權勳君奚患焉注云患猶難也

患禍也孝經孝無終始患不及者鄭注

患害也禮記樂記論倫無患注又呂覽重己此陰陽不適之患也注貫生恐爲君之患也注誣徒此不能學者之患也注

天患謂裁害也周禮司救凡歲時有天患民病注

擐

毌也春秋傳曰擐甲執兵說文段注毌穿物持之也今人廢毌而專用貫矣杜注左傳韋注國語皆曰擐貫也

擐貫也左氏成二年傳擐甲執兵注又國語吳語令服兵擐甲注又後漢蔡邕傳注何進傳乃袁紹傳注

擐著也廣雅釋詁三

擐貫著也淮南要略躬擐甲胄注○顏氏家訓書證云擐甲是穿著之名

擐甲衣甲也一切經音義十七引國語貫注○禮記王制注謂擐衣出其臂脛萱按此段擐爲擐

轘

車裂人也春秋傳曰轘諸栗門說文段注周禮條狼氏誓僕右曰殺誓馭曰車轘注曰車轘謂車也○後漢呂強傳注云轘裂以車裂也又左氏桓十八年傳轘高渠彌注云車裂曰轘又宣十一年傳轘諸栗門注云轘車裂也又襄廿二年傳轘觀起於四竟注云轘車裂以徇又釋名釋喪制云車裂曰轘轘散也肢體分散也

轘轘轅也文選沈休文應詔樂遊苑詩函轘方解帶注○管子地圖凡兵主者必先審知地圖轘轅之險注云轘轅謂路形若轘而又轘曲又元和郡縣志引左傳舊注云轘轅道路險隘凡十二曲將去復還故曰轘轅萱按曲義古用環轅用還則作轘非正字

○俗有鯀

垸

㠯桼鯀灰丸而髹也一曰補垣也說文段注桼者木汁可以髹物也桼丸者圜也傾側而轉者髹者髹桼也灰者燒骨爲灰也玄應梵書音義曰通俗文曰燒骨以桼和曰垸倉頡訓詁曰垸以桼和之今中國言垸江南言髹髹音瑞垸胡灌切玉裁按許匏下云桼垸周禮巾車杜子春云軟讀爲垸桼之桼輪人注鄭云丸漆之蓋以桼合和燒骨之灰搏而丸之以髹擦物丸輿垸疊韻爲訓丸而髹之既乾如沙磣不光潤乃摩之鄭所云丸漆

之乾乃以石摩平之也既摩乃復桼之許於麴下所云桼垸已復桼之也如此數四乃復敫丹雘今時桼工亦略同此垸或段涗爲之如角人注骨入桼涗者受之以量也或段晥爲之如檀弓華而晥孫炎曰晥桼也叔然乃指其最後光潤者而言一曰補垣也此依小徐本月令曰脩宮室坏垣牆補城鄭左傳曰繕完葺牆以待賓客○萱按補垣也各本作補垸非是此許之言段借也謂垸爲完之借又考工記治氏重三垸司農注云垸量名讀爲丸按此亦段借之義

垸轉也淮南時則員而不垸注

豢

㠯穀圈養豕也說文段注圈者養畜之閑圈養者圈而養之圈豢疊韻樂記注曰以穀食犬豕曰豢月令注曰養牛羊曰芻犬豕曰豢少儀假圈爲豢○荀子榮辱注云豢圈也以穀食於圈中

穀食曰豢國語楚語芻豢幾何注又孟子告子上猶芻豢之悅我口注又淮南時則注○禮記月令案芻豢疏引王肅云食艸曰芻食穀曰豢

豢養也左氏昭廿九年傳故國有豢龍氏注又服注哀十一年傳是豢吳也夫注又禮記樂記夫豢豕爲酒疏又史記樂書正義吳太伯世家索隱又後漢馮衍傳注蔡邕傳注

犬豕曰豢大戴記曾子天圓注又荀子榮辱今

使人生而未嘗睹芻豢稻粱也注又呂覽仲秋注季冬注○周禮槁人掌豢祭祀之犬注云養犬豕曰豢

芻豢猶犧牲禮記月令共寢廟之芻豢注○大戴記曾子天圓云宗廟曰芻豢山川曰犧牲

段 睹宦切

或作厩

椎物也說文段注用椎曰椎考工記段氏爲鎛器徐丁亂反劉徒亂反徐音是也鎛欲其段之堅故官曰段氏函人職曰凡甲鍛不摯則不堅鍛亦當作段金部曰鍛小治也小治小鑄之窰也後人以鍛爲段字以段爲分段字讀徒亂切分段字自應作斷蓋古今字之不同如此大雅取厲取碫毛曰碫段石也鄭曰段石所以爲段質也古本當如是石部碫段石也從石段春秋傳鄭公孫段字子石古本當如是段石與厲石各物說文訓詁多宗毛傳

鍛椎也廣雅釋詁二又後漢韋彪傳注○萱按段字古多叚鍛作之用鍛引申之義也

鍛權也文選長笛賦注引蒼頡○萱按權蓋毃之同音段借字毃與椎義略同權與鍛義不相涉

鍛謂搥破之莊子列禦寇取石來鍛之釋文

鍛鍛革也考工記函人司農注

鍛鍊猶成熟也後漢韋彪傳鍛鍊之吏注

鍛腨加薑桂曰腶脩禮記郊特牲尚腶脩而已矣釋文○儀禮有司徹取糗與腶脩釋文云加薑桂以腨而鍛之曰

腶脩又云鍛本作段萱按作段是也段脩亦所椎之一物耳云腶字後出岩字亦俗字也腶下更詳之捶之而施薑桂曰鍛脩周禮腊人注○穀梁莊廿四年傳棗栗鍛脩注云鍛脩取斷斷自脩整又釋文云鍛脯也段謂離散不成管子五行注○萱按此段段爲鍛

鍛

或作段小冶也說文段注小冶謂小作鑪鞴以冶金如嵇康之鍛竈是也冶之則必椎之故曰鍛鐵殳部曰段椎物也鍛从段金會意兼形聲考工記段氏爲鑄器段即鍛也詩之碫石則鍛質也鍛椎也鍛練猶成熟也鍛鍛革也鍛脯也萱按皆叚鍛爲段然亦鍛引申之義也

碫

○作碫者譌碫石也春秋傳公孫段字子石說文段注碫篆舊作碫九經字樣所引說文已然今依詩釋文及玉篇正碫石本作厲石自詩釋文所引已然今正大雅取厲取碫今本作取鍛當依釋文本又作碫毛傳曰碫通碫石也今本誤一字箋云碫石此釋傳所以爲鍛質也箋意此石可爲椎段之椹質是則碫石者石名椎段字今多用鍛古祇作段考工段氏爲鑄器禮經段脩字皆作段是也段與厲絕然二事碫石厲石必是二物尚書宷誓

韻史 卷六十三第十四部去聲衎韻

六〇九九

段乃戈矛厲乃鋒刃段之欲其質之堅也厲之欲其刃之利也詩取厲取鍛亦明明分別言之毛傳亦既確指云碫石矣豈許君於此乃忽涸淆之訓碫爲厲石乎按厥所由由許依傳云碫石也三字爲句而刪複字者乃妄改爲厲字猶上礐篆下本云礐石也而刪複字者妄改爲毒石夫碫豈可爲厲礐豈可概以毒哉或問廣雅何以云碫礪也曰此自廣雅之誤廣雅之例每合異類之相近者爲一此則異類而迥別者也春秋傳云云此引經說字之例舉公孫段字子石以證碫之从段石會意也春秋傳多古文段者碫之古文也○萱按公孫段字伯石見襄三十年傳非子石也印段字子石見襄二十年傳

毈

卵不孚也說文段注爪部曰孚者卵即孚也从爪子不孚者卵坼不成樂記曰卵生者不殰鄭曰殰裂也今齊人語有云殈者按殈即毈也呂氏春秋雞多毈管子五行篇羽卵者不段叚段爲之卵不成鳥曰毈淮南原道鳥卵不毈注毈敗法言先知卵毈矣注其段謂離散不成管子五行然則羽卵者不段注

韻史 卷六十三第十四部去聲衎韻

六一〇〇

斷

上去兩讀彼本義此引申之義字異體詳彼決也漢書司馬遷傳集注又荀子禮論然而禮以是斷之者注至親以期斷注○禮記樂記臨事而屢斷注又文選晉紀總論覽而能斷注竝云斷猶決也又太玄玄錯云斷多決是而行之故謂之斷淮南說林○注云斷猶治也斷猶判也荀子富國欲爲之出死斷亡以覆救之注斷分也易繫辭上傳剛柔斷矣虞注○萱按後人分段字非古也古當作分斷斷方也莊子天下椎拍輐斷釋文斷齊也廣雅釋詁四斷多事太玄玄衝斷斷誠也廣雅釋訓○禮記大學斷斷兮注云斷斷誠一之兒也又書秦誓王注云斷斷守善之兒斷斷猶專一也公羊文十二年傳注又後漢卓茂傳注○漢書孔光傳集注云斷斷專一之兒又史記魯世家斷斷如也索隱云斷斷是專一之義

杜官切

彖

彖走也說文段注玉篇作彖走悅也恐是許書古本如此周易卦辭謂之彖爻辭謂之象繫辭傳曰彖也者才也虞翻曰彖說三才象者言乎象者也虞翻曰八卦以象告象說三才故言乎象也古人用彖字必系段借而今失其說劉瓛曰彖者斷也彖挩也廣雅釋言彖斷也易乾彖曰釋文又史記孔子世家序彖繫象說卦文言正義引

韻史 卷六十三第十四部去聲衎韻

六一〇一

莊氏彖材也廣雅釋詁四彖者言乎象者也易繫辭上傳○繫辭觀其彖辭釋文引王肅注云彖舉象之要也彖辭卦辭也易繫辭釋文引馬注又易略例云凡彖者統論一卦之體者也○左氏莊廿二年傳疏云卦下總爲之辭名之曰彖又襄九年傳注義異則論彖疏云周易卦下之辭謂之爲彖又云彖者統論一卦之體明其所由之主又昭二年傳易象疏云孔子述卦下總謂之爲彖

穀

緞或○作緞者譌報履後帖也說文段注帖帛書署也引伸爲今俗語都貼之字凡履跟必帮貼之分堅厚不則易敝臣瓚曰躡跟曰跕按履緊曰跕屣也跕與帖音同急就篇履舄鞜褢緘緞紃師古引說文爲注古本蓋祇有穀緞二篆自从段譌爲从段而篇韻皆有報緞音乎加切此鍛篆之上亦妄增鍛篆云履也从韋段聲正如石部碫譌爲碫各本說文乃作碫耳今刪鍛篆緞今俗以爲錦繡段之段

怒官切

稬

○作糯者譌沛國謂稻曰稬說文段注襄五年穀梁傳仲孫蔑衛孫林父會吳於善稻吳謂善伊謂稻緩按謂善爲伊者古合韻也謂稻爲緩者即沛國謂稻曰稬之理也緩古亦讀如暖昭五年狄人謂賁泉矢台謂貴爲矢

韻史 卷六十三第十四部去聲衎韻

六一〇二

者即今俗語謂糞爲矢也今矢台作失台者誤穤今語矢奴臥切穤黏稻也爾雅釋艸釋文引字林

者○譌作麠麠也說文段注吳都賦翳薈無麠鷄李善麠音須引說文麠也按廣韻麠入十一虞麠入二十九換

以許讀若便訂之是許本从臾而从需者乃轉寫譌俗也古音需聲在五部臾聲在十四部

麠　𤔔　亂

路宦切

𤔔古文或作角○治也一曰理也說文段注𤔔治也與乙部亂音義皆同一曰理也與治無二義

當由唐人避諱致此妄增

或作亂○俗有不可亂不治也从乙𤔔乙治之也說文段注各本作治也从乙乙治之也从𤔔乙文

理俗以治之通今更正亂之本訓也轉注之法乃則欲亂其治爲治故如武王曰

乙以治之謂誑者逹亂之本也訓不注之不治乃訓亂爲治其字从𤔔从乙

予有亂十人是也㕚部𤔔不治也幺子相亂𤔔治之亦爲𤔔後人改竄不可讀亂雜也荀子解蔽

先王者足以爲法正同也釋名釋亂惡也窻在國語前魯語注亂𤔔也文選

亂徒之子好色賦注亂惑也呂覽論人此亦不肖主之所以亂也注亂變也漢書終軍傳集注

登徒子好色賦注亂惑也

亂猶難也呂覽爲欲不敢亂矣注亂謂殺也國語周語及爲公之亂注亂之爲言事

未有所成也穀梁昭廿二年傳陰爲亂太平不極注文亂坤爲亂易萃乃亂虞注既濟亂爲

終亂虞注象上傳其命亂也虞注象下傳不可亂也虞注穀辭下傳亂之所生也虞注○小過終亂虞注云坤稱亂

君不能飾下而自飾者謂之亂韓非子難三又八說云人主肆意陳欲曰亂○漢書五行

志下之下引京房易傳云君疾善下謀上茲謂亂爲人君者倍道弃法而好行私謂

之亂管子君臣下○又云四正不正五官官曰亂又云臣當罪而不誅謂之亂不貴而志賤謂之

亂韓詩外傳九臣安祿樂逸茲謂亂漢書五行志中之下引京房易傳云逆命病君謂

之亂說苑臣術○孝經諷亂不作疏引皇侃云臣下反逆爲亂也又禮記表記而不可使爲亂注云違廢事君之

禮政悖德隱茲謂亂漢書五行志下之上引京房易傳○又云公常於利茲謂亂人反德

爲亂後漢鄭興傳注又呂覽孟春無亂人之紀注民○左氏宣十二年傳云人反物爲亂又宣十五年傳云民反德爲

亂又漢書五行志下之下同畏死而棄義者亂也列女傳節義之○荀子不

志下之下同百事失紀曰亂說林云非亂家語執轡○禮記表記亂易也

又淮南說林云非百事失紀曰亂國語執轡而難進則○禮記表記注云亂易

而行之必別謂之御覽刑法部五引大傳云道書煩言亂也是故聽而不寬

謂賢否不必別又大戴記曾子立事云好言煩亂也又注春秋繁露

是亂也又大戴記曾子立事云好言大傳云亂也是故聽而不寬

陽尊陰卑之云喜怒變亂謂作亂漢書張問錯入傳宦集注之○至大戴記反

易其處謂之亂世變亂謂作亂曾子張問錯傳入宦爭之○至又戴記反

於亂注云也兵作於內爲亂左氏文七年傳○周禮大宗伯以

亂反亂注云也兵作於內爲亂左氏文七年傳云兵作於外爲寇以

作亂於內亂淫亂也大戴記本命淫亂者亂家子亂不取犯悖○作詩雅

爲亂於內亂淫亂也大戴記本命者亂疏云亂謂犯悖人倫

失行列也禮記樂記亂皆坐注武亂治也爾雅釋詁禮記樂記注亂復又以飾歸疏又三

左氏襄廿八年傳武王有亂十人注又論語泰伯予有亂十

人集解引馬注又國語周語故謂之亂治也又書皐陶謨亂而敬又漢書

注又孟子音義上引張音○爾雅釋詁亂治也注云鄭注治之理

注合人注云亂義之治也又書皐陶謨亂而敬又漢書

又方言十亂理也禮記樂記治亂以相皇疏又論語

剛柔治理又方言十亂理也禮記樂記治亂以相皇疏又論語

三注云亂宜訓治泰伯集解引馬注又廣

雅釋詁二又史記孔子世家關雎之亂正義又漢書外戚傳

上集注又離騷亂曰注大招娛人亂只注又文選東京賦

以收置解果薛注幽通賦亂曰天造艸昧注曹大家注○漢書揚雄傳

傳上集注又鬼谷子中經亂其前注又論衡案書又漢文選雪賦

賦起而爲亂注茲云亂者理也按北海亂絕也漢書孫傳集注王

景君銘䌛曰亂曰也𤔔蓋𤔔之異體字

正絕流曰亂爾雅釋水又詩公劉涉渭爲亂傳亂又漢書地理志上亂于河注又後漢張衡傳亂弱水之潺湲

兮注亂直橫渡也爾雅釋水孫注

敽　䜌

煩也說文段注煩熱頭痛也引伸爲煩亂按敽與乙部𤔔音義皆同煩曰敽治其煩亦曰亂也○乙部

萱按大戴記好道言部敽乙部亂言部䜌

煩言亂也

有○俗䜌一乳兩子也說文段注此謂人也䜌之言連也○一切經音義十七引蒼頡云䜌一生兩子也○一切經音義十七引字林

重生爲䜌太平御覽兒部引說文䜌不注䜌雙生也○方言三云凡人畜乳而

雙產自關而東趙魏之間謂之䜌生䜌二也廣雅釋詁四䜌引也易小畜有孚䜌如虞注

䜌如

者繫其信之辭也易中孚注

惴 惪懼也詩曰惴惴其慄說文段注釋訓毛傳皆曰惴惴懼也許意懼不足以盡之故增懼字詩者秦風黃鳥文慄當作栗轉寫之誤也古戰栗堅栗皆作栗戰栗及禮經栗階皆取栗駭之意○晉書音義上云惴憂也懼也惴憂也廣雅釋詁一惴懼也後漢王吉傳注又孟子公孫丑上吾不惴焉注惴恐懼兒孟子公孫丑上音義引丁音○漢書敘傳上集注云惴惴恐懼兒惴戰栗也漢書酷吏甯成傳人皆惴恐注惴惴小心兒莊子齊物論小恐惴惴釋文引李注釋文又云惴本作蝡又作喘○萱按惴耎乃蠕蝡之段借字蝡蓋蠕之俗體惴耎無足蟲也莊子胠篋惴耎之蟲釋文

初宦切

篡 屰而奪取曰篡說文段注奪當作敚奪者手持隹失之也引伸為凡遺失之偁今吳語云奪落是也敚者彊取也今字奪行敚廢但許造說文時畫然分別書中不應自相刺謬凡讀許書當先校正有如此者并而敚者下取上也篡者奪取也爾雅釋詁注○白虎通誅伐云篡猶奪也取也欲言庶奪嫡孼奪宗引奪其位又穀梁序

韻史 卷六十三第十四部去聲霰韻 六一〇七

弒逆篡盜者疏云篡謂以庶奪正篡猶劫也奪也史記衛將軍驃騎傳與壯士篡取之索隱逆取曰篡漢書成帝紀集注梁懷王揖傳集注衛青傳集注趙廣漢傳集注匡衡傳集注○方言一云自關而西秦晉之間凡取物而逆謂之篡又荀子臣道云逆命而不利君謂之篡又莊子秋水云差其時逆其俗者謂之篡夫今人謂以計數取物為篡篡亦取也後漢逸民傳序弋者何篡焉注○逸民傳注又文選逸民傳論注引法言鴻飛冥冥弋人何篡注又莊子秋水釋文又爾雅釋詁竝云篡取也盜位曰篡爾雅釋詁舊注察孰非以分是則謂之篡荀子解蔽

䵎 又十五部入聲黃黑而白也一曰短黑說文段注黃黑而白者謂黃黑而發白色也一曰短黑別一義

初宦切

⿰氵篡 或作涮○作⿰氵算者譌飲歃也一曰吮也說文段注歃歠也吮欶也各本篆作⿰氵算解作算聲多按玉篇廣韻皆作⿰氵篡知古說文如此作集韻類篇始誤从俗本說文耳古音在十四部卽今之涮字也涮所患切

韻史 卷六十三第十四部去聲霰韻 六一〇八

措宦切

爨 𤇽 籒○俗有寠齊謂炊爨說文段注各本謂下衍之字今正火部曰炊爨也然則二字互相訓孟子趙注曰爨炊也齊謂炊爨者齊人謂炊曰爨古言謂則不言曰如毛傳婦人謂嫁歸是也特牲少牢禮注皆曰爨竈也此因爨必於竈故謂竈為爨禮器燔柴於爨同楚茨傳曰爨饔爨廩爨也此謂竈又曰踖踖爨竈有容也此謂炊○左氏宣十五年傳析骸而炊注又廣雅釋言又一切經音義十七引三蒼竝云爨炊也又楚辭憂苦爨上驚於中字注云爨炊竈也爨然也禮記喪大記甸人取所徹廟之西北厞薪用爨之疏爨灼也文選七命注引漢書韋昭注爨竈也儀禮特牲饋食禮主婦視饎爨于西堂下注少牢饋食禮雍人概鼎匕俎于雍爨注士虞禮魚腊爨亞之北上注○周禮亨人職外內饔之爨亨烹注云爨今之竈主於其竈烹物又疏云周禮儀禮皆言爨論語王孫賈云寧媚於竈禮記祭法天子七祀之中亦言竈若然自孔子已後皆言竈爨銓也銓度甘辛調和之處也釋名釋宮室爨火上儀禮士昏禮爨滫在爨注大爨者是老婦之祭禮記禮器夫奧者疏辰星謂之爨星廣雅釋天

韻史 卷六十三第十四部去聲霰韻 六一〇九

竄 ○俗有竄匿也說文段注周易逋竄左氏無所伏竄是也堯典竄三苗于三危與言流言放言極一例謂放之令自匿故孟子作殺三苗即左傳蔡蔡叔之蔡蔡為正字竄殺為同音段借漢書曰奉頭鼠竄○左氏定四年傳而君又竄之注又國語周語自竄於戎狄之閒注又荀子正名百家無所竄注竝云竄匿也竄隱也國語晉語棄寵求廣土而竄伏焉注不通可以竄惡注○荀子儒效不敢竄其祭注云竄隱匿也竄藏也廣雅釋詁四又莊子騈拇竄心遊心釋文又呂覽首時隱匿分竄注竄逃也易訟釋文又左傳昭廿六年釋文引文林竄走也後漢班彪傳上注又文選高唐賦飛揚伏竄注竄者投棄之名書堯典竄三苗于三危疏竄容也荀子大略貧窶者有所竄其手注○呂覽審分無所竄其姦矣注云竄猶容竄微也爾雅釋詁又國語晉語敏能竄謀注竄謂廁著也漢書王莽傳上章因自竄姓名注竄句謂邪說隱微穿鑿文句也莊子騈拇釋文引司馬注竄塞也廣雅釋詁三

鏦 此詳九部

⿰金彖 或○又穳鑹鏦有矛也說文段注糸應曰字詁云古文⿰金彖鏦二形今作穳同鑹亂切字林云

韻史 卷六十三第十四部去聲霰韻 六一一〇

穳小矛也按録與鏦當是各字而同義从金彖聲今說文穳寫有誤○萱按從聲不得在十四部猶彖聲不得在九部也今姑兩部竝錄焉 穳小矛也 一切經音義十一引字詁又引字林 鑹小稍 廣韻

臥宦切

翫

習猒也春秋傳曰翫歲而愒日 說文段注猒飽也此與心部忨音同義近翫歲而愒日左傳昭元年文按心部忨下引春秋傳忨歲而激日當作春秋國語今晉語作忨日而激歲 翫習也 左氏傳廿五年寇不可翫注又廣雅釋詁二又後漢臧宮傳注又家語正論民狎而翫之注又文選東京賦日翫阿房薛注翫其所以先入薛注 玩習也 列子黃帝玩其文也久矣釋文又楚辭哀時命誰可與玩此遺芳注○萱按此段玩爲翫也 翫弄也翫戲狎也 萱按此用翫爲玩也二字互相通借 翫猶悅也翫愒皆貪也

忨

萱按此段翫爲忨也 翫心不愒 周書芮良夫爾乃贖禍翫烖注○萱按此引申之義於忨玩皆相近 貪也春秋傳曰忨歲而激日 說文段注貪者欲物也忨與玩翫義皆略同按左傳昭元年曰翫歲而愒日習部引之國語作忨日而激歲韋曰忨偷也激遲也此所偁疑用外傳文然杜注翫愒皆貪也釋文曰翫字

韻史 卷六十三第十四部去聲骭韻

六一一

又作忨則許所據左傳如此是○廣雅釋詁二云忨貪也 玩貪也 易繫辭所樂而玩者釋文引馬注又左氏昭廿六年傳玩求無度注○萱按此段玩爲忨也 翫猶悅也 文選張茂先荅何劭詩流目翫鯈魚注○萱按此段翫爲忨也

貦

或弄也 說文又一切經音義六引字林又國語吳語將還玩吳國於股掌之上注又呂覽精論終日玩之而不去注又淮南精神玩天地於掌握之中注 玩謂玩弄言精熟也 素問寶命全形論可玩往來注○國語楚語若夫白珩先王之玩也注云玩弄之物 玩愛也 漢書五行志中之上集注又文選顏延年和謝監靈運詩典玩究辭懷注○潘正叔贈陸機詩玩爾清藻注云玩猶愛也又劉越石荅盧諶詩序執玩反覆不能釋手注云玩猶愛弄也 玩黷也 國語周語觀則玩注無乃玩而頓乎注 玩研玩也 易繫辭釋文 玩好 謂明器琴瑟笙竽之屬 荀子大略玩好曰贈注 翫弄也 易繫辭上傳而翫其辭虞注○萱按此謂翫爲玩之借字也 翫戲狎也 荀子禮論介則翫注 玩習也 萱按此又借玩爲翫 玩貪

韻史 卷六十三第十四部去聲骭韻

六一二

也玩偷也 萱按此段玩爲忨也玩偷也見國語注字或本作忨

薍

薍也八月薍爲萑葭爲葦 說文段注各本脫萑葭爲三字今補正按此正申明未秀爲薍既秀爲萑之恉八月秀之時也言葭爲葦者類言之也豳詩八月萑葦傳云薍爲萑葭爲葦謂至是月而薍秀爲萑葭秀爲葦矣許正用毛語 薍或謂之荻至秋堅成卽刈謂之萑 齊民要術十引詩義疏○一切經音義十二引詩艸木疏云葭菼名薍至秋盛則謂之萑 菼初生葸騂色海濱曰薍 爾雅釋艸菼薍樊注 薍江東呼之烏蓲 詩碩人傳菼薍也釋文

筭

或作筭 長六寸所以計厤數者 說文段注所以二字今補漢志云筭法用竹徑一分長六寸二百七十一枚而成六觚爲一握此謂筭籌與算數字各用計之所謂筭也古書多不別○大戴記投壺又禮記投壺竝云算長尺二寸又禮注云算長尺有握握數也萱按此段算爲筭也其說與班許異 筭籌也 論語八佾集解多筭飲少筭釋文 算數也 爾雅釋詁又小爾雅廣言又儀禮鄉飲酒禮無算爵注燕禮注大射儀注喪服記覲則月

韻史 卷六十三第十四部去聲骭韻

六一三

算如邦人注士喪禮明衣不在算注特牲饋食禮注有司徹注又禮記檀弓下爲之節文也有算注哀公問然後言其喪算注喪大記君大夫士祭服無算疏○萱按此皆用算爲筭也數讀去聲於筭爲引申之義算本義之訓數謂數擇之也則數讀上聲然古多用算少用筭 算口錢也 後漢左雄傳注○烏桓鮮卑傳注云一算百二十也 今之筭泉民或謂之賦 周禮大宰以九賦斂財賄疏

祘

明視以筭之逸周書曰士分民之祘均分以祘之也 說文段注示與視筭與祘皆疊韻也明視故从二示藝文志周書七十一篇周史記也劉向曰蓋孔子百篇之餘故許君謂之逸周書亦以別於偁尚書之周書免學者惑也士分民云云今逸周書無此語當在亡篇內或曰本典解均分以利之則民安卽此句也

蒜

葷菜也菜之美者雲夢之葷菜 說文段注爾雅音義齊民要術太平御覽引皆作此九字 音義云一本如是今兩存之大戴禮夏小正十二月納卵蒜卵蒜者何本如卵者也納者何納之君也案經之卵蒜今之蒜

韻史 卷六十三第十四部去聲骭韻

六一四

小蒜也凡物之小者偁卵禮之卵醬卵鯤醬詩之總角丱兮謂幼稚也丱者說文卵字也陶貞白云小蒜名薍子薍音亂卵小正卵字其大蒜乃張騫始得自西域者本艸大蒜名葫小蒜名蒜蓋始以大蒜別於蒜復復以小蒜別於大蒜古祇有蒜而已**蒚山蒜**爾雅釋艸

巽

或作巺癹**𢁉**古文**巽**籀**具也**說文段注孔子說易曰巽入也巽乃愻之假借字愻順也順故善入許云具也者巺之本義也傳○雜卦傳云巽伏也**巽散也物皆生布散也**釋名釋天**巽德之制也**易繫辭下**巽所以申命明制也**易繫辭下傳注○說卦傳云巽東南也**巽爲清明風**淮南墬形清明風之所生也注○左氏莊廿二年傳云巽風也**巽爲進退**易彖上傳下觀而化也虞注又禮記緇衣疏**巽者入也**易序卦傳○萓按巽愻雙聲通轉至近故古多段巽爲愻愻之訓入亦引申之義矣**巽順也巽恭也巽讓也巽者外迹相卑下也**萓按竝詳十三部愻下

韻史　卷六十三第十四部去聲豻韻　六一一五

顨

巽也此易顨卦爲長女爲風者說文段注顨巽也巽具也頁部曰顛選具也按選具者選而供置之也今周易巽卦作巽許於巽下云具也不云卦名謂顨爲易卦名之字蓋二字皆訓具也其義同其音同伏羲文王作顨孔子則作巽而小篆乃作巽矣顨爲卦名巽爲卦德孔子彖傳但言健順動止巽陷麗說皆卦德也其言重巽以申命巽以行權震動也巽入也巽爲雞巽爲股巽爲木爲風爲長女皆當舉卦名而不作顨但云巽以德爲名者於伏羲文王爲古今字也是可以知字有古今之理矣許於此特言之者存周易冣初之古文也此說本之江氏聲愚又謂許所見易惟此爲木爲風爲長女之字作顨猶今易惟襍卦傳之始作遇也

半 布宦切

物中分也說文○漢書高帝紀上今漢有天下太半注引韋昭云凡數三分有二爲太半有一分爲少半又史記項羽紀集解略同**半爲中氣**晚出書允征疏**半謂偏枯**呂覽別類可以爲半注**半猶端也**墨子經說下**半量器名容半斗也**史記項羽紀索隱引王劭○萓按此段半爲料也今本斗字誤作升**半五升器名也**漢書項籍傳士卒食半菽注引孟康○萓按今本升誤斗

韻史　卷六十三第十四部去聲豻韻　六一一六

料

量物分半也說文段注量之而分其半故字从斗半漢書士卒食半菽注孟康曰半五斗器名也王劭曰言半量器名容半升也今按半即料也廣韻料注五升然則孟康語升誤斗王劭語斗誤升當改正集韻云一曰升五十謂之料當有誤入日食五升菽略同周官之人月二鬴也字从半斗即以五升釋之許意不尒**半五升器也**史記項羽紀集解引徐廣○漢書李陵傳人持一半冰集注云五升曰半萓按此段半爲料也或讀判讀片皆未是

姅

婦人污也漢律曰見姅變不得侍祠說文段注婦人污也者謂月事及免身及傷孕皆是也廣韻曰姅傷孕也傷孕者懷子傷也萓按見姅變如今俗忌入產婦房也不可以侍祭祀內則曰夫齋則不入側室之門正此意漢律與周禮相爲表裏

袢

平去明讀**衣無色也一曰**此二字衍文**詩曰是紲袢也**說文段注鄘風君子偕老文紲當同褻篆下作褻毛傳曰言是當暑袢延之服也袢延疊韻如方言之褔褸漢時有此語指摩之意外展衣中用縐絺爲衣可以指摩汗澤故曰褻袢褻袢專謂縐絺也暑天近汗之衣必無色故知一曰爲衍文矣毛詩以展袢顏媛爲韻則知

韻史　卷六十三第十四部去聲豻韻　六一一七

袢當依釋文符袁反延讀如字**袢延是熱之氣也**詩君子偕老疏○萓按此義殆非也

絆

○俗有絆**馬馽也**說文段注馬部馽下曰馬絆也與此爲轉注小雅繫之維之傳曰繫絆維繫也周頌曰言授之繫以繫其馬箋云繫絆也按繫謂繩用此繩亦謂之繫此凡字之大例有客其冣明者也引申爲凡止之偁○左傳僖廿八年釋文云絆繫也**重足曰絆**詩白駒釋文**在後絆**左氏僖廿八年傳鞿絏鞅絆注**絆半也拘使半行不得自縱也**釋名釋車

播

又十七部注在彼**㪔**古文

泮 普宦切

或作頖○俗有泮**泮宮**二字補**諸矦饗射之宮西南爲水東北爲牆**說文段注饗者謂鄉飲酒也詩行葦泮水皆言諸矦鄉飲酒之禮見鄭箋古者養老之禮即鄉飲酒之禮也公劉先射而後養老故曰饗射廱篆下曰天子饗飲辟廱亦謂鄉飲酒不言射者言饗以關射五經異義引韓詩說辟雍所以教天下春射秋饗尊事三老五更魯頌曰思樂泮水又曰既作泮宮毛曰泮水泮宮之水也天子辟廱諸矦泮宮王制曰天子曰辟廱

韻史　卷六十三第十四部去聲豻韻　六一一八

諸侯曰頖宮鄭云辟明也廱和也所以明和天下頖之言班也所以班政教也許書無頖字蓋禮家製頖字許不取也小戴三云頖宮魯頌箋云辟廱者築土雝水之外圓如璧四方來觀者均也泮之言半也蓋東西門以南通水北無也白虎通曰獨南面禮儀之方有水耳詩迨冰未泮傳云泮散也此假泮爲判也隰則有泮傳云泮坡也此假泮爲畔也○廣雅釋宮云頖宮宮也又禮記王制云諸侯曰頖宮又獨斷上云諸侯曰頖宮頖言半也又詩泮水釋文云泮半也半有水半無水也 **諸侯曰泮宮半於天子宮也明尊卑有差所化少也** 白虎通辟雍引詩訓○後漢崔駰傳注云頖半也諸侯半天子之宮又藝文類聚卅八引五經通義云諸侯不得觀四方故缺東以南半天子之學故曰頖宮 **泮宮學名** 詩泮水序頌僖公能修泮宮也疏○禮記明堂位云頖宮周學也 **泮宮郊之學也** 公羊成十七年傳疏○禮記禮器必先有事於頖宮注云頖郊之學也字或爲郊宮 **頖是分判之義** 禮記王制疏 **泮坡也** 詩氓傳○萱按泮畔二字互相段史晨奏銘云飲酒畔宮

畔

田界也 說文段注田界者田之竟處也左傳曰行無越思如農之有畔其過鮮矣一夫百畝則畔爲百畝之界也

引申爲凡界之偁或段泮爲之氓詩曰隰則有泮傳曰泮坡也坡卽陂箋云泮讀爲畔畔涯也經典多借爲叛字論語佛肸以中牟畔大雅無然畔援傳曰無是畔道無是援取○後漢杜篤傳注云畔疆界也 **畔界也** 廣雅釋詁三又國語周語脩其疆畔注又楚辭逢紛吟澤畔之江濱注愍命江河之畔無隱夫注思古步周流于江畔注 **畔者水涯之名** 詩氓疏 **畔舍也畔反也畔違背也** 萱按此類皆段畔爲叛也彼注詳之 **畔離也** 萱按此段畔爲判

判

或作胖○俗有半 **分也** 說文段注媒氏掌萬民之判注判半也得耦爲合主合其半成夫婦也朝士有判書以治則聽注判半分而合者○詩訪落繼猶判渙傳又左氏莊三年傳紀於是乎始判注又國語周語若七德離判注又廣雅釋詁一政云判分也又楚辭惜誦背膂胖合以交痛兮注云胖分也 **判半也** 考工記玉人疏又公羊定八年傳璋判白注又素問五常政大論少角與判商同注○楚辭九章補注引字林云胖半也 **判之言片也** 漢書翟義傳集注○李陵傳一半沐注云判大片也萱按此讀半爲判也然陵傳半字乃料之段借耳料者五升器名也 **判散**

也 小爾雅廣言 **判離也** 國語晉語則上下既有判矣注 **判別也** 離騷判獨離而不服注 **判縣左右之合又空北面** 周禮小胥王宮縣諸侯軒縣卿大夫判縣注○司農注云宮縣四面縣軒縣去其一面判縣又去其一面 **胖合合其半以成夫婦也** 集韻引字林○儀禮喪服傳云夫妻胖合也 **畔離也** 廣雅釋詁三又漢書楊雄傳上集注引李奇○萱按此段畔爲判 **泮散也** 詩匏有苦葉迨冰未泮傳又家語本命冰泮而農桑起注○萱按此段泮爲判也 **冰解曰泮** 御覽六十八引風俗通○史記封禪書因泮凍集解引伏虔云泮解凍萱按俗人製泮字以爲凍解之專字不知詩之冰泮蓋判之段借也則泮乃判之俗耳 **泮釋也** 淮南俶眞冰迎春則釋而爲水注○說山冰之泮愆其凝也注云泮釋水反水也

胖

半體也一曰廣肉 說文段注周官經腊人注曰鄭大夫云胖讀爲判杜子春讀胖爲版又云膴胖皆謂夾脊肉又云禮家以胖爲半體玄謂胖宜如脯而腥胖之言片也析肉意也一曰廣肉此別一義胖之言般也般大也大學心廣體胖其引伸之義也○廣雅釋詁四云胖半也 **胖謂脅側薄肉也** 禮記內則鵠鴞胖注 **不**

乾而腥則謂之胖 周禮內饔疏 **胖猶大也** 禮記大學心廣體胖注○萱按謂胖爲般之段借可也然實義之引申亦可不改讀

叛

半反也 說文段注反覆也反者叛之全叛者反之半以半反釋叛如以是少釋尟古多段畔爲叛 **叛者反背之亂也** 左氏襄廿六年傳入于戚以叛疏引釋例○襄廿一年經注以邑出爲叛疏云叛者背其本國之大辭也又襄廿六年經疏云叛者背君之名又襄廿六年傳疏云所言叛者或據邑而距其君或竊地他國皆爲有地隨已故稱爲叛 **叛直叛也** 穀梁昭廿一年傳定十三年傳 **叛亂也** 廣雅釋詁三又文選蜀都賦叛行相傾劉注幽通賦叛迴穴其若茲兮劉注 **叛違也** 左氏襄卅一年傳不吾判也疏引劉炫說 **叛倍也** 楚辭逢紛信中塗而叛之注 **叛者判也** 左氏襄廿六年傳疏 **叛換也** 呂覽尊師命之曰叛注 **叛猶煥也** 文選西京賦叛赫戲以煇煌薛注 **披其邑故曰叛** 左氏昭廿一年傳自陳入于宋南里以叛注○公羊僖四年傳云國曰貴邑曰叛 **侯不朝茲謂叛** 漢書五行志下之上引京房易傳 **諸侯更**

制茲謂叛漢書五行志下之下引京房易傳諫不以禮而去曰叛公羊定八年傳叛者
五人注說義不稱師命之曰叛呂覽尊師叛換猶恣睢也文選魏都賦雲撒叛
換注劉叛衍猶漫衍也文選蜀都賦叛衍相傾注引莊子司馬注畔背叛也論語陽貨公山
不擾以費畔皇疏○萱按此謂畔即叛之段借也畔違背也論語雍也亦可以弗矣夫皇疏顏淵亦以畔
弗畔矣夫皇疏畔反也漢書敘傳下集注引孟康畔亂兒也漢書敘傳上注叛穴其若茲兮回畔
者倍之半也荀子大略言而不稱師謂之畔注畔舍也國語楚語注畔者半矣改衣服
制度爲畔白虎通巡狩引書大傳畔援猶跋扈也○詩皇矣無然畔援箋釋文引韓詩云畔
援武強也畔換強恣之兒猶言跋扈也○漢書敘傳下項氏畔換注文選述高帝紀注引韋
昭云畔換跋扈也畔岸自縱之兒也漢書司馬相如傳下放散畔岸注

眛宦切

嫚

侮傷也說文段注傷各本作易今正人部曰侮者傷也傷者輕也嫚與心部之慢音同義別凡嫚人當用此字○

漢書高帝紀下陛下嫚而侮人集注云嫚易也又匈奴傳下則生嫚易分爭之漸注云嫚易猶相欺侮也又禮樂志闕諸嫚易之音作注云嫚易言不急刻也萱按嫚易字皆當作傷孟堅等隨俗用耳嫚倨也淮南繆稱嫚生于小人注
接遇肅正謂之敬反敬爲嫚賈子道術嫚者溓污也漢書高帝紀下上嫚罵曰
注○枚乘傳爲賦頌好嫚戲注佞幸淳于長傳嫚易無不言注莊云嫚褻污也又季布傳單于嘗爲書嫚呂太后注云嫚
謂辭語也僈輕也荀子非十二子上功用大儉約而僈差等注萱按此段僈爲嫚也易
三○呂覽上德荊成王慢馬注云慢易也萱按易當作傷此段慢爲嫚也慢謂忽言語大晚出爲誤書
不敬也萱按易當作傷此段嫚爲慢也
侮慢自賢疏
謾媟污也漢書外戚傳下長書有詩謾注○萱按此段謾爲嫚也

慢

或作僈俗有悗
惰也一曰慢不畏也說文○荀子不苟君子寬而慢注云慢怠也萱按慢情也
僈惰皆古今字僈訓輕慢訓惰皆嫚之段借字
慢遲緩也廣雅釋詁二○又詩大叔于田傳慢遲叔馬慢忌
左氏隱元年傳天子七月而葬疏云過期而不葬謂之緩慢
釋名釋喪制云過時而不葬曰慢謂慢傲不念早安神也

慢疏也禮記樂記嘽諧慢易疏又慢簡略也家語儒行其慢
易也左氏襄卅一年傳我遠而慢之注又呂覽貴當桀紂慢
史記樂書嘽緩慢易正義又慢簡略也大戴禮
偷慢懈惰注○萱按慢之訓易讀去聲慢之訓又淮南俶真
者文此慢嫚之異也然二字引申之義亦多相涉者同則傷之務
也故慢薄傳公羊隱三年注慢不牢也淮南時則注工寬而不察是慢
也五御覽引書刑法部大傳慢漫也漫漫心無所限忌也言釋語名釋慢誑也
慢萱按此段慢爲漫也萱按此段慢猶塗也慢輕也慢傷也慢易不敬也
慢謂忽言語萱按皆不畏之訓亦得爲字引申之義悗惑也廣韻

謾

平去兩讀
欺也說文又廣雅釋詁二又漢書文帝紀集注二謾欺誑也漢書王子侯表上
謾注季布傳上是面謾也注注何謾誑也史記淮南衡山傳集注景武宣元成哀功臣表上書
奴傳面謾也注注
臣表集注淮南厲王長傳集注杜欽傳集注貢禹傳
傳集注蘇宣傳集注朱博傳集注南粵王傳集注
謾誑言也

漢書宣帝紀務爲欺謾以避其誅注爲謾欺毀也荀子非相則謾之注
謾好譁蚡以傳書灌夫傳
謾相抵閾也史記孝文紀而後索隱引韋昭
說苑敬慎○漢書外戚傳下長書凡有詩云謾謾謾本注云謾者皆是古字
媟污也萱按此等皆段謾爲嫚也
嫚慢謾緩也廣雅釋詁二謾懼也廣雅釋詁二○方言一謾台也燕代之間曰謾台
義別
慧也廣雅釋詁二云虔儇慧也秦○謂之謾謾書大傳注又伯云之謾或舞謾
謾猶曼也
爲謗
謾誹者窮辱之舍也
謾猶詭也

縵

繒無文也漢律曰賜衣者縵表白裏說文段注引申之凡無文皆曰縵左傳成公五年乘縵注車無文者也
說文縵衣縵引申春秋繁露度制
國語晉語注
縵車無文也
漢書食貨志縵田注謂不縵者也縵國語不繫注樂師
縵樂襍樂也漢書禮樂志縵樂之鐘磬鼓員十三人注縵謂燕樂也○周禮磬師
按縵樂人不易曉故以易讀者通之注云縵讀爲縵錦之縵萱按此縵莊子
也杜子春讀縵爲祇定其音鄭讀縵錦并非通有異音其義縵寬心也

齊物論縵者窖者釋文引簡文注縵縵齊死生皃莊子齊物論大恐縵縵釋文引李注縵縵敎化廣遠也書大傳禮縵縵兮注○萱按禮古文作亂與紈形相涉故禮縵譌紈縵矣

幔

幔也說文段注幔各本作幕由作冪而誤耳今正凡以物冡其上曰幔與幎雙聲而互訓釋名玉篇廣韻以帷幔釋之今義非古義也幔覆也廣雅釋詁二幔闇也廣雅釋言幔帳也廣雅釋器幔漫也漫漫相連綴之言也釋名釋牀帳

⿰車曼

衣車蓋也說文段注衣車上文之輜軿是也四圍爲衣上爲蓋皆以蔽輿也故廁於輿下集韻云一曰戰車以遮矢也

邁

邁或○又十五部注在彼

勱

又十五部注在彼

⿰言萬

又十五部注在彼

韻史 卷六十三第十四部去聲軒韻　六一二七

齊齒評
几晏切

諫

証也說文○萱按証下云諫也是爲轉注証與證異部異義而俗用溷淆詩板是用大諫左傳成八年作是用大簡叚借字也諫者正也楚辭七諫序○廣雅釋詁一云諫正也又周禮地官序官司諫注云諫猶正也以道正人行又保氏掌諫王惡注云諫者以禮義正之諫止也呂覽恃君內之則諫其君之過也注諫者閒也更也是非相閒革更其行也白虎通諫諍○論衡譴告云諫之爲言閒也諫干也干君之意而告之詩淇澳序又能聽其規諫疏諫有五一曰諷諫二曰順諫三曰直諫四曰爭諫五曰贛諫公羊莊廿四年傳三諫不從注○荀子臣道云大臣父兄有能進言於君用則可不用則去謂之諫又說苑臣術云有能盡力於君用則留之不用則去之謂之諫東方有爲名諫珂說苑辨物

覞

或作覵瞷竝視也說文段注廣韻曰普視此今義也按祭義見以蕭光見閒以俠甒注云見及見閒皆當爲覵字

韻史 卷六十三第十四部去聲軒韻　六一二八

之誤也覞不見於許書蓋即覞字謂蕭光與燔燎並見俠甒與肝肺首心並見也見者視也覞應古莧切覞視也廣雅釋詁一覵以俠甒謂雜之兩甒禮記祭義見閒以俠甒注

閒

又平聲兩見凡三讀閒古文隙也說文又爾雅釋詁虛無之言閒也釋文又小爾雅廣詁又左氏昭十三年傳諸侯有閒矣注哀廿七年傳故君臣多閒注又賈注又國語晉語一閒也注吳語以司吾閒注越語事將有閒注又史記魯世家集解引賈逵又漢書張安世傳集注司馬遷傳集注蕭望之傳贊集注又後漢馬皇后紀注又荀子王霸形雜好佚而安重閒靜莫愉焉注彊國得閒則散注○萱按閒之分數讀皆出於後古人不必然也隙者本義凡山切者本音段氏說之詳矣今姑三處分錄然不可分者多矣閒謂空隙也萱按已詳向顏切下閒言有閒隙方言三閒愈也注閒隙瑕璺也國語晉語使無有閒隙注閒謂居其閒左氏隱三年傳遠閒親注○荀子論論注云閒廁其閒也閒謂閒雜左氏莊十年傳疏○管子任法注云閒雜亂也閒伺閒缺左氏襄四年傳楚人使頓閒陳注閒諜也謂伺候閒隙也後漢光武紀注閒隔

韻史 卷六十三第十四部去聲軒韻　六一二九

也漢書西域傳下集注又管子權勢上好詐謀閒欺注又荀子王制無幽閒隱僻之國注又列子天瑞閒矣釋文○素問瘧論其閒日而作者注云閒日謂隔日閒遠也淮南俶眞則醜美有閒矣注閒離也國語晉語且夫閒父之愛注閒別也禮記內則夫婦之禮唯及七十同藏無閒疏閒代也爾雅釋詁又詩桓皇以閒之傳又儀禮燕禮乃閒歌魚麗注鄉飲酒禮注又國語周語新不閒舊注又漢書杜欽傳集注○爾雅釋詁孫注云閒廁之代也又儀禮聘禮記皮馬相閒可也注云閒猶代也古文閒作干萱按閒干正借字音義皆近閒迭也後漢班彪傳上注閒加也廣雅釋詁二閒猶與也左氏莊十年傳又何閒焉注昭廿六年傳以閒王政閒謂夾者也墨子經說上閒頃也閒須臾也閒少時也萱按已詳平聲此等皆可兩讀閒猶迫也左氏成十六年傳閒蒙甲冑注閒驛也廣雅釋詁四閒俔也爾雅釋言閒覵也廣雅釋詁三閒候也國語魯語齊人閒晉之禍注吳語以閒陳蔡注又文選東京賦巨猾閒疊薛注閒私也後漢鄧禹傳注讒夕傳注○管子制分築堵之牆十人之聚日五閒之注云閒謂私候之閒

韻史 卷六十三第十四部去聲軒韻　六一三〇

非也 方言三又廣雅釋言又小爾雅廣言又左氏襄十五年傳疏又孟子離婁上政不足閒也注又漢書敘傳上集注又後漢殤帝紀注張衡傳注范升傳子以人不閒於其父毋爲孝注○論語先進人不閒於其父母昆弟之言皇疏云閒猶非也董按解此章者范升傳乃定說也 閒猶非覸也 論語泰伯禹吾無閒然矣皇疏 閒誾也 廣雅釋詁二 閒差也 左氏昭七年傳晉矦有閒注昭十四年傳請待閒而盟注又楚辭自悲身被疾而不閒兮注○左氏文十六年傳釋文襄十年傳注竝云閒疾差也又列子周穆王疾並少閒釋文云閒病差也又論語子罕病閒集解引孔注云病少差曰閒也又皇疏云少差曰閒 閒猶瘳也 禮記文王世子旬有二日乃閒注○左氏文十六年傳注云閒疾瘳 閒愈也南楚病愈者或謂之閒 方言三○廣雅釋詁一云閒瘉也 閒謂多也 素問標本病傳論謹察閒甚注 陰爲閒 太玄玄瑩六閒爲呂注 閒執猶塞也 左氏僖廿八年傳顧以閒執讒慝之口注○管子君臣上則百姓之與閒注云閒謂隔礙不通也 以中情出 小曰閒大曰講 大戴記千乘 閒出猶徼行 後漢馮異傳注 閒道卽他道也

史記黥布傳先從閒道索隱 閒色紅碧之色 荀子正論衣被則服五采閒色注

澗

○俗有𡻕礀磵 山夾水也一曰澗水出弘農新安東南入雒 說文段注雒各本作洛今正地理志曰弘農郡新安禹貢澗水在東南入雒禹貢雒水出弘農上雒冢領山東北至鞏入河按地理志雒禹貢雒水字作雒凡云伊水入雒穀水入雒澗水入雒廛水入雒凡云上雒縣雒陽縣字皆不作洛也且志文前後相應此云禹貢雒水則前文俱爲貢適于雒伊雒瀍澗既入于河道雒自熊耳古本必皆作雒斷不作洛也且志俱職方豫州川曰熒雒雍州浸曰渭洛二字分別畫然可以證上俱禹貢亦必分別畫然惟豫雒雍洛不同字故北地歸德下云洛水出北蠻夷中直路下云沮水出東西入洛左馮翊褱德下云洛水東南入渭與雒水字迴別學者以是求之可以知黃初一語之歟人矣漢新安縣故城在今河南河南府澠池縣東澗水在今澠池縣東合於穀水而至受通偁同至今洛陽縣西南入洛水○詩采蘩于澗之中傳考槃考槃在澗傳又禮記射義注南澗之濱釋文竝云山夾水曰澗 山閒有水者名澗 爾雅釋山山夾水澗李注○釋名釋水云山夾水曰澗澗閒也言在兩山之閒也又廣雅釋水云澗

閒也 有水曰澗 呂覽察微若高山之與深溪注山㵎者成大隙也 鬼谷子抵巇注○文選江賦幽㵎積岨注云礀與澗同 干澗也 詩斯干秩秩斯干傳又漢書劉向傳斯干之詩是也注萱按此謂干卽澗之段借也○易漸釋文引荀注王肅注竝云干山閒澗水也 干涯也干水涯也小水從山流下稱干 萱按此類干字亦可爲澗之借已詳干下 謂磵水磵也 玉篇

鐗

車軸鐵也 說文段注此與舝異義舝者車軸耑鍵也謂以鐵錯毋軸頭而制之也若車軸之在釭中者以鐵鏶褢之謂之鐗按釭中亦以鐵鍱褢之則鐵與鐵相摩而轂軸之木皆不傷乃名鐵之在軸者曰鐗在轂者曰釭 鐗閒也閒釭軸之閒使不相摩也 釋名釋車 鐗鍇也 廣雅釋器

晏

漢諫切

安也詩曰以晏父母 說文段注安者婦也今經傳無晏字以晏父母今毛詩無此蓋周南歸寧父母之異文也毛傳曰寧安也尋詩上文言告言歸歸謂嫁也方嫁不當遠圖歸寧則此歸字作以字爲善謂可用以安父母之心艸蟲未見君子憂心忡忡箋云在塗而憂憂不當君子無以寧父母故心衝衝然葛覃曷澣曷否二句箋云言常自

絜清以事君子正謂能事君子則能寧父母心二箋義互相足也

晏

天清也 說文段注楊雄羽獵賦曰天清日晏李引許淮南子注曰晏無雲之處也漢天文志曰日餔時天星晏星卽今之晴字淮南書鶤目知晏陰諧知雨晏對陰而言如淳注郊祀志云三輔謂日出清濟爲晏按郊祀之晏溫封禪書作賦昷猶氤氳也郊祀志字異而義同如淳以日出清霽釋之謂晏而溫是爲異非是晏之言安也古晏安通用故今文堯典晏晏古文作安安左傳安孺子古今人表作晏孺子 晏陽也 小爾雅廣言 晏無雲也 漢書楊雄傳上注又淮南繆稱注 晏鮮盛皃 詩羔裘羔裘晏兮傳 晏晏盛皃也 楚辭九辯被荷裯之晏晏兮注 晏晚也 禮記禮器晏朝而退疏又論語子路何晏也皇疏又廣雅釋詁三又小爾雅廣言又國語越語蚤晚無失注又漢書嚴助傳集注東方朔傳集注句奴傳贊集注又後漢安思閻皇后紀注耿國傳注又離騷及年歲之未晏兮注山鬼歲既晏兮孰華余注離世懷年歲之既晏注又文選顏延年夏夜呈從兄散騎車長沙詩注引國語賈注○國策秦策一日晏駕注云晏晚也日暮而駕歸太陰也 晏暮也 呂覽愼小二子侍君日晏注萱按晏亦作宴段借字

也暮非宴之義○素問瘧論其作日晏注云晏猶日暮也又列子湯問晏陰之間注云晏晚暮也晏晡謂申後九刻向昏之時也素問標本病傳論夏晏晡注晏食謂寅後二十五刻素問標本病傳論夏晏食注○淮南天文云日至于桑野是謂晏食晏陰微陰也淮南時則以定晏陰之所成注晏安也陰稱晏禮記月令以定晏陰之所成注又漢書司馬相如傳下集注谷永傳集注○文選三都賦序乎晏先生曰注又呂覽仲夏注竝云晏安也晏如安然也漢書諸侯王表而海內晏如注○董仲舒傳晏然自以如日在天注云晏然自安息也晏晏柔也爾雅釋訓晏晏和柔也詩氓言笑晏晏傳○法言孝至粲也晏也注云晏和柔晏晏溫和也後漢第五倫傳注敝傳注陳寵傳注寬容何覆載謂之晏後漢馮衍傳注鄧壽傳注晏晏旦旦悔爽忒也爾雅釋訓晏衍邪聲也文選長楊賦抑止絲竹晏衍之樂注

鴳或作鷃雇也說文段注釋鳥鳸鴳舍人李巡孫炎皆云鳸一名鴳鴳雀也今應曰鴳又作鷃一名鳸一名鴿鴳纂

文云關中有鴳濫堆是也按杜注左傳青鳥氏爲鶬鴳而九鳸有老鳸鴳是則別爲二鳥不如今應所說也國語晉平公射鴳內則云雉兔鶉鷃又云爵鷃蜩范雇下云老雇鴳也皆不云鶴鴳○國語注云鴳鳸小鳥也鴳鴳雀也莊子逍遙遊斥鴳笑之曰釋文引司馬注鴳一名冠爵於五行傳羽蟲之孼呂覽明理雉亦生鴳注鷃鷃亦聲音爲名也左氏昭十七年傳九扈爲九農正賈注又服注老鳸鷃鷃趣民收麥令不得晏起者也左氏昭十七年傳賈注爾雅釋鳥舍人注樊注又

朄或書作朄○俗有朄擊小鼓引樂聲也說文段注周禮小師鼓朄鄭司農云朄小鼓名周頌應田縣鼓箋云田當作朄朄小鼓在大鼓旁應鼙之屬也聲轉字誤變而作田按依許則古音在十四部○周禮大師鼓朄司農注云朄小鼓也先擊小鼓乃擊大鼓小鼓爲大鼓先引故曰朄又小師擊應鼓注云應與朄及朔皆小鼓也朄引也爾雅釋樂注釋文○周禮大師司農注云朄讀爲道引之引萱按許鄭亦以引釋朄則讀引之去聲是也然說文从柬聲則當讀晏

莧向諫切莧菜也說文段注爾雅蕢赤莧郭注今人莧赤莖者按人莧莧名○易夬釋文引宋東云莧莧菜也萱按莧與山羊之莧笑兒之莞義既迴殊音亦各別而字形至近易以淆惑如論語莞爾或作莧易莧陸或作莞是也莧蕢也易夬釋文引虞注又周易輯聞五引易宋注莧莫也易夬疏引虞注莧陸商陸也易夬莧陸夬夬釋文引馬鄭注馬又云莧陸一名商陸莧陸艸之柔脆者也易夬注○子夏傳云莧陸木根艸莖莧陸獸名易夬孟喜章句莧笑也廣雅釋詁一又易夬虞注云莧說也莧讀夫子莧爾而笑之莧萱按此莧字今皆作莞據說文莞乃席艸疑本借莧作之轉寫作莞則莞又莧之破字也

袒寵諫切○俗有袒綻衣縫解也說文段注許書無綻字此卽綻字也許書但裼字作但不作袒今人以袒爲袒裼字而但袒二篆本義俱廢矣內則曰衣裳綻裂綻或作綻鄭曰綻猶解也綻尚未解而近於解故曰猶俗語引伸爲飽滿膾裂之俯按袒爲衣縫解故从衣組爲補縫故从糸音同而義相因也○萱按後漢崔寔傳注引內則衣裳綻裂

組補縫也說文段注補者完衣也古者衣縫解曰袒見衣部今俗所謂綻也以鍼補之曰組內則云衣裳綻裂紉鍼

補綴是也引申之不必故衣亦曰縫組古艷歌行曰故衣誰當補新衣誰當綻賴得賢主人覽取爲我組謂故衣誰則補之新衣誰則縫之賴有賢主婦見而爲補縫之也綻字古亦作組淺人改之○廣雅釋詁二云組縫也萱按淮南繆稱大弦組注云組急也此乃經譌爲組耳弦不得云組組不得訓急矣

疝始諫切腹痛也說文○素問長刺節論云腹痛不得大小便病名曰疝又漢書藝文志五藏六府疝十六病方四十卷注云疝心腹氣病心痛曰疝疝詵也氣詵詵然上而痛也釋名釋疾病○又云陰腫曰隤氣下隤也又曰疝亦言詵也詵引小腹急痛也疝者寒氣結聚之所爲也素問大奇論腎脈大急沈肝脈大急沈皆爲疝注疝病也廣雅釋詁一

汕魚游水兒詩曰烝然汕汕說文段注小雅南有嘉魚烝然汕汕傳曰汕汕樔也許不从毛蓋三家之說

訕謗也說文段注論語惡居下而訕上者訕與女部姍誹也音義同○漢書諸侯王表集注劉歆傳集注朱雲傳集注

韻史　卷六十三第十四部去聲析韻　六一三九

石顯傳集注又後漢陳禪傳注梁鴻傳注竝云訕誇也又荀子大略有諫而無訕注云謗上曰訕 訕謂謗毀
也 論語陽貨惡居下流而訕上者集解又皇疏又後漢書桓思竇皇后紀注孔融傳注○一切經音義五引蒼頡云訕
誹毀也 訕諻也 廣雅釋詁二 訕誹也 萱按詳姍下 訕非也 一切經音義七引蒼頡又後漢
書黨錮傳注 訕謂道說君之過惡 禮記少儀有諫而無訕疏

姍

誹也一曰翼便也 說文段注漢書姍笑三代說者謂即訕字也一曰翼便也未聞 訕誹也 一切
經音義廿一引蒼頡又漢書王尊傳集注 姍姍行皃姍好也 萱按此蓋段爲踊也踊字後出讀平聲

仰諫切

狦

惡健犬也 說文○漢書王莽傳中音義引韋昭 狦狼也 廣雅釋獸○廣韻云狦似狼

鴈

○俗有鴈 騃也 說文段注鴈與雁各字騃與駒騃各物許意隹部雁爲鴻雁鳥鴈爲騃駒騃爲野騃單呼騃爲人家
所畜之騃今字雁鴈不分久矣禮經單言鴈者皆鴻雁也言舒鴈者則騃也爾雅舒鴈騃是也李巡云野曰鴈家曰鵝鵝
謂之舒鴈者家養馴不異人飛行舒遲也是則當作舒雁謂雁之舒者也雁在野騃爲家雁也儀禮出如舒鴈不言如雁鴈

韻史　卷六十三第十四部去聲析韻　六一四〇

內則舒鴈翠別於下文鴈騃之名舒鴈顯然而某氏注爾雅云在野舒翼飛遠者爲鴈以爾雅舒鴈爲一物鵝爲一物
非是騃固有單呼鴈者如莊子命豎子殺鴈而京之謂騃也王褒僮約云鴈鶩百餘者爲騃鴨別於上文云纖鴈彈鶩者
爲雁皃蓋雁鴈不分久矣許當云鴈舒雁也舒雁騃也文乃備 舒鴈鵝也 禮記內則注

雁

雁鳥也 說文段注比與鳥部鴈別鴈从鳥爲騃雁从隹爲鴻雁禮舒鴈當作舒雁謂雁之舒者以別於眞雁也舒
雁謂之鴈猶舒皃謂之鶩也經典鴻雁字多作鴈毛傳曰大曰鴻小曰鴈按鴻大也非鳥名○禮記昏義疏云鴈是隨陽
之鳥妻從夫之義也 大曰鴻小曰雁 左氏襄十六年傳賦鴻雁之卒章注又文選嘯賦文似鴻雁之將雛
注○後漢書班彪傳上注云小曰雁又詩鴻鴈傳云小曰鴈 孔鴈鳥之知禮也 太卆禮孔鴈之儀注
○禮記玉藻注大夫介士介鴈行於後疏云鴈行參差節級 凡婚禮皆用雁取其知時候
公羊莊廿二年傳公如齊納幣注○古微書引春秋說題辭云雁之言雁雁起聖以招明知晚蚤故南北以陽動也 鴈
取知時飛翔有行列也 儀禮士相見禮下大夫相見以鴈注○穀梁莊廿四年傳羔鴈雉腒注云

韻史　卷六十三第十四部去聲析韻　六一四一

下大夫用鴈取其知時飛翔有行列也又周禮大宗伯大夫執鴈注云鴈取其候時而行 鴈門鴈之所育
水經河水注○山海經北山經脩水東流注于鴈門注云鴈門水名萱按鹽鐵論結和篇雍雍鳴鳱段注鳱爲雁也

避諫切

㸚

○俗有贋儈 火色也 說文段注韓子齊伐魯索讓鼎以其鴈往齊人曰鴈也魯人曰眞也鴈蓋即㸚之段借字
如今之作僞古物曰燒廠貨是也俗作眞贋 贋僞物也 廣韻

采

乎 古文 辨別也象獸指爪分別也 說文段注倉頡見鳥獸蹏迒之迹知文理之可相別
異也遂造書契采字取獸指爪分別之形惠氏棟云尚書平章平秩平字皆當作乎與古文乎相似而誤按此肌淵不可
从

齊齒 許二

凡片切

見

視也 說文段注析言之有視而不見者聽而不聞者渾言之則視與見聞與聽一也耳部曰聽聆也聞知聲也此析
言之○萱按以我見人與使人見我一義之引申無二音也而俗強生分別又叚借作現現乃後出字石之次玉也又訓玉

韻史　卷六十三第十四部去聲析韻　六一四二

光集韻現字別出是也凡音之紛析瑣屑葛洪輩寶尸其見咎今特捃而一之以歸大雅若見若視若觀皆祇一讀
明也 呂覽明理有胥見注 見立也 孟子盡心上修身見於世注 見謁也 呂覽適威頌閩入見注
見示也 易乾見龍在田釋文又廣雅釋詁四又漢書婁敬傳集注匈奴傳上集注 見顯也 荀子勸學天見
其明注又漢書五行志中之上下之兩集注公孫弘傳集注杜周傳集注嚴助傳集注東方朔傳集注○鄒陽傳鄉使
濟北見情實注云見謂顯也又荀子賦功業甚博不見賢良注云見猶顯也 見謂顯示也 漢書武帝紀所
以見受也注上天見象注元帝紀天見大異注禮樂志神所見注五行志上前是天不見災者注五行志中之下皇天數
見災異注賈山傳故君子不常見其齊嚴之色注董仲舒傳見素王之文馬注張騫傳欲以見漢廣大注朱買臣傳少見
其綬注息夫躬傳天之見異注西域傳下戒以爲欲以見彊注元后傳故天爲見災異注故天見戒注○鄒陽傳見情素
注云見顯示之也又禮樂志畏敬之意難見注萬石君傳神物並見注並云見謂彰顯也又韓信傳情見力屈注云見顯
露也 見謂呈見之 漢書外戚傳上及愈見馬注 見猶出也 呂覽開春天故使欒水見之注○論

語秦伯天下有道則見皇疏云見謂出仕也又易乾見龍在田注云出潛離隱故曰見龍也見謂見在也漢書王莽傳下倉無見穀注又申屠嘉傳餘見無可者注云見謂見在之人見者自彼加己之辭詩蹇彖序思正也疏見自上詣下曰見自下朝上曰見禮記曲禮上見父之執疏○晚出書周官疏引先儒周禮注云見謂來朝也見謂爲之紹介左氏昭廿年傳見鱄設諸焉疏乃相見謂于郗地爲會荀子大略侯相見注諸見猶至也漢書司馬相如傳上集注見猶感也淮南覽冥昔雍門子以哭見于孟嘗君注見猶知也淮南修務而明弗能見者何注有見謂睹其才藝也禮記坊記不有見馬注見者目也賈子道德說離爲見易蹇利見大人虞注萃升巽同豐日中見斗虞注象上傳復其見天地之心乎虞注見惡人虞注見輿曳虞注見豕負塗虞注象下傳君子以見善則遷虞注○巽利見大人虞注云離目爲見兌爲見易蒙見金夫虞注盡往見各虞注穀辭上傳見乎遠虞注見無雲也漢書劉向傳見晛聿消注○萱按角弓見晛曰消韓詩作曣晛聿消曣訓無雲則見乃叚借字

韻史　卷六十三第十四部去聲軒韻　六一四三

荀子非相又作宴然聿消見謂道上帳帷荒周禮司几筵注既窆則加見疏見棺衣也禮記雜記實見釋文○儀禮既夕藏器於旁加見注云見棺飾也更謂之見者加此則棺柩不復見矣

篋片切

俔

俔諭也一曰閒見詩曰俔天之妹說文段注諭也各本作譬諭也今依詩正義訂言部曰譬者諭也則言諭已足矣大雅大明曰俔天之妹傳曰俔磬也此以今語釋古語俔者古語磬者今語二字雙聲是以毛詩作俔韓詩作磬如十七篇之有古今文孔穎達云如今俗語譬喻云磬作然許不依傳云磬而云論者磬非正字以六書言之乃俔之假借耳不得以假借字釋正字也磬磬古通用爾雅磬盡也猶言竟是天之妹也一曰閒見閒各本作閒今正釋言曰閒俔也正許所本上訓用毛韓說此訓用爾雅說爾雅亦釋詩也閒音諫若言不可多見而閒見之爾雅無見字許益見字者以其篆从見也容爾雅原文今有倒奪矣郭景純以左傳謂之諜釋之恐非○後漢書胡廣傳注云俔譬喻也俔磬義同也詩大明傳俔磬也疏俔俟風者也世所謂五兩淮南齊俗辟若俔之見風也注

韻史　卷六十三第十四部去聲軒韻　六一四四

譴

譴問也說文譴責也漢書賈誼傳集注董仲舒傳集注外戚傳上集注又後漢郎顗傳注第五倫傳注第五勃傳注○廣雅釋詁一云譴責也譴讓也廣雅釋詁二譴譴讓也家語五刑閒而譴發注譴呵也一切經音義三引蒼頡譴告也漢書董仲舒傳集注○禮記祭法注作譴告者爾疏云譴告謂作譴責以告人譴喘轉也方言十三○注云譴喘猶宛轉也

漢片切

𨑩遾宴

𨑩或書作眏瞀相顧視而行也說文眏視也廣雅釋詁一眏更也廣雅釋詁三

遾遾也說文段注此當是遾遾之倒刪複字之僅存者也

宴或作宴○俗有讌醼安也說文段注引伸爲宴饗經典多段燕爲之五經文字曰字林作宴○易需飲食宴樂釋文又詩谷風宴爾新昏傳又廣雅釋詁一又後漢書班彪傳上注仇覽傳注又文選東京賦乃宴斯息薛注竝云宴安也安息曰宴漢書賈山傳集注○五行志下之下集注云宴宴安息之見宴謂安居漢書賈誼傳是與太子宴者也注○華嚴經音義上引漢書音義云宴安居也宴樂也左氏成二年傳衛父不忍數年之不宴注

韻史　卷六十三第十四部去聲軒韻　六一四五

○論語樂宴樂集解引孔注云宴樂沈荒淫瀆也宴享宴也易象上傳君子以飲食宴樂釋文引鄭注不脫屨升堂曰宴一切經音義一引國語賈注○文選東都賦注引韓詩章句云飲酒之禮下跣而上坐者謂之宴陽在內稱宴易象上傳君子以飲食宴樂虞注宴室郟室次於寢也亦曰側室大戴記保傅七月而就宴室注燕安也易中孚有它不燕疏又詩新臺燕婉之求傳鹿鳴以燕樂嘉賓之心傳蓼蕭孔燕豈弟箋文王有聲以燕翼子傳韓奕韓姞燕譽釋文燕師所完箋雝燕及皇天傳又儀禮士喪禮疏又禮記樂記宋音燕女溺志注表記注射義則燕則譽疏又左氏文三年傳注又後漢書班彪傳下注又素問陰陽類論黃帝燕坐注燕燕安息皃詩北山或燕燕居息傳○爾雅釋訓云燕燕粲粲尼居息也萱按釋文燕本作宴又漢書五行志引詩作或宴宴居息燕謂安閒之居也漢書周昌傳昌嘗燕入奏事注○禮記仲尼燕居目錄又釋文竝云退朝而處曰燕居內朝之在路門內者或謂之燕朝周禮朝士掌建邦外朝之灋注燕寢夫人常居之處詩采蘩疏自廟反其燕寢疏○老子雖有榮觀燕處

韻史　卷六十三第十四部去聲軒韻　六一四六

超然注云燕處后妃所居也燕樂也後漢鄭興傳注○漢書成帝紀樂燕樂注云燕樂燕私之樂也燕歡
悅也史記樂書集解引王肅燕猶褻也禮記樂記燕朋逆其師注燕燕飲也詩閟宮魯侯燕
喜箋又湛露序天子燕諸侯也箋云燕謂與之燕飲酒也○考工記梓人則王以息燕注云燕謂勞使臣若與羣臣飲酒
而餉燕食者閒燕無事召臣與之共食耳左氏襄十四年傳注欲與燕食疏燕
養乎常所用供養也儀禮既夕記燕養饋羞湯沐之饌注燕私樂之禮崇恩殺
敬也儀禮聘禮記燕則上介爲賓注燕燕禮也左氏傳廿九年傳加燕好注○襄廿七年傳疏云燕禮者
諸侯燕臣之禮也又昭廿七年傳疏云燕禮者公燕大夫之禮也又詩女曰鷄鳴疏云燕禮者諸侯燕聘問之賓與已之
羣臣燕樂房中之樂所謂陰聲也周禮磬師教縵樂燕樂之鍾磬注盤盂之屬
爲燕器禮記坊記敬則用祭器注晏安也萱按此亦可謂宴之段借然在晏猶爲再引申之義也已詳晏
下若列女傳讌爾新昏嘉賓式讌以樂讌乃俗字也俗又作醼讌讌設也玉篇

燕

○俗有鷰燕燕乞鳥也籥口布翄枝尾象形說文段注各本無燕燕二字今補乞
部曰燕燕也齊魯謂之乞佳部巂下曰巂周者燕也邶風傳曰燕燕乞也商頌傳曰乞鳥乞也釋鳥曰巂周燕燕乞也古
多叚燕爲宴安宴享籥口故以廿像之布翄故以北像之枝尾與魚尾同故以火像之○詩燕燕疏云燕燕即今之燕也
古人重言之又左氏昭十七年傳乞鳥燕也疏云或單呼爲燕或重名燕燕異方語也又淮南墜形燕雁代飛注云燕乞
鳥也又爾雅釋鳥注云燕一名乞鳥齊人呼鳦又舍人注云巂周名燕燕又名鳦又大戴記夏小正來降燕乃歸傳云燕
乞也又陟乞鳥鷙傳云乞鳥者燕也燕衣黑衣也禮記王制疏燕戲如今之絶倒投
投倹者列子說符又能燕戲者注燕白脰烏爾雅釋鳥○荀子禮論小者是燕爵是有啁噍之頃焉注
云燕爵與鷰雀同

嬿

女字也說文段注毛詩燕婉之求傳曰燕安婉順也韓詩作嬿婉嬿婉好兒見西京賦注嬿婉美好
之兒文選西京賦從嬿婉薛注嬿安也後漢文苑邊讓傳展中情之嬿婉注○萱按此本毛傳謂嬿與宴燕

同義也

曣

或作曣星無雲也說文段注姚氏鼐曰星即姓字按日間雨除亦曰姓無雲謂晴而無雲也晴容有有雲者
其字亦作曣毛詩見晛曰消韓詩作曣晛聿消劉向上封事引之師古注云曣無雲也今漢書以誤舛不可讀韓詩釋曣晛
爲日氣許注淮南釋晏爲無雲此以天清釋晏以晴無雲釋曣言各有當不以音義相近而清之也一說星無雲謂星而
無雲如雨部云風雨土謂風而雨土也詩星言風駕韓云星晴也即許星而無雲之說曣日生無雲暫
見也晉書音義上○萱按日生二字疑係星字一分爲二如郊特牲之觀諞見閒曣晛日出也詩角
弓釋文引韓詩曣曣煥也廣雅釋詁三

驠

馬白州也說文段注山海經曰乾山有獸其州在尾上今本譌作川廣雅曰州豚臀也郭注爾雅山海經皆云
州竅也按州豚同字俗作居國語之龍豨史漢貨殖傳之馬噭皆此也蜀志周羣傳諸毛繞涿居署曰路涿君語相戲諺
涿亦州豚同音字也釋畜曰白州驠

晛 向切 片

或作曣日見也詩曰見晛曰消說文段注毛詩見晛曰消毛云晛日氣也韓詩曣晛聿消韓云
曣晛日出也二解義相足日出必有溫氣也廣雅釋詁云曣晛煥也曣晛即韓詩之曣晛煥即毛之日氣之說荀卿非相篇
引詩作宴然宴然即曣曣也宴晏曣古通用玉篇曰曣同晛晛日氣也漢書劉向傳注又荀子非相注

親 襄切 片

繫牛脛也說文段注繫當作系

燃

人姓也說文段注廣韻曰燃姓也

練 亮切 片

湅繒也說文段注湅者灡也灡者淅也淅者汏米也湅繒汏諸水中如汏米然考工記所謂湅帛也已湅之帛曰
練引申爲精簡之偁如書練時日練章程是也漢煮絲令熟曰練華嚴經音義下引珠叢○漢書薛宣
傳集注云練猶熟也練爛也煮使委爛也釋名釋采帛練濯治絲也國策秦策簡練
以爲揣摩注練猶汏也文選七發灑練五藏注練白也淮南說林墨子見練絲而泣之注練
簡也漢書西南夷傳集注又離騷苟余情其信姱以練要兮注練選也漢書禮樂志集注鄒陽傳集注練

擇也文選月賦於是絲桐練響注引埤蒼練委也文選諷諫詩時靡不練注○漢書韋賢傳注云練猶閱歷之被練爲甲裏也文選謝朓和伏武昌登孫權故城詩注引左傳馬注大練大帛也後漢明德馬皇后紀注練冠蓋如喪服斬衰既練之後布冠也左氏昭卅一年傳季孫練冠麻衣注練小祥也荀子子道魯大夫練而牀禮邪注又禮記檀弓上練衣也疏○曾子問主人練祭而不旅疏云練小祥祭也又周大祝付練祥疏云練謂十三月小祥練祭練材拳勇有力之材呂覽簡選可以勝人之精上練材注

鍊

治金也說文段注治大作本譌作治今正湅治絲也練治繒也鍊治金也皆謂瀾湅欲其精非第治之而已治者銷也引申之凡治之使精曰鍊鎔金使精曰鍊華嚴經音義下引珠叢鍊猶治也淮南墬形鍊土生木鍊木生火注鍊錧也廣雅釋器○方言九云錧軑鍊鐫關之東西曰錧南楚曰軑趙魏之間曰鍊鐫○賞按冀州從事郭君碑云服職鍛湅此段湅爲鍊也若文選江文通詩鍊藥矚虛幌此本字自通不必如善注更通爲

韻史　卷六十三第十四部去聲𦕃韻　六一五一

鍊也

煉

鑠治金也說文段注治毛本作治誤今依宋本鑠治者鑠而治之愈消則愈精高注戰國策曰鍊濯治絲也正與此文法同金部曰鍊治金也此加鑠者正爲字从火煉爇也廣雅釋詁二

湅

瀾也說文段注周禮染人凡染春暴練注云暴練練其素而暴之按此練當作湅湅其素素者質也即㡆氏之湅絲湅帛也已湅之帛曰練糸部練下云湅繒也是也㡆氏如法湅之暴之而後絲帛之質精而後染人可加染湅之以去其瑕如瀾米之去康粊其用一也故許以瀾釋湅戰國策蘇秦得大公陰符之謀伏而誦之簡練以爲揣摩簡練者瀾湅之假借也高誘曰簡汏也練濯治也正與許云瀾淅也淅汏米也湅瀾也相符合許不以湅瀾二字爲伍者瀾謂米湅謂絲帛也金部治金曰鍊猶治絲帛曰湅

激

辟激鐵也說文段注張協七命乃鍊乃鑠萬辟千灌李注辟謂疊之灌謂鑄之引典論魏太子丕造百辟寶劍又引王粲刀銘灌辟以數質象以呈按辟者襞之假借也激者段也簡取精鐵不計數摺疊段之因名爲辟激鐵也

韻史　卷六十三第十四部去聲𦕃韻　六一五二

欄

平去兩讀○俗有楝欄木也說文段注各本篆作楝下文云東聲今改正按考工記以欄爲灰字作欄許於欒下云木似欄然則此當同考工記可知矣廣韻廿五寒欄下云木名從古字古音也欄俗作楝乃用欄爲闌檻俗字欄實曰金鈴子可用浣衣按莊子非練實不食或謂即欄實欄實非珍物似非的解也○山海經中山經歷兒之山多橘木其實如欄注云欄木名或作簡欄牢也廣雅釋室○萱按此段欄爲闌

甎

又十五部入聲○作瓬者譌踏瓦聲甎甎也說文段注大徐無甎甎也三字小徐作踏瓦甎也乎應作踏瓦聲蹴蹴也今按蹴蹴當作甎甎通俗文瓦破聲曰甎玉篇甎甎踏瓦聲○萱按通俗文今見一切經音義十一而字譌作瓬

戰

掌片切

或作弁鬥也說文段注鬥各本作鬭今正鬥者兩士相對兵杖在後也左傳曰皆陳曰戰戰者聖人所慎也故引申爲戰懼○廣雅釋言又史記平準書用船戰逐集解引韋昭注云戰鬥也又公羊莊十一年傳疏云戰者共鬥之亂苓按鬥字本皆作鬭鬭接也非戰之義戰攻呂覽上農不可以戰注陰陽爭爲戰太玄中神戰于元注

韻史　卷六十三第十四部去聲𦕃韻　六一五三

合兵血刃曰戰公羊莊十年傳戰不言伐注夫戰勇氣也左氏莊十年傳戰大機也呂覽察微戰者危事也書鈔引孟子又漢書鼂錯傳又後漢書法雄傳戰者逆德後漢書隗囂傳凡戰者以正合以奇勝者也後漢書皇甫嵩傳注袁紹傳注戰者內敗文也公羊隱六年傳然則何以不言戰注春秋敵者言戰公羊莊十年傳三戰交也小爾雅廣言戰憚也廣雅釋言戰者憚警之也白虎通誅伐引書大傳○又引春秋讖云戰者延改也戰悸法言吾子見對而戰注戰戰蹌蹌動也爾雅釋訓戰戰懼也廣雅釋訓○爾雅釋詁云戰慄懼也又呂覽審應注云戰懼也又漢書高五王傳殷戰而乘注云戰者懼之甚也戰戰恐詩小旻戰戰兢兢傳又家語觀周注○論語泰伯皇疏又孝經鄭注竝云戰戰恐懼

顫

○俗有軆頭不定也說文段注不定各本作不正今正顫頬皆不亭之兒上文額顴顴顴四篆言頭不正此則義別頭不定故从亶引伸爲凡不定之偁顫頭不正也一切經音義十三引蒼頡四支寒動謂

韻史　卷六十三第十四部去聲𦕃韻　六一五四

之顫煩一切經音義十一引通俗文○萱按煩當作頄顫驚呂覽慎大天下顫恐而患之注鼻徹爲顫莊子外物○列子楊朱謂之閼顫注云鼻通爲顫萱按此謂顫與羶同也殷釋文云

襄

或作襢丹縠衣也說文段注縠細縛也唐風瑳兮瑳兮其之展也毛詩傳禮有展衣者以丹縠爲衣馬融從展之許說同先後鄭注周禮及劉氏釋名皆云展衣白後鄭云展衣以禮見王及賓客之服字當爲襢襢之言亶亶誠也按詩周禮作展段借字也玉藻襍記作襢後鄭從之許作襄漢禮家文字不同如此○萱按先後鄭說乃周禮內司服注襢衣襢坦也坦然正白無文采也釋名釋衣服

驪

馬轉臥土中也說文段注韓詩外傳曰其馬伏而驪吾圉而食吾葵○御覽引字林云驪馬臥土中也

寵片切

硟

○俗有硟㠯石衦繒也說文段注衦各本作扞今正衣部衦下曰衦摩展衣也廣韻二仙曰硟衦繒石也急就篇有硟字注曰硟以石報繒色尤光澤也今俗謂之研各本篆體作硟今依脞替字正

懷片切

報

上去兩讀、注在彼

六一五五

始片切

繕

補也說文段注周禮繕人注曰繕之言勁也善也叔于田序注云繕之言善也曲禮招搖在上急繕其怒注曰急繕堅也繕讀曰勁按許言補其本義也而中含善勁二義故鄭云之言不必如曲禮注之改讀也○廣雅釋詁四又漢書高帝紀上集注元帝紀集注息夫躬傳集注趙充國傳集注匈奴傳上集注王莽傳中集注竝云繕補也繕修也後漢書公孫瓚傳注○漢書五行志上注云繕謂補修之也繕治也左氏傳十五年傳征繕以輔孺子注成十六年傳繕甲兵注襄九年傳繕守備注又廣雅釋詁三又莊子繕性釋文引崔注○左氏傳襄廿四年傳軍吏令繕將進注云繕治戩備凡治故造新皆謂之繕也華嚴經音義上引珠叢繕善也詩叔于田序繕甲治兵釋文又後漢書盧植傳注又莊子繕性釋文引崔注○一切經音義七引三蒼云繕治也繕之言善也繕具食也史記張儀傳繕兵不傷衆正義

鄯

鄯善逗西胡國也說文段注許書三言西胡皆謂西域也言西胡以別於匈奴爲北胡也漢西域傳云鄯善國本名樓蘭王治扞泥城去陽關千六百里去長安六千一百里元鳳四年傅介子誅其王更名其國爲鄯善爲刻

六一五六

印章是則此時初製鄯字也漢鄯善國城在今哈密衛東南中國山川維首在隴蜀紀地者必始於西故起西域而維州鄯善本西域樓蘭國也後漢班超傳注

擅

專也說文段注專當作嫥嫥者壹也○易坤注不擅其美釋文又詩狡童序權臣擅命也釋文又漢書高帝紀下集注食貨志上集注五行志中之下集注彭越傳集注賈誼傳集注公孫弘傳集注吾丘壽王傳集注又後漢書光武紀上注又管子法法此所謂擅也注又呂覽貴生不得擅行注竝云擅專也擅猶專也史記魏豹彭越傳擅將其兵索隱○荀子儒效非擅也注正論堯舜擅讓注竝云擅與禪同萱按依說文義則是段擅爲嬗也

嬗

別有嬋○嬋平去兩讀緩也一曰傳也說文段注今人用禪字亦作此孟子孔子曰唐虞禪夏后殷周繼依許說凡禪位字當作嬗禪非其義也禪行而嬗廢矣嬗者嬋聯之意○淮南精神以不同形相嬗也注云嬗傳也○史記秦楚之際月表號令三嬗索隱又漢書文帝紀而嬗天下馬注引晉灼律曆志下堯嬗以天下注王莽傳上拜受金匱神嬗注受嬗于唐注竝云嬗古禪字嬗相傳與也漢書賈誼傳變化而嬗注引蘇林○又引服虔云嬗

六一五七

謂變蛻也嬗蟬蔓相連也史記屈原賈生傳化變而嬗集解嬗嬋也廣雅釋詁四禪傳也廣雅釋詁四又史記惠景閒侯者年表禪五世索隱又淮南繆稱禪于家國注又文選思玄賦取蜀禪而引世舊注○後漢書張衡傳注云禪傳位也禪其訓授也三國杜瓊傳注引襄陽記○莊子山木而不知其禪之者釋文引司馬注云禪授手也又後漢書崔駰傳注云禪謂相傳授也禪讓也書堯典釋文嬗如蜩蟬之蛻化也嬗變化也竝文選鵬鳥賦變化而嬗注○萱按此段嬗爲嬗也明其代興則謂之禪續漢祭祀志注引袁宏○萱按此封禪義也而於禪位義亦合故併載焉○嬋連族親也楚辭逢紛惟楚懷之嬋連注嬋媛枝相連引也文選南都賦垂條嬋媛注嬋媛猶牽引也離騷女嬃之嬋媛兮注湘君女嬋媛兮爲余太息注哀郢心嬋媛而傷懷兮注嬋娟此豸恣態妖蠱也文選西京賦增嬋娟以此豸薛注○萱按嬋字後出舊讀嬗去嬋平不爲一字然義相因也故併合之而平仄兩見焉或仍用舊讀字同音異亦無不合

六一五八

禪
或作禋
祭天也
說文段注凡封土爲壇除地爲墠古封禪字蓋祇作墠項威曰除地爲墠後改墠爲禪神之矣服虔曰封者增天之高歸功於天禪者廣土地應劭亦云封爲增高禪爲祀地惟張晏云天高不可及於泰山上立封又禪而祭之冀近神靈也元鼎二年紀云望見泰一修天文禋禋即古禪字是可證禪亦祭天之名○廣雅釋天云禪祭也又漢書武帝紀注引文穎云禪祭也
禪者除地爲墠
禮記禮器疏引書說○風俗通正失云禪謂壇墠又史記衛將軍驃騎傳禪於姑衍正義云除地曰墠又漢書霍去病傳集注云爲墠祭地曰禪又大戴記保傅封泰山而禪梁甫注云禪謂除地於梁甫之陰爲墠以祭地也變墠爲禪神之也
禪闡廣土地也
史記秦始皇記禪梁父正義○漢書武帝紀集注引服虔云禪闡也
封禪刻石紀號也
文選吳都賦注引孝經鉤命決
言禪者明以成功相傳
白虎通封禪○續漢祭祀志上注引袁宏云明其代興則謂之禪
禪傍棺也
莊子人閒世求禪傍者斬之釋文○釋文引司馬注云棺之全一邊者謂之禪傍萓按釋文又云禪本作檀然則禪乃叚借字與檀者專也與全一邊義合

韻史　卷六十三第十四部去聲軒韻　六一五九

扇
○俗有煽
扉也
說文段注月令乃脩闔扇注云用木曰闔用竹葦曰扇案析言如此渾言之則不拘○廣雅釋室云扇扉也
扇屏也
呂覽知接蓋楊門之扇注
以
扇布也形如手巾
文選射雉賦僟扇舉而清叫徐注
箑謂之扇
廣雅釋器○方言五云扇自關而東謂之箑自關而西謂之扇
扇疾也
廣雅釋詁一
扇助也
方言十二又廣雅釋詁二○方言注云扇拂相佐助也萓按訓疾訓助皆煽扇爲正借字也訓熾亦然漢書集注云扇熾也
蠅醜扇
爾雅釋蟲○萓按煽扇亦正借字

傓
○俗有煽
熾盛也詩曰豔妻傓方處
說文段注小雅十月之交曰豔妻煽方處傳曰豔妻褒姒美色曰豔煽熾也按詩本作傓後人以訓熾之故別造煽字耳古通作扇魯詩閻妻扇方處方言扇助也廣雅扇疾也
煽熾也
爾雅釋言又文選蜀都賦高煽飛爚於天垂剡注又漢書五行志下之下集注
扇熾也
漢書谷永傳集注敘傳下集注
扇拂相佐助也
方言十二扇助也注

蝙
蠅醜蝙
句
搖翼也
說文
蠅醜扇
爾雅釋蟲○萓按扇通借字

韻史　卷六十三第十四部去聲軒韻　六一六〇

切此線

𧗡
迹也
說文段注此與彳部後音義同

餞
送去食也詩曰顯父餞之
說文段注各本少食字今依左傳音義補毛傳曰祖而舍軷飲酒於其側曰餞○詩崧高釋文引字林云餞子扇反送去食也又書序正義引字林云餞送行饋饑也萓按饑蓋餞茲之譌
餞送行飲酒也
詩崧高王餞于郿箋又儀禮聘禮卿大夫處者于是餞之釋文○萓按聘禮疏士虞禮記乃餞注又書堯典疏又詩泉水飲餞于禰釋文又左氏成八年傳季文子餞之注昭十六年傳鄭六卿餞宣子於郊注又文選謝靈運戲馬臺集詩注引韓詩章句皆略同
餞郊禮也
國語周語賓禮贈饑注又賓饗贈餞注云餞謂郊送飲酒之禮
餞送也
詩泉水疏又書堯典晚出傳
餞進也
爾雅釋詁
餞滅也
書堯典寅餞納日馬注○萓按五帝紀作敬道日入是餞有道義也道導古今字又儀禮士虞禮注云古文餞爲踐又周禮司尊彝杜注云餞當爲踐此餞踐互借通用也

賤
賈少也
說文段注賈今之價字
賤謂占會販賣者
周禮小司徒以辨其貴賤老幼廢疾注

韻史　卷六十三第十四部去聲軒韻　六一六一

切仰線

賤踐也卑下見踐履也
釋名釋言語○廣雅釋言云賤卑也
無位曰賤
論語里仁貧與賤是疏
賤者貴之充也
管子樞言
賤謂陰也
易象上傳貴下賤疏
以賤者謂庶孫之妾也
儀禮士虞禮記不使賤者注
賤事家之私事賤小者也
漢書司馬遷傳又迎賤事注引晉灼
賤猶惡也
荀子正論下危則上賤士注
賤謂棄而不用也
禮記樂記是以君子賤之也疏○太玄玄文已用則賤注云賤謂廢也

彥
美士有彣
作文者非
人所言也
說文段注言彥疊韻釋訓曰美士爲彥郭曰人所言詠也鄭風傳曰彥士之美稱人所言故曰彥有文故从彣大學彥或作盤古文假借字○爾雅釋訓舍人注云彥國有美士爲人所言道也又禮記大學人之彥聖注云美士曰彥又後漢書班彪傳上注云美士爲彥又詩羔裘云邦之彥兮

諺
傳言也
說文段注諺傳疊韻傳言者古語也古字从十口識前言凡經傳所偁之諺無非前代故訓而宋人作注乃以俗語俗論當之誤矣玄應引此下有謂傳世常言也蓋庾儼默注按此與尚書乃逸乃喭論語由也喭皆訓吸喭者

韻史　卷六十三第十四部去聲軒韻　六一六二

各字衛包改尚書之嗙爲諺大誤○後漢書虞翻傳注云諺傳言也又廣雅釋詁四又漢書季布傳集注竝云諺傳也諺俗之善謠也國語越語諺有之曰注○禮記大學故諺有之曰釋文云諺俗語也又左氏隱十一年傳周諺有之曰釋文云諺俗言也又漢書五行志中之上諺所謂老將至而耄及之者注云諺俗所傳言也蒉按韋昭以善謠釋諺故增入俗字顏陸即以俗言釋諺則非也至宋人注而重性胣繆矣

唁

○俗殖獻有弔生也詩曰歸唁衛侯說文段注鄘風歸唁衛侯春秋齊侯唁公于野井穀梁傳毛傳皆云弔失國曰唁此言弔生者以弔生爲唁別於弔死爲弔也何注公羊云弔亡國曰唁弔死曰弔與此相發明今本公羊注弔死國曰弔衍國字○詩節南山箋蓋以災害相弔唁釋文引伏虔又左氏襄十七年傳齊侯使夙沙衛唁之注又一切經音義十三引韓詩又北堂書鈔引郎柔彬禮統又太平衆師孕唁之注竝云弔生曰唁又詩何人斯箋而不入弔唁我乎疏云禮弔生曰唁唁謂唁生詩節南山傳弔失國曰唁左氏昭廿五年傳釋文○襄十四年傳臧紇如齊唁衛侯釋文云唁本作殖

韻史　卷六十三第十四部去聲紆韻　　六一六三

硯

石滑也說文段注謂石性滑利也江賦曰綠苔鬖髿乎研上李注硯與研同按字之本義謂石滑不澁今人研墨者曰硯其引伸之義也硯研也硯墨使和濡也釋名釋書契

霰　小片切

霓或稷雪也說文段注謂雪之如稷者毛詩傳曰霰暴雪也暴當是泰之字誤俗謂米雪或謂粒雪皆是也曾子曰陽之專氣爲霰詩箋云將大雨雪始必微溫雪自上下遇溫氣而圓謂之霰久之寒勝則大雪矣霰星也水雪相摶如星而散也釋名釋天霰消雪也詩頍弁先集維霰釋○爾雅釋天注云霰冰雪雜下者故謂之消雪又漢書五行志中之下注云霰雨雪雜下雨霓爲霄雪爾雅釋天○文選雪賦注引韓詩章句云霰霙也霰者陽脅陰也漢書五行志中之下引劉向又初學記天部下引洪範五行傳○大戴禮注引春秋穀梁說云霰者陽脅陰之符也陰之氣專爲霰南齊書五行志引洪範五行傳○大戴記曾子天圓陰之專氣爲霰霰雹者一氣之化也注云陰氣在雨凝滯爲雪陽氣薄之不相入散而爲霰又漢書五行志中之下引劉向云盛陰雨雪凝滯而冰寒陽氣薄之不相入則散而爲霰雨雪而愆陽爲之

韻史　卷六十三第十四部去聲紆韻　　六一六四

則合而爲霰左氏昭四年傳注開冰室以薦宗廟疏○爾雅釋文云霓本或作霰霹蒉按霹乃段借字

綫

○俗有緬線古文縷也說文段注鄭司農周禮注曰線縷也此本謂布綫引伸之縷亦偁綫周禮縫人作線鮑人同注曰故書線作綜當爲糸旁泉讀爲緬按線作綜字之誤也緬則鄭時行此字漢功臣表不絕如綫晉灼曰綫今線縷字蓋晉時通行線字故云亦許時古線今綫晉時則爲古綫今線蓋文字古今轉移無定如此○漢書五行志下之下集注韋玄成傳集注竝云綫縷也又公羊傳四年傳中國不絕若綫注云綫縫帛縷又考工記鮑人注云祭其線注云線謂縫革之縷綫曰絲也淮南要略中國之不絕如綫注

羨

貪欲也說文段注大雅無然歆羨毛傳云無是貪羨此羨之本義也段借爲衍字如大雅及爾游羨傳曰羨溢也周禮以其餘爲羨鄭司農云羨饒也皆是亦段借爲延字典瑞璧羨注云長也玉人注云徑也皆由延訓長段此爲延也墓中道曰羨道音延亦取深長之義若江夏郡沙羨縣音夷則係方語○文選歸田賦注引字林云羨貪欲也又廣雅釋詁一云羨欲也羨慕也文選思玄賦羨上都之赫戲兮舊注羨願也淮南說林臨河而羨魚注又文選遊

韻史　卷六十三第十四部去聲紆韻　　六一六五

天台山賦注引韓詩章句羨饒也羨溢也羨餘也羨過也羨謂家之副丁也蒉按竝詳上聲衍下衍之段借字也羨延也羨長也羨徑也羨不圜之皃羨曲也羨私曲也羨邪也羨弱也蒉按皆段羨爲平聲延字也羨道也羨車道也羨謂冢中神道蒉按此段羨爲平聲埏字也埏者挻之俗體也挻有三音此詳漾連切下

片　避線切

判木也說文段注謂一分爲二之木片判以疊韻爲訓判者分也周禮媒氏掌萬民之判喪服傳曰夫妻胖合也胖當作片片即媒氏判字鄭注周禮云判半也得耦爲合主合其半成夫婦也按夫婦各半而合故取象於合蒉漢書一半米亦段半爲片字片半也論語顏淵片言鄭注又廣雅釋詁四○廣雅釋言曰片裨也片猶偏也論語顏淵片言可以折獄者集解引孔注又皇疏片言即單辭也書呂刑疏

面　美線切

顏前也說文段注顏者兩眉之中間也顏前者謂自此而前則爲目爲鼻爲目下爲頰之間乃正鄉人者故與背爲反對之偁引伸之爲相鄉之偁又引伸之爲相背之偁易窮則變變則通也凡言面縛者謂反背而縛之偭从面面

韻史　卷六十三第十四部去聲紆韻　　六一六六

前也儀禮士冠禮面葉注士相見禮結于面注鄉射禮面餞注聘禮記委其餘于面注士喪禮极諸面之右疏又禮記少儀中之面注又文選長笛賦夫其面旁則重巘增石注面猶鄉也周禮撫人使萬民和說而正王面注考工記匠人面朝後市注又禮記玉藻唯君面尊注○廣雅釋詁四云面嚮也又禮記喪服小記門外之右南面疏云南面嚮南也面者向也孟子梁惠王下東面而征西夷怨注又國策秦策皆面西而望天下注又史記司馬相如傳回首面內集解引韋昭又太玄面貞注○書召誥面稽天若鄭注云面猶迴向也又漢書夏侯嬰傳面雍樹馳注引蘇林云面者以面首向臨之也面猶尚也儀禮鄉射禮面鏃注大射儀注面亦見也儀禮聘禮賓面如覲弊注又禮記聘義賓私面私覿疏面猶覿也儀禮聘禮面不升注又聘禮疏○周禮司儀及禮私面私獻注云私面私覿也面貌謂以顏色慰悅之荀子大略君子之於子愛之而勿面使之而勿皃面不正視也史記項羽紀馬童面之集解引如淳○釋名釋形體云面漫也萱按漫字後出面漫雙聲疊韻面謂背之不面向也漢書項籍傳馬童面之注○張歐傳爲涕泣面而封之注云面謂偝之也又夏

韻史　卷六十三第十四部去聲靬韻　六一六七

矦嬰傳集注又後漢書光武紀上注張衡傳注竝云面偝也面縛者縛手於背而面向前也史記宋微子世家肉袒面縛索隱

偭

鄉也禮少儀曰尊壺者偭其鼻說文段注鄉今人所用之向字也漢人無作向者少儀尊壺者面其鼻注云鼻在面中言鄉人也按許所據作偭說與鄭同偭訓鄉亦訓背此窮則變變則通之理如廢置徂存若快之側離騷偭規矩而改錯王逸曰偭背也賈誼弔屈原曰偭蟂獺以隱處應劭曰偭背也項羽傳馬童面之張晏曰背之也張歐傳上具獄事不可卻者爲涕泣面而封之師古曰謂偝之也惠氏定字左傳補注曰面縛謂反背而縛之考工記審曲面勢先鄭釋以陰陽之面背許言鄉不言背者述其本義也古通作面○晉書音義中云偭嚮也偭偝也廣雅釋詁二○萱按偭者偭之小篆也

韻史　卷六十三第十四部去聲靬韻　六一六八

撮口許　犀萬切

懁

急也說文段注懁下曰一曰急也此與音義同論語狷孟子作獧其實當作懁齊風子之還兮傳曰還便捷之皃走部曰趯疾也其義皆近○史記貨殖傳民俗懁急集解引徐廣云懁急也懁急腹也莊子列禦寇有順而達者釋文引三蒼懁研辨也莊子列禦寇釋文引王注

獧

或作肖衙疾跳也一曰急也說文段注跳者躍也獧狷古今字今論語作狷孟子作獧是也論語曰狂者進取狷者有所不爲也大徐別增狷篆非○廣雅釋詁一云獧急也又漢書劉輔傳集注云狷急也狷疾也後漢陰興傳注狷介也漢書楊胡朱梅云傳贊集注狷狂狷也後漢第五倫傳注楊倫傳注狷者守分有所不爲也國語晉語小心狷介注○萱按孫叔敖碑衛節高義衛乃狷之異體字

睊

○俗有謂視皃也說文段注孟子引晏子睊音讀趙曰睊睊側目相視睊睊視也廣雅釋訓○孟子梁惠王下音義引張音云睊睊側目視皃謂作嗛也墨子經上○此義要細檢

絹

繪如麥稍色說文段注色字今補色謂也而俗刪之耳自絹至纔廿三篆皆言繪帛之色而此色字先之聲類涵縛絹爲一字由不考其義之殊也稍者麥莖也繪色如麥莖青色也射雉賦曰麥漸漸以擢芒又曰闞閭譎葉四月

韻史　卷六十三第十四部去聲靬韻　六一六九

時也繪色似之曰絹漢人段爲羅字絹絍也其絲絍厚而疏也釋名釋采帛絹謂之絹廣雅釋器絹繫也後漢馬融傳注○萱按此羅之叚借字

攣

抒屚也說文段注屚各本作漏誤今玄應作漏爲是依許義當作屚謂抒而屚之有所注也元和汪元亮曰今賣酒家汲酒於甕中之器名曰酒端傾入於屚而注於酒缾是其物也○廣雅釋詁二云攣抒也汲取曰攣一切經音義四引通俗文

衛

車搖也說文段注未聞以篆之次第詳之此篆當亦謂車上一物而今失傳車搖當是譌字

䀏

目圍也古文吕爲醜字說文段注圍當作回回轉也䀏與眷顧義相近醜者姡也面部曰面見人也从面見古文作䀏蓋亦謂從有二目見人而已古音同在十四部故得相段借

𢍏

偏旁作失摶飯也說文段注𢍏摶疊韻曲禮毋摶飯

眷

或作婘蠸睠顧也詩曰乃眷西顧說文段注大東睠言顧之毛曰睠反顧也睠同眷小明云睠睠

韻史　卷六十三第十四部去聲靬韻　六一七〇

懷顧皇矣云乃眷西顧凡顧則至春並言者顧者還視也眷者顧之淡也顧止於側而已眷則至於反故毛云反顧許云津言之故云顧也引伸之訓爲眷屬史記作婘○廣雅釋言云眷顧也又楚辭靈懷兔眷眷而獨逝注云眷眷顧兒 眷嚮也 廣雅釋詁四○晚出書大禹謨皇天眷命傳云眷視 眷猶戀也 文選謝靈運經湖中瞻眺詩覽物眷彌重 注 眷戀思慕也 文選補亡詩眷戀庭閨注 婘好也孅好也 玆廣雅釋詁一萱按皆段爲鬈字也鬈訓髮好好引申爲凡好 婘好兒 詩還釋文引韓詩 桊者相眷之義 太令好全桊其首尾注○萱按此段桊爲眷也

桊

纕臂繩也 說文段注纕各本作懷今正纕者援臂也臂褏易流以繩約之是繩謂之纕纕有段桊爲之者史記滑稽列傳帣韝鞠謄徐廣云帣收衣袖也又有段卷爲之列女傳趙津女娟攘卷操檝卷卽桊也禾部曰細桊束也冂部曰冠桊也是引申爲凡束縛之偁 卷卷臂也 ○淮南原道短袂攘卷注萱按此段卷爲桊 桊弓也 桊弩弓也 文選閑居賦注○萱按此段借之義 桊者相桊之義 太令好注萱按此段爲眷字也

韻史 卷六十三第十四部去聲折韻　　六一七一

帣

囊也今鹽官三斛爲一帣 說文段注集韻曰囊有底曰帣或借爲桊字史記淳于髡帣韝鞠謄帣韝謂以韝約袖糸部曰帣纕臂繩也今鹽官云云舉漢時語證之栝字下曰今鹽官入水取鹽爲栝皆漢時鹽法中語○廣雅釋器曰帣囊也萱按囊之容三斛者別名帣也古斛容十斗今之斛或容五斗或容二斗料與古名同而實異但古量小三斛衹得今六七斗耳 帣收衣褏也 史記滑稽傳集解引徐廣○萱按此桊之義也

韏

革中辨謂之韏 說文段注釋器革中絕謂之辨郭注中斷皮也革中辨謂之韏注復平分也如郭說則正文當云辨中絕謂之韏立文不當如是今按當云革辨謂之韏中乃衍文衣部襞下云韏衣也衣襵古曰韏亦曰襞積亦曰緳然則皮之縐文戚戚者曰韏何疑文部曰辨皺文也許所據爾雅不同郭本淺人以郭本易之 韏曲也 韏詘也 廣雅釋詁一釋詁四

⿱龹豆

豆屬 說文段注此本艸經之大豆黃卷也味甘平主溼痹筋攣膝痛唐本注云以大豆爲芽櫱生便乾之名爲黃卷靈樞曰腎病者宜食廣韻云⿱龹豆黃豆也按豆卽尗一語之轉周人之文皆言尗少言豆者惟戰國策也張儀云韓地五穀所

韻史 卷六十三第十四部去聲折韻　　六一七二

生非麥而豆史記作菽吳氏師道云古語祇倆菽漢以後方呼豆若然則⿱龹豆字蓋出漢製乎

桊

○俗有棬 牛鼻環也 說文段注各本環上有中字今依玄應刪玄應曰桊牛拘也今江以北皆曰牛拘以南皆曰桊按呂氏春秋曰使烏獲疾引牛尾尾絕力勤而牛不可行芇也使五尺童子引其棬而牛恣所以之順也棬者桊之譌字 桊牛拘也 一切經音義四引字書音義十二引埤蒼○廣雅釋器云桊拘也

建

立朝律也 說文段注今謂凡豎立爲建許云立朝律也此必古義今未攷出 建立也 周禮天官序官惟王建國注大宰而建其牧之疏大司徒乃建王國焉疏大宗伯掌建邦之天神人鬼地示之禮注小宗伯掌建國之神位疏大司樂以治建國之學政疏量人掌建國之灋注又禮記王制州建百里之國三十注又洪範五行傳皇之不極是謂不建注又素問六節藏象論先建其母注又廣雅釋詁一又左氏哀十三年傳建鼓整列疏又國語周語則順而建德注顓頊之所建也注魯語夫位政之建也注晉語皆利建矣注善德之建也注鄭語建九紀以立純德注又國策秦策然後可建大功注又漢書五行志下之上食貨志上集注賈誼傳集注鮑宣傳集注韋玄成傳集注韓延壽傳集注引晉灼何

韻史 卷六十三第十四部去聲折韻　　六一七三

並傳集注王莽傳上集注又後漢書楊賜傳注張衡傳注梁鴻傳注又老子善建者不拔注又淮南主術建以爲基注又文選思玄賦意建始而思終舊注高唐賦偈兮若駕駟馬建羽旗注晉紀總論注引書考靈耀宋注○素問五運行大論考建五常注云建謂建立也又老子故建言有之王注云建猶立也又書洪範擇建立卜筮人疏云建亦立也 建謂立議 漢書鄒陽傳爰盎等皆建以爲不可注又東平思王宇傳建欲使我輔佐天子注云建謂立其議 建樹也 書大傳九十杖而朝見君建杖注○儀禮大射儀建鼓在阼階西注云建猶樹也 震爲建 易象上傳先王以建萬國廣注 建設也 老子故建言有之注 建及也 國語周語使於晉者道相建也注 建猶披也 儀禮士昏禮建栖興注又士冠禮建栖注云建栖披栖於醴中 建明布告之 周禮小宰掌建邦之宮刑注 建國封諸侯也 禮記祭法分地建國注 建木長木也 後漢書馬融傳注 建六星在斗上也 周髀筭經下日月俱起建星注

券

去萬切

契也券別之書㠯刀判契其旁故曰書契 說文段注小宰官府之八成大鄭曰

韻史 卷六十三第十四部去聲折韻　　六一七四

稱責謂貢予傳別謂券書聽訟責者以券書決之傳傳箸約東於文書別別爲兩兩家各得一也書契符書也質劑謂市中平價今月平是也後鄭曰傳別謂爲大手書於一札中字別之書契謂出予受入之凡要凡簿書之最目獄訟之要辭皆曰契春秋傳曰王叔氏不能舉其契質劑謂兩書一札同而別之長曰質短曰劑質劑皆今之券書也按云今之券書者謂漢時名券書其實券字自古有之也大部曰契大約也引易繫辭書契契各本作切今正判分也契刻也兩家各一之書牘分刻其旁使可兩合以爲信韓子曰宋人得遺契而數其齒是也書契謂易繫辭周禮小宰所云書契也書而契之是曰書契契音同此三句說從刀之意○淮南泰族非券之所責也注云券契也又管子問有別券者注云別券謂分契也券綣也相約束繾綣以爲限也釋名釋書契券要也史記田敬仲桓世家公常執左券索隱分之曰券管子輕重乙使無券契之責注○莊子庚桑楚券內者行乎無名注云春分也又釋文引崔注云券分明也

券

勞也說文段注翰人終日馳騁左不楗書楗或作券鄭云券今倦字也據此則漢時已倦行券廢矣今皆作倦蓋由

與契券从刀相似而避之也○廣雅釋詁一云券勞也券極也券止也廣雅釋詁一釋詁三○論語顏淵居之無倦釋文云亦作券

倦

○俗有勌罷也說文段注罷者遣有罪也引伸爲休息之偁倦與力部券義少別鉉等於券下注曰今俗作倦義同蓋不檢人部固有倦耳○呂覽論人致遠復食而不倦注下賢立倦而不敢息注竝云倦罷倦疲也漢書司馬相如傳上集注引文穎倦勞也國語晉語用而不倦注倦極也文選西征賦倦狹路之迫隘注倦懈也國語晉語則偏而不倦注楚人謂佸爲倦淮南道應方倦龜殼而食蛤梨注○萱按漢書嚴助傳則士卒罷勌禮記內則注不敢解勌皆用俗字

筋

腱或○俗有蔙腱筋之本也說文段注內則注曰餌筋腱也王逸注招魂曰腱筋頭也餌篇韻作腁腱建聲也今字多作腱腱筋之大者禮記內則釋文引隱義腱肉也廣雅釋器○萱按字林云蔙筋鳴也此乃巨誤詳二部入聲筋下

健

伉也說文段注伉下曰人名而不言其義以此云伉也證之則知人名二字非許書之舊矣周易曰乾健也健者強壯之名易象上傳天行健疏○國策秦策使者多健注云健者強也健爲剛健易象上傳文明以健何妥注健乾也易彖上傳能健止虞注彖下傳健而說虞注震爲健易說卦傳健建也能有所建爲也釋名釋言語仰頭爲健漢書王章傳不自激卬注健驕也韓外傳四健貪也荀子哀公

楗

○俗有楗歫門也說文段注歫各本作限今依南都賦注所引正老子釋文亦作距門也月令脩鍵閉慎管籥注曰鍵牡閉牝也管籥搏鍵器也周禮司門掌授管鍵以啓閉國門先鄭云管謂籥也鍵謂牡按楗閉卽今木鎖也諸經多借鍵爲楗而周禮司門作管蹇先鄭云蹇讀爲鍵今本乃互易蹇鍵字○文選頭陀寺碑文注引字林云楗門距楗拒門也文選風賦注引字林楗關楗也莊子庚桑楚夫外韄者不可繁而捉將內楗注○釋文云楗關也楗閉也莊子庚桑釋文引向注楗者持之令固也鬼谷子內楗注楗柱也史記

河渠書穨竹林兮楗石菑集解引韋昭楗健也後漢任文公傳注楗堅也後漢張衡傳注楗立也後漢馮衍傳注楗接也漢書賈誼傳集注引如淳楗謂立封界也漢書賈誼傳淮陽包陳以南楗之江注注楗舉也萱按此段楗爲擧也擧平聲木楗木櫓也國語晉語韋注木楗以過於朝輔骨上橫骨下爲楗素問骨空論鍵謂籥牡也萱按鍵本義爲鉉引申爲關鍵爲鍵閉與純乎段借者有閒矣楗鍵二字常通觀之

勸

勉也說文段注廣韻曰獎勉也按勉之而悅從亦曰勸○後漢馬嚴傳注云勸勉也勸助也廣雅釋詁二勸獎者佐助之意左氏僖廿八年傳注獎助也疏勸力也小爾雅廣詁又國策宋策許救甚勸注勸教也廣雅釋詁四又呂覽孟夏勞農勸民注勸進也國策秦策則楚之應之也必勸注又呂覽至志人知之不爲勸注壹行則不足以勸也注勸者進善之名文選勸勵題注勸善呂覽上德不賞而民勸注勸樂呂覽爲欲則是三者不足以勸注坎爲勸易象下傳君子以勞民勸相虞注勸講

猶侍講也後漢書楊東傳注勸防引柩也周禮喪祝掌大喪勸防之事司農注勸猶倡帥前引者周禮喪祝注

媛羽萬切
美女也人所欲援也詩曰邦之媛兮說文段注鄘風邦之媛也傳曰美女爲媛援者引也謂人所欲引爲己助者也鄭箋詩云邦人所依倚以爲援助也謂援媛以疊韻爲訓○後漢書列女傳注云美女曰媛又廣雅釋詁一云媛美也媛所以結好援爾雅釋訓美女爲媛注又孫注云媛君子之援助

瑗
大孔璧人君上除陛以相引爾雅曰好倍肉謂之瑗肉倍好謂之璧說文段注好謂孔肉謂邊也釋器曰好倍肉謂之瑗孔大於邊也人君云云未聞瑗引雙聲孫卿曰聘人以珪召人以瑗○管子輕重丁瑗中五百注云好倍肉曰瑗瑗玉佩名爾雅釋器釋文引蒼頡

婉
宴婉也說文段注邶風燕婉之求傳曰宴安婉順也西京賦曰燕婉美好之皃按古宛冤通用婉婉音義皆同

黦
或作䵣黦○又十五部入聲黑有文也說文段注按周禮染人夏纁玄注云故書纁作䵣䵣即黦也唐宋人

詩詞多用黦字如韋莊淚沾紅袖黦之類王氏念孫曰淮南時則訓天子衣苑黃高注云苑讀登飴之登春秋繁露民病心腹宛黃皆字異而義同

謉
尉也說文段注尉各本作慰而集韻類篇及葉石君抄本說文皆作尉則知大徐本作尉也火部曰尉者從上案下也謉訓尉未得其證攷毛詩凱風傳慰安也車舝傳曰慰怨也二傳不同車舝傳一本作尉安也陸氏德明從怨謂作安乃馬融義今按此毛詩及傳正當作尉謉也許所本後人以易識之字易之耳謉者以善言案其心如火申體然謉尉雙聲

怨
命古文○或作命怨恚也說文怨者情所恚恨詩擊鼓序怨州吁也疏○論語述而怨乎皇疏云怨恨也又廣雅釋詁四云怨恨也怨怨望也國語周語怨而不怨注怨悲呂覽侈樂其民必怨注怨咎家語五儀而心不怨注怨亦憎變文爾淮南說山不怨人褒之注怨亦刺之類詩譜序刺怨相尋疏施行得理謂之德反德爲怨賈子道術坤爲怨易繫辭下

傳因以寡怨注

豋
或作䬴䭓○又十五部入聲豆飴也說文段注飴米糵煎也糵芽米也然則豆飴者芽豆煎爲飴也黑部䵌下曰讀若飴豋之豋方言飴謂之飯䭓之䭓郭注以豆屑襍錫也䭓卽豋字謂䭓豆蹈豆也廣雅釋艸

焆
焆焆煙皃說文明也文選江賦注引蒼頡篇

餶
或作噮猒也說文段注賈思勰齊民要術曰食飽不餶按猒飽也餶則有猒橐之意皆猒中之義也呂覽曰甘而不噮玉篇集韻引同噮即餶字廣韻曰噮甘而猒也是也集韻鐸韻又引伊尹曰甘而不餶肥而不饐也

掾
緣也說文段注緣者衣純也旣夕禮注飾衣領袂口曰純引申爲凡負緣邊際之偁掾者緣其邊際而陳掾也陳掾猶經營也易卦辭曰彖謂文王緣卦以得其義然則彖者掾之段借字也與漢官有掾屬正曰掾副曰屬漢舊注東西曹掾比四百石餘掾比三百石屬比二百石此等皆翼輔其旁者也故曰掾○後漢書王良傳注云掾司徒之掾史也

緣
平去兩讀義分衣純也說文段注此以古釋今也古者曰衣純見經典今曰衣緣緣其本字純其段借字也緣者

沿其邊而飾之也深衣曰純袂緣純邊廣各寸半袂緣猶袂口也廣各寸半者表裏共三寸也旣夕禮注曰飾裳在幅曰綼在下曰緆緣之義引申爲因緣負緣而俗遂分別其音矣○爾雅釋器云緣謂之純緣緆也禮記深衣注○疏云緣讀爲緆謂深衣之下純也萱按緣緆義同非音同也緣不得讀緆矣緣飾邊也禮記玉藻緣廣寸半注○釋名釋衣服云緣襈襈施緣也緣裙裙施緣也又儀禮喪服傳帶緣各視其冠者疏云緣謂喪服之內中衣緣用布緣之

緣者繳纏之即今宛轉也爾雅釋器注○孫注云緣謂繁約而漆之緣衣縫緣也方言四注純緣也書大傳諸衣不純注又周禮屨人赤繶黃繶注司几筵設莞筵紛純司農注又儀禮士冠禮青約繶純注鄉飲酒禮記蒲筵緇布純注鄉射禮記注公食大夫禮記注又禮記曲禮上冠衣不純素注褖記下純以素疏又廣雅釋詁二又漢書荆法志菲屨諸衣而不純注楊雄傳上光純天地注引李奇又後漢書馬融傳注又山海經西山經白帝采等純之注又荀子正論殺赭衣而不純注○萱按此謂純即緣也純緣古今字緣純正借字純謂緣之也禮記深衣注○漢書地理志下織作冰紈綺繡純麗之物注引如淳云純緣也謂條組之屬也又書顧命畫純

嫣　傿　鄢　郾

鄭注云畫純以雲氣畫之爲緣飾衣曰緣謂領與袂儀禮既夕記緇純注純爲衣裳之
側儀禮聘禮疏純謂以絛爲口緣周禮屨人注○儀禮士冠禮青絇繶純疏云純謂繞口緣邊也
又士喪禮注緇絇繶純疏云純謂緣口在下曰純禮記雜記下疏
或作嗎嗟○平去兩讀長皃說文段注詩毛傳頎頎長皃頎與嫣聲相近也文選嫣然一笑注引王逸云嫣笑皃
然大招字作嗎許書與嗎字嗎笑皃也楚辭大招宜笑嗎只注嗟樂也方言十三又廣雅釋詁一
嗟嗟歎皃方言十三注嗎嗎喜也廣雅釋訓
引爲賈也說文段注引猶張大之賈者今之價字引爲賈所謂豫價也後漢書崔烈入錢五百萬得爲司徒及
拜靈帝顧謂親倖曰悔不小傿可至千萬○後漢書崔寔傳注云傿引爲價也萱按范書字譌作鄢
平去兩讀注在彼○俗有隔
潁川縣說文段注前志曰南陽郾雉衡山澧水所出東至郾入汝郾今本譌作郾全氏祖望勤以水經正之今河

六一八三

院　𡚁　㚾　𧗳（許萬切）　夐

南許州郾城縣是其地
又爲平聲寏之或體堅也說文○萱按寏之重文亦作院段氏疑彼當作寏从宀院聲與此之从𠂤完聲畫然分別
矣若然則廣雅釋室院垣也亦當改作寏訓堅之院未見用此義者
大皃或曰拳勇字說文段注拳當作捲手部捲气勢也引國語有捲勇或說𡚁即捲勇字許偁之也
闕說文段注謂其義其形其音說皆闕也廣韻入二十五願芳万切引說文其義闕其義二字乃廣韻所增耳玉篇同
芳万切則與嬔娩二字同音集韻則云于願切
衒或行且賣也說文段注周禮飾行儥慝大鄭云儥賣也慝惡也謂行且賣姦僞惡物者後鄭云謂
使人行賣惡物於市巧飾之令欺誑買者○廣雅釋詁三云衒賣也又漢書東方朔傳自衒鬻者以千數注云衒行賣也
又楚辭疾世欲衒鬻兮莫取注云行賣曰衒衒自媒衒也後漢書蔡邕傳注
營求也商書曰高宗夢得說使百工營求得之傅巖巖穴也

六一八四

讂　獻

說文段注營求者圜帀而求之也帀而求之則不遝遺矣故引伸其義爲遠也韓詩于嗟夐兮云遠也毛詩作洵異部假
借字按古音在十四部招魂挂曲瓊些與寒湲蘭筵韻瓊字夐聲角部觼或作鐍皆可證也商書云云書序文巖穴也者
釋書序以說从穴之意夐遠也廣雅釋詁一又漢書敘傳上集注引劉德音義引韋昭○穀梁文十四年傳夐
入千乘之國注云夐猶遠也夐遠邈也文選幽通賦夐冥默而不周曹注○後漢書竇憲傳注云夐邈皆遠
也夐絕迥絕也文選赭白馬賦絢練夐絕注夐大也遠也呂覽盡數與爲夐明注夐
長也廣雅釋詁二夐夐視也廣雅釋訓讂遠也管子宙合讂充言心也注○萱按此段讂爲夐
也讂求也廣雅釋詁三
流言也說文讂求也讂遠也萱按此皆段爲夐字也於讂爲再引申之義矣
宗廟犬名羹獻犬肥者以獻說文段注此說从犬之意也曲禮曰凡祭宗廟之禮犬曰羹獻
按羹之言良也獻本祭祀奉犬牲之偁引申之爲凡薦進之偁按論語鄭注曰獻猶賢也獻得訓賢者周禮注獻讀爲儀

六一八五

是以伏生尚書民儀有十夫古文尚書作民獻咎繇謨古文萬邦黎獻漢孔宙碑費鳳碑斥彰長田君碑皆用黎儀字皆
用伏生尚書也班固北征賦亦用民儀字獻進也儀禮鄉飲酒禮西北面獻賓注又廣雅釋詁二又國語吳語大
夫種乃獻謀注又呂覽慎人注又文選東京賦然後以獻精誠薛注○周禮鄉大夫獻賢能之書于王注又禮記坊記民
猶有曰獻其身注表記拜自獻其身注竝云獻猶進也又儀禮鄉射禮注云凡進物曰獻又漢書五行志上飲食有享獻
之禮注云進爵於前謂之獻獻貢也國語楚語公貨足以賓獻注又國策秦策臣請王進商于之地注又文選
東京賦獻琛執贄薛注○禮記曲禮下五官致貢曰享注云致其歲終之貢於王謂之獻也獻奏也詩瓠葉酌
言獻之傳○賓之初筵獻爾發功箋云獻猶奏也又左氏隱五年經初獻六羽疏云獻者奏也奏進聲樂以娛神也獻
致也國策秦策果獻西河之外也注又呂覽季冬無不咸獻其力注○國語晉語齊侯來獻之以得隕命之禮注云
獻致饗也又周禮玉府凡王之獻金玉注云古者致物於人尊之則曰獻通行曰饋又大司馬獻禽以祭社注云獻猶致
也屬也獻猶軒軒在物上之稱也文選景福殿賦注引孟子劉注○呂覽異寶願獻之丈人

六一八六

注云獻上也獻者下奉上之辭公羊隱五年經初獻六羽注又穀梁隱五年經卅一年齊矦來獻戎捷注又左氏莊卅一年經注○書洛誥疏云獻是奉上之辭又周禮玉府疏云上於下曰饋下於上曰獻又云臣取於君曰取與於君曰獻君有饋馬曰獻儀禮士相見禮注○詩鴝鵒序疏云獻者臣奉於君之辭又禮記少儀若獻人注於尊者曰獻云獻謂舉奠洗爵酌入也禮記文王世子其登餕獻受爵則以上嗣注○儀禮燕禮獻庶子于阼階上注云凡獻皆薦也主人酌酒於賓曰獻左氏莊十八年傳疏○詩行葦或獻或酢箋云進酒于客曰獻又楚茨獻醻交錯箋云始主人酌賓為獻獻謂呈見精表之也左氏僖卅年傳以獻其功疏獻迎也淮南天文大淵獻之歲注獻近也爾雅釋天太歲在亥曰大淵獻李注獻章也莊子大宗師獻笑不及排釋文引王注獻猶言也禮記內則其一獻之州史注獻善也莊子大宗師釋文引向注獻聖也爾雅釋言獻賢也論語八佾皇疏又漢書藝文志集注○論語八佾文獻不足故也集解引鄭注云獻猶賢也聰明睿智曰獻獨斷下又漢書河閒獻王傳引謚

韻史　卷六十三第十四部去聲霰韻　六一八七

法○周書諡法聰明叡哲曰獻云獻民士大夫也周書作雒俘殷獻民于九畢注獻體解衣左氏昭廿七年傳體改服于門外注獻獻疏刻之禮記明堂位周獻豆注○萱按此段獻為犧也犧在十七部

憲

○俗有憲敏也說文段注敏者疾也諡法博聞多能為憲引申之義為法也又中庸引詩憲憲令德以憲為顯顯又大雅天之方難無然憲憲傳曰憲憲猶欣欣也皆段借也憲法也爾雅釋詁又詩六月萬邦為憲傳桑扈百辟為憲傳又禮記內則凡養老五帝憲注學記發慮憲注中庸憲章文武疏又左氏襄廿八年傳此君之憲令注又國語周語以為憲令注布憲施舍于百姓注楚語龜足以憲臧否注又漢書藝文志集注董仲舒傳集注又後漢書崔駰傳注又管子立政布憲于國注宙合猶迹求履之憲也注又淮南脩務著於憲法注又文選東京賦憲先靈而齊軌薛注魯靈光殿賦上憲窗版張注永明九年策秀才文注引春秋保乾圖宋注○禮記學記疏云憲謂法式也憲謂法令穆天子傳三乃發憲令注又傳一受勅憲注云憲敎令也又傳六天子出憲注云憲命憲章猶法則也

韻史　卷六十三第十四部去聲霰韻　六一八八

後漢書班彪傳下注○爾雅釋訓云憲憲洩洩制法則也憲謂月朔之憲管子立政然後可以布憲注憲表也詩崧高文武是憲箋又周禮秋官序官布憲注小司寇憲刑禁注布憲掌憲邦之刑禁注○荀子勸學不道禮憲注云憲標表也憲表縣之周禮小司徒令羣吏憲禁令注胥師憲刑禁馬注○鄉大夫各憲之於其所治疏云憲者表縣之也又小宰以宮刑憲禁於王宮注云憲謂表縣之若今新有法令云憲謂轄書以明之周禮朝士則令邦國都家縣鄙慮刑貶杜注憲罰播其肆也周禮司市小刑憲罰司農注憲憲興盛之皃禮記中庸憲憲令德注○萱按樂記致右憲左段憲為軒也

⿺走憲

走意說文段注石鼓詩趬趬雙雙

縣

平去兩讀義分四甸為縣方二十里周禮小司徒四甸為縣注○國語周語縣無施舍注云四甸為縣方六十里萱按六十里蓋非是不知韋據何等算法也五鄙為縣周禮遂人又鄙師注○宰夫注云六遂五百家為鄙五鄙為縣○鶡冠子王鈇云五家為伍十伍為里四里為扃十扃為鄉五鄉為縣萱按此周宋異說也意去

韻史　卷六十三第十四部去聲霰韻　六一八九

籍之後或私立此制與縣二千五百家也呂覽孟春注孟夏注○淮南時則注云五鄙為縣然則縣二千五百家也距王城三百里至四百里曰縣周禮秋官序官縣士注又縣士注云三百里以外至四百里曰縣○載師司農注引司馬法云四百里為縣又疏又遺人疏又縣士疏竝同○大宰五曰邦縣之賦注云四郊去國百里邦甸二百里家削三百里邦縣四百里又司會注云甸去國二百里稍三百里縣四百里縣內夏時天子所居州界名也殷曰畿周亦曰畿禮記王制天子之縣內注○呂覽孟夏注云縣畿內之縣又仲夏注云百縣畿內之百縣大夫也縣鄙鄉遂之屬周禮司士注又禮記月令注○周禮地官序官遂大夫注云縣鄙酇里鄰遂之屬別也又朝士疏云縣鄙謂六遂之內又禮記月令注云百縣鄉遂之屬又疏云百縣謂鄉遂又左氏昭四年傳縣人傳之注云縣八遂屬三鄉為縣國語齊語○萱按此蓋管仲之規制與百里曰同總名為縣水經河水注引風俗通○廣雅釋詁四云縣國也又山海經海外北經縣居海水中注云縣猶邑也縣縣也縣係於郡也釋名釋州國○萱按觀此可知縣字

韻史　卷六十三第十四部去聲霰韻　六一九〇

呂萬切

楦　駽　孌

古本無異音也匡謬正俗乃謂縣本作寰後借縣字爲之豈其然乎字縣官謂天子也史記絳侯周勃世家庸知其盜買縣官器索隱又後漢書劉盆子傳注○廣雅釋室云縣官也中國名赤縣詩北山疏引鄒子○穀梁桓五年傳注云九州之內名曰赤縣縣彡也首也從系倒首舉首易偏矣言當彡靜平儒役也御覽百五十七引風俗通○又云縣平又水經河水注引黃義仲十三州記云縣弦也弦以貞直言下體之居鄰民之位不輕其誓施繩用法不曲如弦弦聲近縣故以取名○俗有楦履法也說文段注今鞋店之楦也楦楦正俗字○廣雅釋詁一云楦濃也楦柜梛爾雅釋木青驪馬詩曰駜彼乘駽說文段注青驪馬謂深黑色而戴青色也魯頌有駜曰駜彼乘駽釋畧毛傳皆曰青驪曰駽駽今之鐵驄爾雅釋畜注○孫注云駽色青黑之閒又爲㜑之籀文見上聲○俗有戀慕也說文段注此篆在籀文爲㜑順也在小篆爲今之戀慕也凡許書複見之篆皆不得議刪廣韻廿三線曰戀慕也孌戀爲古今字戀思也易小畜有孚攣如釋文引子夏傳○漢書外戚

韻史　卷六十三第十四部去聲軒韻　六一九一

蕎萬切

傳

傳上上所以攣攣顧念我者注云攣讀戀瑩按攣段借字也不云讀若變者彼時偏行俗字也又按訓順之㜑罕用者多用其籀文之變訓慕之孌罕用者多用其俗體之戀雖時有古今亦勢使然也又平聲又處萬切遠也說文段注辵部曰遽傳也與此爲互訓此二篆之本義也周禮行夫掌邦國傳遽注云傳遽若今時乘傳騎驛而使者也玉藻士曰傳遽之臣注云傳遽以車馬給使者也左傳國語皆曰以傳召伯宗注皆云傳驛也漢有置傳馳傳乘傳之不同按傳者如今之驛馬驛必有舍故曰傳舍又文書亦謂之傳司關注云傳如今移過所文書是也引伸傳遽之義則凡展轉引伸之偁皆曰傳而傳注疏傳皆是也後儒分別爲知戀直戀直攣三切實一語之轉按廣韻傳注直戀切郵馬知戀切○莊子外物大儒臚傳釋文引向注云傳遽也人詩江漢箋則使傳遽告功于王釋文云以車曰傳傳車驛馬爾雅釋言馹遽傳也舍人注又孫注云傳車○漢書高帝紀下乘傳詣洛陽注云傳者若今之驛瑩按驛以馬言馹以車言傳遽皆謂車也諸家驛字皆馹之段借惟舍人驛馬是本字傳乘傳送之史記扁鵲倉公傳當傳西之長安索隱傳乘之名也素問玉機眞藏論傳置驛之舍

韻史　卷六十三第十四部去聲軒韻　六一九二

處萬切

傳

也漢書王莽傳中廚傳勿舍注○後漢書范滂傳注云傳驛舍也又史弼傳注云傳客舍也又光武紀上注云傳舍客館也又漢書宣帝紀集注云傳謂傳舍又廣雅釋室云傳舍也傳謂傳次漢書任敖傳集注○史記秦始皇紀推始終五德之傳索隱云傳次也傳傳也人所止息而去後人復來轉轉相傳無常主也釋名釋宮室傳猶轉也史記衛將軍驃騎傳索隱又呂覽必已人倫之傳則不然注○孟子滕文公下以傳食於諸侯音義引丁音云傳食言轉食也萱按訓轉之傳亦可讀平聲傳謂符也後漢書陳蕃傳注又王莽傳上有事府第皆用傳注引孟康○宣帝紀得毋用傳注云傳傳符也又酷吏甯成傳詐刻傳出關歸家注云傳所以出關之符也傳謂符牒後漢書中房蝓傳注傳棨也漢書文帝紀除關無用傳注引李奇平去凡三見傳謂訓詁公羊定元年傳主人習其讀而問其傳注傳傳也以傳示後人也釋名釋典藝○左氏春秋經傳集解疏云傳者傳也博釋經意傳示後人傳者傳通其義也詩周

韻史　卷六十三第十四部去聲軒韻　六一九三

諯　僝

南關雎詁訓傳疏傳者使可傳述周禮目疏○易乾傳釋文云傳以述爲義又禮記曲禮目疏云傳謂傳述爲義或親承聖旨或師儒相傳故云傳傳謂解說經義者也漢書古今人表傳口注○淮南王安傳使爲離騷傳注云傳謂解說之若毛詩傳又楚元王傳申公始爲詩傳注云凡言傳者謂爲之解說若今詩毛氏傳也傳謂轉次之漢書郊祀志上推終始傳注傳轉也轉移所在執以爲信也釋名釋書契傳考證驗也史記酷吏傳傳爰書集解引張晏○漢書文帝紀集注引張晏云傳信也數也一曰相讓也說文段注數也者謂數責也今音讀上聲相讓也者相責讓二義亦略同耳○廣雅釋詁二云諯讓也或作僝具也虞書曰旁救僝功說文段注僝具也馬注尚書同五帝紀曰旁聚布功釋以布也玉篇廣韻作僝虞書當作唐書說辭禾部稘下旁救僝功堯典文作方鳩者古文尚書也作旁述者歐陽夏侯尚書也是部述下作旁述孱功此作救彼作孱皆駁文○萱按堯典馬注今作僝具也蓋轉寫所改晚出傳尚是僝字知馬不作僝

韻史　卷六十三第十四部去聲軒韻　六一九四

頓

僎見也廣雅釋詁三○書堯典晚出傳云僎見也僎愻惡罵也玉篇重見之義

選具也說文段注選擇而共置之也頓選疊韻六部曰巽具也顨具也人部曰僎具也是巽頓顨僎四字義同玉篇曰頓古本作選○萱按僎亦訓具也僎頓音義皆同

𠀠隸作卯

二卩也說文段注義取於形廣韻亦云卯具也

籑或作餕

饌具食也說文段注廾部曰具共置也禮經凡言饌注曰陳也陳與置義同論語曰有酒食先生饌馬云飲食也鄭作餕食餘曰餕按馬注者古論鄭注者校周之本以齊古讀正凡五十事其讀正者皆云魯讀爲某今从古此不云今从古則是从魯論作餕者何晏作饌从孔安國馬融之古論也據禮經特牲少牢注皆云古文籑作餕許書則無餕有籑饌字是則許於禮經从今文不从古文也但禮經之籑訓食餘而許籑饌同字訓爲具食則食餘之義無箸且禮經言饌者多矣注皆訓陳不言古文作餕食餘之字皆作籑未有作饌者然則禮饌籑當是各字饌當獨出訓具食也籑餕當同出訓食餘也乃與禮經合若論語魯餕古饌此則古文假饌爲餕此謂養親必有酒肉既食恒餕

韻史 卷六十三第十四部去聲霰韻　六一九五

而未有原當情以是爲孝也又按禮記之字於禮經皆从今文而皆作餕疑儀禮注當云今文籑作餕○萱按段義覈矣愚意本訓具食引申之訓食餘義相因也今提同饌籑餕爲一以供學者合參焉又或借用䐑

籑進也籑食也竝廣雅釋詁二

饌具也詩卷阿箋尊之豫饌几釋文又廣雅釋詁三又後漢寇恂傳注

饌陳也儀禮士冠禮具饌于西塾注

饌猶飲食也論語爲政皇疏○後漢書張衡傳則蓋飧饌餔注云饌餔並謂食也

撰謂供置之詩卷阿疏又釋文云饌李作撰○萱按籑與撰互借通用漢書司馬遷傳云仍父子相繼籑其職又贊云至孔氏籑之注籑讀撰又文選盧子諒贈劉琨詩不免饌賓注云饌與䐑同按䐑乃䐑之異體字唐溫庭筠著書號乾䐑子

食人之餘曰餕禮記曲禮上餕餘不祭注○玉藻日中而餕注云餕食朝之餘也又郊特牲婦餕餘疏云食餘曰餕

餕者祭之末也禮記祭統

孰食謂之餕饔廣雅釋器○公羊昭廿五年傳餕饔未就注云餕孰食又太外剝父母采餕若注云餕孰食也

肺䐑䐑饡也以米糝之如膏饡也釋名釋飲食○萱按膏饡出漢代而肺䐑如之亦饡之一耑耳詳饡下按肺䐑法見齊民要術

韻史 卷六十三第十四部去聲霰韻　六一九六

瑑

圭璧上起兆瑑也周禮曰瑑圭璧說文段注周禮先鄭注云瑑有圻鄂瑑起也後鄭云瑑文飾也許云起兆瑑與先鄭說合兆者垗也起域之象先鄭所謂圻堮也大圭不瑑瑑者以素爲貴也典瑞注曰瑑圭璋璧琢疑此有朓誤

瑑刻鏤也漢書楊雄傳下除彫瑑之巧注○司馬遷傳集注云瑑刻也

瑑謂彫刻爲文也漢書董仲舒傳良玉不瑑注王吉傳工不造琱瑑注云瑑者刻鏤爲文又東方朔傳陰奉琱瑑刻鏤之好以納其心注云瑑謂刻爲文也

鶨

欺老也說文段注釋鳥鶨鶨老下云鳸鶨按許上文說九雇既云老雇也則以老下屬與賈逵樊光同此以老上屬下云鶨雇也復與舍人李巡孫炎同蓋兩從未定也欺老未詳何鳥

鶨句喙鳥爾雅釋鳥釋文引字林

鶨鵅鶨也俗呼爲癡鳥爾雅釋鳥注

篹恕萬切

治車軸也說文段注治篇韻皆作篹四字句鏇轉規圜之意

揣又十五部上聲○俗有敪

量也度高曰揣一曰捶之說文段注量者稱輕重也稱者銓也銓者

韻史 卷六十三第十四部去聲霰韻　六一九七

衡也按方言常絹反是此字古音也木部有椯字箠也一曰度也一曰剟也聲義皆與此篆同而讀兜果切又今人語言用故刋字上丁兼切下丁括切知輕重也亦揣之或體其音爲耑之雙聲度高曰揣方言同左傳揣高卑杜注云度高曰揣度深曰仞按國語叀本肇末叀卽孟子揣其本之揣其義同也捶者以杖擊也椯訓箠揣訓捶其意一也○史記屈原賈生傳何足控摶索隱云揣者量也文選鵩鳥賦注引晉灼云度高曰揣

又揣商量高下也淮南人間規慮揣度注

揣試也方言十三廣雅釋言

又揣度也廣雅釋詁一又漢書黥布傳集注引文穎陸賈傳生揣我何念集注引孟康又史記酈生陸賈傳集解引孟康

揣者所以度其情慕鬼谷子摩內符者揣之主也注

揣謂探求之漢書翟方進傳進揣知其指注方准主調說以取尊貴

是名爲揣論衡逢遇

揣治也老子揣而銳之又釋文引顧注注

揣定也國策秦策簡練以爲揣摩注

揣持也漢書賈誼傳集注引孟康

揣動也廣雅釋詁一

揣除也廣雅釋詁三

揣抁搖捎也廣雅釋訓

韻史 卷六十三第十四部去聲霰韻　六一九八

醉萬切

捘

捘推也春秋傳曰捘衛侯之手說文段注推謂排擠也定八年左傳曰將歃涉佗捘衛侯之手及捥此謂衛侯欲先歃涉佗執其手卻之由指掌逆推及於擊也杜云血及捥非捘擠也左氏定八年傳注捘挼也廣雅釋詁三

俊

○俗有儁材過千人也說文段注大徐本無過字尹文子曰千人才曰俊萬人曰傑淮南泰族訓曰智過萬人者謂之英千人者謂之俊百人者謂之豪十人者謂之傑春秋繁露曰萬人者曰英千人者曰俊百人者曰傑十人者曰豪皐陶謨鄭注曰才德過千人爲俊百人爲乂呂氏春秋孟秋紀高注曰才過萬人曰桀千人曰俊王逸注懷沙曰千人才爲俊一國高爲桀諸家說俊皆同惟月令正義引蔡氏辨名記云十人曰選倍選曰俊萬人曰桀其說不同方言曰子俊也遵俊也又按月令疏蔡氏下奪引字辨名記即白虎通之別名記古文記二百十四篇之一也禮運及左傳宣十五年疏皆引辨名記云倍人曰茂十人曰選倍選曰俊千人曰英倍英曰賢萬人曰桀倍桀曰聖語較完而白虎通引別名記五人曰茂十人曰選百人曰俊千人曰英倍英曰賢萬人曰傑萬傑曰聖又不同乖異按尙書以畯爲俊山海經以

韻史　卷六十三第十四部去聲稕韻　六一九九

俊爲舜○後漢書崔駰傳注云千人謂之俊又鶡冠子能天云德萬人者謂之俊俊者言人之英也後漢書黨錮傳○孟子公孫丑下俊傑在位注云俊美才出衆者也又水經沙水注云俊者所以智勝羣情又法言孝至云知哲聖人之謂俊又書堯典克明俊德鄭注云俊德賢才兼人者又禮記王制云司徒論選士之秀者而升之學曰俊士又月令命太尉贊傑俊注云傑俊能者也又疏云傑俊謂多才藝儁絕異也左氏宣十五年傳鄭舒有三儁才注○萱按俊儁正俗字儁則借也俊也者大也大戴記夏小正時有俊風傳初俊羔助厥母粥傳俊良馬之善者後漢書馬融傳注俊壇水狀似土壇因名舜壇也山海經大荒東經有水四方名曰俊壇注又經云帝俊生中容注○萱按此段俊爲舜也又大荒西經帝俊生后稷此俊乃嚳之誤

畯

農夫也說文段注釋言曰畯農夫也孫云農夫田官也詩七月田畯至喜傳曰畯田大夫也周禮籥章以樂田畯注鄭司農云田畯古之先教田者按田畯教田之官亦謂之田月令命田舍東郊鄭曰田謂田畯主農之官也亦謂之農郊特牲大蜡饗農鄭曰農田畯也田畯教田之時則親而尊之詩三言田畯至喜是也死而爲神則祭之周禮之樂田畯

韻史　卷六十三第十四部去聲稕韻　六二〇〇

大蜡饗農是也○詩七月疏引爾雅釋言孫注云畯農官也畯主田官也文選東京賦嘉田畯之匪懈薛注○詩七月疏云選俊人主田謂之田畯又穀梁宣十五年傳注田畯也釋文云畯田大夫也田畯司嗇今之嗇夫也詩甫田箋○爾雅釋言注云畯今之嗇夫是也又釋文云畯主田大夫嗇夫也萱按文選陸韓卿奉荅內兄希叔詩自古多俊民注云畯與俊同此謂段借也詩甫田釋文云畯本作俊

駿

馬之良材者說文段注引伸爲凡大之偁釋詁毛傳皆曰駿大也○楚辭謬諫駑駿雜而不分兮注云良馬爲駿又讀詩記卅二引齊詩云駿驪馬也又穆天子傳五天子賜許男駿馬十六注云駿名馬也又傳一天子八駿注云駿者馬之美稱又傳一云天子之駿赤驥盜驪白義踰輪山子渠黃華騮綠耳駿之言俊也詩長發爲下國駿厖箋駿疾也詩噫嘻駿發爾私箋又後漢書章帝紀注駿速也爾雅釋詁注云駿猶迅○駿長也爾雅釋詁又詩雨無正不駿其德傳清廟駿奔走在廟傳又方言一駿大也詩文王駿命不易傳文王有聲適駿有聲箋崧高駿極于天傳清廟箋噫嘻釋文長發傳又漢書翼奉傳集注又荀子榮辱注又家語弟子行注○萱按

韻史　卷六十三第十四部去聲稕韻　六二〇一

駿字引申諸義與俊若峻爲近矣謂之叚借亦可也又禮記大傳注引詩逡奔走在廟逡亦義近通借字

焌

又十五部入聲然火也周禮曰遂龡其焌焌火在前以焞灼龜說文段注以火燒日曰然周禮垂氏曰凡卜以明火爇燋遂龡其焌契以授卜師注云焌讀如戈鐏之鐏謂之契柱燋火而吹之也士喪禮楚焞置於燋在龜東楚焞即契所用灼龜也燋謂炬其存火三字皆依士喪禮注作所以然火者也焌火在前以焞焯龜此許引周禮而釋其焌之義似有舛誤而依鄭注則即楚焞楚焞柱於炬然之用以灼龜焌者謂吹而然之也○周禮菙氏杜注云焌讀俊書亦或爲俊萱按作俊者叚借字

翠萬切

縓

帛赤黃色也一染謂之縓再染謂之赬三染謂之纁說文段注亦黃者赤而黃也禮喪服注曰縓淺絳也練冠而麻衣縓緣三年練之受飾也檀弓注曰縓纁之類一染謂之縓三句爾雅釋器文考工記祇言三入不言一入再入爾補可補記文所未備記云鍾氏染羽以朱湛丹秫三月而熾之淳而漬之三入爲纁鄭注記與爾雅同色耳染布帛者染人掌之依鄭則染人染布帛與鍾氏染羽同用朱漸丹秫也古以茜染者謂之

韻史　卷六十三第十四部去聲稕韻　六二〇二

韎謂之綅以朱及丹秫染者謂之縓赬纁赬者赤色也纁者淺絳也玉藻之温韍即韎韐也温即縓之段借字也韎亦謂之縓○儀禮士冠禮爵弁服纁裳注云凡染絳一入謂之縓喪服記注同縓淺赤色今之紅也禮記檀弓釋文○儀禮既夕記縓綼緆注云一染謂之縓今紅也又後漢東海恭王彊傳注云縓即紅也縓爲淺絳色也禮記檀弓上疏○萱按此本喪服記注其義稍疏說文纁淺絳也縓視纁爲尤淺矣衣以緇裳以縓象天地也儀禮既夕記注

馭萬切

謜

徐語也孟子曰故謜謜而來說文段注萬章篇文趙曰如流水之與源通據此源本作源源古作原蓋許引孟原原而來證从原會意之恉淺人加之言旁加百穀艸木麗于地加艸頭之比謜虔也廣雅釋詁一

愿

謹也說文又小爾雅廣言又詩衡門序愿而無立志釋文又漢書食貨志下集注又後漢書江革傳注劉寵傳注○論語泰伯皇疏云愿謹愿也專謹曰愿漢書鄧通傳集注○書咎繇謨疏云愿者愨謹良善之名愿謹

韻史 卷六十三第十四部去聲軒韻 六二〇三

厚也左氏襄卅二年傳愿吾愛之注○周書謚法云思厚不爽曰愿愿愨也考工記弓人則莫能以愿中注又禮記緇衣而民作愿疏又廣雅釋 又國語楚語吾有妾而愿注又後漢書梁冀傳注○周禮大司寇上愿糾暴注云愿愨慎也愿善也論語泰伯侗而不愿鄭注又廣雅釋詁一愿謂容兒恭正書咎繇謨愿而恭鄭注無利於上謂之愿韓非子詭使

傆

黠也說文段注黠史記所謂桀黠也傆蓋謂鄉原

願

大頭也說文段注本義如此故从頁今則本義廢矣邶風願言思子中心養養傳曰願每也此每如春秋外傳懷私爲每懷賈誼賦品庶每生之每按毛詩願字首見於終風願言則疐而無傳則毛意謂與今人語同耳釋詁曰願思也方言曰願欲思也邶風鄭箋曰願念也皆與今語合丂部曰寧願司言也用部曰甯所願也心部曰憖甯也凡言者蓋寧甯憖三字語聲之轉自詩所用已如是而二子乘舟語意尤深故傳別言之實非異也願思也詩終風箋又方言一又楚辭惜誦願陳志而無路注願猶慕也荀子榮辱小人莫不延頸舉踵而願曰注顯欲也廣雅

韻史 卷六十三第十四部去聲軒韻 六二〇四

釋詁一○萱按段顯爲願也

顯

頂也說文段注篇韻皆云顯顯二同按說文義異顯欲也萱按此願之叚借字

鬳

鬲屬說文段注鬲鼎屬也

軏

又十五部入聲○俗有軏

敘萬切

淀

或作漩○平去別讀注在彼

鏇

或作檈圜鑪也說文段注玄應曰周成雜字作檈謂以繩轉軸裁木爲器曰檈旋圜鑪之義之引申也古文苑美人賦金幣熏香說者以爲圜鑪

縼

㠯長繩系牛也說文段注玉篇云以長繩系牛馬放之也○廣雅釋詁二云縼係也

浚

抒也說文段注抒者挹也取諸水中也春秋經浚洙孟子使浚井左傳浚我以生義音同浚之則深故小弁傳曰浚深也○漢書王莽傳上浚井得白石注云浚抒治之也浚深也易恆浚恆侯果注又釋文象下傳浚恆之凶虞

韻史 卷六十三第十四部去聲軒韻 六二〇五

注又詩小弁莫浚匪泉傳又左氏公羊穀梁莊九年三釋文又大戴記文王官人浚窮而能達注又漢書禮樂志集注又後漢書寇榮傳注○左氏莊九年經注云浚深之又公羊莊九年傳云浚之者何深之也又穀梁莊九年傳云浚洙者深洙也浚謂治道之令其深漢書溝洫志其處易浚注又趙充國傳浚濬渠注云浚深治也浚遙也廣雅釋詁二浚取也左氏襄廿四年傳注浚煎也國語晉語浚民之膏澤以實之注浚大也書皋陶謨夙夜浚明有家馬注○晚出傳云浚須也萱按夏本紀作蚤夜翊明有家用詁訓字也浚有翊義矣又噫嘻浚發爾私釋文浚作駿易浚恆鄭作濬睿音近通借字也一切經音義四云古文濬濬二形今作浚浚敬也廣雅釋詁一○方言六六濬敬也齊曰浚浚衞邑也詩凱風在浚之下傳干旄在浚之郊傳○水經渠水注引陳留風俗傳曰浚儀縣縣北有浚水像而儀之故曰浚儀

陖

陗高也說文段注謂斗直而高也卑者雖直不得云陖矣山部陖或作峻高也此陖陗高也是峻陖之別也專言高者或未必陗矣陖古段借洒字爲之邶風曰新臺有洒傳曰洒高峻也峻即陖之同音通用傳意謂經之洒即陖之叚

韻史 卷六十三第十四部去聲軒韻 六二〇六

借也西聲殳聲古音同部釋丘曰望厓洒而高岸夷上洒下滑洒而高謂體斗直而頂高出也夷上洒下謂頂平不高出而體亦斗直也李巡注甚明了而郭璞說誤陵陡也文選西京賦修路陵險薛注○萱按斗陡古今字陵急也廣雅釋詁一陵翟隗姓國也穆天子傳五陵翟致路注峻峭也國語晉語高山峻原注○萱按此謂峻郎陵之借字也謂峭刻也漢書杜延年傳吏爲峻詆注峻嚴急也後漢書朱浮傳注

陖

峻或高也說文段注高上當有陵字轉寫奪之耳高者崇也陵者隋高也凡斗上曰隋陵从陵則義與陵同同一高而有危高陵高尤高短而高巍高大而高之別大雅崧高維嶽駿極于天傳曰駿大也中庸孔子閒居注宵曰峻高大也然則大雅之駿用叚借字○左氏昭五年傳丕不峻注又小爾雅廣詁竝云峻高也萱按說文高也上似不必有陵字凡諧聲字不全同其分義也高與隋高峻陵以此峻者高險之名詩蕩箋峻荆法也疏峻峗謂山也後漢書崔翩傳注峻大也禮記大學克明峻德注峻命不易注峻長也離騷冀枝葉之

峻茂兮注峻幹長枝也淮南本經山無峻幹注覽冥注云峻幹美材也又峻謂簫也考工記弓人方其峻而高其柎注峻峭也峻謂峭刻也峻嚴急也萱按皆詳陵下

變 編萬切

○俗有變變欆彰彫更也說文又禮記王制一成而不可變注又國語晉語閥而不變注又莊子則陽予來年變齊釋文引司馬注又呂覽知分子變子言注又淮南原道通而不變注李經論之不變注○左氏隱六年傳注故經書渝平疏云變即更之義又周禮大司樂一變而致羽物注云變猶更也又淮南原道而五音之變不可勝聽也注云變更相生也變改也國策齊策則楚之計變注又呂覽達鬱恐君之不變也又淮南氾論夫殷變夏周變殷春秋變周注又夫殷變夏夏變周注○素問移精變氣論注云變謂變改又太玄玄攡常變錯注云變謂四時變改也又易象上傳乾道變化疏云變謂後來改前以漸移故謂之變也又詩七月序箋周公遭變者疏云變者改常之名又禮記中庸動則變注云變改惡爲善也又荀子不苟變化代興注云改其舊質謂之變變易也詩猗嗟釋文引韓詩又小爾雅廣詁又國語吳語今王既變鮌禹之功注又楚辭惜誦情與兒其不變注惜誓賊黑白之美惡注○周禮司爟四時變國火以

救時疾注云變猶易也又荀子天論百王之無變注云無變不易也又廣雅釋詁三云變敗也萱按敗者易之段借字變謂易其常也素問皮部論則絡脈盛色變注又經脈別論皆爲變也注云變謂變易常候又六節藏象論非常則變矣注云變謂變易天常又寶命全形論八動之變注云變謂氣至而變易又五常政大論艸木變注云變謂變易容質也變猶化也淮南墬形變宮生徵變徵生商注○漢書匈奴傳上集注云變化也又廣雅釋詁三云變已也變動也禮記檀弓上不可以變注又國語楚語故變而不勤注又呂覽安死不變人徙注又淮南精神無變於己注○禮記樂記疏云變謂變動變素問四時剌逆從論則依其藏之所變候注云變謂氣動變也又漢書高帝紀待呂氏變而共誅之注云變謂發動也變見也易繫辭下傳變動不居虞注變奇也文選西京賦盡變態乎其中薛注○白虎通災變云變者非常也變亂也漢書尹翁歸傳集注變毀也呂覽至忠顏色不變注變猶戾也呂覽孟春無變天之道注氣無漸而卒至曰變論衡自紀○禮記中庸注變之久則化而性善也疏云初漸謂之變物極謂之變素問氣交變大論善言化言變者注又天元紀

大論遊魂爲變易繫辭上傳變謂教之使自新也荀子非相盜賊得變此不得變也注變謂不恆一聲禮記樂記變成方謂之音疏變謂異禮禮記曾子問日有食之則變乎注變日食也禮記曾子問止哭以聽變注東北曰變天呂覽有始淮南天文又在天爲變易繫辭上傳變化見矣虞注此所以成變化虞注在陽稱變易繫辭上傳知變化之道者虞注春夏爲變易象下傳四時變化虞注繫辭上傳變化者荀注春生冬落則爲變荀子不荀注一闔一闢謂之變易繫辭上傳化而裁之謂之變同上變通者趣時者也易繫辭下傳變故患難事故也荀子榮辱注變謂死喪穀梁昭十五年傳大夫以變注大夫死宗廟謂之變禮記禮運○萱按注謂變爲辯之誤言反爲變顏氏家訓雜藝寇敵同郷曰有變管子侈靡邊日變注夫

覍 編萬切

平去兩讀弁或○俗有下[illegible]籒冕也周曰覍殷曰吁夏曰收从兒

象形籀文覍从廾上象形說文段注按冕也當云冕屬轉寫奪屬字耳冠下云弁冕之總名也云總名則弁與冕固有分矣冕下云大夫以上冠也云大夫以上冠則士無冕可知士有爵弁非冕也依禮器則夏殷之士有冕周之士爵弁亦冕之亞也周禮掌弁冕之官但曰弁師吁宋本及五音韻譜如此此古本也五經文字曰字林作爵經典相承隸省作冔然則冔字又出字林後許書安得有冔白虎通作詡吁詡皆大義士冠禮記曰周弁殷冔夏收鄭曰弁名出於槃槃大也言所以自光大也冔名出於幠幠覆言所以自覆飾也收言所以收斂髮也郊特牲亦曰周弁殷冔夏收弁者爵弁非冕也而王制有虞氏皇而祭夏后氏收而祭殷人冔而祭周人冕而祭不言弁言冕鄭曰皇冕屬則收冔皆冕屬可知大雅厥作祼將常服黼冔傳曰冔殷冠也夏后氏曰收周曰冕亦不以周弁配夏收殷冔而言周冕故知士冠禮郊特牲之周弁非不可云周冕蓋周之爵弁即夏殷之收冔收冔即夏殷之冕周禮司服弁師二職皆不言爵弁其諸爵弁包於冕與鄭曰爵弁制如冕黑色但無繅耳五裁謂周覍殷吁夏收皆冕也爵弁即夏殷之冕則韋弁皮弁亦冕屬也故許以冕屬釋之象形謂篆體水也蓋象皮弁之會鄭曰會縫中也按弁古音同盤其引伸之義爲法如顧命

韻史　卷六十三第十四部去聲新韻　六二一

牽循大弁是也亦爲大如鄭云所以自光大又假借爲昪樂字如詩小弁傳曰弁樂也即衛風傳之盤樂也弁樂之反爲弁急如左傳鄭莊公卞急是也弁之譌俗爲卞由隸書而貤謬也○獨斷下云冕冠周曰爵弁又禮記禮運冕弁兵革注云冕弁君之尊服**弁之爲言攀也所以攀持其髮也**白虎通紼冕**弁如兩手相合抃時也**釋名釋首飾**弁爵弁也**書金縢王與大夫盡弁鄭注又詩絲衣載弁俅俅箋又禮雜記大夫冕而祭於公弁而祭於已注○雜記下皆爵弁純衣疏云爵弁者士服也又儀禮士冠禮爵弁服注云爵弁者冕之次其色赤而微黑如爵頭然或謂之緅其布三十升又公羊宣元年傳已練可以弁冕注云皮弁武冠爵弁文冠夏曰收殷曰冔周曰弁**弁皮弁也**詩鳲鳩其弁伊騏傳頍弁有頍者弁傳又淇奧會弁如星傳云弁皮弁所以會髮○儀禮覲禮王使人皮弁用璧勞注又禮記學記皮弁祭菜注疏云皮弁者天子之朝朝服也又明堂位皮弁素積疏云皮弁三王之服也又儀禮士冠禮皮弁服注云皮弁者以白鹿皮爲冠象上古也又左氏僖廿八年傳楚子玉自爲瓊弁玉纓注云弁以鹿子皮爲之又呂覽上農鹿人不冠弁注云弁鹿皮冠**弁冠也**詩甫田突而弁兮傳○儀

韻史　卷六十三第十四部去聲新韻　六二二

禮士冠禮疏云弁者冠名也又左氏昭九年傳疏云弁亦冠也**弁者古冠之大稱委皃緇布曰冠**周禮夏官序官弁師注○儀禮士冠禮疏又詩都人士序疏竝云弁是古冠之大號又甫田疏頍弁疏竝云弁者冠之太名**弁高五寸前後玉飾**隋書十二引五經通義**弁髦太古布冠冠而敝之者也**小爾雅廣服○左氏昭九年傳豈如弁髦疏云弁謂緇布冠**弁冕冠也**左氏昭元年傳吾與子弁冕端委淮又淮南泰族故弁冕路輿注○左傳昭元年疏云弁冕冠中之小別又穀梁僖八年傳弁冕雖舊疏云弁冕者謂白虎皮爲弁萱按白虎蓋白鹿之誤**弁經如爵弁而素加經也**釋名釋喪制○周禮弁師王之弁經注云弁經王弔所服也其弁如爵弁而素所謂素冠也又禮記襍記上大夫之哭大夫弁經注云弁經者大夫錫衰相弔之服也如爵弁而素加環經曰弁經**弁馬冠也**文選西京賦弁玉纓薛注璿**卞射皮卞而射也**漢書哀帝紀贊時覽卞射武戲注引應劭卞魯邑也左襄廿九年傳季武子取卞釋文又國語魯語季武子襲卞注○萱按論語卞莊子莊子卞隨或作弁又左傳弁糾御戎或作卞**弁樂也**

韻史　卷六十三第十四部去聲新韻　六二三

弁急也弁疾也卞躁疾也萱按皆叚爲昪字也**弁撫手也弁手搏也手搏爲卞**萱按此叚爲拚字也又孔宙碑於卞時雍叚卞爲變

昪

○俗有忭**喜樂皃**說文段注小雅弁彼譽斯傳曰弁樂也此昪之叚借也釋詁詩序皆云般樂也般亦昪之叚借也古三字同音盤故相叚借如此昪其正字而匙用之者**般樂也樂樂也盤樂也**萱按詳平聲般下皆可謂爲昪之借字然亦般引申之義也**弁急也**禮記玉藻弁行剡剡起屨疏又釋文**弁疾也**漢書王莽傳卞集注**卞躁疾也**左氏定三年傳莊公卞急而好潔注

拚

○俗有抃**拊手也**說文段注拊揗也拍拊也此不但言拊言拊手者謂兩手相拍也今人謂歡拚是也漢書吳都賦皆云拚射孟康曰手搏爲拚此則謂兩人手相搏也○後漢張衡傳注云抃俯手也萱按俯蓋拊之誤**兩手相擊曰抃**呂覽古樂帝嚳乃令人抃注○楚辭天問鼇戴山抃注云擊手曰抃又文選思玄賦鼇雖抃而不傾舊注云抃手博也**弁謂撫手也**漢書酷吏嚴延年傳吏皆股弁注王莽傳下予甚弁爲注○萱按此段弁爲拚

韻史　卷六十三第十四部去聲新韻　六二四

也弁俗作卞手搏爲卞漢書哀帝紀贊集注引蘇林○甘延壽傳試弁爲期門注引孟康云弁手搏拚謂灑埽也埽席前曰拚萱按此皆借拚爲坌也

閞

○俗有拚門欂櫨也說文段注欂櫨柱上枅也枅屋欂櫨也閞則門柱上枅之名閞謂之槉爾雅釋宮○萱按釋文閞本亦作弁段借也閞柱上欂也亦名枅又曰楮爾雅釋宮注閞朱儒下小方木爾雅釋宮舍人注

汳

○俗有汴汳水受陳畱浚儀陰溝至蒙爲雝水東入於泗說文段注雝當作獲字之誤也陳畱郡浚儀二志同晉地道記云衛之儀邑蘇林曰故大梁城梁惠王始都此今河南開封府祥符縣城西北浚儀廢縣是也蒙二志皆屬梁國春秋左傳宋有蒙門蒙澤今河南歸德府治商邱縣府東北四十里有蒙城是也前志河南郡熒陽下曰卞水在西南梁國蒙下曰獲水首受畱獲渠東北至彭城入泗水經曰汳水出陰溝於浚儀縣北又東至梁郡蒙縣爲獲水餘波南入睢陽城中獲水出汳水於梁郡蒙縣北又東過蕭縣南睢水北流注之又東至彭

城縣北東入於泗按水經至蒙爲獲水許書當同不當云爲雝水也下文灉篆下云河灉水也用爾雅河出爲灉語然則自河出即爲灉非自河出爲汳既而爲灉也且許言汳受陰溝則非受河矣曰陰溝曰浪湯渠曰汳水獲水許能言其分合今當河流紊從之後不可得而言方輿紀要曰汳水或謂即禹貢之灉水春秋之邲水秦漢之鴻溝上與河泲通下與泗淮通隋以前自歸德府至蕭縣碭山縣閒入泗隋以後則自歸德至泗州兩城閒入淮宋時東南之漕大都由汴以達畿邑故汴河之經理爲詳自後則湮廢矣禹貢錐指曰元至元中河徙出陽武縣南奪過入淮而新鄉之流遂絕及泰定元年改從汴渠至徐州城東北合泗以入淮即今河所行是也然則今之大河開封而下徐州而上皆故汴也漢志作卞後漢書作汴按卞者弁之隸變也變汳未汴未知起於何氏恐是魏晉都雒陽惡其從反而改之舊音切芳萬今則併其音改之也陰溝即蒗蕩渠也亦言汳水水經汳水注

百萬切

畚

○俗有畚酒疾孰也說文段注廣韻云一宿酒謂一宿而孰也

坌

埽除也說文段注坌字曲禮作糞少儀作拚又皆作[illegible]糞與坌音同義略同拚其段借字也少儀曰汎埽曰埽

席前曰拚此析言之也許以埽除釋坌以坌釋埽渾言之也弟子職曰既拚盥漱謂埽席前也汎拚正席謂廣坌內外不止席前也小雅伐木箋亦以灑擯釋洒埽拚謂灑埽也儀禮聘禮既拚以俟矣釋文埽席前曰拚周禮隸僕掌五寢之埽除糞洒之事注又儀禮有司徹埽堂注又管子弟子職注

販

買賤賣貴者說文段注司市曰夕市夕時而市販夫販婦爲主注云販夫販婦朝資夕賣按資猶取也○漢書貢禹傳集注云賤買貴賣曰販

武春切

萬

○俗有万蟲也說文段注謂蟲名也段借爲十千數名而十千無正字遂久段不歸學者昧其本義矣唐人十千作万故廣韻万與萬別○廣韻引字林云萬蟲名也號物之數謂之萬莊子秋水萬盈數也左氏閔元年傳又風俗通皇霸又史記晉世家○魏世家云萬滿數也十千謂之萬御覽七百五十引風俗通○呂覽貴當此功之所以相萬也注云萬倍萱按倍字連萬爲文非以倍釋萬也萬大也廣雅釋詁一萬乘天子也文選東京賦雖萬乘之無懼薛注諸矦曰萬民左氏閔元年傳又史記晉世家

又風俗通皇霸萬舞名也詩簡兮疏又穀梁宣八年經萬入去籥注又左氏宣八年經注○隱五年傳將萬焉注莊廿八年傳而振萬焉注昭廿五年傳使其衆萬于季氏注竝云萬舞也萬者何干舞也公羊宣八年傳又禮記檀弓下注云萬干舞也○文選東都賦萬舞奕奕薛注云萬舞干也又詩簡兮方將萬舞箋閟宮萬舞洋洋箋竝云萬舞干舞也又簡兮疏云萬者舞之總名干戚與羽籥皆是舞又疏引孫毓云萬舞干戚也萬即武舞詩鼓鐘箋雅萬舞也疏萬大舞也初學記引韓詩萬者其篇名武王以萬人服天下民愛樂之故名之云爾公羊宣八年傳注

贎

貨也說文段注廣韻云贈貨

曼

平去兩讀○俗有曼引也說文○列子湯問韓娥因曼聲哀哭釋文云曼聲引聲也又云曼聲猶長引也曼延也漢書禮樂志集注曼長也詩閟宮孔曼且碩傳又漢書司馬遷傳集注引如淳又淮南汜論矦同曼聲之歌注又一切經音義六引廣雅又文選四子講德論注引韓詩章句曼曼長也廣雅釋訓又楚辭悲回風終長夜之

曼曼兮注又文選長門賦夜曼曼其若歲兮注○注又一云作漫漫萱按漫从曼聲義略同爾然說文無漫字曼猶曼曼遠皃楚辭哀郢曼余目以流觀兮注曼修也廣也詩閟宮箋曼曼衍也楚辭大招曼鷫鷞只注○漢書鼂錯傳曼衍相屬注云曼衍猶聯延也又文選甘泉賦駢交錯而曼衍兮注云曼衍分布也又莊子齊物論因之以曼衍釋文引司馬注云曼衍無極也曼羨廣敬也文選封禪文沕潏曼羨注引音義壇曼平博也史記司馬相如傳案衍壇曼索隱引司馬彪曼歌善歌也淮南覽冥曼聲吞炭注曼美也漢書司馬遷傳曼辭以自解注引如淳又後漢杜篤傳注曼澤也漢書司馬相如傳上集注引張揖佞幸傳贊集注又楚辭招魂蛾眉曼睩注長髮曼鬋注大招蛾眉曼只注曼輕細也文選七發衣裳則襍沓曼煖注曼頰細理也淮南脩務曼頰皓齒注曼帛細帛也淮南氾論非能具絲綿曼帛注曼胡之纓謂麤纓無文理也莊子說劍釋文引司馬注曼延者獸名也張衡西京賦所云巨獸百尋是爲曼延後漢書安帝紀注曼突也莊子馬蹄

韻史　卷六十三第十四部去聲軒韻　六一九

閻扼鷙曼釋文引李注曼無也廣雅釋言又小爾雅廣詁○漢書高帝紀下集注云曼丘母丘語有緩急耳萱按曼讀重唇音如慢則與毋爲雙聲字又荀子正論曼而饋段曼爲萬也又漢書王莽傳下遂至延曼連州段曼爲蔓也據楊顏二注云蔓延也蔓衍長也萱按此等皆蔓引申之義亦可謂爲曼之借詳蔓下

獌

○俗有貓貓獌狼屬爾雅曰貙獌佀貍說文段注釋獸曰貙佀貍郭云今貙虎也大如狗文似貍釋獸又曰貙獌似貍郭云今山民呼貙虎之大者爲貙豻按郭語則二條一物也故許貙下獌下皆偁貙獌似貍郭注子虛賦云蟃蜒大獸似貍長百尋則以西京賦巨獸百尋者揑而一之恐附會矣○爾雅釋獸釋文引字林云獌狼屬一曰貙也

蔓

葛屬也說文段注此專謂葛屬則知滋蔓字古祇作曼正如蔓延字多作莚蔓延也詩野有蔓艸傳及左氏隱元年傳無使滋蔓服注又後漢史弼傳注蔓衍廣延也楚辭怨上葛藟兮蔓衍注蔓衍長也文選閒居賦蓊蔓衍乎其側注蔓蔓言其長久日以茂盛也漢書禮樂志蔓蔓日茂注蔓

韻史　卷六十三第十四部去聲軒韻　六二〇

蔓難察之事也太玄玄瑩故夫抽天下之蔓蔓注軒檻蔓延謂長不絕也一切經音義六引王延壽蔓亂也楚辭憫上鬚髮蔓顇兮顠鬢白注蔓藻海藻之屬也文選吳都賦彫啄蔓藻劉注

鄤

或作鄤○作鄭者譌蜀廣漢鄉也說文段注按蜀字衍漢有蜀郡有廣漢郡此云廣漢鄉上文云蜀地皆不舉縣名者未審也○萱按蓋蜀郡廣漢郡皆有鄤鄉故許竝舉二郡與

韻史　卷六十三第十四部去聲軒韻　六二一

韻史　卷六十三第十四部去聲軒韻　六二二

韻史卷六十四　泰興何萱譔集

第十四部平聲副編

干韻

開口許𢽾丹切 盂 盂謂之盤 集韻引廣雅

攼 進也 玉篇

鳱 或作鳱鴠鶡鴠也 廣雅釋鳥 鳱鴠小鳥捷黠者也 周禮司裘注謂之鶡者取名於推鶡雅小鳥而鳱鳴山鳥是月陰盛故不鳴 淮南時則注○萱按正字當作鳱鴠不鳴鶡難中疏呂曰餘皆段借也方言作鶡鴠與鴠鳥一聲之轉正編鴠下詳之

捺丹切 盌 盂也 廣雅釋器 盂謂之盞河濟之閒謂之盌盞 方言十三

[illegible] 當陽里名 集韻○廣韻云[illegible]地名

辿 辛苦行不得皃 玉篇

海丹切 頇 顢頇大面皃 廣韻

帶餐切 𦢅 大腹 廣韻 胍肝謂之𦢅 集韻 大腹也○萱按胍肝即孤都二音

𡾊 或作嶐 山孤者曰𡾊 集韻

𦬾 艸 玉篇

譠 欺也 廣雅釋詁二 譠謾欺謾之語也 方言十 緩也 廣雅釋詁二

代丹切 譂 譂誕言不正也 廣韻

采丹切 攤 或作攤按也 廣雅釋詁三○廣韻云攤開也 攤擻緩也又集韻云攤手布也

撥 擊撥婉轉也 廣韻

采丹切 篯 或作䉜 竹籤也 集韻○廣韻云篯答

𠴼 多 玉篇

燥丹切 跚 蹣跚行不進皃 集韻○廣韻 跚跚行皃 漢書外戚傳上 跚何其來遲 集注○萱按說文姍訓誹云此段一姍為跚也又史記平原君 姍好也 廣雅釋詁一 傳槃散行汲索隱云散一作跚按跚散亦正借字

𦙃 俗謂羊豬脂為𦙃 考工記鮑人注讀為羊豬戔之戔釋文 在骨曰𦙃 御覽八百六十四引通俗文○一切經音義三引通俗文云在胃曰𦙃

海關切 虷 井中赤蟲也一名蜎 莊子秋水 還虷蟹與科斗 釋文

騫 馬多皃 玉篇

蘒 令酸漿艸江東呼曰苦葴 爾雅釋艸葴寒漿注○釋文云寒本作寒萱按寒古今字

𧁊 白韓艸名 廣韻

代關切 鷤 雉子 集韻○廣韻云鷤鴡如鵲短尾射之銜矢射人萱按爾雅作鷤鸇說文作鸇專未知廣韻所本也恐不可據

胆 口脂澤也 廣韻○萱按俗用胆為膽字繆甚

萓 艸也 玉篇

蟺 蟲名 玉篇

朗殘切 幱 或作襴 衫襴裾 廣韻 衣與裳連曰襴 集韻

欄 階際木為欄也 廣韻

躝 或作躝 踐也 文選上林賦 躝卒鶴 郭注

讕 嚂哰謰謱也 廣雅釋訓○方言十云嚂哰拏也東齊周晉之鄙曰嚂哰嚂哰亦通語也

嚂 嚂哰拏也 玉篇○哰下云嘍嗹多言也嚂下云嚂哰嗹嘍

采閑切 盞 盂也 廣雅釋器

敷閑切
襸 褯也 廣雅釋器○萓按說文幓字與此音義皆別而或段幓爲襸
合口評
𡾐 或書作𡽹 山形也 廣韻 𡾐山高兒 集韻
古學切
喧 或作嘩 二鳥和鳴 廣韻○萓按二鳥上當有喧二字集韻云喧喧和鳴
官 玩也 玉篇
瘝 或作 病也 廣韻 瘝病也 書召誥厥終智藏瘝在鄭注康誥恫瘝乃身晚出傳○萓按後漢和帝紀注引書恫矜乃身矜者憐之段借字瘝憐義近故異部段借耳矜之譌字爲矜淺人遂以矜瘝爲雙聲字重性貤謬矣
觼 角兒 玉篇
擱 闗也若手相闗付故字有手也○太彳彳擗擱神明而定摹注禮記內則注云鰥或作擱 也萓按此雙聲通借 也釋文云本又作擱
蒄 艸 玉篇

韻史 卷六十四第十四部平聲副編千頡 六二二七

鑾關切
蠻 蠻蠻蟲曲息兒 集韻○廣韻云蠻蠻蟲名
灣 水曲也 廣韻
潫 潫潫迴復之兒○文選吳都賦泓澄潫潫注 集韻云潫潫水深廣
霻 霻音如湖水灣澳之灣 三國孫休傳注引吳錄○萓按吳景帝名子皆自製字此其長子名也武 嬰劉龔事 亦有因
戸關切
奞 或作奞 奞始也 奞化也 方言十二 奞乜也 廣雅釋詁三
矡 短 玉篇
獾 或作犿 獾野豚也 廣韻○萓按如其所釋則是說文貒貛之異體字也故集韻併之而以犿爲別一字 連犿 相從兒 集韻 獾野豬 玉篇
⿰鬼雚 星名 玉篇

韻史 卷六十四第十四部平聲副編千頡 六二二八

⿰舟鳥 鳥名人面鳥喙 廣韻
睹關切
⿰丹咼 ⿰丹咼吺四凶之一 集韻○萓按今書作驩兜古文尚書作鴅吺
鍴 鑽謂之鍴 集韻引方言
篅 竹名 廣韻 篛篅桃支也 集韻引方言
蕇 艸名 廣韻
杜關切
偳 人名 廣韻○又云佖偳 萓按語不可憭
猯 野豬 玉篇
貒 豬也 玉篇
⿰黃耑 或作䐟 黃色 廣韻○萓按說文有黊此益其俗體耳檀弓有黊字疑亦黊之異體字
煓 赫也 方言十三○廣韻曰煓火盛

韻史 卷六十四第十四部平聲副編千頡 六二二九

祖關切
劗 剪也○淮南主術是猶以斧劗毛注又云劗讀驚攢之攢
攢 聚也 左氏昭元年傳注爲營攢用帑疏又漢書司馬相如傳上集注又後馮衍傳下注班彪傳上注又文選西都注引蒼頡西京賦攢珍寶之玩好薛注○笙賦攢及聚聲文選琴賦歌東下之纂纂注云攢聚兒纂與攢古字通稜疊攢及注○長笛賦攢聚兒叢攢羅布也楚辭哀歲蹴攢及注云攢及攢聚兒蜀兮攢叢注四里爲攢呂覽季秋制注引周禮 百攢治擇之名也○禮記內則祖梨曰攢之注釋文云攢本作鑽萓按 縣義得用通
送關切
𢿽 姓也 廣韻
瘲 痛也 廣雅釋詁二
𥳑 捕魚笱其門可入不可出 廣韻 𥳑籓竹名 集韻
⿰黹去 韋也 一切經音義七引廣雅 ⿰黹去部也○一切經音義七引字林 廣韻云⿰黹去部黨也

韻史 卷六十四第十四部平聲副編千頡 六二三〇

甈 普關切 甈也（廣雅釋室）○集韻引廣雅云甂瓶塼也 甂瓶大瓶也（一切經音義十三引埤蒼）

㽋 儲物也（集韻）㽋峙居也（廣韻）

瘷 病死也（集韻）瘷弃也（廣韻）

拌 棄也（廣雅釋詁一）拌棄也楚凡揮棄物謂之拌（方言十）拌江東又呼攤（方言十注）拌割也（史記龜策傳石拌蚌索隱）拌分也（呂覽古樂瞽瞍拌五絃之瑟注）拌折也（呂覽論威以木擊木則拌注）拌拌往來也（廣雅釋訓）

𨘢 贎攣切 𨘢𨘢腰膝痛也（廣韻）○集韻云𨘢𨘢膝病

惋 蠹環切 裁餘也（集韻）○廣韻云惋子裁餘

剜 刷也（一切經音義二引字林）又見去聲棺下又見十五部入聲棺下即說文棺字之變○或作刓 剜削也（一切經音義四引埤蒼又玉篇）剜

蜿 或作蛍 委也（文選長笛賦注引鄭氏）蜿屈也（後漢張衡傳注）蜿蜿蝹蝹動也（廣雅釋訓）○文選西京賦注云蜿蜒龍形狀 蜿蟺也 蜿蟺以蜿蟺引無也（廣雅釋器）蜿蟺蛩 蛩蟺展轉也（文選琴賦注）蜿蟺相糾 廣雅釋訓注云蝹蝹蛩蛩展轉也 史記司馬相如傳蜿蟺膠戾索隱引司馬彪 轉動兒（文選洞簫賦注）蜿蟺蜷蛟之形也 楚辭守志蛩垂喙蜿蟺注 蛟分蜿蟺注桀大

豌 戶蠻切 豆也（玉篇）

𧏙 病也（廣雅釋詁一）

汍 汍瀾泣兒（集韻）○文選歐陽堅石臨終詩云揮筆涕汍瀾 汍瀾又弟魏武帝文云涕垂睫而汍瀾注引臣瓚 涕蘭干也 漢書息夫躬傳涕泣流兮萑蘭 李注引臣瓚○豈按 薛謂萑蘭為汍瀾之借字也 賦李用訓萑之萑而 俗多作木兔之萑 或又作萑皆誤也張 晏注息傳則以艸名釋之不謂段借

頑 丸也（玉篇）○又云頑頑頗也 頑丸也又頑頗也（玉篇）

麑 鹿三歲也（集韻）○廣韻三作一

鴅 鴅鴅鳥名鳥喙蛇尾（集韻）

峘 小山岌大山逗峘（爾雅釋山）○注云岌謂高過 峘大山（爾雅釋文引埤蒼郭異義）說文馬部引小山駁大山峘 豈按 埤蒼 郭異義 說文所引 小山原文大山宮小山者二 峘類則句法本不同也 郭強而同之豈其然乎 駁者二 岌之語別 駁文則亦以大山峘為句 見於後不與小山岌大山矣

粨 白米也（玉篇）

萓 堇類也（儀禮士虞禮記冬用萓注又後漢馬融傳注）○禮記內則堇萓枌榆免薨注云萓堇類也冬用堇夏用萓 又釋文云萓似堇而葉大也又儀禮特牲饋食禮記夏葵冬萓注云萓堇屬

㺕 獸似鹿（玉篇）

綄 纏也（廣雅釋詁四）綄候風也楚人謂之五兩也（文選江賦注引淮南許注）○廣韻云

上候風羽楚謂之五兩

捖 捖摩工治玉也（集韻）○考工記總目刮摩之工五 司農注云捖讀為刮 豈按此謂捖為刮之借字也然捖刮義本同

闇 深閣也（玉篇）

寰 天子以千里為寰（文選魏都賦劉注引尹更始穀梁傳注）○文選魏都賦劉注 都在中諸侯四面繞之故曰寰 寰猶畿也 穀梁隱元年傳寰內諸侯疏云寰內者王 內也 又釋文云寰內圻內也 顏特進詩分 寰隧注○穀梁隱元年傳注定四年傳注並云天子畿內大 夫有采地者謂之寰內諸侯 豈按隱元年釋文云寰古縣字 此說甚疏與小顏同 寰縣不得為古今字 文選江文通襍體

闤 闠也（廣雅釋室）闤市門（文選西京賦薛注）○ 蒼頡云闤市營也 通闤帶闠注引 闤市巷也（文選蜀都賦闤闠之裏劉注）

鬟 堅也。集韻

鬢 屈髮爲髻。集韻

鐶 或作鍶。釧也。文選曹子建樂府美女篇皓腕約金鐶注

糫 𩜶糫粔籹。廣韻○集韻云糫餌粔籹吳人謂之𩜶糫也

𩜶 𩜶餅也。玉篇

澴 或作還。水名。亦曰漩澴，水潰起皃。集韻

𩙸 翾繞飛也。集韻

𠜭 僕𠜭縣名，在武威。廣韻 集韻

[illegible] 或作糫。𦏁似羊無口。御覽九百二引字林。○山海經云：句山有獸，其狀如羊，黑色而無口，不可殺，名曰糫

韻史 卷六十四第十四部平聲副編千韻　六二三五

杜環切

慱 慱憂也。爾雅釋訓 慱慱憂勞也。詩素冠勞心慱慱傳 慱爲息也。太玄文

漙 或作團。漙漙然盛多也。詩野有蔓草零露漙兮傳。○釋文云漙本作團。萓按：團是也。漙專字亦俗。字漙團露皃。匡謬正俗一引字林也

鷒 鸛鷒鶝鶔，如鵲短尾，射之銜矢射人。爾雅釋鳥。○萓按：叔重作鸛專，故說文無鷒

䲹 魚似鮀而彘尾。廣韻。○山海經南山經云：雞山黑水出焉，其中有鱄魚，其狀如鮒而彘尾，音如豚。○萓按：山海經字當作䲹，與說文之鱄各物。䲹亦見文選江賦

糰 糰粄。玉篇

圝 圑圝也。玉篇 團圝圓也。廣韻

臠 或作𤸎。體臠曲也。玉篇

䍡 彘綱也。後漢馬融傳注。○爾雅釋器彘罟謂之䍡，注云：䍡，幕也

路環切

韻史 卷六十四第十四部平聲副編千韻　六二三六

措環切

巑 巑岏。玉篇

巑 高也。廣雅釋詁四 巑岏，銳山也。楚辭憂苦注。又文選和王著作入山詩注引字林 登巑岏以長企注又引字林

穳 補也。廣韻

攢 或作篡。禾聚也。集韻云攢刈。○廣韻禾積

𣥣 㒂 㒂抏，失途皃。玉篇

敢 有。○俗揔

抏 挫也。漢書司馬相如傳上集注 揁也。文選上林賦抏士卒之精 郭注抏，抗者，耗也。史記平準書百姓抏弊以巧抗訛盡也。漢書吾丘壽王傳海內抗敝注。○又食貨志下集注云抗，訛也。○萓按：荀子王霸篇法素隱游抗之脩，此抗謂樂奢泰游抗，與玩同，殆未然

䯂 䯂也。廣雅釋親

䢺 㒂抏失途皃。玉篇

䖽 兔子也。廣雅釋獸。○廣韻云䖽䨲

韻史 卷六十四第十四部平聲副編千韻　六二三七

普環切

岏 高也。廣雅釋詁四 巑岏，銳山也。楚辭憂苦注。又字林。萓按：已詳巑下

瘝 痹病也。集韻。○萓按：瘝與十三部之痹益同字，故廣韻痹亦讀顏

盤 大石也。文選海賦注引聲類 聚石稱磐。易漸 廣注 磐山石之安者也。易漸鴻漸于磐 注 磐礴，廣大皃。文選江賦荆門闕竦而磐礴注 磐山中磐紆。易注○萓按：此引申之義也。磐桓諸義皆與般同，亦可謂爲般之段借也。磐謂磐桓不去。○後漢書來歙傳注引易屯釋文引馬注云：磐桓，旋也。 磐牙謂相連結。後漢滕撫傳注 鉤磐，行曲直有正也。詩六月箋。○疏云：定本鉤作鉤般

鷭 鷭鵜鶘之屬。山海經北山經北嚻之山有鳥焉，人面，名曰鷭鵑，宵飛而晝伏注。○萓按：鷭字疑當作鷭。鷭鵑疊韻字，與鵜鶘同

𤠣 𤠣狐，犬短尾。集韻

韻史 卷六十四第十四部平聲副編千韻　六二三八

昧還切

蹣 或作蹣跚跛行皃廣韻媻姍匍匐上下也史記司馬相如傳媻姍勃窣索隱○萱按此媻媻爲蹣媻媻往來也廣雅釋訓段姍爲跚也跸交足坐也集韻

跸 石也玉篇

鸞 或作鸞鸞即比翼鳥集韻 有鳥如鳧一翼一目相得乃飛名曰鸞鸞集韻引山海經○廣韻云

𪓰 畫車輪也廣韻

䅼 種也廣雅釋地

䅼 稻名集韻○廣韻云赤䅼稻名

糢 或作饅饅 糢頭餅也廣韻○集韻作饅頭而糢饅各字 糢糢飯澤集韻

碸 碸砍亭名在上艾集韻○顏氏家訓勉學引字林云碸砍亭

韻史 卷六十四第十四部平聲副編千韻 六二三九

漫 平去兩讀 散也列子黃帝漫言曰釋文 漫放也漢書藝文志集注漫以吾身也 漫敗也廣雅釋詁三○方言十三云漫敗也注謂漫漫爲不漫汗也呂覽誠廉以欲以其身也注漫者漫漫猶褊也文公羊定十五年傳漫也釋加陵之辭書堯典曉天疏漫漫平也廣雅釋訓漫漫長也漢書楊雄傳上集注云漫漫長夜皃苟子正名 漫漫長遠皃文選吳都賦廡注漫漫長遠皃文選甘泉賦指東西之漫漫之皃也注 漫漫曠遠皃後漢仲長統傳注漫漫猶縱逸也 漫誕漫子荀云漫漫無厓際之皃也 漫謂欺誑也荀子儒效行不免於汙漫注性惡所見者漫謂欺誑也 汙漫爭奪貪利是也注汙漫溫邪注 漫廣雅釋詁二○方言七云漢漫謂之漢漫 漫漫水廣皃廣韻 引字林 滯也廣雅釋解洲水之閒或頻滿謂之漫漫 漫淹皆謂水漆漫澇懷物也 漫衍流溢皃文選洞簫賦注漫漫行而駱驛兮注 方言十三注 曼憑不分別皃猶言濛鴻也漢書楊雄傳下爲其曼憑而不可知注○萱秦

韻史 卷六十四第十四部平聲副編千韻 六二四〇

按此段曼爲漫也文選北征賦遵長城之漫漫注云漫與曼古字通文莊子馬蹄澶漫爲樂釋文云漫本作曼又詩蕩傳滔漫也釋文云澤作嫚又作僈當爲漫漫亦汙也水冒物謂僈此同一曼聲互借通用也 之漫○苟子榮辱汙優突盜注正論流淫汙優注萱按荀段優爲漫也優者慢之異體字

齊齒許山切 齊齒几山切

𥽈 粉澤玉篇

𨣑 或作白生醬酢上集韻○廣韻云𨡡𨣑醬上白也

顢 顢預大面廣韻

艱 或作囏爾雅曰阻艱難也郭璞云皆險難也玉篇

蘭 蘭也詩溱洧方秉蘭兮傳澤陂有蒲與蘭傳又太平御覽三十引韓詩又廣雅釋艸○詩溱洧釋文云蘭蘭香也又陸疏云蘭即蘭蓮也此詩溱洧釋文引韓詩○萱按韓詩兩說蘭香艸也此謂蘭爲蓮之借字也蔓義同又漢書地理志作方秉菅兮盞所見異辭

韻史 卷六十四第十四部平聲副編千韻 六二四一

掌山切 寵山切 始蘭切 向頑切 亮顏切 寵頑切

儃 走也藏也廣韻引廣蒼

㹌 犬噬也一切經音義十八引埤蒼

殫 單于名集韻○萱按單于稽侯狦見漢書狦益狦之破字與

豩 豕也玉篇

鄻 地名玉篇

瀾 瀾言無垠虛之皃淮南俶真甘暝于溷瀾之域注

嬾 或作斒斕色不純集韻○廣韻作斕斒斕斒文也玉篇

矙 視皃集韻

㦨

潺 流皃一切經音義十三引字林 潺湲水流皃文選洞簫賦注謝靈運七里瀨詩注竝引雜字又一切經

韻史 卷六十四第十四部平聲副編千韻 六二四二

仰閑切　几遷切　齊蟲評二

鐫 輞 獬 椏 椮 嘲 二 鶮 萮

音義十七引字書　潺湲激流也漢書溝洫志河湯湯兮激潺湲注

小鑿曰鐫御覽七百六十三引通俗文○廣韻引埤蒼云鐫小鑿

輞也廣雅釋器○集韻云輞轋車輞

獬豸逃也文選吳都賦注

木名似橦廣韻

訟詞也廣韻○萱按與斷引申之義近故集韻併爲一字然如其說宜附嘲於斷專入文韻不當牽斷入山韻轉以古字从俗字也異部紛紜重複徒亂人意今不从之

或作雝　鶮鴟鷂屬廣韻○萱按或作題肩題鶮肩鶮皆古今字

戎葵爾雅釋艸○廣韻云萮茙葵也今蜀葵萱按戎茙古今字

韻史　卷六十四第十四部平聲副編千韻　六二四三

涤遷切

睷 騝 犍 劇 操 蘒 榪

數也玉篇

騝馬黃脊爾雅釋畜○釋文云騝本或作騫萱按騝騫正借字

或作犗　犗也一切經音義十三引字書○音義十一引字林云犍從牛也○音　犍割也一切經音義十四引通俗文○廣韻云犍

字以刀去陰曰犍一切經音義十四引通俗文○廣韻云犍犗牛名又犍爲郡萱按犍爲文學失其名書而千古稱舍人馬人固有幸有不幸若臣贊之爲薛瓚則既有徵矣

劇也集韻　以刀去牛勢也廣韻

或作操　操樗蒲采名也一切經音義十三引文字集略○廣韻云操子樗蒲采名十二萱按此多子字爲異十二下蓋奪枚字

竹名玉篇

舊箋切　禡　祭也玉篇

○十三部十四部兩見注在彼○馬聲當在此部故重見

韻史　卷六十四第十四部平聲副編千韻　六二四四

向遷切　郎遷切　眺箋切　掌遷切

螞 驔 翩 蓒 鼆 誕 瀬 栴

螞蟥蟲曲息集韻○廣韻云螞蟥蟲名

馬行皃玉篇　十三部十四部兩見

或作䎷　飛也廣雅釋詁三　翩翩飛也集韻

蓒芋艸名生水中集韻　軒于蕕艸也漢書司馬相如傳上奄閭軒于注引張揖○萱按軒蓒古今字蓒軒正借字

鼆鼅蟲類似蜘蛛出遼東土人食之集韻

誕謰語不正也廣韻

○俗有瀬　瀬頼也湘江之間謂之瀬方言十　今連平人呼頷爲瀬方言　千瀬頷也廣雅釋親○萱按字本瀬聲改而作注瀬是諧頼聲矣然則从方何說乎

○俗有栴　栴檀香木廣韻○萱按作栴从方云栴从旃省聲然義不足也或

韻史　卷六十四第十四部平聲副編千韻　六二四五

始箋切　紫遷切

烻 𨀠 鯅 檨 機 籛 濺

起皃文選景福殿賦流景外烻注　烻光盛起文選魯靈光殿賦丹桂歙赩而電烻注

行玉篇

魚醬廣韻

或作籛　香木名廣韻○翻譯名義六引異物志云沈香其次在心白之間不甚精堅者置之水中不沈不浮與水平者名曰棧香

或作機　小栗名趙魏間語也廣韻

楚人草馬籛鞍韉又彭祖姓廣韻○萱按廣韻三十三線注云籛姓終子名與帝嚳合而他書多言姓籛未知孰得其實○論語述而口疏云老彭姓籛名鏗在商爲守藏吏在周爲柱下史○帝嚳彭籛史記楚世家集解引虞翻云名翦

或作濺

韻史　卷六十四第十四部平聲副編千韻　六二四六

此箋切

韉　鞍韉也。玉篇

檯　或作樿杆。椐檯木名，子如馬乳。集韻

籩　箬籩，竹名。廣韻

韆　鞦韆，繩戲。廣韻。○集韻云：鞦韆，北方山戎戲，以習輕趫者。

想遷切

櫏　插也。集韻

蹮　或作躚。舞皃。廣韻。蹁蹮，旋行皃。上同。跰蹮，猶蹣跚也。集韻。○蕢按：莊子大宗師：跰蹮而鑑於井。司馬注云：跰蹮，病不能行，故跰蹮也。

褼　褊褼，衣皃。集韻。○蕢按：褊亦隨之讀平聲，俗義俗音也。

蘧　蕭蘧，艸木動皃。集韻

䉦　竹

廯　倉也。廣雅釋器。廯、藏、穀、鮮，絜也。爾雅釋言。廯也。孫注

𥨎　鮮穴也。玉篇

䉳　竹名。廣韻。簡䉳，箬也。廣雅釋器。戶板謂之簡䉳。集韻

秈　或作籼、粞。稉也。廣雅釋艸。秈，不黏稻也。江南呼稉爲秈。一切經音義四引聲類

苮　艸名，似莞。廣韻

𥬀　竹也。玉篇

䃸　磌也。玉篇

舊連切

鮻　大鯶謂之鮻。廣雅釋魚。○漢書司馬相如傳上注引郭璞云：鮻似鱓。鮻似鯉而大也。史記司馬相如傳䲛鱅鮻魠集解引漢書音義。○蕢按：鯉字疑亦當作鱓。

榩　廩也。構木爲之。廣韻。椹謂之榩。一曰構木爲廩。集韻

潗連切

鞬　艸。玉篇

騝　騮馬黃脊。玉篇

綖　冕上覆也。詩葛覃疏。又釋文。又國語魯語：公侯之夫人加之以紘綖。注。○左氏桓二年傳：衡紞紘綖。注。又釋文引字林云：綖，冠上覆。○蕢按：古祇作延。弁師：延紐。玉藻：前後邃延。是也。糸旁俗所加。纓屈而上者謂之紘綖。論家語注。止綖緩。呂覽勿躬：而莫敢愉綖。注。○蕢按：此義正當作延。

挻　獸名也。漢書揚雄傳。注引服虔云：巨挻，獸名也。文選羽獵賦注。巨挻，麐也。怒走者爲挻。文選西京賦注引

蜒　長皃也。楚辭大招：蝮蛇蜒只。注。○集韻云：蜒，蟲名。一曰蝘蜒，獸名。一曰蜿蜒，龍皃。燕北謂易折曲祝蜒。集韻引方言。○廣韻：蜒下云：蚰蜒。

莚　艸名。廣韻。莚，相連不斷。爾雅釋言注皆謂蔓莚相被及。釋文。○釋文又云：莚本作延。又釋艸注：蔓莚生。

亮近切

𤅷　釋文同。蕢按：今合作延，俗加艸頭耳。王屋之山，𤅷水出焉，西北流注于秦澤。山海經北山海

𡒋　壠也。集韻

嗹　娟眉細長皃。集韻

鏈　鏤寒具。集韻

縺　縺縷不解也。一切經音義四引字書

䭨　飛也。廣雅釋詁三。㺦䭨，相及皃。廣韻

蜲　蜷蜲，蟲皃。集韻

䜌　䜌陵，縣名，在交阯。集韻。○蕢按：䜌陵或作䜌瞜，二皆叚借字。

龍連切

闌　市門。廣韻

⿺走廛 移也。玉篇

瀍 理也。廣雅釋水。瀍水今在洛西，洛即成周也。穆天子傳四曰：自宗周瀍水以西。注○集韻云：瀍水名，出河南北山，入于河。

振連切
⿰虫廛 守宮別名。廣韻。守宮，秦晉謂之蠦⿰虫廛。集韻引方言。

⿱竹然 竹名。由吾也。玉篇○由吾二字係集韻增。

⿱艹然 野豆。集韻

⿰然鳥 鳥名。集韻

⿰犭然 猓獑猨屬，色青赤有文。集韻○萱按廣韻云：白質黑文。

此連切
碊 歧也。廣雅釋詁三。碊，坂也。集韻○

⿱戔金 鳴蟬也。廣韻○萱按蟬之一名也。

⿰扌囟 遷徙也。玉篇

仰連切
⿱竹言 大簫也。廣韻。大簫謂之言。爾雅釋樂○萱按言、⿱竹言古今字。大簫編二十三管，長尺四寸；小者十六管，長尺二寸。郭氏云。廣韻

⿱艹言 艸名。廣韻

⿰言頁 頑也。玉篇

⿸广言 扶豬之山有獸焉，其名曰⿸广言。山海經中山經。海⿸广言似狗八目。玉篇、廣韻

想連切
僊 行兒。玉篇

避連切
⿰䙴見 斜視。玉篇

美連切
矊 脈也。楚辭招魂：遺視矊些。注：矊，眇遠視兒。文選江賦：江妃含顰而矊眇。注：矊眇，言矊遠也。方言二：矊，盧瞳之子謂之矊。注○萱按方言矊字，段大令謂矊之誤，而郭誤釋。段說是也。然矊字見招魂，郭雖未得子雲之意，而說矊自通，故江賦自用其說。

㒙 㒙㒙，低兒。集韻

⿰女綿 或作女字。集韻

檰 木名，有子如栗。集韻

棉 或作柄柄。木名，出交阯，可為布。集韻。棉，屋聯也。又木棉，樹名。廣韻

⿰言帛 欺也。玉篇

⿰木夐 密也。廣韻○集韻云：⿰木夐，木密兒。

媔 目美兒。集韻

覭 視兒。玉篇

撮口評

舉幡切
勬 勤也。廣雅釋詁四。勬，佁也。同上○廣韻云：勬，強健也。

⿰衤肙 褊也。玉篇

鵑 或作雗。杜鵑，鳥名。廣韻○集韻作鵜鵑。

⿱艹肙 或作荃。⿱艹肙明，艸名，祭以為藉。集韻○廣韻云：⿱艹肙，艸名。

去幡切
弮 弩弓也。漢書司馬遷傳：張空弮。注引李奇○李陵傳：士張空弮。注引文穎云：弮，弓弩弮也。文選閑居賦注引漢書張晏注，又引李奇注云：弮，弓也。○萱按此段奮為弮。奮弩弓也。弮蟷，方言十一。○萱按方言又云：蠙蟷自關而東謂之弮蟷，蓋本一語而字體不同耳。弮，古縣名。玉篇

綣 或作帣也。廣雅釋器○廣韻云：帣，小兒帽。小幘。集韻云：罨。

羽幡切
⿰雚阝 鄉名，在聞喜縣。集韻

娟 嬋娟，迴曲兒。文選魯靈光殿賦：旋室㛯娟以窈窕。注

⿰山肙 山曲。廣韻○集韻作山阿。

翾 飛皃玉篇

餵 食也廣雅釋詁

鋺 或作錑 鉏頭曲鐵廣韻

涴 或作浣 英鞮之山涴水出焉山海經西山經

鵷 或作鵷 鵷鶵鸞鳳之屬也 莊子秋水南方有鳥其名鵷鶵 釋文引李注 又史記司馬相如傳鵷鶵孔鸞 集解引郭璞云鵷鶵鳳屬也 又文選吳都賦鵷鶵擾其閑 劉注云鵷鶵鳳類也○李翊夫人碑云顏頞悲兮涕隕零 萱按 頞顏即鵷鶵之異體字耳

許幡切

惌 婑惌敗也 集韻引廣雅

裷 幞也 廣雅釋器○方言 幞謂之幭 注云 帊幞也 福裷

懁 或作㥯 智也 廣雅釋詁三○方言十二云 懁知也

喛 恚也 廣雅釋詁二○方言六云 秦晉曰喛 不欲譍而強畣之意也 喛恚也 喛哀也 方言十二○注云 喛哀而恚 喛愁也 廣雅釋詁二 喛呼又喛哀也 玉篇

㓻 角毛 玉篇

觛 揮角 玉篇

翧 飛也 廣雅釋詁三 翧翧飛也 廣雅釋訓

鶢 或作鶢 鶢鶋小鳥名 集韻○廣韻作小字

蝖 蟦蠐自關而東或謂之蝖蝃 方言十一

萱 竹華也 集韻

蠉 蟲行皃

梋 盂也 廣雅釋器○方言十三云 梡謂之梋 盂之盌 盂謂之銚銳 木謂之梋栿 梋圈也 梋圓也 廣雅釋詁三

書幡切

睻 規模曰梋 一切經音義二十引通俗文 睻睻目不正也 文選魯靈光殿賦 目睻睻而喪精 張注

視也 廣雅釋詁一

屑 屍也 玉篇

睻 目眇視也 廣韻 睻 瞸也 廣雅釋言○集韻云 睻目不明也 睻目瞬也 玉篇

蜵 蜿蜒蛇名 廣韻

鄟 或作鄟 國名 穀梁成六年經 取鄟 釋文○公羊昭廿六年經 盟于鄟陵 釋文 又左氏襄九年傳 門于鄟門 釋文並云 鄟李本作專 又定八年傳 晉師將盟衛侯于鄟澤 釋文云 李本作傳 萱按 專鄟古今字 傳則俗體也 又集韻云 鄟邑名 屬 鄟 鄟 鄟

虔幡切

鷒 鳥名 玉篇

剸 或作㓷○剸 剸也 廣雅釋詁一 剸削也 集韻○萱按 剸剸削也 去 作剬者譌 廣韻譌作剬

醉幡切　翠幡切

猭 枝也 玉篇 或作猭 逯躁 走也 後漢書馬融傳 獑獌聯猭 注 獑猭不得走也 文選西京賦 𤢕聯猭 薛注 文選吳都賦 獑猭相連延兒 猭注○洞簫賦 密漠泊以獑猭 注引字書云 獑猭 注引𤜀蒼 逃也 逃走也 或作走

朘 漢書董仲舒傳 民日朘月削 注引孟康 俗語謂縮朒為朘 朘謂轉蹇蹴也 漢書董仲舒傳注引蘇林

痊 除也 莊子徐無鬼 今予病少痊 釋文引李注 又文選閑居賦注引莊子司馬注

拴 揀也 廣韻

栓 盂也 廣雅釋器 栓 釘也 同上

荃 捕魚之器 文選謝靈運人華子岡詩 丹丘徒空荃 注 江文通雜體詩 許徵君詩一時排冥荃 注○吳都賦 荃鰛鰽

韻史 卷六十四第十四部平聲副編千頓

劉注云筌捕魚器今之斗回也筌捕魚之器以竹爲之蓋魚笱屬文選江賦史淚羅筌注又頭陁寺碑文然叉數所筌注云筌備魚之笱筌者所以在魚莊子外物○釋文云筌魚笱也萱按此段筌爲筌也緄都賦闌鉤繩之筌緒此段筌爲銓

峑駩踆

峑 山頂也集韻○廣韻云峑山巔

駩 白馬黑脣駩爾雅釋畜○萱按駩孫本作犉云與牛同稱其說非是作騎者亦非

踆 或作旬以足逆躪曰踆公羊宣六年傳祁彌明逆而踆之注踆退也文選東京賦巳事而踆薛注踆猶蹲也謂三足烏淮南精神日中有踆烏注○萱按踆與逡踆及十三部之蹲義多相出入故古皆互借通用也踆鴟謂芋也漢書貨殖傳下有踆鴟注○萱按史記文選皆作蹲鴟踆踆大雀容也文選西京賦大雀踆踆薛注

皴

皮細起也一切經音義廿二引字略皴皮皴皵也樹皮甲麤厚亦曰皴皵

六二五九

韻史 卷六十四第十四部平聲副編千頓

一切經音義二十引埤蒼

敘播切

鋔爯額揎

鋔 齊有良兔曰東郭鋔新序雜事五○集韻云兔狻者鋔

爯 表也廣雅釋詁四爯循也同上

額 或作圓䫍圓面也集韻○廣韻圓䫍分二字二圓面圓也額頭圓也萱按不必分

揎 或作揎手發衣也廣韻手發衣曰揎儀禮士虞禮注鉤袒如今揎衣也釋文揎揎臂也禮記王制釋文引字林揎食也廣雅釋詁一

甫跧切

鷌罝播翻

鷌 鷌頜馬名廣韻

罝 囩也玉篇

播 幞也廣雅釋器播袿謂之幞方言○注云即帊幞也萱按集韻引廣雅云播袿帳也帳蓋幞之誤

翻 或作飜幡飛兒文選張子房詩注引韓詩章句翻翻飛也廣雅釋訓翻動兒文選海賦翻動成雷

六二六〇

韻史 卷六十四第十四部平聲副編千頓

注翻然改變兒荀子彊國反然舉惡桀紂而貴湯武注翻車謂機車以引水後漢張讓傳注翻反治也反謂反使從輕也反宇者若屋宇之反中低而四旁高也萱按此皆段反爲播也說者或以爲翻之借播翻義略同耳詳播下○列子周穆王播校四時釋文云播讀作翻萱按蓋即翻之異體耳或釋爲心變動以从心故也

去頃切

鐇鱕 顴 臛

鐇 椎也廣雅釋詁二鐇鏟也後漢杜篤傳注引埤蒼

鱕 魚名橫骨在鼻前如斤斧廣韻○集韻引南越志云鱕魚鼻有橫骨如鐇海船海逢之必斷東人謂斧斤之斤爲鱕文選吳都賦䲙鱕鯌劉注鰤

顴 或作臛頔也廣雅釋親顴骨謂目下當外皆也素問刺熱論顴骨熱病也注權兩頰文選洛神賦注又赭白馬賦注云權頰權也○萱按權顴古今字顴權正借字

臛 醜也廣雅釋詁二○廣韻云臛䐴醜兒萱按廣雅臛䐴雖並言而非連緜字

六二六一

韻史 卷六十四第十四部平聲副編千頓

𦆱𥢶𪈼 瘔跧 蜷 惓

𦆱 幘也玉篇

𥢶 禾黃也玉篇

𪈼 𪈼鶴鳥名集韻○萱按即鸛鶴也鸛權雙聲故俗音變轉遂製𪈼字非鸛亦讀權也若鸛可讀權則不製𪈼字矣集韻未達此指故𪈼下出鸛

瘔 手屈病也廣韻

跧 或作𨇁傴僂也楚辭憫上跧跼兮寒局數注跧跼不伸也一切經音義十二引埤蒼𨇁曲脊行也廣韻

蜷 蜷詰屈不行兒離騷蜷局顧而不行注連蜷巫迎神導引兒也楚辭雲中君靈連蜷兮既留注

惓 劇也淮南人閒是猶病者已惓注惓悶也晉書音義下引玉篇惓惓忠謹之意漢書劉向

六二六二

傳惓惓之義也注。萱按此段惓爲奉也然亦惓引伸之義

啳 啳讀權衡之權急氣言之淮南脩務啳睽哆噅注。萱按啳字不見他書廣雅矔睽醜也豈啳卽矔與矔權同音高取易識故不云讀若矔

犈 牛黑脚犈爾雅釋畜

埢 埢圜兒文選甘泉賦單埢垣兮注又漢書楊雄傳上注

⿱卷皿 或作棬盇盂也廣雅釋器。方言五云盂海岱東齊北燕之閒或謂之盇又孟子告子上音義丁音引方言云海岱之閒謂盌爲盇圈杯圈也莊子齊物論釋文圈屈木所爲謂卮匜之屬禮記玉藻毋沒而杯圈不能飲焉注。萱按盇棬字皆不見說文古祇段圈

羽煩切

榬 或作篋縣籰籰榬也究豫之閒謂之榬方言五。集韻引方言云榬籰所以絡者又廣韻云榬絡

溒 水流兒廣韻

湲 潺湲流兒楚辭湘君橫流涕兮潺湲注又後漢張衡傳注又文選思玄賦注引字林七發注引字書潺湲水流兒也晉書音義中又一切經音義十七引字書又文選謝靈運七里瀨詩注引褋字

鶢 鶢鶋鳥也似鳳文選吳都賦鶢避鳳劉注鶢爰居雜縣爾雅釋鳥又國語魯語海鳥曰爰居注。爾雅李注云爰居海鳥也。萱按爰鶢古今字

鰀 魚名廣韻

櫞 果名似橘玉篇引埤蒼。一切經音義廿四引廣志云枸櫞似橘大如飯筥可以浣濯漚葛紵也今出番禺以南縷切蜜漬爲糝食之甚佳枸櫞樹皮可作糝廣韻。萱按糝音桑感切蜜漬瓜食也見第七部糂糝字下

⿰扌緣 把⿰扌緣也玉篇

⿰日㕣 日行也玉篇

⿰阝㕣 地名玉篇

⿰月旋 或作⿰月旋短也方言十三又廣雅釋詁二。廣韻云旋短也便旋短小兒集韻

許煩切

蠸 蟲名玉篇

呂煩切

癵 病也爾雅釋詁癵心憂憊之病也爾雅釋詁舍人注

⿰虫孿 蟲名玉篇

處煩切

⿰目專 目動也集韻

汝煩切

褑 促衣縫也廣韻。集韻云褑衣縫襵也一曰緣也

⿰目爰 目垂也玉篇

翠煩切

鋑 鋑刀也玉篇

⿷匚泉 箕也廣雅釋器。方言五云炊箕或謂之⿷匚泉⿷匚泉江東呼淅籤方言五注

⿰虫泉 貝也白質黃文廣韻餘泉白黃文爾雅釋魚。注云以白爲質黃爲文點萱按古祇作泉偏旁後人所加耳

瑔 玉名玉篇。字彙云瑔貝名

馭煩切

蒝 荃蒝艸名廣韻。集韻作羊泉

飯 餌也廣雅釋器。方言十三云餌或謂之飯

杬 大樹也文選吳都賦緜杬杶櫨劉注。廣雅釋器云杬椹也萱按此蓋引申段借之義杬天木皮厚汁赤堪藏卵果爾雅釋木杬魚毒注。萱按芫魚毒也爾雅段杬爲芫而郭釋以杬之本義說杬則是說芫則非矣小顏注急就篇嘗辨之

笎 竹玉篇

榞 木名實如甘庶皮核皆可食集韻

蠠 今呼重蠶爲蠠 爾雅釋言原再也注○蕢按周禮馬質禁原蠶者字祇作原俗加虫耳廣韻云蠠晩蠶

騵 騂馬白腹騵 爾雅釋畜又詩大明駟騵彭彭傳○禮記檀弓上戎事乘騵注又家語五帝注竝云騵騂馬白腹 赤馬白腹曰騵 一切經音義十七引三蒼 黃馬白腹曰騵 淮南主術騵馬而服騎駒

獂 騐注 乾山有獸狀如牛而三足名曰獂 集韻引山海經

[illegible] 鳥 玉篇

鏇 轆轤也 集韻○蕢按廣韻作圓轆轤也衍圓字

蜁 或作沙蝨蜁蝬也 集韻引廣雅 蜁蝸蝸螺也 廣韻○蕢按廣韻蜁蝬爲二字集韻合之 是蜁

颴 風轉也 玉篇

韻史 卷六十四第十四部平聲副編千韻 六二六七

[illegible]

笲 甫樠切 平去兩讀 竹器名 儀禮士喪禮貝三實于笲注○聘禮卷幣實于笲釋文云笲器名 笲竹器而衣者其形蓋如今之筥筶蘆矣 儀禮士昏禮婦執笲棗栗自門入注又士昏禮記笲緇被纁裏加于橋注云笲有衣者○禮記昏義婦執笲釋文云笲器名以韋若竹爲之有形如筥衣之以青繒以盛棗栗腶脩之屬

驜 止也 廣雅釋詁三 驜騃馬蹢躅不行也 集韻

礬 藥石也有白青黃黑絳五種 集韻

[illegible] 捼也 廣韻 [illegible]撋捼也 集韻

轓 車箱 玉篇

[illegible] 羣[illegible]也 玉篇

[illegible] 舟飾也 玉篇

韻史 卷六十四第十四部平聲副編千韻 六二六八

[illegible] 稻名 集韻

墦 或書作蟠冢也 廣雅釋丘○孟子離婁下卒之東郭墦間之祭者注云墦間郭外冢間也

鷭 或作鸐鳩鳥名似鶩 集韻○廣韻作鷭鵰鳥

[illegible] 或作蕃或作蕃繁生育也 集韻○廣韻育作養

緐 亂絲也 玉篇

[illegible] 斂聚也 玉篇 十四部十七部兩見

韻史 卷六十四第十四部平聲副編千韻 六二六九

韻史 卷六十四第十四部平聲副編千韻 六二七〇

韻史

第十四部上聲副編

開口呼

旰韻

仟 政坦切 長也廣韻

矸 擊也廣韻○集韻云矸䃒繪也矸者白淨皃也史記魯仲連鄒陽傳注南山矸索隱○萱按此段矸爲岸也

芉 艸名一曰薏苡子集韻

檊 或作柎 柄也集韻

簳

諲 海坦切 大言也廣韻 諲多言也玉篇

皔 或作皯 白也廣雅釋器○廣韻云皔白皃

草 艸名廣韻

蔊 或作䓍 辛菜也御覽九百八十引字林

浮 水也玉篇

暵 熱氣也玉篇

狚 帶坦切 獨狚獸名似狼廣韻○集韻云獨狚臣狠也 猵狚一名獨狀似猿狗頭 齊物論猨猵狚以爲雌注

壇 偏舍玉篇

闐 代罕切 闌也門傍之橛所以止扉廣韻○集韻云闐開也

頣 面平也玉篇

襢 或作袒 衣不束也玉篇

䩥 帶也廣雅釋器 鞮馬帶也御覽引字林

唌 欵也玉篇

蜑 或作蜒 南方蠻廣韻 天門蜑蠻屬晉書音義上引文字集略○萱按蜑蛋音義皆不同而字體相

潬 潬沙出爾雅釋水 今河中呼水中沙堆爲潬爾雅釋水注○廣韻云今河陽縣南中中潬城

爛 朗坦切 或作燗 飯凖糜相著也爾雅釋器禅者謂之爛李注

攋 壞也方言集韻引

鬢 宰坦切 髮好也一曰光澤兒集韻 款也廣韻

趲 來坦切 亦書作趲 趲逼也廣雅釋言○廣韻云趲散走集韻云趲逼使走

禶 祭名廣韻○集韻云禶祝神也

鑯 爆坦切 弩牙緩也廣韻○集韻云弩機緩謂之鑯

繖 或作傘㑺 張帛避雨謂之繖蓋唐六典注十一引通俗文 繖扇也傘雨具繖絲綾今作繖蓋字並合之廣韻○萱按繖傘廣韻爲三字集韻傘㑺字亢俗古祇作繖不自今也

箃 篙箃桃枝竹也集韻引方言

合口呼

蔽 古版切 艸名集韻

痯 或作瘝 痯痯病也爾雅釋詁○注云賢人失志懷憂病也 痯痯罷兒詩杕杜四牡 痯痯傳

脘 胃脘集韻

褃 袴襱也廣韻○集韻引廣雅云袴其褃謂之襱

苦版切

錧　錧田器也江南人呼犂刀爲錧爾雅釋樂注饕形如犂錧釋文引字林○孟子題辭五經之錧鎋音義引丁音云錧方言作輨車釭也董按此輨錧爲正借字也祝穆碑七政錧鎋同又儀禮既夕記木錧注云今文錧爲錧此因輨而及鎋非叚借之正也

⿰虫官　雨下蟲名廣韻○集韻祇云蟲名

窾　空也廣雅釋詁三又史記太史公自序集解引徐廣又漢書楊王孫傳集注引服虔又莊子養生主導大窾釋文引司馬注達生窾啟寡聞之民釋文引李注又淮南原道窾者主浮注齊俗以濟江河不若窾木便者注○董按款亦訓空疑款窾同字而後人分之也又淮南說山見窾木浮而知爲舟注云窾穴讀曰科也又原道訓注云窾讀科條之科也按窾科雙聲而義同不煩改讀實不中其聲者謂之窾史記太史公自序窾法也淮南版與襲九窾注窾水名莊子外物帥弟子而跋窾水釋水引司馬注

⿰金款　剡也匡謬正俗六引字林○董按款亦訓剡則款⿰金款亦古今字⿰金款燒鐵久也一曰灼鐵以

韻史　卷六十四第十四部上聲副編肝韻　六二七五

識簡次集韻引埤蒼○董按今木筏所用是其事

⿰氵款　水名一曰流兒玉篇集韻

⿰扌款　捉也集韻

⿰彳款　⿰彳款⿰彳爰徐行集韻

⿰魚款　魚名廣韻○俗

⿰木款　有棵斷木也集韻○董按說文梡字與⿰木款義大同而音小異集韻梱而一之非也棵几也廣雅釋器

⿱艹款　艸名集韻菟奚顆凍爾雅釋艸董按顆即款之雙聲叚借字也古今用款郭云款冬也紫赤華生水中

塞版切

⿰禾官　禾⿰禾龍玉篇○集韻云禾病也

戶版切

⿰貝宛　⿰貝宛⿰貝耑小有財也廣韻

⿱日爰　明也玉篇○董按說文有暖此與形同而音義與易相淆矣

韻史　卷六十四第十四部上聲副編肝韻　六二七六

⿱竹爰　篇⿱竹爰部也集韻引廣雅○廣韻云滿⿱竹爰蘭也

⿰彳爰　⿰彳款⿰彳爰徐行集韻

⿱艹緩　蔗也集韻

⿰山爰　山名廣韻

⿰氵暖　弄水也玉篇

⿰山完　山名集韻

晥　縣名在廬江集韻

皖　明兒集韻○廣韻云晥明星

唍　小笑兒玉篇

輐　輐斷刑截之所用也一曰圓兒集韻

韻史　卷六十四第十四部上聲副編肝韻　六二七七

睹版切　杜版切　怒版切　路版切　臥綰切　送版切

⿰麥完　或作⿰麥原○作⿰麥完者譌女麴也小麥爲之一名⿰麥完子一名黃子集韻○廣韻云⿰麥完子麥麴類董按酒經謂之女⿰麥完⿺麥睘全麥爲麴集韻○又云黃蒸⿺麥睘也

⿰貝耑　⿰貝宛⿰貝耑小有財也廣韻

漶　漫漶難測也集韻漫漶不可知也玉篇

⿰扌䜌　轉也廣雅釋詁四○廣韻云⿰扌䜌轉籑也

瘓　瘓瘓病兒廣韻

餪　饋也集韻引廣雅女嫁後三日餉食爲餪女集韻

⿱耎心　行無廉隅謂之噇⿱耎心集韻

⿰开斤　飛兒玉篇

篹　或作篕竹笥也禮記喪大記食於篹者盥注篹籩屬也以竹爲之禮記明堂位薦用玉

韻史　卷六十四第十四部上聲副編肝韻　六二七八

豆雕簋具也。漢書元后傳集注引晉灼○蕢按此段簋爲撰。簋注也藝文志注叙傳下注並云簋與撰同又元后傳簋或作籑亦段借字也若喪大記食於簋者簋本亦作撰此則互借易淆而義亦疏矣

霦 布綰切　雨皃。玉篇

粄　或作粯。屑米餅也。廣韻。○一切經音義十八云粯字苑作粄粯餅同布滿反資類也今米粄豆粯皆作此也

鈑　餅金謂之鈑。爾雅釋器。注云餅金謂之鈑。○周禮職金旅于上帝則共其金版注云此版所施未聞又疏云旅上帝謂祭五帝於四郊及明堂。蕢按版鈑古今字。爾雅本亦作版而郭引周禮則作金鈑

蝂　或作䗞。蝜蝂蟲名。廣韻。○蕢按爾雅釋蟲傳負版古字也偏旁後加也

趚 普版切　走皃。廣韻

坢　平坦也。一曰發地。集韻

鏋 味版切　金精謂之鏋。集韻。○廣韻云鏋金也

瞞　暗也。玉篇

簢　或作萠。簢篾篰也。廣雅釋器。○廣韻云簢篾簡也又云簢竹器

虋　虋艸。玉篇

皖 奉綰切　污也。廣雅釋詁三。○集韻云皖塗面也

魬　魚名。廣韻　餅屑米餅。玉篇

齊齒評

暕 几産切　明也。集韻。暕陰旦日明也。廣韻

襇　或作帣。帣襇也。廣韻。○集韻云襇帣幅相襇也

䤗　醎也。玉篇

㺜　猛也。廣韻

媙 渠柬切　女字。玉篇

䣊 杻産切　或作酢䣊。色赧也。廣韻集韻。○蕢按䣊䣊即䣊之俗體耳而韻書皆各見

酢 掌産切　酢䣊面皺也。廣韻。酢䣊老也。一曰色赧。集韻

拃　撰也。廣韻

㦃　迅飛皃。集韻

齴 寵柬切　齴齗齒不正皃。廣韻。○集韻齴齗作齗齴

蝬　蟬大而黑者謂之蝬。方言十一。馬蝬蠽蛆也。廣雅釋蟲。○爾雅釋蟲云限馬蝬

㥦　全德也。廣韻

膧　皮也。廣韻

蹔　徒騎也。集韻

齹　小兒齒。玉篇

丳　毌之變也。丳以鐵貫肉炙也。一切經音義九引字略。又音義十二引字苑云丳初眼反謂以鐵貫肉炙之者也。○廣韻云丳炙肉丳也。又集韻云丳貫肉也。○蕢按丳與串皆毌之俗體而音不同故別出其義則毌引申之義耳

剷 始柬切　攻也。廣雅釋言。剷犍也。廣雅釋獸

摌　以手核物。廣韻。○集韻云捍摌手精擇物也

簅　大籥謂之簅。爾雅釋樂。○釋文云簅本作産。蕢按産簅古今字。郭云籥如笛三孔而短小。廣雅云七孔

嵼　巏嵼山曲皃。廣韻集韻

騝　馬名。廣韻

㯆　木名。集韻

齊齒評

僝 几淺切　或作僝。僝傲也。廣韻。○集韻云僝僽傲慢也

韻史　卷六十四第十四部上聲副編肝韻　六二八三

蔁 或作蘷 艸名蔁也集韻○爾雅釋艸蘷蔁廣韻○集韻云

⿰山蹇 ⿰山蹇嵃山屈曲也⿰山蹇嵃山阿也

⿱蹇魚 魚名廣韻

涀 涀水○水經注廿一引字林○集韻云涀小溝

筧 或作梘 以竹通水廣韻○集韻云筧通水器

綫 縮也廣雅釋詁三又玉篇

搢 引也集韻 搌搢展極也廣雅釋訓 搢搌醜長皃廣韻 樠搌樹長皃○集韻○萱按从木蓋皆从手之誤

樠 或作樠 榛也廣雅釋木 樠木名一曰木瘤也集韻

箲 竹名集韻

韻史　卷六十四第十四部上聲副編肝韻　六二八四

舊顯切

犍 矛也廣雅釋器

湕 水名出南郡集韻○萱按漢書居高屋之上建瓴水建即揵之段借字

揵 覆也集韻

繾 繾綣反覆詩民勞以謹繾綣傳繾綣者牢固相著之意詩民勞疏繾綣不離散左氏昭公廿五年繾綣從公注繾綣謹慎廣韻

饘 或作饘 饘糍搏也廣雅釋詁三 饘粘也一曰乾餌集韻○廣韻云饘乾麪餅也

壇 小塠壇也玉篇

譴 小息也集韻

僆 倢僆相从也集韻

嗹 嗹嗹瀧皃集韻

韻史　卷六十四第十四部上聲副編肝韻　六二八五

渠淺切

言 言言脣急皃廣韻○萱按言言皆不成字

件 分次廣韻

篧 篧觧户籍也玉篇

軀 曲身也集韻○廣韻云軀身向前也 軀軀體怒腹也玉篇

愝 愝愊性狹也玉篇

暥 當也廣雅釋詁三○萱按或作暥者字誤也暥乃暥之俗體 物相當也廣韻

堰 或作堰 潜堰也謂潜築土以壅水也文選沈休文三日三月率爾成篇詩東廣雅

匽 以畜水也玉篇 匽出干金 匽注引

鍲 兩刃戟玉篇

韻史　卷六十四第十四部上聲副編肝韻　六二八六

向淺切

鼴 或作鼹 鼠似鼠形大如牛好偃河而飲水廣韻○萱按大如牛殆未可信莊子逍遙遊作偃鼠 偃鼠偃鼴古今字也 偃鼠飲河不過滿腹 云偃鼠

衍 或作蝘 蟲行皃也集韻○又云衍蟲名蚰蜒入耳○爾雅釋蟲釋文云衍本作衍 萱按集韻衍衛分二字

析 木名玉篇

峴 山嶺小高也文選遊竹澗詩注引聲類○從斤竹澗越嶺溪行詩迢遞陟陘峴注峴與峴同萱按說文峴訓涂與峴義別謂峴大坂在盛西山峴玉篇引蒼頡○萱按此段為峴非本同字也 段借則可 峴山名一曰山小而險一曰嶺上平集韻○萱按齊亦有大峴山而襄陽峴山獨著以羊祜鄧潤甫與

悁 悁悁也玉篇

誢 諍語也玉篇

䏹 腼䏹也玉篇

⿰阝見 地名又限也玉篇

㦟 意難也廣韻

䘆 或作蜆小蛤集韻○宣按此小蛤專字俗借用蜆乃縊女蟲也殊非

撚 戾也玉篇

攇 或作撕衡擬也集韻引廣雅○廣韻云攇手約物○廣衡并也漢書揚雄傳下音義引韋昭衡舉手擬之也漢書揚雄傳下所麾城衡邑注

⿰言憲 很戾也集韻○廣韻云⿰言憲慱很戾

⿸疒憲 病也玉篇

郎淺切 眺淺切 紐淺切

幰 或作軒幨謂之幰廣雅釋器布帛張車上爲幰也一切經音義十四百七十六引通俗文云張布曰幰幰車幰也文選籍田賦注引蒼頡○御覽七微風幰憲也所以禦熱也釋名釋車○晉書音義中引釋名云幰車幔也所以禦熱也

蟪 寒蟪蟲名蚟蚓也集韻○萱按蟪即蚓之異體字而音微異故異部矣今俗語言寒蟪不甚言蚟蚓

顫

⿰⻊亶 行皃廣韻

⿰酉然 䩄⿰酉然少色集韻

蹨 蹀跡也玉篇蹨蹂也廣韻蹨蹈也逐也集韻

蹍 足蹈皃玉篇

⿰支皮 簸⿰支皮笛聲緩也集韻

亮淺切

㸣 小熱火也廣韻○集韻云小火謂之㸣

揵 擔也一切經音義十一引淮南許注○廣韻云揵擔運物也

𪌂 大麥新熟作𪌂𪌂也廣韻○集韻云𪌂籺新麥爲餌

⿺麥禾 穛禾也玉篇

健 未成雞健爾雅釋畜○注云江東呼雞少者曰健健鍊也廣雅釋詁三○方言三云凡人嘼乳而雙產秦晉之間謂之健子

掌淺切

⿰氵䔒 水也玉篇

搌 或作㩰束縛也廣韻㩰搐展極也廣雅釋訓

⿰女展 ⿰女展妍好皃廣韻

⿰酉善 苦酒也玉篇

寵顯切

⿰耳善 耳門也廣韻

⿰屈刂 攻也玉篇

⿰亶刂 伐擊也玉篇

⿰禾亶 束也廣雅釋詁三○廣韻云⿰禾亶禾束

⿰酉亶 酒苦謂之⿰酉亶集韻

皽 皽謂皮肉之上魄莫也禮記內則去其皽注○皽離也廣雅釋詁三○皽腹皮寬也集韻引廣雅

⿰犭幾 武也又鷙鳥擊勢也廣韻⿰犭幾⿰犭幾武也廣雅釋訓

蕆 敕也左氏文十七年傳以蕆陳事注又賈注服注又釋文又廣雅釋詁四○方言十三注云蕆亦訓敕蕆備也方言十三又廣雅釋詁二又蕆解也方言十三又廣雅釋詁一又蕆備也一曰去貨廣韻

擬淺切　始顯切　此顯切

棍　棍樣樹長兒集韻

瀾　溢也爾雅釋文汶爲瀾李注

單　魯邑名玉篇

䵨　黃也廣雅釋器

䯨　高也玉篇

麪　麪麪蹇新麥爲餌集韻或作磰

墡　白堊一名白墡一切經音義十四引字林云墡音善土名也即白土也亦名堊

散　治也玉篇

㾭　癬瘦蚌也集韻引廣雅○廣韻云瘦小痒

韻史　卷六十四第十四部上聲副編　肝韻　六二九一

御顯切　想淺切

齴　齒露也廣韻笑也集韻引方言十二又廣雅釋詁一

遠　行也○方言十二方言注云遠行兒也

嶮　嶮猶嶮也爲之別嶮文選江賦注嶮謂棧嶮嶮兒也嶮文選西征賦嶮峭以繩直注峻○廣韻云峻山形集韻云嶮峴山峻兒

甗　獻也廣雅釋艸

讞　質也續漢郡國志二足尉李注引胡廣讞請也後漢申屠蟠傳乃爲讞得減死論注讞疑也注引廣雅後漢袁楷傳讞議獄云讞評獄也○集韻

言　言言脣急兒廣韻

鮮　慚也玉篇

蘚　垣衣一曰白艸名集韻○廣韻云苔蘚

韻史　卷六十四第十四部上聲副編　肝韻　六二九二

避淺切　美淺切　撮口許切　鼻淺切

樿　木名集韻

蘚　箭蘚戶籍也玉篇

灘　水也玉篇

蠏　蚍蠏集韻

靦　見也玉篇

𥉷　視兒玉篇

愐　慕也廣韻

喢　不言也玉篇海篇

卷　○谷卷耳苓耳爾雅釋艸○注云廣雅云枲耳也亦云胡枲江東呼爲常枲或云苓耳形似鼠耳叢生如盤當按周南采采卷耳傳云卷耳苓耳也後人加艸頭其實可無庸耳或又作葹益無稽矣

韻史　卷六十四第十四部上聲副編　肝韻　六二九三

去返切

桊　牽車也玉篇　平去用兒注在後

棬　陞也爾雅釋詁

汱　水落兒爾雅釋詁注

綣　徐行也集韻

綣　繾綣反覆也詩民勞以謹繾綣傳○疏繾綣不離散左氏昭廿五年傳繾綣從公注○當按古祇用繾綣謹慎廣韻卷詩民勞釋文云綣本作卷

㹼　㹼犬短小兒玉篇

餋　居食也集韻○又引呂覽

棬　相近兒禾相近謂之棬廣韻○集韻云釆則折

菌　菌鹿藿其實莅爾雅釋艸○注云今鹿豆也葉似大豆根黃而香蔓延生

韻史　卷六十四第十四部上聲副編　肝韻　六二九四

羽返切

箘 竹名集韻

俛 歡也方言十三。注云俛歡樂也

醎 面柔也韓詩青楊醎兮集韻

睕 目開皃一曰嫵媚集韻。廣韻云睕乖也 廣韻睕晚日深也晉書音義下

晼 景昳也集韻晼晼言日將暮也文選歎逝賦老晼晚其將及注

錕 杯錕也玉篇

踠 屈也文選東都賦馬踠餘足注又後漢張衡傳蟉踠而自糾注。班彪傳下注云踠猶屈也踠屈損也後漢李南傳注

裷 衣襟江東呼裷方言四襟褠謂之袖注 裷襪也一曰袖耑屈集韻

綩 或作絻 冠衾也一曰纁色衣一曰罔也集韻

艈 或作航 舟也集韻

䑐 船䑐木廣韻

䴥 麻叢玉篇海篇

靰 或作鞔 自關而東複履其庳者謂之靰下方言四。廣韻云鞔底履名

䲙 艾和月毋之國有人名曰䲙集韻引山海經

捖 或作抏 抏動也摇也玉篇

綄 紖也廣韻

䬻 小風廣韻

芄 芄雀弁爾雅釋艸。注云未詳邢氏正義云下文云萑蘭陸璣疏云一名爵弁爵與雀古通用

詔 笑皃一曰善言集韻

許返切

琄 卑卑琄琄刺素食也爾雅釋訓 琄琄玉皃詩大東鞙鞙佩璲傳。壹按鞙段借字也釋訓用正字

痯

隕 坑也廣韻引廣雅

輨 或作軥 車弓也玉篇

䍀 火亂皃玉篇

齋返切

嬽 女名集韻

棗 妃棗薄也集韻

弆 火種玉篇

圂 囚刖錮人出也集韻。玉篇云圂囚刖圄

虔返切

腞 腞猶豢也莊子達死得於腞楯之上釋文引馬注。禮記玉藻圈腞行釋文云本又作豚壹按

豢 与豢同玉篇。壹按顏說未審所據或謂豢即家之譌亦未必確

𡎝 耕土卷也廣韻

襈 襈緣也青絳爲之緣也釋名釋衣服

鱌 魚名無骨集韻

蘐 艸名集韻

汝返切

䞼 小有財物廣韻

噀 吮也玉篇

腝 腳疾廣韻腝柔脆也一切經音義十一引字苑。壹按此段腝爲腝

剸 剸也集韻。作剬者譌

篿 竹名 集韻
渷 艸名 紅藍也 集韻
踹 怒返切 足踵也 集韻 踹足躍足也 淮南人間 追者至踹足而怒 注
傳 地名 玉篇
贊 艸名 凡水有此艸則無魚 集韻
熼 醉返切 火兒 玉篇 集韵 或作 爄
晥 馭返切 視也 集韻
㝃 小弱兒 集韻
輐 圓也 刓剸之所用 玉篇 集韵。萱按 椎拍輐斷 見莊子
𦏧 敍返切 羔也 廣雅釋畜 𦏧音選 未晬羊也 匡謬正俗六引字林

韻史 卷六十四第十四部上聲副編旰韻 六二九九

簨 竹緣也 廣韻。集韻云 簨竹名
烇 火兒 玉篇
鴘 福返切 鷹鶴二年色 廣韻引埤蒼。集韻云 鴘鷹隼二歲色赤 亦姓
頨 甫選切 無髮也 廣韻 頨面也 太玄視 其題頨 注
轓 或作 轓 幡輛 車上篷也 集韻 轓藩也 蔽水雨也 釋名釋車 車枸簍 西隴謂之轓 方言九
皽 武返切 皮脫也 玉篇 或作 晩

韻史 卷六十四第十四部上聲副編旰韻 六三〇〇

韻史

第十四部去聲副編

斷韻

開口呼

㵍 改旦切 㵍㵍水流行聲疾也 文選吳都賦 瀧瀧㵍㵍 劉注。集韻云 㵍㵍水迅流兒
𣽁 乾也 玉篇
旰 半乾也 玉篇
杆 柘也 廣雅釋木 杆即楮也 史記夏本紀 蘇楛 集解引徐廣
鴠 切旦 鴠鳴鳥名 獨舂也 集韻。萱按 正字作曷旦 他皆敗文 自關而東 倒縣或謂之 鴠鴠 方言八
咹 唉旦切 聲止也 集韻

韻史 卷六十四第十四部去聲副編斷韻 六三〇一

峖 山名 集韻
䝿 貯䝿也 玉篇
鮟 魚名 集韻
弙 海旦切 或作 弙 弓拒也 一曰縣名 集韻。集韻云 弙拒也 又關名 在巫縣。萱按 說文有弙無弙 蓋即弙之譌 耳 弙滿弓有所鄉也 音 弙弙形音皆變而義略同
阡 關名在峽中 集韻
仠 衛也 玉篇
趕 行也 玉篇
䣱 邑名在南陽 集韻
𡶓 山名 集韻 或作 吁。萱按 詩 瞻彼旱麓 或作 𡶓麓

韻史 卷六十四第十四部去聲副編斷韻 六三〇二

垾 小堤也 廣韻。集韻無

䩔 射韝謂之䩔 集韻。廣韻云射䩔。玉篇云䩔射鞁以皮韝臂

䏷 腤䏷刀箭瘡藥出古兵格 廣韻。集韻云腤䏷藥名出西蕃治金創 萱按腤䏷皆晚出字藥名 亦作賀汗

僕 姓也 玉篇

獛 飛皃 玉篇

[耒菐] 或作暵 耕也 廣雅釋地 暵耕麥地也 玉篇引埤蒼 暵耕暴田 集韻。廣韻云[耒菐]冬耕地

[魚菐] 魚也 廣韻。集韻也作名

[倝攴]

螒 螒天雞 廣韻。爾雅釋蟲螒天雞注云小蟲黑身赤頭一名莎雞又曰樗雞 萱按釋蟲釋鳥有兩螒天雞彼爲本

韻史 卷六十四第十四部去聲副編軒韻 六三〇三

侯岸切

瀚 字此則借也後人以鶾𩤏則之翰翰則古 借今正翰鶾則古正今借矣翰本訓雞肥 瀚瀚廣大皃 淮南俶眞 浩瀚 注 浩瀚 瀚海北海 廣韻

亶 小舍 廣韻

妲 又十五部入聲 妲己紂妃 集韻

呾 又十五部入

担 拂也 玉篇

笪 又十五部入

代旦切

刐 割也 玉篇

嬏 嬏嫛無宜適也 玉篇 廣韻

𢿨 𢿨敭無文章皃 廣韻

韻史 卷六十四第十四部去聲副編軒韻 六三〇四

朗旦切

淡 淡漫水廣皃 廣韻引字 或作 明也 集韻

䁆 或作暺 明也 集韻

彰 文也 廣韻云粲彰文章皃 廣雅釋詁三。廣雅釋詁四 彰明也

[歹柬] 或作殫 敗也 廣雅釋詁三

鑭 光也 廣韻 金采也 集韻

零旦切

讚 解也 方言十三 明也 小爾雅廣詁 讚錄也省錄之也 釋名釋言語 讚猶稱也 釋名釋典藝。後漢崔駰傳注稱人之美曰讚讚纂也纂集其美而敘之也 萱按孔龢碑幽讚神明段爲贊字也說卦本作幽贊

采旦切

囋 讖也 集韻 問一而告二謂之囋 荀子勸學。注云囋即讚字也 讚囋古字口與言多通 萱按據此注則謂以言佐讚助之今贊禮謂之讚囋本同字據韻書則二字義相反

韻史 卷六十四第十四部去聲副編軒韻 六三〇五

稍旦切

[粲彡] 文彩盛皃 集韻

璨 美玉又璀璨 廣韻。集韻云玉光璀璨

[髟粲] 髮光 集韻

㛑 二女也 玉篇

[粲鳥] 鳥名 廣韻

[艹粲] 艸名可爲席 廣韻 集韻

澯 清也 玉篇

淵 水清皃 玉篇

傲旦切

[金冊] 鐵器也 玉篇

喭 或作唁 剛強也 論語先進由也喭 皇疏引王弼。萱按舊說謂子路之行失於吠喭 吠喭者失於禮容也由剛

韻史 卷六十四第十四部去聲副編軒韻 六三〇六

強之故此喭之本義與傳言也之諺弔生也之唁義各不同而衛包改尚書之乃喭爲諺顛書又釋喭爲弔失國皆臣誤也書疏引由也諺誤亦同喭諺唁三字斷不容牽溷

岸 若反 廣原也一曰不恭也集韻綏脊謂之岸𥕛一切經音義四引通俗文○又云𥕛音昌

嫸 脊也廣雅釋詁四又引列子力命釋文引嫸好○方言十云嫸好也南楚之外通語也嫸研容止峭㦗也列子力命釋文 字林○集韻云嫸謂婦人脊正皃

𨁡 長大也廣韻

灦 瀬水皃集韻

婠 合口 評 古官切 好皃廣韻

鑵 鑵或作 汲器集韻○廣韻云鑵汲水器也

韻史 卷六十四第十四部去聲副編軒韻 六三〇七

巏 山名玉篇

𤢺 獌也集韻

讚 順言謔弄皃廣韻引聲譜○集韻云讚訛八也

鏆 臂鐶也廣韻○集韻云鐶手謂之鏆

樌 木叢生也廣韻

𨜶 亭名集韻

𧒼 蟲名螺也集韻

串 串串二字體从毌變而義與慣相通故慣多借用串串爾雅釋詁串習也注串夷即混夷西戎國名也詩皇矣串夷載路箋串夷猶混夷也又詩皇矣傳又荀子大略注○萱按凡串之義無慮皆慣之引申也訓習乃其本指

韻史 卷六十四第十四部去聲副編軒韻 六三〇八

𩹟 烏貫切 魚觸罔也集韻○廣韻云𩹟魚撞罟聲

惋 驚歎也 惋謂內爍也青間解精微論夫志悲者惋注惋嘆驚異也一切經音義三引字略○廣韻云惋

𨡅 面曲皃廣韻○曲也

贃 支財貨廣韻引文字指歸○集韻云贃妄弃財物

𥄫 戶慢切 睕𥄫轉目又大目皃廣韻

𥉞 或作 國在流沙東廣韻○集韻引山海經云𥉞蠒國在崑崙虛東南

脘 肥也玉篇

䅋 禾也玉篇

𠌚 臣也玉篇

韻史 卷六十四第十四部去聲副編軒韻 六三〇九

僡 僡益環繞囚拘之皃荀子儒效僡然若終身之虜注

櫘 或作橞 無櫘木名廣韻○集韻云櫘木名無患也皮子可澣

䔞 艸名集韻

豢 豢豢短小皃玉篇○萱按顧氏豢郎吠切豢呼吠切於卷聲豢聲皆不諧今兼見兩部

蠸 蟲名大鱉也集韻

腶 睹官切 脯也儀禮士昏禮受腶脩者脯也白虎通瑞贄公羊莊廿四年傳腶脩云乎注云腶脩者脯也腶脩取其斷斷自脩正又儀禮有司徹入于房取腶脩注云今文腶爲斷萱按作斷者即用訓釋字也腶脩捶脯施薑桂也禮記內則腶脩蚳醢注又儀禮有司徹腶脩作段亦用鍛爲之段腶古今字撟內之脯○萱按腶脩字本也腶鍛正借字也東詳段下矣

𢯝 揠衣集韻

韻史 卷六十四第十四部去聲副編軒韻 六三一〇

椴 ○俗有葭杙也廣雅釋室○方言五㰚燕之東北朝鮮洌水之間謂之椴注云椴楬杙也江東呼都薑按都椴一聲之轉爾雅釋木椴柂○釋文引字林云椴木似白楊一名柂椴木堇云爾雅釋艸葭木名樺也○集韻

杜官切

騣 穀騣馬行緩集韻○薑按古祇作款段後漢書馬援傳云乘下澤車御款段馬

褖 褖衣褖然黑色也釋名釋衣服○儀禮士喪禮褖衣注云黑衣裳赤緣謂之褖褖之言緣也所以表袍者也又云古文褖爲緣薑按此段緣爲緣也周禮內司服褖衣今作緣注則云緣字之誤也又稅衣若今端而連衣裳者也○疏云稅謂黑衣也薑按此段稅爲褖也禮記雜記上繭衣裳與稅衣纁袡爲一注又玉藻士褖衣注云褖或作稅又喪大記士妻以稅衣周禮內司服注引作士妻以褖衣

額 額顊禿玉篇○顊下云五困切禿也

狀宦切

摸 摜摸也玉篇○集韻摸与篡同逆而奪取也

剬 斷也玉篇

祖官切

⿰氵巂 洗馬也集韻

措官切

攛 擲也集韻

殩 殩孝逗饋喪家食廣韻引秦人語

卧官切

妧 好也廣雅釋詁一○集韻引字林云妧好兒

送官切

箮 器也玉篇

布官切

⿰口反 ⿰口反嗙失容也一曰剛強兒集韻

⿰言反 敪也集韻⿰言反嗙自矜同上○薑按嗙或作謗字之譌也

⿰馬半 ⿰馬半䮁馬行兒集韻○廣韻無兒

迲 去也集韻

普官切

評 巧言集韻

⿰忄半 ⿰忄半煥不順也集韻

炍 煥也集韻

䏓 肉也集韻

⿱毄女 [illegible]⿱毄女無宜適也玉篇

昧官切

⿰曼攴 [illegible]⿰曼攴無文采兒集韻

⿱艹漫 艸也玉篇

齊齒呼

灦 灦瀕水兒集韻

几晏切

⿰酉閒 醎也廣韻

繝 錦文也唐有大繝錦集韻

⿰角閒 角雙者爲⿰角閒一曰篗也集韻

淥諫切

⿰目晏 目相戲也廣韻○集韻云以目相謔謂之⿰目晏

⿰耳晏 耳戲也玉篇

騴 馬尾本白逗騴爾雅釋畜

向諫切

婩 婪也集韻引字林婩漫也廣韻

⿰米見 米屑集韻

麲 麥屑集韻

寵諫切

[illegible] 插也集韻

⿰王孱 玉也玉篇

⿱日赤 赤色廣韻⿱日赤⿱日赤溫溼一曰小赤集韻

⿸广戔 屋窄集韻

韻史 卷六十四第十四部去聲副編幵韻 六三一五

碊 谷名在上艾一曰在城皋 廣韻 集韻

䴼 麥也 集韻

菚 艸名 集韻

䴵 餅麪也 廣韻 ○ 集韻云麪謂之䴵

齊齒呼三

柵 舊片切 或作闌 編竹木爲落也 集韻 ○ 廣韻云籬柵

韆 韋帶謂之韆 集韻

⿰亻遣 ⿰亻遣開也 玉篇

霆 霆霆雲皃 集韻

⿰氵羨 蒨片切 水溢皃 集韻

⿰目宴 或作⿰目燕 覘也 廣雅釋詁一

韻史 卷六十四第十四部去聲副編幵韻 六三一六

嚥 嚥物也 釋名釋形體 嚥或謂之嚶在頤下纓理之中也 同咽吞 上 漢書蘇武傳集注 匈奴傳贊集注 ○ 萱按嚥乃咽之俗體也 形音皆變而部分亦異 咽本訓喉 引申之義訓吞 而吞遂爲嚥之專義矣 咽讀平聲在十二部

⿰忄焉 向片切 依止也 玉篇

現 玉光也 集韻 ○ 萱按俗借此爲見字 而見亦强分二音 自攗甚矣 不知見本義與引申之義本無二音 何紛紛異讀爲也

涀 卯片切 水出潙𡸣 玉篇

灦 水澄深也 集韻

⿰犭夭 餧牛艸 玉篇

堜 亮片切 壚名在博平 集韻 堜塘壚名在吳都 廣韻

韻史 卷六十四第十四部去聲副編幵韻 六三一七

⿰片柬 木解理也 廣韻 ○ 集韻云⿰片柬析木理

⿰柬攵 搥打物也 廣韻

煉 光皃 集韻

瑓 玉名 集韻

鰊 鰊似鱦 文選吳都賦鯖鰊 鯀鮋注引舊說

⿱柬米米 陳也 集韻引廣雅 ○ 集韻云一曰蠶 與 萱按廣韻云與蠶恐非

⿰車瓜 天瓜也 集韻

萰 萰莬蘞 爾雅釋艸

⿸疒連 疰⿸疒連惡病也 廣韻

揙 始片切 批也 集韻

韻史 卷六十四第十四部去聲副編幵韻 六三一八

諞 以言惑人 集韻

碥 攻玉石 集韻

萹 鬼萹艸名 集韻

篇 竹也 廣韻 ○ 集韻云萹蓫也 萱按訓蓫之字方言廣雅皆作扁 無煩加竹

甂 或作鍽 瓦器緣也 集韻 ○ 廣韻無瓦

⿱艹戟 艸名 玉篇

帑 學片切 幓頭也 廣雅釋器 ○ 方言四云帑幓頭也 又云自河以北趙魏之閒幓頭或謂之帑 帑帊也 廣韻

⿰言彖 此線切

刋 切也 玉篇

⿰⻊見 仰線切 行不正也 廣韻

想片切
覞 濡墨也集韻
廠 或作廠舍也廣雅釋器
㤗 憐念也玉篇
胖 半體也廣韻
避緣切
䤁 䤁姪汗血廣韻
美緣切
餐 或作飡飡祭也廣雅釋天○集韻云常山謂祭爲餐
蚕 蚕蠋蜓蚰也廣雅釋器蚕蠋蟦螬也同上○集韻引方言云蟦螬自關而東謂之蚕蠋
舉萬切
餋 餟也集韻
撮口許萬切
韏 柔韋也玉篇
甗 甗甑下孔曰甗御覽七百五十八引通俗文

去萬切
棩 櫚青木皮葉可作衣似絹出西域焉耆國廣韻
綣 或作䋭履綫飾集韻○廣韻云綣綣緣韈縫也
淃 水名廣韻
篕 曲竹也集韻
牶 牛鼻桊玉篇
踺 行皃集韻
羽萬切
𥛚 祭祀也廣韻○集韻云祀祠也福也
褑 佩巾衿謂之褑爾雅釋器褑佩紋也爾雅釋器釋文引埤蒼
篗 斷也玉篇
䈬 竹名玉篇

㢾 弓緣也廣韻
𣢼 大呼用力皃廣韻
𩙪 再揚穀又小風也廣韻颰颰小風一曰穀再颺曰颰集韻
許萬切
澴 流皃集韻
瀗 水名廣韻
𨗳 或作䞶走皃廣韻
矎 矎矎目不正集韻
鞙 履韗也玉篇
韗 作鼓工亦韗玉篇
呂萬切
䊝 𥺌餌黏也集韻

孌 從也玉篇
齎萬切
囀 聲轉也集韻○廣韻云囀韻也又鳥吟
處萬切
棰 或作縋腄垂臬望也李誡營造法式二引字林○集韻云棰望縋取正周禮置臬以縣是繞繞也廣韻
𤨚 玉名集韻珍也廣韻
𡠄 勉也後漢馮衍傳注引呂沈○注又云東觀記作譔字此雖作𡠄蓋亦譔刺之意也
𢴤 兔罥集韻
汝萬切
毈 或作𣫕小舂也玉篇集韻
怨萬切
䧸 或作鵷雞也廣雅釋言
栓 概也集韻
醉萬切
晙 早也爾雅釋詁晙亦明也爾雅釋詁注

睃 視也集韻

⿰鼠夋 石鼠也出蜀毛中筆廣韻集韻

寯 才寯也玉篇

馭萬切

⿰夋頁 頭不正也集韻

肒

叙萬切

牪 牛件也玉篇

嫙 好兒廣韻美謂之嫙集韻

⿰扌旋 手挑物集韻

⿰木旋 或作旋鷹大綫所係集韻

⿺走敫

韻史 卷六十四第十四部去聲副編骭韻 六三二三

⿰忄巽 視也玉篇

繏 或作縼 索也廣雅釋器所以懸摕東齊海岱之間謂之繏方言五

潠 或作選俗有噀○噴也一切經音義二十引三蒼又後漢郭憲傳注○注又引蒼埤云潠濆也 水溢曰潠一切經音義五引通俗文

渲 小水廣韻

⿰旬風 風動玉篇

⿰弓夋 弓簫廣韻

⿰革夋

稄 東四謂之筥筥十謂之稄集韻

⿰夋殳 桼也玉篇

韻史 卷六十四第十四部去聲副編骭韻 六三二四

縹萬切

⿰王弁 或作玣 玉飾弁也集韻○廣韻云玣玉名

⿷匚弁 笥也廣雅釋器

⿰弁阝 邑名玉篇

笲 平去用讀注在彼

⿰犭弁 犬爭兒玉篇

⿱艹弁 雀弁艸名集韻○

⿰弁辛 水波也玉篇

襻 帥下系玉篇

甫萬切

⿰忄弁 急性廣韻○集韻云⿸疒弁急也悔也褊狹也

⿸疒弁 惡也廣雅釋詁三○廣韻云⿸疒弁吐⿸疒弁集韻云⿸疒弁心惡病又云⿸疒弁惡癡也 ⿸疒弁悜惡腹也方言十⿸疒弁惡也

韻史 卷六十四第十四部去聲副編骭韻 六三二五

南楚凡人殘罵又謂之⿸疒弁注

眅 惡也廣韻

⿱竹弁 竹作器玉篇○萱按器字集韻作車上蓬三字

⿰米弁 粉也廣韻

⿰虫弁 蟲名廣韻

娩

武眷切

蟃 蟲名螟蛉也廣韻集韻

韻史 卷六十四第十四部去聲副編骭韻 六三二六

韻史卷六十五上　泰興何萱石閭謨集　子度校字

第十五部平聲　上海顧錫麒竹泉覆審

武進李兆洛申耆鑑定

幾韻

齊齒詩

幾竟稀切平上兩讀義分○俗有遊微也殆也說文段注繫辭傳曰幾者動之微凶之先見也又曰顏氏之子其殆庶幾乎廣曰幾神妙也歹部曰殆危也危與微二義相成故兩言之今人分微義為上聲危義為平聲按禮記雖幾借為圻堮之○穀梁莊七年傳中之幾也注又論語里仁事父母幾諫集解引苞注又皇疏又廣雅釋詁四又漢書高帝紀上集注引鄭氏又後漢書陳寵傳注並云幾微也○尒雅釋詁幾裁殆危也注云幾猶殆也幾殆近也史記留侯世家幾敗而公事索隱幾近也尒雅釋詁又易屯虞注又釋文小畜月幾望注吾其七其七集解又詩瞻仰箋又禮記樂記知樂則幾於禮矣注又左氏襄十一年傳國幾亡注襄廿八傳楚不幾十年注略十六年傳幾為之笑服注又國語魯語氏贏幾卒注晉語公子數矣注又論語子路言不可以若是其幾也集解引王注又皇疏幾庶也史記老莊申韓傳則幾矣索隱幾庶

韻史　卷六十五上第十五部平聲幾韻　六三二七

幾也漢書東方朔傳可幾而見也注又淮南要器所以使學者孳孳以自幾也注幾謂從無以適有也管子水地萬物莫不盡其幾注○易屯君子幾疏云九幾微者乃從无向有其事未見乃為幾也又繫辭下傳幾者注云幾者去无入有理而无形不可以名尋不可以形觀者也又文言傳可與幾也疏云幾者去无入有理而未形之時幾者事之先見者也後漢書郅惲傳注幾謂幾微之事易繫辭上傳幾事不密疏○後漢書郅壽傳注云幾者事之微也又光武紀下注云幾者動之微也理初始微曰幾易乾可與幾也釋文○繫辭上傳幾事不密虞注云幾初也適動微之會則曰幾易繫辭上傳惟幾也注○後漢書臧宮傳注云幾會也又左氏定元年傳易幾而哭注云幾哭會也幾萌兆也荀子解蔽危微之幾注幾終也淮南繆稱君子幾注幾盡也莊子齊物論適得而幾矣注三子之知幾乎注又釋文幾連也易屯釋文幾法也小尒雅廣雅幾要也法言先知或問為政有幾注幾危也爾雅釋詁又廣雅釋詁一又詩瞻卬維其幾矣傳又左氏宣十二年傳利人之幾注又國語周語而王幾頓乎注又荀子堯問女以魯國驕人幾矣注又法言重黎如辯人幾矣注淵騫忼辭免置

韻史　卷六十五上第十五部平聲幾韻　六三二八

幾矣哉注幾莫也禮記檀弓上其庶幾乎疏幾謂望也史記晉世家毋幾為君索隱呂不韋傳則子無幾得與長子索隱幾期也詩楚茨如幾如式傳幾豈也孟子告子上其好惡與人相近也者幾希注幾希無幾也孟子離婁下注幾其也易小畜月幾望虞注歸妹月幾望虞注○王氏引之經釋詞云幾其也小畜今本其作近蓋後人所改案虞注曰坎月離日兌西震東日月象對故曰幾望是虞謂月與日相望非但近於望而已幾辭也易屯釋文小畜日與望疏又荀子賦聖人共手時幾將矣注大畜幾為知計哉注○易屯君子幾不如舍疏云幾為語辭不為義也又釋文云幾徐音祈○王氏經傳釋詞云周語曰其無乃廢先王之訓而王幾頓乎幾詞也頓猶廢也言荒服者王先王之訓也今犬戎以其職來王而天子以不享征之是廢先王之訓而荒服來王之禮將從此廢矣故下文遂云自是荒服者不至也韋注訓幾為危殆為敗則是以王為穆王矣下文穆王得狼鹿以歸未審危敗也韋說失之幾謂漆飾沂鄂也禮記郊特牲車不雕幾注萱按此段幾為圻也○莊子天道幾乎從言司馬本幾作頎萱按幾之作頎與圻之作幾其段借之理同也

韻史　卷六十五上第十五部平聲幾韻　六三二九

機主發謂之機說文段注滕下下云機持經者機持緯者則機謂織具也機之用主於發故凡主發者皆謂之機桀括之辭機主發動易繫辭上傳君子之樞機翟弇注○禮記大學其機如此注云機發動所由也又管子七發存乎明於機數而機數無敵注云機者發內而動外為近而成遠不疾而速不行而至見其為之不知其所以為機發也漢書鼂錯傳集注引孟康又淮南原道則內有以動於天幾注微具今錯微機而在注機樞機也文選會賴遠思友人詩清機發妙理注○國語周語耳目心之樞機也注云樞機發動也震動故曰機也易繫辭上傳荀注○素問離合真邪論知機道者不可挂以髮注云機者動之微機謂關機禮記大學疏○書曉出孔序撮其機疏云機者機關又晚出太甲上疏云機是轉關故為弩牙又淮南原道其用之也若發機注云機弩機關言其疾也機弩牙也易屯君子幾釋文引鄭注繫辭傳樞機之發釋文引王肅注又禮記緇衣若虞機張注又莊子齊物論其發若機括釋文○胠篋夫弓弩畢弋機變之知釋文引李注云弩牙曰機機臂弩身也楚辭哀時命外迫脅於機臂兮注機所以主弩之放發鬼谷子飛箝料氣勢為之樞機以迎之隨之注○釋名釋兵云弩舍格之口曰機言如機

韻史　卷六十五上第十五部平聲幾韻　六三三〇

之巧也亦言如門戶之樞機開闔有節也機捕獸機檻也後漢書趙壹傳注機雲梯之屬也國策宋策公輸般為楚設機注轉運者為機書堯典在璇璣玉衡鄭注。馬注云機渾天儀可轉旋故曰機機天文也洪範五行傳六事之機以縣示我注機衡也後漢書李固傳注。鄧悍傳注云機衡北斗也。又郎顗傳注云北斗魁星第三為機機柴也廣雅釋宮機輿戶之牀也禮記曾子問遂輿機而往注。疏云機者以木為之狀如牀無腳及輈蓋也俠髖為機素問骨空論機要也周書大武此七者伐之機也注又國策秦策懸者存亡之機注齊東而戰勝存亡之機決矣注又淮南氾論此皆達於治亂之機注機理也淮南主術治亂之機注機危也大戴記本命機其文之變也注又淮南原道處高而不機注機諭疾也淮南精神名實不入機發於踵注機巧也列子仲尼大夫不聞齊魯之多機乎注機械巧詐也淮南原道故機械之心藏於胸中注機謂機心也文選頭陀寺碑文導亡權機之權注機者章有之始列子天瑞皆出於機注天機自然也文選文賦注引莊子司馬注。瑩按漢書王嘉傳一日二日萬機段機為幾也然亦可兩

韻史　卷六十五上第十五部平聲幾韻　六三三一

通

穖

禾穖也說文段注九穀攷曰禾采成實離離若聚珠相聯貫者謂之穖與珠璣之璣同意呂氏春秋得時之禾疏穖而穗大得時之稻長桐疏穖高注云穖禾穗果蠃是也玉裁謂穖貴疏者禾穗紮密每顆皆綴而後能疏也穖疏而穗乃大

璣

珠不圓者說文。瑩按史記李斯傳傳璣之珥索隱又漢書地理志上厥篚玄纁璣組注東方朔傳垂珠璣注江都易王非傳亦遺建荃葛珠璣注又後漢書安帝紀注賈誼傳注又呂覽重己而愛己之一蒼璧小璣注雖與說文義略同璣小珠也書禹貢璣組釋文引字書又一切經音義九引字林又文選長楊賦戲珧瑁而疏珠璣注。周書王會請令以珠璣玳瑁象齒文犀翠羽菌鶴短狗為獻注云璣似珠而小丹璣珠屬也文選吳都賦賴丹明璣劉注。書禹貢毗出傳云璣珠類璣為轉運書堯典在璿璣玉衡疏又書鈔儀飾部一引書大傳。御覽引說宵書注云璣轉也璣衡王者正天文之器可運轉者書堯典在璿璣玉衡晚出傳璇璣斗魁也太乍乍攤正玉衡之平注廉隅為璣楚辭謬諫貫魚眼與珠璣注璣者幾也微也御覽時序部十

韻史　卷六十五上第十五部平聲幾韻　六三三二

四引書大傳。瑩按幾訓微故幾聲之字亦有微義又文選宋文皇帝元皇后哀策文仰陟天機段璣為機也

僟

精謹也明堂月令數將僟終說文段注僟謹雙聲凜凜然幾之意也月令季冬之月日窮于次月窮于紀星回于天數將幾終歲且更始鄭高皆訓幾為近許所據作僟

[月幾]

有。俗頰肉也說文段注東方朔傳曰樹頰胲師古曰胲頰肉音攷按集韻十五海曰頰下曰頦或作胲廣韻十五海曰頤頰頰也頰為頰肉與[月幾]異部而同義或作頊或段借胲字。瑩按己聲亦與幾聲異部[月幾]頊以雙聲同字

[走幾]

走也說文

譏

誹也說文段注譏誹疊韻譏之言微也以微言相摩切也引伸為關市譏而不征之譏譏非也楚辭大招誅譏罷只注。史記游俠傳二者交譏正義云譏非言也譏譴也廣雅釋言。公羊傳隱二年注云譏猶譴也譏問也廣雅釋詁二譏呵察也家語王言關譏市鄽皆不收賦注又禮記王制關執禁以譏注。疏云譏謂呵察譏譏異服譏異言禮記王制注譏諫也廣雅釋詁四又楚辭天問殷有感婦何所譏注譏怨

韻史　卷六十五上第十五部平聲幾韻　六三三三

也廣雅釋言幾謂察也史記李斯傳去其幾也正義有謂又管子版法幾行義勝之注小匡使關市幾而不正注五輔幾而不征注問上必幾之注。禮記玉藻御瞽幾聲之上下注云幾猶察也。瑩按幾者譏之省借字幾呵察也荀子王制注。又云禮記作譏幾謂呵禁周禮大司徒六曰去幾疏。宮正幾其出入注云幾呵其衣服持操及疏數者幾幾異服識異言國語齊語注

嘰

小食也說文段注大人賦曰嘰瓊華按口部有旣字云小食也嘰與旣音義皆同而各字玉藻進禨少儀注曰已沐飲曰禨皆當作此嘰。史記司馬相如傳嘰瓊文華集解引徐廣云嘰小食也嘰食也漢書司馬相如傳下集注引張揖又酉陽雜俎酒食引廣雅嘰唬也淮南繆稱紂為象箸而箕子嘰注。瑩按此段嘰為唏也禨謂酒也禮記玉藻進禨進羞疏。少儀禨者注云已沐飲酒曰禨。瑩按此段禨為嘰

饑

穀不熟為饑說文。爾雅釋天又漢書元帝紀敕民饑饉注又呂覽制樂歲害則民饑注又淮南天文天下大飢注竝云穀不熟為饑。瑩按惟淮南字作飢或係轉寫之誤。詩雨無正降喪饑饉傳又國語晉語晉饑注又呂覽明理流散

韻史　卷六十五上第十五部平聲幾韻　六三三四

酒饑無日矣注又國策西周策秦饑而宛亡注雖云穀不熟曰饑臺按惟國策字作飢○爾雅釋天李注云穀不成熟曰饑又曰

釋文引字林云饑穀不熟乏穀爲饑論語先進因之以饑饉皇疏五穀不收謂之饑墨子七患

○穀梁襄廿四年傳又韓外傳八並云二穀不升謂之饑又廣雅釋天又後漢書光武紀上注並云二穀不升曰饑饑饉

倉庾不盈也詩楚茨序饑饉降喪箋○淮南說山宮一月饑注云饑食不足有死傷曰大饑無

死傷曰饑公羊襄廿四年經大饑注

○俗有飥餓也說文段注與饑分別蓋今古訓諸書通用者多有轉寫錯亂者亦有之○尒雅釋天釋文引字林云飢餓

飢

也飢者不足於食也詩衡門可以樂飢箋飢詞也廣雅釋詁四○

肌

肉也說文又廣雅釋器肌懽也膚幕堅懽也釋名釋形體肌膚血氣之情也

春秋繁露度制

刉

錄作刉○平去四讀義分劃傷也一曰斷也一曰刀不利於瓦石上刉之說文

段注雖刀盡曰劃周禮士師職九刉珥小子職作珥祈祈或為刉肆師職作祈珥祈或作幾按鄭讀珥皆衈云作刉衈為正字刉衈者釁禮之事用牲毛者曰刉羽者曰衈小子衈於社稷刉於五祀謂始成其宮兆時也禮記雍人舉羊升屋中屋南面刲羊血流於前門夾室皆用雞其衈皆于屋下割雞門當門夾室中是刉衈之事也許云劃傷者正謂此禮不主於殺之但得其血塗祭而已斷也別一義於瓦石上刉之又別一義刉與厲不同厲者厲於厲石刉者一切用瓦石硬之而已與槩杌對音異略同○周禮犬人云九刉珥沈辜士師云九刉珥則奉大牲又小子注云羽毛牲曰刉羽牲曰衈刉劃也刉斷也周禮小子釋文引字書刉刺也廣雅釋詁一○山海經中山經其祠毛用一雄雞一牝豚刉注云刉亦割刺之名刉猶刲也山海經中山經尸水祠之刉一牝羊注禨衈者釁禮之事周禮肆師注○臺按禨亦訓祭故段為刉

禾

禾木之曲頭止不能上也說文段注此字古少用者玉篇曰亦作𥝌非是𥝌在一部

稽

稽畱止也說文段注今應書引畱止曰稽高注戰國策曰畱其日稽畱其日也凡稽畱則有畱憤求詳之意故為稽考為

會諸侯於會稽稽計也稽攷則求其同異故說尚書稽古為同天如稽同也如流求也之例○一切經音義九引字林云稽

畱也後漢書馬援傳注班彪傳上注又管子君臣是以止也稽畱也令出而不稽注○周禮地官序官胥師司稽注云

司稽察畱連不時去者稽停畱也管子水地秦之水泔冣而稽注○史記平準書索隱引韋昭云稽畱停也又云

稽者停畱也又後漢書彭寵傳注云稽停也又段熲傳稽固熲單注云稽固猶停畱也稽止也後漢書杜篤傳注

稽貯滯也漢書食貨志下以稽市物注引李奇稽凝也史記樗里子甘茂傳正義引顏師古稽礙也

漢書公孫弘傳集注稽當也廣雅釋詁三○史記三王世家云稽者當也稽至也莊子逍遙遊大浸稽天而

不溺釋文引司馬注自知曰稽管子白心稽問也廣雅釋詁二稽猶叩也太玄攡稽其門注

稽考也易繫辭下傳於稽其類注又虞注又侯注又釋文又周禮醫師歲終則稽其醫事釋文鄉師稽其鄉器疏又大

戴記文王官人多稽而儉兒注又廣雅釋言又小尒雅廣言又史記樂書稽之度數正義平準書以稽市物集解引如淳樗里

子甘茂傳滑稽多智正義又荀子非相後世言惡則必稽焉注儒效是大儒之稽也注解蔽以贊稽之萬物可兼知也注參稽

治亂而通其度注又家語三恕奇偉不稽注○禮記樂記疏云稽之言考也稽猶考也治也周禮質人掌稽

市之書契注○小司徒注云稽猶考也稽猶考也議也禮記緇衣必稽其所敝注稽計也周禮內宰

稽其功事疏縣師及其六畜車輦之稽疏遂人以歲時稽其民疏又史記樗里子甘茂傳正義又漢書賈誼傳集注引應劭司

馬遷傳集注稽計也考也荀子王制兼聽而時稽之注○漢書藝文志集注云稽考也計也稽猶計也

合也周禮小宰二曰聽師田以簡稽司裘注○大司馬簡稽鄉民注云稽猶計也又水經河水注云為合諸侯大計東治

之山因名會稽又漸江水注云會稽者會計也又云會稽之山古防山也亦謂之為茅山又曰棟山又山海經南山經云會稽

之山四方稽合也廣雅釋詁二○禮記儒行古人與稽注云稽猶合也稽同也書堯典鄭注又詩鳥疏引尚

書緯又廣雅釋詁四又老子亦稽式王注稽棨戟也國語吳語擁鐸拱稽注云稽唐尚書云棨戟也鄭後司農

以為計兵名籍也至地曰稽顙下衝曰稽首荀子大略○臺按此段稽為顙也顙見上聲韻者啓

顙首顙顙皆稽遲之意故用稽也禮記射義釋文云稽徐李作顙○又按書洪範七稽疑說文卜部作𠧟疑則稽又為𠧟之段

借字

枅 桷或作 **屋欂櫨也** 說文段注按有枅有曲枅枅者簷頭薦云柱上方木也曲枅者廣雅云曲枅謂之欒薛綜西京賦注云欒柱上曲木兩頭受櫨者釋名欒攣也其體上曲攣拳然也然則曲枅謂之欒欒以承欂櫨故名靈光殿賦曰層櫨磥垝以岌峩曲枅要紹而環句二者並言景福殿賦亦櫨欒對舉魏都亦云欒櫨疊施皆可證曲枅與枅為二事〇誰南精神素邇不枅注云不枅者不施欂櫨主衡云短者以為朱儒枅櫨 又 **欂謂之枅** 廣雅釋室〇一切經音義十四引三蒼云柱上方木曰枅一名楮山東江南皆曰枅自陝以西曰楮

机 檢稀切 或作棲〇平上兩讀注在彼

伊 隱稀切 **㕈** 古文 **殷聖人阿衡也尹治天下者** 說文段注殷聖人之上當有伊尹二字傳寫脫之阿衡見商頌毛傳曰阿衡伊尹也箋云阿倚衡平也伊尹湯所依倚而取平故以為官名伊與阿尹與衡皆雙聲然則一語之轉也許云伊尹殷聖人名摯皆所傳聞異辭耳禮記所偁古文尚書咸言尹躬則尹實其名尹治猶言治平此說从人尹之意也釋詁

韻史 卷六十五上第十五部平聲幾韻

六三三九

毛傳皆曰伊維也為發語辭詩雄雉蒹葭東山白駒正月之伊字鄭箋云當為緊緊猶是也〇水經伊水注云昔有莘氏女采桑于伊川得嬰兒于空桑中長而有賢德獻以為尹曰伊尹也 **伊維也** 爾雅釋詁又詩何彼穠矣維絲伊緡傳維維自詒伊阻傳蒹葭所謂伊人傳又文選典引伊考自遠古蔡注又後漢書班彪傳下注〇王氏經傳釋詞云伊維也常語也字或作緊襄十四年左傳曰王室之不壞伊伯舅是賴正義曰王室之不傾壞者唯伯舅是賴也唯與維同又隱元年曰爾有世遺緊我獨無言維我獨無也 **伊惟也** 儀禮士冠禮嘉薦伊脯注又漢書地理志下集注董仲舒傳集注又後漢書班彪傳下注傳穀傳注又楚辭悼亂伊余兮念哉注又文選西京賦直伊不虞思于天衛辭注數逝賦伊天地之運流注 **伊是也** 漢書禮樂志集注楊雄傳上集注〇大乎廓伊德攸興注云伊猶是也〇經傳釋詞云詩雄雉自詒伊阻蒹葭所謂伊人東山伊可懷也正月伊誰云憎鄭箋並曰伊當作緊緊是也其作緊者周語云緊多寵晉語緊起死人而肉白骨也韋注並曰緊是也傳五年左傳惟德緊物釋文與韋注同宣三年左傳自詒伊感詩雄雉正義引作自詒緊感緊亦是也 **伊有也** 王氏經傳釋詞云伊有也詩頍弁豈伊異人箋曰豈有異人疏遠者乎是也又我將伊嘏文王伊有也發語詞也嘏大也大哉

韻史 卷六十五上第十五部平聲幾韻

六三四〇

文王數美之也伊綴文王有王上帝文義相類 **伊辭也** 詩都人士匪伊垂之箋 **伊發語辭** 爾雅釋詁注 **伊侯也** 爾雅釋詁 **伊因也** 詩溱洧伊其相謔箋 **伊推也** 周書大匡展盡不伊注 **伊優屈曲佞媚之皃** 後漢書趙壹傳注 **伊鬱不通** 文選洞簫賦憤伊鬱而酷融注 **伊鬱煩熱皃** 文選景福殿賦感乎溶著之伊鬱注 **伊水名也** 文選沈休文應詔樂遊苑餞丹氏伊水湄注 **伊耆古天子號也** 禮記郊特牲伊耆氏始為蜡注又釋文〇周禮秋官序官伊耆氏注云伊耆古王者號今姓有伊耆氏〇後漢書楚王英傳注云伊蒲塞即優婆塞也中華訓為近住言受戒行堪近僧住也 **伊威委黍也** 疊按此段伊為為蛜也 俗作蛜

蛜 〇俗有蛜 **蛜威** 逗 **委黍** 句 **委黍** 逗 **鼠婦也** 說文段注蛜威疊韻字豳風伊威在室毛傳曰伊威委黍也釋蟲同按釋蟲以蟠鼠婦與伊威委黍畫為二條不言一物蛜威即今之地蟞蟲與鼠婦異物本艸經曰鼠婦一名蛜蝛以其形相似似耳本艸經以鼠婦與塵蟲為二條分下品中品實則塵即鼠婦蓋一物而形有異同今難細別耳許書之塵

韻史 卷六十五上第十五部平聲幾韻

六三四一

謂蛜蝛非鼠婦太平御覽乃引說文曰蟠蝛鼠婦也休他書增一字不可據〇尒雅釋蟲舍人注云蛜威名委黍又釋文云蛜今作伊又陸璣詩疏云伊威一名委黍委黍一名鼠婦

㐆 **歸也从反身** 說文段注㐆歸也疊韻為訓从反身如反人為匕反从為比

衣 平去兩讀義分 **依也上曰衣下曰常象覆二人之形** 說文段注依者倚也衣者人所倚以蔽體著也常下帬也何以云覆二人也云覆二人則貴賤皆覆上下有服而覆同也〇詩絲衣傳東方未明傳又後漢書皇后紀注又離騷集芙蓉以為裳注逢紛衣納納而掩露注又文選魯靈光殿賦衣裳有殊張注並云上曰衣又呂覽仲秋具飾衣裳注云上曰衣下曰裳又釋名釋衣服云凡服上曰衣衣依也人所依以芘寒暑也 **衣上也** 法言修身惜乎衣未成而轉為裳也注 **衣猶覆蓋** 列子天瑞則為鼃蠙之衣注 **衣所以藏形** 風俗通慇禮〇詩畧辜諱謙我衣萋云衣謂襍以下至褖衣又淮南齊俗注云衣衣褕也又尒雅釋水以衣涉水為厲注云衣謂褌〇儀禮聘禮主人長衣練冠以受注云長衣素純布衣也又士喪禮浴衣于篋注云浴衣已浴所衣之衣以布為之其制如今通裁又喪服記云衣二尺

韻史 卷六十五上第十五部平聲幾韻

六三四二

有二寸又釋名釋車云衣車前戶所以載衣服之車也衣即身也儀禮喪服記注明與身參齊疏衣衛體寒論衡譏日衣服所以表貴賤也管子君臣注之以衣服注○左氏閔二年傳云衣身之章也又漢書五行志中之上衣身之章也注云衣所以明貴賤衣謂褱也禮記曲禮上摳衣趨隅疏○詩素冠疏兩手摳隅見素衣兮箋云素衣者謂衣褻衣也衣隱也廣雅釋器又白虎通衣裳衣是陽從奇數周禮司服注九章疏乾為衣易訟或錫之鞶帶虞注歸妹其君之袂虞注既濟繻有衣袽虞注繫辭下傳厚衣之以薪虞注說卦傳釋文引荀爽集解○繫辭下傳垂衣裳而天下治虞注云乾在上為衣又九家注云取象乾居上覆物衣著也按董此義今讀去聲古音則不分也注在彼

依

依倚也說文又詩邶依我磬聲傳又論語述而依於仁集解又皇疏又國語晉語未有所依注依謂依倚也禮記學記不學博依疏依恃也廣雅釋詁三依保也楚辭怨世余生終而無所依注依助也漢書禮樂志集注依稱也管子修靡副國有依馴之祿注依準也後漢書竇憲傳注依祿也方言十三

依尾也大戴記夏小正六月初昏斗柄正在上傳依之言愛也詩載芟有依其士箋依依思戀之皃文選寡婦賦猶依依以憑附注蘇子卿古詩思心常依依注○後漢書章帝紀注云依依思慕之意依依盛皃文選注引韓詩章句依韋諧和不相乖離也漢書禮樂志依韋饗昭注依違不決之意也漢書律歷志上依違以惟注○韋玄成傳依違者一年注云依違者不決也又劉歆傳猶依違謙讓注云依違言不專決也依違猶徘徊也文選七啟依違屬響注博依廣譬喻也禮記學記不學博依注依茂木皃詩車舝依彼平林傳依纏絡也儀禮既夕記設依撻焉注云依纏絃也撻附側矢道也皆以韋為之戶牖之閒謂之依荀子正論居則設張容負依而坐注○莖按此段依為扆也三禮釋文竝云依本作扆

⿰女衣

女字也說文段注十四等中皃依依蓋可用此字

⿰阝衣

酒泉天⿰阝衣阪也說文段注地理志酒泉郡天⿰阝衣縣師古曰此地有天⿰阝衣阪故以名

嫛

嫛婗也說文段注此三字句嫛婗合二字為名不容分裂釋名人始生曰嬰兒或曰嫛婗嫛是也言是人也婗其啼聲也禮記曰中路嬰兒失其母焉注嬰猶鷖彌也按鷖彌猶嫛婗語同而字異耳

醫

醫或作毉治病工也从殹从酉殹惡姿也醫之性然得酒而使故从酉王育說一曰殹病聲酒所以治病也周禮有醫酒古者巫彭初作醫說文段注周禮有醫師食醫疾醫瘍醫獸醫殹惡云云此說从殹之故殳部曰殹擊中聲也初不訓惡姿而广部瘱劇聲也劇聲謂瘱極之聲此从殹者瘱之省也醫之云云此說从酉之故以醫者多愛酒也以上王說也一曰云云前說殹酉各義後說合酉殹一義周禮云云酒人辨四飲之物二曰醫醫非酒也而謂之酒者醫亦酒類也言此者此亦醫字从酉之一說醫本酒名也內則作醷古者云云此出世本巫彭始作治病工○周禮酒正二曰醫注云醫內則所謂或以酏為醴凡醴濁釀酏為之則少清矣醫之字從醫從酉醫巫也廣雅釋詁四醫之為言意也後漢書方術郭玉傳醫乳醫也國語越語將免者以告公令醫守之注醫無閭在遼東周禮職方氏其山鎮曰醫

無閭注○莖按爾雅釋地李本作毉無閭楚辭遠遊作於微閭於毉微無皆一聲之轉

黳

小黑子說文段注師古漢書注曰黑子今中國通呼為黶子吳楚謂之誌誌記也按黶黳雙聲黳黑也廣雅釋器

⿱殹土

⿱殹土塵埃也說文段注埃當从玉篇作堅堅之言翳也⿱殹土塵也廣雅釋詁三

繄

繄戟衣也一曰赤黑色繒說文段注所以韜戟者猶弓矢器曰医也段借為語詞王室之不壞繄伯舅是賴氏不易物惟德繄物毛詩伊可懷也箋云伊當作繄繄猶是也亦當依玉篇作青巾車王后安車彫面鷖總注曰鷖讀為鳧鷖之鷖鷖總者青黑色以繒為之鄭司農說也繄蒙也左氏襄十四年傳繄伯父是賴服注繄至也廣雅釋詁一繄是也詩雄雉釋文又左傳僖五年釋文又國語周語注吳語注又漢書敘傳下集注○詩雄雉箋蔭箋東山箋白駒箋又後漢書應劭傳注竝云繄猶是也繄發聲也左氏僖五年傳惟德繄物服注襄十四年傳繄伯父是賴注○王尚書引之云宣二年左傳曰我之懷矣自詒伊慼詩雄雉正義引作自詒繄慼繄亦是也繄語助

左隱元年傳繄我獨無注。王引書云繄我獨無言繄我獨無也

鷖

鳧屬也詩曰鳧鷖在梁說文段注大雅鳧鷖傳曰鳧水鳥也鷖鳧屬也按此謂鳧屬非謂舒鳧屬也周禮王后之五路安車彫面鷖總故書鷖或為繄鄭司農云繄讀為鳧鷖之鷖鷖總者青黑色以繒為之接於此知此鳥青黑也陸璣引倉頡解詁曰鷖鷗也一名水鴞許云鷗水鴞而不云鷖鷗也則許不謂一物也鳧屬者似鳧而別異釋鳥之鷗況鳧于在梁書作在涇。後漢書馬融傳鷖鷖鷗鷖注云鷖鳧屬。螢按詩九罭鸞毆繄為鷖見釋文鷖鷖鷗也以名自呼大如雞生卵於荷葉上後漢書張衡傳上注引周處風土記鷖鳳凰別名也離騷駟玉虬以乘鷖兮注。後漢書張衡傳注云九疑山有五采之鳥名曰鷖

稀 向衣切

稀疏也說文段注云部曰疏通也稀與概為反對之辭所謂立苗欲疏也引伸為凡疏之偁。廣雅釋詁三云稀疏也希疏也論語先進鼓瑟希皇疏又老子釋文。螢按此段希為稀也柳稀希本同字而說文不備載與

莃

莃兔葵也說文又尒雅釋艸

韻史 卷六十五上第十五部平聲幾韻 六三四七

晞

乾也說文段注毕鹿書引作日乾曰晞小雅湛湛露斯匪陽不晞傳曰陽日也晞乾也陽日也者謂陽即暘之段借也言曬晞暴也暴五穀之類秦晉之間謂之曬東齊北燕海岱之郊謂之晞。詩蒹葭白露未晞傳湛露傳又禮記玉藻髮晞用象櫛注又左氏文四年傳於是乎賦湛露注又廣雅釋詁二又一切經音義十八引字林又淮南說山上食晞堁注又楚辭少司命晞女髮兮陽之阿注又文選思玄賦晞余髮于朝陽注琴賦旦晞幹於九陽注又後漢書張衡傳注並云晞乾也晞燥也方言十三晞乾燥也禮記祭義疏玉晞消也楚辭涉世漢兮未晞注晞明之始升也。詩東方未明東方未晞傳疏云晞是日之光氣

晞

望也海岱之間謂眄曰晞說文段注西都賦曰晞秦嶺古多段希為晞如公孫弘傳希世用事晉虞溥傳希顏之徒是也。廣雅釋詁一又後漢書班彪傳上注又淮南氾論引而伸之可直而晞注並云晞望也。方言二云晞眄也東齊青徐之間曰晞晞視也廣雅釋詁一

欷

歔也說文。漢書中山靖王勝傳悲者不可為累欷注云欷歔也欷歔泣餘聲也文選閒居賦注引蒼

韻史 卷六十五上第十五部平聲幾韻 六三四八

頡唏歔聲史記十二諸侯年表樹為象箸而箕子唏索隱。後漢書劉盆子傳注云唏與欷同。螢按說文唏笑也一曰哀痛不泣曰唏後義甚與欷同惟二字音分平上耳或作喣康瓠。俗有吚訶欣欲啟胅唸吚也說文段注釋訓殿屎呻也毛傳殿屎呻吟也陸氏詩尒雅音義皆云殿屎說文作唸吚吚內悲也五百家韓詩注四引字林

吚

氐 典稀切

至也本也說文段注氐之言柢也凡言大氐猶大都也氐為本故柢以會意國語曰天根見而水涸韋曰天根亢氐之閒許書無低字謂氐為高低字也。史記律書云氐者言萬物皆至也又荀子宥坐綸周之氐注云氐本也說文日部昏下說解氐柢也廣雅釋言。尒雅釋天云天根氐也氐房東方之宿後漢書蘇竟傳注氐首猶俯首也漢書食貨志下封君皆氐首仰給焉注氐惆猶懊懷也方言十江鄉之閒頓愍或謂之氐惆南楚飲毒藥懣謂之氐惆然悉憒憒毒而不發謂之氐惆注之氐羌夷狄國在西方者也詩殷武自彼氐羌箋。釋文云氐西方夷狄國又周書王曾氐羌以鸞鳥注云氐羌地羌不同故謂之氐羌今謂之

韻史 卷六十五上第十五部平聲幾韻 六三四九

羌矣又後漢書杜篤傳注云氐僰邛莋並西南夷號又竇憲傳注云小月氐西胡國名氐亦羊種史記匈奴傳西接氐羌索隱引蔡文。螢按此謂氐為低之省借字氐歸也氐猶略也大氐猶言大凡也螢按此皆段氐為柢也

奃

大也說文段注謂根柢之大此

衹

衹裯逗短衣也說文段注方言曰汗襦江淮南楚之間謂之自關而西或謂之衹裯自關而東謂之甲襦陳魏梁宋楚之間謂之襜襦或謂之襌襦後漢羊續傳其資藏惟有布衾敝衹裯鹽麥數斛衹裯襜褕也廣雅釋器

紙

紙滓也說文段注滓者澱也因以為凡物滓滓之偁

羝

牡羊也說文又詩生民取羝以軷傳又漢書郊祀志上其牲用騂駒黃牛羝羊注蘇武傳使牧羝注江都易王非傳注又一切經義十四引三蒼。廣雅釋獸羊屬云吳羊牡一歲曰牡挑三歲曰羝羝羖羊也易大壯羝羊觸藩釋文引張注。疏云羝羊也。螢按羖殷正借字夏羊牡曰羖羝雄也廣雅釋獸。一切經音義八引字林云一羝牂羊

韻史 卷六十五上第十五部平聲幾韻 六三五〇

韻史　卷六十五上第十五部平聲幾韻

也○堂按呂義始誤矣說文非牝羊也安得以牂釋羝字今李說之非下亦有作牡羊者要是字譌周頭燁羝燁

羝者羊也周書王會氐亦羊稱史記匈奴傳西接氐羌索隱引纂文○堂按此謂羝與氐為正借字

跳梯切

梯木階也說文段注孟子父母使舜完廩捐階趙曰階梯也階以木為之使登高梯階也廣雅釋室又國語越語以亂注○文選應璩詩注引國語賈注云梯猶階也梯者構木瞰高也史記孟子荀卿傳注為雲梯之械索隱梯謂憑也山海經海內北經西王母梯几而戴勝杖注丹梯丹墀也文選謝靈運擬鄴中集阮瑀詩躧步陵丹梯注○堂按夏小正柳稊稊乃釋之借字也柳稊之俗體為稊與梯形近而譌與

掌梯切

祇敬也說文又爾雅釋詁又一切經音義廿一引字林又詩長發上帝是祇箋又周禮大司樂中和祇庸孝友注又禮記內則祇事宗子宗婦注祇見孺子注孔子閒居上帝是祇注又左氏傳三十三年傳子不祇注宣十二年傳庸庸祇祇注又國語周語王其祇祓監農不易注又史記孔子世家余祇回留之索隱又孟子萬章上祇載見瞽瞍注又離騷又何芳之能祇注又文選羽獵賦乃祇莊雍穆之徒注幽通賦乃二雅之所祇曹注○段大令曰古音凡氏聲在第十五部凡氐聲字在第十六部

六三五一

韻史　卷六十五上第十五部平聲幾韻

廣韻祇入五支祇入六脂所由分也經典釋文於商頌上帝是祇諸時反則又闌入七之於孔子閒居諸夷反則固不誤此等學者所當審定壹一也○堂按訓大者祇為正字訓適訓是及語辭皆祇為正字訓病者疧為正字訓定者禔為正字皆在十六部其互借通用亦皆在十六部與此部氐聲之字不相涉淺人或多牽溷有識者貴求其是○書金縢罔不祇畏貴譬祇復之史記魯周公世家作罔不敬畏敬復之堂按此用訓釋字代正字也又皐陶謨日嚴祇敬六德夏本紀作日嚴振敬六德無逸治民祇懼魯世家作治民震懼然則振祇亦訓振訓震矣內則祇見孺子注云祇或作振

祇祇敬也廣雅釋訓又漢書廣陵厲王胥傳集注○禮記月令祇敬必飭注云祇亦敬也又書皐陶謨日嚴祇敬六德疏云祇亦為敬

胝

腄也說文段注漢書船奏無胝史記作船胝無胝徐廣曰胝腄也李善引郭璞三蒼解詁曰胝躪也○堂按今本文選難蜀父老注胝躪也躪乃繭之譌

胝繭也漢書貢禹傳集注

胝皮厚也荀子子道手足胼胝以養其親注

脂

戴角者脂無角者膏說文段注大戴易本命曰戴角者無上齒謂牛無上齒齫而不嗤也無角者膏而無前齒謂豕屬也無前齒者齒盛於後不用前有羽者脂而無後齒羽當為脂謂羊屬也齒盛於前不任後考工記鄭注曰脂者

六三五二

韻史　卷六十五上第十五部平聲幾韻

牛羊屬膏者豕屬內則注曰肥凝者為脂釋者為膏按上文膏豕之人則脂豕之禽比人物之辨也有角無角者各異其名此物中之辨也釋膏以脂亦曰膏周禮香臊腥羶皆曰膏此皆統言不別也○一切經音義十六引三蒼云有角曰脂又家語執轡有角無齒者脂注云脂羊屬

脂膏也國語越語句踐載稻與脂於舟以行注

膏凝曰脂爾雅釋器冰脂也孫注○大戴記易本命注云釋者為脂○堂按凝釋異訓實則同

脂肪也一切經音義二十引廣蒼

脂砥也著面柔滑如砥石也釋名釋首飾

脂美也謂榮祿也太乍重出泥出脂注柔

鴲

鶌鶌脂爾雅釋鳥

瞑鶌也說文段注廣韻曰小青雀也按廣韻蓋謂即鶌脂

鮨

魚胳醬也出蜀中一曰鮪魚名說文段注醬字衍胳者豕由醬也引申為魚肉醬則偁魚胳可矣公食大夫禮牛鮨注曰內則鮨為膾然則膾用鮨謂此經之醢牛鮨即內則之醢牛膾也聶而切之為膾更細切之則成醬為鮨矣鮨者膾之最細者也牛得名鮨猶魚得名鮨也鄭曰今文鮨作鰭是段借字說文有鮨無鰭魚鰭猶蜀中有之鮪魚名

六三五三

韻史　卷六十五上第十五部平聲幾韻

當作鮨魚也三字一句謂有魚名鮨也○爾雅釋器舊注云蜀人取魚以為鮨

鮨鮓屬也爾雅釋器魚謂之鮨注

鮨鬐也廣雅釋器○俗有

榰

榰柱氐也古用木今以石易曰榰恒凶說文段注氐各本作砥誤今正日部曰昏下也氐者下也广部曰底一曰下也氐底古今字玄應書引作下知本作柱氐矣今之磉子也釋言曰榰柱也郎榰柱之譌礎在柱下而柱可立因引伸為凡支柱塞之偁柱氐之用石久矣而書大傳曰天子賁庸諸侯疏杼大夫士有石材庶人有石承鄭曰石材柱下質也石承當柱下而已不出外為飾也廣雅礎碣磌礩也碣柱下見兩京景福殿二賦字作碣磌見西都賦字作磌礎見淮南書許注曰楚人謂柱碣為礎此云按礎者質也礩者也磌者如人之首也頊者填也皆謂石古用木湖其始言之引易者恆上六文辭釋文曰振恆張璠作震今易皆同張耆聲辰聲合韻最近許偁孟易也

榰柱也爾雅釋言○堂按俗本爾雅榰柱皆誤从手注云相榰柱郭亦俗也此依邢氏正義从木

寵稀切

絺

○俗有絡細葛也說文段注葛者絺綌艸也其績緝之一如麻枲其所成之布細者曰絺粗者曰綌盎艸有不同如今

六三五四

之葛布有黃帅葛其粗者也。儀禮大射儀冪用錫若絺注又論語鄉黨袗絺綌釋文又漢書高帝紀下賈人毋得衣錦繡綺穀絺紵罽注又呂覽孟夏天子始絺注又淮南原道于越生葛絺注又禮記曲禮上中以絺疏並云絺細葛也又喪大記浴用絺巾注。儀禮士喪禮冪用絺布注云絺布葛屬

絺綌葛也禮記曲禮下袗絺綌不入公門疏又論語鄉黨集解引孔注

絺細葛練也論語鄉黨皇疏

葛之精者曰絺小尒雅廣服又漢書地理志上貢鹽絺注又詩君子偕老傳絺之靡者為縐疏又國語越語冬則資絺注又淮南主術絺綌綌繡注並云精曰絺麤曰綌又詩葛覃為絺為綌傳云精曰絺又穆天子傳五絺紵三十器注云絺葛精者

絺綌紵者當暑之褻衣也禮記喪大記絺綌紵不入注

絺為繡文詩大車毳衣績而裳繡疏。堂按此段絺為黹也詩采菽箋謂絺衣也釋文云絺本作黹又書皆誤慕絺繡鄭注云絺讀為黹又三禮圖一引書鄭注云絺讀為紩按讀紩猶讀黹也。又按後鄭謂書之絺繡為黹之段借而絺為黹黹之通用字也然則說文雖無希其義則黹絺足以勹之矣

絺刺也書皋陶謨釋文引鄭注。堂按刺亦黹之正釋也鄭又云黹紩也紩以為繡也

韻史 卷六十五上第十五部平聲幾韻

六三五五

郗周邑也在河內說文段注左傳隱十一年王與鄭人蘇忿生之田溫原絺樊隰郕欑茅向盟州陘隤懷杜曰絺在野王縣西南按郗者本字絺者古文段借字也前志河內郡波縣孟康云有絺城後志亦云河內波有絺城按許但云河內不云某縣者有所未審也

睢鴟籀。俗鵄鴟鴟有鷂也說文段注今江蘇俗呼鷂鷹盤旋空中攫雞子食之大雅云懿厥哲婦為梟為鴟莊周云鴟得腐鼠是也爾雅有鴟鴞怪鴟茅鴟皆與單言鴟者各物

鴟鵂也一切經音義九引字林。廣雅釋鳥又漢書賈誼傳鴟鴞翱翔注並云鴟鴞怪鳥也又莊子秋水釋文引崔注云鴟鵂鴟與委梟同又淮南主術鴟夜撮蚤蚊注云鴟鵂也謂之老菟夜鳴人屋上也夜則目明晝則無所見。堂按蚤跳蝨也高誘乃釋為人爪誤甚

鴟蓋今所謂角鴟也漢書郊祀志鴞梟羣翔注上

鴟鴞鵋鵂也尒雅釋鳥又詩鴟鴞傳。鴟鴞序釋文云鴟鴞鳥也又文選檄吳將校部曲注引韓詩云鴟鴞鵋鵂鳥名也又楚辭憂苦鴟鴞集於木蘭注云鴟鴞鵋鵂貪鳥也

鴟梟惡鳥書呂刑釋文又楚辭初放近習鴟梟注。御覽引馬融周禮注云鴟梟惡聲之鳥也又太平沈赤肉鴟梟屬注云鴟梟貪

韻史 卷六十五上第十五部平聲幾韻

六三五六

惡之鳥也

鴟久鴟鶹之屬山海經海外南經秋山爰有鴟久注。大荒南經有汜天之山爰有鴟久注云鴟久即鵂鴟也

鴟輕也書呂刑鴟義姦宄奪攘矯虔馬注。堂按義者俄之段借字俄衺也王氏引之經義述聞云鴟者冒沒輕僈義者傾衺反側也

鴟肩上球也後漢書梁冀傳注

鴟顧身不動而迴顧也後漢書華佗傳注

鴟夷革囊國語吳語盛以鴟夷而投之於江注。史記伍子胥傳盛以鴟夷革集解引應劭云鴟夷榼形又魯仲連鄒陽傳子胥鴟夷索隱引韋昭云以皮作鳥形名曰鴟夷鴟夷皮榼也又漢書鄒陽傳注云鴟夷即今之盛酒鴟夷幐

鴟夷生牛皮也史記越世家自謂鴟夷子皮索隱

師咱衣切 𡴇古文

二千五百人為師說文段注小司徒曰五人為伍五伍為兩四兩為卒五卒為旅五旅為師五師為眾也京師者大眾之偁眾則必有主之者周禮師氏注曰師教人以道者之偁也黨正旅師閭胥注曰正師胥皆長也師之言師也。周禮夏官序官云二千有五百人為師又小司徒注云師二千五百人又易師釋文引馬注序卦傳故受之以師九家注又書皋陶謨州有十二師釋文又詩采芑陳師鞠旅箋棫樸六師及之箋又周禮量人營軍之壘舍注又穀梁隱二年傳無侯

韻史 卷六十五上第十五部平聲幾韻

六三五七

帥師入極注襄十一年傳天子六軍注又呂覽季秋注又淮南時則注又白虎通三軍又一切經音義十八引字林並云二千五百人為師又公羊隱五年傳曷為或言率師注云二千五百人稱師天子六師方伯二師諸侯一師又左氏成十八年傳師不陵正注云師二千五百人之帥也

五旅為師詩黍苗我師我旅箋又白虎通三軍

師者軍旅之名易師何晏注。書洪範八曰師鄭注云師掌軍旅之官若司馬也又左氏隱十年傳取三師焉注云師者軍旅之通稱又國語魯語天子作師注云師謂六軍之眾也又元侯作師注云師三軍之眾也又後漢書馮緄傳注云六師猶六軍也

將卑師衆曰師穀梁隱五年傳。公羊隱五年傳云將卑師眾稱師人左氏隱五年傳衛師入郕注將卑師眾但稱師又桓十三年經戰齊師疏云戰稱將戰稱師

十都為師廣雅釋地又初學記州郡部引書大傳。周禮夏官序官注云師一州

師謂征伐周禮州長若國作民而師田行役之事疏。肆師凡師甸疏云師謂出師征伐荀子禮論注云師旅有制注云師旅所以討有罪

師田謂起大衆以田也周禮甸祝師甸注。小司徒注云伍兩卒旅師軍皆眾之名又夏官序官凡制軍注云軍師旅卒兩伍皆眾名也

坤為行師易象上傳而況建侯行師乎九

韻史 卷六十五上第十五部平聲幾韻

六三五八

家注師衆也尔雅釋詁又易象上傳又象上傳地中有水師虞注又書洪範師尹雅日疏又書中侯四嶽師舉注又詩采芑師干之試傳文王殷之未喪師箋韓奕燕師所完傳又禮記緇衣出入自爾師虞注大學注又周禮司常疏又穀梁文九年傳又左氏哀五年傳師乎師乎注○易序卦傳又詩公劉疏又左氏隱二年經莒人入向疏並云師者衆也又襄十三年疏云師是衆人總名又書洪範疏云師者衆之通名師師衆也廣雅釋訓○穀梁宣元年傳以其人之也注云師者衆大之辭師憂也廣雅釋詁一○易襍卦傳云師憂師封也風俗通祀典師人也尔雅釋言師教人以道者之稱周禮地官序官師氏注○大司徒四曰聯師儒注云師儒鄉里教以道藝者又大戴記保傅云師導之教順又賈子保傅云師道之教訓又禮記曲禮下疏引于寳云凡言師者訓其徒也又文王世子云師也者教之以事而喻諸德者也又內則使為子師注云師教示以善道者又學記師無當於五服疏云師教之師也又穀梁傳卅二年傳注師資辯說疏云師者教人以不及又韓外傳五云智如泉源行可以為表儀者人師也又儀禮鄉飲酒禮主人就先生而謀賓介注云古者年七十而致仕老於鄉里大夫名曰父師士名曰少師師女師也詩葛覃言告師氏傳師之

言師也周禮地官序官注師循也太玄窮師在心也注師順也莊子秋水盍師是而無非釋文師訓也漢書百官公卿表上集注引應劭師者人之模範也法言學行師者所以正禮也荀子修身師法也左氏襄十四年傳師保萬民疏又管子八觀什一之師注○荀子王制夫是之謂人師注云師者示使人法效之者也又淮南主術是故心知規而師傳諭導注云師者所從取法則者也又修務以題明師注云師所以取法則師師謂相師法也漢書敘傳下高平師師注引鄭康又文選東京賦百僚師師薛注有謂○書微子卿士師師非度王肅注云鄉士以下轉相師效為非法度之事王氏引之經義述聞云謹案梓材曰我有師師司徒司馬司空尹旅則師師為官名非猶不也言鄉士師師皆不度也○萱按述聞允矣惟皋陶謨師師當如鄭薛解耳偽孔於梓材云我有典常之師可師法誤與王肅同也温故知新曰師一切經音義二引諡法尊嚴能懼曰師同上師郎君也後漢書樊準傳注○禮記學記云故師也者所以學為君者也天子所都曰京師句斷上○又云地下之衆者莫過於水地上之衆者莫過於人京大師衆也故曰京師也師官也廣雅釋詁四○詩大明維

師尚父傳云師太師也又板大師維翰箋云大師三公也又節南山赫赫師尹傳云師太師周之三公也又孝經赫赫師尹鄭注云師尹若冢宰之屬也又後漢書郎顗傳注云師尹三公也又書堯典師錫帝曰鄭注云師諸侯之師又周禮大宰三曰師以賢得民注云師諸侯師氏有德行以教民者又宰夫二曰師掌官成以治凡注云師辟小宰宰夫也又詩十月之交楀維師氏箋云師氏亦中大夫也掌司朝得失之事師長也書咎繇謨州十有二師鄭注又周禮地官序官鄉師注又禮記檀弓卜人師扶右釋文又左氏昭元年傳為玄冥師注又釋文又國語晉語官師之所材也注楚語位宁有官師之典注又荀子儒效夫是之謂人師注正論海內之民莫不願得以為君師注是誅民之父母而師民之怨賊也注又呂覽孟冬乃命水虞漁師注又淮南時則注○周禮天官序官甸師注云師猶長甸師主其野物官之長又醫師注云醫師衆醫之長又儀禮燕禮小臣師一人在東堂下注云師長也小臣之長一人猶天子大僕正君之服位者也又大射儀小臣師納諸公卿大夫注云小臣師正之佐也又僕人正徒相大師僕人師相少師注僕人正僕人之長師其佐也又司馬師命負侯者執旌以負侯注云司馬師正之佐也又禮記月令命工師効功注云工師工官之長也又孟子梁惠王下工師得大木注云工師主工匠之吏

又告子上今有場師注云場師治場圃者又呂覽季夏令漁師伐蛟注云漁師掌魚官也師樂師也周禮條狼氏誓師曰三百注又國語楚語宴居有師工之誦注又左氏襄十年傳舞師題以旌夏注○襄十一年疏云樂師猶師又襄十四年注云大師掌樂大夫又國語周語師箴注云師少師又孟子梁惠王下召大師曰注云大師樂師也又穀梁序就太師而正雅頌疏云太師樂官又禮記樂記子贛見師乙而問焉注云師樂官也又呂覽仲夏命樂師注云師樂官之長又達瞽矇箴師誦注云師瞽師又重己是師者之愛子也注云師瞽師目無見者也又淮南修務邯鄲師有出新曲者注云師樂師瞽也又太子瞽師或導射注云師為瞽者也又太子衆師孕嗇之注云注云師盲者也又大戴記保傅太師持銅而御戶左注云太師瞽者宗伯之屬下大夫又儀禮鄉飲酒禮疏云師即大師之官無目瞽矇之長也師樂工漢書禮樂志自鄉大夫師瞽以下注○儀禮燕禮大師工告于樂正曰注云大師上工也掌合陰陽之聲敎六師以六律為之音者也又大射儀注云大師少師工之長也凡國之瞽矇正焉大夫若君賜之樂謂之大師儀禮鄉飲酒禮大師則為之洗注○鄉射禮注云君賜大夫樂又從之以其人謂之大師也師比胡革帶鉤也史記匈奴傳黃金胥紕一索隱

引延篤戰國策注。葟按師昏一聲之轉。豕生二師爾雅釋獸。犬生二師爾雅釋獸。葟按廣韻作獅，俗體也。犬豕皆以生少為異，不嫌同名。活師科斗也。爾雅謂之活東。山海經東山經湖水其中多活師注。

尸 陳也。象臥之形。說文段注：陳當作敶。攴部曰：敶，列也。小雅祈父傳曰：尸，陳也。按凡祭祀之尸訓主。郊特牲曰：尸，陳也。注曰：此尸神象，當從主訓之言。陳，非也。玉裁謂祭祀之尸本象神而陳之，而祭者因主之，二義實相因而生也，故許但言尸陳。至於在牀曰屍，其字从尸从死，別為一字，而經籍多借尸為之。臥下曰：伏也。此字象首俛而曲背之形。○爾雅釋詁。又左氏莊四年傳楚武王荊尸注，宣十六年傳荊尸而舉注。又國語晉語殺三郤而尸諸朝注並云：尸，陳也。尸之為言矢也，陳也。御覽引汪李彬禮統。○禮記曲禮下注云：尸，陳也，言體在也。又白虎通崩薨云：尸之為言陳也，失氣亡神，形體獨陳。尸，主也。爾雅釋詁。又詩采蘋誰其尸之傳。又禮記學記當其為尸注。又周禮地官序官司稽疏。又左氏成十七年傳執老牛羹之故尸注。襄廿七年傳非歸其尸盟也注。又穀梁隱五年傳卑不尸大功注。莊廿三年傳以尸是為尸女也。

韻史 卷六十五上第十五部平聲幾韻　六三六三

注。又國語晉語董伯為尸注。又淮南詮言聖人不為名尸注。又法言問道尸諸聖注。又楚辭天問戴尸集戰何所急注。○莊子天下皆願為之尸注云：尸者，主也。又周禮玉府疏、地官序官司號疏並云：尸猶主也。又儀禮士虞禮祝迎尸注云：尸，主也。孝子之祭不見親之形象，心無所繫，立尸而主意焉。又淮南主術其猶零星之尸也注云：尸，祭主也。又說山尸祝齋戒注云：尸，祭神之主。尸寀也。爾雅釋詁。坎為尸。易師或輿尸虞注。葟按此當屍為正字。尸所以象神。詩天保君曰卜爾傳。○禮記郊特牲又祭統尸在廟門外注並云：尸神象也。又儀禮特牲饋食禮記注云：尸，祖神也。尸節神者也。詩楚茨鼓鐘送尸箋。○公羊宣八年傳繹者何注云：祭必有尸者，節神也。禮，天子以卿為尸，諸侯以大夫為尸，卿大夫以下以孫為尸。夏立尸，殷坐尸，周旅酬六尸。大夫士以孫之倫為尸。儀禮特牲饋食禮筮某之某為尸注。○主人降立于阼階東注云：尸所祭者之孫也。祖之尸則主人乃宗子，禰之尸則主人乃父道。○士虞禮記云：男男尸，女女尸，必使異姓，不使賤者。尸官猶尸祿。後漢書梁冀傳注。○禮記表記近人而不誅則尸利也注云：尸謂不知人事無辭讓也。尸雞中之主。顏氏家訓書證引延篤國策音義。尸鳩戴勝也。廣雅釋鳥。○葟按經

韻史 卷六十五上第十五部平聲幾韻　六三六四

典皆為漢人改作。鳲尸鳩古今字也。

屍 終主也。說文段注：終主者，方死無所主，以是為主也。曲禮曰：在牀曰屍。今經傳字多作尸，同音假借也，亦尚有作屍者。屍人死也。春秋元命苞末戴尸首以寸者注。○周禮大司樂出入則令奏肆夏釋文云：屍本作尸。又史記魯周公世家以其屍與之索隱云：屍亦作死字。既定死曰尸。尸，舒也。骨節解舒，不復能自勝斂也。釋名釋喪制。尸未葬之通稱。左氏隱元年傳贈死不及尸注。在牀曰尸。禮記曲禮下。又問喪。又公羊僖卅三年傳吾將尸爾焉注。○後漢書方術傳注云：尸解者，言將登仙，假托為尸以解化也。坎為尸。易師或輿尸虞注。

蓍 蒿屬。生千歲三百莖，易以為數。天子蓍九尺，諸侯七尺，大夫五尺，士三尺。說文段注：蒿屬，謂似蒿而非蒿也。陸璣曰：似藾蕭，青色，生千歲三百莖。艸木疏、博物志說皆同。尚書大傳曰：蓍之為言耆也。百年一本生百莖。數，算也，謂占易者必以是計算也。詳易繫辭。天子蓍以下，禮三正記文也，亦見白虎通儀。

韻史 卷六十五上第十五部平聲幾韻　六三六五

禮特牲饋食筮者坐筮，少牢饋食筮者立筮。鄭注：卿大夫蓍五尺，立筮；士之蓍短，坐筮，皆由便也。賈公彥曰：然則天子諸侯立筮可知。蓍艸也。詩下泉浸彼苞蓍傳。蓍數也。易說卦傳觀變于陰陽而立卦注。蓍者冊也。易說卦傳幽贊于神明而生蓍荀注。○葟按冊當作筴，所謂二篇之筴也。蓍之為言耆也。藝文類聚艸部下引洪範五行傳。又白虎通蓍龜。又論衡卜筮。○禮記曲禮上九筮者疏引劉向云：蓍之言耆。又廣雅釋艸云：蓍，耆也。蓍陽也。禮記曲禮上假爾泰筮有常疏。○白虎通蓍龜云：蓍陽。又引禮雜記云：蓍，陽之老也。乾為蓍。易繫辭上傳莫善乎蓍龜虞注。蓍曰筮。國語晉語蓍文注。○楚辭匡機蓍蔡兮踴躍注云：蓍，筮也。疑決之以卜筮注。公子親筮之注。

鼀 鼀鼀遒。詹諸也。言其行鼀鼀。詩曰：得此鼀鼀。說文段注：鄘風新臺文。今詩作戚施。毛傳曰：戚施，不能仰者。釋言曰：戚施，面柔也。鼀鼀猶施施也。王風毛傳曰：施施，難進之意。此言所以名鼀鼀也。○葟按鼀正字，施假借字。新臺用施以韻離耳。施、離古音皆在十七部也。借字行而人罕知有正字矣。

咨 觀大切。或作諮。謀事曰咨。說文。○爾雅釋詁。又詩臣工來咨來茹箋。又國語周語咨於故實注。晉語咨於二虢注。又漢書

韻史 卷六十五上第十五部平聲幾韻　六三六六

武帝紀集注欽傳下集注又後漢書呂強傳注竝云咨謀也又章帝紀注云咨諏謀也咨謨也後漢書班彪傳下注
訪問於善為咨左氏襄四年傳又詩皇皇者華周爰咨諏傳咨議也國語周語咨之前訓注諮
難也淮南脩務周叚語謨注咨𧦝也尒雅釋詁咨嗟也詩蕩文王曰咨傳又漢書韋賢傳集注又文選
思玄賦咨姑嫂之難兮竝兮舊注咨咨嗟也論語堯曰咨爾舜皇疏咨嗟歎也後漢書郎顗傳注○呂覽
行論文王流涕而咨之注云咨嗟歎辭咨歎也後漢書張衡傳注○詩蕩疏云咨是歎辭又漢書王莽傳下咨嗟羣
公注云咨者默息之言咨此也尒雅釋詁○方言十咨不知也注云江東曰咨此亦知聲之轉也資謀也
禮記表記事君先資其言注○薹按此段資為咨也資問也廣雅釋詁二

姿

態也說文段注態者意也資謂意態也姿材也漢書谷永傳集注姿資也資取也形皃
之稟取為資李也釋名釋姿容天姿天然之姿也文選長笛賦唯笛因其天姿注

資

○谷有憤貨也說文段注貨者化也資者積也旱則資舟水則資車夏時資皮冬則資絺綌皆居積之謂資者人之所藉

也周禮注曰資取也老子曰善人不善人之師不善人善人之資○廣雅釋詁四云資貨也又周禮巾車注鄭讀為資疏云資即貨物資財也周易旅喪其資九家注又詩板喪亂蔑資傳又國語周語於是乎量資幣注齊語無受其資注晉語田
而有資注又史記五宗世家遂為無訾者正義又漢書爰盎傳贊集注引張晏○周禮巾車入齊于職幣杜注云資謂財
也資財幣也國策秦策之楚者多資矣注○左氏隱五年傳注以資之器備疏云資謂器之資財資用也
廣雅釋詁四又周書皇門資告予元注又後漢書曹褒傳注又呂覽管子法書資有天下利在一人注又老子善人之資注又
慎寵以奔敵資注又淮南主術以水為資注汜論故因其資以警之注又太玄親其志資戚注○禮記少儀注敘馬資於有司注
云資猶用也資行用也儀禮聘禮記問幾月之資注○管子入國伏其知識故人受知於上而嗣之注云資謂財
用資利也後漢書杜喬傳注資賂也國語楚語若東陽之盜注資資貸也莊子逍遙遊首章南
而適諸越釋文引李注資價也管子山至數國筴出於穀軌國之筴貨幣乘馬者也注資糧也左氏僖卅
三年傳惟是脯資餼牽竭矣注資稟也國語晉語注資因窮注資者蓄也史記信陵君傳如姬資之三年索隱

資取也易乾萬物資始釋文引鄭注又考工記總目或通四方之珍異以資之注又儀禮喪服傳不足則資之宗注又
禮記明堂位是以天下資禮樂焉注表記幸法而強之資仁者大也注又孝經資於事父以事母而愛同注又疏引孔傳又書大
傳資皆於天子之國注又廣雅釋詁一又小尒雅廣言又釋名釋姿容又國語越語是則資皮注又孟子婁下則資之深注
又太玄普于人攸資注戊雛資陶靡無注又文選補亡詩資生仰化注○太玄乎首都序萬物資形注云資者取也資與
也國策秦策太子何不倍楚之割地而資齊注資給也國策秦策王資臣萬金注又漢書項籍傳集注又莊子大
宗師堯何以資汝釋文○史記李斯傳以資敵國索隱呂覽情欲又損其生以資天下之人注竝云資猶給也又資者
給濟之謂莊子大宗師注資操也考工記總目注又廣雅釋言○禮記喪服四制資於事父以事君而敬同
注云資猶操也資猶減也儀禮少牢饋食禮泰于羊俎兩端注資資藉也史記留侯世家宜編素為資集
解引晉灼○文選皇太子釋奠會詩資此風知注云資猶藉也資送也莊子德充符不以翣資釋文引李注姿質
也漢書張良傳集注引晉灼鼂錯傳集注資材質也漢書董仲舒傳又有能致之資注資材量

也文選盧子諒贈劉琨詩注引漢書晉灼書與山巨源絕交書吾不如嗣宗之賢注資材也漢書酷史傳集注又荀子
性惡今人之性生而離其朴離其資注資才也史記袁盎鼂錯傳資適逢世集解引張晏又淮南主術乘於人以為
羽翼也注資謂天性也漢書陳平傳然大王資侮人注資者人之行也孝經鄭注資時也
淮南精神其天資注隨資猶齎也漢書張助傳集注○薹按周禮典婦功與某掌皮齎字皆或作資又儀禮聘禮
少牢二篇亦如此○太玄記之資者也注云資猶齎也圖資問也資謀也薹按此皆段資為咨今麤
布亦謂之資荀子禮論資麤衰経菲繐菅屨注○薹按齋繐字古多省作齊資則借也又按郙閣頌碑天憤紛口憤
古資之俗體

⿰禾資

積禾也詩曰⿰禾資之秩秩說文段注積積雙聲周頌今作積之栗栗毛云栗栗衆多也無積積也之文蓋
許偁三家詩也⿰禾資積也廣雅釋詁一

⿱次⿰米韭

齍或作⿱次⿰米韭盞齋⿰阝⿱次韭也說文段注周禮醢人王舉則共醢六十甕以五齊七醢七菹三臡實之注齊當為齍九醢所

和細切為齏全物若牒為菹王氏念孫曰齏者細碎之名莊子言齏粉是也按艸部曰菹酢菜也酢菜之細切者曰齏通俗文曰淹韭曰韲淹薤曰䪥其名起於淹韭淹薤故从韭**韲和也**莊子知北遊故以是非相韲也注又釋文**韲碎也**莊子大宗師韲萬物而不為義釋文引司馬注**韲亂也**莊子列禦寇而韲其所患釋文**變而相雜故曰韲**莊子天道韲萬物而不為戾注**韲菹也**廣雅釋器**齏亦得為菹故云菹也**儀禮公食大夫禮注昌蒲本菹也疏**齏濟也與諸味相濟成也**釋名釋飲食**五齏昌本脾析蜃豚拍深蒲也**周禮醢人注**齏醬屬也**禮記曲禮上徹飯齊以授相者注○釋文云齍本作齊又又操齍齋釋文云齍本作齍○萱按用齋為齏者借之常

齍粢或作秶○或**稷也**說文段注釋艸曰粢稷也周禮甸師齍盛注云粢者稷也穀者稷為長按經作齍注作粢此經用古字注用今字之例周禮齍盛字鄭易為粢者三甸師肆師大祝也小宗伯六齍注云齍讀為粢六粢謂六穀黍稷稻粱麥苽云齍讀為粢此易齍為粢之證也粢本謂稷何以六穀統名粢則以稷為穀之長故得槩之甸師注是其恉也米本謂禾凡

韻史 卷六十五上第十五部平聲幾韻

六三七一

穀皆得名米粢盛之粢猶是矣甫田作齊亦作齍毛曰器實曰齍而左傳禮記皆作粢盛是可證齍粢之同字穀名曰粢用以祭祀則曰齍別之者貴之也今經典粢皆譌粢而粢字且不見於經典矣廣韻曰齍祭飯也玉篇曰黍稷在器曰齍知舊本經典故作齍盛鄭注周禮曰齍資字同其字以齊次為聲从貝變易此亦以齊次為聲从米變易而今日經典粢盛皆从米作則又粉餈之或字而誤段之○尒雅釋艸又周禮甸師以共齍盛注又儀禮士虞禮明齊溲酒○注又禮記曲禮下稷曰明粢疏郊郊特牲上乘共粢盛疏又孟子滕文公下以供粢盛注又史記李斯傳粢犧之食索隱又淮南精神犧粢之飯注又楚辭招魂稻粱穧麥注註云粢稷也又左傳桓二年疏云粢是稷之別名**粢黏稷也今苗及穀似粟**爾雅釋艸釋文引字林○舍人注云粢一名稷稷粟也今江東呼粟為稷也又郭注云今江東人呼粟為粢又釋文引陶注本艸云粢白粱或呼為粢又山海經海內經爰有膏菽注云粢粟也○萱按惟黍與粱可備粟黍今名穄粱則北方呼小米南方呼粟子皆與粢稷迥殊稷名高粱非粱也漢以後學者罕能分別舍人陶郭等遂淫以粟釋粢失正名百物之恉矣歙程氏瑤田通藝錄攷粹皆得自目驗乃為定詁**粢是黍稷之別名亦為諸穀之總號**左傳桓六年疏疏又

韻史 卷六十五上第十五部平聲幾韻

六三七二

云粢是穀之體也○桓二年傳粢食不鑿注桓六年傳粢盛豐備注又公羊桓十四年傳粢盛委之所藏也注又穀梁桓十四年傳天子親耕以供粢盛注又漢書文帝紀以給宗廟粢盛注竝云黍稷曰粢又周禮小祝疏云粢謂黍稷**粢六穀也**周禮肆師表齍盛告絜注○甸師疏云六穀曰粢○萱按就齍盛言六穀不嫌皆蒙粢備矣**齍號黍曰薌合粱曰香萁之屬也**獨斷上○禮記禮運注五曰齍號釋文引皇氏云齍黍稷○萱按齍齋正字也鄭借字也又□廟殘碑資盛三牲弗借用資字也**器實曰粢**國語周語上帝之粢盛注楚語王后必自舂其粢注**粢盛也**周禮鬯人禜門用瓢齎杜注**粢盛者祭祀之主也**周禮甸師喪事代王受眚烖注○小宗伯注齍讀為粢疏云粢字从米以次為聲○萱按粢秶同以次為聲而義則遠陽賈氏不察也凡粢盛字誤从米者皆當諟正**齍道中祭也**周禮小祝設道齍之奠杜注

齍或作齍**黍稷器所巳祀者**說文段注按周禮一書或兼齍盛或單言齍單言盛皆言祭祀之事他事絕不言齍盛故許皆云以祀者兼言齍盛者若甸師舂人肆師小祝是也單言齍若大宗伯小宗伯大祝是也單言盛若饎人廩人

韻史 卷六十五上第十五部平聲幾韻

六三七三

是也小宗伯逆齍注云受饎人之盛以入然則齍盛可互備也甸師注云粢稷也穀者稷為長是以名云肆師注云粢六穀也大祝注云粢號為黍稷皆有名號也舂人注云齍謂黍稷稻粱之屬可盛以為簠簋實經文齍字注三易為粢而小宗伯大齍注云齍讀為粢六粢謂六穀黍稷稻麥苽此則易齍為粢之恉謂齍粢古今字也考毛詩甫田作齊亦作齍用古文禮記作粢盛用今文是則齍粢為古今字憭然左傳作粢盛則用今字之始左傳曰絜粢豐盛毛曰器實曰齍在器曰盛鄭注周禮齍或專訓稷或訓黍稷稻粱盛則皆訓在器是則齍之與盛別者齍謂穀也盛謂在器也許則云器曰齍實之則曰盛似與毛鄭異齍許說字其字从皿故謂其器可盛黍稷曰齍要之齍可盛黍稷而因謂其所盛黍稷曰齍凡文字故訓引伸每多如是說經與說字不相妨也**器實曰齍**詩甫田以我齊明傳豐年疏又周禮舂人疏**器實曰粢**國語周語注楚語注**齍盛祭祀所用穀也**周禮甸師注○外宗王后以樂羞齍疏云齍黍稷也又大宗伯奉玉齍疏云齍謂黍稷**玉齍玉敦受黍稷器**周禮九嬪凡祭祀贊玉齍注○萱按此以齍為器與說大義同

齎○俗有貴**持遺也**說文段注周禮掌皮歲終則會其財齎注予人以物曰齎今時詔書或曰齎計吏鄭司農云齎或為

韻史 卷六十五上第十五部平聲幾韻

六三七四

資外府共其財用之幣齎注齎行道之財用也聘禮曰問幾月之齎鄭司農云齎或為資今禮家定齎作資玄謂齎資同耳其字以齊次為聲從貝變易古字亦多或玉裁按此鄭君不用許書說謂齎資一字聲義皆同也許則釋資為貨釋齎為持而予之具義分別不為一字近人則訓齎為持矣。廣雅釋詁三云齎持也人微漢書秦邕傳注云齎猶持也又易萃齎咨涕洟虞注云齎資持也

齎猶付也儀禮聘禮記又齎皮馬注。史記貨殖傳齎貸子錢索隱云與人物曰齎

齎送也廣雅釋詁四。周禮小祝設道齎之奠注云齎猶送也又杜注云齎當為粢道中祭也漢儀每街路輒祭。玉裁按鄭義九矣杜以齎為齎之假借字或可兩通

齎進也國策西周策王何不以地齎周最注

齎裝也。廣雅釋言漢書霍去病傳約輕齎注云齎與資同謂裝也

齎資糧也禮記奔喪注持齎也釋文容

行道曰齎周禮典婦功以授嬪婦及內人女功之事齎疏

齎謂將衣食之具以自隨也漢書食貨志下行者齎注。霍去病傳齎數十乘注又荀子大略齎盜糧借賊具也注並云齎與資同

齎齎咨嗟歎之聲易萃齎咨涕洟注又釋文。釋文引馬注云齎咨悲聲怨聲

齎汩者水迴入涌出之皃列子黃帝與齎俱入與汩偕出

韻史　卷六十五上第十五部平聲幾韻　　六三七五

注。董按此以迴入釋齎以涌出釋汩也汩涌波也

齎

或作齎繢

緶也裳下緝說文段注依釋名當作緶下橫縫緝其下也緶者緶衣也緝同緶漢時通用論語鄉黨孔注曰下曰齊玉藻縫齎倍要正義曰齎謂裳之下畔深衣下齎如權衡以應平注曰齎緝也禮喪服疏衰裳齊疏云衰裳既就乃始緝之故言齊在衰裳下不比言斬在衰上也按經傳多緶齊為之亦有作齎。禮記曲禮上去齊尺注玉藻足如履齊注齊如流疏見所尊者齊遬疏引皇氏又家於生齊以受教注並云齊謂裳下緝也

齎緶也廣雅釋詁一

齊者何緝也儀禮喪服傳。喪服若齊注云齊緝也凡五服之衰一斬四緝。緝裳者內展之緝衰者外展之

齊裳下縫也論語鄉黨攝齊升堂皇疏。漢書朱雲傳攝齎登堂注云齎衣下之裳

齎即緝也禮記雜記上其緶在齊斬之間疏

齎衰四升儀禮喪服記

期曰齎齎齊也釋名釋喪制。太平御覽引禮記外傳云齊之為言齊也

齎材也說文段注玉篇引詩有齎季女引說文材也按毛詩作齊敬也顧氏或取諸三家詩取人材整齊之意

齎好也廣雅釋詁一

韻史　卷六十五上第十五部平聲幾韻　　六三七六

有。俗躋

躋

登也尚書曰予顛躋說文段注微子篇文今尚書作躋注家云顛隮隮墜按升降同謂之隮猶治亂同謂之亂俗作隮顧命由賓階隮毛詩朝隮于西南山朝隮周禮九曰隮皆訓升左傳知隮於溝壑矣則訓降。漢書五行志中之上云躋登也又方言云躋登也東齊海岱之間謂之躋

躋升也易震躋于九陵疏又釋文又詩蒹葭道阻且躋傳上月躋彼公堂釋文斯千君子攸躋傳又長發聖敬日躋傳又左氏文二年經大祀于太廟躋僖公注又穀梁文二年傳。介雅釋詁又小介雅廣言並云躋陞也

隮升也詩蝃蝀傳又儀禮士虞禮記隮祔爾于爾皇祖某甫注又禮記樂記地氣上齊注又文選魏都賦累層構而遂隮薛注。公羊文二年傳云隮者何升也又周禮眡祲疏云隮訓升也

隮升雲也詩候人傳

隮者升氣也周禮眡祲司農注

躋猶墜也書微子今爾無指告予顛躋馬注

隮亦虹也隮亦日之光氣詩蝃蝀朝隮於西方疏。周禮眡祲注云隮虹也故書隮作資又儀禮士虞禮記注云今文隮為齎董按資齎皆假借字

櫅

櫅木也可以為大車軸說文段注釋木曰櫅白棗按許不云白棗與介雅異蓋介雅本作櫅白棗今人

韻史　卷六十五上第十五部平聲幾韻　　六三七七

所食棗白乃軌是也櫅乃別一木廣韻曰擠榆堪作車轂正與許合飯軸異耳揚雄蜀都賦杭櫅枝揭章樅注云櫅榆也

賷

或作齎

兩聲說文

頾

或作髭

口上須也說文段注在口上在頰亦得名須而正名百物則曰頾曰髯左傳曰至於靈王生而有頾是為頾王

口上曰髭髭姿也為姿容之美也釋名釋形體

姕

婦人小物也詩婁無姕姕說文段注小物之瑣屑者今人用些字取微細之意即姕之俗體也姕姕賓之初筵作傞傞傳曰傞傞不止也古此聲姕聲最近廣風跐兮跐兮或作瑳兮瑳兮。俗有些些又見十七部副編去聲

些詞也廣雅釋詁些語詞也見楚辭其義未詳。說文新附字曰

些此也辭也何也廣韻。董按玉篇些此也辭也何也一義王伯申尚書云些此也即介雅此字之訓廣韻些何也即訓說文呰字之訓而集韻又云些或作呰故知些即呰之譌也呰字以此為聲則當以息計為正音息箇為變音矣

貲

小罰以財自贖也漢律民不繇貲錢二十三說文段注引伸為凡財貨之偁繇俗

韻史　卷六十五上第十五部平聲幾韻　　六三七八

古今字漢儀注曰人年十五至五十六出賦錢人百二十為一筭又七歲至十四出口錢人二十以供天子至武帝時又口加三錢以補車騎馬見昭帝紀光武紀二注及漢舊儀按論衡謝短篇曰七歲頭錢二十三亦謂此也然則民不傜者謂七歲至十四歲貲錢二十三者口錢二十併武帝所加三錢也 貲貨也廣雅釋詁四 貲財也文選贈王中書詩注引蒼頡又漢書司馬相如傳上集注。史記張釋之馮唐傳以貲為騎郎索隱引字苑云貲精財也 平財賄曰貲一切經音義三引通俗文 貲量也後漢書陳蕃傳注 立龜為寶號曰無貲管子山權數一日而釁之以四牛立寶曰無貲注 無貲無價也管子山權數之龜為無貲注

鈭

鈭錍斧也說文段注斧之一種也疊韵字

鼭

鼭鼠似雞鼠尾說文

鴜

⿱箴鳥鴜也說文。鑒按史記司馬相如傳⿱箴鳥鴜鵁盧文選上林賦作箴疵疵段借也張揖曰箴疵似魚虎而蒼黑色

卯

平上明讀 事之制也从卪卩說文段注卪卩今人讀節奏合卪節奏乃為能制事者也

妻 淺稽切

古文。平去四讀義分 婦與己齊者也說文段注妻齊以疊韻為訓此渾言之也曲禮曰庶人曰妻析言之也。詩十月之交疏云妻之言齊於夫也又白虎通嫁娶云妻者齊也與夫齊體又釋名釋親屬云士庶人曰妻妻齊也夫賤不足以尊稱故齊等言也 妻齊也廣雅釋親又後漢書方術樊英傳。禮記曲禮上注妻稱室疏又荀子君子天子無妻告人無匹也注疏云妻者齊也又禮記曲禮下注內則聘則為妻注疏云妻之言齊也 妻者夫之陰也漢書杜欽傳 敵夫曰妻詩十月之交疏 妻也者親之主也禮記哀公問又大戴記哀公問於孔子又家語大婚解 妻子家之貴者孝經而況於妻子乎注 夫妻牉合也儀禮喪服傳。春秋繁露基義云妻者夫之合 諸侯之妻稱為小君後漢書齊武王縯傳注。禮記曲禮下天子有妻注云妻八十一御妻周禮謂之女御以其御序於王之燕寢 卿妻曰內子大夫妻曰命婦禮記曾子問疏。曲禮下 妻為正適左氏昭十一年傳疏蓋副倅也疏 妻稱室禮記曲禮上三十曰壯有室注 嫗謂之妻廣雅釋親。後漢書趙孝王良傳注云小妻妾也 娶為妻易小畜夫妻反

目虞注 兌為妻易困不見其妻虞注

悽

痛也說文 悽悽悲也廣雅釋訓 悽悽飢病皃也後漢書周黃徐姜申屠傳注 哀哀悽悽懷報德也爾雅釋訓。釋文云悽本作萋鑒按萋借字也與巷伯之萋為緀皆聲同也 悽愴傷悼之皃淮南本經注 悽愴寒冷也漢書王褒傳不憂至寒之悽愴注

鄎

新鄎汝南縣說文段注見前志後志曰汝南郡宋公國周名鄎丘漢改為新鄎章帝建初四年徙宋公於此按魏世家安釐王十一年秦拔我鄎丘是地今安徽潁州府城東八里有城故鄎城也。鑒按文十六年左傳盟于鄎丘公羊作師丘穀梁作犀丘鄎師犀三皆同部音近字

緀

帛文皃詩曰緀兮斐兮成是貝錦說文段注小雅巷伯文今詩緀作萋毛傳曰萋斐文章相錯也貝錦錦文也箋云錦文者如餘泉餘蚳之貝文也按尔雅餘蚳黃白文餘泉白黃文

淒

雨雲起也詩曰有渰淒淒說文段注雨雲謂欲雨之雲唐人詩晴雲雨雲是也按詩曰淒其以風毛

傳淒寒風皃又曰風雨淒淒蓋淒有陰寒之意小雅有渰淒淒皃急雨欲來之狀未書不氣風言之許以字從水但謂之雨雲今詩作萋萋非也呂覽漢書玉篇廣韻皆作淒淒。漢書食貨志上集注云淒淒雲起皃又後漢書左雄傳注云淒淒雲興皃鑒按謂萋為借字可尒又詩大田傳云萋萋雲行 淒淒涼風也詩四月秋日淒淒傳 呂覽有始西南曰淒風注云淒風坤氣所生一曰涼風 淒淒流皃楚辭悲回風涕泣交而淒淒兮注 淒滄薄寒也素問氣交變大論其德淒滄注 淒滄大涼也素問五常政大論淒滄數至注 淒淚寒涼之意也漢書外戚傳上秋氣潛以淒淚兮注 淒洌皆疾皃史記司馬相如傳憯悽淒洌集解引漢書音義。鑒按詩四月釋文云淒本作悽此段借聲同之字也

霋

霽謂之霋說文

萋

艸盛詩曰菶菶萋萋說文段注大雅文謂梧桐也艸木同類 萋萋青艸皃也漢書外戚傳下中庭萋兮鮮艸生注 萋萋盛也文選藉田賦注引韓詩章句 萋萋茂也廣雅釋訓 萋萋茂

盛皃 詩葛覃維葉萋萋傳 萋萋猶萋蒼也 詩蒹葭蒹葭萋萋傳 萋萋梧桐之皃 尒雅釋訓舍人注 藹藹萋萋臣盡力也 尒雅釋訓 萋斐文章相錯也 詩巷伯萋兮斐兮傳○萋萋雲行 按說文引作緀兮斐兮謂萋為借字也又大田傳云萋萋雲行皃謂為淒之借字也若蒹葭釋文云萋本作淒此益明通 萋且敬慎皃 詩有客有萋有且傳

趑

或作跂迮 趑趄行不進也 說文段注易其行次且釋文次本亦作趑或作跂馬云卻行不前也且本亦作趄或作跙馬云語助也按馬行卻云卻行不前者於次本得其義也云語助者王鳳毛傳所云且辭也馬鄭同用費氏易而馬次鄭趑不同趑音後出俗字 趑趄行止之礙也 易夬釋文引王肅○夬疏云次且行不前進也 俗有○趑倉卒也 說文段注夬九四其行次且鄭作趑論語造次必於是造次馬云急遽也鄭云倉卒也然則次者趑之段借字錢氏大昕說 趑粹也 廣雅釋詁二

雌

鳥母也 說文 鳥翼左掩右雌 尒雅釋鳥○詩南山傳雄狐相隨疏云對文則飛曰雌雄走曰牝牡散則

可以相通 雌者陰之目也 素問陰陽類論二陰為雌注○廣雅釋天曹憲音引詩綈去陰本為雌 雌柔弱也 淮南原道是故聖人守清道而抱雌節注 雌後之屬也 老子守其雌王注 月為雌 太玄告 日月雌雄之序注

⿱此羊

羊名蹏皮可㠯割桼 說文段注未聞

厶 想稀切

姦衺也韓非曰倉頡作字自營為厶 說文段注衺字淺人所增當刪女部曰姦者厶也二篆為轉注若衺者更也更者衺也文二篆為轉注不與姦厶相淆也公私字本如此今字私行而厶廢矣私者禾名也韓非語見五蠹篇今本韓非營作環二字雙聲語轉營訓帀居環訓旋繞其義亦相通自營為厶六書之指事也八厶為公六書之會意也○一切經音義七引蒼頡云自營為厶○堂按許君與厶應所引同是厶字他書悉作私韓非書作自環者謂之私而厶不復見

⿰王厶

石之侣玉者 說文

私

禾也北道名禾主人曰私主人 說文段注蓋禾有名私者也今則段私為公厶倉頡作字自營為厶背厶為公然則古祗作厶不作私北道蓋許時語立乎南以言北之辭周頌駿發爾私毛曰私民田也○堂按大田噫嘻皆以民田為私於私之本義差近餘皆厶之段借字 兼覆無私謂之公反公為私 賈子道術○論語鄉黨私覿皇疏云私非公也 自環者謂之私 韓非子五蠹 私猶曲也 國策秦策賞不私親近注 私邪也 呂覽知分不以感私傷神注有度奚道知其不為私注又淮南本經無所私愛注主術而私道塞矣注 私者下之所以侵法亂主也 管子任法 私猶異也 呂覽貴公不私一物注 私小也 廣雅釋詁二○方言二云私小也自關而西秦晉之郊梁益之閒方物小者謂之私小 私惟也 呂覽似順以臣私之鐸可賞也注 私獨也 孟子盡心上有私淑艾者注○呂覽孝行身者非其私有也注云私猶獨 私謂獨愛恩厚也 儀禮燕禮寡君之私也注○禮記郊特牲私之也注云私之猶言恩之也 私利也 呂覽長利而以利其子孫注 私恤也所恤念也 釋名釋言語 私愛也 國策秦策王雖有萬金弗得私也注齊策

私我也注又呂覽去私子人之所私也注慎大以示民無私注○離騷皇天無私阿兮注云竊愛為私又淮南脩務而公正無私注云無私無所愛憎也 私相親 左氏襄廿三年傳獻子私焉注○襄廿五年傳非其私暱注云私暱所親愛也 家臣稱私 儀禮士相見禮夫子之賤私注○詩崧高遷其私人傳云私人家臣也又禮記玉藻於大夫曰外私注云士臣於大夫者曰私人又儀禮特牲饋食禮記若有公有司私殺胥注云私臣自己所辟除者又有司徹獻私人于阼階上注皆云私人家臣已所自謁除也大夫言私人明不純臣也士言私臣明有君之道又左氏宣十七年傳請以其私屬注云私屬家眾也又國語晉語君多私注云私嬖臣妻 私子庶孽也 周書皇門其善臣以至于有分私子注 女子謂姊妹之夫為私 尒雅釋親○詩碩人譚公維私傳云姊妹之夫曰私又疏云謂吾姨者我謂之私又釋名釋親屬云姊妹互相謂夫曰私言於其夫兄弟中此人與己姊妹有恩私也 私者無正親之言 尒雅釋親孫注 私喪謂其父母 儀禮聘禮若有私喪注○禮記雜記上大夫有私喪之葛注云私喪妻女子之喪也 私名遊俠之徒也 列子黃帝善養私名注 私行謂以己事也 禮記曲禮下大夫私行注○公羊莊

廿七年傳通乎季子之私行也注云不以公事行曰私行 私覿私見也 苟子大畧注云私覿以臣禮見故曰私
又禮記聘義賓私面私覿疏云私覿以己禮覿主國之君以其非公聘正禮故謂之私 私幣卿大夫之幣也
儀禮聘禮上賓之公幣私幣皆陳注 私燕服也 詩葛覃薄污我私傳 退適治事之處為私也
詩緇衣箋居私朝之服也疏 私館者自 卿大夫以下之家也 禮記喪大記私館不復注少四以
字又雜記上。曾子問云自卿士大夫之家曰私館 私邑臣邑也 公羊昭五年傳不以私邑累公邑也注
私稟假錢也 史記張釋之馮唐傳私養錢集解引服虔 私小便 左氏襄十五年傳師慧過宋朝將私焉注

菰

茅秀也 說文段注廣雅曰蘚菰茅穗也蘚即荼字之變周禮儀禮注鄭風箋吳語皆云荼茅秀當是荼為茅之秀菰為
菰之秀統言之則曰茅秀而已其色正白

犀

或作栖迟 棲 犀遲也 說文段注三字為句玉篇曰犀今作栖然則犀遲即陳風之棲遲也毛傳曰棲遲遊息也也
棲息也 後漢書張衡傳注。孟子盡心下厥角稽首音義引丁音云犀義與棲遲同息也久也萱按丁釋犀字不誤而

韻史 卷六十五上第十五部平聲幾韻

六三八七

說經殊誤趙注顉角遂本犀牛字蹶地以顉角犀故曰厥角丁乃破為犀遲字何也 棲謂棲息也 詩召旻如彼棲
苴釋文 棲遲息也 尒雅釋詁。舍人注云棲遲行步之息 迟迟即棲遲也 文選甘泉賦靈迟迟
兮注。萱按此用後出字也又史晨碑徲侯衡門箋陽令楊令碑徲徲樂志皆借徲為犀 棲遲游息也 尒雅釋詁
注又後漢書張衡傳注 棲遲偃息也 後漢書蘇竟傳注。馮衍傳注云棲遲猶偃息也 棲棲閑
皃也 詩六月六月棲棲傳 棲遑不安之意也 文選答賓戲棲棲皇皇注 棲即舉也 詩賓之初
筵箋舉者舉觶棲之於俟也疏 而 棲著也 詩賓之初筵釋文 棲鼓也 廣雅釋詁三 棲牀也 孟子
萬章上二嫂使治朕棲注 山處曰棲 國語越語越王句踐棲於會稽之上注。史記越世家索隱引鄒誕云保山曰
棲又莊子徐无鬼釋文引李注云登山曰棲山海經大荒西經江南之山棲為吉注云山居為棲吉者言無凶夭 鳥所
止宿曰棲 史記吳泰伯世家索隱。文選寡婦賦雞登棲而斂翼注云棲雞宿處

犀

徼外牛一角在鼻一角在頂佀豕 說文段注楚語曰巴浦之犀犛兕象其可盡乎後漢書章

韻史 卷六十五上第十五部平聲幾韻

六三八八

帝紀虁亳獻生犀白雉尒雅山海經郭注劉欣期交州記皆云有三角一在頂上一在額上一在鼻上鼻上角短小按晉語角
犀豐盈孟子注頷角犀厥地戰國策畱目準頞權衡犀角偃月此皆謂人自鼻至頂豐滿如相書所云伏犀貫頂也犀似豕見
釋獸劉欣期云其毛如豕頭如馬郭璞云形似水牛豬頭說各不同也。國語越語今夫差衣水犀之甲者億有三千注云犀
形似豕而大今徼外所送有山犀有水犀水犀之皮有珠甲山犀則無又山海經南山經禱過之山其下多犀兕注云犀似水
牛又後漢書班彪傳上注云犀似牛而豬頭黑色有三角又穆天子傳一牛馬犀注云犀似水牛庳腳又一切經音義八引三
蒼云犀牛好食棘又尒雅釋地云南方之美者有梁山之犀象焉 犀犀皮也 國語齊語贖以犀甲一戟注以
犀皮作之曰犀盾 釋名釋兵。文選吳都賦戶有犀渠劉注云犀渠楯也犀皮為之 犀斂飾也
法言孝至帶我金犀注 今俗謂刀兵利為犀犀堅也 後漢書張衡傳注。馮奉世傳集注引晉
灼云犀堅也引如淳云刀兵利為犀 犀總也 廣雅釋言

丙衣切

陛

或作梐 陛牢謂之獄 說文段注牛部曰牢者閑養牛馬圈也引申之九闕罪人者曰陛牢即夏均臺殷羑里周

韻史 卷六十五上第十五部平聲幾韻

六三八九

梐

圜土秦囹圄漢若盧也法言曰狴犴使人多禮字作陛猶鄉亭之繫曰犴朝廷曰獄字皆从犬 狴獄牢也 家語始誅
夫子同狴執之注 狴牢也 廣雅釋室。萱按殿狴為陛同音通用也廷雅梁本作狴字
梐枑 遮 行馬也周禮曰設梐枑再重 說文段注周禮掌舍掌王之會同之舍設梐枑再重
注曰故書枑為柜杜子春讀為梐枑梐枑謂行馬行馬謂行馬再重者以周衛有外內列。萱按廣雅借梐為梐牢

品衣切

蜫

䖭牛蝨也 說文。御覽九百五十二引字林云蜫牛蝨也 狗蝨曰蜫 一切經音義一引通俗文

掍

。俗有批 反手擊也 說文段注左傳曰宋萬遇仇牧于門掍而殺之玉篇所引如是今左傳作批俗字也 批擊
也 廣雅釋詁三又左傳莊十二年釋文引字林又淮南說林在於批倪注 批裨也兩相裨助共擊
之也 釋名釋姿容 批推也 洪範五行傳則會批之六沴注 批轉也 廣雅釋詁四

紕

平上兩讀義別。俗有紕筆 氐人繝也 說文。萱按此義上聲 紕緣也 廣雅釋詁二禮記玉藻縞冠。
素紕注云紕緣也又云紕既祥之冠也 紕飾也 尒雅釋言 紕理也 廣雅釋詁二。方言六云紕理也秦晉之

韻史 卷六十五上第十五部平聲幾韻

六三九〇

紕閒曰紕絣也廣雅釋言紕所以織組也詩干旄素絲紕之傳在旁曰紕禮記雜記下紕以爵韋六寸注云緆緣謂之紕○疏紕繆猶錯也禮記大傳五者一物紕繆注

耆黎切儉

○俗有阢帆阢耆老也說文段注曲禮六十曰耆許不言者以耆為七十已上之通偁也鄭注射義云耆耋皆老也古多假借為嗜字又按士喪禮士虞禮魚進鬐注鬐脊也古文鬐為耆許書髟部無鬐字依古文禮故不錄今文禮之字也○詩皇矣箋武耆定爾功箋又左氏宣十二年傳耆昧也釋文又廣雅釋詁一又文選西京賦搏耆龜蕕注並云耆老也耆至也至老境也禮記曲禮釋文引賀瑒注六十曰耆耆指也不從力役指事使人也釋名釋長幼六十曰耆周書謚法保民耆艾曰胡注又禮記射義耆耋好禮釋文又國語吳語有父母耆老而無昆弟者以告注又荀子致仕耆艾而信注七十曰耆後漢書章紀傳注引禮記耆艾師傅也東齊人謂尊為耆艾國語周語耆艾修之注○禮記檀弓上五十以伯仲疏云年至五十耆艾耆老致仕及鄉中老賢者禮記王制耆老皆朝于庠注○周禮槁人若饗耆老孤子士庶子疏云耆老謂死

王事者之父耆長也爾雅釋詁耆強也周書謚法耆意大定曰耆注又廣雅釋詁一○左昭廿三年傳不懦不耆注云耆強也耆惡也詩皇矣上帝耆之傳又武釋文耆即黎也書西伯戡黎序周人乘黎疏○萱按耆一作阢見史記周本紀集解即黎也一作帆阢見周禮籥章釋文即伊耆字也要之皆俗體龍耆即龍支後漢書西羌傳注耆今人謂之耆頭文選七發薄耆之炙注○萱按周禮大行人注耆慾不同即王制嗜欲不同也漢書嗜作耆尤影

郝

大原縣說文段注二志同前志曰晉大夫賈辛邑按賈辛為郝大夫見左傳昭廿八年前此已有郝奚郝午郝盈郝勝以邑為氏今山西太原府郝縣東南七里有故郝城漢縣治也毛傳于吉日云郝大也於采芑大田云郝郝舒遲也郝郝徐皃也於七月云郝郝眾多也皆與本義不相關○左傳昭廿八年釋文引字林云郝太原縣郝大也詩吉日其郝孔有傳又小爾雅廣詁郝郝眾多也詩七月采蘩郝郝傳烈祖來假郝郝箋又後漢書皇后紀注○漢書韋賢傳集注云郝郝眾皃郝徐也後漢書左雄傳注郝郝徐也爾雅釋訓又詩大田興雨郝郝傳又漢書食貨志上集注

又後漢書班彪傳下注郝郝徐行也漢書韋賢傳郝郝我徒注郝郝徐靚也詩韓奕郝郝如雲傳郝郝舒遲也詩采蘩被之郝郝傳郝郝行來皃漢書韋玄成傳集注郝之言是也齊西偏之語也禮記緇衣資冬祁寒注匈奴呼天為郝連漢書霍去病傳去病至郝連山注○萱按公羊傳郝彌明史記作而昧明左傳作提彌明釋文郝作祇皆用段借字又左傳郝奚呂覽易林風俗通並作祗奚此與借祇同意抑或說認祁為而聲也又詩吉日箋云郝當作麎謂郝為借字也與毛異郝麎一聲之轉

𧯶

汔也說文段注釋詁𧯶汔也孫注云汔近也民勞箋云汔幾也幾與𧯶同汔與訖同汔水涸也水涸則近於盡矣故引申為凡近之詞木部杔平也亦摩近之義也𣎆部曰幾微也殆也然則見幾研幾字當作幾庶幾𧯶近字當作𧯶幾行而𧯶廢矣

畿

○俗有𡒊天子千里地以遠近言之則言畿說文段注即天子五百里內田也五百里自其一面言千里自其四面言為方百里者百也商頌邦畿千里傳曰畿疆也大司馬九畿注曰畿猶限也故書畿為近鄭司農云近當言畿按故書作近猶他書段圻作畿耳許言以遠近言之則曰畿者謂畿最近天子故偁畿畿與近合音最切古惟王畿

偁畿甸服外與偁畿者至周而侯甸男采衛蠻夷鎮藩皆曰畿直以遠相傅近轉移段借名之非古也故許以近釋畿畿之言限也故亦作圻鄭風遵送我畿傳曰畿門內也謂門限也小雅如畿如式傳曰畿期也禮記丹漆雕幾注曰畿圻堮也古幾畿通用○後漢書朱浮傳光自畿夏注董卓傳論望聚畿服注並云畿謂王畿也又周禮職方氏云方千里曰王畿又大行人曰邦畿方千里又大司徒制其畿疆而溝封之注云千里曰畿又云畿方千里取象於日一寸為正又野廬氏至于四畿注云去王城五百里曰畿又國語楚語而至于有畿田注云方千里曰畿又淮南本經注大同畿限也後漢書孔融傳注○禮記郊特牲疏云畿是畿限之所又詩谷風疏云畿者期限之名畿九畿周禮小司徒注服之與周稱畿唐虞稱服禮記王制天子之縣內疏

𩲡

或作禨鬼俗也淮南傳曰吳人鬼越人𩲡說文段注鬼俗也謂好事鬼成俗也淮南人閒訓曰荊人鬼越人禨高云鬼好事鬼也禨禨祥也景十三王傳治宮室禨祥服虔曰禨祥求福也史記正義引顧野王云禨祥吉山之先見也按服讀禨同祈顧讀為知幾其神之幾皆好事鬼之意耳玉藻少儀二篇禨字乃訖嘰之假借小食也各書从

亦作禨同淮南傳謂鴻烈也吳今鴻烈作剿列子說此事亦作禨譏剿字是〇漢書趙敬肅王彭祖傳不好治宮室禨祥注云禨祥謂鬼神之事也又集注云禨鬼俗也又列子說符云楚人鬼而越人禨⿱幾鬼祭也廣雅釋天⿱幾鬼祥也列子說符注又淮南人閒注⿱幾鬼祅祥也史記五宗世家索隱引埤蒼又文選辯七論注引字林禨謂福祥也匡謬正俗七禨祥吉凶也淮南汜論是故因鬼神禨祥而為之立禁注禨衈者釁禮之事也周禮肆師注〇萱按此段禨為刉也巳沐飲酒曰禨〇禮記少儀禨者注萱按此禨之義也玉藻進禨進蓋亦尒

⿱幾金 隱黎切 或書作鐖以血有所刉涂祭也說文段注詳刉下蓋亦刉字之異者

彝 彝古文 𢑱古文 宗廟常器也周禮六彝雞彝鳥彝黃彝虎彝蜼彝斝彝以待祼將之禮說文段注彝本常器故引申為彝常六彝見司尊彝職〇尒雅釋器云彝器也又國語周語而火焚其彝器注云彝尊彝宗廟之器又文選東京賦銘勳彝器薛注云宗廟之器猶彝又漢書王莽傳上官司彝器注云

彝祭廟酒器也又云彝器常用之器也又周禮小宗伯云辨六彝之名物又書咎繇謨鄭注云宗彝虎也彝尊也禮記祭統勤大命施于烝彝鼎注〇周禮春官序官注云彝亦尊也〇尊彝皆受酒之器國語周語出其尊彝注〇書序班宗彝鄭注云宗彝宗廟樽也鬱鬯曰彝周禮春官序官注〇書疏陶器又鄭注云宗彝謂宗廟之鬱鬯樽也又書序分器班宗彝疏云盛鬯者為彝彝法也書君奭迪彝教疏又禮記明堂位疏又漢書王莽傳上集注〇周禮春官序官司尊彝注云彝尊也彝常也尒雅釋詁又詩烝民民之秉彝傳又周禮彝氏疏又左氏襄十九年傳取其所得以作彝器注昭十五年傳故能薦彝器於王注又穀梁序彝倫攸斁釋文又國語周語無從非彝注不亦簡彝乎注又文選序逖彝東京賦薛注〇韓非子說林上云彝酒常酒也夷常也詩皇矣串夷載路傳又瞻卬靡有夷屆傳又孟子告子上民之秉夷注又周書武穆夷德之用注〇文選劇秦美新罔不夷儀注云夷儀言有常儀也〇萱按此段夷為彝也二字互借通用魏元丕碑彝戎賓服段彝為夷也

⿰木彝 ⿰木彝木也說文

夷 夸尸 〇俗有 東方之人也說文段注出車節南山桑柔召旻傳皆曰夷平也此與君子如夷峻有夷之行降福孔夷傳夷易也同意夷即易之段借也易亦訓平故段夷為易也節南山一詩中平易分釋者各依其義所近也風雨傳曰夷悅也者平之意也皇矣傳曰夷常也者謂夷即彝之段借也九注家云夷傷也者謂夷即痍之段借也周禮注夷之言尸也者謂夷即尸之段借也尸陳也其他訓釋皆可以類求之〇萱按夷之訓甚多許皆未之及羌部羌下云惟東夷从大大人也夷俗仁仁者壽有君子不死之國此互見其義也人者仁也大从人夷从大故曰夷俗仁九訓平易諸義皆自此引伸不盡屬段借也彝夷則互相借東辟之民曰夷大戴記千乘東方曰夷禮記王制又周禮職方氏司農注又周書職方注又公羊隱二年傳公會戎于潛注又後漢書東夷傳又呂覽功名蠻夷反舌注恃君夷穢之鄉注東方為九夷白虎通禮樂〇後漢書東夷傳云夷有九種曰吠夷于夷方夷黃夷白夷赤夷玄夷風夷陽夷夷為四方總號左傳文十六年注戎山夷也疏〇穀梁序四夷交侵疏云四夷者東夷西戎南蠻北狄之總號四夷海外也淮南原道四夷納職注〇越絕書吳內傳云夷海也〇夷夷圻也國語周語蠻夷要服注〇萱按周禮大司

馬夷畿方氏夷服在王城三千五百里外至四千里即國語要服也夷萊夷也書堯典宅嵎夷馬注夷平也尒雅釋詁陳也樊注又易豐遇其夷主疏又詩桑柔我心則夷篆出車玁狁于夷傳又節南山式夷式已傳桑柔亂生不夷傳召旻實靖夷我邦傳又左傳成十六年將塞井夷竈而為行也注成十八年疏襄十六年為夷故也注昭十七年夷氏者也注又服注又國語周語亂生不夷注五曰夷則注又國語賢者急病而讓夷注晉語夷竈堙井注不夷於先子注又史記趙世家集解引徐廣司馬相如傳激淡夷陸索隱引司馬彪又孟子盡心下夷考其行注又文選西京賦襄岸夷塗薛注參差夷庭薛注羽獵賦創淫輪夷注引張晏王文憲集序夷雅之體注〇又國語齊語惡金以鋤鉏夷斤欘注云夷平也所以削平草地尒雅釋丘夷上洒下不漘李注孫注並云夷上平上夷易也尒雅釋詁又詩又書禹貢三百里夷馬注又詩節南山君子如夷天作岐有夷之行傳有客降福孔夷傳又漢書地理志上集注又後漢書南蠻西南夷傳注又文選注引韓詩章句上夷平易也老子大道甚夷而民好徑注又太玄竹竹錯〇文選封禪文故軌迹夷易易遵也注云夷易皆平也夷常也〇詩皇矣傳瞻卬傳又周書武穆注又孟子告子上注萱按夷之訓常猶彝之訓常也皆其引伸之義也夷猶儕

也禮記曲禮上在醜夷不爭注又史記留侯世家皆陛下故等夷集解引徐廣○詩桑柔疏云夷是齊等之言夷悅也爾雅釋言又太玄內遇庸夷注又楚辭離世心葷葷而不夷注○詩風雨云胡不夷傳節南山既夷既懌箋那亦不夷懌傳並云夷說也夷喜也楚辭陶壅羨余術兮可夷注夷陳也禮記喪大記釋文夷之言尸也禮記喪大記男女奉尸夷于堂注○釋文云夷尸也又周禮凌人大喪共夷槃冰注云夷之言尸也實冰于槃中置之尸牀之下所以寒尸尸之槃曰夷槃牀曰夷牀衾曰夷衾移尸曰夷于堂皆依尸而為言者也又儀禮士喪禮士有冰用夷槃可也注云夷槃承尸之槃又牀笫夷衾注云夷衾覆尸之衾又云夷衾覆尸柩之衾也夷毀也一切經音義九引國語賈注夷傷也易明夷虞注又釋文又左氏成十三傳芟夷我農功注襄廿六年傳王夷師熸注昭五年傳明夷日也注又國語晉語將止不面夷注夷譏無筋骨注又孟子離婁上則反夷矣注又淮南天文庚子干丙子夷注又小尒雅廣言又白虎通五行○易序卦傳又明夷夷于左股九家注豐遇其夷主虞注蛤云夷者傷也又左氏成十六年傳察夷傷注又漢書律麻志上夷當傷之物也注雖云夷亦傷也夷平殄也漢書楊雄傳下南越相夷注夷滅也易象下傳明夷蜀才

注又廣雅釋詁四又國語周語又以人夷其宗廟注又老子名曰夷釋文引鍾會注又荀子君子故一人有罪而三族皆夷注又楚辭惜賢夷蠢蠢之溷濁注又後漢書宦者傳注○光武紀下注引廣雅云夷猶滅也夷殺也左氏隱六年傳芟夷蘊崇之注○後漢書班彪傳上注云夷猶傷也明夷誅也易襍卦傳夷創也漢書婁敬傳注○左傳成十六年服注云金創為夷諱伃中國謂之夷左氏襄十年傳謂之夷伃注夷則言陰氣之賊萬物也史記律書○周禮大師注云夷則申之氣也七月建而辰在鶉尾又云夷則長五寸七百二十七分寸之四百五十一又國語周語云五曰夷則所以歌詠九則平民無貳也又周語以夷則之上宮畢之注云夷則所以平民無貳也又淮南天文云夷則者易其則也又音比夷則注云夷則七月也夷傷則法也陽衰陰發萬物彫傷應法成性故曰夷則又呂覽孟秋注云夷則陽律也竹管音與夷則和太陽氣衰太陰氣發萬物彫然因法成性故曰律中夷則夷鋤類也管子小匡惡金以鑄斤斧鉏夷鋸欘注○周禮雜氏夏日至而夷之注云夷之以鉤鐮迫地芟之也若今取茭矣夷倨也荀子修身不由禮則夷固僻違注夷踞也論語憲問原壤夷俟集解引馬注又皇疏夷者傳夷無禮

義白虎通禮樂夷者觝也通鑑注引風俗通○後漢東夷傳注引風俗通云夷者柢也言仁而好生萬物柢地而出視之不見名曰夷老子○注云無色曰夷安心好靜曰夷周書諡法克殺秉政曰夷同上酋夷長短名考工記廬人注○疏云夷為長故開口引聲而言之又釋名釋兵云夷矛夷常也其矜長丈六尺不言常而曰夷者言其可夷滅敵亦車上所持也夷由不行也後漢書馬融傳注夷猶猶豫也楚辭湘君君不行兮夷猶注抽思低佪夷猶注夷靡頹弛也文選射雉賦或乃崇墉夷靡徐注○笙賦或桑行夷靡注云夷靡夷而漸平也夷玉東夷之美玉書顧命夷玉馬注○鄭注云夷玉東夷之珣玕夷庚吳晉往來之要道左氏成十八年傳以塞夷庚注○文選辯亡論上旋皇輿於夷庚注云夷庚者藏車之所夷儀邢邑也國語齊語桓公築夷儀以封之注夷水即蠻水也水經沔水注○夷水注云夷水即很山清江也蜀人見其澄清因名曰清江也淮夷二水名書禹貢淮夷蠙珠暨魚馬注夷羊神獸國語周語夷羊在牧注○淮南本經夷羊在牧注云夷羊土神雷夷香艸也離騷畦留夷與揭車

兮注辛夷香艸也楚辭湘夫人辛夷楣兮葯房注山鬼辛夷車兮結桂旗注夷發聲周禮行夫居於其國則掌行人之勞辱事焉句使則介之注云使故書曰夷使夷發聲○王伯申云劉昌宗讀以焉使連讀辯見經義述聞○莖按易渙匪夷所思釋文云夷荀本作弟明夷夷于左股釋文云夷子夏本作睇又作睼又禮記喪大記奉尸夷于堂釋文云夷作侇又尒雅釋木無姑其實夷釋文云夷李作桋按夷弟二字篆體相似易清睇睼侇皆後出字同音通耳也桋本亦妹之一名無姑之實李作夷而俗借木旁字用之耳又按書堯典宅嵎夷說文作嵎銕史記及尚書考靈耀作嵎銕今文尚書及帝命驗作禺銕蓋非禹貢之嵎夷矣銕者鐵之或體夷又銕之省也殆鐵為正字與夷語助也王尚書引之經傳釋詞云夷語助也詩瞻卬曰蟊賊蟊疾靡有夷屆罪罟不收靡有夷瘳言為害無有終極如病無有愈時也昭廿四年左傳曰紂有億兆夷人言有億兆人也孟子盡心篇曰夷考其行而不掩焉者也言考其行而不掩也夷語助也又周官職方氏曰其川虖池嘔夷嘔夷滱水也嘔之言滱夷其語助與水經滱水注曰滱水即漚夷之水漚與嘔同

徯行平易也說文段注按平訓皆當作徯今則夷行徯廢矣徯徯行也廣雅釋訓

姨 妻之女弟同出爲姨 說文段注釋親曰妻之姊妹同出爲姨孫曰同出俱已嫁也此獨言女弟者以弟姨疊韻也釋名曰妻之姊妹曰姨姨弟也言與己妻相長弟也按長弟謂次弟也後世謂母之姊妹曰姨母。呂覽長攻吾妻之姨也注云妻之女弟爲姨 妻之姊妹曰姨 詩碩人邢侯之姨傳又左氏莊十年傳蔡哀侯曰吾姨也注 母之姊妹曰姨 釋名釋親屬。左傳襄廿三年注姨昆弟疏云據父言之謂之姨。據子言之當謂之從母但子效父語亦呼爲姨

痍 傷也 說文段注按周易夷傷也左傳察夷傷皆假夷字爲之。廣雅釋詁四又一切經音義二引三蒼又漢書李布傳集注又後漢書王昌傳注並云痍傷也又公羊成十六年傳云王痍也王痍者何傷乎矢也 痍創也 漢書匈奴傳上集注。一切經音義二引通俗文云體創曰痍 痍侈也侈開皮膚爲創也 釋名釋疾病

咦 南陽謂大呼曰咦 說文段注呼外息也大呼大息也

桋 赤楝也詩曰隰有杞桋 說文段注釋木曰桋赤楝白者楝毛傳曰桋赤楝也郭云赤楝樹葉細而岐銳

韻史 卷六十五上第十五部平聲幾韻 六四〇三

皮如桋葉圓而岐爲大木。薹按釋木女桑桋桑亦是此字不關赤棣也今本作夷桑 平去兩讀注在彼

向切 邪

洟郋 汝南召陵里 說文段注汝南郡召陵二志同闞駰曰召者高也左傳僖四年楚屈完來盟于師盟于召陵又見昭十四年定四年傳杜曰召陵潁川縣也晉改屬潁川也按今河南許州郾城縣縣東四十五里有故召陵城郋者召陵里名召陵又有萬歲里許君召陵萬歲里人也。薹按說文又云讀若奚此擬其音不謂與奚同部也此部無同紐之字故借用十六部之奚

眺切 邪

鮧 或作鮷。俗有鯷鮧 大鮎也 說文段注山海經傳曰今亦呼鮎爲鮷郭注尒雅曰鮎別名鯷江東通呼鮎爲鮧蓋鮷鯷鮷三形一字同大兮反而鮧則別一字別一音不合而一之。蓋括段說亦有見但考鮧字舊讀以脂切者廣韻集韻云鮧鱁鹽藏魚腸宋明帝嗜蜜漬鱁鮧一食數升是乃後世所名不關古訓古音也鱁亦俗製字也鮧祇是鮎之大者無庸增以脂一切 鮷鮎也 廣雅釋魚 鯷鮎也 一切經音義十九引字林。尒雅釋文引字林云鯷青州人呼鮎鯷 鮷是

韻史 卷六十五上第十五部平聲幾韻 六四〇四

鮨 文選吳都賦鮮鯉鯊鱨注。山海經云休水多鮷魚狀如鷩雉而長距足白而對。又國策趙策云鯷冠秫縫

鵜 鵜 或。或書作鯑 鵜胡 逗 污澤也 說文段注釋鳥鵜鴮鸅毛傳鵜洿澤鳥也按今爾雅多俗字毛詩作洿澤是也鄭注表記云鵜鵜胡污澤也污澤善居泥水之中許鄭皆云鴮胡尒雅毛詩不言胡者此鳥李巡呼鵜以其胡能抒水故又名鵜胡也國語盛以鴟夷而投之于江淮宋明道二年李作鴮鵜注云鴮鵜革囊按陸疏云鵜胡頷下胡大如數斗囊若小澤中有魚便羣共抒水滿其胡而棄之令水竭盡乃共食之故曰洵河然則革囊名鵜亦取能容受之意應劭注漢書曰取馬革爲鴟夷鴟夷榼形而揚雄酒箴曰鴟夷滑稽腹如大壺盡日盛酒人復借酤師古曰鴟夷韋囊以盛酒即鴟夷勝也然則凡作夷者皆鵜之省去鴟夷者謂其如鴟之貪如鵜之善受也古音鵜諸同夷今字多作鵜。爾雅釋鳥舍人注云鵜一名洿澤又淮南齊俗鵜胡飲水數斗而不足注云鵜胡污澤鳥 鵜水鳥 詩候人維鵜在梁陸疏。莊子外物魚不畏網而畏鵜鶘 釋文云鵜鶘水鳥也一名洵河 鵜曰洵河 詩候人釋文。禮記表記釋文云鵜洿澤之鳥一名洵河又漢書五行志中之下昭帝時有鵜鶘注云鵜鶘即汙澤也一名洵河 鵜鶘一名推河也 一切經音義十七引毛詩艸木

韻史 卷六十五上第十五部平聲幾韻 六四〇五

疏 鵹鶘今鵜鶘 山海經東山經沙水其中多鵹鶘注 鵜鴂一名鶗鴂 離騷恐鶗鴂之先鳴兮注

苐 艸也 說文。薹按苐與荑各字而集韻誤合之說文無苐 艸陸生曰荑 一切經音義十九引通俗文。薹按茅荑家體最相似經典苐字悉譌爲荑荑行而苐廢矣凡有李字而讀鵜聲外者此類是也必宜譔正者矣 九艸之初生通名曰荑 文選郭景純遊仙詩陵岡掇丹荑注 荑是桒之新生者 詩七月傳女桑荑桑也疏 荑茅之始生也 詩靜女自牧歸荑傳。御覽九百九十六引風俗通云荑者茅始熟中穰也既白且滑 荑楊之秀也 後漢書徐登傳注。易大過釋文引鄭注云荑木更生。薹按苐稊義近通用故易作稊鄭作苐也若用荑字則遠隔矣又文選從遊京口北固應詔詩原隰荑綠柳注云荑與稊音義同惟作苐故同若作荑安得同耶又莊子知北遊云在苐稗惟此用苐字未誤

稊 稊。稊俗有 稊英也 說文段注見釋艸郭云稊似稗布地生邵氏晉涵云孟子之荑稗莊子之稊稗皆是也稊乃稊之誤 稊艸也 莊子秋水釋文引李注 稊稗類也 文選射雉賦菽藜秣徐注 稊 稊米小米也

韻史 卷六十五上第十五部平聲幾韻 六四〇六

莊子秋水不似稊米之在太倉乎釋文引司馬注稊者所以為豆實大戴記夏小正時有見稊始收傳稊也者發孚也大戴記夏小正柳稊傳。萱按此稊乃稊之破字。稊稗也楊葉未舒稱稊易大過枯楊生稊虞注稊者楊之秀也易大過注又釋文。疏云稊者楊梢之稊秀又漢書五行志中之下注云稊楊秀之始生者。萱按易釋文云鄭作荑又文選風賦云被荑楊勸進表云生荑華於枯荑皆叚荑為稊也也

綈

旱繒也說文段注管子輕重戊篇管子對桓公魯梁之民俗為綈公服綈既久對桓公宜服帛去綈然則帛薄繒厚可知也史記范雎傳索隱曰蓋今之絁按非也絁即許之緦字綈厚繒也史記范雎蔡澤傳以綈袍賜之索隱曰如傳赤綈綠繒索隱又漢書文帝紀贊身衣弋綈注賈誼傳身衣皂綈注張安世傳注東方朔傳注貢禹傳衣綈履革注王嘉傳衆與席緣綈繒而已注佞幸董賢傳柱檻衣以綈綈注匈奴傳上注外戚傳上盛綠綈方底注又後漢書楊厚傳注宦者傳序王莽傳被綈綠注。管子輕重丁注云繒之厚者謂之綈綈繒也後漢書王符傳注綈今之麤袍史記范雎蔡澤傳正義綈赤也儀禮覲禮注如今綈素屏風也疏今綈似蟐蝀之色綠而澤也

釋名釋采帛

銻　厗　尼　念部切

鍗銻也說文。萱按鍗銻即火齊去聲即玫瑰也出日南銻字似當為厗之重文廣韻鍗作磄唐厗石也說文段注四字句唐厗雙聲字石名也廣韻作磄厗又曰鍗銻火齊也玉篇曰厗古銻字平入四讀從後近之說文段注尼訓近故古以為親暱字高宗肜日曰典祀無豐于尼釋文尼女乙反尸子云不避遠尼尼近也正義釋詁云即尼也孫炎云即猶今也尼近也郭璞引尸子悅尼而來遠自天寶開衛包改經尼為昵開寶閒陳鄂又改釋文尼為昵而賈氏羣經音辨所載猶未誤也尼之李義從後近之若尼山乃取於圩頂水潦所止泥之假借字也孟子止或尼之尼止也與致遠恐泥同泥滯之段借字也尼是也周書文酌三尼注尼和也孝經仲尼尼疏引張揖又廣雅釋詁三尼蟲也孝經釋文引援神契尼首首象尼丘山中下四方高也萱按此泥之借字也

𡵔

反頂受水丘也說文段注釋丘曰水潦所止泥丘釋文曰依字又作泥郭云頂上洿下者孔子世家叔梁紇與

顏氏女禱於尼丘得孔子生而首上圩頂故因名曰丘字仲尼梏白虎通曰孔子反宇是謂尼丘德澤所興藏元通流蓋頂似尼丘故以類命為象泥是正字泥是古通用字尼是假借字水潦所止是以為泥淖儀禮注曰淖者和也劉獻述張禹之說仲者中也尼者和也孔子有中和之德故曰仲尼張周從泥淖得解顏氏家訓乃曰至如仲尼居三字之中四字非體三蒼尼旁益丘說文尸下施几如此之類何由可從玉裁謂右言駁俗則難依若言古義則不可不知也又漢碑有作仲泥者淺人渠非之豈知其合古義哉。萱按夏堪碑云仲泥何侘尼首首象尼丘山中下四方高也後漢書高獲傳注。萱按此叚尼為泥也平上去三讀義各異。俗有泥塗

泥

泥水出北地郁郅北蠻中說文段注北地郡郁郅見前志今甘肅慶陽府安化縣治即郁郅故城也前志郁郅下曰泥水出北蠻夷中泥陽下應注曰泥水出郁郅北蠻中一統志曰東河在安化縣東即白馬水也元和志延慶縣西臨白馬州寰宇記白馬水出北塞夷中引水經注云洛川南還尉李城東北合馬嶺水號白馬水明統志東河來自沙漠至安化城北合懷安及壑溝水南流至合水縣為馬蓮河東河及下流馬蓮河皆即古

泥水也按馬蓮即馬嶺之轉語今字皆用為塗泥字。晉書音義中云泥水出北地郁郅蠻夷中泥邇也邇近也以水沃土使相黏近也釋名釋宮室。易象上傳需于泥崔注云泥近乎外者也坤土得雨為泥易震震遂泥虞注。睽見豕負塗虞注云土得雨為泥塗水潦所止泥丘。尒雅釋丘釋名釋丘云水潦所止曰泥丘其止圩水留不去成泥也泥中衛邑也詩式微胡為乎泥中傳。左氏僖七年經盟于甯母注云高平方與縣東有泥母亭亭讀如甯萱按泥甯一聲之轉

𨛫　亮部切

殷諸侯國在上黨東北尚書西伯戡𨛫說文段注今商書西伯戡黎今文尚書作耆尚書大傳文王受命五年代耆周本紀明年敗耆國是也或作飢或作飢皆假借字也許所據古文尚書作𨛫戈部作黎蓋俗改也左傳曰赤狄奪黎氏地詩序曰狄人迫逐黎侯未知即商諸侯之後與否上黨郡名不言何縣者有未審也前志上黨壺關應劭曰黎侯國也今黎亭是後志同應說今山西潞安府治即漢壺關縣府西南三十五里有黎亭。尒雅釋詁注西伯堪𨛫釋文云𨛫國名黎國名書西伯戡黎序釋文又詩式微序釋文又後漢書班彪傳下注。萱按以說文衛之國名字本

作菞則黎爲段借字

棃 或作梨

棃果也 說文段注釋木棃山樆謂棃之山生者曰樆也樆本亦作離子虛賦檗離朱楊叢之騆引漢書音義云離山棃也師古注急就篇云棃一名山樆非是。萱按釋木杜甘棠棃山樆榆白榆三語戴先生東原皆於二字讀斷段氏此注用其說也萱謂彼二語戴讀不易矣惟棃山樆一語似可仍用舊讀也學者當更詳之

棃言面色如凍棃 方言一注。荀子堯問顏色棃黑而不失其所注云棃謂面如凍棃之色。又釋名釋長幼云九十曰鮐背或曰凍棃皮有斑點如凍棃色也又國語吳語今王播棄黎老注云黎凍棃壽徵也萱按棃黎古通用

棃老也 廣雅釋詁一。方言一云棃老也燕代之北鄙曰棃又方言十一云黎老也

棃黔皆黑也 漢書鮑宣傳蒼頭廬兒注。史記衛將軍驃騎傳索隱云黎黑也。萱按鮑宣傳字或作黎孟康注云黎黔皆黑也

棃分也棃劃也刑也 萱按皆段棃爲鏍也

黎履黏也 說文段注釋詁曰黎衆也衆之義行而履黏之義廢矣古亦以爲黧黑字

黎衆也 爾雅釋詁又詩天保

韻史 卷六十五上第十五部平聲幾韻

六四一一

羣黎百姓箋雲漢周餘黎民箋又禮記大學黎民尚亦有利哉注又楚辭天問而黎伏大說注。漢書司馬相如傳下覺寤黎烝注云黎烝衆庶也又後漢書班固傳下靖黎烝注云黎烝皆衆也

黎齊也 詩桑柔民靡有黎傳又淮南主術百世黎民注。桑柔箋出黎不齊也

黎逮也黎比也黎亦徐緩之意也 萱按此皆段黎爲遾也

黎陰官也 漢書郊祀志上命火正黎司地以屬民注引應劭文選思玄賦觀有黎之祀墻舊注云黎高辛氏之火正謂祝融也

黎小疏也 書禹貢厥土青黎馬注又王注

土青曰黎似藜艸色也 釋名釋地

黎枝扈黎即恆水也 水經河水注。韓勑後碑云口口菞氏又桐柏廟碑云黎庶輔祉又魯峻碑陰云魏犂陽又三公山碑云羣犂百姓萱按菞犂皆段借字也而菞後出

邌

邌徐也 說文段注或段黎爲之史記衛霍傳遲明遲待也一作黎傅毅賦黎收而拜李注言舞羅徐收斂容態而拜引倉頡篇邌徐也又或段犂爲之史記尉佗傳犂旦城中皆降伏犂旦即黎旦漢書犂旦爲遲旦晉世家重耳妻笑曰犂二十五年吾冢上柏大矣益可見犂之爲遲也

邌遲也 廣雅釋詁四

犂猶遲也 史記齊世家索隱

黎遠也

韻史 卷六十五上第十五部平聲幾韻

六四一二

史記衛將軍驃騎傳遲明索隱

黎猶比也 史記高帝紀黎明圍宛城三币索隱呂后紀孝惠還集解引徐廣。駱史漢之旁郡國黎來索隱云黎比也

犂猶比也 史記齊世家索隱晉世家索隱

黎亦徐緩之意也 漢書高帝紀上注

犂結也 史記南越尉佗傳集解引呂靜

悡

恨也一曰怠也 說文。萱按恨隸作悢

鑗

金屬也一曰剝也 說文段注剝者裂也剝劃裂知鑗與務義同方言蠡分也注謂分劃也此即鑗之段借方言又曰劃解也亦即此字。萱按務在一部劃在十五部皆與鑗異部同音也義亦大同

棃劃也棃利也 荀子五輔是故博帶棃注。後漢書馬融傳注云棃即務字古通用也務劃也萱按注當云棃即鑗字古通用也則尤洽矣

棃分也 淮南齊俗伐楩柟豫樟而剖棃之注

犂 或作犁

耕也 說文段注山海經曰后稷之孫曰叔均是始作牛耕郭傳始用牛犂也按耒部耕訓犂是犂耕二字互訓皆謂田器今人分別誤也仲尼弟子傳冉耕字伯牛司馬耕字子牛論語司馬牛孔注曰宋司馬犂也此可證司馬牛名

韻史 卷六十五上第十五部平聲幾韻

六四一三

耕一名犂也蓋其始人耕者謂之耕牛耕者謂之犂其後至名之

犂耕也 廣雅釋地又漢書匈奴傳下集注。論語雍也皇疏云犂謂耕犂也

犂利也利發土絕艸根也 釋名釋用器

犂禨也 漢書樊酈滕灌傅靳周傳贊仲尼稱犂牛之子注

犂襍文也 論語雍也犂牛之子集解皇疏云犂文也雜文曰犂。

犂牛不純色 淮南說山說屯犂牛注。論語雍也釋文云犂色如狸也又山海經楸蒸之山食水出焉其中多鱐鰖之魚其狀如犂牛注云犂牛似虎文者

犂然猶栗然 莊子山木犂然有當於人之心釋文引司馬注

犂鼠蚡鼠也 方言六犂鼠之場注云

犂猶遲也犂猶比也犂結也 萱按此皆段犂爲邌也又段爲藜字廣雅犂如桔樓也是亦段爲黧字南越傳索隱云棃黑也是

鵹 或作鵹鶹。俗有鸝鷅。

鵹黃也一曰楚雀也其色黎黑而黃 說文段注鵹黃也三字句字林省作雚又作鵹雚黃即離黃見離下鵹離異部而雙聲故鵹黃與離黃異名一曰謂一名也黎黑見月令注作鸝亦謂黑色。尒雅釋鳥鵹黃楚雀李注云鵹黃一名楚雀

鵹黃一名倉庚 禮記月令疏引尒雅釋鳥舊注。方

韻史 卷六十五上第十五部平聲幾韻

六四一四

言八云自關而東謂之倉庚自關而西謂之鸝黃。瑩按詩毛傳云黃鳥搏黍也此與倉庚各物而陸疏誤合之陸云黃鳥黃鸝留也或謂之黃栗留幽州人謂之黃鸝或謂之黃鳥一名倉庚一名商庚一名鵹黃一名楚雀齊人謂之搏黍關西謂之黃鳥或謂之黃袍

藜

蔾 蔾艸也 說文段注左傳斬之蓬蒿藜藋初生可食故曰蒸藜不孰小雅北山有萊陸璣云萊兗州人蒸以為茹謂之萊蒸按萊蒸蓋即蒸蔾如詩駁北訓驍北也。史記孔子世家緣離索隱云蔾州名也 蔾藋也 大戴記曾子制言下聚橡栗蔾藋而食之注。瑩按蔾也藋也萊也一物三名即俚俗名灰藋者也根人食之 蔾似藋而表赤 史記太史公自序蔾藋之羹正義。漢書司馬遷傳注云蔾艸云蔾艸似蓬也。瑩按藋及蓬皆不與蔾相似藋即灰葉 蔾蘆 蔥苒也 廣雅釋艸 蔾如桔梗也 廣雅釋艸。瑩按此段蔾為蔾也又城琪碑蔾首度口段蔾為黎也二字互相通借也又孫叔敖碑云愛育蔾口又云繖高陽重蔡又祝睦後碑云君兆自蔾辛段借皆同惟字體俗早

秜

稻今年落來年自生謂之秜 說文段注淮南書離先稻孰而農夫耨之不以小利傷大穫也注云

離與秜相似耨之為其少實既離即秜他書皆作穭力與切埤蒼穭自生也亦作稆後漢書獻帝紀尚書郎以下自出采稆古作旅史漢皆云觜觿主葆旅事晉灼曰穭采也野生曰旅今之飢民采旅生穭離秜旅一聲之轉皆謂不種而自生者也

竆郍切

遲

遟或遲。籒。俗有迟𨒈平去兩讀 徐行也詩曰行道遲遲 說文段注今人謂稽延為遲平聲謂待之為遲去聲按迟字疑從人因楊雄賦而增也甘泉賦曰靈遲迟今說者皆云上音棲下音遲延即遲字也然文選作迟延與漢書異玉篇汗簡亦皆作迟集韵引尚書遲任又未必眞壁中古文也 遲徐也 呂覽審分公作則遲注

遲徐也 廣雅釋訓 遲遲行也 楚辭惜賢時遲遲其日進兮注 遲遲舒行也 詩谷風行道遲遲傳

遲遲舒緩也 詩七月春日遲遲傳 遲緩也 易歸妹遲歸有時釋文又廣雅釋詁二 遲遲長也

廣雅釋訓 遲遲長遠也 詩采薇行道遲遲傳 遲遲者日長而喧之意 詩七月疏 遲遲

疑不全之皃也 後漢書鄧張徐張胡傳注 遲晚也 易歸妹釋文又廣雅釋詁三又離騷恐美人之遲莫注 遲慢也 荀子宥坐陵遲故也注 遲積也不進之言也 釋名釋學術 遲謂性非

敏速也 漢書杜周傳周少言重遲注 遲即夷也 匡謬正俗八 遲久也。廣雅釋詁三三公山碑云愍俗陵遲又繁陽令楊君碑云徲從樂志又婁壽碑云徲徙衡門瑩按徲從徲徙即棲遲也徙借字從俗字 遲待也 易歸妹釋文引陸注又荀子脩身故學曰遲注又史記南越傳犂旦索隱。衛將軍驃騎傳遲明索隱云遲者待也 遲思待之也 文選西征賦賓旅竦而遲御注 遲猶思也 文選曹子建責躬詩遲奉聖顏注潘安仁在懷縣詩夕遲白日移注謝靈運酬從弟惠連詩傾想遲嘉音注南樓中望所遲客詩臨江遲來客注 遲猶希望也 後漢書章帝紀注 遲未也 漢書高帝紀上集注引文穎。文選范彥龍效古詩遲留法未經注云遲或作遟瑩按遲遟義通九訓待訓思諸義皆舊讀遲去聲者也實則一義之引伸耳卽皆讀平聲異不可

䛭 徲

語諄䛭也 說文段注諄䛭蓋猶鈍遲也 或作徲 久也 說文段注久疑當作文按廣韻徲久待也無滯字玉篇集韵有滯無徲未知孰是 徲徲往來也 廣雅釋訓

墀

或作墀 涂地也禮天子赤墀 說文段注巾部曰㡙墀地以巾捫之也凡涂地為墀今因謂地為墀矣天子赤墀蓋出禮緯含文嘉之文尒雅地謂之黝然則惟天子以赤飾堂上而已故漢未央殿青瑣丹墀後宮則玄墀而彤庭也漢典職儀曰以丹涂地故稱丹墀張載注魏都曰丹墀以丹與蔣離合用塗地也按蔣疑是將字 墀塗也 廣雅釋室 墀殿上地也 後漢書班彪傳上注 金墀猶金戺也 文選七啟金墀玉箱注 墀水中墀也 易略例陛墀永歎注。釋文云墀本作坻。瑩按此疑當坻為正字

坻

汶或渚有或坽。俗小渚沚也詩曰宛在水中坻 說文段注尒雅曰小州曰渚小渚曰沚小沚曰坻毛詩召南秦傳曰水中可居者曰州渚小州也坻小渚沚也小渚曰沚今按毛傳不應坻沚同訓若云坻小沚也小渚曰沚則於尒雅合許水部渚下引尒雅小州曰渚沚下曰小渚也皆與尒雅毛傳同則此小渚亦當作小沚明矣坻者水中可居之最小者也與十六部之坻迥別。史記屈原賈生傳得坻則止集解引張晏云坻水中小洲也瑩按州渚沚坻不同張以小洲釋坻者泛言則通也州洲同字 坻水中之高地也 詩甫田如坻如梁箋。文選上林賦臨坻注壁

注引鄧展云坻水中山也又史記司馬相如傳正義云坻水中沙徵起出水者也又漢書司馬相如傳上注云坻謂水中隆高處也又下磧歷之坻注云坻水中高處也

坻岸也文選南都賦注郭璞上林賦注引

坻所以止船也文選思玄賦伏靈龜以負坻兮舊注

坻下阪道也文選上林賦下磧歷之坻注引張揖

坻坂也玉篇引埤蒼。萱按此段坻為阺也

坻殿基也文選景福殿賦晝坻鄂之鍔鍔注。萱按此坻引申之義與墀相近易略例釋文云坻李作坻又尒雅釋文云坻本作泜又作墀是坻蜉相關通也

坻蟻冢易略例釋文。方言六云坻場也梁宋之閒蚍蜉犁鼠之場謂之坻

濬至也廣雅釋水

泜

泜水在常山說文段注前志常山郡元氏下曰沮水首受中丘西山窮泉谷至堂陽入黃河按沮當作泜北山經注云今泜水出中丘縣西窮泉谷東注於堂陽縣入於漳水以郭正張知沮為字之誤風俗通云濟水出常山房子贊皇山東入沮此亦泜謂作沮也由書氏作互遂謂且耳班志入黃河亦當依郭作湯漳弦水經注濁漳通堂陽縣而河水不徑堂陽元和志曰泜水在贊皇縣西南二十五里即韓信斬陳餘處今泜水在元氏縣源出封龍山東南流經縣西南六十里紙屯村入

韻史 卷六十五上第十五部平聲幾韻　六四一九

槐河泜與濟互受通稱

泜肆也山海經北山經敦與之山泜水出於其陰注

泜泜齊皃後漢書蔡邕傳注

菧 蓝或 菹也說文

蚳 蟁或 蛭古文 螘子也周禮有蚳醢說文。尒雅釋蟲云螘蚳其子蚳又國語魯語蟲舍蚳蝝注云蚳螘子可以為醢又禮記內則釋文云蚳蟻子也又周禮鼈人杜注醢人注疏云蚳蟻子

蚳螘卯也大戴記夏小正抵蚳傳又尒雅釋蟲注

蚳蚍蜉子也周禮鼈人釋文又禮記內則腶脩蚳醢注

蚳蠍也一切經音義五引廣雅。萱按尒雅釋魚借蚳為眡見釋文

纏 洒黎切 十五部十六部兩見。俗有䋥絁

粗緒也說文段注粗者疏也粗緒蓋亦繒名廣韻云繒似布玉裁按蓋今之綿紬

纏紬也廣雅釋器

亝 淺黎切 隸作齊。平去兩讀義分

禾麥吐穗上平也象形說文段注从二者象地有高下也禾麥隨地之高下

韻史 卷六十五上第十五部平聲幾韻　六四二〇

為高下似不齊而實齊參差其上者蓋明其不齊而齊也引伸為凡齊等之義古段為齋字亦段為齎字

齊等也漢書食貨志下集注引如淳又文選羽獵賦以暢齊民注引如淳又莊子漁父以化於齊民釋文引李注又呂覽觀世與我齊者注

齊列也又淮南精神齊死生注壺子之視死生亦齊矣注俗務故立天子以齊一之注

淮南原道齊靡曼之色注

齊皆也史記平準書民不齊出于南畝集解引李奇

齊同也左氏襄廿二年傳以受齊盟注又國語楚語民濟齊盟注吳語背其齊盟注又漢書揚雄傳上集注又莊子則陽予來年變齊釋文引司馬注又楚辭雲中君與日月兮齊光注哀郢釋齊揚以容與兮注招魂爛齊同𦦨注二八齊容注又文選東京賦憲先靈而齊執薛注咸池不齊度於𧯂吹薛。禮記學記大時不齊疏云齊謂時同也又郊特牲壹與之齊注云齊謂共牢而食同尊卑也又荀子議兵民齊者強注云齊謂同力

齊一也左氏成十一年傳齊盟所以質信也注又國語周語其君齊明衷正注晉語要用齊盟注楚語明齊肅以耀之臨注而又能齊肅衷正注又淮南齊俗注

齊中也爾雅釋言又釋地距齊州以南注又書呂刑天齊于民馬注又左氏文十八年傳齊聖廣淵注又管子內業節適之齊注又列子湯問侑州也注黃帝不知斯齊國幾千萬里注。左傳文十八年

韻史 卷六十五上第十五部平聲幾韻　六四二一

疏云齊者中也率心由道舉事皆中也

齊正也詩小宛人之齊聖傳。箋云中正通知之人疏云中正謂齊又易繫辭上傳齊小大者存乎卦王肅注云齊猶正也

齊整也廣雅釋言又國語周語外內齊給注又荀子富國必將修禮以齊朝注齊謂整齊也易旅得其齊斧釋文引張晏又詩楚茨既齊既稷釋文又禮記中庸齊明盛服疏有謂齊

齊平也後漢書和帝紀注

齊度也員也水經濟水注引春秋說題辭古微書引春秋說題辭云齊者。度也

齊翦也儀禮既夕記馬不齊髦注。詩閟宮箋翦斷也疏云齊即斬斷之義

齊利也漢書王莽傳下集注引應劭

齊壯也尒雅釋言

齊疾也尒雅釋詁又廣雅釋詁一又書大傳多文而齊給注又荀子非十二子齊給便利注臣道齊給如響注性惡齊給便敏而無類注。尒雅釋言注云齊亦疾又淮南說山力貴齊知貴捷注云齊捷皆疾

齊速也史記五帝紀幼而徇齊集解。荀子修身注云齊給便利皆捷速也

齊猶言辯也易繫辭上傳注

資輔供就曰齊周書諡法

齊德也史記五帝紀索隱

齊肅也左氏文二年傳子雖齊聖注。萱按國語周語外內齊給賈子禮容語下作外內肅給

執心克莊曰齊周書諡法

齊齊恭慤皃

韻史 卷六十五上第十五部平聲幾韻　六四二二

韻史　卷六十五上第十五部平聲齊韻　六四二三

也（禮記玉藻廟中齊齊注〇疏云齊齊自收持嚴正之皃也又祭義齊齊乎其敬也疏云齊齊謂整齊之皃）齊也者言萬物之潔齊也（易說卦傳）齊得其適也（淮南詮言得其齊注）從齊無倦（淮南脩務）（一言而萬民齊注〇荀子修身齊明而不竭注云齊謂無偏無頗也又王霸曰者齊也注云齊謂無所關也）難禁之謂齊（韓非子說疑）齊滅取也（詩楚茨既齊既稷箋）巽為齊〇（易巽喪其齊斧廣注說卦傳云齊乎巽）無有貴賤謂之齊民若今平民矣（漢書食貨志下亂齊注〇淮南齊俶真況齊民予注云齊民九民齊于民也又原道此齊民之所以淫泆流湎注云齊於萬民故曰齊）齊洄水如磨齊也（列子黃帝）（與齊俱入釋文又莊子達生釋文引司馬注同惟洄作回）齊古之建國也（漢書高帝紀下〇郊祀志上云齊所以為齊也又水經淄水注引地理風俗記云齊所以為齊者即天齊淵名也又釋名釋州國云齊齊也地在勃海之南勃齊之中也）齊者三代之遺聲也齊人識之故謂之齊（禮記樂記書大傳冬伯〇）（之樂舞齊落注云齊終也言象物之終也）齊冠或曰長冠竹裏以纚高七寸廣三

韻史　卷六十五上第十五部平聲齊韻　六四二四

寸形制如板（獨斷下）齊車金路王自整齊之車也（周禮齊右前齊車注〇儀禮既夕齊三采注云齊柳之中央若今小車蓋上蕤矣以三采繒為之上朱中白下蒼著以絮元士以下有貝）齊斧黃鉞斧也（易旅釋文引張軌注〇晉書音義下引張晏云齊斧任伐斧也以整齊天下也〇萱按九从齊聲之字多省作齊如齎如齋用本字者轉少也又詩甫田以我齊明釋文云齊本作齎又周禮肆師趣以采齊釋文云齊本作薺又禮記樂記地氣上齊孔子閒居至于湯齊注並云齊讀躋此皆齊為段借字也又國策齊貌辨呂覽知士作劑貌辨漢書注作劑貌辨齊劑亦一聲之轉）

齎 等也（說文段注齊等字當作此齊行而齎廢矣〇萱按莊子漁父釋文引李注又呂覽觀世注又淮南精神注脩務注又文選羽獵賦引如淳注云齊等也無作齎字者）

臍（或書作臍）朏臍也（說文段注囟部曰朏臍人臍也凡居中曰臍釋言馬注呂刑皆云齊中也釋地中州曰齊州列子中國曰齊國莊列與齊俱入與汨偕出司馬云齊回水如磨齊也皆臍字引伸假借之義左傳噬齊字祇作齊）臍劑也

腸端之所限劑也（釋名釋形體）

韻史　卷六十五上第十五部平聲齊韻　六四二五

蠐（或書作蠐）蠐蠹也（說文段注釋蟲蟦蠐螬郭云在木中者蠐螬郭云在糞土中者也是二者似同而異宋掌禹錫蘇頌亦辨蠐螬與蝤蠐蝎不同許意謂蝤蠐蝎為一物而蠐螬下不云蝎也蓋亦不謂一物矣〇列子天瑞莊子至樂並云烏足之根為蠐螬）蝤蠐蝎蟲也（詩碩人領如蝤蠐傳〇介雅釋蟲孫注云蝤蠐謂之蟦蠐關東謂之蝤蠐梁益之閒謂之蝎萱按叔然合二者為一與許郭異殆非也又詩雅釋文並云蠐本作齊蠐省借字也）

薺（平上兩讀）蒺藜也詩曰牆有薺（說文段注今詩鄘風小雅皆作茨釋艸傳箋皆曰茨蒺藜也易曰據于蒺藜陶隱居曰子有刺軍家鑄鐵作之以布敵路亦呼蒺藜〇萱按薺正字茨資皆借字）薋蒺藜也（離騷薋菉葹以盈室兮注〇萱按詩楚茨云楚楚者茨）采薺雍振羽皆樂章也（禮記仲尼燕居以和鸞中采齊客出以雍徹以振羽注〇萱按周禮樂師教樂儀行以肆夏趨以采薺漢書禮樂志猶古采薺肆夏也皆用本字又禮記玉藻趨以采薺行以肆夏賈誼傳步中采齊皆省借字也）

韻史　卷六十五上第十五部平聲齊韻　六四二六

餈 饝（或）粢（或〇俗有餎）稻餅也（說文段注方言曰餌謂之餻或謂之粢或謂之餎或謂之飥謂米餅也周禮糗餌粉餈注曰餌餈皆粉稻米黍米所為也合蒸曰餌餅之曰餈糗者擣粉熬大豆為餌餈之黏著以粉之耳餌言糗餈言粉互相足按許說與鄭不同謂以稬米蒸孰餅之如餈餅曰餈今江蘇之餈飯也粉稬米而餅之而蒸之則曰餌蜀部云鬻粉餅也是也今江蘇之米粉餅米粉團也粉餅則傅之以米麥之乾者故曰糗餌米部云糗熬米麥也可證餈則傅之以大豆之粉米部曰粉傅面者也可證也許不言何粉大鄭云豆屑是也周禮故書作茨段借字也內則音義曰餈本或作粢梅粢與禾部粢各義）餈謂乾餌餅之也（周禮籩人注〇疏云今之餈糕皆餅之名）餈漬也烝燥屑使相潤漬餅之也（釋名釋飲食）饝餌也（廣雅釋器〇方言十三云餌或謂之餈又周禮籩人注云故書餈作茨萱按餈茨正借字）

茨（〇俗有茨疾）茅蓋屋（說文）茨蓋屋也（莊子讓王環堵之室茨以生艸釋文引李注又荀子禮論抗折其額以象槾茨番閼也注）茨屋蓋也（詩甫田如茨如梁箋彼洛矣稽毓如茨箋）茨以茅覆屋也（史記

太史公自序正義又晉書音義中。禮記檀弓注謂茨瓦也釋文云茅茨覆屋

屋以艸蓋曰茨茨次也次比艸爲之也釋名釋宮室。荀子禮論屬茨倚廬注云茨蓋屋艸也

茨蓋也周禮圍師茨牆則翦闔注又穀梁成二年傳楚雍門之茨注。穀梁釋文云茨門蓋又史記太史公自序茅茨不翦正義云屋蓋曰茨

茨覆也廣雅釋詁二。書梓材惟其塗塈茨疏云茨謂蓋覆也

茨積也詩甫田傳又廣雅釋詁一。淮南泰族茨其所決而高之注云茨積土填滿之也

茨聚也廣雅釋詁三

茨蒺蔾尒雅釋艸又穀梁文三年傳茅茨盡矣注。萱按此段茨爲薺也詩楚茨亦用借字禮記玉藻注作楚薺則用正字又周禮蓬人粉養或作粉茨茨亦段借也又莊子徐无鬼將見大隗于具茨之山釋文云茨司馬李作疾一本作次棲次者借字也疾譎體也廣韵云具茨山

薋

艸多皃說文段注離騷曰薋菉葹以盈室王注薋蒺藜也菉王芻也葹枲耳也詩楚楚者薋三者皆惡艸也據許君說正謂多積菉葹盈室資非艸名禾部曰積積禾也音義同。蒺藜之字說文作薺今詩作茨叔師所據詩作資皆段借字耳。漢書禮樂志獨古朱薺肆夏也注云薺禮經或作資又作茨萱按此禮經用段借字也叔師不知爲借字遂誤釋駿矣

韻史 卷六十五上第十五部平聲幾韻　六四二七

濆

久雨涔濆也一曰水名說文段注涔濆亦作涔磧廣韻曰濆水名在常山郡又涔濆久雨

鉓

利也說文段注周易喪其資斧子夏傳及衆家並作齊斧應劭云齊利也然則鉓爲正字齊爲段借字

疵

病也說文又尒雅釋詁又禮記禮運是謂疵國注又漢書平帝紀集注中山靖王勝傳集注又後漢書左周黄傳贊集注又圜疵注又列子黄帝物無疵厲釋文又莊子逍遙遊使物不疵爲釋文又荀子不苟非毀疵也注又呂覽悔過是師必有疵注不積揄脹羅愆能疵矣注

疵闕病也國策齊策齊兒辨之爲人也多疵注

疵多病也周書諡法平易不疵曰

疵癘謂災變也穀梁序兒神爲之疵癘注

疵瑕也易繫辭上小疵釋文引馬注又書大

疵瞀也淮南汎論故有疵語知我國注日中有疵焉注

疵毀也莊子逍遙游釋文引馬注。萱按毀者皆之

訓也疵皆二字互借通用漢書翟義傳因知我國有皆災集注云皆病也此用皆爲疵矣古文段皆譬瑕爲疵也

平入田讀定也說文。萱按詩桑柔靡所止疑傳云疑定也此段疑爲就也就疑異部而同音也疑之訓戾訓止皆就之

𠤕仰黎切

義疑戾也尒雅釋言。注云戾止也疑者亦止

疑止句

立自定之皃儀禮士昏禮注入聲內詳

韻史 卷六十五上第十五部平聲幾韻　六四二八

狋品黎切

犬怒皃一曰犬難附代郡有狋氏縣說文段注漢書東方朔傳曰狋吽牙者兩犬爭也[illegible]猶近也狋氏縣地理志郡國志同孟康曰狋音權氏音精。萱按權精之音漢時方俗語言如是於六書無可言者平上四讀注在彼

仳

枇

枇杷木也說文段注四字句。釋名釋樂器云枇杷本出於胡中馬上所鼓也推手前曰枇引手卻曰杷象其鼓時因以爲名也。萱按禮記雜記段枇爲匕

茈

艸也一曰茈朿木說文段注茈朿木未聞王氏念孫曰茈朿木三字當是茈朿二字之譌玉裁謂說文茈字下作𣨳𣨳不當此作茈朿蓋木名也

茈蠃紫色螺也山海經南山經洵水其中多茈蠃注。萱按茈蠃疑當作茈蠃。有俗毗

毗

毗臍逗人臍也說文段注毗字段借之用如詩節南山采叔毛傳皆曰脃厚也箋云毗輔也方言毗

韻史 卷六十五上第十五部平聲幾韻　六四二九

遙也毗廢也毗明也皆是意就篇作腂

毗厚也詩節南山天子是毗傳毗厚也。萱按采菽福祿腂之傳云腂厚也尒雅釋詁云腂厚也用字雖異實則同也

毗輔也荀子宥坐天子是庳注

毗助也莊子在宥人大喜邪毗于陽釋

毗并也莊子在宥釋文引司馬注

毗明也方言十三又廣雅釋詁四

毗遮也方言十二廣雅釋詁二

毗廢也方言十三

毗劉暴樂也尒雅釋詁。舍人注云毗劉爆爍之意也。萱按左傳哀五年城毗公羊作比又尒雅釋文云毗樊李作庇又詩節南山釋文云毗王李作埤又荀子宥坐毗作庳皆段借音近之字也

膍

肶或

牛百葉也一曰鳥膍胵逗鳥胃也說文段注周禮醓人注膍析夕禮皆云膍析同禮鄭司農云膍析牛百葉也既夕注云膍讀爲雞膍肶之膍析百葉也按肶從此聲釋文尺之反內則注與膍肶也之字亦作百肶釋文昌私反今儀禮注禮記釋文皆有膍肶皆作肶誤甚即許所謂斯與析音近故釋膍析爲膍肶雖鵝皆有肶謂胃也肶與斯鳥膍胵也鄭與許字異而音義同則謂之膍析謂之百葉者胃薄如葉碎切故云百葉未切爲膍胵膍切謂之膍百葉也此胃切也而經注何以謂之膍析說禮家如今人俗語膍胃連言故以膍之名加於胃也經之膍析蓋容有讀爲膍者故許從之不欲與

韻史 卷六十五上第十五部平聲幾韻　六四三〇

土藏同名也莊子臘者之有膍胲司馬云膍牛百葉也是也大雅加肴脾膍脾蓋亦謂百葉許以牛百葉系諸獸系諸已成之豆審故以爲膍胵爲別一義實則皆謂胃也廣雅云百葉謂之膍胵渾言之也內則鴇奧玉篇膍奧皆作膍云膍爲胃釋詁曰肶厚也毛詩曰膍厚也實一字也皆引申假借之義也采菽福祿膍之音義曰韓詩作肶按韓詩尒雅皆同說文或字毛詩節南山又作𣬉即𣬉字釋詁肶亦作膍 百葉謂之膍胵廣雅釋器

貔 豼或有貔俗 豹屬出貉國詩曰獻其貔皮周書曰如虎如貔貔猛獸說文段注大雅韓奕傳曰貔猛獸也尚書某氏傳曰貔執夷虎屬也釋獸曰貔白狐舍人曰一名白狐也按方言曰貔陳楚江淮之間謂之貅北燕朝鮮之間謂之貊關西謂之貍郭云貔未聞語所出玉裁謂方言所說貍也非貔也尒雅所說白狐蓋亦貍類非貔也而皆得貔名者俗語之相混也說文毛傳尚書傳則皆謂貔之本義也貉國北方國也按上文豹屬當作貍屬許以貍屬爲貔本義以猛獸爲詩書之貔也。尒雅釋獸釋文引字林云貔豹屬出貉國又書牧誓鄭注云貔一名白豹虎類也豈按鄭注見曲禮疏白豹譌作曰豹 貔執夷虎屬也漢書司馬相如傳上生貔豹注引郭璞。詩韓奕疏

韻史 卷六十五上第十五部平聲幾韻 六四三一

云貔一名執夷一名白狐其子爲豰遼東人謂之白熊又釋文云貔即白狐也又引艸木疏云貔似虎或曰似熊遼東人謂之白羆 貔貍別名也方言八注 貔貓也廣雅釋獸 貔貅亦摯獸也禮記曲禮上前有摯獸則載貔貅注又釋文云貔貅摯獸。書牧誓如虎如貔如熊如羆史記作如虎如羆如熊如螭當按此書今古文不同也羆爲韻貔羆一聲之轉

蠶 蚍或蠶蠹逑大螘也說文又爾雅釋蟲。舍人注云蚍蜉即大螘也小者即名螘也 蚍蜉亦呼蟞蜉方言十一注

梍 梠也說文段注梍之言比敘也西京賦曰三階重軒鏤檻文按此文梍謂軒檻之飾與屋梠相似者 梍屋連緜也文選西京賦注引聲類。景福殿賦梍梠緜邐注云梍梠秦名屋緜聯楚謂之梠也

蔋 蔋或作蔋 蓄也說文 蔋艸名也一切經音義二引三蒼。音義八引三蒼云蔋艸也其生似樹也 蔋麻其生似樹者也一切經音義二引韻集

韻史 卷六十五上第十五部平聲幾韻 六四三二

迷 面黎切 惑也說文又尒雅釋言又楚辭惜誦迷不知寵之門注涉江迷不知吾之所如注哀命志瞀迷而不知路注又文選思玄賦何迷故不志舊注 而迷誤也廣雅釋詁三又離騷及行迷之未遠注 凡失其所欲之路而妄行之則爲迷韓非子解老 坤爲迷易坤先迷九家注○復迷復集解云坤爲先迷又虞注云坤冥爲迷又繫辭下傳百官以治萬民以察虞注云坤爲迷暗 迷猶陽猶忘陽也莊子人間世迷陽迷陽無傷吾行注又釋文引司馬注云迷陽伏陽也謂詐狂○山海經南山經云招搖之山有木焉其狀如穀而黑理其華四照其名曰迷穀

麊 ○俗有麊 潰米也交止有麊泠縣說文段注潰屬也謂米之棄於地者也米部曰糂舂粟不潰也不拋散謂之不潰地理志交止郡麊泠後漢書郡國志同麊者麊之誤應劭曰麊音彌孟康曰泠音螟蛉之蛉

冞 宷或 网也說文段注各本作周行也詩釋文引作冒也乃涉鄭箋而誤今尋上下文皆网名篇韻皆云冞冒也更正蓋冞亦网名其用主自上冒下故鄭氏箋詩殷武改毛之冞入其阻爲冞入云冒也就字本義引伸之此鄭箋之易舊非經本

韻史 卷六十五上第十五部平聲幾韻 六四三三

有作冞者也各本有詩曰冞入其阻六字似許用鄭恐後人所增今刪 冞冒也詩殷武箋○萱按毛不破字傳訓深者乃罙之義非冞之義也辨在七部罙下

镾 或作璽彌○十五部十六部四譜 久長也說文段注镾今作彌彌蓋用弓部之璽代镾而又省王也彌行而镾廢矣漢碑多作璽可證镾之本義爲久長其引申之義曰大也遠也益也深也滿也偏也合也縫也竟也其見於詩者大雅生民卷阿傳皆曰彌終也周禮小祝叚爲敉史記禮書叚爲靡 彌久也周書謚法又小尒雅廣詁又廣雅釋詁三又楚辭招魂頓彌代乎注○漢石門頌云歷世璽久 彌遠也左氏哀廿五年傳以肥之得備彌甥也注又史記屈原賈生傳彌融爚正義引顧野王又文選西京賦彌望廣潒注 彌大也易繫辭上傳故能彌綸天地之道虞注又太玄玄告而天地彌陶之謂神明不窮注 彌廣也漢書揚雄傳下集注又文選遊天台山賦注引劉瓛周易義 彌深也廣雅釋詁三 彌滿也史記司馬相如傳彌山跨谷正義又漢書五行志下之上集注蘇武傳集注司馬相如傳上掩乎彌澤集注傳下集注 彌益也小尒雅廣詁又國語晉語讒言彌興注守學彌悖注又呂覽貴生其虧彌甚者也注先已其素之彌

韻史 卷六十五上第十五部平聲幾韻 六四三四

遠者注當染從蜀彌眾注又文選東京賦歷彌亢薛注○儀禮士冠禮記三加彌尊注又呂覽節喪國彌大注鉒云彌猶益也又左傳哀廿三年云彌者增益之義疏**彌竟也**史記司馬相如傳正義又漢書相如傳上集注元后傳集注又文選西京賦注**彌終也**尒雅釋言又易繫辭釋文引荀注又詩生民誕彌厥月傳卷阿傳彌爾性傳閟宮注彌月不遲箋又國語周語其飾彌章注又後漢書班彪傳下注遑寢傳注又文選思玄賦又雜彌高而不彪遠舊注**彌覆也**文選子虛賦罘罔彌山郭注○西京賦彌皋被岡薛注云彌猶覆也**彌斂也**漢書揚雄傳上集注**鑈合也**方言十三堂按惟方言用鑈正體○廣雅釋詁二云彌合也**鑈縫也**方言十三○廣雅釋詁二云彌縫也**彌縫猶補合也**左氏昭二年傳敢拜子之彌縫敝邑注又後漢書左周黃傳論彌縫衮闕注○易繫辭上傳疏云彌謂彌縫補合**彌猶絡也**淮南原道橫之而彌于四海注**彌猶掩也**文選西京賦跨谷彌皋薛注**彌猶徧也**周禮大祝禮記社稷禱祠注又楚辭思古佇倚於彌楹注○易繫辭彌綸天地之道釋文引京注云彌遍**彌猶極也**文選西京賦態不可彌薛注**彌猶低也**穆天子傳六彌旗以節之注**彌猶稍稍也**漢書揚雄傳上宣戚

韻史　卷六十五上第十五部平聲幾韻

六四三五

帝王之彌文哉注**彌彌猶稍稍也**漢書韋賢傳彌彌其失注應劭又後漢書楊震傳注引**彌綸纏裹也**文選文賦注引易王肅注○華嚴經音義上引漢書拾遺云彌綸猶纏裹也**弟離即彌離彌離猶蒙籠耳**尒雅釋詁學弟離也注既**彌者白虹彌天也**周禮眡祲七曰彌司晨注○後鄭云彌氣**彌宗官名**尚書王會宗旁之注彌**泰彌相儀之士也**周書王會其右泰士臺右彌士注**乾餘骨之沫為斯彌**莊子至樂○萱按有阪彌為彌若麋者異部雙聲通借也有跂跦與迷為彌者同部通用字也**彌歸不甲也於五行傳為青黑之祥也**呂覽明理有豕生而彌注

齊齒許二

皆竟齊切**俱詞也**說文段注司部曰詞者意內而言外也其意為俱其言為皆以言表意內言外人部俱下曰皆也是謂轉注又皆下曰一曰俱也則音義皆同○詩緜百堵皆興傳又左氏哀十一年傳皆死皆殯注又國語晉語吾不與皆斃注又呂覽去宥形與智皆衰郎注雖云皆俱也**皆猶並也**儀禮聘禮皆行注皆行至于階讓注**皆同也**小尒雅廣言**皆**詩閟宮箴咸同也疏云皆亦同之義**皆徧也**詩豐年降福孔皆傳**皆嘉也**廣雅釋言

韻史　卷六十五上第十五部平聲幾韻

六四三六

偕

彊也一曰俱也詩曰偕偕士子說文○易文言傳與時偕行疏又詩擊鼓與子偕老傳陟岵行役夙夜必偕傳杕杜卜筮偕止箋又禮記喪服小記父世之喪偕注樂記釋文射義注及計偕物也釋文又左氏莊七年傳與雨偕也注傳廿四年傳與女偕隱注又國語晉語偕出又偕入注又廣雅釋言又史記樂書正義儒林傳又當與計偕索隱又後漢書明帝紀注又孟子梁惠王上古之人與民偕樂注公孫丑上故油油然與之偕注又楚辭湘夫人將騰駕兮偕逝注趙云偕俱也又詩賓之初筵賓又漢書武帝紀集注雖云偕者俱也又文帝紀偕之大道注云偕亦俱也又禮記樂記名與功偕注云偕猶俱也**偕同也**管子版法偕度量注○習故能偕注云偕謂同為事又五輔注同**偕齊等也**荀子大略唯其偕矣注**偕次也**漢書武帝紀集注**偕徧也**左氏襄廿年傳降福孔皆注**偕偕強壯皃**詩北山偕偕士子傳

䐴

臞也說文

喈

鳥鳴聲也一曰鳳皇鳴聲喈喈說文段注按此八字蓋後人所增鳳皇亦鳥耳詩風雨曰雞鳴

韻史　卷六十五上第十五部平聲幾韻

六四三七

喈喈卷阿菶菶喈喈曰**喈喈和聲之遠聞也**詩葛覃其鳴喈喈傳○楚辭悼亂鶬鶊兮喈喈注云喈喈鳴之和又太平樂鐘鼓喈喈注云喈喈和聲也**喈喈猶將將**詩鼓鍾鼓鍾喈喈傳**喈喈猶鏘鏘也**詩烝民八鸞喈喈傳**雝雝喈喈民協服也**尒雅釋訓**喈疾皃**詩北風北風其喈傳

湝

水流湝湝也一曰湝水寒也詩曰風雨湝湝說文段注今鄭風祇有風雨淒淒邶風傳曰淒寒風也許引詩證寒義所據與今本異或是兼采三家**湝湝流也**廣雅釋訓**湝湝猶湯湯**詩鼓鍾淮水湝湝傳

階

有。俗階**陛也**說文又書大傳御史奏雞鳴於階下注○遐景福殿賦浮階乘虛注云浮階飛陛也文**階梯也**國語周語夫婚姻禍福之階也注又孟子萬章上捐階注又後漢書公孫瓚傳注○易繫辭上傳則言語以為階疏云階謂梯也又釋名釋宮室云階梯也如梯之有等差也禮記喪大記狄人設階注云階梯也莫虞之屬又**階猶道也**左氏襄廿四年傳懼而思降乃得其階注○昭廿四年傳誰生厲階注云階道**階所由上下也**詩瞻卬維厲之階箋

韻史　卷六十五上第十五部平聲幾韻

六四三八

主○禮記少儀不得階注云階上進者階升也後漢書張衡傳注○禮記喪大記虞人設階注云階所以升屋者
又漢書匡衡傳但以無階朝廷注云階謂升次也階因也小尒雅廣詁又文選博奕論注引廣雅階躋之
次也文選藉田賦森奉璋以階列注三台謂之三階三公之象也後漢書崔駰傳注坤
稱階易繫辭上傳則言語以為階虞注

俊皆切
緒大絲也說文

向皆切
偨○俗有偨訟面相是也說文段注謂內爭而外順也皋陶謨所謂面從今俗閒俚語猶有之篇韻皆注云訟也失
之遠矣偨感動之意也文選封禪文偨然改容注引張揖偨解也廣雅釋詁一○萱按此與文選
注所引同出張揖而偨旁各異

寧皆切
齋𪗋禱○俗有禱戒絜也說文段注祭統曰齋之為言齊也齊不齊以致齊者也齋戒或析言如七日戒三日齋是
此以戒訓齋者統言則不別也○一切經音義十八引字林云齋戒潔也亦齊也又楚辭大司命吾與君兮齋速注云齋戒也

又呂覽孟秋天子乃齋注云齋自禮潔齋者齋潔之名也穀梁莊卅二年傳以齋終也注○國語楚語為齊敬
也注云齋潔也○萱按齋作齋者借字也人桐柏廟碑禘絜沈祭禘乃俗體齋者言己之意念專
一精明也書鈔九十引白虎通定之之謂齋齋者精明之至也禮記祭統洗心
曰齋易繫辭上傳聖人以此齋戒注齋莊也詩思齊大任傳又禮記內則進退周旋慎齊注孔子閒居聖敬
日齋注又國語楚語齋敬之勤注又文選登徒子好色賦潔齋俟兮惠音聲注齋難齋莊可畏難也禮記
儒行儒有居處齋難注齋敬也詩采蘋有齋季女傳又孟子公孫丑下弟子齋宿而後敢言注又廣雅釋詁一○漢
書郊祀志上齋肅聰明者注云齋肅莊敬也齋嚴也左氏昭十三年傳下善齋肅注齋嚴敬皃也論語
鄉黨必齋如也集解引孔注齋慄也廣雅釋言齋遬謙愨皃也禮記玉藻見所尊者齋遬注齋
者先祭之名也論語述而子之所慎齋皇疏○禮記曲禮上立如齋注云齋謂祭祀時又檀弓上非致齋也疏
云齋是為祭之事齋車金路○禮記曾子問載齋車以行注○釋文云齋車祭祀所乘金路也

向偕切
諧詥也說文段注此與龠部龤異用龤專謂樂和○萱按詥下云諧也是為轉注諧和也尒雅釋詁又小尒雅廣言
又禮記樂記嘽諧慢易疏又左氏襄十一年傳無所不諧注又漢書禮樂志八音克諧集注又法言孝至德諧頑嚚注○漢書
禮樂志注云諧亦和也又東方朔傳帥妾為諧諧曰注云諧者和韻之言也諧猶調也周禮調人掌司萬民之難而諧
和之注諧謂平論定其賈也後漢書張讓傳注諧耦也廣雅釋詁四諧辨也列子
周穆王予一人不盈於德而諧於樂注

龤樂龢也虞書曰八音克龤說文段注龤訓龢龢訓調調訓龢三字為轉注龤龢作諧和者皆古今字變許
說其未變之義今本龤下調下作和則與龢下調也不為轉注龤與言部諧音同義異各書多用諧為龤

騞馬和也說文段注和當作龢孫卿曰六馬不和則造父不能以致遠

瑎黑石似玉者說文

寵皆切
儕等輩也春秋傳曰吾儕小人說文段注等齊簡也故凡齊皆曰等樂記曰先王之喜怒皆得其儕

馬喜則天下和之怒則暴亂者畏之注猶輩類儕等也禮記曲禮注夷猶儕也釋文又左氏僖廿三年傳晉鄭同儕注
成二年傳況吾儕乎注又一切經音義一引字林又漢書五行志中之上集注又家語好生注儕輩也左氏宣十一年
傳吾儕小人釋文又廣雅釋詁一儕耦也漢書揚雄傳上集注

品諧切
排擠也說文段注今義列也排猶斥也淮南原道排閶闔注排擯卻也後漢書賈逵傳注排壅
也孟子滕文公上排淮泗注排推也廣雅釋詁三排者推移之謂也莊子大宗師獻笑不及排
注排迮謂蹙迫也後漢書竇融傳注排檠輔正弓弩之器荀子性惡然而不得排檠
則不能自正注排鍛家排也一切經音義引東觀漢記音義排囊即今囊袋也後漢書楊璇傳
注

俳戲也說文段注以其戲言之謂之俳以其音樂言之謂之倡亦謂之優其實一物也○一切經音義十引蒼頡云俳戲也
俳襍戲者也漢書枚乘傳詼笑類俳倡注無者廣川惠王越傳今倡俳臝戲坐中注俳樂也後漢書皇

后紀注引聲類俳優樂也文選注引三蒼俳倡也文選上林賦注引三蒼俳優倡優荀子王霸注俳優俳倡諧戲也漢書傳擊鼓歌吹作俳倡注俳嘯也一切經音義廿二引三蒼俳廢也素問脈解則爲瘖俳注

韻史卷六十五下

泰興何萱石閣譔集　子庚校字

第十五部平聲　上海顧錫麒竹泉覆審

幾韻二　武進李兆洛申耆鑑定

撮口呼 許雖切

睢 平去兩讀○俗有濰 仰目也 說文又文選西京賦注引字林○漢書五行志中之下萬眾睢睢驚怪連日注云睢 睢仰目視兒也又列子黃帝而睢睢而盱盱釋文云睢盱視聽兒又淮南俶眞於此萬民睢睢盱盱然注云睢盱視之兒也 睢仰白目恕兒也 史記伯夷傳暴戾恣睢正義○豈按恣睢之睢舊別讀去聲其實即引申之義也兩讀可不細析 睢矍大視也 一切經音義八引聲類 睢睢盱盱跋扈之兒 莊子寓言老子曰而睢睢盱盱而誰與居注睢盱者小人喜悅之兒 易豫盱豫悔遲○盱向注云睢盱小人喜悅佞媚之兒也 睢盱元睢質朴之形 文選魯靈光殿賦張注 睢刺喻禍亂也 大戴記方今天地之南都賦注廣雅釋訓睢刺 睢水名 左氏成十五年

傳出於睢上注○豈按字有氽雅釋地注引申今爲在濰陽縣東北釋文云睢字本作睢○介由水名地引申爲他用者有非水而名水異音也水名之義由引申而山經睢用爲水名者皆無異字不其感之又睢山海經睢於本義之外別出睢水字從之從疽按此語尤音疽乃畢書韻睢字从隹馬注云睢音癰疽之疽

婬 姿婬字疊韻追也一曰醜也 說文段注恣也恣各本作縱今依韻會正恣心也 說文段注睢者仰目也恣睢諸書多作姿婬今正按集韻類篇皆云婬姿婬字暴厲也○畢書韻未見姿婬縱恣之兒意蓋本作姿婬之姿今或讀姿李切亦爲之平聲也姿睢之用雞爲姿睢雞爲之語雞縱恣之義矣 亦爲雞行而辭雞有廢矣後之意與本義通用作段自恣縱之兒此許義作

催 伬催醜面 說文段注淮南修務曰伬催醜面也 廣雅曰伬催粉白黛黑也 四子弗講德能論美作者

𨿙 倭傀按伬伬按人得頻風脂病切二字之疵皆讀平聲近高誘 遵雖切

倡蜥易而大 說文段注此字本義也 自借以爲語辭又云知其本義者矣 常棣傳云每雖也凡人窮極之其欲曰恣雖似蜥易而大也按方言守宮在澤中者東齊海岱謂之蟒螈注云似蜥易大而鱗蟒螈字 良朋又爲語辭有兕有

疑雖之誤雖假令也禮記少儀雖請退可也疏雖詞也廣雅釋詁四雖者與奪之辭易象下傳雖山居言疏雖詞兩設也玉篇○王氏經傳釋詞云玉篇云云常語也字或作唯禮記少儀雖有君賜雜記雖三年之喪可也注疏云雖或為唯表記唯天子受命於天注云唯當為雖荀子性惡注云唯讀為雖史記汲黯傳唯天子亦不說也漢書唯作雖漢書楊雄傳解嘲唯其人之贍知哉亦會其時之可為也文選唯作雖○釋詞又云唯發語詞也字或作唯或作維家大人曰亦作雖文十七年左傳曰雖敝邑之事君何以不免言惟敝邑之事君也又曰雖我小國則蔑以過之矣言雖我小國也十二部去十五部平兩讀

奞

鳥張毛羽自奮奞也說文段注奮奞雙聲字

夊

行遲曳夊夊也象人兩脛有所躧也說文段注曲禮曰行不擧足車輪曳踵玉藻曰圓豚行不擧足齊如流注云孔子執圭足縮縮如有循是也玉篇曰詩云雄狐夊夊今作綏通俗文履不著跟曰屣屣同躧躧屣古今字也行遲如有所拖曳然故象之者綏綏匹行皃詩有狐綏綏傳綏綏然無別

詩南山傳

鵕

或書作鵕鵕鸃逗鷩也說文段注師古注上林賦曰鵕鸃鷩也似山雞而小冠背毛黃腹赤項綠尾紅按許云赤雉者不必全赤謂赤多也如今之所謂山雞劉注吳都賦曰今所謂山雞者鷩雉也合浦有之此蓋皆鷩屬按古音當讀如雞○文選吳都賦注引淮南許注云鵕鸃鷩雉也鵕鸃山雞也史記司馬相如傳索隱引司馬彪又水經泿水注引南越志鵕鸃鳳鳳皇屬也廣雅釋鳥○史記司馬相如傳集解引漢書音義云鵕鸃鳥似鳳也鵕鸃神鳥也史記司馬相如傳索隱引李彤佞幸傳索隱引三蒼○太平御覽引蒼頡云鵕神鳥也飛竟天者也鵕鵕鸃漢以為侍中冠太平御覽引蒼頡

荾

○俗有荾荾綏荾薑屬可吕香口說文段注既夕禮實綏澤焉注綏廉薑澤澤蘭也皆取其香且絜溼按綏者荾之段借字一名山荾今藥中三柰也吳都賦謂之葉菜胡荾香菜也一切經音義十五引韻略又文選閒居賦蔘荾芬芳注引韻略少胡字●閒居賦注云婁與荾同又一切經音義廿四云字苑荾作綏○萱按說文

荾字本謂廉薑胡荾來自外域物與字均非中土所本有也特段荾字用之而荾綏等孳乳遂浸多矣荾華中齊也漢書外戚傳上函荾菽以俟風兮注引孟康荾人縣名在上黨廣韻

睽

去維切

目不相聽也說文段注聽猶順也二女志不同行猶二目不同視也故卦曰睽人部傒即睽睽目少精也一切經音義一引廣蒼睽睢張目皃文選魯靈光殿賦顤顟而睽睢注睽乖也易睽鄭注繫辭下傳蓋取諸睽注又左氏僖十五年傳遇歸妹之睽疏又莊子天運下睽山川之精釋文○易序卦傳云睽者乖也睽乖也廣雅釋言睽者乖異之名易睽睽小事吉疏睽孤乖剌之意也漢書諸侯王表大者睽孤橫逆注五行志下之上睽孤見豕負塗注睽離也後漢書馬融傳注○易繫辭下傳疏云睽謂乖離又左傳僖十五年注云睽乖離之象又法言重黎天下孤睽注云睽猶乖離睽外也易襍卦傳睽者睽而通也易略例下

傒

平去兩讀左右兩視說文段注目部曰睽目不相聽也傒即睽之或字耳

鄈

河東臨汾地即漢之所祭后土處說文段注河東郡臨汾二志同今山西平陽府太平縣南二十五里臨汾故城是也漢武帝紀元鼎四年立后土祠於汾陰脽上如淳曰脽者河之東岸特堆崛長四五里廣二里餘高十餘丈汾陰縣治脽之上后土祠在縣西汾在脽之北西流與河合也師古曰以其形高起如人尻脽故以名云一說地臨汾水之上地本名鄈音與葵同彼鄉人呼鄈音如誰因轉而為脽字耳故漢舊儀云葵上玉裁按水經汾水又西過皮氏縣注曰汾水逕鄈丘北故漢氏之方澤也賈逵云漢法三年祭地汾陰方澤澤中有方丘故謂之方澤丘即鄈丘也經又曰又西至汾陰縣北注於河注曰水南有長皋背汾帶河皋長四五里廣二里餘高十丈汾水歷其陰西入河漢書謂之汾陰脽據酈氏此注鄈與脽異處極明然封禪書郊祀志皆云始立后土祠汾陰脽上與武紀合水經注河水篇亦云河水東際汾陰脽縣故城在脽側城西北隅有脽丘上有后土祠是則鄈脽本無二漢志云汾陰許云臨汾者蓋二縣地邊境相接故似不當分別鄈脽為兩地也

葵

菜也說文段注崔寔曰六月六日可種葵中伏後可種冬葵九月可種葵菹乾葵齊民要術有種葵法種冬葵法地葵地膚也廣雅釋艸終葵椎也為椎於其杼上明無所屈也考工記玉人杼上終葵首注葵揆也尒雅釋言又詩采菽天子葵之傳板則莫我敢葵葵揆○萱按此謂葵為揆之借字也尒雅釋言注引詩天子揆之

惟 羽葵切

凡思也說文段注方言曰惟思也又曰惟凡思也慮謀思也願欲思也念常思也許本之曰惟凡思也念常思也懷念思也想冀思也思部慮謀思也凡許書分部遠隔而文理參五可以合觀者視此凡思謂浮泛之思生民載謀載惟箋云諏謀其日思念其禮按經傳多用為發語之詞毛詩皆作維論語皆作唯古文尚書皆作惟今文尚書皆作維古文尚書作惟者唐石經之類可證也今文尚書作維者漢石經殘字可證也今文尚書作維者漢石經殘字可證也俗本匡謬正俗乃互易之大誤又魯詩作惟與毛詩作維不同亦見漢石經殘字惟思也尒雅釋詁又方言一又詩生民箋又禮記曲禮上注其民施而不惟報疏學記惟其未曉疏又淮南精神惟像無形注又文選贈文叔良詩注引字林

韻史 卷六十五下第十五部平聲幾韻 六四五一

○漢書韋賢傳不惟履冰注云惟亦思也惟念也詩維天之命序釋文引韓詩惟思念也後漢書河進傳注惟謀也尒雅釋詁又廣雅釋詁四惟陳也國語魯語師尹惟旅注惟宜也呂覽知分子惟之矣注惟有也文選東京賦卜惟洛食薛注長笛賦注引字林○王氏經傳釋詞云書酒誥我聞惟曰我聞亦惟曰皆言我聞有此語也詩六月比物四驪閑之維則言閑之有法也惟是也文選東征賦惟永初之有七兮注○甘泉賦惟漢十世注云惟有也是也○經傳釋詞云惟是也書康誥曰人有小罪非眚乃惟終又曰乃有大罪非終乃惟眚災多方曰非我有周秉德不康寧乃惟爾自速辜是也惟獨也呂覽義賞而不失君臣之禮者惟赦注○經傳釋詞云惟獨也常語也或作唯維家大人曰亦作雖詩抑曰女雖湛樂從弗念厥紹言女惟湛樂之從也書無逸曰惟耽樂之從文義正與此同鄭箋失之離騷曰余雖脩姱以鞿羈兮言余惟有此脩姱之行以致為人所係累也王注失之唯獨也易象下傳唯君子為能通天下之志廣注又老子唯道是從注又呂覽義賞其唯此也注又離騷唯昭質其猶未虧注又廣雅釋詁三又白虎通謚○萱按惟唯古互借通用荀子大略惟惟而亡者誹也是用惟

韻史 卷六十五下第十五部平聲幾韻 六四五二

為唯言唯者異也禮記奔喪唯父母之喪注惟辭也孟子滕文公下惟士無田注又離騷惟庚寅吾以降注又文選羽獵賦注引韓詩章句○廣雅釋詁四云惟詞也惟發語之辭也文選江賦惟岷山之導江注○匡謬正俗二云惟辭也蓋語之發端○經傳釋詞云惟發語詞也書皐陶謨惟帝其難之洪範惟十有三祀哀六年左傳引夏書惟彼陶唐是也其在句中助語者皐陶謨百工惟時大誥予惟小子召誥無疆惟休亦無疆惟恤是也惟爲也玉篇○書皋陶謨萬邦黎獻共惟帝臣晚出傳云萬國衆賢其為帝臣又酒誥我民用大亂喪德亦罔非酒惟行越小大邦用喪亦罔非酒惟辜晚出傳云亦無非以酒為行亦無不以酒為罪惟猶乃也王尚書伯申經傳釋詞云惟猶乃也書盤庚非予自荒茲德惟女舍德不惕予一人詩文王周雖舊邦其命維新是也惟猶以也經傳釋詞云惟猶以也書盤庚亦惟女故以丕從厥志詩狡童維子之故使我不能餐兮僖二年左傳曰冀之既病則亦唯君故五年曰桓莊之族何罪而以為戮不唯偪乎是也惟猶與也及也經傳釋詞云惟猶與也及也詩無羊牧人乃夢衆維魚矣旐維旟矣箋曰牧人乃夢見人衆相與捕魚又夢見旐與旟是下維字訓為與上維字異

韻史 卷六十五下第十五部平聲幾韻 六四五三

義也又書禹貢齒革羽惟木酒誥百僚庶尹惟亞惟服宗工越百姓里居多方告爾四國多方惟爾殷侯尹民惟字互與與同義

維

車蓋維也說文段注車蓋之制詳於考工記而其維無考許以此篆專系之車蓋車蓋必有所受矣引伸之凡相系者曰維繫維綏維是也管子曰禮義廉恥國之四維維持也周書職方大小相維注又後漢書桓郁傳注又文選長笛賦注引字林○素問陰陽類論二陽為維注云維謂維持又周禮節服氏司農注云維持之又國策秦策其寧於太山四維注云四維持之也維綱也楚辭天問斡維焉繫注又文選西京賦振天維辭注○左氏昭十年傳居其維首疏云維者綱也維綱所以張也管子禁藏法令為維綱注維綱猶宗指也後漢書馮衍傳注維係也廣雅釋詁二兩係稱維易隨乃從維之處注維繫也詩白駒繫之維之傳又後漢書徐穉傳注繫馬曰維公羊昭廿五年傳且夫牛馬維婁注維所以繫船漢書貫誼傳亡維楫注○方言九維之謂之鼎注云繫船為維維連四船尒雅釋水諸侯維舟注○孫注云維連四舟又注

韻史 卷六十五下第十五部平聲幾韻 六四五四

李注云中央左右相維持者曰維舟維謂聯繫之漢書嚴助傳猶秦山而四維之也注○儀禮士相見禮維之以索注云維謂繫聯其足維猶連結也周禮大司馬以維邦國注維維之以纏周禮節服氏人維王之大常注維隅也素問氣交變大論土不及四維注又廣雅釋言四角曰維也淮南天文東北為報德之維也注○儀禮大射儀中離維綱注云侯有上下綱其邪制躬舌之角者為維維離也淮南天文未在已曰屠維注維者度也念也史記三王世家○秦楚之際月表維萬世之安索隱云維訓度又詩序維天之命釋文引韓詩云維念也維庚也尒雅釋詁○荀子道非維下流水多邪注云維與唯同○壹按庚維二字為轉注維惟唯三字相通借詩六月闕之維則文王具命維新無年旐維旟矣靈臺貢鼓維鏞維皷與惟同義已詳惟下維流枝校乖兒也太玄達蒼木維流注委維即委蛇也山海經大荒南經赤水之東爰有委維注

琟

石之佀玉者說文

濰

濰水出琅邪箕屋山東入海徐州浸夏書曰濰淄其道說文段注琅邪郡箕見前志故城當在今山東沂州府莒州境前志箕下云禹貢維水北至都昌入海過郡三行五百二十里兗州浸也水經曰濰水出琅邪箕縣濰山東北過東武縣西又北過平昌縣東又北過高密縣西又北過淳于縣東又東北過都昌縣東又東北入於海按屋山在今莒州西北九十里水經注曰濰出屋山及淮南子云出覆舟山實一山也今濰水出莒州西東北箕屋山東南流入青州府諸城縣昕逕萊州府高密縣昕又北逕安邱縣東又北流入萊州府昌邑縣昕又東北入海日淮河口與古水道合漢都昌城在今昌邑縣西徐州浸徐當作兗職方氏河東曰兗州其浸盧維鄭云盧維當為雷雍班志則云維兗州浸不改字也許云兗州浸亦同許水部無淄字此淄菑俗加水旁耳周禮作菑漢志作淄古字也濰甾其道禹貢青州文班从今文尚書作維許从古文尚書作濰左傳襄十八年作維音義曰李又作濰今山東土語與淮同音○史記夏本紀集解引禹貢鄭注云濰水出琅邪又水經注廿六引字林云濰水出箕屋山濰淄兩水名書禹貢鄭注○左氏襄十八年傳東侵及濰釋文云濰水名○壹按禹貢釋文云濰本作惟又漢書地理志引

惟甾其道并段惟為濰矣不但省作維也

遺

平去兩讀亡也說文又廣雅釋言又易泰不遐遺虞注又莊子徐無鬼而未始出域有遺類矣釋文遺失也易小過注飛鳥遺其音聲疏又左氏成十六年傳君惟不遺德刑注又後漢書桓郁傳注又呂覽貴公荊人有遺弓者注論人注重言注又淮南原道古之人有居巖穴而神不遺者注○呂覽貴當所書無遺策注云遺猶失也遺棄也易泰不遐遺疏又略例或有遺文而舉二體者注又列子說符得人遺契者注又史記魯仲連鄒陽傳遺公子糾索隱又漢書鼂錯傳集注又文選數遊賦遺聖之洪寶注大將軍燕會詩遺華反贊注人遺匱也禮記檀弓下天不遺耆老疏遺猶舍也呂覽下賢夫相萬乘之國而能遺之注遺廢也呂覽情欲歡樂無遺注遺隨也廣雅釋詁二又楚辭思古目眇眇而遺泣注遺離也廣雅釋詁三釋言又楚辭湘君遺余佩兮澧浦注遺畱也漢書文帝紀集注溝洫志集注陳勝傳集注梅福傳集注匈奴傳上集注又後漢書竇融傳注杜篤傳注蔡邕傳注○史記孝文紀遺財足索隱云遺猶畱也遺謂畱餘也史記陳涉世家如少遺兵索隱不

遺餘也左氏昭三年傳及遺姑姊妹注又廣雅釋詁三又淮南情務死有遺業注又離騷願依彭咸之遺則注又文選西京賦遺光陰熵薛注歎逝賦顧舊要於遺存注又七啟注引漢書如浮注○禮記樂記有遺者矣注云遺猶餘也又史記樂書正義云遺亦餘也遺猶脫也忘也禮記鄉飲酒義知其能弟長而無遺矣注○後漢書荀爽傳注又家語五刑疏云遺忘也遺棄忘也禮記祭義而老窮不遺釋文遺忘忽忘也漢書刑法志三曰遺忘注遺謂意不存錄孝經不敢遺小國之臣疏引劉炫行迅謂之遺風呂覽本味遺風之爽注○文選聖主得賢臣頌追奔電逐遺風注云遺風風之疾者也遺風猶餘聲也淮南原道結激楚之遺風注遺光言光彩射也後漢書張衡傳遺光熵熵注遺玉玉名山海經海外北經平丘爰有遺玉注遺蛇猶透迤也漢書東方朔傳遺蛇其遠注○首按此段遺為遠也莊子田子方注遺蛇其步釋文云遺本作遠遺予也廣雅釋詁三遺與也儀禮士喪禮注擬之言遺也釋文又禮記曲禮凡遺人弓者釋文問疾弗能遺釋文又淮南衛山虛者天下遺之注又楚辭湘君將以遺兮下女

注。漢書嚴助傳遺王之憂注云遺猶與也又左傳莊卅一年疏引釋例云遺者敵體相與之辭又遺者流傳致遠之稱詩鴟鴞序疏。釋文云遺本作貽又周禮地官序官遺人注鄭司農云遺讀如詩曰棄予如遺之遺今謂以物有所饋遺萱按據此知遺字古無平去之分矣遺送也廣雅釋詁四遺加也詩北門政事一埤遺我傳。萱按與也送也加也舊別讀遺為去聲實皆本義之引伸無確然可分者也學者觀其會通何庸鍁析瑣屑于遺遺言不能制也詩敝笱其魚唯唯釋文引韓詩萱按韓段遺遺為唯唯也凡他處段周遺字者觀此各於正字下詳之又武借踐遺責慚為遺也

開口許 沉哀切

開 開古文張也說文段注張者施弓弦也門之開如弓之張門之閉如弓之弛開闢也爾雅釋言。易繫辭上傳夫易開物成務冒天下之道虞注云以陽闢坤謂之開物又漢書禮樂志參侔開闔注引晉灼云開闔猶開闔也又老子天門開闔王注云開闔治亂之際也開猶啟也周書武順注。史記曹相國世家終莫得開說集解

韻史　卷六十五下第十五部平聲幾韻　六四五九

引如淳云開謂有所啟白開通也周書程典慎德開注又國語晉語夫樂以開山川之風注又文選魏都賦注引國語賈注又呂覽樂成美開善並易哉注開達也小爾雅廣詁開導謂開通導達荀子儒效教誨開導成王注開門中也莊子人間世釋文引崔注。方言六云開戶楚謂之閭。萱按開閭音分平上而義略同古多通用一卒居前曰開周書武順開謂皮膚發泄素問生氣通天論開闔不得注開謂喘息老子注開謂勸課荀子富國開其源注開謂陳說也漢書鄒陽傳敘開忠於當世之君注開謂諫爭有所發起禮記檀弓下蓋爾心或開予注。學記開而弗達注云開謂發頭角開發皆始也後漢書馮衍傳下注開靜動靜也管子幼官凡物開靜注開塞猶取舍也文選永明九年策秀才文開塞所宜注北斗第六星為開陽後漢書張衡傳注開明獸天獸也山海經海內西經開明獸立崑崙上注

韻史　卷六十五下第十五部平聲幾韻　六四六〇

哀 烏開切

。俗有悢閔也說文段注閔弔者在門也引申之凡哀皆曰閔哀猶愍也穆天子傳五天子作詩三章以哀民注哀傷也孟子離婁上舍正路而不由哀哉注。萱按哀悢正俗字柳敏碑嗚呼悢哉哀痛也廣雅釋詁二。呂覽禁塞亦可以悲哀矣注云哀亦痛也哀謂哀怨也禮記樂記疏哀悼者心神震動詩羔裘傳悼動也疏哀愛也愛乃思念之也釋名釋言語。呂覽報更人主胡可以不務哀士注云哀愛也哀氣為太陰而當冬春秋繁露陽尊陰卑哀冬之答也春秋繁露為人者天哀哀悲也廣雅釋訓哀哀悽悽懷報德也爾雅釋訓哀謂救患分烖周禮大宗伯以凶禮哀邦國之憂注哀謂親者服焉疏者含襚周禮大宗伯以喪禮哀死亡注喪祭稱哀儀禮士虞禮記哀子某哀顯相注蚤孤短折曰哀周書諡法恭仁短折曰哀周書諡法又漢書哀帝紀集注引應劭恭人短折曰哀穆天子傳六為盛姬諡曰哀淑人注又獨斷下哀駘醜皃莊子德充符曰哀駘它釋文引李注哀牢西南夷號後漢書班彪傳

韻史　卷六十五下第十五部平聲幾韻　六四六一

下注

齜 秩齜切

齜或書作齹齹相齘也一曰開口見齒之皃說文段注管子曰東郭有狗啀啀旦欲齧我猳啀啀露齒之皃。廣韻云齹齜齹不正

柴

祡古文燒柴尞祭天也虞書曰至于岱宗柴說文段注火部曰尞柴祭天也此曰柴尞祭天也是為轉注取較然者柴與祡同此聲故燒柴祭天曰柴釋天曰祭天曰燔柴祭法曰燔柴於泰壇祭天也孝經說曰封乎泰山考績柴尞郊特牲曰天子適四方先柴注所封必先燔柴有事於上帝許自序偁書孔氏知古文尚書作祡不從木作柴也王制郊特大傳同祡祭時積柴加牲其上而燔之書堯典柴望秩於山川馬注祡者考績燎也書堯典祡望鄭注。詩時邁釋文云柴字林作祡又漢樊毅修華嶽碑云祡燎瘞埋祡祭天告至也禮記王制祡而望祀山川注祡告天地及先祖也禮記大傳柴於上帝注祡積祡也漢書揚雄傳上於是欽祡宗祈注。萱按積祡之祡當作柴祡積

韻史　卷六十五下第十五部平聲幾韻　六四六二

柴而燔漢郊祀志上注○萱按此隨俗用柴字也非闡段借祭山曰燔柴續漢書祭祀志上注引書范甯注

柴

小木散材說文段注月令乃大命四監收秩薪柴以供郊廟及百祀之薪燎注云大者可析謂之薪小者合束謂之柴薪施炊爨柴以給燎按祡祭天也燔柴曰祡毛詩車攻假柴為積字枯枝爲柴楚辭愍命樹枳棘與薪柴注老木稱柴太斧動不部注柴多筋幹易說卦為瘠釋文引京注柴轂賤者之車後漢書袁紹傳注○謝夷吾傳注云柴車車也又趙壹傳注云柴車獘惡之車也柴塞也莊子外物柴生乎守注柴池參差也史記司馬相如傳柴池茈虒集解引徐廣柴積也詩車攻助我舉柴傳○萱按說文作助我舉𢮦用正字也詩用借字

齹

傲柴切

齹牙也說文段注齹牙猶差齒也亦引伸為摩磑之名刀部曰劃一曰摩也皆於豈聲知之

皚

霜雪之白也說文段注辭賦家多用皚皚字○後漢書張衡傳注云皚皚霜雪之皃也皚白也廣雅

釋器○萱按此引申為凡白之偁

殪

殺羊出其胎也說文段注此與刀部劃音同義異云殺羊出其胎則廣韻云殪𦢊胎也辭不達意矣○廣雅釋親云殪胎也萱按此廣韻所本也出其胎曰殪因之胎亦名殪此引申之義之涉皮傳者也

剴

平去兩諧大鎌也一曰摩也說文段注謂可切地芟艸也金部曰鉊大鎌也一曰云云下文剴下云刀不利於凡石上剴之剴剴音義皆同也引伸之為規諷之義如大司樂注曰導者言古以剴今雨無正箋巧言謂以事類風切剴微之言是也唐魏徵傳二百餘奏無不剴切當帝心今人乃謂直言為剴切昧於字義甚矣剴又古愛反與杚槩音義皆同○史記淮南衡山傳鐵鑿棘矜也集解引徐廣云大鎌謂之剴又切韻引字林云剴鐮也剴切也詩雨無正疏引書大傳注剴磨也廣雅釋詁三○萱按磨當依說文作摩

合口呼

褢

戶乖切

褢袖也一曰藏也說文段注褢之為言回也袼之高下可以運肘袂之長短反詘之及肘藏也義與褱近

在袖曰懷楚辭愍命懷椒聊之藹藹兮注○萱按此段懷為褢也二字互相段借北海相景君碑銘驚憧傷褢懷作褢也又三蒼云褢孕古文懷孕字在衣為懷楚辭懷沙懷瑾握瑜兮注懷藏也文選安陸昭王碑文注引論語讖宋注

褢

俠也一曰橐說文段注俠當作夾轉寫之誤亦部曰夾盜竊褢物也从亦有所持俗謂蔽人俾俠是也胠有所持褢藏之義也在衣曰褢在手曰握今人用懷挾字古作褢夫襭謂之褢廣雅釋器褢繢斷也廣雅釋艸懷猶橐也淮南覽冥懷萬物注○萱按此段懷為褢也亦有用褢為懷者武榮碑咸褢傷愴漢地理志左馮胡褢德是也懷包也漢書地理志上湯湯褢山褢陵○書堯典疏云懷藏包褢之義集注懷抱也文選北征賦注引蒼頡○皇太子釋奠會詩懷仁懔集抱智齎至注云懷抱謂包蘊也

懷

念思也說文段注念思者不忘之思也若終風傳曰懷傷也釋詁曰至也匪風皇矣傳曰歸也皇皇者華板傳皆曰和也皆引申之義可以意會者也古文又多段懷為褢者懷思也尒雅釋詁又方言一又周書諡法又詩卷

耳嗟我懷人傳野有死麕有女懷春傳蝃蝀懷昏姻也箋載馳女子善懷箋南山曷又懷止傳東山伊可懷也箋常棣兄弟孔懷傳小明豈不懷歸箋大明聿懷多福箋又左氏宣八年傳辟不懷也注宣十四年傳懷於魯矣注昭十二年傳晏語之不懷注又國語周語陽樊懷我王德注晉語咸兮懷兮注何其懷也注又離騷篇向懷予故宇注漢大悲余馬懷兮注河伯惟極浦兮寤懷注哀郢出國門而軫懷兮注懷沙傷懷永哀兮注几懷序懷念也楚辭悲回風惟佳人之獨懷兮注懷猶慼念也後漢書班彪傳下注懷傷也詩終風顧言則懷傳懷來也尒雅釋言又易旅懷其資注又詩南山箋時邁懷柔百神傳又周禮夏官序官懷方氏注又國語周語以懷柔之注又淮南道在身者不知何遠之所能懷注繆稱懷遠易矣注又太子唐奔鹿懷鹹注又文選東京賦道胡不懷辭注○方言二云來自關而東周鄭之郊齊魯之閒或曰懷懷之訓思也來也止也詩板疏○漢書韋賢傳集注云懷思也來也又尒雅釋詁云懷止也懷回也今有去意回來就已也亦言歸也來歸已也釋名釋姿容懷歸也詩匪風懷之好音傳皇矣予懷明德傳泮水懷我好音箋又禮

記禮器故物無不懷仁注中庸予懷明德注又左氏成八年傳小國所望而懷也注又論語公冶長少者懷之孔注又國語周語無所依懷注晉語戎狄懷之注又文選思玄賦痛火正之無懷兮注逞高紀誓保此懷民注。上林賦悠遠長懷郭注云懷亦歸變文耳又周書成閔政治氏懷注云懷猶歸之也懷依也後漢書吳漢傳注懷至也尒雅釋詁又詩泉水有懷于衛箋鼓鐘懷允不忘箋又禮記表記聿懷多福注又法言孝至漢德其可謂允懷矣注○方言一云懷至也齊楚之會郊或曰懷懷和也詩皇皇者華每懷靡及傳板傳又漢書諸侯王表集注谷永傳集注懷和為每懷國語魯語注懷私為每懷詩烝民每悔懷靡及箋○將仲子仲可懷也箋云懷私曰懷懷安也詩終風箋雄雉我之懷矣箋揚之水懷哉懷哉箋又論語里仁君子懷德集解引孔注又皇疏公冶長少者懷之集解引孔注又國語晉語懷之以典言注又文選東京賦四靈懋而允懷注典引懷保鰥寡之惠洩蔡注。禮記學記近者悅服而遠者懷之注又漢書食貨志上集注竝云懷來也安也又周禮小宰以懷賓客注云懷亦安也懷安撫也禮記中庸懷諸侯疏懷柔也左傳襄十四年服注又呂覽音律以懷遠方注懷佞

也淮南主術不知而辯慧懷給注執義揚善曰懷周書諡法又獨斷下慈仁哲行曰懷後漢書章德竇皇后紀注慈仁短折曰懷周書諡法懷包也懷抱也懷猶褱也萱按此已詳東下矣亦有段褱為懷者漢書地理志左馮翊褱德武榮碑咸褱傷愴是也懷藏也在袖曰懷在衣為懷萱按此皆詳褱下矣亦有段褱為懷者一切經音義十八引三蒼云褱孕古文懷孕字又漢碑云驚憧傷褱

瀤

北方水也說文段注北山經曰獄法之山瀤澤之水出焉

淮

淮水出南陽平氏桐柏大復山東南入海說文段注南陽郡平氏二志同今河南南陽府桐柏縣縣西北四十里有故平氏城前志平氏下曰禹貢桐柏大復山在東南淮水所出至淮陵入海過郡四

行三千二百四十里水經曰淮水出南陽平氏縣胎簪山東北過桐柏山東過江夏盧江九江下邳諸郡至廣陵淮浦縣入於海按桐柏大復以四字為山名漢志說文風俗通酈注皆云桐柏大復山應劭注地理志云復陽縣在桐柏大復山之陽是也後世地志析為二山乃非是禹貢祇云桐柏省言之也古經史所舉之山皆舉其全勢從人乃以一支一節當之若水經所謂胎簪亦即桐柏耳作水經者別為二亦非也今淮水出河南桐柏縣桐柏山東流經羅山縣真陽縣息縣固始縣光州又入江南盱經潁州府霍邱潁潁上縣壽州懷遠縣鳳陽府臨淮縣五河縣盱眙縣泗州至清河縣合於河經山陽縣阜寧縣安東縣至雲梯關入於海古水道河於冀州入海不與淮同入海淮之古水道今未有異淮自平氏至入海大致東北行東多北少許云東南南字誤按禹貢濰水漢書作維水其作淮者誤淮四瀆水也左氏昭十二年傳有酒如淮釋文○釋文又云淮當為濰萱按此備兩說也四瀆水與濰無涉爾雅云江淮河濟為四瀆四瀆者發源注海者也淮沂二水名書禹貢淮沂其乂鄭注○書大傳淮雨注云淮暴雨之名也○萱按淮雨乃淫雨之譌淮夷二水名書禹貢淮夷蠙珠暨魚馬注○淮南時則雉入大水為蜃注云大水淮也淮極

地名山海經海內東經汝水入淮極西北注○周書王會祝淮氏滎氏次之注云淮滎二祝氏之官也淮均也廣雅釋水○風俗通山澤引書大傳云淮者均均其務也又水經淮水注引春秋說題辭云淮者均其勢也淮圍也圍繞揚州北界東至海也釋名釋水○萱按淮有作匯作睢者皆段借同部之字也

合口許二

歸　古微切

𠭢籀女嫁也說文段注公羊傳毛傳皆云婦人謂嫁歸此非婦人假歸名乃凡還家者假婦嫁之名也○禮記禮運女有歸疏云女謂嫁為歸又易漸女歸吉疏云女入生有外成之義以夫為家故謂嫁曰歸也婦人謂嫁歸易泰帝乙歸妹注又九家注歸妹釋文又詩葛覃言告言歸傳江有汜之子歸箋南山齊子由歸箋又左氏隱元年傳故仲子歸於我注又公羊隱二年傳又論語八佾管氏有三歸集解引苞注○萱按歸工本無曰字有者俗所加也○公羊傳隱二年注云婦人生以父母為家嫁以夫為家故謂嫁曰歸歸嫁也易泰虞注歸妹虞注又禮記大學之子于歸箋又國語晉語秦伯歸女五人注歸妹女之終也易襍卦傳○歸妹歸妹以娣疏云從

娣而行謂之歸又彖下傳歸妹人之終始也注云歸妹者衆落之女也歸謂歸夫家也禮記喪大記喪父母既練而歸注歸歸宗也詩燕燕之子于歸傳。穀梁隱二年傳云婦人謂嫁曰歸反曰來歸成五年傳云婦人之義嫁曰歸反曰來歸又左氏莊廿六年傳云凡諸侯之女歸寧曰來出曰來歸又公羊莊廿七年傳大歸曰來歸注云大歸者廢棄來歸也又文十八年經夫人姜氏歸于齊注云歸者大歸也歸依歸詩蜉蝣於我歸處箋歸就也廣雅釋詁三歸往也廣雅釋詁一。左傳莊廿七年疏引釋例云歸者有所往之稱歸返也廣雅釋言歸終也呂覽報更以之所歸注求人歸已君乎注歸藏也易說卦傳萬物之所歸也虞注。周禮大卜二曰歸藏注云歸藏者萬物莫不歸而藏於其中又杜注云歸藏黃帝歸據嚮家之辭詩采薇序杕杜以勤歸也疏歸者歸其所也穀梁僖廿八年傳。左氏成十八年傳云凡去其國國逆而立之曰入復其位曰復歸諸侯納之曰歸歸來言反其本也書大傳名曰歸來注歸者不反之辭左氏隱元年經天王使宰咺來歸惠公仲子之賵注莊廿六年傳出曰來歸注又國語晉語歸釋於晉注。周

禮大宗伯注天王使石尚來歸脤疏云歸者不反之稱又詩燕燕序姜戴媯於是大歸疏云言大歸者不反之辭古者謂死人爲歸人列子天瑞又尒雅釋訓注引尸子謂姪之子爲歸孫尒雅釋親。釋名釋親屬云姪之子曰歸孫婦人謂嫁曰歸姪子列故其所生爲孫也燕遊曰歸禮記少儀歸猶謝也後漢書桓欒傳注歸猶委任也後漢書順帝紀注歸猶餽也論語陽貨歸孔子豚皇疏微子齊人歸女樂皇疏。禮記緇衣私惠不歸德注云歸或爲懷壹按懷與歸義相成歸遺也廣雅釋詁三又左氏閔二年傳歸公乘馬注昭廿四年傳歸王乘舟注。莊卅一年經疏引釋例云歸者遺也歸饋也國語晉語敢歸之下執政注又禮記曾子問不歸肉疏。儀禮聘禮君使卿韋弁歸饔餼五牢注聘禮記夕夫人歸禮注並云今文歸作饋壹按用歸爲饋者主多若國策秦策狀有歸色則借爲媿字秭歸縣縣故歸鄉地理志曰歸子國也水經江水注。注引樂緯宋注云歸即夔歸鄉蓋夔鄉矣又書中候讓於益歸注云歸讀曰夔。水經注又引宜都記云秭歸蓋楚子熊繹之始國而屈原之鄉里也又引袁山松云屈原有賢姊聞原放逐亦來

歸因名之曰秭歸

傀

瓌或。有儴俗偉也周禮曰大傀異災說文段注大司樂職文周禮作裁篆文也許作災籀文也鄭注傀猶怪也大傀異災謂天地奇變若星辰奔霣及震裂爲害者。莊子列禦寇釋文引字林云傀偉也儴言瓌瑋也方言二注。荀子性惡天下不知之則傀然獨立天地之間而不畏注云傀偉大皃也。壹按傀偉瓌瑋一也注又云傀與瑰同則謂傀爲瑰之借也亦通傀美也一切經音義十引廣雅傀盛也廣雅釋詁二。方言二云儴盛也儴自關而西秦晉之間語也傀大也文選謝靈運齋中讀書詩注引莊子司馬注傀然大悟解之皃莊子列禦寇達生之情者傀注

瑰

或作瓌。本韻兩見義分玫瑰也一曰圜好說文段注謂圜好曰瑰此字義之別說衆經音義亦引圜好曰瑰玉篇圜好上增珠字誤後義當音回瑰石珠也一切經音義三引字林。左氏成十七年傳聲伯夢涉洹或與已瓊瑰食之注云瑰珠也。壹按古所謂珠無慮皆玉珠也出於蚌者則爲貢別之曰蠙珠瑰是美

石之名也詩渭陽疏瓊瑰石而次玉詩渭陽瓊瑰玉佩傳。穆天子傳四牧斯璿瑰注云璿瑰玉名左傳曰贈我以瓊瑰旋回兩音。壹按音回當嫥係於圓好之義圓故回也玉名似不得有回音矣瑰美也文選舞賦瑰姿譎起注瑰大也文選謝靈運初去郡詩注引莊子司馬注。壹按選注所引字作傀蓋莊子有別本而瑰傀可通用瑰奇也文選西京賦瑰異日新薛注綜瑰麗以參靡薛注東京賦薛注瓌奇貨也文選西京賦瓌貨方至薛注瓌瑋奇特也莊子天下其書雖瓌瑋釋文瓌瑋珍琦也文選西都賦注引埤蒼。玉篇引埤蒼云瑰瑋珍奇也瑰瑋奇好也文選西京賦何工巧之瑰瑋薛注瑰瑋琦玩也廣雅釋訓

恢　苦歸切

。俗有⿺辶灰⿸广灰⿰豸灰大也說文又易屯注恢宏博施釋文睽釋文又左傳襄四年用不恢于夏家釋文又公羊文十五年傳恢郭也注又莊子齊物論恢恑譎怪釋文又楚辭守志配稷契兮恢唐功注又一切經音義七引字林。音義三引蒼頡云恢亦大也⿰豸灰大也廣雅釋詁一。漢靈臺碑遂踐帝宮遂帝制兮祝穆碑君膺⿸广灰懿量壹按此皆用俗體字

也恢廣也漢書敘傳下集注恢炱廣大之皃文選舞賦舒恢炱之廣度兮注恢亦備也呂覽君守有事則有不恢矣注恢恢容眾之皃荀子非十二子恢恢然注

顝

平入兩讀大頭也說文段注思玄賦注顝獨也此與九辨塊獨守此無澤之塊同皆於音求之蒼頡云相抵觸廣雅云醜也引伸之義皆顝大也廣雅釋詁一顝獨也文選思玄賦顝羈旅而無友兮舊注又後漢書張衡傳注顝醜也廣雅釋詁二顝相抵觸玉篇引蒼頡篇

魁

○俗有魁魁羹斗也說文段注斗當作枓古斗枓通用然許倒以義為別枓勺也仔羹之勺也史記趙襄子使廚人操銅斗以食代王及從者行斟陰令宰人以枓擊殺代王斟者羹汁也魁頭大而柄長毛詩傳曰大斗長三尺是也引申之凡物大皆曰魁如檀弓不為魁游俠傳曰閭里之俠原涉為魁翟方進傳芋魁百官志里有里魁皆是北斗七星魁方杓曲魁象首杓象柄也若國語注小阜曰魁即說文𠂤字之段借亦未嘗不取枓首之意○壹按東方朔傳魁然無

徒段魁為塊也與陳湯傳塊然同斗身為魁漢書梅福傳援以魁柄注魁猶首也天文北斗魁為首杓為末禮記檀弓上不為魁注○漢書天文志平旦建者魁注引孟康云魁斗之首又淮南天文斗杓為小歲注云斗第一星至第四為魁魁根本也漢書酷吏尹賞傳賞所置皆其魁宿注○游俠傳序注云魁者斗之所用盛而杓之本也故言根本者皆云魁魁主也廣雅釋詁三又莊子庚桑楚猶之魁然釋文魁安也莊子庚桑楚釋文魁大也廣雅釋詁一又荀子修身倚魁之行注又楚辭憂苦律魁教手山間注又漢書江充傳集注匈奴傳下集注○張陳王周傳贊魁梧奇偉注云魁大皃也魁大帥也後漢書黨錮傳注魁藏也太玄中會會大魁注周言凶之魁積魁而頹而注玄告神之魁也注注川阜曰魁史記越世家敗周人於范魁之而正義引賈逵○國語周語魁陵冀土注云小阜曰魁魁堆高皃楚辭怨思陸魁堆以蔽視兮注魁梧壯大之皃後漢書臧洪傳注趙壹傳注○史記留侯世家集解引應劭云魁梧丘虛壯大之意魁岸大度也文選吳都賦魁岸豪傑劉注魁岸雄傑也廣雅釋訓魁壘壯

皃也漢書鮑宣傳耆艾魁壘之士注引服虔魁壘促迫也楚辭憫上魁壘擠推兮常困辱注魁頭猶枓頭也後漢書東夷傳注八魁上帝開塞之將也後漢書蘇竟傳○文選東京賦仰不睹炎帝帝魁之美注云魁神名又薛注云魁神農名又注引宋衷春秋傳云帝魁黃帝子孫也帝吳魁楯也廣雅釋器○釋名釋兵云楯大而平者曰吳魁本出於吳為魁帥所持也芋魁芋根也後漢書許揚傳注魁瘣爾雅釋木魁陸爾雅釋魚魁蜃蛤儀禮士冠禮以魁柎之注○考工記㡛氏湅之以蜃司農說云魁蛤也

蘬 威 虧歸切

蘬蘬薺實也說文段注今釋艸紅龍古其大者蘬蘽薺實許所據絕不同姑也漢律曰婦告威姑說文段注引伸為有威可畏惠氏定字曰爾雅君姑即威姑也古君威合音差近姑謂之威廣雅釋親威畏也易大有威如吉疏又詩常棣死喪之威傳巧言昊天已威傳又禮記表記德威惟威釋文又左氏昭七年傳注又國語周語動則威注晉語則民威矣注則民不威矣注威兮懷兮注是

以內斂而外威注見懷思威注楚語無有嚴威注又穆天子傳皇人威儀注又呂覽論威行凶德必威注又文選東京賦其取威也重矣薛注○釋名釋言語云威畏也可畏懼也有威而可畏謂之威左氏襄卅一年傳又賈子容經誠動可畏謂之威賈子道術嚴謂威儀也考工記弓人疏有淵又禮記學記收其威也注威謂威重禮記祭義威儼恪踐嚴威則也爾雅釋言又詩客既有淮威傳有威則也法也後漢書李固傳注威德也廣雅釋言威者所以行令也韓非子說傳威震也國策秦策聲威天下注威力也廣雅釋詁二○呂覽湯兵云威也者力也威害也老子民不畏威注威虐也後漢書杜詩傳注○論衡讀告云威虐皆惡也乾為威易家人有孚威如虞注數辭下傳以威天下虞注彊毅信正曰威猛以彊果曰威猛以剛果曰威並周書謚法威柄謂周禮之八柄後漢書丁鴻傳注威神言尊嚴也文選魯靈光殿賦又似乎帝室之威神張注威夷險也文選西征賦注引韓詩章句威紆威夷紆餘

流長之皃也文選謝玄暉郡內登望詩威紆距遠句注西陵威夷尒雅釋地威夷長脊而泥尒雅釋獸威謂弓淵角之中央與淵相當考工記弓人恆當弓之畏杜注○注云故書畏作威○萱按書洪範威用六極史漢書作畏用六極此以訓釋字代正字也考工疑當隈為正字威弧星名也文選思玄賦彎威弧之拔刺兮舊注威猶威蕤也文選甘泉賦昭華覆之威威注○萱按此段威為威也威字後出古祇作威東京賦羽蓋威蕤薛注云威蕤羽皃又景福殿賦流羽毛之威蕤注云威蕤羽毛之皃葳蕤見馬融及陸機賦而未有作葳蕤者

棫

棫窬逗褻器也說文段注史記萬石君傳石建取親中裙廁腧身自浣滌徐廣曰一讀腧為竇竇音豆言建又自洗盪廁竇瀉除穢惡之穴也呂靜云棫窬褻器也音威豆裴駰按蘇林曰腧音投賈逵解周官棫虎子窬行清也孟康曰廁行清窬行清空中受糞者也東南人謂鑿木空中如曹謂之窬玉裁謂賈孟說是也虎子所以小便也行清所以大便鄭司農謂之路廁者也清圊古今字穴部窬下曰一曰空中也空中與孟說合今馬子其遺象也棫窬二物許類

舉之○萱按許呂棫與窬連言釋為褻器渾言亦無不合要不如賈逵以虎子單釋棫也

⿰韋束　椳　隈

○俗有⿰韋束束也說文段注束之訓於从韋得之

門樞謂之椳說文段注見釋宮謂樞所檃謂之椳也椳猶淵也宛中為樞所居也弓淵大射儀作隈考工記作畏亦此意與上文樞戶樞也義互相足文則以戶與門區別之實則戶與門制同其

水曲也說文又列子黃帝因復指河曲之淫隈釋文又文選琴賦觸巖觸隈注○尒雅釋丘陬隈孫注云隈水曲中也又淮南覽冥漁者不爭隈注云隈曲深處魚所聚也隈山曲也管子形勢大山之隈注又後漢書班彪傳上注隈曲也文選江文通雜體許徵君詩采藥白雲隈注隈厓也文選西征賦憑高望之陽隈注隈猶隅也文選魏都賦考之四隈劉注○列子黃帝釋文云隈一作隅又尒雅釋丘釋文云隈本作隈萱按隈隅義同隈㵐音同皆得相通借矣隈隱蔽之處左氏僖廿五年傳隈入注隈股間也莊子徐无鬼全踦曲隈釋文引向注隈弓淵也儀禮大射儀順左右隈注○萱按考工記弓人作畏亦作威益皆隈之段

煨　渨　莙

借字也

盆中火說文段注玉篇作盆中火爊廣韻曰爊者埋物灰中令熟也通俗文曰熱灰謂之煻煨許無煻字今俗謂以火溫出冬閒花曰唐花即煻字也煨⿴衣火也廣雅釋言煨煴也廣雅釋詁四

沒也說文又廣雅釋詁一

或作緭牛藻也讀若威說文段注按藻之大者曰牛藻凡艸類之大者多曰牛曰馬郭云江東呼馬藻矣陸璣云藻二種一種葉如雞蘇莖大如箸長四五尺一種莖大如釵股葉如蓬謂之聚藻扶風人謂之藻聚為發聲也牛藻當是葉如雞蘇者但析言則有別繞言則皆謂之藻亦皆謂之莙顏氏家訓云莙艸細葉蓬茸水中一節長數寸細茸如絲圓繞可愛東宮舊事所云六色罽緞者凡寸斷五色絲橫著線股間繞之以象莙艸用以飾物即名為莙於時當縛六色罽作此莙以飾緄帶張敞因造糸旁畏耳據此則莖如釵股者亦謂之莙也竊疑左傳薀藻即莙字薀與藻為二猶筐與筥錡與釜皆為二也莙牛藻尒雅釋艸莙薀藻之類也顏氏家訓書證○又云莙牛藻

也讀若威音隱塢瑰反

徽 戶歸切

衺幅也一曰三糾繩也說文段注即詩之邪幅也傳曰邪幅偪也所以自偪束也箋云邪幅如今行縢也偪束其脛自足至厀按內則謂之偪許云謂之徽未見所出箋猶蔽厀謂之褘與釋詁曰徽善也止也大雅箋云美也目偪束之義之引申也三糾謂三合而糾之也ㄐ部曰糾三合繩易係用徽纆劉表曰三股曰徽兩股曰纆一說糾李三股三糾當為九股○漢書揚雄傳下免於徽索注云徽繩也又後漢書西羌傳注云徽糾繩也又穀梁宣三年注纆用徽經疏引陸德明云三糾繩曰徽又釋文云徽繩名三股曰徽徽索也穀梁疏引馬融易注又廣雅釋器○易坎虞注云徽纆黑索也徽束也廣雅釋詁三徽止也尒雅釋詁徽美也書堯典慎徽五典釋文引王注又詩角弓君子有徽猷傳思齊大姒嗣徽音箋又左氏文十八年傳注又後漢書獻帝伏皇后紀注徽善也尒雅釋詁又書堯典慎徽五典馬注徽疾皃也文選羽獵賦徽車輕武注引晉灼○萱按此義蓋當作揮又賦注云揮霍疾皃徽琴徽也漢書揚雄傳下高張急徽注○萱按十三徽之在琴自有定處無所謂緩急也

亦不待言張也子雲語殊久分明高張當謂弦耳鼓琴循絃謂之徽文選文賦注引淮南許注○當按此段徽為揮也循弦彈也與琴體之徽無涉者徽騖彈也淮南主術鄒忌一徽而威王終夕悲感於憂注○當按高君許君義同皆知徽為借字也

徽

幑識也三字一句以絳帛句箸於背春秋傳曰揚徽者公徒若今救火衣然也說文段注六月詩識文鳥章鄭箋識徽識也將帥以下衣皆著焉周禮司常掌九旗之物名各有屬以待國事鄭注屬謂徽識也大傳謂之徽號今城門僕射所被及亭長著絳衣皆其舊象司常又曰及國之大閱贊司馬頒旗物王建大常諸侯建旂孤卿建旜大夫士建物帥都建旗州里建旟縣鄙建旐道車載旞斿車載旌皆畫其象焉官府各象其事州里各象其名家各象其號鄭云徽識旌旗之細也士喪禮為銘各以其物以縕長半幅赬末長終幅廣三寸書名於末此蓋其制也大閱禮象而為之兵凶事若有死事者則以相別也左傳曰揚徽者公徒也杜注曰徽識識也大傳曰殊徽號鄭曰徽號旌旗之名也覲禮曰公侯伯子男皆就其旂而立賈公彥云此旌旂鄭雖不解鄭注夏官仲

韻史　卷六十五下第十五部平聲幾韻　六四八三

夏辨號名此表朝位之旂與銘旌及在軍而徽識同皆以尺易仍小而為之也按古朝覲軍禮皆有徽識而徽識各書作徽容是段借識各書作幟則是俗字唐初釋玄應曰幟與識本無二音若毛詩作織則亦段借字也許書及杜注皆徽識也三字為字淺者皆刪去一字不完以絳帛者用絳帛為之周禮九旗之帛皆用絳則其細亦皆用絳可知也箸於背者專謂章禮象銘旌而為之者下文云若今救火衣鄭注周禮云今城門僕射所被及亭長著絳衣皆其舊象蓋此等皆著於背以為表識也衣部卒下曰衣有題識者即鄭所云亭長著絳衣也揚徽者公徒昭公廿一年左傳文按曰揚則旌旗而非著背者若今救火衣此與著於背相屬○當按文選為袁紹檄豫州揚素揮以啟降路借揮為徽也徽幡也廣雅釋言徽章也通典引盧植禮記注徽幟名也國策齊策章子變其徽章注為徽為肩上絳幟如燕尾者也文選東京賦戎士介而揚徽薛注○當按揚徽用左傳文也而字為作徽凡謁徽者今悉訂正徽謂旌旗斿也通典引王肅禮記注○後漢書曹恭傳唯正朔服色識牲徽號器械而已注云徽號旌旗之名也

韻史　卷六十五下第十五部平聲幾韻　六四八四

褘

蔽厀也周禮曰王后之服褘衣謂畫袍說文段注按蔽厀非韠也許釋韠市皆云所以蔽前鄭注禮同韠以蔽前而非專蔽厀也方言曰蔽厀江淮之間謂之褘或謂之袚魏宋南楚之間謂之大巾自關東西謂之蔽厀齊魯之郊謂之相許不云褘者韠也則知許不謂一物也釋名曰褘所以蔽厀前也婦人蔽厀亦如之亦不以為一物而已與許異周禮內司服王后之六服褘衣揄狄闕狄鞠衣展衣褖衣許揄作褕展作襢見上文以褘衣系之褘下第二義者許必有所受矣袍當作衣大鄭曰褘衣畫衣引祭統君卷冕夫人副褘此古說也至後鄭注乃後褘讀為翬○廣雅釋器云褘蔽厀也又禮記明堂位夫人副褘注云褘王后之上服又云玉藻再命褘衣疏云褘衣是王后之服又詩葛覃傳夫人有副褘盛飾疏云褘衣六服之首王君之上服又穆天子傳一天子大服冕褘注云褘衣蓋王后之上服今帝服之所未詳褘衣畫翬者周禮內司服褘衣注又疏云褘當為翬○釋名釋衣服云王后之上服曰褘衣畫翬雉之文於衣也○當按鄭劉謂褘得義於翬非謂褘即翬字也孔沖遠直破為翬褘帨巾也尒雅釋器婦人之褘謂之縭孫注○郭注云褘即今之香纓也褘邪交落帶繫于體因名為褘○○當按郭所說蓋禮之纓非尒雅之褘縭也叔然注當是

韻史　卷六十五下第十五部平聲幾韻　六四八五

幃

囊也說文段注離騷蘇糞壤以充幃王逸曰幃謂之幐幐香囊也按凡囊皆曰幃曰幐王依文為說則謂之香囊耳或曰尒雅婦人之褘亦作幃是許所云幃也今按此與尒雅之褘無涉釋器曰婦人之褘謂之縭縭綏也郭云即今之香纓女子既嫁之所著示繫屬於人義見禮記及士昏禮注曰婦人十五許嫁笄而禮之因著纓明有繫也蓋以五采為之其制未聞內則婦事舅姑衿纓注云婦人有纓示繫屬也詩親結其縭毛云縭婦人之褘也母戒女施衿結帨孫炎釋尒雅婦人之褘云帨巾也禮之纓必以采綵詩尒雅之褘縭乃帨巾其不相涉明甚景純注非許以囊釋幃亦斷非釋器及毛詩之褘也○離騷椒又欲充其佩幃注云幃盛香之囊幃帳也文選悼亡詩注引聲類七發如素車白馬幃蓋注之張幃幰也一切經音義三引蒼頡在旁曰幃後漢書仲長統傳注裳正幅曰幃國語鄭語王使婦人不幃而諫之注幃裳童容也詩氓漸車幃裳箋○當按此據儀禮士昏禮疏作幃裳詩今作帷幌幃緣也廣雅釋器

韻史　卷六十五下第十五部平聲幾韻　六四八六

灰 揮

死火餘㶳也說文段注漢書曰死灰獨不復然乎。釋名釋天云火死為灰火之滅者為灰禮記月令毋燒灰注或作㨸䡱㶳。十三部十五部兩讀

奮也說文段注按奮部奮下曰翬也翬下曰大飛也此云奮也揮與翬義略同乎應引此下有謂奮評去之也蓋庚偃數注語振揮揚也易說卦傳發揮于剛柔釋文引鄭注揮發也鬼谷子抵巇捭之于泰山之本注揮動也廣雅釋詁一又鬼谷子抵巇注又文選舞賦一順微風揮若芳注揮振也國策齊策揮汗成雨注。禮記曲禮上飲玉爵者弗揮疏云揮振去餘也又釋文云振去餘酒曰揮又儀禮特牲饋食禮疏云振去水使手乾揮揮灑也國語晉語公子使奉匜沃盥既而揮之注揮湔也左氏僖廿三年傳既而揮之注揮散也易乾六文發揮釋文引王肅說卦傳發揮于剛柔釋文引王廣又後漢書鄭孔荀傳注揮竭也爾雅釋詁揮斥猶放縱也又奮迅也列子黃帝揮斥八極釋文。莊子田子方注云揮斥猶縱放也揮霍疾皃文選文賦紛紜揮霍注。西京賦跳丸劍之揮霍薛注云揮霍謂丸

韻史 卷六十五下第十五部平聲幾韻 六四八七

筆歸切

煇 翬 㠯

劍之形也揮猶移也太玄玄告天渾而擇注。萱按文選西征賦終當翼而高揮此段揮為翬也又王仲宣從軍詩良苗實已揮此段揮為煇也又易乾六文發揮釋文云揮本作煇十三部十五部兩讀注在彼。俗有煇爗或書作輝。十三部十五部兩讀注在彼。俗有堆䧳厓小㠯也象形說文段注小㠯之小者也廣雅本之曰㠯細阜也今謂㠯外不可讀矣小㠯曰㠯國語段借魁字為之周語夫高山而蕩以魁陵糞土賈逵韋昭皆曰小阜曰魁即許之㠯也賈逵注見海賦其字俗作堆行而㠯廢矣氏下云山岸脅之堆旁著欲落墒者曰氏士冠禮注追猶堆也是追即㠯之段借字李善注七發曰追古堆字詩追琢其章追亦同㠯蓋古治金玉突起者為㠯穿穴者為琢㠯語之轉為敦如爾雅之敦丘俗作墩詩敦彼獨宿傳以敦敦然釋之皆是也象形象下於㠯故㠯三成㠯二成堆高阜也漢書司馬相如傳上激堆埼注堆沙堆也文選上林賦激堆埼郭注。爾雅釋水注水中沙堆為墠釋文云堆或作雁又作𡎊呼隴堆山

韻史 卷六十五下第十五部平聲幾韻 六四八八

洞歸切

崔 雇 推

名也楚辭疾世踰隴堆兮渡漢注箄岸也漢書溝洫志鑿離箄注引晉灼。集注云箄古堆字又史記河渠書云鑿離碓。萱按碓字後出本訓舂具而借為堆字也又周傀巧熱銘珍絕箄鬼借嵬為堆也高也說文段注玉篇曰亦作崔按㠯部曰隗高也義同字異。俗有庳屋從上傾下也說文段注雇之下推也排也說文段注今六脂十五灰殊其音義古無二音二義。禮記祭義推而放諸東海而準疏云推謂推排也推去也詩雲漢傳不可推則推是遠離之辭詩雲漢疏推退位也素問六節藏象論推餘於終注。墨子小取云推也者以其所不取之同於其所取者予之也推謂代也禮記月令天子三推釋文推軵也前也一切經音義六引蒼頡推猶進也舉也禮記儒行下弗推注。公羊莊十年傳注推兵入竟疏云推舉也推求也舉也淮南原道因其自然而推之注。本經可以厤推得也注云推求也推求也奉也淮南主術推之而弗敢注推謀也太玄玄圖馴幽推厤注推行也淮南

韻史 卷六十五下第十五部平聲幾韻 六四八九

主術夫推而不可為之勢注說山此類之推者也注推遷也後漢書王充王符仲長統傳論注推猶移也淮南氾論故恩推則懦注推移猶轉易也淮南脩務物推移注與推猶度也管子海王受人之事以重相推注推猶知也淮南說林類不可必推注推猶因也公羊昭卅一年傳於是推而因之也注一往一來曰推刃公羊定四年傳推刃之道也注推步謂推究日月五星之度昏旦節氣之差後漢書馮緄傳注推方謂方頭競進也後漢書段熲傳注推盛也漢書韋玄成傳集注

蓷

萑也詩曰中谷有蓷說文段注萑各本作萑誤今正王風中谷有蓷釋艸萑蓷毛傳曰蓷鵻也蓋𩿨推本作隹與毛傳鵻字同後人輒加艸頭耳英亦一名謂其色似夫不也陸璣云舊說及魏周元明皆云庵閭及三蒼說苑云益母本艸云益母茺蔚也劉歆云蓷臭穢具穟即茺蔚也按臭茺㚇聲穢蔚疊韻李郭注爾雅亦云茺蔚未知許意何屬。萱按蓷與庵閭目驗之實不同物蓋屬而別者與

韻史 卷六十五下第十五部平聲幾韻 六四九〇

追

逐也說文段注詩禮段為治金玉之鍵。廣雅釋詁一又漢書貨殖傳集注並云追逐也又周禮小司徒以比追胥注脩閭氏而比其追胥者注並云追逐寇也又公羊莊十八年傳公追戎于濟西注並云以兵逐之曰追 追寇也周禮小司徒唯田與追胥竭作司農注。士師注云追追寇也 追隨也方言十二。離騷背繩墨以追曲兮注云追猶隨也 追送也詩有客薄言追之箋 追猶補也素問調經論是謂追之注 追猶召也管子七臣七主駟車充國者追寇之馬也注 追享謂追祭遷廟之主周禮司尊彝凡四時之閒祀追享朝享注。司農云追享朝享謂禘祫也注 追貊戎狄國也詩韓奕其追其貊傳 追和柔皃禮記檀弓下追然如不勝衣釋文。萱按此段追為退也釋文云追本作退

隹

鳥之短尾總名也象形說文段注短尾名隹別於長尾名鳥云總名者取數多也亦鳥名翢翢者雖夫不也本又作隹 隹鶌也廣雅釋鳥 隹其鳺鴀尒雅釋鳥

鵻

隼或。或作鵻鶤。十三部上十五部平兩讀 祝鳩也說文段注小雅翩翩者鵻釋鳥鵻其鳺鴀毛傳

韻史 卷六十五下第十五部平聲幾韻

六四九一

曰鵻夫不也南有嘉魚傳曰鵻壹宿之鳥左傳祝鳩氏司徒也杜曰祝鳩鵻鳩鳴鳩孝故為司徒主教民樊光注爾雅亦云孝故為司徒郭云今鵓鳩也按鵓鳩今俗呼為勃姑鵓勃語之轉鵓即爾雅之夫不也 鳩小者梁宋之閒謂之鵻方言八。詩四牡陸疏云鵻其今小鳩也一名鵓鳩幽州人或謂之鶻鵰梁之閒謂之鵻揚州人亦然 鵻鶉也一切經音義十五引廣雅。淮南說林鳥力勝日而服於鵻禮注云鵻禮爾疋謂裨苙桑人謂之記祝閒暨時晨鳴入舍者鳩鳥皆晨之

騅

馬蒼黑襍毛說文段注黑當作白釋畜毛傳皆云蒼白襍毛曰騅蒼者青之近黑者也白毛與蒼毛相閒而生是為青馬雖深於青白襍毛之驄未黑也若黑毛與蒼毛相閒而生則幾深黑矣釋言曰菼騅也王風傳曰菼薍也萑之初生者艸部曰薍者萑之初生一曰萑此以同色名之觀萑葦之初生之色則知蒼白之不可易矣 馬蒼白襍毛為騅。山海經大荒東經北海外又有三青馬三騅注。漢書項籍傳騅馬名騅注云蒼白雜毛曰騅

錐

銳也說文。萱按以疊韻為訓 錐利也釋名釋用器 錐金鏃翦羽之矢也淮南兵略

韻史 卷六十五下第十五部平聲幾韻

六四九二

疾如錐矢注 錐刀喻小事也後漢書樊準傳注

萑

萑藉艸多皃說文 萑蓷爾雅釋艸 萑茺蔚艸也管子地員下於萑注蔚

觜 集師切

平上兩讀 鴟舊頭上角觜也一曰觜逗觿也說文段注角觜萑下云毛角是也毛角頭上毛有似角者也觜猶紫銳詞也毛角銳凡羽族之味銳故鳥味曰觜俗語因之凡口皆曰觜其實本鳥毛角之偁也鳥口之觜廣雅作紫郭爾雅注云山鵲紫胕赤一曰云云別一義 觜蠵大龜也文選吳都賦㨿觜蠵注。漢書揚雄傳上法靈蠵注引應劭云雄曰毒冒雌曰觜蠵又後漢書杜篤傳注云觜蠵大龜亦瑇瑁之屬

崔 措歸切

。俗有確 大高也說文段注齊風南山崔傳曰崔崔高大也此云大高未知孰是嵬下曰山石崔嵬高而不平也亦即毛傳之土山戴石曰崔嵬也莊子山林之畏佳佳即今之崔也 崔巍皆峻皃史記司馬相如傳崔巍嵳峩正義引郭云 崔巍高皃漢書揚雄傳上前殿崔巍兮注又楚辭初放高山崔巍兮注 崔巍高皃也楚辭涉江冠切雲之崔嵬兮文選西都賦崔巍層構注 又崔嵬高峻之皃文選琴賦確嵬

韻史 卷六十五下第十五部平聲幾韻

六四九三

李善注。萱按確漢時俗崔字也西狹頌云刻舀確嵬 崔嵬山巔也詩谷風維山崔嵬傳 崔嵬山形也楚辭傷時觀浮石兮崔嵬注 崔嵬土山之戴石者詩卷耳陟彼崔嵬傳。釋名釋山云土戴石曰崔嵬因形名之也。萱按毛劉義同是也若尒雅石戴土謂之崔嵬孫郭並云崔嵬石山上有土者說與此正相反矣段大令則謂二文互異而義則一戴者增益也釋山謂用石戴於土上毛謂土而戴之以石毛之立文為善矣詳五部峘下 崔錯交襍也文選上林賦崔錯癹骫注引郭璞 崔隤猶言蹉跎也漢書廣川惠王越傳曰崔隤時不再注 崔動皃莊子大宗師崔乎不得已乎釋文引向注 崔速皃莊子大宗師釋文引簡文注

催

相擣也詩曰室人交徧催我說文段注相擣猶相迫也邶風北門曰室人交徧摧我傳曰摧沮也音義曰摧或作催據詩則催是也不從毛傳者傳取沮壞之義與摧訓擠訓折義同蓋當時字作催而毛釋為摧之假借許則釋其本義也

韻史 卷六十五下第十五部平聲幾韻

六四九四

悲 府歸切

痛也說文段注按惜者痛之深者也恫者痛之專者也悲者痛之上騰者也各從其聲而得之。廣雅釋詁二云悲痛也悲傷也廣雅釋詁二。詩鼓鐘憂心且悲傳云悲猶傷也悲哀也淮南精神故終身為悲人注悲悼也呂覽誣徒此學者之所悲也注悲悵也廣雅釋詁三悲謂顧念也漢書高帝紀下游子悲故鄉注肝虛而肺氣并之則為悲素問宣明五氣篇并於肺則悲注夫悲樂者德之邪也淮南精神悲谷西南方之大壑言其深峻臨其上令人悲思故曰悲谷淮南天文至於悲谷注

飛 奉歸切

鳥翥也象形說文段注羽部曰翥者飛舉也古或段蜚為飛飛羽蟲也素問五常政大論其主飛蠹蛆翡注飛肉禽鳥也太乎唐明珠彈于飛肉注離為飛鳥易明夷明夷于飛荀注小過飛鳥遺之音虞注。乾飛龍在天虞注云離為飛飛絕迹而去也漢書天文志慧孛飛流注引孟康飛揚不從軌度也淮南精神使行飛揚注。鬼谷子飛箝飛而箝之注云外響而得其情曰飛又云飛謂作聲譽

以飛揚之無儀法程式飛搖而無所遣謂之飛蓬後漢書明帝紀注飛書者無根而至若飛來也卽今匿名書也後漢書梁松傳注飛閣上門也後漢書班彪傳上注。云其上重屋曰飛閣在釋名釋船上督飛也凡箭鏃三鐮者謂之羊頭其三鐮長六尺者謂之飛蝱方言九日入為飛泉莊子逍遙遊而御六氣之辨釋文引李注風師謂之飛廉廣雅釋天。離騷後飛廉使奔屬注云飛廉風伯也飛廉觀名後漢書馮衍傳注康神禽能致風氣身。班彪傳上注引前書音義云飛似鹿頭如雀有角而蛇尾文如豹文又淮南俶眞騎蜚廉而從敦圄注云飛廉獸名長毛有翼飛廉扁蘆也廣雅釋艸飛芝烏毒也同上飛蛇言螣蛇乘霧而飛者山海經中山經柴桑之山多飛蛇注飛黃乘黃也出西方狀如狐背上有角壽千歲淮南覽冥飛黃伏皂注飛兔馬名萱按此本字自可通而說者謂飛為騑之段借字飛生鼯也文選吳都賦追飛生劉注飛鼠蚨螻

也廣雅釋鳥。方言八云蝙蝠自關而東或謂之飛鼠蜚鴻蠛蠓也史記周本紀蜚鴻滿野索隱引高誘。萱按漢書五行志云有蜚雉登鼎耳而雊又韓勑後碑蜚于倉天又文選子虛賦云蜚襳垂髾封禪文蜚英聲皆段蜚為飛也。又按稾長蔡湛頌飛閔唐氏其孰能口口口斯乎孔耽碑飛其學也皆段飛為非也亦段為匪考工記梓人司農注云飛讀為匪

騑

馬逸足者也說文段注逸當作兔廣韻曰騑兔馬而兔走玉篇曰騑兔古之駿馬也飛兔騕褭古駿馬也後漢書禰衡傳注。呂覽離俗注云飛兔要褭古之駿馬也又云騑兔馬名日行萬里馳若兔之飛因以為名

非

韋也說文段注韋各本作違今正違者離也韋者相背也自違行韋廢盡改韋為違此其一也非以相背為義不以韋為義。廣雅釋言云非違也非不也禮記檀弓下非刀已是共疏引皇氏又漢書陳餘傳陳王非必立六國後注蕭望之傳集注引服虔非者非其眞也淮南說林其守節非也注非者不善之詞淮南

脩務世俗衰廢而非學者多注非不是也玉篇非惡也淮南脩務是靡非注五非好非也史記孝文紀惆然念外人之有非集解引漢書音義非猶失也禮記禮運非禮也注非排也人所惡排去也釋名釋言語非責也穀梁隱五年傳非隱也注桓十二年傳非與所與伐戰也注文四年傳非咸禮於齊也注宣十五年傳非稅畝之災也注私田稼不善則非吏注襄廿五年傳非巢之不飾城而請罪非吳子之自輕也注非咎也呂覽愼行動作者莫不非令尹。審已大非上注云非猶咎也非猶罪也呂覽安死吾不非門注長見將以非不敎注非者譏也史記李斯傳非世而惡利索隱。呂覽大樂有非樂者矣注又淮南氾論而墨子非之注並云非猶識也非者譏訶其闕也呂覽當務備說非六王五伯注。淮南氾論天下不非其服注云非猶譏詞也非恨也國語晉語今旣無事矣而非蘇注卻非冠宮門僕射等服之獨斷下。荀子解蔽百姓怨非而不用注云非或為誹萱按非誹古通用也又非飛字互相段借文選盧子諒贈崔溫詩徒煩飛子御飛子即非子也匪非也易馬注虞注又詩鄭箋又廣雅釋詁四。

當按謂匪即非之借字也

騑

驂也旁馬也說文段注騑馬經典皆謂之驂故曰驂也驂下云駕三馬曰驂許意古為駕三馬之名後乃駕四駕六其旁馬皆得驂名矣故又申之曰旁馬旁者蒙上在軛中言之不當衡下者謂之驂亦謂之騑駕三駕四所同也若小雅傳曰騑騑行不止之皃別為一義服馬外為騑馬後漢書章帝紀注。續漢書輿服志上在左騑馬軛上注引徐廣云馬在中曰服在外曰騑騑亦名驂又文選楊給事誄如彼騑駟配服驂衡注云在服之左曰驂右曰騑當按驂騑分左右其說不足泥名騑者以駟馬有騑騑之容左傳桓三年注驂騑馬疏騑騑疲也廣雅釋訓。當按此蓋段騑為婓

[非毳]

毛紛紛也說文段注紛紛者多也非分雙聲[非毳][非毳]猶紛紛也廣韻曰細毛

扉

戶扇也說文段注釋宮曰闔謂之扉門闔門扇也然則門戶一也。荀子禮論注云扉戶扇也又左傳襄廿八年釋文云扉門扇也扉門扉也儀禮士喪禮闔東扇注又禮記喪大記西北扉薪釋文扉門闔也

左氏襄廿八年傳子尾抽桷擊扉三注。文選思玄賦叫帝閽使闢扉兮舊注云扉宮門闔也

[非目]

大目也說文

婓

或書作婔往來婓婓也一曰大醜皃說文段注當依廣韻作婓婓往來皃玉篇也亦作皃小雅毛傳曰騑騑行不止之皃與婓音義皆同婓婓往來皃也漢書揚雄傳上婓婓遲遲而周邁注江婔神女集韻引列仙傳。當按此段婔為妃也騑騑疲也廣雅釋訓。當按義當作此婓

妃

平去兩讀。俗有嫛匹也說文段注匹者四丈也禮記納幣一束束五兩兩五尋注云十箇為束兩兩合其卷是謂五兩八尺曰尋按四丈而兩之各得二丈夫婦之片合如帛之判合矣故帛四丈曰兩曰匹人之配耦亦曰匹妃本上下通偁後人以為貴偁耳釋詁曰妃媲也引申為凡相耦之偁其字亦段配為之太𠂇作嫛其云嫛𢼄者即左傳之嘉耦曰妃怨耦曰仇也。尒雅釋詁云妃匹也又白虎通嫁娶云妃者匹也妃匹者何謂相與為耦也妃配也禮記曲禮下天子之妃曰后疏。左氏隱元年傳惠公元妃孟子疏云妃者配匹之言非有尊卑之異妃媲也妃

合也妃對也竝尒雅釋詁妃輩也釋名釋親屬嘉耦曰妃左氏桓二年傳陰耦為妃漢書五行志上妃者名通適妾左傳隱元年疏。儀禮少牢饋食禮以某妃配某氏注云某妃某妻也妃嬙貴者左氏哀元年傳宿有妃嬙嬪御焉注。呂覽季春后妃齋戒注云妃即夫人與后參職王者一后三夫人。當按古亦用斐作之列仙傳江斐二女是也二女集韻作神女配成夫婦也左傳隱八年先配而後祖賈注。當按妃配正借字配匹也楚辭守志注配媲也詩皇矣傳配當也廣雅釋詁三配對也文選東京賦薛注

夔苦回切

神魖也如龍一足說文段注魖耗鬼也神魖謂鬼之神者也甘泉賦曰捎夔魖而抶獝狂東京賦曰殘夔魖與罔象皆夔魖連文可證國語木石之怪夔罔兩韋注或云夔一足越人謂之山繰或作猱富陽有之人面猴身能言廣韵曰山魈出汀洲獨足鬼也神魈謂山繰之尤靈異者若大荒東經云有獸狀如牛蒼身而無角一足出入水則必風兩其光如日月其聲如雷名曰夔黃帝得其皮為鼓聲聞五百里此敎也非鬼也薛注二京合而一之恐非是孟康曰夔

神如龍有角人面薛綜曰木石之怪如龍有角按古假歸作夔樂緯云昔歸典協律即夔典樂也地理志歸子國即夔子國也木石之怪曰夔後漢書馬融傳注。說苑辨物云木之怪夔罔兩夔形如鼓而一足莊子達生山有夔釋文引司馬注。秋水夔憐蚿釋文云夔一足獸也夔牛即爾雅所謂魏山海經中山經岷山多夔牛注夔舜時典樂者也禮記樂記夔始制樂以賞諸侯注。書堯典讓于夔龍晚出傳云夔龍二臣注夔楚之別封也左氏僖廿六年傳夔子不祀祝融注。當按楚人滅夔夔公羊作隗又堯典夔水經江水注作歸皆同部通借字夔夔齋栗敬慎戰懼也孟子萬章上注

[歸見]

注目視也說文段注專注之視也於从歸取義

戣

。俗有鍨周制侍臣執戣立於東垂兵也說文段注見周書顧命某氏傳曰戣瞿皆戟屬鄭云戣瞿蓋今三鋒矛王肅則曰皆兵器之名許不言何兵略同子雍也。集韻引字林云戣兵也

駸 馬行威儀也詩曰四牡騤騤說文段注馬行上當有騤騤二字詩三言四牡騤騤傳各隨文解之許渠渠之云馬行威儀兒於疊韻取義也騤騤盛也廣雅釋訓騤騤彊也詩采薇四牡騤騤傳騤騤猶彭彭也詩烝民四牡騤騤傳騤騤不息也詩桑柔四牡騤騤傳騤騤行兒國語周語四牡騤騤注○詩桑柔疏云騤騤馬行之兒騤瞿走兒文選西京賦騤瞿奔觸注

口 寬回切 回也象回帀之形說文段注回轉也按圍繞周圍字當用此圍行而口廢矣○萱按漢書成帝紀大木十韋以上并借韋為口矣

韋 韋古文 相背也獸皮之韋當作圍可㠯束物枉戾相韋背故借㠯為皮韋說文段注相背故从舛今字違行而韋之本義廢矣酒誥薄韋林辰父馬云韋違行也據釋經音辨則古文尚書當如是獸皮之圍圍謂繞也生革為縷圍束物可以橋枉戾而背其故也其始用為革縷束物之字其後凡

韻史 卷六十五下第十五部平聲幾韻 六五〇三

革皆偁韋此與西朋來子馬五字下文法略同皆言段借之指也段借專行而本義廢矣韋柔皮也一切經音義十四引字林去毛孰治則曰韋儀禮聘禮注皮韋同類疏禮記曲禮下注獸工函鮑韗韋裘也疏云韋熟皮又漢書鄭崇傳每見曳革履注云孰曰韋生曰革韋皮繩喻緩也文選王文憲集序無待韋弦注○萱按張遷碑陽佩瑋段瑋為韋也晉韋弁以韎韋為弁又以為衣裳周禮司服凡兵事韋弁服注○釋名釋首飾云以韎韋為之謂之韋弁又儀禮聘禮君使卿韋弁歸饔餼五牢注云韋弁韎韋之弁兵服也而服之者皮韋同類取相近耳其服蓋韎布以為衣而素裳韋藩韋蔽前後國語晉語韋藩木楗以過於朝注韋豕韋彭姓也詩長發韋顧既伐箋

湋 回也說文段注以疊韻為訓

違 離也說文又廣雅釋詁三又詩谷風中心有違傳違去也詩殷其靁何斯違斯傳又節南山惡怒是違傳又禮記檀弓下違而君薨注又左氏閔二年傳不如違之注成十七年傳吾能違兵注昭廿年傳淫樂不違注哀廿七年傳

韻史 卷六十五下第十五部平聲幾韻 六五〇四

違穀七里注又國語魯語則請納祿與車馬而違署注晉語猗兮違兮注離違而得所注以禍為違注又離騷來違棄而改求注違猶去也禮記襍記違諸侯之大夫注中庸忠恕違道不遠注表記事君三違而不出竟注又後漢書隗囂公孫述傳注又太兮兮難欲違則不能注違行也書酒誥薄違農父馬注又國語魯語無乃違乎注齊語天威不違顏咫尺注又後漢書逸民傳注違避也國語周語未能違難注晉語大陳不違忌注又以違蠻夷以重之注晉國又文選思玄賦雖彌高而弗違甚注違周難於違辟也左氏莊四年傳違齊難也注成三年傳其弗敢違注成十六年傳乃皆左右相違於淖注○禮記緇衣太甲曰天作孽猶可違也注違猶辟也云違猶易也文選西京賦能違之者寡矣薛注違異也文選沈休文學省愁卧詩注引廣雅贈馮文羆遷斥丘令詩注引國語賈注違備也廣雅釋詁二違張也詩谷風中心有違釋文引韓詩違徘徊也詩谷風箋違奔亡也後漢書臧洪傳注○左氏定十年傳凡諸侯之大夫違注云違奔故也又哀八年傳君子違注云違奔之也違畔也周書芮良夫無道左右臣妾乃違注違不

韻史 卷六十五下第十五部平聲幾韻 六五〇五

從也左氏哀十四年傳且其違者不過數人注違失也後漢書朱景王杜馬劉傅堅馬傳注違恨也文選幽通賦違世業之可懷曹注○注云違或作幃○萱按違正字幃借字也其字後出古亦借回為違如堯典靜言庸違左氏文十八年傳三國志陸抗傳論衡恢國皆作庸回是也違猶戾也萱按此段違為𧝐違也違僻也違不正也萱按此皆段違為𧝐也

𧝐 或作衺也說文段注衣部衺下曰𧝐也二篆為轉注經典段回字為之小旻謀猶回遹傳曰回邪也大明厥德不回傳曰回違也回皆𧝐之段借字小旻言其轉注大明言其段借故傳語不同大明傳違即𧝐字𧝐久不行俗乃作違經典多作回口部曰回轉也乃回之本義必有許書而後知回衺之本字作𧝐桓大之本字作查㦸咀之本字作式尚不能觀異會通則許書後存而已矣敦衺也廣雅釋詁一○萱按此段敦為𧝐回衺也廣雅釋詁二又漢書王商傳集注回邪也詩鼓鐘傳又左氏文十八年傳靜譖庸回注昭廿年傳不為利疚於回注又國語周語求福不回注魯語若君縱私回而棄民事注晉語以縱其回注公室之不回注夫以回鄉之中注又法言學行彼以具

韻史 卷六十五下第十五部平聲幾韻 六五〇六

敳

回注又楚辭抽思何回極之浮浮注又文選劇秦美新回面昧之者極妖愆注○豈按用邪為裹猶之用回為變也回又

迴或作迴邪也文選幽通賦注其若兹分抗書注迴回邪辟也禮記禮器注又文選西征賦注回

注引韓詩章句回邪不正也史記樂書正義回邪曲直回亂也漢書志集注違不正也漢書禮樂志集注其太違邪也禮注○懷

注國語周語若有以遲違其違注違違僻也漢書傳集注王尋

豈按國語晉語競興若靜言庸回是同其同蓋回庸回之他書作違夐段借字

廣雅釋詁四說文段注曰徽纏也王注離騷曰纏皆徽之乖戾也廣韻廿一

戾也說文段注禮記大學注王逸注違也纏乖段借字

違猶戾也豈按此依王氏廣雅疏證此段字而違之為傳不通也

敳懟也

釋訓之謂乖乖刺亦謂之敳懟馬融作廣雅疏證云敳懟戾刺也說文云徽敳相乖違

別鶩分齊是也乖刺猶乖戾語之轉耳說文頌云懟竟相乖違

剌戾也楚辭七諫云吾獨乖剌而無當兮

婞

不說兒恣也說文段注今悦字

闈

宮中之門也說文宮中之門謂之闈爾雅釋宮又左傳閔公二年傳公賦於武闈賈注哀十四年傳攻闈與大門又服注文選西京賦宣六年傳日高闈而出者注又後漢書桓帝紀注又公羊傳門人至入自閭闈門注雜記下夫人至入自闈宮中小門也禮記雜記之門曰闈門注○禮云宮中之門日闈宮中小門也禮儀禮士冠禮注又

闈門注○禮記下之門曰闈宮中之小門也禮記雜記之門

漢書外戚傳班氏陰皇后紀注又左傳哀十四年注○宮門之外文釋王氏注孝工記匠人闈門也國語吳語注並云闈乃二宮中小門也又左傳昭十年傳將入門又小注後漢書孫程傳謂之闈者宮中小門也又爾雅釋宮中闈又考工記匠人

闈之者宮中小門通釋云文孫氏注之闈門也國語注又吳語左氏昭十三年傳引孔

遐諸容小棘扃闈以歸鄉注釋云文庸門守闈門如今東西掖門

門○周禮保氏使其屬守闈

闈注門○注云闈宮中之門

王闈○注周禮保氏使其屬

晁注闈門是禮記雜記下疏卷門也

賓云闈注門是禮記雜記下疏

云闈注門○

闉

守也說文守者所執之以兵守城曰闉左傳襄廿五年注樊闉棋疏云棋以兵守城曰

闉也之子以子圍而相殺故謂之闉

公羊莊十年傳圍不言戰注○成三年傳云伐而言圍者取邑之得曰取不得曰圍又襄十二年傳云

得曰取不得曰圍又不言戰注云圍不聽日取也邑注之云

潿 襩

辭者非也伐邑而不言圍也就也廣雅釋詁二又三圍裹也廣雅釋詁四又一楚○疏王云圍者閩閩

周也易數辭上傳範圍天地之化而不過注圍周也又九家作圍云本圍人以其注又言

楚世家作回注之圍也○豈按周禮夏官環人注引云豈按考工記匠之之也借字圍人注以之圍被而圍人又聚之云百圍四圍釋

要廣厚其長為圍為圍注引莊子人間世云三圍四圍○

釋文引崔注云圍之長為圍注以徑尺為圍又莊子人間世注云九圍九圍○傳

環八尺為一圍九圍九州也禮記孔子閒居注云詩長發帝命式于九圍九圍傳○

州之界也

不流濁也說文段注謂有所涉而不流去也左傳曰濁以不流日有注濁不流

或作襩重衣兒爾雅曰襩襩積也說文段注今爾雅文無此文本或作

作櫃引字林襩重衣兒按玉篇作襩字回依也今釋文云本或作

襩濟回濟沓用爾雅文字林櫃作襩字據回潛夫論則爾雅故有

濟字許所見亦作襩不從故書無襩篆故

書杜子春易為襩積見周禮夏采職故

帷

匿古文在旁曰帷說文婦賦注又引一切經音義三引字林又文選寡婦賦注又引纂要○周禮幕人掌帷幕帷幄

在上曰幕皆以布為之帷圍也所以自障圍也釋名釋帷帳

也禮記喪大記帷帳也廣雅釋器帷木帳曰帷楚辭招魂注帷幄上注幄帷幔也禮記

曲禮帷薄之文又文選安陸昭王碑注帷幄謂帷帳之

外不趨釋文帷幄○檀弓上注帷幄

帷屋也後漢書鄭弘傳注帷帳 帷裳謂朝祭之服其制正幅如

臣也疏後漢書傳注帷荒所以衣柳○喪大記君龍帷注柳衣也疏云衣在旁

曰帷又在上曰荒皆所以衣柳也疏云帷在旁

帷裳婦人之車也詩衛風氓漸車帷裳傳○豈按

帷論語鄉黨注帷裳非帷也儀禮士昏禮疏引漸車帷

裳又文選七發云如素車白馬帷蓋之張注云帷或為帷

亡詩注引聲類云帷作幃又莊子漁父孔子遊乎緇帷之

林釋文云帷本作帷又一切經音義九云幃古文帷同

遠此皆同聲通用也帷帷同聲佳聲轉遠與古文帷同聲

回 戶雷切
囘 古文。俗有佪佪迴
轉也 說文段注淵回水也故顏回字子淵毛詩傳曰回邪也言回為㝐之段借也又曰回違也亦謂段借也。詩雲漢昭回于天傳又荀子儒效圖回天下於掌上而辨白黑注並云回轉也
回旋也 離騷回朕車以復路兮注遠逝徵九神于回極兮注
迴流旋也 荀子致仕水深則迴注。文選七發迴翔青莪注云迴翔水復流也又淮南本經說文回波注云回波若水波也
迴風旋風也 尒雅釋天迴風為飄注又李注。楚辭悲回風悲回風之搖蕙兮注云回風謂之飄風
回運也 楚辭大司命注。太夕夕離天日迴行注云迴猶運也
囘曲也 國語晉語若之何其回於富也注又漢書趙廣漢傳集注又後漢書城陽孝王祉傳注馬武傳注虞翻傳注蔡邕傳注。文選東京賦迴行道乎伊闕薛注云迴曲也
回曲繞也 漢書食貨志下為渭漕回遠注。李廣傳東道少回遠注云回繞也曲也又楊雄傳上回安邑注云回謂繞過
回謂卻行也 素問玉版論要篇神轉不回注
回正心也 左氏昭卅一年不為利回注。釋文為于偽反
回違也 詩大明厥德不回傳又左氏昭廿六年傳注又後漢書蘇竟傳注。詩常武徐方不回箋云回猶違也又禮記樂記回邪曲直疏云

回謂乖違
回易也 後漢書顏傳注即
回謂回皇也 文選甘泉賦日駿月回注
回穴猶紆曲也 後漢書盧植傳注。漢書敘傳上畔回穴其若茲兮注云注云回穴轉旋之意也又文選風賦回穴錯迕注云凡事不能定者回穴
回沆猶攜互不齊一也 後漢書王充王符仲長統傳注
迴迂難也 淮南氾論則天下納其貢職者迴也注。書盤庚中疏云迴是迂也
迴通也 呂覽貴因溝迴陸注上德德迴乎天地注
回回光明兒 文選思玄賦羨回回其揚靈兮注。後漢書張衡傳注云回回光兒
回謂其形微圜也回則其聲淫衍無鴻殺也 周禮典同回聲衍注
回建者兵車四乘也 呂覽悔過今袀服回建注
徘回謂不得其所也 漢書息夫躬傳鸞徘回兮注
佪猶傍徨不進之意也 漢書高后紀徘佪往來注
徘佪即遲遲也 文選南都賦總萬乘兮徘佪注
徘佪便旋也 廣雅釋訓
徘佪回旋飛翔之兒 荀子禮論則必徘佪焉注

洄
泝洄也 說文。萱按泝下云水欲下違之而上也段注謂此釋洄字之義洄違疊韻
逆流而上曰

遡洄 詩蒹葭遡洄從之傳又尒雅釋水。釋水遡作泝
水轉曰洄也 華嚴經音義下引三蒼
洄惽也 尒雅釋訓。釋文云洄本作幗玉篇云佪佪惽也萱按幗佪皆通借字也又文選七發洄闇悽愴焉注云洄與回同也

槐
槐木也 說文段注釋木曰櫰槐大葉而黑守宮槐葉晝聶宵炕按此皆槐之異者
槐之言懷也 周禮朝士面三槐三公位焉注。淮南時則九月官候㮴注云槐懷也又獨斷上云面三槐三公之位也其樹槐之言歸也 古微書引春秋元命苞

瑰 瑰武作壞。兩見義分
玫瑰也一曰圜好 說文。萱按前義見古徵切後義讀如回眾經音義引圜好曰

隤 洞雷切 。俗有墳
下隊也 說文段注繫辭曰夫乾確然示人易矣夫坤隤然示人簡矣許门部曰隺高至也引易夫乾隺然然則正與下隊作反對語按隤與穨音同而義異如李陵傳隤其家聲斷不可作穨矣
隤下也 廣雅

釋詁一又漢書史丹傳集注。食貨志上因隤其土注云隤謂下之也
隤墜也 漢書蘇武傳集注司馬相如傳上集注司馬遷傳集注
隤降也 漢書楊雄傳上集注
隤猶遺也 文選歎逝賦注引韓詩章句
隤壞也 廣雅釋詁一
隤衰也 廣雅釋詁二
陰腫曰隤氣下隤也 釋名釋疾病
隤者車承 淮南原道先者隤陁注
隤安也 易繫辭下傳隤然示人簡矣虞注。太夕夕告地隤而靜注云隤猶安也
隤柔也 易繫辭下傳注又釋文引馬注
隤順兒 禮記曲禮注隤然順也釋文。檀弓上頹乎其順也注云頹順也又疏云穨然不逆之意也。萱按此曲禮用正字檀弓用借字也疑穨系後人所改
隤柔順兒 後漢書黃憲傳注
下流曰穨 史記河渠書水穨以絕商顏集解引瓚曰又漢書溝洫志注。萱按此蓋當作隤而穨為聲同段借字俗又譌為穨
穨唐隕墜兒 文選洞簫賦穨唐遂往注
穨陵謂穨靡陵遲 後漢書趙咨傳注
穨落也 文選長笛賦感迴飇而將穨注
穨風之焚輪者也 詩谷風維風及穨傳。疏云穨風從上而下之名又尒雅釋天焚輪謂之穨孫注云迴風從上下曰穨又李注云焚輪暴風從

積上下降謂之積積下也○俗有頹禿兒說文段注周南曰我馬虺頹釋詁及毛傳曰虺頹病也禿者病之狀也此與邑部之隤迴別今毛詩作隤誤字也此从貴聲今俗字作頹失其聲矣○萱按經典積字無處皆隤之借也隤下詳之

魋段氏據徐說補大如小熊赤毛而黃段本說文○尒雅釋獸魋如小熊竊毛而黃釋文引字林云魋獸如熊黃而小魋顏謂顏兒魋回若魋梧然也史記范睢蔡澤傳魋顏蹙齃膝攣索隱

讄誄也說文

靁路回切𩆷籀回古文𩇓古文○絫作雷霒昜薄動生物者也畾象回轉形說文段注薄音博迫也陰陽迫動即謂靁也迫動下文所謂回轉也所以回生萬物者也許書有畾無畾凡積三則為眾眾則盛盛則必回轉二月陽盛靁發故以畾象其回轉之形非三田也韻書有畾字田開誤矣凡古器多以回為靁陰陽相薄感而為雷淮南天文○墬形云陰陽相薄為雷又古微書引春秋元命苞云陰陽合為雷

韻史 卷六十五下第十五部平聲幾韻　六五一五

又白虎通封公侯云雷者陰中之陽也又易象上傳澤中有雷翟元注云雷者陽氣春夏用事陰陽之氣俱則靁交則電大戴記曾子天圓○注云自仲春至仲秋陰陽交泰故雷電也又穀梁隱九年傳陰陽錯行注云雷電陽也雷者太陽之激氣也論衡雷虛○易象上傳雷在天上翟注云雷陽氣也又雷出地奮翟注云雷陽氣赤謂龍也雷天氣也論衡難歲雷火也論衡雷虛雷者土之氣也其音宮也春秋緐露五行五事雷動物之氣也易震鄭注○噬嗑先王以明罰勅法疾注云雷所以動物雷轉氣也淮南原道雷以為車輪注雷硍也如轉物有所硍雷之聲也釋名釋天有聲名曰雷公羊隱九年傳記異也注○素問五常政大論廼為雷霆注云雷謂大聲生於太虛靈明之中也雷者天地之鼓古微書引河圖帝通紀雷者所以開發萌芽辟陰除害後漢書郎顗傳注雷者號令其德生養同上雷者人君之象南齊書五行志引洪範五行傳○初學記天部上引洪範五行傳云雷諸侯之象也雷於天地為長

韻史 卷六十五下第十五部平聲幾韻　六五一六

子南齊書五行志引洪範五行傳震為雷易說卦傳繫辭上傳鼓之以雷霆虞注云雷震也又呂覽仲春雷乃發聲注云震氣為雷又後漢書李膺傳注云震為動為雷雷獸雷神也山海經大荒東經橛以雷獸之骨注雷之發聲物皆同應言無是非者謂之雷同後漢書翟酺傳注○桓譚傳注云雷之發聲眾物同應俗人無是非之心出言同者謂之雷同靁鼓靁鼗皆謂六面有革可擊者也周禮大司樂靁鼓靁鼗司農注雷鼓八面鼓也周禮鼓人以雷鼓鼓神祀注又文選東京賦薛注雷即研也兵法守城用礌石以擊攻者左傳襄十年注躬在矢石閒疏雷首山名今在河東蒲坂縣南也穆天子傳四至于雷首注雷澤大澤也淮南墬形雷澤有神注○周禮職方氏其浸盧維注云盧維當為雷雍字之誤也雷夏在城陽又禹貢雷夏既澤晚出傳云雷夏澤名西龜曰靁屬周禮龜人○萱按論衡及漢禮器碑皆段雷為櫑

韻史 卷六十五下第十五部平聲幾韻　六五一七

櫑罍或𥁮或𩇓籀龜目酒尊刻木作雲靁象象施不窮也說文段注五經異義韓詩說金罍大器也天子以玉諸侯大夫以金士以梓古毛詩說金罍酒器也諸臣之所酢人君以黃金飾尊大一碩金飾龜目蓋刻為雲靁之象許君曰謹案韓詩說天子以玉經無明文謂之罍者取象雲靁博施故從人君下及諸臣同按異義從古毛詩說說文同也故云龜目酒尊刻木為雲靁象爾雅彝卣罍器也小罍謂之坎然則罍有小大燕禮罍水在東則罍亦以盛水刻為龜目又通體刻為雲靁所以刻為雲靁者以雲靁施澤不窮人君之櫑為諸臣取酒自酢者故象之也○詩卷耳疏引三禮舊圖云罍刻木為之又禮記明堂位山罍夏后氏之尊也疏云罍猶雲雷也畫為山雲之形也又周禮司尊彝皆有罍注云山罍亦刻而畫之為山雲之形又疏云罍者取象雲雷罍罇也廣雅釋器○詩卷耳我姑酌彼金罍釋文云罍酒罇也又尒雅釋器注云罍盛酒尊又孫注云罍酒罇也尊彝為上罍為下卣居中罍酒器也後漢書班彪傳下注○詩泂酌可以濯罍傳云罍祭器又左氏昭廿四年傳惟罍之恥注云罍大器大罍瓦罍周禮鬯人社壝用大罍注○萱按漢書文三王傳梁孝王武有罍尊注引詩酌

韻史 卷六十五下第十五部平聲幾韻　六五一八

彼罍金凡設水用罍儀禮少牢饋食禮司宮設罍水于洗東有枓注雷鐏刻畫雲雷之形論衡語增。亂龍云雷樽象雷之形。萱按此用雷為罍也漢禮器碑云雷洗觴觚

瓃

玉器也說文段注雋不疑傳帶櫑具劍晉灼曰古長劍首以玉作井鹿盧形上刻木山形如蓮花初生未敷時雪清治書云玟古圖有玉轆轤玉具劍古樂府所云腰間轆蝽劍也按古玉器為鹿盧轉旋蓋不獨劍具先鄭注周禮云驅外有捩盧也棙盧亦謂鹿盧也櫑具木標首之劍櫑落壯大也漢書雋不疑傳注引應劭。萱按此借櫑為瓃也櫑落蓋即磊落也

儡

平上兩讀相敗也說文段注西征賦注引作壞敗之兒寡婦賦注引作敗也無相字道德經傅奕本儡儡兮其不足以無所歸陸氏釋文曰儽一本作儡敗也欺也說文音雷西征賦日寮位儡其隆替寡婦賦容兒儡以頓額注引禮記喪容儡儡今禮記作纍纍非也儡羸疾兒文選洞簫賦築師瞽博儡以頓額注。寡婦賦注引引禮記玉藻鄭注云儡羸兒。萱按鄭以羸釋儡則禮本不作纍可知纍纍羸憊兒也禮記玉藻喪容纍纍注

纍

。俗縲縲有綴得理也一曰大索也說文段注綴者合著也合著得其理則有條不紊是曰纍樂記曰纍纍乎端如貫珠此其證也大索義論語作縲字之誤注云黑索也亦誤作纍如孟子係纍其子弟是亦作羸如易大壯羸其角馬云大索也鄭虞作纍引申之不以罪死曰纍見楊雄反離騷注按纍索二字大不同纍在十五部大索也其疑變不得作累絫在十六部增也引中之延及也其俗體作累古所不用纍索也廣雅釋器又漢書李庚傳以勉所絕累注又太卆逃見于纍注纍文索也漢書楊雄傳音義引字林縲累索也論語公冶長雖在縲綫之中集解引孔注又皇疏又史記管晏傳正義。後漢書皇后紀注云縲索也纍繡也小尒雅廣器。莊子外物揭竿累釋文引司馬注云累綸也萱按如虎義似累為纍之譌字然釋文又云累謂次足不得並足也則字當作系耳纍係也漢書司馬遷傳集注纍自囚係以待命左氏襄廿五年傳使其眾男女別而纍注係累猶縛結也孟子梁惠王下係累其子弟注。淮南氾論解于累紲之中注云累紲所以東縛人纍繫也左氏成三年傳兩釋纍囚注又後漢書公孫瓚傳注。禮記儒行不累長上注云累猶繫也纍

囚繫也左氏僖卅三年傳不以纍臣釁鼓注纍拘也廣雅釋言纍猶禍也太玄劇骨纍其肉注纍蔓也詩南有嘉魚傳甘瓠纍之纍纍不絕之兒漢書五行志下之下集注纍纍履桎兒也太玄差足纍纍注累解嬰累解釋也荀子富國和調累解注延罪無辜曰纍書大傳大罪勿纍注不㠯舉死曰纍漢書楊雄傳上集注引李奇纍所以盛甲也國語齊語諸侯甲不解纍注。萱按盛甲當用箙笥以纍束之纍牛父牛也呂覽季春乃合纍牛騰馬遊牝于牧注。萱按騰者言其通淫之性纍者踶齧奔躍以索縻之也呂氏作纍是正字禮記月令作累牛淮南作㯤牛字之誤也禮注云累騰皆乘匹之名也疏云累牛謂相累之牛其說廝疏纍騰專指牡言非謂乘匹也乃合纍牛騰馬遊牝于牧十字為一句以上王侍郎引之說纍纍羸兒也萱按此段纍為儡纍纍重積也漢書佞幸石顯傳卬何纍纍注。萱按此段纍為絫也

欙

山形所乘者虞書曰予乘四載水行乘舟陸行乘車山行乘

欙澤行乘馴說文段注河渠書作橋上遶反徐廣曰一作輂几工反輂直轅車也漢書作梮韋昭曰梮木器也如今輦牀人轝以行也應劭曰梮或作欙欙為人所牽引也尚書正義引尸子山行乘欙偽孔傳亦作欙按輂梮橋三字同以梮為正橋者音近轉語也欙輿梮一物異名梮自其盛載而言欙自其輗引而言纍大索也欙從纍此聲義之皆相倚者也應釋欙韋釋楬皆是兼二說而後全孟子虆梩趙云虆籠屬毛詩傳採虆也亦謂主籠舁之曰楬人引之而行則曰欙也虆者欙之段借字或省作欙者非也毛詩之攝亦楬之段借字也水行乘舟云云四載之故訓也故統系之虞書猶河渠書溝洫志謂皋陶謨夏書則亦以此四句統系之夏書也剸史記作毳亦作橇漢書作毳如淳曰毳者第葹之葹謂以版置泥上以通行路也服虔曰木毳形如木箕擿行泥上孟康說同尚書正義引尸子作毳引慎子為毳者惠塗之泥也徐廣注史記作楯偽孔傳作輴凡此諸字皆一聲之轉其義一也車部曰剸車約剸也此乘剸當讀同毳非車約剸之謂

濼

濼水出鴈門陰館絫頭山東入海一曰治水也說文段注沈約宋書曰陰

館前漢作觀從漢晉作館按今前書不作觀蓋淺人改也鴈門郡陰館二志同今山西代州州北四十里陰館城是在句注陘北絫頭山在今朔州代州之閭前志陰館下曰絫頭山治水所出東至泉州入海過郡六行千一百里水經曰灅水出鴈門陰館縣東北過代郡桑乾縣南又東過涿鹿縣北又東過出山過廣陽薊縣北又東至漁陽雍奴縣西入筍溝按治水灅水異名同實武五子傳作台水台柳治也前志代郡且如下于延水出塞外東至廣寧入治今本無廣平舒下祁夷水北至桑乾入治小顏本治皆諸沽姑故二音其繆甚矣酈云地理志于延水東至廣寧入治非是謂于延逕廣寧故城南又逕茹縣故城北又逕雞鳴山西又逕且居縣故城南乃復注於灅水不當云在廣寧入治也新校水經注改治作沽不免誤會今直隸永定河即桑乾河即古灤水也源出山西朔州馬邑縣洪濤山會灰河經馬邑縣山陰縣應州大同府渾源州陽州高縣天鎮縣廣靈縣蔚州直隸所經西寧縣懷安縣保安州懷來縣昌平州宛平縣良鄉縣固安縣永清清縣霸州天津府府至大沽北入於海一曰治水謂灅水一名治水見漢志師古曰治弋之反○段又云按此冢疑當是灅從水絫聲其山曰絫頭山故其水曰漯水今字絫作累又與纍相亂水經注作漯水者漯作漯乃又謂漯也濼餘水亦謂

作濕餘又譌作溫餘或灅水一曰治水水經灅水注

狀回切

顀　椎

出額也說文段注謂額胅出向前也玄應曰今江南言顛頭朕頞乃以頗為後枕之名樓後枕即上文之煩也○俗有柗所以擊也齊謂之終葵說文段注器曰椎用之亦曰椎方言曰扰扰椎也南楚凡相椎摶曰柲或曰抱沅涌滄幽之語或曰㯕郭云今江東人亦名椎為㯕按方言椎字今本多誤從手作推考工記大圭長三尺杼上終葵首注曰終葵椎也為椎於其杼上明無所屈也按考工記終古終葵椑皆用齊言蓋齊人作○爾雅釋訓釋文引字林又史記張釋之馮唐傳五日一椎牛索隱並云椎擊也又後漢書馮衍傳注云椎謂擊之也又文苑禰衡傳方為漁陽參撾注云撾及撾並擊鼓杖也萱椎捶乃椎之段借字椎推也釋名釋用器椎用打物者也一切經音義廿二引蒼頡○又引三蒼云椎打也脊節之謂椎素問刺熱篇三椎下間主胸中熱注椎獨髻也後漢書度尚傳注髮落頭禿為椎匡謬正俗六椎謂樸鈍如椎也漢書周勃傳注○注引服虔云椎謂訥鈍也拙語為椎漢書周勃傳集注椎不撓曲直

至如椎史記絳侯周勃世家其椎少文如此集解引韋昭

臾回切

誰

誰何也說文段注三字為句各本少誰字誤刪之也敦字下云一曰誰何也可證李善引有謂責問之也五字蓋注家語六韜令我量上誰何不絕賈誼書陳利兵而誰何史記衛綰傳歲餘不誰何綰漢書作不孰何韋注國語殞勞注失以誰何有單云誰者如五行志大誰卒易林無敢誰者揚雄歲閱樂觸搜戟者不討楷田賦麾誰督而常動有單云何者如廣雅何問也賈誼傳大讀大何○文選過秦論注云誰何問之也誰猶何也呂覽貴信誰人不親注○王氏經傳釋詞云爾雅孰誰也孰猶何也家大人曰孰誰一聲之轉誰訓為何故孰亦訓為何○壹按詩誰將西歸誰能執熱說苑作孰將西歸墨子尚賢中作孰能執熱誰問也漢書眭弘傳集注引孟康誰發語辭爾雅釋訓誰昔昔也注○王氏經傳釋詞云詩墓門知而不已誰昔然矣鄭箋用爾雅邵氏二雲爾雅正義曰釋詁云疇誰也誰疇一聲之轉詩言誰昔猶疇昔言疇昔之夜也故為發語辭誰推也有推擇言不能一也釋名釋言語誰者別人之意也也莊子天運不至乎孩而始誰注誰謂未有主也

後漢書光武紀上注

脽

或作脾尻也說文段注尻錯作尻非也東方朔傳曰臣觀其臿齒牙樹頰胲吐脣吻擢項頤結股脚連脽尻每句二字皆相為屬別師古曰脽臀也李說文也渾言則尻尻為一尸部尻脾也州傳曰尻益高是也析言則尻統之乃近穢今北方俗云溝子是也連脽尻者敘足而立之狀漢武帝紀立后土祠於汾陰脽上如淳曰脽者河之東岸特堆魏土地記云河東鄘北八十里有汾陰城北去汾水三里城西北陽日脽王詩鄭下○素問脈解太陽所謂腫臀脽痛者注至眞要大論書脽重強肉不便注五常政大論反臀脽痛注云脽謂臀肉也又廣雅釋親云臀謂之脽脽丘類也水經汾水注引應劭○漢書武帝紀注云脽者以其形高起如人尻脽故以名云

措回切

摧

擠也一曰挏也一曰折也說文段注釋詁毛傳皆曰摧至也即抵之義也挏者撚引也折者斷也今此義行而上二義廢矣詩室人交編摧我傳曰摧沮也此折之義也○廣雅釋詁一云摧折也摧推也廣雅釋詁三摧至也爾雅釋詁又詩雲漢先祖于摧傳又文選東京賦五精帥而來摧薛注○方言一云摧至也至

契語也摧趣也太玄眾文人摧挈注摧極也太玄玄圖摧上萬物注摧退也易晉晉如摧如疏又釋文摧挫也楚辭憂苦折銳摧矜凝汜濫兮注摧謂什落素問五常政大論其變振拉摧拔注摧者剃譏之言詩北門箋摧憂愁也易晉虞注摧坐也詩鴛鴦摧之秣之傳○箋云摧今莝字也又釋文云摧芻也萱按芻者其物摧莝之者其事也引申之而芻亦名摧矣○詩北門釋文云摧本作漼又韓詩作室人交徧摧我又雲漢箋云摧當作唯又蘇陽令君碑哀矣惟傷郭究碑萬夫慘惟又費鳳別碑府確意悲萱按惟誰唯礭皆晚出字皆段借也灌亦借字也又矣成碑濾儀摧零金廣延母紀產碑五內催碎竝段催為摧也

臥回切

嵬

○俗有嵬山石崔嵬高而不平也說文段注有高上平者几下曰高而上平爾雅曰夷上洒下曰滑是也周南陟彼崔嵬釋山曰石戴土謂之崔嵬毛傳曰崔嵬土山之戴石者說似互異依許云高不平則毛傳是矣惟土山戴石故高而不平也下云石山戴土亦與毛同峎嵬壘不平之皃文選魏都賦或嵬壘而複陸注嵬高也廣雅釋詁四嵬嵬高也廣雅釋訓嵬嶷高大皃文選吳都賦嵬巍峣先劉注○

詩谷風維山崔嵬釋文漸漸之石箋卒者崔嵬也釋文竝云嵬本作危嵬按危即危之俗體詩借為嵬字也又節閟頌云高山崔嵬兮魄卽嵬之異者嵬謂為狂險之行者也荀子非十二子喬宇嵬瑣注狂妄之說荀子正論夫是之謂嵬說注嵬說

普回切

⿱非邑

河東聞喜鄉說文段注河東郡聞喜二志同今山西絳州聞喜縣漢縣地也廣韻曰⿱非邑鄉名在聞喜伯益之後封於⿱非邑鄉因以為氏後從封解邑乃去邑從衣按今字裴行而⿱非邑廢矣

裴

或書作裵長衣皃說文段注此卽子虛賦裴字也若史記子虛賦弭節裴回漢郊祀志神裴回若雷叔乃長衣引伸之義後漢書蘇竟傳注云云是也俗乃作俳佪俳佪矣裴回謂縈繞繞淹留後蘇漢書蘇竟傳注

慢回切

眉

隸作眉目上毛也說文段注人老則有長眉豳風小雅皆言眉壽毛曰豪眉也又曰秀眉也方言眉黎耋鮐

老也東齊曰眉士冠禮古文作麋少牢饋食禮古文作微皆假借字也眉媚也有嫵媚也釋名釋形體眉老也廣雅釋詁一眉壽秀眉亦壽徵詩閟宮眉壽無有害箋○藝文類聚引釋名云九十曰鮐背或曰眉壽又方言一注云眉言秀眉也眉并邊也若人目上之有眉漢書游俠陳遵傳居并之眉注麋猶眉也方言十二注○萱按荀子非相伊尹之狀面無須麋又考工記梓人注謂麋衛也又漢書王莽傳下赤麋閒之竝用麋為眉麋老也方言十二注○萱按北海相景君銘不永麋壽

楣

秦名屋檐聯也齊謂之㡯楚謂之梠說文段注秦人名屋檐聯曰楣齊謂之㡯楣也與秦名屋檐聯失其義矣㡯屋同解李善注文選引說文曰梠也中曰楝前曰楣又尒雅釋宮楣謂之梁皆非許所謂楣又尒雅者楣梠也廣雅釋室楣眉也近前各兩若面之有眉也釋名釋宮室楣謂之梁尒雅釋宮注禮記喪服四制○主人文引西京賦縣楣前梁也儀禮鄉飲酒禮注

服傳疏云南梁謂之楣又尒雅釋宮注云楣上橫梁又釋文引呂伯雍云楣門樞之橫梁門户楝南一架爲前楣儀禮士昏禮當阿疏少牢饋食禮室中迫狹疏○鄉射禮記序則物當棟堂則物當楣疏注云正中曰棟次曰楣前曰庪又聘禮注入堂深疏云棟南一架謂之楣柱楣所謂梁闇儀禮喪服傳翦屏柱楣注

湄

○俗有滑瀤瀤湄水艸交爲湄說文又爾雅釋水水草交爲湄釋名釋水水臨曰湄湄眉也臨水如眉臨目也水經川歸之處也又尒雅釋水李注云水中有艸木交會曰湄又舍人注云湄水艸木交合也葭在水之湄傳○疏云湄謂水艸交際之處水之岸也又云湄是水岸洸水涯其絲司農注水艸交謂之麋麋艸也詩巧言居河之麋傳○左氏傳廿八年傳余賜女孟諸之麋注云水艸之交曰麋又襄十四年釋文竝云麋本作湄谷者激者名激又釋文云激本作湄○萱按湄之段激猶之段麋也肯同部音審近

郿

右扶風縣說文段注前後二志同大雅申伯信邁王餞于郿毛云郿地名箋云時王蓋省岐周故于郿云正義云申在鎬京之東南自鎬適中塗不經郿時宣王蓋省視岐周申伯從王至岐自岐餞之按今鳳翔府郿縣縣東北十五里渭水之北有故郿城

瑁

石之侶玉者說文或作砇碈琘○十二部十五部兩見

玟

玟瑰逗火齊珠一曰石之美者說文段注吳都賦注曰火齊如雲母重沓而可開色黃赤似金出日南廣雅珠屬有玫瑰後義謂石之美者名玟此字義之別說也聘義君子貴玉而賤碈注碈石似玉或作玟玉藻士佩瓀玟玟又作砇按史記子虛賦琳碈琨珸砇碈琘皆玟之或體與琨各部○左氏成十七年傳注瑰珠也疏引呂靜韻集又文選西都賦翡翠火齊注引韻集又漢書司馬相如傳上赤玉玫瑰注引晉灼楊雄傳音義引字林又玉篇引蒼頡篇云玫瑰火齊珠也玟瑰琅玕也出昆侖開明山也一切經音義六引張揖玟瑰石珠也史記司馬相如傳集解一切經音義六引郭璞又石

之美好曰玟圓好曰瑰一切經音義二引字林○萱按此即說文後一義也當在十二部讀如民

枚

幹也詩曰施于條枚說文段注引伸為銜枚之枚為枚數之枚幽風傳曰枚微也魯頌傳曰枚枚礱密也皆謂枚為微之假借也為榦曰枚詩汝墳伐其條枚傳枚條也廣雅釋木竹曰个木曰枚史記貨殖傳正義引釋名枚馬檛也左氏襄十八年傳以枚數闔注○文選長笛賦裁以當簻便易持注云麤者曰簻細者曰枚枚如箸銜之有繣結項中周禮大司馬徒銜枚而進注○秋官序官銜枚氏注云銜枚止言語囂讙也枚狀如箸銜之為繣結於項又文選七發銜枚檀桓注云銜枚永無聲也今人數物云一枚兩枚是籌之名也左氏昭十二年傳南蒯枚筮之疏[illegible]枚屋內重檐也文選景福殿賦僾枚既修注枚鐘乳也考工記鳧氏篆閒謂之枚司農注枚長也廣雅釋詁二枚凡也方言十三廣雅釋言又枚收也廣雅釋詁三枚微也詩東山勿士行枚傳十分寸之一謂之枚考工記輪人注云枚一分○枚枚閒暇無人之皃

也詩閟宮實實枚枚釋文引韓詩或作微

黴

中久雨青黑也說文段注楚辭九歌顏黴黎以沮敗淮南說山訓曰晉文公棄荏席後黴黑黴黑也廣雅釋器黴敗也廣雅釋詁三凡物傷溼曰黴一切經音義十五引通俗文○萱按此段微為黴也

麋

鹿屬冬至解角說文段注月令仲冬日短至麋角解夏小正十有一月隕麋角○尒雅釋獸釋文引字林云麋鹿屬也又楚辭湘夫人麋何食兮庭中注云麋獸名似鹿也又山海經中山經荊山其獸多閭麋注云麋似鹿而大也又一切經音義八引蒼頡云麋以冬至解角者也麋麏也廣雅釋獸○考工記畫繢之事山以章注云齊人謂麋為獐麋是澤獸周禮獸人夏獻麋又疏左氏莊十七年經冬多麋疏麋似水牛史記司馬相如傳沈牛麈麋正義○山海經西山經西皇之山其獸多麋注云麋大如小牛鹿屬麋臡麋骭髓醢或曰麋臡醫也周禮醢人昌本麋臡司農注麋迷也周禮司裘注用虎熊豹麋之皮疏○白虎通鄉

射云麋之言迷也又漢書五行志中之上云麋之為言迷也又公羊莊十七年傳冬多麋注云麋之為言猶迷也麋老也方言十二○萱按此眉之段借字也考工記梓人疏云麋即眉也水艸交謂之麋詩巧言傳○萱按此段麋為湄也又太玄去注云麋艸也麋碎也楚辭招魂注萱按此段麋為糜也○素問氣厥論注云麋謂[illegible]也

蘪

蘪蕪也說文段注三字句蘪蕪雙聲○山海經中山經洞庭之山其艸多蘪蕪注云蘪蕪似蛇牀而香也蘪蕪即芎藭苗也漢書司馬相如傳上江離蘪蕪注引張揖云蘪蕪騶芷也又引藥對云蘪蕪一名江離蘪逗蕪也方言十三○萱按諸家皆以二字為名此用蕪釋蘪則皆可單舉矣蘪從水生尒雅釋艸○萱按釋艸又云蘄茝麋蕪用蘪為麋也釋文云本作蘪

肥 奉回切

多肉也說文肥充也禮記月令臞肥瘠疏肥盛也廣雅釋詁二肥饒裕也易遯釋文引子夏傳肥猶厚也國策秦策而肥仁義之誡注牛羊曰肥左氏桓六年傳吾牲牷肥腯服注

乾盈爲肥 易遯肥遯廣注 肥者象地堅實 大戴記易本命堅土之人肥注。淮南墬形云西北台州曰肥土又後漢書張衡傳注云西北桂州曰肥土 歸異出同流肥 介雅釋水。詩泉水我思肥泉 傳云所出同所歸異爲肥泉又釋名釋水云本同出時所浸潤少所歸各枝散而多似肥者也。列子黃帝肥水之潘爲淵釋文云水所出異爲肥又介雅釋水舍人注云水異出流行合同曰肥又酈氏注水經說略同此當按列子義與介雅異舍人注與毛劉異毛劉其是歟 肥泉博物志謂之澳水 水經淇水注 肥水出良餘山 水經注廿二引字林 肥胡蟠也 國語吳語建肥胡注 肥鵂怪鴟也 廣雅釋鳥 肥溝也 列子黃帝口所偏肥注。壹按此段肥爲龐也

蜰

盧蜰也 說文段注按介雅蜰爲一物許書蜰在蟲部蜰在虫部不言一物許實有所見也唐本艸說蜰蠊味辛辣而臭漢中人食之一名蠦蜰

腓

脛腨也 說文段注咸六二咸其腓鄭曰腓膞腸也按諸書或言膞腸或言腓腸謂脛骨後之肉也腓之言肥似中

有腸者然故曰腓腸荀爽易作肥云謂五也尊盛故稱肥此荀以意改字耳。廣雅釋親云腓腨也 腓腓腸也 易咸釋文引王廣。疏云腓足之腓腸也又艮艮其腓疏云腓腸也在足之上 腓腳膞 易咸廣注 腓體躁 動者也 易咸注 艮小爲腓 易艮廣注 腓辟也 詩采薇小人所腓傳生民牛羊腓字之傳。當按采薇箋云腓當作芘是鄭以腓爲段借字 腓避也 詩生民釋文又廣雅釋詁三 菲避也 文選幽通賦安慆慆慆而不菲兮曹注又漢書敘傳上音義引章昭又集注引御展。箋按此段菲爲腓也 腓病也 詩四月百卉具腓傳 腓變也 詩四月釋文引韓詩 腓者脫其腨也 白虎通五刑 或作痱 風病也 說文段注非風變聲釋詁曰痱病也郭注見詩按小雅百卉具腓李善注文選戲馬臺詩云韓詩云百卉具腓薛君曰腓變也毛萇曰痱病也今本作腓據李則毛詩李作痱與釋詁合。史記魏其武安侯傳聞即恚病痱索隱又漢書灌夫傳即陽病痱注云痱風病也又賈誼傳注云痱風

痱

痱癗小腫也 一切經音義廿五引字略

厞

。俗有腓陋庳非 隱也 說文段注隱者蔽也特牲饋食禮佐食徹尸爲俎敦于西北隅几在南厞有司徹有司官徹饋餅于室中西北隅設右几厞鄭云厞隱也喪大記甸人取所徹廟之西北厞薪用爨之按室西北隅曰屋漏厞者又西北隅隱蔽之處也屈原賦隱思君兮腓側腓蓋同厞禮注曰古文厞作茀。介雅釋言又儀禮士虞禮厞用席注特牲饋食禮厞用茀注有司徹厞用席注疏云厞隱也又爾雅釋文云字又作厞。當按詩抑箋而厞隱之處釋文云厞隱也此用俗體字又禮記喪大記釋文云厞隱也厞則誨字矣 厞隱也謂隱奧之處也 荀子禮論無帾絲歶縷翣其類以象菲帷幬尉也注 厞陋也 楚辭湘君注 厞是屋簷也 禮記喪大記疏。疏又引熊氏云厞謂西北陽厞隱之處

賁

平去兩讀又十三部平聲凡三見義皆別。當按賁宜多音除段借者各有本字可歸外賁自有三讀惟姓當專音肥矣 布傳賁赫光武紀賁休是也今賁姓有諸若弁者蓋誤

曉回切

敳

。俗有徹 眇也 說文段注凡古言敳眇者即今之微妙字眇者小也引伸爲凡細之偁微者隱行也微行而敳廢矣

玉篇有微字引書虞舜側微亦敳之俗體也 微要眇觀未萌之萌也 呂覽蕩兵有巨有微注 微眇爲見始知終也 淮南說山此皆微眇可以觀論者注 微妙也 淮南修務書傳之微者注又文選登徒子好色賦口多微辭注。漢書杜周傳贊集注云微謂微妙 微精妙也 荀子解蔽養一之微榮矣而未知注未可謂微也注又漢書食貨志下而叡之甚微注匈奴傳下二者皆微注 微妙精盡也 荀子議兵諸侯有能微妙之以節注 微纖也 法言修身君子微慎厥德注 微細也 荀子非相葉公子高微小短瘠注又老子名曰微釋文又淮南脩務鬌眉微毫注又楚辭大招豐肉微骨注又後漢書陳龍傳注。禮記樂記是故志微燋殺之音作注云志微意細也 微小也 廣雅釋詁二又孟子公孫丑上則具體而微注。公羊宣十二年傳而微至乎此注云微喻小也又周禮典同微聲籥注云微謂其形微小也 微細小也 素問異法方宜論其治宜微纖注。淮南俶眞以撲蘇牽連物之微妙注云微妙猶細小也

微

隱行也春秋傳曰白公其徒微之 說文段注敳訓眇微从彳訓隱行段借通用微而敳

韻史　卷六十五下第十五部平聲幾韻

不行邶風微我無酒又假微為非其從微之左傳哀十六年文杜曰微匿也與釋詁匿微也互訓皆言隱不言行敘之段借字也此偁傳說段借○一切經音義十四引字林云微隱行也微隱匿也左氏襄十九年傳崔杼微逆光服注○禮記坊記所以章疑別微疏云微謂幽隱不著又左氏春秋序其微顯闡幽疏云微謂纖隱又漢書藝文志昔仲尼沒而微言絕注引李奇云微言隱微不顯之言也微謂逃藏也尒雅釋詁匿微也注微薇也國語晉語設微薄而觀之注微離也廣雅釋詁三微者不見也禮記檀弓下禮有微情者疏引何胤微謂幽微禮記學記微而臧疏微昧幽隱文選歸田賦諒天道之微昧注○西征賦注引易繫辭舊注云知微謂幽昧微微幽靜也文選琴賦密微微其清閑注○南都賦清廟肅以微微注云微微幽靜兒搏之不得名曰微老子無形曰微老子注微無也詩式微傳伐木微我弗顧傳又論語憲問微管仲集解引馬注又左氏成十六年傳雖微先大夫有之疏又國語周語郤至曰微我晉不戰矣注且夫戰也微謀注晉語微郤至王必不免注微子吾幾不為人矣注雖秦國注楚語雖微楚國注越語微君王之言注又小尒雅

六五三九

韻史　卷六十五下第十五部平聲幾韻

廣詁又呂覽適威微呂公虎注驕恣先王微春居注自知文矣微程瑤注○禮記檀弓下微與注云微猶無也又漢書貢禹傳微孔子之言注云微亦無也微少也列子周穆王悲心更微釋文○禮記祭義雖有奇邪而不治者則微矣注云猶少也微殺也禮記檀弓下疏式微式微者微乎微者也尒雅釋詁又詩式微箋微謂虧傷也詩柏舟胡迭而微傳國語越語微者則是行注云微謂虧損薄食也又漢書劉向傳彼月而微注云微虧微也微謂不明也詩日月之交彼月而微此日而微箋又後漢書安帝紀注微明也廣雅釋詁四○壹按此禮記莫顯乎微之指歟始三微者三正之始萬物皆微後漢書章帝紀注○陳寵傳注云三微三正也又白虎通三正云三微者何謂也陽氣始施黃泉萬物動而未著也微陰謂一陰爻生也後漢書蔡邕傳注○魯恭傳注云五月陰氣始生故曰微微謂褒貶沮勸荀子勸學春秋之微也注微言陰謀密事也呂覽精諭人可與微言乎注○列子說符注云微言猶密謀也微伺問之也漢書游俠郭解傳注○壹按此蓋段微為覹○微猶非也禮記檀弓下雖微晉

六五四〇

韻史　卷六十五下第十五部平聲幾韻

而已注○呂覽離俗微獨猶湯注云微亦非也微賤也華嚴經音義上引書王肅注○書序虞舜側微疏云其人貧賤謂之微又公羊隱元年傳内之微者也注云微者謂士也骭瘍為微爾雅釋訓又詩巧言既微且尰傳○釋訓疏引孫注云微尰皆水溼之疾也又釋文云微字書作癓壹按癓晩出字微采地名書序命微子啟代殷後鄭注○壹按微與微義本通貫故古通用微茲收數條入微下以還本眞其不盡歸者留為學者參稽也

溦

或作溦小雨也說文段注今人槩作微廣韻集韻皆曰溰溦小雨按爾雅谷者溦段借字也○尒雅釋上釋文云溦本作湄凡物傷溼曰溦一切經音義十五引通俗文○壹按此疑段溦為黴也

覹

或作覹司也說文段注司者今之伺字司下當有覹覗字廣韻曰覹伺視也於从微取意覗也廣雅釋詁三微伺問之也漢書游俠郭解傳使人微知賊處注○壹按此段微為覹也

六五四一

韻史　卷六十五下第十五部平聲幾韻

薇

薇籀菜也侶藿說文段注侶藿謂似豆葉也陸璣詩疏曰薇山菜也莖葉皆似小豆蔓生其味亦如小豆藿可作羹亦可生食今官園種之以供宗廟祭祀項安世曰薇今之野豌豆也蜀人謂之大巢菜按今四川人稱豌豆蕘稍食之謂之豌豆顛爾古之巢於山者野生者也釋艸云垂水薇之俗名耳不當以生於水邊釋之○詩采薇傳云薇采始生也又後漢書申屠蟠傳注云薇似藿也薇垂水尒雅釋艸○詩艸蟲傳薇菜也疏引定本云薇艸也壹按艸菜一耳不足爭也史記伯夷傳采薇而食之索隱云薇蕨也此即誤矣二物判然安得以蕨釋薇乎又按豌豆黑白二種黑者取其實而葉不中啖白者嫩葉味殊美揚州人種以為蔬不必野生也或古偶有野生者耳

薇

薇籀竹也說文段注竹名按薇眉古今字也如禮經古文眉作微爾雅湄作溦之比西山經英山其陽多箭篃今本作箭郭云今漢中郡出厚裏而長節根深筍冬生叢亂之云生非一處江南山谷所饒也故是箭類一尺數葉大如履可以作篷篷中作矢俗謂之薇苟按郭云長節截云篃節不合既云中作矢則一尺數節當作數尺一節也

六五四二

泰州文獻

第四輯

守官漫録
古文孝經朱子訂定刊誤集講
綱鑒會通明紀
蕊亭隨筆
徵辟始末
增訂春秋世本圖譜

鳳凰出版社

ISBN 978-7-5506-2200-5

9 787550 622005 >

圖書在版編目（ＣＩＰ）數據

綱鑒會通明紀、蕊亭隨筆、增訂春秋世本圖譜等 /（清）陳志襄等撰. -- 南京 : 鳳凰出版社, 2015.9
（泰州文獻）
ISBN 978-7-5506-2200-5

Ⅰ. ①綱… Ⅱ. ①陳… Ⅲ. ①泰州市－地方史－史料 Ⅳ. ①K295.33

中國版本圖書館CIP數據核字(2015)第191725號

責任編輯　王愛榮
裝幀設計　姜　嵩
出版發行　鳳凰出版傳媒股份有限公司
鳳凰出版社(原江蘇古籍出版社)
發行部電話 025－83223462
出版社地址　南京市中央路165號　郵編:210009
出版社網址　http://www.fhcbs.com
印　　刷　揚州文津閣古籍印務有限公司
揚州市開發區鴻揚路22-2號(6幢)　郵編:225009
開　　本　889毫米×1194毫米　1/16
印　　張　36.25
版　　次　2015年9月第1版　2015年9月第1次印刷
標準書號　ISBN 978-7-5506-2200-5
定　　價　560.00圓
(本書凡印裝錯誤可向承印廠調換,電話:0514－87969255)

《泰州文獻》工作委員會

主　任

藍紹敏　陸志鵬

常務副主任

盧佩民

副主任

戴勝利　王學鋒　張培成　佘江涛

委　員（按姓氏筆畫为序）

丁少華　方標軍　成愛君　季春芳　周興安
查學斌　姜小青　奚愛國　陳士宏　黄林華
曹茂良　曹學賦　許大才　張國祥　萬永良
程榮穩　鄒祥龍　費振鐘　劉　玲　劉仁前
劉宏鳴　潘時常　薛金林　顧維中

《泰州文獻》編纂委員會

主　編

盧佩民

副主編

黄林華　姜小青

執行主編

成愛君　費振鐘

編　委（按姓氏筆畫为序）

王　飛　王　劍　王正奎　卞惠興　朱長順　全　勤

李文華　李明官　吴　迪　吴小晴　吴雙林　汪　政

沈　俊　林世田　莫其康　倪培翔　徐一清　徐同華

高　峰　陳　立　黄　靖　曹學林　常　康　張　定

張永龍　劉仁前　劉春龍　潘浩泉　薛　飛　謝冬榮

竇立成　顧寄南

《泰州文獻》學術指導委員會

（按姓氏筆畫为序）

江慶柏　金良年　茅家琦　華學誠　徐　雁　畢飛宇

程章燦　楊九俊　魯國堯　劉玉才　顧　農

總序

泰州古稱海陵，漢初（公元前一一七年）置縣，晋末（公元四一一年）設郡，南唐（公元九三七年）建州，始稱泰州。

泰州濱江近海，物阜民豐。漢唐以來，糧鹽並舉，商貿繁榮，爲溝通南北的重要港口城市。

泰州素爲文教昌明之邦。唐初立州學，北宋建貢院，明清開學政試院，産出大批科舉優秀人才。

泰州自古人文薈萃。走進泰州的，從范仲淹、富弼、陸佃，到孔尚任、吴讓之、蔣春霖，都留下深遠影響。走出泰州的，從張懷瓘、胡瑗、施耐庵、王艮，到李清、吴嘉紀、柳敬亭、黄龍士、李鱓、鄭燮、劉熙載、李詳、梅蘭芳、高二適，都在各自領域爲中國文化作出巨大貢獻。

泰州遺存的文獻也很豐富。僅據《江蘇藝文志》所載，便有二千七百餘種，涵蓋經、史、子、集的方方面面。其中，尤以明清時期爲夥，占到百分之九十九以上。這當中不排除由於種種原因，致使元以前的一些著述湮没無聞，但明清兩代，確是泰州文化的繁盛期。在這些文獻中，如《書斷》（張懷瓘）、《水滸傳》（施耐庵）、《王心齋先生遺集》（王艮）、《宗子相集》（宗臣）、《陋軒詩集》（吴嘉紀）、《板橋全集》（鄭燮）、《藝概》（劉熙載）、《李審言文集》（李詳）、《黄龍士先生棋譜》等，在中國文化史上都有重要地位和深遠影響。

與此同時，對鄉邦文獻進行整理的也代不乏人。自宋至清，周氏（周麟之等）、宫氏（宫偉鏐等）、陳

氏（陳應芳等）、徐氏（徐鳴柯等）等都曾致力其事，爲泰州留下了許多寶貴的文化財富。清嘉道間，鄉人夏荃編輯《海陵文徵》二十卷、附録十二卷，《海陵詩徵》十卷。民國初年，曾任江蘇省省長的鄉人韓國鈞歷經十餘年編成《海陵叢刻》計二十三種六十六册。

二〇一一年九月召開的中共泰州市第四次代表大會，提出了建設文化名城的任務。爲此，中共泰州市委、泰州市人民政府決定編纂《泰州文獻》。這是泰州有史以來對本土文獻最大規模的整理和彙編。它對於保存、利用、研究和開發泰州的歷史文化，尋繹泰州獨特的地方文化價值，爲泰州文化建設提供歷史人文資源，意義重大。

爲了保證編纂工作的順利進行，市委、市政府專門成立了工作委員會、編纂委員會和學術指導委員會。工作委員會由市委、市政府領導和相關部門負責同志組成，負責對編纂工作的領導和協調。編纂委員會由相關專家、學者組成，具體負責《泰州文獻》的編纂出版工作。學術指導委員會由江慶柏、魯國堯、程章燦、茅家琦、華學誠、徐雁、金良年等國内知名文史專家組成，負責對編纂工作的指導和把關。

編纂工作按如下幾個步驟進行：（一）進行文獻調查，建立文獻檔案；（二）精選有代表性、有學術價值的作品影印出版，選目由編纂委員會和學術指導委員會共同審議確定；（三）編輯出版《泰州文獻總目》。

《泰州文獻》分爲四輯：

第一輯『官修舊志』，收録泰州地區現存所有官修地方志。

第二輯『地方史料文獻』，收録泰州地區歷代重要的筆記和史料。按内容又可分爲史地類：收録有關泰

州歷史地理方面的著作，包括小志、專志、雜志等；政情類：收録有關泰州政治、經濟等方面的著作；文教類：收録有關文化、教育、圖書館等方面的著作。

第三輯『家族文獻』，收録泰州地區重要的家譜、家傳、家集與名人年譜。按内容又可分爲家乘傳記類：擇要收録泰州家族譜牒中的譜序、家規、家訓、箴言、族約、族記、祠田記、塋田記、雜記、著述等資料；家族總集類：以家族姓氏筆畫爲序。

第四輯『泰州文存』，收録泰州地區作者的詩文著作及其他代表性著作。按内容又可分爲學術論著類：收録泰州作者的經史雜著；文集類：收録泰州作者的詩文集；地方總集類：收録泰州作者的詩文合集。考慮到《水滸傳》、《封神演義》（《辭海》云『一説陸西星作』）、《檮杌閑評》（學界多謂李清所作）等小説流傳甚廣，版本豐富，故不再收録。其他如堪輿、術數類著作，泰州人撰泰州地區以外的地方志、地理志類著作，一般性的彙編、摘鈔類著作，亦不予收録。

《泰州文獻》原則上收録現轄區内的作家作品。但從尊重歷史出發，泰州學派創派人物、明代思想家、哲學家王艮，平民詩人吴嘉紀等人，歷史上均屬於泰州地區，對泰州地區具有深遠的文化影響，他們的作品亦予收録。

前人給我們留下了豐厚的文化遺産，我們既要加以珍視和傳承，更要在前人的基礎上，創造出無愧於今天這個偉大時代的新篇章。這是我們更重要的使命，讓我們爲之努力。

《泰州文獻》編纂委員會

二〇一三年十月十八日

凡例

一、《泰州文獻》（以下簡稱《文獻》）分爲《官修舊志》、《地方史料文獻》、《家族文獻》和《泰州文存》四輯。

二、《文獻》收録範圍原則上爲現行政轄區内作者的著述和與泰州有關的重要著述，但考慮到歷史上曾屬於泰州地區的人物，如泰州學派的代表人物王艮、平民詩人吴嘉紀等對泰州文化深具影響，對他們的作品亦予收録。

三、所收著作成書年代限於一九四九年以前。

四、《文獻》所收著作，以學術價值、使用價值較高爲原則，適當兼顧版本價值。

五、《文獻》以影印方式出版。如有蠹損、殘缺、漫漶不清處，原則上以相同版本予以補配，以保證完整、清晰。

六、《文獻》對所收每種著作均撰寫提要，置於該著作前面，以方便讀者瞭解作者生平、主要内容、學術價值等。

七、《文獻》除保留所收著作原有頁碼外，均新編頁碼，每册頁碼自爲起訖。

八、《文獻》最後一册編有書名索引和作者索引，以方便讀者使用。

目録

守官漫録

（明）劉萬春 撰

《守官漫録》五卷，明劉萬春撰，據《四庫禁燬書叢刊》本影印。

劉萬春（？——一六四五），字延之，明南直隸泰州人。萬曆四十四年（一六一六）進士，歷任户部主事、兵部員外郎、郎中等。天啓五年（一六二五）陞爲汝南巡道參議，加副使銜。著有《守官漫録》五卷，主修崇禎《泰州志》十卷。

劉萬春一生爲官，晚年主修《泰州志》，爲現存泰州志中佳品，是書可貴之處在於詳叙政治利弊，而他所作《守官漫録》則是他在官場數十載的經驗之談，皆是作者的諄諄警示之言。《守官漫録》分内、外兩編，采録古今官場之事，或爲史實，或爲傳説，内編講德行修養，外編講傾覆報應，以規勸世人爲官者。内編有《盛德之事》《功名分定》《忍克有濟》《養生得失》《言行之師》等，外編《因果業報》《殺生之報》《政事覆轍》等。《盛德之事》叙爲官之人須以德行立身，如唐時李約爲兵部員外郎時，與一富商舟行，富商將死，以家財和二女託付於李約，李約以財充官，擇人嫁其二女，善葬富商，後乃福禄延綿於子孫。《養生得失》則記録前人爲官時言論，有明哲保身、行中庸之道而終壽者，有迷信煉丹困苦一生者。本書從因果報應出發，反應了明人流行的思想，雖有一定的局限性，但皆出於作者樸素的善惡觀，其勸人向善避惡，對如今的爲官者來説仍有不少借鑒意義。

（高　典）

守官漫錄序

庚戌余自閩督学使奉
書備兵淮南署在海陵則聞海
陵有文學劉君思[illegible]暨其子
孝廉延之以德行世其家雖
怯頹跛者久之適余濟學安
定書院
子禮而
觀摩忻
峯明
進上
而石承

轂下司徒君將奉使南省手
一編過余曰此萬春守官漫
錄也余受而讀之篇分內外
而總不出勸戒庶幾三百篇
美刺之意焉夫人邪正之途
初念甚堅轉念亦甚易或獨
見獨行惟是善之一路永無
歧轉如出水清蓮涉泥不染
無所為而為善者上也或相
觀相型出迷途而登之彼岸
如傾耨在前芳軌引後有所
為而不為不善者次也上者

為聖人為君子鑒戒固可不
用而亦未嘗不用次者為善
人為有恒非借明鏡之力則
不能自照非資埏埴之功器
不能自範矣噫此三百篇之
所為作而延之内外篇之所
為録也其維持世道之心亦甚盛
矣然余与延之講脩身為本之
學方不見是圖不聞亦式日尋
向無聲無臭上帰宗而是録也
又莫將闡此方便法门以待夫
人之不可語上者學果有二

乎哉子輿氏曰夫道一而已矣圖
史箴訓大聖人所不廢焉危
微精一原文相徽勉此正堯舜
禹執中要故曰春秋盡性之書
蓋直就其一褒一貶要言也不然
孔子删詩止存思無邪一言足矣三
百篇何為者然則延之是録也寧
直守過涟於已公世德於人已耶
即謂尊聞行知為脩身為本之
實録可也
萬曆己未夏孟月吉旦
古臺然尚文題

吳郡薛明益書

漫錄小引

學士家一離帖括非高譚名理即鏤刻風雲總之爲雋耳於身心世道何裨焉友人劉延之英敏蚤慧夙稱才子制舉業膾炙人口推爲堅城唾手而取上第顧猶循循赤子之衷也需次都下手丹鉛不置悉取古今書恣讀日摘其精粹及所行事可爲勸戒者彙集成

帙一日扁舟過滄浪出以示不佞不佞莊誦終篇慨然歎其存心之虛而救世之實也世人終身爲二豪所驅憧憧憪憪轉入轉岐不有覺者猛引之繩牘牘何適倘於膠擾時取一則潛味之不啻出荆蓁而登康莊其淌志稱快何如也海陵心齋王先生之學爲姚江嫡閔延之橋梓淵源所自更得

正印故在紛華中其靈根烱烱如是而持以康濟天下綽然有餘彼說鈴枝葉之詞以視延之所錄劍首之吹而已玩是錄者應知延之之品之器寧獨洛陽紙貴哉

易山友弟魏應嘉題

長洲馮夢桂書

守官漫録小引

竊聞之自來達官貴卿文人墨士莫不立德立言立功以繪宇宙而藻山川此皆聖賢豪傑得之天根者多故其無

世者遠也海陵

忠孝劉公以紗齡甲天下士

天子簡為計部名臣奉

差過里門檢厥所集示余余驟然曰嘻異夫子之業吾覆也余甫下車即聆夫子面命開誠心布公道提而覺之如以寶筏渡迷津泰邑難治余雖不敏庶斯達矣今捧讀諸篇言言嘖嘖字字珠真名臣名言

無世不朽者昔尼父刪六經而憲萬世公之立言亦允為萬世憲矣而立德立功重光社稷者庸可量乎且其家學淵源作述並美公即最賢善繼夫

子之道則
忠孝先生乃祖乃孫是父是
子又其無憂之盛景也而所
為立德立功立言者不以世
世傳乎余辱通家誼愧不能
文借為小引云

古黃韋宗孔題

海陵後學李嘉賓書

劉延之守官瀉錄序

人想王荊產佳此想長松下
當有清風政爾不得韻中推
衿送抱耳客居邗江丸子地
邑々悽寂高譚羲羲靡所
與展每如戴晉吹劍首元亮
拊無弦琴而已專愚既沿牒
去之東秦唯海陵一衣帶水
延之招車暫頓里中然盈々
脉々無若渠月何而道勝之
風虛往寔歸者故可樂詠也
忽雲墜一葉似我恒山寶符

蓋鄒魯之旨迦維之論要冶
而液之離壁合異總制清裹
檢鏡所歸人倫以表余讀之
逌然延之文心道心旁薄滋
盻仁義之言藹如挈方延之掇
上第桑七香車看花紫陌

其國門懸書不踁而走鷄林
矣意其翩連而越冉冉五欲
甕中湲假而化迺延之殘精
閑瀾手一緬而伊吾猶粥粥
處子也探道好淵玄觀書鄦
章句自匪可以知撰風流標

益名教則言不妄作闇室猛炬
苦海長年要皆其脩悟體證
茇持所自有匪地為是咀蓺
脯酒譚釀而已然延之還入畫
省蔚為時棟方憑五衍而拯
逝川闢八正而庇交喪叔孫三

立便欲雙附厭紐寧詎紐上
鸞龍雩昇日允昌嘗出示
解酲小言霏霏碎金的皪令共
延之把臂芙容闕下粉米一
代令婉兒品藻竟當誰歟
五花簟但蕭蔎烟水亦思

伊人一方者乎若以摩尼珠
照我溷水源即悽㜸也奚以
感

年弟五芽黄廷鵠題

吳郡陳元素書

黃序　四

守官漫錄敘

甄胄錢希言簡栖氏譔并書

著書蓋難言哉非其立志之難而逢
時難也士方帷燈夜讀則斤斤帖括
而不能著書既解褐為州縣勞人則
碌碌簿領而不能著書及其功成拂
衣投閒田里則又契踈鞅掌思為栟
聊遠條計而不能著書其可以不廢
官守而從事緝柳編蒲之技獨有為
郎時耳夫郎署蕭閒不涉津要其情
適無囊橐螢窗之苦其務簡寡簿書
功令之煩其年力盛不至向風欲僵

錢序　一

背風欲仆之遲暮故得以退食餘閒
剸攻研摩纂削而他亾所紛雜之不
者雖其人有著書之志而不遑著書
之時少寠妨業壯屢曠官老虞侵家
秉非不可為則不得為非不得為則
不及為時乎可輕棄哉故曰非立志
之難而逢時難也海陵劉延之使君
風期高亮故是百尺樓中一流人始
通籍為司農郎農曹視他尚書郎寂
劇而中外所切責滋重使君持計往
往務裁節不務紛更緩急次第之間
胸中若有成算即老吏無以難焉及

其驅馳王事不憚賢勞一問都官籙
陌之舊而還南方征調畢供水衡錢
賴以不乏乃君起自淮南少而嗜古
入含香署中益喜折節讀書其所藏
典索丘墳短家雜說亦既山充海積
飽涉而飫探之矣已而豁然曰吾聞
荀慈明嘗集漢事成敗可為鑒戒者
謂之漢語今其書不傳是大可恨事
夫讀而弗著猶弗讀也著而無關勸
懲猶弗著也既書癡獻嘲則木災貽
咲耳吾將以讀者意逆作者旨輯成
一家之言以醒薄俗雖蹈古人風流

罪過之譏，而於世道人心不無維繫
庶幾乎觀過知仁哉於是取古經史
子稗中所記吉祥善事及嘉言懿行
吉凶影響之說集而成書不分甲乙
但編內外成敗具列美刺並陳其人
自帝王聖賢以逮英雄仙釋無不載

錢序　四

其事自天人王霸以極鴻纖幽顯無
不採其書自聖篇靈文以該廟謨野
乘無不收其世自周秦漢晉以訖唐
宋元明無不綸隨見輒紀隨紀輒寫
自命其書之名曰守官漫錄爲卷僅
五爲條已數百餘自使君此書出而

京華江淮流傳幾徧上遡公卿大夫
下至販商僮牧莫不家購户誦詠歌
讃揚思爲忠貞孝義善良長者小人
畏王彦方知君子畏左丘明恥足以
代春秋之筆高月旦之稱矣雖然余
疑漫錄當是戊己以前初官郎署時

錢序　五

事使君資適逢世之始也而今豈其
時哉狡夷黠虜爭跳梁東方用師登
萊表而呼庚癸者聲相和也大農仰
屋竊歎日夕講尋利端曹郎中有才
識如劉先生者且相與賢重引而共
籌所以尺寸富國果爾則使君當裝

劉廷之守官漫録序

廷之以湛深茂粹之姿生平無它好唯好讀書既釋褐為郎晝省則益取遠近紀載嘉言懿實足以箴切人者手筆録之積至千卷曰吾博也乎哉吾以効吾官也吾學未知届而官可有暇不替吾學不曠吾官也既為二三名公序之又以屬之吳門舊研席友蔣生蔣生躍然而興曰有是哉廷之之於官也今之所謂官者大都大窮若其走人於庭避人於途冗

憤上書言夷虜利便條對軍興大計以佐縣官危急莫綏醫巫閭邊疆非復如前日緩急次第而圖之時也即欲偃然長有著書之樂其可得乎今夫一斛之水必藏蛟龍十步之澤必生芳草海陵魚鹽之國孤城懸島鹵中而產有奇逸博聞如延之其人非蛟龍與芳艸哉君既急一國家亦當為 國家所急勒旂擊楫共濟在此行矣即是録豈足盡君第就而論之聊答其問序之意藉手訴揚子以寫聞聲相思

則筐篋簿書間則長吟清嘯椒
名養交計祿望遷而已復有如處
子之砣砣下帷采獲不休者試又詢
有理事僕研幾引旁訊鑿鑿不爽
如是者試延之之為此錄也則其意
固甚深也蓋嘗觀學仕仕學之說

壽序 十一

自尼聖發之而至今日仕之學更重
矣蓋士自燥髮呫呫粥倖一仕
者無非制舉執而已此即生花噴
霧可用之實事否況世道江河人心
如鶩蒿目者方一求其實而文則
尚虛求其順而文則尚逆貴其逆

朴而文則曰佻巧冀其恬靜而文
則益縱橫若以臨文之心施之治獄
如韓公子所謂予豈不反有必不相
為者古之學而仕嘻其殆非此學也
則夫蒐羨敗之林而尋經濟之實
不虛退食之委蛇而可展有位之請

壽序 十二

共者非仕之學安務乎乃求仕者
方沈於習業於時而不得學而既
仕者又奉於優游縱于聲利而不
宵學則延之、用心可尚也今考其
書首載盛德功名則不朽之大也而
即切之以分定與示儉示忍示養

生焉玉言行之師資畢具政事之法
戒森列而且果報必書見聞隨紀
凡鉅可經萬幾而細可綏單赤題
可維百行而幽可愜四知者又可
眉指掌至覼縷人非鬼責斷斷乎
惟影響乃至從延之醒世切而肖
律必不寬也晉晉而職煩劃秉樞
軸或專斷一方或宣猷萬里今日
之錄非異日之政手則延之不間今
日之官即并不曠他日之官而謂延
之守官以有茲錄也可謂延之即以
茲錄守官也可延延而自此遠矣
豈與當世世視所為官者等柔
哉
萬曆庚申七月初秋日長洲友
弟蔣秉銓頓首譔并書

守官漫録序

余閱丙辰房稿識海陵劉忠孚先生丁巳春温陵淩九張師初校士先生渡從試牘中識余譽諸草木兩人則臭味也已何尊公以明経選授邑廣文木鐸乍振羣蒙咸起余雖郡子弟滑侍教門下私艾是幸一日出示余乃先生待銓暇晷所輯守官漫録也士當釋褐時悦已為容入門自媚不則流連詩酒放達為豪先生獨下幃京邸寓覽群籍手批口吟校讐是亟其意有超焉者矣集中所載惟先言往行及施於政事有關行已大端猶懼覆轍莫懲流沫難鑒篇次内外義具勸戒而旁逮時務有關經濟實録者彙以成書夫先生家學源長温文天縱如渾金良璧奚事攻砭乃讓讓退抑不憚矜勵其意更有超焉者矣初豈城壘卿熊公講學海上先生以諸生受知道情契合馨於蘭茝已癸丑上公車不售遂宦迹毘

陵教授諸徒大爲後進領袖先
生之意殆繼往開來千秋自命
與談勳業文章直欽首一吷耳
余落魄傭經餬口無策走長干
輒遭放逐學淺名微不聞里閈
乃神與交乎脛翼俱廢越數百
里徵導糠粃先生所以識余與
余所以識先生者臭味當自有
在非僅：制舉義也郎君韶年
英妙才藻清華倜儻風流絺綌
名勝真爲先生玉樹時從王父
讀書渡江歸省聊附數言質之
先生余將藉青雲聲施不朽矣
延陵晚教弟莊有儀謹識
長洲通家晚學蔣宇粲書

守官湧錄自序

剡守官湧錄者何錄盛徃以志惠迪也錄陰隲以志餘慶也錄分定以志義命也錄僉以示共也錄恐以求濟也錄養生以貴葆生也錄之行以明倖也錄政事以達用也錄冥果葉根以見無可自也錄常聞習見以見無微可忽也雖然此湧錄也余素

喜泚灣法帖居恒揚榷月旦迺事請帖仰止景以君郡瓣香其人不啻畏壘不則如魍魎在側遠之惟恐不至也區區蠡測徒愧望洋杳無津筏未知何者爲要入手處至如比邱河漢何哉一日憶某同氏勸學者且舌子言子曰性善求放心兩章着體察收拾爲要覺向來太支離

處反身以求正坐自已用功未
切耳吾師乎吾師乎戊午需
次長安二三同志安相過從
私以衡量引古為證書不厭
借觀事不厭耳食文不厭樣

日本

比擬括二則善者內之惡者
外之常者內之變者外之惟
史者內之具案者外之常而
不離乎惡者內而外之變而
有益於善者外亦內之間

嘗按諸其自循驗證於之
一言一動此後之千酬萬應
能錙理而不淆於是非否能
屯以而不搖於喜怒否能操
殘而不介於胸臆否能精

日本　四

神而不褻於智巧否未也嗜
好愈饕而能飭損否器識
愈浮而能益鍊否利祿能
隄防而不苟且否吏治能
振刷而不惰窳否如此宿

奠擩卷茫然莫予嘗從
璽卿然先生游醉先生論脩
身有本之學慨然慕之今離先
生數年以而概乎未有得也
予亦愧予錄也已會余奉
使南省手一編質先生謬相
命以與已脩之旨相合曰子昔
苦泥濫今業漸就體察收拾
矣余應之曰小子將藉以證
性善收放心已乃追歸則益
取向之揚推者嚴加陶冶毋
鉛屢乃彙而成帙不知當衣
之支換也而星招已就脂矣
錄成凡幾卷遂授之梓人以
問同志以識歲月焉如曰彈
射古今以博搦管之名則予小
子何敢

劉萬春廷之甫題

守官漫録總目

廣陵澹然居士劉萬春延之甫輯

卷之一

内編盛德之事十八條

内編科第陰隲二十八條

内編功名分定七條

内編錢財分定九條

内編作法於儉第一十一條

作法於儉第二十七條

内編忍克有濟八條

内編養生得失二十七條

卷之二

内編言行之師

前集古今言行六十五條

語録一百十五條

後集古今言行三十七條

外編言行之資十條

卷之三

内編政事芳規二十七條

外編政事覆轍三十九條

附獄案七條

卷之四

外編因果業報四十三條

外編殺生之報二十一條

外編殺牛之報九條

卷之五

外編見聞隨筆第一四十五條

見聞隨筆第二詩五十二首

外編東事瑣言十條

門人王　化大美甫校

守官漫録總目終

門人晉陵徐孺毅叔遠　澄江徐應星星卿

金沙周　銓簡臣　周　鍾介臣

從子劉懋賞功懋　子劉懋賢愚公甫　仝校

守官漫録卷之一目録終

澹然居　卷之一

守官漫録卷之一

澹然居士劉萬春廷之甫著

内編盛德之事 計十八條

吳郡功曹陳遺性至孝其母家居好食鐺底焦飯遺於官舍恒裝一囊貯録焦飯於其中欲歸以奉毋値五斗米賊孫恩來寇吳郡袁府君即日便征遺所貯焦飯數斗未展歸家遂挾之以從軍戰於滬瀆軍潰或逃入山澤輒餓死獨遺以焦飯得活

德化縣令鍾離權將以女嫁隣邑許令之子買一女爲媵女至背屏而泣詰之荅曰其父昔令于此不幸與毋俱亡其方五歲育于吏室十年明公買媵吏以某應命耳追思吾父不覺涕零權詢吏果然誡家人易其衣食如已所生以書抵許令告緩婚期將撤嫁女之貲先嫁此女許曰古人恥獨爲君子請以前令之女便歸吾兒別擇壻以嫁君女權欣然從之君子曰權則義矣許令尤樂善焉

澹然居　卷之一

唐時劉弘敬好施不望報道逢善相者曰君二年間大期將至弘敬乃爲身後之計有女將嫁買女奴名蘭蓀者丰姿不類賤輩詰之爲名家女遂焚券收爲甥以家財先其女嫁之是夜夢紫衣象笏者拜曰予蘭蓀父也謝公嫁我女無以報今告天帝爲君請壽許延壽二紀富及三代後弘敬果享年八十子孫繼富

李約爲兵部員外郎嘗舟行與一商胡舟檝相次商胡忽病華邀約相見既至乃以三夜光遺

約且以二女爲托女絕色明日胡死財寶數萬一舟之人莫不窺覬約乃悉籍其數寄之于官二女立爲擇配乃殮當殮之時復以所得夜光含之人無見者後胡屬來理財約請官發視夜光在焉時人莫不稱嘆約竟福祿延綿子孫貴顯

羅城使程彦賓攻遂寧城下之日左右以三處女獻皆有姿色時公方醉惕然謂女子曰汝猶吾女安敢相犯因手自封鎖置于一室及旦訪其父母還之皆泣謝曰願太尉蚤建旄節彦賓曰旄節非敢望但得死時無病便好後官至觀察使年九十七無疾而卒諸子皆爲顯官

曹侍中彬字國華靈壽人爲人仁愛多恕嘗知徐州有吏犯罪既立案逾年然後杖之人皆不曉其旨彬曰吾聞此人新娶婦若杖之彼舅姑必以婦爲不利而惡之朝夕笞罵使不能自存吾故緩其事而法亦不赦也彬討蜀初成都有獲婦女者彬悉閉於一第竅以度食且戒左右

曰是將進御當密衛之洎事罷訪其親以還之無者備禮以嫁之彬兩總樞密五臨藩翰所居僅庇風雨敗簷踈牖人不堪其憂而彬處之自若宅第無十日之蓄及升武帳止衣弋綈坐素木胡床而已

韓魏公琦在政府時以三十萬錢買女妓張氏姿色美麗券成張忽泫然琦問故張曰妾本借職郎郭守義之妻也前歲官湖南部使者挾私劾以敗官今秋高歲晚實恐盡室餓死京師願

没身於人以活守義兒女琦惻然憫之遣張持錢還舍令語守義敗官果非辜可訴之朝事白汝郤歸我家張欣然而去郭後得辨雪且得調淮右見闕張來如約琦不使至前遣人謂曰吾位宰相豈可妾士人妻向者錢費用應盡取前日券包二十金助汝夫之官善視兒女張涕泗感激百拜而去琦之隱德如此公定策兩朝歷官州郡戎帥活飢民數百萬西賊寒膽朝廷倚以爲重乃其汪度尤務包荒久在中書每見文字有攻人隱惡處必手自封記不令人見迨仁

慈衍慶子孫並顯其自成德移帥中山也涉河暴漲忽有神龍偃絕上流俟公既濟則波濤如山矣居民咸駭之

范忠宣公知慶州歲大飢無粟以賑公請發長平封樁粟麥郡官堅持之須奏乃可公曰人不食七日則死奏而後發豈能及事即日發之且曰諸君且勿預吾當自坐它如麥舟義田施德於鄉於族悉承文正公志而益閎之故范氏之後最昌

蘇長公卜居陽羨以五百緡買一宅將入居之偶夜行聞有老婦哭者而哀公問其故嫗言舊居相傳百年一旦移去所以泣也問其居何在正五百緡所買者即取屋券焚之不受原直而自陽羨還毘陵勿徙宅矣公文章節義炳燿史冊及其爲政所至有惠愛知徐州河決曹村泛於梁山泊溢浸城下公不避塗潦率吏卒大姓共操畚鍤築東南長堤城得無壞知杭州歲旱民疫公請於朝免本路上供米三分之一度僧

牒三百以救飢者又作饘粥藥劑分坊以治病百姓咸尸祝之紹興二年虔寇謝達陷惠州民居官舍焚蕩無遺獨留東坡白鶴故居并率其徒葺治六如亭烹羊致奠而去次年海寇黎盛犯潮州悉毀城堞且縱火至吳子野舊居盛登開元寺塔見之問左右曰是非蘇內翰藏圖書處否麾兵救之吳氏歲寒堂及民居附近者悉賴以不毀

張孝基爲同郡富人婿富人止一子偶有過因逐出之未幾富人病臨死盡以家財付孝基後數年見富人子乞丐於路因召問曰能灌園乎曰如得就食幸甚旣而有餘復問曰能管庫乎曰灌園已幸得管庫尤幸也遂使管庫其子謹愿無復故態孝基念彼實父子我可利其財乎於是盡舉家財還之人莫不稱嘆孝基死後其友數人因遊嵩山道逢一貴人旌旗滿野騶御聯翩如守土大臣狀竊視專車者孝基也相與

前揖問所以致此之由曰即還財事也上帝命主此山言訖不見

福州一農家子張生幼時父使持錢三千入山市斧柯遇村人爲逋負所迫欲自經者惻然盡以所齎贈之而親釋縛因坐石傷有人不相識者問飢渴乎曰然指路隅竹萌令食之堅不可咀徐傾小瓢水於掌以飲之生飲水頓覺精爽非常自此絕粒忽識字能爲詩頗言人未來事蓋所遇石傷人乃仙也

董奉字君異侯官人晉時隱廬山下爲人治病不取錢愈者令栽杏杏成林子熟時作一倉令買杏者隨器大小易以穀若置穀少取杏多虎輒吼逐之所得穀悉賑貧者永嘉中仙去

眞州人許叔微篤志經史尤精于醫建炎初大疫叔微親行里巷爲之診視所活甚衆夢神人曰上帝以汝陰功錫汝以官因留語云藥市收功陳樓間處堂上呼盧喝六作五後叔微第六人登第升爲第五人在陳祖言樓材二人間其

神如此

何澄以醫術著名同郡孫勉之久病不愈其妻俞氏召澄診脈乃引澄於密室語曰妾以良人久病典賣殆盡願以此身酬藥之直澄正色曰娘子何爲出此語但安心勿憂當爲療治苟以此相汚不惟使澄永爲小人娘子亦失大節縱免人責天譴其可逃乎俞氏慙感而退澄一日假寐恍見一神引至公署主者曰汝醫藥有功且不於艱急中亂人男女奉上帝勅賜汝一官

錢五萬貫未幾東宮得疾詔訪澄一劑遂安賵
官賻錢悉如其數

宋時郭淑和蘭溪富室平生樂善好施喜談風水一堪輿家寄告曰爾祖墳旁有一眞穴當亟圖之明日挈其土民而來以二十金買其地因往定穴夜夢紫袍象簡者曰下吾塚也三百餘年矣或前或後只讓我丈餘汝家原可取富貴淑和併其地而不用反爲之築垣植樹囑墳丁同祖塚守之子孫自是大顯

吉州城內徐宅遺婢送金釵於城外親戚家婢插於頭中途墜地不知拾城卒李某見而拾之隨婢以行見婢入人家倉皇卽出至江近勢將投溺李卒呵而問故婢泣告曰我娘子性嚴急適令送釵還人中途墜失必痛打至死不如先投水死卒舉還之婢大感謝後此婢適梅林渡村民見卒承公文將渡水力挽到家貰酒爲欵聞渡所喧譟出視之舟覆皆溺獨卒得免此故陰德之報昭然可見當其舉釵還婢安知有救溺之報乎

嘉善縣平政牌坊陸蕢齋先生諱埛祖其實主其役備極堅固人曰柰何不憚煩費耶曰我恐以此役累人也後蕢齋先生仕爲都憲上司爲立牌坊縣令于棨遂以都憲易平政是祖父爲乃孫計耳爲善之報不可測故若此

吳人項姓者貿絲于汴時萬曆己丑大祲民貧不能活賣其婦得四金相別而哭項聞而哀之將己鬻絲之直返買婦者金貧民夫婦復完及

其歸也欲附船渡黃河適遺器物在邸登岸取之船不及待而先發須臾颶風大作已覆矣項既免於阨汴商畢賀乃遣從僕挾其貲先還僕病于途纔抵家而絕項復見夢于神亟行欲追及之亦以是日抵家凡所挾之貲並不散焉

内編科第陰隲計二十八條

大司徒馬森之父封君某年四十而誕子甫四歳眉目如畫夫婦阿保若拱璧一日婢抱出門從高處失手跌下傷左額而死封君見之即呼婢疾避去而自抱死兒入曰吾自誤跌死者婦驚痛撞封君倒地者數次索婢撻之無有也婢歸母家言其故並感泣日夕籲天願公蚤生貴子次年果生子左額宛然赤痕即司徒也

曾魯公亮初以布衣遊京師有旁舍生與家人

悲泣詰之荅云私用官錢四十萬以女鬻商而償之故泣別耳公曰商人轉徙不常且無義色衰愛弛棄若女爲溝中瘠矣我士人也孰若與我生曰甚幸然已付商鬻券納直四十萬安可追耶公曰我償其直商曷敢留券也約後三日事畢將女俟我於水門之外生如期往公發舟已三日矣女遂嫁士族舉家焚香祝公公位至宰相

鄭州牙校時某陽美人也年六十四妻四十尚未有子當部綱入蜀妻遣之金若干勸令置妾妾至甚端麗叩其所從來曰父終雅州椽因貧柩不能歸故鬻妾以歸葬也時惻然之送還其母不責原聘且便道護其喪還比至鄭州之明年妻有娠將産夢偉丈夫衣金紫導者九人皆披敗衲徑趨而入獨金紫者留堂中既旦生子邦美而堂後之犬生九子故邦美小字十狗後舉進士官吏部尚書世傳馮商還妾而子京昌其後此再覯云

劉留臺貧時至漳泉市中浴拾遺金一囊焉浴竟託疾而宿其旦有一商慟哭來者自言經營八載積金八十五片以囊盛之昨浴而遺於此行三十里始覺今不能活矣劉欣然擲還商分其半爲謝不受或笑劉拙於治生荅曰吾賦分合貧耳敢掩人物爲已有乎且商辛勤積之我坐享之不祥未幾劉登第累官西京留臺

劉莊襄公璲有大父曰仲輔自少仁恕不踐蟲蟻與贈夫人初婚之夕家尚貧有一偷兒入室

公驚視之乃所識也公曰乃汝耶想以貧故爲此因檢夫人首飾數事給之令去曰我終不言其後夫人偕老問偷兒何人公曰已許不言矣何見問及公歿有一族子製衰服頭觸棺哭極哀人疑其爲偷兒而有善行盖媿而改也公與夫人既以孫貴累封誥後盖甲第不絕

浮梁戴公珊家食時課業水次之小樓夜聞二鬼共語云明日有婦投水吾得代矣及旦伺之果有蓬首少婦向水而泣將自溺公下樓呼問之訴曰兒里中某甲妻也某甲飲博罄我嫁貲今貧逼我爲娼兒本良家子誓不肯從寧溺死無貽父母羞公止之曰汝計左矣死者不可更生因令閽人留內茶湯頃之狂夫喘而呼其妻公正語責之曰汝何逼妻至此即貧不聊生我有銀一笏資汝夫婦泣拜而去是夕聞二鬼嘆曰三年待得替身又被戴尚書救却後公爲都御史進尚書致仕

楊少師榮建寧府人也世以濟渡爲生久雨溪漲橫流衝毀民居溺死者順流而下他舟皆撈取貨物獨少師曾祖及祖惟救人而貨物一無所取鄉人嗤其愚逮少師父生家漸裕有神人化爲道者語之曰汝祖父有陰功子孫當貴顯宜葬某地遂依其所指而定之即今白兔墳也後生少師弱冠登第位至三公加曾祖祖父皆如其官子孫貴盛至今尚多賢者

歷城尹氏家貧無資賣糕以爲活一日息於道陰客有唱糕者會天大暑解鞍飲馬脫衣而休已乃馳馬去之遺橐焉尹氏舉之弗勝知其白金也寄從而覆之瞑不見人乃以錫缶裝金坎土埋之植柳爲表客故山西大賈也行價以萬計已乃稍稍折閱收其餘僅五六百金圖返其家業已失之不敢復見其父母妻子遂流丐于外越數年柳且拱矣客復過故處尹氏亦仍賣糕不復省識也客乃據地而慟尹氏曰何慟也客語之故益悲不自止尹氏訊其所遺之金數與其日數皆合謂客曰第無慟若第柳下起之

遂起椰而探之得金焉客乃復慟據地請曰柰何有是乎惟公所取之與我其餘矣尹氏不可曰中分之乎亦不可客不能強乃稽顙申謝而去尹氏夜夢神語之曰汝之陰德厚矣貽汝以貴子焉彌月而生子旻稍就塾師學慧爽超羣兒一日與羣兒遨於城隍之廟戲書神背曰決配千里神乃夜見夢于塾師曰救我曰何故曰若之徒譴我遠戍不得留行矣師曰孺子戲耳何足慮乎神曰不然此天官所判故不敢違也

塾師覺而怪晨往視焉則旻所爲也呼而詰之曰兒孺子柰何以神戲乎亟往除之然心竒其事不甚譴也已而果舉進士爲吏部侍郎者九年爲天官者九年

嚴冢宰濵人父故能醫一日鄰有醫者死三日復甦語人云至一大第宅有穹碑主者令亟記碑上語傳示人間語曰醫生嚴用和施藥陰功多自壽添二紀養子登高科誦畢遂瞑已而冢宰生弱冠登甲辰第

會稽陶氏簪纓相繼爲望族其始著曰陶諧嘉靖初贈兵部尚書謚莊敏者也諧四世祖曰仕成者當正統時以富民供大璫阮某其後阮倉卒被命入意不測寄召成以私積六千金托之成持金歸投井中居數年阮竟死成出井金走白守吳某守曰金無知者爾金也盍取諸成固謝會歲饑悉散以賑鄉人以是稱陶長者後數十年卒有莊敏至今彌熾彌昌人以爲皆成所種云

當湖陸氏見其堂中掛一軸文字乃其先世兩代出粟賑饑而人贈之者文中歷敘古先濟飢之人子孫皆膺高位謂陸氏他日必有顯者今自東濵公而下三代皆爲九卿

鄞人楊自懲初爲縣吏存心仁厚守法公平時縣宰嚴肅偶撻一囚流血滿前而怒猶未息楊跪而寬解之宰曰曾柰此人越法悖理不由人不怒自懲叩首曰上失其道民散久矣如得其情哀矜勿喜喜且不可而況怒乎宰爲之霽顏

家甚貧餽遺一無所取遇囚人乏食多方以濟之一日有新囚數人待哺家又缺米給囚則家人無食自顧則囚又乏糧與其婦商之婦曰囚從何來曰自杭而來沿途忍飢菜色可掬因微巳之米煮粥以食囚後生二子長曰守陳次曰守阯爲南北吏部侍郎長孫爲刑部侍郎次孫爲四川廉憲又俱爲名臣今楚亭德政亦其裔也

正統間鄧茂七倡亂于福建始于沙縣蔓及延

平等處士民從賊者甚衆朝廷起鄞縣張都憲楷南征以計禽賊後委布政司謝都事搜殺東路賊黨委都司張斷事搜殺西路賊黨謝求賊中黨附冊籍凡不附賊者咨授以白布小旗約兵至日揷旗門首戒軍兵毋妄殺全活萬人張混殺甚多後謝之子遷中狀元爲宰輔孫丕復中探花同時又有江西人王某亦爲推官委查鄧籍原情申改免死數千人夜夢神人語之曰爾子當與謝子皆中狀元後果聯科及第

景泰初年南昌王得仁任汀州推官值鄧茂七之亂山谷響應朝廷命將討之主帥欲濫殺脅從以爲功得仁力辨其枉遇係累於道者下車解其縛焚其簿籍所活千人汀民德之爲立生祠今入祀典名曰忠愛得仁生子一夔有俊才赴試之初謁鐵柱宮卜兆見靈湫中水忽湧起如一字爲第一名之兆天順庚辰廷試讀卷官定祁順卷第一司禮監與內閣言恐傳臚時音與御名相似乃置祁二甲而進一夔居首

陳僖敏公鎰之父孟玉素行愿慤嘗出行登厠見鐳底飯一片遺在厠旁拾取滌淨因食之其不欲暴殄每事皆然乃夢梓潼神告之曰翁好善不厭我將降生以大而門我在胥門線香橋民家樓上可迎歸也既覺訪至其家繪梓潼神像於樓因乞以歸尋生僖敏以都御史建鉞西土著有勳績累贈父如其官

屠康僖公初爲刑部主事宿獄中細詢諸囚情罪得其無辜者若干人公不敢自以爲功密疏

其事以自堂官後朝審堂官摘其語以訊諸囚諸囚無不服者釋冤抑十餘人一時輦下咸頌尚書之明公復稟曰輦轂之下尚多冤民四海之廣兆民之衆豈無枉者宜五年差一減刑官覈實其罪而平反之尚書爲奏允其議時公亦差減刑之列夢一人告之曰汝命無子今減刑之議深合天心上帝賜汝三子皆衣紫腰金是夕夫人有娠後生應塤應坤及應埈皆顯官埈有文學存心尤厚居秋涇橋之滸有一鄰人貧

甚負其子孟玄銀不能償以屋基及小瑩立契絕賣搓退前銀其子故長者不肯受告鄰人曰爾欲賣房與墳吾當另酬汝直前銀送汝吾不追也鄰人亦感其高誼及埈歸鄰人訴其子之厚德埈驚曰爾之房已賣爾今何居曰移某所埈呼其子取前契還其鄰人且爲築其墳墓戒其家人曰世世毋相犯也今其墳尚在屋傷無恙以後登科第者甚衆皆埈子孫埈號漸山

嶽州唐新菴狀元皋家貧力學既饘于官以貧故每歲臘輒往學宮預支領饘從郡城往返凡四十里許聞途中有夫婦哭而甚哀者詰之則云爲毋錢家所迫鬻妻以償公愴然感之討所負適與支饘合遂盡解以贖其婦伉儷獲全比歸歲且除無以爲炊公行吟橋上賴故人典藥囊給焉竟以癸酉登鄉薦明年舉進士第一人公生平篤行微時與友人其偕謁潯陽守守故公年家好也解珮贈之幾百緡一日共爲言其毋老子單公吁嗟嘆曰君貧倍我何不併持去

爲婚養計遂空橐抵家戒從者勿言其事相傳皋之四世祖拙菴公而下皆世有隱德云

馮琢菴侍郎之父爲邑庠生隆冬蚤起赴學路逢一人倒臥雪中捫之半僵矣遂解已綿裘衣之且扶歸救甦憂神人告之曰汝救人一命出自誠心吾遣韓琦爲汝子及生琢菴遂名琦

孫屢川尚書之祖爲人淳厚公直生平無一毫機械是曰是非曰非鄉人皆取平焉一日偶貨物得銀貳兩公持以示人則假銀也念此銀既

不可使用亦不可留以悞人至東湖之濱復從水中走數十步投之深處後生子登第爲副使孫郎歷翁尚書

南陽李文達公之祖李翁故商也載棉花一大艑抵湖湘發販有臨江客三人醵金三百兩易得之昨即舍中不戒於火盡焚訖三人大慟曰本始歸不得矣非死則行乞耳李後至唁哭曰公等勿憂也貨之售不售僅一間耳我即失價貧不至死安恐爲公禍乎即以三百金與之而

自巫臺歸三人深德翁徧禱神祠時翁尚在途而家之親屬已夢二緋衣神稱翁陰德錫以玉童明年生文達公中癸丑進士天順末正位首揆

天順癸未吉安羅一峰倫赴試春闈逆旅主人遺寶鏹於盥器其僕匿之行數舍以告倫大驚曰彼失寶鏹必生讐釁亟反之僕曰試期已迫俟畢試而後反不聽郤行數舍此至則其婦爲夫所逐欲捐生矣返其鏹感謝不已既而入場被火頼謝大部出之於厄倫有詩寄大部云曾同丙子看鄉榜丙戌春闈又在門南省再生眞父母西湖歸老任乾坤成化丙戌倫與同邑劉忠赴京寓一暗室中方掃除忽梁上墜一軸模糊莫辨細拂去其塵圖有一枝梅上棲雙鵲款書報狀元三字倫懷之揭榜二人皆第倫則狀元也

羅一峰計偕舟次姑蘇夢范文正來謁謂之曰來年狀元屬子矣羅謙讓不敢當范曰某年某

樓之事誠動太清以此報子耳羅昔年曾拒一奔女于某樓中念此事人無知者此夢當不妄及赴試果奪標焉嗟嗟夢寐即白晝之爲暗室即康衢之見此君子所以貴愼獨也

溫州周狀元旋之父多子而貧其鄰人累貲甲一邑而無嗣與周交密因謀於妻有求種之意妻初難之既而久不孕强從夫言富隣遂爲具遲夜召某酒半佯入睡令妻出陪委曲申款因屛婢而告曰我夫以君子多男使賤妾冐耻求

種幸勿辭它日得男所積皆君子有也某愕然遽起而門已閉不得出遂以手指書空云欲傳種子術恐欺心上天夜漏將盡終不留聍妻彷徨失意叱婢啟門放客與夫共悔恨之正統乙卯某子旋中鄉榜太守夢迎新狀元即旋也而彩幡之上皆寫欲傳種子術二語莫測其故明年丙辰旋大魁報至太守往賀因詰所夢幡上之語某曰此老夫二十年前以手指書空者竟不泄隣事

太倉陸參政容少美丰儀天順三年應試留都逆旅人有冶女善吹簫夜奔公寢公紿以疾與期後夜女退因自吟云風清月白夜窗虛有女來窺笑讀書欲借琴心通一語十年前已薄相如遲明遂移別寓公以是科領薦年甫二十四

楊希仲未第時在成都某氏賓館有小婦絕艷乘夜奔之拒不納其妻在鄉是夕夢神告曰汝夫廝操客齋當令魁多士以彰善報妻惘然不知何事也歲暮希仲歸始言其故明年舉蜀第一人

林茂先宋時信州人才高過人已與鄉舉家極貧閉戶讀書隣家巨富婦厭其夫不學私慕茂先才名夜奔之茂先呵之曰男女有別禮法不容天地鬼神羅列森布何可以此汚我婦慚而退茂先次年登第三子皆登第

支立之父爲刑房吏有囚無辜陷重辟意哀之欲求其生囚語其妻曰支公嘉意愧無以報明日延之下鄉汝以身事之彼或肯用意則我可

生也其妻泣而聽命及支至家妻自出勸酒具告以夫意支不聽卒爲盡力平反之囚出獄夫婦登門叩謝曰公如此厚德晚世所希今無子吾有弱女送爲箕箒妾此則理之可通者支爲備禮而納之生立弱冠中魁官至翰林孔目立生高高生祿皆貢爲學博祿生大綸登第

內編功名分定 計七條

王顕事唐文皇有子陵之舊方帝微時戲之云王顕王顕老不作繭既登大寶顕以間謁奏曰臣今日得作繭耶帝笑曰未可知也召其三子皆授五品獨不及顕因諭之曰卿無貴相朕豈爲卿惜也顕曰朝貴而夕死足矣房玄齡勸帝曰陛下龍潛舊寵何不試與之遂授三品賜以金帶紫袍是夕卒

魏徵爲僕射寢於外閤有叅隨二典簾外閑評一人曰我等官職悉由此老翁一人曰總由天

上徵微聞之遂作一書付言由老翁者送至銓部但云與此人一好官其人不知也出門忽心痛乃倩言由天者送之銓部問其名明日引注補一近職而徵賜書之人則被放焉徵怪而問之具以實對益嘆由天之說不我欺也

李俊連舉進士不第貞元二年故人國子祭酒包佶通於主司將援成之舊例放榜前一日以各名呈執政其日五皷俊往候佶俟里門闗而入焉有一鄙役小囊笠帽坐於賣餻者之側俊買餻食因分啖之此客甚喜附俊耳語云某冥吏也今賫進士送堂榜君欲看否俊看之未獲巳名嚮客哀請客曰君之成名在十年外祿位甚盛若預求之當於本祿耗半且多屯厄止獲一郡耳俊曰足矣客又請陰錢三萬貫以賂牘吏必來日午時納之因以筆授俊使易榜中同姓者自注其名榜首有太子少師李夷簡俊欲易之客曰此人祿重不可動也其下有李溫名乃去溫字注俊字客遽卷而行俊既候佶佶至

春官第探之春官曰某迫大權事不得遂柰何佶怒以言侵之春官乃出堂榜楷一姓李者名而注俊名一如其所自注云明日俊中榜酬應倥偬忘客之約不覺巳過午時遇客於路泣而示以背曰巳爲君受杖矣加賂五萬緡尚可免追勘也俊依數而焚之仕終岳州刺史屢及於譴此事與所載諸葛一鳴畧同功名之不可速化如此

某紉匠夜夢神語之曰明日有一五品大夫偖
汝作欄衫可往也匠明日郤諸召者何于家必
選楊恬號丹泉者方入泮召作衫匠往卽陳其
夢不數年楊舉進士且有才華殊不以夢爲意
選爲某州知州入爲工副郎陞僉憲薦剡且疊
上不日少參唾手得矣偶慢一貴公貴公入任
吏部謫知州仍入爲刑副至正郎竟卒終身不
脫五品官祿俱前定神特以其顛倒不脫五品
示靈異耳人亦何必以升沉置胸中也

澹然居　卷之一　二十六

歸安仰思忠精堪輿家術閩故方伯何公先爲
湖州太守其壻六合尹林克正知思忠乃延之
入閩爲方伯公擇葬地而其姻某氏亦欲葬父
因送過其家連日探幽涉險得一地甚佳方點
穴間雨驟至遂下山約天晴再往是夜思忠夢
一老者問曰今日之地佳乎曰佳曰此切勿與
之此人爲考官賣三舉人當有陰禍若葬此地
法當榮其子孫非天意矣遂覺明日思忠因問
克正曰昨大尹公先爲何官其官棨何如曰先
爲某縣教諭轉此官不久遽卒他無所短長但
聞爲考官時通關節得賄甚多鄉評以是少之
思忠惕然內警遂托故辭歸越二三年遇其鄉
人問某大尹葬何所其人曰因與勢家爭墳地
致死人命官事牽纏至今未葬家棨亦且凋落
矣思忠毎道此嘆異人之素行不可玷福地不
易得而冥報之説不可不信

慈谿有葉掾王掾同謁選於吏部葉掾授山西
太原府倉官王掾則聞父喪不及選復與偕歸

澹然居　卷之一　二十七

而葉至衛河疾作死王與葉之子謀曰汝父死
矣人無知者我僞作汝父持牒赴任所得貲貨
分而有之不亦愈乎葉子喜遂同抵任既三載
滿秩得白金七百有奇均分如約王自以爲計
得也服闋謁選適得前太原倉官因曾僞任不
敢再往遂棄牒而歸鄉里知者莫不訝之

寧波庠士李循模將貢之時有王録者居其前
用計擠之越次而貢王樸實人不較也循模既
就銓選黄縁嚴相國之門漸至親暱託求順天

司訓銓曹許之揚揚自得選榜未發忽縱步入順天府學登其堂窺其衙徘徊良久齋夫輩與其舉止呵之卽罵曰吾不數日當坐于此鼠輩敢無狀耶於是群譁不已頗聞之文選改爲廣西僻處循模鈌望一任而沒明年王録應貢恰選順天府學訓導云

内編錢財分定 計九條

隋末一生居太原苦於貧所居抵官庫因穴而見有錢數萬貫遂欲携挈見一金甲神人持戈曰汝要錢可取尉遲公帖來此尉遲公錢也書生訪求至鐵冶處有尉遲敬德者方袒露蓬頭煅煉生乃前拜之曰乞錢五百貫以濟貧困尉遲怒曰打鐵人安得錢乃侮我耳生曰足下他日富貴若能哀憫乞一帖公不得已令生執筆錢付某五百貫月日署名書生携去公與徒大笑爲妄也書生至庫見神人令繫於梁上取錢止五百後敬德佐神堯立功勅賜錢一庫開庫欠五百貫欲罪主者乃於梁上得前帖遂求書生具陳其事厚遣之

盧懷愼爲相清謹不營貲産既貴妻子不免饑寒常臥敝簀單蓆後病卒妻崔氏戒其子勿哭汝父清苦無餘貲必不死張說同相貨賂山積其人尚在奢儉之報豈虚也是夜公果復生左右以崔之言告懷愼曰冥司有三十爐日與張說鼓鑄横財我無一焉言訖復絶近有頑福者日得市金亦冥司所畀也

蘇東坡少年在金山寺讀書治牀下土見一大甕白銀仍以土埋之語僧曰吾得官當修建寺宇後數年舉進士令家人掘前銀修寺命僧計數留後爲驗十年東坡辭官歸家與僧較其數則與俸禄相同也

趙衛公雄微時最貧毋在無以卒歲夫婦對泣次日因掃地拾銀一錠重二十五兩因此稍活後登相位例賜銀百錠既受而缺其一將次日詰守藏吏夜夢左藏庫神曰某年月日相公先借用一錠覺而記之則獲年月日盖拾銀之時

也

郡守鄧繼曾嘗爲給事中四川資縣人也有一親戚官御史訓之以廉自言巡按雲南之日丙夜獨坐有緋衣人突前曰某爲公守錢神待公久矣予問金何在神指坐下視之果有白金布地數當千兩因語神曰御史豈得攜此爾能送我家否神曰不難但要鄉貫帖耳遂寫焚之神亦隱及復命時同年某託以保舉一官强納二

百金歸而夜禱前事其神復至獲金八百兩問何以減二百曰某同年金是也悚然愧謝未嘗告人今年八旬爲君泄此以見定分有數法不得而私也鄧言時嘉靖戊戌年

大駔鄺氏初家貧甚偶獲錢一千詣市門以鬻蔬爲事海賈見其巧給俾操舟海上久之分舟錢與之俾商林邑扶南間而中析其利又久之犀象玳瑁香藥金翠珠貝之屬充牣左右又久之富遂與海賈齊被花帽文繡衣置麗姬十人日夕擬管彈絲以爲樂又久之遂盡挈貨寶東歸將泊岸先登問家有無一夜颶風作舟盡覆無遺者鄺視纏腰者僅一千錢獨存鄺號痛欲絕或往譬之曰汝向以千錢行今以千錢返無所失矣又何以痛爲汝以寶貨爲可恒有物哉

李景讓爲浙西觀察使有牙將迕意杖之而斃軍中憤怒將爲變毋鄭氏聞之出坐廳事立景讓於庭而責之軍中遂安先是家貧子幼寡母自爲師教子宅後牆陷得錢盈船母祝之曰吾聞無勞而獲身之災也天必以先公餘慶矜其

貧而賜之願諸孤學問有成此何敢取命掩而築之其母之明如此

浙人鄒定四穿一土窖得伏鏹甚多頓爾侈靡美其輪奐落成之月偶一工匠與其子戲墜地而死訟於官官知其有藏也挾而索之殆盡訟乃獲解其堂宇新構者已爲它人有矣蘇公曰無故而得千金不有大福必有大禍鄒定四之謂也

夫人生非分之利可倖得乎哉蓋若有寔司主

之而不可强者余所聞說兩事皆以盜財匿金故官司所不能究詰而鬼神泄其靈異以明冤雪恨于昭昭者如射覆然少司空汪澄吾臬山東時覩案其事者有某縣二人同賈各懷金半百以往二賈一黠一愚黠者于海上紿愚者醉之刺其腹攫其金撇其尸大洋中以爲浮沉不知所向矣忽風狂返流仍置尸于沙土爲土人所收黠賈歸埋所攫金于牀下紿愚賈家云彼已遠涉天津販貨往矣一日黠者有弟婦某氏

素蠢不曉戶外一事忽爲厲所憑口喃喃稱余某賈也爲黠賈某毒殺攫余金置牀下稱冤稱苦聲傳閭里閭不能掩愚賈之家來廉其狀婦復詳其說且泣且訴官司覺而勾鞫之具告如初令取原金而金宛然在遣沿江探尸而尸亦宛然在是婦直湏黠賈服罪成爰書後方蘇如大醉得醒竟不憶前所說何事也奇哉異哉又有潼川州某縣某孝廉與同縣某善貸其家廿金屢索而孝廉慳不償且出詈言抵觸某父子呼天呪地已非旦夕孝廉乃抱病死孝廉號近齋某家忽生一小犢臍下有近齋二字甚明白父子日呼犢稱慶云是天生此畜以償我金也聲傳于孝廉之子某是子爲某縉紳先生婿恨其以牛抵父爲誣也訟之官官取犢親驗字畫明顯不能曲斷又上而訟之潼川守顧公公乃命人索此犢細視無差亦無能柰其父子何不得已而歸其犢于縉紳先生以絕其詛呪訟乃已夫廿金小物耳不比殺人海外之慘卽負之

何至冥司以犢相償海內負人金擄人財甚至陰操其上下手而陽奪其貨者纍纍無筭冥司安得爾牛千萬以償此冤哉不知天神不過姑顯其靈于一二而使遠近聞者脇息不敢犯天固不能舉人間事而一一悉酬之也余並録之以告世之射利傷人者無犯神鬼之怒毋苷獸畜之賤可也

内編作法於儉 計十一條

韓晉公滉有一閣吏自言屬在冥司主三品以上食料且以公次日應食糕糜槁湯爲驗又言人間之食皆有定籍三品以上日支五品以上有權位者旬支六品至於九品季支其有不食祿者歲支故曰人無妖壽祿盡則亡

元時太學生二人同年月日時生後一授鄂州教授一授黄州教授未幾黄州者死鄂州者爲治後事祝曰我與公生年月日時同出處同公

先捨我去使我今即死已後公七日矣若有靈宜托夢以告其夜果夢云公生於微寒未得享用故活我生富貴享用過當故死

東坡與李公擇書云口腹之欲何窮之有每加節儉亦是惜福延壽之道張無垢云余平生貧困處之亦自有法每日用度不過數十錢亦自有足至今不易也鄭亨仲亦曰吾平生貧苦晩年登第稍覺快意便成奇禍今學張子韶法要見舊時虀鹽風味甚長久耳仇泰然守四明與一幕官極相得一日問及公家日用多少對以十口之家日用一千泰然曰何用許多錢日蚤具少肉晩菜羹泰然驚曰某爲太守居常不敢食肉只是吃菜公爲小官乃敢食肉定非廉士自爾見疎節儉之益非止一端大凡貪淫之過未有不生于奢侈者儉則不貪不淫是可以養德也人之受用自有劑量省嗇淡泊有久長之理是可以養壽也醉醲飽鮮昏人神志若疏食菜羹則腸胃清虛無滓無穢是可以養神也奢

而妄取苟求志氣卑辱一從儉約則於人無求於已無悶是可以養氣也故老氏以爲一寶

蘇長公曰初到黄廩入既絶人口不少私甚憂之但痛自節儉日用不得過百五十每月朔便取四千五百錢斷爲三十塊掛屋梁上平旦用畫叉挑取一塊即藏去又仍以大竹筒别貯用不盡者以待賓客此賈耘老法也度囊中尚可支一歲有餘至時别作經畫水到渠成不須豫慮以此胸中都無一事

張文節公爲相自奉如河陽掌書記時所親或規之曰今公受俸不少而自奉若此雖自信清約外人頗有公孫布被之譏公宜少從衆公嘆曰吾今日之俸雖舉家錦衣玉食何患不能顧人之常情由儉入奢易由奢入儉難吾今日之俸豈能常有身豈能常存一旦異於今日家人習奢已久不能頓儉必至失所豈若吾居位去位身存身亾如一日乎

温公曰先公爲郡牧判官客至未嘗不置酒或三行或五行不過七行酒沽於市果止梨栗棗柿肴止於脯醢菜羹器用甆漆當時士大夫皆然人不相非也會數而禮勤物薄而情厚近日士大夫家酒非内法果非遠方珍異食非多品器皿非滿案不敢會賓友常數日營聚然後敢發書苟或不然人爭非之以爲鄙吝故不隨俗奢靡者鮮矣

温公曰吾家本寒族世以清白相承吾性不喜華靡自爲乳兒時長者加以金銀華美之服輒羞赧棄去之年二十忝科名聞喜宴獨不戴花同年曰君賜不可違也乃簪一花平生衣取蔽寒食取充腹亦不敢服垢獘以矯俗干名但順吾性而已

唐肅宗爲太子上使割羊臑以餅飾刃徐啖之上喜曰福祿當如是惜此李德裕載天寶十七事中語乃李仍食一杯羹其費約錢三萬襍珠玉寶貝雄黄硃砂煎汁過三沸卽棄其滓公之侈汰如此何也崖州之行豈可專咎牛奇章耶

鄧州花蠟燭名著天下雖京師不能造相傳云是寇萊公燭法公嘗知鄧州向自少年富貴不點油燈尤好夜宴劇飲雖寢室亦燃燭達旦每罷官去後人至官舍見廁溷間燭淚在地往往成堆杜祁公爲人清儉在官未嘗燃官燭油燈一炷熒然欲滅與客相對清談而已二公皆名臣而奢儉不同若此然祁公壽考終吉萊公晚有南遷之禍遂沒不返雖其不幸亦可以爲戒也

人之口腹何常之有富貴之時窮極滋味暴殄過當一遇處困求藜藿充飢而不可得石虎食蒸餅必以乾棗胡桃瓤爲心使坼裂方食及爲冉閔所篡幽廢思其不裂者而無從致之唐東洛貴家子弟飲食必用煉炭所炊不爾便嫌烟氣及其亂離飢餓市脫粟飯食之不啻八珍此豈口腹貴於前而賤於後哉彼其當時所爲揀擇精好動以爲物惡而不能下咽者皆其驕奢淫佚之性使然非天生而然也一種膏粱子弟一離襁褓必擇甘脆温柔調以酥酪恐傷其胃而疾病亦自不少人生何常幸而處富貴有贏餘時時思及凍餒無令過分物無精粗美惡隨遇而安無有選擇於胸中此亦動心忍性之一端也子瞻兄弟南遷相遇梧藤間市餅麤不可食黄門置筯而嘆子瞻已盡之矣二蘇之學力識見優劣於此可見

孫子佑一宴殺物千餘李德裕一羮費至三萬蔡京嗜鶉子日以千計齊王好雞跖日進七十江無畏日用鯽魚三百王黼庫積雀鮓三楹口腹之慾殘忍暴殄至此亦可戒也

作法於儉第二　計十七條

說苑知襄子爲室美士茁夕焉智伯曰室美矣夫對曰美則美矣臣意亦有懼也高山峻原不生草木土木勝人臣懼人不安室也室成三年而智氏亾

晉桓玄欲以謝安宅爲營其孫謝琨曰召伯之仁猶惠及甘棠文靖之德更不保五畝宅耶玄慙而止唐嗣曹王臯將市取張柬之襄陽園圃馬燊諫曰漢陽有中興功今遺業當百世共保

柰何使其子孫鬻乎彼石家金谷園其身不能守馬家玉杯池不復留身後今日諸如此者又何道焉魏徵第太宗用殿材成其正寢其後嗣不能守白居易以爲言朝廷贖而賜之宋邵康節天津之居本官地熙寧初法當拆賣栫三月人不忍買司馬溫公諸人爲積錢買之然則身苟富德不必潤屋爲子孫計也

李德裕云以吾平泉一草一石與人者非子孫也余謂富貴之家脩飾園沼必竭其物力招致四方之奇樹怪石窮極志願而後已其得之也既難則其臨終之時必然留連眷戀而懼子孫之不能守也豈知子孫之賢不肖志趣迥別即千言萬語安能禁其不與人哉況富貴權力一旦屬之他人有欲不與人而不可得者其爲惑滋甚矣乃知無財可辦不費難得之物亦使他日易於割斷不作愛想也

唐裴晉公湖園宏邃勝槩甲於天下司馬溫公獨樂園甲小不過十數椽然當其功成名遂快

然自適則晉公未始有餘而溫公未始不足也況以晉公之勳業當時文人已有破盡千家作一池之誚而溫公之園亦儼然與洛中諸名園並列而無慙色乃知傳世之具在彼不在此苟可以自適而止矣不必更求贏餘也

郭從義之鎮河陽也治第於洛中極其弘敞亭軒池館綿亘數百餘步周設碾磑廄庫之屬靡不備具第成凡費白金五千錠次年被召還於洛都暮抵其第秉燭四覽尚未及徧竟以朝會

有期侵星而出既朝病於歸途已不起矣家人不能居獻之於朝遂以賜涪王王既徙房陵因爲門館

裴晉公于東都立第集賢里築山穿池竹木叢萃有風亭水榭梯橋架閣島嶼廻環極都城之勝又於午橋創别墅花木萬株中起涼臺暑館名緑野堂視事之隙與詩人白居易劉禹錫酣宴其間後宋張文定之歸洛也得晉公午橋莊居亦日與親舊觴咏焉不知爾時花木臺館猶

是晉公故物否名公勝地意當時必且鄭重之卽鬼神亦有呵護者故歷唐迄宋風景依然然此後寥寥不可問矣

郭汾陽治第謂工人曰好築此牆勿令不牢築者釋錘而對曰數十年來京城達官家牆皆是某所築今某死某亡某敗某絕人自改换牆固無恙令公聞之惕然動心卽日請老噫賢哉工人之言達哉令公之見也

趙韓王宅園謀畫倖于禁省韓王以太師歸第百日而薨子孫皆家京師罕居之故園地亦以扃鑰爲常歲時惟厮養擁畚負鍤者於其間而已宋丞相陳秀公治第于潤州極爲閎壯池館綿亘數百步宅成公已疾甚惟肩輿一登西樓而已人謂之三不得居不得修不得賣不得

宋王君貺拜三司方二十七歲卽在洛起宅至八十歲而宅終不成子舍蚕世惟一孫居之不能十分之一富鄭公亦起大宅而無子族子紹定居之而紹定又無子二公皆宋名臣而不能

勘破此關況今世哉

李文靖公不肯治第謂其弟曰身食厚祿時有横賜計囊裝亦可以治第但念内典以此世界爲缺陷安得圓滿如意自求稱足今市新宅須一年繕完人生朝暮不可保又豈能久居巢林一枝聊自足耳安事豐屋哉

范文正公在杭州時子弟以公有退志請治第洛陽以爲逸老之地公曰人苟有道義之樂形骸可外況吾屋也吾今年踰六十來日無幾乃

謀治第樹圃顧何時而居乎吾之所患在位高而難退不患退而無居也居固易得西都士大夫園林相望爲主人者莫得常遊而誰得障我遊者豈必有諸已而後爲樂也

黄山谷曰余謫處宜州半載官司謂余不當居關城中乃抱被出宿于城南余所僦舍雖上雨旁風無有盖障市聲喧𧬈人不堪其憂余以爲家本農桑使不從進士則田中廬舍如是又何不堪其憂耶

韓持國許昌私第凉堂深七丈每盛夏猶以爲不可居常顓士適自郊居來因問郊居凉乎曰凉持國詰其故曰野人無修簷大厦且起不畏車馬塵埃之役胸中無他念露形挾扇投足木牀視木陰東移則從東西移則從西耳語未畢持國亟止之曰汝勿言吾心亦凉矣

宋郭進造宅既成以酒席犒工令子弟之席設于諸工之下指工人曰此造宅者指諸子曰此賣屋者進死未幾果爲資政殿學士陳彥升所得蘇掖仕至監司家富甚嗇每置産吝不與直爭一文至失色尤喜乘人窘急嘗置別墅與售者反覆甚苦其子在傍曰大人可增少金吾輩他日賣之亦得善價也父愕然自是少悟噫如二公者既知子之不肖而恐以薄德遺之可愧也巳

宋乾道五年福建長溪大火有陳使君者火將逼其居鄉黨相率請避陳曰我平生未嘗有一毫之私今天降災必不及我乃堅執不移但焚香于庭朝服而禱曰此屋皆清俸之餘所造天其鑒之須臾四向皆煨燼也惟陳一區獨存

寧波張方伯共頗行貨賄致有豐槖及歸建第宅其隣陸司冦瑜嬖人云陸文九今日盖房司冦初未知族子有文九者詢之家人曰有之乃召文九至時甫八齡後方伯之子破産竟歸第宅於文九其價十不逮一也

朱希眞東方智士說曰東方有人自號智士才多而狂凡古昔聖賢與當世公卿長者皆摘其

短闕而非之然地寒力薄終歲不免餒凍里有富人建第宅甲其國中車馬奴婢鐘鼓帷帳咸備一旦富人召智士語之曰吾將遠遊今以居第貸子凡室中金寶資生之具無乏暫聽子用還則歸我富人登車而出智士杖策而入僮僕奴妾羅拜堂下各效其所典簿籍以聽命號智士曰假公智士因遍觀居第富寔偉麗過王者喜甚忽更衣東圊仰視其舍卑狹俯閱其基湫隘心鬱然不樂召綱紀讓之此地高廣而圊不

稱僕曰惟假公教智士因令徹舊營新狹者廣之庳者增之曰如此以當暑熱如此以蔽風雨既藻其棁又丹其楹至于聚籌積灰扇蠅攘蛆皆有法度事或未當朝移夕改必善必奇智士躬執斤帚與役夫雜作手足瘡繭頭蓬面垢晝夜廢眠食忉忉焉惟恐圊之未美也不覺閱歲尚未落也忽閽者奔告曰阿郎至矣智士倉皇棄帚而趍迎富人于堂下富人勞之曰子居第樂乎智士恍然自失曰自君之出吾唯圊是務初不知堂中之温密別館之虛凉北榭之風南樓之月西園花竹之勝吾未經目後房歌舞之妙吾未嘗舉躅蠹網琴瑟塵棲鐘鼎不知歲月之及子復歸而我當去也富人揖而出之智士還於故廬且歎悒悒而死

内編忍克有濟 計八條

王守和爲光禄卿未嘗與人爭嘗於几案間大書忍字至於幃幌之屬以繡書爲之明皇知其姓字不時引對問曰卿名守和已知不爭好書忍字尤見用心奏曰臣聞堅則必斷剛則必折萬事之中忍字爲上帝曰善賜帛以旌之

富弼字彦國少有罵者如不聞人曰罵汝彦國曰恐罵他人又曰呼姓名而罵豈罵他人彦國曰天下無同姓名者乎告者大慙及爲相嘗語子孫曰忍之一字衆玅之門雖族處事尤爲先務若清儉之外更加一忍則何事不便

國朝夏忠靖原吉識量不減韓魏公人嘗問公量可學乎公曰何爲不可吾少時遇犯者必怒始忍於色中忍於心久之自熟殊無相校意即大事亦不動矣故聖人謂小不忍則亂大謀忍於小者所以成其大也

李某者星家爲談禄命某月日值難星當有奇禍盍慎諸李某心動至期閉堅靜息偶出戶遲

步過外氏纔隔城闉數廛耳忽有肩柴者從城闉突入急刺過而柴愰鈎李某鮮白衣且裂李某出不意殊怒欲齮齕之已而念日者言吾方晦迹避不測柰何以小觸暴動遽霽色舍之去肩柴者幸脫意甚德之歸語其室藉令逢與人吾柴不堪賠而背不堪箠矣時酷暑其人喝甚飲水過多暴下一夕死李某遂免于搆世言忍過敵災星觀李某良然

張耳陳餘魏之名士秦聞此兩人名購求張耳千金陳餘五百金二人變姓名之陳爲里監門里吏嘗笞餘餘欲起耳躡之使受笞吏去耳引餘之桑下數之曰始吾與公言何如今見小辱而欲死一吏乎耳之見過餘遠矣餘卒敗死泜水上而耳事漢富貴壽考福流子孫能忍與不能忍也

楊宗橋 清江教英 同年進士 任新鄉縣質峭直與人氣不能下時監臨者惡其不遜又同列間搆之危勢如騎虎不可收拾一日桂古山過之宗橋告以

故古山曰譬如對局且饒一着譬如爭路且退一步便無事矣宗橋然謝之因告改教職古山桂文襄蕚之兄也學行卓然爲鄉邦所尊文襄號見山

張公藝書忍字以進其意美矣而未盡善也居家馭衆當令紀綱法度截然有章乃可行之永久若使姑婦勃蹊奴僕放縱而爲家長者僅含默隱忍而已此不可一朝居而況九世乎善乎浦江鄭氏對 太祖之言曰臣同居無它惟不聽婦人言耳此格論也雖百世可也

牛弘有獨車牛弟醉射殺之牛弘還宅妻迎謂曰叔射殺牛弘第曰作脯坐定其妻又言叔射殺牛大是異事弘言已知無所怪問既不嗔弟亦不斥婦不驚不議令人意消如此

內編養生得失 計二十六條

文潞公致仕歸洛入對時年八十矣神宗見其康强問卿攝生亦有道乎潞公對無他臣但能任意自適不以外物傷和氣不敢做過當事酌中恰好即止上以爲名言

明道先生語録問神仙之説有諸曰若説白日飛昇之類則無若言居山林間保形煉氣以延年益壽則有之譬如一爐火置之風中則易過置之密室則難過有此理也

劉元城安世尋常未嘗服藥方南遷時其母必欲與俱百般懇罷官不許元城自念不幸使老親入於炎瘴之地已是不孝若非義固不敢爲父母惟其疾之憂如何得無疾祇有絶慾一事遂舉意絶之自是殆未嘗一日之疾亦無宵寐之變陳瓘曰公平生學術以誠入無徃而非誠凡絶慾是眞絶慾心不動故公澹然公曰安世自絶慾來三十年氣血意思只如當時終日接士友劇談雖夜不寐翌朝精神如故

有膏粱子受業胡安定先生門少有羸疾先生命讀素問一過其人㬥然不敢恣疾漸瘳故知治病先治心保攝于無形非湯液針砭所能此易曰無妄之疾勿藥有喜心無妄則藥可勿試矣

漢郭玉爲太醫丞仁愛不矜雖貧賤者必盡心力而療貴人時或不愈帝令貴人羸服變處一針即瘥召玉詰狀玉曰醫者意也腠理至微隨氣用巧神存心手之間可得解而不可得言貴者處尊高以臨臣臣懷怖懾以承之其療有四難自用意而不任臣一難也將身不謹二難也骨節不強不能使藥三難也好逸惡勞四難也臣意猶且不盡何有于病哉此所以不愈也唐許胤宗人勸其著書以貽後世者答曰醫特意耳思慮精則得之脉之候幽而難明吾意所解口莫能宣也古之上醫要在視脉病乃可識病與藥值惟用一物攻之氣純而速愈今之人不善爲脉以情度病多其物以幸有功譬獵不知兎廣絡原野冀一人獲之術亦疎矣一藥偶得它味相制弗能專力此難愈之驗也噫旨哉二子之言其知道乎進於技矣後世貴人召醫十九蹈郭玉之言庸醫視病不可不思胤宗之旨也

蘇長公曰吾儕漸衰不可復作少年調度當速用道書方士之言厚自養鍊謫居無事頗窺其一二已借得本州天慶觀道堂三間冬至後當入此室四十九日迺出自非廢放安得就此太虛他日一爲仕宦所縻欲求四十九日閒豈可復得也當及今爲之但擇平時所謂簡要易行者日夜爲之寢食之外不治他事得滿此期根本立矣

記蘇長公書端居靜念思五臟皆止一而腎獨二蓋萬物之所終始生之所出死之所入故也太玄罔直蒙酋冥罔爲冬直爲春蒙爲夏酋爲秋冥復爲冬則此理也人之四肢九竅凡兩者皆水屬也兩腎兩足兩外腎兩手兩目兩鼻孔

皆水之升降出入也手足兩腎相表裏而鼻與目皆古未之言也豈亦有之而僕觀書少不見耶以理推之此兩者其液皆鹹非水而何僕以爲不得此理則內丹不成此又未易以筆墨究也古人作明目方皆先養腎水而以心火暖之以脾土固之脾氣盛則水不下泄心氣下則水上行水不下泄而上行目安得不明哉孫思邈用磁石爲主而以朱砂神麯佐之豈此理也夫安常博極羣書而善窮物理當爲

僕思之是否一報其書

蘇長公曰少時遇隱者曰孺子近道少思寡欲曰思與欲若是均乎曰甚於欲庭有二盎以畜水隱者指之曰是有蟻漏是日取一升而棄之孰先竭曰必蟻漏者思慮之賊人也微而無間隱者之言有會於余心余行之

筆之用以月計墨之用以歲計硯之用以世計筆最銳墨次之硯鈍者也豈非鈍者壽而銳者夭乎筆最動墨次之硯靜者也豈非靜者壽而動者夭乎於是得養生焉以鈍爲體以靜爲用唯其然是以能永年此唐子西研銘也

凡欲靜坐須先息心日常隨事鍊習難忍處須忍難捨處須捨忍得一分便有一分受用捨得一分便有一分安樂習之久久工夫漸熟自然觸處有益日間有暇隨意靜坐一二時調和氣息放下身心一切善惡都莫思量遊情襍念盡情拋捨潔潔淨淨常要完寂然不動之體纔覺昏憒即奮迅振發不容一毫懶散就昏憒處猛

自提撕修惺惺法以勝之惺不離寂寂不離惺離惺而寂是謂頑空離寂而惺是謂狂慧但論對治之法散亂時須以寂治之昏沉時須以惺治之然其惺也单提一念匪二匪三惺也而未嘗不寂其寂也惟滅妄心不滅照心寂也而未始不惺大抵人生世間只有忙閒二境閒時吾不隨他閒以吾之惺而寂者主之忙時吾不隨他忙以吾之寂而惺者應之忙閒之境既合則晝夜之故可通晝夜之故通而死生順逆無不

一矣

楊康夫慕籛鏗詞殷有賢大夫黃髮眉兩白男女欲不絕飯食穀不辟四十九室家五十二嗣息豈定山澤臞嚥漱煉精魄廣成至道本自然有人得之同壽域君不見孔子竊比我老彭老彭之壽稱以德詞末雖含諷意其實嘆譽之故康夫暮年致身黃老變竹枝椰枝桃花諸婢卒未壽考蓋御女採取之術猥媟淫縱之行殺他人以欺天養自巳而損彼有道德者不爲縱以此得壽亦天地間偷生之賊也朱子感興詩有曰我欲往從之脫屣諒非難但恐逆天道偷生詎能安大賢之言固自殊衆也

道家之教若徒以功行積滿白日昇天尚可以誘人爲善卽非柱下黃石宗旨吾不之責也彼熊經鳥伸鍊形住世已自是貪生業障無益於時而況於黃白龍虎之術房中采戰之方貪利無厭縱欲敗度以之求長生何異適燕而南向郢哉道家之旨清淨無爲不見可欲使心不亂不貴難得之貨使民不爲盜況神仙乘雲御氣下視塵寰縱有大藥點化山河大地盡成黃金亦復何益於身心性命而況必無之事也然世間固有一種癡人妄想并受邪術所欺而崇奉惑溺至破家亾身而不顧者何也

人而無子天之僇民也然貧賤之家百無一二富貴之家此患不絕其故何也種有貴賤多寡自殊一也血氣未定多所斲喪二也發幸旣衆功不專精三也藥石助長無益有害四也專求美曼不擇福相五也嬰兒飽煖多生疾患六也要其究竟皆莫之爲而爲虞翻爲子娶婦遠求小姓足使生子益婦之驕妬淫佚多令後嗣夭閼也然而不盡然也

仲春之月雷始發聲夫婦有不戒其容止者生子不備大凡雷電晦冥日月薄蝕而交合者生子多缺蓋邪沴之氣所感也

郭尚賢嘗云服餌導引之餘有二事乃養生太要梳頭浴脚是也尚賢每夜先髮後脚方寢題

日梳頭浴脚長生事臨臥之時小太平
夜讀書不可過子時盖人當是時諸血歸心一
不得睡則血耗而生病矣
一日之忌暮無飽食一月之忌暮無大醉一歲
之忌暮無遠行終身之忌暮常護氣
道家云欲爲道者口常吐死氣入生氣從夜半
至日中爲生氣自日中至夜半爲死氣初學行
氣要在鼻中引氣而閉之以心數至一百二十
乃以口吐氣出之及引氣皆不欲令自耳聞其

氣出入之聲常令入多出少以鴻毛着鼻口之
上吐氣而鴻毛不動爲度漸習漸增其心數久
久可至千則老者更少日還一日矣又内傳習
閉氣而吞之曰胎息習漱舌下泉而咽之名曰
胎食抱朴子曰胎息者能以鼻口噓吸如在胞
胎中也
養生家有取紅鉛之法擇十三四歲童女美麗
端正者一切病患殘疾聲雄髮粗及實女無經
者俱不用謹護起居候其天癸將至以羅帛盛
之或以金銀爲器入磁盆内澄如硃砂色用烏
梅水及井水河水攪澄七度曬乾合乳粉辰砂
乳香秋石等藥爲末或用雞子抱或用火煉名
紅鉛丸專治五勞七傷虚憊羸弱諸症然亦勞
矣人受天地之生其本來精氣自足供一身之
用少壯之時酒色喪耗宴安鴆毒厚味戕其内
陰陽侵其外空餘皮骨不能自持而乃倚賴於
腥臊穢濁之物以爲奪命返魂之至寶亦已愚
矣況服此藥者又不爲延年祛病之計而藉爲

肆志縱欲之地往往利未得而害隨之不可勝
數也滁陽有聶道人專市紅鉛丸廬州故太守
某者時多内寵聞之甚喜以百金購十丸一月
間盡服之無何九竅流血而死可不戒哉
金石之丹皆有大毒即鍾乳硃砂服久皆能殺
人盖其燥烈之性爲火所逼伏而不得發一入
腸胃如石灰投火烟焰立熾此必然之理也唐
時諸帝如憲文敬懿之屬皆爲服丹所誤宋時
張聖民林彦振等皆至發瘍潰腦不可救藥近

代張江陵末年服丹死時膚體燥裂如炙魚然夫餌丹以求長生也今乃不能延齡而反以促壽人何苦爲所愚而恬不知戒哉盖皆富貴之人志願已極惟有長生一途欲之而不可得故奸人邪術得以投其所好寧死而不悔耳亦可哀也

金石無論即兜絲杜仲一切益陽之劑久服皆能成毒發疽老學庵所載可見至於紫河車人皆以爲至寶亦不宜常服醫家謂之混元毬取

男胎首生者爲佳丹書云天地之先陰陽之祖乾坤之槖籥鉛汞之匡廓胚胎將兆九九數足我則乘而載之故謂之河車紫其色也此藥雖無毒而性亦大熱虛勞者服之恐長其火壯盛者服之徒增其燥夫天地生人清者爲氣濁者爲形父精母血凝合而成氣足而生至寶具矣胞衣者乃臭腐之胚胝血肉之渣滓故一旦瞥然脫胎下世猶神仙之委蛻也人生已棄之物寧復藉此而補聉哉況聞胞衣爲人所羡者子多不育故産蓐之家防之如仇惟有無賴乳媪貪人財賄乘間竊之以希厚直耳夫恐於天殤人子以自裨益仁者且不爲也而況未必其有功而徒以靈明高潔之府爲藏汚納穢之地也

漢成帝爲趙昭儀作少嬪館罷之專席帝病怯弱得謹卹膠每一圓幸一夕昭儀醉進七圓帝夜居九成帳笑吃吃不絶抵明精流不禁死唐憲宗服柳泌藥日加燥渴起居舍人裴潾上言以爲凡伺候權貴之門以大言自衒奇技驚衆

者皆不軌徇利之徒豈可信其説而餌其藥耶日和劑以求延年猶曰不可況伐眞氣以助强陽烏得不斃者乎

人之溺於嗜慾於智者猶有不免韓昌黎嘗勸人莫畜侍姬莫餌煖藥而晚年嬖絳桃柳枝服金石卒以自斃豈徒能言之而不能行之者耶抑亦明知其然而情有不能禁耶

大丹乃上僊神化之事非常人所可及鍾離雲房明戒人以勿爲今人每爲方士誑誘破家蕩

產亦可謂無識矣何也世之金銀皆地間財然尚有分限不可多得況神丹乎今以一庸常小人非有開國之勳農隷之勞輒欲煉丹點化使土礫沙石成金致富不貲天豈肯從之耶古人甚禍無故之獲蓋有掩地中之藏而不取者若此神物縱使得之豈能安享傳聞古今人有得藥而失官喪命或爲雷火所焚者蓋人罰不及而天罰隨之也修行之士宜痛戒此妄念以免天罰

淮海護軍李全皋既罷遭亂道梗未獲西歸僦居開元寺偶有小校引一道人云善鑪火之事全皋留與語道人初猶秘惜既累日益洽乃求一鐵鼎容五六升以上者用黄金二十餘兩煉爲丹母日給水銀藥物俟足火候而換之九轉點化全皋入其言出金帶一圍以付道人藥物既備按日守火初發視之黄金爛然更一轉煉道人忽遁去丹母已烏有矣乃責小校償其金之半

國朝有中貴劉瑯者歷鎮陝西河南取財貨無數乃又欲煉丹廣致黄白就私宅建玉皇閣延方士講鑪火一方士狡甚每事託于神言索瑯貨物不貲瑯有玉縧環一枚價百鎰方士乃紿令獻玉皇而卒自取之或爲詩嘲瑯云堆金積玉巳如山又向仙門學煉丹空裡得來空裡去玉皇原不繫縧環大冶金鼎封閉一室既旬月方計火候以斬點化而道人巳挈諸物遁矣門扃如故不知何從而出瑯懊恨不巳亦可爲事戒也

廣西僉臬沈公應魁字仲文常熟縣人擢嘉靖庚戌進士僉臬有文名工書翰晚年結廬於虞山葛洪丹井之上好燒水銀爲黄金平生貲業費于炭值爲方士所誑惑欝欝不遂其志卒以貧死

守官漫録卷之一 終

守官漫録卷之二目録

門人晉陵莊 遲馭之　唐振古耀先

金沙王元鼒鼎如　溧水李士暹晉侯

從子劉懋賞功懋　子劉懋賢愚公甫

全校

守官漫録卷之二目録終

守官漫録卷之二

澹然居士劉萬春延之甫著

内編言行之師 計二百十八條

蘧伯玉

衛靈公與夫人夜坐聞車聲轔轔至闕而止過闕復有聲公問夫人曰知此爲誰夫人曰此蘧伯玉也公曰何以知之夫人曰妾聞禮下公門式路馬所以廣敬也夫忠臣與孝子不爲昭昭信節不爲冥冥惰行蘧伯玉衛之賢大夫也仁而有智敬於事上此其人必不以闇昧廢禮是以知之

疏廣

疏廣旣乞骸骨歸居歲餘廣子孫竊謂其昆弟老人廣所信愛者曰子孫冀及君時頗立產業基址今日飲食費且盡宜從丈人所勸說君置田宅老人即以閒暇時爲廣言此計廣曰吾豈老悖不念子孫哉顧自有舊田廬令子孫勤力其中足以共衣食與凡人齊今復增益之以爲

贏餘但教子孫怠惰耳賢而多財則損其志愚而多財則益其過且夫富者衆之怨也吾既無以教化子孫不欲益其過而生怨又此金者聖主所以惠養老臣也故樂與鄉黨宗族共享其賜以盡吾餘日不亦可乎

顧覬之

顧覬之家門雍睦爲州郡所重子綽私財甚豊鄉里士庶多負責覬之禁不能止後爲吳郡誘出文券一大櫥委令焚之宣語遠近皆不須還

綽懊悵彌日覬之常執命有定分非智力所移惟應恭己守道信天任運而闇者不達妄意徼倖徒虧雅道無關得喪乃命弟子作定命論

劉更生二條

劉更生條災異封事反覆以和氣乖氣治亂爲說不但理到而且可爲後世格言謹節其數語書于座右衆賢和於朝萬物和於野朝臣和於內萬國驩於外諸侯和於下天應報於上祥多者其國安異衆者其國危正臣進者治之表也正臣陷者亂之機也執狐疑之心者來讒賊之口持不斷之意者開群枉之門讒邪進則衆賢退羣枉盛則正士消故易有否泰小人道長君子道消君子道消則政日亂故爲否否者閉而亂也君子道長小人道消小人道消則政日治故爲泰泰者通而治也

劉更生條災異封事有云昔者共工與舜禹雜處堯朝周公與管蔡並居周位當是時迭進相毀流言相謗豈可勝道帝堯成王能賢舜禹周

公而消共工管蔡故以大治榮華至今孔子與季孟偕仕於魯李斯與叔孫俱宦於秦定公始皇賢季孟李斯而消孔子叔孫故以大亂汙辱至今又云孔子與顔淵子貢更相稱譽不爲朋黨禹稷與皐陶轉相汲引不爲比周至宋歐陽永叔遂以此數語之意變化作朋黨論可謂青於藍者古今雖盛稱其辭然不知其出於更生也因揭之以示同志

劉寬

劉寬雖居倉卒未嘗疾言遽色夫人欲試寬令恚伺當朝會裝嚴已訖使侍婢奉肉羹翻汚朝衣婢遽收之寬神色不異乃徐言曰羹爛汝手乎其性度如此

狄仁傑呂蒙正

武后謂狄仁傑曰卿在汝南有善政然有譖卿者欲知之乎仁傑謝曰陛下以爲過當改之以爲無過臣之幸也譖者乃不願知后歎其長者呂蒙正初入朝堂有指而薄之者蒙正亦不欲

知其姓名恐知之則終身不忘以二公之心游世即世路險巇皆成夷境矣

量最難得呂蒙正素稱雅量開朝士訕已同列欲問其人呂公止之曰聞之則終身不忘以此觀之其能容人亦是强制中來

楊顒

楊顒爲漢丞相諸葛亮主簿亮嘗自校簿書顒諫曰爲治有體上下不可相侵請以作家譬之奴執耕稼婢典炊爨鷄主司晨犬主吠盜牛負重載馬涉遠行期桊無曠自可高枕一旦盡欲身親其役形疲神困終無一成故丙吉不問道屍而憂牛喘陳平不知錢穀之數云自有主者亮謝之

雲長公

史稱雲長公喜讀左傳而言語文字不少槩見惟今所傳對一聯云出雲長筆願天常生好人願人常行好事此二語者何其善與人同廣大若此哉夫惡人與常人俱置不論今世所患者

在於君子要自做好人自行好事夫自做好人自行好事豈不是好因其有自做自行的意思率至取忌召嫉恃已凌物終於無成大抵天下事不是一人做得的故曰願天常生好人要人人都好願人常行好事要事事都好人人都好事事都好不消我勞心費力去做天下自然好了豈不大可願哉此與夫子老者安之三句同是一樣見識宋朝王荆公方盛氣議天下事程明道曰天下事非一家事願公徐議之此如持

冷泉沃炎火欲不渾身通冷得乎

陶侃張詠

陶侃爲荆州刺史嘗出遊見一人持未熟稻一把侃問用此何爲人云行道所見聊取之耳侃大怒曰汝既不田而戲賊人稻執而笞之張詠爲崇陽令坐城門下見里人有負菜歸者知其買於市詠怒曰汝居田里不自種而食何惰耶笞而遣之此等小事史何足書然百姓因此而知上之敎勤於農殖家給人足二公之恵溥矣

柳子厚

柳子厚爲柳州其俗以男女質錢約不時贖子本相侔則没爲奴婢子厚爲設方計悉令贖歸其尤貧力不能者令書其傭足相當則使歸其質觀察使下其法於他州免而歸者千人

李德裕

李德裕爲蜀時蜀人多鬻女爲人婢德裕爲著科約凡年十三而上執三年劳下者五年及期則令還其父母

朱晦菴

朱晦菴先生熹所居之鄉每歲春夏之交豪戶閉糴牟利細民發廪强奪動相賊殺幾至挺變先生嘗帥鄉人置社倉以賑貸之米價不登人得安業至是提舉浙東時歲大飢先生乞推行之初拜命卽移書他郡募米商蠲其征及至客舟之米巳輻湊日與僚屬鈎訪民隱至廢寝食分畫既定案行所部窮山長谷靡所不到拊問存恤所活不可勝計毎出皆乘单車屏徒從一切所需皆自齎以行秋毫不及州縣以故所歷雖廣而人不知郡縣官吏憚其風采倉皇驚懼常若使者壓其境至有自引去者由是所部肅然大抵措畫悉如江右時而用心尤苦猶以徒費大農數十萬緡無以全活一道飢民自劾焉

顏眞卿

國家尊名節奬恬退雖一時未見其效然當患難倉卒之際終賴其用如祿山之亂河北二十四郡皆望風奔潰而抗節不撓者止一顏眞卿

明皇初不識其人則所謂名節者亦未嘗不自恬退中得來也故獎恬退者乃所以厲名節

王沂公

諫議大夫張師德兩詣王沂公之門並不得見恐有人陰沮者乃叩向文簡公托以從容白其事一日方議知制誥沂公曰可惜張師德文簡曰何謂也曰累於上前說師德名家子有士行不意兩及吾門狀元及第榮進素定但當靜以待之耳若復奔競使無階而進者當何如也文簡因以師德意白之沂公曰其處安得有譖人但師德後進待我似淺第緩之聊以儆薄俗耳師德聞之深自愧屈

古人善諷諫

古人善諷諫唐太宗築臺以望長孫后引魏徵登之徵佯不見太宗指示之徵曰臣以爲望獻陵若昭陵臣固見之矣太宗遂爲毀臺此出太宗英明之主猶不足異肅宗視李輔國劫遷上皇於西內不能制又畏張后遷上皇一年猶不

敢朝山人李唐見上抱幼女曰朕念之卿勿怪也唐對曰太上皇思念陛下計亦如陛下之念公主也肅宗爲泫然泣下始徃一朝乃知犯顏力爭不若諷諫婉而切入主之深雖非英明之君聽之亦有所感而改也

劄子議事

古之宰相坐而論道遇事可否皆面折廷諍無啟劄章疏漢唐盛時猶有行者宋太祖時王溥輩以亡國之臣愧畏太祖始以劄子議事而宰相坐論之禮遂革然則古今遇相之禮壞于宋也凡治世君臣常得接見故每論事可行即行可止即止近習不得以干之亂世君臣常不相接止以章奏論事行止皆不由君相近習干之也爲人君者不常與賢士大夫相接而欲求治不可得也

言路二條

宋王素爲諫官言人材難得無事之時當爲朝廷愛惜程明道爲御史告君曰使臣拾遺補過

則可若搜索臣下短長以沽直名臣不能也
國朝陳尚書壽性孤特不矯訐在諫垣指陳時政得失無隱然嘗曰吾父戒弗作刑官刑官枉人言官枉人尤甚顧可輕耶故公雖敢言而不搜士大夫之短長以沽直名羅豫章曰朝廷大奸不可容朋友小過不可不容若容大奸必亂天下不容小過則無全人
王綸在高宗朝爲監察御史遷左司諫雖在言路知無不言每謂人才豈難多事之際宜爲朝

廷愛惜以故不專擊排摘人瑕細惟安危利害大計所關與夫啟沃君心者則不憚苦諍焉高宗嘗稱其中正不阿得諫臣體他日有言事者不稱旨輒降札云王綸論事可思

鞠詠

鞠詠爲進士以文受知於王公化基及王公知杭州以書及所作詩寄王公以謝平昔獎進今復爲吏得以文字相樂之意王公不答及至任略不加禮課其職事甚悉詠大失望於是不復冀其相知而專修吏幹矣其後王公入爲參知政事首以詠薦人或問其故答曰鞠詠之才不患不奮所憂者氣俊而驕我故抑之以成其德耳鞠聞之始以王公爲真相知也

范理

范理天台人楊文定公溥在内閣其子自石首入京因述所過州縣迎送餽遺之勤獨理頗不爲禮文定因而知之薦知德安府其爲縣才八月而巳後尋薦陞貴州布政使或勸理宜致書

謝理曰宰相爲朝廷用人非私於我及公卒理乃祭而哭之以報知巳理仕終吏部侍郎夫宰相以得士爲功士以守巳爲正文定之待理與理之自待可謂兩盡之矣

昭烈帝戒子

漢昭烈將終勅後主曰勿以惡小而爲之勿以善小而不爲古今善人少惡人多然初忽其小而爲惡不爲善者多矣天下皆坐此弊

諸葛武侯戒子

諸葛武侯戒子書曰君子之行靜以修身儉以養德非澹泊無以明志非寧靜無以致遠夫學須靜也才須學也非學無以廣才非靜無以成學慆慢則不能研精險躁則不能理性年與時馳意與歲去遂成枯落悲歎窮廬將復何及也

裴晉公訓子

唐裴晉公常訓其子云凡吾輩但令文種無絕中間有成功能致身于萬乘之相者則天也宋黃山谷云四民皆坐世業士大夫子弟能知忠信孝友斯可矣但不可使讀書種子斷絕有才

器者便當名世矣此語似祖裴公

賈文元公戒子

賈文元公戒子孫云古人重厚朴直乃能立事亨悠久之福士人所貴節行爲大軒冕失之有時而復來節行失之終身不可得矣

陸放翁家訓

陸放翁家訓曰子孫才分有限無如之何然不可不使之讀書不能上進卽教訓童蒙以給衣食使書種不絕亦爲好子孫若布衣草履從事農圃足跡不至城市亦是美事切不可迫於飲食爲市井小人事

韓魏公

人舉止不鎮重未有得功名者韓魏公鎮浙西所取賓佐隨其所長無不得人嘗欲官故舊子弟再三訪問更無他能惟召之燕見其終席端坐不旁視不與比坐交言及試以事入署亦如之然後知輕浮者必非福器

曹璨

曹璨爲節度使宅庫積錢數千緡其母謂曰先侍中履歷中外未有此積聚可見汝遠不及父若今人貲產勝先世便謂能拓先業無隤家聲矣此又與於不肖之甚者也侍中卽曹彬

朱門子孫

王子猷稅地種竹笑謂人曰何可一日無此君竹以虛中通外歲寒彌堅故昔人往往喜與把臂入林余獨愛其子孫玉立參差捧笏而拱青

雲龍翔鳳舞直有干霄之氣回視一切草藜花色僅僅脂粉媚人一遇風雨闌珊狼籍不復有特出草莽之志今里中朱門子孫皆此類也吾願以竹望之庶有進長蓋花日減竹歲增竹于世有實用而花以容事人故耳

示兒語

凡人家子弟宮室車馬衣服飲食僮僕器用事事要整齊華麗豐美充足然後志驕意得稍不及人便自媿恥這是一副俗心腸低見識你看那老成君子宮室不如人車馬不如人衣服飲食不如人僮僕器用不如人他卻學問强似人存心制行强似人功業文章强似人較量起來那個該媿恥

呂滎公

呂滎公名希哲字原明申國正獻公之長子正獻公居家簡重寡默不以事物經心而申國夫人性嚴有法雖甚愛公然教公事事循蹈規矩甫十歲祁寒暑雨侍立終日不命之坐不敢坐也日必冠帶以見長者平居雖甚熱在父母長者之側不得去巾襪縛袴衣服唯謹行步出入無得入茶肆酒肆市井里巷之語鄭衛之音未嘗一經於耳不正之書非禮之色未嘗一接於目正獻公通判潁州歐陽公適知州事焦先生千之伯强客文忠公所嚴毅方正正獻公招延之使教諸子諸生小有過差先生端坐召與相對終日竟夕不與之語諸生恐懼畏伏先生方略降辭色時公方十餘歲內則正獻公與申國

夫人教訓如此之嚴外則焦先生化導如此之篤故公德器成就大異衆人公嘗言人生內無賢父兄外無嚴師友而能有成者少矣

文中子二條

文中子曰僮僕稱恩可以從政矣此言已好薛文清公曰待左右嚴而惠又較周密

文中子曰古之從仕者養人今之從仕者養已自漢儒以來無此議論宋范仲淹之仕庶幾近之

黃山谷四條

嘗在一友家見山谷與其從弟一書不但詞翰可寶其尊祖敬宗愛兄睦族之意藹然可以垂戒乃知古人用心無一肯苟以今所刊不載故録之靖民判官弟夏熱想同新婦兒女安勝去年人來得手書甚慰遠情但未知新除在甚處計亦且近鄉里耳諸兒漸長不可不加意教訓人家生計厚薄自繫時命但不可令斷讀書種子耳十二伯母嶺後幽居今何如五哥稍完葺

盧舍否五哥才力本不在人後但應舉困頓遂潦倒如此耳嘗思兄弟間稍從容者便當助其耳旨吾儕所以衣冠而仕宦者豈巳力哉皆自高曾祖以來積累偶然冲和之氣在此一枝耳其實相去不遠每過馬鞍墳前思之未嘗不愧汗也幸試深念之相望數千里憑書惘然千萬珍重四月十七日兄廷堅書報靖民判官弟

黃山谷嘗言利衰毀譽稱譏苦樂此八物無名種也人從無名種子中生連皮帶骨豈有可逃之地但以百年觀之人與我及彼八物皆成一空古人云衆生身同太虛煩惱何處安脚細思就令煩惱從何來有益於事有益於身否八風之波渺然無涯而以百年有涯之生種種計較欲利惡衰怒毀喜譽求稱避譏厭苦逐樂得喪又自有夙因決不可計較爲之且猿騰馬逐至於澌盡而後休不可謂智也亦不知近道之途亦竊於是此山谷有得於學佛者今人聞伊洛之緒論知學佛爲可耻然何曾似渠用工解說

到此地位

黃山谷與人書云每相聚輒讀前漢書數葉甚佳人胸中久不用古今澆灌則塵俗生其間照鏡則面目可憎對人亦語言無味

黃魯直好作豔語詩詞一出人爭傳之時法雲秀老訶之曰公文詞之富翰墨之妙井施於此乎魯直曰某但空語初非實踐終不以此墮惡道也秀曰李伯時但一念想在馬腹墮落不過止其一身今公豔語實蕩天下心罪報何止入

馬腹定當入泥犁也公是後絕不作艷詞

范文正

范文正公少與友人在長白山僧舍修學惟煮粟米二升作粥一器經宿遂凝刀劃爲四塊蚤晩取二塊斷虀十數莖酢汁半盂煖而啗如此者三年

張九成

張九成初年正當苦寒衣食不備鄉里富人有以襲衣爲送者卻不受曰士處貧苦正是做工夫時若不痛自節抑則貪欲心生廉恥喪矣工夫何在

靜明濁昏

莊子曰水靜則明濁則渾水靜猶明況精神聖人之心靜乎此言極有味

學貴爲已

家語曰芝蘭生于深林不以無人而不芳君子修道立德不以困窮而改節此言當書紳謂學不爲人也

定慧散亂

歐陽修居洛時遊嵩山卻僕吏放意而往至一寺修竹滿軒風物鮮美公休于殿陛傍有老僧閱經自若公問曰古之高僧臨死生之際類皆談笑脫去何道致之曰定慧力耳又問今乃寂寥無有何哉老僧笑曰古人念念在定慧臨終安得散亂今人念念在散亂臨終安得定慧

飢食困眠

或問大珠慧海禪師曰和尚修道如何用功師曰飢來吃飯困來卽眠曰一切人總如是同師用功否曰不同他喫飯時不肯喫飯百種須索睡時不肯睡千般計較所以不同

學道三條

一道者云人欲求道須於功名上鬧一鬧方心死此是眞實語蓋劣根人多雄心難耗不得不向此語中轉身若上知人撒手繁華一了百當政不煩爾

學道人須是韜光斂跡勿露鋒芒故曰潛曰密

君進才華求名譽此正道之所忌夫龍不隱鱗鳳不藏羽網羅高張去將安所此才士之通患學者尤宜痛戒

學道不能潛行密證乃大病也卽如講聖學尚節義係功令所有者然漢時尚節義而致黨人之禍宋朝講聖學而有僞學之禁都緣不能退藏于密以至於此故學道而得禍非不幸也

劉元城二條

劉器之待制初登科與二同年謁張觀參政三

人同起身請教張曰某自守官以來常持四字勤謹和緩中間一後生應聲曰勤謹和旣聞命矣緩之一字某所未聞張正色作氣曰何嘗教賢緩不及事且道世間甚事不因忙後錯了

劉忠定公見溫公問盡心行己之要可以終身行之者公曰其誠乎劉公問行之何先公曰自不妄語始劉公初甚易之及退而自隱括日之所行與凡所言自相掣肘矛盾者多矣力行七年而後成自此言行一致表裏相應遇事坦然常有餘裕

張無垢二條

或問張無垢倉卒中患難中處事不亂是其才耶抑其識耶先生曰未必才識兩得必其胸中氣局不凡素有定力不然恐胸中先亂何以臨事古人平日欲涵養氣局者正謂此也又問處事當如何先生曰速不如思便不如當用意不如平心當官臨事如何先生曰切戒躁急則先自處不暇何暇治事加以猾吏奸民窺伺機便以成其利非特害人于己甚害前輩嘗言凡事

只怕待待者詳處之謂也

張無垢云快意事孰不喜爲徃徃事過不能無悔者於他人有甚不快存焉豈得不動於心君子所以隱忍詳復不敢輕易者蓋欲彼此兩得也

胡文定三條

胡文定公曰人須是一切世味淡薄方好不要有富貴相孟子謂堂高數仞食前方丈侍妾數

百人我得志不爲學者須先除去此等常自激昂便不到得墜墮常愛諸葛孔明當漢末躬耕南陽不求聞達後來雖應劉先主之聘宰割山河三分天下身都將相手握重兵亦何求不得何欲不遂乃與後主言成都有桑八百株薄田十五頃子孫衣食自有餘饒臣身在外別無調度不別治生以長尺寸若死之日不使廩有餘粟庫有餘財以負陛下及卒果如其言如此輩人真可謂大丈夫矣

胡文定公家至貧然貧之一字於親故問非惟口不道手亦不書嘗戒子弟曰對人言貧者其意將何求汝曹志之又曰貴人之前莫言窮彼將謂我求其荐矣富人之前莫言貧彼將謂我求其助矣

胡文定與楊訓曰人家最不要事事足意常有些二不足意處便好人家纔事事足意便有不好事出來亦消長之理然也

倪文節

倪文節公曰頃年畜兩鶴既乏之專人看顧朝放暮收不免關心又恐擾隣圃驚童兒翻再完二旦飛去自是遂省一事以是知有一物添二一累也

事不可盡四條

張文饒曰處心不可着着則偏作事不可盡盡則窮邵堯夫詩云夏去休言暑冬來始說寒則心不着矣美酒飲教微醉後好花開到半開時則事不盡矣

張無盡見雪竇教以惜福之說曰事不可做盡勢不可倚盡言不可道盡福不可享盡凡事不盡處意味偏長

初夏五陽用事于乾爲飛龍草木至此已爲長旺然旺則必極至極而始收斂則已晚矣故康節云牡丹含蕋爲盛爛熳爲衰蓋月盈日午有道之士所不處焉

福莫美於安常禍莫危於盛滿天地間萬事萬物未有盛滿而不衰者也而盛滿各有分量惟

智者能知之是故危以一句爲盛滿甕以數石爲盛滿有甕之容而懷危之懼則慶有餘矣

變化氣質三條

呂東萊先生學以關洛爲宗旁稽載籍不見涯涘少卞急一日誦論語躬自厚而薄責于人忽覺平時忿懥渙然氷釋朱夫子言學如伯恭方是變化氣質其嘆服之至如此

變化氣質亦以轉移造化盖人身與天地一氣耳夏商運衰鍾戾于桀紂若桀紂能自變其悍

戾何由促亡

變化氣質居常無所見惟當利害經變故遭屈辱平時忿怒者到此能不忿怒憂惶失措者到此能不憂惶失措始是能有得力處

當官三條

當官不接異色人最好不止巫祝尼媪宜殊絶至于匠藝之人雖不可缺亦當用之以時不宜久留于家與之親狎皆能變易聽聞簸弄是非儒士固當禮接亦有本非儒者或假文詞以進一與之款洽即墮其術中如房琯爲相因一琴工黄庭蘭出入門下依倚爲非遂爲相業之玷此類能審絶之亦清心省事之一助

後生少年乍到官守多爲猾吏所餌不自省察所得毫末而一任之間不復敢舉動大抵作官嗜利所得甚少而吏人所盜不貲矣以此被重譴良可惜也

當官者先以暴怒爲戒事有不可當詳處之必無不中若先暴怒只能自害豈能害人

程明道 以下俱語録

夫人情易發而難制者惟怒爲甚第能於怒時遽忘其怒而觀理之是非亦可見外誘之不足惡而於道亦思過半矣

天地之間只有一箇感與應而已更有甚事風竹便是感應無心如人怒我勿留胸中須如風動竹

或問先生何如斯可謂之恕先生曰克擴得去則爲恕心如何是克擴得去底氣象曰天地變

化草木蕃。充擴不去時如何曰天地閉賢人隱

二程先生在伊川極峻整然跡于峭刻不可近惟明道和易而不失其正甚得孔氏家法一日明道與弟同赴一寺兄由左門弟由右門左門之人隨明道者以數百計右乃寥寥伊川見之嘆曰此是頤不及家兄處又一日明道兄弟同赴一士夫家會飲座中有二紅裙侑觴盍宋朝不禁官妓故也頤見妓即拂衣起去獨明道與飲同他客盡懽而罷次蚤明道赴伊川齋頭語及昨事伊川猶有怒色明道笑曰某當時在彼與飲座中有妓心中原無妓吾弟今日處齋頭齋中本無妓心中卻還有妓伊川聞之不覺愧服

明道先生終日端坐如泥塑人接人則渾是一團和氣

程伊川

呂與叔嘗言患思慮多不能驅除曰此正如破屋中禦寇東面一人來未逐得西面又有一人至矣左右前後驅逐不暇蓋其四面空疎盜固易入無緣作得主定又如虛器入水水自然入若以一器實之以水置之水中水何能入來蓋中有主則實實則外患不能入自然無事

古之學者優柔厭飫有先後次第今之學者卻只做一場話說務高而已常愛杜元凱語若江海之浸膏澤之潤渙然冰釋怡然理順然後爲得也今之學者往往以游夏爲小不足學然游夏一言一事卻總是實如子路公西赤言志如此聖人許之亦以此自是實事後之學者好高如人游心於千里之外然自身卻只在此

知之深則行之必至無有知之而不能行者知而不能行只是知得淺飢而不食烏喙人不蹈水火只是知人爲不善只爲不知

於夢寐間亦可以卜所學之淺深如夢寐顛倒是心志不定操存不固

伊川先生曰只整齊嚴肅則心便一一則自無非辟之干

伊川先生甚愛表記君子莊敬日彊安肆日偷之語蓋常人之情纔放肆則日就曠蕩自檢束則日就規矩

人於外物奉身者事事要好只有自家一箇身與心卻不要好苟得外物好時卻不知道自家身與心已自先不好了也

伊川先生曰近世淺薄以相歡狎爲相與以無圭角爲相歡愛如此者安能久若要久須是恭敬君臣朋友皆當以敬爲主也

伊川先生言人有三不幸少年登高科一不幸席父兄之勢爲美官二不幸有高才能文章三不幸也

陸象山

伯敏云伯敏於此心能剛制其非只是持之不久耳先生云剛制於外而不內思其本涵養之功不至若得心下明白正當何須剛制且如在此說話使忽有美色老兄必無悅色之心若心常似如今何須剛制

平居不與事接時切須鞭策得炯然不可昧沒對越上帝則遇事時自省力矣

既知自立此心無事時須要涵養不可便去理會事初學者能完聚得幾多精神纔一霍便散了某平日如何樣完養故有許多精神難散

吾家合族而食每輪差子弟掌庫三年某適當其職所學大進這方是執事敬

顯仲問云某何故多昏先生云人氣稟清濁不同只自完養不逐物卽隨清明纔一逐物便昏眩了顯仲好懸斷都是妄意人心有病須是剝落剝落得一番卽一番清明後隨起來又剝落又清明須是剝落得淨盡方是

江泰之問象山先生每懲忿窒慾求其放心能暫而不能久請教答曰但懲忿窒慾未是學問事便懲窒得全無後也未是學學者須是明理須是知學然後說得懲窒知學後懲窒與常人懲窒不同常人懲窒只是就事就末

朱晦菴

平心和氣御是吾人學問根本
學莫要於持敬故伊川謂敬則無己可克省多少事然此事甚難須是造次顛沛必於是不可須臾間斷如此方有功修身齊家治國平天下都少箇敬不得如湯之聖敬日躋文王小心翼翼之類皆是只是他便與敬爲一自家須用持著常要惺惺地久之成熟可道從心所欲不踰矩
敬是徹上徹下工夫須做得聖人田地也只放下這敬不得如堯舜也始終是一箇敬
中年以後爲學且須愛惜精神如某在官所亦不敢屑屑留情細務正恐耗了精神忽有大事來則無以待之也
大抵爲學雖有聰明之資必須做遲鈍工夫始得既是遲鈍之資却做聰明底樣工夫如何得
人心常炯炯在此則四體不待羈束而自入規矩只爲人心有散緩時故立許多規矩來維持之但常常提警教身入規矩内則此心不放逸而炯然在矣心既常惺惺又以規矩繩檢之此内外交相養之道也
近日已覺向來説話太支離處反身以求正坐自己用功亦未切耳因此減去文字功夫覺得閒中氣象甚適每勸學者亦且看孟子道性善求放心兩章着體察收拾爲要其餘文字且大槩諷誦涵泳未須大段着力考索也
惟心麄一事乃學者之通病横渠云顔子未至聖人猶是心麄一息不存即爲麄病要在精思明辨使理明義精而操存涵養無須臾離無毫髮間則天理常存人欲消去其庶幾矣哉
看道理若只恁地説過一遍便了則都不濟事須是常常把來思量始得延平先生嘗言道理須是日中理會夜裡却去靜處坐地思量方始有得某依此説眞箇是不同
問嘗見張無垢解雍徹一章言夫子氣象雍容又見明道先生爲人亦和某自後處事亦習寬緩然却至廢事曰曾子剛毅立得牆壁在而後

可傳之子思孟子伊川橫渠甚嚴游楊之門倒塌了若天資大段高則學明道若不及明道則且學伊川橫渠

天地一無所爲只以生萬物爲事人念念在利濟便是天地了也

天之怒雷霆亦震舜誅四凶當其時亦須怒但當怒而怒便中節事過便消了

答周純仁日更須深自思省收拾身心漸令向裏冷寧靜閒退之意勝而飛揚躁擾之氣消則

治心養氣處世接物自然安穩一時長進無復前日内外之患矣

一便是無欲今試看無欲之時心豈不一人只爲有欲此心便千頭萬緒

許多紛紛都從一我字生出來此字眞是百病之根若斫不倒觸處作災怪也

楊慈湖

人誰無好善之心往往多自謂已不能爲而止人誰無改過之心往往多自以難改而止凡此二患皆始於意意本於我道心無體何者爲我清明在躬中虛無物何者爲我雖有神用變化云爲其實無體知我之本無體則聲色甘芳之美毀譽榮辱之變死生之大變如太虛中之雲氣水鑑中之萬象如四時之變化其無體無所加損何善之難遷何過之難改

少讀易大傳深愛無思也無爲也寂然不動感而遂通天下之故竊自念學道必造此妙及他日讀論語孔子哭顔淵至於慟從者曰子慟矣

曰有慟乎則孔子自不知其爲慟殆非所謂無思無爲寂然不動者至於不自知則又幾於不清明懷疑於中往往一二十年及承教於象山陸先生聞舉扇訟之是非忽覺某心乃如此清明虛靈妙用泛應無不可者及後居喪既久畧省察曩正哀慟時乃亦寂然不動自然不知方悟孔子哭顔淵至於慟矣而不自知正合無思無爲之妙益信吾心有如此妙用哀苦至於如此其極乃眞變化

伊川謂動容貌整思慮則自然生敬敬即是主一也主一則既不之東又不之西是則只是中苦也人性自善何必如此梏束孔子未嘗如此教人但曰居處恭執事敬耳但曰出門如見大賓使民如承大祭耳但曰約之以禮耳伊川之教固愈於放逸者然孔子曰過猶不及何則其害道均也

薛敬軒

收斂檢束身心到至細至密至靜至定之極作

事愈有力

造化翕寂專一則發育萬物有力人心寧靜專一則窮理作事有力

吾奮然欲造其極而未能者其病安在得非舊習有未盡去乎舊習最害事吾欲進彼則止吾之進吾欲新彼則汩吾之新甚可惡當刮之絕

讀書不尋思如迅風飛鳥之過前響絕影滅亦不知聖賢所言爲何事要作何用唯精心尋思貼體向身心事物上來反覆考驗其理則知聖賢之書一字一句皆有用矣

爲學於應事接物處尤當詳審每月不問大事小事處置悉使合宜積久則業廣矣

工夫切要在夙夜飲食男女衣服動靜語默應事接物之間於此事事皆合天則則道不外是矣

余往年在中州嘗夢一人儒衣冠其色闇然謂是朱文公告余曰少嗜慾多明理明發遂書其言於壁一日在湖南靖州讀論語坐久假寐既

覺神氣清甚心體浩然若天地之廣大忽思前語蓋慾少則氣定心清理明幾與天地同體其妙難以語人

英氣甚害事渾涵不露圭角最好

聖人所以不矜者只爲道理是天下古今人物公共之理非己有之私故不矜

陳白沙

學者先須理會氣象氣象好時百事自當此言最好玩味言語動靜便是理會氣象地頭變急

爲緩變激烈爲和平則有大功亦遠禍之道也非但氣象好而已

今日與克恭别未知再會之期若不發端言之使克恭終身事業只是以名節結果孤負了好美質蹉過了好時節如此則是某之罪也歸去遼陽杜門後可取大學西銘熟讀求古人爲學次第規模實下手工夫去做黄卷中自有師友惟及時爲禱

有學於僕者輒教之静坐盖以吾所經歷麤有

實效者告之非務爲高虚以誤人也

暘谷始旦萬物畢見而居於蔀屋之下亭午不知也忽然夜半起振衣於四千丈羅浮之岡引盼於扶木之區赤光在海底皦如畫日仰見羣星不知其爲夜半此無他有蔽則闇無蔽則明所處之地不同所寓隨以變況人易於蔽者乎耳之蔽聲目之蔽色蔽口鼻以臭味蔽四肢以安佚一掬之力不勝羣蔽則其去禽獸不遠矣於此得不甚恐而畏乎知其蔽而去之人欲日消天理日明羅浮之於扶木也溺於蔽而不勝人欲日熾天理日晦蔀屋之於亭午也二者之機間不容髮在乎思不思畏不畏之間耳

此理干涉至大無内外無終始無一處不到無一息不運會此則天地我立萬物我出而宇宙在我矣得此欛柄入手更有何事往古來今四方上下都一齊穿紐一齊收拾隨時隨處無不是這箇充塞色色信他本來何用爾腳勞手攘舞雩三三兩兩正在勿忘勿助之間曾點些兒

活計被孟子一口打併出來便都是鳶飛魚躍若無孟子工夫驟而語之以曾點見趣一似説夢會得雖堯舜事業只如一點浮雲過目安事推乎此理包羅上下貫徹終始滚作一片都無分别無盡藏故也

人與天地同體四時以行百物以生若滞在一處安能爲造化之主耶古之善學者常令此心在無物處便運用得轉耳學者以自然爲宗不可不着意理會

吾人所學正欲事事點檢今處一家之中尊卑老少咸在才點檢着便有不由已者抑之以義則咈和好之情於此處之必欲事理至當而又無所作逆亦甚難矣如此積漸日久别生乖戾非細事也

伊川先生每見人靜坐便歎其善學此一靜字自濂溪先生主靜發源後來程門諸公遞相傳授至於豫章延平二先生尤專提此教人學者亦以此得力晦翁恐人差入禪去故少說靜只說敬如伊川晚年之訓此是防微慮遠之道然自學者須是度量如何若不至爲禪所誘仍多着靜方有入處若平生忙者此尤爲對証之藥也

前輩謂學貴知疑小疑則小進大疑則大進疑者覺悟之機也一番長進某初學時亦是如此更無别法也即此便是科級學者須循次而進漸到至處耳

先生與莊定山同舟有附載士人素滑稽肆談

袵席褻昵事故以困二公定山怒不能忍至厲聲色白沙當彼談時若不聞其聲及彼旣去若不識其人定山大服夫動故怒不動故不怒怒則聞不怒則不聞聞與不聞其力之相去奚啻千里

王陽明

所云靜坐非欲人坐禪入定也以吾輩平日爲事物紛拏未知爲已欲以此補小學收放心一段工夫耳明道云纔學便須知有用力處旣學便須知有得力處諸君宜於此處着力異時始有得力處也

孟源問靜坐中思慮紛雜不能強禁先生曰思慮亦强禁不得只就思慮萌動處省察有個物各付物的意思自然無紛雜之念

問靜時亦覺意思好纔遇事便不同如何先生曰是徒知靜養而不用克已工夫也如此臨事便要顚倒人須在事上磨方立得住方能靜亦定動亦定

問靜坐用功頗覺此心收斂遇事又斷了旋起個念頭去事上省察事過又尋舊功還覺有内外打不作一片先生曰此格物之說未透心何嘗有内外即如惟濬今在此講論又豈有一心在内照管這聽講說時專敬即是那靜坐時心功夫一貫何須更起念頭人須在事上磨鍊做功夫乃有益若只好靜遇事便亂終無長進那靜時功夫亦差似收斂而實放溺也

吾輩通患正如池面浮萍隨開隨蔽未論江海

但在活水浮萍即不能蔽何者活水有源池水無源有源者由己無源者從物故凡不息者有源作輟者皆無源故耳

崇一問尋常意思多忙有事固忙無事亦忙何也先生曰天地氣機元無一息之停然有個主宰故不先不後不急不緩雖千變萬化而主宰常定人得此而生若主宰定時與天運一般不息雖酬酢萬變常是從容自在所謂天君泰然百體從令若無主宰便只是這氣奔走如何不忙

問主一之功如讀書則一心在讀書上接客則一心在接客上可以爲主一乎先生曰好色則一心在好色上好貨則一心在好貨上可以爲主一乎是所謂逐物非主一也主一是專主一個天理

義理無定在無窮盡不可以少有所得而遂謂止此也再言之十年二十年五十年未有止也他日又曰聖如堯舜然堯舜之上善無盡惡如桀紂然桀紂之下惡無盡使桀紂未死惡寧止

此乎使善有盡時文王何以望道而未之見

先生曰諸公近見時少疑問何也人不用功莫不自以爲已知爲學只循而行之是矣殊不知私欲日生如地上塵一日不掃便又有一層着實用功便見道無終窮愈探愈深必使精白無一毫不徹方可

問好色好利好名等心固是私欲如閑思雜慮如何亦謂之私欲先生曰畢竟從好色好利好

名等根上起自尋其根便見如汝心中決知是無有做刼盜的思慮何也以汝元無是心也汝若於貨色名利等心一切皆如不做刼盜之心一般都消滅了光光只是心之本體看有甚閒思慮此便是寂然不動便是未發之中便是廓然太公自然感而遂通自然發而中節自然物來順應

問伊川謂不當於喜怒哀樂未發之前求中延平却教學者看未發之前氣象何如先生曰皆是也伊川恐人於未發前討個中把中做一物看如吾向所謂認氣定時做中故令只於涵養省察上用功延平恐人未便有下手處故令人時時刻刻求未發前氣象使之正目而視惟此傾耳而聽惟此即是戒慎不睹恐懼不聞的功夫皆古人不得已誘人之言也

朋友初見先生常指之曰即爾此時就是未達曰爾此時何等戒懼私欲從何處入常常如此便是允執厥中

黃勉叔問心無惡念時此心空空蕩蕩的不知亦須存個善念否先生曰既去惡念便是善念便復心之本體矣譬如日光被雲來遮蔽雲去光已復矣若惡念既去又要存個善念即是日光之中添燃一燈

凡人言語正到快意時便截然能忍默得意氣正到發揚時便翕然能收斂得憤怒嗜欲正到騰沸時便廓然能消化得此非天下之大勇者不能也然見得良知親切時其功夫又自不難緣此數病良知之所本無只因良知昏昧蔽塞而後有若良知一提醒時即如白日一出而魍魎自消矣

有一屬官因久聽講學言曰此學甚好只是簿書訟獄繁難就悞先生曰我何嘗教爾離了簿書訟獄懸空去講學爾既有官司之事便從官司的事上爲學纔是眞格物如問一詞訟不可因其應對無狀起箇怒心不可因他言語圓轉生箇喜心不可惡其囑託加意治之不可因其

請求屈意從之不可因自已事務煩冗隨意苟且斷之不可因旁人讚毀羅織隨人意思處之這許多意思皆私只爾自知須精細省察克治是簿書訟獄之間無非實學若離了事物爲學却是着空

陽明先生在刑曹見獄吏以囚食豢豕惻然詰之吏曰此相沿例堂卿所知也先生因悉屠豕分給諸囚後有客稱及之先生曰少年不學今聞之尚有餘慙問何故曰悪一時意見揭揭然爲此置堂卿何地即此便是不仁觀先生此言則仁者所以達其慈祥之心必有一段渾融無跡之妙用而不徒以沾沾意氣博一時小惠之名矣

王心齋

愛人直到人亦愛敬人直到人亦敬信人直到人亦信方是學無止法

顔子有不善未嘗不知常知故也知之未嘗復行常行故也

天下之學惟有聖人之學好學不費些子氣力有無邊快樂若費些子氣力便不是聖人之學便不樂

舜於瞽瞍命也舜盡性而瞽瞍底豫是故君子不謂命也陶淵明言天命苟如此且盡杯中物便不濟

一友持功太嚴先生覺之曰是學爲子累矣因指傷斲木之匠示之曰彼却不曾用功然亦何嘗廢事

教子無他法但令日親君子而已涵育薰陶久當自別

或言爲政莫先於講學先生曰其惟盛德乎蓋僚友相下爲難而當道責備尤重易曰莫之與則傷之者至矣其必曰官先事信而後言也可

問能容下之慢而不能受上之陵其病安在先生曰總只是一箇傲容下之慢視以爲不足與校云耳君子只知愛人敬人

有別先生者以遠師教爲言先生曰塗之人皆

明師也得深省
吾身猶矩天下國家猶方天下國家不方還是
吾身不方
不面斥朋友之失而以他事動其機亦是成物
之智處
先生倡道海上郡諸椽史以事至相率詣之乞
言先生無他言第曰心地好前程保
有里中兒問先生曰吾獨不能遠色奈何先生
教之曰日近目親日遠日踈此二條語録不載
今觀先生接引世俗何其易簡痛快如此
心齋當陽明論學時與晦菴頗牴牾世方非詆
而心齋復講論勤懇冠服車輪悉古制度人情
益異歐陽南野諸人在都下者力促之歸還至
會稽陽明思裁之及門三日不與見一日陽明
送客出門外心齋長跪街下曰某知過矣陽明
不顧心齋隨入至庭復厲聲曰仲尼不爲已甚
陽明於是揖之起時同志在側莫不嘆服過之
勇自是日依侍陽明益欽圭角就夷坦養粹氣
和音咳指顧俱足令人意消

羅近溪

羅近溪先生過臨清忽遘病一日倚榻而坐恍
若一翁而來言曰君身病稍康矣心病則復何
如先生默不應翁曰君自有生以來遇觸而氣
每不動當勃而目輒不瞑擾攘而意自不分夢
寐而境悉不忘此皆君心錮疾乃仍昔也可不
亟圖瘳耶先生愕然曰是則予之心得曷言病
翁曰人之身心體出天常隨物感通原無定執
君以宿生操持强力太甚一念耿光遂成結習
日中固無紛擾夢裏亦自昭然君今謾喜無病
不悟天體漸失豈惟心病而身亦不能久延矣
蓋人之志意長在目前蕩蕩平平與天日相交
此則陽光宣朗是爲神境令人血氣精爽内外
調暢如或志意沉滯胸臆隱隱約約如水鑑相
涵此則陰靈存想是爲鬼界令人脉絡糾纏内
外膠泥君今陰陽莫辨境界妄縻是尚得爲善
學者乎先生驚起叩天伏地汗下如雨從是執

念潛消血脉循軌
古人以好字去聲呼好惡字去聲呼作惡今汝
欲獨處思慎則請先自查考從朝至暮從昏達
旦胸次念頭果是好善之意多果是惡惡之意
多亦果是好善惡惡之意者般多若般多只扯
得平過謂之常人萬一惡多於好則恼怒填胸
將近於惡人若果能好多於惡則生意滿腔方
叫得做好人矣獨能如此而知自此而慎則人
將不自此而成也耶

問思慮起滅不寧柰何曰予所患恐不在思慮
不寧實由心體未透耳盖思慮雖有萬端心神
止是一個遇萬念以滯思慮則滿腔渾是起滅
其功似屬煩苦就一心以宰運化則衆動更無
分別又何起滅之可言曰此時此心果是起滅
無從但邪思竊發不知作何對治曰君子兢業
以過一生此意豈容暫怠但太陽出而魍魎消
聖人作而萬物覩乾綱獨善操持八荒孰非統
内不思務此而角力爭雄以希掃蕩則戰國春
秋更無寧日也
問吾儕日昨請教或言觀心或言行己或言博
學或言守靜先生皆未見許然則誰人方可以
言道耶曰此捧茶童子却是道也衆皆默然有
頃一友率爾言終不然此小僕也能戒謹恐懼
耶余不暇答但徐徐云茶房到此有幾層廳事
衆曰有三層余嘆曰好造化過許多門限階級
幸未打破一個鍾子其友方畧省悟曰小僕於
此果也似解戒懼但柰何他日用不知余又難

之曰他若是不知如何會捧茶又會戒懼其友
語塞徐爲之解曰汝輩只曉得說而不曉得知
有兩樣故童子日用捧茶是一個知此則不慮
而知其知屬之天也覺得是知能捧茶又是一
個知此則以慮而知而其知屬之人也天之知
只是順而出之所謂順則成人成物也人之知
却是返而求之所謂逆則成聖成神也故曰以
先知覺後知以先覺覺後覺人能以覺悟之竅
而妙合不慮之良便渾然爲一而純然無間方

是慮以通微又曰神明不測也
問此心每日覺有二念而善念多爲雜念所勝又見人不如意長生忿嫉從容時尚可調停若倉卒必暴發不平及事已又生悔恨不知何以對治曰心是活物應感無定而出入無常卽聖賢未至純一處其念頭亦不免互動定性書中所云惟怒最爲難制則人情大抵然矣譬之天下路徑不免石塊高低天下河道不免灘瀨縱横惟善推車者其輪轅迅發則塊磊不能爲碍

善操舟者篙槳方便則灘瀨不能爲阻也況所云念頭之雜忿怒之形亦皆是説前日後日事也孔子謂不追既往不逆將來功夫緊要只論目前今且説此時相對中心念頭果是何如曰若論此一時則此心恭敬安和只在專志聽教一毫雜念也自不生曰吾子既已見得此時心體有如此好處却果信得透徹否大衆忻然起曰據此時心體的確可以爲聖爲賢而甚無難事也曰諸君目前各各奮躍此正是車輪轉處

亦是槳勢快處更愁有甚麽崎嶇可以阻得你有甚灘瀨可以滯得你況民之秉彛好是懿德則此個輪極是易轉此個槳極爲易搖而王道蕩蕩王道平平終身由之而絕無崎嶇灘瀨也
昔有衲子持鉢來玕江羅近溪遇之甚謹居數年辭去近溪把其手請曰和尚慈悲今别我去願一言度我衲子曰沒得説你官人家常有好光景便有不好光景等待在咱出家人只這等近溪聆已大會於心頓首數十以謝夫衲子所

云只這等是卽儒家所云不加不損處也吾黨於此等處多是錯過卽高者或在道理上支撑下者惟在書册上見解以此隨境流轉着風動搖所謂不加不損者成虚談已

呂叔簡

静之一字十二時離不了一刻纔離便亂了門盡日開闔樞常静妍媸盡日往來鏡常静人盡日應酬心常静惟静也故能張主得動若逐動而去應事定不分曉便是睡時此念不静作個

夢也胡亂

天地間眞滋味惟靜者能嘗得出天地間眞機括惟靜者能看得透天地間眞情景惟靜者能題得破作熱鬧人說孟浪語豈無一得皆偶合也

躁心浮氣淺中狹量此八字進德者之大忌也去此八字只用得一字曰主靜靜則凝重靜中境自是寬濶

或問世之人每患多言者何也曰言心聲心君

火也火主動常熖熖而不息晝夜無靜時非言則思則夢如騰雲走水之龍不可捉摸何以制之曰主靜靜屬陰屬水醫所謂壯水之主以鎮陽光是也何以主靜曰且學瞑目定息兀然端坐

人生在天地間無日不動念就有箇動念底道理無日不說話就有箇說話底道理無日不處事就有箇處事底道理無日不接人就有箇接人底道理無日不理物就有箇理物底道理以至悲怒笑歌傷悲感嘆顧盼指示咳唾溺洟隱微委曲造次顚沛疾病危亡莫不各有道理只是時時體認件件講求細行小物尚求合則彝倫大節豈可踰閑故始自垂髫終於屬纊持一個自強不息之心通乎晝夜要之於純一不已之地忘乎死生此還本歸全之道戴天履地之宜不然恣情縱意而各求遂其所欲凡有知覺運動者皆然無取於萬物之靈矣或曰有要乎曰有其要只在存心心何以存曰只在主靜只靜了千酬萬應都在道理上事事不錯

凡人應酬多不經思一向任情做去所以動多有悔若心頭有一分點檢便有一分得處智者之囂固不若愚者之詳也

吾輩所欠只是涵養不純不定故言則矢口所發不當事不循物不宜人事則恣意所行或太過或不及或中理若涵養得定如熊視而後開弓矢矢中的細揣而後投針穴穴中病此是眞正體驗實用工夫若求只是箇沉靜沉靜了發

出來件件都是天則

有德之容深沉凝重內充然有餘外闇然無迹若面目都是精神卽不出諸口而漏洩已多矣畢竟是養得浮淺譬之無量人一杯酒便達于面目

養量就要在家裏養父子兄弟夫妻僕隸之間有許多難處事彼豈能一一盡道只得委曲感化或含忍寧耐無動厭躁決裂心亦不必要大分曉纔分曉便是糊塗

氣盛便不見涵養浩然之氣雖充塞天地間其實本體閒定冉冉口鼻中不足以呼吸

四時常帶着些春氣五行常帶着些土氣八風常帶着些中氣五常常帶着些仁氣然則慈祥豈弟者萬善之主乎有一善而無慈祥豈弟之心便不成一個善

氷見烈火吾知其易易也然而以熾炭鑠堅氷必舒徐而後盡盡爲寒水又必待紓徐而後溫而後熱夫學豈有速化之理哉是故善學者無躁心有事勿忌從容以俟之而已

禁刻木如鋸齒古無文字用以紀日行之事數也一事畢則去一刻事俱畢則盡去之謂之修禁更事則再刻如前謂之崇禁大事則大刻謂之大禁多事則多刻謂之廣禁士農工商所禁不同謂之常禁農爲士則改刻謂之易禁古人未有一生無所禁者未有一日不修禁者故古人身修事理而無怠惰荒寧之時常有憂勤惕勵之意一日無事則一日不安懼禁之不修而

曠日之不可也今人昏昏蕩蕩四肢不可收拾窮年終日無一猷爲放逸而入于禽獸者無禁之故也人生兩間無一事可見無一善可稱資衣藉食於人而偷安惰行以死可羞也已

暮夜無知此四字百禍之總根也人之罪莫大於欺欺者利其無知也大姦大盜皆自無知之心充之天下大惡只有二種欺無知不畏有知欺無知還是有所忌憚心此是誠僞關不畏有知是個無所忌憚心此是死生關猶知有畏良

心尚未死也

正直者必不忠厚忠厚者必不正直正直人植綱常扶世道忠厚人養和平培根本然而激天下之禍者正直之過養天下之禍者忠厚之過也此四字兼而有之惟時中之聖人

精明也要十分只須藏在渾厚裏作用古今得禍精明人十居其九未有渾厚而得禍者今之人惟恐精明不至乃所以爲愚也

做人要做箇萬全至于名利地步休要十分占

盡常要分與大家就帶些缺綻不妨何者天下無人己俱遂之事我得人必失我利人必害我榮人必辱我有美名人必有愧色是以君子貪德而讓名辭完而處缺使人我一般不嶢嶢露頭角立標臬而胸中自有無限之樂孔子謙已常自附于尋常人此中極有意趣

方嚴是處人大病痛聖賢處世離一温厚字不得故曰汎愛衆曰和而不同曰和而不流曰羣而不黨曰周而不比曰愛人曰慈祥曰豈弟曰樂只曰親民曰容衆曰萬物一體曰天下一家中國一人只恁踽踽凉凉冷落難親便是世上一個礙物即使持正好方獨立不苟亦非用世之才只是一節狷介之士耳

萬水自發源處入百川容不得入江淮河漢容不得直流至海則浩浩恢恢不知江淮幾時入河漢何處來兼收而並容之矣閒雜懊惱無端謗讟倘來横逆加之衆人不受加之賢人不受加之聖人則了不見其辭色自有道以處之故聖人者疾垢之海也

中乎妙之至也格天動物不在形迹言語事爲之末苟無誠以孚之諸皆糟粕耳徒動無益於義鳥抱卵曰孚從爪從子血氣潛入而子隨母化豈在聲色豈事造作學者悟此自不怨天尤人

滿目所見世上無一物不有淫巧這淫巧耗了世上多少生成底財貨悮了世上多少生財底工夫淫巧不誅而欲講理財皆苟且之談也

士鮮衣美食浮談怪說玩日愒時而以農工爲村鄙女傳粉簪花冶容學態袖手樂遊而以勤儉爲羞辱官盛從豊供繁文縟節奔逐世態而以教養爲迂腐世道可爲傷心矣

聖王之道以簡爲先其繁者其簡之所不能者也故惟簡可以清心惟簡可以率人惟簡可以責人已之過惟簡可以培壽命之原惟簡可以養天下之財惟簡可以不耗天地之氣

余作令日有四自簿凡公文到日牌票繳日堂稿定日令各房科自定幾日完銷立自限簿善艮里分糧差不完令自定完期不差人下鄉以擾之立自催簿詞訟不差人拘令原告執原詞與中証中証將原告之詞與被告被告領原告中証投文立自拘簿除的決徒罪以上及眞盜收監倉外餘俱放回寧家發落前三日掛牌於壁示之聽審立自保簿徃徃吏民輸心聽從其驚騖者不及百一然後行吾之法雖嚴而彼亦不怨矣

言行共三十八條

王通教授於河汾之間弟子自遠至者甚衆賈瓊問息謗通曰無辯問止怨曰不爭又曰聞謗而怒者讒之囮也見譽而喜者佞之媒也絕囮去媒讒佞遠矣

一念之善則天神地祇祥風甘雨皆在於此一念之惡則妖星厲鬼凶荒札瘥皆在於此是以君子愼獨

燭理未明而是非無以辨宅心不廣而喜怒易以搖操履不完而悔吝多精神不克而智巧襲棟焉而不浄守焉而不敷朝夕恐懼不啻如飢寒切身者求克飢禦寒之具也

恩讐分明此四字非有道者之言也無好人三字非有德者之言也後生戒之

物有圭角多刺人眼目亦易玷闕故君子處世當渾然天成則人不厭棄矣

言溫而氣和則顏子之不遷漸可學矣過而能悔又不憚改則顏子之不貳漸可學矣

前輩常說後生才性過人者不足畏惟讀書尋思推究者爲可畏耳又云讀書只怕尋思蓋義理精深惟尋思用意爲可以得之鹵莽厭煩者決無有成之理

元城於不妄語三字力行七年而後成上蔡別伊川一年方只去得個矜字而明道少年之獵心猶不覺其躍然於十一年之後也故曰言之非難先行其言堅苦强恐作工夫古之人皆然

晝觀諸妻子夜卜諸夢寐昔人以爲格言誠格

清察居 卷之一 六十

言也今有人夜夢之市而攫金之市而攫金則夢耳而足以知其心之未忘攫金矣躬蹈廉讓而心未忘攫金是其於道也不浸於肌膚不止於五藏義襲而已矣是以君子弗貴也

爲大臣者處盛滿之極則意念難持爲小臣者見勢燄之張則立脚難定人能不以寵利居成功如諸葛汾陽終無傾覆之理能不以炎涼爲向背如汲黯宋璟豈有氷山之慮哉勛如摶陸而竟以凶終才若元郁而未免濡足信哉自立之難也

爲伯夷之清較易爲柳下惠之和較難清不過一味自守絕俗而已和而不失其正非有大識見有大力量不能也後漢黄叔度汪汪若千頃波澄之不清淆之不濁夫淆之不濁易耳澄之不清此地位難到也

入廟思敬臨喪思哀敬與哀人心之所自致也聖人不能使之聖人制爲衰麻黼黻之飾服衰麻其有宴笑自適者鮮矣暗黼黻其有遨嬉肆

清察居 卷之一 六十一

意者寡矣故夫末之末也乃所以維本之本也

贊堯成功兼言文章者何也無文章功不高也廷杖嫚罵可以肅官然失廉讓之敎鬻爵列肆可以生財然有苟且之累推此而言則文章經國非虛言也

乘舟而遇逆風見揚帆者不無妬念彼自處順于我何關我自處逆于彼何與究竟思之都是自生煩惱天下事大率類此

青天白日和風慶雲不特人多喜色卽鳥鵲且

有好音若暴風怒雨疾雷閃電鳥亦投林人亦閉戶乖戾之感至于此乎故君子以太和元氣爲主

涉世應物有以橫逆加我者譬猶行草莽中荆棘之在衣徐行緩解而已所謂荆棘者亦何心哉如是則方寸不勞而怨可釋

子弒父臣弒君只是見君父有不是處耳若一味見人不是則兄弟朋友妻子以及於童僕雞犬到處可憎終日落嗔火坑塹中如何得出頭

地故君子有三自反

周顒與何胤書云變之大者莫過死生生之重者無逾性命性命於彼甚切滋味在我可輕故酒肉之事莫談酒肉之品莫多酒肉之友莫親酒肉之人莫接

人在病中百念灰冷雖有富貴欲享不可反羨貧賤而健者是故人能於無事時常作病想一切名利之心自然掃去

病至然後知無病之快事來然後知無事之樂故禦病不如却病完事不如省事

嗜異味者必得異病挾怪性者必得怪證習陰謀者必得陰禍作奇態者必得奇窮此格言也故曰君子依乎中庸

陰德必有報此自世人俗語然爲報而後行陰德其爲德淺矣昔人謂陰德如耳鳴人不知而己獨知之書曰惠迪吉從逆凶如李廣殺降不侯自是道理上不該殺于定國全活人多大其門閭自是應得全活不然縱賊爲民害亦可謂

陰德乎大凡有利於人及理所當爲者孳孳爲之皆德也不必計較人之知否亦不必望後之有報否也

眞西山曰余自少讀普門品雖未能深解其義然常以意測之曰此佛氏之寓言也昔唐李文公問藥山禪師曰如何是惡風吹船飄落鬼國師曰李翱小子問此何爲文公怒形於色師笑曰發此嗔恚心便是黑風吹船飄入鬼國也吁藥山可謂善啟發人矣以是推之則知利欲熾

然卽是火坑貪愛沉溺便是苦海一念清淨烈焰成池一念警覺船到彼岸災患纒縛隨處而安我無畏怖如械自脫惡人侵凌待以横逆我無忿嫉如獸自奔讀是經者作如是觀則知補陀大士眞實爲人非浪語者

費鵞湖

大學士鵞湖費公初與閣中某公同年同在館局因對奕爭勝戲批其頰某公不悦絶不見於言苐自疎薄耳公悔日至門請罪某公終不出不知誰氏以其事聞於費封翁封翁大恚封識一竹板寄公令自朴於京邸公持父書及竹板登某公之堂自朴者三次某公始出相抱而哭公曰罪在我君何爲哭曰公尚有父督責公某求督責我者不可得也是以哭耳遂相驩如平生

倪尚書

史良佐爲御史巡南京西城而其所居卽在東城每出入怒其里人不爲起乃執數輩送東城御史御史詰之對曰民等總被倪尚書誤郤曰尚書何如曰尚書亦南京人其掌兵部出入里中衆或走匿輒使人諭止之曰與爾曹同鄉里吾不能過里門下車乃煩爾曹起耶民等顓愚意史公猶倪公遂不爲起不意逄彼怒也御史内善其言悉解遣之尚書謂文毅也

薛西原

薛西原公里居十七年儉約自居常如貧士雖村翁野豎接之盡禮以非義干者卽婉言郤之人亦無能訾自書曰雖小事不可爲人囑托縱使救人于患難而自損廉耻多矣已之德與他人之事孰輕孰重此事當盟之于心不可忘也

不用妖服

黎文僖淳性耿介寡與人合其取予不苟有門生尹莘亭以紅雲布寄淳不受卽書封識上曰古之爲令扳茶植桑今之爲令織布添花吾不用妖服也

不認失禍

吉水羅雙泉循會試時身故貧一日忽其囊中罽褐同舍生内不自安物色其人紿循訪之比入坐故探其囊出褐示循曰是不類君物耶循趍出向其人曰物固相類生醉語耳歸謂同舍生曰吾失褐不甚損彼張惡聲尚得爲士人耶同舍生始遜謝不及雙泉公念菴先生父也

失釧不言

廬陵彭思永始就舉時貧無餘資惟持金釧數隻棲于旅舍同舉者過之衆請出釧爲玩客有

墜其一釧於袖中者思永視之不言衆莫知也皆驚求之思永曰數止此耳非有失也將去袖釧者揖而舉手釧墜于地衆服其量

置田睦族

唐子上先生汝棟天性孝友一日子孫畢集謂曰世遠則人繁人繁則情涣易有之何以聚人曰財而翁微天幸見三世人因涣思萃其在今日嚮以幾十金置田備蒸嘗微矣今檢吾笥餘若干緡悉以佐之汝曹無忽其卒也宗人行服倍年云

聞詈擂鼓

陳蘭臺先生記其王父秋江翁聞詈擂鼓之事有鄉人故嘗小嫌者一日被酒登門辱罵子弟僕從俱不能堪而翁恬然不校其人詈益甚叫號聲徹閭里不得已命童子擊鼓以亂之詈者久自散去或有譏爲太懦者笑曰夫夫方醉是可與校耶尋十日後詈者卧病死竟不及於禍鄉黨以是服翁德量過人遠甚至今談含忍者必稱之

覺是齋記　陳蘭臺先生日涉園録

蘧伯玉行年五十而知四十九年之非是故可以仕亦可卷而懷之孔子稱爲君子若陶淵明辭實迷途其未遠覺今是而昨非伯玉之知非淵明之覺是是與非不兩立知與覺非二途可以觀學之要矣余方躭淵明之石隱希伯玉之寡過以志于學而自考焉於所居後築室而榜曰覺是盖不敢附伯玉之卷懷而竊有志於省

身克已以希所謂知非之學亦不能辭淵明之歸來而竊自考於啟迷入悟以求登於覺是之途取以名齋其意盖有在矣夫必覺是也而後可以知非必知非也而後可以寡過見伯玉於羨牆庶幾得孔子之門而入而知當時之所稱許不虛也與

守義不渝

余友魏示周之王父古梁先生慷慨有才節博物洽聞嘗著吞蝗論多名言爲世所傳誦年踰

三紀一效配偶永不再絃春風桃李之朝秋雨梧桐之夕濃凄異景堅持一念者踰四十年三水文少白公廉其狀嘆曰壯能守義老而不渝不媿丈夫矣爲人素剛正不阿濟以忠厚鄉里事有難決者公片言立剖無陰陽高下人服其公諸有爭訟曲直胥決于公不至縣廷各得其平而去至終身不敢爲非曰寧爲刑罰所加無爲魏公所短人比之王彥方云余嘗過𨚕山薦紳先生多有稱說之者

眞西山先生諭州縣官僚以下録文

某昨者叨帥長沙嘗以四事勸勉同僚曰律已以廉撫民以仁存心以公涖事以勤而某區區實身率之以是二年之間爲潭人興利除害者粗有可紀今者蒙恩起廢再撫是邦竊伏惟念所以荅上恩而慰民望者亦無出前之四事而已故願與同僚勉之盖泉之爲州蠻貊聚焉犀珠寶貨見者興羨而豪民巨室有所訟愬志在求勝不吝揮金苟非好修自愛之士未有不爲

汚染者不思廉者士之美節汚者士之醜行士不廉猶女之不潔不潔之女雖巧容絕人不足自贖不廉之士縱有他美何足道哉昔人有懷四知之畏而卻暮夜之金者盖隱微之際最爲顯著聖賢之教謹獨是先故願同僚力修冰蘗之規各勵玉雪之操使士民起敬稱爲廉吏可珍可貴孰有踰此其所當勉者一也先儒有云一命之士苟存心于愛物於人必有所濟且以簿勤於勾稽使人無重疊追催之害尉勤於警

捕使人無穿窬攻刼之擾則其所濟亦豈少哉等而上之其位愈高繫民之休戚者愈大發一殘忍心斯民立遭荼毒之害發一掊尅心斯民立被誅剝之殃盍亦反而思之針芒刺手茨棘傷足舉體凛然謂之痛楚刑威之慘百倍于此其可以喜怒施之乎虎豹在前坑穽在後號呼求救惟恐不免獄犴之苦何異于此其可使無辜者坐之乎巳欲安居則不當擾民之居也欲豐財則不當朘民之財也故曰巳所不欲勿施

於人其在聖門名之曰恕強勉而行可以致仁矧當斯民憔悴之時撫摩愛育尤不可緩故願同僚各以哀矜惻怛爲心而以殘忍掊尅爲戒則此邦之人其有瘳乎此所當勉者二也公事在官是非有理輕重有法不可以巳私而拂公理亦不可骫公法以狥人情諸葛公有言吾心有秤不能爲人作輕重此有位之士所當視以爲法也然人之情每以私勝公者盖狥貨賄則不能公任喜怒則不能公黨親戚畏豪強顧禍福計利害則皆不能公殊不思是非之不可易者天理也輕重之不可踰者國法也以是爲非以非爲是則逆乎天理矣以輕爲重以重爲輕則違乎國法矣居官臨民而逆天理違國法于心安乎雷霆鬼神之誅金科玉條之禁其可忽乎故願同僚以公心持公道而不汩於私情不撓於私請庶幾枉直適宜而無寃抑不平之歎此所謂當勉者三也民生在勤勤則不匱則爲民者不可以不勤業精于勤荒于嬉則爲士者

不可以不勤況爲命吏所受者朝廷之爵位所享者下民之脂膏一或不勤則職業隳弛豈不上孤朝寄而下負民望乎今之居官者或以酣詠遨遊爲高以勤強謹恪爲俗此前世衰獘之風也盛明之時豈宜有此陶威公有言大禹聖者猶惜寸陰至于衆人當惜分陰故賓佐有以蒲慱廢事者則取而投之于江今願同僚共體此意職思其憂非休澣毋聚飲非節序毋出遊朝夕孜孜惟民事是力庶幾政平訟理田里得

安其生此所當勉者四也其雖不敏請以身先毫髮少渝望加規警在此官僚之間或以四者未能無愧願自今始洗心自新在昔聖賢許人改過故曰改而止倘猶玩視而不改焉誠恐物議沸騰在某亦不容苟止也涖事之初敢以誠告幸垂察焉

王心齋先生明哲保身論 贈別瑶湖公北上

明哲者良知也明哲保身者良知良能也所謂不慮而知不學而能者也人皆有之聖人與我同也知保身者則必愛身如寶能愛身則不敢不愛人能愛人則人必愛我人愛我則吾身保矣能愛人則不敢惡人不惡人則人不惡我人不惡我則吾身保矣能愛身者則必敬身如寶能敬身則不敢不敬人能敬人則人必敬我人敬我則吾身保矣能敬身則不敢慢人不慢人則人不慢我人不慢我則吾身保矣此仁也萬物一體之道也以之齊家則能愛一家矣能愛一家則一家者必愛我矣一家者愛我則吾身

保矣吾身保然後能保一家矣以之治國則能愛一國矣能愛一國則一國者必愛我矣一國者愛我則吾身保矣吾身保然後能保一國矣以之平天下則能愛天下矣能愛天下則天下凡有血氣者莫不尊親莫不尊親則吾身保矣吾身保然後能保天下矣此仁也所謂至誠不息也一貫之道也人之所以不能者爲氣稟物欲之偏氣稟物欲之偏所以與聖人異也與聖人異然後有學也學之如何明哲保身而已矣知保身而不知愛人必至於適己自便利己害人人將報我則吾身不能保矣吾身不能保又何以保天下國家哉此自私之輩不知本末一貫者也若夫知愛人而不知愛身必至於烹身割股舍生殺身則吾身不能保矣吾身不能保又何以保君父哉此忘本逐末之徒其本亂而末治者否矣故君子之學以己度人己之所欲則知人之所欲己之所惡則知人之所惡故曰有諸己而後求諸人無諸己而後非諸人必至

於内不失已外不失人成已成物而後已此恕也所謂致曲也忠恕之道也故孔子曰敬身爲大孟子曰守身爲大曾子啓手啓足皆此意也古今之囑臨别者必曰保重保重謂保身也有保重之言而不告以保身之道是與人未忠者也吾與瑆湖子相别而告之以此者非瑆湖子不知此而告之欲瑆湖子告之於天下後世之相别者也是爲别言

文昌帝君敬字紙文畧

士之隷吾籍者皆自敬重字紙中來如宋朝王沂公其父見字紙遺墜必掇拾以香湯洗燒之一夕夢宣聖拊其背曰汝何敬重吾字紙之勤也恨汝老矣無可成就他日當令曾參來汝家顯大門戶未幾果生曾狀元及第予竊怪今世之人名爲知書而不能惜書視彼釋老之文非特萬鈞之重其於吾六經之字有如鴻毛之輕或以字紙而泥糊或以背屏或以裹褥或以泥腮踐踏脚底或以拭穢如此之類不啻相倍蓰矣何釋老之重而吾道之輕耶如平生苦學鷄窓一旦塲屋或以失韻誤字例爲有司之黜終不能一掛名虎榜者皆神奪其鑒以示乎日不敬字紙之果報也甚至於子孫之不識字舉家因之而害者遠則不足以爲戒姑以近者言之且瀘州楊百行坐經文而舉家害癩昌郡鮮于坤殘孟子而全家滅亡果報昭昭在人耳目楊全喜亦百行之後埋字紙而五世登科李子林葬字紙而一身顯官旣能顧惜陰報豈無若見而知之知而戒之顧惜而敬重之庶幾夫子之道重於泰山而六經之文不致爲敝屣可不畏

哉

吳處厚論相

心相有三十六善焚香讀書一也有剛有柔二也慕善近君子三也安分知命四也不近小人五也委曲行陰德方便事六也能治家七也不厭人乞覔八也改過九也不逐淫貪殺十也聞事不驚張十一也與人期不失信十二也不攺

行易操十三也夜臥不便聽着馬上去不回頭十四也無作好作惡十五也不諱亂十六也不諱閨閫事十七也作事周匝十八也不怨人恩十九也有大量二十也揚善掩惡二十一也急難中濟人寬慰人二十二也不助强欺弱二十三也不怨故舊二十四也爲事與衆用之二十五也知人詐僞含容之二十六也得人物每事慚愧二十七也語有序二十八也當人語次不先起二十九也喜言善事三十也不嫌惡衣食

澹然居 卷之二 二十六

三十一也不面許人三十二也省約惜福三十三也知人飢渴勞苦三十四也不念舊惡三十五也常思退步結果三十六也全者福祿令終不全福祿半之故相形不如相心求人相不如自相

空青先生論陽宅

宅有三十六祥祐家尚理義一也子孫耕讀二也儉勤三也無峻宇雕牆四也六婆不入門五也無優僕六也每閫紡織七也能睦鄰族八也蚤完官稅九也庭除洒掃十也門外多士君子十一也閨閫嚴肅十二也尊師重醫十三也宴客有節無長夜之飲十四也不延妓女至家十五也不敢暴殄天物十六也居喪循禮十七也交易分明十八也女人不登山入廟十九也祭祀必恭必敬二十也幼者舉動禀命于家長二十一也故舊窮親在座二十二也闇人謙婉二十三也家僮無鮮衣惡習二十四也不喜爭訟二十五也不信禱賽二十六也不聽婦人言二

澹然居 卷之二 二十七

十七也寢興以時二十八也不聞嬉笑罵詈二十九也婚娶不慕勢利三十也田宅不謀方圓三十一也主人有先幾遠慮三十二也務養元氣三十三也座右多格言莊語三十四也能忍三十五也常畏清議畏法度畏陰隲三十六也右三十六祥全者鬼神福之子孫保之不然下手速修所謂移門換向趨吉避凶之真訣也

外編言行之資

好殺之戒

陳平嘗自言我多陰謀道家之所禁吾世即廢不能復起以吾多陰禍也李廣與望氣王朔語曰吾爲隴西守羌嘗反吾誘降者八百餘人詐而同日殺之今恨獨此耳朔曰禍莫大於殺已降此乃將軍之所以不得侯者也後漢虞詡臨終謂其子恭曰吾所悔者爲朝歌長時殺賊數百人其中何能不有寃者自此二十餘年家門

不增一口獲罪於天也宋王彥超將致政每戒諸子曰吾累爲統帥殺人多矣自死得免爲幸必無陰德以及後汝爲善事以自庇及李子孫果無達者

崔顥

崔顥有文無行娶妻擇美不愜即棄之初李北海聞其名虛舍邀之顥至首獻王家少婦詩云十五嫁王昌盈盈入畫堂自矜年最少復倚婿爲郎舞愛前溪緑歌憐子夜長閒來鬭百草度日不成粧邕吃曰小兒無禮不與接而去

杜肅

嗣聖中禁天下屠殺採捕拾遺張德生男私殺羊會同僚補闕杜肅懷一餤肉上表奏之明日太后謂德曰聞卿生男甚喜德拜謝太后曰何從得肉德叩頭服罪太后曰朕禁屠宰吉凶不預卿自今召客亦須擇人出肅表示之肅大慙舉朝欲唾其面

宋子京二條

宋子京好客會賓於廣廈中外設重幕內列寶炬百味具備歌舞俳優相繼觀者忘疲但覺更漏差長席罷已二宿矣名曰不曉天子野居政府上元夜在書院內讀周易聞小宋點華燈擁歌妓醉飲諭所親令誚讓云相公寄語學士聞昨夜燒燈夜宴窮極奢侈不知記得某年上元同在州學內喫虀煮飯時否學士笑曰卻須寄語相公不知某年某處同喫虀飯是爲甚底子野聞而病之

宋子京爲翰林學士時晏元獻當國愛其才雅欲旦夕相見遂稅一第于家近延居之其親密若此遇中秋啟晏召京出妓飲酒賦詩達旦方罷翌日晏罷相子京當草詞頭頗極詆醜至有廣營室以殖私多役兵以規利之語方子京揮毫之際餘醒尚在觀者駭之

吳鼎臣

蘇文忠公云慶曆五年有李京者爲小官吳鼎臣在侍從二人相與通家一日京薦其友人於

鼎臣求聞達於朝廷鼎臣即繳其書奏之京坐貶官未行京妻謁鼎臣妻取別鼎臣妻慙不出京妻立廳事召鼎臣幹僕語之曰我來既爲往還之久欲求一別亦爲乃公嘗有數帖與我夫禱私事恐汝家終以爲疑索火焚之而去

譏聖賢可戒

幽明錄曰王輔嗣注易輒笑鄭玄爲儒老奴無意一日夜分忽聞外閣有着屐聲須臾而進自云鄭玄責之曰君年少何以輕穿文鑿句而妄譏詆老子邪極其忿色言竟便退輔嗣心生畏惡少年遇癘疾而卒此誠荒唐可笑然近世有作文字或著論辨毀聖詈賢而不知懼者觀此亦可少戒矣

好議人可戒

老子曰聰明深察而近于死者好議人者也馬援戒兄子曰吾欲汝曹聞人過失如聞父母之名以阮籍之放而叔夜稱之曰口不論人過吾每師之而未能誰謂其在禮法之外哉故曰痛

飲似埋照寓詞類托諷正避之詩酒以避世機耳

古人口孽

劉貢父滑稽善謔酷甚矛刃而晚得惡疾王景亮結社相嘲號猪嘴關而舉社虀粉黃魯直好作豔語詩詞盛傳而秀公以爲當受泥犁榮報然則妄言綺語偷快一時而人非鬼責固莫逃幽明之罰矣

祝生口孽

祝期生爲人猥薄好彰人短有體貌不具者譏笑之妍美者疾毁之愚者輕侮之智者訐品之貧者薄之富者謗之官則訐其陰邪士則發其隱曲無可擬議者則求其短以毁之晚年病口瘡每作必刺血數升乃巳既而復作又復刺之竟至舌枯而死故馬援戒子曰聞人過失如聞父母之名耳可得而聞口不可得而言也其垂訓切矣

守官漫録卷之二終

守官漫録卷之三目録

內編政事芳規計二十七條

附獄案七條

門人晉陵唐錫玄圭甫　蔣龍徵雲從
古歙葉鳳儀瑞卿　葉鳳岐羽文
從子劉懋賞功懋　子劉懋賢愚公甫
仝校

守官漫録卷之三目録終

守官漫録卷之三

澹然居士劉萬春延之甫著

內編政事芳規計二十六條

于公

漢于公東海郯人也爲縣獄史郡決曹所決獄平,比羅文法者于公所決皆不恨郡中爲之生立祠東海有孝婦少寡亡子養姑甚謹姑欲嫁之終不肯姑謂鄰人曰孝婦事我勤苦哀其亡子守寡我老久絫丁壯奈何後姑自經死姑女告吏謂婦殺我母吏捕孝婦孝婦辭不殺姑吏重法驗治孝婦自誣服已具獄上府于公以爲此婦養姑十餘年以孝聞必不殺也太守不聽于公爭之弗能得乃抱所具獄哭於府上因辭疾去太守竟論殺孝婦郡中枯旱三年後太守某至卜筮苦旱之故于公曰孝婦不當死前太守彊斷之咎倘在是乎於是太守殺牛自祭孝婦冢因表其墓天立大雨歲熟郡中以此大敬重于公其閭門壞父老方共治之于公謂曰

少高大門閭令容駟馬高蓋車我治獄多陰德
未嘗有所冤子孫必有興者至子定國果爲丞
相封侯孫永爲御史大夫

盛吉

漢盛吉字君達爲廷尉決獄無冤滯毎至冬罪
囚當斷其妻執燭吉持丹筆夫妻相對垂泣妻
語吉曰君爲天下執法不可使人濫罪殃及子
孫視事十二年天下稱其平怨庭樹忽有白鵲
來止其上乳雛連年不去人以爲祥後吉生三

子皆仕州郡

袁安

漢袁安字邵公汝南汝陽人也拜楚郡太守時
楚王英謀爲逆辭所連及繫者數千人明帝怒
甚吏案之急迫痛自誣死者甚衆安到郡不入
府先往案獄理其無明驗者條上出之府丞掾
史皆叩首爭以爲阿附反虜法與同罪不可安
曰如有不合太守自當坐之不以相累也遂分
別具奏帝感悟卽報許得出者四百餘家歲餘

徵爲河南尹政號嚴明然未曾以臧罪鞫人常
稱曰凡學仕者高則望宰相下則希牧守錮人
於聖世尹所不忍爲也聞之者皆感激自勵安
後官至司徒子京爲侍中敞爲司空孫彭爲光
祿勳湯爲太尉封安國亭侯玨爲光祿勳曾孫
成爲左中郎將逢爲司空隗爲太傅玄孫基爲
太僕忠爲沛相累世榮盛

史弼

漢史弼字公謙陳留人爲平原相時詔書下舉

鉤黨諸郡承望風旨所奏相連及者多至數百
誣陷甚衆唯弼獨無所上詔書切責從事坐傳
日青州六郡其五有黨平原何理而得獨無弼
曰先王疆理天下畫界分境水土異齊風俗不
同他郡自有平原自無胡可相比若承望上司
誣陷良善淫刑濫罰以逞非理則平原之民戶
可爲黨相有死而已所不能也從事大怒卽收
郡僚職送獄奏弼欺隱會黨禁中解弼以俸贖
罪得免濟活者千餘人及遷河東大守侯覽詐

作飛章誣弼誹謗平原吏人詣闕訟之前孝廉魏邵同郡人行賄於覽得減死終於彭城相其後子孫繁庶祿仕不絕

郭躬

漢郭躬字仲孫潁川陽翟人也家世衣冠父弘習小杜律太守寇恂以弘爲決曹掾斷獄至三十年用法平恕爲弘所決者退無怨情郡內比之東海于公年九十五卒躬少傳父業後爲郡吏辟公府召入議獄遷廷尉正坐犯法免後三

遷元和三年拜爲廷尉躬家世掌法務在寬平及典理官決獄斷刑多所矜恕乃條上諸獄之重文可從輕者四十一事奏之事皆施行著爲令躬奏讞法科多所全活中子晊明法律至南陽太守政有名迹弟子鎮少修家業辟太尉府歷遷尚書令封定潁侯食邑二千戶拜河南尹轉廷尉免後數世皆傳法律子孫至公者一人廷尉七人侯者三人刺史二千石侍中郎將者二十餘人侍御史正監平者甚衆

崔仁師

唐崔仁師貞觀初遷殿中侍御史時青州有男子謀逆有司捕其支黨累係塡獄詔仁師按覆始至悉去囚械爲具食飲以情訊之所坐大辟止魁惡十餘人其它悉原而縱之大理少卿孫伏伽謂曰囚願雪者衆彼巳坐辟者誰肯讓死倘就決之日一旦爭辨而事中變柰何仁師曰治獄主仁恕豈有知枉不伸爲身謀哉吾以一介易十四命固願也及敕使覆訊諸囚咸叩頭

曰崔公仁恕無枉者卒無異辭由是知名

王質

宋王質字子野祐之孫也通判蘇州與知州黃宗旦數爭事宗旦曰少年乃敢與丈人抗耶質曰受命佐公事有當爭職也卒不少屈嘗以病告居一日宗旦省視因言獄有盜錢百餘人吾以術隂鉤得之質曰弋不射宿惡隂中於物也今殺數人而徙流者又數十百人公中之也宗旦矍然大驚爲償其死罪而餘悉輕出之嘗攝

江陵府事或訴民約婚後期不娶者民言貧無貲以辦婚具故違約質問其費幾何出私錢予之吏有捕盜人衣者盜叩頭曰平生不爲過迫飢寒而至此質命取衣衣之遣去後官至天章閣待制

王旦

王文正公旦登第歷官州縣入禁近遂至大拜從眞宗封泰山祀汾陰拜太尉兼侍中晚年官益重每家人出賀必止之曰遭遇如此愈增憂

懼何賀焉及爲朝修使自禁中乘車輅出都門百官餞送交口稱榮公曰但覺反仄耳故其行事貞恪可質鬼神初知臨江獄閱一疑囚思而不寐五鼓忽得其生理上堂平反則吏卒半皆起驚呼相向云空中喧報公出也

錢若水

錢若水字淡成河南新安人爲同州推官有富民走失一小女奴莫知所在父母以訴州委録叅鞫之其録叅舊有求於富民不獲遂劾其父子共殺女奴投屍水中法外受箠不勝其苦遂自誣伏獄具上于州州委官審覆亦無反異獨若水遲疑録叅詣廳詬罵曰豈公受富民錢故求出之乎若水但笑曰今數人當死安可不容其熟察又越旬不决知州亦有語若水終不奪上下皆怪訝一日若水詣知州屏人告曰鄙其所以遲留此獄者蓋慮其冤嘗以家財訪求女奴今得之矣知州驚曰女奴安在若水歸使人密送女奴於知州所知州垂簾呼其父母謂曰

汝女今至還識否曰安有不識揭簾推出父母喜曰是也於是引出富民釋之富民號泣謝曰非使君某一旦遂至滅門知州曰此乃推官非我也富民急詣推官求謝若水閉門不納富民遶垣而哭歸傾家財飯萬僧以爲若水壽知州欲以其事聞若水不可曰其初心止欲拔冤非敢希賞萬一敷奏在某固好置録叅何地知州益加敬重未幾太宗聞之驟加進擢自幕職不半年知制誥又三年爲樞密後歸京師因與僚

友會食僧舍假寢而卒贈戶部尚書賜其母白金五百兩子延録爲太常奉禮郎

韓琦

宋韓魏公琦判大名府會燕客行酒吏誤觸碎玉盞盖絕寶也坐客皆愕然吏叩頭伏罪公神色不動笑謂坐客曰凡物成毁亦自有數顧吏曰汝誤也非故也何罪之有一日有案吏請假娶妻繼有人訟其不法狀及吏叅假送獄勘正將引斷乃令封起公案既半年後取前案送簽

廳行擬遣二佐倅白公曰此人自封案後頗謹愿不爲非法乞恕前罪如何公乃問二倅曰二公知某封案之意乎此人始緣請假娶妻繼而至訟當時若便斷遣必傷二家人情此人與父母必咎其妻而妻之父母亦不悅所以封起案卷今已半年矣無可疑者請一面行之二倅起揖公曰公仁恕至此將上天不獨厚於公公之後世亦將貴顯無極矣公嘗夢以手捧天者再後果援英宗於藩邸翼神宗於東宮子孫蕃衍克蒲要途

歐陽觀

宋歐陽觀盧陵人脩之父也有學行常爲泗綿二州推官留心於讞獄惟恐不得其情嘗夜燭治官文書屢廢而嘆妻問之曰此死獄也我求其生不得爾妻曰生可求乎曰求其生而不得則死者與我皆無恨也矧求而有得耶以其有求而得則知不求而死者有恨也夫常求其生猶失之死而況常求其死也時脩纔三歲回顧

乳者方抱之立于旁因指而嘆曰術者謂我歲在戌將死使其言然吾不及見兒之立也後當以我言告之明年祥符庚戌果卒脩既成立其母嘗告以此語且曰吾知汝父之必將有後也厥後脩果登第列官于朝爲龍圖閣直學士入副樞密遂叅政事朝廷推恩褒其三世追封觀鄭國公

歐陽脩

宋歐陽脩字永叔初以學問文章爲天下所宗

張芸叟始遊京師見脩多談吏事張疑之且曰學者之見先生莫不以道德文章爲欲聞者今見先生多教人吏事所未喻也脩曰不然吾子皆時才異日臨事當自知之大抵文章止於潤身政事可以及物吾昔守官夷陵方壯年未厭學欲求漢史一觀彼無有也無以遣日因取架閣陳年公案反覆觀之見其枉直乖錯不可勝數以無爲有以枉爲直違法徇情滅親害義無所不有當時仰天誓心自爾遇事不敢忽也芸

叟起謝曰先生所教所謂仁人之言其利溥哉後一杭僧夢遇脩于江廟中廟神皆起拱立且曰歐陽公平生一念之善及人甚多將來太平宰相也豈敢不敬後果入中書參大政謚文忠

陳洎

宋陳洎爲開封府功曹時章獻太后臨朝后族人枝殺一卒洎當驗屍太后遣中使十數輩諭旨吏惶懼欲以病死聞洎獨正色曰彼實冤死待我而伸柰何懼罪而驗不以實乎爾曹勿預吾當任咎乃自爲牘以白府尹陳琳琳喜曰官人用心如此前程非琳所及亟索馬入奏雖大忤旨而公論歸之既而太后原其族人洎亦不及罪後洎夢卒告曰陰司以公爲政公忠已注公當貴顯及與公賢子孫我受公之恩故來相告自此遂顯名不數年歷官臺省終于三司副使其孫傳道履常皆以詞學顯仕爲一時聞人

趙抃

宋趙抃字閱道衢州西安人也爲武安軍節度

推官民有僞造印者吏皆以爲當死抃獨曰造在赦前用在赦後赦前不用赦後不造法皆不死遂以疑讞之卒免死一府皆服及知成都劍州民李孝忠聚衆二百人私造符牒度人爲僧或以謀逆告獄具抃不畀法吏以意決之處孝忠以私造符牒餘皆得不死喧傳京師謂抃脫逆黨朝廷取具獄閱之卒無易也召爲殿中侍御史彈劾不避權幸京師號爲鐵面御史元豐二年以太子少保致仕卒贈太子少師謚清獻

子屹杭州於潛令屼尚書考功員外郎

周敦頤

宋周敦頤爲分寧縣主簿有獄久不決者敦頤至一訊立辨邑人驚曰老吏不如也部使者薦之調南安軍司理參軍有囚法不當死轉運使王逵欲深治之逵酷悍吏也衆莫敢爭敦頤獨與之辨不聽乃委手版棄官去曰如此尚可仕乎殺人以媚人吾不爲也逵悟囚得免　眞儒見道分明枉道求合事雖小不爲矧殺人以媚

人乎鄙夫患得患失不恥媚人殺人尚恐爲之將何所不至心知其不可先意逢迎或雷同附和與畏避而不言依違持兩端其求媚一也寵辱不入其心故理直氣平卽酷悍猶可覺悟盖至誠無不動者若逆料其不見聽自謂言之無益曰酷悍由彼非我殺也吾誰欺欺天乎

范純仁

宋范純仁知慶州諸院罪人皆滿公詰其所以坐屠販盜竊而督償者三分之二公曰此何不責保在外使之輸納也通判州事者起白公曰非不知此第以此輩兇暴不可釋釋之不旋踵復紊官司矣公曰終當何如曰往往以其疾斃於獄中是亦與民除害耳公慼然曰法不當死而在位者以情殺之豈理也耶遂盡呼出立于庭下戒飭之曰爾輩爲惡不悛在位者不欲釋汝懼爲良民害復紊官司也汝等能悔過自新我欲釋汝皆叩頭曰敢不佩服教令遂釋之歡呼而出轉相告語是歲犯法者減舊歲之半

周必大

宋周必大字子充一字洪道廬陵人紹興中監臨安府和劑局局門內失火延燒民家繫逮寺吏當論死未報必大問寺吏曰假使火自官致當得何罪吏曰當除籍爲民必大遂自誣伏坐失官吏得免死必大歸道謁婦翁婦翁蕭客至大門外雪交下僮子掃於庭婦翁不樂意謂妻以女爲門戶計旣失官觖前望殊爲不禮復私訝前一夕夢掃雪迎宰相未知爲何祥也惟必

大雨雪中至無他客姑留之宿必大旣歸盍自刻苦讀書試傳學宏詞科其至京師也寓一班直家一日携小册自外至借觀則朝廷鹵簿圖也悉録記之及入試果以此命題中詞科歴官至宰相封益國公先是試前一夕夢冥曹掠一捻胎鬼至指必大曰此人有陰德當居相位貌陋如此柰何即遣左右摩必大頬爲種帝王鬚覺將循隱隱痛深自秘之妻拏不以告也及在相府有相者將其鬚曰美哉帝王鬚必大驚嘆

張淇

宋張淇知江陰軍吏盜錢三百萬益二十年矣淇發其姦捕繫數十人轉運使趙励謂曰此應賞典願寬諸盜錢吏吾以聞之於朝淇慘然曰殺人以求賞可乎悉召吏諭以賞錢則貸出之不爾爾曹死矣吏之親屬聞者爭出錢以償十日而足乃推同盜錢二人巳死者爲首餘悉貸不問廓愧且嘆曰公長者非吾所及也

張洽

張洽字元德臨江清江人也少聰敏嗜學嘉定元年中進士第爲袁州司理叅軍郡守以倉廩虚爲倉吏所侵因籍倉吏二十餘家命洽鞫之洽廉知守爲都吏所賣都吏者州之巨蠹也嘗有所干於倉吏不獲故以此中倉吏之罪洽度守意鋭未可奪姑繫之而密令計倉庾所入之數以白守曰君之籍二十餘家者以都吏也今較數歲之中所入已豐於昔由是觀之都吏妄而誣人矣君必不肯受都吏之妄而濫籍無罪

之人郡守悟倉吏二十餘家得不籍通判池州獄有張德脩者誤蹴人以死獄吏誣以故殺洽訊而疑之請再鞫守不聽會提點常平袁甫至時方大旱禱不應洽言于甫曰漢晉以來濫刑而致旱伸究而得雨載諸方册可攷也今天大旱焉知非爲德脩事乎甫爲閱原案于獄遂減從徒罪復白郡請蠲征税寛催科以召和氣守爲寛征税三日果大雨民大悦端平間除秘書郎尋遷著作佐郎直秘閣致仕卒七十七没後

一日有旨除直寶章閣子格樫俱賜同進士出身

孫立節

孫立節崇寧間爲桂州節度判官時謝麟經制溪洞事宜州守王奇與蠻戰死立節被旨鞫吏士有罪者謝因收大小使臣十二人付立節并欲盡斬之立節持不可謝以語侵立節立節曰獄當論情吏當從法逗撓不進諸將罪也既伏其辜其餘可盡戮乎若必欲非法斬人則經制司自爲之我何預焉謝即奏立節抗拒立節奏謝侵獄事刑部議如立節十二人皆得不死其後立節遷官進秩子二人皆舉進士遂至大貴初立節未拜官時嘗夢神人語之曰桂州事待公來明辯曲直立節甚訝之至是果符所夢

鄭承議

鄭承議宋人也爲越之蕭山縣丞時有朱統制在縣牧馬縱卒侵刈西興鹽場草鹽司聞其事于朝詔揭榜許人格捕其卒刈草如故亭戶以兵格捍之致殺傷者四人朱與其卒議曰若不得西興草吾馬不可牧矣於是潛以醲金賄縣吏誣以敺擊論死者八人獄成知縣已署案次詣丞鄭責其吏曰榜既許人格捕殺之罪輕今以他事論死統制得以肆其暴如吾民之負冤何案即不得書我名吏惶懼而退有頃復至前曰今歸盡夕換前案只以元情論斷萬乞恩貸勿令知縣知之於是亭戶八人俱得杖決免死八人者歸家旦夕焚香祝天曰願鄭丞有子有孫富貴不絶後長子預漕薦次子登第家日富盛於昔時

張慶

張慶汴京人也爲右軍廵院吏慶司獄常以矜慎自持日躬視掃滌至暑月尤勤每戒其徒曰人之罹於法豈得已哉我輩以司獄爲職若不知所重則罪者何所赴訴耶飲食湯藥卧具必加精潔常爲其徒侮之曰若區區爲此乃欲要福乎慶莫之顧每有重囚就戮則爲之齋素誦

佛一月乃止因有無辜者輒爲之解釋嘗爲好言教獄因果有罪當自認毋誣良善以重已過不訊考而疑獄常決獄官往往屬意焉其妻袁氏年四十八景祐五年汴京疫袁氏染疾而斃已三日矣尚未殮也忽然起坐不語踰時遍體汗遂甦因告其家屬曰我始至一所穢汚所聚不覺身在其間乃起念欲得一清凉處忽見一白衣端嚴修長謂袁氏曰汝不當在此何爲而來汝今尚未有嗣急去急去汝夫陰德甚多子

孫當有興者言未終乃以手提袁氏之足拋出穢汚乃復得甦袁氏更生之明年生子享後慶年八十二無疾而卒享既長記名於門下省授三班借職生六子皆讀書至顯官號爲世族

葉知遠

宋葉知遠知嵐谷縣其子私受巨室財謀妄入人罪誣以切掠虐勢炎炎罪且及千家知遠覺其情力爲明辨并其子申於朝遂免千家之罪被釋者競禱於神爲知遠祈福夢城隍云知遠壽限當終今爲申奏上帝令延壽一紀一年内妻妾生二子後皆榮顯

馬默

宋馬默字處厚單州城武人知登州先是沙門島罪人舊制有定額官給糧者纔三百人每溢額外則取其人投之海中默建言朝廷既貸其生矣即投之海中非朝廷本意今後溢額乞選年深自至配所後不作過人移登州神宗深然之即詔可著爲定制自是多全活者未幾默坐

堂上忽昏困如夢寐中見一人乘空來如世間所畫符使左右挾一男一女至前大呼曰我自東嶽來聖帝有命奉天符馬默本無嗣以移沙門島罪人事上帝特命賜男女各一遂致與二童乘雲而去後生男女二人默官至河北都轉運使年八十卒贈開府儀同三司加贈太保

張文規

宋張文規字正夫高安人以特奏名入官再調英州司理參軍眞陽縣民張五者數輩盗牛里

人胡達朱圭張運張周孫等率保伍追捕之羣
盜散走獨張五抗拒不去達擊殺之盜不得志
反以被劫告于縣縣令吳邈欲要功盡取圭達
以下十二人送獄劾以强盜殺人鍛鍊備至皆
自誣服圭運二人病死既上府事下司理院文
規察囚辭色疑不實一問得其情又獲盜牛黨
以證獄具胡達以手殺人杖脊餘人皆等第杖
臀而已圭運乃無罪時元祐七年也邈計不行
恚忿嘔血死文規後遷臨川丞忽感疾沉困死
澹然居 卷之三
而復甦乃自言方病在床聞人呼云英州下文
字郎出視之有公吏三四輩與俱往至一大官
府見殿上垂簾聞簾內所問乃吳邈事也文規
一一以實對主者曰吾亦詳知矣然必須卿至
結正貴審實耳遥見吳邈荷刑枷於簾前而朱
圭張運立其傍吏抱主者所判文書出紙尾示
文規有添一紀三字文規遂寤後以通直郎致
仕大觀二年年七十八矣夢羽人來云向增壽
一紀今數足矣陰司以公在英州嘗権司法斷
婦人曾氏斬罪降作絞刑又添半紀政和四年
乃卒年八十三

衛仲達

宋衛仲達秀州華亭人爲館職時因病入冥府
俟命庭下四人坐其上西嚮少年者呼曰與他
檢一檢三人難之少年曰若不檢如何遣三人
曰渠已是合生還何必檢恐出手不得難遣還
爾少年意不可回呼朱衣吏諭意更捧牙牌而
上中置紅黑牌二紅者金書善字黑者白書惡
澹然居 卷之三
字少年指黑牌吏持以去少焉數人捧簿書盈
庭一秤横前兩首皆有盤吏舉簿寘東盤盤重
壓至地地爲動搖衛立不能安三人皆失色曰
向固云不可檢今果爾柰何少年亦慘沮有悔
意須臾曰更與檢善看吏又持紅牌去忽西北
隅微明如落照狀一朱衣道士捧玉盤出四人
皆起立道士至居中而坐望玉盤中文書僅如
筯大吏持下至西盤盤亦壓地而東盤高舉向
空大風歘起捲其紙蔽天如烏鳶亂飛無一存

者四人起相賀命席延衛坐衛拱手曰仲達年未四十平生不敢爲過惡何由簿書乞塞如此少年曰心善者惡輕心惡者惡重舉念不正此即書之何必眞犯然巳灰滅無餘矣衛謝曰是則然矣敢問善狀何事也少年曰朝廷興工修三山石橋君曾上書諫此乃奏藁也衛曰雖曾上疏朝廷未從何益於事曰在君盡矣君言得用豈只活數萬人命君當位極人臣柰惡簿頗多猶不失八座勉之遂遣人導歸衛後至吏部尚書

楊簡

宋楊簡字敬仲浙之慈谿人乾道五年登乙科授紹興府理掾使就養犴狴必躬臨之端嘿以聽使自吐露囚情燗燭罔失毫末猾吏僅行文案莫敢舞法越部都臺府鼎立大抵承媚風旨不暇問可否先生公平無頗惟理之從二府史觸怒帥送獄勘之先生白無罪可勘命勘平日先生曰吏過渠能免若今日則實無罪也必擿鞫往事置之法某不敢奉命帥大怒先生歎曰是尚可爲乎歸取告身納之爭愈力帥知不可屈遂巳一憲使嘗舉職官一日緣兩造是非壓先生就巳先生趨庭抗辯捧還削憲莫能奪改容謝之每謂白事上官必從容陳述有不合即退思思之而審堅守無所撓或大礙不見聽則決去而巳學者稱爲慈湖先生以爲有濂溪家法

外編政事覆轍 計三十七條

商鞅

秦商鞅事孝公變秦之法畝步過六尺者有隱稅之罪棄糞灰於道者被惰農之刑一日臨渭論決囚渭水盡赤相秦十年宗室貴戚多怨望之者後太子虔之徒告鞅欲謀反發吏捕鞅亡走至關下欲舍於客舍舍人不知其是鞅也曰商君之法舍人無驗者坐之於是不納鞅喟然嘆曰嗟乎爲法之弊一至此哉後車裂以狥家族誅夷遂無噍類

王溫舒

漢王溫舒遷河內太守捕郡中豪猾相連坐千餘家論決囚報至流血十餘里爲中尉善事有勢者雖有姦如山弗犯即無勢者視之如奴窮治姦猾大抵盡靡爛獄中所論逮無一得出者自河內至長安舒之奏待不過二三日得可其事所論囚決報大者族小者死家盡沒入償贓相連千餘姓會春舒猶頓足歎曰令冬月益展一月足吾事矣數歲人有上變告溫舒受員騎錢及他姦利事罪至族自殺其兩弟及兩婚家亦各自坐他罪族死光祿勳徐自爲曰悲夫古有三族今溫舒罪至同時而五族乎

嚴延年

漢嚴延年少學法律後爲河南太守衆人所謂當死者一朝出之所謂當生者詭殺之巧爲獄文善史胥書所欲誅殺羅織其獄奏即成于手中冬月傳屬縣所當決囚會論府上流血數里河南號曰屠伯有府丞素畏延年恐見中傷上書言延年罪名十事已拜奏因飲藥自殺以明不欺事下御史丞按驗坐怨望誹謗政治不道棄市初延年母從東海來到雒陽適見報囚母大驚謂天道神明人不可獨殺我不意當老見壯子被刑戮也行矣去女且東歸掃除墳地耳遂去歸郡見昆弟宗人復爲言之後歲餘果敗

趙廣漢

前漢趙廣漢素稱良吏無非之者宋程太昌泰

之獨以廣漢比商鞅其言曰趙廣漢之治潁川惡其俗之相黨設缿筩以招訐俗行詭譎以啟怨讐務使其民不爲朋而已而不知告訐之禍慘於民俗之相黨也行之未幾潁川家家作讐特未相兵耳倘微韓延壽開禮遜之端黄霸闡循良之政則廣漢刻薄所被安知潁川之不秦也

梁統

漢梁統上言乞增重法律當時不從其議後統

忽夢神人告曰雖幸朝廷不從爾言陰府已録爾過爾欲以刑法毒人將來使爾子爾孫皆被刑法死獲罪于天無所禱也後統子松竦皆以非命死至冀竟滅其族

陶繼之

宋元嘉中有李龍等夜行刼掠時丹陽陶繼之爲秣陵令捕獲龍等詰問之盜詞連及樂伎盖刼發之夜此伎與同伴方就人作樂陶不詳審爲作死罪欵列隨例申上而所宿主人及賓客並相明證陶知枉濫但以文書已行不欲自爲通塞并諸刼十人斬之于郡門外此伎辯慧多藝有聲譽將死之際曰我雖賤隸未嘗爲盜陶令枉見殺害若無鬼則已有鬼必當陳訴因彈琵琶數曲而後就死衆知其枉莫不灑泣經月餘陶夢伎至案前曰昔枉見殺實所不甘訴天得理故來取公便躍入陶口落腹中陶即驚寤忽倒絶若風癲狀良久蘇醒有時復發發即夭矯頭反着背四日死

崔法瑗張和思

北齊直子融爲井陘關檢租使被劾齊主欲窮治乃付并州參軍崔法瑗與中書舍人蔡輝共勘之子融罪在赦前法瑗故抑爲赦後哀訴不得免乃曰若不得報是無天道後十五日法瑗夜夢子融來迫之遂無病而死經一年蔡輝臥病膚肉爛落都盡後百許日始亾

北齊張和思斷獄無問輕重貴賤皆枷鎖杻械備極楚毒人號生羅刹其妻四五孕臨産即悶

絕求死所生男女皆項着肉鎖手足並有肉杻東縛連絆墮地便死和思卒坐法誅

路巖

唐路巖得幸用事容請三品以上得罪誅殛者必剔取喉骨驗其已死後巖有罪坐免徙賜死剔取喉骨竟以自及也天道好還如此

來俊臣

唐來俊臣雍人也少詭譎無賴反覆險詖殘忍荒悪舉世無比神龍中授朝散大夫拜御史按制獄少不當意者必牽絡附會以成其獄前後坐族誅者千餘家道路側目與侍御史王弘義侯思止相爲腹心以重獄羅織衣冠無問春夏誅斬人不絕時於麗景門內置制獄但入者百不全一弘義戲謂麗景門爲例竟門言入此門例皆竟其生不得出也俊臣與其黨十餘輩撰繕寄經數千言皆有條貫支節張本布置他人事狀由緒令其黨誣告之或投匭篋以聞多委俊臣按問俊臣別造枷號突地吼遭其枷者輪

轉於地斯須悶亂惟有據地號呼而已又有枷號鼩尾榆使人不得喘息復有鐵圈籠頭當訊囚時圈中下楔囚人無貴賤必先布枷棒於地召因前曰此是訊刑之具見之魂膽飛越無不自誣者後因敗棄市國人無少長咸怨之競剮其肉斯須而盡遂夷三族

元楷

唐羽林將軍元楷以誣罔告密得官子彥瑋復告劉誠之破其家超侍御史機穽毒螫父子習以爲常彥瑋忽夢一老叟叱其名曰吾即而祖也而與父楷欺天罔人因之以爲利不思禍報甚烈且殄滅吾祀矣大罵而去先天二年七月楷父子坐大逆無少長皆棄市

桑維翰

五代桑維翰居政地有布衣韓魚謁桑桑曰近者書殿闕人吾以子姓名奏御授子學士俄有二吏持箱中黃誥袍笏至魚降階拜受桑又謂魚曰朱炳秀才安乎魚對曰無恙桑曰吾向與

之同鄉薦最蒙相愛子作書道吾意召來與官魚乃作書召炳炳至授之軍巡判官他日又詢魚曰羗岵秀才今在何處魚曰見客東曾桑曰吾與同場屋最蒙相鄙薄君子不念舊事子復爲吾作書召之當與一官魚輕信特令僕求之岵至乃隨吏去見巡判岵坐客位其吏直升階附耳言於巡判而去巡判别呼一吏云傳語秀才請去府中授官岵莫知其由行至通衢數人執岵一吏云羗岵謀叛罪當處死岵大呼曰韓

魚召來授官何罪而死也我死須上訴於天斬之後一日桑坐小軒見岵來曰吾上訴於天帝帝憫其無辜授司命判官得與公對桑又見階下有半醉而跛者桑曰此誰也岵曰此是唐賛向爲衛吏曾辱公公命府尹致之極法桑曰能貸我乎當爲齋僧千人誦佛書千卷岵曰得君之命乃已他無所用岵與賛相携入庭下竹叢中不見桑不乆死手足皆有傷處

陳峴

閩王審知初入晉安軍府多事經費不給孔目吏陳峴獻計請以富人補和市供辦官恣軍中所徵取薄酬其物直一時富人苦之峴遂得寵遷爲支計官數年有二吏執文書詣峴里中問陳支計家人問其故對曰渠獻計置和市官坐此破家者衆皆訴於水西大王王使追逮爾峴方有勢人懼不敢言翌日峴自府馳歸急召家人設齋致祭意色慞惶是日里中復見二吏入峴家遂暴卒初審知之起事其兄潮倡首及審

知據閩中爲潮立廟水西故俗謂之水西大王云

李龜禎

宋乾德中僞蜀御史李龜禎久居憲職一日出至三井橋忽見嘗所按殺十餘人擕頭披髮叫屈稱寃漸來相逼龜禎惕懼旋馬徑歸誡其子曰以吾爲刑官清慎畏懼猶有枉濫爾曹誡之自此得疾遂亡　清慎畏懼士人之令德也苟無仁恕之心或自矜脩察務苛切以樹威或避

忌形跡數陷富族取不受請託之譽雖灼知冤狀且曰胥嫌疑何利于我而爲彼冤者任之甚者故加榜掠亟促具獄以示無染葢惟顧忌念重至此觀李龜禎事士爲刑官可徒恃清慎畏懼而少哀矜惻怛之心乎彼酷以濟貪者罪復何容誅也

祖翔

宋趙時爲無爲軍教授夜夢一囚訴冤曰某不幸爲祖翔枉殺死寃無歸柰何時曰祖公明習

法律又處已廉謹安有枉者囚曰不然某死雖非祖意然寔因其一疑遂致移獄狀竟以死論冤有所自非祖而何某已訴之於天祖不能久矣月餘果卒　刑一成而不變則死者不得復生故重獄不厭疑駁慮枉濫也如情理本輕妄生意見自炫淵魚之察彼下吏承望風旨移易遷就何求不得哉祖翔一疑移獄遂枉人於死冤有所自咎將誰歸夫翔明習法律且爾矧自用其私智者乎廉謹且爾矧貪墨者乎殺非已意而殺因於疑不得以獄成下吏爲解矧有意于殺屢駁屢堅必求多乎人始爲快也能無隂譴哉

明鎬

宋明參政鎬器識恢敏才學優贍第進士出入臺閣累歷顯要慶曆中自京尹入參大政未久疽發于背遣使致祭于岱宗以祈冥祐使者馳至嶽廟祭訖是夜宿廟下廳中大酣厭從者呼覺曰夢神呼我立殿廷見百餘人擁一荷校者

熟視乃參政也既而杖背二十驅出我不覺大呼遂奔騎而歸明已沉困召使者問祭之夜夢中寔覩具述所以明曰是則當然明始病數日夘似荒亂一郎官乃同年進士素相厚善明俾召至謂曰何以不來相視郎官曰比謂參政暫請服藥假不意實抱疾耳明曰曾見無頭鬼否郎官大駭曰豈未朝飡目饑眩乎明曰召同年正欲說此事又曰來矣可聽之郎官便聞如遊蜂蒼蠅鳴地下明日無頭鬼語乃胸中出向者

妖賊據其陵奉朝廷攻討外圍既固攻具備設平在旦夕不意文相國彥博來撫師將坐而收功心實忿之遂妄殺數人令實稱冤於我病其不起乎數日遂卒

林景度

朱王浚明爲司農少卿嘗以平旦出訪林景度給事值其尚在省中林之妻浚明姪女也垂淚而訴之曰林氏滅矣驚問之對曰天向曉夢朱衣人特天符來言上帝有勑林機論事害民特

令滅門驚怖而悟猶彷彿在目也浚明不知何事姑慰安之因留食俟林歸從容叩近日所論奏林曰蜀郡以部內旱災奏乞撥米十萬石賑贍郎有旨如其請機以米數太多蜀道不易得當審實斟酌而後與故封還勑黄上諭宰相西川往返萬里更復待報恐於事無及姑以半與之可也只此一事耳浚明顰蹙而去未幾林以病丐歸到福州捐館有三子繼踵而亡

王韶

朱神宗時王韶建議開熙河殺人甚多積功至樞密院使故交親戚多依韶求仕乃分屬於諸將或殺降羌老幼子以首級爲功時涇原知縣王直温一夕已就寢聞人扣衙門甚急曰請知縣斷遣一公事直温起燃燭坐廳見吏抱文案併數卒領一罪人至白直温曰奉天勑委知縣斷此王韶公事其吏宣判王韶決脊杖配洪州未幾果謫洪州韶學佛一日問安長老祖心曰昔未聞道罪障固多今聞道矣罪障滅乎曰今

有人貧時負債及富貴而債主至其償乎否韶曰必還曰然則聞道矣柰債主不相放邪韶怏然不悦晚節言動不常頗若狂狀既病疽洞見五臟而卒後長子厚一日家宴集萊楪內蘿蔔數十莖忽起立須臾行於案上衆皆愕然厚怒形於色悉撮食之登時嘔吐明日遂死季子宷坐天神降其家被極刑人以爲韶用兵多殺之報

趙士曮

宋政和初宗室鄆王仲御判宗正其第四女嫁楊侍郎之孫楊盎失父其母張氏性暴猛數與婦爭詈楊故元祐黨籍中人門戶不得志婦尤鬱鬱張嘗曰汝以吾爲元祐家故相凌若此時節會須改變吾家豈應終困婦以其語告鄆王王次子士驪妻吳氏王荆公安石妻族也每出入宰相蔡京家遂展轉達于京京以爲奇貨即捕張氏寘開封獄府尹劾以誹謗乘輿言語切害罪至凌遲處死二法吏特駁其事曰婦人綿

弱尚無故殺人之法安得有大逆之罪尹怒並杖之二人皆以瘡潰死張竟抵於凌遲法行刑之日鄆王倏然不謂罪遽至此驪與兩弟入市觀未幾輒相繼死驪見暗中婦人被血蹲屏帳間又自作鬼語曰我本不欲以刑枝無柰二法吏不肯耳蔡京後感疾命道士奏章道士神遊天門見一物如堆肉而血滿其上旁人言上帝正臨軒決公事頃之一人出問道士何以來告之故其人指堆肉曰蔡京兹是婦人于極典來訴於天方此震怒汝安得爲上章對曰身爲道士而奉宰相之命豈敢拒之曰後不得復爾又曰適已有行遣京送潭州安置矣汝可亟還道士寤密以告所善者又十年京乃死于長沙子攸脩伏誅

宋昪

宋昪政和初爲京西轉運專脩西内宫殿語同列曰大工速成則醲賞可立得凡宫室廣直十六里殿宇皆以丹漆趣辦需牛骨和灰倉卒

不給城外有五代時數千人塚幹宫韓容獻計發掘焚骨應用宋然之成州刺史郭璉等皆無異辭運判孫規獨以爲不可引疾罷去役成宋以功除顯謨閣學士召爲殿中監而卒韓容繼死不一年昪妻子盡死有朝士亦以是役有功得遷晚年發疽于臀中有骨不可坐醫以藥取之如是落三十六骨乃死宣和中孫規病死至泰山府獄吏勒入令供狀孫曰我何罪殿上厲聲曰發洛陽塚以幸賞乃汝也安得辭孫請與

一時人對見荷鐵枷一人立廡下有卒持鐵扇障其面時時揮之扇上皆施釘血流被體引前乃朱昇也孫歷擧當時引疾去官狀昇屈伏孫得更生

鄭良

宋宣和中有鄭良者本茶商交結當路俸進至秘閣修撰廣南轉運使恃恩自恣所部内有巨室蓄一碼磁盆每盛水則有二魚躍其中良聞之厚酬其價不肯售遂爲一番舶囘易使曾訥者所得良遣人求買云已進御矣初未嘗也良即奏訥厚藏寶貨服用僭擬乘輿有旨令究實良隨以兵圍其家捕其妻孥械繫搜索之訥之弟誼方醉卧初不知其被逮之繇使劒而出遂至紛敵良即以誼拒命殺人聞奏奏下誼伏誅訥配沙門島靖康初元訥以赦得自便至京師擊登聞鼓訟寃詔遣監察御史陳述爲廣漕運使以代良併往鞫治之述入境良往迓之就坐中擒下枷訊施以慘酷良惛憒恍惚如見曾誼心怵悸即承伏罪錮押往英州聽勅勅未下而良死其屍旅殯僧寺述復姦利不法亦爲人所訟制下鞫勘得情詔述除名配英州編管至郡寓僧舍縱步廊間覩良旅櫬在焉其夜述寢夢中亦見良告曰爾何故踵我覆轍遂悟驚悸得疾而卒二棺相並見者皆謂酷吏貪暴吞噬冥冥之中顯報如此

羅汝楫

宋羅汝楫徽州歙縣人登政和二年進士第監登聞鼓院歷官至監察御史以附秦檜踰月遷殿中侍御史希順檜意與中丞何鑄交章論岳飛有異志竟誣殺之楫居父喪忽暴死其子願知鄂州有治績以父故不敢入岳飛廟一日自念曰吾政治善姑往祠禱之甫再拜遽卒于前其從者咸見岳飛擊之故至于死

李元禮

宋福州福清縣人李元禮紹興二十六年爲漳州龍溪主簿攝尉事獲强盜六人在宋法捕盜

七人則應改京秩李命弓兵密縶一平民以充
數皆以贓滿論死李遂轉承務郎常見寃死之
民立于前及調官泉州同安縣束擔出城鬼隨
之不置夜宿龍山邸中暴卒

車呂

宋胡待制舜陟帥廣東憲官車呂知帥頗與當
時權相相忤乃揑陰事誣告之遂下制獄鞫焉
呂媚順時相意逮捕事内干與者滿獄胡竟無
一事官民皆寃之乃死于獄中郡民相與備賻

贈建道塲致牲牢者不可勝數呂方坐決事忽
聞鐘磬鐃鈸之聲甚喧使人問之則曰胡待制
靈柩過也呂方心悸震動即有吏持謁帖至曰
胡待制祇候胡乘軒隨之以入吏卒輩皆見之
呂倉卒爲束帶見焉胡曰某無罪爲公誣死訴
之上帝當與對辯於天言訖俱不見一府爲之
震恐未幾呂果卒

楊詢

宋楊開爲丹陽令楊詢爲之客開性暴横果於
決責每事必以問詢詢明知其非不敢忤意但
一切贊嘆盛美而已開一日盛怒於劇暑中杖
公吏及囚四十餘人二人死詢猶連稱其快後
詢夢至一處有金紫者譴之曰成令之惡者汝
也令之罪當坐於汝不數日詢果暴卒　不仁
之事豈必身自爲之不可哉見人慘刻爲委曲
救正苟可全物命于困迫中皆陰德也楊開每
事必問盖猶有虚心焉詢肯盡言勸導未必無
救明知其非不敢忤意反至贊嘆盛美劇暑杖

人立斃者相繼猶連稱其快此其心之狠戾苟
務媚人何事不可爲一念逆天神褫其魄成令
之惡與授人挺刃而教令殺人無異吁豈惟居
官任事者當知警歟

王知事

元王知事曹州人先官吉州路屬縣一富翁死
妻僅存因爭家財事詣官王以婦拘囚窘辱百
計取求聞有金酒器索之婦一一從命皆所厚
總領過付後慮事後有詞乃以婦囚死後任建

寧路知事大德辛丑秋一日其總領者於和義坊下忽見前婦以手摑其面驚懼歸報被摑處隨手患癰不三日死臨終云官人免不得了也須來對證踰數日有二騎帶棕帽穿白衣自城外來人馬俱汗直至廳上其同官見而問之曰吉州路來取王知事忽亦不見知事先患疔瘡數日語家人曰吉州路城隍司差人勾我候本路城隍司回文便去對證遂祝付家事問其人何在曰在廳上詢其所着衣服與同官所見正同踰時曰文書已了言訖而死

徐從政

宋隆興初新淦縣丞徐從政者被憲司遴檢充承勘官將宿于吉之境上徐氏家其家前一夕夢神人謂之曰明日有徐侍郎來宿汝家他日蒞吾州宜善待之至晚果有徐從政者至遂具盛禮相延及回復夢神人謂之曰徐從政此行受人金子枉死一人命天曹已減三十年壽官止於此徐氏遂不復相接丞深訝之謂初來不相識而相待若此及已相識而反無一人出相見乃詢其故抵暮一老父出語以夢中之事丞愧形于色自後常若有人隨其左右及替其原充官赴調用舉主改官文字方下而卒于邸中年三十四初傳其死鄉人不之信謂渠方得運郎踐清華及聞是事莫不惜其用心之謬而夭折若是

侯鑑

侯鑑爲江夏宰與勝緣寺老僧居約爲方外之交毎乘暇訪之必爲具以待若預知者比復至

延待殊闕鑑怪而問之居約曰使君毎臨辱先有本院伽藍託夢以報獨此番不報耳鑑大驚不論其故居約祝之伽藍復見夢曰侯鑑合作宰相我受統攝是以常報近受胡氏六十金之賄枉斷一事天曹削其相籍但得至監司而已與我無復統攝何報之有

魏釗

荊州府推官魏釗廣東人嘗往夷陵州檢屍道

經其鎮有鄉官徐少卿名宗者素奉梓潼神極虔忽夢神告曰明晚本府魏推官過此其人前程遠大後當入銓曹可預結納之應得其力遲明偵之果然少卿乃具衣冠謁欵甚勤因留宿焉執手鄭重而别魏去夷陵不數日少卿復夢神告曰可怪魏推官此去受賄數百金故出人罪使死者含冤之極上帝已盡削其應有爵秩并年壽亦不永矣惜哉少卿深用嘆訝試遣人往夷陵踪跡之果不誣未幾魏丁母憂歸復補濟南尋陞戶部主事纔一年遽卒于京邸家亦凋落云

狄某

溧陽狄某尹雲南定遠縣縣有富翁死而其妻掌家所遺數萬金盡匿不與其叔叔告縣使人密囑曰追得若干願與中分狄信之拘其嫂到官酷刑拷訊至以鐵釘釘足滚湯澆乳于是悉出所有四萬金狄果得二萬焉其婦憤恨而死後狄罷歸一日晝寢忽見其婦手持一小圖魚掛于床上倏然不見乃大驚異未幾遍體生疽如圖魚狀以手按之手足俱動痛徹骨髓晝夜號呼踰年而死凡五子七孫俱生此團魚疽相繼死止一孫僅免今亦無置錐之土矣

黄景雲

海上史鑄爲郡庫藏吏時丁倭亂出入多所乾没無慮數萬金憲司廉其事屢逮之然數通賄于豪右不及於患黄景雲文偉中江西省元舉進士令海上聞而忿之知其故賦長也思所以

甘心者每逮賦長必追正身至則稍寬刑責年餘人爭赴其追無避者及捕史史乃齎符至至則數其罪立杖百棍斃杖下黄退食後寢日見史立左右側呼隷人逐之隷人曰史已斃何逐也頃之升堂復見史立左右逐神思恍惚侵尋病弱而終人以爲史鑄之報侵没官銀史之死宜也而雖死爲鬼卒能仇天子之命吏焉何哉史既服捕宜簿書其惡如律擬死而後刑與海上之人共棄之史當服萬死何能爲祟也

山東憲司

自樂編記山東省有一吏忘其名素狠戾剛强不屈偶以微眚逢憲司怒杖方三四下就毒駡詈憲司命增杖愈增愈駡杖數十竟死午餘憲司索湯濯足此公平昔甚罕濯足毎濯足必有奇禍是日濯足未竟忽瞑目見前吏又怒駡之隨吐涎左右扶上床身未安而死録此足爲淫怒以逞者之鑑

獄案七條

浙蘭谿祝氏大家也所居去縣三十里一子甫冠頗知書宅之側開大塘數十畝秋冬之交水涸得枯骸一具于蕲邊樹下莫知所自鄰人不敢隱聞之里正先是有道人行丐至祝氏需索無厭祝怒驅逐語不遜祝毆之道人佯死祝倉皇欲告官追於夜未果告道人知不可欺遂謝罪去里正夙與祝氏有隙遂稱祝嘗箠人至死今尸正在塘内以白縣縣宰信以爲然逮之下獄凡證佐胥吏言其寃者宰悉疑受賕愈加繩治笞掠無虛日祝素富室且儒懦未嘗受官刑不勝慘酷自誣服其母慮不免迎枯骨之寃歸家焚香致禱日夕號泣且揭榜立賞募人捕其盗縣獄已具將上之郡前所謂行丐者在楚鄂岳間欲過湘南涉衡岳夢人告曰子未可遠行翌日將有來追者寤而異之及明别與一道流相過沽市酒共飲閒問其從何來有何新聞曰吾從婺州來到蘭谿聞市人藉藉說祝氏寃枉因具語之丐者矍然曰詐之者我也乃强後來

者與俱東兼程抵婺自詣縣縣猶謂其不然疑未決已而他邑獲盗自言本屠者嘗賒買其客牛客督償直甚急計未能償潛害客乘夜投尸於祝氏塘中祝於是始得釋　按獄干富室宦多引嫌率深入以示公詞所連及據實以證者卽疑受賕倍加楚掠又指導證者而誘之必合已意乃止慘毒之下幸須叟免死雖反逆大辟無不自誣服彼證之者誰能以性命嘗試而明人之枉乎祝氏事向非眞盗自言所害客有塘

主名即行丐者詣官詭信之縣宰執先入之見鍜鍊成獄幸未決而祝氏之寃白脫令祝氏子巳伏法而他縣盜始得移文責實縣宰何辭置對乎鞫訊者不念輕忽民命之不可也難以在上矣

袁州萍鄉民張姓者娶嶺南周氏女爲妻周歸寧張遣其弟往候迎之至嶺中妻倦少息弟先抱孩以歸久而妻不至張與其弟同至息處無有也復至周宅亦不見周同壻復登嶺尋訪則

婦死于叢林中且無首矣周紐其弟赴官疑弟欲姦之不從殺之以滅口遂誣服官勒都官索頭與刃都官遂解頭與刃即將弟處死踰年張之隣人遇婦於建康旅邸相視駭愕少焉同所炊隣告以故婦泣曰寃哉彼時坐嶺上有一髯客揹箬籠上山四顧無人拔刀脅取我衣服與鞵噀出籠中一婦人衣之斷其頭納致籠中推其屍于林內令我入籠中負擔以行到此矣未幾髯客歸二隣人紐之聞官即承伏無詞申刑部取旨髯客處死以原欵司償其弟命州縣吏各黜籍邑宰郡司理檢覆官皆降罷二隣人給以原告捕兇身之賞妻歸夫家先都官迫于官司盜開他人棺取婦人頭申解亦處死　按是獄之寃成于都官取他人首申解而都官則迫于所司之促督也周堅執其弟急圖泄憤所司以得人首畢其事咸不復研審驗視此何刑也草率迺爾邪

張允蹈爲信州永豊令嘗以微賦治夏稅籍命

主籍吏拘鄉胥應治籍者二十輩于縣舍吏察録過嚴自曉徹暮不少息一胥夜走如厠小吏籠燈隨之胥使小吏先還既而久弗至吏以爲逃云迫旦白于張張適聽訟望見白衣婦人執素紙涕泣呼問之曰夫爲鄉胥累日不還家今蚤有人報浮橋柱上挂衣巾履襪及繫書一紙云爲押録吏苦督不容展轉生不如死巳投江中急往驗皆夫物也張詰主吏亟集津丁里保撈尸弗得念其事可疑緩不即治胥妻訴于臺

臺符移督之甚峻歷三月父客從長沙來見訛
胥在彼主吏捐家貲雇徤步者持檄往捕之遂
擒以歸胥坐逋逃受杖而吏之寃釋張後復宰
他邑一鄉胥亦爲拘係越牆挂衣於河梁而赴
水妻來訟張怒責之曰猾胥玩侮人所在如此
吾固知之矣立撻其妻明日三十里外里正言
灘邊有死尸張矍然遣視之則胥果死張毋爲
賔客話此事以爲斷獄聽訟不可執一端云
湖州小客貨薑於永嘉富人王生酬其直未定

强秤之客語侵生怒毆其背仆于戶限以死生
大窘急禱祈拯救良久復蘇飲以酒仍具食謝
前過取絹一疋遺之還次渡口舟子問何處得
絹具道所以且曰使我一跌不起今作他鄉鬼
矣時數里間有流尸無主名舟子因從客買其
絹併丐貨薑籃客既去卽運篙撑尸至其居脫
衫袴衣之走叩王生門倉皇告曰午後有湖州
客人過渡云爲君家撕擊垂死有父母妻子在
鄉里浼我呼骨肉告官求直其寃留絹與籃爲

證不旋踵氣絕絹今在是不敢不奉報王生震
怖盡室泣告賂以錢二百千舟子若不得已者
勉從其請相與瘞尸於深林中甚日徙居不知
何往矣王生家有黠僕聞其故數數千求主人
與者倦矣而求者未厭其僕竟詣縣訴生下獄
不勝拷掠以病死明年薑客又至訪其家以爲
鬼也罵之曰向者汝邂逅仆絕繼而甦醒無他
郤使我家主死于非命今尚來爲鬼作祟耶客
引袖怪嘆曰我去歲幾死賴君家救活蒙賜絹

貴與渡子徑歸矣今方齎少土儀以報大德何
謂我死爲鬼乎王生之子哀慟留客止泪而執
故僕訴寃於官索捕舟子得于天台縊死中遂
皆斃于獄　按舟子之計狡矣黠僕要挾主人
無厭竟誣主於死皆罪不容誅王生不幸死於
拷掠則鞫獄者責也薑客知爲湖州人胡不移
文呼血屬至驗之見客死者舟子也初運篙撑
屍至其居已相與瘞尸深林中乃不聞召舟子
問狀第據悍僕單詞施憯毒焉遂以成獄可乎

士初仕未習法令輕忽民命罔留心庶獄苟且具文茹冤如王生者盖不少矣

京師小木局木工數百人置工長分領之一工與其長不睦不往來者半歲衆工謂口語非大嫌醵酒肉强工造長家和解之暮醉散去工婦素淫與所私者謀戕良人有日矣適以其醉於讐而返也相與殺之倉卒瘞屍無所室有土塌其中空乃啟塌磚劄屍爲四五始容焉復封磚如故明日婦往工長家哭曰吾夫昨不歸必爲

汝殺之訟之官以長素仇也逮至拷掠不勝毒自誣服婦發喪成服召比丘修佛事哭盡哀院詰工長藏屍處曰棄壕中責仵作二人索之于壕弗得刑部御史京尹交促具獄期十日得屍不得期七日又不得再期五日又期三日仵作已四被笞終不得二人嘆悢循壕相語曰如此笞無已時矣因謀別殺人以應命暮坐水傍一翁騎驢渡橋擠翁墮水中縱驢去旬餘度翁屍已爛不可識舉以聞院召婦審視婦撫而大號曰是矣取夫招竟壕上脫笄珥具棺斂之獄遂成案上未報騎驢翁之族徧覓翁不得俄遇一人負驢皮于道中宛然其家所蓄奪而披視皮未燥執愬于邑亦以鞫訊慘酷自誣劫翁驢而殺之屍藏某地求之不見輒更曰某地辭數更卒不見負皮者瘐死獄中歲餘前工長奏下竟斬衆工哀歎不置徧訪其事無所得聚交鈔百錠置衢路榜曰有得某死狀者酬以是物初婦每修佛則丐者羣至求供飯一偷兒常從其家

丐一日偷兒將盜他人家尚蚤旣熟知婦家門戶乃闇中依其垣屋以待迫鐘時忽見有醉者踉蹌入婦室怒其婦詈之拳之且蹴之婦不敢出聲醉者軃婦微辭罵於燭下曰緣汝殺吾夫體骸異處此土塌下二歲餘矣尚不知腐盡否今乃虐我乎嘆息飲泣偷兒立牖外悉聽之明發入木局中號於衆曰吾已得某工死狀速付我錢因俾衆工遲隨往偷兒伴被酒入婦舍求丐挑之婦大罵辭居皆不平將毆之偷兒遽去

土塌扳磚作欲擊鬭狀則屍見矣衆工奕入卽縛婦送官婦吐其實醉者則所私也官復審墟中死人何從來仵作欵伏係擠騎驢翁墮水仵作姦婦洎所私者磔於市先斷長工死官吏皆廢終身官以瘦死者事若發則官吏又有得罪者數人遂寢負皮者寃　按工之死當坐婦與所私二人耳乃牽連殺四五人乎怨語而遭支解逖笞而伏刄仵作殺而工長誅負皮而死桎梏赴盜而獲購皆窈冥轇轕不可知者悲夫群

刑要覽疑獄集並載其事其端始于狗鞫者輕率而不知愼也快意于一切而草菅視其民惡怪乎獄之不得其平也吁可不戒哉

嘉興祝公某爲吳江令有異政時有居民東西二鄰皆少年且相善其東鄰夜娶婦朝出行賈既去西鄰徑詣行竊見房扉尚開卽突入之僞爲東鄰語言擁其婦而語曰天尚未明我眷戀卿不忍别耳復就寢婦不辨其夫也欣然交合任其輕薄頃之漸曉匆匆别去起視奩中簪珥之屬蕩盡矣婦泣語其姑慚恚縊死毋家陳狀于官誣其舅姑殺婦舅姑亦出論訴使人通息耗於子趣棄賈遄歸既歸遂併執將到官祝反覆鞫訊略無情實還衙與夫人共憂之時會天大旱請雨城隍之神夫人教祝詣廟焚香默禱此事祈神于夢中開示疑獄其夜祝遂宿神廟中夢神降而告曰明日路上有祈雨小兒可自問之既覺未審云何蚤起拜神畢行至市中果遇群兒執旗伐鼓引龍神而來祝命吏捕逐群

兒群兒迸走適遺一小黄旗於地遂令收取還衙以示夫人夫人曰奸婦者是黄旗無疑矣祝便託以他事過東隣境中謂啚夫亭長有民丁戶口冊可送一本至既賫冊至按之委有王騏名字乃傳令其日點役合境民丁宜集縣門以候騏亦未知緣繇與諸人旅於庭下諸人皆應聲而去最後始詰王騏訊其居止與訴隣止隔一壁於是慚懼失色具服其辜所盜之物咸在祝令梏徃其家檢出贓物乃置於法斃之獄中

數年後又有山陰某乙是富家子弟娶婦入門其兄某甲戲以相賭謂乙今夜能不進新人房即輸金一餅乙曰易耳竟不果入與甲同寢于外舍其夜忽有男子入婦房與偶明日婦聞兄弟相賭之言大驚逆知爲他人所狎慚恚自經母家訐訟繫甲于獄榜掠備至不吐其實時爲山陰令者趙公某吳江人也推按積時終不能理閉閣謝事求禱于神盻蠁之間忽聞屋梁木作爆聲仰視已裂尋思久之即從獄所召甲訊

曰爾家有姓梁人乎曰家監掌典是姓梁人也趙遽命逮至拷掠承服蓋其夜潛于窗間聽知主人戲賭乃冐入婦房遂其奸謀耳趙因寘之重典二事後先不同適相懸合

守官漫録卷之三終

守官漫録卷之四目録

外編

門人廣陵繆從繩正卿　葛嘉生成甫

張應徵闇甫　謝炳先朗生

彭啟新鼎甫　弟劉際春明遇

婿陳允昌子明　何大仕達甫甫

仝校

守官漫録卷之四目録終

守官漫録卷之四

澹然居士劉萬春延之父著

外編因果業報計四十三條

誦金剛經

永泰初豐州烽子暮出遇党項酋縛入西番易馬番將穴其肩骨貫以皮索給馬數百蹄飼之經歲餘馬息十倍得近牙帳前賛普亦愛其觧事常令執纛又之念母悲泣賛普潛縱之歸晝伏夜走既數日棘刺傷足踣於磧中忽風吹紙數幅窸窣過其前取以裹足得達豐州母悲且喜曰自失爾後日誦金剛經寢食不廢以祈見佑因共展金剛經斷凶數幅不知其由及烽子解其足裹處得經幅焉

禮觀音像

唐時山西人安定其母好善因採桑拾得一銅觀音像供養禮拜極誠一日安定在軍中衝倒在野一人執刀要殺一人奮挺要打安定恍惚見觀音趕退二人得脫後回家見母母告以昨晚夢爾跌倒在地兩人挺刃相尋忽得觀音救脫悉如安定臨危時所見云

前世爲尼

盧媚兒歐陽文忠公婢也姿貌都秀口中常作蓮花香散越滿座人皆異之但莫測其由公知潁州日有蜀僧知三生事公試語之僧曰此女前世爲尼誦法華經三十年一念之誤墮落於此公未信取法華經示婢婢初未習一覽成誦易以它經則不能也

天赦孝婦

宋時鹽官縣頋德謙妻張氏夢有以宿世事責之曰明日當死雷斧下覺而流涕悲噎姑問之不敢對明日暴風天昏張氏自分必死因念震死既不可免姑老矣禁驚怖何乃易服出居屋外桑下立以候死俄雷電大作空中有人呼張氏曰汝實當死因你一念起孝天復赦汝汝歸當益爲善故張氏得全

天誅不孝

邑傅士陳策官於邵武値督學道行部所屬各員俱候憲司前正夏晝暝有暴雷擊二指揮於衆官列坐之外一人死自足右脛以達股劈碎無完膚一人死而復蘇遂成痼疾訪其故則死者乘醉毆母瘤者亦失孝於父但隱餙不外露故受天律耳此弘治末年事

張生伺賊

東洛客張生應進士舉暮至伊闕縣界雨後微月解鞍而憇樹間見一夜叉挭從奴兩足裂之

又攫食其馬張狼狽走夜叉自後逐之經一里不得村舍乃匿於大塚穴中頃之覺塚上有人語推一死屍下積至數四又聞其上分散財物有一人唱曰某色物與某甲某衣某錢與某乙且有不平而爭者張知是刼盜熟念所唱姓名然怖畏不敢出不覺已黎明矣捕盜者循其血滴至冢取屍并繫張詰鞫之張白其狀與所唱賊姓名縣尉牛僧孺悉捕獲焉張由是釋放而從奴及馬向前所憩樹間並無恙蓋神物假手於張生以伺賊也

訟師宿業

文光讃父自少至老無歳無獄訟事以宿因問曇相禪師師曰汝父前生本寫詞狀人鬬合爭訟故今反受其報耳光讃懇求救免師教以紙糊竹篳爲桎梏令自囚三日然後爲作懺悔自來鬬合爭訟未有不中其身者而昧者恬然爲之姑記此二端以爲訟師之戒

訟師惡報

朱永福縣薛敷工於刀筆毎代人許訟能以悖理之事巧餙爲理使聽訟者熒惑而不能斷因此賺財家有中人産矣嘗請道士鄭法林設醮進表於天帝法林伏壇下良久起言表尾批云家付火司人付水司不知何故逆旬月室中無故失火家財燒盡敷挾巧筆欲過江以糊口中流梔折擊敷而墮於江餘人共舟者俱無恙

天誅刀筆

漁石記浪窮書手張亦習刀筆熟知境内田賦

戶口其術能使連阡陌者空其橐無立錐之家籍輒盈焉境苦其毒不敢言朝言而夕賦至矣奉尤工剥民之術境長吏至召問之剌剌與語既執手以歡終乃顧指惟命日敎長吏竊取民長吏有其三七歸奉廵按唐公廉其狀驅武豪縛之械至途厚賂縛者不許乃計逸去縛者追及之力弗能制時野無雲虢然雷震于東奉斃于西腹若刲五臟若剜人厭弗收狗彘棄焉嗚呼惡果不可爲也哉奉以匹夫而擅毒于境人恩焉吏制焉將謂終身無刑也卒乃吏縛其軀天顯其誅獸不食其餘嗚呼惡者恩矣

沉香觀音

江陰楊居士先於水次得沉香觀音像建刹供奉因名觀音寺自宋末以來歲歲設兩度齋邑人畢會正德改元知縣王某北地人召胥隷不至知其爲會去也大怒親往寺中取沉香像積薪而焚之於庭香滿一城并取金佛贓貯庫焉道俗叩頭乞免者以千數既不得免則誦佛嗟悼而已及王令入覲中途忽患心痛召戒律僧懺悔其焚像事僧曰是不可爲已大士普照十方幻軀猶舍豈爲一像心生嗔恨但護法諸神欲彰現前之報知不免也於是心痛轉劇遍體灼爛腸胃潰出還至觀音寺之河下而亾

假天帝

有二商遊天壇圜丘一曰我戲作天帝爾作人主拜我其一從之二人同出作天帝者竟不能行曰有金甲神執我作人主者强挽之出既歸扶臥帳中見帳中皆敵不能臥索火視之火忽騰起其人與牀帳頃刻爲灰而屋如故萬曆某年九月事也金抑泉封君對陳季象說

儲祥知宮

豊稷之崇寧中居建州有道士來謁豊熟視之盖京師上清儲祥宮主也問何以至此曰我已非人矣竊有所禱明日將託身爲大貴在尚書宅願戒家人善視我豊公驚曰公平生有道行何爲至此對曰某初脩道戒本無隱惡柰一事

獲罪於天何豊問其故慘容而言某以朝廷方黜蘇氏學因建請磨去儲祥宮蘇氏所撰碑文坐是受譴豊曰上帝亦愛重蘇公文乎曰不專在是正以迎合時相風指耳言訖失所在旦而犬生十子其一手足黑而身黄疑爲黄冠云

吻生贅肉

玉堂閑話載一宴人子上吻生一贅肉如展兩手下覆其口每有飲食則揭贅肉以就焉艱楚不堪狀亦奇醜或問其所因乃曰少年無賴寄籍軍伍嘗於佛寺安下偶與同伴刲一羊分得少肉窃有一佛像上吻大開似可容受因寄羊肉於其中不數日遂嬰是疾

尼化豬

海鹽城隍廟西有小菴比丘尼所居一尼年少好容冶盥面水常再三易後死見夢于他尼曰我以多用面水罰爲某家作黄膘豬明蚤就屠某處爾幸救我如不能亦來一看他尼如言赴之已就屠矣賣其肉果黄膘不堪食尼作踐面

水飲亦細過而獲豬報況甚于此者可畏哉黄膘者肉腥臊世傳皆人所爲盖人肉腥臊故也

朱武原先生說

貿取寺材

唐武宗斥毁佛寺鳳翔護軍王義逸計以半賈貿取柱礎良材改造屋宅遂至壯麗甲於岐下居未數月一軍吏泣以告曰某纔假寐忽有紫衣人招入朱門酷似將軍之第綵竹綺羅四列賓客獨無將軍坐處紫衣人指階下一徑路曰爾入此可見主人遂披荆棘至矮屋下見將軍卧於牀手足縶縛一人持火爇長因垂涕曰我易買僧寺材料受此譴也幸歸語家人撤居第還佛門某觸煙焰而寤義逸怒叱之尋患腦疽不治矣

占寺報應

陳琴溪祭酒信堪輿說欲占虞山維摩寺爲墳懸厚價誘僧僧堅不可忽一日令家僮數百移其寺于平岡數十丈老僧率徒方題等至京師

揭奏同邑楊午川時爲部屬與陳厚聞其事語所親巡城御史某枝繫老僧至死而逼顥立賣券歸陳顥等歸途中復死一人人以爲陳氏所毒顥竟與老僧鬭陳某再至京師奏聞其事事下巡按御史屬府按治府撻顥陳俱四十擬遣解院呼二人俱傷重不能前御史廉知其冤狀亦撻陳僕四十二人罪得末減寺斷還僧陳作一聯貼寺門曰善人作事天知道和尚欺心佛有靈不逾年陳竟遍體發腫塊潰爛流血叫號

不止日見老僧登其牀陳呼曰師太外邊請坐旦夕如是又見老僧持枝擊之求哀不得遂死其夫人不久亦死其病狀略相似顥之徒無淨寄住虎丘賣茶爲活頗能言其事

佃寺復還

鄞縣周夢秀號剡山祖佃一寺基築室居之聞空中言曰且讓他三十年後生夢秀篤實信佛必欲以產還寺業已聚族族人皆不可竟奪還之大受挫辱遂至破家一身無餘者人以爲夢秀必寺僧轉世而逆數至始佃時正三十年亦異矣自來占三寶地者無不履奇禍而昧者復相踵不已如周君甘貧辱以補父祖之過亦賢矣哉

葉耀蛇

林顥杭州諸生其父家富租戶葉耀負其租訟之錢塘令顥以情囑之葉受笞三十至家死乙酉六月初三日也次年五月顥從外歸至中門有大蛇墮其頭上忽不見大驚汗夜夢一蛇蟠

據枕邊作人語曰子識我乎我葉耀也子殺我當償我命蚤對父言之爲作佛事疾愈重顥知不起乃召父母妻子與訣曰葉耀且下樓去我業爲諸生爾輩不必縛我我即隨行遂死亦六月初三日也顥姨夫趙慶叔常往視顥疾顥謂之日我平日不信因果幽冥事色色俱有人生在世光陰幾何愼勿造業蓋顥父但欲索租無意笞葉葉見官時語不遜顥以語風令遂得重笞以死其不見釋宜哉

徐桂妾

娶人徐桂寓鄂州蔡孀婦田氏奩槖千金給曰無妻娶之歸桂妻素妬佯爲柔態與居密取斷腸草漬酒中飲田氏以死田死十有七年爲寶祐甲寅而桂復娶一妾寵之妻妬如初有青城山道士年近百歲偶至桂家指曰冤家打合一處矣人不曉其故居未幾妾密以斷腸草漬酒中勸桂妻飲桂不察亦飲之皆死妾與二婢因焚其居齎千金裝逃焉道士乃言此妾卽田氏後身也年正十七

文五峰

五峰文伯仁工詩畫文待詔徵明從子也一日詣吳縣訴一逃僕少憩署前民家夢二青衣逮之意吾邑令所使殊憤憤須臾至一公府殿宇弘廠似非人間始懼上有王者呵曰訟汝者衆柰何文訴平生乃學究無罪王者笑曰忘之矣卽令一人若所謂冥司判官者以一青丸摩其項寒沁徹心恍然悟前身爲正統間管長陵宦者冬鑿一池得蟄蛇百餘殺之俄而有蛇百餘攢螫焉王者曰爾等毋草草姑退蛇忽不見王者又顧一判官曰此人欲償如許命卽百生不能柰何柰何且一人多生豈無一善試覓之判官因出數帙書檢之良久曰有之矣此人于永樂中曾隨吳某畫鷄鳴山廊畫得羅漢二尊又寫金剛經一部王者曰可矣因囑文曰汝冥數尚未盡亟歸多寫佛經可藏前罪文乃走出見亡室立門外呼之文與亡室素不協因亡久頗亦眷眷室曰汝知我何人邪文曰尋室耳曰未也試思之文因憶其室卽同管陵宦者室曰吾與汝管陵時素不協故爲夫婦亦多反目事今既往可俱忘之矣文寤記其事嘗以語人文平生不信佛至是乃寫經念佛寒暑不輟云

陸儼山

陸儼山先生自辰卧至晚不醒其弟候見不得渡黃浦歸矣已而先生寤呼其子某曰事甚奇言之涉怪不言事若實有者初至一司見某同

年問曰兄已死柰何在此云此非陽間陰府也弟居此掌善惡簿先生曰可得見乎曰此亦秘事不當相示以年兄故當出示也檢至先生姓名生平事具在紀録獨三事自謂無之同年云兄心上曾轉念不泚思曰有之同年曰心上既轉便當紀録何論行不行哉次及其弟有三大事最惡既出見其弟鈎掛其背懸于廊下大呼兄救我遂甦問汝叔生平果有如此三事不無令汝嬸聞也既至見其嬸問叔何在云自城中

歸大發熱臥牀上嬸同入房辟之令出私問其叔叔大驚起云此三事汝嬸尚不知汝父何由知也遂歸報先生先生曰汝叔當不起矣後果以疽發背死

周相

周某鄞人官南贛都御史指揮某者解官銀六千兩至周匿之勿予庫收指揮一家十七口坐累死周臨終見指揮率家口奪門入咋舌死鄞人俱悉其事

虞生媱報

虞生亦鄞人少年美手姿而善淫所淫婦女不下五六十一夕忽夢爲城隍所追計其所淫數捷之至數十既醒兩腿俱青紫遂潰病歲餘死二事可以垂戒故録之

甲戌狀元

陸賁齋先生第二子某年十六七甚有才臨先生居京師對門一處女甚美某與其師丘某屢窺之心動師曰都城隍最感應汝試往禱此緣

或當成就遂如言禱之某夜與先生同寢忽驚呼啼泣不止曰夢與師俱爲都城隍所追大加訶責曰何物小子敢瀆神若此命查其名位須臾鬼使持簿至檢之陸某下註甲戌狀元丘某下無所有曰陸某奏聞上帝削其禄籍令貧賤終身丘某抽腸某且言且哭而直書房童子敲門報丘先生病絞腸紗死矣絞腸紗俗語急腹痛也後某竟清狂貧賤如神言方被譴時爲庚戌前孫栢潭先生尚未生也記之以爲好色瀆

神者之戒

婦人削祿

唐時李登年十八即魁鄉薦自後連發三薦不第問之葉靖法師師上表叩天門遇判司主科第者詳語之曰李登初生帝賜以玉印十九登第五十三作左相緣得舉後挑一鄰女怒其父沮格据以它事繫之獄又侵其兄李豐屋基至形於訟又在長安邸中淫美婦鄭氏而陷其夫白元之罪每事展退十年降一名甲迨其中歲

宜知過矣竟不悛改今已漸老帝命所司削去其仕籍安望第乎登愧恨前事竟以淪廢

婦人化虎

唐御史李儼奉使嶺表路出荊南忽遇一虎自山曲躍入草藂中作人語曰幾傷故人儼駭然曰云何似同年李微聲曰是微也叙昔交情甚悉儼問何以爲虎曰自登第後謁友於荊楚將求還資逆旅病熱關戶外呼我名者即發狂走山谷不覺兩手拏地而步左右股有斑毛次日渴飲于溪鑑我形畫虎矣號慟求還迷不知路遂因久飢攫人而食之并食羽華諸肉此心乍醉乍醒見故人朱旆皂囊呵導而來能無自悲乎儼投以馬虎不肯食投以筐中熟羊數片曰娭君去而食之且我妻子必凍餓向搏一婦人有銀握臂我御至溪曲有小木斜生蔽之願君記取以遺我家嗟乎我此念益誖矣因作詩曰當時聲跡兩相高忽入殊形悔罔逃此際溪山對明月不成長嘯但成嗥儼爲之潸然問平生

亦有遺恨乎曰嘗於南陽郊外私一孀婦其家覺之潛謀加害我醉而盡殲其家此足恨耳因囑使回之日勿復過此恐誤相害遂露形躍去踣石大吼以懼之

孀婦虎妖

龍潭村有客晚行借宿于孀婦家婦拒之祈請甚哀乃許外庭權宿草堆之上迨中夜一虎來以爪叩門婦誤以其人求溺也叱曰暮夜窮途好意相留何不良若此虎乃止俄而復叩數聲

婦曰勿放肆明日我姑歸決不但已虎又止俄又復叩數聲婦意頗動因笑曰郎畢竟有情我耶虎連叩不已婦起開門因突入攫之而去寄宿者大驚怖奔告村中及旦共依血跡追至山麓婦餘半體耳或曰此虎爲妖也然婦無外心則門不開門不開則虎不得攫可監哉

婬僧惡報

經行寺中都講僧行蘊燕游梵宇見佛前化生手執蓮花姿顔妖冶戲語行童曰世間有此美

貌者吾以爲婦其夕歸院有欵扉者稱蓮花娘子來行蘊初以僧誡辞之强開門出見玅姿蓮花攜一婢前拜曰多種中無量勝因嘗得親奉大員正智不謂今晨聞師一言忽生俗想今已謫爲人當奉巾鉢行蘊惘然蓮花即顧婢曰露仙可備帷幄也有頃供帳悉具極其華盛行蘊心喜之苐以僧寺恐難久住蓮花笑曰終不以累師耳因與綢繆扃戶滅燭行童方潛伺之忽聞行蘊叫苦狩猛嚼骨有二胡音者罵曰賊禿

奴安得空門作此妄想若我果貌美者豈不誘爲夫婦耶行童呼寺衆壞垣救之惟見行蘊肢肉委地有二鬼物騰踔而出鋸牙植髮與畫壁之羅刹正相類而畫間多血痕矣

黷神之報

南安王元積爲相州刺史禱雨不効鞭石虎像一百未幾疽發背死奚康生在相亦以禱雨取西門豹舌三兒暴喪身亦遇疾萬曆己丑某郡大旱仁和江鐸爲守與城隍約十日不雨則暴

之既而暴又不雨則枷之良久始解無何江至芋江登舟墮而傷足病累月幾殆人亦以爲黷神之報也

朱總練遇壯繆侯

數年前李上饒之戚朱大任爲鎮江總練病熱而死家人移置于榻四肢已冷獨心下如蒸環守之三日乃蘇語其婦云冥司將某徧觀地獄種種諸變相及善惡報應之事無不歷矣忽遇金甲神人入門見救主者怒始解索簿籍按之

却云此人數尚未盡誤爲怨家牽引姓名及逮及耳可速放還神人遂推其仆地而蹈冥中所見神人儼然關壯繆侯也葢朱平日奉事甚恪嘗設像于家焉先是其婦夜夢關神語云吾嘗往捄汝夫李明府生平不信泥犁之事朱至具說如此李爲悚然

徐文敏誤入酆都

正德初年閒吳縣人徐文敏公縉爲翰林院編修 冊封琉球國還遇海颶大作樓船飄泊一

磯嘴上人煙斷絕道路蕪薈不知何地凡經七晝夜矣文敏久在船悶甚頗思閒行遂命一小吏相隨登岸行百餘步遥望見孤峰秀出其下隱隱有城闕宮殿之狀文敏欲窮其跡猛力前驅入一谷口約行二里許覺路漸低低及大石牌坊下榜有金書三字曰酆都界文敏震驚心訝其非世間遽轉身趨出忽遇青衣女子提筐於小徑中來文敏潛視行止乃是二十年前亾婢榴花也驚問郎君何得至此文敏曰吾已登

進士官翰林因奉冊封差南還舟遇大風飄泊于此七日偶來遣悶不虞誤入冥中汝今住此何所爲耶視其形貌依然爲女奴時未嘗老也榴花向前告曰妾嫁此中一判官爲妻日來餽食何期幸遇郎君已而判官適抱公案出怒其妻曰汝與何人交語曰此妾舊主人徐公也御王命渡海失風至此安得不與敘舊判官便向前拱揖問姓名知是徐縉文敏請檢祿命如何判官曰相公後至天官侍郎不及入閣無勞問

簿也文敏曰某旣來此可得一見閻天子問冥中事乎判官曰可請修十刺以通姓名某敬爲之將命矣時倉卒無備判官遂出素紙十番敎文敏親書官銜姓名如人閒叅謁禮將引而入榴花數目文敏而誡之曰茶至郎君卽傳遞左右愼無妄嘗文敏唯唯凡經橋梁亭館數處乃至大殿甲士守衛甚嚴刺旣通有冥吏二人開西院門出迎引文敏自西階而上十天子止九人披衮垂旒次第降于東階又如人間賓主禮

東西列坐文敏坐東向西九天子坐西向東茶至文敏傳遞去訖便問常見人間塑十殿王今何以缺一殿王也曰奉天帝勅每日更番一殿察人間善惡往來南贍部洲大明國中故不在耳問陽世尚貪利喜奔競阿附成風黃金爲政不知地下亦如是否乎曰冥中若同陽世何以握生死之權哉至如以金塗錫以絺作絹亦是餓鬼所須正直明神不藉此矣曰僧道功德爲有益否曰無益也惟拜梁皇寶懺爲最勝亾者

一聞懺言便超度去矣曰此行可一觀地獄乎曰可觀未免驚恐文敏再三彊之乃引至一犴狴前皆用青石甃成上爲雉堞之形其高挿天呼獄卒以兩手拽開石門中有炎火飛出烈焰赫然光屬數丈文敏大怖而走急使閉門天子曰此無間獄也言訖遂回至院謝辭而出判官仍送之抵界上尋路登舟明日遣騶人往跡其處周覽四隅無非榛棘城闕宮殿都無有矣文敏還朝話其事于賓僚無不竒歎後米爲吏部侍郎予告歸吳不勤修善疽發於腰而卒是時吳郡守往京口遇官舫南下訊之答云奉勅腰斬徐侍郎也

王御史毀寺

蘇城東齊門內大弘寺宋延祐中賜額卽古慶壽寺也與王御史憲居第宅鄰近御史貌情丘整與李長沙文待詔諸公交善而平生不信內典因拆毀此寺以廣園圃命惡少挽仆佛菩薩天王諸像于地用刀刮其面金左右彊諫不從

須臾之間梵軸縱横僧徒奔竄鮮碑剝落蓮社荒凉其後不數月御史身發風癩癢不可忍手持刀自刮其皮皮盡至肉肉盡至骨舉體綻裂腥血淋漓旬日而死所考之園名拙政喬木千章皆寺中故物也爲吳下之甲焉死後其子不能守竟鬻于衣冠家矣

江尚書毀寺

新安城南有披雲峰峰下有太平十寺應夢羅漢唐僧貫休所畫其像至今尚存嘉靖初有發

源汪尚書鋐因占風水將造墓其上于是拆而毀焉剥像焚經千年之香火一朝蕩然矣旬月之間尚書中惡疾皮肉消盡而死妻子皆相繼亾家祭祀盡墓遂無成

舒御史毀寺

蘇州城東積古有萬壽寺先朝所建每歲習儀祝聖必于斯寺嘉靖年間一日有二三廣文偕惡少子衿入寺中僧徒迎候稍遲御之適閭人舒汀爲御史按臨蘇州此公專崇理學不事梵

澹然居　卷之四

王遂聽澤宮之議立時拆毀改爲長洲縣新學先期令下責令養濟院要繩綵萬條不曉何用旣具夜半召集役夫軍士數千人一齊到寺卸瓦摧梁焚經仆像僧徒三百衆竝逐于外繞寺號泣惟三世佛牽拽之不動乃是當時其地行合抱銀杏三章匠工即就地斫其枝葉裝塑成佛樹根猶在土中盤亘千餘年矣御史計無所何命左右齊手刮其金金盡乃止後御史得亞父之疾楚極號叫骨肉爛盡而死廣文惡少家口並相續淪亡

徐文長冤報

山陰徐渭字文長爲縣諸生試屢雋　世廟時胡少保宗憲總督浙西聞其名招致幕府典書記寵禮特甚渭嘗出游杭州某寺爲僧徒所不禮陰銜之夜宿妓家竊其睡鞋一隻藏之于袖來晨入幕出以呈于少保詭曰得之某寺僧房少保怒不復詳察登執其寺僧二三輩斬之轅門渭爲人猜而妒妻死後再娶輒以嫌棄續又

澹然居　卷之四

娶小婦有殊色一日渭方自外歸忽戶內歡笑作聲隔窗斜視則見一少年僧年可二十餘風儀俊美擁其婦于鄰相抱而坐渭惶遽走入徧室周旋忽然不見後旬日渭復自外歸小婦晝臥于牀忽見前少年僧與之共枕渭不勝憤怒聲如吼虎挺前擒捉寂無所有急索挺刃不得便引鋑燈檠刺婦頂門深入而絕遂坐法繫獄中卒以援者力獲免旣出獄數年事亦解渭閒居發悟往日譖殺寺僧受此冤報又傷其婦之

死也賦述夢詩二章云伯勞打始開燕子留不住今夕夢中來何似當初不飛去憐羇雌嗤惡侶兩意茲茲墜晩烟門外烏啼淚如雨跣而濯宛如昨羅鞋四鉤閒不着棠梨花下踏黄泥行蹤不到棲鴛閣自是絶不復娶矣

沉僧攫金

焦典史失其名常州江陰人也縣小吏出身後任楚中某縣尋以能名遷他府知事行離縣三四程偶逗舟江上邂逅一南僧自蜀江來求附

載舟人不許僧因吐情告典史曰貧僧槖中有募化金六百兩將往補陀山設道場爲觀世音建幢樹刹公幸附我而南此功德載其半矣典史曰此好事無不可者遂與偕行行復三四日典史忽萌毒念一夕顛風大作竟推此僧于江中胠其篋果六百金在焉悉入私帑匿隱其事自謂鬼神莫知曉起見此僧從水而出直來索前索命撫其背曰君不特攫我金且害我命我命已矣是金乃十方所施必終不爲君有從此與君形影相依不能捨矣自是無晝不見形無夕不感夢夢即驚寤目既瞑又夢如初凌晨起坐其僧已先在側且云吾獲訴于上帝帝大怒將命戮汝父子其聲甚厲典史心中憂懼不知所出遂得大病寢與不安所至驛遞維舟其下延請僧道追薦寃魂而薦亾疏中又不敢直書其故惟有叩頭流血默禱悔過而已逡巡抵家病日益劇願將此金廣作佛事誓不留分毫槖中諸凡禳謝無所不營而此僧爲人而至常大

呼曰功德何益還我命來要六百金往南海去也或來自屋上或走出壁間爾後常見其據牀而坐負扆而立不恒厥處已而左右皆見驚而散走僉曰和尚來也百計哀祈僧終不聽時典史歸且一年有半矣槖中金亦垂盡精神沮喪惶怖轉不自支忽一日亾僧持刺直來詣門相訪閽入中堂閽者拒云主人病劇不能對客矣僧叱云吾非尋常客也必欲見汝主人試告之典史方負牀呻吟妻孥環聚而泣已覩僧形見

前復聞僧通姓名于外大駭云索命鬼變幻如此吾必無路活矣不如速死遽投牀下奪刀欲自殺家人急抱止之如此者三取繩縛其手足倉卒之際不覺僧至前矣僧謂典史曰某乃人也非鬼也君勿疑速屏去妻子當告之故衆相率出避僧曰去年遊魂于風浪中分必死忽見觀世音自空中降持一燈熒熒然引入蘆漪幸遇漁舟得相拯脫萬死一生免于魚腹某六百金雖爲君有且復募化已足其數矣將之補陀

償此夙願于觀世音前過江陰知君病所繇來故須一見爲君釋杯蛇之疑耳典史曰雖然金已盡即四壁所有不滿數鎰何以償吾師負終當俟之來生矣僧笑曰吾初無意索金君何出此言舉家列拜欲製方袍帽履相遺固卻不受僅享其飯一餐使人跡之果乘南海舟而去自爾之後鬼形遂絕典史疑終不釋語言倒錯如失心人少日而殂矣典史止有一子爲秀才學藝已成方應孝廉舉以親喪不赴無故白日走江干跳怒浪中以死絡繹往救尋失其屍僧歸自南海聞而嘆息久之此萬曆中酉年間事噫自古冤鬼爲厲者亦多此則未嘗死而菩薩神通幻出奇鬼形狀以嬲之至死一何狡獪也

刀筆惡報

萬曆中留都金吾右衛白衛尉者不載其名歷世濟惡衛尉生而穎異巧習刀筆後成武進士爲營將而刀筆益善人以爲天道無徵一日忽患牙牀腫痛其楚毒不可忍痛數日齒遂動搖

不牢漸將脫落衛尉命家人以次取下毎取一齒出一大蛆蟲鱗甲猙獰可畏久之齒蕩然矣僅存齦齶猶能自嚼其舌舌爛至盡而死議者以爲切齒之怨衆口所詛報當如是爾

廉察濫獄

浙西廉察使東齊劉庚青州壽光縣人登隆慶戊辰第爲人剛執不阿萬曆乙巳年間海寧太常少卿陳與郊家奴在外販鹽值衛巡官格鬬巡官死長君太學實不與聞有司坐罪家長論

抵下獄輿議頗稱枉濫是時廉察爲政畧不哀矜太常一夕夢其先祖手執一紙文書來告曰冢孫之獄劉侯所成吾得理于上帝矣壽當不食而死也太常寤而異之適外傳廉察有病迎醫醫出而語人曰膏肓之豎在焉胗其脉是祟脉不可爲也廉察病中彷彿常見一老公氊巾白衣長可七八寸從屋而下行至案前每當食時輒跳至胸上坐而據之食以此不下咽日爾羸瘦後月餘不起杭城人多知其事

定慧寺寃鬼相逢

萬曆年間有姑蘇城東少年某乙嘗從其伯父入京伯父死流落不能歸因得疾沉痼忽遇新安賈人某甲憐而拯之力爲營辦醫藥少日遂痊乙便相隨不去甲以其人斂給可使傾心相託簿籍管鑰出入其手行販至于涿州乙忽萌惡念將甲謀害擠之急流中擁其貲于金還蘇驟爲富人莫知所自也其年葑門内定慧寺中元作蘭盆法事津濟幽魂傳有西裏高行法師至寺僧延請登座放食遠近緇白觀者數千人有往來少年之門者侈爲勝事挈同往觀乙心雖疑忌初不欲行已自度世間必無眞鬼竟與之偕纔入寺門已見新安賈人先在矣乙遂發狂大叫作賈人語曰我何處不尋汝到汝却在此今番放不去也急走僧厨攘刀自屠其腹抽出肝腸臟腑擎于掌以示衆人無不怖走遂仆于地而絶其夜賈人之子復夢其父來説報寃事明日直詣少年家檢其簿籍管鑰宛然如故貲財封記尚存隣里推驗無差子遂據有其業乃知天道好還如斯寃報速而慘矣

安慶人殺小兒報

安慶府某縣中有某甲蚤死而貲産甚饒遺孤方在襁褓毋發保惜非常其叔亾賴輒思謀害蜂目豺聲頗驚視聽一日跪告其嫂曰吾今悔悟改事嫂矣兒所遺亦猶吾子也當竭其力撫字之願嫂無他疑嫂謝曰叔有此心妾夫爲不亾矣自是深相接待各無異志孤年且六歲矣

一日叔于側近河頭造船攜其姪同往小兒拾得零星木屑還家戲盖小房如是者再四同出同入略無防範一夕去而不返急取火往覓斧劈其腦仆于途矣明日訟于府府下其事于理理不能決俻上巳祭丁理將赴文廟起呼家人具食燈燭之下忽有一小兒跪于案前稱寃流血被面理問曰是某氏兒耶應曰然曰是汝叔謀害乎應曰叔也理點首諾之其日祭畢即召叔對簿具服其辜旬餘後蚤起獨坐又見此小兒來謝視其面已無血矣聞人王某見爲府理刑親談

賣油人殺小兒報

蘇州盤門外某甲賣油爲業此人常肩油擔往來城中一大家見四五歲小兒頭戴金珠帽兜領下鏁銀項鏵臂垂紫磨跳脫身衣文葆翠緌計可直數十金便萌惡意常袖果核與食出入戲誘如是經時家人亦不防範之一夕賣油人忽見兒獨在門抱之而去潛于僻處褫剥衣飾殆盡竟絕其吭藏屍背井中父母失兒尋覓無路晝夜悲啼賣油人行刦得計幾年之間家亦驟富妻生一子宛與大家所生無別亦至四五歲時夏月天暑賣油人移枕簟當風而臥兒扳其髻中銀簪戲刺當胸賣油人方眠熟大鼾不知也睡中誤謂青蠅所集舉手一拍簪貫心矣即便絕不復活兒遂長成擅其貲業

竊囊寃報

東臺場富人曹西園失其名少年無頼以攜筐賭博爲業貧無立錐一日途中投宿食店與嶽

賈家之小郎某乙同寢處乙枕白鏹一囊曹知其是貿鹽母金也蚤起乘乙熟睡以衣褁抵其枕而去比乙睡覺檢囊中物巳失曹所在矣徬徨畏罪不敢歸見主人自經死曹遂發囊金得二百兩出母錢射炎海之利驟然巨富嬌妻美宅恣意自娛未幾室將産曹忽見小郎跟蹌入戶跡之不見則室巳免身生一子矣曹既愛兒嬰年多疾所費無筭及長成不肖尤烈樗蒱一

擲動散百千他用類是父貲蕩盡而淫悉不檢頗著醜聲竟爲債家所逼自經以死計其年亦與小郎齒相若曹遂絶嗣此余聞之父師里中無不知者嗚呼惡果可爲也哉

欺負僧道

江南玄妙觀某道士慳嗇蓄有財先是一縉紳之父賺借其若干緡初無意必償也一日道士病且死亟召其翁至欲理負金至則已不能言但以手仰指屋意在某翁憑天理也翁遽應曰

汝欲以此屋還我金耶及道士死遂拆屋而歸其徒不能奪無何翁之子登進士選入銓部人揶揄世間無天道矣不數年父子相繼死銓部公竟無嗣噫良弱可欺方寸不可昧余初意不欲書此忽見一少年白占僧屋僧無所控齎恨欲死因録之以見天道尚可畏云

外編殺生之報計二十一條

張易之與弟昌宗昌儀嬖倖傾朝競爲豪侈製大鐵籠周列熾炭爭豕鵝鶩之屬禳置於其中又以銅盌貯五味汁諸物渴極便飲表裏皆熟毛落已盡肉赤烘烘方死號活爛法又取鐵撅釘地縶犬四足縱諸鷹鷂活攫其肉食肉已畢犬尚號叫易之思食馬腸羨昌儀即以所乘馬破取其腸良久方死其後易之等被誅百姓爭割股肉抉取心肺煎煮食之殆盡

趙監廟寄居建昌素有羸疾或教之曰服鹿血可愈趙買鹿三四頭日取其一以銀管插入肉間俟血滿而服之鹿受諸痛隨有斃者趙果膚革充盈亦既效矣晚得異瘡癢甚必以竹絲穿入之方得暫停如是滿歲卒

合肥富人劉某好食鷄每日宰鷄必先刖其雙足置木櫃中俟血瀝盡乃烹之以爲去腥氣後生惡瘍既愈矣乃有小鷄足在瘍瘢中每巾櫛一動之瘍即流血苦痛難忍竟以是終

江右有富民好食鬪魚每欲烹治則引其首出以竹夾頭而殺之有子數歲極聰慧一日忽不見乃在屋後園籬之叢中首夾而不能出已死矣

細民胡姓者以捕鱉爲生他日鷄巽卵出皆得鱉不踰時其人死又湖山張氏有善張繩掩取獐麂狐兎之屬者一觸繩蹤蹤星足悲鳴以斃其人只一子方壯齡梯樹取果偶壓樹枝足脛折如獐麂罣足狀

平江府劉吉以殺禽畜爲生設肆於市橋置鑊沸湯人欲用鵝鴨之屬必詣吉烹之烹一禽畜幸得數錢每日計烹數十所得甚多或勸之營別業不屑意也有子年七歲在旁遊戲忽若有人提入湯鑊中兩股蒸爛死

建業有婦人背生一瘤大如數斗之囊其中包裹若繭栗行動即有聲恒乞於市自言故村婦也嘗與娣姒分養蠶恨己損耗不及其姒因竊姒一蔟焚之旋成此瘤以衣覆之氣悶難忍必裸露然後可而其重如石焉

光孝宫道士章道隆好食鱔魚趙招討之軍行過其宫道衆皆避獨道隆欲候煑鱔食之而行乃爲衆軍所掠需索財帛既無以應便取煑鱔沸湯灌其口而死

周豫學士嘗煑鱔見有鞠身向上而以首尾就湯者剖之見腹中有子乃知鞠身避湯者以愛子故也

建炎中謝大卿亮出使夏國夜泊漢江之濱散

步月下見岸上蟻子千數爭入水中視之已化爲蝦如是纍纍不絕跡其來處乃出自小冢之穴詢之居者云向有一翁居此三十年以爍蝦爲業死旬日矣此其葬處也蓋蝦變爲蟻聚食其遺骸旋入於水復蝦本形耳

大慈寺僧修準新開一軒四面皆竹顧欄檻間多有蟻子緣繞修準怒立伐其竹盡取蟻子棄於火中未幾患得疥癬頭面尤甚問醫者曰此名蟻漏瘡不可療矣

右衛果毅陸孝政性躁急多所賊害衛府先有蜜蜂一龕夏月分飛聚於宅南樹上孝政遣人移就別龕蜂未去之特便爾恚怒以湯就樹沃之死無孑遺明年夏孝政晝寢口呿而蜂螫其舌須臾腫脹喉不能嚥死矣

廣州四會縣令何澤性暴横日事飲啖尤喜鳧雉之屬鄉胥里正皆使供納常飼養千百頭日加烹殺澤只有一兒憐愛備至會庖人烹雙鷄甕湯待沸似有鬼物撮其兒入鑊中見者大駭亟援出之已與雙鷄俱熟矣

韓金羽林衛軍士也平日負氣力彈射飛鳥以爲生計暑月閒暇於神廟門限上坐以乘凉因自取射鳥箭鏃刮耳中之垢適被狂風吹轉廟門其箭洞貫兩耳血流如注號叫而絶

長安城西有店家婦誕兒且彌月矣欲封羊會親族羊數數向屠人跪拜屠人報其家澤然不信遂殺之就釜烹煮諸在厨者各料理葱蒜餅食止餘産婦抱兒看之不意釜忽自破湯火衝

突直射其母子俱斃焉

冀州農家多出鳧鷺之屬因以諸卵啖兒兒且數歲又自竊取煨食莫知數矣忽一凌晨父聞叩門呼兒聲令兒啟視兒遽隨一人至田畔見一城堞册素整麗兒怪問何時有此其人呵之勿言驅入北門兒纔入即門閉矣城中空無人惟有灰火布地深纔没踝兒痛呼叫望南門而趨垂至門又復閉東西趨望皆然竟不能自出也其時耕者桑者遥見之咸謂農家兒在田畔狂戲耳歸語其父呼之城灰遁滅視兒膝以下紅爛如炙足脛俱枯終其身不能復此因造寔業故觸處見獄云

趙慶叔母好食小牲晩歲得脾疾夢至陰司與鵝鴨無數俱就縛次第殺巳且當見及乃號呼乞命主者曰汝專好食生命今殺汝亦畏疼否乃發誓不食生命而甦半歲遂絶小牲而疾亦少愈後遇庸醫復勸食鴨食鴨十餘日不起矣慶叔因此遂斷小牲

也燒鵝者脇下忽生水泡一帶癢甚搔破水流不止臟腑潰出而死葢屠鵝必破其脇此其報也

捕魚舊用網十年間某者剏造竹簾則絕流而漁無一免者矣簾成而一家數口俱以疫死

吳中某給事好食犬前後殺犬數百頭一日京邸拜其同鄕家有馴犬忽驚嚙其衣某怒甚徐謂主人曰汝盍豨而餧我不覺食之過飽夜歸篝燈少坐索茶飲之而茶盂犬嗥怒擲其盂而

片片皆有犬嗥油燈一炷所見無非犬者是夕竟死

蘇州南禪寺禿師雲峰上人者酒肉沙門不習經典廣求滋味無慙愧心平生嗜鱔魚每食鱔或生剝或沸羹或斷其頭日辦烹殺萬曆戊午火焚滄浪亭後僧廬禿師衣鉢亦在焚中因入內搬徙囊篋烟迷不能出人見其昂首牆上蜿蜒偃轉與釜中鱔魚無異咸以爲殺生之顯報焉

有某甲養蜂一房盜者乘夜囊之而去未及賣跡之甲伺于門外盜者計無所出置甑上蒸而熟之瘗入土中其明年以是月之日舉家忽患癜風相枕籍死莫有爲收葬者釋典中有沃蜂之報繇此觀之定不妄矣

外編殺牛之報 計九條

唐瞿揖五十無子室內繪大士像祈禱甚虔婦方娠夢白衣女子以盤槃一兒甚韶秀欲抱取之一牛横隔其中竟不可得已而生男不育虔禱如初或曰子嗜牛肉所以不得抱子也揖悟舉家誓不食牛遂踰年而舉子

雲南安寧州張碧塘素母臨娩時其父見所善趙道人入其室而生趙道人者故昆明屠兒一日縛母牛將屠之滓刃于水濱石因置焉而母

牛之犢睨其側竊啣刃納石罅中若不忍母牛之屠者屠叫索刃不得旁見者告之故不信以爲誑已吾日所節解無筭犢何知乃能竊吾刃因復置刃石上而身隱以伺之見犢復竊刃如初廼大驚悔恨平生所爲遂棄其屠而與牛俱上華山華亭菴日叩頭佛前懺甚力久之額顛肉隆隆起如瘤山下去溪橋取水約三四里許道人以桶架牛背徐拽至橋邉居民認爲趙道人牛爭爲汲水置桶牛復挋之而上供庵爨如是二十年餘而道人故徃來張長者家碧塘既生額有痕隆隆起如圓珠登第歷官至都御史

宋時劉肇夫婦屠牛且嗜食一夕有童子敲門迸簡云六畜皆前業惟牛最苦辛君看横死者盡是食牛人讀畢忽不見夫婦不悟屠嗜如昨居年許肇夢到冥府王者怒曰汝傷牛命甚多勸化不轉叱夜叉以長釘釘其頭痛極而醒次蚤氣絶妻騎牛入市易棺不覺臀髀與牛皮相連牢不可脫數日乃死

滁州來安某屠牛爲生每令其子視已用刀之法欲世其業一日從屠肆歸酣寢於牀子持牛刀而入劃然斷其首里人共執之詰以何忍殺父因泣曰我合萬死但我初見是牛不是父父嘗教我殺牛牛眠姑試刀法耳

何大經父鸞世爲屠牛業生一子常作牛鳴以竹自鞭食草及鷄毛不嗜五穀其家常縳之十八歲而没大經因此改業

龍泉葉叅將家一牛賣屠者牽過花橋花橋上

有十四亭亭旁成市或曰此牛有孕柰何殺之
牛即墮淚狂走市人辟易牛竟入縣門跪署印
某丞前淚出不止牽之不動丞命吏胥醵銀贖
付主家養湯文學易說
乙酉歲京師有一牛狂奔至某大僚朝房跪下
出淚其跡甲已去知爲就屠而逸者曰爾欲免
死可隨我行隨至途中下車拜客又至廳事跪
下乃隨至家遂捐貲贖之朱其角付某寺給養
海鹽王田子者以屠牛成家日命家丁行屠已

主使而已一夏日偶觀縛牛忽裂縛崩角抵王
就壁踰時而放且復抵幸乘間得脫竟以傷重
死牛奔渡水至秦駐山爲人所獲竟與主俱斃
江陰長溪馮氏子臘月念五日宰牛是日天大
寒先割牛舌作羹以下沸酒十餘椀不覺醉極
將刀割牛誤舉刀口向上自屠死見者共嘆業
報之不爽云

守官漫録卷之四終

守官漫録卷之五目録

外編

見聞隨筆第一　計四十五條
見聞隨筆第二　計詩五十二首
東事瑣言　計十條

門人廣陵王　化大美　子劉懋賢愚公甫　仝校

守官漫録卷之五目録終

外編見晛隨筆 計四十五條

小兒衣不可夜露

左傳云鳥鳴于亳社杜注云譆譆是也耇鳥名姑獲云是產婦死所變故名乳母烏玄中記云一名天帝少女一名夜行遊女能收人魂魄胸前有兩乳好取人小兒養之有小子之家則血點其衣以爲誌小兒衣不欲夜露者此也故又名鬼鳥荆楚歲時記云一名鉤星衣毛爲鳥脫毛爲女周禮庭氏以救日之弓救月之矢射之

潛然居 卷之五 四十四

即此鳥也

朔旦號怒

玉燭寶典云月之朔旦士女皆當漸裳斟酌於水湄以爲度厄況嗔怒爲刼功德賊最能燒人善根嗔火一起善念安在於是日而號怒則營魄散佚未易收也

古之良醫

梁新遇朝士風疾告以不可治趙鄂教以食消梨而愈王太后病風餌液不可進許胤宗以黄蓍防風煎湯置牀下熏之而能言年少食鱠不快眼前常見小鏡趙卿誑以會食使啜芥醋而愈富商暴亡梁新因其好食竹雞知爲半夏毒薑汁灌之而愈桐城孕婦七日不產龐安時鍼其虎口使縮手而遂下皇子瘈瘲錢乙以土勝水水平而風自止進黄土湯一劑而安吳門孕婦不下葛可久以氣未足初秋取桐葉飲之立下此以意悟者也史載之治朱師古之食掛徐嗣伯治老姥之針疸賈耽視老人之蝨瘕徐之

潛然居 卷之五 四十五

才視乘船人之蛤精疾周顧知黄門腹中蛟龍以無命門脉而知爲鬼此以博識者也醫和診晋侯而知其良臣將死僧智緣能察脉知人禍福休咎診父之脉而能道其子吉凶此以理推者也意難於愽愽難於理醫得其意足稱國手矣

櫃熊治涎

唐寧王嘗獵于鄠縣介搜林莽草際一櫃扃鑰甚固王命發視之乃貯一麗姝問所自姓莫氏

出衣冠家夜遇賊僧刼至此王驚悅之載以後乘會獵者獲生熊因納櫃中乃扃留草間時明皇方慕極色王以莫氏殊麗卽表上之具奏所由上令充才人經三日京兆奏鄠縣食店有二僧以萬錢賃店作法事惟舁一櫃入店夜久腷膊有聲遲明寂然店戶人怪之啟視有熊銜出脫走尋二僧巳骨矣上知之大笑曰寧哥大能處置此二賊也夫二僧自謂得麗姝如莫氏足樂矣而不知櫃中之忽化爲熊也明皇自謂得

莫氏夠得太眞足樂矣而不知域中之忽化爲胡也明皇能笑二僧後之人又笑明皇噫後之色荒者其無令相笑無巳也

忌諱之惑

宋明帝好忌諱文書上有凶敗喪亡等字悉避之移床脩壁使文士撰祝設太牢祭土神江謐言及白門上變色曰白汝家門後梁蕭詧惡人髮白漢汝南陳伯敬終身不言死與妻交合必擇時日遣媵御將命往復數四人之蔽惑可笑有如此者

戚將軍能處變

戚將軍繼光原不畏婦後因出師以軍法斬其子自是夫人怨恨誓不爲置媵戚無如之何乃蓄之它室十餘年生二子矣一日謀稍泄夫人大恚欲得而甘心焉戚許以翌日時夫人有弟在幕戚召語之曰亟以三策語若姊子母俱全上策也出其母而內子次策也若必欲殺吾子吾當帥死士入室先斬而姊次斬若次滅而宗

而後棄官爵而逃耳吾轅門以三通鼓爲節立俟報命弟入膝行涕泣爲姊言之一不可次又不可門外鼓而譟弟大哭曰姊死不足計獨不念滅門耶迺報可令二妾入各決數十杖撫其子而泣留之室卽日出其妾妾歸家俱守志不嫁越數年夫人卒二妾復歸公時戚謂戚將軍能處變也

張蘿峰不認門生

拜主司爲門生自唐以來然矣策名朝廷而辯

恩私室誠非所宜然進身之始不可忽也士爲知己者死執弟子禮非過也至於郡縣之吏往往有拜舉主爲門生者范文正以晏元獻薦入館終身以門生事之葢感特達之知非尋常比也今江南如閩浙得薦尚難至江北部使者諸差旁午於道每循故事列姓名以報亦稱舉主門生其恩誼衰薄視朝夕相臨游揚造就者又逕庭矣近代惟霍南海韜張永嘉孚敬不拜主司然霍亦不受人作門生永嘉不能也永嘉登

第時年逾五十主司見而憫其老也永嘉憾之其後大拜竟不及門云

海剛峰

顓佐爲都御史疾惡如讐百僚莫敢闞其居者待漏朝房至比隣十餘室無人聲其風采可想見然似亦過矣近代如海瑞在留都總憲副御史不敢私市一物卒之日布被蕭然而已其清而狷其天性也然撫金陵時所行過當者甚多下弗堪也亦有必不可行者每官舫行限以拽夫十五名而止一日行部入淺河舟膠中流數日不能前郤逈送之禁既嚴廩餼俱絶不得巳自發白鏹僱舁者乃得行其在南吏部日中道有訴冤者輙受其詞歸行之司屬司屬以非職掌不受也行之法司法司以非通政司所准不受也逈取而焚之其苛碎類若此故曰仲尼不爲巳甚然海公精力幹辦尚能必行其意後人効之一步不可行而物議沸矣

徐杲

國朝徐杲以木匠起家官至大司空其巧侔前代而不動聲色嘗爲内殿易一棟審視良久於外另作一棟至日斷舊易新分毫不差都不聞斧鑿聲也又魏國公大第傾斜欲正之計非數百金不可徐令人囊沙千餘石置兩旁而自與主人對飲酒闌而出則第巳正矣亦近代之公輸也以伎倆致位九列固不偶然杲之外又有蒯義蒯剛蔡信郭文英俱以木工官至工部侍郎而能名不甚著

鷲峰寺佛像

長安之城西有鷲峰寺寺有栴檀佛像像高七尺許兩眼上注似有所想作歡喜狀相傳以爲此釋迦之真法身自周顯王時飛來震旦迄今二千四百餘年矣雖佛宇屢灰而金容如故世閒爲奇事予曰此安足奇也吾聞佛歷千劫而不古直將旦暮元會豈問歲年哉又其神通遍滿過去未來恒河世界則區區幻身所謂皮囊臭腐偶遺之影耳惟是禪門深閉乘幽控寂一二守僧真率自然忽聞木魚與磬聲間發恍同天籟斯則城市中一佛國矣爲之作禮而退

陸象山贊

趙東山贊陸象山曰儒者曰其法似禪佛者曰我法無是超然獨契本心以俟聖人百世只此四句二十六字包括宋儒紛紜諸論不但前人所未發亦可解朱陸二氏門人之爭真妙于文者也

古人重師道

孔子庚子日生故臧榮緒用庚子日拜五經朱文公九月十五日生胡安國求吳草廬明經書院記亦於九月十五日舍菜作書故書自言以明效榮緒之意古人尊師重道如此

古人重詞命

三代之人必習爲詞命童子入小學則教以應對蓋赫蹏未興赤牘未削一切利害事宜皆面陳而口宣之故必其平日學問該博事機熟透猝至而應莫不合宜如今人上一疏投一書不知經幾籌畫費幾改竄或假手他人或剿襲舊語猶自詫以爲奇而況於立談之頃乎吾讀史至子産之對晋人張祿之說秦王毛遂之定楚從蔡澤之感應侯樊將軍數羽之言淮陰侯築壇數語匆匆旁午之時荅辯如響皆成文章而見事定計發必破的若庖丁解牛以無厚入有閒恢恢乎有餘地者其亦可謂命世之才也已自漢以後惟孔明見先主立定三分之計姚元之馬首倥傯以十事要明皇此皆修詞決策預

定於平日者也范文正公自做秀才時便以天下爲巳任及天章閣召問皇恐不能對退而上書詞之難也甚矣

古人重手書

漢光武一札十行皆親手細書唐太宗嘗手書勑以賜羣臣可見古人以手書爲禮郎萬乘猶然也故劉裕不善作書劉穆之勸其信筆作大字以掩拙彼豈乏掌記侍史哉故王右軍上孝武書皆手筆精謹至唐猶然至有勑令自書與狀勿拘眞行者而誥勑王言皆用名人代書如顔平原梛誠懸之類傳爲世寶良亦不虛至宋而來假手者多迨夫今日則胥史之蹟遍於天下而手書帶行反目爲不敬名分稍尊卽不敢用其它借名贋作十居其九墨跡碑鐫槩不足信書學安得而不廢哉

雨水先驚蟄

古今二十四氣亦有不同漢律曆志驚蟄在正月中今歷以雨水爲正月中驚蟄爲二月節以理論之先天之生物皆始於水故水於五行第一一數奇屬陽故曰天一生水今厯立春後卽繼以雨水者春屬木木生于水也以卦氣論之正月爲泰天氣下降當爲雨水驚蟄者萬物出乎震爲雷卦氣二月爲大壯雷在天上當爲驚蟄則今曆以雨水先驚蟄近是云

朔易二義

元鮑魯齋荅方虛谷論北方朔易二字之義乃發先儒所未發足補窮理格物未備之奥義蓋虛谷謂東作西成南訛朔易止是一義未嘗分朔易爲二魯齋荅曰愚謂以地理方所言之則指曰北方曰朔方足矣以包涵義理爲言則不容不變文以名之曰朔易也故堯典三方皆曰東西南而獨於此不言北而言朔易一不同也三方皆言平秩而獨此一方言平在二不同也蔡九峰解朔之一字謂萬物至此死而復蘇猶月之晦而有朔旣明其有二義矣又解易之一字謂冬月歲事巳畢除舊布新所當易之事亦

明其有二義也以至月令所言數將幾終歲且更始程子亦曰北方終其陰而始其陽其分朔易二字爲二義尤明白玄有罔有寘釋者謂乾貞一德而罔寘二焉謂寘當爲北罔當爲中正與朔易相爲對待者也此正固兩義龜蛇兩物人身兩腎皆有得于北方朔易之象焉不可誣也因是推之坎北方卦也亦有兩義焉其在先天圖本一坤而在北爾乾以九二之奇下交於坤六二之耦於是成坎之象兩合爲一一又分兩奇耦耦奇生生化化變爲十百千萬之不齊者皆不能逃乎坎精之兩矣淵乎微哉

鷄鳴五更

鷄鳴于五更者易説卦巽爲鷄爲風五更時日將至巽位故鷄感動其氣而鳴也本草云鷄動風凡體有風氣人不可食食之病卽發信巽爲鷄爲風之言不誣矣

月行速于日

日一歲而一周天月二十九日有奇而一周天

非謂月行速於日也周天度數每日日行一度月行十三度有奇凡月初生明時行南陸如冬至時之日及生魄時行中天如夏至時之日故月行一月抵日行一歲也

聖人置閏

期三百六旬有六日今一年止三百六十日耳而小盡居其六是每歲尚餘十二日也計五歲之中當餘六十日故三年一閏而五歲再閏也然則不以三百六旬六日爲歲而必置閏何也日月之行晦朔弦望度數不能盡合也指日月以定晦朔觀斗柄以定四時而以參差不合之數歸餘於閏聖人之苦心至矣然亦非聖人之私意爲之蓋天地之定數也望而蚌蛤盈晦而魚腦減此物之知晦朔者也社而玄鳥來春而鴈北鄉是物之知四時者也藕桐應閏而置葉黄楊遇閏而入土此物之知閏餘者也至於晦朔之畸數閏月之餘分聖人不能齊也而況巧曆乎惟積漸而差考差而改斯無弊之術也

暦久必差

先王之正時也履端於始舉正於中歸餘於終則凡有閏者似皆歸之歲末故魯文公元年閏三月而傳以爲非禮也至漢文帝時猶然今之置閏皆以節氣中分之日上十五日爲前月後十五日爲後月也然節序考據只憑故事推筭耳其間杪分度數豈能保其不差乎古來暦法未有久而不差者盖造化轉旋之妙有非人力所及者而謂尺寸玉衡足以盡天地之變亦大惑矣春秋哀公十二年十二月螽季孫問諸仲尼仲尼曰丘聞之也火復而後蟄者畢今火猶西流司暦過也今之秋多暑於夏春多寒於冬三月而後生稊九月而後黄落以氣候攷之每逾一月則暦法之差也不言可知矣況近來日月交蝕度數有不盡如所推者敬天授時國之急務可委之冥漠不亟釐正耶

占步者多用里差之説如暦之有歲差也然鐵勒熱羊胛而天明西域朔夕月見而南交州生明之夕月已中天此誠差矣史載安息西界循海曲至大秦廻萬餘里無與中國郎以中國東西南北相距何止萬里而日月星辰並無差謬又何也大約目所未見語多矛盾訛以傳訛未敢信也

觀象臺

京師城東偏有觀象臺高五丈許其上有渾天儀一具如世所圖璇璣者皆鑄銅爲器四柱以銅龍架而懸之製作精巧又有簡儀一具狀相似而省十之七只周遭數道而已玉衡一亦銅爲之如尺而首尾皆曲有二孔對孔直窺以候中星又有銅毬一在右轉旋以象天體以方函盛之函四周作二十八宿眞形南面有 御製銘正統七年作也臺下小室有量天尺鑄銅人捧尺北面室穴其頂以候日中測景之長短冬至後可得一丈七尺夏至後可得一尺云中爲紫微殿殿傍有銅壺滴漏一器然皆不注水徒虛具耳

天體不足西北

夏日長冬日短者日夏行天中出於正東入於正西徑天中而過度數多也冬行南隅出於東南隅入於西南隅度數少也日之不行東北西北者天體欹而不足西北也

不書北至

日當南至晝漏極短而晷影極長日當北至晝漏極長而晷影極短以其極也故謂之至然南至爲北陸北至爲南陸者何也以其影之在地

者言也然極居天中日之北至不能逾極而北也故書南至而不書北至也

日食不預占

三代之時日食皆不預占孔子答曾子諸侯見天子入門不得終禮者太廟火日食是也不知古人不能知耶抑知之而不以告令人主卒然遇之猶有戒懼之心耶預占日食不知起於何時但不預占則必有陰雲不見者故春秋於日食不恒書非不食也

日月薄蝕

夏霜冬雷風霾星孛謂之天變可也至於日月交蝕則有躔度分數可預測於十數年之前傳稱魯哀之時刑政彌亂而絕不日食以爲天譴之無益告之不悟也然司馬之時羊車宴安羯胡啟釁日食三朝不一而足天何嘗譴而有益也文景之世日有薄蝕相望於冊而海內富庶粟朽貫紅以爲天譴之厚於魯哀乎是爲父者日朴責賢子而姑息不肖子也天不亦舛耶然

則何說之從曰日食變也而非其變者也譬人之有疾病也固有兢業保守而抱痾不絕者矣亦有放縱酒色而恬無疾疢者矣乃其壽命修短之源則固不係是也聖人之事天也無時不敬而遇其災變則尤加皇懼焉曰吾知敬天而已初不爲禍福計也蓋自俗儒占候之說興必以某變屬之某事求之不得則多方傅會不覺其自相矛盾而啟人主不信之端無怪乎金陵有天變不足畏之說也

五月五日子

五月五日子唐以前忌之今不爾也考之載籍齊則田文漢則王鳳胡廣晉則紀遵王鎮惡北齊則高緯唐則崔信明張嘉宋則道君皇帝金則田特秀然而覆宗亡國者高緯道君二人耳然一以不軌服天刑一以盤荒取喪亂卽不五日生能免乎

中秋天色同

中秋天色陰晴與夷狄同蘇東坡曰故人史生爲余言常見海賈云中秋之月雖相去萬里他日會合相問陰晴無不同者公集中有中秋詩嘗聞此宵月萬里同陰晴天公自着意此會那可輕又詠月詩暮雲收盡溢清寒銀漢無聲轉玉盤此生此夜不長好明月明年何處看

遇怪不言

魏正始中中山王周南爲襄邑長有鼠從穴出曰王周南爾以某日死周南不應鼠還穴至期更冠幘皂衣出語曰周南汝日中死又不應鼠復入穴斯須更出語如前日適欲中鼠入須臾復出出復入轉更數語如前日正中鼠曰周南汝不應我復何道言絕顛蹷而死卽失衣冠取視俱如常鼠故今人相戒遇怪事不得言又諺語曰見怪不怪其怪自壞

水中戒瀝血

唐開元中燉煌李鷁過洞庭刕血沙上爲鼉所舐遂化爲鷁形與其家人赴任而鷁反被鼉禁制水中如是數年遇葉法善問其故乃飛石往擊其鼉鷁始得生故今舟行相戒不敢瀝血水中

焚香辟邪

特迦香出弱水西形如雀卵色頗淡白焚之辟邪去穢鬼魅避之唵叭香出唵叭國色黑蕤之不甚香而可和諸香亦能辟邪魅京師有賃宅住者其宅素凶旣入不能便移但日焚唵叭香一罏至夜中豎子聞鬼物相與語曰彼所焚何物令我頭痛不堪當相率避之越二日宅遂清

吉無患乃知傳物志載漢武帝焚西使香宮中病者盡起徐審得鷹嘴香焚之一家獨不疫疾當不誣也

李祭酒時勉

洪熙初李祭酒時勉因上元夜拾墜金釵俟其人至還之乃千戶之婦也夫婦德公甚厚餽遺俱不受乃出藥物一片曰此名血竭出於異國牲年征交廣所得既不費財而可備緩急願公納之公乃受以語夫人後公以言事忤旨爲金瓜搥折其脇幾殆召醫視之曰傷雖重可爲也但須真血竭夫人即取畀之遂得甦時論以爲還金之報也血竭一名騏驎竭出南番中廣州亦有之樹高數丈葉似櫻桃而有三稜脂液滴下如膠飴狀久而堅凝色如乾血又能破積血止金瘡血故以血竭名也

服餌之効

偓佺食松實形體生毛兩目更方山中毛女食栢葉不飢不寒不知年歲彭籛常食桂芝八百餘歲赤將子輿啖百草花能隨風雨上下甯定公母服五加皮以致不死張子聲服五加皮酒壽三百年房室不絕任子季服茯苓輕身隱形韓衆服菖蒲遍體生毛隆冬裸袒趙他子服桂日行五百里移門子服五味子色如玉女林子明服朮身輕欻舉楚子服地黃夜視有光陵陽子仲服遠志有子二十七老更少容杜子微服天門冬八十年日行三百里庾肩吾服槐實年七十餘鬚鬢更黑青城上官道人食松葉九十如童趙瞿餌松脂百歲髮不白齒不落人於草木之實餌之不輟皆足補助血氣培養壽命但世人輕而不信耳夫鉤吻烏喙足以殺人人所共信也惡者有損善者豈得無益與其服草木之實縱無益而無害也不猶愈於煉紅鉛服金石毒發而莫之救求長生而返速斃乎

解毒之物

龜脂可以燃鐵駝糞能殺壁蝨瓜兩蒂菓雙仁者皆能殺人生人髮挂樹上烏鳥不敢食其實

栗子於眉上擦三過則燒之不爆誤吞銅鐵荸薺解之誤吞稻芒鵝涎解之誤吞木屑鐵斧磨水解之誤吞水蛭田泥解之中鷓鴣毒薑汁解之中諸藥毒甘草解之中砒毒菉豆解之中鉛錫毒陳土甘草湯解之中蛇毒白芷解之中麵毒蘿蔔解之中瘈狗毒班猫解之中菌蕈毒地漿解之烟薰死者蘿蔔汁解之諸蟲入耳生油灌之此皆人之所忽不可不知也

人參枸杞

千年人參根作人形千年枸杞根作狗形中夜時出遊戲烹而食之能成地仙然二物固難遇亦難識也相傳女道士師弟二人居深山中某徒出汲井畔常見一嬰兒語其師師令抱至成一樹根師大喜搆火烹之未熟值糧盡下山化米師出門而水大漲不得還徒飢甚開所烹者香美遂食之三日煮盡水落師還則其徒已飛昇矣

敗龜板悞人

王節齋中丞撫蜀時患蟲病訪知青城山有隱者能治招之不來乃躬造之一宿隱者脉之云此蟲病也問何以致此乃詰其嘗所服藥云素服補陰丸曰是矣其蟲乃龜板所致龜久生之物惟敗板入藥不得已用生解者須酥灸極透應手如粉者良少堅得人之生氣其生氣復續乃爲蟲耳此非藥餌所治公自今壽尚可三年猶及生子遂歸三年生子而卒王素工醫龜板良藥乃治法一乖取禍如此可不慎哉

莫尊於水

萬形不毀皆恃水德今夫山石之不裂也地膚之不坼也木不槁落金不憔悴五穀含穎垂實不竭以育民人人之精魄榮衛凝固渥洽無有外疆中乾疢疾生焉萬物羽者嫗伏毛者孕育筋骨和勁而膚澤鮮好凡若此者皆水德之滋也故淮南子曰有象之屬莫尊於水且夫形得水而滋也猶之氣得天而化也是故凡有形莫非水凡無形莫非天

樹介之異

京師戊午冬凝霜封樹者不一而足考諸前史唐寧王憲疾時寒甚凝霜封樹憲嘆曰此俗所謂樹稼者也諺曰凌樹稼達官怕吾其死乎憲果薨或以爲春秋雨木氷即此亦名樹介言象介冑也次年果有遼左三路之敗於時宿將俱戰歿偏裨以下死者凡八萬餘人其應最慘云

求道格言

唐傒道華性好文史手不釋卷或問安用此爲

答曰天上無愚懵仙人金陵唐詩慕道煉丹有道流勸之出家入山者唐曰家有老母世間無不孝神僊二語可謂的對亦可謂求道之格言也

讀書藏書

讀古人書如勘法吏案拘成案者不清冤倖之途唯在自勘其實而已讀書亦然勿據于張之案以爲無冤勘而後知其無冤也勿據孔孟之籍以爲盡理勘而後知其盡理也

泰淮海云少年讀書一見輒誦然恃此自放把卷無几雖有强記之力而常廢於不勤比數年來發憤自悔而聰明衰耗每閱一事掩卷茫然雖有勤苦之勞而常廢於善忘此數語可爲少年忘學者戒也

少時讀書能記憶而苦于無用中年讀書知有用而患於遺忘故惟有著書一事不惟經自已手筆可以不忘亦且因之搜閱簡編遍及幽僻向所忽畧今盡留心敗笥蠹簡皆爲我用始知

藏書之有益而悔向來用功之蹉跎也

書籍在唐以前寫本多而模印少學者習見傳録之艱也故其誦讀亦精詳宋以後刊鏤多而寫本少學者習見得書之易也故其誦讀因減裂在今日則一時剞劂之濫極矣工於刻而畧于校侈于藏而怠于閲毋惑乎坊間多亥豕之書而架上祇供蠹魚之飽也

書中蠹蛀無物可辟惟逐日翻閲而已置頓之處要通風日而裝釘最忌糊漿厚褙之物宋書

多不蛀者以氷袪也日晒火焙固佳然必須陰冷而可入笥若熱而藏之反滋蠹矣

藏茶炒茶法

藏茶法實茶大甕底置箬封固倒放則過夏不黄以其氣不外泄也或云當倒放有盖缸内缸宜砂底則不生水而常燥時常封固不宜見日見日則生翳損茶味矣藏又不宜熱處新茶不宜驟用過黄梅其味始足炒法鍋令極淨茶要少火要猛以手拌炒令軟淨取出攤匾中畧用

手揉之揉去焦梗冷定復炒極燥而止不得便入瓶置淨處不可近濕一二日再入鍋炒令極燥攤冷先以甕用湯煑過烘燥燒栗炭透紅投甕中覆之令黑去炭及灰入茶少分投入冷炭又入茶將滿實宿箬葉封固厚用紙包以燥淨無氣味磚石壓之置透風處不得傷牆壁及泥地如欲頻取宜用小瓶

置葉懷中

仰山脞録記莆田翠渠周公瑛知廣德日有道士作法能使童子舞公摘樹葉置童子懷中戒之曰汝第舞但樹葉落地則笞汝矣於是道士百計作法童子凝然不動盖童子心以守葉爲主也以是見人心有主則不動

令捕請託

東漢杜篤字季雅客居美陽數從美陽令請托不諧頗相恨令怒收篤送獄會大司馬吳漢薨世祖詔諸儒誄之篤于獄中爲誄辭最高帝賜

[illegible]按漢法之嚴令能捕請托者下獄今之請托者林總令敢揶揄之乎即入獄未必便有最高之辭免刑即有矣詎能上達天子古今之不同如此

見聞隨筆第二討論五十二首

陳陶劍浦人隱西山下操行高潔累辟不起嚴譔守郡日欲試之遣小妾蓮花往視陶竟夕不納妾獻詩曰蓮花爲號玉爲腮珍重尚書遣妾來處士不生巫峽夢空勞雲雨下陽臺陶答云近來詩思清於水老去風情薄似雲已向昇天得門戶錦衾深愧卓文君

元稹爲御史鞫獄梓潼時白尚書在京與名輩遊慈恩小酌花下爲詩寄元曰花時同醉破春愁醉折花枝當酒籌忽憶故人天際去計程今日到梁州時元果及褒城亦寄夢遊詩曰夢君兄弟曲江頭也向慈恩院院遊驛吏催人排馬去忽驚身在古梁州千里神交合若符契

白樂天與弟敏中行簡三人相繼俱中科名樂天作詩曰自憐郡姓爲儒少豈料詞場中第頻桂折一枝先許我楊穿三葉盡驚人

劉虛白與裴晉公昔同硯席及公主文虛白猶是舉子試雜文日簾前獻一絶云二十年前此夜中一般燈燭一般風不知歲月能多少猶着麻衣待至公

杜牧之弱冠登科名振京邑嘗與同年城南遊覽至文殊寺有禪僧擁褐獨坐與之語玄言妙旨咸出意表問杜姓字具以對又云修何業傍人以累捷誇之顧而笑曰皆不知也杜訝嘆因題詩曰家在城南杜曲傍兩枝仙桂一時芳禪師都未知名姓始覺空門意味長

牛僧孺赴舉之秋投贄於劉補闕禹錫對客展卷飛筆塗竄其文歷二十餘年劉轉汝州牛出鎭漢南枉道汝州駐旌信宿酒酣賦詩曰粉署爲郎四十春今來名輩更無人休論世上昇沉事且鬬尊前見在身珠玉會應成咳唾山川猶覺露精神莫嫌恃酒輕言語曾把文章謁後塵禹錫和云昔年曾忝漢朝臣晚歲空餘老病身初見相如成賦日後爲丞相掃門人追思往事咨嗟久幸喜清光笑語頻猶有當時舊冠劍待公三日拂埃塵牛吟和詩前意稍解曰三日之

事何敢當焉於是移宴竟夕方整前驅
王奇字漢謀宋時人家貧補縣小吏令題雁詩一聯於壁片片銜蘆背曉霜盡隨鴛鷺立寒塘奇密續成之曰晚來漁棹驚飛去書破遥天字一行令大歎賞使游學都下真宗得其詩召見立賜及第時稱天子門生
朱文公桐廬舟行見山寺詩曰一山雲水擁禪居萬里江樓繞屋除行色匆匆吾正爾春風處處子何如江湖此去隨漚鳥粥飯何時共木魚孤塔向人如有意他年來借一蓮篨其感嘆願慕之情溢於言外豈當播遷奔走之時故欲迴脫塵累耶人言多不近情恐亦不知先生也
楊文貞公曰鄉先輩劉伯川氏世居沙村在邑南山水深邃處平居不與俗人接於崇儒禮士則汲汲恐有所未盡然善觀人且喜奬掖後進予年十四五時與孟潔往拜之伯川以故人子待之甚厚是日雪霽酒酣辛予二人循溪行詠命各賦小詩言志孟潔對曰十年勤苦事鷄窗有志青雲白玉堂會待春風楊柳陌紅樓爭看綠衣郎予即一時景趣對曰飛雪初停酒未消溪山深處踏瓊瑤不嫌寒氣清人骨貪看梅花過野橋伯川顧孟潔笑曰十年勤苦只博紅樓一看耳又曰不失一風流進士顧予笑曰雖寒士當耐久又曰人有不爲而後可以有爲其勉之後伯川卒孟潔果登進士第爲翰林庶吉士而卒文貞卒致位宰相皆如所言云
永樂間胡文穆公與楊文貞公俱在內閣文穆嘗語文貞曰吾二人將老得退即各具小舟可二僮操者舟中貯書冊楮筆壺觴棋局如廣訪君艤舟君門外一里所遣童子招君君還入舟泝流至五雲驛望夫容峰則返棹至君入舟處君獨歸廣不過君竟去君訪廣亦然但泝流至玉峽而返歲必五六過訪用此共適餘年及文穆殁後半歲文貞夜夢偕文穆泛舟自快閣至郡城下同載甚樂共聯詩文穆起首句文貞續第二第三句文穆續第四第五文貞又續第六

第七文穆終結句及覺而忘第六至第七二句文貞悲惋不勝遂補之詩曰金螺瀟灑對夫容鷺渚漁洲窈窕通遠樹白雲秋色淨故人清興酒尊同河山夢冷謳吟後生死交深感慨中猶想勝緣如夙昔並騎黃鶴過江東已復嘆曰空餘後死亦何樂哉因思具册過訪之約則又皆夢中語也前輩交友存歿之情於此可見

于忠肅公爲河南方伯入覲題詩云首帕蔴菇與線香本資民利反爲殃清風兩袖朝天去免被閭閻話短長讀其詩可想其人今之清風兩袖者蓋無幾也又鄱陽劉芝陽爵應麒巡撫吳中告終養歸臨發題詩署中曰來時行李去時裝午夜青天一炷香描得海圖留幕府不將山水帶還鄉蓋亦道其實者合二詩觀之庶幾一介不輕取予者矣

張蘿峰内閣年五十尚在公車其時武宗盤遊而浙江撫按兩院會飲鴈山張乃作詩投之曰海内衣冠集鴈山草茅無路得躋攀山中獨掃

豺狼道天上誰當虎豹關玉輦不知行樂處金巵且莫破愁顔江湖廊廟原相係莫道漁樵盡日閒兩院見詩目張爲狂生幾坐以事張乃走赴公車至錫山謁座主邵二泉邵試一對月白風清鶴淚一聲山寂寂張卽對云雲行雨施龍飛萬里海茫茫邵大器之遂登第未久拜相蓋此公氣魄已從詩對見之

江西茸矮梅先生通五經四方從學者甚衆一日其徒有行臺御史者謁先生于家先生款語久之求退先生曰能少留蔬食否及設饌唯葱湯麥飯而已先生曰御史豈啖此者第老夫易辦耳口占一詩畀之云葱湯麥飯丹田暖麥飯葱湯也可憐試向城樓高處望人家幾處未炊烟可謂諷而切矣

王陽明先生大有詩才然已入理學派頭不在詩人之列曾記其詠傀儡一詩有云到處逢人是戲場何須傀儡夜登堂浮華過眼三更促名利牽人一線長稱子自應相詫説矮人亦復浪

悲傷本來面目還誰識且向燈前學楚狂如此詠物不着色相非高手不能

錢鶴灘先生里居一日聞江都某妓名遂造江都訊之已屬鹽賈矣因同逆旅館人謁大賈賈人重其才名遂留飲焉酒間呼主人某跋涉此間特欲識妓某耳延間歸鄉幸賜一見主人出妓傳花把酒特衣裳縞素往來燭前皎若秋月妓因出白綾請留新句遂題一絶云淡羅衫子淡羅裙淡掃蛾眉淡點唇可惜一身都是淡如

何嫁了賣鹽人仰面大笑而去

唐伯虎晚年寡出常坐臨街一小樓惟求畫者攜酒造之則酣暢竟日有言志詩云不種桑麻不養蠶日高猶自枕書眠閒來寫幅青山賣不使人間作孽錢又題一釣翁畫云直揷漁竿斜繫艇夜深月上當竿頂老漁爛醉喚不醒滿船霜印簑衣影

陸世明舉於鄉赴省試下第歸過臨清鈔關錯認爲商令納税陸即書一絶呈主事云獻策金門苦未收歸心日夜水東流扁舟載得愁千斛聞説君王不稅愁主事見詩驚愧謝之 一

張東海有假髻美人詩云東家女兒髮垂地日日高樓理雲髻西家女兒髮齊肩買裝假髻亦岌然花鈿玉珥重重綴眼底誰能辨眞僞瑣窓二月來春風假髻美人先入宮其旨盖喻埸屋掄才爲下第作也甚有古意

嘗愛趙子昂有題圓澤三生公案詩云川上清風非有着松間明月本無塵不知二子緣何事

苦戀前身與後身此千古以來第一議論

一僧題一詩云到處尋春不見春芒鞋踏破曉山雲歸來笑撚梅花嗅春在枝頭已十分絶似悟後人語

一全眞題詩桃川壁間云磨快鋤頭挖苦參不知山下白雲深多年寂寞無煙火細嚼梅花當點心讀之似不火食人語

釋覺圓工詩與儲靜夫先生倡和相傳其題彌勒佛一絶云無古無今雪滿頭大千沙界一囊

收自從唱破無生曲直到於今笑未休
有婦人作詩寄遠者云野鷄羽毛好不如家鷄能報曉新人貌如花不如舊人能績蔴績蔴做衫與君着眼見花開又花落此等語取之目前要自古雅暢快有三百篇之風
世人畫張果像皆倒騎蹇驢不解所以蜀中一耆儒贊曰舉世多少人誰似這老漢不是倒騎驢凡事回頭看回頭看三字令人有省
有詠紅梅者尾韻限牛字其人題云玉骨氷肌

滄溪集 卷之五 三八

絶俗流着些顔色在枝頭牧童睡起昏朦眼錯認桃花誤放牛又有詠漁舟者尾韻限天字其人題云篮裡無魚欠酒錢酒家門外繫漁船幾回欲脱蓑衣當只恐明朝是雨天此二絶者韻脚自然亦甚可喜
鄉前輩林子仁先生曾仕選郎以清白吏著先生與心齋同時倡道海上不以詩名然有道之言不必與風雅爭雄也今檢得律詩二首詠丞朝云長安月色馬頭明遥聽鷄聲滿帝城禁樹含輝天漸曉銀河垂影露初晴鳳樓鳥語喧歌吹象魏龍旂雜珮聲翠幄重光瞻拜近肯將舊學負平生夜宿古杭云古杭今夜宿扁舟欹枕寒衾聽水流心共碧天和月静身依清世與雲浮棹歌兩岸聞吳語海國何人恣越游月滿蓬窗宵欲半幾回魂夢到皇州愛君慎獨之意溢於言表
前輩麥真卿先生世廟時官御史建言被杖巳穆廟登極起廢中丞未幾黒頭棄綬治圃

滄溪集 卷之五 三九

西偏吟咏其富題舊業堂云投珮歸來不記年草堂猶自檢殘編閒看白日西飛景静結青山老去緣間守鉏疑楊子宅撫琴空對伯牙絃午窗寂寂無人語一榻松風夢葛天題長春塢疊石攢峰翠巘開四時春色勝蓬莱秦松滴露蒼龍起楚竹干霄紫鳳來麥跨舟從羣卉出敷榮不待一陽回蕭疎歳晩頻携手雪裏應知我是梅題湛碧亭百尺長虹俯畫橋緑波偃臥雨龍高虚亭湛湛涵孤影芳沚泠泠鑑一毛月上似

看秦嶺雪風來不作廣陵濤凭闌盡日清如洗水氣翻憐濕短袍又於家篋中得先生手跡數首一悼劉臺道長曾焚寶鴨讀彈章指點平津筆有霜一旦忠魂赴湘水十年孤憤哭滄浪圖扉未雪生前恨幽戶空懸死後光縱使遺靈還故里青螺松月總蒼茫一自笑爲問清狂嗜酒無一盃纔罷巳糊塗山中百甕留供客海上羣才借伴吾古道論交怠少長俗情希世看榮枯空園試履行吟徧花自紛飛鳥自呼一秋日同

友人田間晚歸途中二首返棹迴流夕有聲乘潮十里小舠輕鳥横遠漠孤雲没星帶殘河一水明清世閒人安野隱浮生老計辦春耕同心共結沙鷗伴百歲懸知不渝盟又寂歷空原落葉聲凉風披拂鬢毛輕冥冥樹色昏鴉定隱隱人喧岸火明西海豈應鳴鳳至南陽不是卧龍耕鍾山久絶區中想誰勒移文笑背盟過里中登仙橋晚題仙真輕舉信耶非父老都傳此地飛青壁不留皿月路白雲猶似去時衣蜿蜒楚

水龍長卧悵望緱山鶴未歸題杜豈關懷駟馬少因揺筆駐斜暉詠里中羅浮山浮山泛海自蓬萊㩴土名齊亦異哉岸草有靈波不没渚花無恙鳥頻來空潭月出魚龍卧舊里風生虎豹哀一葉年年秋水上滄浪幾曲棹歌回諸詩俱風流倜儻私淑高風於今猶可想見

沈鳳岡先生亦　世廟時人由庶常授給事中歷官鄖陽巡撫入爲大理卿位終左司馬其卿大理時會虜犯都城大掠畿外　世廟入相嵩

言下大司馬于理手勅趣具爰書詞長不克就至遣中使切責之大司馬遂棄市其得保首領者幸也嘗讀其搗衣篇一首九月邊氣寒長風起山阜良人遠征戍歲月亦云久蟋蟀鳴壁間玉衡運樞斗感此欲授衣刀尺勤素手清砧敲明月流光照踈牖椓椓聲滿城瀼瀼露盈肘狐裘知蒙戎葛屨今糾糾萬里情更深慇懃復何有蘭堂夜瀟條金屏墻雲毋愁看翡翠衾鴛鴦戲春藕掩淚傷朱顏心旌逐飄柳豈敢怨别離

王事方有咎烈士行不來此意君知不讀此詩
不滅子夜吳歌及秋閨怨又聞邊關有警七言
古一首朔方八月秋草肥胡兒突兀彰邊威千
群萬落不可數惟見萬里紅塵飛羽檄星馳報
主將細柳營開列軍仗寶刀初試黃金裝鐵騎
驚看新虎帳翻身上馬意氣豪坐論卻敵如秋
毫臨戎對壘不敢動徒云守備誇旌旆令嚴戍
久軍士苦反使胡驕猛如虎回軍謾唱凱還歌
論功列宴陳仙舞東南膏血輸備邊豈知一飯

羅萬[illegible]國家養兵意何在卻令此輩欺皇天如
今長城不可倚犬羊之欲無已芳草綠遍湟
中田空使英雄涕如水廊廟惟懸西北憂相臣
日夜生邊愁古來擇將爲上策轉移民力歸田
疇說債帥怯戰畏虜倖賞冒功虛費金錢寔殆
邊備大有關係不獨其詩之工也先大父與沈
凌兩先生最善所藏往來手札甚多偶閱其京
邸郵書名刺尺牘皆自書而名刺字跡不甚大
絕與今之兩衙門名刺不類今昔事不同如此

余嘗陟郡城之蜀岡有徐定菴先生詩跡攄蘇
讀之沉深宏麗俱是絕調題大明寺云樹密煙
深紫翠堆南朝遺構有樓臺岡連巴國雲千里
話入茶經水一杯月夜笙歌携客聽雨天圖畫
隔江開揚州兩度春風後跨隺何年是再來平
山堂云太守風流去不回小堂空枕翠微隈山
拖王氣雲邊出江擁潮聲海上來草樹似猶迎
画戟文章今已落蒼苔遊人若解浮生意盡折
巖花付酒杯迷樓云青嶂丹梯竹苑幽霧窓雲

棟古迷樓香銷帳殿花蒐盡怨入池塘水調休
四海追遊吾老大兩年風物此淹留烟霄直北
三千里常倚闌干望 帝州廣陵寄伯兄二首
南樓風雨憶分襟一客蕪城歲月深海上形踪
憐獨往天邊書問屢相尋棠花荆樹千年意塞
雁原鴒兩地心但得暮齡齊白首豈須浮世有
黃金 又 烟花淮海舊稱雄可奈愁中更病中白
社有緣陪夜月朱簾無夢捲春風斷碑殘墨歐
公字廢沼荒臺煬帝宮多少興亡今古意一尊

那得與君同又夢揚州一首憶在大明山上寺烟霄樓閣暮堪凭飮過香積鐘初動琴借蕭閑月半升九日自斟黄菊酒一燈常對白頭僧江南江北今千里夜夜春風夢廣陵讀其詩想見其靈襟逸韵初不知爲何許人也後余登第出給諫徐雅池夫子之門乃習先生其大父先生起家賢書弱冠負籍甚名而非其好僅一再對公車即謝去託名問醫浮游燕趙吳會荆楚間凡十年所至爲聲歌原本性情發揮道德逌然穆然其旅食廣陵棲大明寺者二年至去後形於夢寐此其託致深遠矣勝地有緣得歐陽公與先生而聲價增重文采風流掩暎千古豈偶然哉逹志廣陵者多耳食不知有先生也余故表而出之先生諱敷詔別號定菴閩中人

蘇州近竹老人袁洪志三十年前夢游武夷山題詩石壁云地僻紅塵遠人閒白晝長鳥啼春雨霽花落野泉香近竹老人題凡二十五字其後隨弟觀察使洪愈之官福建還經武夷山登絕頂見石壁上委有此二十五字宛然手跡是夢中飛神所題者老人自異既歸一疾不起矣

外編東事瑣言 計十條

異材

國家猝有夷狄之難天之所以開豪傑也有豪傑而不能識識而不用此敵國之資也昔慶曆間華州士人張元吴昊累舉不中第落魄不得志負氣倜儻有縱横材嘗游塞上歷覽山川有經略西鄙意有雪詩曰戰罷玉龍三百萬敗鱗殘甲滿天飛又鷹詩曰有心待搦月中兎更向白雲頭上飛欲謁韓范二帥耻自屈乃刻詩石上

使人拽之市而笑其後二帥召見之躊躇未用間已走西夏與曩霄謀抗朝廷連兵十餘年黄巢舉進士不中第嘗賦菊詩曰待到秋來九月八我花開後百花殺衝天香陣透長安滿城盡帶黄金甲朝廷宰相不能收拾之遂聚衆爲盗號衝天大將軍卒陷長安此可見學校所以養士科舉所以取人而豪傑放俠之士非二者所能牢籠在君相羅之於法度之外可也何況遼圉孔棘草澤英雄瞋目生心者何限不亟爲之網羅徒令抑鬱無聊坎壈不得意彼一段跋扈飛揚之氣豈能槁項黄馘終老死牖下也桓温伐秦入關王猛被褐謁見捫虱談當世之務旁若無人而温猶曰吾使義討逆爲百姓除殘而三秦豪傑未有至者徐謂猛曰江東無卿比也資以車馬欲與之俱還猶豫不決遂爲苻堅所用卒與燕連衡合兵拒温以致枋頭之敗威名頓挫然則豪傑固不易識也

用間

曹瑋知渭州時年十九馭軍嚴明賞罰立決善用間有告一卒叛入夏州者瑋方與客奕遽怒曰吾遣之去汝再三顯言耶夏人聞之即斬叛者首投境上元豐間劉舜卿知雄州虜冦夜竊其關鎖去吏密以告舜卿舜卿不問但使易其門鍵大之後數日虜牒送盗者并以鎖至舜卿曰我未嘗亾鎖命加於門則大數寸併盗還之虜大慚沮盗竟以是得罪呂東萊云天下之事皆賊詐惟兵貴詐如二公皆善用詐者古今之

以詐而戰勝攻取者多矣昔者宋人及楚人戰于泓楚師未濟宋司馬請擊之公不可曰君子不重傷不禽二毛古之爲軍不以阻隘也不鼓不成列宋師遂敗績公傷股門官殲焉成安君自稱義兵不用詐謀奇計漢軍遂馳入趙壁拔趙旗立漢赤幟斬成安君泜水上則詐與不詐之致異也

謹守

用兵以持重爲貴蓋知彼知巳先爲不可勝以待敵之可勝此百戰百勝之術也昔韓范二公在五路韓琦力于戰仲淹則不然曰吾惟知練兵選將積穀豐財而已琦欲五路進兵以襲平夏仲淹守延州堅持不可尹洙將命至慶州約進兵仲淹曰我師新敗士卒氣沮但當謹守以觀其變豈可輕兵深入耶洙嘆曰公于此不及韓公也韓公嘗云大凡用兵當先置勝負於度外公何區區過慎如此仲淹曰大軍一動萬命所懸乃可置于度外乎洙不能强而還琦遂舉

兵次好水川元昊設伏王師陷沒大將任福死之琦還至半塗亡者之父兄妻子數千人號于馬首持故衣紙錢招魂而哭曰汝昔從招討出征今招討歸而汝死矣汝之魂魄亦能從招討以歸乎哀慟之聲震天地韓公掩泣駐馬不能進仲淹聞之歎曰當是時難置勝負于度外也故善將者當以仲淹爲第一兵力旣集可徐議戰兵力未集只可議守勿遽易言犂庭驅烏合之衆楞腹之兵而乘危徼幸付之一擲也

將才

今人語將才動曰韓白夫亂世將兵一切用奇韓白是也若乃太平邊將貴在事事可久古惟趙充國王忠嗣輩足以當之彼皆苦心爲國長筭不媮幸以邀功名不苟且以遺邊隙其忠盛其才老故足尚也

國家數年前誠得一人於遼陽未雨綢繆不狎敵而撤其倦奴酋雖黠不至踰撫順而南牧馬矣就使將如韓白何嘗不拔自行伍而克國自

良家出忠嗣養自禁中惟其才而後用之今則舍行伍而重科目循薦剡而拾浮詞璧之若圖麟繪閣儘美聽聞按之如塵飯土羹無裨實用偶舉今世撫按一二薦語如氣貫白虹射飛赤羽信能貫虹没羽乎鬚髯戟竪肝膽金堅信有美髯鐵肝乎胸蟠黃石氣軼青萍信有六韜百鍊乎繁弱弓開向月太阿劍轉逬星信能掛桑倚天乎壯若虎頭都護技同猿臂將軍信如鴈門定遠乎他如談兵勇冠三軍擐甲名高八陣

驍姿昂霄聳壑駿猷掣電追風又如壯氣鷹揚鋭才犀利撫士春生玉帳提軍霜射金戈沉機鷙伏壯氣龍標一軍刁斗不驚千里金城在望等語如此套頭一紙可盡太平無事固不妨抽黄對白耶供點綴耳方今邊圉孔棘有識者亟爲

國家需大將置之危邊用之異日亦必問其將畧若何廉勇若何智謀若何騎射若何如淮陰登壇數語已足覘其多多益善而萳令執薦剡之帖括與收韓白若而人爲萬里長城爲三軍司命不亦如按圖而索駿乎哉夫泥塗未必無豪傑世豈無魏弱翁之知營平李供奉之知汾陽宗忠簡之知武穆者頗識別何如耳使行伍可以拔將帥則豪敢自喜者將不耻爲兵而兵力强且上之人亦不容奴視而虐使之矣而兵力寛

援兵

唐德宗時發涇原諸道兵救襄城十月節度使

姚令言將兵五千至京城軍士冒雨寒甚多攜子弟而來冀得厚賜遺其家既至一無所賜發至滻水詔京兆尹王翃犒師惟糲食菜餤衆怒蹴而覆之曰吾輩將死於敵而食且不飽安能以微命拒白刃耶聞瓊林大盈二庫金帛盈溢不如相與取之遂趣京城作亂先是陸贄有言今關輔之間徵發已甚宮苑之内備衛不全萬一將帥之中又如朱滔希烈竊發郊畿驚犯城闕未審陛下復何以備之今日援遣之役何以

異此有援兵必有援兵之擾莫如謹其約束使市井秋毫無犯必有援兵之費莫如虞其庾癸使資糧扉屨不缺必有援兵之害莫如養其精銳使投石超距不譁而後國家藉指臂之力備緩急之用也不然而三者萬有一危吾恐人情洶洶不虞其外援之縮朒而虞其內訌之騷離也不虞其倒戈之勢難折衝于萬里而虞其脫巾之呼先兆變于肘腋也噫危矣

屯田

古者諸侯封國自食其入淮北之地如齊晉燕秦諸國士飽倉盈不聞其仰給於江南也如漢時與楚血戰五載軍士糧餉乃自關中轉輸郎武帝窮兵黷武頻年暴師於外亦不聞其借粟於吳楚也漢時漕轉山東粟以給中都官歲不過數十萬石而已迨唐而漕運始自江而淮自淮而河計米一斗費錢七百然貞觀開元盛時不聞其乏食也至於季世乃有米已至陝吾父子得生之喜豈非內無儲積而枵腹待哺於外哉宋時汴及臨安地皆咫尺故不聞轉餉之苦今京師三大營九邊數十萬軍升合之餉皆自漕河運致古稱千里運糧士有飢色今乃不啻萬里矣萬一運道有梗何以處之故爲今日計則屯田之策宜行於邊塞而水田之利宜興於西北濱水諸郡縣也屯田之策且畊且守分番上下不惟享其粒食而士亦不至媮惰蓋守禦可以老弱占籍而力畊則非少壯不能軍將不

汰而自精矣且有田則有塍有澮沮洳泥濘亦可杜胡馬奔突之患其利又不止充口腹已也然而屯田久議復而無效何也且耕且戰兼事也久廢頓餘驟功也處兼事成驟功有名臣如趙營平諸葛武鄉輩自饒爲之今請毋太執法而稍參以人情試行田野其有廬落整溝防固桑棗茂者必民田也其有廬落敝溝防弛桑棗不殖者必官田軍田也彼以爲非已有而强有力得以一旦奪之也故官屋必漏官馬必瘠自

然之情也今宜與軍士約能墾田若干畝不荒頓者三五年外與定著世世爲已業與民田等彼必勸於長利而力作矣或曰邊地昔遭兵凶人民稀少田地拋荒處處可耕土壤膏沃在在可惜清查招墾之令非不屢下然咸謂達虜掇攘耕耘爲艱軍民困窮墾荒無力不知衛邊固難耕種而腹裏之地尚可力耕民間固難墾種而官司之力尚可招墾況足兵莫先足食足食莫要屯田古人坐困外夷牽制强敵因田致穀

養兵蓄鋭以收全勛全在于此倘盡取土地之蒿萊者大修屯政三年可以足食十年可以富强姑舉水利今北方齊晋燕秦之地有水去處皆可作水田但北人嬾不講於水利耳水用自犁地而浸種而揷秧而薅草而灌水從夏訖秋無一息得暇逸而其收穫亦數倍誠於所在致南人以爲農師以一教十以十教百決渠爲雨舉鍤成雲倉庾充盈便可省漕糧之半卽四方有警而西北人心不至揺動京師益安於泰山矣

田賦

漢文帝承諸吕之亂卽位數年間匈奴寇邊濟北叛逆乘輿行幸軍國之費不知紀極而民不告困國有餘積二年十二年俱免天下田租之半而十三年遂併其半之租税盡除之末年又令諸侯無入貢弛山澤不知當時國用于何取給葢文帝之恭儉節愛固自性成而當時差役之法尚行用民之力不必僱募也然亦異矣未幾至於武皇遂至榷酤筭緡海内虚耗今天下

漕粟之費數百萬有奇而上供

御用者名爲金花亦四百萬有奇其它司農司空之屬各項徵輸計不下三百萬而不足者又取諸鹽課百餘萬取諸太僕馬價四十餘萬而度支猶告匱不已頃者遼左索軍輿益急乃按籍數畝而泒之民間正使海内縮食節衣父老子弟不愛閭左之涓埃卽已佐

朝廷之巨萬徐俟三韓底定振旅減賦而後欣

然相告曰民其有瘳乎莫余毒也已第恐當事者灑于行之淚而窮民且賣二月之絲主計者摧百折之心而有司或歛于家之怨以待振旅而旅未可振以待減賦而賦不可減則夫寓撫字于催科扇清凉于炎火非賢者吾誰望哉

鬻爵

入粟拜爵非古也漢初詔賈人不得衣絲乘車市井之子孫亦不得仕宦爲吏蓋其慎也文帝用鼂錯言於是募民能輸及轉粟於邊者拜爵

爵得至大庶長覲其言貴粟在於使民以粟爲賞罰募天下入粟縣官得以拜爵如此富人有爵農民有錢粟有所渫夫能入粟以受爵皆有餘者也取于有餘以供上則貧民之賦可損所謂損有餘補不足令出而民利者也及孝景時亦復修賣爵令而賤其價以招之至武帝益窮兵黷武縣官不足以奉戰士遂賣武功爵募民入羊爲郎蓋至是而選舉陵遲廉耻相冒朝廷之上同于列肆矣東漢之季開西邸鬻官崔烈卿守也而入錢五百萬位爲司徒其子鈞告烈曰論者嫌其銅臭漢治雜霸固不足道也

國朝中葉業開納粟納馬之令以濟軍需而度支水衡告匱無虛日開納亦無虛日固不論貲人之子賤隷之兒舞文譎戍之丁男中貴豺璫之姦贓胥不識丁挾貲都市朝輸白鏹夕得美官但增羨金遽先除目朝廷儻傳其九牛之一毛而忘其十羊之九牧貲郎暫損其太倉之一粒而償以陸海之濫觴居里則晝錦游敖納交

守令服官則昏夜行匄徒手攫金甚又使子弟以爲卿䀡朝廷爲龍斷而恬然不知有羞耻事也求其如長卿之文藻卜式之高義累千百不得一人焉余嘗怪武帝收鬻爵之利而未嘗不獲得人之效至今讀凌雲子虛者不知其爲入貲武騎也聞上林布僑者不知其以朴忠牧隱也噫奇矣然則何道之從曰卜式有言天子誅匈奴賢者宜死節于邊有財者宜輸委如此而匈奴可滅也况爵者上之所擅百千級而不窮

財者民之所虧再加賦而益竭今欲取有餘之供以損貧民之賦當悉如鼂錯言何謂漢爵不足勸哉但恐賤其價以招之而富豪匿財不以佐
國家之急夫且以市井之心待朝廷而以徵賤之術射官爵如漢武故事則國家緩急不足頼矣

弭亂

昔人有曰虜誠不足憂乎曰有之其爲中國倡也我竭天下之兵以遏虜又竭天下之財以供南北兵而卒不得要領而我坐困矣燕趙秦晋齊魯閩楚之郊其爲俠結納亾命習射騎陸搏報仇者不可紀也鑄山煑海夜出而晨歸者不可紀也習妖書爲妖服以妄希冨貴者不可紀也一旦而有豪喜亂者倡之不旬月而數十萬人可立受事于麾下鼓行而前誰爲堅者指淮漕則天下之喉咽塞指中都則天下之耳目斷指陪京則天下之根本揺指汴洛則天下之手

鈐集我欲抽北兵而虜控揣我我欲抽南兵而倭扼掣我我欲悉發諸夷而諸夷翫狃我於乎何以策之哉邇來遼氛不靖
朝廷竭天下全力以禦之徵兵索餉所在驛騷海内且蠢蠢然動矣以天下全力而困一遼猶可言也以一遼而困天下全力不可言也以天下全力困一遼而天下無事猶可言也以一遼困天下全力而遼多事天下多事中國多事四夷多事不可言也有識者幸無笑婁之不恤其緯一至此哉柰何越俎而妄談也

節財

朝廷御用之物其工直視民間常千百倍而其堅固適用反不及民間計侵漁冐破之外得實用者千分中之一分耳毎一繕造必内使與臺省部寺諸臣公估其直直不浮内使不從也一物之進自外達内處處必索鋪墊一處不飽其欲物不得前也領官鏹置辦者皆京師大駔積猾内結近侍外通曹胥預支白鏹以營身肥家

廣置田宅妻妾鮮車怒馬出入呵殿及期限將迫則捐十之三以啗内使而以十之一供應貪緣爲奸苟圖塞責而已其中千孔百穴盤據涸亂牢不可破稷蜂社鼠難以窮詰故財用坐困而竟未嘗享其利也

守官漫録卷之五終

守官漫録跋

自昔文章之士逶逶譚著述夫著述蓋難言之矣方士子操觚習博士業束於功令漁獵則詘今訓詁則廢古儻銳意兼之即斂者不給矣虞卿著書之業我固知其未暇也迨着進賢冠復沉迷簿領間即欲浸淫於墳索與夫百家衆流精力之不繼行將廢然返耳不則求田問舍不啻鄭侯之自汙而昭烈之謂許汜者甚矣著述之難其人也不佞於

先生辱在葭莩時時過從揚扢今古

先生以經世大業自肩而以文章道義進不佞當其爲諸生蚤已窺二酉

究五車迄今守官別無他嗜好滌研泚筆遂成漫録凡五卷夫以君家更生之鴻寶清之之墨莊而探驪獲珠庚若禹錫以故採摭羣言種種金石尤非雕蟲輩能擬其萬一者會先生以糠秕之導見屬爲識其大凡於末簡見先生今日之守官無改於昔而

三　跋

今之所纂記者正昔所用以相規者也于一切俗情何有至上關朝常國典下切身心性命不佞方在佔畢胡能越樽俎代也

門下眷姪壻王　化大美謹跋

古文孝經朱子訂定刊誤集講

（清）熊兆 撰

《古文孝經朱子訂定刊誤集講》一卷，清熊兆撰，據《四庫全書存目叢書》本影印。

熊兆，清江蘇泰州人。

是書又稱《孝經集講》，遵朱子本，備衆説而爲《孝經》解。清修《四庫全書》時其書曾爲浙江進采，《四庫全書總目》言：『原本首題「直隸揚州府泰州端本社學教讀後學草廬臣熊兆集講」。』是書引唐玄宗序後復列三圖，分别爲：孝經五品愛敬孝養德業性理圖，天經地義人行之圖，修學致用推孝爲忠之圖。又作《孝經出處廢興用寘緣由並孝經説疑及逐章説疑》。正文凡十四章：經一，傳十四。是書可道者三：一曰以圖解經。書前三圖各有所指，又參以爻卦，如圖一以『元』爲天、父、君，『亨』爲長男、中男、少男等，再加推演而成。圖二、圖三則在圖一基礎上進而作細節引申而成。不可謂不新；二曰講解有法。其講解經義，先釋音，或用反切或以直音，次則介紹句中所涉人物並釋字詞義，然後廣列衆説，參以己意而分析句旨。常見『此』『此言』等語，皆是作者云己見、會經義。其每章之後引朱子言，明一章之大義。如此循序而漸進，甚便初學；三曰注釋詳盡。凡有先儒前人所注明者輒録而附下，或有舊注所略而今之學者尚不能通者，則考釋之而言己意。其引一説，或廣涉經傳，遠引鄭玄、虞翻、孔安國，近采時人論説，天台陳氏、宜春李氏之説皆見引。是書既曰『集講』，其解經巨細無遺、淺顯易明，確合題意，有可觀者。

（張　航）

此葉山呂氏舊藏本後轉入朱竹君學士椒花唫舫丙午歲購得學士遺書十餘種此其一也道光戊申夏五月常熟翁同書識于京邸吉金樂石之齋

唐玄宗皇帝制序

玄宗姓李氏名隆基初為臨淄王誅韋氏奉睿宗封為平王睿宗將建儲嫡長子成器以平王有功力讓之遂為太子尋受禪

朕聞上古其風朴畧雖因心之孝已萌而資敬之禮猶簡及乎仁義既有親譽益著聖人知孝之可以教人也故因嚴以教敬因親以教愛於是以順移忠之道昭矣立身揚名之義彰矣子曰吾志在春秋行在孝經是知孝者德之本歟經曰昔者明王之以孝理天下也不敢遺小國之臣而况於公侯伯子男乎朕嘗三復斯言景行先哲雖無德教加於百姓庶幾廣愛刑于四海嗟乎夫子沒而微言絕異端起而大義乖况泯絕於秦得之者皆煨燼之末濫觴於漢傳之者皆糟粕之餘故魯史春秋學開五傳春秋本魯國之史孔子因而修之至於漢時有左氏傳公羊傳穀梁傳鄒氏傳夾氏傳乃李春秋者五家有宋胡文定公安國康侯亦傳行於國朝國風雅頌分為四詩詩有十三國風小雅大雅三頌至於漢時分為四家

有毛詩韓詩齊詩魯詩也去聖愈遠源流益別近觀孝經舊註踳駁尤甚至於迹相祖述殆且百家業擅專門猶将十室希升堂者必自開戶牖攀逸駕者必騁殊軌輒是以道隱小成言隱浮偽且傳以通經為義義以必當為主至當歸一精義無二安得不翦其繁蕪而撮其諸要也韋昭王肅先儒之領袖韋昭吳人王肅魏人虞翻劉邵抑又次焉虞翻吳人劉邵魏人劉炫明安國之本安國姓孔西漢人劉炫隋人陸澄譏康成之註康成姓鄭名玄東漢人陸澄以晉荀昶所李為非鄭康成所註古文藏秘之書是也在理或當何必求人今故特舉六家之異同會五經之旨趣五經易詩書礼春秋約文敷暢義則昭然分注錯經理亦條貫寓之疏殘有補於将来且夫子談經志取垂訓雖五孝之用則別而百行之源不殊是以一章之中凡有數句一句之內意有兼明具載則文繁畧之又義闕今存於疏用廣發揮

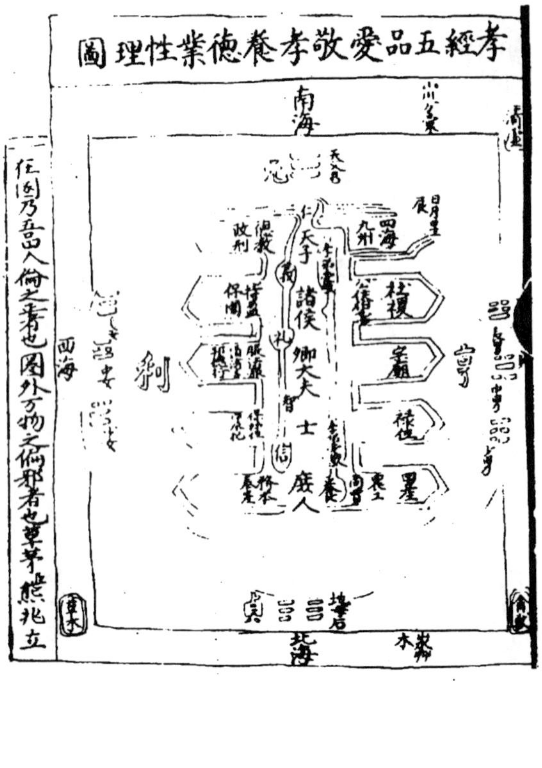

右圖一

右圖二

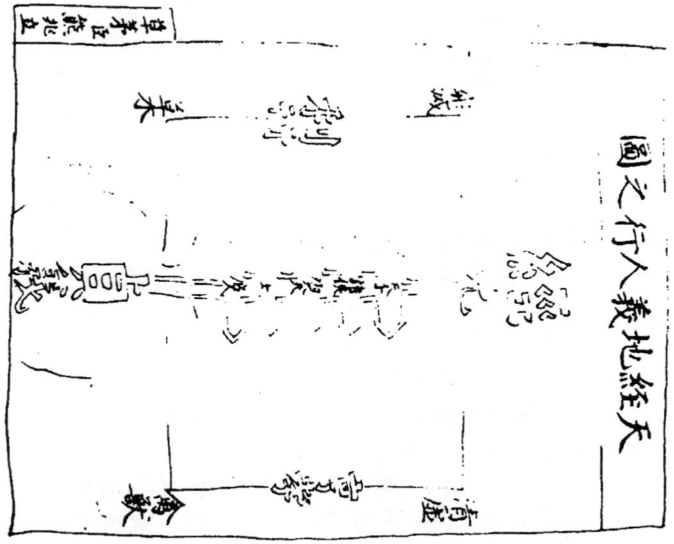

右圖三

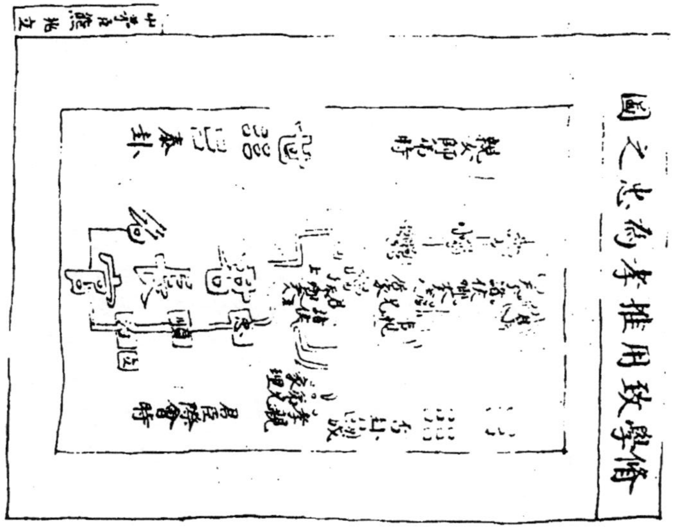

孝經出處廢興用眞緣由幷孝經説疑及遂章説疑

孝經神契曰元氣混沌孝在其中太古三皇五帝
夏殷周有此孝道不有孝經也至春秋戰國時曾
子參志存孝道孔子立因之以作孝經曾子傳之
而門人記之至孟軻又發
明聖人爲孝之善行于書
秦始皇帝三十四年丞相李斯上書曰異時諸侯
並爭厚相遊李令天下已定法令出一百姓當家
則力農工士則學習法令今諸生不師令而李古
以非當世惑乱黔首聞令下則各以其李議之入則
心非出則巷議率群下以造謗臣請史官非秦記
皆燒之非博士官所職天下有藏詩書百家諸者
皆詣守尉雜燒之有偶語詩書者棄市以古非今
者族所不去者醫藥卜筮種樹之書若有故李法
令以吏爲
師制曰可
孔氏懼秦禁以藏先聖先賢之書與經子屋壁間
至漢始出鄭康成所註古文藏秘也書是此孝經
也
漢書儒林傳序曰光武中興愛好儒術未及下車
而先訪儒雅採求闕文補綴漏逸先是四方李士
多懷挾圖書逃遁林藪自是莫不抱負墳策雲會
京師建武五年乃修起大李稽式古典中元元年
初建三雍明帝即位親行其礼坐明堂而朝群后
登靈臺而望雲物袒割辟雍之上尊養三老五更
饗射礼畢帝正坐自講諸儒執經問難於前冠帶
縉紳之人圜橋門而觀聽者蓋億萬計自期門羽
林之上悉令通孝經章句匈奴亦遣子弟入李濟
濟乎洋洋乎盛於永平矣丙寅永平九年帝崇尚
儒李自太子諸王侯及大臣子弟功臣子孫莫不
受經又爲外戚樊氏郭氏陰氏馬氏諸子立李於
南宮號四姓小侯置五經師授撰高巳以授其業
自期門羽林之士悉令通孝
經章句匈奴亦遣子弟入李
唐太宗皇帝庚子貞觀十四年二月上幸國子監
觀釋奠命祭酒孔穎達講孝經賜祭酒以下至諸
生高第帛有差又曰玄宗有孝經序未詳在何年
日曰及節侯
考尖以備之
宋孝宗皇帝淳熙丙午十三年八月直徽猷閣江
西提刑晦庵先生朱熹仲晦孝經刊誤成于此未
豪　賜服受封爵邑秖書令職在成刊誤孝經時也
晦庵先生曰熹舊見衡山胡侍郎論語説疑孝
經引詩非詩本文後讀之每覺其言之有味且
又竟其而可疑者不但此也因以書告沙隨程
丈可久程答書曰頃見玉山汪端明亦以此書
多出後人傳會乃知前輩讀書精審其論固已
及此而區區進越之罪亦庶幾乎可幸免矣因
悉數所疑而記二公之言以爲質云先生嵌劉
取他書之言可發此經之旨者別爲外傳如冬
溫夏清昏定晨省之類臣兆草茅愚見因以
明善事父母
爲孝之礼也
朱子曰疑所謂孝經者其上文止如此其下則，
或者雜引傳記以釋經文乃孝經之傳也切嘗
考之傳文固多傅會而經文亦不免有所折增

加之失顧自漢以來諸儒傳誦莫竟其非至或
以為孔子之所自著則又可笑之尤者蓋經之
統論孝之終始中乃敷陳天子諸侯卿大夫士
庶人之孝而其末結之曰故自天子已下至於
庶人孝無終始而患不及者未之有也其首尾
相應次弟相承文勢連屬脉絡貫通同是一時
之言無可疑者而後人妄分為六七章又増子
曰及引詩書之文以雜乎其間使其文意分斷
間隔而讀書者不復得見聖人全体大義為害
不細故今定此六七章者合為一章而刪去子
曰者二引書者一引詩者四凡六十一字以復
經文之舊其傳文之
失又別論之如左云
朱子曰傳之首章然所論至德語意亦踈如上
章之
失云
朱子曰傳之二章但經所謂要道
當自己而推之與此亦不同也
朱子曰傳之三章今失其次矣但自其章首以
至因地之義皆是春秋左傳所載子大叔為趙
簡子道子產之言唯易礼字為孝字而文勢反
不若彼之通貫條目反不若彼之完備明此襲
彼非彼取此無疑也其曰聖人見教之可以化
民又與上文不相屬故温公改𢘅為孝乃得粗
通而下所謂德義敬讓礼樂好悪者却不相應
疑其裂取他書之成文而強粧綴以為夫子曾
子之問答但未見其所出耳然其前段則文既
可疑而謂聖人見孝之可以化民而後以身先
之於理又已悖矣況先之以博愛亦非立愛惟
親之序若之何而能使民不遺其親耶其所引
詩亦不親切今定先王見教以下足六十七字
乖刪
去
朱子曰傳之四章其言雖善而亦非經文之正
意蓋經以孝而和此以和而孝也引詩亦無甚
失且其下文語已更端無所隔碍故今得且仍
舊耳
朱子曰傳之五章但嚴父配天本因論武王周
公之孝而贊美其孝之詞非謂凡為孝者皆欲
如此也又況孝之所以為天孝者本自有親切
處而非此之謂乎若必如此而後為孝則是使
為人臣子者皆有今將之心而反陷於大不孝
矣作傳者但見其論孝之大耶以附此而不知
非所以為天下之通訓讀者詳之不以文害意
焉可也其曰故親生之膝下以下意却親切但
與上文不屬而與下章相近故今文連下二章
為、章但下章之首語已更端意已重復不當
通為、章此語當依古文且附上章或自別為
、章
可也
朱子曰傳之六章古文章首有子曰字而今文
無之古文析不愛其親以下𣏌之以子曰而別
為一章今文則通上兩章為一章無子曰而有
故字今詳此章之首語實更端當以古文為正
不愛其親語意正與上文相續當以今文為正
至君臣之義之下則又當斷簡為而今不能知

其爲何字也悖禮以上皆格言但以順則逆以下則又雜取左傳所載季文子北宮文子之言與此上文既不相應而彼此得失又如前章所論子產之語今刪去凡九十二字

朱子曰傳之七章格言也

朱子曰傳之八章格言也

朱子曰傳之九章進思盡忠退思補過亦左傳所載士貞子語然於文理無害引詩亦足以發明移孝事君之意

朱子曰傳之十章釋天子之孝有格言焉

朱子曰傳之十一章此一節釋立身揚名及士之孝

朱子曰傳之十二章國十一章三可移而言嚴父孝也嚴兄弟也妻子臣妾官也

朱子曰傳之十三章不解經而別發一義爲諫爭章

朱子曰傳之十四章亦不解經而別發一義爲喪親章其語尤精妙也

孝經凡例

大古三皇五帝夏殷周王諸侯卿大夫士庶人有此孝理于心于身行家于國于天下

春秋戰國孔子曾子問答及孝始著此書五品之人行焉秦亡孝儒藏書于屋壁至東漢孝經始出士庶力行習講　三國　西晋東晋稍明

隋亦無孝唐強明孝　唐五代不及孝

宋明孝　南宋不及孝元明孝

國朝孝皆見孝順事實爲善陰隲等書

一孝經章經一章傳十四章原有先儒註解之明者悉皆采而附於各章之下其有先儒以爲易而不註學者以爲難而有疑者輒以己意解集成講庶幾有以開其疑而勉其學也臣草茅妄僭君子技之可也

一孝經明堂廟社器物有圖于經傳及建安何氏與諸大全小學明白可訊臣草茅膚見劃孝經三圖于唐序後以誨來學蒙童也

一引用經書

洪武正韻　切字音字

詩經　大雅小雅

周易　繫辭

禮記　祭義曲禮　表記

春秋　左傳

大學

論語

中庸

孟子　紫陽註

孝經神契

樂制

史記畧

通鑑

爾雅

史記世家

五刑　隋律

家語

揚子
家禮
小學　大全註
白虎通
司馬溫公書儀
顔氏家訓
明堂記
地理雪心賦

一引用先儒姓氏
鄭氏玄康成北海高密漢靈獻時人
虞翻字仲翔三國吳人
韋昭字洪嗣吳中書僕射
孔安国前漢武帝朝諫議大夫
劉邵　魏人
陸澄　晉人
荀昶　晉人
王肅　魏人
唐明皇帝　序稱制
鄭氏　莫考其名
蔡邕字伯喈陳留
司馬温公名光字君實宋朝賢相
尹氏焞　彦明
藍田呂氏　大鈞和叔　大臨與叔
顔氏之推介　協之子　瑯琊臨沂人有文集三十卷家訓二十篇行于世
呂氏未詳
東萊呂氏祖謙伯恭封成公金華
伊川程子頤正叔宋朝大儒
慶源輔氏廣漢卿潜庵

西山真氏　德秀景元建安
新安朱子　熹仲晦晦庵
長樂陳氏　用之
張氏庭堅　才叔
張氏彝
勿軒熊氏　禾去非建安
魯齋許氏　衡平仲河南
孔氏　未詳
延平周氏　諝希聖
吳郡范氏　成大至能
東匯澤陳氏澔
嚴陵方氏　慤
導江張氏　須建善魯齋門人
豫章趙氏　德鐵岩
閩川林氏　駒德須三山
浮山董氏　黒人瑞
宜春李氏　凱仲容
樂平夏氏　𣊝日輝睦樂
天台陳氏　選
鄒氏　先進士

古文孝經朱子訂定刊誤

海陵晚斈草茅臣熊 兆 集講

臣聞仲尼曰孝乃天經地義民行而人是則之蓋自天子諸侯卿大夫士庶人武官夷狄禽獸草木皆各受陰陽水火木金土之氣以成而為物者也惟人獨得天地二五之秀而為人知為人之貴為人之行莫大於孝欲達夫孝之理苟非上知之資生知之性必由孝經而知凡初斈者固當誦習講明孝道之理理明義精然後德建名立如此豈祇但免不孝不弟而已必不至淪禽獸之地也司馬溫公曰子生七年始可教孝經論語次及諸經朱子復采孝經發明小斈之書垂訓後世丁寧之意益深切矣

仲尼閒居曾子侍坐 閒閑同

孔子名丘字仲尼其先宋人也有正考父者佐宋三命滋益恭其鼎銘云一命而僂再命而傴三命而俯循墻而走亦莫余敢侮饘于是鬻于是以糊予口孔氏滅於宋其後適魯父叔梁紇為鄹大夫母顏氏名徵在以魯襄公二十二年庚戌之歲十一月庚子生孔子於魯昌平鄉陬邑

此其畧也詳見史記世家

曾子名參字子輿南武城人傳大斈十章志存孝道孔子因之以作孝經卒追封郕國公此其譜畧其詳見曾氏列傳

此言夫子燕居無事之暇而弟子侍御聽授之時斯二句乃先儒形容聖賢存養謙虛處如此非若常人之情無用之辯不急之察紛紛私議於無事之際而吾夫子閒居獨語曾子之意經文可見然則聖人於人倫愛敬間頃刻未嘗不在也

子曰參先王有至德要道以順天下民用和睦上下無怨女知之乎 女音汝下同

此言至德乃無上之稱要道是當然之理二者古昔明王所有也然所有者何仁愛敬義而已聖人以之劃率四海庶人用之婣睦三族故居上者躬行於上而無病施之損在下者盡己乎下而有被澤之益故得相免於尤悔矣否則焉能無怨懟哉此仲尼啓問曾參之意而子輿不敏唯直俟天子之旨而後有以誨之

曾子避席曰參不敏何足以知之

避席起敬之義不敏謙虛之辭此言曾子自度至德要道精深簡妙而參性質魯故答不足以

知之

子曰夫孝德之本教之所由

生復坐吾語女 夫音扶 復

孝鬴雅善事父母爲孝孝經神契四元氣混沌孝在其中天子孝龍负圖庶人孝林澤茂也德得也行道而有得於心者也教教訓也法語也元命包曰天垂象人行其事謂之教亦傚也中庸脩道之謂教朱子曰性道雖同而氣稟或異故不能無過不及之差聖人因人物之所當行者而品節之以爲法於天下則爲之教若礼樂刑政之屬是也

此言孝誠德之根本教之梯航万善之宗百行之主爲教之道亦由此而出矣後身字始三百三十九字乃孔子因曾參之孝而談經也子朱子訂定古文之孝經考正刊誤之訛謬垂训將來者實有功於天下後世大矣人能切而講習長而力行則堯舜文武周公孔子之孝行庶焉歟哉

善事父母孝者

曲禮曰凡爲人子之禮冬溫而夏凊昏定而晨省夏氏嘿曰此言大凡爲人子事親之禮冬則溫暖其被使親睡之而不寒夏則扇凉其枕席使親睡之而不熱昏則安定其牀衽使親睡之而無危次日早晨則至寢門外問其夜來之安否何如也

天台陳選曰溫以致其暖如溫被之類凊以致其凉如扇枕之類定以安其寢省以問其安

藍田呂氏曰溫凊定省所以養体也一歲則有冬夏寒暑之適一日則有昏晨興寢之適人子不可不知也內則父母將衽長者奉席請何趾少者執牀與坐昏定之事也子事父母鷄初鳴適父母之所下氣怡聲問衣燠寒男子未冠笄者及命士以上父子異宫則昧爽而朝文王之爲世子鷄初鳴衣服至於寢門外問安否何如此晨省之事也

東萊呂氏曰孝子以親之心爲心故以親之体爲体冬溫夏凊一歲有冬夏寒暑之變一日有晨昏晦明之變此見孝子不忘親處纔遇变時雖加意於其間冬溫則体其溫之之禮如古人置密室之類是也夏凊則体其凊之之禮如古人扇枕之類是也昏時則安其父母晨時則鷄鳴而起問其安否

朱子曰溫凊定省雖有四時一日之異然一日之間止當隨時安處省察其或溫或凊之宜也

司馬溫公曰父母舅姑將寢則安置而退丈夫唱喏婦人安置此即禮之昏定也

漢黄香字文強江夏安陸人年九歲失母思慕憔悴殆不免喪鄉人稱其孝獨養其父躬執勤苦夏則扇枕席冬則以身溫被太守劉護聞而異之署爲門下孝子孝章皇帝詔詣東觀讀所未見書人詔詣安福殿言政事拜尚書即遷尚書令

曲字始至此釆以實吾事父母者之禮也

身體髮膚受之父母不敢毀

傷孝之始也

毁傷虧損也
戛氏㬉曰此言子之一身四体與毛髮皮膚皆受生於父母父母既全而生之子當全而歸之不敢有所毁傷此乃孝子之始事也
鄭氏曰身體言其大髮膚言其細聖人論孝之始以愛身爲先
尹氏曰父母全而生之子全而帰之曾子臨終而啓手足爲是故也
導江張氏曰夫孝道愛敬而已愛親自愛身始敬親自敬身始身者親之支也未有知愛親敬親而輕毁傷其身体者故以是爲始焉
范子曰君子之行必本於身記曰身也有親之支也可不敬乎身体髮膚受之於親而愛之則不敢忘其本不敢忘其本則不爲不善以辱其親此所以爲孝之始事也
曾子曰身也者父母之遺體也行父母之遺體敢不敬乎
遺餘也人子之身出於父母今父母亡而子身存故曰身也者父母之遺体也行父母之遺体者謂以父母之遺体行之於世如事君莅官交友戰陣之類是也敢不敬謂身行不正則災必及於親矣
勿軒熊氏曰子之身即父母一体而分者敬保此身體不敢毁傷凡我之一舉一動皆所以舉父母之遺體而行之者也
居處不莊非孝也事君不忠非孝也莅官不敬非孝也朋友不信非孝也戰陣無勇非孝也五者不遂烖及其親敢不敬乎
忠者内盡其心而不欺也戰戰鬭也陳行列也佩觽集曰軍陳爲陣勇猛也無勇則棄甲曳兵而走不能敵王所愾矣
戛氏㬉曰此言居處于家身多欹側而不端莊不是孝也出事人君心多欺罔而不盡忠不是孝也身臨官位爲政怠慢而不敬謹不是孝也與朋友交言多詭詐而無信實不是孝也與敵相戰臨陣退縮而無勇敢不是孝也行此五者而有不成則烖必及於親則是不能行父母之遺体也爲人子者安敢不敬其身乎
勿軒熊氏曰居處莊如執玉奉盈視於無形聽於無声之類事君忠君父一也莅官敬居官猶居家也朋友不信不獲於朋友不悦其親矣遂决辭五者行之必以其誠則不爲親之羞辱否則取禍患之道也
西山真氏曰身體髮膚受之父母不敢毁傷然忠臣義士奮不顧身視死如帰何也其與他毁傷不同蓋殺身所以成仁既成仁則孝在其中矣殺身成仁則形雖虧其理不虧身雖殞其名不殞乃所以爲孝也故曰戰陣無勇非孝也
延平周氏曰居處莊禮也事君忠莅官敬義也朋友信信也戰陳勇強也凡此五者皆遂則烖不及其身則是不及其親蓋吾身即父母之身也居處莊者慎其獨者也能慎其獨故以之在上則事君忠莅官敬以之在下則朋友信戰陳者非君子之先務也故其序如此

曾字始至此采以明受之父母不敢毁傷孝之始也之義

立身行道揚名於後世以顯
父母孝之終也
揚傳揚也顯光顯也
勿軒熊氏曰愛身不過不虧其体而已立身則不虧其行也人能以一身立於天地之間而所行者又皆聖賢之正道則一言語一動作必無忝辱其親矣孝以愛身為先故以能立身為終事也
鄭氏曰國人稱願幸哉有子如此所謂孝也
嚴陵方氏曰註云稱者口稱其所為願者志願其如此然則了之之詞也幸哉有子如此乃父母之幸也
導江張氏曰非姑為是立身行道之事以求名也蓋有實而名隨之已之名顯而父母亦顯矣

夫孝始於事親中於事君終
於立身　夫音扶
夫孝總言孝之道也始而居家以事其親者此孝也中而出仕以為事君之忠亦此孝也終而立身兩間而無辱者又豈非此孝之所成乎
勿軒熊氏曰始即上文孝之始也中則移孝為忠終即上文孝之終也
司馬溫公曰明孝非道事親而已要當立身揚名以保國家
導江張氏曰立身之道既盡則事親之道無不盡事親之道既盡則資於事父以事君亦無不盡矣次第如此然又以立身終之何也蓋立身甚難自始知學即為立身之事中間或有一節不立則萬事瓦解是以平生敬之慎之死而後已此曾子所以戰戰兢兢也
范氏曰居則事親者在家之孝也出則事君者在邦之孝也立身揚名求世之孝也盡此三道者君子所以成德。

愛親者不敢惡於人敬親者
不敢慢於人愛敬盡於事親
而德教加於百姓刑於四海
蓋天子之孝
惡不愛也慢不敬也得愛敬之道於心謂之德以愛敬之道教人謂之德教又曰德者得也德教者謂以人所同德於天之理立為教法也加施也德教加於百姓即内則所謂后王命冢宰降德於衆兆民之意刑法也有天下曰天子言其為天下之君而為天之子也詩曰昊天其子之是也曲禮曰君天下曰天子公羊傳成公八年註聖人受命皆天所生故曰天子
夏氏贶曰此言惡於人者人必惡之故愛其親者不敢惡於人慢於人者人必慢之故敬其親者不敢慢於人愛敬之道上盡於所事之親而其德教下加於天下百姓使各愛敬其親而不敢惡慢於人四海之人皆視之以為法則此乃天子事親之孝也
鄭氏曰惡慢於人則人亦惡慢之如此則辱將及親
勿軒熊氏曰推愛親之心當無所不愛何敢惡人推

敬親之心當無所不敬何敢慢人愛敬盡於事親即上文愛親敬親也德教加於百姓即不敢惡人慢人也刑儀法也謂上行下效天子有天下故言四海

西山真氏曰孝之爲孝不出愛敬二者而已推愛親之心以愛人而無所疾惡推敬親之心以敬人而無所慢易則天下之人皆在吾愛敬之中愛敬盡於事親非求以律人也躬行於上而德教自刑於下天下之人無不愛敬其親其守豈不約其施豈不博乎故曰此天子之孝

導江張氏曰不敢惡慢者所謂老吾老以及人之老是也推吾老老之心於人之老無不愛焉無不敬焉則天下之爲人子者皆有所觀感而興起矣

東匯澤陳氏曰天子者君臨天下之總稱臣民通得稱之也

嚴陵方氏曰刑于四海即下武詩成王之孚下土之式永言孝思孝思維則此之謂也

在上不驕高而不危制節謹度滿而不溢高而不危所以長守貴滿而不溢所以長守富富貴不離其身然後能保其社稷而和其民人蓋諸侯之孝

離音利

危謂勢將傾也溢如水之泛溢而出也民泯也謂泯然無知也人者神也而爲萬物之最靈者也侯從矢取射義射之有侯所以候中否明王拙也古者以射選賢射中者獲封爵故因謂之諸侯珠義曰天子之大射謂之射侯射侯者射爲諸侯射中則得爲諸侯射不中則不得爲諸侯是也

真氏曰此言諸侯職在人上不行貴驕之勢則其位雖高而身安無危也制立其品節謹慎其法度則其志雖滿而持守不溢也然後能保其社稷而不使爲丘墟和諧其民人而不使之爭鬪此乃諸侯事親之孝也

鄭氏曰高而危者以驕也滿而溢者以奢也制節制財用之節謹度不越法度

勿軒熊氏曰位高而驕則危祿滿而奢則溢制節每事制爲之節諸侯立社故言社稷

范氏曰國君之位可謂高矣有千乘之國可謂滿矣貴者易驕驕則必危富者易盈盈則必覆

張氏曰驕者氣盈居人上而氣盈則奢奢則不難制財用之節奢則侈侈則不能謹法度之守故古人以貴而不驕爲德也

趙氏曰社所以祭五土之神稷所以祭五穀之神稷非土無以生土非稷無以見生生之效以其同功均利以養人故也

藍田呂氏曰先王之建國法置社稷使其君子守之爲土地人民之主此有國者所以以社稷爲言也大夫之有宗廟義亦猶是

閩川林氏曰夫社者五土之神稷者五穀之神土穀之有功於民此祀典之所當尊者共工氏之子龍高

陽氏之子黎皆有平土之功烈山氏之子柱厲山氏之子農皆有播穀之功是故祭社稷之目取四子以配食焉亦不忘本之義也今之配祀者謂之龍與黎可也柱與農亦可也彼直以四子爲社稷之正神而非配社稷者漢儒之妄也孝經說云社者土之神稷者能布五穀皆土地自然之氣故名曰神則社稷之爲正神而非人爲之也

婺源輔氏曰民指在下之民人兼上下言之

非先王之法服不敢服非先王之法言不敢道非先王之德行不敢行是故非法不言非道不行口無擇言身無擇行言滿天下無口過行滿天下無怨惡三者備矣然後能守其宗廟蓋卿大夫之孝

德行之行去聲下同　惡去聲

凡在前者謂之先有天下者人稱之曰王敢服之服曰着也宗尊也廟貌也宗廟蓋尊奉先祖容貌之室也說文廟尊先祖貌也彷彿先人之容貌通典注宗廟者先祖之尊貌也爾雅室有東西廂曰廟無曰寢

夏氏㫖曰此言是先王法度之服則身服之非此則是不衷之服服之不衷身之宂也故不敢服是先王法制之言則口道之非此則是邪誕妖妄之說邪說流行壞人心術故不敢道是先王道德之行則是以行之非此則是詭異之行索隱行恠後世有述故不敢行既能服法服道法言行德行然後方可保全其尊奉先祖之廟而不使之失祀此乃卿大夫事親之孝也

鄭氏曰凡宮有鬼神曰廟又曰鬼神所在曰廟尊言之也

范氏曰卿大夫循法度爲孝服先王之服道先王之言行先王之行然後可以爲卿大夫

張氏曰衣者身之章言者行之表行者言之實皆不可不謹者也

勿軒熊氏曰大夫立宗故言宗廟

資於事父以事母而愛同資於事父以事君而敬同故母取其愛而君取其敬兼之者父也

此言取至愛其父之道以事母則一愛矣取至敬其父之道以事君則一敬矣得并有愛敬之奉者惟父也

故以孝事君則忠以敬事長

則順忠順不失以事其上然後能保其爵禄而守其祭祀蓋士之孝

長上聲

能保其爵禄文公小學無蓋士脩學而進學至君求日志尊榮士有官爵禄位者宜保之位稱德終身居之否則必至削官爵去禄位為士也可不謹歟　上謂天子也　君諸侯也　長卿大夫也　漢志學以居位曰士

夏氏煛曰此言用事親之孝以事其君則為忠用事親之敬以事其長則為順其忠與順之道能守之而無所失用之以事其上然後能謹守其先祖之祭祀而不缺奉此乃士事親之孝也

司馬溫公曰三代之前海内萬國有人民社稷者通謂之君合萬国而君之立法度班號令而天下莫敢違者乃謂之王王德既衰強大之國能帥諸侯以尊天子者則謂之霸又曰士有禄位以奉祭祀庶人薦而不祭

張氏曰事父母言孝事君言忠者父子天性事父之心自不能不盡故君以忠言忠者盡己之謂非但施之事君交友曰忠告為人謀亦曰忠推此以事長則順矣

蔡邕曰上者尊位所在但言上不敢言尊號耳

勿軒熊氏曰士有廟故言祭祀庶人止於能養而已

用天之道因地之利謹身節用以養父母此庶人之孝

養去聲　因依也　利宜也

夏氏煛曰此言天時有春夏生長秋冬成熟之道地勢有高而為地下而為田之利庶人則用天之道而春夏以耕耨秋冬以收藏因地之利而高以種黍麥下以種稻梁也謹慎其身體則行無過撙節其用度則財不乏以此所行而養父母則父母安樂之矣此乃庶人事親之孝也

鄭氏曰春耕秋穫高宜黍稷下宜稻麥謹身則無過不犯兵刑節用則不乏以供甘旨能此二者養道盡矣

朱子曰用天之道因地之利謂依時及節耕種田土謹身則不作非違不犯刑憲節用謂省便儉用不妄耗廢人能行此三句之事則身安力足有以奉養其父母使父母安穩快樂此庶人之孝也庶人謂百姓也行此上四句之事方是孝順雖是父母不存亦須如此方能保守父母產業不至破壞乃為孝順者父母生存不能奉養父母亡歿不能保守便是不孝之人天所不容地所不載幽為鬼神所責明為王法所誅不可不深戒也

張氏曰孝道不可以一言盡而可以一言蔽之者愛敬而已此於天子言愛敬至士亦言愛敬者諸侯卿大夫舉而包之皆在其中矣天子諸侯有國大夫有家士有禄不患其不能養而愛敬之道在所當盡無人非力則無以養愛敬之道未必皆中禮雖盡責之

故養之道在所當盡也

正義曰禮記表記云惟天子受命於天故曰天子白虎通云王者父天母地亦曰天子虞夏以上未有此名殷周以來始謂王者為天子也次天子之貴者諸侯也按釋詁云公侯君也不曰諸公者嫌涉天子三公故以其次稱為諸侯猶言諸國之君也次諸侯之貴者即卿大夫焉說文云卿章也白虎通云卿之為言章也章善明理也大夫之為言大扶扶進人者也故傳云進賢達能謂之卿大夫王制云上大夫卿也又典命云王之卿六命其大夫四命則為卿與大夫異也今遣言者以其行同也次卿大夫者士也按說文曰數始於一終於十孔子曰推一合十為士白虎通曰士者事也任事之稱也傳曰通古今辯然否然後謂之士庶衆也謂天下之衆人皇侃云不言衆民者無包府史之屬通謂之庶人也嚴植云以為士有員位人無根極故士以下皆謂庶人

豫章趙氏曰既父天母地而為之子者天子也爵位盛大以無為德者公斥堠於外以君人為德者侯也足以長人者伯也其德足以養人者子也男任也任安也而其德足以安人者男也出命足以正衆者君也知進退而其道上達者卿也知足以帥人大夫也才足以事人者士也

嚴陵方氏曰天子者天之所子故惟天子受命于天士以事人為事故受命于君也

吕氏曰立乎人之本朝者卿大夫也大夫則謀人之國夫有常職而食於上者士也士則任人之事者也

故自天子已下至於庶人孝

無終始而患不及者未之有也

不傷身體孝之始也顯親揚名孝之終也先言終者欲其慎終如始也

夏氏𥈭曰此言所以上自天子中有卿大夫士下至於庶人孝有終始則禍患不及其身矣若無終始而謂禍患不及之者未有此理也

勿軒熊氏曰終始即上文孝之始孝之終不能盡始終之道者必及於禍患天子不孝不能保四海諸侯不孝不能保社稷卿大夫不孝不能保宗廟士不孝不能保祭祀庶人不孝不能保其身即所謂禍患之及也

范氏曰始於事親終於立身此孝之始終自天子至於庶人不能有始有終而倘患不及之者未之有也天子不能刑四海諸侯不能保社稷卿大夫不能守宗廟士不能守祭祀庶人不能養父母未有災不及其身者也

右經一章

朱子曰經之首統論孝之始終中乃敷陳天子諸侯卿大夫士庶人之孝而其末結之曰故自天子已下至於庶人孝無終始而患不及者未之有也真首尾相應次第相承文勢連屬脉絡貫通此夫子曾子問答之言而曾氏門人所記也

子曰君子之教以孝也非家
至而日見之也教以孝所以
敬天下之為人父者也教以
弟所以敬天下之為人兄者
也教以臣所以敬天下之為
人君者也詩云愷悌君子民
之父母非至德其孰能順民
如此其大者乎

君子成德之名指至德言也詩大雅泂酌篇君
子亦云有德有位者父人之親即嚴父之意凡
人之兄即嚴兄之意君天子諸侯卿大夫凡在
民上者卿大夫亦曰士人之長
此言君子之所以則民孝者非身臨家到而日
讀讀也故在德明於上而下自感化矣夫所以
教人孝敬其敬重其父也教人弟敬其敬重其
兄也教人臣敬其敬重其君也詩不云乎我樂
易君子是乃民之父母若非先王極至之德誰
能和順斯民得如此通孝者乎
傳曰豈以強教之弟以悅安之民皆有父之尊
有母之親

教以孝如潁考叔為潁谷封人請遺母羹以起
鄭莊公之孝君子曰潁考叔純孝也愛其母而
施及莊公詩云孝子不匱永錫爾類其是之謂
也
教以弟如孔子所謂書惟孝友于兄弟
教以臣如齊之畫邑人王蠋忠臣不事二君
烈女不更二夫此之謂也　王蠋齊之畫邑人按
燕將樂毅破齊聞蠋之賢令軍中環畫三十里
無入使人請蠋蠋不往燕人曰不來且屠蠋曰
吾聞忠臣不事二君烈女不更二夫齊王不用
吾諫吾退而耕於野國破君亡吾不能存而又
劫之以兵與其不義而生不若死遂自經死此
圖變殞身以教人臣者也因采備之
西山真氏曰古之君子以身教者如此豈必諄
諄然命之而後謂之教耶
陳留仇香名覽東漢人年四十為蒲亭長民有
陳元母告元不孝香親到其家為陳人倫元感
悟卒為孝人
漢末王祥性孝蚤喪親繼母不慈遇祥無道屢
非禮使祥祥愈恭謹弟覽與而敬重祥祥字休
徵瑯琊人官至三公司馬昭魏咸熙初詔晉公
昭進爵為王荀顗朝臣皆拜晉王昭獨祥長揖
此其敦孝順薄
權勢其操可見
宋司馬溫公光君實事兄
伯康友愛尤篤天下慕之

右傳之首章

朱子曰此釋至德以順天下之意

子曰教民親愛莫善於孝教民禮順莫善於弟移風易俗莫善於樂安上治民莫善於禮禮者敬而已矣故敬其父則子悅敬其兄則弟悅敬其君則臣悅敬一人而千萬人悅所敬者寡而悅者衆此之謂要道也

弟音悌　要去聲

孝弟解見上移風猶鄭下恒代風尚之可移也易俗即變夷為華成禮讓之習俗也如温公書儀曰世俗信浮屠誑誘凡喪事無不供佛飯僧此其無有不足信也明矣吉俗如此伊川先生家治喪不用浮屠在洛亦有一二人家化之之類樂明聲音之高下所以教之和有八音五聲十二律也八音如金石絲竹匏土革木五聲宮商角徵羽十二律黃鍾大吕大簇夾鍾姑洗仲吕蕤賓林鍾夷則南吕無射應鍾也禮習度數之節文鄭氏曰禮謂五禮吉凶軍賓嘉也敬程子嘗以主一無適言之矣謝氏說嘗惺惺法者馬咮子曰敬畏也一人至尊也此言諭人以親近愛厚之理其道莫良於孝諭人以不侮慢長之義其道莫良於弟改易其流風變易其習俗能和固良於樂不煩其上不逆其不能序固良於禮蓋禮主於敬而盡矣是故禮敬人之父則其子知悅也禮敬人之兄則其弟知悅也禮敬人之君則其臣知悅也禮敬至尊之一人則天下人皆惟悅也夫如是則所敬者寡少而感悅者衆多此所以為先王之要道矣

右傳之二章

朱子曰此釋要道之意

曾子曰甚哉孝之大也子曰夫孝天之經也地之義也民之行也天地之經而民是則之則天之明因地之義以順天下是以其教不肅而成其政不嚴而治

夫音扶　行去聲

孝謂生理即天子孝致龍負圖非經而何庶人孝感林澤茂非利而何民有德于孝非行而何

甚哉贊重之詞經常義利行實則法是則謂信服也肅有恐懼之拘嚴有猛厲之消成感在寬之化治被以時之理

此言曾子贊孝之盛無以加矣而聖人曰惟孝乃健之常經順之宜義人之德行蓋天地有此常經而我下民信服之所以法天時則明由地利則宜從先王謨訓以安四海無敢有違者是以其教不俟威而成其政不待刑而治而已

右傳之三章

朱子曰此釋以順天下之意

子曰昔者明王之以孝治天下也不敢遺小國之臣而況於公侯伯子男乎故得萬國之懽心以事其先王治國者不敢侮於鰥寡而況於士民乎故得百姓之懽心以事其先君治家者不敢侮於臣妾而況於妻子乎故得人之懽心以事其親夫然故生則親安之祭則鬼享之是以天下和平災害不生禍亂不作故明王之以孝治天下也如此詩云有覺德行四國順之

夫音扶　行去聲

孝治如唐虞夏商文武之君臨也遺如桀紂幽厲秦隋之肆暴也懽心悅服也不侮國人謂不輕士慢物也不侮妻子謂不降正立庶也安謂不使之憂患驚動之也鬼享致其如在之誠和以孝成平以順至詩大雅抑之篇覺大也公侯伯子男解見經文註中

此言夫子說當時明王以孝理天下者雖是邊鄙之域卑微之臣且不敢遺棄況敢遺棄公侯伯子男耶然賴萬國諸侯懽忻之心各以其職助事其上帝矣治國者雖老而無妻老而無夫如此鰥寡之人且不敢侮慢況敢侮慢國士黎民耶然賴百姓懽忻之心皆以其職來恭事于先君矣治家者雖是供役之臣待御之妾猶不敢侮慢況敢侮慢齊軀繼嗣妻子耶然賴一家之人相助奉養于先人矣蓋此三等父母在服劳敬養父母亡哀思誠祀是以四海咸寧八方攸洽饑饉不逢兵戈不擾疫毒不流妖孽不萌

此由萬邦協和而然是故明王之以孝理天下也如此詩不云乎有大德之人四方其順矣乎

右傳之四章

朱子曰此釋民用和睦上下無怨

曾子曰敢問聖人之德無以加於孝乎子曰天地之性人為貴人之行莫大於孝孝莫大於嚴父嚴父莫大於配天則周公其人也昔者周公郊祀后稷以配天宗祀文王於明堂以配上帝是以四海之內各以其職來祭夫聖人之德又何以加於孝乎行去聲夫音扶

孝即經所謂天經地義民行也性即理也朱子曰人所稟於天以生之理貴出萬物者也郊環丘祀天之處也父夫母地而始祖象之也明堂宗祀之所孟子謂王政之堂也后稷文王周公皆周聖人

此言曾子恭問聖人之德莫過於孝而夫子答曰蓋天地健順五行之理賦於人最為尊貴而人得茲尊貴之性以為萬物之靈則其保身樹名立德豈有良於孝者夫孝在當尊嚴其父明得尊嚴其父之理顧雖方物惟天真誠渾仁兩露滋濡日月照臨覆育萬彙其功罔極故以始祖配之厚矣大抵周有其人最時周公郊祀止天則以始祖后稷配開設明堂宗祠上帝則以禰主文王貳於是聞風感化者四海諸侯執帛捧王各以其職遠趨事祭助成孝禮夫斯聖人孝行之着復有胡盛德能過是也歟

后稷名棄母曰姜嫄為帝嚳元妃出野見巨人跡欣然踐之生棄以為不祥棄之隘巷馬牛避不踐後置山林適會林中多人遷之氷上鳥覆翼之以為神遂散之兒時屹如巨人之志其游戲好種樹及成人能相地之宜致民稼穡興於陶唐虞夏之際為農師封于邰號曰后稷別姓姬氏後季歷娶大任生昌為西伯稷十六世孫名發是為武王西伯文王之子國號周在禹貢雍州境內岐山之陽古公亶父始用其地至昌辟國寖廣徙都于豐而分岐周故地以為周公旦召公奭之采邑至武王發遷于鎬遂克商而有天下也周公名旦文王子武王弟成王叔父子伯禽封魯國伯爵也

明堂王氏曰夏商世室商曰重屋周曰明堂明堂者所以明諸侯之尊卑制禮作樂頒度量而

天下服此古制也三輔皇圖云大道之堂所以順四時行月令宗祀先王五帝也孝經援神契曰布政之宮在國之陽上圓下方八牕法八風四闥法四時九室法九州十二重法十二月三十六户法三十六雨七十二牖法七十二候也

故親生之膝下以養父母日嚴聖人因嚴以教敬因親以教愛聖人之教不肅而成其政不嚴而治其所因者本也

養去聲親生已出之嬰孩也之膝謂在親之胞腋肘膝間猶不離父母左右也因以本初也因其元有之善而導之也日嚴李公凱曰兒年長時漸識義方則曰加尊嚴能致養於父母也揚子愛日即日嚴之意

此言人子幼時在父母根前未言未行朝夕提抱寒暖將耽咸聽所生之親乳哺興止矣逮至能言能行喜笑歡親悲戚號母惟認所生之親誘掖暋息矣既年稍長一見飲食衣服侍御几杖珍玩物色洪然獨知奉親與兄而已豈復有已有人哉此天理漸流之初人欲未蔽之始固聖人以彼日畏之心則尊之主敬以其日好之意則誨之近愛非若蘉櫟之懲言切之訶諭之然爾是曰聖人之訓不俟恐肅而成不待威嚴而治蓋根於寬而由於孝而得矣

司馬溫公曰木欲靜而風不止子欲養而親不待故孝子愛日

新安陳氏曰愛日者懼來日之無多惜此日之易過而於事親之道有不及也

王荊公詩古人一日養不以三公換愛日意

顏氏家訓曰教婦初來教兒嬰孩故在謹其始此其禮也若夫子初生也使之不知尊卑長幼之禮遂至至侮詈父母毆擊兄姊父母不知訶禁反笑而獎之彼既未辨好惡謂禮當然及其既長習以成性乃怒而禁之不可復制於是父嫌其子子怨其父殘忍悖逆無所不至此蓋父母無深識遠慮不能防微杜漸溺於小慈養成其惡故也

此段來釋聖人因嚴教敬因親教愛之意

右傳之五章

朱子曰此釋孝德之本之意

子曰父子之道天性君臣之義

此言父子之道成於天理君臣之義契於人情蓋人情可合而可離義在也天理不可斷而可續性成也苟父子少間便天理斁人倫乖矣君臣強合便人情狎紀綱壞矣故父之於子天性

主恩仁也生生無已臣之於君人情冝直義也每每有易理勢然也

父母生之續莫大焉君親臨之厚莫重焉

西山真氏曰父母生我者也我則嗣續乎父母者天性之恩孰大焉君之臨民父之臨子所以治而教之也其厚乎我孰重焉合君親而並言以見君臣其義一也世以父子為天君臣為人者誤矣下文獨言親者蓋指天性之最切者知愛敬乎親則知愛敬乎君矣

勿軒熊氏曰續謂上繼祖考下傳子孫也君親饒氏謂君猶家人有嚴君之君君取其愛親取其敬愛敬之道兼之以此臨我厚之至矣

司馬温公曰有君之尊有親之親恩義之厚莫此為重

張氏曰父之於子至親之中有君道焉不獨愛之而已養育之教誨之實家人之嚴君也

故不愛其親而愛他人者謂之悖德不敬其親而敬他人者謂之悖禮

勿軒熊氏曰愛莫大於愛親至於人民愛物皆此愛之推也不愛其親而愛他人則失人之序矣敬莫大於敬親至於敬長尊賢皆此敬之推也不敬其親而敬他人則失禮之序矣

鄭氏曰悖亂也

范氏曰君子愛親而後愛人推愛親之心以及人也夫是之謂順德敬親而後敬人推敬親之心以及人也夫是之謂順禮反此則為悖矣

右傳之六章

朱子曰此釋教之所由生之意

子曰孝子之事親居則致其敬養則致其樂病則致其憂喪則致其哀祭則致其嚴五者備矣然後能事親

養去聲樂音洛

居平居也嚴恭也夏氏㒤曰此言孝子之事親也居則左右侍奉以致其敬而不敢怠慢養則承順其志以致其樂而不敢疎危病則湯藥親嘗以致其憂而不敢正優喪則盡其禮以致其哀而哭之不偯祭則盡其誠以致其嚴而不敢疏怠此五者皆完備矣然後方能事乎其親苟有一事之不備則不得謂之孝子矣

祭統曰孝子之事親也有三道焉生則養没則喪喪畢則祭養則觀其順也喪則觀其哀也祭則觀其敬而特也盡此三道者孝子之行也正與此合

勿軒熊氏曰致者推而至於極盡處敬即夔夔齋慄

之意養非止於口體必有以樂親之志病能盡其憂則所以視其疾者無所不至矣喪能盡其哀則所以送死者必誠必信矣祭能盡其嚴恭則精誠之極見其所爲齊者矣

西山真氏曰子之事親一毫有所未盡皆不可以言至故五者皆以言致者用力而極其至也與中庸致中和之致同

事親者居上不驕爲下不亂在醜不爭居上而驕則亡爲下而亂則刑在醜而爭則兵三者不除雖日用三牲之養猶爲不孝也

醜音丑　養去聲

夏氏睍曰此言事親者居人之上不驕傲以陵下爲人之下不悖亂以僭上在醜類之中不爭鬬以不和若居上而驕以陵下則有滅亡之道爲下而亂以僭上則有刑戮之及在醜類而爭以不和則有兵刃之加此三者不除去之憂將及於親矣雖是一日之間用牛羊豕之三牲以養之尚且以爲不孝而况有此三者乃可謂之孝乎

鄭氏曰亂謂干犯上之禁令醜類也謂己之等夷爭而不已必以兵刃相加三牲牛羊豕太牢之養庸爲孝乎

張氏曰致其敬樂憂哀嚴皆養也能敬身斯爲孝矣居人上而能謙則不驕爲人下而能謹則不亂處乎衆而能和則不爭

西山真氏曰驕爭亂三者皆惡德有一焉皆足以危其親爲人子不能謹行至於危辱其親則其不孝大矣供養之末焉足道哉

右傳之七章

朱子曰此釋始於事親及不敢毁傷之意

子曰五刑之屬三千而罪莫大於不孝

五刑墨劓剕宮大辟也屬類也三千總記其數也蓋墨者黥也謂刻其額而涅之也其屬一千劓割其鼻也其屬一千剕刖其足謂髕去膝蓋骨也其屬五百宫淫刑也男子割勢婦人幽閉其屬三百大辟處死也亦曰殺也文王世子其死罪則曰某之罪在大辟是也其屬二百合三千條

夏氏睍曰此言五刑之屬雖有三千之多而其罪之大者莫有大於不孝也不孝之刑即今敲斬與凌遲處死也蓋人犯此五刑者雖受其刑罪不至死若犯不孝之刑其死不可免矣按周禮秋官司寇糾萬民之五刑曰野軍鄉官國秦之五刑曰黥劓斬左右趾梟首菹其骨隋之五刑曰笞杖徒流死蓋墨劓剕宮大辟者乃虞周始制之五刑也註刖斷足也勢外腎也男子犯罪割去其勢即今閹人也婦人犯罪幽閉宮中

使不適人秦漢所謂四之永巷是也
孔氏曰宮刑主為淫者然後人被此罪非必皆云淫漢除肉刑宮刑猶在至隋開皇初方除男子宮刑周禮司刑墨劓宮刖殺罪各五百
張氏曰周官鄉八刑一曰不孝一刑人法書亦以不孝為十惡之首也
長樂陳氏曰五者天地之中數先王制法莫不本之故五典五禮五服五刑皆謂之五也

要君者無上非聖人者無法非孝者無親此大亂之道也

要音腰　要有挾而求也非無憚而縱也無上是背叛不敬之賊也非聖是異端慢正之徒也
非孝是不順忤逆之人也此言特力逞悪以挾其君是無上也不由正道篤信清虚是毀聖法也不順父母不敬長上是忤逆無禮之人也如此安得不大亂者乎

右傳之八章

朱子曰此釋上文不孝之意

子曰君子之事上進思盡忠退思補過将順其美匡救其惡故上下能相親

西山真氏曰將由承也匡正也進謂入見其君則思盡己之忠退謂出適私室則思補君之過無一時一念之不在君也有善焉承順之使之益進於善有悪焉正救之使之潛消其悪此愛君之至者也臣以忠愛而親其君君亦諒其忠愛而親之
勿軒熊氏曰進於君前必思盡己之忠退朝之後必思有以補君之過將者有若引導之也先意承志之意君有善則先意而順之此盡忠之事也君有不善必有以匡正之而止其悪此補過之事也下以忠事上上以義接下故能相親
導江張氏曰正君之義必先正其身故進則思盡己之忠退則補己之過使己之心無一毫之不盡然後君有美則將順之君有悪則匡救之則有以感動君之心挽回君之意如此則君臣之間情分親密若己之忠未盡而將順之必謂我為諛己之過未補而匡救之必以我為訐如此則君臣之間情分睽隔矣然則格君心之非引君以當道亦曰正己而物正矣

詩云心乎愛矣遐不謂矣中心藏之何日忘之

詩小雅隰桑篇此言曾子引詩以釋夫子之言而我君子愛君之心不邇時有不遐時無存諸中也堅固記諸日也弗忘斯臣子盡己之衷中以事君之意

右傳之九章

子曰昔者明王事父孝故事天明事母孝故事地察長幼順故上下治天地明察神明彰矣故雖天子必有尊也言有父也必有先也言有兄也宗廟致敬不忘親也脩身慎行恐辱先也宗廟致敬鬼神著矣孝弟之至通於神明光於四海無所不通詩云自東自西自南自北無思不服

朱子曰此釋中於事君之意

長上聲　治去聲
天子以父天母地張子西銘曰乾稱父坤稱母法二卦也亦曰父皇吉崩方傳大位無他尊也長謂諸父幼謂諸子上指皇太后妃先王祖考下指公侯伯子男子孫人民也明以盡其理察以致其詳明察上之睿照也順治下之馴習也尊亦天子伯叔類也先亦天子兄庶長也不忘時思之敬慎行日省之誠也詩大雅文王有聲之篇

此言古者明德之王能事其父孝是明得事天之經盡能事其母孝是察得事地之義盡善此二者則長幼序長幼序則上下理上下理則天地明察之睿神靈愛敬之存而彰著矣雖然天子之名莫大而世更有大於天子者諸父也天子之分莫愈而生有愈於天子者諸兄也既人皆尊于已已可不尊于人也哉若夫宗廟之禮時時克念是不忘記其親也脩身之行日日必躬是不忝辱其先也是故宗廟致敬可格鬼爽孝弟極至可交神靈光明峻德充溢天下窮鄉絕域罔無遺隙詩不云乎維東而西從南而北

右傳之十章

朱子曰此釋天子之孝有格言焉

凡所有懷悉皆誠服其斯之謂歟

子曰君子之事親孝故忠可移於君事兄弟故順可移於長居家理故治可移於官是以行成於內而名立於後世

矣

長上聲
行音幸

善治家務曰理行謂孝親悌兄理家之行實也名謂忠君順長治官之聲名也立成也

勿軒熊氏曰孝弟百行之源事親既盡其孝則可移爲事君之忠事兄既盡其弟則可移爲事長之順家者國與天下之本家道既齊則可移爲居官之治有孝弟居家之實則不患其名不立於後世也

鄭氏曰長謂卿大夫士凡在己上者也書云惟孝友于兄弟克施於政

范氏曰君者父道也長者兄道也國者家道也以事父之心而事君則忠矣以事兄之心而事長則順矣以正家之禮而正國則治矣

導江張氏曰此章即大學孝者所以事君弟者所以事長慈者所以使衆之意行成於内猶言不出家而成教也名立云者有其實而名自立也

董氏曰事君能忠者事親之推也事長能順者事兄之推也居官能治者居家之推也根固葉必茂源深流必長膏沃光必曄是以孝弟之行成於内忠順之道達於外君子務實雖不求名而州閭鄉黨稱其孝兄弟親戚稱其慈僚友稱其悌執友稱其仁交游稱其信不惟譽謁於一時而且名立於後世矣舜在側微又處頑父嚚母傲象之間而能和以孝道是以光聞之四嶽舉之天下君之萬世師之豈有他哉孝弟而已矣

右傳之十一章

子曰閨門之内具禮已乎嚴父嚴兄妻子臣妾猶百姓徒役也

朱子曰此釋立身揚名及士之孝之意

閨門宫中小門上圓下方如珪故曰閨門具禮制備禮節也嚴父兄猶家人有嚴君焉妻齊子嗣也臣供職事者也妾接御侍者也百姓軍[illegible]庶人也徒曰徒役卒役也

此言齊家能肅整於内者必尊嚴父必尊嚴兄少有一事不稟命而自專是非孝弟者也若夫賓妻愛子待臣接妾皆禮也亦治也至於使百姓處奴僕用卒隸莫不以道稍無禮無義得免諸恣辱而不叛背於己者蓋鮮矣然閨門具禮者正由内出也無禮無義則不正也若有一豪不正得免傷風敗俗亂世者亦少也已乎且如百姓徒役可侮慢之哉使之無特用之無道必離畔其心也固然有家國天下者豈可弗正禮而居乎

西山真氏曰治家以嚴肅爲本父母者一家之君嚴則家政舉不嚴則家政壞上下肅然少柰也

游山董氏曰王㬎子孫非公服不見即萬石君子孫來歸謁必朝服見之之意閨門之内若朝廷即張湛雖遇妻子若嚴君焉之意蓋王萬張三君子制行雖殊而立身御家之法則一也

右傳之十二章

朱子曰此一節因上章三可移而言嚴父孝也嚴兄弟也妻子臣妾官也

曾子曰若夫慈愛恭敬安親揚名參聞命矣敢問子從父之令可謂孝乎子曰是何言與是何言與言之不通也昔者天子有爭臣七人雖無道不失其天下諸侯有爭臣五人雖無道不失其國大夫有爭臣三人雖無道不失其家

爭與諍同古字通用下同

夫音扶　與余下同

爭謂諫諍救止其過也

夏氏僎曰此言天下之大非一人所能獨治也故爲天子者必置諫諍之臣七人以輔之雖天子無治天下之道賴有此七人以爭之則不亡失其天下諸侯大夫皆然天子之臣七諸侯之臣五大夫之臣三降殺以兩尊卑之差然也

勿軒熊氏曰天下至大萬機至重故置爭臣七人已雖無道能聽人之諫亦可自保諸侯有一國之責故次於天子大夫有一家故次於諸侯

范氏曰爭者諫之大者也諫而不入則犯顔引義以爭之不聽則不止古者天子設四輔及三公卿大夫士皆有諫職至於瞽獻曲史獻書師箴瞍賦矇誦百工獻藝庶人傳語近臣盡規親戚補察耆老教誨所以救過防失之道至矣然而必有爭臣焉故必有力爭者至於七人則雖無道猶可以不失天下諸侯必有五人乃可以不失其國大夫必有三人乃可以不失其家言爭臣之不可無也

魯齋許氏曰七人三公四輔也五人三卿內外史也三人家宰邑宰室宰也

董氏曰爲人臣子者見君父之過皆不可以苟順而不諫者立誹謗之木設敢諫之鼓大開言路廣集忠益爭臣豈止七人而已哉夫子如約而言之耳若次於天子爲諸侯又次於諸侯爲大夫國小於天下其事必簡故五人而可家小於國其事又簡故三人而可其實諫不厭多非必以數拘也下至於士則無臣未爲大夫則無家所有者身所賴者友故士以友爭則身不離於令名

士有爭友則身不離於令名父有爭子則身不陷於不義

離謂彼此相離而去之謂內不附骨漸相遠離也不義謂不合義理之事

夏氏僎曰此言士有諫爭之友相責以善則身不離於善名父有諫爭之子救止其過則身不陷於不義

之地也他日孔子人曰昔者明王萬乘之國有争臣七人則主無過舉千乘之國有争臣五人則社稷不危百乘之家有争臣三人則祿位不替父有争子不陷無禮士有争士不行不義又曰君無争臣父無争子兄無争弟士無争友無其過者未之有也皆此意也

勿軒熊氏曰士無臣故以友争熊聽朋友責善之言則有令德之實矣豈患無其名乎父有過子不可以不諫通上下而言天下國家皆然父能聽子之争則不陷身於不義之

故當不義則子不可以弗争於父臣不可以弗争於君

夏氏僎曰此言子當父不義之時則恐其陷身故不可以不争於其父臣當君不義之時則恐其失國故不可以不争於其君也

勿軒熊氏曰不義即無道也言臣子身當其時父有過子當争君有過臣當争

范氏曰父有過子不可以不争争所以為孝也君有過臣不可以不争争所以為忠也子不争則陷父於不義至於亡身臣不争則陷君於無道至於失國故聖人深戒曾子從父之令是何言與是何言與

故當不義則争之從父之令焉得為孝乎

此言夫子答曾子問而復申言諍争為孝之意

夫人子人臣為父為君諫争之際必有故焉蓋見君父無道恐其陷身於無禮不義之地故敢争也如此吾夫子責曾子從父之令而戒之曰是何言與是何言與言之不通也又曰故當不義則争之從父之令焉得為孝乎　臣曰古之諫争必其已正而可正人也夫身斯責顧在年彌德邵有學有才公廉孝友誠實端莊忠厚簡易謙謹溫良之士故可以領此任是以見則肅朝廷清百司隱則正閨庭教鄉里是為民望苟非其人又無中庸之執大學之涵當士友卿大夫諸侯君父過愆離道之時而我司諫諍以格言法語反復曉白導止一切復歸天理此君子之良諫也若姑視由致恣縱徇私傷偏敗俗絕義忘仁偏私邪滛驕慢奢忿躁暴猜忌與其曠官尸位畜成元悪始具章劾彈其事詰其短數其失發其微俾之被天憲墜天祿隕天壽然後快于心是豈君子善諫歟於戲今之諫争也險也稽古之諫争也平也明諫争之難如此且以汲黯嚴憚踈進嚴光高尚避退陽城括言陸贄因事程顥正講魏徵良論此皆尊諫明細忠報職之意惜乎俱未盡用果能信任君豈無充舜湯武之人君臣安少皐陶稷契伊傅周召之公佐有是位也宜志斯責

右傳之十三章

朱子曰此章不解經而别發一義今以為諫争章

子曰孝子之喪親哭不偯禮無容言不文服美不安聞樂不樂食旨不甘此哀戚之情三日而食教民無以死傷生毀不滅性此聖人之政喪不過三年示民有終爲之棺槨衣衾而舉之陳其簠簋而哀戚之擗踊哭泣哀以送之卜其宅兆而安措之爲之宗廟以鬼享之春秋祭祀以時思之生事愛敬死事愛戚生民之本盡矣死生之義備矣孝子之事親終矣

不樂音洛字　刋誤元憂戚

偯音扆於豈切哭之餘聲也容盛儀郭璞容是屏形如詠頭小曲屏風也安諳忍心恣肆樂謂

忘憂戚樂食旨謂饕嗜滋味槨外棺也簠方矩切外方内圓足高二寸桂四角赤漆其表裏中以盛稻粱受斗三升簋音軌瓦器其形圓以盛黍稷容卧三升又曰方曰簠圓曰簋擗旁益切撫心也踊余龍切跳也兆吉宅墓穴也此言親喪人子一於哀哭而不開數一於盡礼而無盛儀言止文藻衣屏華麗八音過耳攸羞遠曰兹其慟切真情使然否則非中發之誠意也溫公光曰惟羸疾者服食稍稍亦胡妨馬朱歛之前三日水漿不下咽者傷親之死慟親之禍也過之反滅其性爾聖人取三日後食稱二連善者仁愛也曾子居喪水漿不入口者七日不爲子思所取也先王制定喪服止於三年祥而除也父母以下降殺而已天子已下至於庶人一也不然俾孝子服憂何時而闕焉不行者墨生佚也棺槨豈厚衣衾完潔而奉殯也乃常情也貧難而強成憂憤者非違礼處宜之人也祭器陳設般殺奠置而朝夕哭也撫其心跳其足悲號以送之也卜之吉土之宜安静以藏之也題其主列其宙以鬼享之也春之蒿秋之嘗以時慕之也生事愛重死事愛慟此生民報本始終之義竭然而無豪求之不盡也如此則人子於孝道有胡歉焉有胡憾焉也已矣

孔子曰礼喪寧戚

孟子曰哭死而哀非爲生也

子游曰喪致乎哀而止

詩云哀哀父母生我劬勞哀哀父母生我勞瘁

家語少連大連善居喪三日不怠三

月不懈期悲哀三年憂東夷之子也
高子皐之執親之喪也泣血三年未嘗見齒
顏丁善居喪始死皇皇焉如有求而弗得既殯望
望焉如有從而弗及既葬慨然如不及其反而息
宰我曰三年之喪期已久矣三年不為礼礼必壞不
為樂樂必崩舊穀没新穀升鑽燧改火期可已矣子
曰食稲衣錦於女安乎曰安夫君子之居喪食旨不
甘聞樂不樂居處不安故不為也又曰予之不仁也
子生三年然後免於父母之懷夫三年之喪天下之
通喪也予也有三年之愛於其父母乎
范氏曰喪雖止於三年然賢者之情則無窮也特以聖
人為之中制而不敢過故必俯而就之非以三年之
喪為足以報其親也所謂三年而後免於父母之懷
特以責宰我之無親欲其有以跂而及之爾

朱子曰予生三年然後免於父母之懐故父母之喪
必以三年也喪礼三日始食粥既葬乃疏食此古今
貴賤通行之礼也
文王有疾武王不説冠帯而養況其死乎文王一飯
亦一飯文王再飯亦再飯親疾飲膳如此親殁飲膳
豈嗜甘美也歟
孟子述孔子言曰君薨聽於冢宰歠粥面深墨即位
而哭百官有司莫敢不哀先之也上有好者下必有
甚焉者矣君子之德風小人之德草草尚之風必偃
胡氏曰位有貴賤而生於父母無
以異者故三年之喪自天子達
繫辭云古之葬者厚衣之以薪葬之中野不封不樹
喪期無數後世聖人易之以棺槨蓋取諸大過朱子
曰送死大事而過於厚

朱子註曰莊子云墨子生不歌死無服桐棺三寸而
無槨是墨之治喪以薄為道也
朱子曰喪具稱家之有無貧而厚葬不循礼也故仲
尼止門人厚葬顔淵曰不可
伊川程先生六礼大畧家必有廟廟必有主月朔必薦
新時祭用仲月冬至祭始祖立春祭先祖季秋祭禰
忌日遷主祭于正寢
喪禮世俗信浮屠誑誘於事供佛飯僧非正道也用
山家妄言擇水吉其山凶者非禮甚也彼佛生尚弃
滅道活任清虛況彼俱没已久於世存殁何相損益
而扯理葬藏也天下百技無見過儒宜術識反強過
儒識也耶雪心賦云吉地乃神之所司人必天之克
相又曰欲求滕公之佳城必積叔敖之陰德又曰好
地只在方寸間秘術不出文字外又曰卜云其吉終

焉允臧是之謂也
孔子曰生事之以礼死葬之以礼祭之以礼
曾子曰慎終追遠民德歸厚矣
孟子曰養生者不足以當大事惟送死可以當大事
司馬温公書儀曰古者父母之喪既殯食粥齊衰疏
食水飲不食菜果父母之喪既虞卒哭疏食水飲不
食菜果期而小祥食菜果又期而大祥食醯醬中月
而禫禫而飲醴酒始飲酒者先飲醴酒始食肉者先
食乾肉古者居喪無敢公然食肉飲酒者漢昌邑王
奔昭帝之喪居道上不素食霍光數其罪而廢之晉
阮籍負才放誕居喪無礼何曾面質籍於文帝座曰
卿敗俗之人不可長也因言於帝曰公方以孝治天
下而聽阮籍以重哀飲酒食肉於公座宜擯四裔無
令汚染華夏宋廬陵王義真居武帝憂使左右買魚

肉珎羞於齋内別立廚帳會長史劉湛入因命臑酒炙車螯湛正色曰公當今不宜有此設義真曰旦甚寒長史事同一家望不為異酒至湛起曰既不能以禮自處又不能以禮處人隋煬帝為太子居文獻皇后喪每朝令進二溢米而私令外取肥肉脯鮓置竹筒中以蠟閉口衣襆裹而納之湖南楚王馬希聲葬其父武穆王之日猶食雞臛其官屬潘起譏之曰昔阮籍居喪食蒸豚何代無賢然則五代之時居喪食肉者人猶以為異事是流俗之弊其來甚近也今之士大夫居喪食肉飲酒者無異平日又相從宴集靦然無愧人亦恬不為怪礼俗之壞習以為常悲夫乃至鄙野之人或初喪未斂親賓則齎酒饌往勞之主人亦自備酒饌相與飲啜醉飽連日及葬亦如之甚初喪作樂以娛尸及殯葬則以樂導輀車而號泣隨之亦有乘喪即嫁娶者噫習俗之難變愚夫之難曉乃至此乎凡居父母之喪者大祥之前皆未可飲酒食肉若有疾暫須飲食疾止亦當復初必若素食不能下咽久而羸憊恐成疾者可以肉汁及脯醢或肉少許助其滋味不可恣食珍羞盛饌及與人宴樂是則雖被衰麻其實不行喪也唯五十以上血氣既衰必資酒肉扶養者則不必然耳其居喪聽樂及嫁娶者国有正法此不復論

已上乘孔孟等語及温公書儀反覆以明此章耳

右傳之十四章

朱子曰此章亦不解經而別發一義其語尤精妙也

孝經集講一卷 浙江范懋柱家天一閣藏本

原本首題直隸揚州府泰州端本社學教讀後學草茅臣熊兆集講又有直隸揚州府知府巡按直隸監察御史再呈看過收受字蓋鄉曲陋儒投獻干進之書也其訓釋皆詞旨淺陋一無可觀前列一圖以圈内為五品人倫之正圈外為萬物之偏邪又以元為天父君亨為長男中男少男利為長女中女少女貞為地母后又演為天經地義人行之圖修學致用推孝為忠之圖皆迂謬穿鑿毫無義理蓋無知妄作之尤者也

綱鑑會通明紀

（清）陳志襄 撰

《綱鑒會通明紀》十五卷，清陳志襄撰，據上海圖書館藏清刻本影印。

陳志襄，字陶思，號南村。清初泰州人，成祉子。順治諸生，考授州同知。

清代學者注重對明代歷史的研究，各類著作頗爲興盛，《綱鑒會通明紀》亦爲其一。陳志襄著有《綱鑒會通》共一百十五卷，其中《明紀》十五卷，始壬辰（元至正十二年，一三五二）終甲申（明崇禎十七年，清順治元年，一六四四），又附南明諸王。體例爲以『綱』爲綱，以『紀』爲目，『綱』頂格，以一兩行文字按年月簡述史事，『紀』低一格，細述此事本末，又有雙行小字夾注，以注音、析義、釋典等。『紀』後又間有明清史家之言，如薛應旂、陳建、谷應泰等，以雙行小字徵引文獻。又有眉批，寥寥數語，或簡單概括史事，或表達自己的評論意見。明代歷經二百餘年，史實浩繁，記述頗爲不易，此書的特點即爲體例得當，叙述有法，把頭緒繁多的各類重要事件記載清楚，簡捷扼要，便於讀者閲讀。記載偏重於重要的政治事件，如皇帝大臣的成敗得失、政局變換、人事遷動等。作者不人云亦云，對歷史事件有自己的看法，如對殉節名臣方孝孺等就多有異議。對一般史書不載的傳説亦收録，如建文帝的下落就多采野史傳聞等。

（周　忠）

海陵陳陶思太史輯

明紀會通

書業德藏板

綱鑑會通明紀卷一

海陵後學陳志襄陶思輯錄

明紀

太祖高皇帝（姓朱，名元璋，鳳陽人。先世句容人，建都金陵，在位三十一年。）

〔編〕壬辰元順帝至正十二年，定遠人郭子興起兵濠，人朱元璋附之，諸將推元璋爲主帥。

〔紀〕太祖之先，故沛（今江南徐州沛縣）人，徙江東句容（今江南江寧府句容縣），爲朱家巷朱季。大父再徙淮（淮水在鳳陽府），家泗州（屬鳳陽府）。父世珍又徙鍾離（今鳳陽府臨淮縣）太平鄉。母陳，生四子，太祖其季也。太祖生於元天曆（文宗年號）戊辰之九月丁丑，其夕赤光燭天，里中人競呼朱家火，及至無有。三日洗兒，父出汲，有紅羅浮至，遂取衣（去聲）之，故所居名紅羅障。少時常苦疾，父欲度爲僧。歲甲申，泗大疫，父母兄及幼弟俱死，貧不能殮，藁葬之。仲與太祖舁（預，舉也）至山麓（鹿，山足也），綆（梗，索也）絕，仲還取綆，留太祖守之。忽雷雨大作，太祖避村寺中，比曉往視，土墳（上聲，拆裂也）起成高壟。地故屬鄉人劉繼祖，繼祖異之，歸焉。尋仲又死。太祖年十七，九月，入皇覺寺爲僧。逾月，僧乏食，太祖乃遊江淮，崎（溪）嶇三載，仍還皇覺寺。時汝（今河南汝寧府）潁（今江南鳳陽府潁州）兵起，劉福通、芝麻李、徐壽輝、趙均用、彭早住等騷動，濠州定遠（今鳳陽府定遠縣）人郭子興據濠州，元將徹里不花憚不敢進，日掠良民邀賞。太祖詣伽藍卜，問避亂，不吉；卽守故，又不吉。因祝曰

明紀會通卷一　太祖（元順帝附）　一　書業德

豈欲予倡義邪大吉意遂決以閏三月朔入濠州見子興子興奇其狀貌與語大悅之取爲親兵凡有攻伐命之往輒勝子興故撫宿州屬鳳陽府馬公女爲已女遂妻去聲焉即高后也九月元丞相脫脫破徐州屬江南芝麻李與趙均用彭早住據徐州李即李二號芝麻李遁去趙均用彭早住帥餘黨奔濠子興屈己下彭趙遂爲所制彭趙據濠稱王太祖雖在甥館每有大志。

編癸巳十三年。朱元璋歸濠募兵濠人徐達湯和等歸附。

編甲午十四年冬十二月朱元璋克滁州郭子興入滁稱滁陽王。

紀時彭趙御下無道太祖乃以七百人屬他將而獨與徐

達湯和吳良吳禎花雲陳德顧時費聚耿再成耿炳文唐勝宗陸仲亨華雲龍鄭遇春郭興郭英胡海張龍陳桓謝成李新材張赫周銓周德興等二十四人南略行取曰略定遠定遠張家堡有民兵號驢牌寨者太祖誘執其帥於是營兵焚舊壘悉降得壯士三千人又招降泰把頭得八百餘人定遠繆大亨以義兵二萬屯橫澗山太祖命花雲夜襲破之亨舉衆降軍聲大振定遠人馮國用與弟國勝率衆歸附太祖奇之因問大計國用對曰金陵今江南江寧府龍蟠虎踞帝王之都願先拔金陵定鼎左傳宣公三年成王定鼎于郟鄏然後命將四出救生靈於水火倡仁義於遠邇勿貪子女玉帛天下不難定也太祖大悅俾兄弟皆居帷幄預機密焉定遠

智伏滁陽二子妙甚

帝王舉動迥出

人李善長來謁留幕古者出征以幕帳爲府署故稱幕。下掌書記書饋餉甚見親信秋七月太祖將兵進攻滁陽克之因駐師焉朱文正李文忠來歸文正太祖孟兄南昌王子先同其母避亂與太祖相失李文忠太祖姊曹國長公主子公主卒其父攜文忠走亂軍中幾不能存至是聞太祖駐兵滁陽皆來歸太祖喜甚文忠年十二與沐英皆賜姓朱英定遠人父母俱亡太祖見而憐之令高后育之爲子何世隆來降未逾月彭早住趙均用挾子興往泗州既而早住中流矢死均用益自專銜恨也。子興欲殺之太祖賂其左右子興乃得帥所部歸滁稱滁陽王時太祖部兵數萬人悉歸之奉其號令太祖威名日著子興二子陰置毒酒中欲害

之謀泄及期太祖即與俱往中途遽躍馬起仰天若有所見因罵二子曰吾何負爾適空中神人謂爾欲以酒毒我二子駭汗浹背自此不敢萌害意虹縣屬鳳陽府胡大海來歸太祖一見語合用爲前鋒

編乙未十五年春正月朱元璋克和州。

紀滁師乏糧諸將謀所向太祖曰困守孤城誠非計今惟和陽今江南和州。可圖子興使張天祐等將兵前行與元兵遇急擊敗之追至小西門湯和奪其橋而登將士從之遂據和陽子興屬祝太祖總和陽兵入撫定城中諸將破和陽暴橫多殺掠城中夫婦不相保太祖惻然召諸將謂曰諸軍自滁來多掠人妻女軍中無紀律何以安衆凡所得婦

尋常

天生眞主，必多產英才以備驅策，故有明功臣大都濠州人。

女悉還之。於是皆相攜而去。人民大悅。

〔編〕三月。滁陽王郭子興卒。朱元璋統其軍。

〔紀〕虹縣人鄧愈來歸。懷遠（今鳳陽府懷遠縣。）人常遇春，剛毅多智勇，膂力絕人。年二十三，爲羣雄劉聚所得。遇春察其多鈔掠無遠圖，棄之來歸。未至，假寐（不脫衣冠而寐曰假寐。）田間，夢神人呼之曰：起起，主君來。適太祖騎從至，即乞歸附，請爲先鋒。

〔編〕夏六月。朱元璋渡江，取太平路。

〔紀〕太祖駐和陽，久謀渡江，無舟楫。而巢湖（在江南廬州府巢縣西。）水寨軍帥俞通海、廖（音料）永安等，率衆萬餘、船千艘來降。太祖大喜曰：此天意也，吾事濟矣。六月，太祖帥諸將渡江，乘風舉帆，頃刻達牛渚（磯名，在江南太平府城北牛渚山下，水渚有石曰磯。）。太祖先抵采石磯（在太平府城北采石山下，去牛渚磯僅一里。）。時元兵陣於磯上，舟距岸三丈許，未能卒（音猝）登。常遇春飛舸（音哥）至，太祖麾之。應聲挺戈躍而上，守者披靡。諸軍從之，遂拔采石，乘勝徑攻太平，拔之。耆儒李習、陶安等率父老出迎。安見太祖，謂李習曰：龍姿鳳質，非常人也，我輩今有主矣。太祖召安，謂曰：吾欲取金陵，如何？安對曰：金陵帝王之都，龍蟠虎踞，限以長江之險。若據其形勝，出兵以臨四方，則何向不克？此天所以資明公也。太祖大悅，禮安甚厚。由是凡機密輒與議焉。（陶安，當塗人。）

〔編〕方山寨民陳埜先率衆攻太平，諸將擒之。

〔紀〕方山寨民兵元帥陳埜先與其將康茂才，水陸分道寇

陳埜先始終不背元，亦是好漢。太祖愛惜豪傑，所以既降而復縱之。

太平城下。太祖親督兵禦之，命徐達等以奇兵出其後，設伏擒埜先。太祖釋不殺。埜先詐曰：生我何爲？太祖曰：天下大亂，豪傑並起，勝則人附，敗則附人。爾既以豪傑自負，豈不知生爾之故？埜先曰：然則欲吾軍降乎？此易耳。乃爲書招其軍，明日皆降。八月，諸軍進克溧（音栗）水（今江寧府溧水縣。），將攻集慶路（即江寧府。）。埜先之爲書也，意其衆未必從，陽爲招詞，陰實激之。不意其衆遽降，自悔失計。及聞欲攻集慶，私謂部曲（大將軍營五部，部校尉一人；部下有曲，曲有軍候一人。）曰：汝等攻集慶，毋力戰，俟我得脫，還當與元兵合。太祖聞其謀，召語之曰：人各有心，從元從我，不相強也。縱之還。諸軍進攻集慶，埜先遂與元福壽合，拒戰於秦淮（在江寧府上元縣治東南，秦始皇鑿。）。諸軍失利，埜先來追襲，經葛仙鄉，鄉民兵百戶盧得茂選壯士五十人，衣青出迎。埜先不虞其圖己，青衣兵自後攢（音竄）槊（音朔。矛屬）殺之。埜先既死，其子兆先復集兵屯方山（在江寧府東南。）。

〔編〕丙申　十六年。春三月，朱元璋克金陵，分兵取鎮江、廣德，皆下之。諸將奉元璋爲吳公。

〔紀〕太祖率諸將取集慶路，攻破陳兆先營，釋兆先而用之。擇其降兵驍勇五百人置麾下。五百人者多疑懼，不自安。太祖覺其意，是夕，令入宿衞，環上而寢，悉屏（丙）舊人於外，獨留馮國用一人侍臥榻傍。太祖解甲安寢達旦，疑懼者始安。進攻集慶，國用率五百人先登陷陣，敗元兵於蔣山（在江寧府東北。），直抵城下，諸軍拔柵（音拆）競進。元南臺御史大夫福

元臣福壽死節

不嗜殺人所謂帝王自有真也

壽督兵力戰，死之。遂克集慶路。太祖入城，召官吏父老諭之曰：元失其政，所在紛擾，生民塗炭。吾率衆至此，爲民除害耳。汝等各守舊業，無懷疑懼。於是城中軍民皆喜悅，更相慶慰。改集慶路爲應天府。太祖嘉福壽之忠，以禮葬之。

【編】康茂才來降。

【紀】茂才，蘄州（今湖廣黃州府屬）人。初結義旅，爲元捍寇，江上有功，累遷宣慰使、都元帥，戍采石。及太祖兵渡江，茂才奔金陵。至是，率衆來附。金陵既定，吳公欲發兵取鎮江（今江南鎮江府），慮諸將不戢士卒，爲民患，命徐達爲大將，率諸將浮江東下。戒之曰：吾自起兵，未嘗妄殺。今爾等當體吾心，戒戢士卒，城下之日，毋焚掠殺戮，有犯令者，處以軍法，縱者罰無赦。

達等頓首受命。進兵攻鎮江，克之。達等自仁和門入，號令嚴肅，城中晏然。六月，命鄧愈等將兵攻廣德路（今江南廣德州），克之，改爲廣興府。秋七月，諸將奉太祖爲吳國公，遣使聘鎮江秦從龍。（從龍，字元之，洛陽人，初仕元，避亂居鎮江。）既至，吳公親迎之，入事無大小，皆與謀。從龍盡言無隱，每以筆書漆簡問答，甚密。左右無知之者。吳公呼爲先生而不名。

【編】秋九月，吳公如鎮江，謁孔子廟，告諭鄉邑，勸農桑。

【編】戊戌十八年，春二月，吳公以康茂才爲營田使。

【紀】諭之曰：比因兵亂，隄（低）防（房）頹圮（痞。毀也）。民廢耕耨，故設營田使，以修築隄防，今軍務實殷，用度爲急，理財之道，莫先於農事，故命爾此職。大抵設官爲民，非以病民。若所至

得足食足兵先務

紛擾，無益於民，則非付任之意。

【編】立管領民兵萬戶府。

【紀】其法：民間武勇，精加簡拔，編輯爲伍，農時則耕，閒時則練習，有事則用之。事平，有功者升擢，無功者令還爲民。民無坐食之弊，國無不練之兵，庶幾寓農於兵之意。

【編】冬十二月，吳公克婺州（今浙江金華府），命知府王宗顯開郡學。

【編】己亥十九年，春三月，方國珍以三郡來降。

【紀】國珍，台州（今浙江台州府）人。戊子冬，起兵，後降於元。至是，以溫（今浙江溫州府）、台、慶元（今浙江寧波府）三郡來獻，且以次子關爲質。吳公曰：既誠信來歸，便當推誠相與，何以質爲？乃厚賜關而遣之。

【編】秋九月，吳公取處州（今浙江處州府），遣使徵召青田（今處州府青田縣）劉基、龍泉（今處州府龍泉縣）章溢及浦江（今金華府浦江縣）宋濂。

【紀】以胡大海薦也。時朱文忠守金華，亦薦王禕、許元、王天錫，吳公皆徵用之。（王禕，義烏人）

【編】冬十二月，天完將陳友諒稱漢王。

【紀】友諒，沔陽（今湖廣安陸府沔陽州）漁人子，嘗爲縣吏，不樂。會徐壽輝兵起，慨然往從之。壽輝稱帝於蘄水（今湖廣黃州府蘄水縣），國號天完，後據漢陽（今湖廣漢陽府）。至是，友諒徙壽輝都江州（今江西九江府），自稱王。

【編】庚子二十年，春三月，劉基、宋濂、章溢、葉琛至建康。

【紀】劉基等入見吳公，喜甚，曰：我爲天下屈四先生，賜坐，從

容與論經史，及咨以時事，甚見尊禮，命有司創禮賢館處之。基自幼聰明絕人，凡天文兵法性理諸書，過目洞識其要。至正初，以春秋舉進士，授高安（今江西瑞州府高安縣）縣丞，累官江浙儒學副提舉。元政亂，投劾去（投，上也。按罪曰劾。上狀自劾去過也）。嘗建議勦方國珍，不用，安置紹興（今浙江紹興府）。遊西湖（在浙江杭州府城西），有異雲起西北，諸同遊者皆以爲慶雲，將分韻賦詩，基獨縱飲不顧，大言曰：此天子氣也，十年後應在金陵，我當輔之。時杭州猶全盛，皆大駭，以爲狂，無知基者，維西蜀趙天澤奇之，以爲諸葛孔明之流。至是，基趨建康（即金陵），陳時務十八策，吳公嘉納之，留基帷幄，預機密謀議。

按劉基既知術數，他日當輔佐金陵，便應如諸葛草廬晦迹待時，何必應元科舉，受元爵祿耶。故愚謂佐命之勳，固足彪炳千秋，而律以春秋大義，猶多仕元一着也。

（編）夏五月，漢陳友諒陷太平，知府許瑗、守將花雲死之。

（紀）賊攻陷太平，守將花雲被獲，賊縛雲急，雲怒罵曰：賊奴爾縛吾，吾主必滅爾。遂奮躍大呼，起縛盡絕，奪守者刀，連殺五六人。賊怒，縛雲叢射之，比死，罵賊不絕口。方雲之與賊戰也，勢甚急，妻郜（告）氏生子煒方三歲，抱之泣語（去聲）家人曰：城且破，吾夫必死之，吾夫死，吾不獨生，然不可使花氏無後，兒在，若等善撫育之。已聞雲就縛，郜氏即赴水死。侍兒孫氏收郜瘞（意。埋也）之，抱兒逃。漢軍掠之，軍中惡小兒啼，孫氏恐被害，以簪珥（二。耳飾）屬漁家鞠（養也）之。漢敗，孫氏脫身至漁家，竊兒去，夜宿陶穴中。天曙（樹。曉也），登舟渡江，遇漢潰軍奪舟，捽（卒。捽頭髮也），孫氏及兒投之江。江中得斷木附之，入蘆渚中。渚有蓮實，孫氏取啗兒，凡七日不死。忽夜半，聞人語聲，呼之，逢老父，號雷老，告之，遂與偕行，達吳公所。孫氏抱兒拜泣，吳公亦泣，置兒於膝曰：此將種也。命賜雷老衣，忽不見。

（編）陳友諒弒其主徐壽輝，遂自稱帝，國號漢。

（紀）友諒既僭大位，聲言東下，建康震動，或謀以城降，或以鍾山有王氣，欲奔據之，或欲決一死戰，不勝而走未爲晚也。劉基獨張目不言，吳公問之，基曰：先斬主降議及奔山者，乃可破賊耳。吳公曰：計將安出。基曰：當傾府庫，開至誠以固士心，且天道後舉者勝，宜伏兵伺隙擊之，取威制敵以成王業，在此一時。吳公深然之。

（編）（辛丑）二十一年，秋八月，吳公帥師伐漢，拔江州，僞相胡廷瑞遣使詣軍門降。

（紀）吳公帥師伐漢，拔江州，友諒挈妻子夜奔武昌（今湖廣武昌府）。既而友諒僞相胡廷瑞見江州已破，遣使詣軍請降。太祖遂至龍興（今江西南昌府），改爲洪都府。時陳友諒據湖廣，張士誠據浙江，衆以蘇湖地饒，欲先取。劉基曰：士誠自守賊耳，友諒居上流，且名號不正，宜先伐之。陳氏既滅，張氏如囊中物耳。會友諒復來侵，吳公遂決計伐陳氏。時陳友諒遣人約張士誠同侵建康，上恐二寇合，欲速其來，乃召康茂才曰：汝與諒有舊，宜作書僞降，招之速來。茂才依計行，友諒果信而進兵吳公伏兵大敗之友諒敗走遂乘勝拔江州及蘄黃等郡友諒奔武昌。

（編）癸卯 二十三年。秋七月吳公與陳友諒大戰於鄱陽湖友諒敗死張定邊以其子理奔武昌復立爲帝。

（紀）朱文正守南昌友諒憤其疆域日促乃悉其兵空國而來乘江漲直抵城下用雲梯百道進攻撫州門外城壞三十餘丈朱文正鄧愈督諸將死戰且戰且築城壞復完圍旣久援兵不至內外阻絕朱文正乃遣千戶張子明赴建康告急復詐遣軍士號捨命王者詣友諒營約日出降友諒信之緩其攻及期城守如故友諒縛捨命王於城下殺之子明至建康吳公問友諒兵勢如何子明對曰友諒兵

雖甚而戰鬬死者亦不少今江水日涸巨艦將不利吳公曰汝歸語文正等但堅守一月吾當自取之子明還爲友諒所執友諒曰若能誘城降非但不死且得富貴子明佯許之至城下呼曰吾已見主上令諸公堅守大軍且至友諒怒攢搠刺殺之文正等聞之守益堅。友諒圍南昌八十餘日上親督舟師三十萬往援之進次湖口友諒始解圍東出鄱陽以迎我師友諒連舟縱戰望之如山我軍舟小怯於仰攻郭興曰非火攻不可上然之卽令諸將乘風縱火焚其戰艦數百艘友諒弟友仁友貴及陳普略皆焚死。友諒欲退保鞋山我師邀其歸路友諒不得出俞通海曰湖水淺舟難回旋不利戰莫若入江據敵上流彼舟若入卽成擒矣劉基亦密言曰請移軍湖口期以金木相犯日決勝上從之敵糧且盡冒死突出繞江下流欲由禁江遁回上麾諸軍追擊數十里自辰至酉友諒中流矢貫睛及顱而死張定邊乘夜以小舟載友諒屍及其子理奔武昌復立理爲帝。初鄱陽之戰上被圍莫解指揮韓成請服上龍袍冠冕對賊衆投水中圍乃解又一日與友諒鏖戰劉基在御舟忽躍起大呼上驚起回顧但見基雙手揮之連聲呼曰難星過可更舟上悟急更之未半晌舊舟爲敵砲擊破矣先是有周顛者舉錯詭譎人莫能識每見上必曰告太平上厭之命覆以甕積薪煆之火息啟視顛正坐宴然至是征陳友諒上問此行何如顛應聲曰好上

張子明似晉解揚韓成似漢紀信何從龍者皆若是之烈也

曰彼已稱帝今欲取之豈不難乎顛仰視久之曰上面無他的從行至皖城苦無風問顛顛曰只管行只管有風無膽不行便無風行不三里果大風倏忽達小孤竟如其言

（編）吳公立功臣廟。

（紀）建忠臣祠於鄱陽湖祀韓成等三十六人復立廟於南昌祀張子明等十六人。

（編）甲辰 二十四年。春正月吳公進位吳王。

（紀）李善長徐達等以吳公功德日隆屢表勸進上（勸勉進帝號也。）不允乃於是日朔卽吳王位。

（編）夏初置翰林院以陶安爲學士。

（編）漢陳理降。

漢亡

【紀】陳理既還武昌，吳王復進兵圍之，久不下，乃親往視師，遣其降將羅復仁入城諭理，使降。理遂率其太尉張定邊等詣軍門降。凡府庫儲蓄，令理自取。城中飢困，命給粟賑之。於是湖廣、江西悉平。江西行省以陳友諒鏤金牀進，吳王觀之曰：此與孟昶七寶溺器何異？陳氏窮奢極侈，安得不亡？即命毀之。

【編】張士誠自立爲吳王。

【紀】張士誠即平江治宮室，立官屬。士誠委政於弟士信。士信荒淫，每事惟與王敬夫、葉德新、蔡彥夫三人謀。三人者皆諂佞儉邪，惟事蒙蔽。吳王聞之曰：我無一事不經心，尚被人欺。張九四終歲不出門理事，豈有不敗者乎？時有十

七字謠曰：丞相做事業，專用王蔡葉。一朝西風起，乾癟。

【編】丙午二十六年，秋八月，吳王命徐達爲大將軍，常遇春爲副，發兵討張士誠。

【紀】吳王議討張士誠，李善長以爲未可。徐達進曰：張氏驕橫暴殄，奢侈。此天亡之時也。其所任驕將，如李伯昇、呂珍之徒，皆齷（握）齪（錯。局蹙貌）。急迫不足數。王、蔡、葉三參軍，迂闊書生，不知大計。臣奉主上威德，聲罪致討，三吳（今江南蘇州府爲東吳，鎮江府爲中吳，浙江湖州府爲西吳。）可計日而定。吳王大喜曰：汝合吾意，事必濟矣。秋八月，命徐達爲大將軍，常遇春爲副將軍，帥師二十萬伐張士誠。集諸將佐諭之曰：卿等宜戒飭士卒，毋肆擄掠，毋妄殺戮，毋發坵壟，毋毀廬舍。聞士誠母葬姑蘇

前恐張陳奔舉，故分其勢以滅漢；今恐張潘併力，又分其勢以滅吳。兵法先後，一絲不

亂。太祖眞天授，非人力也。

張士誠被執縊死，僞吳亡

山（名。在蘇州府城西。）城外，愼勿侵毀其墓。諸將皆再拜受命。出，吳王復召達、遇春曰：爾等此行，用師孰先？遇春曰：逐梟者必覆其巢，去鼠者必熏其穴。此行當直擣平江。平江既破，其餘諸郡可不勞而下。吳王曰：不然。士誠起鹽販，與張天騏、潘原明輩皆相爲手足。士誠窮蹙，天騏輩懼其俱斃，必併力救之。今不先分其勢，而遽攻姑蘇，若天騏出湖州，原明出杭州，援兵四合，何以取勝？莫若先攻湖州，使其疲於奔命。羽翼既披，然後移兵姑蘇，取之必矣。冬十月，徐達師至湖州，士誠發兵來援，大敗之，而守將李伯昇及張天騏遂舉城降。朱文忠師下杭州，守將潘原明籍土地錢穀出降。文忠入宿城上，秋毫無犯。一卒彊入民家，礫以徇。徐達既下

湖州，會諸將進攻平江。士誠諸將多降，康茂才至尹山橋，遇士誠兵，擊敗之，遂進兵圍其城。達、遇春等四面築長圍困之，城中震恐。

【編】丁未二十七年，春正月，吳王改號爲吳元年，立宗廟社稷。

【編】二月，免應天、太平、鎮江諸郡租賦有差。（補錄）

【編】秋九月，徐達、常遇春圍蘇州，執張士誠，檻送建康。士誠自縊死，浙西吳會皆平。

【紀】士誠被圍既久，欲突圍出，將奔常遇春營。遇春覺其至，嚴陣待之。遇春撫王弼背曰：軍中皆稱爾爲猛將，能爲我取此乎？弼應聲馳鐵騎，揮雙刀往擊之。敵小却，遇春率衆乘之，遂大敗其軍，溺於沙盆之潭。士誠故有勇勝軍，號十

張士誠妻劉氏死節

倐龍常銀鎧錦衣出入陣中。是日皆溺死。士誠馬驚墮水幾不救，肩輿入城。降將李伯昇遣客入城說士誠曰：「公知天數乎？公以十八騎入高郵，元兵百萬圍之，此時如虎落穽中，死在朝夕。一旦元兵潰亂，公遂東據三吳，有地千里，南面稱孤。誠能於此時不忘高郵之苦，心勞志收名豪傑，撫恤人民，非特可保三吳，天下可取也。」士誠曰：「足下此時不言，今復何及？」客曰：「此時雖有言，亦不得聞也。」士誠曰：「吾亦甚恨。然則今當何如？」客曰：「吾有一策，恐公不能從也。」士誠曰：「不過死耳。」客曰：「使死有益於國家，有利於子孫，死固當。不然，徒自苦耳。何則？天命有在，人力無如之何。且今攻我甚急，莫若順天命，令一介使疾走金陵，稱公歸義救民

之意，開城門，幅巾待命。」士誠仰首沉慮良久，卒狐疑莫能決。逾三日，士信方在城樓上督戰，忽飛砲碎其首而死。秋九月，達、遇春率衆渡橋，進薄城下，士誠軍大潰，諸將蟻附登城，城破。士誠收餘兵二三萬，親率之戰於萬壽寺東街，復敗。士誠倉皇歸，從者僅數騎。初，士誠見兵敗，謂其妻劉氏曰：「我敗且死，若曹何為？」劉氏曰：「君勿憂，妾必不負君。」乃子乳媼金抱二幼子出，積薪齊雲樓下，驅其羣妾侍女登樓，令養子辰保縱火焚之，劉氏自縊死。日暮，士誠距戶經，舊將李伯昇決戶抱解之。徐達令人慰諭之，反覆數四，士誠瞑目不言。乃以舊盾舁至舟中，送建康。士誠臥舟中不食，至龍江，堅臥不肯起，舁至中書省。李善長問之，不語。已

已而士誠言不遜，善長怒詈之，士誠竟自縊死。吳平江曰蘇州府，浙西吳會皆平。

鍾惺曰：士誠勢窮力屈，猶背城百戰，及被獲終不屈而死，其强暴之氣殆與項羽相似。

林宗錫曰：項羽渡江五年，號令天下，士誠未敢窺姑蘇外半步也，獨恃原明天塹耳，猶潘降而不知，張敗而不救，烏可相髣乎？若劉基所言自守賊盡之矣。

（編）冬十月，命徐達為武威大將軍，北取中原；胡廷瑞為南征將軍，取福建、湖廣；楊璟、張德興取廣西。

綱鑑會通明紀卷二

海陵後學陳志襄陶思輯錄

明紀

編（戊申）明太祖洪武元年。春正月。吳王卽皇帝位。定有天下之號曰明。建元洪武。追尊四代祖考妣皆爲帝后。

紀 李善長率羣臣奉表勸進。上曰。恐德薄不足以當尊。善長曰。天命已有歸矣。若不正大位。何以慰天下臣民之望。上固却之。明日善長復固請。乃從之。

陳建曰。陳友諒纔得一隅。輒妄自稱尊。故不旋踵而敗。明王規模局量。自與羣雄不同。（太祖至此時。天下已大定矣。猶謙讓不遑。乃知帝）

谷應泰曰。明太祖起兵濠梁。十餘年間。終膺天命。雖曰神運。蓋亦有人事焉。方其火光燭空。紅羅浮水。雷雨成塋。伽藍卜吉。論者嘖嘖。莫不謂天之所授也。然予以厚德弘仁。實則命世之器。非夫羣雄草竊所能闇奸而覬覦者。尤有異者。風雲之際。杖策來歸。心膂爪牙。篤生江徐達湯和。起於同里。朱文正李文忠。典自戚屬。李善長馮國用。近出定遠。鄧愈胡大海。郎在虹縣。常遇春懷遠之雄。廖永安巢湖之傑。一時功臣。人如棊布。地皆錯壤。豈高祖從龍。多由豐沛。蕭王佐命。半屬南陽。天生眞人。固若類聚而扶掖之者耶。然而帷幄善謀。汗馬著烈。君臣之間。相需魚水。豈盡地脉使然哉。

編 立妃馬氏爲皇后。

紀 上初渡江時。后嘗謂上曰。今豪傑並爭。雖未知天命所歸。以妾觀之。惟以不殺人爲本。人心所歸。卽天命所在。上深然之。至是冊立爲皇后。上因謂侍臣曰。昔光武勞馮異曰。倉卒蕪蔞亭豆粥。滹沱河麥飯。厚意久不報。朕念皇后

起布衣。常倉卒自忍飢餓。懷糗餌食。朕比之豆粥麥飯。其困尤甚。昔長孫皇后當隱太子搆隙之際。內能盡孝。謹承諸妃。消釋嫌疑。朕素爲郭氏所疑。徑情不恤將士。或以服用爲獻。后輒先獻郭氏。慰悅其意。及欲危朕。后乃爲寬解。卒免於患。尤難於長孫皇后也。朕或因服御詰怒小過。輒勸朕曰。王忘昔日之貧賤邪。朕爲惕然。家之良妻。猶國之良相。豈忍忘之。罷朝因以語后。后曰。妾聞夫婦相保易。君臣相保難。妾安敢比長孫皇后。但願陛下以堯舜爲法耳。

得夫婦以惕君臣深得納牖之體

懿文太子

李善長徐達作

相開國良臣

編 立世子標爲皇太子。

紀 馬后生六子。標其長也。

編 以李善長爲左丞相。徐達爲右丞相。章溢爲御史大夫。

編 命廷臣兼東宮官。

紀 禮部尚書陶凱請選人專任東宮官屬。上曰。朕以廷臣有德望者兼東宮官。非無謂也。常慮廷臣與東宮官屬有不相能。遂成嫌隙。江充之事。（漢江充搆陷戾太子。事在武帝庚寅二年。）可爲明鑒。朕今立法。令臺省等官兼東宮官贊輔之。父子一體。君臣一心。於是太子官屬（詹事諭德贊善率更令等官。）以李善長章溢劉基等兼之。（陶凱天台人。）

編 二月。定郊社宗廟禮。

編 定衛所官軍及將帥將兵之法。

紀 自京師及郡縣皆立衛所。大率以五千六百人爲一衛。一千一百二十八人爲一所。一百一十二人爲百戶所。每百

福建平

開國者祀孔子

大聖人作用自是不凡

戶所設總旗二名小旗十名官領鈐束通以指揮使等官領之有事征伐則詔總兵官佩將印領之既旋則上所佩將印於朝官軍各回本衛大將單身還第權皆出於朝廷不敢有專擅自是征伐率以爲常

編湯和等克福州閩地悉平

紀先是帝命湯和廖永忠等取閩進兵延平（今福建延平府）先遣使招諭元福州（今福建福州府）平章陳友定不從遂進攻之參政文殊海牙開門出降執友定械送京師胡廷瑞等進兵克興化（今福建興化府）元汀州路（今福建汀州府）守將陳國珍納款於是郡縣相繼降附福建悉平

編詔以太牢祀孔子於國學

紀仍遣使詣曲阜致祭

編詔衣冠悉如唐制

編命中書議役法

紀上以立國之初經營興作恐役及平民乃命中書省驗田出夫於是省臣奏議田一頃出丁夫一人不及頃者以別田足之名曰均工夫遇有興作農隙用之

編命選國子監生侍太子讀書

編三月以廖永忠爲征南將軍朱亮祖副之由海道取兩廣

編命翰林儒臣修女誡

紀上謂學士朱升等曰治天下者修身爲本正家爲先觀歷代宮闈政由內出鮮有不爲禍亂者也卿等纂修女誡

祖德如此後世猶有稅監礦監纍纍道路者

兩廣平

元主北奔

言聖人言性沁入心脾

及賢妃之事可爲法者使後世子孫知所持守

編蘄州進竹簟命却之

紀諭中書侍臣曰古者方物之貢惟服食器用無玩好之飾今蘄州進竹簟未有命而來獻天下聞風爭進奇巧則勞民傷財自此始矣其勿受仍令四方非朝廷所需毋得妄獻

編夏四月命圖古孝行及身所經歷艱難起家戰伐之事以示子孫

編禁宦官預政典兵

編六月兩廣平

編秋七月徐達常遇春帥諸將入通州元主避兵北行

紀先是帝遣徐達等北師面授廟算曰當先取山東撤其屏蔽旋師河南斷其羽翼拔潼關而守之據其戶檻天下形勢入我掌握然後進兵元都則勢孤援絕不戰可克矣既克元都鼓行而西關隴可席捲而有也達等於是整旅向山東俱下之將西指汴洛時左君弼守陳州帝遣使曉之曰予之國足下父母之國也合肥之鄉足下邱壟之鄉也天下兵興豪傑並起豈惟乘時建功名亦欲保全父母妻子於亂世耳足下縱無意於妻子何忍忘情於老親哉功名富貴可以再圖生身之親不可再得其熟思之復歸其母於陳州君弼感泣遂降君弼降而潼關以東勢益解矣七月帝親至汴梁勞達等曰元主中國子孫怠荒罔恤

民艱。天厭棄之。君則有罪。民亦何辜。前代革命之際。兵戈相加。視如仇讐。予何忍乎。至燕都。必使市不易肆。元之宗室。俱善待之。以慰朕救民之志。諸將奉命。兵次通州。元主曰。豈可復作今日徽欽。夜半率后妃太子北去。初。元主以國祚問術士。術士曰。千秋萬歲不必慮。惟日月並行。乃可憂耳。至明兵至而亡。

〔編〕八月。徐達常遇春克元都。

〔紀〕達等進師取元都。至齊化門。將士填壕(豪。城下池也。)登城而入。達登齊化門樓。執帖木兒不花慶童等戮之。并獲諸王子六人。及玉印二。成宗玉璽一。封府庫圖籍寶物。及故宮殿門。以兵守之。宮人妃主。令其宦寺護視。號令士卒。毋得侵暴。人民安堵(言安然如堵。不驚動也。)元翰林待制黄殷仕投井死。左丞丁敬可。總管郭允中。皆死之。學士危素寓僧寺。亦欲赴井。一僧止之曰。公死。亡國史也。遂往見徐達。達尋以素歸。帝雅聞素名。仍命爲學士。(危素。金谿人。)

舉動自是賢將

〔編〕命大將軍徐達副將軍常遇春往取山西。

〔編〕漳州通判王禕上書。

〔紀〕禕上言。人君修德之要有二。忠厚以爲心。寬大以爲政。昔者周家忠厚。故垂八百年之基。漢室寬大。故開四百年之業。蓋上天以生物爲心。春夏長養。秋冬收藏。其閒雷電霜雪。有時而薄擊肅殺焉。然皆暫而不常。向使雷電霜雪無時不有。上天生物之心息矣。臣願陛下之法天道也。上

所以福流子孫最遠

嘉納之。時尚嚴厲。故禕以爲言。

〔編〕始置六部官。

〔紀〕先是中書省惟設四部。掌錢穀禮儀刑名營造。至是乃定置吏戶禮兵刑工六部。分理庶務。

始置六部官

〔編〕詔以汴梁(今河南開封府。)爲北京。金陵爲南京。

〔編〕御史中丞劉基致仕。

〔紀〕先是上北巡。命基同李善長留守京師。中書都事李彬犯法事覺。彬素附善長。善長請基緩其獄。基不聽。馳奏上。竟殺彬。善長銜之。上還。善長愬之。會基有喪。告歸。許之。

〔編〕放元宮人。

〔紀〕召元舊臣問得失。馬翼曰。元之天下。以寬失之。帝曰。步急則蹶。絃急則絕。民急則亂。居上之道。正當用寬。元季君臣。耽於逸樂。循至淪亡。其失在於縱弛。實非寬也。

寬縱二字剖析明透非英主安能辨此

〔編〕旁求隱逸之士。

〔紀〕命學士詹同等十八人。分行十道求之。

〔編〕詔乘輿服御諸物毋飾金。

〔紀〕有司奏造乘輿服御諸物。應用金者。特命以銅爲之。有司言費小不足惜。上曰。朕富有四海。豈吝於此。然所謂儉約者。非身先之。何以率下。且奢侈之原。未有不由小至大者也。

〔編〕冬十月。碎元水晶刻漏。

〔紀〕司天監進元所置水晶刻漏。備極機巧。中設二木偶人

聰明天縱

能按時自擊鉦鼓上覽之謂侍臣曰廢萬幾之務用心於此所謂作無益害有益也命碎之

〔編〕詔御史大夫湯和平章楊璟並從西征

〔編〕名劉基至京師

〔紀〕基至贈其祖父爵永嘉郡公欲授基爵辭曰陛下乃天授臣何敢貪天之功顯榮先人足矣

〔編〕十一月建大本堂

〔紀〕命取古今圖籍充其中延儒臣教授太子諸王以起居注魏觀侍太子說書帝問太子近臣講何書對曰講漢七國叛事帝問曲直安在太子曰曲在七國帝曰此講官曲說耳景帝自爲太子便以博局殺吳世子及爲帝聽晁錯

說削諸侯七國之變實由於此自今講官爲諸王講此則當言藩王必上尊天子下撫百姓爲國家藩輔如爲太子講此則當言敦睦九族親親之道 魏觀蒲城人

〔編〕以孔希學襲封衍聖公孔希大爲曲阜知縣

〔紀〕皆世襲立孔顔孟三氏教授司尼山洙泗二書院命博士孔克仁等授諸子經功臣子弟亦令入學

〔編〕十二月大將軍徐達師諸軍取太原 今山西太原府

〔編〕己酉二年春正月詔免中原田租

〔紀〕詔免北平燕南山東山西河東河南潼關唐鄧光恩等處稅糧

〔編〕詔免江南田租

〔編〕副將軍常遇春師師取大同 今山西大同府

〔編〕二月大將軍徐達師次河中 今山西平陽府蒲州 副將軍常遇春馮宗異渡河趨陝西

〔編〕詔修元史

〔紀〕上謂廷臣曰近克元都得元十三朝實錄元雖亡史所以勸懲不可廢乃詔左丞相李善長前起居注宋濂漳州府通判王禕總裁徵山林遺逸之士汪克寬等十六人同纂修

〔編〕親耕藉田

〔紀〕上躬耕藉田 古者天子耕藉田千畝以給宗廟粢盛藉蹈藉也言親自蹈履於田而耕之天子三推三公五推卿大夫九推庶人受以終畝 於南郊既又命皇后率內外命婦蠶

於北郊以爲祭祀衣服

〔編〕三月敕翰林爲文無事浮藻

〔紀〕上謂詹同曰古人爲文以明道德通世務典謨之言皆明白易知至如諸葛孔明出師表亦何嘗雕刻爲文而誠意溢出至今誦之使人忠義感激近世文士立辭雖艱深而意實淺近即使過於相如楊雄何裨實用自今翰林爲文但取通道理明世務者無事浮藻

〔編〕大將軍徐達克河中遂會諸將進取陝西

〔紀〕大軍至西安 今陝西西安府 營於長安 今西安府長安縣 城北元平章王武卒官屬迎降達遂遣馮宗異取鳳翔 今陝西鳳翔府 元將李思齊奔臨洮 今陝西臨洮府

燕薊悉平　常遇春卒

〔編〕夏四月，淮安、寧國、鎮江、揚州、台州，各獻瑞麥。
〔紀〕一莖五穗三穗者甚衆，羣臣賀。上曰：朕爲生民主，惟思修德致和，使三光平，寒暑時，爲國家之瑞，不以物爲瑞也。
〔編〕大將軍徐達至鳳翔，遣馮宗異進攻臨洮，李思齊舉城降。
〔編〕五月，大將軍徐達師至蕭關，（在陝西平涼府鎮原縣。）下平涼，指揮朱明克延安，（今陝西延安府。）以明守之。
〔編〕六月，薊北悉平，改元都爲北平府。
〔紀〕元也速復侵通州，上命常遇春以所部軍自鳳翔還禦之，復命李文忠爲偏將軍，副遇春，自北平（今直隸永平府。）往開平。（宋理宗寶祐四年，蒙古主蒙哥欲建城市，修宮室，爲都會之所，忽必烈以劉秉忠薦，因命相宅。秉忠以桓州東灤水北之龍岡爲吉，謀秉忠營之，命曰開平府。）道三河，經鹿兒嶺，敗元將江文清於錦州，（今盛京錦州府。）也速復以兵迎戰，又敗之，也速遁，遂帥兵進攻開平，元主先已北走，追奔數百里，俘（孚。軍所擄曰俘。）其宗王慶生等，斬之，凡得將士萬人，車萬輛，馬三萬匹，牛五萬頭。薊北悉平，遂改元都（今直隸順天府。）爲北平府。
〔編〕秋七月，副將軍常遇春卒於軍。
〔紀〕遇春還次柳河川，得疾卒，上令偏將軍李文忠代領其衆，尋詔文忠自北平會師攻慶陽。
〔編〕八月，大將軍徐達克慶陽。
〔紀〕大軍列營慶陽城下，張良臣數出戰，俱不利，糧餉乏絕，至煮人汁和泥嚥之，其平章姚暉等開門納降，達勒兵自北門入，良臣投井中，引出斬之，陝西悉平，達帥諸軍還京

不列韓成，庶無有說

師。
〔編〕建功臣廟。（敕建功臣廟於雞鳴山，在江寧府治東北。）
〔紀〕廟成，叙功，以徐達爲首，次常遇春、李文忠、鄧愈、湯和、沐英、胡大海、馮國用、趙德勝、耿再成、華高、丁德興、俞通海、張德勝、吳良、吳貞、曹良臣、康茂才、吳復、茅成、孫興祖，凡二十一人，（死者肖像祀之。）
傅維祖曰：（廖永安、永忠、朱文正、馮宗異、傅友德、朱亮祖、胡廷瑞、楊璟，俱有大功，何以遺之也。）
〔編〕命吏部定內侍諸司官制。
〔紀〕上曰：朕觀周禮，閹寺未及百人，後世至踰數千，卒爲大患，今雖未能復古，亦當爲防微之計，可斟酌其宜，毋令過多。又顧侍臣曰：求善良於中涓，（即中人官也。涓，潔也。主居中潔除之人。）百無一二，用爲耳目，即耳目蔽，用爲腹心，即腹心病，馭之之道，但當使之畏法，不可使之有功，有功則驕恣，畏法則檢束。
〔編〕九月，詔以濠州爲中都。
〔紀〕上問羣臣建都之地，或言關中，（今陝西西安府。）天府之國，或言洛陽，（今河南河南府。）天地之中，汴梁，（今河南開封府。）亦宋舊京，或言北平宮室完備。上以平定之功，民未休息，供給力役，悉資江南，建業，（即金陵。）長江天塹，（塹，遶城水也。）足以立國，臨濠，（即濠州。）前江後淮，以險可恃，以水可漕，詔以爲中都。
〔編〕冬十月，詔天下郡縣皆立學。
〔紀〕府設教授一，訓導四，生員四十人，州設學正一，訓導三，生員三十人，縣設教諭一，訓導二，生員二十人，學者專治

一經以禮樂射御書數設科分教務求實才頑不率者黜之

命徐達征沙漠

編庚戌三年春正月帝命徐達等往征沙漠。

紀元王保保爲西北邊患上命右丞相信國公徐達爲征北大將軍浙西行省平章李文忠爲左副將軍都督馮勝爲右副將軍御史大夫鄧愈爲左副將軍湯和爲右副將軍往征沙漠（北方流沙日漠蒙古南略）上問諸將曰元主遲留塞外王保保近以孤軍犯我蘭州（屬陝西臨洮府）其志欲僥倖尺寸之利不滅不已卿等出師當何先諸將皆曰保保之寇邊者以元主之猶在也若以師直取元主則保保失勢可不戰而降上曰王保保方以兵臨邊今舍彼而取元主是忘近而

趨遠失緩急之宜非計之善吾意欲分兵二道一令大將軍自潼關（在陝西西安府華陰縣東）出西安擣定西（今陝西鞏昌府安定縣）以取王保保一令左副將軍出居庸入沙漠以追元主使彼此自救不暇應援元主遠居沙漠不意吾師之至如孤豚之遇猛虎擒之必矣事有一舉而兩得者此是也諸將皆曰善遂受命而行。

編二月詔羣臣親老者許歸養。

紀上行後苑見鵲巢卵翼之勞喟然而嘆因有是命。

編夏四月以危素爲翰林侍讀學士已謫素居和州

紀素居弘文館一日上御東閣聞履聲橐橐上問爲誰對曰老臣危素上曰是爾邪朕將謂文天祥耳素惶懼頓首上曰素元朝老臣何不赴和州看守余闕（元至正十八年正月余闕爲元守安慶陳友諒引軍薄城下闕以孤軍血戰城陷闕引刀自剄墮清水塘中死妻妾子女壻亦皆赴井死）廟去遂有是謫素踰年卒。○上欲以楊憲爲丞相劉基與憲素厚以爲不可上怪之基曰憲有相才無相器夫宰相者持心如水以義理爲權衡而已無與焉者也今憲不然能無敗乎上曰汪廣洋何如基曰此褊淺觀其人可知上曰胡惟庸何如基曰此小犢將僨轅而破犁矣上曰吾之相無踰於先生基曰臣非不自知但臣疾惡太深又不奈煩劇爲之且孤大恩天下何患無才願悉心求之如目前諸人臣未見其可也（胡惟庸虹縣人汪廣洋高郵人）

甚於斧鉞之誅

鍾惺曰危素何嘗不死視黃冔之死所爭不過幾何時而覺千古猶有愧色○青田不獨深識相體明於知人其一腔忠盡可謂知無不言言無不盡矣

編大將軍徐達師出安定與王保保戰大敗之保保奔和林。

紀達出安定駐沈兒峪口與王保保隔深溝而壘一日達整衆出戰大敗保保兵於川北亂塚間擒元諸王國公及平章等官一千八百六十五人將校士卒八萬四千五百餘人獲馬萬五千二百八十餘匹駱駝驢騾雜畜稱是保保僅與其妻子數人從古城北遁去至黃河得流木以渡遂出寧夏（今陝西寧夏衛）奔和林（城名本唐回鶻毗伽可汗故城蒙古以爲會同之所後復城之周圍五里許）

編五月左副將軍李文忠克應昌獲元主孫買的里八剌等。

元至此始亡

帝謚元主曰順帝。元亡。

紀 文忠與左丞趙庸師出野狐嶺，擒元平章祝真，進敗元太尉蠻子等於白海之駱駝山，遂次開平。元平章上都罕等降。文忠帥師趨應昌，未至百餘里，獲元騎問之，知四月二十八日元主已殂。文忠至應昌，圍其城，獲元主孫買的里八剌并后妃宮人諸王宋代玉璽金寶一十五、宣和殿玉圖書一、玉冊二、鎮國玉帶玉斧各一，及駝馬牛羊無算。惟太子愛猷識理達臘與數十騎遁去，文忠帥精騎追之，至北慶州，不及而還。捷聞，百官稱賀。上命禮部榜示，凡經仕元者不與。又以庚申元主不戰而奔，克知天命，謚曰順帝。

編 詔設科取士，定科舉法。

紀 初場各經義一道，四書義一道；二場論一道，詔誥表箋內科一道；三場策一道。中式者後十日，以騎射書策律五事試之。

編 詔行大射禮。

紀 令太學生及天下郡縣學生員皆習射。

編 詔定服色，制色尚赤。

紀 禮部奏：夏尚黑，殷尚白，周尚赤，秦尚黑，漢尚赤，唐服飾尚黃，旗幟尚赤。國家取法周漢唐宋，以為治尚赤為宜。上從之。

編 冊封諸王。

紀 詔曰：諸子之封，本待報賞功臣之後，然尊卑之分所宜早定。乃封棪為秦王，棡為晉王，棣為燕王，橚為周王，楨為楚王，榑為齊王，梓為潭王，杞為趙王，檀為魯王，姪孫守謙為靖江王，皆授以冊寶，置相傅官屬。

編 嚴宮閫之政，著為令。

紀 上以元末宮嬪女謁，私通外臣，或番僧入宮攝持受戒，而大臣命婦亦往來禁掖，淫瀆褻亂，遂深戒前代之失，著為典，俾世守之。皇后止得治宮中嬪婦事，宮門之外不得與焉。存查奏自尚宮，內使監覆之，始支部，違者死。私書出外者罪如之。宮人疾，言其狀，徵藥。群臣命婦節慶朔望朝見中宮，無故不得入。人君無見外命婦禮。天子親王后妃宮嬪慎選良家子女，進者勿受。

編 六月，李文忠遣人送元買的里八剌等及其寶冊至京師。

紀 省臣楊憲等請以買的里八剌獻俘於廟，寶冊令百官具朝服進。上曰：寶冊貯之庫，不必進也。古者雖有獻俘之禮，武王伐殷，曾用之乎？憲對曰：武王事殆不可知，唐太宗嘗行之。上曰：太宗是待王世充。（隋末以王世充為太尉，世充尋自稱帝，弒隋主侗，後降唐。秦王世民，秦王至長安，俘世充獻於太廟。）若遇隋之子孫，恐不行此禮。元人入主中國，百年之內，生齒甚繁，家給人足，朕之祖先亦預享其太平。雖古有獻俘之禮，不忍加之，乃賜買的里八剌第宅於龍山，封為崇禮侯。

編 頒平定沙漠詔於天下。

量同天地應是湯武以上人

紀 是日百官表賀上諭之曰當元之季盜賊蜂起天下已非元有矣朕取天下於羣雄非取天下於元氏向使元君克畏天命不自暇逸其臣各盡乃職罔敢驕奢天下豪傑其得乘隙而起邪○中書省請以文忠捷音榜示天下上見其詞倨大因責省臣曰爾等爲宰相當法古昔致君於聖何乃習小吏浮薄之言不知大體元繼宋爲君主中國且將百年朕與卿等父母皆賴其生養元之興亡自是氣運於朕何預而以此張之四方有識之士見之口雖不言其心未必以爲是也

編 秋九月大明集禮書成詔刊行之（其書以吉凶軍賓嘉冠服車輅儀仗鹵簿字學樂爲綱所該之目吉禮十四曰祀天曰祀地曰宗廟曰社稷曰朝日曰夕月曰先農曰太歲風雷雲雨師曰嶽鎮海瀆天下山川城隍曰旗纛曰馬祖先牧社馬步曰祭厲曰祀典神祇曰三皇孔子嘉禮五曰朝會曰冊拜曰冠禮曰婚曰鄉飲酒賓禮二曰朝貢曰遣使軍禮三曰親征曰遣將曰大射凶禮二曰弔賻曰喪儀又冠服車輅儀仗鹵簿字學各一樂三曰鐘律曰雅樂曰俗樂凡升降儀節制度名數皆備具通五十卷）

編 冬十一月大將軍徐達左副將軍李文忠等振旅（振止也言戰罷而止其衆以入也春秋傳出曰治兵入曰振旅）還京師

編 大封功臣

紀 封功臣徐達等爲公侯伯者三十六人因賜宴曰天下大業以艱難得之必當以艱難守之卿等今皆安享爵位不可忘艱難之時○上嘗從容謂徐達曰曩與卿等初起本圖自全非有意於天下及渡江觀羣雄無救民之心朕故與卿等一心共濟時艱朕初與二寇相持或勸朕先擊士誠以爲士誠切近友諒稍遠若先擊友諒則士誠必乘我後此亦一計然不知友諒剽而輕士誠狡而懦友諒之志驕士誠之器小志驕則好生事器小則無遠圖故朕先攻友諒知士誠必不能越姑蘇一步也向若先攻士誠友諒必空國而來我將撤姑蘇之師以禦之則疲於應敵事有難爲朕之取二寇者固自有先後耳二寇既除鼓行中原宜無不下矣又或勸朕蕩平羣寇乃取元都朕思張思道李思齊王保保皆百戰之餘未肯遽降急之非北走元都則西走隴蜀併力一隅未易定也故出其不意反旆而北元衆膽落不戰而奔然後西征張李二人望絕勢窮不勞而克事勢與友諒士誠又正相反達等敬服（李善長韓國公徐達魏國公常遇春子茂鄭國公李文忠曹國公馮勝宋國公鄧愈衛國公湯和中山侯耿炳文長興侯吳良江陰侯廖永忠德慶侯傅友德潁川侯趙庸南雄侯楊璟營陽侯郭興鞏昌侯顧時濟寧侯吳楨靖海侯唐勝宗延安侯陸仲亨吉安侯費聚平涼侯周德興江夏侯陳德臨江侯華雲龍淮安侯胡廷瑞豫章侯朱亮祖永嘉侯韓政東平侯俞通源南安侯康茂才子鐸蘄春侯王志六安侯鄭遇春滎陽侯曹良臣宣寧侯黃彬宜春侯梅思祖汝南侯陸聚河南侯華高廣德侯汪廣洋忠勤伯劉基誠意伯）

料敵明於指掌

編 辛亥 四年春正月帝命湯和等帥師伐夏

紀 元至正十七年隨州（屬湖廣德安府）人明玉珍起兵從徐壽輝陷川蜀（治四川成都府）壽輝令玉珍守之玉珍尋自據成都遂稱帝建國號曰夏二十六年玉珍卒子昇嗣甫十歲母彭氏同聽政至是昇將吳友仁寇興元（今陝西漢中府）上命湯和周德興廖永忠楊璟葉昇等率舟師由瞿塘趨重慶（今四川重慶府）傳

太初，曰仰大明，曰民初生，曰品物亨，曰御六龍，曰泰階平，曰君德成，曰聖道成，曰樂清寧，上以協律善之，悉屏俗樂

〔編〕廖永忠湯和師至重慶，夏主明昇降。

〔紀〕友德受命馳至陝，揚言出金牛，而潛使人窺階文，果空虛，遂引兵直抵階州，破之，至文州，又破之，乃至綿州，造船大進，欲以軍事達湯和，而山川懸隔，適江水暴漲，友德以木牌數千，大書克階文綿州月日，投漢江，順流蔽江而下。蜀守者惶怖心解，和軍見木牌，亦自白鹽伐木開道趨夔州。永忠進兵瞿唐，山峻水急，蜀人設鐵索飛橋，橫振關口。我舟不得上，乃密遣壯士舁小舟踰山度關，出其上流，人持糗糧，帶水筒，山多草木，皆衣青簑，魚貫巖石間，蜀人不覺也。度已至，乃率精銳攻其水陸二寨，方大戰，而上流揚

旗鼓譟，將士舁舟踰山者，順流而下，蜀人大駭，俱投溺水中，由是乘勝直抵重慶，沿江州縣，望風奔附。明昇與右丞劉仁等大懼，仁勸明昇奔成都，其母彭氏泣曰：事勢如此，縱往成都，不過延命旦夕，何益？不如早降，以免生靈於鋒鏑。明昇遂遣使詣永忠軍，全城納款。永忠以湯和軍未至，辭不受。後數日，湯和至重慶，會永忠，以兵駐朝天門外，是日明昇面縛銜璧，縛手於後，惟見其面，以璧為贄，手縛故銜之。左傳僖公六年，許男面縛銜璧。奉表詣軍門降，和受璧，永忠解縛，遣指揮萬德送明昇等並降表於京師。朱亮祖兵亦至。

視晉之王濬王渾爭功者何如

谷應泰曰：桓溫既入，李氏告亡。全斌濟師，孟昶不祀。玉壘銅梁，洵無足恃也。從此，明昇如劉禪樂魏，身不生還，而望帝歸魄，死猶怖血矣。

友德顧時何文輝等率步騎由秦隴趨成都。上諭和等曰：今天下大定，四海奠安，惟川蜀未平耳。朕以玉珍嘗遣使脩好，存事大之禮，憫明昇稚弱，不忍加兵，數遣使開諭，冀其覺悟。昇乃惑於羣議，反以兵犯吾興元，不可不討。今命卿等率水陸大軍，分道並進，首尾攻之。諸將陛辭，上復密諭傅友德曰：蜀人聞吾西伐，必悉其精銳東守瞿塘，北阻金牛，鎮名，在陝西漢中府寧羌州。以拒我師，彼謂地險，吾兵難至。若出其意外，直擣階今陝西鞏昌府階州。文，今鞏昌府文縣。門戶既隳，毀也。腹心自潰。兵貴神速，但患卿等不勇耳。友德頓首受命。傅友德，直隸宿州人。

洪武開科狀元○以後三鼎甲

〔編〕策試進士於奉天殿，賜吳宗伯等及第出身有差。

〔紀〕始令進士釋褐，行釋菜禮。見禮記文王世子篇。立學之初，釋菜以告先聖先師。釋，置也。菜，蘋藻之屬。○吳宗伯，金谿人。

〔編〕遣使祭歷代帝王陵寢。

以有關係者紀，餘不紀

〔紀〕祀帝王三十五。在河南者十，陳州祀伏羲、殷高宗，孟津祀漢光武，洛陽祀漢明帝、章帝，鄭州祀周世宗，鞏縣祀宋太祖、太宗、真宗、仁宗。在山西者一，榮河祀商湯。在山東者二，東平祀唐堯，曲阜祀少昊。在北平者三，內黃祀殷中宗，滑縣祀顓頊、高辛。在湖廣者二，酃縣祀神農，寧遠祀虞舜。在浙江者二，會稽祀夏禹、宋孝宗。在陝西者十五，中部祀黃帝，咸陽祀周文王、武王、成王、康王、宣王，漢高帝、文帝、景帝，興平祀漢武帝，長安祀漢宣帝，三原祀唐高祖，醴泉祀唐太宗，蒲城祀唐憲宗，涇陽祀唐宣宗。

〔編〕夏四月，命永嘉侯朱亮祖為右副將軍，帥師伐蜀。

〔紀〕上以湯和傅友德等伐蜀，三月未得捷報，命亮祖帥師助之。

〔編〕六月，吏部尚書詹同、禮部尚書陶凱作宴享九奏樂章。日本

西蜀平

編 秋七月，傅友德兵圍成都，克之，蜀地悉平。
編 八月，明昇至京師，封爲歸義侯。已而投昇於高麗。
編 以劉基所上書付史館。
紀 上手書問劉基曰：近西蜀平，疆宇恢廣，元以寬失天下，朕救之以猛，然小人但喜寬，遂恣誹謗，今天鳴八載，日中黑子疊見，卿宜條悉以聞。基上言，以爲霜雪之後必有陽春，今國威已立，宜少濟以寬。上以其書付史館，或有言殺運三十年未除者，基曰：若使我當國，掃除俗弊，一二年後，寬政可復也。
編 冬十二月，賞平蜀將士。
編 壬子 五年，春正月，遣大將軍徐達等征沙漠。

紀 上謂諸將曰：今天下一家，尚有三事未了，一歷代傳國璽在元未獲，二王保保未擒，三元太子不聞音問，今遣爾等分道征之。於是令徐達、馮勝、李文忠等三路出師，共兵四十萬。後達等兵至沙漠，以糧運不繼而還。
編 榷茶。
紀 每茶十株，官取其一，歲計得茶萬九千二百八十斤，令有司貯，候易馬。
編 夏五月，詔天下郡縣立孤老院。
紀 不能自生者許入院，贍養月人給米三斗，薪三十斤，冬夏給布二匹。
編 冬十二月，敕中書命有司考課。

太祖身歷艱難，故仁政先及於孤獨。

紀 敕考課必有學校農桑之績，違者降罰。
編 命仍祀孟子。
紀 初，國子監請釋奠。禮文王世子，凡始立學者，必釋奠於先聖先師。謂但奠置所祭之物，而無尸及食飲酬酢等事。以其主於行禮，非報功也。以命罷孟子祀，至是上曰：孟子闢邪說，辨異端，發明先聖之道，其復之。帝讀孟子，至草芥寇讐之說，大不然之，欲去其配享，詔有諫者以不敬論，且命金吾射之。刑部尚書錢唐輿襯入諫，袒胸受箭曰：臣得爲孟子死，死有餘榮。帝見其誠懇，命太醫療其箭瘡，孟子配享得不廢。
編 縱苑中禽獸。
紀 內使奏增飼虎肉，上曰：養牛以供耕作，養馬以供騎乘，養虎欲以何用？而費肉以飼之乎！命以虎送光祿，他禽獸悉縱之。

錢唐之名與孟子同不朽矣。

編 舉鄉飲酒禮。
編 癸丑 六年，春正月，置六科給事中。掌參駁糾劾之事。
編 以舉人張唯、王璉等爲編修。
紀 唯、璉等入文華堂肄業，以太子贊善宋濂、正字桂彥良爲之師。上聽政之暇，輒幸堂中，定其優劣，賜白金弓矢鞍馬，寵遇甚隆。一日上問彥良曰：汝數行而數犯，奈何？對曰：用德則逸，用法則勞，法以靖民，則民勞而弗靖；德以靖民，則民靖於德矣。上曰：卿帝者師也，江南大儒惟卿一人。對曰：臣不敢當宋濂、劉基。上曰：濂文人，基峻隘，不如卿也。桂彥良，慈谿人。
編 二月，詔暫罷科舉，令有司察舉賢才。

置六科給事中。

彥良學術在四先生上。

【紀】上諭中書省臣曰朕設科舉求天下賢才以資任用今所司多取文詞及試用之不能措諸行事者甚衆朕以實心求賢而天下以虛文應之甚非所以稱朕意也其暫罷天下科舉有司察舉賢才必以德行爲本文藝次之

【編】夏四月修昭鑒祖訓錄成

【紀】初上命陶凱等采摭漢唐以來藩王可爲觀戒者書成賜名昭鑒祖訓錄上親爲之敘頒賜諸王

【編】以左丞相胡惟庸爲右丞相

胡惟庸作相後以反誅

【編】奪誠意伯劉基祿

【紀】先是基言於帝曰温處之間有地名談洋僻絕巖險民多負販私鹽萃逋逃之衆宜設巡司蒞之基又言郡縣豪

猾吏當治使其子璉奏上二事皆不先關白中書時胡惟庸行丞相事恨之適有旨逮（及也辭之所及則追捕之）豪猾吏惟庸訴（恤誘也）○吏誣基善相地以談洋負山面海有王氣欲圖爲祖墓民弗與則畫建司之策以逐其家遂爲成案奏上請加重辟帝不聽惟奪基祿而已基入朝謝遂留京師

【編】冬十月更定大明律（命刑部尚書劉惟謙及宋濂等更定之也）

【編】十一月潞州（今山西潞州府）進人參卻之

【紀】上曰朕聞人參得之甚艱豈不勞民今後不必進因謂省臣曰往年金華（今浙江金華府）進香米朕命止之遂於苑中種之每當耘耔刈獲之時親往觀之足以自適而其所入亦足供用朕飲酒不多太原（今山西太原府）進葡萄酒亦令勿進國家以養民爲務豈以口腹累人哉（當日人參出潞州今日人參出遼東高麗時勢變遷無定如此）

【編】（甲寅）七年春二月詔修治闕里孔子廟

【紀】設孔顏孟三氏子孫教授以訓其族人

【編】夏五月禮部尚書牛諒奏請致齋之日宰犢爲膳不許

【紀】諒奏古禮凡大祀齋之日宰犢牛爲膳以助精神上曰致齋（禮祭義致齋於內散齋於外）三日而供三犢所費太侈徒增傷物之心何益事神之道諒曰周禮所定也上曰周禮不行於後世多矣惟自奉者乃欲法古何哉

【編】冬十月遣崇禮侯買的里八剌北還

【紀】臨行上諭之曰爾本元君子孫國亡就俘曩卽欲遣歸以爾年幼道里遼遠恐不能達今既長成朕不忍令爾久

客於此故特遣還見爾父母以全骨肉之愛

鍾惺曰此等事前代多以爲患明朝太祖行之不疑者非獨以天命在我而仁心義性蓋與天地同度量矣

【編】十二月陝州（屬河南河南府）人獻天書斬之

【編】（乙卯）八年春三月洪武正韻成

【編】夏四月誠意伯劉基卒

劉基爲胡惟庸暗害而卒

【紀】初上欲相胡惟庸基謂不可既而上竟相之基大慼曰其如蒼生何因憂憤成疾後疾愈增惟庸乃遣醫視疾飲藥二劑有物積腹中如卷石疾遂篤至是上遣使送還家僅一月而卒基剛毅慷慨每遇急難計畫立就上甚禮重常稱爲老先生而不名又曰伯温吾子房也

林宗鍔曰：史稱基有子房之稱，觀其知進而不知退，去子房遠矣。

編 丙辰 九年春三月，詔免今年稅糧。

編 秋閏九月，五星紊度，詔求直言。

紀 欽天監奏五星紊度，日月相刑，下詔求直言。山西平遙訓導葉居昇應詔上言：今天下有三事，其二事易見而患小，其一事難知而患大。臣請言之：曰分封太侈也，用刑太繁也，求治太亟也。試先以刑法言之：笞杖徒流死，此五刑也。要惟大公至正，乃可令用刑之際，斷自聖衷，致治獄之吏務深刻以當上意，豈平允之謂哉。近者特旨雜犯死罪免死充軍，餘減宥有差，此足見主上好生之仁矣。然法司猶循舊弊，寬宥在主上而不在臣下，其故何也？朝廷取天

下士，有司催迫上道，如捕重囚，比至京師，除官多以貌選，或所用非其所學，少不如意，則必羅屯田工役之科，以重困之。吏之畢生不得自展樸，官願吏鮮不入此者，所謂寬宥安在乎？此臣所云用刑太煩也。漢之世嘗徙大族於山林矣，未聞實之以罪人也。鳳陽皇陵所在，而以罪人實之，咨嗟怨歎之聲，充斥園陵，非所以恭承宗廟也。四大王伏竄山谷，無跡可追，乃歸咎於新附籍之民，而徙之四千里，雞犬不得息，新附之民朝廷許其復業來歸矣，又復遷之，是法不信於民也。夫有戶口而後田野闢，田野闢而後賦稅增，自今以後，臣竊謂北郡賦稅不得增矣。周自文武而至於成康，然後教化大行；漢自高帝至於文景而後富庶。冰之堅，非太陽一日之光能消之也。世之亂，非聖人俄頃之治能化之也。求治之道，莫先於使守令知所務，風憲知所重。今之守令以農桑言之，徵糧取稅而已，未嘗有巡耕歛時旱澇之勞也；以學校言之，備文卷供照刷而已，未有作某人而使成器也。今之風憲以斷獄為要務，期緝贓多而已，孝子悌弟義夫節婦聞而不問也。如此而賞罰無章，而求民之安，烏覩所謂治者乎？夫治亂世猶治亂繩，緩之則端緒可得，急之則膠結而愈不可解，此臣所謂求治太急也。此二事者，人皆知其不然，其禍亂猶小也。臣所謂分封太侈者，日君象也，月臣象也，月敢於抗日，臣抗君之兆也。傳曰：都城過百雉，國之害也。國家裂地王諸藩，亞於

帝都，甲兵衛士無一不足，臣恐數世而後尾大不掉，必有漢七國、晉諸王之事矣。苟削地而奪之權，則起其怨，否則恃險爭衡，否則擁衆入朝，甚者緣間而入，防之無及矣。議者皆曰：諸王皆天子親子也。漢七國非景帝同宗兄弟子孫乎？一削其地，則構兵；晉諸王非武帝子孫乎？迭相擁兵昭昭然也。陛下何不及今親節其都邑，減其衞從，使與國同休戚也。書奏，帝怒，逮死獄中。

傅維祖曰：賈誼以後，僅見此疏，乃竟以直言罪之，彼出傅長沙，猶誼之幸也。

郭彥博曰：分封太侈一，一如操左券。

置布政司

編 詔改中書行省為承宣布政使司。

編 丁巳 十年春二月，學士承旨宋濂致仕歸。

御史巡按之始

編 詔監察御史巡按州縣。

編 上與羣臣論日月五星之行。

紀 翰林傅藻等皆以蔡氏左旋之說爲對。上曰：天左旋，日月五星右旋。蓋二十八宿經也，附天體而不動；日月五星，緯乎天者也。朕嘗與善推步者於天氣清爽之夜，指一宿爲主，太陰居是宿之西，相去丈許，盡一夜，則太陰漸過而東矣。由此觀之，則是右旋。

鍾惺曰：數語洗盡從前天官之謬。乃知陰陽術數等書，非真知灼見，不可妄說。

說盡宦官之弊

編 制內侍不許讀書識字。

紀 有內侍以久侍內庭，從容言及政事。上即日遣還鄉，命終身不齒。諭羣臣曰：閹侍之人，朝夕左右，其小忠小信，足以固結君心。及其久也，假威竊權，勢遂至於不可抑。朕立法，寺人不得預政事。今決去之，所以懲將來也。因敕內侍不許讀書識字。

明紀會通卷二　太祖　洪武十年　圭　書業德

置通政司

編 秋九月，置通政使司。

紀 掌出納諸司文書敷奏封駁之事。以曾秉正爲之。

編 冬，都督僉事濮真征高麗，被執不屈死之。

紀 真被執，高麗王愛其驍勇，欲降之，不從。王怒，欲殺之。真曰：大丈夫有赤心，肯汝屈耶！即抽刀剖心示之而死。王大懼，遣使入朝謝罪。上嘉真忠節，追封樂浪公，謚忠襄。其子瑜尚在襁褓，即封爲西梁侯。

建文帝生

編 十一月，皇孫允炆生。

編 戊午 十一年。春三月，禁奏事關白中書省。

編 己未 十二年。冬十二月，貶右丞相汪廣洋於海南，道卒。

紀 御史中丞涂節言：劉基爲胡惟庸毒死，廣洋宜知狀。上問廣洋，廣洋對無是事。上頗聞其實，因責廣洋欺紿，謫居海南。行次太平，上復遣使責之，廣洋自經死。

胡惟庸謀逆伏誅

編 庚申 十三年。春正月，丞相胡惟庸謀逆，伏誅。

紀 惟庸等謀逆，誑言所居第井中湧醴泉，邀上往觀。駕出西華門，內使雲奇知其謀，走衝蹕（必○顏師古曰：天子出則稱警，示戒肅也；入則言蹕。蹕，止行人也。司馬貞曰：言出入者互文耳。）道，勒馬言狀，氣方勃，舌駃不能達意。上怒其不敬，左右撾捶亂下，奇右臂幾折，尚指惟庸第，弗爲痛縮。上悟，登城眺察，見惟庸第內兵甲伏屏帷間，即

明紀會通卷二　太祖　洪武十一十二十三年　美　書業德

發兵掩捕，拷掠具伏。磔惟庸於市。御史大夫陳寧、都督李玉等皆伏誅。上召雲奇，死矣，深悼之，追封右少監，賜葬鍾山。惟庸辭連李善長，羣臣請罪之。上曰：此吾初起時股肱心腹，吾不忍罪之，其勿問。宋濂孫宋慎坐黨逆，被刑，籍其家，械濂至京。上欲並誅之。皇后諫曰：民間請一先生，尚有始終，不忘侍師之禮。宋濂親教太子諸王，豈宜若是？況濂致仕在家，當不知情。上意解，濂得發茂州（屬四川成都府）安置，行至夔州，以疾卒。

宋濂爲胡惟庸連坐，於茂州，道卒

罷中書省

編 詔罷中書省。

紀 帝懲相惟庸之失，罷丞相等官，陞六部官秩，如古六卿之制。

編二月，減蘇松嘉湖糧額。

紀初上怒吳人爲張士誠死守，取吳中租簿徵糧，民不堪命，至是量減。

編夏五月，詔免天下今年田租。

編燕王之國北平。燕都，今直隸順天府。以葛誠爲燕府長史。

編辛酉十四年，春三月，編賦役黃冊。以一百一十戸爲里，推丁糧多者十人爲里長，餘百戸分隸十甲。歲役里長一人，管攝一里之事。城中曰坊長，近城曰廂長，鄉都曰里長。十年一周，每里編爲一冊，冊首總爲一圖。鰥寡孤獨不應役者，則帶管於一百一十戸之外，而列於圖後，名曰畸零。冊成一本進戸部，其布政司及府州縣各存一本。十年攢造一次。畸，音雞。

紀近臣言國家當理財者。上曰：天地生財，以養民，爲君者當以養民爲務，節浮費，薄稅斂，猶恐損人，況可重爲徵斂

乎。且人君儲財與庶人不同，庶人爲一家計，則積財於一家；人君爲天下主，當散財於天下，豈可奪其利乎。昔漢武帝用桑弘羊、孔瑾之徒，剝民取利，海內苦之。宋神宗用王安石理財，小人競進，天下騷然，此可爲戒。孔子曰：百姓不足，君孰與足。此言何謂也。

編秋七月，舉孝弟力田賢良方正文學之士。以何德忠、金思存等爲參政、參議諸官。

編頒五經四書於北方學校。

編九月，命潁川侯傅友德爲征南將軍，永昌侯藍玉、西平侯沐英爲副將軍，帥師征雲南。

紀友德等帥師征雲南。上諭之曰：雲南自昔爲西南裔，至漢置吏，臣屬中國。今元之遺孽把匝剌瓦爾密元梁王。等自恃險遠，輒害使臣，在所必討。爾等行師之際，當知其山川形勢，以規進取。師行，上餞於龍江，旌旗蔽江而上。友德帥至湖廣，分遣都督郭英、胡海洋、陳桓等帥兵五萬由四川永寧趨烏撒，今四川烏撒軍民府。友德等率大兵由辰今湖廣辰州府。沅今沅州府。趨貴州。

編冬十二月，傅友德等師至普安，今四川保寧府劍州。攻下之，遂進平曲靖。

紀元梁王把匝剌瓦爾密遣司徒平章達里麻將精兵十餘萬屯曲靖，今雲南曲靖軍民府。以拒明師。沐英謂友德曰：彼謂我師疲於深入，未有虞心，若倍道疾趨，出其不意，破之必矣。

友德是之，遂進師。未至曲靖數里，忽大霧四塞，銜霧而行，咀水，則已臨白石江。在曲靖城北。矣。頃之，霧霽，達里麻望見大驚，倉皇失措。友德即欲濟師，英曰：我軍遠來，形勢既露，固利速戰，然亟濟恐爲所扼。乃整師臨流，勢若欲渡，達里麻悉精銳扼水。英別遣數十人從下流潛渡，出其後，鳴金鼓，樹旗幟。達里麻急撤衆禦之，陣動，英乃拔劍督師濟江。以猛而善泅浮行水上也。者先之，長刀蒙盾。盾，干也，所以蔽身扞目。破其前軍，敵氣索，退數里而陣。明師畢渡，友德麾兵進薄，遍也。之，英縱鐵騎擣其中堅，敵遂大敗，生擒達里麻，橫屍十餘里。軍聲大振，遂平曲靖。友德分遣藍玉、沐英帥師趨雲南，而自以衆數萬向烏撒，爲郭英等聲援。把匝剌瓦爾密聞達里

麻敗棄城走挈妻子入晉寧州屬雲南府。忽納砦驅妻子俱赴滇池在雲南府城北死。沐英定遠人。

編 藍玉沐英等師至雲南元右丞觀甫保出降雲南遂平。

紀 玉等師至雲南之板橋在雲南府昆明縣。觀甫保出降諸父老焚香出迎玉等整旅入城秋毫無犯收梁王金印並宮府符信圖籍撫定其民自九月朔出師迄下雲南僅百餘日。後雲南悉平上名傅友德班師沐英留鎮。

編 壬戌十五年春正月命天下朝覲官各舉所知一人。

編 三月置錦衣衛及鎮撫司所隸有大漢將軍力士校尉人等專掌直駕侍衛巡捕等事若有重囚下衛司推勘。

編 夏五月遣使求經明行修之士以秀才曾泰爲戶部尚書

紀 廣東儒士。上治平策數千言。上以其不及用賢責之泰江夏今湖廣武昌府江夏縣人有學行故不次擢用。

編 帝詣國子學行釋菜禮。

紀 國學成上將釋菜令禮儒議禮議者曰孔子雖聖人臣也禮宜一奠再拜。上曰聖如孔子豈可以職位論哉昔周太祖如孔子廟將拜左右曰陪臣不宜拜周太祖曰百世帝王之師敢不拜乎遂再拜朕深嘉其不惑於左右之言今朕敬禮先師之禮宜特加尊崇儒臣乃定其儀從之。

編 帝親錄繫囚。

紀 上錄囚畢命御史袁凱送東宮覆審遞減之凱還復命上問朕與東宮孰是凱頓首曰陛下法之正東宮心之慈

置錦衣衛及鎮撫司
秀才爲尚書

上大喜悉從之。袁凱華亭人。

編 秋八月皇后馬氏崩。

紀 后性恭儉服澣濯之衣每誡諸王妃公主曰爾等生長富貴當爲天地惜物接妃嬪有恩被寵生子者待之加厚太子諸王雖愛之甚篤勉令務學有以器皿衣服相尚者必切責之。上常前殿決事或震怒還宮必問今日處何事怒何人因言陛下有衆子正好積德不可縱怒殺人致死者冤枉活人性命乃子孫之福國祚亦長久上每從之吳與人沈萬三家富敵國上欲殺之后諫曰彼雖富可敵國然未嘗爲不法事奈何疑而殺之救之甚切遂得不死。至是病劇不肯服藥上強之終不肯曰死生有命雖扁鵲春秋時良醫也姓秦名越人與黃帝時扁鵲相類故仍號扁鵲又家於盧國因名盧醫。何益使服藥而不瘳陛下寧不以愛妾之故而殺此諸醫乎遂崩年五十

一。上痛悼終身不復立后。

編 九月詔選高僧分侍諸王。

紀 有僧道衍者姓姚名廣孝蘇州人幼出家改名道衍字斯道好讀書工詩文遇異人道人席應真傳術能預知人休咎及善術數之學文皇在燕邸邸舍也凡郡國朝宿之舍在京師者率名邸。廣孝自請於燕王曰殿下若能用臣臣當奉白帽子與大王戴白字加於王字上蓋謂皇字也至是燕王自求廣孝於上許之從靖難兵起皆廣孝之謀廣孝在燕侍文皇宴時天寒甚文皇出一對曰天寒地凍水無一點不成冰廣孝應聲曰國亂民愁

聖母開口便爲天下造福
姚廣孝見

王不出頭誰作主。文皇大喜。及靖難兵起，令擇日至期，大風雨。文皇不悅。廣孝曰：陛下是個龍，正要風雨，大方助得勢頭起。急行毋緩。其後果驗。

郭彥博曰：天下市井無賴亡命之人，多逃入僧道中。太祖欲敎其子，不輔以端人正士，而令與匪人朝夕聚處，天下欲治，可得乎。

林宗鍔曰：選僧分侍，此豈昭鑒錄意乎。厥後靖難兵起，不得不歸咎於太祖矣。

置殿閣學士

〔編〕置殿閣學士。以禮部尚書劉仲質爲華蓋殿大學士，翰林學士宋訥爲文淵閣大學士，檢討吳伯宗爲武英殿大學士，典籍吳沉爲東閣大學士。吳沉，金華人。宋訥，滑縣人。

方孝孺見

〔編〕詔方孝孺入見，復遣還。

〔紀〕吳沉薦孝孺學行，召入見。上喜其舉動端雅，曰：此莊士

當老其才用之。遣還鄉。方孝孺，寧海人。

設都察院

〔編〕設都察院，以詹徽、林颙爲監察御史。詹徽，同子。

〔編〕癸亥十六年。秋七月，遣御史錄囚於諸省。

〔編〕冬十月，刑部尚書開濟以罪誅。

〔紀〕先是，濟議法巧密。上曰：竭澤而漁，害及鯤鮞；焚林而田，禍及麛㲉。麛，鹿子。㲉，鳥雛。巧密之法，百姓何堪。非朕所望也。濟强敏綜核，善深文，莫能自脫。嘗矚獄，借死囚脫代獄吏，發之，捶獄吏死。至是下濟獄而死。

歲貢之始

〔編〕十二月，初令儒學歲貢生員。

〔編〕甲子十七年，春正月，以孔訥襲封衍聖公。孔子五十七代孫也。

頒行科舉定式

〔編〕三月，頒行科舉成式。

〔紀〕凡三年大比。鄉試試三場，八月初九日試四書義三、經義四。四書義主朱子集註；經義詩主朱子集傳，易主程朱傳義，程傳、朱子本義。書主蔡氏傳及古註疏，蔡沉。春秋主左氏、公羊、穀梁、胡氏、張洽傳，禮記主古註疏。十二日試論一，判語五，詔誥章表內科一。十五日試經史策五。禮部會試以二月，與鄉試同。其舉人則國子學生、府州縣學生暨儒士未仕官之未入流者應之。其學校訓導專主生徒，罷閑官吏倡優之家與居父母喪者，俱不許入試。

張洽春秋傳至今失考

秀才爲御史

〔編〕冬十月，以秀才宋炬等十七人爲監察御史。

〔編〕十一月，以孔希文爲曲阜世職知縣。孔子五十六代孫也。

徐達卒

〔編〕乙丑十八年，春二月，太傅魏國公徐達卒。

〔紀〕達自北征還，節上將印，自去冬疾作，至是卒，年五十四。上痛悼不已，親爲文祭之。追封中山王，謚武寧，賜葬中山。子四：長輝祖，襲封魏國公；次添福，勳衛；次增壽，左都督；次應緒，都督僉事。女四：長文皇后；次安王妃；次代王妃。達受券誥免三死。帝嘗宴見與歡飲，語之曰：徐兄功大，未有寧止，以吾吳時舊邸居。若固謝不敢。一日，夜飲大醉，帝覆以被，命內侍舁臥吳邸正寢。中夜酒醒，問何處，內侍曰：舊內也。達大驚，趨階下稱死罪，四拜三叩頭而出。其畏慎如此。

郭彥博曰：功臣善終，雖曰上實保全之，抑亦其所以履盛滿者有道也。史稱六王，於虞尚矣。○六王：中山王徐達、開平王常遇春、岐陽王李文忠、黔寧王沐英、寧河王鄧愈、東甌王湯和。

〔編〕會試天下貢士。

紀 取黃子澄第一。練子寧次之。殿試丁顯第一。子寧次之。子澄又次之。黃子澄，江西分宜人。練子寧，江西新淦人。丁顯，福建人。

傅維祖曰：子澄名湜，子寧名安，舊史何以俱不稱名。

編 丙寅 十九年，春二月，置行人司。

編 丁卯 二十年，春正月，詔修闕里孔子廟。

編 二月，帝耕藉田。

編 浙江蘇州等處進魚鱗圖冊。

紀 先是命天下覈實田土。兩浙富民畏避差役，以田產詭寄親隣，謂之貼脚詭寄。又有通天詭寄。帝遣武淳等往各處，隨其稅糧多寡，定為幾區，區設糧長四人，躬履田畝以量度之，圖其田之方圓，次其事，悉書其主及四至，編彙成冊，謂之魚鱗圖冊，進之。

聖賢學問

編 詔焚錦衣衛刑具。

紀 上聞錦衣衛多以非法訊鞫罪囚，命取其刑具悉焚之，所繫囚，仍送刑部審理。○有軍人犯罪當杖，其人嘗兩得罪宥免，有司請並論前罪誅之。上曰：前罪既宥，今復論之，則不信矣。使人何所措手足乎。○侍臣言善惡之報多爽。上曰：為惡或免於禍，然理無可為之惡。為善或未嘗福，然理無不可為之善。彼為善而無福，為惡而無禍，特時有未至耳。

編 秋七月，有司請立武學，祀太公，不許。

紀 有司請立武學，祀太公。上曰：文武非二途也。太公從祀帝王廟，罷其舊祀。

奉旨建坊自狀元任亨泰始

解縉見

編 戊辰 二十一年，春三月，廷試進士。

紀 賜任亨泰等進士及第出身有差。命有司建狀元坊以旌之。奉旨建坊自此始。亨泰，今湖廣襄陽人。

編 冬十月，以庶吉士解縉為監察御史，尋遣歸。

紀 縉，吉水人。七歲能詩文。十八舉於鄉，連登進士。上親遇為庶吉士，特被寵眷。因上封事，凡萬餘言。其略曰：陛下進人不擇賢否，授職不量輕重，誠信有間，用刑太繁。每多自悔之時，輒有無及之嘆。律以人倫為重，乃有給配夫婦之條，恐傷節義之禮。太常非俗樂可肄，官妓非人道所為，可以禁絕。釋老之壯者，宜出之，使復人倫。經呪之妄者，悉火

之，以杜俗惑。陛下天資清高，而學問不充，善端間發，而心學無素。上嘉其識，擢為監察御史。時都御史袁泰恣橫無敢言之者，縉歷詆其奸狀。上慮縉少涵養，將為衆所傾，召其父諭之曰：才之生甚難，而大器者晚成。其以爾子歸，益進其學。又諭縉曰：後十年來朝，大用爾未晚也。

陳建曰：縉封事切直如此，聖王非惟能容之，且愛護而玉成之，恩猶父子，真一時非常之遇也。

置宗人府

編 己巳 二十二年，春正月，改大宗正院為宗人府，以秦王為宗人令。

編 二月，詔公侯各還其鄉，賜賚有差。

紀 上以天下無事，憫諸將老，欲保之，故有是命。○上諭守成之道曰：人常慮危，乃不蹈危；車行於峻阪，而仆於平地

殺李善長

者愼於難而忽於易也。保天下亦如御車。雖治平何可不愼。

編 庚午 二十三年。夏四月。除百官期年奔喪之制。舊制。遇祖父母伯叔兄弟歿。皆得奔喪。至是止許遣人致祭。

編 殺韓國公李善長。

紀 先是善長坐他累削祿。既又有以胡惟庸黨言者。上亦未之究也。至是會有星變。其占爲大臣當災。時帝大殺京民之怨逆者。善長請免其親戚數人。上大怒。遂賜死。工部郎中王國用上書訟冤曰。臣竊見太師善長與陛下出萬死以得天下。生封公。死封王。男尚公主。爲勳臣第一。顧豈復有歉哉。且夫人情之愛其子。必甚於愛其兄弟之子。於

安享萬全之富貴。必穩於僥倖萬一之富貴。善長於惟庸則姪之親耳。於陛下。則子之親也。舍其子而暱其姪。臣有以知善長不爲也。使善長即佐惟庸成事。績不過勳臣第一而已矣。位不過太師國公封王而已矣。寵不過公主繼妃而已矣。而今日善長已然。尚何利於惟庸未成之富貴哉。且善長豈不知天命之不可以妄干哉。當元之時。欲爲此者何限。莫不身爲虀粉。此善長所熟見也。善長不圖之於氣血強旺之時。而圖之於精神衰憊之日。有是理哉。善長身且不爲。而謂其反爲惟庸而萌是心。臣有以知善長不爲也。夫善長於陛下。骨肉至親耳。非有深仇急變萬不得解之事。亦何苦而爲此也。惟庸之謀逆者。既實有其徵矣。而善長之從逆者閱今十年而迹猶曖昧。此有以知善長之必無是心也。今不幸已失刑。天下孰不曰。功如善長而陛下待之如此。親如善長。而陛下待之如此。臣恐人人之解體也。

林宗鍔曰。善長之死。太祖以之當星變耳。諱言星變。則不得不假其名以從逆。太祖眞果於殺戮人也。然吾爲善長惜矣。前惟庸敗時。詞連善長。而帝不問。善長當閉門思過。解組歸田里。以息其疑矣。身之不恤。而何汲汲爲親黨免死也。

綱 詔求仙人張三丰不得。召其徒邱玄清拜太常卿。

紀 三丰不知何處人。洪武初入武當山。在湖廣襄陽府均州。一名太和山。修煉。寒暑一衲。衲。納。○補衲衣也。時稱爲張邋遢。有問之者。終日不答一語。或與論經書。則津津不絕口。一啖。啖。淡。數斗輒盡。辟

壁。○除也。穀數月亦自若。隆冬。鼾。翰。○鼻息也。臥。臥。雪中。道士邱玄清遇之。遂爲弟子。至是上遣使求三丰不得。乃名邱玄清至與語大悅。拜太常卿。

編 命劉基孫廌襲封誠意伯。

紀 初基爵止其身。不世襲。既而忤胡惟庸。爲所害。基子璉爲江西參政。又爲惟庸黨沈立本所脅。卒於官。及惟庸敗上憫思之。故有是命。

編 辛未 二十四年。春二月。改封豫王桂爲代王。漢王楧爲肅王。衛王植爲遼王。

定生員巾服之制

編 冬十月。定生員巾服之制。

紀 上親視。必求典雅。凡三易其制。始定襴衫。

懿文太子薨

〔編〕壬申二十五年。夏四月。皇太子薨。謚曰懿文。（沐英聞訃。卽號哭失聲。未幾卒。）

〔編〕秋七月。竄吳從權張恒於極邊。

〔紀〕岢嵐州（屬山西太原府。）學正吳從權。山陰（今山西大同府山陰縣。）教諭張恒。給由至京師。上問民間疾苦。皆對曰。非職事。不知也。上曰。宋儒胡瑗（仁宗朝。爲浙江湖州府教授。訓人有法。科條纖悉備具。以身率先。從之遊者數百人。立經義治事齋。以敦實學。及興太學。詔下湖州。取其法著爲令式。）爲蘇湖教授。其教諸生。皆兼時務。聖賢之道。所以濟世也。民情不知。則所教何事。其竄之極邊。命刑部榜諭天下學校。

〔編〕九月。立嫡長孫允炆。爲皇太孫

〔紀〕太孫生而頟顱稍偏。性聰穎。善讀書。然仁柔少斷。帝每令賦詩。多不喜。一日令之屬對。大不稱旨。復以命燕王。語

乃佳。帝常有意易儲。（儲。副也。太子副君。故謂之儲。）翰林學士劉三吾曰。（劉三吾。茶陵人。）若然置秦晉二王何地。帝乃止。

陳建曰。文皇帝封建詔。亦稱皇考嘗欲立朕爲嗣。則知聖祖果有此意矣。但壓於秦晉二王而不果耳。至洪武末。二王相繼薨。而聖祖隨亦晏駕。使果得一二年在位。其立文皇爲嗣無疑。而天下免數年戰爭之苦矣。

〔編〕以修撰黃子澄。兼少詹事。侍東宮講官

〔編〕以方孝孺爲漢中府（屬陝西。）教授

〔紀〕蜀獻王聞孝孺賢。命世子受學。名其讀書之廬曰正學。

〔編〕癸酉二十六年。春正月。凉國公藍玉謀逆。伏誅。

〔紀〕初胡惟庸之叛。有稱玉與其謀者。上以其功大。宥不問。後諸老將多沒。乃擢爲大將。總兵征伐。甚稱上意。然玉素不學。性復很愎（戾也。）又恃功橫暴。有訐其陰事者。上詰責之。玉不爲意。至是命爲太傅。玉攘袂大言曰。我固不當爲太師也。間奏事。上不從。玉懼。退語所親曰。上疑我矣。乃謀反。時鶴慶侯張翼。普定侯陳桓。景川侯曹震。舳艫侯朱壽。東莞伯何榮。都督黃恪。吏部尚書詹徽。侍郎傅友文。及諸武臣。嘗爲玉部將者。玉乃遣親信召之。晨夜會私宅。謀議。集士卒及諸家奴。伏兵將爲變。約束已定。爲錦衣衛指揮蔣瓛所告。命羣臣訊狀具實。磔（裂尸也。）於市。滅三族。徹侯功臣。文武大吏。以至偏裨（副將也。）將卒。坐黨論死者。可二萬人。蔓衍過於胡惟庸。

燕王篡位之光

〔編〕夏四月。太白經天。（太白陰星。上公大將軍之象。出東當伏東。出西當伏西。過午爲經天。謂晝見午上。爲不臣兵起也。）

〔編〕詔褒浦江義門鄭氏。

〔紀〕浦江鄭氏。十世不異爨。長幼至千餘人。田賦各有所司。凡出納。雖絲毫咸有文可覆。無敢私。諸婦惟事女工。不與家政。子孫孝謹。執親喪哀毀。三年不御酒肉。家畜兩馬。一出則一爲之不食。家以田多。擇爲糧長。數以事入覲。上識之。後被人妄訐其家與權臣通財。時嚴通財黨與之誅。犯者不問實與不實。必死。其宗長鄭濂。與從弟湜。兩人爭先就吏。上憐之曰。我知鄭門無是也。人誣之耳。擢湜福建布政司參政。上問濂治家所以長久之道。對曰。守家法。不聽婦人言而已。上深嘉之。至是尚書嚴震直。述其家世孝友以聞。遂下詔褒異之。

愚孝流為慘忍

編甲戌二十七年。秋九月謫青州民江伯兒戍海南。
紀青州日照民江伯兒以母病割脅肉食之不愈禱於岱岳祠誓云母病愈則殺子以祀。既而母病愈竟殺其三歲子祭之。有司以聞。上怒曰。父子天倫至重。今賊殺其子。絕滅倫理。亟捕治之。勿使傷壞風化。遂逮伯兒杖一百。謫戍海南。

編寰宇通志成。
紀方隅之目有八。東距遼東都司。東北至三萬衛。西極四川松潘衛。西南距雲南金齒。南踰廣東崖州。東南至福建漳州府。北暨太平大寧衛。西北至陝西甘肅。縱一萬九百里。橫一萬一千五百里。四裔不與焉。

編太子太師穎國公傅友德暴卒。
陳建曰。太祖功臣首稱六王。然以傅穎公較之。猶在寧河東甌之上。與開平岐陽比肩。奈何卒累黨禍。不克令終。無人為穎公訟者。惜哉。

編乙亥二十八年。夏六月。詔禁黥刺剕劓閹割之刑。黥刺面。剕截足。劓割鼻。閹割宮刑。

編秋七月。信國公湯和卒。

編九月。皇明祖訓成。
紀上自為之序曰。朕觀自古國家建法立制。皆在始受命之君。蓋其創業之初。備嘗艱苦。閱人既多。歷事亦熟。比之生長深宮之主。未諳世故。及僻處山林之士。自矜己長者。甚相遠矣。朕與羣雄並驅。慮患防微。近二十載乃能統一海宇。人之情僞。亦頗知之。故以所見所行。開導後人。著祖訓一篇。立為家法。首尾六年。凡七謄稿。至今方定。豈非難哉。蓋俗儒多是古非今。奸吏常舞文弄法。凡我子孫。欽承朕命。毋作聰明。亂我已成之法。

太祖此言若逆知後有建文方孝孺者進退合理

編丙子二十九年。春三月。詔文廟從祀。罷楊雄。進董仲舒。從行人司副楊砥言也。

編冬十月。皇曾孫文奎生。
紀太孫允炆長子也。上以十月數終。又生於晦日。命內庭勿賀。

編丁丑三十年。春三月。命儒臣覆閱會試下第卷。
紀初會試。以翰林學士劉三吾安府紀善白信蹈充考試官。取宋琮等五十二人。中原西北士子無與名者。三月殿

試。賜進士以閩縣屬福建福州府陳䢿為第一。被黜者咸以不公為言。上大怒。命儒臣覆閱下第卷。或傳三吾與信蹈至閱卷官所屬以卷之最陋者進呈。上驗之。果為不堪文字。益怒。謂為胡藍胡惟庸藍玉二黨。命刑部拷訊。三吾信蹈贊善司憲三人為藍黨。侍讀張信。司直張謙。校書嚴叔載等皆為胡黨。惟侍讀戴彝不與焉。詔三吾謫戍邊。餘皆棄市。於是覆閱取六十一人。皆北人也。

編夏五月。大明律告成。

編秋九月。詔天下每鄉里各置木鐸。
紀上命戶部令天下人民每鄉里各置木鐸。選年老者。每

月六次持鐸狥於道路，曰孝順父母，尊敬長上，和睦鄉里，教訓子孫，各安生理，毋作非爲。又令民每時置一鼓，凡遇農桑時月，晨起擊鼓，會田所，怠惰者里老督責之。里老不勸督者罰。遇婚姻死喪吉凶等事，一里之內互相賙給。

編 戊寅 三十一年，春三月，以齊泰爲兵部尚書。齊泰，吉水人。

編 夏五月，上不豫。

編 閏月，帝崩，太孫允炆卽位。

紀 詔以明年爲建文元年。帝崩年七十一。遺詔止諸王入臨哭也。會葬燕王入，將至淮安，今江南淮安府。齊泰言於帝，令人齎敕使還國，燕王不悅。○帝起民間，膺大統，聰明天縱，隆文重武，靡事不當，且性勤儉，未嘗以旣得天下而稍有懈心。

佟志，然果於殺戮，胡藍之獄，不能無濫焉。至以齊泰方孝孺輔太孫，而以僧侍燕王，致靖難之變，尤其所短云。○皇太孫治喪於西宮，被髮哭踊，哀動左右。自初十以至十六日，哭臨如禮，晝不飲勺水，夜不就枕簟。先是太祖不豫，多暴怒，遣譴戮者甚衆，太孫入侍，事必躬承，而愉色婉容，藹然可掬，太祖氣亦漸平，多所全宥。嘗深更侍衞，酣寢際，呼無不應，應無不起，蓋終夕未嘗交睫也。太孫素豐腴，至是哀毀骨立矣。是日，諸大臣迎之於大明門外，羣臣百姓望見其毀瘠之容，深墨之色，與哭泣之哀，莫不舉手加額曰，天子純孝，舉喁喁然有至德之思焉。○太孫生而慈慧，好讀書及古典禮文章，至性孝友。方懿文之病痺也，痛楚呼號，時太孫年十四，含淚撫摩，晝夜不暫離，聞楚聲，卽惶惶若不欲生。太祖聞之，歎曰，有孫如此，朕復何憂。更二年，懿文薨，哭踊哀慕，事事如禮，水漿不入口者五日。太祖撫之曰，毀不滅性，禮也，爾誠純孝，獨不念我乎。始一啜糜粥，欲服三年喪，太祖不可，然三年內語未嘗高聲，笑未嘗露齒，不飲酒食肉，不舉樂，不御內人。勸之，則曰，服可例除，情須自致。嗣後中外萬幾，時付裁決。嘗讀律，見中有條例尚嚴者，請得稍改。太祖許之，於是遂遍考禮經，參之歷朝刑法，改定七十三條。太祖覽竟，大喜曰，吾當亂世，刑宜重，汝當平世，刑宜輕，所謂刑罰世輕世重也。帝聽政，每震怒，輒誅狠藉，一日退朝，怒猶未解，太孫問故，曰有累犯法而好惡

異常者，不得不怒。太孫曰，上失道而後下犯法，如得其情，則哀矜勿喜，是或一道也。太祖不覺氣平。有常州陳理，以子弑父事，命太孫處分，太孫從容詳審，竟脫之。葢理父原抱病經年，悞服一藥而斃，繼父素憎其子，因力証成之，無以自解。太孫條其情而獻之，太祖未之信，拘隣里婢僕及原醫詢之，乃知父向患火症，庸醫悞認爲寒，藥中潛投附子，主人不知，故服之而暴卒耳。太祖驚曰，有是哉，刑不可不慎也。太孫不獨仁而且明，朕無憂矣。一日邏者獲强盜七人，送太孫審，太孫一見，卽疑首盜非眞，訊之，果係主人之子，偶出莊上，而佃客皆盜也，是夜正謀劫商舟，遂强之同行，歸欲首明，而先被獲。太祖覆審，盡其情，釋之，問太孫

曰汝何以知其非盜對曰周禮聽獄色聽爲先尚書亦稱惟貌有稽姣見其人雙眸炯炯聽視端詳定非盜也帝因嘆曰洪獄不可不讀書太孫頂顱頗側太祖撫之曰半邊月兒知其不克終一夕懿文與之侍側太祖命咏新月懿文詩曰昨夜嚴陵失釣鉤何人移上碧雲頭雖然未得團圓相也有清光徧九州太孫詩曰誰將玉指甲掐破碧天痕影落江湖裏蛟龍不敢吞太祖覽之不悅葢未得團圓影落江湖皆非吉兆

朱鷺曰止諸王會葬計無失於此者當是時海宇未波諸王分雖尊必不因父喪爲利起干戈於苫塊之餘何虞之疏也

〔編〕詔行三年喪

〔紀〕有司執例以請帝曰三年之喪自天子達先太子殂向欲終之而不可得茲當大故敢不如禮自今郊社宗廟朕將執紼而行事朝貢訟獄罔有不親但朝則麻冕蟻裳退則齊衰杖絰食則饘粥以自伸其情耳

郭彥博曰建文果能復古則雖諸王會葬而即位而哭歠粥面深墨之容必有使諸王涕泣瞻仰者乃瞿瞿之容不勝其忌刻之念則其所云三年喪特具文耳天子六日即葬而速朽之心甚葬畢即登陛而諒闇之義疎紛紛制作而欲敗度縱敗禮之失著且諸王者父子手足也正當尊其位重其祿同其好惡以愛其所親使文王之子本支百世乃或廢或徙或削或誅於其祖之子而翦之矣何有於麻絰之文耶

〔編〕葬孝陵

〔編〕六月上皇祖考大行皇帝謚曰欽明啟運俊德成功統天大孝高皇帝廟號太祖尊母呂氏爲皇太后

齊黃專柄而禍烈矣

靖難禍始

〔編〕以蹇義爲吏部右侍郎夏原吉爲戶部右侍郎蹇義巴縣人夏原吉湖廣湘陰人

〔編〕命兵部尚書齊泰太常寺卿黃子澄與參國事

〔編〕秋七月以方孝孺爲翰林院侍講直文淵閣

〔編〕初省州縣

朱鷺曰紹洪武後而不知安靜今日省州明日省縣今日幷衛明日幷所今日更官制明日更勳階甚至宮門殿門名題日新亦大異於孟莊子之孝矣琴瑟不調乃取而更張之當日豈即不調乎而樂此紛紛乎是爲方正學之過也

〔編〕逮周王橚至京廢爲庶人

〔紀〕戶部侍郎卓敬密奏裁抑宗藩疏入不報於是燕周齊湘代岷諸王頗相煽動有流言聞於朝帝患之謀諸齊泰

泰與黃子澄首建削奪議乃以事屬泰子澄泰謂子澄曰燕握重兵且素有大志當先削之子澄曰不然燕預備久卒難圖宜先取周翦燕手足即燕可圖矣乃命曹國公李景隆調兵卒至河南圍之執周王及其世子妃嬪送京師周王見周王被執且齊泰黃子澄削爵爲庶人遷之雲南燕王見周王被執且齊泰黃子澄用事遂簡壯士爲護衛以勾逃軍爲名異人術士多就之

○初道衍嘗遊嵩山即中嶽在河南河南府登封縣佛寺遇鄞今浙江寧波府鄞縣人袁珙珙相之曰寧馨猶言恁地胖和尚乃爾邪目三角彪白形如病虎性必嗜殺他日劉秉忠之流也元初邢臺人劉秉忠隱居武安山尋爲僧於天寧寺往來雲中值元世祖忽必烈遣人召僧海雲海雲邀秉忠與俱既入見應對稱旨秉忠於書無所不讀尤邃於易及邵氏經世書至於天文地理律歷三式六壬遁甲之屬無不精通論天下事如指諸掌元世祖

大愛之凡征伐謀議皆與道衍大笑因此自負道衍長州姚廣孝也初祝髮爲僧改法名道衍字斯道時相城靈應觀道士席應眞讀書學道法兼通兵機道衍師之盡得其術然深自晦藏人無知者已而至京口賦覽古詩曰樵擄年來戰血乾烟花猶自半凋殘五州山近朝雲亂萬歲樓前夜月寒江水無潮通鐵甕野田有路到金壇蕭梁事業今何在北固青青眼倦看其黨宗泐見其搖膝高吟笑之曰此豈釋子語耶斯道斯道汝薄南朝矣既而宗泐舉道衍往燕或薦道衍文武異才燕王召見問曰爾能卜乎廣孝操吳音連對曰會會即開襟出太平錢五啟王自祝連擲之睨王曰殿下將無作皇帝乎王叱曰和尚勿謬說道衍竦然而退

他日實告之道衍進言輒合至是薦珙相術於燕王王使召之至令使者與飲於酒肆王服衛士服偕衛士九人入肆沽珙趨拜燕王前曰殿下何自輕如此燕王陽不省曰吾輩皆護衛校士也珙不對乃召入詳叩之珙稽首曰殿下異日太平天子也燕王恐人疑乃佯以罪遣之既而密召入邸世傳二語云辨宰相於嵩山佛寺識眞主於長安酒家謂此也

朱鷺曰人臣無將將則必誅然手足骨肉之間苟無叛徵處之必有其道今以貪夫恣索彊坐不原偪一王而諸王心戰伊誰咎耶

朱璘曰齊黃恐諸王爲變故撰遺詔不令至京此章一露而告王者隨至矣遂使高皇子孫閭門逮繫視同仇讐忍乎不忍乎且以一李景隆取周王如反掌則諸王之不反明矣而必令其流離萬里齊黃之心肝果奚若耶

林宗鍔曰欲翦燕王之手足而反以激燕之反廟堂可謂有人乎當是時豈無一堯梁獄詞空手來見之

正士而必遣拘蔡侯之囊瓦殺濟南之獨遠乎

編 冬十月熒惑守心熒惑南方火星出則有勃亂殘賊疾喪飢兵居其宿曰守心爲明堂大星天王前後星子屬

紀 四川岳池教諭程濟通術數上書言北方兵起期在明年朝議以濟妄言召入將殺之濟曰陛下幸囚臣至期無兵殺臣未晚也乃囚濟於獄程濟陝西朝邑人

編 十一月詔加魏國公徐輝祖太子太傅與李景隆同掌六軍以圖燕

紀 燕齊有告變者帝問黃子澄曰孰當先子澄曰燕王久稱疾日事練兵且多置異人術士左右此其機事已露不可不急圖之復召齊泰問曰今欲圖燕燕王素善用兵北

卒又勁奈何泰對曰今北邊有寇警以防邊爲名遣將戍開平悉調燕藩護衛兵出塞去其羽翼乃可圖也從之乃以工部侍郎張昺爲北平左布政使謝貴爲都指揮使俾察燕王動靜徐輝祖燕王妃同產兄也時以燕事密告之帝大見信用詔加太子太傅與李景隆同掌六軍協謀圖燕張昺山西澤州人

編 十二月謫戍貴州前都督府斷事高巍放還巍詣闕上書

紀 其略曰今欲弱侯王定經制俾萬世無疑乎則臣請借秦爲喻昔漢高帝起布衣摧秦滅項以定禍亂遂大封同姓分王天下之半蓋欲以藩屏京室也豈其遺文帝不治之痼疾哉乃賈誼借脛腰指股之喻以痛哭於漢廷其意

嘉謨入告

已欲削六國矣。賴文帝寬厚含容。而吳王几杖之賜。遂折其强悍不臣之心。迨厲王謀反。僅廢處蜀郡。已不免有尺布斗粟之謠。至景帝寬厚不如文帝矣。又鼂錯輔以刻深徑削諸侯。遂挑六國之禍。向非文帝付託得人。民心輔漢。社稷幾危。是鼂錯不得辭其責矣。我太祖皇帝。起類漢高。而神武過之。芟刈羣雄。混一區宇。際天薄海。莫不納貢。雖曰天與人歸。實賴我高皇帝有文王純一之德。聖后有后妃不妬之行。則百斯男。莫不穆穆皇皇。宜君宜王者矣。故本宗百世爲天子。支庶爲諸侯。三代之封建。分茅胙土。先分形勢之地。以王秦晉燕蜀。其餘楚湘齊兗寧遼谷代慶肅星羅碁布。高皇帝之聖謨神慮。無非鑒唐宋孤立之弊。

以强宗威遠也。然於太祖則爲子。爲子則心無嫌忌。於陛下則爲叔。爲叔則彼此易睽。此皇上之所難處者也。以臣愚見。切莫聽鼂錯削奪之策。當行主父偃推恩之令。分王諸王子弟。少其力而衆建以地。則藩王之權不削而自弱矣。臣又願皇上待遇親王。薄其貢而厚其恩。常盡親親之禮。其賢如漢之河間獻王。東平王蒼者。下詔褒異之。其驕逸不法。如漢之淮南濟北者。初犯則容之。再犯則赦之。三犯而不改者。當合親王告太廟。削其地而廢處之。另立其子孫之賢者。豈有不從者哉。臣嘗以爲人君之有天下。亦如人之有一身也。天下之患。有内外。一身之疾。有腹膚四裔之患。人身疥癬之疾也。骨肉之患。人身腹心之疾也。疥癬之疾。有時搔癢。命良醫修方。一掃之而平復矣。腹心之疾。非智識膏肓者不能也。我皇上乃天君一心也。所謂具衆理而宰萬物。百體之從命者也。各處親王乃五臟耳目口鼻手足也。君隨其百體之好。則失主宰之道。不隨則攢亂吾心。惟智者能調五臟。五臟和。不惟無腹心之疾。而疥癬之疾亦不生矣。五臟和而一身安。一家和而百事理。臣願皇上之察此也。高巍。山西遼州人。

郭彥博曰。前段言親親。末段言親親之本於修身。語語說到聖賢學問矣。方是時深宮有顛覆典刑之太甲。闈中有不畏祖訓之安石。朝廷有無故發難之鼂錯。道君爲惡之胥童。而邊遠孤臣。獨抱子家羈之忠。而不足以悟魯昭。是可哀也。

綱鑑會通明紀卷三

海陵後學陳志襄陶思輯錄

明紀

建文皇帝（名允炆，懿文太子之子，太祖孫也。在位四年，靖難兵破京城，帝祝髮遜去。正統五年，迎入西內，以壽終。）

編 己卯建文皇帝建文元年春正月，燕王遣長史葛誠入奏事。

紀 帝密問誠燕邸事，誠具以實告，遣誠還燕，使爲內應。至則燕王察其色異，心疑之。

編 二月，尊皇考懿文太子爲興宗孝康皇帝，皇妣常氏爲孝康皇后。

編 封弟允熥爲吳王，允熞爲衡王，允熙爲徐王。

編 立子文奎爲皇太子。

編 燕王來朝。

紀 燕王入覲，行皇道入，登陛不拜。監察御史曾鳳韶劾王不敬。帝曰：至親勿問。戶部侍郎卓敬密奏曰：燕王智慮絕人，酷類先帝。夫北平者，强幹之地，金元所由興也，宜徙封南昌（今江西南昌府），以絕禍本。帝覽奏，袖之。翼日語敬曰：燕王骨肉至親，何得及此？敬曰：隋文、楊廣非父子邪？帝默然，良久曰：卿休矣。

林宗鍔曰：叔父登陛不拜，此衰世之失禮也。至由御道入，則燕王無君之心著矣。未覲之先，帝同已忌之，當是時，數其擅由御道之罪，一金吾執之可也。奈何復曰至親勿問，既曰勿問矣，則前之忌之者何爲也？好發難而不求自安，與魯昭之奸亡惡定一轍矣。

（眉批：論極是）

編 三月，燕王還國。

紀 燕王歸國，即託疾，久之遂稱篤。

編 夏四月，遣使執湘王柏，湘王自焚死。

紀 人告岷王楩不法事，削其護衛，誅其導惡指揮宗麟，廢爲庶人。○又以湘王柏僞造鈔及擅殺人，降敕切責，仍遣使以兵迫執之。湘王曰：吾聞前代大臣下吏，多自引決。身高皇帝子，南面爲王，豈能辱僕隸手求生活乎？遂闔宮自焚死。又以人告齊王榑陰事，詔至京，廢爲庶人，拘繫之。幽代王桂於大同，廢爲庶人。未幾，靖難兵起。

傳維祖曰：怨毒之於人甚矣哉。怨甚則爲湘王，毒之未洩者也；更甚則爲燕王，毒之得洩者也。讀燕王疏言：橚、榑、柏、桂、楩五弟，轉徙流離，行路矜惻；柏尤可憫，闔室自焚。如此，則燕雖欲不反，不得矣。

（眉批：如此局面，朝廷爲得安靜。）

編 燕世子高熾及其弟高煦、高燧至京師，尋遣還。

紀 太祖小祥，燕王遣三子入臨（哭也）。或曰：不宜偕往。王曰：今朝廷勿疑也。及至京，齊泰請並留之，黃子澄曰：不可，疑而備之，殆也，不若遣還。世子兄弟皆魏國公徐輝祖甥，輝祖察高煦有異志，密奏曰：三甥中，獨高煦勇悍無賴，非但不忠，且叛父，他日必爲大患。帝以問輝祖弟增壽及附馬王寧，皆庇之，乃悉遣歸國。初世子入京，燕王大憂悔，及歸，喜曰：吾父子復得相聚，天贊我也。已而燕兵起，高煦戮力爲多。帝曰：吾悔不用輝祖之言。

編 京師地震，求直言。

紀御史尹昌隆上疏言奸臣事政陰盛陽微謫見於天是以地震執政惡之出知福寧縣上曰求直言而以直棄之人將不食吾餘命復原官靖難兵南下昌隆上言今日事勢日去而北來章奏言周公輔成王不若罷兵息戰許其入朝彼既欲申大義於天下不應便相違戾設有蹉跌便須讓位不失守藩若沉吟不斷恐禍至無日進退無據雖求爲丹徒布衣不可得矣不報革命日昌隆名在奸籍驅出就戮乃當陛大呼曰有奏牘在可覆也檢看之曰火燒頭早從此言南北生靈受禍不若是酷遂貸昌隆以爲北平刑部主事後坐呂震誣死昌隆太和人

編六月下詔讓燕逮燕府官屬

紀燕護衛百戶倪諒上變告燕官校于諒周鐸等陰事逮繫至京皆戮之有詔責燕王王乃佯狂稱疾走呼市中奪酒食語多妄亂或臥土壤彌日不甦張昺謝貴入問疾王盛夏圍爐搖顫曰寒甚宮中亦杖而行朝廷稍信之長史葛誠密告昺貴曰燕王本無恙公等勿懈會燕王使其護衛百戶鄧庸詣闕奏事齊泰請執訊之具言王將舉兵狀泰即發符遣使往逮燕府官屬密令謝貴張昺圖燕使約長史葛誠指揮盧振爲內應以北平都指揮張信爲燕王舊所信任密敕之使執燕王信受命憂甚不敢言母疑問之信以告母驚曰不可吾故聞燕王當有天下王者不死非汝所能擒也信乃往燕邸請見名入拜於牀下王佯爲風疾不能言信曰殿下無爾也有事當以告臣王曰疾非妄也信曰殿下不以情語臣上擒王矣當就執如有意勿諱臣王見其誠下拜曰生我一家者子也乃名僧道衍至謀事適暴風雨簷瓦墮王心惡之色不懌道衍以爲祥王謾罵和尚妄烏得祥道衍曰殿下不聞乎飛龍在天從以風雨瓦墜天易黃瓦耳王喜遂令護衛指揮張玉朱能等帥壯士八百人入衛貴等以在城七衛並屯田軍士圍王城又以木柵斷端禮等門未幾削爵及逮官屬詔至

鍾惺曰詔止會葬備兵北平亦既疑之矣既疑之而燕王父子來朝又置不問而縱去既縱去而又詔讓之至是又逮其官屬當事舉動無一可者燕兵安得不起耶

編秋七月燕王棣殺北平左布政使張昺都指揮使謝貴等遂發兵反

紀謝貴張昺督諸衛士皆甲圍府第索所逮諸官屬飛矢入府內燕王與張玉朱能等謀曰彼軍士滿城市吾兵甚寡奈何朱能曰先擒殺貴昺餘無能爲矣王曰是當以計取之今奸臣遣使來逮官屬依所坐名收之即令來使名貴昺付所逮者貴昺必來來則擒之一壯士力耳明日王稱疾愈御東殿官僚入賀王先伏壯士左右及端禮門內遣人召貴昺不來復遣官屬內官以所就逮名往乃至王曳杖坐賜宴行酒出瓜數器曰適有進新瓜者與卿等嘗之王自進片瓜忽怒且詈曰今編戶齊民兄弟宗族尚相恤身爲天子親屬且夕莫必其命縣官待我如此天下何

事不可爲乎。擲瓜於地。護衞軍皆怒。前擒貴昺。捽盧振葛誠等下殿。王投杖起曰。我何病。廹於若奸臣耳。遂曳貴昺等皆斬之。貴昺諸從人在外者。尙未知見貴昺。移時不出。各稍稍散去。圍王城將士聞貴昺已被執。亦潰散。明日燕王誓師。以誅齊泰黃子澄爲名。去建文年號。仍稱洪武三十二年。署官屬。以張玉朱能丘福爲都指揮僉事。拜卒金忠爲燕紀善。忠浙江寧波府鄞縣人。精於卜。燕師將起。名忠卜之。以大吉告。遂署爲紀善。命侍帷幄。用其謀策。王下令諭將士曰。予太祖高皇帝之子。今爲奸臣謀害。祖訓曰。朝無正臣。內有奸逆。必舉兵誅討。以淸君側之惡。公羊傳定公十三年。晉趙鞅取晉陽之甲。以逐荀寅士吉射。荀寅士吉射者。君側之惡人也。用率爾將士誅之。罪人旣得。法周公以輔成王。爾等其體予心。張玉祥符人。朱能懷遠人。

編 燕王棣上書。請誅齊泰黃子澄。詔削燕王屬籍。

紀 燕王上書曰。皇考太祖高皇帝。艱難百戰。定天下。成帝業。傳之萬世。封建諸子。鞏宗社。爲磐石計。奸臣齊泰黃子澄。包藏禍心。橚榑柏桂楩五弟。不數年間。並見削奪。柏尤可憫。闔室自焚。聖仁在上。何寧忍此。蓋非陛下之心。實奸臣所爲也。心尙未足。又以加臣。臣守藩於燕。二十餘年。寅畏小心。奉法循分。誠以君臣大分。骨肉至親。恒思加愼。爲諸王先。而奸臣跋扈。猶言强梁也。扈。竹籬也。水居者於水未至。先作竹籬。候魚之入。水退。小魚獨留。大者跳跋籬扈而出。故言跋扈也。加禍無辜。執臣奏事人。箠楚刺爇。備極苦毒。廹言臣謀不軌。遂分宋忠謝貴張昺等於北平城內外。圍守臣府。已而護衞人執貴昺。始知奸臣欺詐之謀。竊念臣於孝康皇帝。同父母兄弟也。今事陛下。如事天也。譬伐大樹。先翦附枝。親藩旣滅。朝廷孤立。奸臣得志。社稷危矣。臣伏覩祖訓有云。朝無正臣。內有奸惡。則親王訓兵待命。天子密詔諸王。統領鎭兵討平之。臣謹俯伏俟命。書奏。詔削燕王屬籍。

編 燕張玉攻薊州。都督指揮馬宣死之。

紀 燕王以郭資守北平。出師次通州。指揮房勝以城降。張玉曰。不先定薊州。屬順天府將爲後患。時都督指揮馬宣嚴兵守薊州。燕王命玉帥兵往攻。玉使人諭之。不下。環城攻之。宣帥衆出戰。敗被執。罵不絕口。遂死之。指揮毛遂以薊州降。

編 燕兵陷懷來。都指揮使余瑱。都督宋忠等皆死之。

紀 先是宋忠率兵三萬屯開平。尋自開平率兵至居庸關。不敢進。退保懷來。時余瑱守居庸。燕王令指揮徐安鍾祥等擊瑱。瑱且守且戰。援兵不至。乃棄關走懷來。依宋忠。燕王曰。宋忠握兵懷來。必爭居庸。宜乘其未至擊之。諸將皆曰。彼衆我寡。難以爭鋒。擊之未便。宜固守以待其至。王曰。當以智勝。難以力取。彼衆新集。其心不一。宋忠輕躁寡謀。很愎自用。乘其未定擊之。必破矣。遂率馬步精銳八千。捲甲倍道而進。先是宋忠紿將士云。爾等家在北平城中。皆爲燕兵所殺。屍積道路。欲以激怒將士。燕王令其家人張郭彦博謂王安石以周禮亂宋神宗，方孝孺以周官殺明建文，固是確論。

樹旗幟爲先鋒。衆遥識旗幟，呼其父兄子弟相問勞，無意
輒喜。謂宋都督欺我，倒戈走。宋忠帥餘衆倉皇列陣，未成，
王麾師渡河，鼓噪而前。都指揮孫泰先登，頗有斬獲。燕王
擇善射者射泰中之，流血被甲，慷慨裹血而戰，奮呼陷陣
死。忠軍大敗，奔入城，燕兵乘之而入。忠匿於廁，搜獲之，並
執余瑱，皆不屈死。當時諸將校爲燕師所俘者百餘人，皆
不肯降，發憤死。燕兵既克懷來，山後諸州皆不守，而開平、
龍門（今山西平陽府河津縣。）上谷（今直隸保定府。）雲中（今山西大同府。）守將往往降
附矣。

〔編〕命長興侯耿炳文等帥師討燕

〔紀〕時帝方鋭意文治，日與方孝孺等討論周官法度，以北

明紀會通卷三　建文元年　七　書業德

兵爲不足憂。黄子澄謂北兵素强，不早禦之，恐河北遂失。
乃以耿炳文佩大將軍印，駙馬都尉李堅爲左副將軍，都
督甯忠爲右副將軍，帥師北伐。子澄又請命安陸侯吳傑、
江陰侯吳高、都督都指揮盛庸、潘忠、楊松、顧成、徐凱、李文、
陳暉、平安等帥師並進，擢程濟爲翰林編修，充軍師，護諸
將北行。吳傑等各帥偏師步騎號百萬，數道並進，期直搗
北平。檄山東、河南、山西三省合給軍餉。帝誡諸將士曰：昔
蕭繹舉兵入京，而令其下曰：六門之内，自極兵威（蕭繹，南北朝梁武帝第七子，初封湘東王，都江陵。侯景弑簡文帝綱，立豫章王棟。棟，歡之子；歡，武帝太子統之子也。未幾，景復廢棟自立。繹乃遣王僧辯討景，僧辯啟繹曰：平賊之後，嗣君棟何以爲禮？繹曰：六門之内，自極兵威。蓋謂殺棟也。景敗，沉棟於水。繹乃即位於江陵，是爲元帝。在位三年，西魏兵入江陵，繹被執。〔音註〕六門，自晉以來建康外城惟設竹籬，而有六門。）

防之久矣，至此何出是語。

不祥之極。今爾將士與燕王對壘，務體此意，毋使朕
有殺叔父名。（耿炳文，淳州人。平安，回紇人。）
朱鷺曰：（是興亡一大機也。內兵心忌，文皇膽張，此覘而彼堅，何侯接戰覘勝負哉。夾河戰後，文皇直抵京師無退計，挺身當前，或單騎殿後，帝教之也。真宋襄之仁義也。當時無出一言規諫，何輿。）

〔編〕八月耿炳文與燕師戰於真定，敗績，遣李景隆代將。

〔紀〕炳文等率兵三十萬至真定（今直隸真定府。）徐凱率兵十萬駐
河間（今直隸河間府。）潘忠駐莫州（今河間任邱縣。）楊松帥先鋒九千人據
雄縣（屬直隸保定府。）約忠爲應。張玉往覘炳文營，還報燕王曰：炳
文軍無紀律，其上有敗氣，無能爲。潘忠、楊松扼吾南路，宜
先擒之。燕王悦，躬擐甲胄，帥師至涿州。壬子晡時渡白溝
河，謂諸將曰：今日中秋，彼不備，飲酒爲樂，此可破也。夜半

明紀會通卷三　建文元年　八　書業德

至雄縣，緣城而上。松與麾下九千人皆戰死。燕王度潘忠
在莫州，未知城破，必引衆來援。諭諸將曰：吾必生擒潘忠。
諸將未喻。遂命譚淵領兵千餘，渡月漾橋，伏水中，領軍士
數人伏路側，望忠等接戰，即舉砲。既而忠等果至，王進兵
逆擊之。路旁砲舉，水中伏兵起，據橋。忠戰敗，趨橋不得，燕
兵腹背夾擊，遂生擒忠，餘衆多溺死。燕王問諸將帥所嚮，
玉曰：當徑趨真定，彼衆新集，我軍乘勝，可一鼓破之。王曰：
善。即趨真定。耿炳文部將張保來降，保言炳文兵三十萬，
先至者十三萬，分營滹沱河南北。燕王厚撫保，遣歸，詐言
保兵敗被執，幸守者困，得脱，竊馬歸。又令言雄、莫敗狀。燕
兵旦夕且至。諸將請曰：今由間道，不令彼知，蓋掩其不備

去炳文用景隆以庸易庸子澄之誤國罪何辭

奈何遣保告之王曰不然始不知彼虛實故欲掩襲之今知其半營河南北則當令知我至其南岸之衆必移於北並力拒戰一舉可盡殲之兼使知雄縣莫州之敗以奪其氣兵法所謂先聲後實也若徑薄城下北岸雖勝南岸之衆乘我戰疲鼓行渡河是我以勞師當彼逸力也壬戌燕王率三騎先至真定東門突入其運糧車中擒二人訊狀南岸營果北移王率輕騎數十繞出城西南破其二營炳文出城迎戰張玉譚淵馬雲朱能等率衆奮擊燕王以奇兵出其背循城夾擊橫貫南陣炳文大敗奔還朱能與敢死士三十餘騎追奔至滹沱河東炳文衆尚數萬復列陣向能能奮勇大呼衝入炳文陣陣衆披靡自相蹂躪死者

無算棄甲降者三千餘人騎士薛祿引槊中李堅墜馬獲之甯忠顧成及都指揮劉燧皆被執燕王謂堅至親送北平道卒謂成先朝舊人解其縛與語曰皇考之靈以汝授我因語以故言已泣下成亦泣遂遣人護送北平令輔世子居守炳文奔入真定閉門固守燕兵攻城三日不能下燕王還北平帝聞怒曰老將也而摧鋒奈何黃子澄曰勝敗常事毋足慮聚天下之兵得五十萬四面攻北平衆寡不敵必成擒矣曰孰堪將者子澄曰李景隆可向用景隆今破矣遂遣景隆代炳文臨行賜景隆通天犀帶親餞之江滸復賜斧鉞俾專征伐不用命者僇之召炳文回

編監察御史韓郁上書不報

語語刺人心腑

紀郁言諸王親則太祖之遺體也貴則孝康之手足也尊則陛下之叔父也使二帝見陛下爲天子而弟與子遭顯戮彼雖可廢而在天之靈其能安乎臣每念至此未嘗不流涕也此皆豎儒病藩封太重疑慮過深而至此夫辱亡齒寒誰不自危周王既竄湘王自焚代王被廢而齊臣又告王反矣爲計者必曰兵不舉則禍必加是則朝廷激之變也今燕舉兵已兩月前後調兵不下五十餘萬而一夫不獲謂之國有謀臣可乎將不效謀士不效力徒使無辜赤子困於道路迫於轉輸民不聊生九重之慮無已而出入帷幄預國大事者方且揚揚自得若無事之人臣愚以爲不必十年已有噬臍之禍矣伏願釋齊王之囚封湘王

之墓還周王於京師迎楚蜀爲周公俾其各命世子持書勸燕以罷干戈以厚親戚天下幸甚疏入不報時又有周是修蕭用道上書指斥用事者誤國齊黃怒且詬辮子寧曰事已至此尚不容直諫乎

林宗鍔曰燕未舉兵以前則有高巍一疏既舉兵後則有韓郁一疏不可謂無人知宗社大計而無如齊黃必欲陷建文於死亡也

謹按燕王素有大志即不行削奪豈能確守臣節然我不開釁則彼興師無辭即或謀逆未必若是之速也前不許哭臨已啟諸王疑忌又復廢削諸王則燕王肯坐以待斃而不起覬覦之志乎輕發挑禍遂使建文大業頃刻淪亡吾不能爲齊黃諸臣指一詞以解罪也

編九月鎮守遼東今盛京江陰侯吳高與耿瓛楊文帥師圍永平今直隸永平府

燕王如此善兵，而以李景隆庸懦對敵，何異犬羊禦虎。

（編）李景隆師屯河間，燕王棣帥師援永平，吳高退保山海關，詔削高爵，徙廣西。

（紀）景隆乘傳轉，去聲。傳，驛車。至德州，屬山東濟南府。收集耿炳文敗亡將卒，並調各路軍馬五十萬，進營於河間。燕王聞之，呼景隆小字曰：「李九江，膏粱豎子耳。寡謀而驕，色厲而餒，未嘗習兵見陣，輒予以五十萬衆，是自阬𡊨之也。然吾在此，彼不敢至。今往援永平，彼知我出，必來攻城。回師擊之，堅城在前，大軍在後，必成擒矣。」諸將曰：「北平兵少，奈何？」王曰：「城中之衆，以戰則不足，以守則有餘。兵出在外，奇變應用。吾出非專爲永平，直欲誘九江來就擒耳。吳高怯不能戰，聞我來必走，是我一舉解永平圍，且破九江也。」遂行，而誠世子居守，曰：「景隆來，堅守毋戰也。」壬申，燕軍援永平，諸將請守盧溝橋。在順天府西南，跨盧溝河上。王曰：「方欲使九江困於堅城之下，奈何拒之？」燕師猝至永平，吳高不能軍，退保山海關，燕兵奔之，斬首數千級。王曰：「高雖怯，行事差密；楊文勇而無謀，去高，文不足慮也。」乃遣人貽二人書，盛譽高而詆文。帝聞之，削高爵，徙廣西，獨命文守遼東。

林宗鍔曰：爲相者不可以不知人，乃胸中全無把握，一聽浮言爲舉錯，烏乎不敗也。

（編）冬十月，燕兵襲大寧，執寧王權還北平。

（紀）初，太祖諸子，燕王善戰，寧今山西平陽府大寧縣。王善謀。洪武中，燕王受命巡邊，至大寧，與寧王相得甚歡。燕王既起兵，而朝廷疑寧王與燕合，削其三護衞。燕王聞之，喜曰：「此天贊

景隆既無才智，又忌人功，安得不敗。

我也，取大寧必矣。」乃爲書貽寧王，而陰帥師兼程趨大寧，襲破其西門。燕王駐師城外，遂單騎入城，會寧王，執手大慟，言：「北平旦夕且破，非吾弟表奏，吾死矣。」寧王爲草表謝請赦。居數日，情好甚洽。燕王銳兵出伏城外，諸親密吏士稍稍得入城，遂令陰結三衞渠長及問左凡戍卒率皆貧窮之民，居閭里之左者爲之，故稱。思歸士，皆喜定約。燕王辭去，寧王出餞郊外，伏兵起，執寧王，諸騎士卒一呼皆集，遂擁寧王入關。燕兵益盛。於是寧府妃妾世子皆攜其寶貨，隨寧王還北平。

（編）李景隆進師攻北平，十一月，燕王棣兵至，擊之，景隆敗走還德州。

（紀）景隆聞燕兵攻大寧，帥師進渡盧溝橋，喜曰：「不守此橋，吾知其無能爲矣。」遂薄城下，築壘九門。景隆攻麗正門，幾破。城中婦女並乘城擲瓦礫，小石。景隆令不嚴，驟退，北平守益堅。燕世子選勇士夜縋城砍營，南軍擾亂，退營十里。惟都督瞿能奮勇，與其二子帥精騎千餘殺入張掖門，銳不可當，後不繼，乃勒兵以待。景隆忌能成功，使人止之，俟大軍至俱進。於是城中連夜汲水灌下，天寒冰結，明日不得登。十一月，景隆移營向河西，先鋒都督陳暉渡河而東。燕王率兵至孤山，在順天府通州。列陣於北。河西河水難渡，是日雪，默禱曰：「天若助予，則河冰合。」是夜冰果合，遂率師擊敗陳暉兵，暉衆跳冰遁，冰乃解，溺死無算。燕王見景隆兵動，以奇兵左右夾擊，連破七壘，逼景隆營。燕中軍將張玉等

隱敗欺君。此心殊不可問。子澄之罪。難以逭矣。

列陣而進。至城下。城中亦出兵內外夾攻。景隆不能支。宵遁。翌日諸軍始聞景隆走。乃棄兵糧晨夜南奔。景隆還德州。景隆既敗。黃子澄等匿不以聞。帝曰。外間近傳軍不利。果何如。子澄曰。聞交戰數勝。但天寒士卒不堪。今暫回德州。待來春更進。子澄遂遣人密語景隆。隱其敗勿奏。

林宗鍔曰。此何異趙高封德彝乎。讀史者猶不敢以齊黃爲賊臣乎。

此等乖謬。孝孺何無一言。

編　燕王棣復上書自理。以誅齊泰黃子澄。傳檄天下。

編　十二月。加李景隆太子太師。

紀　景隆之敗。黃子澄既不以聞。且云屯德州。合各處軍馬。期以明年春大舉。故有是命。燕王諭諸將曰。李九江集衆德州。將謀來春大舉。我欲誘之以敝其衆。今帥師征大同。

明紀會通卷三　建文元年　十三　德業書

大同今山西大同府告急。景隆勢必來援。南卒脆弱。苦寒之地。疲於奔命。凍餒逃散者必多。善戰者因其勢而利導之。諸將曰善。遂帥師出紫荊關。攻廣昌。守將楊宗以城降。

編　罷兵部尚書齊泰。太常卿黃子澄。

紀　以燕王疏列二人罪也。二人名雖罷。退實籌畫治兵如故。

編　薊州鎮撫曾濬起兵攻北平。不克。死之。

朱鷺曰。罷齊黃足弭靖難兵耶。則如漢景帝斬錯東市可也。用齊黃足滅靖難兵耶。則如唐德宗立遣裴度伐蔡可也。陽逐陰留。謂國體何。

編　以練子寧爲吏部左侍郎。茹瑺爲兵部尚書。

編　庚辰二年。春三月。策賜進士。

紀　是科所取士。狀元胡靖。後易名廣探花李貫。二甲吳溥。會元楊榮。楊溥。金幼孜。胡濙。皆於永樂朝用事。惟榜眼王艮獨死難。廷試策艮最優。以貌不揚故。易靖第一。艮次之。後惟艮死難。故曰以貌取人。失之子羽。胡廣吉水人。胡濙武進人。吳溥崇仁人。楊榮建安人。楊溥石首人。王艮江西吉水人。金幼孜新淦人。

編　夏四月。李景隆與武定侯郭英。安陸侯吳傑。合軍北伐。戰於白溝河。敗績。

紀　景隆自德州進兵過河間。前鋒將至白溝河。英等過保定。期於白溝河合勢同進。燕王帥諸將進駐固安。謂丘福等曰。李九江等皆匹夫。無能爲。惟恃其衆耳。然衆豈可恃也。人衆易亂。擊前則後不知。擊左則右不應。將帥不專。政

燕王知兵

明紀會通卷三　建文二年　十四　德業書

令不一。甲兵糧餉。適足爲吾資耳。爾等但秣馬厲兵以待。張玉請先往駐白溝。以逸待勞。燕王從之。燕兵渡五馬河。駐營蘇家橋。燕王見兵刃有火光如毬。擊金鐵錚錚作聲。弓弦皆鳴。喜曰。此勝兆也。帝慮景隆輕敵。乃遣魏國公徐輝祖帥京軍三萬爲殿。星馳會之。己未。景隆及郭英吳傑等合軍六十萬。號百萬。次於白溝河。列陣以待。景隆前鋒都督平安伏精兵萬騎邀擊燕王。曰。平安豎子。從吾出塞。識吾用兵。以故敢爲先鋒。今日吾先破之。安驍勇善戰。鋒初交。安奮矛率衆而前。都督瞿能父子亦奮躍。所向披靡。殺傷燕兵甚衆。燕兵遂却。燕有內官狗兒者。亦敢勇。率千戶華聚力戰河北岸。百戶谷允入陣。得級七。燕王親率兵

夾擊殺數千人。都指揮何清被執。至夜深始各收軍還。燕王從三騎殿後。迷失道。下馬伏地。視河流辨東西。始知營自上流倉猝渡河而北。燕王既收軍還營。夜秣馬待戰。使張玉將中軍。朱能將左軍。陳亨將右軍爲先鋒。邱福將騎兵繼之。馬步十餘萬。黎明。黎黑也。天將明而猶黑也。燕軍畢渡。瞿能率其子擣房寬陣。平安翼之。寬陣披靡。擒斬數百人。張玉等見寬敗有懼色。燕王曰。勝負常事耳。彼兵雖衆。不過日中保爲諸君破之。即麾精銳數千突入左掖。高煦率張玉等軍齊進。燕王先以七騎馳擊之。南軍飛矢如注。射王馬。凡三被創。三易之。馬却阻於隄。幾爲瞿能所及。燕王急走登隄。佯麾鞭若招後繼者。景隆疑有伏。不敢上隄。而燕王復

明紀會通卷三　建文二年　十五　書業德

率衆馳入陣。斬其騎數人。平安斬陳亨於陣。高煦見事急。帥精騎數千前與王合。日薄午。瞿能復引衆躍而前。大呼滅燕。斬其騎百餘人。越嶲侯俞通淵、陸涼衛指揮滕聚。復

天意有在

引衆赴之。會旋風起。折大將旞。旞。大將旗也。以全羽繫旌上。取全而遂之之義。南軍相視而動。燕王乃以勁騎繞出其後。突入馳擊。與高煦騎兵合。殺瞿能父子於陣。平安與朱能戰亦敗。於是列陣大崩。奔走之聲如雷。通淵與聚等皆死。燕兵追至其營。乘風縱火燔其營壘。郭英等潰而西。李景隆潰而南。委棄器械輜重山積。斬首及溺死者十餘萬。景隆單騎走德州。

壬戌。燕王進攻德州。

（編）五月。李景隆奔濟南。燕兵入德州。濟陽儒學教諭王省死之。

（紀）兵入德州。籍吏民。收府庫。獲糧百餘萬。自是兵食益饒。哨騎至濟陽。執教諭王省。既而釋之。省還。坐明倫堂。集諸生曰。此堂名明倫。今日君臣之義何在。遂大哭。諸生亦哭。以頭觸柱而死。

（編）燕王棣帥兵圍濟南。參政鐵鉉等擊却之。遂復德州。

（紀）先是。山東參政鐵鉉方督餉赴李景隆軍。會景隆師潰東奔。鉉與參軍高巍酹酒同盟。收集潰亡。守濟南。相與慷慨涕泣。以死自誓。及景隆奔就鉉。燕王令諸將乘勝倍道而進。庚辰。至濟南。景隆衆尚十餘萬。倉猝出戰。布陣未定。燕王帥精騎馳擊之。景隆復大敗。單騎走。於是燕兵列陣

明紀會通卷三　建文二年　十六　書業德

圍之。鉉督衆戮力捍禦。事聞。乃陞鉉爲山東布政司使。召李景隆還。以左都督盛庸爲大將軍。右都督陳暉副之。燕王圍濟南。久不下。乃堰城外諸溪澗水灌城。城中人大懼。鉉曰。無恐。計且破之。乃議令軍中詐降。迎燕王入。約壯士懸鐵板伏城上闉。城上之台曰闉。王且入則下鐵板。拔橋。計定乃撤守具。出居民伏地請曰。奸臣不忠。使大王冒霜露爲社稷憂。然東海之民不習兵革。見大軍壓境。不識大王安天下子元元之意。或謂聚而殲之。請大王退師十里。單騎入城。臣等具壺漿而迎。燕王大喜。亟下令退軍。王乘駿馬。徐行。張蓋。率勁騎數人渡橋。直至城下。城門開。守陴者皆登城。伏者聞燕王比入門。門中人呼千歲。鐵板亟下。傷燕王

王者不死

馬首王驚易馬而馳濟南人挽橋橋則墜燕王竟從橋逸去復合兵圍濟南鉉令守陴者罵燕王大怒乃以砲擊城乖破鉉書高皇帝神牌懸城上燕兵不敢擊鉉每出不意募壯士突擊燕兵破之燕王憤甚計無所出僧道衍進曰師老矣請暫還北平以圖後舉於是撤圍還北平鉉及盛庸等兵乘勢追之遂復德州兵勢大振上即軍中擢鉉爲兵部尚書贊理大將軍軍事封盛庸爲歷城侯

［編］九月詔大將軍盛庸總平燕師北伐

［紀］於是副將軍吳傑進兵定州屬直隸真定府都督徐凱等屯滄州屬直隸河間府

［編］冬十月燕王棣帥兵襲滄州城陷徐凱等被執械至北平

［編］十二月大將軍盛庸參軍鐵鉉等及燕王棣戰於東昌大敗之殺燕將張玉燕軍奔還

［紀］燕王率兵至汶上今山東兗州府汶上縣掠濟寧今兗州府濟寧州盛庸鐵鉉躡其後營於東昌今山東東昌府乙卯燕兵向東昌庸與鉉等背城而陣具列火器毒弩以待燕軍至即鼓譟前薄逼也盡爲火器所傷會平安兵至與庸軍合於是庸麾兵大戰燕王以精騎衝左掖入中堅庸軍圍燕王數重朱能率蕃騎衝入奮力死戰翼燕王出張玉不知王已出突入陣救之没於陣庸軍乘勝擒斬萬餘人燕兵大敗遂北奔庸趣兵追之復擊殺者無算是役也燕王數危甚諸將奉帝詔莫敢加刃至是奔北燕王獨以一騎殿後追者数百人不敢迫適高煦領指揮華聚等至擊退庸兵而去燕王聞張玉敗没乃痛哭曰勝敗常事不足慮艱難之際失此良輔殊可悲恨師還與諸將語每及東昌事曰自失張玉吾至今寢食不安遂涕下不已鐵鉉鄧州人

［編］辛巳三年春正月詔復齊泰黃子澄官仍領軍國事

［紀］東昌捷至詔褒賞將士召泰子澄還朝仍領軍事享太廟告東昌之捷

［編］二月燕王棣帥師東下

［紀］初燕王師出僧道衍曰師行必克但費兩日耳及自東昌還道衍曰兩日昌也自此全勝矣至是燕王因激勸將吏名募勇敢以圖進取乙未帥師南出己酉師至保定今直隸保定府盛庸合諸軍二十萬駐德州吳傑平安出真定燕王與諸將議所向邱福等言定州城池未固攻之可拔王曰野戰易攻城難今盛庸聚德州吳傑平安駐真定相爲犄角左傳襄公十四年譬如捕鹿晉人角之諸戎犄之言晉執其角以禦上戎牽其走以九下也攻城未拔頓師城下必合勢來援堅城在前强敵在後勝負未可決也今真定相距德州二百餘里我軍界其中敵必出迎戰取其一軍餘自膽破諸將曰軍介兩敵使彼合勢夾攻吾腹背受敵奈何王曰百里之外勢不相及兩軍相薄勝敗在呼吸間雖百步不能相救况二百里哉明日遂移軍東出

［編］三月盛庸及燕兵戰於夾河敗績庸走還德州

（天意助燕）

紀 燕王師次滹沱河。盛庸軍夾河為營。燕兵由陳家渡過河逆之。辛巳，庸軍及燕兵遇於夾河。燕王以步騎萬餘薄庸陣，攻其左掖。庸軍擁盾自蔽，矢石不能入。燕軍預作長穳，約六七尺，橫貫鐵釘於端，釘末有逆鈎，令勇士直前擲之，直貫其盾，亟不得出，動則牽連，乘隙急攻之。庸軍棄盾走，燕兵蹂陣而入，南軍奔潰。壬午復戰，相持不決，忽東北風大起，塵埃漲天，沙礫擊面，兩軍眯目，咫尺不見人。北軍乘風大呼，縱左右翼橫擊之，庸軍大敗，棄兵走。燕兵追至滹沱河，踐溺死者不可勝計。庸走德州，燕王戰罷還營，塵土滿面，諸將不能識，聞語聲始趨進見。

編 詔竄逐齊泰、黃子澄於外，籍其家以謝燕。（有司奉行，徒為文具，實使出外募兵也。）

編 閏月，吳傑等及燕兵戰於藁城，敗績。（始燕兵大敗，會大風起，發屋拔樹，傑軍復潰。）

編 夏四月，燕王棣上書請召還吳傑等師。帝遣使齎書報之。

紀 燕王兵次於大名，聞齊泰、黃子澄皆竄逐，乃上書稱臣。燕王棣大略言：比聞齊泰、黃子澄皆已竄逐，臣一家喜有更生之慶，而將士皆曰：恐非誠心，姑以餌我。不然，吳傑、平安、盛庸之眾當悉召還，而今猶集境上，是奸臣雖出而其計實行。臣思其言，恐亦人事或然也，故不敢遽釋兵。惟陛下斷而行之，毋為奸邪所蔽。書上，帝以示方孝孺及侍中黃觀，孝孺對曰：諸軍大集，燕兵久羈大名，暑雨為沴，不戰自疲，急令遼東諸將入山海關攻永平，真定諸將渡盧溝橋擣北平，彼顧巢穴歸援，我以大軍躡其後，必成擒矣。今宜且與報書，往返踰月，彼心懈而眾離，我謀成而勢合，機不可失也。帝曰：善。命孝孺草詔，赦燕王父子及諸將士罪，使歸本國，勿預兵政，仍復王爵，永為藩輔。遣大理少卿薛嵒齎往燕師。嵒齎詔至，燕王讀之，怒問嵒：臨行上何言？嵒曰：上言殿下旦釋甲謁孝陵，暮即旋師。燕王曰：嘆是不可紿三尺兒。嵒惶恐不能對。諸將請殺嵒，燕王曰：嵒天子命使，毋妄言。嵒戰慄流汗被體，留數日，遣中使送出境，語之曰：歸為老臣謝天子，天子素愛厚臣，一旦為權奸讒構，以至於此，臣不得已，為救死計耳。幸蒙詔罷兵，臣一家不勝感戴，但奸臣尚在，大軍未還，臣將士存心狐疑，未肯遽散，望皇上誅權奸，散天下兵，臣父子單騎歸闕下，惟陛下命之。嵒歸至京，方孝孺私就問燕事，嵒具以告，且曰：燕王語直而意誠，又言其將士同心，南師雖眾，驕惰寡謀，未見可勝。孝孺默然。嵒入見帝，亦備述前意。帝語孝孺曰：誠如嵒言，曲在朝廷，齊、黃誤我矣。孝孺惡之曰：此為燕遊說也。

（此等計策，豈能出燕王範圍。）

編 五月，燕王棣遣都指揮李遠燒南軍積聚。

紀 燕師駐大名，吳傑、平安發兵斷北平餉道，燕王遣指揮武勝復奏書於朝，大略言朝廷許罷兵，而盛庸等攻北絕糧餉，與詔旨背馳。帝得書有罷兵意，以示方孝孺，曰：此孝康皇帝同產弟，朕叔父也，吾他日不見宗廟神靈乎？孝孺日陛下果欲罷兵邪即兵一罷散不可復聚彼長驅犯闕何以禦之今軍聲大振討捷書當不遠願陛下毋惑甘言上然之縛勝下錦衣獄燕王聞之怒曰俟命三月今武勝見執是其志不可回矣彼軍駐德州資糧所給皆道徐沛以輕騎數千邀焚之德州必困若來求戰吾嚴師待之以逸待勞可必勝諸將皆曰善乃遣李遠等帥輕騎六千詣徐沛令易士卒甲冑與南師同插柳枝於背為識遠等至濟寧穀亭盡焚軍輿以來積聚邱福薛祿合兵攻濟州破其城遂掠沙河沛縣南軍不之覺糧船數萬艘糧數百萬悉為所焚軍資器械俱為煨燼河水盡熱漕運軍士散走京師大震德州糧餉遂艱。

陳建曰（方黃此策益踈矣以文皇料敵如神明見萬里豈為區區淺術所眩自弛其備而使敵我乘耶方黃惟務集兵而不知選將耿炳文真定之敗以三十萬李景隆北平之敗以五十萬白溝河之敗以六十萬兵莫衆於此矣然皆以將非其人一敗塗地衆果足恃乎不慮乎此而以為投機之會何未之思也且其說以為兵散而犯闕無以禦之耶則兵不散而犯闕方黃其何以禦之也是方黃雖未手刃建文而其奸亡惡定則一間耳矣）

（編）秋七月遣張安遺燕世子高熾書。

（紀）方孝孺門人林嘉猷嘗居北平邸中知高煦高燧弗恭於燕世子中官黃儼素奸險方曲事高燧高燧與世子協守北平高煦從燕王軍時時傾世子而是時河北師老無功德州餉道絕孝孺乃言於上曰兵家貴間燕父子兄弟可間而離也世子誠見疑王必北歸王歸而我餉道通事乃可濟上喜之立命孝孺草書遣錦衣衛千戶張安如燕

孝孺使人叛父計窮而愚

遺世子令歸朝廷許以王燕世子得書不啟封遣人並安等送軍前中官黃儼者比書至北平則已先使人馳報燕王曰世子且反王疑之問高煦高煦曰世子固善太孫語未竟世子所遣使以書及張安至燕王啟視遽曰嗟乎幾殺吾子乃囚安等。

（編）十一月遣駙馬都尉梅殷鎮守淮安。

（紀）殷尚太祖女寧國公主有才智太祖特眷注之臨崩帝與殷侍側受顧命（顧命周書篇名成王將崩命羣臣立康王史序其事為篇謂之顧命顧命者臨死回顧而發命也）太祖謂帝曰燕王不可忽顧謂殷曰汝老成忠信可託幼主出誓書及遺詔授之曰敢有違天者為朕伐之言訖崩至是燕兵漸逼諸將多畏懦觀望乃召募淮南

兵民合軍士號四十萬命殷統之駐淮上以扼燕師既而燕王遺殷書以進香金陵為辭殷答曰進香皇考有禁遵者為孝不遵者不孝割使者耳鼻口授數語詞甚峻燕王怒決計趨金陵。（梅殷歸德人）

梅殷拒燕自是正理不比齊黃之挑釁也

（編）十二月燕師發北平。

（編）壬午四年（六月帝出亡燕王棣篡位）春正月命魏國公徐輝祖帥京軍往援山東。

（編）燕兵陷東阿（今山東兗州府東阿縣）吏目鄭華死之。

（編）燕兵入沛縣知縣顏伯瑋主簿唐子清典史黃謙皆死之

（編）二月燕王棣帥師南下。

（編）平安及燕兵遇於淝河戰不利退屯宿州。

（天意）（如此大誤，謀國可謂無人）

編 燕王陷蕭縣，知縣陳恕死之。

編 夏四月，總兵何福、都督平安等師屯靈璧，燕兵攻破之。福遁走，安被執，遣詣北平。

紀 平安營於小河，燕兵據河北。燕王令陳文扼要處為橋，先渡步卒輜重，騎兵隨之。遂分兵守橋。明日，總兵何福列陣十餘里，張左右翼，緣河而東。燕王帥騎兵戰，福麾步兵而前，爭所守橋。福帥後軍來援，奮擊破之，遂斬陳文於陣。平安轉戰，遇燕王於北坂，王急，幾為安槊所及，馬蹶不得前。燕蕃騎指揮王騏躍馬入陣，援燕王得脫。南軍奪橋而北，勇氣百倍。徐輝祖軍至，大戰齊眉山，自午至酉，勝負相當。是時南軍再捷，燕驍將多敗沒，燕王不解甲者數日。南

軍相慶。時廷臣有曰：燕且北矣，京師不可無良將。帝因召輝祖還。何福軍聲遂孤。燕遣輕騎截南軍餉道，又令遊騎擾其樵採。福乃下令移營靈壁，就糧。時南軍運糧五萬，平安帥馬步六萬護之。燕王遣壯士萬人遮援兵，而令高煦伏兵林間，躬帥師迎戰。福出壁與安合擊，高煦帥衆自林間突出，燕王還兵掩擊其後。福等大敗，盡喪其糧餉。福等入營堅守。是夜福下令，期明旦聞砲聲三，即突圍出師就糧於淮河。庚辰，燕軍攻靈壁營，燕王帥諸將先登，軍士蟻附而上。燕兵三震砲，福軍誤為己砲，急趨門，門塞不得出，營中紛擾。燕兵急攻之，遂破其營。福遁走，安等被執。參贊軍務禮部侍郎陳性善、大理寺丞彭與明皆死之。平安被俘見燕王，王曰：淝河之戰，公馬不蹶，何以遇我？安大言曰：刺殿下如拉朽耳。王太息曰：高皇帝好養壯士。釋之，遣還北平。自是南軍益衰矣。

編 五月，燕兵至泗州，（屬鳳陽府。）守將周景初舉城叛降燕。

紀 燕王謁祖陵，泣曰：橫罹（離○遭也。）權奸，幾不免矣，幸賴祖宗得今日拜陵下。陵下父老來見，悉賜牛酒慰勞遣之。

編 燕兵渡淮，守淮河兵部主事樊士信死之。

紀 燕師至淮，盛庸帥馬步兵數萬、戰艦（戰船。）數千，列營南岸。燕王令艤（以舟附岸曰艤。）船向編筏，揚旗鼓譟，若將渡者。潛遣邱福、朱能、狗兒等西行二十里，以小舟潛渡，出庸後，漸近營舉砲。南軍驚走，庸股栗不能上馬，遂單舸脫去。燕兵盡得

其戰艦，渡淮，駐南岸。樊士信死之。

編 燕兵陷盱眙、天長。（今鳳陽府天長縣。）進至揚州，（今江南揚州府。）守將崇剛、監察御史王彬死之。

編 燕兵至高郵，（由○今揚州府高郵州。）遂陷儀真。（今揚州府儀真縣。）

編 詔天下勤王。

（全無定算）

紀 儀真既破，北舟往來江上，旗鼓蔽天。燕王駐師江北，朝廷六卿大臣多為自全計，求出守城，都城空虛。帝下詔罪己，遣使四方徵勤王兵。方孝孺曰：事急矣，宜以計緩之。遣人許割地，稽延數日。東南募兵當至，長江天塹，（塹，遶城水也。）北兵不閑舟楫，相與決戰於江上，勝敗未可知。帝從之，乃以呂太后命，遣慶城郡主如燕師議和，以割地分南北為請。

孝孺執書中之見，全不知兵，只圖僥倖，雖一腔熱血，何濟於敗。

郡主，燕王從姊也。燕王見郡主哭，郡主亦哭。燕王問周、齊二王（周王橚、齊王榑。）安在。郡主言周王召還未復爵，齊王仍拘囚。燕王益悲不自勝。郡主徐申割地議，燕王曰：「凡所以來，爲奸臣耳。皇考所分吾地，且不能保，何望割也。但得奸臣之後，謁孝陵，朝天子，求復典章之舊，免諸王之罪，即還北平，祇奉藩輔，豈有他望。此議蓋奸臣欲緩我師，俟遠方兵至耳。」郡主默然辭歸。燕王送之出，曰：「爲我謝天子，吾與上至親，相愛無他意，幸不終爲奸臣所惑。更爲我語諸弟妹，吾幾不免，賴宗廟神靈得至此，相見有日矣。」郡主還，具言之。帝出語方孝孺，且問曰：「今奈何？」孝孺曰：「長江可當百萬兵，江北船已遣人燒盡，北師豈能飛渡。」

【編】寧波知府王璡、永清典史周縉募兵勤王。

【編】六月，燕兵渡江，盛庸整衆禦之，師潰，庸單騎遁。

【紀】燕王至浦子口，盛庸諸將逆戰敗之。會高煦引北騎至，燕王大喜，撫煦背曰：「勉之，世子多疾。」於是煦殊死戰，燕王帥精騎直衝庸陣，庸軍小却。帝遣都督僉事陳瑄帥舟師往援庸，瑄乃降燕。乙卯，瑄具舟至江上，來迎燕王，王乃誓師渡江。庸所駐海艘列兵沿江上下二百里，皆大驚愕。師漸近岸，庸等整衆以禦，燕王麾諸將鼓譟先登，以精騎數百衝庸軍，庸師潰，追奔數十里，庸單騎走，餘將士皆降燕。

【編】燕兵進屯金川門，谷王橞與李景隆開門降。

【紀】燕諸將請徑薄京城，燕王曰：「鎮江咽喉之地，若城守不

不誅景隆，可恨。

平日待諸王全無恩信，倉猝之際輒令分守都門，孝孺眞屬憒憒。

下，往來非便，先下鎮江，則彼勢益危矣。」乃令來降海舟懸黃幟往來江中。鎮江城中望見，驚曰：「海舟皆已降，吾將何爲？」其守將童俊遂率衆降。帝聞江上海舟暨鎮江皆降，甚憂懣，召方孝孺問計。孝孺即班中執李景隆請誅之，曰：「壞陛下事者，此賊也。」不聽。孝孺請令諸王分守城門，乃命谷王橞、安王楹分守都城門，遣李景隆及兵部尚書茹瑺、都督王佐往龍潭，仍以割地請和爲辭，覘虛實以待援兵。景隆、瑺至龍潭，見燕王，伏地叩頭而已，稍稍及割地事。燕王曰：「吾今救死不暇，何用地爲？且今割地何名？皇考裂土分封，吾故有地矣。此又奸臣計也。凡所以來，欲得奸臣耳。公等歸奏上，但奸臣至，吾即解甲謝罪闕下，謁孝陵，歸奉北

藩，永祇臣節。」景隆、瑺還報命，帝令景隆再如燕師，言罪人已竄逐，俟執至來獻，且令諸王與偕。既至，燕王見諸王，相勞苦。諸王具述帝意，燕王曰：「諸弟試謂斯言誠僞？」諸王曰：「大兄洞見矣。」燕王曰：「吾來但欲得奸臣耳，不知其他。」遂宴諸王遣歸。帝會羣臣慟哭，或勸帝且幸浙，或曰不若幸湖湘。方孝孺請堅守京城以待援，萬一不利，車駕幸蜀，收集士馬以爲後舉。齊泰奔廣德州，黃子澄奔蘇州，曰徒死無益，不如他之。帝太息曰：「事出汝輩，而今皆棄我去乎？」長吁不已。癸亥，燕王整兵而進，屯金川門。時谷王橞與李景隆守金川門，燕兵至，遂開門降。魏國公徐輝祖率師迎戰敗績。

謹按齊黃諸人。既挑釁速禍矣。倘事勢窮促。亡身盡節。猶可解罪於萬一。乃棄帝而逃。獨何心歟。宜燕王誅之。而滅其族也。

編 叛臣徐增壽伏誅。

紀 燕兵薄金川門。左都督徐增壽首拉羣臣迎降。御史魏冕。大理寺鄒瑾當陛大呼。義不與此賊共生。帝大恨。手刃之。

編 大內火。帝遜國去。

紀 時朝廷文武俱迎降燕。帝聞金川門失守。欲自殺。翰林院編修程濟曰。不如出亡。少監王鉞跪進曰。昔高帝升遐猶言登遐。離騷作登霞。曲禮莊子俱作登假。並與遐同。猶云適遠云耳。時。有遺篋曰。臨大難當發。謹收藏奉先殿之左。羣臣齊言急出之。俄而舁預○對舉也。一紅篋至。四圍俱固以鐵。二鎖亦灌鐵。帝見而大慟。急命舉火焚大內。皇后馬氏赴火死。程濟碎篋。得度牒三張。一名應文。一名應能。一名應賢。袈裟帽鞋剃刀俱備。白金十錠。朱書篋內。應文從鬼門出。餘從水關御溝而行。薄暮會於神樂觀之西房。帝曰。數也。程濟即為帝祝髮。吳王教授楊應能願祝髮隨亡。監察御史葉希賢毅然曰。臣名賢。應賢無疑。亦祝髮。各易衣披牒。在殿凡五六十人。俱矢隨亡。帝曰。多人不能無生得失。宜各從便。九人從帝至鬼門。而一舟艤岸。為神樂觀道士王昇。見帝叩頭稱萬歲。曰。臣固知陛下之來也。疇昔高皇帝見夢。令臣至此耳。乃乘舟至太平門。昇導至觀。已薄暮矣。俄而楊應能葉希賢等十三人同至。共二十二人。廖平。金焦。趙天泰。程亨。王艮。蔡運。梁田玉。葉希賢。程濟。梁良玉。梁中節。宋和。郭節。馮漼。牛景先。王資。楊應能。劉仲。鄭洽。王之臣。周恕。史彬。帝曰。今後但以師弟稱。不必拘主臣禮也。約定左右不離者三人。給運衣食者六人。餘俱遙為應援。黎明。取道溧陽今江寧府溧陽縣。去。

編 燕王自立為皇帝

紀 諸王及文武臣詣燕王勸進。燕王固辭。諸王羣臣頓首固請。燕王乃命駕謁孝陵畢。入城。燕王曰。諸王羣臣以為奉宗廟宜莫如予。宗廟事重。予不足稱。今辭弗獲。勉徇衆志。諸王羣臣各宜協心輔予不逮。遂詣奉天殿即皇帝位。復周王橚齊王榑封爵。○清宮三日。諸宮人女官內官多誅死。惟得罪於建文者乃得留。上詰問宮人內侍以建文帝所在。皆指認后屍應焉。乃出屍於煨燼中。哭之曰。小子無知。乃至此乎。召翰林侍讀王景問葬禮當何如。景對曰。當葬以天子之禮。從之。○革去興宗孝康皇帝廟號。仍舊謚號懿文皇太子。

編 殺故文學博士方孝孺。

紀 上之發北平也。僧道衍送之郊。跪而密啟曰。南有方孝孺者。素有學行。武成之日。必不降附。請勿殺之。殺之則天下讀書種子絕矣。上首肯之。及建文帝遜去。即召用孝孺。不屈。繫之獄。上欲草即位詔。皆舉孝孺。乃召出獄。孝孺斬衰入見。悲慟徹殿陛。上諭之曰。我法周公輔成王耳。孝孺曰。成王安在。上曰。伊自焚死。孝孺曰。何不立成王之子。上

孝孺謀國舛誤頗多幸末路亡身盡節可對建文可對太祖不然且與齊黃同一罪人矣

心與姓同千古令英雄人驚怖

齊黃逃竄為罪更深

曰。國賴長君。孝孺曰。何不立成王之弟。上降榻勞曰。此朕家事耳。先生毋過勞苦。左右授筆札。上曰。詔天下。非先生不可。孝孺大批數字。擲筆於地。且罵且哭曰。死卽死耳。詔不可草。上大聲曰。汝獨不顧九族異姓之親亦在其中。高祖至玄孫之親。五服乎。孝孺曰。便十族奈我何。聲愈厲。上大怒。令以刀抉其口兩旁至兩耳。復錮之獄。大收其朋友門生。盡殺之。然後出孝孺磔之聚寶門外。孝孺慷慨就戮。時年四十六。坐死者八百七十三人。

編殺故兵部尚書鐵鉉。

紀鉉被執至京。陛見。背立廷中。正言不屈。令一顧不可得。割其耳鼻。竟不肯顧。爇其肉納鉉口中。令啖之。問曰甘否。

明紀會通卷三　建文四年　廿九　書業德

鉉厲聲曰。忠臣孝子肉。有何不甘。遂寸磔之。至死猶喃喃罵不絕。上乃令舁大鑊至。納油數斛熬之。投鉉屍。頃刻成煤炭。導其屍使朝上。轉展向外。終不可得。上大怒。令內侍用鐵棒十餘夾持之。使北面。笑曰。爾今亦朝我耶。語未畢。油沸蹙濺起丈餘。諸內侍手糜爛。棄棒走。屍仍反背如故。上大驚。命葬之。鉉年三十七。舁音預。對舉也。

郭彥博曰。方齊黃有罪者也。鐵兵部。則無罪者也。廟堂之謨。非鉉所得與也。封疆之責。此鉉所當盡者也。如是者赦之可也。必欲使覆巢之下無完卵。成祖之作法凉矣。

編秋七月朔。大祀天地於南郊。以卽位詔天下。大赦。

紀仍以洪武三十五年為紀。改明年為永樂元年。

編執黃子澄齊泰至京。皆殺之。滅其族。

郭彥博曰。殺建文者。三人也。建文既亡。卽宜汚首泥塗以謝太祖。何必或逃或哭。以至害及宗族乎。善乎陳建之言曰。何後圖之有。仰天椎心。向闕立自決。其庶矣哉。被執然後死。雖不屈。晚矣。

編以夏原吉為戶部尚書。夏原吉。湖廣湘陰人。

編八月。故左僉都御史景清。刺帝不克。死之。

紀初燕師入。清知帝出亡也。猶思興復。詭自歸附。上厚遇之。仍其官。清自是恒伏利劍於衣衽中。猰蛇侍朝。人疑焉。八月望日早朝。清緋衣入。先是靈臺奏文曲犯帝座急。色赤。及是見清獨衣緋。疑之。朝畢出御門。清奮躍而前。將犯駕。上急命左右收之。得所佩劍。清知志不得遂。乃起植立嫚罵。抉其齒。且抉且罵。含血直噀御袍。乃命剝其皮。草櫝之。械繫長安門。碎磔其骨肉。是夕。精英迭見。後駕過長安門。索忽斷。所械皮趨前數步。為犯駕狀。上大驚。乃命燒之。

明紀會通卷三　建文四年　卅　書業德

已而上晝寢。夢清仗劍追繞御座。覺曰。清猶為厲耶。命赤其族。籍其鄉。轉相扳染。謂之瓜蔓鈔。村里為墟。景清。陝西眞寧人

郭彥博曰。景都御史抱豫讓之心。矢漸離之節。嗚呼烈矣。若夫伯有為厲。以致村里成墟。抑又何與。

編殺故右副都御史練子寧。

紀子寧被縛至闕。語不遜。上大怒。命斷其舌。曰吾欲效周公輔成王耳。子寧手探舌血。大書地上成王安在四字。上益怒。命磔之。宗族棄市者。一百五十一人。

郭彥博曰。建文可逃也。而諸臣不可不死也。何也。天下洪太祖之子。則苟免求活焉。其亦可也。不必拘於國亡與亡之義也。若諸臣者。食君之祿。而無一言建自貪位慕祿。覩洪爐燎毛之勢而不知退。是以金甌之天下。不旋踵而為他人奪去。皆諸臣之罪也。不可不死也。然自盡之二十八

激烈害及宗親責備極是

入優於被執不屈者多矣。何也。以其害不及宗親也。夫入一身榮顯。恩及其父母妻子止矣。何所厚於彼。乃使之不分賢奸。爲一人而駢首就戮乎。德慶之嫂項氏。毀譜全宗真可謂知仁勇兼全者矣。若方正學之必欲激怒。以至害及五族。嗟乎。生也何恩。殺之何咎。其真全無心肝者哉。

編 九月。大封靖難功臣

編 以蹇義爲吏部尚書。蹇義巴縣人。

永樂復置宰相

編 命解縉黃淮胡廣楊榮楊士奇金幼孜胡儼直文淵閣。

紀 建文之難。胡靖王艮解縉與吳溥同鄉。皆集溥舍。縉陳說大義。靖亦憤激流涕。艮獨流涕不言。隨別去。溥子與弼尚幼。嘆曰。胡叔能仗義。大是佳事。溥曰不然。獨王叔死耳。語未竟。隔牆聞靖呼曰外鬧甚。可看猪。溥曰一猪不捨。况性命乎。又周是修與楊士奇解縉胡靖金幼孜黃淮胡儼約同死義。唯是脩踐其言。後士奇爲是修作傳。語其子曰

設當時吾亦同死。誰爲乃公作傳。二事俱爲士林所哂。解縉吉水人。黃淮永嘉人。楊士奇泰和人。胡儼南昌人。周是修太和人。

編 冬十一月。立妃徐氏爲皇后。中山王徐達之女也。

編 建文帝往滇。

紀 初帝附舟至京口。今江南鎮江府。過六合。今江南江寧府六合縣。陸行至襄陽。今湖廣襄陽府。至是往滇。今雲南雲南府。

谷應泰曰。天未厭兵。孝康早世。燕王在北。怏怏非少主臣也。然令帝開誠布公。杜釁修睦。几杖之賜頻及智囊之計不行。獄詞燒毀。曲庇梁王。朝士留章。封還錢俶羈縻之道亟行。柴章之謀未決也。若謂事憂厝火。計決徙薪。李友進酒而叔牙亡。元武喋血而建成敗。當其堂皇不避。升陛不拜。則相如奏筑。血犯秦王。朱虛行酒。追斬呂氏數武士力耳。齊黃獨不能乎。建文仁果類元帝。舉事則學景宣。齊黃迂謹類王陵。進謀則學晁錯。先主已去。操乃追擊當陽。劉裕辭歸。元乃悔報姑孰。爲燕王者。將解甲縛兵見天子乎。抑束手無策。闔門自焚也。遣張昺。遣謝貴。豈能擒燕王者哉。速之反而假以名也。令帝四縛齊黃。歸致燕館。開門延叔。握手迎師。王敦既收伯仁。安能反臣姑孰。侯景朝見太極。惟有幽帝東堂。乃計不出此。致子突入而昭公出亡。曲沃盛而孝侯遇弑。抑亦人謀之不臧。豈直天心之有在耶。

綱鑑會通明紀卷四

海陵後學陳志襄閩思輯錄

明紀

成祖皇帝 名棣太祖第四子 在位二十二年

【編】癸未 永樂元年春正月復周齊代岷四王國

【紀】帝卽位初四王俱已復爵及是並還故封各令之國

【編】二月以北平爲北京

【紀】設北京留守行後軍都督府行部國子監改北平曰順天府

【編】遣御史分巡天下

【紀】自是遂爲定制

【編】徙封寧王權于南昌

【紀】初權之被誘入關也帝許以事成中分天下及卽位留之京師時大寧殘破已無可歸乃乞改南土請蘇州及錢塘皆不許封之南昌已而有告權巫蠱誹謗者密探無驗得已權自是日韜晦構精廬一區讀書鼓琴其間終帝之世得無患

【編】秋八月徙富民實北京

【紀】時發流罪以下墾北京田又徙直隸蘇州等十郡浙江等九省富民實之

【編】削歷城侯盛庸爵尋自殺

【紀】帝初命庸鎮淮安旋移山東庸常不自安陳瑛誣以怨懷異謀遂削其爵庸自殺

【編】冬十一月頒大統歷于朝鮮諸國

【編】始命內臣出鎮

【紀】初惠帝御內臣嚴燕兵偪江北多逃入軍中漏朝廷虛實帝深以爲忠于己及卽位封賞旣行諸宦官言功不已帝患之會鎮遠侯顧成都督韓觀劉眞何福等出鎮貴州廣西遼東寧夏諸邊乃命宦官中有謀者與之偕行賜公侯服位諸將上未幾雲南大同甘肅宣府永平寧波亦各相繼遣使已又設京營提督使監軍復建東廠使刺外事大權悉以委寄遂爲一代厲階

【編】甲申 二年春三月始選進士爲翰林院庶吉士

【編】夏四月立子高熾 與二王俱皇后出 爲皇太子封高煦爲漢王高燧爲趙王

【紀】帝初起兵高煦常從戰有功帝喜以爲類己高煦亦以此自負謀奪嫡及議建儲邱福等言高煦有功宜立獨金忠力爭以爲不可帝召解縉問之縉稱皇太子仁孝天下歸心帝不應縉又頓首曰好聖孫謂皇孫瞻基也復問黃淮尹昌隆對與縉同帝意乃決

昌隆于帝卽位初名列姦黨將就刑大呼曰建文時嘗上疏讓位陛下奏牘可覆帝取奏閱之歎曰火燒頭若早從所言朕亦無此勞苦也乃免昌隆死使往北京輔導太子

太子悅。金忠亦鄞人，精於卜。少當戍通州，夫婦號哭[illegible]一見即日：此尚書骨。法當大貴。登舟即順境矣。至燕，邸將起兵，命卜之，大吉，遂署爲紀善。後果仕至兵部尚書。

【編】擢左善世道衍爲太子少師。

道衍有姊

【紀】始復姓名姚廣孝。上稱爲姚少師而不名，亦終不畜髮娶妻。嘗賜二宫人，亦不近。尋命廣孝賑濟蘇湖，往見其姊。姊拒之曰：貴人何用至貧家爲？不納。廣孝乃易僧服往，姊堅不出。家人勸之，姊不得已，出立堂中。廣孝即連下拜，姊曰：我安用爾許多拜？曾見做和尚不了底是個好人？遂還戶內，不復見。

【編】六月，詔杖饒州儒士朱友季，焚其所著書。

【紀】饒州鄱陽（今江西饒州府鄱陽縣。）儒士朱友季詣闕獻所著書，

專毀濂（周子敦頤）洛（二程子顥、頤）關（張子載）閩（朱子熹）之說。上覽之曰：此儒者之賊也。遣行人押還饒州，會司府縣官，聲其罪杖之，悉焚其書。

杖得決心

【編】秋九月，給還暹羅國使船。

【紀】福建布政司奏有番船泊海岸，詢之，曰是暹羅遣使到琉球通好，已籍記船物，請命。帝曰：暹羅與琉球通好，是美事。船漂至此，正宜嘉恤，豈可利其物而籍之？鄉有善人，尚能援人於危，況朝廷統御天下哉。其舟壞者修理，乏食者給粟，俟有便風，其人或歸或往琉球，導之去。

得柔遠人之理

【編】釋知州陳敏等罪。

【紀】廣州知州陳敏等運糧遭風壞舟，擅發官糧給軍士。鄭賜請逮問之。帝曰：運糧所以蓄軍，有急安得不與？賜曰：法非有命不得擅給。帝曰：事有權宜，待報而後給則無及矣。汲黯所以達大體也。故不問。

黃河清

【編】冬十月，山西蒲州（屬平陽府）河津縣（亦屬平陽府。）禹門渡（在河津縣）黃河清。（凡百餘日。）

【編】直文淵閣解縉等承制纂錄韻書成，賜名文獻大典。

【編】十二月，李景隆伏誅。

【紀】景隆僭踰不法，諸司連章劾奏其罪。上初宥景隆死，惟沒其田莊，令杜門省愆。因奸人造圖讖，謂十八子當有天下，乃執景隆下獄。景隆見上大呼曰：陛下非臣開門奉迎，何以有今日？上曰：幸是朕來，若他人來，汝亦開門耶？景隆

死獄不足戢辜

遂死於獄。

【編】乙酉　三年春正月，詔選新進士就文淵閣進學。

選新進士入文淵閣以二十八人爲率

【紀】命學士解縉選新進士才識英敏者，入文淵閣進學。於是選修撰曾棨（字子起）等凡二十八人，以應二十八宿。庶吉士周忱自陳年少願進學，上喜曰：此有志之士也。命增忱爲二十九人。人歆其榮。（曾棨，永豐人。周忱，吉水人。）

【編】冬十二月，盜殺駙馬都尉梅殷。

【紀】殷尚高后長公主。建文時擁重兵淮上。帝即位，廹公主齧指作書招殷。殷得書慟哭，詢建文帝所在，曰：走矣。殷曰：君存與存，君亡與亡。吾姑俟之。還京見帝，帝曰：駙馬勞苦。殷曰：勞而無功。帝銜之。二年冬，陳瑛劾奏殷招納亡命，與

女秀才劉氏朋邪詛咒。是冬。都督譚深、趙曦擠殷笡橋下溺死。帝罪二人。二人曰。上命也。奈何殺臣。帝大怒。立斬之。公主牽帝衣大哭曰。駙馬安在。帝乃官其二子以慰之。

【編】丙戌四年。春二月。命趙王高燧居守北京。

【編】帝詣太學謁孔子。

【紀】上視太學。禮部尚書鄭賜言宋制謁孔子。服鞾袍再拜。上曰。見先師禮不可簡。乃服皮弁（弁。冠也。以白鹿皮爲之。○便）行四拜禮。

【編】建文帝至重慶（今四川重慶府）之大竹善慶里。

【編】夏四月。建文帝至西平侯沐晟家。五月。結茅白龍山。

【編】秋七月。命成國公朱能、新成侯張輔等帥師討安南。

【紀】安南古交趾地也。漢女子徵則、徵貳反。馬援討平之。立銅柱爲界。至宋。累世皆陳氏稱王。其命名皆從日下易一字。（如日煚。日烜。日燇。日烇。日熞。日煓。日煒。日焜之類。）從火上陽之義也。先是安南國王陳日焜爲其臣黎季犛所弒。季犛竄易姓名。上表詐稱陳氏絕嗣。求權署國事。上從之。踰年。故安南王孫陳天平走至京師愬實。上遣人責之。季犛卑辭表請還國。上遂命廣西都督黃中等以兵送天平還。季犛伏兵殺天平。中等引兵還。事聞。上大怒曰。蕞（萃）爾（小奸）小醜。罪惡滔天。猶敢潛伏奸謀。肆毒如此。朕推誠容納。乃爲所欺。此而不誅。兵則奚用。乃命朱能、張輔等帥兵分道進討。（張輔。祥符人。玉子。）

【編】詔建北京宮殿。

善於解紛

【編】冬十月。朱能有疾。留龍州。（屬廣西）張輔等入安南。（朱能尋卒）

【編】丁亥五年。春正月。出學士解縉爲廣西布政。（漢王高煦惡之也。尋復改交趾）

【編】夏四月。命皇長孫瞻基出閤（音蛤）就學。

【紀】時年九歲。命太子少師姚廣孝、翰林院待詔曾瑄、宋禮等侍講讀。禮部郎中李繼鼎說書。不置僚屬。

【編】五月。安南平。

【紀】張輔等至安南。黎季犛遁。輔軍追敗之。生擒季犛及其子澄。餘衆悉降。安南平。得府十五。州四十一。縣二百八。戶三百十二萬。○廣東布政徐奇入覲。載嶺南藤簟將以餽廷臣。邏者獲其單目以進。上視之。無楊士奇名。乃獨召之問故。士奇曰。徐奇自都給事中受命赴廣。時衆皆作詩文贈之。故有此餽。臣時有病無所作。不然亦不免。今衆名雖具。受否未可知。且物甚微。當亦無他。上意解。令燬。（徐奇。浦城人。）

【編】秋七月。皇后徐氏崩。

【紀】后疾甚。上問有何言。對曰。天下雖定。然生民未大休息。惟陛下矜念之。妾不能報陛下恩。願無驕畜外家。后崩。上哭之慟。后恭勤婦道。高后深愛重。高后崩。哀毀動左右。蔬食三年。正位中宮。愈益敬謹。命婦入見。后諭之曰。妻之事夫。豈止衣服饋食。必有德行之助。常情朋友之言。有從有違。夫婦之言。婉順易入。吾在宮中。朝夕侍皇上。未嘗不以生民爲言。每承顧問。多見聽納。今皇上所與共圖治理者。公卿大臣。數輩諸命婦可不有以翼贊於內乎。百姓安則國家安國家安則君臣同享富貴澤被子孫矣崩年四十六。太子漢王趙王皆后出。

〔編〕徐輝祖卒。

〔紀〕上曰輝祖與齊泰輩罪同宜論死。念中山王平定天下。大有功。曲赦輝祖。今輝祖病死。中山王不可無後。輝祖長子釋迦保見賜名欽。令襲魏國公。遂乞守墓上。怒。請居中宮

〔編〕九月。張輔等檻咸上聲。檻載四車也。送黎季犛等至京師。帝御承天門受俘。孚○軍所擄曰俘

〔編〕冬十二月。命胡濙訪異人張三丰。

〔紀〕意蓋爲建文帝也。

明紀會通卷四　〈太宗　永樂五年六年　七　書業德

〔編〕〔戊子〕六年春三月。張輔等振旅還京師。春秋傳。出曰治兵。入曰振旅。注振止旅衆也。言戰罷而止其衆以入也

〔編〕詔中外軍民擅剃髮爲僧者。俱發北京爲民種田。

霍韜曰。僧道之盛。王政之衰也。發北京種田。邊方可固。而貧民亦得所矣

〔編〕夏六月。建文帝白龍菴災。

〔紀〕程濟出山募葺。

〔編〕〔己丑〕七年。春二月。帝巡幸北京。命皇太子監國。

〔紀〕命蹇義金忠黃淮楊士奇四人輔導太子。帝因諭淮等曰。東宮侍側。朕問今日講何書。對曰論語君子小人和同章。因問何以君子難進易退。小人則易進難退。對曰。小人逞才而無恥。君子守道而無欲。又問何以小人之勢常勝對曰。此係人主之好惡。如明主在上。則君子勝矣。又問明主在上。則小人都不用乎。曰小人果有才。亦不可盡棄。但常誡飭不使有過則可矣。朕甚喜其學問有進。爾等其盡心輔導之。

〔編〕三月。帝至北京。

〔編〕敕都御史虞謙給事中杜欽巡視兩淮。

〔紀〕謙等奏潁州屬江南鳳陽府。軍民缺食。請發廩賑貸。皇太子遣人馳諭之曰。軍民困乏。待哺步嗷嗷遨。衆口愁也。卿等倘從容啟請待報。汲黯何如人也。漢武帝朝。汲黯奉使過河南。見貧人傷水旱萬餘家。或父子相食。黯以便宜。持節發倉粟以賑之。即發廩賑之。勿緩。虞謙。金壇人

〔編〕夏五月。建文帝還滇

明紀會通卷四　〈太宗　永樂七年八年　八　書業德

〔紀〕先是上命太監鄭和航海通西南諸國。和數往來雲貴間。踪跡建文帝。帝東行至善慶里。是月復還滇

〔編〕〔庚寅〕八年。春二月。帝北征。命皇長孫留守北京。

〔紀〕駕至圓石坡。勒銘立馬峰曰。維日月明。維天地壽。元石勒銘。與之悠久。次長清塞。夜南望北斗。五月。至斡難河。元世祖始興之地也。本雅失里來拒戰。一鼓敗之。本雅失里遁去。六月。班師。次擒敵山。銘曰。瀚海爲鐔。天山爲鍔。一掃烟塵。永清沙漠。次清流泉。銘曰。於鑠王師。用殲醜虜。山高水清。永彰我武。遂還北京。

〔編〕三月。建文帝復至白龍菴。

〔紀〕工部尚書嚴震使安南。密訪建文帝。忽與帝遇於雲南

道中相對而泣。帝曰：何以處我？對曰：上從便，臣自有處。夜縊於驛亭中。帝復結菴於白龍山，尋復舍白龍菴他去。

【編】冬十月，帝還南京。

【編】辛卯九年。春二月，開濬會通河。（在山東兗州府濟寧州。）

【編】三月，誅陳瑛。

【紀】瑛時爲都御史，恃寵專恣，羅織無辜，舊臣耿炳文、梅殷、平安、何福等，皆其誣戮。至是帝聞其奉職無狀，誅之。

【編】夏四月，建文帝至鶴慶山。

【紀】先是有司毁白龍菴。是月，建文帝至浪穹（今雲南大理府浪穹縣。）鶴慶山，其地頗佳，因募建一菴，名大喜。

【編】六月，逮交阯（今安南國交州府。）參政解縉至京，下之獄。

【紀】先是縉入奏事，會上北巡，見皇太子而歸。及上還京，趙王（高燧）言縉瞰（苦濫反）陛下遠出，覲儲君，無人臣禮。上怒。時檢討王偁亦謫交阯。縉偕偁至廣東，娛（魚）嬉山水，且上言請役夫數萬，鑿漳江（在福建漳州府漳浦縣。）以便往來。上大怒曰：爲臣受事，則引而避去，乃欲勞民如此！遂逮縉並偁，俱下獄。（王偁，永福人。）

【編】詔遇民饑，即行賑給。

【紀】戶部言賑北京臨城（今直隸真定府臨城縣。）饑民三百餘戶，給糧三千七百石有奇。（雜）上曰：國家儲蓄，上以供國，下以濟民。故豐年則斂，凶年則散。隋開皇（文帝年號）間旱饑，文帝不肯開倉賑濟，末歲計所積，（恣）可供五十年。倉廩雖豐，民心不固，煬帝無道，遂至滅亡。前鑒具在，今後但遇水旱民饑，即賑給之。

【編】冬十一月，立皇長孫瞻基爲皇太孫。

【編】詔告建文時上書者勿治。

【紀】通政司言黃巖縣民告豪民持建文時士人包彝古所進楚王書稿，與衆聚觀，書中多有干犯語，請治之。上曰：此必與豪民有怨而欲報之。凡建文中上書，皆朕未即位以前事，朕初即位，即令毁之，有告者勿行，今復行之，是號令不信矣。況天下之主，豈當念舊惡？如唐之王、魏，太宗棄宿憾而信任之，卒與成治功。帝王之度，如海納百川，無所不容，故能成其大，豈可一一追咎往事？所告勿聽。

【編】壬辰十年。春三月，建文帝納弟子應慧。（因應能、應賢相繼而卒故也。）

【編】秋九月，殺浙江按察使周新。

【紀】新，南海（今廣東廣州府南海縣。）人。舉鄉薦，爲御史，彈劾不避權貴，京師稱爲冷面寒鐵。出爲雲南按察使，改浙江。及視事，有旋風飄異葉至前，左右言惟一古寺有此異木。新悟曰：此必寺僧殺人埋其下也。發之，果得一屍，僧即服罪。初來時，道上蠅蚋迎馬首而聚，使人尾之，得一暴屍，惟小木布記在。取之。及至任，令人市布，得印記者，鞫之，即劫布商賊也。以其贓名布商家給之，家人方知死於賊也。嘗巡屬縣，微服觸縣官，鎖繫獄中，與囚語，遂知一縣疾苦。明日出獄，竟治縣罪。聞者股栗。時錦衣衛指揮紀綱有寵，使千戶往浙緝事作威受賂新推治之千戶脫走訴於綱綱奏新專權上命逮新至京新見上抗聲曰臣奉詔擒奸惡耳奈何罪臣臣死且不憾上怒命殺之已而悟其寃問侍臣曰新何處人對曰廣東上嘆曰廣東有此好人枉殺之矣悼惜者久之

編 癸巳十一年春正月辛巳朔日食

紀 帝問羣臣正旦日食百官賀禮可行乎呂震曰日食與朝賀時先後不相妨儀智曰終是同日免賀爲當楊士奇曰日食天變之大前代元旦日食都不受賀宋仁宗朝元旦日食富弼請罷宴撤樂呂夷簡不從弼曰萬一契丹行之豈不爲中國羞後有自契丹回者言契丹是日罷宴仁宗深悔今免賀爲是帝從之

編 帝巡幸北京

紀 皇太孫從命尚書蹇義學士黃淮諭德楊士奇洗先上聲馬楊溥輔太子監國

編 弛齊黃黨禁

紀 庶吉士錢習禮與練子寧有姻婭恒爲鄉人所持習禮以語楊榮榮與帝語及之帝蹙然曰使練子寧而在朕固當用之況習禮乎由是弛黨禁

編 夏五月五日上幸東苑

紀 上幸東苑觀擊毬射柳聽文武羣臣四方朝使使在京者老聚觀自皇太孫而下諸王羣臣以次擊射皇太孫擊射連發皆中上大喜射畢上曰今日遐邇畢集朕有一言爾當思對之曰萬方玉帛風雲會皇太孫卽叩頭對曰一統山河日月明上喜大宴羣臣盡歡而罷

編 山東曹縣屬兗州府獻騶虞仁獸白虎黑文尾長於身不履生草食自死之肉

編 秋七月封韃靼太師阿魯台爲和寧王

紀 先是阿魯台遣使來納欵且請得部署女真吐蕃諸部上以問左右多請許之黃淮獨不可曰此屬分則易制合則難圖矣上顧左右曰黃淮如立高岡無遠不見諸人處平地所見惟目前耳乃不許阿魯台之請至是封爲和寧王賜金帛仍居漠北沙漠之北北方流沙曰漠瓦剌辣順寧王馬哈木怨阿魯台朝貢不至

編 甲午十二年春正月丙子朔日食

編 二月詔親征瓦剌

編 三月車駕發北京

紀 皇太孫從上謂侍臣曰朕長孫聰明英睿胃智勇過人今肅清沙漠使躬歷行陣見將士勞苦征伐不易又謂胡廣楊榮金幼孜曰每日營中閒暇爾等卽以經史於長孫前講說文事武備不可偏廢

編 夏六月壬寅朔日食

編 帝師師擊瓦剌軍大敗之馬哈木北遁

紀 上師師至撒里怯兒之地前鋒都督劉江遇敵三峽哈口擊走之戊申上發蒼厓峽次蘭忽失溫馬哈木以三萬

周新解縉俱爲文皇所龍眷然皆不得其死

五經四書性理大全之始

人來戰頓山巔不敢發。上遣鐵騎挑之。敵奮而下。中軍將安遠侯柳升。以神機砲斃其騎數百。上率鐵騎乘之。馬哈木遂大潰。走追至土剌河。生擒數十人。馬哈木乘夜北遁。上遂下令班師。

編 秋八月。車駕還北京。

編 逮學士黃淮等下獄。

紀 上北征還。太子遣使迎車駕緩。且書奏失辭。上怒曰。此輔導之咎也。漢王高煦復譖之。遂逮尚書蹇義。學士黃淮。諭德楊士奇。洗馬楊溥。芮善。正字金問等。既而義獲宥。淮等俱下獄。尋召士奇至。前親問東宮事。士奇言太子孝敬誠至。凡所稽遲。皆臣等之罪。乃特宥士奇復職。

編 榜葛剌彝。○西天有五印度國。榜葛剌者。東印度也。國獻麒麟。

編 冬十二月。命儒臣纂修五經四書性理大全。

紀 開館於東華門外。書成。上親爲之序。初諭胡廣等曰。五經四書。皆聖賢精義要道。其傳註之外。有發明餘蘊者。爾等采其切當之言。增附於下。其周程張朱諸君子性理之言。如太極圖通書西銘正蒙諸書。皆六經羽翼。然各自爲書。未有統會。爾等亦別類聚成書。以垂後世。

編 乙未 十三年。春二月。解縉死於獄。妻子徙邊。

紀 縉諫征交阯。謂自古羈縻之地。雖得之。亦難守。又帝寵漢王。縉謂不宜過寵。以起覬覦。因此二諫得罪。致身死。錦衣衛獄妻子徙邊。宣德時交阯果叛。漢王亦反。

編 三月。廷試。賜陳循等進士及第有差。循。景泰時相。江西廬陵人。

紀 帝以下第舉人。或有學問可取者。命翰林再試之。得二十四人。並賜冠帶。送國子監進學。以待後科。

編 罷海運。

紀 洪武時。已慨海運艱難。於十五年議屯田矣。至是從漕河運。歲致三百萬石。而海運遂罷。

編 開清江浦河道。

編 秋八月。建文帝遊衡山。大喜菴。十月還。

編 冬十月。賜刑部主事劉寧妻安氏銀幣。

紀 有人納銀於瓜。以餽寧者。寧妻安氏發之。詔褒寧平日廉信於妻。妻能佐夫以義。賜白金二百兩。綵幣八表裏。

編 丙申 十四年。春三月。徙封趙王高燧於彰德。今河南彰德府。漢王高煦於青州。今山東青州府。

編 瓦剌馬哈木貢馬謝罪。

編 夏四月。錦衣衛都指揮紀綱有罪。誅之。

編 禮部郎中請封禪。却之。

紀 禮部郎中周訥請封禪。尚書呂震贊之。上謂震曰。今天下雖無事。然水旱疾疫。亦間有之。豈敢自謂太平之世。且聖經未嘗言封禪。魏徵每以堯舜之事望太宗。爾欲處朕於太宗之下。亦異乎徵之愛君矣。且帝王之有聞於後者。在德不在封禪。遂不許。學士胡廣。作却封禪頌以獻。呂震臨淮人。

孳馬苛政

編 秋七月，孳馬於民間。

紀 從太僕寺請，令民五丁養種馬一匹，間歲納一駒。種馬倒斃及孳生不及數，皆民賠償，自是養馬遂爲北方大害。

編 冬十月，帝還南京。

紀 上將建北京宮殿，命羣臣會議，於是文武羣臣議奏曰：北京聖上龍興之地，北枕（去聲）居庸（見上卷），西峙（雄立也）太行（杭。山名，在河南懷慶府城），東連山海（見上卷），南俯中原，山川形勝，足以控四裔，制天下，誠帝王之都也。比年車駕巡狩，四海會同，人心協和，漕運日廣，商賈輻輳，財貨充盈，良材巨木已集京師，天下軍民樂於趨事，伏乞上順天心，下從民望，早敕所司興工營建，以爲子孫萬世帝王之業，天下幸甚。

編 周王、楚王來朝，詔東宮及皇太孫等陪謁孝陵。

紀 周王橚、楚王楨相繼來朝，次日謁孝陵，上命東宮、皇太孫及小皇孫陪謁。已出東華門，上遽詔翰林臣楊榮、金幼孜、楊士奇皆至，上問曰：二王、東宮、太孫及皇小孫謁陵展敬之位何如？朕意雖略定，三人試言之。楊、金未有對，士奇對曰：周、楚二王屬列稍前兩傍，東宮殿下列稍後居中，皇太孫亦居中，列於東宮殿下之後，諸皇孫與皇太孫同班而分列兩傍。上曰：爾所言有據乎？對曰：宋儒朱熹家禮，大約如此。上曰：吾未嘗熟家禮，但據已見書其位次。遂出片楮宸翰所書位次，正與士奇所言合。

編 丁酉 十五年，春二月，谷王橞謀逆，詔削爵爲庶人。

紀 上以谷王橞開門迎降之故，待之加厚，改封長沙。橞陰養死士，造戰船，隨侍都督張興密言於上，上未之信。會蜀王椿次子崇寧王悅鐏得罪於父，逃橞所，橞詭衆曰：建文君初不死，今已在此。蜀王聞之，上疏具言橞謀逆之事。上歎曰：朕何如待橞，乃有此心。蜀王忠孝，又不宜欺我，張興嘗爲我言，我不忍信，今果然。立命中官持敕諭橞，令遣悅鐏還蜀，且徵橞。橞不意敕使猝至，乃就徵至京，入見，上以蜀王章示之，橞伏地言死罪死罪。上不忍誅，削橞及其二子賦灼、賦熗爵爲庶人，誅諸通謀者。張興以先發橞謀得不坐。

編 三月，漢王高煦有罪，徙居樂安。

紀 先是，封高煦爲漢王，國雲南，怏怏不肯去，曰：我何罪，斥我萬里。及改青州，又不肯去，曰：何爲置我瘠土。留居京師，請得天策衛（天子禁軍）爲護衛，曰：唐太宗爲天策上將（唐太宗初爲秦王，高祖以其功大，前代官皆不足以當之，特置天策上將，位在王公上，以秦王爲之，開府置屬），吾得之，豈偶然？又益請兩護衛，曰：我英武豈不類秦王？遂僭用天子車服。上在北京，頗聞之，及還南京，以問楊士奇，對曰：漢王始封雲南，不肯行，復改青州，又不行，今知朝廷將徙都北京，惟欲留守南京，此其心路人知之，惟陛下早善處置，用全父子之恩。上默然。後數日，上復得高煦造兵器、陰養死士、招納亡命等事，大怒，召至，詰之（乞），縶之西華門內，將誅之。皇太子涕泣力救，乃徙封樂安（今青州府樂安縣），促即日行。

上顧謂皇太子曰。樂安去京甚近。如其作禍。可朝發而夕擒之。太子、漢王、太孫同謁孝陵。太子蹇仆地。漢王曰。前人失跌。後人知警。太子曰。更有後人知警也。漢王回顧色動。

編 帝巡北京。命皇太子監國。

編 秋八月。瓦刺順寧王馬哈木卒。以其子脫歡襲順寧王。

編 冬十二月。建北京宮殿。北京北枕居庸。西峙太行。東連山海。南俯中原。誠帝王之都也。

編 戊戌 十六年。夏五月。胡廣卒。

紀 廣居官純厚。自處泊然。然性之骨鯁。唯承順而已。是故在建文朝則對策斥親藩。在永樂朝則聖孝瑞應有頌。封禪有頌。無非迎上所好。故終身無纖芥之憂。疾篤。有人投以詩云。漢朝胡廣號中庸。今日中庸又見公。可惜偏生兩好究。天教名姓兩相同。初縉廣同直文淵閣。上曰。縉廣少同業。仕同官。縉業已有子。廣宜妻之以女。廣曰。臣妻有娠。震。懷孕也。未卜男女。上曰。定生女。越數月。廣妻果生女。遂訂盟。既而縉遭譴死。舉家徙邊。廣欲使女改適。女竊入室。以刀截耳。家人覺而救之。血被兩頰。且言曰。薄命之婚。皇上主之。父面承之。一與之盟。終身不改。越數年。解氏蒙宥歸。女卒歸解氏。

陳建曰。廣有此貞女。然建文親擢爲狀元。棄之若弁髦。毋乃有愧於其女耶。

編 太祖高皇帝實錄成。

紀 帝具皮弁服。御奉天殿受之。賜纂修官銀幣有差。

編 遣禮部侍郎胡濙巡江浙。

胡廣有女

紀 帝密諭曰。人言東宮多失德。汝至南京。可多留數日。試觀何如。密奏來。奏字須大。晚至可就燈下觀也。濙至南京。日侍朝。凡所見東宮之事。退即記之。如一日有勛臣語譁。侍衛捶之。仍當陛口奏。有旨不問。既退。即宣侍衛賞鈔。於是羣臣皆言不顯責大臣。而旌禁衛。所以寬其罪而愧其心。見殿下之仁明也。住稍久。楊士奇曰。公命使也。宜速行。濙權詞謝曰。錦衣數種未完耳。至安慶。始書奏。以所見皆誠敬孝謹七事上聞。帝覽之大悅。自是不復疑。

林宗鍔曰。倘所差者爲李景隆。則太子又遭荼毒矣。以是知爲君貴於知人也。

編 己亥 十七年。冬十二月。頒爲善陰隲、孝順事實二書於天下學校。

編 庚子 十八年。秋八月。立東廠。昌上聲。

永樂置東廠弊政

紀 命內官一人主之。刺。偵探也。大小事情以聞。

朱璘曰。太祖設錦衣獄。鎮撫司獄。文皇設東廠。令緝事。開日後奸人擅作威福。枉害忠良之端。

編 九月。北京宮殿成。

編 冬十月。建文帝入蜀。遊諸勝。程濟從。編

編 十一月。皇太子赴北京。

紀 太子過鄒縣。屬山東兗州府。會歲荒民飢。乃下馬入民舍。見男女衣皆百結。不掩體。竈釜傾仆不治。歎曰。民隱不上聞若此乎。會山東布政使石執中來迎。讓之曰。爲民牧而視民窮如此。亦動念否乎。執中言凡被災之處。皆已奏請。賜今年秋糧。太子曰。民飢且死。尚及徵稅邪。速取勘飢民口數。

賢者二事爲後代瞻仰至此永樂遷都北京得人之盛方是大臣體識

逝地約三日。遠地約五日。悉發官粟賑之。執中請人給三斗。太子曰。且與六斗。汝無懼擅發。予見上當自奏也。太子至。即奏之。上曰。昔范仲淹之子。猶能舉麥舟濟其父之故舊。況百姓吾赤子乎。石執中。蘭溪人。

〔編〕辛丑十九年春正月。帝御北京奉天殿受朝賀。大赦。

〔編〕二月廷試。賜曾鶴齡等進士及第出身有差。

〔紀〕是科得薛瑄、劉球、于謙。曾鶴齡。泰和人。薛瑄。山西河津人。劉球。安福人。于謙。錢塘人。

〔編〕夏四月。奉天、謹身、華蓋三殿災。詔求直言。

〔紀〕科道皆言不當遷都北京致有此災。帝命與閣部大臣詰辨。衆皆啐罵言官妄言。夏原吉獨從容奏曰。御史職當言路。給事耳目之官。所言皆當。臣等備員不能協贊大議

明紀會通卷四　太宗永樂十九年　九　書業德

是臣等之罪。上使人再問之。原吉對如初。帝遂兩宥之。而言官無一人得罪者。或尤原吉背初議。原吉曰。天威嚴重。吾等任事久。言雖失實。上憐之。若言官得罪。所損不少。衆始歎服。

〔編〕秋七月。建文帝入粵。遊海南諸勝。十一月還大喜菴。

〔編〕冬十月。阿魯台入寇。

〔紀〕上議北征。大臣皆言糧儲未足。且頻年出師無功。宜休養兵民。上不悅。下戶部尙書夏原吉、刑部尙書吳中獄。吳中。武城人。

〔編〕壬寅二十年春正月己未朔。日食。

〔編〕三月。帝親征阿魯台。

〔紀〕阿魯台寇興和。殺守將王煥。上遂決意親征。駕至雞鳴山。阿魯台聞之夜遁。

〔編〕秋七月。帝至西涼亭。下令班師。

〔紀〕駕次西涼亭。西涼亭者。故元往來巡遊之地也。上望其頹垣遺址。樹林鬱然。謂守臣曰。元氏創此。將遺子孫爲不朽之圖。豈意有今日。書云。常厥德。保厥位。厥德靡常。九有以亡。況一亭乎。可以爲殷鑒矣。因下令禁軍士斬伐樹木。遂班師。

〔編〕九月。車駕還京師。

〔編〕冬閏十二月。阿魯台弒其主本雅失里。自稱可榼汗寒。猶漢言天子也。

明紀會通卷四　太宗永樂二十年　二十一年　廿　書業德

〔編〕癸卯二十一年春二月。蜀王椿薨。謚同獻。

〔紀〕王天性孝友。循禮執法。好學不倦。喜接士大夫。講道問業。諸王中稱最賢。

〔編〕建文帝入楚。程濟從。六月遊漢陽。七月留大別山。

〔編〕夏五月。常山中護衛指揮孟賢等謀逆。伏誅。

〔紀〕先是上以疾多不視朝。中外事悉啓皇太子處分。太子每裁抑宦侍。黃儼、江保尤見疎斥。儼等素厚趙王。流言傳播。謂上屬意趙王。由是孟賢遂起邪心。與羽林衛指揮彭旭等連結貴近。謀進毒於上。俟晏駕。天子初崩曰晏駕。蓋臣子之心猶謂宮車當駕而晚出也。即以兵劫內庫兵仗符寶。執大臣。僞撰遺詔。廢皇太子而立趙王。布置已定。中護衛總旗王喻知之。詣闕上

變告見上卷上大驚急捕賊既悉得上御左順門親鞫推鞫窮之名皇太子趙王文武大臣皆至上覽所撰僞詔震怒顧趙王曰爾爲之邪皇太子爲之營解曰高燧必不預謀此自下人所爲耳遂止按誅賢等。

〔編〕秋七月帝復親征阿魯台。

〔紀〕上聞阿魯台將犯邊復親征次於宣府。

〔編〕冬十月帝至上莊堡韃靼王子也先土干率衆來降。

〔紀〕初上次沙城阿失帖木兒率妻子來降言阿魯台聞天兵復出疾走遠遁不復有南意至是也先土干來降上喜謂諸將曰遠人來歸宜有以旌異之乃封爲忠勇王賜姓名金忠遂班師。

〔編〕十一月帝還京師。

〔編〕甲辰二十二年春正月阿魯台寇大同。

〔紀〕大同今山西大同府守將奏阿魯台侵塞遂大閱議北征。

〔編〕夏四月詔命皇太子監國帝發京師。

〔紀〕大學士楊榮金幼孜從五月師次清水源阿魯台遠遁上謂榮幼孜曰朕夜夢神人告朕曰上帝好生如是者再是何祥也豈天屬祇意茲寇乎榮幼孜言宜承天意赦其不臣之罪班師還京上曰此朕意也。

〔編〕六月帝下詔班師。

〔紀〕師次答蘭納木兒河彌望荒塵野草阿魯台遁走已久前鋒陳懋金忠引兵抵白邙山下咸無所遇以糧盡還英國公張輔奏願假臣數月糧率騎深入罪人必得上曰今出塞已久人馬俱勞北地早寒一旦有風雪之變歸途尚遠不可不慮乃詔旋師。

永樂崩於榆木川

〔編〕秋七月帝崩於榆木川。

〔紀〕師次蒼崖上不豫庚寅次榆柳川上大漸病甚也周書顧命疾大漸名張輔受遺命傳位皇太子辛卯上崩楊榮金幼孜議以六師在外秘不發喪命光祿朝夕進膳如常儀益嚴軍中號令人皆莫測。

〔編〕八月梓宮至京師北京。

〔紀〕楊榮等奉大行皇帝見二卷訃至京師皇太子遣皇太孫赴開平見上一卷迎梓宮天子棺以梓木爲之曰梓宮壬子至京師○太子及羣臣皆衰服哭迎入大內奉安於仁智殿喪服一遵太祖遺訓皇太孫瞻行啟曰出外有封章白事非印識無以防僞皇太子顧楊士奇曰渠言良是但急行新製則不及楊士奇曰大行皇帝初授東宮圖書可權付太孫歸即納上皇太子從之太孫既行皇太子謂士奇曰汝此說雖出從權亦事之機會昔大行臨御儲位久未定浮議喧騰吾今就以付之浮議何由興皇太孫至鵰鶚堡遇梓宮哭迎軍中始發喪。

〔編〕出夏原吉吳中黃淮楊溥金問於獄。

〔紀〕楊溥繫錦衣獄者十年家人供食久數絕糧不能繼又上命叵測日與死爲隣愈勵志讀書不輟同難者語之

日事已如此讀書何用對曰朝聞道夕死可也五經諸子讀之數回已而得釋晚年遭遇爲閣老朝廷大制作多出其手獄中讀書之功居多云（金問吳邑人）

編 太子高熾即位大赦（北京）

紀 詔以明年爲洪熙元年復夏原吉吳中官

洪熙置公孤官

編 置公孤官

紀 太師太傅太保皆正一品少師少傅少保皆從一品上諭吏部尚書蹇義曰此皇祖之制皇考聖明天縱可不置此官予歷事未廣不無望於師傅卿等勉之遂加義少保

編 赦解縉妻子還鄉官其子貞亮爲中書舍人

紀 初文皇嘗手書蹇義等十人授縉曰汝可疏其人品縉

明紀會通卷四 太宗 永樂二十二年 三 書業德

曰蹇義天資厚重中無定見夏原吉有德有量不遠小人劉儁雖有才幹不知顧義鄭賜可謂君子頗短於才李至剛誕而附勢雖才不端黃福秉心易直確有執守陳瑛刻於用法好惡頗端宋禮戇（撞。愚也）直而苛人怒不恤陳洽疏通警敏亦不失正方賓簿書之才駔（藏上聲）儈（膾。牙儈會合兩家買賣者曰駔）之心奏上文皇以示上曰至剛朕已洞灼餘徐驗之至是上出縉奏示楊士奇曰今人率謂縉狂士觀其論評皆有定見乃赦其家屬官其子貞亮

編 九月朔上素冠麻衣絰視朝

紀 呂震言於上曰喪服請如太祖太宗遺命以日易月楊士奇以爲不可黃淮亦與士奇合蹇義請兼取二說上宜服素衣冠黑角帶羣臣皆從君服報可明旦上素冠麻衣麻絰出視朝文官惟學士武臣惟英國公如上所服餘皆從義等所定朝退上召蹇義原吉及士奇等諭曰呂震昨奏易服吾已疑其非但聽臣下易之梓宮在殯吾豈忍易後聞士奇言始知其然士奇所執是因歎曰張輔知禮六卿乃有不及又顧義曰汝所折衷亦未當然不必再以語人羣臣聽從其便

蹇義楊士奇楊榮金幼孜作相俱輔弼賢臣數人旬日間自五品超遷至一品亦內閣進位三孤之始

編 進蹇義少傅加楊士奇少保楊榮太子少傅金幼孜太子少保

紀 賜義等銀圖書各一其文曰繩愆糾繆（周書冏命篇繩直也糾正也）諭之曰卿等皆先帝舊臣又事朕於東宮今朕嗣位之初

明紀會通卷四 太宗 永樂二十二年 四 書業德

賴卿等協心贊輔凡政有關失羣臣及卿等言之而朕未從悉用此印密疏以聞

編 冬十月建文帝下江南（至史彬家十一月至寧波渡蓮花洋）

編 立妃張氏爲皇后（彭城伯張麟之女也）

編 立皇太孫瞻基爲皇太子

編 封子瞻埈（峻）爲鄭王瞻墉爲越王瞻垠（銀）爲蘄王瞻墡（善）爲襄王瞻堈（岡）爲荆王瞻墺爲淮王瞻塏（愷）爲滕王瞻垍（忌）爲梁王瞻埏（延）爲衞王

編 遣監察御史分巡天下考察官吏

編 十一月赦奸黨族屬並放還家給還田產

紀 上謂侍臣曰方孝孺輩皆忠臣也宜從寬典因下御札

黃淮作相
楊溥掌閣事

諭禮部尚書呂震曰：建文中奸臣，其正犯已悉受顯戮，家屬初發教坊司、錦衣衛及功臣之家爲奴，今有存者，旣經大赦，可宥爲民，給還田産。

【編】逮治前御史舒仲成，旣而罷之。

【紀】初，上監國時，仲成以言事忤旨，貶湖廣按察副使。至是，命都察院逮治之。楊士奇上疏言：向來得罪者多，陛下卽位，皆宥之。今追理仲成，卽詔書不信。漢景帝爲太子，詔衞綰不赴，卽位進用綰，前史韙委美也之。上覽疏喜，卽有旨罷治仲成，而降敕獎諭士奇。

【編】十二月，葬長陵，謚文皇帝，廟號太宗。

【紀】帝節用愛民，知人善任，經理內外，爲計深遠。於是四出

北庭，三定南交，富强過於漢唐，九有淸宴，重譯來朝，貞祥屢臻，民氣和樂，又得聖子神孫，丕承令緒，奕葉重光，嗚呼盛矣。

朱璘曰：人疑齊黃不當誅戮，夫亦思文皇高祖之子，馬皇后所生，爲國藩輔，無隙可乘，而廷臣必欲殺之。幸而爲帝，彼隱太子、巢刺王猶不得不除，況君側之人乎？第以其步闔一門皆盡，溫舒五族不遺，譏其失人君之度焉，則不免耳。

仁宗昭皇帝 名高熾，文皇長子。在位一年，壽四十八歲而崩。

【編】乙巳仁宗皇帝洪熙元年春正月，進大學士黃淮爲少保兼戶部尚書，楊士奇兼兵部尚書，金幼孜兼禮部尚書。

【編】建弘文閣。

【紀】建弘文閣於思善門之左，作印章，命翰林院學士楊溥掌閣事。徵蘇州儒士陳繼爲翰林院五經博士，學錄楊敬爲翰林院編修，訓導何澄爲禮科給事中，皆直弘文閣。上親舉印授溥曰：朕用卿等，非止助益學問，亦欲廣知民事，爲理道之助。卿等如有建白，卽用此印封識至以聞。

愛惜保護，情同父子，漢唐君臣未見其匹。

【編】罷給朝覲官孳牧馬。

【紀】先是，兵部尚書李慶言於上曰：今歲畜馬頗蕃，請朝覲官每員給馬一匹，令牧之，其孳生准民間例，無者追陪。上令與蹇義、原吉議，亦從慶言，乃下令行之。楊士奇力陳不可，曰：朝廷以禮徵賢，今皆役之畜馬，以蘇民是貴民而賤官也。上曰：慶幾誤朕。少頃，卽批出罷此令。內批兩日不出，兵部已督責朝覲官領馬者過半矣。士奇復奏，上曰：吾偶

稽遲耳，當卽批出。午刻，上御思善門，召士奇謂曰：內批豈眞忘之？初聞汝言，卽遣人觀李慶、呂震輩交口忿爾。朕念爾孤立，慮爲衆所傷，故不欲因汝言而罷此令，今有名矣。出示一疏，乃陝西按察使陳智疏言：按察司所以肅庶官、貞百度，而歲徵駒與下民等，憲綱掃地矣。上曰：爾就據此草敕止散馬。士奇叩頭曰：古人有言，陛下知臣，臣不孤矣。上曰：繼今令有不便，惟密與朕言。李慶輩不識大體，不足語也，但皆先朝舊臣，未可遽退耳。李慶，順義縣人。

【編】賜羣臣歸省之費。

【紀】帝曰：廷臣在外久者，還鄉展省，到家有養祭賓客之需，往返有道途之費，計其在官俸祿，贍日用外，罕有餘貲，自

今歸省皆賜鈔。

陳建曰：太祖給官員到任舟車之資，仁廟給臣工歸省需費之鈔，所以體羣臣者至矣。

（編）三月，徵權謹爲學士。

（紀）上聞前光祿寺署丞權謹孝行，曰：忠孝之人，可任輔導。遂驛召至，以爲文華殿大學士。權謹，徐州人。

（編）趙王高燧之國彰德。

（編）遣漢王高煦子瞻圻守皇陵。

（紀）初，瞻圻恨父殺其母，屢發父過惡。文皇曰：爾父子何忍也。及文皇北征晏駕，瞻圻在北京，凡朝廷事，潛遣人馳報，一晝夜六七行。高煦日亦遣數十人入京師潛伺，幸有變。上固知之，顧益厚遇。至是高煦悉上瞻圻前後覘報朝中事，且曰：廷議旦夕發兵取樂安。見上。上名瞻圻示之曰：汝處父子兄弟間，讒構至此乎。穉子不足誅。發鳳陽守皇陵。

（編）夏四月，詔免山東淮徐稅糧之半。

（紀）時有至自南京者，上問所過地方何如。對曰：淮徐山東民多乏食，而有司徵稅方急。上遂召楊士奇等，令草詔免之。士奇曰：此事可令戶部工部與聞。上曰：救民之窮，當如救焚拯溺，不可遲疑。有司慮國用不足，必持不決之論。乃令士奇書詔畢，即遣使齎行。上顧士奇曰：卿今可語戶工二部，朕已悉免之矣。左右言地方千餘里，其間未必盡荒，宜有分別，庶不濫恩。上曰：恤民寧過厚，爲天下主，乃與民寸寸計較邪。

權謹以孝行入閣

大哉王言

（編）命皇太子謁祭皇陵孝陵，留南京監國。

（編）出二敕二印，賜蹇義楊士奇。

（紀）上明於星象，忽夜見星變，召士奇等語曰：天命盡矣。乃歎息而起。次日早朝罷，召義士奇諭曰：監國二十年，爲讒慝所構，心之艱危，吾三人共之，賴皇考仁明，得遂保全。言已泫然，義士奇亦流涕。上曰：即吾去世後，誰復知吾三人同心一誠。遂出二敕二印，一賜義，文曰忠貞；一賜士奇，曰貞一。皆拜受而退。○上諭蹇義曰：御史，朝廷耳目之官，惟老成識治體者可任。新進小生遽授斯職，未達政治之體，而有可爲之權，遇事風生，以喜怒爲威福，以好惡爲是非，甚者貪穢無藉，賢人君子正直不阿，往往被其凌辱。小人阿順從諛，則相與爲膠漆。其於政治得失，軍民利病，略不用心，安在其爲耳目也。爾吏部自今須慎擢，以清風紀。

（編）五月，帝崩。

（紀）上不豫，召蹇義楊士奇黃淮楊榮至思善門，命士奇書敕，遣中官海壽馳召皇太子於南京。翌日，上疾大漸，遺詔傳位皇太子，遂崩，壽四十八。時皇太子未至，羣臣請鄭襄二王監國。

（編）建文帝自閩粵還鶴慶山。

（紀）建文帝自閩粵還山，止程濟從。聞仁宗崩，帝曰：吾心放下矣。今後往來亦少如意也。

（編）六月，太子瞻基即位。

忠孝苦心千秋歌頌

慎選御史最得進賢退奸之本

不忍人之心流於紙上

紀 太子至自南京，遂即位。詔以明年為宣德元年。

編 秋七月，尊皇后曰皇太后。

編 立妃胡氏為皇后。（都督胡榮女也）

編 定會試分南北卷取士例。

編 九月，葬獻陵，謚昭皇帝，廟號仁宗。

紀 帝天資純明，至性孝友。二弟驕恣，曲意調護。在東宮，清心寡慾，被服儒素，專意愛民。既即位，盡行其志。每一詔下，萬姓歡呼。器使廷臣，靡不曲當。改過不吝，從善如流。不遷喜怒，不勤遠略。每邊將陛辭，輒戒曰：民力疲矣，慎毋貪功。寇至，塞驅之而已，毋為首禍。違命獲功，吾所不賞也。用法寬然，深惡贓吏，曰：國家恤民，當自去贓吏始。少侍太祖，太祖問：堯九年水，湯七年旱，百姓何所恃？對曰：恃聖人有恤民之政耳。在儲位二十年，天下傾嚮，嗣位後弘施沛澤，商高宗、周成康之匹也。號稱仁宗，不亦宜乎。

編 丙午 宣宗皇帝宣德元年，春正月，漢王高煦遣人獻元宵燈。

宣宗章皇帝，名瞻基，仁宗太子，在位十年，壽三十七歲而崩。

紀 有言於上曰：漢府所遣來者，多是窺瞰（苦濫反）朝廷之事，特以進獻為名。上曰：吾惟推誠以待之耳。復書報謝。

編 二月，禮部進耕籍田儀注。

紀 上觀之，謂侍臣曰：先王制籍田以奉粢盛，以率天下務農，所貴有實心耳。誠念創業艱難，愛恤蒼生，使明德至治達於神明，則黍稷之薦，不待親耕矣。誠輕徭薄賦，貴農重穀，則人咸樂耕，不待勸率矣。不然，三推五推，何益於事。

郭彥博曰：宣宗所言，亦是第二層。蓋耕籍匪上勸耕也。王者以此致孝其親，有必躬親而始安者。後世只緣視為具文，遂有遣官祭太廟矣，況耕籍乎。而不知只一不親耕籍，便已誠敬不到，前際後際，上下四旁，都為虛假，精神不能管攝矣。

編 秋八月，漢王高煦反，帝自將討擒之。

紀 初，高煦既之國樂安，反謀未嘗一日忘。及仁宗崩，上即位，賜高煦視他府特甚。高煦益自肆。八月壬戌，遂反。遣枚青潛來京，約英國公張輔為內應。輔縶青聞於朝。又約山東都指揮靳榮等反濟南（今山東濟南府）為應。乃立五軍都督府，指揮王斌領前軍，韋達左軍，千戶盛堅右軍，知州朱烜（暄）後軍，諸子瞻垐（慈）、瞻域、瞻坅（歲）、瞻墿（亦）各監一軍，高煦率中軍，世子瞻垣居守，指揮韋賢、韋興、千戶王玉、李智領四哨（邏騎也），部署已定。御史李濬，樂安人，棄其家，變姓名，間（諫）道（微道也）詣京上變，言高煦刻日取濟南，然後率兵犯闕。丁卯，高煦遣百戶陳剛進疏，斥言二三大臣夏原吉等為奸佞，並索誅之。上歎曰：高煦果反。議遣將陽武侯薛祿往討。楊榮力言不可，曰：陛下獨不見李景隆事乎？（建文遣李景隆討燕）上默然。顧原吉，原吉曰：兵貴神速，宜卷甲韜戈以往，一鼓而平之，所謂先聲有奪人之心也。若命將出師，恐不濟。榮言是。上意遂決，立名張輔諭親征。輔對曰：高煦驁（至）（猛也）而寡謀，外戇（撞）（直也）中恇（匡）（恐也），今所擁非有能戰者，願假臣兵二萬，擒逆賊獻闕下。上曰：卿誠足辨賊，顧朕新即位，小人或歸罪臣下，開高煦悔禍之路，辭令妙品。

懷二心，行決矣。乙丑，敕平江伯陳瑄防守淮安，（淮安府，今江南。）勿令賊南走；令指揮芮勛守居庸關，勿令北入塞外。戊辰，命定國公徐景昌、彭城伯張昶（唱）守皇城，安鄉伯張安、廣寧伯劉瑞、汴城伯張榮、建平伯高遠輔鄭王瞻埈、襄王瞻墡留守北京。蹇義、楊士奇、夏原吉、楊榮、楊溥、吳中、胡濙、張本、顧佐扈（戶）從，豐城伯李賢、侍郎郭璡（津）督軍餉，陽武侯薛祿爲先鋒。辛未，車駕發京師，率大營五軍將士以行。戊寅，獲樂安歸正人，給榜令還樂安諭衆。上賜書諭高煦曰：王太宗皇帝之子，仁宗皇帝之弟，朕嗣位以來，事以叔父禮，不少虧，何爲而反邪？朕惟張敖失國，本之貫高；（漢高帝朝，趙王張敖相貫高說敖謀逆，事覺，敖坐廢。）淮南受誅，成於伍被。（漢武帝朝，淮南王安謀反，召中郎伍被與謀反事，被自詣吏上告，安自殺。）自古小人事藩國，率因之以自圖富貴，而陷其主於不義。及事不成，則反噬主以圖苟安。今六師壓境，王能悔禍，即擒獻倡謀者，朕與王削除前過，恩禮如初。王如執迷，或出兵拒戰，或嬰（繞也）城固守，圖僥倖於萬一，當率大軍乘之，一戰成擒矣。又或麾下以王爲奇貨，執以來獻，王以何面目見朕？雖欲保全，不可得也。王之轉禍爲福，一反掌間耳，其審圖之。辛巳，車駕至樂安，諸將請即攻城，上不許，復敕諭高煦，不報。又以敕繫（計）矢射（石）城中，諭黨逆者以禍福，於是城中人多欲執獻高煦者。高煦狼狽（狼無前足，附狽而行，故人猝遽無措者謂之狼狽。）失據，密遣人詣御幄陳奏，願寬假今夕，與妻子別，明旦出歸罪。上許之。是夜，高煦盡取積歲

所造兵器與凡謀議交通文書，盡焚之。壬午，高煦將出，王斌等固止之，曰：寧一戰以死，就擒辱矣。高煦遂潛從間道衣白席藁出見上，頓首自陳，羣臣請正典刑，不許。上令高煦爲書，召諸子同歸京師。乙酉，班師，命中官頸繫高煦父子赴北京。庚寅，車駕至獻縣（屬直隸河間府）之單橋，戶部尚書陳山迎駕，山見上，言宜乘勝移師向彰德，（上）襲執趙王，則朝廷永安矣。上召楊榮以山言諭之，榮對曰：山言，國之大計。遂召蹇義、夏原吉諭之，兩人不敢異議。榮言請先遣敕趙王，詰（乞）其與高煦連謀之罪，而六師奄（忽也）至，可擒也。從之。榮遂傳旨令楊士奇草詔，士奇曰：事須有實，天地鬼神，豈可欺哉？且敕旨以何爲辭？榮厲聲曰：此國家大事，庸可沮乎？令錦衣衛責所係漢府人狀，云與趙連謀，何患無辭？士奇曰：錦衣衛責狀，何以服人心？太宗皇帝惟三子，今上親叔二人，一人有罪者不可恕，其無罪者當厚之，庶幾仰慰皇祖在天之靈。榮不肯。時楊溥亦與士奇意合，上乃不復言移兵，車駕遂還京。（陳瑄，合肥人。顧佐，臨淮人。張本，東阿人。）

谷應泰曰：（高煦非有深謀遠算，不過桀驁不臣，抑亦靖難之風貽以家法。蓋觀於漢庶人之變，而嘆蜾蠃之類我也。）

陳建曰：（楊夏此舉，鑒建文之失也。當時事起倉皇，人心洶洶，而煦素號驍勇善戰，諸將所畏，宣廟稍猶豫，天下事未可知也。幸而奮策決機，風馳電掣，遂使羣兇瓦解，曾不崇朝克清大憝，非民社之幸與。）

（編）九月，帝至京師，廢高煦爲庶人，逆黨王斌、朱煊等伏誅。（同謀伏誅者六百四十餘人。）

紀時言者猶喋喋。（喋音牒，多言貌。）請盡削趙護衛且請召趙王拘之京。上皆不聽。乃召楊士奇諭曰。言者論趙王益多。如何。對曰。今日宗室。惟趙王最親。當思保全之。毋惑羣言。上曰。吾亦思之。皇考於趙王最友愛。且吾今惟一叔。奈何不愛。然當思所以保全之道。乃封羣臣言章。遣駙馬都尉廣平侯袁容。左都御史劉觀齎以示之。使自處。容等至。趙王大喜曰。吾生矣。卽獻護衛。且上表謝恩。而言者始息。（袁容，壽州人。）

編漢庶人高煦伏誅。

鍾惺曰。士奇此番力爭。所全不少。高識定力。眞有古大臣之風。

紀庶人鎖縶大內逍遙城。一日上往熟視久之。庶人出不

意伸一足勾（勾，音鉤。）上仆地。上大怒。亟命力士舁（舁，音預，對舉也。）銅缸覆之。缸重三百斤。庶人有力。項負缸起。乃積炭缸上如山。燃炭逾時。火熾銅鎔。庶人死。諸子皆死。

編冬十月。復李時勉翰林侍讀。

紀洪熙中。時勉言事過激。仁宗怒。命武士撲以金瓜。斷脇不死。繫獄。至是上面訊。釋之。復名入翰林。（李時勉，安福人。）

編以張本爲兵部尚書。陳祚于謙並爲監察御史。（陳祚，吳縣人。）

編棄安南

紀黎利遣人進前安南陳王三世孫暠表。乞立爲陳氏後。上覽之。密示英國公張輔。輔對曰。此不可從。將士勞苦數年。然後得之。此表出黎利之譎。當益發兵誅此賊耳。輔退乃召蹇義夏原吉問之。二人對曰。舉以與之無名。徒示弱於天下。二人退。復召士奇楊榮諭以三人對。日今日吾與汝兩人決之。榮對曰。永樂中費數萬人命得此。至今勞者未息。困者未蘇。發兵之說。必不可從。若因其請而與之。可轉禍爲福。上顧問士奇云何。對曰。榮言當從。求立陳氏後者。太宗皇帝之初心。求之不得。乃郡縣其地。十數年來。民兵困於交阯之役極矣。此皆祖宗之赤子。行祖宗之初心。以保祖宗之赤子。此正陛下之盛德。何謂無名。且漢棄珠崖。前史爲榮。何謂示弱。臣侍仁宗久。聖心數數追憾此事。願陛下今日明決。上曰。汝兩人言。正合朕意。皇考言吾亦聞之屢矣。明日朝罷。出暠表示諭羣臣曰。論者不達止戈

之意。必謂從之不武。但得民安。朕何恤人言。遂遣工部左右侍郎李琦羅汝敬齎詔冊封陳暠爲安南國王。罷征南兵。先是英國公張輔威震交南。平黎季犛。誅簡定。戮陳季擴。三擒僞王。而兵部尚書黃福鎭守交阯。有威惠。交人懷之。戢伏莫敢動。自永樂十四年冬召輔還京。加以中官馬騏墨而殘。交人苦之。至二十一年。復召黃福還京。交人扶老携幼。號泣不忍別。福還而交南遂不可爲矣。（李琦，元氏人。羅汝敬，吉水人。黃福，昌邑人。）

編丁未二年。秋八月。建文帝入蜀。（程濟從。）

編冬十一月。皇子祁鎭生。（孫貴妃所出也。）

編以薛瑄爲監察御史。

義榮之罷其是數語

紀瑄山西人，幼穎悟，年十二作詩賦，監司奇之。稍長，讀周程張朱書，嘆曰：此道學正脉也。遂焚其所作詩賦，舉鄉試第一。登進士，至是授御史。內閣楊士奇等令人邀瑄，欲一識面。瑄曰：某忝糾劾之任，無相識之理。一日三相於班行中識之，曰：薛公見且不可得，況得而屈之乎。

編戊申三年，春二月，立皇子祁鎮為皇太子。

編廢皇后胡氏，立妃孫氏為皇后。

紀先是，上嘗召張輔、蹇義、夏原吉、楊士奇、楊榮諭之曰：朕年三十未有子，今幸貴妃生子。母以子貴。（公羊傳隱公元年：子以母貴，母以子貴。）古亦有之。但中宮宜何如處置。因舉中宮過失數事。榮曰：舉此廢之可也。上曰：廢后有故事否。義曰：宋仁宗降

郭后為仙妃。（事在明道二年。）上問輔、原吉、士奇何無言。士奇對曰：臣於帝后猶子事父母。今中宮母也，羣臣子也，子豈當議廢母。上問輔、原吉云何。二人依違其間，曰：此大事，容臣詳議以聞。上問此舉得不貽外議否。義曰：自古所有，何得議之。士奇曰：宋仁宗廢郭后，孔道輔、范仲淹率臺諫十數人入諫，被黜，至今史冊為貶。何謂無議。既退，明旦，上復召問士奇、榮。士奇對曰：漢光武廢后詔書曰異常之事，非國休福。（事在建武十七年。）宋仁宗廢后，後來甚悔。願陛下慎之。上不懌而罷。一日，獨召士奇至文華殿，屏（丙）左右，諭曰：若何處置為當。士奇因問中宮與貴妃若何。上曰：甚和睦，相親愛。中宮今病踰月矣，貴妃日往視慰，藉甚勤也。士奇曰：然則乘

略有委曲

今有疾而導之辭讓，則進退以禮，而恩眷不衰。上頷（點頭以應）之。數日，復召士奇曰：前爾說甚善。中宮果欣然辭。貴妃堅不受，太后亦尚未聽辭。然中宮辭甚力。士奇曰：若此，則願陛下待兩宮當均一。昔宋仁宗廢郭后，而待郭氏恩意加厚。上曰：然。吾不食言。其議遂定。敕皇后退居別宮，冊立孫氏為皇后。

編夏六月，出左都御史劉觀，以通政使顧佐為左都御史。

紀上罷朝，諭朝臣貪濁奈何。楊士奇曰：貪風始永樂末，今更甚。上問何如。對曰：太宗自十五六年，數（朔）疾不視朝，扈從之臣請託賄賂，公行無忌。楊榮曰：當是時，惟方賓有貪名。上即顧榮問今貪者誰甚。對曰：莫甚於劉觀。士奇曰：風

憲所以肅百僚，憲長如此，則不肖御史皆效之。御史奉巡四方，則不肖有司皆效之。上歎息曰：除惡務本。劉觀去，誰代觀者。士奇曰：通政使顧佐廉公有威。榮曰：佐為京尹，能禁防下吏，政清弊革。上喜曰：顧佐乃能如是。乃命觀巡閱河道，而以佐代之，尋下觀獄。

編秋八月，皇次子祁鈺生。

編帝親巡邊。

紀帝以秋高馬壯，欲親歷邊關，整飭武備。是月辛亥，駕至石門驛，守將奏報兀良哈率萬騎入塞。諸將請徵兵。帝曰：從此出喜峰口，路隘險，單騎乃可行。若候諸將並進，恐失事機。乃令軍士銜枚斂甲韜戈，馳四十里，昧爽至寬河，距

敵嘗二十里。敵望見以為戍兵。悉衆來戰。帝分鐵騎兩翼擊之。親射其前鋒三人殪之。兩翼飛矢如雨。繼而神機銃叠發。敵悉潰走。帝以數百騎直前。敵望見黃龍旗。始知帝親征也。悉下馬羅拜。請降。帝喜。以重陽節大饗軍士。甲子班師。

【編】九月。帝至自寬河。謁告太廟。朝皇太后。置酒上壽。

【紀】帝諭侍臣曰。孟冬廟享之期不遠。孔子言吾不與祭如不祭。遂還。

陳建曰。宣廟英武。亞於成祖。故平內難。芟外裔。躬親戎伍。如摧枯朽。由太孫時。嘗田獵講武。從成祖北征。習知用兵耳。然亦以去國初未遠。乘祖宗百戰之餘威。將士習於戎陣。戰勝攻克。固非偶然也。至正統之末。國家承平已久。英宗生長深宮。王振不知而欲效之。遂致蒙塵之禍。故建嘗謂正統土木之失。宣德此役誤之也。

明紀會通卷四　宣宗　宣德三年　書業德

【編】冬十月。建文帝遊漢中。今陝西漢中府。

【編】山西民饑。

【紀】流徙至南陽諸郡。不下十餘萬口。有司遣逐之。帝曰。民饑流徙。豈其得已。仁人君子所宜矜念。今乃驅逐使之失所。不仁甚矣。其遣官加意撫綏。發倉廩給之。隨所至居住。毋得捕治。

【編】十一月。棄開平。

【紀】文皇四出塞。皆道開平。嘗曰。守開平。則大寧與和遼東甘肅寧夏俱無虞矣。既而以大寧與兀良哈。而興和亦廢。至是從衛獨石。遂棄開平。蓋蹙國三百里云。

【編】己酉四年。春正月。建文帝至成都。今四川成都府。再宿而去。五月。帝還浪穹。

宣德初設鈔關

【編】夏五月。初設鈔關。大月。至鶴慶山中。

【編】冬十一月。千戶臧清棄市。

【紀】時有四告左都御史顧佐枉法者。上怒。召楊士奇楊榮諭曰。此必有重囚教之陷佐。因命法司窮治之。得千戶臧清殺無罪三人當死。教之誣告。上曰。不誅之。佐何以行事。立命磔。窄。裂尸也。清於市。

【編】庚戌五年。春正月。少保戶部尚書夏原吉卒。贈太師。謚忠靖。

【紀】原吉天性寬平。人無識與不識。皆稱為君子長者。呂震嘗在上前短原吉。柔奸震為子求官。上問原吉。原吉稱震有守城功。○陳瑄靖難。初欲殺原吉。原吉薦瑄才。總漕運

明紀會通卷四　宣宗　宣德四年五年　書業德

懽為。○吏壞所實古硯。匿不敢見。原吉名吏諭曰。物皆有壞。吾未嘗惜此。慰遣之。○在部。吏捧精微文書押之。因風為墨所汙。吏懼。肉袒以俟。原吉曰。汝何與焉。明日。袖至上前自咎不謹。被汙上命易之。○一時卿大夫雅量推原吉第一。嘗夜閱文卷。撫案歎息。欲下而止者再。其夫人問之。原吉曰。此歲終大辟闕奏也。吾筆一下。死生決矣。是以慘沮而筆不忍下也。○嘗與同列飲於他所。夜歸。值雪過禁門。有欲不下馬者。原吉曰。君子不以冥冥惰行。其敬慎如此。有古大臣之風焉。

林宗錫曰。蹇夏皆建文舊臣。澳顏事成祖仁宗宣宗三世。大兵屢興。未能止也。大刑濫及。未能正也。跡其

生平有餘無呼有可無否至於陳山諂稷師彰德之一人輒請從之史稱其善謀善斷吾不知其何說也。

（編）三月，帝謁長陵、獻陵。

（紀）時清明節，帝奉張太后謁二陵，還京師。道中見耕者，下馬從容詢其稼穡事，因取所執耒三推。耕者初不知爲帝也，中官語之，乃皆驚羅拜。帝曰：朕三舉耒已不勝勞，況常事此乎？人言勞苦莫如農，信也。命賜耕者人各鈔六十錠。已而道路所經農家，悉賜鈔如之。

（編）改江南民運爲兌運。

（編）頒寬恤之令。

（紀）帝謂士奇曰：今春已和，吾欲行寬恤之令，免災傷處稅糧。自是首事。聞民間虧欠畜馬驢騾，有司追償甚廹，民計無出，部官坐視不言。士奇曰：聖念及此，生民之幸也。各部惟知督責下民，而不顧民心之離，故一切民瘼蔽不以聞。今所當寬恤者，非止此兩事。帝曰：汝具言之。士奇曰：百姓積欠薪芻，及採辦買辦，皆當寬貸。蘇州官田起科太重，部下採辦買辦，不問出產。一槩濫派，年來刑獄多寃。四方工匠，悉徵在京，多役於所管之人家，俱宜查察豁免。帝立命草敕施行。

（編）夏四月，重修玉牒成。

林宗鍔曰：此尊祖敬宗，有天下者之大務。

（編）尚書黄福奏請河北屯田，帝下部議。

薛應旂曰：嘗因黄福之言，而有慨於西北諸處積荒之地，不但可屯田雜糧，雖江南之秔稻，亦可種也。山

明紀會通卷四　宣宗　宣德五年　三九　書業德

東通濟泗沂諸水，河南鑿汝蔡淮息諸渠，陜西通涇渭涇汩諸流，則西北之田皆秔稻矣。奈何經畫疆理，既無西門豹、鄭國之徒，而築舍道旁，又紛紛也。於是軍國之賦，盡仰給於東南，東南民力，烏得而不困哉。

況清天

（編）秋八月，以況鍾爲蘇州知府。

（紀）鍾，靖安今江西南昌府靖安縣。人，始爲吏胥，呂震薦其才，授儀制司郎中。至是大臣奏蘇州等九大郡煩劇難治，特選鍾等九人爲知府，賜以璽書，假便宜行事，馳驛赴任。鍾至蘇，初視事，陽爲木訥，胥有弊竇，輒默識之。通判趙忱肆謾侮，鍾亦不校。及期月，一旦宣敕召府中胥，悉前，大聲言某日某事某竊賄若干，某日某亦如之。羣胥駭服，不敢辨。立殺六人，肆諸市，復出屬官貪暴者五人，庸懦者十餘人，由是吏民震悚，蘇人稱之曰況青天。

宣德始各省設巡撫

（編）日當食不見。

（紀）日當食，以雨不見。胡濙等請賀，上曰：君子之過，如日月之食，過也人皆見之。今以雨不見，得非朕有隱過，與況雨蔽有限，京師不見，四方能無見乎？何得稱賀。

（編）九月，以于謙爲兵部侍郎，巡撫河南、山西；周忱爲工部侍郎，巡撫南直隸。

（紀）各省設巡撫始此。

（編）帝親巡邊。

（紀）車駕巡邊，駐蹕雷家站，登萬壽山，召學士楊士奇、楊榮、金幼孜、楊溥問曰：唐太宗過此，非征遼時乎？衆對曰：然。上曰：太宗恃其英武而勤遠略，此行所喪不少，帝王之鑒戒

明紀會通卷四　宣宗　宣德五年　四〇　書業德

也。又問此山崩於順帝時，人率謂元亡之徵，卿等以為何如。衆對曰：順帝自是亡國之主，雖山不崩，國亦亡。曰：此正合朕意。昔聖帝明王之世，未嘗無災異，大抵國之存亡，繫其君德之仁與不仁而已。戊子，回鑾。壬辰，車駕至京師。

迂儒不達時勢，動欲復古，讀宣宗之訓，可息紛紜。

【編】冬十二月，含譽星見。瑞星也。

【編】辛亥 六年春二月，建文帝往陝西。四月至延安，七月南行入蜀，九月至夔。

【編】令北直隸地方新開荒田永不起科。

【紀】上問侍臣曰：古之井田最為善政，後世何以終不能行？侍臣對曰：自秦開阡陌，富強者得以兼并，遂致因循。上曰：為國養民在有實惠，誠能省徭役，薄徵斂，重本抑末，便是養民，亦何必拘於古法。

【編】逮江西巡按御史陳祚下獄。

【紀】祚上疏勸上務帝王實學，退朝之暇，命儒臣講說真德秀大學衍義一書。宋理宗端平元年，真德秀上大學衍義，帝詔德秀進講。上覽疏怒曰：朕不講書，大學且不識，豈堪作天下主乎？命逮至京，并其家下錦衣衛獄，禁錮者五年。時上方以博綜經史自負，祚之指詞若上未嘗學問者，故怒不可解。

【編】秋七月，帝微行夜至少傅楊士奇家。

【紀】時上頗好微行。私出也。夜半，從四騎至士奇家，比出迎，上已入門立庭中。士奇俯伏地下，言：陛下奈何以宗廟社稷之身自輕？上笑曰：思見卿一言，故來耳。遂屏丙左右語，既竟，士奇叩頭曰：車駕今夕俯臨，外間必有知者，伏乞自此慎出，事變不測，當慮也。駕還宮，明日遣太監范弘問：車駕臨幸，曷不謝？對曰：至尊夜出，愚臣迨今中心惴慄未已，豈敢言謝。又數日，遣弘問：堯不微行乎？對曰：陛下恩澤豈能徧洽幽隱，萬一有怨夫寃卒，窺視竊發，誠不可無慮。後旬餘，錦衣衛獲二盜，嘗殺人，捕急，遂私約候駕之玉泉寺，挾弓矢伏道旁林叢中作亂。捕盜校尉變服如盜，入盜羣，盜不疑，以謀告，遂為所獲。上歎曰：士奇愛我。遣弘賜金綺。

【編】冬十二月，大學士金幼孜卒。贈少保，諡文靖。

【編】壬子 七年春正月辛酉朔，日食。

【編】建文帝入楚至公安。今湖廣荊州府公安縣。○五月至武昌，八月下九江，九月遊杭州吳山，十一月遊天台。

【編】夏六月，詔修各州縣廣濟倉。

【紀】巡按湖廣御史朱鑑上言：洪武間郡縣皆置東西南北四倉，以貯官穀，令富民守之。遇水旱饑饉，以貸貧民。今廒遂倉廢弛，贖穀罰金，有司皆掩為己有，深負朝廷仁民之意。上從其言，命違者從按察使監察御史劾奏。

【編】癸丑 八年春三月，廷試，賜曹鼐等進士及第有差。

【紀】鼐，真定人，中鄉試，授學正，自以年少不堪人師，辭，願就民職，改泰和典史。公餘進學不倦。久之，以督部工匠至京，疏乞會試，中第二。廷試義禹河洛象數，鼐對稱旨，遂擢狀元。

【編】秋八月，南海諸國獻麒麟者四。

編景星見。

編冬十一月，巡撫南直隸工部侍郎周忱奏定濟農倉之法。

紀令諸縣各設倉，擇縣官之廉公有威與民之賢者，司其籍。每歲種蒔時。○植也。之際，量給之，秋成還官。明年，江南大旱，諸郡發濟農米以賑貸，民不知饑。

編甲寅九年，夏五月，建文帝至吳江史彬家，程濟從。時彬已死，帝悲悼久之，復爲會稽之遊，八月還。

編冬十二月，夗剌使人朝貢，欲獻傳國璽，却之。

紀帝諭使臣曰：王克紹先志，遣人來朝，具見勤誠。所云得璽欲獻，朕觀前代傳世之久，歷年之遠，皆不繫此。王既得之，可留自用。

明紀會通卷四 宣宗 宣德九年十年 四十三 書業德

朱璘曰：明太祖以三事未了，遠出沙漠，其實止欲得傳國璽一事耳。乃宣宗曰：王既得之，可留自用。大哉王言，度越千古矣。

編有僧自陳修寺祝延聖壽，詔斥之。

紀上謂侍臣曰：人情莫不欲壽，古之人君若商中宗、高宗、祖甲、周文王，享國最久，其時豈有僧道神仙之說？秦皇、漢武求神仙，梁武帝、宋徽宗崇僧道，效驗可見，世人不悟，可歎也。

編乙卯十年，春正月，帝崩，太子祁鎮即位。

紀時年九歲，詔以明年爲正統元年。上不豫，百官朝皇太子於文華殿，翌日上崩，太子即位

編尊祖母張太后曰太皇太后，母孫皇后曰皇太后。

至論足省羣迷

編封弟祁鈺王爲郕王。

編命禮部尚書兼翰林院學士楊溥復入閣，參預機務。

編二月，建文帝往粵西。

編夏六月，葬景陵，謚章皇帝，廟號宣宗。

紀帝天資英暢，豁達大度，致孝莊宗，思賢求士，體敬大臣，元弼冢宰，不易一人。當是時，羣賢效用，百姓乂安，洵治平之政也。所嗛者棄交趾於荒外，廢胡后於長門，繫陳祚於犴狴，似爲微憾云。

楊溥復相

編少師蹇義卒。

紀蹇義歷事五朝，性乏骨骾，遇事脂韋，無所匡拂，時人方之唐之蘇模棱、宋之三旨宰相云。

明紀會通卷四 宣宗 宣德十年 四十四 書業德

傅維祖曰：卒蹇夏而不卒三楊，所以惡三楊也。王振之禍，三楊縱之也。

編秋七月，命司禮太監王振偕文武大臣閱武於將臺，振矯制以隆慶右衞指揮僉事紀廣爲都督僉事。

紀振，山西大同人，初侍上東宫，及即位，遂命掌司禮監，寵信之，呼爲先生而不名。振遂擅作威福。時輔臣方議開經筵，而振乃導上閱武將臺。臺在朝陽門外近郊。集京營及諸衞武職試騎射，殿去聲。顯最之。紀廣者，嘗以衞卒守居庸，往投振門，大見親暱，遂奏廣第一，超擢之。宦官專政自此始。○太皇太后嘗御便殿，英國公張輔、大學士楊士奇、楊榮、楊溥、尚書胡濙被旨入朝，上東立，太皇太后顧上曰：此五人，先朝所簡遺皇帝者，有行必與之計，非五人贊成，不可行也。上

宦官用事自此始，土木之禍兆於此

受命。有頃，宣太監王振。振至，俯伏。太皇太后顔色頓異，曰：汝侍皇帝起居多不律。今當賜汝死。上跪爲之請，諸大臣皆跪。太皇太后曰：皇帝年少，豈知此輩禍人家國。我聽皇帝，暨諸大臣貸振。此後不可令干國事也。

傅維祖曰：是時帝齡纔九歲耳。九歲之人，烏能卽絜泰阿而授之舊人。吾疑爾時啟閹寺之禍者，不當專責中人矣。

綱鑑會通明紀卷五

海陵後學陳志襄陶思輯錄

明紀

英宗睿皇帝名祁鎮，宣宗太子。在位十四年。北狩。景泰元年還，居南宮。景泰八年復辟。又在位八年。壽三十八歲而崩。

編 丙辰 英宗皇帝正統元年，春正月，詔開經筵。大學士楊士奇、楊榮、楊溥知經筵事。

編 考功郎中李茂弘致仕。茂弘見微知著

紀 時王振用事，茂弘以君臣之情不通，經筵進講不過應故事以飾太平，而睽隔蒙蔽，未必無意外之虞也，遂抗章致仕去。

郭彥博曰：君臣之情通，洪、永、洪、宣之所以興也。君臣之情不通，嘉、萬、啟、禎之所以亾也。一語已盡，有明全局。

編 夏四月，始設提學。正統始設提學 南北兩京，御史各一員，各省副使或僉事一員，專敕責成提督學政，不許撫按侵越。

編 秋八月，建文帝還至滇。卜築舊日之浪穹。

編 冬十月，帝閱武於將臺。

紀 命諸將騎射，以三矢爲率。受命者萬騎，惟駙都尉井源彎弓躍馬，三發三中。上大喜，撤上尊賜之。觀者皆曰：往年王太監閱武紀廣，驟陞今天子自來，顧一杯酒耶。井源，邢臺人。

編 丁巳 二年，春二月，詔宋儒胡安國、蔡沉、眞德秀從祀孔子廟

東楊之說。固是因勢利導。然所用皆庸懦之人。遂釀成

庸人馬愉曹鼐入閣

庭

編 夏六月。京師旱。

編 戊午 三年。秋七月。建文帝復往粵西。

編 己未 四年。春三月。加蘇州府知府况鍾秩正三品。仍知府事。

紀 鍾考滿當代。軍民詣闕留者數萬人。詔陞鍾俸。令復任。楊士奇贈以詩云。十年不愧趙清獻。宋趙抃。謚清獻。仁宗朝知成都府。以一琴一鶴自隨。七邑重逢張益州。宋張詠。太宗朝知益州。恩威並用。蜀民畏而愛之。後徙永興軍。真宗朝復自永興徙知益州。民聞詠再至。皆鼓舞相慶。○况鍾。靖安人。

編 庚申 五年。春三月。建文帝同寓僧詣思恩知州岑瑛。自稱建文帝。僧及建文帝被執赴京師。

紀 建文帝好文章。能爲詩歌。至是出亡。蓋三十九年矣。會

明紀會通卷五　英宗 正統三年四年五年　二　書業德

有同寓僧者。竊帝詩。自謂建文帝。詣思恩。今廣西思恩軍民府。知州岑瑛。大言曰。吾建文皇帝也。瑛大駭。聞之藩司。因繫僧并及建文帝。飛章以聞。詔械入京師。程濟從。

編 命侍講學士馬愉。侍講曹鼐。泰。並直內閣。蛤 機務。

紀 先是。王振語。去聲。楊士奇曰。朝廷事。賴三位老先生。謂士奇及楊榮楊溥。然三公亦高年倦勤矣。後當何如。士奇曰。老臣當盡瘁報國。死而後已。楊榮曰。先生安得爲此言。吾輩老。無能效力。當以人事君耳。振喜。越日。卽薦曹鼐。苗衷。陳循。高穀等。遂次第擢用。士奇因尤榮。榮曰。彼厭吾輩。吾輩縱自立。彼能容已乎。一旦。內中出片紙。命某某入閣。則吾輩束手矣。今四人竟是我輩人。何傷也。士奇是其言。馬愉。臨朐人。苗衷。定遠人。

宦官大禍

楊榮卒

建文帝至京師

與妾名松壽者[illegible]有趣

陳循。江西廬陵人。高穀。興化人。

編 旌義民周怡等。復其家。

紀 吉安民周怡等。各出粟一千石賑饑。時謂之吉安義民十三家。朝廷旌表。復役。令各建書樓。以彰恩寵。

編 秋七月。少師大學士楊榮卒。謚文敏。人稱東楊。

編 九月。僧及建文帝至京師。

紀 命御史廷鞫。菊。之。僧稱年九十餘。且死。思葬祖父陵旁耳。御史言建文君生洪武十年。距正統五年。當六十四歲。何得九十歲。廉。察也。其狀。僧實楊應祥。鈞州。今河南開封府禹州。白沙里人。奏上。僧論死。下錦衣獄。建文帝白其實。御史密以聞。闕吳亮老矣。逮事建文帝。乃令探之。建文帝見亮。輒曰。汝

明紀會通卷五　英宗 正統五年　三　書業德

非吳亮耶。亮曰。非也。建文帝曰。吾昔御便殿。汝尙食。食子鵝。棄片肉於地。汝手執壺。據地狗餂。泰 之。乃云非是耶。亮伏地哭。建文帝左趾有黑子。摩視之。持其踵。復哭。不能仰視。退而自經。於是迎建文帝入西內。程濟聞之。嘆曰。今日方終臣職矣。往雲南焚菴。散其徒。建文帝既入宮。宮中人皆呼爲老佛。以壽終。葬西山下。封其樹。

編 辛酉 六年。春正月。己亥朔。日食。

編 夏四月。太監王振矯詔。以工部郎中王佑爲工部右侍郎。

紀 振既弄權。佑以諂媚超擢。與兵部侍郎徐晞。極意逢迎之。佑貌美而無鬚。善伺候振顏色。一日。振問曰。王侍郎何無鬚。對曰。老爺所無。兒安敢有。聞者鄙之。徐晞。江陰人。

如此昏儒那無土木之禍

編秋八月。召山東提學僉事薛瑄。爲大理寺左少卿。

紀初王振問楊士奇曰。吾鄉人誰可大用者。士奇薦瑄。乃有是召。瑄至京朝見。不謁振。振至閣（蛤）下。問何不見薛少卿。二楊（士奇楊溥）爲謝振。知李賢素與瑄厚。召至閣下。令致己意。賢至朝房與瑄言。瑄曰。厚德（李賢字）亦爲是言乎。拜爵公朝。謝恩私室。吾不爲也。久之振知其意。亦不復問。一日會議東閣。公卿見振皆拜。一人獨立。振知其爲瑄也。先揖之。且告罪。然自是益深銜（銜恨也）之。○（李賢鄧州人。）

編定都北京。大赦天下。

編冬十月。作奉天謹身華蓋三殿成。

紀三殿工成。宴百官。故事宦者雖寵。不得預王庭宴。是日上使人視王先生何爲。振方大怒曰。周公輔成王。我獨不可一坐乎。使以聞。上爲蹙然。乃命東華開中門。聽振出入。振至問故。曰詔命也。至門外。百官皆望風拜。振悅。

編（壬戌）七年。夏六月。少保工部尙書吳中卒。（謚榮襄。）

紀中以國子生累官至尙書。性貪鄙。其妻甚嚴正。一日迎誥。其妻呼子宜之。問曰。此誥詞是主上自言耶。是翰林代草耶。曰亦翰林代草耳。嘆曰。翰林先生果不虛妄。吳中一篇誥文。止說他生平爲人。何嘗有清廉二字。中聞之。雖恚（恚○恨也）强笑容而已。

編以禮部侍郎王直。爲吏部尙書。（王直太和人。）

編冬十月。太皇太后張氏崩。

紀初宣宗崩。上冲年踐祚。事皆白太后。然後行。委用三楊（士奇榮溥）政歸臺閣。每數日。太后必遣中官入閣。問施行何事。具以聞。或王振自斷。不付閣議者。必立召振責之。太后既崩。振亦無所憚矣。○初太后大漸。召內閣諸臣至榻前。問朝廷尙有何大事未辦者。楊士奇對曰。有二事。其一建文君雖已滅。曾臨御四年。當命史官修其一朝實錄。仍用建文年號。其二方孝孺已誅。文皇帝詔收其片言隻字者論死。乞弛其禁。太后頷之。未及行而崩。

編太監振盜去禁碑。

紀初太祖置鐵碑於宮門內。內鑄內臣不得干預政事八字。王振惡而去之。

編（癸亥）八年。夏四月。雷震奉天殿鴟吻。（刎）詔求直言。下侍講劉球獄殺之。

紀球素爲王振所憾。錦衣指揮彭德清。球鄉人也。往來振門用事。公卿率趨謁。球獨不爲禮。德清銜之。至是球應詔上言十事。德清乃激振曰。公知之乎。劉侍講疏之三章。（言別賢否以清正士）蓋訕公也。振怒。欲置之死。會編修董璘自陳願爲太常。而球疏有太常不可用道士。宜易儒臣語。乃逮璘及球俱下獄。振卽令其黨錦衣衛指揮馬順以計殺球。一夕五更。順獨攜一校推獄門入。球與璘同臥。小校前持球。球知不免。大呼曰。死訴太祖太宗。校持刀斷（短）球頸。流血被體。屹（銀入聲）立不動。董璘從旁竊其血裙。璘得釋。（董璘高郵人。）

閱史至劉球薛瑄李時勉之禍方知見茂弘李幾致仕爲高識

編 下大理寺少卿薛瑄獄。尋除名，放歸田里。

紀 瑄素不爲振屈，振銜之。會有武吏病死，其妾有色，振姪山欲奪之，妻持不可。妾因誣告妻毒其夫，都御史王文究問已誣服，瑄辨其冤，屢駁還之。文諂事振，譖之，振嗾御史劾瑄受賄，故出人罪，廷鞫竟坐以死，下獄。瑄怡然曰：辨冤獲罪，死何愧焉。在獄讀易以自娛。○初瑄既論死，子淳等三人請一人代死，二人戍恕，贖父罪，不許。將決，振老僕泣於爨下，振問之曰：薛少卿不免，是以泣。曰：何以知之？曰：鄉人也。因述其平生，振少解。會侍郎王偉申救之，得免死，除名，放歸田里。王文，束鹿人。

編 瓦剌太師順寧王脫歡卒，子也先嗣。

明紀會通卷五　英宗　正統八年　六　書業德

紀 自脫歡并吞諸郡，勢浸强盛，至也先益橫，屢犯塞北邊，境自此多事。

編 秋八月，王振枷祭酒李時勉於國子監門，尋釋之。

紀 振嘗詣監，銜恨也。時勉無加禮，令人廉察也其事，無所得。彝倫堂有古樹，故許衡號魯齋，元世祖朝官至集賢大學士，兼國子祭酒。所植也。時勉嫌其陰翳，妨諸生班列，稍命伐其旁枝，振遂誣以伐官木私家用，矯旨令荷校枷也敎。○肆諸成均五帝太學之名，監生石大用乞以身代，號哭奔走闕下，上疏求解者數千人。會昌伯孫繼宗言於孫太后，太后爲上言之，始知振所爲也，命立釋之。○時南國子監祭酒陳敬宗，九載考績至京，王振素慕敬宗名，托巡撫周忱往道其欲見之意，敬宗辭。他日

楊士奇卒　陳循入閣　商輅三元

乃遣彩緞羊酒，求書程子四箴，希彼往謝。敬宗爲走筆書之，而反其禮幣，竟不一見。十八年不得遷。陳敬宗，慈谿人。

編 立妃錢氏爲皇后。

編 甲子 九年，春正月，新建太學成，帝臨視，祗謁先聖，行釋奠禮。

紀 先是太學猶因元陋，吏部主事李賢上言：國家建都北京以來，所廢弛者莫甚於太學，所創新者莫多於佛寺。舉措如是，可謂舛矣。若重修太學，雖極壯麗，不過一佛寺之費。請及時修舉，以致養賢及民之效。從之，至是成。

編 三月，少師兵部尚書兼華蓋殿大學士楊士奇卒。贈太師，謚文貞。人稱西楊。

編 夏四月，以翰林院學士陳循直文淵閣，與機務。

明紀會通卷五　英宗　正統九年　十年　十一年　七　書業德

編 乙丑 十年，春三月，廷試，賜商輅等及第。

紀 輅，浙江人，宋朝舉三元者三人馮京、宋庠、王曾，而明朝止輅一人。先是文運獨盛於江西，故有翰林多吉水，朝內半江西之謠。至是浙省始盛，江西稍不逮矣。商輅，淳安縣人。

編 丙寅 十一年，春三月，貶巡撫山西河南兵部侍郎于謙爲大理寺少卿，尋復巡撫。

紀 謙撫梁河南晉山西十餘年，懼盈滿，舉參政孫原貞、王來自代。時王振方用事，謙每入京，未嘗持一物交當路，又御史有姓名類謙者，嘗忤振，振意以爲謙，嗾言官劾之，罷爲大理少卿。二省民倍道赴闕乞留，親藩亦以不可無謙請，乃復命巡撫。孫原貞，德興人。王來，慈谿人。

楊溥卒　寘心求賢　不愧知己　一尋字多少含蓄

編秋七月，少師禮部尚書兼武英殿大學士楊溥卒。（贈太師，諡文定。人稱南楊。）

紀文定在內閣時，其子來自石首，備言所過州縣官迎送饋遺之勤，惟江陵知縣范理頗不為禮。溥聞而異之，後廉知其賢，即薦知德安府，尋擢貴州布政使。或勸理宜致書謝，理曰：宰相為朝廷用人，非私於理。聞溥卒，乃祭而哭之，以謝知己。二公可謂兩賢。（范理，天台人。）

編丁卯十二年春正月，巡撫宣大（宣府、大同）僉都御史羅亨信奏請增置城衛以備邊，不報。

紀亨信上言：瓦剌也先專候釁端，圖入寇，宜預於直北要害（在我為要，在彼為害）增置城衛土城備之。不然，恐貽大患。奏聞，兵部尚書鄺埜畏王振，不敢主議，遂寢不行。（羅亨信，東莞人。鄺埜，湖廣宜章人。）

編以于謙為兵部侍郎。

編以都督僉事石亨為左參將，守萬全。（今宣府萬全衛。）

編戊辰十三年春二月，修大興隆寺。

編三月，廷試，賜彭時、陳鑑、岳正等及第。

紀狀元彭時謝恩之日，失朝，糾儀御史奏令錦衣衛拿。已得旨，胡濙奏：彭時不到，合著錦衣衛尋。上是之，得免拘執。人謂濙得大體。（彭時，江西安福人。岳正，漷縣人。）

編己巳十四年春二月，瓦剌也先遣使進馬。

紀也先遣使二千餘人進馬，詐稱三千人。王振怒其詐，減去馬價，使回報，遂失和好。（去聲）先是，也先遣人入貢，通事輩利其賄，告以中國虛實。也先求結婚，通事私許之，朝廷不知也。至是貢馬，曰此聘禮也。答詔無許婚意，也先益愧忿，謀寇大同。（今山西大同府。）

知許災異全不知省

編夏六月，謹身、奉天、華蓋三殿復災。

紀丙辰夜，雷電大震，風雨驟作，謹身殿火起，延奉天、華蓋二殿，奉天諸門皆燬。自王振擅權，災異疊見，振略不警畏，狠恣愈甚，且諱言天變。時浙江紹興山移於平地，官不敢聞。又地動，白毛遍生。奏入不省。陝西二處山崩，山移有聲，三日不絕，移三里，不敢詳奏。黃河改往東流於海，淹沒人家千餘戶。又振宅新起未踰時，一火而盡。南京宮殿火。是夜大雨，殿基上荊棘二尺高，始下詔赦天下。

編秋七月，熒惑入南斗。

編瓦剌也先大舉入寇，帝下詔親征。

紀也先圖犯邊，其勢甚張，侍講徐珵（澄）語其友劉溥曰：禍不遠矣。亟命妻子南歸，皆重遷有難色，珵怒曰：爾不急去，不欲作中國婦耶？乃行。八日，也先大舉入寇，兵鋒甚銳。大同兵失利，塞外城堡所至陷沒，邊報日至，乃遣駙馬都尉井源等四將，各率兵萬人出禦之。源等既行，王振勸上親征，從之。（徐珵，即有貞，吳縣人。）

編車駕發京師，命弟郕王祁鈺居守。

紀親征命下二日即行，事出倉卒，（猝）舉朝震駭。命太師英國公張輔、太師成國公朱勇，朱能子。率師以從。戶部尚書王佐、兵部尚書鄺埜、學士曹鼐、張益等扈。戶征。吏部尚書王直及大小羣臣伏闕懇留，不允。命太監金英輔郕王居守。遂偕王振并官軍五十餘萬人出居庸關。在直隸順天府城北。過懷來、城名，在宣府。至宣府。未至大同，兵士已乏糧，僵尸滿路。寇亦佯避誘師深入。王佐，海豐人。張益，江寧人。

【編】八月，車駕至大同，下詔班師。

【紀】師至大同，王振又欲進兵北行。欽天監正彭德清斥振曰：「象緯示警，不可復前。若有疎虞，陷乘輿於草莽，誰執其咎？」曹鼐曰：「臣子固不足惜，主上係天下安危，豈可輕進？」振怒曰：「倘有此，亦天命也。」於是井源等報敗踵至。會暮，復有黑雲如繖，傘本字。罩營，雷雨大作，振惡之。會前軍西寧侯朱瑛、武進伯朱冕全軍覆沒，鎮守大同中官郭敬密言於振，其勢決不可行，振始有還意。明日班師。

【編】車駕至土木，大軍與兀剌兵戰，敗績，帝被擁以去。

【紀】大同總兵郭登告曹鼐等：車駕入，宜從紫荊關，入大同府。在大同府廣昌縣。庶保無虞。王振不聽。振，蔚州屬大同府。人，因欲邀駕幸其第。既又恐損其禾稼，行四十里，復轉而東，還至狼山。追騎且及，庚申，遣朱勇等率三萬騎禦之。勇進軍鷂兒嶺，敵於山兩翼邀阻夾攻，殺掠殆盡。是日，駕至土木，日尚未晡，補平聲。去懷來二十里，衆欲入保懷來，以王振輜重載衣物車。千餘兩未至，留待之。鄺埜再上章，請車駕疾馳入關，而嚴兵爲

殿。補殿去聲。不報。又詣行殿力請，振怒曰：「腐儒安知兵事！」遂駐土木。旁無水泉，又當敵衝。辛酉，欲行，敵已逼，不敢動。人馬不飲水已二日，飢渴之甚，掘地深二丈，不得水。也先分道自土木傍麻谷口入，守口都指揮郭懋拒戰終夜，敵益增。壬戌，敵遣使持書來，以和爲言。上遂召曹鼐草敕與和，遣二通事與北使偕去。振急傳令移營南行。未三四里，敵復四面攻圍，兵士爭先奔逸，勢不能止。敵奮長刀以砍，坎大軍，大呼解甲投戈者不殺。衆裸袒相蹈藉，死蔽野塞川。宦侍虎賁矢被體如蝟，位。獸類，徧身有刺，如栗房。上與親兵乘馬突圍不得出，被擁以去。張輔、鄺埜、王佐、曹鼐、張益而下數百人皆死。初，師既敗，上乃下馬盤膝面南坐。有一敵將索衣甲，不與，欲加害。其兄來曰：「此非凡人，舉動自別。」擁出雷家站，斬去聲。見也先之弟賽刊王。上問曰：「子其也先乎？其伯顏帖木兒乎？賽刊王乎？大同王乎？」賽刊王聞語大驚，馳見也先曰：「部下獲一人甚異，得非大明天子乎？」也先乃召使中國二人問是否，二人見大驚曰：「是也。」也先喜曰：「我常告天求大元一統天下，今果有此勝。」問衆何以爲計，其中一人名乃公，大言曰：「天以仇賜我，不如殺之。」伯顏帖木兒大怒，呼也先爲那顏。那顏者，華言大人也。「安用此人在旁！」摧其面曰：「去！」因力言：「兩軍交戰，人馬必中刀箭，或踐傷壓死。今大明皇帝獨不踐壓，中刀箭，而問那顏，問我等無驚恐怨怒。我等久受大明皇帝厚恩賞，雖天有怒，推而棄之地下，

而未嘗死之我等何反天那顏若遣使告中國迎返天子那顏不有萬世好男子名乎眾皆曰者猶華言然也於是也先以上送伯顏帖木兒營令護之報至京師皇太后遣使齎重寶文綺載以八騎皇后錢氏盡括宮中物佐之詣也先營請還車駕不報 郭登臨淮人

編 皇太后詔立皇長子見深為皇太子 時年二歲 命郕王為輔代總國政

王振伏誅

編 籍王振家族誅之

紀 帝之北狩也護衛將軍樊忠從帝旁以所持棰棰死振曰吾為天下誅此賊遂突圍殺數十人死之至是廷臣請族誅振振所親馬順及王毛二侍一時被擊死都御史陳鎰奉郕王令旨籍其家并振從子山臠 戀上聲切肉塊也 於市族屬無少長皆斬振家當京城內外凡數處重堂邃 歲 閣擬於宸宮器服綺麗尚方不逮玉盤百面珊瑚高六七尺者二十餘株金銀六十餘庫幣帛珠寶無算 陳鎰吳縣人

編 皇太后以于謙為兵部尚書

編 也先擁帝至大同尋復擁帝去

紀 也先擁帝至大同城下索金幣約賂至即歸帝都督郭登閉門不納帝傳旨曰朕與登有姻婭何外朕若此登遣人傳奏曰臣奉命守城不敢擅啓閉隨侍校尉袁彬以頭觸門大呼於是廣寧伯劉安等括公私金銀共萬餘兩出迎駕既獻復不應初也先來索賂郭登曰此紿 臺上聲欺也 ○我

耳莫若以計伐其謀劫營奪駕入城此為上策乃謀以壯士七十餘人餉之食令奮前執其弓矢因擁帝還會有沮者既淹久寇覺驚擾而去也先擁帝道宣府總兵楊洪閉城門不出事聞逮洪繫詔獄帝出塞過貓兒莊九十海子歷蘇武廟李陵碑至黑松林也先營在焉帝始入也先營也先屢欲謀害會夜大雷雨震死也先所乘馬謀乃止且加禮焉袁彬侍左右頗知書性警敏又有哈銘者先隨使臣吳良羈 雞 留在北至是亦與彬同侍又有衛沙狐狸者亦隨上至漠北 沙漠之北北方流沙曰漠 供薪水勞苦備至○上既陷北營令袁彬出帳房外窺視但見赤光罩定御帳雪夜令人行刺其人見一大蟒蛇遶護帳外畏怖而去自是稍加敬禮 袁彬新昌人楊洪六合人

編 皇太后命郕王即帝位羣臣奉表勸進

紀 太后遣太監金英傳旨皇太子幼沖郕王宜早正大位以安國家時議者以時方多故人心危疑思得長君以弭禍亂於是文武羣臣交章勸進 勸勉進上尊號也 王再辭讓眾請遵太后命允之遂擇日行禮

郭彥博曰 事有經有權苟廟社無警先帝賓天則憲宗雖在襁褓之中而郕王不得奪之位此理之正也經也今則不然英宗被執社稷之不血食者幾希苟國無主必至長驅京城而復主以呱呱黃口之兒何足以維持大事故景帝之即正亦理之正也權也不得以後黎淳一疏而遂疑景帝之不當立也

編 九月也先遣使來

紀 使言欲送帝還京師使還以金百兩銀二百兩綵幣二

百四賜也先

編郕王即皇帝位。遙尊帝爲太上皇。詔赦天下。改明年爲景泰元年。

編也先復遣使致書。

紀也先書辭悖慢。兵部尚書于謙見上泣言曰。寇賊不道。勢將長驅深入。不可不預爲計。邇者各營精銳盡遣隨征宜急遣官分設召募。京師九門。宜用都督統領。通州（屬順天府）壩上倉糧。不可捐棄以資寇。令在官者悉詣關支。准爲月糧之數。庶幾兩得。上嘉納之。

編以陳循爲戶部尚書。高穀爲工部尚書。

編出楊洪石亨于詔獄。命洪仍守宣府。亨總京師兵馬。

紀亨有威望。方面鉅軀。鬚垂至膝。初協守萬全。（上見）坐不救乘輿。械繫召獄。至是以于謙言赦出之。使總京營兵馬。贖罪。

編冬十月。也先挾上皇與可汗脫脫不花寇紫荊關。京師戒嚴。

紀先是太監喜寧。故韃靼也。土木之敗。降於也先。盡以中國虛實告之。爲彼嚮道。奉上皇入寇。七日至大同城下。守臣郭登曰。賴天地祖宗之靈。國有君矣。也先知有備不攻去。九日至廣昌。破紫荊關。朝野洶洶。人無固志。侍講徐珵方有時名。亦銳意功業。太監金英召珵問計。珵曰。驗之星象曆數。天命已去。請幸南京。英叱之。令人扶出。明日。于謙

不難在智難在膽

上疏抗言。京師天下根本。宗廟社稷陵寢百官萬姓。帑藏倉儲咸在。若一動則大勢盡去。宋南渡之事可鑒也。珵妄言當斬。金英宣言於衆曰。死則君臣同死。有以遷都爲言者。上命必誅之。乃出榜告諭。固守之議始決。謙聞寇迫關思各處芻粟數萬計。恐爲敵資。急遣使焚之。然後奏聞。或請姑待報。謙曰。寇在目前。若少緩。彼將據之。適以齎（齎平聲）盜糧耳。獨不見宋牟駝（陀）岡事乎。（宋欽宗靖康元年。金斡離不軍抵汴城。據牟駝岡。積粟盡爲所得。）衆皆是之。

陳建曰。鑾輿北狩。人心張皇。而金英興安。獨能靜以鎮之。屹然如山。不震不聳。惟輔其君以選將練兵。委任于謙石亨以戰守之務。不可以宦者而沒其善也。當是時。非有二人以固帝志於內。則外雖有百于謙。其如之何。

編也先軍圍京師。石亨等擊却之。也先北遁。

紀也先長驅至京城西北關外。命石亨等軍於城北。于謙督其軍。都督孫鏜（湯）軍於城西。刑部侍郎江淵參其軍。皆背（如字）城而陳。以交阯舊將王通爲都督。與御史楊善守城。謙率先士卒。躬擐（患）甲胄。出營德勝門。以示必死。泣以忠義諭三軍。人人感奮。勇氣百倍。喜寧嗾（藪）也先遣使來議和。索大臣出迎駕。衆莫敢出。乃以通政參議王復爲禮部侍郎。中書舍人趙榮爲鴻臚寺卿。出朝上皇於土地廟也先伯顏帖木兒擐甲持弓矢侍上皇。復等見上皇進書敕。也先曰。爾皆小官。急令王直胡濙于謙石亨來。上皇諭復榮曰。彼無善意。汝等宜急去。二人辭歸。寇益四出剽（票）。〇（截也）掠。攻城益急。既而宣府楊洪援兵至。軍聲大振。時諸軍

二十二萬列城下。寇見大軍盛而嚴，不敢輕犯。石亨出安定門，與其從子彪持巨斧突入敵中，堅所向披靡。（震懼貌。）敵却而西，亨追戰城西，復却而南，彪率精兵千人誘寇至彰義門，寇見彪兵少，逼之。亨率衆乘之，寇敗走。神機營都督范廣以飛鎗火箭殺傷甚衆。於是也先氣稍沮，于謙使諜（諜○令諜之細作）知上皇移駕遠，命石亨等夜舉火大砲擊其營，死者萬人。也先以上皇北遁，脫脫不花聞之，遂不敢入關，亦遁。（孫鏜，康勝人。江淵，江津人。）

〔編〕十一月，京師解嚴。（整兵曰戒嚴，罷兵曰解嚴。）楊洪等班師還京。封洪昌平侯，石亨武清侯，加于謙少保，總督軍務。謙固辭，不許。

〔編〕伯顏帖木兒妻令侍女迎上皇駕。尋值聖節，也先上壽。

〔紀〕上皇北至小黃河蘇武廟，伯顏帖木兒妻阿捷剌阿哈剌令侍女設帳迎駕，宰羊遞杯進膳。尋值聖節，也先上壽，進蟒衣貂裘筵宴。哈銘、袁彬常宿御寢傍，天寒甚，每夜上皇令彬以兩脇溫足。一日晨起，謂銘曰：汝夜手壓我胸，我俟汝醒乃下手。因言光武與子陵共臥事。銘頓首。上皇夜出帳房仰觀天象，指示二人曰：天意有在，我終當歸也。上皇使哈銘致意伯顏妻，令勸伯顏送還朝。妻曰：我婦人，何能爲？然官人洗濯，我侍巾帨（稅），亦當進一言。銘時時設喻慰上皇，勿憂或成疾。

〔編〕十二月，尊皇太后孫氏曰上聖皇太后，生母吳氏曰皇太后，立妃汪氏爲皇后。

景皇帝（名祁鈺，宣宗第二子，初封郕王。英宗北狩，奉皇太后命即帝位，在位七年而崩。）

〔編〕庚午 景皇帝景泰元年，春正月，上皇書至，索大臣來迎。

〔紀〕上命公卿集議，廷臣因奏請遣官使北賀節，進冬衣。上謂必能識太上皇帝者，始可行。羣臣懼，謝罪，事遂寢。

〔編〕瓦剌兵入朔州（屬山西大同府），大同總兵郭登擊走之。

〔紀〕登以八百騎破寇數千，追奔四十里，奪回人口牛馬軍器以萬計。捷聞，進封登定襄伯。

〔編〕二月，叛臣喜寧伏誅。

〔紀〕寧教也先擾邊，且不欲送上皇還。上皇深惡之。寧又忌袁彬，誘彬出營，將殺之，上皇急救之，乃免。彬與上皇謀，遣寧傳命入京，令軍士高磐與俱，密書繫（計）磐髀（彼○股骨）間，令

至宣府，與總兵等官計擒之。既至宣府，參將楊俊出與寧飲城下，磐抱寧大呼，俊縱兵遂縛寧送京，誅之。也先聞寧誅，與賽刊王等分道入寇。

〔編〕大同參將許貴請遣使與瓦剌脩好，不許。

〔紀〕貴請遣使腆（忝○厚也）幣以款寇兵，而徐爲討伐計。于謙曰：前者固非不遣使，都指揮季鐸、指揮岳謙遣，而寇騎已至關口。通政王復、少卿趙榮遣，而不獲徵太上一信。其狡焉侮我而齕（痕入聲○齧也）我，何似而可言和？況也先不共戴天仇也，理固不可和。萬一和而彼遂肆無厭之求，從之則坐斃，不從則生變，勢亦不可和。貴介（甲）冑之臣，而委靡退怯，法當誅。是時上任謙方專，疏既入，於是邊將人人言戰守也。

良謀妙論。惜英宗不悟。至于謙之寃死也。

先不得挾重相恫喝。抱空名不義之質。注始謀歸太上矣。

王鏊曰。此鄭公孫申之謀也。魯成公時。晉人執鄭伯。公孫申曰。我出師以圍許。爲將改立君者。晉必歸君。故鄭人圍許。示晉不急君也。晉欒武子曰。鄭人立君。我執一人焉何益。不如伐鄭。而歸其君以求成。於是諸侯伐鄭。鄭伯歸。

湯斌曰。己巳之變。社稷危而復安。實于謙之功也。當也先擁上皇諭下大同。郭登登陴謝曰。賴天地宗廟之靈。國有君矣。嗚呼。彼方挾上皇爲奇貨。多方以脇我。而我漠然應之。示留之無益。於是彼之氣屈。而我奉迎之說行。謀誠偉矣。不然。和議一行。大勢爲所牽制。國威不可復振。鑾輿不可復返。其不至爲南宋也幾希。

〔編〕秋七月。也先遣其參政完者脫歡等。齎書來請和。詔遣禮部右侍郎李實等。齎敕報之。

〔紀〕也先以和議不成。俾其知樞密院阿剌爲書。遣完者脫歡等五人至京師請和。禮部會議尚書胡濙等。奏奉迎上

明紀會通卷五　代宗　景泰元年　十八　書業德

宋高宗祇緣貪位一念。遂置父兄度外。

皇。上不允。次日。上御文華殿。召文武羣臣諭曰。朝廷因通和壞怪事。欲與寇絕。而卿等屢以爲言何也。吏部尚書王直對曰。上皇蒙塵。理宜迎復。乞必遣使。勿使有他日之悔。上不懌曰。我非貪此位。而卿等强樹焉。今復作紛紜何。衆不知所對。于謙從容曰。大位已定。孰敢他議。荅使者冀以舒邊患。得爲備耳。上意始釋。曰從汝從汝。言已即退。羣臣出文華門。太監興安傳呼曰。孰堪使者。有文天祥宋恭宗朝。元伯顏軍逼京城。太皇太后遣使奉璽以降。伯顏欲執政面議。太后乃以天祥爲右丞相。兼樞密使。如元軍。被執。富弼宋仁宗朝。契丹主耶律宗真遣使來求關南之地。進富弼樞密直學士。齎書報之。乎。衆未荅。王直面赤厲聲曰。是何言。臣等惟皇上使。誰敢勿行者。安語塞。入復。時李實任禮科都給事中。上命安傳旨欲遣之。對

曰。實不才。然朝廷多事。安敢辭。安入復命。遂以李實爲禮部右侍郎。充正使。羅綺爲大理寺少卿。充副使。馬顯授指揮使爲通事。齎璽書以行。時閤蛤臣及府部諸臣。承上意。止言息兵講和。不及迎復上皇意。實等遂偕完者脫歡北行。

〔編〕李實等辭歸。

〔紀〕實等至也先營。地名失八秃兒。既見也先。讀璽書畢。乃引見上皇。上皇居伯顏帖木兒營。所居氈毳（吹去聲）帳。服食飲皆羶（扇平聲○羊臭）酪（洛○乳漿）。牛車一乘。爲移營之具。左右惟校尉袁彬、哈銘侍。實等見上皇泣。上皇亦泣。上皇曰。朕非爲遊畋而出。所以陷此者。王振也。因問太后皇上皇后俱

明紀會通卷五　代宗　景泰元年　十九　書業德

無恙。又問二三大臣。上皇曰。也先欲歸我。卿歸報朝廷。善圖之。實等因問上皇居此。亦思舊所享錦衣玉食否。又問何以寵王振至此致亡國。上皇曰。朕不能燭姦。然振未敗時。羣臣無肯言者。今日皆歸罪於我。日暮。實等歸宿也先營。酌酒相待。也先曰。南朝我之世仇。今天使皇帝入我國。我不敢慢。南朝若獲我。肯留至今日乎。又言皇帝在此。吾輩無所用之。每遣使南朝。令來迎。竟不至何也。實等反覆譬曉。欲奉迎上皇意也。先曰。南朝遣汝通問。非奉迎也。若歸。亟遣大臣來。實等遂辭歸。

〔編〕脫脫不花遣其平章皮兒馬黑麻來請和。詔遣右都御史楊善等報之。

紀李實未至京會脫脫不花亦遣皮兒馬黑麻來請和右都御史楊善慨然請行中書舍人趙榮亦請往乃遣善榮等同皮兒馬黑麻往道遇實實告以故善曰得之矣即赦書所無可權以集事也實既還朝具述也先情及上皇起居狀奏請遣使奉迎文武大臣上疏懇請遣使皆不許上問實也先講和之意虛實對曰論其和意似有實情上曰待楊善歸再議（楊善大興縣人）

編八月上皇還京師帝送上皇居南宮

紀楊善等至也先營也先見善等甚喜善因請上皇還京歷述累朝恩遇之厚不可忘反覆辨論數千百言也先問上皇還更臨御否善言天位已定不得再易也先問古堯

舜事如何善言堯讓位於舜今日兄讓位於弟也先悅服平章昂克問善欲迎復來何操善言若操賄來迎後人以爾貪賄歸上皇今無所操而歸書之史冊後世皆稱述也先然其言伯顏帖木兒請留使臣遣使欲南朝更請上皇臨御也先曰曩令遣大臣來迎大臣至矣不可無信乃引善見上皇明日也先設宴餞上皇於其營善侍也先與妻妾以次起爲壽也先令善坐上皇曰從大師言坐善曰雖草野不敢失君臣禮也先顧美曰中國有禮罷酒送上皇出明日宴使臣又明日伯顏帖木兒設宴餞上皇又明日亦宴使臣又明日上皇駕行也先率衆頭目羅拜而別伯顏送至野狐嶺慟哭良久始別去仍命其部將率五百騎

編二年春二月遣都督僉事孫安守備獨石

初土木之變楊洪入援獨石等八城俱殘毀議者欲棄之于謙曰棄之則不但宣府懷來難守京師不免動搖乃薦安授以方略率兵守之安招士卒修城堡餙戰具弔死問傷流亡復業八城遂完

編秋八月南京地震

復午朝

編冬十二月廣通王徽煠陽宗王徽焟謀逆廢爲庶人

紀徽煠惑家人段友洪都事于利賓等言作僞勅分遣友洪及蒙能陳添仔等以銀印金幣誘諸苗爲亂陽宗王徽

焟亦與通謀友洪歸爲鎮南王徽㷡所執有司以聞帝廢徽煠徽焟爲庶人幽之京師蒙能率苗兵二千至武岡聞事敗叛入廣西稱蒙王糾生苗三萬餘人攻龍里新化銅鼓諸城至七年夏方瑛禽斬之

編立團營

紀明初京師兵隸五軍都督府分中軍左右掖左右哨謂之五軍營兼馬步隊專教陣法已又置三千營掌車輦旗纛扈從出入隊皆騎後征交阯得火器法置神機營隊皆步各提督以勳臣內臣所謂三大營也于謙以營政久弛兵將不相習請選三營軍十萬分五營團操各曰五團營其法五十人爲隊隊有長百人兩隊有領隊官千人有把

總三千五千人有都指揮體統相維兵將相識量敵多寡以爲調發謙又請益兵五萬增爲十團營仍各統以武臣內臣而聽謙及石亨內臣劉永成曹吉祥節制以選餘軍歸本營訓練名曰老營備居守京軍之制一變謙號令明審目視指屈口奏悉合機宜石亨等雖大帥進退賞罰一由謙亨等受成而已

編 以禮部侍郎王一寧祭酒蕭鎡入內閣預機務○也先弒其主脫脫不花

紀 脫脫不花妻也先姊也也先欲立其姊子爲太子脫脫不花不從也先遂殺脫脫不花收其妻子來獻捷于謙上言也先雖悔過擴誠遣使入貢而罪大惡極終不可容今

其君臣自相仇殺是天援我復仇之機臣請統團操軍馬分往宣府大同討賊帝不從

編 三年春二月戶部尚書金濂有罪下獄尋釋之

紀 初帝卽位詔免景泰二年田租三之一濂檄有司但減米麥其銀布絲絹徵如舊學士江淵以告帝詰責戶部濂言絲絹銀布詔書未載若概免國計何資言官交章劾之遂下都察院獄三日釋之削太子太保改工部吏部尚書何文淵言理財非濂不可遂復還戶部

編 三月詔錦衣衛官刺事

編 夏五月帝廢故皇太子見深爲沂王立子見濟爲皇太子○紀 先是帝卽位有易儲之心而難於明發遲回久之太監王誠舒良爲帝謀先賜陳循高穀百金江淵王一寧蕭鎡商輅半之以緘其口然猶未發也會廣西土官黃玹以私怨戕其弟思明知府琱滅其家玹懼乃遣千戶袁洪走京師上疏請易太子上大喜曰萬里外有此忠臣亟下廷臣集議且令釋玹罪予官都督尚書胡濙侍郎薛琦鄒幹會廷議王直于謙相顧錯愕久之司禮太監興安厲聲曰此事不可已卽以爲不可者勿署名羣臣皆唯唯署議於是胡濙等上言陛下膺明命中興邦家統緒之傳宜歸聖子黃玹奏是詔從之。

薛應旂曰。南城之錮。已昳子臧之節。易儲之舉。益滋紾臂之謀。王直猶知媿死。而委任權力之重。如于謙者。獨無一言。天順丁丑之變。不當獨罪徐有貞也。

陳建曰。或謂上巡狩事。宜奉太子居攝。惜謙等見不及。抑知非謙見不及。蓋以社稷爲重。若太子居攝。則惟父是重。天下爲輕。天理至情。必圖迎復。則彼將以上皇爲質。豈有厭足。宋徽宗之事可鑒也。故遂立郕王。是不以金注。而以瓦注。竟致社稷獲安。上皇之得以復辟者。蓋實權輿於是也。但易儲一節。謙無一言以救正之。難免於責備者之議矣。

論極是

編 秋八月巡撫南直隸工部尚書周忱致仕

紀 忱字恂如在任二十二年謀慮深長善採衆論郡縣荒歉皆有賑濟官府織造軍需徵發槩不派民民自正賦外再無他供諸郡縣學校祠宇橋梁河道盡皆修濬是年致仕後二年蘇松連歲水旱撫臣無策飢民枕藉於道且死猶曰安得周尚書復生以活我乎。

編 廢皇后汪氏立妃杭氏爲皇后。

王文作相庸儒無能

景帝之太子卒

紀 后太子生母也。

編 冬十月。命太子太保左都御史王文。入閣參預機務。

編 癸酉 四年。春正月。上皇在南宮。

編 冬十月。以左諭德徐有貞爲右僉都御史。

紀 有貞初名珵。以倡南遷之議。爲太監金英所叱。遂懷悵悵。陳循教之更名。無使內臣習知。庶朝廷忘其議而薦可行也。遂更名。乃有是命。

編 十一月。皇太子見濟卒。

郭彥博曰。莫之致而至者天也。莫之爲而爲者命也。天下本宜景帝之子孫者也。乃見濟薨。景帝無他嗣。於是天若固以帝位還英宗矣。舍英宗無可居是位者。卽舍英立憲。亦無是理。此必至之事。景帝心知之。而甚悵惘者。而無奈廖鍾諸人之諫諫。偏欲傷其悵惘之心也。

編 甲戌 五年。春正月。上皇在南宮。

編 積雪恆陰。詔求直言。

郭彥博曰。昔霍光欲廢昌邑。夏侯勝諫昌邑王曰。洪範傳曰皇之不極。厥罰惟陰。時則下人有謀伐上者。今東宮方歿。而天變遽見。則奪門之禍。兆已伏於此矣。

編 夏四月。南京大理寺少卿廖料莊。應詔上書。不報。

紀 莊言上皇被留北庭。陛下屢降詔書。以鑾輿未復爲意。今幸上皇迎歸。伏望篤親親之恩。時時朝見於南宮。或講明家法。或論確治道。仍令羣臣亦得朝見。以慰上皇之心。如此。則孝弟刑於國家。恩義通於神明。災可弭而祥可召矣。然所係之重。又不特此。太子者。天下之本。臣以爲上皇諸子。陛下之猶子也。宜令親近儒臣。誦讀經書。以待皇嗣之生。使天下臣民曉然知陛下有公天下之心。蓋天下者太祖太宗之天下。仁宗宣宗之繼體守成者。此天下也。上皇之北征。亦爲此天下也。今陛下撫而有之。必能念祖宗創業之艱難。思所以繫屬祧天下之人心矣。不報。廖莊吉水人。

編 御史鍾同上疏請復儲。

紀 先是同嘗因待漏。與儀制郎中章綸論易儲事。繼之以泣。至是遂上疏。言宗社之本在儲位。宜復不宜緩。聞者韙委○美也之。鍾同。永豐人。章綸。樂清人。

編 五月。下禮部儀制郎中章綸。御史鍾同於獄。

紀 綸上修德弭災十四事。又曰。太上皇帝。君臨天下十四年。陛下嘗親受冊封。爲臣子。是天下之父也。陛下宜率羣臣。每月朔望及歲時節旦。朝見於延安門。以極尊崇之道。而又復皇后於中宮。以正天下之母儀。復皇儲於東宮。以定天下之大本。疏奏。下錦衣獄鞫訊。體無完膚。鍾同先亦有言。故并逮之。

編 以進士楊集爲六安州屬江南廬州府知州。

紀 集上書于謙曰。奸人黃竑進易儲之說。以迎合上意。本逃死之計耳。公等國家柱石。乃戀官僚之賞。而不思所以善後乎。脫章綸鍾同死獄下。而公坐享崇高。如清議何。謙以示王文。文曰。書生不知朝廷法度。然有膽。當進一級處之。進士選知州始此。

編 謫給事中徐正戍恕鐵嶺衞。

賢者偏於冷處取人

（紀）正密請召見便殿屏丙左右言今日臣民有望上皇復位者有望廢太子沂王嗣位者陛下不可不慮宜出沂王於沂州屬山東兗州府增高南城數尺伐去城邊高樹宮門之鎖亦宜灌鐵以備非常上怒謫戍○御史高平亦言城南多樹事叵頗○可也不測遂盡伐之時盛暑上皇常倚樹憩契息及樹伐得其故大懼復辟後正平皆伏誅

（編）乙亥六年春正月上皇在南宮

（編）召薛瑄爲大理寺卿

（紀）先是瑄爲王振所陷落職家居已巳之變以薦起升南京大理寺卿太監金英奉使道南京公卿俱餞於江上瑄獨不往英賢之至京言於衆曰南京好官惟薛卿耳尋被

召命時蘇松饑民貸粟富家不與遂焚其舍蹈海以避罪遣王文往按其事坐以謀叛連及者五百餘家瑄抗章力辨之獲免者衆文謂人曰此老崛强猶昔

（編）秋八月杖大理寺少卿廖莊禮部郎中章綸御史鍾同於闕

（紀）同死杖下綸仍詔獄謫莊定羌驛丞先是莊上疏忤旨至是赴京陛見上念及命杖之

（編）丙子七年春正月上皇在南宮

（編）夏五月帝遣太監興安舒良視少保于謙疾

（紀）謙以疾在告上遣安良視之見謙自奉儉相與嘆息因以聞上爲計所貲用一切上方給之至輟上膳醯醬蔬菜以賜駕幸萬歲山伐竹爲瀝爲和藥丸尤異數也言官有言謙柄用過重者興安言只說日夜與國家分憂不要錢不愛官爵不問家計朝廷正要用此等人可尋一箇來換于謙衆皆默然

英宗睿皇帝

（編）丁丑英宗皇帝天順元年春正月武清侯石亨副都御史徐有貞等迎上皇復位

（紀）先是景帝不豫以儲位未定中外憂懼兵部尚書于謙日與廷臣疏請立東宮蓋謂復憲宗也中外籍籍謂大學士王文與太監王誠謀白太后迎取襄王名瞻墡宣宗弟世子都御史蕭維楨同百官問安於左順門外太監興安自内出

日若皆朝廷大臣不能爲社稷計徒問安耶維楨集御史議曰今日興安之言若皆達其意否衆曰皇儲一立無他慮矣衆謂上皇子宜復立惟王文意他有所屬陳循知文意獨不言李賢以問學士蕭鎡鎡曰既退不可再文遂對衆言曰今只請立東宮安知朝廷之意在誰維楨因舉筆曰我更一字乃更早建元良爲早擇疏進時石亨知景帝疾必不起念請復立東宮不如請太上皇復位可得功賞遂與都督張軏太監曹吉祥以南城復辟謀叩太常卿許彬彬曰此社稷功也彬老矣無能爲矣盍圖之徐元玉元玉徐有貞字也亨軏遂往來有貞家有貞亦時時詣亨人莫知也是月十四日夜會有貞宅有貞曰如公所謀南

城亦知之乎。亨軏曰。一日前已密達之。有貞曰。俟得審報乃可。亨軏去。至十六日既暮。復會有貞。曰。得報矣。計將安出。有貞乃升屋覽步乾象。亟下曰。事在今夕。不可失。遂相與密語。會有邊吏報警。有貞曰。宜乘此以備非常爲名。納兵入大內。誰不可者。亨軏然之。計定。倉卒出。有貞焚香祝天。與家人訣曰。事成社稷之利。不成門戶之禍。歸人。不歸鬼矣。遂與亨軏往會吉祥。及王驥、楊善、戶部侍郎陳汝言收諸門鑰。夜四鼓。開長安門。納兵千人。宿衛士驚愕不知所爲。時天色晦冥。亨惶惑。叩有貞曰。事當濟否。有貞大言曰。時至矣。勿退。率衆薄博逼也。南宮。毀垣壞怪門而入。亨軏等入見上皇。燭下獨出。呼亨軏曰。爾等何爲。衆俯伏。合聲請陛下復位。遂共掖上皇登輿以行。忽天色明霽。星月皎然。上皇顧問有貞等爲誰。各自陳官職姓名。入大內。門者呵止之。上皇曰。吾太上皇也。門者不敢禦。遂升奉天殿。登御坐。鳴鐘鼓。啓諸門。是日。百官入候景帝視朝。有貞號於衆曰。上皇復辟矣。趣促入賀。百官震駭。乃就班賀。景帝聞鐘鼓聲大驚。問知爲上皇。連聲曰好好。明日上皇臨朝。詔改景泰八年。爲天順元年。

郭彥博曰。英宗之還也。避景帝而不即位。義也。其於景帝崩無嗣而復辟。亦義也。所嫌者。稍欠濡忍之。以致景帝不得正其終耳。乃薛應旂、陳建、鍾惺諸人。每歲首必書上皇在南宮。意欲倣春秋公在乾侯、綱目帝在房州之例。噫。誤矣。昭公之遜也。季氏柄國。孔子書公所以存魯之統也。中宗之逐也。則天簒位。朱子書帝。所以存唐之統也。今景帝在位。明統未絕。將何以存乎。是故英宗之在南宮也。自英宗言之。則曰。上皇避位。居南宮。自景帝言之。則曰。錮養上皇於南宮。而天順以復之。史甚其詞曰。錮。景帝之目。爲不瞑矣。

編　詔逮少保于謙、王文、學士陳循、蕭鎡、商輅、尚書俞士悅、江淵、都督范廣、太監王誠、舒良、王勤、張玉下獄。俞士悅。吳縣人。

徐有貞以奪門功入閣。奸邪進矣

編　命副都御史徐有貞以本官兼翰林院學士。直內閣。典機務。尋晉兵部尚書。兼職如故。

編　出前禮部郎中章綸於獄。擢爲禮部侍郎

紀　上以綸建議復儲。出之獄。嗟嘆良久。遂有是擢。

于謙寃殺

編　殺少保兵部尚書于謙。

紀　先是城下之役。見上十五石亨功不如謙。而得侯爵。心媿之。乃推謙功。詔予一子千戶。謙固辭。且曰。縱臣欲爲子求官。自當乞恩於君父。何必假手於石亨。亨聞恚甚。亨從子彪貪暴。謙奏出之。大同。亨益銜之。徐有貞嘗因謙求祭酒。景帝召謙。辟屏壁也。左右諭之曰。有貞雖有才。然奸邪。謙頓首退。有貞不知。亦恨謙。及上之復辟也。有貞嗾藪言官以迎立外藩議劾王文。且誣謙下獄。有司勘之。無驗。有貞曰。雖無顯跡。意有之。法司蕭維楨等阿亨輩。乃以意欲二字成獄奏上。上猶豫未忍曰。于謙曾有功。有貞直前曰。不殺于謙。今日之事無名。上意乃決。遂與王文及太監舒良、王誠、張永、王勤斬東市。妻子戍邊。謙有再造功。上北狩。廷臣或主和。謙輒曰。社稷爲重。君爲輕。以故也先抱空質。上得還。然謙禍機亦萌此矣。謙死之日。陰霾翳天。行路嗟嘆。都督范廣勇而知義。爲謙所任。亨惡之。並斬廣。○于謙持身嚴

意有之與莫須有三字何異

薛瑄下老僕之淚于謙動朶耳之悲妙在公道正不沒於小人之心

一毫不苟取位至孤卿先世室廬盡畀其弟惟市屋數間以居正室董氏卒謙年時未五十不再娶居止常宿朝房以一養子自侍食無重味非公宴不置酒○後張軏附迎駕奪門功得封太平侯一日出下車拱立肅揖於道左右問之曰范廣過耳歸卽死曹吉祥下人朶耳者聞謙死以觴酬地而慟吉祥扑之

林宗鍔曰于謙之死亦與鄭伯殺公孫申之事相肖二臣者功在斯人而斯人不感其功昔人有言孤忠二臣並孤忠二字不得而加之矣嗚呼浩然正氣至此窮與一腔熱血向何處哭與

【編】論迎復功封武清侯石亨爲忠國公都督張軏爲太平侯張輗爲文安侯都御史楊善爲興濟伯並世襲

【編】論隨駕功擢哈銘袁彬並爲錦衣衛指揮僉事

【編】召廖莊於定羌驛賜還官贈故御史鍾同大理左寺丞廕

其子入太學

傅維祖曰終明世大封功臣者三洪武永樂皆有功在天下者也故子孫世襲其爵天順功臣彼自以爲功也故不旋踵而亾嗚呼帝今日方功之而明日卽罪之千古冰山未有如斯之危者矣

【編】二月皇太后詔廢景泰帝仍爲郕王尋薨

【紀】太后諭郕王歸西內廢皇后汪氏仍爲郕王妃欽天監奏革除景泰年號上曰朕心有所不忍可仍舊書之郕王薨祭葬禮悉如親王謚曰戾○初上皇之北狩也仝寅筮之得乾之初九曰吉龍君象也四初應也龍潛躍必以秋應以庚午浹歲而更龍變化之物也庚者更也庚午中秋車駕其還乎還則必幽勿用故也故躍應焉或之者疑之也計七八年當必復辟午火德之王也丁者壬之合也其歲丁丑月壬寅日壬午乎自今歲數更九躍則必飛九者乾之用也南面子衝午也其君位乎故曰大吉初正統初年京師大旱街巷小兒爭禱雨有童謠謂雨帝雨帝城隍土地雨若再來還我土地不知從何起徧京城內外童兒無不歌此及景帝踐祚南宮復辟說者以雨帝爲與弟城隍爲郕王再來還土地爲復辟童謠先爲之讖云英宗在景泰中鑑稱上皇復辟後仍稱帝

郭彥博曰前月十七日至此月十九日僅三十餘日耳使英宗不許石亨等之請而至此大位終必復矣乃不出此而廢弟仍爲郕王則景帝疾雖不起而英宗殺弟之迹其亦不免矣

【編】出左都御史蕭維楨於南京召南京副都御史軒輗爲刑部尚書巡撫陝西副都御史耿九疇爲右都御史掌院事

耿九疇盧氏人

【編】三月封直內閣兵部尚書徐有貞爲武功伯兼華蓋殿大學士掌文淵閣事

【編】夏四月復立元子見深爲皇太子

【編】命景泰汪妃出居舊王府

【紀】先是郕王薨上欲令汪妃殉葬李賢奏曰汪妃雖立爲后卽遭幽廢幸與兩女度日若令隨去情所不堪上惻然曰卿言是朕以弟婦年少不宜存內初不計其母子之命乃止

【編】襄王瞻墡來朝

【紀】先是土木之變王兩上疏慰安皇太后乞命皇太子居

攝天位。急發府庫，募勇敢之士，務圖迎復，仍乞訓諭郕王盡心輔政。疏上，景帝已立八日矣。至是得疏宮中，上覽之感嘆，手敕取王入朝，禮待甚隆。王辭歸，上送至午門，王伏地不起。上曰：叔父欲何言？王頓首曰：萬方望治如饑渴，願陛下省刑薄斂。上拱手謝曰：敬受教。

黃諭曰：天順初，王文、于謙以謀迎立襄藩世子被誅，及襄王來朝，禮待甚隆，世子瞻墡得嗣王位，始終親睦，則無迎立之謀可知矣。

編 六月，逮徐有貞下獄。

紀 曹吉祥、石亨憾有貞，嗾諸閹巧詆，數為巧語觸上，上殊不為（去聲）動。錦衣官門達復劾其阿比，排陷石亨，詔執鞫（菊），降廣東參政。既有以飛章（無姓名上章者，若飛來也）謗國是者，其語

復多侵亨、吉祥，於是復訴上，謂有貞實主使，逮歸置獄窮治，鍛鍊無所得，摘其誥詞「纘禹神功」語，為所自草，大不敬，無人臣禮，當死。以雷震奉天門，宥為黔（鉗首。黔，黑也。秦謂民為黔首，以其頭黑也）首，謫戍雲南金齒。有貞去而曹、石益專橫矣。

編 追復太監振官，立祠祀之。

紀 土木之難，言者論振降敵，帝大怒曰：王振死難，朕親見之，言者失實如此。乃追復其官，賜祠祀之。

傅維祖曰：身處疢疾之中，則悟王振之奸邪；一入安樂之地，則念王振之將順。庸主難化如此。薛方山有言：振死不足贖誤國之罪，乃復有此，何哉。

編 以戶部侍郎陳汝言為兵部尚書。

紀 汝言附石亨、曹吉祥，謀奪門，故亨薦用之。及理部事，益阿比表裏為奸。

編 內閣學士薛瑄致仕。（薛瑄以閣學致仕）

紀 瑄見曹、石恣橫日甚，嘆曰：君子見幾而作，豈俟終日？遂引疾去。

編 秋七月，謫內閣贊善岳正為廣東欽州同知。

紀 初，正入直文淵閣，上嘗召問曰：卿何以輔朕？正曰：今內臣、武臣權過重。上頷（撼○點頭以應也）之。正退，語曹欽、石彪，令謝兵歸第。欽、彪走告曹吉祥，吉祥詣上垂泣，免冠請死，具道所由。上曰：無之。乃召正，責其漏言。正曰：固也。臣觀二家必有背叛之滅，即今無可按之誅，臣欲全君臣共難之情，故令早自為計。上不悅。會承天門災，上命正草詔罪己，歷陳奸邪蒙蔽狀，石亨見之怒，遂指為謗訕，因有是謫。陳汝言

故恨正，復中以私事，戍肅州衛。（屬陝西行都司）

編 九月，敕左順闕（昏守門官也）者：今後非有宣召，總兵官（指石亨）不得輒入。

紀 上頗知石亨等驕恣，然念其功，間屏人語大學士李賢。賢對曰：權不可下移，惟獨斷乃可。既又與賢語及奪門功，賢曰：迎駕則可，奪門二字，何以傳示後世？陛下應天順人，以復大位，門何必奪？且內府門寧當奪耶？當時亦有以此事邀臣者，臣辭不與。上驚問故，對曰：景帝不起，群臣自當表請陛下復位，此名正言順，無可疑者，何至奪門，假事洩，此輩固不足惜，不審置陛下於何地？此輩藉陛下圖富貴

耳。豈有爲社稷之心哉。上大悟，寖疏之。

〔編〕冬十一月，逮陳汝言下錦衣獄，籍其家。

〔紀〕給事中高明等，交章劾汝言怙勢亂法，臟私藉（籍）甚。（盛藉也。）故逮之。上命所司陳籍汝言物於大內廡下，召大臣入視，且曰：景泰間，任于謙久，籍没無餘物。汝言未期，得賂多若是耶。時上怒甚，色變。石亨等皆伏首。自是上漸悟謙冤，而惡亨等矣。初，于謙等之死，皇太后不及知，後始知之，乃爲上備言于謙經濟多難之功，迎立外藩之誣。上始疑之。事定日久，察迎立事愈無狀。每詰石亨、張軏、曹吉祥等，對曰：臣亦不知，乃徐有貞向臣言耳。於是上深銜亨輩，有貞所以有金齒之行，而亨輩亦俱不免。

綱鑑會通明紀卷之六

海陵後學陳志襄陶思輯錄

明紀

英宗睿皇帝

〔編〕戊寅二年，春正月，皇太子出閣讀書。

〔編〕遣建庶人出居鳳陽。

〔紀〕庶人，建文君幼子也。入禁大内時，方二歲，至是年五十六。上意欲寬之，謂李賢曰：親親之義，實所不忍。賢對曰：陛下此一念，天下鬼神實臨之，太祖在天之靈實臨之，堯舜之心，不過如此。左右或以爲不可。上曰：有天命在，任自爲之。遂遣居鳳陽，聽其婚娶，出入自在。庶人出禁，見牛羊亦不識，未幾，庶人卒，懿文太子、建文君遂無後。

〔編〕己卯三年，秋八月，定遠侯石彪有罪下獄。

〔紀〕彪性陰狡兇暴，出鎮大同，素侮總兵官。總兵官因彪嘗奏城威寧海子，遂爲流言，稱彪有異志。上固疑彪，屢有功，屢召還，彪乃陰使大同千户楊斌等五十人，詣闕乞留爲鎮守。上知其詐，下彪獄，詞連石亨。上猶念亨功，宥之，惟罷其兵權，令以本籍歸第。

〔編〕庚辰四年，春正月，石亨謀反，伏誅。

〔紀〕初，亨見上稍疏斥，懷怨望。嘗往來大同，顧紫荆關，謂左右曰：若塞此關，守之，據大同，京師何由得至。一日退朝歸私第語錦衣指揮使盧旺彥敬曰吾所居官皆爾等所欲者旺敬不知所謂對曰旺敬以公得至此他何敢言亨曰陳橋之變（宋太祖趙匡胤初爲周殿前都點檢奉命率兵禦契丹次陳橋驛遂謀變還汴稱皇帝廢周主爲鄭王）史不稱其篡爾能助吾吾官非爾官乎旺敬股栗莫敢對會瞽人童先出妖書曰惟有石人不動勸亨舉事亨謂其黨曰大同士馬甲天下吾撫之素厚今石彪在彼可恃也異日以彪代李文佩鎮朔（今大同府朔州）將軍印專制大同北塞紫荊關東據臨清決高郵之隄（低）以絕餉道京師可不戰而困矣遂請以盧旺守裹河會孛來寇延綏（今陝西延安府綏德州）上命亨往禦之先又力勸亨亨曰爲此不難但天下都司除代未周待周爲之未晚也先曰時者難得而易失

亨不聽先私謂所親曰此豈可與成大事者會彪敗上猶念亨功置不問罷其兵而亨之謀漸急事益露其家人上變告（見三卷三）亨謀反逮治之死獄中斬彪於市其黨童先等俱坐死

〔編〕二月詔令冒報迎駕功陞官者許自首（去聲）改正

〔紀〕時法司奏石亨等冒功陞官者俱合查究上召問李賢曰此事恐驚動人心賢對曰不若令其自首免罪上曰然遂行之於是冒功陞職者四千餘人皆自首改正

〔編〕三月廷試

〔紀〕是科會試取陳選等百五十人有怨考官者妄奏考官衡文顛倒帝問李賢賢曰此乃私忿考官無弊如臣弟讓亦不中可見其公帝命枷此子於部前陳選（臨海人）

〔編〕（辛巳）五年夏四月大明一統志成

〔編〕秋七月太監曹吉祥及昭武伯曹欽反殺恭順伯吳瑾（僅）都御史寇深等懷寧伯孫鏜（湯）兵部尚書馬昂率兵討平之吉祥欽俱伏誅

〔紀〕方石亨之敗也上命由亨冒功以進者許自首革吉祥念與亨同功亨敗已且不得獨完因日犒諸降丁金帛倚爲腹心諸降丁亦念由吉祥冒功進一旦不測身且隨後相與爲死黨吉祥之客有馮益者欽一日問曰自古有宦官子弟爲天子者耶益曰君家魏武蓋中官騰之後（魏武帝曹操其先爲夏侯氏操父嵩爲中侍曹騰養子遂易姓曹）欽大喜由是陰畜異志錦衣

百戶曹福來嘗役欽家欽慮其洩箠楚瀕死上聞諭之曰速改過不悛（詮，改也）罪無赦先是石彪得罪上亦先諭之欽以故大懼又錦衣指揮逯（姓也）杲（稿）伺欽甚急會孛來寇甘凉（今陝西行都司甘州凉州二衛）上使孫鏜統京軍往征之馬昂監其軍擇庚子昧爽（旦微明也）出師於是欽與諸昆季其黨都督伯顏也先數十人謀曰縣官（見三卷四）持我急不發我爲石彪續矣遂分勒死士蓄漢軍五百人約以是日昧爽朝門開則擁殺鏜昂奪門入此時吉祥素所部禁兵且可爲內應謀定以其夕飲諸降丁酒酒半夜可二鼓鏜與吳瑾廣義伯琮方待漏朝房都指揮完者禿亮從欽席上亾走見瑾琮告變瑾琮趨告鏜相與去匿他所手作奏投門罅（罅去聲）聞

上上止開門。縋入，吉祥鎖繫之，欽不知也。與弟鉉、鐸（旋）
率蓄將伯顔也先至東長安門，門閉。欽知事洩，即召死士
馳至逯杲門，杲出，殺之。恨杲爲上伺己也。寇深素善欽，既
乃與言官疏劾之，欽亦以此爲恨。與鐸馳至西朝房，索深
殺之。大學士李賢待朝東朝房，欽復馳索之。賢驚出，被執。
欽持杲頭示賢曰：今日直爲此激變，非得已也，可爲我草
疏進上。又執尚書王翱，賢乃就翱所索紙，爲草疏，同翱投
入長安左門隙。門堅不啓，欽火之。欽往來嘯呼，擬賢刃者
數，舍之馳去。又索馬昂不得。時已昧爽矣，既而征西軍稍
集，至二千人。孫鏜曰：不見長安門火耶？曹欽謀反，兵少，擊
殺者予金。皆曰：諾。工部尚書趙榮被甲躍馬，奮呼市中曰：

能殺賊者從我。從者亦數百人。鏜之東安門，逐賊軍銳甚，
賊衆披靡，與瑾將五騎出哯（見三卷九）。賊猝與遇，力戰，死。鏜子
軏遇欽於道，奮砍（坎）中其膊（博。○肩膊也）。軏亦死。欽懼，夜竄歸。
鏜督兵與戰，馬昂以精兵殿（頓），會昌侯孫繼宗兵又集，鏖（奥平聲。○盡死殺人曰鏖）
戰，軍士奮呼而入。欽迫，投井死。遂屠其家，親
黨同謀，一時盡死。下吉祥都察院獄，明日磔（窄。○裂尸也）於市。
（馬昂，滄州人。王翱，鹽山人。）

【編】壬午六年。秋九月，皇太后孫氏崩。

【編】太傅吏部尚書致仕王直卒。（贈太保，謚文端。）

【編】蘇州知府林鶚易聖像爲木主。

【紀】蘇學廟像歲久剝落，或欲因其舊而加修飾。知府林鶚
奮然曰：塑像非古，我太祖於太學易以木主，百年俗乃革。
彼未壞猶當毀之，幸遇其壞，易以木主，有何不可？或以毀
聖賢像爲疑，鶚云：此土泥耳，豈聖像耶？於是并易從祀諸
賢，皆爲木主。（林鶚，太平人。）

聖賢木主，林鶚已開其端，張璁則永爲定制耳。

【編】冬十一月，初失河套。

【編】癸未七年春正月，以姚夔爲禮部尚書。（姚夔，桐廬人。）

【編】追謚宣德廢后胡氏爲恭讓章皇后。

【紀】孫太后崩，錢皇后屢爲上言胡后（見四卷二六）賢而無罪，其
死也人畏太后，斂葬皆不如禮。勸上復其位號，上從之。錢
皇后素性孝謹，絕無妒忌。上北狩，每夜哀籲（豫。○呼也）拜天，倦
則臥地，因損一肢。哭泣太多，復損一目。上在南城，每不快，

后曲爲慰解。復辟之後，待景皇后尤盡禮焉。

【編】秋八月，少師禮部尚書致仕胡濙卒。（贈太保，謚忠安。）

【編】下錦衣衛指揮僉事袁彬獄，尋釋之，調南京錦衣衛。

【紀】時都指揮門達有寵，自計得進言於御前者惟李賢與
彬二人而已，謀排去之，乃使邏（羅去聲。○巡也）卒摭（職）彬陰私數
十事上之。上欲法行，不以彬沮，諭之曰：從汝逮問，只要一
箇活袁彬還我。彬遂下獄，有彩漆軍匠楊暄者憤然不平，
上疏論救，言昔者駕留北庭，獨彬以一校尉保護聖躬，備
嘗艱苦，今猝然付獄，乞御前審錄，則死無憾。并陳達不法
二十餘事，擊登聞鼓以進。上令達逮問，達逼暄令供李賢
主使。暄懼拷死於獄，乃佯諾曰：此實李閣老教我，但我言

以彬之賢勞，雖數世宥之可也，況本無影響耶？何帝之不念患難交也。

於此。無人證見。不若請多官廷鞫。我對衆言之。彼乃無辭。達信之。以聞。命中官會法司訊於午門。瑄大言曰。死則我死。何敢妄指他人。鬼神昭鑒。此實門指揮教我扳（攀）指也。達失色。計沮。彬得從輕。調南京。

【編】甲申八年。春正月。帝崩。

【紀】上不豫。既而大漸。（十六見四卷）乃處分後事。命太監牛玉執筆口占。（去聲。○占，隱度也。隱度其辭，口以授人曰口占。）使書之。一曰東宮即位。百日成婚。二曰定后妃名分。三曰勿以嬪御殉葬。四曰殯斂器服從舊。書畢。命玉持付閣臣潤色。李賢與學士陳文、彭時捧讀驚愴。嘆曰。所言皆關大體。而止殉葬一事。尤為盛德。是月上崩。

【編】太子見深即位。

【紀】詔以明年為成化元年。

【編】尊皇后錢氏曰慈懿皇太后。生母貴妃周氏曰皇太后。

【紀】時周貴妃傳旨。錢后無子。不得稱太后。宣德自有例。彭時曰。胡后上表讓位。退居別宮。故正統初不加尊號。今日名分固在。若推大孝之心。宜兩宮同尊。得允所請。李賢復議曰。正宮宜加二字。不然無分別。因定尊號。稱皇后錢氏為慈懿皇太后。貴妃周氏為皇太后。

【編】葬裕陵。諡睿皇帝。廟號英宗。

【紀】帝髫齡即位。遠賢親奸。以致陷身土木。及復辟亦無悛志。曹石橫行。幸而授首。遂得無事云。

秋七月。立皇后吳氏。八月廢之。

冬十月。立妃王氏為皇后。

帝居東宮時。萬貴妃已擅寵。后既立。摘其過杖之。帝怒。廢居別宮。貴妃寵冠後宮。王后處之澹如也。以是得安。

致仕禮部侍郎薛瑄卒。

年七十二。謚文清。瑄初受學於高密魏希文、海寧范汝舟。聞濂洛之傳。其學以復性為主。嘗言自考亭以還。斯道大明。無煩著作。直須躬行耳。有讀書錄二十卷。皆自言所得。學者宗之。

始置皇莊。

以沒入曹吉祥地為宮中莊田。皇莊之名自此始。給事中齊莊言。天子以四海為家。何必與民爭利。弗聽。自是戚畹及中貴家多奪民地為莊田矣。

立武舉法。

直省舉諸武藝人。兵部同總兵官考其策略弓馬。分別甲乙。武學廢已久。至是復立之。指揮以下子弟皆令入學。

憲宗純皇帝成化元年

春正月。遣都督趙輔、僉都御史韓雍討廣西猺。

守臣奏猺賊殘毀廣東及越湖廣江右。日益蔓延。乞選將征討。

兵部尚書王竑亦言。賊非大創不止。薦雍統兵。乃命輔為征夷將軍。雍為僉都御史。贊理軍務。

開納粟例
以備兩廣軍餉
編 二月詔雪于謙冤
御史趙敔言于謙等爲石亨輩誣陷榜示天下竊思
正統十四年虜犯京城賴謙一人保守其功甚鉅乞收回
前榜死者䘏贈生者錄用帝曰朕在東宮時卽聞謙冤謙
有社稷之功而受無辜之慘所司其急如敔言施行釋謙
子冕還家
明年八月復冕官遣行人往祭謙墓
帝耕藉田
○彗星見

○三月帝視國子監
○荆襄盜起
荆襄上游爲鄖陽古麋國地多山
元至正間流賊爲亂終元之世不能制
明初以兵勦除空其地禁流民不得入然地界秦豫楚之
間又多曠土山谷阨塞林箐蒙昧中有草木可採掘食正
統二年歲飢民徙入不可禁其中巧黠者稍稍相雄長漢
中守臣請誅之英宗曰小民爲飢寒迫耳奈何卽用兵命
御史往撫摘戍數人餘陽聽撫而大奸潛伏不出尋復縱
三省長吏又多諉非己境因循不治至是劉通石龍長子
聚衆數萬掠襄鄧境指揮陳昇等二十四人死焉明年命朱
永白圭督兵討平之
編 冬十二月少保吏部尚書大學士李賢卒 贈太師諡文達
紀 賢量宏而福厚大臣遭遇之隆無與比者
薛應旂曰賢忌岳正張寧王徽王淵俾終身棄置而奪情戀位不能釋憾於羅倫未見其量之宏也
王鏊曰國朝三楊後得君無如李賢然當時亦以賄聞夫爲相而以賄聞則固攘竊者之流也
傅維祖曰賢之死距奪情僅六閱月耳而以惡終不足惜也
編 詔收乞丐殘疾百姓入養濟院
紀 禮部尚書姚夔奏京城街市多有疲癃殘疾之人持老
攜幼呻吟悲號足干天地之和亦非所以令四裔見也昔
文王發政施仁必先鰥寡孤獨乞行存恤帝命府尹盡數
收入養濟院設法養贍毋俾失所

商輅入閣辦事可稱賢相

編 丁亥 三年春三月召商輅至京復爲兵部侍郎兼翰林院學
士入內閣 輅 辦事
編 召羅倫還復爲翰林院修撰
編 下刑部郎中彭韶獄旣而釋之
紀 周太后弟長寧伯彧與眞定 今直隸眞定府 武強縣民爭田命
韶往勘之韶至田所環視之歸奏曰田本民存雖其間地
有多餘然歲有旱潦地有高下安有空間可以別給且民
者國之本食者民之天食足民始安民安則國安豈可以
民田給貴戚重傷國本耶疏上下詔錦衣衛獄言官交章
救之得釋先是韶以論都御史張岐倖進事下獄尋宥復
職至是復下獄直聲振一時 彭韶莆田人

編秋七月。追封漢儒董仲舒爲廣川伯。宋儒胡安國爲建寧伯。蔡沉爲崇安伯。眞德秀爲浦城伯。

編十一月。廷杖翰林編修章懋黄仲昭檢討莊㫤謫外任。卜

紀時分題命翰林作鼇山燈火詩以供明年上元賞玩。懋等上言。向因災異敕諭羣臣。同加修省。今日之舉。或以孝養兩宮。錢周二太后。然大孝在乎養志。豈以烟火爲樂哉。今江西湖廣。一旱千里。民不聊生。宜移此心爲視民如傷。省冗費以活流離。孝養兩宮。孰有大於此者。疏入。忤旨。廷杖謫外任。先是羅倫疏諫李賢起復。時稱翰林四諫。黄仲昭莆田人。莊㫤江浦人。

編以李秉爲吏部尚書。李秉。山東曹州人。

編荆門訓導高瑤請復景泰廟號。帝下部議。

編戊子四年春二月。固原今陝西平凉府固原州。土官滿四據石城反。官軍討之失利。

編夏六月。慈懿皇太后錢氏崩。

紀錢太后崩。命大臣議葬所。衆相視莫敢先發。大學士彭時曰。此一定之禮。無可議者。梓宮見四卷十六。當合葬裕陵。祔主當祔廟。禮部尚書姚夔曰。此正禮也。太監夏時曰。慈懿無子。且有疾。宜別葬。彭時曰。太后母儀天下。近三十年。臣子豈忍議別葬。已而上御文華殿。召內閣諸大臣面議。彭時曰。合依禮而行。庶全聖孝。上曰。朕豈不知。但與太后有礙。學士劉定之曰。孝子從義不從令。雖聖母有言。亦不可

劉定之

從也。上默然良久曰。合葬固是孝。若因此失聖母心。亦豈得爲孝乎。彭時曰。陛下大孝。當以先帝之心爲心。先帝待慈懿太后始終如一。今若安葬於左。而虛其右以待後來。指周太后。則兩全其美矣。上感悟。明日傳諭卿等如前議行。是晚時復具疏以進。疏言漢文帝尊其所生母薄太后。然於其嫡母呂太后。雖得罪於宗社。尚且與父高帝葬長陵。無所改易。宋仁宗追尊生母李宸妃爲太后。然於嫡母章獻劉太后。雖本無子。尚且仍與父眞宗同祭太廟。無所嫌忌。今千秋萬歲之後。二太后同在陵廟。亦足見生存之日。雍和無間也。翌日。姚夔復率文武官跪哭文華門。帝感動。母后亦悟。後得合祔陵廟。劉定之。永新人。

引証確切

陳建曰。此舉幾失而復正。固彭時力爭之功。而憲皇曲全孝道之美。亦不可沒也。

編英廟實錄成。進彭時太子太保。兼文淵閣大學士。尚書如故。

編秋八月。命都督同知劉玉充總兵官。右副都御史項忠提督軍務。太監劉祥監軍。率京營兵四萬討滿四。

編冬十月。以商輅爲兵部尚書。仍兼學士。

編十一月。劉玉項忠等討滿四。擒之。餘黨悉平。

紀初賊聞朝廷遣將出師。遂退保石城。深溝高壘。不輕與戰。伏羌伯毛忠恃勇登山仰攻。戰死。軍遽退。項忠陣斬一千戶以徇衆。乃定。遠近聞毛忠敗。益駭懼。兵部尚書程信及撫寧侯朱永以滿四驍勇。交章請益兵赴援。項忠乃不

待援師至。即以師據賊水草。賊夜汲者設伏擒之。賊人馬飢渴勢日困。時朝廷尚慮師淹歲月。詔問忠可否益兵。忠即上疏謂京軍怯不諳戰益之無補。兵部懼賊屢勝。請遣朱永率京軍四萬以往。永復張大其事。請朝廷定賞格。乃行。彭時知賊可平。嫌其張皇。擬旨止之。程信曰。事急矣。行不可緩。時曰。前者賊四出攻劫。誠可駭懼。今入山自保。我軍圍守甚固。不一兩月。賊必成擒。京軍何用再行。程信忿其言不行。出危言曰。項忠軍若敗。必斬一二人。然後發兵去耳。廷臣咸尤彭時固執輕敵。時曰。觀項疏曲折。保無虞也。衆猶未信。時項忠與賊相持三月餘。賊溺水俱乏。人馬多死。出降者衆。賊將有陽虎狸者。夜詣軍門降。約誘滿四出戰。明日。忠等伏兵東山口。滿四果出戰。遂爲官軍所擒。餘黨潰走。捷奏至。人始服彭時輩之料敵明審。鎮靜得體云。

〔編〕己丑五年。春正月。吏部尚書李秉罷。

〔紀〕秉素剛介。給事中蕭彥莊受屬。誣劾之。遂致仕。

〔編〕三月。命禮部左侍郎萬安兼翰林院學士。入內閣參預機務。時萬貴妃有寵。安遂認爲同宗。眉州人也。

萬安入閣參預機務

〔編〕夏四月。械正一眞人張元吉至京。凌遲處死。

〔紀〕元吉凶暴貪淫。族人張留嘆發之。械至京。廷鞫具服。刑部尚書陸瑜奏。張氏遠祖道陵。主張曾敎。其言無稽。天豈有師。謬崇其號。子孫傳爲故事。至援漢張良以爲所自出。

迨宋以來。加以眞靜先生等號。猶未有品級。元主中國。始有封爵三品。我朝革去天師之號。止稱眞人。延至於今。子孫爭襲。致成讐隙。今元吉所犯凌遲。其妻子當流。其黨當斬。竊其先世無功於國。無補於世。宜絕其廕封。以扶植正教。仍籍其族而徵役之。無令印行符籙。以誑惑斯世。并毀其府第。革其所設管勾都目諸人。帝從其言。詔自今敢有妄稱天師印行符籙者。重罪不宥。陸瑜。鄞縣人。

〔編〕六月。以姚夔爲吏部尚書。

〔編〕庚寅六年。秋七月。皇子祐樘撐生。即孝宗也。

〔紀〕紀妃所生也。初。妃有娠。娠。懷孕也。萬貴妃知而恚。恚。惠。怒恨也。之百方謀害。胎竟不墮。至是生。妃乳少。太監張敏使女侍以粉餌哺哺。步。口。飼也。之彌月。西內廢后吳氏。憲宗初即位。立吳氏爲后。尋廢。立王氏。保抱惟謹。不使貴妃知之。

〔編〕辛卯七年。春正月。定漕米長運法。

定漕米長運法

〔紀〕舊例軍民互相轉運。宣德間。周忱變爲兌運。許民運粮儲於瓜淮。鎮兌交運軍。至是巡撫滕昭變爲長運。罷瓜淮兌運。令官軍徑赴江南州縣水次倉販交兌。自是永遵守焉。

〔編〕二月。復設九江蘇州杭州鈔關。

〔編〕冬十月。立皇子祐極爲皇太子。萬貴妃所生也。

〔編〕十一月。彗星見。

〔編〕命吏部侍郎葉盛往延綏議河套事宜

葉盛爲嚴嵩作偏

水程一匿西洋之行遂阻勝於廷爭者百倍矣此謂名臣高識

紀 盛回奏其地沙深水淺難以駐牧春遲霜早不可耕種搜河套復東勝皆勢所難惟增兵守險可爲遠圖耳。葉盛崑山人。

陳建曰。自秦蒙恬取河南地漢武帝因其地肥饒立朔方郡赫連勃勃李繼遷趙元昊皆據其地雄於北方史稱其地饒五穀尤宜稻麥九邊圖亦謂耕牧套內益以樵採圍獵之利地方富庶稱雄鎮焉葉文莊乃謂不可耕牧何耶嗚呼唐張仁愿能築三受降城於河北而我朝坐失地利於河南將帥有愧前代矣。

編 壬辰八年。秋七月。隴州鳳翔府。大風雨雹。隴州屬陝西。雹去聲○雹雨冰也穀梁傳註雹者陰脅陽臣侵君之象。

紀 雹有大如牛者五長七八尺六日方消隴州北山吼許偶反三日裂成溝長半里。

編 癸巳九年。春二月。吏部尚書姚夔卒。贈太保諡文敏。

編 以尹旻爲吏部尚書。尹旻歷城人。

編 命中官至兵部查西洋水程

紀 時上好寶玩有言宣德間嘗遣王三保出使西洋所獲奇珍異貨無算上乃命中官至兵部查三保至西洋水程時項忠爲兵部尚書劉大夏爲車駕司郎中忠遣都吏往庫中檢舊案大夏先入檢得之藏置他處都吏檢之不得大夏亦祕不言會言官交章諫其事遂寢後忠呼都吏詰之曰庫中案卷焉得失去大夏在旁微笑曰三保太監下西洋費錢糧數十萬軍民死者亦萬計此一時弊事舊案雖在亦當毀之以拔其根尚何追究其有無哉忠聳然降位揖而謝之曰公陰德不細此位不久當屬公矣。後大夏果至兵部尚書○劉大夏湖廣華容人。

彭時編宋元綱目景泰議至此方定

編 夏五月。以商輅爲戶部尚書萬安爲禮部尚書仍兼舊職

編 冬十一月。帝諭大學士彭時編纂宋元綱目。

編 甲午十年。冬十一月。復郕王帝號。

紀 上諭羣臣曰曩者朕叔郕王踐祚戡難保邦奠安宗社亦既有年屬寢疾彌留周書顧命篇病日臻既彌留之際也疾彌甚而留連將死之際也。姦臣貪功生事妄興讒構請去帝號先帝尋知誣枉深懷悔恨以次抵奸於法不幸上賓謂崩也。未及舉復朕嗣承大統一紀於茲敦念親親用承先志郕王宜復帝號其上尊諡曰恭仁康定景皇帝。

陳建曰。景泰廢易儲宮憲廟不以爲憾而追成先志復其位號加以美諡眞不可及也夫。

清正賢相

編 乙未十一年。春正月。詔刑官愼用嚴刑。

紀 詔天下有司聽訟除人命奸盜外毋用夾棍嚴刑違者風憲官錄其酷暴以聞。

編 三月。廷試賜謝遷劉戩王鏊及第。謝遷餘姚人劉戩安福人王鏊吳縣人。

編 少保文淵閣大學士彭時卒。諡文憲。

編 皇太子祐極薨。

紀 皇太子薨內官漸傳西宮有一皇子六歲矣萬貴妃驚曰何獨不令我知遂具服進賀召皇子入昭德宮從紀氏於永壽宮。

編 夏六月。皇妃紀氏薨。諡曰恭恪莊僖淑妃

紀 妃薨日天色皆赤人疑爲萬貴妃所鴆。鴆去聲亦作酖○鴆酒有鴆毒

也。鴆毒鳥，以其毛瀝酒飲之則殺人。云。

〔編〕冬十一月，立皇子祐樘爲皇太子。

〔編〕丙申 十二年，春正月，以都御史朱英總督兩廣軍務。

〔紀〕英在越，妻子不從之官，惟一老蒼頭自侍，常曰：吾莅任得爲民省一錢，還室神氣頓爽。飭將士無喜事邀功，積美數十萬不肯上聞，曰：此邊臣常分。今兩廣用兵不常，苟進以希寵，一旦亟需餽餉，奚從取給？識者是之。（朱英，桂陽人。）

〔編〕以都御史原傑總治三省，開府鄖陽。

〔紀〕初，陝西荊襄唐鄧深山亘千里，流民蓄其間爲盜，劉千斤、李鬍子相繼爲亂。祭酒周洪謨著《流民說》，謂宜於流聚處置官吏，編里甲，寬徭役，以安之。都御史李賓上其議，帝命原傑莅其事。傑悉心處置，於湖廣增設竹溪、鄖西二縣，於陝西增設商南、山陽、白河三縣，於河南增設桐柏、南召、伊陽三縣，而統治於鄖陽，流民始定。（原傑，陽城人。）

〔編〕秋七月，命宋儒朱熹十世孫墩（麻）爲翰林院五經博士，奉祠祀。

〔編〕命增孔子廟籩豆佾舞之數。

〔紀〕國子監祭酒周弘謨言：臣比言孔子封號、冕服、籩豆、佾舞等事，禮部尚書鄒幹以謚號器數之加否不足爲孔子重輕，請仍舊爲宜。臣竊以孔子自唐開元（唐玄宗年號。）封文宣王，被以袞冕，樂用宮縣（同懸。○縣，縣鐘磬也。周禮天子樂宮縣，四面；諸侯軒縣，闕南方。），當時袞冕雖通乎上下，而宮縣者天子之樂也。樂既用天子之宮縣，服必用天子之袞冕，是唐之奉孔子已用天子禮樂矣。宋承五代衰弊之制，至徽宗始加冕爲十二旒，元時孔子廟貌（崔豹古今注：廟者，貌也，所以彷彿前人之容貌。）徧天下，而被天子袞冕。聖朝因之，則孔子服冕已用天子之禮，佾舞止用諸侯之樂。以禮論樂，則樂不備；以樂論禮，則禮爲僭。乞敕廷臣議增籩豆爲十二，佾數爲八，則佾數與冕服相稱，禮明樂備，補前代缺略之典，備聖明尊崇之制。上曰：尊崇孔子，乃朝廷盛典，宜從所言。其籩豆佾舞俱如數增用，仍通行天下悉遵此制。（周弘謨，四川長寧人。鄒幹，餘杭人。）

立西廠之兆

〔編〕京都有眚。

〔紀〕有物負黑氣傷人，其疾如風，遇輒昏迷，或被傷。詔巡城御史設法捕之，仍戒人毋得傳疑。

置西廠

〔編〕丁酉 十三年，春正月，置西廠，命太監汪直詗（兄去聲。○何也。）刺（戚○探也。）外事。

太監汪直用而天下始多事矣

〔紀〕直年少黠（閑入聲。）譎，上寵之。先是，妖人李子龍以左道惑衆，內使鮑石、鄭忠敬信之，賓緣入內府，時引至萬歲山觀望，謀不軌。錦衣官校發其事，伏誅。自是上銳意欲知外事，乃選錦衣官校善刺事者百餘人，則置廠於靈濟宮前，號西廠。永樂中，盡戮建文諸臣，懷疑不自安，始設東廠（見四十三），主刺奸。至是名西廠，以別東廠也。縱直出入，分命諸校廣刺督責，大政小事、方言巷語，悉採以聞。

罷西廠

〔編〕夏五月，罷西廠。

紀 汪直羅織人罪數（朔）起大獄任用錦衣百戶韋瑛縱肆貪暴臣民怵怵大學士商輅疏言近日伺察太繁政令太急刑網太密人情疑畏洶洶不安蓋緣陛下委聽斷於汪直而直又寄耳目於羣小也中外騷然安保其無意外不測之變往者曹欽之反皆逯杲有以激之一日禍興卒（猝）難消弭望陛下斷自宸衷革去西廠罷汪直以全其身誅韋瑛以正其罪疏入上命去西廠遣太監懷恩數（上聲）直罪責之謫韋瑛戍宣府。

復西廠

編 六月復西廠命汪直仍刺事。

紀 御史戴縉言近年災變洊（薦）臻未聞大臣進何賢退何不肖惟太監汪直釐（離）治也奸剔弊允合公論而止以官校韋瑛張皇行事遂革西廠伏望推誠任人命兩京大臣自陳去留斷自聖衷上悅時縉九年不遷以覬（記。○希幸也。）進故頌直其自陳一事尤直所喜蓋直常惡商輅左都御史李賓難於施行也御史王億言汪直所行不獨可為今日法且可為萬世法天下聞而唾之上以二人言復西廠直仍刺事。

天下有此等禽獸一誅不足蔽辜

商輅等致仕

編 大學士商輅尚書薛遠董方左都御史李賓並致仕以王越為兵部尚書兼左都御史掌院事。

紀 時越附汪直嗾（藪）御史馮瓚（貫）排諸大臣輅既致仕遠等相繼自陳去（薛遠巢人董方滁縣人王越濬縣人。）

編 秋七月以余子俊為兵部尚書加太子少保（余子俊青神人。）

編 冬十一月以馮瓚為大理寺丞戴縉為尚寶司少卿縉尋擢僉都御史王億為湖廣按察副使。

東宮賢內官覃吉

編 戊戌 十四年春二月命皇太子出閣（蛤）講學。

紀 時東宮內官覃（尋）吉溫雅誠篤知大體通書史議論方正雖儒生不能過輔東宮悉道以正暇則開說五府六部及天下民情農桑軍務以至宦者專權蠹國情弊悉直言之曰吾老矣安望富貴但得天下有賢主足矣上嘗賜東宮五莊吉曰天下山河皆主所有何以莊為徒勞民傷財為左右之利竟辭之太子常呼吉為老伴一日太子念蓄里經而吉適至駭曰老伴來矣亟以孝經自攜吉跪曰主得無念經乎曰否讀孝經耳其見畏如此太子出講必使左右迎請講官講畢則語講官云先生喫茶左右不以為然吉曰尊師重傳禮當如此。

古大臣心事

編 三月南京翰林院修撰致仕羅倫卒。

紀 章懋曰一峰（倫字）氣魄大感動得人可正君善俗我輩只可修政立事。

明代理學除薛瑄陳選蔡清三人外惟羅倫庶幾然不及三人矣

編 夏六月命太監汪直往遼東處置邊務。

編 己亥 十五年夏六月逮整飭遼東邊務兵部右侍郎馬文升下錦衣獄。

紀 初陳鉞巡撫遼東行事乖方文升更置之約束不得動汪直至遼東鉞戎服伏道左文升獨與直抗禮左右多譽鉞毀文升鉞又譖之會給事中張良（平聲）劾鉞激變屬部逮

見二卷六至京鉞路直言海西皆以文升禁農器不與交易故
屢寇邊直遂奏文升妄起邊釁擅禁農器乃遣直同刑部
尚書林聰往訊直繆致恭敬深自結納於聰聰上報竟如
直言遂逮文升下獄謫戍重慶（馬文升河南鈞州人）
編 秋七月命汪直行（上聲）邊
編 冬十月遼東巡撫陳鉞請討海西以撫寧侯朱永為總兵
陳鉞提督軍務汪直監之
紀 直既至遼東有頭目郎秀等四十人入貢遇直於廣寧
直誣以窺伺掩殺之出塞掩不備焚其廬帳而還以大捷
聞論功加汪直歲祿監督十二團營朱永進保國公陳鉞
戶部尚書已而海西諸部以復仇為辭深入雲陽青河等

堡殺掠男婦皆支解以徇邊將斂兵不出鉞隱匿不以聞
以太僕少卿王宗彝為僉都御史巡撫遼東宗彝故大學
士文子也以郎中督餉遼東阿汪直得驟進
編 十二月以陳鉞為戶部尚書掌部事
編 庚子 十六年春三月命太監汪直保國公朱英尚書王越率
兵出塞襲敵於威寧破之（越封威寧伯）
編 夏五月以周弘謨為禮部尚書
編 六月福建地異
紀 福建長樂縣地突起一阜人畜踐之輒陷旁一池生大
蜆味甚美食而死者千餘人（蜆呼典切蛤也）占女主為男之兆時
昭德遠行孕妃專寵每侍宸遊戎服男裝以從帝奇愛之

復罷西廠
邱濬見用

編 秋七月遣巡撫陝西右副都御史秦紘（宏）下錦衣獄既而
釋之
紀 時秦府旗校肆橫民苦之紘擒治不少貸秦王奏紘欺
滅親藩上怒逮紘下獄命籍其家止得黃絹一匹敝衣數
件上親閱嘉嘆良久詔釋紘繫且賜鈔萬錠以旌其廉調（去聲陞也）○紘巡撫河南汪直亦以事至紘與抗禮不為（去聲）屈
直以上知其廉亦加敬焉（秦紘單人）
編 朝鮮請改貢道不許
紀 下兵部議職方劉大夏執不可曰朝鮮貢道自鴉鶻關
由遼陽經廣寧過前屯而後入山海迂迴三四大鎮此祖
宗微意若自鴨綠江抵前屯山海路大徑恐貽他日憂遂
不從其請

編 以陳鉞為兵部尚書
編 冬十月以國子監祭酒邱濬為禮部侍郎仍掌監事（邱濬瓊山人）
編 辛丑 十七年夏四月命汪直監督威寧伯王越軍務赴宣府
相度擊賊事宜
編 冬十二月命王越佩征西前將軍印鎮守大同仍與汪直
提督各路軍馬
編 壬寅 十八年春三月復罷西廠
紀 先是有盜越皇城入西內東廠校尉緝獲太監尚銘以
聞上甚喜厚賜賚汪直聞怒曰銘吾所用乃背吾獨擅功

李孜省用事　萬安劉珝劉吉作相皆奸邪者　阿丑譎諫

思有以傾之。銘懼，潛以直構禍事達於上。上自直行後，李孜省用事，萬安結昭德宮，頗覽權，惡直浸淫。上亦漸疏之。於是科道交章，奏西廠苛察非國體。萬安亦謂宜罷。劉珝不可。上竟罷西廠。中外欣然，珝有慚色。

編　冬十二月，進吏部尚書萬安太子太傅、華蓋殿大學士，戶部尚書劉珝太子太保、謹身殿大學士，禮部尚書劉吉太子太保、武英殿大學士。劉珝，壽光人。

編　癸卯　十九年夏四月，起馬文升爲都御史，復巡撫遼東。

紀　汪直既敗文升，寃始雪，復爲遼東巡撫。文升三往遼東，皆樹勳績。

編　六月，調汪直南京御馬監。

紀　直與總兵許寧不協，巡撫郭鏜湯以聞，故有是命。

編　秋八月，汪直有罪，罷。

紀　御史徐鏞上疏，劾汪直欺罔罪。曰：汪直與王越、陳鉞結爲腹心，自相表裏，肆羅織之文，振威福之勢，兵連西北，民困東南，天下之人但知有西廠而不知有朝廷，但知畏汪直而不知畏陛下，漸成羽翼，可爲寒心。乞陛下明正典刑，以爲奸臣結黨怙勢之戒。上深納其言，遂罷直，削越、威寧伯，追奪誥券，編管安陸州。鉞及戴縉革職爲民。召還馬文升，以爲左副都御史，巡撫遼東。初，汪直用事久，勢傾中外，天下凜凜。有中官阿丑善詼諧，詼，譏戲也。諧，和韻之言。恒於上前作院本，頗有譎諫風。一日，丑作醉者，酗，醉怒也。虛去聲。○酒狀，前遣人佯曰：某官至。酗罵如故。又曰：駕至。酗亦如故。曰：汪太監來。醉者驚迫帖然。旁一人曰：駕至不懼，而懼汪太監，何也？曰：吾知有汪太監，不知有天子。又一日，忽效直衣冠，持雙斧趨蹌而行。或問故，答曰：吾將兵，惟仗此兩鉞耳。問鉞何名，曰：王越、陳鉞也。上微哂。自是而直寵衰矣。及其罷斥，中外莫不快之。尋尚銘亦有罪，黜，籍其家。韋瑛謫萬全衛，尋伏誅。

僧繼曉見

林宗鍔曰：憲宗之罷西廠，惡汪直之橫也，可爲能惡人乎。非也。是時直在大同，逢迎寖疎，而帝已有以中於梁芳、繼曉、李孜省之欲矣。故罷汪直而不悔也。前門拒狼，後門進虎，其憲宗之謂矣。

編　冬十月，以僧錄司繼曉爲左善世，惠昇爲右善世。

傳維祖曰：初，文皇亦曾授道衍是名，不過以酬其擁護之勞，非爲彼惑也。若憲廟之崇尚繼曉，則惑於其房中之術。嗚呼，佛教至斯亦極矣。

編　太監王敬以罪充淨軍。

紀　太監王敬乘傳至江南，購書採藥，搜括古玩。拘蘇州生員錄其僻書，稍拂，即亂箠之。巡撫王恕上疏略曰：近見內官王敬齎來駕帖，止聞前往蘇常採取藥餌、收買書籍，別無行拘大戶，索要銀兩緣由。豈期王敬逼索蘇松常三府價銀六千兩，鎮太池寧安徽廣七府銀一千五百兩，鈔四百塊。又發鹽一萬五千引，與寧國逼銀三萬二千五百兩。又有鹽數百船，發去江北廬鳳、江西南昌，不知又得銀幾十萬兩。至蘇常，又逼官民銀三萬六千兩。其江浙二布政司并沿途，又不知幾千萬兩。伏望陛下留意於難保之天

命割恩於壞事之小人疏至逮敬充軍王恕三原人

編甲辰二十年春正月京師地震

陳準賢太監

編三月命太監陳準提督東廠

紀準爲人平恕清俊涖事之初下令軍校曰大逆者告我非此則有司之事也由是中外安之

編冬十月建永昌寺下刑部員外郎林俊後府經歷張黻獄

紀僧繼曉始以淫貪欺誑楚府事敗走匿京師夤緣梁芳等引入禁中其術得售尊爲善世賜美妹十餘金寶不可勝升紀乃言於上發內庫銀數十萬兩於西華門外拆毀民居剏建永昌寺大臣諫官皆不言於是林俊上疏言今歲以來災異屢見京師地震陵寢動搖鑒戒之昭莫此

明紀會通卷六 憲宗 成化二十年 三〇四 書業德

爲甚陝西山西河南連年饑饉人民流離可爲流涕而僧繼曉欺罔聖德發內庫銀建永昌寺以有用之財供無益之費工役不息人怨日興臣謂不斬繼曉異日之禍未可言也然縱之者梁芳也芳傾覆陰很引用奸邪排斥忠良數年之間假進貢買辦爲名盜祖宗百餘年之府庫殆盡家貲山積悉尚銘不足多所在風擾汪直莫能過飢民之死莫不欲食梁芳繼曉之肉而不敢以此言進者所惜者官所畏者死耳臣何忍畏死不言以爲陛下仁聖之累上覽疏大怒下俊錦衣衛獄貶雲南姚州屬姚安府判官張黻上言今三邊未靖四方災旱軍民愁苦萬狀凡有世道之憂者惟恐陛下不得盡聞今林俊上言而反得罪則遠近相傳以言爲諱豈朝廷之福哉伏乞察俊忠直恕其僭越使士氣益張讜論無隱上以黻回護林俊貶雲南師宗州屬廣西府知州南京兵部尚書王恕上疏曰邇聞刑部員外郎林俊陳言過直干冒天威後府經歷張黻爲林俊陳情亦蒙逮問臣嘗以二人爲戒而復敢進言者實爲天下國家慮也今都城內外佛寺不知有幾千百區茲又欲營建遷移軍民數千百家計費帑銀數十萬兩人皆知此事之非而不言獨林俊言之人皆知林俊之是而不言獨張黻言之今悉置之於法人皆以言爲諱設再有奸邪誤國陛下何由知之乞復林俊等以慰天下停建寺以理兵荒庶宗社可鞏拱固天命可永保矣疏入留中林俊莆田人

明紀會通卷六 憲宗 成化二十年 二十一年 三〇五 書業德

生員納監

編詔令天下生員納粟入監以賑山陝等處饑荒

林宗錫曰上書建寺發帑數十萬兩下書令納粟入監以賑饑荒二事俱失不言而見矣

編乙巳二十一年春正月星隕有聲詔求直言

紀工部主事張吉中書舍人丁璣進士敖毓元俱上疏斥李孜省僧繼曉等罪惡疏入俱留中尋皆以他事謫之孜省江西人嘗爲吏坐贓巡按御史楊守隨逮問充軍孜省逃至京師夤緣入禁中以符水得幸授太常寺丞守隨尋還朝即劾孜省罪惡不宜典郊廟百神之祀命改上林苑監丞未幾擢禮部侍郎掌通政司事受密命訪察百官賢否書小帖以所賜圖書封進其寵眷如此

編復林俊張黻原職

章吉之後又有懷恩誰謂宦官無賢者

（紀）初林俊之劾繼曉下獄也事且不測獨太監懷恩叩頭諍曰自古未聞有殺諫官者臣不敢奉詔上大怒曰汝與林俊合謀訕我舉所用御硯擲之恩免冠號哭不起曰臣不能復事陛下上命左右扶出恩至東華門使人謂鎮撫司曰若等諂梁芳合謀傾林俊俊死若等不得獨生俊獄得解時星變黜傳奉官御馬監太監王敏請於上凡馬房傳奉不復動恩怒曰星象示變專爲我輩內臣壞怪朝廷之法外官何能爲今甫欲正法汝等又來壞之他日天雷擊汝矣敏虁虁而死章瑾以進奉寶石授鎮撫司命懷恩傳旨恩曰鎮撫掌天下刑獄奈何以小人得之不肯傳上曰汝違我恩曰非敢違命恐違法也上命覃尋昌傳之恩

曰倘外廷有諫者吾言倘可行也時尚書余子俊在兵部恩語之曰第執奏吾從中贊之子俊謝不敢恩嘆曰吾固知外廷之無人也時尚書王恕屢上疏切直恩曰天下忠義斯人而已

泰山屢震

（編）三月泰山屢震。

（紀）泰山在山東濟南府泰安州。凡大震者七次時椒寢漸繁上頗有易儲意而未宣露欽天監奏言泰山震動應在東宮上大驚意遂已

（編）秋九月大學士劉珝致仕以李孜省左道亂政也。

彭華人閣參預機務

（編）冬十月以詹事彭華爲吏部左侍郎兼翰林院學士入內閣參預機務彭華安福人。

（編）丙午二十二年春三月罷南京兵部尚書王恕

（紀）先是因星變傳奉官多革罷既而夤緣復進用恕上言政令必信不宜數朔改語多激切忤上意遂令恕致仕

明朝惟薛瑄陳選蔡清可稱道學

（編）夏四月廣東布政使陳選被逮赴京道卒

（紀）選字士賢別號克菴臨海人也父貞韶先爲御史選既貴顯惟服先人衣帶客至瓦器蔬食相對無媿色自河南聞喪歸行李蕭然惟車一輛而已及之官廣東騎驢出都門而去其在廣提督市舶官韋泰肆橫選每事裁抑之泰怨恨誣以他事復賄選所黜吏張聚令誣訐選聚不從乃執聚拷掠聚曰死卽死耳安敢以私憾滅公議誣陷正人也問官竟以誣獄上帝遣錦衣逮之士民數萬號泣遮留

張聚十古豪傑

至南昌疾作卒張聚乃上言陳選素崇正學夙抱孤忠孑處羣邪之間獨立衆憎之地市舶韋泰通番敗露知縣高瑤按法持之陳選移文嘉獎以激貪懦固監司之體也奈何宋旻徐同愛怯勢保奸以致韋泰横行胸臆穢蠛清節熒惑聖明勘官李行承泰頤指鍛鍊成獄竟無左驗臣本小吏以詿誤觸法爲選罷黜泰乃妄意臣必憾選以厚賄啗臣令挾同陷選臣雖胥徒安敢欺昧心術泰知臣志不可利誘乃囑行等逮臣於理彌日考掠身無完膚臣甘死顲天終無異口行等若依倣泰語文致其辭是毀共姜爲夏姬詬夷齊爲盜跖也本年嶺南地震水溢漂民廬舍屬郡文牒報災老弱張口待哺而撫按藩臬若罔聞知選獨

時泰劾選褒獎蜀官志圖報謝

時泰誣選矯制發粟意在侵欺

抱隱憂。食不下咽。謂展轉行勘。則民命垂絕。其何能待。所以便宜議賑。志在救民。非有他也。選素剛正。不堪屈辱。乃爲勘官凌侮。憤懣成疾。旬日而殂。李行幸其就死。不爲醫療。又潛遣養子窋以選死報泰。以洩其忿。夫選砥節奉公。橫罹讒搆。君門萬里。孰諒其冤。臣以罪人擯斥田野。忝未自給。百無所圖。敢冒死披陳。甘心鼎鑊。奏入不報。選立志以古聖賢自期。操履誠慤。其居此官。必欲盡此職。其行此事。必欲盡此心。視去就爲甚輕。而於生靈國計則不稍暇也。士大夫知與不知。論正人者必曰陳選云。

商輅纂修宋元綱目

（編）秋七月。致仕大學士商輅卒。

（紀）輅字弘載。淳安今浙江嚴州府淳安縣。人。鄉會殿試皆第一。奉敕纂修續資治通鑑綱目。卒年七十三。謚文毅。

（編）以馬寅爲山東布政使。

（紀）寅在郎署三十年。爲副使十六年。未嘗以淹抑降志。嘗語去聲坐客曰。君子有三惜。此生不學一可惜。此日閒過二可惜。此身一敗三可惜。客嘆爲名言。

彭華尹直俱在閣辦事

（編）冬十月。加大學士萬安少師。劉吉少傅。彭華爲禮部尚書。尹直爲兵部尚書。並加太子少保。俱在閣辦事。

（紀）四人曲意媚事萬貴妃。昭德宮有所爲。禁不出一語。時有紙糊三閣老。泥塑六尚書之謠。太監懷恩嘆曰。內閣辦此四人。朝廷可謂無人矣。

（編）丁未　二十三年。春正月。萬妃薨。帝震悼。輟朝七日。

（紀）后山東人。幼入掖庭。警敏善迎合。遂專寵。吳后之廢。實由於妃。王后正位。每優容之。凡汪直、梁芳輩擅作威福。皆主於妃。至是卒。

（編）監生虎臣疏諫架棕棚。從之。

（紀）時萬歲山架棕棚以備登眺。太學生虎臣上疏極諫。帝奇之。而祭酒費誾不知也。懼其賈禍。乃會六堂。鳴鼓聲罪。鐵索鎖項以待。俄有官校宣臣至左順門。傳溫旨勞之曰。爾言是也。棕棚拆矣。命吏部銓選七品官。授雲南碍嘉知縣。誾大慙。臣名播天下。

（編）秋八月。帝崩。

（紀）上不豫。命皇太子視朝於文華殿。己丑。上崩。年四十一。歲

（編）九月。太子祐樘即位。

（紀）詔以明年爲弘治元年。

（編）尊皇太后曰太皇太后。皇后曰皇太后。

（編）立妃張氏爲皇后。壽寧侯張巒之女也。

（編）祧懿祖神主。

（紀）自德祖至英宗。九廟已備。德祖、懿祖、熙祖、仁祖、太祖、太宗、仁宗、宣宗、英宗。時欲崇祀大行帝神主。乃建祧廟於太廟正殿後。藏懿祖神主。而熙祖以下。以次奉遷焉。

李孜省僧繼曉俱伏誅

（編）李孜省伏誅。僧繼曉發原籍爲民。

（紀）太常卿道士趙玉芝、鄧常恩謫戍。恕邊。番僧國師領占竹等悉革職。斥佞豎。汝梁芳、陳喜等往孝陵司香。先朝妖

佞之臣放斥殆盡繼曉尋伏誅。

任吏部

【編】冬十月召王恕爲吏部尚書。

【紀】初太監懷恩以直道屏丙居鳳陽上素知之至是召還恩言大學士萬安諛佞王恕剛方請上去安而召恕遂有是命

【編】十一月謚生母淑妃紀氏爲孝穆皇太后。

【紀】上念吳氏保抱之恩命宮中進膳如太后禮。

大汚青史

【編】大學士萬安罷。

【紀】先是安結萬貴妃兄弟進妖僧繼曉以固其寵與李孜省結納表裏奸弊上在東宮稔聞其惡至是於內中得一篋怯。箱也。皆房中術也悉署曰臣安進上遣懷恩持至閣下

曰是大臣所爲乎安慙汗不能出一語已而科道交章論之遂命罷去安在道猶夜望三台星冀復進用尋卒進士李文祥與萬安孫弘璧同年安欲引文祥附己使弘璧延款於家屬題畫鳩文祥卽奮筆作詩云春來風雨尋常事莫把天恩作已恩安銜之命吏部除爲縣丞。

萬安猶望三台星

【編】星變詔求直言。

剖析賢奸黑白分明

【紀】有星飛流光芒燭地詔求直言庶吉士鄒智上疏言星變見於朝廷蓋陽不能制陰之象也宜進君子退小人正天下當自內閣始少師萬安恃權怙寵殊無厭足少師劉吉附下罔上漫無可否太子少保尹直挾詐懷奸至無廉恥皆小人也尚書致仕王恕素志忠貞可任大事尚書致仕王竑秉節剛勁可寢大奸都御史彭韶學識純正可決大疑皆君子也願陛下法太祖以待宮禁法太宗以任內閣則君子可進小人可退而天下之治成矣疏上不報智四川人生而穎敏十二歲能文章居龍泉菴掃榭葉焚之以照讀書丙午領鄉試第一郡人集觀智馬上口占曰龍泉菴上苦書生偶竊三巴第一名世上許多難了事郡人何用太相驚鄒智四川合州人。

邱濬進大學衍義補

【編】禮部右侍郎邱濬進所著大學衍義補擢禮部尚書。

【紀】先是濬以真西山大學衍義見四卷三十有資治道而治國平天下之事缺焉乃采經傳子史有關治國平天下者分類彙集附以己意名曰大學衍義補至是書成進之上覽

之甚喜批荅曰卿所纂書考據精詳論述該博有輔政治朕甚嘉之賜金幣遂進尚書仍命禮部刊行。

【編】葬茂陵謚純皇帝廟號憲宗。

【紀】帝仁恕英明不剛不柔尊禮孝莊錢太后也。追尊景帝保護汪后褒恤于謙粹然於天理民彝者也然任用汪直以開邊釁任用梁芳以設傳奉任用王敬而采辦東南任用李孜省以排斥正士雖有一忠愛之懷瑺懷恩，族姓戴氏，識大義，多規諫，時比漢呂彊、唐張承業焉。而不足以救正焉故終其身宵小用事云。

【編】兵部尚書致仕王竑卒。

【紀】竑首捽馬順名重天下歷官都御史尚書守正嫉邪一代偉人也竑字公度，江夏人。

風度凜然　劉健作相

儲瓘賢吏部

孝宗敬皇帝。名祐樘，憲宗第三子，在位十八年，壽三十六歲而崩。

〔編〕戊申孝宗皇帝弘治元年。春正月，召南京兵部尚書馬文升爲左都御史。

〔紀〕文升陛見，現賜大紅織金衣一襲，蓋上在東宮時素知其名故也。文升感殊遇，自奮厲，知無不言。

〔編〕閏正月，詔天下舉異才。

〔編〕二月，帝耕籍田。

〔紀〕上耕籍田，見一卷二三。畢，宴羣臣。教坊以雜伎承應，或出褻語。馬文升厲色曰：「新天子當知稼穡艱難，豈宜以此瀆亂宸聽。」即斥去。

〔編〕以劉健爲禮部右侍郎兼翰林院學士，直文淵閣。劉健，字希賢，洛陽人。

〔編〕三月，帝視學，釋奠見二卷四。先師。

〔編〕起用謫降主事張吉、王純，中書舍人丁璣，進士敖毓元、李文祥。張吉，餘干人；丁璣，丹徒人；敖毓元，江西人；李文祥，麻城人。

〔紀〕先是五人並以言事遠謫，南京吏部主事儲瓘貫上言：「五人者既以直言徇國，必不變節辱身，今皆棄之嶺海之間，毒霧瘴氣與死爲伍，情實可憫，乞取而置之風紀論思之地，則言論風采必有可觀，與其旋求敢諫之士，不若先用已試之人。」上命吏部起用之。儲瓘，泰州人。

〔編〕加贈前少保于謙特進光祿大夫柱國太傅，謚肅愍，萬曆中改謚忠肅。建祠墓所，有司春秋致祭。

〔編〕初開經筵。

〔紀〕少詹事楊守陳上開講勸政疏，上嘉之，詔開經筵，講畢賜講官程敏政等茶及宴，上皆呼先生而不名。楊守陳，鄞縣人；程敏政，信子，休寧人。

〔編〕冬十月，以耿裕爲禮部尚書。耿裕，九疇子，盧氏人。

〔編〕己酉二年。春二月，以馬文升爲兵部尚書。

〔編〕下御史湯鼐奈、壽州知州劉槩獄，謫庶吉士鄒智爲廣東吏目。湯鼐，安慶人；劉槩，濟寧人。

〔紀〕先是萬安、劉吉、尹直在政府，嘗語鼐，朝廷不欲開言路。鼐即以其言劾之，已而安、直皆免官。鼐與李文祥等以爲小人退則君子進，雖劉吉在，不足慮也。吉使客徐鵬啗淡御史魏璋以殊擢，使伺鼐。鼐家壽州，屬江南鳳陽府。知州劉槩與書，言夢一人牽牛陷澤中，鼐手提牛角引之而上，人牽牛象國姓，此國勢濱危，賴鼐復安之兆也。鼐大喜，出書示客。璋以劾之，謂其妖言誹謗，下錦衣獄，辭連庶吉士鄒智、身親三木，在頸及手足枷杻械也。僅餘殘喘，神色自若，議者欲處以死刑，部侍郎彭韶辭疾，不爲判案，獲免。左遷石城今廣東高州府石城縣。吏目。大理寺評事夏鍭侯上言：「主事李文祥、庶吉士鄒智、御史湯鼐等皆以言獲罪，實大學士劉吉誤陛下，豈知劉吉之罪，不減萬安、尹直乎。」疏奏留中，鍭謝病歸。鄒智獄中寫懷詩曰：「人到白頭終是盡，事垂青史定誰真？夢中不識身猶繫，又逐東風入紫宸。」其辭朝詩曰：「盡披肝膽知

定預備倉

施及蚕貊

何日望見衣裳只此時但願太平無一事孤臣萬死更何悲其忼慨忠愛之意溢於言表後二十年卒僅三十六

（編）夏五月以彭韶爲吏部左侍郎

（紀）王恕爲尚書得韶爲貳皆不避權貴請謁路絕

（編）秋七月以孔鏞爲田州知府

（紀）孔鏞爲田州知府纔三日峒獠倉卒犯城鏞曰孤城中虛能支幾日乎祇應諭以朝廷恩威庶自解耳衆曰郎爾誰當往鏞曰此吾城也吾當獨行衆請從以士兵鏞笑却之獨乘一馬而往賊遮馬問故鏞曰我新太守也至爾峒有所欲言爾當導我賊叵測姑導以行徑入峒賊露刃出迎至巢穴鏞下馬立其廬中顧賊曰我乃爾父母官孔太

守也賊曰豈聖人兒孫耶鏞曰然賊皆羅拜鏞曰我固知若曹本良民迫於凍餒聚此苟圖救死耳前官不知此動欲勦絕汝我今奉朝廷命作汝父母官視汝猶子孫不忍殺害汝若能從我當宥汝罪可送我歸府我以穀帛賚汝爾後無復刦掠事若不從可殺我後有官軍來問罪汝當之矣衆錯愕伏地曰公誠能相恤請公終任不復擾犯鏞曰我一語已定何必多疑遂引賊數騎至城下取穀帛從城上投與之賊取謝而去迄鏞終任不復出 孔鏞長洲人

（編）庚戌三年春三月廷試賜錢福等進士出身有差 福字鶴灘華亭人能文尋以不檢敗

（編）夏四月定預備倉

丘濬作相才學雖博然執拘殊

（編）冬十一月有星孛於天津詔大臣極言時政得失

（紀）吏部侍郎彭韶言正近侍愼官爵厚根本減役錢上嘉納之禮部尚書耿裕率羣臣條時政七事上謂有防微杜漸之意左侍郎倪岳上言當今民日貧財日匱宜節儉以爲天下先又言減齋醮 醮焦去聲 罷供應省營繕上采納之 倪岳錢塘人

（編）辛亥四年春正月刑部尚書何喬新致仕

（紀）喬新執法不回每重王恕不平劉吉吉銜 鹹恨也 ○之嗾 藪 御史鄒魯誣奏喬新受餽遺 去聲 下獄鞫訊無驗遂致仕歸 何喬新廣昌人

（編）以彭韶爲刑部尚書

（編）秋八月吏部尚書王恕上疏乞致仕不許

（紀）恕時有建白衆議謂業已行矣恕言天下事苟未得其當雖十易之不爲害若謂已行不及改則古之納諫如流豈皆未行乎恕遇事敢言有不合輒引疾求退上每溫詔留之

（編）九月大學士劉吉罷

（紀）時上欲封張皇后弟伯爵吉言必盡封周王二太后家乃可上惡之使中官至其家勸令致仕去初吉屢被彈章仍進秩人呼爲劉棉花謂其愈彈愈起也

（編）冬十月命禮部尚書邱濬兼文淵閣大學士典機務

（紀）時大學士邱濬亦階太子太保兼禮部尚書一日內宴

無功業

邱王爨端始

濬以內宴位恕上。恕以己冢宰。不宜居禮部下。頗有言。濬訐奏恕他事。賣直沽名。恕遂求去。於是言官劾濬娟嫉妨賢。不報。先是入閣者自侍郎而下。未有以尚書入閣者。入閣自濬始。

〔編〕掌錦衣衛事都指揮使朱驥卒。

〔紀〕驥于謙婿也。受知憲宗。寵眷無比。掌衛士二十餘年。小心愼密。用法寬平。士大夫莫不賢驥。而嘆于謙爲知人云。

楊守陳曰。國家設錦衣衛爲親軍。職任樞要。其掌御乘輿。則漢奉車都尉之職也。其掌徒隸。察舉官邪民惡。則司隸校尉之職也。其掌徼巡京師。禦非常。察奸宄。則執金吾之職也。其掌刑獄逮繫。則又兼廷尉之職也。任其職者。往往怙寵恃勢。淫刑黷貨。遠或數年。近或二三年。輒僨事以賈禍。朱驥獨恪守厥職二十餘年。善始令終。未易得也。

〔編〕〔壬子〕五年。春二月。立皇子厚照爲皇太子。

〔編〕右諭德王華上疏。請帝恆御經筵。

〔紀〕略曰。每歲經筵。不過二三御。而日講或間。諫旬日始一行。則緝熙之功。毋乃或閒。雖聖德天健。自能乾乾不息。易乾卦。天行健。君子以自强不息。又君子終日乾乾。而宋儒程頤所謂涵養本源。薰陶德性者。必接賢士大夫之時多。宦官宮妾之時少。後可免於一暴十寒之患。上嘉納之。王華。餘姚人。

〔編〕夏四月。大學士邱濬上疏言時政之弊。

〔紀〕大略言陛下端身以立本。清心以應務。謹好尚。勿流於異端。節財費。勿至於耗國。公任用。勿失於偏聽。禁私謁以肅內政。明義理以絕奸佞。愼儉德以懷永圖。勤政務以弘

開事例者當三復此言

至治。庶可以回天災。消異物。帝王之治可幾也。因擬爲二十二條。以爲朝廷抑遏奸言。杜塞希求。節財用。重名器之助。凡萬餘言。上覽奏甚悅。以爲切中時弊。

〔編〕冬十一月。詔停生員吏典開納事例。

〔紀〕王恕言永樂宣德正統間。天下亦有災傷。各邊亦有軍馬。當時未有開納事例。糧不聞不足。軍民不聞困弊。近年以來。遂以此例爲長策。既以財進身。豈能以廉律己。欲他日不貪財害民。何由而得乎。上從之。

〔編〕〔癸丑〕六年。春三月。刑部尚書彭韶罷。韶爲外戚宦官所嫉。又與大學士徐溥不協。乃辭疾歸。後二年卒。贈太子少保。謚惠安。

〔編〕吏部尚書王恕致仕。恕與大學士邱濬不協。力求去。詔允之。

〔編〕改禮部尚書耿裕爲吏部尚書。加太子太保。以禮部左侍郎倪岳爲禮部尚書。

〔編〕〔甲寅〕七年。春二月。河決張秋。命太監李興。平江伯陳銳。協同都御史劉大夏往治之。下山東按察副使楊茂仁獄。

〔紀〕大夏既受命。循河上下千餘里。周覽形勢。上言河性湍悍。張秋乃下流襟喉。勢難猝治。當於上流分導南下。再築長隄。低以禦橫波。且防大名山東之患。俟其循軌。而後決可塞也。楊茂仁上疏言官多則民擾。治河既委劉大夏。又差李興陳銳。事權分而財力匱。乞將興銳取回。專委大夏。又水陰也。其應爲內官。爲外寇。宜戒飭后戚。防禦邊患。疏入。興等奏茂仁爲妖言。逮繫錦衣衛獄。科道交章論救。乃謫

徐溥作相

李東陽謝遷參與機務

長沙府同知。楊茂仁，守陳子，鄞縣人。

〔編〕秋八月，加徐溥少傅、吏部尚書、謹身殿大學士，邱濬少保、戶部尚書，劉健太子太保，並兼武英殿大學士。徐溥，宜興人。

〔編〕冬十月，西域進獅子。

〔紀〕倪岳言：獅者外域之獸，眞僞不可知，縱眞，非中國宜畜，非眞，無爲外域所笑。詔還之。

〔編〕乙卯八年，春二月，少保、大學士邱濬卒。濬字仲深，廣東瓊州府瓊山縣人，卒年七十三，贈太傅，謚文莊。

〔編〕命禮部侍郎兼侍讀學士李東陽、詹事兼侍講學士謝遷參與機務。李東陽字賓之，茶陵人。謝遷字于喬，餘姚人。

〔編〕張秋隄成，召劉大夏爲戶部右侍郎。

〔編〕秋八月，設江西巡撫於南贛。今江西贛州府。

〔紀〕時汀漳今福建汀州、漳州二府。多盜，嶺南今廣東省。奸民附之，故添設憲府於要地以節制焉。

〔編〕冬十二月，天鼓鳴，地震。

〔紀〕王事胡爟上言：地震之類，災之小者也。西北旱暵，父子相食，東南饑疫，骨肉流離，大變也。陛下深居九重，左右蒙蔽，未之知耳。今李廣、楊鵬引用劉良輔左道惑亂，聖心齋醮糜費，差遣在外，如虎吞噬，其耗天下不可言矣。士大夫昏夜乞哀，交相賄托，不以爲恥，言官不敢舉劾，陰盛陽微，災異曷由弭乎？乞用臣言，則邪佞斥而陰慝消矣。疏入，人皆爲爟危，已而廣等果敗。胡爟，蕪湖人。

纂有明會典

〔編〕丙辰九年，秋八月，大學士徐溥、劉健、李東陽、謝遷上疏諫燒煉齋醮之事。

〔紀〕溥等以內官李廣、楊鵬引用劉良輔左道惑亂，乃上疏曰：我祖宗自洪武至天順間，皆召儒士諮議政事。今朝參外，不得一覿天顏。夫人君之心，必有所繫，不繫於此，則必繫於彼。正士既疏，則邪說乘間閒，空閒處。○乘而入，近有以齋醮燒煉進者，此乃異端惑世之術，聖王之所必禁也。宋徽宗崇信道流，卒使乘輿播遷，社稷傾覆。至若燒煉金石之藥，性多酷烈，唐憲宗藥發致疾，其禍甚慘。矧熒惑見二卷三一失度，太陽無光，天鳴地震，草妖木異，四方奏報，殆無虛日。伏望嚴早朝之節，復奏事之規，遠邪佞之人，斥誣罔之說，太平之業可保矣。上嘉納之。

〔編〕丁巳十年，春三月，命內閣及翰林院官纂修大明會典。

〔編〕帝罷遊後苑。

〔紀〕上屢遊後苑，侍講王鏊侍經筵，講文王不敢盤於遊田，上悟納之。召李廣等戒之曰：今日講官所指，蓋爲若輩。好爲之，竟罷遊。

〔編〕命戶部侍郎劉大夏整理北邊糧草。

〔紀〕時北邊倉場告乏，大夏將行，尚書周經謂曰：北邊糧草，半屬京中貴人子弟經營，公素不與此輩合，此行恐不免剛以取禍。大夏曰：處天下事以理，不以勢，定天下事在近不在遠，俟至彼圖之。既至，召邊上父老日夕講究，遂得其

天下無難處之事只在有才者實心以任之耳

四相俱正人偕東陽與劉瑾同朝為情議所少然調劑補救甚多周非奸邪之比

博學有益

要領。一日揭榜通衢云。某倉缺幾千石。每石給官價若干。封圻內外官民客商之家。但願告報者。米自十石以上。草自百束以上。俱准告。雖中貴子弟不禁也。不兩月。公有餘集。民有餘財。大夏尋以病乞歸。邊人歌思之。往時糴買法有來告糧百千石。草千萬束。方准。以至中貴子弟。各相爭為市。乃轉買邊上軍民糧草。陸續運至。自大夏此法立。有糧草之家。皆自往告報。中貴人家即欲收糴無處得買也。三十年來無此良法。

(編)夏五月。京師風霾。埋。霾雨土蒙霧也。詩。終風且霾。霾音蒙。各省地震。詔求直言。

(紀)祠祭郎中王雲鳳上言。納忠言。罷左道。齋醮。采辦。傳奉諸事。上嘉納之。王雲鳳。和順人。

明紀會通卷六　孝宗弘治十年十一年　四十　書業德

(編)戊午十一年。春二月。進內閣大學士徐溥少師。兼太子太師。劉健少傅。李東陽謝遷並太子太保。

(編)皇太子出閣講學。

(編)夏六月。有熊入京城。乾清宮災。

(紀)京師西直門有熊入城。馬文升謂野獸入城。宜嚴武備。以防不虞。兵部郎中何孟春謂同列曰。熊之為兆。宜慎火。未幾。禮部燬。禁中亦火。乾清宮災。或問孟春此占出自何書。孟春曰。予不曉占書。曾見宋紀紹興高宗年號中。永嘉今浙江溫州府災。前數日。有熊至城下。州守高世則謂其倅翠。副也。趙允紹韜曰。熊於字能火。郡中宜慎火。果延燒官民舍十之七

寧王宸濠出

八。予憶此事。不料其亦驗也。何孟春。郴州人。

(編)太監李廣有罪自殺。

(紀)廣以左道見寵任。權傾中外。會幼公主痘殤。太皇太后歸罪於廣。廣懼。飲鴆見上卷十三死。上命搜廣家。得納賄簿籍。中言某送黃米幾百石。某送白米幾千石。上怒廣食幾何。而多若是。左右曰。黃米。金也。白米。銀也。上怒。籍沒之。

(編)己未十二年。春正月。給事中楊廉上疏。請講大學衍義見上卷二五。從之。楊廉。豐城人。

(編)二月。會試。取倫文敘等三百人。廷試。賜倫文敘豐熙劉龍等進士及第。

(紀)是科以李東陽程敏政典會試。未揭曉。給事華昶劾奏敏政賣題與江陰徐經蘇州唐寅。夏四月。會鞫。革徐經為民。敏政令致仕。倫文敘。南海人。豐熙。鄞縣人。劉龍。襄垣人。唐寅。字伯虎。吳縣人。

明紀會通卷六　孝宗弘治十二年　四十一　書業德

(編)夏四月。曲阜孔廟災。遣學士李傑祭告。

(編)冬十月。命採珠於廉州珠池。

(紀)費銀一萬七千兩。得不償失。

(編)十一月。寧王覲錫卒。上高王宸濠嗣。

(紀)宸濠。寧寧藩舊在大寧。太祖子初封之地。後徙封江西南昌府。仍號寧王。康王覲錫庶子。初封上高今江西瑞州府上高縣。王。至是覲錫卒。宸濠嗣為寧王。

(編)辛酉十四年。春正月。陝西地震。

(紀)馬文升上言。祗畏變異。痛加修省。勸上積金帛以備緩急。罷齋醮以省浪費。止傳奉之官。禁奏討之地。將陝西織

造羝禍內臣，早取回京，以蘇軍民之困。上嘉納之。

編 秋七月，遞減王府房價及開壙造墳銀。

紀 洪武至天順，宗潢房屋墳塋皆官為營造。成化中，始定例給價。凡郡王、將軍、中尉、郡主、縣主、縣君、鄉君，俱有婚嫁物料。宗室日繁，官銀不敷，中尉而下，有晨昏惟一餅充飢者矣，有假寐蓬窩、不幸沒無棺者矣，有女四十未辦嫁奩不適人者矣。有司受累，或升堂而號，或攔街而罵，或投磚瓦而毆吏卒，有司無如之何。據晉府一府，郡王、將軍、中尉、儀賓共二千八百五十餘人，歲支祿八十七萬有奇，舉一府而他府可知矣。山西都御史奏積欠王府祿粮至一百四十七萬八千餘石，舉一省而天下可知矣。至是為遞減

物價銀兩，俾得分派，然終非善策也。

傅維祖曰：是徒知尊其位、重其祿之經，而不知生者衆、食者寡之道也。夫易窮則變，變則通。君子之澤，五世而斬，宗族之賢者亦宜使之出仕，以盡其材；其不肖者亦宜令之農工商賈，以盡其力。而乃使之終身廢蕩，坐耗天祿，國家得不敝耶？

編 裁光祿寺添設供辦。

紀 時光祿日增，以天下常供為不足，乃責京師鋪戶買辦，宮中官價不給，乃賒借市井，拖累。都御史劉大夏執奏曰："光祿日辦桌面不勝查筭，日殺牲口無慮數百，既以損民之財，尤虧愛物之仁。"帝惻然，即命裁減。光祿卿艾璞曰："劉東山此奏，歲省銀錢八十餘萬。古稱仁人之言其利溥，此其人哉！"

民窮財盡，誰肯說此四字

批鱗

片語回天

編 冬十月，以馬文升為吏部尚書，劉大夏為兵部尚書。

紀 大夏素以安攘為己任，命下，人心翕服。廷謝，帝問曰："朕素用卿，而卿辭疾，何也？"大夏曰："臣老且病，今天下民窮財盡，萬一不虞，責在兵部，臣自度力不足辦，故辭耳。"帝默然。頃之，問曰："徵斂有常，何至今獨民窮財盡也？"大夏曰："正謂其不盡有常耳。往年廣西取鐸木，廣東市香藥，費俱萬計。"帝曰："自今一槩停止可也。"帝問："諸衞所卒可用否？"大夏曰："難用。"帝問其故，大夏曰："兵以氣銳為主，今兵窮甚於民窮矣，何以作其銳耶？"帝曰："在衞有坐糧，戍征有行糧，何窮也？"對曰："江南困轉漕，江北困京操，且所云坐糧、行糧，半與其帥共之，能無窮耶？"帝嘆息曰："朕在位久，不能周知，何以為民主。"帝欲於近畿團操，劉大夏曰："保定有都司統五衞，祖宗恐即此意。"帝遂命發回本衞團操。乃有造飛語帖宮門以誣大夏者，帝召大夏示之曰："宮門豈外人可到，此必內臣忿不得私役軍者為之耳。"時修清寧宮，劉大夏以工少人多，減去軍夫十分之五，帝命內閣切責之。劉健曰："愛惜軍夫，司馬職也。大夏每以老辭位，溫旨勉留，倘求去不已，若切責旨下，彼將以不職固辭，更於何處討這等人來？"帝欣然，即如大夏所裁之數。甘肅總兵曾麟求為挂印總兵，不得，棄官歸大同。帝問劉大夏，大夏曰："亦聽其歸耳。"帝曰："彼恃其部落為亂，奈何？"對曰："麟貪酷失下心，無能為也。"既而傾家貲，使使至大夏求挂印，大夏語其使曰："麟

處置得宜

一哲十哲之謠

要言

苟竭家貲，且爲名將，豈但挂印。耶今歸未旬月，遽求起復，不可。麟竟怏怏病死。

〔編〕壬戌十五年，春二月，佀鍾罷，以南京兵部尚書韓文爲戶部尚書。韓文，洪洞人。佀鍾，鄆城人。

〔編〕夏四月，命御史王哲巡按江西。

〔紀〕哲所至恤民隱，作士風，表先賢祠墓。時天旱，種不入土，哲乃親錄繫囚，出其所當原者數百人，翊日雨，是歲有秋。民有女奴自逃，其讎指爲故殺，訟於官，獄既成，哲復訊見其有究色，使人密訪女奴所在，得之，民得不坐。又有大家被盜，因誣其所怨者，賂鎮守欲置於法，哲察其誣，出之。鎮守怒，衆亦以爲疑。久之，眞盜得，始皆愧服。民爲之謠曰：江西有一哲，六月飛霜雪；天下有十哲，太平無休歇。王哲，吳江人。

〔編〕癸亥十六年，夏五月，京師大旱。

〔紀〕劉大夏因言兵政之弊，未能悉革，乞退，不允，令開陳所言弊端。大夏條上十事，上覽奏，嘉納之。上嘗問大夏天下何時太平，朕如何得如古帝王。對曰：求治不宜太急，凡用人行政，即召內閣蛤并執政大臣面議行之，但求順理以致太平。帝曰：閣臣如劉健，亦可與計事，但所與太雜。嘗獨薦一人，甚不愜朕意。明日大夏詢之內使陳寬，寬曰：劉學士曾薦都御史劉宇可大用，上不荅，再言之，上亦不荅。時刑部尚書閔珪持法忤旨，上與大夏語及之而怒。大夏曰：人臣執法，不過效忠朝廷，珪所爲無足異。上曰：古亦有之

明紀會通卷六　孝宗弘治十五年　十六年　四四　書業德

非卿分內何不使典閣務

明之李沆

一時明良遭遇老太監亦有良心

乎？對曰：舜爲天子，皋陶爲士，執之而已。上默然。徐曰：珪第執之過耳。老成人何可輕棄。竟允珪請。〇大夏因陳兵政弊端：一、京軍苦出錢供用；二、營軍苦私役做工；三、江南軍苦漕運破家；四、江北軍苦京操失業；五、竭生民之力運糧而濫食者衆；六、罄生民之力買馬而私用者不顧法禁；七、各處鎮守宜擇清廉；八、各處鎮守占軍數多；九、陞賞被於勢要；十、禁衛苞苴公行。帝悉准行之。〇帝御文華殿，諭大夏曰：事有不可，每欲召卿商確，以非卿分內而止。今後有當行當罷者，可具密揭進來。大夏對曰：不敢。帝曰：何也？大夏曰：先朝李孜省可爲鑒戒。帝曰：卿論國事，豈孜省營私害物者比乎？大夏曰：臣以揭帖進，朝廷以揭帖行，是前代斜封墨敕之類也。陛下所行，當遠法帝王，近法祖宗，公是公非，與衆共之。外付之府部，內付之閣臣。如用揭帖，因循日久，循爲故事，萬一匪人冒居要職，害何可勝言。帝稱善久之。〇大夏入對榻前，帝必顧內侍使退避，獨與大夏膝語。一日侍上久，欲起不能。帝曰：司禮監來，朕與劉尚書論事久，彼老不能興。爾李榮扶掖出左順門外。榮且扶且謂大夏曰：吾輩行事不好處多，老先生於上前幸隱惡揚善。大夏曰：聖上天性聰明，某於政事外，未嘗敢輕易毀譽人。今日以老求退，上曰：李榮亦在朕前說卿是好官。如某者與老太監蹤跡疎遠，不知何以有此。榮曰：當朝大臣，公名第一，榮敢蔽賢耶？閔珪，烏程人。

明紀會通卷六　孝宗弘治十六年　十七年　四五　書業德

〔編〕甲子十七年春正月。監察御史陳茂烈。以母老陳情乞終養。許之。

〔紀〕其疏曰。臣年十三歲。不幸喪父。母張氏撫臣以長。家無別丁。孤苦成立。臣前任吉安推官。母年雖高。猶能就祿。繼蒙聖恩。行取來京。母年愈老。疾病連綿。不能跋踄。臨別叮嚀。語甚悲切。臣待罪於茲二年矣。顧以非才。無補風紀。叉蒙聖恩錄臣微勞。賜之敕命。舉家幽明。感荷天寵。揣分奚堪。固當捐軀圖報於萬一也。奈慈闈衰邁。夕照如飛。今七十有七矣。君恩可以再酬。母年不可以多得也。況臣無男嗣。又無兄弟。一母一子。各天一涯。千思萬思。無時不思。疾病獨自呻吟。藥餌孰與調節。臣既思母。則報主之心亂。母

復思臣。則保身之心微。臣心可憫。母心更可慮也。伏望陛下憐母子孤苦。放臣歸養。得慰倚門之望。少伸烏鳥之私。臣他日祇奉龍顏。仰瞻天日。愈思恩渥。益勵初心。臣心實懇切。謹具奏聞。帝憫其情。特許之。陳茂烈。莆田人。

〔編〕二月。太皇太后周氏崩。上尊謚曰孝肅睿皇后。詔罷尊謚。仍稱太皇太后。立廟別祭。

〔紀〕初成化孝莊錢太后崩。彭時等議合葬裕陵。時已有周太后他日祔葬祔廟之說。至是太后崩。隨上尊謚。既而劉健等覽其誤。乃上疏言。成化初事有難處。臣子始爲委曲將順之意。其實漢以前。一帝一后。唐始有二后。宋亦有三后並祔者。上曰。二后已非。若三后尤爲非禮。事須師古。未

不壞祖制方是大孝

世鄙俗之事。不足學。太皇太后鞠育朕躬。恩德深厚。朕何敢忘。但一人之私情耳。錢太后乃皇祖冊立正后。我朝祖宗以來。惟一帝一后。今若並祔。乃從朕壞起。恐後來雜亂無紀極耳。且孝穆皇后朕生身母。上尊稱爲皇太后。別祀於奉慈殿。今仁壽宮前殿儘寬。意欲奉太皇太后於此。他日奉孝穆太后於後殿。歲時祭享。亦如太廟。東陽奏曰。皇上言及孝穆太后。尤見大公至正之心。可以服天下矣。上曰。此事却難處。行之則禮有未安。不行則違先帝之意。朕嘗思之。夜不能寐。先帝固重。而祖宗之制。尤爲重耳。議既定。上御批建廟奉享。仍稱太皇太后。以伸朕尊親之意。於是令奉慈殿奉周太皇太后。憲宗生母。而左室奉孝穆皇后。紀后

中外翕然稱得禮云。

〔編〕夏閏四月。曲阜重建孔廟成。遣大學士李東陽祭告。及還。條所過天災民瘼上聞。

〔編〕秋七月。掌詹事府禮部尚書吳寬卒。謚文定。長洲人。

〔編〕帝欲北征。以羣臣諫而止。

〔紀〕時大同告警。帝欲選京軍三萬往征。謝遷曰。邊事固殷。京師尤重。居重馭輕。尤宜內顧。李東陽劉健曰。潮河川古北口。深爲可慮。若彼聲東擊西。而我軍出入。未免顧此失彼。劉大夏亦力言京軍未可輕出。帝曰。我太宗朝頻年出兵。未嘗不利。大夏曰。太宗之時何時也。有糧有草。有馬有兵。有好將官。今皆無之。有損無益。帝納之。師乃不出。已而

作用

為沿邊諸將所拒。亦引去。

（編）乙丑 十八年。春三月。下戶部主事李夢陽獄。既而釋之。

（紀）夢陽疏言二病三害六漸。一曰元氣之病。指士氣委靡。二曰腹心之病。指左右朋比。一曰兵害。冗食而無補。空名而鮮實。二曰民害。斂重而民貧。官貪而恩壅。三曰戕民之害。墾田被侵於勳戚。草場受侵於官府。一曰匱之漸。既以兵運。又苦浪費。二曰盜之漸。夫盜之漸。其機在民窮。三曰壞名器之漸。鬻刺風行。黜陟未當。四曰弛法令之漸。五曰方術眩惑之漸。指僧道。六曰貴戚驕恣之漸。水防維土。國防維禮。水決則潰。禮決則陵。昔高皇帝置令曰。皇親之家不得與政。此固保全而使之安也。陛下至親。莫如壽寧侯。所宜保全而安之者。亦莫如壽寧侯。今其招納無賴。罔利賊民。苟不嚴禮以為之防。臣恐其潰有日矣。宜及今慎其禮防。則所以厚張氏者至矣。疏入。后母金夫人及壽寧侯張鶴齡日環泣帝前。帝不得已。下夢陽於獄。既而鎮撫司具獄詞以請。帝徑批復職。惟罰俸三月而已。他日帝遊南宮。二張夜入侍酒。皇后太子金夫人迤邐出遊。帝獨召大張膝語。左右莫聞。知第遙見大張免冠觸地。蓋因夢陽言而罪壽寧也。後劉大夏被召。頓首曰。近有旨釋李夢陽。中外歡呼。聖德如天。帝曰。夢陽本內。張氏二字。左右謂其語涉皇后。朕不得已。下之獄。鎮撫司本上。朕試問左右。當作何批行。則曰。宜付錦衣衛。撻以釋之。此輩一得旨下。便令

明紀會通卷六 孝宗 弘治十八年 四八 書業德

可謂天王聖明

重責。致其死。以快宮中之忿。使朕受殺直臣之名。左右不忠如此。朕[illegible]以令釋復職。更不令法司擬罪也。大夏頓首謝曰。陛下行此一事。堯舜之仁也。李夢陽。字獻吉。慶陽人。

（編）夏五月。帝崩。

（紀）上不豫。召大學士劉健等受顧命。見三卷二五 健等入。叩頭榻下。上曰。朕蒙皇考厚恩。選張氏為皇后。生東宮。今十五歲矣。尚未選婚。社稷事重。可即令禮部舉行。皆應曰。諾。上曰。東宮聰明。但年幼好逸樂。諸先生須輔之以正道。俾為令主。健等皆叩頭曰。臣等敢不盡力。諸臣出。翼日上崩。

（編）太子厚照即位。○詔以明年為正德元年。大赦天下。

（編）尊皇太后曰太皇太后。皇后曰皇太后。

明紀會通卷六 孝宗 弘治十八年 四九 書業德

（編）秋九月。恆星晝見。

（編）葬泰陵。謚敬皇帝。廟號孝宗。

（紀）帝天資英粹。清心寡慾。節用愛人。去萬安。誅李孜省。初政赫然可觀。然劉吉未罷。李廣復用。未免少疵。迨晚年。奸邪俱斥。忠良用事。閣臣則有劉健、謝遷。部臣則有馬文升、劉大夏。朝夕召見。從容議政。幾於內外安寧。惜享年不永。而青宮失教。弘治之業遂泯矣。

劉瑾用事掌兵

綱鑑會通明紀卷七

海陵後學陳志襄陶思輯錄

明紀

武宗毅皇帝。名厚照，孝宗太子，在位十六年，壽三十一歲而崩。

〔編〕丙寅武宗皇帝正德元年。春正月，天鳴地震。

〔編〕命都御史楊一清總制陝西三邊軍務。楊一清，字應寧，丹徒人。

〔編〕以神機營中軍二司內官太監劉瑾僅謹二音管五千營。

〔紀〕瑾陝西興平今西安府興平縣。人，故姓淡，景泰中自宮。割勢爲宮也。爲劉太監名下，因其姓。成化時，領教坊，見幸。弘治初，擯茂陵司香。其後得侍東宮，以俳俳優。弄戲弄。爲上所悅。上即位，瑾朝夕與其黨八人爲狗馬鷹犬歌舞角觝底。○角觝，俳優戲樂也。以娛魚上。上狎焉。八人者，馬永成、高鳳、羅祥、魏彬、邱聚、谷大用、張永，其一瑾。瑾尤猾狡膾。○給口捷也。頗通古今，常慕王振之爲人。英宗正統中，太監王振用事。至是漸用事。

〔編〕夏四月，少師吏部尚書馬文升罷。

〔編〕以焦芳爲吏部尚書。焦芳，泌陽人。

〔編〕召南京兵部尚書張敷華爲左都御史。張敷華，萬安人。

〔編〕六月，雷震郊壇禁門、太廟、奉天殿鴟吻。刎

〔紀〕大學士劉健、謝遷、李東陽聞上與八人戲亾度，連疏請誅，略曰：政在於民生國計，則若罔聞知；事涉於近倖貴戚，則牢不可破。臣等叨居重地，徒擁虛銜，或旨從中出，略不與聞，或衆所擬議，竟行改易。若以臣言爲是，則宜傳賜施行；臣等言非，亦宜明加斥責。而往往留中不發，視之若無。臣等因循玩愒慨。○玩愒，皆貪也。左傳：玩歲而愒日。竊祿苟容，既負先帝，又負陛下。語甚切直，不報。

劉瑾大用朝政亂矣

〔編〕秋七月，彗遂位二音。星見現參井，掃太微垣。彗，竹掃帚也。彗星，妖星，光芒偏指，如彗者也。參井，二宿名。太微，天帝南宮也。

〔編〕太白經天。見二卷二七。

〔編〕八月，立妃夏氏爲皇后。慶陽伯夏儒之女也。

〔編〕九月，兵部尚書劉大夏致仕。以劾劉瑾罪也。

〔編〕以總督宣大軍務都御史劉宇爲兵部尚書。

〔編〕冬十月，命劉瑾入掌司禮監，兼提督團營。瑾矯詔罷大學士劉健、謝遷，殺內司禮監太監王岳、范亨等，下刑科給事中吳翀充山西道御史劉玉獄。

〔紀〕戶部尚書韓文具疏，合九卿諸大臣上言：伏覩近歲以來，太監馬永成、谷大用、張永、羅祥、魏彬、劉瑾、邱聚、高鳳等，置造巧僞，淫蕩上心，或擊毬走馬，或放鷹逐兔，或俳優雜劇錯陳於前，或導萬乘之尊與人交易，狎暱銀入聲媟屑褻，無復禮體，日遊不足，夜以繼之，勞耗精神，虧損聖德。遂使天道失序，地氣靡寧，雷異星變，桃李秋花，考厥占候，咸非吉祥。先帝臨崩顧命之語，陛下所聞也，奈何姑息見二卷八羣小，置之左右，爲長夜之遊，恣無厭之欲，以累聖德乎？伏望陛下將永成等縛送法司，以消禍萌。疏入，上驚泣不食。諸

閹大懼自求安置南京而閣議持不從時內司禮監太監王岳亦東宮舊臣素剛直頗惡其儕所爲與司禮太監范亨徐智等亦助韓文等密奏上上允之待明旦發旨捕瑾等下獄而吏部尚書焦芳者故與瑾善遂以所謀泄之瑾瑾等亦廉(察也)知岳等密奏事八人者遂夜趨上前環跪哭曰微陛下恩瑾等磔(窄)○裂餧狗矣上色動瑾輒進曰害瑾等者王岳也夫狗馬鷹犬岳買獻否而獨咎瑾等上怒曰吾收岳矣瑾曰狗馬鷹兔何損萬幾今左班官敢譁無忌者司禮監無人也有則惟陛下所欲爲誰敢言者上怒是夜立命瑾入掌司禮監兼提督團營邱聚提督東廠谷大用提督西廠張永等並司營務分據要地瑾夜傳命栴

明紀會通卷七　武宗正德元年　三　書業堂

岳亨智逐之南京而外廷未知也晨伏闕則旨下劉健等知事不可爲各上疏求去瑾矯詔勒健遷致仕惟李東陽獨留蓋前閣議時健嘗推案哭遷亦訾(各)瑾等不休惟東陽稍緘默故得獨留健遷濱行東陽祖道(祭道神曰祖祖道謂餞行也)欷歔(悲泣氣咽而抽息也)健正色曰何用今日哭爲使當日出一語則與我輩同去耳東陽無以應瑾尋矯詔追殺岳亨於途擊折徐智臂得免初舉朝必欲誅瑾兵部尚書許進曰此屬得疏斥足矣若峻其事恐有甘露之變(唐文宗朝鄭注李訓等謀盡誅宦官伏兵殿左適金吾衛將軍韓約奏左金吾廳事後石榴夜有甘露帝命中尉仇士良率諸宦者往視之至左仗風吹幕起見執兵者甚衆士良驚走詣帝告變訓呼金吾衛士上殿縱擊宦官不克士良等命神策兵殺訓注等及金吾吏卒)既而果如進言吳翀劉玉俱上疏論劉瑾佞倖棄逐

(焦芳作相與劉瑾表裏爲好)

顧命大臣乞留劉健謝遷而以瑾正典刑上怒下獄斥爲民瑾既得志於是內揣合上意外日以深文誅求諸臣使自救不暇而莫敢進言上喜益謂瑾可委任矣

〔編〕建立皇莊七處

〔紀〕皇莊始於天順間成化時不過數處正德初閹寺用事先後建立幾三百餘莊民困極矣

〔編〕以吏部尚書焦芳兼文淵閣大學士入閣辦事

〔紀〕芳潛通劉瑾黨瑾遂引芳入閣表裏爲奸凡變紊成憲桎梏臣工杜塞言路酷虐軍民皆芳導之

〔編〕逮南京給事中戴銑(先)上聲御史薄彥徽等下錦衣衛獄

〔紀〕初劉健等致仕給事中呂翀(充)劉蒞(啇)上疏留之南京

明紀會通卷七　武宗正德元年　四　書業堂

兵部尚書林瀚聞而嘆息於是南京六科給事中戴銑等十三道御史薄彥徽等上疏請斥權閹正國法留保輔託大臣以安社稷劉瑾矯旨遣緹(題)騎(緹帛丹黃色緹衣兵服也漢官儀執金吾緹騎二百人)逮繫錦衣衛獄尋蒞翀及銑彥徽等二十八各廷杖除名爲民(呂翀永豐人戴銑婺源人林瀚閩縣人薄彥徽陽曲人)

〔編〕罷戶部尚書韓文

〔紀〕劉瑾恨文令人日伺其過會有進納內府折銀者內有假僞瑾矯旨文不能防奸落職閒住濱歸瑾陰遣邏卒伺於途文乘一騾宿野店而去文子高唐州(屬山東東昌府)知州士聰刑部主事士奇皆削籍

〔編〕十二月罷左都御史張敷華以極言時政之(斥劉瑾惡之也)

王鏊作相賢臣也

編進李東陽少師兼太子太師吏部尚書華蓋殿大學士焦芳太子太保武英殿大學士王鏊戶部尚書文淵閣大學士。

內外臣察皆或杖或罷而東陽獨加官進秩亦難免於君子之議矣

紀劉瑾之橫也東陽陰左右之帝悉以天下章奏付劉瑾瑾候帝玩戲則多上章請裁決帝曰吾安用爾爲而悉煩朕瑾由是自決政竟不送內閣票擬而內閣反令堂候官至瑾處稟明瑾亦不能多出於張文冕手文冕故松江市儈犯法逃瑾所瑾依之府部稟事俱候瑾門內外察勘進呈章奏俱達瑾所惟瑾自建白本則送內閣東陽擬旨有云爾剛明正直爲國除弊其極爲稱美類如此時有士人瞰亾投一絕云才名直與斗山齊伴食中書日又西回首

湘江春草綠鷓鴣啼罷子規啼意味雋永深中西崖之病一日都察院審錄重囚內寫劉瑾傳奉字樣重複瑾大怒都御史屠滽率十三道御史謝罪御史跪堦下瑾辱詈之皆叩頭不敢仰視屠滽鄞人

王守仁疏救戴銑被謫

編謫兵部主事王守仁貴州龍場驛丞

紀守仁上疏言戴銑等職居司諫以言爲責其言而善自宜嘉納如其未善亦宜包容以開忠讜黨。○直言也。之路乃今赫然下命遽事拘囚下民無知妄生疑懼在廷之臣莫不以此舉爲非然莫敢爲陛下諍言者恐復以罪銑等者罪之則無補國事而徒增陛下之過舉耳臣恐自茲以往雖有上關宗社危疑之事陛下孰從而聞之茍念及此寧不寒心況今天時凍冱護。○寒凝也。萬一遣去官校督束過嚴銑等在道或遂失所塡溝壑使陛下有殺諫臣之名然後追咎左右莫有言者則既晚矣伏願追收前旨使銑等仍舊供職疏入劉瑾怒矯詔杖五十斃而復甦謫貴州龍場貴州宣慰司龍場驛。驛丞既謫後瑾使人伺之途將置之死守仁至錢塘江名，在浙江杭州府錢塘縣。慮不免乃乘夜佯爲投江而浮冠屨水上遺詩有百年臣子悲何極夜夜江濤泣子胥之句浙江藩臬及郡守楊孟瑛皆信之祭之江上家人亦成服守仁遂隱姓名入武夷山在福建建寧府崇安縣。中已而慮及其父華卒赴驛華時爲南京吏部尚書瑾勒令致仕王守仁，字伯安，世稱陽明先生，浙江餘姚人。

編丁卯二年春三月劉瑾矯詔榜奸黨於朝堂頒示天下

紀略曰朕以幼冲嗣位惟賴朝廷輔弼其不逮豈意去歲奸臣王岳范亨徐智竊弄威福顚倒是非私與大學士劉健謝遷尚書韓文楊守隨林瀚都御史張敷華戴珊郎中李夢陽主事王守仁王綸孫槃黃昭檢討劉瑞給事中湯禮敬陳霆徐昂陶諧劉蒞艾洪呂翀任惠李光瀚戴銑徐蕃牧相徐暹纖張良弼葛嵩趙任賢御史陳琳貢安甫史良佐曹閔王弘任諾李熙王蕃葛浩陸崑張鳴鳳蕭乾元姚學禮黃昭道蔣欽薄彥徽潘鏜湯王良臣趙祐何天衢徐珏貫楊璋熊卓朱廷聲劉玉翰林倪宗正遞相交通彼側不安因自陳休致其敕內有名者吏部查令致仕株連

惡稔追悔難及是日朝罷令廷臣跪金水橋南聽詔
編夏四月太監瑾矯詔令天下鎮守太監得理刑名政事
紀由是中官挾勢剝害憲臣不能禁矣其最爲害者河南廖堂天津畢眞云
編寧王宸濠求復先世已革護衛與之
紀以賂瑾得復
編秋八月進焦芳少傅兼太子太傅謹身殿大學士王鏊少傅兼太子太傅武英殿大學士
編總制三邊都御史楊一清罷（劉瑾惡之也）
編以楊廷和爲戶部尚書兼文淵閣大學士參與機務
紀廷和初與劉忠俱出爲南京侍郎廷和獨以蜀錦餽瑾遂得召還南京尚書入閣自廷和始（楊廷和新都人劉忠陳留人）

編冬十一月太監瑾矯詔革天下巡撫及按察司兵備道
郭彥博曰（前令鎮守得理刑名政事則是每省有兩巡撫矣今又革天下巡撫則每省只是鎮守矣）
編戊辰三年春正月令天下布政使入覲各獻銀二萬兩
紀皆貸於京師富家回任括民財以償名曰京債
編下李夢陽錦衣獄
紀瑾知韓文疏出夢陽手必欲置之死夢陽時與狀元康海齊名而瑾極慕海海未嘗一入其門也有友人詣夢陽曰君殆非康對山不能生矣夢陽乃書片紙曰對山救我唯對山爲能救我（對山海字）其友持詣海海曰吾豈吝惡人之見而不爲良友行也乃往見瑾瑾焚香迎海海曰我有言

護衛革而亂心已萌

楊廷和作相

京債始於正德時

枉尺直尋交情可仰

告公聽我則留否且去今李夢陽下獄而公不援何也瑾曰敬聞命矣海遂解帶與之歡飲達曙夢陽得釋（康海武功人）
編三月逮前總制三邊都御史楊一清下獄
編先是一清巡邊以寧夏花馬池要害邊兵數由之以入上疏極陳戰守之策且言河套卽古朔方地唐張仁愿築三受降城自是無寇乞修濬牆塹以固邊防奏上報可一清遂與築邊牆尅期完功會劉瑾憾一清遂乞休工亦停罷僅築四十餘里至是又惡其築邊糜費下詔獄王鏊言於瑾曰一清有高才重望爲國修邊可以爲罪乎李東陽亦力救乃得釋
編廷試賜呂柟景暘戴大賓及第

紀時焦芳子黃中與試芳意處以大魁旣而得二甲第一芳怒斥讀卷諸官爲部屬而授其子以簡討（呂柟高陵人景暘儀眞人戴大賓福建人）
編夏四月致仕吏部尚書王恕卒（贈太師謚端毅）
編六月執朝官三百餘人下詔獄
紀時早朝有遺書丹墀（丹墀池。階上地曰墀天子以丹漆地故稱）者上命拾以進則告劉瑾不法狀也瑾大怒矯旨跪百官奉天門下詰監立門東監之時暑甚僵仆十數人命曳（曳葉拖也）出至暮盡送下詔獄明日李東陽疏救瑾微聞出內寺乃得釋
編逮前戶部尚書韓文下錦衣獄（監禁數月罰米千石赴大同親納）
編秋八月逮前兵部尚書劉大夏南京刑部尚書潘蕃下獄

謫戍。劉瑾誣以罪，欲論死，王鏊屢爭，力爲之辨，乃謫戍。大夏僱驢車出都門，觀者如堵，所至罷市，士女攜筐進果食，有焚香密禱願大夏生還者。

【編】冬十二月，起蔡清爲國子監祭酒，不至，卒。蔡清字介夫，福建晉江人。

蔡清不應祭酒召，其得於易學深矣。

【紀】清晉江人，家貧篤學，所著有易學、四書蒙引。

【編】己巳四年，春二月，勒原任大學士劉健、謝遷爲民。

【紀】先是詔舉懷才抱德之士，以餘姚今浙江紹興府餘姚縣。周禮、徐子元、許龍、上虞今紹興府上虞縣。徐文彪應詔。劉瑾以四人皆遷鄉人，而草詔由健，欲因而害之。矯旨下禮等鎮撫司鞫之。吏部尚書劉宇阿瑾意，劾有司訪舉失實，鎮撫詞連健、遷。瑾持至内閣，欲籍其家。李東陽、徐爲勸解，得少釋。焦芳抗聲曰：從輕處亦當除名。既而旨下，健、遷除名，禮等戍邊。

令餘姚人從此毋選京朝官。

無道則隱，不愧君子。

【編】夏四月，大學士王鏊致仕。

【紀】瑾權傾中外，鏊以爲戚，因求去。衆虞禍且不測。鏊曰：吾義當去，不去乃禍耳。疏三上，得歸。

【編】進吏部尚書劉宇少傅兼太子太傅、文淵閣大學士，入閣辦事。

【編】冬十二月，追奪大學士劉健、謝遷、尚書馬文升、劉大夏、韓文、許進等六百七十五人誥敕，爲民充軍。從都給事中李憲言也。

【編】庚午五年，夏四月，安化今陜西慶陽府安化縣。王寘鐇反。起都御史楊一清，命太監張永提督討之。

【紀】一清與永西行，一日嘆息泣謂永曰：藩宗亂易除，國家内亂不可測，奈何？永曰：何謂？一清曰：公豈一日忘情，顧無能爲公畫策者，遂促席手書瑾字。永曰：瑾日夜在上傍，上一日不見瑾則不樂。今其羽翼已成，耳目廣矣，且奈何？一清曰：公亦天子信幸臣，今討逆不付他人付公，上意可知。公試班師入京，詭言請上間語寧夏事，上必就公問。公於此時上寘鐇僞檄，并述渠亂政凶狡，謀不軌，海内愁怨，天下亂將起。上英武，必悟且大怒，誅瑾。瑾誅，柄用公，公益矯瑾行事，呂彊東漢末宦官之賢者。張承業唐末宦官之忠者。暨公，千載三人耳。永曰：即不濟奈何？一清曰：他人言濟不濟未可知，言出公必濟。顧公言時須有端緒，且委曲。脫上不信，公頓首請死，願死上前，即退瑾必見殺。又涕泣頓首得請，即行事。

設機陷害，最天地所忌。然除奸去賊，安可無此深心？妙用。

毋緩頃刻，漏事機禍不旋踵。永攘臂起曰：我亦何惜餘生報主乎。

【編】秋八月，劉瑾伏誅。

【紀】寘鐇就擒，是月望日，張永至自寧夏獻俘。上迎之東華門，賜宴，比夜，瑾先退。夜半，永出疏懷中，謂瑾激變寧夏，心不自安，陰謀不軌狀。永黨張雄、張銳亦助之。上曰：罷矣，且飲酒。永曰：離此一步，臣不復見陛下也。上曰：瑾且何爲？永曰：取天下。上曰：天下任彼取之。永曰：置陛下何地？上悟，允其奏，當夜即命禁兵逮見二卷六。瑾。永等勸上親至瑾第觀變。時漏下三鼓，瑾方熟寢，禁兵排闥入，瑾披衣起，趨出戶，被執，就内獄。明日，降爲奉御，閑住之鳳陽，命廷臣議其罪。初上尚未有意誅瑾。瑾聞鳳陽之命，曰：猶不失富太監也。及籍其家，得金二十四萬錠，又五萬七千八百兩，元寶五百萬錠，又一百五十八萬三千六百兩，寶石二斗，金甲二，金鉤三千，玉帶四千一百六十二束，蟒衣四百七十襲，衮袍八爪金龍四，盔魁甲三千，弓弩五百。上大怒曰：瑾果反。乃付獄，吏部尚書張綵送都察院獄。於是六科十三道共劾瑾罪三十餘條，上是之，命法司錦衣衛執瑾午門廷訊之。瑾大言曰：滿朝公卿，皆出我門，誰敢問我者？皆稍稍却。駙馬都尉蔡震曰：我國戚也，不出汝門，得問汝。使人批瑾頰，曰：公卿朝廷所用，何由汝抑？汝何藏甲也？曰：以衛上。震曰：何藏之私室？瑾語塞，既下獄，上命毋覆奏，陵遲之三日梟

其首。諸被害人爭買其肉啖淡之。瑾親屬皆論斬。張綵死獄中，大學士劉宇、曹元，前大學士焦芳，宇子編修劉仁，芳子侍讀焦黃中，戶部尚書劉璣，兵部侍郎陳震，並削籍爲民。○寘鐇音播者，慶靖王會孫也，寧夏覲王九兒降鸚鵡神，妄言禍福，每見寘鐇，輒呼老天子。寘鐇遂懷不軌。會瑾遣官量田，寧夏人不自安，寘鐇黨遂謀反，歃血定盟，部署將校以待命。其下作檄，數劉瑾罪狀，關中大震。陝西守臣將寘鐇檄文封奏，瑾匿不以聞。寘鐇奪寧夏游擊將軍仇鉞營，鉞單騎歸私第，京師訛言鉞已從賊，又與武營守備保勛故與賊姻，衆亦疑勛。勛上疏言臣義不顧家，誓飛渡黃河，食賊肉，以報朝廷。遂率兵討賊。時仇鉞稱病臥，陰納壯士，其蒼頭汲河入城，具言保勛兵至。鉞喜，適寘鐇出城祭旗纛，遣人呼鉞陪祭，鉞復稱病。其黨周昂自來問疾，鉞陽呻吟臥伏，命蒼頭侯昂入，即持鐵骨朶擊殺之。鉞即披甲跨馬，呼壯士直趨安化府中，執其黨盡殺之，擒寘鐇及其子儀賓等，賊衆大潰。鐇起兵凡十八日而敗，時朝廷不知，方起楊一清爲提督，涇陽伯神英爲總兵，太監張永總督以討寧夏，兵未至，而寘鐇已爲仇鉞所執矣。

谷應泰曰：寘鐇非叛也。產祿在而典居之兵無罪，武曌而敬業之兵亦正。惜其狠狽稱戈，初無撥亂之才也。雖然，寘鐇不反，則張楊夜半之謀不合，武宗心腹之愛不割。天殆借鐇爲逆瑾授首資乎。夫寧夏之功，不在寧夏，在楊一清乘寘鐇以誅城社之奸；南昌之捷，不在南昌，在王守仁滅宸濠以寒覬覦之膽，皆可謂大臣矣。

（編）封張永兄張富爲泰安伯，弟張容爲安定伯，魏彬弟魏英爲鎮安伯，馬永成弟馬山爲平凉伯，谷大用弟谷大玘爲永清伯，封義子朱德爲永壽伯，給誥券世襲。

（紀）李東陽奏：旬月之間，二難交作，悉底平定，皆永等之功，故加恩典。

（編）命太監魏彬掌司禮監事。

（紀）四川巡撫都御史林俊上疏，請上還內宮，擇宗室之賢者養於別宮，收召老臣劉健、謝遷、林瀚、王鏊、韓文等，以修舊政。又言劉瑾雖死，而權柄猶在宦豎，汝安知後無復有如瑾者？詞旨剴切，大忤左右，不報。御史張芹劾大學士李東陽，劉瑾專權亂政之時，阿諛承順，不能力爭，及陛下任用得人，潛消內變，又攘以爲功，冒膺恩蔭，乞賜罷斥。不聽。

劉忠梁儲並相俱方正賢臣

劉大夏有明第一人物

響馬名始此

盜伺肘腋可畏

時魏彬、馬永成等擅執朝政，兩河南北楚蜀盜遂起。

【編】冬十二月，陞盧陵知縣王守仁爲南京刑部主事。

【編】召楊一清爲戶部尚書，加太子太保。

【編】進楊廷和少傅謹身殿大學士，劉忠少傅，梁儲少保，並武英殿大學士。梁儲，順德人。

【編】辛未六年春三月，廷試，賜楊慎、余本、鄒守益等及第。

【紀】前此戊辰，焦芳以子黃中不得狀元，降調諸翰林。是科廷和在閣，子慎遂大魁。慎極博習，然京師人猶稱爲面皮狀元。楊慎字用修，廷和長子。余本，鄞人。鄒守益，安福人。

【編】夏五月，致仕兵部尚書劉大夏卒。贈太保，謚忠宣。

楊廉曰：劉忠宣通達國體，如陸敬輿；質直不阿，如汲長孺；廉潔無私，如包希仁；忠義懇切，如司馬君實。是固先民之遺軌云。

吳廷舉曰：古人有言：憂民如有病，見客似無官。忠宣足以當之。

【編】江西四川盜起。

【紀】攻破州縣，到處劫掠官民。流賊劉六、劉七、齊彥名等橫行畿甸，京師戒嚴。

【編】秋八月，命惠安伯張偉等統京營兵討流賊。

【紀】初，京師南固安、永清、霸州、文安等地方，京衞屯軍雜居其地，往往邀路劫掠，號曰響馬。文安張茂家有複壁重樓深窖，羣盜嘯聚其中。諸大璫多文安人，盜與通，因得出入禁中，進豹房觀上蹴踘，了無忌憚。河間參將袁彪數敗賊，太監張忠爲和解之。及甯杲捕賊，乃使人彈琵琶作優人入茂家，知其曲折，遂乘不備，突擒之。太監索獻金二萬，則赦之。於是其黨劫掠郡縣，以足所獻。有劉六、劉七，弓矢絕倫，涿州官吏召而撫之，役竟颺去。及瑾誅，杲亦能詔許盜自首免罪。六等復自首，免。至是復叛，劫安肅縣獄，取去繫盜齊彥名，窮民響應。文安生員趙燧有膂力，好任俠，每大言自負，人目爲風子，至是爲盜所擒，由是賊黨益繁。自畿南達山東，倏忽來去，勢如風雨。其所騎健馬能一晝夜馳數百里，官馬不能及之，所在官軍不能支，復不意四出，官軍四出奔命。吏部言宜用大將及文臣有才望者提督軍務，乃命惠安伯張偉、都御史馬中錫率京營軍討之。馬中錫，故城人。

許逵有備盜之才

無能之將無制之兵

【編】冬十月，命太監谷大用總督軍務，調宣府大同邊兵討賊。

【紀】羣盜由山東出河南、湖廣、江西，復還霸州，走山東，縱橫如蹈無人之境。所至野掠，不佔城郭。一日，劉六、劉七被困，欲自剄，官兵故緩之。羣盜至，復馳而去。而張偉紈袴子弟，馬中錫白面書生，京營素怯，俱不諳戰。中錫事招撫，單車抵賊壘，開其自新。劉六欲降，而潛使人詣京，探諸中貴赦意。遂益肆劫掠，過故城，馬中錫家在內，戒勿掠。朝議遂疑中錫縱寇，逮中錫及偉下獄，偉革爵，中錫死獄中。中官以討賊非書生所能辦，遂以谷大用總兵討之。○樂陵令許逵預築城浚隍，使民各起墻屋，高過其簷，仍開墻竇如圭，僅可容人。家令二壯者執刀俟於竇內，餘人各入隊伍。

費宏入相，亦方正賢臣。

近幸江彬出。

令日守吾令，視吾旗鼓。又設伏巷中，洞開城門，未幾賊果至，旗舉伏發，賊無所施，盡擒斬之。巡撫薦其才，超擢山東按察僉事。既而逵屢敗賊，由是賊遠遁不敢犯。○流賊入泌陽，前大學士焦芳僅以身免，發其先世冢墓，取芳衣冠被庭樹，歷數其惡，命斬之，曰：吾手誅此賊，以謝天下。進攻鈞州，以馬文升家在圍中，去之。許逵，固始人。

狄世泰曰：流賊世與明世相始終。然統觀明紀，洪宣時君明臣良，無盜也。正統失御，而黃蕭養等作矣。景泰時，蕭愍柄國，盜少戢也。成化闇弱，而劉千斤等復作矣。弘治時，勵精圖治，亦無盜也。至正德昏亂，而劉六、劉七等橫行矣。議勦議撫，均非善計。至以內官督兵，則民之被害，不惟賊矣。

陳建曰：均州以馬文升故，去之不攻，而於焦泌陽乃酷烈如此，然則善善惡惡之良心，雖盜賊亦未嘗泯耶。

編 流賊攻徐州，掠淮西。

明紀會通卷七　武宗 正德六年 七年　圭　書業德

編 進禮部尚書費宏文淵閣大學士，以禮部左侍郎傅珪爲禮部尚書。費宏，鉛山人。傅珪，直隸清苑人。

編 壬申 七年，春正月，黃河清。自清河至柳家浦九十里，清五日。

編 致仕少師吏部尚書馬文升卒。贈太傅，謚端肅。

編 夏五月，趙風子被獲，誅之。

紀 劉六等乘舟往來至通州狼山，遇颶，具四方之風。舟覆，賊盡死。

編 冬十月，召大同遊擊江彬等入京師。

紀 彬，宣府人，驍勇狡險。時從宣府副總兵張俊征流賊於山東，惟殺掠良民以邀賞。班師入京，賂錢寧，引入豹房，得見上。彬機警，善迎人意，上喜，留侍左右，陞左都督，冒國姓

近幸錢寧出。

爲義兒。時時在上前講說兵事，因請盡調遼東、宣府、大同、延綏四鎮精兵入京操練。時許泰、劉暉等皆有寵於上，號外四家，而彬尤甚。邊卒縱橫驕悍，都人苦之。上嘗於西內練兵，令彬等率兵入習營陣，校騎射，上戎服臨之，銃砲之聲不絕。禁中千戶周麒常叱之，彬竟陷麒死，於是左右皆畏彬。

林宗鍔曰：甚哉，正德朝之無一日靖也。劉瑾未誅，而流賊紛起矣；流賊未滅，而江彬近幸矣。國其有不亡耶。

編 十一月，少師大學士李東陽乞致仕，從之。

編 癸酉 八年，夏四月，寧王宸濠建陽春書院，僭號離宮。

紀 宸濠懷不軌，術士李自然妄稱天命，謂宸濠當爲天子，

明紀會通卷七　武宗 正德八年　夫　書業德

又招術士李日芳等，謂城東南隅有天子氣，遂建書院當之。

編 冬十月，以錢寧掌錦衣衛事，賜姓朱。

紀 寧，鎮安人，太監錢能鎮守雲南，寧幼鬻能家，能死，事劉瑾，因得見上。上甚悅之，嘗醉枕去聲寧臥，百官候朝，至晡補平聲申時。○莫得帝起居，但伺寧，寧內侍帝，外招權納賄，諸大臣造謁恐後，小拂意即中害。時內臣張銳掌東廠，威勢與寧埒劣。等也。○中外號曰廠衛。

編 立皇莊五處。

紀 一在昌平州樓子村，一在靜海縣衛河兩岸，一在青縣孫兒莊，一在安州騸馬廟，一在清苑縣閻莊社

傳維祖曰：明世剝民之政，無過於此者。流賊之橫，亦繇於此。故詳誌之。

〔編〕甲戌九年，春正月，乾清宮災。

〔紀〕吏部楊一清上言：視朝太遲，郊祀太慢，梵宇不宜創於西內，邊兵不宜調於內地，皇莊皇店織造科害靡極。不報。御史張士隆亦疏乞修省，不報。

〔編〕帝始微行。

〔紀〕上微行黃花鎮等處，近幸朱寧、張銳、張雄等日導上遊畋，微行不可諫止。

〔編〕三月，寧王宸濠自稱國主。

〔紀〕妄傳護衛為侍衛，改令旨為聖旨。宸濠欲令撫臣以下朝服見，撫臣俞諫不可，又嘗去其左右為惡者，濠深銜之。○械恨之。俞諫，桐廬人。

楊一清入相經濟賢臣

〔編〕乙亥十年，夏四月，命少傅吏部尚書楊一清兼武英殿大學士。

霍韜曰：漢相俱由郡守，宋相須歷州郡，以其知閭閻疾苦也。我朝薛瑄由御史，李賢由主事，楊一清由巡撫得之矣。

〔編〕冬十月，江西按察司副使胡世寧劾奏寧王宸濠，罪詔下兵部，移文寧府，令鉗 拑 束其下。

〔紀〕時宸濠反跡已著，人莫敢言。世寧發憤上疏，略曰：寧王自復護衛以來，正德五年八月，革寧王護衛，去年三月復。騷擾閭閻，鉗束官吏，禮樂政令，漸不出自朝廷。臣恐江西之患，不在羣盜也。伏乞聖明廣集羣議，簡命才節威望大臣，兼任提督巡撫之職，假之以大權，銷隙寢邪於無形，敕王自王其國，仰遵祖訓，勿撓有司，以防未然。疏上，宸濠頗懼，委過近屬以自解。未幾，宸濠奏胡世寧離間親親，妖言誹謗，賄營內旨，逮繫詔獄，尋謫戍。胡世寧，仁和人。

是何朝廷

〔編〕冬十一月，江西豕生象。

〔編〕丙子十一年，十一月，江彬許泰劉暉錢寧皆率兵入衛。

〔紀〕帝於西內統兵，或為角觝之戲，親戎服臨之。銃砲之聲不絕於宮中，時與彬等臥起，多留宿豹房，搏虎為樂。彬、泰、暉、寧皆賜姓朱氏，都人稱外四家。優人臧賢亦用事。然諸奸寵皆出江彬下。

〔編〕秋七月，致仕大學士李東陽卒。贈太師，謚文正。

〔編〕冬十月，以王守仁為都察院右僉都御史，巡撫南贛、汀漳等處。見上一同上

觀梁公之遜讓，則知邱濬不讓王恕為非禮

〔編〕丁丑十二年，秋七月，召大學士楊廷和還京師。

〔紀〕廷和守制不出，梁儲力請起之。既至，遜廷和居己上，人以此多梁公之讓。

傳維祖曰：後有介溪、泰嶽，則梁文康洵不可及矣。

善處難事可謂權術大

〔編〕秦王請益封壤，不許。

〔紀〕秦王維焯疏請陝之邊境益其封，諸用事者皆已納其賂矣。帝許之。兵部及科道官交章諫，帝不聽。楊廷和念當草制，稱疾不出，蔣冕亦引疾。帝震怒，梁儲獨草制曰：昔太祖高皇帝著令曰：此土不畀藩封，非吝也，念此土廣且饒，

藩封得之。多畜士馬，饒富而驕，好人誘爲不軌，不利宗社。今王所請懇篤，朕念親親，畀地王，得地務益謹，毋收聚奸人，毋多養士馬，毋聽奸人誘爲不軌，震及邊方，危我社稷。爾時雖欲保全親親，不可得已，王慎之毋忽。帝覽制駭曰：若是其可虞，其勿與。議遂寢。

編 南贛巡撫王守仁，請提督軍務，許之。

編 八月，帝出關遊獵。

紀 先是江彬等屢導上出宮遊戲近郊，因數言宣府樂。至是遂出居庸關，至宣府，臨塞下。巡關御史張欽上疏諫，不報。彬爲上營鎮國府第於宣府，輦（連上聲）豹房珍玩女御其中。時時入民家，索婦女以進，上樂之忘歸。

編 九月，帝幸大同，獵陽和諸城。

紀 上時獨乘一馬，鹵簿（天子儀衛曰鹵簿）侍從皆不及。二十七日方獵，天雨（去聲）冰雹，軍士有死者。是夜又有星隕之異。明日駕赴大同。北寇數萬騎犯陽和，掠應州。上命諸將擊之，引去。

編 冬十月，帝還京師。

紀 南京吏科給事中孫懋上疏，言都督江彬自進用以來，事事從諛導非，或遊獵馳驅，或聲色貨利，凡可以蠱惑聖心者無所不至。今又導陛下出居庸關，既臨宣府，又過大同，以致寇騎深入應州，使當日各鎮之兵未集，強寇之衆沓來，幾何不蹈土木（見五卷十一）之轍哉？是彬在一日，國之安危未可知也。不報。上還京，封江彬平鹵伯，許泰安邊伯，冒應州功也。（孫懋，慈谿人。）

編 （戊寅）十三年，春正月，太皇太后王氏崩。

紀 上郊祀畢，復出關遊幸。太皇太后崩，乃還京。

編 三月，提督南贛軍務都御史王守仁平江西賊，開縣置官司。

紀 先是正德六年，江西盜起，靖安賊胡雷二，華林賊陳福，桃源洞賊王浩八，大帽山賊張番𧇊相繼橫行。七年六月，南昌知府李承勳剿平華林賊，王浩八就撫。八年，王浩八復亂，四出縱掠饒、信、徽、衢等郡。南安橫水、桶岡諸寨有賊首謝志山、藍天鳳，漳州浰頭寨有池大鬢。於是福建、江西、湖廣、廣東方千里皆亂。兵部尚書王瓊知王守仁才可大任，特薦用之。守仁至，謂前者多調狼兵，縻費難制，乃於四省兵備官屬，選最有膽力者，縣千人，分隊統習之，乃請便宜行事，期於成功。十二年冬十月，守仁將討藍天鳳，乃集從事議曰：諸巢爲患，雖同事勢各異。以湖廣言之，則桶岡爲咽喉，而橫水、左溪爲心腹；以江西言之，則橫水、左溪爲腹心，而桶岡爲羽翼。今吾檄攻桶岡，橫水、左溪必觀望未備，出其不意，可以得志。橫水、左溪既破，移兵桶岡，勢如破竹矣。乃分道進兵，未至賊營，先令人賫砲，攀厓登賊巢最高山頂。賊方憑險迎敵，忽聞山頂砲發如雷，謂我師已得其巢穴，遂大奔潰。橫水、左溪既潰，桶岡以次平。而浰頭池

守仁將略不止平宸濠

宰相蔣冕毛紀亦在清正之列

骨鯁不愧大臣

大甇亦懼矣。守仁以計趣大甇至，誅之。遂奏設縣治以控扼三省，南贛自此無警矣。王瓊，太原人。

編 夏六月，帝復議北征。

紀 寧夏今陝西寧夏衛。塞有警，上議北征，自稱威武大將軍太師鎮國公朱壽巡邊，以江彬為威武副將軍扈行。令內閣草敕，大學士楊廷和、梁儲、蔣冕、毛紀上疏力諫，不聽。上御左順門，召梁儲面趣促令草制，儲對曰：「他可將順，孝經：將順其美。注：將，行也。君有美善，則順而行之。此制斷不可草。」上大怒，挺劍起曰：「不草制，齒此劍！」儲免冠伏地泣諫曰：「臣逆命有罪，願就死。草制則以臣名君，臣死不敢奉命。」良久，上擲劍去，乃自稱之，不復草制。彬亦罷副將軍命。蔣冕，全州人。毛紀，山東掖縣人。

編 七月，帝北巡。

紀 先是，上既還京，輒思宣府樂，稱曰家裏。至是復歷宣府至大同。大同巡撫都御史胡瓚乞回鑾，不聽。胡瓚，永年人。

編 冬十月，帝幸榆林。

紀 上自偏頭關渡河幸榆林，今陝西都司榆林衛。江彬索金璧裘馬數十萬。南京禮部右侍郎楊廉、兵部尚書喬宇上疏諫止，不報。喬宇，樂平人。

編 己卯 十四年，春二月，帝自榆林還京師。

編 三月，帝自稱總督軍務威武大將軍太師鎮國公朱壽，制下南巡。

紀 上欲登岱宗，泰山也。為衆山之宗，五嶽之長。歷徐揚至南京，臨蘇浙，浮江漢，祠武當，山名，祠名太嶽太和，在湖廣襄陽府均州。徧觀中原。時寧王宸濠久畜異謀，制下，人情洶洶。翰林修撰舒芬等約羣臣上疏乞留，俱會闕下。吏部尚書陸完迎謂曰：「主上聞直諫，輒引刀為刎狀。」完意蓋以阻言者也。於是舒芬疏先入，郎中黃鞏、倪宗正、員外陸震聯疏入。吏部郎中夏良勝、禮部郎中萬潮、太常博士陳九川疏繼入。醫士徐鏊以醫諫。吏部郎中張衍慶、禮部郎中姜龍、兵部郎中孫鳳、陸俸等率部僚合疏入。工部郎中林大輅等、大理寺正周敘等、行人司副余廷瓚等亦合疏，先後入。上大怒，召江彬示之。以彬言下黃鞏、陸震、夏良勝、萬潮、陳九川、徐鏊錦衣獄，命舒芬、張衍慶、姜龍、孫鳳、陸俸等百有七人跪午門外五日。林大輅、

周敘、余廷瓚等二十餘人，俱下獄。明日，黃鞏等六人，亦跪五日。於是京師連日陰霾，見上畫晦。禁中水自溢高橋四尺許。橋下七鐵柱，齊折如斬。金吾衛指揮張英者，肉袒挾兩囊土數升，當蹕見一卷十五道哭諫，不允，即拔刀自刎，血流滿地。侍衞人縛送詔獄，問英囊土何為，曰：「恐污帝廷，灑土掩血耳。」殞命獄中。是日內旨，舒芬等百有七人，俱廷杖三十。疏首謫外任。黃鞏等七人，俱廷杖五十。徐鏊戍邊。鞏、震、良勝、潮俱削籍。林大輅、周敘、余廷瓚廷杖五十，降級外補。死杖下者，員外陸震，主事劉校、何遵，評事林公黼，行人司副余廷瓚，行人詹軾、劉槩、孟陽、李紹賢、李惠、王翰、劉平甫、李翰臣，刑部照磨劉珏，覺十餘人。車駕竟不出。彬等亦知

朝廷有人，稍畏憚之。舒芬，進賢人。

【編】夏六月，寧王宸濠反。都御史孫燧、按察司副使許逵死之。

【紀】寧藩舊在大寧。永樂時徙封南昌。天順間，革去護衛。弘治朝，寧王覲錫薨，子宸濠嗣王。正德二年，輦金二萬，賄劉瑾得復前朝已革護衛。瑾誅，仍革。至九年，陸完爲兵部尚書，宸濠喜曰：全卿（完字）爲大司馬，護衛可復得矣。復輦金賄諸權要。大學士費宏曰：今寧王以金寶鉅萬復護衛，苟聽其所爲，吾江西無噍類矣。陸完知宏阻之，乃陰於廷試閣部讀卷時，投覆寧王乞護衛疏，而密約楊廷和出草敕與之。寧王遂自稱國主，以護衛爲侍衛，以令旨爲聖旨，令撫臣以下皆朝服見，而陰縱鄱湖盜賊肆行掠劫。十年冬，江

西按察胡世寧奏寧王宸濠無道狀，宸濠營內旨逮下錦衣獄，充軍。十一年，宸濠奪官池，布政張嶺不可，宸濠饋以四果，啓之則棗、梨、薑、芥也。嶺曰：是欲我早離疆界也。臣子受命於君，行止非人所能預。濠聞之，默然。十三年冬，巡撫孫燧捕賊吳十三等下獄，宸濠令劫獄奪之，致書陸完曰：急去孫燧，另換一都御史來，切勿用吳廷舉。五月，南昌生徒保舉寧王孝行，帝見奏驚曰：百官賢當陞，寧王賢欲何爲耶？太監張忠曰：朱寧、臧賢交通寧王謀不軌，爺爺不知耶？稱王孝，譏爺爺不孝也；稱王早朝，譏爺爺不朝也。帝頷之。廷和前黨濠復護衛，知事發必受累，乃授意御史蕭淮使劾奏宸濠，而敕遣太監賴義、駙馬都尉崔元、都御史顏

廷和悔悟

頤壽，戒飭宸濠。元等方行，而京師競傳以爲且擒治寧王。宸濠偵（稱○諜者曰游偵，謂之細作。）卒林華者，即兼程逃歸，以六月十三日至江西。值宸濠生日，宴鎮巡三司等官，聞報大驚，罷宴，遂密召奸黨劉養正、劉吉等謀之。養正曰：事急矣，明早鎮撫三司官入謝宴，可就擒之，殺其不附己者，因而舉事。乃夜集鄱陽（見一卷十一）賊首吳十三、凌十一、閔廿四等，飭兵器以候。待旦，急召致仕侍郎李士實入，以謀反告之。士實唯唯而已。尋各官入謝，拜畢，左右帶甲露刃，侍衛者數百人。宸濠出立露臺，大言曰：太后有密旨，令我起兵入朝監國，汝等知之乎？都御史孫燧毅然曰：密旨安在？宸濠曰：不必多言，我今往南京，汝保駕否？燧張目直視宸濠，厲聲曰：

天無二日，臣安有二君？太祖法制在，誰則敢違？宸濠大怒，命縛燧，衆駭愕相顧失色。按察司副使許逵大呼曰：孫都御史，朝廷大臣，汝反賊敢擅殺耶？顧燧語曰：我欲先發，不聽，今制於人，尚何言？宸濠并縛之。訊逵，且何言。逵曰：惟有赤心耳，豈從汝反？且縛且罵，宸濠喝校尉火信等拽葉燧逵出惠民門外殺之。是時烈日中，忽陰曀慘淡，城中聞之無不流涕者。革正德年號，以李士實、劉養正爲左右丞相。（養正明天文，以帝星明江漢間，故陰附之。）奪船順流，攻南康、九江，俱陷。先是王守仁與李士實同在宸濠坐，宸濠言帝政事缺失，外示愁嘆。士實曰：世豈無湯武耶？守仁曰：湯武亦須伊呂。士實曰：有湯武，便有伊呂。守仁曰：有伊呂，何患無夷齊？於是守仁

王瓊埋伏有遠識

陰爲之備。遂執御史王金、主事馬思聰、金山、右布政胡濂、參政陳杲稿、劉斐、參議許效廉、黃宏、僉事顧鳳、都指揮許清、白昂，并太監王宏，俱械鎖下獄。思聰、黃宏不食死。劉養正常言帝星明江漢間，故屬祝意宸濠。至是與李士實謀，令參政季斆效、僉事潘鵬、師夔持檄吸諭降諸郡縣。左布政梁宸、廉使楊璋、副使唐錦爲所脅，移咨府部，傳檄遠近，革正德年號，指斥乘輿，以李士實、劉養正爲左右丞相，參政王綸爲兵部尚書、總督軍務大元帥，分遣逆黨婁伯、王春等四出收兵。閔廿四、吳十三等奪船順流攻南康，今江西南康府知府陳霖等遁走。進攻九江，今江西九江府兵備副使曹雷、知府汪穎等亦遁，城俱陷。

【編】提督南贛軍務都御史王守仁起兵討宸濠。

【紀】先是，福州今福建福州府三衞軍人進貴等作亂，兵部尚書王瓊知宸濠且反，謂主事應典曰：「進貴亂小事，不足煩王守仁，但假此便宜敕書在彼手中，以待他變可也。」乃具題降敕，令守仁查處福州亂軍。故宸濠之叛，江西守臣俱遇害被執，惟守仁以往勘福建出，六月初九日自贛起行，十五日守仁至豐城，今江西南昌府豐城縣知縣顧佖弼告宸濠反。守仁易服潛至臨江，今江西臨江府知府戴德孺聞守仁至，喜，迎入城調度。守仁曰：「臨江居大江之濱，與省會近，且當道路之衝，莫若抵吉安今江西吉安府爲宜。」遂行。庚辰，守仁飛報宸濠反，王瓊宣言曰：「有王伯安在，何患？不久當有捷報耳。」丁亥，守仁集兵糧，傳檄四方，諸郡縣知府伍文定等皆至。議所向，守仁曰：「兵家之道，急衝其鋒，攻其有備，皆非計之得。我故示以自守不出之形，彼必他出，然後尾而圖之，先復省城，南昌府寧都也。以搗其巢穴。俟彼還兵來援，然後邀而擊之，此全勝之策也。」宸濠果使人探守仁不出。

【編】秋七月，宸濠率兵出江西，攻安慶，知府張文錦、都指揮楊銳、指揮崔文悉力禦之。

【紀】宸濠留其黨宜春郡王拱樤同內官萬銳等守南昌，自與拱栟兵李士實、劉養正、閔廿四等六萬人，號十萬，以劉吉爲監軍，王綸爲參贊，指揮葛江爲都督，載其妃婁孕世子，從總一百四十餘隊，兗出鄱陽。見上舳逐○船後持舵處。艫盧○船頭

剌櫂處。○剌音戚。櫂音巢去聲，楫也。蔽江而下，聲言直取南京。戊戌，宸濠趨安慶。今江南安慶府張文錦、楊銳、崔文令軍士鼓譟登城，大罵之。宸濠遂留攻安慶。時九江、南康既陷，遠近震駭，三人憑孤城以忠義激士，誓衆死守。僉事潘鵬，安慶人也，宸濠令鵬遣家屬持書入城諭降，崔文手斬之，磔窄○裂尸也。其尸投城下。宸濠令鵬至城下說之，文引弓欲射鵬，鵬走免。文錦即鵬家盡誅之。宸濠盡攻擊之術，不能克。時朝廷知宸濠反，乃收交通宸濠太監蕭敬、秦用、盧明，都督錢寧、優人臧賢，尚書陸完等俱下獄，籍其家。後蕭敬罰二萬金得免，秦用、陸完謫戍邊，餘死獄中。

【編】提督南贛軍務都御史王守仁率知府伍文定等攻南昌。

克之。宸濠解安慶圍。還兵援江西。文定等率兵迎擊。大敗之。遂擒宸濠。江西平。

〔紀〕守仁率文定等起兵。會於臨江見上樟樹鎮。於是知府戴德孺。引兵自臨江。徐璉引兵自袁州。今江西袁州府邢珣荀引兵自贛州。見上南贛。一通判胡堯元童琦。引兵自瑞州今江西瑞州府。通判談儲推官王暐委徐文英新淦幹。○今臨江府新淦縣。知縣李美太和今吉安府太和縣。知縣李楫。寧都今贛州府寧都縣知縣王天與。萬安今吉安府萬安縣。知縣王冕。各以其兵至。己酉。至豐城見上。衆議所往。或謂寧王經畫旬餘始出。留備南昌。必嚴攻之。恐難猝拔。今寧王攻安慶。久不克。兵疲意沮。若以大兵逼之江中。與安慶夾攻之。必敗。寧王敗。南昌不攻自破矣。守仁曰。

不然。我師越南昌。下與寧王持江上。安慶之衆。僅能自保。必不能援我於中流。而南昌兵議其後。絕我糧道。南康九江。又合勢乘之。腹背受敵。非利也。不若先攻南昌。寧王久不克安慶。精銳皆出。守禦必單弱。我兵新集氣銳。南昌可克也。寧王聞我攻南昌。必解安慶圍。還兵自救。暨來。我師已克南昌。彼聞之自奪氣。首尾牽制。此成擒矣。乃令文定等各攻一門。十九日發兵。以二十日昧爽。旦微明也。各至汛信地。守仁下令曰。一鼓附城。再鼓登。三鼓不登誅。四鼓不登斬其隊將。又先期爲榜。入諭城中居民。令各閉戶自守。勿助亂。勿恐畏逃匿。遂昇預。○對舉也。攻具至城下。梯絙互。○絙大索也而登。城上雖設守禦。聞風倒戈。城門有不閉者。兵遂入。守仁乃入城撫定之。擒拱樤及萬銳等十餘人。散遣脅從。城中始安。時宸濠憤安慶不下。方自督兵塡壕豪。○城下池也塹。籤去聲。○繞城水也期在必克。聞守仁率兵攻南昌。大恐。李士實等勸宸濠勿還兵。舍安慶。徑取南京。旣卽大位。江西自服。宸濠不從。解安慶圍。移兵泊阮子江。先遣兵二萬還援江西。宸濠自率大兵繼之。二十二日。諜牒。○今之細作報至江西。守仁乃集衆議。或謂寧王兵盛。憑其憤怒。悉衆而來。我援兵未集勢不能支。不若堅壁自守。以待四方之援。彼久頓堅城之下。兵孤援絕。將自潰會矣。守仁曰。寧王兵力雖強。然所至徒恃焚掠。劫衆以威。今進取不能。巢穴又覆。沮喪退歸。衆心已離。我以銳卒乘勝擊之。彼將不戰自潰矣。是日。撫州

今江西撫州府。知府陳槐亦率兵至。二十三日。諜報宸濠先鋒。已至樵舍。守仁乃遣諸將率兵迎擊之。令伍文定以正兵當其前。余恩繼文定後。邢珣率兵繞出賊背。徐璉戴德孺張兩翼分擊之。諸將各受命出。二十四日。賊兵乘風鼓譟而前。逼黃家渡。氣驕甚。文定恩佯北致之。賊爭進趨利。前後不相及。珣兵從後急擊。橫貫其陣。賊敗走。文定恩還兵乘之。璉德孺兵合勢夾擊。賊不知所爲。遂大潰。追奔十餘里擒斬二千餘級。溺水死者萬計。賊氣大沮。退保八字腦。是日。建昌今江西建昌府。知府曾璵俞等率兵至。守仁謂九江南康不復。則道終梗。且湖廣援兵不能達。乃別遣陳槐率兵四百。合知府林械緘兵攻九江。曾璵率兵四百。合知府周朝

佐兵攻南康宸濠大賞將士當先者千金被傷者百金使人盡發南康九江兵至明日并力合戰官兵敗死者數百人文定急斬先却者以徇（徇行示也）身立砲銃間火焚其鬚鬢不移足士殊死戰兵復振砲及宸濠舟賊遂大敗擒斬二千餘級溺水死者甚衆賊復退保樵舍聯舟爲方陣盡出其金帛賞士文定等乃爲火攻之具珣擊其左璉德孺擊其右恩等分兵四伏期火發兵合明日宸濠朝羣臣執其不盡力者將斬之爭論未決官兵四集奮擊之火及宸濠副舟賊復大潰宸濠與諸妃嬪泣別妃嬪皆赴水死將士執宸濠及其世子郡王并僞丞相元帥等官李士實劉養正徐吉等數百餘人擒斬賊黨三千餘級溺水死者約三

萬曾璵陳槐亦攻復九江南康二郡將士執宸濠入江西軍民聚觀歡呼之聲震動天地宸濠見守仁呼曰王先生我欲盡削護衞請降爲庶民可乎守仁曰有國法在遂頓首不言初宸濠謀反妃婁氏泣諫不聽及被擒於檻（檻見四卷五）車中泣語（語去聲）人曰昔紂用婦人言而亡天下我以不用婦人言而亡其國今悔恨何及守仁爲求婁妃尸葬之（伍文定松滋人邢珣當塗人戴德孺臨海人）

〔編〕八月帝下詔親征

〔紀〕時王守仁擒宸濠捷書未至諸將各獻擒宸濠之策上亦欲假親征南遊太監張永等見錢寧臧賢事敗又欲因此邀功於是上自稱奉天征討威武大將軍鎮國公邊將江彬許泰劉暉張永張忠等俱稱將軍所下璽書改稱軍門檄（覡）上方出師駐蹕（見二卷十五）良鄉（今直隸順天府良鄉縣）而守仁捷書至且慮有沿途竊發欲自獻俘闕下奏入上屢檄止之令以俘候車駕至大學士梁儲蔣冕屢請回鑾不聽

〔編〕九月帝至南京

〔紀〕王守仁發南昌將獻俘闕下張忠江彬等謂當縱之鄱湖（鄱陽湖）俟上親與遇戰而後奏凱（凱同愷○軍勝之樂）論功屢遣人至廣信（今江西廣信府）止之守仁不得已乘夜過玉山（今廣信府玉山縣）械繫宸濠等取道由浙河以進張永已候於杭州（今浙江杭州府）守仁至杭謂永曰江西之民既經大亂繼以旱災又供京邊軍餉困苦既極必逃聚山谷爲亂昔助宸濠爲脅從今

將成土崩之勢然後興兵定亂不亦難乎永深然之乃徐曰吾之此出爲羣小在君側調護左右以默輔聖躬非爲掩功來也但皇上意將順（見上二三）而行猶可挽回萬一若逆其意徒激羣小之怒無救於天下大計矣於是守仁信其無他以宸濠付之乘夜渡浙江（在杭州府城東）過越（越州今浙江紹興府）還江西

〔編〕命王守仁巡撫江西擢吉安知府伍文定爲江西按察司贛州知府邢珣爲江西布政司右參政

〔紀〕初江彬張忠等謀欲奪功誣守仁初附宸濠及知其勢敗然後擒宸濠攘功太監張永知其謀語（語去聲）家人曰王都御史忠臣爲國今欲以此害之他日朝廷有事何以教臣

子之忠。至是永復命。先見上。備言守仁之忠。并江彬等欲害之之意。彬等毁。遂不入。張忠又言守仁在杭。竟不至南京。陛下試召之。必不來。無君可知。張永聞之。乃密遣人報守仁。旣而上召之。守仁卽奔命至龍江。將進見。忠殊失意。又從中阻之。守仁乃綸(關)巾野服。入九華山。(在江南池州府。)永聞之。又力言於上曰。王守仁忠臣。今聞衆欲爭功。欲棄其官入山爲道士。由是上益信之。乃有是命。

(編)冬十二月。宸濠至南京。

(紀)上欲自以爲功。乃與諸近侍戎服整軍容出城數十里。列俘於前。爲凱旋狀。旣入。囚禁之。

(編)(庚辰)十五年。春三月。大學士楊廷和等。疏請回鑾。

明紀會通卷七　武宗正德十五年　三十一　書業德

(紀)時帝在南京。江彬等統領邊兵扈從。恃恩跋扈。無人臣禮。南京兵部尚書喬宇。力裁抑之。一日彬索各城門鎖鑰。宇曰。守備者所以謹非常。城門鎖鑰。孰敢取。亦孰敢與。彬計不行。三月。楊廷和疏言大祀之禮。行於正月。社稷之祀舉在仲春。孝貞皇后(憲宗后王太皇太后也。)大祥。在二月二日。禮見卽時祔廟。今俱改卜。至再。甚爲非宜。天下朝覲官員。吏部考察。未奉定奪。各官離任已久。政務悉廢。殿試進士之制。亦已踰期。伏望頒師回京。不報。秋閏八月。復有遊蘇杭浙湖湘。登武當之意。百官泣請回鑾。乃諭還。至淸江浦。帝自泛小舟。漁於積水池。舟覆溺焉。左右掖之而出。九月。帝以大將軍鈞帖。令王守仁重上捷書。守仁節略前奏。入張忠

爲一段全身遠害之功。得力於張永者不小。

蔣冕毛紀入相。亦是具臣。

江彬等姓名上之。始議班師。

林宗錫曰。新建之得成功。實由於王瓊之早授敕書。未雨綢繆。王瓊有焉。

(編)十二月。宸濠伏誅。

(紀)上至通州。(屬直隸順天府。)賜宸濠死。燔其尸。餘黨至京師。磔(音窄。裂尸也。)誅之。獨抑王守仁功未敘。

(編)(辛巳)十六年。春正月。帝至京師。

(紀)江彬益驕橫。其所部邊卒。桀驁不可制。

(編)加蔣冕少傅。謹身殿大學士。毛紀少保。武英殿大學士。以石珤(寶)爲禮部尚書兼翰林院學士。掌詹事府。(石珤。藁城人。)

(編)三月。帝崩。皇太后與大學士楊廷和等定議。奉遺詔迎立興獻王世子厚熜。(總)

明紀會通卷七　武宗正德十六年　三十二　書業德

(紀)上寢疾豹房。旣而大漸。(見四卷十六)丙寅。上崩。皇太后(張氏)與楊廷和等定議。遵祖訓兄終弟及之文。乃爲遺詔。遣太監谷大用。韋霦。張錦。壽寧侯張鶴齡。定國公徐光祚。駙馬都尉崔元。大學士梁儲。禮部尚書毛澄。齎金符往安陸(今湖廣安陸府。)藩府。迎興獻王(興王。名祐杬。憲宗第四子。正德十四年薨。諡曰獻。)世子厚熜入繼大統。

(編)江彬伏誅。

(紀)初上崩。彬偶不在左右。皇太后召楊廷和等議。恐彬爲亂。祕不發喪。以上命召彬入。彬不知上崩。并其子入。俱收之。皇太后下制暴(僕)彬罪案。論磔於市。籍其家。金七十櫃。銀二千二百櫃。金銀珠玉珍寶首飾不可勝(升)計。隱匿奏

疏百餘本。

〔編〕夏四月，興獻王世子厚熜至京師，即位。

〔紀〕詔以明年爲嘉靖元年。羣臣奉金符至興邸，興王厚熜迎於國門外。夏四月壬午，辭園寢。癸未，發安陸。母蔣妃戒曰：「吾兒行荷重任，毋輕言。」王拜曰：「謹受教。」壬寅，至良鄉。覽禮部所具儀注，謂袁宗臯曰：「詔以吾嗣皇帝，非爲皇子。此儀何謂也？」癸卯，至京城外。楊廷和請由東安門入，王不聽。由大明門入。是日，即皇帝位。袁宗臯，石首人。郭彥博曰：詔以吾嗣皇帝，非爲皇子。一言明朗，授受已明。楊廷和復請駕由旁門，吾不知其何說也。

〔編〕命禮部會議崇祀興獻王典禮。

〔紀〕禮部尚書毛澄請於大學士楊廷和。廷和出漢定陶王、宋濮王事。定陶共王，哀帝生親，事在建平元年。濮安懿王，英宗生親，事在治平二年。授之曰：「此篇爲據，異議者即奸諛，當誅。」澄會公卿臺諫等官六十餘人上議：「漢成帝立定陶王爲嗣，以楚孝王孫景爲定陶王，奉共王祀。今上入繼大統，宜以益王子崇仁主後興國。其崇號則襲宋英宗故事，以孝宗爲考，興獻王及妃爲皇叔父母。祭告上箋，稱姪署名。而令崇仁主考興獻王，叔益王。」上覽曰：「父母可互易若是耶？」其再議。

〔編〕五月，葬康陵。諡毅皇帝，廟號武宗。

〔紀〕帝巡遊無度。初寵八黨，後寵四家。藩鎮屢叛，盜賊滋起。苟天不祚明，玉步之更，已不終日矣。

〔編〕遣中官迎帝母興獻妃。

〔編〕召王守仁爲南京兵部尚書，封新建伯。

〔紀〕守仁功爲江彬等所掩，不敘，至是得封。傅維祖曰：弇州文集載三大功臣：一資善大夫護軍御史中丞弘文館學士太史令誠意伯贈太師括蒼劉文成公基，字伯溫。一少保兵部尚書贈太傅錢塘于肅愍公謙，字廷益。一新建伯兵部尚書兼都察院左都御史贈侯餘姚王文成公守仁，字伯安。皆浙人也。

〔編〕秋七月，觀政進士張璁聰上大禮疏。

〔紀〕璁疏曰：「朝議謂陛下入嗣太宗，宜稱孝宗皇帝爲皇考，改稱興獻王爲皇叔父，王妃爲皇叔母者，不過拘執漢定陶王、宋濮王故事耳。夫漢哀、宋英皆預立爲皇嗣，而養之於宮中，是明爲人後者也。故師丹、司馬光之論施於彼一時猶可。今武宗皇帝已嗣孝宗十有六年，比於崩殂，而廷臣遵祖訓，奉遺詔，迎取陛下入繼大統。遺詔直曰：『興獻王長子，倫序當立。』初未嘗明著爲孝宗後，比之預立爲嗣，養之宮中者，較覺然甚明也。不同。夫興獻王往矣，稱之以皇叔父，鬼神固不能無疑也。今聖母之迎也，稱皇叔母，則當以君臣禮見，恐子無臣母之義。禮：長子不得爲人後。況興獻王惟生陛下一人，利天下而爲人後，恐子無自絕父母之義。故陛下爲繼統武宗，而得尊崇其親則可；謂嗣孝宗以自絕其親則不可。臣竊謂今日之禮，宜別爲興獻王立廟京師，使得隆尊親之孝，且使母以子貴，尊與父同，則興獻王不失其爲父，聖母不失其爲母矣。」疏入，上遣司禮監官送至內閣，諭曰：「此議實遵祖訓，據古禮，爾曹何得悞朕？」楊廷和曰：書生焉知國體。復持入。上熟覽之，喜曰：此論一出，吾父子必終可完也。張璁，永嘉人。

按憲王十三子，當日藩王之中，豈更無可立者，而必立興獻之獨子。且不立武宗之姪，而立武宗同堂之弟，此亦楊蔣諸公慮事未審，以致多後來一番大變耳。

【編】九月，興獻王妃至通州。

【紀】帝母至通州。見上聞朝廷欲考孝宗，恚惠曰：安得以我子爲人之子。謂從官曰：爾曹已極寵榮，獻王尊稱，胡猶未定。因留通州不入。上聞之涕泗，目出曰涕，鼻出曰泗。不止，啓慈聖皇太后，願避位奉母歸。羣臣惶懼。

【編】冬十月，興獻后至自通州。

【紀】先是楊廷和見追崇興獻之禮勢不得已，乃草敕下禮部曰：聖母慈壽皇太后懿旨，以朕纘承大統，本生父興獻王宜稱興獻帝，母宜稱興獻后，憲廟貴妃邵氏稱皇太后，仰承慈命，不敢固違。帝從之。廷和意假母后示非廷議意也。至是興獻后自通州至京師，由大明中門入，上迎於闕內，謁見太廟。朝議譁然，以婦人無謁廟禮，太廟非婦人宜入。張璁曰：雖天子必有母也，安可由旁門入乎。古者婦三日廟見，孰謂無謁廟禮乎。九廟之禮，后與焉，孰謂太廟非宜入乎。朝論不協，由是不謁太廟，止見奉慈、奉先二殿而已。廷和以追崇禮成，擬上慈壽皇太后及武宗皇后尊號，帝因遣司禮監諭廷和曰：邵太后、興獻帝后亦各擬上尊號。廷和等上言不可，宜俟明年大婚禮成慶宮闈，加之可

明紀會通卷七　武宗　正德十六年　三五　書業德

也。

【編】十二月，除張璁南京刑部主事。

【紀】先是帝下大禮或問於禮部，時楊一清家居，遺去聲書吏部尚書喬宇曰：張生此論，聖人不易，恐終當從之。宇不聽。至是楊廷和銜含恨也。○璁，授意吏部，除爲南京主事。石珤語璁曰：慎之，大禮說終當行也。璁怏怏而去。

【編】帝下御札，諭加興獻帝后以皇字。大學士楊廷和等乞罷歸，不報。

【紀】廷和等上言：漢宣帝繼孝昭後，追謚史皇孫、王夫人，衛太子納史良娣生子進，號史皇孫；皇孫納王夫人生子病已，即宣帝。曰悼考、悼后而已。光武上繼元帝，鉅鹿南頓君，鉅鹿都尉回生南頓令欽，欽娶樊氏女生秀，即光武。以上立廟章陵而已，皆未嘗追尊。今日興獻帝后之加，較之前代尊稱已極，若加皇字，與慈壽孝廟並，是忘所後而重本生，任私恩而棄大義，臣等不得辭其責。吏部尚書喬宇等奏曰：皇者正統大義，若加皇字於本生之親，則與正統溷魂去聲。○亂也。而無別，揆之天理則不合，驗之人心則不安，非所以重宗廟、正名分也。上曰：慈壽皇太后懿旨有諭，今皇帝婚禮將行，其興獻帝宜加興皇號，母興獻皇太后，朕不敢辭。爾羣臣其承后命。廷和等見不可爭，乃俱求罷歸，不報

明紀會通卷七　武宗　正德十六年　三六　書業德

綱鑑會通明紀卷之八

海陵後學陳志襄陶思輯

明紀

世宗肅皇帝。名厚熜，孝宗弟興獻王祐杬之子，憲宗孫也。武宗崩無嗣，太后與大臣迎立之。在位四十五年，壽六十歲而崩。

【編】壬午 世宗皇帝嘉靖元年，春正月，郊祀甫畢，清寧宮小房災。

【紀】楊廷和、蔣冕、毛紀、費宏上言：火起風烈，此殆天意。況迫清寧後殿，豈興獻帝后之加稱，祖宗神靈容有未悅乎？上乃議稱孝宗為皇考，慈壽皇太后為聖母，興獻帝后為本生父母，而皇字不復加矣。

【編】御史朱衣、給事部錫上疏陳時政缺失。

【紀】衣謂近者言官屢進章疏，陛下御批有曰知道了，有曰已有旨了。夫言知不言行，乃行之怠也；言有旨而不言是非，改過之吝也。錫謂陛下即位以來，政令既出而即更，奏請方行而遂改，即如逦者內府薪炭及官軍俸糧二事，部臣屢執而不從，中官一言而遂決，舉動如此，中外傳駭。部錫，安州人。

林宗鍔曰：觀此二疏，則嘉靖初政已壞，不待分宜用事，元節售奸矣。時又有汪珊十漸之疏，大意亦如此。

【編】三月，上孝宗太后尊號曰昭聖慈壽皇太后，武宗皇后曰莊肅皇后，聖祖母邵氏曰壽安皇太后，本生父母曰興獻帝、母曰興國太后。昭聖，張皇后也。莊肅，夏皇后也。壽安，憲宗妃，興獻王母也。興國太后，蔣妃也。

【編】秋九月，立妃陳氏為皇后。鴻臚寺卿陳萬言之女也。

【編】冬十一月，壽安皇太后邵氏崩。

【編】癸未 二年，春正月，五星聚于營室。

【編】南京刑部主事桂萼上正大禮疏。

【紀】萼大略言：陛下入繼大統，非為人後，當考興獻帝，母興國太后。并錄巡撫湖廣都御史席書、吏部員外郎方獻夫二疏。書疏謂宜定號皇考興獻帝，別立廟於大內，慈聖皇太后不可以興獻字加之。獻夫疏請稱孝宗曰皇伯，稱興獻帝曰皇考，別立廟祀之。二疏俱中沮不果上。以聞，下羣臣集議。桂萼，安仁人。方獻夫，南海人。

【編】三月，廷試，賜姚淶、王教、徐階進士及第。徐階後隆慶時相國。○姚淶，慈谿人。徐階，華亭人。

【編】冬十一月，少師、吏部尚書、華蓋殿大學士楊廷和致仕。

【紀】帝遣內臣之蘇杭織造，廷和言：蘇杭四月後亢暘為虐，入秋來霖雨不止，饑荒非常，正供不給，淮揚徐邳，田廬漂沒，動稚計斤而鬻，母子墜水而死，更重以織造，恐激他變，敕書必不敢草。帝怒其違抗，切責之，廷和遂移疾乞休，允之。

【編】甲申 三年，春三月，詔奉興獻帝為本生皇考恭穆獻皇帝，興國太后為本生母章聖皇太后。

【編】以石珤為文淵閣大學士。

【編】夏五月，前戶部尚書、武英殿大學士王鏊卒。

【編】六月，以張璁、桂萼、方獻夫為翰林院學士。

編 秋七月。逮學士豐熙等百三十有四人下獄。吏部右侍郎何孟春等八十有六人令待罪。

紀 先是上命內閣擬撰本生聖母章聖皇太后冊文。至是上采張璁桂萼議。諭大學士毛紀等。去冊文本生字。紀等力言不可。上召百官至左順門。敕曰。本生聖母章聖皇太后。今更定尊號曰聖母章聖皇太后。何孟春與尚書秦金。學士豐熙等。及翰林寺部臺諫諸臣。各上言力爭本生二字。不宜削。章十三上。俱留中不報。戊寅。上朝罷齋居。文華殿尚書金獻民徐文華倡言曰。諸疏留中。必改孝宗爲伯考。則太廟無考。正統有間矣。孟春曰。憲宗朝尚書姚夔率百官伏哭文華門。爭慈懿皇太后葬禮。憲宗從之。見六卷十此國朝故事也。脩撰楊慎廷和之子曰。國家養士百五十年。仗節死義。正在今日。給事中張翀充王元正等。遂遮留羣臣於金水橋南。曰。萬世瞻仰。在此一舉。今日有不力爭者。共擊之。孟春獻民文華復相號召。於是秦金等凡二百二十九人。俱赴左順門跪伏。有大呼高皇帝孝宗皇帝者。上聞之。命司禮監諭退。不去。金獻民曰。輔臣尤宜力爭。禮部侍郎朱希周乃詣內閣告毛紀。紀與石珤遂赴左順門跪伏。上復遣司禮太監諭之退。羣臣仍伏不起。自辰迨午。上怒。命司禮監錄諸姓名。收繫諸爲首者豐熙張翀余寬黄待顯陶滋相世芳毋德純等八人於獄。楊慎王元正乃撼門大哭。一時羣臣皆哭。聲震闕廷。上大怒。遂命逮見二卷六繫馬

明紀會通卷八　世宗　嘉靖三年　三　書業德

理等凡一百三十有四人於獄。何孟春等八十有六人。姑令待罪。總二百有二十人。命拷訊豐熙等八人編伍。其餘四品以上者俱奪俸五品以下者杖之。於是編修王相等一百八十餘人各杖有差金獻民綿州人。徐文華。嘉州人。

編 詔上本生皇考恭穆獻皇帝尊號曰皇考恭穆獻皇帝。本生聖母章聖皇太后。曰聖母章聖皇太后。

紀 初給事中陳洸光言事忤旨。出爲按察司僉事。至是上言曰。陛下察幾致決。毅然去本生二字。有人心者。咸謂始全父子之恩。無不感泣。上悅。復以洸爲給事中。逮繫修撰楊慎。編修王元正。給事中劉濟。御史張原等於詔獄。復撲之。謫楊慎王元正劉濟戍邊。何孟春調南京工部。毛紀罷。

明紀會通卷八　世宗　嘉靖三年　四　書業德

編 九月。詔稱孝宗敬皇帝曰皇伯考。昭聖皇太后曰皇伯母。

紀 汪偉鄭岳徐文華。與璁等會議大禮。辨論未決。武定侯郭勛遽曰。祖訓如是。古禮如是。人臣事君。將順其美。璁等言當於是書萼璁獻夫。會公鶴齡侯勛仇鸞等六十四人上言三代之法。父死子繼。兄終弟及。今孝宗有武宗爲子。不宜更立皇上爲後。人無二本。孝宗。伯也。宜稱皇伯考。昭聖。伯母也。宜稱皇伯母。允合天理。協人情。獻皇帝主別廟。不入太廟。尊尊親親。兩不悖矣。於是稱孝宗敬皇帝曰皇伯考。昭聖康惠慈壽太皇后曰皇伯母。恭穆獻皇帝曰皇考。章聖太皇后曰聖母。詔諭天下。

陳建曰武宗無嗣。遵兄終弟及之訓。繼大統。其倫序素定。天親不可以人爲。豈得假爲人後。直爲之子之說。

只當求武宗之姪輩立之以繼武宗之統便省多少異論

大禮之壞只在入廟稱宗若止加帝號別廟崇祀夫何嫌復

以涸之哉。方獻夫之言曰。宋仁宗無子。孝宗以武宗爲子不同一也。宋仁宗嘗育英宗于宮中。世宗未嘗育于孝宗不同二也。宋濮王有衆子。今獻王只一子。其不同三也。愚謂就民間承繼而論。必其無子而後繼之。必其衆子而後出爲人繼。今孝宗已有子武宗矣。乃復強爲之繼。武宗未嘗有子也。乃不思所以繼之。獻皇子只一人。乃欲肯而之他三不通矣。夫由前則三不同。由後則三不通。此事至明而擧朝昧之者何也。一謂孝宗深仁厚澤。不可無嗣也。不知無嗣者武宗。非孝宗也。二謂昭聖迎立之恩。不可不事之爲母也。不知迎立公也。母以報之。私矣。是故繼統不繼嗣一語。極爲名正言順。而無奈在廷之不均悟也。

谷應泰曰。戾太子稱兵逆父。遂不敢皇。猶之舜不王瞍禹不王鯀也。興獻以肇倘啓聖。儼然皇焉。猶之周王王季。周王文王也。湯不王主癸。而周王王季。光武不王南頓。而世宗王興獻。踵事增華。禮以義起。孝子之至也。太廟者承統之地。皇而不廟者有異。稱宗者繼統之名。皇而不宗者亦殊。懿文得爲康皇帝。郕王亦稱景泰帝。故不入廟。則地不偪。不稱宗。則名不嫌。乃世宗尊爲天子。必欲使之不王其父。此則議禮諸臣之過也。

編乙酉四年春三月。建獻皇帝廟。是爲世廟。

編丙戌五年。秋九月。帝奉章聖皇太后謁見世廟。

紀帝欲奉母謁世廟。以問璁萼。對曰。唐開元禮。有皇后廟見之文。國初皇后謁太廟。命婦陪侍。永樂時。止謁奉先殿。非祖制也。費宏曰。璁所引皆婚禮。今守大祭。不可附會。章聖皇太后。宜謁觀德殿以守祖法。璁萼曰。周禮宗廟之祭。王服袞冕而入。立東序。后服副褘而入。立西序。九獻各四拜。是天子與后。共承宗廟也。今復古禮。未爲不可。宏不能難。

編丁亥六年。夏四月。以新建伯王守仁。爲兵部尚書。總制兩廣及江西湖廣軍務。

紀初田州土官岑猛反。總督兩廣都御史姚鏌討之。猛奔歸順州。知州岑璋誅之。已而猛黨盧蘇王綬復叛。御史石金。誣奏鏌輕信寡謀。安攘無術。上怒落鏌職。命王守仁代之。姚鏌慈谿人。

好人張璁入相

編以少保席書爲武英殿大學士。尋卒。以禮部右侍郎翟鑾入閣辦事。席書遂寧人。翟鑾西鄉人。

編五月。京師雨錢。

郭彥博曰。讀舊鑑多有不可解者。如京師雨錢。錢者天下之寶。太府之錢。非易得者。今憑空而雨之。寧不以起人之爭乎。錢文必有嘉靖通寶字樣。天所雨之錢。將亦鑄其字乎。抑另有製乎。雨珠雨玉。不過古人戲語。今果有雨錢之事乎。

編秋八月。進楊一清華蓋殿大學士。以張璁爲禮部尚書。文淵閣大學士。

分部異事

編九月。命吏部左侍郎桂萼。署刑部事。兵部左侍郎張璁。署都察院事。少詹事方獻夫。署大理寺事。治李福達獄。

紀福達。山西人。以彌勒教煽惑愚民。聚黨嘯劫。官兵捕之急。遂逃去。變姓名爲張寅。偕其子大仁大義大禮。以燒煉術。出入武定侯郭勳第。其仇薛良首發之。先後訊鞫者不一人。獄已定。獨巡撫畢昭。謂張寅非福達。欲坐薛良誣告。會昭去。而御史馬錄至。仍前訊。勳爲遺書囑免。錄不從。擬福達謀反。而飛章劾勳黨賊。上其手書。於是各科道交章劾勳交通逆賊。明受賄賂。福達既應伏誅。勳無可赦之理。都御史聶賢。亦奏知情故縱。勳當連坐。而郭勳與桂萼張璁合謀。奔訴於帝。謂廷臣內外交結。借事陷勳。漸及議禮諸臣。帝深信其說，而外廷不知也。帝命逮取福達至京，多官會鞫。於是刑部尚書顏頤壽以下，都御史聶賢以下，大理寺湯沐以下，及錦衣衛各集廷訊，對簿無異辭。奏請論磔。帝不從，命會九卿大臣於闕廷對簿，復無異辭。帝益怒，遣錦衣官逮馬錄赴京，下獄待鞫。既而出錄與福達對鞫，仍無反異。頤壽以其獄上，帝益怒頤壽朋姦肆誣，逮繫尚書侍郎、都御史、大理寺卿少卿俱下詔獄，其先後內外鞫問大小官俱逮繫下獄。九月，命桂萼攝刑部事，張璁攝都察院事，方獻夫攝大理寺事，雜治之。鞫錄於廷，搒掠備至，錄不勝五毒，自誣挾私。故入人罪。璁等以聞，遂釋福達，戍馬錄於南丹衛，子孫不宥，前後逮繫官俱備嘗五毒，死、筆

楚者十餘人，聞者憐之。已而皆奪官罷歸。獨徐文華、顧佖戍邊，二人皆與璁等廷爭大禮者。璁等自謂平反有功，請

編欽明大獄錄，頒示內外，從之。此獄直至四十五年四川捕得反賊蔡伯貫，以山西李同爲師。同供爲李五孫，李大禮之子，與大獄姓名無異，是獄始明。顏頤壽，巴陵人。聶賢，長壽人。湯沐，江陰人。林宗錫曰：當是時，廷臣一黨也，璁、萼、獻夫、書、勳一黨也。有二人至，必撲殺之。而廷臣俱與璁、萼爲仇。已而璁、萼勝。至是，廷臣復因福達一獄以陷勳。勳與璁、萼合，奔赴于帝，而璁、萼復勝。然前大理之議，璁、萼直而廷臣曲也；今大獄之滋，則璁、萼曲而廷臣直矣。爲其黨而是非可以昧心如是也。璁、萼之人品安在乎。

（編）張璁請汰錦衣旗校冗官冗兵。

（紀）歲省糧儲數百萬石。

（編）張璁疏請各省鄉舉俱命京官往試，京闈分考，亦用甲科，從之。

（編）起閒住太監張永提督團營。

（紀）張永計擒逆瑾，安王守仁，與誅江彬，有大功。大學士楊一清薦用之。

（編）戊子七年夏五月，提督兩廣軍務王守仁討廣西叛蠻，平之。

（紀）捷聞，桂萼忌之，論守仁挾詐專兵。禮部尚書霍韜上疏曰：伏遇聖明，特起王守仁撫勦田州，命下之日，臣竊爲守仁計曰：前巡撫調三省兵若干萬，軍餉支費若干萬，殺死疲死民兵若干萬，僅得田州安靖五十日，自是而思恩叛矣。守仁乘此大壞極敝之後，雖合四省兵力，支銀米數百萬，勦平報級，亦且曰天下大功也。而守仁不役一卒，不費斗糧，只宣揚聖德，遂令稽顙首來服。若八寨斷藤峽之賊

又非田州思恩可比。廣西在萬山之中，土惡水迅，氣習凶悍，八寨賊洪武間所不能平，斷藤峽賊成化初僅得討平，餘孽復熾。今守仁沉機不露，掩賊不備，一舉蕩平，百數十年虎豹窟穴，掃而清之，如拂塵然。臣是以歎服守仁能體陛下之仁，以懷綏思恩田州向化之民；能體陛下之義，以討服八寨斷藤峽梗化之賊。不以爲功，反以爲罪，可乎？守仁擒宸濠，奸臣許泰等欲掩其功，揚言守仁初與賊同謀，又謂宸濠金帛，守仁滿載以去。當時閣臣亦忌守仁之功，不爲辨白。臣謂守仁江西之功不白，無以勸效忠之臣；廣西之功不白，無以勸策勳之臣。守仁，大臣也，豈以功賞有無爲重輕哉？第恐當時有功之人，及守官立功之人，視此

荒政叢言留心民瘼香宜書一通置座右

解體。則在外鎮臣遂無所激勸矣。疏奏不報。霍韜，南海人。

編 六月。明倫大典成。加張璁少傅。兼太子太傅吏部尚書謹身殿大學士。

紀 璁既秉政。盡革天下鎮守太監。民慶更生。

編 冬十月。皇后陳氏崩。

編 閏月。立妃張氏爲皇后。

編 己丑八年。春二月。新建伯兵部尚書兼都察院左都御史王守仁卒於南安。後贈侯。謚文成。

紀 文成擒宸濠。靖田州。平八寨。功在社稷。方死之日。桂萼曰守仁事不師古。言不稱師。欲立異以爲名。則非朱熹格致之論。知衆論之不與。則著晚年論定之書。號召生徒。互相唱和。其門人爲之辨謗。至謂杖之不死。投之江不死。幾於無忌憚矣。若勦捕逆濠。其功足多。宜免奪伯爵。以彰大信。申禁邪說。以正人心。帝從之。

林宗鍔曰。文成學問。洵有可議。若其功業。則冠絕明代者也。

編 三月。前大理寺評事林希元上荒政叢言。

紀 其言曰。救荒有二難。得人難。審戶難。有三便。極貧民便賑米。次貧民便賑錢。稍貧民便賑貸。有六急。垂死貧民急饘粥。疾病貧民急醫藥。病起貧民急湯水。已死貧民急埋瘞。遺棄小兒急收養。輕重繫囚急寬恤。有三權。權借官錢以糴糶。權興工作以助賑。權貸牛種以通變。有六禁。禁侵漁。禁攘盜。禁遏糴。禁抑價。禁宰牛。禁度僧。有三戒。戒遲

奸人桂萼人相

移姚廣孝祀於與隆極是

改號孔子爲先師易像爲主

緩。戒拘文。戒遣使。上以其切於救民。皆從之。林希元。同安人。

編 秋七月。以少保吏部尚書兼翰林院學士桂萼爲武英殿大學士。

編 移姚廣孝祀於大興隆寺

紀 禮官李時與璁萼議。姚廣孝雖有帷幄功。既有祟秩以償其勞。復削髮披緇。配立太廟。似所未安。宜移祀。李時，任丘人。

編 庚寅九年。秋八月。致仕大學士楊一清卒。

編 冬十月。改號孔子爲先師。易像爲主。

紀 先是洪武初。宋濂說曰。世之言禮者。皆出於孔子。乃不以禮祀孔子。褻祀也。漢章帝幸魯祠孔子。西向再拜。今襲開元二十七年之制。遷神南向。非神道尚右之意矣。古者木主棲神。天子諸侯廟皆有主。大夫束帛。士結茅爲菆。無像設之事。今因開元八年之制。搏土而肖像焉。非神而明之之義矣。古者灌鬯焫蕭。求神於陰陽也。今以薰薌代之。非簡乎。古者郊廟祭享。皆設庭燎。示嚴敬也。今以秉燭當之。非瀆乎。開元祀孔子。以七十二賢配。諸州惟配顏子。今以荀況之言性惡。揚雄之事王莽。王弼之宗老莊。賈逵之忽細行。杜預之建短喪。馬融之附世家。亦廁其中。吾不知其何說也。子雖齊聖。不先父食。今回參伋坐饗堂上。而其父列食於廡間。吾不知其何說也。古者設奠。有樂無聲。稺菜無樂。今襲用漢魏所制大成樂。乃亂世之音。可乎。娓娓數百言。辨析明白。太祖不能用。天順間。蘇學像剝落。知府

林鶚易以木主或以毀聖賢疑之鶚曰此土耳豈聖賢耶於是并易從祀諸賢然其他郡縣未易也至是張璁議一謚號漢平帝初追謚孔子褒成宣聖公唐元宗追謚爲文宣王元武宗加謚大成至聖文宣王宋姚燧曰孔子卒哀公誄之子貢以爲非禮平帝始封謚葢新莽以文其奸也國初大學士吳沉人金華封王辨曰春秋列國僭王則黜之夫子人臣也生非王爵死而謚之可乎師也者君之所不得而臣也故曰詔於天子無北面所以尊師也彼以王爵之貴而隆於稱師者習俗之見也布政夏寅人華亭曰唐元宗尊老子爲元元皇帝太公爲武成王尊孔子爲文宣王此其不學無術之謬烏可爲萬世程哉祭酒邱濬曰自漢

明紀會通卷八　世宗嘉靖九年　十一　書業德

平帝追謚孔子爲宣尼公至開元加以文文者經天緯地者也若宣之爲言不過聖善周聞而已何足爲聖人輕重哉又自古謚號未聞有諭言者大成之言出於孟子成者樂之一終也加此於至聖文宣王之上甚無謂也一章服唐元宗以王者袞冕服衣之宋眞宗加宣聖冕服桓圭一從上公之禮冕九旒服九章徽宗詔冕十二旒服九章金世宗時冕十二旒服十二章宋熹曰聖像之設非古也姚燧有言北史敢有造泥人銅人者必誅則泥人固非祀聖人法也後世長短肥瘠郡異縣殊非神而明之之道也一籩豆樂舞唐元帝詔祀先聖樂用九宮舞用八佾宋徽宗賜禮器一副籩十豆十國朝成化增六佾爲八佾加籩豆

爲十二祭酒章懋及夏寅皆非之以爲十二籩豆八佾惟太學可行天子所自祭也郡縣皆行之祭禮僭矣夫孔子不觀魯僭王之禮寧自蹈非禮之愆哉一配享唐貞觀顏回配享宋咸淳曾參孔伋配享元豐孟軻配享宋洪邁曰自唐以來以顏回至子夏爲十哲論語從我陳蔡章所記者坐祀廟堂上其後升顏子配享則進曾子於堂居子夏次然顏路曾點乃在廡下從祀之列子雖齊聖不先父食其何以安熊禾曰宜別設一室以叔梁紇居中顏無繇曾點孔鯉孟孫氏今神主名徼公宜侑食西嚮弘治時又以程子父珦朱子父松請珦不附安石新法松不附秦檜和議其歷官行已足述也一從祀程敏政疏曰唐貞觀始以左丘明等二十七人

明紀會通卷八　世宗嘉靖九年　十二　書業德

從祀孔子廟廷考馬融爲南郡以貪濁免髡徙朔方又爲梁冀草奏殺李固作西第頌美之劉向喜誦神仙方術上言黃金可成鑄作不驗下吏當死賈逵附會圖讖致通顯不修小節葢左道亂正之人也王弼何晏倡清談所註易專祖老莊而范甯追究晉室之亂以爲王何之罪深于桀紂何休則止有春秋解詁一書黜周王魯又註風角等書班之于孝經論語葢異端邪說之流也戴聖爲九江守多不法何武劾免及爲博士毀武于朝子爲盜繫獄武平心決之得不免則又造武謝王肅仕魏封蘭陵侯乃以女適司馬昭又爲司馬師畫策與計文欽毋邱儉濟其惡杜預守襄陽數餽遺洛中貴要伐吳因斫癭之議盡殺江陵人

以吏則不廉以將則不義凡此諸人皆當罷黜而議者謂守其遺經轉相授受夫守其遺經若左丘明公羊高穀梁赤之于春秋伏勝孔安國之于書毛萇之于詩高堂之于儀禮后蒼之于禮記杜子春之于周禮可以當之融等不過訓詁章句而已至于鄭衆盧植鄭元服虔范甯五人雖若無過然所行未能窺聖門所著未能窺聖學也臣愚乞罷戴聖等八人祀鄭衆等五人祀於鄉至孔子弟子見於家語者顏回而下六十六人而史記多公伯寮秦冉顏何三人文翁成都所畫多蘧瑗林放申棖三人考宋邢昺疏申棖即申續又名申黨今祀申棖于東廡祀申黨于西廡甚無謂公伯寮乃聖門之蟊賊而孔子稱蘧瑗為夫子家

語史記林放俱不在弟子之列秦冉顏何疑亦字畫相近之誤臣愚以為申棖申黨兩號宜存其一公伯寮五人宜罷其祀而瑗放者各祀於其鄉又洪武時行人楊砥請黜揚雄進董仲舒然荀況楊雄實相伯仲況以性為惡以禮為偽以子思孟子為亂天下宜并況黜之其尚可議者則王通胡瑗也王通為隱德君子而朱子稱師道之立未有過瑗也亦宜使從祀學宮又謝鐸太平人請祀楊時罷胡澄桂萼亦請祀蔡元定又歐陽修所著本論有翊道之功韓愈既以從祀歐陽修豈可佚哉疏入帝嘉焉改稱孔子為先師易像為主籩豆十佾舞六罷從祀申黨公伯寮秦冉顏何荀況戴聖劉向賈逵馬融何休王肅王弼杜預吳澄

張璁此議甚得禮之心可為萬世法程

進后蒼王通胡瑗歐陽修陸九淵從祀林放蘧瑗鄭元盧植鄭衆服虔范甯祀於其鄉

編　十二月桂萼致仕

編　辛卯十年春正月帝改張璁名孚敬字茂恭御書賜之

編　三月定禘禮

紀　時衆議禘德祖太祖高祖父帝不從或曰禘顓頊帝亦不從曰可稱皇初祖帝

編　詔三途並用

紀　詔吏禮二部循洪武十九年以後弘治十一年以前例三途並用務在得人以稱朕用賢之義

編　雷譴延平悖婦

紀　福建延平杜氏兄弟三人輪膳一母三人出耕三婦輒詬誶致姑粥飯不給忽一日白晝轟雷一聲祇覺電光紅紫眩目三婦皆人首面身則一牛一犬一豕觀者如堵

編　夏六月以少保吏部尚書兼翰林院學士方獻夫為武英殿大學士

編　閏月雷震午門西角樓

編　張孚敬致仕尋遣行人召還

編　壬辰十一年秋七月彗星見上卷八見東井東北行歷天津掃太微垣見上同詔羣臣修省

編　八月張孚敬致仕尋召還

紀　科臣秦鰲言彗辰見東方是君臣爭明彗孛入井奸臣

明上心原

在側張孚敬竊權驕橫妖星示儆實惟所召帝曰秦鰲言出忠讜令孚敬自陳准致仕。秦鰲崑山人。

編 以汪鋐爲吏部尚書加太子太保。汪鋐婺源人。

編 冬十月下御史馮恩獄。

紀 恩上疏劾張孚敬汪鋐方獻夫曰張孚敬之姦久露汪鋐方獻夫之姦不測陛下去孚敬而不去此二人天下事未可知也臣謂孚敬根本之彗也鋐腹心之彗也獻夫門庭之彗也乞斬三姦以應更新之象上怒下恩獄時鋐恨恩甚即欲殺之孚敬曰不可此子立名非眞即殺之吾儕任其咎而遂成孺子之名姑縱之久當自斂耳遂得長繫待讞及朝審汪鋐以太宰東向坐恩故向闕跪鋐令番卒

拽之西向乃偃立曰汝能殺我乎死且爲厲鬼殺汝鋐曰吾且殺汝俟爲厲未晚也且而自爲氣節乎獄中受諸餽遺何節也恩曰患難相恤義固當爾且獄中死囚豈有官爵觸人而婪其貨乎汝受某金擢都憲某玉瑤起廢罪可擢髮數耶鋐起欲以手批之爲同僚所格遂書曰情眞應決王邦相曰不可我朝一百六十二年不殺言官吾儕安得作俑帝微聞此語是歲遂免行刑其母吳氏擊登聞鼓聲冤子行可請以身代皆不報甲午冬行可於長安街刺血書疏自縛闕下通政陳經見而憐之爲引奏帝動容曰忠孝乃出一家耶遂得減死戍雷州

編 癸巳十二年春正月進張孚敬少師方獻夫致仕。

李時入相無所建明嚴嵩出而朝政大壞

編 河南巡撫吳山獻白鹿。吳山高安人。

編 夏四月應天巡撫陳軾獻白兎。

編 秋八月皇第一子生。是爲哀沖太子。

編 甲午十三年春正月廢皇后張氏立德妃方氏爲皇后。

編 乙未十四年春正月莊肅皇后崩。武宗后。

編 夏四月張孚敬罷召費宏入閣

編 秋九月遼東兵變巡按御史曾銑撫定之陞曾銑大理寺丞。曾銑揚州人。

編 丙申十五年秋九月進李時少師謹身殿大學士

編 十二月以南京吏部尚書嚴嵩爲禮部尚書兼翰林院學士。嚴嵩分宜人。

滾滾不絶將爲江河小枝不伐將爲斧柯

紀 時禮部選譯亦通夷字諸生嵩至即受貨賄已而苞苴。褰曰苞，籍曰苴，以物相遺者必苞苴之。過多更高其價御史桑喬列其狀請罷黜之嵩乃疏辨求免給事中胡汝霖復劾其穢行旣彰招致論列不得飾辭自明以傷大體帝乃令以後大臣被劾宜自省修勿得疏辨嵩懼益爲恭謹以媚上

編 皇第二子生。是爲莊敬太子

編 七廟成。

紀 詔曰朕以沖愚嗣天位君四方思典禮之重且大祀爲首祇聞於皇天默卜於皇祖首建圜丘方澤以祀天地明陰陽之位不可混。洪武時李善長議以祭天于南郊以大明夜明星從祭地于北郊以岳瀆從太祖曰天地猶父母也可分祀耶乃以冬至合祀天地于奉天殿嘉靖九年給事夏言言祀天圜丘祀地方澤所以順

夏言得君自此始　夏言入相無所建明　典獻入廟稱宗始于十七年皆嵩豐坊成之也

天地之性。審陰陽之位也。豈可崇樹棟宇。擬之人道哉人。帝方以大禮恚羣臣。將有所更易。得之大悅。賜言四品服以旌之。乃建四郊。祀天于南郊。地于北郊。日于東郊。月于西郊。續創昭穆羣廟。以祀祖宗。彰太祖爲當專尊之主。復作太宗廟於羣廟之外。表祖宗功德之不遷。以饗百世之祀。更皇考廟曰獻皇帝廟。別擇吉區。以避渠道。大功悉成。遂定五歲大舉禘祭之禮。於太廟。以祀皇初祖。而奉太祖配焉。立春特饗於各廟。夏秋冬。合饗於太廟。循時祫之典。季冬仍修太祫禮於太廟。初憲宗無祔九廟。已備德懿熙仁太太仁宣英。乃祧懿祖。孝宗祔。祧熙祖。武宗祔。祧仁祖。而德祖不祧。至是并祧德祖。而以太祖爲尊矣皇考止修四時之祀。以避豐禰之嫌。奉安既成。將覃錫典。恭上兩宮徽號曰昭聖恭安康惠慈壽皇太后孝宗配張后也章聖慈仁康靜貞吉皇太后。獻皇配蔣妃也慶禮既備。推愛

宜頒

編 進李時華蓋殿大學士。以少傅禮部尚書兼翰林院學士夏言。爲武英殿大學士。夏言。江西人。

編 丁酉十六年春正月。皇第三子生。是爲穆宗。康妃杜氏出。

編 夏五月雷震謹身殿

編 戊戌十七年。秋九月。追尊太宗文皇帝爲成祖。皇考獻皇帝爲睿宗。

紀 初通州致仕同知豐坊上言。請復古禮。尊皇考獻皇帝廟號稱宗。以配上帝。下禮部集議。嚴嵩上言。萬物成形于秋。故王者秋祀明堂。以父配之。自漢武迨唐宋諸君。莫不皆然。主親親也。若稱宗之禮。則未有帝宗而不祔太廟者。

嚴嵩得君自此始　顧鼎臣入相無所建明

恐皇考有所不寧。上悅。已而嵩復阿上旨。請尊文皇帝稱祖。獻皇帝稱宗。上從之。乃尊文皇帝爲成祖。獻皇帝爲睿宗。配上帝。詔天下。

林宗鍔曰。獻皇享專廟之祭。尊已至矣。必欲祔入孝廟。以躋祀之。從身實北面武宗。而位反居武宗上。嵩直啗君于罪矣。至楊廷和與子慎。同議豐坊乃與父熙異議。父子之間。其故不可得而知矣。

編 冬十二月。少師華蓋殿大學士李時卒。

編 章聖皇太后蔣氏崩。

編 己亥十八年。春正月。立皇次子爲皇太子。

編 進夏言少師。顧鼎臣少保。武英殿大學士。顧鼎臣。崑山人。

編 詔詣承天府今安陸府。見上卷三五。視顯陵睿宗陵也

編 車駕發京師

編 三月。以方士陶典眞爲神霄保國宣教高士

紀 典眞一名仲文。黃岡今湖廣黃州府黃岡縣人。少爲縣椽。覗喜神仙方術。嘉靖初授遼東庫大使。秩滿至京師。時致一眞人邵元節貴幸。會宮中黑眚生聲。上見青妖氣也。元節治之無驗。遂薦仲文代。已試宮中。稍能絕妖。上寵異之。至是扈戶駕南巡。至衛輝。今河南衛輝府白晝有旋風繞駕不散。上以問仲文。對曰。當火。遣仲文禳之。仲文曰。火終不免。可謹護聖躬耳。是夜行宮果災。宮中死者無算。錦衣陸炳排闥入。負帝出。竟無恙。明日敕行在天子以四海爲家。故行日乘輿。止日行在。吏部授仲文是職。給誥印。許攜其家於官。

王世貞曰。方士之有誥也。自世宗始也。誥而四字淫也。而使方士得之。則益淫也。

〔編〕夏四月。車駕至承天府。

〔紀〕上至承天。居卿同慶雲宮。辛巳。詣純德山。顯陵在焉降輦連上聲稽首甲申。享上帝於龍飛殿。奉皇考配闕陵畢。詔告天下。壬辰。車駕發承天。欲葬帝母章聖太后於顯陵故先至安陸視其地。秋七月。合葬顯陵。

〔編〕五月。帝還京。

〔編〕庚子十九年。秋七月。授方士段朝用紫府宣忠高士。

〔編〕逮山西道御史楊爵下獄。楊爵富平人。

〔紀〕爵上言方今之勢。如人病極。腹心官骸。無乎不病。臣請以失人心而致危亂者陳之。往歲夏秋不雨。立冬無雪。至元旦始雪。即止。大學士夏言乃謂靈瑞稱賀。欺天罔上。不已甚乎。翊國公郭勳。大惡大憝。中外共知。此用人失人心

明紀會通卷八　世宗　嘉靖十九二十年　九　書業德

而致危亂也。四方饑饉頻仍。而土木之工不止。此興作失人心而致危亂也。朝儀間缺。經筵不御。中外渙然。此朝講不親。失人心而致危亂也。異言異服。列於禁廷。紫綬赤紱。徧於羽士。陛下以天之元子。若遠宗帝道。近守祖法。則和氣致祥。自莫不寧。安用矯誣上天。此信用方術。失人心而致危亂也。楊最言出而身死。羅洪先等以言罷斥。此阻抑言路。失人心而致危亂也。此數者關天下治亂。係國家安危。不審陛下將若之何。疏入。帝大怒。逮下鎮撫司。時浦鋐周天佐皆以救爵下獄。至二十四年。輔臣請赦言官。爵既出。而帝檢原疏復逮繫獄。二十六年。宮中火。傳詔急赦。爵前後繫獄凡七年。及歸家月餘。有大鳥集其舍。爵曰。吾死矣。乃自為墓志銘而卒。

〔編〕辛丑二十年。夏四月。九廟災。

〔紀〕時久暘暘不雨。是日初昏。陰雨驟至。大雷雹。以風忽震火起仁廟。烈風噓吹也之。須臾燬其主。延及成祖主亦燬。遂及太祖昭部穆羣廟。惟獻廟獨存。

〔編〕郭勳有罪下獄。賜死。

〔編〕御史葉經劾嚴嵩罪。赦弗治。

葉經劾嚴嵩

〔紀〕交城王絕。輔國將軍表柚謀襲之。遣校尉任得貴至京以黃白金三千兩賂嚴嵩。復賂儀制司令史徐旭及王府科胥人。皆受焉。嵩乃題覆。從之。東廠邏。羅去聲。巡也卒。執其籍以聞。下法司問受賂者。皆戍邊。嵩無恙。既而永壽共和王庶子惟熜與嫡孫懷熺爭立。以白金三千賂嵩。亦受之。為覆允。永壽莊僖王妃遣人擊登聞鼓。登聞院懸鼓以達寃人。奏訴。於

明紀會通卷八　世宗　嘉靖二十一年　干　書業德

是御史葉經劾嵩貪狀。乞賜敕正。嵩急歸誠於上。上憫之。乃曰。表柚惟熜襲爵應否。行所司勘之。嵩安心任事。勿以介意。葉經。上虞人。

兩以賂聞而獲眷倍深天欲禍明與嵩賊父子何誅

〔編〕秋八月。昭聖皇太后崩。

〔編〕壬寅二十一年。夏六月。大學士夏言罷。進翟鑾謹身殿大學士。

〔編〕秋八月。以禮部尚書嚴嵩為武英殿大學士。參預機務。仍掌部事。

嚴嵩相而禍患無窮矣

〔紀〕吏科都給事中沈良材。御史童漢臣等。首論嵩奸汙。不當秉君子之器。南京給事中王曄。御史陳紹等。復論嵩。并其子世蕃同惡相濟。關通苞苴。上見動以千百計。嵩疏辨乞

休。上優詔慰留之。沈良才，泰州人。童漢臣，錢唐人。

傅維祖曰：分宜柄國之始，諸君子已抗疏不遺餘力矣，而世宗乃痛好之，非好人之所惡耶。

編 癸卯 二十二年。春二月。宮婢楊金英等謀弑帝，伏誅。

紀 帝幸曹妃宮，既寢，宮婢楊英等以組經帝頸。有張金蓮者走告太后，后馳救得免。詔併曹妃殺之。後常憫妃冤。上曰：朕非賴天地鴻恩，遏除宮變，焉有今茲。朕晨起至朝天宮醮七日。醮之日，白鶴四十餘翔空中，羣臣賀。

編 夏四月。下給事中周怡獄。

紀 嚴嵩既入內閣，竊弄威權，內外百執事有所建白，俱先白嵩，許諾然後上聞。於是副封（副封，謂諸上書者皆為二封，署其一日副，執政先發副封，所言不善，屏去不奏。）苞苴輻輳其戶外。大學士翟鑾位望先嵩而勢實不競，遂至不相能。（不相善也。）周怡上疏論之，語多侵嵩，疏入，下怡獄。已而鑾以二子倖第，削籍去。（周怡，太平人。）

編 秋九月。殺山東巡按御史葉經。

紀 初，經劾嚴嵩受表柚惟廱賂，嵩銜（恨也。）之。及經監山東鄉試，嵩摘試錄中有違逆語，激帝怒，逮之至京，杖闕下死。布政使陳儒以下皆遠謫。自是中外益側目畏嵩矣。

編 甲辰 二十三年。春三月。廷試，賜秦鳴雷、瞿景淳及第。

紀 是科，禮部員外錢萱、禮科王蛟劾奏考官江汝璧朋私通賄，大壞制科。內閣翟鑾二子汝儉、汝孝，連甲鄉會榜，而業師崔奇勳、姻親焦清試皆同號，房考皆出歐陽曍。帝以弊跡顯然，俱削籍為民。（秦鳴雷，臨海人。瞿景淳，常熟人。）

編 江南斗米錢二文。

編 冬十月。加秉一真人禮部尚書陶仲文為少師。

紀 大同邊卒獲叛人王三。上曰：叛惡就擒，固義勇之效力，實鬼神有以默戮（并力也。）之。遂加仲文為少師，其少傅少保如故。前此大臣無兼總三孤如仲文者。

編 乙巳 二十四年。春三月。以嚴世蕃為尚寶司少卿。（嚴嵩子。）

編 秋七月。太廟成，布詔天下。

編 十二月。復召夏言入閣。

紀 自嚴嵩入相，同事者多罷去，嵩獨相。以太廟工成，加太子太師。後上微聞其橫，厭之，於是詔起夏言。言至，盡復其原官，且加少師，位在嵩上。嵩甚恨之。是時嵩子世蕃為尚

寶司少卿，通賂遺，（去聲。）且代輸戶轉納錢穀，多所朘。（宜削。前漢董仲舒傳：民日朘月削。）言知之，欲以上聞。嵩懼，甚挈世蕃詣言求哀，言辭疾不出。嵩賂其門者，直走言榻下，及世蕃長跪泣謝，言遂置不發。嵩父子愈恨之。

編 丙午 二十五年。夏四月。倭寇浙東。

紀 倭國（名日本國。）在東南海島中，元以前未入中國也。明初，張士誠、方國珍餘黨導之入寇海濱，遂以不靖。於是沿海設立備倭兵備道，而市舶司不廢。自市舶內臣出，稍稍苦之。嘉靖三年，給事夏言奏罷之。然所當罷者市舶內臣，非市舶也。自罷市舶後，凡番貨至，輒主商家，商率為奸利，負其債，多者萬金，少不下數千，索急則避去。已而主貴官家，貴

曾銑請復河套

事之是非以理爲主豈以君昏臣暗而遂謂夏曾之非計也

官家復負之。倭不得歸，乃出沒海上爲盜。濵海飢民、凶徒、逸囚、罷吏、黠僧及衣冠失職書生不得志者，羣聚於其中，攻城掠野，劫庫縱囚，莫敢誰何。乃以朱紈爲巡撫都御史。紈盡捕諸通番者斬於演武場，倭患少息。而諸貴官家反誣紈下獄死。由是羣盜無忌憚矣。

（編）冬十二月，三邊總制曾銑請復河套

郭彦博曰：銑之復套是乎非也。夫河套爲邊外重地，得套則西陲有藩，失套則西陲失藩。此唐張仁愿所以築受降城于河外，以壯藩籬也。然吾以爲套在我則不可棄，先王所以有失地之罰；套在彼則不必爭，先王所以重文德之修。當是時，君昏於上，臣暗於下，邪佞成風，飢荒洊至，雖爭之烏乎能得？雖得之烏乎能守？然則戮頗牧而壞長城，嵩之罪固無赦，而吾於銑與言，亦不能無議云也。

（編）丁未 二十六年秋七月，以尚寶司少卿嚴世蕃爲太常寺少卿，仍掌尚寶司事。

明紀會通卷八 世宗 嘉靖二十六—二十七年 三三 書業德

（紀）世蕃納賄日盛，嵩憚夏言知之，乃疏遣世蕃歸。上特命馳驛往還，世蕃益橫

（編）冬十一月，皇后方氏崩

（編）十二月，三邊總制曾銑劾甘肅總兵仇鸞十罪。

（編）戊申 二十七年春正月，夏言罷

（紀）嚴嵩既忌言，都督陸炳亦怨言持己。先是御史陳其學以鹽法論都督陸炳，炳言擬旨令陳狀，炳詣言請死，有所進稟，長跪而解。陰比嵩圖之。會都御史曾銑先上聲議復河套，言主之。而嵩則極言其不可，語頗侵言。會澄城山崩裂，又京師大風，上疑言，以套議問嵩。嵩因詆言擅權自用，及退，復上疏劾銑開邊啟釁，言雷同曲禮毋雷同注聞人之言而附和之謂之雷同，如雷之發聲而物同應之也誤國，并自求去甚力。上溫旨留嵩，而切責言。於是吏部尚書聞淵、禮部尚書費寀、左都御史屠僑皆謂言誤國。上乃命緹騎見上卷十捕銑至京，因盡奪言師傅，俾以尚書致仕。

嚴嵩殺曾銑

只此便分賢奸

嚴嵩殺言

（編）三月，殺都御史曾銑

（紀）銑既被逮，嚴嵩復令仇鸞訐之。刑部侍郎詹瀚等阿嵩意，謂銑行賄夏言，論斬棄西市，妻子流三千里。銑死，家無餘貲，妻子狼狽，天下冤之

（編）冬十月，殺大學士夏言。

（紀）先是言既歸，舟至丹陽，復就逮至京。上疏極陳爲嚴嵩所陷，帝不聽。刑部尚書喻茂堅等據曾銑律以請，而謂言

明紀會通卷八 世宗 嘉靖二十七年 三四 書業德

實當八議見二卷十所謂議貴、議能者。上怒，責茂堅等阿附言，值居庸關名在直隸順天府城北報警，嵩復以開釁力持，竟坐與銑交通律棄西市。言既死，大權悉歸嵩矣。

郭彦博曰：言有可死之道，而力主套議，非其罪也。夫邊臣主之也，亦其宜。特其夙有取死之道，爲醮壇充使而不知諫，以青詞佞幸而不知恥，稱賀瑞雪而不知愧，屢救致仕而不知止，性奢靡，所居輒極，服御膠妾樂部爲海內選，氣陵同事，視之蔑如。受陸炳槖金免罪。凡此數端，于易之九德暴棄已極。幾何其不遄死也。于是有廉頗、李牧，曠世一出之曾銑，而不能一拯其死。然則非銑之累言，乃言之累銑也。爲是議者，豈其入言銑以出嵩乎？夫宋檜明嵩，罪通于天，何可輕貸？特以明夏言之處此，亦未盡道。夫言爲杜國元老，苟能清君志之匪彝如神仙土木，去君側之姦幸如嚴嵩陶典真，正本清原，則任事之曾銑亦何至首膏斧鑕也。

（編）十二月，謫給事中厲汝進爲典史

紀汝進劾嚴嵩及其子世蕃奸惡。謫爲典史。尋以大計削籍。厲汝進灤州人

編己酉春二月。以南京吏部尚書張治爲文淵閣大學士。國子祭酒李本。入閣辦事。張治茶陵人。李本富春人。

編三月。皇太子薨。謚曰莊敬。

編庚戌二十九年。夏六月。以仇鸞爲宣大總兵

紀以重賂嚴世蕃得之

編秋八月。俺荅薄都城。謫司業趙貞吉於嶺南。

紀俺荅入犯宣府。由薊州入古北口。薊州屬順天府。古北口在薊鎮轉掠懷柔順義。二縣俱屬順天府。遂逼通州。屬順天府復自北河東渡直薄京師。逼也令人持書入朝。求入貢。言多悖慢。上召嚴嵩及禮部尚書徐階於西苑。曰事勢至此奈何。嵩曰此窮寇乞食耳。毋足患。上曰何以應之。嵩無以對。乃命階集羣臣議。司業趙貞吉抗言其不可。上壯之。予金五萬募戰士。而敕中無督戰語。不得統攝諸將。因謁嵩。嵩故與貞吉有隙。辭貞吉怒。會通政趙文華趨入謂曰。公休矣。天下事當徐議之。貞吉愈怒。罵曰汝權門犬。何知天下事。叱守門者。嵩大恨。已而貞吉單騎出城。徧諭諸營將。諸將皆感奮。仇鸞統大同軍入援。肆掠畿甸。有詔勿問。俺荅大掠金帛子女而還。鸞率諸鎮兵尾之。俺荅阨險不得出。乃稍棄餘物。從東南行至昌平。今順天府昌平州猝與鸞兵遇。縱騎蹂躪。蹂踐。躪蹈也。○踐踏也幾獲鸞。遂循古北口故道出塞。論功進鸞太保。嵩論貞吉狂誕。謫

戍嶺南。趙貞吉內江人。

編殺兵部尚書丁汝夔

紀俺荅擁衆寇大同。宣大總兵仇鸞持重賂賂俺荅。令移寇他塞。于是俺荅移兵古北口。長驅入內地。古北口距京師僅七舍。無衛戍瞭望。于是巡按御史王忬。急召吏民聽約束。收漕舟勿爲敵用。而夜半敵果至。京師震恐。京營老弱不能軍。丁汝夔乃以聞。帝大驚。乃募民間材力者。檄各鎮兵勤王。于是宣大總兵仇鸞勤王。帝大喜。既而保定都御史楊守謙至。延綏副將朱楫至。河間宣府山西遼陽兵先後至。凡七鎮。五萬人。帝心稍安。于是拜仇鸞爲大將軍。諸道兵屬焉。時變起倉卒。勤王師各以輕騎馳至。未賫糗糧。制下犒師。牛酒不知所出。部文往復。二三日始得數餅。開庾發粟。囊槖釜甑。一無所措。士多飢死。而俺荅大掠城外。火晝夜不絕。號哭之聲。徹于西內。而仇鸞率諸鎮兵不敢擊。往掠食村落中。兵大譁。寇薄城。兵部尚書丁汝夔受計于嵩。謂勿輕戰。敵飽自去。諸將固不敢戰。乃諉曰。汝夔有令。勿許戰。語稍稍聞禁中。而鸞兵往掠食村落。遠屯郊坰。城中莫知其戰與否。惟楊守謙以兵少屯城下不敢戰。城中人親見之。于是中貴以庄墅殘毀訴于帝。謂汝夔守謙貳于賊。丁亥。棄二臣于西市。時俺荅兵已去矣。至昌平北。鸞兵猝遇寇敵。騎縱橫。鸞幾被獲。以裨將救僅以身免。乃更取平民首上之。自以爲功。帝優詔加鸞太保。賜金幣

楊守謙。長沙人。

編 冬十一月。以易州（屬直隸保定府）昌平州通州（俱屬順天府）爲三輔。置經略大臣。

編 辛亥 三十年。春正月。杖錦衣衛經歷沈鍊于闕廷

紀 初俺荅薄都城。求通貢。趙貞吉以爲不可。鍊在衆中。見貞吉指不休。吏部尚書夏邦謨目之曰。何小吏而亦言。若是鍊曰。大吏不言。故小吏言之。已而上疏。請以萬騎護陵寢萬騎護通州軍儲。而合勤王師。邀擊其惰歸。必大捷。時嚴嵩數（朔）寢格（閣）邊檄。（吸）不以上聞。故鍊書奏不報。鍊乃抗疏言嚴嵩受國重任。貪婪（盧含反。婪亦貪也）愚鄙。不聞諮諏（鄒）方略。治國安邊。惟與子世蕃爲全家保妻子計。以朝廷之賞

明紀會通卷八 世宗 嘉靖三十年 七七 書業德

罰爲己出。故人皆計嵩愛憎。不知朝廷恩威。因歷數（上聲）其十大罪。請戮之以謝天下。詔以鍊詆誣大臣。廷杖之。謫田（去聲）保安。（今直隸保安州。○沈鍊。浙江會稽人。）

編 三月。大計京官。

紀 嚴嵩授指吏部。中傷善類甚衆。初刑部郎中徐學詩。以劾嵩父子被斥。至是削籍。并黜其兄中書舍人應豊。吏部奏上。上察其枉。留之。然亦不問。（徐學詩。上虞人。）

楊繼盛諫開馬市

編 貶兵部車駕司員外郎楊繼盛爲狄道縣典史

紀 仇鸞密遣家丁時義結俺荅義子脫脫。使貢馬互市。俺荅利貨幣。譯（十）書送總督蘇祐。祐以聞。鸞與嚴嵩贊成之。上乃許。繼盛上疏極言其十不可五謬。下內閣。嵩等議未決。鸞曰。豎（汝）子不知兵。宜其易之。密疏詆繼盛阻撓邊計。上意遂中變。詔逮繼盛下錦衣衛獄。貶狄道縣（屬陝西臨洮府）典史。（楊繼盛。字仲芳。容城縣人。）

開馬市

編 夏四月。開馬市於大同。

編 壬子 三十一年。春正月。俺荅寇大同。

編 二月。罷馬市。

紀 吏道主馬市。俺荅以羸馬索厚值。弗予。輒大譁。大同市則寇宣府。宣府市則寇大同。甚至朝市暮寇。并羸馬亦掠去。敵衆往來。動云互市。將吏不敢詰。邊垣營堡俱撤。無復屏蔽。至是罷之。

徐階入相經濟

編 三月。以少保禮部尚書兼翰林院學士徐階爲東閣大學

明紀會通卷八 世宗 嘉靖三十一年 七八 書業德

士。

仇鸞伏誅

編 秋七月。俺荅寇薊州。仇鸞伏誅。

紀 俺荅寇薊州時。仇鸞患疽。請輿疾督戰。詔兵部尚書趙錦收鸞大將軍印綬。以總兵官陳時代之。鸞聞命大恚而死。徐階因奏鸞通敵誤國。詔剖棺戮屍。全家斬於市。沒其資產。（趙錦。良鄉人）

良臣

編 冬十月。謫御史王宗茂爲平陽縣丞。

紀 宗茂疏論嚴嵩負國大罪八。上謂其狂率。遂謫。（王宗茂。京山人。）

編 癸丑 三十二年。春正月。日食

紀 巡按御史趙錦請罷嚴嵩以應天變。上怒命逮錦。繫錦衣獄。久之。削籍爲民。

〔編〕兵部員外郎楊繼盛上疏劾嚴嵩，坐絞，繫獄。

〔紀〕初仇鸞既誅，上思繼盛言，自貶所月餘遷主事，隨遷兵部武選司員外。至是上疏論嚴嵩十大罪、五奸。略曰：方今在外之賊爲俺荅，在內之賊惟嚴嵩。賊有內外，攻宜有先後。未有內賊不去而外賊可除者。故臣請誅賊嵩，當在勦絶俺荅之先。嵩之罪惡，徐學詩、沈鍊、王宗茂等論之已詳，然皆止言其貪汙之小，而未嘗發其僭竊之大。去年春雷久不聲，占云：大臣專政。夫大臣專政，孰有過于嵩者？又冬日下有赤色，占云：下有叛臣。凡心背君者皆叛也。夫人臣背君，又孰有過於嵩者？如四方地震，與夫日月交食之變，其災皆感應賊嵩之身，乃日侍左右而不覺，上天警告之心亦恐怠且孤矣。不意陛下聰明剛斷，乃甘受嵩欺。人言不信，雖上天示警亦不省悟，以致於此。臣敢言嵩之專政叛君十大罪，爲陛下陳之。我太祖高皇帝詔罷中書丞相，而立五府九卿，分理庶政。殿閣之臣惟備顧問視制草，故載諸訓有曰：建言設立丞相者，本人凌遲，全家處死。及嵩爲輔臣，儼然以丞相自居，挾一人之權，侵百司之事，凡府部題覆，先面稟而後敢起稾。嵩之直房，百官奔走如市，府部堂司，嵩指使絡繹不絶，一或少違，顯禍立見，及至失事，又駕罪於人。是嵩無丞相之名，而有丞相之權，有丞相之權而無丞相之責，壞祖宗之成法，一大罪也。權者人君所以統御天下之具，不可一日下移。嵩以票擬本自己出，作

威福，用一人即先謂曰：我薦之也；罰一人則又號於衆曰：此得罪於我，故報之也。羣臣感嵩甚於感陛下，畏嵩甚於畏陛下，竊君上之大權。二大罪也。人臣善則稱君，過則歸己。今陛下旬有一善，嵩必令子世蕃傳於人曰：上故無此意，我議而成之。將聖諭及嵩所進揭帖，刻板頒行，名曰嘉靖疏義，欲使天下後世謂陛下所行之善盡出於彼，而後已，掩君上之治功。三大罪也。陛下之令嵩票本，蓋取君逸臣勞之義。嵩何所取而令子世蕃代票？又何所取而約諸義子趙文華等羣會而擬？題疏方上，滿朝紛然。旣下，若合符契。如錦衣衛經歷沈鍊劾嵩疏，發大學士李本擬旨，本即叩之世蕃，乃同趙文華自擬以上。此人所共知也。嵩既以臣而弄君之權，世蕃復以子而弄父之柄，京師有大丞相小丞相之謠，縱姦子之僭竊。四大罪也。邊事廢壞，皆原於功罪賞罰之不明。嵩爲輔臣，欲令孫冒功於兩廣，故置其表姪歐陽必進爲總督，明奸比黨，竄長孫嚴效忠冒征蠻功奏捷，遂陞鎮撫。效忠告病，嚴鵠襲代，加陞錦衣千戶。效忠、鵠皆世蕃豢官養乳臭子，冒朝廷之軍功。五大罪也。仇鸞總兵甘肅，以貪虐論革，世蕃乃受鸞重賄，薦爲大將。後知陛下疑鸞，遂互相誹謗，以掩初迹，是通寇者逆鸞，而受賄引用鸞者嵩與世蕃也。進不肖，蒙顯戮，引悖逆之奸臣。六大罪也。俺荅犯內深入，兵法擊其惰歸，嵩乃曰：京邊不同，勢敗於邊可掩，敗於京不可掩，且俺荅飽自退耳。故

以九死餘生參嵩大逆，忠正之氣百折不屈，至今讀其稿，英氣猶拂拂紙上。嘉靖求眞臣諫疏，推此第一。

丁汝夔傳令不戰，及汝夔臨刑，而後知爲嵩所紿，誤國家之軍機，七大罪也。刑部郎中徐學詩以劾嵩世蕃革任爲民矣，又於考察京官之時，罷其兄中書舍人徐應豐。戶科給事中厲汝進以劾嵩世蕃降爲典史矣，又於考察外官之時，逼吏部削汝進籍。夫考察，巨典也，陛下持之以激勵天下之人心，賊嵩竊之以中傷天下之善類，亂黜陟之大柄，八大罪也。府部之權皆撓於嵩，而吏兵二部尤大利所在，將官既納賄於嵩，不得不剝削乎軍士；有司既納賄於嵩，不得不濫取於百姓。陛下雖累加撫卹，豈足以當嵩殘虐之害？臣恐天下之患不在塞外而在域中，失天下之人心，九大罪也。先朝風俗淳厚，近自逆瑾（劉瑾）用事，始一少變。

至嵩爲輔臣，守法度者以爲固滯，尚巧猾者以爲通材，勵節介者以爲矯激，善奔走者以爲練事。風俗之壞，未有甚於此者。壞天下之風俗，十大罪也。嵩有十大罪，昭人耳目，以陛下之神聖，而若不知者，蓋有五奸以濟之。嵩知知陛下之意向者莫過於左右侍從，厚以賄結之，聖意所愛憎，嵩皆預知，以得遂其逢迎之巧，是陛下之左右皆嵩之間諜（諫之細作）。今其奸一。通政司納言之官（虞書帝曰：龍，汝作納言，夙夜出納朕命，惟允。），嵩令義子趙文華爲之，凡疏到必有副本（即副封，見上十三），送嵩世蕃先閱而後進，早爲彌縫，是陛下之納言乃嵩之鷹犬，其奸二。嵩既內外周密，所畏者廠衛（見上卷二十）之緝訪也，嵩則令世蕃籠絡廠衛，締結姻親，陛下試詰乞嵩所娶者誰女，立可見矣。是陛下之爪牙，乃嵩之瓜葛，其奸三。廠衛既已親矣，所畏者科道言之也，嵩於進士初選時，非親知不得與中書行人之選，知縣推官非通賄不得與給事御史之列，是陛下之耳目皆嵩之奴隸，其奸四。科道雖入其牢籠，而部臣如徐學詩之類亦可懼也，嵩又令子世蕃將各部之有才望者俱網羅門下，各官少有怨望者，嵩得早爲斥逐，是陛下之臣工多嵩之心腹，其奸五。夫嵩之十罪賴此五奸以濟之，五奸一破，則十罪立見。陛下何不忍割一賊臣，顧忍百萬蒼生之塗炭乎？陛下聽臣之言，察嵩之奸，或召問二王（裕王、景王），令其面陳嵩惡，或詢諸閣臣，諭以勿畏嵩威，重則置之憲典，以正國法，輕則輸令致仕，以全

國體。內賊去而後外賊可除也。疏奏，上怒其引用二王，命繫錦衣獄，詰詢主使者。繼盛曰：「盡忠在己，豈必人主使乎？」又問引用二王故，繼盛大言曰：「奸臣誤國，非二王誰不畏嵩者？」獄具，杖百，送刑部。尚書何鰲受嵩意，欲坐以詐傳親王令旨。郎中史朝賓曰：「疏中但云二王亦知嵩惡，原無親王令旨，三尺法（古以三尺竹簡書法律，故云。）豈可誣也？」嵩怒，降朝賓爲高郵判官，侍郎王學益助成其說，竟坐絞，繫獄。

【編】三月，以嚴世蕃爲工部左侍郎。

【編】甲寅 三十三年，春二月，倭（寇）寇浙江，遣工部侍郎趙文華如浙。

【紀】海賊汪直糾漳廣羣盜，連艦百餘艘，蔽海而南，自台寧

嘉湖至蘇松迄淮北濵海數千里同時告警旣而太倉上海松江嘉興等處皆遭荼毒文華如浙公私苦之

編秋七月命駙馬都尉鄔景和等安平伯方永裕吏部尚書李默禮部尚書王用賓左都督陸炳吏部左侍郎程文德禮部左侍郎閔如霖吏部右侍郎郭朴吳山並直西內撰玄文

紀景和以不諳玄理辭免俄以金幣賜玄修諸臣猶及景和景和自疏無功辭願洗心滌慮效馬革裹屍之報東漢馬援曰男兒要當死于邊野以馬革裹屍還葬耳上怒曰景和故出不祥語當擬怨訕律乃革爵安置崑山

林宗鍔曰是時倭寇東南俺答侵西北而帝釋戎服而講老子景和一語眞有隱諫之風矣

明紀會通卷八　世宗嘉靖三十四年　三三　書業德

編乙卯三十四年春三月以楊博爲兵部尚書楊博蒲州人

編夏五月總督張經擊倭於石塘灣大捷遣官校逮張經入京下獄論死

紀倭寇出沒海濵工部侍郎趙文華請禱祀東海以鎮之帝命往視浙東軍務與總督張經不合文華遂銜經適倭寇犯嘉興張經及總兵俞大猷擊之擒斬一千八百人溺死無算自有倭患以來此爲戰功第一而文華論經玩寇殃民之疏已上矣逮入京下獄論死俞大猷晉江人

編秋八月都御史曹邦輔僉事董邦政圍倭于滸墅關盡殲之下董邦政于理

紀滸墅關之戰文華欲攘其功至則邦輔已奏捷矣文華銜甚已而欲倖剪殘孼自爲功而殘寇殊死與文華鬬文華兵大潰文華愈恚乃疏邦輔邦政僥倖成功詔逮邦政問罪曹邦輔定陶人董邦政歙縣人

林宗鍔曰合觀二事邊臣尚可圖功哉

編冬十月殺兵部員外楊繼盛

紀初繼盛自謫所累遷至武選司員外常感激思報妻張氏曰公休矣一鸞困公幾死今相公嵩父子百鸞也公何以報爲繼盛不聽密具疏疏成齋三日乃上遂得罪繼盛每出朝審諸內臣士庶夾道擁視共指曰此天下義士又指其三木見六卷二七竊歎曰奈何不以此囊嵩頭司業王材諂嵩曰人言籍籍謂繼盛且不免公不憂萬世邪嵩曰吾

明紀會通卷八　世宗嘉靖三十四年　三四　書業德

行當救之令其子世蕃謀之其黨胡植鄢懋卿曰此養虎自遺患也植亦言不可嵩意遂決先是倭犯江浙閩總督張經浙江巡撫李天寵以玩寇殃民逮至京師下獄論死嵩乃以經天寵疏覆奏附繼盛於尾上覽之謂江南醸嫗去聲寇遺患遂下旨行刑是歲論大辟當刑者凡百餘人詔决九人而繼盛與焉將刑張氏疏言臣夫諫阻馬市預伐仇鸞逆謀旋因鸞敗首賜湔雪謂洗雪其冤也一歲四遷臣夫銜恩圖報誤聞市井之言尚狃書生之見妄有陳說荷陛下不卽加戮俾從吏議杖後入獄割肉二斤斷筋二條日夜籠箍孤備諸苦楚年荒家貧臣紡績供給部臣兩次請决俱蒙特宥今混入張經疏尾奉旨處决

儻以罪不可赦，乞將臣梟首以代夫命。夫生一日，必能執戈矛，禦魑魅（鴟魅，妹。○魑，山神。魅，怪物。左傳文公十八年，投諸四裔以禦魑魅。）爲疆場效命之鬼以報陛下。奏入，爲嵩所抑不得達。蓋殺諫臣自此始。由是天下益惡嵩父子矣。繼盛之詣朝審也，口吟云：風吹枷鎖滿城香，簇簇爭看員外郎。豈願同聲稱義士，可憐長板見君王。聖明德厚如天地，廷尉清平過漢唐。性癖生來歸視死，此身原自不隨楊。其臨刑也，口吟云：浩氣還太虛，丹心照千古。平生未報恩，留作忠魂補。二詩天下傳頌焉。（繼盛子應尾、應箕，俱成進士。）

傅維祖曰：（嵩之惡三，楊最、楊爵、楊繼盛。言之俱得罪，而繼盛禍尤慘。）

〔編〕丙辰三十五年。春正月，趙文華自江南還京，擢爲工部尚書，加太子太保。

〔紀〕文華與吏部尚書李默搆隙。知默與嵩異，疏劾之。摘其部選策題有漢武征四裔而海内虛耗，唐憲復淮蔡而晚業不終，爲謗訕。上怒，收繫獄拷訊，竟死獄中。嵩德文華，遂有是擢。

〔編〕三月，以胡宗憲爲兵部右侍郎兼右僉都御史，提督浙閩軍務。（胡宗憲，績溪人。）

〔編〕夏五月，命趙文華以工部尚書兼右副都御史，視師江淮（文華至而東南之民愈困矣）

〔編〕秋八月，海賊汪直伏誅，江浙倭寇平

〔紀〕胡宗憲誘汪直等投降。汪直與宗憲皆徽人，相信，因以

銀十萬兩餽嚴嵩父子，冀得受以指揮職銜。嵩父子受賄欲擬投降宥死，會三法司持議甚堅，嵩不得已，竟票旨汪直梟示。其黨宗滿、王汝賢既稱歸順，發邊衛充軍。○胡宗憲以計誘徐海居沈庄，欲議和，而文華力主剿，以書遺宗憲，責其逗兵自老，遂集諸路兵圍之，數重縱焚其廬，死者甚衆，從溺屍中識徐海屍，浙郡遂寧。（徐海爲杭州虎跑寺僧。）

〔編〕冬十一月，加趙文華少保，胡宗憲右都御史。（論平倭功也）

〔編〕丁巳三十六年。夏四月，奉天、華蓋、謹身三殿災。

〔紀〕重搆三殿。文華以興工在即，有疾乞歸。時帝方以修煉禁疏草，而言疾尤諱。文華疏入，帝怒，罷之。（文華嵩義子，自浙歸，嵩妻語嵩曰：相公尚不能爲郎君易腰帶耶。嵩乃薦爲尚書，加太子太保）

〔編〕冬十月，嚴嵩及其子世蕃殺前錦衣衛經歷沈鍊。

〔紀〕初鍊既編保安（見上十八），即子身至里，長老問知鍊狀，咸大喜，遣其子弟從學。鍊稍與語忠義大節，乃爭爲鍊罵嵩以快鍊。鍊亦大喜，嘗束芻爲偶人三，目爲林甫（李林甫，唐玄宗朝奸相。）、檜（秦檜，宋高宗朝奸相）及嵩，而射（石）之。語稍稍聞，嵩父子銜（銜，恨也）之。而侍郎楊順來爲總督，故嵩黨也，遣其私人經歷金紹魯、指揮羅鎧（愷）走世蕃，告鍊結死士，擊劍習射，將以間而取若父子。世蕃曰：吾固知之。即以屬（祝）巡按御史李鳳毛。鳳毛謬爲謝曰：有之。竊陰已解散其黨矣。鳳毛得代歸，而御史路楷來，又嵩黨也。世蕃爲酒壽楷，而使謂順曰：幸爲我除吾瘍（羊○瘍，瘡也），楷至，則與順合策捕諸白蓮教通叛者竄

入錬名籍中也，以叛聞。下兵部議，尚書許論不爲申理，嵩竟殺之，籍其家。嵩乃予順一子錦衣千戶，楷遷太常卿。順猶怏怏曰：丞相猶有所不足乎。謀之楷，復取錬二子杖殺之，并繫其長子襄，順楷敗，乃得脫。

編　十二月，趙文華罷。

紀　文華既得寵眷，乃稍欲結知帝，不禀嚴嵩命，一日密進藥酒方，言授之仙，飲可不死，獨臣與嵩知之。上曰：嵩有是方不奏，乃文華奏我。嵩聞之大懼，且恨，立召文華，問之曰：若何所獻？對曰：無有。嵩取疏示之，文華慚頓首謝罪。嵩怒不令起，呼左右拽（葉）出，令門者毋得爲文華通。文華日憂懼，不知所出，從世蕃乞憐，爲白夫人。夫人以其兒也，憐之。然嵩意終未慊也。又文華初賂世蕃金絲幕（莫）一具，其姬二十七人皆寶髻（計）一，世蕃以爲薄，恨之，乃爲疏草，使上引疾歸，帝從之。而是時上方修玄，以其疏中有病語，怒削其職，子戍邊。

編（戊午）　三十七年，春三月，給事中吳時來、主事張翀（充）、董傳策並上疏劾嚴嵩及其子世蕃，罪下獄，廷杖，謫戍嶺南。

紀　時吏兵二部選官，持簿任嵩塡發，俗呼文選郎萬寀爲文管家，武選司方祁祥爲武管家。時來等劾之，故及。

編（己未）　三十八年，夏五月，殺山西總督侍郎王忬。（忬，太倉人。）

紀　嚴嵩以忬慾楊繼盛死，銜之。忬子世貞又從繼盛遊，爲之經紀其喪，弔以詩，嵩因深憾忬。嚴世蕃嘗求古畫於忬，忬有臨幅類眞者以應，世蕃知之，益怒。會俺荅犯大同，入潘家口，都御史鄢懋卿乃以嵩意爲草，授巡按山西御史方輅，令劾忬，嵩即擬旨逮繫獄，刑部尚書鄭曉擬謫戍，奏上，竟以邊吏陷城律棄市。（鄭曉，海鹽人，諡端簡。）林宗鍔曰：忬在浙中勦擒倭寇有功，陞薊鎭軍務，森嚴是北地長城也，乃因繼盛故并陷忬，嗚呼惜哉。

編　冬十一月，以朱熹原籍婺（務）源縣（屬江南徽州府）子孫朱墅（汝）世襲五經博士。

編（庚申）　三十九年，夏六月，以都御史鄢懋卿總理天下鹽運。

紀　懋卿益通賄無虛日，御史林潤（林潤，莆田人）劾其貪冒（墨○冒亦貪也）五罪。懋卿疏辨，不問。

編　冬十一月，秉一眞人領道教事少傅禮部尚書恭誠伯陶仲文卒。

編（辛酉）　四十年，春正月，萬壽宮（帝齋居宮也）災。

紀　命大學士徐階、工部尚書雷禮興工重建。

編　進禮部尚書袁煒（委）太子太保，入閣（蛤）參預機務。

紀　時上漸有疑嵩意，密諭徐階，舉堪輔政者，階密奏曰：人君以論相爲職，陛下斷自宸衷，則窺伺陰阻之私自塞矣。上從之，遂有是命。（袁煒，慈谿人。）

編（壬戌）　四十一年，春二月，會試取王錫爵等三百人，三月，廷試賜申時行、王錫爵、余有丁及第。

紀　三人後俱入閣，卓爲一時之冠。（申時行，長洲人；王錫爵，太倉人。）

編　三月，萬壽宮成。

嚴嵩宼殺王忬　王世貞見　鄭曉見謫　袁煒入閣

藍道士計除元兇妙在不覺

山高者嵩也田覆米草字爲蕃夢可奇入左傳

紀加大學士徐階少師任一子。袁煒少保嚴嵩加祿百石而已

編夏五月嚴嵩罷其子世蕃下詔獄以御史鄒應龍爲通政司參議。

紀嵩初以慈恩興獻稱宗驟貴及爲內閣所下帝御札嵩耄而昏瞶目不能辨其子世蕃一見躍然揣摩曲中由是帝不能一日忘嵩嵩亦不能一日忘其子矣專政久有司以事請裁嵩必曰與小兒議之或曰與東樓議之東樓者世蕃別號也其後世蕃守母喪不得入直代議而嵩走飛札問世蕃則世蕃方擁姬胡盧不甚了了嵩在直房引領待片紙不至乃自以意對大拂帝意帝甚不懌而道士藍

道行方以扶鸞寵於帝帝信以爲神一日箕中忽及嵩父子弄權狀帝曰果爾上天何不殛之箕曰留待皇帝正法於是帝已心動而嵩自徐學詩王宗茂楊繼盛沈鍊吳時來張翀董傳策獲辠以來縉紳亦皋目側之御史鄒應龍夕夢出獵見有高山射之不中東有培塿其下甚壯樓俯平田有米草覆其上一注矢拉然醒而悟之此小兒東樓之兆也即具疏劾奏世蕃諸不法事帝覽之大怒即下世蕃於理命嵩致仕而嘉應龍敢言擢爲通政司參議世蕃行金內侍云鄒應龍疏皆藍道行泄之帝怒并逮道行鄢懋卿遣金道行令其委罪徐階道行大言曰除貪官自是皇上本意糾貪罪自是御史本職何與徐閣老事懋卿

訐卿一語形容士大夫醜態殆盡

懼乃囑法司量坐世蕃贓銀戍雷州子嚴鵠嚴鴻爪牙羅龍文牛信俱戍極邊家人嚴年錮獄比贓嚴年者即士大夫所稱爲萼山先生者也帝猶念嵩釋鴻侍養而諭羣臣曰嚴嵩已退伊子已伏罪敢有再言同鄒應龍者斬蓋帝終眷嵩不置也。

綱鑑會通明紀卷之九

海陵後學陳志襄陶思輯

明紀

世宗肅皇帝

〔編〕癸亥四十二年。春三月。以嚴訥爲吏部尚書。李春芳爲禮部尚書。李春芳，興化人。

〔編〕夏四月。嚴世蕃逃歸。

〔紀〕世蕃未達雷州。至南雄而返。羅龍文亦逃伍。潛往歙攝縣。屬江南徽州府。藏匿亡命刺客。一日被酒大言曰。要當取應龍與徐老頭洩其恨。徐階聞厚爲備。嚴嵩久之亦聞。驚曰。兒誤我多矣。初階之入政府也。肩隨嵩者且十年。幾不敢講鈞禮。嵩懲夏言禍。見上卷十四 亦頗自恭謹。惟世蕃多行無禮階既曲忍。嵩亦不知也。方應龍疏上。階往謁慰藉甚。嵩喜。頓首謝。世蕃亦盡出妻子爲託。既歸。其子密啓曰。大人受侮已極。此其時已。階僞罵曰。吾非嚴氏不至此。負心爲難去聲 人將不食吾餘。嵩遣所親探之。語如前。蓋階亦知上猶眷戀未能卽割也。嵩既去。書問不絕。久之。世蕃亦忘舊事。謂徐老不我毒。鳩也 聚工大治館舍。陰賊彌甚。

深沉穎密經緯良才

海瑞出

〔編〕六月。知縣海瑞。霍與瑕落職。

〔紀〕時鄢懋卿以總理鹽法。巡行郡邑。勢焰甚盛。其妻從行。裝五綵輿。以十二女舁之。令長隊行蒲伏。飲若流水。淳安

知縣海瑞。供帳疏簡。抗言貧邑不能容軒車。懋卿怒甚。然素聞其強項。亦斂威去。慈谿知縣霍與瑕。亦清鯁不屈懋卿。嗾巡鹽御史張淳劾之。俱落職。海瑞，瓊山人。

戚繼光出

〔編〕總兵戚繼光。督浙兵至福建。大破倭賊於平海衛。海寇悉平。

〔紀〕是戰也。繼光前一日至。賊與總兵劉顯俞大猷對壘日久。頗懈弛。謂繼光遠來疲困。不爲備。繼光卽以是夜部曲諸士卒雞鳴蓐食。晨壓賊壘。急攻之。賊倉卒大亂。自相蹂踐。遂薙捕之無遺類。戚繼光，登州人。

張居正出

〔編〕甲子四十三年。秋七月。以諭德張居正充裕王府講官。張居正，湖廣江陵人。

〔編〕冬十月。復逮嚴世蕃下獄。

〔紀〕先是御史林潤。旣劾鄢懋卿罷去。知雠在必報。會袁州今江西袁州府 推官郭諫臣。以公事過嚴嵩里。在袁州府分宜縣 工匠千餘。方治園亭。其僕爲督。諫臣至。箕踞。坐伸兩足以手按膝，形如箕也 不起。役人戲以瓦礫。小石 擲諫臣。亦不禁。諫臣遂具揭上之潤。潤得之大喜。乃上疏言。臣巡視上江。備訪江洋盜賊。多入逃軍羅龍文之家。龍文卜築深山。乘軒衣蟒。有負險不臣之志。推嚴世蕃爲主。事之。世蕃自罪謫之後。愈肆兇頑。日夜與龍文誹謗朝政。動搖人心。近者假治第聚衆至四千人。道路洶洶。咸謂變且不測。乞早正刑章。以絕禍本。疏入。詔以世蕃龍文卽付潤逮捕。逮，及也。其人在，直追取之。捕者，其人亡，則討捕之。至

京。潤下郭諫臣捕世蕃，徽州府推官栗祁捕龍文，自駐九江（今江西九江府）勒兵以待。

〔編〕胡宗憲卒。

〔紀〕以言官劾逮胡宗憲至，仰藥死。

〔編〕乙丑四十四年春三月，嚴嵩削籍，沒其家。其子世蕃及羅龍文伏誅。

〔紀〕初林潤聞命，馳至九江。郭諫臣白監司，盡散其工匠四千人。龍文走匿世蕃家，捕得之。潤因諭袁州府，詳具嚴氏諸暴橫狀，得之，復上疏數世蕃父子罪。上怒，詔下法司訊狀。法司以殺楊沈（繼盛、鍊）爲詞，獄具。閣臣徐階密語法司曰：諸君子謂嚴公子當死乎，當生乎？羣曰：死不足贖。然則

此案將殺之乎，生之乎？羣曰：用殺楊沈，正欲抵死。階曰：此生之也。嚴殺繼盛，以計中上所諱；取特旨殺鍊，暗入招中，取泛旨。上英明，豈肯自引爲過？一入覽，必疑法司借嚴氏歸過於上，上必震怒，任事者罪不免，而嚴公子騎款段出都門矣。衆愕然曰：爲之奈何？階曰：吾擬議久矣。前囑攜印及寫本吏果皆至乎？則曰：皆已至。階即呼入扃戶，出一幅於袖中，令疾書，用印封識，而世蕃不知也。喜語龍文曰：且圖飲，不十日釋縲絏，善歸矣。龍文問故，世蕃曰：法司以我殺楊沈爲詞，上見必怒，上怒，我可脫矣。已而徐階具疏以聞，疏中極言事已勘實，其交通倭寇，潛謀叛逆，具有顯證，請亟正典刑，以洩神人之憤。上從之，命斬世蕃、龍文於市。

此等高識豈庸家所知

二人聞，相抱哭，家人請寫遺書謝其父，不能成一字。都人聞之大快，各相約持酒至西市看行刑。已而籍嵩家，得銀二百五萬五千餘兩，其珍異充斥，踰於天府。

谷應泰曰：嵩相世宗二十餘載，比之林甫、元載，過其曆矣，是遵何道哉。

〔編〕冬十二月，詔萬寀、鄢懋卿並充軍。

〔編〕嚴嵩死。（嵩寄食故舊，求幾死。）

〔編〕丙寅四十五年春正月，帝不豫。

〔紀〕先是方士王金、陶倣、劉文彬、申世文、高守中、陶世恩（仲文子）僞造諸品仙方，以金石藥進御，性燥熱，帝服稍稍火發，不能愈。至是諭徐階欲幸承天（見上卷十一）拜顯陵（見同上）取藥服氣，階奏止之。

〔編〕下戶部主事海瑞獄。

〔紀〕瑞上言：陛下即位初年，敬一箴心，冠履分辨，天下忻忻謂煥然更始。無何而銳精未久，妄念牽之，謬謂長生可得，一意修玄。土木興作二十餘年，不視朝政，法紀弛矣。數（朔）行推廣事例，名器濫矣。二王不相見，人以爲薄於父子；以猜疑誹謗戮辱臣下，人以爲薄於君臣；樂西苑而不返大內，人以爲薄於夫婦。今愚民之言曰：嘉者家也，靖者盡也，謂民窮財盡，靡有孑遺也。然而內外臣工，修齋建醮，相率進香，天桃天藥，相率表賀，陛下誤爲之，羣臣誤順之，臣愚謂陛下之誤多矣，大端在玄修。夫玄修，所以求長生也。堯舜禹湯文武之爲君，聖之至也，未能久世，不終下之方外

高拱入相忠正而不純

士亦未見有歷漢唐宋至今存者。陛下師事陶仲文，仲文則既死矣。仲文不能長生，而陛下獨何求之？至謂天賜仙桃藥丸，怪妄尤甚。桃必採乃得，藥必搗乃成，茲無因而至，有脛（形去聲）行邪？云天賜之，有手授邪？然則玄修之無益可知矣。陛下玄修多年，靡有一獲，左右奸人揣逆聖意，投桃設藥，以謾長生。理之所無，斷可見已。陛下誠翻然悟悔，日且視朝，與輔宰九卿侍從言官講求天下利害，洗數十年君道之誤，置身堯舜禹湯文武之域，使諸臣亦洗心數十年阿君之恥，置身皋夔伊傅周召之列，民熙物洽，熏爲太和，陛下性中眞藥也；道與天通，命由我立，陛下性中眞壽也。此理之所有，可旋至立效，乃懸思服食不終之餌，鑿想遙輿輕舉之方，求之終身，不可得已。疏奏，上大怒，命逮繫瑞，鎭撫獄。

林宗鍔曰：椒山剛峰，忠膽匹敵，乃椒山罹禍而剛峰得保首領。嗚呼，分宜之惡極矣。

編 三月，以禮部尚書高拱爲文淵閣大學士。河南開封府新鄭縣人。

編 冬十二月，帝崩。帝，廟號世宗。葬永陵，謚肅皇

紀 上疾甚，自西苑還乾清宮，遂崩。大學士徐階等啓請皇子裕王主喪事，宣遺詔曰：朕奉宗廟四十五年，享國長久，累朝未有。一念惓惓，惟敬天勤民是務，祗緣多疾，過求長生，遂致奸人誑惑。自今建言得罪諸臣，存者召用，沒者卹錄，見監者卽釋復職。○帝在位日久，享國太平，然任用匪人，倚張桂而張桂敗，倚夏嚴而夏嚴亡。嘉靖之政，遂以不

未嘗臨天下北

張居正權相

競矣。又帝酷好修煉，宮婢楊金英謀弑伏誅，帝曰：朕非賴齋醮，焉有今茲？遂復醮七日。三十七年，總督胡宗憲獻白鹿。五月，復獻白鹿，帝曰：一歲二瑞，天眷也。復告謝元極殿。三十九年，海賊汪直誅，帝曰：仙祐也。命告元極殿。有獻白龜者，方謝元告廟，而白龜亡。帝曰：天降靈物，朕固疑處塵寰不久也。又自擬道號，其迷戀如此，後竟以餌道士藥死，悲夫。

編 皇子裕王載垕（厚）卽位。

紀 詔以明年爲隆慶元年。

編 釋刑部主事海瑞於獄，擢爲通政使。

穆宗莊皇帝。名載垕，世宗第三子，初封裕王。在位六年，壽三十六歲而崩。

編 丁卯 穆宗皇帝隆慶元年，春正月，立妃陳氏爲皇后。

編 詔錄用先朝建言諸臣楊繼盛、沈鍊等，並復職，贈蔭諭祭。

編 追贈王守仁爲新建侯，謚文成。

編 進高拱少傅、武英殿大學士，謝病歸，以禮部尚書陳以勤爲文淵閣大學士。

編 二月，以禮部右侍郎張居正爲吏部左侍郎兼東閣大學士，直內閣。蛤

編 給事中王治疏請議廟典，不報。

紀 給事中王治上四事，一議廟典，謂先帝尊稱獻皇，誠萬世不刊之典，至入廟稱宗一事，在今日尤當議者。蓋獻帝雖貴爲天子父，寔未嘗南面臨天下，雖爲武宗叔，然嘗北

面事武宗二句爲不宜入廟稱宗定案

面事武宗。乃遂列於諸帝。而居武宗之右。或獻皇於心亦有未安。先帝進獻皇於太廟。而世室之祀並舉之。聖慮淵微。以待今日。臣以爲獻皇祔太廟。千載後不免遞遷。若祀專世廟。則萬世不祧矣。不報。

〔編〕三月。葬永陵。

〔編〕方士王金陶倣申世文劉文彬高守忠陶世恩伏誅。

傳維祖曰。王金之死也。其可與叛臣賊子同律乎。曰不可。夫叛臣賊子。其先人君必寵以祿位。優以事權矣。則宜思所以報之。而乃蓄不臣之心。故書曰伏誅。以見天道之未嘗或爽也。若王金者。彼固以下愚之民。逐下愚之事。聖王有作。已可矜矣。而世宗乃餌其藥。是自作孽不可活也。曰論死。見金固有死之道焉。死之可也。而不必與叛臣賊子同律也。

〔編〕四月。進張居正禮部尚書武英殿大學士。

〔編〕戊辰二年。春正月。進大學士張居正少保。

〔編〕三月。立皇子翊鈞爲皇太子。

〔編〕科臣石星上疏言六事。詔廷杖削籍。

〔紀〕星上言六事。一曰養聖躬。長夜之飲。不可不節。二曰勤聖學。經筵久輟。屢請未復。三曰勤視朝。總理萬幾。周知民隱。四曰速俞允。言涉聖躬者。留中不下。事干內庭者。稽遲不允。五曰廣聽納。六曰察讒譖。疏奏。上怒。命廷杖削其籍。帝御五鳳樓潛祭杖者。而中朝閹吏戒毋納給事從人。部郎穆文熙。星友也。恐遂以杖斃。乃先以義白緹帥。而身自掖蔽星。閣人共詈之。文熙且詈且掖以出。得不死。

〔編〕夏六月。科道王時舉王之垣等。各疏乞正位中宮。以端治本。

〔紀〕帝曰。后侍朕久無子。多病。移居別宮。以暢意耳。時舉言皇后乃先帝選擇以遺陛下。有關雎樛木之德。脫簪待巷之規。使聖后抑鬱成疾。已爲不可。乃云別宮暢意。豈有夫婦睽違而暢者乎。帝曰。疾愈還宮。不必多言。

楊褒陰盛

〔編〕賜前都御史曾銑謚忠愍。楊繼盛謚忠愍。

〔編〕復前兵部侍郎王忬職。忬子山東副使王世貞訟父冤。

〔編〕秋七月。陝西民李良雨化爲婦人。

〔編〕冬十月。戶部尚書劉體乾罷。

〔紀〕先是內降。戶部採買珍珠金玉等項。尚書高耀。即名商收買應命。及體乾爲尚書。抗論財用闕乏。請停採買。疏至文思房。不肯收。令齋本吏領回。體乾復令齋往。吏被毆。逐將原本送內閣。未及進呈。忽內降著丈入聲致仕去。

直道不容

〔編〕十一月。杖內監李芳。繫獄禁錮之。

〔紀〕芳數朔以直諫忤旨。同輩亦恨其正直。共短之。上命緹騎見七卷十杖之。繫獄待決。刑部尚書毛愷言。刑人於市。與衆棄之。此禮記王制篇辭非惟死者不冤。亦令生者不犯。李芳供事內廷。罪狀未明。莫知所坐。上曰。芳無禮。弟錮之。

〔編〕己巳三年。夏五月。逮御史詹仰庇祕。杖一百。削籍爲民。

〔紀〕仰庇言。陛下取戶部銀。盡以供造鰲山。修理宮苑花欄。龍鳳鞦韆架。金玉器物之費。使羣小因而乾干沒。爲聖德累不小。上怒。命錦衣衛逮治。杖一百。削籍爲民。大學士李

春芳等疏救不聽

〔編〕六月以海瑞爲右僉都御史總理糧漕巡撫應天等處　以海瑞巡撫應天等處

〔編〕秋七月建極殿大學士徐階致仕

〔編〕詔起高拱爲武英殿大學士

〔編〕八月以趙貞吉爲文淵閣大學士　趙貞吉入相

〔編〕冬十一月廷杖尚寶司丞鄭履淳

〔紀〕履淳言時方多故百姓怨咨燕雲逸代中原之春也聲鼓一聞三關震動徐梁齊衛中原之腹也洪波蕩析四顧蕭條荊襄秦蜀形勝之區也而強梗憑陵浙直閩廣財貨之藪也而姦宄剽竊天鳴地震物怪人妖日月繼食於元春彗星兩見於女尾正微臣痛哭流涕之時皇上宵衣旰

食之日也諒陰已三期矣曾名一大臣問一講官納一忠諫乎言涉官府必致阻撓權在私門牢不可破曾使九卿拱手合輔具員霜雖未冰月已幾望前車不遠怨豈在明疏入廷杖

〔編〕〔庚午〕四年冬十月俺荅來請盟通貢市馬

〔紀〕俺荅孫把漢那吉率其僕阿力哥等來降總督王崇古納之邊吏譁曰此孤豎汝無足重輕宜勿留崇古曰此奇貨可居吕不韋見秦異人曰此奇貨可居俺荅卽急之因而爲市諭以執送叛人趙全等我歸其孫若其勿急則我因而撫之如漢質子法使招其故部居近塞俺荅老且死其子黃台吉勢不能盡有其衆然後以居胥谷蠡俱王號秩置塞外其與黃台吉構則兩利而俱存之弗構則以兵助之邪博輿滅扶危之名而實收其用事聞廷臣喧然以爲不可御史葉夢熊爭之尤力上曰慕義來降宜加獎勵其以把漢那吉爲指揮使阿力哥爲正千戶各賜衣一襲俺荅妻恐中國殺其孫日夜怨俺荅俺荅亦自悔遂擁衆十萬壓境崇古命百戶趙崇德往諭以國恩要邀其縛叛示信俺荅夫婦感且愧曰漢乃肯全吾孫吾且齧臂盟世世服屬何有於叛人遂定盟通貢市馬

〔編〕十二月詔進王崇古少保兵部尚書

〔紀〕俺荅執趙全等來獻崇古遣那吉歸那吉感泣誓不敢負中國論功進崇古少保兵部尚書賜蟒玉世襲錦衣千戶

〔編〕進大學士張居正吏部尚書少傅兼建極殿大學士

〔編〕〔辛未〕五年春三月封俺荅爲順義王

〔編〕夏四月詔小吏得官本土

〔紀〕高拱言國家用人不得官於本土此惟有民社之責者然耳若倉庫驛遞等官官甚卑家甚貧一授遠土或棄官而不能赴或去任而不能歸其情可憐近者教官得選本省地方人以爲便乞照此例從之

〔編〕五月少師李春芳致仕　李春芳太平之相

〔編〕秋八月詔以故禮部左侍郎薛瑄從祀孔子廟庭

〔編〕〔壬申〕六年春正月進大學士張居正少師

誅鋤胥小必有一段深心妙用然後濟事不然必反為其所噬矣高公純用剛直又不識江陵衆議安得不敗

編 三月，皇太子出閣。始讀書。

編 夏五月，帝崩。葬昭陵。諡莊皇帝，廟號穆宗。

紀 上不豫。己酉，大漸。見四卷十六 召閣臣高拱、張居正、高儀至乾清宮受顧命。見三卷二五 上倚坐御榻，皇后及皇貴妃咸侍。東宮立於左。上困甚，太監馮保宣顧命曰：朕嗣統方六年，今疾甚殆不起，有負先帝付託。東宮幼冲，以屬祝卿等，宜協輔遵守祖制，則社稷功也。拱等泣拜而出。翼日，上崩。帝在位六年，無一善政，言官今日廷杖，明日下獄，而輔臣徐階、高拱、張居正泄泄自安，明政少衰矣。

編 六月，太子翊鈞即位。年始十歲。

紀 詔以明年為萬曆元年。時太監馮保方居中用事，矯傳

明紀會通卷九 穆宗 隆慶六年 十一 書業德

大行 見二卷三十 遺詔云：閣臣與司禮監同受顧命。廷臣聞之俱駭。一日，內使傳旨至閣，高拱曰：旨出何人？上冲年，皆若汝曹 輩也 所為，吾且逐若曹矣。內臣還報，保失色，謀逐拱。拱與張居正俱負氣不相下，居正乃結保自固。拱慮保專恣，與居正、高儀謀去之，居正陰洩之保，乃與保謀去拱。

編 罷大學士高拱。

紀 是日，既望，庚午昧爽 旦明也 微。拱在直，張居正引疾，召諸大臣於會極門，促居正至。拱以為且逐馮保也。保傳皇后、皇貴妃 帝生母李氏。 皇帝旨曰：告爾內閣、五府、六部諸臣，大行皇帝賓天，先一日，召內閣三臣御榻前，同我母子三人親受遺囑，祝今大學士高拱攬權擅政，威福自專，通不許皇帝主管。我母子日夕驚懼，便令回籍閒住，不許停留。拱即日出朝門，乘一牛車去，而高儀未幾亦以病卒。居正袞若然首輔矣。居正既柄政，慨然以天下為己任，中外想望丰采。其為政大約尊主權，課利實，嘗言高帝得聖之威者也，世宗能識其意，是以高卧法宮之中，朝委裘而不亂。今上世宗孫也，奈何不法祖，請召羣臣廷飭之，百寮惕然。

高拱以激烈退江陵以權術進

此一段是江陵學問根本後專國作用俱不出此

傅維祖曰：拱在穆宗朝，亦伴食之臣，第以嚴嵩殺夏言，而居正復逐拱，于是人心不慊于居正矣。

林宗鍔曰：世宗殺戮大臣，斥逐諫官，而居正以為威，知居正之志不在安靜矣。

編 尊陳皇后曰仁聖皇太后，生母李貴妃曰慈聖皇太后。

編 秋八月，帝御經筵。

紀 張居正請開經筵，復請更定常朝日期，御門聽政，俱從

明紀會通卷九 穆宗 隆慶六年 十二 書業德

之。上遂御文華殿日講以為常。

編 冬十二月，張居正進帝鑑圖說。

紀 上見居正捧冊進，喜動顏色，遽起立，命左右展冊，居正從旁指陳大義，上應如響。因即宣付史館，賜居正銀幣。一日，上御文華殿講畢，覽至漢文帝勞去聲軍細柳事，漢文帝後六年，遣將軍周亞夫等將兵備邊，亞夫次細柳原。文帝至細柳營勞軍，歎曰：此真將軍矣。居正因言陛下當留意武備，祖宗以武功定天下，承平日久，武備日弛，不可不及早講求也。上稱善。

神宗顯皇帝。名翊鈞。穆宗太子。在位四十八年。壽五十八歲而崩

編 癸酉 神宗皇帝萬曆元年春正月，命成國公朱希忠、大學士張居正知經筵事。

居正欲陷高拱反爲戚繼光開一生路信乎生死禍福非天也人之所能爲也

編 張居正及馮保謀殺前大學士高拱未遂而罷

紀 庚子早朝上出乾清宮見一無鬚男子僞作宦者狀袖有佩刀趨走惶遽左右執之馮保立鞫(菊)之曰南兵王大臣奚自曰自總兵戚繼光來保使密報居正而居正令附保耳曰戚公方握南北軍禁無妄指可借以除高氏先是大臣爲戚帥三屯營南兵不遂流落都下爲人巧捷便佞一中貴暱之至是令稱拱使改籍武進縣卽令廝卒辛儒衣大臣蟒袴予二劍劍首飾猫精異寶送繫廠中入以聞請究主使人居正亦上疏如保意上卽付保鞫保令辛儒屏(丙)語大臣曰第言高相君怨望使汝來刺願先首免罪卽官汝錦衣賞千金不然重搒(邦○笞也)掠死矣儒日與大臣

葛楊二公正直君子

狎款卽令誣拱家人爲同謀獄具保飛發五校械拱僕而居正前疏傳中外口語籍籍謂且逮拱居正乃密謀於吏部尚書楊博博曰迫之恐起大獄抑上神聖英銳(胃)持公平察高公雖粗暴天日在上安得有此居正面不懌左都御史葛守禮語楊博過張公必諍之博曰向已告矣守禮曰輿望屬(祝)公謂公能不殺人媚人耳大獄將起公奈何以已告爲解卽共詣居正居正曰東廠獄具矣同謀人至卽疏處之耳守禮曰願以百口保高公居正默不應博曰願相公持公議居正憤然入內取廠中揭帖投博曰是何與我揭帖有居正竄改四字曰歷歷有據而居正忘之守禮識居正字笑而納諸袖居正覺曰彼法理不諳我爲易

數字耳守禮曰機密重情不卽上聞先政府邪吾兩人非謂相公甘心(謂快意殺之也)高公以回天非相公不能居正揖謝曰何以教我博曰此須得一有力世家與國休戚者乃可委治居正悟言於上命馮保與葛守禮都督朱希孝會審希孝詣楊博問計博曰公第使善詗(見六卷十四)校尉入獄訊刀劍口語所從來雜高家僕稠衆中令別識且問見高公何所今在何地則立辨矣希孝如博言使善詗校尉密詢大臣何自來則來自保所語盡出保口校尉卽告大臣入宮謀逆者法族奈何甘此若吐實或免罪大臣哭曰始紿(臺上聲○誑也)我主使者罪大辟自首無恙官且賞豈知當實言高家僕逮至希孝雜諸校中令揚色大臣不辨也及會審

風霾(見七卷二)大晦雨(去聲)雹東廠理刑官白一清厲聲曰天意若此可不畏乎頃之天稍明出大臣會問故事先雜治大臣呼曰故許我富貴何雜治也馮保卽問曰誰主使者大臣曰爾使我何問也保氣奪又問爾言高相公何也曰汝教我我則豈識高相公希孝復詰(乞)其蟒袴刀劍曰馮家僕辛儒所予保益懼遂罷審保密飲(去聲)大臣生漆酒瘖(因○瘂也)之而密以拱行刺事上聞有殷內監者年七十餘奏上曰高拱故忠臣何爲有此隨顧保曰高鬍子是正直人張居正故懷忮(至)刻必殺之我輩內官何須助彼保大沮而內監張宏亦力言不可於是上下刑部擬罪竟論大臣斬拱被居正齮(擬)齕(痕入聲○齧也)杜門屏(丙)居仕宦中州者不敢

此事甚妙可爲不忘遠之一助

過新鄭。今河南開封府新鄭縣。率枉道他去。
林宗鍔曰。大臣以三屯營兵。流落都中。馮保即居爲奇貨。令持刀入刺。以陷戚繼光。而居正則欲借此以殺高拱。蓋知保之惡拱。甚于繼光也。藉非楊葛二公。則高拱又一夏言矣。但嵩之殺言。以其同朝凌己。而拱則屏息家居。何必欲殺之耶。
編甲戌二年。春正月。張居正進講章。
紀居正上講章疏略曰。義理必時習而後能悅。學問必温故而後知新。臣謹將今歲所進講章重復刪定。大學一冊。虞書一冊。通鑑四冊。進呈睿覽。雖淺近之言。然亦行遠登高之一助也。
編三月。帝自駕迎仁聖皇太后過大內賞花。
紀上語輔臣曰。昨日禁中花盛開。侍母后賞宴甚歡。蓋指慈聖也。張居正奏曰。仁聖太后處多時寂寞。惟陛下念之。上即起還宮。白慈聖。自駕往迎仁聖過大內賞花。傳觴歡宴而罷。

明紀會通卷九　神宗　萬曆二年　圭　書業德

編秋九月。刑部請錄囚。
紀慈聖太后欲停之。上問張居正。對曰。春生秋殺。天道之常。陛下即位以來。停刑者再矣。根即莠有。俱害苗草。不除。反害嘉禾。凶惡不去。反害良民。上爲請太后。從之。
編冬十二月。張居正率大臣上御屏。
紀屏繪天下疆域。及職官姓名。用浮帖以便更換。上命設於文華殿後。時加省覽。
編乙亥三年。秋八月。以吏部左侍郎張四維爲禮部尚書。入東閣。
編丙子四年。春正月。下御史劉臺獄。奪職爲民。
紀臺劾大學士張居正專擅威福。如逐大學士高拱。私贈成國公朱希忠王爵。引用張四維張瀚引爲吏部尚書爲黨。斥逐言官余懋學傅應禎。罔上行私。橫黷無厭。居正怒甚。見上辭政曰。臣之所處者。危地也。言者以爲擅作威福。而臣之所行。正威福也。將巽順以悅下耶。則負國。竭公以事上耶。則無以逃專擅之譏。伏地不肯起。上下御座。手掖持也之曰。先生起。朕當責臺以謝先生。詔下臺獄。杖一百。遠戍恕之。時議籍。籍。居正不自安。復具疏爲解。免杖。奪職爲民。然心終恨之。後竟置之死。

明紀會通卷九　神宗　萬曆三年　四年　夫　書業德

編冬十月。進張居正左柱國太傅。加伯爵。
紀居正固辭伯爵。許之。
編丁丑五年。春三月。廷試。賜沈懋學張嗣修曾朝節進士及第。
紀嗣修。居正子。名在二甲第一。帝拔置一甲第二。曰。吾以報先生也。
編夏五月。詔修慈慶慈寧兩宮。既而罷之。
紀張居正言兩宮於萬曆二年落成宮室既成祭之日落。今壯麗如故。足以娛魚聖母。乃欲壞怪其已成。更加藻飾。非所急也。請輟工。從之。
編秋九月。帝諭停刑。
紀慈聖太后以大婚期近也。張居正上言春生秋殺天道所以運行雨露霜雪萬物因之發育明王奉若天道刑賞予奪皆奉天意以行事若棄有德而不用釋有罪而不誅則刑賞失中慘舒異用矣且臣近詳閱所開諸犯皆逆天悖理其所戕害含冤蓄憤聖主明王不爲一泄彼以其怨恨冤苦之氣鬱而不散或上蒸爲妖沴（田上聲。陰陽氣亂曰沴氛祲侵。妖分氣也。）之變下或致凶荒疫癘之疾則其爲害又不止一人一家也請俟明年吉典告成然後槩免一年從之

〔編〕張居正以父喪欲去位帝手詔慰留之

〔編〕冬十月張居正復上疏乞終制不允杖謫編修吳中行簡討趙用賢刑部員外艾穆主事沈思孝等

〔紀〕居正既父喪奪情吉服視事中行用賢穆思孝交章劾

醜態百出遺羞千古

居正忘親貪位居正大怒大宗伯馬自強曲爲營解居正跪而以一手撚（撼也）鬚曰公饒我公饒我掌院學士王錫爵徑造喪次爲之解居正曰聖怒不可測錫爵曰即聖怒亦爲公語未訖居正屈膝於地舉手索刀作刎頸狀曰爾殺我爾殺我錫爵大驚趨出是月二十二日中行等四人同時受杖中行用賢即日驅出國門人不敢候視許文穆方以庶子充日講鐫玉杯一曰斑斑者何卞生淚（叶例。楚卞和得璞於楚山中獻之武王王使玉人相之曰石也王以爲詐刖去左足文王立和又奉璞獻玉人又曰石也刖其右足成王立和抱璞而泣淚盡繼之以血人問之曰予非悲夫刖也寶玉而名之以石貞士而名之以詐予是以悲王聞使玉人破之果得寶因名和氏璧）英英者何藺（客生氣易趙和氏璧秦昭王欲以十五城易和氏璧趙王遣藺相如奉璧西入秦秦王受璧無意償趙城相如乃前曰璧有瑕請指示王王授璧相如因持璧却立倚柱怒髮上

衝冠謂秦王曰臣觀大王無意償趙城故復取璧大王必欲急臣臣頭今與璧俱碎于柱矣後竟完璧歸趙）追琢之永成器以贈中行鐫犀杯一曰文羊一角其（雖也。堆。）理沉黝（憂上聲。黝青黑色。）不惜剖心寧辭碎首黃流在中爲君子壽（叶上聲）以贈用賢穆思孝復加鐐（聊）鎖且禁獄越三日始僉解發戍爲更慘毒時鄒元標觀政刑部憤甚視四人杖畢而疏上越三日受杖謫戍貴州都勻衛（鄒元標吉水人）

〔編〕罷吏部尚書張瀚

〔紀〕先是瀚爲南京工部尚書廷推吏部瀚名第三以張居正言上越次用之居正以爲德希瀚報奪情議起遂邀中旨屬（祝）瀚留居正居正亦自爲牘風之使留已瀚若不喻其意者謂政府奔喪當以殊典邺之宗伯事也何關吏部居正大不悅於是有詔切責瀚謂瀚奉諭不復無人臣禮瀚拊膺太息曰三綱淪矣居正益怒嗾（藪）臺省劾之勒令致仕

〔編〕起復大學士張居正入直內閣（蛤）

〔紀〕初居正在喪次凡閣中事令吏齎奏就擬處分手詔稱元輔稱太師稱先生皆盡古師臣之禮至是上召居正於平臺慰諭甚至即日入直

馬自强　申時行　並相清　穩貞臣

綱鑑會通明紀卷之十

海陵後學陳志襄陶思輯錄

明紀

神宗顯皇帝

〔編〕戊寅 六年春正月帝冠 貫

〔編〕上大婚詔張居正充納采問名使

〔紀〕給事李淶奏居正有服制不宜與執事不聽

〔編〕三月立妃王氏爲皇后

〔紀〕大婚禮成上兩宮徽號 仁聖皇太后加懿安，慈聖皇太后加昭文。

〔編〕張居正乞歸治葬許之

明紀會通卷十　神宗萬曆六年　一　書業德

〔紀〕居正辭朝上勞諭之曰朕不能捨先生恐重傷先生懷是以忍而允所請然先生雖行國事尚宜留心乃賜銀印曰帝賚忠良令得密封言事

〔編〕以禮部尚書馬自强爲文淵閣大學士掌詹事府禮部左侍郎申時行爲東閣大學士

〔編〕夏六月張居正還朝

〔紀〕上召見於文華西室問沿途所見稼穡何如民生何如邊事何如居正對甚悉上大悅賜休沐十日

〔編〕秋八月前少師高拱卒復其官予祭葬

〔編〕己卯 七年春二月帝患疹

〔紀〕慈聖太后命僧於戒壇設法度衆張居正上言戒壇奉皇祖之命禁止至今以當時僧衆數萬恐生變敗俗也今豈宜又開此端聖躬違豫惟告謝郊廟社稷斯名正言順神人胥悅何必開戒壇而後爲福哉事遂寢

潘季馴　治河

〔編〕二月河工成

〔紀〕先是淮安有水患河決入淮水勢不敵淮揚咸爲巨浸直逼泗州 見一卷 患近陵寢上以問張居正因上言故河道都御史潘季馴 旬 可使乃降璽書卽其家拜都御史使持節治河一切 砌 假以便宜久任希藏不問出入諸奉行不及事者下詔獄鞫治之於是當事者日夜焦勞益踰年而隄 低 成轉漕無患

〔編〕三月帝疹愈

明紀會通卷十　神宗萬曆七年　二　書業德

〔編〕五月封遼東總兵李成梁爲寧遠伯

〔紀〕張居正言成梁屢立戰功忠勇爲一時冠 貫 加以顯秩此鼓勵將士之法也已而成梁使使餽以金居正曰而主以百戰得功勲我受其金是得罪高皇帝也却不受

〔編〕秋七月給事中顧九思等請罷浙直織造內臣從之

〔紀〕九思王道臣等以江南水災請罷織造內臣孫隆上語張居正曰彼織幣且完當俟來春罷之居正曰地方多一事則有一事之擾寬一分則受一分之惠災地疲民不堪催督暫去之俟稍稔可復也上從之 顧九思，長洲人。

〔編〕蘇松大水詔蠲屢歲積逋

〔紀〕蘇松大水積逋七十餘萬張居正請蠲之以安民生疏

張江陵亦有好處如此等仁愛有光相道豈得一槩抹煞

謂百姓財力有限，即年歲豐收，一年之所入僅足以供當年之數，不幸荒歉，見年錢粮尚不能辦，况屢歲之積逋哉。故帶徵一法，名爲完舊欠，實則減新收也。今歲之所減，即爲明歲之拖欠，見在之所欠，又是將來之帶徵。况頭緒繁多，年分混雜，里胥欺匿，官吏浸漁，與其敲朴窮民，實奸貪之囊橐，孰若蠲與小民，使其皆戴上之仁哉。上從之。

【編】庚辰八年春三月，廷試，賜張懋修、蕭良有、王廷譔等及第。

【紀】懋修，居正子。其兄敬修亦登是科進士，授主事。

【編】清丈天下田畝。

傳維祖曰：事有假公以濟私者，如江陵之丈量也。不知者曰居正懼強淩弱、衆暴寡，清之以便民也；知之者，居正欲占遼王地址，假丈量以自盖也。

【編】夏五月，纂修大明會典。

【編】冬十二月，張居正請修累朝寶訓實錄，進呈。

【紀】居正請屬祕儒臣，以累朝寶訓實錄分四十餘則：曰創業艱難，曰勵精圖治，曰勤學，曰敬天，曰法祖，曰保民，曰謹祭祀，曰崇孝敬，曰端好尚，曰愼起居，曰戒遊佚，曰正宮闈，曰教儲貳，曰睦宗藩，曰親賢臣，曰去奸邪，曰納諫，曰守法，曰敬戒，曰務實，曰正紀綱，曰審官，曰久任，曰重守令，曰馭近習，曰待外戚，曰重農，曰興敎化，曰明賞罰，曰信詔令，曰謹名分，曰却貢獻，曰愼賞賚，曰甘節儉，曰愼刑獄，曰褒功德，曰屏丙異端，曰飭武備，曰禦寇盜。仍敕次第進呈，俟明年開講，其諸司章奏切要者，即講畢面裁。時上留意翰墨，居正以爲筆札小技，非君德治道所係，故有是請。上嘉納之。

【編】辛巳九年夏四月，張居正以給事中傅作舟疏進覽。

【紀】居正以作舟疏進覽云：今江北淮鳳及江南蘇松連被災傷，民多乏食，至以樹皮充飢，或相聚爲盜，大有可憂。上曰：淮鳳頻年告災，何也？居正對曰：此地從來多荒少熟。元末之亂，皆起于此。今當破格賑之。上曰然。居正又言：江南北旱，河南風災，畿內不雨，勢將蠲賑，惟陛下量入爲出，加意撙節。如宮費及服御可減者減之，賞賚可裁者裁之。至若施舍緇黃，不如予吾赤子也。上然之。

【編】壬午十年春三月，加薊遼總督都御史吳兌兵部尚書。

【編】張居正有疾，求私宅票標擬，從之。

【編】夏六月，張居正以疾再乞休，不允。

【紀】上以細務委張四維，大事即居正家平章。

【編】進張居正太師。以遼左大捷斬速把亥功也。

【編】以御史張佳胤爲右都御史兼左侍郎。

【紀】張佳胤定浙二亂。浙兵因減糧，遂擁辱巡撫爲亂。時御史張佳胤受命視師，將抵杭，而復聞市民因受役不均，聚衆焚劫鄉紳，有亡賴丁仕卿者爲首倡。佳胤促駕曰：速驅之，尚可離而二也。從者皆恐。既到臺，諸亡賴洶洶，佳胤乃召管兵爲亂者撫之曰：汝曹終歲有守衛功，前撫減粮誠誤。今市井亡賴亦爲亂，彼無他勞，不可以汝曹爲例，可爲

我捕之功成不獨論贖且有賞也衆踴躍聽命遂薄亂民
敗之擒捕丁仕卿等立會諸司訊之得其挾刃而要金帛
者五十餘人皆梟之餘悉放歸於是諸亡賴皆帖然解散
佳徇乃復營兵餉咨廉其倡亂者名因捕數人曰汝爲亂
首吾故欲貸汝天子三尺不貸汝遂斬之因馳使遍赦七
營曰亂首已伏辜今以爾有功天子不欲盡誅汝當盡力
爲國守禦軍民歡呼浙自是無警矣事聞上悅進佳徇右
都御史兼左侍郎

（編）命禮部尚書潘成吏部左侍郎余有丁入閣辦事

（編）大學士張居正卒

（紀）上震悼輟朝遣司禮太監張誠監護喪事賜賻 附○賻以貨財

助喪事也 甚厚兩宮太后及中宮俱賜金幣賜祭十六壇贈上
柱國謚文忠居正性深沉機警多智數及攬大政登首輔
慨然有任天下之志勸上力行祖宗法度上亦悉心聽納
十年來海內肅清治績炳然惜其褊衷多忌剛愎 闕 自用
初入政府即以私憾廢遼王 隆慶二年十二月事也居正故隸遼王尺籍至王憲㸌頗驕酗多所陵轢居正銜之而又羨其府第壯麗會有告王謀反刑部訊治侍郎洪朝選案驗無謀反狀僅坐以淫酗憲㸌錮高墻廢其府居正攘以爲第後復恚朝選不附反律謀殺朝選 久直信任奸佞好諛
成風至章疏不敢斥名第稱元輔居正卒餘威尚在言官
奏事尚稱先太師方奪情時威權震主上雖虛已以聽而
內顧不堪初上在講筵讀論語色勃如也誤讀作背字居
正忽從旁厲聲曰當作勃字上悚然而驚同列皆失色上
由此憚之及居正卒後衆禍人比之霍氏之驂乘 乘車之法尊者居左御者居中又一人處其右以備傾側謂之驂乘漢宣帝初立謁見太廟大將軍霍光驂乘帝嚴憚之若有芒刺在背後張安世代光驂乘帝從容肆體甚安近焉故俗傳霍氏族滅之禍始于驂乘初居正當國家人子遊七號楚濱翰林大僚爲記贈之給事李某者與之通婚媾九卿御史俱投刺往還徵侯緹騎延飲必上座後事敗坐斬人心雖快而士大夫之體則已糜爛矣宰相具慶者最不易得唐惟郭元振一人明世惟常熟嚴訥與化李春芳江陵張居正三人

鍾惺曰 張江陵相業大有可觀但驕貪攬權爲世所詬惜哉

（編）武義孝子王世名報父仇不食死

（紀）世名父爲族人歐死恐殘父屍不忍就理乃佯聽其輸
田議和而易價封識之服闋赴試爲諸生已而生一子謂
其母與妻曰吾已有後可以死矣母妻不解適其仇醉還

里世名迎而揮刃碎其首因白於衆出向所封識赴縣請
死去父死十年矣縣令曰此孝子也上其事于當道當道
命檢其父屍如果有傷應得減死孝子誓不欲檢囚泣語
其母曰兒雖離母得從父矣乃絕吭不食以頭觸石而死
血噴如雨地爲之赤

（編）秋八月丙申皇長子生

（編）山西大旱

（紀）平涼固原城外掘萬人坑四十餘處積尸都滿

（編）（癸未）十一年春二月會試取李廷機等三百六十八人 額三百名以皇嗣生覃恩加六十名

（編）三月廷試賜朱國祚李廷機劉應秋及第 廷機解會榜眼

紀是科得業向高郭正域朱國祚秀水人李廷機晉江人。
編發馮保南京閒住
編復吳中行趙用賢艾穆沈思孝鄒元標等官
紀時潞王婚禮所需珠寶未備太后以爲言上曰辦此不難年來廷臣無耻盡獻張馮二家耳自此內中張先生稱謂絕以爲諱而籍沒之舉亦胎於此

奪張居正封誥贈謚籍其家

編甲申十二年春正月詔奪張居正封誥贈謚籍其家其弟居易子嗣修等俱遠地充軍
紀御史羊可弘追論居正罪惡詔奪其官爵贈謚復從遼府次妃王氏奏請籍沒其家產其產不及嚴嵩二十分之一株連頗多荆州居正家湖廣荆州府江陵縣。騷動上曰張居正誣蠛

滅
親藩箝制言官蔽塞朕聰專權亂政罔上負恩謀國不忠本當斲棺戮尸念效勞有年姑免盡法伊屬張居易張嗣修張順張書俱令烟瘴地面充軍有司勘居正家屬其長子欲修不勝升刑自縊死刑部尚書潘季馴上言居正家產奉旨抄沒國法已正衆憤已平但其八旬老母衣食不周子孫死亡相繼殊失罪人不孥之意上乃詔有司保全之○自居正沒後朝士更易殆盡攻者銳氣莫可解惟陸光祖正言摧挫一時引重初光祖小卿以事見居正諸大僚無不屏息立語光祖獨索坐語且久又調護劉臺甚力因吱折字與居正力辨居正大恚光祖正色曰相公奈何訑訑拒人哉及居正敗無附和時局語人服其操

編冬十一月以禮部尚書王錫爵爲文淵閣大學士
編進王守仁陳獻章胡居仁從祀孔子廟廷守仁餘姚人獻章白沙人居仁餘干人。
郭彦博曰明世宜從祀者薛瑄而外惟陳選蔡清爲最而不之及至獻章之味禪居仁之僅僅自守而反從祀此亦不能無待于百世後之論定也
編乙酉十三年春正月起前應天巡撫致仕海瑞爲南京吏部右侍郎
編夏五月大旱
紀詔免災傷地方本年錢糧
編六月慈寧宮成
紀宮建於萬曆二年極壯麗以居慈聖皇太后尋欲改造因張居正疏諫而止居正沒乃興工費財力巨萬

編丙戌十四年春正月皇第三子生進其母鄭氏爲貴妃
編貶戶科給事中姜應麟等爲典史
紀應麟吏部員外郎沈璟上言貴妃雖賢所生爲次子而恭妃誕育元子主鬯承祧反令居下乞收回成命首進恭妃次及貴妃上怒謫應麟廣昌典史璟調外任上謂閣臣曰朕非爲冊封事責言官惡彼疑朕立幼廢長故先揣摩上意置朕於不善之地我朝建儲自有成憲朕豈敢以私意壞怪祖宗之法刑部主事孫如法上言恭妃誕育元嗣五年未聞有進封之典鄭氏一生子卽有皇貴妃之封此天下不能無疑也上怒謫如法朝陽典史禮部左侍郎沈

鏹請並封恭妃王氏。上諭待元子冊立行。

〔編〕二月。大學士申時行等上疏請立東宫。不聽。

〔紀〕時行等疏言國本繫於元良。主器莫若長子。漢臣有云早建太子。所以尊宗廟重社稷也。自萬曆十年元子誕生。詔告天下。於兹五年。正名定分。宜在今日。本朝故事。宣宗以宣德三年立英宗爲皇太子。時年二歲。憲宗以成化十一年立孝宗爲皇太子。時年六歲。孝宗以弘治五年立武宗爲皇太子。尚未周一歲也。成憲具存。昭然可考。今元子睿齡漸長。陽德方亨。乞敕下禮部。速具儀注。擇吉冊立。以慰臣民之望。上諭少俟一二三年舉行。

〔編〕三月。以海瑞爲南京都察院右都御史。

〔編〕秋七月。南京太常寺卿沈子木上疏請立建文帝祠祀。不報。

〔紀〕子木疏言建文皇帝。御宇四年。死葬西山。不得一盂（于椀也）麥飯。下同庶民。近奉明詔。祀死事諸臣。而建文獨不祀。於德意未稱。宜敕禮官議立祠祀。不報。

〔編〕水旱迭見。

〔紀〕北直河南山西陝西俱以異常旱災報。江西江南俱以異常水災報。閣臣申時行。計無所施。惟請安撫流移。禁戢攘奪而已。

林宗鍔曰。自先王耕三餘一。耕九餘三之道廢。而救荒無奇策矣。讀申瑶泉之疏曰。皇上大發帑金。遣使分賑。恩至渥矣。然賑銀有限。而饑民無窮。即如山西飢民在冊者六十餘萬人。以六萬銀分散。人得一錢。止供三四

之餉。遇此則仍得賑如故。讀此疏。眞不能借箸而爲之籌也。

〔編〕丁亥十五年。秋八月。南京都察院右都御史海瑞卒。

〔紀〕卒年七十三。贈吏部尚書。謚忠介。加祭二壇。遣行人許子偉護喪至瓊州。（海瑞，廣東瓊州府瓊山縣人。）葬於濱涯山。瑞字應麟。號剛峯。嘉靖舉人。以教官遷淳安知縣。巡按御史鄢懋卿至。瑞剛直不爲禮。懋卿銜而劾之。謫興國判。遷戶部主事。上疏。廷杖。工部郎中何以尚疏救瑞。與瑞併杖。刑部主事徐廷綬。淳安縣人。瑞所拔士也。賴其力居多。而穆廟（嘉靖太子）聞之。使理官曰。憑你拏問。只要還我一箇活海瑞。而瑞可幸保無虞矣。世廟崩。穆宗首出瑞於獄。擢通政使。逾年。憚其直。改南京。尋遷巡撫蘇松。鋤強懲墨。織造內臣不敢肆

行。濬吳淞水利。民賴全活。後致仕告歸。（居正之奪情視事也。人有作疏。僞假海瑞名者。居正惡之。命廣東巡按御史密訪之。使者渡海直造其廬。瑞居深山中。無門第。屋僅數椽。客至。割雞爲黍相對食。問以朝政。俱不知。亦不聞居正父訃也。使者以白。事得已。）萬曆初。帝雅熟直臣海瑞名。閣臣申時行王錫爵交薦之。起爲南京吏部侍郎。至日。道路觀者相擁。謂曰若知海都堂今已來乎。踰月。遷南京右都御史。南京爲養望地。官號吏隱。右都雖長御史。稱獨坐。然于他御史無所短長。稍積歲月。且遷北矣。京中人且不知南都御史名姓。况其行事乎。瑞以爲南臺猶北也。約束諸御史甚嚴峻。御史不到臺。即劾奏褫職。一御史演戲宴客。瑞集諸御史堂上。訊之曰。爾等亦聞高皇帝有杖御史法乎。命以杖。諸御史爭不能得。卒杖之。人無敢劇飲

為大宴樂雨花牛首燕子磯游舫頓絕。有提學御史房寰貪墨。吳人號為倭房公。而作阿房宮賦以誌恨。寰知瑞嫉貪。先疏訐瑞。瑞疏辨得伸。寰削職。至是卒於官。僉都御史王用汲入視。葛幃敝籯。寒士不堪。啓其篋僅十餘金。士大夫醵金斂之。士民痛哭。罷市者數日。喪出江上。白衣冠送者。兩岸無隙地。簞食壺漿之祭。數百里不絕。黃秉石曰。余初束髮。讀書南京。得謁公。見公頎然長方。顧豐下。耳雙垂。容藹可掬。而青紗織金服。前後襜如。乃知危冠敝袍。傳聞者誤也。蘇人朱頁佑。作詩弔之曰。批鱗直奪比干志。苦節還同孤竹清。龍隱海天雲萬里。鶴歸華表月三更。蕭條棺外無餘物。冷落靈前有菜羹。說與傍人渾不信。山人親見淚如傾。詔贈太子太保。

鍾惺曰。惜。神宗知海公。而僅受南僉都。未免有賈誼長沙之惜。使得大任。而竟其業。則所成就。不知更何如也。

林宗鍔曰。黃氏此記。必不可少。青紗織金服。前後襜如。方是中庸之道。若危冠敝袍。則直天下怪物矣。何足以語海公乎。

〔編〕詔禁遏糴。

〔紀〕申時行請禁遏糴。疏曰。治本在使民得食。頃者因荒。大發帑銀。遣使分賑。恩至渥矣。然賑銀有限。而饑民無窮。惟是隣近協助。市糴通行。乃可延旦夕之命。近訪河南等處往往閉糴。彼固各愛其民。然自朝廷視之。莫非赤子。災民既缺食於本土。又絕望於他方。是激之為變也。乞禁止遏糴之令。聽商民糴買接濟。則百姓不至嗷嗷待斃。洶洶思

亂也。

〔編〕戊子十六年。春正月。命停講貞觀政要。貞觀。唐太宗年號。

〔紀〕上覽貞觀政要。謂輔臣曰。唐太宗多有慚德。魏徵大節有虧。宜停講。自後講禮記。○內閣王錫爵子王衡。舉順天鄉試第一。禮部郎中高桂奏物議疑信相半。錫爵疏請復試。而卷復大佳。物議始息。衡有大才。後登辛丑榜眼。

〔編〕春三月。司業王祖嫡請復建文年號。改正景皇帝實錄。從之。

〔編〕己丑十七年。春二月。會試。取陶望齡等三百五十人。

〔編〕三月。廷試。賜焦竑吳道南陶望齡等及第。焦竑。江寧人。

〔編〕靈山吏目孫一謙卒。

〔紀〕南京司獄孫一謙。麻城今湖廣黃州府麻城縣人。舊例重囚米日一升。卒為獄卒盜去。又散時強弱不均。多有不得食者。又因初入獄。不得錢。則驅之溼穢地。一謙一切砌嚴禁。手一秤。秤去聲。秤米計飯。按籍以次。分給甚均。因衣敝為澣緩濯補葺。終其官囚無凍餓凌虐死者。兵部侍郎王用汲聞之歎異。欲為之地。而一謙已滿考。轉靈山今廣東廉州府靈山縣吏目去矣。王世貞贈以詩曰。青山白馬帝城西。祖道無人日欲低。猶有苦盧方畝地。赭衣猶作數行啼。蓋紀實也。一謙不之官。徑歸。至鄱湖舟中。恍然見有請為某土地者。與之應答。妻子駭之。不數日而卒。

鍾惺曰。官無大小。要在克盡其職。與民有恩惠耳。孫公一獄吏。觀其用心。可不朽矣。

〔編〕庚寅十八年。春正月朔帝御毓德宮。召閣臣申時行等入見。

〔紀〕大學士申時行許國王錫爵王家屏至西室。御榻東向時行等西向跪賀朔畢。進曰臣等久不瞻天顏諸事未能面陳今幸蒙召見敢不傾吐。近來聖體常欲攝靜但一月間或三四次臨朝亦足慰羣情之望。上曰朕疾雖愈行立不便。時行請冊立東宮。上曰朕無嫡子長幼自有定序。鄭妃亦再三陳請恐外廷有疑但長子孱（殘）弱俟其強健耳。時行等言皇長子年已九齡宜出閣讀書及時訓教乃能成德。上曰朕知之命司禮監召皇長子皇第三子至。上手引皇長子向明端立。時行等注視良久因言有此美玉何不早加琢磨使之成器。上復曰朕知之。時行等乃出。

明紀會通卷十　神宗　萬曆十八年　十三　書業德

〔編〕秋九月易州民周言請開礦玉田豐潤民亦請帝命速行。御史郤以仁疏諫不省。

林宗鍔曰（此明亡之胎也宋之禍起于手實明之禍起于礦稅而邊事不足言矣是以平天下者當不事其利。）

〔編〕冬十月。兩京九卿科道交章請立東宮詔切責之。

〔紀〕羣臣合辭請立太子。鄭貴妃弟國泰特疏懇請。上諭曰皇子體弱稍俟年月長幼之序豈有搖動。鄭妃嘗請定名分以免疑議朕前已面諭卿等知之今又來陳奏朕不喜激聒（括）且看十四年至今未有一日之不激聒者此輩心懷無父志欲求榮顧於此時激朕加疾離間父子以成已賁直圖報之逆志耳。子乃朕子豈肯越序更置為臣者以言激之其求榮乎欲朕之疾劇乎。我朝戚臣不敢干預國事鄭國泰出位妄奏姑免罪。

〔編〕十一月。改謚故少保于謙曰忠肅。

〔編〕辛卯十九年。春正月閣臣進累朝寶訓實錄。

〔紀〕加恩申時行太師許國少師王錫爵少傅王家屏太子少保。

〔編〕差科臣巡視九邊

〔紀〕兵部題請邊務久廢閱視當嚴也。

朱彝曰（遼東之失本此）

〔編〕宋纁病求罷不許。

明紀會通卷十　神宗　萬曆十九年　十四　書業德

〔紀〕纁老成練達有古大臣風。初石星在戶部語纁曰今日一快事查出某省羨金若干。纁曰朝廷錢穀寧可蓄而不用不可搜索無餘且使主上知之或生侈心。又有言及太倉陳腐若干明年漕糧可改折者。纁曰太倉之穀寧可紅腐不可不足一旦脫有不給從何措置。上在御日久習知人情每見臺省條陳即曰此套子也即有直言激切指斥乘輿亦不動怒曰此不過欲沽名耳卷而置之于慎行嘗稱聖度寬弘纁獨愀然曰時事得失言官極論正要主上動心寧可罪及言官畢竟還有儆省若一槩不理就如痿痺之病全無痛痒則無藥可醫矣。同列皆服。

（眉批：老成識見自達）

（眉批：論得深切著明）

〔編〕冬十月。大學士許國等合疏請建東宮杖中書黃正賓削給事中羅大紘削籍。

紀 先是建儲事既奉上旨，申時行與同官約，遵守稍需一歲，毋諸司接見，亦以此告之，故是年自春及秋，曾無言及者。至是，工部主事張有德請備東宮儀仗。時行方在告（休假也），許國乃曰：「小臣尚以建儲請，吾輩不一言可乎？」倉卒（猝）具疏，前列時行名以上。時行聞之大愕，別具揭云：「臣已在告，同官疏列臣名，臣不知也。」故事，閣臣密揭皆留中，而是揭與諸疏同發。禮科羅大紘遂上疏論時行迎合上意以固位。武英中書黃正賓繼之。上怒，杖正賓，削大紘籍。

編 十二月，以禮部尚書趙志皋、吏部左侍郎張位並爲東閣大學士

編 壬辰 二十年，春正月，禮科都給事李獻可疏請皇長子出閣讀書（蛤），削籍爲民。

紀 獻可既削籍，大學士王家屏具揭申救，封還御批。上怒。家屏乞歸，許之。吏部主事顧憲成、章嘉貞等言家屏忠愛，不宜廢置，請召還。上怒，憲成削籍，嘉貞謫羅定州（屬廣東）州判（王家屏，山陰人）。

林宗鍔曰：國嗣之立，天子主之，宰相贊之，無與科道各衙門小臣事也。乃攘臂大呼，今日一本，明日一疏，駕大題目，曰爭國本。試思當時兵荒之報踵至，礦稅之役將開，下不能敎養生民，上不能匡弼乃主，而僅以一事連章喋喋，是成何臣子乎。

編 二月，陝西寧夏亂，總督葉夢熊平之

紀 寧夏哱拜以驍勇屢立戰功，陞指揮使，加副總兵致仕。子承恩嗣。十九年，洮河告警，經略鄭洛檄夏鎮發兵。哱拜願以所部三千人與子承恩從征，洛壯而許之。巡撫黨馨惡其自薦，羸馬弗與易，有餘馬亦不給。拜以此恨馨。賊平馳還，馨復弗給冬衣布花月糧。拜怒。其部劉東暘、許朝、土文秀遂大閧，糾衆入，斬黨馨，據城，刑牲而盟，攻玉泉、廣武，俱望風靡。攻平虜，參將蕭如薰堅守。其妻楊氏謂如薰曰：「若爲忠臣，妾何難爲忠臣婦？」盡出簪珥勞軍士，妻帥之守城，賊不能克。四月，命李如松總寧夏兵，御史梅國楨監其軍。時巡撫寧夏已命朱正色，而甘肅都御史葉夢熊上書願討賊，詔許之，陞總督，賜尚方劍，進討之。時參將楊文提浙兵至，夢熊布告軍中，同日攻城。有總兵牛秉忠者，年七十，賈勇先登。梅國楨大呼曰：「老將軍登矣，諸將何怯也？」我師畢登。承恩等見外城下，塹守益固。有賣油李登者，跛而耿，負罌木歌于市，曰：「癰之不決而狃于痏，危巢不覆而令梟止。」國楨聞之曰：「是可使也。」召登授三劄，縛木渡東門，入見承恩曰：「監軍以哱氏有安塞功，令與鼠輩駢斬，深用惜之，使殘民授密記于將軍。將軍聽吾言，則殺劉（東暘）、許（朝）自贖；不聽，則殺我。」承恩聞之心動，許之。登趨出，問趨詣劉、許，亦授劄告之曰：「將軍故漢將，而首亂在哱氏，奈何橫身爲人嬰禍？將軍不記演武臺上，彼哱氏目中烏有將軍哉？所貴乎智者，以能轉禍爲福，擒賊自贖也。」劉、許聞之，亦心動。于是互相猜疑。承恩召其黨周國柱問計。國柱言當以計

詠朝而某取東陽首。于是承恩詭云有密事召朝議。方登樓。承恩家人遽曰。外營礮向樓。無久駐。承恩急下。朝跛後從。及半梯。承恩家人抽劍自上斬之。首隕梯下。國柱謂東陽曰。外官軍入城矣。東陽驚起。憑軒望。國柱自後斬之。衆譁。國柱大言曰。斬一逆賊。何譁也。衆乃定。承恩懸二人首於城上。葉夢熊知事濟。亟下令。詰旦不斬哱氏者服尚方。次日晨。衆將提兵入城。盡擒哱氏。論功。葉夢熊、朱正色、梅國楨各廕世官。李如松加宮保。蕭如薰、麻貴、楊文、牛秉忠加恩有差。如薰妻楊氏以守城功。制敕旌賞。

〔編〕癸巳 二十一年春正月。大學士王錫爵密疏請建東宮。不允。

〔紀〕錫爵上言。前者冊典垂行。而輒爲小臣激聒所阻。陛下親發大信。定以二十一年舉行。於是羣囂寂然。蓋皆知成命在上。有所恃而無虞也。倘春令過期。外廷之臣必曰。昔以激聒而故遲。今復何名而又緩。伏乞降諭舉行。使盛美皆歸之獨斷。而天功無與於人謀。上報曰。朕雖有今春冊立之旨。昨讀皇明祖訓。立嫡不立庶。皇后年尚少。倘復有出。是二儲也。今將三皇子並封王。數年後皇后無出。再行冊立。錫爵復疏曰。祖訓所載。蓋就嫡庶並生言耳。今嫡子未生。而長子年已十二。豈容懸待。況舊旨原無待嫡之說。今忽變更。跡似可疑。去年之命既改于今日。焉知今日之命不改於他年乎。且元子封王。祖訓無之。即民間子。未有十二三歲不讀書者。陛下即不行冊立。亦當令出閣豫教。

昔漢明帝取宮人賈氏子。命馬皇后養之。章帝 唐玄宗取楊良媛子。命王皇后養之。肅宗 宋真宗劉皇后取李宸妃之子爲子。仁宗 與其曠日持久。待將來未定之天。孰若酌古準今。成目下兩全之美。臣謹遵諭並擬傳帖二道以思採擇。然尚望陛下三思。臣言俯從後議。以全恩義。服人心。上竟用前論。

鍾惺曰。觀荊石立儲諸疏。言言忠懇。古社稷臣。庶幾近之。

〔編〕冬十一月。詔皇長子、皇三子同行出閣。給禮

〔紀〕上御煖閣。名輔臣王錫爵。錫爵叩頭力請建儲。上允明年出閣聽講。尋又傳諭。皇長子、皇三子齡歲相等。欲一併行出閣禮。錫爵復奏。陛下有子而均愛之。固慈父一體之念。然自外廷而觀。皇長子明年十三歲。皇三子明年九歲。大抵皇子生十歲而入學。以皇長子之太遲。形皇三子之太早。先後緩急之間。一不慎。而聖心又晦矣。

〔編〕甲午 二十二年春二月。皇長子出閣講書。

〔紀〕禮部侍郎馮琦進儀注。上以未冊立。免侍衛儀仗。時年十三歲。岐嶷不凡。讀書成誦。作字有法。故事每講。閣臣一人入直看講。講案前有銅雙鶴。叩頭畢。從銅鶴下轉東西面立。一閣臣誤出銅鶴上。皇長子囑內侍曰。移銅鶴近前些。雖不明言。意在默寓。衆皆嘆服。一日講巧言亂德。講章曰。以是爲非。以非爲是。劉幼安當直。既敷衍畢。因問曰。何以謂之亂德。皇長子朗然答曰。顚倒是非。蓋化講官之句

東林黨禍自顧憲成始

沈一貫陳于陛並相

而櫽括之更覺明切講官焦竑請問維皇上帝降衷於下民若有恒性大義荅曰只天命之謂性是已講官董其昌請問擇可勞而勞之荅曰所謂不輕用民力也講官歎服（董其昌華亭人）

編 夏五月吏部尚書陳有年罷以孫丕揚爲吏部尚書

編 河南大飢

紀 河南大飢有人相食給事楊東明進飢民圖說御史陳登雲封進飢民所食鴈糞上覽之惻然時鄭貴妃在侍亦惻然因出所私蓄五千金賑之上稱善益以內帑五千發濟而河南賴之

編 大學士王錫爵致仕以沈一貫陳于陛並爲禮部尚書兼

東閣大學士直文淵閣（沈一貫鄞縣人）

編 謫文選司郎中顧憲成復削籍

紀 初憲成與申王二相（時行 錫爵）不合錫爵嘗語憲成曰當今所最怪者廟堂之是非天下必欲反之憲成曰吾見天下之是非廟堂必欲反之耳先是憲成以請名還王家屏削籍尋起爲吏部文選郎至是復以言事被謫給事中盧明諏遂（六）中立先後疏救上益怒憲成削籍謫明諏中立按察司知事禮部郎中何喬遠奏救憲成謫廣西布政司經歷初申時行性寬平所斥必旋加拔擢沈一貫既入相以才自許不爲人下憲成既謫歸講學于東林故楊時（宋徽宗朝大儒福建延平府將樂縣人）書院也孫丕揚鄒元標趙南星（亦文選郎）之流蹇諤自負與政府每相持附一貫者科道亦有人而憲成講學天下趨之一貫持權求勝受黜者身去而名益高此東林浙黨所自始也其後更相傾軋（軋晏入聲○傾陷也 軋軋以勢相傾也）垂五十年

傅維祖曰（明祚自此遂不可爲矣聖賢之學在敬在恕在讓在和在濟世利民而不爭勝于物在忠君愛國而不馳逐于名失此數者何以事君東林浙黨兩者均失則不必軒輊論矣清流濁流均爲負國是故遏防之弛者可振也言利之害者可寬也窮兵黷武者可下罪己之詔也獨至黨戶立而國家不可爲矣）

編（乙未）二十三年春二月會試取湯賓尹等三百人

編 三月廷試賜朱之蕃湯賓尹孫慎行等及第（朱之蕃江寧人湯賓尹宣城人）

紀 是科蔡復一吳宗劉尚朴朱光祚荆養喬林欲棟劉尚

質俱年少未娶而尚朴年僅十七尤奇試前一士子夢試題是晉元帝恭默思道爲易水生所奪入場題乃司馬牛問仁章所謂晉姓司馬元帝牛金所生恭默思道訒言是也易水生乃賓尹姓云

編 准復建文帝年號

編 府軍前衛副千戶仲春請開礦助大工從之

紀 命戶部錦衣衛各一同仲春開採給事中程紹工楊應文言嘉靖三十五年七月命採礦自十月至三十六年委官四十餘防兵千一百八十人約費三萬餘金得礦銀二萬八千五百得不償失不聽

編 命戶部郎中戴紹科錦衣僉書楊宗吾開礦汝南

張位罪不容誅

〈編〉九月詹事府錄事會長慶錦衣衛百戶吳應騏請山西夏邑開礦府軍後衛指揮王中允請青沂等開礦從之

〈編〉編富民爲礦頭從太監王虎請也

〈編〉冬十二月遣太監張忠往山西曹金往兩浙趙欽往陝西各開礦

〈紀〉先是奸人王君錫奏開易州礦下戶部議尚書林材上言山冶之害小則爭掠大則嘯聚盜之囮訛以來生鳥也寇之藪也遂逐君錫及張位秉政以爲利出於天地之自然可益國無病民採之便上遂從其言礦使之害幾徧天下

林宗鍔曰諸臣于大禮則伏闕廷爭于三案則連章累牘于立儲則嘵嘵不休今開礦蠹國殃民非細事也舉廷痛哭上呼昊天太祖太宗之靈即或杖或死而復繼之國是庶或有救而乃噤不一聲則明世之罪豈宜獨

明紀會通卷十 神宗萬曆二十五年 三二 書業德

罪獻礦之臣盜礦之太監乎

傅維祖曰國家長久一民心一地利各處開礦富民爲礦頭家私蕩盡以補礦銀不足十分之一民心失矣隨地開掘雖皇陵地脈而不顧山川靈秀而不忌地脈不以傷乎于此而明祚不亡吾未之信也

〈編〉丁酉二十五年夏四月刑部侍郎呂坤上疏請收人心不報

〈紀〉坤言洮叨今陝西臨洮府蘭今臨洮府蘭州之絨山西之紬浙直之段絹積於無用若服有定制歲用千匹而江南山陝之人心收採木之害飢渴瘴疫死者無論一木初仆千夫難移遭險蹉跌死常百人倘減其尺寸少其數目而川貴湖廣之人心收礦稅無利勒民間納銀民不能支括庫銀代豈開礦之初意哉誠敕各省使臣嚴禁散砂不許借解而各省之人心收自趙承勛進獲利之說而皇店開承勛言歲可獲四千金

朝廷有內官之遣而事權重且馮保入店爲屋幾何而歲四千金不奪市民將安取乎誠撤各店之內官而畿內之人心收不報

〈編〉秋九月出順天鄉試副主考中允焦竑同知福寧州

〈紀〉北場文俱用老莊語論者以爲中有關節故黜之

〈編〉湖廣龜蛇鬬俱死有狐從洪陽門入陰雨作人哭

〈紀〉明年稅事興全楚慘變

〈編〉戊戌二十六年六月命內監李敬採珠廣東

〈編〉秋七月戶科給事包見捷上疏諫開礦不報

〈紀〉見捷上言開礦之害陛下謂徒取諸山澤在礦使實奪取之閭閻槌擊入山者十二載虎狼出柙者半天下科臣趙完璧郝敬道臣許聞造姚思仁交章言之不報

明紀會通卷十 神宗萬曆二十六年 三三 書業德

此是何等世界安得不起流賊之變

〈編〉奪保定巡撫李盛春等俸

〈紀〉以天津店稅銀解進遲延故罰

〈編〉冬十月下雲南大理府名採石

〈編〉己亥二十七年春正月分遣內官榷稅天下

〈紀〉礦務未已稅事已興分遣御馬監高寀榷京口稅庫官暨祿榷儀真稅太監劉成榷浙江市舶稅李鳳採廣州珠兼徵市舶稅陳奉徵荊州店稅孫隆徵蘇杭稅魯坤徵河南稅孫朝徵山西稅邱乘雲徵四川稅粱永徵陝西稅潘相徵江西瓷廠稅李敬徵廣東稅王忠徵稅窑雲張燁徵稅蘆溝橋陳增與馬堂爭稅馬堂稅臨清增稅東昌時奸

弁髦風言利皆朝奏夕遣行貨有稅矣而算及舟車居貨有稅矣而算及廬舍米麥菽粟饔飧也而稅雞豚肉食也而稅驢騾畜牲也而稅宇內民卧不貼席矣

〔編〕夏五月以光祿寺卿李三才為都察院右僉都御史巡撫鳳陽（李三才，通州人）

〔編〕謫戶科給事包見捷為貴州布政司都事

〔紀〕見捷疏論礦店滋蔓萬又疏論臨清（今山東東昌府臨清州）稅使擾民必致生變又疏遼左沾（店）危礦市為患尤烈一月三疏指數（上聲）內使切直時論韙（委。是也）之謫貴州布政司都事未幾臨清百姓變毆稅使馬堂幾死見捷言若左券

〔編〕秋七月獻東征捷晉邢玠太子太保萬世德右副都御史

陳璘劉綎麻貴董一元各加都督有差

〔紀〕先是萬曆二十年倭酋平秀吉居關白位（關白，倭爵號）倭馬對島故與朝鮮金山島相望朝鮮王李昖湎于酒弛備秀吉率師攻之皆望風潰李昖倉卒棄王京奔平壤倭入王京毀墳墓刼府庫蕩然一空八道幾盡沒旦暮且渡鴨綠江請援之使絡繹於路朝議救之以宋應昌為經略時尚書石星議遣人探之嘉興無賴沈惟敬應募惟敬至平壤議和未還而朝議速戰適大將軍李如松甫平寧夏因以為東征提督如松帥將士四萬誓師東度鳳凰山馬皆汗血臨鴨綠江天水一色望朝鮮萬峰出沒雲海監軍劉黃裳慷慨曰此汝曹封侯地也沈惟敬三入平壤紿以李提督齎封典至矣二十一年正月六日如松抵平壤倭酋行長岀風月樓候瞻龍節倭俱花衣夾道迎時如松欲紿以封入城襲取之倭覺亟登陴拒守如松遂分布諸將攻其城城上火藥並發烟焰彌天方鏖戰吳惟忠中鉛洞胸猶奮呼督戰而如松坐騎斃于砲易馬馳墮塹鼻出火麾兵愈進我師無不一當百前隊貫首後隊已踵突舞于堞諸將悉登倭酋行長棄平壤遁還龍山如松乘勝進復開城于是黃海平安京畿江源四道俱復惟咸鏡道為清正（行長、清正俱秀吉將）拒守聞開城破亦奔王京如松即進兵王京至碧蹄館倭猝至大敗如松幾被獲裨將楊元救還退駐開城平壤之捷乘勝勢如破竹及碧蹄之敗我師氣索于是復

用惟敬之款而行長懲平壤之敗亦有歸志而封貢之議起矣四月倭棄王京去如松意欲尾其後擊之倭已用步步為營分番迭休法而去師不得近于是朝鮮故土晏然還定經略宋應昌請留師戍守朝鮮朝議撤還時科道部臣言者俱以無故請貢非人情必多變詐何喬遠趙完璧王德完逯中立徐觀瀾顧龍陳維芝唐一鵬等交章止封而尚書石星總督顧養謙（通州人）力主封貢會朝鮮王李昖亦請許貢保國帝乃許之二十二年九月倭使小西飛入朝以臨淮侯李宗城都指揮楊方亨同沈惟敬往齎冊封平秀吉為日本王宗城紈袴子所在索貨二十四年次對馬島太守儀智贈美女數人宗城安之不欲渡海儀智妻

美宗城欲淫之智怒欲殺宗城宗城棄璽書遁事聞帝震怒逮問宗城以方亨充正使惟敬副之九月方亨至日本平秀吉齋沐三日郊迎節使受封行五拜三叩頭禮山呼欵使備至朝鮮使州判以白土紬爲賀秀吉怒曰若二子三大臣三都八道我遵天朝約付還今以卑官微物來賀我今留石曼子于彼俟天子處分乃撤兵耳翼日具貨物數百種表文二通一謝恩一乞天子處分朝鮮令册使齎回天子案騐表文潦草用豐臣圖書（豐臣日本人總稱）不奉正朔無人臣禮逮石星沈惟敬按問而大發兵命兵部尚書邢玠備倭大將軍麻貴經理朝鮮二十五年六月倭亦數千艘先後渡海分泊釜山七月倭奪梁山入慶州襲閑山圍

南原守將楊元棄城遁倭遂犯全羅逼王京九月倭至漢江楊鎬遣人持沈惟敬手書責其動兵有乖靜俟處分之語倭酋行長亦自尤清正輕舉乃退屯井邑清正退屯慶尚各去王京數百里麻貴遂報青山稷山大捷蕭應宫具揭上言倭以惟敬手書而退青山稷山並未接戰何得言功玠鎬怒遂劾應宫恇怯逮問十一月倭屯蔚山麻貴進攻之遊擊茅國器統浙兵先登裨將陳寅身先士卒大破之倭屯島山楊鎬進攻島山會朝鮮將詭報海上倭船揚帆而來鎬不及下令策馬西奔諸軍無統御皆潰清正縱兵逐北鎬兵死者萬餘鎬貴還上尉山大捷而匿島山之敗不以聞贊畫丁應泰上言鎬貴挾同欺蔽狀帝怒罷鎬以萬世德代之二十六年二月川貴浙兵先後至分道進兵陳璘麻貴劉綎董一元四路喪敗戴罪立功會平秀吉于七月九日已死清正行長石曼子各撤兵歸諸將追擊之稍勝然已揚帆盡歸矣經略萬世德自受命逡廵不敢前比聞倭退即兼程馳至會同邢玠奏捷于是勘臣徐觀瀾奏沈一貫邢玠萬世德黨和賣國據敗實奏一貫懼急票觀瀾回籍養病而以給事楊應文代完勘事應文遂勘報東征功首陳璘次劉綎麻貴董一元陞賞有差通倭沈惟敬棄市

谷應泰曰沈惟敬以市井而啣王命李宗城以貪淫而充正使邢玠飛捷之書楊鎬冒功之舉罔上行私損威失重向非關白病亡諸倭自散善後之策茫無津涯律之國憲其又奚辭而乃貪天之功横邀爵賞衣緋横玉

任子贈官不亦恧乎卒之忠言者落職欺君者膺封所遭遂異矣○忠言者指丁應泰徐觀瀾

郭彥博曰倭未棄王京之前則不可封何也明既興救隣之師則自當逐倭使去還朝鮮故土何可議封彼沈惟敬者非能操縱兩國之權把持兩國之勢何可藉之往探且倭已入王京矣又何探爲既往探矣則惟敬非有班超傅介子之能自必許封誤國此失算者一也方倭既棄王京之後則又不可不封何也倭既以和好退還故土則天朝不可失信海外孤臣羈縻不絕但使之不臣不叛而已不必責其豐臣圖書與奉正朔也乃彼既以朝鮮之薄賀方靜俟處分而我即率六師先請朝鮮以致二十六年六月倭亦數千艘先後渡海是非以救朝鮮實以害朝鮮也此失算者二也政府舉動頗倒如此又何責乎邊臣之欺誑監軍之把持乎

（編）（庚子）二十八年春正月大學士沈一貫請皇長子冠婚不報

（編）二月命太監暨祿兼徵鳳陽安慶徽廬常鎮稅

（編）鳳陽巡撫李三才上疏請停礦稅不報

（紀）三才疏言自礦稅繁興萬民失業陛下爲斯民主不惟

詳明剴切語語至情

不衣去聲之。且併其衣如字而奪之。不惟不食寺之。且併其食如字而奪之。征榷之使急如星火。搜括之令。密如牛毛。今日某礦得銀若干。明日又加銀若干。今日某處稅若干。明日又加稅若干。今日某官阻撓礦稅拏解。明日某官怠玩礦稅罷職。上下相爭。惟利是聞。如臣境內抽稅。徐州則陳增。儀真則暨祿。理鹽揚州則魯保。蘆政沿江則邢隆。千里之區。中使四布。加以無賴亡命。附翼虎狼。如中書陳守訓尤為無忌。假旨詐財。動以萬數。昨運同陶允明自楚來云。彼中內使沿途掘墳得財。方止。聖心安乎。不安乎。且一人之心。千萬人之心也。陛下愛珠玉。人亦愛溫飽。陛下愛萬世。人亦戀妻孥。奈何陛下欲黃金高於北斗。而不使百姓有

糠粃升斗之儲。陛下欲為子孫千萬年。而不使百姓有一朝一夕。試觀往籍。朝廷有如此政令。天下有如此景象。而不亂者哉。不報

編 冬十二月。總督李化龍平播。獻播州俘楊應龍伏誅。

紀 楊應龍。播州土司宣慰使也。地屬牂牁郡。唐乾符中。楊端應募長子孫焉。歷宋元明皆世授土官。應龍生而雄猜。尤阻兵嗜殺。從征有功。先後賞賚無算。以嬖小妻田雌鳳。屠妻張氏之家。其家上變告應龍反。二十年。逮應龍會勘。當是時。田張袁盧譚羅吳七姓目把。恐應龍出得罪。而四方亡命竄匿播州者。又幸應龍反。會其次子死重慶獄。應龍取棺。以未結勘不發。應龍忿。驅兵擁千餘僧招魂而去因日索諸讐家慘戮之。流劫郡縣。官兵勦之。俱死。乃起都御史李化龍爲川湖貴三省總督。調劉綎麻貴陳璘董一元四將進勦之。化龍分兵八路。同日進兵。劉綎連戰破三峒。身自陷陣。苗兵大驚曰。劉大刀至矣。潰圍走。應龍子朝棟。僅以身免。諸軍分道並搗。壓海龍囤而壘。囤。賊所倚天險。飛鳥騰猿。不能踰者。八路兵俱集其下。四面火光燭天應龍窘。闔室自焚。播州遂平。楊氏居播八百餘年。凡二十九世而滅。分其地爲二府。屬四川者曰遵義。屬貴州者曰平越。

編 辛丑 二十九年。春二月。會試取許獬等三百人。

編 三月。廷試。賜張以誠王衡曾可前等及第。

紀 初王衡中戊子順天解元。眾疑其爲輔臣王錫爵子。有弊。乞覆試。然王衡實以真才居解首。故錫爵疏曰。臣所生祇一兒。年二十九歲。臣日夜教之。少立身名。而不圖更以臣官爲累也。必謂在廷無一可信之輔臣。先臣江陵張居正。私其子掇科第。至是人以疑江陵者疑錫爵故云輔臣無一向上之子弟。不亦誤乎。至是衡登榜眼。

編 武昌民變。

編 夏四月。督理直隸儀真等稅御馬監暨祿。疏請寬卹。

紀 祿言。臣徵廬鳳徽安遺稅。并沿江船稅。各撫按皆云。重疊不敷。題請寬處。臣未敢憑。二項共二十萬金。今徵不滿萬。始信撫按爲可據。而原奏人無憑也。乞軫念民艱。以實

沈鯉朱賡作相

徵解上，毋拘原奏人揣摩之數。上從之。時權使奇暴，獨暨條請寬卹凡五上。

編 六月，殺蘇州亂民葛成。

紀 太監孫隆，採稅浙直，駐蘇州，激變市人，殺其黨隨黃建節等數人。撫按詰乞亂民，有葛成獨引服，不及其餘，下獄論死。

編 秋七月，以禮部尚書兼翰林院學士沈鯉、朱賡兼東閣大學士，直文淵閣。

編 冬十月，立皇長子常洛爲皇太子。

紀 先是，按察使呂坤輯《閨範圖志》，首漢明德馬皇后，終鄭貴妃。科臣戴士衡劾其逢迎掖庭，而全椒知縣樊玉衡上

明紀會通卷十　神宗　萬曆二十九年　廿九　書業德

疏乞立太子，語侵鄭貴妃，以故鄭氏惡此兩人。會有《憂危竑議》一書，稱不知姓名，引歷代嫡庶廢立事，內刺鄭黨張養蒙、劉道亨、呂坤等十餘人。鄭黨疑出士衡手，因奏士衡造僞書，目爲二衡，以激聖怒，並削籍謫戍。二十八年冬，給事王德完言：「臣美袁盎却坐之事，而皇上眷顧中宮，止葦虛受，臣死且不朽。」帝怒，下德完獄。至是年八月，閣臣沈一貫上言：「皇上大婚及期，故早得聖子。今皇長子大禮必備其儀，推念眞情，不如早偕伉儷之爲適；皇王孝養聖母，朝夕起居，不如早遂含飴弄曾孫之爲樂。」疏入，帝心動。冬十月，帝復欲改期冊立。一貫封還聖諭，力言不可。十五日，冊立皇長子爲太子，封次子常洵福王、常浩瑞王、常潤惠

田義有守正不阿之槩，一貫難免逢君之議矣。

正域大錯

王、常瀛桂王。特諭在籍輔臣王錫爵、申時行知之。樊玉衡，黃岡人。

編 皇太子冠。貫福瑞諸王俱冠。

編 二月，冊皇太子妃郭氏。

編 壬寅 三十年，春正月，增東宮官屬。

紀 上偶不豫，免賀，急召沈一貫入，諭以勉輔太子，并及罷礦稅、起廢釋禁諸事。翌日上安，諸事遂寢，停稅諭已出，上悔，急令追之。太監田義諫曰：「諭已頒行，不可反汗。」易渙卦五爻：渙汗其大號。謂渙散其號令，如汗之出而不反也。上怒，幾欲手刃義，義不爲動。去聲。一貫恐，亟繳前諭，義唾之。始吏部尚書李戴、左都御史溫純約郎日奉行，且須天下刑部調弛獄須再請。亡何而旨格閣矣。

明紀會通卷十　神宗　萬曆三十年　卅　書業德

編 癸卯 三十一年，夏四月，楚王華奎與宗人華越等相訐，章下禮部。

紀 初，楚王薨，遺腹宮人胡氏雙生華奎、華壁。華奎嗣王，華壁封宣化王。至是，已襲爵二十年，宗人華越盟宗族二十九人，奏：「楚先王風痺不能御內，令宮人胡氏詐爲臨蓐，抱妃兄王如言子爲華奎，又抱妃族王玉子爲華壁。」越妻王氏爲徵王氏如言女也，故知之。章入，楚王劾宗人疏亦至，章俱下禮部。侍郎郭正域右宗人，而閣臣沈鯉復右正域，廷臣皆言王非假，閣臣沈一貫亦主之。帝卒以王爲眞，罷正域官，故二沈相惡。

郭彦傳曰：王之眞假，紛辨也。民間固有席富貲不甘遺子繼嗣而竊抱血孩作己子者，王之假，固亦有之

然民間亦實有的係嫡生而宗族怨隙故以爲乞養假兒指爲亂宗欲吞併其家産者。則王之眞亦未便以爲假也。此事實非片言所能斷。左袒右袒。俱爲非是。但吾以爲無論王之眞假。彼越妻王氏有二罪焉。王氏既洞知其詳。何以不發于詐爲臨蓐之時。而發于襲爵二十年之後。天下豈有已二十年爲王。而復一旦以爲假。而廢之而代之者乎。其何以爲爰書也。則王氏之容隱狗庇于二十年前之不首者。一罪也。華越以王爲王如言子。而越妻王氏亦如言女。則襲王者卽越妻之弟也。若以爲假則共王妃及王如言。俱有不赦之大罪焉。越妻一言。而殺其姑。及父。及弟。則前之容隱者。得非有所不忍于是乎。今何以釁起于骨肉之間也。則王氏今作證之骨肉相殘。二罪也。但治越妻之二罪。而王眞。則越妻之胥斧鑕也。固當。郎王假。弟坐罪越妻。亦可以酬宗廟之靈矣。

〈編〉冬十一月。妖書事起。命錦衣嚴鞫（鞫）之。皦生光自誣服。事得解。

〈紀〉書名續憂危竑議。（宋寧宗立沂王嗣子貴和爲皇子。更名竑。寧宗崩。史彌遠矯詔立沂王子貴誠。更名昀。是爲理宗。廢皇子竑爲濟王。理宗立。彌遠矯詔殺竑。萬曆二十六年。有援引歷代嫡庶廢立之事著爲一書。名曰憂危竑議。蓋爲皇長子憂危也。茲名續憂危竑議者。亦復憂危太子云。）凡三百餘言。大約言鄭貴妃欲謀害太子事。都給事項應祥撰。四川道御史喬應甲刊其書。一夕自宮門迄衢巷皆遍。厥明。舉朝失色。帝大怒。責項應祥喬應甲回奏。二人回奏。妖書謗人無自名理。于是令廠衛搜緝。偵校塞路。購賞五千金。官指揮僉事。或曰此書似出清流之口。將以陷郭正域。（正域時有清流領袖之目。）一貫方以楚宗事恨正域。正域之放歸也。待凍潞河之楊村。聞問不絕。一貫益側目。給事錢夢皐迎一貫意。首攻正域。直發卒圍正域舟。捕其僕隷乳媼十三人。暨其舍人琴士等。盡送獄考訊無所得。邏校且環逼沈鯉第。（正域。閣臣沈鯉門生。）迫脅不堪。幸皇太子遣人語閣臣曰。先生輩容我。乞全

郭侍郎。（正域曾爲太子講官。太子知其清正。）唐文獻陶望齡先後詣一貫爲解。鯉正域得安。已而錦衣都督首告周嘉慶。闖門慘鞫。嘉慶亦不承。吏部尚書李戴爲嘉慶外父。不忍慘視。起入中堂。帝聞惡之。罷戴歸。最後錦衣百戸緝得順天黠生皦生光鞫之。生光自誣服。遂具獄。生光磔於市。妻子戍邊。然妖書非生光也。第其人可死。故人亦不甚憐之。或謂妖書出中書舍人永嘉趙士貞手。士貞疾篤。始自言之。肉碎落如磔。方嚴捕時。帝召太子面諭曰。汝莫恐。不干汝事。汝但去讀書寫字。我的慈愛汝是知道。汝的孝友。我是知道。此必逆惡造揑奸書。離間我父子兄弟。動搖天下也。言已淚下。皇太子亦含淚謝。隨賜膳品四盒。手盒四副。酒四瓶。

林宗鍔曰。天下之亂。必無故便有一種衰颯氣象。只如神宗在御。青宮諸位。此自尋常道理。廷臣無故強立題目。日爭國本。今日一本。明日一疏。于是人心惶恐。舉動乖張。奸人媒孽其間。未幾有憂危竑議之書。未幾有王日乾孔學之訐。未幾有梃擊之禍。而肘腋之地。皆針鋒矣。

郭彥博曰。前憂危竑議。以陷戴士衡樊玉衡。今續憂危竑議。以陷沈鯉郭正域。乃至誣告周嘉慶。而并罷其外父。枉坐皦生光。而并戍其妻子。奸邪有口。而朝廷無法。正所謂刑罰不中。則民無所措手足也。舊史雖稱出永嘉趙士貞手。亦屬影響。愚以爲此書既係刊刻。必有鐫匠一夕遍撒街衢宮門。非閒人可至。朱賡私第。豈從天降。當時必有數十百人共事。事發而偵詗無跡。愚以爲當時必有元惡巨奸庇其罪者。

楚宗事久難斷。妖書事顯易捕。惜當時無盡力根究也。

〈編〉（甲辰）三十二年。秋八月。戸部尚書趙世卿上疏請停礦稅。不報。

〈紀〉時大雨。都城崩壞。世卿上言。蒼生糜爛已極。天心示警可畏。礦稅貂璫。（當）掘墳墓。奸子女。陛下嘗曰。朕心仁愛自

有停止之時今年復一年更待何日況天譴頻仍變不虛生故欲回天意在恤民心欲恤民心在罷礦稅無煩再計而帝優荅之然不爲罷

〔編〕左都御史溫純罷

〔紀〕純淸白奉公五主南北考察澄汰悉當妖書事起力爲沈鯉郭正域辨誣又楚宗人殺撫臣純言無反狀積忤沈一貫時大計京官純與吏部侍郎楊時喬主之一貫欲庇科臣錢夢臯夢臯者一貫私人也嘗有吳中布衣山人在坐夢臯戲之曰昔之山人爲山中閒人今之山人爲朝中游人布衣對曰昔之給事給黃門事今之給事給相公事時內旨既留于是復論楚宗事請削正域籍并論溫純而

王基鍾兆斗等俱被察例當外轉亦誣奏純于是大理寺少卿徐宗濬吏科都給事陳良訓侯慶遠御史蕭如松朱吾弼孔貞一郎中丨元珍等論夢臯違禁妄辨并劾一貫黨上箝下六月吏部員外賀燦然言被察官與溫純皆當去于是溫純致仕夢臯兆斗避疾王基亦免京察始得竣

〔編〕秋九月詔罷採礦以稅務歸有司釋礦稅在獄承天諸生沈機等十二人

〔編〕冬十一月皇長孫生是爲熹宗

〔紀〕帝喜得元孫諭禮部尊皇太子生母恭妃王氏爲皇貴妃皇太子正宮封妃詔告天下覃恩中外上聖母徽號

〔編〕丙午三十四年春二月雲南礦務太監楊榮被殺

沈鯉較貫勝

〔紀〕榮久於滇見上二三恣行威福杖斃數千人擄掠指揮樊高明等盡捕六衛官人人自危指揮賀世勳韓光大倡衆殺榮焚其署從黨轎重皆燼盡事聞上怒不食曰榮不足惜何紀綱頓至此罪其首事罷中使不遣以稅課歸四川稅使邱乘雲世勳下獄死光大戍邊○撫江都御史兼刑部大理寺丁賓極有恩惠故事戍者必立枷一日時天大雨枷者一夕死賓惻然曰如此朝廷已開生路而我輩必欲置死地乎命搭席篷坐以蒲團湯沐飲食之得全活

〔編〕夏六月大學士沈一貫沈鯉罷

〔紀〕吏科給事中陳良訓御史孫居相劾沈一貫奸貪一貫連疏乞休始允鯉居位四載嘗列天戒民窮十事書之於

牌每入閣蚧則拜祝之或譏鯉爲詛阻去聲呪書上命取觀之曰此非詛呪語也妖書事起危甚賴上知其心得無恙○是年除夕帝謂左右曰此時廷臣受外覲官書帕開宴打鬨惟吏部侍郎楊時喬禮部侍郎李廷機副都御史詹沂三人淸寂可念

李廷機葉向高並相皆清正名臣也

〔編〕丁未三十五年夏五月以禮部左侍郎李廷機南京禮部右侍郎葉向高爲禮部尚書兼東閣大學士直文淵閣復諭朱賡召舊輔王錫爵辭不至

〔紀〕時顧憲成見上十四移書向高言近日輔相以摸稜稜四方木摸之可左可右唐武后時蘇味道爲相依阿取容嘗謂人曰處事不宜明白但摸稜持兩端可矣時人謂之蘇摸稜爲工賢否混淆引張禹胡廣爲戒禹漢成帝朝相廣漢桓靈朝相皆柔佞取容者廷

機故出沈一貫門人多疑之給事中王元翰御史陳宗契等交章劾廷機廷機故清介而攻之者詆爲輦金輿援御史葉永盛極辨之廷機伏闕辭不允帝由是切責元翰等

○是歲大學士朱賡疏略曰兒童走卒無非怨詛臣等之言流離瑣尾無非感悟臣等之狀乃者賫捧官來即說礦稅各處書來開緘而知其說礦稅令臣等如何詆對如何搪塞抵對搪塞已非一朝巧言如簧不過增謊皇上於章疏可以留中而臣等之書揭不可無荅語時時戶外羅無對案之寃家日日堦前列不欠錢之債主援劒相視詐語相加輔相之地眞如苦海矣

綱鑑會通明紀卷十一

海陵後學陳志襄陶思輯錄

明紀

編 戊申 三十六年春二月南京大水

紀 周圍千餘里茫然巨浸二麥垂成而顆粒不登秋苗將插而寸土難藝街市盡成長河舟航徧於陸地魚鱉遊於人家葢二百年未見之災也有蘇人從湖州歸者方二百里鼓枻而行每逢城址則略轉一棹竟以半日抵家不復知太湖今在何處矣

編 大學士葉向高上當今第一急務疏

紀 時員缺不補曹部虛空太倉積儲盡各邊哀號發餉而內府充盈毫不肯發故向高上疏縷縷數千言皆痛心刺骨者

編 冬十月起吏部文選郎中顧憲成爲南京光祿少卿辭不至

編 十一月朱賡卒

紀 賡性淳謹同鄉沈一貫當國善調護故妖書楚獄禍不蔓延賡卒李廷機當首揆言路益攻之廷機决計不出葉向高獨相而攻廷機者未已也遂移居演象所之眞武廟乞放凡五年至萬曆四十年始得請寒暑閉門無履跡

○閣臣葉向高揭曰臣觀今日九卿大僚缺乏已極每銜

門不退一人而又或眞病或被言皆杜門求去其見在供
職者惟戎政尚書李化龍禮部侍郎楊道賓工部侍郎劉
元霖三人而道賓給假化龍感寒疾長安道上遂無九卿
之跡昔嘉靖庚戌之變治兵督餉防守九門俱用大臣今
日萬一邊臣不戒如嘉靖時將用何人耶戶部以餉匱悲
號於臣工部又以賞賚無措兵部光祿又以供應不支求
借戶工二部彼此束手京民盡室逃生卽其受害半爲鋪
墊半爲奸胥倘有風塵之警則九列無官倉廩無錢京師
無民臣不知何所恃也人情盡歸咎輔臣輔臣身居此地
無以自解舊歲於愼行之歿朱賡羨之今賡亦幸死而李
廷機亦垂危矣臣一身當天下之責一旦有事孱然之肉

其足食乎。自是向高獨相十年。○于愼行，東阿人。
郭彥博曰朱賡曰輔臣之地眞苦海葉向高曰于愼行之歿朱賡羨之此是何等氣象

編以李化龍爲兵部尚書

編己酉三十七年春正月北敵在邊講賞

紀京民訛傳警至街市喧動安定德勝二門百姓爭入城
避難大學士葉向高上言今日事本無實但敵人窺伺民
心驚惶之狀亦可槩見矣薊計鎮去京師甚近敵騎動輒
數萬我邊軍皆飢寒窮困勢必不支萬一潰會邊而入抵
國門在呼吸間安知今日之訛傳不爲他日之實事都下
人民以辦役破家誰肯效守兵部戎政兩署止李化龍一
人雖其威望才猷眞堪倚任但軍務倥孔偬。總○不暇也難於
肆應況化龍抱病豈能卧治伏望陛下將所推兵部兩侍
郎先行檢發使緩急有人不致臨時失措至戶部庫銀止
存八萬兩卽使盡發所濟幾何臣誠不知計之所出也

編夏四月吏科糾擅去諸臣

紀初工科給事中孫善繼拜疏竟去劉道隆繼之王元翰
顧天峻李騰芳陳治則各先後去命削善繼籍道隆等各
降秩時南北科道互相攻訐至不可問○閣臣葉向高以
議論混淆紀綱廢弛疏曰天下治亂必有其形治非豈亨
豫大之謂朝政清明庶官輯睦謂之治亂非禍變擾攘之
謂法紀凌遲人心囂競謂之亂近日建言諸臣門戶立而
水火夫天下議論有一時而定者有一時未必定而俟之

日後則定者揚湯止沸不如去薪諸臣何不思也然此爲
諸臣言也若夫皇上則必斷其是非顧乃一切涵容無所
可否聚之使爭養之使哄夫日月之明以其常運雷霆之
威以其迅速不運不迅毋乃自傷其明而威幾頓乎向高
又言有食則有兵有兵則可責其戰守今邊餉緊急度支
告匱非反戈內向卽棍率投降皇上留心邊事何獨今日
玩忽至此豈恐廷臣會議首及內帑而故難之耶當亟下
廷臣會議看其作何區處再遲三日則臣不知其禍之所
終矣。

編冬十二月工部主事邵輔忠劾總督漕運李三才工科給
事中馬從龍等疏救俱不報

〈紀〉輔忠論三才結黨徧天下。前圖枚卜，吉之從注：枚卜，歷卜之也。謂人人而卜之。今圖總憲四岳薦鯀，漢臣諫莽，天下之大可憂也。時三才需次內臺，輔忠首劾之，繼以御史徐兆魁、三才奏辨，馬從龍、御史董兆舒、彭端吾、南京工科給事中金在衡交章爲三才辨，俱不報。三才負才名。初爲山東藩臬，有聲，民歌思之。撫淮十年，方稅璫橫甚，獨能捕其爪牙，璫爲之斂跡。三才多取多與，收採物情，用財如流水。顧憲成之左右譽平聲言日至，憲成信之，亦爲遊揚。三才常宴憲成，止蔬果三四色，厥明盛陳百味，憲成訝而問之，三才曰：此偶然耳。昨偶乏，即寥寥；今偶有，故羅列。憲成以此不疑其綺靡。至是挾縱宗橫宏之術，與言者爲難，公論絀黜之。

〈編〉薊鎮地陷，遼東地震，甘肅地震如雷。

〈編〉江西福建大水。

〈紀〉溺死民人各十餘萬。

〈編〉是歲山西大旱，山東旱蝗，真定、保定等府大旱，赤地千里。

〈編〉庚戌三十八年，春二月，會試取韓敬等三百人。

〈編〉三月，廷試，賜韓敬、馬之騏、錢謙益等及第。韓敬，湖州人；馬之騏、錢謙益，常熟人。

〈紀〉庶吉士之選，往例皆隔一科。自丙戌以來，科科皆選，壅滯日甚。向高請照往例，故是科無館選。○閣臣葉向高摧請戶禮二部掌印，云目前戶部各邊請餉，無人給發，各處解銀，無人批收，如咽喉梗塞，一切飲食出納不通；而禮部頒曆屆期，及各方進貢，久當發回，以部堂無官，遂至停滯留一日，則費光祿一日之供，錢粮告匱，復有冗費，甚可惜也。○時吏部考察無期，兵部軍政疏已上兩月，槩不批發。

〈編〉辛亥三十九年，春二月，前大學士王錫爵卒。

〈編〉總督漕運李三才罷。

〈編〉夏四月，南京國子監祭酒湯賓尹、御史王紹徽、喬應甲等俱降調。

〈編〉京城大水。

〈紀〉霖雨連朝，長安門一帶成長河，水深五六尺，輿馬不能行。

〈編〉秋九月，皇貴妃王氏薨。

〈紀〉妃雖生皇太子，失寵，目眚。生上聲。目病生翳。○比疾篤，太子始知之，亟至宮門，尚閉，抉淵入聲鑰而入。妃手太子衣而泣曰：兒長大如此，我死何憾。太子慟，左右皆泣，莫能仰視。須臾薨。

〈編〉冬十月，大學士葉向高請班賞邊將，不報。

〈紀〉薊遼宣大各處奏捷寢閣三年，未及叙賞，如蹇達、馬鳴鑾等皆已物故，不得應恩，人壽幾何，河清難俟，可勝歎惜。

〈編〉壬子四十年，春二月，吏部尚書孫丕揚挂冠出都。

〈編〉夏四月，大學士葉向高上疏乞休，不報。

〈紀〉疏言：邇來紀綱盡壞，國體盡傷，皇上即視臣如犬馬，然官僚可盡空乎？言路可盡廢乎？各省按察，可不代乎？浙江湖廣貴州科場，可不用監臨乎？今輦轂之下，肘腋之間，怨

如此朝政國家之喪亡必矣焉得獨罪熹宗

周延儒見

聲憤氣已自滿盈臣方深憂皇上之孤危而皇上顧敵壘愈深務與臣下隔絶使帷幄不得闚其忠六曹不得舉其職卽閣臣冢卿亦可有可無而自以爲神明不測之妙用臣恐自古聖帝明王無此法也一旦有變卽食臣之肉有何益耶

林宗鍔曰（前言孱然之肉不足食此言卽食臣之肉有何益可謂憤激之極矣）

編 秋九月駙馬冉興讓出逃

紀 內使羣毆興讓興讓奏聞不報遂逃○是歲鄉試應天浙江江西湖廣陝西各主考至七月終命下揚期不能如例應天陝西八月十九日頭場江西二十六日浙江湖廣二十九日亦二百餘年所創聞也

明紀會通卷十一 神宗 萬曆四十一年 六 書業德

編 李廷機出都

編 冬十月葉向高請福王之國

紀 報明年春舉行

編 癸丑 四十一年春正月禮部請東宮開講福王就國不報

編 二月會試取周延儒三百五十人（周延儒宜興人）

編 三月廷試賜周延儒莊奇顯趙師尹等及第

編 夏六月錦衣衛百戶王日乾下獄

紀 日乾訐奏奸人孔學與皇貴妃宮中內侍龐劉諸人請妖人王子詔詛（阻去聲）呪（晝）皇太子刻木像聖母陛下釘其目又約趙思聖在東宮侍衛帶刀行刺語多涉鄭貴妃福王葉向高語通政使具參疏與日乾奏同上之向高密揭

方從哲吳道南並相

日乾孔學皆京師無賴（讀州）張也（讀誕）至此此大類往年妖書（見上卷二五）但妖書匿名難詰今兩造（操去聲○造至也周書呂刑兩造具備兩造謂兩爭者皆至也）俱在法司其情立見陛下第靜俟勿爲所動則滋擾上初覽日乾疏震怒及見揭意解遂不問東宮遣取閤揭向高曰皇上既不問則殿下亦無庸更覽太子深然之尋御史以他事劾日乾下之獄時帝愛福王不使之國故妖孽頻興踰年而梃（庭上聲）擊之獄起

編 以吏部左侍郎方從哲禮部左侍郎吳道南並爲禮部尚書東閣大學士直文淵閣

編 甲寅 四十二年春二月慈聖皇太后李氏崩

編 三月福王常洵之國洛陽

明紀會通卷十一 神宗 萬曆四十二年 七 書業德

編 秋八月大學士葉向高致仕

紀 向高疏爲感觸聖孝事言臣因襄事山陵忽興罔極之思臣家世貧賤生時適當倭亂室廬焚燬人民逃竄臣母懷臣彌月爲倭所迫徒步奔馳產臣曠野旁無一人自斷其臍復抱而走野棲露宿飢餓不支更數日臣父始覓得之相與扶攜逃生幾死數四倭患甫息又值荒年臣父母減衣損食課臣讀書臣備員詞林父母相繼淪沒未嘗受臣一日之養草率營葬不能成禮自除服補官南北仕宦不得一登先人邱壟復逢洪水漂流荒塋頹廢每一念及痛心刺骨皇上大孝錫類獨使臣向隅而無訴乎臣今歸矣得一[illegible]封樹[illegible]先人魂魄臣死無憾人皆

梃擊

有父母臣之父母劬勞獨甚苟使臣困死長安永為不孝之鬼將何面目見父母於地下乎。疏上得允。

傳維祖曰。向高之歸果為感觸聖孝乎非也蓋是時廷臣無小無大俱欲逃歸向高前以獨相而不得去然其乞休疏已四十五矣今幸可卸肩于二新輔而二輔之中道南又欲去矣向高所以急急先道南一着也爾時氣象之慘為何如乎

編 乙卯四十三年夏五月梃擊事起詔法司嚴刑鞫審磔張差於市。

紀 是月巳酉有不知姓名男子持棗木棍撞入慈慶宮打傷守門內官李鑑至前殿簷下內官韓本用等執縛付東華門守備指揮朱雄等收之次日皇太子奏聞命法司提問庚戌巡視皇城御史劉廷元奏人犯供名張差係薊

州屬直隸順天府井兒峪青民語言顛倒形似風狂臣再三考訊本犯呶呶鐃獮喫齋討封等語話非實情詞無倫次按其迹若涉風魔稽其貌的係黠閑入聲猾也猾情境叵測不可不詳鞫重擬乙卯刑部郎中胡士相岳駿聲等審張差供被李自強李萬倉燒差柴草氣憤於四月內來京欲赴朝聲冤從東進不識門徑往西走遇男子二人紿臺上聲○誑也曰爾無憑據如何進爾拏棍子一條便可當作冤狀等語差日夜氣憤失志顛狂遂於五月初四日手拏棗木棍一條仍復進城從東華門直至慈慶宮門首打傷守門官走入前殿下被擒擬依宮殿前射石箭放彈投甎石傷人律斬決不待時戊午刑部提牢主事王之寀言本月十一

日散飯獄中末至新犯張差見其年壯力強非風顛人即問實招與飯不招當飢死即置飯差前差見飯低頭已而云不敢說臣乃麾吏書令去止留二役扶問之招稱張差小名張五兒父張義病故有馬三舅李外父叫我跟不知姓名老公說事成與爾幾畝地種老公騎馬我跟走初四到京問何人收留復云到不知街道大宅子一老公與我飯說汝先衝一遭撞見一個打殺一個打殺了我等救得汝遂與我棗棍領我由厚載門進到宮門上守門阻我我擊之墮地已而老公多遂被縛又招有柏木棍琉璃棍棍多人衆等情其各犯姓名至死不招臣看此犯不顛不狂有心有膽願陛下縛兇犯於文華殿前朝審或敕九卿科

道三法司會問則其情立見矣辛酉戶部郎中陸大受言青宮何地男子何人而橫肆手棍幾驚儲蹕此乾坤何等時耶北人好利輕生有金錢以結其心則輕為人死有臣子所不忍言者張差業招一內官何以不言其名明說一街道何以不知其處彼三老三太互為表裏而所供霸州屬順天府武舉高順寧等今竟匿于何所變豈無因警甚非小乞陛下大振乾綱務在首惡必得邪謀永銷明肆兇人於朝市以謝天下疏中有奸戚二字上惡之與之寀疏俱不報御史過庭訓為移文薊州蹤跡之知州戚延齡具言其致顛始末諸臣據為口實以風顛二字定為鐵案矣乙丑刑部司官胡士相陸夢龍鄒紹先朱瑞鳳等再審張差供

稱馬三舅名三道。李外父名守才。同在井兒峪居住。又有
姐夫孔道。住本州城內。不知姓名老公。乃脩鐵瓦殿之龐
保。不知街道大宅子。乃住朝外大宅之劉成。三舅外父。常
往龐保處送灰。龐劉在玉皇殿商量。與我三舅外父。逼遣
我來等語。刑部行薊州道提解馬三道等。疏請法司提龐
保劉成對鞫。給事中何士晉上言。頃者張差持梃突入慈
慶宮。事關宗社安危。陛下宜何如震怒。三事大臣宜何如
計安。乃旬日以來。似猶泄泄。泄異○弛緩之意豈刑部主事王之寀
一疏。果無故而發大難之端。邪事雖涉宮闈。百宜慎重。然
謀未成。機未露。猶可從容曲處。今形見勢逼。業已至此。所
謂亂臣賊子。人人得而誅之。明主可與忠言。此事寧無結

局。疏留中。閣臣促之。上諭曰。朕自聖母升遐。見三卷三二奉襄
大典。襄成也葬日襄事追思慈恩罔極。哀慕不勝。升方在靜攝中。
突有風顛奸徒張差。持梃闖闖諂去聲入青宮。震驚皇太子。致
朕驚懼。身心不安。朕思太子乃國根本。豈不深愛。已傳內
宮添人守門防護。連日覽卿等所奏。姦宄叵測。行徑隱微。
既有主使之人。即著灼三法司會同擬罪具奏。是日刑部
據戚知州回文以上。壬申。上再諭法司嚴刑具審。速正典
刑。時語多涉戚臣鄭國泰。鄭貴妃弟國泰出揭自白。何士晉復
奏。陸大受疏內雖有身犯姦戚等語。並未直指國泰主謀。
此時張差之口供未具。刑漕之勘疏未成。國泰豈不能從
容少待。輒爾具揭張皇。人遂不能無疑。若欲釋疑。計惟明

告宮中。力求陛下。速將張差所供龐保劉成。立送法司考
訊。如供有國泰主謀。是大逆罪人。臣等執法討賊。不但宮
中不能庇。庇祕即陛下亦不能庇。設與國泰無干。臣請與國
泰約。令國泰自具一疏。告之陛下。嗣後凡皇太子皇長孫
一切砌起居。俱係鄭國泰保護。稍有疎虞。即便坐罪。則人
心帖服。永無他言。若今日畏各犯招舉。一惟熒惑聖聰。久
稽廷訊。或潛散黨與。使遠遁。或陰斃張差。使滅口。則疑復
生。疑將成實事。惟有審處以消後禍。不報。癸酉。駕幸慈寧
宮。召見百官。輔臣方從哲吳道南。暨文武諸臣先後至。內
侍引至聖母靈次。行一拜三叩頭禮。上西向倚左門柱。設
低座。皇太子侍御座右。三皇孫鴈行立左階下。上宣諭曰

昨忽有風顛張差。闖入東宮傷人。外庭有許多閒說。爾等
誰無父子。乃欲離間我耶。適見刑部郎中趙會楨所問招
情。止將本內有名人犯張差龐保劉成。即時陵遲處死。其
餘不許波及無辜一人。以傷天和。以驚皇母神位。尋執東
宮手示羣臣曰。此兒極孝。我極愛惜。乃以手約皇太子體
曰。彼從六尺孤養至今。成丈夫矣。使我有別意。何不於彼
時更置。今又何疑。且福王既已至國。去此數千里。自非宣
召。彼能飛至耶。因命內侍傳呼三皇孫至石級上。令諸臣
熟視。諭曰。朕諸孫俱已長成。更有何說。顧問皇太子。爾有
何語。與諸臣悉言無隱。皇太子曰。似此風顛之人。決了便
罷。不必株連。又曰。我父子何等親愛。外庭有許多議論。爾

輩爲無君之臣使我爲不孝之子上又持皇太子面向右問羣臣曰爾等俱見否衆俯伏謝乃命諸臣同出甲戌决張差於市尋刑部審馬三道李守才孔道以左道從律論應流李自強李萬倉應答從之尋斃龐保劉成於內庭王之寀爲科臣所糾黜閒住補何士晉於外王之寀陝西朝邑人

郭彥博曰國家將亡必有妖孽信夫萬曆之初年也王大成執刀趨乾清宮萬曆之末年也張差持梃闖慈慶宮不必無所從來亦不必有所從來古今來晝哭闕門狐升御榻有之矣遂以此二事爲萬曆之始終矣

林宗鍔曰此等事發立時將所犯斬于市令惡人膽落以後誰敢目死來者豈惟不必鞫其有主謀與無主謀不必鞫其爲風顛誤入與非風顛誤入遣張差之名也可以不必問他此刑部初擬之大有合于漢雋不疑也畧一遲延則爲太子者欲究主使而嚳口可妄攀矣爲禍王者欲槩抹殺而風顛可僞揑矣彼此俱未必眞而獄愈難結父子君臣之間傷殘多矣

編丙辰四十四年春二月會試取沈同和等三百五十人

紀沈同和與第六名趙鳴陽俱以弊發充軍時人爲之謠曰丙辰會錄斷么絕六趙最有才名士林嗟之

傅維祖曰同和鳴陽弊以雷同也夫會元與第六俱爲同經佳卷主試者豈其此之不知徒於榜後而覺其爲雷同乎蓋主試者明知二卷雷同而故塡入之也是科主試爲大學士吳道南道南屢求去不得于是計欲以徼罪行蓋楚有重裘鮮食卧地室以避令尹者賢者之求自全爲可憫矣

編夏五月兵科給事熊明遇上七憂五漸三無疏

紀疏言今春以來天鼓兩鳴于晉地流星晝隕于淸豐地震二十八天火九石首雨菽河內女妖天譴愈深而陛下所爲皆逆天拂經之事此誠禽息人名碎首賈誼痛哭時也臣敢以七憂五漸三無之說進今內庫太實外庫太虛一可憂也餉臣乏餉邊臣開邊二可憂也套部圖王插部覬賞三可憂也黃河泛濫運河澱淤四可憂也南苦滔天北苦赤地五可憂也鼎鉉備位粱棟不支六可憂也門戶搆爭冠履倒置七可憂也七憂未已五漸繼之太阿之柄漸付中涓魁壘之舊漸如隕籜制科之法漸成奸藪武庫之器漸見銷耗商旅之途漸至梗塞五漸未已三無繼之匹夫可以熒惑至尊小技可以濫邀爵賞是朝廷無綱紀也滇黔之守令皆倦游嶺海之監司惟索貨是遠方無吏治也讒譖之口憯于戟戈傾危之禍甚于蘇張是士大夫無人品也疏入不省

編秋八月皇太子出閣講書蓋曠期十二年

編丁巳四十五年春三月京畿旱

編京察革刑部主事王之寀職爲民戶部郎中陸大受等被斥

方從哲庸碌無所短長

紀時葉向高旣去方從哲爲相無所短長吏部尚書鄭繼之主察科臣徐紹吉臺臣韓浚佐之初之寀以倡爭梃擊一案爲韓浚所糾大受議論與之寀合至是並罷時上於奏疏槩留中無所處分惟言路一糾其人自罷去不待旨也於是臺省之勢積重不返有齊楚浙三方鼎峙雉立也○之名齊爲亓詩敎韓浚周永春楚爲官應震吳亮嗣浙爲劉廷元姚宗文勢甚張湯賓尹輩陰爲之主賓尹負才名而淫污辛亥京察被斥至是察典竣遂○巳事而韓浚以問

鄉人給事中張華東。華東曰：「王之宷論甚正，何爲重處之？」
浚驚愕不語。
編夏五月，江南鼠異。
紀自五月下旬起，千萬成羣，啣尾渡江而南，穴處食苗。
編六月，江浙旱蝗。
編秋七月，山東山西旱蝗。
編大學士吳道南罷。以父喪去位。
編九月，湖廣飛蝗蔽天。夏旱秋潦
編江西大水。
編冬十一月，隆德殿延禧宮災。
編福建大水。

明紀會通卷十一　神宗　萬曆四十六年　酉　書業德

編戊午四十六年春正月。
大清太祖高皇帝天命元年。
紀夏四月。
大清遣所部詣撫順市，潛以兵踵至，襲之，城陷，守將王命印死之。執遊擊李永芳，用漢字傳檄吸清河，賜北關歸順，遼撫李維翰趣促總兵張承胤移師應援。
大清兵佯退，明兵直前遇伏，萬騎突出，承胤及副將頗廷伯、遊擊梁汝貴等皆死之，一軍盡沒，京師震駭，命起舊將李如柏總遼鎮兵，杜松屯山海關，徵劉綎汀柴國柱赴京，調度。
編以前遼撫楊鎬爲兵部右侍郎，經略遼東。

編閏月，日中有黑子相鬭。
編五月朔，有黑日掩日，日無光。
編秋七月，我
大清兵圍清河，參將鄒儲賢援遼遊擊張旆死之。
紀我
大清兵從鴉鶻魂入聲關入，圍清河，儲賢拒守，旆請戰不許。我
大清兵冐版扶聲淵入牆，隳灰也壞也。東北角登城，旆戰死，儲賢遙見李永芳招降，迎戰，我兵而死。自三岔汾河至孤山，乘勝直進，惟參將賀世賢於靉哀上聲陽邊外血戰，斬首百五十四級。
編賜經略楊鎬尚方劍，諭飭諸邊。

明紀會通卷十一　神宗　萬曆　圭　書業德

紀鎬至河東，靉陽寬奠之兵已去，乃斬清河逃將陳大道等以徇，議徙寬奠民人於遼陽，會朝鮮王遣其議政府右參贊姜洪立等統兵萬人從征，議乃止。
編己未四十七年春正月，趣促經略遼東楊鎬進兵。
紀上以四方援遼兵馬大集，楊鎬奏報稽延，恐師老財匱，下廷議。大學士方從哲、兵部尚書黃嘉善、兵科給事中趙興邦等發紅旗趣鎬進兵。時蚩尤旗長竟天，彗見東方，星隕地震，識者知爲敗徵。鎬乃會總督汪可受、巡撫周永春、巡按陳王廷等議，以二月十一日誓師，二十一日出塞。
編二月，楊鎬遣總兵官馬林、杜松、李如柏、劉綎分道出師。
紀鎬誓師，分爲四路。林率遊擊麻岩、丁碧、都司竇永承、督

北關金台失兵由靖安堡出邊趨開原鐵嶺攻其北松率都司劉遇節等由撫順關出邊趨瀋陽攻其西如柏率參將賀世賢李懷忠等由鴉鶻關出邊趨清河攻其南綎率都司祖大定喬一琦督朝鮮兵由晾（諒）馬佃出邊趨寬奠攻其東是月十九日出兵值大雪兵不前師期洩

（編）三月明師與我
大清兵戰敗績

（紀）杜松欲立首功越五嶺關先期抵渾河旣渡遇伏松血戰突圍力竭而死兵無存者馬林攺由三岔堡出邊抵二道關聞松沒結營自固我
大清兵乘勝來攻林敗遁擊麻岩死之劉綎獨縱兵馬家寨口深入三百餘里克十餘寨我
大清兵詭作杜松兵披其衣甲爲嚮道誘入重圍衆潰綎沒於陣惟淸河一路李如柏以經略令撤回獲全是役也楊鎬軍機不密諸事宣洩我
大清軍處處爲備故敗文武將吏死者三百一十餘員軍士死者四萬五千八百餘人事聞京師大震

杜松劉綎戰沒

（編）起前御史熊廷弼爲大理寺丞往遼東宣慰軍民

起熊廷弼宣慰遼東

（編）徵李如柏聽勘（以退師獨全也）以如柏弟都督李如楨代將諭經略楊鎬戴罪視事

（編）夏五月我
大清兵入撫順以偏師躪客鐵嶺撫安堡

（編）六月
大清兵由靜安堡入遂克開原

（紀）西部亦以三萬騎由亮河入圍鎮西堡於是瀋陽鐵嶺軍民皆奔潰

（編）以熊廷弼爲都察院右僉都御史兼兵部右侍郎賜尚方劍經略遼東（廷弼即日就道）

熊廷弼經略遼東

（紀）經略熊廷弼入遼陽斬罪逃遊擊劉遇節等設壇親祭撫清開鐵死事軍民且諭以北關必復意復相度各險要就所宜請置兵將決策守遼陽挑濠築垣借水爲防於是遼陽稍有生氣

（編）以科臣姚宗文查閱援遼兵馬

（編）秋七月
大清兵由三岔堡入攻鐵嶺克之

（編）八月逮前經略楊鎬

（紀）鐵嶺旣失熊廷弼率八百人抵廣寧是月三日受代上度廷弼已受事乃遣緹騎（見十七卷）逮鎬

（編）熊廷弼奏李如楨罪請亟調李懷信代將

（編）是月
大清兵破金台失白羊骨寨明北關亡

（編）冬十一月
大清兵入龍潭口築城撫順邊外

（編）（庚申）四十八年夏四月皇后王氏崩

編五月。
大清兵略地花嶺。
編帝不豫。
紀召大學士方從哲於卧榻前，諭以東事告急，卿宜加意籌之。
編六月。
大清兵深入至渾河，總兵賀世賢、柴國柱拒戰。
編秋七月，帝崩。
紀上疾大漸，召閣臣方從哲諭曰：朕嗣祖宗大統，歷今四十八年，久因國事焦勞，致成痹疾（脚冷溼病，氣不生也），遽不能起。有負先皇付託，惟皇太子在青宮有年，實賴卿與司禮監協心輔佐，功在社稷，萬世不泯。特諭卿知。從哲出，皇太子不得入。兵科給事中楊漣、御史左光斗語東宮內侍王安曰：上疾甚而不名皇太子，非上意也。安素忠直，東宮多賴其調護。是日上崩。（帝怠於政事，封章多滯，僚釆半空，礦稅繁興，兵荒四起，殃孽接踵，明祚衰矣。）
編皇太子令停止礦稅。
紀收稅內監張曄、馬堂、胡賓、潘相、邱乘雲等並撤回。
編皇太子令發帑銀一百萬兩，解赴九邊。
光宗貞皇帝（名常洛，神宗太子。在位一月，未及改元而崩，壽三十九歲。）
編八月，太子常洛即位。
紀詔以明年爲泰昌元年。上宣大行皇帝遺命（見二卷三十），欲尊鄭貴妃爲皇后，命查例。禮部尚書孫如游疏言：祖宗朝

其以配而后者，乃敵體之經；其以妃而后者，則從子之義。故累朝非無抱衾之愛，終引割席之嫌者，以例所不載也。皇貴妃事先帝有年，不聞倡議於生前，而顧遺詔於逝後。豈先帝彌留（見六卷十二）之際，遂不及致詳邪？王貴妃誕育陛下，恩典尚爾有待，乃令他人得母其子，恐九原不無怨恫也。鄭貴妃賢，而習於禮，處以非分，必非其心所樂。書之史冊，傳之後世，有悖典禮，且昭先帝之失，非所以爲孝也。臣不敢奉遺命。從之。
編以袁應泰爲遼東巡撫。
編以翰林院侍讀學士劉一燝、韓爌並爲禮部尚書東閣大學士，直文淵閣。（劉一燝，南昌人。韓爌，蒲州人。）
編帝不豫。
紀乙卯，上有疾，傳諭禮部曰：選侍李氏，侍朕勤勞，皇長子生母薨逝後，奉先帝旨，委託撫育，視如親子，厥功懋焉。其封爲皇貴妃。丁巳，上力疾御門視事，聖容頓減。己未，內醫崔文昇下通利藥，上一晝夜三四十起，支離牀褥間。辛酉，上不視朝，方從哲等赴宮門候安。有數夜不得睡，日食粥不滿盂，頭目眩暈，身體罷（疲）輭（軟），不能動履之旨。乙丑，給事中楊漣上言：醫家有餘者泄之，不足者補之。陛下哀毀之餘，一日萬幾，於法正宜清補。賊臣崔文昇反投相伐之劑，其肉寧足食乎？臣聞文昇調護府第有年，不聞用藥謬誤。陛下一用文昇，倒置若此，有心之誤邪？無心之誤邪？有

心則藎粉不足償無心則一誤豈可再誤陛下奈何置賊臣肘腋間哉。刑部主事孫朝肅、徐世儀、御史鄭宗周上書方從哲請冊立皇太子。且移居慈慶宮。庚午。上召閣部九卿至榻前諭曰。選侍數（朔）產不育。止存一女。隨傳皇長子出見。上又言皇五子亦無母亦是選侍撫育。傳皇五子出見。辛未。上名諸臣於乾清宮。又諭速封選侍。甲戌。上再名諸臣於乾清宮。仍諭封皇貴妃。語未既。選侍披幃立。呼皇長子入。咄咄（敦入聲）語。復趣（促）之出。皇長子向上曰。要封皇后。上不語。從哲等以冊儲原旨期宜改近。上因顧皇長子諭曰。卿等輔佐爲堯舜。又語及壽宮。輔臣以皇考山陵對則自指曰。是朕壽宮。因問有鴻臚寺官進藥何在。從哲奏

鴻臚寺丞李可灼自云仙丹。臣等未敢輕信。上卽命中使宣可灼至。診（軫）○（候視脈也。）具言病源及治法。上喜。命趣和藥進。遂進紅丸。上飲湯輒喘。藥進乃受。上喜。稱忠臣者再。諸臣出宮門外。竢（俟）少頃。中使傳聖體用藥後煖潤舒暢。思進飲膳。諸臣歡躍而退。可灼及御醫各官留。時日已午。比未申。可灼出。輔臣迎訊之。可灼具言上恐藥力竭。復進一丸。亟問復何狀。可灼以如前對。（揚漣應山人。）

郭應博曰。昔晉侯疾。醫和視之曰。疾不可爲也。是爲近女室。疾如蠱。非鬼非食。惑以喪志。今光宗自言病症頭目眩暈。四肢軟弱。不能動履。叅考懷宗登基。聞宮中異香曰。朕皇考皇兄。皆爲此誤。是正犯晉侯之病。文昇可灼大黃紅丸。自是速其死。然此必死之症。卽用清補。亦未必不死也。

九月。帝崩。

紀乙亥朔。五鼓。內宣急召諸臣。趣進而龍馭以卯刻上賓矣。中外籍籍。以李可灼誤下劫劑。恐有情弊。而方從哲擬旨賞可灼銀五十兩。御史王安舜首爭之。疏言先帝之脈雄壯浮大。宜清不宜助明矣。紅鉛乃婦人經水陰中之陽。純火之精也。而以投於虛火燥熱之症。幾何不速之逝乎。輕亦當治以庸醫殺人之條。乃蒙殿下頒以賞格。臣謂不過借此一舉。塞外廷之議論也。夫輕用藥之罪固大。而輕薦庸醫之罪亦不小。疏入乃改票罰俸一年。而議者蠭起矣。御史鄭宗周疏請寸斬崔文昇以謝九廟。於是御史郭如楚、主事呂維祺、交章論崔文昇、李可灼。給事中楊漣語尚書周嘉謨、李如華曰。宗社事大。李選侍非可託少主者。

庸醫殺人四字定案

急宜請見嗣主。呼萬歲以定危疑。隨擁出宮。移住慈慶。爲是。二臣然之。以語方從哲。漣遂先諸臣排闥入。閽豎（汝梃）亂下。漣厲聲曰。皇帝召我等至此。今晏駕。（見四卷十五）嗣主幼小。汝等阻門不容入臨。（去聲○哭也。）意欲何爲。閽者却。諸臣乃入哭臨畢。請見皇長子。皇長子爲選侍阻於煖閣。不得出。青宮舊侍王安紿（臺上聲○誑也。）選侍抱持以出。諸臣卽叩頭呼萬歲。遂共請詣文華殿。王安擁之行。閣臣劉一燝掖左。勲臣張維賢掖右。內侍李進忠傳選侍命召還皇長子者三。喝諸臣曰。汝輩挾之何往。漣叱之。共擁皇長子登輿。至文華殿。羣臣請卽日登極。不允。諭初六日卽位。復擁入慈慶宮。一燝奏曰。今乾清宮未淨。殿下請暫居此。丙子。尚書周

嘉謨等合疏請選侍移宮御史左光斗上言內廷之有乾清宮猶外廷之有皇極殿也惟皇上御天居之惟皇后配天得共居之其餘嬪妃雖以次進御遇有大故即當移置別殿非但避嫌亦以别尊卑也今大行皇帝賓天選侍既非嫡母又非生母儼然居正宮而殿下乃居慈慶不得守几筵行大禮名分倒置臣竊惑之且殿下春秋十六齡矣內輔以忠直老成外輔以公孤卿貳何慮乏人尚須乳哺（步）而襁（姜上聲）負之哉即貴妃之請許於先皇彌留見上之際其意可知且行於先皇則俯錫之名猶可行於殿下則尊聞之稱有斷斷不可者倘及今不早斷借撫養之名行專制之實武氏之禍將見於今戊寅選侍用李進忠謀邀皇長子同宮楊漣遇進忠於宮門問選侍移宮何日進忠搖手曰李娘娘怒甚今母子一宮正欲究左御史武氏之說漣叱曰誤矣幸遇我皇長子今非昨比選侍移宮異日封號自在且皇長子年長矣若屬得無懼乎進忠默然去己卯選侍尚無移宮意楊漣上言殿下登極已在明日矣豈有天子偏處東宮之禮先帝聖明同符堯舜徒以鄭貴妃保護爲名病體之所以沉錮醫藥之所以亂投人言籍籍至今抱痛安得不爲寒心此移宮一事臣言之在今日殿下行之亦必在今日疏上漣復往趣方從哲從哲曰待初九十二亦未晚漣曰天子無復返東宮理選侍今不移亦未有移之日此不可頃刻緩者內侍曰獨不念先帝舊寵

乎漣怒曰國家事大豈容姑息且汝輩何敢如是聲徹大內皇長子使人諭漣出命收諸侍李進忠劉遜等選侍移居仁壽殿

【編】庚辰皇長子由校即位

【編】給事中惠世揚劾奏大學士方從哲

【紀】世揚上言鄭貴妃包藏禍心先帝隱忍而不敢言封后之舉滿朝倡義執爭從哲兩可其間是狥平日之交通而忘宗社之隱禍也無君當誅者一李選侍原爲鄭氏私人麗色藏劍且以因緣近侍之故欺抗先聖母從哲獨非人臣乎及受劉遜李進忠盜藏美珠夜半密約請封貴妃封妃不得占（去聲）居乾清是視登極爲兒戲而天子不如宮嬪也無君當誅者二崔文昇輕用剗伐之藥廷臣交章言之從哲何心必加曲庇祕律之趙盾（左傳宣公二年晉靈公欲殺趙盾宣子出亡趙穿弒靈公于桃園宣子未出境而復太史書曰趙盾弒其君以示于朝宣子曰不然對曰子爲正卿亡不越境反不討賊非子而誰）許世子（春秋昭公十九年許世子止弒其君買胡傳按左氏許悼公瘧飲世子止之藥卒書曰弒其君者止不嘗藥也君有疾飲藥臣先嘗之父有疾子先嘗之盡言慎也藥不先嘗而誤進于君是有忽君父之心而不愼此篡弒之萌堅冰之漸春秋之所謹也）何辭弒君之罪無君當誅者三詔責以輕詆大臣有傷國體

【編】御史馮三元疏論遼東經略熊廷弼

自馮三元之疏一出而冐嫉者蜂起矣遼東之壞三元其罪魁乎

【紀】三元言廷弼無謀者八欺君者三廷弼不罷遼之存亡未可知也於是廷弼不服上疏求勘其略曰臺臣言臣無謀之罪請姑辨一言去秋開鐵（開原鐵嶺）委棄田禾臣初抵遼

陽即行各總兵令軍士收割否則焚之而各總兵不往臣爲此憤恨屢行奏牘三元未及見謂臣無謀臣當承石碾研起火星延燒火藥謂臣無謀臣當承六月陷開原七月陷鐵嶺八月陷北關臣以是月到遼陽牌行開原道駐瀋彈壓瀋陽官軍一呼而散亟遣分守道閻鳴泰往撫之至虎皮驛大哭而回此時只此兩道而馮三元言道臣欲以一二萬衆應援金白即北關臣不能用不知道臣屬誰况臣以初三日抵遼二十一日北關陷無論此時無兵即有而相去五百餘里何能猝到謂臣無謀臣當承各帥自爲營盤戰守計非軍爲之而誰爲之若云不求敵而專修守具則前日令箭督戰馬上催戰亦惟敵是求矣謂臣無謀臣

當承贊畫新兵欲回家過年一日逃二千人王平胡國臣練成一枝勁兵聞江潮聲以爲敵至竟奔潰微三元言吾不知遼人可用也東山礦徒趨利則有救軍則無牌行召募竟不見團練一人微三元言臣不知礦徒可用也謂臣無謀臣當承三元欲去臣以存遼而一二元老顧欲留臣以亡遼也乎。

編 科臣姚宗文御史顧慥等疏劾遼東經略熊廷弼

紀 初宗文爲戶科給事中以父憂去職謀起復不得求廷弼代請廷弼不從由是懷怨後夤緣得吏科閱視遼東兵馬廷弼復不爲禮有遼人劉國縉者以兵部主事贊畫遼東軍務主募遼人爲兵所募萬七千餘人逃者過半廷弼聞於朝國縉亦怨兩人相比傾廷弼宗文還即疏詆廷弼又嗾藪其黨顧慥魏應嘉郭鞏等交章攻擊必欲去之而御史張修德科臣魏應科亦前後疏論廷弼又辨姚宗文遼左疆土日蹙疏言宗文在遼城十八日其隨從人畏敵旦夕至匆匆西去此後皆海上賦詩晏會之日恐于臣之訓練部署人心工作諸項有未盡知也疏上御史張修德復疏論廷弼喪盡遼人生齒以破壞遼陽乃乞養病遣之何人乞將廷弼貶竄遐荒于是廷弼復疏辨遼陽有無破壞畧言去年開鐵連陷大小衙門相向而哭而今且冠履雍容公私燕語儼然漢官威儀矣皇上試問修德遼破壞否沈怡蒲瀋空城而逃無論矣遼陽人北城奔南城南城

奔各門亦以先逃去爲幸今則去者歸散者聚商賈逃難者今且塡街塞巷不減五都之市皇上試問修德遼破壞否遼城破碎士民知不可守而謀欲先去今內外輩固壯哉一金湯也瀋奉向爲人跡不到今亦完好官吏商民晝夜通行皇上試問修德遼破壞否去年無車牛用人夫運糧臣設辦牛至三萬餘頭車二萬晝夜趲運軍中始有糧草三路敗後即楊鎬之敗軍無片鐵臣調匠役造大砲數千位鎗砲二三萬而軍中始有器械採桑削幹買角易觔調弓箭匠晝夜製造而軍中始有弓矢調木匠造戰車五千兩每車安砲二位而軍中始有攻守具皇上試問修德遼破壞否自斬貪懦三將而將知畏斬逃叛數卒而卒知懼闘

不使言者往勘足破壞同陷害

責不喂馬不操軍者而行伍知法夜寒有賞久戍有賞時節有賞而軍士知恩犒以牛酒勞以燒割給以彩叚獎以花紅而將帥知感激皇上試問修德遼破壞否修德謂臣歸而出其囊中金也金從何來謂臣内侍奥援也臣生平孤介謂臣聽邊馬嘶膽墮地也而臣冒險擐甲往援瀋陽修德有耳有目終當自曉望皇上速勅三臣馮三元張修德魏應科查勘毋令他人代受其過有旨熊廷弼回籍聽勘科道魏應科馮三元張修德前往遼鎮會同彼處撫按勘明從實具奏給事楊漣上言勘者卽言者就令勘得逼眞誰肯心服御史吳應琦言科道風聞言事卽指斥宮門亦未嘗問其虛實今令往勘欣然願往勘而實廷弼自當其辜勘而虛三臣不任其咎乞敕部院公舉風力科道二員往勘可也帝乃命給事朱童蒙往勘

編 詔熊廷弼回籍聽勘

紀 兵科楊漣疏言頃者傳聞遼左村屯日劫人民日擄城堡日空邊疆日壞經略熊廷弼以此日被人言矣議經略者終難掩其功憐經略者亦難掩其咎功在支撑辛苦得二載之幸安咎在積衰難振悵萬全之無術爲廷弼者有二策焉全副精力報效君父知遇之恩一策也如以封疆必不可支病軀必不可起當繳還敕書求賢速代又一策也廟堂之上當焦思遠計外料敵内料己求一的當之說或循資或破格擇一的當之人寧議之而後用毋用之而

後議東事其有瘳抽乎於是廷弼上疏自辨前後凡數千言并請敕馮三元張修德往遼查勘遼事有無破壞怪勿使役人代受其過又疏繳還劍敕有旨熊廷弼解任回籍聽勘

編 冬十月噦鸞宮災

紀 先是御史賈繼春上書輔臣曰天地之大德曰生聖人之至德曰孝先帝命諸臣輔皇上爲堯舜夫堯舜之道孝弟而已矣父有愛妾其子終身敬之不忘先帝之於鄭貴妃三十餘年天下側目之隙但以篤念皇祖渙然冰釋何不輔皇上取法而乃作法於涼縱云選侍原非淑德夙有舊恨此亦婦人女子之常態先帝彌留之日見上親向諸臣

諭以選侍產有幼女歔欷見七卷九情事草木感傷而況我輩臣子乎伏願閣下委曲調護令李選侍得終天年皇幼女不慮意外御史左光斗上言選侍既移宮之後自當存大體捐其小過若復株連蔓引使宮闈不安是與國體不便亦大非臣等建言初心伏乞陛下正劉遜李進忠法外其餘槩從寬政疏入上傳諭内閣朕幼冲時選侍氣陵聖母成疾崩逝使朕抱終天之恨皇考病篤選侍威挾朕躬傳封皇后朕心不自安暫居慈慶選侍復差李進忠劉遜等命每日章奏文書先奏選侍方與朕覽朕思祖宗家法甚嚴從來有此規制否朕今奉養選侍於噦鸞宮仰遵皇考遺愛無不體悉其李進忠等事干憲典原非株連卿可傳

示遊行。至是歲宮災。上諭選侍皇妹俱無恙。

【編】詔改萬曆四十八年爲泰昌元年

【編】葬神宗顯皇帝孝端顯皇后於定陵光宗未葬而崩。故帝終葬事。

【編】特簡禮部尚書孫如游入閣辦事。

【紀】以襄事山陵勞績也。

【編】以巡撫袁應泰經略遼東。

【紀】代熊廷弼之任也。於是熊廷弼將其在遼一年招輯人民、收復城堡、催調兵馬錢粮、打造器械等項之功，細查數目上疏交代曰：臣蒙恩回籍聽勘，即可行矣。但臺省諸臣參臣以破壞遼遺他人，臣不得不將應代事情一一清之於皇上與新撫臣，交代明白，立案而去。然此諸事何一件

非臣大聲疾呼，爭口大氣所得來。何一事非職廢寢忘餐，吐血嘔肝所幹辦。一切地方繁難之事，有遼才數年經營不定者，一年而當之。而爲臣者亦難矣。年來廟堂議論，全不言軍中情實，而但憑塘報敵報緩急以爲說。前冬去春，敵以氷雪稍緩，輒鬨然言師老財匱，馬上催戰。及敗又愀然禁口，不敢道一戰字。比見職收拾纔定，而愀然者又復鬨然，急急責戰矣。畢竟矮人觀場，有何眞見。至于用杜松，用李如柏、李如楨，裁巡撫，添巡撫，更贊畫，用閱科，議督護，何非臺省所建，何嘗有一效。地方事當聽地方官爲之，彼既處凶地，着重擔，自能區處停妥，何用拾帖括，誦徒亂人意。而一不從，輒𧈢然怒。若此，後議論不省，則經略必無所

措手足矣。此臣爲經略與封疆并國家慮者也。

【編】命兵科給事中朱童蒙往勘遼事。

【紀】御史馮三元、張修德，給事中魏應嘉復論熊廷弼。廷弼復疏辨略曰：遼師三路覆沒，職始驅羸卒數百人，踉蹌出關，至杏山而鐵嶺報失。當是時，中外文武軍民咸謂遼必亡。其惶惶之狀，不能以旦夕待。而今何以轉亡爲存，地方安堵，舉朝帖席而卧也。此必非不操練、不部署、專尚工作者所能致也。至謂職擁兵十餘萬，不能大入大創，小入小創，斬將擒王，而殃民壓地，爲敵人所笑，誠有如所嘆者。但言斬將擒王於此日之兵之將，且勿易言也。令箭催而張帥殞命，馬上催而三路喪師，職於今日，何敢輕率。如欲大

入大創，小入小創，且將各邊精兵，再調三四萬來，成一川土之勢，然後進取，亦未爲晚，而非今日病臣罪臣所能及也。惟有急遣才望，勿誤壞封疆，乃爲急着。上諭閣部科道魏應科馮三元、張修德與熊廷弼互相奏擾，就著魏應嘉等前往遼鎮，會同彼處撫按，勘明具奏。兵科楊漣等言：從來奉旨行勘，就令各地方撫按官勘報，或遣官會勘。未有即以言事之官勘所言之事者。就令勘得逼眞，誰肯心服。乞收回成命，毋傷從來勘事之體。上乃改命朱童蒙往。廷弼復揭請馮三元等會勘略言：日來見馮道長說要將臣逮下法司，莫令姦臣脫網；張道長疏要用尚方與王忬、楊守謙並論；魏掌科疏又要逮至闕廷，如楊鎬例，及昨見

言路敗壞至此則賢奸曲直安得有定論乎

兵科公疏謂勘者即言者就令勘得逼真臣心不服其實不然假使三公專主恣行胸臆高下其手葛藤或不得已今同勘者有經略撫按有部道府廳有總兵諸將軍民審一人有一人口辭勘一處有一處結狀經一官有一官勘語俱當一一奏聞不得增減一字也或謂臣實勞顯績彰彰在地方故三公不敢來然而來固無妨也同勘官必稍作調停語以存科道體面矣况言官有風聞言事之例即說謊欺君誣善害賢有此四字護身誰敢向兩衙門問其妄言之罪哉御史周宗建奏遼事之壞不壞於無兵無餉不壞於經略將帥之無人而獨壞於大臣之無識何也方撫順失事特簡楊鎬此時修我封疆俟其再入殲之境上

此定着也乃一言督戰全銳俱亡則宰相無識誤之也既而起熊廷弼於田間廷弼决計自強壘壕峻堞使人有固志而城瀋陽屯奉集致使敵心疑而不敢深入獨以大爲得計而閱視一遣復亂人意徒使去一經臣而或戰或守尚無定算則又宰相無識誤之也今日新臣受事臣計此時惟有固其胆志守廷弼已效之規絕敵人中土之市使彼退則憂於飢疲進不致於大掠持之幾年敵無大利使敵易心希中國市賞之利而悔禍求服當有定期此又今日定着也乃當國者漫然不見一主持人言兵十八萬則亦曰十八萬人言餉九百萬則亦曰九百萬隨人高下一無短長大臣無識若此尚可與談天下事哉敢以新疏之

強偪然大敵而謂二三年可結局臣不信也即使今不入犯而其入犯者仍在也即更三五年未必長驅而其可長驅者仍在也今現兵十四萬即使再加十四萬而敵人之勦絕終不敢必也爲相臣者誠知大勢以定議持之不妨明示經臣以保守則雖盈廷紛議而堅不動也夫此堅不動者則大臣謀國之遠識也脫去此敵退遽言進戰敵來便思退避不幾爲宋趙之覆轍也哉自今以往以言議兵而十三萬之外益以一萬餘之家丁更無煩再議也以言議餉五百萬餘之加派大畧相當以言用人熊廷弼等皆可備緩急此又今日之定着也上然之下部議

編 十二月兵科都給事中楊漣疏請加恩李選侍及皇妹

紀 給事周朝瑞揭賈繼春喜樹旌旗妄生題目繼春復揭保全選侍亦人倫天理非旌旗題目也朝瑞揭駁之曰安選侍者猶謂之是安宗社者顧謂之非乎繼春再揭曰主上父子相傳宗社何嘗不安而必待顧選侍以安之移宮原是正理何必移時驅逐革其已進儀注之貴妃困其無端羅織之老父伶仃之皇八妹入井誰憐孀寡之未亡人雉經莫訴漣上言臣初請李選侍移宮蓋以正體統而尊朝廷也移宮之後有倡言選侍徒跣（先上聲。赤足。）踉（諒）蹌（鏘。行不正也。）欲自縊（意）者皇八妹失所遂投井者事關他日不白之案望陛下於皇弟皇妹時時厪念李選侍量加恩數并予傳知閣部以服中外之心疏入上優詔荅之於是帝傳諭曰朕冲齡登極開誠布公不意外廷乃有譸張輕聽盜犯之訛傳醸成他日之實錄誠如科臣楊漣所奏者朕不得不申諭以釋羣疑九月初一日皇考賓天諸臣入臨畢請朝見朕李選侍阻朕於煖閣司禮監固請選侍許而後悔又使李進忠請回再三朕至乾清宮丹陛上大臣扈從前導選侍又命進忠來牽朕衣卿等親見當時景象安乎不安乎當避宮乎不當避宮乎是日朕自慈慶宮至乾清宮朝見選侍畢恭送梓宮於仁智殿選侍差人傳朕必欲再朕見方回各官皆所親見明是威挾朕躬垂簾聽政之意朕蒙皇考命依選侍朕不住彼宮每日僅往彼一見因此懷恨陵虐不堪若避宮不早朕亦不知如何矣既毆崩聖

母每使宮眷王壽花等時來探聽不許朕與聖母舊人通一語朕苦衷外廷不能盡知今停封以慰聖母之靈奉養以遵皇考之意該部亦可以仰體朕心矣又言賈繼春暗揭流毒造言誣朕如黑夜行刺使人莫防皇考選侍王氏等四位同日移宮繼春獨捏造李選侍雉經朕弟妹四位同日移宮繼春獨捏造皇八妹入井本當處死姑從寬革職爲民永不敘用

傅維祖曰以廷弼爲奸臣則汚衊邊臣也以如游爲從曲徑以進則汚衊閣臣也至雉經入井之語則直汙衊朝廷矣血口之可畏如此言路之肆橫如此是非淆亂黑白糊塗甚至欲害一人則無端羅織致使邊臣不敢任事朝臣不敢任職何所貴于言官哉

移宮一節楊漣之功大矣

綱 大學士方從哲乞歸許之

終

綱鑑會通明紀卷十二

海陵後學陳志襄陶思輯錄

明紀

熹宗哲皇帝 名由校光宗長子在位七年壽二十三歲而崩

綱 辛酉 熹宗皇帝天啓元年春正月兵科給事中楊漣乞告回籍

紀 漣以移宮一案御史賈繼春侵之漣因乞歸

綱 閏二月旌表建寧民陳榮孝行

紀 榮奉母至孝母雙目失明十年百藥罔療忽聞舌舐可愈目疾爲之口舐數十遍母一朝豁然開視又鄰火及廬榮從外奔救抱母號呼須臾風返母得無恙又郡城水災

人民漂沒榮與母兩地隨流各附一木潮達岸卒遇其母官舫郡守夜夢神告次午孝子附舟郡守艤舟待至日中一木冲岸視之則陳榮也郡守驚詰何以孝遽動天榮曰子何知孝惟不敢忘母而已

綱 兵科朱童蒙勘遼還京

紀 童蒙還奏略曰臣謹看得舊經略熊廷弼有揮霍之雄才有沉毅之雅度極其全力固能擔人之所不能擔騁其偏鋒亦能忍人之所最不忍任事纔十餘月而遼陽頹塌之城如新喪膽之人復定奉集瀋陽今盛京奉天府三空城今且儼然重鎮矣曾幾何時而金湯金城湯池鼎峙雖恃以無恐迄

令民安於居，賈安於市，商旅安於途，使役之人因以爲進戰退守之地。臣入遼陽，官民士庶垂泣而思，遮道而愬，謂數萬生靈，皆廷弼一人之所留，是其精力在於此，其得詬亦在於此也。抑且督工修築，刻期責報，縉紳子衿，役無割免，又束縛悍弁，斥逐庸吏，能無騰謗聲乎？言官得之風聞，臚列入告，廷弼勝氣相加，屢疏致辨，非所以待言官，亦非大臣所以自待。廷弼功在存遼，臣會同督臣文球、經臣袁應泰、撫臣薛國用、按臣張銓據實奏聞，有旨遼事會勘已明，熊廷弼力保危城，功不可泯，因言求去，情有可原。今中外多事，用人方急，該部仍議及時起用，以爲勞臣任事者勸。

編 是月辛酉，

大清兵克瀋陽，總兵賀世賢、尤世功等皆死之。

紀 大清兵攻瀋陽，世賢、世功出城力戰，敗還。明日，降人內應，城遂破，世賢、世功俱戰死。總兵官陳策、童仲揆、石柱土官秦邦屏等皆力戰而死。先是，袁應泰經略遼東，一矯廷弼之政，蒙古諸部飢民入塞投降，應泰收之，歸者日衆。兵科蕭基奏：臣見正月中李光榮有賀總兵收降之報，越二日，又有賀總兵收降之報，因而嘆曰：怪哉此收降也！彼有如許牛羊車輛，何不往牧彼方，乃遠來投我？據報人五六千，此非一日一夜，冥冥悄悄而來，彼中部落，何不覺知？何以李總兵光榮攔阻之，則寂然無譁；賀總兵世賢放進之，則帖然受命？臣不能無疑。至是果以降人內應敗。御史江秉謙上言：自楊鎬失律喪師，開、鐵開原、鐵嶺二縣，俱屬奉天府。淪沒，其情形危急，誠有百倍於此時者，乃熊廷弼受命田間，倉皇赴召，單騎出關，收拾餘燼，盡。城守經年，敵終不能闖客。入。何前此垂危之遼，敵不知其所攻；今此堅備之瀋，我反失其所守？則廷弼之才識膽略，有大過人者矣。使廷弼得安其位，決不敗壞至此。然昔之論廷弼者，猶曰風聞；及查勘已明，而讒構復起。時郭鞏復論廷弼。寧壞朝廷之封疆，必不肯消胸中之畛域；寧甘心以遼陽與仇敵，必不肯平氣以議論寬勞臣。今日之事，何不持一疏以退敵耶？

明李敗亾，實由於此。言官之內，其足食乎？

編 我

大清兵克遼陽，經略袁應泰、巡按御史張銓等皆死之。

紀 時應泰已撤奉集、威寧諸軍，併力守遼陽，今奉天府遼陽州。引水注壕，豪○城下池也。沿壕列火器，兵環四面，守備甚設。戊辰，我

大清兵薄城，博○逼也。應泰身督兵出城迎戰，軍敗，應泰退宿營中。己巳，我

大清兵掘城西閘，暫入聲。以洩壕水，分兵塞城東水口，擊敗明軍，遂渡壕，大呼而進，戰良久。

大清兵來益衆，明兵敗，望城而奔，殺溺死者無算。應泰乃入城，與張銓等分陴，皮○城上女墻。固守。諸監司高出、牛維曜、胡嘉棟，督餉郎中傅國並踰城遁。庚午，攻城急，應泰督諸軍大

王化貞巡撫而遼事不可爲矣

肆諸市朝始足營好區區降革何足爲妄言者儆戒

客氏得幸

復命熊廷弼經略遼東

戰又敗薄暮樵樓城門上樓火城中降人內應我
大清兵從小西門入城中大亂應泰知事不濟嘆息謂銓曰
公無守城責宜亟收拾餘燼爲退守河西計應泰死且不
朽遂佩劍印自縊意銓亦以不屈死守道何廷魁視其二
女二妾投井而後死監軍崔儒秀自縊於都司堂上事聞
贈應泰兵部尚書予祭葬官其一子

編夏四月遼東巡撫薛國用以病免以叅議王化貞爲巡撫

編再發帑金二百萬兩充餉

編遼東死節諸臣張銓崔儒秀何廷魁尤世功泰邦屏等各
贈官恤蔭有差

編立妃張氏爲皇后河南開封府祥符縣監生張國紀女

編詔徵前遼東經略熊廷弼赴京御史馮三元張修德魏應
嘉各降調姚宗文革職爲民

編秋七月封乳母客氏爲奉聖夫人以其子侯國興爲錦衣
衛指揮使

紀客氏故定興民侯二妻也年十八進宮又二年而嫠○離寡婦曰嫠
生子國興至是客氏封夫人授國興錦衣指揮御史
劉蘭疏諫以爲恩禮所加權勢歸之不報

編復命熊廷弼經略遼東

紀廷弼至京奏定先著曰以遼論則三岔廣寧爲先著以
京師論則山海關爲先著以恢復論則廣寧登萊天津三
路爲先著一應兵餉戰具宜盡力全用於此此著一實敵

魏忠賢弄權之始

自不能飛越京師自可安枕而紛紛留兵募兵築臺濬池
以護京師爲名者皆舛也上納之賜上方劍一品服仍賜
宴命大臣陪餞禮數特隆

編以兵部尚書王象乾建節薊鎮行總督事王象乾新城人

編遼東撫標練兵遊擊毛文龍克復鎮江城堡

紀鎮江奇捷先是標下遊擊毛文龍奉遼撫王化貞命赴
河東等處招降叛逆隨安撫猪島廣鹿島等數處因聞鎮
江敵兵止千餘壯勇又各出抄劫遂與遼東避難生員王
一寧等率兵二百餘人雞鳴薄城下又先暗通鎮江中軍
陳良策爲內應於是內外夾攻敵皆膽落四奔文龍隨進
城安撫百姓因請兵糧接濟王化貞以聞上命速發兵糧

接濟兼陞賞毛文龍等葉向高途次聞毛文龍收復鎮江
因上疏曰遼東之失似在知正而不知奇今幸文龍此舉
稍得用奇之法當廣爲救援以固人心即使鎮江難守亦
不必尤其失策後將無復敢出一奇以破敵也

編八月內侍魏忠賢矯殺前太監王安

紀忠賢初名進忠肅寧今直隸河間府肅寧縣人少黠間入聲慧也狡無
藉好酒善啗淡喜馳馬能右手執弓左手彀弦射石多奇
中目不識丁而有膽力猜狠自用嘗與年少賭博結讎走
匿市肆中諸少年追窘之恚甚因而自宮見七卷七萬曆十七
年隸司禮監掌東廠太監孫暹府熹宗爲皇太孫忠賢謹
事之導之宴遊甚得皇太孫歡心孝和王后太孫生母也

忠賢夤入宮辦膳其介紹引進者魏朝朝故屬太監王安名下安素剛正主持一宮事朝日譽（平聲）忠賢安善視之朝初與太孫乳媼（褉○母也）客氏私忠賢亦通焉光宗即位冊太孫爲東宮忠賢特充東宮典膳客氏力也光宗崩東宮暫居慈慶楊漣疏叅及忠賢忠賢無措泣求魏朝於王安力營救之忠賢深德朝結爲兄弟而兩人皆客氏私人上即位數月一夕忠賢與朝爭擁客氏於乾清宮煖閣醉詈而囂聲達御前時上已寢漏將丙夜俱跪御榻前聽上命客氏久厭朝儇（暄○輕也）薄而喜忠賢憨（陷○決也）猛上逆知之乃退朝而與忠賢忠賢卒矯旨發朝鳳陽縊殺之自是得專客氏而尾大不掉（見二卷十二）之患成焉初上之立也王安與諸大臣同受顧命見忠賢侵權欲重懲之奏之帝會御史方震孺上疏請逐客氏帝乃令客氏出宮忠賢發安鞫問安詰責令其自新忠賢得釋客氏夤緣復入宮將甘心（見九卷十二）於安焉時安奉旨掌司禮監辭未赴王體乾即欲起攘之因忠賢以危言動客氏忠賢遂嗾（數）給事霍維華劾安客氏從中附和之於是矯旨革安職而以體乾掌司禮監忠賢必欲殺安遂以劉朝提督南海子而降安爲南海淨軍勒令自裁安既死而忠賢益無所憚矣忠賢闇文義乃取舊司禮監李永貞入備贊畫李實李明道崔文昇各司監局探上意爲奸忠賢自掌東廠方震孺（桐城人）

（編）九月葬慶陵（光宗陵）

（紀）上以客氏保護聖躬命戶部擇田二十頃（百畝爲頃）以爲護濆香火之用魏忠賢侍衛有功命工部以陵工成敘錄御史王心一奏言梓宮未殯先規客氏之香火陵工既成強入忠賢之勤勞於禮爲不順於事爲失宜忠臣愛君必防其漸上怒責之

（編）前輔臣葉向高入朝

（編）冬十月降吏科給事中侯震暘於外

（紀）初客氏已出宮復召入震暘奏曰陛下於客氏始而徘徊眷注稍遲其出猶可言也出而再入不可言也中涓（中官）羣小煬竈借叢王聖寵而孎江京李閏之奸（王聖漢安帝乳母與宦者江京李閏扇動內外）趙嬈（饒）寵而媾曹節王甫之禍（趙嬈漢靈帝乳母與宦者曹節王甫共相朋結）可爲寒心上怒降之時御史王心一倪思蕙等相繼疏劾皆謫降

十二月以都察院左都御史張問達爲吏部尚書刑部左侍郎鄒元標爲左都御史

（道學肯爲此言方是真道學）

（紀）刑部侍郎鄒元標疏請理財曰昔王安石在宋汲汲以理財爲第一義衆皆訟之不知此迂儒之見也戰國富強故孟氏以仁義爲富強今國家衰弱又當以富強爲仁義然理財而舍屯田鹽法水利三項即桑孔無以籌矣

（編）遼東經略熊廷弼駐劄右屯

（紀）廷弼主守化貞主戰議論既不協廷弼上言臣與撫臣約敵兵果至我自不得不應不然且自堅守今撫臣日燃

駐劄右屯原非廷弼本意

揹秋高從容坐待其來必無幸矣此時過河我氣自倍雖少可以成功夫敵從容整備已數十年坐待其來固無幸而以毫無從容整備之我以往獨有幸乎於是御史江秉謙疏言朝廷起熊廷弼爲經略詔言疆埸之事不從中制而數月以來經略不得措其手足展其尺寸夫廷弼非專言守也謂守定而後可以戰也今化貞銳意進戰豈戰勝遂可無俟守乎經略節制三方則進戰退守當聽其指揮今化貞欲進則使廷弼隨之而進化貞欲退則使廷弼隨之而退化貞倏進倏退又使廷弼進不知所以戰退不知所以守是化貞操節制廷弼之權也國家又安用此經略哉廷弼奏言頃見兵部上疏欲臣提兵出關臣敢不出惟

是經略一出觀望非輕西人視以爲輕重東敵視以爲進退兵將視以爲勇怯樞臣第知經略一出足以鎮定人心不知無一兵之經略出更足搖動人心也前留援兵三千已盡出關矣此外無一卒一騎不知樞臣與臣何項兵馬出關又不知臣駐廣寧撫臣應駐何地乞敕兵部速議無使擔安危之重臣徒手出門爲敵所笑旣而出關駐劄右屯。

編 四川永寧宣撫使奢崇明叛

編 壬戌 二年春正月四川左布政使朱燮元大破賊兵成都下奢崇明及其子寅走詔以燮元爲四川巡撫

編 我

經略此時尚可收拾情一念之差身名俱喪

高邦佐留松山死節

大清兵渡河

紀 先是王化貞上疏請戰廷議賜化貞尚方劍便宜行事化貞遂令總兵劉渠移軍振武而廣寧今盛京錦州府廣寧縣遂空矣

編 二月我

大清兵下廣寧監軍高邦佐死之

紀 我

大清兵至振武總兵劉渠方集陳先鋒孫得功乃王化貞心腹將也未戰遽呼曰兵敗矣率所部走降渠略陳馬蹶被殺西平守將羅一貫死之得功入廣寧諭軍民降封府庫以待化貞臥方起參將江朝棟排闥入曰城中走空矣化

貞股栗不知所爲索所坐馬已爲左右竊去倉皇乘朝棟馬以行及門亂兵訶之日爾不得出將縛之朝棟後至揮刀與鬭乃得出廣寧旣失化貞所招敵騎大肆殺掠難民西奔者十不存一二棄老幼於途蹂踐死者相望化貞從數十人走閭陽適經略熊廷弼自右屯引兵至化貞向廷弼哭廷弼曰公不召募敵騎不撤廣寧兵於振武當無今日此時惟有護百萬生靈入關勿以資敵足矣乃整衆西行化貞與寧前道張應吾殿後總督王象乾驗放入關初按臣方震孺在廣寧臥未起聞撫臣王化貞走亦單騎出奔各道臣前後相繼走惟監軍高邦佐留松山沐浴衣冠望闕再拜從容自縊意其僕高永從死焉

〔編〕詔遼東撫臣王化貞逮問，經臣熊廷弼回籍聽勘。

〔紀〕御史謝文錦疏言：熊廷弼控扼山海，調度鏗三方，廣寧原非轄外，而必欲驅之右屯。初因邊報緊急，移駐閭陽，郎廣寧地。分兵應援，未爲失策。迨至軍民奔潰，會與撫臣並轡而西，不能隻身死敵，惡得無罪？王化貞專制一方，初意敵騎外助，遼人內應，僥幸奇功，不覺墮計，乃復守備不設，浪兵催戰，棄廣寧而奔，罪更何辭？然臣竊嘆經臣責任雖重，事權實輕。不幸與兵部相忤，掣計手縛足，展布無由，欲圖固守而不可得。撫臣意氣既鋭，熒惑復多，又不幸有兵部爲主言聽計從，雖欲不戰而不可得。是二臣之陷於刑辟者，

歸罪本兵，公論定案。

皆尚書張鶴鳴致之也。有旨：廣寧失守，經撫罪無所逃，王

明紀會通卷十二　熹宗　天啓二年　十　書業德

化貞逮問，熊廷弼回籍聽勘。遼東巡按方振孺奏曰：向經臣原不敢主戰，原不主河上駐兵，原言遼將不足信，今其言一一皆驗，即臣亦不敢深求。然經略一軍之主也，說不得苦，説不得難，即有掣肘者，不妨委曲相濟，經略之職始稱。而今日上疏，明日出揭，成何職守？臣不敢爲廷弼寬也。撫臣吞敵之意可質鬼神，第未察敵人之利害，未免過信回鄉之言，易視敵而以爲畏我也，過信我兵我將，真足以制敵之死命也。至於出城一節，實因遼將孫得功封火藥等庫，迎接敵人，非江朝棟先知其謀，撫臣不免矣。臣不敢爲化貞寬也。上有旨：廣寧失守，經撫罪無所逃，王化貞逮問，熊廷弼回籍聽勘。

孫承宗入相，忠正大臣。

〔編〕以孫承宗爲兵部尚書、東閣大學士，直文淵閣。孫承宗，高陽人。

三人俱入魏黨。

〔編〕三月，廷試，賜文震孟、傅冠、陳仁錫等及第、出身有差。復張修德、魏應嘉、馮三元原官。文震孟，吳縣人。陳仁錫，長洲人。

〔紀〕以熊廷弼敗也。

〔編〕以王在晉爲兵部尚書兼都察院右副都御史，經略遼薊、津萊軍務。

〔紀〕在晉懲廷弼之被陷，臨行上言：遼事之壞，一壞於清撫，再壞於開鐵，三壞於瀋陽，四壞於廣寧。初壞爲危局，再壞爲敗局，三壞爲殘局，四壞則捐棄全遼，無局可布矣。逐步退縮，至山海關，無步可退矣。臣受經略，不行則以國法繩之，既行則以危機中之平地，忽生荆棘，暗中盡伏戈矛，使

明紀會通卷十二　熹宗　天啓二年　十一　書業德

人笑啼不敢，進退維谷，不知國家何負於羣臣，而翻覆播弄至此。今天下事已決裂，諸臣尚不回心，徒分門立戶，排擊忠良。二祖十宗在天之靈，必能昭鑒，臣行矣，不敢復言朝事矣。

讀此疏，知當日言官之横。

〔編〕夏四月，會勘遼東經撫熊廷弼與王化貞，並坐斬，詔從之。

〔紀〕刑部尚書王紀、左都御史鄒元標、大理寺卿周應秋會審熊廷弼、王化貞獄成，奏言：王化貞全不知兵，用敵而反爲敵用，用間而反爲間用，叛逆如孫得功者，日侍左右而不悟。及敵騎尚在百里之外，而棄廣寧如敝屣，安所逃罪？宜服上刑。熊廷弼才猷氣魄，睥睨譬詣。邪視也。一世，往年鎮遼而遼存，去遼而遼亾，關繫非小。及再起經略，即檄有控

扼山海之旨，識者已知其無意於廣寧矣。抵關以後，微有可觀，使廣寧告急之日，廷弼仗義誓師，收餘燼以圖恢復，反敗爲功，死且不朽。計不及此，一聞大兵既敗，先奔榆關，即有蓋世之氣，亦不足贖喪師失地之罪矣。若引從前經略觀之，比之楊鎬，更多一逃；比之袁應泰，反欠一死。如厚誅化貞，而少寬廷弼，罪同罰異，非刑也。俱坐斬，從之。

【編】起楊漣爲兵科都給事中。

【編】禮部尚書孫慎行，劾前大學士方從哲罪。

【紀】慎行上言：皇考賓天，緣醫人進藥不審。李可灼進紅藥兩丸，乃原任大學士方從哲所進。夫丸不知何藥物，而乃敢冒以進。春秋許世子進藥於父，父卒，世子自傷與弑，不食死。春秋尚不少假借，直書許世子弑君。見上卷二四 然則從哲宜何如處焉？臣謂從哲縱無弑之心，却有弑之事；欲辭弑之名，難免弑之實。宜直書云：方從哲連進紅藥兩丸，須臾帝崩。恐百口無能爲天下萬世解矣。乞將從哲速嚴兩觀之誅，李可灼嚴加拷問，置之極刑。有旨會議具奏。孫慎行、武進人。

【編】五月，授毛文龍總兵官。

【紀】先是，兵部議毛文龍寄跡朝鮮海島間，或可虛聲擣其巢穴，使敵內顧，故有是命。

【編】湖廣牛妖豕怪。辰州沅陵縣民家，牸牛生犢，一目二頭三尾，剖殺之，一心三腎。又民家猪生四子，最後一子，長嘴猪身，人腿隻眼。

明紀會通卷十二 熹宗 天啓二年 十二 書業德

【編】陝西怪鼠。形若[illegible]長一尺八寸，闊一尺，兩旁有肉翅，腹下無足，足在肉翅之四角。前爪趾四，後爪趾五，毛細長，其色若鹿，尾甚豐大。人逐之，其去甚速，專食穀豆，剖腹約有升黍。

【編】毛文龍奏滿蒲昌城之捷。

【紀】毛文龍請足餉以完覆巢之舉，曰：從來軍興，以餉爲第一著。敵一日未安，兵須用一日；既用一日兵，便須議一日餉。臣遵視師閣臣議，以山海爲正，爲首；以鎮鮮爲牽，爲尾，而擣其巢。夫牽尾擣巢，兵須五萬。然以五萬兵，計一歲之餉，必一百五十萬兩，方能足用。今三年以來，止給銀一十一萬兩，運米二十萬石。其穀養官兵，穀養馬匹乎？得早平遼一日，即早省一日費用。如將應用之費，吝而不與，不早乘機蕩平，使其遷延歲月，害豈忍言哉？今人說至蕩平，便駭愕，此是不知兵家情形，心生疑畏。兵法曰：知彼知己，百戰百勝。臣則知之矣，故屢設疑而致勝。臣今日之請，不辭舌敝，無他，專欲蕩平，仰報皇上之恩。若職掌大臣，又或推三阻四，臣無計，只得隻身而去，斷不忍袖手窮島，坐視山海愴惶，神京震動，令天下笑臣無長識也。

【編】詔李可灼著法司究問，崔文昇仍發遣南京。

【紀】吏部尚書張問達、戶部尚書汪應蛟，會議孫慎行疏論方從哲弑逆二字，何忍加之？但李可灼進藥之後，適會皇考賓天，臺臣王安舜疏請嚴究，從哲先票罰俸，繼票養病去，失之太輕。從哲已認罪，自請削奪，爲法任咎矣。若李可灼應拏解法司究問；至崔文昇先進大黃涼藥，及可灼進

明紀會通卷十二 熹宗 天啓二年 十三 書業德

紅丸。又不詳察可否。應與可灼並正典刑。上曰。李可灼本不知醫。希圖僥倖。委應重處。方從哲票擬太輕。然心跡自明。何可輕議。可灼著法司究問。崔文昇仍發遣南京。此事紛紜多日。今處分已定。大小臣工。不得再生事端。是年冬十月。李可灼遣戍。

傅維祖曰。三案惟移宮一案。楊漣大有功於社稷焉。至挺擊紅丸二案。自是東林持論太過。無故呶呶。以致小人乘釁紛爭。國隨以亡。悲夫。

謹按。魏客弄權。國是顛倒。大臣全不憂懼。而亟亟於紅丸之是究。豈負念先帝之錯死哉。不過欲傾方從哲耳。內旨處分極妙。可以斬黨錮之葛藤矣。

編 以李若珪楊漣並爲太僕寺少卿

編 八月。左都御史鄒元標。副都御史馮從吾。並致仕。

明紀會通卷十二　熹宗　天啓二年　十四　書業德

紀 兵科給事中朱童蒙疏劾元標從吾醵。醵強入聲。○斂也。金講學。比之妖賊。元標從吾致仕歸。馮從吾。長安人。

編 冊封信王。帝弟由檢也。後爲崇禎。

編 冬十月。修撰文震孟。庶吉士鄭鄤。鄤音曼。太僕寺卿滿朝薦並謫歸

紀 震孟上言勤政講學之實。中云。君臣相對。如家人父子。則左右近習。無緣可以蒙蔽。疏入。魏忠賢不下。鄭鄤復疏趣促之曰。經御覽而留中。則非止輦轉圜之義。不經御覽而留中。必有藏伏奧援之奸。本朝故事。惟武宗及神宗末年有之。權璫煬竈。相顧太息。無可如何矣。忠賢深惡之。承上觀劇。戲也。摘震孟疏中傀儡。傀恢上聲。儡壘。○木偶人也。列子。周穆王時。巧人有偃師者。

冊封信王。後爲愍帝

爲木人。能歌舞。此蓋傀儡之始。登場語激怒上。時朝薦亦言之力。俱謫歸 鄭鄤。揚州人。

編 十一月。以趙南星爲都察院左都御史。趙南星。高邑人。

編 十二月。以顧秉謙魏廣微爲大學士。入閣辦事。

奸邪顧秉謙魏廣微並相

編 癸亥三年。秋八月。詔開內操。

紀 開內操鉦。征。○鐃也。鐲也。鐃似鈴。鐲似小鐘。鐃音撓。鐲音濁。鼓之聲喧闐。田。宮禁。御史劉之鳳上言。虎符重兵。何可倒戈授巷伯。郎官。詩小雅有巷伯篇。之手。假令劉瑾擁甲士三千。能束手就擒乎。御史李應昇黃尊素宋師襄交章論之。尊素疏有阿保重於趙嬈。見上。禁旅近於唐末等語。魏忠賢尤惡之。皆矯旨切責。忠賢自殺王安後。益驕橫。設內操萬人。衷甲出入。

明紀會通卷十二　熹宗　天啓三年　十五　書業德

內監王進嘗試銃上前。銃炸傷進手。上幾危。光宗選侍趙氏與客客氏。魏。忠賢。不協。矯旨賜死。選侍盡出光宗所賜珍玩列於庭。再拜投繯。鉉。而絕。裕妃張氏方娠。任。○懷孕也。膺冊封禮。客氏譖於上。絕飲去聲。食。寺閉襪道中。偶天雨。匍匐掬。○匊兩手。簷溜。留去聲。數口而絕。成妃李氏。誕二公主而殤。先是馮貴人嘗勸上罷內操。客魏惡之。矯旨。貴人誹謗賜死。成妃從容爲上言之。乃矯旨革封。絕飲食。成妃故鑒裕妃飢死。密儲食物壁間。數日不死。魏客怒少解。斥爲宮人。皇后張氏素精明。魏客憚之。后方妊。腰痛。客氏密布心腹宮人奉御無狀。隕焉。又於上郊天之日。掩殺胡貴人。以暴疾聞

林宗鍔曰。古之以女妖亂國。蔑適絕嗣。如褒姒趙飛燕武曌。張。女非后則妃。爾若以一乳嫗而任其恣橫如

楊疏字字誅心事事實據罰雖不行足喪奸黨之膽

此怪哉其千古未有也。

編 冬十月以楊漣爲左僉都御史協理院事。

編 甲子四年春三月廕魏忠賢弟姪一人錦衣百戶。

編 毛文龍於高嶺奏捷

編 下內閣中書汪文言於獄

紀 魏黨刑科傅櫆欲傾左光斗魏大中以媚忠賢興大獄指內閣中書汪文言本巳革歙縣門役父事王安營納今官左光斗身在憲府魏大中職忝諫垣不能驅逐而反引爲腹心乞褫光斗大中之職以爲比昵匪人之戒拿究汪文言以正其辜疏入下文言於獄左光斗桐城人。魏大中嘉善人。

編 夏五月以許顯純掌北鎮撫司理刑。

編 六月左副都御史楊漣疏劾魏忠賢二十四大罪。

紀 漣言忠賢原一市井亡賴人耳中年淨身竄入內地初猶謬爲小忠小信以倖恩既而敢爲大奸大惡以亂政祖宗之制以票擬託重閣蛤臣責無他委自忠賢擅權旨意多出傳奉或自內批壞怪祖宗二百年來之政體大罪一也劉一燝周嘉謨同受顧命之大臣也忠賢急於翦巳之忌不容陛下不改父之臣大罪二也先帝一月賓天進御進藥之間實有隱恨執春秋討賊之義者孫慎行也明萬古綱常之重者鄒元標也忠賢一則逼之告病去一則嗾藪言官論劾去顧於護黨氣毆聖母之人閣臣沈㴶黨護李選侍。曲意綢繆終加蟒玉以贈其行親亂賊而讎忠義大罪三也王紀鍾羽正先年功在國本及紀爲司寇執法如山羽正爲司空清脩如鶴忠賢一則使人交訐歲於堂辱而逼之去一則與沈㴶確交構陷之削籍去必不容盛時有正色立朝之直臣大罪四也國家最重無如枚卜見上卷三忠賢一手握定力阻前推之孫慎行盛以弘更爲他辭以錮其出是眞欲門生宰相乎大罪五也爵人於朝莫重廷推去歲南太宰北少宰所推皆點陪貳致一時名賢不安位去顛倒有常之銓政掉迢上聲弄不測之機權大罪六也聖政初新正資忠直乃滿朝薦文震孟等九人抗論稍忤忠賢傳奉盡令降斥屢經恩典竟阻賜環長安謂陛下之怒易解忠賢之怒難調大罪七也然猶曰外廷之臣子也傳聞宮

中有一舊貴人以德性貞靜荷上寵注忠賢恐其露巳驕橫謀之私比託言急病立刻掩殺是陛下且不能保其貴幸矣大罪八也猶曰無名封也裕妃以有喜得封中外欣欣相告忠賢以抗不附巳屬祝其私比矯旨勒令自盡是陛下不能保其嬪妃矣大罪九也猶曰在妃嬪也中宮有慶巳經成男乃遶電流虹之祥忽化爲飛星墮月之慘傳聞忠賢與奉聖夫人實有謀焉是陛下不能保其子矣大罪十也先帝在青宮四十年操心慮患所以護持孤危者僅王安一人耳陛下倉猝受命擁衛防護之中亦不可謂無微忠而忠賢以私忿矯旨掩殺於南海子是不但讎王安而實敢於讎先帝之老僕與陛下老犬馬略無顧忌大

罪十一也。今日獎賞，明日祠額，要挾無窮，王言屢褻。近又於河間府見上五肅寧毀人房屋，以建牌坊，鏤漏鳳雕龍，干雲插漢。又不止於塋地擅用朝官規制，僭擬陵寢而已。大罪十二也。今日廕中書，明日廕錦衣。金吾之堂口皆乳臭，誥敕之館目不識丁。如魏良弼、魏良材、魏良卿等，五侯七貴，何以加茲。大罪十三也。因立枷之法以示威，枷號家人者，前歲枷死皇親家人。欲扳桊陷皇親也。扳陷皇親者，欲動搖三宮也。當時若非閣臣力持，椒房之戚椒房，皇后所居，以椒和泥塗壁，取其溫煖而香，辟除惡氣也。故后家稱椒房。又興大獄矣。大罪十四也。良鄉今直隸順天府良鄉縣。生員章士魁，以爭煤窑，姚傷其墳脈，託言開礦而致之死。假令盜長陵一抔袌土。漢張釋之傳：假令愚民取長陵一抔土。長陵，高帝陵也。抔，手掬

之也。不敢斥言毀撤山陵，故以取土爲喻。何以處之？趙高鹿可爲馬，忠賢煤可爲礦。大罪十五也。伍思敬、胡遵道以侵占去聲牧地細事，而徑置囚阱。草菅奸〇漢賈誼傳：其視殺人若刈草菅然。士命。使青燐鄰赤壁之氣，先結於壁宮泮藻之間。大罪十六也。科臣周士樸，執糾織監一事，原是在工言工，忠賢竟停其陞遷，使吏部不得專其銓除，言官不敢司其封駁。大罪十七也。北鎮撫臣劉僑不肯殺人媚人，自是在刑言刑，忠賢以其不善鍛鍊，竟令削籍。明示大明之律令可以不守，而忠賢之律令不可不遵。大罪十八也。科臣魏大忠到任，已奉明旨，鴻臚寺傳單，忽聞詰責。及科臣覆奏，臺省交章，又再褻王言，而煌煌天語，朝夕紛更。令天下後世視陛下爲何如主。大罪十

九也。東廠原以察奸細非常，不以擾平民也。自忠賢受事，雞犬不寧。野子傅應星等爲之招搖引納，陳居恭爲之鼓舌搖唇，傅繼教爲之投罟設網。片語違忤，駕帖立下。如近日之逮中書汪文言，不從閣票，不令閣知。而傅應星等造謀告密，日夜未已。勢不至於興同文之獄宋哲宗朝，蔡京治獄，極意羅織元祐諸賢。下文彥博子及甫於同文館獄，遂錮劉摯、梁燾子孫於嶺南。刊黨錮之碑宋徽宗朝，蔡京追憾元祐元符末羣賢，籍司馬光、文彥博、呂公著、蘇氏、程頤等百二十人，等其罪狀，謂之奸黨，請御書刻石於端禮門。不已者。當年西廠汪直之僭，恐未足語此。大罪二十也。前韓宗功潛入長安，偵見七卷二五探虛實，往來忠賢私房之家，事露，始令避去。大罪二十一也。祖制不蓄內兵，原有深意。忠賢創立內操，使羽黨盤踞其中。安知無大盜刺客深

謀不宄之人，識者每爲寒心。昔劉瑾招納亾命，曹吉祥傾結達官，忠賢蓋已兼之。大罪二十二也。忠賢進香涿州屬直隸順天府，警蹕見二卷十五傳呼，清塵墊店除也。○道。人人以爲駕幸涿州。及其歸也，以輿夫爲遲，改駕駟馬。羽幢青蓋，夾護環遮，則已儼然乘輿矣。大罪二十三也。蓋寵極則驕，恩多成怨。聞今春忠賢走馬御前，陛下會射石殺其馬，貸忠賢以不死。忠賢不自畏罪請死，且進有傲色，退有怨言，朝夕隄防，介介不釋。從來亂臣賊子，只爭一念放肆，遂至收拾不住，奈何養虎兕於肘腋間乎。此又寸臠見五卷十三忠賢，不足盡其辜者。大罪二十四也。凡此逆迹，左右既畏而不敢言，外廷又皆觀望而不敢言，即或內廷奸狀敗露，又賴有奉聖

客氏爲之彌縫其罪戾而遮飾其回邪舉朝內外但知有忠賢不知有陛下且如忠賢已往涿州矣一切事情必星夜馳請意旨票擬必忠賢到始敢批發嗟嗟天顏咫尺之間忽漫不請裁而馳候忠賢意旨於百里之外事勢至此陛下威靈尚尊於忠賢耶疏入忠賢亦懼禍泣訴上前客氏又從中委曲調之遂令魏廣微條旨廣微素固結忠賢附爲同姓漣疏中復有門生宰相語廣微恨之是時忠賢亦有疏辭廠疏先下備極溫諭次日乃下漣疏切責不少貸諸臣無不憤激繼漣申奏者不下百餘疏無不危悚激切俱不聽時魏忠賢擅權中書舍人吳懷賢目擊不平閱楊漣二十四罪疏擊節痛快遂加圈評旁註當如任守忠

即時安置等語時工部吳昌期忤璫撤回懷賢服其不阿遺書稱之有事極必反反正不遠之句詞多激烈凡對縉紳親友輒寓感憤義形於色忠賢聞之矯旨下獄僅旬餘已斃杖下

郭彥博曰楊漣一疏讀者無不髮指而熹宗直談笑而罷之何耶其意以爲疏內所言之事固吾所知而吾縱使爲之者而爾何必言也昔人有相鄧通法當餓死者漢文帝曰吾在通何餓死乃賜以銅山於是鄧通錢半天下夫英主溺愛一人猶任其所爲況庸主耶彼不難以天下授之而何政權之與有

林宗鍔曰二楊漣繼盛奏疏與日月爭光夫公道自在人心故二公持論甚正雖惡如嚴嵩劣如忠賢猶難以建言責之而以他獄中之夫張經熊廷弼固爲冤獄而復以兩諫臣入之國祚其能無替耶

編 秋七月大學士葉向高予告回籍

編 封光宗選侍李氏爲康妃

編 左都御史高攀龍糾參貪污御史崔呈秀革職聽勘

編 九月大學士孫承宗請貸楊鎬熊廷弼王化貞死許之

紀 承宗出關視師請寬纍臣楊鎬熊廷弼王化貞死罪遣戍恕効用上許貸以不死

編 冬十月降吏科都給事魏大中吏部員外夏嘉遇御史陳九疇三級調外吏部尚書趙南星左都御史高攀龍乞罷許之高攀龍無錫人

紀 大學士韓爌力爭不報南星等狼狽見四卷二四去國

編 削吏部左侍郎陳于庭右都御史楊漣左僉都御史左光斗籍

紀 趙南星之去也銓部以陳于庭代署西臺以楊漣代署

俱留中及會推冢宰漣以注籍不與其所會推喬允升馮從吾汪應蛟上仍以南星私人責之并責楊漣河南道御史袁化中一時盡去部署爲空

編 十一月加援遼總兵官毛文龍左都督賜銀幣時文龍屢報捷也

紀 編修姜日廣工科王夢尹因冊封朝鮮遵旨便道詳閱海上情形覆命疏曰毛文龍以二百人入鎮江據鐵山招撫歸義之民至十餘萬衆即不謂吮敵人之口血亦可謂收遼左之孑遺不愈於遼陽一陷越海而南廣寧一潰望風而遁者哉如毛文龍不可不謂之豪傑不可不謂之偏鋒若堂堂正正與敵決勝敗於郊原不獨職等不敢信文龍亦不敢自信若養成一隊精銳之兵設伏用間乘機出

奇。文龍自信其能，職等亦信文龍之能也。

〔編〕十二月，復逮汪文言。是年三月，刑科傅櫆疏叅左光斗、魏大中，詞引故内臣王安及中書汪文言，遂逮治文言，受杖革爲民。至是御史梁夢環復論之也。

〔編〕乙丑五年，春正月，起崔呈秀復爲御史。

〔紀〕呈秀爲高攀龍所糾，乃微服叩賂魏忠賢，願爲忠賢子。呼之以父。忠賢大悅，遂出中旨，免其勘，起用。時忠賢竊柄，動曰中旨。兵科給事中李魯生阿忠賢意，上言執中者帝，宅中者王，旨不自中出而誰出？時論鄙之。

〔編〕罷禮部侍郎何如寵、右諭德繆昌期，削太僕寺少卿劉宗周籍，起用阮大成等十一人。繆昌期，江陰人。劉宗周。

〔編〕二月，大理寺丞徐大化劾楊漣、左光斗。

〔紀〕大化奏漣、光斗黨同伐異，招權納賄。命俟汪文言逮至鞫之。

〔編〕削御史周宗建、李應昇、黄尊素、張慎言籍。

〔紀〕工部主事曹欽程復劾趙南星、周宗建、張慎言、李應昇、高攀龍、黄尊素、鄒維漣、魏大中，大約誣以受熊廷弼賂，以汪文言爲之證。黄尊素，餘姚人。

〔編〕夏五月，帝祭方澤，還幸西苑。

〔紀〕明日巳晡，忠賢與客氏乘大舟飲酒歡甚，帝獨與宦豎二人泛小舟蕩漾，身自刺舟，一璫佐之，相顧笑樂。忽風起舟覆，帝及二璫俱墮水中。二璫死焉，帝救免。忠賢及客氏相顧錯愕而已。

許顯純羅織大獄，明之元氣盡剝。

〔編〕命錦衣衛指揮掌北鎮撫事許顯純勘問汪文言獄。

〔紀〕辭連趙南星、楊漣、左光斗、魏大中、繆昌期、袁化中、惠世揚、毛士龍、鄒維璉、鄧渼、盧化鼇、夏之令、王之寀、錢士晉、徐良彦、熊明遇、施天德等。已而忠賢矯旨，命顯純復訊之。於是周朝瑞、黄龍光、顧大章并以求緩楊熊獄入焉。初，文言再下詔獄，鍛鍊兩月餘，弗屈，有旨杖之百。其甥悲失聲。文言叱曰：孺子眞不才。死豈負我哉！而效兒女子相泣耶！至是下獄，嚴鞫者四，酷刑備加，弗屈如故。最後不能堪，始仰視許顯純曰：吾口終不似汝心，任汝巧爲之，我承焉可也。顯純誣魏、周諸人以贓，文言蹶起曰：天乎冤哉！以此蠛滅清廉之士，有死不承。

〔編〕秋七月，下楊漣、周朝瑞、左光斗、顧大章、袁化中於北鎮撫司。

〔紀〕初，獄上，擬漣以移宫一案。許顯純等相與謀，謂不入移宫則罪名不大，不假借封疆則難與追贓，遂坐以受熊廷弼賄。漣等不肯承，而顯純箠楚甚酷，無生理。左光斗曰：彼殺我有兩法，乘我之不服，而亟鞫以斃之；又或陰害於獄中，徐以病聞耳。若初鞫輒服，即送法司，或無死理。於是靡焉承順。遂五日一比，慘毒更甚，見者無不切齒流涕。

〔編〕八月，御史張訥請廢天下書院。

〔紀〕訥上書論東林書院，詆鄒元標、孫慎行、馮從吾、余懋衡俱削籍。

編副都御史楊漣卒於獄。

編吏科都給事魏大中卒於獄，其子學洢死之。學洢扶櫬歸，朝夕號哭，未嘗入寢室，勺水不進而死。

編決熊廷弼於市，傳首九邊。

紀忠賢無甚大憾於廷弼，因借廷弼以傾楊左，則不得不因楊左以斬廷弼。御史梁夢環希忠賢旨，奏廷弼侵盜軍資十七萬。御史劉徽奏廷弼家貲百萬。廷弼實家貧，至親戚破家不能償。至崇禎五年，大學士韓爌爲訟冤曰：廷弼不死於封疆，而死於門戶。詔還其首歸葬。

按明季能臣，舍廷弼之外，再有何人，而冒嫉者必欲致之死地而後已。爲之君者，又不能明斷以培植之，此所以必至於亂亡之相繼也。

編九月，賜魏忠賢印文曰顧命元臣，客氏印文曰欽賜奉聖夫人。

編僉都御史左光斗卒於獄。

編顧大章下獄，卒。漣字文孺，號大洪，應山人。光斗字遺直，桐城人。大中字孔時，嘉善人。其子學洢，持父喪歸，勺水不入口死。朝瑞字思永，臨清人。化中字民諧，武定人。大章字伯欽，常熟人。

編冬十月，皇子生。榮妃任氏出。

編以兵部尚書高第經略遼東。

編十一月，戍趙南星於振武衛。

紀南星以忤沈一貫致仕，家居三十年。其入朝也，大理卿周應秋知其柄用，郊迎結歡。南星鄙之，嘆曰：吾入山三十年，安知士風至此乎。大學士魏廣微，父允貞與南星善，廣微見南星，南星以父執自居，廣微因力排之，中旨削奪，謫以贓戍振武衛。南星日短衣執士伍，卒於戍所。

編以崔呈秀爲工部右侍郎。

紀時殿工興，魏忠賢借督工，無日不與呈秀屏人密語。呈秀授黨人姓名，如天鑒等錄，忠賢奉爲聖書。天鑒錄首列東林葉向高、韓爌等十六人，次列東林之黨孫鼎相、徐良彥等六人，又列真心爲國不附東林，顧秉謙、魏廣微等十七人。同志錄者，陳宗器、韓維思、黃尊素、李應昇、賀烺朗等十八人。點將錄者，首天罡星托塔天王李三才，及時雨葉向高，浪子錢謙益，聖手書生文震孟，白面郎君鄭鄤，霹靂火惠世揚，大刀楊漣，智多星繆昌期等三十六人；地煞星神機軍師顧大章，旱地忽律游士任，鼓上皂汪文言等七十二人。

編丙寅六年，春三月，遼東經略高第以病免。

編以王之臣總理遼東、薊鎮、天津、登萊等處軍務。改經略爲督師。

編以寧前道袁崇煥巡撫遼東。

紀巡撫袁崇煥奏陳欵順，奉旨覽奏，敵使恭順求欵之情似真，然必彼確有所獻以自贖，我確有所憑以相信，自非然者，誠僞未可知也。還從容講析，務求妥當，方爲題請。奏大挫敵鋒，奉旨：十年積弱，乃一旦屢挫其狂鋒，賴廠臣先事綢繆，故能收此奇捷。兵已乘勝鼓行，然須步步嚴密，首尾相連，切戒輕敵，防其詭詐。將士勞苦功高，急須犒賞。

鍾惺曰。謹觀前後之明旨。指授方略。字字妙算。去楊鎬熊廷弼王化貞之時。一班書生之見。盈廷之訟。自相懸絕。不可以旨出魏監。因人而廢言也。

〔編〕前都御史高攀龍卒。殺御史周宗建。左諭德繆昌期。吏部員外郎周順昌。御史李應昇。御史黃尊素。及蘇松巡撫都御史周起元。周順昌。吳縣人。李應昇。江陰人。

〔紀〕忠賢方欲殺高攀龍周宗建繆昌期周順昌李應昇黃尊素等六人。適蘇杭織造太監李實有怨於巡撫周起元。忠賢遂令實誣奏起元僞托道學。與宗建等六人。大肆貪婪。因先後矯旨拿問。攀龍削籍家居。杜門著書。聞緹騎至。焚香沐浴。手繕遺疏曰。臣雖削籍。舊屬大臣。大臣不可辱。

舉動不愧大臣

辱大臣。則辱國矣。謹北面以效屈平之遺。夜半自溺園池

明紀會通卷十二　熹宗　天啓六年　三六　書業德

死。忠賢復逮其子世儒。宗建以御史削籍被逮。許顯純誣以贓銀一萬八千兩。酷刑追贓斃之。昌期初典湖廣試。策語侵魏忠賢。忠賢銜之。以其負時望。不即發。又爲楊漣繕二十四罪疏草。及韓爌趙南星高攀龍去國。昌期日慷慨置酒餞別。忠賢愈怒曰。昌期何人。尚留此送客耶。忠賢乞墓誌於昌期。昌期叱曰。吾生平恥諛墓。客曰。身履虎尾。不畏其咥耶。壽寧事可鑒也。壽寧侯張鶴齡下李夢陽於獄。昌期復叱曰。今日壽寧安在。忠賢聞之。怒益不解。至是起大獄。爲許顯純所斃。順昌當魏大中被逮過吳。大中嘉善人。故過吳。與別涕泗。以女許其孫。緹騎侵之。順昌大聲叱曰。若不知世間有不畏死男子耶。歸語而忠賢。我即故吏部郎周順昌也。及矯旨於

矯激取禍。殊見幾而作

之義

無錫逮攀龍。吳江逮宗建。江陰逮昌期應昇。吳民方洶洶而逮順昌者復至矣。知縣陳文瑞。順昌所拔士也。夜半求見。撫牀而慟。公曰。吾固知詔使必至。此特意中事耳。毋效楚囚對泣。妻子環繞哭。公不顧曰。無事亂人懷也。神色自若。臨行。顧旁一素榜曰。此僧屬書者。向已許之。不了亦一負心。呼筆題之。字大如斗。體法遒勁。投筆出門。意氣浩然。士民素德順昌。聞其逮。不勝憤。及次日開讀。不期而集者數萬人。爲周吏部乞命。校尉呵曰。東廠逮人。鼠輩何得乃爾。市民顏佩韋大怒。罵曰。吾謂天子詔耳。東廠何得逮人。首擊之。衆遂羣毆。立斃一校尉。餘盡竄伏。順昌四服。對衆慟

忠義所激。憤不顧身。非恃血氣之勇

哭曰。以我一人。貽禍於桑梓。我死且不瞑。我豈不知自裁

明紀會通卷十二　熹宗　天啓六年　三七　書業德

然我小臣也。豈得引高公不辱之義乎。今我赴京必死。死則亟訴高皇帝。以清君側之惡。於是遂行。而巡撫毛一鷺者。魏璫私人也。密捕顏佩韋。馬傑。沈揚。楊念如。周文元。五人正法。五人臨刑。了無怖色。語寇知府曰。公好官。當知我等非作亂者。遂駢首就誅。葬虎丘。曰五人墓。順昌至京。有好義者。欲代納贓。以活順昌命。顯純懼。亟令獄卒隕之。應昇在獄亦拷死。貽詩戒子云。白雲渺渺迷歸夢。春草淒淒泣路岐。寄與兒曹焚筆硯。好將犂犢聽黃鸝。聞者哀焉。有峽江曾櫻者。傾囊贈繆昌期李應昇行。而身往無錫。經紀攀龍喪。出攀龍子於獄。亦足誌也。方吳中之變。緹騎之逮黃尊素於浙者。舟泊胥門城外。人并擊之。緹騎皆泗水遁

而沉其駕帖於河。不復往浙。尊素聞之。卽囚服自詣。與周起元俱斃於獄。

郭彥博曰。魏璫遇害諸公。若楊忠烈。魏誠無可訾也。不懼死以擊君側之惡。洵與椒山齊名。次則高中憲死有餘芳。其餘諸公。旣不能言。又不能默。于藏身之道。未盡爲得也。

謹按五人雖死。然忠義之名。千載常如一日。湯斌撫吳。撤去虎丘墓碑。蓋不欲以犯上作亂。昭示來世也。然公道自在人心。湯去而碑復巍然特立矣。乾坤正氣。將與天地相終始。豈人之所得而泯滅之哉。

確評

【編】夏六月。浙江巡撫潘汝貞請爲魏忠賢建祠宇。乞賜額。從之。

爲魏璫立祠始於浙撫潘汝貞

【紀】時汝貞疏先至。而巡按劉之侍疏遲至一日。忠賢怒。削奪之。

【編】閏六月。逮徽州富民吳養春等。

【紀】養春。歙縣人。祖守禮嘗助邊餉二十一萬。養春與其弟養澤訐訟。澤僕吳榮奔訴東廠。誣養春私占黃山。每年獲利六十餘萬。忠賢遂矯旨逮養春至京。坐吳養春贓六十餘萬。程夢庚贓十三萬六千。其山場木植。估價變賣。以助大工。養春等拷死。家業蕩然。忠賢差工部主事呂下問至歙追産。下問專派富家賠納。激民變。下問逃回。忠賢復命寺丞許志吉續追。志吉卽徽人。其酷甚於下問。誅求扳染。村里爲墟。

傅維祖曰。此等事雖以盈奸閹之惡貫。然亦有以取之。嗚呼。養春因一不友愛。而遂致身亾家破。甚矣人道以孝弟爲先也。

【編】殺揚州知府劉鐸。

【紀】張體乾誣告鐸延道士方景陽詛咒廠臣。鐸從未識景陽。亦未與景陽面質。刑部尙書薛貞媚忠賢。擬斬立決。謂鐸曰。當今之世。以自己功名爲重。他人性命。何預我事。鐸曰。一時功名有限。千秋清議難逃。貞大怒。杖鐸二十。斬於市。

【編】閹臣顧秉謙。進三朝要典。

【紀】初附魏璫者。旣與楊左諸人爲仇。於是欲盡翻三案始末。給事霍維華疏言。選侍之請封也。請封妃也。妃尙未封而況於后。請之不得。而況於自后。不妃不后而況於垂簾。前此宮不難移。王安等故難之也。故難之者。所以重選侍之罪。張擁戴之功也。以上翻移宮。神祖篤愛先帝。始終不渝。果有廢立之謀。則九閽邃密。乃藉一風顛之張差乎。非神祖先帝。慈孝無閒。王之寀陸大受同惡相濟。開釁骨肉矣。以上翻挺擊。神祖升遐。先帝哀毀。遽發夙疾。而悠悠之口。致疑於宮掖。孫愼行借題紅丸。誣先帝爲受鴆。加方從哲以弑逆。鄒元標鍾羽正。從而附會。兩人立名非眞。以上翻紅丸。伏乞嚴飭纂修。以垂信史。疏上而起賈繼春。罷王之寀。封李選侍官崔文昇。免李可灼戍。盡反前事。有旨先帝升遐。父子相繼。臣子何得言功。而楊漣左光斗。妄希定策。串通王安。倡爲移宮之事。致令康妃踉蹌出宮。使非賈繼春疏揭明斥於前。朕心憬悟。補封於後。恩禮有虧於朕。皇考不得爲純孝。卽寸斬楊漣左光斗。何濟於事。至是三朝要典成。忠賢

君如木偶

綱紀壞亂熹宗爲千古第一

矯宸翰序之。

編 秋八月。我

大清太祖高皇帝崩。

編 九月。我

大清太宗文皇帝卽位。

編 蘇杭織造李實奏建魏忠賢祠宇成，乞命杭州衛百戶沈尙文等永守祠宇，世爲祝釐。禧 崇報從之。

紀 祠建於西湖，見一卷十之麓。六。山足也。備極壯麗，閹臣縉紳施鳳來撰記，張瑞圖書丹，賜額曰普德。子衿徽有反 翻 唇者，則守祠之豎 汝 叢毆之。自是四方效尤，幾徧天下，各曲意獻媚，務窮工作之巧，攘民田墓，伐人樹木，無敢發聲。其上

食享祀，一如王公，像以沉香木爲之，眼耳口鼻手足宛轉一如生人，腹中肺腸皆以金玉珠寶爲之，衣服奇麗，髻 計 上穴空其一，以簪四時香花。一祠木像頭稍大，小豎上冠不能容，匠人恐，急削而小之，以稱 去聲 冠焉。小豎抱頭慟哭，責匠人。

編 以皇極殿工成，晉太監忠賢爵尙公，仍加恩三等，進肅寧侯魏良卿寧國公，賜鐵券世襲，又賜忠賢莊田二千頃，寧國公祿米照魏國公例，歲支五千石。

紀 忠賢自受眷以來，無歲不膺恩寵。帝卽位，卽掌東廠，以大婚禮成，廕姪二人；四年，廕弟姪一人錦衣百戶；五年，詔肅寧縣建坊，賜敕旌奬，并廕其弟姪一人都督僉事；是年

宦官從無恩廕，況忠賢之奸乎

秋，以殺熊廷弼，賜羊酒銀幣；十一月，加祿米一千二百石。至是晉是秩。閹臣撰勅，全倣曹操九錫文，爲之忠賢僞辭尙公，大學士黃立極擬旨曰：一月一錫，猶未足以酬公。是冬，以其孫魏鵬翼 良卿子 廕錦衣衛指揮僉事，明年，援軍功封鵬翼爲安平伯，時年二歲；加良卿太子太保，封魏良棟爲東安侯，時年三歲；魏明望進秩少師，魏士望等十四人升都督僉事。明望以下，卽前所云弟姪。

編 皇子薨。

明紀會通卷十二終

綱鑑會通明紀卷十三

海陵後學陳志襄陶思輯

明紀

熹宗哲皇帝

編　丁卯七年春正月

大清太宗文皇帝天聰元年

編　削翰林陳仁錫文震孟鄭鄤籍擬孫文豸（柴上聲）罪坐斬

紀　文豸仁錫戚也嘗作策論嘲（瓜平聲）時魏忠賢知之因誣文豸造妖言謗朝政置重辟所指妖言者則韓愈原道篇欽天監步天歌也先是仁錫在講筵因王恭廠火災又見正人屠戮忠賢竭土木不休講時不避忌諱忠賢怒遂命許顯純擬文豸獄詞連仁錫等因削職追奪誥命

編　二月信王出府成婚

紀　蘇州府嘉定人周奎女

編　夏五月我

大清兵圍錦州（今盛京錦州府）城分兵圍寧遠（今錦州府寧遠州）俱不克而還

編　六月海寇鄭芝龍等犯閩山銅山中左等處（芝龍福建泉州府南安縣人）

編　帝崩

紀　上不豫時魏忠賢張甚中外危懼上名皇弟信王入諭

以當爲堯舜之君再以善事中宮爲託及委用忠賢語信王出上崩忠賢自出迎王入王危甚袖食物以入不敢食大官庖也是時羣臣無得見王者王秉燭獨坐或曰忠賢欲自篡而崔呈秀以時未可止之

編　葬帝於德陵諡哲皇帝廟號熹宗

紀　帝任用宦者誅戮正人王體乾有言曰主上凡事憒憒嗚呼盡之矣

編　信王由檢即位

紀　王即位於中極殿詔以明年爲崇禎元年受百官朝毋賀朝時忽天鳴

編　九月東廠太監魏忠賢乞辭位不許奉聖夫人客氏出外宅

編　冬十一月安置魏忠賢於鳳陽籍其家尋伏誅

紀　初上神明默操忠賢黨與林立莫發其奸御史楊維垣首糾崔呈秀語侵忠賢而崔魏之勢衰於是工部主事陸澄源上言廠臣忠賢服事先帝何至寵踰開國爵列三等外廷奏疏不敢書姓名釐祀遍乎海內奔走狂於域中兵部主事錢元慤上言魏忠賢以梟獍之姿供綴衣之役先帝念其服勤左右假以事權稱功頌德布滿天下幾如王莽之妄引符命列爵三等畀於乳臭幾如梁冀之一門五侯徧列私人布置要津幾如王衍之狡兎三窟輿珍輦寶藏積肅寧幾如董卓之郿塢自固廣開告訐誅鋤善類幾

如節甫曹節王甫之鉤黨株連，陰養死士，陳兵自衛，幾如桓溫之壁後置人。至告訐獲賞之張體乾、煅煉驟貴之楊寰、夫頭乘轎之張凌雲、委官開棍之陳大同、號稱大兒之田爾耕、寧國契友之門大始，凡斯奸黨，並宜誅殛。貢生錢嘉徵上言，數忠賢十大罪：一曰並帝。傳奉中旨，必曰朕與厰臣，自古未聞此體。二曰蔑后。欲置皇親張國紀於死，橫肆羅織。三曰弄兵。內操逼近宮禁，中外寒心。四曰無二祖列宗。高皇帝垂訓，中官不許干預朝政，忠賢凡邊腹重地、漕運咽喉，徧置腹心。五曰尅削藩封。三王瑞王、惠王、桂王莊田甚薄，而忠賢封公侯伯，膏腴萬頃。六曰無聖。孔子為名教主，忠賢何人，祠太學之旁。七曰濫爵。古制非軍功不侯，忠賢竭天下物力成三殿，乃冀上公，靦不知省。八曰邀邊功。遼左用兵以來，敗衄日聞，而冒封侯伯。九曰傷民財。郡縣每祠，費數十萬金，皆百姓脂膏。十曰褻名器。崔呈秀子鐸，目不識丁，以忠賢義孫，濫居前列。疏上，忠賢不勝憤，哭於帝前。帝令內侍讀嘉徵疏，使忠賢跪聽之。忠賢震恐喪魄，探知信邸內侍徐應元為帝信任，固結之。應元果為閒，帝覺之，立逐應元於顯陵，而發忠賢看守鳳陽皇陵。忠賢在道，以亡命之徒擁護，帝聞之震怒，着錦衣衞擒治。忠賢夜宿阜城店家，度不免，自經死，後於河間碎其屍。其黨崔呈秀、田吉、吳淳夫、李夔龍、倪文煥呈秀、田吉俱兵部尚書，吳淳夫禮部尚書，夔龍都御史，文煥掌道御史，五人時稱五虎。田爾耕、許顯純、孫雲鶴、楊寰、崔應元以上俱武臣，時稱五

明紀會通卷十三　熹宗　天啟七年　三　書業德

彪等相繼伏誅。帝旁無一人之助，而手翦元兇，天下翕然稱神聖焉。

林宗鍔曰：三疏妙在不說起東林，所以從若轉圜也。苟汲汲焉為東林吐氣，未有不疑其為黨矣。

編　客氏伏誅

紀　初，忠賢肆惡，皆客氏成之。客氏在宮中，如妃嬪禮，儼然自視為熹廟八母之一。誕日，熹宗必臨幸賞賚，中宮貴妃皆不及也。其歸私宅，內侍着紅玉帶前驅，盛服靚粧，乘輿由嘉德門經月華門，至乾清宮前亦不下。呼從侍衞之盛，遠過聖駕，燈炬簇擁，熒然白晝，衣服鮮華，儼若神仙，都人士所罕見也。升堂，家人叩頭呼老祖太太千歲。其出入皆以五更。宮人娠身者八，冀如呂不韋、李園故事。上大怒，立命赴浣衣局掠死。侯國興、魏良卿等俱伏誅，後客氏又復戮屍。

郭彥博曰：熹宗縱一乳媪，遂至如此，倘李選侍未移宮，事未可知也。楊漣之功，於斯為大。

編　追復太監王安官，予祭葬立祠。

編　以錢龍錫、楊景辰、來宗道、李標、周道登、劉鴻訓並為禮部尚書、東閣大學士。

編　罷蘇杭織造。

紀　諭曰：封疆多事，征輸重繁，朕不忍以衣被組織之工，重困此一方民，俟東南底定，方行織造。

罷宦者監軍

編　罷各道鎮守內臣。

紀　上諭兵部：先朝於宣大、薊遼、東江之地，分遣內臣協鎮

明紀會通卷十三　熹宗　天啟七年　四　書業德

一柄兩操甚無謂也。且宦官觀兵古來有戒其槩罷之。○
上御便殿閱章奏聞香烟心動詰近侍何來對以宮中舊
方上叱令毀之勿復進因太息曰皇考皇兄皆爲此誤也
懷宗端皇帝名由檢光宗第二子初封信王熹宗崩無嗣入繼大統在位十七年李自成陷京城帝自經於萬壽山之壽皇亭已自成颺去
大清定鼎而明遂亡矣
編戊辰懷宗皇帝崇禎元年春正月命內臣俱入直非受命不
許出禁門
編二月以侍讀學士溫體仁直經筵日講溫體仁湖州烏程人
編三月以周延儒爲禮部右侍郎
編免楊漣熊廷弼等誣贓
編夏四月起袁崇煥爲兵部尚書兼右副都御史總督薊遼

登萊天津軍務
編擢戶科給事中韓一良爲僉都御史
紀韓一良上言皇上諭羣臣有文官不愛錢之語然今之
世何處非用錢之地何官非愛錢之人向以錢進安得不
以錢償臣起縣官居言路以官言之則縣官行賄之首而
給事納賄之魁今俱咎守令之不廉然守令亦安得廉俸
薪幾何上司督取不日無礙官銀則日未完紙贖衡途過
客動有書儀考滿朝覲不下三四千金而欲守令之廉得
乎上嘉納之尋擢右僉都御史
編罷遣內操軍士
紀帝曰內操軍士俱魏忠賢招來留居禁中不測可虞一

罷內操有權術

朝解散又恐激變不如善遣之因諭內操軍士勞苦特甚
着給假一月歸鄉省親仍給月糧衆軍歡感
編五月戎政尚書霍維華罷
紀兵部推維華署督師事工科給事中顏繼祖上言維華
狡人璫熾則附璫璫敗則攻璫擊楊左者維華也楊左逮
而陽爲救者亦維華也以刑科給事中三年躐致尚書無
敘不及有賚必加卽維華難以自解乞褫恥革以儆官邪
遂罷維華行邊尋免官歸

阮大鋮免

編光祿寺卿阮大鋮有罪免
紀大鋮與左光斗同里有隙天啟四年吏科都給事中闕
宜補大鋮廷議以大鋮貪邪遂授魏大中其後左魏被陷
皆大鋮意也至是御史毛羽健劾其黨邪明年追削籍大阮鋮桐城人

編六月兵部議招海盜鄭芝龍
編是月我
大清兵入內地毀錦州杏山高橋三城
編秋七月袁崇煥入朝

孟浪之言全不自揣

紀召見平臺慰勞甚至問以方略對曰陛下假臣便宜計
五年全遼可復上曰五年復遼朕不吝封侯之賞卿其努
力閣臣劉鴻訓等請收還王之臣滿桂尚方劍以賜崇煥
令便宜行事上從之

鄭芝龍降於熊文燦

編九月鄭芝龍降於巡撫熊文燦

張獻忠從王嘉胤作亂此流賊之始

溫體仁劾錢謙益

李自成闖賊出

編 冬十一月府谷（今陝西延安府府谷縣）民王嘉胤倡亂延安人張獻忠從之。

紀 秦晉民貧者多藉水陸舟車資生是歲科臣劉懋請裁驛站歲省錢數十萬於是貧民無所得食是歲延安大饑嘉胤作亂獻忠從之獻忠陰謀多智賊中號八大王其部最强旁掠延安諸郡邑。

編 溫體仁劾錢謙益結黨欺君詔謙益回籍聽勘。

紀 上御暖閣召問溫體仁叅錢謙益浙闈關節之事先是有旨會推枚卜錢謙益名列第二而溫體仁不與體仁因叅謙益受田千秋數千金之賄以一朝平步上青天爲關節取中之結黨欺君故上召對詰問體仁與謙益質辨不已上問諸臣周延儒對曰田千秋關節是眞輔臣錢龍錫等對曰關節實與錢謙益無干上曰關節既眞他爲主考如何說不是他遂命擬旨錢謙益既有物議回籍聽勘田千秋下法司再問科臣章允儒辨體仁以黨字加諸臣是從來小人害君子榜樣上怒其胡扯着錦衣衛拿下。

編 起朱燮元仍總督貴湖雲川廣五省軍務。

編 十二月米脂（今延安府米脂縣）人李自成起爲盜。

紀 延安饑不沾泥楊六郎王嘉胤等掠富家粟有司捕之急遂揭竿爲盜自成性狡黠（閑入聲）善走能騎射家貧爲驛書往投焉已而叅政洪承疇擊賊破之不沾泥等相次俘獲自成走匿山澤間得免。

持平之論

編 己巳二年春二月欽定逆案以七等定罪詔頒中外

紀 首逆凌遲者二人（魏忠賢客氏）。首逆同謀立決者六人（崔呈秀魏良卿侯國興太監李永貞李朝欽劉若愚）。結交近侍秋後處決者十九人（劉志選梁夢環倪文煥田吉劉詔薛貞吳淳夫李夔龍曹欽程許志吉孫如冽武官田爾耕許顯純崔應元楊寰孫雲鶴張體乾豐城侯李承祚監生陸萬齡）。次等遣戍者十一人（魏廣微周應秋閻鳴泰霍維華徐大化張訥潘汝楨李魯生楊維垣武官郭欽李之才）。第三等配徒者一百二十九人（顧秉謙馮銓張瑞圖來宗道王紹徽郭允厚張我續曹汝楨孟紹虞馮嘉會李春曅邵輔忠呂純如徐兆魁薛鳳翔孫杰楊夢袞李養德劉廷元曹思誠范濟世張樸黃運泰郭尚友李從心李精白阮大鋮等）。祠頌革職閒住者四十四人（黃立極等）。謟附軍犯內監十五人（李實等）。逆孽軍犯三十五人（魏志德等）。

編 詔毀三朝要典

紀 先是翰林侍講倪元璐上言梃擊紅丸移宮三案閧於清流而三朝要典成於逆豎其義不可不兼行而其書不可不速燬何也葢主梃擊者力護東宮爭梃擊者計安神祖主紅丸者仗義之言爭紅丸者原心之論主移宮者弭變於機先爭移宮者持平於事後六者各有其是未可偏非而奈何逆璫害人則借三案羣小求榮則又借三案而三案之面目全非故凡推慈歸孝於先皇猶夫頌德稱功於義父於是崔魏兩奸乃始創之私編標題要典由此而觀三案者天下之公議要典者魏氏之私書三案自三案要典自要典翻卽分黨改亦多事惟有毀之而已上從之故有是命。 倪元璐又論東林天下之才藪也其所宗主

不知本計而徒云捐俸抑末矣懷宗之論極是

袁崇煥殺毛文龍東事益壞

者大都稟清挺之標而或繩人過刻樹高明之幟而或持論太深謂非中行則可謂非狂狷則不可若目曰邪黨則無不邪黨者矣（倪元璐上虞人）

〔編〕夏四月秦晉饑盜起

〔紀〕朝臣捐俸助餉上曰諸臣興利除害國家受益多矣何必言助

〔編〕袁崇煥殺左都督毛文龍（事聞上意殊駭念文龍已死遂暴其罪以安崇煥心）

〔紀〕崇煥欲殺毛帥托以燕飲每至夜分毛帥不覺也一日授計叅將謝尚政潛布軍士於幕外部卒不得入遂毛帥登山遂斬之

〔編〕秋七月以司禮太監曹化淳提督東廠

〔編〕八月總督貴湖雲川廣五省軍務朱燮元討奢崇明安邦彥誅之

〔編〕冬十月

大清太宗親率兵入遼蒙古諸部貝勒台吉皆以兵會

〔編〕李自成稱闖（諂去聲）將

〔紀〕都城警詔天下勤王山西巡撫耿如杞入援兵潰於涿鹿叛走秦晉間山谷李自成出與之合旬日間衆至萬餘推高迎祥爲首稱闖王轉寇山西河南賊中稱自成爲闖將九年官軍擊迎祥斬之羣盜推自成爲主　陝西巡按御史吳煥上言秦寇慘掠古所罕有撫臣胡廷宴束手無策則舉而委之邊兵延綏撫臣岳和聲諱言邊兵爲盜又委之內地則西安延安諸邑之被盜皆兩撫推委隱諱實釀之也

流賊大害實釀於此

〔編〕十一月

大清兵南下京師戒嚴（整兵也）

〔紀〕始遣乾清宮太監王應朝監視行營太監馮元昇覈軍訖始下戶部發餉又命太監呂直勞軍

〔編〕十二月逮薊遼總督袁崇煥下獄

周延儒作相亡國奸臣

〔編〕以禮部侍郎周延儒爲禮部尚書東閣大學士

〔編〕是月

大清兵北去京師解嚴（罷兵也）

〔編〕（庚午）三年春正月大學士韓爌罷

〔編〕復故大學士張居正廕賜故都督戚繼光表忠祠

洪承疇見

〔編〕命洪承疇巡撫延綏（見六卷二）

〔編〕二月

大清太宗遣使持書至　議和

〔紀〕書言滿洲國皇帝致書明國皇帝惟師旅頻興互相誅戮天之生民罹（離遭也）禍實甚言念及此欲盟諸天地共結和好（去聲）使兩國獲享太平不然何時止息兵戈以幾治安耶故特遣使持書議和惟明示之又與錦州將士書令其申奏和議於是班師

〔編〕三月

大清兵抵遼河還瀋陽

溫體仁作相，亡国奸臣

釀流賊之大害者，楊鶴與劉廣生其罪魁也

編夏四月，磔袁崇煥於市。
紀以崇煥擅殺島帥毛文龍也。
編六月，進禮部尚書溫體仁東閣大學士。
紀延儒德體仁，力援之，亦入相。
編王嘉胤陷黃甫川、清水二營，遂據府谷。見上八
紀洪承疇與總兵杜文煥圍之，賊夜劫營，官兵擊敗之。
編王嘉胤等掠延安、慶陽，城堡多陷。
紀總督楊鶴主撫，不以聞，與陝撫劉廣生遣官持牌四出招賊。賊魁黃虎、小紅娘、一丈青、龍江水、掠地虎、郝小泉等俱給牒免死，安置延綏、河西，但不焚殺，其淫掠如故，民罹毒益甚。有司莫敢告，而寇患成於此矣。兵科給事中劉懋

上言：秦之流賊，非流自他省，即延慶之兵丁土賊也。邊盜倚土寇爲嚮導，土寇倚邊盜爲羽翼。六七年來，韓、蒲今陝西西安府韓城、蒲城二縣。被掠，其數不多。至近年荒旱頻仍，愚民影附，流劫涇原今陝西平涼府、富耀今西安府富平縣、耀州。之間，賊勢始大。當事以不練之兵，勦之不克，又議撫之。其勦也，所斬獲皆飢民也，而真賊飽掠以去矣。其撫也，非不稱降，聚衆無食，仍出劫掠，名降而實非降也。且今斗粟金三錢，營卒乏食三十餘月，即慈母不能保其子，彼官且奈兵民何哉。且迺來貪酷成風，民有三金，不能供納賦之一金，至於捕一盜而破十數人之家，完一贖而傾人百金之產，奈何民不驅爲盜乎。若營兵曠伍，半役於司道，半折於武弁，所餘老弱，既不堪

於大盜不議勦而議撫，則民樂於爲盜；於小民不議捐而議派，則民苦

於爲民殿此入彼，良有以也

合賊設誓解散，愚至此耶

王嘉胤伏誅

戰，又不練習，當責督撫清汰操練，以備實用也。
編辛未四年，春正月，刑科給事中吳執御請罷理財加派等事。不聽。
紀執御言理財、加派，不得已而用之，未有年餘不罷者。捐助、搜括二者尤難爲訓。上曰：加派原不累貧，捐助聽之好義，惟搜括滋奸，若得良有司奉行，亦豈至病民乎。先是順天府尹劉宗周上言：今日所規規於小利者，理財也。民力已竭，司農告匱，而一時所講求者，皆聚斂之術。水旱災傷，一切不問，有司以掊尅爲循良，而撫字之政絶；大吏以催科爲殿最，而黜陟之法亡。赤子無寧歲矣。河南推官湯開遠亦言一切加派帶徵，行無民矣。民窮則易與爲亂。皇上

寬一分，在臣子即寬一分，在民生。俱不聽。
編三月，賊帥孫繼業、茹成名等詣總督楊鶴降。
紀賊六十餘人來降，鶴受之，設御座於固原今平涼府固原州。城樓上，賊跪拜呼萬歲，因宣聖諭，令設誓，各解散，或歸伍，或歸農。自此羣盜視總督如兒戲矣。
編夏五月，我
大清太宗定官制，設立六部。
編神一魁降於總督楊鶴。
編六月，副總兵曹文詔擊斬王嘉胤於陽城，賊復推王自用爲首。
紀自用號曰紫金梁，其黨目相名目，有老回回、八金剛、闖

透識

一婦人耳能矢志固守便不可破豈當特守將羣不如婦人乎故書以美之

王闖將八大王掃地王闖塌（增）天破甲錐邢紅娘亂世王

混天王顯道神鄉里人活地草等分為三十六營

〔編〕盜入沁水攻竇莊張夫人霍氏偕其子道澄禦却之

〔紀〕竇莊者故張忠烈公銓里居也銓父尚書五典謂海內將亂築堡甚堅至是賊入沁水縣銓妻霍氏語其子曰避賊而出家不保出而遇賊身更不免等死耳死於家不愈死於野乎躬率僮僕守禦賊至堡中矢石並發攻四日不克殺傷賊甚衆賊乃退冀北兵備表其堡曰夫人城（張銓巡按御史死難在天啟元年。）

〔編〕秋七月逮總督陝西三邊都御史楊鶴下刑部獄論戍邊

〔編〕八月我

大清太宗親統諸軍入邊至舊遼河而營蒙古貝勒各率兵來會。

〔編〕九月以洪承疇總督三邊張福臻巡撫延綏。

〔編〕命太監張彝憲總理戶工二部錢糧唐文征提督京營戎政王坤往宣府劉文忠往大同劉允中往山西各監視兵餉。

黃道周見

〔編〕謫黃道周於外。

〔紀〕中允倪元璐上言道周既以蹇諤承貶劉宗周又以骯髒投閒天下本無人有其人又不能用誰為陛下奮其忠良者（黃道周漳州府鎮海衛人）

〔編〕給事中吳執御劾大學士周延儒疏留中。

復命太監監軍足知朝廷無人矣然其如國事愈壞何

〔紀〕執御論延儒攬權壅蔽私其鄉人塘報奏章一字涉邊疆盜賊輒借軍機密封下部明畏廷臣摘其短長他日敗可以揑開功可以罪案也陛下習見延儒摘發細事近於明敏遂爾推誠抑知延儒特借此以行其私乎上切責之執御劾疏凡三上俱留中。

〔編〕冬十月命太監監軍。

〔紀〕王應朝往關寧張國元往薊鎮東協王之心中協邵希韶西協。

〔編〕十一月以太監李奇茂監視陝西茶馬吳直監視登島兵餉。

〔紀〕初上既罷諸內臣外事俱委督撫然上英察輒以法隨

其後外臣多不稱（去聲）任使者崇禎二年京師戒嚴乃復以內臣視行營自是銜憲四出動以威倨上官體加於庶司羣相壅蔽矣

張獻忠詐降

王者以天下為家秦可獨受兵乎愚懦無識遺笑千古

〔編〕張獻忠率衆降於三邊總督洪承疇。

〔編〕（壬申）五年春正月延綏賊陷宜君復陷保安合水。

〔紀〕賊偽為米商入宜君遂陷之復陷保安合水流入山西者陷蒲州永寧大掠四出山西巡按御史羅世錦歸咎於秦謂以隣為壑給事中裴君賜晉人也上言責成秦之撫鎮驅之回秦而後再議勦撫蓋當事之無定見如此

〔編〕洪承疇請留陝西餉銀二十萬資勦費并以勸農從之

〔編〕三邊總督洪承疇等擊賊大敗之斬賊首可天飛擒其黨

郝臨菴獨行狼誅之。

紀先是延西諸寇，承疇偕曹文詔先後清蕩，而鐵角城乃邊盜藪，郝臨菴可天飛爲官軍所敗，獨行狼跳入其伍，耕牧鐵角城爲持久計，聞他盜盡平，甚懼。承疇文詔擊破之，斬可天飛，其二賊亦生得就誅，軍聲益振。文詔忠勇善戰，承疇與下同甘苦，得士卒心，轉戰四載，斬級三萬。西人稍稍休息，然亦憊甚矣。陝西原任通政使馬鳴世奏曰：三秦即關中。今陝西西安府，項羽三分關中，爲王秦降將章邯、司馬欣、董翳，故號三秦。爲海內上游，延安、慶陽二府俱屬陝西。爲關中藩屏。榆林今陝西榆林衛。又爲延慶藩籬。無榆林必無延慶，無延慶必無關中矣。乃自盜發以來，破城屠野，四載於茲。艮以盜衆我寡，盜飽我飢，內鮮及時之餉，外乏應手之援。揆厥所由，緣廟堂之上，以延慶視延慶，未嘗以全秦視延慶；以秦視秦，未嘗以天下安危視秦。而且誤視此流盜爲飢民，勢焰燎原，莫可撲滅。若非亟增大兵，措大餉，爲一勞永逸之計，恐官軍鶩於東，賊馳於西，師老財匱，揭竿莫禦，天下事尚忍言哉？乞敕所司，亟措餉二十萬，給民牛種，爲兵士犒賞，急圖安戢，庶全秦安而各鎮安矣。

編以司禮監太監曹化淳提督京營戎政。

編海盜劉香老犯福建小埕，遊擊鄭芝龍擊走之。

編張獻忠復叛。

編冬十二月，令百官進馬。

張獻忠復叛

紀三品以上各貢一匹，餘合進，俱納於御馬監，實貨金貿之本監也。否則雖駿驥亦却之。

編癸酉六年春正月，副總兵左艮玉敗賊於涉縣，屬河南彰德府。西斬其渠。

編進副總兵曹文詔都督同知。

紀文詔連敗賊於忻代，今山西太原府忻州、代州。間斬首千五百級。

編二月，詔吏部薦舉潛修之士。

紀諭科道不必專出考選，館員須應先歷知推，垂爲法。

編大學士周延儒罷歸。

紀延儒以宣府閱視太監王坤疏劾，乞罷，不允。左副都御史王志道上言：王坤不宜侵輔臣，上召廷臣於平臺，謂志道曰：遣用內臣，原非得已，朕言甚明，何議論之多也？昨王坤之疏，朕已責其誣妄，乃廷臣舉劾，莫不牽引內臣，豈處分各官皆爲內臣邪？對曰：王坤直劾輔臣，舉朝皇皇，爲紀綱法度之憂，臣爲法度惜，非爲諸臣地也。上曰：廷臣於國家大計不之言，惟因內臣在鎮，不利好弊，乃借王坤疏，要挾朝廷，誠巧佞也。因詰志道者再。延儒曰：志道非專論內臣，實責臣等溺職。上色稍霽，曰：職掌不修，沽名立論，何堪憲紀？立命志道退，延儒遂放歸。初，體仁與延儒深相結，延儒力援之以進，既入閣，將奪其位，凡與延儒爲難者，體仁必陰助之，而助延儒者皆詘，遂放歸。

編夏五月，命太監陳大金等監紀各路兵將功罪。

左艮玉出

小人自相傾軋，何代不然

尚可喜納欵瀋陽後與耿仲明俱封王

紀上諭兵部。流寇蔓萬延。各路兵將功罪。應有監紀。特命太監陳大金閻思印謝文舉孫茂霖爲內中軍。會各撫道分入曹文詔左良玉諸營。尋復以閻思印同總兵張應昌合勦汾陽。今山西汾州府汾陽縣。知縣費甲鐫。位以逼迫苦供億。墜井死。

編冬十月。帝論囚。

紀上素服御建極殿。召閣蛤臣商確。温體仁竟無所平病反。翻。謂平其不平。而反罪人辭使從輕也。陝西華亭今平涼府華亭縣。知縣徐兆麟赴任七日。城陷。竟棄市。上頗心惻。體仁不爲去聲救。人皆寃之。

編廣鹿島副將尚可喜納欵瀋陽。

紀孔有德既降於我

大清。而可喜亦來我

大清。以孔有德爲天祐兵。尚可喜爲天助兵。後與耿仲明俱封爲王。吳三桂平西王。尚可喜靖南王。耿仲明平南王。後康熙十三年。三藩同反。三桂死。子與尚耿同伏誅。

編十二月。延綏巡撫陳奇瑜擊賊。大破之。賊首皆被誅。延水盜悉平。

紀時秦賊已盡入晉。流突畿輔河南。至數十萬。而延綏見上八賊首鑽天哨悄去聲開山斧獨據永寧關。在延安府延川縣境黃河渡口。前阻山險。下臨黃河。負固數年不下。奇瑜謀取之。乃陽傳總制檄。發兵簡衆七千人。抵延州。潛師疾走入山。賊不虞大兵至。倉皇潰。會佚。焚其巢。縱擊斬首千六百級。二賊死。

明紀會通卷十三　懷宗　崇禎六年　七　書業德

大旱者大亂之根

分兵擊賊首一座城。斬之。延水盜悉平。奇瑜威名著關陝。

編甲戌七年。春三月。殿試。賜劉理順等進士及第。理順死節。一家十八人。時以劉狀元爲最。

編李自成張獻忠走盩周厔質。縣名。屬陝西西安府。鄠戶。縣。亦屬西安府。間。

紀總督洪承疇率總兵曹文詔等先後勦諸賊。斬獲甚衆。羣賊悉奔入商雒興平今西安府商南雒南興平三縣。大山中。自成獻忠奔盩鄠間。

編譴刑科給事中李世祺於外。

紀以劾大學士温體仁吳宗達也。山西提學僉事袁繼咸上言曰。養鳳欲鳴。養鷹欲擊。今鳴而箝其舌。擊而紲眉。繫也。其羽。朝廷之於言官。何以異此。使言官括囊無咎。易坤卦四爻。括囊无咎。注。括囊結囊口而不出也。而大臣終無一人議其後。大臣所甚利。忠臣所深憂。臣所爲太息也。且陛下所樂聽者讜言。而天下諛以攻彈貴近爲天子所厭聞。其勢將波靡不止。上以越職言事切責之。

編三月。山西自去秋八月不雨。至於是月。大饑。人相食。

編總理太監張彝憲請入覲官投冊。以隆體統。許之。

紀袁繼咸上言。士有廉恥。然後有風俗。有氣節。然後有事功。如總理內臣有覲官齎冊之令。陛下從之。特在剔釐治也奸弊。非欲羣臣詘膝也。乃上命一出。靡然從風。藩臬守令衆謁屏丙息。得免呵責爲幸。嗟乎。一人輯瑞。虞書。輯五瑞。言徵集五等諸侯之瑞王使之來朝也。萬國朝宗。諸侯春見天子曰朝。夏見曰宗。諸侯未覲天子之

明紀會通卷十三　懷宗　崇禎七年　八　書業德

據張㦤憲之言，是令天下知有太監而不知有天子矣。懷宗亦蒙昧至此乎。

失此機會，李賊遂不可制。

賊高傑降。

光先拜內臣之座。士大夫尚得有廉恥乎。逆璫方張時，義子乾兒，昏夜拜伏，自以爲羞。今且白晝公庭，恬不知恥。國家自有覲典。二百餘年，未聞有此，所爲太息也。上以越職言事，責之。已張㦤憲亦奏辨，謂覲官叅謁，乃尊朝廷。繼咸復上言：尊朝廷莫大於典例。知府見藩臬，行屬禮，典例也。見內臣行屬禮，亦典例乎。諸司至京，投册吏部，各官典例也。先謁內臣，亦典例乎。事本典例，雖坐受猶以爲安。事創㦤憲，卽長揖祇增其辱。高皇帝立法，內臣不得與外事。若必以內臣綳外臣，會典所不載。上仍切責之。

編 六月，罷各道監視太監。

編 總督陳奇瑜受李自成降，復給牌回籍。

紀 奇瑜圍自成於漢中。今陝西漢中府。車廂峽，會連雨四十日，賊馬乏芻，死者過半，弓矢俱脫。賊大窘，自成乃自縛乞降。奇瑜許之，各給免死票，回籍。自是復縱橫不可制矣。

編 賊先鋒高傑降於賀人龍。

編 秋七月，李自成陷澄城。今西安府澄城縣。圍郃陽。今西安府郃陽縣。

紀 自成聞洪承疇兵至，解圍去，轉寇平凉。今陝西平凉府。邠州。屬西安府。

編 八月，總督陳奇瑜招撫降賊復叛。

紀 先是川兵扼巴西諸險，賊飢無所得食，故乞降於奇瑜。凡數萬人。奇瑜專事招撫，受其降，檄諸部按甲無動，遣官監護降者，且檄所過郡邑具糗糧傳送之。諸盜本無降意，又未大創，徒以飢疲困於地險，不得逞。旣度棧道，已出險，漸不受綳束，仍事殺掠，所至罷市。賊遂盡殺監視官五十員，攻陷麟游、永壽，勢不可遏矣。 閏八月，陳奇瑜至鳳縣，時賊益熾，北接慶陽，西至鞏昌，西北至邠州、長安，西南至盩厔、寶雞，衆殆二十萬。奇瑜始悔，其見愚急分兵出禦，而兵已寡矣。 陝西巡按傅永淳上言：漢南降賊陷城破邑，所在騷然，皆由奇瑜專主招降，謂盜心已革，不許道途訊詰，故郡邑不敢問，開門揖盜，勦撫兩妨，皆奇瑜之流毒也。

編 九月，賊二十餘營西至函谷關，在河南河南府新安縣。東至河陽，今河南府孟津縣。連屯百餘里，別賊萬餘連營雒南，上見。閿鄉，今河南府閿鄉縣。

編 命吳甡巡撫山西。吳甡，興化人。

編 冬十月，帝屢御經筵。

紀 遇雪不輟，諭講官韓日纘、姜逢元等毋忌諱。

林宗鍔曰：御經筵戒忌諱，盛德事也。然羅喻義略涉進規，亢直罷之，則其所規者亦未必卽能補於君德民生，而卽以與戒，亦具文而已。

編 逮陝西巡撫練國事，以秦寇狙獗也。命李喬巡撫陝西。

編 削總督陳奇瑜職聽勘。

編 十二月，進洪承疇兵部尚書，總督河南、山西、陝西、湖廣、保定、眞定等處軍務，其總督三邊如故。

編 乙亥 八年，春正月，羣盜大熾。

紀 陝西賊數十萬出關，分爲三。一自陝州上平陽入晉，一

憸虐至此

止知好利，金不養民，是懷宗亾國之根

自武關向襄陽入楚。一自盧氏東向犯河南北。河南北賊復分爲三。一走伊汝，陷滎汜，東摽及鄭州。一自懷慶東渡河掠歸德。一自葉蔡圍汝寧，獨李自成擁衆數萬留秦中。

編 盜陷鳳陽，焚皇陵，留守朱國𢧐戰死之。帝聞，齋居便殿，減膳徹樂，祭告太廟，逮總督楊一鵬棄市。

紀 此張獻忠也。自稱古元眞龍皇帝，恣掠三日，殺守陵太監六十餘人，縱高牆罪宗百餘人，士民被殺者數萬，公私廨舍二萬二千六百五十間，皇陵樓殿松柏三十萬株，一時盡爲灰燼。侍讀倪元璐上言：盜賊之禍，震及皇陵，國家大辱極矣。陛下下罪已之詔，布告天下，然徒空言也。今民最苦無如加派，釋今不圖，必至無地非兵，無民非賊，刀劍

多於牛犢，阡陌決爲戰場，陛下安得執空版而問諸燐燹之區哉。已而給事劉含輝請捐陝西逋賦，帝不許。太監周禮言直省逋金花銀八十九萬，帝命趣之。

編 夏四月，廣東左布政王世德及福建遊擊鄭芝龍合擊劉香老，誅之。

編 張獻忠掠盧鳳安慶。

紀 芝龍合世德兵，擊劉香老於田尾遠洋。香老脇洪雲蒸出船止兵，雲蒸大呼曰：我矢也，誓死報國，亟擊勿失。遂遇害。香老勢蹙，自焚溺死。康承祖、夏之本、張一傑脫歸，尋以世德爲雲南巡撫，加芝龍參將。

編 六月，免陝西巡撫李喬官，以庸懦玩寇也。以甘學濶巡撫陝西

文震孟入相

武舉陳啟新上疏

三大病說得直快切痛，確是救時良策，不可以人廢言也

編 總兵曹文詔擊盜於婁婆寨，力不支，自刎死。

編 命湖廣巡撫盧象昇總理直隸河南山東四川等處軍務，統關遼兵，賜尚方劍，便宜行事，專制中原。洪承疇勦寇西北，象昇勦寇東南。如寇入秦，象昇進兵合擊。

紀 象昇有能兵名，賊相戒曰：此盧閻王，遇卽死，不可犯。甲戌撫鄖，鄖大治。乙亥，撫楚，賊又懼。顧爲溫體仁所忌，未幾改宣大總督，戰死松杏。盧象昇宜典人。

編 進文震孟禮部左侍郎兼東閣大學士。尋忤溫體仁罷歸。

編 十二月，張獻忠合諸賊圍盧州，分道陷巢縣、含山，遂陷盧州，沿江下犯江浦。

編 城鳳陽。

編 丙子 九年，春正月，授淮安武舉陳啟新吏科給事中。

紀 啟新上言：今天下有三大病：以科目取人，一病根也。據其文章孝弟與堯舜同轍，仁義與孔孟爭衡，及考政事，則恣其貪任其酷。前所言者皆紙上空談，蓋其幼學之時，父師所教，皆謂讀書可致富貴，故進步止知榮身榮親，誰更思行其致君澤民之道哉。臣所以效賈生之哭者此也。以資格取人，一病根也。考國初典史馮堅任僉都，貢士彭友信任布政，秀才曾太授尚書，何嘗以資格限之。至嘉靖時，猶三途並用，獨今惟尚文一途，卽一途且分界地，貢士官止於貢，舉人官止於舉，貢者明知前途無路，取如是，不取如是，毋寧多取。舉者明知歷任有限，清如是，貪亦如是，毋

弃貪求。若進士。則又知天下之爵皆其砧几之物。天下之士皆其朋比中人。煉成一氣。打成一片。橫行莫之問。放誕莫之稽。取憑其取。與遂其求。又安得官不貪吏不汚耶。偶有一清廉自愛者。則共道其矯。共駭其異。不去之不已。臣所以效賈誼之痛哭者此也。以推知行取科道。又一病根也。知縣者。民之父母。入仕之初。尚畏簡書。目應謹飭。今一選知推。便不思愛養。挺政兼施。貪酷相濟。所以然者。良由行取爲科道也。彼受任時。先以科道自居。謂異日能舉劾人。能榮辱人。及至守巡司府。竟以科道相待。謂彼異日可顯我。可斥我。結交可爲膀臂。投契可爲奥援。畏敬之不暇。又何敢侮其意。制其行乎。故虐民剝民。顛倒民。姿甃民。無

不肆其所欲。可憐此蚩蚩之氓。叩閽無路。赴訴無門。欲不爲盜得乎。臣所以效賈誼之痛哭者此也。國家受此三大病痛。由是章句無用。黨羽日盛。惟利是好。非情不行。竟成一迷局。舉世盡醉夢於其中而不醒矣。嘗見青衿子。朝不謀夕。一叨鄉薦。便無窮舉人。及登甲科。遂鐘鳴鼎食。肥馬輕裘。非數百萬。則數十萬。試思此胡爲乎來哉。嗟嗟。占云。財不在下。則在上。使在下也。今日輸賦稅。明日輸加派。猶有入之之日。卽使在上。今日發內帑。明日發京庫。猶有出之之時。今何不幸而盡奪於中之縉紳乎。則何日而得其出而流通於世乎。不獨不出也。彼且身無賦產無徭田無糧物無稅。且庇護奸民之賦徭糧稅。其入之正未艾也。卽

或有時而出。非買科第。則買地方。買遷陞。而出一。無不入千。天下有數之財。豈堪此乎。上好下甚。日趨日極。今天下危矣。若病根不除。則盜賊必不能息。勢不以皇上之天下。斷送於章句腐儒之手不止也。臣所以席藁跪伏於大明門外。引領待死。上陳治病之藥言有四。一當速停科目以黜虛文。一當速舉孝廉以崇實行。一當速罷知推行取科道。以除積年橫恣之陋習。一當速蠲災傷錢糧。以蘇屢歲無告之顛連。由此眞才自出。風俗還醇。而世臻上理矣。灑灑五千餘言。皆切時弊。上異其言。特授吏科給事中。命遇事直陳毋隱。啟新本庸人。時政府覘(見三卷九)知上意必有闕門特達之典。故令啟新上書。跪正陽門。曹化淳實聞之於

內。立致省垣。將借以搏擊善類。迨啟新既得進。惟從事敵車嬴馬。以逢迎上意。而政府有求皆不應。故政府恨之。不見信任。工部右侍郎劉宗周上言。皇帝卽位之初。銳意太平。而施爲次第之間。未得其要。屬意邊疆。而賊臣以五年爲期之說進。至戎馬生郊。震及宗祏。而朝廷始有積輕士大夫之心矣。由是廠衛司譏防。而告密之風熾。詔獄及卿士。而堂廉之情違。人人救過不給。而欺罔之習轉甚。事事仰承獨斷。而諂諛之風日長。甚者恭勷之法。惟重徵輸。官愈貪。民愈困。而賦愈逋。總理之外。復設監紀。權愈分。法愈廢。而盜愈多。夫君臣相與。至難也。得一文震孟而单詞報罷矣。得一陳子壯。又以過戇下獄矣。市井流離。乃得操其

論亦迂闊

誑說投間抵隙以希進用，而國事尚可問哉。乞皇上體上天生物之心，而不徒用風雷；念祖宗學古之益，而不至輕言改作；以寬大養人才，以拊循結人心，而且還內庭以掃除之役，正懦帥以失律之誅，慎宗賢以改秩之授，特頒尺一，遣廷臣齎內帑，巡行郡國，爲招撫使，赦其無罪而流亡者，當責撫鎮陳師險隘，堅壁清野，聽其窮而自歸，誅渠之外不殺一人，此聖王治天下之明效也。武生新授吏科給事中陳啟新一言投契，立置清華，此誠盛事。臣愚謂宜先令以冠帶辦事黃門，稍如試御史例，俟數月後果有忠言奇計，實授未晚，不然，如名器可惜何。疏入不報。

編 總理盧象昇大敗張獻忠於滁州。

紀 獻忠合羣賊圍滁州，屬江南。象昇大敗之，賊竄河南。

編 總兵陳永福敗李自成於朱仙鎮。

紀 自成出河南，攻固始，今河南汝寧府固始縣。左良玉遇自成於閿鄉，相持六日，永福援之，敗之於朱仙鎮。在河南開封府城西。自成走登封，今河南河南府登封縣。密縣。屬開封府。尋自成誘別部賊入河南，當官兵而自帥麾下奔漢南，循南山險阨，遵商雒而行，復出陝西。官軍敗績於羅家山，失亡士馬無算。自成自鄜，今州屬陝西延安府。至延綏。

編 二月，山西饑，人相食。

編 三月，南陽洊饑。

紀 唐王聿鍵件奏南陽有母烹其女者。

璡敢於逢君，踵啟新而起也

愎諫好利，懷宗亡國之根

編 夏四月，延綏總兵俞狆霄引兵逐李自成，被執。

紀 自成欲往綏德，渡河入山西，定邊副將張天機力戰却之。賊沿河犯朝邑，將圍綏德，狆霄引兵逐賊，陷賊伏中，狆霄被執，綏延精卒盡覆。賊分陷米脂、延安、綏德。賊本延安人，至是再入延安，衣去聲錦繡，晝遊衍，聲弦其親戚故從亂者益衆。

編 是月，我

大清太宗建國號曰清，改天聰十年爲崇德元年。

編 下御史詹爾選於獄。

紀 時武生李璡請搜括巨室助餉，大學士錢士升言此手實籍沒，衰世之亂政，而敢陳於聖人之前，夫郡邑之有富

家，亦貧民衣食之源也。此議一倡，亡命無賴之徒相率而與富家爲難，大亂自此起矣。不聽。士升因乞罷。御史詹爾選言輔臣偶一事代天下請命，而竟鬱志以去，皇上惟日與苛細刻薄不識大體之徒，處毀成法而釀隱憂，天下事尚可言哉。帝怒，詰責爾選，聲色俱厲，尋下於獄。

編 秋七月，我

大清兵至居庸，見八卷十六。遣內中軍李國輔守紫荊關，許進忠守倒馬關，張元亨守龍門關，崔良用守固關，勇衛營太監孫維武、劉元斌防馬水沿河。

編 以張元佐爲兵部右侍郎，鎮守昌平。

紀 時內臣提督天壽山者，皆卽日往。上語閣臣曰：內臣卽

日就道。而侍郎三日未出。何怪朕之用內臣邪。
編 巡撫陝西孫傳庭擊賊於盩厔（見上十七）大破之。
紀 擒賊首闖王高迎祥及劉哲等。獻俘闕下。磔（見上四）於市。
編 九月。我
大清兵從建昌冷口還。
編 命鄉會試二三塲。兼五經書筭。放榜後習騎射。
編 冬十月。工部侍郎劉宗周上疏。諫用中官。不報。
紀 宗周上言。人才之不競。非無才之患。而無君子之患。今天下郎乏才。亦何至盡出二三中官下。每當緩急之際。必依以大任。三協有遺。通津臨德有遺。又重其體統。等於總督。中官總督。將置總督於何地。是以封疆嘗試也。且小人

明紀會通卷十三 懷宗 崇貞九年 二十七 書業德

與中官。每相引重。而君子獨岸然自異。故自古有用小人之君子。終無黨比中官之君子。陛下誠欲進君子。退小人。而復用中官以參制之。此明示以左右袒也。不報。（時宗周已罷歸。）
編 起復楊嗣昌為兵部尚書。
編 命採平陽鳳翔諸礦。以儲國用。
編 大學士溫體仁等。各捐俸市馬。
紀 劉宗周上言。一歲之間。助陵工。助城工。又助馬價。亦可報稱於萬一。而時奉急公之旨。諸臣於此。毋乃沾沾有市心乎。惟皇上罷得已之役。停不急之務。節省愛養。不徒為一切旦夕之計。亦何事屑屑以利為言乎。不聽。宗周尋報罷。

體仁只欲逢君都忘大體

編 丁丑十年。春正月。下禮部侍郎錢謙益。給事中瞿式耜於獄。尋釋歸。
紀 先是奸民陳履謙爭產。求二宦闕說。不允。遂懷恨。唆張從儒訐奏二臣。三黨九族。無不詐之人。與販通番。無不為之事。侵國帑。謗朝廷。危社稷。奏上。溫體仁提問履謙。遂揑款曹和溫等蜚語。（款曹者。謂謙益曾作太監王安詞記。曹化淳故出王安門。宜欽之。和溫者。謂溫與謙益有隙。宜和之。）曹化淳訪知之。憤發其奸。刑部審的。杖履謙。從儒而出謙益式耜於獄。（瞿式耜。常熟人。）
編 二月。左良玉大破賊於舒城（今江南廬州府舒城縣）。六安（今廬州府六安州）。連戰三捷。
編 三月。殿試。賜劉同升等進士及第。（同升後為唐王巡撫。死節。）

明紀會通卷十三 懷宗 崇貞十年 二十八至三十 書業德

編 降南直提學倪元珙為光祿寺錄事。
紀 太倉州監生陸文聲陳風俗之弊。皆原於士子。太倉庶吉士張溥。前臨川知縣張采。倡復社以亂天下。命南直提學倪元珙查究。元珙回奏。極言文聲之妄。稱東吳精進之學。復社為最著。大都誠心質行。講藝談經。互相琢磨。文必先正。品必賢良。無慚名教。大都陸文聲有憾於婁東。故借復社為名耳。上責其蒙飾。降光祿寺錄事。（張溥。太倉人。）
編 新安衛千戶楊光先。舁棺自隨。疏參吏科給事中陳啟新。元輔溫體仁。帝怒。廷杖遣戍。
紀 光先疏言。啟新荷皇上獨斷。拔之淖泥之中。置之言路之首。宜致皇上為商周。啟新為旦說。乃鄙夫得志。患失心

復社賈禍

> 陳奇瑜失之於李自成，陳洪範又失之於張獻忠，蓋天欲留二賊以亡明也，不然何二陳之愚昧乃爾。

多專恩固寵，絕無經綸天下之計，以至盜賊蠭起，烽燧遍野，天下後世必有以議閣臣之得失也。不聽。

〔編〕戊寅十一年，春正月，總兵左良玉、陳洪範大破賊於鄖西。

張獻忠請降。

〔紀〕初，獻忠爲盜，洪範捕獲，獻忠異其貌而釋之，以是懷舊恩，乞降於洪範，請率所部殺賊自効。總理熊文燦承制撫之。獻忠請置家口於鄖西，今湖廣鄖陽府鄖西縣。文燦爲請於朝，詔貸其罪，立功自贖。

〔編〕二月，城蘆溝。

〔紀〕名拱極城，太監督役，掠塗人受工，民力爲憊。

〔編〕總督洪承疇大敗李自成於梓潼。今四川保寧府梓潼縣。

〔紀〕自成率殘衆數千走溪南，子身入楚，依張獻忠，不許，至竹溪，今鄖陽府竹溪縣。獻忠謀殺之，自成獨乘騾，日行六百里，走商雒，見上十七。至淅川，今河南南陽府淅川縣。老回回營臥疾半年餘，老回回授以數百人，仍出摽掠。

〔編〕三月，御左順門問兵食計，拔知縣曾就義第一。

〔紀〕就義對言：使守令皆廉，即加派以濟軍興，未爲不可。帝從之。未幾，即有勦餉練餉之加。戶部主事張縉彥上言：臣任清澗知縣，於兵情賊勢親見有素。賊之得勢在流，失勢在止。長技在分，窮技在合。乘時在秋夏，失時在冬春。昔賊王嘉胤破河南，據其城，曹文詔奪門斫殺，而嘉胤殲。李老柴破中都，據其城，練國事督兵攻圍，而柴老擒。神一元破寧塞，據其城，左光先與戰，而一元死。譚雄破安塞，據其城，王承恩等攻圍而譚雄誅。此皆守而不去，故速死也。過天星、老回回等所破城邑無算，官軍未至，旋即奔逸，此皆流而不居，故緩死也。賊入晉豫，分頭成部，自秦至汝、雒，以至江北，無處不被賊，豈賊眞有數十百萬？蓋分股以披其黨，牽制我兵，故見多也。前總督驅天下之賊盡入漢中，出棧道關，正可一鼓而滅，乃以招安致敗，不可復收。古人以八日而平賊數萬者，利其合也。夏秋之間，芻糧盡在場圃，足爲士馬之資；冬春非破城攻堡不能得食，官兵促之，則尤易。故時有利不利也。今欲破賊，惟在亂其所長而使之短，破其所得而使之失，直截以攻之，分爲兩軍，一追一駐，賊

當之必破矣。賊黨雖衆，大都觀望，其先倡者不過一二支，故盡一股則論賞，不必事平彙叙，縱一股則論罰，不許報級塞責。誠如此，賊不望風而靡，未之有也。上是之。

> 楊嗣昌入相

〔編〕以楊嗣昌爲禮部尚書兼東閣大學士。仍領兵部事。

〔編〕秋九月，

大清兵薄牆子嶺。博○逼也。

〔編〕

大清兵入密雲。

〔編〕冬十月，京師戒嚴。

〔紀〕召孫傳庭於陝西，洪承疇於三邊。於是承疇、傳庭率諸將合兵五萬，先後出潼關入援。

綱鑑會通明紀卷十四

海陵後學陳志襄陶思輯錄

明紀

懷宗端皇帝

【編】己卯十二年春正月

大淸兵克濟南德王被執詔逮山東巡撫顏繼祖下獄論死

【編】夏四月京城浚濠

【紀】廣五丈深三丈給事夏尙絅上言若使塹水足拒則去年通德滄濟其爲廣川巨浸何限而揚鞭飛渡如入無人則在人不在險明矣今擲此百萬於水濱孰若用之於疆埸哉帝不聽

【編】五月張獻忠叛於穀城御史林鳴球死之

【紀】初賊首高迎祥旣誅李自成困川西羣盜失勢獻忠連敗精銳俱盡始乞撫以緩誅初無降意及據穀城今湖廣襄陽府穀城縣。潛句釣諸賊爲犄角見三卷二十遂復思叛去舉人王秉貞爲之謀主至是遂殺穀城知縣阮之鈿田以叛降賊羅汝才號曹操。九營並起應之獻忠脅御史林鳴球上書求封於襄陽鳴球不從遂殺之

【編】秋七月總理熊文燦總兵左良玉俱削籍殺賊自贖

【紀】文燦檄及諸將進兵穀城獻忠焚穀城西走與羅汝才合良玉追賊於房縣屬鄖陽府西賊設伏羅睺山良玉兵度

羅汝才

隘入伏中賊四合圍之突圍戰敗績一軍盡沒良玉失其符印僅收殘兵數百走回房縣事聞文燦良玉俱革職自効

【編】安慶巡撫史可法以憂歸

【編】八月命大學士楊嗣昌以兵部尙書督師討賊賜尙方劒

【紀】初熊文燦與嗣昌深相結納嗣昌冀文燦成功以結上知文燦旣僨嗣昌內不自安請督師南討故有是命嗣昌首倡聚斂一議加勦餉三百萬兩又加練餉七百三十萬餘兩合舊派每年共加二千三百萬以致盜賊益熾至是自出視師時有創爲主勦不主撫之說者御史張肯堂奏編氓行伍議撫以奸細論道將紳衿議撫以通賊論督撫鎭帥議撫以誤國論嗣昌弗善是也抵任仍踵文燦故轍以鄖事委鄖撫袁繼咸楚事委楚撫宋一鶴一鶴貪儒善媚以嗣昌父名鶴自署其名曰宋一鳥楚人爭傳笑之而已對守年餘一籌莫展縱賊入川賊由西北陸走襄陽而嗣昌由西南水走彝陵岐路相避猶飾稱鞭長不及瀘州知府蘇瓊等死於賊嗣昌復砍其頭充級報功羣盜由是益無所憚

【編】故庶吉士鄭鄤磔於市

【紀】先是吳宗達揭後中書舍人許曦奏鄤不孝瀆倫又與溫體仁疏合命逮下獄刑部尙書馮英會問奏稱據原參謂鄭鄤假箕仙幻術蠱惑伊父鄭振先無端披剃又假箕仙批詞迫其父以杖母亦未嘗直指鄤之杖母也又稱鄤有才名語近回護上怒責其徇私著吏部議處法司再定

鄖罪擬辟，上命加等，故磔於市。鄖初選庶吉士，有直諫聲，文震孟、黃道周皆與之遊。當事欲借鄖以傾震孟、道周，謀駁逾重，而鄖居鄉多不法，遂罹慘禍。

編 九月，秦兵大破李自成於函谷。見上卷十九。

紀 自成衆散略盡，其部下相繼俱降。自成竄漢南，秦兵蹙之於北，左良玉阨武關在陝西西安府商州。以南。自成窮蹙，不得他逸，食且盡，自經者數四。養子李雙喜救之。自成因令軍中盡殺所掠婦女，以五十騎衝圍而南，遂逃入鄖陽息馬深山中。時河南大饑，饑民所在爲盜。自成乃自鄖均今湖廣襄陽府均州。走伊洛。二水名，俱在河南河南府。饑民從者數萬，勢復大振。

李賊不死，天實爲之。

編 免各州縣田租有差。

明紀會通卷十四　懷宗　崇貞十二年　三　書業德

紀 時中外交訌，帝念窮民罹災，己卯、庚辰之間，蠲詔屢下，而有司骫法侵蠹如故。

編 冬十月，楊嗣昌至襄陽，詔逮熊文燦入京，論死。棄西市。

紀 十一年，張獻忠假官兵襲南陽，爲左良玉所覺，追及之，一箭中其眉心，再箭釘其中指於弓靶，倉皇間舉刀劈其面，血流被甲，復爲羣賊所救，得逸去。一晝夜馳七百里，至穀城，降於總理熊文燦。文燦庸鄙，無能駐節襄陽。於後圃種蔬，日用數十人灌溉。時旱，郡邑申文祈雨，文燦批文云：園蔬茁茂，禾苗何以獨枯？不過奸民爲逋糧地耳。其設施如此。羣盜恃文燦不殺，羅汝才即曹操。九營盡降之，當是時，數省大寇環聚百里內，實有釜魚阱獸之勢，而文燦曲意撫之。至是，獻忠果叛，汝才九營並起應之。事聞，逮文燦下獄，棄西市。

編 拜左良玉爲平賊將軍。

紀 良玉所部多降將，楊嗣昌謂可倚以辦賊，爲請於上，故有是命。

編 是歲，兩京、河南、山東、山西旱饑。

郭彥博曰：因盜賊起，民不得耕種，此人事也。乃連年或旱或蝗，災祲所至，動連幾省，則天心似亦去之。

編 彗星見。見七卷八。諭停刑。

編 庚辰 十三年春二月，楊嗣昌駐襄陽，調兵勦賊。

編 平賊將軍左良玉大破張獻忠於太平縣屬江南寧國府。之瑪瑙山。

明紀會通卷十四　懷宗　崇貞十三年　四　書業德

紀 良玉斬賊首萬級，獻忠精銳俱盡，止千餘騎自隨，遁走興歸山中，尋自鹽井竄興房界上。良玉屯興安平利諸山，連營百里，諸軍憚山險，圍而不攻。賊伏深箐精中，重賄山氓，市鹽芻米酪，山中人安之，反爲賊耳目，陰輸兵情於賊。獻忠得以休息，收散亡，養夷傷，羣盜往往歸之，兵復振。時羅汝才過天星七股賊盡入蜀。

編 風霾。見七卷二。亢旱，詔求直言。

編 諭戶部以保定、永清等郡縣芻糧給畿南饑民，發帑金六千賑山東。

編 三月，免畿郡料匠等銀，賑京城貧民，各錢二百。

編 廷試，賜魏藻德等進士及第。

【編】十三年春二月官軍大敗張獻忠於太平。【紀】獻忠在楚蜀界上將奔漢中爲川北副將張令所扼左良玉合諸將兵敗之枸坪關獻忠走良玉自漢陽西鄉追入蜀會諸將擊之瑪瑙山斬賊渠十六人俘獻忠妻妾賊走岔溪轉入柯家坪已而率千餘騎竄興歸山中勢大蹙

【編】夏四月逮江西巡撫解學龍及黃道周下獄尋遣戍。【紀】先是詔督撫舉人才學龍薦道周帝逮二人下獄責以黨邪亂政論救者皆獲罪法司擬二人戍烟瘴帝以爲輕除刑部尚書李覺斯名踰年尚書劉澤深言二人罪至永戍過此惟論死非聖主覆載之量也乃戍廣西

【編】以謝陞陳演爲東閣大學士。【紀】帝簡閣臣將發策覘能否演結中官探得帝所問數事條對獨稱旨遂被擢用。五月石砫女官秦良玉敗羅汝才於夔州汝才犯夔州良玉連敗之斬千餘級奪汝才大纛擒其渠六人汝才走大寧。【編】姚明恭罷。【編】六月蔡國用卒。

【編】薛國觀以罪免尋賜死。【紀】先是帝憂國用不足國觀請借助於戚畹勒武清侯李國瑞金四十萬國瑞無以應奪爵悸死國瑞乃神宗母孝定太后兄孫也會皇五子病宮中倡言太后降神於皇五子言帝薄外戚諸子當夭折俄皇五子薨帝懼急封國瑞子盡還所納金而追恨國觀國觀又以考選誆行人吳昌時昌時大恨與所善東廠謀發國觀受賕事帝怒奪職遣歸既出都復爲給事中袁愷所劾逮至京明年八月賜死。【編】秋七月張獻忠與羅汝才合官軍敗績於夔州。【紀】初賀人龍屢破賊楊嗣昌私許人龍代左良玉而良玉適有瑪瑙山之捷嗣昌顧人龍曰須後命由是兩人皆不爲用獻忠遣間說良玉曰獻忠在故公見重良玉乃圍而不攻賊得與山民市鹽米收潰散走白羊山西合於羅汝才諸將謀會師進擊三墩人龍兵不至已而譟歸楚兵多新募賊悉銳來攻大潰參將汪之鳳戰死嗣昌以賊勢張甚乃進師彝陵下令招撫。九月李自成走鄖均張獻忠陷劍州。楊嗣昌招諸賊自成出嫚語官軍圍之魚復山中自成大困欲自經會圍者懈乃盡棄所擄走鄖均連陷宜陽永寧僵師先是嗣昌欲驅獻忠入蜀殲滅之又慮蜀兵扼險乃調蜀精鋭萬餘自隨巡撫邵捷春爭之不能得及賊聚蜀界張令及秦良玉扼之竹箘坪令中矢死良玉亦敗賊遂入大昌尋陷劍州綿州嗣昌泛舟西上至重慶徵諸將會勦賊走內江總統猛如虎簡驍騎追之獻忠越成都陷瀘州官軍謀伏兵遮擊賊已返走入巴州。時河南斗穀萬錢民盡起爲盜杞縣舉人李信者逆案中尚書李精白子也嘗出粟賑

飢民民德之曰李公子活我會繩妓紅娘子作亂擄信去强委身事之信不從逃歸有司疑其爲內應執下獄紅娘子來救城中民應之共出信往歸自成約爲兄弟改名巖盧氏舉人牛金星磨勘被斥歸自成爲主謀薦卜者宋獻策長三尺餘上圖讖云十八子主神器自成大悅巖因說自成勿殺人散所掠財物賑飢民復造謠詞曰迎闖王不納糧使童兒歌以相煽於是從賊者日衆。【編】冬十一月南京地震。【編】十二月兩畿山東河南山西陝西飢人相食。【編】十四年春正月官軍敗績於開縣張獻忠復東走。【紀】嗣昌知賊必出川逐統舟師下雲陽令諸將陸行逐賊賊自巴州至開縣官軍追擊之於黃陵城賊寄遣精卒行箐谷中乘高大呼馳下左良玉軍先潰參將劉士傑等戰死賊遂席捲出川絕新開驛置蜀楚消息中斷

編李自成陷河南殺福王常洵

紀先是援兵過洛者喧言先帝困天下以肥王今王府金錢山積乃令吾輩枵腹死賊尚書呂維祺方家居勸王散財餉士不從至是官軍引賊陷城維祺被執不屈死賊殺常洵勺其血雜鹿肉以食曰福祿酒火王府數將以賑飢民乘勝圍開封周王恭枵及副將陳永福等推却之

編副將猛如虎率諸將及張獻忠羅汝才於開縣大戰敗績二賊東走

紀初賊南竄督師監軍元吉欲從閬諫道出梓潼見上卷二七扼歸路以待賊楊嗣昌檄諸軍躡賊急迫不得距賊遠今他逸諸將皆盡向瀘州屬四川賊折而東返歸路盡空不可復遏至是猛如虎率諸將及賊於開縣屬四川夔州府參將劉士傑奮先揮戈而進如虎亦率親兵從之士傑奮勇前搏賊陣連勝之獻忠憑高而望見後軍無繼左軍皆前却不進因以精銳繞谷中出官軍後馳而下左軍先潰士傑及遊擊郭關如虎子先捷皆戰死前軍已覆如虎哭戰潰圍出馬仗軍符盡失賊東走巫山大昌二縣名俱屬夔州府元吉赴開縣收召殘兵祭陣亡諸將哀動三軍嗣昌在雲陽縣名屬夔州府聞開縣失利始悔不用諸將扼歸路之謀矣賊既度巫山晝夜疾走與房山中

編二月李自成寇開封巡按高名衡周王恭枵督兵悉力禦之

賊乃退高名衡沂州人

紀周王恭枵出五十萬金市米麥餉守陴者募能擊死一賊予五十金兵民踴躍共擊賊凡七晝夜賊乃退

編復陷南陽殺唐王王世子遁走湖廣

郭彥博曰若福唐二世子者可謂俱忘爲世子之義矣等死耳使二世子此時能上書願擊賊涕泣從師則即敗卹以死不亦千古有餘芳耶

編張獻忠陷襄陽殺襄王兵備副使張克儉推官酈曰廣死之

紀獻忠羅汝才走宜城今湖廣襄陽府宜城縣偵見七卷二五襄陽無備簡二十騎持符僞爲官兵夜至城下守者驗符信啓關賊既入即揮刀大呼殺門者城中先伏賊百餘俱起應之縱火光燭天賊大隊疾馳至城中大亂門洞開眾旦微明也賊盡入城知府王承會哭圍走克儉曰廣皆死之賊焚襄王府執襄王獻忠據坐王宮坐王堂下勸之以卮酒曰吾欲斷楊嗣昌頭而嗣昌遠在蜀今當借王頭使嗣昌以陷藩伏法王其努力盡此一杯酒因縛王殺之投屍火中王子福清王常澄逃免潛遣人索王尸已燼僅拾顱骨數寸以歸賊殺宮眷並貴陽王常法盡掠宮女發銀十五萬以賑飢民襄陽守兵數千軍資器械山積悉盡爲賊有左良玉同袁繼咸發兵馳援已不及賊渡江破樊城在襄陽府城北漢江上陷光州屬河南汝寧府新野今河南南陽府新野縣

編李自成陷歸德

闖賊得牛宋，遂成莫制之勢。

編 三月，督師大學士楊嗣昌自縊意於軍。

紀 時李自成已陷河南，福王遇害。嗣昌以連失二郡，喪兩親藩，度不免，遂自盡。監軍元吉部署行營，命猛如虎駐蘄今湖廣黃州府蘄州、黃即黃州府。防張獻忠東逞。

編 盜破葉縣，守將劉國能死之。

紀 國能，降盜也，性至孝。其降乃奉母命。至是與妻子俱死。一子年方八歲，自成欲收養之，抱至膝上，是兒即拔所佩小刀自刎死。

傳維祖曰：國能、萬慶，可謂知徙義矣。高傑、劉良佐、劉澤清不足以語於此也。流賊每破一城，必有文武將吏死節，然國君死社稷，大夫死封疆，乃是常分，不足書。若降盜則必備書以予之。

編 削平賊將軍左良玉職，戴罪平賊，逮鄖撫袁繼咸入京，以襄陽失陷也。

編 夏四月，召前大學士周延儒入朝。

紀 延儒復相，吳昌時力也。

編 左良玉率兵擊李自成於南陽，自成北走。

紀 自成屯於盧氏，永寧寶豐舉人牛金星向有罪，當戍邊，降於賊，自成以其女為妻。金星薦卜者宋獻策，善河洛數。獻策長不滿三尺，見自成，獻圖讖云：十八孩兒能主神器。自成大喜，拜軍師。

編 五月，出兵部尚書傅宗龍於獄，以右侍郎都御史督陝西兵討賊。

編 秋七月，羅汝才北走李自成營。

爲法自斃

獻忠不死，遂殞西南數百萬生靈之命，天心長亂，夫豈偶然。

紀 汝才不合於張獻忠，走鄧州屬河南南陽府，與自成合營。時自成有衆五十萬，復得汝才軍，衆益熾。

編 賜大學士薛國觀死。

紀 國觀因溫體仁薦，驟登政府。時帝憂用匱，國觀導以借助，遂密旨借武清侯李氏四十萬金，李氏盡鬻其所有，追比不足，戚畹人人自危，因倡為九蓮菩薩之說，帝始惡國觀。又忤東廠太監王化民，化民遂訐其受賂，故敗。帝憂朝士婪賄，國觀曰：使廠衛得人，朝士何敢黷貨。時化民在側，汗出浹背，於是專偵其陰事。或云東廠之訐，主事吳昌時實啓之。先是選各部主事，昌時已得吏部，後帝手改禮部，昌時疑為國觀所抑，大恨之。

編 八月，左良玉擊張獻忠於信陽，今南陽府信陽州。大敗之。

紀 良玉敗獻忠於信陽，奪其馬萬餘，降衆數萬。獻忠負重傷，易服夜遁，竄入山中，良玉軍聲大振。

編 九月，張獻忠奔李自成。

紀 初，獻忠與自成並起延西，以狡詐相雄長。自陷襄陽，楊嗣昌縊死，自以威名遠出自成右，及敗來歸，僅從數百騎。自成方強，欲屈之，獻忠不為下，自成怒，欲殺之。羅汝才知之，陰遺五百騎資獻忠，令他徙。獻忠乃盡夜東馳，與回革諸賊合，入霍山扼險拒守。

編 陝西總督傅宗龍與保定總督楊文岳會兵討李自成，敗績，宗龍被執，死之。

紀 宗龍與文岳之兵會，諸將賀人龍、李國奇將秦兵，虎大

威將保定兵共結浮橋渡河合兵趨項城（今河南開封府項城縣）自
成羅汝才亦結浮橋於上流（峴見三卷九）官軍至盡伏精銳松
林中陽驅諸賊自浮橋西渡宗龍文岳兩軍並進次孟家
莊諸軍散行墟落以求芻牧賊哭起林中搏官軍人龍國
奇兩軍俱潰人龍大威北奔國奇從之保定兵宵潰文岳
夜奔項城宗龍獨立營當賊壘賊築重圍以困之夜漏一
下宗龍潛勒軍突賊營潰圍出諸軍星散宗龍徒步率散
卒且戰且走翊日至項城賊及之被執至城下賊呼於門
曰我秦督官軍也請啓門納秦督宗龍大呼曰我秦督也
不幸墮賊手左右皆賊耳毋爲所紿（臺上聲誑也）賊唾宗龍宗
龍罵曰我大臣也殺則殺耳豈能爲賊詐城以緩死賊抽
刀擊宗龍中腦而仆復厲聲罵賊斲其耳鼻死城下遂陷
項城屠之詔復宗龍兵部尙書太子太保

〔編〕冬十月張獻忠召六營賊復出攻舒城

〔編〕十二月李自成圍開封總兵陳永福射（石）中自成左目自
成退屯朱仙鎭

〔紀〕自成羅汝才合兵陷禹州（屬開封府）徽王遇害復圍開封巡
撫高名衡永福等竭力守禦周王貯庫金於城頭擒一賊
者予百金斬一首者五十金戰沒者恤其家五十金傷者
以輕重爲差（雖）殺賊甚衆永福射中自成左目自成屯朱
仙鎭（見上卷二二）內鄕鎭平唐縣新野俱降於賊鄧州知州劉
振世死之

明紀會通卷十四　懷宗　崇貞十四年　十一　書業德

〔編〕是歲兩京山東河南浙江大旱蝗

〔編〕壬午十五年春正月帝視朝

〔紀〕召大學士周延儒賀逢聖謝陞入殿曰古聖帝明王皆
崇師道卿等朕之師也宗社奠安惟諸先生是賴命東向
立帝降座西向揖之各愧謝（延儒明年賜死逢聖引疾歸明年獻忠破楚合家殉難陞與給事倪仁貞言皇上自用聰明察察爲務天下俱壞帝怒削其籍後降於
大清爲內院大學士）

林宗鍔曰（先儒言善善惡惡郭公以亾愚謂懷宗亦有焉當時有劉宗周黃道周倪元璐之賢而不能用而所用者皆殖貨營私褊淺猜刻之人則雖隆以師傅之禮有何益乎）

〔編〕李自成攻開封不克解圍去

〔紀〕自成攻開封益急洞車附城鑿城摶土而空之廣數尺
實以火藥然之一烘（毀）而裂曰小放窟城縱橫數丈實火
藥然之一發震天曰大放賊以精騎數千布圍於外執汴
（汴州即開封府）人畚（本）土穴城爲大窟十餘輩火藥數萬斤百炬
齊然賊擐（患貫也）甲持矛望城崩將擁入賊穴城畚其土礫
力於外累累成阜火藥一發崩天軏缶皆飛鳴外嚮賊之
布圍於外者人馬成血糜城之未穿者堅如石猶尋丈賊
駭解圍去

〔編〕罷提督京營內臣

〔紀〕御史楊仁願上言臣稽高皇帝初無所謂緝事臣工不
法止於明糾無陰訐也臣待罪南城所見詞訟多假番役
妄稱東廠誘人作奸挾仇首告惟恐其不爲惡又惟恐其

明紀會通卷十四　懷宗　崇貞十五年　十二　書業德

不卽罹於法。揆之皇上泣罪解網之仁，豈不傷哉。伏願先寬東廠，東廠寬則刑法可以漸省。臣更有請，臣子獲罪檻送闕下可也。若緹騎一出，有貲者家門破散，無貲者地方斂餽，爲害匪淺。上是之。諭東廠所緝止於謀逆亂倫，其作奸犯科自有司存，并戒錦衣校尉奉使需攪。

總督孫傳庭

編 起孫傳庭兵部侍郎，總督陝西勦寇。

編 二月，我

大清兵破錦州，遼東巡撫邱民仰被執不屈，死之。

紀 先是錦州（今盛京錦州府）圍急，民仰與總督洪承疇進至松山爲聲援。諸將王樸等軍大潰，民仰、承疇入守錦州城，誓以同死。至是民仰被執不屈死，事聞，贈右都御史，相傳督臣

承疇撫臣民仰俱死，詔加贈廕錄，賜祭六壇，並祀都城外。帝親致祭。然承疇實已降我

大清矣。

編 李自成、羅汝才陷陳州，兵備副使關永傑等死之。

編 夏四月，陝西總督孫傳庭殺總兵賀人龍。

紀 傳庭檄召諸將於西安，聽令。人龍以兵來會，傳庭大集諸將縛人龍坐之旗下，而數（上聲）之曰：爾爲大帥，遇寇先潰，致秦督委命賊手，一死不足塞責也。因命斬之。諸將莫不動色。因以人龍兵分隸諸將，刻期進討。人龍（米脂，見上卷六）人，初以諸生効用佐督撫討賊，屢殺賊有功，總全陝兵。叛將劇賊多歸之。人龍推誠以待，往往得其死力。朝廷嘗疑人

殺總兵賀人龍

龍與賊通，密敕傳庭殺之。賊聞人龍死，酌酒相慶曰：賀瘋子死，取關中如拾芥矣。

傳維祖曰：關中失而京師不旋踵亡矣。是殺人龍者乃自撤其籓也。

編 以大學士周延儒督師。

紀 時我

大清兵入內地，故命延儒督師。延儒畏不敢逼，適天氣漸炎，兵北旋。延儒偵知之，卽奏捷，加封太師，賜歸。有山人題詩送之

我

編 張獻忠襲陷廬州，知府鄭履祥死之。

紀 先是獻忠遣英霍（英山、霍山二縣名，俱屬江南廬州府）游民陽爲貿易者

潛入廬州城。適督學御史以較士至郡，獻忠遣賊數百，賁書卷衣（去聲）青衿，雜諸生應試者旅寓城中。夜漏三下，獻忠捲甲疾馳入郡城，中賊縱火應之。城陷，學使者及兵備副使蔡如蘅俱走，知府鄭履祥死之。廬州城池高深，賊屢攻不能克，至是一夕而陷。

馬士英出

編 起馬士英爲兵部左侍郎，兼右僉都御史，提督鳳陽。

紀 士英初撫宣大，論罪，至是以阮大鋮（大鋮，魏黨，天啓時太常少卿，崇禎元年革職，名列逆案）營救起用。

蔣德璟 黄景房 吳甡 並相

編 六月，以蔣德璟、黄景昉、吳甡（辛）並爲東閣大學士。

黄得功 劉良佐

編 張獻忠復陷六安（今廬州府六安州）。

紀 獻忠將州民盡斷（短）一臂，男左女右。總兵黄得功、劉良

出

許定國出

劉澤清出

佐兵救六安。再戰敗績。得功歸定遠。（定遠縣。今屬鳳陽府。）獻忠再陷六安。挫得功。良佐兵。謀渡江入南京。遂僭號改元。刻僞寶。選自宮男子。僞署總兵以下官。

（編）秋七月。詔援開封。諸軍皆潰。（會）逮督師丁啓睿下獄。保督楊文岳削職聽勘。

（紀）賊圍開封久。守臣告急。援勦總兵許定國以山西兵渡河援之。定國兵潰於覃懷。督師援勦諸軍潰於河上。時丁啓睿楊文岳合左良玉虎大威楊德政方國安諸軍。次於開封朱仙鎮。與賊壘相望。啓睿督諸軍進戰。良玉曰。賊鋒方銳。未可擊也。啓睿曰。汴圍已急。豈能持久。必擊之。諸將咸懼。詰朝（明旦也。乙）戰。良玉以其兵南走襄陽。諸軍相次

而走。督師營亂。啓睿文岳聯騎奔汝寧。賊渡河逐之。追奔四百里。喪馬騾七千。兵數萬俱降。賊事聞。詔逮啓睿下獄。革文岳職聽勘。

（編）八月。召還黃道周。仍任少詹事。

（紀）先是道周在獄。人謂必不可救。時周延儒承上眷最深。凡上怒莫能回。延儒以微詞解之。至是上偶言及岳飛事。嘆曰。安得將如岳飛者而用之。延儒曰。岳飛自是名將。然其破金人事。史或多溢詞。即如黃道周之爲人。傳之史冊。不免曰。其不用也。天下惜之。上默然。甫還宮。即傳旨復官。

（編）九月。河決開封。賊浮舟入城。肆掠以去。

（紀）開封久困。食盡。人相食。詔山東總兵劉澤清援開封。澤

周王較諸王最賢。惜不詳其所終

滄桑之感

清立營朱家寨。賊攻之三日。諸兵不至。澤清引兵去。開封城北十里枕（去聲）黃河。巡撫高名衡。推官黃澍等。城守且不支。恃引河水環壕（豪。城下池也。）以自固。更決隄灌賊。可潰也。至是河決開封。賊先營高處。然移營不及。亦沉其卒萬人。河流直衝入城。勢如山岳。水驟長二丈。士民溺死數十萬。高名衡陳永福咸乘小舟至城頭。周王府第已沒。從後山逸出西城樓。督師侯恂以舟迎王。總兵卜從善以水師至開封城上。黃澍從王乘城夜渡達隄口。諸軍立營朱家寨。城中遺民尚餘數萬。賊浮舟入城。盡掠以去。開封圍久。周王先後捐金一百二十餘萬。捐歲祿萬石以養兵。國庫空虛。宮人咸有飢色。衆議決朱家口以灌賊。賊聞之。先決馬家

口以灌城。初汴梁佳麗甲中州。大隄之上。絃管紛咽。羣盜心豔之。前後三次。賊死無算。久懷灌城。顧以子女玉帛不忍棄之水族。至是河一決。生靈百萬。盡屬波臣。惟城堞隱現而已。

（編）黃得功大破張獻忠於潛山。

（編）殺兵部尚書陳新甲。

（紀）初周延儒爲營解甚力。因奏國法。大司馬兵不臨城不斬。上曰。他邊疆即勿論。僇辱我親藩七。不甚於薄（博。逼也。）城乎。不聽。

（編）冬十月。

大清兵自牆子嶺入薊州。

編劉良佐再破張獻忠於安慶。
紀奪馬騾五千。救回難民萬餘。獻忠引兵西走蘄水。
編李自成復陷南陽屠之。
編總兵左良玉避盜東下。
紀良玉有衆二十萬其餽於官者僅二萬五千餘皆因糧
村落人不聊生。時造戰艦襄人怨其淫掠盡焚之時賊來
盛良玉乃避之。
林宗鍔曰。當潰癰决疣之時。而將領復如此。何以能不亡也。
編閏月我
大清分兵南下。
編李自成陷汝寧。保定總督楊文岳分巡僉事王世琮被執
死之。
編下禮科給事中姜埰（埰音菜）於理。（諫罪言官也。）
編削左都御史劉宗周籍。
紀上召廷臣於中左門問禦敵及用督撫之宜宗周曰使
貪使詐此最誤事。爲督撫者須先極廉。上曰。亦須論才。宗
周退御史楊若橋舉西洋人湯若望演習火器。宗周進曰。
唐宋以前用兵未聞火器。自有火器。輒依爲勁誤事在此
上色不懌曰。火器終爲中國之長技命宗周退羣臣以次
對上色解宗周又進請釋姜埰行人右司副熊開元（初開元劾大學士周延儒罪上怒下鎮撫司獄）言廠衛不可輕信。是朝廷有私刑也。上
遽怒仰視屋梁曰。東廠錦衣衛俱爲朝廷何公何私。宗周

抗論不屈。左副都御史金光宸言宗周無他意上益怒責
宗周免冠謝徐起退尋廷杖姜埰熊開元仍下獄宗周削
籍。光宸降調吏部尚書鄭三俊刑部尚書徐石麒各疏救
不聽石麒罷。
編十二月李自成陷襄陽分兵逼荆州。
紀襄陽前經獻忠之虐今復被自成之餓自成自決開封
屠汝寧向襄陽襄人懼咸焚香牛酒以迎。一時彝陵宜城
荆州俱陷惠王出奔。偏沅（原）巡撫陳睿謨棄荆州奉惠王
走湘潭（今湖廣長沙府湘潭縣）自成至荆州士民開門迎之賊入荆
州荆州諸縣土寇蠭起。
編是歲兩京山東河南浙江大旱蝗。
編（癸未）十六年春正月。李自成陷承天巡撫宋一鶴鍾祥知縣
蕭漢死之。
紀自成圍承天（今湖廣安陸府）知府開門迎賊巡撫宋一鶴時守
城下城巷戰將士勸之走一鶴不聽揮刃擊殺賊數人而
死鍾祥（今安陸府鍾祥縣）知縣蕭漢有賢聲賊戒其部曰殺賢令
者死無赦乃幽之寺中戒諸僧曰。令若死當屠爾等。僧謹
視之漢曰。吾盡吾道不礙汝法遂自經賊攻承天府日揚
武州巡按李振聲守顯陵（見八卷十一）迎降賊賊列之上班振
聲自以與賊同姓肩輿出入營中揚揚自得賊欲發顯陵
忽大聲起山谷若雷震賊懼而止總兵方國安等退屯漢
口。左良玉退屯蕪湖初自成流劫秦晉楚豫攻剽半天下。

然志樂狗盜。所至焚蕩屠滅。既而連陷荊襄鄖郢。席捲河南。有衆百萬。始侈然以爲天下莫與爭。思據有城邑。擅名號矣。羣賊俱奉其號令。推自成爲奉天倡義文武大元帥。號羅汝才曰代天撫民德威大將軍。自成據襄陽。號曰襄京。

吳甡督師討賊逡遁歸

編三月。命大學士吳甡出督師以討賊。

紀甡出督師。給五萬金。旌功。以大理評事萬元吉爲職方員外郎。仍充督師軍前贊畫。

編李自成襲殺革裏眼左金王。并其衆。

李自成殺羅汝才

編李自成殺羅汝才。并其衆。

編張獻忠陷黃州。副使樊維城死之。

紀獻忠自蘄水疾馳至黃州。乘大霧攻城。黎明城陷。執維城欲降之。維城罵賊不屈。賊刺之洞胸死。獻忠據府自稱西王。

編夏五月。張獻忠陷武昌。參將崔文榮。前大學士賀逢聖。楚府長史徐學顏死之。

紀總兵方國安率兵七千扼蘄州。見上 獻忠西向武昌。今湖廣武昌府 武昌武備積弛。闖獻交窺江漢。時議募兵守城。而庫藏空絀。楚王有積金百萬。長史徐學顏請王發金數十萬以贍軍。不聽。大學士賀逢聖家居。倡義捐貲募兵。僉謂宜募土著。著入聲○著土地而有常居非遷徙無定者也 適承天見上德安今湖廣德安府潰會兵俱下。楚王盡募之爲軍鋒。以學顏領之。號楚府兵。獻忠沿江而上。悉師破漢陽。今湖廣漢陽府 臨江欲渡。武昌大震。議撤江上兵嬰繞也城守。參將崔文榮曰。守城不如守江。守江不如守漢。江水在漢陽府城東南漢水在漢陽府城北 磨去聲盤煤炭諸洲。淺不過馬腹。縱之飛渡而嬰城。坐困非策也。議者不從。賊果從煤炭洲而渡。直逼城下。文榮禦之。小有斬獲。賊攻武勝門。文榮率諸軍拒之。多殺傷。楚府新募兵。爲賊內應。開門迎賊。文榮躍馬持矛大呼。殺賊三人。賊攢矛刺之。洞腹死。逢聖與文榮俱守武勝門。城陷歸家。衣冠北向再拜。以巨舟載其家。出墩子湖。至中流鑿舟。全家溺者十二人。逢聖屍沉百七十日不壞十一月始出葬 學顏與賊格鬭。斷短左臂。右手持刀不仆。賊支解之。一門死者二十餘人。賊執楚王。盡取宮中積金百

餘萬輦連上聲載數百車不盡。楚人以是咸憾王之愚也。賊沉去聲王於西湖。屠僇士民數萬。投屍於江。尚餘數萬人。縱之出城。以鐵騎圍而蹙之江中。浮屍蔽江而下。武昌魚鱉不可食。其遺民數百。多刖斷手足。鑿毀目鼻。無一全形者。獻忠遂據楚王府。僭稱武昌曰京城。僞設六部五府。鑄西王之寶。開科取士。授郡縣官。初李自成兵臨漢陽。不克。聞獻忠取之。自成怒。榜示遠近。曰有能擒獻忠以獻者。賞千金。及聞取武昌。復遣人賀之。曰老回回已降。曹革左皆被殺。行將及汝矣。獻忠得書而懼。多齎金寶報使於自成。自成留其使。獻忠恨之。賀逢聖江夏人

編大學士周延儒罷。

魏藻德入相

〔編〕進修撰魏藻德爲禮部右侍郎兼東閣大學士。

〔編〕進孫傳庭兵部尚書，總制應鳳江皖（還上聲）豫楚川黔勳冠軍務，仍總制三邊。（鑄督師之印。省七）

〔編〕李自成大造戰艦（咸上聲○戰船）於荊襄，遣老回回攻常德。

〔紀〕自成謀自王於荊，其親信大帥二十九人，分守所陷郡邑。自成自隨騎兵五營，營精騎二千；步兵十四哨（筲去聲），哨精卒三千。劉宗敏總步，白旺總騎。每屯以騎兵一營外圍巡徼（叫），晝夜更（耕）番，餘營以次休息。警候嚴密，人不得逃逸，逸者追獲必磔（窄○裂尸也）之。營兵不許多攜輜重，兵各攜妻孥，生子棄之，不令舉。男子十五以上、四十以下，咸掠爲養子，爲奴隸。故每破一邑，衆輒增數萬。每一精兵，則畜役

奇思幻想天生異賊

人二十餘，其馱（駝）載馬騾不與焉。衆實五六萬，且百萬也。雖拔城邑，不聽屋居，寢處布幕，彌望若穹廬（旃帳也。其形穹窿，故曰穹廬）。其甲縫綿帛數十重，有至百者，輕而韌（認○堅柔也），矢鏃鉛丸不能入。每戰，一騎兵必二三馬，數（朔）易騎，終日馳驟而馬不疲。嚴寒，則掠茵薦布地，以藉馬足，或刳（枯）人腹爲馬槽，實以芻菽飼之。飲（去聲）馬，則牽人貫耳，流血雜水中，馬習見之，遇人則嘶（西○馬聲）鳴，思飲啖（淡）焉。行兵倏忽，雖左右不知所往。雞再鳴，並起蓐（肉）食（謂早食於寢蓐也。蓐，薦席。鞴服○駕也）。馬以候百萬之衆，惟自成馬首是瞻，席卷而趨。遇大川，則囊土壅上流，雖淮泗諸水，亂流而渡（橫流而渡曰亂）。百萬合營，不攜糧，隨掠而食，飽則棄餘，有斷食斷鹽數月者。臨陣，鐵騎三重，反

顧則殺之。戰不勝，馬兵佯北，官軍乘之，步兵拒戰，馬兵繞而合圍，無不勝矣。以牛金星爲謀主，日講經一章，史一通。每有謀畫，集衆計之，自成不言可否，陰用其長者，人多不測也。其攻城，分晝夜爲三番，以鐵騎布圍，步兵內薄（博）向城。人帶鐵胄，蒙鐵衣，攜椎斧鑿城，得一甎甓（平入聲），即還易人以進。穴城可容一人，則一人匿之，畚（本）土以出，以次相繼。遂穿空旁側，迆（以）四五步，留一土柱，巨絙（亙○大索）繫（計）之。去城十餘丈，牽絙倒柱，而城崩矣。望風降者，不焚殺；守一二日，殺十三四；或五六日不下，則必屠矣。殺人數萬，聚屍爲燎，名曰打亮城。將陷，以兵周布壕外，縋城者殺之。故城陷必無噍（樵去聲）類（噍，齧也。類，種也。言無復有活而噍食之種也）。掠馬騾爲上功，

次軍仗，次幣帛衣服，次珍寶。其金銀恒散棄之，或以代鉛置砲中。屠城則夷其城垣，令後莫與爲守。立投順牌四。凡破城，四向負牌至村落，降者即負牌過別村，否則加兵。牌所至，日廑千里。性慘酷，斷（短）耳，剔目，截指，折（浙）足，剖心，鐻（渠）體，日以爲常，談笑對之。性又澹泊，食無兼味，一妻一妾皆老嫗（於去聲○嫗，婦老稱）。不畜奴僕，無子，以李雙喜爲養子。嗜殺更酷於自成。自成在襄陽，以構殿鑄錢皆不成，斬一謀士。令術士問紫姑卜之，不吉，因立雙喜爲太子，改名洪基，以厭（厭）之。鑄洪基年爲錢，又不成。時聞秦督兵將至，留毛賊守襄陽家口，自成率精銳往河南。

〔編〕秋七月，以史可法爲南京兵部尚書。

編督師孫傳庭發兵潼關分道討李自成。

紀以總兵牛成虎盧光祖爲先鋒會河南總兵卜從吉陳永福合兵洛陽之下池塞檄吸左良玉以兵自九江赴汝寧夾擊賊大營移宛向洛詔薊遼總兵白廣恩四川總兵秦翼明入衛士漢官兵陝西三鎭兵俱隨督師進討傳庭以副總兵高傑將降丁爲中軍命翼明出商洛爲犄角見上一總兵王定官撫民率綏夏二鎭兵爲後勁。

不能誅賊而誅賊家口亦小快事

編八月孫傳庭次閿熒鄉。

編督師孫傳庭克寶豐誅僞州牧陳可新遂入唐縣賊家口悉伏誅。

紀傳庭次汝州屬河南。僞都尉四天王李養純率所部來降

知賊并兵守寶豐今汝州寶豐縣傳庭進軍寶豐合圍賊堅守不下李自成以輕兵來援戰於城東白廣恩高傑盧光祖分兵迎戰却之翊日賊復以精騎數千直攻官軍諸將復擊走之傳庭曰寶豐不卽下而賊救大至則腹背受敵矣親督諸軍悉力攻城拔之斬陳可新等數千級遂以大兵擣唐縣屬河南南陽府時賊家口盡在唐縣賊發精騎來援官軍已入城盡殺賊家口賊滿營痛哭誓殺官兵。

編督師孫傳庭復郟縣李自成將兵迎戰官軍大敗之自成奔襄城。

紀傳庭自朱仙鎭見上卷二二而南大雨六日糧車日行三十里又道淖閘泥也。○未至士馬俱飢或勸傳庭旋師就運傳庭曰軍已行飢還亦飢奚濟乎要當破一縣就食耳傳庭復郟縣見上十九縣俱窮民集騾羊二百餘頭刻分犒見五卷十三食盡不足給命河北山西就近餉傳庭軍自成將步騎萬餘逆戰官軍前鋒擊斷自成坐纛進逐之賊披靡震懾貌賊營逃亾者相屬祝時傳庭前鋒盡收革左革裏眼左金王故部皆致死於賊而高傑統諸降賊備悉賊中曲折自成遣其弟一隻虎逆戰三戰三北自成奔襄城今河南開封府襄城縣諸軍進逼之自成累敗而懼挑土築墻自守已食盡賊有飢色。

編以司禮太監王承恩督察京營戎政韓贊周守備南京。

編九月張獻忠陷永州巡按湖南御史劉熙祚死之。

紀初獻忠襲陷衡州今湖廣衡州府桂王及吉惠二王走永州今湖

廣永州府至是獻忠拆桂王府殿材至長沙構造宮殿遣兵南追三王至永州熙祚督水師禦之遣兵護三王南行入廣西而自入永州死守奸人內應開門迎賊熙祚被賊執賊欲脅降之不屈囚之永陽驛中閉目絕食題絕命詞於壁賊再三諭降之臨以白刃熙祚大罵不已遂遇害於是全楚皆陷。

編督師孫傳庭軍與李自成兵戰敗績傳庭還軍潼關。

紀初大雨連旬傳庭軍乏餉兵譟於汝州降盜李際遇陰通賊賊率精騎大至傳庭問計於諸將高傑請戰白廣恩曰我師困宜駐師分據要害步步爲營以薄賊易耳傳庭恐賊遁曰將軍何怯獨不如高將軍耶廣恩不懌引所

闖賊入潼關遂不可制

部八千人先去。賊前鋒名三堵墻，一紅一白一黑，各七千二百人，來薄官軍，接戰陷賊伏中，賊乘之，官軍大敗。高傑麾衆退，諸軍盡西走。賊驅大隊兇疾追，一日馳走四百里，至於孟津。（今河南懷慶府孟縣。於其地置津，故名孟津。）官軍死亾四萬餘人，盡喪其軍資數萬。傳庭與傑收散亾數千騎走河北，賊別將克汝州。自成向潼關，白廣恩擊破之。傳庭亦回軍潼關，衆尚四萬。

〔編〕冬十月，李自成陷渭南，督師孫傳庭、知縣楊暄死之。

〔紀〕一隻虎陷闅鄉，卽自成弟李過也，疾走至潼關，獲督師大纛。賊以纛紿（臺上聲，○誑也。）守關者，乘閒突入潼關，陷。李自成間道緣山崖出潼關後，夾攻官軍，大潰。賊既入關，西行，一隻虎陷華陰，傳庭及白廣恩退屯渭南。（今陝西西安府渭南縣。）賊合衆數十萬陷渭南，傳庭沒於陣，楊暄被執，不屈死，賊屠渭南。

〔編〕李自成陷西安，陝西巡撫馮師孔、按察使黃絅、長安知縣吳從義、指揮崔爾達、秦府長史章世炯等死之。

〔紀〕初，自成剽掠十餘年，既席捲楚豫，始有大志，然地四通，皆戰場，所得郡縣，官軍旋復之。至是既入秦，百二山河，遂不可制。自成據秦王府，僞授秦王存樞權將軍，世子妃劉氏曰：「國破家亾，願求一死。」自成遣歸外家。秦藩富甲天下，擁貲十萬，賊之犯秦也，戶部尚書倪元璐奏曰：「天下諸藩，無如秦晉山險，用武國也，宜諭兩藩能任殺賊，不妨假之

貞毒計

以大將之權，如不知兵，宜悉輸所有，與其齎盜，何如享軍。賊平之後，益封兩藩各一子如親王，亦足以報之。」兩王獨不鑒十一宗之禍乎？賢王忠而熟於計，必知所處矣。書上不報。至西安陷，秦藩府庫盡爲賊有。賊分兵徇（行定）諸縣，皆陷。蒲城（今西安府蒲城縣。）知縣朱一統抱印投井死。初，自成在楚，議所向，牛金星請先取河北，直擣京師；楊永裕欲先據留都，斷（短）漕運；獨顧君恩曰：「否，否。先據留京，勢居下流，難濟大事，其策失之緩；直擣京師，萬一不勝，退無所歸，其策失之急；不如先取關中，爲元帥桑梓之邦。（詩小雅：維桑與梓，必恭敬止。注：桑梓，父母所植，以遺子孫，給蠶食，具器用者也。自成米脂人，故云。）且秦都百二山河，已得天下三分之二，建國立業，然後旁略三邊，資其兵力，攻取山西，後向京師，進退有餘，方爲全策。」賊從其計。先是賊好殺掠，牛金星勸以不殺，遂嚴戢其下，民間稍安堵，輒相誑惑，人無鬭志。自成遂改西安府爲長安，搒（邦，○打也。）掠旦室助餉。

〔編〕以兵部侍郎余應桂總督陝西三邊，收兵勦寇，應桂遷延不進。

〔編〕十一月，李自成陷延安，復陷鳳翔，屠之。

〔紀〕總兵王定、高傑自渭南敗，各率所部奔延安。自成命賊將田斌守西安，自往塞上。高傑聞賊至，以兵渡河而東，入山西，王定奔榆林。（今陝西都司榆林衞。）自成陷延安，大會羣賊，戎馬萬匹，旌旗數十里，於米脂（見上卷六）祭墓，以五百騎按行鳳翔。

（今陝西鳳翔府）守將誘而殲（尖○殺也）盡之。自成怒，親攻鳳翔，陷之，屠其城。

編 李自成陷榆林，備兵副使都任、總兵尤世威及諸將，一城男婦盡死之。

紀 自成發大兵圍榆林，榆林諸將力戰殺賊，賊死者萬人。賊攻益力，逾旬不克。賊以衝車環城穴之，城崩數十丈，賊擁入城，遂陷。都任闔室自經死。尤世威縱火焚其家百口，揮刀哭戰死。諸將各率所部巷戰，殺賊千計。賊大至，殺傷殆盡，無一降者。闔城婦女俱自盡。諸將死事者數百人。榆林爲天下勁兵處，頻年餉絕，軍士飢困，而殫義殉城，志不少挫。闔城男子婦女無一人屈節辱身者。榆林既屠，賊擣

寧夏（今陝西寧夏衛），寧夏總兵官撫民迎降。三邊俱沒，賊無後顧，長驅而東矣。

編 李自成陷慶陽，備兵副使段復興、董琬，前太常少卿麻禧死之。屠慶陽，執韓王。

紀 時賊遣僞王往關東靈閿（焚）諸路，大張僞榜，移檄（吸）河南郡縣。河南西境，賊皆設僞官。官兵守懷慶府。

編 十二月，誅吏部文選司郎中吳昌時。

紀 昌時好結納，通太監王化民等，遂居銓司。故事，外轉科一道二，昌時欲脅臺省爲驅除地，改轉科四道六。祁彪佳劾其專制弄權，帝怒，拷昌時至折脛乃止。

周延儒有罪賜死

編 前大學士周延儒有罪，賜死。

紀 延儒當中外交訌，無能爲帝畫一籌，然受主眷深，諸璫言其短，帝不信。於是恣意貪橫，又左右皆吳昌時輩，故至於敗。適山東兵備雷延祚爲帝言延儒招權納賄，凡考科道、求總兵巡撫，必先通賄幕客董廷獻，然後得之。帝始疑延儒，至是昌時事發，帝怒遂不可回矣。

編 張獻忠通好（去聲）於老回回。

紀 時老回回爲李自成據荆州，獻忠遣人與修舊好，合兵。自成既入關，獻忠益橫荆岳間。

編 李自成陷平陽，知府張嶙（鄰）然走太原，吏民皆降。

紀 賊殺西河王等三百人。高傑聞平陽陷，擁兵東下澤州。山西郡縣聞賊至，望風迎欸。賊遣僞牌徧行山西，其辭甚

悖。

綱鑑會通明紀卷十五

海陵後學陳志襄陶思輯錄

明紀

懷宗端皇帝。

【編】甲申十七年春正月。是歲爲

大清世祖章皇帝順治元年。

【編】大風霾。見七卷二

【紀】占曰。風從乾起。主暴兵城破

【編】鳳陽地震。

獻賊入蜀中原盡爲闖

【編】張獻忠入夔州。今四川夔州府。

賊所有

【編】李自成稱王於西安。僭國號曰順。改元永昌。

【紀】賊掠河東河津稷山榮河絳州一路俱陷。自成僞牒移文也兵部約戰。言三月十日至。上憂寇臨朝而歎曰。卿等能無分憂哉。大學士李建泰進曰。主憂如此。臣敢不竭力。臣晉人。頗知寇中事。臣願以家財佐軍。可資數月之糧。臣請提兵西行。上悅曰。卿若行。朕當倣古推轂。李建泰山西人。

星入月中

【編】癸酉夜。星入月中。

【紀】占云。星入月中。國破君亡

命李建泰出師

【編】帝命大學士李建泰出師。師次涿州。

【紀】命建泰出師。行遣將禮。命駙馬都尉萬煒以特牲告太廟。上臨軒廷授建泰節劍。賜宴餞之。上親賜巵酒曰。先生之去。如朕親行。建泰頓首起行。是日大風揚沙。占曰不和行師。建泰御肩輿。不數武杆折。識者憂之。建泰出都。道聞山西烽火甚急。建泰家且破。因遲行日三十里。師次涿州。初建泰承上寵命。恃有家財可佐軍需。已聞家破。進退失措。逡巡畿內而已。建泰後降於

大清。爲內院大學士。

恃財豈能制敵不待山西告急而始知其無能

【編】二月朔。帝視朝。

【紀】上平旦視朝。忽得僞封啟之。其詞甚悖。末云限三月望日至順天會同館暫繳。一時相顧失色。朝罷。遂不復問

【編】李自成陷蒲州及汾州。

【紀】賊陷蒲汾。懷慶不守。福王出奔。與太妃相失。遂至衛輝

依潞王。

【編】李自成陷太原。巡撫蔡懋德。中軍盛應時等皆死之。

【紀】自成至太原。今山西太原府。太原無重兵爲守。蔡懋德遣驍將牛勇朱孔訓出戰。孔訓傷於砲。勇陷陣死。一軍皆歿。城中奪氣。賊移檄遠近。有云君非甚暗。孤立而煬蔽恒多。臣盡行私。比黨而公忠絕少。甚至賄通宮府。朝廷之威福日移。利入戚紳。閭左之脂膏盡竭。又云公侯皆食肉紈袴。而倚爲腹心。宦官皆齕。痕入聲。齧也。糠犬豚。而借其耳目。獄囚纍纍。士無報禮之心。征歛重重。民有偕亡之恨。人讀之多爲扼腕。懋德知事必不支。寫遺表。令監紀賈士璋間諫道奏京師。盛應時見之。退歸先殺其妻子。誓將死敵。初八日。風沙

大起。賊乘風夜登城。懋德應時策馬赴敵。死。趙布政毛副使。及府縣各官四十六員。咸死之。賊屍之於城。蔡懋德崑山人。

編 帝下詔罪已。

紀 詔曰。朕嗣守鴻緒。十有七年。深念上帝陟降之威。祖宗付託之重。宵旦兢惕。罔敢怠荒。乃者災害頻仍。流氛日熾。赦之益驕。撫而輒叛。甚至有受其煽惑。頓忘敵愾愾○慨恨怒也。左傳文公四年。諸侯敵王所愾而獻其功。者。朕為民父母。不得而卵翼之。民為朕赤子。不得而懷保之。坐令平聲秦豫丘墟。江楚腥穢。罪非朕躬。誰任其責。所以使民罹離遭也。鋒鏑。蹈水火。殣僅○餓殍也。量平聲以壑。骸積恣成丘者。皆朕之過也。使民輸芻輓粟。居送行齎。加賦多無藝之征藝準也。預徵有稱貸之苦者。又朕之過也。使民室如懸磬。田卒汙萊田廢生草曰萊。望烟火而無門。號豪泠風而絕命者。又朕之過也。使民日月告凶。旱潦薦至。師旅所處。疫癘為殃。上干天地之和。下叢室家之怨者。又朕之過也。至於任大臣而不法。用小臣而不廉。言官首鼠而議不清。武將驕懦而功不奏。皆由朕撫馭失道。誠感未孚。中夜以思。跼蹐無地。朕自今痛加創艾。深省夙愆。要在惜人才以培元氣。守舊制以息煩囂。行不忍之政。以收人心。捐額外之科。以養民力。至於罪廢諸臣。有公忠正直。廉潔幹才。尚堪用者。不拘文武吏兵二部。確核推用。草澤豪傑之士。有恢復一郡一邑者。分官世襲。功等開疆。即陷沒脅從之流。能舍逆反正。率衆來歸。許赦罪立功。能擒斬

忠勇之氣。一往無敵。事之不濟。天也。

闖獻。仍予通侯之賞。於戲。忠君愛國。人有同心。雪恥除凶。誰無公憤。尚懷祖宗之厚澤。助成底定之大功。思克厥愆。歷告朕意。詔下。賊前鋒已至大安驛。

編 李自成攻代州。總兵周遇吉退守寧武關。

編 李自成兵趨眞定。知府邱茂華叛降賊。

編 詔徵天下兵勤王。

紀 命府部大臣。各條戰守事宜。上候於文華殿。都察院左都御史李邦華。少詹事項煜欲。右庶子李明睿。各言南遷及東宮監撫南京。上驟覽之怒甚。曰。諸臣平日所言若何。今國家至此。無一忠臣義士。為朝廷分憂。而謀乃若此。夫國君死社稷。乃古今之正。朕志已定。毋復多言。吏科都給事中吳麟徵。請棄山海關外寧遠前屯二城。徙總兵吳三桂入關。屯宿近郊。以衛京師。廷臣皆以棄地非策。不敢主其議。李邦華。吉水人。

謹按東晉南宋故事。則南遷之議。未始非權宜之計。但晉宋將相有人。卒成中興之業。明季舉朝無一可恃之士。將於何處討生活。善乎懷宗之言曰。朕非亡國之君。諸臣盡亡國之臣耳。

編 李自成陷寧武關。總兵周遇吉死之。

紀 自成薄博寧武關。傳檄五日不下。且屠。遇吉悉力拒守。大砲擊賊萬餘人。會火藥盡。或言賊勢重。可款也。遇吉曰。戰三日。殺賊且萬。若輩何怯邪。能勝之。一軍盡為忠義。萬一不支。縛我以獻。若輩可無恙。於是開門奮擊。殺賊數千人。賊懼欲退。或為賊策曰。我衆彼寡。但使主客分別。以十

唐肅宗故事何嘗不妙

擊一。茂不勝矣。請去帽爲識。至見戴帽者擊之。遞出戰。不二日可殲也。賊引兵復進。迭戰脫帽以自別。我兵大敗。遇吉闔室自焚。揮短刀力鬬。被流矢。牙兵且盡。見執。罵賊。賊於市。磔窄○裂尸也焉。遂屠寧武。自成既殺遇吉。歎曰。使守將盡周將軍者。吾安得至此。

編 李自成陷大同。

編 三月。督師大學士李建泰上書請駕南遷。願奉太子先行。

紀 上諭閣蛤臣曰。李建泰有疏。勸朕南遷。國君死社稷。朕將何往。大學士范景文。左都御史李邦華。少詹事項煜請先奉太子撫軍江南。兵科給事中光時亨大聲曰。奉太子往南。諸臣意欲何爲。將欲爲唐肅宗靈武故事乎。唐天寶十五載六月。明皇奔蜀。發馬嵬。留太子東討賊。七月太子即位於靈武。是爲肅宗。尊明皇曰上皇。景文等遂不敢言。上復問戰守之策。衆臣默然。上歎曰。朕非亡國之君。諸臣盡亡國之臣爾。遂拂袖起。范景文吳橋人

明紀會通卷十五 懷宗崇禎十七年 五 德業書

傳維祖曰。明季與天寶異。天寶之末。民生殷富。稅斂寬平。人心未去也。爲逆者止一祿山。故肅宗得以收拾河北人心。明季不能也。然使稍延國脈。得如蕭詧劉崇。猶可奄奄殘息。而時亨必欲使一時同盡。此其膺大戮宜矣。

編 欽天監奏帝星下移。

編 詔封總兵吳三桂平西伯。左良玉寧南伯。唐通定西伯。黃得功靖西伯。

編 徵山海總兵吳三桂。薊遼總兵王永吉。率兵入衛。

編 唐通以八千人入衛。尋同太監杜之秩守居庸。

權財自私適以資敵不忠不智之甚

編 李自成兵陷保定。御史金毓峒。與其從子振孫等。皆死之。

紀 賊犯保定。李建泰已病。中軍郭中傑縋城降賊。兵潰。會賊入保定。建泰被執。毓峒守西門。賊執之入三皇廟。見賊師。毓峒奮拳毆賊師仆之。躍入井中死。妻王氏自經。毓峒從子振孫以武舉效力行間。登城射石賊。多應弦而斃。城陷。衆解戎衣自匿。振孫大呼曰。我御史金毓峒姪也。賊支解之。毓峒子罌婦陳氏年十八。與其祖母張。母楊。嫂常。一時盡投於井。

編 李自成陷宣府。巡撫朱之馮死之。

紀 自成宿陽和。遂長驅至宣府。宣府叛將白廣恩貽總兵姜瓖襄書約降。監視太監杜勳郊迎三十里。軍民聚謀籍

明紀會通卷十五 懷宗崇禎十七年 六 德業書

籍朱之馮懸賞勞去聲軍守城。無一應者。三命之。咸叩頭曰。願中丞聽軍民納欵。之馮獨行巡城。見大砲曰。汝曹試發之。可殺數百人。賊雖殺我。無恨矣。衆又不應。之馮不得已乃自起然火。兵民競挽其手。之馮乃奪士卒刀自刎。宣府軍民俱迎降於賊。鄉紳張羅彥自殺。

編 帝按籍勳戚大璫。徵其助餉。

紀 上遣太監徐高諭嘉定伯周奎爲倡。奎謝無有。高拂然起曰。外戚如此。國事去矣。多金何益。奎奏捐萬金。上少之。勒其二萬。太監王永祚。曹化淳助至三萬五萬。王之心最富。上面諭之。僅獻萬金。諸內官各大書於門曰。此房急賣。復雜出雕鏤玩好去聲諸物。陳於市以求售。後賊拷王之心。

追十五萬。他金銀器玩稱是。周奎鈔見銀五十二萬。珍幣復數十萬。魏藻德首輸百金。陳演既放未行。召入。訴清苦。百官共議捐助。勉諭至再。時諭上等三萬金。皆無應。惟太康伯張國紀輸二萬。餘不及也。又議前三門巨室各輸糧給軍。且聽其妻孥使無內顧。諸巨室多不樂而止。

編 大風霾晝晦。命司禮太監王承恩提督內外京城。總督薊遼王永吉節制各鎮。

紀 賊警益逼。有勸上南遷者。上怒曰。卿等平日專營門戶。今日死守。夫復何言。諭兵部曰。都城守備有餘。援兵四集。何難刻期滅寇。敢有訛言惑衆及私發家眷出城者。擒治。

編 分營都門。設大砲。給九門守者人百錢。名前太監曹化淳

守城。

編 南京孝陵夜哭。太祖陵也。

編 風晦。寇自柳溝抵居庸關。

紀 柳溝天塹。見三卷二九 百人可守。竟不設備。總兵唐通、太監杜之秩迎降。撫臣何謙偽死私遁。總兵馬岱自殺其妻子。疾走山海關。時京師以西諸郡縣望風瓦解。將吏或降或遁。偽權將軍移檄至京師云。十八日至幽州。即順天府。會同館暫繳。京師大震。詔三大營屯齊化門外。

編 李自成兵陷昌平州。

紀 賊陷昌平州。屬順天府。諸軍皆降。總兵李守鑅。宏 罵賊不屈。手格殺數人。人不能執。諸賊圍之。守鑅拔刀自刎。賊焚十二陵享殿。傳警至京師。先是上知寇警益急。下吳麟徵請徙寧遠疏。飛檄趣。促 吳三桂入關。三桂徙五十萬衆日行數十里。是日始及關。賊騎已過昌平矣。太監高起潛棄關走西山。賊分兵掠通州。屬順天府。糧儲。上方御殿召考選諸臣。問裕餉安人。以次對。未及半。祕封入。上覽之色變。即起入。諸臣立候。移刻。命俱退。始知為昌平失守也。

編 丙午。盜入京師。帝崩於萬歲山。

紀 賊乘夜自沙河而進。直犯平則門。竟夜焚掠。火光燭天。京師內外城堞。牒○城上女垣。凡十五萬四千有奇。雜京營兵疲。其精銳又太監選去。登陴。皮 羸弱五六萬人。內閹數千人。守陴不充。無炊具。市飯為餐。餉久闕。僅人給百錢。無不解

體。賊久窺畿輔空虛。潛遣其黨輦金錢。置廛肆為大賈。列肆都門。更遣人挾貲充衙門掾吏。專刺陰事。纖悉必知。都中日遣撥馬探之。賊黨即指示告賊。賊厚賄結之。撥馬無一還者。乙巳。上早朝。召對諸臣而泣。俄聞賊大至。方報過盧溝橋。見三卷十一 俄攻平則、彰義等門矣。城外三大營皆潰。會降。火車巨砲皆為賊有。賊反砲攻城。轟聲震地。京軍五月無餉。一時驅守。卒多不至。每堞一人。多不及。諸臣方侍班。襄城伯李國禎匹馬馳闕下。汗浹霑衣。內侍呵止之。國禎曰。此何時也。君臣即求相見。不可多得矣。內臣叩之。曰。守軍不用命。鞭一人起。一人復臥如故。上召入。因命內臣俱守城。凡數千人。上括中外庫金二十萬犒軍。是日。細民

二王已降賊，尚欲縱杜勳以免其死耶

不殺杜勳可恨

此等人作相，不亡何待

有痛哭輸金者各授錦衣衛千戶。丙午，寇攻城，砲聲不絕，流矢雨集。賊仰語守兵曰：亟開門，否則屠矣。守者懼，空砲向外，不實鉛子，徒以硝燄鳴之，猶揮手示賊，賊稍退，砲乃發。賊驅居民負木石填壕（豪。○城下池也。），急攻。明發萬人敵大砲，誤傷數十人，守者驚潰，盡傳城陷。闔城號哭奔竄，賊駕飛梯攻西直、平則、德化三門，勢甚危急。太常少卿吳麟徵（海鹽人。）累土塡西直門，因單騎馳入西安門，吏部侍郎沈惟炳守門，曰：內守有宦寺，百官不得入。奈何？麟徵排門而入，太監王德化語麟徵曰：守城人少，奈何？請增益之。麟徵至午門，遇大學士魏藻德，止之曰：兵部調度（鐸）兵餉已足，公何事張皇邪？藻德且出閣，上方休，公安從入？麟徵流涕，藻德

明紀會通卷十五 懷宗 崇禎十七年 九 書業德

挽之出。是日，封劉澤清東平伯。時左諭德楊士聰等入直，語閣臣左良玉、吳三桂俱封，而遺劉澤清，且臨清地近，可虞也。閣揭上，得封。都察院左都御史李邦華至正陽，欲登城，中貴拒之。李自成對彰義門設座，晉王、代王左右席地坐，太監杜勳侍其下，呼城上人莫射（石），我杜勳也，可縋下一人以語。守者曰：留一人下爲質，請公上。勳曰：我杜勳無所畏，何質爲？提督太監王承恩縋之上，同入見大內，盛稱賊勢重，皇上可自爲計。守陵太監申芝秀自昌平降賊，亦縋上入見，備述賊犯上不道語，請遜位。上怒叱之，諸內臣請留勳，勳曰：有秦、晉二王爲質，不反，則二王不免矣。乃縱之出，仍縋下。兵部尚書張縉彥奏曰：時勢如此危急，臣屢

[illegible]校

晚矣

至城闉，欲覘（見卷九）城上守禦，輒爲監視抑沮，今聞曹化淳、王化成縋賊杜勳上城，未知何意，恐有奸宄，不測章上。上手書遣縉彥上城按之，至城，內監沮之如故，示以上傳，始登，問杜勳安在？云昨暮上，今晨下之已上聞，無容致詰。又曰：尚有秦、晉二王在城下，亦欲通語。縉彥曰：秦、晉二王既降賊，如何可上？化淳拂衣去。因閱城上守卒寥寥，兵部侍郎王家彥痛哭云：賊勢如此，監視將營兵調去，李襄城處尚有十之四，家彥所守兩堵僅一卒，語未竟，城下坎牆聲急，王承恩砲擊之，連斃數人。化淳、化成飲酒自若，縉彥馳至內閣，約同奏至宮門，傳止之。上下詔親征，召駙馬都尉鞏永固，謀以家丁護太子南行，對曰：臣等安敢私蓄家丁？

明紀會通卷十五 懷宗 崇禎十七年 十 書業德

卽有之，何足當賊？乃罷。已召王承恩亟飭內員備親征。申刻，彰義門啓，蓋曹化淳獻城開門也。賊恣殺掠，前大學士蔣德璟宿會館，被創（傷也）。上亟召閣臣入，曰：卿等知外城破乎？曰：不知。上曰：事亟矣，今出何策？皆曰：陛下之福，自當亡慮，如其不利，臣等巷戰，誓不負國。命退。是夕，上不能寢，內城陷。一閹奔告，上曰：大營兵安在？李國禎何往？答曰：大營兵散矣，皇上宜急走。其人卽出，呼之不應。上卽同王承恩幸南宮，登萬歲山，望烽火燭天，徘徊踰時。回乾清宮，硃書諭內閣，命成國公朱純臣提督內外諸軍事，夾輔東宮。內臣持至閣，因命進酒，連沃數觥（肱），歎曰：苦我民爾。以太子（慈烺）、永王（慈炯）、定王（慈炤）分送外戚周、田二氏。語皇后曰：大事

只此一太監從死

去矣。各泣下，宮人環泣。上揮去，令各爲計。皇后頓首曰：妾事陛下十有八年，卒不聽一語，至有今日。皇后拊太子二王慟，甚遣之出。后自經。上召公主至，年十五，歎曰：爾何生我家。左袖掩面，右手揮刀，斷（短）左臂，未殊死，手慄而止。命袁貴妃自經，繫絕久之蘇。上拔劍刃其肩，又刃所御妃嬪數人。召王承恩對飲，少頃，易韡出中南門，手持三眼鎗，雜內豎（汝）數十人，皆騎而持斧，出東華門。內監守城，疑有內變，施矢石相向。時朱純臣守齊化門，因至其第，閽人辭焉。上太息而去，走安定門，門堅不可起。天且曙（樹○曉也）矣。帝御前殿，鳴鐘集百官，無一至者，遂仍回南宮，登萬歲山之壽皇亭，自經亭新成，所閱內操處也。太監王承恩對縊。上披

髮，御藍衣，跣左足，右朱履，衣前書曰：朕自登極十七年，逆賊直逼京師，雖朕薄德匪躬，上干天咎，然皆諸臣之誤朕也。朕死無面目見祖宗於地下，去朕冠冕，以髮覆面，任賊分裂朕屍，勿傷百姓一人。又書一行：百官俱赴東宮行在。猶謂閣臣已得硃諭也，不知內臣持硃諭至閣，閣臣已散，置几上而反。文武羣臣無一人知者。（先是大內有祕室，鐍鍵甚嚴，相傳劉誠意藏祕記於內，非大變，戒勿啟。至是啟之，得繪圖三軸，末一軸圖像酷肖聖容，身衣白，背心左足跣，披髮中懸，於今無異，誠天意也。○鐍鍵音玦件。鐍，環也；鍵，鑰也。）丁未昧爽（旦微明也），天忽雨，俄微雪，須臾城陷。賊先入東直門，殺守門御史王章、兵部侍郎張伯鯨，走匿民舍。賊騎塞巷，大呼民間速獻騾馬。賊經象房橋，羣象哀鳴，淚下如雨。賊千騎入正陽門，投矢令人持歸閉

門得免死，於是俱門書順民。太子走詣周奎第，奎臥未起，叩門不得入，因走匿內官外舍。上之出至南宮也，使人詣懿安皇后所，勸后自裁，倉卒不得達。兩宮已自盡，宮人號泣出走。宮中大亂，懿安皇后青衣蒙頭，徒步走入成國公第。尚衣監何新入宮，見長公主斷肩仆地，與宮人救之，而蘇。公主曰：父皇賜我死，我何敢偷生。何新曰：賊已將入，恐公主遭其辱，且至國丈府中避之。乃負之出。午刻，李自成瓊笠縹（飄上聲○帛青白色）衣，乘烏駁馬，偽丞相牛金星、尚書宋企郊等五騎從之。時宮中大亂，諸賊帥率其騎皆擐（患○貫也）甲執兵先入清宮，諸宮人逸出，遇賊復入宮。人魏氏大呼曰：賊入大內，我輩必遭所污，有志者早爲計。遂躍入御河死。

頃間從死者積一二百人。自成自西長安門入，彎弓仰天大笑，手發一矢，中坊之南偏。至承天門，自成顧盼自得，復彎弓指門榜語諸賊曰：我一矢中其中字，必一統。射之不中，中天字下。自成愕然，牛金星趨而進曰：中其下，當中分天下。自成喜，投弓而笑。司禮秉印太監王德化以內員三百人先迎德勝門，令仍舊任，各監局印官迎亦如之。因集選百餘人，餘皆散去。自成入宮，問帝所在，大索宮中不得。偽尚璽卿黎某進曰：此必匿民間，非重賞嚴誅不可得。今日大事不可忽也。乃下令獻帝者賞萬金，封伯爵，匿者滅族。自成登皇極殿，據黼座，牛金星檄召百官，期二十一日俱集於朝。自成同偽都督劉宗敏等數十騎入大內，太監

崇禎以金馭無鉉之天下廟算不深以至於亡諸臣皆有罪焉要未可與汪之信李庭之比節也特較投降者彼善於此耳

杜之秩曹化淳等前導自成責其背主當斬秩等叩首曰識天命故至此自成叱去之賊分宮嬪各三十人牛金星軍師宋獻策等亦各數人宮人費氏年十六投眢淵井。井無水日眢。賊鉤出之見其姿容爭相奪費氏紿臺上聲○詐也。曰我長公主也若汝也。不得無禮必告汝主羣賊擁之見自成自成命內官審之非是賞部校羅賊羅攜出費氏復紿曰我實天潢黃之胄義難苟合惟將軍擇吉成禮死生惟命賊喜置酒極歡費氏懷利刃俟賊醉斷短其喉立死因自刎自成大驚令收葬之內臣獻太子自成留之西宮封爲宋王太子不爲屈辛亥斂殯 帝后出梓宮二以丹漆殯 帝黝夏上聲○微青黑色漆殯 后加帝翼善冠袞玉滲金韡后袍帶

明紀會通卷十五 懷宗 崇禎十七年 十三 書業德

亦如之。○初賊犯都城大學士范景文知事不可爲歎曰身爲大臣不能從疆場少樹功伐雖死奚益十八日名對已不食三日矣飲泣入告聲不能續翼日城陷景文望闕再拜自經家人解之乃賦詩二首潛赴龍泉巷古井死其妾亦自經戶部尚書兼侍讀學士倪元璐聞難曰國家至此臣死有餘責乃衣冠向闕北謝天子南謝母索酒招二友爲別酬漢壽亭侯像前遂投繯鉉題几案云南都尚可爲死吾分也慎勿棺衾以志吾痛因詔家人曰若即欲殮必大行見二卷三十殮方收吾屍乃縊意死三日後賊突入見之顏色如生賊驚避他去。○門殉節共十有三人左都御史李邦華聞難歎曰主辱臣死臣之分也夫復何辭但得爲東宮導一去路死庶可無憾已矣勢不可爲矣乃題閣門曰堂堂丈夫聖賢爲徒忠孝大節矢死靡他乃走文丞相祠再拜自經祠中賊至見其冠帶危坐爭前執之乃知其死驚避去左副都御史施邦曜聞變慟哭題詞於几曰愧無半策匡時難但有微軀報主恩遂自縊僕解之復蘇邦曜叱曰若知大義毋久留我死乃更飲藥而卒大理寺卿凌義渠烏程人聞難以首觸柱流血被面盡焚其生平所著述及評騭諸書服緋正笏望闕拜復南向拜訖遺書上其父有曰盡忠即所以盡孝能死庶不辱父乃繫計帛奮身絶吭岡○咽也而死協理京營兵部右侍郎王家彥賊犯都城奉命守得勝門城陷家彥自投城下不死折臂足其僕

明紀會通卷十五 懷宗 崇禎十七年 十四 書業德

掖入民舍自縊死賊燔民舍焚其一臂僕收其遺骸歸刑部右侍郎孟兆祥賊犯都城奉命守正陽門賊至死於門下妻何氏亦死其子進士章明收葬父屍亟歸別其妻王氏曰吾不忍大人獨死吾往從大人妻曰爾死吾亦死章明以頭搶鏘上聲○突也地曰謝夫人然夫人須先死乃遣其家人盡出止留一婢在側章明視妻縊取筆作詩已復大書壁曰有侮吾夫婦屍者吾必爲厲鬼殺之妻氣絶取一扉置上加緋服又取一扉置妻左亦服緋自縊屬祝婢曰吾死亦置扉上遂死左諭德馬世奇無錫人是日方早食聞變曰是當死家人曰奈太夫人何世奇曰正恐辱太夫人耳遂作書別母侍妾朱氏李氏盛服前世奇曰若辭我去邪

二妾言主人盡節吾二人亦欲盡節拜辭已並入室自縊世奇亦遂縊家人救之復蘇告曰聞聖駕已南幸矣可爲從亡計世奇不應睹二妾已死笑曰若年少遂能死乎乃朝服捧敕北面再拜取冠帶焚之於庭以司經局印置案上屬僕曰上如出幸以此上行在否則投之吏部復南向拜母端坐引帛力自縊死左中允劉理順賊入城理順題於壁曰成仁取義孔孟所傳文信踐之吾何不然酌酒自盡其妻萬氏妾李氏及子孝廉并婢僕十八人闔門縊死賊多河南人至其居曰此吾鄉杞縣劉狀元也居鄉厚德吾軍奉李將軍令護衛公何遽死也數百人下拜泣涕而去時謂臣死君妻死夫子死父僕死主一家殉難者以劉

狀元爲最太常少卿吳麟徵奉命守西直門賊勢急同守者相繼避去麟徵遺友人書曰時事決裂一旦至此同官潛身遠害某惟致命遂志自矢而已城陷徒步歸賊已據其邸因入道左三元祠時傳天子蒙塵有勸公南歸不應同官來招之降賊怒揮之戶外遂自經家人救之蘇泣而請曰明旦待祝孝廉至可一訣麟徵許之先是祝孝廉淵以奏保劉宗周被逮留京師淵晨至麟徵酌酒慷慨與別曰自我登第時夢見隱士劉宗周題文信國文天祥○零丁洋詩二語於壁數實爲之今老矣山河破碎不死何爲相對泣數行下因作書訣家人曰祖宗二百七十年宗社一旦而失身居諫垣無所匡救法應褫恥○奪也服殮時用角巾青

衫覆以單衾藉以布席足矣茫茫泉路咽咽聲煙入寸心所以瞑予目者又不在乎此也罪臣吳麟徵絕筆書畢投環死之淵爲視含去聲○以珠玉實尸之口中曰含殮乃去右庶子周鳳翔上梓宮暴露東華門外鳳翔赴哭慟絕歸寓遺書訣父僕有曰男今日幸不虧辱此身貽兩大人羞吾事畢矣罔極之恩無以爲報矣之來生復作詩一首有碧血九泉依聖主白頭二老哭忠魂之句向闕再拜自縊二妾從之俱死簡討汪偉先是聞賊漸近都城遺書友人曰京師單弱不惟不能戰亦不能守一死外無他計也及賊犯闕偉恇父懆懆○不安也累日不食妻耿氏從容語曰苟事不測請從君共死城陷偉趨吳給事甘來所約同殉難歸與妻耿氏呼

酒命酌偉大書前人語於壁曰志不可屈身不可降夫婦同死節義成雙爲兩繯於梁間偉就右耿氏就左既皆縊耿氏復揮曰止止雖在顛沛夫婦之序不可失也復解繯正左右序而死戶科給事中吳甘來賊薄傅京師兄禮部員外泰來至寓執甘來手泣曰事勢至此奈何甘來曰有死無二義也城陷傳聞聖駕南出甘來曰上明且決必不輕出乃疾趨皇城不得入返寓家人進飲食卻之有勸甘來潛遁者甘來曰今不能調兵殺賊顧欲苟全求活耶遂作書以後事屬祝其兄弟簡几上有疏草在日留此恐彰君過取火焚之兄子家儀奔至相與慟哭曰我不死無以見志汝父死無以終養古者兄弟同難必存其一使皇上

在。則土木袁彬，英宗土木之變，袁彬從。遜國程濟，建文遜國，程濟從。皆可爲
也。否則求眞人於白水，漢光武中興，起南陽白水鄉。起斟鄩尋於有仍
夏后相爲羿所逐，依斟鄩國。寒浞殺羿，滅斟鄩，而弑帝相。相后方娠，逃歸有仍國，生少康，而中興也。是我雖
死猶生也。努力勉之。遂冠帶北向拜者五，南向拜者四，賦
絕命詩一首，引佩帶自縊死。監察御史王章，賊犯京師，章
與給事中光時亨同巡城，至阜城門，賊緣堞而上，從人駭
走。賊持刃問曰，降否。章叱之曰，不降。賊以刃築其膝仆地。
遂遇害。章子之栻從，亦死難於闖，甚烈，與章同。監察御史
陳良謨，鄞縣人。聞變，痛飲作詩，爲繯於梁，欲自盡。妾時氏有
娠，震。良謨謂之曰，吾年踰五十，無子，汝幸有娠，倘生男，以
延陳氏血食，汝必勉之。時氏曰，主人死，妾將誰依。與其爲
賊辱，不如無子也。妾請先死以絕君念。遂入投繯。良謨別

作一繯，與之同盡。監察御史陳純德，時提督北直學校，行
部至易水，試士未竟，聞都城賊警，即戒裝入都，不數日城
陷，自縊死。四川道御史趙譔，巡視中城，捕賊諜殺之。城陷，
賊獲譔，譔瞋目大罵，賊怒，殺於白帽衚衕。太僕寺丞申佳
胤，永年人。聞城陷，投井死。吏部員外許直，都城陷時，傳先帝
從齊化門出，有客勸曰，天子南遷，公等宜扈蹕偕行，共
圖光復。直唯之。既而出門一望，曰，當此四面干戈，駕將焉
往。比聞帝崩，號慟幾絕。有客從旁慰解，動以親老子幼。直
曰，有兄在，吾無憂也。是夜爲書報其父，作詩六章，起拜闕，
已復拜父畢，自縊死。一手持繩尾，一手上握，神氣如生。兵

部郎中成德，懷柔人。賊報急，即致書同年馬世奇曰，主憂臣
辱，我等不能匡救，貽禍至此，惟有一死以報國耳。君常忠
孝夙稟，諒有同心也。及帝崩，梓宮暴露東華門，德以雞酒
哭奠梓宮前。賊怒，露刃脅視之，不爲去聲動。歸寓，跪母張氏
前哭。母曰，我知之矣。入室自縊死。妻張氏亦死。一子六歲，
德撲殺之，然後自殺。兵部員外郎金鉉，大典人。賊攻城急，鉉
跪母章氏前曰，見世受國恩，職任車駕，城破義在必死，得
一僻地可以藏母，幸速去。母曰，爾受國恩，我獨不受國恩
耶。事急，廡下井是吾死所。鉉慟哭，即辭母往視事。歸至御
河橋，聞城陷，鉉望寓再拜，即投入御河。從人拯救，鉉齧其
臂，急赴深處。時河淺，俛首泥濘死之。家人報至，母章氏亦

投井死。鉉妻王氏亦隨死。其弟諸生錝從哭曰，母死，我必
從死，然母未歸土，未敢死也。遂棺殮其母，既葬三日，復投
井而死。光祿寺署丞于騰蛟，冠帶，呼妻亦衣命服，同縊死。
副兵馬使姚成，中書舍人宋天顯，皆自盡。中書舍人滕之
所、阮文貴，經歷張應選，咸投御河死。儒士張世禧，二子懋
賞、懋官，俱自經死。又萊傭湯之瓊，見先帝梓宮過，慟哭，觸
石死。襄城伯李國禎，賊李自成舁預○對舉也。帝后梓宮於東
華門外，設廠，百官過者莫進視。國禎泥首去幘，謫○髮有巾曰幘。
跟蹌，見上卷二七。奔赴，跪梓宮前，大哭。賊執國禎見自成，復大
哭，以頭觸階，血流被面。賊衆持之。自成以好語誘國禎，使
降。國禎曰，有三事，爾從我即降。一，祖宗陵寢不可發。一，須

周鍾不
死後遂
有多少
物議貽
臭萬年

葬先帝以天子禮。一太子二王不可害。自成悉諾之。扶出賊以天子禮。稾葬先帝於田貴妃墓。惟國禎一人。斬衰徒步往葬。至陵襄事畢。慟哭作詩數章。遂於帝后寢前自縊死之。新樂侯劉文炳。賊破外城。帝召文炳同駙馬鞏永固。各率家丁二十餘人。欲於崇文門突圍出。不得。乃回宮。文炳歎曰。身爲戚臣。義不受辱。不可不與國同難。其女弟適李。年未三十而寡。文炳召之歸。城陷。與弟左都督文燿。擇一大井。驅子孫男女及其妹十六人。盡投其中。縱火焚賜第。火然。俱投火死。祖母瀛國太夫人。卽帝外祖母也。年九十餘。亦投井死。駙馬都督鞏永固。從帝突圍出。不得。歸家殺其愛馬。焚其弓刀鎧仗。大書於壁曰。世受國恩。身不可

辱。時樂安公主先薨。以黃繩縛子女五人於柱。命外舉火。遂自剄。太傅惠安伯張慶臻。聞城陷。盡散財物與親戚。置酒一家聚飲。積薪四圍。全家燔死。宣城伯衛時春。聞變。合家赴井死。無一存者。錦衣衛都指揮使王國興。聞變。自縊死。錦衣衛指揮同知李若珪。守崇文門。城陷。作絕命詞云。死矣。卽爲今日事。悲哉何必後人知。自縊死。錦衣衛千戶高文采。守宣武門。城陷。一家十七人皆自殺。屍狼藉。籍於路。順天府知事陳貞達自盡。陽和衛經歷毛維張不屈死。百戶王某。周鍾寓其家。百戶勸鍾死。鍾不應。出門欲降。百戶挽鍾帶至斷。鍾不聽。百戶自經。長洲生員許琰。鹽聲上聞京師之變。悲號欲絕。遍體書崇禎聖上四字。絕粒七日而死。會稽生員王毓蓍。聞京師之變。作致命詞以見志。夜肅衣冠。赴柳橋水而死。○賊兵充塞街巷。恣意淫掠。惟殉難諸臣家。賊戒不敢騷擾。一時諸臣盡節稍不決烈者。卽被其拘執於朝。廹脇獻金。極刑拷掠。獻不滿意。仍復受刑。受刑不過。陳演仰藥死。魏藻德自勤死。方岳貢不食死。邱瑜自經死。方自成在西安時。已僭國號大順。改元永昌。至是其黨勸進文有云。功過湯武而無慙德。德邁堯舜而多武功。出自名士之筆。識者嗤之。遂稱皇帝。卽位武英殿。毀太廟。遷太祖神主於歷代帝王廟中。賊每陞御座。輒目眩頭暈。鑄永昌錢。字不成文。有明制度。任意紛更。識者已知其終於賊矣。

〔綱〕平西伯吳三桂乞師於我

大清。長驅而入。夏四月。賊李自成遁走。

〔紀〕初。三桂率兵入援。聞京城已陷。頓兵山海。赴我大清乞師。而後長驅以入。自成聞之大驚。脇三桂父襄作書招三桂。復遣唐通齎銀四萬兩犒師。別以賊兵二萬守關。三桂佯受其犒。而出不意。盡殺守關賊。遂復書絕父曰。兒以父蔭。熟聞義訓。得待罪戎行。日夜勵志。冀得一當以酬聖眷。屬邊警方急。寧遠巨鎮。爲國門戶。淪陷幾盡。兒方力圖恢復。以爲李賊猖狂。不久卽當撲滅。恐往反道路。兩失事機。故爾暫稽時日。不意我國無人。望風而靡。吾父督理御營。勢非小弱。巍巍萬雉。何至一二日內。便已失墮。使兒捲甲赴關。事已後期。可悲可恨。側聞聖主晏駕。臣民僇辱

不勝眦裂。猶意吾父素負忠義。大事雖去。猶當奪槌一擊。誓不俱生。不則刎頸闕下。以殉國難。使兒縞素號慟。仗甲復仇。不濟則以死繼之。豈非忠孝媲美乎。何乃隱忍偷生。訓以非義。既無孝寬禦寇之才。復媿平原罵賊之勇。父既不能為忠臣。兒亦安能為孝子乎。兒與父訣。請自今日。父不早圖。賊雖置父鼎俎旁以誘三桂。不顧也。四月。自成率精銳六萬衆。挾太子定王永王及吳襄東行向永平。三桂擊賊於關門。賊方合圍。

大清兵至。自成策馬先走。賊衆奔潰。三桂追賊至永平。又破之。自成奔還京師。三桂壓城而營。自成合十八營拒戰。官軍擊之。賊死者二萬人。自成殺吳襄。盡戮其家口三十八人。懸襄首於城上。三桂披髮墜鞍。哭於地。三軍感憤。拔刀砍地。誓殺賊。丁亥。自成出彰義門西走。三桂輕騎追之。賊馬騾皆重載。自盧溝至固安。百里內。所棄財物婦女塞路。賊衆半散去。三桂追至保定。賊還兵而鬬。盡失其輜重。追至真定。復拒戰。官軍擊之。殺賊萬餘人。自成中流矢。拔營走山西。三桂以兵逐之。及關而止。遂還軍京師。後自成復遣兵出潼關攻掠河南。又遣將至四川。略保寧一路。三桂追至山西。自成數戰不利。遂走西安。迨

大清兵西伐。自成南奔辰州。將合張獻忠。獻忠已入蜀。遂擁衆居武昌五十日。謀奪舟南下取宣歙。將發。暴雨烈風。旗鎗盡折。自成由金牛保安走延寧蒲圻。沿道殺掠。過通城。命其下四十八部先發。通城有羅公山。山有元帝廟。山民賽會以盟。謀捍衛閭井。自成止以二十騎過山。阿騎止山下。自成單騎登山。入廟見帝像。伏謁。若有物擊之。不能起。村人疑為刼盜。取所荷鍤碎其首而死。或曰。自成在黔陽乏食。自出抄掠。為何騰蛟伏兵所逐。村民殺之。李過勒兵奪其尸。滅一村而還。結草為首。以衮冕葬於羅公山下。賊諸將奉李過為首。改名李繡。渡湖入險山中。後改名李赤心。羣盜俱散亡。方自成之破關陜入京師也。獻忠橫行楚蜀間。獻忠自十六年秋九月。陷長沙之後。復由荊州入夔州。蜀王闔宮遇害。遂踞成都為西京。設丞相尚書。殺蜀紳士殆盡。一日自殺從官二百餘人。或言太甚。獻忠曰。文官怕沒人做耶。朝會拜伏。呼獒數十下殿。獒所嗅者。引出斬之。名曰天殺。詭考武生。出厩馬最獰劣者。使騎。既上馬。發大砲。合營大喊。馬驚人墮。踐為肉泥。詭選官。由東門入。西門出。盡斬之。無一遺者。詭開科。士人既入場。盡殺之。士人咸執筆握管以死。棄硯如邱塚。復欲殺其將劉進忠。進忠遂出降。領官兵入斬之。

【編】五月。

大清定鼎順天。奄有四海。億萬斯年。

朱璘曰。按明太祖以布衣從戎。奄有諸夏。其創業垂統。軼宋而上。駸駸乎與漢唐並立。迨天下已治已安。帶礪勳盟。鮮克永世。太孫嗣位。削奪親藩。南北水火。自貽伊戚。太宗正位。重培邦本。彝倫攸敘。民氣和樂。文德武功。於斯為盛。仁宣繼之。周言成康。漢言文景。不是過矣。英宗輕舉妄動。自陷土木。景泰為德不終。南宮復辟。思蓋前愆。頗有善政。憲宗朝。治亂相半。孝宗晚節。簡任老成。惜武宗不克負荷。幾致限越。世宗初政清明。其後惑於長生之說。遂無足觀。穆宗短祚。神宗幼沖。威權旁落。內外臣工。分門立戶。黨同伐異。而總以攻宰相。許邊臣。為立名之始。由是朝廷蕪穢。邊疆淪沒。天下事不可為矣。光宗一月上賓。熹宗委身客魏。天命已去。人心已離。莊烈帝手剪元兇。宵旰圖治。維時天子孤立於上。公卿大夫無足計事。加以水旱疾疫。徵輸孔亟。闖賊犯闕。帝拒遷國之議。守死社稷。自古亡國。未有如帝之正者也。

四鎮惟黃得功可取其三人皆罪人也而劉良佐擒獻

附諸王

南都福王名由崧神宗孫福王常洵子懷宗從兄也崇禎十四年自成破河南福王遇害由崧逃至懷慶十七年懷慶不守復逃至淮安京師陷南京大臣立之改元弘光在位一年亾

甲申三月十七日李自成入京師南京府部等官會議推戴討賊鳳陽總督馬士英請立福王兵部尚書史可法侍郎呂大器不可誠意伯劉孔昭給事中李沾太監韓贊周力主之五月初一日迎入京十五日告廟卽位改元弘光召史可法高弘圖馬士英姜曰廣王鐸入閣顧錫疇黃道周侯峒曾許譽卿章正宸徐汧曹勛吳偉業等先後擢用總兵鄭鴻逵鄭彩俱鄭芝龍弟鎮守鎮江立四鎮淮揚徐泗鳳壽滁和以興平伯高傑卽降盜翻山鷂東平伯劉澤清廣昌伯劉良佐亦降盜靖南侯黃得功轄之高傑降賊也稱翻山鷂舊與闖賊同夥有驍勇名闖妻邢氏貌美屬傑護內營傑與邢通挈之來降初隸洪承疇及孫傳庭後調赴李建泰軍馬未至聞建泰兵潰遂率兵南下大肆劫掠抵揚州欲入揚人畏懼爲之罷市登陴死守傑攻之多殺掠淮撫黃家瑞守道馬鳴騄集衆議事進士鄭元勳與傑善登城言於當事請放高兵入城衆怒譁指元勳爲高黨寸斬之城樓傑恨攻益力史可法曲解之始移駐瓜洲及設四鎮傑卒駐揚澤清駐淮良佐駐鳳泗黃得功駐廬得功心薄之因提兵爭淮揚與傑戰不勝朝廷聞之陞萬元吉太僕少卿監江北軍解之始各罷兵隸傑於史可法標下爲前部總兵官得

弘光尤傑之不足蔽辜者

功素忠義餘三人俱係敗北來南者史可法請出督師江北於是士英柄國士英初爲阮大鋮所薦德之至是遂薦大鋮舉朝大駭以大鋮名列逆案令梓宮夜雨一坏未乾而忽翻欽案不聽竟用爲兵部侍郎

召劉宗周爲都御史宗周抗疏不署銜止稱草莽孤臣首言大鋮進退係江左興亾又言方賊兵入秦踰晉直逼京師大江以南固晏然無恙也而二三督撫曾不聞遣一人一騎北進以壯聲援賊遂得長驅犯闕坐視危亾而不之救則封疆諸臣之當誅者一既而大行之凶問確矣敷天痛憤奮戈而起决一戰以贖前愆又當不俟朝食而方且仰聲息於南中爭言固圉之策卸兵權於閫外首圖定策之功督撫諸臣仍復安坐地方不進一步則封疆諸臣之當誅者二然猶曰事無禀承迨新朝既立自應立遣討賊之師卷甲銜枚出其不意而諸臣計不出此則諸臣謀國不忠之當誅者三先帝升遐頒行喪詔何等大典而遲滯日久是先帝終無服於天下也則今日典禮諸臣之當誅者四仰惟陛下再發哀痛之詔立興問罪之師請自中外諸臣之不職者始又御史李模言今日諸臣能刻刻自認爲先帝之罪臣方能紀常勒卣蔚爲陛下之功臣夫擁立之事皇上不以得位爲利諸臣何敢以定策爲名而甚至輕加鎮將於義未安鎮將事先帝未聞效桑榆之收事陛下未聞著汗馬之績按其罪亦當在戴罪之科必大慰先

帝殉國之靈庶堪膺陛下延世之賞一槩勛爵俱宜辭免疏入俱不省

上崇禎尊號曰思宗烈皇帝尋改毅宗周皇后曰孝節皇后追尊建文爲惠宗讓皇帝景泰爲代宗景皇帝懿文太子爲興宗孝康皇帝尊皇考福恭王爲恭皇帝立耑廟

湖廣巡按御史黃澍同承天守備太監何志孔入朝面糾馬士英奸貪不法淚與語下志孔復前佐澍士英僞稱疾求去而賂太監田成張執中使語弘光曰主上非馬公不得立茲逐馬公天下皆議主上背恩矣且馬公在閣諸事不煩主上得以優閒自在馬公去誰復念主上者弘光卽賜諭留而趣澍附楚去

明紀會通卷十五 附諸王 羞 書業德

時有建陽知縣蔣芬捐俸造火器募勇士三請勤王其詞有曰幸而邀天之靈迅掃狂氛指日奏凱社稷之福否則斷脰决腹瞑目地下以報國家三百年養士之恩無負職三十年讀書之志識者壯之

吏科給事中張正宸疏言兩月以來聞大吏鍚鞶矣不聞獻俘聞武臣私鬭矣時劉孔昭與文臣攻訐高傑與劉澤清良佐各相牴牾不聞公戰聞老成引遯矣不聞敵愾聞諸生捲堂矣不聞請纓如此而曰興朝氣象臣雖愚知其未也臣以進取爲第一義進取不銳則守禦必不堅時河北山左河南四川尚爲闖獻所據不及今電掣星馳倡義申討是翦天下之氣而坐失事機也陛下何不縞素親率六師於淮上聲靈所震臣未見張韓劉岳之杰不應運而出也

馬士英阮大鋮授意吏部候考朱統鑽疏誣姜曰廣史可法張愼言呂大器謀逆有據大器削籍提問高弘圖姜曰廣劉宗周徐石麒各予告去

命錦衣都督馮可宗遣役緝事禮科袁彭年疏廠衛之興一盛於成化汪直再盛於正德谷大用三盛於天啓魏忠賢當時俱幾危社稷夫卽廠衛之興廢而世運之治亂因之先帝亦嘗任廠衛矣而當世無不營而得之官中外有不脛而走之賄逃網之方卽從布網之地而得作奸之事又資發奸之人而行不可以不革疏入謫浙江布政司照磨

明紀會通卷十五 附諸王 美 書業德

時鄒太妃來自河南弘光諭搜括萬金以給賞賜太監又請工科錢糧約數十萬工科苦黙金無術懇祈崇儉不聽保國公朱國弼薦用欽案楊維垣爲通政使召降獻賊錦衣都督劉僑補原官僑送馬士英赤金三千兩女樂十二人士英笑曰此一物足以釋西伯遂用之

加淮撫田仰兵部尚書世廕指揮仰故馬士英私人也時劉澤清大興土木僭擬皇居仰與其事無意往北但知請餉不知餉之何用

士英請免童生州府應試上戶納銀六兩中戶四兩下戶二兩竟赴院試又行納貢例廩三百兩增六百兩附七百兩又納武英中書九百兩文華中書一千五百兩內閣中

書二千兩待詔三千兩拔貢一千兩推知銜一千兩監紀職方萬千不等時爲之謠曰中書隨地有都督滿街走監紀多如羊職方賤似狗廕起千年塵拔貢一呈首掃盡江南錢塡塞馬家口

時論定策功史可法上言陛下初見臣等言及先帝則淚下沾襟次謁孝陵則淚痕滿袖皇天后土實式鑒臨曾幾何時可忘前事先帝以聖明罹慘禍此千古未有之變也先帝崩於賊恭皇帝亦崩於賊此千古未有之讐也先帝待臣以禮馭將以恩一旦大故在北之臣死節者寥寥在南之臣討賊者寥寥此千古未有之恥也庶民之家父兄被殺尚思穴胸斷脰得而甘心况以朝廷顧可漠置夫國

[史閣學此疏有出師表遺意]

家遭大變陛下始承大統諸臣但有罪之當誅實無功之足錄今恩外加恩紛紛未已以後似宜少加愼重以待有功至於兵行最苦無糧不急工役一切可已繁費一切可罷朝夕宴衎左右獻諛一切可謝絕以濟軍需以併精神於選將練兵一事庶乎人心猶可救天意尚可回耳疏入不省深居禁中惟漁幼女至有淫死者飲火酒雜伶官演戲爲樂修興寧宮建延禧殿大工繁費搜括殆盡佃練湖放洋船瓜儀擊鹽蘆洲升課盜馬士英濁亂朝政內則田屈兩官外則楊(維垣)阮(大鋮)諸奸兼有興平(高傑)東平(劉澤清)遙制朝權忻城(趙之龍)撫寧(朱國弼)侵撓吏事識者已知不堪旦夕矣

冬十月遣左都督陳弘範兵部侍郎左懋第通好

大清懋第臨行上言願陛下瞻高皇之弓劍則思成祖列聖之陵寢何存撫江上之遺黎則思河北山東之赤子誰恤勿以和議爲必可成勿以和成爲必可恃必能渡河而戰始能扼河而守必能扼河而守始能畫江而安衆韙其言懋第至北京請祭告諸陵不許乃陳太牢於鴻臚寺堂哭祭之弘範密奏身赴江南招劉澤清等降附於是留懋第勿遣於弘範南還十二月使臣陳弘範歸盛稱

大清兵旦夕南下馬士英曰有四鎭在何慮焉是時張捷秉銓部務皆阮大鋮一手握定而選郎以貪黷濟之吏道厖雜已甚惟吏科給事中吳适辨事垣中抄駁侃侃不避權

貴朝廷倚以爲重

除夕弘光在興寧宮忽不怡太監韓贊周言新宮宜懽弘光曰梨園殊少佳者贊周泣曰臣以陛下令節或思皇考或念先帝乃作此想耶

乙酉正月總兵許定國叛殺興平伯高傑降於

[許定國殺高傑]

大清先是傑作賊時常刼許定國村殺其一家惟定國逃免至是同爲列將定國啣之秘而不言陽與傑好許讓睢州招傑飮傑赴飮不疑定國伏甲於寢夜半殺傑剖腹以祭先靈親兵遇害過半餘衆潰還定國遂以衆降

通政使楊維垣薦起逆案(崇禎二年所定者)諸臣並請重頒三朝要典(崇禎二年所毀者)左良玉上言要典治亂所關勿聽邪言致

興大獄，不聽。陞維垣左都御史，阮大鋮兵部尚書。

二月，追謚崇禎太子爲獻愍皇太子，永王爲悼王，定王爲哀王。

先是傳言與三桂擁太子離永平，陰逸之民間，遂浮海而南，前至揚州。鴻臚少卿高夢箕家人高成、穆虎挾之渡江，因棲於蘇，轉於杭。太子不堪羈旅，漸露貴倨，爲人所指。夢箕懼禍，赴京密奏。於是遣內侍召之，至則都人踴躍，文武官紛紛投謁。最後太監盧九德至，禮倨，太子呼名叱之。盧不覺叩頭曰：奴無禮。小爺保重。觳觫而出。隨有旨各官不許私謁。中夜移太子入內。越五日，會審大明門外。太子東向倨坐，一官置禁城圖問之，曰：此北京宮殿也。指承華宮

曰：此我所居。指坤寧宮曰：此我娘娘所居。一官前問曰：公主今何在？曰：不知。想已死矣。劉正宗曰：我是講官，汝識否？太子視之不應。正宗多詞以折之，太子笑曰：汝以爲僞，即僞可耳。諸臣無可如何，遂以肩輿送入中城。初，楊維垣颺言駙馬王昺其姪孫王之明，貌似太子，故兵科戴英襲其言，奏稱王之明假冒太子，宜敕法司根究。刑部遂捕高成、穆虎嚴訊，五毒備至，至死不承假冒。高夢箕復上言自明，并逮治之。越三日，復會審，出原講官方拱乾於獄，辨識之。太子仍倨坐，衆擁拱乾至，指示曰：此何人？太子曰：方先生。拱乾不敢明辨。張振孫曰：汝是王之明。太子曰：我南來，從不會言太子，汝不認罷了，何必坐名改姓？汝等不嘗立皇考之朝乎？何一旦蒙面至此。衆官有赧者，有恨者，莫之能決，仍送入獄。八日，復會審，左都李沾呼王之明，不應。問何不應，太子曰：何不呼明之王。沾喝上楼，太子號呼皇天上帝，聲徹於內。士英傳放楼沾，復好言問之。太子曰：汝令校尉囑我，校尉自能言之。何必我言。問官見其言急，令扶出送獄。將出朝，舊東宮伴讀邱致中捧持大慟，即命擒下，有題詩於皇城者曰：百神護蹕賊中來，會見前星閉復開。海上扶蘇原未死，獄中病已又奚猜。安危定自關宗社，忠勇何曾到鼎台。烈烈大行何處遇，普天同向棘園哀。又舊妃童氏曾生一子，不育，遭亂播遷，與太妃各依人自活。太妃之南，陳潛夫奏童氏故在，弗召。至是從越其傑所解至，命

繫之獄。童氏細書入宮年月、相離情事甚悉，上達。弘光卒棄之。有旨童氏冒認結髮，王之明冒認太子，即將兩案刊布，以息羣疑。

決從逆賊臣光時亨、周鍾、武愫於市。周鑣、雷䋲祚勒令自盡，餘盡革職放還。

設壇太平門外，百官素服望祭先帝。阮大鋮後至，哭呼先帝而來曰：致先帝殉社稷者，東林諸臣也。不盡殺東林諸臣，不足以謝先帝。今陳名夏、徐汧等俱北走矣。馬士英急止之曰：徐九一現有人在。大鋮曰：與楊維垣謀，必欲盡殺東林諸人，或夜半書於士英堂中曰：闖賊無門，匹馬橫行天下；元兇有耳，一兀直擣中原。

寧南侯左良玉上疏請誅馬士英又傳檄討之有云本爲
報仇而立君乃事事與先帝爲仇初因民願而立主乃事
事拂生民之願除誥命贈廕之外無餘政自私願舊仇而
外無事功又云朝中奸黨盡去則諸賊不討自平倘左右
元兇未除則河北雖平無用已而左良玉反移檄遠近云
馬士英者蠻獠無知貪狠背義挾異人爲奇貨私嫪毒以
種姦欺蝦蟆之不聞恣鹿馬以任意豈先帝不足復留種
既沉其弟先是有僧大悲自稱定王者誅之又滅其兄將小朝自有一番
人既剖其臣并翦其主弘光聞左兵變急調黃得功劉良
佐劉澤清方國安朱大典離汛禦之史可法曰良玉不過
欲除君側之奸原不敢與君父爲仇若北兵一至宗社可

虞不意輔臣何朦蔽至此遂請面朝弘光諭卿專心料理
待奏凱後見可法嘆曰奏凱二字談何容易誠如上言面
君不知在何日矣弘光諭馬士英曰看良玉本上意思原
不曾反叛如今還該守淮揚不可撤江防兵士英厲聲曰
吾君臣寧可死於此地不可死於良玉手弘光嘿然由是
江防遂懈良玉起兵未幾後卽死
大清兵渡淮如入無人之境猝至揚州可法血書請援不報
及破揚州可法立城上見之遂拔劍自刎由是沿江窺渡
總兵官鄭鴻逵帥水師禦之京口
大清兵編筏張燈向鎮江而別由老鸛河渡庚寅晨
大清兵開閘放舟蔽江而南二鄭見之揚帆東遁

無一邑從逃避安之胸中憤憤宜其爲奸犯擒獻也

一路旌鉞所指江南武弁一時皆潰黠兵奔走南京都人
震恐龍潭驛探馬報云敵編木爲筏乘風而下又一報云
江中一砲京口城去四垛最後楊文驄令箭至云江中有
數筏因架砲城下火從後發震倒頹城半垛早發一砲江
筏粉碎矣士英將前報細打而重賞楊使由是報警寂然
弘光惟以選淑女爲急採辦中宮珠冠禮冠三萬兩常冠
一萬兩京選元姓一人浙選王姓一人周書辦自獻一女
俱進皇城內後城破放還母家五月初五日百官進賀弘光不視
朝以演戲無暇也有書於長安門者云福人沉醉未醒全
憑馬上胡騶幕府凱歌已休猶聽阮中曲變阮琴曲也
大清兵于初十日早由老鸛河渡傳信至京城門晝閉百官

會議馬阮獨竊竊偶語大約俱言納款矣日猶傳旨召優
人入內串戲與太監雜坐酣飮至二鼓後上奉太后一妃
跨馬率內官多人從聚寶門出狩百官無一人知者壬辰
馬士英劉孔昭阮大鋮俱遁劉澤清入海黎明宮門不守
嬪女亂走百姓始知君相俱逃擁入宮中搶掠殆盡午刻
百姓千餘人至中城獄擁太子入宮倉卒無備冠服俱取
諸戲箱中遂於武英殿登極羣呼萬歲
大清兵于乙未薄城下忻誠伯趙之龍率禮部總憲縋城出
迎時豫王駐師天壇之龍奉太子出降至營豫王離席迎
之坐於已右有頃擒劉良佐至叩首請擒弘光贖罪丁酉豫
王受百官朝賀王鐸詣營投到

黃得功中劉良佐之弩自刎劉良佐擒弘光獻於豫王

弘光之奔也倉卒至太平府欲遯入城百姓閉城不納徬徨江次乃奔蕪湖蕪采水師總兵黃斌卿先遁去因就黃得功營得功方出兵與左兵戰聞之卽歸營向上泣曰陛下死守京城臣等猶可借勢作事奈何聽奸人之言輕出此陛下自誤耳越兩日將謀幸浙劉良佐追至且奏豫王之命召得功得功怒曰我黃將軍死不受屈良佐伏弩射中得功喉得功歎曰我無能爲矣歸營拔劍自刎良佐挾上至南京

丙午弘光見豫王豫王薄之不爲禮坐太子於其上問其何自擅立及磨滅太子之狀弘光俯首不言豫王旣定江浙歸北京挾弘光太子俱去後俱凶聞有遺宗監國謚曰

赧皇帝

馬士英率黔兵稱奉太后南行所過村鎮奔避一空至廣德州州守閉城不納士英攻破殺州守巡撫張秉貞遂備法駕迎入杭州太后舍公廨士英屯兵城南潞王時寓杭州恭謁太后如常禮士英欲立潞王潞王峻辭不可聞豫王調兵八萬下蘇杭士英復渡江南遁遂有隆武曾王監國之事

一時死節者尚書高倬中書陳爊龔廷祥李待問尚書徐石麒部屬劉成治吳佳胤黃端伯夏允彝錢棅通政侯峒增給事陳子龍鄉紳金聲戚勳進士黃淳耀嘉興人淵耀舉人龔用圓張錫眉陳伯俞欽天監陳于階諸生吳可箕等少詹徐汧原任兵部尚書揚州張伯鯨并標下遊擊龔羌臣俱不屈死原任巡撫山陰祁彪佳投池死原任大學士高弘圖左都劉宗周俱不食死其前遣使臣左懋第在北聞江南陷七日不食麻衣孝巾草履與從行使臣王一斌張良佐王廷佐陳用極劉統俱不屈死是日忽風沙四起捲市棚於雲際屋瓦皆飛一時罷市其絕命詞有云峽拆巢封歸路迥片雲南下意如何寸丹冷魄難消盡蕩作寒烟總不磨不知姓名投秦淮河死者馮小瑞與百川橋下乞兒乞兒題詩橋上云三百年來養士朝如何文武盡皆逃綱常留在卑田院乞丐羞存命一條

福建唐王名聿鍵太祖子唐王之後裔也弘光亡爲南安伯鄭芝龍所立居福州改元隆武在位一年亡

唐王名聿鍵自河南避亂適浙南都失守鎮江總兵官鄭鴻逵鄭勝等擕至福州於乙酉六月十五日巡撫張肯堂巡按吳春枝尚書黃道周南安伯鄭芝龍等會議立之改福州爲天興府改元隆武是日郊天大風震起拔木揚沙及回宮尚寶司卿坐馬忽仆玉璽墜地缺一角

晉鄭氏兄弟芝龍鄭鴻逵彩芝豹爲侯伯時文武濟濟然兵餉戰守俱鄭芝龍爲政芝龍泉州人幼習海知海情凡海盜皆故盟或出門下自就撫後海舶不得鄭氏令旗不能往來每一舶例入三千金以此富敵國開府安平鎮去泉州城南三十里後築城於安平海稍直通臥內其守城兵自給餉

不取於官。旗幟鮮明。戈甲堅利。凡賊遁入海者。檄付芝龍
取之如寄。故八閩以鄭氏爲長城。至是開府於福州。坐見
九卿入不揖。出不送。
以蔣德璟黃景昉黃道周蘇觀生何楷等俱爲大學士。何
吾騶郭維經曾櫻皆入閣。王應熊楊廷麟等亦列名閣臣
三十餘人。然皆無事。票旨皆隆武自爲之。時有靖江王亨
嘉自立。廣督丁魁楚撫瞿式耜擒斬之。芝龍令撫按以
下皆助餉。官助之外有紳助。紳助之外有大戶助。又借徵
次年錢糧。察括府縣庫積。毫釐皆解。不足。又大鬻官爵。部
司價銀三百兩。後減至百兩。武劄僅數十兩或數兩。倡優
厮隸盡列衣冠。府縣訟庭兩造俱稱職官。立語不跪。互毆

於庭而莫可制。受害者皆延頸　我兵。諺曰　清兵如蟹
曷遲其來。識者已知其必敗也。
隆武意欲躬履行間。芝龍以鈌餉辭。又以子成功侍隆武
故。隆武意有所向。成功輒以告芝龍。隆武尺寸不能自主
矣。左右皆鄭人。隆武心知芝龍不可恃。然無以制之。命鄭
鴻逵鄭彩出師。隆武親築壇郊拜而送之。既出關。駐不行。
連檄催之。行數百里而還。
大學士黃道周請以師相募兵江右。芝龍不與一錢。惟給
空劄百函。道周行居吉安。與楊廷麟萬元吉爲呼應。出兵
嶶州。爲我
大清兵所擒。械送江寧。道周絕粒十四日不死。洪承疇憐而

欲生之。道周不屈。竟斬於市。芝龍聞錢塘信急。稱海寇至
表去。隆武遂議幸贛。
大清兵過嶺。隆武載書數十車奔至順昌。聞
大清兵已及延津。倉皇無措。將謀入贛。停一日。曬龍鳳衣。
大清兵追至。遂被擒。并妃曾氏械至福州。斬於市。一時死節
者大學士蔣德璟尚書曹學佺等八人。
先是馬士英阮大鋮擁殘兵數千。請入關。隆武以其罪不
許。士英計窮。走至台州山寺爲僧。爲
大清兵搜獲。大鋮迎降。及順昌獲龍扛。搜得士英大鋮方國
安父子及方逢年連名請隆武出關爲內應疏。大鋮方遊
山聞信。知不免。自投厓死。命戮屍。士英等四人駢斬於延

馬士英阮大鋮結局

平城下。家眷百餘仍給賜兵丁。
初。鄭芝龍以誅海盜劉香老功加參將。署總兵。甲申。兩都
失守。隆武以鄭氏有佐命功。晉芝龍及弟鴻逵芝豹等爲
侯伯。築城安平。既而
大清兵南下。汀漳皆降。芝龍倘保安平。貝勒遣內院致書芝
龍。大悅。遂進表降。其子弟皆勸芝龍入海。曰。魚不可脫於
淵。芝龍不聽。至福州。貝勒見之。握手甚歡。折箭爲誓。命酒
飲。飲三日。夜半忽拔營起。挾之而北。芝龍既行。鄭勝鄭鴻
逵及芝龍子成功皆率所部入海。轉掠閩中郡縣。戊子夏
大清兵再入閩。仍遁海中。後亾。

鄭芝龍終是海盜結局

紹興魯王名　太祖子魯王檀之裔也。避難台州。弘光亾。浙中大臣迎立之於紹興。稱監國。丙戌

六月紹興破王航海入舟山

魯王避難在台州乙酉六月中

大清兵下浙尚未渡江原任僉事鄭遵謙張國維方逢年朱大典迎立魯王監國於紹興國維逢年大典俱爲學士封王之仁武寧伯時馬士英逡巡浙東聞魯王監國欲入朝張國維首參馬士英悞國十大罪士英懼不敢入朝初士英奉鄒太后逃至浙原任僉事王思任上書太后言士英政本閣臣可以走乎兵部尚書可以走乎不戰不守而口稱護太后之駕則聖駕獨不當護乎太后宜速斬士英之頭以爲悞國欺君之戒又以書予士英勸其自刎以謝天下不然如伯嚭渡江我當先赴胥濤乞素車白馬以拒閣

下士英遂逡巡不敢入

大清兵于十月至浙張國維與戰於草橋門會天大風雨火砲弓矢不得發遂收兵我

清兵營木城於沿江

閩中隆武頒詔至諸求富貴者皆欲應之魯王下令欲反合國維星馳至紹上疏隆武謂國當大變凡爲高皇帝子孫皆當同心併力成功之後入關者王疏出人心始安然浙閩成水火矣

丙戌正月王之仁上言事起之日人人有直取黃龍之志乃一敗後遽欲以錢塘爲鴻溝天下事尚忍言哉臣惟有前死一尺愿以所隸沉船一戰今日欲死猶戰而死他日卽死恐不能戰也三月方國安王之仁俱拒戰江上張國維督之忽大砲擊碎方兵中厨鍋竈國安曰此天奪吾食也夜半拔營至紹劫監國南行惟之仁一軍尚在也之仁對國維泣曰壞天下事者方國安也北兵數十萬至孤軍何以迎敵六月

大清兵渡浙江國維赴水死方國安馬士英意欲獻監國投降會監者病監國脫去遯入海外舟山一時死節者尚書余煌大學士朱大典侍郎陳函輝王思任少卿陳潛夫主事葉汝桓高岱僉事鄭之尹通政吳從魯按臣鄭爲虹科臣黃大鵬俱不屈死惟方逢年方國安馬士英阮大鋮俱投順輿國公王之仁沉其妻妾子婦女孫於蛟門下而已

獨至松江峩冠登陸入見內院洪承疇自稱身係前朝大帥不肯身泛波濤願來就死命薙髮不肯遂斬之

廣州唐王

唐王名聿鐭隆武之弟福建舊相蘇觀生何吾騶遁回廣東與布政司顧元鏡於丙戌十一月內擁立唐王稱監國改元紹武十二月十五日　大清總兵李成棟兵薄廣州擒紹武并周王益王遼王及蘇觀生等盡殺之何吾騶顧元鏡皆降

肇慶永明王　名由榔亦神宗孫桂王常瀛子也隆武亡巡撫瞿式耜立之建號永曆在位十三年遁入緬甸後爲吳三桂所殺

永明王之先初封衡陽以寇亂徙寓梧州會桂王薨王猶

在衰絰中。因隆武既亡。兩廣總督丁魁楚、巡撫瞿式耜及尙書呂大器、李永茂會議監國。迎永王立之。改元永曆。以肇慶府爲行宮。而福建舊相何吾騶、蘇觀生恥已不與議。遂迎立隆武弟於廣州。改元紹武。與師來戰。永曆兵敗。太監王坤。崇禎朝肆惡淮揚者。趨永曆還梧州避之。式耜爭之不能得。時王坤用事。銓政軍務。任意顚倒。　我兵入梧州。永曆奔桂林。　我兵復攻桂林。時永曆已往楚。獨式耜留守桂林。疏請永曆暫駐全州。以扼楚越之衝。永曆不聽。時桂城積雨。吏士皆無人色。式耜與總兵焦璉堅守。璉以將桂得桂人心。式耜上疏言。自丁亥二月十五至五月二十九。遇變者三。皆極危險變故。當前總辦一死字。亦遂不生恐怖。不

生愁煩。惟是臣之病。不獨在身而在心。不徒在形而在神。身與形之病可療也。心與神之病不可療也。又疏請返蹕全陽。卒不聽。至八月。又上疏。粵西全定。請還桂林。又不聽。武岡復敗。永曆又播越入粵。十一月。永曆至桂林。戊子二月。左右禁近。欲永曆幸柳。式耜持不可。言播遷無寧日。則國勢愈弱。兵氣愈難振。民心皇皇。復何依哉。反覆數百言。淚下沾衣。而永曆已行矣。式耜念主駐南寧蠻鄉。日爲情道。前日憂在內。今更憂在外。五月。督師何騰蛟復全陽。不自爲功。其疏有日爲陛下以信臣用臣者。式耜一人也。六月。廣東提督李成棟。江西提督金聲桓。有反向明朝疏至。永曆勢復振。式耜復上疏。請永曆勿遽往廣東。永曆不聽。

竟入肇慶。式耜聞淚簌簌下。己丑正月。

何騰蛟死節

大清兵破湘陰。何騰蛟死之。破信豐。李成棟歿於陣。破南昌。金聲桓赴水死。庚寅冬十二月　大兵入桂林。守官皆奔竄。獨式耜危坐府中。總督張同敞至。同敞居正曾孫。見式耜曰。事急矣。將奈何。式耜曰。封疆之臣。身將焉往。子無留守責。盍去諸。同敞曰。死則俱死耳。呼酒共飲。至天曉被執。俱死。辛卯年正月。永曆至此立八年矣。

瞿式耜及張同敞死節以結明季之局

大清兵下梧州。守將陳邦傅殺焦璉乞降。盡獻潯陽之地。永曆徙安隆。自安隆至昆明。永昌時皆孫可望、李定國用事。二人俱獻賊降將。十三年。永曆入緬甸。爲領兵官吳三桂擒取遇害。

永曆稱帝後。流離西粵。受制於孫可望。一時忠義之士。大半殉難。輔臣嚴公起恒、楊公畏知。俱負聲望。可望要封秦王。嚴固拒不許。孫遣賊刺殺之。推入水中。屍流三十餘里。忽有虎負之登岸。守視不去。賊愕眙。因收葬之。楊公憤激徒手擊賊。亦被殺。獻忠諸養子。除僞晉王李定國反正外。餘劉文秀、艾能奇等。皆好貨嗜殺。毒甚獒猘。不減獻忠逆賊

蕊亭隨筆

（清）王孫駿　撰

《蕊亭隨筆》二卷，清王孫驂撰，據泰州圖書館藏《辟蠹山房叢書》本影印。

王孫驂，字參馬，一字受軒，號純夫，一號蕊亭。清泰州人。康熙八年（一六六九）舉人。授宜黄知縣。

此書卷首有王孫驂康熙三十七年（一六九八）作《弁言》，言其隨筆一書已至八集，本書爲隨筆一部分，二卷，由作者抄寄其長孫閱讀，共一百三十則。此書述古訓祖功，心之所得，身之所歷，耳目所見聞，期讀者有資乎法戒。王氏家族頗有名望，祖上多有科舉中第出仕者，其父相説，明代進士，官御史等職，爲本邑名人。此書叙其家世較多，於此可考明末清初泰州鄉紳階層之生活。所叙明清名人言行事迹亦較多，如儲巏、羅欽順、李廷機、唐順之、袁懋貞、王艮、李顒等。此外多爲談人生修養、生活哲理等，如《怒》《天理》《守身》《貧富》《溺愛》《起屋》《田産》《量入爲出》等篇。除苦心勸告讀者上進向善之文外，此書與其他筆記作品一樣，也記風水及趣聞軼事等，亦有令人發噱者，如《記舊》，記順治十三年（一六五六）秋有謡傳選妃，闔州哄然。一人倉皇求匿其女，視其貌，麻面巨足，又眇一目。

（周　忠）

蕊亭隨筆訓孫弁言

隨筆二集共一百三十則今從二千里外抄寄長孫汝能依吾言異日定有無窮受用可求鮑夫子用硃筆批點同前一集常置座右各房伯叔昆弟即與共觀不必祕藏笥中兩集不日梓行問世也純夫先生今之篤行君子也其虛心尤不可及昨寄余書云見所著隨筆言言蓍鑑啓發無窮自返生平覺有許多當更改處豈眞芻蕘有裨而虛心固已如是矣矧爾等初學非虛心又何望其進益乎余有戒爾父詩云

麻蠶山房叢書

善言須善聽毋爲執拗堅爾等試三復之余隨筆一書今已至八集統前七集觀之雖有未盡合道理處然或述古訓或述祖功或述心之所得或述身之所歷或述耳目之所見聞皆以云述也匪以爲作也間附以俚言諧語總期有資乎法戒讀者擇而從之可也若夫言諄諄而聽藐藐有負余老人二千里外之苦心實自負也非余所望於爾等也

康熙戊寅季夏既望蕊亭書

極肫切語而恰出以和婉其殆巽與之言與是有望於善聽者矣內弟吳寅臣評

麻蠶山房叢書

慈亭隨筆卷一

海陵王孫駿受軒著
後學夏　荃退庵訂

身體歲月

父母所遺之身體可愛也天地所予之歲月可惜也以可愛之身體而褻用之可乎是當有實在保養處以可惜之歲月而輕擲之可乎是當有實在受用處何爲實在保養孟子曰養其大體爲大人何爲實在受用中庸曰君子無入而不自得焉

儲中游先生宅

趙清獻官少保家於三衢所居甚隘弟姪出厚貲得鄰翁之居以廣公第公聞而不樂曰吾與若翁三世爲鄰矣遂還翁券而不問其直蘇長公卜居陽羨以五百緡買一宅將入居夜行聞老婦人哭問嫗何爲哀傷如是嫗云所居相傳百年一旦訣別所以泣也問其居正五百緡所買者卽取券焚之不索其直按二公居心行事若合符節比之蕭何置田宅必居窮僻處恐爲勢家所奪則二公所見不更高乎吾鄉有王君甫者與余兄弟聯宗有年買儲氏宅比鄰而居時相過從昨諸郎欲轉售與余君甫爲之流涕余聞之亟止之戒勿復言

羅文莊

泰和羅文莊公兄弟叔姪先後高第公由冢宰歸養庭訓甚嚴仲子謁選乞書致當路圖仕南方以便省問公曰數字不足惜惜認義命二字欠確耳生平訓汝爲何而有是言竟不與書按此則苟營祿位僥倖一得者皆自誇巧宦孰知命中所有卽不必苟營亦

未嘗不得也又屠隆云功名胡可巧取巧取而得者命固得之也命苟得之巧亦來不巧亦來不然造物能破壞之矣然則士君子可不以義命自安哉

怒

前輩有云怒既累德亦復傷生欲令當境和平須在平時涵養

龐居士

龐居士云但願空諸所有愼勿實諸所無今之人嗜慾薰心一切外物皆引使入內時時以所無者實之

更安能空諸所有耶

天理

程子云人只是箇天理不能存天理更做甚人終日營營於欲古人謂之醉生夢死按此則知理欲之分卽人禽之界矣

李九我

九我鄉會試皆第一聞其原出李昭陽門殿試前謁昭陽請曰本朝三元止一人倘老師玉成門生三元豈非本朝盛事於師門尤有光也昭陽曰從來狀元

髀龕山房讀書

惟首相所薦余尚在第三恐無濟也於是自備禮偕謁首相且力託之傳臚日閱卷各官以次呈卷神宗素有脾瀉病每舉發雖有急務卽暫退適呈卷時忽欲瀉不及御覽輒云卿等誰中過狀元昭陽對曰臣曾中過丁未狀元隨云狀元手裏出狀元卽取卷署一甲一名而退九我卷首相薦遂置第二屠隆所云功名胡可巧取若九我者正以巧而失之者也

儲柴墟

柴墟鄉會試皆第一殿試商文毅公閱卷忌之遂抑置二甲傳臚又云柴墟冠南宮署其邸云希奇姓字傳天下冠冕文章壓兩京又署邸大門云秋榜仍爲春榜首會元卽是狀元郎朝臣咸忌而抑置之未知孰是愚思文毅爲相豈無休容之度且宋朝三元三人寧有所忌哉或者柴墟中二元後稍稍自滿以致招忌亦未可知今之人未到柴墟地位而自滿過之何惑乎忌之者多也

造命

成化朝好招致一切方伎之士曾選天下圍碁國手

髀龕山房讀書

三人以備供奉時有福建林姓者其姊少時採桑遇二仙女奕碁遂畧授以大意歸家令幼弟攜碁子轉授之及長遂成國手林在選中上每召三人較奕必出一小匣置案上内貯采勿使人豫知俟勝者開匣賜之數日皆林勝内有國手一人夜至林寓懇曰我三人皆以國手見聘今君技獨優不但我二人無色卽朝廷面上亦不好看君於明日幸稍讓我出朝後仍以所得采歸君可乎林許之次日林果輸半着比開匣乃錦衣衛指揮世襲鐵劵一紙勝者叩首謝恩

而出上歎曰誰謂天子能造命哉蓋初意欲以鐵券予林也觀於此士君子益當以義命自安矣

風氣

會試工夫須要做三年整文字下第後即做文字此年仍未離上科風氣次年又做一年文字方漸轉風氣到三年上再做一年文字自能開闢下年風氣所謂閉戶造車開門合轍也即如丁丑下第自謂時日尚寬可以荒疎一年俟戊寅做文字則戊寅之文仍未離上科風氣不能漸轉風氣也若更俟己卯做文

字則己卯之文仍未離上科風氣既不能漸轉風氣又安能開闢下年風氣此所謂囿於風氣者也如此則瞬息一科瞬息又一科仍然故吾或併其故吾而失之潦倒公車終無出頭日予推其故皆不外心放心雜四字

太岳翁

余太岳湘翁積書至多内有傳奇八種余壬辰夏小恙向岳翁借閱止三種恙愈即堅拒不肯借恐其妨本業也茲詢寅臣知全書八種岳翁生子後悉焚訖以岳翁素重手澤一旦付之丙丁此其意念深矣余因歎曰前人之苦心如此爲子者當體此意推類以盡其餘凡近於戲之書與近於戲之事近於戲之人皆務屏絕之無遺矣

積穀

諺云堆金不如積穀旨哉斯言如上年春夏之交官穀發糶每石不過二百九十文民價止三百三十文今春民價至五百文其有餘之家藏穀者得利矣傳云民以食爲天無論在上在下者皆當以積貯爲本

人蟄

郭飲霞曾語余云渠在工部時有筆帖式某自稱少時往回回國生理又西去千餘里有一國人煙稠密某遂贅入一家一日思歸暫辭回京至冬月又往則煙火寂滅家家閉戶無一人行走急抵妻家門亦扃扱門而進見衆男婦各卧於牀皆口中吐沫隨呼吸出入若螃蠏狀某以爲死也心不忍因拭妻沫而出及至半塗遇人輒告以故僉曰勿怪也彼國之人善蟄今蟄將驚試再往乎果再往則人煙如故妻翁見

之大罵汝檀殺吾女欲治以罪葢蟄時目微睜猶能覩惟手足不動生氣在沫沫去則死某哀求獲免此等奇異之事余聞見頗多聖人所謂六合之外存而不論者是也

陰惡

宮四兄往閩過宜余與同舟到撫偶談及陰險之人余曰陰惡得禍最烈諸病屬陰多不治者此也

孔檜

孔廟手植檜樹年代最久其次則秦松漢柏曾有友

人爲余言陝西見蚩尤桂甲樹蔭數十畝碑志尚存此樹較孔檜更久何以不傳或者因蚩尤非善類歟

袁天游先生

天翁爲九溎先生令嗣九翁止一子宦歷憲副宦囊極厚所置腴田共十三莊天翁極好興土木蓄優伶一日不聞斧斤與管絃聲便頭涔涔矣終身費至數萬臨終至不能具衣衾令三郎嘗語余云使吾翁當日但衣租食稅房田自若子孫猶然素封也又袁宅有一老僕爲渠親朱某之細人嘗伺天翁需用即豫聞諸朱俾持其急故作難色俟僕屢白再四必得某莊田或典或找然後允從而腴産半歸於朱僕亦積累致富颺去此雖主人不克守成而爲僕之不忠亦可見矣

東皋

東皋許姓巨富祖母死金鐲在手子孫不忍去竟殮楠槨杉棺以葬及家道中落諸孫有掘冢斵棺槨取鐲而出者甚至手骨俱折忍心一至於此嗟夫子孫既未必皆賢金銀亦不宜藏棺可不慎歟

辟蠹山房叢書

人禽

義利之分即君子小人之别君子小人之别即人與禽獸之分是故嗜利者一失則爲小人再失則爲禽獸當今之世而能見利思義非必求爲君子先求免於禽獸耳危矣哉

老外祖

余老外祖兄弟三人俱有文名吾郡號爲陳氏三龍老外祖居季字少山曾有某道尊命學師招爲西席堅辭彊而後可欲依其三事一値丁艱不更麻衣一

隨便出入不候衙門啓閉其一則余忘之道尊俱允從聞其讀書靜專家人送糕飾白糖一器老外祖時注目於書誤以硃硯雪糕髭盡赤亦不覺也仲卽次山公萬歷乙卯丙辰聯捷仕工部榷關痔發怱遽中誤以爛痔藥調服腸爛而卒年僅三十有五又兄弟三人同赴遺試文宗見其卷拔之隨召見云是同胞否曰然文宗云如此才學何以未録正科舉本院豈非無目者乎曰丁艱甫起復耳文宗笑曰然則非我之過也是科次山公果捷

辟蠹山房叢書

又

蘭臺先生與三龍爲從兄弟曾師事少山公以故余祖父得杔門楣皆蘭翁爲冰人作合也又聞蘭翁晚年艱於嗣多服熱藥有人饋藥戒每晚止服三釐其姬人誤進三分病煩熱肌膚俱裂而卒此可謂老年服熱藥之戒

唐荆川

荆川先生見人塗抹鄉會墨則誚之曰考官圈點過汝何用抹他可見中式之文塲中决有一段好處總非局外所可測度也聞荆川歸田喜着白布衣獨自微行吟曰春去春來白首空自捱一日步至深山腹飢遇一老叟款留甚殷自攜鋤掘巨筍作羹進之啖飲極樂謂叟曰汝若入城當訪我於某處我卽唐順之叟曰我行年七十生平足未履城市亦不知唐順之爲何人相與大笑而别次年叟有子爲盜誣扳叟亦就拘繫偶詢獄卒城中有唐順之其人否卒訝曰此巨紳汝何敢呼其名曰與我有舊汝可呼之來卒姑許之詣唐府悉述其言荆川卽日攜酒食就獄中

辟蠹山房叢書

與其父子飲談竟日而去邑令知之遂釋

愛日

孝子愛日愛字入細非僅三公不換一日之謂也此愛字須從五十慕親慕字裏面體認出來爲人子者當深思而自得之

又

親在之日固宜愛也而親不在之日尤宜愛也親既不在則親所欲爲之事賴人子爲之親所未完之事賴人子完之爲人子者身在一日卽親在一日可不

愛歟顧愛日須知愛身余向有一聯付家塾云百年身體珍如玉一寸光陰勝似金極爲警策惜乎聽之藐藐者多也

天理良心

心齋先生游於市見市人相罵一人曰汝沒天理汝沒良心先生謂門弟子曰二人正在講學所惜者但以天理良心責人而不以天理良心反己耳按張子曰以責人之心責己則盡道此卽恕道也

姚現聞

現聞先生爲諸生時醉後過荆石相公門見其門結綵詢閽人答曰今日會新親某紳姚笑曰渠何知有此盛筵曷不請我閽人以告荆石密令人婉辭新親卽邀入飲至半席姚大醉遽起送至二門姚持荆石鬚詰之曰汝二十年來相業何在荆石曰兄到那地位自知大笑而別按此足見宰相之度而亦可爲少年妄動之戒後姚官至禮部侍郎未入相余壬申謁選在京荆石曾孫藻儒先生招飲見其廳聯云日邊制誥新恩重閣下絲綸舊業光益見其克昌厥後云

經藝

余生平所著經藝最富癸丑年余方丁艱閣筆金水蒼爲其門人方姓求著經藝百首允謝五十金多擬隱僻題又限勿用刻文一句内止有舊作現文四十首余自七月初一日起至十五日止卽作文六十首時確姪隨抄隨讀乙卯年府試已卯爲題丙辰年道試江黄代陳題俱直寫我文一字不遺遂以三名入泮府名亦列第五原評皆云以經藝特拔雖曰因人成事然姪之苦心亦人所不及也

讀書作文

余向在窗下讀書作文全不爲人亦全不爲名只覺如飢之欲食如寒之欲衣自然而然

宋荔裳

荔裳諱琬係庶出嫡母甚悍荔裳官監司生母猶執爨及赴任不許一面生母荔裳趨出遥向廚中灑淚生母以藍布裹頭攀門而哭未幾抑鬱而卒荔裳思憶不已適有善乩仙者能追摹亡人像遂拜禱得之乩仙止用五色筆雜點數筆於紙近觀頗不成像懸

十步外則儼然如生亦藍布裹頭作攀門哭狀未有荔裳撰記東鄉高同寅親見爲余述余因歎其嫡母之悍而深惜荔裳之不善處嫡庶間也

殷義卿

義卿諱宜中吳下名士安豐杜春陽延於家課二子每年脩脯百金極其誠敬曾有伊親夜半抵館殷命治席杜郎躬詣各家遍假肴饌務求豐腆館三年別去甲戌成進士權閩邦上春陽命二子往謁時尚未入學殷優禮之且歎曰我館尊府多蒙厚意維時我

辟蠹山房叢書

自急功名於汝二人實未盡心教得迄今慚悔乃贈金三百還汝尊人三年脩脯二生亦各有厚貽余按殷君以重金葢前愆可謂知過矣但杜又素封三百似無所增損而誤其二子至於三年之久少年光陰不可再得此罪何可贖也先中憲寧堅辭館穀曰吾不肯誤人子弟亦不肯以進士舉人零星賣錢用此是何等識見春陽係中憲同案子紹詩二兄同案二子終於諸生云

宮定山

定山選詞林聞報吾大兄喟然曰憶癸酉歲中憲欲我北面錢先生諱邦芑者時錢讀書宮宅與紫翁爲同學友我心頗不平及擇日詣宮拜錢我父子拜訖宮老叔亦四拜錢固辭則曰騐馬吾猶子也理當拜託隨設席命乳嫗抱小孩出中憲置膝上祝曰若溺我衣我亦當生孫此時宮太翁爲同袍紫翁爲諸生定山郎小孩然則星聚之占豈特古人專美哉錢仕永歷授僞相後降爲僧號大錯和尚宮四兄過宜余爲述及

辟蠹山房叢書

中憲

中憲嘗言士子潛修寧可白晝遇鬼切不可見官寧可黑夜墮廁內切不可到公堂余曾述此謂吾人敢官坐公堂豈非鬼與廁之不若耶

羅文止

文止臨川人中天啓丁卯爲上杭令乏嗣置妾其妻妒甚文止歿妾方懷孕數月遽嫁之後生男甫幼妾命其歸宗妻不納及長成進士羅人求之其子又不肯歸

鄉紳

甲午後余弟兄便安於寒士以諸生自處不敢仍稱鄉紳名色素位之道自當如此今之鄉紳身後子弟豪華輿馬僕從儼然即是鄉紳固屬祖遺厚實亦子弟妄誕之過往往多有攖禍者

虎

四月初十日崇九都有大小八虎至田中適遇牛五頭皆驚走祇二水牛與之鬭俱斃余詢其土人云黃牛角短皮寬故膽怯驚走水牛角巨皮緊有所恃而

不恐遇虎必鬭孰知少不可以敵衆乎然則二牛之斃宜矣嗟乎人之不可以有恃心也如是夫

背郎

彭磐侯儀眞人曾爲余言渠尊人入背得小京職曾爲禮部尚書某門牆一日偕諸同門謁尚書俱贊禮序班之類坐書房適有少年數人係尚書典試新進士皆素服角帶亦稱係門生候謁相與揖讓而坐遂以齒序爲先後及尚書出另序坐欲先少年數人少年答云同出門牆理宜齒序意其爲先達也固讓良久尚書不得已乃曰若輩盡背郎出身耳彭翁恥其言辭職歸里課子讀書磐侯亦登丙午賢書

周于德

長兒偶談及里中二載水荒家家促筋露肘素封如某某依然豐衣足食不減故常余歎曰所謂周于利者凶年不能殺也而況周于德者乎人亦可以知所擇矣

風水

好爲風水之論者既足以損孝子之行又足以隳志

士之心蓋溺於風水則久淹親柩者有之諉諸風水則讀書自棄者有之

茅屋

江西某孝廉官廣西陽朔令大堂茅屋三間闔縣止里長二人自署於堂曰茅屋三間坐也由我行也由我里長兩个東也是他西也是他又聞有官陝西兩當令者到任半月除上任升堂一次從未擊梆忽聞梆聲詢之則屠人宰猪故擊梆以狗於邑中如售者多則宰少則止堂亦茅屋三間左一間爲學宮右一

間爲城隍廟云

周復臣

復臣淮安人甲午夏率其二弟肄業師強麓野寓余館與余兄弟每夕聚飲遂相友善庚子余仲兄秋捷忻州守次年奏銷余兄弟朋名當差久糧銀四錢零遂造報撫軍林公忽出一示懸州大門內云欠止四錢零何不諭令速完遽以王馭駿抗糧造報倘本部院不行察出一經達部豈不誤其功名豈該州聾瞶不知其爲紳衿耶縱該州聾瞶豈節年經承亦不知

其爲紳衿耶云云隨即完銀得印單方免除名後林撫陞總漕周復臣之弟時爲撫掾留書於張錫綸家始知其在內用力如此余偶與劉門人言及以見父母官不可輕易得罪而朋友之得人得力尤不可忽也

逆境

余嘗因逆境之來輒莊誦張子西銘一過便覺心體泰然不但貧賤憂戚庸玉女於成等語以此自寬實在看得萬物一體有同憂共患意何一人逆境之足云

正蒙

橫渠曰吾作是書譬如晬盤示兒百物具在顧人所取何如耳茲余隨筆所記雖極淺陋亦晬盤示兒之意豈無望於子孫之能取乎

石硯

江西有一友其姻親任廣東往視之則丁艱矣僅得石硯數十紙封數重置箱內舟子以爲金也殺之投江中又宜黃有令廣東者丁艱多虧空命二子歸鬻

產完公逋久不至自往所遣价促之至江廣交界處遇店中舊主人云汝家二位相公某日從我店經過計及一月矣价遄歸果於某日攜八百金啓行其親懇余給護照沿塗往覓余以護照奉例禁因據稟出票付之到中塗查知盜劫連親與僕共四人俱被害緣其一路招搖露其背重遂至此甚矣行遠路者不可不愼密也

又

李幼黃業師無錫人余幼聞其曾攜青田石數觔置

巾箱舟子舉之甚重夜半忽呼稍公作隱語李師心動遽稱腹痛甚急付鎖匙於稍公令其開笥代覓丸藥乃見其爲石也亦作隱語而臥李師獲免

鄉飲

吾泰鄉飲酒禮從無兩榜預者相傳舉鄉飲後則不復仕進故也然未得其詳但中憲暨宫中憲　本朝屢舉大賓皆堅辭不知何意

鄉賢

鄉賢自山左王文宗濫觴被劾奉　旨凡係所

准一概革除以後俱詳督撫確查准祀仍行達部蓋慎之也壬子歲中憲荷十屬紳士公舉簡夫子云我在江南兩任提學止詳允三人蘇州吴珂鳴淮安黄口口二公封君暨尊翁老公祖餘並無准行者吾泰實始於中憲見泰州志傳

老友

余有一老友年七十外境遇顛沛有人所不堪者然居恒好善無過可摘不知其何以至此余細思其生平祇有一過每到人家輒徑入內室使婦女迫不及避意者此之故歟或曰此小過尚有過大於此而天未見報何也余曰春秋責備賢者天道亦復如是且人之有厚福者雖有過往往微折其福但不至十分顛沛遂令人不覺耳

結姻

結姻切戒勢利之家吾鄉有素封而勢利者最好結姻於貴宦偶見諸生中有文名利考某即以女許之意其必售也及數科不發遂呼其女曰窮鬼其姊妹亦呼之女未嫁慚恨墜井死其翁作窮鬼賦以祭又

吾鄉沈大司馬弱冠尚滯童子科直指觀風拔第一發落之日詢其娶否答曰父在訂婚因貧未娶直指即令州守以官舫迎婚定於本日完室岳家係三角埊王姓爲下河素封是日姊妹多人聞鼓吹聲攀牆而望見船頭綵轎戲指司馬夫人曰此必沈家來娶汝及抵門果羣擁而入催妝登輿鳴榔以去時一軍皆驚如淮陰拜將司馬年二十四即登賢書元孫子厚爲余言

又

姜堰素封某結姻必擇宦家其各莊腴田悉以賠女或獻姻親背財巨萬終於窮餓而死余同年金水蒼竊笑之曰快快窮慣打官司嬴上風慢慢窮結交財勢親家翁

豪傑

從來豪傑之士幼時必有英英露爽處如沈司馬早年失怙五歲時母夫人見其自塾歸撫之曰汝今作幾字對答曰五字即口授一對曰成敗皆由汝隨應曰英雄肯讓誰余讀楊椒山集見其五歲時自塾歸父方留客啜茶口授一對曰無酒是窮主隨應曰有兒爲名臣喬後先一轍云

夾刑

余幼聞宮中憲訓做官無輕用夾刑至今不忘即不得已而用之從未有夾至於三者前歲審鄢愛盜案有崇仁張姓爲盜首所板關至堅不承認遂至三夾密訪之乃仇扳也余出錢醫治俟全愈召其兄領回

四書講義合編

中憲四書講義凡三種其一則任袁州司李所著爲臨川門人所刊其一則致仕後授徒所著其一則晚年課三少子所著近托應氏喬梓爲之較訂彙成一書刪去重複者刪其用萬歷年間舊解者併刪其借解書以諷時事者共得二百餘葉竹紙可裝二本簡紙可裝四本目前即付梓人相知有助刻工者其梨板係一人所贈

史論

聶政荊軻同一俠烈之士但政既有功於嚴仲子而未受其百金及其死也自皮面決眼自屠出腸惟恐累及姊榮至於軻既無功於太子而久荷其深恩及其死也又明言必得約契以報太子以致燕王斬丹及田光樊於期高漸離諸人皆爲其愚而殞命政軻二人度越何等也

舜紂

舜之聖不過好問好察紂之狂不過拒諫飾非聖與狂相去天淵而其分際只在聽善言不聽善言之界人可不審歟

無恆不信

余生平所見無恆之人不信之人多不得壽

仁者壽

註靜而有常故壽此祇解得仁字外面一層夫仁人心也即桃仁杏仁之仁故程子曰心如穀種心者人之根本根深則枝茂其得壽也必矣如不孝不弟不忠不信及一切刻薄寡恩之人往往夭折可見

順親

吾鄉有能文之士某每忤逆其親親係老儒年八十餘行街市見余岳翁曾叩首泣訴所謂能文者歲試

出順乎親有道三句其承題云夫親即可不順而身不可不誠文理固欠通實若有鬼神所使文宗抹其句置劣等伊子亦能文其忤逆如之

俊生先生

俊生諱岳瑞宏光改元拔貢中憲辛未致政歸闢園授徒講書課文一如諸生門牆十餘輩俊生預焉中憲許其必售因令改麟經彼亦自負家原素封悉棄其腴田以贍膏火其親密勸止之俊生曰我發迹後何憂此及數科不售窘甚不獲已就館穀屆講期則詢人參湯安在門人答曰未備即日辭歸鼎革後拔貢除名遂以諸生老按中憲授徒例止初見受束脩一次隨力厚薄後不再取課文日本園自備壺簋

大來先生

先生館宮氏時安豐傅瑞符亦館於泰傅一日憤悶步至宮館拉登泰山先生詢曰公何事憤悶曰東君午膳用鯆魚余傾諸地讓之云汝家打死幾個鯆魚客人五月內尚喫此先生曰過矣余幼中痘多食蘚麫迄今不食宮每進蘚余以他辭卻之十餘年來

彼家尚未嘗也

爾孚先生

先生己丑出頭場即以湯之盤銘墨義寄呈中憲適以足瘡臥牀啓函得此文擊節不已云魁卷無疑但破題新各有極各字有痕不如易必字與無所不三字神理有會是晚即報中十三名爾孚歸語之刻卷遂易必字

鵬徙先生

中憲會試中式劉鵬徙先生在館正與門弟子講書

忽有价自外入云東門王家報進士先生頓足垂淚曰趕他不上了時余岳翁在門弟子列親見之時爲余言後果以孝廉老則此日之氣餒可見矣

鄭公夏師

庚子秋仲兄大姪請夏師同寓余與雒大士寓對門時余以病未作文不欲赴省夏師强之行仲兄出臨場百餘義夏師每日閱之擊節不已偶飲月下夏師語仲兄曰余生平打發過數人如季丁宮　輩今科又欲打發吾弟去也言訖淚下蓋夏師天資極高而

平時懶做文字往往場中不得力閱十科未售以明經終

上席遲

中憲四十四歲成進士四十五歲筮仕袁州先後仕途十二年嘗言不是我散席早卻是我上席遲以四十五歲服官尚云上席遲況今之上席更有遲焉者乎噫又不知税駕何時也

貧傲能文

向子潛姪偶談及吾族所以不滿於吾泰者有三端一曰貧一曰傲一曰能文蓋貧則易諂而吾族之人每不善逢迎則人疑其傲又間有二三能文之士以眞才入泮補廩則愈增其傲余笑曰貧爲人所棄傲爲人所惡能文爲人所忌以孳然棄之惡之之人而且有所忌之難乎免於今之世矣

二十四孝

按二十四孝中多是繼母多是貧苦父母若係本生母與富貴父母又不足言孝矣

兩母

嫡母生母俱出身田間故深知稼穡之艱難能以勤儉起家至於農家之女目不覩詩書文物而吾生母尤奇獨嚴於課子中憲嘗見吾母過嚴歎曰汝教之日甚長也及中憲厭世後誦習之外更防閑出入時述吾沈姊丈早年失怙伊母姑息以致呼盧敗家諄諄警戒弱冠外見余能以館穀自給所交皆文墨之士然後放心庚子中副車生母猶垂淚勉慰辛丑食餼喜動顏色每與吾妻談及功名之事輒津津不置若吾妻原出士家固不足異然其勤儉則若出一轍

矣

中憲

中憲歷顯宦五任生四子清白所遺尚不至十分涼薄未及再傳至於窘困不堪有臨終不能具棺衾者豈非不克自立之故乎而父祖之不足恃亦可見矣

子孫

凡爲父祖者有所贈遺於子孫不求其有感激之念但求其動惻隱之心何也其所贈遺者皆父祖之膏血皆父祖之性命而子孫用之如泥沙於心何忍乎

設使以子孫奉父祖皆其膏血性命而父祖亦用之如泥沙雖孝子慈孫亦難乎其爲繼矣輿言及此斯惻隱之心油然動矣

父祖子孫

天下有積厚德之父祖自能蔭庇子孫天下有聽善言之子孫自能光耀父祖

進士

余己酉南榜七十三人其中父爲進士者不過五人趙申喬父繼鼎庚辰進士兵部主事王原祁父揆乙未進士未仕吳瞻父适丁丑進士兵科給事中許維梴父之漸乙未進士茶馬御史余父壬戌進士巡按御史歷憲副可見進士不易得也祇趙申喬王原祁吳瞻三人成進士

義利

余少時即看得義利分明乙巳歲港口宋弓翁移家入城以孫附從余家塾其三子紫瀾讀書未成與余交善每過余書齋聞余書聲輒退賞燈下聚飲必極歡而罷後爲小人誣告州守索之急求解於顯宦必

欲多金時有衙門用事人曾與余比鄰往來乃托余囑之用事人亦欲多金且允以六金餉余余正色拒之曰紫瀾爲余好友其子爲小兒同塾眞異姓骨肉柰何有所利而爲之祇求有濟耳竟以廿四金獲解弓翁於是晚邀余岳父同余小飲遂歎羨不已曰君來年必發三小兒未博一衿惟恐受辱昨求顯宦出至六十金不許今竟以廿四金瓦全聞其以六金餌君君毅然卻之何其舉動似令先君也余謝以未有見餌之事先生何以知之弓翁曰今早差役盈門候

君回音不至不得已命舍弟次兒往探之聞君與用事人在別室相商屋垣雨壞塞以柴籬舍弟輩在籬外聞之已悉矣

又

戊申歲有宜陵友偕其同窗某來謁欲求余二兒代保三等時二兒已有他囑余爲另託一孝廉已封七十金於當鋪孝廉必欲求增相持未決宜陵友與其同窗各寓但在北門外不意是夜江都案忽發余托一折號吏訪之則名列三等矣黎明余即立城門候

開即抵同窗寓方高臥即其榻呼之曰君真取三等孝廉書未進也可急入城取物去其人狂喜而起後宜陵友大爲怨恨云彼托我兩人以爲業有成言昨相持未決彼實不知柰何不先商於我而債乃事耶其後同窗亦密知之遂締交於余

又

清平港沈靈臺以六百餘金托寄余嘗臥書齋乃藏於余妻牀褥下稻穰內時壬寅秋也明年燈後來取余曰君舊年係晚間攜來未平未封今逾半年盍開視過平以見數乎沈笑曰若不相信當日亦不托寄矣竟以原包裹攜去

弓覝先生

弓翁嘗語余云辛酉年科試余府取在令先君前一名文宗點名時謂余曰汝係近視眼可坐堂號令先君隨稟生員亦近視求坐堂號文宗曰汝不近視照編號坐再稟不允夫以中憲近視與弓翁同而文宗所見若異豈中憲狀貌俊偉得弓翁而相形益著耶抑福慧並至光輝發越有非常之概耶弓翁貌寢泰

之人呼爲瘡兒哥哥以明經任沛縣訓導中憲於是科聯捷成進士

正韻

憶戊申歲余集七人結復聞鷄社大樹素精字學社規凡寫題務遵正韻一字違式罰金五分逢會飲日添酒盡歡余曾寫盡字誤增一畫罰過五分已酉場中次題寫稾猶記前事盡字照依正韻及謄真忽又增一畫鄰號合肥程諱可洛係蕉鹿先生公子時先生正督蘆課駐江寧可洛一見如故因約同出場五

鼓程卷先完坐候踐約余心弗安乃力辭之遂先行余未幾謄完查眞草數過日色已出將卷納袋中自矣不復取看恐滋疑惑及出號程自外趨來余曰兄先行何尚在此答曰余五鼓出號適號軍他往總門未啓因覓空號稍憩不覺睡去醒時意兄必未行特來踐約云乃索余卷閱余堅執不允且告以自矢之故程復堅懇不得已出示之閱至次題評曰盡字多一畫矣出已筆畫二爲一余感謝攜手同出後見盡字被貼者千餘

郭曰燧

郭曰燧號燧人以進士任刑部乙未余大兄以石丈宗事名挂彈章極蒙燧人照拂曾出其觀風卷示大兄云此尊中憲原評君子以文一節題通篇圈點祇開講誤用夫子若曰蒙老師大抹批云心粗余平日各事心粗雖入仕途猶攜此爲韋弦之佩乙亥五月初七日宜黃起送歲薦潘學師偶談及燧人南昌籍今八十餘歲尚存先是以歲薦任宜黃司訓中辛卯壬辰官至台州知府

袁禮金

中憲諸生時以長姊許聘袁氏有某友與中憲交好云兄素不善經營若使禮金隨手用去他日令愛奩資安出中憲因以十金託之數月後友來云前銀貸某被意欲相負勢必告官以恐嚇之即可歸結諒不至於到官也中憲云惟聽兄自爲之一日與他友過州門見懸牌列中憲名怒甚即自塗其名且曰我寧舍十金豈有懸名於此之理後欠債者聞之竟不還

不受人憐

中憲從來處館未終一年語人曰處館而不盡厥心誤人子弟固是不可然我以舉人進士零星賣錢用此又不可之大者州太守聞之特邀至云兄實寒士非館穀何以爲生本州有香稅一項每年六十金以助膏火何如中憲對曰某不諱貧然亦不欲受人憐遂力辭之先是州中有富而尚義者値歲飢發粟詣儒學周貧生學博列先祖名亦力辭如是

鏡如先生

先生以勳舊隸海陵係先伯祖高弟與中憲最契時

値秋闈之資斧先生爲中憲代備席邀同人舉義會可得十餘金同人飲後或辭以故事遂中止先生除席費外自贈二金以上二事余五兄屢爲余述

又

鏡如先生嗣君郎子隅先生家道中落曾以蓮花池腴田典中憲未幾求售中憲詩曰此君家養生命產柰之何其輕棄之也我寧稍讓君其取贖乎噫若在近日縉紳鮮有不多方圖之者矣

廬山

辟蠹山房叢書

向有老僧曾住廬山十年語余云秋氣自上而下春氣自下而上故木葉之脫必自廬山頂起然後漸至山脚草木之萌必自廬山脚起然後漸至山頂

仁

孟子曰仁人心也註程子所謂心如穀種余幼見立達章講義云仁如桃仁杏仁又王戎鑽李核而佳李絕種可見不仁之人卽喪心之人安能生生不息哉

丹文乙亥五月十六日晚得信

陳丹文與余交三十年詩文俱佳爲人極有膽識可交之士也但其氣高事事欲上人余嘗微諷之不意受禍如此其烈也聞之嗟悼不已昔林逋云念慮不正殺身之本鄭思泉云稱意之人不可久用又云左右度不可用宜速遣之惜未有以二賢之言告之者

喬年伯語

喬年伯讀書劄記云世人但知患凶誰知患吉惟聖人洗心退藏方能吉凶與民同患愚按此卽孟子生於憂患之義今之人遇吉則侈然自放何嘗知患卽遇凶而怨天尤人亦非知患者也患之時義大矣哉

辟蠹山房叢書

又

劄記又云有世學謂之世家孝弟忠信禮義廉恥耕田鑿井讀書談道父子相繼祖孫相承滔滔勿替此之謂世學此之謂世家愚按此則今之所謂世學者不過志在溫飽習爲驕侈而已今之所謂世家者不過廣厦千間良田萬頃而已余薄書稍暇卽靜坐讀書偶有所得皆筆之於簡非敢云仕優則學也將以垂訓吾子孫求不愧爲世學世家無爲習俗所移也慎之哉勉之哉

湯年伯

湯諱啓焜宜興人中憲鄉會同門最契巡按山西值湯爲太原府守時叛兵流賊内外交訌新撫中刺誠危急之秋也而邊闗尤甚中憲欲先巡三闗以定人心湯涕泣而諫謂不宜以身試險地中憲决意遂行及回而湯已卒中憲爲文哭之捐貲送其老母幼子歸予即湯原清時年十二後成戊戌進士姪湯原振丙午舉人亦曾爲余詳述

伯睿

伯睿爲聰直先生長子余之婿也素能文通五經癸丑初春暴卒余往哭之聰直先生云吾子不聽善言喜不若已故至此人之有心如舟之有舵無舵之舟安得不覆吾知有今日久矣噫不聽言之禍一至於此哉

不言貧

王道焜拈屏語云清修之士與無厭之徒往往好言貧但貧一也守之則高談之則俗胡文定公戒子弟曰對人言貧者其意欲何爲愚見今之爲官者對人輒言貧其意亦欲何爲乎余近日實恥言貧惟厚自勉焉以期於能守已耳

高祖

高祖小山公心齋先生高弟也余見心齋全集列高祖名號註同里人始知之按家譜本傳載有堂中柱刊成聯句云無不是的父母最難得者兄弟淩都憲析爲川堂聯句尚存

昭陽友愛

顔氏家訓云兄弟不和則子姪不愛子姪不愛則羣

從疏薄羣從疏薄則童僕爲仇敵矣如此則外侮紛然誰禦之哉愚按此則兄弟之貴和不必言矣然不和之故多由於貧富之相耀聞昭陽相公省親回里時宅第落成觴二親於堂上兄嫂在焉封翁忽長歎流涕昭陽長跪而請則曰爾兄安得有此宅第及觴罷輒留兄嫂居此昭陽攜妻子而出並玩好器物一無所取未幾另創前府兄居後府迄今科第蟬聯皆萃於前府云

婦婢言

許九杞家則云家人離多由婦女婦女隙多出黠婢婦勿聽婢語男勿惑婦言雍睦其可以漸敦矣乎愚按人之父母無論賢愚至其敎子之言必出於至情深愛而非故欲害之也人子往往不聽乃偏聽婦婢之言倒行逆施何惑乎家人之離也

拜掃會

西山眞氏云族屬雖有親疎論其源流皆是骨肉譬如大木枝葉分析本同一根氣脈未遠豈有相視便若路人愚按仁者以萬物爲一體況於一族自有水

[illegible][illegible]山房叢書

源木本之誼而以路人視之不仁莫大焉中憲歸林時先於東門祖塋立拜掃會春冬二舉極爲簡易永可遵行甲午後斷續數四皆余五兄捐貲以維持之自五兄病足迄今久廢此典余素有興復之志未知得遂否

書香

壬申在京大理梅桐岩先生見招云我輩世代書香要子孫能繼自不待言但科名有命不能强人若子弟中有能讀書須得住一箇秀才者便謂之繼書香先生此言可爲忠恕

會試

徐兼善先生曾語余云會試七稾完興猶勃勃若再揮七篇方足者宮定山先生曾語余云會試七稾完胸中文字都盡若再欲一字沒有者要之二公俱是火候十分躊躇滿志之言一則有餘勇可賈一則無餘美可剩

括屛語

王道焜云凡稠人中不可議人短長盛喜中勿許人

[illegible][illegible]山房叢書

物盛怒中勿荅人簡余弱冠時與二兄偶於稠人中戲述友人試卷衆皆笑其中有一友默然不知卽其門徒也後友人考劣終身銜之至於盛喜勿許人物卽眉公云喜時之言多失信盛怒勿荅人簡卽眉公云怒時之言多失體二者人最易犯尤當書座右

忍

袁氏世範云人言居家久和者必本於能忍然知忍而不知處忍之道其失尤多蓋忍或有藏蓄之意人之犯我藏蓄而不發不過一再而已積之既多其發

之如洪流之決不可遏矣不若隨而解之不置胸次曰此其不思爾曰此其無知爾曰此其失誤爾曰此其所見者小爾曰此其利害㝢幾何而使之入於吾心雖日犯我十數亦不至形於言而見於色然後見忍之功效爲甚大此所謂善處忍者愚按張公九世同居不過一忍此必隨忍隨解不置胸次者若一置胸次則嘗有物而不化之意無論一發難收卽終身隱忍而家庭之際有難言者矣

吉水周氏

永樂朝吉水周氏叔姪同科周述榜眼周孟簡探花由是書香不絕同里李氏亦巨室也有明迄 國初中進士十六人官有至尚書侍郎而從無詞林出身者李氏某貴乃邀地師遍覓秀穴數歲地師指周祖墓當出詞林時周在庠者尚有十八人李延至其家治盛具以款之各贈以金而不言其故遲日從容以乞地見告周頗難之謂祖墓魚鱗接葬更無隙地可售李又治具贈金倍於前且私賂其族之黠者周爲之搖動遂議遷周述墓讓李許之旋啓墓見榜眼公面目如生衣冠甚偉亟掩棺另埋他所及李送葬登山時礮三發擊死三人初地師次周姓通事者又次周姓秉筆者吉水傳爲異事事在順治年間乙亥初秋宜黃學師述於余師益目擊者

烈犬

泰州北門內大街鐵柱宮舊爲民房 國初鳳撫駐節本州房爲郝將公署郝隨撫東征歲暮至如皋某家盡殲其男子而擄其妻女與媳載歸有一犬隨之至次年夏郝坐廳事納涼犬忽奮躍起齧郝喉郝

[illegible]臺山房叢書

亦發狂拔刀殺犬項之郝亦斃此鄰醫周聖從爲余述

禮賢

盧陵李幹已卯科孝廉現年八十餘歲鼎革後不上公車不入城市隱居深山今秋王文宗按試吉安特請相見贈之以金拔其子入文學

二兄

二兄凡馬幼若讀竟日可熟生文二十首積塵滿案無暇拂去十餘年來止當案尺許拭淨耳素不喜修

飾邊幅衣冠隨便卽着器用亦不擇精粗至於家人生計都置不問此謂眞正讀書人

寄子任姪

汝尊人曾以向上二字許愚詎意時命不偶蹉跎迄今當年志向實自負兼負吾兄憶昔四章情見乎詞特寄觀覽蓋予姪中惟吾姪敦本力學將來善繼善述端有望焉勉哉勿似愚之老大悲傷也時寄俸金令修舉拜掃祖塋會

道學

中憲從來不談道學然一言一動無不合乎道學何也其中無欲故也無欲則天理自然流行矣庚午巡山西豫立歸隱約節有不講道學一語又著一聯云讀書學陶淵明不求甚解飲酒似邵康節最喜微酡二兄庚戌在京過夏書籍寄張南溟寓齋時張素存爲學士偶檢得此聯詢何人所著南溟答云此海陵王年伯句也素存曰非眞道學不能有此言次日手書前聯粘南溟齋中

九潔先生

袁九潔先生爲中憲父執呼爲袁老叔嘗見於所著書亦不改其稱敬之至也憶乙未年以店屋事余答天游先生刺署晚生先生訝甚遽令改眷姪謂余夏師曰渠大兄從來如此稱豈未之前聞耶余每於父執年伯之類雖在背後或在身後皆未敢稱其名號亦猶行古之道也余幼時聞九潔先生守南康時修白鹿洞振興文教士林誦之

太岳翁

太岳翁湘杜公性豪放夏夜縱飲每至漏三四下始

歸明日早起所着葛袍襞積如新雖夜分太岳母必坐待葛袍解後用水噀摺好然後就寢每夜如是未嘗倦也

恥

廉恥二字相連不廉之人只是無恥

現在

天下事過去者悔不轉未來者料不到王文成云只存得此心常現在便是學過去未來事思之何益徒放心耳按素位註素猶現在也存心現在卽素位思

過去未來卽顧外

不肖

不肖子孫第一是玷辱祖宗聲名第二是蕩棄祖宗書器第三是敗壞祖宗家業至於害身害子女又不待言矣

居官

居官日省不可行玷辱父祖事不可行折害兒孫事

野老餽酒

余四過棠陰酒席概辭都長俱免伺候臘月十六夜

辟蠹山房叢書

深宿此寒甚乏酒時各肆閉門忽有野老餽酒一瓶極美與之錢不受亦不言姓名而去但云我身七十餘歲從未見此清官

二曲反身錄

孟武伯問孝章李二曲先生反身錄云爲人父母者惟子疾是憂吾不知今之爲人子者亦曾憂父母之疾如父母之憂已者乎觀此言令人猛省余自幼知愛身至今時時愼疾儼如父母俱存時吾父母身上未了事俱責在吾身敢不自愛

白鹿洞諸生諭

明巡撫胡諱松諭諸生云爲天地立心生民立命往聖繼絶學萬世開太平士君子不可無此志業以嗜欲殺身貨財殺子孫虐政殺民學術殺天下後世士君子不可有此罪過愚按後一段更發人所未發嗜欲以快吾身者也而反以殺身貨財以厚吾子孫者也而反以殺子孫二語士君子尤當深思

孟子創論

孔言仁孟增義字孔言志孟增氣字人所知也至如

辟蠹山房叢書

天爵尊爵安宅廣居大體良貴等字面皆千古創論發從前聖人所未發

盜

余審一盜案龔五情眞原係伊弟龔六名下拘出者龔五當堂上鐵具因釋龔六六向五垂泣解一絮襖衣之併所攜煙斗火紙悉付而去又前一日吉水解盜龔老大聞其被獲時尚宰猪饗親族叩託老母及妻子方行可見孝弟慈三字雖盜亦具天良可以人而不如盜乎

朱莊

余朱莊陸續置田三百餘畝其南舍四面皆溝祇東岸係劉彥生田十三畝本莊土神廟在焉庚戌閏三月余會試回聞坐廳事老僕楊云劉田急需求售價三十餘金余答云金盡裘敝之時何能及此楊怏怏而去且曰但回劉此田即爲鄰商所有矣余妻適從屛後聞其言急出呼僕命允之余曰安所得有長物妻曰君出門曾付我二十金以佐日用多方節省以畱爲泥金報費今尚存十八金云遂與劉成交約秋

成找完迄今登臨此田思吾妻不置時公車有畱百餘金於家至此時已罄又稱貸應用者

日月

五兒云久陰忽見日月如人遠歸忽見父母其樂相似此言匪特入情實有至理祇可心會莫可名言江古春夏多雨余每於晴日皎月時輒作此想

君子小人

天下無嗜利之君子而有仗義之小人但小人原非喻義不過一時有激而然

西施

吳越春秋逸篇載越滅吳浮西施於江令逐鴟夷以終蓋浮即沈也吳殺子胥盛以鴟夷而浮之江子胥之死實西施譖之故浮西施以報子胥之忠又范蠡之齊號鴟夷子皮後世遂誤以爲從范蠡余嘗云聖賢英雄皆不好色以蠡之賢輕視富貴豈有眷念一亡國之妃者此亦英雄不好色之一証

梁顥

宋史顥傳三十登科四十而歿官止祕書郎世稱八

十二歲中狀元所傳謝表皆僞作也或以勵老而不第者

溺愛

楊文貞在位其子稷暴於鄉公嘗作書托泰和令吳景春治之其後入其子之譖吳以考績至京竟罷去公曾謁告歸里中泰和父老出郊迎之公與同步入城稷懼發其短挽公而行不離左右又公欲宿祠堂地無鋪磚稷發他處磚頃刻鋪就公寢後稷侍榻前至曉不去乃歎曰吾子孝敬人何言之甚耶自後稷

益恣遂及於禍愚按文貞賢相也至爲其子所蔽豈
非溺愛者不明雖賢者不免哉

家教

五代劉贊父玭爲縣令每食則自食肉別以蔬飯食
贊於牀下曰肉食君之祿也汝欲之則勤學以干祿
吾食非爾之食也由是贊力學舉進士近者不肖之
子倚父爲官司循廢學自誤一生豈不可惜雖然實
由爲父者姑息之愛自貽伊戚耳甚矣家教之爲急
也

蕊亭隨筆卷二

海陵王孫騤受軒著
後學夏　荃退庵訂

子孫貴立志

立志求道是聖賢豪傑子孫立志好學是進士舉人
子孫立志成家是田園宅第子孫除此三種或流爲
聲色貨利子孫或流爲賭錢喫酒子孫或流爲喪身
辱祖子孫如中憲所云爲盜爲丐爲奴隸有不忍言
者矣然其初皆由於不立志

人參砒霜

人終日聞善言未嘗有益於身心有惡言一入於耳
而終身受其害者猶服人參經年不見補養砒霜少
許入口即毒死可不慎哉

李師訓

辛卯余新娶偶冒風咳不止李師憂之每訓以愛身
寡慾云夫妻百年事不可一日忙完了

中憲佚事

中憲從未罵僕人以奴才或問之荅曰二字未免罵

題令人不堪其事事留人餘地如此

大房子

唐人廢宅詩豪家莫笑此中事曾見此中人笑人中憲評云吾鄉宦宅未有傳三世者家祠爲廐舊宅爲寺自古功臣皆然惟捨爲儒學庶免於笑哉中憲宅第居官時託親友創造過於宏整庚午自晉歸甚訝之親友云進士規模似當如是中憲曰吾家豈有世襲進士耶不覺峭足又見家集云生平二多多起了幾間大房子多養了幾個小兒子洵有先見之明也

夫

五經

大兒令五子習五經中憲評曰此必難成無論事近鶩名好大目前亦難於延師

書穿堂壁

逼我動庫銀活活坑我性命强我徇情面眞眞害我兒孫

袁州名宦

中憲先祀省會名宦時撫憲嚴禁各官入省委巡司入省置主入祀及再祀袁州自宜黃送主往袁隨有諸生進賀云太夫子兩祀江右識爲千秋不朽余答云惟其如此某愈不敢一念苟且貽玷先人

言情

紳衿有受賂言情者余答曰天下有多年節婦肯代人作馬泊六者乎

春秋

中憲慮余生也晚己卯仲冬授讀隨令經書相間春秋前半中憲督課壬午任江右時專付塾師以致春秋後半極生每遇小試卽理數十遍甚費工夫可見庭訓之切較外塾迥別

木香

余家窗前有木香一架先世所植極爲茂密後漸凋零偶試搖之隨手拔起則根爛盡矣急呼兒輩語云小子識之凡本之所在皆人所不見樹之所不見在根人之所不見在獨根本一壞則枝葉盡悴良心一失則子孫弗昌噫君子之所不可及者其惟人之所不見乎

終身之悔

中憲見背畛年二十業已完室四載房奩尚可鬻錢何不汲汲然奉甘旨以娛親乃竟悠悠忽忽迄於大故顧今日之竭蹶祀典曾何補於萬一哉歐陽公云祭之豐不如養之薄也每念斯言中心如割終身之悔以此

三誤

中憲暮年烹飪必出吾生母手非是則不食吾母足不離廚下以故甘旨未嘗有缺畛亦若有所恃一誤也黎明入館昏黑始歸中憲愛早起闈未就館卽以杖擊房門寒暑如是亦無一刻暇得供酒食二誤也時值家庭全盛目不覩喪祭諸事若謂高堂皆長生駐世者遂憒憒以迄於終天三誤也

戴雪舫

雪舫先生爲吾郡名士曾語余云渠以觀風買卷事得罪於萬紫涵學師歲盡餽節辭不受旋補候又辭不受蓋銜之也因過先中憲商之中憲云兄於新歲元宵時攜五星來我代治具邀學師釋之正初忽接中憲字云頃閱邸報萬紫涵已陞學博前約不必踐矣字皆小楷云雪舫仍於元宵時攜五錢就中憲園居酣飲竟日明晨璧二錢五分誌此以見古人眞朴之意

子隅

子隅先生中憲高弟庚戌秋偶過余廳事不覺俯仰流涕謂余曰此地舊爲趣園吾輩操觚於此迄今想像之恍憶當年耳詩所謂紹庭陟降是也凡舊居勿輕更改先生此言致足深思

丙寅秋語確姪

汝欲學爾祖當細思爾祖生平相反處爾祖幼遭窮苦及其歷仕半屬錢穀衙門見無數金錢毫不動念其相反一也爾祖諸生時謙退若不勝衣靜坐東觀聞窗外落葉聲心輒怦怦乃居官極其風厲應事剛決嘗按晉入操場立斬叛卒數十人神色不變其相反二也由此以思思過半矣

受用

中憲生平見金錢不顧至老不知戥子銀色所以然

者因幼遭家貧孝養未盡見父祖未曾受用我當之不安也又因子姓日繁多財多累恐子孫不克受用我當貽之以安也

父母之心

閏五月廿五爲瑎兒擾例事令其往省余心懸懸次日見順風甚喜猶憶甲午夏爲季母六虞余初往安豐中憲竟日坐廊下看樹頭風時下河大水故也父母之心如此

本分

程明道夫子於鄜亭見壁上書云要不闊依本分明道深然之蓋本分者素位也不闊者自得也無怨也明道所以有味乎其言也

世進士

聞蘭臺先生諸生時讀書小樓太翁登第在京家中樹幟於門其老僕請觀先生回云必自樹幟乃觀未幾亦第又宮紫陽先生少時用功精進先中憲置文會紫陽預焉太翁丁丑捷南宮樹幟時紫陽先生留家曠文二會至期趨會所即詢前二會題捉筆立奏

六藝中憲決其必售後果然愚按此二先生者匪特無公子晏安習氣直是立志堅定所謂志壹動氣者也今之襲慶蒙安而自甘暴棄者安敢望其項背

子弟

愚不肖子弟凡聞善也如水沃石難以入也凡聞不善也如油和麪難以出也至於聞父母之言雖善猶不善也聞妻子之言雖不善猶善也其賢智子弟則反是

貧病

安貧慎疾聖賢之學顧貧與病亦人所不免但自省其無致此之由則無怨矣如不勤不儉貧之由也好酒好色病之由也

富壽

富壽並列五福生人之所欲也然求富不必學陶朱無取貧之道可也求壽不必效彭祖無取殀之道可也

隨筆

余隨筆一書因聞見所及偶爾記憶輒筆之於書亦

以垂示後人永為法戒意念深遠矣甲戌季夏兒𥖁閱之問云此書所載間有言人過處於隱惡之義何居余曰五經聖人著為萬世法戒易貴陽賤陰內君子外小人書紀帝王功德而虞書載父頑母嚚周書不諱誅管蔡詩有美有刺故可以感發人之善心亦可以懲創人之逸志春秋賞善罰惡為孔氏之刑書禮以定親疏決嫌疑別同異明是非豈可法者則傳而可戒者則不傳哉

心齋

或問心齋先生云師日間固無過夢中有過否答曰夢中亦有過但隨有隨改按此則先生夢中實無過也何也卽改故也今人日間尚多過況夢乎日間之過尚不知改況夢中乎噫可歎已

撫州東門

中憲戊辰春至撫州謁按君將委署府事中憲惟恐任魏廠生祠雖辭行實駐東門外寓湯姓民房候行取信時多士以文字請教至戶外屨滿正攜具郊餞而行取報至卽令報者入城傳鼓達院明早入謝院曰來何速也答曰途中聞信耳余每至撫舟泊東門外輒思此地此事不覺愴然亦復健羨不已

清濁

王學師告余云吾鄉縣父母清廉特甚後以不獲乎上而去然則今之仕者濁固不可清亦不可柰之何哉余曰寧清毋濁清之得禍亦濁之得禍大

著書

往讀蓮池大師隨筆云著書當在晚年以其學識已定也余學識未定而效顰古人能不見哂於大師哉

安樂

人生少時不可遽享安樂恣晚年多所折損中憲止生大兄時珍愛不啻掌珠而內外之趨奉日用之享受如口之於味一節書俱已全備而晚年歷諸艱苦此一證也二兒素知命理嘗言大兄係胞胎日主甫離父母卽入苦境驗之甲午以後果然庚戌以後尤甚孟子云生於憂患死於安樂二語當終身佩服然在少年尤不可不致凜也七月十七日示兒𥖁

給諫祖詩集

按家譜給諫祖傳在武廟朝奏凡四十一上中憲刻於袁州者曰諫垣遺草僅二十篇則此外所遺二十一篇矣又中憲笥中所録給諫祖詩集共八十一首駿曾向季超五兄求給諫祖親筆五兄出笥中絶句三首分而爲兩以前一首授駿以後二首仍藏於笥因此外更無親筆也及查絶句又在中憲所録八十一首之外則詩集之所遺亦多矣聞之給諫祖著述甚富皆爲先叔曾祖所有而叔曾祖奉爲枕秘頃刻不離悉攜於北門外館遂爲火燼不然必有全部文集流傳不朽何至寥寥疏數篇詩數十首而已哉是可惜也然則中憲文集之刻余益不能已於懷矣附記給諫祖辛未會試墨卷眞本存五兄笥余有鈔本又有鄉會試録登科録共三本存五兄笥晉原姪能世守之

附從

童蒙出外附從其害不必言矣即延師於家多搭附學且中損友必多邪言又易於惑人所謂先入之言是也嘗云幼學如漆使先入以善言爲益不已多乎而無如其必不能也

愛身

古云愛屋及烏陶詩云吾亦愛吾廬禪家比身爲屋子則人之有屋猶人之有身也吾家大宅自甲午後日就頹敗後十餘年門庭至廢掃除嘗有一老翁言此宅不久當轉售他人何也以不愛屋宅神亦將舍之而去矣未幾果然然則人不愛身此身不亦將舍之而去乎宮年伯初得劉氏宅召仲兄與余飲定山云此中屋脊無一全者其轉售於人宜矣

望子叔

戊子春中憲攜子姪應試邗上叔寓密邇燈下與中憲飲止駿在側中憲深談良久遂及身後事當以幼子相託不覺淒然叔慰語中憲必大壽勿過慮後癸巳冬叔殉節雎寧中憲猶哭於家

又

叔師事中憲愛敬兼至戊寅中憲痔發甚劇叔伏臂後審視庚辰中憲病火症易發怒一日叔來候值大怒遂詈及之叔惟流涕聞之二兄云丙戌叔朝捷至

中憲已臥復起夜分回時二兄方熟睡不知中憲呼以告喜不自勝

憂患

沈國翁語余云初做官時勿以爲富貴之方來而以爲憂患之將至余聞之未深以爲然今身親既久方知是格言

有餘

鮑純老曾語余云凡事看得後來有餘則目前不甚愛惜此言所包甚廣人宜深思記中憲初謁林太老師云新得第時要知謹身節用今鮑子所言卽是此語註脚

澄觀錄

按澄觀錄第一條云大丈夫宜時時激昂時時灑落不可一時落寞此必養氣後方有此光景蓋時時激昂集義所生也時時灑落行慊於心也若夫一時落寞則氣餒矣

又

又一則云羅惟德任寧國嘗語人曰今日一大愉快事近貧宗十數人以饑荒遠來乞周比積俸餘施散殆盡家大人下及諸眷屬無一阻撓我者爲是邑然耳噫此事難言於今日矣安得有俸餘可積但使施散不繼而宗族鄉黨皆樂成其爲廉吏無一怨望我者其愉快更何如乎

公子

爲公子者有利有不利無事開創掌業而安何利如之往往有歎公子習成懶散無志讀書未嘗無才自甘暴棄者不少矣甚至不知稼穡之艱難驕奢淫佚無所不爲卽所遺亦不克守何不利如之

大宅

當得志時務求體面多置大宅不知有不利者三而無世襲進士之論不與焉一修葺不利一分析不利一變賣不利吾鄉淩都憲穿堂西牆倒費至五十金則修葺難矣吾家給諫祖宅一區作三分以至各房折賣安得有一子卽有一大宅如宫氏者乎否則難爲分析也至於子孫不克守勢必轉售而門第興廢關係祖宗厚之者悲薄之者笑矣豈如小小房屋之

變賣反未必傷筋動骨乎

荒田

吾家自給諫祖後三世食貧至中憲以厚德苦功始獲一第如祖遺荒田極力硏運遂收得一熟好花利此後每熟硏運則每熟得花利矣若庚子己酉雖無前人之厚德苦功亦兩叨鄉薦猶之前田硏運極肥雖未再加工本又將就薄收二熟然而田力大竭矣後有興者其必十分厚德一分苦功始能復振乎噫祖田荒蕪已極不知待何人硏運也

鄉紳後裔

鄉紳有遺德足以感人其丁若孫又克繼其志甘心面壁苦志三更里中之人每愛之敬之而不敢犯鄉紳有餘威足以懾人其子若孫又克守其業腴田成錦豪僕如雲里中之人每畏之恨之而不敢犯至若子孫之不克繼志者既無心進取矣又不事生計或博弈好飲並門第不保者有之抑若子孫之不克守業者既有意驕奢矣又結交匪類或好訟喜爭並田園蕩盡者有之是二者之子孫未有不爲里人之所犯者也

共爺長

中憲每盥面水尚溫即呼騐再盥一日騐盥畢立中憲旁顧笑曰他年只好共爺長益心知其不能大成矣可歎哉

進士

大兄嘗云中憲每自述苦功合該中得兩個進士然則庚子己酉再叨鄉薦皆前人苦功餘氣吾硏運祖田之論誠不誣也

風水

大兄嘗言吾家風水原薄凡不利財富自給諫祖遞數至今何啻千丁止育字叔一人號稱萬金然及身止矣其餘間以讀書出頭者然皆蕭然如寒士則子孫之舍厥世業而妄求財富者亦可以翻然返矣

磨磚看牆

中憲與劉老伯忠孚同入泮先後成進士中憲曾云我與劉均是進士也如兩堵看牆我兩面俱是磨磚中皆整磚劉如一面磨磚餘皆土坯塡砌此指平日

功夫而言然皆眞實自信之語非誇己而抑人也

年家

年家二字今皆通套用濫觴柳矣猶記順治戊子浙人王余高投刺稱年家晩生中悪卽着閽人持刺詢之貴族何人是壬戌科彼故作誕語云吾係浙中大族必有壬戌科中者中悪聞之大笑

二兄

二兄自壬戌絕意公車余每晩必邀飲於家盡歡乃罷或遇有佳味卽以餉兄兄嘗語友云吾弟素固愛我近日尤甚余妾婢笑曰從未見阿兄邀弟何也余曰汝等不知我兩人不日皆入仕途東西南北天各一方欲得歸林聚首未知何日以此汲汲歡樂耳若有先幾云

生母望月

中悪素精子平嘗語吾生母云汝子戊時生止可明經若係亥時合六甲趨乾格可望科目余食餼後生母嘗以歲貢爲憂每値余誕日夜半方寢蓋望月之所纏以驗生我之時而較定戊亥云

海安祖

吾家四世祖諱斌葬東門者生二子長諱璥分居海安次諱瓚留居泰州是爲給諫祖封君余己酉冬謁海安祖墓寓星瑞叔祖樓叔祖出四世祖長房分關示余止白簡一葉内開酒石桌幾數事約値十餘金每房各註應還債負貳兩餘係成化六年六月内所立分關其次房一紙今未知在何處

鄒用昌

昌宜黄人居潭方學宗程朱隱居授徒足不履城市戊午生時年七十有七矣宜黄士習不必衣冠輒游行市中居潭方者必整衣冠乃出惟恐鄒先生見之余屢招之不至後以子隅芳生澄觀錄投贈因命其姪振能齎刺以謝刺稱山人詢之則年廿一游庠次年食餼又五年値鼎革遂棄諸生其胞弟用景癸卯舉人卽振能之父

貴壽

季超兄云昔陳三舅祖設館於東觀凡王氏諸童子多集其門時有崇川風鑑偶游東觀指座中十餘人

云俱不成人像止二人尚可謂之人一則中憲一則定垣十一叔祖叔祖九十三歲可見壽得與貴抗衡

嚮練莊

中憲微時卜葬贈君祖暨祖母於此按祭文云以其近城哭墓之便非如俗所謂風水也大兄先葬中憲於高橋之南原係古義塚地大門外老年人猶能述之時爲吳堪輿串通原業人悉平其亂塚得重價而售及開壙則枯骨纍纍大兄亦心知其非地也後累言合葬不便獨不思母柩不可與他骸雜葬而父柩獨可與他骸雜葬乎辛酉春大宅變賣息恩讓屋四房公議合葬中憲暨黃恭人於嚮練莊昭穴立有花押議單載有不許再入之語現存不肖處先是甲寅逆變里中紛紛舉殯不肖請於大兄欲權厝先王母於嚮練莊祖塋之側大兄毅然不可云關係四房生命及議查莊大兄欣然從之後於戊辰春碑姪賣塋地一段與昭陽人葬一塚於祖塋西北堪輿云來龍受傷又嵩主次房不利未幾有北流之變小二房生産母子俱殞碑姪二年後無故輕生是其驗也

清宦

大兄曾云吾家全盛時田宅玩好約有萬金當大兄之時已化爲烏有矣噫清宦所遺尚不能久況於强取强求而得之者乎

飢歲

庚辰歲大飢人相食余家止中憲食白米餘皆麥粥一日余方低坐啜粥不言粥太薄但言碗內照見三間堂屋吾生母語中憲大笑

喜怒不形

己未公車仲兄與余同田太虛行田偶失金怒詈店主余從容勸之愈怒謂仲兄曰令弟短處只是喜怒不形於色兄曰吾弟長處正在此彼居家亦然

贈遺

劉士光不受人贈遺曰受人者必報人否則有愧於人吾無以報人豈可常有愧於人乎此言可發深省

小孩子

中憲語録云小孩子讀書十年不足當惡習一件從十個好先生不足當一個歪同窗按惡習如博奕之

類此卽歪同窗所誘所謂不可多搭同窗以其賢智者少也然而東家非素封安能獨延一西席惟有擇其善者而已

聖賢

孔子幼嬉戲陳俎豆朱子幼畫沙成八卦卒皆七十三歲所謂其揆一也中憲嘗曰子思十六歲作中庸不知何據

新娶

新娶有二害一在匿房幃之愛不顧身體髮膚一在聽枕邊之言薄於父母兄弟因之身體多病不克致力詩書因之父母失教抑且絕望功名矣若此者豈非天地之棄物祖宗之罪人哉至於不惜性命中道夭折生妻去帷爲人所笑又不必言矣

福德

中憲云生平福薄小喜卽繼以大憂生平德薄至恩必變爲至讐

譚襄敏公聯

譚世居潭方方故屬鄒姓煙戶特盛譚寥寥數家而已鄒素欺譚及襄敏成進士鄒族猶辱其進士扁額封翁憤甚令襄敏明日入城求縣法治之襄敏夜作一聯粘廳事云積德若爲山九仞高休虧簣土容人當學海十分滿再納川流封翁見之曰吾兒不復報怨矣

記舊

丙申秋訛傳選妃閩州哄然夜半有背女扣園同春門者啓視之則佃人也倉皇求匿其女燈下覩其貌蔴面巨足又眇一目圍笑曰此何爲者汝女有宮妃之資否今行取之後繼以卓異抑自忖度有行取卓異之資否可發一笑

生產

大兄誤置生產者也嘗語余云筍中偶有餘金二百遠族七叔知之輒誘其買田時大水氾濫舟從官河直達草子莊遂指爲莊通官河時田多散稻遂指爲俱係秧田陸續共置田一十七頃及水落後乃知離官河二十餘里又皆旱田每年小麥租一百石黃豆租一百石全租之年除納糧外所餘無幾若旱歲則

不可言矣又置溪南水田十餘頃約費千金離城百里俗名鴨矢田患水亦患旱於田最下下大兄曾言雖遇豐年分稻從不及三千秤下河糧重除納糧外所餘無幾若潦歲則不可言矣諺有之逐田不富又所託非人宜乎有損無益也更有黠僕宮姓者進言草子莊原係賣主一姓之人往居本莊開張各店得以灰糞碎運故所收數倍遂借北京劉宦銀四百給宮姓往開油坊不數年而本折人亡大兄家道之壞此其一端也

又

二兄不置生產者也自幼將精本業不屑問家人生計會試猶典九里溝田與王家橋店爲北上費從中居間者多方侵蝕焉以此遂莊賣陳余二姓清平港雖係女分產然既經賠送即吾家物矣柰何置之度外及乙丑秋截雷選期尚遥余亟以舉殯及安妥各務相勸確姪亦囑余力言以山左當事皆故交急爲資斧計遂決計行至於上任輒議苦宅種種失算非一朝一夕之故也在至親密友皆疑二兄有私蓄寄託他人余竊謂不然庚子後所得彭夫子宦厚俗語云坐喫山空又云家有銀一千不企十三年是也丙午冬曾以三十金封寄余筒每晚必親來查驗未半月即取去似此多疑胞弟且然肯寄他人乎

又

中憲云好好園爲種竹游閒之區買自唐姓用五百金外修造用五百金初分與二兄四弟共業壬辰冬又增東樓居一分施母於辛丑秋率四弟住好好園此地有園房二租每年共六十餘金昔吾妻吳孺人嘗云此園若係我一房名分既有餘貲可以贍用又有野趣可以樂閒眞是受用無窮惜乎四弟夫婦費用不經於庚申歲賣宮宅又瞞二兄與余托宮管家袁姓居間價皆減半止付現銀一百餘係零星色銀至搭糝稻溼麥初意亦欲賣屋贖田究之屋去而田終不能贖矣地上尚有餘糧石餘袁姓餌碩姪以五金竟套寫並無餘糧收字

又

夏莊爲嫡母黄恭人母家地陸續共置賣喫田三百

餘畝離城水路三十里旱路十八里如缺午膳早起着人往莊取米即可計程而至吾泰所謂飯碗田是也嫡母建造莊屋大費心力週遭佃屋一層入裏舂房一層居中書房二間樓一間爲一進又堂屋三間爲一進嫡母胞衣在焉其餘廚屋碓磨等屋無不井井有條聞之光明僧云曾於微雨時砌牆嫡母命婢張蓋親看其塡暗云樓上貯千餘金被族姪竊去五子悉成家辛丑歲有泰興友人李觀生忽以術士進余大兄欲得三百金往山東採藥遂以此莊抵于姪係藩下人術士挾金去數年不返本利展轉田歸于陳後諸姪往泰興責讓觀生李云汝世家公子柰何倩人做假銀我即控撫憲諸姪皆噤聲

大宅本末

大宅係海安如鳳叔買自熊百戶家留爲入城作寓者後中憲覓居叔即轉售大爲修造不啻數千金時徐州守每遇審事罰贖磚瓦匠工以助工料故結構宏整皆監工親友所爲中憲庚午暫歸見而訝之親友以進士局面對中憲頓足曰吾家豈有世襲進士耶是時早有先見之明矣余大兄自李觀生所進術士不效後又有徽人吳幼黄薦其族吳聖靖爲掌欽天監事楊光先至交冒允借本行鹽可得二十萬祇先需二百金爲進京費於是以大宅托王咸吉抵借王子正二百金付聖靖聖靖託言進京實匿揚儀間以八口留泰柴米各費實取給於大兄亦嘗歸視其妻子有遇之者舉以告大兄而大兄不信也如是者數年適光先卒於京聖靖乃作初歸狀言光先轉託江南徐藩臺今可得十二萬時楊城已債鹽店衣服飲食舟車往來藩司禮物所費日繁於是以大宅立契質宮宅三百金除用度外更有黠僕王恕者以姜壖河南領糧荒田抵租一百金此項後亦歸烏有宮太翁遺言如王氏不賣屋三百金不必索取以全世好可也及大兄辭世諸姪異心遂至變賣正價僅九百金使費九十金以大半存繆氏腹内兌還各債每姪所得現金不過數十而已後聞幼黄咸吉諸人原屬一氣表裏爲奸當日並無二百實數繆氏知之兇柳長載處中祇治酒一席出二十金而二百原券退

訖又宮宅送厚禮一分約值百金而三百金原券亦退訖其餘俱免零星冷債繆氏皆用前法所謂田地糠粃換者此之謂也又地上錢糧廳上匾額俱中人得金一應承當欲如凌都憲屋搭太興季氏餘糧一石餘不可得矣

又

余辛亥夏往省候彭夫子寓承恩寺與山西貢生侯姓窗誼蒙邀飲係徐藩司所送席偶談及徐係渠老師債負甚多早間所收盃緞午間即入質庫余云聞其將發本行鹽侯云余知徐老師最深安得有此巨萬貲本且江撫行鹽天津言官尚劾其大臣行商賈之事況在本省乎斷斷無是事余歸語諸姪大兒聞之終不信

好好園

好好園之妙在有池一區向中憲置橋置釣臺於此後四弟於未賣之先得宮二房四十金賣去左偏之屋乃撤牆爲路而池露於外行人俱窺見內屋而園始不可保矣

請會

請會之舉或因己有急用而人邀衆爲之或因人有急用而己邀衆爲之始亦義舉終歸失信往往然也在己有急用及人有急用以爲可應一時之需又有貪圖多金儌倖早得謂徐徐出利殊非難事不知在開張店肆者猶能猝辦嘗見斯文寒士多至質當以應大爲失算況如六總等會遲之數年尤爲不易結局甚至舉會太繁日不暇給遂至傾家敗產守成者所當亟戒也前歲陳近仁在署余見其寄令郎書云我祇因負欠會銀二百餘兩奔走於外連年不歸聞汝在家又應人會如割汝父之肉以自食猶可也割汝父之肉以食人汝心何忍乎

飲酒

按酒誥一篇止於祀神羞耇此外則流爲荒腆賓筵之詩係武公飲酒悔過而作備悉酒態於威儀之際三致意焉後人如嵇阮一輩皆中懷憂憤寄託於酒非如今之少年縱飲無忌也或以言語得禍或以沈湎喪身爲害不小可不慎歟

得罪祖宗
凡生才智子孫爲父兄者不教之讀書聽其自暴自棄或捐納前程或精工雜技皆可惜也昴謂之得罪祖宗亦謂之暴殄天物

兄弟優劣
王安石爲相有弟安禮爲學士在後堂吹簫時安石與呂惠卿坐廳事云相公語學士當放鄭聲安禮遽答曰學士語相公當遠佞人又宋郊爲相有弟祁爲學士居第相近元宵夜郊坐樓頭秉燭讀書聞祁第張筵會客女樂畢舉次日命客語學士云曾記秀才時我兄弟二人讀書儒學元宵夜晝冷虀粥共食遂忘之耶學士亦命客答云當日食冷虀粥正爲今日耳按此王氏弟優於兄宋氏兄優於弟

見賢而不能舉二句
命也註作慢癸未王茂遠文竟作命文極警如云遇不好賢之主斯賢者猶有待耳今既見之而不舉舉之而不早用豈非命耶余偶憶記其意不覺長歎

曾孫
十月廿四日早鹽店送家書到知宋瑞於九月十一日申時生男但念父祖並未見曾孫余德薄福薄何以當此仍是父祖積厚所流愈當敬迓天休矣命名憲高欲其近守前法也

守身
羅倬中壬辰進士在京寄興青樓染梅毒服輕粉等藥未發及選湖州節推甫三月雙目忽瞽終身遂廢余同年陳天錫品貌極偉謁簡夫子於句曲宿青樓僅一夕遽染梅毒數科不預公車余詢其同鄉則毒發於面土星已落矣未幾卒又余鄉諸生童希舜少負才名同里中士民往淮告水災宿青樓亦僅一夕染毒臥牀數年後兩足掌俱墮而終余目擊三事守身者不可不慎也十月廿六日書示門人

祠堂東觀
中憲家分祇司諫第大門一間門東屋一間入內廳房三間後於庚午歲又建內堂三間供奉贈君祖父母神位東觀東房修整舊堂三間有侍御讀書處匾額又建集仙樓上下二間新堂三間兩廂房六間中

憲語錄有云立祠堂爲哭泣之所修東觀存辛苦之地大兄分書載明祠堂東觀長房照管原非承業之物也今祠堂既已居住又典權外姓東觀拆賣集仙樓果何爲者

生生莊一云生村莊

五兄嘗云給諫祖雖清宦然所置莊田十餘處祖遺分闗可據今所僅存者下河于家尖生生莊二處皆低田重糧無人可售非由子孫能守也于家尖五兄及白州兄尚存數畝生生莊中憲承分當在諸生時所謂養魚池年年失收者卽此也聞嫡母于歸後往往有秋以爲嫡母福命所致此莊計田一百五十畝余得三十六畝又大兄撥補二畝零迄今尚存

九里溝杜家莊

此莊乃中憲一生宦囊所置之腴產共田二百零八畝買自劉杜兩姓者共費二千餘金中憲曾有租輕糧重本錢多之句葢謂此也己丑析爨作四分每分五十二畝大兄一分在河東賣許二兄四弟二分在河西賣陳又大兄私置七十三畝在景家嶆較中憲所置稍高而瘠余一分亦在河西直水口田五畝係許出口許用重價私買於大兄後吾母聞之恚甚大兄遂以鳳凰墩高田二畝零生生莊高田二畝零補余然價值遠不及也後大兄於戊申歲將私置七十三畝典余未幾大兄賣夏莊田於陳余夏莊有承分田三十六畝陳必欲得余一分始成方圓大兄因以七十三畝作賣價换余夏莊田今九里溝余共得田併場基一百一十畝

同年

余有同年令山左者其前妻生二子繼妻生二子任所各事俱任前妻二子繼妻併其子怏怏欲歸且大索資斧所求不甚遂意卽盜印信而去未幾同年覺乘驛追至百里外始遇踉蹌妻子反印不得各役憤甚遍搜其帑得之二子行至中途相繼暴亡陳仲宣偶爲余述及

趙熊詔

熊詔係武進松伍年兄長子丁巳邵文宗按試海陵弔考常州時熊詔年十三歲以五經入學余詢其故

松伍云九歲時五經讀完嗣後又每經讀選墨一百二十首余因賛其天姿敏妙松伍云固是資性亦只功夫不間斷時余妻吳孺人臥病松伍必欲令其子叩見年伯母余妻不獲已蓬首相見卽此猶見古道

起屋

諺云與人不足勸人起屋倘有祖居可住只隨時修整隨便補葺不使廢墜而已必欲如意大爲更張較其費用竟可另置一宅往往房屋齊整而囊橐空虛久之屋亦不守矣諺又云屋爲公雞田爲母雞以此見置屋不如置田之爲愈中憲置大宅而少腴田不一傳而他售此也若市口店房不妨置一二處亦儒者治生之一術

斷機

送學公堂宴偶閱斷機教子輒憶吾母朱太孺人以慈而兼嚴不覺流涕宮紫陽先生修泰州志作傳有云子既娶猶施鞭撻葢謂此也

婦女

婦女氣質最難變化何也一不讀書一不交友一不歷事讀書則多識多見交友則相勉相規歷事則動心忍性增益不能惟婦女則不然故有少年不克勤儉至老不改者少年不敬公姑淩虐其夫至老彌甚者非婦女之過無家敎故也女論語一書凡生女者不可不豫敎也

優伶

余孩時見家中演戲從未有優伶坐唱者卽鼎革以來凡鄉紳家皆然近見現任官一概賜坐殊非古道

又

某鄉紳歸林下欲敎優伶一班其親亦鄉紳作一對聯賀之曰防姦防盜防火燭費財費力費精神某鄉紳見之其事遂止

田產

有千金之田產方可住百金之房屋有百金之房屋祇可穿一金之衣服如此然後相稱吾家造大宅而乏腴田所以不再傳而他人入室矣至於庸夫俗子美衣服以壯觀所居不過租賃之屋揚州人諺云不怕失火祇怕落水良可笑也

又

陳近仁云今之少年無一長以勝人止求美衣服以勝人令人可憐此語發人深省

賢子孫

一曰紹祖德一曰繼書香一曰守成業如先世傳清白子孫則能紹之如先世發科第子孫則能繼之如先世貽田宅子孫則能守之是謂象賢反是皆爲不肖於父祖又何賴焉

離間

嘗見跌傷手足者遂終身爲跛爲攣偶詢一名外科云此皆初跌傷時骨節相離人身氣血無一刻停留迨氣行而血積久則生脆骨於其間故七日後神仙亦無接骨法也由此觀之凡人父子兄弟至親骨肉不可一日相離離則間之者至矣

讀書治生

能讀書能治生者皆謂之肖子何也能讀書必不賤能治生必不貧

傅寄庵僕

傅寄庵年伯叔姪殉難天下共聞無容詳述已殉難後家產入官三子飄零將十年飢寒日迫訪有舊僕在湖廣漢口開張酒肆頗饒裕長子奉母命以往及至漢口其僕見之訝曰小主尚在殊出望外也因延入內室率妻子叩首且詢曰舊宅尚存否主曰舊宅入官零星拆賣止餘院落矣答曰賴有此遂隨主買舟回豫入院落中叩謁主母畢獻數十金爲壽夜半起攜鋤掘數處約得數千金然後從容贖出所賣田地又區分院落造宅三所經營年餘徐叩辭歸臨行又請三小主拜先塋攜鋤掘墓傍得金銀器若干付主酬以半堅辭不受惟囑曰願三主努力守成以慰九泉僕托庇尚有餘貲以贍餘年也

許欽哉僕

欽哉諱承欽前丁丑會魁湖廣漢陽人僑寓海陵所著詩古文詞甚富余嘗見其神主龕供廳事旁有義僕許忠主詢之則云余十六而孤族中皆謀奪其田產忠背余上控事定則送余就塾年十八入泮二十六登賢書忠始出居於外數年病劇請余至榻前曰

僕僅一嗣子所有田舍儘足自給生平苦積存三百金奉主爲公車之貲按此僕眞不愧許忠之名矣

先生

余書一房有一備卷陳孫發本姓管其卷於十一月初閱時卽取薦以謄錄訛字爲主司所抹來宜覓館余轉託一友友笑曰遍地是先生足徵斯文之盛鑽天求弟子堪歎吾道之衰余亦大笑蓋江右嘲謀館舊聯云

小學

余初蒞宜癸酉冬攝教諭事著課士六書甲戌夏詳請名憲俱蒙獎賞其首條蒙養一書卽有立教當用小學等語丁丑歲果奉　旨允臺臣疏自康熙三十七年起用小學論一道試童子永著爲令宜邑諸生謂余有先見余謝不敢當也此外尚有理學舉業二書共爲八書倣太史公例爲陳近仁删去

東觀

中憲讀書東觀凡二十二年窗前原係土坂牆當膝處磨成二穴幾欲穿其苦功如此嘗自謂當日工夫中得兩個進士是也

又

中憲每於除夕灑掃東觀房内外訖卽往兩母舅處預行拜節禮母舅初訝之答曰明早卽進東觀不復出門矣然清貧自甘不就館穀嘗自謂不肯以進士舉人零星賣錢用是也

又

中憲年十七早失恃以故事兩母舅極恭每於夢母之夜次早必向母舅述之未開口卽痛哭不止眞所謂終身孺慕者矣

文峯塔

中憲因海陵科第稀少卽倡首建文峯塔時韋州守擇夜半子時安塔基同事約於南山寺會齊先至者當先捷中憲先至坐大門内隨有劉鵬翁紀鷄翁相繼而至訝其獨早次科中憲果聯捷劉甲子紀丁卯亦接踵登賢書又中憲辛酉報捷日諸同社無一人過問者夜分則劉與紀次第扣門而入中憲相與慰藉曰繼我而起者必二子也夫又同社見中憲秋捷

後作文不輟不涉外務笑曰兄做辛酉舉人乙丑進士亦不失爲進士何自苦乃爾中憲曰我四十以外之人若一隔手則不可知讓我一氣呵成罷

又

宮鶯鄰先生己未會試回見文峯塔已定基因歎曰此歲舉惜乎不在學宮巽方中憲力辨曰此處掘得宋時塔基故因之宮曰宋學宮卽南山寺塔正在巽方今泮池筆影係夕照倒影後必鮮少年科第宮素精形家之學云

進士

萬歷年間海陵進士自甲戌蘭臺先生後越四十年至劉人齋先生始發癸丑時州守詢接待新進士儀註罕有知者乃移文泰興得之今自癸丑至庚辰亦將三十年當必有豪傑之士奮興其間矣

禽獸

飲食男女人祇爲此二事縈縈一生細思之與禽獸奚異豈止幾希之別況禽獸飲啄聽其自然鳥獸孳尾各有時節更爲人所不及哉噫可歎已

擊潭

余癸酉初至宜六月大旱步禱七日命張法士往擊潭初得一潭知其無龍也後得一潭見有二巨蛇守洞口法士令善水者數人名曰涸子各持鼇皆繫硃符鐵牌入深處投之仍汲水一瓶而出疾趨數十里登壇洒水時卽有微雨約次日午刻有雨果大雨三寸

錢糧

朝廷帑藏百姓脂膏縣官性命豈可輕以持贈卽當其贈者恐亦未易消受

十月雨

宜黄土人云隔年十月有雨則來年不憂旱惟十月雨水悉藏土中次年雷發聲則各泉應雷而湧卽十月內所藏雨也若八九月十一十二月雨則不然蓋餘月之雨不能藏畜故也乙亥十月無雨丙子春杪夏初又無雷一時泉渴水涸人心皇皇迄五月中始獲滂沱遠近霑足云吾泰諺有之十月有夜雨三次來歲三時必不憂旱或亦一理

文山

文山同胞弟名壁號文溪同兄仕於宋乃降元爲惠州知州有議之者曰江南見道好溪山兄也難時弟也難可惜梅花各心事一枝向暖一枝寒愚竊謂兄弟之行徑未有相遠如此者觀文山與壁書惓惓論養母事或者知兄必死姑苟全性命爲母在故也

顧體集

此書維揚史榗臣著凡立身行事鉅細畢備大有功於世道人心無論士農工商當購一册時時檢閱庶幾寡過

擇陰地

地理天理之論紫陽言之悉矣吾所擇者只要莊近城穴近莊何也莊近城則子孫易於拜掃穴近莊則樹木易於看守

門第子孫

中憲云老年另有八字時時當看曰身心性命門第子孫又云心苗上發出的科第心田上種來的兒孫意謂心田所種子孫必盡生賢智夫賢智子孫雖無恒產異日自能保守門第中憲不治生產職此故也孰知天道有不可必者賢智既不易得即間有之皆過而不得其中欲子孫之保守門第不亦難哉

仕學

古之學者爲己古之仕者爲人今之學者爲人今之仕者爲己

造謗

挾私謗人清德者多得短折報好議論人閨閫者多得無後報處昇平而喜談亂者多得貧賤報余自有知識以來閱人多矣其歷歷不爽如是

戒同門諸子

新中鄉試便有侈然自得之意是謂心放此心一放不可復收便有皇然求利之念是謂心雜此心一雜不可復純能聯捷者反是

集左傳聯句

臣之壯也猶不如人子亦長矣而在下位

貧富貴賤

使他人貧而我即富他人賤而我即貴忮求之心猶

不必生也況他人貧而我未必富他人賤而我未必貴則忮求之心何必生乎

婦人

虎豹之皮婦人一坐其毛自落兄弟之誼婦人一言其家立分

度量

中憲歸隱後不修邊幅好偕老友徒步郊飲丙子年倪文宗按試海陵中憲飲泰山席地而坐時有海門學師姓濮陽者後登山亦席地坐酒酣學師詢曰汝老年子孫幾多中憲答曰頗多輒拊其背而歎曰老人家倒也有福别後學師詢知爲中憲次日具柬叩謝中憲大笑復留飲盡歡此丁卯夏余赴成陟三席遇海門歲貢張某言及時張隨學師飲泰山其目擊云

數

泰庠老儒陳洺祖籍福建余髫年猶與同試聞其父係福建孝廉赴節推任舟覆洞庭僅救活幼子洺及老僕共二人得撫養入學祇生一子名繩科入學而夭洺痛哭投河卒時年七十餘終不免水厄豈非數耶

恥

泰州北門外某女初嫁其夫習優伶每驕語婦此婦從未覩優伶初不知爲何許技也一日里中設神戲夫欣然約婦往觀令肩輿坐橋上及見其夫扮旦劇備諸醜態婦深恥之從輿中躍入河而沒噫婦人尚知恥爲男子者多有不及何哉

又

泰州恩貢某家世書香其子忽習優伶每登臺恩貢偕友人雜坐臺下見其子呼他人父輒大笑恬不知恥

貧富

天下貧而善謟之人卽異日富而善驕之人

上司

有十上司周旋九人其一人周旋不到則取戾不少上司有十事周旋九事其一事周旋不到則取戾不少

飛稻

余幕友余位公云八年前伊親胡姓靖安人有空倉數間夜分忽聞蟲飛聲從空而下以火燭之則皆稻也以一粒爲身以兩粒爲翅須臾各倉俱滿明日有二十里外劉姓倉穀盡空蓋失去四千餘石矣半途中一家聞蟲聲以竹擊之隨地得稻七升置案間鄰人聚觀以爲異事明夜復飛入胡家倉此余位公目擊之事爲余述者胡素稱積善云

行取

近因科道缺員行取天下知縣江西有漕糧參罰者凡四十八州縣其餘或有盜命諸案及鹽參罰者不少藩司查例官科止開二縣合例宜黃首列上猶次之司吏具稟報余稱賀署友皆喜余笑曰勿喜是豈自然可得者未幾果有二縣迅完罰俸以求合例究之免然者得而自然者失矣太尊亦力爲勸阻云此等好機會在長袖不可錯過在空囊不可强求恐貽後悔後見報上猶章振萼亦預行取

一言

一言傷天地之和者刺骨語也一言犯造物之忌者過頭話也

生母儉德

余孩時見生母買條榻一張置窗外雨中沽酒一壺率余偕妹坐榻上置腐筍一器於旁將飲適小婢傾壺墮地余求再沽不允卽命晚膳以腐筍下之

灑落

往余下第老僕王全追隨最久嘗私語云諸公憂憤特甚吾主獨胸懷灑落此言頗爲知余豈亦趙清獻之老兵歟

辛丑歲試

是年夏六月歲試後胡老師抱病至一月後案方發余取第三名蒙季州翁呼余言功名不可遲悞今文宗病劇補稟文書宜速起余卽刻買舟邀五兄二兄赴儀以學師在儀也時各屬前五名來候補經論者纔十餘人府學首名係黃雨相云初見文宗勿遽言補卷先請安後謝考可也投稟卽召入內書房時胡老師科跣踞睡椅儀眞童令侍坐諸生以次進令勿

行禮輒詢阿兄回來否余方屛息拱立班次稍後未知所問何指雨相卽呼驂云大宗師問汝余遽答云兄某會試甫回又云汝卷極佳初意取第一案有未便汝知之否迄今銘勒五內師恩未酬柰何先是舟往揚關南五兄醉後黑夜起溺失足墮水石岸壁立舟泊如鱗自度無復生理忽左胛挂鐵索從船隙湧上如有神助越四年姪晉原始生

好色

妲己褒姒以色亡國自古然矣余孩時曾見優伶十餘人因郡城陷徙泰投靠余家大兄改名琹者班以有三女故也其最麗者名秀隨余家避兵夏莊母舅于匆溺之年未及艾猝中風未幾不起又隨至樊汊鎮主呂母妗家其長子以八百金購秀爲妾甫一年與所私者竊帑俱逃後緝獲至邗關秀自縊關上諸狹邪斂貲控官其家遂破命亦殞然則喪身敗家豈不皆由女色耶

臨川門聯

張受先令臨川其大門聯云我縱愛民畢竟縣前非好地爾如奉法須知家內有良田余欲易家內爲心上意較深

目

楚雲師云目不過借日月燈爲光若非三者終成黑暗然人於黑夜中以手取枕則得枕則目在手以足投履則得履則目在足以至耳能聽聲鼻能聞香口能知味則目在耳鼻口又何嘗不通身是眼余曰悟此方可與讀楞嚴

彭澤劉門生

丙子榜下諸門生問會試當另有中訣否余曰機候都是一般只局面要大些識見要高些氣力要厚些如是而已旣而私語劉堂云汝卷極有氣魄卽此便可聯捷不必改手今果然

崇川徐方岳

方岳尊人由己卯副榜累官刺史家貲冠一州方岳兄弟二人皆恂恂自下畧無豪侈習氣崇川俗尚呼朋聚飲兼以樗蒲爲事方岳獨堅辭不赴爭自治具召客亦不預門外事以故克守成業余曾晤談云君

胡不循例捐納乘時有爲方岳笑曰弟數年卽可捩次歲薦以了書債吾弟亦已納監又何用務虛名損實惠也其謹約如此噫吾泰佳公子如宮氏者罕矣其在庸庸者流或驕奢淫佚失學而亡身或博奕訟爭破家而蕩產所以守成更難於創業者一則取之盡錙銖一則用之如泥沙也此則余所目擊而心傷者也

彭澤令

狄仁傑曾爲彭澤令有免租縱囚諸善政然至今稱彭澤令者必陶淵明而不及仁傑可見道德與事功更有輕重也

義利利害

利之上有義字惟君子喻義故能忘利利之下有害字惟小人喻利故不能遠害

善惡

善固當爲而陰善尤當爲惡固不可爲而陰惡尤不可爲

老貧

年老欲搭少年令人可厭家貧欲攀富室令人可憐

讀書天

嘲懶讀書詩云春天不是讀書天夏日炎炎正好眠等得秋來冬又到不如收拾過新年可謂畫出悠忽情景昌黎詩云秋涼入郊墟簡編可卷舒又俗云一年之計在於春春秋二時自是讀書佳境中憲嘗言人能耐得夏天不乘涼方可應鄉試耐得冬天不湯寒方可應會試則是四時均未可虛度也況冬爲一歲之餘夜爲一日之餘冬夜甚長篝火讀書尤爲樂事

林下

古之歸林下者講道學教子孫課農桑今之歸林下者置姬妾畜優伶構園亭

又

講道學或流於樹黨盜名教子孫或流於營緣倖進課農桑或流於問舍求田君子之所爲流弊尚如此況其下焉者乎

又

中憲耄年有老友以神仙之術進者中憲笑曰使現在親友子孫皆一一下世而我子然一人獨長生駐世有何生人之樂不如聽其自然也

贖子

丁丑六月十九日上官陞任四川長行先一日有民人楊奇具稟曾於二年前親喪只一子狗俚鬻於上官年七歲若於三世單傳年將六十又無妻室若攜去則後嗣絕矣余急以錢六千贖付領去其人叩謝不已但余亦一念惻隱耳宜邑賣妻鬻子何止一楊奇贖之則不可勝贖其如點金無術何

上諭

六月十八日見邸報　上諭云做官原必要讀書人方可做得好事來若多是這班捐納人如何做得好事來畢竟張鵬翮方是眞清官爲天下第一種人伏讀此段仰見　聖主聽察之至而又歎天下之讀書者當不負　聖諭也夫讀書人豈能盡做得好事然理明心細必推讀書人何也理明則能辨乎義利之途心細則不爲武健嚴酷之事清廉愛民端不出乎此至於捐納之人豈眞有志欲伸有道欲行有父母欲以祿養哉此其心先不可問矣又何論其見之行事也

人參鋪

中憲嘗自云我平日講書課文引進後輩多次第蜚鳴而去吾子何獨不然即如我開人參鋪其愛子每日服參轉無效驗偶有鄉人從未服參者一服而病即瘳

貧富

諺云分貝爲貧同田爲富言雖俗而有深意如張公九世同居其飲食用度皆以一人掌之何嘗見其不繼只因今之婦人好私飲食私用度得以自便汲汲求分家究之不克勤儉而貧且日至矣

富貴

江右諺云貴字中爲頭富字田打脚言雖俗而亦有深意究之以勤爲本未有不勤力學而能中者也未有不勤作家而多田者也

名醫

名醫只是認病眞用藥當今之醫家不過以藥試病以病就藥頭痛醫頭脚痛醫脚中無主宰原不知脉理藥性一方不效輒變一方甚至前後方不同一味如用溫劑不效則變用涼劑之類是也鎮江名醫黃石倉余見其治一病始終用一方不輕增減一味以中有主宰而脉理藥性無不了然故也昔中憲六旬十月內患大小便不通庸醫多用藥下之黃議主補中益氣湯加人參五錢始不聽及六日不通飲食不進再延黃至則云此時仍用升補藥人參必須加至一兩果卽奏效黃云腹中塡實元氣下陷如口袋貯米穀極滿愈塞愈閉惟將口袋一提使鬆則米穀俱出矣中憲作詩謝之又壬寅夏余大兄往東觀中途遇暴雨得寒症昏臥不起初延黃卽云寒症諸醫不從或以痰治或以瘧治十四日不汗老母憂甚欲往揚延醫余力薦黃卽邀至則云此寒症亟宜發散寒邪用藥一劑半夜汗出忽而甦醒余次日詢云諸醫亦用發散藥而不汗何也黃云十四日則毒傳於陰如賊已入內室猶用管大門二門之人驅之無及也我今增赤芍一味引諸藥入陰分如用管內室之人協同管大門二門之人悉力驅賊而賊自出也又余妻曾於乙未夏以虛症發喘諸醫皆以中暑治危急已極黃獨用人參乾薑等藥諸醫駭走未幾獲愈癸卯夏余每日作文用心過度患夢泄不止諸醫多進澁劑更劇黃用旣濟淸神飲人參一錢四劑而愈

世宦

吾泰世宦推宮氏爲最三代進士不間一也又皆父子同時二也又富厚與勢位相稱三也論者以爲祖德所致不知吾家祖德較宮氏亦不多讓何以享受不同若是其懸絕也或曰九里溝風水之故要之皆非也有命焉有數焉非人之所能爲也

中憲語

中憲嘗指挑柴夫云此輩俱是進士祗因父母當日未曾教他讀書遂流至此耳又中憲爲諸生時往夏莊偶憩於場見牧童騎牛背口誦大學章句甚熟中憲呼問卽妻兄某子也詢伊父曾就塾年餘因家貧遂牧牛中憲卽資以脩脯後入學補增廩經科舉是

爲黄光斗不知何事背中憲遂絶交事在鼎革初

又

中憲嘗云余每見挑柴夫所用木擔晚歸將繩理好繫擔頭置家神案旁皆光滑如油此人必不終於挑柴將來還有受用反是未有不愈趨而下者此即敬其事之一証

戰兢悠忽

孝子戰戰兢兢敗子悠悠忽忽

東厓

中憲不喜談道學余幼時竊見其硃圈東厓集一本今久失之丁丑秋尊六見寄讀之數日而歎心齋先生之道得東厓先生而益彰焦弱侯所謂東厓宏道之力大是也

子弟

書禮之家忽生白丁子弟富厚之家忽生賭錢子弟不祥莫大焉

兒媳

世傳賢孝忽得忤逆兒媳世傳勤儉忽得奢侈兒媳是亦不祥之物

量入爲出

周禮理財止於量入爲出治家之道何獨不然宜黄風俗其近古處每年收穫先計家口若干存稻若干石謂之食穀其餘春初發糶以爲錢糧諸用又聞南昌各縣家蓄猪數口歲終賣銀留爲來年納糧之用故藏穀最多

徵辟始末

（清）鄧勵相 撰

《徵辟始末》，清鄧勵相撰，據泰州圖書館藏《辟蠹山房叢書》本影印。

鄧勵相，字方回，號冠城。清泰州人。漢儀三子。

鄧勵相父漢儀，明末清初以詩文有名於時，此書所記爲康熙十七年（一六七八）和十八年鄧漢儀在北京應試博學鴻儒的經歷，勵相其時隨侍。康熙十七年康熙帝令官員舉薦學行兼優、文詞卓越者，以便親試録用。刑部郎中譚宏憲薦舉鄧漢儀，漢儀無心出仕，無奈前往，九月抵京。在北京期間亦只與相識的公卿名士交往，如王崇簡、魏象樞、梁清標、王士禛、施閏章、陳維崧、孫枝蔚、汪楫等。而對權勢顯赫的李霨和高士奇等，就不曾往謁。其時漢族知識分子對清廷的拉攏，亦各持立場，很多人亦與鄧漢儀一樣不願出仕，如杜越、傅山以老請免，嵇宗孟以病請免，李因篤以親老請免，鄧漢儀亦欲效仿，『銓部不允，云非真正耄耋及病廢者不準，他如養親等例不敢上奏』。十八年三月朔日，鄧漢儀等於体仁阁應試，試題爲《璿璣玉衡賦》和《省耕詩二十韻》，賦必用四六序文方中式，漢儀草草應付了事，未用四六序文。故考試未予録取。此次考試合格者，授翰林院官，纂修明史。鄧漢儀如願，更無意留京，急欲歸鄉。清廷對知名文人學者頗爲用心，未録取者亦授職銜，鄧漢儀授内閣中書舍人銜，褒嘉云：才學素著，因其年邁，優加職銜以示恩榮等。其時相識諸人又欲其留史館等任職，鄧漢儀决意南歸，於五月望日獨驅車離京。此書撰於康熙二十年，康熙二十三年鄧漢儀讀此書後又附後記，認爲此書同於《東京夢華録》等。

（周　忠）

徵辟始末

海陵鄧勷相方回著
鄉後學夏荃退庵校

家君謝棘闈事數十年矣四壁蕭然手不釋卷近發篋中槀丹黄以付剞劂四方郵筒所寄彙槀充棟披閱無暇晷時往來邗江寓文選樓中有終焉之意戊午春余侍家君來揚雨中程穆倩先生忽投一札云昨宵汪洨門舍事席上見報云　皇上有徵辟之典中堂已呈薦曹溶等名且云將來源源推轂未有不首舉先生之說家君哂之曰諸公皆素列青紫

者未嘗下及布衣之流且我輩泉石煙霞家貧親老安能遠作數千里之遊乎未幾宗鶴問云有李因篤陳維崧等也一時維揚諸名鉅俱有彈冠之意而家君澹如也一日東歸掃墓始抵家喘未定而戶外轟然剝啄甚急心竊怪之及啟戶乃知爲薦舉人時薦家君者乃刑部譚公宏憲也譚公素與家君一面耳當時輦上諸公通聲氣者不一人而譚公獨有此舉家君意獨鬱鬱以祖母春秋高也乃之金陵商於金副憲懇其轉達慕公題疏終隱以遂厥志金公訶曰

此何心哉我本職宜開薦今未薦君反阻其事耶雖然君北上之費舟車之費義所不辭乃分俸勸駕意極殷殷歸家府縣敦迫親友咸勸行甚力家君乃與孫丈豹人共買舟至京師孫亦無干進意時部限八月抵京已踰重九矣計試期已過不日即偕南歸也不意試期遙遙乃造戴公雲極家託其覓寓戴公喜因雷寓焉時令兄經碧太史亦在薦列遂朝夕盤桓相倡和爲樂家君素有足疾意厭塵囂長閉門嘯詠自怡而長[illegible][illegible]車馬　賓客雜遝日常數十次

迎送[illegible]居台[illegible]何暇幾與吐哺握髮相似好事者日僕僕於黄沙中延門造謁傴僂鞠躬於王公大人前或廣筵約[illegible]煩文苛禮或酒不終席日常數家較之鄉居時僅一二知心把杯嘯傲於蓬蒿閒解衣磅礴談古今事醉或賦詩起舞如嵇阮輩以彼易此眞不啻霄壤也家君因謝絕雜賓不妄投刺以是稍得清靜性尤畏與冠蓋相接而往來最厚者祇施愚山陳其年孫豹人李武曾申周伯汪舟次數人即輦上諸大老非素稱神交者未嘗一通姓字如王公敬哉梁

公蒼巖宋公蓼天李公容齋王公阮亭皆夙交神契
故往謁焉時敬哉長相問候數開園設席招家君飲
輒索題園詩數以詩句請正於家君至老好學不衰
虛心下士眞魯靈光也昔曾以全集屬爲點定付梓
今來京已評跋詳細王公大喜將剞劂焉會寢疾騎
箕而止老成耆舊固已音塵歇絕矣又魏環溪總憲
雅愛家君[illegible]渴欲一面愚山時促往會家君曰吾素
性懶於曳裾以彼總憲門庭車馬赫奕公事鞅掌吾
一介[illegible]肯謁爲煩卽魏公亦豈以余不謁爲

辟蠹山房叢書

罪哉[illegible]公曰不然魏君者乃公卿之最賢者也雖門
庭如市而心實如水彼位列中丞豈少貴游而獨慕
君與其[illegible]思得一面而交歡豈常人耶君不可不
往家君乃往謁焉隨投隨會一見如平生談笑半晌
而別數日後復相邀至則無貴人惟薦辟三四君殽
核簡濇數簋而已語客曰長安道上非無五侯之鯖
余蕭然杯酒屈諸君聊敘閫東耳家君唉之殆盡相
與談敘甚歡魏公亦大喜又相國李公霨爲學士時
曾於合肥龔公家通往來後以全稾緘寄選付梓人

今奉
召來京李公急欲相晤時向李屺瞻道
及卽二戴先生謂經碧太史紳黃大行人亦勸其往謁而家君終
不一往乃持詩觀二集託屺瞻致之余閒勸其往謁
家君曰余恨不旦暮南歸豈有意仕進乃僕僕平津
耶又高供奉士奇[illegible]在
帝左右昔以詩緘寄
渴慕甚殷豫使人於慈仁寺相尋未得及晤其年先
生始知[illegible]屬以必欲相晤並手書亦然家君終未
之會其年[illegible]彼亟思一聚以出入綸扉從未出外城
會客[illegible]老[illegible]貞陽晚進內城臥始得會自水乳也

辟蠹山房叢書

家君曰[illegible]不便相攙且道途甚遙步履爲艱
吾與若心相結可也時都中喜招客聚飲者若司馬
宋公德宜學士李公天馥宮詹沈公荃等讌集至數
十人皆一時名流號稱盛舉而宮詹酒半復出所藏
皇上御書八字示客索題觀御書詩
家君遂得七言古一首記之又主政曹正子與家君
稱夙契亦屢會賓客常數十人大有孟嘗意家君序
其詩甚詳家君閒與余過龔公宅每指其居黯然久
之曰昔余遊京華下榻合肥家時公爲總憲門庭喧

雜賓客煩劇而公尚與余賦詩飲酒殊豪上也後屢
招渡盧溝吾以親老爲辭意從此不復夢見長安豈
期忽有此舉乃重至西州耶今龔公久已化去雖翟
公之門無恙而人琴之[illegible]實深遂成絕句以述感云
時秋將盡落葉滿[illegible]邊風漸勁黃沙十丈泥人面目
透入衣襟遍體都黑家君益畏奔馳時向慈仁松下
小憩半刻[illegible]步而歸及冬風聲轉厲朔雪時飛擁爐
呼酒猶覺[illegible]寒常慮家下釜魚無以將母爲念時矯
首南[illegible] 賴 聖恩深厚俯念寒儒旅

食無[illegible]詩 一一 詔司農月給銀米若干庶得覓便
緘寄用[illegible]水時祖母年逾八十母親病肺未瘳而
家書罕[illegible]常憔悶夏子九敍公車北上始得家書
知其平安乃益喜冬盡客京師已四閱月而試期尚
杳戴太史曰 皇上以天氣嚴寒稍待陽春乃
有期耳至己未仲春 旨下命吏部點名以便
考試時徵辟諸君不願進考者紛紛陳詞若杜越傳
山等以老免嵇宗孟等以病免而李因篤以親老乞
免屢控未允至是復欲陳詞家君曰是可以援例矣

爰謀於衆人曰渠若能免吾輩卽行此事得放歸山
林與子解維南發豈不大快因往詢李公天生曰君
且勿急稍俟余行昨已投詞銓部矣若蒙俞允卽可
效尤耳未幾銓部不允[illegible]非眞正耄耋及病廢者不
准他如養親等例不敢上奏家君因勢不能免遂於
三日朔日黎明赴部偕薦[illegible]諸公進內聽試叩首行
禮畢吏部[illegible]至太和殿體仁閣下候 旨命題
須臾內閣傳[illegible] 旨乃璿璣玉衡賦省耕詩二十
韻日[illegible] 皇上命光祿賜飯極豐其饌吏部侍

郎掌院[illegible]飯試畢家君出獨早衆訝上曰吾
既無意仕[illegible]復何用搜索枯腸自若乃爾乎但得報
罷吾願[illegible]時傳 旨云賦必用四六序文方
中式家君獨未用焉次日 聖駕出回乃
命內閣閱卷得[illegible]千人 皇上復翻卷定前
後去取得若干人時內閣馮公議以 欽取諸
人纂修明史用光盛典疏奏 之 可之 下部議
行吏部議以諸人俱用原銜修史修成議敍
皇上徑除翰林院諸公相慶以爲百年盛事云家君

因未用四六故未錄遂益喜以爲　聖恩寬厚
得放還桑梓負米養親以克副初願吾之不取勝於
取者多多矣計欲覓伴南歸遍謝長安諸友束裝將
去不意吏部復傳　旨時過友人江宸六寓江
君亦在未取之列云吏部明晨傳諸公宣　旨
吾輩雖未收錄亦不可不往家君曰夫宣　旨
者乃　欽取諸公若我輩似不必多此一行也
是夕關中〃〃公孫蔚招飲座中有屺瞻豹人兩公語
及宣　〃家君與孫先生意不欲往王公力勸

辟蠹山房叢書

其行〃〃謹記〃說余曰諸公勸余輩聽　旨甚
切吾可不一往耶明日赴銓部諸公俱在宣罷諸公
欲散家〃〃下階將歸忽文選郎楊公名耀疾呼副
郎于公沚於家君至堂上曰　皇上有美意
　命部院會議於〃年老有才學名望者優加職銜
以寵諸君諸君奈何自〃而且職銜之榮非冠帶比
君才學素著豈能沒沒耶即引見冢宰彙名起奏惟
家君暨王嗣槐申維翰孫枝蔚邱鍾仁王方轂數人
得　旨加銜他如傅山杜越二公以年將九旬

先歸亦在此列後數日復傳未錄諸公俱到吏部又
傳薦舉人員俱至午門外　命閣下部院審視
終未收一人其慎重如此至四月部議除府學教授
　上以所擬輕　命吏議復晉詹事府司
經局正字〃猶以職銜輕馮相國在旁曰加
他翰林院待詔可也　皇上意未可遂經授內
閣中書〃〃銜下部施行　皇上復褒嘉云才
學素著因廿〃年邁優加職銜以示恩榮等語人咸異
之以〃〃　〃望心極重此舉優待諸公皆是殊禮

辟蠹山房叢書

有出於〃〃青〃望之外者即如給俸　賜饌等
事皆出自　上意非羣臣贊勸之力諸君感頌
又爲可〃〃益都馮相國館客王仲昭來言故歷知
　聖意隆厚如此仲昭先生復偕申周伯至寓
舍云　聖恩〃可測益都公有美意欲奏留我
輩史館修史臺垣頗聞〃人亦欲奏留此良機也諸
君可勉爲之家君意怫然遂偕至豹人先生寓曰我
輩年高學深家有老親恨不旦夕驅車疾返豈能喔
咿囁嚅於翰院諸公下乎使我實有雄飛之志久已

閑門磨礲當場逞雄角勝一展生平之長耳何至日飲酒與諸故人游以撩草應試耶行矣南歸勿復以我爲念王先生知志不可奪又難獨行其事遂告馮公寢其議夏五謝　恩畢束裝將去施愚山王阮亭邱曙戒曹峨眉李屺瞻喬石林莊澹庵江辰六諸君子各贈以詩一時四方之士聞之曰若鄧孫數人皆海內所望今遽稅駕返故山不復珥筆承明上列班馬之傳耶咸爲嘆息孫豹人申周伯兩公約偕買舟[illegible]以水淤河涸路多阻滯遂卜五月之望獨驅車出都門未周月遂抵家云余小子不敏叨侍家君遊京師故歷知其詳不揣固陋謹述其薦辟顛末並　皇上擢銜盛意用誌勿諼時辛酉立夏三男勷桓恭記

徵辟之役三男[illegible]予抵京故見聞獨詳敘置最確要是他日年譜中第一段要緊文字予還山日久舊事都忘甲子長至後一日得見此冊豈不同於東京夢華錄清明上河紀耶舊山叟書時年六十有八

增訂春秋世本圖譜

（清）陳厚耀 撰

《增訂春秋世本圖譜》一卷，清陳厚耀撰，據南京圖書館藏清嘉慶十三年（一八〇八）水心齋刻本。

陳厚耀（一六四八—一七二二），字泗源，號曙峰，江蘇泰州人。清代經學家、曆算學家。康熙四十五年（一七〇六）中進士，任蘇州府教授。後以通算授中書科中書、翰林院編修。康熙五十六年（一七一七），遷國子監司業，擢左諭德兼翰林院修撰。

陳厚耀於春秋世族之學著述頗豐，所著有《春秋世族譜》《春秋世族源流圖考》《增訂春秋世本圖譜》。三書均依照古代系表的旁行斜上之法來編次春秋諸世族譜系，《增訂春秋世族圖譜》分章爲十九國，陸續編次。三書雖内容相似，但各有側重。《增訂春秋世本圖譜》一書較之其他二書，則更爲精簡，只存其梗概。該書較之《春秋世族譜》，於每目之下少『王子系未詳者』『雜姓氏名號』兩項。較之《春秋世族源流圖考》，則該書只録入春秋時代諸世族之世系，而不追源述終。作者定此本蓋爲便利不同讀者之需要，葉廷甲所云『是編便於初學』，即此意也。該書嘉慶十三年（一八〇八）刻本前有吴珏題序，書後有徐鎮跋、葉甲廷題識，爲湯荆垣所付刊。據徐鎮跋中所載，該書原刻於乾隆五十七年（一七九二），由湯荆垣刻之，吴並山序。據吴珏所言，該書在清代學人之中影響較大，而刻本却流傳較少，使人『屢欲購置篋中不可得』。吴珏認爲陳厚耀此書『考覈周詳，如物在貫』。由此可見此書於春秋世族學之重要參考價值。

（蔣　樂）

嘉慶戊辰重校

太史陳曙峰先生原本

增訂春秋世本圖譜

水心齋葉氏藏板

序

為春秋左氏之學者或以地紀或以官紀或以人紀或以事紀班班盡有成書而言譜系者自杜預春秋公子譜而後若唐顧啓期之春秋大夫譜崔表之春秋世本圖其書皆散佚不可見後之人欲攷其世系所由每樊然莫得其端緒余嘗感武平一三桓七穆之對因戲括為圖譜以示諸同好則本末釐然具在而牽於俗學耳貸目僦未遑旁及諸國其於譜系之學猶蒙耳也頃於友人處見吳陵陳太史曙峰先生春秋世族譜一書具本孔氏正義兼采諸書而一宗於杜氏考核周詳如物在貫余屢欲購置篋中不可得今年冬白田湯荆垣攜其原本来邗上余因慫其重付梓以廣其傳荆垣乃請余題數語以誌顛

末盖於曩喆遺編不敢掠美也亦可謂學有本原能自樹立者矣余知荆垣家久方見其稽經諏史矻矻不休異日振采儒林出所著述以資採獲其將與太史相頡頏也歟戊戌長至後五日蒜山弟吳珏拜題

序

增訂春秋世本圖譜　周

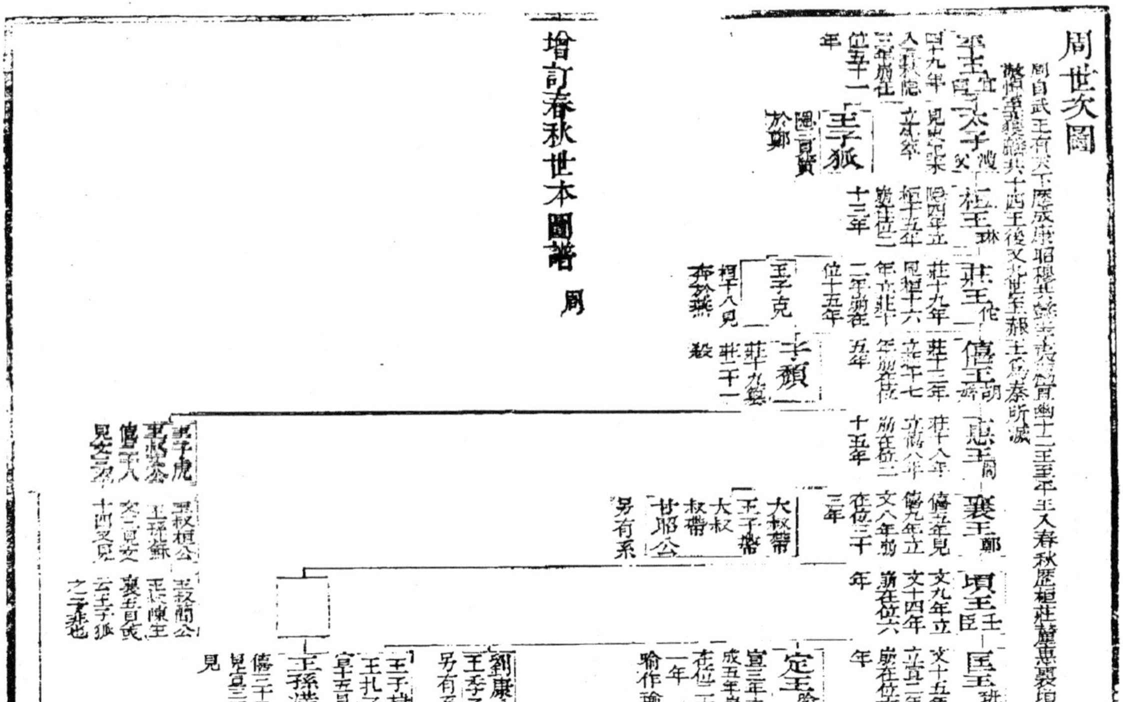

靈王 泄心 襄二年立 襄二十八年崩在位二十七年

太子晉 見國語 未立先卒

景王 貴 襄二十九年立 昭二十二年崩 在位二十五年

儋季 另有系

佞夫 襄三十殺

太子壽 昭十五卒

悼王 王猛 昭二十二

敬王 丐 年立 昭二十二年立 哀十九年崩 在位四十四年

東王

王子朝 西王 昭二十六見 定五殺

元王 仁 哀二十年立 見春秋

二

增訂春秋世本圖譜 周

周氏 出周公後。路史周注平王子秀封在汝川泰治之 為汝南郡 未詳所據

周桓公 周公黑肩 隱六見 桓十八殺

周公 宰周公 宰孔 僖五見

宰周公 周公閱 僖三十見 或云即宰孔也

周公楚 成十一見 或云周公閱曾孫

周息父 莊十六見 僖十文見 或云桓公子宰孔弟

凡有系可考者系之無者則闕後倣此

召氏 出召康公後食采於召詩召穆公虎康公十六世孫也。召亦周同姓或云即鄭伯文王之子。按文四年召公來會葬杜預注召采地伯爵不明其爲燕後則此召氏非穆公嫡裔或其支庶別封於召如周公黑肩之比

召伯廖 莊二十七見 名過或云即伯廖

召武公 僖十一見

召昭公 文五見

召桓公 宣六見

召戴公 桓公弟宣 宣十五見殺

召襄

召莊公 召伯奐 昭二十二見

召簡公 召伯盈 昭二十四見 昭二十九殺

增訂春秋世本圖譜 周

尹氏 左纂云少昊之子封於尹城子孫世爲周卿士尹吉甫其後也。按周之卿士叢尹先代諸侯之裔尹氏出自少昊亦未可據疑亦周之同姓也

尹武公 成十六見 伐鄭

尹言多 襄三十見 殺佞夫者

尹文公 尹氏固 尹圉 昭二十三見 言多之孫立王子朝者

尹辛 昭二十三見

三

樊氏 太王之子虞仲其孫食采於樊以樊爲氏樊侯仲山甫爲宣王卿士

樊皮 樊仲皮 莊二十九見

樊頃子 樊齊 昭二十二見

樊齊去樊皮時代甚遠疑非樊皮之子

增訂春秋世本圖譜 周 四

原氏 文王第十六子封於原

原莊公（原伯 莊十八見 逆王后于陳 陳宣二十二入秋所獲）—原伯貫（僖二十五見 原爲晉所得 冀）—原襄公（宣十六見 原屬于晉為晉 卿）—□—原伯絞（昭十二見 奔郊）—原伯魯（昭十八見 成周）

原伯絞—公子跪尋（昭十二見 或云絞弟）

原伯魯—原壽過（定元見 城成周）

毛氏 文王之子封於毛曰毛叔鄭成王時有毛公司太保與受顧命者

毛伯衛（文元見 宣十五殺）—□—毛伯過（昭十八殺）

毛伯過—毛伯得（昭十八見 或云過之弟）

成氏 文王子郕叔武之後

成肅公（成十三見 卒于秦）—成簡公（昭七見 如衛 弔）—成桓公（定八見 侵鄭）

單氏 成王封幼子臻于單

單伯（莊元見 天子卿也 單采伯爵 單伯是其孫）—單襄公（成元見 左傳作單伯 襄三見）—單頃公（襄十見）—單靖公（昭七見 殺）—單獻公（昭七見 殺 云獻公弟）—單成公（昭十一見 殺 單旗）—單穆公（昭二十二見 殺 周語注）—單武公（定七見）—單平公（哀十三見）

單頃公—單公子愆期（成愆 襄三十見 或云愆期邑 大夫）

單子—單蔑（襄三十見）

增訂春秋世本圖譜 周 五

儋氏 或云出儋王

儋季（襄三十見 儋之子）—儋括（襄三十見 云儋子）—儋翩（定六見 或）

甘氏 出惠王

甘昭公（太叔帶 王子帶）—甘成公（見昭十二）—甘景公（見昭十二 或云景伯 甘 生簡公 成公）—甘簡公（見昭十二 成公 大夫 甘悼公 簡公弟）—桓公（昭十二 見 昭二十四）

甘歜（文十七見）

□—甘平公（襄三十見 昭十二殺）

甘過（甘悼公 襄三十見 簡公弟 昭十二殺）

□—鮪（昭二十二見）

甘大夫襄（昭見 或云簡公之子）

劉氏 出頃王之子 或云襄王季子始封劉

劉康公（王季子 宣十年見 王季子 頃王之子 襄王弟也 襄十五見）—劉定公（劉夏 官師 劉子 昭十二見）—劉獻公（劉摯 昭十二見 殺）—劉文公（劉卷 伯蚠 卒 定七見）—劉桓公

劉毅（襄三十見）

劉佗（昭二十二見 殺 伯蚠 見定四年）

劉州鳩（昭二十二殺 伯蚠之子）

祭氏 周公之支子封於祭

祭伯（隱元見 來朝）—祭公（桓八見 逆后 或云 祭伯孫）—祭叔（莊二十三見 來聘 或云 祭仲 采地 祭公）

內史氏 或云內史官名世以叔為氏

內史過（莊三十二見）—內史叔服（文元見 內史叔興 叔興父 僖十八見）

魯世次圖 姬姓周公子伯禽始封於魯歷十三世至隱公入春秋歷十二公入[illegible]爲楚所滅

惠公 隱公元年見考公之子名弗湟
隱公息姑 立十一年 弑
桓公允 立十八年
公子翬 羽父 另有系
公子彄 臧僖伯 另有系
公子豫 隱元年見 卒
公子益師 衆父 隱元年見卒
公子展 另有系
施父 另有系
莊公同 桓六年見 立三十二年
公子慶父 仲慶父 共仲 另有系
公子牙 叔牙 僖叔 另有系
公子友 季友 成季 另有系
子般 莊三十二年 立未踰年弑
閔公啟方 莊公庶子 莊三十二見立二年 弑
僖公申 閔公兄閔二年見立 三十三年
文公興 立十八年
子惡 文十八見 未立而爲襄仲所弑 ○公羊作子赤
視 與惡同弑
宣公倭 名接 立十八年
叔肸 另有系
公子偃 公子鉏 俱成十六見殺
成公黑肱 立十八年
襄公午 立三十一年
公衡 衛父 成二見
子野 襄三十一見立三十一年 未踰年卒
昭公裯 立三十二年
公爲 公叔務人 昭二十五見 哀十一年戰死
公衍 昭二十九見 立爲太子未得立
公果 昭二十五見
公賁 昭二十五見
公子遂 仲遂 東門遂 東門襄仲 另有系
郕惠伯 另有系
定公宋 昭二十五年見立十五年
哀公蔣 立二十七年
悼公寧 哀公子入春秋後
公子荊 哀二十四年見
公孫有山氏 見禮記

增訂春秋世本圖譜 魯 六

臧孫氏 出孝公

臧僖伯 公子彄 隱五見卒 或云孝子 彄故以臧爲氏孝公之子也
臧哀伯 臧孫達 桓二見
伯氏餅 見哀十四 孔疏引世本
臧文仲 臧孫辰 莊十一見 文十卒
臧宣叔 臧孫許 宣十八見 成四卒
臧武仲 臧孫紇 成十八見 襄二十三奔齊
臧賈 襄十七見
臧會 昭二十五見
臧賓如 哀八見
臧石 哀二十四見
臧爲 襄二十三見 紇之兄 紇奔齊乃立之
臧昭伯 昭二十五見 ○賈逵云昭伯名賜
臧疇 襄十七見 紇之昆弟 死於難
臧堅 襄十七見
紇之族

展氏 出孝公

公子展 未見經傳
夷伯 見僖十五
無駭 司空無駭 隱二見 隱八年卒 爲展氏
展禽 柳下惠
展獲 柳下季
季子 僖二十六見
展喜 乙喜 僖二十六見
展莊叔 襄二十八見
展瑕
展玉父 俱襄二十九見

增訂春秋世本圖譜 魯 七

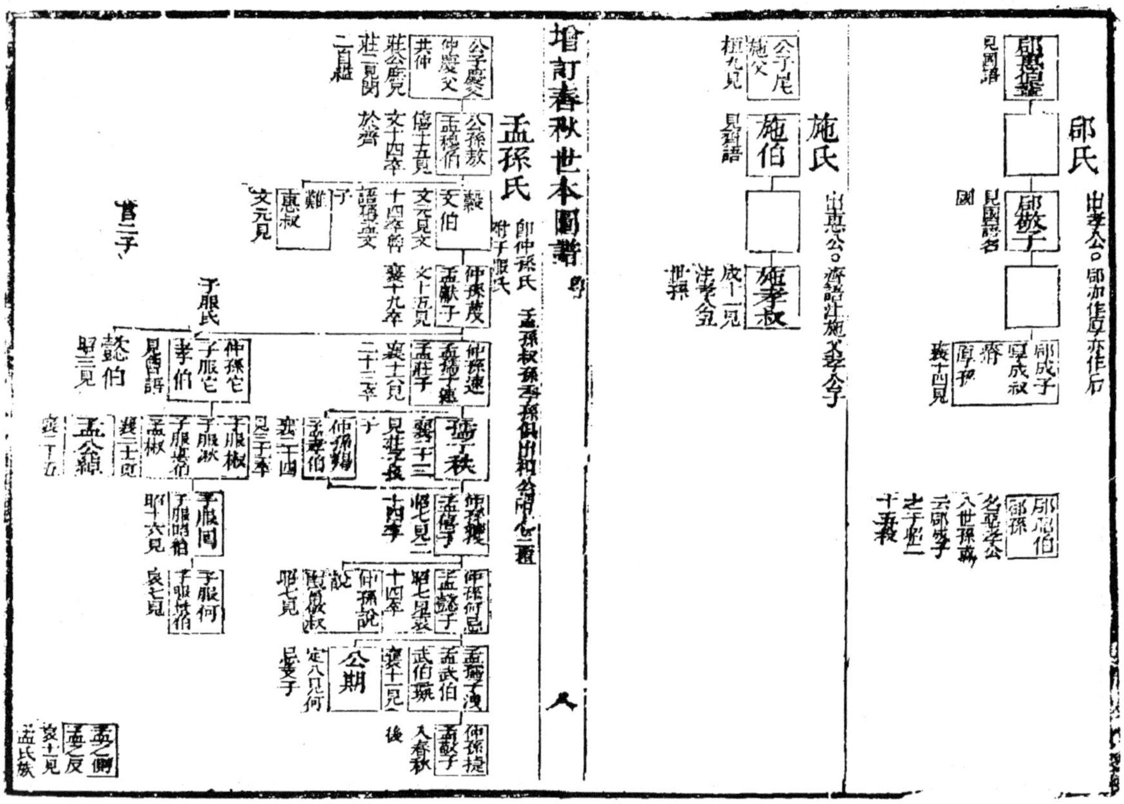
增訂春秋世本圖譜 魯
八
郈氏
施氏
孟孫氏

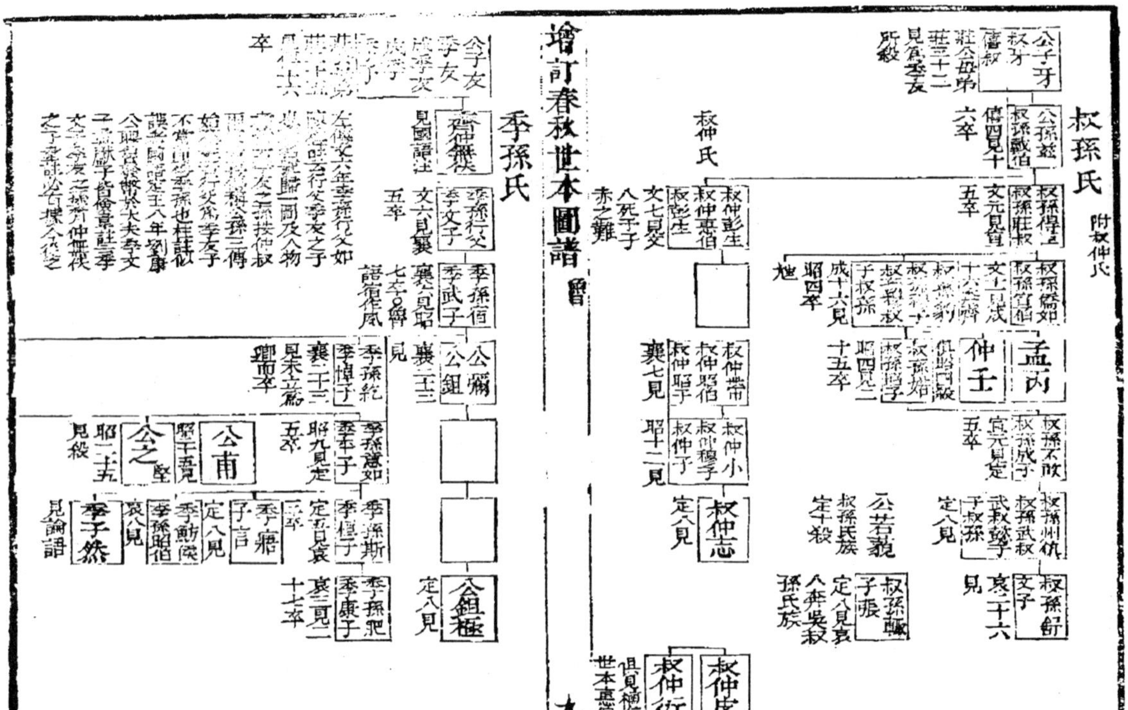
增訂春秋世本圖譜 魯
九
叔孫氏
季孫氏

公父穆伯 名靖 見國語
公父歜 公父文伯 定五見 哀三又見
季公鳥 昭二十五見
申 昭二十五見
季公若 季公亥 昭二十五見
季公冶 襄二十九見 魯語作季冶 傳云季氏族
公鉏展 季氏族 昭二十五見
公何藐 季氏族 定五見 殺

增訂春秋世本圖譜 魯 十

東門氏

出莊公。居於東門因以爲氏 其後歸父之孫以子家爲氏 嬰齊之後又以仲爲氏

公子遂 仲遂 東門襄仲 東門遂 襄仲 僖十六見 宣八卒
公孫歸父 子家 宣十見
仲嬰齊 成十五見 卒
宣十八年逐東門氏 既而以仲嬰齊紹其後 曰仲氏
子家羈 子家子 懿伯 昭五見 莊公玄孫 或云歸父之曾孫

子叔氏

出文公。亦曰叔氏

叔肹 宣公母弟 宣十七見
子叔嬰齊 公孫嬰齊 子叔聲伯 成二見 十七卒
子叔齊子 叔老 齊子 襄十四見 二十二卒
子叔子 叔弓 敬子 襄二十見 昭十五見
叔輒 伯張 子叔 昭二十一見 卒
叔鞅 昭二十二見 二十三卒
叔詣 子叔詣 昭二十五見 二十九卒
定伯閱 昭十一年孔疏 但見定下
西巷叔
叔還 成子 定十一見 哀十四卒 或云叔詣子
叔青 哀十九見

增訂春秋世本圖譜 魯 十一

晉世次圖：姬姓侯爵武王少子叔虞封於唐叔子燮父爲晉侯十三世鄂侯入春秋歷哀小子緡武獻奚齊卓子惠懷文襄靈成景厲悼平昭頃定共二十侯獲麟後六世韓魏趙三分其地遷其君靖公名俱酒爲家人

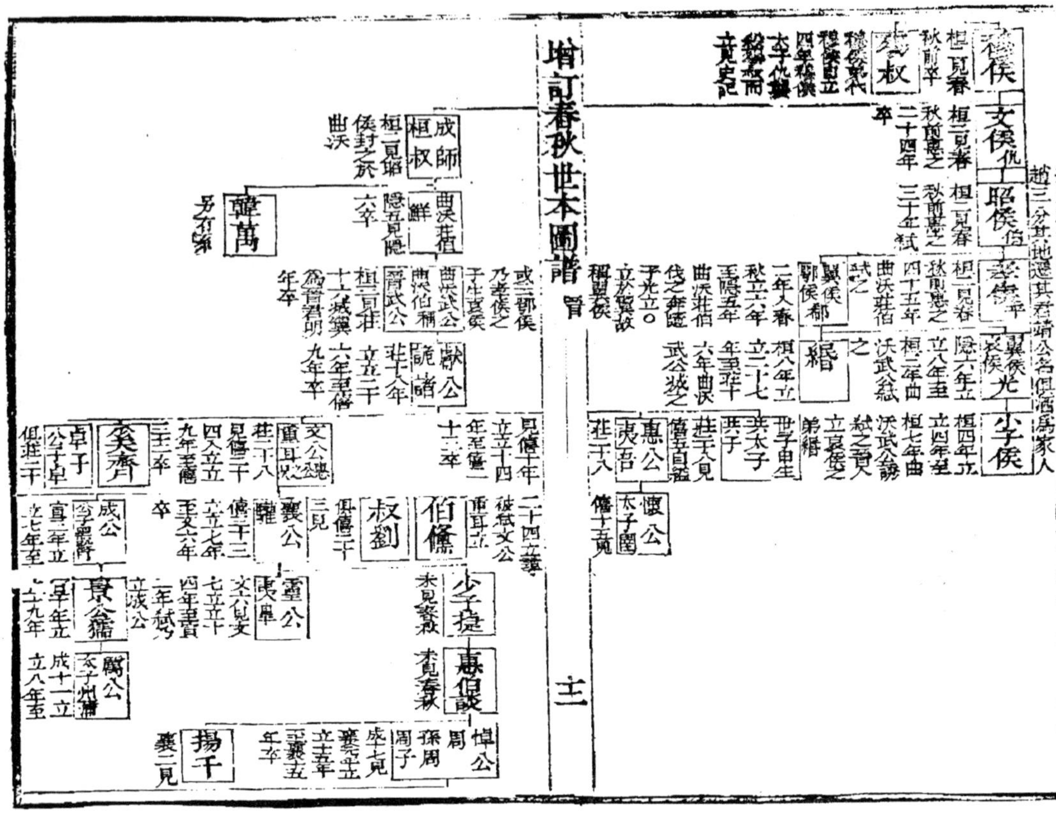

增訂春秋世本圖譜 晉　十二

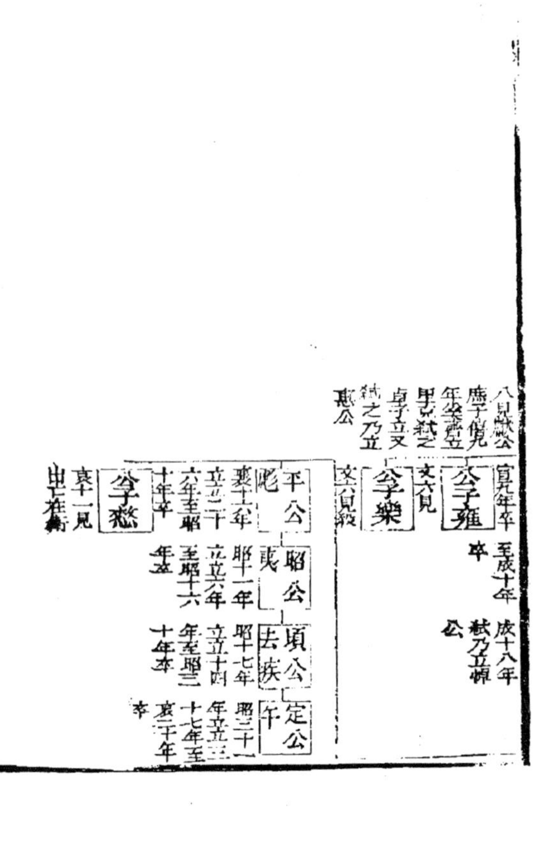

增訂春秋世本圖譜 晉　十三

晉之公族皆出自獻公以上公族狐氏唐叔之子孫別在戎狄者也欒氏出自靖侯祁氏出自獻侯羊舌氏出自武公見路史韓氏亦公族也自獻公以下詛無畜群公子由是晉之公族鮮矣

增訂春秋世本圖譜 晉 十四

趙氏

造父以御封趙城，世系……趙氏七世孫叔帶去周事晉，叔帶後五世而生趙夙……

公明 見成十三年。孔疏云公明生趙夙。

趙夙 閔元見

趙衰 趙成子 子餘 孟子餘 成季 僖二十三見，文五卒。晉語作原季。注：文公二年衰為原大夫。○孔疏引世本云衰，公明之……

趙盾 趙宣子 宣孟 僖二十三見

趙朔 趙莊子 宣八見

趙武 趙文子 成八見，昭元卒

趙成 趙景子 昭五見

趙鞅 志父 趙簡子 昭二十五見，哀二十卒

伯魯 鞅長子，未立，見史記。

代成君

趙無恤 趙襄子 哀二十見，卒春秋後

獻侯浣 在春秋後

烈侯籍 分晉為諸侯

趙獲 昭三見

趙穿 趙旃 趙勝 邯鄲勝 文十二見，宣十二見，襄二十三見。注：穿，趙夙庶孫。……

趙午 邯鄲午 定十見，定十三殺

趙稷 定十三見

趙朝 昭二十八見。○朝為勝曾孫而見於邯鄲午前，未確

趙同 原同 趙括 屏括 趙嬰齊 樓嬰 原叔 屏季 少子，成公之……晉國以為……宣十二見，成八殺。僖二十四見，成四放於齊。

按：同食邑於原，即衰為原大夫地也。時先軫亦食邑於原，故名原軫。一邑而為兩人之采地，與晉襄公以王賜陳戴分食同。

趙羅 哀二見，溫大夫

增訂春秋世本圖譜 晉 十五

魏氏

畢公高之後，本與周同姓，始封於畢，以畢為姓，其苗裔曰畢萬，事晉，封於魏，故以為氏。後世子孫從莊子徙於安邑，仍稱魏氏。

畢萬 閔元見。晉獻公時封於魏。

芒季 見史記索隱

魏犨 魏武子 僖二十三見

魏錡 廚武子 廚子 呂錡 宣十二見，成十六射

呂相 魏相 成十三見。○國語作呂宣子

魏顆 令狐顆 宣十五見，卒年八見

魏頡 令狐文子

魏壽餘 文十三見。畢萬之後○韓康伯……

魏絳 魏莊子 成十八見，襄二十三卒。○犨之孫。見史記。○世本云……

魏舒 魏獻子 襄二十三見，定元卒。一名侈。史記作荼。

魏曼多 魏襄子 定十三見。見世本。

桓子駒 見世本。史記作……

文侯斯 侯。……

魏戊 昭二十八見

云：謚為桓。名荼。史記：絳生嬴，嬴生獻子。按魏世家：武子生悼子，悼子生絳，則絳乃犨之孫，計其年，直是與左氏異。一云獻子之孫。在春秋後分晉為諸侯。

一云曼多，簡子。須生文子須，須生桓子。

按杜注襄子魏舒孫，史記魏獻子生魏侈，侈之孫曰桓子。又索隱引系本獻子生簡子取，取生襄子多，是魏曼多之系當下一格。

增訂春秋世本圖譜 晉 十六

韓氏

此晉桓叔之庶子曰萬，封於韓，故以韓爲氏

韓萬（桓三見。○史記作韓武子） — 賕伯（見史記索隱。○世本作求伯） — 韓簡（僖十五見） — 子輿（世本作韓子與。○一作韓武子）

韓厥（成八見。○晉世家作韓獻子） — 韓無忌（成十八見） ／ 韓起（韓宣子） — 韓襄（襄七見。昭二年爲政。昭二十八卒） — 韓子角

韓須（昭五見。○韓貞子）— 韓不信（定十三見。○韓簡子）— 韓庚（韓莊子）— 韓虎（康子） 以下俱見史記。在春秋後

韓固（昭二十八見）

韓穿（宣十二見。韓氏族）

韓籍（叔禽） 叔椒 子羽（俱昭五見）

武子 — 景侯（分晉爲諸侯）

范氏

堯後劉累之裔，初姓士，後以范爲氏

隰叔（周宣王殺杜伯，其子隰叔奔晉爲士師，以官爲氏） — 士蔿（莊二十三見。○字子輿） — 士縠（文二見。○一作成伯缺） — 士會（隨會。隨武子。范武子。僖二十八見。宣十六見，成十八卒）

士燮（范文子。宣十七見。成十七卒） — 士匄（范宣子。成十六見。襄二十五卒） — 士鞅（范獻子。襄十四見。定元年卒） — 士吉射（范昭子。定十三奔）

士魴（彘季。成十八見。襄十三卒） — 彘裘（襄十四見）

士貞子（士渥濁。宣十二見。成二卒） — 士弱（士莊子） — 士匄（士文伯） — 士彌牟（士景伯）

士伯（昭二十三見）

增訂春秋世本圖譜 晉 十七

范無恤（哀二十見）

士富（襄二十三見）

范皋夷（定十三見。哀五注，范氏側室子）

○晉語注：士貞子，一名渥濁，與文伯同名，或云王正之子

甲按：陸氏釋文……古本有作正者，昭六年……之族同名何妨

荀氏

荀息之後，左氏注未明。○荀氏亦隰叔之後，食采於荀，因以爲氏

荀息 — 荀叔（僖二見。○卒於里克之難）

荀林父（中行桓子）— 荀庚（中行伯。成三見）— 荀偃（中行偃。中行獻子。成十六見。襄十九卒）— 荀吳（中行吳。中行穆子。襄十九見）— 荀寅（中行寅。中行文子。昭二十九見。定十三奔）

荀首（知莊子。成十六見）— 荀罃（知武子。知罃。成十六見。襄十三卒）— 知朔（見世本。襄十四見）— 荀盈（知盈。知悼子。昭九卒）— 荀躒（知躒。知文子。昭九見）— 知徐吾（知宣子。昭二十八見）— 荀瑤（知伯。知襄子）

甲按：杜注徐吾爲知躒之孫，未詳所據

晉有十一族，韓、魏、范、知、中行、同宗荀氏

增訂春秋世本圖譜　晉　十八

荀騅　林父之弟　見晉語注

□

程季　見晉語注

程鄭　子舍　襄二十三　見二十五　卒

荀騅　成二見

荀家　成十八見

荀會　成十八見

荀賓　成十八見　襄三見

史佳　襄十三見

知起　襄十二見

欒氏

出靖侯食邑於欒因以為氏

欒賓　桓二見。一云靖侯孫。子欒之父

欒共叔　桓三見死　欒賓之子。晉語作欒共子

欒枝　僖二十七　文二見

欒盾

欒書　宣十二見　成十八卒

欒武子

欒伯

欒黶　成十八見　襄十四見

欒桓子

欒盈　襄二十二殺

欒懷子

欒祁

欒鍼　成十六見　死

欒豹　見昭三　之族

欒京廬　宣十七見

欒弗忌　成十五殺　賢大夫也

欒糾　成十八見

欒鮒　襄十九見　二十三奔宋

欒樂　襄二十三殺

郤氏

郤氏亦公族。晉語郤縠至晉三郤

郤叔虎　見晉語。世本作郤豹

郤芮　冀芮　郤芮公子　僖十　見二十四殺

郤缺　冀缺　郤成子　僖三十三　宣十二見

郤克　郤獻子　宣十二見　成十七殺

郤錡　駒伯　成十三見　成十七殺

郤犨　苦成叔　成十一見　成十七殺

郤毅　步毅　見成二年　成十三見

[illegible]　見成二年

步揚

郤義　孔疏

增訂春秋世本圖譜　晉　十九

郤稱　見僖十　昭三

郤乞　僖十五見

郤縠　僖二十七　見二十八卒

郤溱　僖二十七見

孔疏

郤至　溫季　成二見　成十七殺。晉語作郤昭子

或云郤至弟

狐氏

出於狄。晉語注狐突大伯狐之子晉同姓唐叔之後別在戎狄者

狐突　伯行　閔二見　晉文公外祖　見僖二十三

狐毛　僖二十三見

狐溱　僖二十五

狐偃　子犯　僖二十三見　文公舅也。又晉語狐偃之子射姑

狐射姑　賈季　文六見奔狄。晉語注食采於賈

狐鞫居　續簡伯　文六見　狐射姑之族　六殺陽處父

未詳

狐父　昭十一見　注大夫

狐鯈　突之弟

先氏　或云先氏與范氏同祖隰叔初封於先者有先氏

先軫（原軫）　僖二十七見三十三死於狄
先且居（霍伯）　僖三十三見文五卒○晉語注先且居蒲城伯後受霍爲霍伯
先克　文七見九殺
先縠（彘子、原縠）　宣十二見十三殺○或云先縠即先克之子先軫之孫
先友　閔二見○杜注先丹木
先丹木　閔二見
先蔑（士伯）　僖二十八見文七奔秦
先僕　文二見
先辛　宣元見○注晉侯之屬大夫
先茅　僖三十三見○氏
先都　文八見九殺

增訂春秋世本圖譜　晉　三十

胥氏

胥臣（司空季子、臼季）　僖二十三見文五卒
胥甲（胥甲父）　文十二見宣元放於衛
胥克　宣八見
胥童　成十七殺
胥午　襄二十三見
胥梁帶　襄二十六見

祁氏　晉語注祁奚晉大夫高梁伯之子也或云獻侯四世孫食采於祁因氏焉[illegible]氏同

祁奚（祁大夫）　成八見
祁舉　僖十見殺
祁瞞　僖二十八見殺
祁午　襄三見
祁盈　昭二十八殺滅族
祁勝　昭二十八見注祁盈家臣

羊舌氏　新唐書表云羊舌[illegible]伯僑生文文生突羊舌大夫也食邑於羊舌因以爲氏。伯華叔向叔魚叔虎曰羊舌四族見昭五年注

羊舌大夫　閔二見
羊舌職　宣十五見
羊舌赤（銅鞮伯華、伯華）　襄三見
子容　昭二十八
羊舌肸（叔向、叔肸、楊肸）　襄十一見昭十五見二食采于楊
子我
伯石（楊食我、楊石）　昭二十八殺滅
羊舌鮒（叔鮒、叔魚）　昭十三見十四殺
羊舌虎（叔虎）　襄二十一見殺○世本作叔羆○一曰叔熊
即叔虎○一曰叔羆

增訂春秋世本圖譜　晉　三十一

籍氏　新唐書表晉荀林父之孫曰籍[illegible]一曰孫伯[illegible]以字爲氏[illegible]子司空[illegible]晉語注[illegible]從公子曲沃[illegible]之子司功大伯大伯之子侯季子一曰籍季季之子籍游游之子籍談見孔疏引世本

籍季　見晉語注
籍偃（籍游）　成十八見爲司馬晉侯以爲公族大夫
籍談（叔氏、籍父）　昭九見
籍秦　昭二十七見

丕氏

丕鄭父 僖見 僖七殺

丕豹 僖十見 奔秦

伯氏

宋襄公姪伯糾仕晉子伯宗爲晉所殺宗子伯州犁奔楚爲太宰後爲楚靈王所殺其子伯嚭又仕于吳楚有郤宛亦其族也

伯糾

伯宗 宣十五見 成十五殺

伯州犁 晉殺伯宗州犁奔楚 成十五見 昭元殁

宗連 宗少子

增訂春秋世本圖譜 晉 二十二

張氏

張侯 解張 成二見

張老 張孟 成十八見

張君臣 襄十六見

張趯 張孟 昭三見

張骼 襄二十四見

女叔氏

女齊 女叔侯 司馬侯 叔侯 女叔齊 襄二十六見

司馬叔游 昭二十八見

女寬 女叔寬 昭二十八見

衛世次圖

姬姓侯爵成王少弟康叔封於此十二世桓公入春秋歷州吁宣惠懿戴文成穆定獻殤襄靈出莊十六世至獲麟後又十二世爲秦二世所滅

莊公揚 見隱三卒 在春秋前

桓公完 十三年入春秋立十六年至隱四年州吁弑之而自立

急子 桓十六見 宣公殺之 史作太子伋

壽子 壽 桓十六見

州吁 隱四年自立衛人殺之立宣公

宣公晉 公子晉 隱四年立立十九年至桓十二

惠公朔 衛侯朔 桓十三年立 桓十六年奔齊立公子黔牟 莊二十六年立 立八年卒

懿公赤 閔二年 立九年卒

左公子洩 右公子職 俱桓十六見宣公之兄弟也

公子黔牟 桓十六年立 莊六年奔周惠公復立

子職之 莊六年復入 立二十年至莊二十一年卒 十五年卒

齊子 閔二見

戴公申 閔二年立 卒文公立

昭伯 閔二見 卽公子頑惠公庶兄也 史云太子伋同母弟

文公燬 衛侯燬 閔二見 僖元年立 二十五年卒

子儀 子瑕母弟 僖三十殺

成公鄭 衛侯鄭 衛子 僖二十八 年立立三十五年至宣九年卒

叔武 衛子 夷叔

衛武 僖二十八 年攝立成公殺之

公子瑕 子適 僖三十八 年元咺立

穆公速 衛侯速 宣十年立 立十一年 至成二年卒

定公臧 世子臧 宣十八見 成三年立 立十二年 至成十四年卒

獻公衎 衛侯衎 成十四年 立十八年 至襄十四年奔齊 立公孫剽 襄二十六年復入立 立三年至襄二十九年卒

公叔發 另有系

襄公惡 衛侯惡 襄三十年 立九年 至昭七年

鱄 子鮮 成十四見

子展 襄十四見

黑背 子叔黑背 成十見

公孫剽 子叔 是爲殤公 襄元見 襄十四年衛人出獻公而立之十二年至襄二十六年殺 復立獻公

太子角 襄二十六 殺

析朱鉏 成子 昭二十見 黑背孫

子孟縶 公孟縶 公孟 靈公兄 昭七見 昭二十殺

公孟彄 定十二見

靈公元 昭七見 昭[illegible]

莊公蒯聵 定十四見

出公輒 哀二見先

增訂春秋世本圖譜 衛 二十三

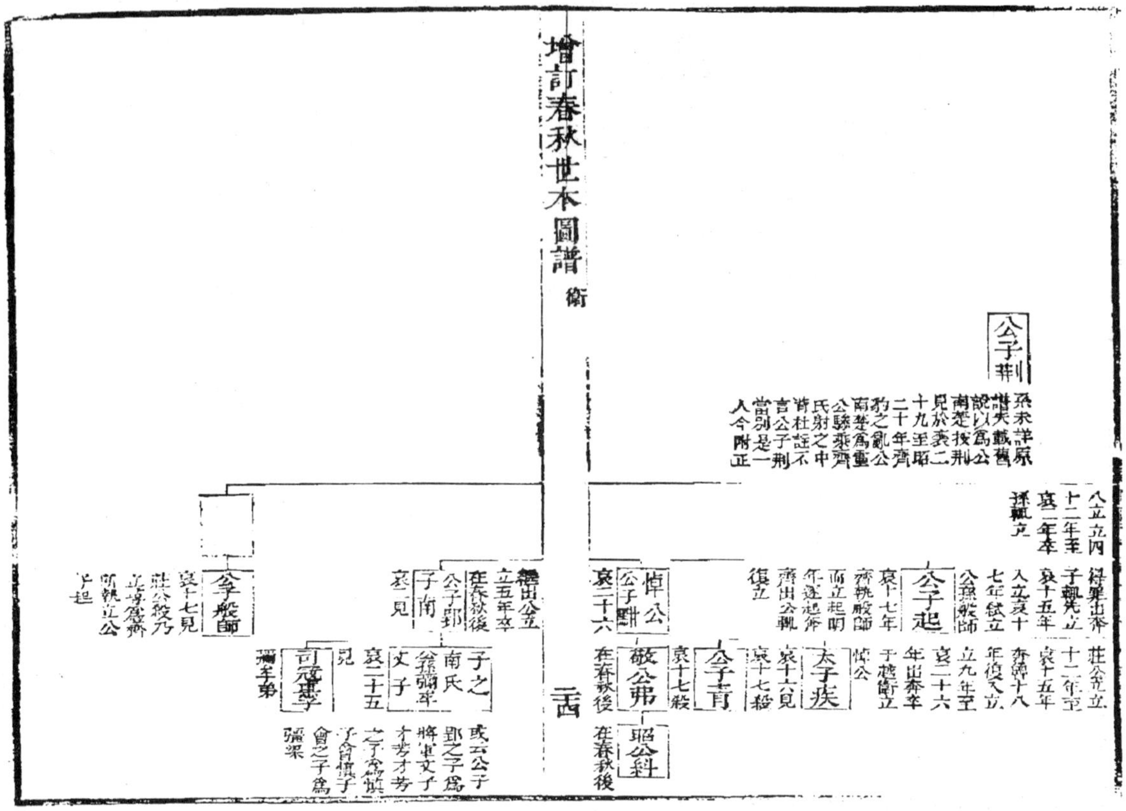
增訂春秋世本圖譜 衛
公子荆
悼公
敬公弗
昭公糾
公子起
太子疾
公子青
子南
文子
子之
司寇亥
公子般師

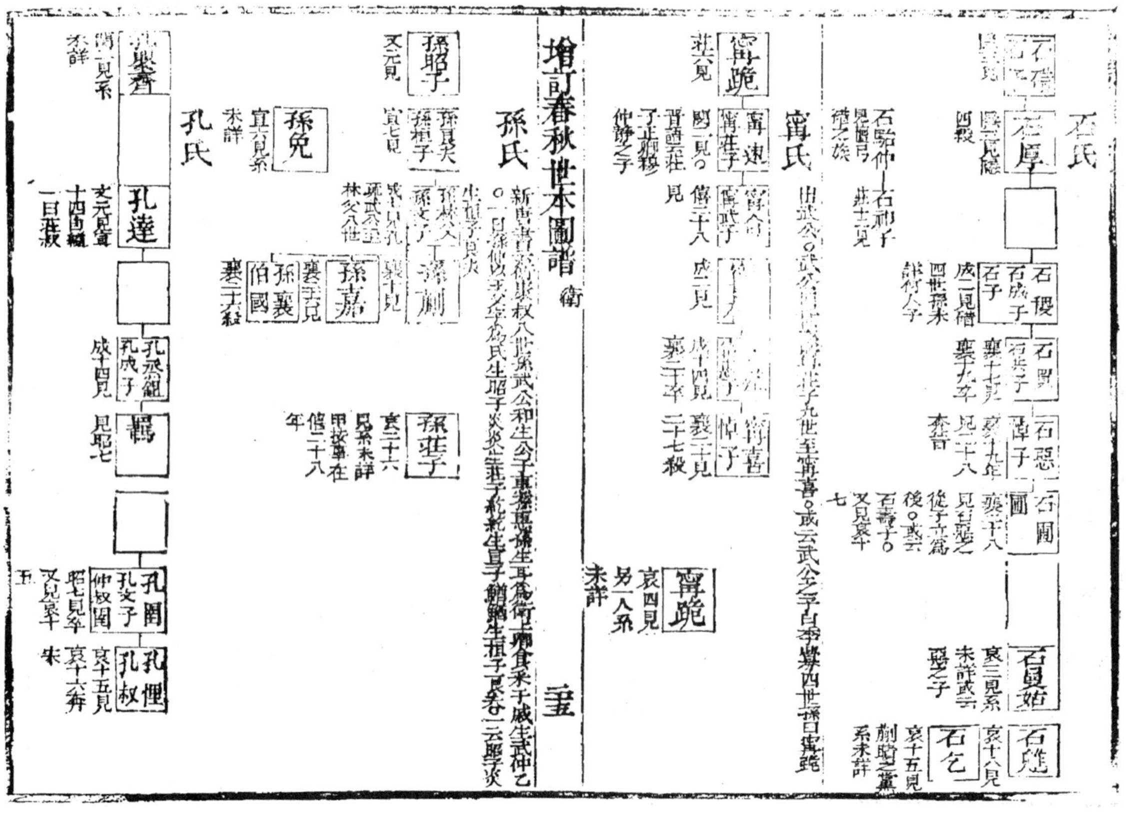
增訂春秋世本圖譜 衛
石氏
甯氏
孫氏
孔氏
石厚
石稷
石買
石惡
石圃
石曼姑
石魋
石乞
甯速
甯俞
甯喜
甯跪
孫良夫
孫林父
孫嘉
孫襄
孫蒯
孫莊子
孫免
孔達
孔烝鉏
孔羈
孔圉
孔悝

大叔氏 或云出文公

大叔儀（世叔儀 大叔文子） 襄十四見
│
□
├─ 大叔懿（大叔懿子） 哀十一見
│　└─ 大叔疾（世叔齊 悼子） 哀十一見
└─ 世叔申 昭三十二見 或云即大叔懿子
　　├─ 大叔（奔宋子）
　　├─ 大叔遺（哀十一見）
　　└─ 大叔僖子

公叔氏 獻公子公叔發字生公叔文子

公叔發（文叔文子） 襄二十九見 定十三卒
│
公叔戍 定十三見 奔魯
│
公叔木 見檀弓

北宮氏 出成公

北宮括（北宮懿子） 成十七見 衛成公曾孫
│
北宮遺 襄二十六見
├─ 北宮佗（北宮文子） 襄三十一見 或云遺之子
│　└─ 北宮喜（北宮貞子） 昭二十見
│
□
│
北宮結（北宮） 定七見 系未詳

史氏

史朝 昭七見
│
史狗（史苟） 襄二十九見 見昭七文子 鄭注史苟衛之子文子
史䲡 襄二十九見 即史魚 亦云史狗之子

紀事年表云公族孫氏寗氏出自武公北宮氏出自成公公叔氏出自獻公公孟氏出自襄公南氏出自靈公別族有石氏孔氏史氏孔氏姞姓其餘無考

褚師氏

褚師圃（褚師子申） 昭二十見
│
褚師比（褚師聲子） 見襄二十六年 哀十五見

王孫氏

王孫賈 定八見
│
王孫齊 哀二十六見

夏氏

夏戊（夏丁氏） 哀十一見 二十五文見
│
夏期（司徒期） 哀二十六見

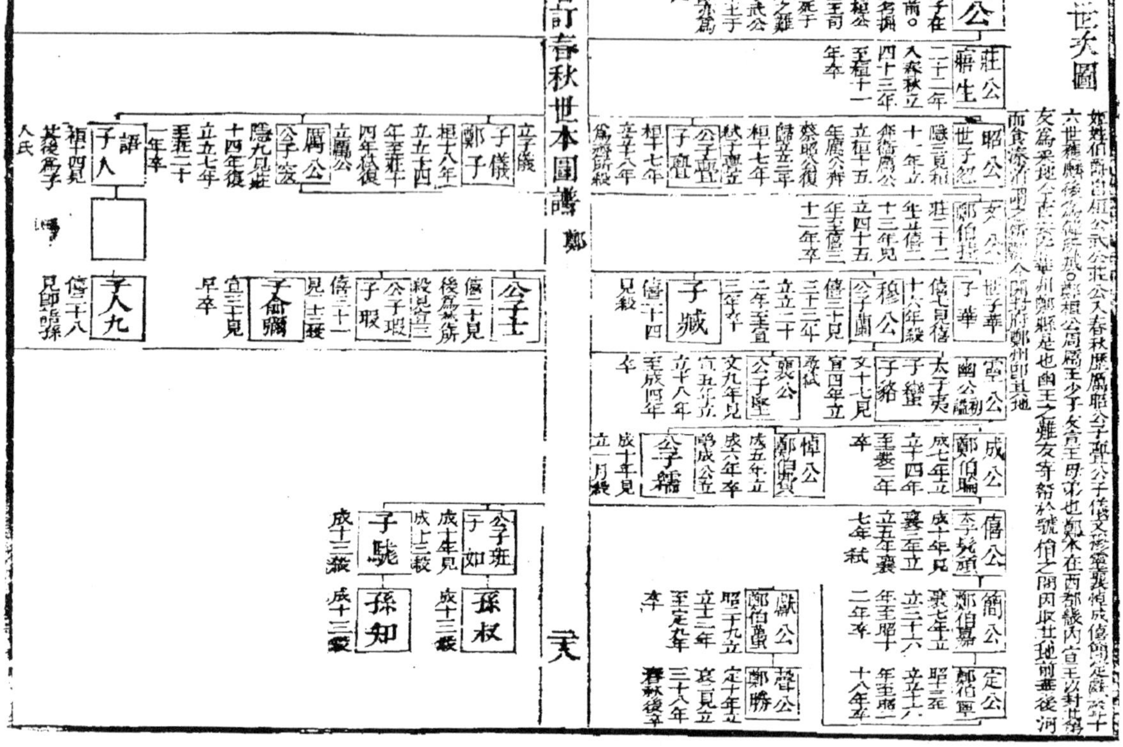
鄭世次圖
姬姓伯爵出桓公武公莊公入春秋歷厲昭公子亹公子儀文穆靈襄悼成僖簡定獻聲凡十六世羅鄭後爲韓所滅○鄭桓公周厲王少子友宣王母弟也鄭本在西都畿內宣王以封其弟友爲采地今在華州鄭縣是也幽王之難友寄帑於虢鄶之間因取其地前華後河而食溱洧今開封府鄭州即其地
增訂春秋世本圖譜 鄭
武公
莊公
昭公
厲公
穆公
成公
僖公
簡公
定公
獻公
聲公
子人九
孫叔
孫知

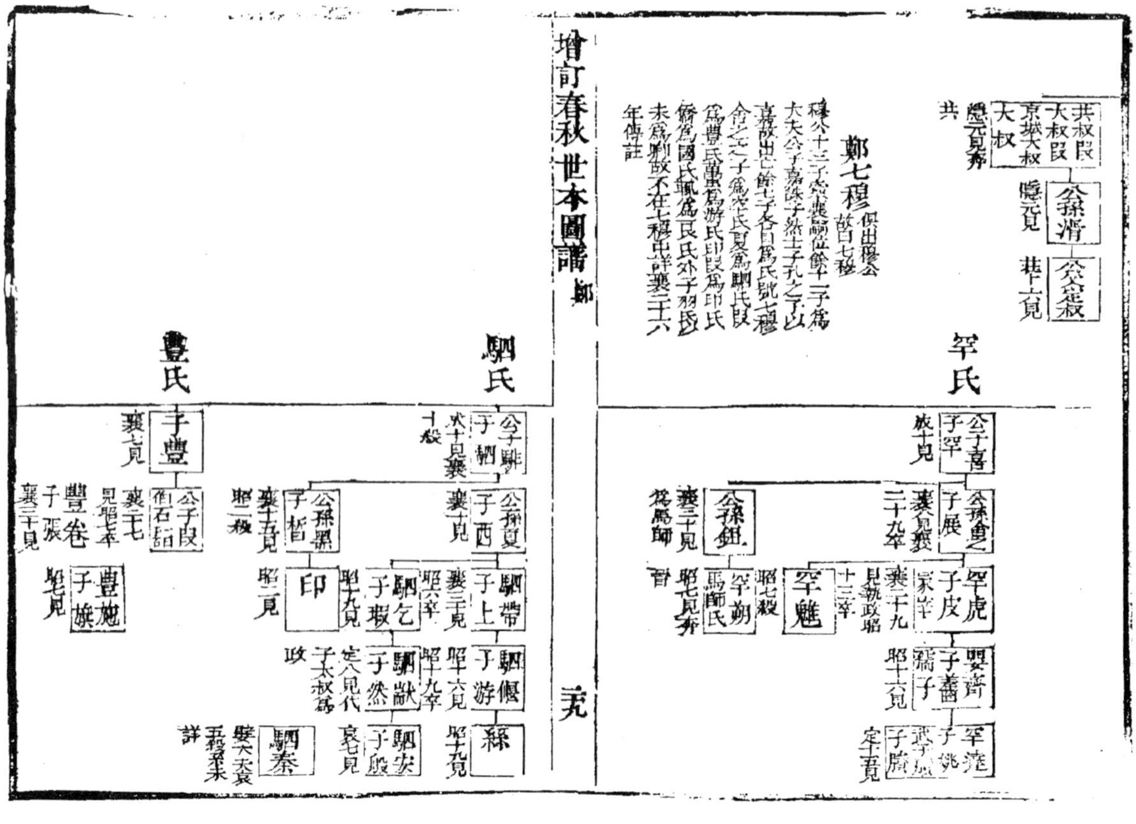
增訂春秋世本圖譜 鄭
共叔段
公孫滑
鄭七穆 俱出穆公 故曰七穆
罕氏
駟氏
豐氏
子豐
子罕
子展
子皮
罕虎
駟帶
子西
印
駟秦

增訂春秋世本圖譜　鄭　二十

游氏

- 公子偃 子游 — 成三見
  - 公孫蠆 子蟜 — 襄八見十九卒
    - 游眅 子明 — 襄二十二見殺
      - 良 — 襄二十二見廢
    - 公孫楚 游楚 子南 — 昭元見放於吳
    - 游吉 子大叔 大叔 — 襄二十二見昭二十爲政定四卒
      - 游速 子寬 — 昭十八見一曰渾罕

印氏

- 公子舒 子印 — 成十三見殺
  - 公孫黑肱 子張 伯張 — 襄二十二見二十四見卒
    - 印段 子石 — 襄二十二見
      - 印癸 子柳 — 昭十六見
      - 印堇父 — 襄二十六見系未詳

國氏

- 公子發 子國 — 成五見襄十
  - 公子僑 子產 子美 — 襄八見代子皮爲政見昭二十卒
    - 國參 子思 桓子思 — 昭三十二

良氏

- 公子去疾 子良 — 宣四見
  - 公孫輒 子耳 — 襄八見十卒
    - 良霄 伯有 — 襄十一見襄三十殺
      - 良止 — 昭七見

孔氏

- 公子嘉 子孔 司徒孔 — 襄八見十九殺
  - 公孫洩 — 昭七見
    - 孔張 — 昭十六見
- 公子志 士子孔 — 襄八見十九見傳
  - 子良 — 襄十九見奔楚

按鄭卿多無謚豈以國小不得有謚耶宋卿亦無謚豈從殷俗也秦蔡諸小國其卿亦無謚楚齊亦無謚說則其說亦有無諸矣○曾晳鄭簡問使公孫學於子產言子成子產仁謚也其子子思亦謚桓是以賢者之故卿他如馮簡子武子皆無謚也然而亦罕見矣

增訂春秋世本圖譜　鄭　二十一

然氏

- 子然 — 成十見襄六卒
  - 然丹 公孫革 — 襄十九奔楚爲右尹
    - 然明 鬷蔑 鬷明 — 襄二十四見系未詳

羽氏

- 子羽 — 成十三見殺○此與行人子羽名公孫揮者別
  - [ ]
    - 羽頡 馬師頡 — 襄三十見奔晉

渡氏 舞系可考○下同

渡鶩 隱五見 渡伯 隱七 ○渡堵寇 僖二十見 ○渡鴉 僖二十一見○隱五年之渡鶩與其十九年必非一人 至僖當在五九年

堵氏

堵叔 僖七見 ○堵俞彌 僖二十四見 ○堵女父 襄十見奔宋 ○堵狗 襄十五見注堵女父之族

石氏

石甲父 僖二十四見 石癸 宣三 ○石楚 文十七見 ○石制 子服 宣十二見殺 ○石首 成十六見

○石奠 襄十一見 石盂 襄二十二見

侯氏

侯宣多 僖二十四見 ○侯羽 成七見 ○侯獳 成十七見 ○侯晉 襄十見奔晉

皇氏

增訂春秋世本圖譜 鄭 五十

皇武子 僖三十三見 ○皇戌 宣十二見 ○皇辰 成十八見 皇耳 襄十見注皇戌子 ○皇頡 襄二十六見

尉氏

尉止 襄十見殺 ○尉翩 襄十見奔 末止之子

司氏 襄十年傳司氏侯氏堵氏子師氏皆喪田焉子駟氏不多見僖子師僕一人而已

司臣 襄十見奔宋 ○司齊 襄十見臣之子

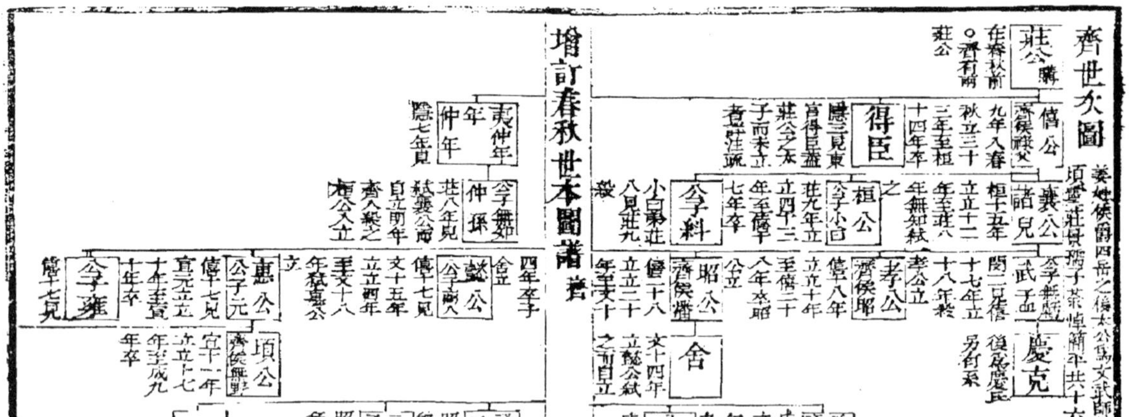

增訂春秋世本圖譜　齊

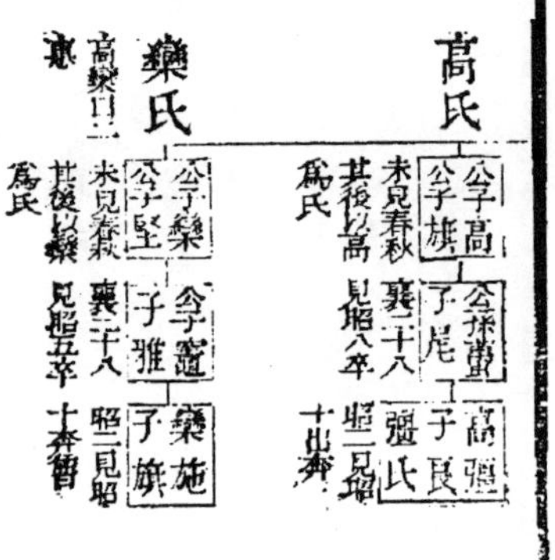

紀事年表云齊公族崔氏出自丁公東郭氏出自桓公見左傳命卿高氏出自文公見唐宰相表國氏亦姜姓不知所出也隰氏出自莊公見國語注慶氏出自桓公或云無虧之後欒氏高氏出自惠公是爲二惠其異姓則有管氏姬姓鮑氏姒姓俱見國語注晏氏不知所出陳氏出自陳公子完一曰田氏其後代有齊國

增訂春秋世本圖譜　齊

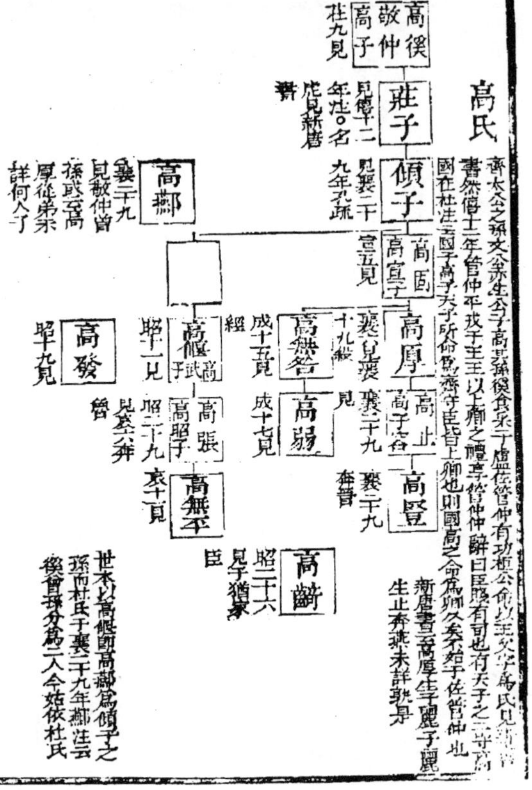

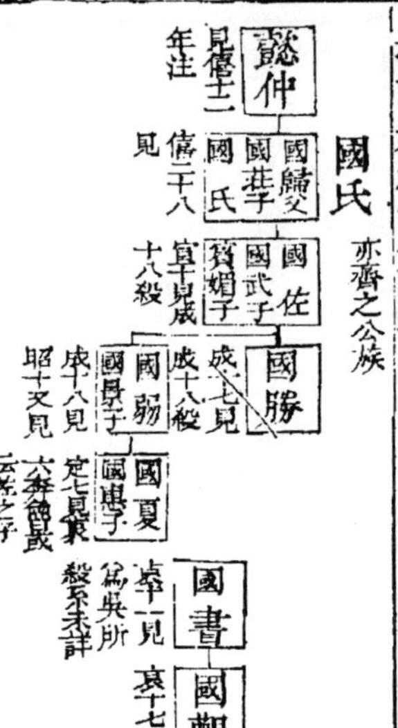

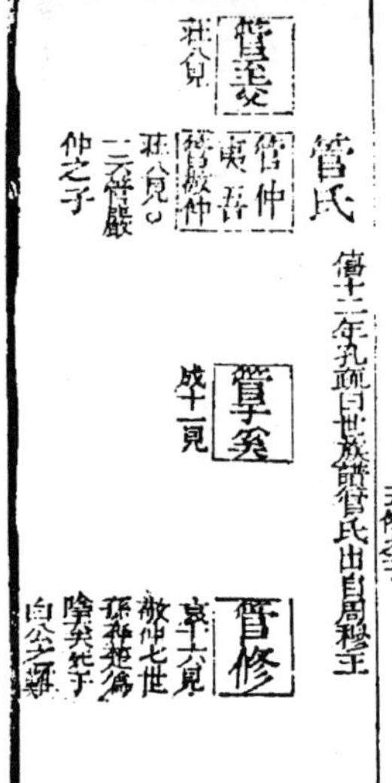

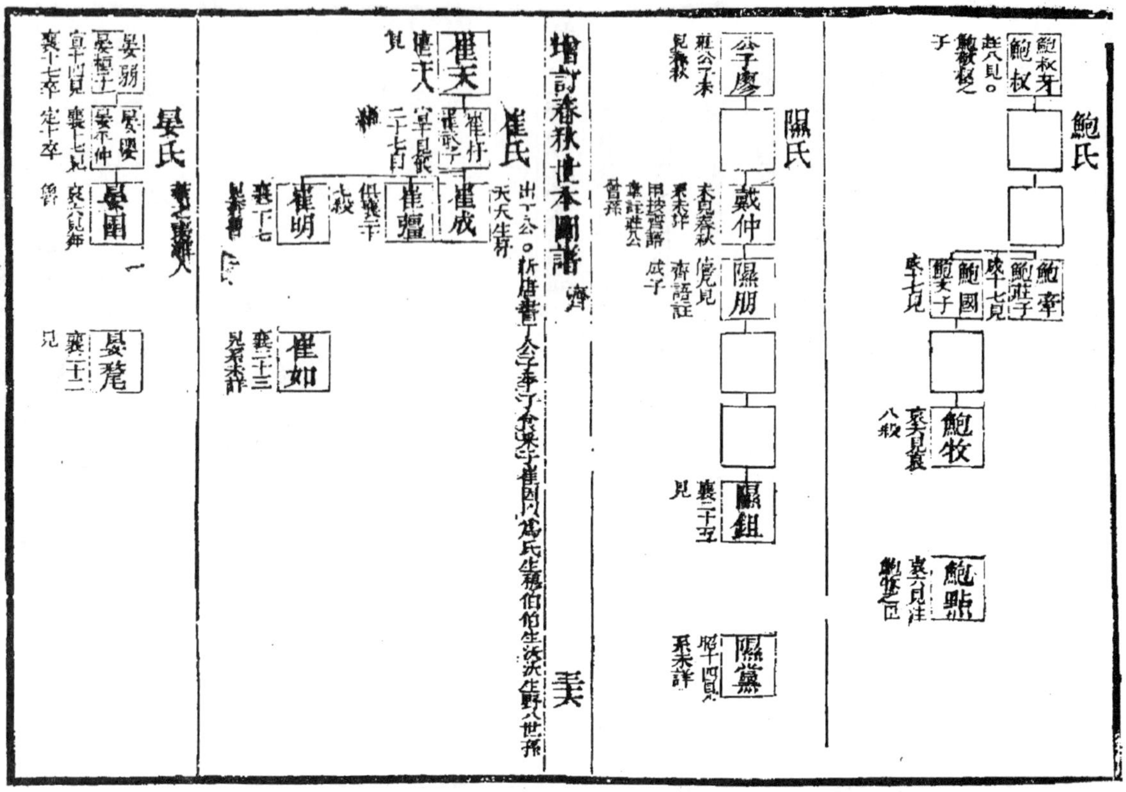
增訂春秋世本圖譜 齊
三六
鮑氏
鮑叔牙
鮑叔
鮑牽
鮑莊子
鮑國
鮑文子
鮑牧
鮑點
隰氏
公子廖
戴仲
隰朋
隰鉏
隰黨
崔氏
出丁公。新唐書：丁公子季子，食采于崔，因以爲氏。生穆伯，穆伯生沃，沃生野，八世孫
崔夭
崔杼
崔武子
崔成
崔彊
崔明
崔如
晏氏
晏弱
晏桓子
晏嬰
晏平仲
晏圉
晏氂

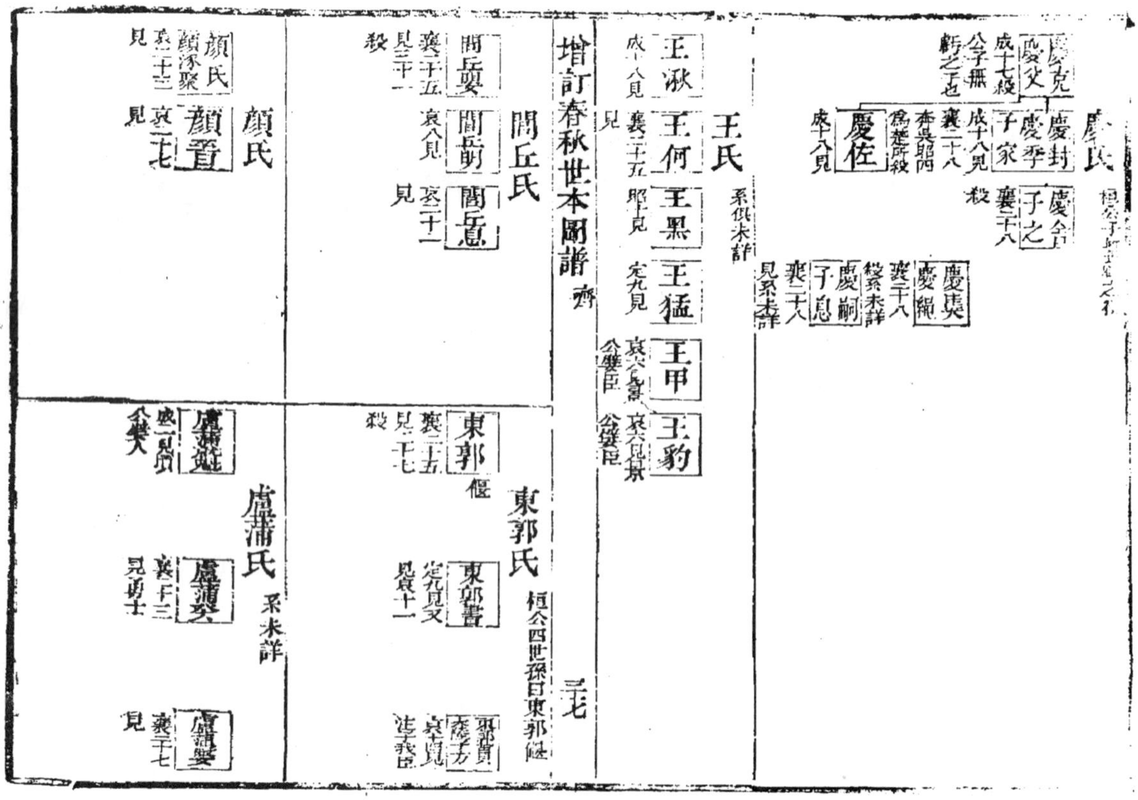
增訂春秋世本圖譜 齊
三七
慶氏
慶克
慶父
公子無虧之子也
慶封
慶季
子家
慶佐
慶舍
子之
慶嗣
子息
慶繩
慶遄
王氏
系佚未詳
王湫
王何
王黑
王猛
王甲
王豹
東郭氏
桓公四世孫曰東郭偃
東郭賈
東郭書
東郭偃
閭丘氏
閭丘嬰
閭丘明
閭丘息
盧蒲氏
系未詳
盧蒲癸
盧蒲嫳
盧蒲就魁
顏氏
顏涿聚
顏庚
顏鳴

增訂春秋世本圖譜 陳

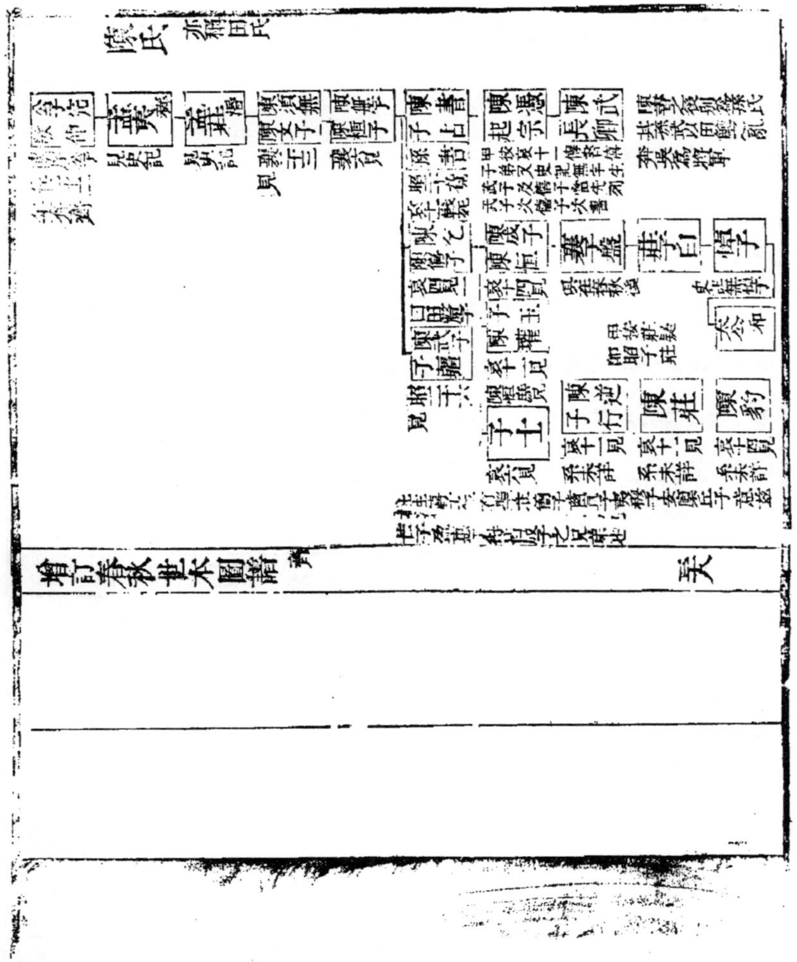

宋世本圖

增訂春秋世本圖譜 宋

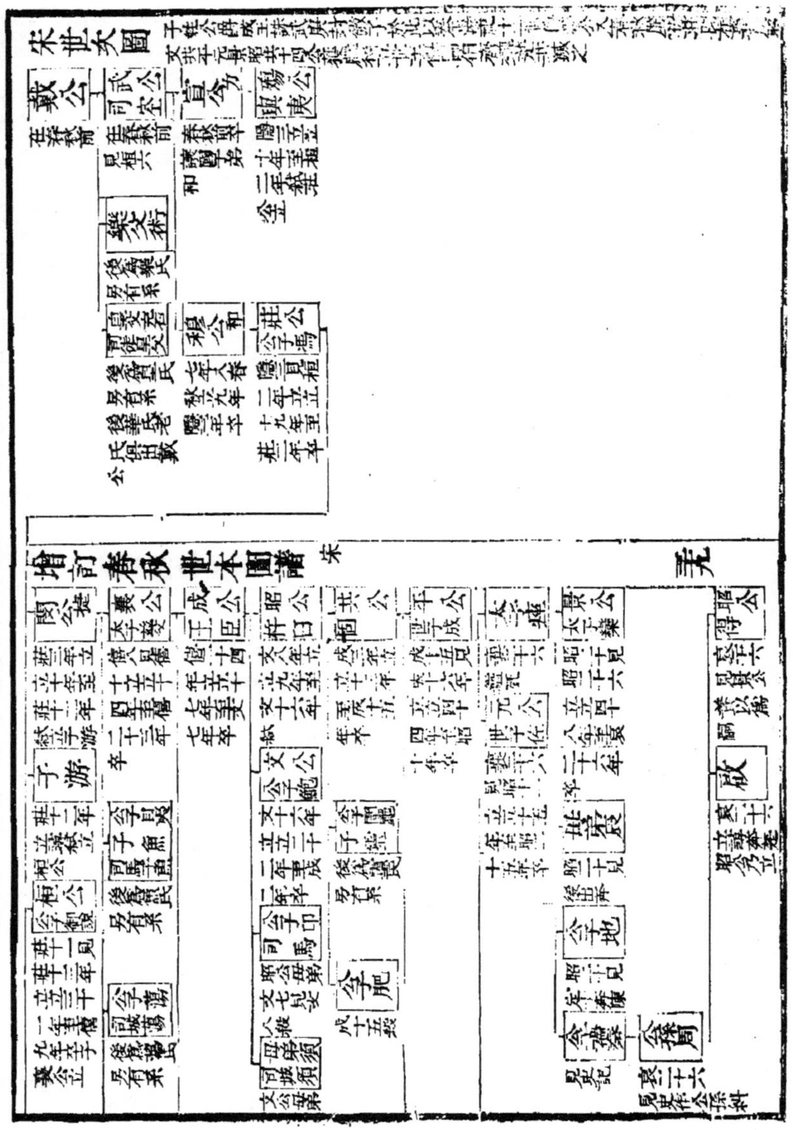

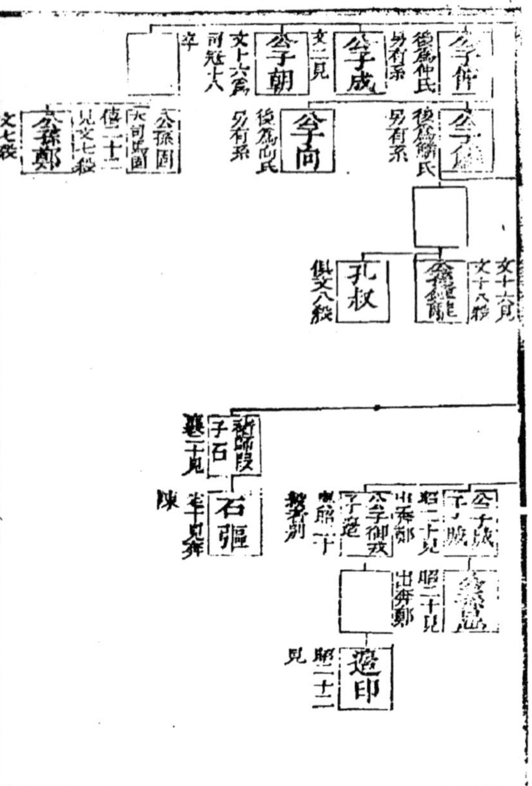

增訂春秋世本圖譜 陳

宋十六族

戴公之後爲華氏樂氏老氏皇氏莊公之後爲仲氏桓公之後爲魚氏蕩氏鱗氏向氏文公之後爲靈氏皆公族也其武公之後曰武族穆公之後曰穆族以司城須之難宋文公盡攻而出之見文十八年其名未見經傳

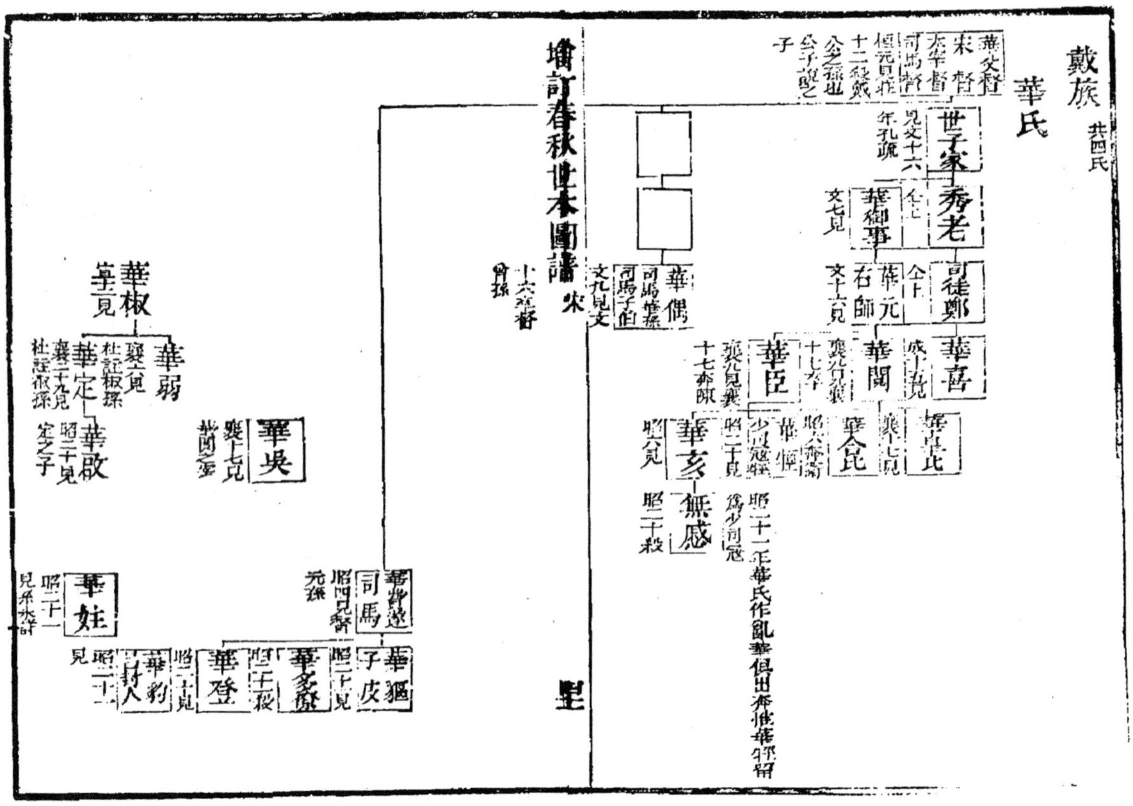

增訂春秋世本圖譜 宋 四二

樂氏

樂父術 戴公子。術一作術
碩父澤 碩一作傾
夷父須
樂呂 司寇 文十八見 或云戴公曾孫誤，乃元孫也
季甫 以上俱見文十八年孔疏
樂豫 文七見
樂喜 子罕 司城 襄六見。杜氏《唐書》云樂呂孫喜。喜生司城子罕
樂懼 成十六見
樂祁 樂祁犁 子梁 司城子梁 昭二十二見 定八卒
樂溷 子明 定六見
樂茷 司城茷 哀二十六見
樂舍 昭二十見
樂輓 奔鄭 昭二十二見
樂大心 桐門右師 爲大司馬見
樂朱鉏 哀二十六見
石鄃 昭七見 云樂溷之族父

樂嬰齊 宣十五見 ○樂舉 成二見 ○將鉏 成十六見 亦樂氏族 ○樂裔 成十五見 爲司寇 ○樂轡 襄六見

○樂遄 襄九見 ○樂髡 哀三見 ○樂得 哀二十六見

老氏 見於春秋者僅一人

老佐 成十五見 成十八卒 戴公五世孫

增訂春秋世本圖譜 宋 四三

皇氏

皇父充石 司徒皇父 見文十一 戴公子 在春秋前。長狄之戰，皇父之三子死焉。杜云父祖以字爲氏，此即皇甫也。皇父充石之子季子 來索之子。南雍皇耿 耿之六世孫皇瑗 之子皇鄖 又稱皇野、不列公子本從
皇郎 襄九見 充石之後 一云司馬椒之孫 充石十世孫
皇國父 襄十七見 爲大宰
皇奄傷 昭二十二見 出奔楚
皇瑗 右師 哀七見 哀十八殺 孔疏云充石八世孫
皇野 子仲 司馬子仲 哀十四見
劇般
麇 哀十七見
佰
皇非我 哀十七見
皇懷 哀二十六見 見皇非我之從兄弟也
皇緩 哀十七見 爲右師 孔疏云皇瑗從孫 或云瑗從子
皇鄖

莊族

仲氏

公子仲 莊公子 承 見春秋前 或云右師戌
公孫師 司城 文十八見
仲江 襄十四見 或云師公孫師
仲幾 昭二十二見 見爲右師
仲佗 定十見 奔陳

文族

靈氏

公子圍龜 子靈 文公子 成五見殺
靈不緩 右師 哀二十六見 子靈之後

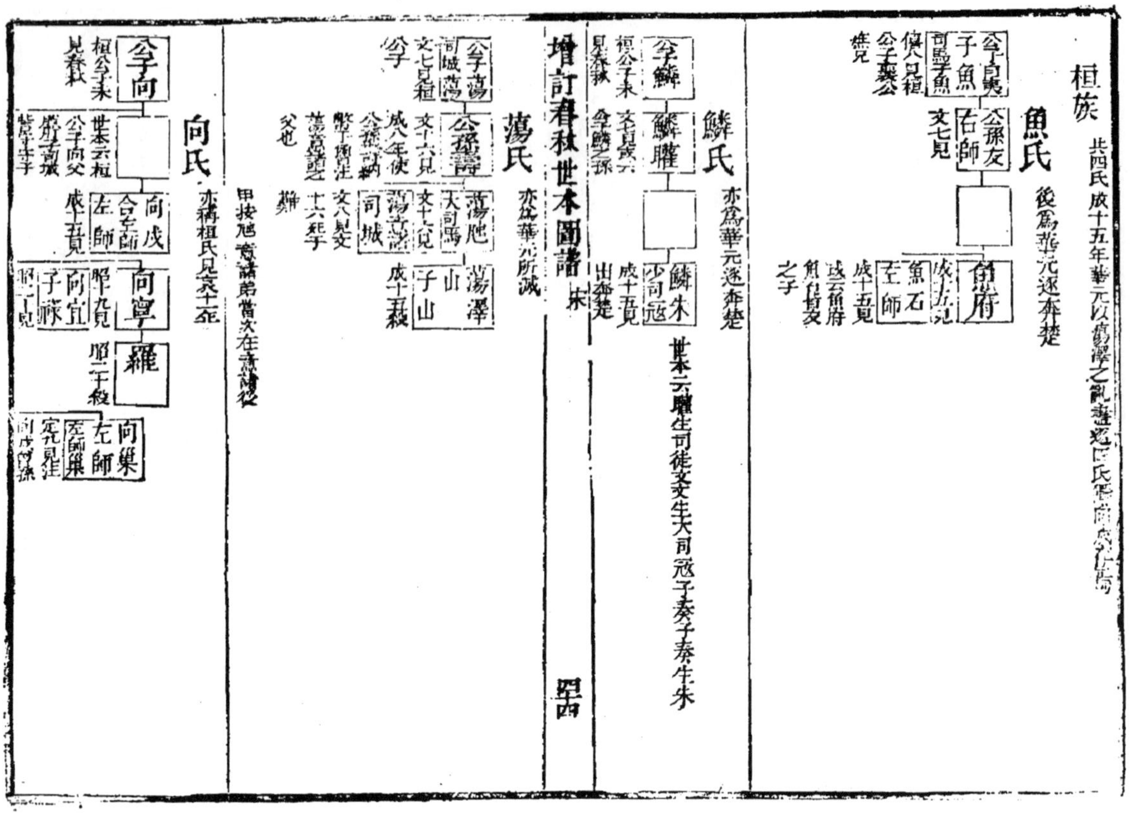
桓族 共四氏成十五年華元以蕩澤之亂逐魚石氏及向氏
魚氏 後為華元逐奔楚
公子目夷
子魚
公孫友
右師
魚府
魚石
左師
鱗氏 亦為華元逐奔楚
公子鱗
鱗矔
鱗朱
少司寇
世本云矔生司徒文文生大司寇子葵子葵生朱
增訂春秋世本圖譜 宋
四十四
蕩氏 亦為華元所滅
公子蕩
公孫壽
蕩虺
蕩澤
大司馬
子山
司城
向氏 亦稱桓氏見哀十四年
公子向
向戌
左師
向寧
向宜
子祿
向羅
向巢
左師

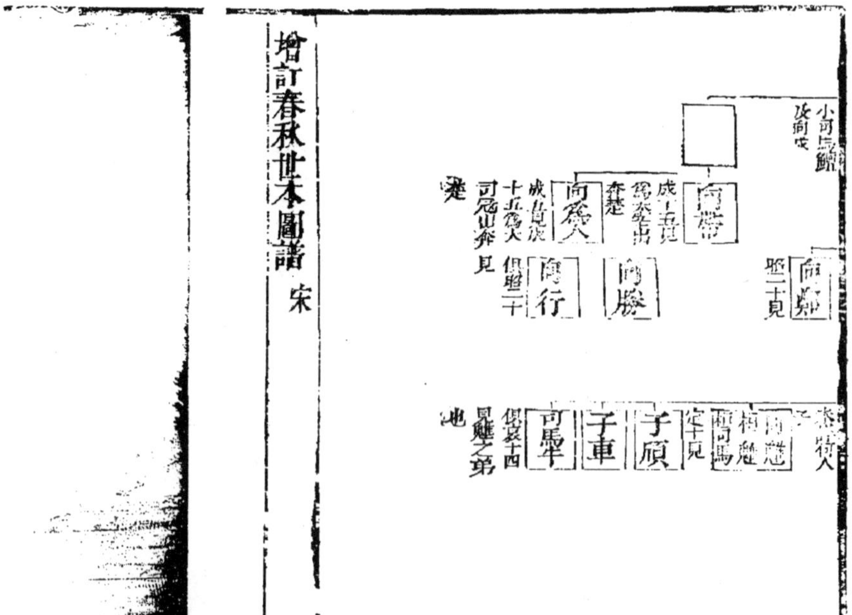
小司馬鱣
向帶
向爲人
向勝
向行
向鄭
向魋
桓魋
大司馬
子頎
子車
司馬牛
增訂春秋世本圖譜 宋
四十五

楚世次圖

芊姓子爵祝融之後鬻熊爲文武師成王時封其曾孫熊繹于荆蠻所以子男之田十八世
武王入春秋歷文堵敖成穆莊共康郟敖靈平昭惠十二世獲麟後又十二世爲秦所滅

若敖 熊儀 在春秋前
霄敖 熊坎 在春秋前
蚡冒 在春秋前
鬬伯比 見文十六又見宣十二〇史記作武王之兄 另有系
鬬廉 另有系
成氏 另有系

增訂春秋世本圖譜 楚

武王 熊通 十九年入春秋桓八年稱王五十一年薨
文王 熊貲 莊五年立莊六見莊十九年卒
堵敖 熊囏 莊十四見莊二十年立莊二十三年卒
成王 頵 一名熊惲〇莊二十三年立文元見
穆王 太子商臣 僖二十三見文元年立文十三年卒
莊王 楚子旅 文十四年立宣十八年卒
共王 楚子審 成元年立襄十三年卒
康王 楚子昭 襄十四年立襄二十八年卒
郟敖 楚子麇 襄二十九年立昭元年弑
熊艾（薳章）莊四年卒 另有系
子元 公子元 莊二十八〇莊三十見莊三十注子善也其子王孫啟
屈瑕 另有系
王子職 文元見
子重 令尹子重 公子嬰齊 宣十一見 襄三年卒
子辛 令尹子辛 公子壬夫 成十六見 襄五年殺
右尹子辛 襄二十二
公子午（子囊）令尹子庚 襄十二見
子庚 司馬子庚 襄十五見
靈王 王子圍 昭元年立 昭十三年自殺
楚子虔 令尹圍 襄二十六見 初爲令尹 昭元年弑郟敖自立
太子祿 俱昭十三殺
公子罷敵
平夏 俱昭元年殺
幕
公子比 昭十三年立自殺
號曰訾敖
王子勝 見襄二十六 另有系

增訂春秋世本圖譜 楚

王子勝 見襄二十六 另有系

公子比 子干 昭十三年自殺
子皙 公子黑肱 昭十三年立 六年卒
平王 公子棄疾 蔡公 君司馬 熊居 楚子居 昭四見 昭十四年立 至昭二十六年卒
太子建 楚建 子木 昭十九見 出奔死于鄭 見哀十六
王孫勝 白公勝 作亂自縊 哀十六見
昭王 太子壬 楚子軫 昭二十六立 立二十七年卒 哀六見
惠王 章 哀六見 哀七立 立五十七年卒 在春秋後
簡王 中 在春秋後
子西 令尹子西 公子申 昭二十六 哀十六見
子閭 公子啟 哀六見 哀十六殺
子國 公子寧 哀十七見
子良 哀十七見
子期 公子結 司馬 平王庶弟 定四見 哀十六殺
公孫寬 司馬寬 俱哀十六見〇楚語有葉公子高
公孫平 哀十七見
公孫朝 武城尹 哀十七見
公子追舒 子南 令尹 襄二十二見 襄二十二殺
棄疾 襄二十二見 縊死
公子貞 子囊 成十五見 襄十四年卒
郤尹 先唐 見呂氏春秋慎行篇注
子囊瓦 子常 楚瓦 令尹 昭二十三見 定四奔鄭
之孫司馬 子越之子 之注平王 有別爲鄧陽匄 見哀十六 其覽否
見哀十六 殺平王長 庶子 史作 見昭十三 自殺

增訂春秋世本圖譜 楚

鬬氏 出若敖

鬬伯比 桓六見 若敖子
鬬穀於菟 令尹子文 莊三十見 卒見宣四
鬬般 子揚 宣四見 殺
鬬廉 鬬射師 桓九見
鬬班 莊三十見 封申公○一曰子𫐄 殺
鬬克 申公子儀 僖二十五 見文十四
司馬子良 宣四見
鬬椒 伯棼 子越椒 子越 伯賁 僖二十八見 宣四滅 若敖氏
賁皇 宣十七見 後奔晉爲大夫與之苗
鬬成然 蔿尹 宣四見 黄改名生
鬬生 緣尹 昭十二見 [illegible]
棄疾 昭元見爲 吳所獲
鬬韋龜 昭四見
鬬成然 子旗 蔓成然 昭十三見 昭十四殺 [illegible]
鬬辛 鄖公辛 昭十四見
鬬懷
鬬巢 定四見

鬬丹 桓八見
鬬祁 莊四見○令尹
鬬緡 莊十八見
鬬御彊 莊二十八見
鬬梧 莊二十八見
鬬章 僖二見 見僖二十三
鬬宜申 子西 司馬子西 僖二十一 見文十殺
鬬勃 子上 令尹子上 僖二十八 見三十三 殺

以上系俱未詳

四十八

成氏 若敖之後○晉語注子玉楚若敖之曾孫

成得臣 子玉 令尹子玉 僖二十三見二十八 殺若敖之孫也
成大心 孫伯 大孫伯 僖二十八 見文十二 卒
成嘉 子孔 文十二見 會若敖曾孫世或云成大心子
成熊 成虎 宣四見 代大心爲令尹 殺子玉之孫也或云成大心之子一云成大心之孫

增訂春秋世本圖譜 楚

屈氏 出武王 楚辭注武王子瑕食采于屈因以爲氏

屈瑕 莫敖 桓十一見 桓十三自縊 莫敖官名
屈重 莫敖 莊四見
屈完 僖四見
屈蕩 宣十二見 ○或云屈到之父
屈到 襄十五見 爲莫敖○楚語注屈到字子夕
屈建 子木 襄二十二見爲莫敖 二十五爲令尹二十八卒
屈生 昭五見爲莫敖
屈禦寇 息公子邊 子邊 僖二十五見
屈巫 子靈 申公巫臣 宣十二見 後奔晉○或云蕩之子
屈狐庸 成七見在晉封邢侯 巫臣子也
屈蕩 襄二十五見 爲莫敖 十五爲莫敖之子也
屈申 昭四見 五殺 蕩之子 放與屈建同時人
屈罷 昭十四見 系未詳

四十九

蔿氏 蔿與薳通○新唐書云楚蚡冒生王子章爲薳章字無鉤生蔿呂臣 呂臣孫蔿賈生叔敖後別爲孫氏

蔿章 桓六見 作薳章食采於蔿故以爲氏
蔿呂臣 叔伯 僖二十三 二十八 代子玉爲令尹
蔿賈 伯嬴 僖二十七見 宣四殺
蔿艾獵 蔿敖 孫叔敖 孫叔 宣十一見 爲令尹 世本云叔敖子
蔿子馮 薳子馮 薳子 襄十五見 卒二十五 見襄二十二
蔿掩 薳掩 襄二十五 殺
蔿射 昭五見 爲吳所獲
薳罷 子蕩 襄二十七 見昭元爲令尹
薳啟彊 襄二十四 見昭元爲太宰
薳泄 昭六殺
薳居 昭十三見 杜注掩之族
薳越 昭二十三 見楚語 或云掩之弟
薳固 箴尹固 工尹固 定四見 十八見 或云叔敖之孫

以上系俱未詳

增訂春秋世本圖譜　楚

熊氏　不得其詳

熊率且比　桓六見

熊負羈　宣十二見

熊相宜僚　宣十二見

熊相禖　昭二十五見

熊宜僚　哀十六見　勇士

陽氏　出穆王

王子揚　穆王子

尹　以上俱見

陽匄　令尹子瑕　昭十七見　昭十七年　二十三卒

陽令終　中廄尹　孔疏

完

佗

俱昭二十七殺

申叔氏

申公叔侯　申叔　僖二十六見

申叔時　宣十一見

申叔跪　成二見

申叔豫　襄二十一見

申叔展　叔展　申叔　宣十二見　系未詳

申氏

申舟　子舟　文之無畏　文十見宣十四又見

申犀　宣十四見

申驪　申麗　成八見系未詳

申無宇　芋尹　襄三十見

申亥　昭十三見

申包胥　定四見系未詳

按申無宇國語曰范無宇據此則范山亦申後

增訂春秋世本圖譜　楚

伍氏

伍參　宣十二見　莊王嬖人

伍舉　椒舉　襄二十六見○椒楚語作椒

椒鳴　襄二十六見

伍奢　連尹奢

伍尚　棠君尚　昭二十殺

伍員　子胥　昭二十見　奔吳爲吳大夫哀十一秋自殺

伍豐　別爲王孫氏未知是否

增訂春秋世本圖譜　楚

潘氏

潘崇　文元見太子商臣之師

潘尪　師叔　宣十二見

潘黨　叔黨　宣十二見

潘子臣　定六見爲吳所獲

潘子　昭十二見　未書名系未詳

沈氏　出莊王○封建考成八年晉滅沈沈子逞奔楚爲沈氏生嘉嘉生二子曰丙曰戊戊生諸梁後居葉諸梁二子曰射曰文在氏以爲楚同族或別有據也

沈尹　宣十二見　未書名系未詳

沈尹壽　襄二十四見系未詳

沈尹戌　左司馬戌

司馬子高　昭十九見○莊王曾孫

沈諸梁　葉公諸梁

后臧　定五見

沈尹射　昭四見

沈尹赤　昭五見

沈尹朱　哀十七見

按諸梁以沈爲氏而其後仍稱沈尹則沈卽其所封之邑而非氏也然後世亦卽以沈爲氏矣

觀氏

觀丁父 楚武王時人見哀十七

觀起 襄二十二見 — 子玉 觀從 昭十三見

觀瞻 哀十八見 鄖下大夫 觀從之後也

伯氏

見定四

伯州犂 成十五見 晉大夫伯宗之子 奔楚爲大宰 昭元殺

郤宛 子惡 楚左尹 昭二十七年 殺 殺其子奔 見

伯嚭 奔吳爲太宰 定四見

甲按伯嚭字子餘州犂之孫 左傳楚殺郤宛伯氏之族出 杜註郤宛黨是郤氏伯氏非族屬何以列入

彭氏

系俱未詳

彭仲爽 楚文王時人見哀十七

彭名 宣十二見 又見成二 成十六

彭生 昭四見

增訂春秋世本圖譜 楚

秦世次圖

嬴姓伯爵伯翳之後十九世非子爲周孝王養馬蕃息因邑之於秦曾孫秦仲死西戎孫襄公討西戎有功平王東遷賜以岐西之地始爲諸侯子文公入春秋歷寧出子武德宣成穆康共桓景哀惠悼十五世獲麟後十世稱王又五世至始皇帝二世滅之○秦文公四十四年當隱公元年也隱七年文公卒孫寧公立桓八年寧公卒少子出公立桓十四年弑立太子武公莊十六年武公卒弟德公立莊十八年德公卒子宣公立莊三十年宣公卒弟成公立閔二年成公卒弟穆公立

穆公 名任好 德公少子 僖元年立 始見僖十五年 二十九年 至文六年卒

康公 太子罃 僖十五見 文七年立 立十二年 至文十八年卒

共公 秦伯稻 宣元年立 立四年 宣四年卒

桓公 宣五年立 立二十八年 成十四年卒

景公 成十五立 立四十年 至昭五年卒

哀公 昭六年立 立三十六年 定九年卒 定四年見

夷公 太子 未立見史記

惠公 定十年立 立十年 哀四年卒

悼公 哀五年立 立十四年 至哀十八年卒 未見春秋

厲共公 在春秋後

宏 僖十五見

公子贄 僖十五見

伯車 成十三見 卒

鍼 后子 襄二十六見 又見昭元 即伯車

少子慭 僖三十八見

增訂春秋世本圖譜 秦

陳世系圖

嬀姓侯爵虞帝舜之後閼父爲武王陶正王以元女大姬下嫁其子滿而封諸陳以奉
胡公十世傳桓公入春秋歷公子佗厲莊宣穆共靈成哀惠懷閔十三公楚惠王滅之

爲楚所滅

文公圉 集春秋前

桓公 陳侯鮑 二十三年入春秋立三十八年卒

公子免 桓五見殺

佗 陳佗弑太子免自立 桓五年卒

五父 隱六見桓五年弑太子免而自立桓六年蔡人殺之立厲公

厲公 陳侯躍 桓六年立七年卒

莊公 陳侯林 桓十二年立七年卒

公子完 莊元年生

敬仲 莊二十二見奔齊齊大夫另有系

史云莊公是厲公之弟

宣公 陳侯杵臼 莊二年立四十五年卒僖十二年卒。史作莊公弟

太子禦寇 莊二十二見殺

穆公 陳侯款 世子款 僖七見僖十三年立十六年卒僖二十八年卒

共公 陳子 陳侯朔 僖二十九立十八年卒文十三年卒

靈公 平國 陳侯平國 文十四年立十五年宣十年弑

成公 陳侯午 宣十一年立三十年卒襄四年卒

少西 子夏 夏氏另有系

哀公 陳侯溺 襄五年立三十五年昭八年卒

太子偃師 悼太子 襄二十五見昭八公子招殺之

惠公 孫吳 陳侯吳 昭八見爲楚靈王所滅昭十三年楚平王復封陳乃立惠公二十四年定四年卒

懷公 陳子 陳侯柳 定四年立四年定八年卒

閔公 越 定九年立二十三年哀十七年楚滅陳陳閔公

公子黃 襄二十見奔楚

公子留 哀公嬖子 昭八立

公子招 司徒招 昭元見昭八楚執之放於越

公子勝 哀公庶子 昭八見 卒

公子過 昭八見殺

夏氏

少西 子夏 見宣十一

御叔 見成二

夏南 子南 宣十一殺

夏徵舒 宣十見殺

惠子夏 供詳昭二十三年孔疏

夏齧 悼子齧 昭二十三見○以云徵舒元孫

夏區夫 哀十三見 殺系未詳

袁氏

轅濤塗 宣仲 僖四見

轅選 文二見

轅頗 宣子

惠子雅

轅頗 哀十見

轅氏 陳胡公滿生申公犀侯犀侯生靖伯庚庚生孝伯孝伯生慎公圉戎圉戎生仲仲生相伯相伯生莊伯莊伯生伯爰伯爰之孫

袁僑 襄三見壽塗世孫 系未詳

袁克 昭八見 人系未詳

轅咺 哀十一見 頗之族

轅買 哀十四見 奔楚系未詳

慶氏 系俱未詳

慶虎 襄七見。系未詳

慶寅 襄七見。以上二人俱襄二十三殺

慶樂 襄二十見○慶之族

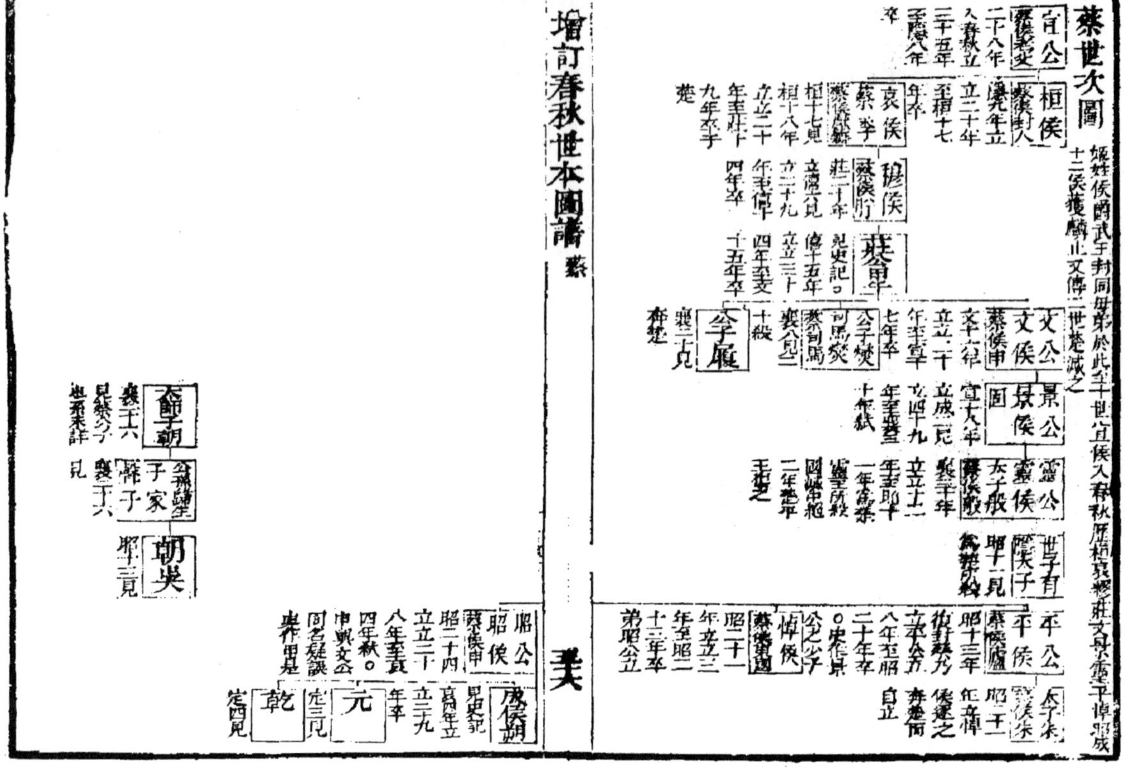
蔡世次圖
增訂春秋世本圖譜 蔡
宣公
桓侯
哀侯
穆侯
莊侯
文公 文侯
景公 景侯
靈公 靈侯
平公 平侯
昭公 昭侯
成侯 朔
元
乾
公子朝
朝吳

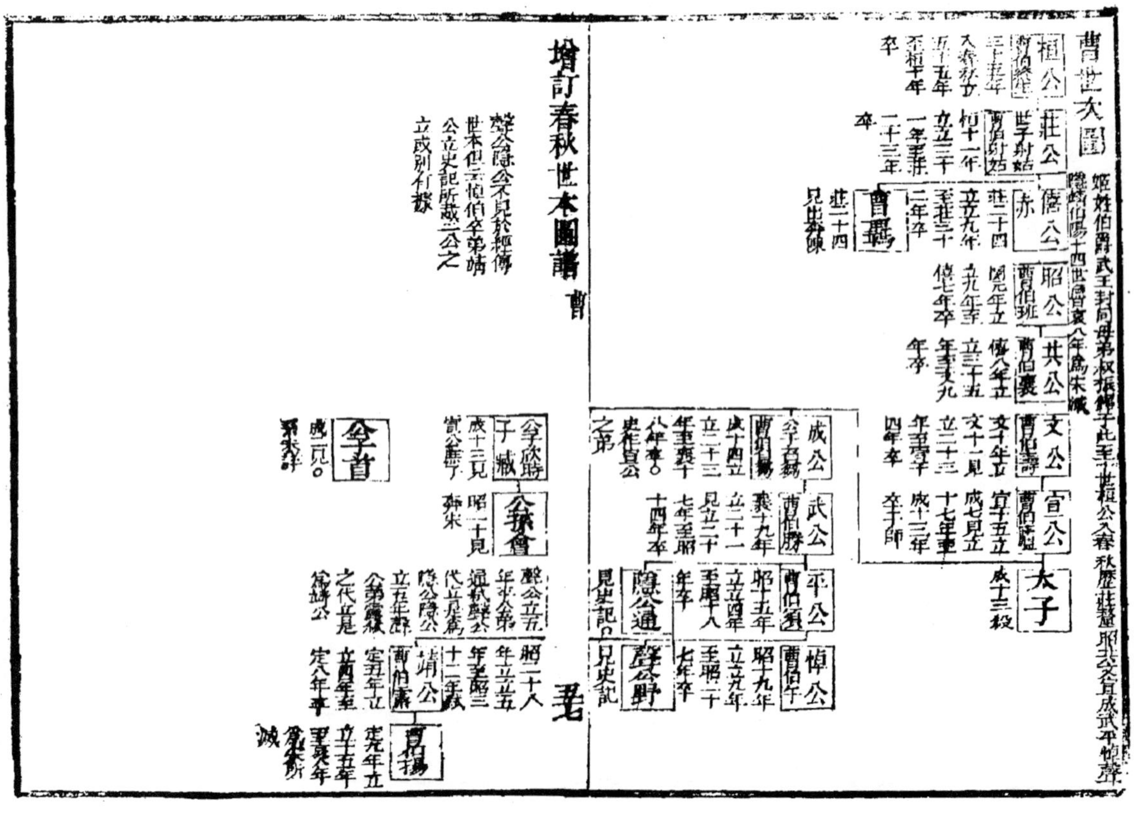
曹世次圖
增訂春秋世本圖譜 曹
桓公
莊公
僖公
昭公
共公
文公
宣公
太子
成公
武公
平公
悼公
隱公通
聲公野
靖公
伯陽
公子欣時 子臧
公孫會
公子首

莒世次圖

嬴姓，子爵，武王封少昊後茲輿期于莒，十一世傳莒子入春秋。歷茲丕公、紀公、[illegible]公、渠丘公、犂比公、展輿、著丘公、郊公、庚輿、狂，共十一世，無謚有號，獲麟後四世楚滅之

茲丕公 莒期 僖二十六見。○經書莒子

莒紀公 庶期 文十八見，爲太子僕所弒

太子僕 莒僕 文十八見

[illegible]公 季佗 文十八見 立

渠丘公 莒子朱 成八見 成十四卒

犂比公 密州 買朱鉏 襄十七見 襄三十一爲子展輿所弒

展輿 莒展 襄三十一立 昭元奔吳

著丘公 去疾 襄三十一見 昭元立 昭十四卒

郊公 昭十四立 昇奔齊 卒

莒共公 庚輿 昭十四立 庚輿昭二十二年 十三年庚輿奔魯 莒人復納郊公 昭十四見 立昭二十三奔魯

莒子狂 哀十四見

增訂春秋世本圖譜 莒

惟此脩[illegible]

杞世次圖

姒姓，伯爵，武王求夏禹苗裔得東樓公，封之杞以奉禹祀。傳至武公入春秋。[illegible]德成桓孝文平悼隱僖閔十二公，獲麟後二世楚滅之

武公 杞侯 武公二十九年，魯隱公元年也。桓二年杞侯始見經。立四十八年，桓八年卒

靖公 未見春秋。桓九年立，立二十三年，至莊十三年卒

共公 未見春秋。莊十四立，立七年，至莊二十一年卒

惠公 杞伯 莊二十二年立，十八年，至僖五年卒。○史記作德公

成公 杞子 僖六年立，十八年，至僖二十三年卒

孝公 杞伯匄 僖二十四立，立十七年，至襄六年卒

桓公 杞子 杞伯 杞伯姑容 僖二十三年立，五十七年至襄六年卒

世本云共公生惠公，惠公生成公及桓公。史記云共公卒子德公立，德公卒弟桓公立，既脫一世而謚號又不同

文公 杞伯益姑 襄二十四年立，九見，立十四年至昭六年卒

平公 杞伯郁釐 昭七年立，二十四年卒，立十八年。○史云作文公之弟

悼公 杞伯成 昭二十五立，立十二年，至定四年卒於會

隱公 乞 未見春秋。○史記隱公乞立七月，弟遂弒之而自立

僖公 杞伯過 定五年立，立十九年，至哀八年見卒

閔公 維 哀九年立，立十六年，至哀二十四年見。史記

增訂春秋世本圖譜 杞

滕世次圖　姬姓，侯爵。文王子叔繡封於此。魯隱公七年始見滕侯卒，名謚無考。歷宣、孝、昭、文、成、悼、頃、隱八世，其後或謂齊滅，或謂宋滅。

滕侯（隱七見經，是年卒）　滕侯（滕子）　滕宣公（滕子嬰齊，隱十一朝，僖十九年宋執之）　孝侯（見史記）　滕昭公（滕子元，文十二見，宣九卒）　滕文公（滕子壽，成十六卒）　滕成公（滕子原，襄六見，昭三卒）　滕悼公（滕子寧，昭二十八見，卒）　滕頃公（滕子結，哀四見，卒）　滕隱公（滕子虞母，哀十一見，卒）

增訂春秋世本圖譜　滕

　　　　　　　　　　　　卆

增訂春秋世本圖譜　薛

薛世次圖　任姓，黄帝之後，奚仲封於此，侯爵。自薛侯見於隱十一年，薛伯見於莊三十一年，歷獻、襄、薛伯惠，列世次，存滅無考。隱十一年，薛侯朝魯，見於春秋。自此屢與會盟。此稱薛入未詳何公。

薛獻公（薛伯穀，昭三十一見，卒）　薛襄公（薛伯定，定十二見）　君比（定十二見，弑）　薛惠公（薛伯夷，哀十見，卒）　薛𠰻（定元見，字官見，未聞名）

　　　　　　　　　　　　卆

許世次圖　姜姓，男爵。與齊同祖。武王封文叔於此，十一世傳莊公入春秋。歷穆、僖、昭、靈、悼、男斯、元，八世稱男，僖公後……

許莊公（隱十一見，奔衛）　許穆公（許叔，許男新臣，隱十一見，僖四年卒）　許僖公（許男業，僖六年見，文五年卒）　許昭公（許男錫我，宣十七見，卒）　許靈公（許男寧，成二見，十五年遷葉，襄十六年卒）　許悼公（許男買，昭九年遷夷，十八年遷白羽，十九年弑）　世子止（昭十九奔）　許男斯（定四年遷容城，六年鄭人執之，元公成立）　許元公（許男成，哀十三見，卒）

增訂春秋世本圖譜　許

　　　　　　　　　　　　卆

郳世次圖

顓頊之後曹姓其先世曰郳挾曰非曰成曰車輔曰將新曰訾父曰夷父曰顏……始見春秋後并於郳

郳子克 郳儀父 入春秋未詳何年卒 元年見莊十六年卒一云郳莊公

郳子瑣 莊十七年立十二年卒莊二十九年見 五十二年卒 一云文十三年卒

郳文公 郳子蘧蒢 莊二十九年立僖十九年見五十二年卒 文十三年卒

定公 郳子貜且 文十四年見立四十年卒 宣十七年卒

捷菑 文十四見

郳宣公 郳子牼 成十八年見立十八年卒 襄十七年卒

郳悼公 郳子華 襄十八年立十九年卒 昭元年卒

郳莊公 郳子穿 昭元年立三十四年卒 定三年卒 昭十九見

郳隱公 郳子益 定四年立哀七年吳執之立太子革 哀八年見 定十五見 二十二年奔越 隱公復立

桓公 郳子革 哀八年立十年奔越隱公復入立 二十二年又奔越 越執之立公子何 以時而立

公子何 哀二十四 立其後改國曰鄒 鄒子名且 稽也

吳世次圖

太伯之後十九世至壽夢始大稱王

吳子壽夢 吳子乘 壽夢元年魯成之六年也成七年始見春秋 立二十五年卒 襄十二年卒

吳子諸樊 吳子遏 襄十二年立十三年卒 襄二十五年卒

戴吳 吳子餘祭 弟餘祭立 襄二十六年立四年卒 襄二十九年卒

句餘 吳子夷末 襄二十九年立十七年卒 昭十五年卒 閽所弒 弟夷末立

州于 僚 昭十六年立 昭二十七見 十二年為專諸所弒 昭二十七年卒

吳子光 公子光 闔廬 昭十七見 昭二十七年弒王僚而立 立十九年卒 定十四年卒

壽夢……定元年見未立

夫差 定十四年立二十三年哀二十二年越入吳 夫差自殺國滅

太子友 哀十三見 為越所殺

公子姑曹 王子姑曹 哀八見 七年見

王子地 哀十三見

公子慶忌 哀十三見 左傳夫差有公子慶忌未知亦

夫槩王 定四年叛 奔楚為堂谿氏 定四見

子山 定四見

公子掩餘 昭二十七 見僚卒 吳作蓋餘

公子燭庸 昭二十七 見僚卒

季札 公子札 季子 延州來季子 襄十四見 讓國不立 年踰九十 哀十年猶見

蹶由 昭五見 或云王僚弟 見於楚

王僚二十三年與闔廬同名 吳子諸樊有公子慶忌相去最近不應二王之子同名未詳

公子慶忌 哀二十殺 又按掩餘亦有二 為壽夢子一為夷末子不應叔姪一時同名疑昭二十三年注誤 字呂氏春秋 勇士也見

掩餘 昭三十三 見左傳吳子

增訂春秋世本圖譜 越 六十四

越世次圖

大禹支子之裔。紀事年表云紀年越絕書所載越君名號與史皆不合萧音樽諸其可考者先后見有越王授王子搜疑非一人未詳何代國語云芊姓夔越皆是楚之支封別有一越路史謂越非大禹之後非也。又云左傳越太子適郢越王鼫與世紀年文作鹿郢

夢名 越王 寧見 允常 哀二十四 見 句踐 昭三十四 見吾系未詳

右增訂春秋世本圖譜全册係太史陳曙峰先生原本乾隆壬子吳並山先生序之湯荊垣先生刻之蓬瀛一徑者也其書詳譜世族佳處備詳吳序第於春秋王朝以及列國世次原委缺如而於列國大夫食邑之異同受姓之始末間有不盡分晰備載者爲是增輯一二聊便蒙拾以覘太史原書猶輕塵之足嶽云爾

江陰孩浦徐鎮謹跋

春秋世本圖譜跋

是編便於初學戊辰初夏覆校一遍舛譌頗多爲改易添註者幾五百字庶不貽誤於承學之士也

嘉慶十三年夏四月暨東學人葉廷甲識於水心齋

泰州文獻

第四輯

韻史（二）

鳳凰出版社

目録

韻史（二）

（清）何萱 撰

韻史

何萱撰著

第四册

商務印書館發行

韻史

何萱撰著

第四册

商務印書館發行

韻史卷十二

第三部上聲

韭韻

泰興何萱石閣譔集　子度校字

上海顧錫麒竹泉覆審

武進李兆洛申耆鑑定

齊齒詩

韭 〇俗有韭 韭菜也一種而久生者也故謂之韭象形在一之上一地也 說文段注韭菜也三字一句韭久疊韻〇齊民要術三引聲類云韭者久長也一種永生萱按今韻韭久同音古韻久讀紀在一部與韭為雙聲 韭曰豐本 禮記曲禮下 韭韭菹 穆天子傳六韭注〇儀禮少牢禮韭菹醓醢注云韭菹醓醢朝事之豆也而饋食用之 韭薤皆山菜 山海經北山經丹熏之山其艸多韭蕰注〇西山經小華之山有艸名萆荔狀如烏韭注云烏韭在屋者曰昔邪在牆者曰垣衣

九 易之變也象其屈曲究盡之形 說文段注許書多作詁訕从云屈曲恐後人改之〇易文

言傳乾元用九注云九陽也又乾初九集解引干注云陽重爻稱九 九者陽之數道之綱紀也 楚辭九辨序〇易文言傳潛龍勿用下也注云九陽數也 九者老陽之數 易乾初九崔注又管子五行天道以九制注 九者極陽數也 公羊莊十九年傳諸侯壹聘九女注〇漢書杜欽傳禮壹娶九女注引張晏云九數之極也又京房傳九年不改注引張晏云九陽數之極也 九奇數也 素問三部九候論天地之至數始於一終於九馬注 九亦金之成數 管子幼官用九數注〇南齊書十一引月令章句云西方有金四土五故數九 九究也 廣雅釋詁四〇白虎通禮樂宗族竝云九之為言究也 九者所以究極中和為萬物元也 漢書律歷志上〇列子天瑞天云九變者究也 九天之德也 易乾用九注 九南方也 素問五常政大論青於九注〇萱按莊子天下而九襍天下之川釋文九本作鳩乢鳩九為正借字本同聲也又至樂黃軦生予九猷段九為鳩也久在一部異部雙聲也列予天瑞同又禮記脯鬼侯史記作九侯鬼久亦雙聲字但音有洪纖

宄

𡧱古文宄 姦也外為盜內為宄

說文段注姦宄者通偁內外者析言之也凡盜起外爲姦中出為宄成十七年左傳曰亂在外為姦在內為宄外傳晉語亦云亂在內為宄在外為姦魯語竊寶者為宄用宄之財者為姦亦謂莒太子僕竊莒寶為內魯藏姦為外三傳無異也惟亂在內故字从宀鄭注尚書云由內為姦起外為軌或後人轉寫誤也宄經史亦叚軌為之古音几在三部○一切經音義一引三蒼云亂在內曰宄又引三蒼云在內曰姦在外曰宄萱按兩條自相乖違後說謬與鄭寇賊姦宄注同而晚出傳不誤又漢書元帝紀注刑法志注魏相傳注又後漢書杜林傳注李固傳注皆不誤惟字或作軌

竊寶曰宄 文選西京賦姦宄是防薛注

宄盜也 廣雅釋詁四

宄佹也佹易常正也 釋名釋言語

軌

○俗有術迄匹

車徹也 說文段注軌古音居酉反在三部今音居洧反古有徹無轍支部曰徹者通也○萱按經典皆作車轍無作徹者古今之異也

軌車轍也 禮記曲禮上驅塵不出軌疏又左氏隱元年傳同軌畢至服注隱十一年傳疏又楚辭思古復往軌於初古注又文選西京賦方軌十二年注東京賦薛注○答賓戲矣伯方軌注引項

韻史 卷十二第三部上聲韭韻

一二六七

岱又後漢書班彪傳下注竝云軌轍也

軌謂轍廣 考工記匠人經涂九軌注○孟子盡心下城門之軌音義引丁音云軌謂限之轍迹也

車兩輪閒為軌 國策齊策車不得方軌注又呂覽勿躬車不結軌注○淮南覽冥而車軌不結乎遠之外注云兩輪之閒為軌

方軌車迹也 史記司馬相如傳結軌還轅索隱引張揖人漢書相如傳下注又後漢書杜容傳注○文選懷舊賦注引顏延年纂要解云車跡曰軌又陸士衡挽歌詩悲風徹行軌注云軌車也

軌與軓於事同謂轛頭也 禮記少儀祭左右軌范乃飲注萱按今本事謂車王侍御捉孔疏改正○詩匏有苦桊釋文云軌謂車轛頭也

軌謂轂末 禮記少儀疏○又云轂末之軌則車旁箸九此經左右軌是也其車轍亦謂之軌亦車旁箸九則考工記經涂九軌是與此字同而事異也萱按此二者軌之大分辨也說文雖以車徹勹諸義學者斷不容牽洞

由輈以上為軌 詩匏有苦葉濟盈不濡軌傳○軌陸德明所謂依傳意宜音犯又奇抱文以為軌是車轍軌是車軾前又云車轛頭所謂軌也相亂故具論之其說未明不知軌字自有二義其訓為車轍與中肩車同軌是也其訓為車轛頭者則少儀之祭左右軌范是也軌范竝云則顯然兩物矣少

韻史 卷十二第三部上聲韭韻

一二六八

儀注云周禮大馭祭兩軹軌軌與軹於事同謂轛頭也軌與范聲同謂軾前也正義云軌謂轂末周禮大馭祭兩軹祭軌此云祭左右軌范兩之正同則左右軌與兩軹是一事故云軌與軹於事同謂轛頭也合周禮禮記軌之是車轛顯謂之軹又謂之軌轛頸在軌之下車之濟盈必濡其轛頸不以作軌也且以古音言之軌居酉反牡莫九反此章牖篤盈鳴軌壯用韻甚密若軌字作軌則出韻矣無是理也此處訓詁當用鄭轛頭之說為確若後人訓軌為轍轍非車上之物則不可以言濡矣○王侍御曰成裕此說足正唐以後傳注相沿之誤

由軌以上為濡軌 萱按此王先生攷定毛傳也改軸補濡為從來假甾所不到可謂撥雲霧而見青天矣其詳在依中氏經義術閒中今撮其要於此○王氏念孫曰案毛傳由輈以上為軌輈本作軸古輈軸同聲故軸誤為輈軌上當有濡字寫者脫去耳上章傳曰由膝以上為涉屬謂由帶以上凡言由者皆水之所濡高下之度此言由軸以上亦謂水之所至也軌者軸之兩端水由軸以上則其深減軌故經曰濡軌而傳釋之曰由軸以上為濡軌與上由膝以上為涉屬謂由帶以上文義正同陸孔所見本軸字始異作輈軌上又脫謂濡上於是讀者不彼知傳文所言為水所濡之度而誤以為釋軌之名物又以軌非車上之物而

韻史 卷十二第三部上聲韭韻

一二六九

疑為軹前之軌唐石經因之遂改軌為軌則既失矣其義而又失其損矣○萱按此侍御晚年定說也段氏經韻樓集及說文軌字注皆用侍御初說也故大有逕庭戴先生集中辨軌軌軓斬一篇說亦未全合

軌迹也 廣雅釋詁一又文選東京賦憲先聖而齊軌薛注又後漢書崔駰傳注

軌遵也 廣雅釋詁又國語周語度之於軌儀注百官軌儀注示氏軌儀也注又淮南本經五星循軌不失其行注

軌法也 左氏襄廿一年傳軌度其信疏又華嚴經音義上引國語賈注又漢書表傳後漢崔埼傳注又淮南原道是故聖人一度循軌注各注又卒數不軌不並注又文選東京賦同衡律而壹軌量又太手漢書卜式傳不軌之臣注云軌亦法也又賈山傳軌薛注○者也注云軌謂法度也又叙傳下東平失事之大晉子道術○左氏隱五軌注云軌法則也

緣法循埋謂之軌 年傳云講事以度軌量謂之

軌猶依也 後漢襄楷傳不軌常道注

五家為軌 國語齊語○管子小匡云制五家為軌萱按在鄉五家為比在野五家五鄭太卒銳含制也齊改其名耳亦異名而同實周

五軌五行也 于五軌注

亂在內曰軌 萱按此段軌為宄也文選五等論云姦軌宄序漢書元帝紀云殷法行而姦軌服

韻史 卷十二第三部上聲韭韻

一二七〇

氿

○俗有漸水厓枯土也爾雅曰水醮曰氿說文段注按今爾雅水醮曰厬仄出泉曰氿許書仄出泉曰厬水厓枯土曰氿與今爾雅正互易依毛詩有洌氿泉似今爾雅不誤也水醮曰厬爾雅釋水又釋文云字本作漸○萱按依許氏之說則諸家所用氿厬字互相段借也依爾雅義則說文此兩處訓釋正當交換更正耳學者詳之

厬

○俗有瀑泥仄出泉也說文段注小雅有洌氿泉釋文曰氿泉穴出穴出仄出也毛傳曰側出曰氿泉按側出泉之字詩爾雅作氿許作厬水醮之字今爾雅作厬許作氿正互相易水部氿篆下許引爾雅水醮曰氿則知許所據與今本絕異水厓枯土為氿側出泉當作厬字矣古音在三部讀如九氿亦讀如九是以二字通用側出曰氿泉氿軌也流狹而長如車軌也釋名釋水氿水泉從旁出也列子黃帝氿水之潘為淵釋文○爾雅釋水李注云水泉從傍出名曰氿又曰氿側出○萱按氿厬兩字下所采獲諸義姑从許氏說分

義其實此兩字之義可不泥於許氏也

晷

日景也說文段注上文云景光也渾言之此云晷日景也不云日光析言之也以其陰別於陽即今之影字也左傳謂之蔭云趙孟視蔭釋名云晷規也如規畫也此謂晷日以表度日大雅既景乃岡傳云考於日景參之高岡影也禮記王制注取晷同也釋文晷影也周髀算經上夏至之日晷一尺六寸注晷景也漢書李尋傳注王莽傳上注叙傳下注又文選西京賦白日未及移其晷薛注○補正詩注引顏延年纂要云景曰晷晷景者所以知日之南北也漢書天文志晷光景也文選述五帝紀五星同晷注晷柱景也廣雅釋天

簋

𠥰古文匭古文朹古文○俗有匭黍稷方器也說文段注周禮舍人注曰方曰簠圓曰簋盛黍稷稻粱器也掌客注曰簠稻粱器也簋黍稷器也秦風傳曰四簋黍稷稻粱也按毛意言簋可以該簠鄭注則據公食大夫禮方分別所盛也許云簋方簠圓鄭則云簋圓簠方不同者師傳各異也周易二簋可用享鄭注云離為日

日體圓與為木木器圓簋象聘禮竹簋方注云竹簋方者器名以竹為之狀如簋而方賈疏云凡簠皆用木而圓此則用竹而方故云簋而方宋刻草行疏內簋字凡四見今本依釋文改經注疏皆作簋字非也已上可證鄭確謂簋為圓器爾禮疏云孝經陳其簠簋注云內圓外方受斗二升者直據簋而言若簋則內方外同孝經鄭注說者謂鄭小同之注也賈所引文亦不究則與膚淺求矣而秦風釋文有內圓外方曰簋內方外圓曰簋之文蓋本孝經注聘禮釋文則又方圓字皆互易之自相乖判聶崇義曰舊圖云內方外圓曰盖外方內圜曰簠與秦風音義合廣韻曰內圓外方曰簋歐陽氏集古錄曰簋外方內圓與聘禮音義合故圓器之內為之方方器之內為之方圓似以木以瓦以竹皆雖為之他器少如是者恐孝經注不可信許鄭皆所不言也鄭注禮曰飾蓋象龜盖者意觳之詢注禮器云大夫刻為龜形可證也聶氏陳氏禮圖皆於盖頂作一小龜疏解一盖字耳見考工記圖按簋古文或从匚或从木盖今以木為之大夫刻其文為龜形諸侯刻龜而飾以象盛天子刻龜而飾以玉其後乃有瓦簋乃有竹簋方因製以竹之簋字木簋竹簋禮器瓦簋常用器也古音在三部簋軌皆讀如九也史記李斯傳曰飯土匭公食大夫禮注曰古文簋皆作軌易損二簋蜀才作軌周禮小史故

書簋或為九大鄭云九讀為軌書亦或為軌簋古文也今本周禮脫誤為正之如此軌九皆古文假借字也匭古文本字也匭之字後世用為匭匣字尚書苞匭菁茅鄭曰匭纏結也鄭意謂匭為糾之假借字吳都賦注用之又按簋以木為之故机字从木也惠氏棟九經古義曰易渙奔其机當作杌宗廟器也○易坎樽酒簋貳注又禮記禮器管仲鏤簋朱紘疏竝云簋黍稷器也又周禮肆師疏云簋盛黍稷豈按禮記玉藻疏獨云簋盛稻粱也乖違殆不可用飯器謂之簋史記秦始皇紀集解引徐廣○漢書司馬遷傳注云簋所以盛飯也簋食器也後漢張衡傳則簋飧縝飾注簋祭器名禮記樂記簠簋俎豆釋文○孝經鄭注云簠簋祭器簋者宗廟之器易損二簋可用享荀注二簋質薄之器也易象下傳二簋可用享注旅人為簋實一觳崇尺厚半寸脣寸考工記旅人周曰簋左氏宣十一年傳胡簋之事注圓曰簋詩伐木陳饋八簋傳又漢書賈誼傳簠簋不飾注圓中者為簋淮南泰族注○周禮小史以書叙昭穆之俎簋注云故書簋或為几萱按几乃九之誤字也九者机之省匭匣也書禹貢晚出傳匭柙也漢書地理志上注

匭猶結也一曰匭柙也文選吳都賦職貢納其包匭劉注○蒀按賦用禹貢劉郭兼鄭孔二義鄭謂爲借字孔謂爲正字也義兩通杋檕梅爾雅釋木杋仇也方言三○蒀按此杋即仇之段借字故當讀仇也檕梅之杋亦引申段借之義而本無正字仍从簋音爲是爾雅音似無庸也愚不敢從之

孂

竦身也說文段注竦者敬也从立束自申束也竦身取自申束之意凡言夭蟜者當用此字許讀如糾簋字古音正如是在三部今孂居夭切音之轉也○蒀按廣韻糾在四十六黝集韻糾孂同音與四十四有中九韭字有齊齒撮口之殊似較漢人尤密今從也孂材也廣雅釋詁四

儉守切

糗

熬米麥也說文段注周禮羞籩之實糗餌粉餈鄭司農云糗熬大豆與米也粉豆屑也亦謂糗者擣粉熬大豆爲餌餈之黏著以坋之耳按先鄭云熬大豆及米後鄭但云熬大豆注內則又云擣熬穀不同者黍粱禾麥皆可爲糗故或言大豆以包米或言穀以包米豆而許云熬米麥又非不可包大豆也熬者乾煎也乾煎者鬻也鬻米豆舂爲粉以坋餌餈之上故曰糗餌粉餈鄭云擣粉之許但云熬不云擣粉者鄭釋經故釋粉字之義許解字則糗但爲熬米麥必待舂

之而後成粉也費誓峙乃糗糧某氏云糗糒之糧孟子曰舜之飯糗茹艸趙云糗飯乾糒也左傳爲稻醴粱糗廣韻曰糗乾飯屑也此皆謂熬穀米粉者也○漢書王褒傳粟粱合糗者注云糗即今之熬米麥所爲者糗乾食屑也儀禮燕禮釋文○文選聖主得賢臣頌注引服虔云糗乾食也又廣雅釋言曰糗食也糗乾飯也左氏哀十一年傳注糗糒也公羊昭廿五年傳敢致糗于從者注又廣雅釋器又楚辭惜誦春日以爲糗芳注○書費誓疏云糗糒是行軍之糧蒀按說文作峙乃餱糇義同通用也糗糗餌也儀禮有司徹入于房取糗與腶脩注○既夕四籩棗糗栗脯注云糗以豆糗粉餌又事物紀原九引周禮干注云糗餌者或屑而蒸之與棗豆之味同食糗齲也飯而磨散之使齲碎也釋名釋飲食糗羞籩之實儀禮有司徹執棗糗坐設之注糗寒粥也國語楚語糗一筐注又穆天子傳六糗韭注○蒀按以寒粥釋糗義恐未諦筐又非盛粥者

臼

隸作臼舂臼也古者掘地爲臼其後穿木石象形中象米也說文段注舂臼也本無臼字今補杵也則此當云舂臼也明矣引仲凡曰者曰臼古者云云見易繫辭傳蓋黃帝時雍父初作

如此其後或穿木或穿石臼杵所以擣虀也禮記襍記上臼以椈注○爾雅釋鳥注江東名爲烏臼釋文云本或作鳴蒀按鳴婷字而後出又周平王宜臼魯世家晉世家宜臼皆或作宜咎同音通用也

臬

舂糗也說文段注米麥已熬乃舂之而蘐之成即鄭所謂擣粉也而後可以施諸餌餈

齨

○俗駒鼠有老人齒如臼也一曰馬八歲也說文段注如臼者齒齨馬八歲曰馭齒亦如臼俗名之齨亦作齨○御覽三百六十八引字林云齨老人齒如臼也

舅

或書作舅母之兄弟爲舅妻之父爲外舅說文段注釋親曰母之昆弟爲舅毛傳同樓周人謂兄爲弟也舅之言舊也猶姑之言故也父之昆弟偁父母之昆弟不得偁父母故偁舅凡同姓可偁父凡異姓不可偁父故舅之也今俗人言舅父者非也母之父母曷爲曰外王父外王母異父之父母偁王父王母故母之父母得偁王父王母而外以別之也父之昆弟偁從父故母之姊妹偁從母也舍是則異姓無有偁從父母者也異姓可稱舅故婦偁夫之父曰舅男子偁妻之父曰外舅母之從父昆弟曰從舅文偁父之舅曰大舅見後漢書大者今太字男子於妻父亦

言舅對妻之舅吾父爲偁也母之昆弟不曰外舅者妻黨之別於母黨也○儀禮喪服注云舅母之昆弟又釋名釋親屬云母之兄弟曰舅○爾雅釋親云妻之父爲外舅又孟子萬章下帝館甥於貳室注禮謂妻父曰外舅又禮記坊記壻親迎見於舅姑注云舅姑妻之父母也妻之父爲外舅夫之父曰舅舅久也久老稱也釋名釋親屬○禮記檀弓下昔者吾舅死於虎注云夫之父曰舅又後漢桓帝紀注云婦人謂夫之父曰舅又爾雅釋親云舅在則曰君舅舅沒則曰先舅舅之言舊尊長之偁爾雅釋親孫注○白虎通三綱六紀云舅者舊也又云尊如父而非父者舅也異姓則偁舅詩伐木以速諸舅舅傳○國語晉語舅所病也注云諸侯謂異姓大夫曰舅異姓謂之伯舅禮記曲禮下○儀禮覲禮云異姓大國則曰伯父其異姓則曰伯舅同姓小邦則曰叔父其異姓小邦則曰叔舅又左氏僖九年傳使孔賜伯舅胙注云天子謂異姓諸侯曰伯舅○蒀按古用咎爲舅同音通借也儀禮士昏禮古文舅皆作咎又晉語舅犯他家多作咎犯

咎

災也說文段注天火曰災引伸之凡失意自天而至曰災咎病也爾雅釋詁咎過也詩伐木微我有咎傳又楚辭沈江原咎雜而累重注又一切經音義六咎罪引廣雅○書洪範其作汝用咎疏云咎是過之別名也周書文酌一除戎咎醜注咎猶罪過也詩北山或慘慘畏咎箋咎惡也書西伯戡黎序殷始咎周鄭注又廣雅釋詁三又後漢賈帝紀注揚賜傳注又楚辭惜賢盪浪湮之姦咎兮注咎殃也呂覽侈樂棄寶者必離其咎注咎猶極也書大傳用咎于下注咎謗也方言十三○萱按古或段畀為咎亦段咎為舅為鼓咎咎鼓大鼓也萱按此段咎為鼓咎也

倃

○倃有路重文毀也說文段注疑咎字可以包之但廣韻引已如此○萱按說文人部仳倃相次疑倃本在仳前為咎之

慦

怨慦也說文段注各本作怨仇也今正廣韻亦作怨慦謂怨惡之也慦與咎音同義別古書多段咎為之咎行而

慦廢矣此與人部倃皆謂歸咎於彼○萱按倃慦二字之義皆咎之引中也本自潚㖮交通不煩更言段借矣

麔

麇牡者說文○爾雅釋獸云麇牡麔麔豭短脰爾雅釋獸○萱按此以二字為名與麇牡之麇各物

鯦

當互也說文段注見釋魚今爾雅互作魱郭云海魚也似鯿而大鱗肥美多鯁今江東呼其最大長三尺者為當魱魱音胡按集韻類篇模韻魱字注云吳人以為珍即今時魚尋繹郭注誠謂時魚也時魚七之作鰣或作鰣廣韻亦曰鰣魚似魴肥美江東四月有之按互作俗作魱蓋非是當是罢之有罢者罢也見兩部又按字林作鮥鮇鮪也鮥當魱也與爾雅說文互易乃鮥鮥二字之互譌耳而五經文字乃云鮥其救反又音洛洛乃鮥音鮥豈有洛音哉凡五經文字可漢慮斯此

漾九切

酉

丣古文就也八月黍成可為酎酒象古文酉之形也古文酉

丣丣為春門萬物已出丣為秋門萬物已入一閉門象也說文段注就高也律書曰酉者萬物之老也律厤志曰畱就於酉天文訓曰酉者飽也釋名曰酉秀也秀者物皆成也八月云此舉一物以言就黍以大暑而種八月而成猶也禾之八月而就也不言禾者為酒多用黍也酎者三重酒也必言酒者古酒可用酉為之故其義同曰就也古文酉謂丣也仿彿丣字之形而製丙篆此與弟从古文弟之形民从古文民之形革从古文革之形為一例周伯埼乃謂不可解矣古文从从丣一以開之管子幼宮篇春三卯同事秋三卯同事惠士奇云春當作三丣秋當作三丣取許書為說也虞翻别傳曰翻奏鄭卯解尚書違失云古大篆丣字讀當為柳古柳丣同字而以為味甚違不知蓋閥之義玉義接壁中古文尚書作味合鄭注尚書依之今丈尚書作柳殺鄭注周禮縫人取之今文古文本有斷難合一者也鄭本不誤而仲翔謂其改丣為味谷其他三事亦皆仲翔誤會說詳古文尚書撰異凡酉柳聊劉字从丣○萱按凡从酉之字皆有就意酒其尤著者也故酉酒同訓就而以八月黍成可為酎酒說酉也又廣雅釋詁三云酉就也酉畱也禮記月令疏○太朩朩數長申酉注云酉取畢成可畱漿也酉秀也秀

者物皆成也釋名釋天酉者老也白虎通五行○史記律書云酉者萬物之老也酉者飽也淮南天文酉為危同上在酉曰作噩爾雅釋天酉難也論衡物勢○顏氏家證引詩證說云二在天下為酉萱按此不根之說也酉工即丣字而謂為天字可乎

庮

久屋朽木周禮曰牛夜鳴則庮臭如朽木說文段注朽同㱙見歺部周禮內饔牛夜鳴則庮先鄭庮朽木臭也內則鄭注云庮惡臭也引字春秋傳一薰一庮許說同先鄭久屋而後有朽木故字从广庮病也周禮內饔釋文引干注○疏云庮惡臭又左氏僖四年傳十年尚猶有臭疏云庮亦是臭義其字雖異其意亦同

莠

禾粟下揚生莠也說文段注禾粟下猶言禾粟閒也禾粟者今之小米莠今之狗尾艸莖葉采皆似禾故曰揚揚恐其亂苗苗者禾也凡禾采下垂故淮南書謂之向根張衡賦美其亂穎本莠則采同而揚起不下垂故詩刺其驕驕桀桀此君子小人之別也傳曰揚條揚也古書多借為秀字七月莠艸也左傳襄卅年其莠猶在乎

釋文○御覽引韋昭毛詩莕稂閒云莠今之狗尾也莠州似稷而無實國語魯語不過稂莠注又爾雅翼八引韋昭魯論解○詩大田不稂不莠傳云莠似苗也莠秕穀也所生也漢書酷吏嚴延年傳莠盛苗穢注莠醜也詩正月莠言自口傳處官位而四體無禮者謂之莠命管子幼官流之爲莠命注○版法注云莠命者謂穢亂殺命若莠之穢苗也

𠫝 誘或䛻或羑古文○羑字兩見俗有穤

相訹呼也說文段注呼當作評評召也言部曰訹者羑也羑與訹二篆爲轉注今人以手相招而言口羑正當作此字今則誘行而羑廢矣召南曰有女懷春吉士誘之傳曰誘道即導字大雅天之牖民傳曰牖道也是則傳謂牖誘同字大雅牖民韓詩外傳樂記作誘民古二字多通用釋詁曰牖進也儀禮誘射鄭曰誘猶獨數也樂記知誘於外鄭曰誘猶道也引也蓋善惡皆得謂之誘論二字之本義牖訓窗明誘訓相述固有不同故羑必从厶訹下曰相評誘也許意誘不必以正似扳傳爲正字野有死麕傳云爲假借字惡無禮之詩必非訹誘也羊部有羑云進善也此云羑之古文說古文以羑爲𠫝也古文本但有羑字後乃有羑此字訓爲相

訹評則羑字專爲進善矣羑致也廣雅釋言誘導也家語正論天誘其衷注又呂覽決勝而有以羈誘之也注又楚辭招魂步及驟處兮誘騁先注○詩衡門序疏云誘謂在前導之誘進也詩衡門序以誘掖其君也箋又禮記樂記誘民孔易注又論語子罕夫子循循然善誘人集解又皇疏又淮南原道怵然若有所誘慕注誘慕於名位注假眞勢利不能誘也注誘美也淮南繆稱誘然與日月爭光注誘惑也淮南原道好憎成形而知誘於外注誘惑也淮南俶眞注主術而秦穆公以女樂誘之注○淮南精神不誘於人注云誘猶惑也誘誑也荀子正名彼誘其名注誘巧詐也風俗通過譽牖道也廣雅釋詁三○蓋按段牖爲羑也本詩板傳

羑 重見

進善也文王拘羑里在湯陰說文段注進當作道道善導以善也顧命延受羑若馬曰羑道也文王拘羑里尚書大傳史記作牖里漢二志皆云河內郡湯陰有羑里城西伯所拘音湯按羑字又見厶部曰𠫝

古文羑道也書顧命馬注王注殷曰羑里言不害人若於閭里紂拘文王是也御覽六百四十二引風俗通○淮南氾論悔不誅文王於羑里注云羑古牖字蓋按羑牖誘三字音同義近待相通借非非必古今字也牖獄犴也夏曰夏臺殷曰羑里周曰囹圄皆圜土水經蕩水注引廣雅○後漢史弼傳注云牖里殷獄名又北堂書鈔四十五引白虎通云殷曰牖里

牖 或作牖

穿壁㠯木爲交窗也譚長㠯爲甫上句日也非戶也牖所㠯見日說文段注交窗也者以木橫直爲之即今之窗也在牆曰牖在屋曰窗此則互明之必言以木者字从片也古者室必有戶有牖牖東戶西皆南鄉毛詩曰北出牖也北或有穴通明至冬塞之然士虞禮祝啟牖鄉注云鄉牖一名明堂位達鄉注牖屬是南牖亦鄉士喪禮寢東首於牖下喪大記作北牖下今本牖皆譌牖非也牖所以通明故段爲誘召南吉士誘之大雅天之牖民傳皆訓曰道也道即導譚長者博采通人之一許篆作牖而偁譚說

者字久从戶作譚說有理故偁之牖窗也書顧命牖間南嚮疏又儀禮士喪禮釋文又漢書兩龔傳爲牀室中西南牖下注○論語雍也自牖執其手皇疏云牖南窗也又後漢梁冀傳注云牖小窗也又一切經音義二引倉頡解詁云牖旁窗也所以助明者也牖戶牖也太玄守閑朋牖注○大戴記盛德云白綴牖也八牖八達也文選東京賦八達九房注牖闢也廣雅釋室艮爲牖易坎內約自牖虞注牖道也蓋按此段牖爲羑也牖里殷獄名蓋按此段牖爲羑也

㰦 或作㗇

蹴鼻也說文段注蹴鼻即縮鼻也廣雅曰㰦吐也此謂㰦即歐之假借字左傳吾伏弢嘔血杜曰嘔吐也本文作咯按嘔咯即歐㰦字

卣 隸作卣

𠧪 繇○平聲兩見上聲一見卣此與讀滌求切者同義

𣣔 或作歖

言意也說文段注有所言之意也意內言外之意

舀 平上兩讀注在彼 抌或䑂或○俗有鋊

洶九切
㱙 朽或 腐也 說文段注肉部曰腐爛也今字用朽而㱙廢矣禮記月令釋文引字林云㱙腐也又論語公冶長朽木不可彫也集解引苞注又國語晉語山有朽壤而有自崩注竝云朽腐也 㱙敗也 廣雅釋詁三○萱按列子湯問㱙其內而棄之尚用㱙字 朽爛也 詩良耜荼蓼朽止釋文 朽敗爛也 論語公冶長皇疏 㱙臭也 廣雅釋器 氣若有若無為朽 禮記月令其臭朽注

念九切
紐 系也一曰結而可解也 說文段注今本系下曰係也係者結束也一曰云云結者締也締者結不解也其可解者曰紐喪大記曰小斂大斂皆左衽結絞不紐正義云生時帶竝為屈紐使易抽解若死則無復解義故絞束畢結之不為紐也 系而行之曰紐 莊子人閒世禹舜之所紐也釋文引崔注○淮南說林箍紐之璽注云紐係佩服也萱按箍紐字當作鈕若珇用紐者借也 紐結也 荀子正名交喻異物名實互紐注○禮記玉藻并紐

紐約疏云紐謂帶之交結之處 紐是連繫之辭 穀梁序乾綱絕紐疏○儀禮既夕紐前經後緇注云紐所以聯帷荒又禮記喪大記纁紐二疏云紐所以結連帷荒者也 紐束也 廣雅釋詁三 紐擊也 廣雅釋言 紐本也 莊子人閒世釋文引簡文注 紐小鼻在武上笄所貫也 周禮弁師延紐注 紐赤脈也 史記扁鵲倉公傳下有破陰之紐正義引素問 天淵謂之紐絃 廣雅釋天

鈕 珇古文 印鼻也 說文段注璽之籀文从玉古文印鈕字从玉蓋初作印時惟以玉為之也 紐係佩服也 淮南說林箍紐之璽注○萱按鈕紐正借字

⿰矛丑 刺也 說文又廣雅釋詁一

⿰月丑 食肉也 說文段注食肉心用手故从丑肉會意不入肉部者重丑也

粈 或作飷糅 襍飯也 說文段注食部曰飷雜飯也廣韻曰飷亦作粈然則飷粈一字今之糅襍字也食部飷篆宜刪 粈廁也 廣雅釋詁四 糅襍也 廣雅釋詁一又離騷芳與澤其襍糅兮注○儀禮鄉射禮記無物則以白羽與朱羽糅注云糅者襍也又云今文糅為縚萱按縚與糅同部而義類遠隔段借顯隸疏閒 有襍曰糅 一切經音義四引通俗文 糅和也 漢書劉向傳注

⿰丑阝 地名 說文

⿰丑女 或書作妞○俗有好 人姓也商書曰無有作⿰丑女 說文段注鴻範文今尚書⿰丑女作好此引經說段借也⿰丑女本訓人姓好惡自有真字而壁中古文以⿰丑女為好此段借之段借不必本無其字是為同聲通用之肇端矣按⿰丑女古音在三部讀如狃好之古讀如朽是以尚書段⿰丑女為好也○集韻云妞姓也爲[illegible]有之

狃 犬性忕也 說文段注忕大徐作驕非忕習也余制切心部作愧皆也愧即忕之譌也狃本謂犬性之忕引伸段借為凡忕習之偁鄭風傳曰狃習也國語韋注左傳杜注皆曰狃忕也 狃忕也 小爾雅廣言又左氏桓十三年傳莫敖狃於蒲騷之役注僖十五年傳天不可狃注又國語晉語得國而狃注歸必狃注一夫不可狃注又漢書武帝紀忕於邪說注匡衡傳注○爾雅釋言疏引孫注云狃忕前事復為也 狃慣習也 後漢書西羌傳注○晚出書君陳疏云古言狃忕是貫習之義 狃串習也 荀子議兵狃之以慶賞注又漢書刑法志狃之以慶賞注刖狃而寖廣注 狃貫也 左氏桓十三傳注 狃習也 詩大叔于田將叔無狃傳又後漢陳忠傳注 狃復也 爾雅釋言又詩大叔于田箋 狃貪也 國語晉語足狃也注 不狃感也 爾雅釋言 狃正也 國語晉語使臣中軍之司馬注 狃怛忕也猶言慣習 後漢戴就傳注○馮異傳注云怛忕猶慣習也萱按此段怛為狃也說文無怛晉書音義中云怛字當作狃又左傳公山不狃字子洩論語作不擾孔子世家索隱作不蹂皆音近通借字

復也說文段注此字引伸爲狃忕之義故玉篇云習也忕也或與狃同按狃行而猱廢矣左傳有愎字愎者狃忕之意卽復字之變也復之引伸之義亦爲狃忕

猱習也玉篇廣韻

綹光九切

緯十縷爲綹說文段注此亦兼布帛言之也故篇韻曰緯十絲曰綹文互相足也許言縷不言絲者言縷可以包絲不可以包縷也○集韻云一曰絲十爲綸綸倍爲綹

柳

○俗有柳檟少楊也說文段注各本作小楊今依孟子正義蓋古本也古多以少爲小如老少兒郞小兒之類楊之細莖小葉者曰柳周禮故書衣接檟之材鄭司農讀爲翣柳後鄭云柳之言聚也引書分命和仲度西曰柳穀按度西曰柳穀者今文尚書也宅西曰昧谷者後鄭所讀之古文尚書也詳見尚書撰異古多假柳爲酉如鄭卯癸字柳柳郞酉名癸字酉也仲尼弟子列傳顏辛字子柳柳亦郞邢辛者辛也之譌也巳上海寧錢馥字廣伯說

柳柔脆之木詩東方未明析柳樊圃傳柳者南方之艸夏木也管子胎赦○荳按爾雅某氏注云河旁赤河旁赤莖小楊也此誤認檉與柳爲一也檉自名河柳不定生於河旁且形色性情與楊柳本非一類不當目以小楊也

味謂之柳柳鶉火也爾雅釋天○孫注云柳其星聚也又後漢書郞顗傳注云柳東方宿也又光武紀上注云柳河南也蓋按鶉火鶉尾字當作鶉謂雕也味者其喙所謂南方朱鳥也章懷謂柳東方宿殊不可解上文注婁西方宿翼南方宿皆不誤柳乃在婁之中何言東耶

柳聚也漢書季布傳注引晉灼○書大傳秋祀柳轂華山注云柳聚也齊人語又度西日柳穀注云五色聚爲柳之又儀禮旣夕疏云柳之言聚又周禮喪祝疏云柳者諸色所聚又縫人衣翣柳之材注云柳之言聚諸飾之所聚

東郡謂廣轍車爲柳史記季布欒布傳置廣柳車中集解引服虔

將葬載柩之車飾曰柳禮記褋記其禱布有祓注○釋名釋喪制云輿棺之車其飾曰柳柳聚也眾飾所聚亦其形僂也

柳宮象也禮記檀弓上池視重霤注○檀弓注葬引飾棺以柳翣疏云在上曰荒在旁曰帷總謂之柳又喪大記飾棺注云柳象宮室縣池於荒之爪端若承霤然云

長柳村名也水經沔水注

楥柜柳爾雅釋木○莊子至樂云俄而柳生其左肘荳按此段借之義也

翣謂之柳爾雅釋樂

蔞翣棺之牆飾禮記檀弓下注○荳按此段婁爲柳也亦段僂及褸

僂蓋也

呂覽節喪翣以督之注○荀子禮論無帾絲縷歶縷翣其貌注云縷讀爲柳

茆

□籀○俗有茆鳧葵也詩曰言采其茆說文段注周禮醢人茆菹鄭大夫讀爲茅或曰茆水艸杜子春讀爲茆後鄭曰茆鳧葵也今周禮轉寫多爲誤爲正之如此漢時有茆茆二字經文作茆兩鄭皆易字爲茆也鳧葵名茆亦名肇今之蓴菜也俗作茆音卯非也今詩言作蓴○詩泮水薄言采其茆傳又山海經西山經陰山其艸多茆蕃注竝云茆鳧葵也

茆江東人謂之蓴菜或謂之水葵詩泮水陸疏○釋文引鄭小同云茆或名水葵一云今之浮菜即豬蓴也又云茆江南人名之蓴菜又後漢馬融傳注云茆鳧葵葉圓似蓴生水中今俗名水葵荳按此云似蓴則非一物矣要亦是屬而別耳

茆今之騷蹏艸詩泮水釋文引干寶

茆謂叢生也漢書律曆志上冒茆於卯注○荳按孟堅以茆字釋卯必非从卯之茆也豈李有茆茆二字句說文遺其一與作茆則讀當如卯矣

瀏

流清皃詩曰瀏其清矣說文段注鄭風曰溱與洧瀏其清矣毛曰瀏深皃謂也深而清也釋名曰

淥瀏也荆泉之水於上視之瀏然淥色此似之也

瀏深也太玄咸瀏漣漣注

瀏清也文選甘泉賦注引孟康

瀏清流也文選文賦注引字林○荳按後漢馮衍傳溜其清兮段溜爲瀏也

瀏濫猶言清淨而汎濫也文選甘泉賦正瀏濫以宏惝兮注漢書揚雄傳上注云瀏濫猶汎濫

○瀏亮清明之稱文選文賦賦體物而瀏亮注

瀏睆目清皃也文選西征賦瀏睆極以抗憤注

瀏漂清涼皃文選長笛賦正瀏漂以風冽注

涼風曰瀏初學記一引風俗通

瀏瀏風也廣雅釋訓

瀏瀏風疾皃楚辭述紛秋風瀏瀏以蕭蕭注

瀏莅皆林木鼓動之聲史記司馬相如傳瀏莅卉吸索隱引郭璞

罶

□或作罶○或

曲梁寡婦之笱魚所罶也春秋國語曰溝罛罿說文段注釋訓曰凡曲者爲罶釋器曰嫠婦之笱謂之罶小雅魚麗苕華傳合之曰罶曲梁也寡婦之笱也許說本之按邶風傳云梁魚梁衛風傳云石絕水曰梁曹風傳云梁水中之梁邶風傳云笱所以捕魚也句部云笱曲竹捕魚也蓋曲

梁則於凡梁寡婦之笱別於凡笱曲梁者僅以薄為之寡婦之笱笱之敝者也魚麗美物盛多能備禮也故言此曲梁寡婦之笱多而魚之多如是苕之華大夫閔時也師旅並起因之以飢饉言三星在罶則無魚可知也梁與笱相為用故詩云敝笱在梁言逝梁必言發笱若魯語曰古者大寒降土蟄發水虞於是乎講罛罶取名魚則非止曲梁寡婦之笱矣溝疑誤古本蓋作冓冓猶交加也今魯語作講○國語魯語注云罶笱也又詩苕之華釋文云罶嫠婦笱也又爾雅釋訓注云凡以薄為魚笱者華名為罶又釋器孫注云罶曲梁其功易故謂之寡婦之笱

曲梁謂之罶 廣雅釋器

○蓋按原作卵譌字也惟廣韻不誤凡偏旁从卯从卵多互譌者不可不辨若苕之華罶本作蜀段借也

鄝

●俗有鄉 地名 說文段注左傳文公五年楚人滅蓼釋文云字或作鄝穀梁宣八年經楚人滅舒鄝釋文云本又作蓼小雅漸漸之石詩序注云舒舒鳩舒鄝舒庸之屬釋文云鄝又作蓼按坊記陽侯繆侯即淮南氾論訓之陽侯蓼侯繆者字誤耳前志六安國後志廬江郡皆作蓼許不謂此也欽州蓼哀十七年是以克州蓼皆用借字也本亦作鄝

鄝國名 穀梁宣八年經釋文○蓋按左氏桓十一年隨

蓼

上入兩讀異義 辛菜句薔虞也 說文段注蓼為辛菜故內則用以和用其莖葉非用實也薔虞見下文薔字下此云蓼薔虞也下文云薔虞蓼也是為轉注正與蘇桂荏也往往蘇也同特以篆薔異其虞耳顏注急就篇乃云虞蓼一名薔叔重云蓼一名薔虞非也夫釋艸一篇許君傳用與其讀者往往而是其萌蘿蔛為蓼灌渝也鎬庚沙為莎鎬侯也蔡月爾為蔡土夫也箱薪從須從也何所疑於蓼許齒廣戟某月氏孫炎郭僕皆薔為句虞蓼為句蓼皆為蘧蕭之蓼長大蓼水艸也詩良耜以兒薅荼蓼傳

虞蓼澤蓼 爾雅釋艸注 常蓼蒿陸也 廣雅

釋艸○蓋按入聲之蓼本無正字終古段借也左穀之蓼則鄝其本字

肘 掌守切

○俗有肘 臂節也 說文段注厷與臂之節曰肘股與脛之節曰厀尸部曰臂郵脛頭尸也其丈法同也肘今江蘇俗語曰手臂挣注是也深衣曰胳之高下可以運肘袂之長短反詘之及肘注云肘當臂骨血帀各級上下各尺二寸按上謂厷下謂臂也從寸口至肘為一節此一節之中曰擘○蓋按深衣肘或為脆此用訓釋字也脆擘同字又莊子至樂俄而柳生其左肘司馬本肘作胕此乃譌體也

肘注也可隱注也 釋名釋形體

疛

或作痔膊痾 小腹病 說文段注小當作心字之誤也隸書心或作小因譌為小耳王篇云疛心腹疾也仍古本也小雅曰我心憂傷惄焉如擣傳曰擣疾也釋文擣本或作痔韓詩作疛薮同按疛其正字擣其或體擣其譌字也玉篇引呂氏春秋曰身盡疛腫今本呂覽作身盡府種二字皆誤高譌曰疛腹疾也

疛病也 集韻引廣雅 疛跳

動腹疾 呂覽盡數處腹則為張為疛注 膊後曰膊一曰小腹病 集韻

帚○

俗有箒篲 所目糞也古者少康初作箕帚秫酒少康杜康也葬長垣 說文段注所目二字淺人刪之今補糞當作坌土部曰坌埽除也不言埽言坌者坌亦埽也曲禮言糞少儀曰汜埽曰埽埽席前曰拚拚即坌之段借字坌與埽對文則二散文則一帚亦謂之鬣太平御覽云世本曰少康作箕帚又云世本曰儀狄始作酒醪變五味少康作秫酒按許酒下亦曰古者儀狄作酒醪杜康作秫酒杜康云云嫌少康即夏少康故釋之文選注引王著與杜康絕交書曰康字仲興或云黃帝時宰人號酒泉太守按此蓋以文為戲之言未可為

典要○蓋按賈誼策母取箕帚立而誶語箒者帚之俗體也

丑 齒九切

紐也十二月萬物動用事象手之形日加丑亦舉手時也 說文段注律麻志曰紐牙於丑釋名曰丑紐也寒氣自屈紐也淮南天文訓廣雅釋言皆曰丑紐也糸部曰紐系也一曰結而可解十二月陰氣之固結已漸解故曰紐也後漢書陳寵傳曰十二月陽氣上通雉雊雞乳地以為正殷以為春象手者人於舉手有為又者手也从手又而聯綴其三指象欲為而漂洌氣寒未得為也日加云云上言月此言日每日太陽加丑亦是人舉手畏當之時各本譌作時加丑今改正○禮記月令疏又史記律書又白虎通五行篇云丑者紐也又釋名釋天云丑紐也寒氣自屈紐也

丑之言畜也畜養萌芽也 太玄玄數辰戌丑未注 丑為閑

淮南天文 丑土也其禽牛也又論衡物勢云丑牛也○太歲在丑曰赤奮若 爾雅釋天

莥

鹿藿之實名也 說文 菌其實莥 爾雅釋艸

杽

鉡或作械也說文段注械當作梏字從木字手則為手械無疑也廣雅曰杽謂之梏杽杻古今字廣韻曰杽杻古文○萱按杽正字杻借字爾雅檍杻為木名詩傳同而說文不錄

醜

可惡也說文段注鄭風無我䩵兮鄭云䩵亦惡也是䩵即醜字也凡云醜類也者皆謂醜即嚋之叚借字嚋者今俗之儔類字也內則曰鱉去醜鄭云醜謂鱉竅也謂即爾雅白州驠之外州字也○萱按醜者歌之變鄭箋謂為醜之叚借也要之毛訓褻鄭訓惡二義實相成醜惡也詩十月之交亦孔之醜傳泮水屈此羣醜箋入漢書循籍傳注劉向傳注衛青傳注又後漢章帝紀注丁鴻傳注又呂覽達鬱必使我醜注又淮南說林亦不見醜注又太玄玄瑩福不醜注又楚辭橘頌姱而不醜兮注○左氏文十八年傳醜類惡物注云醜亦惡也又淮南說林盜賊之輩醜注云醜猶惡也怙威肆行曰醜周書謚法坤為醜易象下傳亦可醜也虞注耗土之人醜大戴記易本命醜謂怪異之事荀子宥坐記醜而博注醜穢也文選報任少卿書行莫醜於辱先注醜與也如物與穢也釋名釋言語醜愧也莊子德充符寡人醜乎釋文引崔注又呂覽恃

君以醜後世人主之不知其臣者也注醜䰧也莊子德充符釋文引李注醜恥也國策秦策皆有詬醜大誹注又呂覽節喪無此之醜注○呂覽愼人蓋君子之所醜也注云醜猶恥也醜猶怒也一曰愧也淮南說林莫不醜于色注醜類也醜等也醜同也醜衆也醜猶比也萱按皆叚醜為嚋也彼注詳之

酎

上去兩讀

三重醇酒也明堂月令曰孟秋天子飲酎說文段注三重醇酒也廣韻作三重釀酒當从之謂用酒為水釀之是再重之酒也次又用再之酒為水釀之是三重之酒也杜預注左傳曰酒之新熟重者曰酎鄭注月令曰酎之言醇也謂重釀之酒也醇者其義釀者其事賓金壇于氏明季時以此法為酒秋當作夏天子飲酎月令孟夏文也諸侯嘗酎見左傳○楚辭招魂云酎酒些注大招四酎并熟注故云酎醇酒也又廣雅釋器云酎酒也酎三重釀醇酒也漢書景帝紀高廟酎注武帝紀列侯坐獻黃金酎祭宗廟注又文選魏都

賦溫躍波劉注○萱按醸醇兼言訓釋為備酎春醞也呂覽孟夏注○漢書景帝紀注引張晏云正月旦作酒八月成名曰酎酎之言純也又後漢章紀注略同嘗新飲酒為嘗酎左氏襄廿二年傳見于嘗酎注

紂

馬緧也說文段注方言曰車紂自關而東周洛韓鄭汝潁而東謂之緻或謂之曲綯或謂之曲綸自關而西謂之紂○廣雅釋器云紂緧也萱按緧馬紂也二字互訓又秦策云以同言楚威王於側紂之閒叚紂為驕也賊仁多累曰紂呂覽功名桀紂貴為天子注殘義損善曰紂獨斷下

煣 忍九切

○俗有楺揉屈申木也說文段注謂曲直之也今繫辭傳考工記皆作揉蓋非古也手部無揉字漢書食貨志煣木為耒煣屈也漢書食貨志下注煣謂矯而正之也漢書公孫弘傳臣聞揉曲木者不累日注揉謂以火矯之考工記輪人揉輻必齊注使曲者直直者曲為揉易說

卦傳為矯揉釋文引宋衷注揉直也廣雅釋詁三揉順也詩崧高揉此萬邦箋○萱按釋文揉本作柔省借也義亦兩通民勞揉遠能邇同輮宛之觀其安危也儀禮大射儀公親揉之注○注又云古文揉為紐萱按紐者聲近叚借字輮屈也荀子勸學輮以為車輪注○萱按此段輮為煣也坎為矯輮易說卦傳渙奔其机虞注

輮

車兩也說文段注今本作車軔篇韻皆作車輞輞譌為軔見爾雅釋文輞从車旁蓋俗古祇作网耳网者輪邊罔繞如网然攷工記謂之牙牙也者以為固抱也又謂之輮行澤者反輮行山者仄輮之大鄭曰牙世閒或謂之罔釋名曰輞罔也罔羅周輪之外也關西曰輮言曲揉也按牙亦作枒木部枒下曰一曰車网會也所以名牙者合衆曲而為之如襍佩之牙亦曲體也亦謂之渠俗作輮尚書大傳大貝如車渠足也車网木必擇材攷工記注曰今世牙以橿爾雅注曰柂檍材中車輞又赤棟中為車輞按輮之言內也凡物邊為內中為好輮輞也廣雅釋器輮屈也坎為矯輮萱按此段輮為煣也輮踐也萱按此段輮為踩也

厹古籀蹂篆文○或作内厹獸足蹂地也尒疋曰狐貍貛貉醜其足蹞其迹厹說文段注足著地謂之厹以蹂釋厹以小篆釋古文也先古文後小篆者上部先二之例也爾雅音義云古文為蹂由不知說文之例而段之爾雅云云釋獸音義云文孤貍貛今作貍狐貒郭注厹指頭處也蓋渾言之凡迹皆曰厹分析言之則各有名如爾雅所說○爾雅釋文引字林云厹或作𦘔萱按𦘔者段借字蹂踐也漢書王商傳注匈奴傳注又後漢班彪傳上注文苑杜篤蹂傳𣲖滅貊注又一切經音義九引蒼頡又文選西都賦注引字林踐穀曰蹂一切經音義九引通俗文蹂若謂踐踏也漢書司馬相如傳上騎之所蹂若注蹂履也廣雅釋詁一蹂疾也廣雅釋詁一蹂之言潤也詩生民或簸或蹂萱厹縣國之近晉者也或作仇𠕀呂覽權動中山之國有厹縣者注轢踐也漢書項籍傳注李陵傳注○萱按此用借字王商等傳用正字

沑上入两讀義分水吏也又溫也說文段注水吏也者謂水駛也駛疾也其字在說文作駛不解者謂為吏耳一本作利義同錢氏大昕云吏當作文海賦蹴沑注云楚聚也廣韻云蹴沑水文聚蹴踏同按廣韻上聲人九切引說文同入聲女六切云水文聚

守始九切○俗有寽守官也說文段注左傳曰守道不如守官孟子曰有官守者不得其職則去守清守也呂覽論人喜之以驗其守注守久也廣雅釋詁三守待也史記樂書合守拊鼓正義持不惑曰守易繫辭下傳何以守位曰仁鄭注○詩兔罝序能持盈守成疏云守亦持也主而不失謂之守詩兔罝序疏○周禮大司寇上命糾守注云守不失部伍守也固太玄玄錯○玄衛云守不可攻震為守易彖上傳王公設險以守其邦虞注象下傳出可以守宗廟社稷虞注守少謂任賢恭己而已也荀子王霸能無察乎察乎注又云守多謂自任主百事者也○守宿衛者周禮內宰而糾其守注守文任守備者穆天子傳三守丈七十注守求請之漢書外戚傳上數守大將軍光注○後漢竇融

傳注云守猶求也居其宿曰史記天官書其父守犯太微集解引韋昭地守衡虞之屬周禮均人均地守注守者秦置也秦兼天下置三川守伊河洛也獨斷上守相假也國秦策趙以為守相注守彌異所也墨子經上大郡曰守史記南越尉佗傳索隱引十三州記守者守也言諸侯為天子守土左氏莊廿一年傳疏守者謂地也守國以地為本故曰守者荀子王制雖守者益注天子省方謂之巡守左氏莊子廿一年傳王巡虢守注天子適諸侯曰巡守巡守者巡所守也孟子梁惠王下○萱按告子下又說苑修文故略同此段狩為守也二守互借通用狩者牧也白虎通巡守又文選東都賦有方巡守注引逸禮守犬守禦宅舍者也禮記少儀守犬疏

受○俗有𠬪相付也說文段注受下云上相付也受者自此言受者自彼言其為相付一也尚書紂字古文尚書作受

言受從己受彼之稱耳詩柏舟受侮不少疏受猶承也儀禮喪制服受以小功衰注又史記春申君傳而驚大受其𡚁索隱引劉氏又呂覽本生其於物無不受也注○國語楚語顓頊受之注云受承也受盛也廣雅釋詁三○方言六盛也猶秦晉言容盛也云受猶盛也呂覽誣徒事則不能受注至受得也廣雅釋詁三受取也管子海王釜十五吾受而官出之以百注受取藏之周禮司干則受之注掌舞器注受用也呂覽贊能舜得皋陶而舜受之注受因也呂覽慎勢位尊者其教受注受亦應也呂覽圜道此所以無不受也注受親也廣雅釋詁三受繼也廣雅釋詁四受即紂也書西伯戡黎序又立政其在受德暋敬出傳云受德紂字○萱按唐扶頌先受革主受天之祐文受土襲舜受即受也形體小變而近俗又受授二字義待而亦相成故周禮大司徒司書學篇故書受皆為授又巾車歲時更續更本作受又史記夏紀受豕韋之後一作更此疑形近之譌二字部分實遠隔地更為是矣

百

𦣻古文隸作首○頭也象形云𦣻下巛象髮說文段注頭下曰百也與此百頭也為轉注自古文𦣻行而百廢矣白虎通何注公羊王注楚辭皆曰首頭也引伸之義為始也本也儀禮古文段借手為首象形者象人頭之側面也左象前右象後古文百上有巛象髮形也○禮記少儀羞首者進喙祭耳疏又禮稽命徵三統齊首注又公羊莊十二年傳碎其首注又離騷厥首夫顛隕注涉江接輿髡首兮注大招被髮鬟只注又招魂雄虺九首注並云首頭也

首是體之大書召誥疏首陽也漢書天文志注引孟康○禮記曲禮上執禽者左首疏云首亦陽也

首也者直也禮記郊特牲首始也爾雅釋詁又釋名釋形體又易比比之无首虞注又左氏春秋序必表年以首事疏又公羊隱六年傳首時過則書注又國策中山策首雖也注又周髀算上故以句為首注算殺下三遂謂為一首注又呂覽簡選以為兵首注又太乎狩全狩蔡其首尾注永永終馴首注乎文故首尾可以為甬也注○漢書麻律志上張蒼首律麻事注云首謂始定也首先也禮記射義以貍首為節釋文○月令注首種疏云首即先也首本也禮記曾子問不首其義注祭義疏○禮運各首其義也疏學記疏竝云首猶本也首

君也廣雅釋詁一○書皋陶謨元首起哉帨出傳云元首君也乾為首易說卦傳姤姤其角虞注既濟婦喪其髴虞注濡其首虞注說卦傳為甲胄虞注坎為下首易說卦傳離為折首易師師或輿尸虞注獸之初生謂之鼻人之初生謂之首方言十三首種宿麥禮記月令首種不入釋文引蔡說○舊唐書八十九引月令章句云麥以秋種故謂之首種首殳上鐏也考工記盧人去一以為首圍注首劍環拊也禮記曲禮上進劍者左首疏首幖也後漢襄楷傳注首鼠一前一郤也漢書灌夫傳何為首鼠兩端注引服虔○後漢鄧訓傳雖首施兩端注云首施猶首鼠也又西羌傳而首尾兩端注云首尾猶首鼠也首鷁也漢書司馬遷傳北首爭死敵注又楚辭遠逝登崑崙而北首兮注又廣雅釋詁四首向也史記淮陰侯傳北首燕居路正義又太平寰不得其首也注又漢書王尊傳注○韓信傳注云首謂亂向也首猶服也後漢西域傳雖有降首注○公羊桓三年傳注故以鄭首服疏云凡言首者先服之辭○萱按儀禮大射儀後首士喪禮左首進鬊古文首為手又莊子達生則捧其首而立釋文首本作手此同音

通借字也又左傳荀首公羊作荀秀亦借也又易雜注四為逆首釋文一作逆道此蓋轉寫誤加辵耳而義竝通

手

𠂬古文拳也象形說文段注今人舒之為手卷之為拳其實一也故以手與拳二篆互訓象形者象指掌及拏也手須也事業之所須也釋名釋形體手猶亂也書大傳繇三竝手注

手謂氣口素問陰陽別論三陰在手注艮為手易說卦傳蒙擊蒙虞注訟終朝三褫之虞注小畜有孚攣如虞注泰拔茅茹虞注泰掖噬嗑利用獄虞注大畜童告之告虞注坎係用徽纆虞注晉受茲介福虞注萃一握為笑虞注象下傳所執下也虞注手取也詩賓之初筵賓載手仇傳○左氏成二年傳君苟有以藉口服注云今河南俗語治生求利少有所得皆言可用藉手矣手拜手至地也禮記少儀則不手拜注頭至手曰拜手公羊宣六年傳北面再拜稽首注手戟手所持適之戟也釋名釋兵○公

羊莊十二年傳手劍而叱之注云手劍持拔劍手者桎梏之屬法言問神聖人以不手為聖人注○左氏宣二年傳見其手釋文云手本作首萱按首手二字互借通用古今人表婦妹數手說文作數首又公羊成二年傳曹公子手釋文手本作午疑兩形切近必一為譌字也

𦓃

或書作[illegible]○俗有壽久也說文段注久者從後灸之也引伸為長久此用長久之義也○廣雅釋詁三云舊久也壽者期之遠耳莊子天道長於上古而不為壽注○漢書高帝紀上莊入為壽注云凡言為壽謂進爵於而獻無疆之壽又後漢明帝紀注云壽者人之所欲故卑下奉觴進酒皆言上壽上壽百二十中壽百年下壽八十文選孫子荊征西官屬詩注引養生經壽考也詩閟宮三壽作朋傳○箋云三壽三卿也又文選東京賦送迎拜乎三壽辭注云三壽三老也壽考老也禮記曲禮下壽考曰卒疏○釋名釋喪制云老死曰壽終久也終盡也生已久遠氣終盡也壽年也呂覽尊師以終其壽注壽命也韓非子顯

學○楚辭怨世傷精神而壽命注云壽命天也死而不亡者壽老子壽保也國語楚語臣能自壽也注壽者雠也春秋繁露循人之道又云壽之為言猶雠也○蓋按左傳魏壽餘史記作魏雠餘是二字通用也又新序尹壽荀子大略作尹噂李一聲也古周有但取其聲不聞義類者左氏襄十五年傳會吳子壽夢也服注云壽夢發聲吳蠻夷言多發聲數語其成一言壽夢一言也壽器也棺後漢梁商傳注壽藏謂塚壙也後漢趙岐傳先自為壽藏注○廣覽傳注云生而自為冢為壽冢稱壽者取其久遠之意也靈壽木名也似竹有枝節山海經內經靈壽實華注○呂覽本味壽木之華注云壽木崑崙山上木也

咨守切

酒○俗有頭畜就也所以就人性之善惡一曰造也吉凶所造起也古者儀狄作酒醪禹嘗之而美遂疏儀狄杜康作秫酒說文段注就人性之善惡者賓主百拜者酒也注亦者亦酒也古者云云見戰國策又見巾部帚下按許書本物原始皆用世本此

皆出世本酒盝稻酒粱酒儀禮聘禮八壺設于西序注○釋名釋飲食云酒酉也釀之米麴酉澤久而味美也亦言踧也能否皆彊相踧持飲之也又入口咽之皆踧其面也酒曰清酌禮記曲禮下又獨斷上○禮記少儀其以乘壺酒注云酒謂清也醴也酒謂齊酒也周禮大行人以酒禮之注事酒酌有事者之酒今之醳酒也周禮酒正一日事酒注○司農注云事酒有事而飲也酒鬱鬯詩信南山祭以清酒箋○儀禮特牲饋食禮祭酒注云祭酒毅味之芬芬者齊敬共之惟恐不美告之美達其心明神享之酒者天之美祿漢書食貨志下酒者乳也○春秋元命苞云酒旌古微書引元命苞注云咨乳也王者法酒旗以布政施天乳以哺人又周禮家宗人注辭云酒之言乳也所以柔身扶老也又引元命苞注云五味屬疏醢酒旗星名酒百藥之長漢書食貨志下酒則苦也酒周禮疾醫注五味醯酒飴蜜薑是陽正周禮疏酒者所以養老也所以養物也禮記射義云酒食所以合歡也易坎尊酒簋貳虞注○困困于酒食集解云坎為酒食坎為酒酒正酒官之長周禮酒正疏所樂

注○女酒注云女奴曉酒者又漢書五被傳號為劉氏祭酒注云祭時惟尊長酹酒也酒泉其水甘若酒味故也水經河水注引應劭地理風俗記○蓋按漢書武帝紀注酒泉今肅州此鄭所偁酒泉泉味如酒也左傳莊廿一年酒泉周與此無涉若杜康為酒泉太守乃王莽戲言非事實玄酒明水也禮記明堂位注○瑞應圖云王者施德惠則甘露降一名天酒

湫 平上兩讀注在彼

想九切

滫 或作𣘋○平上兩讀注在彼

筱 或作篠○俗有篠箭屬小竹也說文段注釋艸曰篠箭周禮注曰箭篠二京賦解曰篠箭竹也此云注箭屬小異○爾雅釋文引字林云筱小竹也又漢書地理志上注云篠小竹也蓋按說文蕩下引瑶琨筱蕩釋之云蕩可為幹筱可為矢與論語荷蓧字無涉也蓧乃耘田之器而莤咸皇侃誤釋為竹器名後人遂有作荷篠者重賂貽謬如此

篠箭竹鏑注引書禹貢篠蕩既敷鄭注○劉子湯問荊篠為幹釋文云篠本作條又無極山碑云反揚越之𦫵口條蕩蓋按篠乃段借字條者筱之譌體耳

范守切

𨸏 𨺅古文○或作阜𠂤大陸也山無石者象形說文段注釋地毛傳皆曰大陸曰阜李巡曰皆高平曰陸謂土地豐正名為陸陸土地獨高大名曰阜阜最大名為陵引伸之為凡厚凡大凡多之偁秦風傳曰阜大也鄭風傳曰阜盛也國語注曰阜厚也皆由土山高厚引伸之山下曰有石而高象形此言無石者以別於有石者也詩曰如山如阜山無石曰阜土山曰阜象形者也古象土山高大而上平可以自此亦象其三成也又漢書文上象高而下平可以拾級而上又太平寰宇記引蜀都賦注○𨸏國語其齊語注陸阜陵墐注大陸曰阜○又廣雅釋丘阜大山也經典選注楚辭怨思引阜蒼頡篇相屬云劉而阜鬱而又山注大也云蓋按諸家言阜大陵曰阜又文選西京賦跨谷彌阜險注○高也比獨言阜非異大陵曰阜又楚辭大招注阜土山曰阜廣雅釋丘阜細阜也蓋按諸家言大阜曰陵師古正相反雅譏似認阜為各字契皆未諦

厚也言高厚也釋名釋山阜者茂也言平地隆踊不屬於山陵也風俗通山澤阜高也素問五常政大論土曰敦阜注阜厚也國語周語所以阜用衣食者也注不義則利不阜注惠以和民則阜注晉語利以阜姓注又一切經音義十三引國語賈注阜長也國語魯語助生阜也又文選魏都賦注引國語賈注阜大也詩駟鐵駟鐵孔阜傳又左氏襄廿六年傳韓氏其昌阜於晉乎注又周書皇門王阜良注又國語周語阜其財求注又漢書禮樂志注又後漢班彪傳下注又文選西京賦百物殷阜薛注東京賦鳥獸阜滋薛注阜盛也詩大叔于田火烈具阜傳又周禮大宰六曰商賈阜通貨賄注又廣雅釋詁二又漢書食貨志注又列子湯問其民孳阜亡數注又法言孝至務在殷民阜財注又楚辭大招人阜昌只注又文選赭白馬賦聞王會之阜昌注○周禮大司徒以阜人民注司市以商賈阜貨而行布注掌畜掌養鳥而阜蕃教擾之注拉云阜猶盛也阜盛壯也周禮庾人以阜馬注阜多也文選東京賦內阜川禽薛注○詩頍弁爾殽既阜箋云阜猶多也阜衆也國語晉語考訓其阜注阜積也後漢馮衍傳注阜安也國語晉語政平民阜注○

韻史　卷十二第三部上聲韭韻

一三一五

萱按詩趯趯阜螽段阜為螽也說文無螽古蓋祇用阜

缶

○俗有甒甌瓦器所以盛酒漿秦人鼓之以節謌象形說文段注釋器陳風傳皆云盎謂之缶許云盎盆也罌缶也似許與爾雅說異缶有小有大如汲水之缶蓋小者也如五獻之尊門外缶大於一石之壺五斗之瓦甒其大者也皆可以盛酒漿數之錄切擊也謂會鼓作擊字象器形俗作缻○爾雅釋器孫注又易比釋文又史記李斯傳擊甕叩缶索隱又漢書楊惲傳仰天拊缶注引應劭曰云缶瓦器也又詩宛丘疏云缶是瓦器又風俗通聲音云缶者瓦器所以盛漿缶土器也後漢魯恭傳注○孔融傳注云缻缶也字書曰瓿似缶而高萱按章懷蓋通古今字也謂今缻字古缶字也字書則謂與字與器章懷是坤為缶易坎貳用缶虞注○比有孚盈缶虞注云坤器為缶盎謂之缶爾雅釋器又宛丘坎其擊缶傳○宛上釋文云缶盎也又漢書五行志上注云缶郎盎也缶郎今之盆類也漢書楊惲傳注○五行志中之下季桓子穿井得土缶注云缶盎也

韻史　卷十二第三部上聲韭韻

一三一六

即今之盆缶謂之甌甈方言缶尊名也禮記禮器門外缶注缶汲器也易比釋文引鄭注又左氏襄九年傳具綆缶注○詩宛丘疏云缶是汲水之器缶庾也國語魯語出稷禾秉芻缶米注藪二有半謂之缶小爾雅量

釖

刀握也說文段注謂握持處也篇韻皆云刓同弣按弓把曰弣考工記少儀弣作拊刀把曰刓少儀亦作拊刀卻刀授穎削授拊注穎環也拊謂把也按穎近拊拊近刀故削外削內與其授○與剬音相近

炰

或作無燒○炰炮異說詳炮下與烝也說文○萱按今說文奪去炰篆及說解此據詩韓奕疏補疏所引字書蓋即說文也或用炰為正字以炮為重文亦無不合學者勿以炮炰同从火包聲為疑炰以火熟之也詩韓奕炰鱉鮮魚箋○疏云炰謂烝煮之也又儀禮大射儀蓋庶羞注有炰鱉膾鯉雉兔鶉鴽疏云知有炰鱉膾鯉者按六月詩云吉甫燕飫多受祉又云飲御諸友炰鱉鯉故知有此也萱按六月韓奕炰鱉楊惲傳炰羔皆不誤閟宮毛炮正是炮

韻史　卷十二第三部上聲韭韻

一三一七

義或作炰者譌也燥煮曰炰詩韓奕疏引通俗文○萱按燥煮少汁謂不過濡也炰用鑊炮不用鑊煑曰炰一切經音義十七引字書焊謂之煑廣雅釋器

韻史　卷十二第三部上聲韭韻

一三一八

撮口呼

舉駒切

赳

輕勁有才力也說文赳材也廣雅釋詁四赳赳材勁兒漢書敘下傳注○趙充國傳注云赳赳勁兒赳赳武也爾雅釋訓又廣雅釋訓○萱按詩釋文引爾雅赳赳勇也赳赳武兒詩兔罝赳赳武夫傳又左氏成十二年傳注又漢書敘傳下注又後漢光武紀下注隗囂傳注○萱按桓榮傳注引詩糾糾武夫段借字也赳蜈申頸低卬也史記司馬相如傳沛艾赳蜈集解引漢書音義赳蜈牙跳也史記司馬相如傳索隱引張揖糾材也廣雅釋詁四○萱按雅譲赳糾皆訓材正借字並出蓋廣雅之例如是

糾

○俗有紉繩三合也說文段注糸部曰紉單繩也劉表易章句曰兩股曰縷按李善引林字糾兩合繩纆三合

絕興許不合糸部綸下曰糾青絲綬也凡交合之謂之糾引仲為糾合諸庚之糾又為糾青之糾○一切經音義十七引

蒼頡解詁云繩三合曰糾又史記屈原賈生傳索隱引通俗文云合繩曰糾 糾兩股索 文選征西宮屬送於

陸陽侯詩吉凶如糾纏注○長笛賦注引漢書張晏注云二股謂之糾 糾者聚合之義 左氏僖廿四年

傳疏○後漢荀彧傳注云糾合也 糾共也 國語魯語糾虔天刑注以刑罰糾 糾收也 左氏僖廿四年傳糾

宗族於成周注又國語齊語注○隗囂傳注云亂收也又後漢書臧洪傳注公孫瓚傳注 糾紋也 漢書

賈誼傳注引臣瓚 糾繚也 文選江賦青綸競糾注琴賦蠻蝗相糾注糾猶繚也糾繚繚也詩葛屨傳

糾纆結也 後漢張衡傳注 糾錯也 楚辭東皇太一注 糾戾也 楚辭悲回風糾思心以為纕兮

注 糾紛亂兒也 文選劉越石答盧諶詩橫厲糾紛注 糾急也 一切經音義廿三引廣雅 糾正

也 論語摘輔象知命受糾俗注○周禮大司馬以糾邦國注云糾猶正也 糾猶攝也 左氏昭廿年傳慢則

糾之以猛注○家語正論解注云糾猶攝也 糾謂校錄所當共之牲物 周禮祭僕糾百官之

戒具注 糾者繩治之名 左氏僖廿八年傳注糾而遠之疏○昭六年傳疏云糾謂舉治也 糾謂

發舉 晚出書冏命繩愆糾謬疏○荀子議兵務糾收繚之屬注云糾謂好發摘人過者也 糾舉也 左氏昭六

年傳糾之以政注又廣雅釋詁一又漢書刑法志注○周禮鄉長宰相糾相交注云相糾相舉察 糾察也 周禮

州長以糾其過惡而戒之疏又荀子富國則必有貪利糾譎之名注○周禮大司寇以五刑糾萬民注云糾猶察興之又

漢書平帝紀莫能相糾注云糾謂禁察也 糾猶察割也 周禮寺人相道其出入之事而糾之注大司徒以鄉

八刑糾萬民注○小宰凡宮之糾禁注云糾猶割也察也若今御史中丞 糾守備盜賊也 周禮士師糾守

綫判 糾蔘相引也 漢書司馬相如傳下糾蔘叫奡注引張揖 糾尸羅漢言截頭也

水經河水注 糾材也 廣雅釋詁四○菡 按此段糾為赳

蟉 去黝切

平上兩讀注在彼

黝 羽赳切

微青黑色也爾雅曰地謂之黝 說文段注謂微青之黑也微輕於淺矣黝古多假幽為之

小雅隰桑有阿其葉有幽傳曰幽黑色也周禮牧人陰祀用幽牲先鄭云幽讀為黝黝黑也守祧其祧則守祧黝堊之

鄭音云幽讀為黝黝黑也今李皆轉讀為黝誤謂之玉藻爾雅 命縕韍幽衡再命赤韍幽衡 云黝釋孫炎注云黝青黑色 之黝 殺梁莊廿四年傳 黝黑色 詩侯人 釋大大 又雅 黝黑兒 疏云黝梁莊廿四年傳 黝黑也 殺梁莊大記既詳 爾雅注 黝堊黑也 記喪大記 注云黝堊室之○ 禮 器 黝堊 也 謂治堊室之地 又疏云黝塗也 廣雅釋室 黝 林文選蜀都賦注 黝儵茂盛兒

黝 黝魚也 說文段注廣雅釋鰕 鰕謂黝亦名鮍鰕之類也 黝小鮪也 廣雅釋魚

泑 泑澤在昆侖虛下 說文段注昆侖虛見爾雅山海經水經北部曰虛大丘也昆侖丘謂之昆侖虛山海

經西山經曰不周之山東望泑澤河水所潛也其源渾渾泡

泡西山經之泑澤郭景純鄭善長皆云即史漢之鹽澤一名

蒲昌海者也云河水所潛即史漢書所謂潛行地下南出於

積石也泑澤距于闐山漢武詔之昆侖者不甚遠故曰在昆

命虛下 泑水色黑也 山海經西山經長沙之山泚水出焉北流注于泑水注○注又云泑澤即蒲澤一名

蒲昌海黃按水經河水注略同

繳 平上兩讀異義 愁兒 說文

窈 或作窈 窔遠也 說文段注周南毛傳曰窈窕幽閒也以幽釋窈以閒釋窕方言曰美心為窈美狀為窕陳風傳

又曰窈糾舒之姿也舒遲也 窈深也 廣雅釋詁三 窈窈深也 廣雅釋訓 窈好也 廣雅釋詁

一 善心曰窈 詩大序哀窈窕釋文引王肅注 窈言幽靜也 方言二注 窈窕幽閒也

漢書杜欽傳必鄉舉求窈窕注劉輔傳考卜窈窕之女注王

栝傳上有窈窕之容注又後漢皇后紀上注彪傳上注邊讓

傳注 窈窕貞專兒 文選秋胡詩注引韓詩章句 窈窕妖冶之兒也 後漢列女傳注窈

窕閒隙爾雅釋言窕閒也注窈窱深也後漢班彪傳上又窈窱而不見陽注○萱按文選西征都賦作作杳篠又史記項羽紀窈冥晝晦窈一作窅是窈杳窅三同也古音窈與杳窅為雙聲而義略同今音窈讀杳音之轉也窈窕深遠之皃文選江文通襍體王微君詩窈窕瀟湘空注窈冥深遠之歎老子窈兮冥兮王注○素問容論吾聞子窈冥注云窈冥謂不可見者又莊子在宥至道之精窈窈冥冥至道之極昏昏默默注云窈冥昏默皆了無也窈窈冥冥言亦遠也素問徵四失論窈窈冥冥孰知其道注○後漢馮衍傳注云窈冥謂幽亦也幼妙精微也漢書中山靖王勝傳每聞幼妙之音注○萱按此段幼為窈也幼眇猶窈窕也漢書外戚傳上惟幼眇之相羊注○元帝紀贊云窮極幼眇

鏐 呂黝切 平上兩讀注在彼

開口訏

浚 稍牡切 或作溲○平上兩讀義別淅汏也說文段注沃汏者淺沃而汏洒之若今人言淘汏是也士虞禮明齊溲酒注明齊新水也言以新水溲釀此酒也溲即汏沃之義○萱按內則為稻粉糔溲之以為酏義亦同泡溲盛多皃文選洞簫賦泡溲泛淒注

叜 散牡切 𡩀籀傁或○俗有叟傻厪厪老也說文段注又廣雅釋詁一又小爾雅廣言又國語齊語合羣叜注○禮記文王世子疏又左氏宣十二年傳在後注並云傻老稱又儀禮喪服傳是嫂亦可謂之母乎注又漢書樂志注敘傳上注並云叟老人稱也又獨斷上云五或為叜叜老稱與三老同義叟老者稱也叟縮也人及物老皆縮小於舊也釋名釋親屬叟長者稱莊子在宥叟何人邪釋文引司馬注傻艾長老也東齊魯衛之閒凡尊老謂之傻或謂之艾方言六○御覽引蔡邕月令章句云叟長老之稱也又孟子梁惠王上王曰叟劉注云叟長老之稱依皓首之言叜父也廣雅釋親○孟子梁惠王上注云叟長老之稱也猶父也叟者蜀夷之別名萱按此段叟為鄁

叟叟濤米聲也萱按此段叟為淊也

瞍 或作瞍無目也說文段注無目與無牟子別無牟子者黑白不分無目者其中空洞無物故字林云瞍目有眹無珠子也瞽者才有眹而中有珠子瞍者才有眹而中無珠子此又瞽與瞍之別凡若此等皆對文則別散文則通如詩箋云瞽瞭也史記云瞽叟盲皆是散文則通也人稱為瞽叟其實則盲者也凡作瞽瞍者字誤也國語瞽獻曲瞍獻賦瞍誦此對文則別也○書堯典瞽子晚出傳云瞍無目之稱瞍盲也廣雅釋詁三無眸子曰瞍詩靈臺矇瞍奏公傳又國語周語注晉語注○周禮春官序官瞽矇司農注云有目無眸子謂之瞍又疏云目精黑白分明而無眸子人者謂之瞍珠子具而無見曰瞍文選演連珠注引韓詩章句瞍縮壞也釋名釋疾病

牡 莫叜切 ○俗有牳畜父也說文○萱按此定名也其畜偁雌雄鳥偁牝牡者交互通用也雄狐牝雞詩書已然牡雄也左氏昭十七年傳水火之牡也注又論語堯曰皇疏又廣雅釋獸又後漢楊震傳注飛曰雌雄走曰

牝牡詩匏有苦葉雉鳴求其牡傳○左氏昭十七年傳疏云獸曰牝牡牡陽也素問金匱真言論陽中之陽心也注陰中之陽肝也注○老子牝常以靜勝牡注云牡陽類也陽奇為牡漢書五行志上○太玄玄攡牝牡羣貢注云陽為牡又國語越語凡陳之道設右以為牝益左以為牡注云在陰陽為牝在陽為牡牡剛也史記孝武紀以牡荊畫旗正義引韋昭牡門戶籥牡也淮南說林盜跖見飴曰可以黏牡注○漢書五行志中之上門牡自亡注引晉灼云牡是出籥者又顏注云牡所以下閑者也亦以鐵為之非出籥也丘陵為牡大戴記易本命又家語執轡又淮南墬形又兵略左牡而右牝注水以天一為牡漢書王莽傳上注引張晏牡麻者枲麻也儀禮喪服傳○士喪禮牡麻經注云牡麻經者其皃易服輕者宜差好也牡鞠鞠不華者周禮蟈氏以牡蘜注牡曰騭爾雅釋畜○詩駉釋文云牡馬騭馬也四牡君勞使臣之來樂歌也儀禮鄉飲酒禮注燕禮注

蔴 𦽏籀艸也說文

開口詩二

夰　艮早切　放也說文段注夰者逕也夰者大分之意也

臭　大白也古文以為澤字說文段注各本白下有澤字其誤不知始於何時獸名白澤故非經典所有此物孰別其大小乎全書之例於形得義之字不可勝計臭以白大會意則訓之大白也猶下文大在一上則為立耳淺人妄增王篇廣韻仍之說石鼓文者又引為證古來郢書燕說類多如此古文云云此說古文段借也段借多取諸同音亦有不必同音者如用臭為澤用丂為亐用屮為艸之類又按澤當作皋古澤睪皋三字相亂皋者气皋白之進也皋臭義相近竟同

𥣬　𥣬𥡴而止也賈侍中說稽𥡴𥣬三字皆木名說文段注賈說有木名稽有木名𥡴有木名𥣬也皆別一義𥣬綱紴也廣韻○集韻云綱飾謂之𥣬

𣝗　木也說文段注六書故以為臼當之未知是否

丂　佩早切　气欲舒出丂上礙於一也丂古文以為亐字又以為巧字說文段注丂者气欲舒出之象一其上不能徑達此釋字義而字形已見故不別言形也以為亏者亏音不同而字形相似字義相近故古或以丂為亏也又以為巧者此則同音假借○薑按丂是形而未成字故無音

攷　敂也說文段注唐風子有鐘鼓弗鼓弗考毛曰考亦擊也攷引伸之義為攷課周禮多作攷他經攷課攷擊皆作考也假借　攷擊也廣雅釋詁三　攷謂攷校其功周禮大司馬注以待攷而賞誅　考校也禮記大傳考文章疏又國語晉語考省不倦注又漢書司馬相如傳下注谷永傳注○素問五運行大論考建五常注云考謂考校又左氏春秋序考其眞偽疏云考謂校勘又漢書郊祀志上考入海方士注云考校其虛實也　考稽也易履視履考祥虞注○詩文王有聲考卜維王箋云考猶稽也　考察也易復中以自考也釋文引向秀注　考究也漢書東方朔傳注　考按也後漢馬嚴傳注　考刻也後漢郎顗傳注　考觀也淮南精神考世俗之行注　考問也廣雅釋詁二又太玄疑疑考舊注又文選東京賦卜征考祥薛注○後漢安帝紀注

云考謂考問其狀也　考引也方言十三　考謂考其功最也後漢朱浮傳注　考績之法考其所積也春秋繁露考功名　考工主作器械後漢樊準傳注　獄死曰考竟考得其情竟其命於獄也釋名釋喪制

考　老也說文段注凡言壽考者此字之本義也引伸之為成也考槃江漢載芟絲衣毛傳是也凡禮記皇考春秋考仲子之宮皆是也又假借為攷字山有樞弗鼓弗考傳曰考擊也凡言考挍考問字皆為攷之假借也○漢書元帝紀注云考老也　考壽也漢書郊祀志上注○禮記曲禮下壽考曰卒疏云壽考老也　父為考爾雅釋親又書堯典如喪考妣釋文云父曰考○金縢予仁若考疏又史記三王世家又文選幽通賦考遘愍以行謠注云考者父也又易象上傳意承考也疏云對文父沒稱考若散而言之生亦稱考　父死稱考也離騷云朕皇考曰伯庸注天問遂成考功注○公羊隱元年傳隱之考也注云生稱父死稱考又釋名釋喪制云父死曰考考成也亦言槁也槁

於義為成凡五材膠漆陶冶皮革乾槁乃成也　考亦稱也禮記郊特牲親考之義也疏尊祖父廟曰考　考成也禮記祭法曰考廟疏　考之者設盛食以落之爾禮記雜記路寢成則考之而不釁注○左氏隱五年經考仲子之宮服注云宮廟初成祭之名為考又疏云考是成就之義又穀梁隱五年傳云考者成之也又公羊隱五年傳云考猶入室也　考成也爾雅釋詁又易復中以自考也釋文引鄭注又書洪範五曰考終命鄭注又周書謚法文又周禮二申親考疏注職方考乃職事注又詩湛露在宗載考箋又周禮太宰設其攷注又禮記曲禮下祭王父曰皇祖考注禮運以考其信注其事行有考也注考制度疏表記道有至有義有考以考注又左氏宣十五年傳下臣獲考注昭十五年傳言以考典注又公羊隱五年傳注又國語越語禮運注帝不考又荀子儒效是大儒之稽考注也注又漢書志傳各注又家語不能判麻考縷注又太玄居利考之家注儀禮士淮南人閑婦人不能判麻考縷注又太玄居利考之家注儀禮士會考其親注又法言孝至考載也曰功注○　考登也喪禮左氏襄十三年傳疏云考成也言有成德也降無有國語周語考中聲而量之　考猶終也楚辭離世身憔近悔注　考合也以制注考神納賓也注

悴而考旦注考瑕釁也淮南氾論夏后氏之璜不能無考注○說林白璧有考注云考釁污也大慮行節曰考周書謚法○萱按段為攷字者已詳攷注若周禮設其攷又用攷為考也二字蓋互相通借

㭼

或作栲山樗也說文段注樗舊作樗今改釋木唐風傳皆曰栲山樗㭼栲古今字許所據作㭼也陸璣云山樗與下田樗無異葉似差狹耳方俗無名此為栲者今所云栲者葉如櫟木皮厚數寸可為車軸或謂之栲郭云栲似色小白生中因名云亦類漆樹俗語曰櫄樗栲漆相似如一按二說似許為長○詩南山有臺傳云栲山樗又爾雅釋木舍人注云栲一名山樗㭼茱萸也㭼廣雅釋木

祰

○俗有祰告祭也說文段注告祭謂王制天子諸侯將出造乎禰曾子問諸侯適天子必告於祖奠於禰諸侯相見必告於禰及必親告於祖禰伐生尚書歸假於祖禰皆是也周禮六祈二曰造杜子春云造祭於祖也當許時禮家造字容有作祰也祰謝也廣雅釋詁四

浩 海考切

○俗有澔澔澆也虞書曰洪水浩浩說文段注按澆當作沆字之誤也沆者漭也漭非浩義沆浩同義而又雙聲故三篆相聯堯典洪水與浩浩不相屬為句隱栝舉之耳○萱按沆下云韓沆也沆下云莽沆大水也可以得浩之義矣浩遠也亦水大也一切經音義七引字林○禮記王制喪祭有餘曰浩注云浩猶饒也又疏云浩者是多大之義浩大也漢書張敞傳注又後隗囂傳注又楚辭東皇太一陳竽瑟兮浩倡注○文選七命此蓋宴居之浩麗注云浩猶大也又淮南墬形曰浩澤注云浩亦大也浩猶浩浩離騷怨靈修之浩蕩兮注○廣雅釋訓云浩浩流也浩浩廣大兒楚辭懷沙浩浩沅湘注○淮南俶真注云浩浩瀚瀚廣大兒也又文選七發浩浩溢溢注云浩浩深廣之兒也又書堯典浩浩滔天晚出傳云浩浩盛大若漫天浩浩然大氣也後漢傅燮傳注○孟子公孫丑下予然後浩然有歸志注云浩然心浩浩有遠志也又家語三恕浩倨者則不親注云浩倨簡略不恭浩漾大也文選魏都賦注引廣雅浩湯廣大也後漢張衡傳注○楚辭河伯心飛揚兮浩蕩注云浩蕩志放兒也浩水名也後漢馬援傳注疾言之浩為閡耳漢書

地理志下注○晉書音義上云浩亹漢書金城郡浩亹縣孟康曰浩亹音合門今俗呼此水為閤門河蓋疾言之耳又水經河水注云河又東逕浩亹縣故城南闞駰曰浩亹閤也故亦曰閤門澔澔涆涆光明盛皃文選魯靈光殿賦注澔汗言玉石符采映耀也文選上林賦采色澔汗注

晧

○俗有晧日出皃說文段注謂光明之皃也天下惟絜白者最光明故引伸為凡白之稱又改其字从白作皓矣○爾雅釋天釋文云晧日出也又一切經音義七引字林云晧日出光也晧光也爾雅釋詁晧光明也爾雅釋天釋文晧晧明也廣雅釋天晧晧盧曠大戴記衛將軍文子常以晧晧注晧素也小爾雅廣詁晧白也後漢書班彪傳下注又文選幽通賦晧爾太素曹注荅賓戲孟軻養浩然之氣注引項岱晧晧潔白也詩揚之水白石晧晧傳晧旰光也楚辭怨思曳彗星之晧旰兮注晧齒詩所謂齒如瓠犀者也呂覽本生靡曼晧齒注

暤

○俗有暤暤晧旰也說文段注晧鍇本作暤集韻類篇从之晧皦旰謂絜白光明之皃旰同日出光皦皦之皦非下文訓晚之旰也漢書上林賦采色澔旰史記作晧旰靈光殿賦澔澔汗汗曹植七啟云丹旗燿野戈殳晧旰此可證晧旰之為古語古者大暤少暤蓋皆以德之明德稱俗作大昊少昊暤暤白也廣雅釋訓暤暤廣大兒荀子解蔽睪睪廣廣注太暤者大起萬物擾也少暤者少斂也竝白虎通五行○萱按作昊者段借也暤昊互借通用漢書鄭崇傳云暤天罔極莊子人間世向注云暤天自然也

昦

或作昊春為昦天元气昦昦也說文段注春為昦天釋天文元气昦昦者釋昦字之義黍離毛傳曰蒼天以體言之元氣廣大則稱昊天仁覆閔下則稱旻天自上降鑒則稱上天據遠視之蒼蒼然則稱蒼天李巡孫炎郭璞本爾雅及劉熙釋名皆作春蒼夏昊許君五經異義鄭君駁異義所據爾雅及歐陽尚書皆作春昊夏蒼鄭君云春氣博施故以廣大言之許君尚書堯典羲和以昊天總勅四時故知昊天不獨春也許君作異義時是毛傳非爾雅歐陽

尚書鄭君敬之而許造說文於昊下昊下皆用爾雅參合毛傳略同鄭說說文解字為定說也○詩巷伯投畀有昊傳文後漢馬援傳注竝云昊昊天也又周禮大宗伯以禋祀祀昊天上帝司農注云昊天天也又詩昊天有成命箋云昊天天大號也又漢書律麻志上欽若昊天注云昊天言天氣廣大也又荀子賦晧作天不復憂無疆也注云昊天氣昊大也壹按荀借晧為昊

昊大皃 詩泰離疏

東方界天 廣雅釋天○淮南天文西方曰昊天注云西方金色白故曰昊天或作旻壹按此當依或作者

暭天自然也 莊子人閒世易之者暭天不宜釋文引向注○壹按此段暭為昊也又夏承碑晧天不弔郁閟頌精通晧倉漢修堯廟碑恩如浩蒼童子逢盛碑顥天不惠晧浩顥皆昊之同音段字也若本太皡少皡則暭其正字昊為段借

昊天夏天也 楚辭傷時惟昊天兮昭靈注○白虎通四時云夏曰昊天又釋名釋天云夏曰昊天其氣布散顥顥也又爾雅釋天夏曰昊天李注云言萬物盛壯其氣昊大故曰昊天壹按春蒼夏昊別一說也亦無妨並用

⿱罒氏闕 說文 ⿱罒氏誤也 廣雅釋釋詁三又玉篇引聲類

好 上去兩讀義分 媄也 說文段注各本作美也今正與上文媄色好也為轉注也好本謂女子引伸為凡美之偁凡物之好惡引伸為人情之好惡本無音而俗強別其音○壹按字有由靜而動亦有由動而靜皆一義引伸無庸分別其音也論語君君臣臣父父子子禮記孟子老老長長幼幼學者從無異讀不知他字何以必欲強分也錄析增屑始於萬洪徐邈輩而沿襲至今顧氏炎武音論中辨之詳矣

好美也 國語晉語不可謂好注方言二云自關而西秦晉之閒凡美色或謂之好

好善也 禮記仲尼燕居領惡而全好者與注○詩遵大路不寁好也箋何人斯作此好歌箋故云好猶善也又左氏襄廿八年傳慶氏之馬善驚疏云好亦善之意也

好醜謂善惡也 後漢張酺傳注○顏氏家訓音辭云夫物體自有精麤精麤謂之好惡人心有所去取去取謂之好惡壹按此言好之所以分上去二聲也不知本一義之引伸學者觀其會通則知兩聲各義之說不庸膠執矣

好巧也如巧者之造物無不皆善人好之也 釋名釋言語

好猶宜也 詩緇衣緇衣之好兮傳

針橑好

也凡通語也 方言二

好謂姝悅也 方言十三姝悅好也注○方言云凡好而輕者趙魏燕代之閒曰姝

好好喜也 詩巷伯驕人好好傳○箋云好好喜讒言之人也壹按好訓喜訓悅後人必別讀古人殊不然巷伯傳箋釋文初不作音而他處多讀吁報反是識不定也

好孔也 爾雅釋器肉倍好謂之璧注又孫注又漢書食貨志下肉好皆有周郭注引韋昭其圜好二寸半注又後漢北海靖王興傳注○漢書律麻志上全之肉倍好者注引如淳云體為肉孔為好

好璧孔也 爾雅釋器肉倍好謂之璧釋文又考工記玉人好三寸司農注肉

好言音之洪美 史記樂書集解引禮記樂記王肅注

好小也 易中孚我有好爵釋文引孟注

好愛也好喜也好說也好樂也好善也好猶與也好私好也好合至意合也好憎情欲乾為好 壹按此類皆後人別讀去聲者也學者當通觀之

𢭏 帝考切 或作擣擣○俗有擣搗擣

手椎也一曰築也 說文段注手椎也者以手為椎之木部曰築擣也二篆為轉注築者必用築非徒手也故為別○漢書中山靖王勝傳注外戚傳下注竝云擣築也

擣剌也 廣雅釋詁一擣者擊也衡也史記孫子吳起傳批亢擣虛索隱○後漢蓋延傳注云擣擊也壹按賜為煥詔揔卒搗毆即揭擊也二字皆俗體又搗字見儀禮有司徹禮記內則禨記上三釋文

擣觸也 管子度地杜曲則擣毀注

擣依也 廣雅釋詁四○方言十三云擣依也

擣心疾也 詩小弁惄焉如擣傳○壹按此段擣為疛也韓詩正作疛音同肘

擣著即築著 史記龜策傳索隱○壹按此段擣為稠也

𡏟 ○俗有壔

保也一曰高土也 說文段注保集韻類篇作堡俗字也檀弓公叔禺人遇負杖入保者息月四鄙入保注皆云都邑小城曰保許云保謂之𡏟一曰云云此別一義○說文又云讀若毒壹按此毒音督即擣擣之入聲也

𡏟隄也 廣雅釋室

禱或書作禱禂或譸福○俗有禱告事求福也說文段注禱求三字疊韻○後漢明帝紀注云告事求福曰禱又臧洪傳注云禱謂告事求福也又禮記檀弓下君子謂之善頌善禱注云禱求福也又疏云禱者求福以自輔也又周禮小宗伯大烖乃執事禱祠于上下神示注云求福曰禱又小祝疏云求福謂之禱報賽謂之祠又喪祝疏云祈請求福曰禱得福報賽曰祠又大祝五日禱注云禱賀慶言福祚之辭禱求也呂覽順民禱於桑林注又淮南時則大禱祭于公社注○周禮大祝既則祠之以報馬注云始爲曰禱得求曰祠禱祈也禮記檀弓下釋文○周禮都宗人疏云凡祈福曰禱至於得福則曰祭禱請也一切經音義十六引廣雅○穀梁定元年傳注云禱亦請也又論語述而子路請禱集解引苞注云禱禱請於鬼神又國語晉語衛莊公禱注云禱謂將戰時請福也禱謝也廣雅釋詁四禱祭也廣雅釋天又文選高唐賦進純犧禱琁室注○周禮大祝司農注云禱謂禱於天地社稷宗廟禱疾病求瘳也周禮女祝凡內禱祠之事注禱禱獲也詩吉日既伯既禱○釋文云禱馬祭也又爾雅釋天云既伯既禱伯馬祭也

禂平上兩讀騆或○亦作騊俗有騊禱牲馬祭也說文段注甸祝禂牲禂馬杜子春云禂禱也爲馬禱無疾爲田禱多獲禽牲詩云既伯既禱爾雅曰既伯既禱伯馬祭也玉裁按此許說所本杜引詩者以伯證禱馬毛傳云伯馬祖也重物慎微將用馬力必先爲之禱其祖此周禮之禂馬也又云禂禱也此釋既禱周禮之禂牲也杜本毛說鄭君易杜說云禂讀如伏誅之誅今侏大字也爲牲祭求肥充爲馬祭求肥健鄭以上文既有表貉釋爲禱氣勢之十百而多獲不當禂牲又云禱多獲禽牲故必易爲侏大而後安今本爾雅周禮注馬祭之上皆脫伯字鍇引詩曰既禡既禂詩無此語鍇又誤入正文○蕢按鄭君破禂爲侏則四部侏字當附見禂字明其爲叚借可耳而舊韻十虞韻追輸切下乃特出禂字亦不言叚借是正借不分周聲昜聲之字脫非叚借何由闌入彼處乎

道或作衟○俗有導道衟古文所行道也一達謂之道說文段注毛傳每云行道也道者人所行故亦謂之行道之引伸爲道理亦爲引道一達謂之道釋宮文道行也荀子王霸故古之人有大功名者必

道是者也注又家語致思焉鶩不能道注○禮記大學是故君子有大道注云道行所由又莊子天地云行於萬物者道也道猶行也禮記射義旄期稱道不亂者注又史記魏世家道涉山谷索隱○儀禮喪服傳其夫屬乎父道者妻皆母道也其夫屬乎子道者妻皆婦道也注云道猶行也言婦人棄姓無常秩嫁於父行則爲母行嫁於子行則爲婦行道者徑也物所從之路也晚出書大禹謨疏道路也禮記雜記上疏○漢書董仲舒傳云道者所繇適於治之路也道一達曰道路道蹈也路露也言人所踐蹈而露見也釋名釋道○論語陽貨道聽而塗說皇疏又禮記緇衣是民之道也注云道謂道路也又中庸道也者不可須臾離也注云道猶道路也又左氏桓六年傳所謂道忠于民疏云道猶道路行不失正名之曰道道容二軌周禮遂人凡治野注馳道人君所行之道也君必乘車馬故以馳爲名也文選魯靈光殿賦馳道周環注○張注云馳道馳馬之道會民所聚曰道後漢馬援傳注道國也廣雅釋詁四道猶方也史記游俠傳北道姚氏索隱引蘇林縣有蠻夷曰

道史記孝文紀蜀嚴道邛都正義又漢書高后紀地震羌道注引服虔○後漢馬援傳注云縣有蠻夷曰道一陰一陽之謂道形而上者謂之道玆易繫辭上傳○說卦傳云立天之道曰陰與陽○蕢按此孔子之言天道也天道不外陰陽五行易言陰陽不言五行猶洪範言五行不言陰陽皆舉一以賅二也道形而上聖言炳如日星豈天之道轉不然乎後儒有云陰陽氣也形而下者也所以一陽一陰者理也形而上者也鑿空於陰陽之上添設所以二字又用氣字換道字換道字以使駕於理道之上果孔子意耶凡言與孔子非達者我弗知之也一陰一陽然後成道大戴記本命○白虎通三綱六紀云一陰一陽謂之道又孟子公孫丑上配義與道注云道謂陰陽大道無形而生有形舒之彌六合卷之不盈握包絡天地稟授羣生者也又管子正云無德無怨無好無惡萬物崇一陰陽同度曰道道者天地之始鬼谷子陰符○管子四時道生天地注云道者自然能生天地也又老子釋文云道生天地之先始乎無端者道也管子兵法○賈子道德說云物所道始謂之道道體无形自然使物開道謂之爲道易象上傳乾道變化疏○管子兵法

注云無形迹可尋詰者道之謂又管子心術云虛無無形謂之道又鬼谷子反覆注云無形者道也又易繫辭上傳疏云道是無體之名又易略例注云道者虛也又太玄玄攡云虛形萬物所道之謂道也無為自然者道也管子心術上以無為之謂道注○老子道生之注云道自然也無也又易繫辭上傳一陰一陽之謂道注云道元之稱也又鶡冠子環流云故所謂道者無已者也道謂自然之道也老子為道日損注○大戴記本命曰分於道謂之命注云道謂冥化自然之道也又莊子齊物論云已而不知其然謂之道又韓非子解老云道者萬物之所然也萬理之所稽也夫道者一元之至理老子道可道非常道注○莊子在宥云一而不可不易者道也又齊物論云彼是莫得其偶謂之道樞無不備之謂道鶡冠子環流○荀子禮論曲容備物之謂道注道者委曲容物備物者也道謂妙用之道也素問天元正紀大論在人為道注道者萬物之奧老子又後漢馮衍傳注○莊子天地夫道覆載萬物者也又大戴記哀公問五義云夫道者所以變化而凝成萬物者也又韓非子主道云道者萬物之始是非之紀也又解老云道也者萬物之所以成也故曰道道謂氣

所行之道也素問刺要論無過其道也道謂化生之道素問天元紀大論天地之道也注○管子形勢解云道者扶持眾物使得生育而各終其性命者子又小稱故先王曰道注云道者貴作變化也天道發施故為道大戴記盛德冢宰之官以成道注乾為道易象下傳聖人久于其道虞注繫辭上傳君子之道虞注○小畜復自道虞注云乾稱道也又繫辭上傳道義之門虞注云乾為道門又繫辭下傳和順於道德虞注云道德謂乾震為道易履履道坦坦虞注隨有孚在道虞注震艮為道易大畜何天之衢虞注陽為道易象上傳反復其道虞注率性之謂道又道也者不可須臾離也可離非道也又和也者天下之達道也又修身以道又君臣也父子也夫婦也昆弟也朋友之交也五者天下之達道也又而道自道也又成己仁也成物知也合外內之道也又故君子之道本諸身並禮記中庸○萱按此孔子子思言人之道也人之道不外人倫日用之猶天道不外陰

陽五行也陰陽五行天道之實體人倫日用人道之實事極之發育萬物峻極於天亦不出人倫日用之外或自為後儒創新說凡言性言理言道皆不循古訓以人倫日用為形而下為萬象紛羅不得謂之道在天地則以陰陽不得謂之道疏說流衍殆且千載學者終古如在幽室故東原戴先生作孟子字義疏證一編以括焉學者得而諳之則撥雲霧而見青天矣○戴先生曰人莫不飲食也鮮能知味也飲食喻人倫日用知味喻行之無失使舍人倫日用以為道是求知味於飲食之外矣就人倫日用舉凡出於身者求其不易之則斯仁至義盡而合於天人倫日用其物也曰仁曰義曰禮其則也專以人倫日用舉凡出於身者謂之道故曰脩身以道脩道以仁分物與則言之也中節之為達道中庸之道故合物與則言之也率性而行謂之道淮南齊俗又後漢朱穆傳注○禮記中庸注云脩性行之之為道道德者包五性內外之稱也大戴記盛德冢宰之官以成道司徒之官以成德注○鶡冠子泰鴻云聖人之道與神明相得故曰道德道者所以明德也大戴記王言○賈子道德說云道者德之本也又莊子庚桑楚云道者德之欽也禮記少儀問道藝注云道三德三行也又道者所以充形也

管子內業道謂道化素問陰陽應象大論在人為道注○管子形勢解云道者所以變化身而正理者也中道中正之大道也孟子盡心下孔子不得中道而與之注○荀子正名云道者古云今之正權也又道者進則近盡退則節求注云道謂中和之道儒者之所守也又道行而志通注云道謂制名之道道謂仁義也禮記樂記君子樂得其道注○禮記檀弓上行道之人皆弗忍也注云行道猶行仁義又孟子滕文公下行天下之大道注云大道仁義之中道也道者左也道者義也禮記表記道之為義取開通履蹈而行兼包大小精粗禮記表記道有義有考疏○王制一道德以同俗疏云道履道而行又賈子大政上云道者聖王之行也道謂禮義荀子解蔽何謂曰道注道謂禮樂也禮記仲尼燕居皆由此塗出也疏又論語陽貨君子學道則愛人集解引孔注道禮也荀子大略故道無不明注○議兵由其道則行不由其道則廢注云道即禮也禮記鄉飲酒義故聖人制之以道注云道謂此禮又穀梁僖二年傳仁不勝道注云道謂上下之禮道猶禮也禮記檀弓上道隆則從而隆疏死謚周道也疏檀弓下斯道也又論語衛靈與

郎言之道與皇疏○禮記祭統此周道也注云道猶周之禮 **道六藝** 御覽七百四十四引周禮保氏而養國子以道焉注○禮記曲禮上道德仁義疏云道謂才藝又周禮大司樂凡有道者有德者注云道多才藝者 **道術也** 國語吳語道將不行注○漢書淮陽憲王欽傳注云道道術也又左氏定衎又後漢靈思何皇后紀注云道人謂道術之人也 **道理也** 莊子繕性○禮記學記注材道也疏云道謂道理 **順之謂道** 論衡本性篇 **順理而不失之謂道** 管子君臣 **道者為之公也** 莊子則陽 **道者福之本** 賈子大政上 **道直也** 爾雅釋詁 **道大也** 廣雅釋詁一 **道通也** 禮記中庸極高明而道中庸疏又左氏襄卅一年傳不如小決使道注又荀子禮論道及士大夫注○禮記曲禮上疏中庸疏道云道者通物之名又論語衛靈公人能弘道皇疏云道者通物之妙也又法言問道云道也者通也無不通也 **道謂開通也** 易繫辭上傳道義之門疏○禮記祭義為其近於道也疏云道者於物開通之稱又曲禮上疏云道者闢通濟物之名 **道由也** 史記袁盎鼂錯傳道單所來集解引臣瓚又漢書東方朔傳注翟義傳注西南夷傳注又管子制分富者所道強也注又

文選東京賦注引國語賈注○禮記禮器則禮不虛道注中庸故君子尊德性而道問學注竝云道猶由也又老子尊道王注云道者物之所由也又莊子漁父云道者萬物之所由也又說苑辨物云道也者物之動莫不由道也又後漢張衡傳注云道行言道得由也 **道從也** 漢書淮南厲王長傳注又管子勢修陰陽之從而道天地之常注任法民不道法則不祥注道法以從其事注治國終歲之利無道相過也注七臣七主天下得失道一人出注皆道此始注禁藏故凡治亂之情皆道上始注白心必道其道注又列子黃帝向吾見子道之釋文○禮記禮器注又史記秦始皇紀道上黨入索隱高帝紀道太原入定代地集解引韋昭西南夷傳自僰道指牂牁江索隱又山海經大荒西經風道北來注竝云道猶從也 **道先也** 文選赭白馬賦飛輪軒以戒道注 **道導也** 論語子路釋文○釋名釋言語云道導也所以通導萬物也又淮南繆稱云道者物之所導也 **道謂先王所以教導民者** 周禮宮正而教之道藝司農注○管子君臣上云道也者上之所以導民也萱按道導二字脈絡潞通古多通用不甚分畛域非如他字之段借必須改讀也道自有導義非謂必讀導也凡導先也開也通也治也行也語也皆與導同皆可隨守讀之

道治也 廣雅釋詁三○荀子正名云道也者治之經理也 **周道周之政令也** 詩匪風顧瞻周道箋 **道謂仙道** 後漢張良傳注 **小道如今諸子書也** 後漢蔡邕傳注 **道言也** 禮記大學道學也注又漢書司馬相如傳上注司馬遷傳注又荀子天倫君子道其常注○周禮訓方注撢人注又禮記禮器注大學道得衆則得國注經解注又漢書霍去病傳注又管子君臣注竝云道猶言也又漢書梁孝王武傳注云道謂言 **道言說也** 荀子勸學不道禮憲注成相君子道順以達注○又請成相道聖王注云道亦言說又周書命訓道天莫如無極極注云道謂言說之也 **道說也** 周禮土訓掌道地圖注又廣雅釋詁二又荀子非相注議兵注○漢書王莽傳下道路星宿注云道謂說之也又荀子議兵設何道何行而可注云道謂論說教令也 **道語也** 荀子榮辱君子道其常而小人道其怪注 **道言也行也** 荀子議兵必道吾所明無道吾所疑注 **君子雖言不受必忠曰道** 大戴記曾子制言中 **道車象路也** 周禮司常道車載旞注○道右掌前道車注云道車象路也王行道德之車又儀禮既夕記道車載刃朝服注云道車朝夕及燕出入之車 **羅**

車東齊海岱之閒謂之道軌 方言五 **道布為神所設巾** 周禮司巫祭祀則共主匰及道布注○杜注云道布新布三尺也 **道行神也** 荀子禮論郊止乎天子而社止於諸侯道及士大夫注○萱按凡道作蹈稻者皆由音同而誤也又華山廟碑思登假之道高彪碑幾乎仁義之道疑書家騁姿媚小更變其體耳非別有道字也目部道字从目从辵與此不涉 **酋說也** 集韻

討

○俗有討治也說文段注發其紛糾而治之曰討秦風傳曰蒙討羽也笺云蒙尨也討襍也畫襍羽之文於故曰尨伐據鄭所言則討者雜也治討曰討猶治亂曰亂也論語世叔討論之馬曰討治也學記古之學者比物醜類醜或作討凡言討論探討皆謂理其不齊者而齊之也○左氏宣十二年傳其君無日不討國人而訓之注襄五年傳楚人討陳叛故注九年傳使華閱討右宮注又論語憲問世叔討論之集解引馬注又皇疏又漢書司馬遷傳注並云討治也

討者責其罪狀左氏成三年傳注討者上討下也孟子告子是故天子討而不伐注討伐也呂覽行論以討其故注○萱按討伐對言則別散言則通討誅也禮記王制者君討注叶公羊隱四年傳討賊之辭也注又一切經音義二引漢書音義○白虎通誅云討猶除也討者除也討猶去也禮記禮器有順而討也注

稻

稌也說文段注今俗槩謂黏者不黏者未去糠曰稻稉稻秈稻秔稻皆未去糠之稱也既去糠則曰稉米曰秈米曰秔米古謂黏者為稻謂黏米為稻九穀攷曰七月詩十月穫稻為此春酒月令乃命大酋秫稻必齊內則禮記並有稻醴

左傳進稻醴粱糗是以稻為黏者之名黏者以釀也內則稰酏用稻米籩人職之餌餈注亦以為用稻米皆取其黏耳而食醫之職牛宜稌鄭司農說稌稉也是又以稉釋稻稉其不黏者也孔子曰食夫稻亦不必專止指黏者言職方氏揚荊諸州亦但云其穀宜稻五是以知稌稻之為大名也玉裁謂稻其渾言之稱秔與稻對為析言之稱稻宜水故周禮稻人掌稼下地○楚辭招魂稻粢穱麥注云稻稌也

稻有芒之穀總稱也漢書東方朔傳馳騖禾稼稻秔之地注○齊民要術一引揚泉物理論云稻者乃稉之總名也稻金穀也素問五常政大論其穀豆稻注夫稻者生于陰水之精首戴天陽之氣素問湯液醪醴論篇此得天地之和注稻蘇蔬之屬也禮記曲禮下稻曰嘉疏注○獨斷上云稻曰嘉疏稻糜也國語越語句踐載稻與脂於舟以行注稻之為言藉也古微書引春秋說題辭稻包裹也春秋說題辭稻太陰精注○萱按訓為藉者謂稻得義於藉也訓包裹者謂稻得義於韜也皆以稻為會意字也乃字與之別說稻自是形聲字又穀梁襄五年傳云吳謂善伊謂稻緩此方俗語言也

匘

柰早切

俗有腦腦剄腦腦頭髓也說文段注髓者骨中脂也頭髓者頭骨中脂也左傳晉侯夢與楚子搏楚子伏己而盬其腦服注云如俗相罵云啑汝腦矣服語謂吸其頭髓也考工記作剸乃譌體俗作腦正腦為髓海素問五藏生成篇其榮髮也注六節藏象論諸髓者皆屬於腦注○剌禁論剌中頭腦戶注云腦為髓之海與氣之所聚

腦之為言在也人精在腦古微書引春秋元命苞腦者陰也素問解精微論腦匘其頭也文選東京賦腦方良薛注

嫍

○俗有㛴嫍有所恨痛也今汝南人有所恨言大嫍說文段注恨者怨也惱惱嫍痛者病也俗作㛴懊㛴樂府作懊憹○萱按嫍懷憂聲通借

老

朗早切

或作㐂考也七十曰老說文段注序曰五曰轉注建類一首同意相受考是也學易者多不解戴先生曰老下云考也考下云老也此許氏之恉為異字同義舉例也一其義類所謂建類一首也互其訓詁所謂同意相受也考老適於許書同部凡許書異部而彼此二篆互相釋者視此如寏窒也窒寏也但裼也裼但也之類老以疊韻為訓○

史記老莊申韓傳老子者正義引袁君相云老考也又白虎通鄉射云老者耆考也○禮記曲禮上又國語吳語有父母耈老注又離騷老冉冉其將至兮注並云七十曰老又公羊宣十二年傳使即一二耋老而綏焉注云七十稱老

老謂五十以上也論語季氏及其老也皇疏○管子海王注云六十已上為老男五十已下為老女也又周禮鄉大夫老者疾者皆舍司農注云老者謂若今八十九十復羨卒也老謂久也舊也壽也獨斷上○國語晉語且楚師老矣注云老久也又續漢禮儀志上注引應劭漢官儀云老者久也舊也老朽也釋名釋長幼老休息也荀子成相之道美不老注○不老者休也注云夫老者休息之名乾為老易大過老夫得其女妻虞注老尊稱也周禮地官序官鄉老注○荀子宥坐是老也欺予注云老大夫之尊稱又左氏昭十三年傳而執其老注云老尊卿稱老者人所敬也漢書東方朔傳○荀子修身老老而壯者歸焉注云老老謂以老為老而尊敬之也又禮記大學上老老而民興孝上長長而民興弟注云老老長長謂尊老敬長也又孟子梁惠王上老吾老注云老猶敬也長老尚齒也國語周語庸勳長老注○禮記祭義云貴老為其近

于親也公羊宣十五年傳注云進其耆老有高德者名曰父老又周禮司門以其財養死政之老與其孤注云死政之老死國事者之父母也不老老也猶言不顯顯也荀子正名注三老謂上壽中壽下壽左氏昭三年傳而三老凍餒注○禮記曾子問注老耼古壽考者之號也三老國老也通典引蔡邕月令章句○獨斷上云天子父事三老者道成於天地人也又禮記樂記食三老五更于大學注云三老五更互言之耳皆老人能知三德五事者也三老尊年也後漢章帝紀○明帝紀注云三老眾人之師也又云三老孝悌力田三者皆鄉官之又光武紀上注云三老者鄉官也老謂上公禮記王制屬於天子之老二人注○曲禮下云自稱於諸侯曰天子之老又詩采芑方叔元老傳云五官之長出於諸侯曰天子之老又左氏昭十三年傳注云老天子大夫稱大臣稱老左氏昭元年傳將不得為寡君老注○昭元十三年傳疏云老者是大夫之總名又禮記曲禮下國君不名卿老世婦注云卿老上卿也又儀禮聘禮記延及二三老注云大夫曰老又士相見禮云大夫士則曰寡君之老家臣稱老左氏哀十五年傳孔氏之老服注又論語憲問孟公綽為趙魏老則

韻史 卷十二第三部上聲韭韻　一三五五

優集解引孔注又國語魯語饗其宗老注楚楚召其宗老而而優屬之注又後漢韋彪傳注○儀禮聘禮賓降授老幣注云老家臣也又疏云大夫家臣稱老又注云老賓之臣又士昏禮授老雁注云老羣吏之尊者老室老大夫之貴臣儀禮聘禮老牽牛以致之注○論語憲問皇疏云老者采邑之室老也又國語周語單之老送叔向注云老家臣室老也室老家相也儀禮喪服傳公卿大夫室老士注○禮記檀弓下注云室家之長相又漢書薛宣傳注云老謂家之長相也老致仕也左氏隱四年傳桓公立乃老注宣十七年傳范武子將老注襄三年傳祁奚請老注○昭四年傳至於老疾注云老致仕在家者又成十五年傳申叔時注老矣注云老歸本邑老弱皆輕忽之意也書盤庚上汝無侮老成人無弱孤有幼鄭注師直為壯曲為老左氏僖廿八年傳宣十二年傳○僖卅三年傳老師費財注云師久為老老扈氏農正趣民收麥獨斷上

韻史 卷十二第三部上聲韭韻　一三五六

日早切

犪

○俗有擾牛柔謹也說文段注玉篇曰尚書擾而毅字如此按凡馴擾字當作此條作擾按此以食獸之變為聲爾雅注擾牛以有角之變為聲陸德明誤為一字擾柔也廣雅釋詁一擾善也廣雅釋詁一擾柔也管子地員注○漢書辛慶忌傳柔毅敦厚注云擾亦柔也莒按凡借擾為擾者疑本係譌奪也擾擾柔也莊子天道釋文引司馬注擾謹也楚辭大招宜擾畜只注擾順也周禮遠人以樂昏擾叱注又左氏昭廿九年傳又乃擾畜龍以服事帝德舜注又淮南脩務及至周人擾之注○書皋陶謨鄭注云擾謂事理擾順又周禮大宰疏云擾則馴順之義也擾馴也書皋陶謨擾而毅鄭注又周禮服不氏掌養猛獸而教擾之注又禮記郊特牲釋文又漢書高帝紀贊注引應劭又後漢班彪傳下注張衡傳注又荀子性惡以擾化人之情性而導之也注又文選思玄賦擾應龍以服輅舊注○周禮大宰以擾萬民注云擾猶馴也又漢書地理志上畜宜六擾注云謂之擾者言人所馴養也擾訓也文選顏延年五君詠注引漢書伏虔注擾亦安也周禮地官序官以佐王安擾邦國注家所畜曰擾周禮職方其畜宜六擾注六畜馬牛羊豕犬雞周禮職方氏其畜宜

韻史 卷十二第三部上聲韭韻　一三五七

六擾注○又云五擾馬牛羊犬豕又云四擾馬牛羊豕

擾

○俗有擾擾煩也說文段注煩者熱頭痛也引伸為煩亂之偁訓馴之字依許作擾而古書多作擾蓋擾得訓馴猶亂得訓治徂得訓存苦得訓快皆窮則變變則通之理也周禮注曰擾猶馴也言猶訓者字本不訓馴○漢書武帝紀注云擾煩也擾謂煩也勞也素問四氣調神大論無擾乎陽注擾亂也左氏襄四年傳德用不擾釋文又漢書高帝紀上注又後漢東夷傳注又呂覽審分則百官恫擾注又一切音義八引廣雅擾擾亂也廣雅釋訓擾擾動亂之皃莊子天道然則形膠擾擾乎釋文擾撓也素問五常政大論其動炎灼安擾注○蒙按說文撓擾也與此為轉注擾渾也呂覽音初水擾則魚鱉不大注擾柔也擾謹也擾馴也擾順也家所畜曰擾蓋按此類皆許擾下據段氏說則本字亦自通矣然終當是叚借也且疑為破字

韻史 卷十二第三部上聲韭韻　一三五八

宰考切 ⿱日甲

隸作早晨也說文段注晨者早昧爽也二字互訓引伸為凡爭先之偁周禮大司徒早物段早為草○易解有攸往夙吉虞注云日出甲上故早也萱按此即六書會之恉也說文云早从日在甲上晨初為早詩小星箋或早或夜疏○采蘩箋早夜在事疏云早謂祭日之晨夜半為早左氏昭五年傳亦當早位注早速也國策齊策早救之注早光也老子是謂早服注蚤謂先時也禮記禮器不麾蚤疏萱按此段蚤為早也故漢書用蚤尤多○荀子大略敘大蚤注云蚤謂下先上也又淮南天文云日至于曾泉是謂蚤食又國語周語若皆蚤世猶可注云蚤世卽亾也

⿱叉䖵 蚤

或○俗有⿰虫爪⿰虫造齧人跳蟲也說文段注齧噬也跳躍也蚤但齧人蝨則加之善躍故著之惡之甚也經傳多段為早字○莊子秋水云蚤察毫末○蚤謂除爪也禮記曲禮下不蚤鬋釋文○萱按此段蚤為叉也除爪當作除叉考工記輪人去欲其蚤之正也又云去一以一以為蚤圍又荀子大略云爭利如蚤甲而喪其掌

棗

○俗有棗羊棗也說文段注羊蓋衍文羊棗即木部之梬爾雅諸棗中之一與常棗絶殊不當專取以為訓蓋此當云棗木也棗樹隨地有之盡人所識赤心而外束非羊棗也必轉寫妄改之誤釋木曰槐棘醜喬棘即棗也析言則分棗棘統言則曰棘周禮外朝九棘三槐棘正謂棗注云取其赤心而外刺上句曰喬故从重束會意故棘實謂之棗小爾雅廣物棗壺棗爾雅釋木棗者北方之艸冬木也賈子胎教棗饋食之邊儀禮有司徹執棗糗坐設之注棗早也禮記曲禮下婦人之摯椇榛脯脩棗栗疏○穀梁莊廿四年傳注云棗取其早自矜莊又國語魯語注云棗取蚤起今名馬標赤者為棗騮棗騮赤也穆天子傳一華騮注

粲早切 艸

百卉也說文段注卉下曰艸之總名也是謂轉注二中三中一也引伸為艸稿艸具之艸俗以草為艸乃別以皁為草艸是地之毛左氏隱三年傳注毛艸也疏生曰艸楚辭悲回風艸苴比而不芳注艸蘋之屬周禮典枲注艸蘇謂藥煎也素問移精變氣論治以艸蘇注○方言三云蘇荏艸也江淮南

楚之閒曰艸自關而西或曰艸香艸鬱也周禮肆師則築鬻注朱艸可以染服者書中候朱艸生郊注艸造也廣雅釋言艸謂創造之也漢書藝文志蕭何艸律注又後漢陳寵傳注艸刱也法言先知載使子艸律注艸艸創物也易象上傳天造艸昧虞注○疏云艸謂艸創又文選注引易鄭注云艸創也又漢書禮樂志迺艸具其儀注云艸謂創立其事也又王莽傳上注云艸謂創立其文也艸創始也漢書任敖傳艸立上德時麻制度注○後漢隗囂傳注云艸創謂初始也又匡謬正俗四云艸創者猶言艸昧盇初時之謂矣艸昧謂艸創暗昧也後漢班固傳下同尹艸昧注○易屯天造艸昧釋文引董注云艸昧微物艸藁謂創制憲令之本也史記屈原賈生傳屈平屬艸藁索隱○漢書淮南王安傳常召司馬相如等視艸迺遣注云艸謂為文之藁艸又匡謬正俗四云艸者藁艸未成之稱艸具謂發始造端也史記屈原賈生傳索隱引崔浩漢書注艸具謂蠹食艸菜之饌具也史記范雎蔡澤傳使舍食艸具索隱艸粗也史記陳丞相世家更以惡艸具進楚使集解引

漢書音義○後漢郭泰傳注云艸麤也艸穢也呂覽任地大艸不生地艸野猶鄙陋也史記老莊申韓傳艸野而啎侮正義艸艸勞心也詩巷伯勞人艸艸傳○箋云艸艸憂將妄得罪也艸除艸周禮地官序官艸人注艸食艸木謂麋鹿之屬呂覽本味艸食者羶注艸蟲常羊也詩艸蟲傳○釋文引司艸木疏云艸蟲一名蠜大小長短如螳而青也又爾雅釋蟲云艸螽負蠜○萱按古或用中為艸漢書尤夥

草

○俗有皁草皂槤草艹橎草斗逗櫟實也一曰象斗說文段注木部栩柔也其早一曰樣又曰柔栩也又曰樣栩實也按此言櫟者即栩也陸璣云栩今作櫟也徐州人謂櫟為杼或謂之栩其子為皁或言皁斗其殼為汁可以染皁今京洛及河內多言杼汁或云橡斗按草斗之字俗作皁作皂於六書不可通象斗字當從木

部作樣俗作橡○周禮大司徒其植物宜早物司農注云早物柞栗之屬今世閒謂柞實為皁斗萱按早物即物段借字也俗體之皁皂皆從早字孳乳而生**皁黑也**廣雅釋器○釋名釋采帛云皁早也曰未出時早起視物皆黑此色如之也**緇謂之皁**廣雅釋器**實未堅者曰皁**詩大田既方既皁傳○疏云皁剖為或也**皁造也造成事也**左氏昭七年傳士臣皁服注**皁臣也**廣雅釋詁一**三乘為皁皁一趣馬**周禮校人**皁隸賤官**左氏昭三年傳降在皁隸注○史記魯仲連鄒陽傳與牛驥同皁索隱云皁養馬之官下士也又漢書貨殖傳至于皁隸注云皁養馬者也**皁槽也**莊子馬蹄編之以皁棧釋文皁歷也廣雅釋器又史記魯仲連鄒陽傳索隱引應劭又漢書鄒陽傳注**皁櫪也**莊子馬蹄釋文又呂覽權勳猶取之內皁注又淮南覽冥飛黃伏皁注○方言五云櫪梁宋齊楚北燕之閒或謂之皁**皁馬閑也**莊子馬蹄釋文引崔注**皁廄別名**周書糴匡皁畜約制注**皁養馬之器也**史記魯仲連鄒陽傳索隱引郭璞○集解引漢書音義云皁食牛馬器**皁帔韄雀也**廣雅釋鳥

嫂 散考切

或作嫂嫂**兄妻也**說文段注鄭注喪服曰嫂者尊嚴之稱嫂猶叟也叟老人之稱也按古者重男女之別故於兄之妻尊嚴之於弟之妻卑遠之而皆不為服男子不為兄弟之妻服猶女子不為夫之兄弟服也女子於夫之姊妹則相服小功者相與居室之親也○左氏昭廿八年傳注叔向嫂釋文云嫂兄妻也又爾雅釋親云女子謂兄之妻為嫂**嫂叟也**廣雅釋親○儀禮喪服傳是嫂亦可謂之母乎注云嫂猶叟也又釋名釋親屬云嫂叟也叟老者偁也叟縮也人及物老皆縮小於舊也

蕿

或作蕿**艸也**說文段注釋艸曰蕿蕿未知許斷句如此否說文無蕿字者蓋許所據祇作蕿**蕿蘰本艸呼為鯀蘰**爾雅釋艸釋文○萱按今俗許為鯀婆鏤其莖中有鏤也或食之

埽

或作掃**棄也**說文段注棄各本譌糞今正此二篆為轉注也**埽拚也**詩東山洒埽穹窒箋○萱按拚者棄之借字**汜埽曰埽**禮記少儀又周禮隸僕掌五服之埽除糞洒之事注**埽除也**廣雅釋詁三○文選

東京賦埽項單於垓下薛注云埽除也**埽滅也**文選東京賦埽朝霞薛注**埽者謂盡舉之如埽地之為**漢書黥布傳大王宜埽淮南之眾注

保 博考切

𠊷古文**呆**古文○俗有保賛**養也**說文段注宣帝紀阿保之功臣賛曰阿倚保養也賈誼說大師大傳大保曰保者保其身體按以保全保守皆其引伸之養○國語周語事神保民注云仁所以保民也注慈保庶民注鄭語以保于百姓者也注又漢書紀表志傳各注文選典引懷保鰥寡之惠洪荼注並云保養也又**保是護也**禮記文王世子疏**保以全也**老子不善人之所保王注**保安也**書君奭時則有若保衡鄭注又詩山有樞他人是保傳南山有臺保艾爾後傳天保衡楚茨神保是饗傳假樂疏常武王舒保作傳閔宮保彼東方箋又周禮大宰五曰保庸疏地官序官保氏注大宗伯以佑王建保邦國注又儀禮士冠禮永乃保之注又禮記中庸子孫保之注保佑命之注以保其身注又左氏傳十九年傳保小寡注襄十四年傳師保萬民疏又國語周語聖人保樂而愛附注楚語而國民保焉注又漢書紀志傳各注又後漢紀傳各注又孟子梁惠王上保民而王注離婁上不保四海注又荀子

乖義保禮非義注又太子干順可保也注樂終自保也注又文選述高帝紀保此懷民注○書周官大保傳云保保安天子又周禮大宰注云保庸安有功者又大司徒以保息六養萬民注云保息謂安之使蕃息也又孝經然後能保其祿位疏引皇侃云保者安鎮也**保猶安也和也**禮記樂記非歌孰能保此注**保守也安也**詩崧高南上是保箋又漢書高帝紀上注○大戴記保傅注注云保謂安守之又詩出其東門序疏云保者安守之義**保守也**周禮春官序官保章民注又左氏襄八年傳焚我郊保注良廿七年傳乃先保南里注又國語周語故能保世以滋大注保任戒懼注晉語乃能攝固保其土房注越語則無民保教以循之注又漢書地理志上注匈奴傳下注又後漢班彪傳下注○淮南主術則獨身不能保也注云保猶守也**保者聚守之謂也**莊子列御寇人將保汝奧注○左氏僖二年傳疏云保者固守之語又哀十年傳見保者而泣注云保守城者**保恃也**國語周語齊保明德注又呂覽誠康阻丘而保威也注**保定也**廣雅釋詁四**保居也**詩楚茨箋○思齊無射亦保箋云保猶居也**保附也**莊子列御寇釋文引司馬注又列子黃帝釋文**保恃也**漢書廣陵厲王

晉傳注引李奇〇左氏僖廿三年傳保君父之命注云保猶恃也保言可保信也方言三自關而東陳
魏宋楚之閒保庸謂之甬注〇後漢桓譚傳注云保役可保信也又漢書高惠高后文功臣表武出庸保之中注云保可
安信也又司馬相如傳上與庸保襍作注云保謂庸之可信任者也保猶任也周禮大司徒使之相
保注保使也廣雅釋詁一又後漢杜根傳注保庸也漢書欒布傳注保如也楚辭惜誦羌不可保
也注保大也易象下傳順相保也虞注保也者慎其身以輔之而歸諸道者
也禮記文王世子保太保也書君奭序召公為保釋文〇召誥惟太保先周公相宅晚出傳云太保三公官
名又晚出說命下昔先正保衡傳云保衡伊尹也保保母禮記內則保受乃負之注保介副也呂覽
孟春紀參于保介之御閒注小城曰保禮記月令四鄙入保注又國語晉語抑為保郭于注蕫按後出有保
為此義之專字〇月令注又云鄙邑之城曰保又檀弓下公叔禺人遇負杖入保者息注云保縣邑小成又淮南說山保者
不敢畜噬狗注云保城郭居也保猶衣也禮記月令注〇蕫按此段保為緥也疏云保即襁保鳳晝

鳴曰保長說苑辨物〇蕫按李氏鏡銘明如日月世之保此段保為寶也史記周紀展九鼎保玉徐廣云保一
作寶葆安也呂覽盡數是之謂五藏之葆注〇蕫按此類皆段葆為保也葆守也漢書天文志注引宋
均葆謂所恃為生者也管子正世君則民失其所葆注葆平也素問徵四失論從容之葆
注葆之言褒也禮記禮器不樂葆大注〇釋文云葆本作保葆太葆官也呂覽直諫先王
卜以臣為葆吉注葆今之教母管子入國五幼又予之葆注葆光若有若無謂之
葆光莊子齊物論此之謂葆光釋文引崔注

葆

葆藹〇俗有葆艸盛皃說文段注漢書武五子傳曰當此之時頭如蓬葆師古曰艸叢生曰葆引伸為
羽葆幢之葆史記以為寶字生茂曰葆御覽九百九十四引通俗文葆葆茂也廣雅釋訓葆

旅艸生之可食者也史記天官書主葆旅事正義〇集解引晉灼云葆菜也又引如淳云關中俗
謂桑榆孽生為葆葆本也廣雅釋詁三葆車謂上建羽葆也合聚五采羽
名為葆後漢光武紀下注葆謂蓋也禮記襍記下匠人執羽葆御柩注葆即今所謂
纛頭也漢書司馬相如傳下總光耀之采旄注葆安也葆守也蕫按此等皆段為保字也又史
記樂書天子之葆旄也晉世家無墜天之降葆命留侯世家取而葆祠之皆段葆為寶也葆小兒被也蕫按
此段葆為緥也

褓 緥

〇俗有褓衣上繫也說文段注擊集韻類篇皆作攴攴者小擊也褓擊也廣雅釋詁三
〇俗有緥褓小兒衣也說文段注衣部曰褓緥也斯干載衣之裼傳曰裼褓也褓緥之俗字古多云小兒被
也李奇曰小兒大藉師古曰即今小兒繃古多段借保葆字緥小兒被也史記衛將軍驃騎傳在繈褓中
正義又漢書宣帝紀曾孫雖在襁注引孟康又呂覽明理道多褓繈注直諫不穀免衣繈注〇孟子盡心上音義引聲類

云褓者小兒被子也又詩斯干疏云褓縛兒被也又釋文云齊人名小兒被為褓又後漢申屠剛傳始免繈緥注云緥被
也褓夜衣也詩斯干箋〇文選嵇叔夜幽憤詩注引漢書韋昭注云若今時小兒腹衣也襁謂之
褓廣雅釋器小兒被曰褓史記趙世家衣以文葆集解引徐廣〇晉世家成王少在強葆之中正義云葆
小兒被也保即襁保保謂小被所以衣覆小兒禮記月令注保猶衣也疏〇後漢桓
郁傳注云保小兒被也

宷 寶

〇俗有宷㝹藏也周書曰陳宷赤刀說文段注顧命文蓋壁中古文如此今作寶按玉篇既云
宷補道切又重出而云食質切古寶字殊誤宷與保音同義近〇廣雅釋詁四云宷藏也
寚古文〇或作寚琛保珍也說文段注玉部曰珍寶也二字互訓史記多假葆為寶寶瑞也詩崧
高以作爾寶傳又後漢張衡傳注寶玉也國語魯語以其寶來奔注〇公羊莊六年傳注云寶者玉物之凡名
又穀梁定八年傳云寶玉者封圭也寶重也呂覽侈樂不知其所以知之謂棄寶注又淮南說山康王寶之

注寶者保也公羊隱元年經傳解詁疏寶謂愛守也漢書梁平王襄傳戒後世善寶之注寶道也廣雅釋詁三○論語陽貨懷其寶而迷其邦皇疏云寶猶道也又禮記檀弓下仁親以爲寶注云寶謂善道可守者寶身也老子輕敵幾喪吾寶注○呂覽先己嗇其大寶注云大寶身也寶猶神也書金縢無墜天之降寶命鄭注○後漢皇甫嵩傳注云寶室猶神室也謂寶者世世寶用之辭公羊定八年傳龜青純疏○爾雅釋魚云四曰寶龜○蓋按易繫辭聖人之大寶曰位孟喜本寶作保同音通借也用葆亦然史記樂書天子之葆龜也魯世家無墜天之降葆命亦秦世家取而葆祠之

飽 餜古文 䬳古文 說文段注廿部曰猒飽也是爲轉注飽滿也廣雅釋詁一食充其腹謂之飽左氏昭十三年傳注去其肸飽過淫之心疏○一切經音義十二云古文餜餐二形今作飽蓋按餜餜形小異餐則餐之譌也

韻史 卷十二第三部上聲韭韻　一三七一

𠦂相次也說文段注𠦂从匕十十者數之具也比敘之則必有其次矣

鴇 鳵或雉鴇○又鴇作 鴇鳥也肉出尺胾說文段注鴇見詩禮記陸疏曰連蹄性不樹止肉出尺胾未聞按內則鵠判謂膾側薄肉也鵠或爲鴇鴇胖在不利人之列此云出尺胾者蓋謂去此尺胾不食其餘可食古𠦂聲包聲同在三部管子周禮注皆作鳵○豈按鴇絕大或可解鵠爲大鷺故曰出尺胾與鴇似鴈而大無後趾詩鴇羽序釋文○後漢班彪傳上注云鴇似鴈而大無指鴇卽今俗呼爲獨豹者也豹者鴇聲之譌耳漢書司馬相如傳上鴻鷫鵠鴇注驪白雜毛曰鴇爾雅釋畜文詩大叔于田傳○豈按此叚鳵爲鴇也說文不錄鳵

裒 倍早切 ○俗有抱裒也說文段注論語子生三年然後免於父母之懷馬融釋以懷抱卽裒裒也今字抱而行而裒廢矣抱者引堅也抱保也相親保也釋名釋姿容抱持也國策秦策是抱空質也注又管子形勢抱蜀不言而廟堂自修注抱守也老子是以聖人抱一爲天下式注抱奉也呂覽下賢周公旦抱少主

韻史 卷十二第三部上聲韭韻　一三七二

而成之注抱轉也淮南本經菱杼紾抱注○注又云抱讀岐嶷之嶷又原道扶搖紾抱羊角而上注云抱讀詩克嶷之嶷也豈按此讀殊不可解包聲疑聲形音皆不近嶷嶷亦不訓轉也在旁如半環向日爲抱漢書天文志抱珥虹蜺注引如淳○引孟康云抱氣向日也在下曰抱孝經援神契日抱戴注抱襦也荊吳江湖之閒曰抱㛑方言二抱腹上下有帶抱裹其腹上無襠者也釋名釋衣服抱關謂守門者後漢朱景王杜馬劉傅堅馬傳注○荀子榮辱抱關擊柝而不以爲寡注云抱關門卒也北燕朝洌水之閒謂伏雞曰抱方言八

勹覆也說文段注此當爲抱子抱孫之正今俗作抱乃或捊字也衣部之裒則訓褎也

戼 莫早切 籀作丣 兆古文 冒也二月萬物冒地而出象開門之形故二月爲天門說文段注律書曰卯之爲言茂也言萬物茂也律麻志冒茆於卯天文訓曰卯則茂茂然釋名曰卯冒也

韻史 卷十二第三部上聲韭韻　一三七三

截冒土而出也蓋陽氣至是始出地象形者字象爲春門卯十干十二支之字皆古文也非後人所能造者而爲春門丣爲秋門尤顯明然則兆酉皆古文而興者○豈按先有卯而後有丣許丣下明言古文酉从丣竊疑卯丣皆古文兆酉皆籀文兆下古文字乃籀文之譌也卯取其冒牟而生也太牟牟數日寅卯注○禮記月令疏云卯冒也卯者茂也白虎通五行卯木也後漢丁鴻傳注又論衡讖日○易比虞注云卯爲木辰卯爲大火左氏襄廿八年傳注歲星位在東方疏卯兔也論衡物勢○識日云卯獸之兔也太歲在卯曰單閼爾雅釋天○儀禮士喪禮不辟子卯注云子卯桀紂亡日凶事不辟吉事闕焉○尚書帝命驗卯金出軫注云卯金劉字之別蓋按此說不然段氏糾之矣說在劉下劉从丣丣之丣不从寅卯之卯也

昴 籀作昴 白虎宿星說文段注召南傳曰昴留也古謂之昴漢人謂之留故天官書言昴律書直言留毛以漢

韻史 卷十二第三部上聲韭韻　一三七四

人語釋古語也元命包云昴六星昴之言畱物成就繫畱此昴亦訓畱之義也應氏秝因毛傳之語謂昴从當从丣其說似是而非王氏鳴盛尚書後案襲之非也○淮南主術昴中則收斂畜積注云昴西方白虎通宿也又書堯典日短星昴鄭注云昴白虎中宿也昴西方之宿別名旄頭爾雅釋天大梁昴也注○顏氏家訓鄒氏云昴爲旄頭昴一名畱詩小星釋文昴畢閒爲天街洪範五行傳飾城郭注

冃

重覆也說文段注下一覆也上又加冂是爲重覆

䀎

氐目視也周書曰武王惟䀎說文段注君奭篇文今書作冒蓋古文以䀎爲冒也

合口呼

古木切

攪

○俗有捁擧亂也詩曰祇攪我心說文段注小雅何人斯文祇各本譌作祇誤我行其野傳曰祇

適也唐人凡此訓必从衣氏○詩何人斯傳又廣雅釋詁三並云攪亂也攪撓也亦亂也一切經音義十六引字書

疞

○俗有疾腹中急痛也說文段注痛字依小徐及廣韻補今吳俗語云絞腸刮肚痛其字當作疞也古音讀如糾釋詁云咎病也咎蓋疞之古文段借字

鎾

○俗有鏊鎣鐢器也說文○廣韻鎾濁也廣韻○集韻云鎾云鎾溫器也器也一曰撓使濁

苦攪切

巧

○俗有扝技也說文段注手部曰技巧也丂部曰古文以丂爲巧巧伎巧也文選長笛賦工人巧士注巧利也離騷余猶惡其佻巧注○墨子貴義云利於人謂之巧巧猶善也詩雨無正巧言如流箋○老子絕巧棄利王注云巧利用之善也巧者爲之妙耳莊子天道覆載天地刻彫衆形而不爲巧注巧攷也攷合異類共成一體也釋名釋言語醫能治一病謂之巧論衡別通巧謂順而說也禮記表記辭欲巧注吳越飾兒謂詢或謂之巧方言

七淫巧謂奢僞怪好也禮記月令毋或作爲淫巧以蕩上心注巧故僞詐也呂覽論人去巧故注○老子絕巧棄利注云絕巧者詐僞亂眞也桑飛今亦名爲婦方言八桑飛自關而東或謂之女匠注

壯攪切

爪

丮也覆手曰爪象形說文段注丮持也仰手曰掌覆手曰爪今人以此爲叉甲字非是爪龜也廣雅釋魚爪者筋之餘爪牙之士勇力之臣也蓋按此猶皆叉之義也姑謂之段借可耳

叉

手足甲也說文段注叉爪古今字古作叉今用爪禮經假借作蚤士喪禮鬋如他日士虞禮沐浴櫛搔揃搔或爲蚤曲禮大夫士去國不蚤鬋蚤皆即叉字也鄭注皆云蚤讀爲爪讀爲者易其字也不易爲叉而易爲爪於此可見漢人固以爪爲手足甲之字矣釋名曰爪紹也筋極爲爪紹續指端也亦不作叉爪者筋之餘素問六節藏象論其華在爪注五藏生成篇其榮爪也注爪謂輻入牙中者也考工記輪人欲其蚤之正也注爪

牙之士勇力之臣也○荀子臣道爪牙之士施則仇讎不作注蓋按叉爪音同義近漢人直以爲一字蚤搔則純乎借矣亦或用瑵如金瑵即金華爪也

瑵

○俗有抓車蓋玉瑵說文段注司馬彪輿服志曰乘輿金根安車立車羽蓋華蚤劉昭注徐廣曰云翠羽蓋黃裏所謂黃屋車也金華施橑末有二十八枚即蓋弓也又張衡東京賦羽蓋威蕤葩瑵曲莖薛綜注曰羽蓋以翠羽覆車蓋也威蕤羽皃葩瑵悉以金作華形莖皆低曲蔡邕獨斷云凡乘輿車皆羽蓋金華爪爪與瑵同又王莽傳曰造華蓋九重高八丈一尺金瑵師古曰瑵讀曰爪玉裁按瑵蚤爪三字一也皆謂蓋橑末說文指爪字作叉當云車蓋玉叉也瑵叉疊韻他家云華瑵金瑵者謂金華飾之許云玉瑵者謂玉飾之故字从玉也

普攪切

飽

饐魚也說文段注饐飯傷溼也故饐魚溼者爲饐魚周禮籩人有鮑注云鮑者於熯室中糗乾之出於江淮師古注漢書曰鮑今之鮑魚也鄭以爲於熅室乾之非也秦始皇載鮑亂臭則是鮑魚耳而熅室乾者本不臭也鮑於業反按玉篇作裛魚皆當作浥耳浥溼也釋名曰鮑腐也埋藏淹使腐臭也○周禮籩人膴鮑魚鱐疏云遠者乾之鮑及鱐是也

萱按鄭賈以鮑括魚蓋鮑之別一義邊實似不便用腐臭者也許但說本義故不及此耳魚清曰鮑史記貨殖傳鯫千石鮑千鈞索隱引聲類鮑白也史記貨殖傳正義鮑謂能治皮供作甲者禮記曲禮下注獻工函鮑韗韋裘也疏○萱按此段鮑為鞄也考工記鮑人同

韻史　卷十二第三部上聲韭韻　一三七九

韻史　卷十二第三部上聲韭韻　一三八〇

韻史卷十三

泰興何萱石閭撰集　子庚校字

第三部去聲究韻　上海顧錫麒竹泉覆審

武進李兆洛申耆鑑定

究　齊齒評　几宙切

○俗有竅窮也說文段注釋言同小雅常棣傳曰究深也釋詁及大雅皇矣傳曰究謀也皆窮義之引伸也○詩鴻雁其究安宅傳節南山以究王訩箋蕩靡屆靡究傳又國語越語事不究不可彊注注周旋無究注究數而止注又史記五宗世家所以設詐究變索隱又後漢梁鴻傳注又管子宙合其處大也不究注又列子天瑞注竝云究窮也又左氏春秋序究其所窮疏云究亦窮也究竟也莊子盜跖窮賈究執釋文又漢書武帝紀注劉敞傳注鼂錯傳注枚乘傳注董仲舒傳注杜欽傳注燕刺王旦傳注魏相傳注蕭望之傳注外戚傳下注王莽傳上注○食貨志上注害氣將究矣注云究竟盡也究盡也漢書宣帝紀注司馬遷傳注匡衡傳注又後漢班彪傳上注究極也易說卦傳其究為健疏又漢書膠西于王端傳注董仲舒傳注嚴朱吾丘主父偃嚴終王賈傳贊注又呂覽孝行究於四海注又淮

韻史　卷十三第三部去聲究韻　一三八一

南脩務究事之情注究終也周書文酌維有永究注究畢也呂覽任地此告民究也注究竟也明也漢書劉向傳注○古微書引孝經援神契云究者以明審為義士之孝曰究禮記祭統疏引援神契究深也詩常棣是究是圖傳究謀也詩小弁不舒究之箋皇矣爰究爰度傳○左氏文四年傳注云究度皆謀也究窟也廣雅釋室山溪瀕中謂之究水經溫水注引竺芝扶南記究究惡也爾雅釋訓○疏引孫注云究究窮盡人之惡究究猶居居也詩羔裘自我人究究傳

救

或作誡止也說文段注論語子謂冉有曰女弗能救與馬曰救猶止也馬意救與止稍別許謂凡止皆謂之救○孝經匡救其惡注又疏引王注又素問八政神明論上俟救之弗能傷也注竝云救止也又評熱病論以救俛仰注又詩桼清序箋竝云救猶止也又論語八佾皇疏云救猶諫止也救猶禁也以禮防禁人之過者也周禮地官序官司救注救治也呂覽勸學是救病而飲之以董也注救助也廣雅釋詁二又一切音義九引字詁○禮記檀弓下扶服救之注云救猶助也救赴急之意穀梁傳元年傳言次非救也注

韻史　卷十三第三部去聲究韻　一三八二

殷遻殹

救之賙恤之禮記孔子閒居匍匐救之注救救凶災也周禮大司徒使之相救注誅止也禁也助也廣雅引文字音義○萱按廣韻救誄各字今依集韻併之或作捄者段借也顏師古謂捄為古救字非是○俗有敀

揉屈也說文段注說文有煣無揉煣屈申木也煣屈謂柔而屈之廣韻曰強擊正與柔屈相反

恭謹行也說文○俗有廄

[illegible]古文馬舍也周禮曰馬有二百十四匹為廄廄有僕夫說文段注四當為六字之誤也夏官校人曰乘馬一師四圉三乘為皂皂一趣馬三皂為毄毄一馭夫六毄為廄廄一僕夫六廄成校校有左右注曰二耦為乘四匹也自乘至廄其數二百一十六匹易乾為馬此應乾之策也○後漢書和帝紀注云廄馬舍也又廣雅釋室云廄舍也廄養馬之處也論語鄉黨廄焚皇疏○左氏莊廿八年經新廷廄疏云馬之所處謂之廄

殹匀也匀聚也牛馬之所聚也釋名釋宮室

匈 区倹究切

匈或作䬾飽也民祭句祝曰厭匈說文段注祝或作祀非厭當作猒猒飽也求鬼神之猒飫也

柩或匶籀棺也說文段注木部曰棺者闕也所以揜屍此云棺也二篆義同曲禮曰在牀曰屍在棺曰柩是棺柩義別虛實為棺實者為柩析言之也柩或可以詳棺棺不可以詳柩是以許於柩曰棺也於棺下不云柩也以立文不得用考老之例也各本有柩無区今依玉篇補玉篇曰区棺也亦作柩蓋希馮在梁時所據說文如是柩蓋殷人用木以後乃有此字匶从舊猶从久也舊之言久也周禮用匶字○廣雅釋器云柩棺也在棺曰柩儀禮士喪禮曰某氏某之柩注又禮記問喪又公羊僖卅二年傳吾將尸爾焉注又淮南氾論注○穀梁宣八年傳先還柩於廟釋文云尸在棺曰柩有屍謂之柩小爾雅廣名柩之為言究也久也不復變也白虎通崩薨○釋名釋喪制云屍已在棺曰柩柩究也送終隨身之制皆究備也又禮記曲禮下注云柩之言究也柩求也廣雅釋詁三匶路載柩車也周禮巾車共匶路注○大師作匶謚疏云匶即柩也古字通用之

槱 柚

禉或○俗有禰槱槙禰積木燎之也詩曰薪之槱之周禮以槱燎祠司中司命說文段注大雅芃芃棫樸薪之槱之傳曰槱積也山木茂實萬民得而薪之賢人眾多國家得用蓄與按如毛說則槱謂積薪而已至鄭箋乃以煙祀槱尞為說詳不但云積木而兼云燎之者為其字之从火也不云尞之故而云燎之者燎敀火也尞柴祭天也毛曰萬民薪之而已故但云周禮云云見大宗伯燎依許火部當作尞祠今周禮作祀許从毛說又引周禮者廣槱證也鄭注周禮曰槱積也○詩棫樸釋文云槱積木燒也槱者積薪燔柴也風俗通祀典○萱按柴仍是薪似當作柴槱之言聚也文選東京賦颺燎之炎煬薛注槱

條也佀橙而酢夏書曰厥苞橘柚說文段注釋木柚條郭云似橙實酢生江南列子曰吳楚之國有大木焉其名為櫾碧樹而冬生實丹而味酸食其皮汁已憤厥之疾按今橘橙柚三果莫大於柚莫酢於橙汁而橙皮甘可食本艸經合橘柚為一條渾言之也按爾雅亦作櫾列子山海經皆作櫾許則云櫾者岷喻河隅之長木也苞俗作包今正禹貢文○萱按柚作櫾者段借字也集韻徑掘合為一字嬈武斷矣又漢書司馬相如傳上注云柚即

鼬 貁

橙也語亦武斷凡屬而別者不容經併為一也又孟子音同義下引丁音云柚似橙而酬義本說文而字已从俗作酬矣小曰橘大曰柚史記司馬相如傳橘柚芬芳正義又文選蜀都賦户有橘柚之園劉注○列子湯問釋文云柚似橘而大皮厚味酸又漢書地理理志上注云柚似橘而大其味尤酸榛也廣雅釋木○萱按今俗名文蛋

橪似橘而大也山海經中山經荊山多橘櫾注○萱按方言六云軸作也東齊木作謂之軸玊作謂之杼今本兩軸字皆作柚譌誤也詩大東杼柚本作軸

鼬或作鼬如鼠赤黃色尾大食鼠者說文段注如鼠小徐作如鼦鼦乃俗貂字貂鼠屬也鼬見小正爾雅今之黃鼠狼也○爾雅釋獸注云鼬似貂赤黃色大尾唆鼠江東呼為鼪又疏及釋文鼪鼬字林云鼬如鼠赤黃而文○萱按小正鼪鼬莊子貍鼪一也又山海經大荒南經云有鼬姓之國

貁或作貁獙蜼○蜼又見十五部副編鼠屬善旋說文段注按當作禺屬善倒縣周禮爾雅山海經有蜼字許無蜼貁即蜼廣雅曰貁蜼也是也釋獸曰蜼卬鼻也長尾周禮注曰蜼禺屬卬鼻而長尾郭景純曰蜼似獼猴而大黃黑色

尾長數尺末有兩岐雨則自縣於樹以尾塞鼻零陵南康人呼之音餘建平人呼之音相贈遺之遺又音余救反皆土俗輕重不同耳淮南覽冥注曰狖猨屬長尾而卬鼻吳都賦劉注音異物志曰狖猨類露鼻尾長四五尺居樹上雨則以尾塞鼻是以狖者狖之俗省雉狖爲古今字許不狖獸名仰鼻取雉用今字也與鼠部之鼸鼬分別爲三物長尾類篇引狖似狸上文選西都賦注引蒼頡又後漢班彪傳字林引狖似狸上注○一切經音義廿一引蒼頡云狖似貓搏鼠出河西似獮猴而大蒼黑色江東養之搏鼠爲物捷健也雌獸似獮猴鼻露向上尾長四五尺有岐雨則自縣於樹以尾塞鼻古今韻會引字林

齅 向究切

或作嗅㠯鼻就臭也說文段注玉篇引論語三齅而作○漢書敘傳云不齅驕君之餌又莊子人間世云齅之則使人狂嗅謂鼻歆翕其氣也嗅論語而作鄉黨皇疏三臭謂歆其醒三日而不已荀子禮論三臭之不食也注○萱按此段臭爲齅也

⿺走臭

或作⿰足臭螑行也說文段注廣韻一送曰楚趨疲行皃大人賦說螭蚪沛艾赳螑仡以佁儗兮張揖曰赳螑申頸低卬

也按赳螑猶趨趥蹊踤行皃廣韻集韻云蚪蹊行不正也

玊

去入兩讀○俗有瑲朽玊也从王加點讀若畜牧之畜說文段注各本篆文作玊解云从玊有聲今訂正史記公玊帶索隱曰三輔決錄注云杜陵有玊氏音畜牧之畜說文以爲从王有點此本字但作玊不作瑲音肅令廣韻一屋玊字四十九宥云玊有玊音肅从王有點讀若畜牧之畜說文作玊解云三錄本作玊本可證玊也从玊本六切息救切又二切俗作玊鄭說云文以爲从王加點俗人增加從其畫也又音肅引說文在別說三音高之者云人點字石有欣救切音玊以朽玊字又石之足相逐爲帶三王切復二畫爲側謂相別息救以人俗後玊本王字云肅在以朽玊爲側有朽也石字蓋玊後人點字以朽玊爲側有朽也玊玊王盖聲作玊姓字以別於石字也又或以玊別有說文字石玊字黠以象瑲亦以別於玊字也又或以玊別爲玊者謂考有瑕加點爲从王加有杆點象瑲亦以別於玊字也以作相如傳示淮南書云夏后之璜不能無考有瑕加點爲从王加有杆簡相如傳示淮南書云夏后之璜不能無謂考有瑕剖故同史記依說文本作瑕有瑕讀若示王从瑕不無考可指示古音同史記聲也○文本作朽玊許救切六二切从石字同之段君杜陵玊姓也音畜牧字蕾按朽玊之玊仍當是玊石字段君似朽玊亦音肅

或可不必耳

嘼

去入兩讀古文作嘼○俗有獸字獸牲也象耳頭足厹地之形古文嘼下从厹說文段注爾雅釋文引字林嘼牲也說文嘼字連文今本說文作犍也乃後人以字林改說文耳嘼牲二字連文禮記左傳下皆云犍名子者不以畜牲是也牛部犍字下云畜牲也圉下日養嘼之閑者也嘼牲也說文嘼字連文嘼牲畜牲也犍二字乃後人以字林改說文耳多用畜者俗書段借而讀若嘼牲二字連文禮記左傳下皆云嘼明日嘼是嘼養之名獸是毛爾雅釋獸釋嘼異其名者德犬釋獸通說百獸之名按尚書武成歸馬牛羊雞今分久矣凡畜養古作嘼云許救切三部凡六畜當用此字不專讀丑六切非也古文云謂古文作萬也言此者謂古音本从厹象足蹂地小篆云易其形特取聲易書耳故以古文之形釋小篆畜謂斂而養之周禮夏官序官掌畜注○爾雅釋畜文云畜是畜養之名本又作嘼釋文云畜牧也漢書景帝紀無始養曰畜將用曰牲周禮庖人畜謂牧放也𤕌農桑穀畜注○左氏桓六年傳不以畜牲疏云畜牲一物養之則爲畜其用則爲牲又昭廿五年傳疏云家養謂之畜野生謂之獸又云始養之曰畜將用之曰牲國語齊語其畜六畜六牲也周禮庖人掌共六畜用之曰牲畜六畜也嚴而無育注

六獸六禽又左氏昭廿五年傳疏○周書大聚云六畜牛馬豬羊犬雞又後漢書童恢傳注同又傳下發畜食迎漢單注云畜謂馬牛羊等也又周書大匡畜不食穀注云畜謂馬也漢書西域注

莜 體究切

俗有篠蓧莜田器論語曰以杖荷莜說文段注云今依韻會田器毛傳曰芸除艸也孔安國曰莜竹器今作蓧古文論語作蓧从艸攸聲作莜丁田器疑皆从艸从攸此字从各本艸云子路丈人用杖荷莜以加於之故其論語疏曰蓧竹器莜者除艸之器見於地以杖芸田用手以扶杖也杖以行古文也其字从艸作竹器也植杖而芸苗也杖至論語云部置杖而芸則竹器也芸田用蓧謂之植杖明矣此有脫誤集解篠蓨也按爾雅釋艸蓨蓨苗下○萱按說文荷蓧見於地篠艸器也苴蓨萬則曰莜爲竹器此艸器也漢書蕭望之傳注

𨒫

或作透悠○疾也長也說文段注去入兩讀悠悠劉作𨒫云遠也按方言逐逐二義相反而相成易其欲透沸亂透即𨒫字音義正同今人以透漏字他候切吳都賦倏忽𨒫疾也悠疾也釋詁一透驚也廣雅釋詁一○方言二透驚也宋衛南楚凡相驚或曰透注云透驚

皃也又曹憲音云透世人以此為跳透字蓋透嬈也透戲也按徐鉉說文新附云透跳也過也義本此竝廣雅釋詁二

調

平去兩讀義分

選也史記秦本紀此其調也正義引劉伯莊袁盎鼂錯傳調為隴西都尉集解引如淳又漢書爰盎等傳注又後漢書安帝紀注順帝紀注○漢書宣帝紀調闕東輕車銳卒注云調亦選也

調謂選發之也漢書匈奴傳下注西南夷傳注又後漢書光武紀下注吳漢傳注○蓋勲傳注云調猶發也

調徵也後漢左雄傳注

調謂徵發之也後漢書靈帝紀注樊儵傳注朱儁傳注

調謂發取之也漢書王莽傳下告得自調注且調都內故錢予其祿注

調謂計發之也漢書鼂錯傳上方與錯調兵食注

調謂算度之也漢書鼂錯傳調立城邑注

調辦具之也漢書趙廣漢傳隊為調棺給斂葬具注

調貲也廣雅釋詁三

調猶運也

調音聲之和也文選謝靈運七里瀨詩異代可同調注

調猶遷也文選秋胡詩聲急由調起注

調猶辭也文選秋胡詩義心多苦調注

調選

調也又度也求也玉篇○廣韻云調選也韻調也又集韻云調賦也試也蓋按調平聲和也是本義去聲乃引申之義也古蓋祇讀平聲

奊

皃究切

○作奊者譌

大也說文段注此謂虛張之大廣韻曰起釀也按漢書與窌通用其字當力救切古音在三部譌从卯乃匹皃切矣○史記衛將軍驃騎傳封賀為南奊侯索隱引字林云大下卯與穴下卯並音匹孝切蓋按从卯之字每譌卯不止此二字也而音之變隨之

奊虛大也史記建元以來侯者年表南奊侯公孫賀索隱引纂文○蓋按此本作奊今改用正字

奊空也史記索隱引張揖

窌

○作窌者譌

窖也說文段注攷工記匠人注云穿地曰窌呂覽穿竇窌月令淮南皆作窖按窌見左傳釋文音力力救力到二反則从卯雙聲可知矣漢公孫賀南窌侯表作南奊字皆从卯音力救切譌从卯乃匹皃切矣○荀子榮辱有困窌注云窌窖也又富國垣窌倉廩者財之末也注云窌窖也掘地藏穀也

穿地曰窌呂覽季春發倉窌注

地藏曰窌荀子議兵則必發夫掌窌之粟以食之注○注又云掌窌主倉廩之官

窌藏也廣雅釋詁

四

廇

中庭也說文段注中庭者庭之中也月令中央土其祀中霤注曰中霤猶中室也古者複穴是以名室為霤正義引庾蔚之云複者謂地上累土為之穴則穿地也複穴皆開其上取明故雨霤之是以因名室為中霤也按釋名曰室中央曰中霤古者覆穴後室之句霤當今之棟下直室之中古者霤下之處也月令呂覽鄭劉皆作中霤許則霤謂屋水流廇謂中室畫分二字蓋既有宮室以後則霤在屋垂而屋中謂之廇以存古釋宮曰宋廇謂之梁蓋言室內之制賦家所謂藻井其是與

中廇堂中央也楚辭愍命剬讒賊於中廇兮注

中央曰中霤公羊哀六年傳而至於中霤注○漢書郊祀志上注云古者穴居故名室中為中霤又白虎通五祀云中霤者象土在中央也又禮記祭法注云中霤主堂室居處

霤神在室祀中霤設主於牖下也獨斷上○呂覽季夏注云霤室中之祭祭后土也又禮記郊特牲家主中霤而國主社注云中霤亦土神又左氏昭廿九年傳在家則祀中霤疏云霤亦地神所祭小故變其名○蓋按廇為專字故中霤義收此然古本作中霤亦與他段借字不侔

霤

屋水流也說文段注水部曰漢霤下皃也釋名曰中央曰中霤古者覆穴後室之句霤當今之棟下直室之中古者霤下之處也○釋名釋宮室云霤流也水從屋上流下也又文選補亡詩濛濛甘霤注云凡水下流曰霤

霤屋宇也楚辭大招觀絕霤只注

承霤以木為之用行水亦宮之飾也禮記檀弓上池視重霤注○疏云今宮中有承霤云以銅為之

霤謂東南兩頭為屋簷霤下禮記喪大記注天子諸侯言東霤疏○玉藻頤霤垂拱疏云霤屋簷

漏屋霤也左氏宣二年傳三進及澑釋文○疏云澑謂簷下水澑之處蓋按左氏段澑為霤也

中霤猶中室也蓋按詳廇下

澑

澑水出欎林郡說文段注不言縣者有未審也欎林郡在今廣西前志有中霤縣師古曰霤力救反水名蓋中霤澤中皆以水得名也後志及宋書州郡志作中澑字从水疑前志亦當从水元和郡縣志曰貞觀八年改南昆州為柳州因柳江為名柳州即今柳州府柳江出苗地至今貴州古州永从縣生苗盱中東南入廣西至柳城縣曰柳江至象州會於盤江柳江即古澑水後世譌其字耳按今俗訓為水急流

澑水流也文選琴賦據神淵而吐澑注○

射雉賦泉涓涓而吐溜注云溜水流皃也萱按魏都賦林藪石留而蕪穢段留為溜也○溜謂水垂下也一切經音義五引蒼頡溜發也管子宙合陰陽相遇曰溜素問陰陽別論溜屋霤也萱按此段溜為霤也凡溜訓水流者疑皆當用霤爾雅釋水注从上溜下釋文云溜作霤

餾

飯气流也說文段注流各本作蒸今依泂酌正義引改餴下云馬食穀多气流四下也然則飯气流者謂气液盛流也據孫郭爾雅注及詩釋文所引字書似一蒸為餴再蒸為餾然許不如此說餾稔也爾雅釋言饙均熟為餾爾雅釋言注○孫注云均之曰餾餾羹也廣雅釋器

⿰示留

或作⿰示由俗有⿰言留○祝⿰示留也說文段注惠氏士奇曰素問黃帝曰古之治病可祝由而已祝由即祝⿰示留也已止也玉栽按玉篇曰古文作⿰示由

翏

○俗有翯高飛也說文段注參新生羽而飛也毛羽新生豐滿可以高飛也莊子翏翏謂長風之聲此引申之義匡謬正俗云翯古文戮字湯斷云予則孥翯女按翯正翏之譌段借字○莊子齊物論云而獨不聞之翏翏乎

僇

癡行僇僇也一曰且也說文段注前義未聞大學借為戮字荀卿書同按一曰且也此即今所用聊字也聊者耳鳴憀其正字聊其段借字也詩聊與之謀傳曰聊願也○萱按僇憀聊三字皆有且義僇憀同聲通用聊則借也僇平憀仄不足泥僇辱也僇謂㓝僇也萱按皆段為為戮字也入聲內詳之

詶 掌留切

或作呪詋詛也說文段注玉篇云說文職又切詛也元應六引曰祝即作呪說文作詶詛也之授切今各本作禱也乃因俗用詶為酬應字市流切不欲釋以詛遂改之耳詶詶以言咎之而詶詛作呪此古今之變也若經典則通用祝不用詶左傳雖其善祝豈能勝億兆人之詛此祝詛分言也大雅侯作侯祝傳云作祝詛也此祝讀呪祝呪不分也詛也後漢賈逵傳注○萱按詶祝正借字也而正字不行祝屬也以善惡之詞相屬著也釋名釋言語以言告神謂之祝書無逸否則厥口詛祝疏詶報也一切經音義十八引蒼頡解詁○萱按此詶之義也謂之段借可耳

鑄

或作鑄○俗有鑄○去入兩讀銷金也說文鑄冶也國語齊語美金以鑄劍戟注○淮南俶真今夫冶工

之鑄器注云鑄讀如唾祝之祝也鑄國名呂覽慎大封黃帝之後於鑄注

馵

隸作馵馬後左足白也說文段注釋嚣毛傳皆曰後左足白曰馵說卦傳曰震為馵足○易說卦傳九家注云馬白後左足為馵又疏云馬後足白為馵膝上皆白惟馵爾雅釋嚣○萱按此蓋惟馵二字為名與單言馵者異

甃

或書作甃○俗有恆井壁也說文段注井壁者謂用塼為井垣也周易井九四曰井甃无咎又上六井收荀作井甃莊子曰缺甃之涯○易井釋文引字林云甃井壁也以瓦甓壘井稱甃易井巽注○釋文引馬注云甃為瓦裏下連上也以塼壘井修井之壞謂之為甃易井疏○釋文引干注云以甎壘井曰甃又御覽引風俗通義云甃聚塼修井也甃如闕以塼為之著井底闕也莊子秋水釋文引司馬注甃修治也易井釋文引子夏傳○疏引子夏傳云甃亦治也甃使之行水也管子四時甃屋行水注

宙 幽究切

舟輿所極覆也說文段注覆者反也與復同往來也舟輿所極覆者謂舟車自此至彼而復還此如循環然故其字从由如軸字从由也訓詁家皆言上下四方曰宇往古來今曰宙由今溯古復由古沿今此正如舟車自此至彼復自彼自此皆如循環然莊周書曰有實而無乎處者宇也有長而無本剽者宙也本剽即本末莊子說正與四方上下曰宇往古來今曰宙同亦謂其大無極其長如循環也許言其本義他書言其引申之義其字从宀者宙不出乎宇也韋昭曰天宇所受曰宙淮南覽冥訓燕雀以為鳳皇不能與爭於宇宙之閒高注宇屋簷也宙棟梁也引易上棟下宇然則宙之本義謂棟一演之為舟輿所極復再演之為往古來今則从宀為天地矣○史記司馬相如傳出宇宙正義引許慎云宙舟輿所極也又後漢書馮衍傳注云舟輿所届曰宙宙尻也廣雅釋詁二中所由為宙也文選魯靈光殿賦宇宙而作京張注廓闕宇謂之宙太玄玄攡夫天宙然示人神矣注玄瑩宇宙祏坦注宙猶暢也太玄玄攡注宙者有古今之長莊子庚桑楚注往古來今曰宙史記司馬相如傳正義引張云又漢書相如傳上注引應劭又莊子齊物論挾宇宙釋文引尸子庚桑楚釋文引三

蒼又呂覽下賢神覆宇宙而無望注又淮南說山注又文選典引榮鏡宇宙蔡注○萱按淮南齊俗云往古來今謂之宙又原道紘宇宙而章三光天文虛廓生宇宙注又管子宙合注竝略同

紬 詶也說文○萱按說文譸訓詛詶相次詶訓詛徐皆訓詶四字同義也

怞 ○俗有懤朖也詩曰憂心且怞說文段注朖也未聞疑是恨也之誤檮傳云悼動也鼓鐘傳云妯動也菀柳傳云蹈動也三字音義略同詩者小雅鼓鐘文今毛詩作妯毛云動也鄭云悼也懤愁毒皃○廣韻集韻云懤憂也

胄 胤也說文又後漢書邊讓傳注又一切音義九引字林胄緒也文選幽通賦系高頊之元胄兮曹注胄緒也胤也一切經音義七引應劭胄裔也國語魯語而等胄之親疏也注胄後也左氏襄十四年傳是四岳之裔胄也注又國語周語令其胄見注晉仍無道而鮮胄注無胄注晉語辱收其逋還裔胄注又楚辭逢紛伊伯屬之末胄兮注胄長也書堯典教胄子晚出傳人生而重丈夫謂之胄子

周書王子晉胄子國子也書堯典王肅注又漢書禮樂志注又通典五十三引魏文侯孝經注

胄 𩊚 司馬法胄从革○或書作軸兜鍪也說文段注兆部兜下曰兜鍪首鎧也按古謂之胄漢謂之兜鍪今謂之盔○易說卦傳為甲胄虞注又儀禮既夕甲胄干笮注又禮記曲禮上獻甲胄者執胄注又左氏僖卅二年傳獲公胄注卅三年傳左右免胄而下注少儀則袒橐奉胄注儒行儒有忠信以為甲胄注又國語周語注又史記老莊申韓傳介胄之士正義又漢書刑法志冠胄帶劍注王莽傳上甲胄一具注又後漢書桓譚傳注又楚辭愍命韓信蒙於甲胄注又文選吳都賦貝胄象弭劉注竝云胄兜鍪也又詩閟宮疏云胄謂兜鍪又廣雅釋器云兜鍪謂之胄軸甲也太平○爭及矛軸注千離為甲胄易說卦傳

籀 ○俗有繇讀書也春秋傳曰卜籀云說文段注言部曰讀籀書也敘目曰尉律學僮十七已上始試諷籀文九千字乃得為吏試字句絕諷籀連文謂諷誦而抽繹之滿九千字皆得六書之恉乃得為吏也此籀字之本義經傳尟用周宣王大史以為名因以名所著大篆曰籀文迄今學者絕少知其本義者故於讀下籀書改為誦書於

敘目釋為籀文九千字重性眊繆可勝數哉毛傳曰讀抽也方言曰抽讀也抽皆籀之段借籀者抽也讀者續也抽引其緒相續而不窮也亦段紬字為之太史公自序紬史記石室金匱之書如淳云抽徹舊書故事而次述之也亦借繇字為之春秋傳卜筮繇辭今皆作繇文俗作繇據許則作籀服虔曰繇抽也抽出吉凶也

繇 占也文選典引悉經五繇之碩慮矣蔡注○周禮大卜注頌謂繇也疏云占兆之書曰繇又左氏閔二年傳成風聞成季之繇卦兆也兆之占辭繇兆辭左氏襄十年傳姜氏問繇注又後漢班彪傳下注○詩張釋文又儀禮少牢饋食禮釋文竝云繇卦兆之辭易之文辭亦名為繇左氏僖十五年傳疏○穆天子傳五訟之繇注云繇文辭繇者卜之文辭詩小旻疏○左氏僖四年傳且其繇曰注云繇卦兆辭又昭七年傳且其繇曰注云繇卦辭繇由也吉凶所由而出也易繫辭下釋文引韋昭繇抽也所以抽出吉凶之紬引也文選高賦注引字林○萱按此段紬為擂也紬業也廣雅釋詁四紬謂綴集之也史記太史公自序紬史記索隱引小顏紬繹者引其端緒也漢書谷永傳燕見紬繹注紬績

女工紬緝之意史記厤書紬續日分索隱

簉 ○俗有簉艸皃說文段注玉裁按左氏傳僖子使助薳氏之簉杜注簉副倅也釋文曰說文簉从艸五經文字艸部曰簉艸也春秋傳从竹攷李善注長笛賦簉弄曰說文簉倅字如此注江海詩步欄簉瓊弁曰說文簉襍字如此然則左傳文選从竹之簉皆从艸之簉之論而說文艸皃之下本有一曰簉褋也五字今人言集漢人多言襍倅周禮作萃作倅亦湊集意也小徐注簉字云艸相次也盍識此意簉倅也小爾雅廣言簉副也文選西京賦屬車之簉薛注簉盈也廣雅釋詁一簉弄盍小曲也文選長笛賦聽簉弄者注

臭 禽走臭而知其迹者犬也說文段注走臭猶言逐氣能行路蹤迹前犬之所至於其气知之也故其字从犬自自者鼻也引申段借為凡气息芳臭之偁通於鼻者謂之臭禮記月令疏臭氣也易繫辭上傳其臭如蘭虞注說卦傳虞注又荀子王霸鼻欲綦臭注○左氏僖四年傳疏云臭是氣之總名又書盤庚中疏云臭是氣之別名古者香氣穢氣皆名為臭又後漢書列女傳注云古人皆謂氣為臭也又禮記文王世子疏云

臭謂氣也又郊特牲周人尚臭疏云臭謂鬯氣也臭香也孟子盡心下鼻之於臭也注又史記禮書側載臭茝索隱引劉氏○荀子正名香臭芬鬱腥臊洒酸奇臭以鼻異注云氣之應鼻者爲臭故香亦謂之臭又王霸注略同又禮記內則皆佩容臭注云容臭香物也臭謂芬芳臭物禮記內則疏臭敗也後漢梁鴻傳注巽

殠

爲臭易說卦傳臭謂散其气荀子禮論注○萱按此段臭爲餿也○俗有臭腐气也說文段注廣韻曰腐臭者氣也燕芳殠言之今字專用臭而殠廢矣儀禮釋文引孟子飯殠茹菜楊敞傳昌頓單于得漢美食好物謂之殠惡楊王孫傳其穿下不亂泉上不泄臭臭敗也後漢梁鴻傳注○萱按此用臭者臭義本勹殠也

授 始究切

○俗有𥠖武后作𥠖予也說文段注予者推予也象相予之形○廣雅釋詁三又國語魯語今日必授注又淮南原道槀授無形注竝云授予也授與也文選東京賦授鉞四七薛注授猶付也周禮鄭長則從而授之注授猶還也國語晉語子犯授公子載璧注授數也左氏僖廿八年傳獻俘授馘注○萱按授受義

相對而相成故古或通用周禮典婦功凡授嬪婦功司書授其幣司儀登再拜授幣皆當作受又儀禮特牲饋食主婦拜授爵注云今文授爲受

綬

韍維也說文段注韍古文作市韠也韍維謂所以維韍者釋器曰璲瑞也此謂玉瑞也又曰璲綬也郭云即佩玉之組所以連繫瑞者因通謂之璲今本字誤古者韍佩皆系於革帶佩玉之系謂之璲俗字爲縌又謂之綬韍之系亦謂之綬爾雅渾言之許析言之也可以該佩嵩謂之綬者韍佩與革帶之閒有聯而受之者故曰綬玉藻曰天子佩白玉而玄組綬公侯佩山玄玉而朱組綬大夫佩水蒼玉而純組綬世子佩瑜玉而綦組綬士佩瓀玟而緼組綬孔子佩象環五寸而綦組綬是其制也司馬彪輿服志曰五伯迭興戰兵不息於是解去韍佩留其係璲以爲章表故詩曰鞙鞙佩璲此之謂也至秦乃以采組連結於璲光明章表轉相結受故謂之綬漢承不改夫大東所言其時未嘗去玉綬見玉藻爾雅非至秦漢乃有此名古之所謂綬者璲也秦漢之縌也秦漢之所謂綬者所以代古之韍佩也非古之綬也又曰縌綬維也又曰組綬屬也此古之綬也又曰縌綬維也縞綬紫青色也綸青燃綬也此秦漢之綬也秦漢改韍佩爲綬遂改綬爲

縌此名之遷移當正者也綬者所以貫佩玉相承受者也禮記玉藻注綬組綬所以繫帷也周禮幕人掌帷幕幄帟綬之事司農注古者君佩玉尊卑有序及秦以采組連結於縌謂之綬文選思玄賦注引董巴輿服志○周禮司几筵注紛如綬有文而狹者疏云漢世綬是薄帳有文章而狹以爲席之緣綬仕者所佩文選秋胡詩綬登王識注結綬緌也文選辨命論注引蒼頡又初學記廿六引字林○小爾雅廣服云緌謂之綬○萱按徑以緌釋綬於義稍膚寬矣以古之韍言則韍與綬一而二者也以漢之綬言則漢已不用韍也緌者韍之俗

狩

火田也易曰明夷于南狩說文段注火各本作犬不可通今依韻會正釋天曰冬獵爲狩周禮左傳公羊穀梁夏小正傳毛詩傳皆同又釋天曰火田爲狩許不偁冬獵而偁火田者火田必於冬王制田昆蟲未蟄不以火田故言火以該冬也孟子曰天子適諸侯曰巡狩巡狩者巡所守也此謂六書段借以狩爲守有段守爲狩者如明夷于南狩注○孫注云狩故史作守是也○漢書刑法志冬大閱以狩注曰狩火田又列子黃帝狩于中山注云火田曰

狩放火燒艸獵亦爲狩爾雅釋天注○孫注云狩放火燒艸守其下風狩者何田狩也公羊桓四年傳○注云取獸于田故曰狩又云狩猶獸也又莊四年傳注云狩者上所以共承宗廟下所以教習兵行義之歲終田獵名曰狩易明夷明夷于南狩荀九家注狩守也漢書刑法志注郊祀志上注○風俗通山澤云狩者守也又公羊隱八年傳注云狩猶守也又說苑修文云狩者守留之狩圍狩也穀梁桓四年傳注○國語齊語田狩畢弋注云狩圍守而取禽也又爾雅釋天李注云狩圍守取之無所擇也又郭注云狩得獸取之無所擇也冬狩曰狩言圍守而取之獲禽多也左氏宣十二年傳疏○隱五年傳冬狩注云狩圍守也冬物畢成獲則取之無所擇也又國語周語狩於畢時注云冬田曰狩圍守而取之又白虎通田獵云冬謂之狩何守地而取之也又周禮大司馬遂以狩田注云冬田爲狩言守取之無所擇也狩者征伐之類易明夷注狩者牧也白虎通巡狩○萱按此類皆段狩爲守也二字互相通借狩田獵搏獸也詩車攻薄狩于敖箋○萱按本經及箋狩皆誤獸薄誤搏此依諸家考定本

獸
守備者也一曰兩足曰禽四足曰獸說文段注能守能備如虎豹在山是也後義十
字見爾雅音義與釋鳥云二足而羽謂之禽四足而毛謂之獸合許於鳥字下云長尾禽總名也與此同與禽字下異○
廣雅釋詁三云獸守也又禮記曲禮上疏云獸者守也獸是毛蟲總號爾雅釋獸釋文走者為
獸曲禮自悲鳥獸驚而失羣兮注巳孕曰獸周禮獸人疏六獸麋鹿熊麕野豕兔
周禮庖人司農注○庭氏若不見其鳥獸注云獸狐狼之屬又御覽引馬融周禮傳云獸虎狼嘷鳴也野生謂
之獸左氏昭廿五年傳○書武城序往伐歸獸疏云在野自生為獸○萱按武城字當作嘼獸牛馬之類
周禮天官序官獸醫注○萱按疑周禮本作嘼嘼也然二字通用已久獸臣虞人左氏襄四年傳獸臣司原注
獸腊也儀禮特牲饋食禮賓獸于其上注○萱按漢張遷碑帝遊上林問禽狩所有石門頌惡蟲蕃狩皆段狩為
獸注

就 此究切
就 籀 就高也說文段注就乃複舉字之未刪者廣韻曰就成也迎也即也皆其引申之義也就猶

上也後漢書皇甫規傳注就猶善也儀禮既夕若就器則坐奠于陳注就會也周禮諡法就
歸也廣雅釋詁二就猶著也禮記曲禮上屨跪而舉之注就因也小爾雅廣詁就久
也廣雅釋詁三就成也爾雅釋詁又周禮空夫疏典瑞繅藉五采五就注巾車樊纓十有再就注弁師就皆
五采玉十有二注又儀禮既夕纓三就注又禮記禮器大路繁纓一就疏孔子注閒居日就月將注又左氏桓二年傳疏又
論語顏淵如殺無道以就有道集解引孔注又皇疏又書大傳胥與就膳徵注又漢書紀志傳各注又呂覽貴當所以就
大務也注分職功已就注○古徵書引孝經援神契又孝經鉤命決竝云就又為言成也又漢書陳湯傳後卒不就注云
就亦成也又公羊昭廿五年傳饔餼未就注云未就未成也就終也爾雅釋詁○注云成就亦終也就即
等也周禮典瑞疏又儀禮聘禮疏采色一成曰就周禮典絲凡祭祀共黼畫組就之物注○大行
人注云五采備為就就成也又禮記郊特牲疏云五采一成曰就三就三重三帀也周禮巾車司農
注○典瑞司農注云五就五帀也一帀為一就又左氏桓二年傳疏云五就謂五帀每一帀為一就也就時猶

逐時史記五帝紀就時於負夏索隱就謂躬下禮記學記就賢體遠疏就者形順莊子人閒
世就不欲入注志同曰就鬼谷子捭闔益損去就倍反注天子之孝曰就禮記祭統疏引援神
契就雕也山海經中山經注○萱按此段就為鷲也又呂覽下賢就就乎此段為由由也又爾雅釋詁求酋在
卒就釋文云就或作噈又作殧

鷲
或作鶖○俗有鷲鷲黑色多子師曠曰南方有鳥名曰羌鷲黃頭赤
目五色皆備說文段注山海經其獸多麋麕就郭引廣雅鷲雕也李將軍傳是必射雕者服虔曰雕一名鷲
黑色多子可以其毛作矢羽按廣雅鷲雕也統言之許雕鷲為一鷲為一析言之師曠云云此別一鳥名
羌鷲非鷲也藝文志小說家有師曠六篇豈許所偁與今世有禽經係之師曠其文理淺陋蓋因說文此條而偽造以吳
都賦彈鷲鷲劉注引師曠曰云云蓋本說文不知何以作鶁李音京廣韻十二庚有鶁字注羌鶁也[illegible]應書引說文赤
目作赤咽○萱按鶁蓋鷲之破字左賦用在單句與㮮句之麋生狠零不韻李皮傳音京耳不足據依也又按一切經音

義六引師曠與說文同就雕也山海經中山經其獸多麋鹿麕就注○萱按用就為鷲省借之常但上言獸下
係以鳥殊參差耳就大雕也漢書匈奴傳下生奇材木箭笴就羽注
或作夫

秀 想究切
上諱說文段注上諱二字許書原文秀篆許本無後人沾之云上諱則不書其字宜矣不書其篆故義形聲皆
不言伏侯古今注曰諱秀之字曰茂慎許空其篆而釋之曰
上諱下文禾之秀實為稼則本作茂實也許既不言當補之
曰不榮而實曰秀从禾人不榮而實曰秀者釋艸毛詩文按
釋艸云木謂之榮艸謂之華榮華敷文則一耳榮而實謂之
實桃李是也不榮而實謂之秀禾黍是也榮而不實謂之英
牡丹勺藥是也凡禾黍之實皆有華華辮收即為稃而成實
不比華落而成實者故謂之榮可如黍稷方華是也謂之不
榮亦可實發實秀是也論語曰苗而不秀秀而不實秀則已
實矣又云實者此實即生民之堅好也秀與采義相成采下
曰禾成秀也采自其衆言之秀自其挺言之而非實不謂之
秀非秀不謂之采夏小正秀然後為雀革周禮注荼米秀也
皆謂其采而實引申之為俊秀秀傑从禾人者人者米也出
於稃謂之米結於稃內謂之仁凡果實中有人本艸本皆作
人明刻皆改作仁殊謬禾稃內有人是曰秀玉篇集韻類篇

皆有秃字欲結米也而鄭切本秀字也隸書秀从乃而秃別讀矣○萱按秃自宜附此而鄭切之音也無足也凡音有不容沿誤舉視此者不榮而實曰秀詩七月四月秀葽傳生民傳又漢書禮樂志注又淮南本經長苗秀注○御覽引月令章句云不榮而實謂之秀不華而實謂之秀文選思玄賦含嘉秀以為敷舊注榮而不實曰秀國語周語贊陽秀也注秀出也廣雅釋詁一○文選七命秀出中天注云秀出皃也秀謂成長也後漢章帝八王傳贊或秀或苗注○釋名釋天云秀者物皆成也秀茂也廣雅釋言秀謂華也文選七命方疏含秀注秀美也漢書賈誼傳注又華嚴經音義上引顧野王秀華也美也素問四氣調神大論此謂蕃秀注秀異也楚辭招魂獨秀先些注大招容則秀雅注又文選登樓賦注引廣雅○禮記禮運五行之秀疏云秀謂秀異秀士鄉大夫所考有德行道藝者禮記王制命鄉論秀士升之司徒曰選士注○呂覽懷寵舉其秀士注云秀士儁士又蕩兵世有賢主秀士注云秀士治士三秀芝艸也後漢張衡傳注又楚辭山鬼采三秀於山閒注○萱按秀或段莠作之詩出其

琇

東門釋文云秀本作莠或作琇石之次玊者詩曰充耳琇瑩說文段注衛風充耳琇瑩傳琇瑩美石也按琇瑩是二石名故都人士傳曰琇美石也著傳曰瑩石似玊也按說文从莠隸从秀猶从英之多為夭也琇美也廣雅釋詁一

嘯

歗籀兩見○歗吹聲也說文段注欠部重出歗字引詩其歗也謌今詩惟條其歗矣作歗○一切經音義廿三引三蒼云嘯吹聲也激於舌端而清謂之嘯封氏聞見記嘯者蹙口而出聲詩江有汜其嘯也歌箋嘯者謂若有所召命若齊莊撫楹而歌耳匡謬正俗三嘯謂耳中鳴如嘯聲也素問經脈別論一陽獨嘯注

歗

重見吹也詩曰其歗也謌說文段注吹大徐作吟今召南其嘯小雅白華歗歌傷懷本亦作嘯○萱按此字詩三見皆嘯歗錯出同字明矣欠部之歗蓋後人羼入耳禮記內則不嘯不指據注當為叱之段借也

繡

五采備也說文段注考工記畫繪之事襍五采五采備謂之繡鄭氏古文尚書曰予欲觀古人之象日月星辰山龍華蟲作繢宗彝藻火粉米黼黻希繡此古天子冕服十二章希讀為黹或作絺字之誤也按今人以鍼縷所紩者謂之繡與畫為二事如考工記則繡亦系之畫繪同為設色之工也畫繪與文字又為一事故許以觀古人之象說遵修舊文也○淮南主術絺綌為綺繡注云五采具曰繡也五色備曰繡禮記郊特牲繡黼丹朱朱衣疏又後漢張衡傳注又文選思玄賦被禮義之繡裳舊注○詩終南黻衣繡裳傳又左氏昭廿五年傳注竝云五色備謂之繡又呂覽仲秋文繡有常注云青與赤五色備謂之繡繡修也文修修然也釋名釋采帛繡者刺為衆文漢書賈誼傳美者黼繡注○書皋陶謨希繡鄭注云刺者為繡繡黹也詩揚之水素衣朱繡傳○箋云繡當為綃又禮記郊特牲繡黼注云繡讀為綃萱按繡與綃一聲之轉故段繡為綃也士昏禮注引魯詩素衣朱綃特牲饋食禮注引作朱宵

褎

或作裦袖俗袂也說文段注唐風羔裘傳曰褎猶袪也裳上章言之褎引申為盛飾皃邶風傳曰褎如

盛服皃董仲舒傳曰褎然為舉首序傳曰樂安褎褎生民傳曰褎長也箋云枝葉長也皆其義也○文選曹子建樂府美女篇攘袖見素手注云攘袖卷袂也袖由也手所由出入也亦言受也以受手也釋名釋衣服褕謂之袖方言四○注云袖襦襟有袖者因名云褕襦謂之袖方言四○注云袖衣褾江東呼褫褎衿也史記滑稽傳帣韝鞠䐞注引徐廣褎進也漢書董仲舒傳注引張晏褎然盛服皃也漢書董仲舒傳注褎褎盛皃漢書敘傳下注褎者禾長之皃詩生民疏○俗有袖

岫

峀籀山有穴也說文段注有字各本奪今依文選張景陽雜詩注補有穴之山謂之岫非山穴謂之岫也東京賦王鮪岫居薛解云山有穴曰岫然岫居言居有穴之山○爾雅釋山云山有穴為岫

宿

或作宿○去入兩讀注在彼萱按南音讀入聲北音讀去聲實非有異義也星宿宿畱非不可讀入聲段氏云

西宿切

萩

細艸叢生也說文段注萩與茂音義同廣雅曰務務茂也務即萩之譌萩蓧也廣雅釋言

蓩

○俗有蓩 毒艸也 說文段注鉉鍇本篆皆作蓩从艸務聲鉉本蓩下又出蓩篆云卷耳也从艸務聲鍇本無蓩張次立依鉉補之攷後漢書劉聖公傳戰於蓩鄉注曰蓩音莫老反字林云毒艸也因以為地名廣韻蓩毒艸武道切又地名據此則毒艸之字从力不从女明矣玉篇云蓩莫屋切又莫老二切毒艸也此顧野王原本而蓩下引說文卷耳也又出蓩字莫候切引說文毒艸也此孫强陳彭年輩據俗本說文增之今改正篆文作蓩毒艸也而刪蓩卷耳也之云卷耳果名蓩則當與苓卷耳也同處矣又按韻會引後漢書注作䓮鄭說文有䓮字云細艸叢生也

蓩蓩茂也 廣雅釋訓

複

機持繒者 說文段注繒字不可通玉篇作繒按當作會會者經與緯之合也緯與經合處其不緊則有複入經之閒以緊之魯季敬姜說織曰持交而不失出入不絕者栩也栩可以為大行人也持交正許所云持會也趙注孟子栩屨曰栩猶叩椓也織屨欲堅故叩之也此與敬姜說栩義同字皆當从木孫氏孟子音義从手誤淮南氾論訓云機杼勝複複即複之段借字也

鍑

如釜而大口者 說文段注如而二字依爾應補釜者鬴之或字鬲部曰鬴鍑屬是二篆為轉注也方言曰

釜自關而西或謂之鍑○漢書匈奴傳下多齎鬴鍑薪炭注云鍑釜之大口者也

鍑鬴也 廣雅釋器

鍑小釜也 一切經音義二引三蒼○方言五釜或謂之鍑注云鍑釜屬也又云鍑亦釜之總名

復

匐 或 重也 說文段注今則復行而匐廢矣

覆

去入兩讀義分 覂也一曰蓋也 說文○萱按前義入聲

覆蓋蔽也 荀子富國故為之出死斷亡以覆救之注

覆掩蔽也 漢書京房傳此上大夫覆陽注

覆陰也 漢書鼂錯傳注引如淳

覆孚也如孚甲之在物外也 釋名釋言語

覆猶衣被也 鬼谷子本經陰符神之覆也注○漢書鄒陽傳注云覆猶被也

覆冒謂掩覆冠冒也 文選長笛賦覆冒鼓鍾注覆謂炎瓦

也 禮記檀弓上見若覆夏屋者矣注

覆猶照臨也 詩日月下土是冒箋

覆伏兵也 禮記少儀注出奇釋議之霙也釋文又左氏隱九年傳君為三覆以待之注成三年傳使東鄙覆諸鄤注襄十三年傳子為三覆以待之注

覆隱也設伏而敗之 左氏莊十一年覆而敗之曰取某師服注○桓十二年傳而覆諸山

下注云覆設伏兵而待之

覆謂威力兼備若羅網所掩覆 左氏莊十一年傳注

今之翻車也有兩轅中施罥以捕鳥 ○爾雅釋器罦覆車也注疏引孫注云覆車網可以掩兔者也

覆結謂之覆 方言四○注云覆髮今結籠是也

免

鶩

或作趕 疾也 說文段注玉篇廣韻皆曰急疾也今作趕少儀曰毋拔來毋報往注云報讀為赴疾之赴拔赴皆疾也按赴趕皆卽鶩字今字鶩趕皆廢矣

𨺅

○俗有隉 兩𨸏之閒也从二𨸏 說文

隉盛也 廣韻

晚究切

秛

疆也 說文

務

趣也 說文段注趣者疾走也務者言其促疾於事也○國語晉語得國之務也注云務猶趣也

務事也 易繫辭上傳故能成天下之務虞注又淮南脩務名可務立注○禮記曲禮上其次務施報疏又呂覽音律以多為務注義賞一時之務也注祭令則無過務矣注竝云務猶事

務勢也 淮南人閒無以立務於天下注

務猶向也

慕也 論語學而君子務本皇疏○太宰乎鍇云務無二又乎衛云務則喜

務猶求也 呂覽孝行謂務其人也注

務遽也 一切經音義六引廣雅

務勉也 公羊定二年傳不務于公室也注又呂覽士節不可不務求此人也注聽言不可不務也注○荀子大略務其業而勿奪其時注云務謂勸勉之

務強也 爾雅釋詁○荀子富國僃然要時務民注云務勉強也

務遠也 文選謝靈運酬從弟惠連詩注引廣雅注引廣雅古樂樂乃可務注

務附亂也 國策中山策必為趙廢其王而務附焉注

務侮也 爾雅釋言又詩常棣外禦其侮箋○萱按此謂務為侮之段借字也務侮異部而雙聲國語周語作外禦其侮又荀子哀公古之王者有務而拘領者矣注云務讀為冒又史記酈陸傳士務附集解引徐廣云務一作豫皆音近通借也

霚

○俗有霧 雺 籀 地气發天不應曰霚 說文段注○霚二字令補霚今之霧字釋天曰地氣發天不應曰霧霧者俗字霧一本作霧非也釋名曰霧冒也氣蒙冒覆地之物也開元占經引元命苞陰陽亂為霧洪範曰蒙古文尚書作曰雺徐邈引亡鉤反宋世家作日霧霧即霚霧者雺之小篆○漢書揚雄傳霧集蒙合兮注云霧地氣

發也又楚辭大招霧雨淫淫注云地氣發泄天氣不應曰霧

亂則霧大戴記曾子天圓雺者氣澤

霿霿冥冥也書洪範曰蒙鄭注亶按此義雺蓋當作霿○素問至真要大論則霧注云霿霧謂晦不分似霧也

霿露謂疾病也後漢書皇后紀注

婺

不繇也說文段注繇者隨从也不繇者不隨从也今此義無用者矣惟婺女星名婺州地名

婺女一曰須女北方玄武之宿淮南時則曰婺女中注○廣雅釋天云須女謂之婺女

騖

亂馳也說文段注嚴經音義上引漢書音義又漢書司馬相如傳上騖於鹽浦注薛宣朱博傳音義○王褒傳注東方朔傳注又後漢書光武紀上注竝云亂馳曰騖

騖馳也史記司馬相如傳集解又淮南原道騖怳忽注又楚辭招魂抑騖若通兮注又文選東京賦諠方激而霞騖薛注○荅賓戲戰國橫騖注引項岱云東西交馳謂之騖又素問大奇論肝脈騖暴注云騖謂馳騖又穆天子傳四天子西征騖行注云騖猶馳也

騖犇也廣雅釋室

騖疾也文選射雉賦咸乘危以徐騖徐注

騖強也爾雅釋詁

騖疾也淮南主術魚得水而騖注○亶按此

段騖為騖也疑本作騖而騖者亂之

𦍩

六月生羔也說文○廣雅釋畜云羍犛犳貑羔也

嵍

或作嶅○平去兩讀

山名說文段注按此篆許書本無後人增之許書果有是山則當屬於山名之類矣顏氏家訓柏人城東有山世或呼為宣務山予讀柏人城內漢桓帝時所立碑銘云上有巏嵍王喬所仙嵍字遂無所出嵍字依諸字書即旄丘之旄也嵍字字林一音亡付反今依附俗名當音權務經典釋文曰字林有嵍亡周反一音毛嵍丘也又有嵍亡附反一音毛亦云嵍丘也據顏陸之書字林乃有嵍字則許書之本無此顯然矣旄丘見詩爾雅曰前高曰旄丘劉成國曰如馬犖頭垂髦依字林嵍丘即旄丘乃丘名非山名也○亶按旄丘乃段借字雖古不必有嵍而嵍旄自是正借字故嵍之平聲讀如旄先有借字後有正字也

前高後下曰嵍漢書敘傳音義引字林○詩旄丘傳云前高後下曰旄邱亶按旄舊祇平聲然从嵍同讀亦無不可

嵍土釜也禮記內則疏引隱義

黃嵍周禮瘍醫凡療瘍以五毒攻之注云五毒五藥之有毒者今醫人有五毒之藥作之合黃嵍罯石膽丹砂雄黃礜石慈石其中燒之

三日三夜其烟上著以雞羽埽取之以注惡創肉破骨則盡出○疏云內則有敦嵍危匜鄭注敦嵍黍稷器不言黃此言黃者見今時合和丹藥者皆用黃瓦甒為之亦名黃嵍事出於古也

撮口訏

訆 嘐幼切

大嘑也春秋傳曰或訆于宋大廟說文段注襄三十年文今傳作叫○亶按許訆杜叫所據異耳杜云呼也呼即嘑字隨俗用耳

訆鳴也廣雅釋詁二

如訆如人呼喚山海經北山經有獸馬其音如叫名曰那父注

叫

嘑也說文段注按嘂部嘂言部訆皆訓大嘑與此音同義小異疑叫字淺人所增○詩北山或不知叫號傳又左氏襄卅年傳注又文選思玄賦叫帝閽使闢扉兮舊注竝云叫呼也亶按呼皆當作嘑而俗借用呼已久叫急叫也楚辭疾世叫我友兮配耦注

叫鳴也文選射雉賦候肩舉而清叫徐注

叫者若叫呼聲也莊子齊物論叫者譏者釋文引司馬注○後漢陳寔傳注云叫呼譏笑之也

叫嘷呼也淮南說林至音

不叫注

叫號呼召也詩北山○匡謬正俗一云叫號者猶言謾呼自恣耳

叫嘂相呼也漢書司馬相如傳下糾蓼叫嘂注引張揖○小顏注云叫嘂高舉之兒

叫叫遠聲也漢書揚雄傳下大語叫叫注○亶按息夫躬傳叫作嘷詩北山叫本作嚻皆段借字也

嘂

高聲也一曰大嘑也春秋公羊傳曰魯昭公嘂然而哭說文段注嘂高聲也此與口部叫噭聲同義異一曰大嘑也此與叫噭義略同小雅或不知嘂號周禮禁嘂呼歎鳴於國中者夜嘑旦以嘂百官公羊云云昭廿五年傳文今本昭公於是噭然而哭何云噭然哭聲兒

大塤謂之嘂爾雅釋樂○李注云嘂大嘷也又釋文云嘂本作叫亶按孫炎云聲大如叫呼也

幼 羽謬切

少也說文段注釋言曰幼鞠稚也又曰冥幼也斯干毛傳亦云冥幼也幼同幼一作窈○左氏僖廿七年傳為貫尚幼注又楚辭少司命竦長劍兮擁幼艾注又廣雅釋詁三竝云幼少也又釋名釋長幼云幼少也言生日少也又山海經東山經無皋之山南望幼海注云幼海即少海也

幼小也楚辭橘頌嗟爾幼志注

幼稺也爾雅釋言

幼始也管子幼官注人生十年曰幼禮記曲禮上○儀禮喪服傳子幼注云子幼謂年十五已下幼猶愛也孟子梁惠王下幼吾幼注○禮記祭義云慈幼為其近于子也幼妙精微也菫按此類皆段幼為窈也

欶 許幼切

悲意說文又類篇○菫按今本說文奪欶篆而遂其說解於欶下遂使欶失其義而欶失其字今用段說增補說具一部欶字下

窱 統幼切

杳窱也說文段注廣雅曰窈窱深也西京賦曰望窈窱以徑廷薛曰過度之義也集韻曰窈同窈窱深皃也荀子賦充盈大宇而不窕注窱窱深也廣雅釋訓

雡 呂幼切

鳥大雛也一曰雉之莫子為雡說文段注此與翏別而俗通用翏高注呂覽曰雛春鷄也吳都賦翳薈無䳢鷚按爾雅音義文選李注引說文同錯本作天鸙誤一曰云云釋鳥字作鷚郭云晚生者暮子曰雡一切經音義十二引通俗文雡少也廣雅釋詁三今呼少雞為鷚爾雅釋鳥注○

菫按此亦當為鷚之義

鷚

或書作鷚天鸙也說文段注釋鳥鷚天鸙王篇鸙天鸙也許無鸙字郭云大如鷃雀色似鷄好高飛作聲今江東名之天鷚音繆繆之繆按此與隹部雡異義陸云說文力幼反本音隱○菫按字林亦力幼反

謬 沔幼切

狂者之言也說文段注古差繆多用从糸之字與此繆義別○菫按差繆即妄言引申之義於繆之本義遠矣故繆謬為正借字謬誤也爾雅序釋文引方言又廣雅釋詁三又一切經音義十九引通俗文謬謂謬錯易乾注不謬于果疏謬亂也禮記中庸考諸三王而不謬疏謬欺也廣雅釋詁二謬悠謂若忘于情實者也莊子天下悅之以謬悠之說釋文繆誤也禮記仲尼燕居不能詩於禮繆注繆紕繆也荀子子道衣與繆與不女聊注○禮記大傳五者一物紕繆注云紕繆猶錯也繆違也漢書于定國傳注繆者妄也漢書張騫傳注西域傳下注繆詐也漢書司馬相如傳下注穋者誤亂之名論衡福虛○菫按此段穋為謬也

開口訏

瘦 稍茂切

或作瘦膄臞也說文段注肉部曰臞少肉也○周禮塵人注久則瘦臞臞敗釋文云瘦本作膄膄瘠也廣雅釋言○詩素冠箋云欒欒然膄瘠也又孝經注云毀瘠羸瘦

戊 莫瘦切

中宮也象六甲五龍相拘絞也戊承丁象人脅說文段注鄭注月令曰戊之言茂也萬物皆枝葉茂盛律厤志曰豐楙於戊六甲者漢書曰有六甲是也五龍者五行也水經注引遁甲開山圖曰龍見教天皇被迹榮氏注云五龍治在五方為五行神鬼谷子盛神法五龍陶注曰五龍五行之龍也許為戊字之采象六甲五行相拘絞也○周禮媒氏疏云中央土為戊已又素問藏氣法時論注云戊已為土中央午也又後漢書明帝紀注云戊已中央也鎮覆四方戊土也詩文王序疏引乾鑿度注又國語晉語有此其以戊申乎注又漢書王莽傳下注引孟康○淮南天文注云戊已土也又呂覽季夏注云戊已土日也戊茂也禮記月令疏又太玄玄數注又廣雅釋言又白虎通五行○釋名釋天云戊茂也物皆茂盛也維戊順類乘牡也詩吉日吉日維

戊傳○箋云戊剛日也故乘牡為順類也六戊為天門素問五運行大論則天地之門戶也注引遁甲經太歲在戊曰著雍爾雅釋天月在戊曰厲同上

茂

艸木盛皃說文段注茂之引申借為懋勉字茂盛也易象上傳先王以茂對時育萬物注又釋文又詩南山有臺德音是茂箋又大戴記衛將軍文子吾子之語審茂注又廣雅釋詁二又後漢書梁鴻傳注又離騷夫惟聖哲以茂行兮注茂蕃盛也素問五運行大論其化為茂注茂美盛也華嚴經音義上引漢書音義○漢書禮樂志桐生茂豫注云茂豫美盛而光悅也茂豐也爾雅釋詁茂昌也爾雅釋天太歲在戊曰閼茂李注又孫注又淮南天文掩茂之歲注乾盈為茂易象上傳虞注如槐曰茂如松柏曰茂竝爾雅釋木茂美也詩還子之茂兮傳生民種之黃茂傳又周書祭公咸茂厥功注又漢書紀傳各注茂善也漢書朱邑傳注五人曰茂白虎通聖人引禮別名記○禮記禮運疏引辨名記云倍人曰茂茂才則秀才也周禮鄉大夫注興能者謂若今舉茂才疏○宰夫注茂才異等疏云茂才者漢光武諱秀

時號為茂才茂勉也萱按此段茂為懋也又無極山碑楙林恣青此則段楙為茂

勖

○俗譌作勖勖勉也周書曰勖哉夫子說文段注邶風以勖寡人傳曰勖勉也方言釗薄也也秦晉曰釗或曰薄南楚之外曰薄努自關而東周鄭之間曰勔釗晉魯曰勖按勖古讀如茂與懋音義皆同故般庚懋建大命予其懋簡相爾今文尚書懋皆作勖見隸釋石經殘碑心部曰懋勉也勖哉夫子姆誓文按勖切許玉非也古音同茂俗寫此字形尤譌踖不通○爾雅釋詁又書君奭迪見冒馬注又儀禮士昏禮勖飾以敬先妣之嗣注又漢書宣帝紀注楚孝王囂傳將何勖哉注王莽傳上傳下注又後漢書傅毅傳注又法言孝至亦勖而已注竝云勖勉也勖勔亦訓勉也方言一齊魯曰勖茲注勖勵也後漢書謝夷吾傳注

楙

木盛也說文段注此與艸部茂音義皆同分艸木耳釋木楙木瓜則專為一物之名○漢書食貨志上楙遷有無注云楙與茂同楙美也漢書郊祀志上注鼂錯傳注木瓜楙木也詩木瓜傳○釋文云楙本作茂楙勉也萱按此段楙為懋也

懋

悉或勉也虞書曰時惟懋哉說文段注堯典文今作惟時未知孰是○書堯典馬注又後漢書明帝紀注又荀子富國惟民其力懋和而有疾注又文選東京賦懋乾乾薛注竝云懋勉也懋懋慔慔勉也爾雅釋訓懋美也後漢章帝紀注懋悅也文選東京賦四靈懋而允懷薛注楙勉也漢書食貨志上注食貨志贊注引應劭○萱按懋省為楙段借之宜茂勉也爾雅釋詁又易无妄釋文引馬注又詩節南山方茂爾惡傳又左氏昭八年傳茂不茂注又周書大匡事節時茂注皇門罔不茂揚肅德注又國語周語茂正其德注叔父其茂昭明德注晉語茂穡勸分注又漢書董仲舒傳注翼奉傳注○萱按勖懋楙茂皆訓勉雙聲也而茂楙為段借字

袤

⿴衣楙籀衣帶以上一曰南北曰袤東西曰廣說文段注袤衣帶以上此古義也少得其證今則後義行而古義廢矣帶者上衣下常之介也周髀筭經曰天地之廣袤史記曰蒙恬築長城廣袤萬餘里廣雅袤長也○後漢書光武紀下注又文選蕪城袤廣三墳注竝云南北曰袤袤長也儀禮喪服傳注廣袤

當心也疏又周髀筭經上注又廣雅釋詁二又小爾雅廣言又華嚴經音義上引聲類又漢書志傳各注袤廣也華嚴經音義上引切韻○萱按此與諸家正相反殆非也

瞀

氏目謹視也說文段注玉篇云目不明皃按洪範曰霿恒風若尚書大傳作瞀宋世家作霧漢書五行志作霿宋書隋書五行志作瞀班志云瞀區霿服虔云人備瞀荀卿云溝猶瞀儒他書或云婺瞀或云瞀瞀或云恂愗說文子部云穀瞀皆謂冒亂不明其字則霿為正字雨部曰霿晦也○荀子非十二子瞀瞀然注云瞀瞀然不敢正視之皃瞀目不明也孟子音義下引丁音○後漢書廉范傳注云瞀目不明之皃瞀闇也荀子非十二子注○萱按此義與霿同霿音蒙與瞀雙聲故二字通用瞀亂也後漢書韋彪傳注宦者傳注郭憲傳注又楚辭惜誦中悶瞀之忳忳注抽思煩冤瞀容注瞀悶也素問五常政大論其動鬱瞀厥注氣交變論民病肩背瞀重鼽嚏血便注下注瞀風眩皃莊子徐無鬼予適有瞀病釋文引李注○又引司馬注云瞀讀曰瞤謂眩瞤也貿貿目不明之皃禮記檀弓下貿貿然來注○萱按此段貿為瞀也瞀者眩惑之意書皐陶謨下民

昏墊疏○洪範五行傳厥咎眊注云瞀與思心之咎同耳瞀被髮也淮南道應乃去其瞀而載之木注○萱按此蓋段瞀為務也鍪瞀相為平去也

⿱敄酉

⿱敄酉⿰酉俞退揄醬也說文段注揄醬用揄人為之揄人者揄子中人也齊民要術曰作揄子醬法治揄子中人一升擣末篩之清酒一升醬五升合和一月可食之景差大招吳酸蒿蔞王逸注曰或云⿱敄酉⿰酉俞⿱敄酉⿰酉俞即揄醬也

貿

易財也說文段注衛風抱布貿絲咎繇謨貿遷有無化居貿易也周禮大師注辰與建交切貿覈貿處疏又小爾雅廣詁又漢書董仲舒傳注又後漢書竇融傳注孟嘗傳注又呂覽上農男女貿功以長生注○一切經音義九引三蒼云貿換易也又音義六引三蒼云貿易也交易物為貿也貿市也爾雅釋言○注云交易物為貿貿買也爾雅釋言又詩氓釋文貿敹也廣雅釋詁三貿貿目不明之皃萱按此瞀之段借字

鄮

會稽縣說文段注二志同今浙江寧波府治鄞縣府治東三三十里有故鄮城是也陸士龍曰泰始皇身在鄮縣

開口誥二

三十餘日

誥 艮導切

𢍰或作肘 古文 告也 說文段注按以言告人古用此字今則用告字以此誥為上告下之字又秦造詔字惟天子獨偁之文選注卅五獨斷曰詔猶告三代無其文秦漢有也據此可證秦已前無詔字至倉頡篇乃有幼子承詔之語故許書不錄詔字鈕補之非也按古文从言肘聲是古在三部之證○爾雅釋誥又書晚出序雅誥奧義釋文又國語楚語以自誥也注竝云誥告也 誥教也 廣雅釋詁四 誥示也 書晚出序釋文 誥謹也 爾雅釋言又漢書荆法志注 誥理也 後漢書魯恭傳注 誥誓以言辭相誡約也 荀子大略誥誓不及五帝注○周禮大祝三曰誥司農注云誥謂奐為康誥之屬也又書晚出序疏云指其言謂之誥 誥 易象下傳后以施命誥四方賔注 本事曰誥 文選典引誥誓所不及已蔡注 發下曰誥 列子楊朱不告而要釋文 會同曰誥 書甘誓予誓告女馬注

窖

地藏也 說文段注月令穿竇窖注曰入地隋曰竇方曰窖通俗文曰藏穀麥曰窖一切經音義十一引蒼頡云窖地藏也又荀子榮辱注云地藏曰窖又史記貨殖傳任氏獨窖倉粟集解引徐廣云窖穿地以藏也又莊子齊物論緩者窖者釋文云穴地藏穀曰窖 窖藏也 廣雅釋詁四 窖者穴也 莊子齊物論釋文引李注 窖者深也 莊子齊物論釋文引司馬注○引簡文注云窖者深心也 窖窌也 廣雅釋言

郜

周文王子所封國 說文段注左傳富辰曰郜雍曹滕文之昭也杜云濟陰縣武縣東南有郜城隱十年敗宋師取郜蓋郜附庸於宋魯隱取其桓又取郜鼎於宋僖二十年郜子來朝則魯未滅之也許不云在城武者許意以為未审也今山東兗州府城武縣縣東南二十里有故郜城 郜鼎郜國所作也 後漢書孔融傳注

靠 侃誥切

○俗有搞 相韋也 說文段注韋各本作違今正相韋者相背也故从非今俗謂相依曰靠古人謂相背曰靠其義一也猶分之合之皆曰離

奧 案導切

○俗有奥 宛也室之西南隅 說文段注宛奧雙聲宛者委曲也室之西南隅宛然深藏室之尊處也○

爾雅釋宮又荀子非十二子奧窔之間注又楚辭招魂經堂入奧注竝云西南隅謂之奧又莊子徐無鬼吾未嘗為牧而牂生于奧釋文云奧西南隅未地也萱按儀禮士喪禮設于奧東面注少牢饋食禮司宮筵于奧注又禮記曲禮上居不主奧注左氏昭十三年傳疏又論語八佾與其媚於奧鄭注又管子弟子職必自奧始注說竝略同又後漢書周磐傳注云東南隅謂之奧此東字必轉寫之譌章懷不容違爾雅獨為異說也 奧卽牖下 詩采蘋宗室牖下王肅注 奧隱處也 文選七命呑嚮乎幽山之窮奧注○爾雅釋宮注云奧室中隱奧之處萱按孫注作隱隩所家本作隩也段借字也仲尼燕居室無奧阼本亦作隩 奧曖也 太玄樂陽始出奧注又老子道者萬物之奧釋文○老子王注云奧猶曖也可得庇蔭之辭 奧猶主也 禮記禮運故人以為奧也注○左氏昭十二年傳國有奧主疏奧主國內之主 奧深也 晚出書序雅誥奧義釋文又國語周語野無奧草注又後漢書班彪傳上注○梁冀傳注云奧深室也又文選陸士衡樂府塘上行結根奧且堅注云奧猶深也 奧內也安也 書堯典厥民隩鄭注又論語八佾與其媚於奧集解引孔注又皇疏 奧 書大傳四奧注壇 奧藏也 廣雅釋詁四又老子

注 奧祕也 太玄文冥反其奧注○釋名釋宮室云室中西南隅曰奧不見戶明所在祕奧也 奧幽也 漢書王褒傳注引張晏 奧濁也 後漢書班彪傳下注又文選典引有沈而奧蔡注 奧冢牢也 莊子徐無鬼釋文 鴞奧脾肶也 禮記內則鴞奧注 湆奧奧皆烹和之名 荀子大略湆之傷人不若奧之注 夫奧者老婦之祭也 禮記禮器○萱按禮段奧為爨也 奧亦水名 詩淇奧釋文引州木疏○萱按詩段奧為澳也 奧煖也奧熱也奧溫也 萱按皆段奧為燠也詩無衣曰安且奧兮 奧謂土之可居者也 萱按此段奧為墺 奧水隈也 萱按此段奧為隩也二字互相段借 室西南隅謂之隩 家語問玉注○書堯典厥民隩晚出傳云隩室也 隩深也 隩隱也隩藏也 萱按此皆奧之義也在隩為再引申矣注具隩下又譙敏碑云深明典隩卽奧也

好 海導切

上去兩讀○姑从俗分也說在上聲 愛也 又楚辭惜誦夫父信讒而不好注 好喜也 荀子解蔽其為人也善射以好思注哀公好肆不守折長者不為市竊注又呂覽壅塞齊宣王好射注○荀子正論令子宋子嚴然而好說注云好

說自喜其說也好好喜也詩巷伯驕人好好傳○萱按依俗劃分此則義當讀去聲而釋文此處無音是知鈲
析瑣瑣屑非古本然也好好喜讒人之言也詩巷伯箋好說也詩彤弓中心好之傳○孟
子梁惠王下好君也注云言臣說君謂之好君好謂姝悅也方言十二妧好也注姚好樂也法言
孝至則習亂則好始治也注好猶善也詩鹿鳴人之好我箋○萱按好訓善訓婎悅上去明讀皆可好
猶與也詩小明好是正直箋乾為好易遯好遯虞注象上傳人道惡盈而好謙虞注好謂與巳
和好詩女曰雞鳴知子之好之箋好合至意合也詩常棣妻子好合箋好私好也書洪
範無有作好馬注又呂覽匕公無或作好注好憎情欲淮南精神孰能無好憎注○精神云好憎者心之暴
也又原道云好惛者心之過也好用燕好所賜予周禮大宰九日好用之式注好賜王所
善而賜也周禮內饔凡王之好賜肉脩注好得厚斂也呂覽士容好得注○萱按合上去二聲好
字通觀之知一意引中非有鴻溝之判也

導 代語切
導引也說文段注導乃複舉字未刪者經傳多段道為䆃義本通也○漢書宣帝紀注禮樂志注又後漢書黨錮
傳注呂強傳注並云導引也又史記司馬相如傳使五帝先導正義云䆃導引也導引謂搖筋骨動
支節素問異法方宜論其治宜導引按蹻注䆃是帥引之言周禮遂師疏○漢書溝洫志決之使
道注云導通引也又論語為政道之以政皇疏云導謂誘引也導猶先也呂覽適威忠信以導之注導從
首起也書禹貢導岍及岐釋文導達也國語周語川氣之達也注導通也國語周語為川者決
之使導注○荀子儒效教誨開導成王注云開導謂開通導達導開也國語周語將導利而布之上下者也注○
晉語述意以導之注云導開導也導行也國語楚語而導之以訓辭注導涉也呂覽察今嚮其先表
之時可導也注導治也論語學而導千乘之國集解引苞注又漢書地理志注○學而皇疏云導猶治也
導教也後漢書張敏傳注又淮南繆稱而不可以導人注導訓也國語晉語是以導於民注又史記五
帝紀敬道日出正義導諫也淮南兵略導於左右注導語也廣雅釋詁一導者言古以

劉令也周禮大司樂興道諷誦言語注導陶也陶演巳意也釋名釋言語以
導擽鬢髮使入巾幘之裏也釋名釋首飾○萱按六朝有玉導玉介導謂此道達也
國語周語夫天道道可而省不注晉語夫成子道前志注道開也國語楚語教之詩而為之道注道治也
引也漢書溝洫志注○食貨志上注王嘉傳注並云道治也道勵也爾雅釋詁道訓也國語周語
則德以道諸侯注晉語知子之道善矣注道謂教道之也荀子大略所以道之也注○論語學而集解引
馬注云道謂為之政教道也者導也大戴記文王官人深道以利注○保傳云篤仁而好學多聞而道慎
天子疑則問應而不窮者謂之道道者導天子以道者也道示之以道塗也禮記學記道而弗牽注

䆃
䆃米也司馬相如曰䆃一莖六穗也說文段注䆃米也三字句各本刪䆃字改米為
禾自呂氏字林顏氏家訓時已然今正䆃擇也擇米曰䆃米漢人語如此雅俗共知者漢書百官表後漢書和帝殤帝紀
皆有䆃官注皆云䆃官主擇米鄧后詔曰減大官䆃官自共共陵廟稻粱米不得䆃擇光武詔曰郡國異味有豫養䆃擇

之勞凡作導字謊字也䆃米是常語故以䆃米釋䆃篆如河下云河水篤下云篤周之比戕人縈謂複字而刪之又改米
為禾呂忱徐廣顏之推司馬貞皆執誤本說文謂䆃是禾名豈知䆃果禾名則許書之例當與稅穆私三篆為伍而不廁
於此史漢司馬相如傳封禪文曰囿騶虞之珍羣徼麋鹿之怪獸䆃一莖六穗於庖犧雙觡共抵之獸獲周餘珍放龜於
岐招翠黃乘龍於沼鄭德云䆃擇也一莖六穗謂嘉禾之米鄭語取明憭言於庖者擇米作飯必於庖也呂忱乃云禾一
莖六穗謂之䆃蓋不讀封禪文而誤斷許書之度矣○萱按廣雅釋州云䆃禾也又史記集解引徐廣云䆃瑞禾也皆誤
說不足搋依䆃擇也漢書張湯傳注又續漢書百官志三䆃官令本注又後漢書殤帝帝紀注○光武紀下注
云䆃亦擇也䆃官主䆃擇米以供祭祀後漢書和熹鄧皇后紀注

蹈
踐也說文○釋名釋姿容云蹈道也以足踐之如道路也又詩贊柳疏云蹈者踐履之名蹈履也廣雅釋詁
一○三國志袁張涼國田王郁原管傳注云蹈猶履也又詩大序足之蹈之也釋文云蹈足履地也蹈蹋也淮南
原道蹈騰昆侖注蹈頓足蹋地史記樂書發揚蹈厲之巳蚤正義蹈行也一切經音義九引廣

雅○穀梁隱元年傳蹈道則未也釋文云蹈履行之名也蹈蹈行也廣雅釋訓蹈動也詩菀柳上帝甚蹈傳

燾

或作燾翿俗有燾幬○溥覆照也說文段注中庸曰辟如天地之無不持載無不覆幬注云幬或作燾按左傳亦云如天之無不幬杜注幬覆也蓋幬是段借字幬訓襌帳帳主覆也燾从火故訓為溥覆照周禮司几筵注敦讀曰燾燾覆也燾覆也書禹貢釋文又周禮司几筵每敦一几注又左氏襄廿九年傳又服注又周書作雒燾以黃土注燾者昌也公羊文十三年傳魯公燾注翯載也廣雅釋言翯戢也同上幬覆也廣雅釋詁二○萱按此段幬為燾也幬者幬之正字幬覆也考工記輪人為輪欲其幬之廉也疏幬必負幹疏又禮記檀弓下天子龍輴而椁幬注喪大記大夫殯以幬注又左襄廿九年傳釋文○禮記中庸注云幬亦覆也又後漢書朱穆傳故夫天不崇大則覆幬不廣注云幬亦覆幬與燾同幬幔轂之革也考工記輪人注幬著也廣韻

儔

或作㦞俗有儔○翳也說文段注翳者華蓋也引伸為凡覆蔽之偁按玉篇儔直流切侶又大到切翳隱蔽也廣韻尤韻儔侶也直由切号韻儔隱也徒到切是儔有隱蔽之訓而其音與嚋侶絕不同與翿纛音同由其義相近也翳義廢而侶義獨行矣然自唐以前用儔侶皆作嚋絕無作儔者蓋由古者一井為嚋並畔為嚋是以釋詁曰嚋誰也注易注國策漢書者一曰嚋類也注國語者曰嚋匹也下逮六朝辭賦皆不作儔乎應之書曰王逸注云二人為匹四人為嚋嚋亦類也今或作儔矣然則用儔者起唐初以至於今儔類也儔匹也儔等也萱按皆段儔為嚋也平聲內詳之雖同聲段借未甚違失然古人罕用矣

翳

平去兩讀或作犧犧翢○俗有翿翳也所㠯舞也詩曰左執翳說文段注釋言曰翢纛也纛翳也王風毛傳曰翿纛也翳也翳翢翿同字毛傳本釋言翳也之上當本有纛字从焜燿舞也燚焚火也之例也陳風傳則約之云翿翳也許本之許無纛字者無毐部亦無縣部無从入也王風音義曰纛俗作纛爾雅音義曰纛字又作纛五經文字曰纛作纛譌開成石經周禮爾雅正作纛纛从縣毐會意與絲从糸毐會音同从毐者如艸之盛也淺人改从

毒謂為諸聲耳鄭注爾雅云今之羽葆幢舞者所以自蔽翳王風左執翿陳風值其鷺羽值其鷺翿傳云值持也鷺鳥之羽可以為翳翌字下云樂舞以羽翢自翳其首皆謂舞也射則用翿注見鄉射禮表則天子鄉師執纛御匱諸侯匠人執翿御匱周禮注作執翿襍記作執羽葆然則翿也纛也羽葆也異名而同實也漢羽葆幢以犛牛尾為之在乘輿左騑馬頭上或云在衡幢謂之翳廣雅釋器○周禮鄉師及葬執纛司農注云翿羽葆幢也爾雅曰纛翳也翿陶也其皃陶陶下垂也釋名釋兵翿幢翳也翿方言二○注云翿幢舞者所以自蔽翳也翿舞者所持纛也爾雅釋言李注翿亦所以進退眾者儀禮鄉射禮記無物則以白羽與朱羽糅注

嫪 朗誥切

婟也說文○萱按婟下云嫪也二字互訓嫪惜也謂戀不能去也一切經音義十三引聲類意若曰嫪一切經音義七引通俗文嫪妬也廣雅釋詁一

竈 宰誥切

或作竈竈或炊竈也周禮㠯竈祠祝融說文段注炊者爨也竈者炊爨之處也周

禮故書以竈為造○萱按祝於竈古周禮說也五經異義許君謹案同周禮說而鄭駁之鄭為優也𥧂謂之竈廣雅釋宮○萱按𥧂或譌作竈本無此字也玉篇引倉頡云楚人呼竈曰𥧂竈造也創造食物也釋名釋宮室○廣雅釋言云竈造也竈主飲食之事禮記祭法注竈者火之主人所以自養也白虎通五祀○漢書五行志中之上云竈烟陽又中之下云竈者生養之本竈夏為太陽其氣長養祀之於竈獨斷上○風俗通祀典云竈者老婦之祭也竈好利太玄玄錯○玄衡云竈鄰

造 粲誥切

艁古文就也譚長說造上士也說文段注造就疊韻廣雅造詣王制升於司徒者不征於鄉升於學者不征於司徒曰造士注造成也能習禮則為成士按依鄭則與就同義釋水天子造舟毛傳同陸氏云廣雅作艁按艁者謂並舟成梁後引申為凡成就之言○易乾釋文引王肅云造就也造詣也詩酌蹻蹻王之造釋文又廣雅釋言又國策宋策而造大國之城下注又莊子大宗師魚相造于水釋文○漢書張湯傳其造詣諸公注云造至詣

也

造至也

周禮大司寇以兩造禁民訟注又儀禮士喪禮造于西階下注又禮記王制造乎禰疏玉藻疏又漢書各傳注又後漢章帝紀注班彪傳注○周禮司門凡四方之賓客造焉注云造猶至也

造致也

孟子離婁下君子深造以之以道注

造適也

小爾雅廣詁又莊子山木愛己而造哀也釋文引司馬注

造進也

小爾雅廣諭

造猶即也

周禮肆師類造上帝注

造猶內也

禮記喪大記君設大盤造冰焉注

造始也

廣雅釋詁一又呂覽大樂造於太一注下賢文王造之而未遂注

造作也

周禮膳夫卒食以樂徹于造注又儀禮士冠禮記夏之末造也注又呂覽誣徒此師徒相與造怨尤也注

造謂作新也

禮記玉藻大夫不得造車馬注

造為也

爾雅釋言又易乾大人造也釋文引鄭注又書盤庚中咸造勿褻在王庭馬注大誥予造天役釋文又詩緇衣敝予又改造兮箋思齊小子有造傳閔予小子遭家不造傳酌蹻蹻王之造傳又禮記王制不造燕器注又國語周語故凡我造國注

造偽也

詩兔爰尚無造傳○萱按偽與為古義相貫通

造成也

書君奭者造德不降鄭注又禮記王制曰造士注又左氏成十三年傳則是我有大造于西也注又漢書表志傳各注又後漢書紀志各

注又管子地員各有穀造注又太乔度不得造也注又一切經音義廿二引廣雅又文選天監三年策秀才文注引易鄭注○詩閔予小子遭家不造箋云造猶成也

造遺也

書大誥予造天役馬注

造並也

後漢杜篤傳注

造造生也

易象上傳天造艸昧虞注

造化天地一曰道也

淮南原道乘雲陵霄與造化者俱注○本經與造化者相雌雄注云造化天地也又精神偉哉造化者注云造化謂天也又覽冥懷萬物而友造化注云造化陰陽也

造猝也

廣雅釋詁二

造次急遽也

論語里仁造次必於是集解引馬注又皇疏又後漢書盧植傳注○儀禮士喪禮疏云造是造次又左氏隱四年疏云造次倉猝皆迫促不暇之意

造然驚悽之皃

大戴記保傅靈公造然失容注

造宜類皆祭名

禮記王制造乎禰注○周禮大祝一曰類二曰造注云類造加誠肅求如志又杜注云造祭於祖也又疏云造者以其非時而祭造次之意

造謂食之故所居處也

周禮膳夫卒食以樂徹于造注

造言誐言惑衆

周禮大司徒七曰造言之刑注

造舟以舟相比次為橋也

文選東京賦造舟清池薛注○爾雅釋水注云造舟比船為橋又抹

注云造舟比舟為梁又李注云比其舟而渡曰造舟又詩大明造舟為梁疏云造舟者比船於水加板於上即今之浮橋○萱按周禮故書段竈為造見大祝注又列子楊朱段告為造又書受造天役兩造俱倘造或作遭遭亦段字也

漕

水轉轂也一曰人之所乘及船也

說文段注轂各本譌穀今依韵會平準書索隱蕪城賦注訂如淳漢書注曰水轉曰漕百官志曰大倉令主受郡國漕穀乘下疑奪車字益車亦得倘漕或云及蓋誤字按史記索隱作一云車運曰轉史史曰漕十字當以之○周書文傳以漕四方注云漕轉也又史記平準書漕轉山東粟索隱云水轉曰漕

漕水運也

史記蕭相國世家轉漕給軍索隱又漢書食貨志上歲漕關東轂注又後漢書章帝紀注班彪傳上注○鄧訓傳注云水運曰漕又晉書音義上云漕水運轂也

以水通輸曰漕

續漢書百官志三注引小學漢官篇胡廣注

漕衛邑也

詩擊鼓土國城漕傳○載馳言至于漕傳云漕衛東邑

㬰

眼巢切

嫚也虞書曰若丹朱㬰論語㬰湯舟

說文段注嫚者侮傷也傲者倨也㬰與傲音義皆同引申為排㬰多力皃虞書臯陶謨文米當作絲論語者慝問篇文依宋本及集韵類篇作湯今作盪非湯即盪陣字

盪陣音盪○萱按論語作㬰左氏作澆音近通用也未知孰為正字澆見襄四年傳

報

博誥切

隸作報

當辠人也

說文段注司馬彪百官志曰廷尉掌平獄奏當所應凡郡國讞疑罪皆處當以報史記張釋之列傳曰廷尉奏當一人犯蹕當罰金又曰廷尉當是也又路溫舒上書曰奏當之成司馬貞引崔浩云當謂處其罪也按當者漢人語報亦漢人語漢書張湯傳曰訊鞫論報蘇林注蘇建傳曰報論也斷獄為報是則處分其罪以上聞曰奏當亦曰報也引申為報白為報復又段為赴疾之赴見少儀喪服小記今俗云急報也也○萱按奉之隸字當作幸而自來偏旁相沿多一畫與喜辛字溷殊誤

報謂斷決也

後漢書安帝紀注

報因謂奏請報決也

後漢書魯恭傳注

報論也

漢書食貨志下注引鄭氏又後漢書陳寵傳注○章帝紀注云報猶論也

報猶合也

禮記喪服小記誅而反以報之注又鬼谷子反應以報其心注○儀禮喪服傳疏云報合也

報猶反也

穆天子傳六報哭于大次注

報復也

廣雅釋言又淮南天文東北為報德之維也注

報白也

國策秦策請為張唐先報趙注又漢書宣帝紀注引如淳又呂覽權勳荀息操璧牽馬而報注貴因注樂成注又淮

南精神列子行泣報壷子○○禮記郊特牲王皮弁以聽祭報注云報猶白也報者若上書諸公府言事矣周禮大司冠凡遠近惸獨老幼之欲有復於上注報者天下之利也禮記表記○注云報謂禮也積習之功為報莊子列禦冠夫造人物者之報人也不報其人而報其人之天注報孝養也荀子法行有親不能報注報者謂嘗也烝也詩豐年序秋冬報也篯報報德之祭也國語魯語有虞氏報焉注報媱也廣雅釋詁一○左氏宣三年傳文公報鄭子之妃服注云報復也親屬之妻曰報漢律淫季父之妻曰報又小爾雅廣義云下淫曰報報拜再拜也周禮大祝八曰褒拜鄭大夫注○萱按此褒拜為正借字也禮記樂記祭義故禮有報而樂有反兩注皆云報當為褒又少儀母報往喪服小記報葬者報虞所注竝云報讀為赴疾之赴

冃 莫誥切

○俗有帽褐小兒及蠻夷頭衣也說文段注謂此二種人之頭衣也小兒未冠夷狄未能言冠故不冃而冃苟卿曰古之王者有務而拘領者矣楊注務讀為冒枸與勾同淮南書曰古者有鼇而緌領以王天下者高注

古者蓋三皇以前也鼇著兜鼇帽言未知制冠按高注兜鼇二字蓋淺人所加務與鼇皆讀為冃冃即今之帽字也後聖有作因冃以制冠冕而冃遂為小兒蠻夷頭衣帽冒也釋名釋首飾憑盈滿積思之兒淮南脩務帽憑而為義注冒所以覆冒其首漢書儁不疑傳著黃冒注○萱按此段冒為冃也冒冒覆也易繫辭上傳冒天下之道注又釋文又書史詁怙釋文又詩日月下土是冒傳又禮記月令注長冒撅文又廣雅釋詁二又小爾雅廣詁又漢書周勃傳注又莊子繕性德則不冒釋文引文選思玄賦患衆偽之冒真舊注○山海經西山經積石山石門河水冒以西流注云冒猶覆也冒蒙也漢書食貨志下注○考工記韗人凡冒鼓注云冒蒙鼓以革冒蒙覆也漢書王商傳水猶不冒城郭注冒覆項也書大傳古之人衣上有冒而句領者注冒覆面也呂覽知化乃為幎以冒而死注以囊韜其形曰冒覆其形使人勿惡也釋名釋喪制○儀禮士喪禮冒緇質長與手齊赬殺掩足注云冒韜尸者制如直囊又禮記襍記下云冒者何也所以掩形也又喪大記君錦冒黼殺疏云冒者既襲所以韜尸重形也

冒

冐 古文 冢而前也說文段注冢者覆也引申之有所干犯而不顧亦曰冒如段冒如冒白刃如貪冒是也邶風下土是冒傳曰冒覆也此段冒為冃也冒覆蔽也漢書翟方進傳善惡相冒注冒謂冒悶也素問玉機真藏論忽忽眩冒而巔疾注五常政大論埃冒雲雨注冒盛也國語鄭語戎狄必冒注冒謂假稱若人首之有覆冒也漢書衛青傳故青冒姓為衛氏注冒冒犯也漢書禮樂志民人抵冒注貫諠傳至冒上也注李陵傳白刃注司馬相如傳下冒流矢注司馬遷傳注又文選吳都冒霜停雪注冒觸也易繫辭上傳冒天下之道虞注冒抵觸也國語周語夫戎翟冒沒輕儳注○晉語有冒上而無忠下注云冒抵冒冒哭取其觸冒而居哭也後漢本畜傳注○傳變傳注云冒頓匈奴單于名也冒嫉也呂覽明理夫妻相冒注○萱按此義可用媢字冒貪蔽也漢書翟方進傳冒濁苟容注○左氏襄四年傳冒於原獸注云冒貪也又文十八年傳冒於貨賄注云冒亦貪也又史記伯夷傳衆庶馮生索隱云冒冒即貪之義厚人自薄謂之讓反讓為冒賈子道術○萱按書君奭迪見冒聞于上帝馬本作

勖又顧命爾無以釗冒貢于非幾馬鄭王作勖此二字互借通用也君奭勖為正字顧命冒為正字而勖書勖作勖不成字也又文選七發冒以山雪段冒為芼也名玉曰冒者言德能覆天下也考工記玉人注○萱按此段冒為珇也

珇

古文○俗諸作珇諸侯執圭朝天子天子執玉以冒之似犂冠周禮曰天子執珇四寸說文段注玉人曰天子執冒四寸以朝諸侯注名玉曰冒者言德能覆蓋天下也四寸者方以尊接卑以小為貴尚書大傳曰古者圭必有冒不敢專達也天子執冒以朝諸侯見則覆之故冒圭者天子所與諸侯為瑞也諸侯執所受圭以朝於天子瑞也者屬也辭冠爾雅注作犂館謂耜也周禮匠人耜廣五寸二耜之伐廣尺耜及方珇上下方似之珇各本篆作珇云古文从目惟玉篇不誤此蓋璧中顧命字珇之為冒冒也上有所覆下有所冒也白虎通瑞贄○書顧命上宗奉同珇映出傳云珇所以冒諸侯圭

娼

夫妬婦也一曰梅目相視也說文段注大學曰娼疾以惡之鄭曰娼妬也顏氏家訓日太史

公論英布曰偈之典自愛姬生於媢妬漢書外戚傳亦云成結寵妾妬媢之誅以二媢字竝當作媢妬五宗世家亦云常山憲王后妬媢王充論衡云妬夫媢婦生則忿怒鬥訟按顏所舉惟英布傳是此字本義其餘皆夕妬不分別尚書祇作冒梅當作怒周語曰道路以目按杜詩用抉眼即易之反目也許目部云眏涓目也梅目或眏目之誤所謂裂眥又按梅當作侮謂目相侮也史記曰目笑之○漢書五行志中之下而恒有妬媢之心注云謂夫妬婦也又史記黥布傳索隱云媢是妬之別名萱按索隱又云男妬曰媢又云妬女為媢又云媢丈夫妬也凡集解漢書注郭注三蒼竝略同

媢妬也廣雅釋詁一○顏氏家訓引三蒼云媢亦妬也

㮘

門樞之橫梁說文段注釋宮曰楣謂之梁郭曰門戶上橫梁今本爾雅作楣字之誤也釋文楣亡悲反或作楣亡報反埤蒼云梁也呂伯雍曰門戶之橫梁也說文楣楣秦名屋櫋聯也陸引字林字林以證楣引說文以證楣謂楣義不同今本脫誤不可讀陸於楣不引說文者随緒閱所得也櫻言樞之下楣言樞之上門上為橫梁鑿孔以貫樞今江浙所謂門龍也

萺 萛

篙艸也說文

合口評

孝

戶悅切

善事父母者說文段注禮記祭統孝者畜也順於道不逆於倫是之謂畜○孝經非孝者無親注又周禮師氏三曰孝德疏又論語學而皇疏竝云善事父母為孝又漢書武帝紀初令郡國舉孝廉注云孝謂善事父母者又荀子王制云能以事親謂之孝

善父母為孝爾雅釋訓又詩六月張仲孝友傳又周禮大司樂中和祇庸孝友注大司寇上德糾孝注又儀禮士冠禮孝友時格注又論語為政孝于惟孝皇疏○周禮大司徒孝友睦婣任恤注云善為父母為孝

子愛利親謂之孝賈子道術○墨子經上云孝利親也

慈惠愛親曰孝周書謚法又獨斷下○一切經音義廿五引謚法曰慈愛忘勞曰孝從命不違曰孝

夫孝者善繼人之志善述人之事者也禮記中庸○書文侯之命追孝于前文人晩出傳云繼先祖之子為孝

子以人不閭於其父母為孝後漢范升傳○萱按此論語說也論語當主此義

奉身

為孝左氏閔元年傳孝而安民注

秉德不回曰孝周書謚法○又云協時肇享曰孝又云五宗安之曰孝

民之本教曰孝大戴記曾子大孝○禮記祭義云眾之本教曰孝

嚴恭承命不以身恨君孝也新序節士○周禮師氏三曰孝德注云孝德尊祖愛親守其所以生者也

孝就也廣雅釋詁三

孝度也廣雅釋言

孝嚳也廣雅釋詁四

孝究也同上

孝畜也廣雅釋言○孝經疏引孝經援神契云天子孝曰就諸侯孝曰度大夫孝曰譽士孝曰究庶人孝曰畜

孝好也愛好父母如所說好也孝經說曰孝畜也畜養也釋名釋言語

夫孝天地之性人之所由靈也文選籍田賦

孝者德之本也孝經人之行莫大於孝注○孝經云孝德之本也又國語周語云孝文之本也

孝者德之至道之要也孝經先王有至德要道注○大戴記衛將軍文子又家語弟子行竝云孝德之始也

孝天之經也地之義也民之行也孝經○大戴記曾子大孝云夫孝者天下之大經也

夫孝百行之冠眾善之始也

後漢書江革傳○杜欽傳云孝人行之所先也又管子戒勢解云孝者子父之高行也又顏氏家訓勉學云孝為百行之首又左氏文二年傳云孝禮之始也

孝弟者仁之祖也管子戒○儀禮士相見禮與幼者言孝弟疏云孝弟是事父兄之名

孝悌天下之大順也漢書文帝紀又後漢書明帝紀注○章帝紀注云孝弟淑行也

凡古祭饗尸曰孝子儀禮士虞禮記哀子某注

孝者謂保母也大戴記保傳孝者繼之注○萱按此義疑本是孛字而譌為孝也孛見二部仿也與保母義稍近

孝水在河南郡水經注十六引字林

學

斆古籀○去入兩讀義分學字詳彼

覺悟也說文段注學記曰學然後知不足知不足然後能自反也按知不足所謂覺悟也記又曰教然後知困然後能自強也故曰教學相長也兌命曰學學半其此之謂乎按兌命上學字謂教言教人乃益己之學半教人謂之學者學所以自覺下之效也教人所以覺人上之施也故古統謂之學也枚頤偽尚書說命上字作斆下字作學乃已下同王篇之分別矣詳古之製字作斆从教主於覺人秦以來去攴作學主於自

學記之文學教分列已與兌命統名為學者殊矣後人分別斆胡孝反學胡覺反○萱按二事一貫故學斆同字其劃然分判雖出於後然亦事勢所必至

斆 敎也 書盤庚上盤庚斆于民晚出傳說命下斆學半晚出傳○萱按高彪碑為斆者宗五十以斆是漢人二字未分別也

學 敎也 禮記檀弓下叔仲皮學毋栃注文王世子學之為父馬注凡學世子及學士必時疏又釋文學記學不禮職等也注又儀禮燕禮釋文又廣雅釋詁四學敎之長釋詁 學記注

皰

○俗有酡皰疱酡 面生气也 說文段注玉篇作面皮生氣也乎應書一作面生熱氣也淮南資小皰而發疽高曰皰面氣也乎應引作酡 **皰** 病也 廣雅釋詁一 **酡** 面瘡也 玉篇 **酡** 酒之色 五音集韵

麭 普孝切

泰垸已句復泰之 說文段注垸者以泰餘灰垸而髼也旣垸之復泰之以光其外也

韻史卷十四

第三部入聲

匊韻

泰興何萱石閭譔集 子度校字
上海顧錫麒竹泉覆審
武進李兆洛申耆鑑定

匊 齊齒呼 几育切

○俗有掬 **在手曰匊** 說文段注唐風椒聊之實蕃衍盈匊小雅終朝采綠不盈一匊毛皆云兩手曰匊此云在手恐傳寫之誤手部曰持握也握搤持也搤捉也捉搤也把握也然則在手之謂曰握曰搤曰持曰把不曰匊也搤篇韻所言則許書之譌久矣玉篇以古文作曰此語尤誤曰者又手也又者手指相錯也廣韻以兩手奉物訓俗誤矣方言曰掬離也燕之外郊朝鮮洌水之間曰掬此方俗殊語不係乎本字也○禮記曲禮上受珠玉者以掬注云掬手中兩 **手曰掬** 禮記曲禮釋文又左氏宣十二年傳舟中之指可掬也注○公羊宣十二年傳注云以兩手曰掬又小爾雅量云兩手謂之匊萱此用字與毛詩同餘大抵作掬矣 正

掬

局也使相局近也 釋名釋姿容

趜

窮也 說文段注毛傳鞫窮也說文竆窮也鞫窮也鞫窮治辠人也皆於雙聲疊韻求之廣韻曰趜困人也 **體不申謂之趜** 一切經音義十三引通俗文○集韻云趜蹵足不伸

鮈

○俗有鮈 **鮈魚也出樂浪潘國一曰鮈魚出九江有兩乳一曰溥浮** 說文段注上一曰別具義鮈即今之江豬亦曰江豚樂浪潘國與九江同產此物云一曰者載異說殊其地也下一曰猶今言一一名也溥浮俗字作鱄鯆普姑覆浮二反鱄一作鱄吳東門謂鱄鯆門即今蘇州葑門也釋魚鱀是豚亦江豚之類也謂之海豚○爾雅釋魚釋文引字林云鮈出樂浪一曰出江東又云鮈魚有兩乳

菊

大菊蘧麥 說文又爾雅釋艸 **菊艸名也** 爾雅翼引蔡邕月令章句 **菊者艸名花色黃** 禮記月令疏○萱按此非黃花本字也段借爾後人習用菊鞠不知有蘜字矣 鞠之

蘜

治蘠也 說文段注未詳何物集韻七之曰落蘠艸名○萱按說文蘜蘠相次疑蘜下許今作治蘠轉寫奪艸頭耳 爾雅作蘜治蘠 **鞠今之秋華菊** 爾雅釋艸蘜治蘠注○萱按此景純誤會也謂為段借亦不合

蘜

𦺗或菊○或作蘜鞠 日精也吕秋華說文段注以各本作似今依采本及韵會正本艸經菊花一名節花又曰一名曰精按一名節花即許所謂以秋華也一名日精與許合夏小正九月榮鞠鞠艸也鞠榮而樹麥時之急也月令鞠有黃華離騷夕餐秋菊之落英字或作菊或作鞠以說文繩之皆段借也釋艸蘜治蘠郭云今之秋華菊郭意蘜菊為古今字𤣥栽謂許君訓析菊為大菊蘧麥蘜之為治蘠蘜為日精分罰三所又恐學者以其同音易溷也然則許日以秋華言此蘜字乃小正月令之布華之月者也然則許意治蘠別是一物種類甚殊如大菊之非蘜郭注爾雅與許全乖故郭氏所注小學三書今存者二有時涉及字林而絕未嘗偁用說文也本艸經名醫別錄秋華有九名而無治蘠則治蘠之非秋華亦昭可見 蘜衣黃如鞠華色也釋名釋衣服又詩綠衣釋文禮記月令釋文竝昭同○周禮內司服司農注云鞠衣黃衣也 鞠衣黃桑服也色如鞠塵象桑葉始生周禮內司服注○禮記月令釋文云鞠衣如麴塵

𥷚

𥴬或○或作𥷚𥴬鞫○俗有詾淘阬坑泦 窮治辠人也說文段注文王世子注曰讀書論法曰鞫正義云讀書讀因人之所犯罪狀之書用法謂以法律平斷其罪周禮小司寇讀書用法先鄭云如今讀鞫已乃論之漢書功臣侯表坐鞫獄不實如淳云鞫者以其辭決罪也張湯傳訊鞫論報張晏云鞫一吏為讀狀論其報行也刑法志遣廷史與郡鞫獄如淳云以囚辭決獄為鞫謂疑獄也按鞫者俗簐字詥作鞫古言云今言供語之轉也今法具犯人口供於前簐具勘語提罪於後即治之讀書用法漢之以辭決罪也鞫與窮一語之轉故以窮治罪人釋鞫引申為凡窮之偁谷風南山小弁傳曰窮也公劉傳曰究也節南山傳曰盈也究盈亦窮之意藜莪傳曰養也養與窮相反而相成如亂可訓治祖可訓存苦可訓快若采芑傳曰鞫告也此則謂鞫即告之段借字文王世子告於甸人亦是段告為鞫也按此字隸作鞫經典從之俗多改為鞫大誤

𥷚 窮也爾雅釋言又詩雲漢鞫哉庶正箋瞻卬鞫人忮忒箋又史記酷吏傳集解引蘇林又漢書張湯傳注 鞫謂劾囚之要辭 周禮小司寇疏 鞫問也 漢書車千秋傳注○書呂刑疏云漢世問罪謂之鞫 水之內曰隩水之外曰鞫 詩公劉芮鞫之即箋又疏云鞫水外也○爾雅釋丘厓內為隩外為鞫李注云厓內近水為隩其外為鞫萱按釋文引字林鞫作坑周禮職方氏注引詩作

汭坑之即 坑隈也廣雅釋丘 坑隈崖外也 爾雅釋丘釋文引字林 泦水文也玉篇

𥤚

𥤚或 窮也說文段注𥤚窮雙聲毛傳於南山谷風小弁皆曰鞫窮也今部曰𥷚窮治罪人也其字俗作鞫然則詩谷風南山小弁鞫字皆𥤚之段借也毛傳於公劉曰鞫究也於節南山曰鞫盈也究與盈皆與窮義近若蓼莪傳曰鞫養也則就窮義而變之所謂相反而相成也若采芑傳曰鞫告也則謂鞫即告之段借自淺人不得其義例多所改竊唐石經鞠鞫錯出至近日而盡改為鞫矣鞠者革部蹋鞠之字其義相去遠詩借鞠為𥤚義相近也鞫行而𥤚廢矣○萱按𥤚之訓窮本義也𥷚由窮治罪人用為凡窮之偁則引申之義也雖不言段借亦得若鞫則音義皆殊矣 鞫窮也爾雅釋言又書盤庚中爾惟自鞫自若晚出傳又漢書刑法志注引李奇張湯傳注義縱傳注敘傳上注引應劭又後漢鄧騭傳注又楚辭懷沙離愍而長鞫注又文選西征賦注引漢書張晏注 鞫盡也禮記文王世子疏○爾雅釋言注云鞫窮盡也 鞫盈也爾雅釋詁又詩南山曷又鞫止箋 鞫高貌也文選南都賦鞫巍巍其隱天注 鞫養也書盤庚下鞫人謀人之保居王注○方言一云鞫養也陳楚韓鄭之間曰鞫 鞫生也爾雅釋言 鞫稚也同上 谷窮也詩桑柔進退維谷傳○萱按此段谷為𥤚也

鵴

○俗有鵴雜鵴 秸鵴逗 尸鳩也說文段注釋鳥曰鳲鳩鴶鵴毛傳尸鳩秸鞠也字異音同方言作結誥擊穀郭注云今之布穀也江東呼為穫穀按今之郭公也以穀雨後鳴故名今名皆像似其音為之左傳曰尸鳩氏司空也召南序云德如尸鳩曹風傳云尸鳩之養其子朝從上下莫從下上平均如一月令仲春鷹化為鳩鄭云鳩搏穀也季春鳴鳩拂其羽鄭云鳩鳴飛翼相擊趨農急也鄭意鳴鳩即搏穀鳴鳩猶鳩鳴也與蔡邕孫炎謂此鳴鳩為鶻鵃不同○萱按凡作秸鞠者鞠皆譌字毛傳及左傳杜注是也當正方言八云鳩自關而西秦漢之間謂之鵴鳩 隹其謂之鵴鳩 一切經音義十六引通俗文○

𢷎

○俗有𢷎 撮也說文段注按字之同音者有三此謂三指撮也臼謂叉手也匊謂在手也

臼

叉手也說文段注又部曰叉手指相錯也此云叉手者謂手指正相向也

舄

或作瞿 舄烏也說文

匊 儉育切

曲脊也說文段注此論語鄉黨聘禮記鞠躬之正字也聘禮鞠躬亦作鞠窮史記魯世家作匔匑徐廣云見三蒼謹敬皃也音穹窮廣雅亦曰匔匑謹敬也漢書注曰鞠躬謹敬也蓋上字丘弓切下字巨弓切爲疊韻也如左傳曰鞠窮之卽穹窮耳上字亦讀丘六切仍是聯綿字孔注論語曰斂身許曰曲脊蓋未有謹敬而不傴僂者也許無匔匑字者以匊躳爲正字鞠則匊之段借字也鞠躬行而匊廢矣 鞠曲斂也論語鄉黨皇疏 鞠曲躳也史記滑稽傳希講鞠跽索隱○集解引徐廣云鞠曲也 匔匑爲鞠兮當道宿楚辭初放注 塊鞠

蘜

鞠 或麴麯○俗有麮 酒母也說文段注作䊤或以米或以麥故其字或从米或从麥○萱按方言薄或謂之麴此段爲菌字也史記周勃以織曲薄曲爲生 麴朽也鬱之使生衣朽敗也釋名釋飲食○列子楊朱積麴成封釋文云麴本又作麴 薄宋魏陳楚江淮之間謂之苖或謂之麴方言五

鞠 或作鞠○俗有蘜麴麴

蘜 或蹋鞠也說文段注劉向別錄曰蹵鞠者傳言黃帝所作或曰起戰國之

時蹋鞠兵勢也所以練武士知有材也皆因嬉戲而講練之漢藝文志兵技巧十三家有蹵鞠二十五篇郭璞注三蒼云毛丸可蹋戲者曰鞠按鞠居六求六二切廣韻曰今通謂之毬子巨鳩切古今字也 鞠毛丸可蹋戲者文選名都篇注引三蒼又一切音義廿二引三蒼云毬毛丸可戲者也○御覽七百五十四引通俗文云毛丸謂之鞠又引風俗通云毛丸謂之踘 鞠蹵鞠也一切經音義二十引劉向別錄 鞠戲以皮爲之中實以毛蹵蹋爲戲也史記衛將軍驃騎傳穿域蹋鞠索隱 鞠以韋爲之實以物蹵蹋之以爲戲也漢書藝文志蹵鞠注蹵鞠注○萱按枚乘傳狗馬蹵鞠刻鏤注同字不作鞠也 鞠者何也星名也大戴記夏小正鞠則見傳○畢氏沅曰天官書星無名鞠者是月昏參中則柳星見耳爾雅柳謂之咮史記柳爲鳥注鞠注殆以相近而誤歟 以囚辭決獄事爲鞠萱按此段鞠爲鞫也 鞠窮也鞠盡也鞠究也鞠盈也鞠高皃也鞠養也鞠生也 鞠稚也萱按此類皆段爲穀字也 鞠告也萱按此謂鞫卽告之段借字也 鞠曲躬也匔匑

爲鞠萱按此段鞠爲匊字也 鞠艸也鞠衣黃桑之服鞠衣言如菊花之色也 鞠衣如麴塵萱按此段爲鞠字也或疑爲麴之借不知酒母之鞠果可言麴塵與否耶

驧 或作驧駒 馬曲脊也說文段注勹部曰匊者曲脊也音義皆同

蝌 蝌蠪延詹諸句㠯脰鳴者說文段注黽部曰鼀黽詹諸也其鳴詹諸其皮鼀鼀其行鼀鼀此則又其名蝌鼀釋魚作鼀䵷蟾諸鼀䵷卽蝌蠪一語之轉以脰鳴者攷工記梓人文脰頸也鄭曰脰鳴鼀黽屬按鼀黽與蝌蠪別而屬也 蝌蠼蟺也廣雅釋蟲 蝌蟲名一曰蝌蝛蟧也集韻

育 漾菊切

毓 或 養子使作善也虞書曰教育子說文段注堯典文今尚書作胄子攷鄭注王制作胄注周官大司樂作育王肅注尚書作胄蓋今文作育古文作胄也釋言曰育稚也故史記作教稚子邠風毛傳亦曰鬻子稚子也稚者育養也爾雅釋詁又易象上傳君當養以正二義實相因以果行育德虞注又詩思文子帝命率育箋又孟子盡心上得天下英才而教育之注又國語齊語其畜散而無育注又漢書韋玄成傳注又後漢班彪

傳下注 育生也易漸婦孕不育虞注又禮記樂記萬物育馬注中庸可以贊天地之化育注洋洋乎發育萬物注又左氏昭廿九年傳鬱湮不育注又廣雅釋詁一又華嚴經音義上引國語賈注又國語鄭語注不天而孕注又後漢書張禹傳注又淮南原道毛者孕育注又楚辭天問死則又育注又文選思玄賦無既凋而已育注○萱按樂記毛者孕鬻段鬻爲育也淮南用正字 也 育生長也詩有狐序所以育人民也箋○禮記中庸萬物育焉注云育生也長 也 育長也爾雅釋詁又詩谷風昔育恐育鞠傳生民載生載育傳又左氏哀十一年傳則劓殄無遺育注又國語周語子孫蕃育之謂也注又晉語正名育類注門子注楚語堯復育重黎之後注又後漢殤帝紀誕育百餘日注又呂覽開春則艸木育矣注又淮南原道昫諭覆育注生育萬物注○爾雅釋詁注云育養亦爲長育 育謂長老也詩谷風既生既育箋 育覆也詩蓼莪長我育我箋 育遂也國語晉語不育注 育成也呂覽察賢則萬物育矣注 育也莊子人間世是以人惡有其美也釋文引崔注本 齊人謂車枕以前曰縮兗冀曰育御者坐中執御育育然也釋名釋車 軏生也周禮

大司徒以毓艸木注又國語晉語怨則毓災注災育滅姓注
○漢書五行志中之上則孕毓根核注敘傳上鳥魚之毓川
澤注又文選琴賦盤桓毓養注東都
賦豐州圖州以毓歎注玆云毓與育同毓長也稚也廣雅釋言鬻養
也莊子德充符四者天鬻也釋文又周禮脩閭氏與其國毓
注又大戴記夏小正初俊羔助厥母毓傳○萱按段鬻爲
育自詩禮始然音判喉齒亦義不近當是本用鬻字同天
音通借後諸而爲鬻耳然已不可誤正矣毓又鬻之俗也
鬻也者天食也莊子德充符鬻生也禮記樂記者孕鬻注毛鬻稚也詩鴟鴞鬻子之
閔斯傳鬻出也太玄沈好婦惡鬻注鬻也者相鬻之時也大戴記夏小正正雞桴鬻注

縮

帛青經縹緯一曰育陽染也說文段注經者從絲緯者衡絲育陽漢南郡屬縣縣在育水北
故曰育陽育與縮疊韻育水水部作淯水

淯

淯水出弘農盧氏山東南入沔或曰出酈山西說文段注弘農郡盧氏二
志同今河南河南府盧氏縣是其地前志盧氏下曰有育水
南至順陽入沔順陽者南陽之博山也中山經曰攻離之山

韻史 卷十四第三部入聲匊韻　一四六七

淯水出馬南流注于漢水經曰淯水出弘農盧氏縣攻離山
東南過南陽西鄂縣西北又東過宛縣南又屈南過淯陽縣
東又南過新野縣西又南過鄧縣東南入於沔今河南南陽
府府城東三里俗名白河者是由南陽達於新野府境諸水
悉會焉又南至湖廣光化縣又東經故鄧城東南而入漢水
水道提綱云漢水經襄陽府城北樊城南有白河唐河東北
自河南新野合南陽府諸縣及鄧州水南流又合西來之清
河東來棗陽之滾水來會齊氏所謂白河即淯水也南陽之
水淯最大水經注云合魯陽關水洱水梅溪水朝水棘水濁
水湍水比水白水入漢南都賦曰淯水盪其胥推淮引湍三
方是通知淯最大齊氏召南以道河當之非也許謂西漢爲
漢謂東漢爲沔故涪下曰入漢淯下曰入沔漢志水經之例
亦同按漢志淯作育前志南陽酈下曰育水出西北南入漢
漢當作沔蓋出酈下者與出盧氏山者異源而同流故班許
皆無述之也酈故城在今河南南陽府內鄉縣東北○晉書
音義中引字林云淯水出酈縣西北山中南入漢萱按育淯
二字互借通用管子宙合天
淯陽無計量此段淯爲育也

育

艸也說文

韻史 卷十四第三部入聲匊韻　一四六八

鬻

○俗有鬻粥或鬻也說文段注按此切余六鬻切之六本分別不同後人以鬻鬻之切爲鬻之切而混誤
日甚

奔

兩手盛也說文○萱按奔與匊義大同廣韻云奔說文音匊

燠

○俗有燠熱在中也說文段注洪範庶徵曰燠曰寒古多段奧爲之小雅日月方奧傳曰奧煖也燠是
熱之始書洪範疏燠煖也爾雅釋言又詩無衣安且燠兮傳又公羊成元年傳釋文○廣雅釋詁三云燠
煗也燠暖也禮記內則問衣燠寒釋文又穀梁十四年傳常燠也釋文又後漢明帝紀注○漢書五行志中之下
云燠燠也燠溫也漢書五行志中之上注王褒傳注又論衡寒溫又楚辭天問烏何燠之注○爾雅釋言舍人注
云燠煖也溫火爲燠禮記禮器饗帝於郊注○書洪範曰燠鄭注云燠火氣也燠暑也漢書王莽傳中
注引應劭燠厚也左氏昭三年傳或燠休之賈注而燠休痛念之聲左氏昭三年而或燠休之
注○服注云燠休痛其痛而念之若今持小兒痛父母以口
就之曰燠休代其痛也萱按後出字有噢似此義專字

韻史 卷十四第三部入聲匊韻　一四六九

奧熱也荀子富國使民夏不宛暍注奧溫也漢書李尋傳注隩煖也書堯典厥民隩馬注○萱
按段借字也史記作其民燠

墺

墺古文四方之土可定居者也說文段注各本作四方土可居也少三字今依李善西都
賦注正禹貢四墺既宅今作隩者衛包改也偽孔傳曰四方
之土可居玉篇土部引夏書四墺既宅廣韻三十七號墺字
注曰四墺四方土文選西都賦天地之隩區李注引此說文
知班賦本从土唐以後人乃改之如今本尚書釋文之作隩
耳周語宅爲九隩注云隩內也其字从自○漢書地理志上
四奧既宅注云奧讀曰墺謂土之可居者也又郊祀志上神
明之隩注云土之可居者曰隩萱按此墺隩爲正借字也隩居也後漢蔡邕傳注

隩

水隈厓也說文段注厓山邊也引申之爲水邊隈厓謂曲邊也釋丘曰厓內爲隩外爲鞫毛詩瞻彼淇奧傳曰
奧隈也奧者隩之段借字也又芮鞫之卽毛曰芮水厓也鞫
究也鄭曰芮之言內也水之內曰隩水之外曰鞫漢書作阸
字林作垙○廣韻引字林云隩隈也
又漢書地理志下注云奧水隈也
厓內近水爲隩爾雅釋丘李注

韻史 卷十四第三部入聲匊韻　一四七〇

○郭云令江東呼為浦隩

澳

隩内也國語周語注九隩謂九州之内也文選東京賦掩觀九隩薛注隩深也莊子天下其途隩矣釋文引李注○萱按隩訓深訓藏訓隱訓室蓋皆奧之段借字也文譙敏碑云深明典隩亦用借字隩藏也文選蕪城賦注引蒼頡隩隱也國語鄭語其隩愛太子注○萱按據原文則作燠為近據訓釋則作奧為合於隩爲再引申之義矣隩室也書堯典晚出傳○家語問玉注云室西南隅謂之隩隩居也萱按此段隩為墺也隩煖也萱按此段隩為燠也

隈厓也其内曰澳其外曰鞫說文段注鞫舊作隈今正爾雅說厓岸曰隩隈厓内為隩外為鞫郭以隈字上屬厓字下屬以許訂之郭非是自部隈下曰水曲隩也隩下曰水隈厓也亦隈厓聯文隩與澳字異而音義同今毛詩瞻彼淇奧字作奧古文段借也毛詩曰奧隈也此言水曲之裏淵奧然也大雅芮鞫之即箋云水之内曰澳水之外曰鞫鞫謂水曲之表圜穹然也鞫之雙聲為居窮切故偃僂之狀曰鞫窮曰鞠窮水曲之表如弓故曰鞫韓詩漢志作阮字林作垢俗本爾雅改鞫為隈因或取以改說文耳

澳厓也廣雅釋丘澳濁也廣雅釋詁三

奧亦水名詩淇奧序釋文引艸木疏○萱按義恐未的姑備一解

籅

漉米藪也說文段注方言曰炊籅謂之縮或謂之篗或謂之匠郭注漉米籅江東呼淅籤按史記索隱引纂要云箕淅箕也此注籤字正箕之誤今江蘇人呼淘米具曰淺箕是也○史記司馬相如傳索隱引字林云籅漉米藪也

薁

○俗有薁嬰薁也說文段注嬰鍇本作蘡俗加艸頭耳豳風六月食鬱及薁傳曰鬱棣屬薁蘡薁也正義引劉稹毛氏義問云鬱樹高五六尺其實大如李本艸鬱一名棣則與棣相類蘡薁亦是鬱類晉宮閣銘車下李三百一十四株車下李即鬱也薁李一株薁李即薁也二者相類而同時熟玉裁按說文李棣皆在木部薁在艸部毛公但云鬱棣屬未嘗云薁鬱屬廣雅釋艸燕薁蘡舌也釋木云山李雀李二字今正鬱也然則薁之非木實明矣晉宮閣銘所謂車下李薁李皆非毛許之嬰薁也齊民要術引詩義疏曰櫻薁實大如龍眼黑色令車鞅藤實是按賈氏凡引詩艸木蟲魚疏皆謂之詩義疏陸璣本有釋薁云云今本脫之耳魏王花木志引詩疏亦同○萱按宋書謝靈運傳注食鬱及薁他書未見薁字蓋譌體也

薁即今之郁李也漢書司馬相如傳上隱夫薁棣注

薁山梨也文選上林賦隱

夫薁棣注引張揖

慉

向育切

起也詩曰能不我慉說文段注邶風谷風傳慉興也起與興義同今本傳作養者非也小雅蓼莪箋云畜起也此與拊我畜我之畜乃慉之段借詩曰云云許所據如此與能不我知能不我甲句法同也能讀為而

慉興也詩谷風釋文慉驕也詩谷風不我能慉箋慉謂動而痛也漢書賈誼傳一二指慉注

慉養也詩谷風釋文引王肅

㜅

媚也說文段注㜅有媚悅之意義凡古經傳用畜字多有為㜅之段借者蘇林曰北方人謂眉好為詡畜又如禮記孝者畜也順於道不逆於倫是之謂畜孟子詩曰畜君何尤畜君者好君也呂覽曰周書曰民善之則畜也不善則讎也高注畜好也說苑尹逸對成王曰夫民善之則畜也不善則讎也又孔子曰夫通達之國皆人也以道導之則吾畜也不以道導之則吾讎也此等皆以好惡對言畜字皆取㜅媚之義今則無有用㜅者矣○太平御覽三百八十二引通俗文云不媚曰㜅萱按義與說文乖違未得其審疑不媚猶言豈不媚

㜅好也㜅妒也竝廣雅釋詁一

嘼

去入兩讀注在彼古文作蓄○俗有搐

䁯

體菊切

○俗有䁯失意視也說文段注魏都賦吳蜀二客䁯焉失所李引同○段又注各本從脩聲作䁯按䁯音他狄反猶滌之切亭歷皆於條取聲脩聲不得切他狄也諧為䁯乃溷同脩字而篇韻皆曰敕周切矣今依魏都賦古音在三部唐韻他歷切

滌

洒也說文段注皿部曰盪滌器也引申為凡清滌之偁如七月傳曰滌場埽地雲漢傳曰滌滌旱氣也山無木川無水是周禮條狼氏樂記條蕩其聲皆段條為滌周禮凡酒脩酌段脩為滌也○廣雅釋詁二又漢書司馬相如傳上注竝云滌洒也

滌蕩也後漢隗囂傳註○周禮司烜氏司農注明齍謂以明水滌粢盛黍稷疏云滌謂蕩滌又文選東京賦滌饕餮之貪慾薛注云滌蕩去也禮記郊特牲滌蕩其聲注云滌蕩猶搖動也又洗器謂之滌詩七月疏○文選東京賦滌濯靜嘉薛注云滌濯謂洗滌也

滌濯謂溉祭器及甑甗之屬周禮太宰及執事眡滌濯注又大宗伯宿眡滌濯注云滌濯溉祭器也○儀禮大射儀射人宿視滌注云滌謂溉器掃除射宮

又少牢饋食禮宗人命滌注云滌溉濯祭器埽除宗廟滌除也周禮秋官序官條狼氏注又後漢班彪傳下注滌埽也詩七月釋文滌也者變也變而熢也大戴記夏小正寒日滌凍塗注清滌水也廣雅釋水○周禮司尊彝凡酒脩酌注云命齊人命浩酒曰滌狄滌謂往來疾皃也禮記樂記狄成滌濫之音作注○史記樂書狄成滌濫之音作集解引王肅云滌狄盪滌養牲宮也禮記曲禮注養于滌也釋文又公羊宣三年傳釋文滌牢中所搜除處也禮記郊特牲帝牛必在滌三月注○公羊宣三年傳帝牲在于滌三月注云滌宮名養帝牲三牢之處也謂之滌者取其蕩滌潔清○萱按詩滌滌山川說文作蔋蔋山川二字音同義略近也

蔋

或作蔋滌艸旱盡也詩曰蔋蔋山川說文段注大雅文今詩作滌滌毛云滌滌旱氣也山無木川無水按玉篇廣韻皆作蔋今疑當作蓧艸木如盪滌無有也叔聲淑聲字多不轉為徒歷切詩踧踧周道踧字亦疑誤○萱按韻書無蔋字依段說增之條聲乃與艸紐合

迪

道也說文段注按道兼道路引導二訓方言由迪正也迪道疊韻○爾雅釋詁又書君奭茲迪彝教疏又禮記緇衣播刑之不迪注又法言君子蠢迪檢押注又楚辭懷沙初易本迪分注並云迪道也又漢書翟義傳迪知上帝命注云迪亦道也萱按書臯陶謨各迪有功迪朕德史記夏本紀作各道有功道吾德皆用訓詁字也又牧誓昬棄厥遺王父母弟不迪周本紀作遺其王父母弟不用是迪亦訓用也又多方不克終日勤于帝之迪馬本迪作攸是迪又與攸同義迪道也由也漢書揚雄傳下注迪蹈也書臯陶允迪厥德晚出傳又廣雅釋言又後漢和帝紀注班彪傳下注又法言先知為國不迪其法注迪作也爾雅釋詁迪進也爾雅釋詁又詩桑柔弗求弗迪傳又荀子儒效注又漢書禮樂志注敘傳下注引劉德迪至也漢書敘傳下注引劉德迪詞之用也迪發語詞也迪句中語助也萱按並見經傳釋詞王尚書云書王肅注及某氏傳於諸迪字或訓為道或訓為蹈皆於文義未協

㣙

行㣙㣙也說文段注云㣙㣙蓋與小弁踧踧同行平易也皆徒厤切玉篇云㣙除又切與留同古往今來無極之

名○萱按笛㣙同由聲顧併為一字亦自有見然可無庸

邮

左馮翊高陵亭說文段注各本無亭字今依廣韻尤韻及玉篇補錫韻又曰邮鄉名在高陵按左馮翊高陵二志同今陝西西安府高陵縣即其地

笛

或作篴七孔筩也羌笛三孔說文段注文選李注引說文笛七孔長一尺四寸今人長笛是也以蓋以注家語益之風俗通亦云長尺四寸七孔周禮笙師字作篴大鄭云杜子春讀篴如蕩滌之滌今人所吹五空竹笛按篴笛古今字大鄭注上作篴下作笛後人妄改易之大鄭云五孔馬融賦亦云易京君明識音律故本四孔加以一君明所加孔後出是謂商聲五音畢然則漢時長笛五孔甚明云七孔者禮家說古笛也許與大鄭異羌笛云云言此以別於笛七孔也馬曰近世雙笛從羌起謂長笛與羌笛皆出於羌漢丘仲因羌人截竹而為之知古篴漢初亡矣李善曰羌笛長於古笛有三孔大小異笛者滌也所以蕩滌邪穢納之於雅正也風俗通聲音篴滌也其聲滌滌然也釋名釋樂器壺蠭今黑蠭穿竹木作

孔亦有蠭者或呼笛師方言十一蠭其大而蠭者謂之壺蠭注

沑

念菊切

上入兩讀義分水吏也又盈也說文段注錢氏大昕云吏當作文海賦沑沑注云蹙聚也廣韻云蹓沑水文聚蹓同按廣韻上聲入九切引說文同入聲女六切云水文聚

衄

○俗有衄鼻出血也說文段注素問曰鼻衄又脾移熱於肝則為驚衄按諸書用挫衄者縮朒字之叚借也縮朒者退卻之意也○素問金匱真言論春不鼽衄注云衄謂鼻中血出衄縮也衄折挫也衄折傷也傷敗曰衄萱按俱詳朒下

朒

○作朒者謠朔而月見東方謂之縮朒說文段注尚書五行傳朔而月見東方謂之側匿側匿則侯王其肅注云側匿猶縮縮行遲見肅急也君政緩則日行徐月行疾臣放恣也按鄭注謠奪側匿與縮朒疊韻雙聲○萱按朔則月當合伏不當先日朝覿也惟月行遲東未及日故日將出而月見於其西尚未合朔茲謂縮朒矣疾王者君也臣遲由君急也君政緩已下反覆言之若日徐月疾又為臣放恣也放恣指朓言與縮朒正相反又按五行傳朓

則侯王其荼音紓彼注有云君政急則日行疾月行徐臣逸適不進也君政急云云正指縮朒言若朒注互易則文從字順矣疑今本為傳寫者所亂耳縮小曰厭緻不申曰縮朒一切經音義十五引通俗文

恧

衄縮也廣雅釋言〇萱按古多段衄為朒

衄折挫也文選奏彈曹景宗自貽虧衄注〇求自試表師徒小衄注云衄猶挫折也

衄折傷也文選吳都賦莫不衄鋭挫鋩注

傷敗曰衄後漢段熲傳注

〇俗有聏䎡恧慙也說文又方言六又廣雅釋詁一又一切音義十九引三蒼又後漢張衡傳注〇小爾雅廣義云心慙曰恧

聏慙也太玄晬聏于中注〇玉篇引埤蒼云聏慙也〇廣雅釋詁一云恧慙也

恧愧也漢書司馬相如傳下注鄭崇傳注王莽傳上注〇方言六山之東西自愧曰恧注云心愧為恧

恧憂皃文選洞簫賦注引蒼頡

惄

〇俗有餒䬶惄飢餓也一曰㥑也詩曰惄如輖飢說文段注餓當作意釋言曰惄飢也李巡云惄宿不食之飢也周南汝墳傳曰惄飢意也為許所本㥑各本作憂今正釋詁及小弁傳曰惄思也舍人云惄志

而不得之思也方言曰惄溼㥑自關而西秦晉之間凡志而不得欲而不獲高而有墜得而中亡謂之溼或謂之惄按思與惄義略同也毛傳曰輖朝也謂輖即朝之段借字也〇爾雅釋言注云惄然飢意

惄思也詩汝墳箋又漢書中山靖王勝傳注又後漢張衡傳注〇方言一云惄思也凡思之皃亦曰慎或曰惄

惄憂也廣雅釋詁一

惄悵也方言十二又廣雅釋詁三

惄傷也廣雅釋詁二〇方言一云惄傷也汝謂之惄

惄痛也廣雅釋詁二〇方言一云平原謂啼極無聲謂之唴哴齊宋之間謂之喑或謂之惄

六　亮菊切

易之數陰變於六正於八說文段注此謂六為陰之變八為陰之正也與下文言七九一例八篆已見二篇故類言之六為陰之變九為陽之變聖人以九六繫爻而不以七八金氏榜曰乾鑿度謂七八為彖九六為變故彖占七八爻占九六一爻變者以變爻占是爻占九六也六爻皆不變及變而爻以上者占之彖辭是彖占七八也公子重耳筮得貞屯悔豫皆八董因筮得泰之八穆姜筮得艮之八凡陰不變者為八也

六者無三才之數管子五行人道以六制注

重陰故稱六易坤初六干注

六者天地之中國語周語夫六

中之色也注〇山海經中山經嶽在中中以六月祭之注云六月亦歲之中

六主律大戴記易本命〇家語執轡云六為律

六者戮也漢書王莽傳中

六合天地四方也文選東京賦六合殷昌薛注〇呂覽審分神通乎六合注云六合四方上下也又漢書律歷志上云六者所以含陽之施楙之於六合之內令剛柔有體也

天子之卿六命車旗衣服以六為節詩無衣豈曰無衣六兮傳

⿱屮六

偏旁作先　光光　籀

菌⿱屮六逗地蕈句叢生田中說文段注釋艸曰中馗菌注地蕈也似蓋今江東呼為土菌亦曰馗廚又出隧蘧蔬注蘧蔬似土菌生菰艸中按馗廚蘧蔬菌⿱屮六三者一音之轉語菌⿱屮六玉篇作囷⿱屮六陳藏器曰地生者為菌木生者為椇按椇同蕈許云蕈桑葽也故謂地生者為地蕈

坴

土由坴坴也一曰坴梁地說文段注坴坴大由之皃始皇本紀三十三年發諸嘗逋亡人贅壻賈人略取陸梁地為桂林象郡南海以適遣戍字作　按坴梁蓋其地多土由而土性強梁也

陸梁東西倡佯也文選西京賦怪獸陸梁薛注

陸跳也莊子馬蹄翹足而陸釋文引司馬注〇萱按此亦陸梁之類也

蓋皆可用坴字

陸

⿰阝⿱坴坴　籀

高平地說文段注土部坴下曰土塊坴坴也然則陸从坴者謂其有土無石也〇爾雅釋地又釋名釋地又詩天保如山如阜傳又穆天子傳三爰有陵衍平陸注又國語齊語陸阜陵墐注又漢書五行志中之上而因於大陸注萬石君傳河水潟陸注公孫弘卜式兒寬傳贊注東方朔傳此邪謂天下陸海之地注竝云高平曰陸又易漸鴻漸于陸馬注云山上高平曰陸又虞注云高平稱陸

陸高之頂也易漸注又釋文

陸平也漢書霍光傳光為博陸侯注又水經鮑丘水注引文穎說

廣平曰陸左氏定元年傳而田於大陸注引爾雅又史記孝武紀河溢皐陸正義司馬相如傳散渙夷陸索隱引司馬彪又漢書郊祀志上注

大阜曰陸楚辭憂苦巡陸夷之曲衍兮注〇爾雅釋地云晉有大陸

土地豐正名為陸爾雅釋地高平曰陸李注

陸徑袤徑也

陸地也淮南墜形陸徑三千里注

陸瀆也水流瀆而去也釋名釋地

陸厚也廣雅釋詁三

陸中也爾雅釋天北陸虛也孫注

陸道也禮記月令疏又左氏昭四年傳日在北陸

而藏冰注又服注北陸虛也西陸昴也並爾雅釋天陸陸猶碌碌也後漢馬援傳注知古不知今謂之陸沈論衡謝短陸離參差也廣雅釋訓又漢書司馬相如傳下㾓以陸離注引張揖○文選南都賦澶漫陸離注云陸離猶參差也又離騷長余佩之陸離注云陸離猶參差衆皃也陸離紛散也離騷班陸離其上下注○文選蜀都賦毛羣陸離劉注云陸離分散也陸離美好皃淮南本經沇漫陸離注陸離美玉也楚辭逢紛薜荔飾而陸離薦兮注陸吾卽肩吾也山海經西山經崑崙之丘神陸吾司之注陸英苺也廣雅釋艸陸商陸也易夬莧陸夬夬釋文引宋注○荀注云陸取葉柔根堅也亦陸和睦也易夬莧陸虞注○釋文引虞注云陸和也豈按此謂陸為睦之段借字也蜀才本陸作睦又唐扶頌內和陸兮外弁赴陸亦睦字也陸跳也陸梁東偈佯也豈按此於奎義差近蓋段借字也

鵱

或作鵱鷜蔞鵝也說文段注釋鳥鵱鷜鵝郭云今之野鵝按篇韻皆以鵱鷜為句許作蔞而下屬則古讀不同蔞

鵝鳥名今不定為何鳥也論衡云蚰蟬雀則失鶉

稑

穋或疾孰也詩曰黍稷重稑說文段注稑疾熟也謂凡穀有如此者邠風傳曰先孰曰穋周禮內宰注鄭司農云後種先孰謂之稑按土宜物性即同一種而有不同故大司徒必辨十有二壤之物而知其種司稼掌巡邦野之稼而辨穜稑之種也晚種早熟為稑呂覽任地種稑禾不為稑注○晉書音義中云後種先熟謂之稑稑早也續漢禮儀志上力田種各𥝩詭注引賀循稑和也國語越語五穀曰孰注稑陵穀黍稷之屬續漢禮儀志上注引周禮干注

勠

平入兩讀注在彼古音此今音也○俗有勠

蓼

上入兩讀異義詳在彼長大皃詩蓼蕭蓼彼蕭斯傳蓼蓼長大皃詩蓼莪蓼蓼者莪傳蓼聚薪也詩東山釋文引韓詩

戮

○俗有剹剹殺也說文段注殺下曰戮也二篆為轉注古文或段翏為之又勠字亦段戮為之○廣雅釋詁一又

華嚴經音義上引國語賈注又呂覽季秋注並云戮殺也又禮記月令豺乃祭獸戮禽注又淮南時則注並云戮猶殺也陳尸為戮國語晉語請殺其生者而戮其死者注戮謂膊焚辜肆周禮掌戮斬殺刑戮注○論語公冶長免於刑戮皇疏云刑戮通語耳亦含輕重意戮亦死也呂覽貴信於君前注戮戮辠也廣雅釋詁三戮辱也廣雅釋詁三又國語晉語受君之罰死戮注魏絳戮寡君之弟注又呂覽情欲為天下戮注注○周禮秋官序官掌戮注云戮猶辱也戮病也爾雅釋詁諡隱勝良命曰戮呂覽貴因○注云戮暴也僇謂刑僇也禮記大學辟則為天下戮矣疏○豈按此段僇為戮也荀子非相云為天下大僇僇辱也史記楚世家僇越大夫常壽過索隱○豈按夏本紀不用命僇于社殷本紀予則帑僇汝漢書五行志季布欒布田叔傳贊戮並作僇

竹

掌育切

冬生艸也象形下垂者箬箬也說文段注云冬生者謂竹胎生於冬且枝葉不凋也云艸者爾雅竹在釋艸山海經有云其艸多竹故謂之冬生艸戴凱之云植物之中有艸木竹猶動品之中有魚鳥獸也竹

蹙也廣雅釋言○白虎通喪服云竹者蹙也竹陽也周禮典同以辨天地四方陰陽之聲以為樂器司農注○白虎通喪服云竹者陽也震為蒼筤竹易說卦傳○避羝羊觸藩虞注云震為竹萑葦竹聲為震禮記樂記竹聲濫疏金石絲竹樂之器也禮記樂記○國語周語匏竹利制注楚語而以金石匏竹之昌大囂庶為樂注並云竹簫管也又周禮大師絲木匏竹注云竹管簫也又儀禮大射儀疏云竹即管也又禮記月令疏引易通卦驗注云竹為管又郊特牲匏竹在上釋文云竹箎笛也又太乎乎挽離劉匏竹注云竹簫箎也竹謂簡冊後漢和熹鄧皇后紀注竹萹蓄爾雅釋艸又詩淇奧傳○豈按此段竹為藩也韓魯詩皆作藩

茿

萹茿也說文○豈按淇奧詩之竹段借字也正當作藩藩者水萹茿也茿其大名○廣韻云茿似藜赤莖生道旁可食

筑

㠯竹曲五弦之樂也說文段注以竹曲不可通廣韻作以竹為之亦繆惟吳都賦李注作似箏五弦之樂也近是箏下云五弦筑身然則筑似箏也但高注淮南曰筑曲二十一弦可見此器象呼之名筑曲釋名筑以竹鼓之

也御覽引樂書云以竹尺擊之如擊琴然今審定其文當云筑曲以竹鼓弦之樂也高云二十一弦樂書云十三弦筑弦數未審古則筑下不必云似箏恐李善亦昧於筑曲而改之樂書曰項細肩圓鼓法以左手扼項右手以竹尺擊之史云善擊筑者高漸離○萱按據樂書項細肩圓云云殆類後世琵琶豈琵琶本自筑出歟琵琶有撥亦竹尺之類也筑五弦之樂也後漢延篤傳注○萱按章懷之義當本說文則說文五弦二字不必誤也今之琵琶四弦亦略相近筑以竹鼓之釋名釋樂○史記高祖紀擊筑集引韋昭云筑古樂有弦擊之不鼓又漢書高帝紀上注引應劭云筑狀似瑟而大頭安弦以竹擊之故名曰筑筑拾也爾雅釋言○萱按此段筑為築也

築

○俗有籆箻箏𥱥古文所吕擣也說文段注所吕二字今補此篆上義下築牆言所用築者謂器也其器築因之人用之亦曰築手部曰擣築也是也築者直舂之器鄭注周禮引司馬法輂一斧一斤一鑿一梩一鉏周輂加二版二築正義云築者築杵也築杵頭鐵沓也文選蕪城注引三蒼解詁○史記黥布傳身負板築集解引李奇云築杵也又秦始皇紀身自持築臿正義云築牆杵也又楚辭離騷和以繼築注云築木杵也又左氏宣十

一年傳稱畚築疏云築者築土之杵築刺也廣雅釋詁一築堅實稱也釋名釋言語○儀禮既夕記句入築坽坎注云實土其中堅之築築謂築其根書金縢釋文始造曰築公羊莊廿九年傳新延廐者何注邑曰築左氏莊廿八年傳又淮南時則是月可以築城郭注築謂建也史記梁孝王世家築東苑索隱築拾也書金縢盡起而築之馬注鄭注又史記魯周公世家集解引徐廣○爾雅釋言筑拾也用段借字百二十貫爲築周禮鬱人和鬱司農注築娌匹也方言十二○注云今關西兄弟婦相呼為築娌萱按此蓋無正字故用訓動之妯字作之築則段借字也

鑄

或作鑄俗有鑄○去入兩讀注在彼

祝

○俗有𩚵祭主贊詞者說文○漢書郊祀志上以為祝注云祝謂主祭之贊詞者又禮記禮運修其祝嘏注云祝為主人饗神辭也又疏云祝謂主人之辭告神讀策告神謂之祝書洛誥逸祝冊疏○又云祝是讀書之名祝接神者也禮記曾子問祫祭於祖則祝迎四廟之主注○大戴記諸侯遷廟奉衣服者皆奉以

從祝注云祝所以蘗神也又太卒卒數爲巫祝注云祝說神也祝通孝子語於祖先家語問禮祝以孝告注傳鬼神辭曰祝莊子逍遙尸祝不越樽俎而代之矣釋文○禮記郊特牲云祝將命也男巫曰祝楚辭招魂工祝招君背行先些注○儀禮士喪禮祝淅米于堂注云祝夏祝也又夏祝鬻餘飯注云夏祝祝習夏禮者也又商祝襲祭服注云商祝習商禮者也又祝取銘置于重注云祝習周禮者也祝祈也國策齊策為儀千秋之祝注○國語楚語虔其宗祝注云祝主祝祈也又淮南說山尸祝齊戒注云祝祈福禱之辭祝宗主祭祀祈禱者左氏成十七年傳使其祝宗祈死注○定四年傳祝宗卜史疏云祝宗接神之官祝上壽酒左氏哀廿五年傳武伯為祝注祝顧也呂覽樂成王為羣臣祝注祝呪也禮記郊特牲詔祝於室疏祝屬也釋名釋言語又白虎通號○白虎通五行云祝者屬續也祝織也詩干旄素絲祝之傳○箋云祝當作屬萱按鄭以祝為段借也然祝亦有屬意不煩破字祝斷也公羊哀十四年傳天祝予注又穀梁哀十三年傳祝髮文身注又廣雅釋詁一○列子湯問祝髮而裸釋文云祝髮絕其髮也祝始也釋名

釋親屬釋樂器又國語鄭語故命之曰祝融注祝大也史記楚世家命曰祝融集解引虞翻祝甚也御覽引崔靈恩禮記義宗又左氏昭廿九年傳火正曰祝融賈注祝猶章也太卒卒數神祝融注祝融火神也山海經海外南經南方祝融注○海內經戲器生祝融注云祝融高辛氏火正號又大荒西經老童生祝融注云祝融即重黎也祝注也注藥于瘡周禮瘍醫掌腫瘍潰瘍金瘍折瘍之祝藥劀殺之齊疏○萱按鄭讀祝如注病之注以祝為注之雙聲段借字也又按魯相謁孔廟殘碑東海況基此段況基為祝其也祝其縣名今贛榆是祝鳩鶻鳩也左氏昭十七年傳祝鳩氏注守宮北燕謂之祝蜓方言八

鬻

○俗有鬻粥健也說文段注鬻作粥者俗字也作鬻者樂記段鬻為育文而轉寫致誤也○萱按凡作鬻讀武悲忙皮二切者大誤也讀余六切者是不知段借之恉也余六乃賣育二字之音而借鬻粥作之淺者遂認為本音耳鬻之本音祇當讀若祝粥饘也廣雅釋器○禮記檀弓上饘粥之食疏云厚曰饘希曰粥鬻糜也爾雅釋言粥糜也儀禮既夕歠粥注鬻淖糜也爾雅釋言粥注又漢書文帝紀當受鬻者注○左氏昭七年傳鬻於

是既云淖粥濁於糜粥粥然也釋名釋飲食○爾雅釋言者曰鬻釋文引字林云粥淖糜也鬻餘飯以飯尸餘米為鬻也儀禮士喪禮夏祝鬻餘飯注以湯去毛曰鬻一切經音義九引通俗文粥粥敬懼皃漢書禮樂志注引晉灼粥粥舉讓皃禮記儒行釋文粥粥是柔弱專愚之皃禮記儒行粥粥若無能也疏鬻賣也鬻買也粥賣也粥謂嫁之也萱按此皆段為賣字也鬻養也鬻生也鬻稚也粥出也萱按此皆段為育字也

喌

呼雞重言之說文段注當云喌喌呼雞重言之也淺人刪之耳夏小正正月雞桴粥粥也者相粥之時也案相粥之時也一本作相粥粥呼也粥喌古今字雞聲喌喌故人效其聲評風俗通曰呼雞朱朱俗說雞本朱公化而為之今呼雞為朱朱也謹按說文解字喌从二口二口為讙州其聲也讀若祝祝者誘致禽畜和順之意喌與朱音相似耳今按應仲遠似當引小正為原本說文又云讀若祝依風俗通則祝當重謂喌喌讀若祝祝也左傳州吁穀梁作祝吁博物

志云祝雞翁善養雞故呼祝祝○萱按畢尚書沅攷定夏小正作正月雞孚粥粥也者相粥粥呼也畢云說苑曰張弓而祝雞是粥與祝通風俗通曰呼雞朱朱是又與朱通

卣菊切

⿰止叔

至也說文

埱

气出土也一曰始也說文段注气之出土滃然故埱與歜音義皆略同引申為凡气出之偁或段借椒為埱周頌曰有飶其香有椒其馨傳曰飶芬香也椒猶飶也按椒沈作俶尺叔反沈說善矣若作埱尤合飶與埱皆謂香气突出燭鼻非謂椒郁也一曰始也者俶下云一曰始也此與音義皆同

俶

○俗有倜善也詩曰令終有俶一曰始也說文段注按釋詁毛傳皆曰俶善也蓋段借之字其正字則淑也淑者水之清湛也自淑行而俶之本義廢矣詩者大雅既醉文按許引此為善訓之證而今本毛傳作俶始也鄭箋易之云俶猶厚也豈許所據作善不作始與一曰云云釋詁曰俶作也崧高傳曰俶作也大田傳曰俶始也聘禮俶獻注古文俶作淑足此義亦得段淑為之

俶始也爾雅釋詁文儀禮聘禮燕與羞俶獻無常數注禽羞俶獻

比注又書大傳秋伯之樂舞蔡俶注又漢書律歷志上注又管子弟子職俶衽則請注又呂覽侈樂俶說殊瑰注又淮南俶真注又文選思玄賦簡元辰而俶裝舊注和除都曹詩注引詩大田王肅注○公羊隱九年傳俶甚也注云俶始怒也俶整也後漢張衡傳注俶動也方言十二俶甚也公羊隱九年傳俶儻大節也漢書司馬遷傳扶義倜儻注俶儻卓異也廣雅又後漢賈逵傳注又文選封禪文俶儻窮變注引漢書音義惟廣雅儻作黨○馮衍傳注云俶儻卓異皃也又傳下注云俶儻猶卓異也俶儻猶非常也文選子虛賦若乃俶儻瑰瑋注○萱按詩俶載南畝箋以俶載為熾菑之段借字又崧高釋文云俶本作併此林升遷詣也倜儻非常也文選魯靈光殿賦逞嶢倜儻注倜然疏遠皃荀子非十二子及糾察之則倜然無所歸宿注倜然高舉之皃荀子彊國俄而天下倜然舉去桀紂而犇湯武注○又倜然莫不明通而公也注云倜然高遠皃倜張也太乎去物咸倜倡注淑善也淑淑美也淑詭奇異也萱按段君以俶淑為正借字愚謂淑自清湛也引申之亦合有此諸義不謂之段借亦可也詳在彼

軸

所以持輪者也說文段注所以者三字今補軸所以持輪引申為凡機樞之偁若織機之持經者亦謂之軸是也小雅杼軸其空今本作柚乃俗誤耳若方言土作謂之杼木作謂之軸亦是引申之義杼作杼軸作柚皆非也方言杼軸與大東無涉軸車軸也後漢馮異傳注○文選顏延年侍遊曲阿後湖詩注云萬軸謂車也軸抽也入轂中可抽出也釋名釋車服重任行遠道正直而固者軸也列女傳母儀軺謂之軸方言九又廣雅釋器軸輁軸也儀禮士喪禮升棺用軸注既夕還於祖用軸注軸狀如轉轔刻兩頭為軹儀禮既夕注軸作也東齊木謂之軸方言六○萱按此與大東杼軸字皆不容沿誤作柚也軸進也詩考槃碩人之軸傳○萱按正義申毛為軸為逐之段借字逐進也軸病也詩考槃箋軸河上地也詩清人清人在軸傳

舳

舳艫也三字句漢律名船方長丈作為舳艫一曰船尾說文段注長當作丈史漢貨殖傳皆曰船長千丈注者謂總積其丈數蓋漢時計船以丈每方丈為一舳艫也此釋舳艫之謂二字不分析者

也下文分釋謂船尾舳謂船頭艫此分析者也方言曰舟後
曰舳舳所以制水也郭云今江東呼柁爲舳按釋名船其尾
曰柁仲長統郭璞皆用柁字而淮南子作杕船之有舳如車
之有軸主予運轉○萱按吳都賦宏舸連舳劉注云舳船前
也此本小爾雅船頭謂之彥皆駁說也不可爲典要舳船後持柁處也漢書武帝紀舳艫千里注引李
斐又後漢袁紹劉表傳注

苗

蓨也說文又爾雅釋艸○萱按釋艸又有蓧蓨郭兩注竝云未詳或謂爲羊蹄菜也蓨苗蓧一物三名而蓧爲段借字即菽之俗體也

妯

平入兩讀義異妯娌先後也廣雅釋親○爾雅釋親長婦謂稚婦爲娣婦娣婦謂長婦爲姒婦注云今相呼
先後或云妯娌又漢書郊祀志上注云古謂之娣姒今關中俗呼爲先後吳楚俗呼之爲妯娌築娌匹也方言
十二○注云今關西兄弟婦相呼爲築娌○萱按妯築正借字

畜

蓄重文田畜也淮南王曰玄田爲畜蓄下云魯郊禮畜从田从

兹兹益也說文段注田畜謂力田之蓄積也貨殖列傳富人爭奢侈而任民獨折節爲儉力田畜田畜人爭取
賤賈任氏獨取貴善非田畜所出弗衣食艸部曰蓄積也畜
與蓄義略同畜从田其源也蓄从艸其委也俗用畜爲六畜
字古段爲好字如說苑尹逸對成王曰民善之則畜也不善
則讎也晏子對景公曰畜君何尤畜君者好君也謂畜即好
之同音段借也淮南云云玄田猶畇畇原隰之解也魯郊云云此
許據魯郊禮文證古文从兹乃合於田畜之解也艸部曰兹
艸木多益也畜古文本从兹小篆乃省其半而淮南王乃云認
爲玄字矣此小篆省改之失也今本上从玆則與兹益之云
不貫矣故正之如此畜積也聚也易小畜釋文○師釋文云畜聚也畜者有也老子德畜之注
畜猶容也左氏哀廿六年傳天下誰畜之注畜者含畜爲義古微書引孝經援神契畜
孝也禮記孔子閒居以畜萬邦注坊記以畜寡寡人注○祭統疏引援神契云庶人之孝曰畜畜謂順於德
敎禮記祭統孝者畜也注○祭統曰順於道不逆於倫是之謂畜畜畜行仁皃莊子徐無鬼夫堯畜畜然
仁釋文引李注畜畜卹愛勤勞之皃莊子徐無鬼釋文引王注大畜時也易雜卦傳小

畜寡也同上畜養也易師君子以容民畜衆釋文引王肅注又象注小畜釋文引鄭注離畜牝牛吉象注
又詩日月畜我不卒箋我行其野爾不我畜傳節南山以畜
萬邦箋又禮記曲禮上畜爲者則勿佛也注又左氏宣四年
傳從其母畜于邪注成八年傳武從姬氏畜于公宮注成十
七年傳昔吾畜于趙氏注昭廿六年傳六畜不相爲用疏哀
廿六年傳畜諸公宮注又國語晉語注又廣雅釋詁一又釋
名釋言語又荀子王制安職則養注又太平斂畜藥而行注
又楚辭大招畜鶯皇只注○萱按畜之訓養引申之義也凡
畜聲之字亦多訓養如慉蓄是也其六畜畜牲正字作嘼段
借作畜故嘼訓養者指養牲言其義專畜訓養者指凡養言其義博畜謂牧放也始養曰畜將
用曰牲萱按皆詳嘼下畜起也萱按此段畜爲慉也畜好也萱按此段畜爲[illegible]也

蓄

蓄稸○俗有稸積也說文又後漢和帝紀注又文選東京賦洪恩素蓄薛注○詩雨無正箋乏於朝夕之
蓄疏云蓄謂蓄積又賈子無蓄云蓄積者天下之大命也稸積也文選高唐賦臨大阺之稸水注引字林○萱按
漢書貨殖傳稸足功用又衛立碑無儋石之稸皆用此字蓄聚也廣雅釋詁三又漢書藝文志注董仲舒傳注又

文選典引蓄炎之烈精蔡注○漢書五行志上畜水潦注云蓄謂遏聚之也蓄聚積也漢書趙充國傳處皆
當畜食注又谷永傳蓄衆多之災異注云蓄積聚也○一切經音義四引字書云蓄積也聚也稸聚也積也
一切經音義十六引蒼頡○萱按畜蓄義同鼓易師釋文云
畜聚也小畜釋文云畜積也聚也又詩谷風我有旨蓄釋文
云蓄本亦作畜蓄養也國語晉語畜力一紀注蓄猶待也後漢張衡傳注蓄菜乾葅之
屬呂覽仲秋務蓄菜注蓄縮謂恣於事也漢書息夫躬傳使而蓄縮不可用注○方言十三宛蓄也
戴氏震云案郭璞葬書宛而中蓄正合此義萹蓄亦呼爲萹竹爾雅釋艸竹萹蓄釋文引陶弘景○
萱按此段蓄爲筑也說文筑下云萹筑也

鄐

晉邢侯邑說文段注按當云晉雍子邑許筆誤也左傳襄廿六年聲子曰雍子奔晉晉人與之鄐子重即申公
巫臣奔晉晉人與之邢昭十四年晉邢侯與雍子爭鄐田杜曰邢侯巫臣之子也

柷

樂木椌也所以止音爲節說文段注樂上當有柷字椌各本作空誤周頌毛傳曰柷木椌也圖

榻也許所本也今更正所呂云云按鉉本此六字大誤柷以
始樂非以止樂止也錯本此篆巳佚而見韵會者亦譌外不可
讀今按當作以作音為柷釋樂曰所以鼓柷謂之止蓋控之
言空也自其如桼桶言之也柷之言觸也自其椎柄之撞言
之也皋陶謨合止柷敔鄭注云柷狀如桼桶而有椎合之者
投椎其中而撞之爾雅郭注云柷如桼桶方二尺四寸風俗
通廣雅云三尺五寸深一尺八寸風俗通云尺五寸中有椎
柄逮底挏之令左右擊止者其椎名劉熙云柷柷也故訓柷
為始以作樂也○萱按皋謨鄭注本周禮小師司農注也漢
書禮樂志上木曰柷注同爾雅郭注又禮記王制疏引漢禮
器制度云柷狀如桼桶　風俗通聲音○白虎通禮
中有椎將作樂先擊之木曰柷樂引樂記云木曰柷敔　柷
始也白虎通禮樂萱按漢書律厤志上注云柷與俶同謂俶亦訓始也○釋名釋樂器云柷狀如桼桶柷如物始見
柷柷然也又白虎通禮樂云柷敔者終始之聲萬物之所生也柷所以作樂書皋陶謨合止柷敔釋文柷
發皆所以節樂禮記王制則以柷將之注○呂覽仲夏飭鍾磬柷敔注云柷如桼桶中有木椎左右擊以
節樂柷敔乾音也白虎通禮樂引樂記與為柷淮南天文明風至注清柷州木髦柔

英爾雅釋木又釋文云柷本作祝○萱按柷祝蓋互借通用亮廟碑韶磬柷圉即柷敔也北魏孝文帝弔比干碑柷融
即柷融也

逐

○俗有番追也說文逐從也楚辭河伯乘白黿兮逐文魚注逐謂隨逐也史記田完世家秦逐
張儀索隱逐進也漢書五行志下之上逐馳逐也文選南都賦羣士放逐注逐競也漢書食貨
志下注馮奉世傳注○左氏昭元年傳諸侯逐進注云逐猶競也競走曰逐漢書五行志上注引晉灼○易
大畜良馬逐釋文引鄭注云逐逐兩馬走也又引姚注云逐逐疾並驅之貌逐爭也後漢馮異傳注逐求
也國語晉語厭邇逐遠注逐殭也爾雅釋言逐流蕩也荀子儒效故風之所以為不逐者注逐
病也爾雅釋詁震為逐易睽喪馬勿逐虞注震勿逐七日得虞注在上位而不能進賢
者逐說苑臣術引泰誓逐逐速也易頤其欲逐逐釋文引薛注○萱按子夏傳作攸攸荀作悠悠劉作
覽各有所受也而攸聲豕聲同部逐者豕省聲也逐逐心煩貌易頤虞注逐逐敦實也易頤釋文

軸進也詩考槃碩人之軸傳○萱按此以軸為逐之叚借也但毛不明言破字耳疏云逐與軸蓋古今字異又按
山海經中山經豚字作逐漢書郊祀志逐或作遂此皆因形近而譌者若貴鳳別碑白馳以番悝番即逐字此當時俗體
也他書未見番

肉 忍育切

隸作肉○俗有宍宍胾肉象形說文段注下文曰胾大肉也謂鳥獸之肉說文之例先人後物何以先言肉也
曰以為部首不得首言之也生民之初食鳥獸之肉故肉字最古而製人體之字用肉為偏旁是亦叚借也人曰肌鳥獸
曰肉此其分別也引申為爾雅肉好樂記廉肉字○周禮內饔辨體名肉物注云肉物胾燔之屬肉骨肉也
太子親孚其肉注肉俎也禮記曾子問不歸肉注今江東呼麋鹿之屬通為肉
爾雅釋器肉曰脫之注肉角謂麟也後漢班彪傳下注肉為陰易說卦傳為瘠馬崔注○噬嗑
乾虞注云陰稱肉二在膚裏故稱肉易噬嗑噬膚肉虞注肉判墨劓剕宮也荀子
正論治古無肉刑注肉柔也釋名釋形體肉身也爾雅釋器肉倍好謂之璧孫注肉邊也爾雅

釋器注○釋文云肉璧邊也體為肉孔為好漢書律厤志上令之肉倍好者注引如淳肉錢形
也漢書食貨志下肉好皆有周郭注引韋昭肉肥也史記樂書寬裕肉好正義又鬼谷子符言其被節無不肉
注○禮記樂記寬裕肉好注云肉肥也肉或為潤肉謂肥滿禮記樂記使其曲直繁瘠廉肉節奏疏肉
謂厚重者也禮記樂記寬裕肉好疏肉好言音之洪美史記樂書寬裕肉好集解引王
肅

尗 始育切

或作菽豆也尗象豆生之形也說文段注尗豆古今語亦古今字此以漢時語釋古語也戰國
策韓地五穀所生非麥而豆民之所食大抵豆飯藿羹史記豆作菽尗象各本作象尗誤今正重言尗者著其象形也
菽豆也穀梁莊卅一年傳戎菽也注又山海經中山經陰山其中多彫棠其實如赤菽注海內經有都廣之野爰
有膏菽注又史記項羽紀士卒食芋菽索隱又漢書項籍傳卒食半菽注劉向傳八月穀菽注貨殖傳啗菽飲水注又呂
覽任地而樹麻與菽注孟夏食菽與雞注又淮南墬形其地宜菽注主術大火中則種黍菽注又法言孝至子有含菽縕

絜注又文選射雉賦稀菽蘇糅徐注〇淮南時則注云菽豆連皮也

菽大豆也詩采菽箋閟宮稙穉菽麥釋文又禮記檀弓啜菽飲水釋文又左氏成十八年傳不能辨菽麥注又公羊定元年經冬十月霣霜殺菽注又漢書五行志中之下注〇詩小宛疏云菽者大豆又左氏定元年傳注云菽者太豆之苗又是耐霜之穀

菽者眾豆之總名齊民要術一引揚泉物理論〇淮南說林魚食菽而死注云菽豆總名又文選蜀都賦其中則有巴菽巴戟劉注云巴菽巴豆也萱按巴豆者蠋梅之實實大寸餘中有數小粒形略如豆故俗豆名在本艸品誤食者瀉不正惟綠豆汁解之其物與戎菽全無涉

菽者少類稼稼強公羊定元年傳異大乎災也注〇漢書五行志中之下云菽艸之難殺者也又引董仲舒云菽艸之彊者又古微書引春秋考異郵云菽者稼最彊

菽者屬也春生秋熟理通體熟也古微書引春秋說題辭

菽藿也詩小宛中原有菽傳七月烹葵及菽釋文〇采菽傳云菽所以芼太牢而待君子也萱按藿即豆葉也但菫荁冬用乾者豈藿亦可乾而藏之歟今人不復食藿未知其審也

菽藟小菜也楚辭怨上菽藟兮蔓行注

叔豆也漢書昭帝紀注

叔大豆也

叔

莊子列禦寇食以芻菽釋文〇萱按此段叔為菽也詩七月采菽兩釋文並云菽本亦作叔又三公山碑云叔粟如火

村或〇俗有叔芇拾也汝南名收芌為叔說文段注豳風九月叔苴毛曰叔拾也按釋名叔仲父之弟曰叔父叔少也於其雙聲疊韻段借之段借既久而叔之本義鮮知之者惟見於毛詩而已汝南云云言此者著商周故言猶存於漢之汝南也不爾雅廣詁云叔拾也

叔少也廣雅釋詁三又釋名釋親屬〇白虎通姓名云叔者少也

叔小也禮記曲禮下天子同姓謂之叔父疏〇儀禮覲禮云同姓小邦則曰叔父其異姓小邦則曰叔舅

叔屬也廣雅釋言

伯仲叔季長幼之稱儀禮士冠禮伯某甫仲叔季唯其所當注〇疏云夏殷質則稱仲周文則稱叔又公羊文元年傳會葬禮也注云叔者長幼偁也又詩蘀兮叔兮伯兮傳云叔伯言羣臣長幼也又箋云叔伯兄弟之稱又疏云叔伯是長幼之異字

父之昆弟後生為叔父

父之弟妻為叔母並爾雅釋親

婦人謂夫之弟為叔公羊莊十二年傳徒歸于叔爾也注〇爾雅釋親云夫之弟為叔

叔俶也見嫂俶然卻退也釋名釋親屬

叔世

言晚時也漢書刑法志告叔世也注〇左氏文十八年傳疏云叔世謂衰世

叔末猶季末也後漢黨錮傳序注〇酷史傳論注云叔季猶末代也

淑

清湛也說文段注湛沒也湛沈古今字今俗云深沈是也釋詁曰淑善也此引申之義

淑清也廣雅釋詁

一淑善也爾雅釋詁又詩關雎窈窕女傳燕燕淑慎也其身箋中谷有蓷遇人之不淑矣箋鳲鳩淑人君子傳鼓鍾箋桑柔其何能淑箋韓奕淑旂綏章傳泮水淑問如皋陶箋又禮記襍記寡君使某如何不淑注緇衣淑慎爾止注又公羊莊十二年傳甚矣魯侯之淑注又孝經注又鄭注又國語楚語周而不淑注又漢書各傳注又後漢張衡傳注曹世叔妻傳注又孟子離婁上注離婁下予私淑諸人也注盡心上有私淑艾者注又太兮從從其淑注又楚辭橘頌淑離不淫注遠遊絕氛埃而淑尤兮注招魂九侯淑女注又文選東京賦終然允淑薛注思兮賦悲淑人之布合舊注文賦讖前修之所淑注〇萱按俶淑皆訓善在俶為本義在淑亦義之引申也無庸言段借矣

淑淑善也荀子賦湣湣淑淑注

淑詭奇也莊子德充符斯以淑詭幻怪之名釋文引李注

瑒

或作琡〇俗有璹璛玉器也說文璋大八寸謂之琡爾雅釋器

孰

〇俗有熟食飪也易曰孰飪說文段注飪大孰也可食之物大孰則丮食之孰與誰雙聲故一曰誰也後乃分別熟為生熟為誰孰矣曹憲曰顏野王玉篇始有熟字鼎彖傳曰以木巽火亨飪也許所據作孰飪

孰謂亨煑禮記禮運注孰冶萬物疏

孰成也漢書五行志上注又後漢楊賜傳注

孰成也孟子告子上苟為不熟注

孰精也荀子禮論非順孰修為之注〇議兵凡慮事欲孰注云孰謂精當審

孰精孰也荀子富國須孰精察注〇性惡思索孰察注云孰察精孰而察

孰甚也荀子禮論孰知夫出死要節之所以養生也注解蔽察孰非以分是則謂之篡注

熟甚也荀子榮辱非熟脩為之君子注〇不苟熟計之注云熟甚也猶成熟也

孰諫謂純孰殷勤而諫若物之成孰然禮記內則孚孰諫疏

孰猶思也呂覽慎行行不可不孰注

熟猶善也周髀算經上思之未熟注

熟猶知也呂覽重已此論不可不熟注適威有無之論不可不熟注

熟知猶審知也史記禮書孰知夫士出死要節正義

孰熟也

素問疏五過論五藏菀熟注大奇論注孰祝也釋名釋親屬荆豫人謂長婦為孰同上

孰誰也爾雅釋詁又禮記檀弓上天下其孰能宗予注又大戴記曾子制言上屬孰能親汝乎注又公羊隱元年傳王者孰謂注又穀梁宣二年傳孰為盾釋文又論語八佾孰不可忍也馬注又皇疏孰謂鄹人之子知禮乎又皇疏孰不知禮皇疏公冶長女與回也孰愈皇疏述而皇疏先進子貢問師與商也孰賢皇疏顏淵君孰與不足孔注又皇疏微子孰為夫子皇疏子張孰先傳焉皇疏又國語晉語孰是人斯而有是臭也注越語孰是君也注又漢書成帝紀注英布傳注劉向傳注衛綰傳注引李奇又素問靈蘭秘典論孰知其原注氣穴論孰能窮其道焉注又老子孰能濁以靜之徐清注孰為此者天地注孰知其故王注又莊子列禦寇莫覺莫怪何相孰也釋文引王注又列子力命注又呂覽異用非桀其孰為此也注下賢非至公其孰能禮賢注醫應請問孰病哉注舉難則問樂騰與王褒荀端孰賢注達鬱孰當可而鏡注又楚辭山鬼歲既晏兮孰華予注哀郢孰兩東門之可蕪注又文選神女賦孰者克尚注〇王尚書引之經傳釋辭云孰猶何也家大人曰孰誰一聲之轉誰訓為何故孰亦訓為何又大戴記曾子制言篇曰則雖女親屬孰能親女乎屬孰

皆何也連言屬孰者古人恒有複語者莊子言屬詎矣又書傳中言孰與者皆謂何如也廣雅曰與如也

莤

禮句祭束茅加於祼圭而灌鬯酒者是為莤像神歆之也春秋傳曰爾貢苞茅不入王祭不供無以莤酒一曰莤榼上塞也說文段注歆字本作歆非今依韻會正周禮甸師祭祀共蕭茅鄭大夫云蕭或為莤莤讀為縮束茅立之祭前沃酒其上酒滲下去若神飲之故謂之縮縮浚也故齊桓公責楚不貢苞茅不入王祭不共無以縮酒許說本鄭大夫惟鄭不言是祼儀耳許云加于祼圭者謂加於祼圭之勺也按周禮禮記內則二鄭所引左傳皆作縮然則縮者古文段借字莤者小篆新造字故毛公伐木傳曰滑莤之也以藪曰滑說者謂藪艸也而周禮蕭茅或作莤皆漢人所用字春秋云僖四年左氏傳文偁之以證縮酌用茅也一曰云云寔各本作塞乃邊塞字耳榼酒器也以艸窒其上孔曰莤此別一義莤謂以茅泲之而去其糟也詩伐木釋文莤蔓于爾雅釋艸○莤按釋文由酉二音以別於莤酒字其實此等艸木本無專字取音形略近者目之耳何煩改讀乎束茅而灌之以酒

為縮酒左氏僖四年傳注縮去滓也禮記郊特牲縮酌用茅注○疏云縮泲也又周禮甸師注云縮酒泲酒也

縮

○俗有蹜亂也一曰蹴也說文段注釋詁曰縮亂也通俗文云物不申曰縮不申則亂故曰亂也不申者申之則直禮記古者冠縮縫孟子自反而縮皆謂直也亂者治之詩曰縮版以載爾雅毛傳皆曰繩之謂之縮之治縮曰縮猶治亂曰亂也一曰云云蹴者躡也躡者蹈也蹈者踶也踶者躗也凡足掌迫地不還起曰踶是以蹴鞠謂之蹋鞠蹋而起之也論語足縮縮如有循鄭注曰舉前曳踵行也曳踵行不還起故曰縮縮俗作蹜蹜非踵足跟也縮不及也文選幽通賦故遭罹而贏縮注引項岱縮短也淮南時則孟秋始縮注本經贏縮卷舒淪於不測注又文選東京賦不測不盈薛注縮退也一切經音義二十引國語賈注退舍為縮晚出為縮並漢書天文志○史記天官書云退舍曰縮又周禮馮相氏冬夏致日疏云贏進為盈贏退為縮縮藏也淮南覽冥春秋縮其和注縮小曰蹙皺不申曰縮朒一切經音義十五引通俗文擊縮亂法

也爾雅釋詁縮亂也注蹜蹙聚皃文選海賦噏波則洪漣踧蹜注蹜蹜猶蹴蹴也論語鄉黨皇疏○莤按釋文出蹜蹜字知皇陸所據字已从俗縮者約束之爾雅釋器繩之謂之縮之注○孫注云繩束築版謂之縮乘謂之縮詩緜縮版以載傳○疏云縮物之名用繩束版故謂之縮束縮綸也爾雅釋詁縮直也禮記檀弓上疏投壺注奇則縮諸純釋文縮縱也周禮士冠注士喪禮曰束縮疏又禮記檀弓上縮二疏縮從也儀禮鄉飲酒禮磬階閒縮霤注鄉射禮十純則縮而委之注大射儀注士喪禮絞橫三蹜一注士虞禮束縮注貫於俎縮注二尹縮注少牢饋食禮縮載俎肵亦縮注又禮記檀弓上注喪大記小斂布絞縮者一注縮義也孟子公孫丑上自反而不縮注立縮順其性儀禮特牲饋食禮載心立舌縮俎注齊人謂車枕以前曰縮言局縮也釋名釋車炊箕謂之縮方言五○注云縮漉米箕也烏鵲醜其飛掌蹜在腹下廣雅引文字音義縮引也縮抽也縮取也莤按此皆段縮為摍也又儀禮古文縮皆作蹙義近通借也束茅立之祭前沃酒其

上酒滲下去若神飲之故謂之縮縮浚也周禮甸師大夫注薑按此段縮爲莤也後鄭云縮酒泲酒也又禮記郊特牲注云縮去滓也

摍

蹴引也說文段注蹴猶迫也古多段戚爲之蹴引者蹴迫而引取之摍古段縮爲之毛詩傳曰鄭之釐婦夜暴風雨室壞趨而至顏叔子納之而使執燭放乎旦而蒸盡縮屋而繼之釋文云縮又作摍同按武梁祠堂碑云摍柞是也戰策淖齒管齊之權縮閔王之筋懸之廟梁宿夕而死亦即摍字摍屋即本傳所謂抽屋也摍引也廣雅釋詁一摍謂抽也詩巷伯疏縮引也國語周語而縮取備物注縮抽也小爾雅廣言縮取也國語楚語縮於財用則匱注又國策秦策縮劍將自誅注

跾　倏

或作透悠○去入兩讀注在彼○作倏者譌犬走疾也說文段注依韵會本訂引伸爲凡忽然之詞或段儵字爲之倏眒疾速也文選蜀都賦鷹犬倏眒劉注倏忽也後漢張衡傳注倏忽疾也漢書叙傳上辰倏忽其不再注

又文選東都賦指顧倏忽注○甘泉賦電倏忽於牆藩注云倏忽疾皃也倏忽電光也漢書楊雄傳上注倏倏光也廣雅釋訓倏疾也廣雅釋詁一○莊子大宗師倏然而往釋文引司馬注云倏疾皃倏爍疾也楚辭倒上雲濛濛兮電倏爍注倏眒皆疾皃也史記司馬相如傳倏眒淒浰集解引漢書音義倏忽疾也文選西京賦奇幻倏忽薛注○楚辭招魂往來倏忽注云倏忽疾急皃倏忽取神速爲名莊子應帝王南海之帝爲倏北海之帝爲忽釋文引簡文注○又引李注云倏喻有象也倏忽長逝也文選上林賦倏夐遠去郭注倏忽電光也楚辭天問倏忽焉在注倏爚電光也文選西都賦震震爚爚注引字指○西京賦遺光倏爚薛注云倏爚有餘光也倏過也文選幽通賦辰倏忽其不再曹注

儵

青黑繒發白色也說文段注古亦段爲倏忽字又釋訓儵儵嘒嘒罹禍毒也釋小雅蹴蹴周道鳴蜩嘒嘒也○薑按蹴儵同部音近雖得通用然爾雅此等段借究嫌皮傅也儵黑也廣雅釋器儵過也儵

疾也薑按此類皆詳儵下倏儵正借字也

紫育切

虪　蹴

或作儵黑虎也說文段注釋嘼曰虪黑虎釋文曰虪今作儵吳都賦曰虥虪或作跦行平易也詩曰蹴蹴周道說文○詩小弁蹴蹴周道傳云蹴蹴平易也蹴踖恭敬皃也論語鄉黨蹴踖如也集解引馬注又皇疏○鄭注云蹴踖敬恭皃蹴踖讓皃後漢東平思王蒼傳注蹴踖不進也一切經音義十二引字林跦踖畏敬也廣雅釋訓蹴爾驚皃法言學行或人蹴爾曰注踾蹴迫蹙皃文選長笛賦踾蹴攢仄注蹴沑蹙聚也文選海賦葩華蹴沑注

歗

噈俗歍歗也說文○薑按歍下云歍歗口相就也段注曰謂口與口相就也噈鳴噈也玉篇引聲類

槭

槭木可作大車輮說文段注木詳今何木大車牛車也輮車罔考工記之牙也槭至也廣雅

釋詁一

此菊切

𣢐　宋

惄然也孟子曰曾西𣢐然說文段注𣢐惄然也此以疊韵爲訓心部曰惄憂也惄然心口不安之皃也孟子云云見公孫丑篇今作蹵趙注蹵然猶蹵踖也蹵踖同蹴踖或作寂宋俗有諔淑○諔或無人聲也說文○文選西征賦注引韓詩章句云寂無聲之皃也又老子注云寂者無音聲寂靜也廣雅釋詁四宋安靜也江湘九嶷之郊謂之宋方言十○薑按莊子大宗師其容宋又孔霙碑宋兮昊昊皆用宋寂寞靜皃文選思玄賦經重瘄乎寂寞兮舊注寂寞恬淡也淮南原道淑漻寂寞注○薑按莊子齊物論注取其寂寞無情耳釋文云本亦作寂漢寂寥無形體也老子寂兮寥兮王注○一切經音義引埤蒼云寂寥無人也又楚辭遠逝聲嗸嗸以寂寥兮注云寂寥空無人民之皃也又文選四子講德論寥寥宇宙注云寂寥曠遠之皃也○七發淑漻壽蓼注云淑與寂音義同也薑按淑漻即寂寥寂歷雕疎皃文選江文通襍體王徵君詩寂歷百艸晦注

啾

咸作啾嘆也說文段注三字一句俗本删啾味字非也按卢部云叚橐義略同

戚

○俗有鏚戉也說文段注大雅曰干戈戚揚傳云戚斧也揚鉞也依毛傳戚小於戉揚乃得戉名左傳戚鉞秬鬯文公受之戚鉞亦分二物許則渾言之耳戚之引申之義為促迫而古書用戚者俗多改為蹙試思親戚亦取切近為言非有異義也大雅戚戚兄弟傳曰戚戚內相親也小雅戚戚靡所騁箋云戚戚縮小之皃其義本相通而淺人於節南山必易其形與音矣戚訓促迫故又引申訓憂小明自詒伊戚傳曰戚憂也度古祇有戚後乃別製慽字○漢書董仲舒傳注又後漢崔寔傳注儒林傳注並云戚鉞也萱按戉鉞正俗字戚斧也詩公劉傳又禮記文王世子大樂正舞干戚注明堂位注樂記及干戚羽旄謂之樂注干戚旄狄以舞之疏祭統朱干玉戚以舞大武注又左氏宣八年經疏又公羊昭廿五年傳注又通典引許慎五經異義又山海經海外西經形天操干戚以舞注又廣雅釋器又後漢郎顗傳注又孟子梁惠王下注又呂覽仲夏執干戚戈羽注賁直其干戚之音注又淮南時則注氾論揚干戚注又文選上林賦舞干戚郭注鏚斧也左氏昭十二年傳以為戚柲注昭十五年傳鏚鉞秬鬯注又小爾雅廣器戚感

也斧以斬斷見者皆感懼也釋名釋兵戚親也禮記大傳戚單於下疏又家語曲禮子貢問而不戚君注又孟子告子下戚之也注又管子侈靡通於侈靡而士可戚注見本為國者反民性然後可以與民戚注又呂覽求人戚愛習故注又楚辭愍命戚宋萬於兩楹兮注○呂覽論人又必以六戚四隱注云六戚六親也戚戚內相親也漢書梁平王襄傳注○詩行葦疏云戚戚猶親親然戚近也小爾雅廣詁又周書文酌三取戚愛免梏注大戒惠戚咸服注又漢書杜鄴傳注匈奴傳贊注又呂覽審為戚不得也注○書金縢未可以戚我先王疏云戚是親近之義戚迫也詩小明政事愈戚傳戚猶促也家語曲禮子貢問周以戚注戚言族外禮記曲禮上兄弟親戚稱其慈也疏○萱按夏承碑君之𡡉慼用慼為戚也二字義本通戚腠理也史記司馬相如傳躬腠胝無胈索隱引張揖○萱按張破腠為戚以戚為正字也齊人有名疾為戚者考工記總目不微至無以為戚速也注戚施面柔也戚施蟾蜍萱按此段戚施為䵷黽也詳處下戚憂也戚戚常憂懼也萱按此類皆段戚為慽也

慽

或書作慼○俗有慽戚慼蹙恩也說文段注小明曰政事曰愈戚傳曰戚迫也又曰自詒伊戚傳曰戚憂也按下傳謂戚即慽之段借字也戚者戉也慼憂也公羊僖廿四年傳注又廣雅釋詁一慼慼憂也廣雅釋訓慼悲也廣雅釋詁一戚憂也易復注頻戚之皃也釋文又書金縢未可以戚我先王鄭注又後漢皇甫規傳臣誠戚之注又荀子彊國僅存之國危而後戚之注○鬼谷子權戚言權而于信注云戚者憂也長戚戚多憂懼皃也論語述而小人長戚戚集解引鄭注○後漢明帝紀注云戚戚常憂懼也戚戚然心有動也孟子梁惠王上於我心有戚戚焉注戚猶惕也國語吳語戚然服士以司吾聞注戚哀過禮也論語八佾喪與其易也寧戚皇疏戚憤恚也禮記檀弓下慍斯戚注戚醜顑頷也莊子盜跖滿心戚醜釋文引李注○萱按易離戚嗟若子夏傳作喊見釋文慼慼也廣雅釋詁一戚咨慼也易離戚嗟若釋文引子夏傳○方言十云楚郢江湘之間怛怩或謂之慼咨

蹴

或作蹵蹙蹴踧踖蹜蹋也說文段注玄應云說文蹴蹋也以足逆蹋之曰蹴蹵足蹵之也漢書枚乘

傳狗馬蹵鞠刻鏤注蹴蹋也孟子告子上蹴爾而與之注○廣雅釋詁二云蹵蹋也又史記蘇秦傳六博蹋鞠者索隱云亦蹋也蹵然敬皃禮記哀公問孔子蹴然辟席而對注○莊子大宗師仲尼蹵然曰釋文云蹵然改色之皃又孟子公孫丑上曾西蹵然曰注云蹵然猶蹵踖也蹴鞠兵勢也所以講武知有材也後漢梁冀傳注○文選景福殿賦其西則有左城右平注云蹵鞠亦有治國之象又史記扁鵲倉公傳處後蹴踘正義云蹴踘謂打毬也又封氏聞見記云蹵鞠近俗聲譌蹋踘為毬字亦從而變焉非古也蹵促也詩小明傳召旻傳○儀禮士相見禮容彌蹵注云蹵猶促也蹵迫也廣雅釋詁三又後漢書光武紀上注蹵遒也廣雅釋詁一遒迫之也釋名釋姿容蹵近也考工記弓人蹵於剒而休於氣注蹵急也廣雅釋詁一蹴戚也文選為袁紹檄豫州蹵威柄注蹵蹬行皃廣韻引字林蹵屈聚也管子水地堅而不蹵義也注蹵蹵縮小之皃詩節南山蹵蹵靡所騁速速蹵蹵惟速鞫也爾雅釋訓蹵頻愁皃孟子梁惠王下舉疾首蹵頻注○萱按滕文公下篇已頻顣曰文選弔魏武帝文注作嚬

蹙又魯靈光殿賦云𪙊嚬蹙而含悴又莊子至樂髑髏深矉蹙頞曰釋文云蹙本作顣又作蹴是蹙顣同字明矣○又按詩江有汜箋蹙口而出聲禮記曲禮以足蹙路馬芻有誅同釋文並云蹙本亦作蹴又文選羽獵賦浸淫蹙部注云蹙蹙古字通此皆蹴蹙同字之證也若詩兔爰箋有所操蹙也蹙本作戚又禮記禮器不然則已蹙蹙本作戚又莊子田子方諸大夫戚然曰蹙或作愀此皆段借也及說文無蹙顣字以有蹴在也且古多借用戚也蹙鷄謂皐蹙眉史記范睢蔡澤傳顣頞蹙鷄膝學索隱蹙愍皃禮記禮器不然則已感注蹙痛也公羊莊卅年傳蓋以緐之為已蹙矣注蹙皐也廣雅釋詁三

歃

或書作媨醜也一日老嫗也說文段注醜者可惡也婦人之老者曰嫗不必母也媨好也廣雅釋詁一○豈按歃訓醜又訓好殆亦如亂訓治苦訓快與

鼀

○俗有感鼀鼀或夫鼀逗疊韻詹諸也其鳴詹諸其皮鼀鼀其行夫夫說文段注虫部曰蝌鼀詹諸也一物四名曰蝌鼀曰夫鼀曰詹諸曰𪓊鼀許主名詹諸而詳釋之蝦蟆能作呷呷

聲蟾蜍不能作聲詹諸象其䜣吃之音此言所以名詹諸也其字俗作蟾蠩又名蟾蜍鼁鼀猶蹙蹙也其身大背黑多痱磊此言所以名蝌鼀夫鼀也蝌之義蓋取於拳局夫夫舉足不能前之皃蟾蜍不能跳蔺夫圓上惟鈍非銳物也故以狀其行此言所以名夫鼀也戚施蟾蜍御覽引韓詩章句戚施面柔也詩新臺箋又爾雅釋訓○舍人注云戚施令色誘人戚施不能仰者詩新臺得此戚施傳○釋文云戚施面柔不能仰也豈按詩雅戚施段借也說文黽部之䵶黿正字也本言物醜因以言人醜也據爾雅釋文引字書作䙺覷似矣然說文無䙺釋覷亦不同則䙺覷非必本字矣戚施僂也淮子脩務蘧蒢戚施注

鼜

或作鼜夜戒守鼓也禮增記字昏鼓四通為大鼓夜半三通為戒晨旦五通為發明讀若戚說文段注鼜夜戒守鼓也周禮鼓人軍旅夜鼓鼜注同此鎛師凡軍之夜三鼜皆鼓之守鼜亦如之注曰守鼜備守鼓也鼓之以鼓鼓禮當云禮記軍禮司馬法百五十五篇藝文志以入禮家昏鼓云云四者陰數唐李靖云鼓三百三十三槌為通未知古法然不大鼓當依周禮注作大鼜大鼜謂大行夜也夜

半云云戒晨周禮注作晨戒旦五云云旦鉉本作旦明周禮注亦作旦明發明周禮注作發昫日部曰昫日出溫也已上據鼓人注乃司馬法之文也讀若戚者戚古音如促赤聲與蚤聲同在三部牴瞭注云杜子春讀鼜為憂戚之戚擊鼓聲疾數故曰戚許意同也杜以他經傳無鼜字故讀造次之造或易為戚許則但讀如戚而已今音倉歷切○周禮眡瞭鼜愷獻亦如之疏云鼜謂夜戒守之鼓鼜擊鼜警守鼓也周禮掌固夜三鼜以號戒注○鎛師凡軍之夜三鼜皆鼓之杜注云一夜三擊備守鼓者也

夙　想菊切

隸作夙𠈇古文㑋古文早敬也从丮夕持事雖夕不休早敬者也說文段注召南毛傳曰夙早也此言早敬者以字从故晨下曰臼辰為晨丮夕為夙皆同意是也大雅載震載夙毛云夙早也箋云夙之言肅也惟夙有敬意故鄭云爾持事云云此說會意之恉謂日暮人倦齋莊正齋而不敢懈惰是乃完令日之早敬基明日之早敬也抑夕者夜之適僻未旦而執事有恪故字从丮夕與夙早也爾雅釋詁又易解有攸往夙吉虞注又書堯典夙夜惟寅晚出傳皐陶謨夙夜浚明有家晚出傳又詩采蘩夙夜在公傳行露豈不夙夜

箋小星箋定之方中星言夙駕箋東方未明不夙則莫傳陟岵行役夙夜無已箋生民傳烝民夙夜匪解箋閔予小子夙夜敬止箋有駜箋又儀禮士冠禮夙興注士昏禮夙夜無違命注特牲饋食禮注又禮記孔子閒居夙夜其命宥密疏又孝經注又漢書董仲舒傳注韋元成傳注又後漢桓彬傳注吉傳注又賈子禮容語下又家語五儀昧爽夙興注夙蚤也國語周語注晉語夙夜征行注○○按皐陶謨夙夜浚明有家夏本紀作蚤夜翊明有家夙即昕也詩行露箋行事必以昏昕疏夙舊也後漢郭伋傳注○劉寔傳注云夙猶舊也夙夜恭也周語下

宿

或作𡪫去入兩讀○止也說文段注凡止曰宿夜止其一耑也毛傳一宿為宿再宿為信左傳之凡師一宿日舍再宿曰信過信曰次也止之義引申之則為素如史記云宿將宿學是也先期亦曰宿周禮世婦掌女宮之宿戒祭統宮宰宿夫人禮經宿尸皆謂先期戒飭鄭云宿讀為肅按去聲息救切此南北音不同非有異義也星宿宿留非不可讀入聲○廣雅釋詁三又漢書枚乘傳注又荀子非十二子則倜然無所歸宿注並云宿止又王霸使臣下百吏莫不宿道鄉

方而務注云宿道止於道也宿者止宿之義漢書百官公卿表上御蓋注夜止曰宿楚辭初放堪輿分當道宿注○漢書文帝紀注引臣瓚云一宿曰宿宿又爾雅釋訓云有客宿宿言再宿也有客信信言四宿也宿猶處也詩九罭於女信宿傳宿舍也廣雅釋詁四○鬼谷子本經陰符而神宿矣注云宿猶舍也宿留也廣雅釋言又漢書嚴安傳注○後漢來歷傳注云宿留猶停留也又韋彪傳注云宿留待也又漢書郊祀志上宿留海上注云宿留謂有所須待也又史記孝武紀遂至東萊宿留之索隱云宿留遲待之意○螢按宿字去入兩讀固無不可但舊分某義讀去某義讀入則鉥析瑣屑太過事矣試通觀之果何處可分耶宿猶停也管子君臣不宿其罰法宿久也小爾雅廣詁又漢書徐樂傳注宿積久也莊子徐無鬼枯槁之士宿名釋文宿久舊也漢書翟方進傳是時宿儒有清河胡常注瞻史尹賞傳賞所置皆其魁宿注○韓安國傳孝文寤於兵之不可宿注云宿久留也宿素也孟子公孫丑下弟子齊宿而後敢言注宿進也儀禮士冠禮乃宿賓注宿思也左氏昭廿九年傳官宿其業服注宿猶安也左氏昭廿九年傳注宿猶

先也管子地圖宿定所征伐之國注宿猶豫也論語顏淵子路無宿諾集解宿猶逆也論語顏淵皇疏宿者先誡之辭公羊桓元年傳魯宿之邑也注○周禮肆師宿為期注云宿先宿也祭之夕宿申戒也周禮大宗伯宿視滌濯注○儀禮公食大夫禮記不宿戒注云申戒為宿又鄉飲酒禮記不宿戒注云再戒為宿戒宿致齋也禮記禮器三日宿注○儀禮公食大夫禮注此所以宿戒者疏云致齋三日為宿又周禮大史戒及宿之日疏云宿謂致齋三日又史記封禪書上宿郊見集解引李奇云宿猶齋戒也宿之言肅肅敬之義也禮記禮器三日宿疏○書顧命王三疏宿疏云宿即齋戒也宿謂宿衛也周禮脩閭氏掌比國中宿互櫜者司農注宿息廬之屬賓客所宿及晝止者也周禮野廬宿息井樹注宿可止宿若今亭有空矣朝天子所宿之邑謂之朝宿穀梁桓元年傳魯朝宿之邑也注宿國名公羊隱元年及宋人盟于宿釋文宿宿也星各止宿其處也釋名釋天宿次也史記律書七正二十八宿索隱宿謂二十八宿素問離合真邪論故天有宿度注○文選

景福殿賦星居宿陳注云宿星宿也又王元長曲水詩序既而減宿澄霞注云宿列宿也又漢書律麻志上日月在建星注引李奇云古以建星為宿今以牽牛為宿宿是日行之道左氏昭四年傳注陸道也疏○困學紀聞引蔡邕月令章句云宿曰所在所謂宿者日月五星之所宿也說苑辨物○考工記輈人為輈蓋弓二十有八以象星也疏云若據日月合會於其處則名宿亦名辰亦名次亦名房也馮相氏疏略同宿艸謂陳根也禮記檀弓上有宿艸而不哭焉注楚人名冬生艸曰宿莽離騷夕攬丨洲之宿莽注思美人搴長洲之宿莽注○螢按經典宿字或作蹜作速作肅作風皆同音通借也肅風與宿義尤近又少牢禮古文宿作羞羞宿亦同部也

肅

𦘺古文持事振敬也从聿在𣶒上戰戰兢兢也說文段注廣韻恭也敬也戒也進也疾也按訓進者羞之段借訓疾者速之段借皆見禮戰戰兢兢引詩說从𣶒之意也肅敬也詩何彼襛矣曷不肅雝傳清廟肅雝顯相傳又禮記樂記肅雝和鳴疏又左氏僖廿三年傳肅而寬注文十八年傳忠肅共懿注又肅猶戒也禮記祭統宮宰肅夫人注○螢按儀禮多云宿戒小戴則用借字

疏昭十三年傳下善齊肅注又周書武稱肅勝怒注皇門周不茂揚肅德注又洪範五行傳皃之不恭是謂不肅注又國語晉語知羊舌赤之聽敏肅給也注楚語明齊肅以燿之臨注而又能齊肅衷正注又漢書志傳各注又後漢章帝紀注皇后紀上注又淮南墬形注又法言修身其為外也肅栝注又文選東京賦紀禪肅脩之功薛注肅肅敬也爾雅釋訓又詩兔罝肅肅兔罝傳思齊肅肅在廟傳烝民肅肅王命箋雝至止肅肅箋又禮記樂記又漢書韋玄成傳注揚雄傳上注又太玄禮足○爾注○文選東京賦肅肅習習薛注云肅肅敬皃肅肅恭也爾雅釋訓肅祗恭敬也後漢班彪傳下注○太玄玄數事皃用恭撝肅注云肅敬以佐恭也肅嚴急之言也禮記月令天地始肅注肅中列嚴整也素問氣交變大論其政凝肅注○國語周語寬肅宣惠注云肅整也肅肅嚴正之皃詩黍苗肅肅謝功注肅駿也禮記禮運刑肅而俗敝注肅威也禮記玉藻色容厲肅疏肅靜也素問六元正紀大論終為肅注五運行大論其化為肅注○診要經終論刺鍼必肅注云肅謂靜肅肅清也靜也素問五常政大論其政肅注肅肅清也後漢張衡傳注肅寒也

管子幼官春行冬政肅注又文選江文通望荊山詩雲霰肅川漲注肅殺也呂覽孟秋天地始肅注又淮南時則注肅聲也爾雅釋言氣容肅似不息也禮記玉藻氣容肅注徐行前曰肅書顧命王三宿鄭注〇萓按鄭以宿為肅之借也孔疏但以肅釋宿而不破字肅拜拜低頭也禮記少儀肅拜注〇周禮大祝九曰肅拜司農注云肅拜但俯下手今時揖是也又左氏成十六年傳敢肅使者注云肅至地若今揖又國語晉語為使者故敢三肅之注云肅拜下手至地也剛德克就曰肅周書謚法執心決斷曰肅同上肅縮也霜降而收縮萬物詩七月九月肅霜傳〇禮記月令草木皆肅注云肅謂枝葉縮栗又淮南時則注云草木上竦曰肅肅肅羽聲也詩鴻雁肅肅其羽傳〇鴇羽傳云肅肅鴇羽聲也萓按此義㫺出字作肅而後出肅慎國名國語魯語此肅慎氏之矢也注〇山海經大荒北經有肅慎氏之國注云肅慎氏之國令名之為挹婁國萓按書序肅慎來賀馬本作息慎來賀周本紀亦然肅息雙聲肅猶戒也萓按此段肅為宿肅速也肅急也肅疾也肅肅疾兒萓按此皆段肅為速也

肅進也萓按此段肅為羞也肅即羞之入聲遬猶蹙蹙也禮記玉藻見所尊者齊遬注〇疏云遬謂賤斂萓按此段遬為肅也遬者速之籀文

潚

平入兩讀注在彼〇俗有潚

橚

長木兒說文段注九辨萷橚椮之可哀橚即橚淺人加艸耳吳都賦說竹曰橚矗森萃史記上林賦紛容蕭蔘蕭同橚〇萓按說文無橚故段君疑即橚字然西京賦橚爽橚椮二字並見一語中似非可併合者宋辨張賦白作橚字讀平聲可也〇子度曰西京賦當是本作肅爽橚椮轉寫致譌竄耳段之併合非無見也橚矗長直兒文選吳都賦橚矗森萃注

鷫

鷞司馬相如說从叜聲段云益凡将字如此鷫鷞也五方神鳥也東方發明南方焦明西方鷫鷞北方幽昌中央鳳皇說文段注劉昭引叶圖徵云似鳳有四司馬相如傳揜焦明又焦明已翔乎寥廓張揖云焦明似鳳西方之鳥按西字疑誤左傳唐成公有兩肅爽馬賈逵曰色如

霜紈馬融說肅爽雁色其羽如練高首而脩頸馬似之天下布有高淮南云鷫鷞長頸綠色似雁賈馬高等所說蓋別一鳥非西方神鳥〇漢書司馬相如傳上鴻鷫鵠鴇注引郭璞云鷫鷞也又廣雅釋鳥云鷫鷞鳳皇屬也又淮南本經鴻鵠鷫鷞注云鷫鷞雁類一曰鳳之別類又原道一鈎射鷫鷞之為樂乎注云鷫鷞鳥名也長頸綠身其形似雁一曰鳳皇之別名也

蟰

〇俗有蟰蟰蛸逗雙聲長股者說文段注釋蟲曰蟰蛸長踦豳風毛傳同蹄當作踦其足長故謂之長踦許則顯之曰長股者也此鼅鼄之一種俗謂喜母古音肅在三部今音蘇彫切俗寫作蟰蛸古音消今音所交切此古今之轉變也蛸長腳蜘蛛也太平御覽引劉楨毛詩義問

玉

去入兩讀詳在彼〇俗有壓蟰蛸朽玉也說文〇萓按史記公玉帶索隱引三輔決錄注云杜陵有玉氏音肅據廣韵則朽玉義亦讀入聲

目　面菊切

囧古文人眼也象形重童子也說文段注象形總言之嫌人不解二故釋之曰重其童子

也釋名曰瞳重也膚幕相裹重也子小稱也主謂其精明者也或曰眸子眸冒也相裹冒也按人目由白而盧童而子層層包裹故重畫以象之非如項羽本紀所云重瞳子也目之引申為指目條目之目古文口象面中象眉目江沅曰外象匡內象眸目者其竅也素問解精微論目者肝之使白虎通情性引春秋元命苞目者心之符也大戴記曾子立事又韓詩外傳四目者氣之清明者也禮記郊特牲目默也默而內識也釋名釋形體目司視管子宙合目視也廣雅釋詁又文選東京賦目阿房薛注䀢目者極視精不轉也左氏桓元年傳目逆而送之服注目擊謂熟視之也後漢郅惲傳注目猶視也望也漢書揚雄傳注目所以司見形色素問陰陽應象大論在竅為目注目見也公羊桓二年傳此其目言之何注離為目易說卦傳屯泣血漣如巽注小畜夫妻反目巽注象下傳眇而視履注喪過乎哀虞注繫辭下傳作結繩而為網罟巽注〇象下傳利見大人集解云離為明目坤為目易頤自求口實虞注目要也小爾雅廣詁〇周禮簭人四曰巫目注云目謂

事眾筮其要所當也目綱目也文選五等論備衆目方注譬目題目也後漢襄楷傳注治目若今日計也周禮宰夫二曰司掌官灋以治目注目者偏辨其事也春秋繁露深察名號目罪名也後漢王吉傳注目幹節目考工記弓人斲目必荼司農注

睦

⿱大囧古文目順也一曰敬和也說文段注古書睦穆通用如孟子注君臣集穆史記畋畋睦睦漢書作畋畋穆穆是也穆多訓敬故於睦曰敬和睦敬也史記司馬相如傳畋畋穆穆集解引漢書音義睦和也左氏昭七年傳衛事晉為睦注又孟子滕文公上則百姓親睦注睦厚也禮記坊記睦於父母之黨注睦和厚也禮祭義教民睦也注睦親厚也左氏定四年傳于周為睦注睦親也易夬釋文引蜀才又書堯典九族既睦鄭注又禮記禮運講信修睦注又左氏昭三年傳又畢一睦馬疏又國語周語相協輯睦注晉語能內睦而後圖外注○周禮大司徒孝友睦婣任恤注云睦親於九族睦信也廣雅釋詁一睦容也漢書韋賢傳注睦通也易夬莧陸夬夬釋文引蜀才本

㣊

○俗有㣊細文也說文段注細文文之細者故字从彡㣊彡者文也京者際見之白際者壁隙也疊之細者也引中為凡精美之稱周頌曰維天之命於穆不已傳曰目美也大雅傳曰穆穆美也釋訓曰穆穆肅肅敬也皆其義也古本作㣊今皆从禾作穆段借字也古昭穆亦當用㣊穆美也詩清廟於穆清廟傳又禮記中庸疏又史記太史公自序受命於穆清正義又漢書司馬遷傳注劉向傳注韋玄成傳注又後漢班彪傳注下又呂覽至忠可謂穆行矣注又淮南原道物穆無窮注○詩烝民疏云穆是美之皃穆穆美也爾雅釋詁又書堯典四門穆穆晚出傳又詩文王穆穆文王傳那穆穆厥聲箋又漢書王褒傳注揚雄傳上注又後漢鍾離意傳注又荀子大略言語之美穆穆皇皇注○禮記少儀疏云穆穆皇皇皆美大之狀穆穆和美皃楚辭大招三公穆穆注穆和也詩烝民穆如清風箋又淮南覽冥穆休於太祖之下注○漢書揚雄傳上注云雍穆和也穆順也續漢祭祀志下注引決疑要注穆猶悅也管子君臣下穆君之色注穆穆天子之容也漢書韋玄成傳天子穆穆注匡衡傳昭穆穆以視之注○禮記曲禮下疏云天子穆穆者威儀多皃也穆穆靜也漢書揚雄傳下注

穆猶默靜思皃也文選非有先生論於是吳王穆然注○漢書東方朔傳注云穆然靜思皃穆敬也書金縢我其為王穆卜晚出傳又楚辭東皇太一穆將愉兮上皇注○詩清廟正義引書大傳云穆者敬之穆穆敬也論語八佾皇疏又漢書司馬相如傳下注引文穎○後漢班彪傳下注云穆穆猶敬也又太平禮云穆穆肅肅敬出心也穆信也西甌毒屋黃石野之間曰穆方言一穆純也周禮諡法注布德執義曰穆周書諡法又獨斷下中情見皃曰穆周書諡法穆忞隱閔皆無形之類也淮南原道忞隱閔注穆父曰昭子曰穆周禮小宗伯辨廟祧之昭穆注○公羊文二年傳陳于太祖注云子曰穆穆取其北面尚敬子為穆穀梁文二年傳禘祭者毀廟之主注又國語魯語非昭穆也注又漢書韋玄成傳又後漢章帝紀馮衍傳注張純傳注穆子姓也禮記祭義君牽牲穆荅君注昭穆者所以別父子遠近長幼親疏之序而無亂也禮記祭統○又凡賜昭為一穆為一注云昭穆猶特牲少牢饋食禮之衆兄弟也繆然深思皃

家語辯樂孔子有所繆然思焉注○萱按此段繆為穆也又禮記檀弓下云繆公召縣子而問然大傳云序以昭繆坊記云陽侯猶殺繆侯而竊其夫人又穀梁隱五年云葬宋繆公又漢書韓安國傳云昔秦繆公都雍又禮記中庸所以序昭穆也仲尼燕居燕居所以仁昭穆也所釋文近云穆本作繆又檀弓下注云凡穆或作繆名與實爽曰繆周書謚法○獨斷下云名實過爽曰繆

穆

○俗有穀禾也說文段注蓋禾有名穆者也凡經傳所用穆字皆段穆為㣊㣊者細文也从彡㣊省彡言文㣊言細凡言穆穆於穆昭穆皆取幽微之義釋訓曰穆穆敬也大雅文王傳曰穆穆美也穆者誤亂之名論衡福虛○萱按此用穆為謬也疑因繆穆遞譌耳其段為㣊者已詳㣊下

坶

或作梅朝歌七十里地周書曰武王與紂戰于坶野說文段注此書序文也今書序紂作受坶作牧詩大明矢于牧野正義引鄭書序注云牧野紂南郊地名禮記及詩作坶野古字耳此鄭所見詩禮記作坶書序祇作牧也許所據序則作坶蓋所傳有不同作坶者字之增改也每亦母聲也

复 芳匊切

复 隸作复 行故道也 說文段注夂部又有復復行而复廢矣疑夂部之复乃後增也○萱按覆覆複皆从复則復必非後出疑复復本同字一為小篆一為古文耳

腹

厚也 說文段注此謂腹之取名以其厚大釋詁毛傳皆云腹厚也則是引申之義謂凡厚者皆可偁腹如小雅出入腹我月令水澤腹堅是也○禮記月令水澤腹堅注云腹厚也又釋文云腹本作複又初學記十七引詩出入復我萱按腹釋親 腹生也 廣雅釋詁一 腹懷抱也 詩蓼莪箋 腹者至陰之所居 素問評熱病論○金匱眞言論云腹為 自臍以下曰水腹 釋名釋形體 少腹小腸也 素問脈要精微論少腹當有形也注 坤為腹 易說卦傳大畜輿說腹虞注大壯壯于大舉之腹虞注明夷入于左腹荀注象上傳先王以建萬國親諸侯虞注 離為大腹 易說卦傳泰帝乙歸妹以祉元吉虞注睽後說之壺虞注艮艮其身虞注

複

重衣也一曰褚衣 說文段注複重衣也引申為凡重之偁複與復義近故書多用復為複呂覽水澤復

注曰復或作複東重累也詩陶復陶穴鄭注月令曰古者複穴褚見下文裝衣也 有裏曰複 釋名釋衣服 複下曰舄 周禮屨人注○疏云複重底也又方言四云屨中有木者謂之複舄 複重也 廣雅釋詁四 複廟重覆也 文選東京賦複廟重屋薛注 複陸複道閣也 文選西京賦複陸重閣薛注 複道閣道也 史記劉敬叔孫通傳通作複道集解引韋昭○漢書高帝紀下從復道上注引如淳云上下有道故謂之複

輹

○俗有軟 車軸縛也易曰輿說輹 說文段注車軸縛也者謂以革若絲之類纏束於軸以固軸也縛者束也古者束輈曰槃曰歷錄束軸曰輹亦曰鞏約轂曰約軝衣衡曰脊皆所以為固皆見於許書輈束箸於外故詩著其數軸束隱於輿下故不知其數釋名曰輹複也重複非一之言也輻當為輹轉寫誤耳或曰輻當為輹之誤若展下云又曰轂輹當為輹易曰云云周易小畜九三大畜九二文也馬云車下縛也輿許合其非輹明矣或作腹者段借字或作輻者為字○易大畜釋文又左氏僖十五年傳車脫其輹注竝云輹車下縛也又左氏疏引子夏易傳云輹車下伏兔

也今人謂之車屐形如伏菟以繩縛於軸因名縛也萱按此非眞子夏之言孔沿劉熙之誤說耳伏兔者轐也輹非伏兔轐亦不明縛說文有轐則縛伏兔之革也 輹束也 廣雅釋詁三○萱按此釋不誤劉誤在認轐輹為同物 坤為輹 易小畜虞注○盧注云輹車之鉤心夾軸之物萱按盧說久明晰豈誤會與

蝮

虫也 說文 蝮虫蚖也 山海經南山經羽山多蝮虫注 蝮大蛇也 楚辭招魂蝮蛇蓁蓁注 蝮惡蛇也 漢書嚴助傳林中多蝮蛇猛獸注○一切經音義二引三蒼云蝮蛇色如綬文文間有鬐鬣鼻上有針大者長七八尺有牙最毒 蝮一名虺 漢書田儋傳蝮蠚手則斬手注引應劭○爾雅釋魚蝮虺博三寸首大如擘孫注云江淮以南謂虺為蝮又舍人注云蝮一名虺江淮以南曰蝮江淮以北曰虺萱按諸家以虺釋蝮與說文異說文虫與虺各物故段君謂虫蝮二篆說解可疑或許本無蝮篆也說詳段書 蝮蛸蛻也 廣雅釋蟲○一切經音義十三引字林云蝮蛸蟬皮也猶蛻蟯變為蟬

復

○俗有復復 往來也 說文段注夊部曰返還也還復也皆訓往而仍來今人分別入聲去聲古無是分別也

復覆也 國語魯語夕而習復注○論語學而言可復也集解引孔注云復猶覆也又左氏僖九年傳能欲復言而愛身乎注云復言言可覆也 復反復也 詩蓼莪顧我復我箋又後漢張奐傳注 復反復也 後漢梁竦傳注○易復亨復疏云復謂反復又禮記曾子問疏云復是反復之義 復反也 易襍卦傳復釋文又詩黃鳥復我邦族箋我行其野言歸思復傳又儀禮大射儀揭觸捆復注士喪禮曰皐某復三注又禮記玉藻復不過時注喪大記君弔則復殯服注又左氏成十六年傳其卦遇復服注襄廿八年傳送復凶注又公羊宣六年傳注又論語顏淵克己復禮為仁集解引孔注又書大傳德施有復注又國語魯語明日有司復命注晉語復虐宮矣注其卒將復注楚語王止而後復注又漢書五行志中之上注引應劭楚元王傳注司馬相如傳上注又後漢張衡傳注又呂覽當貴故復右主然之罪注又楚辭招魂川谷徑復注○論語先進南容三復白圭皇疏顏淵皇疏竝云復猶反也 復返也 爾雅釋言又漢書終軍傳注又荀子大略復自道注又文選思玄賦又何往而不復舊注 復者反本之謂也 易彖上傳復其見天地之心乎注○繫辭下傳復德之本也注云復者各反其所始 復反還也 史記孝武紀郎

中令武為復上將軍索隱復還也易復釋文又書堯典乃復晚出傳又禮記玉藻疏又小爾雅廣言又國策齊
策恐田忌欲以楚權復於齊注又漢書高帝紀下注又後漢書桓帝紀注復旋也後漢趙咨傳注復歸也
書堯典卒乃復鄭注又漢書董仲舒傳注〇禮樂志注云復猶歸也又易復何晏注云復者歸本之名復謂復
舊也素問瘧病論病極則復注〇公羊襄卅年傳死者不可復生注云復者如故時復亦貫習之義
詩大叔于田傳狃習也疏狃能屈申曰復也爾雅釋言李注復謂習內易泰无往不復
雲注復重也詩執競傳反復也釋文又左氏桓十七年傳復惡已甚矣注僖卅三年傳復奭之冀釋文定四年傳
無復怒注又廣雅釋詁四又史記周本紀祀請後可而復之正義又漢書藝文志注貫山傳注韓安國傳注又管子牧民
不行不復者注可復因也漢書武帝紀注復重也因也漢書律麻志上注叔孫通傳注復又
也論語雍也如有復我者皇疏〇萱按復訓重訓又等義俗多別讀去聲屬人自擾也復謂再發素問腹中
論其時有復發者何也注復周也漢書敘傳下注引張晏復亦盛也呂覽季冬水澤腹注復猶

驗也論語學而言可復也皇疏復過也淮南時則而不復注轉復者伏也史記樂書復亂以飾
歸義正復報也儀禮聘禮復見之以其摯注又左氏昭六年傳復書曰注定四年傳我必復楚國注又公羊隱
三年傳與夷復曰注又漢書江充傳注董仲舒傳注王尊傳注師丹傳注又素問六元正紀大論五運之氣亦復歲乎注
又荀子臣道以德服君而化之注〇周禮大司寇凡遠近惸獨老幼之欲有復於上注又漢書蒯通傳注並云復猶報也
又谷永傳報德復怨注匈奴傳下以復天子厚恩注並云復亦報也又左氏成二年傳疏云復者復命於君復報復
也素問五常政大論所謂復也注〇真要論六氣之復注云復謂報復至復之言報也反也周禮
宰夫諸侯之復注復償也禮記聘義注財可還復疏又漢書陳湯傳注〇禮記曾子問除喪則不復昏禮乎注
云復猶償也復補也漢書翼奉傳注〇段會宗傳注也復猶補也復白也周禮內豎注則侯朝而自
白疏掌訝入復及退亦如之疏又禮記曲禮上廟有復也注又大戴記曾子立事曾子立事承間觀色而復之注又左氏
成二年傳而復于寡君注又國語齊語正月之朝鄉長復事注逐其官之賢者而復用之注又小爾雅廣言又孟子梁惠

王上有復于王者曰注又管子立政以復於里尉注中匡管仲懼而復之注小匡注又呂覽勿躬注高義公上過往復於
子墨子注不復于王而過注又淮南人間注〇管子桓公問武有靈臺之復而賢者進也注云復謂白也又後漢崔駰傳
注云復猶白也復謂報白之義周禮宰夫疏復謂奏事也周禮大僕掌諸侯之復逆注
復請也周禮宰夫諸臣之復司農注復猶告也管子小問復管仲注以復荅也史記司馬
相如傳王辭而不能復索隱引郭璞又文選子虛賦是以王辭不復注引司馬彪復語也廣雅釋詁一〇史記
越世家復讎龐長沙索隱引劉氏云復者發語之聲復重求也左氏昭十六年傳弗敢復也注復猶安
也左氏昭廿七年傳季氏之復注復謂怨之周書大武威信復注取復德之本也易毄辭下
傳坤為復易象上傳復其見天地之心乎雲注復者冬至之卦易象上傳荀注〇後漢帝紀
注云冬至陰之復夏至陽之復故為復復上變也素問氣交變大論則不時有埃昏大雨之復注復火氣
也素問氣交變大論則夏有炎暑燔爍之復注復盡愛之道也禮記檀弓下〇注云復謂招魂復

招魂復魄也禮記雜記則其復如於其國注復諸侯以褒衣冕服爵弁服注喪大記復有林麓注〇周禮夏
采以冕服復于大祖司農注云復謂始死招魂復魄又儀禮士喪禮復者一人注云復者有司招魂復魄也天子則夏采
祭僕之屬諸侯則小臣為之復生除喪及生者之事也禮記三年問復生有節也哉注
土校尉主葬事復土于壙也後漢樊儵傳注〇明帝紀注云復土主穿壙填墓事也復
廟重屋也禮記明堂位復廟重檐注復陶雨衣也左氏昭十二年傳秦復陶釋文〇襄三十年傳
使為君復陶注云復陶主衣服之官復者盈復之謂也莊子庚桑楚使謂不餽而忘人釋文復謂
優寬也後漢杜詩傳注復復除也漢書鼂錯傳不得一算之復注〇高帝紀上勿租稅二歲注又後漢
光武紀上注並云復者除其賦役也又漢書王子侯表上德哀侯廣子孫詔復家注云復家謂賦役也又刑法志中試
則復其戶注云復謂免其賦稅也復統謂廢而復之後漢張衡傳注復言明明相代
書大傳旦復旦兮注復者事畢也穀梁宣八年傳〇文八年傳未復而曰復注云復者事畢之辭復綴

反位止也禮記樂記六成復綴以崇注復徵上下手也淮南脩務參彈復徵注復者復于土上詩緜箋〇萱按毛詩段復為寝也說文作陶寝陶穴古亦有段復為蝮〇又按復字或作複作覆窨音同義近通用也或作反義同也又或作服異部雙聲段借也

覆

去入兩讀姑从俗分覂也一曰蓋也說文段注覆反也覂反三字雙聲又部反下曰覆也反覆者倒易其上下覆與復義相通復者往來也一曰云云此別一義艸部曰蓋者苫也苫者蓋也上文云冖者覆也皆此義古本與上義同一音南音乃別此義為數數切覆反也詩雨無正覆出為惡傳桑柔覆俾我悖傳又左氏文元年傳注又國語晉語沐則心覆注又漢書酷吏嚴延年傳注又廣雅釋言又楚辭天問覆舟斟尋注〇詩抑覆謂我僭箋瞻卬女覆奪之箋益云覆猶反也反覆猶軒輖考工記廬人車不反覆注覆猶背也詩節南山疏引王肅覆猶毀也周禮哲蔟氏掌覆天鳥之巢注覆敗也禮記王制不覆巢注中庸傾者覆之注緇衣毋越厥命以自覆也注又左氏閔元年傳覆昏亂注又國語晉語欒書實覆宗注又漢書韓安國傳注又太玄玄文然猶覆秋常

乎注又文選東京賦亦所以覆舟薛注覆滅也周書周祝國覆國事注覆盡也漢書鄒陽傳注引蘇林覆索也廣雅釋言覆審也爾雅釋詁又文選思玄賦神逵昧其難覆兮舊注〇釋詁注云覆校所為審諦覆察也管子五輔下愈覆鷙而不聽从注〇考工記弓人覆之而角至注云覆猶察也覆猶重也後漢班彪傳下注覆謂重審察也華嚴經音義序引珠叢覆謂覆白之也漢書馮唐傳不從中覆也注覆治也漢書江都易王非傳注覆服也詩瞻卬釋文心覆者言悖新序雜事五其上板曰覆言所覆憲也釋名釋船覆孚也如孚甲之在物外也覆蓋蔽也覆猶照臨也萱按此類皆別讀去聲者也彼注詳矣若總讀入聲亦何傷乎

寝

〇俗有埧覆地室也詩曰陶寝陶穴說文段注地室也大雅正義引作覆於地也四字按詩大雅陶復陶穴箋云復者復於土上鑿地曰穴皆如陶然庚蔚之云復謂地上累土為之穴則鄭地鄭庚之云與許云覆於

地合覆於地者謂旁穿之則地覆於上穴則正穿之上為中霤毛傳云陶其土而復之陶其壤而穴之土謂堅者則不患崩壞故旁穿之使上有覆蓋陶其土旁穿之也壤謂柔者柔則恐崩故正鑿之陶其壤謂正鑿之直穴之中為中霤也鄭注月令云中霤猶中室也古者複穴是以名室為霤云連複言之者文勢使然也毛之陶其土陶其壤蓋讀陶為掏斛則云皆如窯然特此為異耳漢時陵墓築封土謂之復土義與復土小異要亦上覆之言耳詩曰云云按毛作復三家詩有作覆者如斯于毛華韓翔之比釋名說中霤云古者覆穴乃是寝穴之誤語與月令注同寝窟也廣雅釋室寝穴者謂窟居也禮記月令疏復穴重窟也淮南氾論古者民澤處復穴注復者土於地上也詩緜釋文

蕧

盜庚也說文〇爾雅釋艸蕧盜庚注云旋蕧似菊萱按邵氏爾雅正義引本艸云一名金沸艸圖經云葉似柳莖細六月開花似菊花據此則今俗謂六月菊者即蕧矣

撮口詡

許亍切

旭

日旦出皃一曰明也說文段注邶風旭日始旦傳曰旭者日始出謂大昕之時旭與曉雙聲釋訓曰旭旭蹻蹻憍也鄭云皆小人得志憍蹇之皃此其引申段借之義也今詩旭旭作好同音段借字也一曰云云此別義也明謂日之明引中為凡明之偁旭日始出也集韻引字林旭明也廣雅釋詁四旭者明著之名詩匏有苦葉疏旭旭未明之間太玄從方出旭旭注旭卉幽昧之皃文選甘泉賦者旭卉兮注旭卉速疾也漢書揚雄傳上注

處旭切

亍

步止也从反彳說文段注魏都賦曰澤馬亍阜赭白馬賦曰秀騏齊亍

開口詡

艮篤切

告

或作犇牛觸人角著橫木所以告人也易曰僮牛之告說文段注如許說則告即福衡也於牛之角寓人之口為會意然牛人口非一體牛口為文未見告義且字形中無木則告義冣且如所云是未嘗用口是告可不用口也何以為一切告字見義哉愚謂此許因童牛之告而曲為之說非字意故本

部禍下不與此為轉注廣韻告上曰告發下曰語古沃切音轉古到切易曰云云大畜文解僮牛僮昏之牛也告九家同王弼作牿○易大畜云注云告謂以木福其角告示也易蒙初筮告釋文又荀子禮論典藏而馬反告不用也注告語也易蒙釋文又廣雅釋詁一又國策秦策犀首告臣注又呂覽節喪傳以相告注不侵我將告子其故注又楚辭懷沙明告君子兮注以告言也荀子禮論注君子注告白也呂覽贊能敢告之先君注以告敎也獨斷上○禮記玉藻燕居告溫溫注云告謂敎使也告赴也禮記曲禮下告喪曰天王登假注○左氏春秋序赴告策書疏云凶事謂之赴他事謂之告告致告國策齊策請告太子注告請也爾雅釋言又鄉飲酒禮注鄉射禮注又穀梁莊廿八年傳又國語魯語出告糴注又後漢張湛傳注○爾雅釋言注云告求請也又公羊莊廿八年傳云告糴者何請糴也震為告易益告公用圭虞注夬告自邑注告上曰告列子楊朱不告而要釋文上敎下曰告告覺也使覺悟知己意也釋名釋書契禍福曰告左傳序釋文祔練曰告禮記少儀告請假也後漢劉趙淳于江劉周趙傳注○漢書高

帝紀上注云告者請謁之言謂請休耳告休假也漢書元帝紀吏從官縣被害者與告注引臣瓚○高帝紀上常告歸注引孟康云名吏休假曰告又史記高祖紀集解引李斐云休謁之名吉曰告凶曰寧告歸令之歸寧也史記高祖紀常告歸之田索隱國策延篤注○後漢樊準傳注云告歸謂休假歸也又張湛傳注云告歸謂請假告謂問也禮記王制八十月告存疏告謂祝辭書金縢乃告大王王季文王晚出傳告祝謂尸命祝以嘏於主人荀子禮論告祝注○萱按禮記文王世子則告於甸人此段告為鞫也注鞫字今誤鞫古亦段告為誥見緇衣注又高帝紀告歸服虔謂告為嚳之借亦過鞫告也詩采芑陳師鞫旅傳又漢書劉向傳注敘傳上注又後漢書皇甫嵩朱篤傳注○文選東京賦薛注云鞫之言告也萱按告鞫二字互借通用文王世子告於甸人當為鞫正字作鞫

梏

手械也所以告天說文段注所以告天四字依周禮音義補梏疊韻也○列子楊朱重囚纍梏釋文云梏手械也又漢書刑法志上罪梏拳而桎注云械在手曰梏又左氏成十七年傳執而梏之注云梏械也又襄六年傳

以弓梏華弱于朝注云張弓以貫其頸若械之在手故曰梏木在手曰梏周禮大司寇桎梏而坐諸嘉石注掌囚中罪桎梏注又禮記月令注又後漢鍾離意傳注莞孝傳注又呂覽仲春去桎梏注孟秋去桎梏注又淮南時則注○莊子德充符解其桎梏釋文云梏木在手也又周禮大司寇疏引易蒙鄭注云木在足曰桎在手曰梏萱按易蒙用說桎梏疏又釋文又左氏莊卅年則執而梏之又注襄六年傳竝略同傳參著曰梏偏著曰桎周禮掌囚釋文引張揖一切經音義十六引蒼頡篇○呂覽士容欲其取鼠也則桎之注云著足曰桎著手曰梏又禮記月令注云桎梏今械也又周禮掌囚司農注云桎梏者兩手各一木也萱說司農說小異而竝通梏今之杻也禮記月令釋文杼謂之梏廣雅釋室○王氏疏證云杼之言紐也紐束也說文杼械也後漢書張邕傳論杻鉗杻從丑省杻與杼同梏之言鞫也急繫之名也梏梛也廣雅釋器○萱按梛即楅衡也此由人之械引申為牛之械也說文梛角械也又云楅以木有所畐束也詩閟宮毛傳云楅衡設牛角以楅之也周禮封人杜注云楅衡所以持牛今不得抵觸人梏猶繫縛也山海經海內西經帝乃梏之疏屬之山注梏謂悔吝利害也

孟子告子上有梏亡之矣音義引丁音梏直也爾雅釋詁又禮記射義注○釋詁注云梏正直也梏大也直也禮記緇衣有梏德行注

牿

牛馬牢也周書曰今惟牿牛馬說文段注柴誓今惟淫舍牿牛馬大小徐本皆無淫舍字今刊本妄增之此許偶遺二字非必許所據尚書少二字也惟大放牿牢之牛馬故令無以擭穽傷牛馬若牛馬在牢中擭穽安得傷之周易僮牛之牿許及九家作告鄭作牿劉陸作角不訓牢也○史記魯世家無敢傷牿正義云牿牛馬牢也牿楅也易大畜童之告侯注牛牿之言角也易大畜釋文引劉注○萱按此與虞果義同謂牿即楅衡也牿之訓梛亦然於二字皆為引申之義牿桎牿之書柴誓鄭注○萱按此謂牿牿為正借字也

覺

○俗愍鬼有悟也一曰發也說文段注悟各本作寤今正心部曰悟者覺也二字為轉注寤寐部曰寐覺而有言曰寤非其義也何公羊趙注孟子皆曰覺悟也左傳以覺報宴杜曰覺明也引申之抑傳曰覺直也此因覺與斛梗疊韵雙聲而言又引申之斯干傳曰有覺言高大也一曰云云此義亦見廣雅即警覺人之意○左氏文四年傳疏云

覺者悟知之意又廣雅釋詁四云覺發也覺害也廣雅釋言○漢書高帝紀上高祖覺注佞幸鄧通傳覺而之漸宮室竝云覺謂寢寐而寤也又董賢傳上欲起賢未覺注云覺寐之寤也萱按害寤異字而音義皆同寤為覺之再引申之義故張顏用之而說文他本或沿此而誤廣韻已下覺字又讀去聲殊為選事覺告也釋名釋姿容覺知也○荀子王霸此夫過舉蹞步而覺跌千里者夫哀哭之書大傳覺兮注云覺兮謂生知者又莊子齊物論且注有大覺而後知此其大夢也注云大覺者聖人也覺寤也廣雅釋詁三覺明也左氏文四年傳注覺者注也春秋繁露郊祭覺直也詩斯干有覺其楹箋抑有覺德行傳又左氏昭五年傳注又家語正論注覺較也楚辭遠逝服覺皓以殊俗兮注覺較然正直也左氏襄廿一年傳夫子覺者也注覺大也孝經注又鄭注又廣雅釋詁一形之所極謂之覺列子周穆王注○孟子離婁下音義引丁音云覺義當作校又告子上丁音云覺義訓為校又盡心下注彼此相覺音義云覺義與校同萱按此段覺為校也又禮記緇衣有梏德行段梏為覺也

嚳 佩篤切

或作告急告之甚也說文段注急告猶告急也告急之甚謂急而又急也釋玄應說嚳與酷音義皆同按白虎通云謂之帝嚳者何也嚳者極也教令窮極也窮極即急告引申之義嚳分也廣雅釋詁一嚳者考也成也風俗通皇霸引書大傳嚳堯父號高辛山海經海外南經狄山帝嚳葬于陰注○國語魯語商人禘舜而祖契注云嚳契父商之先又文選西征賦注云告與嚳同萱按史記三代世表封禪書管子侈靡武梁祠堂畫像竝作帝告又史記索隱引世紀作帝夋山海經大荒西經作帝俊皆駁文也

酷

酒味厚也說文段注依廣韻訂引申為已甚之義白虎通曰酷極也教令窮極也酷猶甚也文選洞簫賦憤伊鬱而酷䤈注酷熟也穀熟曰酷方言七酷重厚也漢書刑法志其使民也酷烈注酷烈嚴刑罰也荀子議兵其使民也酷烈注○萱按史漢有酷吏傳後世嚴刑罰皆單言酷矣酷烈香氣盛也後漢張衡傳注

焅

旱气也說文段注與酷音義略同

⿱告山

山皃一曰山名說文

⿰阝告

大𠂤也一曰右扶風郿有⿰阝告𠂤說文段注前云大𠂤曰陵矣此云大𠂤曰⿰阝告未聞一曰云云⿰阝告又為𠂤名

硞

石聲說文段注今爾雅釋言硈鞏也郭云硈然堅固邢昺曰硞苦學切當从告說文別有硈苦八切石堅也按邢語剖別甚精釋文苦角切故邢曰苦學切四覺韻字多從屋韻轉入如四江韻字多從東韻轉入告聲在古音三部屋韻是以硞轉入覺韻據陸氏反語則知陸本作硞不作硈廣韻玉篇皆曰硞苦角切硈恪八切集韻類篇克角一切內亦有硞無硈皆可證而釋文注疏唐石經皆誤作硈則與陸氏苦角之音不合矣硞斷無苦學之音硈斷無苦八之音此一定之音理學者不知古音不可與讀古者此也五經文字曰硈口八反又苦角反見爾雅知張時爾雅已誤而張云吉聲之字可有口八口角二切是其不知音理也幽磵積岨礐硞礐確皆水激石險峻不平之皃文選江賦○萱按當云皆水激石聲也段氏云

⿱𦥯月

或書作⿱𦥯月肥皃說文⿱𦥯月⿱𦥯月臏也玉篇○又云臏⿱𦥯月⿱𦥯月也

⿱𦥯馬

馬腹下聲也說文段注聲廣韻作鳴○萱按集韻引說文云馬行徐而疾也此乃鷽字之解闌入⿱𦥯馬下誤甚

貈

○俗貈貊有佀狐善睡獸也論語曰狐貈之厚以居說文段注凡狐貈連文者皆當作此貈字今字乃皆叚貉為貈造貊為貉矣論語云云鄉黨篇文居當作凥○爾雅釋獸釋文引字林云貈似狐善睡貉似狐善睡獸也列子湯問貉踰汶釋文○詩七月釋文云貉獸名又考工記總目釋文云貉獸名依字作貈萱按段說貉為貈雖異部亦無䝟也但不容轉昧其本義貉狐之類貉貈貍也初學記引劉楨毛詩義問今江東呼貉為⿰犭夬⿰犭走爾雅釋獸貈子狟注于貉謂取狐貍皮也詩七月一之日于貉傳

鵠

或作鵠黃鵠也說文段注黃各本作鴻今依玄應書李善西都賦注正戰黃鵠游於江海淹於大沼奮其六翮而凌清風賈生惜誓曰黃鵠一舉兮知山川之紆曲再舉兮知天地之圜方凡經史言鴻鵠者皆謂黃鵠也或單言鵠或

單言鴻〇禮記射義注云屬失諸正鵠釋文並云鵠鳥名也又史記司馬相如傳弋白鵠正義云鵠水鳥也又漢書相如傳上注云鵠水鳥也其鳴聲鵠鵠云鵠形似鶴色蒼黃一切經音義二引廣志鵠鶂屬晨鵠猶云晨鳧耳山海經西山經其音如晨鵠注〇詩賓之初筵釋文云鵠鶂也萱按鵠鶂固非一物即目以鶂屬亦未必果確也震為鵠易說卦釋文引九家集解鵠白也爾雅釋器象謂之鵠釋文〇後漢宣張二王杜郭吳承鄭趙傳注云鵠髮白髮也〇萱按鵠雖有白者而以黃為正猶鶴有卒者黃者而以白為正也治象乃雕琢之名似不常取於色之白摠後出有皜為治象之專字則鵠乃借字也范書鵠髮以黃髮釋之亦無不合又按鵠非恒見之物諸家有謂鶴與鵠為一物者愚未敢遽信但鵠鶴為異部雙聲字互借通用則有之莊子天運夫鵠不日浴而白釋文鵠本作鶴此鶴為正字也辭章家所言黃鶴世絕不聞此物愚竊謂黃鶴即黃鵠也此鵠為正字矣鵠者覺也直也射者直已志詩賓之初筵釋文〇禮記射義發而不失正鵠者注云鵠之言梏也梏直也又疏云鵠者直也中庸釋文同又儀禮大射儀大侯之崇見鵠于參注云鵠之言較較直也又周禮司裘設其鵠司農

注云鵠之言較〇萱按覺梏較字異音同皆謂直也射之大義志正體直盡之矣正鵠之名義取諸此正用本字鵠則用訓釋字此正鵠之定詁也若大射儀注引或說云鵠鳥名射之難中中之為俊注又云齊魯之閒名題肩為正正鵠皆鳥之捷黠者又司裘注云謂之鵠者取名於鳱鵠鳱鵠小鳥而難中此皆廣異聞耳姑備一解可也古人正名百物皆有精意未必舍其大義而轉取其細侯中者謂之鵠小爾雅廣器〇考工記梓人注云鵠所射也又儀禮大射儀注云鵠所射之主又禮記中庸疏云鵠謂大射之侯四尺曰正二尺曰鵠周禮射人九節五正注〇詩賓之初筵疏引賈景伯周禮注云四尺曰正正五重鵠居其內而方二尺萱按賈說最核用是知正與鵠同在一侯而分內外考工記梓人為侯廣與崇方三分其廣而鵠居一焉然則彼三分之二為正明矣假侯中六尺明之故言鵠方二尺也若先鄭注司裘云方十尺曰侯四尺曰鵠此不為定說〇萱又按棲皮為鵠鵠外以采畫之謂之正摽鄉射記惟燕射之侯大夫士畫布為鵠外謂之質故曰凡畫者丹質荀子質的張而弓矢至焉質的猶言正鵠也豈分在二侯哉禮記中庸釋文乃云大射張皮侯而棲鵠實射張布侯而棲鵠由不深考其制遂分正鵠在二物矣畫布曰正

棲皮曰鵠禮記射義發而不失正鵠者注〇萱按侯中六尺以中方二尺為鵠每邊各餘二尺以采畫之斯謂之正司裘言一鵠不言正射人言正不言鵠皆舉一以勹二即射義注亦就一侯中外言非二之也梓人春職張五采之侯此五采即指正言王五正也故賈馬謂與上人以功為一物而鄭君乃以此當賓射之侯謂大射之侯有鵠無正賓射之侯有正無鵠陸德明由此誤矣〇萱又按歐金修撰榜在禮箋說正鵠極精詳今承用其說馬其不備者有禮箋鵠曲沃邑也詩揚之水從子于鵠傳〇萱按呂覽下賢鵠乎其羞用智慮也此段鵠為浩矣周禮巾車木路前樊鵠纓此蓋段鵠為結又內則鴝與本或作鵠

鷽

雤或雗雤逗山鵲句知來事鳥也說文段注隹部雗下但云雗雤此乃足之淮南書乾鵲知來而不知往高曰乾鵲離也人將有來憂喜之徵則鳴此知來也知歲多風卑巢於木枝人皆探其卵故曰不知往也乾讀如乾燥之乾鵲讀告退之告太平御覽引乾鵲知來而不知往此修短之分也注乾鵲鵲也見人有吉事之徵則修修然凶事之徵則鳴啼而知來歲多風則巢於下枝而童子乃探其卵而不知各有所能故曰修短之分也此正

文作乾鵲與高本作乾鵲異注亦小異必是許注玉裁謂釋鳥鷽山鵲未嘗云雗鷽也高許注淮南皆曰鵲也未嘗山鵲也廣雅亦云鳱鵲雀也不云山離然則釋鳥鷽山鵲為一物說文當云雗鷽鵲也為一物今本山字淺人依爾雅增之避太歲知來歲風知人憂喜知行人將至此正今之喜鵲其性好晴故曰乾離雗乾鳱同鷽鵲同射有正鵠正之言正鵠之言較較者直也非取名於鳱鵠也鳱鵠非小而難中之鳥也

澩

澩或夏有水冬無水曰澩說文段注釋山曰山上有水埒夏有水冬無水澩謂山上夏有停潦冬則乾也水自濶出為澩廣雅釋水澩穋泉相交錯之皃文選吳都賦倪譆澩穋注

嶨

〇俗有嶨山多大石也說文段注釋山曰多大石礐許所據字从山也廣韻引爾雅字亦从山許石部有礐訓石聲與此義別山多大石曰礐礐學也大石之形學學然也釋名釋山〇萱按段礐為嶨猶段搉為嶨也廣韻以下多搌合為一字殊不必

礐 石聲也說文段注此與山部嶨義別爾雅段礐為嶨耳江賦曰幽澗積岨礐硞礐確注云皆水激石險峻不平之皃按當云水激石聲也

觷 治角也說文○廣韻云觷治角之工 角謂之觷爾雅釋器

哮 平入兩讀注在彼○俗有狗⿱艹毒⿰犭毒

督 帶毒切 或作督替 察視也一曰目痛也說文段注視字依師古注補凡師古引說文多有不言說文曰者車千秋傳詔丞相御史督二千石求捕又曰宜有以教督按六經但言董董即督也督者以中道察視之人身督脈在一身之中衣之中縫亦曰督縫本痛作病誤○漢書百官表上注公孫賀傳注王褒傳離婁督繩注車千秋傳雋不疑傳注丙吉傳注酷吏王溫舒傳注王莽傳抑強督姦注並云督謂察視也又息夫躬傳孰當督之注趙敬肅王彭祖傳注王莽傳中乘傳篤酒利注並云督視察也 視者察也又史記李斯傳行督責之術索隱又漢書王莽傳下注又管子心術故事督乎法注又文選藉田賦注引字書 督視也漢書車千秋傳注楊惲傳注翟方進傳注西域傳上注

督謂監視之也漢書蕭何傳何嘗為丞督事注 督謂視責也漢書高帝紀上聞將軍有意督過之注董仲舒傳殷人執五刑以督姦注主父偃傳因不程督注 督責也漢書尹翁歸傳注 督促也廣雅釋言又後漢張純傳注 督拾也小爾雅廣詁 督正也爾雅釋詁又周禮大祝禁督逆祀命者注又左氏僖十二年傳謂督不忘疏又呂覽先己勿身督聽注又太平周立篤慮也注○爾雅注云督謂御正 督理也方言六又廣雅釋詁二○方言注云督言正理也 督中也莊子養生主緣督以為經釋文引李注又文選魏都賦注引莊子司馬注 督謂大將後漢郭躬傳注 督郵主司察愆過後漢何敞傳注 督使主蕃國之使也後漢李恂傳注

⿰衤毒 或作⿰衤篤⿰衤督 衣躳縫說文段注躳从呂自後言身也躳與⿰衤毒雙聲下文裻背縫亦即此字也方言作⿰衤督繞⿰衤督謂之⿰衤督郭云衣督脊也莊子作督緣督以為經李云緣順也督中也衣躳縫者深衣云負繩及踝以應直是也

裻 兩見義分 新衣聲一曰背縫說文段注裻新衣聲此當依玉篇先鵠切一曰背縫此則冬毒切與上⿰衤毒

義同深衣負繩及踝注云謂裻與後幅相當之縫也按後幅當是裻幅之誤衣與裳正中之幅相接也晉語衣之偏裻韋日裻在中左右異故曰偏引申為凡中之偁匠人堂涂十有二分注曰分其裻旁之修以一分為峻也今本作督五經文字作裻古多段督為裻○史記趙世家王夢衣偏裻之衣正義云裻衣背縫也 裻衫襦之橫腰者史記佞幸傳顧見其衣裻索隱

竺 𣆪也說文段注𣆪各本作厚今正許意𣆪薄字當作𣆪山陵之𣆪乃作厚不容一之爾雅毛傳皆曰篤厚也今經典絕少作竺者惟釋詁尚存其舊段借之字行而真字廢矣篤馬行鈍遲也同而義略相近故段借之字專行焉 竺厚也爾雅釋詁○萱按平輿令薛君碑邁此竺旻尚用竺不用篤

⿱竹𣆪 𣆪也說文段注𣆪各本作厚今正𣆪厚古今字⿱竹𣆪亦古今字⿱竹𣆪與二部竺音義皆同今字篤行而⿱竹𣆪竺廢矣公劉毛傳曰篤厚也此謂篤即竺⿱竹𣆪字也 篤厚也爾雅釋詁又詩椒聊實大且篤傳大明篤生武王傳皇矣則篤其慶箋又禮記中庸必因其材而篤焉注表記篤以不揜注又左氏文十八年傳明允篤誠注又公羊十二年傳是以君子

篤於禮而薄於利注又論語泰伯君子篤於親皇疏又進論篤是與皇疏子張信道不篤皇疏博學而篤志皇疏又漢書紀志傳各注又後漢帝紀注延篤傳注又楚辭天問帝何篤之注 篤惇也史記五帝紀堯九男皆益篤正義 篤固也爾雅釋詁又後漢書班彪傳注 篤猶純也禮記儒行篤行而不倦疏 篤理也廣雅釋詁二 篤信也呂覽孝行朋友不篤注

篤 馬行頓遲也說文段注頓如頓首以頭觸地也馬行著實而遲緩也古段借篤為竺字以皆竹聲也二部曰竺厚也篤行而竺廢矣釋詁曰篤固也又曰篤厚也毛詩椒聊大明公劉皆曰篤厚也凡經傳篤字固厚二訓足包之釋詁篤竺並列皆訓厚釋名曰篤築也築堅實稱也厚後也有終後也蓋篤字之代竺久矣 篤固也後漢光武紀下注 篤病也楚辭大招察篤夭隱注 篤固也篤厚也篤惇也篤信也篤理也篤猶純也萱按皆詳⿱竹𣆪下竺⿱竹𣆪一也雖後世不復用竺⿱竹𣆪字而本源不可昧也

毒 代篤切 ○俗有毒毒 ⿱竹副古文○譌作副副副 厚也說文段注毒厚疊韻三部四部同入也毒兼善惡之辭猶祥兼

吉凶與焉香臭也易曰聖人以此毒天下而民从之列子書曰亭之毒之皆謂厚民也毒與竺篤同音通用微子篇天毒降災史記作天篤毒安也廣雅釋詁毒治也易師以此毒天下釋文又莊子人間世無門無毒注又又釋文毒猶役也易師注○釋文云毒役也毒痛也廣雅釋詁二毒苦也廣雅釋詁四又又後漢蘇不韋傳注又列子周穆王閨室毒之釋文○易彖上傳以此毒天下干注云毒荼苦也毒害也國語周語其毒必亡注又荀子不苟愚則毒賊而亂注議兵莫不毒孽注○管子宙合毒而無怨注云毒者陰為賊害毒暴也國語吳語以與楚昭王毒逐於中原柏舉○又毒不可與戰注云毒猶暴也又素問五常政大論寒毒不生注云夫毒者皆五行標盛暴烈之氣所為也毒惡也廣雅釋詁三○噬嗑遇毒疏云毒者苦惡之物也毒憎也廣雅釋言毒恚也楚辭靈懷哀僕夫之坎毒兮注毒恨也後漢馮衍傳注袁紹傳注毒病也列子湯問仙聖毒之釋文坎為毒易噬嗑噬腊肉遇毒虞注毒陽氣也論衡言毒○又云毒太陽之熱氣也味之毒人者謂之毒鶡冠子環流五毒五藥之有毒者周禮瘍醫以五毒攻

之注○〇師聚毒以共醫師注云毒藥藥之辛苦者又史記扁鵲倉公傳案杭毒熨索隱云毒熨謂毒病之處以藥物熨貼也毒謂天毒也易噬嗑虞注毒者螌蝥詩桑柔箋鼓安為苦毒之行相侵暴疏道南名毒曰短狐論衡言毒毒鼠殺鼠山海經西山經礜可以毒鼠注天毒即天竺國山海經海內經毒其人水居○䓯按此段毒為竺也天毒亦作身毒

卝 ⿱艹⿰氵毒

或作䓯水萹茿也說文段注謂萹茿之生於水者謂之⿱艹⿰氵毒也渾言則曰萹茿析言則有水陸之異異其名因異其字詩衛風綠竹猗猗音義曰竹韓詩作⿱艹⿰氵毒萹茿也石經亦作⿱艹⿰氵毒按石經者蓋漢一字石經魯詩也西京賦李注引韓詩綠䓯如簀玉篇曰䓯同⿱艹⿰氵毒⿱艹⿰氵毒萹茿也詩淇奧釋文引韓詩○萱按不言水者渾言之顧陸所見字異要皆非竹萹

殼篤切 裻

重見義分新衣聲一曰背縫說文段注子虛賦翕呷萃蔡張揖曰萃蔡衣聲也萃蔡讀碎如碎粲二音裻亦雙聲字○萱按後義讀若督彼注詳之

博毒切 雹

⿱雨品古文雨冰也說文段注仌舊作冰今正雨仌謂自上而下之仌也曾子曰陰之專氣為雹劉向曰盛陽雨水溫暖而湯熱陰氣脅之不相入則轉而為雹故沸湯之在閉器而湛於甘泉則為冰此其驗也左氏傳曰聖人在上無雹雖有不為災○萱按大戴記曾子天圓注穀梁傳廿九年大雨雹注並同劉向說文又晉書音義上云雹雨冰也俗皆叚冰為仌故此作雨冰說文則不容介雨凝曰雹北堂書鈔引禮記丘季彬注○素問至真要大論云雨暴迺雹寒水勝水則為冰雹素問六元正紀大論○大戴記曾子天圓云陽之專氣為雹霰雹者一氣之化也凡雹皆冬之愆陽夏之伏陰也漢書五行志中之下○左氏昭四年傳注開冰室以薦宗廟疏云雨水而伏陰薄之則凝而為雹文南晉書五行志引洪範五行傳云雹者陰薄陽之象也雹者陰脅陽也漢書五行志中之下引劉向○禮記月令則雹凍傷穀注云陽為雨陰起脅之凝為雹又穀梁傳廿九年注云雹者陰脅陽君侵臣之象雹之為言合也古微書引春秋感精符考異郵○白虎通災變云雹之為言也陰專精積合為雹氣雹跑也其所中物皆摧折如人所蹴跑也

釋名釋天雨雹君臣之象也南齊書五行志引洪範五行傳

鞄

○俗靳鞄有柔革工也周禮曰柔皮之工鮑氏鮑即鞄也說文段注鮑鞄字舊互譌今正考工記攻皮之工函鮑韗韋裘先鄭云鮑讀如鮑魚之鮑書或為鞄蒼頡篇有鞄韇又鮑人之事後鄭云鮑故書或作鞄許云鮑即鞄者謂周禮之鮑即蒼頡篇之鞄鞄正字鮑假借鞄瓷柔革工考工記總目釋文

鰒

海魚也說文段注郭注三蒼曰鰒似蛤一偏著石廣志曰鰒無鱗有殼一面附石細孔雜雜或七或九本艸曰石決明一名鰒魚李時珍云與石決明同類殊種○萱按段所引皆見後漢伏湛傳注又漢書王莽傳下覃飲酒啗鰒魚注云鰒海魚也或作⿱冖見注

莫毒切 ⿱冖見

突前也說文段注前當作歬與冡音義略同⿱冖見沒猶輕觸也一切經音義九引國語賈

合口評

哭 苦桊切 哀聲也說文又素問陰陽應象大論在聲為哭注哭者所以告哀也漢書王莽傳下則哭以厭之注有聲曰哭禮記喪大記兄弟哭注哭猶弔也淮南說林湯使人哭之注哭猶歌也淮南覽冥昔雍門子以哭見於孟嘗君注哭者死亡之表近夜妖也隋書五行志下引洪範五行傳

學 戶桊切

斅古搖〇去入兩讀義分斅字詳後覺也廣雅釋詁四又御覽引禮記成伯璵注學覺也悟也論語學而時習之皇疏〇白虎通辟雍云學之為言覺也以覺悟所未知也學效也書大傳又廣雅釋詁三學識也廣雅釋詁二如切如磋道學也爾雅釋訓初習謂之學重習謂之脩禮記大學道學也疏學者尋經藝左氏宣二年傳注宦學也疏學也者固學一之也荀子勸學近而逾明者學也大戴記勸學又書大傳又說苑建本學者學其

所不能學也莊子庚桑楚學者所以反情治性盡才者也說苑建本〇又云學所以益才也夫學者崇名立身之本也同上學謂政教禮樂之學也老子為學日益注〇禮記文王世子念終始典于學注云學禮義之府又荀子修身云學也者禮法也學修德學道周禮都司馬以國灋掌其政學注學宮也廣雅釋室〇賈子保傳云學者所學之宮也又大戴記保傳云小學者所學之宮也又禮記王制天子命之教然後為學注云學所以學去聲士之宮學宮謂庠序之舍也漢書韓延壽傳修治學宮注〇御覽五百卅五引五經通義云三王教化之宮總名為學又孟子滕文公上學則三代共之注云學則三代同名皆謂之學四學者東序瞽宗虞庠及西郊之學也大戴記保傅帝入東學注〇後漢書班彪傳下注云羣國曰學學大學也周禮諸子春合諸學注又禮記王制七十養於學注司徒論選士之秀者而升之學曰俊士注燕義注大戴記夏小正丁亥萬用入學傳云入學也者大學也謂今時大舍菜也小學在公宮南之左大學在郊禮記王制〇大戴記保傅

古者年八歲而出就外舍注云小學謂虎門師保之學也大學王宮之東者又白虎通辟雍云小學者經藝之宮大學者辟雍鄉射之宮學鳩小鳩也莊子逍遙遊蜩與學鳩笑之釋文引司馬注〇又引崔注云學鳩鶻鳩也學讀為滑萱按崔以學為鷽之叚借字也義亦通又或作鸒作鷽皆誤字鷽者鵯也與鳩無涉鸒又鷽之譌

幦 昧哭切 䰍布也一曰車衡上衣說文段注䰍者桼也廣韻集韻十遇作䰍巾衡上各本誤倒今依小徐及廣韻玉篇集韻類篇訂廣韻曰幦幭上絲〇萱按䰍布一名幦經典用為車覆笭之幭玉藻之羔幦鹿幦與韓奕之淺幭一物也衡上衣名幦與幭義同

楘 車歷錄句束文也說文段注束文上當疊歷錄字今奪文一本作交非詩曰五楘梁輈秦風五楘梁輈傳曰五五束也楘歷錄也梁輈輈上句衡也一輈五束束有歷錄考工記輈欲頎典大鄭云頎讀為懇典讀為紾駟車之轅率尺所一縛懇紾似謂此也按此所謂曲轅䩭縛也歷錄者歷歷錄錄然嘞胅分明見歷錄古語也小雅約之閣閣毛云約束也閣閣猶歷歷也革部曰車軸束謂之鞪楘曲轅上束也詩小戎釋文楘

複也重複非一之言也釋名釋車

鞪 〇俗鞪鞻有車軸束也說文段注此與木部楘音同義近楘謂輈束鞪謂軸束分析易明而小戎音義曰楘本又作鞪玉篇亦曰鞪亦作楘曲轅束也疑本一字許書有楘無鞪後人補之又改輈為軸〇萱按輈人釋文云亦云楘本作鞪二字蓋互借通用可不煩捉合也

鶩 舒鳧也說文段注几部曰舒鳧鶩也與釋鳥同舍人李巡云鳧野鴨名鶩家鴨名許於鳧下當云鳧水鳥也舒鳧鶩也文乃備左傳疏云謂之舒鳧者家養馴不畏人故飛行遲別野名耳某氏注云在野舒飛遠者為鳧非是詞章家鳧亦呼鶩此如今野人鴈亦呼鴈騃也春秋繁露張湯問祠廟或以鶩當鳧可用否仲舒曰鶩非鳧鳧非鶩也以鶩當鳧名實不相應以承大廟不可此舒鳧與鳧之判廣雅云鳧鶩鴨也此統言而未析言之也〇禮記內則舒鳧翠注云舒鳧鶩也鶩鴨也爾雅釋鳥注又儀禮士相見禮釋文又禮記曲禮釋文又左氏襄廿八年傳饔人竊易之以鶩釋文又莊子達生注沒人謂能鶩沒于水底釋文又素問至真要大論下為鶩溏注氣交變大論病鶩溏注又後漢馬援傳注

疏○周禮大宗伯疏掌富並云鶩即令之鴨在家曰鶩後漢書班彪傳下注鶩取其不飛還

周禮大宗伯庶人執鶩注庶人之摯鶩儀禮士相見禮君答壹拜注○禮記曲禮下庶人之摯匹注云說者以匹為鶩又疏云匹鶩也野鴨曰鳧家鴨曰鶩萱按鶩指其物匹舉其數匹者二也注疏本不誤淺人誤會經以匹為鴨名讀匹為鶩且私褻鴨字真重塍遺誤矣鶩疾也淮南主術注○萱按此段鶩為鶩疑系轉寫致誤鶩者

鶩鶩也說苑修文

蝥

又為蟊之重文見平聲 螌蝥也說文○萱按螌蝥雙聲作班貓者俗字也蝥音莫交切者俗依本艸讀也古音當與當與棻蔕同本艸經下品曰班貓味辛寒有毒一名龍尾諸家云大豆葉上取之長五六分甲上黃黑斑文烏腹尖喙

韻史卷十五

泰興何萱石閣譔集 子度校字

第三部平聲副編

上海顧錫麒竹泉覆審

鵃韻

武進李兆洛申耆鑑定

齊畫評

劉 几休切 劉流繚繞也文選思玄賦倚招搖攝提以低佪劉流兮注○萱按文選今本作劉流字之譌也劉乃戮之俗體與此無涉

劦 絕力也集韻○廣韻絕作大

牞 ○俗有物大壯謂之牞不慊疑大當作牛集韻○萱按大壯字物牛大力玉篇○萱按物从牛从力均非四部之聲訓大力與劦義同劦通言力大物則專言牛力然則物果與劦同與柳與牞同厥後出字之不堪檢此接加

筍 竹名集韻

㤺 儉休切 炙也廣韻

捆 取也五音集韻○萱按考工記粵無鎛注引詩其鎛斯捆然則捆與趙音義同玉篇去周徒聊二切疏

縿 漢休切 縿髮之中以夾安髮注○儀禮士喪禮髻髮用麻長四寸縿中疏云兩頭闊中央狹則於髮安

慶 地名玉篇

蔓 菜名廣韻

咻 向鵃切 咻之者讙也孟子滕文公下眾楚人咻之注噢咻痛念之聲玉篇○萱按左傳而咸噢休之即噢咻之借字也

洣 水去兒玉篇

貅 或作貅貅貔貅亦摯獸也禮記曲禮上前有摯獸則載貔貅注○史記五帝紀教熊羆貔貅貙虎以與炎帝

戰於阪泉之野粟隱云此六者猛獸可以教戰

翢 與鴝切 或作奇大也廣雅釋詁一翢大也多也廣韻

鯛 魚名玉篇

𦿁 或作彫𦿁萮茭實玉篇○集韻云彫艸名菰蔣也其米謂之彫蒻萱按𦿁彫字皆晚出古無專字祇作彫胡

𣪐 掌休切 槃也玉篇

淍 市也玉篇○萱按淍字訓市此字疑當作洀訓為水洀市也

霌 雲雨皃五音集韻

晭 日光也玉篇

粡 粇粡米粉餅廣韻引字林

碉 石室玉篇

郮 黃帝後所封國也玉篇

𨺔 大阜皃五音集韻

𧇖 虎習皃玉篇

騆 神馬玉篇

駲 駲騪蕃中大馬廣韻

𩵽 魚名玉篇

𦨖 或書作𦐇射鳥箭也廣韻

𦐇 急也玉篇

𧺢 𧺢趥行不進也廣韻

𤆪 火行玉篇

洀 水文也玉篇

𥐯 石也玉篇

𤤊 玉也玉篇

𦀚 綿也玉篇

𧥞 多言也玉篇

𠯚 亦呼雞聲玉篇○萱按亦字無所承疑衍

䤴 金刀五音集韻

𦬢 艸也玉篇

瞗 當鳩切 或作䐹敞失意視也廣韻瞗狀其聞言駭伏也文選魏都賦瞗焉失所注

瞅 始鳩切 䁳瞅斂容視皃集韻

攸 縣名在長沙集韻

𤛓 牛也玉篇

揪 紫休切 或作𦗱耳鳴聲廣韻

膝 比鳩切 或作𦟛股脛閒集韻

𪇬 雛也廣雅釋鳥𪇬雛齊魯之閒謂之𪇬子方言八𪇬雞雛廣韻

𧓅 或作蠽蠹次𧓅𧔵𧔵蠀爾雅釋蟲○萱按次𧓅即作网蝥蝥也說文謂之蠿蝥

鱃 小鰌也廣雅釋魚鱃今蝦鰌山海經東山經蒼體之水多鱃魚狀如鯉犬首食之不疣注

鱃鰍鰌也集韻引廣韻

餐 想鳩切 或作饈饋謂之餐廣雅釋器○玉篇引蒼頡云餐饋也

翛 翛翛敝也詩鴟鴞予尾翛翛○廣韻云翛翛飛羽聲翛然自然無心而自爾之

謂儵。莊子大宗師儵然而往釋文引向注。釋文云儵本又作儵。萱按儵見說文犬走疾也引申為凡疾忽之偁儵即引申之義也故二字互借儵然往來不難之皃莊子大宗師釋文引崔注通用其聲亦相為平入。萱按庚桑楚能儵然乎崔本儵作隨別一義

鎀 或作鋚 鋚也廣雅釋器

𤢖 無尾也淮南說山貁屯犖牛既犐以𤢖注

樇 木名廣韻

摍 或作摵摍。平入兩讀 擊也廣雅釋詁三 摍著物皃文選西京賦飛罕摍箾注

彇 或作彇 弓弭也廣韻弭下有頭。集韻 彇弰也廣雅釋器

橚 大木也文選蜀都賦杞橚椅桐劉注。萱按橚訓長木皃讀若爾說文有橚無橚段大令疑為同字愚謂西京賦橚爽橚椮一語中二字竝用似不容混合也九辯云前橚椮之可哀先乎平子太沖矣

颼 北風也玉篇

潚 水名玉篇

颾 風也玉篇

艘 進也玉篇。萱按此舟謂舟之進也蓋為凡進

輶 艘䑸載麥三箱車河南稄麥用之集韻。萱按玉篇廣韻謂艘䑸為載麥車集韻駁之

膄 丙鳩切 腄也廣雅釋詁二 膄膊腄欲潰也廣韻

瞍 惡視皃集韻

䝼 貝居陸䝼爾雅釋魚

蓃 香艸集韻 蓃蒐也廣韻

飍 品鳩切 飍飍風吹皃玉篇

綒 范鳩切 麤罔也集韻

𣬐 解也廣雅釋詁一 釋為解毛曰𣬐一曰亂也集韻

𤚬 牛乳曆謂之𤚬集韻

殍 殍或作餓 餓死曰殍廣韻。萱按說文有受平表切此義莩字也俗別製殍字而音隨形變矣

𩗩 小風也玉篇

𧺆 逮也廣韻

𨀊 蹋也廣韻

毬 倹由切 毬或作毬 丸踘也集韻。廣韻云毛毬打者打毬古之蹴鞠也封氏聞見記。萱按毬即鞠之俗字但音有平入之異耳

殏 終也爾雅釋詁

庥 偏廈玉篇

牑 牑牀牀也廣韻集韻引

篍 小籠也集韻。廣韻無小

鯄 魚名玉篇

扏 扏扏緩也廣雅釋訓。集韻云扏扏緩扏也一曰不固

紈 引急也玉篇

𢦒 矛飾玉篇

釚 或作釚 弩牙也玉篇。弩機謂之釚集韻云釚

𣢏 碬釚亭名在上黨廣韻。顏氏家訓云晉陽東百餘里有亢仇城舊是碬釚亭屬上艾

梵 荊梵亭名玉篇。集韻云梵亭名在新市一曰荊也又類篇云梵地名在竟陵郡

汷求切

犰 犰狳獸似魚蛇尾豕目見人則佯死廣韻○山海經載之山有獸焉名曰犰狳

鯄 魚名

芁 白芷也廣韻 白芷芁薋也廣雅釋艸○集韻云芁薋艸名

偤 侍也廣韻

𤸫 病也廣雅釋詁一○廣韻云𤸫病也又息惡肉

庮 營棍也玉篇○萱按庮與庮不同類篇營棍字作庮非是說文庮朽木臭也

郎 鄉名玉篇○集韻云郎亭名在馮翊高陵縣或作郎萱按說文郎讀入聲而俗借為郎

蓪 艸也玉篇

臾 空也廣雅釋詁三

秞 禾盛曰秞一曰物初生兒集韻○廣韻云秞禾盛兒

鮋 小魚也集韻○廣韻云鮋鮋小魚

蚰 蚰蜒也玉篇○楚辭九思云巷有兮蚰蜒又方言云蚰蜒自關而東謂之螾蚭或謂之入耳○萱按蜒蜓字同本艸蚰蜒長寸餘死亦跧曲如環 北燕人謂蚰蜒為蚰蚭爾雅釋艸釋文引字林

蝣 或作蜏 蜉蝣渠略爾雅釋蟲○舍人注云蜉蝣一名渠略南陽以東曰蜉蝣梁宋之閒曰渠略又釋文云蝣本又作蜏○萱按蝣蜏皆後出字古作浮游漢書王褒傳蜉蝣出以陰又借蝤為之 蜉蝣渠略也朝生暮死詩蜉蝣傳○疏引陸璣疏云蜉蝣方土語也通謂之渠略又爾雅樊注云蜉蝣糞中蝎蟲隨陰雨為之朝生而夕死 蜉蝣不飲不食大戴記易本命○注引淮南子云蜉蝣不飲不食三日而終也

𩶯 魚名玉篇

𦨭 舟行也五音集韻

䒾 艸也玉篇

體求切

㟙 山也玉篇

螩 水蟲名集韻 螩鱐其狀如黃蛇魚翼出入有光見則大旱山海經○萱按郭贊云脩鱐蛇狀振翼有光又江賦云螩鱐拂翼而掣耀

亮由切

裗 衣裗謂之裞爾雅釋器○注云衣縷也齊人謂之擧或曰袿衣之飾

硫 或作磂 石硫黃藥名廣韻○萱按淮南子云夏至硫黃澤

麍 鹿屬玉篇

𪎮 麻也廣韻 𪎮枲也集韻

䊀 粰䊀饊也廣雅○廣韻引

𥲋 或作藰劉 竹名集韻○廣韻云藰竹名玉篇云篗竹劉竹聲廣韻

蓅 菜名集韻

鶹 水鳥也集韻

鰡 或作鰡 魚名廣韻 鰡魦屬文選歸田賦注引字林

瘤 疾也集韻○萱按卯卯二篆其形至近最易淆混凡卯聲之字多譌从卯然二篆雖同部而反語絕不相涉如亮由亮兒者切中自不容有卯聲之字俞其閒也

嵧 山名集韻

䉧 竹名也似苦竹而細軟江漢閒謂之苦䉧集韻

蒥 艸名集韻○萱按說文从丣之字有譌卯者正之後出字譌卯者則不悉改當為學者參校也

懰 怨也玉篇

𦅇 綺別名也廣韻○集韻云𦅇綺屬

嵧 峋嵧羅君山峯廣韻 峋嵧山兒集韻

𧍢 蟲名玉篇○孟子滕文公上音義引丁音云𧍢未詳所出或以𧍢與蝡同謂蜉蚍也又一說云𧍢姑即螻姑也

𧯺 豌豆𧯺豆也集韻引廣雅

䉖 竹名集韻

蒥 香艸也玉篇 蒥蔞藥艸名廣韻 蒥是香艸也離騷畦畱夷與揭車兮注○萱按畱蒥古今字蒥畱正借字

䄖 秞䄖也玉篇○又秞下云禾盛也

橊 通橊子樹也文選吳都賦探橊禦霜劉注○蜀都賦云若橊競裂若橊石橊也丹賓壨垂若贅瘤也廣雅釋木 石橊柰屬也初學記廿八引埤蒼○萱按博物志云石橊張騫使西域回所得古今注橊一名丹若又山海經云陰山有獸其音如橊橊

檑 扶檑藤名緣木生其味辛可食廣韻

懰 定意也玉篇○萱按劉懰玉篇異解皆後出字也

㨨 斬刺也廣韻○萱按劉訓殺左傳虔劉我邊垂是也㨨字贅

𣡚 木名玉篇

飀 或作颲 風行皃玉篇 颲颲風初也文選吳都賦翼颸風之颲颲劉注緒風謂之颲

颸集韻

鷚 或作鷚 鶹鶹飛鷚也廣雅釋鳥

䚧 觩䚧角皃廣韻○萱按揚雄甘泉賦云釆撊觩䚧

佬 倅佬也大皃也玉篇

遲由切

𨇨 或作躊 躊躇猶豫也廣雅釋訓○萱按躊躇即說文之悤著也躊躇行而正字廢矣躊躇進退兒楚辭九辯蹇淹留而躊躇注躊躇猶排徊也後漢張衡傳拓若華而躊躇注躊躇踟躕

也文選思玄賦注引韓詩搔首躊躇注○後漢馮衍傳下滄躊躇而弗去注云躊躇猶踟躕也躊躇住足也漢書外戚傳上袁回以躊躇注

𩙣 或作颹 風也廣雅釋詁四 颹風颸也廣韻

薵 或作薵 藸蔥也廣雅釋艸○文選七發注引字書云薵藸艸也 薵藏也方言十二 薵覆也同上 ○萱按義與幬若燾同薵之引申段借也

𪄚 或作𪄚 雉爾雅云南方曰𠷎廣韻○萱按雉名古祗段𠷎作之後加鳥旁為專字

𩸞 魚之大者名為𩸞家語屈節

𥈠 久汲名玉篇

𦩁 繒白也五音集韻

酮 酒名玉篇

觩 龍角玉篇

猫 或作䔄 荼菜也玉篇 猫荼地榆也廣雅釋艸

忍由切

媃 女名也玉篇

渘 水名五音集韻

鬏 馬之繁鬣廣韻○集韻云馬繁鬣曰黃鬏○萱按鬏騥蟲同字

騥 馬青驪繁鬣騥爾雅釋畜○注云繁鬣兩被毛或云美髦鬣

鶔 鷚鶔鷗鶔如鵲短尾射之銜矢射人爾雅釋鳥○郭璞讚云鷚鶔之鳥一名𪇆鶔强銜矢矢不著地逢蒙縮手養由不睨○萱按說文引鷚專屬鶔古時字少多段借

鰇 魚名廣韻○萱按或云鰇似烏賊無骨生海中越人重之

葇 穰葇蘇也廣雅釋艸○萱按本艸石香菜生蜀郡 蘇之小者謂之蘘葇方言

始由切

鄒　或作郰，鄉名。廣韻

桝　木也。玉篇○集韻也作名

此由切

鬏　或作髻，接髮也。玉篇　鬏髮接髮也。集韻

愖　或作愀愖，惡也。方言十三　廣雅釋詁三又愖慮也。玉篇　愖慨也。廣韻

崷　高兒也。又文選西都賦巖峻崷崒注　崷崒山峻兒。廣韻

熵　或作焦書熮也。玉篇○集韻云熵燥也又火兒

湭　滓也。集韻　湭酒液也。集韻引廣雅○萱按此段糟也湭為凡滓糟專謂酒滓酒為湭一曰水名在雍州集韻

想由切

莤　莤芝。爾雅釋艸○注云一年三花為瑞艸也

殈　殘也。玉篇

𦨴　角也。玉篇

鮂　鮂黑鰦。爾雅釋艸○注云鮂即白魚江東呼為鮂又集韻云鮂烏賊也萱按爾說絕殊恐皆未諦

𨠫　酒色也。玉篇

范求切

綒　多也。廣雅釋詁三

𧠞　視也。玉篇

哹　吹氣也。一切經音義二十引埤蒼

𧺆　疾也反斯也。玉篇○集韻云趖行兒

䨎　雫雫雨雪兒。玉篇

𩴭　星名。玉篇

琈　㻬琈玉名。山海經西山經小華之山其陽多㻬琈之玉注　琈玉別名　禮記聘儀孚尹旁達疏引字林

○玉篇云琈筍玉采色萱按琈筍正字孚尹段借字據鄭君注則孚尹當作浮筠也

撮口訏

䂤　破聲。玉篇

艀　舟也。廣雅釋水　艀小艄也。玉篇○萱按方言艇短而深者謂之艄

䳕　或作鴀，雅鵃自關而西秦漢之間其小者或謂之䳕鵃。方言八○萱按孚與不與聲故在一部為鴀在三部為䳕異字而同物釋鳥佳其鳺鴀注云䳕鴀也鸂鴀䳕鴀也。廣雅釋鳥

䱐　鮣也。廣雅釋魚○萱按本艸江豚別名䲙魚魏武食制謂之䱐鮒與此異玉篇云鮒䱐也

筟　竹有文者。廣韻

烰　火乾也。玉篇

娐　姓也。廣韻

舉幽切

䡂　車軨長也。廣韻○集韻作車長軨也又云車軨上幹

去幽切

惆　戾也。集韻

料糾切

䬆　風聲。集韻

俊幽切

䆜　禾生也。集韻

選幽切

烋　美也福祿也慶善也。玉篇　炰烋猶彭亨也。詩蕩女炰烋于中國傳○萱按魏都賦克翦方命吞滅咆烋咆烋與炰烋同炰段借字炰烋自矜氣健之兒。詩蕩箋

𡸖　或作𡸖嗅臭兒。五音集韻

編幽切

飍　驚走兒。玉篇　飍驚風也。廣韻○萱按驚風兒疾之一種

甫鏐切

瀌　水聲。集韻

玸　玉名。玉篇

開口評

溲 海搜切 嗖 諍搜切 廋 稍衰切

溲 汗面也集韵

嗖 小兒聲廣韵○集韵云嗖嬰兒啼也

廋 或作廋匿也論語為政人焉廋哉孔注又皇疏又孟子離婁上注盡心下若是乎從者之廋也注又漢書杜欽傳注又廣雅釋言○萱按廣雅作廋餘多作廋凡寠聲字視此

廋隱也方言三又廣雅釋詁四又國語晉語有泰客廋辭於辭注又淮南詮言日月廋而無溉於志注

廋隈也廣雅釋丘

廋求也廣雅釋詁三○萱按訓求訓索者搜之本義也在廋亦引申之義隱匿跂求索也非全厲段借

廋索也方言三注廋疏猶搜索也後漢書馬融傳注○漢書趙廣漢傳廋索私廂酤注云廋讀與搜同謂入實求之也

廋之言數也周禮夏官序官廋人注

廋廋人也車巾車也二人掌視車馬之官也儀禮聘禮記盼肉及廋車注

秋曰廋公羊年傳○萱按傳又云廋于紅大廋于比蒲皆段廋為范也禮記祭義云而弟

達乎廋狩謂之段借亦得

⿺走叟 ⿺走叟⿺走叟不進也廣韵

⿺走叟匿也莊子達生視其後者而鞭之釋文引崔注○萱按⿺走叟之引申義與廋同矣

醙 白酒也儀禮聘禮醙黍清皆兩壺注○集韵云醙白酒也一曰白酒

餿 飯傷熱溼也六書故引字故○廣韵云餿飯壞也

鎪 刻鏤物為鎪爾雅釋器鏤鎪也注鎪鐖也爾雅釋器釋文引字書鎪會謂鎪鏤其縫會也文選琴賦鈒會廂注○萱按廣韵云鈒為耳金飾也此莫以鎪之義潤入鎪下也二字形近而人罕識鎪故也鎪在八部讀若概切凡若此者必宜訂正不容沿譌訛謬

⿰叟刂 刘也玉篇

颼 或作颼小風曰颼初學記一引風俗通颼颼風也廣雅釋訓○萱按集韵所引作颼颼風也

⿰革叟 或作⿰叟欠軗皮也玉篇

⿺毛叟 ⿺毛叟⿺毛叟毛織有文者集韵○玉篇云⿺毛叟⿺毛叟織毛

⿰牜叟 ○俗有犙牛三歲也廣韵

騪 騶騪蓄中大馬廣韵

鮻 鮻魚字考工記梓人必鰭其牛後司農注

螋 蛷螋蠼蛷也廣雅釋蟲○玉篇云蛷螋蟲名亦名蠷螋○萱按即俗許蟲衣蟲者周禮赤犮氏注作肌求古名古字也陶隱居陳藏器作蠷蛷今名今字同玉篇

⿰叟力 莫愁切 強也廣雅釋詁一⿰叟力勉也廣韵

恈 恈恈愛欲之兒荀子榮辱恈恈然惟利飲者食之見注○廣韵云恈愛也

眸 道眸子也文選魏都賦八極可圍於寸眸劉注珠子謂之眸廣雅釋親眸子曰瞳

子也孟子離婁上莫良於眸子注眸謂以眸子審視之也荀子大略眸而見之也注眸過也廣雅釋詁三童子或曰牟子牟冒也相裹冒也釋名釋形體○萱按此段牟為眸也荀子非相云堯舜參牟子又孟子則眸子瞭焉則眸子眊焉白帖引作則童子瞭然則童子眊然童瞳牟眸皆古今字

⿰月牟 脊⿰月牟也玉篇

鉾 釰端也玉篇

桙 ○俗有件器名集韵○萱按盍敦牟之牟字而後出者儀禮今文用為盂字

鴾 鴽逕鴾母爾雅釋鳥○注云鴾也青州人呼曰鴾母又釋文云鴾本又作牟萱按作牟者古字借字也又釋鴾鶲之別名廣韵

⿰魚牟 魚也玉篇

縩 絹也廣雅釋器 縩縛也玉篇。萱按縛疑縛字之譌縛白鮮危也。集韻作綷也亦恐未然

罞 麋罟謂之罞爾雅釋器 罞冒其頭也爾雅釋器注。萱按罞或段茅字作之

鶜 鶜鴾老鶜也廣雅釋鳥。萱按古祇用茅左傳使工為之歌茅鴟 鶜鳥名鵂鶹也。集韻。萱按據此可單評鶜矣要亦是後出之義鶜鴟雙聲

蟊 蜩蟧謂之蟊蜩方言十一。注云江東呼為蟊蠽也 青蟊青蟷也廣雅釋蟲

開口呼二

良滔切

覒 見也廣雅釋詁三

悼 或作怜 局知也集韻

稗 。俗有稗禾名集韻 今之餹餅曰稗廣韻。又云餹餅黍膏又玉篇云餹餅餌也萱按今餹多以小米為之容黍之黏者亦可為故曰黍青也必得大麥芽而後成其凝其釋類脂膏

槔 或作橰 槔桔槔也莊子天地其名曰槔釋文引司馬注。釋文云槔本又作橋或作皋同萱按皋橋皆段借字也曲禮奉席如橋衡橋即槔矣 橰木名廣韻。爾雅釋木狄臧槔釋文云舍人本作皋樊本作槔萱按集韻梶合槔橰為一字然分之亦得

鄡 鄉名在范陽集韻

嵲 嵲崞古亭玉篇。萱按集韻嵲下云嵲崞山名崞下云嵲崞山兒

鷎 或作雉 鶾鷎鳥名廣韻。集韻引方言云鶝鳩周鄭之郊韓魏之都謂之鵖鷎 雉一曰鳩也集韻。萱按詩陸璣疏云鶻鳩小鳩幽州人或謂之鶻雎

䓘 菓蘇白䓘也廣雅釋艸。山海經南山經侖者之山有木焉其名曰白䓘。注云白䓘或作睪蘇睪蘇一名白䓘 䓘艸名集韻引字林。玉篇云䓘艸名其食似瓜食之治瘧

佩滔切

𩫱 明也五音集韻

海皋切

髇 骨也玉篇

膞 或作痺 腫也廣雅釋詁三 膖膞腫欲潰也廣韻 痺腫欲潰玉篇

碑 碑深也集韻。廣韻云碑碑深谷兒

顥 顥顥大面兒廣韻

謟 疑也爾雅釋詁又左氏昭廿六年傳天命不謟注。萱按謟釋文謟或作慆作滔皆借字 謟僭也周書鄭注 帝命不謟注

鋾 盉也玉篇

饀 餌也玉篇 饀味過甘也集韻

瑫 玉名廣韻。集韻云瑫美玉一曰玉飾劒

槄 槄山櫰爾雅釋木。詩終南傳條槄也釋文云槄山櫰也 槄今之山楸爾雅釋木注

䈰 篆也廣雅釋器。方言十三云䈰篆也趙代之間謂之䈰淇衛之間謂之牛筐 䈰牛筐也玉篇。廣韻云䈰牛篆集韻云䈰飲牛器。萱按文竹部云飲牛筐方曰筐圜曰篆

謟 謟詢言不節玉篇。集韻云謟往來言也一曰小兒語不正

㑆 或作映 日色也集韻

㑆 目不明曰㑆集韻 㑆目通白也廣韻

宰皋切

慒 糟也玉篇

槽 木名玉篇

莊皋切

疢 疢疾也玉篇

散皋切

鬖 鬖鬖髮兒集韻

溞 淅也廣雅釋詁二 溞溞淅也爾雅釋訓。注云溞溞淅米聲又孫注云溞溞淅米聲也溲叟聲

也詩生民釋之叟叟傳○釋文云叟叟濤米聲也字又作溲萱按爾雅樊注引作釋之溞溞正字也叟溲段借字溲與溞義近

颸 ○有颸有聲廣韻

籓 籓篕竹聲集韻

鰠 魚名廣韻○山海經西山經云鳥鼠同穴之山渭水出焉而東流注于河其中多鰠魚其狀如鱣魚動則其邑有大兵

博袤切 蕔 艸也玉篇 蕔荒也五音集韻

代袍切 祹 神也集韻

裪 袖也廣雅釋器裪𥙩袖褾也集韻○萱按方言裪𥙩謂之袖左傳秦後陶陶蓋裪之段借

綯 絞也爾雅釋言又詩七月宵爾索綯傳又孟子滕文公上注又荀子大略注又家語困誓注○爾雅李注云綯絞繩之

絞也綯索也廣雅釋器綯緧也同上綯亦繩名方言九車紂或謂之曲綯注○萱按綯謂糾絞也繩索也因之繩索亦名綯斯為引申段借

鞫 鞫者以皁陶名官也鞫即陶字從革考工記鞸人為皁陶注○萱按記用陶者古字少鞫鼓木也考工記鞸人為皁鞫集韻

[彳匋] 徭[彳匋]行兒集韻

醄 酕醄醉兒集韻

[麥匋] 餌也集韻

[食匋] [食匋]陰地名齊南界也國語齊語南至於[食匋]陰注○萱按禹貢有陶陰陶[食匋]古今字

蜪 蝗子未有翅者爾雅釋蟲蝝蝮蜪注○萱按魯語蜪蚅爾雅釋魚蝝含蚳蝝注云蝮陶也即蝮蜪之借郭云未詳○萱按山海經有蜪犬乃蚼犬之譌也說文有蚼

淘 淘淘流也廣雅釋訓

濤 或作濤波也廣雅釋水○萱按濤水波也文選思玄賦水注汯惟廣雅字作濤而涌濤舊賦

濤大波也漢書揚雄傳上何必湘淵與濤瀨注又後漢班彪傳上注引蒼頡篇又文選吳都賦泥濤并瀨劉注○漢書敘傳上雖馳辯如波濤注云大波曰濤又一切經音義廿五引三蒼云大波為濤也選者為濤淮南人閑起波濤注

叅陶切 瓇 玉名廣韻

謟 喜也謎也集韻

朗陶切 倅 僸或作𠍴倅麗大兒方言二𠍴盛也注

啐 嘮啐挈也方言○廣韻嘮啐搯挈也○嘮啐嘍嘍也玉篇萱按挈引引也搯開也挈持也○集韻云嘮啐謎謰言語不解也

淬 淬浪驚擾兒集韻 淬騷也漢書揚雄傳上音義引韋昭

錊 鏴或作 錊鏃鏑也廣雅釋器○集韻云一曰鐘錊銅器 錊鑪錊也玉篇○萱按方言凡箭鏃胡合嬴者廣長而薄鎌謂之錊

崪 崒崪古亭廣韻○萱按古字誤也崪也雖後出亦必字在亭先安得亭已古始有此字乎 崒崪山兒集韻

碎 碎碎深也集韻○廣韻云碎碎深谷兒

[鳥卒] [鳥卒]鳥名錦文集韻

膠 耳鳴也玉篇引埤蒼○集韻云膠䏙耳鳴

嚹 嚹嘈大聲也集韻○萱按廣韻無大字文選嘯賦云衆音繁奏若笳若簫磞硠震隱訇磕嚹嘈

嶗 嶗嶆山險也集韻 嶗嶆深空之兒也文選七命注

槩陶切

⿰木卿 木名廣韻

嫸 好也廣雅集韻引服飾鮮盛謂之嫸嫸一切經音義七引通俗文

⿰礻曹 或作⿰礻曹 祭豕先也廣韻 ⿰礻曹祭也廣雅釋天 ⿰礻曹祐也廣雅釋言 ⿰礻曹好也廣雅釋詁一

⿰食曹 食餚也玉篇

嘈 或作嘈 嘈聲也廣雅釋詁四 嘈嘈眾聲也文選魯靈光殿賦注引埤蒼 嘈啐聲兒文選長笛賦注引埤蒼 嘈囐鼓聲文選東京賦秦嚴鼓之嘈囐薛注○萱按魏都賦嘈響起段借爲嘈也說文嘈訓終義亦得通

⿰耳曹 耳鳴也文選吳都賦注引埤蒼 ⿰耳翏⿰耳曹耳鳴集韻

⿰月曹 脆也一曰腹鳴集韻○廣韻祇前義

艚 船也文選恩倖傳論南金北毳來悉方艚注

⿰日曹 日晚也集韻

鏪 穿也集韻

嶆 嶆嶆深空之兒也文選七命嶆谷嶆嶆張其前注

⿱竹曹 竹名集韻

疾 疾疾也玉篇

軳 戾也又車軨廣韻○萱按車軨集韻作車軨義皆疑

刨 刨也玉篇

合口許

古包切

轇 轇轕雜亂兒文選東京賦閣戟轇轕薛注○廣韻云轇轕戟形集韻云轇轕長遠兒一曰襍亂

漻 漻滈廣深之兒文選海賦漻滈浩汗注

苦包切

⿱巧心 ⿱巧心伢伏熊兒廣韻

⿰目翏 面不平也玉篇

發包切

⿰缶頁 頭凹也玉篇 𩓑頯顡大首深目之兒文選魯靈光殿賦⿰缶頁顡顡而睽眼注

柪 曲木也集韻

坳 或作凹 坳謂有坳垤形也莊子逍遙遊覆杯水於坳堂之上釋文引支遁注 坳堂道謂之坳 莊子逍遙遊釋文引崔注 坳塗地令平 莊子逍遙遊釋文引司馬注 凹陷也一切經音義十引字苑○又引蒼頡篇云凹作容墊下也○萱按蘇林漢書注云窅肤窅謂入肤謂出此正字也蒼頡篇作容肤葛洪字苑始有四凹字寂爲漢俗乃俗體通行而人罕知窅肤矣

戶包切

侾 侾侾大兒集韻

⿰言孝 叫呼也玉篇

庨 庨豁宮殿形狀玉篇 庨窌巧老深空之兒文選長笛賦注

窙 或作窙 窙高氣也廣韻○集韻云窙氣上炁也 窙窖窙寥當即窙寥 窙寥山勢集韻○萱按潘岳登虎牢山賦幽谷豁以窙寥也但集韻窙窙各字

涍 平去兩讀 水名在南郡集韻○萱按集韻南郡涍水平聲南陽涍水去聲此等分別雅所未喻竊疑有一處當作涍水耳从孝別當兩部

壯膠切

趙 趙趣跳躍兒廣韻○萱按兒字依集韻增

⿰風周 風兒集韻

抓 平上兩讀注在狡

布膠切

笣 竹名出蕲浦其筍冬生集韻

普膠切

僇 盛也廣雅釋詁二○方言二云僇盛也陳宋之閒曰僇 二云僇倅巖大兒方言二注

顟 路危切 顤顟頭長皃玉篇。廣韻云顤人面狀顟高鼻深目皃集韻。又云顤大首深目

蹘 走也一曰足相交集韻

髎 髎八髎也一切經音義十八引字林尻骨謂之八髎一切經音義十八引通俗文。史記貨殖傳索隱引埤蒼云尻骨謂八髎一曰夜啼髎謂居髎腰側穴也素問長刺節論刺兩髂髎季脇肋閒注

賿 廋語謂錢曰賿集韻。廣韻廋作謎

齙 普類切 齒露也集韻

颮 風之聚猥者也文選荅賓戲風颮電激注引韋昭。廣韻云颮風聲颮颮衆多之皃也文選西都賦颮颮紛紛注。後漢班彪傳注少之皃二字

鉋 或作鑤平木器玉篇鉋刷也廣韻。萱按六書故云鉋一曰杵頭搔馬具用此義也刷㕞義通

謂之鑤集韻。萱按此別一義

狍 狍鴞獸名廣韻。山海經北山經鉤吾之山有獸焉羊身人面目在腋下虎齒人爪音如嬰兒名曰狍鴞是食人注云爲物貪惏食人未盡還害其身像在夏鼎左傳所謂饕餮是也

鞄 或作鞟胞鞄也空虛之言也釋名。玉篇云鞄柔皮工

韻史

第三部上聲副編

韭韻

齊齒許

⿱艹軌 几守切 香艸也集韻

⿱九牛 牛也玉篇

⿸疒各 儉守切 病也廣韻

狢 獪也玉篇

⿰臼鳥 或作舄唯鳥名似鵂有冠廣韻。集韻云舄鳥名百舌也一曰鳥篤鳥也

⿰魚臼 魚名集韻

苬 漾九切 艸名集韻

禉 福也玉篇

湵 或作湬水也玉篇

酭 酒名玉篇

⿱艹道 艸也玉篇

疛 向九切 病也廣韻。萱按此義殆朽皆可用何煩更製疛乎

⿰麥臭 乾飯屑也集韻

忸 念九切 忸怩慙澀也楚郢江湘之閒謂之忸怩方言十。國語晉語君忸怩顏注云忸怩慙皃又後漢蔡邕傳注云忸怩心慚也慙恧謂之忸怩一切經音義五引通俗文忸怩慼咨也廣雅釋訓

耔 耡耔轅也集韻
閗 門閗閗也玉篇
杻 手轉皃廣韻 杻桊也集韻
杻 檍也詩山有栲隰有杻傳南山有臺北山有杻傳○爾雅釋木杻檍舍人注云杻一名檍又詩陸疏云杻檍也今宮國種之正名曰萬歲共汲山下人或謂之五茄或謂之檍 杻似棣一名土橿 山海經西山經英山其上多杻注○爾雅釋木注云杻關西呼杻子一名土橿 杻械也 廣韻○萱按此段杻為杆也杆音丑梏也
洇 水在汝南玉篇
堯九切
輀 或作𨋹○俗有輀爲輀 載柩車也玉篇 輀喪車飾也集韻○萱按古祇用柳俗乃製輀為專字又譌為輀
刵 劃也玉篇○萱按作刵者譌體也

懰 好皃詩月出佼人懰兮釋文○萱按羣經音辨作佼人劉兮省借字也 懰窅窱也文選笙賦注引埤蒼○萱按此義與霤同引申段借也 懰慄哀愴之意也漢書外戚傳上懰慄不言注懰怨也
嬼 或作㜲○俗有嬼玉篇 妖也詩月出釋文引埤蒼嬼妖美又婁婦也廣韻
蔞 艸名蔞藧也玉篇又五音集韻
磟 磟碡石垂皃集韻
漻 水清又小水也廣韻○萱按漻蓋即說文漻字俗改讀上聲以別於漻耳廣韻又以漻為寥之或體亦未然
掌守切
⿰扌州 執也集韻
晭 或作⿰日帚 日光也玉篇 晭明也廣韻

鯛 器成五音集韻
⿰犭周 猛獸也玉篇○萱按本艸綱目李時珍云𤠁無牝𤠁無牡此牝牡相反
鯞 鯫鯞魚名廣韻 鱎鯵鯫鯞 爾雅釋魚○注云小魚也似鮒子而黑俗呼為魚婢江東呼為妾魚又邵氏正義云鱎鯵一名鯫鯞
⿱艹受 菜也玉篇
莤九切
⿱艹醜 瑞艸薂葀也集韻○廣雅釋艸云⿱艹醜薂也又玉篇云薂葀瑞艸也○萱按文選甘泉賦攬幷閭與茇葀兮茇薂通用
葤 裹也玉篇○集韻云葤艸苞物也
䈙 竹易根而死也廣韻
⿰鼠周 鼠也玉篇又五音集韻

尺九切
⿰禾柔 糅禾也集韻
始九切
䪽 人初產子廣韻 產而不醻謂之䪽集韻
艏 舟也集韻
⿰衣受 衣也玉篇
⿰氵受 水皃集韻
紫守切
愀 變色皃史記司馬相如傳愀然改容索隱引郭璞又後漢愀郅惲傳注○文選上林賦郭注云愀然變色皃也 然變動皃也禮記哀公問孔子愀然作色而對注愀愁皃國語楚語子木愀然注○萱按愁與愀同 體而各字聲以愁引申之義得通也 者愀然憂懼皃荀子修身善愀然注 見愀然謹也言 乙乙愀如也注 寥愀亦蕭條皃也後漢馬融傳康野寥愀注
想九切
⿰石肅 黑砥石也廣韻 京山有⿰石肅山集韻引山海經

緬 紆前兩足也玉篇

姥 而九切 老母也玉篇 媽母也今以女老者爲姥也一切經音義十三引字書

焯 范宇切 燭也玉篇 焯燭盛也集韻

草 草蘬香艸集韻

騲 或作騆 馬盛也一曰益也集韻

蟲 或作蝵螐蟲蟲爾雅釋蟲阜螽蠜也詩艸蟲趯趯阜螽傳○萱按阜蟲古今字蟲阜正借字

娍 好皃一曰女儀也集韻 娍好色也廣韻

皓 白也集韻

蛞 蠶臥也集韻

撮口訝

行 去黝切 行皃玉篇

黝 羽赳切 黝黝幽靜也漢書禮樂志注 凊思黝黝

黝 黝跡長而不黝廣韻

颮 颮瀏風聲也文選吳都賦 颮瀏飂飉注

黝 墨壞也集韻

葝 艸長廣韻○集韻云 葝菜艸長皃

鰗 或書作鰗 吟水其中有鳥焉名曰鰗山海經中山經 鰗頭效爾雅釋鳥 鰗似鳧 江東謂之魚效鳥爾雅釋注

黝 女黝切 黝跡長不黝玉篇

烋 卒赳切 鸞色也玉篇

開口訝

瓾 蓋壯切 瓶也玉篇

醙 稍壯切 白酒也 儀禮聘禮注 醙黍 清皆兩壺 醙白也 儀禮聘禮注 以黍閒清白者 疏

瞍 或作瞍 聰也集韻 字林引 瞍聰總名也 玉篇引 字林

謏 散壯切 或作謏 誘也廣雅釋詁一○萱按謏訓誘 皆謂謏即誘字也 謏亦古今字 誘訓 𢙬今俗猶云相謏 漢書武帝紀 𢙬𢙬於邪說注 謏之言小也 禮記學記足以謏聞注○釋文云謏小也 謏誘也廣雅

叜 釋言○萱按謏者 疑也 俗也 代阜切 或作叜 炊莫或謂之叜 方言五

開口訝二

顆 良早切 廣大皃玉篇 顆顆大而皃廣韻

拷 洀早切 打也玉篇 ○萱按古祇用考 俗加手 拷掠也集韻

洘 水乾也廣韻

筹 或作𥮾 筹笼屈竹木爲器 如人意 集韻 ○萱按以兎柳條編爲器 詘屈 俗訏巳斗 一曰柳斗 字亦作 栲 栳 即栲字 栲 段借也

懊 桑考切 怞也 爾雅釋言○ 懊咿內悲也 注云 愛怞也 文選琴賦注 引字林 懊惱也 廣韻 懊恨也 集韻

襖 袍襖也玉篇○萱按 謂襖爲 裘屬 亦是 條鍒

灝 海考切 灝灝大也 廣雅釋訓

聕 耳也玉篇○萱按 或作 屬 似 誤 也

鴇 帶考切 或作 鴇 鵨 𪇆 鵨也 廣雅釋詁四

代早切 𪏮 關西呼蜀黍曰𪏮黍集韻

柰早切 㑞 姓也玉篇

𤏙 或作𤏙𤏙 熱皃集韻

碯 或作瑙𥔵 碼碯石次玉也集韻引廣雅。一切經音義二云字書碼碯作碼瑙二字謂石之次玉者

𩦎 褭𩦎馬名集韻

𤠜 或作獿猱𤠜 獸名雌獑也集韻。爾雅釋文𤠜似狐善睡。廣韻又引字林云𤠜雌獑 云𤠜雌獑

䜻早切 恅 愺恅心亂也廣韻。亶按洞簫賦云愺恅瀾漫

咾 聲也集韻

栳 或作笔 栲栳柳器也廣韻

樛 木名廣韻

䵏 黃也廣雅釋器

嘐 𠹸嘐無人皃玉篇 𠹸嘐寂靜也文選洞簫賦愺恅瀾漫注引埤蒼。注又云𠹸嘐與愺恅音義同

莖考切 𪌉 麮麥謂之𪌉廣雅釋器 𪌉食也廣雅釋言 𪌉糗也玉篇

宰考切 𨛍 邑名在筑陽玉篇

槃早切 愺 愺恅心亂也廣韻

𠹸 𠹸嘐寂靜也文選洞簫賦注引埤蒼

騲 北馬曰騲廣韻 騲牝畜之通稱玉篇

淖 水名集韻

博考切 堢 或作堡 隄也廣雅釋室 堡高土也一切經音義二十引聲類堢障小城也廣雅 小城曰保。禮記月令四鄙入保注又國語魯語抑爲保鄣乎注 亶按古用保爲堢也檀弓遇負杖入保者息注云 保縣邑小城

𣯛 矢羽一曰羽五色集韻 𣯛彩羽也廣韻

鴇 鳥名玉篇

𩦠 或書作駂 馬名鳥驄也集韻 驄白襍毛曰鴇。詩大叔于田乘乘鴇傳 爾雅釋畜驪白雜毛 鴇注云今之烏驄 亶按古無鴇字詩雅皆段鴇作之

莫早切 泖 水名玉篇。亶按吳華亭有圓泖大泖長泖陸龜蒙詩三泖涼波魚蕝動注云江左人目水之渟滀不流者爲泖 泖水皃力集韻。又云泖力九切亶按此切甚誤丣聲字乃切九此聲音之大畛限也丣即酉字集韻以下丣卯二聲字淆溷多矣

茆

合口呼

古爪切 𨳈 衰之降殺也玉篇。亶按此說文門部𨳈字之譌體也𨳈力求切經繆殺也本無二字玉篇以下乃有从門之𨳈其形其音其義皆郢書燕說矣

苦攪切 阞 地名玉篇

䳝 䳝婦鳥廣韻。又云爾雅鷦鷯桃蟲俗評爲巧婦字俗字鳥。亶按必加鳥以別於凡巧技謂選事

褭攪切 拗 手拉也廣韻 拗猶抑也文選西都賦乃拗怒而少息注又後漢班彪傳注

怮 或作靿 靴襪靿廣韻。云怮襪上也集韻 靿曲也俗謂靴鞾曰靿集韻

狕 隄山有獸焉其狀如豹而文首名曰狕山海經西山經

抓 壯攪切 平上搔也廣雅釋詁二抓掐也廣雅釋○廣韵云抓亂搔掐也○蒀按莊子徐無鬼云有一狙馬用踦妾蛇攫抓見巧乎王抓裂也廣雅釋詁二

㤓 㤓頭廣韻○蒀按語不憭漢人有懆頭蒀即㤓頭與

笊 笊籬竹器廣韵

⿱艹爪 菜名也玉篇○廣韵云⿱艹爪艸也集韵云⿱艹爪生水中

⿰豸爪 或作⿰犭爪孚也玉篇⿰豸爪貘也廣韻⿰犭爪南夷種集韵

采 果木盛生采玉篇

⿰⿱爫爪見 夾攪切 或作數擊也又攪也廣韵

怉 布攪切 ⿰忄孚也玉篇

⿰孚包 普爪切 孚也五音集韵

韻史

第三部去聲副編

究韻

齊出評

⿱救心 几甶切 謹也集韻

⿰冒見 衆視也集韻

⿰土究 聯土曰⿰土究廣韻⿰土究耕地起土也一曰聯也集韻○又云⿰土究耕隴中也

釉 漾究切 物有光也集韵○蒀按塗匋器之表者是也亦段油字作之

⿸疒朱 向究切 泰瘡也集韻⿸疒朱息下痢病也玉篇

酮 膛究切 酮胥也玉篇

綉 吳俗謂縧一片集韻

⿱樊云 地名在高陵集韻

嗕 念究切 羌別種漢有呼速衆嗕集韻

⿰火⿰卯阝 皃究切 ○俗火⿰火⿰卯阝也玉篇又五有⿰火⿰卯阝音集韻

塯 或作⿰缶留瓦器堯舜飯土塯集韻⿰缶留關東謂甑上同

⿰留瓦 或作甕謂之⿰留瓦廣雅釋器⿰留瓦謂之⿰留瓦方言十三⿰留瓦㯢也廣韻

廖 人姓一曰國名集韻○徐鉉云从广未詳當是省廫字爾○蒀按漢書古今人表有廖叔安即左傳飂叔安也飂則廖為古今字

瘷 宇甶切 縮也廣雅釋詁三縮小曰瘷皺不申曰縮朒一切經音義十五引通俗文

⿰耳周 耳注亦明也玉篇

颾 風皃集韻

犻 鄉名在河南廣韻

伷 蟲究切 系也廣韻○萱按冑伷音義同集韻併合之亦是

駎 競馳馬也廣韻○集韻云馬競馳謂之駎

䌷 綦也集韻引廣雅○集韻云一曰緒也

䄻 或作稍䄻 稅也廣雅釋詁二 稍稍稔實也廣韻

憱 感也玉篇又五音集韻

咮 忍究切 惡言也集韻

餗 餾也集韻

售 始究切 售猶行也文選西京賦於是不售薛注○萱按此取俗字也古祇作雔詩谷風賈用不雔今本作售者淺人所

改抑無言不雔箋云物善則其售賈貴物惡則其售賈賤釋文云售本作雔

喛 口噏與也集韻○玉篇云喛口喛也

㖟 趨鳥聲集韻

䄌 久年也玉篇

僦 紫宙切 賃也廣雅釋言○漢書王莽傳中注又後漢書虞詡傳注 僦顧也漢書食貨志下注○酷吏田延年傳初大司農取民牛車三萬兩為僦注云僦謂賃之與顧直也 雇車載曰僦一切經音義十五引通俗文○漢書鄭當時傳任人賓客僦注云僦謂受雇賃而載運也 僦送也漢書王莽傳中注 僦人益興生財利如今方宜矣史記汲鄭傳為大農僦人集解引徐廣

譈 此究切 謏也玉篇○萱按謏或作叟省也

殧 終也玉篇 殧殄也廣韻

𡾟 山名又嶺名廣韻

犾 黑脊犾爾雅釋畜○萱按釋文犾或作褎段借也又譌為褎 犾牛眼黑皆也集韻引字林

鼽 仰究切 鼾鼽仰鼻廣韻

鏅 想究切 鍛也集韻

鏥 或作銹鏽 鐵上衣也集韻

熽 火熾也玉篇

蜏 朝蜏孳母也廣雅釋蟲 蜏朝生暮死蟲名廣韻

愁 面恖切 或作憿愮 憿恖也廣雅釋詁一○廣韻云愁恂愁○萱按單言愁重言恂愁皆狀其恖 霧瞀霧也漢書叙傳下思心既霧注○萱按此用霧為愁雙聲段借也霧在九部讀若家

昝 䚑明也玉篇

婺 美皃集韻

𤼵 芑究切 登也玉篇

䋂 絹䋂玉篇又五音集韻

鞖 或作鞍 皮衣車軛也集韻

䈹 竹䈹以益也玉篇

𤼣 晚究切 立也集韻引方言 跟發跪拜集韻○廣韻云發長跪也又拜也

𤼽 或作發 大也玉篇

𤼲 或作發 主火也玉篇又五音集韻

𨿟 雀子玉篇○廣韻云稚鶩雛○萱按集韻併𨿟鶩為一字非

蝵 或作蝬 蛷螋蟰蛷也集韻引廣韻○萱按說文發字不作蝬蟰玉篇以下通合為一顧嫌武斷

掫口訏

𠟵 舉幼切 折鼻也集韻。萱按𠟵觓皆取俗字从乚又無義豈本祇一字而淺人强折之與

𨀁 去幼切 𨀁𨄶跑行之皃廣韻𨀁𨄶行不正也集韻

𤤛 玉器也集韻

𨖏 往也集韻

嵺 呂幼切 或作嵺𡾟亦蕭條皃也後漢馬融傳原野嵺𡾟注。萱按嵺亦說文廫之異體與寥廫等耳嵺獨讀去聲者益淺人所分

䀤 甫幼切 三部九部兩讀注在彼。俗有風風

開口訏

𡔡 宗茂切 或作梵地名在竟陵廣韻

澿 罧也冬月以壘艸水中玉篇。萱按集韻多以取魚三字

鱟 海茂切 魚名似蟹出日南集韻。廣韻引山海經郭注云鱟形如惠文冠青黑色十二足長五六尺似蟹雌常負雄漁者取之必得其雙子如麻子南人爲醬

澆 柰茂切 水溫澆玉篇

𨛬 朗茂切 地名集韻

㤘 茝茂切 或作㥌愁皃集韻。僽㤘惡言詈也廣韻

遚 不進也廣韻

開口訏二

覨 艮導切 久視皃玉篇

䎘 侃誥切 飛也玉篇。又五音集韻

𧭤 案導切 語也廣雅釋詁一。𧭤告也廣雅釋詁二

𤻖 痛也集韻

𡡈 妬也集韻

𩞄 妬食也集韻。廣韻食作飡

𦡺 爲胃也廣韻引埤蒼。𦡺奧也藏肉於內稍出用之也釋名釋飲食

𩻾 小鰌也廣雅釋魚。又云鰠鮡鰃也集韻云

譚 海導切 相欺也廣韻。譚諸相欺也

婥 女字也廣韻

受 帶導切 姓也出河內廣韻

𦒱 代誥切 或作耄老也廣雅釋詁一。廣韻云𦒱年九十也集韻云七十曰𦒱

𥻨 粘也廣韻𥻨厚黐也集韻

纛 。俗有翳也爾雅釋言。釋文云纛本作翿又周禮鄉師執
纛犗纛注作執翿。萱按翿纛同物亦即古今字也
釋文今本翳纛翳者所持羽也爾雅釋纛毛羽幢也史記項
作翳字誤也言孫羽紀車
傳左纛集解引李斐云纛毛羽幢也在乘輿車衡左方上注之
引李裴云纛毛羽幢也。漢書高帝紀上黃屋左纛注纛雉尾
爲之在左驂當鑣上。漢書高帝紀上注引應劭左纛者以氂牛尾爲之獨斷
上。漢書高帝紀上注引李引蔡邕云纛以犛牛尾爲之如
斗或在騑頭或在衡又文選東京賦方釳左纛薛注云左纛
以尾大如置騑馬頭上
以能馬目不令相見也

𩝐 柰誥切 或作餡熟食也玉篇

獡 或作猫恨也玉篇

𤞞 或作𤞞

胡語切 貗 寬也集韻
平諸切 穮 物縮小也玉篇。芔楼說文雛擘字足以勺之矣
桑語切 慥 慥慥守實言行相應之皃禮記中庸君子胡不慥慥爾注
糙 或作䊮米末舂也集韻糲米穀襍也廣韻
[虫造] 蟲名玉篇
[扌曹] 手攪也廣韻。集韻無手
散語切 瘙 ○俗有瘙疥也一切經音義十五引蒼頡瘙創也廣雅釋詁一皮起也一切經音義十四引通俗文
[足蚤] 或作搔跳也集韻
[毛蚤] 毛皃集韻

韻史 卷十五第三部去聲副編究韻　一六三九

[忄叟] 快也集韻
[金帚] 碎鐵集韻
倍語切 [酉包] 或作靤面瘡也玉篇
菢 雞伏卵北燕謂之菢江東呼蓝一切經音義十八引通俗文
叜 姓也廣韻又五音集韻引姓苑
莫語切 [扌冒] 或作戢手扶之也廣韻[扌冒]抵也集韻
[忄冒] 貪也集韻
[氵冒] 水漲也集韻
毷 解也集韻引廣雅
[冒鳥] 巤山有鳥狀如馬人面名曰鷩[冒鳥]集韻引山海經

韻史 卷十五第三部去聲副編究韻　一六四〇

合口評

古孝切 酵 酒酵也一切經音義二引集韻○集韻云酵酒滓也
[瓜孝] 瓜名玉篇又五音集韻
[亻幼] 或作拗很也房也廣韻引字林○集韻少上也字
㚣孝切 詏 言逆也集韻
[幼頁] 頸不直也集韻
[衤幼] 或作[糸幼]袎頸也集韻
靿 靴靿也玉篇
軪 車有機也廣韻
岰 山曲也集韻

韻史 卷十五第三部去聲副編究韻　一六四一

[幼皿] 器中不平也集韻
[竹幼] 竹節也廣韻
戸袍切 涍 平去兩讀水名在河南集韻
壯孝切 枛 木刺也玉篇
仰孝切 [皃鬼] 醜皃廣韻
[足叜] ○俗有趬踆行也玉篇踆踥行皃五音集韻

韻史 卷十五第三部去聲副編究韻　一六四二

韻史

第三部入聲副編

匊韻

齊齒呼

几育切

㥑 或作㥑謹慎也廣韻㥑謹慎也集韻

餉 饋也廣雅釋器

粷 粷粉也玉篇

鞠 裹也玉篇

椈 柏也禮記雜記上暢臼以椈注〇疏云暢鬱鬯以柏為臼以桐為杵柏香桐潔於神為宜 柏椈爾雅釋木

喐 非哇也廣韻

㹼 石狗獸名食猴廣韻〇萱按石狗即穀玃之異名也說文云穀玃犬屬腰已上黃腰已下黑食母猴

巈 山高皃廣韻

蘜 艸名大菊也葉細華紅紫色集韻

鬏 或作鬏亂髮也廣韻〇集韻無髮字

踘 足也玉篇

閺 閉也廣韻〇萱按玉篇無閺而有閞注云先忽切門臼也疑閺字即此門臼二字誤合為一者也與鄭書然說矣又有閺字注云圭㚇切不開也形亦似閺

敀育切

䃐 谷名在上艾廣韻

鞫 牛也玉篇

欶 吹聲也玉篇

漾菊切

㴏 露光也玉篇

㥔 心動也集韻

𣢼 驚辭也玉篇

喅 出聲也玉篇

逳 步也方言十二 逳行也廣雅釋詁一 逳轉也方言十二又廣雅釋詁四

稢 車闌幔也集韻

棛 或作棛車覆欄也廣韻

錥 鍋錥謂之銼鑹小釜廣雅釋器〇玉篇云鍋錥溫器廣韻云鍋錥溫器

蜟 復蜟蟬未蛻者廣韻引論衡

堉 肥壤謂之堉集韻 堉地土肥也廣韻

蒮 茂也廣韻〇集韻云蒮艸名柴也 數蒮花開皃文選吳都賦異荂蓲蒮

噢 噢咿內悲也一切經音義四引埤蒼 噢叫也集韻

𨮁 溫器玉篇〇萱按與錥音義皆同或本一字而分析

礇 石似玉也玉篇

䫼 育鬻器集韻

𨞰 姓也廣韻引姓苑

向育切

傗 傗佩不申也廣韻

蹜 足也集韻

𧜗 褚也集韻〇萱按左傳襄卅年注云褚畜也二字為偖注釋文畜又作畜義近段借字

體菊切

䖀 好也廣雅釋詁一

念菊切

䵷 䵷也 玉篇

𨀁 行也 集韻

䖡 䖡蚭蚰蜒也 廣雅釋蟲○方言十三云蚰蜒北燕謂之䖡蚭

抐 搦抐不申 集韻

尼菊切

踛 跳也 文選江賦夔𤝮翹踛於夕陽注引莊子司馬注○蕢按莊子馬蹄云翹足而陸本用段借字

䄛 見也 廣韻

𡜠 女字 集韻

淕 或作淕 凝雨曰淕 文選蜀都賦注引蔡邕○蕢按集韻淕澤名 淕凝雨也分爲二字似不必廣韻云淕凝雨名 澤也

輘 輻輘車箱 廣韻 輻輘三箱車 集韻

䮹 馬健也 莊子馬蹄翹足而陸釋文引字書○蕢按字書作䮹司馬彪作踛似彪優也廣韻云䮹良健馬

鯥 魚名 料在魼下而蛇尾 集韻引山海經○蕢按南山經云柢山有魚焉其狀如牛陵居其名曰鯥

蛙 魁蛙 廣韻○蕢按爾雅段用陸古字少 魁陸 爾雅釋魚○注引本艸云魁狀如海蛤圓而厚外有理縱橫即今之蚶也

𥯐 竹名 集韻

𦼉 或作蓤 常蓼馬尾蓤陸也 廣雅釋艸○蕢按爾雅蓫薚馬尾郎本艸云江東爲當陸當常陸蓼亦皆疊韻 此艸與陸與蓫薚與薚同疊韻也 玉篇云蓤陸蓫薚也薚薚同字

瘯 病也 玉篇

剹 削也 玉篇

磟 或作碌 磟碡石器 廣韻

宰育切

𡏊 或作塞也 廣韻

瘯 腹痛也 集韻 瘯瘯痛兒 同上

緎 或作縬 蹜也又緎丈也 廣韻○集韻云緎聚丈也一曰繒文

磩 碝謂之磩 集韻 磩碝類也○文選西都賦碝磩綵緻注廣韻云碝磩石次玉也

蛩菊切

鷉 鷉鴝鳥名 集韻

敊 㪆敊痛至兒 玉篇○蕢按依集韻增至兒二字

搐 牽制也 集韻

𨗿 行兒 玉篇

滀 聚也 莊子大宗師滀乎進我色也釋文引簡文注 滀結聚也 莊子達生忿滀之氣釋文引李注 潔澍聚兒 文選海賦潤淪而滀潔注 滀富有德充也 莊子大宗師釋文引王注 滀喻

急也 後漢公孫瓚傳注

鱃 魚名在梁州 集韻

䭯 餅也 集韻

騄 馬騄獸名 廣韻

蟓 蟓馬蟓 爾雅釋蟲 釋文引字林 馬蟓馬蛟也 廣雅釋蟲○蕢按方言作蚰蜒馬蚰也體似蚰尾如鮊魚大者長丈餘

鱁 鮧是鱁 爾雅釋魚○注云鮧鮎屬也體似鱓尾如鮊魚大者長丈餘江中多有之○蕢按鮧亦作鱁鮧古今字也古字少多段借 鱁鱁鮧也 玉篇 鱁鮧藏魚腸也 集韻云鱁

蓫 惡菜也 詩我行其野言采其蓫傳○蕢按文選七啟蓫牛蘈霜蓄露葵段蓄爲蓫也 小雅蓫亦本作蓄 詩我行其野蓫○陸疏云蓫牛蘈揚州人謂之羊蹄幽州人謂之蓫又齊民要術十引詩義疏云幽陽謂之蓫一名 也 蓫薚馬尾 爾雅釋艸○注引廣雅云馬尾蔏陸本艸云別名蓫薚

始切 齋

閦 洸 碡 倸 鮢 婌 塾

閦：或作閦。衆也。玉篇引字統。又云釋典有阿閦。

洸：水名。玉篇

碡：磟碡，田器。廣韻。○萱按俗呼有梭者磟碡，無梭者石輥，實一物也。磟或作硥作碌。

倸：動也。廣雅釋詁一

鮢：或作鮛。鮥過鮢鮪。爾雅釋魚。○注云鮪鱣屬也。大者名王鮪，小者名鮢鮪。

婌：後宮女官名。廣韻

塾：或作闍閣。門側之堂謂之塾。爾雅釋宮。又書顧命先路在左塾之前鄭注。又詩丰俟我乎堂兮疏引孫炎。又儀禮聘禮賓立接西塾注。又禮記學記家有塾注。又漢書食貨志鄰長坐於左塾注。○萱按論語子食於有喪者之側，側即塾也。喪禮尸柩在堂，賓自然食於塾矣。不言塾言側者，塾在門側。塾，門側堂也。詩絲衣傳基門塾之基釋文。又後漢書齊武王縯傳注引字林。○絲衣疏引白虎通云：所以必有塾何？欲以飾門，因取其名也。明臣下當

見於必先思其事也。塾，央門堂也。爾雅釋宮孫注。○儀禮士冠禮具饌于西塾，注云西塾門外西堂也。又顧東塾注云東塾門內東堂負之北面。

紫切 育

礊 槒 摵 𩆜 滌 縬 䙈

礊：石聲。廣韻

槒：歷也。廣雅釋器。○方言五云櫪，梁宋齊楚北燕之閒或謂之槒。又玉篇云槒櫪也，養馬器。

摵：到也。方言十三。摵，至也。廣雅釋詁一

𩆜：儵昱疾兒。文選海賦𩆜昱絕電注。○集韻云晉有庾儵，字乎歟。

滌：水波也。廣韻

縬：縮也。玉篇

䙈：或作褫。好也。廣雅釋詁一。○廣韻云褫好衣兒。褫鮮也。韻云褫衣鮮明兒，引埤蒼。○集褫好也，鮮明也。玉篇

此切 菊

䐹 糂 獗 蠓 籧 摵 覷 睸 傶

䐹：或作膕。腳䐹，膏澤也。玉篇

糂：吳俗謂熬米為餌曰糂。集韻

獗：勁也。集韻

蠓：或作蝛。蚇蠖，蟦蝛也。廣雅釋蟲。○廣韻云蝍蝛尺蠖也。集韻云蟦蝛蟲名，蚇蠖也。

籧：或作籷簸。籧謂之笸。廣雅釋器。○萱按撏析蘆葦織之，斜文為簾，直文而粗者為笸。

摵：挃擎也。集韻。摵，攪也。同上

覷：覷覷，面柔也。玉篇。○萱按詩雅作戚施，借字也。字書作覷。○正字也。說文有覷而無覷。字戚施，面柔也。爾雅釋訓。○注云戚施之人不能仰，面柔之人常俯似之，亦以喜云。

睸：見也。玉篇

傶：近也。廣雅釋詁三。傶，湊理也。漢書司馬相如傳下傶[illegible]觝無欣注引張揖。

想切 菊

蔵 𠊤 渢 湚 䑿 蓿 攡 䃤

蔵：艸也。廣韻。○集韵也是兒。

𠊤：儵佩不中也。廣韻

渢：渢渢，雨也。廣雅釋訓

湚：溼也。集韻

䑿：艒䑿，舟也。廣雅釋水。艖謂之艒䑿。方言九

蓿：苜蓿，艸也。集韻。○廣韻引史云大宛馬嗜苜蓿。○萱按其狀略似豌豆，種之可肥地，亦可為蔬，而味退於豌豆也。

攡：或作㩋攡。○平入聲讀注在彼。

䃤：䃤也。集韻引希廣雅。䃤，黑砥石，生水中。山海經中山經門水其中多乎䃤注。○北山經京山其陰多乎䃤，注云䃤音竹篠之篠。○萱按篠即䃤之上聲也，此音雖不謬而無庸。

面菊切

飍 或作颩風也廣雅釋詁四飛也廣雅釋詁三

翻 翻翻飛也廣雅釋訓。萱按詩鴇羽鴻雁皆作肅肅古字叚借傳云肅肅羽聲也

驌 驌驦馬名後漢馬融傳注驌驦馬也文選吳都賦招驌驦劉注。注引馬注云驌驦馬也馬似之又七命注引鳥作鷫。萱按鳥名之字當用鷫鷞此肅爽駿馬不析言故經省其辭耳古亦直用肅爽爲馬鳥名名左氏定三年傳有兩肅爽馬注。疏引馬融說云肅爽鴈也其羽如練高首而脩頸馬似之

育 敬也集韻。萱按育與穆音義皆同豈即穆之俗體與

睦 微視美目皃漢書敘傳音義引字林。集韻云睦目病

痐 病也廣韻

首 。俗有莪首蓿也廣韻。爾雅釋艸注葉似莪蒿釋文云本亦作目蓿。萱按說文有莔訓艸也讀若目之去聲莔豈即莔與莪菜名玉篇

范菊切

艒 或作艒艖謂之艒䑺方言九

帽 或作蝐睦帽也玉篇。萱按亦作蝐又作瑁詳瑁下

饅 食也集韻

稪 穀名集韻

馥 香氣也一切經音義十四引釋詩馥芬孝祀注。文選蘇子卿古詩注引薛君韓詩章句云馥香皃也。萱按毛作苾芬韓作馥芬此由重脣音變爲輕脣音也必重脣更輕脣形與音俱遠而字不同部矣馥香氣盛也華嚴經音義上引字林馥馥香也廣雅釋訓

瘦 或作瘦瘦也廣雅釋言瘦病也東齊海岱之閒瘦或曰瘦方言三瘦謂勞復也方言三注

趨 趙趨小兒手據地行集韻。萱按此等字可不製有匍匐在

踆 止也玉篇

趧 邪也玉篇

鞍 葥鞍玉篇

鶝 戴鵀自關而西或謂之鶝鴔方言八。廣韻云鶝鴔即戴勝也

陖 隴山也玉篇

㠋 山名集韻

澓 。俗有洑澓流也文選江賦迅澓增澆注澓深也華嚴經音義上引三蒼澓洄水深也一切經音義廿五引三蒼。廣韻云澓姓也漢宣帝時有東海澓仲翁

霰 霰水也集韻

箙 或作箙實竹也廣韻。萱按集韻作竹實也語皆未明疑當作實中之竹也

蕧 艸名通艸也一名烏蕧集韻

撮口呼 處究切

戭 。作戭麥戭麥𪌭破碎者玉篇

開口呼 艮篤切

悎 驚也怖也集韻

䶜 齒不相值也御覽三百六十八引字林䶜齒聲也玉篇。萱按集韻䶜治象齒也疑玉篇有奪字䶜治象牙也廣韻。萱按釋器象謂之鵠又云象謂之磋豈鵠即䶜與是則䶜鵠爲正借字

侃篤切

哠 喉哠咽也集韻

敋 爆敋皮乾也廣韻

秙 熟也廣雅釋詁三。廣韻云秙禾熟也

粲篤切

捁 打也集韻

𥉑 瞋目也廣韻

嚳 誇聲也玉篇

浩篤切

哠 多言也玉篇

頶 鼻高皃廣韻

𨳊 門聲也廣韻

𧢼 治角也集韻

壆 土堅也集韻

𤐴 燥也集韻

𤿭 𤿭皺皮乾也廣韻

苞 艸聲也玉篇

帶毒切

𣪠 䑚舌也玉篇

𥓓 𥓓砙逗落石也玉篇

𤞞 狐名廣韻

代篤切

𢙾 憧也集韻

𨃞 或作𧽺 行不上集韻

瑇 或作蝳玳 瑇瑁如龜生南海大者如蘧篨背上有鱗鱗大如扇有文章將作器則煮其鱗如柔皮廣韻引異物志

蝳 鼅鼄北燕朝鮮洌水之間謂之蝳方言十一 蝳蜍蟲名珠蝥也集韻

悄篤切

嗖 笑皃玉篇

倍篤切

𥇦 怒目也集韻

跑 趵也廣雅釋言 跑秦人言蹴廣韻

窇 窟也廣雅釋室 窇窖也廣雅廣韻引

骲 骨鏃曰骲唐六典十六注引通俗文。介雅釋器釋文引埤蒼云骲骨鏃也

砲 砲砆石文玉篇

𢳆 流鏑𢳆撲謂中物聲也玉篇引西京賦云

𤁓 水激也玉篇

鑤 鑤鉋玉篇。鉋十云鉋也

莫毒切

䀠 美目也一曰目深集韻。廣韻同前義

莋 艸生皃玉篇

合口許

戶粲切

𧻞 走也玉篇

𤮊 瓦器一曰坏也集韻。廣韻云𤮊瓦坏

社粲切

𩣾 馬走也玉篇

磊粲切

䤦 或作鉅 吳王孫休三子名廣韻。萱按景帝自製字以名四子其義蓋闕

爽粲切

𧆲 虎行入林玉篇

韻史卷十六　泰興何萱石閭撰集　子度校字

第四部平聲　上海顧錫麒竹泉覆審

溝韻　武進李兆洛申耆鑑定

開口呼

溝 見甌切

溝水瀆也廣四尺深四尺說文。考工記匠人云九夫為井井閒廣四尺深四尺謂之溝又文選蜀部賦溝洫脈散劉注云廣深四尺為溝水注谷曰溝田閒之水亦曰溝溝搆也縱橫相交搆也釋名釋水。爾雅水云水注谷曰溝溝所以通水荀子王制通溝澮注。周禮雍氏掌溝瀆澮池之禁注云溝瀆澮田閒通水者也又漢書劉屈氂傳血流入溝中注云溝街衢之旁通水者也五溝遂溝洫澮川也周禮司險設國之五溝五涂注。遂人凡治野注云遂溝洫澮皆所以通水於川也遂廣深各二尺溝倍之洫倍溝澮廣二尋深二仞溝水分流也一切經音義八引字略溝穿地為阻固也周禮大司徒制其畿疆而溝封之注溝坑也廣雅釋水溝塹也左氏僖十九年傳乃

溝公宮注又貫注。禮記禮運城郭溝池以為固疏云溝池城之塹坎為溝瀆易說卦傳。左氏宣十二年傳注坎為川疏云溝瀆即是川也溝惡也溝瞀無知也萱按此段溝為傋也傋見副編上聲說文子部作穀瞀而不錄溝

韝

或作韝褠㦗臂衣也說文段注各本作射臂決也誤甚決著於右手大指不箸於臂今依文選答蘇武書正射韝者詩之拾禮經之遂內則之捍也毛傳曰拾遂也大射注曰遂射韝也以朱韋為之箸左臂所以遂弦也凡因射著左臂謂之射韝非射而兩臂皆箸之以便於事謂之韝許不言射韝者言臂衣則射韝在其中矣東方朔傳曰綠幘傅青韝韋昭曰韝形如射韝以縛左右手於事便也崔豹古今注曰褠衣厮役之服取其便於用耳乘輿進食者服褠衣按褠衣即韝也以繩繶臂謂之綦以衣斂袖謂之韝其字或作褠見後漢書或作㦗見南都賦。文選西京賦青骹摯於韝下注云韝臂衣又漢書東方朔傳注云韝即今之臂韝也韝臂捍也史記張耳陳餘傳袒韝蔽集解引徐廣滑稽傳帣韝鞠䩮注。周禮繕人抉拾注云韝捍著左臂裏以韋為之又釋文引鄭注云韝弦字之異者萱按射韝弓弦其事略

同故韝亦借為弳韝鞢也廣雅釋器褠臂衣今之臂韝後漢明德馬皇后紀注褠禪衣之無胡者也言袖夾直形如溝也釋名釋衣服㦗上衣文選南都賦注引字書。俗有韝

篝

笭也衍可熏衣宋楚謂竹篝牆居也說文段注笭也按也字衍文當云笭可熏衣者廣韻曰熏籠各本牆居之閒誤衍以字方言曰篝陳楚宋衛之閒謂之牆居廣雅篝籠也熏篝謂之牆居也篝今熏籠也方言五注篝者籠也史記陳涉世家夜篝火集解引徐廣滑稽傳甌窶滿篝集解引徐廣正義又篝籠也史記龜策傳即以篝燭此地集解引徐廣篝絡也楚辭招魂秦篝齊縷注

緱

刀劒緱也說文段注廣韻曰刀劒頭纏絲為緱也按謂人所把處如人之喉然緱謂把劒之物史記孟嘗君傳丁又蒯緱索隱緱氏以山為名國策塞轅緱氏之口注。漢書武帝紀將幸緱氏注云河南縣也

句

平去兩讀始以俗分。俗有勾曲也說文段注凡曲折之物侈為倨斂為句考工記多言倨句樂記言倨中矩句中鉤淮南子說歎言句爪倨牙凡地名有句字者皆謂山川紆曲如句容句章句餘高句驪皆是也凡章句之句亦取稽留可鉤乙之意古音總如鉤後人句曲音鉤章句音屨又改句曲字為勾此淺俗分別不可與道古也。古微書引禮斗威儀山車垂句注又史記天官書後句索隱竝云句曲也句方也莊子田子方屨句屨者知地形釋文引李注句下也廣雅釋詁一伸圓之周而為句周髀算經上數之法出於圓方注句以喻敬天大戴記曾子立事與其倨也寧句注句枉曲枝也淮南脩務據句枉注句屈生者禮記月令句者畢出注屈生曰區禮記樂記區萌達注。萱按此段區為句也句取春句屈而生太帝令數神句芒注。白虎通五行云句芒者物之始生又御覽十八引崔靈恩禮記義宗云木正曰句芒者物始生皆句曲而芒角因用為官名句芒木正東方之神也後漢張衡傳注。馬融傳注云句芒東方之神也又山海經海外東經注云句芒木神也句星客星也淮南道應句星在房心之閒注句贅項

椎也莊子大宗師句贅指天釋文引李注句襟今之曲領襲衣也淮南氾論豈必襲衣博帶句襟委章甫哉注○荀子哀公古之王者有務而拘領者矣注云句曲領也又書大傳古之人衣上有冒而句領者注云句領繞頸也覆之而角至謂之句弓考工記弓人句戰也呂覽知分句兵鉤頸注句兵戈戟屬考工記廬人句兵欲無彈注○周禮夏官序官司戈盾疏云漢時見戈有旁出者為句子亦名胡子句卒鉤伍相著別為左右屯左氏哀十七年傳越子為左右句卒注句瞿斗也山海經北山經陽山有獸焉其頸腎其狀如句瞿其名曰領胡注句謂著燭處管子弟子職居句如矩注句夷俗語之發聲也亦猶越為于越也漢書地理志下號曰句吳注○左氏宣八年傳疏云句或為工夷言發聲也句句章也國語越語吾請達王甬句東注○南至於句無注云句今無諸暨有句無亭是也句就羌別種也後漢蓋勲傳注○淮南墬形句婁民注云句婁讀為九婁北方之國也萱按用句為九變聲通轉也然凡若此等似可不必改讀句榆根余皆是一山亦聲

之譌變耳封氏聞見記句爪鷹鷂之屬也淮南本經注下傳語吾上為句句者聯字以為言萱按此皆分讀去聲者也古又段句為絇為動為朐皆省借字也冕句縣名廣韻○集韻云冕句在濟陽一說冕即古冕濮句即須句縣處其間因名為萱按左傳須句公羊作須朐則此亦當作冕朐與優人青句注破為絇明堂位注無句作磬釋文句本作動

鉤

曲鉤也說文段注鉤字依韵會補曲物曰鉤因之以鉤取物亦曰鉤狗鑲吳鉤鉤鉤皆金為之故从金鉤曲也荀子性惡枸木必將待檃栝烝矯然後直注宥坐其流也埤下楊拘必循其理似義注○萱按荀用枸狗借字注用句正字鉤規也漢書楊雄傳上集注引應劭鉤畱也漢書鮑宣傳集注又後漢吳良傳注鉤引也後漢皇甫規傳注范滂傳注鉤謂相牽引也後漢靈帝紀注鉤猶動也後漢陳寵傳注鉤致也漢書趙廣漢傳集注引晉灼鉤取也小爾雅廣詁又莊子天運一君無所鉤用釋文鉤反也莊子徐無鬼上且鉤予君釋文鉤謂相連也後漢史弼傳注鉤入枉而出直管子宙合

鉤謂如鉤取物也荀子彊國勁魏鉤吾右注鉤之所用弛張也荀子禮論縉紳而無鉤帶矣注鉤縛束之要書璇璣鈐白狼銜鉤入旅朝注鉤謂誘致其情也鬼谷子飛箝引鉤箝之辭注○又云內感而得其情曰鉤求其深微曰鉤也鬼谷子權篇論者鉤幾也注鼓一陽曰鉤素問陰陽別論鉤帶鉤也在腹國語晉語申孫之矢集於桓鉤注又呂覽貴卒管子捍弓射公子小白中鉤注云鉤帶鉤也○莊子胠篋竊鉤者誅竊國者侯釋文云鉤謂帶也鉤所以屬鞶也太玄格裳鞶鉤渝注○太玄周帶其鉤鞶注云腰中之金故謂之鉤鉤鞶行曲直有正也詩六月箋釣鉤也莊子胠篋鉤餌網罟罾笱之知釋文又淮南道應而不失鉤芒注說山不愛江漢之珠而愛己之鉤注鉤縣物者方言五鉤宋楚陳魏之間或謂之鉤格自關而西謂之鉤注鉤鑲兩頭曰鉤中央曰鑲或推鑲或鉤引用之之宜也釋名釋兵鉤亦兵器也似劒而曲所以鉤殺人也漢書韓延壽傳作刀劒鉤鐔注戟其曲者謂之鉤釾鏝

胡方言九○又云矛有小枝刃者謂之鉤釾鉤腸鏑也廣雅釋器○方言九云凡箭鏃胡合嬴者四鐮或曰拘腸萱按拘腸卽鉤腸也段借字鉤婁領之鉤也周禮巾車金路鉤注○詩采芑疏云鉤用金在領之飾也鉤膺當胸也文選東京賦鉤膺玉瓌薛注鉤弦所以挽弦管子問鉤弦之遺注鉤鉤梯也所以鉤引上城者詩皇矣以爾鉤援傳○後漢伏湛傳注云鉤援鉤梯所引上城也鉤鉤心考工記車人以鑿其鉤司農注○釋名釋車云鉤心從輿心下鉤軸也鉤車夏后氏之路也禮記明堂位○注云鉤有曲輿者也鉤車以行為陳鉤般曲直有正夏所制也釋名釋車夏后氏曰鉤車先正也詩六月元戎十乘傳鉤邊若今曲裾也禮記深衣續衽鉤邊注鉤袒如今擐衣也儀禮士虞禮鉤袒注鉤楹繞楹而東也儀禮鄉射禮豫則鉤楹內注○聘禮大夫升自西階鉤楹注云鉤楹由楹內南面致命致命不東面以賓在下也必言鉤楹者賓在下嫌楹外也鉤陳紫宮外星也後漢班彪傳上注○文選西都賦周以鉤陳之位汁引樂

軥　剃

汁國云鉤陳後宮也鉤町西南夷也後漢杜篤傳注○漢書昭帝紀云鉤町侯毋波鉤芺爾雅釋艸
鉤藈姑同上○注云鉤瓠也鉤鑣也萱按此亦鉤引申之義也皐字作剃○又按鉤與枸互相通借本同
聲也不得如六朝人分屬虞庚二部明矣凡句聲之字視此若莊子外物任公子為大鉤釋文鉤亦作釣此則形近字譌
耳枸蔞即車弓也方言七車枸蔞宋魏陳楚之間謂之筱秦晉之間自關而西謂之枸蔞注○萱按段
枸為鉤同句聲也可謂為句之段借亦軥限者謂之枸御覽七百七十六引通俗文枸根盤
錯也山海經海內經有木名曰建木百仞無枝有九欘下有九枸注枸根樹也文選吳都賦栟櫚枸根劉
注枸讀為鉤曲也荀子性惡故枸木必將待檃栝烝矯然後直注
平去兩讀注在彼

或作[金冓]鎌也說文段注剃亦作鉤周禮雉氏夏日至而夷之注云以鉤鎌迫地芟之也方言曰刈鉤江淮陳楚之
閒謂之鉊音昭或謂之鐹音果亦作划自關而西或謂之鉤或謂之鎌或謂之鍥音結按鎌之屬見於金部○廣雅釋器

韻史　卷十六第四部平聲溝韻　一六七一

云剃鎌也○子度曰鉤字中包有剃義其器曲故作鉤其功在刈除故又从刀與此刈鉤也方言鉤格與刈鉤為二物而
皆得名鉤[金冓]溝也既割去壟上艸又辟其土以壅苗根使壅下為
溝受水潦也釋名釋用器鉤鎌也漢書循吏龔遂傳諸持鉏鉤田器者注又淮南氾論木鉤而樵
注

拘

○俗有摯止也說文又廣雅釋詁三拘猶限也後漢王霸傳注拘猶檢也淮南氾論賢者立禮
而不肖者拘焉注拘隔也廣雅釋詁一拘謂曲者也後漢鄧訓傳注拘曲礙也漢書
司馬遷傳使人拘而多畏注繚短為拘素問生氣通天論拘急也素問至真要大論筋肉拘苛注
拘拘急也素問五常政大論其動繚戾拘緩注拘拘不申也莊子大宗師將以予為此拘拘也釋
文引王注○淮南精神其以我為此拘拘邪注云拘拘好兒○萱按似莊子司馬王義優拘拘體拘攣也
莊子大宗師釋文引司馬注拘攣猶拘束也後漢書竇傳注拘絜謂自拘束而絜

韻史　卷十六第四部平聲溝韻　一六七二

其身者後漢仲長統傳注拘錄謂自檢束也荀子榮辱軥錄疾力注○萱按荀段軥為拘也
拘守謂守而勿失荀子修身拘守而詳注艮為拘易說卦傳○隨拘係之虞注云艮手為拘
拘儒猶褊狹也後漢左周黃傳注拘罷圜也淮南齊俗拘罷拒折之容注拘纓之
國一手把纓一曰利纓之國山海經海外北經○周禮山虞注山林國之有不拘日也釋文
拘本作句萱按拘句正借字也又荀子哀公拘領當作句宵坐稽拘當作鉤又莊子逍遙遊注手不拘斫當作跔皆段借
之又史記畨庚世家釋箕子之拘與因義同通用也又易艮為拘形近譌狗又書酒誥盡執拘說文作盡執柯此亦形近
柯譌為拘也

駒

馬二歲曰駒三歲曰駣說文段注周禮廋人教駣攻駒鄭司農云馬三歲曰駣二歲曰駒月令曰
犧牲駒犢舉書其數犢為牛子則駒為馬子也小雅老馬反為駒言已老矣而孩童慢之也按詩駒四見而漢廣株林皇皇
者華於義皆當作驕乃與毛傳說文合不當作駒依韻讀之則又當作駒乃入韻不當作驕深思其故蓋角弓用字之本

韻史　卷十六第四部平聲溝韻　一六七三

義南有喬木株林皇皇者華則皆讀者求其韻不得改驕為駒之駒未可駕車故三詩斷非用駒本義○周禮校人執駒
司農注云馬二歲曰駒年齒幼少故謂之駒漢書劉德傳武帝謂之千里駒注玄駒者
螘也大戴記夏小正玄駒賁傳○法言先知吾見玄駒之步注云玄駒蚍蜉子也又方言十一云蚍蜉西南梁益之
閒謂之玄駒馬八尺以下曰駒也馬六尺以下曰駒五尺曰駒馬
五尺以上曰駒馬五尺以下為駒萱按此皆段駒為驕也二部四部雙聲通轉最近雖
說尺數參差要非駒之義駒形鱗色牛角後漢班彪傳上注○萱按此亦當為驕之義

翑　[句黽]

或書作狗羽曲也說文段注凡从句者皆訓曲釋木曰句如羽喬上句曰喬然則羽曲者謂上句反鄉馬後
足皆白狗爾雅釋嘼○萱按釋文狗本作狗段借字也翑以从羽之字名馬亦引申段借之義
或書作[句黽]○俗有黽[句黽]屬頭有兩角出遼東說文段注以頭有兩角別於[句黽]也蓋亦可食按
吳都賦有黽鼊與單名[句黽]者各物黽鼊[句黽]屬也文選吳都賦黽鼊鯖鱷劉注○萱按鼊字明係黽之譌集

韻史　卷十六第四部平聲溝韻　一六七四

韻有疊無疊非也

㮆

平上兩讀 棱㮆也一曰木名 說文段注一說㮆是木名也木名但謂單字○萱按棱下云棱㮆多少意而止也段注小意者意有未暢之謂有所妨礙含意未伸廣韻棱㮆皆訓曲枝果按棱㮆字或作枳椇或作枳枸或作枳句或作枝枸皆上字在十六部下字在四部皆詰詘不得伸之意 枸曲也似橋屈曲也 文選風賦枳枸來巢注○萱按枳枸乃棱㮆之段借字即可為藩籬者也與枳椇種類絕殊段氏認為一物亦千慮之一失矣曲禮內則之椇乃枳椇也

侃鉤切

摳

繑也一曰摳衣 說文段注按糸部曰繑絝紐也與摳義絕遠疑是矯字之譌矢部曰矯柔箭箝也摳之義為矯枉攐篆下曰摳衣也然則此當云一曰攐衣曲禮曰摳衣趨隅摳提也衣裳也論語注云攝齎者摳衣也 摳舉也 廣雅釋詁一 摳提也 禮記曲禮上疏又釋文 摳提挈也 禮記曲禮上兩手摳衣疏 摳揄旋也凡物樹椽早成熟燕齊之閒謂之摳揄 方言六 摳採也以

手藏物採而取之曰摳亦曰藏彄 列子黃帝以瓦摳者巧釋文○萱按以物言當作彄以事言當作摳蓋藏彄金彄皆近於藏所用羌無定字莊子又作瓦注金注也 互有所投曰摳 列子黃帝以黃金摳者殙注

彄

弓弩耑弦所居也 說文段注耑者頭也兩頭隱弦處曰彄亦引申他用詩芄云韘所以彄沓手指○周禮繕人注韘扞箸左臂裹釋文引劉音云韘彄字之異者萱按沓指箸臂與隱弦意略同故韘韘竝得言彄 互有所投曰摳摳採也以手藏物採而取之曰摳亦曰藏彄 萱按已詳摳下蓋本無正字故或作摳或作彄也於字之本義在離合之閒耳又或借鉤若注用之

挨鉤切

謳

○俗有嘔 齊歌也 說文段注師古注高帝紀曰謳齊歌也謂齊聲而歌或曰齊地之歌按假令許意齊聲而歌則當曰衆歌不曰齊歌也李善注吳都賦引曹植妾薄相行曰齊謳楚舞紛紛太平御覽引古樂志曰齊歌曰謳吳歌曰歈楚歌曰豔淫歌曰哇若楚辭吳歈蔡謳孟下河西善謳則不限於齊也○漢書外戚傳上子夫為平陽主謳者注云齊歌

曰謳 謳歌也 廣雅釋器又後漢班彪傳上注 徒歌曰謳 楚辭大招謳和揚阿注 謳謌謠也 莊子大宗師需役間之於謳釋文 謳和也 淮南氾論 謳喜也 廣雅釋詁一 謳煦也欲化之兒 莊子大宗師釋文引李注○萱按此段謳為嫗也樂記云煦嫗覆育萬物○又按三公山碑百姓歐謌段歐為謳也亦或段嘔為謳

醧

或作醧餱 宴厶飲也 說文段注厶各本作私今正宴私各本作私宴今正小雅楚茨諸父兄弟備言燕私傳曰宴而盡其私恩也尚書大傳曰既侍其宗然後得燕私燕私者何也祭已而與族人飲飲而不辭是不親辭而不出是不敬湛露傳曰夜飲燕私也宗子有事則族人皆侍不辭而出是不親也辭而不出是漢宗也特牲饋食禮注曰尚書傳曰宗室有事族人皆侍終日大宗已侍於賓奠然後宴私燕私者何也祭已而與族人飲也皆燕私之譌今湛露傳亦譌為私燕矣宴私之飲謂之謳見韓詩魏都賦愔愔醧燕張載注云韓詩曰賓爾籩豆飲酒之醧能者飲不能者已謂之醧東都賦登降飲宴之禮既畢李善引薛君韓詩章句曰曰飲酒之禮跣而上坐者謂之宴今本跣上衍不字徐堅初學記引韓詩說

飯詳曰夫飲之禮不脫屨而即序者謂之禮此句禮當作飲跣而上坐者謂之宴能飲者飲不能飲者已謂之醧齊顏色均衆寡謂之沈閉門不出客謂之湎醧字依釋文訂詩君子可以宴可以醧不可以沈不可以湎許云醧宴私之飲也正謂跣而升堂能飲則飲不能則已本韓詩為說也而毛詩常棣醧作飫釋言曰飫私也毛傳曰飫私也不脫屨升堂謂之飫毛之飫字於韓為醧毛以不脫屨升堂釋飫韓分別飫醧之名數典獨詳以國語致之周語彪傒曰夫禮之立成者為飫昭明大節而已少曲語焉是以為之日惕其欲教民戒也原公曰禘郊之事則有全烝王公立飫則有房烝親戚燕饗則有殽烝夫王公諸侯之有飫也將以講事成章建大德昭大物也故立成禮烝而已飫以顯物燕以合好歲飫不倦時宴不淫是則飫之禮大於宴醧故飫主於敬宴醧主於和飫必立成宴醧必坐飫在晝宴在夜飫必屨而升堂宴醧必跣飫以建大德昭大物公之至者不得云私宴醧主飲酒以親親故曰宴私且周語分別其禮曰王公立飫則有房烝親戚饗宴則有殽烝是則王公立飫同異姓皆在焉不專親戚宴醧則惟同姓而已故常棣湛露楚茨之宴私皆同姓也然則常棣當作醧不當作飫了然可見矣故許於醧曰宴私飲也實韓詩說也而非與毛說異也何以言之蓋常棣醧為正字飲為音近段借

字以韵言之區聲與豆具孺同部而芺聲不同部毛韓各有
所受往往毛多古字韓為今字此一條韓為正字毛為段借
字如斯干如鳥斯革革訓翼韓作䩭訓翅亦韓正字毛段借
也毛云飫私也者用爾雅釋言文蓋作爾雅時常棣詩已作
飫矣故爾雅云飫私也而毛仍之毛公知詩飫非國語飫也
故足之曰脫屨升堂謂之飫即韓之脫屨升堂謂之宴也宴
醧是一事言宴而醧在其中言脫屨升堂而能者飫不能者
已在其中矣以詩爾雅之飫別國語之飫以脫屨升堂說爾
雅之私毛義也下文又曰九族會曰和孺屬也王與親屬燕
則尚毛是為燕醧而非國語之飫可知矣今毛傳作不脫屨
升堂謂之飫者由不善讀毛者摭取國語及韓詩說妄增不
字自漢已然鄭君不能辯乃強為之說曰聽朝為公於堂為
私非古燕私之義也又云圖非常議大疑為私非國語說也
且兄弟既具箋云九族從上至高祖下至元孫之親也屬者
以羽穉相次序妻子好合箋云王與族人燕則宗婦內宗之
屬亦從后於房中是鄭明知詩言燕私不得參之以立成之
飫揔由此詩字作飫而義實醧讀者不據韓詩不攷燕飫之
別莫得其解許君食部飫下云燕食也亦依附毛義而失之
角弓傳曰饇飽也饇即醧此醧之本義也○文選謝月城西
門解中詩注引字林云醧私宴飲也萱按此私宴亦當作燕

甌

私呂李許也能者飲不能者已謂之醧文選魏都賦劉注引韓詩饇飽也詩角弓如
食宜饇傳飫饜也左氏襄廿八年傳加膳則飫賜注○萱按醧作飫者芺聲段借也芺聲在二部區聲在四部合
音最近飫厭也太弁夷或飫之徒注飫私也爾雅釋言又詩常棣傳又後漢班彪傳下注○釋言孫注
云飫非公朝私飲酒之宴食曰飫漢書陳遵傳集注
小盆也說文段注方言甇甊謂之盎自關而西或謂之盌或謂之盎其小者謂之升甌又曰甌陳魏宋楚之閒謂
之題自關而西謂之甂其大者謂之甌按許亦同方言謂甌為盆而郭景純疑方言與爾雅說瓶不合○一切經音義十
一引字林云甌小盆也甌甂也廣雅釋器甌瓦盂也一切經音義十一引蒼頡○方言十三注云江
東名盂為凱亦曰甌甌臾音庾瓦器也荀子大略流丸止於甌臾注○萱按臾當是州部贊重文之臾
非須臾字也甌臾謂地之坳坎如甌臾者也荀子大略注甌臾窳下之
地上同甌脫界上屯守處史記匈奴傳各處其邊為甌脫集解引韋昭○索隱引纂文云甌脫土穴

歐　褔

之境上斥候之室為甌脫史記匈奴傳正義○漢書匈奴傳注引服虔云甌脫作土室以伺也
甌寠謂高地狹小之區史記滑稽傳甌寠滿篝正義甌寠猶杯樓也史記滑稽
傳索隱○萱按寠作寠者謳體也甌即東甌在岐海中山海經海內南經甌居海中注
平上兩讀義異歐陽複姓廣韵云歐姓○集韵歐人東越之人也周書王會歐人蟬蛇
注區越人善治劍工也淮南覽冥區治生而淳鈞之劍成注○萱按此段區為歐也諸家作歐治
歐刀刑人之刀也後漢虞詡傳注歐齵籔楊田農之事也風俗通祀典
平上兩讀編枲衣一曰頭褔一曰次裹衣說文段注編枲衣者謂取未續之麻編之為衣
與艸雨衣相類衣之至賤者也一曰頭褔者冃下曰小兒蠻夷頭衣也頭褔蓋即頭衣僅冒其頭耳一曰次裹衣者次裹
今俗語尚如此小兒服之衣外以受次者褔次衣也廣雅釋器繫格謂之褔方言四○注云褔即
小兒次兒也

鷗　覭（帶甌切）　吺　兜

或作水鴞也說文鷗水鷄也山海經海外東經玄股之國食鷗注鷗水鳥也文選鮑明
遠還都道中詩翻浪揚白鷗注鷗水鴞也大如鳩出沛一切經音義十一引字林○文選吳都賦
注引蒼頡云鷗大如鳩鷗白鸕也後漢馬融傳注漚鳥水鴞也列子黃帝有好漚鳥者釋文○
萱按此借漚為鷗也漚浮漚也廣韵○集韵云漚水泡也○萱按此非古義古音也蓋由鷗為字皮傳為此義
耳姑謂為鷗之借字可也漚本音讀去聲
或作踁暄目敝垢也說文段注目部所謂叢兜也兜即覭字暄眵目汁凝廣韵
○俗有春讘吺逗多言也說文段注言部曰讘多言也讘吺玉篇作吼吺○萱按堯典驩兜古文尚書作
鴟吺貛鴞兜吺皆同音孰正孰借未可知之山海經作貛頭又漢表宋景公兜欒史記作頭曼是古兜頭通用
兜鍪逗首鎧也說文段注鎧者甲也鍐屬曰鍪首鏡曰兜鍪謂其形似鍪也月部曰冑兜鍪也古謂之冑
漢謂之兜鍪長揚賦鞮鍪生蟣蝨李善曰鞮鍪即兜鍪也玉載謂鞮屨也鍪兜鍪也○萱按段分鞮鍪為二是也鞮與兜

雙聲故李疑爲兜之段借字兜惑也國語晉語在列者獻詩使勿兜注○瑩按說文兜廱蔽也兜从兜即用兜義故訓惑惑必由於廱蔽也兜離匈奴言語之兒後漢列女傳注

篼

食馬器也說文○方言五云飲馬橐自關而西謂之棬囊或謂之棬篼或謂之樓篼燕齊之閒謂之帳幨篼囊也廣雅釋器樓篼囊也同上

代鉤切

婾

巧黠也說文段注按偷盜字當作此婾婾巧也廣雅釋詁三婾薄也左氏襄卅年傳晉未可婾也注婾䙏也廣雅釋詁一○瑩按玉篇䙏婾也約也儉也非也是䙏薄同義而䙏婾為轉注婾懷安也後漢張衡傳雖遨遊以婾樂兮注婾猶僥倖也文選東京賦今公子苟好勤民以婾樂薛注婾且也廣雅釋詁三婾苟且也後漢崔駰傳注又漢書食貨志下民婾甘食好衣注路溫舒傳婾為一切注趙充國傳婾得避嫌之便注酷吏傳序恐能勝其任而婾快乎注○刑法志則婾可用也注云婾謂苟且婾與偷字同喻苟且也漢書韓信傳靡衣婾食注○元帝紀婾合苟從注刑法志注賈山傳是以道諛婾合苟容

注匈奴傳賢而偷特一時之事者注竝云婾與偷同婾樂也漢書地理志下它人是婾集注韋賢傳集注○瑩按此段婾為愉也而婾引申之義亦得言婾快婾樂

酌鉤切

椒

木薪也說文椒柴也廣雅釋木椒麻榦也漢書五行志注引如淳○瑩按此段椒為菆椒聚艸也禮記禮運鳳凰麒麟皆在郊椒注○瑩按禮運段椒為藪也椒澤也禮記禮運釋文

菆

○俗有黀𪎭𦿐籀麻蒸也一曰蒭也說文段注西征賦曰感市閭之菆井東方朔七諫曰菎蕗襍於黀蒸王逸注枲翮曰黀一作菆按枲翮枲莖也麻部出黀字云麻黯也錯本無之俗添之耳一曰蒭也此別一義○瑩按黀附此足矣無庸單出蒭謂之菆廣雅釋器菆井即渭城賣蒸之市也文選西征賦注菆矢之善者左氏宣十二年傳左射以菆注抽矢菆注蒲菆壯蒲莖也儀禮既夕記御以蒲菆注○注又云古文菆作騶瑩按作騶者亦同音段借之字也漢鼂錯傳亦同此菆餘也廣雅釋詁三椒麻幹也漢書五行志下之上或椒一枚注引如淳○瑩按此段椒為菆也騶矢也漢書

鼂錯傳材官騶發注云如淳騶謂矢之善者也漢書鼂錯傳注

齱

齱齵逗疊韻齒不正也說文段注廣韻齱下曰齱齵齒偏齵下曰齱齵

郰

或作鄹魯下邑孔子之鄉說文段注論語作鄹孔注曰鄹孔子父叔梁紇所治邑左傳杜注曰紇郰邑大夫仲尼父叔梁紇也檀弓郰曼父之母鄭云曼父之母與徵在為鄰相善孔子世家曰孔子生魯昌平鄉郰邑杜曰郰邑魯縣東南莝城是也孔守節曰夫子生在郰之闕里長從曲阜仍號闕里按杜云莝城者今不得其詳說者以為今郰縣西北之東郰村西郰集是也孔子世家言郰人輓又檀弓言郰曼父鄭注言郰叔梁紇蓋孔子之父魯人以郰人又紇呼之如周禮之鄉以州名野以邑名非郰為所治邑也論語云鄹人之子者孔子弟子為師諱紇字也郰大夫之文始見於王肅私定家語而孔氏論語注乃肅輩僞託者鄹邑名論語八佾釋文○瑩按禮記檀弓上注郰叔梁紇釋文又作鄹此音同通借非謂郰鄹同字同地也鄹亭名在新豐廣韻引字林

鄒

魯騶縣古邾婁國帝顓頊之後所封說文段注魯國騶二志同二志作騶許作鄒者

蓋許本作魯騶縣如今汝南新息今南陽穰縣之比淺者乃删去騶字耳周時或云鄒或云鄒婁者語言緩急之殊也周時作鄒漢時作騶者古今字之異也邾婁各本無婁今依韻會所據正左穀作邾公羊檀弓作邾婁婁如字邾又夷也邾婁之合聲為鄒夷語也國語孟子三者作鄒三者鄒為正邾則省文故邾篆下不言春秋邾國此必依公羊作邾婁國也漢時縣名作鄒如韓勅碑陰騶韋仲卿足證鄭語曰曹姓鄒莒韋云陸終弟五子曰安為曹姓封於鄒杜譜云邾曹姓顓頊之後有六終產六子其第五子曰安邾即安之後也周武王封其苗裔俠為附庸居邾前志曰騶故邾國曹姓二十九世為楚所滅按左傳顓頊氏有子曰黎為祝融祝融之後八姓妘曹其二也然則上文邾祝融之後妘姓所封此云帝顓頊之後互文錯見也今山東兗州府鄒縣縣東南二十六里有古邾城趙氏岐曰鄒本春秋邾子之國至孟子時改曰鄒此未知其本始名鄒也鄒山春秋左傳所謂嶧山也故邾婁之國曹姓也水經泗水注○瑩按注又云叔梁紇之邑也語蓋淺人所羼酈善長不容有此巨誤若檀弓注郰叔梁紇釋文又作郰此之段借則差可耳

騶

平去兩讀○俗有騶廄御也說文段注按騶之段借作趣周禮詩周書之趣馬月令左傳謂之騶一用段借一用本字也周禮乘馬一師四圉三乘為皁皁一趣馬三皁為毄毄一馭夫六毄為廄廄一僕夫趣馬掌贊正良馬而齊其飲食掌駕說之頒鄭曰趣馬趣養馬者也按趣者疾也掌疾養馬故曰騶其字从芻馬正謂養馬也左傳程鄭為乘馬御六騶屬馬使訓羣騶知禮杜注云六騶六閑之騶月令季秋命僕及七騶咸駕鄭云七騶謂趣馬主為諸官駕說者也周禮趣馬統於馭夫馭夫統於廄之僕夫故約言之曰廄御漢書材官騶發蘇林讀為駿如淳讀為敢○漢書五行志中之上與騶奴宰人游居娛戴注云騶廄御也騶是掌馬之官益兼掌御事謂之御騶左氏襄廿三年傳益氏之御騶疏騶養馬人後漢張讓傳注○宋均傳注云騶養馬者亦曰騶騎騶騎士也後漢羊續傳注梁冀傳注陳蕃傳注騶騶騎也漢書惠帝紀武士騶比外郎注引應劭○注云騶本廄之馭者後又令為騎田謂騶騎耳騶者天子之圉也賈子禮梁騶天子獵之田也文選魏都賦劉注引魯詩傳○後漢班彪傳下注引魯詩傳云古有梁騶者天子之田也騶虞天子掌

鳥獸官周禮疏引異義釋魯疏騶虞仁獸也白虎黑文不食生物詩騶虞吁嗟乎騶虞傳○疏引陸疏云騶虞即白虎也又淮南道應得騶虞雞斯之乘注云騶虞白虎黑文而仁食自死之獸日行千里騶虞義獸也周禮鍾師疏引異義又後漢書馬融傳注又文選東京賦圉林氏之騶虞薛注○禮記樂記右射騶虞注云騶虞白虎黑文義應之獸也騶虞聖獸周禮鍾師王奏騶虞司農注騶虞樂章名在召南之卒章王射以騶虞為節周禮大司樂及射令奏騶虞注○儀禮鄉射禮注云騶虞國風召南之詩篇也周成王因先王之樂命曰騶虞墨子三辨○董按史記吳世家為騶伐魯段為邾也漢書鼂錯傳注騶謂矢之善者也此段騶為鼓又荀子正論騶中韶護以養耳此段騶為趨也趣馬養馬者也周禮夏官序官趣馬注趣馬中士也掌王馬之政詩十月之交蹶維趣馬箋○釋文云趣馬官名又書立政晚出傳云趣馬掌馬之官

嬬

婦人妊娠也周書曰至于嬬婦說文段注梓材文今作屬婦許所據則壁中文也崔子玉

清河王誄惠於嬬嬬亦取諸古文嬬傳也廣雅釋詁四嬬好也廣雅釋詁一

齺

或書作𪗋齒協也一曰馬口中槳也一曰齰也說文段注協各本作協手部曰搚一曰拉之齒拉者謂齒折也馬口云云司馬相如傳猶時有衡槳之變張揖曰衡馬勒衡也槳騑馬口長衡也司馬貞曰周遷與服志云鉤逆上者為槳槳在衡中以鐵為之大如雞子鹽鐵論云無衡槳而禦拌馬是也一曰醋也廣雅齺齧也本此按管子車轂齺騎連伍而行荀卿子齺然上下相信而天下莫之敢當二書於醋義差近齧則齒近物廣韻曰齺齒相近兒齺齧也管子輕重戊注又廣雅釋詁三齺齒相迎也齺然上下相向之兒荀子王霸齺然上下相信注

宰切

齱.

諏

或作諈聚謀也說文段注左傳咨事為諏魯語作咨才韋曰才當為事按釋詁諏謀也許於取聲別之曰聚謀儀禮今文段詛為諏太牢作諈○漢書序傳音義引字林云諏聚謀也諏謀也詩生民釋文又周禮大宰釋文又儀禮特牲饋食禮不諏日注又國語晉語諏於蔡原注又漢書敘傳上胥仍物而鬼諏兮集注引應劭又文選籍田賦

注引應劭咨事為諏左氏襄四年傳又詩皇皇者華周爰咨諏傳掫謀也詳掫下

掫

夜戒守有所擊也春秋傳曰賓將掫說文段注一本無守字有所擊謂鼓類也襄廿五年左傳陪臣干掫有淫者杜云干掫行夜也昭廿年傳賓將掫杜云掫行夜也周禮鎛師掌國宵云夜三鼜杜子春云謂擊鼓行夜戒守之春秋傳所謂賓將趣趣與鼜音相近許不云擊鼓而云有所擊者凡有聲可警覺者皆是若欜亦行夜所擊者也○左傳襄廿五年釋文引字林云掫夜戒有所擊也掫謂行夜左氏昭廿年傳賈注服注掫持也廣雅釋詁三掫成也同上掫謀也左氏襄廿五年傳干掫服注○董按服所據自作干諏故釋為謀其實作諏乃借字不當以諏本義釋之也亦不得云段掫為諏

陬

陬隅也說文段注謂陬之角也正月為陬亦謂寅方在東北隅也引申為凡隅之偁陬與隅疊韻為訓陬隅也爾雅釋天釋文又國策宋策有崔生騎於城之陬注又史記絳侯世家後吳奔壁東南陬集解引如淳又漢書周勃傳集注爰盎傳集注王莽傳下集注○山海經海外南經海外自西南陬至東南陬者注云陬猶隅也陬四隅

文選吳都賦其荒陬譎詭劉注○史記孟嘗君傳注南陬索隱並云陬者城隅也陬角也廣雅釋言正月為陬爾雅釋天又離騷攝提貞於孟陬兮注○萱按帝繫陬訾史記五帝紀作娵訾又禮記月令注日月會於陬訾釋文李又作娵此段借也陬訾亥方在西北隅則陬為正字矣陬隈也廣雅釋丘陬山足也文選補亡詩在陵之陬注陬落蠻夷之居處名也一名聚居為陬文選魏都賦蠻陬夷落劉注

矦 海樓切

○俗有侯𥎦古文春饗所射矦也天下射熊虎豹服猛也諸矦射熊虎大夫射麋麋惑也士射鹿豕為田除害也其祝曰毋若不寧矦不朝于王所故伉而射汝也說文段注饗者鄉人飲酒春饗所射矦謂天子諸矦養老先行大射禮之矦也天子諸矦養老皆如鄉飲酒之禮故亦謂之饗文王世子曰設三老五更羣老之席位注云三老如鄉飲酒禮之賓五更如介羣老如衆賓魯頌曰魯矦戾止在泮飲酒箋云徵先生君子與之行飲酒之禮而因

以謀事也此天子諸矦養老即鄉飲酒之證也廱下曰天子饗飲辟廱也泮下曰諸矦饗射泮宮也饗皆謂養老也古者鄉飲鄉射必聯類而行鄉大夫士之射必先行鄉飲酒之禮天子諸矦則先大射後養老天子諸矦賓射於朝燕射於寢大射於澤於射宮射宮者大學也行葦為養老之詩箋云先王將養老先與羣臣行射禮擇其可與者以為賓今我成王承先王之法度亦既序賓矣有醇厚之酒醴以告黃耇之人徵而養之王制曰王親視學注云謂習射習鄉以化之習射即大射習鄉即養老此天子大射而養老之證也七月行葦皆詠公劉之詩七月言朋酒斯饗行葦箋言先王將養老先與羣臣行射禮先王即謂公劉此諸矦大射而養老之證也大射張皮矦而棲鵠其禮大故得專矦名郊廟祭祀必先大射不言祭但言饗舉饗以賤祭也不言秋但言春何也舉春以賤秋也廱下但言饗不言射舉饗以賤射也天子射云云熊虎豹當依周禮作虎熊豹轉寫誤倒也諸矦射熊虎各本作射熊豕虎豬豕字今正此李周禮言春書所射也司裘曰王大射則共虎矦熊虎豹矦設其設諸矦則共熊矦豹矦卿大夫則共麋矦皆設其鵠鄭曰以熊虎豹麋之皮飾其側又方制之以為辜謂之鵠箸於矦中所謂皮矦王之大射虎矦王所自射也熊虎諸矦所射豹虎卿大夫以下所射諸矦之矦

大射熊侯諸矦所自射豹矦羣臣所射卿大夫之大射麋矦君臣共射焉桉梓人云張皮矦而棲鵠者謂此也諸矦射熊虎與今李不同者鄭曰故書則共熊矦虎矦杜子春云虎當為豹是則鄭从杜改許从故書也天子諸矦服猛大夫去惑說其義也郊特牲曰虎豹之皮示服猛也漢五行志曰麋之為言迷之士射云云鄉射禮記曰凡矦天子熊矦白質諸矦麋矦赤質大夫布射畫以虎豹士布矦畫以鹿豕鄭云諸矦謂獸矦也梓人張獸矦則王以息燕是也息者休農息老物之燕謂勞使臣若與羣臣飲酒而射是則士射鹿豕在王息燕時不在大射而許書合言之容鄭以前說禮不同也鄭云士不大射士與臣祭無所擇故司裘於大射不言士鹿豕為田害故大蜡迎虎其祝以十九字韵用考工記作四十二字非也梓人曰祭矦之禮以酒脯醢其辭曰惟若寧矦毋或若女不寧矦不屬于王所故抗而射汝強飲強食詒汝曾孫諸矦百福大戴禮略同抗舉也許作伉大戴作亢矦謂所射布也儀禮鄉射禮乃張矦注又楚辭大招大矦張只注○小爾雅廣器云射有張布矦謂之矦矦射矦也穀梁襄廿四年傳兔矦注○周禮司裘注云所射正謂之矦者天子中之則能服諸矦諸矦以下中之則得為諸矦又儀禮大射儀司馬命量人量矦道注云矦謂所射布也

尊者射之以威不寧矦卑者射之以求為矦矦制上廣下狹蓋取象於人也張臂八尺張足六尺是取象率焉考工記梓人上兩个與其身三下兩个半之注○儀禮鄉射禮記下舌半上舌注云矦人之形類也上个象臂下个象足中人張臂八尺張足六尺五八四十五六三十以此為衺也方十尺曰矦周禮司裘注又禮書百五引周禮馬注火方字○儀禮鄉射禮記云鄉矦上个五尋中十尺矦道五十弓弓二寸以為矦中倍中以為躬倍躬以為左右舌下舌半上舌矦所以居的以皮為之漢書五丘壽王傳注公射大矦大夫射參士射干儀禮大射儀○大矦九十注云大矦熊矦謂之大者與天子熊矦同名之為矦者何諸矦有不朝者則當射之白虎通鄉射矦候也書禹貢五百里矦服晚出傳又廣雅釋言又漢書地理志上集注嚴助傳集注○周禮大司馬之職疏云矦者候也又小祝將事矦禳禱祠之祝號注職方氏疏並云矦之言候也矦之言候候逆順兼伺候王命矣古微書引春秋元命苞注○白虎通爵又獨斷上並云矦者候也候逆順也又孝經鄭注云矦

者候伺又孝經疏引舊解云侯者候也言斥候而服事又周書職方注云侯為王者斥候也又周禮肆師與祝侯禳于畺疏云侯者候迎善祥侯君也爾雅釋詁又詩羔裘洵直且侯傳文王侯文王孫子箋抑謹爾侯度箋又太平守侯之素也注侯美也詩羔裘釋文引韓詩震為侯易屯利建侯虞注蠱不事王侯虞注晉康侯虞注震為諸侯易豫利建侯行師虞注象下傳文王以之康注象上傳親諸侯虞注繫辭下傳能研諸侯之慮虞注震為建侯易象上傳而況建侯行師乎九家注侯者百里之正爵白虎通爵○周禮大宗伯疏引孝經援神契云二王之後稱公大國稱侯皆千乘國諸侯者公侯伯子男五等之總號左氏隱七年傳凡諸侯同盟疏○周禮司喪注云諸侯謂三公及王子弟封於畿內者又獨斷下云王子弟封為侯者謂之諸侯執應八方曰侯周書謚法公能樹名能物與天道俱謂之侯周書太子晉敬上愛下謂之諸侯說苑修文侯伯州長也左氏僖元年傳凡侯伯注○詩旄丘序箋五侯九伯疏云侯為州牧也又家語辨物則伯率侯牧以見於王注云侯牧方伯名侯侯圻

也國語周語侯衛賓服注○董按圻亦作畿侯畿即侯服詳見周禮大司馬職方氏周書職方縣為侯後漢和帝紀注諸侯之社曰侯社獨斷上侯維也詩下武應侯順德傳蕩侯作侯祝箋正月侯薪侯蒸箋四月侯栗侯梅箋六月侯誰在矣傳文王侯文王孫子傳又左氏襄廿二年傳謹爾侯度注又史記司馬相如傳侯不邁哉索隱又荀子仲尼注侯惟也漢書禮樂志集注引服虔敘傳上集注引應劭又家語第子行注侯乃也爾雅釋訓○王尚書引之曰詩上帝既命侯于周服言商之子孫甚眾而上帝既命文王之後乃臣服于周也蕩之侯作侯祝亦可訓為乃侯何也呂覽觀表今侯深過而不辭注又文選封禪文君乎君乎侯不邁哉注引李奇又漢書司馬相如傳下集注侯語辭也史記樂書高祖過沛詩三侯之章索隱○漢書敘傳上侯中木之區別兮注云侯發語辭也侯禳者候四時惡氣禳去之也周禮小子凡沈辜侯禳司農注覆之而至幹至謂之侯弓考工記弓人今世謂反開小袖為侯褕史記萬石君張叔傳中帬廁褕索隱引晉灼○釋名釋衣服云齊人謂如衫而小袖曰侯頭侯頭猶言解瀆臂直通

之言也侯甲亦邑名也水經汾水注引蔡邕

喉

○俗有睺咽也說文又爾雅釋鳥釋文引蒼頡又廣雅釋親喉咽者量腸之府也後漢馬融傳注

餱

○俗有糇乾食也周書曰峙乃餱粻說文段注小雅乾餱以愆釋言毛傳皆曰餱食也大雅毛傳又云餱鍾食也凡乾者曰餱故許曰乾食無羊或負其餱亦必乾者乃可負也小徐曰今人謂飯乾為餱周書云云費誓文今書作糇糧據正義引鄭注糇糒熬穀也與周禮注糇同然則古文尚書作糇矣許或兼備歐陽夏侯書與粻字不見米部而大雅云以峙其粻釋言詩箋皆曰粻糧也大雅又云乃裹餱糧則餱粻即餱糧○左氏宣十一年傳具餱糧注襄九年傳盛餱糧注竝云餱乾食也糇乾食周禮牧人釋文餱乾飯也一切經音義七引字林餱食也詩公劉釋文又漢書宣帝紀集注薛宣傳集注餱候也候人飢者以食之也釋名釋飲食糇精也廣雅釋器又文選思玄賦屑瑤蘂以為糇兮舊注糇糧也後漢張衡傳注

鏃

矢金族翦羽謂之鏃說文段注族各本作鏃今正於部曰族矢鏠也束之族也是可以證矣大雅傳曰鏃矢參亭參亭者考工記所謂一在前二在後也釋器曰金鏃翦羽謂之鏃按爾雅翦羽不翦羽依許說一有羽一無羽也孫炎訓翦為斷非又按此篆鍇無鈕有攷儀禮記作翭矢羽部翭羽本也一曰羽初生兒翦羽生也一曰矢羽然則翭矢以翦羽得名不以金族為義小徐本是大徐非也當从小徐刪正○董按今不刪鏃當備參攷也羽與鏃為矢之二用其緊要略等不妨翭鏃有二字也鏃見詩雅周禮則字非不古矣鏃以金為箭鏑也爾雅釋器李注○孫注云鏃金鏃斷羽使前重也箭江淮之間謂之鏃方言九○詩行葦釋文云鏃矢名鏃矢弩所用也周禮司弓矢枉矢絜矢殺矢鏃矢鍭矢茀矢恒矢庳矢注○釋文云鏃弩矢鏃之言候也周禮司弓矢注○後漢南蠻西南夷傳注云鏃猶候也候物而射之也董按此用既夕記翭矢注也章懷以翭鍭為同字鏃矢參亭詩行葦四鏃既鉤傳

翭

○俗有翭羽本也一曰羽初生說文段注羽本也者謂入於皮肉者也按詩周禮鏃矢士喪禮作翭

矢蓋此矢金鏃候物而中如羽本之入肉故叚借通用也○方言十三注云今以鳥羽本為翭翭本也方言十三又廣雅釋詁三翭羽也廣雅釋器翭猶候也候物而射之矢也儀禮既夕記矢翭矢一乘注

猴

夒也說文段注夒上當有母猴二字夒下曰獸也一名母猴為下曰母猴也攫下曰大母猴也禺下曰母猴屬也穀下曰食母猴母猴乃此獸名非謂牝者沐猴獼猴皆語之轉字之譌也陸佃據柳子厚之言曰蝯靜而猴躁其性迥殊按許書亦猨與蝯別析言之也若蝯下曰禺屬禺下曰母猴屬毛傳曰猱猨屬即說文之夒字是二者可相為屬而非一物也爾雅曰猱蝯善援謂二者一類○萱按字亦省叚作矦禮記樂記注獶猴也釋文云猴亦作矦

鯸

魚名說文段注按吳都賦鯸鮐當是本作鯸鮐故與王鮪相儷廣雅鯸鮐即矦鮐之俗字也鯸鮔鮀也廣雅釋魚

頭 代樓切

𦣻也說文段注𦣻各本作首今正小篆作𦣻說文據小篆為書故敘曰今敘篆文合以古籀也漢人多用首不用𦣻

者自係一時相習而然許造字書則有定體𦣻下曰頭也頭下曰𦣻也是曰轉注禮記曰頭容直頭頸必中○廣雅釋親云首謂之頭頭為元首左氏昭元年傳注末四支也疏頭者神所居上員象天氣之府也古微書引春秋元命苞頭者精明之府素問脉要精微論頭者諸陽之會素問風論首風之狀頭面多汗注頭陽也儀禮士相見禮左頭奉之注頭獨也於體高而獨也釋名釋形體頭會隨民口數人責其稅淮南氾論頭會箕賦注○萱按儀禮士相見禮左頭奉之左頭如齎執之今文頭為脰借字也頭脰音義略同若公羊注殺人者刎頭本又作脰此可兩通矣又爾雅[illegible]頭鳩頭或作投同音通叚也

投

○俗有投擿也說文又廣雅釋詁四又荀子王霸日欲司閒而相與投藉之去逐之注又楚辭招魂投之深淵空注○萱按說文擿投也投擿為轉注左傳注投擲也擿擲為古今字投擲也左氏昭五年傳受其書而投之注○文十八年傳疏云投者擲去又詩抑投我以桃箋云投猶擲也投弃也國策秦策扁鵲怒而投其石注投棄

也詩巷伯投畀豺虎傳又左氏文十八年傳投諸四裔注又廣雅釋詁一又小爾雅廣言又後漢陳蕃傳注又呂覽樂成投之無戾注責直簡子投桴而數注又楚辭天問投之於冰上注○呂覽用民倒而投之谿水注云投棄也投揮也莊子漁父被髮揄袂釋文引李注○方言十云凡揮棄物淮汝之閒謂之投投猶下也後漢周黃徐姜申屠傳注投猶沈也呂覽離俗而自投於蒼領之淵注投掩也詩小弁相彼投兔箋投振也左氏宣十四年傳投袂而起注○後漢皇甫嵩朱儁傳注云投袂奮袂也投致也禮記曲禮上毋投與狗骨疏投至也後漢任光傳注投合也楚辭大招投詩賦只注投應也後漢楊震傳注引春秋演孔圖宋注投種也廣雅釋地投舉徙之辭也禮記樂記投殷之後於宋注投足猶蹀足呂覽古樂投足以歌八闕注投石舉石以投擿也文選吳都賦拔距投石之部劉注投投壺也禮記少儀侍投則擁矢注投投瓊也史記范雎蔡澤傳或欲大投集解○列子說符樓上博者射明瓊注云凡戲事能取中皆曰射亦曰投投而不糈擿玉於山中以禮神不埋之

也山海經北山經其祠用一璧一珪投而不糈郭注歙小器投諸台者言取郭外萌內之於城中也列女傳仁智投句之所止也文選長笛賦察遠於句投注○萱按此段投為逗也逗即投之去聲字又莊子知北遊嗒然投杖而起釋文投本亦作放此可兩通耳又書大誥遺大投艱于朕身漢書翟方進傳作遺大解難于予身

𣪠

繇擊也說文段注繇說文作繇隨從也說文無遙字此即其遙字繇擊者遙而擊之如良與客狙擊秦始皇帝博浪沙中也○萱按說文仍有古文投如此五字投又譌作殺要皆非許原文也後人沾註語耳投毆義不同

緰

緰貲逗布也說文段注謂布名急服瑣緰帶與繒連師古曰緰帶緆布之尤精者也帶貲同或書作窬䌛屬說文段注䌛為枲類[illegible]又䌛類也

[illegible]

[illegible]一絜也廣韵引字書或作廞○平去兩讀

窬

穿木戶也一曰穿中也說文段注淮南氾論訓古者為窬木方版以為舟航高誘曰窬空也方並也舟相連為航也按窬木為舟即易繫辭刳木為舟也儒行篳門圭窬鄭云門旁窬也穿牆為之如

圭矣左傳篳門圭竇杜曰竇小戶也穿壁爲戶狀如圭形鄭樸三蒼解詁云窬門旁小竇也是則於門旁穿壁以木裹直居之令如圭形謂之圭竇若論語本作穿踰釋爲穿壁踰牆以與廥與如韋混一曰云云孟康漢書注曰東南謂鑿木空中如曹曰廥曹當作槽廥者窬之或體玉篇云廥木槽也是也窬與牏古通用古音投音豆○萱按論語穿窬疏云窬竇也孔注踰牆謗爲穿窬所據已是誤本**窬小竇也**○漢書胡建傳穿窬不蘇路注○一切經音義九引三蒼云窬門邊小竇也**窬行清也**史記萬石君張叔傳集解引賈逵解周宮○萱按漢書注引作牏行清也窬牏正借字**牏行清中受糞函也**史記萬石君張叔傳索隱引孟康○萱按文選勸進表褚淵碑文竝段窬爲牏也

牏

平去兩讀**築牆短版也**說文段注木部栽下曰築牆長版也長版用於兩邊短版用於兩耑一縮一橫也此牏之本義史漢萬石君傳石建取親中裙廁牏身自浣滌蘇林曰牏音投賈逵解周宮云牏行清也孟康曰廁行清牏行清中受糞函者也東南人謂鑿木空中如曹謂之牏依蘇孟說則史漢之牏即窬之段借字穴部曰窬空中也徐廣謂讀

牏爲竇是也至若晉灼云今世謂反閉小袖衫爲侯牏則尤爲段借字釋名曰齊人謂如衫而小袖曰侯頭侯頭猶言解瀆臂直通之言是則其語本無正字也○史記萬石君張叔傳集解引徐廣云牏築垣短版也**牏版也**廣雅釋文

匬

甌匬器也說文段注大徐無匬字非是甌者小盆也甌匬二字爲名則非甌也玉篇云余主切器受十六升按玉篇蓋謂即論語與之庾之庾苞注十六斗爲庾也然禮經作十六斗爲藪今文藪作逾○萱按集韵斞下出匬字意與玉篇略同恐皆非確義

䰰

桑侯切

鬼䰰聲䰰䰰不止也說文

婁

郎侯切

○俗有婁娄　婁　籀　婁　古文○疑當作婁**空也一曰婁務**逗**愚也**說文段注凡中空曰婁今俗語尚如是凡一實一虛層見疊出曰婁人曰離婁窗牖曰麗廔是其意也故婁之義又爲數也此正如窗牖麗廔之多孔也而轉其音爲力住切俗乃加尸旁爲屢字古有婁無屢也毛詩婁豐年傳曰婁亟也亟者數也角弓式居婁驕箋云婁斂也此則謂爲摟之段借也務讀如瞀婁務即子部之穀瞀故云愚也說詳彼注按此古文上體當是

从囧即窗牖麗廔闓明之意也○萱按屢單行既久不容復提合矣學者要當知其本同一字也**婁婁疏也**管子地員五穀之狀婁婁然注**荇婁尪偭內疾瘻落**爾雅釋木瘻木荇婁菜式注○李注云荇婁一名瘻木無枝木也**婁西方宿也**後漢郎顗傳注○爾雅釋天降婁奎婁也李注云降婁白虎宿也**婁者呼萬物且內之也**史記律書**婁者侶也**公羊昭廿五年傳疏引舊說**縶馬曰維縶牛曰婁**公羊昭廿五年傳且夫牛馬維婁注**北方有獸名曰婁**韓外傳五**郱人語聲後曰婁故曰郱婁**公羊隱元年公乃郱婁儀父盟于眛釋文○禮記檀弓郱婁復之以矢釋文云郱人呼郱聲曰婁故曰郱婁**婁者乃劉也**史記劉敬叔孫通傳又漢書婁敬傳以乃字又新序善謀十○萱按婁劉二字音義皆別敬賜國姓耳他無取義**婁山顛也**集韵引埤蒼○萱按此義專字有嶁乃後出者後漢馬融傳瘦疏嶁領**婁斂也婁牽也婁亦曳也**萱按此皆段爲摟字也詩弗曳弗婁玉篇作弗曳弗樓○又按左傳取訾婁穀梁作訾樓孟子離婁莊列作離朱皆同部通借字**僂疾也**公羊莊廿

四年傳又釋文又荀子儒效注○萱按此段僂爲婁也古無屢字皆用婁訓疾即屢之義

廔

屋麗廔也一曰所以穜也說文段注麗廔讀如離婁二音囧字下曰窗牖麗廔闓明也長門賦靈光殿賦皆作離樓謂在屋在牆囪牖穿通之皃玉篇作蠡廔一曰云云所以二字各本奪今補穜之用切謂以廔貯穀播穜於地也木部曰椴穜樓也廣韵樓穜具也皆即廔字

樓

式作軁**重屋也**說文段注重屋與複屋不同複屋不可居重屋可居考工記之重屋謂複屋也釋名曰樓謂牖戶之閒諸射孔樓樓然也樓樓當作婁婁女部曰婁空也囧下曰窗牖麗廔闓明○萱按御覽引釋名作婁婁畢尚書沅疏證从之初學記婁作樓又樓之遮藹也**陜而修曲曰樓**爾雅釋宮**樓車車上望櫓**左氏宣十五年傳登諸樓車注○服注云車所以窺望敵軍兵法所謂雲梯也**樓櫓者露上無覆屋也**後漢袁紹傳注**樓船船有樓也**文選吳都賦樓船舉颿而過肆劉注**樓謂削約楃之中央以安手也**儀禮士喪禮牢中旁寸注○注又云今文樓爲縷萱按此鄭破牢爲樓也疏云義取樓斂

狹少之意然則鄹本作樓轉寫譌為樓耳樓曳也聚也義略相近此蓋本無正字樓緩皆近段借

樓

曳也聚也說文段注此當作曳也各本奪上也字山有樞曰弗曳弗樓傳曰樓亦曳也此曳訓所本也曳者臾曳也釋詁曰樓聚也此聚訓所本也趙注孟子曰樓牽也此曳義之引申也樓猶今言拘樓聚也爾雅釋詁注樓牽也文選琴賦注引孟子而樓其處子劉注樓撤取也廣韵引新字林婁牽也詩山有樞弗曳弗婁釋文引馬注○萱按詩段婁為樓之玉篇手部作弗曳弗樓婁歛也詩角弓式居婁驕箋又荀子非相注○萱按禮記月令注日月會於降婁疏云婁歛也然則降婁亦可作降樓

遱

連遱也說文段注連遱雙聲集韵連遱謂不絕皃

謱

謰謱也說文○方言十云嘓哰謰謱拏也南楚曰謰謱謰謱不正皃楚辭疾世誄女詘兮謰謱注

髏

或作⿰婁頁髑髏也說文○一切經音義九云髑髏古文髑⿰婁頁二形同⿰毛頁顱謂之髑髏廣雅釋⿰婁頁頭骨也一切經音義一引埤蒼

膢

或作褸楚俗以二月祭飲酒也一曰祈穀食新曰膢說文段注風俗通曰韓子書山居谷汲者膢臘而買水楚俗常以十二月祭飲食也按買水今本韓子作相遺以水皆謂水少耳風俗通作十二月劉昭引同與許書二月異疑十為衍字仲遠書多襲用說文也劉卆傳注引漢書音義云冀州北郡以八月朝作飲食為膢其俗語曰膢膢社伏卆應引三倉云膢八月祭也篇韵皆云膢飲食祭也冀州八月楚俗二月合說文與漢書音義言之廣雅膢作褸一曰云云鉎李膢上有貙字風俗通曰又曰嘗新始殺食曰貙膢劉昭所引如是按後漢禮儀志立秋之日武官肄兵習戰陣之儀斬牲之禮名曰貙膢劉卆傳立秋貙膢時注引前書音義曰貙獸以立秋日祭獸王者亦以此日出臘用祭宗廟是刑貙劉貙膢同義依風俗通似祈穀二字當作始殺或曰祈穀食新即八月祭之說也○萱按今本風俗通祀典云食新曰貙膢不如劉昭所據善也貙膢正借字褸祭也廣雅釋天膢祭名也漢書武帝紀五日膢注引蘇林○注云膢劉義各通耳注膢八月旦也楊子法言問道則狐貍螻蟥不膢臘也歟

塿

塺土也說文段注按塺之言蒙也俗書附婁作培塿○萱按廣韵塺亡果切楚辭愈氛霧其如塺注云塺塵也塿土也廣雅釋地冢自關而東謂之丘小者謂之塿方言十三

⿰婁阝

南陽穰鄉說文段注穰縣鄉名也

簍

平上兩讀竹籠也說文簍篆也廣雅釋器○方言十三云簍篆也篆小者南楚謂之簍拘簍軬也廣雅釋器

蔞

艸也可以烹魚說文段注召南言刈其蔞陸璣云蔞蔞蒿也爾雅購蔏蔞郭云蔞蒿也江東用羹魚楚辭曰吳酸蒿蔞按蔞蒿俗語耳古祗呼蔞釋艸古讀或於購蔏絕句蔞艸中之翹翹然詩漢廣傳蔞翣棺之牆飾禮記檀弓下設蔞翣注○萱按此段蔞為柳也周禮作柳用正字

⿰魚婁

⿰魚婁魚也一名鯉一名鰜說文段注此一名鯉耳非即三十六鱗之鯉也

螻

螻蛄也一曰穀天螻說文段注螻蛄今之土狗也一曰云云釋艸文郭注云螻蛄也按依郭則此一

曰猶一名耳但恐郭注未安方言蠐螬或謂之蝖螜或謂之天螻則非螻蛄也許書無螜字○禮記月令釋文又淮南時則注又呂覽應同天先見大螾大螻注又漢書郊祀志上地螾見注又楚辭惜誓為螻蟻之所裁注又文選報任少卿書與螻蟻何以異注竝云螻螻蛄也螻螻蛄臭也周禮內饔司農注又列子周穆王王之廚饌腥螻而不可饗注螻蛄一名石鼠易晉晉如鼫鼠釋文馬黑脊而般臂螻周禮內饔又禮記內則螻作漏螻內病也周禮內饔釋文引干注○萱按干以漏為正字螻為借字與鄭異螻蟈蛙也禮記月令螻蟈鳴注○呂覽孟夏注云螻蟈蝦蟇也晉君之圃國語晉語趙蕑子田於螻注螻蟻謂細微也後漢班彪傳上注

合口呼 狀皓切

芻

○俗有稌蒭苎刈艸也象包束艸之形說文段注刈艸謂可飤牛馬者○漢書賈山傳芻蕘採薪之人注云芻刈艸也芻艸也禮記月令芻豢釋文又莊子列禦寇食以芻菽釋文芻謂蕘也禮記祭統士執芻注釋謂之芻小爾雅廣物生曰芻同上飼牲曰芻左氏昭十三年傳注芻蕘者釋

犓

文芻馬艸也文選長楊賦蹂踐芻蕘注○禮記曲禮上芻給
以足蹵路馬芻有誅疏云芻食馬艸也
周禮掌客惟芻稍之受注○詩板疏又左氏昭十二年
牛馬傳疏竝云芻者飼牛馬之艸也又漢書楊雄傳上麋鹿
芻蕘注云芻芻秣養牛馬禾穀也周禮大宰七曰養牛羊曰
所以飼牛馬芻秣之式注
芻周禮充人芻之三月芻蕘采薪者詩板詢于芻蕘傳又後
注又禮記月令注漢魯丕傳注胡廣傳注
盧植傳注萱按章懷采作採用今字芻靈束艸爲人馬以神
○禮記坊記注云芻蕘下民之事也
靈名之也釋名釋喪制○禮記檀弓下塗車芻靈注云芻靈
束茅爲人馬謂之靈者神之類又後漢光武紀下
注云芻靈束芻狗束芻爲狗以謝過求福淮南齊俗警若芻
茅爲人馬之狗土龍之始成注
芻豢猶犧牲萱按此段芻爲犓也二字本一義引申○又按
犓見祭統士執芻注芻見釋艸艸菉王芻釋文芛
見一切經音義一稷穰謂之犓廣雅
皆芻之俗字也釋艸
犓呂芻莝養圈牛也春秋國語曰犓豢幾何說文段注今本莝
誤莝從圈字依文
選注訂莝斬芻也趙岐注孟子曰艸生曰芻穀養曰豢韋注
國語曰艸食曰芻穀食曰豢孟子正義引說文牛馬曰芻犬

豕曰豢今說文無此語經傳犓豢字今皆作芻豢春秋云云
見楚語○萱按芻謂艸犓謂食艸者犓即芻引申之義也故
通用艸食曰芻國語楚語芻豢幾何注又孟子告子上猶芻
芻豢之悅我口注○禮記月令疏引王肅云食
艸曰艸養曰芻淮南時則案芻豢注○儀禮少牢饋食
芻禮注繫于牢而芻之釋文云芻猶養也牛羊
曰芻大戴記曾子天圓注又左傳襄廿一年注祭以芻豢爲
足釋文又荀子榮辱今使人生而未嘗睹芻豢稻粱也
注又莊子齊物論又釋文引司馬注又呂
覽仲秋案芻豢注季冬供寢廟之芻豢注宗廟曰芻豢山川
曰犧牲大戴記曾子天圓○禮記月令共
寢廟之芻豢注云芻豢猶犧牲

爽酷切

褕

○俗正緰裂也說文段注緰各本作緰今正衣部曰緰衣正
有褕幅也此謂帛之正緰以別於上文帆謂裂帛
之褕餘也廣雅釋詁三又五緰符也書帛裂而分之若券契
裂音集韻引字林
矣漢書終軍傳關吏予軍緰注引張晏○萱按緰帛邊也漢書
此段緰爲褕與左傳紀裂緰同公穀作緰
終軍傳注引蘇林○又云舊關出入緰者衣布帛端末之識
皆以傳傳因裂緰頭合以爲符信也
易說濟緰有衣
也絜盧氏注

寸酷切

趨

○俗有走也說文段注曲禮注曰行而張足曰趨按張足過
蹌趮路於布武大雅左右趣之毛曰趣趨也此謂段借
趣爲趨也○公羊桓二年傳趨而救之注又孟子公孫丑上
其于趨而注視之注又莊子胠篋則負贏揭篋擔囊而趨釋
文引李注又呂覽舉難追者趨注又淮南步張足曰趨禮記
傚眞夜半有力者負而趨注竝云趨走也少儀
執趨筴行而張足曰趨孝經注不爲趨翔釋文又禮趨行也
不趨注記曲禮下帷薄之外不趨注
廣雅釋疾行曰趨趨赴也赴所期也釋名釋姿容○論語子
詁一罕過之必趨集解引包
注又皇疏竝云趨疾行也又微趨疾於步周禮樂師趨以采
子趨而避之皇疏云趨疾走也齊司農注○孝經
釋文又漢書賈誼傳趣中肆夏注竝云趨疾步禮
也又詩猗嗟疏云趨今之捷步則趨疾行也趨疾趨也記
玉藻走而趨疾也廣雅釋詁一又禮記曲禮趨急也莊于徐
不趨疏上遺先生於道趨而進疏子除元
鬼丕命相者史記天官書其趨荀于衰公
文趨謂促也舍而前曰贏索隱趨速也趨篤名顏
射之釋又云趨爲促荀子王制趨孝隱呂覽必已於
曰注○注按趨自訓促似不必讀促也趨逐也是相與趨之
弟注同萱漢書樂布傳集注鄭當時禮記曲禮注撙
注趨鬱也傳集注金日磾傳集注趨向也趨也釋文曲禮

振衣趨陽釋文又史記伯夷傳趨舍有時正義孟嘗君傳君
獨不見夫朝趨市者乎索隱又鬼谷子中經謂振窮趨急注
○曲禮振衣趨陽疏又文選盧子諒贈趨歸也荀子議兵完
劉琨詩趣舍周要注竝云趨猶向也全富足而趨
趙注又淮南俶眞若周員而趨趨者赴敵尚疾之漸也周禮
注汜論故終身而無所定趨注大司
馬車驟趨謂車速行荀子正論騶中韶護以養趨者速藏之
徒趨注耳注○萱按趨騶正借字
意荀子禮論趨趨投節也淮南俶眞而手趨下下短也莊子
與而藏之注會綠水之趨注外物
修上而趨下門外謂之趨爾雅釋宮○禮記玉藻趨趨謂路
釋文引李注以采齊注云門外謂之
門至應門周禮大馭趨謂於朝廷周禮樂師趨蹡足也廣
以采薺注以采齊注雅
釋歡○萱按趨或趨作趨作路同字也或作走同義也又趨
趨二字音義皆同古多通用又同爲促之段借字愚謂趨趣
促三同不待破
字始相通也

送酷切

涑

平入兩瀚也河東有涑水說文段注涑亦段漱爲之公羊傳
讀義分臨民之所漱浣也何曰無垢加功

曰漱去垢曰浣齊人語解云無垢加功謂但用手斗擻去垢蓋用足物故內則云冠帶垢和灰請漱衣裳垢和灰請澣鄭云手曰漱足曰澣是也若然則湅與澣別而許不別者許渾言何析言也毛詩周南葛云汙煩也煩擱之用功深澣謂濯之耳是則澣對汙言又分深淺實則何之去垢郎毛之汙何之無垢加功郎毛詩之澣古人因義立文後人當因文攷義耳○萱按後義讀入聲徐仙民音也字林同 **湅澣也** 廣雅釋言 **漱澣也** 禮記曲禮上諸毋不漱裳注○按瀚正澣俗湅正漱借

醅 普趨切

醉飽也 說文段注後人用潑醅字謂酒未泲也與古義絕殊○俗有頌

雛 狀培切

鶵 籀 **雞子也** 說文段注雞子雞之小者也淮南天子以雛嘗黍高曰雛新雞也呂覽注云雛春雅也郭景純言今呼少雞為雛則二注正同王制春薦韭以卯卯謂少雞古者少雞亦曰卯方言雞雛徐魯之間謂之鸄子按雛引申為凡鳥子細小之偁釋鳥曰生哺鷇生噣雛○爾雅釋鳥釋文引字林云雛雞子也又禮記月令釋文云雛雞也 **雛鳥之小者** 禮記內則雛燒疏○又雛尾不盈握弗食疏云雛謂小鳥 **雛鳥子也** 爾雅

釋鳥釋文○又云雛鳥子生而自啄者 **生啄曰雛** 楚辭雛世哀枯楊之怨雛注○後漢竇憲傳注云鳥生子而啄者曰雛又漢書東方朔傳鳥哺鷇也注引項昭云生而自啄曰雛又列子湯問視來丹猶雛鷇也釋文云生而自食曰雛 **雛隨母食者** 管子五行不鷂雛鷇注 **雛鳳類也** 爾雅釋鳥釋文 **鶵雛亦鳳屬** 山海經南山經南禺之山有鳳皇鵷雛注○萱按李翊夫人碑頌顀悲兮涕隕零用其時俗字也他書雛雛字未有作頌者字本無所出也

培 普雛切

培敦逗**土田山川也** 說文段注左傳祝鮀曰分魯土田培敦釋文曰倍本亦作陪許所見作培為是矣杜云倍增也敦厚也左氏但言土田而魯頌曰錫之山川土田附庸大雅曰告于文人錫山土田毛傳曰諸侯有大功德賜之名山土田附庸魯頌箋云策命伯禽使為君於東加賜之以山川土田及附庸令專統之王制曰名山大川不以封諸侯附庸則不得專臣也按封建所加厚曰培敦許合詩以釋左也引申為凡裨補之偁 **培益也** 禮記中庸故栽者培之注 **培重也** 莊子逍遙遊而後乃今培風釋文○萱按培陪義略同訓重尤合 **培塗也** 廣雅

釋室 **補培猶治也** 禮記喪服四制苴衰不補墳墓不培注 **壘塈曰培** 國語晉語若見壘培注 **培田側也** 呂覽辨土高培則拔注 **培屋後牆也** 淮南齊俗鑿培而道之注

陪

重土也一曰滿也一曰陪臣陪備也 說文段注左傳曰分之土田陪敦注曰陪增也敦厚也諸侯之臣於天子曰陪臣取重土之義之引申之○左氏僖十二年傳陪臣敢辭注云諸侯之臣曰陪臣又服注云陪重也諸侯之臣於天子故曰陪臣 **陪重也** 禮記曲禮下自稱曰陪臣某注又論語季氏陪臣執國命集解引馬注又皇疏又漢書禮樂志集注游俠傳集注又後漢袁紹傳拔於陪隸之中注○國語魯語士有陪乘注云培猶重也 **陪益也** 廣雅釋詁一 **陪加也** 左氏昭五年傳飧有陪鼎注 **陪輔也** 漢書文帝紀集注引文穎 **陪朝也** 廣雅釋言 **陪臣也** 廣雅釋詁一 **陪貳謂副貳王者則三公也** 詩蕩傳無陪貳也疏 **陪乘參乘謂車右也** 周禮齊右行則陪乘注 **陪隸即陪臺** 後漢袁紹傳注 **蓋鼎則陪鼎也以其實言之則曰蓋以其陳言之則曰**

陪 儀禮聘禮蓋鼎三注 **陪鰓奮怒之皃** 文選射雉賦敷藻翰之陪鰓徐注 **培重也培益也** 萱按此皆同陪義故陪培互借通用詩蕩釋文云陪本作培莊子逍遙遊釋文云培本作陪又禹貢至于陪尾史記作負尾漢書作倍尾亦作橫尾皆段借字也

掊

杷也今鹽官入水取鹽為掊 說文段注杷各本作把今正木部曰杷收麥器也引申為凡用手之偁掊者五指杷之如杷之杷物也史漢皆言掊視得鼎師古曰掊手杷土也杷音蒲巴反其字从木按今俗用之刨字也大雅曰曾是掊克傳曰掊克自伐而好勝人也以自伐釋掊以好勝人釋克未得其解定本掊作倍正義謂己兼倍於人而自矜伐似定本為是矣然孟子書亦作掊克趙注但云不良也知詩本不作掊毛意謂掊為陪之段借字掊有聚意與捊音義近有深取意則不同謂捊也毛詩釋文云掊克聚斂也此謂同捊也方言曰掊深也郭注云掊剋深能以深釋掊以能釋尅此亦必古說但皆非毛義方言掊訓深與許說合按六書故作捊也不若顏氏本作杷今鹽云云百官志注引胡廣曰鹽官掊坑而得鹽 **掊擊破也** 莊子逍遙遊吾為其無用而掊之釋文引司馬注

奉培切

𩬬 髮皃。說文

箁 竹箬也。說文

涪 涪水。句出廣漢剛邑道徼外，南入漢。說文段注：地理志曰：廣漢郡剛氐道。郡國志曰：廣漢屬國都尉領陰平道、甸氐道、剛氐道。此作剛邑，蓋誤。百官公卿表曰：列侯所食縣曰國，皇太后、皇后、公主所食曰邑，有蠻夷曰道。然則志偁甸氐道、剛氐道、湔氐道，皆以其有氐而道之。志於剛氐道下曰：涪水出徼外，南至墊江入漢，過郡二，行千六十九里。過郡二者，廣漢、巴郡也。墊江屬巴郡。按剛氐道徼外，蓋在今四川龍安府松潘廳境內，地之舊松潘衛也。衛東有小分水嶺，涪水出焉，東南流經龍安府之平武縣、江油縣、彰明縣，又經綿州，又經潼川府之三臺縣、射洪縣、遂寧縣，至重慶府府城北入大江。合州，漢之墊江縣，重慶府之合州城南，嘉陵江合渠江自東北來會合流也。許云南入漢，謂入嘉陵江也。水經云：涪水出廣魏涪縣西北，南至小廣魏，與梓潼水合。梓潼水出其縣北界，西南入於涪。又西南至小廣魏，南入於墊江。云出涪縣，與志異者，水經舉稍近言也。墊江縣名，而云入於墊江者，以地名名水也。益

齊齒許 竟輸切

絇 平去兩讀。俗有屬縛。○纑繩絇也。說文段注：纑者，布縷也；繩者，索也；絇者，糾合之謂。以讀若鳩知之，謂若纑若繩之合少為多，皆是也。廣韵絇九遇切，絲絇之。唐會眞記崔氏書曰：奉寄采絲一絇。元稹詩曰：芬絲不成絇。正讀九遇切。是唐人多用此語。若屨絇，禮經及禮記皆作絇，周禮作句，鄭云著舄屨之頭以為行戒，句當為絇聲之誤也。玉裁按：許不

言屨飾，但言纑繩絇。許意屨絇字當从周禮作句為正，取拘止之意。○萱按：說文又云讀若鳩，此異部而音略同也。絇乃鉤之纑音耳。絇鳩則雙聲也。鄭注：絇之言拘，以為行戒。拘戒皆以雙聲字為訓也。用物穿屨頭為絇。禮記曲禮上疏引師說。絇屨頭飾也。禮記檀弓繩屨無絇釋文玉藻不屨絇注。○後漢明帝紀注云：絇，屨鼻頭以屨絲飾之。又家語五儀：然則章甫絇屨。注云：絇屨屨頭有絇飾色也。絇謂履頭以絛為鼻。周禮屨人注：舄屨有絇，有繶，有純者，飾也。疏：絇屨頭飾，如刀衣鼻，在屨頭上，以餘組連之，止足坼也。儀禮士喪禮：綦結于跗，連絇。注。○禮記曲禮下疑屨素繶疏云：絇為拘，著屨頭以容受繫傳貫也。其屈之形似漢時刀衣鼻也。絇謂之拘，著屨頭之頭以為行戒。周禮屨人：青句。注。○儀禮士冠禮：黑屨青絇繶純。注云：絇之言拘也，以為行戒，狀如刀衣鼻，在屨頭。又喪服傳注：吉屨無絇也。疏云：絇者屨鼻頭有飾，為行戒。絇謂之救。爾雅釋器。絇繶純之屬。禮記檀弓上注：白屨無絇。疏。

章輸切

朱 赤心木，松柏屬。說文段注：朱本木名，引申段借為純赤之字。糸部曰：絑，純赤也。是其本字也。○山海經大

荒西經云：有樹赤皮支榦青葉，名曰朱木。又海外南經：爰有離朱。注云：離朱，木名也，見莊子。今圖作赤鳥。呼雞曰朱朱。初學記三十引風俗通。○又云：俗說雞本朱公化而為之，今呼雞皆朱朱也。朱提，山名也。水經若水注。○萱按：朱提舊音殊時，蓋方俗語言也。抑或淺者妄為分別之。愚謂凡無意義而猥改讀者，姑存其說可耳，不煩晉見疊出之鈲析瑣屑，當縣諸象魏矣。○又按：經典朱字無處皆絑之段借，彼注詳之。離朱即離婁也。孟子離婁上注。○書堯典晚出傳云：朱虎熊羆，二臣名。

絑 純赤也。虞書丹朱如此。說文段注：純同醇，厚也。赤，南方色也。按市下云：天子朱市，諸侯赤市。然則朱與赤深淺不同。豳風：我朱孔陽。傳曰：朱，深纁也；陽，明也。許云：纁者淺絳，絳者大赤。蓋純赤、大赤，其異者微矣。鄭注禮記曰：凡染絳，一入謂之縓，再入謂之赬，三入謂之纁，朱則四入與？是朱為深纁之說也。凡經傳言朱皆當作絑，朱其段借字也。朱者，赤心木也。丹朱見咎繇謨，許據壁中古文作丹絑。蓋六經之絑，僅見此處，朱行而絑廢矣。絑堯子也。淮南：太族而絑弗能統也。注：以纁入赤為朱。儀禮士昏禮疏。○山海經中山經：有鳥焉，名曰鵸，直身而

朱日注云朱淺赤也又禮記月令衆朱路疏云色淺曰赤色深曰朱萱按二說不同孔以優

朱赤也廣雅釋器又孟子盡心下惡紫恐其亂朱也注又楚辭招魂朱顏酡些注大招絳朱顏只注怒思垂明月之玄珠注

朱赤色也楚辭遠逝歷祝融于朱冥注又文選西京賦朱實離離辭注

朱丹也楚辭招魂網戶朱綴注朱塵莚些注又文選東京賦丹朱首製辭注○史記呂后紀朱虛侯正義云朱猶丹也

朱正色也論語陽貨惡紫之奪朱也集解引王注又漢書杜欽傳注

朱血色左氏成二年傳左輪朱殷注○萱按此當合朱殷釋爲血色不得以血色單釋朱字也疑杜本有殷字轉寫奪耳

火色朱考工記輈人爲輈注鶉火朱鳥宿之柳疏○文選南都賦曜朱光於白水注云朱光火德也

乾爲朱易困虞注

朱陽也西南爲少陽故曰朱天淮南天文西南方曰朱天注○呂覽有始云西南曰朱天

西方曰朱離後漢陳禪傳注

朱明日也廣雅釋天又楚辭招魂朱明承夜兮注

朱衮以朱爲質也荀子富國天子袾褸衣冕注

朱芾黃朱芾也詩采芑朱芾斯皇傳○易困朱紱方來注云朱紱南方之物也又後漢宦者傳注云朱朱紱也

朱

弦練絲淮南泰族朱弦漏越注

朱鳥鳳也後漢張衡傳注

朱鳥謂赤烏後漢班彪傳下注

朱艸者赤艸也可以染絳別尊卑也白虎通封禪

誅

討也說文段注凡殺戮糾責皆是

誅者討伐殺戮之名荀子仲尼文王誅四注

誅責也禮記曲禮下振書端書於君前有誅疏又左氏莊八年傳誅屨於徒人費注襄卅一年傳誅求無厭注定十年傳有司若誅之注又論語公冶長於予與何誅集解引孔注又皇疏又國語周語翟人來誅殺譚伯注晉語臣誅於楊千注吳語無有誅焉注又漢書董仲舒傳集注又後漢獻帝紀注孔僖傳注又管子大匡注○廣雅釋詁一云誅責也又白虎通誅伐云誅猶責也

誅誅責也周禮司救掌萬民之衺惡過失而誅讓之注

誅責讓也周禮大宰八曰誅以馭其過注○易蠱注使令治而後乃誅也疏云誅謂策通責讓之罪非專謂誅戮也

誅治也淮南時則阿上亂法者誅注

誅罰也禮記曲禮上齒路馬有誅注○襍記不敢辟誅注云誅猶罰也

誅傷也易襍卦傳明夷誅也注又釋文引陸注

誅殺也廣雅釋詁一又國策秦策使復姚賈而誅韓非注

誅戮也

國策秦策曲挽而誅注

誅除也國語晉語故以惠誅患注

誅滅也易襍卦傳釋文引荀注

小國教大國入焉曰誅國語晉語

罪及餘人曰誅

誅株也如株木根枝葉盡落也釋名釋喪制

邾

江夏縣說文段注二志同前志曰衡山王吳芮都邾按芮都邾見項羽本紀今湖北黃州府城去故邾城二里許是也今大江東流徑黃州府城南陽江相望者曰武昌縣木經曰又東過邾縣南鄂縣北是也酈善長曰楚宣王滅邾徙居於此王隱地道記劉昭郡國志注皆有此說但此事不見楚世家時楚之強未必滅此彈丸而尚以地居之蓋此地古名邾魯附庸國古名邾婁依許所說本不相謀無庸牽合○萱按左氏隱元年經邾儀父公羊作邾婁儀父邾婁乃鄒之合聲公羊與說文合邾婁與江夏之邾相隔甚遠楚宣滅邾之說存而不論可也

珠

蜯中陰精也春秋國語曰珠足以御火災是也說文段注蜯或蚌字中各本作之今依初學記大戴禮曰珠者陰之陽也故勝火足字依玉篇補御各本作禦今正楚語左史倚相曰珠足以禦火

災則實之葬注珠水精故以禦火災○管子侈靡云珠者陰之陽也故勝火萱按大戴語本於管又國語楚語龜珠齒角注云珠所以禦火災

水方折者有玉員折者有珠山海經南山經英水多白玉注引尸子

圜澤爲珠楚辭謬諫貫魚眼與珠璣注○淮南人間注云圜者爲珠

珠者陰中之陽也有光明故岸不枯淮南說山淵生珠而岸不枯注又墜形水圜折者有珠注云珠陰中之陽○穆天子傳二舍于珠澤注云此澤出珠因名之云今越嶲平澤出青珠是

明珠重寶也太玄唐明珠彈于飛肉注

素質紅裏謂之珠貝文選蜀都賦注引向貝經

珠翠珠柱也文選七啓珠翠之珍注注又引南方異物記曰採珠人以珠肉作鮓○萱按翠即內則釋字柱蓋如江瑤之柱

珠服珠襦之屬以珠飾之也文選吳都賦珠服玉䝟劉注

西方之美者有霍山之多珠玉焉爾雅釋地

珠崖言珠若崖也後漢杜篤傳注○萱按言產珠之崖可爾珠邪得若崖

株

木根也說文段注莊列皆有厥株駒株今俗語云椿○萱按根木株也二字爲轉注

株根也廣雅釋艸

又後漢虞延傳注 株根本也 史記平準書命曰株送徒集解引應劭又後漢崔駰傳注 株根蔕也 列子 史記平準書集解引如淳◯萱按漢書食貨志集注引如淳云株帶也帶乃蔕之誤 株駒枯樹本也 列子黃帝若厥株駒釋文 西夷之樂曰株離 詩鼓鐘以蘥不僭傳又後漢班彪傳下注云西方曰株離◯公羊昭廿五年傳以舞大夏注云東夷之樂曰株離萱按東葢字誤 株離舞曲名言象物生株離也 書大傳舞株離注 三株樹其為樹如柏葉皆為珠一曰其為樹若彗 山海經海外南經 凡鬬雞勝者為株 史記平準書索隱引文穎

筴

桻雙也 說文段注桻雙見木部廣雅萃篗謂之筴廣韻四江曰桻篗者帆未張也又曰篗者帆也按以簹席為帆曰桻雙故字或皆从竹今大船之帆多用簹席是也

篭

蛛 或 鼅篭也 說文 蛛鼅蛛也 太玄遇俾蛛周注 蛛蝥蟰蜍也 廣雅釋蟲

寵輸切

㚮

好也詩曰靜女其㚮 說文段注㚮好也此與姝音義皆同詩曰云云邶風靜女文今毛詩作姝傳云

姝美色也萱許所見毛詩異與邶取諸三家與

姝

好也 說文段注邶風傳曰姝美色也衛風傳曰姝順皃齊風傳曰姝初昏之皃各隨文為訓也◯廣雅釋詁一又太玄視視無姝注竝云好也又方言一云娥孅好也趙魏燕代之閒曰姝 姝好皃也 一切經音義六引字林 姝美也 後漢崔寔傳注◯和熹鄧皇后紀注云姝美色也 姝妖皃 莊子徐無鬼有暖姝者釋文

袾

好也佳也詩曰靜女其袾 說文段注好下奪也字好者美也佳者善也廣韻曰朱衣也按廣韻蓋用說文古本故其字从朱衣所引詩則段袾為姝也今邶風袾作姝女部引詩作㚮 袾好也 廣雅釋詁一 袾裑也 廣雅釋器◯萱按荀子富國故天子袾襛衣冕此段袾為朱也如廣韻袾訓朱衣則不煩破字而自通矣

樞

戶樞也 說文段注戶所以轉動開閉之樞機也◯易繫辭樞機之發釋文引王廙注又左氏襄廿五年傳疏引易繫辭鄭注又荀子富國人君者所以管分之樞要也注竝云樞戶樞 樞謂之棖 爾雅釋宮◯又云樞達北方謂之落時 樞門臼 易繫辭釋文 樞門扇所由開閉者也 漢書五行志下之上視門樞下

當有白髮注◯易繫辭上傳翟玄注云樞主開閉 樞所以主門之動靜 鬼谷子飛箝料氣勢為之樞機以迎之隨之注 艮為門故曰樞 易繫辭上傳言行君子之樞機荀注 樞主運轉者也 管子水地樞在水注其 樞者居中以運外動而不窮者也 管子樞言注 樞者所以主動轉之微 素問陰陽離合論少陽為樞注 樞本也 淮南原道經營四隅還反於樞注又一切經音義四引廣雅 樞始也 太玄事事在樞注 樞要也 莊子齊物論謂之道樞釋文◯素問皮部論名曰樞持注云樞謂樞要 樞要大要總名也 荀子正名然則所為有名與所緣有同異與制名之樞要不可不察也注 樞機制動之主 易繫辭上傳君子之樞機注 樞機近要之官也 後漢明德馬皇后注 樞謂辯樞也 素問繆刺論令人畱中樞中注◯釋名釋形體云樞機也要髀股動搖如樞機也 天樞正當齊兩旁同身寸之二寸也 素問至真要大論言其病半所謂天樞也注 樞謂斗樞也 後漢梁冀傳注◯崔駰傳注云北斗七星第一名天樞 樞荎也 詩山有樞

傳◯萱按此蓲之段借字

貙

◯俗有貙 貙貜 衍 佀貍 說文段注各本下有者字今刪正貍篆下曰似貙其狀互見也釋獸貙似貍又曰貙貜似貍犬部貜下曰狼屬引爾雅貙貜似貍然則此襲爾雅貙似貍貜衍耳貙常以立秋日祭獸吳都賦注曰虎屬也 貙似貍而大 爾雅釋獸釋文引字林又漢書司馬相如傳上蟃蜒貙犴注引郭璞 貙虎屬 漢書武帝紀五日貙注引蘇林又北堂書鈔一百五十五引字林◯文選吳都賦獏貐貙象劉注云貙虎屬也或曰能化為人也 貙氓謂貙人也 文選蜀都賦皛貙氓於葽艸劉注

始樞切

輸

平去兩讀 委輸也 說文段注委者委隨也委輸者委隨輸寫也以車遷賄曰委輸亦單言曰輸引申之凡傾寫皆曰輸輸於彼則彼贏而此不足故勝負曰贏輸不足則如墮壞然故春秋鄭人來輸平公羊穀梁皆曰輸者墮也左傳作渝渝變也 輸傾委也 荀子成相春申道綴基畢輸注 輸寫也 書呂刑輸而孚疏又廣雅釋言 輸盡也 左氏襄九年傳輸積聚以貸注 輸聚也 廣雅釋詁三 輸語也 國策秦策常以國情輸楚注 輸

愚也廣雅釋詁一輸更也廣雅釋詁三輸挩也方言十二輸墮也詩正月載輸爾載又公羊隱六年釋文又廣雅釋言○公羊隱六年傳云輸平猶墮成也輸為隳壞之義詩正月疏兵輸謂師還有司還兵也周禮司兵及其受兵輸亦如之注

鄃

清河縣說文段注前志清河郡鄃後志清河國鄃史記河渠書田蚡奉邑食鄃又呂嬰欒布皆封俞侯俞即鄃今山東臨清州夏津縣東北三十里有故鄃縣城

愢

思也說文愢善也廣雅釋詁一愢說也廣雅釋詁三愢愉悅也方言十二愢愉猶呴愉也方言十二注婁悅也廣韻○萱按愢婁正借字也

范輸切

柎

○俗有跗柎闌足也說文段注闌字恐有誤韵會本闌作鄂柎跗正俗字也凡器之足皆曰柎小雅鄂不韡韡傳云鄂猶鄂鄂然外發也箋云承華者曰鄂不當作柎柎鄂足也鄂足得華之光明則韡韡然盛古聲不柎同箋意鄂承華者也柎又在鄂之下以華與鄂喻兄弟相依郭璞云江東呼艸木子房為柎艸木子房如石榴房蓮房之類與花下鄂

韻史 卷十六第四部平聲溝韻

一七三一

一理也○山海經西山經崇吾之山有木焉員葉而白柎注云今江東人呼艸木子房為柎一曰柎花下鄂字或作柎萱按郭分柎為府夫符三音殊可不必柎則偏旁譌耳此不當借練柎字柎柢也廣雅釋言柎注也儀禮士冠禮以魁柎之注柎側骨考工記弓人於挺臂中有柎焉故剽注○又方其峻而高其柎疏云柎把中萱按考段柎為柎柳或轉寫偶誤也柎跗古今字柎則借字跗花足也管子地員朱跗黃實注跗謂足跗也左氏成十六年傳有韎韋之跗注服注又賈注又莊子秋水蹶泥則沒足滅跗釋文引司馬注○素問刺禁論刺跗上中大脈注云跗為足跗跗足上也儀禮士喪禮結于跗連絢注跗注兵服自要以下注於跗國語晉語郤至以韎韋之跗注注○左氏成十六年傳注云跗注戎服若袴而屬於跗與袴連

泭

○俗有泭編木以渡也說文段注周南江之永矣不可方思傳曰方泭也郎釋言之舫泭也爾雅字多从俗耳釋水曰大夫方舟士特舟庶人乘泭方言曰泭謂之簰簰謂之筏筏秦晉之通語也廣韵曰大曰簰小曰筏小曰泭按論乘桴于海假桴為泭也凡竹木蘆葦皆可編為之今江蘇四川之語曰簰○爾雅釋水注云泭併木以渡又李注云泭

韻史 卷十六第四部平聲溝韻

一七三二

編木以渡又國語齊語方舟設泭注云編木曰泭編竹木以渡水曰泭楚人曰泭秦人曰撥楚辭惜往日乘氾泭以下流注方木置水中為泭栰也爾雅釋言孫注小筏曰泭爾雅釋言釋文引郭璞蔣筏也廣雅釋水○詩漢廣釋文云泭本作游又作桴或作柎又爾雅釋言釋文云泭本作蔣樊作柎萱按桴柎柎皆段借字也柎桴異部而雙聲桴編竹木也大者曰筏小者曰桴也論語公冶長乘桴浮于海集解引馬注又皇疏○萱按詩漢廣疏引論語鄭注略與馬同筏作栰小泭曰桴國語齊語乘桴濟河注○萱按韋以泭釋桴不知泭桴為正借字也桴舟也文選吳都賦浮石若桴劉注

寵殳切

廚

○俗有廚庖室也說文段注室各本作屋今依御覽廚主食者也一切經音義十五引蒼頡○漢書宣帝紀飾廚傳注引韋昭云廚謂飲食廚者造食之處左氏閔二年傳注膳廚膳疏○漢書王莽傳中廚傳勿舍注云廚行道飲食處廚者言能以財救人者也後漢黨錮傳○爾雅釋宮注今呼之

韻史 卷十六第四部平聲溝韻

一七三三

廚簃連觀也釋文廚本作厨萱按此借字也厨乃蹰之異體

始廚切

殊

死也一曰斷也漢令曰蠻夷長有罪當殊之說文段注凡漢詔云殊死者皆謂死罪也死罪者首身分離故曰殊死引伸為殊異一曰斷也各本無此四字依左傳釋文補斷死本無二義許以字从歺故以死為正義凡物之斷為刺一義左傳曰武城人塞其前斷其後之木而弗殊邾師過之乃推而蹷之史蘇秦列傳刺蘇秦不死殊而走按弗殊者謂不絕也不死殊而走者謂人雖未死創已決裂也皆斷之說也宣帝詔曰骨肉之親粲而不殊凡言殊異殊絕皆引申之義殳部曰以杖殊人謂隔遠敵仇不得近亦是斷義漢令云云按殊之者絕之也所謂別異蠻夷此蠻漢令證斷義而裴駰以來皆謂殊之為誅死夫蠻夷有罪非能必執而殺之也而顧著為令識○莊子在宥釋文引字林云殊死也又廣雅釋詁一云殊斷也殊死斬判也漢書高帝紀其赦天下殊死以下注引韋昭○後漢光武紀上注云殊死謂斬判殊絕之殊誅也莊子在宥釋文○史記蘇秦傳集解引風俗通義云殊者死也與誅同指又匡謬正俗八引應卹云殊者死之也義與誅同殊決也莊子在宥今世殊死相枕釋文引司

韻史 卷十六第四部平聲溝韻

一七三四

馬注殊絕也廣雅釋詁四又漢書宣帝紀集注董仲舒傳集注韓信傳集注淮南厲王長傳集注昌邑哀王髆傳集注韓延壽傳集注又後漢光武紀上詔非犯殊死注○文選琴賦注引漢書音義云殊猶絕也又匡謬正俗八云殊者訓絕殊絕猶斷絕也後漢曹褒傳注殊絕也異也漢書高帝紀下集注殊異也史記司馬相如傳騰殊榛正義又漢書董仲舒傳集注鄭崇傳集注又呂覽論人人同類而智殊注言當此賢者不肖之所以殊也注又淮南本經由近知遠而萬殊為一注主術不如豺狼伎能殊也注修務絕國殊俗僻遠幽間之處注殊體而合于理注又太玄玄攤位各殊輩注又玉篇引蒼頡殊別也禮記大傳殊徽號疏殊猶離也管子入國殊身而後止注殊猶過也後漢梁竦傳注殊猶甚也呂覽責己有殊弗知慎者注殊猶大也文選西京賦趙殊榛薛注

銖

權十絫黍之重也說文段注各本作權十分黍之重也今正權五權也五權銖兩斤鈞柘也厽部曰絫十絫黍之重也此云權十絫黍之重也兩部曰兩二十四銖為一兩斤本無其字以斫木為之斤為之十六兩鈞三十斤

也禾部曰柘百二十斤也按許說與漢律麻志合志曰一龠容千二百黍重十二銖兩之二十四銖為兩十六兩為斤三十斤為鈞四鈞為石此許所本言十絫黍者謂百黍也必言黍者蒙十黍之重為絫而言又使兩斤鈞柘黍數可計之若禾部稱下云十二粟為一分十二分為一銖則用淮南天文訓與律麻志別為一說粟者禾實也以今禾黍驗之粟輕於黍遠甚程氏瑤田說○萱按粟者梁也今許粟子其米曰粟米亦曰小米黍即稷也二物皆可定五權輕重說不同而理一也約言之粟三十六當黍二十五銖為十絫儀禮既夕注二十四兩曰溢疏○漢書律麻志上不失黍絫注引應劭又禮記儒行雖分國如錙銖疏引算法竝云十黍為絫十絫為一銖○萱按荀子富國注云十黍之重為銖此語有奪誤當云十黍之重為絫十絫之重為銖銖者物繇忽微始至於成著可殊異也漢書律麻志上六豆為一銖說苑辨物銖鈍也廣雅釋詁三楚人謂刃頓為銖淮南齊俗其兵戈銖而無刃注

洙

洙水出泰山蓋臨樂山北入泗說文段注泰山郡蓋二志同今山東沂州府沂水縣縣西

北七十里有蓋城是也前志蓋下曰臨樂子山洙水所出西北至蓋入池水經曰洙水出泰山蓋縣臨樂山西南至下縣入於泗按此條水經與志迴殊志云臨樂子山者謂勃海郡臨樂縣之子山之滸其源而言故下文云至蓋非謂洙出蓋也而經注皆刪子字謂臨樂為蓋縣山名其亦誤矣池注引作泗云或作池蓋字誤夫經注皆云泗水出下縣不云出蓋縣又皆云洙水至下入泗不云至蓋入泗然則即改池為泗亦於水道不合安知班時無池水抑或不知何字之誤而竟作泗字也杜預釋例云出魯國東北西南入沈水下合泗乃作沈字俟改蓋洙水在班時已非古道故其書法不同也水至桑鄭時更昧於臨樂之源乃誣班為出蓋觀春秋莊九年浚洙知其易湮也許亦云出泰山蓋臨樂山北入泗恐非許氏原文後人用水經改竄之今洙水在曲阜縣北四里上不得其源下流不入泗而入沂又迴非鄭氏之舊蓋以湮沒而以是胄之耳洙水名左氏莊九年浚洙釋文又公羊莊九年浚洙釋文○公羊莊九年傳云洙者何水也洙泗聲水名禮記檀弓上吾與女事夫子於洙泗之間注

茱

茱萸逌茮屬說文段注內則三牲用藙注藙煎茱萸也漢律會稽獻焉爾雅謂之椴本艸經吳茱萸味辛溫

一名藙本艸經廣雅入木類鄭君曰茱萸即椴也而爾雅椒椴在釋木許君則茱萸與椴為二物木部曰揚州有茱萸樹正以見茱萸之本為艸類也

乞

鳥之短羽飛乞乞也象形說文○俗有旻今

殳

㠯杖殊人也周禮殳㠯積竹八觚長丈二尺建於兵車旅賁㠯先驅說文段注杖各本作投依太平御覽正云杖者殳用積竹而無刃毛傳殳長丈二而無刃是也殊斷也以杖殊人者謂以杖隔遠之釋名殳殊也有所撞桯於車上使殊離也殳殊同音故謂之殳猶以近窮遠謂之引也周字今補下文所說皆出於周禮也以積竹者用積竹為之漢書昌邑王道買積竹杖文穎曰合竹作杖也竹部曰蘆積竹矛戟矜也木部曰櫕積竹杖也柲櫕也考工記注曰盧謂矛柄竹櫕柲凡戈矛柄皆積竹而殳無金刃故尊積竹杖之名廬人為之考工記注云凡矜八觚此無刃亦八觚也考工記曰盧人為盧器殳長尋有四尺車有六等之數車軨四尺戈崇於軨四尺人崇於戈四尺殳崇於人四尺車戟崇於殳四尺酋矛崇於戟四尺注云此所謂兵車也殳戟矛

皆插車騎周禮旅賁氏掌執戈盾夾王車而趨蓋亦執殳矣詩曰伯也執殳爲王前驅 殳杖也 廣雅釋器又文選西京賦竿殳之所揰畢辭注○周禮司戈盾授旅賁殳注云殳如杖長尋有四尺 殳木杖也 淮南齊俗楷笏注杖殳 殳長丈二而無刃 詩伯兮傳又左氏昭廿三年傳執殳而立于道左注○考工記總目注云殳長丈二 三刃枝南楚宛郢謂之匽戟其柄自關而西謂之柲或謂之殳 方言九

杸

軍中士所持殳也司馬法曰執羽從杸 說文段注軍中士所持殳不必皆用積竹故字从木執羽从杸从字依廣韻

叢 淺叏切

鼗鼗○俗有 聚也 說文段注叢聚也於疊韻得之按叢古音在四部左傳僖三十年取䕺公羊作鄒亦作叢○廣雅釋詁三又呂覽達鬱而萬災叢至矣注並云叢聚也又詩鳧鷖疏云叢是聚義又後漢馮衍傳下悲叢巧之亂世兮注云叢或作聚義亦通 聚木曰叢 淮南俶真獸走叢薄之中注○太平聚示於叢社注云木聚故稱叢又詩

葛覃傳云灌木叢木也 柴棘爲叢 楚辭招魂叢菅是食些注 叢總也 書咨繇謨元首叢脞哉馬注 叢謂衆也 漢書酷吏傳贊网密事叢注 叢細也 後漢馮衍傳注叢脞總聚小小之事 書咨繇謨元首叢脞哉鄭注○晚出傳云叢脞細碎無大略 叢收也 廣雅釋詁三 叢遽也 廣雅釋詁一 鼗鼗言和氣應也 書大傳卿雲鼗鼗注又云鼗或爲族○萱按叢族義近又雙聲也又禮記喪大記注攢猶叢也又殺阮陰碑叢鶴伯鸞皆即叢字也 鼗俗叢借又或用藪孟子爲叢驅爵晉書段灼傳作爲藪驅雀 萱按此類皆叚藪爲叢也二字 叢物雀葦之屬 義大同叢之義博叢之義專

叢

蘩籀 艸叢生皃 說文段注叢聚也槩言之叢則叢艸衆生專謂艸今人但知用叢字而已 叢物雀葦之屬 爾雅釋魚釋文引說文 也 周禮大司徒其植物宜叢物注○萱按用叢爲叢省借之 宜 叢謂艸木岑蔚者也 漢書陳勝傳又閒令廣之次所旁叢祠中注

顒 仰廟切

敬避廟諱○四部九部兩讀○俗有鰅 大頭也詩曰其大有顒 說文段注顒大頭也引申

之凡大皆有是稱小雅六月其大有顒傳曰顒大皃大雅卷阿傳曰顒顒溫皃卬卬盛皃釋訓曰顒顒卬卬君之德也又其引申之義也按禺聲本在四部唐韻顒喁鰅魚容切此四部九部合音也 顒君德有威容皃 易象上傳有孚顒若虞注 顒敬也 易觀有孚顒若馬注 顒是嚴正之皃 易觀疏 顒敬順也 荀子正名注 顒顒體皃溫潤也 爾雅釋訓孫注 顒顒卬卬波高皃也 文選七發注

偶

惺也琅邪朱虛有偶亭 說文段注此與愚各字猶慕與慔各字也琅邪朱虛見地理志故城在今山東青州府臨朐縣東六十里按漢時縣道國邑千五百八十七鄉六千六百二十二亭二萬九千六百三十五其名皆著於籍故許氏得偁鄉亭之名班氏但舉縣道國邑之名也

愚

戇也 說文段注愚者智之反也○萱按說文戇愚也二篆互訓○ 愚謂無機智也 荀子不苟愚則端慤而法注○素問解精微論請問有毚愚朴漏之問注云愚不智見也 愚者不達之稱也 論語爲政不違

如愚皇疏○老子將以愚之王注云愚謂無知守真順自然也 深知禍福謂之知反知爲愚 賈子道術○新序節士云不知而出之愚也又大戴記保傳注引箕子云知不用而言愚也 愚無所知也 一切經音義廿二引三蒼音義十七引蒼頡解詁 亦鈍也 ○文選登徒子好色賦愚亂之邪臣注云愚鈍也 非是是非謂之愚 荀子脩身○賈子脩政語下云言者不善則謂之愚也 簡士苦民者是謂愚 賈子大政上 大愚者癡也 詩抑靡哲不愚疏○論語先進柴也愚集解云愚愚直之愚也 生而癡騃童昏者 周禮司刺三赦曰惷愚注 惷愚

齵

齱齵也 說文○萱按許云齱下云齱齵齒偏 齵齒不正也 廣韻云齱齵 人之牙齒參差謂之齵 考工記輪人爲輪注 齵齒重生也謂齒不齊平者也 一切經音義十五引蒼頡 察其菑蚤不齵注

喁

四部九部兩讀 魚口上皃 說文段注師古并應皆作衆口按魚是也淮南書水濁則魚噞喁劉逵注吳都賦曰

噞喁魚在水中羣出動口皃喁李狀魚引他他用如論語素王受命讖莫不喁喁延頸歸德淮南書羣生喁喁然仰其德司馬相如傳延頸舉踵喁喁然皆是也○晉書音義上喁喁引字林云喁魚口上見萱按見字亦通抑或皃之譌口向上也史記司馬相如傳正義喁喁衆口向上也漢書司馬相如傳下注王莽傳上天下喁喁注又後漢隗囂傳注四部九部兩讀

鰅

鰅魚也皮有文出樂浪東暆神爵四年初捕收輸考工周成王時揚州獻鰅說文段注上林賦郭注曰鰅魚有文彩按長卿謂八川之中有之侈靡過其實也據下文樂浪乃有之然平子賦南都亦曰鱄鱣鰅鱅是南陽有之捕當作搏搏素取也今人用捕字漢人多用搏字神爵孝宣帝年號百官公卿表少府屬官有考工捕此魚輸考工者用其皮飾器也周成云云見周書王會篇蓋漢時揚州地已無此物矣今王會篇作禺禺攷上林賦鰅與禺禺為二物作禺禺非是○史記司馬相如傳鰅鱅鰬魠集解引徐廣云鰅皮有文鰅魠也廣雅釋魚鰅鱅短狐類也楚辭大招鰅鱅短狐注禺魚名

周書王會注○萱按此鰅譌爲禺也或以爲段借字亦得禺禺魚牛也史記司馬相如傳禺禺鱋魶集解引徐廣

隅

陬也說文段注隅與陬爲轉注廣雅曰陬角也小雅箋曰土隅土角也上言阪陬下云阪隅也此不言阪者不主謂阪之隅也考工記宮隅城隅謂角浮思也大雅惟德之隅傳曰隅廉也今人謂邊爲廉角爲隅古不別其字亦作嵎作湡古音在四部偶平聲○萱按作嵎湡者段借也又借嵎借偶皆同禺聲也亦借禺隅角也詩抑疏又論語述而舉一隅皇疏又廣雅釋言又後漢劉寬傳注又淮南本經衣無隅差之制注○禮記曲禮上摳衣趨隅疏也隅猶角也隅角也亦謂之弦周髀算經上徑隅五注○萱按注當云徑隅亦謂之弦此奪二字也徑隅與弦異名而同實單隅字不可目弦也弦之兩端必成角故中法言句股弦西法則曰三角法也隅一隅謂其分也荀子榮辱安知廉恥隅積注隅方也太玄周周無隅注○淮南原道經營四隅注云隅猶方也隅廉也漢書馮奉世傳贊集注又後漢東平憲王蒼傳注又太玄玄攡上下無隅注隅旁也楚辭遠尤射狼門兮

戎之隅隈也廣雅釋丘隅猶崖也呂覽有始齊之海隅注隅目角眼視隅也文選蕪城賦峻隅又已頹注○行築至城東橋詩注云隅城隅也隅谷虞淵也列子湯問隅谷之際注日至于衛陽是謂隅中淮南天文隅強天神也淮南墜形禺彊天神也呂覽求人禺彊之所注○萱按此段禺為隅也禺京郎禺彊也山海經大荒東經禺據生禺彊注○海外北經北方禺彊注云禺強字平冥水神也又列子湯問禺強釋文云禺強北海神也又云禺與隅同禺谷禺淵日所入也山海經大荒北經夸父不量力欲追日影逮之於禺谷注○萱按禺谷郎列子隅谷也虞淵禺淵則未知孰當禺番禺也文選吳都賦自閩禺劉注選湡番隅淮南本經曲揣遺回以像湡語注○萱按諸家作番隅當依此注定以隅為正字之禺湡皆隅之借禺猶區也管子侈靡是為十禺注○萱按此亦可謂隅之義也抑注竟或以禺郎區之段借也禺謂事端初見也管子侈靡將合可以禺注○萱按事端初見所謂一隅也

堣

堣夷逗在冀州暘谷立春日句日值之而出尚唐書曰宅堣夷說文段注暘谷李作陽今正日部曰暘日出也引虞書曰暘谷則此當作暘可知也山部暘下曰首暘山在遼西一曰嵎鐵暘谷也嵎鐵暘三字皆與此異嵎當作禺蓋嵎夷暘谷者孔氏古文如是禺鐵嵎谷者今文尚書如是今堯典作宅嵎夷暘谷依古文而堣譌嵎恐衛包所改耳玉篇唐韻皆作嵎夷堯典音義曰尚書考靈耀及史記作禺鐵尚書正義卷二可證夏侯等書古文宅堣夷堣作嵎者譌為宅嵎鐵嵎鐵卸之異字凡緯書皆用今文故知許土部所偁為古文山部為今文尚書如昧谷為古文柳穀為今文正同詳見古文尚書撰異堣夷暘谷許明云在冀州山部山首暘山在遼西一曰禺鐵嵎谷猶一名非有二物遼西正在冀州然則堯典之堣鐵非禹貢青州之嵎夷司馬貞注禹貢云今文尚書帝命驗竝作禺鐵在遼西此謂堯典也陸氏引馬云嵎海嵎也夷萊夷也馬釋堯典始以禹貢釋之而僞孔傳大意之義和測日不必遠至海外也僞孔云日出於谷而天下故傳暘谷似以此暘谷與日初出東方湯谷合而一之其不亦甚于立春云云日正當堣夷而出乃許所閒尚書古如此尚書云云許之例不云尚書此當云唐書改之

者作虞書

嵎

封嵎之山也在吳楚之閒湋芒之國說文段注魯語孔子曰防風氏者汪芒氏之君
也守封嵎之山者也韋二封封山嵎嵎山在今吳郡永安縣
按據許則封嵎乃一山名耳今封嵎二山在浙江省湖州府
武康縣東實一山也楚當依玉篇作越邑部曰在夏為防風
氏在殷為汪芒氏孔子謂防風氏為汪芒氏之君者以今釋
古之例謂夏之防風氏其國在殷之汪芒氏也○家語辨物注云封嵎山名嵎夷地名書禹貢嵎夷既略馬
注○後漢東夷傳注云東方之地曰嵎夷嵎海隅也堯典宅嵎夷馬注又晚出傳云東表之地稱嵎夷○萱按
堯典本作堣夷在冀州禹貢嵎夷在青州而馬季長棍合為
一而晚出傳從之堯典字亦誤作嵎淵奐○又按列子周穆
王西極之南嵎有國焉孟子盡心下虎負嵎皆
段嵎為隅也後漢馬融傳注引虎負隅用李字

符 范及切

信也漢制以竹長六寸分而相合說文段注周禮門關用符節注曰符節者如今宮中
諸官詔符也小宰傳別故書作傳辨鄭大夫讀為符別漢孝
文紀始與郡國守相為銅虎符竹使符應劭云銅虎符一至

五國家當發兵遣使至郡合符符合乃聽受之竹使符皆以
竹箭五枚長五寸鐫刻篆書第一至第五張晏曰符以代古
之圭璋從簡易也按許云六寸漢書注作五寸未知孰是○
文選報任少卿書脩身者智之符也注又漢書司馬遷傳集
注又後漢杜詩傳注竝云符信也符驗也後漢祭形傳注又淮南李經審於符者怪物不能惑也注脩務故有
符於中注符付也書所教命於上付使傳行之也亦言赴也執以
赴君命也釋名釋書契符約也淮南主術以一合萬若合符者也注符合也文選甘泉賦同
符三皇注引文穎○漢書高帝紀上封皇帝亜符節注云符謂諸所合符以為契者也符節相合之物
也荀子儒效晚然若合符節注符猶法也文選辨亡論上柳有前符注符道也呂覽精諭天符
同也注符徵兆也史記蘇秦傳焚秦符曰正義符瑞也史記孝武紀以風符應合子天地集解引
晉灼又漢書揚雄傳下方將俟元符注又後漢班彪傳下
注○漢書外戚傳上又耳羹者所夢日符注云符猶瑞也符
相命也文選答賓戲守爾天符注引項岱符謂甘露醴泉之屬禮記仲尼燕居注萬物之

符長釋文符郎繻也後漢郭丹傳注符采玉之橫文也文選蜀都賦符采彪炳劉注符
拔形似麟而無角後漢班超傳注符甲猶孚甲也史記律書甲者言萬物部符甲而出
也索隱○萱按此謂符郎孚之段借符鬼目也漢書司馬相如傳上蔵持若蘇注○萱按此段符為符也爾雅
有符鬼目而說文不錄符

紨

布也一曰粗紬說文段注紨布也謂布名一曰云云謂大絲繒之粗者漢書武五子傳嚴延年女羅紨紨紬也廣雅釋器

鳧

舒鳧遲鶩也說文段注釋鳥曰舒雁鵝舒鳧鶩內則注同舍人李巡云野曰雁家曰鵝野曰鳧家曰鶩按野
曰雁鳧而畜於家者曰舒雁舒鳧是謂鵝鶩舒者謂其行舒
遲不畏人也詩弋鳧與雁以及他言鴻雁鳧鷖皆謂野鳥非
舒鳧舒雁也大雅傳曰鳧水鳥也鷖鳧屬也然則說文於鳧
下擧舒鳧蓋謂統言可不別但云舒鳧則固析言之矣尋許
意不以鳧入鳥部而入几部此句丩二部之例鳧之羽短不
能飛故其字从几知野鳧亦短羽而能飛乎○萱按許此
篆解釋畢竟滲漏當用毛傳鳧水鳥也補於舒鳧上其庶幾乎鳧水鳥之謹愿者也詩女曰雞鳴弋

鳧與鴈陸疏鳧鳧也廣雅釋鳥○萱按此不別家野渾言之也野鴨曰鳧家鴨曰鶩禮記
曲禮下庶人之摯匹疏○後漢班彪傳下注云在野曰鳧又
爾雅釋鳥舍人注李注竝云鳧野鴨名也又某氏注云在野
舒飛遠者為鳧萱按此注舒字圓刪此一字則善矣鳧山也詩閟宮保有鳧繹傳

撮口許 春驅切

俱

皆也說文段注皆各本作偕字之誤也今正白部曰皆俱詞也與此為互訓詩有段具為俱者如大叔于田火烈具
舉是也○呂覽蕩兵與始有兵俱注云俱皆俱偕也國策齊策而儀與之俱注又呂覽知士劑貌辨俱注俱
亦漏之意也左氏襄二年傳降福孔皆疏俱亦齊同之意也文選顏延年和謝監靈運
詩年往志不借注俱猶同也一也素問三部九候論所謂後者應不俱也注具俱也詩大叔于
田傳節南山民具爾瞻傳又禮記大學民具爾瞻疏又儀禮
士冠禮具饌于西塾注又文選東京賦具醉熏熏薛注神具
醉止薛注火烈具擧薛注○萱按此以正字釋借字也具猶俱也詩行葦莫遠具爾箋桑柔具禍以燼箋○
文選東京賦具惟帝臣薛注云具之言俱也具皆也孝經疏引孔注又詩楚茨神具醉止箋○四月百卉具腓箋云具猶皆也

鄒需切

區

踦區疊韻臧隱也說文段注踦猶危部𡰪部之㱕陒彼言傾側不安也此言委曲包蔽也區之義內臧多品故引申為區域為區別古或段𠃊字為之如區蓋亦作𠃊蓋區字亦作𠃊字是也或段為句曲字如樂記區萌達郎注月令之句者畢出萌者盡達也○萱按素問鬼臾區亢倉子作鬼容𠃊二字之通借古矣區藏物處荀子大略言之信者在乎區蓋之閒注○注又云器名區者與𠃊同義區匿也左氏昭七年傳作僕區之法服注四豆為區區斗六升左氏昭三年傳豆區釜鍾注○考工記㮚氏量之以為鬴注云四豆曰區又小爾雅廣量云豆四謂之區又廣雅釋器云榧四曰區玉十謂之區爾雅釋器○注云雙玉曰穀五穀為區區域也後漢方術傳注○文選東京賦造我區夏矣薛注云區區域也區虛也太玄玄攡回行九區注○又云九區猶邑六虛之區宅也淮南原道縱志舒節以馳大區注區者小室之名漢書胡建傳穿北軍壘垣以為賈區注區盧者若今之伏宿屋矣漢書百官公卿表上衛尉注又引胡廣區謂居止之所也漢書張敞傳發起賊主名區處注○食貨志下坐肆列里區謁舍注引如淳云居處

所在為區天區謂四方上下也文選東京賦盈溢天區薛注○思玄賦上下無常窮六區注云六區下四方也八區四方四隅也文選蜀都賦茂八區而菴藹焉劉注○長楊賦洋溢八區注云八區八方之區也九區九服也文選赭白馬賦鬋九區而率順注區陬隅隙之閒也文選東京賦目察區陬薛注水區河中也文選吳都賦鏡水區劉注具區今吳縣西南太湖也尚書謂之震澤山海經南山經浮玉之山北望具區注區別也華嚴經音義上引論語馬注○後漢黨錮傳注云區猶別也區小也廣雅釋詁二區區小也廣雅釋訓○漢書楚元王傳豈為區區之禮哉又文選與彭寵書奈何以區區漁陽結怨天子注並云區區言小也區區小兒左傳襄十七年宋國區區釋文又公羊宣十五年傳以區區之宋注又漢書禮樂集注陳勝項籍傳贊集注陸賈傳集注鄒陽傳集注○楊王孫傳何必區區獨守所聞注云區區小意也區區受也廣雅釋訓區區得志兒也呂覽務大區區焉相樂也注屈生曰區萱按此句之段借字也又淮南覽冥區冶生而淳鈎之劍成此段區為敺

也又左傳陳夏區夫公羊作彄夫此不知孰為正字要知區本音不當讀彄若謳也

䧢

或作嶇○俗有此㱕陒也說文段注各本奪陒字今補危部㱕篆下曰㱕陒也凡各亦曰一陒也㱕陒以雙聲成文謂傾側不安不能久立也不容刪一字矣䧢陒他書作崎嶇漢碑亦作嶇陒者踦䧢也漢書諸侯王表至虖䧢陒河洛之閒注引應劭○萱按即崎嶇也周景功勲銘又作陒隋皆駁文

軀

或作軀○俗有躯體也說文段注體者十二屬之總名也可區而別之故曰軀軀區也是衆名之大總若區域也釋名形體軀身也玉篇○廣韻云軀骨也

驅

○俗有駈敺古文驅馬也說文段注各本作馬馳也今正此三字為一句驅為篆文此三字言其義許之例如此驅馬常言耳盡人所知故不必易字以注之也驅馬自人策馬言之革部曰鞭驅也是其義也古文从攴攴者小擊也今之扑字鞭箠策所以於馬而驅之也故古文从攴引申為凡駕馭追逐之偁周禮以靈鼓驅之以炮土之鼓敺之孟子為淵敺魚為叢敺爵為湯武敺民皆用古文其實皆可作驅與攴部之敺義別○詩載驅傳薄薄疾驅聲也疏云駁

與驅音義同皆謂駈馬疾行也策馬謂之驅詩山有樞疏隨後曰驅文選琴賦驅注引蒼頡馳也楚辭惜賢驅子僑之奔走兮注又文選東京賦軼五帝之馬驅薛注驅犇也廣雅釋室驅行也儀禮士昏禮乃驅注敺謂駕敺之也荀子彊國胡不敺此勝人之執注○萱按漢書食貨志上今敺民而歸之農此段敺為敺也又孟子驅騁田獵文選注引之驅作馳此用訓釋字也

鱷

鱷魚也三字句狀佀蝦無足長寸大如叉股出遼東說文段注鰕各本作蝦誤蝦有足鱷則似蝦而無足集韻類篇奪無字非也○萱按山海經鯠鰅似鰕無足當即此物單評鱷衆許鮇鱅

蓲

○俗有蘊烏蓲迺艸也說文段注烏蓲二字依爾雅音義補廣韻曰烏蓲艸名李說文郭注爾雅莢蘞云江東呼為烏蓲音丘許不與蘪蘞蓟四字類廁則許意不同郭也蘊茎爾雅釋木○萱按詩山有樞用段借字傳云樞茎也蘊椓也廣雅釋木蓲亦木名山海經海內南經注蓲華也文選吳都賦異荂蓲蘛劉注○萱按此段蓲為榖也劉又云榖蔚華開皃李善云蓲與榖同北燕朝鮮洌水之閒謂伏

欨 訓驅切

雞曰蘆方言八○萱按此段蘆為嫗也樂記注云以氣曰煦以體曰嫗○俗有煦煦吹也一曰笑意說文欨歎也廣雅釋言○萱按欸或書作歎曹憲音許戾切玉篇云歎笑意也煦色也廣雅釋詁二煦𧡛笑皃也廣韻煦吹煦也漢書中山靖王勝傳夫衆煦漂山注引應劭呴噓皆開口出氣也漢書王褒傳呴噓呼吸如僑松注○萱按此段呴為欨也莊子吹呴吸呼亦介呴呴言語順也漢書東方朔傳愉愉呴呴注

須 選驅切

○俗有鬢鬚頣下毛也說文段注各本譌作面毛也三字今正禮記禮運正義曰案說文云耏者鬚也鬚謂頣下之毛象形字也今正而篆下云頰毛也須篆下云面毛也語皆不通毛篆下云眉之髮屬故眉解目上毛須解頣下毛須在頰者謂之䫇不謂之而釋須為面毛則尤無理須在頤下頾在口上䫇在頰其名分別有定釋名亦曰口上曰髭口下曰承漿頤下曰鬚在頰耳旁曰髯與許說合易賁六二賁其須虞果曰自三至上有頤之象二在頤下須之象下引申為凡下垂之偁凡上林賦之䳌蘇吳都賦之流蘇今俗云蘇頭皆即須字也俗段須為需別製鬢鬚字○漢書高帝紀

上美須髯注云在頤曰須又周禮冥氏則獻其皮革齒須備司農注云須直謂頤下須頤下曰鬚鬚秀也物成乃秀人成而須生也亦取須體幹長而後生也釋名釋形體須之為物上附者也易賁賁其須注魚曰須爾雅釋獸須屬須葑蓯爾雅釋艸○萱按此及臺夫須今皆作蕦為艸名之專字今俗加艸頭耳古祇用須也須薞蕪爾雅釋艸須漕衛邑也詩泉水思須與漕傳須捷敗也南楚凡人貧衣被醜敝謂之須捷方言三須捷狎翣也方言三注須有才智之稱天文有須女萱按此段須為諝也諝嬃須遝相借須諝異部而雙聲須待也須止也萱按此類皆段須為䇓也需亦同義也

嬃

女字也楚詞曰女嬃之嬋媛賈侍中說楚人謂姊為嬃說文段注樊噲以呂后女弟呂須為婦須即嬃字也周易歸妹以須鄭云須有才智之稱天文有須女按鄭意須與諝胥同音通用諝者有才智也楚詞云云屈原賦離騷篇文賈侍中說蓋釋楚詞之女嬃王逸袁山松酈道元皆言女嬃屈原之姊惟鄭

注周易屈原之妹名女須詩正意所引如此妹字恐姊字之譌○萱按須者嬃之省借字也疑嬃不古或後人加女耳嬃得義於諝二字雙聲也

䇓

○俗有頊嬬䇓或立而待也說文段注依韻會補立而二字今字多作需作須而䇓廢矣雨部曰需䇓也遇雨不進止䇓也引易雲上于天需需與䇓音義皆同樊遲名須須者䇓之段借䇓待也爾雅釋詁又漢書翟方進傳集注○萱按釋詁疏引詩卬䇓我友正字也詩作須用借字須待也易歸妹釋文又詩皇矣箋天須假此二國疏又儀禮士昏禮記某敢不敬須注又禮記樸記下疏又史記廉頗藺相如傳胥後命索隱又漢書志傳各注又後漢紀傳各注又荀子富國須孰盡察注禮論皆使其須足以容事注解蔽作之則將須道者之須則人將注○儀禮士喪禮擯者出告須注又管子入國虛心平易以待須注竝云須亦待也須俟也文選東京賦以須消啓明辭注須需也易歸妹虞注○萱按與需䇓也為轉注須止也晚出書五子之歌序須于洛汭馬注須須臾也荀子王制罷不能不待須而廢注性惡不待頃矣注須搖須臾也漢書禮樂志神奄需臨須搖注

引晉灼須臾少時也文選北征賦聊須臾以婆娑注須臾陰陽吉凶立成之法也後漢方術傳注○俗有劚需

需

䇓也說文段注䇓者待也以疊韻為訓易彖傳曰需須也須即䇓之段借也左傳曰需事之賊也又曰需事之下也皆待之義也凡相待而成曰需○萱按需䇓也下說文又曰遇雨不進止䇓也从雨而易曰雲上于天需段注云遇雨不進說从雨之意而者䇓之意此字為會意各本作而聲者非也公羊傳曰而者何難也穀梁傳曰而緩辭也而為遲緩之辭故从而而訓須須通䇓从而猶从䇓也春秋經已及葬我小君頃熊雨不克葬庚寅日中而克葬是以雨而之證也易曰云云需卦象傳文此傳易以證从雨之意雲上于天者雨之兆也宋衷曰雲上于天需時而降雨需者待也易象上傳需有孚疏又莊子大宗師聶許聞之需役釋文引王注需不進也易雜卦傳需疑也左氏哀六年傳注又釋文哀十四年傳釋文又史記田敬仲世家索隱需役儒弱為役也莊子大宗師聶許聞之需役釋文引李注○萱按此注儒弱字不誤他處多僞為懦弱矣需是儒弱之意

左氏哀六年傳疏○釋文云需儒弱待疑也○萱按儒弱孔陸本作懦弱字之僞也今正凡需聲在四部耎聲在十四部皆不得有十七部乃臥切之音也懦訓柔愞訓駑弱古無懦字也乃愞儒二字之僞體耳學者所宜諟正矣需儒以疊韵爲訓此處當是儒弱矣或借濡字作之亦得他處通作愞弱可耳○又按考工記輈人馬不契需司農注云需讀爲畏需之需又鮑人之事欲其柔滑而腥脂之則需注云需故書需作劉又云劉讀爲柔需之需萱謂此兩讀爲皆破字爲耎也但四部與十四部遠隔耳依釋文需劉皆人兗反疑考工本是耎字而譌需也

需續也 廣雅釋言

需謂不充滿 考工記弓人薄其帤則需注

需訓養 易需釋文○序卦傳云需者飲食之道也

嬬

弱也一曰下妻也 說文段注嬬之言濡也濡柔也下妻謂小妻後漢書光武紀曰依託爲人下妻周易歸妹以須釋文云須荀陸作嬬陸云妾也

妻謂之嬬 廣雅釋親○萱按陸續釋嬬爲妾張揖釋嬬爲妻陸義較密矣要是一析言一渾言耳

繻

○俗有繻 繒采色也 說文段注此本義也左傳紀裂繻大夫以裂繻爲名此繻乃緰之段借巾部曰緰繒耑裂

之是也終軍傳關吏與軍繻蘇林曰繻帛邊也舊關出入皆以傳傳因裂繻頭合以爲符信也即左氏裂繻字正當作緰是以二傳作緰

繻色也 廣雅釋詁二

繻者衣布帛端末之識也 萱按此類皆段繻爲緰也

郡榆切

跔

○俗有徇 天寒足跔也 說文段注周書太子晉解師曠東躅其足曰善哉善哉太子曰大師何舉足驟師曠曰天寒足跔是以數也此許所本莊子音義亦引周書天寒足跔今本周書作足躅誤也跔者句曲不申之意

朐

○俗有夠譌體有朐 脯挺也 說文段注許書無脡字脡即挺也何注公羊曰屈曰朐申曰脡朐脡就一脡析言之非謂脡有曲直二種也曲禮曰左朐右末鄭云屈中曰朐屈中猶言屈處末郎申者也士虞禮曰設俎于薦東朐在南鄭云朐脯及乾肉之屈也曰左朐曰朐在南則禮在脯端明矣鄉飲酒記曰薦脯五挺橫祭于其上注引曲禮左朐右末鄉射記薦脯五織織長寸二寸注織猶挺也然則每一脯為一織謂之一挺每織必有屈處故亦可謂之一朐挺作脡職作職皆俗字朐引申為凡屈之偁漢巴郡有朐忍縣十三州志曰其地下溼多朐忍蟲因名朐忍蟲郎土蛚今俗云曲蟺也

漢碑古書皆作朐忍無異不知何時朐譌朐忍譌腮闕騆上音春下音閏通典上音蠢下音如尹切廣韵則上音蠢下音閏而大徐乃於肉部增朐腮二篆上音如順下音尺尹不知爲朐忍之字誤且謂其地在漢中又不知漢朐忍在今夔州府霊陽縣名萬戶垻者是去漢中遠甚也○萱按朐腮乃體之譌非本有此俗字也溼可雜矣今不雜者留為學者參攷也

屈中曰朐 儀禮鄉飲酒體注又釋文

朐脯名 廣韵

朐遠也 管子修靡時而朐注有

朐山名也 後漢桓帝紀注

朐車軛 左氏昭廿六年傳繇朐汰輈注○萱按此段朐為軥也

鼩

精鼩鼠也 說文段注四字一句爾雅謂之鼩鼠郭注小鼱鼩也亦名鼱鼩漢書東方朔傳如淳注曰鼱鼩小鼠也音精劬據爾雅釋文字林有鼱字或書作駒

鴝

○俗有鸜鵒 鴝鵒也 說文段注今之八哥也左氏春秋昭二十五年有鸜鵒來巢本又作鴝公羊作鸛音權穀梁作鸛亦作鸜考工記作鸛亦作鸜郭注山海經云鸜鵒鴝鵒也按句瞿音同作鸛音權者語轉也鴝與隹部雊各字○萱按鸛音權則與鸛本義本音異矣段借用字耳句瞿權求皆爲雙聲因語轉而諸聲之字各判此孳乳所以

浸多也

鸜鵒夷狄穴藏之禽 漢書五行志中之下○左氏昭廿五年經疏云鸜鵒北方之鳥

鸜鵒不踰濟 考工記總目○山海經中山經又原之山其鳥多鸜鵒注云鸜鵒鴝鵒也

鴝掇蟲名 列子天瑞鴝掇千日釋文○莊子至樂云蝴蝶胥也化而為蟲生於竈下其狀若脫其名為鴝掇

斪

○俗有斲 斪斸逗所以斫也 說文段注各本無斪斸所吕四字今補爾雅斪斸謂之定斪斸合二字成文斪之言鉤也斸之言斫也考工記車人之注作句欘斤斧所以斫木斪斸所以斫地

斪斸鉏也一名定 爾雅釋器舍人注又本注云斪斸鋤也○萱按釋文斪作拘考工記引尒雅作句皆段借字

求儒切

邭

地名 說文

俞

空中木為舟也 說文段注淮南氾論訓古者爲窬木方版以爲舟航高曰窬空也方並也舟相連爲航也按窬同俞空中木者舟之始並版者航之始如椎輪爲大路之始其始見本空之木用爲舟其後因割木以爲舟凡穿窬廁窬皆取義於俞中孚傳曰利涉大川乘木舟虛也

俞安也 呂覽知分俞然而以待耳注

俞進也 漢書

禮樂志集注食愈益也國語越語辭愈卑禮愈尊注○廣雅
貨志上集注釋詁一云俞益也萱按此篆體也稚
讓書每从篆體訓益者愈引申之大戴記文王
義諸家多用愈其實愈亦可用甚愈言無已宮人其入人
注甚愈愈愈然從容自得之皃莊子天運無愈然也又爾雅釋言
為則愈愈注書堯典
帝曰愈予聞晚出傳又周禮大宗伯釋文又禮記內則男唯
女愈注又漢書揚雄傳上集注引張晏傳下集注又後漢栖
榮傳注○漢書司馬相如愈答也漢書禮樂愈郎蹠也史記
傳下集注云愈者然也志集注蒙恬
傳而愈弗背脊曰愈素問奇病論治脈之所注為愈素問欸
立索隱之以體募愈注論注引
靈樞離愈郎離朱山海經大荒南經赤水之東妻有離愈注
經○萱按此離朱不知何所指要與趙岐所
云離朱卸離蔞司馬彪所云離朱同愈兒古之善識味人也莊
黃帝時人百步見秋毫之末不同子
駢拇雖通如愈兒釋文引司馬彪○愈兒淮南子一
李作申兒疑申當為愈臾萱按愈臾釋文云申形近書經三
寫遂有若此者又駢拇云呴愈仁義音同臾易訟渝安貞釋
釋文愈李作呴按郎煦煦為仁也渝然也文引鄭注○萱

韻史 卷十六第四部平聲溝韻 一七六三

揄

按此謂渝為
愈之段借字
揄白逗枌說文段注見釋木陳風東門之枌傳云枌白榆也
然則釋木揄白為逗枌為句顯然許意亦如此讀
別揄一種以起下也揄英可食亦可為牆酉部所謂猶臉也
○萱按說文揄枌梗三篆相次枌梗皆揄之屬別也揄盡人
所識故不特釋而言其屬別白者為枌則揄不白矣舉其屬
而別自見又按爾雅此句法乃訓詁之變例釋木變例之句
凡三揄白揄木名也莊子適遙遊我決起山揄一名梗有剌
枌其一也而飛擒揄枌釋文
一切經音義廿三引字林○萱按此同
英可以為蕪荑者也說文梗字注是為揄三種之一貫思鰓
分姑揄剌揄山揄為三愚謂貫所說實祇剌揄揄州里名也
一種耳揄自為一種枌揄又一種茲謂三揄
水經洞過水注引服虔○萱按蓋郎揄猶寫也太乎瑩揄漏
漢所謂枌揄社也疑脈語奪粉字李剌注○萱
按揄恐字誤或當是揄字耳揄者引也臾也與寫義差近又
素問骨空論析使揄臂齊肘注云揄讀為搖疑此揄字亦李
作揄耳又周禮疾醫注岐
伯揄枏釋文揄李作俞

韻史 卷十六第四部平聲溝韻 一七六四

揄

引也說文段注漢郊祀歌曰神之揄臨壇字師古云揄引也
史記揄長袂廣韻揄揚說言也皆其引申之義大雅或
春或揄段揄為臽也○廣雅釋詁一又漢書司馬相如傳上
集注引張揖揚雄傳下集注又後漢班彪傳上注竝云揄引
也揄臾也史記司馬相如揄謂垂手衣內而行也莊子漁父
傳揄紵縞正義被髮揄袂
釋文○萱按釋文揄下當補袂揄出也淮南主術揄策
比合二字釋之非專釋揄也于廟堂之上注揄脫
也方言十二又揄揄翟也揄鋪毳也萱按比皆段
廣雅釋詁四揄為揄也

覦

欲也說文段注覦欲疊韻廣韻曰覬覦欲得也○
漢書游俠傳集注敘傳上音義竝云覦欲也覦謂有所
蕢望也華嚴經音義上引珠叢○萱按文選勸進表
狡寇竊竄襘淵碑文竄竄神器段竄為覦也

愉

薄樂也論語曰私覬愉愉如也說文段注薄本訓林薄蠶薄
而段為淺泊字泊水部作洒
凡言厚薄皆皐泊之段借也此薄也當作薄樂也轉寫奪樂
字謂淺薄之樂也引申之凡薄皆云愉唐風他人是愉傳曰
愉樂也禮記曰有和氣者必有愉色此愉之李義也毛不言
薄者重樂不重薄也鹿鳴覗民不恌傳曰恌愉也許書人部

韻史 卷十六第四部平聲溝韻 一七六五

作恌愉也周禮以俗教安民則民不愉鄭注愉謂朝不謀夕
此引申之義也淺人分別之別製偷字从人訓為偷薄訓為
苟且訓為偷盜絕非古字許書所無然自山有愉喜也廣雅
摳鄭箋云愉讀曰偷則不可謂其字不古矣釋詁
一愉歡也荀子富國為之出愉悅也素問上古天眞論以恬
死斷之而愉者注愉為務注○廣雅釋詁
三云愉愉和也淮南李經其心愉顏色和皃也禮記祭義其
說也愉而不偽注進之也敬以
愉愉愉和也廣雅愉愉顏色和也論語鄉黨愉愉如也皇疏
注釋訓又漢書東方朔傳愉愉呴
呴注○文選非有先生論注愉愉和悅之皃禮記祭義疏愉
云愉愉呴呴和悅之皃也乎其忠之詁又
文選東京賦其愉愉懌也漢書禮樂志愉樂也爾雅釋馬又
樂愉愉薛注集注引李奇漢書司而相
如傳上集注又後漢張衡傳注又荀子王霸形體好佚注愉
安重閒靜莫愉馬注又楚辭東皇太一穆將愉兮上皇江文
愉和樂皃也漢書禮樂志高賢愉逸耽樂縱逸也文選體顏
愉愉民所懷集注適襍
特進詩測恩愉往也悅也史記司馬相如傳心愉服也爾雅
蹐愈逸注愉於內索隱引張揖釋詁

韻史 卷十六第四部平聲溝韻 一七六六

愉勞也爾雅釋詁○注云勞苦者多情愉今字或作窳同萱按郭以愉為窳之借字也呂覽愉縱注以解釋愉將毋同

愉解也呂覽勿躬而莫敢愉縱注

愉吳歌也文選吳都賦劉注○萱按此段愉為歈也說文與歈

愉樂也漢書地理志下它人是媮集注韋賢傳我王以媮集注○文選諷諫詩注云媮與愉同樂也萱按愉媮義近故段媮為愉也後出愉字即二字之變義亦與二字相出入

此愉謂朝不謀夕周禮大司徒六曰以俗教安則民不愉注○疏云愉謂苟且

踰

越也說文又詩將仲子無踰我里傳又周禮野廬氏禁野之橫行徑踰者疏又論語為政不踰矩皇疏又淮南繆稱可謂不踰於里乎注又文選東京賦規摹踰溢薛注又一切經音義一引字林

踰越勝之也淮南道應子發攻蔡踰之注

踰猶過也淮南主術志之所在踰于千里注

踰謂過越也漢書匡衡傳疏者踰內注○後漢班彪傳下注云踰越並過也

踰度也國語吳語銜枚踰江注又史記平準書行西踰隴集解引漢書音義又漢書食貨志下集注引孟康又呂覽長攻豈能踰五湖九江注

踰渡也廣雅釋詁二

踰躍也

漢書司馬相如傳上集注引郭璞

踰邁也呂覽樂成同難踰也注

踰遠也廣雅釋詁一又漢書陳湯傳集注引如淳敘傳下集注

踰還也後漢班超傳注

踰封越竟也或為越疆禮記檀弓不踰封而弔注

踰垣謂籬牆也素問陽明脈解踰垣上屋注

踰等父兄黨也禮記少儀尊長於己踰等注

踰言遠談語也踰或為遙禮記投壺毋踰言注○萱按踰遙雙聲義亦略相近容可通用矣又文選上林賦隃絕梁段隃為踰也漢書多用隃

隃遙也漢書趙充國傳集注引鄭氏○後漢馮衍傳注云隃猶還也

隃與踰同謂越制漢書賈誼則貴賦有等而下不踰矣注○霍去病傳隃烏盭注嚴助傳與輪而隃領注匡衡傳碑不隃尊注揚雄傳上隃於穆之緝熙兮注又觀夫票禽之紲隃注外戚傳下隃越禮制注循吏黃霸傳獄中再隃冬注南粵王傳兵不能隃領注王莽傳中隃徼外歷益州注坳云隃與踰同或作逾

逾

越進也周書曰無敢昏逾說文段注越進有所超越而進也周書云云顧命文昏从民者誤

逾越也書禹貢逾于洛晚出傳又漢書地理志上集注○萱按史記作踰于洛踰逾音義皆同也一切

經音義一引字書踰作逾同

逾過也後漢傳穀傳注

逾遠也漢書敘傳下福逾剌鳳注

逾益也書泰誓日月逾邁疏又呂覽務大此所以欲榮而逾辱也注又淮南原道大逾然而消逾亟注主術亂乃逾甚注

逾滋益甚也淮南原道亂乃逾滋注

渝

○俗有穢變污也一曰渝水在遼西臨渝東出塞說文段注釋言曰渝變也鄭風傳虞翻注易杜注左傳皆同許謂瀞而變污一曰云云遼西郡臨渝二志同臨渝故城無考前志臨渝下曰渝水首受白狼東入塞外又有侯水北入渝同郡交黎縣曰渝水首受塞外南入海按水經注遼水篇詳白狼水渝水侯水今渝水未詳一統志於永平府曰古今水道變遷所當闕疑

渝變也易訟渝安貞虞注又釋文豫成有渝虞注隨官有渝虞注又詩羔裘舍命不渝傳板敬天之渝箋又左氏隱六年經鄭人來渝平注又釋文桓元年傳渝盟無享國注傳四年傳專之渝注傳廿四年傳于是乎又渝周召釋文傳廿八年傳有渝此盟注昭卅二年傳注又穀梁隱元年傳其盟渝也釋文定十一年釋文又國語周語弗震弗渝注又後漢班彪傳下注楊震傳注蔡邕傳注酷吏傳注又太玄周厭戚渝注

童修其玄鑒渝注又呂覽下賢桀乎其必不渝移也注又淮南原道久而不渝注又文選鸚鵡賦庶彌久而不渝注幽通賦易渝色兮曹注思玄賦俗還渝而事化兮舊注補亡詩湮而不渝注

渝易也文選西京賦漢載安而不渝薛注晞敢以渝薛注

渝解也太玄格裳格鞶鉤渝注

渝亦溢也文選海賦沸潰渝溢注

渝然也易訟渝安貞釋文引鄭注○萱按此謂渝為俞之借字也訓然與訓變正相反疑鄭所據易本是俞字故與詩板箋異

赤需火色一曰色墮也集韵

瑜

瑾瑜也說文○萱按許瑾下云瑾瑜美玉也此用楚辭懷瑾握瑜王注也左傳又云瑾瑜匿瑕

瑜玉也淮南繆稱碧瑜賁玉之注

瑜其中閒美者禮記聘義瑕不揜瑜注○釋文云瑜玉中美

瑜亦美玉名山海經西山經瑜山祠之瘞用百瑜注○禮記玉藻世子佩瑜玉而綦組綬疏云瑜是玉之美者又聘義疏引字林云瑜美玉

瑜美皃也漢書禮樂志象戴瑜注

孚瑜言美色也一切經音義十三引纂文

褕

褕翟逗羽飾衣一曰直裾謂之襜褕說文段注褕翟二字舊刪褕字今依毛詩補肅

風玼兮玼兮其之翟也毛傳曰翟揄狄闕狄羽飾衣也釋文揄字又作褕狄字又作翟依說文則毛傳本作褕作翟也羽部曰翟山雉其衣曰褕翟闕翟故知為羽飾衣也毛許云羽飾衣未詳其制內司服褘衣揄狄闕狄玉藻之記同鄭仲師云揄狄闕狄畫羽飾則釋為畫後鄭謂褘揄即爾雅之翬雉搖雉字狄即翟字翬衣搖翟皆刻繒為之形而采畫之著於衣以為飾因以為名闕翟刻而不畫後鄭與毛異亦與大鄭異蓋毛許謂褘褕闕為衣服之名褕闕系以翟故釋為羽飾褕者正字揄者段借字也後鄭則謂揄者段借字搖者正字也許無搖雉之說鄭不取揄字然搖與翟十四雉中二雉之名經何不言搖衣而傳搖又言翟也其說似尚當審定矣一曰云云方言襜褕江淮南楚謂之橦褣自關而西謂之襜褕釋名荊州謂禪衣曰布襦亦曰襜褕言其襜襜弘裕也師古注急就篇及雋不疑傳曰直裾禪衣也史記索隱曰謂非正朝衣如婦人服也○董按後鄭破揄為搖諸家从之揄揄皆讀搖其實鄭此義未為定論則揄褕不煩改而讀也

褕 襜褕也 史記司馬相如傳拙獨繭之褕袘集解引徐廣又漢書相如傳上注引張揖

褕 美也 史記淮陰侯傳褕衣甘食索隱

揄 揄翟也 禮記襍記上大夫不揄絞屬於池下注喪大記揄絞縹紐注○董按依說文揄

揄為正借字又或段揄為短衣之襦見方言四注

褕鋪毹也荊揚江湖之間曰褕鋪 方言二

羭

夏羊牝曰羭 說文段注牝各本作牡誤按釋畜夏羊牝羭牡羖自郭所據牝牡字已互譌引之者多誤因之竄改說文今正下文夏羊牡曰羖亦有譌作夏羊牝曰羖者牝牡字易互譌而羖必是牡則知羭必是牝爾雅牝羭牡羖猶上文云牡羒牝牂也急就篇牂羖羯羠羝羭師古曰牂吳羊之牝也羝牂羊之牡也羭夏羊之牝也羖夏羊之牡也此所據說文尚不誤左傳曰攘公之羭杜曰羭美也牝羊美於牡者故內則八珍亦用牂歸藏齊母亦曰兩壺兩羭夏羊謂黑羊郭注爾雅云白者吳羊黑者夏羊

羭 牝羊也又黑羊也 列子天瑞老羭之為猴也釋文○董按張湛注亦以羭為牝羊與殷敬順同是矣近邵氏爾雅正義反以張湛為非由墨守郭氏故也讀爾雅者當知別裁勿泥誤李可也

羭 美也 左氏傳四年傳注○疏云美善之字皆从羊故羭為美也

羭 山神也 山海經西山經

蝓

○俗有蛺 虎蝓也 說文段注虎蝓讀移臾二音今生牆壁間溼處無殼有兩角無足延行地上俗許延游即虎蝓古語也本艸經作蛞蝓云一名陵螺後人又出蝸牛一條據本經則蛞蝓即蝸牛合之釋蟲及鄭注周禮許造說文皆不云蠡與蝸蝓為二蓋螺之無殼者古亦許螺有殼者正許蝸蝓不似今人語言分別許也陸佃寇宗奭分別之說似非古言古義○董按目驗蝸牛與延游迴非一類

臾

○俗有疾 束縛捽抴為臾臾 說文段注束縛之縛束也捽持頭髮也抴捺也捺臥引也臾字各本無今補束縛而牽引之謂之臾臾凡臾得疾死獄中皆當作此字臾臾者臾之本義周禮臾弓往體多來體寡往多殆即牽引之意與凡云須臾者殆方語如是不關本義

甌臾窳下之地 荀子大略流丸止於甌臾注○董按黃帝內經鬼臾區漢書藝文志亢倉子賢道故作鬼容丘此異部通段字也臾與容區與丘皆一聲之轉

飢寒而死曰瘐 漢書宣帝紀集注

瘐病也瘐瘐病也 董按此段瘐為瘉也瘉訓瘳亦訓病

往體多來體寡曰夾臾 周禮司弓矢夾弓庾弓注○董按臾庾正借字也考工記弓人云往體多來體寡謂之夾

臾之屬

諛

讇也 說文段注諛者所以為讇故渾言之○董按讇諛也二篆互訓讇重文作諂

諛 諂也 漢書項籍傳集注鮑宣傳集注又呂覽先識善諛之士注

諛 諂言也 漢書韋賢傳唯諛是信注

不擇是非而言謂之諛 莊子漁父○鬼谷子權云諛言者博而干智

以不善和人者謂之諛 荀子修身

曲從為諛 周書芮良夫惟以貪諛為事注

從命病君謂之諛 說苑臣術

諛悅順皃 管子五行諛然告民有事注

腴

腹下肥者 說文段注者各本作之今依文選注此主謂人論衡傳語曰堯若腊舜若腒桀紂之君垂腴尺餘是也若少儀羞濡魚者進尾冬右腴七發犓牛之腴段人之傳傳之也○禮記少儀冬右腴注云腴腹下也又漢書地理志上注云腹之下肥曰腴

腴 肥也 漢書敘傳上集注

腴有似於人穢 禮記少儀君子不食圂腴注○疏云腴豬犬腸也

腴者氣之所聚 儀禮公食大夫禮注乾魚近腴疏

腴道之美者

也文選答賓戲味道之腴注引項岱曰臚以為腴之段借字也此亦說鴻臚之一義而韋昭釋之腴前曰臚也一切經音義廿二引釋名○萱按釋名謂腴前肥者

楰

鼠梓木詩曰北山有楰說文○爾雅釋木又詩南山有臺北山有楰傳竝云楰鼠梓楰楸屬也爾雅釋木注又詩南山有臺釋文○陸璣疏云楰楸屬今人謂之苦楸今永昌又謂鼠梓漢人謂之楰

萸

茱萸也說文○萱按茱萸茱屬也茱茱茮也茮檓茱實裹如裘也茱萸一名藙也文選蜀都賦蒟蒻茱萸劉注○萱按藙即說文之檓鄭內則注茱萸檓為一物說文云檓似茱萸出淮南郭璞云檓似茱萸而小赤色皆不言一物也蓋屬而別者與

儒　輭揄切

○俗有儒柔也術士之偁說文段注鄭目錄云儒行者以其記有道德所行儒之言優也柔也能安人能服人又儒者濡也以先王之道能濡其身玉藻注曰舒儒者所畏在前也術士云云術邑中也因以為道之偁周禮儒以道得名注曰儒有六藝以教民者大司徒以本俗六安萬民四曰聯師儒注云師儒鄉里教以道藝者按六藝者禮樂射

御書數也周禮謂六德六行六藝曰德行道藝自眞儒不見而以儒相詬病矣○廣雅釋詁四又漢書司馬相如傳下集注竝云儒柔也集注又云儒術士之偁儒之言優也和也禮記儒行釋文儒順也素問皮論名曰樞儒注○墨子非儒下云儒浩居而自順者也儒弱也禮記玉藻注儒者所畏釋文○荀子修身偷儒轉脫注云儒謂愞弱畏事儒者濡也韓外傳五又論語雍也女為君子儒皇疏儒者區也言其區別古今後漢杜林傳注引風俗通通天地人曰儒法言君子儒孔子道也淮南俶眞儒墨乃始列道而議注凡有道術皆為儒漢書司馬相如傳下列僊之儒注○周禮太宰疏云儒有道德之偁也儒學士禮記玉藻釋文引皇本能說一經者為儒論衡超奇儒服謂章甫之冠縫掖之衣也後漢儒林傳注儒愚也廣雅釋詁一○萱按訓愚訓短皆儒再引申之義也是謂督儒儒輸愚也方言十二○注云儒輸猶愞撰也萱按愞撰蓋即選耎之謂儒短也廣雅釋詁二○萱按漢修堯廟碑濡術之宗衛方碑少以濡術段濡為儒也又魯峻碑學為偄宗此字偽也凡从

需聲之字有作奐者皆轉寫之誤奐亦有譌需者如渜水之作濡水是

濡

○俗有濡濡水出涿郡故安東入淶說文段注淶各本作涿淶二字今正戴先生曰易水篇注云許愼曰濡水入淶淶即巨馬之異名與巨馬河注巨馬河即淶水也正合今水經注淶譌深說文淶譌涿淶二字皆字之誤耳涿郡故安二志同今直隸易州州東南有故安故城是戰國時燕與趙易土燕以武陽與趙即此也前志故安下曰酈鄉易水所出東至范陽入濡并州寖濡水亦至范陽入淶今本漢志脫濡字師古謬為之注非也水經注易水篇曰易水逕范陽縣故城南又東與濡水合水出故安縣西北窮獨山南谷東流與源泉水合又東南流逕樊於期館西荆軻館北又東逕武陽城西北又東逕紫池堡又東得白楊水口又東合檀水又東南流於容城縣西北大利亭東南合易水而注巨馬水也故地理志曰易水至范陽入濡又曰濡水合渠許愼曰濡水合淶淶渠二號即巨馬之異名按酈引濡水入渠即濡水亦至范陽入淶之句也今本作淶酈本作渠今本勝酈本酈有濡字則又酈本勝今凡書之當參五以求其是者如此濡水今在易州北即北易水也東南入保定府定與縣界為沙河一曰東南流入容城縣境按左傳昭七年盟於

濡上釋文云說文女于反是音隱舊說此水斷不作乃官反也師古注漢書於故安下云濡乃官反殊誤漁陽郡白檀下濡水出北蠻夷中遼西郡肥如下玄水東入濡水濡水南入海陽此則酈注濡水篇所謂濡難聲相近今謂之灤河者音乃官反是矣其字蓋本作渜譌而為濡○段又云今字以濡為霑濡經典皆然○萱按一切經音義六引蒼頡云濡人于反水名也出涿郡東入淶此淶字亦譌作涿今正

濡漬也詩匏有苦葉濟盈不濡軌傳○廣雅釋詁二云濡漬也

濡溼也詩羔裘疏又禮記曲禮上濡肉齒決疏又素問五常政大論其發濡滯注又漢書谷永傳集注又荀子禮論不沐則濡櫛三律而上注○淮南俶眞割之猶濡注云濡濕氣力未盡

濡潤也史記刺客傳無濡忍之志索隱如濡潤澤也詩羔裘羔裘如濡傳○易賁賁如濡如疏云濡如潤澤之理如濡言鮮澤也詩皇皇者華六轡如濡箋濡謂煩攔其髮禮記喪大記濡濯棄于坎疏引皇氏濡安也莊子徐无鬼有濡需者釋文○又云濡需謂偄安須臾之頃濡滯猶稽也孟子公孫丑下是何濡滯也注濡謂水利也素問至眞要大論寒入下焦傳為濡寫注濡有汁也素問五常政大論其實絡濡注

襦

○禮記內則濡豚包苦實蓼注云凡濡謂亨之以汁和也濡弱也史記扁鵲倉公傳濡須今客瞀濡正義水名也後漢荀或傳注濡需者豕蝨是也莊子徐无鬼

○俗鵝鵝有短衣也一曰襦衣說文段注方言襦西南蜀漢之間謂之曲領或謂之襦釋名有反閉襦有單襦有要襦顏注急就篇曰短衣曰襦自膝以上按襦若今襖之短者袍若今襖之長者一曰與一名同非別一義也日部曰安羅溫也然則羅衣猶溫衣也內則衣不帛襦袴注曰不用帛為襦袴為大溫傷陰氣也釋名曰襦耎也言溫耎也裺謂之襦方言四○注云襦無右也又云襦字或作褕萱按此借襜褕字為短衣字也襦袴也左傳昭廿五年徵褰與襦釋文襦細密之羅周禮羅氏蜡則作羅襦司農注作襦謂之褌襦廣雅釋器

臑

○作腝者譌臂句羊豕曰臑說文段注各本皆作臂羊矢也鄉射禮音義引字林臂羊豕也禮記音義引說文臂羊犬也皆不可通今正許書嚴人物之辨人曰臂羊豕曰臑此其辨也禽有段臂名者如周禮內則馬般臂是

也人臂無偁臑者如儀禮禮記肩臂臑皆謂牲體也許書之體本多言曰某轉寫者多改曰某二字為一也字既改曰臑為也又誤羊豕為矢舛繆者久矣不曰羊豕臂曰臑而先言臂者何也尊人也謂人之臂在羊豕則曰臑也不以臑字廁於胡胑脫脛膝髀臏之所而廁於此臂臑肘相次何也廁於此以舉正人物之名之例也禮經臂臑為二然則手上人禽皆曰臂臂上則人曰厷禽曰臑何以言人臂禽臑也曰臂可偁厷厷亦可偁臂許蒙上文臂蒙言故為統辭未及析言也鄭注禮曰肩臂臑肱骨肫胳股骨則又以肱統三者以股統二者也臑之言濡也濡者柔也臑許讀若儒古音在四部鈕用那到一切乃音轉非古本音也作臑者誤○萱按儀禮臑釋文引字林云臑臂羊豕也呂忱所據說文已是誤本

謂肘後禮記襍記上注包牲取下體疏臑前肩之美也淮南詮言周公殽臑不收於前注臑若膊胳殽之折以大夫之餘體儀禮鄉射禮記折脊脅胏臑注臑若熟爛也臑微動也楚辭招魂臑若芳些注大招鼎臑盈望注荀子臣道臑而動注○萱按此段臑為蝡也子度曰此蓋蝡腝臑遞變非關段借也耎聲需聲之字互譌者多矣

韻史卷十七

泰興何萱石閭譔集　子度校字

第四部上聲

上海顧錫麒竹泉覆審

耇韻

武進李兆洛申耆鑑定

開口許

耇 良口切

○俗有耇老人面凍黎若垢說文段注釋詁曰耇老壽也小雅毛傳曰耇壽也孫炎曰耇面凍棃色如浮垢老人壽徵也儀禮注曰耇凍棃也方言曰東齊曰眉燕代之北郊曰棃秦晉之郊陳兗之會曰耇鮐按方言又曰𪊲棃老也𪊲棃卽卷一之眉棃凍棃謂凍而黑色或段棃為之尚書棃老作犂老亦段借也孫炎注本作面凍棃見南山有臺大箋二正義本無如字釋名及方言注乃言如凍棃非也○詩行葦序外尊事黃耇耇又國語周語敬事耇老注竝云耇凍黎也耇老人面色不淨如垢也漢書師丹傳為國黃耇注又韋賢傳年其逮耇注云耇者老人面色如垢也○釋名釋長幼云九十曰鮐背或曰黃耇鬢髮變黃也耇垢也皮色驪顇恆如有垢者也耇華老者皮色枯瘁之形也方言十注○爾雅釋詁舍人注云耇覯也血氣精華覯竭言色赤黑如狗

矣

耇老也書君奭耇造德不降鄭注又詩南山有臺遐不黃耇傳○又方言十後漢和帝紀注云耇亦老也耇老賢人也周書皇門克有耇老注耇壽也詩南山有臺釋文○儀禮士冠禮黃耇無疆注云耇壽徵也耇猶耆也爾雅釋詁注耇羸也方言十二

痀

曲脊也說文段注玉部玖下曰讀若人句脊之句二句字皆痀之誤也痀古音讀如苟痀僂背曲疾也列子黃帝見一痀僂者承蜩釋文

玽

石之侶玉者說文段注似汲古原本作次非

狗

孔子曰狗叩也叩气吠以守說文段注吠以當作以吠許書有扣無叩扣訓牽馬也疑古本有叩字而許逸之叩觸也从卩口聲叩气者出其氣也一說叩卽敂之俗敂者擊也凡以此擊彼皆曰敂犬敂气吠亦是以內禦外洪範五行傳注曰犬畜之以口吠守者也屬言按釋獸云未成豪狗與馬二歲曰駒熊虎之子曰豿同義皆謂雉也狗犬也禮記曲禮上毋投與狗骨疏○放犬者左章之疏云大者為犬小者為狗未成豪狗儀禮

既夕記白狗幦注狗家獸也爾雅釋畜釋文引字林狗陽畜也史記秦本紀以狗禦蠱正義艮為狗易說卦傳狗斗之精所生也春秋考異郵故斗運狗三月而生也注天狗星名也後漢馬融傳注○獻帝紀注云有聲為天狗狗者南方之牲也賈子胎教狗取擇人儀禮鄉飲酒禮記其牲狗注鄉射禮記注燕禮記注也於是齊有良狗曰韓盧亦一日而走五百禮管子雜事五周狗可以比周之狗所指如意公羊宣六年傳靈公有周狗注以獒為狗說苑辨物熊虎醜其子狗爾雅釋獸○萱按此段狗為狗也說文無狗

蚼

北方有蚼犬食人說文段注海內北經蚼犬如犬青食人從首始郭注蚼音陶或作蚼音鉤按作蚼為是正許所本也周書渠搜以鼩犬能飛食虎豹鼩同蚼借鼩鼩字為之耳大戴禮作渠搜貢虛犬虛亦音之轉也今本周書作鼩犬依文選王融曲水詩序正乎蚼蠪也廣雅釋蟲蚍蜉齊魯之間謂之蚼蟓

椒

方言十一平上兩讀注在彼

笱

○俗有罶曲竹捕魚笱也說文段注邶風毛傳曰笱所以捕魚也周禮𢿱人掌以時𢿱為梁大鄭云梁水偃偃水而為關空以笱承其空匽堰空孔皆古今字魚梁皆石絕水笱曲竹為之以承孔使魚入其中不得去者若以薄為梁以笱承之則謂之寡婦之笱○詩谷風疏敝笱疏竝云笱者捕魚之器又淮南兵略發笱門注云笱竹笱所以捕魚笱取魚器也詩敝笱序釋文笱郎曲薄也周禮𢿱人疏○疏又云笱者葦薄以薄承其關孔魚遇者以薄承取之

苟

苟卄藩艸也說文段注孔注論語云苟誠也鄭注燕禮云苟且也段也皆段借也苟誠也易繫辭下傳苟非其人虞注又詩采苓苟亦無信傳又禮記檀弓下苟無禮義忠信誠慤之心以涖之疏禮記苟無忠信之人疏仲尼燕居苟知此矣疏中庸苟不至德疏苟不固聰明聖知疏大學苟日新疏又論語里仁苟志於仁矣集解引孔注又里

疏子路苟有用我者皇疏苟正其身矣皇疏又國語魯語夫苟中心圖民注苟如是注又國策秦策苟慎其道注大王苟能注又孟子梁惠王上苟為後義而先利注離婁下苟為無本注又呂覽高義子之師苟有至越注又廣雅釋詁一又離騷苟余情其信嫮以練要兮注又文選東京賦苟民志之不諒薛注幽通賦苟能寶其必縈注引項俗座右銘注引三蒼郭注苟猶誠也文選東京賦苟有胸而無心薛注○王氏引之經傳釋詞云苟猶若也易繫辭傳曰苟非其人道不虛行苟或也易繫辭上傳苟錯諸地而可矣虞注○經傳釋詞云苟猶但也易繫辭傳曰苟錯諸地而可矣藉之用茅何咎之有言但置諸地而已可矣而必藉之以白茅謹慎如此復何咎之有桓五年左傳曰苟自救也社稷無隕多矣襄廿八年傳曰小適大苟舍而已焉用壇苟字竝與但同義苟且也詩君子于役苟無飢渴箋采答苟亦無然箋又禮記曲禮上不苟笑疏又易繫辭上傳苟錯諸地疏又史記禮書人苟生之為見正義又莊子天運食於苟簡之田釋文引王注又廣雅釋詁三又一切經音義二引韓詩○經傳釋詞云苟猶尚也詩君子于役曰君子于役苟無飢渴言尚無飢渴之襄十八年左傳曰苟捷有功無作神羞言尚捷有功也○萱按苟猶若也苟猶但也苟猶尚也皆補舊

詁所未有備錄之以供參稽苟苟且也論語子路苟合矣苟完矣苟美矣皇疏又國語魯語則苟而賦注○萱按苟之本義無所用其訓詁皆借義也本無正字終古段借如萬本蟲名終古為數名也苟者媮合之稱所以行無廉隅不存德義謂之苟且匡謬正俗八苟愉也考工記弓人苟有賤工注○萱按今字作偷古字用愉亦用媮指緣謬辭謂之苟韓外傳大苟敬者主人所以小敬也儀禮聘禮記賓為苟敬注○燕禮記賓為苟敬注云苟且也假也苟謂非時入山澤也管子小匡則民不苟注

講

和解也說文段注和當作龢不合者調龢之紛糾者解釋之是曰講易曰君子以朋友講習史記虞卿甘茂二傳漢書項籍傳皆段購為講古音同也講和也國策西周策而秦未與魏講也注齊策趙令樓緩以五城求講於秦注又史記項羽紀業已講解集解引蘇林穰侯傳令王背楚趙而講秦索隱蘇秦傳趙得講於魏索隱又漢書曹參傳集注○史記平原君虞卿傳不如發重使為媾索隱云講亦和也○萱按虞卿傳講作媾曹參傳講或作媾左傳僖十五年

注則講虛而不經釋文講本又作構皆借也講較雙聲餘皆同聲之史記索隱云講讀曰媾 **講習也** 左氏昭七年傳乃講學之注又國語周語而一時講武注魯語終則講於會注水虞於是乎講罛罶注楚語榭不過講軍實注又漢書燕剌王旦傳集注又後漢獻帝紀注魯恭傳注蔡邕傳注又家語禮運講信脩睦注○後漢章帝紀注云講猶習也 **講謂和習之也** 漢書武帝紀講文學注刑法志皆於農隙以講事焉注 **講猶簡習** 周禮校人講馭夫注○漢書禮樂志希闊不講注云講謂論習也 **講肄也** 左氏莊卅二年傳雩講于梁氏注○文選景福殿賦講肄之場注云講肄謂習武也 **講讀也** 初學記引廣雅 **講論也** 廣雅釋詁二又國語魯語夫仁者講功注 **講校也** 國語鄭語擇臣取諫工而講以多物注 **講論校也** 國語鄭語物一不講注 **講謀也** 左氏襄五年傳講事不令注 **講講議** 漢書鼂錯傳集注○國語周語將以講事成章注云講講軍旅議大事 **講談說也** 禮記禮運講信脩睦疏○大戴記千乘云以中情出小曰問大曰講 **講猶明也** 禮記禮運講於仁疏 **講成也** 國策秦策寡人欲割河東而講注 **震爲講** 易象下傳君子以朋友講習虞注文

言傳問以辨之虞注 **兌爲講習** 易序卦傳兌者說也虞注

垢

○俗有均 **濁也** 說文段注濁水部曰水名也而濁穢字用之 **垢滓也** 文選述祖德詩而不纓垢氛注 **垢惡也** 後漢崔寔傳注 **垢恥也** 左氏宣十五年傳國君含垢服注○釋文云垢本作詬萓按垢詬正借字漢書路溫舒傳引國君含垢 **垢辱也** 莊子讓王強力忍垢釋文引司馬注 **雖辱後下之類皆物之所謂垢** 莊子天下受天下之垢注○大宗師芒然彷徨乎塵垢之外釋文引崔注垢作均

口 侯斗切

人所㠯言食也 說文段注言語飲食者口之兩大端古下亦曰口所以言別味也頤象傳曰君子以愼言語節飲食 **故口者機關也所以開閉情意也** 鬼谷子權篇○注云口者所以發言語 **口者關也** 說苑說叢 **口者心之門戶也** 鬼谷子捭闔注○白虎通情性云口者心之候 **口爲脾之官** 素問生氣通天論九竅不通注五藏生成論其榮脣也注六節藏象論其華在脣四白注○白虎通情性引元命苞云口者脾之門戶 **口空也** 釋名釋形體 **口之爲言達也** 古微書引春秋元命

苞○國語晉語且夫口三五之門也注云口所以紀三辰宣五行也故謂之門 **口所以司納水穀** 素問陰陽應象大論在竅爲口注 **兌爲口** 易說卦傳泰自邑告命虞注臨甘臨虞注頤自求口食虞注離戚嗟若虞注睽後說之壺虞注象下傳尚口乃窮也虞注又南齊書五行志引洪範五行傳 **口火也** 論衡言毒○又云火口同類也 **清之而兪濁者口也** 荀子榮辱 **少有所得則于口爲藉故曰藉口** 左氏成二年傳注復白也疏 **口猶口** 句 **語相發動也** 公羊隱四年傳吾爲子口隱矣注○萓按猶口當作猶叩句絕此段氏說也口本不訓叩故以猶通之

訩

扣也如求婦先訩叕之 說文段注扣叩古今字說文有敂無叩此扣當作敂如求云云此蓋古語論語我叩其兩端而竭焉孔子曰我則發事之始終以語之公羊傳吾爲子口隱矣何曰口猶口語發動也按猶口當作猶叩句絕 **訩笑也** 廣雅釋詁一 **訩訩笑也** 廣雅釋訓

扣

牽馬也 說文段注周禮田僕凡田王提馬而走諸侯晉大夫馳注曰提猶舉也晉猶抑也使人扣而舉之抑之皆

止奔也馳放不扣史記伯夷叔齊扣馬而諫○史記趙世家集解引字林云扣牽馬 **扣猶牽也** 淮南記論梁由靡扣繆公之驂注 **扣持也** 廣雅釋詁三又呂覽愛士晉梁由靡已扣繆公之左驂矣注 **扣舉也** 一切經音義九引廣雅 **扣跋或謂却伏也** 文選七發扣跋幽叢注 **扣擊也** 列子湯問扣石墾壤釋文○萓按此段扣爲敂也敂叩正俗字荀子法行扣之其聲清揚而遠聞注云扣與叩同

釦

金飾器口 說文段注謂以金飾器口許所謂錯金今俗所謂鍍金也漢舊儀大官尚食用黃金釦器中官私官尚食用白銀釦器後漢和熹鄧皇后紀蜀漢釦器班固西都賦玄墀釦切謂金涂門限也切者門限吳語三軍皆譁釦以振旅韋曰譁釦喧呼此釦乃假借字 **釦以金銀緣器也** 後漢和熹鄧皇后紀注 **釦砌以玉飾器也** 文選西都賦於是玄墀釦砌注

叩

京兆藍田鄉 說文段注二志皆云京兆尹藍田今陝西西安府藍田縣縣治西十一里有藍田故城叩者鄉名今人叩擊字从卩不當作叩

挨斗切

孔 四部九部兩讀注在彼○俗有孔孔

傴 ○俗有瘟 僂也 說文段注問喪注曰傴背曲也通俗文曲脊謂之傴僂引申為鞫窮恭敬之意又莊子以下傴拊人之民借為煦嫗字左傳曰一命而僂再命而傴三命而俯析言實無二義○廣雅釋言又荀子儒效是猶傴伸而好升高也注並云傴僂也 傴不伸也 晉書音義下 傴曲也 廣雅釋詁一 傴背曲也 禮記問喪傴者不袒釋文 傴脊疾也 呂覽盡數苦水所多侹與傴人注 傴謂之傴僂身踡屈也 素問剌禁論剌脊閒中髓為傴注○呂覽明理盲禿傴侹注云傴僂俯者也 傴僂言恭敬從命也 後漢張酺傳注 傴巫跛覡古者以廢疾之人主卜筮巫祝之事故曰傴巫跛覡 荀子王制是傴巫跛擊之事也注 傴拊謂憐愛之也 莊子人閒世釋文○萓按此嫗傴為正借字也嫗下詳之

歐 平上兩讀義異○俗有畝嶠 吐也 說文又廣雅釋詁四又漢書丙吉傳集注 歐歐吐逆之聲也

太乎寰則歐歐之疾至注 如歐如人嘔吐聲也 山海經東山經膏水其中多薄魚其音如歐注○海外北經歐絲之野一女子跪據樹歐絲注云歐絲言噉桑而吐絲蓋蠶類也 嘔吐也 左氏哀二年傳吾伏弢嘔血注○萓按嘔字後出廣韻謂歐嘔同字其實別一字也謳歐姁皆借用嘔 嘔傴也將有所吐脊曲傴也 釋名釋疾病

毆 捶毄物也 說文段注捶以杖擊也因謂杖為捶捶毄物者謂用杖擊中人物也按此字即今經典之毆字廣韻曰俗作毆是也唐石經周禮射鳥氏以弓矢毆烏鳶方相氏索室毆疫入壙以戈擊四隅毆方良冥氏以靈鼓毆之庶氏凡毆蠱則令之比之壺涿氏以炮土之鼓毆之今版本皆作毆唐刻獨不誤張參五經文字殳部毆一口反又部無毆殳部毆字正為經典而出特未嘗著之曰又起俱反俗作毆耳毆訓捶擊物故以弓矢以弋以靈鼓以炮土之鼓皆捶毄意也區聲古音在四部讀一口反音轉入五部釋文讀起俱亡于反淺人乃分析一口為毆打之字起俱亡于為驅逐之字誤矣又云毆是馬部驅之古文夫毆在馬部為古文驅在殳部為俗毆字無庸牽合驅訓馬馳毆訓捶毄試思為淵毆魚

為叢毆爵之類可改為驅魚驅爵乎鄭注周禮曰凡言毆者所以毆之納之於善豈可改為驅之納之於善乎師古聞有段借通用唐石經固不可易也○萓按凡毆作歐者皆轉寫流變也謂為段借亦無不合然易涉牽溷矣若依唐石經之例悉為誤正不亦善乎 毆捶擊 後漢梁王襄傳後數復毆傷郎注 毆擊也 漢書張良傳集注鮑宣傳集注翟方進傳集注平上兩讀注在彼

海斗切

⿰礻區

後 ⿺辶後 古文 遲也 說文 後晚也 國語晉語君之殺我也後矣注越語無乃後乎注又廣雅釋詁三○左氏定八年傳臣聞命晚注云後猶晚 後來也 呂覽長見知古則可知後注 後猶下也 漢書鄒陽傳集注○禮記樂記事成而後注云後謂位在下也又哀公問後昔之用民者由前今之用民者由後注云由後用下所言 不及時也 素問五常政大論收氣乃後注 先後猶左右也 周禮士師以五戒先後刑罰注 事至而後慮者謂之後 荀子大略 震為後 易睽後說之壺虞注毄辭下傳安其身而後動虞注

坎為後 易象上傳後夫凶虞注 後嗣也 國語周語其君必無後注○荀子正論聖不在後子而在三公注云後子嗣子 為人後者為之子也 儀禮喪服○又公羊成十五年傳 後謂子孫也 詩聽仰式穀爾後載又後漢班彪傳集注○注又云後昆子孫也 後生年少也 儀禮有司徹兄弟之後生者舉觶于其長注 後耳耳郤後 莊子外物末僂而後耳釋文引司馬注 後車倅車也 詩緜蠻命彼後車載 後路貳車 禮記襍記上以後路與冕服注 而后猶然後也 儀禮聘禮記注○萓按此段后為後也古文作而後鄭注用今文耳然后畢竟是借字

𣌭 隸作𣌭 厚也 說文段注厚當作篤竹部曰篤𣌭也此曰𣌭篤也是為轉注今字厚行而𣌭廢矣凡經典𣌭薄字皆作厚

厚 隸作厚○俗有垕量 垕 古文 山陵之𣌭也 說文段注山陵之𣌭故其字从厂今字凡𣌭薄字皆作此 厚土山也 素問五常政大論見於厚土注○禮記樂記窮高極遠而測深厚注云深厚山川也 厚謂土

地廣大左氏隱元年傳厚將崩注厚大也國語魯語不厚其棟注又國策秦策非能厚勝之也注厚輕諸侯注○秦策道德不厚注云厚猶大也又墨子經上云厚有所大也厚謂豐厚禮記表記死不厚其子疏厚多也呂覽務本以此厚望於主注審應不義愈益厚也注○考工記弓人是故厚其液而節其帤注云厚猶多也厚重也國策秦策其於敝邑之王甚厚注又呂覽振亂黔首利莫厚焉注○漢書食貨志下集注云厚猶多也重也厚重勝也禮記曲禮上以厚其別也注厚深也呂覽辨土必厚其納注○漢書谷永傳集注云厚猶深也厚益也國語晉語彼得其情以厚其欲注厚猶遠也禮記坊記以厚別也注厚者至也老子德之厚注厚後也有終後也故青徐人言厚如後也釋名釋言語厚猶彊也國語魯語無損於怨而厚於寇注坤為厚易復敦復虞注象下傳以厚終也虞注繫辭上傳厚之至也虞注繫辭下傳厚衣之以薪虞注艮為厚易繫辭下傳衣之以薪注厚禮之積也荀子禮論求諸己謂之厚春秋繁露仁義法度厚薄曰厚禮記檀弓其厚三寸釋文

○淮南俶眞蘆符之厚注云厚猶薄也厚薄貴賤也荀子富國或厚或薄注厚夜謂長夜左氏襄十三年傳惟是春秋窀穸之事注○後漢趙咨傳注云厚夜猶長夜也厚惡深惡也荀子禮論是君子之所以為愅詭其所敦惡之文也注

后

繼體君也說文段注釋詁毛傳皆曰后君也許知為繼體君者后之言後也開刱之君在先繼體之君在後也析言之如是渾言之則不別矣易象下傳曰后以施命誥四方虞云后繼體之君也此許說也蓋同用孟易經傳多段后為後大射注引孝經說曰后者後也此謂后即後之段借后君也易象上傳后以財成天地之道虞注又疏后不省方虞注又書堯典班瑞于羣后晚出傳又書大傳維王后元祀注又詩文王有聲王后烝哉傳烈祖商之先后箋又周禮量人營后宮注又禮記內則后王命冢宰注又左氏襄四年傳有窮后羿注伯明后寒棄之疏昭廿八年傳疏又論語堯曰集解引孔注又皇疏又孟子梁惠王下徯我后注滕文公上夏后氏五十而貢注又國語周語昔我先世后稷注衆非元后何戴注魯語其子曰后土注又漢書律厤志上集注郊祀志上志下集注匡衡傳集注又後漢魯恭傳注又穆天

子傳四其葉是食明后注又呂覽君守后稷作稼注又太玄玄數神后土注又獨斷上又離騷昔三后之純粹兮注天問后辛之菹醢兮注啓代益作后注何后益作革注中央共牧后何怒注○左氏昭廿九年傳疏云后者君也又漢書外戚傳上帝母偁皇太后注云后亦君也又後漢班彪傳下注云后辟君也夏以揖讓受禪為君故褒之稱后后君也論語八佾皇疏引白虎通又禮記檀弓上疏所引略同○後漢馮衍傳下注云三后夏殷周也東后謂東方國君也後漢章帝紀注○書堯典肆覲東后鄭注云東后東方之諸侯也后王君王也禮記內則后王命冢宰釋文引孫炎王肅○蓋按盧鄭分釋后王二字恐古人屬辭不當若是也孫王義優后王后也禮記內則后王命冢宰釋文引盧注又左氏莊廿一年傳王以后之鞶鑑予之注后謂天子之妃禮記內則疏引盧氏又白虎通嫁娶云后者君也天子妃至尊故謂后也○後漢皇后紀下云在塗則偁后天子之妃曰后后後也言在後不敢以副言也釋名釋親屬○禮記曲禮下天子之妃曰后注云后之言後也又獨斷上云天子之妃曰后后之為言後也又後漢皇后紀注

云后之言後也言在夫之後也天子親號云太后諸侯親號云太后天子妃號曰后諸侯妃號曰后賈子等齊○獨斷下云帝嫡妃曰皇后帝母曰皇太后帝祖母曰太皇太后坤女主故稱后易象上傳后以財成天地之道虞注后主也漢書百官公卿表上集注引應劭后王也賈子禮容語下后帝也文選東京賦惟我后能殖之薛注后帝天也左氏文二年傳皇皇后帝注后后土也楚辭橘頌后皇嘉樹注○左氏文十八年傳使主后土注云后土地官又周禮大宗伯王大封則先告后土注云后土土神也黎所食者萱按后土地示也黎人鬼也食謂配食后土者地之大名也詩甫田傳社后土也疏○左氏昭廿九年傳土正曰后土注云土為羣物主故偁后焉又文十八年傳疏云天稱皇天故地偁后土而后猶然後也儀禮聘禮記君還而后退注○萱按古文作而後用正字今文作而后用借字其實一也鄉射禮注謂當从后似不必泥

咟

或作响○俗有吼吽厚怒聲說文段注厚當作鼂鼂與咟疊韵諸書用响字即此字也响鳴之怒者

文選運命論注引春秋潛潭里社巴鳴此里有聖人出其呴百姓歸宋注呴虓呴也晉書音義中呴謼也一切經音義十九引國語賈注呴嘷也文選江賦注引聲類吼呼嘷也一切經音義廿二引聲類㖃恥也㖃㖃詈也大戴記武王踐阼口生㖃注○萱按此段㖃為詬也又東方朔傳愉愉呴呴王褒傳呴噓呼吸如僑松皆段呴為欲也又莊子呴俞仁義淮南呴諭覆育陰陽所呴皆段呴為昫也呴雉鳴也萱按此段呴為雊也

郈

○俗有郈東平無鹽鄉說文段注東平國無鹽二志同杜預曰故宿國今山東東平州州東二十里有故無鹽城前志曰無鹽有郈鄉左傳昭二十五年臧會逃奔郈杜曰東平無鹽縣東南有郈鄉亭左正義曰此時尚為公邑後為叔孫私邑

缿

受錢器也古㠯瓦今以竹說文段注易入難出器也古㠯云云說从缶之意也趙廣漢傳缿筩缿即以瓦者筩即以竹者許云今以竹則許時用竹者多也今市中錢筩皆用竹缿若今盛錢臧瓶

為小孔可入而不可出漢書趙廣漢傳又教吏為缿筩注○注引蘇林云缿如瓨可受投書缿所以受投書也漢書酷吏王溫舒傳少年投缿注○史記酷吏傳惡少年投缿集解引徐廣云缿器名也如今之投書函中又索隱云缿器名受投書之器入不可出

萿

薢萿也說文段注薢以角得名薢之言梜也萿之言角也萿角雙聲唐韵胡口切薢萿雙聲○萱按韵書萿有古厚切一音故段謂萿角雙聲其實此音可省也凡無異義而猥為多音者舉無足道○子虔云說文蔆下云芰也秦謂之薢萿薢下萿下竝云薢萿也初不言是菜徐鍇乃謂許慎所注全是菜何歟爾雅薢萿芵光注云芵明也葉銳黃赤華實如山茱萸或曰蔆也關西謂之薢萿郭備兩說亦不說是菜本艸云決明子一名艸決明又云羊躑躅芵光也按羊躑躅即俗呼黃杜鵑者也非菜明矣

斗　當口切

○俗有㪷阧陡升十升也象形有柄說文段注十升也貫昌朝作升十之也此篆段借為斗陏之斗因斗形方直也俗乃製陡字象形云云上象斗形下象其柄也斗有柄者蓋象北斗許說俗字人持十為斗魏晉以後作

什似升非升似斤非斤所謂人持十○漢書律厤志上云十升為斗又說苑辨物云十升一斗斗者聚升之量也漢書律厤志上○呂覽仲春角斗桶注仲秋齊斗甬注又淮南時則角斗桶注竝云斗桶量器也斗天之三辰綱紀量也漢書五行志下之下○古微書引春秋文耀鉤云斗者天之喉舌又易筮類謀斗機絕綱注云斗者天中之精北斗天之樞機玉衡七政所出公羊文十四年傳注○穀梁文十四年傳云斗有環域也艮為斗易豐日中見斗虞注斗主狗大戴記易本命○注云斗之次以狗故擇人也斗主也書帝命驗黃曰神斗宋注○萱按易豐日中見斗孟喜本斗作主是義同通用也斗絕也漢書郊祀志上集注匈奴傳上傳下集注斗峻絕也後漢書融傳注斗在欒兩頭如斗也斗負上員穩也釋名釋宮室小帳曰斗帳形如覆斗也釋名釋牀帳斗擻䉛䉛也江南言斗擻北人言䉛䉛一切經音義十四引難字○萱按䉛䉛都穀蘇穀二切斗斟水勺也萱按此類皆段斗為枓也○又按管子乘馬六步一斛漢書平帝紀民捕蝗詣吏以

石㪷受錢後漢仲長統傳令畝收三㪷㪷取一㪷皆用俗字也玉篇云㪷俗斗字

枓

勺也說文段注勺下曰所以挹取也與此義相足凡升斗字作斗枓勺字作枓本不相謀而古音同當口切故枓多以斗為之小雅維北有斗不可以挹酒漿維北有斗西柄之揭大雅酌以大斗皆以斗為枓也考工記注曰勺尊斗也尊斗者惟挹取於尊之勺士冠禮注亦曰勺尊斗也所以斟酒也此等本皆段斗為枓而俗本譌為尊升遂不可通少牢注曰凡設水用罍沃盥用枓此則用本字趙世家使廚人操銅枓張儀傳說此事作金斗喪大記沃水用枓周禮鬯人作斗枓斟水器也儀禮少牢饋食禮有枓注凡方者為斗若安長柄則名為枓史記張儀傳金斗長其尾索隱○趙世家正義云枓其形方有柄取水器蒲枓勺也廣雅釋器○萱按勺字本作杓今正斗斟水勺也穆天子傳六佐者承斗而哭注斗所以斟大戴記保傳太宰持斗而御戶右注斗所以沃尸也周禮鬯人大喪之大渳設斗注木瓢為斗御覽七百六十二引通俗文○萱按此米斗與枓也要亦枓之段借也

鏗 代口切 ○俗有鉼鏗 罌或酒器也罌象器形說文段注鏗酒器也未聞或曰即行葦之大斗非是毛傳大斗長三尺謂勺柄長三尺也罌斷字用爲聲

杏 釋作音○俗俗有哽唔歎 歐或相與語唾而不受也說文段注今俗有此

鯅 或作鮏 或作鯅魚也說文

鵄 雉或作鵄鳥也說文段注篇韵皆云木鳥黑色○集韵云鵄似梟黑色

姓 女字也說文段注昭廿一年左氏傳宋華姓居於公里

穀 奈口切 ○上去兩讀注在彼 ○俗有穀吼㲃㲉

㴴 㴴水也說文 㴴酒也廣雅釋器○萱按此段㴴爲醹也

僂 朗斗切 ○俗有㺏厄也周公䠷僂或言背僂說文段注厄也大徐本作尫小徐本作厄也近是枓厄木節也厄與僂也非是尫與僂異疾雙聲人背之僂有似木之枓厄䠷者足衣䠷僂者由足背高隆然如背之僂也未聞出

何書周公背僂見荀卿白虎通論衡諸書白虎通曰周公背僂是爲強後成就周道輔於幼主僂後主爲韵○又按大徐作尫也蓋尫是曲脛之名引申爲曲脊之名所以尫必釋爲尫曲脛者由其字作尣从大而偏曲其足故二疾不妨同名下文曰周公䠷僂蓋尫者亦得謂之僂周公之脛不無少曲疑大徐本爲長甲戌二月重訂○萱按病僂同義爲聯綿字病訓曲脊則僂似可訓病也二徐本雖皆可通然費辭矣 僂曲也廣雅釋詁一 僂曲背也漢書蔡義傳行步俯僂注 僂脊管下竅也淮南精神子求行年五十有四而病傴僂注 僂傴俯皆恭敬之皃也史記孔子世家集解引服虔 僂疾也公羊莊廿四年傳夫人不僂不可使入釋文○注云 僂疾也齊人語夫人稽留不肯疾順公不可使入○段大令云荀卿書亦兩言僂訓疾按此爲婁之段借字婁即屢與驟也驟訓數亦訓疾 僂屈也荀子儒效雖有聖人之知未能僂指也注 曲而可以聚物曰聚 莊子達生聚僂之中則爲之注○釋文引李云聚僂器名也今家壙中注爲之一云 僂畚筥之類是也 聚僂棺槨也一云聚當作菆才官反僂當作蔞力久反謂殯於菆塗蔞翣之中○萱按蔞翣見檀弓棺之牆飾也正字作

柳 僂蓋也呂覽節喪僂翣以督之注○萱按周禮作柳正字也檀弓蔞翣呂覽僂蔞荀子縷翣皆段借字柳僂異部而雙聲 僂句甌所出地名左氏昭五年臧會竊其寶甌僂句注 僂呼溼潤生長之言古微書引春秋元命苞

褸 衽也說文段注方言曰褸謂之衽注衣襟也或曰裳際也又曰褸謂之衽注即衣衽也按郭云衣襟者謂正幅云裳際者謂旁幅謂之衽爲正幅者今義非古義也衽者謂殺而下者也故引申之衣被醜弊或謂之褸裂或謂之襤褸或謂之緻 衽謂之褸廣雅釋器 紩衣謂之褸方言四 褸裂敗也方言三 褸繿也廣雅釋器

縷 綫也說文段注此本謂布縷引申之絲亦名縷也○楚辭招魂秦篝齊縷注云縷綫也 帛也管子侈靡故爲禱朝縷綿注 縷紩鎧甲之縷也孟子盡心下有布縷之征注 縷也○萱按荀子禮論之縷翣段縷爲柳也 文選七發目未能縷形其所由然也注 縷靚

漊 雨漊漊也一曰汝南人謂飲酒習之不醉曰漊說文段注漊猶縷縷也

不絕之皃一曰云云謂不善飲者每日飲少許久久習之漸能不醉其方言曰漊 漊水名源出今澧州崇義縣西北山後漢章帝紀注

簍 平上兩讀注在彼

鯫 茬斗切 白魚也說文段注白而小之魚也史記鯫千石徐廣曰鯫鯫魚也張守節曰褋小魚也按鯫是小魚之名故小人謂之鯫生師古於漢書作鯫字音鯫蓋未然漢書鯫生數我服虔曰鯫音淺鯫小人皃也淺鯫漢人有此語通作鄙釋名奏者鄙也鄙狹小之言也又盾約脊而鄙者曰陷廣淺鯫即淺鄙俗人不曉乃讀爲音淺句絕矣說 鯫謂小魚也史記留侯世家索隱 鯫生是小生也○漢書張良傳注引服虔云史記高祖紀索隱引說文 鯫小人也萱按史記集解引徐廣曰鯫作小人皃也多皃字爲優

𡗝 宰斗切 隸作走 趨也說文段注釋名曰徐行曰步疾行曰趨疾趨曰走此析言之許渾言不別也今俗謂走徐趨疾者非 大雅假本奏爲奔走○史記張釋之馮唐傳集解引如淳又呂覽期賢若蟬之走明火也注並云 走趨也

漢書項籍傳集注陳餘傳集注韓信傳集注李廣傳集注張騫傳集注楊雄傳上集注又後漢王昌傳注○萱按訓趣猶訓趨也此趨趣為正借字走向也史記伍子胥傳王走鄭索隱吳王濞傳西走蜀漢中正義○蒙恬傳北走琅邪索隱黥布傳疾走漢索隱張釋之馮唐傳此走邯鄲道也索隱竝云走猶向也走趨向之也漢書枚乘傳走上天之難注○高帝紀上項王必引兵南走注云走亦謂趨嚮也走謂趣向也漢書高帝紀上步從間道走軍注灌夫傳後還走漢壁注蕭何傳諸將皆爭走金帛財物之府分之注○史記季布欒布傳方提趣湯索隱云走亦趣向之也疾趨曰走走奏也促有所奏至也釋名釋姿容○大戴記諸侯還廟在位者皆反走辟注云走疾趨也走速疾之意也左傳襄卅年使走問諸朝釋文走奔也呂覽權勳齊王走莒注○漢書張騫傳集注云走謂奔走走竝馳荀子解蔽是以與治雖走而是已不輟也注走之也國語魯語若從君而走患注走往也莊子達生高門縣薄無不走也釋文引李注○儀禮士相見禮某將走見注云走猶往也走猶赴也後漢張衡傳注走猶出也儀禮士相見禮將走見注將走見先見之注

走去也廣雅釋詁二又國策秦策三國疾攻楚楚必走注走至也莊子達生釋文引司馬注走歸也呂覽蕩兵民之呼號而走之注審已水出於山而走於海注步曰走左氏昭十七年傳庶人走注中庭謂之走爾雅釋宮震為奔走易中孚馬匹亡虞注震為驚走易屯惟入于林中虞注比失前禽虞注大畜良馬逐虞注走我也小爾雅廣言走僕也文選詣蔣公奏記注引漢書應劭注○報任少卿書太史公牛馬走注云走猶僕也走走使之人也左傳襄卅年釋文○文選東京賦走雖不敏薛注云走公子自言走使之人如今言僕矣走謂馳走之人謙儞也後漢蘇竟傳注走卒伍伯之類也後漢虞詡傳注走集邊竟之壁壘左氏昭廿三年傳險其走集注

趣 粲斗切

疾也說文段注大雅來朝趣馬箋云言其辟惡早且疾也玉篇所引如是獨為不誤早釋來朝疾釋趣馬也又濟濟辟王左右趣之箋云左右之諸臣皆促疾於事周禮趣馬大鄭曰趣馬趣養馬者也按趣養馬謂督促養馬古音七口反音轉乃有清須七句二反後人言歸趣旨趣者乃引申之義輙讀為七句以別於七苟非古義古音也趣急也

後漢光武紀上注張升傳注趣遠也廣雅釋詁一趣趨也詩棫樸左右趣之傳趣行也列子湯問汝先觀吾趣注趣及也漢書食貨志上集注趣亦歸也淮南原道秉其要歸之趣注趣向也漢書鄭當時傳常趣和承意注王吉傳集注朱家傳集注匈奴傳上集注西南夷傳集注又後漢岑彭傳注又文選西京賦失歸志趨薛注長苗馳趣期而赴贊注謝惠連西陵遇風詩趣途遠有期注趣嚮也漢書禮樂志集注司馬遷傳集注蕭望之傳集注龔遂傳集注趣意也文選東京賦動中得趣薛注琴賦覽其旨趣注趣謂意所嚮漢書馮奉世傳亡常則節趨不立注趨讀曰趣謂趣向之也漢書藝文志苟趨省易注○萱按趨趣義大同古多互借通用又同借為促字促在三部與四部通轉最近故異部相段詳在促下趣馬官名萱按此騶為專字趣為借字也詩周禮用借字

藪 散斗切

○俗有蔓大澤也九州之藪揚州具區荊州雲夢豫州甫田青州孟諸兗州大野雝州弦圃幽州奚養冀州楊紆幷州昭餘祁

是也說文段注地官澤虞曰每大澤大藪中澤中藪小澤小藪注澤水所鍾也水希曰藪此析言則澤藪殊也職方氏云其澤藪曰某毛詩傳曰藪澤此統言則不別也職方氏注曰大澤曰藪與說文合蓋藪實兼水鍾水希而言爾雅十藪數釋地不數釋文正謂地多水少艸木所聚九州之藪見職方氏揚州具區鄭曰具區在吳南謂漢吳縣南屬會稽郡禹貢謂之震澤今謂之太湖荊州雲夢夢今周禮作瞢鄭曰雲瞢在華容漢華容縣屬南郡豫州甫田甫今本作圃職方注曰圃田在中牟漢中牟屬河南郡青州孟諸孟今周禮作望鄭曰望諸明都也在睢陽漢睢陽縣屬梁國兗州大野鄭曰大野在鉅野漢鉅野屬山陽郡雝州弦圃今周禮作弦蒲注曰弦蒲在汧漢汧縣屬右扶風幽州奚養周禮作豯養鄭曰豯養在長廣漢長廣縣屬琅邪郡冀州楊紆鄭曰楊紆所在未聞爾雅曰秦有楊陓呂氏春秋作陽華注曰陽華在鳳翔或曰在華陰西淮南作陽紆注曰在馮翊池陽一名具圃幷州昭餘祁鄭曰昭餘祁在鄔漢鄔縣屬太原郡徐鍇本餘作余淮南作燕之昭余無祁字凡職方氏之川寖說文散舉之藪則兼舉之○漢書地理志上藪曰具區注云藪大澤也又禮記月令山林藪澤注云大澤曰藪藪澤也後漢孔融傳注又呂覽有始何謂九藪注又淮南墬形注○風

俗通山澤引爾雅云藪者澤也藪澤之別名爾雅釋地十藪李注又文選吳都賦傾藪薄劉注藪是澤類左氏宣十五年傳山藪藏疾疏○又云藪是艸木積聚之處近山近澤皆得偁藪澤無水曰藪周禮大宰四曰藪牧養蕃鳥獸注又國語周語藪有圃艸注不崇藪注又漢書鄒陽傳則士有伏死堀穴巖藪之中耳注公孫弘傳麟鳳在郊藪注又後漢班彪傳下注馬融傳注又家語致思放牛馬於原藪注又文選典引肴覈仁義之林藪蔡注○呂覽仲冬注有始注竝云無水曰藪又禮記月令疏云無水之處謂之藪有水則為澤無水則為藪周禮地官序官澤虞疏○漢書五行志中之下注云藪澤之無水者水希曰藪周禮地官序官澤虞注○疏云藪是火水之澤澤中有艸者為藪穆天子傳二珠澤之藪注○詩伐木傳以藪曰湑疏云藪艸也藂林曰藪楚辭憫上逡巡兮圃藪注藪澤禽之府也詩大叔于田叔在藪傳○華嚴經音義上引韓詩傳云澤中可禽獸居之曰藪藪為田獵之處左氏襄廿五年傳注聚成藪澤疏藪物之歸也國語周語藪池也廣雅釋地藪隈也楚辭憂苦步從容於山藪注藪之為

韻史 卷十七第四部上聲有韻 一八一一

言厚也風俗通山澤藪求也廣雅釋詁三○萱按此蓋段藪為搜也搜藪異部同音釜二有半謂之藪藪二有半謂之缶小爾雅廣量○萱按此段藪為庾也考工記疏引此藪正作庾聘禮記十六斗曰藪亦用段借字也疑藪為優矣又賈逵注左傳粟五千庾云十六斗為庾藪謂轂空壼中也萱按此段藪為操操見第二部平聲也藪讀為蜂藪之藪謂轂空壼中也考工記輪人以其圍之阞捎其藪司農注○後鄭云蜂藪者猶言趨也藪者衆輻之所趨也○阮尚書元車制圖解云轂中空處所以貫軸者則名曰藪藪說文作橾解曰車轂中空也急就篇作轑橾藪轅轚之轉也藪為中空之物故量亦名之儀禮聘禮記十六斗曰藪是觀記曰量其藪以黍是轂藪為物中空受物者之名可知先後鄭氏亦並以藪為轂中空但皆指轂外建輻之鑿為言非轂中空之謂矣按藪為轂中空處實大穿小穿之通名○萱按阮氏所解最容此橾藪為正借字也二字異部而雙聲

籔 籔籥○俗有炊薁也說文段注本漉米具也既浚乾則可炊矣故名炊薁方言篗同藪緇即藪之入聲也毛詩

韻史 卷十七第四部上聲有韻 一八一二

伐木傳曰以筐曰釃以藪曰湑藪即今之溲箕也今誤以艸作藪筐者盛飯之器較細藪者漉淅之器較麤皆可以漉酒者篗薁也廣雅釋器藪數名也秉有五藪二十四斛也儀禮聘禮車秉有五藪注○聘禮記云十六斗曰藪萱按此庾藪為正借字

韻史 卷十七第四部上聲有韻 一八一三

合口許

股 廣剖切 四部五部兩讀注在彼

羖 四部五部兩讀注在彼○粘

鬻 狀剖切 或作鬻熇炅鬻哭炒熯羹鬻熬也說文段注爾雅音義引三蒼熬也說文火乾物也與今本異今應再引與今本

韻史 卷十七第四部上聲有韻 一八一四

同方言熬聚煎㷭鞏火乾也秦晉之間或謂之聚按聚即鬻字或作煼乎應曰崔寔四民月令作炒古文奇字作爂乾也廣雅釋詁二

乳 閏剖切

人及鳥生子曰乳獸曰產从孚乞乞者乞鳥至之日祠于高禖吕請子故从乳乞請子必以乞至之日者乞春分來秋分去開生之後鳥帝少昊司分之官也說文段注生部曰生進也產生也渾言之此復析言之孺下曰乳子也按古書之文多通偁乳生也廣雅釋詁一又史記扁鵲倉公傳懷子不乳索隱胎生曰乳文選東征賦注引尸子乳字也一切經音義二引蒼頡乳產也漢書刑法志集注外戚傳下集注又後漢劉陶傳注樊曄傳注又呂覽音初主人方乳注產生為乳書堯典疏○漢書外戚傳下其十一月乳注云乳謂產子也乳卵也呂覽季冬雜乳注湩謂之乳廣雅釋器

醹

厚酒也詩曰酒醴維醹說文段注大雅酒醴維醹傳曰醹厚也此以疊韵為訓○詩行葦釋文引字林云醹厚酒也漓酒也廣雅釋器○萱按此段漓為醹也集韵選以漓為醹之重文是未明乎正借之指者也

軵

或作輯軌○四部九部兩讀注在彼

數 爽剖切

上去入凡四讀義分○入聲兩讀在三部計也說文段注六藝六曰九數今九章算術是也今人謂在物者去聲在人者上聲音讀人不盡然又引申之義分析之音甚多大約速與密二義可包之○國語晉語知右行于年之能以數宣物定功也注又漢書元后傳集注竝云數計也又老子善數不用籌策釋文云數河上作計數計數也後漢荀彧傳注○周數廩人以歲之上下數邦用注云數猶計也數算計也列子湯問灼其骨以數焉釋文數閱數也荀子王霸不足數於大君子之前注數說也禮記儒行遽數之疏數讓也國策秦策使韓倉數之注數責也漢書項籍傳集注陳餘傳集注司馬相如傳下集注主父偃傳集注又後漢公孫述傳注又列子周

穆王後世其追數吾過乎釋文○廣雅釋詁一云數責也數責之也漢書高后紀因數產注汲黯傳羣臣或數黯注數責其罪也漢書高帝紀上漢王數羽曰注

取 寸剖切

捕取也从又耳周禮獲者取左耳司馬法曰載獻聝聝者耳也說文段注本部曰執捕罪人也周禮云大司馬職文偁周禮又偁司馬法釋之以說从耳之意伐執之曰取爾雅釋詁探纂俘取也李注覆而敗之曰取某師左氏莊十一年傳○公羊昭四年傳云其言取之何減之也取易辭也穀梁昭廿五年傳○左氏襄十三年傳云凡書取言易也又昭四年傳云凡克邑不用師徒曰取又呂覽長攻送取息注云不勞師徒而得之曰取取謂盡取無遺漏之意也左氏莊十一年傳疏良手為取易旅斯其所取災虞注得曰取公羊成三年傳注取猶受也禮記喪大記取衣者亦以箴注相取猶相資也易繫辭下傳遠近相取注取謂所擇用也漢書賈誼傳莫如先審取舍注取治也老子故取天下者當以無事注取為也廣雅釋詁三

取趣也釋名釋言語取進趣也漢書王吉傳言其取舍同也注取進取位也禮記儒行力行以待取注尊者得卑者物言取儀禮鄉飲酒禮注賓言取疏君取於臣謂之取韓外傳五○家語正物解云君取於臣謂之取與於臣則謂之賜取謂賦斂荀子富國其於貨財取與計數也注鼉黿言取益物賊也禮記月令取鼉取黿注○萱按嫁娶之娶凡經史多用取字段借最古

剖 普取切

○俗有剖判也說文段注史記曰騶衍搆引天地剖判以來○准南齊俗伐梗枏豫樟而剖梨之注云剖判也剖半也廣雅釋詁四剖分也廣雅釋詁一又漢書韓王信傳集注又後漢張衡傳注○馮衍傳上伯玉擢選剖符注云剖即分也中分為剖左氏襄十四年傳與女剖分而食之注剖分明也文選思玄賦豈今或而能剖舊注剖分析也一切經音義廿二引蒼頡○文選七命注引蒼頡云剖析也荀子彊國剖刑而莫邪已注剖謂開發也荀子王霸如是則夫名聲之部發於天地之間也注剖劈

也國策宋策剖傴之背注剖破也漢書高帝紀下集注○文選海賦剖卵成禽注云剖猶破也剖猶治也楚辭謬諫得良工而剖之注剖謂割心也莊子胠篋比干剖釋文○蕫按李奇西狄頌三剖符守此俗書騁姿媚稍加艸耳集韵謂剖等同字殆未然

倍

或作偝反也說文段注此倍之本義中庸為下不倍緇衣信以結之則民不倍論語斯遠鄙倍皆是也引申之為倍文之倍大司樂注曰倍文曰諷不面其文而讀之也又引申之為加倍之倍以反者覆也覆之則有二面故二之曰倍俗人鈌析乃謂此專為加倍字而倍上倍文則皆用背餘義行而本義廢矣倍之或體作偝見坊記投壷荀卿子○荀子禮論故大路之馬必倍注云倍謂反之卑在馬前令馬熟識車也倍者反逆之名也荀子大略注教而不稱師謂之倍荀子大略去而遂絕曰倍鬼谷子捭闔益損去就倍反注民不倍不相倍橐也禮記大學上恤孤而民不倍注○又云倍或作偝又孟子滕文公上師死而遂倍之音義引丁音云倍義當作偝偝古字借用耳蕫按此無庸言偝丁蓋誤認偝倍為正偝字倍猶背也周髀算經

上倍正南方注○左氏昭廿六年傳倍好齊盟孔疏云倍卻背也倍乖戾也荀子五輔長幼無等則倍注倍日旁之危氣也在兩旁反出為倍呂覽明理有倍僪注偝立不正鄉前也禮記投壷毋偝立注○蕫按坊記利祿先死者而後生者則民不偝又荀子非相鄉則不若偝則謾之字皆作偝偝亦古矣倍益也左氏倍三十年傳焉用亡鄭以倍鄰注倍加也莊子養生主是遯天倍情釋文荀子禮論故大路之馬必倍至注云倍至謂倍加精至也一辟曰倍呂覽任地其加可使倍注倍謂一倍也荀子大略一倍易之注○穆天子傳六哭者七倍之注云百人為一倍倍為二也墨子經上○荀子治國則民倍貸以給上之徵矣注云倍貸謂貸一還二也奚為近利市三倍易說卦傳倍祿復其紂時薄者也禮記樂記庶士倍祿注倍阿神明也莊子達生倍阿鮭蠪釋文引司馬注○蕫按左傳分之土田倍敦倍本作陪此義近適用也依說文則培敦為正字陪倍背偝字

䏽

豕肉醬也說文段注魚部曰䱝魚䏽醬也是魚肉醬亦偁䏽

瓿

甂也說文○蕫按玉篇甂小盆大口而卑下瓿缶也廣雅釋器瓿瓶也同上瓿小甖也漢書楊雄傳贊吾恐後人用覆醬瓶也注又晉書音義下甌瓿謂之瓺爾雅釋器○注云瓿甊小甖長沙謂之甂瓿甊甖也其大者謂之瓺其中者謂之瓿甊方言五瓿甂即盆也方言五缶謂之瓿甂注四部九部兩讀注在

棓

彼○俗有桲棒椰

菩

○俗有落蓓艸也說文段注周禮注犯軷以菩舄棘柏為神主郭璞注穆天子傳云貢今菩字按許書剠菩貰各物各字也易豐其蔀鄭薛作菩云小席○呂覽孟夏王菩主注云菩或瓜蕫按此所見異解非闊叚借不必定从禮記作王瓜也穆天子傳等貰萬萋亦勿庸泥郭語提菩貰為一董蓓艸名韵集黃蓓艸也韵廣蓓蕾始華也韵集

部

天水狄部說文段注地理志天水無狄部未詳顧氏祖禹曰漢天水郡今陝西鞏昌府以東秦州之境是其地

按廣韵曰部署也許取目曰分別部居不相襍廁部者阜之類也風俗通山澤部謂所部也後漢卓茂傳人常有言部亭長受其米肉遺者注部猶領也後漢橋玄傳注方六里命之曰暴五暴命之曰部管子乘馬方部四方州部也文選安陸昭王碑文盤督方部之署注司天之九部掌九域之部界山海經西山經司天之九部注部軍之部武也文選羽獵賦浸淫楚部注○漢書楊雄傳上注云部軍之部校也部將謂軍部之下小將也後漢寇恂傳注部署分部而署置漢書高帝紀上部署諸將注部謂身形部分也素問陰陽類論陽為游部注部皆謂本經絡之所部分素問皮部論覛其部中有浮絡者注部分謂藏府之位可占候處素問陰陽應象大論審清濁而知部分注部蓋斗也考工記輪人為蓋信其程圜以為部廣注釋部內典也文選北山移文議空空於釋部注○蕫按荀子王霸段部為剖

篰

或作簿蔀○四部五部兩讀 **篛筤也** 說文段注廣雅曰篛筤篰也曹憲上音滿下音緩廣韻曰篛箭也篰牘也玉篇曰篰竹牘也按篛筤漢人語俗字加竹又按許書無簿字篰益卽今之簿字也 **簿卽牘也** 史記絳侯世家乃書牘背示之索隱簿 **簿書也** 荀子正名注○漢書張釋之傳集注云簿謂簿書 **簿文簿也** 漢書禮樂志特以簿書不報期會為故注李廣傳史治軍簿注○急責廣之莫府上簿注云簿謂文狀也 **簿文記也** 後漢鍾離意傳注 **簿領謂文簿而記錄之** 文選劉公幹襍詩沈迷簿領書注 **簿謂文計也** 漢書兒寬傳上畜簿注 **簿計簿也** 漢書食貨志下多張空簿注 **笏或曰簿言可以簿疏物也** 釋名釋書契 **持簿手版也** 左氏桓二年傳注若今吏之持簿釋文引徐廣○周禮天官序官司書疏云簿今手版 **簿謂伐閱也** 漢書翟方進傳宮簿皆在方進之右注 **簿者鹵簿也** 史記黥布傳布常為軍鋒索隱又漢書司馬相如傳上鼓嚴簿注引孟康 **天子出車駕次第謂之鹵簿** 獨斷下 **笛謂之簿** 廣雅釋器○當按此段簿為簿也疑係形近之譌

附

○俗有培 **附婁** 逗疊韻 **小土山也春秋傳曰附婁無松柏** 說文段注左傳襄二十四年子太叔曰部婁無松柏杜注部婁小阜服虔曰喩小國風俗通義引左傳釋之曰言其卑小部婁者阜之類今齊魯之間田中少高卬名之為部矣按或作培塿依許則傳文本作附婁字从阜其本義也上蒲口反下路口反玉篇曰說文作附以坿為坿益字从土此附作步口切小土山也玉裁謂土部坿益也坿益之義宜用之相近之義亦宜用之今則盡用附而附之本義廢矣春秋云云左氏傳多古文許所見未誤○當按凡載籍所用附字無慮皆段借也詳去聲坿若祔下坿祔音同義近附不但義異音亦異也

䋎

奉剖切

○俗有緜 **治敝絮也** 說文段注敝絮猶故絮也

齊齒許 掌縷切

丶

○俗有黈 **有所絕止丶而識之也** 說文段注按此於六書為指事凡物有分別事有可不意所存主心識其處者皆是非專謂讀書止輒乙其處也

主

○俗有炷 **鐙中火主也** 說文段注釋器瓦豆謂之登郭曰卽膏鐙也膏鐙說文金部之鐙錠二字也其形如豆今之鐙盞是也上為盌盈膏而爇火是為主其形甚微而明照一室引申段借為主賓主之主按丶主古今字主炷亦古今字凡主人主意字本當作丶今段主為丶而丶廢矣段主為丶則不得不別造鐙炷字正如段左為ナ不得不別造佐為左也 **主謂典領也** 文選甘泉賦注○淮南天文太微者主朱雀注云主與典也 **主猶領也入也** 史記天官書太白主中國正義 **主猶專也** 漢書淳于長傳集注 **主猶名也** 國語周語

是以不主寬惠亦不主猛毅注 **主猶性也** 呂覽審分不傷其耳目之主注 **主猶坐也** 禮記曲禮上居不主奧疏 **主謂為主守也** 文選奏彈曹景宗注景宗卽主注論 **主謂李與古也** 禮記禮器禮必有主 **主謂君主心之官也** 素問靈臺秘典論故主明則下安注 **主謂先至為主** 素問陰陽類論注又 **主先也** 老子吾不敢為主而為客注 **主正也** 國語晉語呂覽自知湯有司過之士注又國語周語今細過其主注 **主尚也** 國語晉語言而諫主注 **主上也** 國語晉語且主能 **主計度也** 論語學而主忠信集解引鄭注 **主者天道也** 春秋元命苞注○河渠宋注 **主守也** 廣雅釋詁三 **震為主** 易說卦傳其主器主於巷震為主注云宵在震為主其義主器 **艮為主** 易說卦傳為閽寺宋注 **主者民之唱也** 荀子正論 **主者人之所仰而生也** 管子形勢解 **主亦為長者也** 儀禮士冠禮疏 **主君也** 禮記曲禮下凡執主器注又淮南主術注又廣雅釋詁一○呂覽審分凡人主必審分注當 **主人主國君也** 儀禮聘禮賓人臣亦無道知主注並云主猶君

記主人使人與客讀諸門外注人主謂王者諸侯也呂覽重己世之人主貴人注主謂王也呂覽本生今世之惑主注〇老子柰何以萬乘之主注云萬乘之主謂王主謂諸侯國策秦策而欲以力臣天下之主注主盟主國語楚語以為諸侯主注主內主也左氏文四年傳棄信而壞其主注主謂公卿大夫周禮大宰六曰主以利得民司農注大夫稱主左氏襄十九年傳事吳敢不如事主注又國語晉語再世以下主之注又國策秦策以攻趙襄主於晉陽注又史記趙世家自謂主君集解引服虔又呂覽過理賊民之主不忠注〇周禮調人主友之讎眡從父兄弟注云主大夫君也主家長詩載芟侯主侯伯傳主謂父也太乎夾內有主也注主者婦人尊稱漢書高帝紀下集注〇獨斷上云帝之女曰公主帝之姊妹曰長公主夫夫之妻稱主國語晉語主孟啗我注主謂主其祭祀穆天子傳二以為殷人主注〇左氏成五年傳國主山川注云主謂所主祭又公羊昭十五年傳攝主而往注云主謂已主祭者主廟主也漢書五行志中之上迺作主注〇初學記十三引白虎通云祭所以有主者何言神無所依據孝子

以主繼心焉主為神之主也國語鄭語主芣騩而食溱洧注〇穀梁文二年傳為僖公主也注云主蓋神之所馮依其狀正方穿中央達四方天子長尺二寸諸侯長一尺又公羊文二年傳注大同主謂木主也周禮司巫共匰主杜注〇公羊文二年傳云主者曷用虞主用桑練主用栗主田主謂社也論語八佾哀公問社於宰我釋文引鄭注〇周禮大司徒而樹之田主注云田主田神后土田正之所依也詩人謂之田主主臣惶恐之辭漢書王陵傳集注引文穎〇馮唐傳唐曰主臣注云主臣恐懼之言敵來禦捍者謂之主禮記月令注主人則可疏主擊也漢書王臨傳集注引晉灼〇荀子宥坐主量必平似法注云主讀為注萱按此注主為正借字也又詩大田箋今天主雨于公田釋文主本作注此可兩通〇俗有硅社

宔

宗廟宔祏也說文段注五經異義及鄭駁詳示部祏下經典作主小篆作宔主者古文也祏猶主也左傳使祝史徙主祏於周廟是也鄭說卿大夫無宔許說大夫以石為宔

罜

罜麗逗小魚罟也說文段注魯語曰鳥獸成水蟲孕水虞於是禁罜麗設穽鄂以實廟庖畜功用也韋

曰罜當作罜罜麗小網也西京賦曰設罜麗〇萱按罜亦音獨三部四部入聲同也然可不必

麈

麋屬說文段玉裁注云乾隆三十一年 純皇帝目驗御圜麈角於冬至皆解而麋角不解敕改時憲書麋角解之麋為麈臣因知今所謂麈正古所謂麋也吳都賦注云旄麈有尾故翦之〇萱按如段說今麈即古麋然則今之麋果即古之麈與仰竊 純皇聖意似疑古書記事錯譌當言麈而誤為麋也若段氏之意則又疑後世名獸譌錯當呼麋而誤為麈也麈似鹿而大文選上林賦尾從橫行注引晉灼

寵主切

柱

〇俗有柱楹也說文段注柱之言主也屋之主也按枝引申為支柱柱塞不計縱橫也凡經注皆用柱俗乃別製從手柱字音株主切〇萱按柱柱同字柱不當異音也舊韵書柱亦有兩音皆自擾者耳楹謂之柱禮記明堂位殷楹鼓注又廣雅釋室柱枝也文選魯靈光殿賦注引蒼頡柱住也釋名釋宮室柱距也廣雅釋器柱塞也莊子徐无鬼藜藋柱乎鼪鼬之逕釋文引司馬注柱猶起高也山海經大荒東經上有扶木柱三百里柱楣所謂梁闇儀禮喪服傳翦屏柱楣注柱石承塵梁也後漢

書伏湛傳注柱天者若天之柱也後漢齊武王縯傳注底柱山名書禹貢東至于底柱晚出傳〇水經河水注云砥柱山名也河水分流包山而過山見水中若柱然故曰砥柱也柱國都也國策齊策安邑者魏之柱國也注柱國官名呂覽淫辭荊柱國莊伯注〇後漢崔駰傳注云柱國是官猶秦之相國也又列女傳辯通云柱相國是也柱工主箏瑟之柱者漢書禮樂志柱工員二人注柱夫搖車注爾雅釋艸柱者支柱也漢書西域傳下道為當柱置注柱刺也距也漢書朱雲傳集

始主切

豎

毆豆籒〇俗有豎僮堅立也說文段注堅立謂堅固立之也豎與封音義同而豎從取故知為豎立周禮內豎鄭云豎未冠者之官名蓋未冠者才能自立故名之豎因以為官名豎之言孺也豎立也廣雅釋詁四豎未冠者也國語晉語使寓都那豎贊馬注豎猶小也文選江文通襍體鮑參軍詩注引漢書韋昭注豎小臣也左氏昭四年傳遂使為豎注豎左右小吏左氏僖廿四年傳晉侯之豎頭須注豎

小使也淮南人閒豎陽穀奉酒而進之注豎者僮僕之稱史記酈生陸賈傳沛公罵曰豎儒索隱○後漢王允傳注豎者言賤劣如僮豎豎內豎國語晉語使豎襄將之注○禮記文王世子問內豎之御者注云內豎者小臣之屬豎掌通內外者左氏傳廿八年傳曹伯之豎侯獳注○家語正論以牛為內豎注云豎通內外之命豎亥健行人山海經海外東經帝命豎亥步自東極至于西極注豎褐謂褐衣而豎裁之以其省而便事也萤按此段豎為裋也

裋

○俗有禮豎使布長襦說文段注豎與裋疊韵豎使謂僮豎也淮南高注曰豎小使也顏注貢禹傳曰裋褐謂僮豎所著布長襦也方言曰襜褕其短者謂之裋褕韋昭注王命論云裋謂短襦也本方言○漢書食貨志下裋褐不完注云裋布長襦也裋敝布襦也列子力命衣則裋褐釋文○又云裋褐有作短褐者誤荀子作豎褐又史記秦始皇紀寒者利裋褐集解引徐廣云裋一作短小襦也○萤按長襦短襦其實是一裋褐短褐其義竝通不必泥殷敬順語疑短為形近之誤裋褸襦也楚人謂袍為裋列子力命釋文○淮南齊注云楚人謂袍

為裋襩襦謂之襤廣雅釋器○方言四云襩襦江湘之閒謂之襤豎裋小襦也史記秦始皇紀集解引徐廣○萤按裋同音諸家多借豎為裋豎褐僮豎之褐亦短褐也荀子大略衣則豎褐不完注○史記孟嘗君傳而士不得豎褐索隱云褐謂褐衣而豎裁之以其省而便於事也

仰主切

禺

母猴屬頭似鬼說文段注爪部曰為者母猴也又部曰夔一曰母猴也郭氏山海經傳曰禺似獼猴而大赤目長尾今江南山中多有說者不了乃作牛字按左傳曾公為檀弓作公叔禺人可證為禺是一物也禺古音在四部讀如偶

髃

或作腢肩前也說文段注士喪禮記即牀而奠當腢注曰腢肩頭也腢即髃字毛詩傳曰自左膘而射之達於右髃為上殺膘脅後膊前肉也何注公羊云自左膘射之達於右髃中心死疾鮮絜也髃本謂人亦段為畜骨之偁凡肩後統於背前為髃髃之言隅也如物之有隅也髃謂肩前也詩車攻釋文髃謂肩前骨也漢書司馬相如傳上洞胷達掖注髃肩前兩乳骨也公羊桓四年傳釋文引字林

偶

桐人也說文段注偶者禺也寓於木之人也字亦作寓亦作禺同音段借耳按木偶之偶與二枱竝耕之耦義迥別凡言人耦射耦嘉耦怨耦皆取耦耕之意而無取桐人之意也今皆作偶則失古意矣又俗言偶然者當是偶字之聲誤偶刻木以像人形文選祭古冢文撫俑增哀注○家語曲禮公西赤問今人或有偶注云偶木人也偶謂以土木為之偶類於人也史記孟嘗君傳見木偶人與土偶人相與語索隱偶人相人也淮南繆稱魯以人而孔子歎注偶人明器之屬也後漢朱穆傳注偶謂偶然非本志也文選與山巨源絕交書偶與足下相知耳注偶對也偶並也萤按凡等皆耦之義同聲段借也但習為不察遂莫辨其正借耳寓即偶也謂刻木偶類人形也一云寄人形於木也史記酷吏傳偶人象索隱○萤按史記偶人用正字漢書寓人用借字故小司馬通其正借也

耦

耕廣五寸為伐二伐為耦說文段注耕各本作耒今依太平御覽正匠人耜廣五寸二耜為耦

一耦之伐廣尺深尺謂之畎注古者耜一金兩人併發之其壟中曰畎畎上曰伐伐之言發也畎畎也今之耜岐頭兩金象古之耦也許與記文辭異義同耕即耜謂犂之金其廣五寸也不曰枱廣五寸者許意枱乃耒耑之耑耕錯於枱畝必析言之長沮桀溺耦而耕此兩人併發之證引申為凡人耦之偶俗借偶耦耕也廣雅釋地兩人共耕曰耦荀子大略禹見耕者耦立而式注二耜為耦詩噫嘻十千維耦箋又論語微子集解引鄭注又國語吳語譬如農夫作耦注二人為耦左氏襄廿九年傳射者三耦注耦二也廣雅釋詁四耦兩也左氏傳九年傳耦俱無猜注耦辯也廣雅釋詁三耦合也漢書杜欽傳集注東方朔傳集注楊雄傳上集注敘傳上集注又呂覽季冬命司農計耦耕事注又淮南時則注耦諧也廣雅釋詁三耦媲也漢書地理志下集注耦匹也莊子齊物論嗒焉似喪其耦釋文○方言敵耦也注云耦亦匹耦對也漢書高帝紀上集注引應劭董仲舒傳贊集注又莊子齊物論釋文耦相當對之名史記越世家必有當也索隱耦遇也二人相對遇也釋名釋親屬耦近也淮南要略覽耦百變也注

耦身也身與神為耦莊子齊物論釋文引司馬注昏以相敵為耦左氏桓三年傳齊侯送姜氏注耦俱升射者周禮掌次射則張耦次注偶媲也偶二也竝禮記曲禮上偶坐不辭疏偶副貳也禮記曲禮釋文偶合也爾雅釋詁又一切經音義二引字林偶諧也列子力命多耦釋文偶兩雙也御覽七百五十引風俗通偶配也書君奭汝明勗偶王疏又禮記曲禮釋文又大乎乎雖能以偶物者注偶對也國語越語乃必有偶注又華嚴經音義上引國語賈注又史記殷本紀正義秦始皇紀偶語詩書正義高帝紀偶語者棄市集解引應劭又漢書韓延壽傳集注郅都傳集注又後漢馮勤傳注又管子海王禺筴之商日二百萬注又莊子齊物論彼是莫得其偶謂之道樞注○荀子修身偶視而先俯注云偶視對視也偶並也對也漢書公孫賀傳集注偶匹對之名文選北山移文偶吹艸堂注偶類也史記黥布傳率其曹偶索隱偶猶周也淮南說林聖人之偶物也注陰數偶白虎通嫁娶調偶和合之謂也莊子知北遊調而應之德也偶而應之道也注射法每兩人相對以

決勝負名之曰偶禮記曲禮下君使士射疏偶謂古之複方也素問至真要大論偶之制也注○萱按單方亦曰奇方君一臣二君二臣三也複方亦曰偶方君二臣四君二臣六也淤沙為耦呂覽必已過盜於耦沙之中注

渪

渪水出趙國襄國之西山東北入濅說文段注趙國襄國二志同今直隸順德府邢臺縣西南有襄國故城商祖乙遷於邢周時邢國皆在此前志襄國下曰西山渠水所出東北至廣平國任縣入濅按渠水當是渪水之譌一統志曰濅河源出邢臺縣東南東流逕南和縣西南又東北逕任縣東至隆平縣入胡盧河即百泉水也方輿紀要曰百泉水蓋即濅河之上源引志云百泉水一名渪水又名鶩鶩水隋志以為流水也鶩鶩水在南和縣西見魏都賦注渪畬隅淮南本經曲拂遺回以像渪浯注○萱按淮南段渪為隅也諸家作畬禺禺亦借字也高誘獨作畬隅當是正字說文隅敵也或作藕○俗有蕅

蕅

扶渠根說文段注釋艸其根耦按釋艸以其本萏系於荷扶渠其莖茄之下者謂此乃全荷

之本今俗所謂藕者是也萏之言藏設於泥中也以其根藕系於其華菡萏其實蓮之下者謂此乃花實之根凡花實之莖必偕葉一莖同出以有藕然故下近蕊上近花莖之根曰藕本言其全根言其偏本在下根上於本下文的薏仍家花實言之此作爾雅之精意也叔重列字次弟未得其解矣○萱按孔耽神祠碑躬采葽蕅比用正字也爾雅釋文藕本作蕅此俗體耳藕一名水芝也文選魏都賦丹藕淩波而的皪注引本艸或作恒悟

愷　苦耦切

小怒也說文○萱按愷與悟音義皆略同故字又作悟○俗有揗

拊

揗也說文段注揗者摩也古作拊揗今作撫揗古今字也堯典曰擊石拊石拊輕擊重故分言之又鼻陶謨搏拊樂器名明堂位拊作搏拊謂摩循之也漢書吳王濞傳因拊其背注外戚傳上主拊其背曰行矣注拊猶撫也家語曲禮子夏問與拊膺注○左氏宣十二年傳拊而勉之注云拊撫慰勉之拊拍也左氏襄廿五年傳公拊楹而歌釋文又史記秦始皇紀執挃拊以鞭笞天下集解引徐廣言拊者取拊近之理儀禮鄉射禮注撫拊之也疏拊輕擊之漢書吳王濞傳注○書堯典予擊石拊石晚出傳云拊亦

擊也拊擊也廣雅釋詁三又國策衛策拊髀無笞服注又楚辭東皇太一陽抱兮拊鼓注○周禮小師擊拊司農注云拊者擊石拊謂擊剝之也管禁藏子母拊卵注拊求也廣雅釋詁三拊疾也方言十二又廣雅釋詁一拊樂器名荀子禮論縣一鐘尚拊之脇注○注又云拊一名相拊所以輔樂相亦輔之義拊形如鼓以韋為之著之以糠周禮大師擊拊注○史記樂書合守拊鼓正義云拊者皮為之以糠實如革囊也又禮記樂記治亂以相注云拊者以韋為表業之以糠一名相又明堂位拊搏注云拊搏以韋為之充之以糠形如小鼓拊謂把禮記少儀削授拊注○萱按削把弓把同義則弣為正字矣其字後出故古傳拊為弣也亦借用拊又按拊或作付作府作撫皆段借之拊撫異部而同義○俗有腑

府

文書藏也說文段注文書所藏之處曰府引申之為府史胥徒之府周禮府六人史十有二人注云府治藏史掌書者又太宰以八法治府注云百官所居曰府○漢書郊祀志上史書而藏之府注云府藏書之處府文書財物藏也一切經音義九引三蒼○周禮宰夫掌官契以治藏疏云藏文書及器物者其名曰府

府六官之典左氏襄九年傳使西鉏吾庀府守注水火金木土穀此謂六府大戴記四代又左氏文七年傳此謂作謂之府主藏六物之稅者禮記曲禮下天子之六府注府謂寶藏貨賄之處也禮記曲禮下在府言府注○淮南說林注云府藏貨所主也又詩大叔于田疏云貨之所藏謂之府又國語越語府倉實注云貨財曰府又論語先進魯人為長府集解引鄭注云藏財貨曰府又皇疏云藏錢帛曰府府物所藏周禮春官序官天府注○國語鄭語府之小妾生女注云府王內之府藏也治藏周禮天官序官府六人注○疏云府治府藏府猶庫藏也爾雅釋地九府釋文○管子治國府庫之徵注云府庫謂府之庫又呂覽季春注淮南時則注並云府庫幣帛之藏也府先王之府藏周禮大司寇而登之于天府注○司民登于天府注云天府主祖廟之藏者天府祖廟之藏國語周語余一人僅亦守府注大府為王治藏之長若今司農矣周禮天官序官大府注○內府注云內府主良貨賄藏在內者又外府注云外府主泉藏在外者中藏府掌幣帛金錢貨物也

後漢章彪傳注○桓帝紀注云中黃藏府掌中幣帛金銀諸貨物也府聚也書呂刑惟府辜功疏又國策秦策此謂天府注又漢書蓋敬傳集注又後漢蓋勳傳注又素問脈要精微論夫脈者血之府也注水熱穴論所謂府者汗空也注又一切經音義二十引廣雅○廣韻引風俗通云府聚也公卿牧守道德之所聚也府聚也凡物所聚皆曰府周禮春官序官天府疏○漢書司馬遷傳智之府也注云府者所聚之處也又張良傳天府之國注云財物所聚謂之府又卜式傳倉府空注云府錢所聚也又匈奴傳下亦以為虛費府帑注云府物所聚也府取也廣雅釋詁一府叢也小爾雅廣詁府舍也廣雅釋室府官也同上百官所居曰府周禮大宰以八灋治官府注○管子君臣而君發其明府之法注云府謂百吏所居之官曹也又文選東京賦據其府庫薛注云官史所止為府車馬器械所居曰庫郡守所居曰府府者尊高之稱後漢張湛傳注三公所居謂之府左氏隱七年傳注詩公府卿寺疏三府三公也後漢郎顗傳注○承宮傳注云三府謂太尉司徒司空府○樊準傳注云五府謂太傅太尉司徒司空大將軍也清府

猶清廟也楚辭思古蘭睛登於清府兮注府宮府也素問陰陽應象大論神明之府也注府謂六府素問氣穴論府俞七十二穴注○周禮疾醫注正藏五疏云六府胃小腸大腸膀光膽三焦以其受盛故謂之為府又白虎通性情云六府者何謂也大腸小腸胃膀胱三焦膽也府者為五藏宮府也府謂六化府素問金匱眞言論府者為陽注府謂胃也素問寶命全形論是謂壞府注府胃也素問脈解爲上則邪客於藏府間注府謂氣之所聚處也素問經脈別論行氣於府注天府肺脈氣也素問至眞要大論天府絕注雨府太陰之所在也素問六元正紀大論雲趨雨府注腑者陽氣素問方盛衰論陽有餘注○寶命全形論知腑藏血氣之診注云諸陽為腑萱桉此腑字蓋轉錄者偶從俗體非其本然也腐巳从肉不當復有腑字也素問他處皆作府府腹疾也呂覽情欲注○萱桉此用府為腐也

腐

○俗字也說文段注上文云腸爛也爛之正義此云腐爛也有虞爛也歹部云積爛也爛之引申之義史記刺客傳此臣之日夜切齒腐心也索隱云腐亦爛也○又漢書黥布傳腐儒注云腐者爛敗也腐敗也廣雅釋詁三腐臭

也廣雅釋器又楚辭離世淹芋沚於腐并兮注愁命反以茲為腐也注腐臭敗也呂覽盡數流水不腐注腐朽也詩大東芟將潰腐不中用也釋文又後漢王充王符仲長統傳注腐宮刑也漢書景帝紀死罪欲腐者許之注引如淳腐髓骨也淮南泰族離有腐髓流澌注

㽨

俛病也說文段注方言曰短東陽之間謂之㽨按俛者多庫方言與許義相近○方言十注云㽨言俛視之因名㽨短也廣雅釋詁二㽨病也集韻引廣雅府腹疾也呂覽情欲身盡府瘇注○萱按此府蓋㽨之破字非關段借也與㽨義亦在離合之間

務碼切　撫口許　奢庚切

侮

㑄古文

枸

○俗有椈枸木也三字句可為醬出蜀說文段注史漢皆云枸醬詳蒟下按小雅南山有枸毛日枸枳枸也枳枸即禮記之椇許於枸下不言枳枸字椇亦不錄○史記西南夷傳南越食蒙蜀枸醬集解引徐廣云枸一作蒟枸杞苦杞也枸乳苦杞也竝廣雅釋艸枸檵爾雅釋木○注云今枸杞也又疏云

一名苦枸一名地骨張之輕身益氣枸樹山木一名枸骨今官園種之謂之木蜜詩南山有臺陸疏枸櫞似橘而大如飯簇一切經音義廿三引廣志枸曲也似橘屈曲也文選風賦枳枸來巢注○萱按通觀諸家說枸其類各別為醬者扶畱藤也與蒟為一物蒟言其實枸言其木依說文此為枸之本義矣爾雅廣雅所說即入藥之甘州枸杞其根名地骨皮者也別一種也枸櫞類冬青實類椒又一種也其本甚不美官園何種此乎枸櫞俗謂香櫞嘉樹也其實之皮可蜜漬為糝瓤可浣濯涴葛紵也又一種也枳枸二字皆段借正字當作橫椒另一種也橘踰淮而化為枳謂此癡椒矣於橘與枸櫞為屬而別若曲禮內則之椇即枳椇也與毛傳宋賦之枳枸判然二物段氏乃謂枳枸即椇其說甚誤枸根樹也文選吳都賦栟櫚枸根劉注○萱按此不知今為何木而舊讀平聲然則枸當作句若鉤枸根盤錯也枸簍即車弓也軸限者謂之枸萱按皆詳鉤下鉤正字枸借字○又按左傳昭十二年釋文枸本作狗詩四牡禮記表記釋文枸本作苟此皆音近通用也故枸亦或讀若苟

蒟

果也說文段注史記漢書有枸醬左思蜀都賦常璩華陽國志作蒟史記亦或作蒟據劉逵顏籀宋祁諸家說即扶畱藤也葉可用食檳榔實如桑甚而長名蒟可為醬巴志曰樹有蒟支蔓有辛蒟然則此物藤生緣木故作蒟從艸亦作枸從木要必一物也許君木部有枸字云可為醬於艸部又有蒟字蓋不能定而兩存之次於甚者以其實似甚也其實名蒟故云果也果木實也當云蒟果也為三字句○萱按木言桑實言甚木言枸實言蒟皆異名而同物故舉甚則桑可知舉蒟則枸可知蒟蒟醬也文選蜀都蒟蒟茱萸劉注

竘 郡庾切

健也一曰匠也周書有竘匠說文段注淮南人閒訓室始成竘然善也高注竘高壯皃比與倢之訓合方言曰竘皃治也吳越飾皃為竘或謂之巧廣雅竘治也又曰竘巧也比與匠之訓合周書云云蓋謂周書乂十一篇也竘匠之文俟攷竘巧語楚聲轉耳方言又注

窶

○作窶者謑無禮尻也說文段注邶風終窶且貧傳曰窶者無禮也貧者困於財箋云君於已祿薄終不足以為禮又近困於財按無禮困於祿薄故釋言云窶貧也然會韻篇云無財曰貧無財備禮曰窶則貧窶有別小雅云伾

彼有屋蔌蔌方有穀箋云小人富有窶陋將貴也然則有富而窶陋者矣許从毛益以居字者以其字从山也無禮居謂宮室不中禮窶無禮也禮記曲禮上主人解以窶疏又荀子堯問是以窶小也注窶貧而無禮漢書霍光傳又諸儒生多窶人子注窶貧也禮記曲禮上釋文又州子楊朱原憲窶于魯注窶空也後漢桓榮傳注又一切經音義一引字書窶貧空也藝文類聚卅五引字林○萱按說文窶在宀部諸書多从穴或又窶窶兩收皆誤也窶數猶局縮皆小意也釋名釋姿容○漢書東方朔傳盆下為窶數注云窶數戴器也以盆盛物戴於頭者則窶數為之今賣白圜餅人所用者是也甗窶謂高地狹小之處史記滑稽傳甗窶滿篝正義○集解云甗窶便側之地又索隱云甗窶猶杯樓也

庾 永煦切

○俗有陋水漕倉也一曰倉無屋者說文段注庾水漕倉也漢書孝文紀應劭注同謂水轉穀至而倉之也無屋無上覆者也小雅楚茨傳曰露積曰庾甫田箋云庾露積穀也周語野有露積韋注同胡廣漢宮解詁云在邑曰倉在野曰庾○史記孝文紀索隱引郭注三倉云庾倉無屋也庾倉也廣雅釋室庾屋如廩

庾者荀子正名注庾積也漢書食貨志下集注庾裕也言盈裕也露積之言也盈裕不可勝受所以露積之也釋名釋宮室十六斗為庾左氏昭廿六年傳粟五千庾賈注又論語雍也與之庾集解引苞注○萱按左傳杜注論語皇疏國語周語注魯語注大同庾實二觳厚半寸脣寸考工記陶人○萱按此與十六斗之庾大小懸殊往體多來體寡曰夾庾周禮司弓矢夾弓庾弓注○萱按此段庾為夾也弓人謂之夾庾之屬用正字十六斗曰藪儀禮聘禮記○萱按此段藪為庾也今文藪為逾亦庾之借藪數名也秉有五藪二十四斛也儀禮聘禮車秉有五藪注

斞

○俗有鈌量也周禮曰桼三斞說文段注此量讀五量之量周禮云云攷工記弓人文鄭注斞輕重未聞許亦但云量也一弓之桼甚少與論語攷工記之庾絕異○廣雅釋詁三云斞量也鍾十曰斞廣雅釋器莊子田子方斞斛不敢入於四境釋文引李六斛四斗曰斞注○引司馬注云斞讀曰臾又云斞讀曰鍾

○蕢按小司馬之意謂鍼為鐘之段借字也與釜十則鍾之數合矣而斛之眞數卒不可定廣雅說斛𡜨過大殆工之斛又過小

㼌

本不勝末微弱也从二瓜 說文段注本者蔓也末者瓜也蔓一而瓜多則本微弱矣故污窳之窳情嬾之窳皆从此

窳

或作窳窪

污窳也朔方有窳渾縣 說文段注污窳蓋與污衺同亦謂下也以衺與宊同韵窳與窳同韵故分別其詞也史記舜淘河濱器不苦窳集解曰窳病也按器窳者低陷之謂亦污窳之意也釋詁曰窳勞也郭云勞苦者多情窳大雅毛傳曰訿訿窳不供事也史記呰窳偸生晉灼曰呰病也窳情也許於此部呰下亦云窳也益即閑毛傳毛詩訿即呰也此等窳皆訓情嬾亦皆污窳引申之義釋乎應慶引楊承慶字統說情者不能自起如瓜瓠在地不能自立故字从㼌又嬾人恆在室中故从宀夫訓穴土室不必从宀而後為室也而名旻正義曰艸木皆自樹立惟瓜瓠之屬臥而不起似若懶人常臥室故字从宀宀音眠此亦用字統說而與乎應所據有異且陸氏釋文孔氏正義皆引說

韻史 卷十七第四部上聲斋韻

一八四七

窳懶也而說文無此語聞疑載疑不敢於宀部安補窳菉朔方郡窳渾縣地理志有郡國志無讀氏方輿紀要曰故窳渾城在故夏州西北漢縣故夏州城在榆林衛西二百里○蕢按據史漢皆用窳字知古籍有窳甚明既窳窳同義故徑提合爲一字

窳汙也 爾雅釋詁釋文引字林

窳器病也 荀子議兵械用兵革窳楛不便利者弱注窳

弱也 文選七發注引漢書應劭注

窳闔聲下兒 文選長笛賦窳闔賓振注窳病也史記五帝紀皆不苦窳集解貨殖傳以故呰窳集解引晉灼

窳弱也 漢書地理志下集注

窳情也 漢書地理志下集注引晉灼

窳窴窳也類貙虎 文選西京賦薛注○蕢按之渾言窴窳即貗貐也二字皆借而瘳也

瘉

或作愈癒

病瘳也 說文段注釋詁及小雅毛傳皆曰瘉病毛詩班之謂瘳而尚病也許則祈言之謂雜病病病瘉藝凡訓勝訓賢之愈皆引申於瘉愈即瘉字也○蕢按雅釋詁史多用瘉字後則愈行而瘉癈矣漢書高帝紀漢王病瘉詩斯干文志以瘉為劇盧縮傳辛上病瘉汲黯傳終不瘉而古傳後病果瘉皆與說文合

瘉病也 又詩斯干無相猶矣箋正月胡俾我瘉傳瘉鼓鍾其德不猶羑角弓交相相為瘉傳又禮記坊記注○蕢按斯干鼓鍾段猶為瘉雙聲

韻史 卷十七第四部上聲斋韻

一八四八

也

瘉勞病也 爾雅釋詁舊注

瘉勝也 漢書汲黯傳無以瘉人集注賁捐之傳縣官嘗言與瘉辭大夫集注引張晏○蕢按藝文志猶瘉倉等不猶瘉于野乎京房傳辛其瘉於彼皆是

瘉猶勝也 史記汲鄭傳無以踰人索隱○蕢按瘉踰同聲正借字也

瘉賢也 國語晉語東方士執為瘉注

愈猶病愈 左氏襄十二年傳疏引服注

病差謂之愈 左氏襄卅一年傳疏昭二十年傳疏○匡謬正俗八云愈勝之故病差者言愈

愈差也 禮記三年問痛甚者其愈違疏又釋文又左氏襄十四年傳庸知愈予釋文昭廿年傳相從為愈注又史記司馬相如傳愈於南夷索隱引張揖又漢書高帝紀上集注藝文志集注○後漢賓寔傳注又文淡風賦愈病析醒注竝云愈猶差也

愈益也 易數辭下傳注則愈滯乎形疏又國語晉語吾聞申生之諫愈深注又國策秦策矣甲愈起注又孟子告子下愈疏不孝也注又呂覽情欲注功名注慎大賢主愈大愈懼愈彊愈恐注審分注又淮南本經能愈多而德愈薄矣注說山注說林注○詩小明政事愈處箋又後漢馮衍傳下集注朱浮傳下集注竝云愈猶益也

愈猶甚也 後漢班彪傳上注

愈勝也 禮記禮運疏又論語公冶長女與回也執愈星疏先進然則師

韻史 卷十七第四部上聲斋韻

一八四九

訓庚切

愈與皇疏又史記司馬相如傳索隱引張揖貨殖傳愈於纖嗇索隱又漢書志傳各集注又淮南說山注○詩與衣疏又左氏襄十三年傳疏引論語鄭注又論語公冶長集解先進集解又漢書京房傳集注竝云愈猶勝也

愈賢也 廣雅釋言

愈愈憂懼也 詩正月憂心愈愈傳

愈益也 國語吳語若越閒愈章注○蕢按比段愈為愈也歛陽令楊君碑云名聞愈高亦介又荀子榮辱清之而愈濁者注仲尼愈務而愈遠注儒效比周而譽愈少注議兵策人而兵愈強注解敵而未有愈疾之福也注竝云愈讀為愈○晉書音義中云愈一作揄又荀子君子心至愈注云愈讀為愉蕢按愈愉正借字愉愈亦正借字同愈聲也

貐

貗貐侶貙虎爪食人迅走 說文段注以上釋獸說如此○淮南本經貗貐鑿齒注云貗貐獸名也狀若龍首或曰似狸善走而食人在西方也

窳窴窳也類貙虎 文選西京賦批窳狻薛注○蕢按窴窳即貗貐之借字也爾雅貐亦李作窳見釋文

姁

嫗也 說文段注然則姁亦毋傳也鄙古同呂后名雉字娥姁

姁姁和好兒也 史記淮陰侯傳言語

韻史 卷十七第四部上聲斋韻

一八五〇

嘔索隱引鄧展又漢書韓信傳上集注○萱按姁嘔正借字也索隱又云嘔嘔猶區區也
姁媮和悅皃
文選舞賦姁媮致態注
嘔喻和悅皃
漢書王褒傳是以嘔喻受之注引應劭○萱按嘔喻即嫗媮之段借字與

昫

日出昷也北地有昫衍縣
說文段注昷各本作溫今正昫與火部煦義略同樂記煦嫗淮南書作昫嫗廣韻直以爲一字周禮注曰司馬法旦明鼓五通爲發昫是知主初日出言也北地云云見前書地理志今甘肅寧夏府靈州東南花馬池境有昫衍廢縣是也俗譌作朐衍非
呴溫也
老子或呴或吹注○萱按此段呴爲昫也呴乃咱之異體字本義不得訓溫
呴諭溫恤也
淮南原道呴諭覆育注○萱按俶眞訓陰陽所呴又莊子騈拇呴俞仁義皆用借字也俞諭同爲嫗之借

煦

烝也一曰赤皃一曰昷潤也
說文段注方言煦煆熱也乾也吳越曰煦煆按熱廣雅作熱誤樂記注曰以氣曰煦一曰赤皃者日部曰昫日光出溫也按昫煦古通用煦蓋日出之赤色一曰昷潤也者首一義足策之韓詩章句
煦暖也
太玄釋圍煦釋注又文選演連珠注引韓詩章句
煦晴轉也
家語本命

韻史 卷十七第四部上聲有韻　一八五一

及生三月而徼煦注

遐庚切

𦄵

○俗有𦄵
絆前兩足也漢令蠻夷卒有𦄵
說文段注莊子馬蹏篇連之以羈𦄵崔云絆前兩足也吳都賦𦄵麋麖劉注同漢令云云疑有奪字殊下云蠻夷長有罪當殊之此應云蠻夷卒有罪當𦄵之也
𦄵絆也
廣雅 [illegible]器

盨

櫝盨 遐
負戴器也
說文段注櫝小格也見匚部此櫝盨之櫝乃別一義廣韻一送云櫝格木之三十六養云櫝載器也出埤蒼玉篇云櫝渠往切櫝格木也載器皆當作戴器古戴通用格木亦謂盛闔之木東方朔傳以朔曰是寠數也師古曰寠數戴器也以盛物戴於頭者則以寠數薦之今賣白團餅人所用者也又楊惲傳鼠不容穴銜寠數師古曰寠數戴器也按寠數其羽山羽二反櫝盨渠往相庚二反櫝與寠雙聲盨與數雙聲疊韻一語之轉也負戴器者謂藉以負戴物之器

韻史 卷十七第四部上聲有韻　一八五二

韻史卷十八

第四部去聲

冓韻

泰興何萱石閭譔集　子庚校字
上海顧錫麒竹泉覆審
武進李兆洛申耆鑑定

開口
許
艮互切

冓

○俗有冓
交積材也象對交之形
說文段注高注淮南曰構架也材木相乘架也按結冓當作此今字構行而冓廢矣木部曰構蓋也義別象形者冓造必鉤心鬭角也廣韻侯候二韻皆曰冓數也此古算經說也而紙韻引風俗通作壤生溝溝生澗五經筭術數術記遺等書亦皆作溝矣
冓謂舍之交積材木也
漢書梁平王襄傳聽聞中冓之言注
冓夜也
漢書文三王傳晉灼注引齊詩○詩牆有茨中冓之言釋文引韓詩云中冓中夜
冓夜也
廣雅釋詁四○萱按詩中冓本作遘借字也玉篇山部作中寓之言

構

○俗有構
蓋也杜林以爲椽桷字
說文段注此與冓音同義近冓交積材也凡覆蓋必交積材杜林用構爲桷字杜意構造字用冓椽桷字用構蓋蒼頡訓纂一篇及蒼頡故一篇語
構架也
淮南氾論築土構木

韻史 卷十八第四部去聲冓韻　一八五三

注又文選魯靈光殿賦觀其結構注
構結也
漢書平帝紀集注英布傳集注韓延壽傳集注又荀子勸學怨之所構注
構謂結起也
漢書陳勝傳夜構火狐鳴注○萱按史記作篝火籠篝也
構連也
國策秦策秦楚之兵構而不離注齊策秦楚之構難注
構成也
詩四月我日構禍傳又廣雅釋詁三
構合也
易繫辭下傳男女構精疏又詩青蠅構我二人箋○四月箋云構猶合集也
構會其過惡
左氏桓十六年傳構急子服注○萱按杜注無過字
構亂也
詩青蠅釋文引韓詩
牛羊乳汁曰構
漢書敘傳上楚人謂乳穀注引如淳○萱按此段構爲穀也
構交構也
國語晉語逐之恐構諸侯注
構謀也
淮南說林文王與諸侯構之注
構連也
淮南本經大架興宮室注
構成也
史記黥布傳事以構索隱

遘

遇也
說文段注易姤卦釋文曰薛云古文作遘鄭同按雜卦傳遘遇也柔遇剛也可以証全經皆當作遘矣遘遇疊韻○爾雅釋詁又書金縢遘厲虐疾釋文又漢書敘傳上敘傳下集注又後漢皇后紀上注崔駰傳注張衡傳注又太玄于何戟解解遘注又楚辭哀時命夫何予生之不遘時注竝云遘遇也
遘逆也
爾雅釋詁
遘見也
上同

韻史 卷十八第四部去聲冓韻　一八五四

覯

○詩柏舟遘閔旣多釋文遘本作覯又文選王仲宣七哀詩豺虎方遘患注云遘與構同古字通也萱按遘覯構義皆相近故爲通用字又野有蔓艸邂遘相遇釋文遘本作逅此與易用姤同逅姤皆後出非古字

遇見也說文段注覯與遇疊韵走部曰遘遇也覯从見則爲遘遇之見召南艸蟲亦曰旣見止亦旣覯止傳曰覯遇也此謂覯同遘鄭箋云旣覯謂已昏也引易男女覯精萬物化生鄭意以覯即見無俟重言毛云遇也實含會合之義故引而伸之必俟脫纓燭出昏禮旣成乃自信可以寧父母心此申毛非異毛也鄭所據易作覯精今皆作構失之矣

覯見也詩伐柯我覯之子箋車舝鮮我覯爾箋裳裳者華箋公劉乃覯于京傳抑莫予云覯傳又漢書司馬相如傳下集注又莊子天運覯而多責釋文

覯成也左氏成六年傳其惡易覯注

覯合也詩艸蟲疏引易注

言覯自彼加我之辭詩柏舟疏

媾

重婚也易曰匪寇婚媾說文段注重婚者重疊交互爲婚姻也杜注左傳曰重婚曰媾按字从冓者謂若交積材也曹風不遂其媾毛傳曰媾厚也引申之義也易曰云云屯六二爻辭

重婚曰媾隱十

一年傳如舊婚媾注昭廿五年傳注○萱按易屯馬注又國語晉語注又一切經音義四引國語賈注略同唯昏作婚又左傳疏云媾與昏同

媾猶會也易屯求婚媾釋文引鄭注

媾合也史記刺客傳北媾于單于索隱

媾和也史記項羽紀業已媾解索隱引蘇林○樗里子甘茂傳與魏講罷兵索隱引鄒氏云媾猶和也又平原君虞卿傳不如發重使而爲媾集解云求和曰媾○萱按媾與講音義皆同史用字錯出其實一也講本義訓和解媾之引申亦自合訓和舊說謂媾爲講之借字愚謂雖不言段借亦得矣

媾厚於其寵也國語晉語不遂其媾注○一切經音義廿二引白虎通云媾厚也重婚曰媾

購

㠯財有所求也說文段注縣重價以求得其物以財相購曰也漢律能捕豺貀購錢百

購後漢魯恭傳注

購設賞募也漢書高帝紀下乃多以金購豨將注云○項籍傳吾聞漢購我頭千金注云購以財設賞

購償也廣雅釋言

購贖也爾雅釋導注購錢三千釋文

購一名蔏蔞爾雅釋艸購蔏蔞舍人注

軥

平去兩讀

軶下曲者說文段注軶木上平而下爲兩坳加於兩服馬之頸是曰軥韓奕毛傳曰厄烏蠋也小爾雅曰衡扼也扼下者謂之烏啄釋名曰槅扼之所以扼牛頸也馬曰烏啄下向叉馬頸似烏開口向下啄物時也喝啄同字軶與軥同體左傳射兩軥而還服注車軶兩邊叉馬頸者○左氏襄十四年傳注云軥車軶卷者又疏云軥車軶下曲者

軥軥扼也漢書游俠朱家傳乘不過軥牛注引晉灼

軥重扼也漢書游俠朱家傳注

軥牛小牛也同上○史記游俠傳索隱云大牛當軶小爲軥牛

鸞軥褊車也廣雅釋器

軥引也廣雅釋詁一

胊車軶也左氏昭廿六年傳繇胊汏輈注○萱按軥爲軶下曲胊爲腢胅之曲其意略同故段胊爲軥又荀子榮辱云軥錄疾力此段軥爲拘

雊

雄雉鳴也雷始動雉乃鳴而句其頸說文段注言雄雉鳴者別於鷕之爲雌雉鳴也小雅雉之朝雊尚求其雌邶風有鷕雉鳴下云雉鳴求其牡按鄭注月令云雊雉鳴也是雊不必系雄鷕則毛公系諸雌亦望文爲說耳若潘安仁賦雉鷕鷕而朝雊此則所謂渾言不別也顏延年顏之推皆云潘誤用未孰於訓詁之理乃字

依尚書正義補句各本誤雊依小弁正義正夏小正正月雷震雉雊雊也者鳴鼓其翼也正月必雷雷不必聞惟雉必聞之何以謂之雷震則雉雊相識以雷小正古本依太平御覽藝文類聚訂當如是初學記所引乃徐堅妄改也言雷於雁雉之聞故知雷雉一事也釋雊爲鳴鼓其翼者也讀爲敂擊也雞鳴必鼓其翼知雉雊鳴亦必鼓其翼也許云句其頸與大戴異鼓其翼句其頸皆狀其鳴也洪範五行傳曰正月雷微動而雉雊雷動雉也易通卦驗雉雊雞乳也在立春節立春在十二月月令季冬雉雊謂雷鳴地中雉時之也句音鉤曲也句其頸故字从句○詩匏有苦葉疏云雄雉鳴曰雊也

雊雉鳴也詩小弁箋又穀梁文二年傳釋文又漢書郊祀志上

雊鳴也廣雅釋詁二又法言先知雉之晨雊也注

呴雉鳴也史記殷本紀有飛雉登鼎耳而呴正義○萱按呴即呴字此段呴爲雊也書高宗肜日序有飛雉升鼎耳而雊

彀

張弩也說文段注射雉賦注引作張弓弩也詩釋文正義作張弓皆非孟子趙注亦但云張弩蓋本謂弩引申移之弓耳射雉賦揮黃間以密彀亦謂弩也孟子曰羿之教人射必志於彀學者亦必志於彀趙云彀張也張弩向的者用

思專時也又曰羿不為拙射變其彀率趙云彀弩張向表準之正體望之極似用巧之時不可變也按趙注李謂用巧如朱注云弓滿也則專謂用力而非必中矣大雅敦弓既句句讀倨句之句毛傳曰天子之弓合九而成規是此弓倨多句少言句以見其倨也不得云句即彀○漢書馮唐傳彀騎萬三千匹注云彀張弓也又馮奉世傳佽飛彀者注引劉德云彀者謂能張弩者也

彀張弓也 莊子德充符遊于羿之彀中釋文○列子湯問彀而獸伏鳥下釋文云彀弓張弓也又史記張釋之馮唐傳彀騎萬三千索隱引如淳云彀騎張弓之騎也

彀騎張弓弩之騎也 文選吳都賦彀騎煒煌劉注

彀引弓也 後漢趙壹傳注

彀張也 廣雅釋詁一又漢書周勃傳注匈奴傳上注又文選東京賦彫弓斯彀薛注○史記絳侯世家彀弓弩索隱云彀者張也

彀謂射質棲皮者也 管子小稱羿有以感弓矢故彀可得中也注

彀謂能射也 史記廉頗藺相如傳彀者十萬人索隱

彀善也 爾雅釋詁

佩漏切

鷇 ○俗有𣫂鷔鷇

鳥子生哺者 說文段注釋鳥生哺鷇郭云鳥子須母食之生噣雛郭云能自食方言北燕朝

鮮洌水之閒爵子及雞雛皆謂之鷇○國語魯語鳥翼鷇卵注又楚辭離世哀枯揚之冤雛注蚳云生哺曰鷇又列子湯問視衣丹猶雛鷇也釋文云生而須哺曰鷇又晉書音義中引字林云鷇鳥子生哺者又史記趙世家探爵鷇而食之索隱引曹大家云鷇雀子也生受哺者謂之鷇又漢書五行志中之下有二鳶鷇燒死注云鳥子新生而哺者曰鷇又東方朔傳鳥哺鷇也注引項昭云凡鳥哺子而活者為鷇

鷇鳥子欲出者也 莊子齊物論其以為異于鷇音釋文引司馬注

鷇爵子也 史記趙世家集解引綦母邃

鷇雛也 廣雅釋鳥

鷇食謂仰物而足也 莊子天地大聖人鶉居而鷇食又釋文

佝

佝瞀也 說文段注各本作務也二字小徐作覆也皆誤今正佝瞀也三字為句佝音寇瞀音茂疊韻字二字多有或體子部鷇下作瞀荀卿儒效作溝瞀漢五行志作區霿又作傋霿楚辭九辨作怐愗玉篇引作怐愗應劭注漢書作鷇霿郭景純注山海經作鷇瞀其音同其義皆謂愚蒙也山海經注鷇字蓋有誤○萱按句聲在四部敄聲在三部段云疊韻者今音也

敂

或作叩

擊也 說文段注周禮凡四方之賓客敂關宋書山居賦敂弦即江賦之叩杠也舟底曲如弓故其上曰弦自扣叩行而敂廢矣手部扣牽馬也無叩字○廣雅釋詁三云敂擊也

敂關猶謂關人也 周禮司關凡四方之賓客敂關注

敂猶至也 周禮司關疏

叩發動也 論語子罕我叩其兩端釋文

叩擊也 論語憲問以杖叩其脛集解引孔注又皇疏文漢書伍被傳集注鄒陽傳集注又後漢杜篤傳注又淮南說林衆者叩舟注又楚辭逢紛行叩誠而不阿分注

扣擊也 列子湯問扣石嬖壤釋文○萱按敂叩同字扣則借也荀子法行扣之其聲清越而遠閒亦介一切經音義一云三蒼扣作敂

寇

暴也 說文段注㬥當是夲部之暴㬥疾之字引申為暴亂也

寇害也 周禮目錄又呂覽貴公大兵不寇注

寇鈔也 廣雅釋言

強取為寇 書堯典寇賊姦宄鄭注

寇劫取也 書費誓無敢寇攘鄭注

犀行攻劫曰寇 書呂刑罔不寇賊疏又後漢李固傳注

寇謂攻剽也 漢書刑法志○一切經音義七引書范甯集解云寇謂犀行攻剽者也

寇兵也 呂覽壅塞左右有言秦寇之至者注○淮南主術寇莫大

於陰陽注云寇亦兵也

兵作於外為寇於內為亂 周禮大宗伯以恤禮哀寇亂○左氏文七年傳云於外為寇

寇攘寇盜攘竊也 後漢陳忠傳注

坎為寇 易屯匪寇婚媾虞注蒙利禦寇虞注睽虞注漸虞注象下傳君子以除戎器戒不虞虞注○解致寇至虞注云坎為寇盜

司寇刑名也 漢會王傳注○春秋繁露五行相生云司寇者水也

凡物盛多謂之寇 方言一○注云今江東有小兒其多撫數俗謂之寇兒

寇雉泆泆 爾雅釋鳥

漉

漉水起北地靈丘東入河漉水即漚夷水 漚當作嘔

并州川也 說文段注北地當作代郡前志曰代郡靈丘今山西大同府靈丘縣東有靈丘故城靈丘下曰漉水東至文安入大河過郡五行九百四十里水經曰漉水出代郡靈丘縣高氏山東南過廣昌縣南又東南過中山上曲陽縣北恆水從西來注之又東過唐縣南又東過安憙縣南又東過安國縣北又東過博陵縣南又東北注於易今直隸唐河即古漉水也出大同府渾源州南今翠屏山即古高氏山東南流入靈丘縣又東南流入直隸易州廣昌縣界由倒馬關流入選沇縣西北唐縣

西南界又東南過定州入慶都縣南界又逕祁州南會沙滋二水又東北逕博野蠡二縣南又東北逕高陽縣東又北逕安州東入白洋淀一統志曰據水經注蓋滱水故道本由今清苑縣東南與濡博諸水合流注易後徙而東不入縣境按今前志云入大河有誤大河之名亦非志所有職方氏并州其川虖池嘔夷鄭曰嘔夷祁夷與出平舒按前志平舒下云祁夷水北至桑乾入治治即漯水今本作治誤今出大同府廣靈縣之壺流河也與靈丘之滱水劃然二事班云滱河并州川是亦謂滱即嘔夷為許所本古寔聲區聲同部○水經滱水篇注云滱水即嘔夷之水也出縣西北高氏山山海經云高氏之山滱水出焉東流注于河者也萱按鄴與班許合

漚 候豆切

久漬也說文段注言久漬者略別於漬也陳風可以漚麻傳曰漚柔也考工記漚其絲注曰楚人曰漚齊人曰湊或叚逕字為之如左傳鄴人漚菅者周禮注引作繒人逕菅是也漚漬也漢書楊雄傳上集注○廣雅釋詁二云漚漬也漚漸也考工記㡛氏注漚是漸漬之名詩東門之池疏漚柔也詩白華傳已漚為菅釋文漚鳥水鳥也列子黃帝釋文○萱按此叚漚為鷗也漚浮漚也漚水泡也

廣韻集韻○萱按此亦叚漚為鷗也皮傳之義也漚鳥有正字浮漚無正字而皆為鷗之借字蓋浮漚之義本由鷗浮引申非由漚漬引申也

候 海豆切

○俗有堠堠司望也說文段注司各本作伺非今正司者今之伺字也曹風候人傳云候人道路送賓客者周禮候人注云候候迎賓客之來者按凡覷伺皆曰候周謂之時為候○左氏宣十二年傳豈敢辱候人注云候人謂伺候望敬者候覷也廣雅釋詁三候視也呂覽貴因武王使人候殷注悔過於東邊候暗之道注壘塞宋王使人候秦寇之所至注處方告齊候者注索候望也廣雅釋詁一又淮南特則九月官候注候視也

望也史記李將軍傳隱引淮南許注國候候望國語晉語候遽捍衛不行注○淮南兵略此候之官也注

云軍候候望者也候候人也云語周語候不在種注○詩候人釋文之候人官名又管子侈靡候人不可重

也注云候人出諸蘇隸舉入國者又左氏襄廿一年傳使候周禮遺人注云候送迎賓客之宮候館樓可以文選西京賦

以觀望者也有候館注市清候清道候望也迎卒清候注候

軍候也史記項羽紀陰使候始成集解引張晏又漢書項籍傳注引鄭注候斥候荀子富國其候徼支繚注候正主斥候左氏成二年傳候正亞旅注五候五方之候也左氏昭廿三年傳明其五候貫注候護也司護諸事也釋名釋言語候占也列子周穆王夢者六候注古者謂候為進禮記曲禮上使某羞注候尚書中候也後漢方術傳注五日謂之候素問六節藏象論候謂日行五度之候也素問六節藏象論候亦同法注雁候時南北故曰候雁文選蜀都賦候雁銜蘆劉注堠今封堠也廣韻○集韻云堠記里堡○萱按候覩斥候無二義則堠字為贅設矣又左傳注懷縣西南有候人亭據釋文候本作鄇此可兩通亭在鄇地也

鄇

晉之溫地春秋傳曰爭鄇田說文段注左傳成十一年晉郤至與周爭鄇田郤至曰溫吾故也杜曰鄇溫別邑今河內懷縣西南有候人亭按鄇田今在河南懷慶府武陟縣劉歆遂初賦越矦田而長驅兮釋叔向之飛患己下皆述叔向事則矦田正謂邢矦雍子所爭者也章樵以鄇田說之疑非○萱按邢雍所爭者鄇田而劉歆作

矦田亦不可解

詬

詢或謑詬也說文○萱按謑下云謑詬恥也謑詬而眞詬賈誼傳頑鈍亡恥眞詬亡節詬恥也禮記儒行釋文又大戴記曾子立事見惡忍詬注又左氏定八年傳公以晉詬語之注又廣雅釋詁四又漢書路溫舒傳集注司馬遷傳集注又後漢烏桓鮮卑傳注又離騷忍尤而攘詬注詢恥也左氏昭廿年傳余不忍其詢注詬恥也辱史記李斯傳詬莫大於卑賤正義詬病猶恥辱也禮記儒行常以儒相詬病注詬辱也國策秦策皆有詬醜大誹注又家語儒行注又莊子人間世以為不知己者詬厲也釋文引司馬注詢辱也史記太史公自序忍詬於魏齊索隱又後漢崔駰傳注又呂覽離俗彊力忍詬注詬詈辱也左氏昭十三年傳投龜詬天而呼釋文哀八年傳曹人詬之注又釋文詬詈也荀子解蔽厚顏而忍詬注詬罵也後漢鄭為傳注王允傳注董卓傳注劉表傳陳兵詬嵩將斬之注詢罵也左氏襄十七年傳重丘人閉門而詢之注又廣雅釋詁三又史記伍子胥傳剛戾忍詢索隱呴恥也呴呴詈也大戴記武王踐作口生呴

注○萱按此段哈為詁也

鬥
帶豆切

兩士相對兵杖在後象鬥之形說文段注按此非許語也許之分部次第自云據形系聯丮序在前部故受之以鬥然則當云爭也兩丮相對象形謂兩人手持相對也乃云兩士相對兵杖在後與前部說自相戾且文从兩手非兩士也此必他家異說淺人取而竄改許書雖孝經音義引之未可信也○萱按此鬥爭正字諸家用鬭失其恉矣

鬭

遇也說文段注疊韵今人云鬭接者是遇之理也周語穀雒鬭將毀王宮謂二水本異道而忽相接合為一也古凡鬭接用鬭字鬥爭用鬥字俗皆用鬭為爭競而鬥廢矣二士對戰曰鬭孝經注詩鬭也釋文相陵為鬭漢書天文志鬭怒辨訟者也周禮調人凡有鬭怒者成之注星相擊為鬭史記天官書與太白鬭集解引韋昭鬭食兩日共鬭而相食呂覽明理其日有鬭蝕注

郖

或作逗郖弘農縣庾地說文段注二志弘農郡首弘農縣郡縣同名故但云弘農縣也庾當作渡字之誤也

水經注河水篇曰門水又北逕弘農縣故城東城即故函谷關門水側城北流而注於河河水於此有逗津以河北有逗水南入於河故有逗津之名也穆天子傳天子自寘軨乃次於逗水之陽丁亥入於南鄭考其沿歷所蹕路直斯津是知袁豹之徒實津之說非矣按逗郖同字魏志杜畿傳遂詭道從逗津渡陳壽用字合許書也宋元嘉二十九年北魏將封禮自郖津南渡赴弘農拒柳元景在今河南陝州靈寶縣縣西十里逗水今之逗津也在河東河北縣穆天子傳五注

豆
代漏切

𣅀古文○或作豆萱古食肉器也說文段注考工記曰食一豆肉中人之食也左傳四升為豆周禮醢人掌四豆之實豆禮器也爾雅釋器木豆謂之豆注○國語吳語觴酒豆肉注云豆肉器又周官掌客豆四十注云豆菹醢器也又大戴記曾子事父母執觴觚杯豆而不辭注云豆醬器以木曰豆以瓦曰登又公羊桓四年傳一曰乾豆注云豆祭器名狀如鐙豆謂內羞庶羞也詩楚茨為豆孔庶傳○儀禮公食大夫禮上大夫八豆注云豆加葵菹蝸醢四四為列四升為豆左氏昭三年傳○考工記㮚氏注云四升曰豆又旅人注

豆實四升又儀禮士喪禮注云豆四升萱按後漢郎顗傳注四斗為豆此斗字誤也匊四謂之豆小爾雅廣量十六黍為一豆說苑辨物豆杯落也廣雅釋器○方言五云陳楚宋衛之閒桮落又謂之豆筥大豆尗也小豆荅也廣雅釋艸○又云天豆雲實也

梪

木豆謂之梪說文段注釋器曰木豆謂之梪竹豆謂之籩瓦豆謂之登毛傳亦曰木曰豆所以薦菹醢也瓦曰登所以薦大羹也毛詩豆當作梪樻人豆中縣豆李瓦器故木為之則異其字韓勅碑爵鹿祖梪譎古文式城有梪○萱按譎武城執豆籩釋文爾雅釋器釋文竝云豆本作梪升四曰梪廣雅釋器木豆謂之豆淮南詮言豆之先泰羹注○後漢儒林傳注云木謂之豆木曰豆論語泰伯籩豆之事皇疏又家語問禮注入漢書禮樂志嘉籩列陳注○地理志下歠食以籩豆注劉歆傳棄籩豆之禮注竝云以木曰豆○萱按豆梪字雖異而義實無殊古亦不甚分別也

脰

○俗有䪽項也說文段注頁部曰項頭後也按頭後即頸後也左傳曰兩矢夾脰公羊傳曰宋萬搏閔公絕其脰注

脰頸也齊人語士虞禮膚祭三取諸左膉上注膉脰肉也○爾雅釋獸麔麚短脰注又廣雅釋親又考工記梓人疏又左氏襄十八年傳疏竝云脰項也脰頸也爾雅釋鳥燕白脰烏注又考工記梓人以脰鳴者釋文又儀禮鄉射禮以鳴脰釋文士虞禮釋文又史記司馬相如傳解脰陷腦索隱引張揖又漢書楊雄傳上觸輻關脰注又後漢班彪傳上注引馬融傳注又莊子德充符其脰肩肩釋文咽青徐謂之脰物投其中受而下之也釋名釋形體脰鳴蠹黽屬考工記梓人以脰鳴者注脰錯也廣雅釋言脰餧也同上

逗

止也說文又後漢張衡傳注又文選思玄賦逗華陰之湍渚舊注逗雷也一切經音義六引字書逗雷止也史記韓長孺傳廷尉當恢逗撓當斬索隱○漢書韓安國傳注云逗謂雷止也萱按逗豆乃正借字也逗曲行避敵也史記韓長孺傳集解引漢書音義又漢書韓安國傳注引應劭○匈奴傳上逗遁不進注云逗讀與住同又後漢光武紀下不拘以逗雷法注云逗古住字又方言七傺眙逗也注云逗即今住字也萱按逗住音小別而義大同說文有但而無住逗悠也廣雅釋器匈奴名冢曰逗落史記匈奴傳而無封

樹衮服集解引張華

䩖 車鞁具也說文○萱按䩖與鞁許同訓車鞁具鞁下云車駕具也

𨡕 醅𨡕也說文段注按或音茂逗或音牟頭或音模逗皆疊韵○萱按醅𨡕榆醬也齊民要術有作榆子醬法是賈時猶有食之者也今則絶不聞此醅𨡕醬也廣雅釋器𨡕投也味相投成也釋名釋飲食

腧 平去兩讀注在彼

窬 或作㢏○平去兩讀注在彼

竇 空也說文段注空孔古今語凡孔皆謂之竇古亦借瀆爲之如周禮注四竇即四瀆左傳襄三十年墓門之瀆徐音豆是也竇穴也漢書五行志中之下注竇孔穴也禮記禮運順人情之大竇也注入地隋曰竇禮記月令穿竇窖注竇決也國語周語不竇澤注○萱按古音去入不甚分故四竇四瀆一也四竇見

大宗伯注大司樂注兩釋文云竇本作瀆上去兩讀○俗有穀吼乳

穀 柰豆切 乳也一曰穀瞀也說文段注上文字下注之乳謂生子也此乳者謂既生而乳哺之也左傳曰楚人謂乳穀其音乃苟切今本左傳作穀漢書作穀或作穀或作穀皆非也音一如構一曰云云穀瞀也三字一句穀瞀疊韵荀子儒效篇作溝瞀漢書五行志作傋霿楚辭九辯作怐愁廣韵五十候作怐愁又作㲉瞀又作嫯瞀其字皆上音寇下音茂其義皆謂愚蒙也山海經注穀瞀穀亦穀之譌此別一義也故言一曰○萱按穀之音構音寇無不合者然此等皆無煩特出且亦徑可省也舊韵書不違此指重見疊出煩猥不勝數矣○荀子禮論君子以倍判之心按藏穀猶且羞之注又廣雅釋言竝云穀乳也楚人謂乳穀左氏宣四年傳又漢書敘傳上穀子也廣雅釋親穀生也廣雅釋詁一○曹憲音云穀春秋之穀爲菟吼食物也廣韵引新字林穀小皃廣韵○作狹者譌

獳 怒犬皃說文

𠥙 朗豆切 側逃也一曰箕屬說文段注側𠥙也各本作側逃也今依玉篇逃作𠥙玉篇曰又作陋是知側𠥙即堯典之側陋謂隱藏不出者也一曰云云其器未詳

陋 阸陝也說文段注阸者塞也陝者隘也𨸏部曰隘者陋也然則陋與隘爲轉注阸陝者如邊塞狹隘也故从𨸏引申爲凡鄙小之偁陋陿也廣雅釋詁一陋小也楚辭自悲凌恒山其若陋兮注又文選東京賦觀者狹而謂之陋薛注陋鄙小也淮南脩務今使人生於辟陋之國注居處褊隘故言陋書舜典序疏○管子侈靡云百蓋無築千聚無社謂之陋陋隱也爾雅釋言少見曰陋荀子脩身辭令就得謂之雅反雅爲陋賈子道術陋淫猶輕穢也史記宋世家今殷民乃陋淫神祇之祀索隱引劉氏

屚 屋穿水下入也說文段注今字作漏漏行而屚廢矣漏者以銅受水刻節也漏屋弊屋漏雨者也荀子儒效窮閻漏屋注○萱按此之當作屚尤其明著者也餘當於漏下通觀

漏 以銅受水刻節晝夜百節說文段注百節各本作百刻今依韵會所據小徐本訂晝夜以百節之故爲刻者百因許百刻矣周禮挈壺氏凡喪縣壺以代哭者皆以水火守之分以日夜注云以水守壺者爲沃漏也以火守壺者夜則視刻數也分以日夜者異晝夜漏也漏之箭晝夜共百刻冬夏之閒有長短焉文選注引司馬彪曰孔壺爲漏浮箭爲刻下漏數刻以考中星昏明星焉按晝夜百刻每刻爲六小刻每小刻又十分之故晝夜六千分每大刻六十分也其散於十二辰每一辰八大刻二小刻共得五百分也此是古法樂記百度得數而有常注云百度百刻也靈樞經漏水下百刻以分晝夜今字皆改漏爲屚○華嚴經音義下引文字集略云漏刻謂以筒受水刻節晝夜共百刻也漏刻也文選魏都賦暮漏肅唱劉注○周禮閽人注時漏盡疏云漏盡者謂若夏至晝則日見之漏六十刻夜則四十刻冬至晝則日見之漏四十刻夜則六十刻漏溢也後漢陳忠傳注漏猶滲也文選魏都賦溼壞濺漏而沮洳注漏泄也廣雅釋詁二○公羊文六年傳君漏言也注自上言泄下曰漏漏穿也淮南泰族朱弦漏越注漏穴也淮南脩務禹耳參漏注漏空也河圖靈準聽禹耳參漏注漏補空

瘻

也淮南道應則不能漏理其形也注漏脫漏也素問解精微論有毚愚仆漏之注易忘曰漏
荀子脩身漏隱也詩篡柳西北陽謂之屋漏爾雅釋宮注詩柳尚不愧于屋漏傳西北隅禮記中庸
注云室西北隅謂之屋漏又釋名釋宮室云西北隅曰屋漏
禮每有親死者輒徹屋之西北隅薪以爨竈煮沐供諸喪用
時若值雨則漏遂以名之也又爾雅釋宮舍人注云古
者徹屋西北扉以炊浴汲者說而復之古謂之屋漏云
者當室之白日光所漏入爾雅釋宮孫注漏神名莊子達生有沈有屋漏
螻內病也周禮內饔馬黑脊而般臂螻釋文引干注引司馬注◦蓮按
也鄭則以螻為正作漏干以漏為正字故釋為內病是破字
字故破漏為螻
頸腫也說文段注淮南說山訓雞頭已瘻高注瘻頸腫疾也
雞頭水中芡也錯本作頭腫蓋淺人恐與頸瘻不別
而改之腫癰也頸腫即釋名之癰喉◦瘻癰癘也中多有蠱
一切經音義四引字林云瘻頸腫也
山海經中山經合水多鱶
魚食者不癰可以已瘻注陷脉為瘻素問生氣通天論

鏤

剛鐵也可以刻鏤夏書曰梁州貢鏤一曰鏤釜也說文段注鏤本剛鐵
之名剛鐵可受鐫刻故鐫刻亦曰鏤釋器曰金謂之鏤鏤鋟
也詩鉤膺鏤鍚箋云訓刻金許以可以刻鏤釋鏤此即已
也申申也之例也今則引申之義行而本義廢矣尚貢梁州
貢鏤某氏傳亦云剛鐵◦書尚貢鄭注云鏤剛鐵可以刻鏤
也又漢書地理志上注云鏤剛鐵也蓮按爾雅剛鐵可以刻左氏
釋文鏤又作鏞段借字也鏞訓鐵生衣字後出鏤刻也哀元
年傳器無彤鏤注文選東京賦注金鏤刻金飾也國語周語
形鏤注彤飾也錢鏤為錫之薛注鏤刻也器不形鏤
注金謂之鏤荀子富國故為之雕琢刻鏤注◦周禮大宰
司農注云金曰鏤又巾車疏云金云金稱鏤
後漢南蠻西鏤膺有刻金飾也詩小戎虎韔鏤膺
體文身也南夷傳注箋◦韓奕鉤膺鏤
錫傳云鏤鍚有鏤謂刻楙國語楚語形鏤簋謂刻而飾之禮記
金鏤其錫也鏤為美注
禮器管仲鏤簋朱紘◦樸記鏤鏞也廣雅釋器◦方言五云
下注鏤簋刻為蟲獸者也鏤江淮陳楚之間謂之
錡或謂之鏤

縐 酌豆切

絺之細者也詩曰蒙彼縐絺一曰戚也說文段注詩君子偕老文傳曰蒙
覆也絺之靡者為縐按靡謂紋細皃如水紋之靡毛傳曰縐
曰攤碎也凡言靡麗者皆取攤義謂其細也此與毛說蒙部
之不同也一曰云云戚各本作蹴蹴經極細之衣非其義此亦郭說
戚俗作蹙也又改為蹴今正鄭箋云縐絺也蹙蹙者義此蓋本鄭說作
之異毛也蹙蹙者如今縐紗然上文云縐戚也絺緣之義者此郭子說
戚也子虛賦襞積褰縐張揖注云縐戚也詩君子偕老釋
文縐截也史記司馬相如傳集解引漢書音義
縐蹙也

驟 茁豆切

馬疾步也說文段注步下曰行也走下曰趨也行下曰人之
之別也小雅曰載驟駸駸然則步行趨走之馬疾步為驟
然之詞凡左傳國語言驟者與今字同義言如暴之疾比之馬行為驟
人驟之施於國是也左傳言驟書言屢言如暴子之驟詞古則公子商
意一驟也亟之義也左傳言驟書言屢數論語宣子之驟謀亦言魯亟其商
又引申為凡迫促之意好學者必心知其意於此可見也
敏疾驟之用同此義矣數數之本意去計切讀為所角切然數數然即乃是
驟字曲禮凡迫促之意好學者心知其意於此可見也馳
段騶為之驟疾也成一切經音義九引國語賈注◦左氏
十八年傳疏云驟是疾行之名
驟走

也楚辭招魂步驟處兮注驟疾也廣雅釋室驟數也左氏文十四年傳
傳及驟驟至注又廣雅釋詁三又小爾雅諸朝三年傳注宣
而邦人驟立注又楚辭湘夫人辟又小雅廣言又釋文又國語晉語多
而驟驟立注又楚辭湘夫人時不可兮驟得注又呂覽適威驟戰
君而驟不勝注又周書太子晉太師何舉足驟悲注回驟風
雨急注也素問氣交變大論其變驟注注◦老驟數也
雨不終日注云驟雨暴雨也

漱 所祐切

盪口也說文段注漱者敕之大也盪口者吮刷其口中也曲
禮諸母不漱裳段漱為浣之◦禮記內則其咸盥漱
云漱謂漱口又釋文云漱浣口也又管內則咸盥漱
子弟子職既拚盥漱注漱口也 用禦曰漱禮記曲禮上客不虛
口疏◦子釋文云漱濯也 漱蕩也文選張景陽雜詩
此段嗽為漱也石泉漱之俗體字按漱溢也沈液漱陳根注◦
左太沖招隱詩石泉漱瓊瑤注云漱猶盪也考工記
瓊瑤注云漱猶漪也湛者水漱之人善漱注漱漱也手
曰漱無垢加功曰漱涑蓮按說詳平聲涑下涑者漱也

鐵

利也說文段注玉篇廣韻云鐵生鏽也亦曰
鉎此今義非古義也古云鐵生鏽作采

奏 宰豆切

𡕐古文𢾭古文進也說文又書堯典敷奏以言晚出傳又小爾雅廣詁又漢書律厯志上集注田蚡傳集注河間獻王德傳集注司馬相如傳上集注廣陵厲王胥傳集注嚴安傳集注丙吉傳集注韓延壽傳集注又後漢書章帝紀注班彪傳上注又文選西京賦秘舞更奏薛注○穀梁序則谷風之篇奏疏云言奏者謂奏進此詩又書堯典疏云奏是進上之語又皋陶謨暨益奏庶鮮食晚出傳云奏謂進於民奏進也廣雅釋詁二○萱按𡗟者奏之小篆也椎讓每用篆體亦是一𤴓奏薦也家語弟子行注奏趣也漢書張釋之傳集注奏向也漢書金日磾傳集注奏者趣向之也史記蕭相國世家索隱奏猶上也後漢西羌傳注奏書也廣雅釋詁四上書謂之奏論衡對作○獨斷上云奏者亦需頭其京師官但言稽首下言稽首以聞効驗政事曰奏文選表題注奏以陳情敘事文選文賦奏平徹以閑雅注奏猶白也書大傳御史奏雞鳴於階下注奏鄒也鄒狹小之言也釋名釋書契奏閒也莊子養生主奏刀騞然釋文引崔注奏爲也詩六月以奏膚公傳又小爾雅廣言奏謂動作禮記樂記

要其節奏疏奏擊也禮記曾子問疏○周禮鼓人以晉鼓鼓金奏疏云奏則擊也奏奏樂也禮記玉藻奏而食注○詩那箋奏鼓奏堂下之樂也疏云奏者作樂之名又左氏襄四年傳金奏肆夏之三疏云奏謂作樂也又成十二年傳疏鐘以金爲之謂之金奏左氏成十二年傳注擊鐘而奏樂疏○云作樂謂之奏隋書引崔靈恩周禮義宗云奏謂皮膚之理也儀禮公食大夫禮注○堂上所懸萱按堂上蓋堂下之誤大夫禮戴體進奏注又鄉飲酒禮皆有體進奏釋文云奏本又作腠萱按腠奏正借字也古祇用奏作之後乃加肉旁耳○又按古段奏爲走詩曰予曰有奔奏是也亦段爲湊見周禮合方氏及爾雅釋獸兩釋文又堯典敷奏以言史記作徧告以言皋陶謨暨益奏庶鮮食暨稷播奏庶艱食史記作與益予衆庶鮮食與稷予衆庶難得之食用告字予字釋奏者皆奏引申之義也

卪

緣作自尸也闕說文○萱按尸也疑當作反尸也說形而義在其中矣轉寫奪一字耳闕謂音不傳也今讀若奏後人所擬之音也聊復从之尸者瑞信也反尸爲卪節奏字段尸自作之似無不可

湊 棸豆切

水上人所會也說文段注引申爲凡聚會之偁○一切經音義十一引字林云湊水上人所會也湊會也周書作雒以爲天下之大湊注又淮南主術而四海之雲湊注○文選吳都賦果布輻湊而常然劉注云湊會也湊所合也淮南原道然而湊注又文選趨舍指湊注又文選擬曹子建樂府湊聚也淮南精神注又白馬篇注又引國語賈注湊聚也文選又楚辭釋詁三○萱按此用篆體湊趣也世湊學注漢書楊雄傳上集注湊嚮也湊鄉也禮記喪大記注檀弓疏攢木題湊疏湊至也太平御覽引湊辟注湊遶也廣雅釋詁一湊以端題湊也禮記檀弓上注

漎威也方言十二

蔟

去入兩讀異義行蠶蔟說文段注引申爲六律大蔟字○萱按本義讀入聲大蔟寅之氣也正月建焉而辰在娵訾周禮大師注○注又云大蔟長八寸又禮記月令疏引蔡氏月令章句云大蔟鐘名大蔟者蔟而未出也淮南天文○獨斷上云律中大蔟言萬物始蔟而生又淮南天文音比大蔟注云太蔟正月也蔟蔟也陰衰陽發萬物蔟地而生故曰太蔟萱按此段蔟爲族也說文無其字廣韵蔟小竹太蔟陽律也太陰氣衰少陽氣發萬物動生蔟地而出呂覽孟春注○國語周語二曰大蔟所以金奏贊陽出滯也注云大蔟言陽氣大蔟達於上也乎乎數林鐘生太蔟注○萱按漢書律厤志上云族奏也此段族爲蔟族奏也禮記月令釋文又太大蔟者湊也言萬物始大湊地而出也白虎通五行蔟猶聚也書大傳以爲八注

嗾 散茂切

使犬聲春秋傳曰公嗾夫獒說文段注見左傳宣二年使犬者作之嗾也方言曰秦晉之西鄙自闗而西使犬曰哨郭音騷哨與嗾一聲之轉公羊疏云今呼犬謂之屬春秋云云按嗾服本作取云取嗾也嗾夫獒使之噬盾也今本釋文正義皆譌亂取誤爲嗽

合口評

數 爽趨切

上去入凡四讀義分隸首作數後漢書律厤志○注云隸首黃帝之臣數一十百千萬也
所以算數事物順性命之理也漢書律厤志上○禮記王制度量數制注云數百十之
黃帝爲法數有十等謂億兆京垓壤秭溝澗正載及其用也
有三謂上中下下數十萬曰億中數百萬曰億上數萬萬曰
億一切經音義七引算經九數即今之九章也禮記少儀疏○周禮保氏六曰九數司農注云
九數方田粟米差分少廣商功均輸方程贏不足旁要今有重差夕桀句股也又大司徒禮樂射御書數疏云數九數之
計數謂多少也周禮量人制其從獻脯燔之數量注又左氏桓二十年傳疏又管子版法一稱數注○禮
記王制布帛精麤不中數注云數升縷多少數謂等差也文選安陸昭王碑文蓋督方部之數注數
者五行佐天地生物成物之次也禮記月令其數八注數謂五常化行
之數也素問六元正紀大論太過不及其數何如注數者物滋息之狀左氏僖四年傳注滋

而後有數疏數爲品式太玄玄掜數紀也楚辭抽思數惟蓀之多怒兮注○國語晉語云數言之紀
也數理也管子法法國無常經民力必竭數也注○後漢鄧騭傳注朱穆傳注又管子霸言國其數也注並云
數猶理也數謂理數也老子多言數窮注又釋文數道數也呂覽壅塞世之直士其寡不勝眾數
也注數猶禮也文選晉武帝華林園集詩不常厥數注數勢數也老子釋文引顧注數術
也廣雅釋言又後漢王渙傳注又荀子勸學其數則始乎誦經注又莊子天道有數存焉釋文引李注又列子黃帝善
游者數能釋文又呂覽決勝注察賢注長攻注又淮南原道注主術注氾論則失賢之數也注數謂數術後漢
桓譚傳今諸巧慧小才技數之人注數厤數也文選江文通雜體劉太尉詩治亂惟冥數注運命論各以數至
注數厤術也淮南氾論周室之執數者也注數枝也孟子告子上今夫弈之爲數注數筭也
史記日者傳試之卜數索隱引劉氏數度廣長也周禮典同以十有二律爲之數度注疆潦之地
九夫爲數五數而當一井也左氏襄廿五年傳數疆潦賈注

娶 寸趨切

取婦也說文段注取彼之女爲我之婦也經典多段取爲娶娶者取也白虎通嫁娶
聚會也一曰邑落曰聚說文段注公羊傳曰會猶冣也注云冣聚也按冂部曰冣積也積以物言聚以
人言其義通也古亦段冣爲聚一曰云云平帝紀立學官郡國曰學縣道邑侯曰校鄉曰庠聚曰序張晏曰聚邑落名也
韋昭曰小鄉曰聚按邑落謂邑中村落聚集也太玄玄衝○方言三云聚稞集也東齊曰聚又左氏襄十六年
傳疏云聚亦集之義聚叢也小爾雅廣詁聚共也國語晉語聚居異情注○禮記曲禮上故父子聚麀
注云聚猶共也聚謂眾所宜也管子正會民所聚注聚眾也左氏成三年傳我是以有輔氏之聚
注聚謂眾所同歸湊管子君臣而發于眾心之所聚注聚財眾也國語晉語而俾守天
聚者必武族也注吾聞以亂得聚者注聚積聚也左氏哀十七年傳陳人恃其聚注聚凡畜聚
之物也周禮委人以稍聚待賓客注聚斂也公羊襄卅年傳諸侯相聚注聚猶具也考工
記弓人六材既聚注聚者堅也素問病能論聚塞也廣雅釋詁三聚事虛太玄玄錯聚

凥也廣雅釋詁三聚邑居也漢書史丹傳國東海郯之武疆聚注○枚乘傳爲無十戶之聚注云聚小
邑也小於鄉曰聚後漢王扶傳所止聚落化其德注劉平傳注又文選東都賦庠序盈門注引漢書韋昭注
○後漢劉平傳注云小曰聚聚謂村落也史記五帝紀一年而所居成聚注注○秦紀并諸小鄉聚正義云
聚猶村落之類也五部命之曰聚管子乘馬○萱按上文云方六里命之曰暴五暴命之曰部然則聚
者廣袤三十里坤爲聚易萃乃亂乃萃虞注象下傳聚以正也虞注坎爲聚易豫朋盍簪虞注漸鴻漸
于盤虞注聚月雎也史記厤書月名畢聚索隱聚足謂前足躡一等後足從之
併禮記曲禮上拾級聚足注聚僂器名也今冢壙中注爲之莊子達生聚僂之中則爲
之釋文引司馬注○釋文云聚僂棺槨也又云聚當作壂○萱按陸破聚爲叢義或然也古又段取最聚驟爲聚皆同聲
也亦段趨若鄒皆同部也

冣

積也說文段注冣與聚音義皆同與冃部之最音義皆別公羊傳曰會猶冣也何云冣之爲言聚周禮大宰注曰凡

漢書之冣目劉歆與楊雄書索方言曰欲得其冣目又曰頗願與其冣目得使入錄按凡言冣目者猶今言總目也史記殷本紀大冣樂戲於沙上冣一作聚張釋之馮唐列傳誅李牧令顏聚代之漢書聚作冣爾雅灌木叢木也毛傳叢木作冣木說文凡字下曰冣括也儹字下曰冣也史記周本紀周冣文選過秦論周冣今各書此等字皆譌作最讀祖會反音義俱非蓋字林周有冣字音才句反見李善選注至乎南北朝冣最不分是以周續之劉昌宗陸德明輩皆不能知毛傳之本作冣木顏野王玉篇冖部無冣而月部有最云齊也聚也廣韻本唐韻而唐韻十遇才句一切無冣字然則唐韻蓋亦本無冣字學者知有最字不知有冣字久矣玉篇云最者齊也聚也子會切是以冣之義為最之義而廣韻十四泰云冣極也祖外切亦是最之義誤以為最之義也何以言之古凡云殿冣者皆當作从冖字項岱曰殿負也冣善也曹昭曰常上為冣極下為殿孫檢曰上功曰冣下功曰殿漢書周勃傳曰冣从高帝云云師古云冣凡也總言其攻戰克獲之數又衛青霍去病傳曰冣大將軍青凡七出云云文法正同凡皆與冣冃之冣同周勃傳曰攻槐里好畤冣又曰擊趙賁內史保於咸陽冣又曰攻上邽東守嶢關擊項籍攻曲遇冣樊噲傳曰攻趙賁下郿槐里郲中咸陽灌廢丘冣此皆殿冣

之冣張晏曰冣功第一也如淳曰於將帥之中功為冣此正如莽書所言凡山顛可葬者名上聚之穴漢蔡湛碑三載勲冣其字正作冣以許君訓積求之積則必有其高處今人最美最惡之云讀祖會切蓋於形於音皆失之古必作冣讀才句切○廣雅釋詁一云冣積也最聚也管子疆國執拘則最注禁藏最萬物注地數民舉所最粟注又莊子德充符物何為最之哉釋文引司馬注○公羊隱元年傳會猶最也注云最聚也最之為言聚若今聚民為投最又文選鵩鳥賦憂喜聚門兮注云最亦聚也最叢也小爾雅廣詁最善也文選文賦注引漢書項岱注最絕也管子水地秦之水泔最而稽注最要也小爾雅廣詁○書中侯乃拜稽首受最注云最要言也最都凡也史記絳侯世家索隱○漢書周勃傳集注云最者凡也又霍去病傳注云最亦凡也最凡要也漢書嚴助傳願奉三年計最注引晉灼○宣帝紀課殿最以聞注云最凡要之首也又後漢光武紀下注云最凡要之首也言課居先也最謂凡計也史記衛將軍驃騎傳及諸禆將名最索隱最凡謂計要之多少以為契要周禮司會注其最凡也疏契第上曰最文選文賦注引漢書韋昭注上功曰

最史記絳侯世家集解引孫檢又文選荅賓戲猶無益於殿最也注引漢書音義最功第一也漢書樊噲傳注引張晏○後漢崔寔傳注云最為第一冣木之冣高長也顏氏家訓疏證○孔耽神祠碑云君冣長○薑按冣冣皆最之俗體亦即冣之譌字也備錄於此姑謂之段借云尒○俗有堅

堅 積土也說文段注捊下曰引堅也引申為凡聚之偁各書多借為聚字白虎通琮之為言堅也象萬物之宗聚也今乃譌為聖○一切經音義十九引纂文云吳人以積土為埰埰堅也堅才句反

普聚切

趣 僵也說文段注僵僨也此與足部之踣音義竝同未審孰為正字孰為後增

踣 僵也春秋傳曰晉人踣之說文段注僵部僵也踣與仆音義皆同孫炎曰前覆曰仆左傳正義曰前覆謂之踣對文則僵與仆別散文則通也春秋云云左傳襄十四年文○左氏襄十四年傳與晉踣之注又國語周語踣斃不振注又莊子外物釋文引字林竝云踣殭也踣僵尸也周禮掌戮凡殺人者踣諸市注○疏云踣者陳市使人見之踣斃也左氏襄十一年傳踣其國家注又國語魯語紂踣於京注○漢書刑法志注云踣謂

斃之也踣頓也莊子外物申徒狄因以踣河釋文引李注踣赴也莊子秋水赴水則接掖持頤釋文引司馬注前覆曰踣爾雅釋言斃踣也孫注○左氏襄廿七年傳單斃其死疏云前覆曰踣謂倒地死也踣破也呂覽行論舉矣而不踣注踣謂散亡管子七臣七主故設用無度國家踣注○爾雅釋木注斃踣釋文云踣李作仆薑按卜聲三部咅聲四部仆踣義同音實不同合為一字者非也

鋯 小缶也說文段注按方言曰頡甊罌也自關而西晉之舊都河汾之間其大者謂之甀其中者謂之頡甊又曰缶謂之頡甊許意缶罌一物也故云鋯小缶也即揚之中者謂之頡甊也○薑按許瓦部有頡缶部有鋯實一物也頡上聲

齊齒許竟畫切

絢 平去兩讀注在彼○俗有偏緒

漢書切

裕 或書作褎衣物饒也易曰有孚裕无咎說文段注裕衣物饒也引申為凡寬足之偁方言裕

道也東齊曰裕易者晉初六文辭今經有作罔虞翻王弼同則知許所據孟易獨異與柳字譌與裕饒也詩角弓綽綽有裕傳又國語魯語而神求優裕於享者也注吳語裕其衆庶注又漢書禮樂志注賈誼傳注王褒傳注楊雄傳上注又淮南齊俗為寬裕者注裕謂優饒也荀子富國節用裕民注裕足也廣雅釋言又法言孝至天地裕於萬物注裕寬也易蠱釋文引馬注晉晉如摧如疏引何氏又國語周語叔父若能光裕大德注又孟子公孫丑下豈不綽綽然有餘裕哉注又廣雅釋詁三○儀禮喪服傳注必求其寬裕慈惠疏云裕謂寬裕裕寬大也易繫辭下傳德之裕也疏裕容也廣雅釋詁四包衆容易謂之裕賈子道術裕開也廣雅釋詁三裕緩也國語周語布施優裕也注裕道也廣雅釋詁三裕不能爭也易蠱裕父之蠱虞注坤弱為裕易晉罔孚裕虞注

念究切

槈

○俗有耨鎒或薅器也說文段注蓐部曰薅披去田艸也槈者所以披去之器也槈刃廣六寸柄長六尺說詳類下○釋名釋用器云槈似鋤嫗薅禾也畢氏沅疏證曰蓋以槈去艸不容滅裂嫗有愛護苗根之誼諸本以義

稍鮮淺妄改之或徑刪去嫗皆非是槈鉏也易繫辭耒槈之利釋文引馬注又禮記禮運講學以槈之釋文又左氏僖卅三年傳見冀缺槈注又漢書食貨志上注王莽傳中必躬載槈注又莊子胠篋耒槈之所刺釋文引李注○萱按鉏或作鋤俗也或作耡借也鎒似鋤豆具也莊子外物銚鎒于是乎始脩釋文○胠篋李注云槈以木為鋤柄又詩臣工傳鎛鎒釋文引字詁云鎒頭長六寸柄長一寸鎒茲其也國語齊語挾其槍刈耨鎛注○管子小匡注云耨鎡錤也定謂之耨廣雅釋器○萱按爾雅斪斸謂之定郭云鋤屬耨所以耘苗也呂覽任地其耨六寸○漢書食貨志上注云耨耘田也又周禮甸師掌帥其屬而耕耨王藉注云耨芸芓也又孟子梁惠王上深耕易耨注云易耨芸苗令簡易也耨茠也國語晉語注○萱按茠薅同字耨除艸也史記龜策傳鉏之耨之集解引徐廣○易繫辭釋文引孟注云耨耘除艸耨耨除苗穢也淮南氾論摩蚤而耨注○家語禮運講學以耨之注云耨除穢也

掌過切

晝

𦘠籀日之出入與夜為介說文晝明也廣雅釋詁四晝者陽周髀算經

上○太玄玄攡一晝一夜注云陽則為晝晝則陽剛易繫辭上傳晝夜之象之注乾為晝易繫辭上傳晝夜之道也荀注○通乎晝夜之道而知荀注云晝者謂乾離為晝易豐宜日中干注晝夜猶變化也易略例通乎晝夜之道而无體注

壴

陳樂立而上見也說文段注謂凡樂器有虡者豎之其顛上出可望見如詩禮所謂崇牙金部所謂鎛鱗也厂部曰屵岸上見也亦謂遠可望見也

澍

○俗有霔時雨也所以樹生萬物者也說文段注樹舊澍今正樹澍以疊韵為訓難蜀父老曰羣生澍濡○一切經音義七引三蒼云澍時雨也雨所以澍生萬物故曰澍後漢鍾離意傳注○萱按此蓋用說文語直章懷所見本作澍生與要亦兩通雨潤萬物名曰澍論衡雷虛○萱按文選洞簫賦聲礚礚而澍淵此段澍為注也

注

灌也說文段注大雅曰挹彼注茲引申為傳注為六書轉注注之云者引之有所適也故釋經以明其義曰注交互

之而其義相輸曰轉注釋故釋言釋訓皆轉注也有段注為味者如注星即味星是也注古音如晝按漢唐宋人經注之字無有作註者明人始改注為註大非古義也古惟註記字从言如左傳敘諸所記註韓愈文市井貨錢註記之類通俗物云記物曰註廣雅註識也古起居註用此字與注識字別注猶瀉也儀禮有司徹二手執桃匕枋以挹湆注于疏匕注注雨久下也素問五運行大論其變動注注注流水深皃文選吳賦賦振盪注流劉注注引也漢書溝洫志集注注屬也左氏成六年傳有蘇書之跗注賈服注又國策秦策一舉衆而注地於楚注○文選魯靈光殿賦上崎嶬而重注注云注之為言屬也注猶聚也周禮獸人及獘田疏注者即解書之名禮記曲禮目疏言注者注義于經下若水之注物儀禮鄭氏注疏注者著也言為之解說使其義著明也詩鄭氏箋疏注謂附著藥周禮瘍醫掌腫瘍潰瘍金瘍折瘍之祝藥劀殺之齊注注謂注藥于中周禮瘍醫注祝當為注疏注傳矢左氏昭廿一年傳將注豹則關矣注○襄廿三年傳又注注云注屬矢於弦注病一

人死一人復得氣相灌注也釋名釋疾病注續即屬續也荀子禮論紸纊聽息之時注注用也老子百姓皆注其耳目注媟也廣雅釋言注擊也莊子達生以瓦注者巧釋文引李注注錯猶措置也荀子儒效注錯習俗注注錯謂所注意錯履也荀子榮辱則君子注錯之當而小人注錯之過也注高山冠齊冠也一曰側注獨斷下所以注斛自關而西謂之注箕方言五注咮也注柳星也注鳴精列屬萱按此皆段注為咮也註註射廣韻引埤蒼○萱按此必當用注而誤作註也姑謂之段借云爾註疏也廣雅釋言註解也一切經音義六引字林○萱按張揖呂忱已認註為注明一代用註不用注其誤萌蘖於此

駐

○俗有住馬立也說文段注人立曰侸馬立曰駐駐住也文選東征賦注引蒼頡○萱按此以今字通古字也古駐即今住形異而義同駐止也一切經音義八引蒼頡駐株也如株木不動也

釋名釋姿容駐篤停車處也後漢靈帝紀注○鄧禹傳輒停車住鄧注云住或作柱萱按釋名柱住也是則駐住柱三同

㹥　咮

黃犬黑頭說文段注廣雅犬屬有㹥

鳥口也說文又詩行葦箋乃以咮釋文又文選射雉賦當咮值會徐注引字書洞簫賦垂喙蜚轉注○萱按說文噣喙屬人咮屬鳥析言之也人口不曰咮諸家多通用渾言之也咮喙也詩候人不濡其咮傳咮謂之柳爾雅釋天咮朱鳥之口爾雅釋天注又孫注咮為鶉火左氏襄九年傳○疏云咮謂柳也注柳星也史記律書西至于注索隱○萱按此段注為咮也注咮也史記律書索隱○萱按此以正字釋借字謂注即咮之段借也注與咮同朱鳥口星也公羊莊七年傳恆注之宿釋文注鳴精列屬考工記梓人以注鳴者注讘咮多言皃廣韻○萱按此咮字廣韻讀平聲其實此等分別以可不必

噣　侸 始書切　尌　樹

噣喙也說文段注曹風不濡其咮毛曰咮喙也玉篇引不濡其噣咮噣二同亦段借作注爾雅咮星史記考工記注作注是也亦作喙詩韓奕傳厄烏噣厄同甈烏噣釋名小爾雅作為喙也噣口也廣雅釋親噣喙也太亦炙注○萱按此謂噣即咮之段借也二字互借通用咮烏嘴也漢書東方朔傳鶬饒喙之注○萱按喙訓烏食段借為烏嘴朔傳似兩義竝通噣畢名星名詩盧令釋文○萱按此義噣咮通用作濁者借字也

或作值立也說文段注十篇曰侸立也與此為互訓今本立下改為住也則不可通矣侸讀若樹與封聲音義同不當作住今俗用住字乃駐逗二字之俗非侸之俗也按侸玉篇作值云今作樹廣韻曰值同封蓋樹行而侸封聲廢并值亦廢矣○俗有尌

立也說文段注與人部侸音義同今字通用樹為之樹行而封廢矣周禮注多用封字

尌籒○俗有穀木生植之總名也說文段注植立也段借為尌聲字○詩生民箋蓺樹也疏云樹者種木之名可為種植通稱樹植也漢書嚴助傳集注西域傳下集注○又文選西京賦樹脩旃薛注○

周禮大司徒注云樹謂植木樹謂蓺植也漢書文帝紀歲勸民種樹注○荀子子道耕耘樹藝注云樹裁殖也又王制閒樹藝注云樹藝種樹又桑柘也樹殖也漢書景帝紀集注韓安國傳集注傳集注○禮記中庸地道敏樹注云樹謂殖艸木也樹種也國語周語樹於有禮注晉語注○萱按韋用種字獨不誤諸家誤作種樹種也又孟子滕文公上樹藝五穀注又廣雅釋地又離騷樹蕙之百畮注招魂蘭薄戶樹注又呂覽任地而樹麻與菽注又淮南本經益樹蓮菱注樹稼也呂覽尊師務種樹注樹豎也漢書楊雄傳下集注王莽傳下集注樹置也後漢梁冀傳注○詩有瞽崇牙樹羽傳云樹羽置也樹立也禮記郊特牲臺門而旅樹反坫疏又左氏成二年傳樹德而濟同欲焉注襄四年傳樹之詐慝注昭元年傳引其封疆而樹之官注又公羊僖三年傳無易樹子注又孟子告子下注又國語周語吾聞夫犬戎樹惇注故聖王樹德於民注又漢書高帝紀上集注陳餘傳自為樹黨集注夏侯嬰傳面雍樹馳集注引應劭鄒陽傳樹功而不忘集注雋不疑傳集注又後漢張衡傳注又荀子富國如是則人有樹事之患而無爭功之禍矣注議兵固塞不樹注又莊子逍遙遊釋文又呂覽不廣且以樹譽注人

淮南本經設樹險阻注○方言七云樹植立也燕之外郊朝鮮洌水之間凡言置立者謂之樹植

樹木也 國語晉語夫堅樹在始注

樹本也 廣雅釋詁三

屏謂之樹 爾雅釋宮又荀子大略天子外屏諸侯內屏注又禮記郊特牲臺門而旅樹注○明堂位疏屏注云屏謂之樹今浮思也刻之為雲氣蟲獸如今闕上為之矣又雜記下旅樹而反坫注云旅樹門屏也又家語曲禮子貢問注云樹屏也

門內之垣謂之樹 淮南主術注○爾雅釋宮注云樹小牆當門中

樹為蕃蔽 周禮野盧氏宿息并樹注○爾雅釋宮李注云垣當門自蔽名曰樹又舍人注云以垣當門蔽為樹也

樹杠也 廣雅釋器○方言五云牀其杠北燕朝鮮之間謂之樹

聚土為樹 易繫辭下傳不封不樹虞注○白虎通崩薨云封樹者所以為識

樹子嫡子 穀梁僖九年傳毋易樹子注

皮樹獸名 儀禮鄉射禮記則皮樹中注○注又云今文皮樹為繁豎

耇

老人行才相遠 說文段注才僅也今字作纔纔相遠者兩足僅能相及言其行遲步小也耇與駐聲義略同今俗語尚如此

戍

守邊也 說文

戍守也 詩揚之水不與我戍申傳采薇序遣戍役也箋又左氏莊八年傳齊侯使連稱管至父戍葵丘注莊十三年傳齊人滅遂而戍之注僖十三年傳諸侯戍周注又廣雅釋詁三又國策西周策今王許戍三萬人與溫圃注齊策以戍梁絳安邑注又史記周紀言戍周正義秦始皇紀以適遣戍正義又淮南人間遣卒戍陳注

戍者屯兵而守也 史記陳涉世家適戍漁陽索隱○公羊莊十七年傳衆殺戍者也注云以兵守之曰戍

戍舍也 詩揚之水釋文引韓詩

戍遏也 爾雅釋言

戍名也 管子地數武王立重泉之戍注

隃

北陵西隃鴈門是也 說文段注此八字周爾雅釋地郭注曰鴈門山是也史記趙世家作先俞古西先同音也地理志鴈門郡秦置句注山在陰館按句注山一名西陘山一名鴈門山今在山西代州西北二十五里有鴈門關

隃遙也 漢書趙充國傳集注引鄭氏○董按此段隃為踰也班書多用隃字賈誼傳注云隃與踰同謂越制按越者踰之本義遙者踰引申之義也隃亦亦俞聲而相通段不必如漢書集注隃讀遙

輸

平去兩讀注在彼

遇

仰畫切

逢也 說文○禮記王制疏引異義云卒而相逢於路曰遇又衛卜筮云卜曰逢筮曰遇又文選東京賦其遇民也辭注云遇逢遇也

遇遻也 爾雅釋詁

遇猶遭也 呂覽長攻必有其遇注

遇會也 國策秦策因退為逢澤之遇注又漢書高帝紀上集注又呂覽淫辭空雄之遇注

不期而會曰遇 穀梁隱八年傳又漢書高帝紀上集注○易象下傳遇主于巷崔注云遇者不期而會又論語微子遇丈人皇疏云遇者不期而會之也又左氏莊廿二年傳疏云遇者不期而會之名

不求自至不作自成是名為遇 論衡逢遇○禮記曲禮下云諸侯未及期相見曰遇又公羊隱四年傳云遇者何不期也又左氏隱四年經公及宋公遇于清注云遇者艸次之期二國各簡其禮若道路相逢遇也

遇見也 爾雅釋詁又禮記檀弓上遇於一衰而出涕注檀弓下遇負杖入保者息注又國語晉語遇兆注又國策秦策出關遇蘇子注又呂覽不屈今惠子之遇我尚新注又家語曲禮子貢問注

冬見曰遇 周禮大宗伯人儀禮覲禮○管子霸形言與楚王遇注云冬會曰遇

朝覲宗遇同君之禮也 周禮小行人

遇偶也 爾雅釋言○周禮大宗伯注云遇偶也欲其若不期而俱至

遇得也 孟子離婁下而不相遇也注又淮南精神故事有求之於四海之外而不能遇注○易小過弗過遇之注云過而得之謂之遇

遇者志相得也 穀梁隱四年傳八年傳莊廿四年傳○桓十年傳弗遇者志不相得也疏云遇者志相得之名

遇當也 荀子大略無用吾之所短遇人之所長注

遇敵也 國策齊策以與王遇注

遇合也 國策秦策王何不與寡人遇注

遇待也 管子任法奇術技藝之人莫敢高言孟行以過其情以遇其主矣注○漢書公孫弘傳躬率以正而遇民信也注云遇謂處待之而已

遇禮也 呂覽音初禹未之遇注

遇謂以恩相接也 文選出師表蓋追先帝之遇注廣絕交論銜恩遇注

遇小願 太玄玄衝

遇難逢 太玄玄錯

遇犬犬之馴者謂田犬也 詩巧言遇犬獲之箋

寓

庽 或

寄也 說文段注方言曰寓寄也左傳曰寓書史記曰木禺龍禺者寓之段借也○詩式微序黎侯寓于衛箋又釋文又禮記曲禮下大夫寓祭器於大夫注又左氏僖八年傳得臣與寓目焉注成二年傳請寓乘注襄廿四年傳子產寓書於子西注又孟子離婁下無寓人於我室注又廣雅釋詁三又史記老莊申韓傳大抵率寓言也索隱又

正義司馬相如傳依類託寓集解引漢書音義又漢書刑法志集注郊祀志上集注引李奇司馬相如傳下集注引文穎敘傳下集注又後漢許劭傳注又莊子寓言寓言十九釋文又文選秋興賦寓直於散騎之省注竝云寓寄也

寓亦寄也儀禮喪服寄公為所寓注又國語周語國無寄寓注吳語民生於地上寓也注○方言二云寓寄也齊衛宋魯陳晉汝潁荊州江淮之閒或曰寓

寓寄託也管子大臣百姓寓焉注○禮記郊特牲諸侯不臣寓公注云寓寄也或為託

寓居也文選思玄賦怨高陽之相寓兮舊注又後漢張衡傳注

寓猶誤也山海經北山經馬成之山有鳥焉是名鶌鶋可以已寓注

寓屬謂穴居之類也後漢馬融傳注

寓木宛童爾雅釋木○山海經中山經龍山上多寓木注云寓木寄生也一名宛童

寓即偶也史記酷吏傳索隱○蒦按此謂寓即偶偶之段借字也

范晝切

付

予也說文段注予者推予也尚書天既孚命正厥德今文尚書作天既付命正厥德○廣雅釋詁三云付予也○蒦按書梓材皇天既付中國民馬本作附此段附為付也又周禮小司徒判罰附于刑故書附作付此段付為附也又大祝

付練祥此段付為祔也

坿

益也說文段注呂氏春秋七月紀坿牆垣高注坿讀如符坿猶培也十月紀坿城郭高注坿益也令高固也按今多用附訓益附乃附婁讀步口切非益義也今附行而坿廢矣○廣雅釋詁一云坿益也

白坿白石英也漢書司馬相如傳上雌黃白坿注引蘇林

附益也孟子盡心上附之以韓魏之家注又廣雅釋詁一

附增益也荀子禮論刻死而附生謂之墨刻生而附死謂之惑注

附麗也周禮大司徒其附于刑者歸于士注

附著也漢書董仲舒傳集注

附著也詩角弓如塗塗附傳又考工記輪人是故塗不附注○周禮小司徒附于刑注附刑罰注竝云附者猶著也

附依也廣雅釋詁四又漢書匡衡傳集注○詩皇矣傳附附其先祖疏云附者依倚之義

附因也小爾雅廣言

附隨也國語周語而附之以令名注

附從也淮南主術百姓附注

附近也廣雅釋詁三又小爾雅廣詁又淮南說林附耳之言聞于千里注

附親也後漢仲長統傳注○文選難蜀父老今割齊民以附夷狄注云附謂令之親附也

附郭近郭也呂覽貴直附郭

自將兵注

小城曰附庸禮記王制不合於天子附於諸侯曰附庸注

封諸侯過限曰附益漢書諸侯王表設附益之法張晏注引律鄭氏說

兌為附決易說卦傳

附施刑也禮記王制附從輕注

附木椁也詩角弓如塗塗附箋

附木皮也史記惠景閒侯者年表諸侯子弟若肺腑索隱

柹曰附太平親肺附乾餱注○蒦按柹者削木皮也名柹一名附自角弓詩已用附則其名亦古矣附柹雙聲○又按坿附同付聲段借未為非也乃借字專行致坿失其本字而附亦失其本義斯則可怪者个

附支蓮艸也廣雅釋艸

⿱髟付

結也說文○蒦按結髻古今字廣韵云髻露髻

⿱髟付髻也廣雅釋詁四○蒦按髻者絜髮也絜髮者束髮也

祔

後死者合食於先祖說文段注士虞禮卒哭明日以其班祔春秋左氏傳曰凡君薨卒哭而祔祔而作主特祀於主烝嘗禘於廟春秋穀梁傳曰作主壞廟有時日於練焉士虞禮注與穀梁同○釋名釋喪制云又祭曰祔祭於祖廟以後死孫祔於祖也又後漢陳球傳注云祔謂新死之主祔於先死者之廟

祔祖也爾雅釋詁○注

云祔付也付新死者於祖廟

祔卒哭之明日祭名祔猶屬也祭昭穆之次而屬之儀禮既夕明日以其班祔注

祔祭告於其祖之廟禮記檀弓下明日祔於祖父注○襍記上大夫附於士疏云祔者祔祭於神當從示旁為之

祔備也禮記曾子問殤不祔祭疏○蒦按注破祔為備疏不破字而訓備說可竝存

祔謂合葬也禮記檀弓上周公蓋祔注檀弓下衛人之祔也離之注○俗有駙

駙

副馬也一曰近也一曰疾也說文段注副者貳也漢百官公卿表奉車都尉掌御乘輿車駙馬都尉掌駙馬皆武帝初置晉尚公主者竝加之師古曰駙副馬也非正駕車皆為副馬一曰近也附近字今人作附或作傳依此當作駙一曰疾也與赴音義皆相近○文選東京賦駙承華之蒲梢薛注云駙副馬也又漢書百官公卿表上集注云駙近也疾也

駙副也後漢魯恭傳注○明帝紀注云駙馬都尉掌天子之副馬駙副也

駙付也漢書蘇武傳集注

駙馬箱外之立木承重校者史記司馬穰苴傳車之左駙正義引劉伯莊

鮒

○俗有鮒 **鮒魚也** 說文段注鮒見易禮鄭注易曰鮒魚微小虞翻曰鮒小鮮也王逸注大招及廣雅皆云鰿鮒也 ○易井井谷射鮒釋文云鮒魚名也 **鮒小魚** 易井王肅注又莊子外物守鯢鮒釋文引李注又呂覽貴直鮒入而鯢居注 **巽為鮒** 易井虞注 **鮒謂蝦蟇** 易井釋文引子夏傳

赴

或作訃 **趨也** 說文段注聘禮赴者未至士喪禮赴曰君之臣某死注皆云今文赴作訃按古文訃告字祇作赴者取急疾之意今文从言急疾意轉隱矣故言部不收訃字者从古文不从今文也襍記作訃不作赴者禮記多用今文禮左傳作赴者左丘明述春秋傳以古文故與古文禮同也 **赴猶急疾也** 禮記喪服小記疏○小爾雅廣詁云赴疾也 **赴至也** 爾雅釋詁○禮記襍記凡訃於其君注云訃或皆作赴赴至也 **赴入也** 呂覽知分於是赴江刺蛟注 **赴告也** 儀禮士喪禮注又禮記檀弓上○文王世子死必赴注云赴告於君也 **赴走告也** 儀禮既夕記赴曰注 **赴節相越也** 文選西京賦紛縱體而迅赴薛注 **凶事謂之赴** 左氏春秋序赴告策書疏○釋文云崩薨曰赴○董按帝堯碑若不慶悋輙赴癀此段赴為仆也仆與路義同音近莊子秋水

頫史 卷十八第四部去聲暮韻

一九〇七

赴水則接腋持頤司馬李赴作路

仆趴

趣越皃 說文段注趣疾也小徐作趨趴與赴音義略同 **頓也** 說文段注頓者下首也以首叩地謂之頓首引申為前覆之辭左氏音義引孫炎曰前覆曰仆亦應三引說文仆頓也謂前覆也偃謂却偃仆謂前覆蓋演說文者語若論語注云偃仆也則渾言不別矣○漢書五行志中之下注周勃傳注霍光金日磾傳贊注貢禹傳注趙廣漢傳注竝云仆頓也又素問解精微論請問有毚愚仆漏之問注云仆猶頓也 **仆路也** 後漢班彪傳下注周紆傳注○釋名釋姿容云仆路也頓路而前也 **前覆曰仆** 左氏昭十三年傳注僵仆也疏 **仆顛也** 漢書何竝傳注 **仆倒也** 漢書王莽傳上注○素問經脈別論度水跌仆注云仆謂身倒也 **仆斃也** 漢書董仲舒傳注司馬相如傳上注引郭璞 **仆僵也** 廣雅釋詁四 **仆僵仆也** 漢書鄒陽傳卒仆濟北注引應劭○詩湯傳顛仆疏云仆是偃僵之義 **仆者臥其表也** 史記司馬穰苴傳仆表決漏索隱

頫史 卷十八第四部去聲暮韻

一九〇八

撮口許 眷具切

屨

屨也一曰鞮也 說文段注晉蔡謨曰今時所謂履者自漢以前皆名屨左傳踊貴屨賤不言履賤禮記戶外有二屨不言二履賈誼曰冠雖敝不以苴履亦不言苴屨詩曰糾糾葛屨可以履霜舄者一物之別名履者足踐之通偁按蔡說極清易詩三禮春秋傳孟子皆言屨不言履周末諸子漢人書言履詩易凡三履皆謂踐也然則履本訓踐後以為屨名古今語異耳許以今釋古故云古之屨即今之履也周禮屨人掌為舄屨鄭以複下曰舄禪下曰屨古人言屨通於複今世言屨以通於禪俗易語反與方言屝屨麤履也履其通語也一曰云云革部鞮下曰屨也二字為轉注方言曰禪者謂之鞮○書大傳中刑襍屨注又儀禮喪服傳屨釋文又廣雅釋器竝云屨履也又說苑反質云屨為履亦 **曰屨屨拘也所以拘足也** 釋名釋衣服○列子黃帝則戶外之屨滿矣釋文云關西呼履謂之屨 **單下曰屨** 禮記曲禮戶外有二屨釋文○周禮屨人疏云禪底者名曰屨也 **周漢時名複下者為屨** 周禮屨人疏 **夏葛屨冬白屨皆繶緇純組綦繫于踵** 儀禮士喪

頫史 卷十八第四部去聲暮韻

一九〇九

禮 **絲作之曰屨麻作之曰屝麤者謂之屨** 左氏僖四年傳共其資糧屝屨其可也疏 **菅屨者菅菲也** 儀禮喪服傳 **疏屨者藨蒯之菲也** 同上 **繩屨者繩菲也** 同上 **屨屝屨也** 孟子盡心下有業屨於牖上那注 **鞮屨四夷舞者所屝也今時倡蹋鼓沓行者自有屝** 周禮春官序官鞮鞻氏注 **屨貫也** 易噬嗑屨校滅趾虞注 **屨謂踐履之也** 文選羽獵賦屨般首注○史記季布欒布傳身屨典軍集解引孟康云屨履蹈之也○董按訓踐蹈者履為正字此則段屨為履也集解引徐廣云屨一作履 **屨數也** 禮記樂記臨事而屨斷注○董按此段屨為屨也說文無屨字古蓋作婁亦借屨字作之

句

平去兩讀姑从俗分 **句者聯字以為言** 詩關雎五章章四句疏○又云句則古者謂之為言 **句者局也聯字分疆所以局言者也** 同上○董按句字有兩讀已久而章句要仍可讀平聲明衆人自知之 **下傳語告上為句** 史記劉敬叔孫通傳臚句傳索隱引蘇林又漢書叔孫通傳集注引

頫史 卷十八第四部去聲暮韻

一九一〇

郡屢切
具
蘇林云下告上爲句○文帝紀集注王子虔表上集注竝云句音章句之句

共置也說文段注共供古今字當以人部作供○禮記祭統官備則具備注云具謂所共衆物具供具也漢書燕王劉澤傳親脩具注具猶辯也儀禮士相見禮以食具告注特牲饋食禮宗人告有司具注○萱按辯辨古今字具備也廣雅釋詁二○淮南原道各有其具注云具猶備也具全也荀子正名性之具也注具足也文選東京賦禮舉儀具薛注具然自滿足之道也荀子宥坐則具然欲爲人師注具餕也禮記內則佐則長者視具注具食也漢書元帝紀所具各減半注具謂酒食之具漢書何武傳壽爲具召武弟顯注具猶來也詩頍弁兄弟具來箋具區澤名也文選吳都賦將校獵乎具區劉注○爾雅釋地十藪吳越之閒有具區具俱也具皆也萱按此皆段具爲俱也

永具切
諭
或作喻告也說文段注凡曉諭人者皆舉其所易明也周禮掌交注云諭告曉也曉之曰諭其人因言而曉亦曰

諭諭或作喻○廣雅釋詁三又漢書鼂錯傳集注司馬相如傳下集注又後漢班彪傳下注竝云諭告也諭曉也周禮師氏注教之以事而諭德者也疏又廣雅釋言又漢書淮陽憲王欽傳集注霍光傳集注○荀子儒效其言多當矣而未諭也注云未喻謂未盡曉其義諭謂曉告也漢書文帝紀又不能諭其內志注高五王傳使王諭齊王注賈誼傳在於早諭教注董仲舒傳其明以諭朕注匈奴傳下使車騎將軍口諭單于注○項籍傳諭以所爲注趙充國傳諭以明詔注王莽傳上諭以攝位當及政孺子之意注竝云諭曉告之諭謂曉解之漢書翼奉傳何聞而不諭注諭明也呂覽不侵必謹諭寡人之責也注慎小欲諭其信於民注又淮南主術所以諭哀也注諭導也淮南脩務此教訓之所諭也注諭諫也廣雅釋詁四諭譬也漢書賈誼傳集注諭譬諫也一切經音義廿二引三蒼諭猶行也呂覽論威而威已諭矣注喻告也後漢班彪傳下注喻曉也論語里仁里疏又漢書王莽傳上集注又華嚴經音義下引漢書音義又荀子正名單足以喻則單單不足以喻則兼注又文選長笛賦寫神喻意注喻猶曉也禮記文王世子而衆爲得不喻爲注學記故君子之

敎喻也疏罕譬而喻疏又論語里仁君子喻於義集解引孔注○詩蠡斯傳蠡斯蚣蝑也疏云喻猶曉也取事比方以曉人故謂之爲喻也喻曉喻也後漢文苑杜篤傳以喻容意注喻明也呂覽正名足以喻治之所悖又淮南脩務喻於道也不可動以奇注故作書以喻意注喻諫也華嚴經音義下引蒼頡喻譬諫也一切經音義六引蒼頡喻快也莊子齊物論自喻適志也釋文引李注喻喻喜也廣雅釋訓○萱按劉熊碑攷攷之瑜此段瑜爲諭也

嫗
母也說文段注樂記煦嫗覆育萬物鄭曰以氣曰煦以體曰嫗詩毛傳柳下惠嫗不逮門之女亦以體曰嫗之意逮門者不及入門荀卿所謂與後門者同衣即此也凡人及鳥生子曰乳皆必以體嫗之方言伏雞曰抱郭云江東呼蓲央富反按蓲即嫗也母之呼嫗由此高帝李紀曰有一老嫗夜哭嫗伏以氣剖卵也淮南原道嫗伏注嫗色也方言十三嫗煦好色皃方言十三注嫗嫗猶傴僂也後漢趙壹傳注傴拊謂憐愛之也莊子人間世以下傴拊人之民釋文引李注○萱按此段傴爲嫗也傴拊

猶嘔呴謂養也莊子人間世釋文引崔注嘔以軀色下人謂形柔而人苟大戴記文王官人其兒固嘔注萱按此蓋段嘔爲嫗

訓具切
酗
○俗有酗酒醟也說文段注依尚書釋文訂書作酗某氏傳曰以酒爲凶曰酗周禮司救注亦云酗醟○漢書子我用沈酗于酒晚出傳云酗醟萱按說文醟下云酗酒也酗下云酒醟也是爲轉注醉怒曰酗漢趙國傳湯數醉醉酗羌人集注○注云酗即酗字也酖酒曰酗一切經音義十四引通俗文○書無逸酗于酒德哉疏云酗爲凶酒之名又僞泰誓淫酗肆虐疏云酗是酒怒

輭具切
孺
○俗有孺乳子也一曰輸孺也輸孺尚小也說文段注孺乳子也以疊韻爲訓凡幼者曰孺子此其義也爾雅曰孺屬也亦以同音爲訓屬者辯一曰云云輸孺疊韻字孺讀如儒方言十二曰儒輸愚也注儒輸猶快選也輸孺即儒輸也荀子脩身篇偸儒憚事偸孺即輸孺孺孚乳而生也莊子大宗師烏鵲孺釋文引李注孺生也廣雅釋詁一兒始能行曰孺子孺濡也言濡弱

也釋名釋長幼孺弱子也莊子大宗師而色若孺子釋文引李注孺稚也書金縢公將不利于
孺子晚出傳又禮記檀弓下孺子其圖之注內則孺少也國語
祇見孺子疏○又後漢范式傳注云孺子稚子也集注
晉語孺子何懼注又漢書張良傳集注孺子幼少
書敘傳上集注引應劭孺幼也又後漢安帝紀注孺子其朋
文選中山王孺子妾孺子幼小之稱書洛誥史記佞幸
稱也歌注引漢書如淳注文選幽通賦鄭注○
傳籍孺閎孺正孺小也於孺笙兮注引應劭孺子小子也禮記
義云孺幼小也
內則孺子蚤寢晏起注又公羊傳十年傳爾既殺夫二孺子
奚注○孟子公孫丑上今人乍見孺子注云孺子未有知之
小孺子童子也孟子離婁上有孺子歌曰注孺子幼艾美女也國策齊策
子
背近大夫曰孺人禮記曲禮上孺之言屬也有七孺子
注又屬斷上又屬斷上禮記曲禮下大夫曰孺人注又
屬斷上○詩常棣和樂且孺傳云孺屬也
又爾雅釋言李注云孺骨肉相親屬也

韻史

何萱撰著

第五冊

商務印書館發行

何萱撰著

韻

史

第五冊

商務印書館發行

韻史卷十九

第四部入聲

珏韻

泰興何萱石閭譔集 子度校字

上海顧錫麒竹泉覆審

武進李兆洛申耆鑑定

開口呼 艮僕切

珏

瑴玨或 二玉相合爲一珏 說文段注左傳正義曰瑴倉頡篇作珏云雙玉爲珏故字从雙玉按淮南書曰乎玉百工注二玉爲一工與珏雙聲百工即百珏也 雙玉爲瑴 左氏莊十八年傳賜玉五瑴注僖卅年傳納玉於王與晉侯皆十瑴注襄十八年傳獻子以朱絲係玉二珏注又穆天子傳二於是載玉萬瑴注 雙玉曰瑴 爾雅釋器注又國語魯語行玉二十瑴注

斛

平斗斛量也 說文段注月令角斗甬正權槩鄭注角正皆謂平之也角者斠之段借字俗謂之校音如教因有書校斠字作此者音義雖近亦大好奇矣 斠量也 廣雅釋詁三 角量也 管子七法○呂覽簡選選練角材注云角猶量也 角亦器量之名 管子七法注 角平也 呂覽仲春角斗甬注又淮南時

角

則角斗稱注○俗有角 獸角也象形角與刀魚相似 說文段注人體有觭角者如日月角角犀豐盈之類要是段借之辭耳按舊音如穀亦如鹿其字形與刀魚相似也○萱按角字雖可讀鹿要之無庸別耳 角觡也 廣雅釋言○淮南原道角觡生也注云角鹿角也 牛羊有䚡曰角 史記樂書角觡生索隱○詩良耜有捄其角 角觩也 太千窮山無角注 角之謂執其角也 左氏襄十四年傳晉人角之注 角也者以爲疾也 考工記弓人○後漢烏桓鮮卑傳注云角端似牛角可爲弓 北方之美者有幽都之筋角焉 爾雅釋地 夾囟曰角 禮記內則男角女羈注 角者頷角也 漢書諸侯王表厥角稽首注引應劭○釋名釋形體云角者生於額角也 角犀謂顏角有伏犀 國語鄭語惡角犀豐盈注 角競也 漢書谷永傳注○文選舞鶴賦角映分形注云角猶競也 角校也競也 漢書賈誼傳注○東方朔傳注云角猶校也 角試也 一切經音義廿二引廣雅○呂覽孟冬肆射御角力注云

角猶試也 角試力也 列子說符強食靡角釋文○後漢隗囂傳注云角力猶爭力也 角者角材也 角抵即穀抵 ○史記李斯傳方作穀抵優俳之觀集解引應劭漢書武帝紀作角抵戲注引應劭云角者角技也 角邪也 文選射雉賦奮勁骹以角槎徐注 角觸也 廣雅釋言又漢書律麻志上 角謂之經 爾雅釋樂○釋文引劉歆云角觸也物觸地而出戴芒角也 角者言萬物皆有枝格如角也 史記律書 角者躍也陽氣動躍 白虎通禮樂○五行云角者氣動躍也 角木也 位在東方也 呂覽孟春注又淮南時則注○禮記月令注云角屬木又漢書律麻志上云角爲木又白虎通禮樂云木謂角 角木聲也 素問金匱真言論其音角注陰陽應象大論在音爲角注 角爲民 漢書律麻志上 角爲物 禮記樂記 徵角在右事也民也可以勞 禮記玉藻右徵角注○萱按五音之角本無正字故段角作之後出有䚢字亦罕用者 角星名也 國語周語夫辰角見而雨畢注○爾雅釋天云壽星角亢也又後漢獻帝紀注云角亢蒼龍之星又楚辭天問角宿未旦注云角亢東方星 角爲天門

洪範五行傳出入不節注 角芒角 漢書五行志動搖角大兵起注引李奇 角兵象也 隋書五行志下引洪範五行傳○洪範五行傳田獵不宿注云角主天兵 角謂觥罰爵也 禮記少儀不角注○郊特牲舉斝角疏云天子曰斝諸侯曰角又明堂位加以璧散璧角注云散角皆以璧飾其口也又疏云散角是爵之所受之名異 四升曰角 禮記禮器卑者舉角注又廣雅釋器○儀禮特牲饋食禮記一角一散注云角四升又詩卷耳疏引異義韓詩說云四升曰角 角觸也不能自適觸罪過也 角觿刀劒羽閒之覆角也 淮南齊俗角觿不厭薄注 綠即棺角也綠與角聲相近 禮記喪大記君大夫鬈爪實於綠中疏○注云綠當爲角聲之誤也萱按謂綠爲同部段借字或亦可介 角量也角平也 萱按此段角爲斛也

桷

榱也椽方曰桷春秋傳曰刻桓宮之桷 說文段注榱也者渾言之釋宮云桷謂之榱是也椽方曰桷者析言之桷之言棱角也榱椽方曰桷則知桷圜曰椽矣周易或得其桷虞曰桷椽也方者謂之桷○易漸釋文引馬陸注又詩閟宮松桷有舄傳又穀梁莊廿四年經釋文又漢書五行志上刻桷丹楹注引臣瓚云桷榱

也桷謂之榱左氏莊廿四年經疏○國語魯語注云桷一名榱今北土云亦然又○注云唐韻桷榱頭也齊魯名榱曰桷爾雅釋宮釋文引字林○沈旋注云齊魯名桷周人名榱萱按周人名榱句誤當云秦曰榱周曰椽說在十七部榱下桷椽也易漸虞注又釋文又詩殷武疏又左氏莊廿四年經注襄八年傳子尾抽桷擊扉注又公羊莊廿四年釋文又廣雅釋室又漢書貨殖傳注又淮南精神而堯樸桷不斲注○爾雅釋宮注云桷屋椽又詩閟宮疏云桷之與榱是椽之別名方曰桷易漸釋文引翟注又詩閟宮釋文又穀梁莊廿四年釋文桷确也其形細而疏确也釋名釋宮室桷梍也廣雅釋器○萱按方言郭注云梍縣蠶薄柱也桷之訓梍乃引申段借之義

㱿 佩僕切

隸作殼○俗有殼鷇從上擊下也一曰素也說文段注從上擊下正中其物確然有聲一曰云云素謂物之質如土杯也今人用腔字說文多作空空與殼義同俗作殼或作鷇吳會閩音哭卵外堅也殼甲也文選思玄賦玄武縮於殼中兮舊注○後漢張衡傳注云殼龜甲也殼即核也凡物內盛者皆

謂之殼文選七命剖椰子之殼注鷇卵也外堅也一切經音義二引字書○萱按上也字似衍殼善也廣雅釋詁一○萱按此蓋段殼為慤也

慤

○俗有慤慤謹也說文段注廣韻曰謹也善也愿也誠也據韻會大司寇注愿慤慎也用段借字殼者殼之俗字也○漢書刑法志注東方朔傳注傳注又後漢竇融傳注並云慤謹也慤謹敬也荀子非十二子其容慤注慤懂也廣雅釋詁四慤謂質慤禮記祭義疏○家語曲禮其親也慤注云慤質也又云慤親之奉薦也慤實也後漢馮衍傳注又荀子榮辱然後使慤祿多少厚薄之偁注慤成也淮南主術其民樸重端慤注行見中外曰慤周書謚法慤處愿兒禮記禮器不然則已慤注慤者得哀之始未見其甚禮記檀弓下殷已慤注慤與趨趨言少威儀也禮記祭義其親也慤其行也趨趨以數注慤善也廣雅釋詁一○萱按此段殼為慤也檀弓殷已慤釋文云慤本作殼又禮器注致誠殼皆用段借字

渥 挨僕切

○俗有腥霑也說文段注小雅既優既渥考工記欲其柔滑而腥脂之注讀如沾渥之渥渥之言厚也濡之深厚也邶風傳曰渥厚漬也○萱按廣韻腥厚脂也與渥非一字然非有異義也但渥之義博腥之義專耳故掍合之霑濡也史記老莊申韓傳周澤未渥也正義○易鼎其形渥注云渥沾濡之兒又釋文云渥沾也渥漬也廣雅釋詁二渥淳漬也詩終南釋文渥厚漬也詩簡兮赫如渥赭傳終南顏如渥丹箋渥者浸潤之名詩簡兮疏渥光潤也後漢班彪傳上注渥厚也廣雅釋詁三又漢書賈誼傳注王商傳注外戚傳下注又楚辭惜賢芳鬱渥而純美注渥美也太玄視雨其渥須注渥濁也廣雅釋詁三渥大刑也易鼎其刑渥虞注渥者厚大言辠重也易鼎九家注○釋文云鄭作剭○萱按鄭以剭渥為正借字也虞九家義取重大不必與鄭同剭誅見周禮注又按漢脩堯廟碑共如屋赭段屋為渥也又終南渥丹韓詩作沰沰亦段借字而義頗遠

偓

偓佺逗古仙人名也說文○漢書司馬相如傳偓佺之倫注引郭璞云偓佺仙人也萱按韋昭說同

偓促拘愚之兒楚辭憂苦偓促談於廊廟兮注

握

臺古文○俗譌作臺臺搤持也說文段注淮南詮言訓臺無所鑒謂之狂生高注臺持也所鑒者乎德也持無所鑒所持者非乎德故謂之狂生合文選任彥昇哭范僕射詩注及今本淮南子可得其眞矣俶眞訓曰其所居神者臺簡以遊大清此臺亦疑臺之誤握持也廣雅釋詁三又管子戒握路家五十室注○儀禮鄉射禮記長尺有握注云握本所持處也在手為握楚辭懷沙懷瑾握瑜注捲手曰握莊子庚桑楚終日握而手不挽釋文引李注兩手相拱著而不申者謂之握遞管子入國聾盲喑啞跛躄偏枯握遞注握四寸也穀梁昭八年傳流旁握注○周禮膉人疏云一握則四寸也握數也禮記投壺算長尺二寸注握謂長不出膚禮記王制宗廟之牛角握注○國語楚語烝嘗不過把握注云握長不出把者握謂中央也儀禮鄉射禮上握焉注握所以牽就也素問陰陽應象大論在變動為握注握以物著尸手中使握之也釋名釋喪制○儀禮士喪禮云握手用玄纁裏長尺

二寸廣五寸牢中旁寸著組繫又設握乃連掔注云設握者以綦繫鉤中指由手表與決帶之餘連結之又既夕記設握
注云手無決者以握繫一端繞掔還從上自貫反與其一端結之
一握者小之皃也
易萃一握為笑
注
握齱小節也
史記酈生陸賈傳其將皆握齱索隱引韋昭○集解引應劭云握齱急促之皃
握蹻
局陿也
漢書司馬相如傳下豈特委瑣握蹻注○史記相如傳委瑣握蹻索隱引孔文祥云握蹻局促也
握
具也
爾雅釋言○萓按此握誤為擬抑或段握為屋也詩權與箋考工記匠人注竝云屋具也又爾雅李本握作喔
握喔即握字也又易萃一握為笑鄭讀屋傳氏作渥此各有所受也

楃

或作幄⿰衤屋
木帳也
說文段注周禮巾車翟車有楃字從木釋文及各本從手非也釋文云楃劉音屋賈馬皆作幄攷幕人注曰四合象宮室曰幄許書有楃無幄楃蓋出巾車職今本周禮轉寫誤耳鄭云有楃則此無蓋謂上四車皆有容有蓋翟車以楃當容不云有蓋也釋名云幄屋也以帛衣版施之形如屋也故許曰木帳
幄帳也
左氏襄廿四年傳二子在幄注昭八年傳私于幄注又呂覽權勲龔王駕而往視之入幄中注○左氏哀十四年傳子我在幄注云

幄帳也聽政之處又周禮幕人掌帷幕幄帟綬之事注云幄王所居之帳也
覆帳謂之幄幄幕也
小爾雅廣服○漢書禮樂志照紫幄注云帳上四下而覆幄曰幄又淮南氾論燕雀處帷幄而兵不休息注云幄幕也
幕軍旅之帳
左氏昭十三年傳以幄幕九張行注○疏云幕大而幄小幄在幕下張之
在上曰幄
後漢仲長統傳注
四合象宮室曰幄
左傳昭十三年釋文周禮幕人注○幕人疏引顏延之纂要云四合象宮曰幄又華嚴經音義上引何承天纂要云四合象宮殿謂之幄也
幄居位處之具也
爾雅釋言握具也李注○宋氏翔鳳云按郭李作握當為楃字之誤

喔

雞聲也
說文○萓按射雉賦良遊呃喔引之規裏引伸為凡為聲不獨雞也雞聲亦可疊為喔喔字與喈喈膠膠同
喔蹻急促之皃也
文選難蜀父老豈特委瑣喔蹻注○萓按此蓋本無正字故史漢作握蹻握齱而文選用喔
喔咿強顏皃
廣韻○萓按強顏皃集韻作強笑也楚辭卜居將喔咿嚅唲以事婦人乎

确 海僕切

㱿
或○俗有埆確礭
礊也
說文段注确即今之埆字與土部之墒音義同丘中有麻傳曰丘中墝埆之處

也墝埆謂多石瘠薄炊部曰獄确也台南傳曰獄埆也謂堅剛相訟其引伸之義也鉉等曰今俗作確管子地負剛而不殼殼薄也當是殼之誤
礭聲也
廣雅釋詁一
礭堅也
一切經音義廿四引廣雅○萓按晉鄭烈碑云秉礊然之大節
確堅皃也
後漢李固杜喬傳注又一切經音義十三引易繫辭下傳韓注又莊子應帝王確乎能其事者而已矣釋文引李注
確堅高之皃
易文言傳確乎其不可拔釋文引鄭注
確剛皃也
易繫辭下傳確然示人易矣注又為注文言傳確乎其不可拔廣注○萓按此當依易古本作隺然隺乎為是說在二部隺及墒下
確堅正也
後漢崔寔傳注
确實也
後漢桓榮傳注
确薄也
文選吳都賦同年而議豐确注乎
确瘠薄地
一切經音義一引孟子注○後漢陳寵傳注云墒謂薄土也
墒相質殼爭
訟者也
詩行露釋文引盧植說
墒者墒正之義
詩行露釋文引崔注
墒獄名
詩行露釋文
确謂競勝敗也
漢書李廣傳數與虜确注○萓按此蓋段确為角也

㱿

○俗有
殼歐皃春秋傳曰君將殼之
說文段注殼歐皃今俗語如此春秋云云左哀廿五年文

之玉篇作為
殼吐也
廣雅釋詁四
殼嘔吐也
左氏哀廿五年傳注○萓按今本左傳作殼者字之譌也

㱿

犬屬膋已上黃膋已下黑食母猴
說文段注疑犬屬之上當有殼獿二字淺人妄刪之詳於此故豸部但曰殼獿也膋已云云上林賦郭璞注同此而膢以前黃膢以後黑奪去四字當校補南都賦注李善引說文按史漢文選之上林賦文選之南都廣韻一屋說此物皆作殼从豕廣韻十八藥又引說文殼獿作殼獿彝許書殼為小豚非一物一字也將由寫者亂之
殼字訂似豳而大要以前黃要以後黑字訂一名黃要食獮猴
漢書司馬相如傳上注引郭璞

數 酌僕切

或作剭
去陰之刑也周書曰刖劓數黥
說文段注數斷也大雅昏椓靡共鄭云昏椓皆奄人也昏其官名也椓毀陰者也此段椓為數也周書云云呂刑篇文刖當作刖尚書正義曰賈馬鄭古文尚書劓刖劓剠大小夏侯歐陽尚書作臏宮劓割頭庶剠按賈馬鄭皆作刖許必同釋文及正義卷二皆劓刖李篇正義作刖劓唐初

本固不同耳斀黥據正義實馬鄭作劅剠劅同斀剠同黥衛包因正義云斀椓人陰乃易為椓字而不知斀椓字義之不同椓擊也去陰不可云椓○集韻引字林云斀去陰刑**劅謂劅破陰**書呂刑鄭注**椓破之也**後漢蔡邕傳注○萱按段椓為斀義異而音同也詩召旻先之矣要其本義不容漏耳**椓夭椓也**詩召旻傳

鼓

擊鼓也讀若屬說文段注鈕本無此三字非也屬之欲切鼓鼓讀如椓與擊雙聲大徐以其形似鼓讀公戶切刪此三字其誤蓋久矣玉篇云之錄切擊也此顧氏原文云又公戶切此孫強所增也佩觿云鼓之錄工五二切沿孫之繆至廣韻乃姥韻有鼓而燭韻無鼓至集韻類篇乃以朱欲殊玉二切歸之從壴聲之鼓字而不知二切皆本說文鼓讀如屬鼓安得有此二切也皆由沿襲徐鍇遂竝誤至此至乎南宋毛晃又云鼓鼛字從支與鐘鼓字不同岳珂刊九經三傳凡鼓瑟鼓琴鼓鐘于宮弗鼓弗考鼓之舞之皆分別作鼓經典釋文五經文字九經字樣開成石經皆無此例也周禮小師掌教鼓鼗柷敔塤簫管弦歌注云出音曰鼓按鼓郭也故凡出其音皆曰鼓若鼓訓擊也鼗柷敔可云鼓塤簫管弦歌可云鼓乎亦由鼓切公戶復成異說滅裂經字以至於此○漢書枚乘傳馬方駭鼓而驚之注云鼓擊鼓也**鼓**

韻史 卷十九第四部入聲廷韻 一九二九

擊也後漢岑彭傳注又呂覽古樂以其尾鼓其腹注置缶而鼓之注應同鼓宮而宮動注又淮南原道鼓腹而熙注墜形注本經鼓橐吹埵注○萱按鼓訓擊鼓訓動義有輕重之別然鼓亦未嘗不訓擊他書擊鐘擊缶詩易作鼓鐘鼓缶是鼓擊意義亦相通也但鼓之義博擊其餘義不比鼓之專訓為擊耳**鼓猶擊也**儀禮鄉飲酒禮記北面鼓之注○萱按此鼓字將毋本作鼓歟

𣪊椓

或作𣪊**擊也**說文段注此與木部椓音義皆同**𣪊擿也**廣雅釋詁四

或作椓**擊也**說文段注此與支部𣪊音義皆同詩云椓之丁丁又云椓之橐橐○孟子滕文公上捆屨織席音義引丁音又文選東征賦注引周禮鄭注竝云椓擊也**椓椎也**廣雅釋詁一**椓如椓杙之椓謂打之也**詩正月箋又復椓破之疏**椓謂擣土也**詩斯干箋**椓訴也**左氏哀十七年傳太子又使椓之釋文○萱按此義詠為專字說文不之錄**椓破之也椓夭椓也**萱按此蓋斀之段借字**椓鐫也**方言○萱按此蓋琢之段借字

韻史 卷十九第四部入聲廷韻 一九三〇

𣪊琢

椎擊物也說文段注謂用椎擊中物與殳部𣪊木部椓音義皆同

治玉也說文段注釋器玉謂之琢石謂之摩毛傳同按琢琱字謂鐫鑿之事理字謂分析之事攷工記刮摩五工玉人記玉之用楖人雕人斵楖人蓋理之如楖之疏髮雕人蓋琢之如鳥之啄物左思賦水鳥曰雕琢蔓藻是其意○禮記學記玉不琢不成器釋文論語學而釋文竝云治玉曰琢又爾雅釋訓釋文云琢治玉也又釋器注云琢治玉名也**玉曰琢**詩淇奧如琢如磨傳棫樸追琢其章傳又周禮大宰司農注又淮南本經嬴雕琢注又論衡量知○爾雅釋器又荀子富國故為之雕琢刻鏤注竝云玉謂之琢**雕謂之琢**爾雅釋器**琢采琢磨也**管子五輔雕琢采注**椓鐫也**方言○萱按此段椓為琢也**大圭不琢**禮記禮器郊特牲○萱按此段琢為琢也亦或作篆**夘生曰琢**文選東征賦諫不登樸而琢蓋兮注引尸子○萱按注意謂啄琢為正借字也然曹賦自用椓椓擊也何用引此

啄

鳥食也說文段注鳥味鋭食物似琢吳都賦說水鳥曰雕琢蔓藻○文選射雉賦注引字林云啄鳥食也又釋名啄

韻史 卷十九第四部入聲廷韻 一九三一

釋飲食云鳥曰啄**啄齧也**廣雅釋詁三又楚辭招魂啄害下人些注**鳥窮則啄**新序雜事五**啄鳥窗也**漢書東方朔傳鶴俛啄也注○萱按鳥窗字當作噣若味用啄則段借也但曼倩語似以鳥食釋之為名**噣啄也**太乎灵二歲不噣注○萱按此段噣為啄也尒雅釋鳥生噣雛亦尒**夘生曰琢**文選東征賦注引尸子○萱按此段琢為啄也

涿

⿰日乚奇字**流下滴也上谷有涿鹿縣**說文段注周禮壺涿氏注壺瓦鼓也涿擊之也按擊瓦鼓之聲如滴然故曰壺涿今俗謂一滴曰一涿音如篤郎此字也又作沰音當洛反廣雅沰磓也崖寔書上火不落下火滴沰周禮掌舍注云柜受居濁水涷橐者也橐即沰之段借鹿字各本奪今補涿縣在涿郡不在上谷也地理志上谷郡涿鹿今涿鹿故城在直隸宣化府保安州南明志謂之軒轅城涿郡今涿縣故城在順天府涿州治奇字謂古文奇字也**涿鹿地名**莊子盜跖與蚩尤戰涿鹿之野釋文引司馬注○萱按釋文涿本或作濁段借也經典亦段獨段燭為之又按張公神碑云刊鑿涿磐此段涿為琢矣

韻史 卷十九第四部入聲廷韻 一九三二

捉

搤也一曰握也說文段注上文云搤者搤持也握下解與此爲轉注捉持也廣雅釋詁三捉促也使相促及也釋名釋姿容〇萱按莊子庚桑楚而捉將內揵崔本捉作促是二字亦得通用也

斲

或作剟劃〇俗有斫斸斲斸或斫也說文〇又漢書食貨志上注又楚辭湘君斲冰兮積雪注懷沙巧倕不斲兮注〇廣雅釋言云剟斫也斲削也穀梁莊廿四年傳斲之礱之釋文斲雕飾也禮記檀弓上木不成斲疏〇淮南本經木工不斲注云斲或作琢萱按二字義近通用斲斤即爾雅句一也考工記車人一宣有半謂之疏欘疏

襡

〇俗有襩衣至地也說文襩補也廣雅釋詁四

萱僕切

娕

或作娖〇俗有茦娕謹也說文段注謹者慎也按史記申屠嘉傳娖娖廉謹說者多云娖即娕字玉篇廣韵皆不謂一字也〇萱按集韵槩合娕促爲一字亦無不合娖娖持整之皃史記張丞相傳娖娖廉謹集解引小顏〇萱按據徐廣娖娖一作斷斷漢書申屠嘉傳則作齪齪廉謹皆用借字也

浞

小濡皃也說文段注濡者霑也上文濡篆下未舉此義故此及雨部補見小雅曰既霑既足蓋足即浞之段借也浞漬也廣雅釋詁二浞羿相也楚辭天問浞娶純狐注

濁

濁水出齊郡厲嬀山東北入鉅定說文段注厲當作廣嬀當作爲皆字之誤齊郡廣見前志後志作齊國廣今山東青州府益都縣縣西南四里有廣縣故城是也前志廣下曰爲山濁水所出東北至廣饒入鉅定水經注曰濁水又東北逕廣繞縣故城南又東北馬車瀆水注之水首受鉅淀淀即濁水所注也呂忱曰濁水一名澗水出廣縣爲山一名冶嶺山東北流逕廣固城西城在廣縣西北四里又東北流逕堯山東又東北流逕東陽城北合陽水即長沙水也又北逕臧氏臺西又北逕益城西又北流注巨淀今北陽水源出益都縣西南九迴山即古爲山東北流逕城北又東北逕壽光縣四十里又北入清水泊即古濁水也按濁者清之反也詩曰涇以渭濁又曰載清載濁濁水即白水之異名也水經漾水注濁瀆也汁滓演瀆也釋名釋言語濁者觸也史記律書濁猶汙也後漢齊武王縯傳注濁謂混迹荀子解蔽濁明外景清明內景

注濁者不照然也老子渾兮其若濁兮注濁亦亂也國策秦策稠濁注又呂覽振亂當今之世濁巳甚矣注清濁謂陰陽也大戴記少閒先清而後濁者天地之氣也注〇賈子道術云行善決衷謂之清反清爲濁濁貪也離騷世混濁而不分兮注涉江世溷而人莫予知兮注濁謂溷厚山海經西山經濁澤而有光注濁口使口厲爽莊子天地濁氣穀氣也素問經脈別論濁氣歸心注濁宮也呂覽執一而閒清濁之氣注〇禮記樂記倡和清濁注云濁謂黃鐘至中呂濁謂之畢爾雅釋天注云掩兔之畢或呼爲濁因星形以名萱按孫注云未云因名星殊不及鄭語之安名星當在先名罟當在後也

鐲

鉦也軍法司馬執鐲說文段注周禮鼓人以金鐲節鼓鄭注鐲鉦也形如小鐘軍行鳴之以爲鼓節大鄭云讀如濁其源之濁軍法云云周禮作公司馬執鐲杜子春云公司馬謂五人爲伍伍之司馬也〇詩采芑傳鉦以静之疏云鐲亦名鉦也鐲鈴也廣雅釋器鐲即丁寧者左氏宣四年傳於丁寧疏

鸑

〇俗有雀鸑鷟也說文鸑鷟鳳凰屬也廣雅釋鳥鸑鷟鳳雛也文選吳都賦鸑鷟食

其實劉注鸑鷟鸑鳳之別名也國語周語鸑鷟鳴於岐山注又文選南都賦注引國語賈注〇後漢賈逵傳注云鸑鷟鳳之別名也

稍僕切

業

叢生艸也象丵嶽相並出也說文段注謂此象形字也丵嶽疊韵字或作族嶽吳語不經見者謂丵嶽

欶

〇俗有味嗍吮也說文段注口部曰吮欶也二篆爲轉注通俗文含吸曰欶嗽吮也一切經音義二引三蒼又引通俗文又文選風賦唅醋嗽獲注〇萱按此段嗽爲欶也二字互相段借嗽促也用口急促也釋名釋飲食

傲僕切

顉

前面岳岳也說文段注前當作歬歬而猶俗云當面李白詩山從人面起靈光殿賦神仙岳岳於棟間李注岳岳立皃

嶽

岡山古文〇或作㟧岳俗有㟁岳東岱南霍西華北恆中大室王者之所以巡狩所至古文象高形說文段注南霍者衡山也在今湖南衡州府衡山縣西北風俗通曰衡山一名霍山爾雅釋山曰霍山爲南嶽尚書大傳白虎通皆舉霍山毛傳則曰南嶽衡許宗毛者也曰南霍正皆謂

今湖南之衡山即漢書地理志長沙國湘南縣東南之禹貢衡山也封禪書漢武帝元封四年巡南郡至江陵而東登禮灊之天柱山號曰南嶽此郭景純所謂武帝以衡山遼曠移其神於天柱者蓋自是天柱始有霍山之名而衡山不曰霍山矣許言霍者從其朔稱也天柱山者今安徽六安州霍山縣南之霍山是也尒雅曰恒山爲北岳毛傳曰北岳恒禹貢職方之恒山也在今直隸省定州曲陽縣尒雅曰嵩高爲中岳封禪書郊祀志皆曰中岳嵩高也按禹貢曰外方左傳曰大室國語曰崇山崇之字亦作崈亦作嵩故崇山亦曰嵩高山亦曰崈高山地理志潁川郡崈高縣武帝置以奉大室山是爲中岳古文以崇高爲外方山也天室崇高錯舉可見一山數名即今河南河南府登封縣北之嵩山也以用也王者所用王北而巡狩也巡狩者巡所守也天子適諸侯曰巡狩按堯典二月至于岱宗五月至于南岳八月至于西岳十有一月至于北岳不言中岳也而封禪書郊祀志述堯典皆云中岳嵩高也何休注公羊則稱堯典而補其文曰還至嵩如初禮應劭風俗通則曰中岳嵩高也王者所居故不巡焉其說乖異○文選思玄賦二女感於崇岳今舊注云岳五岳也又注云岳即山也又周禮大司樂注云五岳岱在兗州衡在荊州華在豫州嶽在雍州恒在并州萱按此用尒雅前說也大宗伯五岳注

有嵩高無岳山則用尒雅後說與說文同矣○維嶽降神箋云四嶽卿士之官掌四時者也○新序善謀云四嶽三塗陽城大室荊山終南九州之險也嶽确也廣雅釋山嶽四嶽也詩崧高崧高維岳傳○風俗通山澤云嶽者埆功考德黜陟幽明也又白虎通巡狩云岳之爲言埆也埆功德也又禮記王制至于岱宗疏同嶽吳嶽也爾雅釋山河西嶽注又周禮職方氏其山鎮曰嶽山注又周書職方注○爾雅郭注云嶽雍州鎮有吳岳山萱按禮記中庸載華嶽而不重嶽即謂此高嶽岱宗也詩時邁及河喬嶽傳岳太岳書禹貢至于岳陽晚出傳岳山即狄山也山海經大荒南經帝堯帝嚳帝舜葬于岳山注岳岳立皃文選魯靈光殿賦神仙岳岳於棟間注嶽嶽長角之皃漢書朱雲傳五鹿岳岳朱雲折其角注

鸑

○俗有鸑鷟鸑鷟退鳳屬神鳥也春秋國語曰周之興也鸑鷟鳴於岐山江中有鸑鷟似鳧而大赤目說文段注春秋云云周語內史過說韋曰三君云鸑鷟鳳之別名也按三君者侍中賈逵侍御史虞翻尚書左僕射唐固也許云鳳屬於賈小異劉逵曰鸑鷟鳳雛也說文異

江中云云此言江中鸑鷟別是一物非神鳥或許所記或後人所增不可定也上林賦屬玉吳都賦作鵁鶄郭氏曰屬玉似鴨而大長頸赤目紫紺色劉逵曰如鶩而大長頸赤目其毛辟水毒陳藏器曰鵁鶄主治沙蝨短狐蝦贊等病能啖病人身出含沙射人之沙蓋如鴨而大眼赤目水弧者具形蟲也具氣乃鳧也鸑鷟鸑鷟蝽腎班今中記曰四說知鸑鷟即鵁鶄也云似鴨眼赤者亦正蜍好食之合是與許說合○廣雅釋鳥云鸑鷟鳳皇屬也

剝 博僕切

㓟 或○或作㓟則裂也一曰剝割也說文段注衣部曰裂繒餘也謂碎破剝也夏小正二月剝鱓以為鼓也八月剝瓜畜瓜之時也剝棗剝之者取也栗零零也者降也零而後取之故不言剝之按剝鱓者謂殘其皮剝瓜者謂殘其實其用一也皮部曰剝取獸革與剝鱓合孔子易傳曰致飾然後通則盡矣故受之以剝剝者剝也物不可以終盡剝窮上反下故受之以復也按此是剝訓盡裂將盡矣豳風段剝為攴八月剝棗毛曰剝擊也音義云普卜反故知剝同攴也小正傳云取毛傳云擊此後人訓詁必察于前人也一曰云云此別一義與上義相通○易彖上傳云剝剝也剝落也易剝釋文引馬注又廣雅釋詁三○易剝疏云剝者剝落也又彖上傳引鄭注云萬物零落故謂之

剝也剝脫也廣雅釋詁四○荀子彊國然而不剝脫不砥厲注云剝脫謂刮去其生澀剝離也剝擊也竝廣雅釋詁三剝取也廣雅釋詁一剝爛也易雜卦傳剝為傷易彖下傳不傷財虞注革曰剝周禮大宰五曰百工飭化八材司農注剝猶倮也禮記檀弓上喪不剝奠也與注刊剝互言耳皆謂斫去次地之皮周禮柞氏夏日至令刊陽木而火之冬日至令剝陰木而水之注剝猶亂也後漢董卓傳注剝之為義也君子道長小人道長之謂易兌孚于剝注

菐 倍鶩切

隸作業瀆菐也說文段注瀆菐疊韻字瀆煩瀆也菐如孟子書之僕僕趙云煩猥皃

僕 蹼

古文給事者說文段注周禮注曰僕侍御於尊者之名然則大僕戎僕以及易之童僕詩之臣僕左傳人有十等僕第九臺第十皆是大雅景命有僕毛傳僕附也是其引伸之義也大雅芃芃棫樸毛曰樸枹木也考工記樸屬此皆取附著之義左氏文十八年傳而使歜僕字皆當作僕方言作樸僕御也注宣十五年傳申叔時僕注

襄三年傳魏絳戮其僕注哀二年傳子南僕注哀十一年傳使其女僕而田注孟子離婁上問其僕曰注又國語晉語注又史記齊世家衛世家集解竝引賈逵又楚詞僕夫悲予馬懷兮兮注○莊子人閒世適有蚉䖟僕緣釋文引崔注云僕僕御

僕即御車者也禮記曲禮上則僕執策立於馬前疏又論語子路冉有僕皇疏○禮記少儀疏服問疏竝云僕即御者也又詩出車召彼僕夫傳云僕夫御夫也又文選思玄賦僕夫儼其正策兮舊注云僕夫謂御車人也

僕將車者也詩正月屢顧爾僕箋

僕主也史記秦始皇紀僕射集解引應劭又漢書百官公卿表上注又後漢光武紀上注○左氏昭七年傳僚臣僕注云僕僕聲主藏者也

僕附也詩既醉傳又管子地員累然如僕累注

僕謂附著於人文選子虛賦注引廣雅

僕從者公羊宣七年傳則是臣僕庶孳之事也注

僕亦臣禮也賈子服疑

仕於家曰僕禮記禮運

僕大僕也禮記儒行悉數之乃留更僕未可終也注○賈子等齊云天子衛御號為大僕又服疑云諸侯之御號曰大僕

僕射秦官也後漢光武紀上注

僕使也廣雅釋詁一

艮為僮僕易旅得僮僕貞虞注喪其僮僕注

僕隱也左氏昭七年傳

作僕區之法服注○杜云僕區刑書名

僕僕煩猥皃孟子萬章下使己僕僕爾亟拜也注

僕遬凡短之皃也漢書息夫躬傳僕遬不足數注

僕緣僕僕然羣著爲莊子人閒世適有蚉䖟僕緣注

僕纍蝸牛也山海經中山經堣渚是多僕纍注○大荒東經注云僕牛人姓名

墣

圤或

凷也說文段注吳語曰涓人疇枕王以墣淮南書曰土之勝水也非以一墣塞江○國語吳語曰墣塊也

撲

○俗有撲擈擈牧技

挨也說文段注撲與扑撲義皆別今人溷之廣韻一屋云拂著今義也

撲持也

三輔謂之撲淮南時則具撲曲筥筐注

爭到曰撲一切經音義六引通俗文

連枷曰撲一切經音義十四引通俗文

手相摶曰撲一切經音義十一引字林

撲擊也淮南說林蔭不祥之木為雷電所撲注

擈擊也廣雅釋詁三

撲擊也大夲格不擊其體撲注

撲聚也楚謂之撲方言三○注云撲爲藂相著皃

撲盡也南楚凡物盡生者曰撲生方言三○注云

今種物皆生云撲地而生也

擈搸中聲也文選西京賦流鏑擈搸薛注

樸

○俗有璞玏

木素也說文段注素猶質也以木為質未彫飾如瓦器之坏然土喪禮周禮槀人皆云獻素獻成注云形法定為素飾治畢為成是之引伸為凡物之偁如石部云磺銅鐵樸是也作璞者俗字也又引伸為不奢之偁凡云儉樸是也漢是以敦朴為先天下先假朴為樸也今詩棫樸周禮樸屬借用此字

樸質也後漢仲長統傳注又文選東京賦尚素樸薛注○淮南精神契大渾之樸注云樸猶質也

樸大質也漢書循吏黃霸傳澆淳散樸注

樸本也呂覽論人故知知一則復歸於樸又注

樸者真也老子樸散則為器王注

樸未成器也書梓材既勤樸斲馬注

無刀斧之斷者謂之樸論衡量知

樸采也淮南精神而競樸楄不斷注○萱按此義似未諦

樸愨願皃家語王言民敦而俗樸注

樸屬猶附著堅固皃也考工記總目注○萱按此段樸為樸也

樸馬未調習之馬荀子臣道若馭樸馬注

鄭人謂玉未理者璞國策秦策又莊子天下犬可以為羊釋文引司馬注○文選南都賦金彩玉璞

注云璞玉之未理者萱按孔耽碑蹈仁義兮履玏純字又作玏菐聲卜聲同部也

周人謂鼠腊者亦曰璞莊子天下釋文○國策秦策云周人謂鼠未腊者樸又後漢應劭傳云昔鄭人以乾鼠為腊萱按秦策似衍未字果未腊則祇未言鼠足矣章懷注鄭蓋周之字誤也

朴質也漢書卜式傳注又後漢王充王符仲長統傳論文朴遠行注又荀子性惡生而離其朴注又文選魯靈光殿賦鴻荒朴略張注○萱按樸朴同音相通借徑謂為同字者非也二字義本殊

朴者形未分老子敦兮其若朴注

朴

木皮也說文段注洞簫賦秋蜩不食抱朴以長吟李注抱音附引蒼頡篇朴木皮也顏注急就篇上林賦厚朴曰朴木皮也此樹以皮厚得名按廣雅云重皮厚朴也又按凡鞭朴字從手作扑即攴字也凡樹皮字從木作朴凡械樸樸屬字作樸即樸之省也凡朴素字作樸皆見說文

朴大也廣雅釋詁一又楚辭天問恆秉季德焉得夫朴牛注

壯大為朴楚辭懷沙材朴委積兮注

朴離也廣雅釋詁三

朴猝也方言十二又廣雅釋詁二

朴質也萱按此段朴為樸也

攴

隸作攴扑。俗有菻菻

小擊也

說文段注手部曰擊攴也此云小擊也同義而繳有別按此字從又卜聲又者
手也經典隸變作扑凡尚書三禮鞭扑字皆作扑又變爲手
卜聲不改蓋漢石經之體此手部無扑之原也唐石經初刻
作朴从木者唐乎度覆投正之从手是也幽風八月剝棗假剝爲攴毛曰擊也音義曰普卜反

扑擊也

史記刺客
傳舉筑扑秦皇帝索隱

扑撻也

周禮司市大刑扑罰注

扑撻也

左氏文十八年傳獸以扑挾賦注

扑捶也

漢書陳勝項籍傳贊執敲扑以鞭笞天下注引鄭
展。文選過秦論注引臣贊云短曰敲長曰扑

杖也

左氏襄十七年傳親執扑注又

扑櫝楚也

史記集解引
堯典漢書刑法志濤刑用鞭扑注書鄭注○書
出傳扑作敎刑晚

扑所以撻犯敎者也

儀禮鄉射禮取扑播
注○云扑稷楚也之以反位注大射儀
呂覽季秋司徒播扑注云扑所以敎也
又國語魯語簿刑用鞭扑注云扑敎刑也
○俗說文段注豚者小豕也左傳晉有先穀字彘子
有貗小豚也益穀即穀字釋獸曰豩白狐其子穀異物而同

穀

名也

穀豭也

廣雅釋獸

穀一名執夷

尒雅釋獸其子穀注

穀白狐子也

漢書司馬

相如傳上撕胡穀蛻注引張揖。萱按稚讓所釋正是穀字
張用尒雅義也據郭璞說則上林賦字當作穀豈張所見已
爲誤本與

斗藪謂之穀穀

。一切經音義十四引通俗文又引難字云斗擻穀穀也

合口許 廣韻切

榖

○俗有榖

續也百榖之總名也

說文段注穀與粟同義引伸爲善也釋詁毛傳皆曰穀善也又大雅
傳曰穀祿也周禮大宰言九穀鄭云黍稷稻粱麻大小豆小
麥菽也膳夫食用六穀先鄭云稌黍稷粱麥菽也疾醫言五
穀鄭曰麻黍稷麥豆也詩書言百穀種類緐多約舉兼賅之
詞也惟禾黍爲嘉穀李善引辭君韓詩章句曰穀類非一故
言百也。管子權修云一樹一穫者穀也又尒雅釋地云中
有岱嶽與其五穀魚鹽生焉又孟子告子上云五穀者種之
美者也又說苑修文云五穀者以奉宗廟養萬民也

震爲百穀

易彖上傳百穀艸木麗乎地虞注

九穀

黍稷秫稻麻大小豆大小麥

周禮大宰三農生九穀司農注。後鄭云九穀無秫大麥而有粱菽

五穀謂稻黍稷麥菽也

孟子滕文公上樹藝五穀注又後漢班彪傳上注又淮南修務播種

五穀注大同。大戴記曾子天圓成五穀之名注
云五穀黍稷麻麥菽也又後漢明帝紀注同

也

書古太誓五至以穀俱來鄭注

穀者民之司命也

管子山權數。國語周語夫民之大事在農注
云穀民之命

穀食也

文選高唐賦公樂聚穀注。詩實之初蓮箋
凡非穀而食之曰穀疏云穀實謂爲飯食者
也又春秋緐露祭義

穀培也

廣雅

穀養也

詩小弁民莫不穀
云五穀食物之性也釋言傳蓼義傳四月傳
甫田以穀我士女箋又廣雅釋詁一又鬼谷子謀則可與穀
遠近之義注。左氏傳四年傳注孤寡不穀疏云穀是養人
之物又周禮大宗伯子執

穀祿也

爾雅釋言又詩天保俾爾
穀壁注云穀所以養人戩穀傳正月義義方有穀
箋又禮記表記式穀以女注又論語泰伯不至於穀孔注鄭
注又皇疏引孫綽寠悶邦有道穀孔注。皇疏又大戴記用兵
饑貸處穀注又太乎昆五穀不穀注。孟子

穀所仰以生也

滕文公上穀祿不平注云穀所以爲祿也
國語晉語注是

穀生也

爾雅釋言釋天東風謂之谷風孫注又
楚穀也注詩大車穀則巽室傳小宛自何能穀箋
又穡天子傳皇人受穀注又漢書哀帝紀注外咸傳下注又
後漢張衡傳注又文選思乎賦穀崑崙之高岡注。漢書五

穀益年麥

行志中之下

穀善也

爾雅釋詁又詩東門之枌穀旦于差傳
云穀猶生也傳小明黃鳥不我肯穀傳小宛式穀似之箋四
月曷云能穀穀箋又式穀以女箋甫田傳桑桑不胥以穀箋
有馭君子有注又論周禮典瑞穀圭注又禮記曲禮下於內
自稱曰不穀氣情不語泰伯孔注又周書命訓無以穀之注
又嘗子禁藏注文彫營則耳目穀注又太乎僕維以僕穀注
釋今獄後穀言其與戩穀布亡注止車穀均函

穀圭其飾若

注○呂覽聽典瑞穀人穀言也注云穀言善言

粟文

然周禮粟精密圭以和難注○山海經西山
經堅注云玉有粟文所謂穀壁也

不穀不祿

也人君謙以自稱也

淮南人間不穀親傷注○左氏僖四年
傳豈不穀是爲注云孤寡不穀諸侯謙

辭孺子曰穀

荀子禮論臧穀猶且蓋之注又莊
子騈搦臧與穀二人釋文引崔注

穀齊地

國語晉語

出穀洛二水名

國語周語靈王十二年穀洛鬭注

穀水世謂慈澗

山海經中山經
戍注
贍諸之山少水東流注于穀水注○水經注十五引字
林云穀今河南死水又水經注廿四云穀水郎睢水也

穀菜

生水中

齊民要術十引字林

布穀鵠鶵也

爾雅釋鳥疏引埤蒼

楚人謂乳穀

漢書敘傳

上。萱按此穀字譌爲穀也穀聲雖同而音義實殊緣人少識穀字故轉寫作穀矣此不容沿誤者也若穀之或作谷作穀作穀皆同部段借也或音同或音近

轂祿也後漢蔡邕傳下速速方轂注○萱按郎詩之蔌蔌方有穀也

榖

楮也說文段注小雅傳曰穀惡木也陸機疏曰江南以其皮擣爲紙謂之穀皮紙絜白光輝按山海經傳曰穀亦名構此一語之輕重耳○廣雅釋木又書咸乂序桑穀共生于朝釋文竝云穀楮也又漢書郊祀志上有桑穀生於廷注云穀即今之楮樹也又詩鶴鳴其下維穀陸疏云穀幽州人謂之穀桑或曰楮桑荊揚交廣謂之穀中州人謂之楮**穀木名皮可爲紙**史記貨殖傳材竹穀纑索隱○山海經南山經祝餘狀如穀而黑理注云穀楮也皮作紙

轂

○俗有轊**輻所湊也**說文段注湊者水上人所會也引申爲凡會之偁老子曰三十輻共一轂轂中空曰槺○漢書食貨志下轉轂百數注引李奇云轂車也又老子孤寡不轂注云不轂喻不能如車轂爲衆輻所湊**輒謂之轂**廣雅釋器**轂埆也體堅埆也**釋名釋車**轂也者以爲利轉也**考工記輪人**轂推也**史記李斯傳集解引徐廣**以經緯之交爲轂**周髀算經下車輻引縕就中夾之正以爲

轂注**重轂者轂外復有一轂施舝其外乃復設舝施銅鐲**下斷**轂**

下喻在輦轂之下文選上責躬應詔詩表注引胡廣漢官解詁注潘安仁在懷縣詩注求通親親表注齊竟陵文宣王行狀注**轂祿也**萱按此段轂爲穀

谷

○俗有峪**泉出通川爲谷从水半見出於口**說文段注釋水曰水注川曰谿注谿曰谷許不言谿者許以谿專係之山瀆無所通也川者毋穿通流之水也兩山之間必有川焉詩進退維谷段谷爲鞫毛傳曰谷窮也即邶風傳之鞫窮也**水注谿曰谷**公羊僖三年傳無障谷注又漢書司馬相如傳上振溪通谷注引張揖○楚辭招魂川谷徑復注云注谿爲谷**水注壑曰谷**文選蜀都賦含谿懷谷劉注**水相屬曰谷**爾雅釋水李注**谷者激**爾雅釋丘**山之溝一有水一無水者命曰谷水**管子度地**巽爲谷**易井井谷射鮒虞注**谷者空虛不有**老子曠兮其若谷注○又谷神不死釋文云谷中央無者也河上李谷作浴萱按浴谷正借字也韻書於余蜀切下又出谷字則選事矣**谷養也**老子

谷神不死注。萱按河上自釋浴字浴養以雙神爲訓也輔嗣李作谷谷無養義故谷之李訓不必音浴也**谷去也**廣雅釋詁二**肉之大會爲谷**素問氣穴**谷竹溝也**漢書律麻志上取竹之解谷注引孟康**飛谷日所行道也**楚辭遠逝橫飛谷以南征注**東風謂之谷風**爾雅釋天又詩谷風習習谷風傳。詩谷風序釋文云谷風東風也又爾雅孫注云谷之言穀谷風生長之風萱按堯典宅西曰昧穀周禮縫人注作度西曰穀此谷穀通用之證**柳谷窮也**萱按見穀下

⿱𣪊麥

苦卜切

又五部去聲**餅蘜也**說文段注餅蘜者堅麥之成餅也方言⿱𣪊麥麩數鼜鬆麴也自關而西秦豳之閒曰⿱𣪊麥晉之舊都曰䴷齊右河濟曰𪍴或曰𪌶北鄙曰䴺麴其通語也**⿱𣪊麥麴也**方言十三又廣雅釋器

⿱𣪊缶

未燒瓦器也說文段注土部曰瓦未燒曰坏⿱𣪊缶與坏不但義同而音取相近故集韻謂爲一字披尤切也。萱按坏⿱𣪊缶義同音不必同也披尤切與大徐若倏切皆無廣今从玉篇音

⿱後麻

○俗有[illegible][illegible]**未練治纑也**說文段注系部曰纑布縷也劉熙孟子注曰緝續其麻曰辟練絲曰纑練絲謂

取所緝之縷湅治之也練者湅也湅者灡也汏諸水漂潎之也己湅曰纑未湅曰蘼廣雅曰蘼綃也綃是生絲未湅之縷如生絲然故曰綃也如成團謂己湅曰練絲

屋

腕卜切

屋籀**𡉚**古文○此㙈之古文也屋下當有宜刪俗作臺作臺尤謬**不尸也**說文段注屋者室之覆也引申之凡覆於上者皆曰屋天子車有黃屋詩箋屋小帳也○史記集解引書太誓至于王屋馬注云王屋王所居屋**屋舍也**廣雅釋室**屋止也**廣韻引風俗通**屋與也其中溫與也**釋名釋宮室**屋藏蔭之物**易豐豐其屋注**屋者主於覆蓋**穀梁文十三年經大室屋壞注**重屋重棟也**文選東京賦複廟重屋薛注**乾爲屋宇**易豐干注**黃屋謂車上之蓋也**漢書陸賈傳去黃屋稱制注云黃屋者蓋以黃爲裏也**獨斷下屋殯上覆如屋者也**禮記喪大記畢塗屋注**屋具也**詩權輿於我乎夏屋渠渠箋又周禮小司徒疏又考工記匠人九夫爲井注**夫三爲屋**周禮小司徒考夫屋注九夫爲井注引司司烜氏邦若屋誅注考工記匠人注**屋粟民有田不耕所罰**

三夫之稅粟周禮旅師掌聚野之鋤粟屋粟閒粟注屋誅謂夫三族周禮司烜氏邦若屋誅注。注又云屋讀如其刑剭之剭萓按剭當是此義之專字但其字後出

戶卜切

縠

細縛也說文段注縛之細者也詩玼兮玼兮其之展也蒙彼縐絺是絏袢也傳曰禮有展衣者以丹縠爲衣蒙覆也絺之麁者爲縐麁謂如纖碎然細之至也箋云縐絺絺之蹙蹙者是也此謂褻衣縐絺外服丹縠衣縠與縐絺正一類也今之縐紗古之縠也周禮謂之沙注謂之沙縠縠紗也後疏云輕者爲沙縐者爲縠按古祇作沙無紗字縠漢章帝紀注引釋名安帝紀注縠今之輕紗文選神女賦動霧縠以徐步兮注輕者爲紗縐者爲縠漢書江充傳充衣紗縠禪衣注縠絹也廣雅釋器無染練之治名縠纚論衡量知。萓按古亦段縠爲縠左傳卯縠士縠先縠皆或作縠也

𧹞

。俗有縠日出之赤也說文

觳

縠。俗縠縠有盛纀危也一曰射具說文段注盛字當是衍文纀危謂大危纀者酒器之大者也韋

韻史　卷十九第四部入聲玨韻　一九五三

注越語曰觥大也旅人曰豆實三而成觳鬲部曰斗二升曰觳鄭注考工記同按盧庚鬲甗盆醽量皆以觳計小者曰危可以飲大危曰觳可字酒漿以待酌也醲之大極於觳故引伸之曰觳盡也見釋詁禮經牲體之跗曰觳謂牲體之盡也觳受三斗考工記陶人鬲實五觳司農注。萓按此說未諦旊人有明文故後鄭據而易之觳謂盡也。史記秦始皇紀監門之養不觳於此索隱爾雅釋詁觳盡也注云觳今直語耳觳足跗也儀禮既夕記明衣不辟長及觳注。特牲饋食禮記主婦俎觳折注云觳後足觳薄也管子地員剛而不觳注。萓按此段觳爲觳也莊子天下其道大觳亦尔觳觫恐兒孟子梁惠王上吾不忍其觳觫音義引丁音。注云觳觫牛當到死地處恐兒觳無潤也。莊子天下其道大觳注萓按觳乃韋畫之譎觳抵即角抵史記李斯傳方作觳抵優俳之觀集解。萓按此謂觳即角之段偕字也大宛傳大觳抵出奇戲同又韓非子用人強弱不觳力亦同觳足趺也玉篇。萓按廣韻趺作跗集韻云觳牲後足也。俗有斛

斛

十斗也說文段注律厤志曰量者躍於龠合於合登於升聚於斗角於斛考工記豆實三而成觳受斗

韻史　卷十九第四部入聲玨韻　一九五四

二升鬲部亦曰斗二升曰觳然則謂觳即斛者謬也。儀禮聘禮記云十斗曰斛又漢書律厤志上云十斗爲斛斛者角也御覽八百卅引風俗通斛量也太令令捝月相斛注曰斛者角斗平多少之量也漢書律厤志上

杜卜切

讀

籒書也說文段注籒各本作誦此淺人改也今正竹部曰籒讀書也讀與籒疊韻而互訓廧風傳曰讀抽也方言曰抽讀也蓋籒抽古通用史記紬史記石室金匱之書字亦作紬抽繹其義蘊至於無窮是之謂讀故卜筮之辭曰籒謂抽繹易義而爲之也尉律學僮十七已上始試諷籒書九千字乃得爲吏諷謂背其文籒謂能繹其義大史公作史記曰余讀高祖侯功臣曰大史公讀列封至便侯曰大史公讀秦楚之際曰余讀諜記曰大史公讀春秋厤譜諜曰大史公讀秦紀皆謂紬繹其事以作表也漢儒注經斷其章句爲讀如周禮注鄭司農讀火絕之儀禮注舊讀昆弟在下舊讀合大夫之妾爲君之庶子女子子嫁者未嫁者是也擬其音曰讀凡言讀如讀若皆是也易其辭以釋其義曰讀凡言讀爲讀曰當爲皆是也人所誦習曰讀如禮記注云周田觀文王之德博士讀爲厥亂勸寧王之德是也諷誦亦爲讀如禮言讀

韻史　卷十九第四部入聲玨韻　一九五五

睸讀書左傳公讀其書皆是也諷誦亦可云讀而讀之義不止於諷誦諷誦止得其文辭讀乃得其義蘊自以諷書改籒書而讀書者尠矣孟子云誦其詩讀其書則互文見義也讀抽也小爾雅廣言讀說也廣雅釋詁二讀猶語也莊子則陽號而讀之也釋文引李注讀謂經公羊定元年傳主人習其讀而問其傳注。匡謬正俗一云讀止謂道讀之讀。萓按周禮巾車歲時更讀段讀爲續也今本从杜注改續

讟

。俗有痡痛怨也春秋傳曰民無怨讟說文段注方言讟謗也讟痛也二義相足左傳昭元年曰民無謗讟八年曰怨讟動於民疑相涉而誤。讟誹也漢書五行志上怨讟動於民注云讟痛怨之言也又後左氏昭元年傳注讟謗也左氏宣十二年傳君無怨讟注漢王梁傳注張衡傳注又方言十三讟謗誣也方言十三讟痛也注讟痛也方言十三又廣雅釋詁二讟忘也廣雅釋詁三

儥

或作覿。覿字四部十六部兩見見也說文段注貝部賣下曰衒也衒者行且賣也賣即周禮之儥字今之鬻字儥訓見即今之覿字也釋詁曰覿見也公羊傳穀梁傳士昏禮聘禮論語鄭注國語韋注皆同按經傳今皆作覿覿行而

韻史　卷十九第四部入聲玨韻　一九五六

儥廢矣許書無覿字獨存古形古義於此也以他字例之蓋禮經古文作儥今文作覿許從古文不從今文𪚥徐李竊取周禮改見爲賣非是周禮儥訓買玉篇作儥買也今又作賣則誤之中又有誤焉覿見也爾雅釋詁又易困三歲不覿釋文又儀禮士昏禮請覿注聘禮賓奉束錦以請覿注私面私覿釋文又穀梁莊廿四年傳又左氏莊廿四年傳大夫宗婦覿用幣釋文襄五年傳穆叔覿鄭太子于晉注昭四年傳西陸朝覿而出之疏昭十九年傳龍不我覿也注又論語鄉黨私覿鄭注又皇疏又國語周語武不可覿注火朝覿矣注曾語注又漢書叙傳上注又文選東京賦故積世而不覿薛注幽通賦覿幽入之髣髴注引項岱思玄賦覿于皇天瓊宮舊注。公羊莊廿四年傳云覿者何見也覿覿之也淮南主術使史黯往覿焉注。萱按覿又見十六部覿下義同音異

遺

媟遺也說文段注女部作媟嬻黑部作黷今經典作嬻

嬻

媟嬻也說文段注單言之曰媟曰嬻絫言之曰媟嬻國語陳侯溢於夏氏不亦嬻姓矣乎惟明道本不誤今入以溝瀆字爲之瀆行而嬻廢矣黑部有黷握持垢也義亦與嬻別黷媟也後漢陳蕃傳注又文選思歸引序注引國

語賈注黷渫黷也公羊桓公八年傳亟則黷注黷狎也廣雅釋言黷易也左氏昭廿六年傳不可黷也服注黷猶慢也數也後漢劉虞傳注黷蒙也一切經音義廿一引廣雅瀆褻也易蒙再三瀆釋文。禮記表記注云瀆之言褻也瀆謂褻瀆禮記表記夏道未瀆辭疏。注云未瀆辭謂時王不尚辭民不褻爲也瀆泄也太玄玄瑩吉山交瀆注瀆易也左氏昭十三年傳其可瀆乎注昭廿六年傳貫瀆鬼神注瀆輕也國語晉語瀆其信也注瀆慢也左氏昭元年傳瀆齊盟注昭廿六年傳國有外援不可瀆也注又禮記少儀毋瀆神疏瀆濫也禮記緇衣則爵不瀆注瀆數也周禮大宗伯注不敢瀆爲小禮疏又左氏昭十三年傳瀆貨無厭注。禮記少儀毋瀆神注云瀆謂數而不敬瀆謂慣瀆書呂刑疏瀆亂也易蒙再三瀆釋文瀆敗也太玄難凍冰瀆注坎爲瀆易繫辭下傳下交不瀆虞注。一切經音義十四云黷古文作遺嬻二形萱按遺嬻正字黷瀆皆字同賣聲也但黷義較近瀆則遠矣

黷

握持垢也易曰再三黷說文段注垢非可握持之物而入於握持是辱也古凡言辱者皆即黷故

鄭注昏禮曰以白造緇曰辱字書辱亦作黷易曰云云蒙卦辭古字多段借用許所據易作黷今易作瀆崔憬曰瀆古黷字也玉義按鄭注云瀆褻也瀆褻許女部作嬻媟若依鄭義則黷爲段借字嬻爲正字也黷訓握垢故从黑吳都賦林木爲之潤黷劉注曰黷黑茂皃其引申之義也。文選王簡栖頭陀寺碑文注云黷持垢也黷垢濁也漢書枚乘傳以故得媟黷書奏注又後漢陳元傳注。一切經音義六引蒼頡云黷垢也又文選江文通襍體王徵君詩注引蒼頡云黷垢黷也黷黑也一切經音義六引聲類黷汙也漢書谷永傳注黷汙瀆也漢書郊祀志上敬而不黷注黷煩汙也漢書韋玄成傳數則黷注黷媟也黷猶慢也數也萱按此類皆遺嬻之借字也

瀆

溝也一曰邑中曰溝說文段注瀆溝也謂井間廣四尺深四尺者也一曰云云不必井間亦不必廣四尺深四尺者也按瀆之言竇也凡水所行之孔曰瀆小大皆得偁瀆釋水曰注澮曰瀆又曰江河淮濟爲四瀆水經注謂古時水所行今久移者曰故瀆。周禮雍氏掌溝瀆澮池之禁注云溝瀆澮田間通水者也坎爲溝瀆易說

卦傳。管子地員瀆田悉徙注云瀆田謂穿溝瀆而溉田洿瀆小溝也楚辭離世漸藁本於洿瀆注。史記屈原賈生傳彼尋常之污瀆兮索隱云瀆小渠也瀆水竇也荀子脩身開其瀆注水流不絕曰瀆爾雅釋水舊注瀆坑也廣雅釋水瀆者通也所以通中國垢濁風俗通山澤。白虎通巡狩云瀆者濁也中國垢濁發源東注海其功著大故稱瀆也瀆獨也各獨出其所而入海也釋名釋水。漢書郊祀志上四瀆視諸侯注云瀆者發源而注海者也又爾雅釋水云四瀆者發源注海者也江河淮濟爲四瀆書大傳又公羊隱五年傳濟上之邑也注又漢書郊祀志上注。文選顏延年曲水詩序山瀆效靈注云瀆四瀆也又水經河水注云自河入濟自濟入淮自淮達江水徑周通故有四瀆之名也瀆山蜀之岷山也漢書郊祀志上瀆媟也瀆慢也瀆輕也萱按此等字皆段瀆爲遺嬻字也

隫

𧮯古文通溝句呂防水者也讀若洞說文段注西都賦曰通溝大漕潰渭洞河呂防

牘

云云小徐及廣韻本如此隤與瀆不同瀆从水主謂水故解曰溝也隤从𠂤主謂地故曰通溝以防水防水者猶禦水也通洞之溝水去迅速無滯不爲災通之言洞也洞者疾流也故其字讀若洞四瀆字當作此亦作四竇讀若云云大徐洞作瀆非也此許所闕舊音急就篇乘風縣鐘華洞樂皇象碑本洞作隫衣部襛或从賣聲作瀆釋山曰山瀆無所通谿。萱按唐韻隤徒谷切本音也說文讀若洞音之轉也三部九部以雙聲通轉也轉音自古已然而有不容泥者此類是

書版也

說文段注牘專謂用於書者然則周禮之版禮經之方皆牘也小宰注曰版戶籍也宮正注曰版其人之名籍也聘禮注曰策簡也方版也李賢蔡邕傳注引說文而曰長一尺按漢人多云尺牘史記緹縈通尺牘此臣得用於君也漢書陳遵與人尺牘主皆藏去此施於儕輩者也木部云槧牘樸也然則粗者爲槧精者爲牘顏師古曰形若今之木笏但不挂其角耳。後漢北海靖王興傳注云牘書版也

牘版也

廣雅釋器

牘木簡也

漢書昌邑哀王髆傳持牘趨謁注游俠原涉傳削牘爲疏注外戚傳下手書對牘背注。周勃傳吏乃書牘背示之注云牘木簡以書辭也

牘睦也手執之以進見所以爲恭睦也

釋名釋書契

春牘春

撞也牘築也以春築地爲節也

釋名釋樂器。周禮笙師春牘應雅司農注云春牘以竹大六寸長七尺短者一二尺其端有兩孔髤畫以兩手築地

櫝

匵也一曰木名又曰櫝木枕也

說文段注此與匸部匵音義皆同匵匣也論語韞匵而藏諸作匵龜玉毀於櫝中作櫝一曰木名未詳又曰云云木枕大徐作大梡字之誤也木枕謂以圜木爲枕少儀所謂頍也謂之頍者圜轉易醒令人憬然故鄭注曰警枕。左氏昭七年傳賂以瑤罋玉櫝斝耳注又後漢崔駰傳注又家語辯物注竝云櫝匱也又國語魯語使求得之金櫝注鄭語櫝而藏之注又論語季氏馬注竝云櫝櫃也

櫝函也

儀禮聘禮西面坐啟櫝釋文又論語季氏皇疏禮記少儀斂則啟櫝蓋龔之注云櫝謂劍函也。

櫝櫨三輔擧水具也

一切經音義十五引蒼頡

松櫝長三尺櫝連櫝也前刺之言也

釋名釋兵

櫝棺也

左氏昭廿九年傳公將爲之櫝釋文又廣雅釋器

櫝小棺也

漢書楊王孫傳窾木爲匵注。萱按班作匵注作櫝顏以爲同字故也其實二字義同字異當各隨字釋之無庸破字也又劇秦美新布濩流

衍而不韞韣殷韣爲櫝也

匵

匵也

說文段注木部曰櫝匵也是則匵與櫝音義皆同實一物也論語曰韞匵而藏諸又曰龜玉毀於櫝中其實一字也引申之亦爲小棺。論語子罕馬注鄭注又漢書五行志下之上乃匵去之注又後漢周榮傳注竝云匵匱也

匵謂之匵

廣雅釋器

匵謂匣櫃也

論語子罕皇疏

櫝小棺也匵即櫝字也

漢書楊王孫傳窾木爲匵注

韇

或作韇韥

弓矢韇也

說文段注方言弓謂之韇或謂之韇丸左傳服注云冰韇丸蓋也後漢書南匈奴傳引方言藏弓爲韇藏箭爲韇丸廣雅韇弓藏也韣歟矢藏也皆與今方言異按兼許之曰韇丸單許之曰韇士冠禮筮人執筴抽上韇注韇藏筴之器今時藏弓矢者謂之韇丸也亦最說文本有丸淺人刪之。萱按今本方言九云所以藏弓謂之韇或謂之韇丸

韇函也

儀禮士喪禮筮者東面抽上韇釋文

韇藏筴之器也

儀禮士冠禮注士喪禮注

犢

有。俗獨

牛子也

說文。爾雅釋畜牛屬云其子犢又太牟牟數爲犢注云牛子爲犢

犢繭栗之犢也

周禮掌客則國君膳以牲犢注

犢者誠慤未有牝牡之情

禮記郊特牲諸侯膳用犢注。禮器諸侯膳以犢釋文云犢本作特又漢書劉輔傳注云鐸犢及竇其聲相近萱按特鐸皆異部雙聲字竇犢則相爲去入也

用犢貴誠也

禮記郊特牲

殰

或作牘韥

胎敗也

說文段註樂記胎生者不殰注曰內敗曰殰管子羽卵者不段毛胎者不牘房曰牘謂胎敗潰也集韻曰古作牘。禮記樂記釋文引字林云殰胎敗又漢書匈奴傳上注云殰敗也

殰懷任不成也

禮記樂記釋文。史記樂書正義云懷任在內而死曰殰

胎不成獸曰殰

淮南原道獸胎不殰注

禿

或作秃

無髮也

說文段注喪服四制曰禿者不髮明堂位注曰齊人謂無髮爲禿楬周禮醫師注曰疕頭瘍亦謂禿也引伸之凡不銳者曰禿釋名曰沐禿皆無上皃之偁沐者管子沐涂樹之枝謂刊落之也。說文又曰倉頡出見禿人伏禾中因㠯制字未知其審段注因一時之偶見遂定千古之書契禿人不必皆伏禾中此說殆未然矣廣韻不以

倉頡云云爲說文語則知古本無倉頡以下十七字按倉頡云云見開元文字音義後人用纂入說文也當禿無髮沐禿也釋名釋疾病。呂覽明理音禿匾延注盡數輕水所多禿與瘻人注又禮記問喪禿者不免釋文竝云禿無髮也又喪服四制注禿翁郎乃翁也後漢南匈奴傳注云禿者無髮釋名釋姿容同或作頹

髑

髑髏逗頂也說文段注頁部曰頊顱也廣雅頊顱謂之髑髏按頁部頊顱頭骨也⿰蜀頁⿰婁頁頭骨玉篇引埤蒼。一切經音義九云髑髏古文作⿰蜀頁⿰婁頁二形

獨

或書作獸犬相得而鬥也羊爲羣犬爲獨一曰北嚻山有獨狢獸如虎白身豕鬣尾如馬說文段注鬥各本作鬭今正凡爭鬥字許作鬥鬭者遇也其義各殊今人乃謂鬭正鬥俗非也犬好鬥則獨而不羣引伸段借之爲專壹之偁小雅正月傳曰獨單也孟子曰老而無子曰獨周禮大司寇注曰無子孫曰獨中庸大學皆曰愼其獨庚獨等字皆段借義行而本義廢矣山海經北山經曰北嚻之山有獸焉其狀如虎而白身犬首馬尾彘鬣名曰獨狢郭圖贊亦云虎狀馬尾號曰獨狢獨鹿也鹿鹿無所

依也禮記王制疏引釋名獨少也禮記禮器是故君子愼其獨也疏獨與人異也莊子人閒世其行獨釋文引向注獨猶專也易象下傳獨行正也疏。莊子人閒世釋文引崔注云獨自專也獨猶孰也呂覽必己獨如嚮之人注獨不與民同欲也莊子人閒世回聞衛君其年壯其行獨注無卿相輔佐足任者謂之獨荀子君道一足曰獨莊子養生主天之生是使獨也釋文引司馬注偏刖曰獨莊子養生主注初一陽爻故偁獨易復中行獨復虞注。象上傳后不省方虞注云獨爲陽始獨立者無匹雙老子獨立而不改注獨坐言驕貴無偶也後漢單超傳注。釋名釋牀帳云牀小者曰獨坐主人無二獨所坐也無子曰獨書洪範無虐煢獨晚出傳又衛湜集說卅六引成伯與禮記外傳又淮南時則存孤獨注老而無子曰獨獨隻獨也言無所依也釋名釋親屬。禮記王制又御覽百十八引書大傳竝云老而無子者謂之獨又詩白華俾我獨兮箋云老而無子曰獨又管子揆度云老而無子者爲獨獨春鶵鳴也廣雅釋鳥。方言八云鶵鳴周

魏齊宋楚之閒或謂之獨春。按荀子成相剄而獨鹿弃之江此段獨鹿爲屬鏤也又鄭固碑云獸舃敢忘獨獸如搖獸也

彔 磊卜切

刻木彔彔也象形說文段注小徐曰彔彔猶歷歷也一一可數之皃按剝下曰彔刻割也彔彔麗廔嵌空之皃毛詩車歷錄亦當作歷彔

祿

福也說文段注詩言福祿多不別商頌五篇兩言福三言祿大恉不殊釋詁毛詩傳皆曰祿福也此古義也鄭既醉箋始爲分別之詞祿者吉祉之謂詩瞻彼洛矣疏祿善也廣雅釋詁一祿者錄也白虎通京師又古微書引孝經援神契。詩樛木疏引孝經援神契云祿者錄也取上所以敬錄接下爲所以謹錄事上祿者爵也漢書百官公卿表上注引應劭祿祿位也論語爲政子張學干祿鄭注又皇疏。後漢桓帝紀注云天祿天位也祿田邑也國語魯語則請納祿與車馬而違署注祿者穀也禮記王制王者之制祿爵疏。周禮天府若祭天之司民司祿注云祿之言穀也又詩緇衣傳受采祿疏云祿謂賜之以穀祿

奉也國語楚語成王每出子文之祿注。周禮太宰四曰祿位以馭其士注云祿若今月奉也祿食也呂覽懷寵皆益其祿注。禮記王制王者之制祿爵注云祿所受食又國語魯語上云祿次之食也食廩爲祿孝經然後能保其祿位注賞賜爲祿詩瞻彼洛矣福祿如茨箋。國語晉語敢歸祿注云祿所得賞也祿也者人之所以持生也韓非子解老乾爲祿易象上傳不可營以祿虞注象下傳君子以施祿及下虞注無祿死也爾雅釋詁短折曰不祿禮記曲禮下士曰不祿禮記曲禮下又大戴記四代又公羊隱三年傳。國語晉語又重之以寡君之不祿注云士死曰不祿又釋名釋喪制云士曰不祿不復食祿也又禮記曲禮下注云不祿不終其祿君死未葬曰不祿通典八十三引石渠禮議祿之言消也白虎通崩薨司祿文皇第六星周禮天府若祭天之司民司祿注天祿獸也後漢靈帝紀注

逯

行謹逯逯也說文段注張衡賦趚趞謂局小皃義與此同廣雅逯逯衆也女部娽隨從也蕭相國世家平原

君列傳作錄錄義皆相近逯行也方言十二又廣雅釋詁一逯及也廣雅釋詁一逯謂無所爲忽然往來也淮南精神逯然而來注逯秦邑也後漢鄧憚傳注引風俗通

睩

目睩謹也說文段注睩睩謹皃也故睩爲目睞之謹言注視而又謹畏也招蒐娥眉曼睩目騰光王曰好目曼澤時睩睩然視精光騰馳感人心也睩善也廣雅釋詁一睩睩視皃楚辭憫上哀世兮睩睩注。招蒐注云睩視皃

娽

隨從也說文段注史記平原君列傳曰公等錄錄因人成事王劭云錄錄借字說文娽娽隨從之皃也依王本多四字娽顓頊之妻集韻引埤蒼

鹿

鹿獸也象頭角四足之形說文段注鹿獸也鹿字今補三字句韻會作山獸大者曰鹿小者曰麛禮記檀弓上注麛裘亦用絞乎疏鹿震爲鹿易比王用三敺失前禽虞注。屯即鹿无虞虞注云震爲麋鹿鹿鳴小雅篇也人君與臣下及四方之賓燕講道

修政之樂歌也儀禮大射儀乃歌鹿鳴三終注鹿中髤前足跪鑿背容八算儀禮鄉射禮記。鄉射禮釋獲者執鹿中注云鹿中謂射於榭也遒軌謂之鹿車廣雅釋器涿鹿者竿人頭也古微書引尚書刑德放鹿腸乎蔘也廣雅釋艸鹿何澤鞫也同上五鹿衛地國語晉語取五鹿注員曰困方曰鹿國語吳語而困鹿空虛注。萱按此義晚出有鹿專字也古祇用鹿段借字也又魏受禪碑書陳納於大鹿陳球後碑口升大鹿皆段鹿爲麓也又易屯即鹿无虞釋文云王肅本作麓。俗有⿱罒彔

䍡

罜麗也說文。萱按罜下云罜麗小魚罟也又西京賦云設罜麗罝麗小網也國語魯語水虞於是乎禁罝麗注⿱罒彔捕魚具也廣韻

簏

箓或竹高匧也說文段注匧之高者竹爲之簏謂之匵笥御覽七百五引通俗文圖爲簏楚辭愍命炮蠡蠹於筐簏注箓篰也廣雅釋器

麓

𣘻古文守山林吏也一曰林屬於山爲麓春秋傳曰沙麓崩

說文段注左傳山林之木衡鹿守之杜曰衡鹿官名也按鹿者麓之假借字天子曰林衡諸侯曰衡鹿皆守山林吏也晉語史黯曰主將適螻而麓不閱韋曰麓主君苑囿者沙麓崩春秋僖公十四年文三傳同穀梁傳曰林屬於山爲麓周禮王制皆云林麓鄭云山木生平地曰林生山足曰麓詩大雅旱麓毛曰麓山足也蓋凡山足皆得偁麓也亦假借作鹿易即鹿无虞虞翻曰山足稱鹿鹿林也。漢書揚雄傳音義引字林云林麓守山澤吏又淮南泰族既入大麓注云林屬於山曰麓又風俗通山澤云麓林屬於山者也麓者山足也易屯釋文引王肅注又書堯典納于大麓馬注又鄭注又詩旱麓傳又禮記王制林麓川澤注又後漢班彪傳上注又風俗通山澤。周禮地官序官林衡每大林麓注作氏掌攻艸木及林麓注又禮記王制山陵林麓注又書大傳致天下于大麓之野注又史記五帝紀索隱又漢書王莽傳上注又文選七命注引曹大家列女傳注竝云山足曰麓山足曰麓麓陸也言水流順陸燥也釋名釋山麓錄也書堯典納于大麓晚出傳又釋文引王注又書大傳注又漢書王莽傳上注又

後漢和熹鄧皇后紀注林屬於山曰鹿左氏僖十四年經沙鹿崩服注鹿者林之大者也水經濁漳水注又漢書地理志上注引應劭山足曰鹿國語周語注又漢書地理志上鉅鹿郡鉅鹿注引臣瓚。左氏僖十四年經服注穀梁僖十四年傳注竝云鹿山足又鹿在山下平地穀梁傳十四年注引劉向說。萱按魏公卿上尊號奏遵大鹿之遺訓魏受禪表書陳納于大鹿皆用借字

漉

或作盝盪淥或浚也一曰水下皃也說文段注月令仲春毋竭川澤毋漉陂池注順陽養物也考工記作盝一曰云云鉉本無今依鍇本封禪文滋液滲漉後世言漉酒是此義漉滲也廣雅釋言漉竭也禮記月令釋文漉極也方言十三漉漉言汗大出也素問瘧論無刺漉漉之汗注盝竭也爾雅釋詁盝涸也方言十二盝盡也廣雅釋詁一淥澤澤名漢書禮樂志淫淥澤注

數

爽卜切

上去兩讀入聲兩讀凡四見義分數者非一也漢書汲黯傳上常賜告者數注引如淳。萱按數舊音朔

一音速其實一也今審定讀夾谷切爲上去二數字之入聲數頻也史記游俠傳每至踐更數過索隱數屢也漢書賈山傳集注數不疏左氏文十六年傳無日不數于六卿之門注數近也家語賢君故夫不比於數而比於疏注數疾也爾雅釋詁。淮南說林數之則弗中注云數猶疾也數速也史記屈原賈生傳淹數之度兮集解引徐廣。禮記祭義其行也趨趨以數注云數之言速也又論語里仁事君數集解引孔注云數謂速數之數也數猶促速大戴記曾子立事行無求數有名事毋求數有成注數猶促也爾雅釋艸莽數節釋文數數猶迫促意也莊子逍遙游未數數然也釋文引崔注數數猶汲汲也莊子逍遙游釋文引司馬注趨數讀爲促數禮記樂記衛音趨數煩志注。萱按祭義云祭不欲數數則煩

鏃 祖讀切

。俗有鉃利也說文段注今用爲矢鏃之族與許不同疑後所增字鏃矢鏃也漢書鼂錯傳中不能入與亡鏃同注鏃矢鋒也漢書地理志下木弓弩竹矢或骨爲鏃注陳勝項籍傳贊秦無亡鏃遺矢之費注鏃

矢鏑也莊子天下釋文引三蒼。廣雅釋器云鏃鏑也又一切經音義二引字林云鏃萷鏑也又文選過秦論注引爾雅李注云以金爲萷鏑也鏃矢齊人謂之鏃鏃族也言其所中皆族滅也釋名釋兵鏃矢大鏃之矢今所謂兵萷者也漢書膠東康王寄傳私作兵車鏃矢注鏃矢輕利也小曰鏃大曰篇矢呂覽貴卒所爲貴鏃矢者注又史記廣川惠王世家索隱引字林云鏃音子木反。萱按鏃族二字夲義不同音亦徵别段鑶爲矢鋒字則當从族音而字林仍子木反是知轉逸既久入徑以矢鋒爲鏃之夲義以族類爲族之夲義矣今亦不復更張學者勿昧其源流可也

族 寸卜切

。俗有矣虞矢鋒也束之族族也說文段注今字用鏃古字用族金部曰鏃者利也則不以爲矢族字矣族族聚皃毛傳云五十矢爲束引伸爲凡族類之偁鏃矢鋒也萱按此類已詳鏃下借字行久罕有用正字者矣族聚也易象上傳君子以類族辨物疏又周禮朝士禁慢朝錯立族談者疏又廣雅釋詁三又莊子在宥雲氣不待族而雨下釋文引司馬注又呂覽辯土是故三以爲族乃多衆注又淮南要略族鑄大鍾注又文選上

林賦族居遞奏注引張揖又漢書司馬相如傳上注族叢也爾雅釋木木族生爲灌注又孫注。顏氏家訓書證云族亦叢聚也族者湊也聚也白虎通宗族。廣雅釋言云族湊也交錯聚結爲族莊子養生主每至於族吾見其難爲注族類也書堯典方命圮族晚出傳又左氏襄廿四年傳必取其族注又國語魯語非是族也不在祀典注晉語生之族也注又史記五帝紀負命毀族正義又淮南俶眞萬物百族注又文選西京賦珍水族薛注。周禮大司徒二曰族墳墓注又禮記祭法非其族也注竝云族猶類也族謂羣也周書程典工不族居注族聚也禮記祭法曰族厲疏又莊子養生主族庖月更刀折也釋文引崔注族襆也莊子養生主釋文引司馬注族屬也禮記仲尼燕居疏又左氏成十六年傳注二族殭疏引劉烓說定四年傳輯其分族疏又國語齊語工立三族注。左氏宣二年傳注以其故官族疏云族卽屬也又詩汾沮洳殊異乎公族傳云公族公屬族部屬也國語楚語王族而已注族嗣也國語晉語天祚將在武族注族者氏之别名也史記五帝紀集解引鄭駁五經異義。左氏隱八年傳注命氏曰陳疏引釋例云别而稱之謂之氏合而

言之則曰族族姓也國語魯語老請守龜卜室之族注又國策秦策有與曾子同名族者注又呂覽異寶問其名族注。周禮司市百族爲主司農注云百族百姓也族親族同姓也國語楚語在中單王族而已注。晉語自卿以下不過其族注云族親族也族百家也禮記內則宰告閭史注又周禮大司徒注。族師各掌其族之戒令政事司農注云百家爲族又左氏襄八年傳謀之多族注云族家也四閭爲族周禮大司徒族師又禮記內則注生相親愛死相哀痛有會聚之道故謂之族白虎通宗族乾爲族易象上傳君子以類族辨物虞注族長有司掌族人親疏者儀禮士喪禮族長涖族注。大戴禮曾子制言上族人之黼不與聚鄭注云族人謂絕屬者公族公同祖也詩麟之址振振公族傳。汾沮洳箋云公族主君同姓昭穆也一族一父子也國語周語王御不參一族注三族謂父子孫人屬之正名周禮小宗伯掌三族之別注。禮記仲尼燕居故三族和也注云三族父子孫也又儀禮士昏禮惟是三族之不虞注云三族謂父昆弟己昆弟子昆弟三族父族母

族妻族。大戴記保傳三族輔之注又後漢楊終傳宦者傳注蕫按異姓亦偁族李歐陽今文尚書說也姑備一義上自高祖下至玄孫凡九族。書堯典九族旣睦馬注鄭注葛藟序疏引古尚書說云九族者上從高祖下至玄孫凡九皆爲同姓又後漢光武紀下注云九族謂上至高祖下至玄孫九族乃異姓有屬者父族四母族三妻族二晚出書仲虺之誥疏引禮戴及尚書緯歐陽說。蕫按書大傳貢正聲而九族具成此段族爲奏也父之從祖昆弟爲族父族父之子相謂爲族昆弟父之從祖祖父爲族曾王父父之從祖祖母爲族曾王母並爾雅釋親。儀禮喪服族曾祖父母注云族曾祖父者曾祖昆弟之親也又族祖父母注云族祖父者祖父之從父昆弟之親也

數

入聲重見義分數罟密網也孟子梁惠王上數罟不入洿池注數細也詩魚麗傳庶人不數罟釋文數猶概也後漢崔駰傳注忿數者獄之所由生也大戴記子張問入官

涑 送卜切

平入兩讀義分瀚也河東有涑水說文段注左傳曰伐我涑川水經曰涑水出河東聞喜縣東山黍葭谷今涑水出山西絳州絳縣陳村峪伏流復出西入聞喜縣畍又西南入夏縣畍經安邑縣北西流入蒲州府猗氏縣畍又西南經臨晉縣南虞鄉縣北永濟縣西南入五姓湖又西南入黃河。左氏成十年傳釋文引字林云涑音速蕫按徐仙民讀息錄反無不可者然此等處奚足爭乎說文前義讀平聲瀚字俗作瀚

諫

餔旋促也說文段注未闡疑有誤字諫促也廣雅釋言諫飾也廣韻

速

遬 藹 敹古文疾也說文段注二傳作速公羊作遬如衛侯遬仲孫遬是也呂覽辨志注遬疾也玉藻見所尊者齋遬段遬爲肅也。爾雅釋詁又考工記總目不徵至無以爲咸速也注弓人則莫能以速中司農注又禮記檀弓上豈若速反而虞乎注學記其去之必速注祭義故聽且速也注又左氏襄廿六年傳對曰欲速服注又公羊襄廿九年傳尚速有悔於子身注又孟子梁惠王下王速出令注又國語晉語注楚語注又呂覽審分分地則速注又楚辭大司命吾與君兮齋速注又文選鵩鳥賦淹速之度兮注竝云速疾也又方言二云速疾也東齊海岱之閒謂之曰速

速亦疾也爾雅釋詁寁速也注。孟子公孫丑上可以速則速注云速疾去也又荀子性惡折速粹孰而不急注云速謂發辭捷速速召也易需有不速之客疏又釋文引馬注又詩行露何以速我獄傳伐木以速諸父箋又儀禮鄉飲酒禮主人速賓注鄉射禮乃速賓注公食大夫禮親戒賓注又左氏昭廿四年傳吳不動而速之注又國語晉語離民且速寇注楚語其速怨於民多矣注又後漢張衡傳注。儀禮鄉射禮使人速注云速召賓又禮記鄉飲人速注云酒義主人親速賓及介注云速謂郎家召之速召也疾也左氏閔二年傳與其危身以速罪也注速徵也爾雅釋言又文選思玄賦速燭龍令執炬兮舊注速速陋也後漢蔡邕傳下注速速不親附皃楚辭逢紛躬速速而不吾親注速速蹙蹙惟逑鞫也爾雅釋訓遬疾也呂覽辯土弱不相害故遬大注遬猶化也呂覽貴直士之遬蟄注遬密也管子小匡別苗莠列疏遬注遬猶蹙蹙也遬謂蹙歛禮記玉藻注又疏引皇氏。蕫按玉藻段遬爲肅也考工記故書則段數爲速又莊子人閒世以爲棺槨則速腐崔李作數腐

鬻

餗或。或作鬻鍵饕蔌鼎實惟葦及蒲陳留謂鍵爲鬻說文段注鼎實惟葦及蒲此有奪當云鼎實也詩云其鬻維何維筍及蒲或曰筍作葦者三家詩也爾雅其萌虇今蘆筍可食者也按詩其殽維何炰鱉鮮魚此謂鼎中肉也其蔌維何維筍及蒲此謂鼎中菜也菜謂之芼釋器曰肉謂之羹菜謂之蔌毛曰蔌菜殽也菜殽對肉殽而言凡禮經之藿苦薇皆羹之蘋藻二南之荇皆是周易覆公餗鄭曰餗菜也凡肉謂之醢菜謂之菹皆主謂生物實於豆者肉謂之羹菜謂之芼皆主謂孰物實於鼎者說詳戴先生毛鄭詩考正陳留云云周易馬注餗鍵也按鬻中有肉有菜有米以米和羹曰糜糜者鍵之類故古訓或舉菜爲言或舉米爲言正考父鼎銘饘於是鬻於是以餬余口亦畢舉米言也許不以陳留語爲別一義鬻至鬻共上文皆謂鬻也分別之則有米和肉菜之鬻有不和肉菜之鬻。漢書王商傳注又後漢謝弼傳注竝云餗鼎實也又穀梁傳廿三年傳注故易識鼎折足疏云餗謂鼎之實又漢書敘傳音義引字林云餗鼎食嘗也餗鍵也易鼎覆公餗釋文引馬注餗謂糜也穀梁疏引易鼎馬注餗食也漢書彭宣傳則覆亂美實注敘傳上注糝謂之餗。周禮醢人疏引易鄭注易鼎疏云餗糝也餗

美餌也周禮司烜氏疏引易鄭注餗八珍之具也易鼎釋文引馬注餗者雉膏之屬易鼎集解餗菜也易鼎釋文引鄭注。萱按易鼎辭覆公餗馬本餗作粥用訓詁字也菜謂之蔌爾雅釋器蔌者菜茹之總名爾雅釋器注又詩韓奕疏蔌蔌陋也詩正月蔌蔌方有穀傳。萱按蔡邕傳作速速方穀段借字也章懷亦訓陋蔌蔌風聲勁疾之皃文選蕪城賦蔌蔌風威注。萱按此蓋段蔌為肅也

樕遬

牡茅也說文又爾雅釋艸遬白茅屬爾雅釋艸注。俗有樕樸樕小木也說文段注樸當作樸樸樸正俗字也各本無小字今依五音韻譜韻會集韻類篇補召南林有樸樕毛曰樸樕小木也釋木云樕樸心樕樸即詩之樸樕俗書立心多同小又艸書心似小毛傳說文當本作心木譌為小木耳詩正義云某氏曰樸樕斛樕也有心能溼江河間以作柱孫炎曰樸樕一名心據此及許立文之次第知樸樕乃木名非凡小木之偁也斛俗作槲槲樕樸之類樸爾雅音義作樸廣韻曰秘木名其心黃秘即爾雅之心字

棪棣其爾雅釋木。注云棪實似柰赤可食萱按釋木栵栭注云樹似槲樕而庳小子如細栗釋文樕或作棣據此則樕棣當為一字矣

卜 布讀切

𠧞古文灼剝龜也象灸龜之形一曰象龜兆之縱衡也說文段注火部灼灸也刀部剝裂也灼剝者謂灸而裂之灼雙聲剝疊直者象龜橫者象楚焞之灼龜一曰云云字形之別說也。呂覽制樂其吏請卜其故注云灼龜曰卜問龜曰卜周禮春官序官大卜注龜偁卜易繫辭上傳以卜筮者尚其占虞注龜為卜禮記曲禮上龜曰卜書洪範擇建立卜筮人晚出傳又詩定之方中卜云其吉傳氓爾卜爾筮傳又左氏莊廿二年傳懿氏卜妻敬仲注僖卅一年傳四卜郊不從注又公羊莊四年傳卜之日注又國語晉語決之以卜筮注吳語請貞于陽卜注又漢書藝文志注。大夂童灼于龜資注云龜曰卜卜者所以決疑卜赴也爆見兆也白虎通著龜。周禮春官序官大卜疏云卜赴也赴來者之心故曰卜卜擇也呂覽舉難卜相曰注卜覆也禮記曲禮上疏引師說卜報也詩大田秉畀炎火釋文引韓詩卜

予也爾雅釋詁又詩天保君曰卜爾傳楚茨卜爾百福箋卜數猶術數也史記日者傳試之卜數索隱卜卜葬卜日也禮記喪大記聽卜有事於尸則去杖注。萱按檀弓上卜人師扶右段卜為僕也注云聲之誤

轐

車伏兔也周禮曰加軫與轐焉說文段注戴先生曰伏兔謂之轐易小畜九三輿脫輻大畜九二輿脫輹大壯九四壯於大輿之輹說文轐車伏兔也輹車軸縛也釋名屐似人屐也又曰伏兔在軸上似之也又曰輹輹伏也伏於軸上也按轐輹實一字其下有革以縛於軸今易小畜作輻系傳寫者誤輻在轂與牙之閒非可脫者玉裁謂劉成國合輹於伏兔非也依許則伏兔名轐車軸之縛名輹迴然二物轐之言僕也毛傳曰僕附也為伏兔之形附於軸上以路固之輔菑於兩伏兔閒者名曰當兔。廣雅釋云轐伏兔也又考工記總目加軫與轐焉司農注云轐謂伏兔也轐今人謂之車屐是也考工記總目疏坤為輹易小畜輿說輹虞注。萱按段輹為轐同部通借字也且二物本相切近也大畜大壯兩釋文云輹又作輻此定字之譌轐車下伏莬也

今人謂之車屐形如伏莬以繩縛於軸因名縛也左氏僖十五年傳疏引子夏易傳。萱按此非必子夏之說也以繩云云是輹之本義合輹轐為一乃沿劉熙之誤。俗有纀

濮纀

常削幅謂之纀說文。爾雅釋器裳削幅謂之纀注云削殺其幅深衣之裳也濮水出東郡濮陽南入鉅野說文段注東郡濮陽二志同前志濮陽下曰衛成公自楚丘徙此故帝丘顓頊虛杜預曰帝丘昆吾氏因之故曰昆吾之虛今直隸大名府開州西南濮陽故城是也鉅野二志屬山陽郡前志鉅壄下曰大壄澤在北兗州藪即西狩獲麟之所爾雅十藪之一今山東曹州府鉅野縣漢舊縣也自隨以後濟流枯竭大野漸微元末為河所決河徙後遂涸為平陸濮水者殷紂時師延作靡靡之樂已而自沈之水也前志陳留郡封丘下曰濮渠水首受沛東北至都闞入羊里水水經注濟水篇言濮渠故濟自濟東北流為言梁陂又東逕匡城北又東北逕酸棗縣故城南又東逕濟城北又東逕韋城南又東逕長垣縣故城北又東分為二濟北濮出為濮渠又東逕須城北又東逕濮陽故城南又東逕離孤縣故城南又東逕葭窒縣故城北又東北逕虎城南又東與句濟合與濟同入鉅

野按鄭所云即許所說故道也今濮河自河南封邱縣流徑長垣縣北東明縣南又東經開州東南合洪水入山東濮州界俗謂爲普河方輿紀要曰今濟絕河遷濮水源流不可復考矣○段又注牧誓左傳之濮入百濮則在江漢之南濮水名也禮記樂記濮上之音釋文又左氏昭九年傳然丹遷城父人于陳以夷濮西田益之服注○莊子秋水莊子釣于濮水釋文云濮陳地水也濮南夷也左氏昭十九年傳爲舟師以伐濮注○文選蜀都賦百濮所充劉注云濮夷也

樸

樸棗也說文段注釋木言棗之名十有一樴之言櫬梧樴之言樸抱者是今爾雅樸不謂棗也疑許所據有不同故云尒寇宗奭曰御棗甘美輕脆今人所謂樸落酥者是樸棗豈即御棗歟樸樸古今字大雅毛傳曰樸抱木也方言曰樸盡也南楚凡物盡生者曰樸生郭云今種物皆生曰樸地生也又曰樸聚也楚謂之樸郭云樸屬藂相著皃按詩爾雅之樸皆當同方言作樸樸從僕附也考工記樸屬猶附著文選麈閑樸地字皆當作樸釋木毛傳皆訓樸爲抱許以爲棗名則編矣樸棗也爾雅釋木樸抱者舊注○萱按舊注與說文合然字皆作樸借字行而正字幾廢矣樸叢

韻史　卷十九第四部入聲玨韻　一九八五

也小爾雅廣詁樸樕小木也詩野有死麕注○萱按此義辨說在樕下樸者相追附也爾雅釋木舍人注○萱按釋文樸又作僕此借中之借也樸屬猶附著堅固皃也考工記總目欲其樸屬而微至注

普卜切 𡕢○俗有屡𡕢行𡕢𡕢也从夂闕讀若僕說文段注此闕謂形上體作亢不知其說也讀若僕則知𡕢𡕢即今俗語僕僕道途之謂趙注孟子曰僕僕煩猥皃

昧卜切 木冒也冒地而生東方之行从屮下象其根說文段注木冒也以疊韵爲訓同部曰冒冢而前也木冒也華葉自覆冒也釋名釋天木之爲言觸也陽氣動躍觸地而出也白虎通五行○古微書引春秋元命苞云木之爲言觸也氣動躍也木之爲言踊也陽氣踊躍爾雅釋木釋文引白虎通木之爲言牧也白虎通情性木眾樹之總名莊子山木釋文引字林○管子權修云一樹十穫者木也木者少陽公羊成十六年傳雨木冰

韻史　卷十九第四部入聲玨韻　一九八六

者注又隋書五行志上引洪範五行傳又白虎通五行○鹽鐵論論菑云木陽類也又云木者陽木曰敷和木曰委和木曰發生竝素問五常政大論木火母也左氏昭十八年傳是謂融風注又呂覽孟春東風解凍注○淮南時則注云東方木火母也木爲金妻周禮大司徒測土深政甲乙寅卯爲木淮南天文○素問藏氣法時論注云甲乙爲木木生於亥壯於卯死于未三辰皆木也淮南天文木五行之始也春秋繁露五行之始木者春生氣之始農之本也南齊書五行志引洪範五行傳○春秋繁露五行逆順云木者春生之性農之本也又五行相勝云木者農也又云木者司農也田官者木春秋繁露五行相生震爲木易繫辭下傳蓋取諸豫荀注又左氏僖十五年傳姪其從姑注巽爲木易說卦傳无妄勿藥有喜虞注漸鴻漸于木虞注旅鳥焚其巢虞注象下傳乘木有功也虞注繫辭下傳斷木爲耜虞注○漸或得其桷虞注繫辭下傳上棟下宇虞注竝云巽爲長木又象上傳百穀艸木麗乎地虞注云巽爲艸木又象下傳地中生木升荀注云木謂巽坎爲木易坎尊酒簋虞注○屯惟

韻史　卷十九第四部入聲玨韻　一九八七

入于林中虞注云坎爲叢木又蒙用說桎梏虞注云坎爲穿木離爲槁木易噬嗑何校滅耳鄭注艮爲小木易大畜童牛之告虞注漸或得其桷虞注繫辭下傳斷木爲耜虞注皃曰木洪範五行傳厥罰恒雨注○隋書五行志上引洪範五行傳云木者東方威儀容皃也仁爲木易文言傳何晏注○漢書魏相傳注引張晏云木爲仁木周德也易井羸其瓶干注木質也漢書尹齊傳注又後漢書韋彪傳注木質樸也論語子路剛毅木訥集解引王注○漢書周勃傳勃爲人木彊敦厚注云木謂質樸木樸愨也後漢吳漢傳注司木山虞也禮記曲禮下司木注木工輪輿工盧匠車梓也禮記曲禮下木工注木者以涉大川爲常而不溺者也易象下傳木道乃行注○又乘木有功也注云木者專所以涉川也木路不漆者周禮巾車木路注木犍木檜也國語晉語韋藩木犍以過於朝注木梲敫也周禮大師金石土革絲木匏竹注又太卆卆柷華木土金注○國語周語華木一聲注云木梲圍也木椁材也禮記檀弓下原壤登木曰注木謂棺也後漢耿純傳注木謂槥

韻史　卷十九第四部入聲玨韻　一九八八

楚梐梏莊子列禦寇爲外刑者金與木也注三木者謂梐梏及械也後漢馬援傳注。范滂傳注云三木項及手足皆有械又文選報任少卿書關三木注云三木在項及手足也木欄桂欄也廣雅釋木木蘭樹也香味似桂而皮薄後漢馮衍傳注木堇王蒸也禮記月令木堇榮注。釋文云木堇一名舜華木瓜如小瓜山海經西山經實大如木瓜名曰櫰注。萱按榝名木瓜而櫰實如榝實不櫰同俱木實狐桃也廣雅釋艸木產謂巢棲之類也後漢馬融傳注八推十爲木八者陰合十者陽數古微書引春秋元命苞。萱按此字形之別說也凡緯書說字形多不確木鶩爲冠也知天文者冠鶩淮南道應注。萱按此用木爲鶩也同音通借

沐

濯髮也說文段注引伸爲芟除之義如管子云沐涂樹之枝釋名云沐禿無上皃之稱。禮記玉藻沐稷而靧粱疏云沐沐髮也沐者去首垢也論衡譏日。新序襍事五云沐者其心覆沐洒也廣雅釋詁二沐洗也文選神女賦沐蘭澤含若芳注謝希暉休沐重還道中詩題注沐治也禮記檀弓下夫子助之沐

椁注沐潤澤也後漢明帝紀注沐休沐也文選沈休文和謝宣城詩晚沐臥郊園注。禮記喪服四制三月而沐注云謂粉虞祭時也沐浴所以自潔清周禮宮人共王之沐浴注湯沐所以洗去污垢儀禮既夕燕養饋羞湯沐之饌注。公羊隱八年傳諸侯皆有湯沐之邑焉注云當沐浴潔齋以致其敬故謂之湯沐邑也沐米潘也史記外戚世家丐沐沐我索隱。儀禮士喪禮外御受沐入注云沐管人所煑潘也

霂

霢霂也說文段注此雙聲字小雨謂之霢霂爾雅釋天又詩信南山益之以霢霂傳云小雨曰霢霂。釋名釋天云霢霂小雨也言裁霢歷霑漬如人沐頭惟及其上枝而根不濡也

齊齒許

漾蔟切

賣

隸作賣衒也說文段注衒行且賣也賣字不見經傳周禮多言儥儥訓買亦訓賣胥師飾行儥慝賈師賣儥者蓋即說文之賣字而說文人部儥見也則今之覿字也玉篇云賣或作衒衒是賣衒爲古今字矣按賣隸變作賣易與

混賣相賣賈也廣雅釋詁三儥賣也周禮胥師注儥買也周禮司市以量度成賈而徵儥注掌其賣儥之事注賈師凡國之賣儥注鬻賣也詩鴟鴞釋文又周書糴匡問隨鄉不鬻熟注又國語齊語市賤鬻賣注使人鬻之四方注鄭語有夫婦鬻是器者注晉語紂也鬻獄注吳語妻子鬻注又國策齊策是必與行鬻吾國矣注又漢書刑法志注食貨志上注五行志下之上注王褒傳注又後漢郭丹傳注又莊子逍遙遊今一朝而鬻技百金釋文引司馬注又楚辭疾世欲衒鬻兮莫取注又文選西京賦鬻者兼贏薜注。漢書東方朔傳自衒鬻者以千數注云鬻亦賣也鬻自衒賣也後漢郅惲傳注鬻買也淮南說山鄙人有鬻其母注鬻賣也周禮巫馬則使其賈鬻之司農注又禮記曲禮上不鬻祭器注檀弓釋文王制田里不鬻注戎器不鬻於市注又左氏昭三年傳有鬻踊者釋文昭十四年傳釋文又文選閒居賦灌園鬻蔬以供朝夕之膳注引字書鬻謂嫁之也禮記檀弓上請鬻庶弟之母注。萱按儥鬻鬻皆可爲賣之段借字故有時讀如賣其本義自有正音不容牽涉也後人習見借字或轉昧其本音殊屬淆溷

寵蔟切

覿

相易物俱等爲覿說文段注今南俗有此語而篇韵皆丁豆切

淺竇切

蔟

去入兩讀異義行蠶蓐說文蔟讀爲爵蔟之蔟謂巢也周禮秋官序官哲蔟氏司農注

撮口許

香曲切

挶

戟持也說文段注戟持者手如戟而持之也左傳褚師出公戟其手杜云抵徒手屈肘如戟形鄭注斯干如矢斯棘云如人挾弓矢戟其肘按古者戟之制其鋒謂之援援體斜橫出故人下其肘臂卩翹其捥與手似之亦謂之戟鳴鷄傳曰拮据戟挶也字李作戟俗加手旁非是謂有所操作曲其肘如戟而持之也。漢書揚雄傳音義引字林云挶撠持也又晉書音義中引字林云挶擊持也萱按擊蓋戟之誤音同故也又左國畨挶字當作揭形近而譌也揭者暴之異體字

厈

亦持也說文段注音讀不傳後人讀居玉切此因毛傳云拮据戟挶也丮讀如戟故反丮讀如挶

𦃃

隸作素素屬說文。萱按素者白致繒也禮記注云素生帛也

㬥約也說文段注革部曰直轅㬥縛輂當爲㬥大車之衡約之而已不必三束○萱按輂可訓㬥不必改爲㬥縛也

㬥纏也廣雅釋詁四㬥連也同上

暴直轅車轒也說文段注按依車部轒當系曲轅車且此處列字次第應論車轅不應論衡縛韻會作直轅車也無轒字爲是當從之直轅車大車也○萱按轒疑縛字之誤若依韻會李則暴即大車矣恐未然又按轒即轒字轒下云車衡三束也曲轅轒縛直轅暴縛曲轅小車也小車盡飾衡必三束直轅大車也大車無飾束不限以三矣暴之言㬥也

㬥或作所以舉食者說文段注所以二字今補按㬥揭二字同揭㬥四圍有周無足置食物其中人舁以進別於案者案一人扛之㬥二人對舉之也漢書溝洫志山行則揭韋昭曰揭木器如今轝牀人轝以行也左傳襄九年陳畚揭杜曰揭土轝也揭同㬥人轝土轝與食轝形製則一史記揭作欙許則云山行乘欙而盛土之揭孟子毛傳皆謂之虆虆即欙字揭即㬥字應劭注漢書曰揭或作欙爲人所牽引也此盛物重則舁之而又輓之故曰欙孔沖遠左傳正義

作從手之揭乃誤字也㬥舉也廣雅釋詁一㬥輿也廣雅釋器揭舁土之器國語周語偫而畚揭注揭謂以鐵如錐頭長半寸施之履下以上山不蹉跌也漢書溝洫志注引如淳

局 郡縟切

俗有跼○偈促也从口在尺下復局之一曰博所以行棊象形說文段注局促也以疊韻爲訓尺所以指斥規榘事也口在尺下三緘其口之意博當作簙簙局戲也六箸十二棊簙有局以行十二棊局之字象其形此別一義○方言五云所以行棊謂之局

局促小見之皃文選舞賦哀蟋蟀之局促注

局趣蹴小之皃也漢書灌夫傳局趣效轅下駒注引應劭

局曲也詩正月不敢不局傳又家語賢君注○詩釋文云局李作跼又文選寡婦賦馬悲鳴而跼顧注云局與跼古字通

局卷也詩采綠予髮曲局傳

局近也廣雅釋詁三小爾雅廣詁

又局分也爾雅釋言

局部也後漢袁紹傳注○大戴記四代云德以監位位以充局局以觀功功以養民

局部分也禮記曲禮上左右有局各司其局注

○爾雅釋言注云局謂分部

局局大笑之皃莊子天地季徹局局然笑曰釋文

跼曲也後漢仲長統傳注李固傳注

跼傴僂也文選東京賦豈徒跼高天蹐厚地而已哉薛注偏舉一足曰跼文選江賦注引聲類

跼跧行不申也文選赭白馬賦注引字林

跼蹐恐懼之皃也文選東京賦薛注

偈促短小皃廣韻○皃字从集韻增

曲

曲彝作凵古文象器曲受物之形也或說曲蠶薄也說文段注匚象方器受物之形側視之凵象園其中受物之形正視之引申之爲凡委曲之偁不直曰曲詩曰予髮曲局又曰辭我心曲箋云心曲心之委曲也又樂章爲曲謂音宛曲而成章也周語曰士獻詩瞽獻曲韋云曲樂曲也毛詩傳曰曲合樂曰歌徒歌曰謠韓詩曰有章曲曰歌無章曲曰謠按曲合樂者合於樂器也行葦傳曰歌者比於琴瑟也即曲合樂曰歌也或說云云曲見月令方言漢書周勃傳詳艸部薄下其物以萑葦爲之七月傳曰豫畜萑葦可以爲曲也其字俗作苗又作笛

曲詘也易繫辭下傳其言曲而中虞注

曲屈也淮南主術而旋曲中規注

曲行謂屈曲而

行禮記玉藻注曲行也疏

曲局也釋名釋言語○萱按詩正月傳云局曲也二字互訓

曲折也廣雅釋詁一又史記樂書回邪曲直正義

三曲一舉聲而三折也禮記閒傳大功之喪三曲而偯注

曲折猶言委曲也漢書灌夫傳吾益知吳壁曲折注李廣傳失軍曲折注

五曲曲回五重山海經中山經和山五曲注

曲謂聲音迴曲禮記樂記使其曲直繁瘠廉肉節奏疏

曲章曲也國語周語曲與馬注

少曲當謂委曲皆當荀子王制無其餘雖曲當猶將無益也注

曲成者乘變以應物不係一方者也易繫辭上傳曲成萬物而不遺注

曲猶事也禮記禮器曲禮三千注○淮南繆稱察一曲者注云一曲一事也

曲猶小小之事也禮記中庸其次致曲注○疏云曲謂細小之事

曲士鄉曲之士也莊子秋水曲士不可以語于道者釋文引司馬注

曲知言不通於大道者也荀子解蔽曲知之人觀於道之一隅注

曲直猶能否也荀子非相知行淺薄曲直有以縣矣注

曲邪也國策秦策以曲合於趙王注

曲謂僻也

文選吳都賦固亦曲士之所歎也注曲故巧詐也淮南脩務而曲故不得容者注。徼眞不以曲故注云曲
故曲巧也河曲河千里一曲一直山海經。中山經青要之山北望河曲注。爾雅釋水河曲云百
里一小曲千里一曲一直又水經河水注云河水屈而東北流逕析支之地是爲河曲曲限崖岸委曲
淮南原道以曲限深潭相予注曲轃曲道也莊子人閒世至于曲轃釋文引司馬注。引崔注云曲轃道名
曲沃晉宗邑國語晉語注曲屋周閣也楚辭大招屋步欄注曲領在內所
以禁中衣領上橫壅頸其狀曲也釋名釋衣服曲縣衛君之樂體
也賈子審微曲道楬也廣雅釋器。行棋謂之局方言五云所或謂之曲道以車紂自關而
東周洛韓鄭汝潁而東謂之緻或謂之曲絢或謂之曲綸方言
九曲簿也青徐謂之簿呂覽季春具栚曲籧筐注又淮南時則具撲曲筥筐注。禮記月令具曲
植籧筐注云曲簿也曲蠶簿莊子大宗師或編曲釋文引李注。史記絳侯世家勃以織薄曲爲生索隱引淮南許

注云曲葦薄也引韋昭云北方謂薄爲曲

𠙺

或作匡豈䯨曲也說文段注䯨者骨耑䯨奊也曲當作𠙺今人用委曲字古用䯨𠙺其字从骨从玉謂如骨玉之
堅而柔之使橈也匡匣也廣韻

苗

或作苗笛蠶薄也說文段注豳風毛傳曰豫畜萑葦可以爲曲也月令注曰曲薄也方言薄宋魏陳楚江淮之閒
謂之苗或謂之麴自關而西謂之薄南楚謂之蓬薄索曲與苗同曲部云或說曲蠶薄也是許兼用此二形。萱按疑小
篆始有苗字古祇用曲作之故經典通作曲而說文二形同訓也苗謂之薄廣雅釋器苗廗也同上
苗麴此直語楚轉聲耳方言五注

永曲切

浴

洒身也說文段注老子浴神不死河上公曰浴養也夏小正黑鳥浴浴也者飛乍高乍下也皆引伸之義也。廣
雅釋詁二云浴洒也浴去身垢論衡譏日沐浴所以自潔清周禮宮人共王之沐浴注
浴即黑水也山海經北山經鐔于毋逢之山浴水出焉注

欲

有。慾俗貪欲也說文段注欲者衍字貝部貪下云欲也二篆爲轉注今貪下作欲物也亦是淺人增字凡此書
經後人安竄益不可數計獨其義例精宻迮今將二千年猶可推尋以復其舊是以取目云後有達者理而董之也感於
物而動性之欲也欲而當於理則爲天理欲而不當於理則爲人欲欲求適可斯已矣非欲之外有理也古有欲字無慾
字後人分別之製慾字殊乖古義論語申棖之欲克伐怨欲之欲一从心一不从心可徵改古者之未能畫一矣欲从欠
者取慕液之意从谷者取虛受之意易曰君子以徵忿窒欲陸德明曰欲孟作谷晁說之曰谷古文欲字晁氏所據釋文
不誤今李改爲孟作浴非也。禮記坊記命以防欲疏又論語憲問克伐怨欲馬注又皇疏又呂覽貴當治天子者不於
天[illegible]欲玆云[illegible]欲也欲貪也廣雅釋詁二又孟子萬章上人之所欲也注又呂覽大樂天使人有欲注論威
入[illegible]生而[illegible]注心所貪愛爲欲禮記曲禮上欲不可從疏欲卽樂也詩烝民箋謂喜怒哀
樂[illegible]欲婉順皃禮記學記其薦之也敬以欲注欲利欲也孟子盡心下養心莫善於寡欲
也注欲者情之應也荀子正名欲多情欲也論語顏淵荀子之不欲孔注。呂覽重已使生

不順者欲也云欲情也注慾多情慾也論語公冶長棖也慾孔注。萱按俗製慾字選事也韻書分欲
慾爲自[illegible]二字欲謂邪淫也禮記樂記小人樂得其欲注樂色曰欲素問上古天眞論以
精欲竭其欲注也六欲生死耳目口鼻也呂覽貴生六欲皆得其宜也注欲勝也淮南詮言
不在欲注欲專寵也國語楚語有欲焉注驕坎水爲欲易頤其欲逐逐虞注坎陰吝
嗇爲欲易象下傳君子以懲忿窒欲虞注

鋊

可以句鼎耳及鑪炭一曰銅屑說文段注句讀如鉤鉤鼎耳舉之鉤鑪炭出之之器也一
曰云食貨志民盜摩錢以取鎔

狢

獸。獸俗有獨狢獸也說文虎狀馬尾號曰獨狢山海經北山經圖贊萱按詳獨下
山海經中山經甘棗之山有獸爲其狀如獸鼠

鴝

或作鴝。雉或鴝鵒也古者鴝鵒不踰沸說文段注鴝鵒今之八哥也古者云云見

考工記五經異義公羊以為鸜鵒夷狄之鳥穴居今來至魯之中國巢居此權臣欲自下居上之象穀梁亦以為夷狄之鳥來中國義與公羊同左氏以為鸜鵒來巢書所無也彼注云周禮曰鸜鵒不踰濟今踰宜穴而又巢故曰書所無也許君謹案從二傳後鄭駁之云按春秋言來者甚多非皆從夷狄來也從魯疆外而至則言來鸜鵒本濟西穴處今乃踰濟而東又巢為昭公將去魯國玉裁按先鄭云不踰濟無妨於中國有之駁二傳也作異義時從二傳作說文解字亦引考工記為證不言夷狄之鳥則從古左氏說許君異義先成說文解字晚字故多有不同異義者不言周禮曰而言古者此以釋左氏書所無也之恒也。考工記總目注云鸜鵒鳥也

螸

螽醜螸可欲腴也說文段注螽俗本作蠭今依宋本李燾本集韻正釋蟲曰蠭醜螸音義曰蠭施乾作螽施所據與許合腴者腹下肥也螽之類皆垂其腴矣

訓曲切

頊

頊頭頊頊謹皃說文段注此本義也故从頁引伸為正也白虎通五行又曰冬其帝顓頊顓頊者寒縮也頊者信也愨也風俗通皇霸引書大傳顓者專也頊者正也言能專正天

之道也白虎通號頊猶愉也通典引五經異義左氏說頊頊自失皃莊子天地頊頊然不自得行釋文引李注。萱按釋文又云頊本作旭此通借也頊旭異部而同音

呂曲切

錄

金色也說文段注錄與綠同音金色在青黃之閒也段借為省錄字慮之段借也故錄囚即慮囚云庸錄者猶無慮也言其錄猥錄第也國語吳語今大國越錄注錄具也廣雅釋詁三錄領錄也莊子漁父祿祿而受變于俗釋文引司馬注。萱按錄祿正借字莊周段借注用正字也又周禮職幣奠其錄故書錄為祿又詩小戎傳歷錄一作祿皆二形錯出歷錄謂總領之也後漢和帝紀注錄檢束也荀子脩身程役而不錄注錄謂存視也錄錄謂循常也錄錄猶鹿鹿言在凡庶之中也萱按皆漢書注也詳在五部慮下以雙聲通轉菉錄諸侯之幣也周書王會郭叔掌為天下菉幣馬注。萱按此謂菉為錄之段借字也

綠

。俗有綠帛青黃色也說文段注綠衣毛傳曰綠閒色玉藻正義曰五方閒色綠紅碧紫騮黃是也木青剋

土黃東方閒色為綠綠色青黃也火赤剋金金白南方閒色為紅紅色赤白也金白剋木青西方閒色碧碧色白青也水黑剋火赤北方閒色紫紫色黑赤也土黃剋水黑中央閒色騮黃騮黃色黃黑也。詩綠衣綠兮衣兮疏云綠蒼青之閒色又楚辭橘頌綠葉素榮注云綠猶青也又廣雅釋器云綠青也萱按諸家義皆寬不如說文玉藻疏為審綠東方之閒色也詩綠衣序釋文。禮記玉藻君朱綠疏云綠是閒色又蒙閒色疏云綠是東方閒綠劉也荆泉之水於上視之劉然綠色此似之也釋名釋采帛綠車名曰皇孫車天子有孫乘之以從獨斷下綠王芻也萱按此段綠即綠為菉也棺角也禮記喪大記君大夫鬊爪實於綠中疏。萱按此謂綠即角之段借字也鄭云綠當作角又云綠或作篆又云定本綠作琢皆駁文也又按詩綠衣箋云綠當為褖字之誤也此各有所受也然毛義優矣又漢表綠圖新序作錄圖又爾雅注綠耳或作騄騏皆同音也說文無騄

覝

笑視也說文段注嬉笑之視也目部曰睩目睞謹也廣韻曰覝眼曲覝也

趢

趗趢也說文趢趗局小皃也文選東京賦狹王王之趢趗薛注

菉

菉莽蓊。俗有蘇王芻也詩曰菉竹猗猗說文段注今毛詩作綠大學引作菉小雅終朝采綠王逸引作菉。爾雅釋艸又禮記大學疏又離騷薋菉葹以盈室兮注招魂菉蘋齊葉兮注並云菉王芻也又爾雅疏引舍人注云菉一名王芻菉鹿蓐也爾雅釋艸某氏注。郭云菉蓐也又孫注云菉即蓐艸也今呼為鴟腳莎萱按說文以陳艸復生釋蓐不聞蓐與同物也孫郭似疏矣依某氏注作鹿蓐為是菉艸似竹高五六尺淇水側人謂之菉竹詩淇奧釋文引艸木疏。萱按此說未的鄭善長辨之矣菉錄諸侯之幣也周書王會注。萱按此段菉為錄也綠王芻也詩淇奧傳采綠箋又漢書司馬相如傳上掩以綠蕙注引張揖。萱按菉綠正借字也

煮曲切

燭

庭燎大燭也說文段注燎當作尞大各本譌作火今正若韻會庭燎燭也尤善小雅毛傳曰庭燎大燭也燕禮宵則庶子執燭於阼階上司宮執燭於西階上甸人執大燭於庭閽人為大燭於門外周禮司烜氏凡邦之大事共墳

蜀庭燎鄭云墳大也郊特牲曰庭燎之百由齊桓公始也鄭云庭燎之差公蓋五十侯伯子男皆三十出大戴禮按未爇曰燋執之曰燭在地曰燎廣設之則曰大燭曰庭燎大燭與庭燎非有二也周禮衆言墳燭庭燎故鄭注以門外門內別之周禮故書作蕡燭先鄭云蕡燭麻燭也賈公彥曰古者未有麻燭故鄭從墳訓大古庭燎依慕容所爲以葦爲中心以布纏之飴蜜灌之若今蠟燭玉裁謂古燭蓋以薪蒸爲之麻蒸亦其一耑麻蒸其易然者必云古無麻燭蓋非許以爇次燭炪之閒蓋得之矣。周禮司烜氏注云樹於門外曰大燭曰大燭又儀禮燕禮注云於地廣設之則曰大燭其燎亦名大燭燭燋也儀禮燕禮注大射儀注士喪禮燭俟于饌東注古者未有蠟燭唯呼火炬爲燭也禮記曲禮上燭不見跋疏燭照也漢書紀傳各注又後漢班彪傳上燭傳下注又呂覽知度若何而爲及日月之所燭注士容故火燭一隅注又太玄增朱車燭分注又文選西京賦注光炎燭天庭薛注襍體詩注引蒼頡篇。漢書武帝紀一夜三燭注云燭謂照也又宣帝紀燭燿齋宮注云燭亦照也又禮記喪大記君堂上二燭下二燭注云燭所以照饌也燭猶明也文選謝宣遠張子房詩明兩燭河陰注燭者百艸之末灰山海

經西山經燭龍北山之神也後漢張衡傳注燭陰華也淮南精神燭營指天注

韣

弓衣也說文段注月令帶以弓韣高誘曰韣弓韜也按革部韇下曰弓矢韇也韇蓋又在韣之外容以木爲之飾以耳故服注左云冰櫝丸蓋也如劒衣在劒櫝之內。詩生民釋文又禮記月令釋文玉藻載弛韇釋文少儀弓則以左手屈韣執拊注又初學記引蔡邕月令章句又漢書王莽傳下皆佩印韍執弓韣注竝云韣弓衣也又儀禮覲禮載龍旂弧韣注云弓衣曰韣又既夕韣注云韣弓衣也以緇布爲之有韣弓藏也廣雅釋器韣弓韜也呂覽仲春注。考工記輈人注有衣謂之韣疏云韣韜也弧旌旂所以張幅也其衣曰韣禮記明堂位張弧韣注韣束也廣雅釋詁三。詩葛生傳韣而藏之釋文云韣本作擉又作櫝萱按皆叚借也獨字後出韣韜也禮記內則斂簟而韣之注。萱按此叚韣爲韣也同蜀聲

趨

行皃說文趨小兒行玉篇。廣韻多兒字

屬

兩讀注在後。俗有屬

孎

謹也說文段注謹者慎也祭義洞洞乎屬屬乎如弗勝廣雅洞洞屬屬敬也屬蓋孎之省孎善也廣雅釋詁一屬屬專謹也漢書谷永傳洞洞屬屬注屬屬專一之皃禮記禮器屬屬乎其忠也疏屬屬婉順皃也淮南氾論洞洞屬屬注

欘

斫也齊謂之茲箕一曰斤柄性自曲者說文段注茲其各本作鎡錤今依爾雅正其實其尚誤當作其耳斤部曰斫擊也釋器曰斪斸謂之定釋文云斸本或作欘引說文齊謂之茲其一曰斤柄自曲據陸氏以說文語系之或作欘之下則說文有欘無斸可知今本斤部出斪斸二篆皆云斫也夫爾雅斪斸本一物安得二之且考工記注引爾雅作句欘又爾雅音義云斪本或作拘是則句拘皆訓曲不爲別一器名也句欘者李巡云鉏也郭璞云鉏屬蓋似鉏而健於鉏似斤而不以斫木專以斫田其首如鉏然句於矩故謂句欘也斤部斪斸二篆淺人依爾雅俗本增之當刪管子曰美金以鑄戈劍矛戟試諸狗馬惡金以鑄斤斧鉏夷鋸欘試諸木土謂斤斧鋸試諸木者鉏夷欘試諸土者也韋曰夷者所以削艸平地也云齊謂之茲其者孟子引齊人言曰雖有茲基不如待時齊謂斫地欘也趙注

云耒耜之屬約畧言之耳月令修耒耜具田器鄭曰田器鎡錤之屬然則鎡錤之非耒耜可知矣韋注國語云耨茲其也亦分別耒審一曰云云此別一義謂斫木之斤及斫田之器其木首接金者生而內句不假煣治是之謂欘考工記曰半矩謂之宣一宣有半謂之欘一欘有半謂之柯一柯有半謂之磬折鄭司農云蒼頡篇有柯欘。國語齊語注云欘斫也欘斫斤柄長二尺考工記車人注欘枝回曲也山海經海內經百仞無枝有九欘注

斸

。俗鑃欘有斪斸也說文段注原作斫也今依全書通例正木部有欘字所以斫也齊謂之茲其蓋實一字。按斪斸一器也以二字爲名斪斸謂之定爾雅釋器。萱按釋文斸作欘考工記車人注云句欘謂之定斸誅也主以誅鉏根株也釋名釋用器钃刺也荀子榮辱所謂以狐父之戈钃牛矢也注擉執也集韻引廣雅

瘃

。俗有瘃中寒腫覈說文段注趙充國傳手足皸瘃文穎曰瘃寒創也按腫覈者腫而肉中鞕如果中有覈也覈核古今字瘃病也廣雅釋詁一

處曲切

歜

。俗有獨鄒盛气怒也說文段注引伸爲凡氣盛之偁左傳饗有昌歜杜注曰昌歜昌蒲菹也孔氏沖遠云相傳昌歜之音爲在感反編檢書傳昌蒲之艸無此別名玉載謂此非艸名也乃菹名也周禮昌本言取其根左傳昌歜言昌陽氣辛香以爲菹其氣觸鼻故名昌歜歜之讀在敢反者語之轉也歜與歜同在三部音轉皆可入八部是以玉篇云歜亦徂感切昌蒲菹也蓋古本左傳有作昌歜者二字可相假借皆可讀屋沃本韵之音非必定當在感反也。萱按左傳文十八年邴歜史記齊衛𠔻世家作邴歜又國策顏獨漢表作顏歜體有正俗耳又說苑王歜史記作王蠋同蜀聲相段

觸

。俗有牟牴也說文。萱按牴觸也二字互訓觸挨也廣雅釋詁四觸動也易繫辭上傳觸類而長之虞注觸畜也呂覽過理乃廷梶而死注觸獸窮則觸新序雜事。淮南齊俗云獸窮則牟又晉書音義下牟古文觸字。萱按猶亦从角牛乃猶之俗字與牟迥殊廣韵觸重文作猶殊誤

躅

或作躅蹳蹢躅也說文。萱按蹢躅踟躕也皆雙聲字猶蹢躅不靜也易姤羸豕孚蹢躅釋文

蹢躅不行也禮記三年問蹢躅焉釋文躅迹也漢書敘傳上注引鄭氏東躅蹋也周書太子晉師曠東躅其足注三輔謂牛蹄處爲躅一切經音義二十引漢書音義

豖

。俗有彖豖絆足行豖豖也說文段注豖豖艱行之皃孟子曰如追放豚既入其苙又從而招之趙曰招罥也按罥之謂絆其足經文招字與豖古音相近招之即豖之也此猶州吁即祝吁

棟

短椽也說文。廣雅釋室云棟椽也梀白者棟爾雅釋木

輭曲切

辱

。俗恧恧有恥也从寸在辰下失耕時於封畺上戮之也辰者農之時也故房星爲辰田候也說文段注心部曰恥辱也此之謂轉注辱惡也廣雅釋詁四辱汙也廣雅釋詁三又文選聖主得賢臣頌去卑辱奧渫而升本朝注引張晏辱屈辱也呂覽慎行不足以辱令尹注又素問氣交變大論黑氣乃辱注辱衄也言折衄也釋名釋言語辱國言必見陵辱也荀子富國辱國已注是辱謂被以不義國語晉語辱之近行注

辱失也老子寵辱若驚釋文引簡文注辱猶逆也管子侈靡辱舉其死注陰爲辱易繫辭下傳名必辱虞注壯稱無德爲辱也大戴記曾子立事慕善人而不與焉辱也同上以白造緇曰辱儀禮士昏禮今吾子辱注辱厓也廣雅釋丘。萱按月令辱暑段爲溽字也

縟

繁采飾也說文段注飾各本作色今依文選西京賦月賦景福殿賦劉越石荅盧諶詩注正繁本訓馬髦飾引申之爲繁多飾李訓取也引申之爲文飾喪服傳曰成人者其文縟喪未成人者其文不縟注曰縟猶數也按數如數罟之數。禮記服問注文不縟耳釋文又後漢延篤傳注並縟云縟繁絲飾也又文選江賦縟組爭映注云縟繁采也繁也漢書王莽傳下注縟數也廣雅釋詁三縟細也周禮大宗伯注文有蠶縟耳疏縟繡言艸木花光似繡文文選吳都賦綢繆縟繡注

溽

溽暑溼暑也說文段注溽暑二字依李善注悼亡詩補月令季夏土潤溽暑鄭曰潤溽謂塗溼也潤溽雙聲字記言土塗溼而暑上烝也塗讀如雨雪載塗之塗許以溼暑釋記溽暑後人妄刪非是大雅雲漢傳曰蘊蘊而暑隆隆

而雷蟲蟲而熱此暑熱之別暑言下溼熱言上燥也謂之溽者濃也厚也儒行注曰恣滋味爲溽月令溽本或作辱溽溼也禮記月令釋文又廣雅釋詁一溽澀也素問氣交變大論其德溽蒸注五常政大論其候溽蒸注。萱按注蓋段澀爲溼也抑或轉寫致誤溽之言欲也禮記儒行其飲食不溽注

鄏

郟鄏逗河南縣直城門官陌地也春秋傳曰成王定鼎于郟鄏說文段注官趙抄宋本李仁甫本作官今集韵作宮類篇作官似官是官陌即今云官路也河南縣者二志皆云河南郡河南郡縣同名故但云河南縣以別於凡縣不云縣也若漢魏時碑則云河南河南矣漢雒陽縣周之成周也漢河南縣周之王城也今河南河南府府東北二十里有雒陽故城府城西北有河南故城河南故城西有郟鄏陌或謂之郟山北二里曰邙山春秋云云宣三年左傳文按逸周書云周公作大邑成周於中土南繫於雒水北因於郟山以爲天下之大湊地理志曰河南郟河南故郟鄏地周武王遷九鼎周公致太平營以爲都是爲王城是則漢南縣左傳之郟鄏也周時郟鄏爲大名漢時專許城外官陌爲郟鄏陌舊名之僅存者故皇甫謐杜預皆云縣西有郟鄏陌也許君先舉漢陌

後舉周地使文義相足別詳邵下鄒地邑也水經𣫍水注引京相璠說

蓐

𦯬籀陳艸復生也一曰蔟也說文段注蔟也別一義艸部曰蔟行蠶蓐也蓐訓陳艸復生引伸爲薦席之蓐故蠶蔟亦許蓐蓐厚也方言十二又廣雅釋詁三蓐縮也白虎通五行蓐謂之茲爾雅釋器蓐馬茲也周禮圉師春除蓐注蓐謂臥土之艸左氏宣十二年傳疏蓐薦也一切經音義廿一引三蒼又華嚴經音義上引聲類蓐席也後漢段熲傳注蓐寢蓐也後漢趙岐傳注。廉范傳注云蓐食早起食於寢蓐中也萱按左傳秣馬蓐食注同惟少起中二字蓐收金神也山海經西山經泑山神蓐收居之注海外西經西方蓐收注。後漢書張衡傳注云蓐收西方之神也蓐收西方白虎金正之官也國語晉語如君之言則蓐收也注。萱按五方之神皆天神陪食之官皆人神也人神周禮謂之人鬼月令其帝大昊炎帝睾人神以賤天神也其神句芒祝融睾天神以賤人神也左氏昭廿九年傳言之詳矣又左傳金正曰蓐收禮記祭法其神蓐收兩釋文竝云蓐本作辱此用段借字也

蜀 恕曲切

蠋。俗有蠋葵中蠶也从虫上目象蜀頭形中勹象其身蜎蜎詩曰蜎蜎者蜀說文段注葵爾雅釋文引作桑詩東山曰蜎蜎者蠋蒸在桑野似作桑爲長毛傳曰蜎蜎蠋皃蠋桑蟲也傳言蟲許言蠶者蜀似蠶也淮南子曰蠶與蜀相類而愛憎異也桑中蠹即蝤蠐蠋藿中蟲管子水地欲小則化如蠶蠋注蠾蛦蟜蜍也廣雅釋蟲鼅鼄自關而東趙魏之郊或謂之蠾蝓方言十一。又云蠾蝓者侏儒語之轉也蜀弋也廣雅釋詁一。方言十二云一蜀也又云一南楚謂之蜀蜀猶獨耳方言十二注。爾雅釋山獨者蜀注云蜀亦孤獨蜀祠器也管子形勢抱蜀不言而廟堂既脩注蜀魯地國語楚語濯之以宋之役注蜀叟也後漢劉焉傳焉遣叟兵五千助之注。董卓傳呂布軍有叟兵內反注云漢代謂蜀爲叟蜀西僻之國也而戎狄之長也國策秦策又新序善謀。善謀又云蜀西僻之國而戎狄之倫也三蜀蜀郡廣漢犍爲也文選蜀都賦三蜀之豪劉注。水經江水注云蜀郡廣漢犍爲爲三蜀

襡

有。俗襩短衣也說文段注篇韵皆襡與襩爲二字義別韵會合而一之非是晉書夏統傳使妓女服袿襡襡長襦也廣雅釋器襡袖也同上襡韜也禮記內則注。萱按此段襡爲襡

屬

重見俗有屬。連也說文段注連者負車也今字以爲聯字屬今韵分之欲市玉二切其義實通也凡異而同者曰屬鄭注司徒序官云州黨族閭比者鄉之屬別注司市云介次市亭之屬別小者也凡言屬而別在其中如稅曰稻屬耗曰稻屬是也言別而屬在其中如稗曰禾別是也。呂覽順民孤雞知要領不屬注精通其根不屬也注知化壞交通屬注又文選子虛賦下屬江河郭注長笛賦閩連嶺屬注褚淵碑文注引莊子司馬注又漢書各傳注又後漢班彪傳上傳下注竝云屬連也又儀禮喪服記袂屬幅注又山海經大荒南經北屬黑水南屬大荒注竝云屬猶連也屬謂相連屬書禹貢涇屬渭汭疏屬綴連也管子小匡幸以獲生以屬其胥領注屬連及也漢書溝洫志與東山相屬注屬聯也漢書紀志傳各注屬聯及也漢書項籍傳騎能屬者百餘人注陳餘傳築甬道屬河注屬續也廣雅釋詁二又漢書鼂錯傳注又荀子儒效周公屏成王而及武王以屬天下注又楚辭

哀時命行中情而屬詩注。後漢仲長統傳注又儀禮喪服傳注親者屬疏竝云屬猶續也又鄉飲酒禮皆不屬焉注云不屬者不相續也屬連續也漢書五行志中之下水斷自屬注游俠陳遵傳酒肉相屬注。司馬相如傳下犯屬車之清塵注云屬者言相連續不絕也又禮記喪服小記屬從者疏云屬者骨血連續以爲親也又釋名釋親屬云屬續也恩相連續也屬聯續也漢書食貨志下使者冠蓋相屬於道護之注屬綴也漢書兒寬傳注楊雄傳上注。文選文賦序每自屬文注顏延年贈王太常詩屬美謝鯑翰注竝云屬猶綴也又漢書賈誼傳以能誦詩書屬文注云屬謂綴輯之也屬繫也漢書公孫弘傳注又荀子王制不能屬於禮義注。禮記王制五國以爲屬疏云屬是繫屬又雜記上絞屬于池下注云屬猶繫也以此係彼爲屬莊子騈拇且夫屬其性乎仁義者注屬逮也書禹貢晚出傳又小爾雅廣義又漢書地理志注司馬相如傳下注又文選東京賦誰謂駕遲而不能屬注薛屬及也漢書郊祀志上注屬逮及也漢書田蚡傳相屬於道注屬著也詩干旄素絲祝之箋又禮記襍記上亦條屬右縫疏又左氏僖廿三年傳右屬櫜鞬注又漢書郊祀志上注。書呂刑屬于五極疏

又莊子駢拇釋文竝云屬謂屬著也又儀禮士冠禮子缺注喪服傳條屬注既夕屬引注竝云屬猶著也屬屬猶附著堅固皃也考工記總目欲其樸屬而微至注屬也者謂著於事業也荀子國富誅而不賞則勤屬之民不勸注。注又云屬或爲屬螢按屬字似傒形近屬而譌也屬注也儀禮士昏禮酌玄酒三注于尊注。國語晉語則恐國人之屬目於我也注又漢書燕剌王旦傳注蓋寬饒傳注竝云屬猶注也又文帝紀其屬意非止此也注云屬意猶言注意也屬猶合也聚也周禮州長各屬其州之民而讀灋注●禮記經解屬辭比事注云屬猶合也屬聚也儀禮鄉飲酒禮注以禮屬民疏喪服傳注同姓從宗合族屬疏○周禮內宰各有所屬疏遂大夫屬其地治者注大行人七歲屬象胥諭言語注又禮記王制五國以爲屬屬有長注竝云屬猶聚也又左氏昭卅二年傳役賦丈疏云屬役謂屬聚下役也屬屬會也左氏哀十三年傳屬徒五千注哀廿七年傳陳武子屬孤子服注又國語晉語公屬百官注寡人屬諸侯注楚語司天以屬神注吳語屬兵將殘伐越國注又史記孝武紀屬國封事集解引服虔又漢書郊祀志上注引服虔又孟子梁惠王乃屬其耆老而告之注又呂覽順

民注又淮南天文龍舉而景雲屬注。國語齊語兵甲之屬六注晉語三屬諸侯注楚語注竝云屬亦會也又穆天子傳一天子屬六師之人注云屬猶會也又考工記梓人不屬于王所注云屬猶朝會也屬謂聚會之也周禮大司馬屬其植司農注。孟子梁惠王音義云屬會聚也屬結也國語晉語必屬怨焉注屬解也廣雅釋詁一屬付也國語越語請委管籥屬國家注又史記高帝紀乃以秦王屬吏正義魏其武安侯傳夫起舞屬丞相索隱又漢書灌夫傳注王莽傳上注屬委也漢書紀志傳各注。史記魏其武安侯傳索隱儒林傳上屬所二千石索隱竝云屬猶委也又漢書淮南厲南屬王長傳大王欲屬國爲布衣注云屬謂委棄之也屬託也公羊桓十六年傳屬負茲注又荀子榮辱我欲屬之狂惑疾病耶注又呂覽貴公寡人將誰屬國注上德我將屬鉅子於宋之田襄子注屬委付也漢書王莽傳上屬子以天下兆民注屬謂付託之荀子禮論屬諸侯注○後漢烏桓鮮卑傳注云屬累付託也屬請也荀子彊國舍屬二三子而治其地注屬語也穀梁定十年傳退而屬其二三大夫注屬猶勸也後漢蔡邕傳注屬戒也漢書黃霸傳注屬足也左氏

昭廿八年傳屬厭而已注○王尚書引之經傳釋詞云屬猶祇也言祇取厭足而已也韋注晉語云屬適也適小飽足則自節止之杜以屬爲足古無此訓非也屬適也左氏成二年傳屬當戎行注又公羊隱十年釋文昭四年屬有宗祧之事于武城釋文又國語魯語吾屬欲美之注晉語屬見不穀而下注屬厭而已注屬至也國策齊策舉齊屬之海注○呂覽明理其氣有上不屬天下不屬地注云屬猶至也屬猶至也通也國策西周策除道屬之於河注屬致也詩出車釋文屬向也後漢朱暉傳注屬猶接也文選應詔樂遊苑呂僧珍詩趙乘盡三注引顏野王屬屬近也一切經音義十引漢書音義又漢書張良傳注傳介子傳注谷永傳注又後漢來歷傳注清河孝王慶傳注○吳漢傳注云屬猶近也又漢書李尋傳故屬者頗有變政注云屬者謂近時也屬猶言甫爾也漢書杜欽傳察近屬之符驗注○王氏引之云屬猶今人言適穖也晉語曰屬見不穀而下無乃傷乎留侯世家曰天下屬安定何故反乎屬者以昭穆相次序詩常棣和樂且孺箋○後漢靈帝紀注云五屬謂五服內親也屬官屬也漢書武帝紀御史乘屬注引服虔屬臣屬也左氏哀十

一年傳不屬者非魯人也注屬婦妾之事妻也書梓材至于屬婦釋文萱按說文女部引至于媰婦蓋壁中古文也媰者妊娠也媰屬雙聲而義兩通○小爾雅廣義云妾婦之賤者謂之屬婦屬言非一也周禮饋人掌六寢之屬注又禮記玉藻疏五國爲屬公羊桓二年傳注三鄉爲屬管子小匡十縣爲屬國語齊語山屬者嶧爾雅釋山祝融之樂曰屬續周禮大司樂疏引孝經緯副車曰屬言相連也文選東京賦車九九薛注屬屬茨令茨相連屬而已荀子禮論茨倚廬注屬屬幅不削幅也儀禮既夕袂屬幅注謂之徽號周禮司常各有屬注屬謂注矢於弦也文選射雉賦屬剛罫以潛擬注○考工記函人爲甲犀甲七屬注云屬讀如灌注之注謂上旅下旅札續之數也又匠人水屬不理孫注云屬讀如注萱按鄭謂屬謂注之段借字也然儀禮國語漢書諸家以注釋屬者多矣則考工之屬亦不煩破字矣集韻於十遇韻中出屬字未識此意也屬鹿劍也廣雅釋器屬鏤劍名也文選運命論蓋知伍子胥之屬鏤於吳注○淮南氾

論然而身伏屬鏤而死注云屬鏤利劍也曰長劍劚拖鹿盧鋒曳地屬錄而行之也一屬禽别其種類周禮甸祝乃屬禽注。澤虞植以屬禽注云屬禽猶致禽而珥焉屬玉水鳥似鵁鶄漢書宣帝紀屬玉觀注引晉灼。後漢班彪傳上注云屬玉水鳥也屬獨也書盤庚中爾忱不屬馬注。萱按屬之訓獨蓋再引申之義也或馬意謂屬爲獨之段借字屬之謂徒也韓非子解老屬屬敬也屬屬專謹也屬屬婉順皃也萱按此皆段屬爲孈也

贖

貿也說文意善功惡使出金贖罪坐不戒慎者書堯典金作贖刑馬注放過謂之贖帖封氏聞見記贖卽續也後漢趙壹傳注贖猶去也管子五行贖蟄蟲卵菱注

束

。俗有揀縛也說文段注糸部曰縛束也是爲轉注禮記曰納幣一束束五兩兩五尋。淮南齊俗綸組結束注又小爾雅廣言竝云束縛也束聚也漢書食貨志注引李奇束促也相促近也釋名釋言語

束絆之也左氏襄廿八年傳士皆釋甲束馬注束整結之示親也儀禮大射儀進束反位注束脩謂謹束脩絜也後漢劉般傳注束脩謂束帶脩飾後漢延篤傳注又書晩出泰誓疏引論語孔注。延篤傳注引論語鄭注云束脩謂年十五以上也束縛謂自絜清如拘執也後漢仲長統傳注束阨拘束其民由於湫厄也文選魏都賦由重山之束阨注束謂帛也管子君臣下束布之罰注又後漢第五倫傳注束帛十端也禮記曾子問執束帛疏又儀禮士冠禮束帛儷皮注士昏禮玄纁束帛注。公食大夫禮公受宰夫束帛以侑注云束帛十端帛也又周禮大宗伯疏云束者十端每端丈八尺皆兩端合卷總爲五匹故云束帛也束十足也管子治國春糴以束注。儀禮既夕襲贈用制幣玄纁束注云束十制五合又聘禮釋幣制玄纁束疏云束者每卷一丈八尺爲制五匹爲束左氏襄十九年傳賄荀偃束錦注又易賁束帛戔戔釋文引子夏傳。湘山野錄引易賁賈服說云束帛五匹也兩有五謂之束小爾雅度。穆天子傳一用束帛注云五兩爲一束勞凡物十曰束儀禮聘禮注。

俊曲切

足

疏云幣帛錦十卷者皆名束至於脯十脡亦曰束又禮記襍記下注云十箇爲束貴成數五十矢爲束詩泮水束矢其搜傳古者一弓百矢束矢其百个與周禮大司寇入束矢於朝注人之足也在體下說文。易象上傳剝牀以足虞注云在下故稱足足續也言續脛也釋名釋形體足所以行也漢書五行志下之上足謂踏也文選上林賦足壄羊郭注震爲足易說卦傳泰用馮河虞注噬嗑屨校滅趾虞注賁賁其趾虞注剝剝牀以足虞注大過過涉滅頂虞注坎尊酒簋虞注困劓鼻虞注鼎鼎折足虞注。說卦傳云震爲馵足爲作足木以根爲足釋名釋兵矢本曰足同上足謂四足也禮記明堂位夏后氏之鼓足注無事曰趾陳設曰足御覽一百四十六引易鼎鼎顛趾鄭注足者止也漢書五行志下之上又老子常德乃足注足得也老子視之不足見注。禮記禮器百官皆足注云足猶得也足猶成也左氏襄廿五年傳言以足志文以足言注足猶厭也呂覽義賞不足於文注足猶擁也管子五行苗足本注足謂無關失荀子

禮論法禮足禮之有方之士注謂國無九年之蓄曰不足禮記王制又賈子憂民足益也漢書五行志中之下注又列子楊朱以晝足夜釋文。萱按此義及足恭義舊別讀將喻切無乃遻事乎足恭謂便僻也漢書趙敬肅王彭祖傳卑諂足恭注皇鳴曰足足詩卷阿正義引白虎通又論衡講瑞引禮記瑞命

翠曲切

促

。俗有趗足走迫也說文段注與趣音義皆略同玉篇促催二文相屬。莊子庚桑楚而促將內揵釋文引崔注云促迫促也促速也漢書高帝紀注促急也漢書欒布傳注促近也廣雅釋詁三促恭慤皃儀禮士相見禮容彌戚以爲儀注趨急也後漢文苑張升傳何足趨明威戮于注。萱按此段趨爲促也趨趣促三字本一聲之轉趨速也荀子哀公趨駕召顏淵注。禮記樂記衛音趨數煩志注云趨數讀爲促速聲之誤也又史記樂書衛音趨數煩志集解引王肅云趣數音促速而數變也萱按鄭王語略同而意實異鄭破字王則指樂言趨趣不同字段借一也漢書令趨銷印若不趨降漢使者馳傳督趨爲檄告縣趨具食皆用趨字又因趣承相急定

行封督趣逐捕旨用趣字趣謂催促也史記陳涉世家趣趙兵亟入關集解。萤按此謂趣爲促之叚借字趣急也史記孫子吳起傳趣使使下令集解趣織蟋蟀也立秋女功急故趣之文選古詩注引春秋考異郵宋注趍織蜻蛚也廣雅釋蟲。爾雅釋蟲注今促織也釋文云促本作趍趮急也廣雅釋詁一趮趍局小兒也文選東京賦狹三王之趮趍薛注

玉 魚欲切

玉𤣩古文石之美有五德者潤澤以溫仁之方也䚡理自外可以知中義之方也其聲舒揚專以遠聞智之方也不橈而折勇之方也銳廉而不忮絜之方也說文段注專鍇作專音數布也玉裁按汲古閣毛氏刊本初作專後改作專非也管子曰叩之其音清徹遠純而不殺搏古專壹字今本作搏蓋非此專謂專壹也上云舒揚兵則不必更云專不撓而折雖折而不撓管子孫卿皆作折而不撓忮很也絜取圜轉之義凡度直曰度圜度曰絜管子孫卿皆作廉而不劌行也已上禮記聘義管子水地孫卿法行辭皆不同。賈子道德說云玉者真德爲也又白虎通

考黜云玉者德美之至也又爾雅釋山云西方之美者有霍山之多珠玉玉者堅剛而有潤者也易鼎鼎玉鉉疏玉之爲言溝刻也瑕而不掩折而不傷古微書引禮斗威儀玉是火精周禮府疏玉玉是陽精之純者食之以禦水氣周禮玉府王齊則共食玉注玉者陽之陰也故勝水大戴記勸學玉者陰之陰也故勝水管子修靡水玉今水精也山海經南山經堂庭之山多水玉注乾爲玉易說卦傳鼎玉鉉虞注玉曰嘉玉禮記曲禮下又獨斷上執之曰瑞陳列曰玉書堯典玉鄭注五玉朝者之贄左氏定十五年傳邾子執玉高注。白虎通瑞贄云公侯以玉爲贄者玉取其燥不輕溼不重明公侯之德全也五玉五等諸侯之瑞璧也續漢祭祀志下注引書堯典范甯集解。國語吳語執玉之君皆入朝注云玉珪璧也玉璋圭之屬也論語陽貨玉帛云乎哉集解引鄭注玉圭也儀禮聘禮君使卿皮弁還玉于館注又淮南原道執玉帛者萬國注。左氏成三年傳將授玉疏云玉謂所執之圭也玉

瓚圭瓚也詩旱麓瑟彼玉瓚傳。白虎通攷黜云玉瓚者器名也所以灌鬯之器也玉鬯鬯酒之圭長尺一寸有瓚所以灌地降神之器國語周語奉犧牲玉鬯注玉磬鳴璆也國語魯語文仲以鬯圭與玉磬如齊告糴注大玉華山之球也書顧命大玉夷玉鄭注玉謂佩也禮記曲禮下君無故玉不去身疏玉山此山多玉石因以名山海經西山經玉山西王母之所居也注玉淵水深之處美玉所出也文選吳都賦其磧礫而不窺玉淵劉注玉門君門楚辭離世背玉門以犇騖兮注玉外規曰玉衡史記天官書索隱引書大傳注。周公禮殿記云壬衡失統萤按玉作壬者此俗書騁姿娟側其上畫又用篆體不加點也非叚借辛壬字玉兆帝顓頊之兆周禮大卜一曰玉兆杜注四氣和謂之玉燭爾雅釋天玉音言宏殺之調也書大傳皆莫不磬折玉音金聲玉色注玉色色不變也禮記玉藻玉色注玉女美女也呂覽貴直身好玉女注玉食美食書洪範惟辟玉食馬注。鄭洪云玉食備珍美

也玉脯猶玉食管子七臣七主瑤臺玉脯不足處注。

獄

俗有國确也說文段注呂南傳曰獄埆也埆同确堅剛相持之意。釋名釋宮室云獄确也言實确人情偽也又詩行露疏引鄭異義駁云獄者埆也囚證於角核之處周禮謂之圜土獄者核實道理之名詩行露疏獄犴也廣雅釋室。獨斷上云唐虞曰士士官夏曰鈞臺周曰囹圄漢曰獄朝廷曰獄詩小宛釋文引韓詩獄訟也左氏襄十年傳坐獄于王庭注又國語周語夫君臣無獄注及伯輿之獄注魯語余聽獄注晉語梗陽人有獄注。淮南氾論有獄訟者搖鞀注云獄亦訟獄罪也國語鄭語褒人有獄注。周禮大司寇以兩劑禁民獄注云獄謂相告以罪名者爭罪曰獄周禮大司徒而有獄訟者注又呂覽孟秋決獄訟注。周禮鄉士辯其獄訟疏云獄謂爭罪又左氏傳廿八年傳注不躬坐獄訟疏云獄訟皆爭罪之事也獄重事也漢書景帝紀獄者萬民之命漢書宣帝紀。景帝紀云獄人之大命又路溫舒傳云夫獄者天下之大命也獄攺之末也春秋繁露精華獄者陰也御覽六百四十三引風俗通坎爲獄易嗤

嗑利用獄虞注象上傳毋敢折獄虞注象下傳而不留獄虞注君子以議獄緩死虞注獄字從二犬象所以守者荀子宥坐獄犴不治不可刑也注有。

俗 逐曲切

俗習也說文段注以雙聲爲訓習者數飛也引伸之凡相效謂之習周禮大宰禮俗以馭其民注云禮俗昏姻喪紀舊所行也大司徒以俗教安注俗謂土地所生習也曲禮入國而問俗注謂常所行與所惡也漢地理曰凡民函五常之性其剛柔緩急音聲不同繫水土之風氣故謂之風好惡取舍動靜無常隨君上之情欲謂之俗。廣雅釋詁二云俗俗也習俗謂人之生處習學不同周禮大司徒疏俗謂風俗荀子富國凡主相臣下百吏之俗注。禮記王制脩其教不易其俗疏云俗謂民之風俗俗謂民所承襲周禮合方氏注謂風俗所高尚疏。荀子性惡下不俗於亂世之民注云俗謂從其俗也俗本國禮法所行也禮記曲禮下君子行禮不求變俗疏俗欲也俗人所欲也釋名釋言語。荀子解蔽由俗謂之道盡嗛矣注云俗當爲欲萱按俗自訓欲可無須破字隨其趨舍之情欲故謂之俗孝經移風

易俗疏引韋昭。後漢班彪傳注史弼傳注竝云隨君上之情欲謂之俗俗者續也周禮土均禮俗喪紀祭祀疏俗常也淮南氾論循俗未足多者也俗土也呂覽長攻望代俗注以柔弱爲俗易象下傳君子以居賢德善俗虞注俗主凡君也呂覽情欲俗主虧情注

續

賡古文連也說文段注連者負車也聯者連也皆其義也釋詁曰續也咎繇謨乃賡載歌釋文加孟皆行二反賈氏昌朝云唐韻以爲說文誤徐鉉曰今俗作古行切按說文非誤也許謂會意字故从庚貝會意庚貝者貝更迭相聯屬也唐韻以下皆謂形聲字从貝庚聲故當皆行反也不知此字累从貝庚聲許必入之貝部或庚部矣其誤起於偽孔傳以續釋賡故遂不用許說抑知以今字釋古文古人自有此例即如許云爲龍也非以今字釋古文乎毛詩西有長庚傳曰庚續也此正謂庚與賡同義故古文續字取以會意也仞會意爲形聲其舛亂有如此者續相續也孝經續莫大焉釋文續纘也爾雅釋詁又管子乘馬十仞見水不大潦注續嗣也國語晉語使寡君之紹續昆裔注續猶屬也禮記深衣續衽鈎邊注續猶傳也淮南脩務順施續注教續謂

補續君之過荀子大略子謂子家駒續然大夫注續絲也廣雅釋器續續𠜂也詩小戎陰靷鋈續傳。釋名釋車云續續靷端也賡續也爾雅釋詁又書咎繇謨乃賡載歌曰晚出傳。萱按以小篆釋古文已自爾雅始非始於偽傳也然疑爾雅字本作庚故大東傳用之而書疏引詩又作西有長賡也賡猶償也管子國蓄愚者有不賡本之事注。萱按檀弓請庚之祇作庚

蕢

蕢昇蓄水舄也詩曰言采其蕢說文。詩汾沮洳傳云蕢水舄也又陸疏云蕢今澤蕮也蕢牛脣也爾雅釋艸又詩汾沮洳釋文。廣韻云蕢斷藥名

𠧪

粟𥻆作𠧪𥻆嘉穀實也孔子曰粟之爲言續也說文段注禾下曰嘉穀也黍下曰禾屬而黏者也然則嘉穀謂禾黍也大雅曰誕降嘉穀惟秬惟秠惟虋惟芑秬秠謂黍虋芑謂禾許於秠下曰秬秠者天賜后稷之嘉穀也虋下曰赤苗嘉穀也芑下曰白苗嘉穀也毛魏風傳釋苗爲嘉穀苗者禾也生民傳釋黃爲嘉穀黃者黃粱謂禾也古者民食莫重於禾黍故謂之嘉穀穀者百穀之總名嘉者美也嘉穀字見詩生民許書及典引注

可據改爲嘉種者非嘉穀之實曰粟粟之皮曰穅中曰米孔子云云孔子以疊韻爲訓也嘉種不絕蒸民乃粒爲稷之功也。廣雅釋言云㮚穀也又釋詁二云㮚續也穀之始熟曰粟論衡量知穀未舂蒸曰粟同上粟即粢也周禮舍人疏粟者粱稻之屬也禮記曲禮上獻粟者執右契疏粟米者人主之上食也賈子春秋粟米兵糧也孟子盡心下粟米之征注三變而祭謂之粟古微書引春秋運斗樞粟謂治粟漢書王莽傳上每縣則粟注㮚祿也廣雅釋詁四粟謹促之名也管子小問未敢未恃自命曰粟注丹粟細丹沙如粟也山海經南山經英水多丹粟注

韻史卷二十

第四部平聲副編

溝韻

泰興何萱石閭譔集　子度校字
上海顧錫麒竹泉覆審
武進李兆洛申耆鑑定

開口呼

袧 良甌切 袧者謂辟兩側空中央也 儀禮喪服記凡衰外削幅裳內削幅幅三袧注。疏云一幅凡三處屈之辟兩邊相著自然中央空矣幅別皆然也 袧襞也 廣雅釋言。王氏引之云袧襞皆屈也袧之言句也 襧 袧山名 集韻

夠 或書作𡖅 多也 玉篇 夠多也 文選魏都賦繁富夥夠不可單究注引廣雅

泃 水聲也 玉篇

[舟句] 或作[舟冓] [舟句][舟虎]舟也 集韻引廣雅。萱按北堂書鈔豫章城西有[舟句][舟虎]洲即呂蒙作[舟句][舟虎]大艑處

鮈 鮏鮈魚名 玉篇。萱按集韻鮏鮈作鯷鮈一作鮈鮏

[食句] 牛飽也 玉篇

[田句] 畦也 集韻

[句瓜] 或作鰄[句瓜][婁瓜] 王瓜也 廣雅釋艸又爾雅釋艸鉤藤姑釋文引字林。萱按神農李艸王瓜一名土瓜味苦寒主削渴內痺急就篇遠志續斷參土瓜。子度云按蔟姑[句瓜][婁瓜]王瓜土瓜四名一物禮記月令王瓜生當指此矣若魯李艸謂單挐一名王瓜郭注月令李之此別一說也高誘注呂覽淮南云王瓜括樓也亦別一說均非張揖呂恍所謂

[竹鉤] [艹鉤][艹端]桃支也 廣雅釋艸。王氏引之云[艹鉤][艹端]與鉤端同支與枝同爾雅云桃枝四寸有節郭注云今桃枝節閬相去多四寸廣韻云[艹端]竹名出南嶺西山經云嶓冢之山其上多桃枝鉤端郭注云鉤端桃枝屬鉤端爲桃枝之屬因而亦得偁桃枝矣又中山經云驕山其木多桃枝鉤端龍山其艸多桃枝鉤端或以爲木或以爲艸者以桃枝是竹竹之爲物亦艸亦木也可以爲席司几筵注云次席桃枝席有次列成文又可爲杖蜀都賦云桃枝竹屬也出墊江縣可以爲

杖

[艹鉤] [艹鉤]芙艸名 集韻。萱按爾雅作鉤芙後人加偏旁耳

[口冓] 喝[口冓]也 玉篇 [口冓]咕聲亂一曰大聲 集韻

慪 侃鉤切 悋也惜也 玉篇

剾 或作斵鑢 鏂剜也 廣雅釋詁四 剾釗也 廣雅釋言 鋞鍛謂之鏂銗 廣雅釋器。萱按說文鋞鍛頸鍰集韻作頸鉗 也斗二升八合曰鏂 管子輕重丁今齊西之粟釜百泉則鏂二十也注。萱按此鏂字疑即區之段借也四豆曰區四區曰釜則釜百泉者區二十五也或轉寫奪去五字而房氏望文生說耳依房所說鏂爲釜五之一他書未見有此量且管晏相去未久不容區之外別有差小之鏂也

怐 或作慪 指沓也 玉篇。廣韻云怐指怐

眗 或作瞘曉 目深皃 集韻引埤蒼 曉深目 廣韻

芤 葱一名芤 李艸 芤病脉按之即無舉之來至傍實中空者曰芤 集韻引徐氏說。萱按李時珍瀕湖脉訣謂芤脉如葱管

苟 艸 玉篇

膒 挨鉤切 久脂也 廣韻。集韻云膒久脂也一曰以脂漬皮

嘔 嘔嘔喜也 廣雅釋訓 嘔色也 廣雅釋詁三 嘔喻和悅皃 文選聖主得賢臣頌是以嘔喻受之注引應劭又漢書王襃傳注引應劭 嘔夷祁夷與出平舒 周禮職方氏其川虖池嘔夷注。集韻云嘔夷水名在并州 嘔呪小兒語也 廣韻。萱按此段嘔爲謳也荀子富國呪嘔之注又文選江賦儌自足於一嘔注竝云嘔與謳同又漢書朱買臣傳毋歌嘔道中集注云嘔讀曰謳又禮記檀弓注咏謳也釋文謳本亦作嘔 嘔傴也將有所吐脊曲傴也 釋名釋疾病。萱按此段嘔爲歐也左傳伏弢嘔血注云嘔吐也 嘔嘔猶區區也 史記淮陰侯傳言語嘔嘔索隱。萱按此段嘔爲姁也漢書韓信傳作姁姁。

又按劇秦美新上下相嘔此嘔爲煦也選注云煦與嘔同段嘔以𩒹色下人謂形柔而人

苟大戴記文王官人其兒圓嘔注。萱按此與嘔義相近則嘔嘔亦正借字

⿰區頁 ⿰區頁頣面折玉篇。萱按集韻作頣顴豈頭即頸之異體與

⿰糸區 鏂鍇五音集韻

⿰虫區 ⿰虫區子幺蠶玉篇

熰 炮熰也玉篇熰熱甚也謂旱熱甚而祭管子侈靡有時而熰注

赳 辛苦行不得皃玉篇

海鉤切 齁 齁齁鼻息也廣韻。萱按王延壽王孫賦鼻齂齁以齁歟謂鼻息也

睺 半盲爲睺方言十二睺矘大視也一切經音義八引聲類

鷠 或作鷠鵂鷠鳥青色似鶉鴿也廣韻鵂鶹也玉篇

帶甌切 顯 有。俗頭頣顯面折集韻。萱按玉篇作頣頭面折則顯即頣也然其字皆後出

距 趹也玉篇

剅 或作剾小穿也一曰剾也集韻剅裂也廣雅釋詁二剅𢭏也。廣雅釋言王氏引之云玉篇剅小裂也廣韻云剅劅小穿也𢭏亦剅也玉篇廣韻竝音圭云裂也

⿱髟兜 ⿱髟兜鬏頭白廣韻云⿱髟兜鬏髮亂集韻

⿰糸兜 結縷囊集韻

⿰扌兜 批也集韻

⿰俞斤 斷⿰俞斤僂鉏集韻

代鉤切 偷 薄也左氏昭十六年傳不可偷也注又論語泰伯則民不偷皇疏又國語晉語今不偷矣注又淮南脩務偷慢懈惰注偷苟也生注國語晉語志偷甚矣注偷苟且也注爾雅釋言佻偷也孫注又禮記表記安肆

日偷注又釋文又大戴記盛德無度量則小者隨注文王官人欲色嘔然以偷注又國語周語守固不偷注齊語則民不偷注晉語其下偷以幸注越語上下相偷注又史記淮南衡山傳王亦偷欲休集解引徐廣又漢書五行志中之上其語偷注又後漢酷吏傳注又荀子榮辱偷生淺知之屬注又離騷惟黨人之偷樂兮注。禮記坊記注言不偷於死亾疏又左氏文十七年傳齊君之語偷注襄卅年傳其語偷注昭十三年傳貳偷之不暇注竝云偷謂苟且偷謂苟避於事荀子脩身偷儒轉脫注注又云偷當爲輸。萱按此段偷爲輸也輸儒連綴字猶愞遝也又非十二子偷儒而罔注云偷儒謂避事之勞苦也苟偷匹也老子建德若偷王注偷取也詩山有樞他人是偷又淮南說林偷其體注肥偷竊也後漢陳元傳注偷者天下之盜也淮南道應偷忍猶盜竊也後漢文苑杜篤傳偷忍淵囿注。萱按說文無偷益偷盜字李作媮也故媮偷爲古今字又苟且之義作媮亦作偷亦爲古今字此等皆無庸破字

鍮 或作鋀鍮石似金玉篇。萱按本艸綱目水銀墮地鍮石可引上

酌鉤切 緅 凡染黑五入爲緅儀禮士冠禮緇帶注。考工記鍾氏三入爲纁五入爲緅注云染纁者三入而成又再染以黑則爲緅緅今禮俗文作爵言如爵頭色也以紺入黑汁則爲緅儀禮士冠禮疏。萱按論語鄉黨君子不以紺緅飾孔注一入曰緅皇疏云緅是淺絳色也此緅之別解蓋所聞異辭也爾雅一染謂之縓不聞一入曰緅且纁再入黑汁則赤色隱矣不得緅青也。廣雅釋器復云絳也當以士冠禮注疏說緅爲定詁。論語鄉黨釋文引字林云緅帛青色

棸 姓也又木名玉篇。萱按棷棸同體而異字亦杍柔之類也詩棸子內史箋云棸氏箋之氏即玉篇之姓

箃 竹柴也廣韻。萱按柴即棸也棸柴正借字箃竹黃也玉篇

⿰虫取 蟲名玉篇

⿰舟芻 海中船曰艆⿰舟芻初學記廿五引埤蒼⿰舟芻舟也廣雅釋水

⿰豸芻 獸名玉篇

蒞鉤切

謅 小言私授謂之謅。集韻。謅謥陰私小言也。廣韻。謅輕捷也。後漢馬融傳輕謅趬悍注。萱按此段借之義。

搊 。俗有揺拘也。集韻引廣雅。集韻云搊持也解也。搊手搊也。廣韻。萱按搊箏搊琵琶見唐書禮樂志。志云五絃如琵琶而小舊以木撥彈樂工張神符初以手彈後人習爲搊琵琶。志又云西涼伎高麗伎有搊箏。

犓 牛桊也。玉篇。集韻云犓牛鼻繫縄具。犓桊枸也。廣雅釋器。萱按犓與桊異名同物。說文桊下云牛鼻上環。廣韻云桊牛拘也。然則廣雅枸字乃拘之誤。鼻用犓則牛受拘制矣。枸義無所取。

⿰米芻 漉取粉也。集韻。

篘 。俗醅酘有酒籠也。玉篇。集韻云篘漉取酒也。

宰鉤切

娵 娵訾是亥次之號。禮記月令注日月會於娵訾。疏。爾雅釋天娵訾之口營室東壁也。邵氏晉涵正義云陬訾亦謂之豕韋。昭十二年傳云歲在豕韋是也。分野略例云自危十六度至奎四度於辰在亥爲諏訾。諏訾數息也。

十月之時陰氣始盛陽氣伏藏萬物失義育之氣故哀愁而歎悲嫌於無陽故曰諏訾。萱按攝亥在東北陽則左傳陬爲正字矣。段借作諏訾數息義涉皮傳。晚出字作娵。爾雅固多俗字也。漢書古今人表帝嚳妃娵訾生摯。恐亦後人所用字耳。漢書揚雄傳上音義引韋昭云娵當爲須婁梁王魏嬰之美人曰閭娵。萱按此須婁娵爲正借字。須聲取聲同部也。楚辭七諫訟謂閭娵爲醜惡。

⿰口取 ⿰口戠⿰口取不廉也。廣韻。左氏宣二年傳公嗾夫獒焉。釋文云嗾服本作⿰口取。萱按此段⿰口取爲嗾也。

踙 足不相過。集韻。

⿰立取 佝⿰立取⿱亯瓜也。集韻。

⿰山取 或書作⿱山敢。⿰山取嵎高厓也。一曰山石相向。集韻。

⿰聚刂 或作聚。斷也。廣雅釋詁一。⿰聚刂細斷也。集韻引字林。

綮鉤切

⿸厂取 崩聲。玉篇。

博鉤切

⿱宀兜 或作⿱穴兜。吳王四子字名盟也。廣韻。萱按景帝名第四子曰盟字曰⿱宀兜。吳志作⿱宀兜。岳珂程史作陳王寇。其義初不可曉。盟之音亦不傳。字皆帝所自製也。吳志孫休傳注引吳錄云寇音如褒衣下寬之褒。

海樓切

⿰忄侯 恐也。玉篇。

⿰侯頁 ⿰侯頁顀言不正也。玉篇。⿰侯頁顀大言。廣韻。集韻云⿰侯頁顀揚言也。一曰健皃。

⿰侯欠 ⿰侯欠歐氣出皃。集韻。

瘊 疣瘻也。廣韻。

⿰示侯 祭求福也。集韻。

⿰衣侯 ⿰衣侯褕小衫也。廣韻。集韻小作短。

⿰矛侯 矛屬。玉篇。

篌 箜篌樂器。廣韻。

葔 葔莎草。廣韻。萱按爾雅薃葔莎李用葔字後人加草頭耳。單評莎衆評葔莎即香附子苗也。

⿰木侯 ⿰木侯桃。又⿰木侯櫟木。廣韻。集韻云⿰木侯桃果名。

⿱雨侯 雨也。五音集韻。

⿰山侯 山名。玉篇。

⿰虫侯 守宮東齊海岱之閒謂之螔⿰虫侯。集韻引方言。

骺 或作⿰骨侯。骺骺也。玉篇。骨端謂之骺骺。集韻。

⿰忄后 和解皃。集韻。

⿰谷后 或作⿰谷侯。谷名在成皐。集韻。

銗 鋞鍜謂之鏂銗。廣雅釋器。

代樓切

⿰侯刂 剜也。廣雅釋詁四。剾⿰侯刂足節又刀剜物。廣韻。

⿰鹵殳 或作鹼 鹵地玉篇

骰 博齒集韻。廣韻云骰子博陸采具

䳇 鳥名似梟集韻。廣韻䳇下云鴝頭䳇似梟脚近尾。萱按引爾雅頭䳇釋䳇字者以爾雅本用借字也

蘣 艸玉篇

柔矦切 曘 日色玉篇

羺 羊卷毛曰羺一切經音義廿二引通俗文 羺胡羊也一切經音義廿二引埤蒼

⿰鼠需 或書作䨲 兔子也爾雅釋畜釋文引字林 䨲兔子也廣雅釋獸

獳 犬怒也廣韻 朱獳獸名似狐而魚翼出則國有恐同上

⿱艹羺 艸也玉篇

胡矦切 慺 慺慺謹敬之皃也一切經音義七引字書 慺慺猶勤勤也後漢楊賜傳而不盡其慺

慺之心哉注

瞜 或作⿰婁見 視皃廣韻 眗瞜笑也一曰瞴瞜微視集韻

嘍 嘍唳鳥聲廣韻 嗹嘍煩皃同上。此蓋說文謰謱之俗字耳方言謰謱拏也

耬 種具廣韻。萱按崔寔書有三脚耬兩脚耬一脚耬皆種穀之具也後又有耬鋤其様一如下種耬但獨脚無耬斗耳

𢄔 𢄔篼䉤囊也廣雅釋器 飤馬橐自關而西或謂之𢄔篼方言五

艛 舟也廣雅釋水

膢 膢脒所以過水廣韻。集韻云脒膢過水版

⿰婁刂 穿也玉篇 ⿰婁刂劐細切也廣韻

熡 見玉篇 義闕

氀 或書作𣰆 罽也廣雅釋器 氀毛𣰆罽也一切經音義十四引字林 氀毼罽也後漢烏桓鮮卑傳注 毛布曰氀一切經音義十四引通俗文。音義二引聲類云氀毼毛布也

⿰馬婁 馬類玉篇。集韻云⿰馬婁馬類一曰大⿰馬婁

⿰羊婁 土⿰羊婁似羊廣韻。山海經經崑崙之山有獸焉狀如羊而四角其鋭難當觸物則斃食人曰土⿰羊婁

⿰豕婁 。俗有⿰豕婁 求子豬也廣韻。萱按左傳定十四年既定爾婁豬婁⿰豕婁古今字也

鷜 或作⿰䜌鳥難 鵱鷜鵝爾雅釋鳥。注云今之野鵝。萱按說文云鵱蔞鵝也所據字不同 萱鵱鷜鳥名郭公也集韻。廣韻作⿰坴鳥。萱按⿰坴鳥鷜

⿱罒婁 麗⿱罒婁罔也集韻

⿰婁瓜 ⿰句瓜⿰婁瓜王瓜也廣雅釋艸文爾雅釋艸釋文引字林。廣韻云⿰句瓜⿰婁瓜苦⿰婁瓜

⿱艹⿰婁瓜 ⿱艹⿰句瓜⿱艹⿰婁瓜土瓜廣韻

合口許

壯醅切 㑦 偛㑦小人皃廣韻

爽醅切 毸 或作⿰來毛⿰難毛 毰毸纖毛爲席也北堂書鈔卅二引聲類。廣韻毰毸纖引風俗通云纖毛褥謂之毰毸 褥曰毰毸毛細者謂之毰毸一切經音義二引通俗文。音義十四云毰毸字苑作毰毸

普趙切 ⿸疒咅 創也廣雅釋詁一 ⿸疒咅痂也廣雅釋言 ⿸疒咅弱也廣韻

婄 醜也廣雅釋詁二。廣韻云婄婦人皃集韻云婄婦容

⿰咅瓜 瓜⿰咅瓜也廣韻

普雞切 蓓 蓿也玉篇

⿰耒咅 耕也廣雅釋地 ⿰耒咅⿰金罷器廣韻引埤蒼

⿰片咅 版也廣雅釋器

毰 毰毸毛羽兒集韻。廣韻云毰毸鳳舞

錇 錇鏂釘名集韻

餢 餢饇日食廣韻。萱按集韻作餢饇食曰語皆不憭未知孰是

鉜 鉜鏂籢飾也玉篇

齊齒許

侏 掌輸切 短也廣雅釋詁二侏儒短者國語晉語侏儒不可使援注侏儒短人也禮記檀弓上自敗於臺駘始也疏王制侏儒注。荀子王霸俳優侏儒婦女之請謁以悖之注云侏儒短人可戲弄者又後漢張升傳注云侏儒短人能為俳優也侏儒疾也廣雅釋訓無道為侏太玄斷勇侏之尉注侏侏無所知也太玄童修侏侏注四夷之樂西方曰侏離周禮鞮鞻氏掌四夷之樂注。獨斷上云西方曰侏離侏離蠻夷語聲也後漢南蠻西南夷傳注朱儒短人不能走者

韻史 卷二十第四部平聲副編溝韻　二〇四九

漢書刑法志師朱儒注。萱按此段朱為侏也左氏襄四年傳朱儒是使釋文云朱本或作侏朱儒未成人也太玄童于朱儒注朱儒梁上戲蹲跪人也淮南主術為朱儒枅櫨注短者以稠讀如伏誅之誅今侏大字也周禮甸祝稠牲稠馬注。萱按侏大之義蓋漢時有此語鄭承用之耳於侏字義無涉也李侏大也集韻

跦 或作趎跦跦跳行兒左氏昭廿五年傳鸜鵒跦跦注又漢書五行志中之上集注。萱按莊子庚桑楚篇有南榮趎賈子勸學作南榮跦从走猶从足也跦趎當同字者。謁作袾

袾 詛也廣雅集韻引袾詛也祝也廣韻

䵓 黏也廣雅釋詁四

⿰麻朱 ⿰麻賣⿰麻朱也集韻引廣雅⿰麻朱穀名集韻

硃 丹砂也集韻。萱按硃砂皆俗字古作朱沙

韻史 卷二十第四部平聲副編溝韻　二〇五〇

⿰朱戈 殺也一曰戈名集韻

⿰犭朱 ⿰犭朱獳獸名廣韻。山海經東山經耿山有獸狀如狐而魚鱗有翼名曰朱儒萱按集韻所引作名曰⿰犭朱獳今字也

駯 馬口黑玉篇

鴸 或作⿰朱隹桓山有鳥焉其狀如鴟而人手其音如痺其名曰鴸山海經南山經。注云痺鶉之雌者

鮢 鮢鱬似鰕無足集韻引山海經。萱按廣韻鮢下云似鰕無足不言鮢鱬意單許絫許之別體鱬下別言朱鱬亦與此不類又說文鰸下云狀似鰕無足然則鮢與鰸蓋同物

⿰犭朱 寵輸切 或作䎷飛兒玉篇

⿱攸女 范輸切 美也集韻。又云⿱攸心玉采也⿱攸女悅也廣韻。萱按此段⿱攸女為⿱攸心也

韻史 卷二十第四部平聲副編溝韻　二〇五一

胕 腫也集韻已胕治胕腫也山海經西山經竹山有艸名曰黃藋浴之已疥又可以已胕注。萱按國策尾湛胕潰段為跗字也太玄⿰月帝胕之行段為腑字也

⿰付鳥 或作⿰付隹⿰尚鳥⿰付鳥鳥名玉篇廣韻。集韻引山海經云基山有鳥狀如雞三首六足六目三翼名曰⿰尚鳥⿰付鳥食之無臥

⿰舟符 或作⿰舟付艇短而深者謂之⿰舟符方言九。注云今江東呼艖⿰舟符者艇之小者曰⿰舟符⿰舟符舟也廣雅釋水小爾雅廣器

⿱艹⿰丰俞 潒廚切 餘也集韻引廣雅⿱艹⿰丰俞餘也⿱艹尊也玉篇

⿰俞攴 投也玉篇

躕 寵殳切 踟躇猶踟躕也後漢仲長統傳注

幮 幮帳也似廚形也廣韻引陸該字林

韻史 卷二十第四部平聲副編溝韻　二〇五二

始蔚切 甈 甇陳魏宋楚之間或曰甈 方言五 甈瓶也 廣雅釋器

⿰片朱 ⿰片朱⿰片婁過水版一曰横木渡水 集韻

陎 陎𨻳縣名 廣韻

駯 朱色也 玉篇

⿰車殳 車竿也 五音集韻

湊殳切 爜 火皃 集韻

⿰糸叢 合絲織也 集韻

⿱髟叢 毛髮聚生 集韻

⿱竹聚 籠⿱竹聚取魚器 廣韻

⿰虫聚 蟲名 玉篇

仰蔚切 禑 福也 集韻

⿰糸禺 乛隅也 玉篇

⿰目禺 闕人名漢有周⿰目禺 集韻

瘑 疣也 廣雅釋言

⿰火禺 煑食也 集韻。萱按廣韻⿰火禺拔器煑食也多拔器字不可曉

鍝 鋸也 後漢杜篤傳注引埤蒼鍝鉀鋸也一曰鐻鍝蠻夷穿耳物 集韻

⿰禺阝 地名 廣韻

媀 女字 集韻

⿰禺鳥 或作離⿰禺鳥令丘山有鳥狀如梟人面四目有耳名曰⿰禺鳥見則天下大旱 集韻引山海經。萱按廣韻⿰禺鳥與⿰禺鳥各字集韻合之⿰禺鳥鳥似禿鶖 廣韻 ⿰禺鳥鼠鳥名也

蝺 同上。萱按山海經號山有鳥名寓狀如鼠鳥翼然則鶌字乃後加鳥旁 蟱蝺魚伯青蚨也 廣雅釋蟲。御覽引淮南畢術青蚨還錢。青蚨一名魚伯 萬蠍蝺似蟬而長 廣韻引搜神記。萱按陳藏器本艸拾遺引搜神記云南方有蟲名蠍蝺如蟬而大辛美可食其子如蠶種取其子歸則母飛來

范殳切 苻 苻鬼目 爾雅釋艸。注云莖似葛葉圓而毛子如耳璫赤色叢生江東人呼鬼目艸。萱按漢書司馬相如傳上注云苻鬼目也此用段借字 苻蘆之中白苻也 淮南俶真蘆苻之厚注。萱按左傳昭廿一年子大叔興徒兵以攻萑苻之盜此段苻爲蒲也蒲姓改爲苻其以此鄉史記律書甲者言萬物剖苻甲而出此則段苻爲孚索隱云苻甲猶莩甲也 莕接余其葉苻 爾雅釋艸

⿱艹鳧 ⿱艹鳧茈艸也 廣韻。萱按即俗許勃薺者也李祇用鳧俗加艸耳爾雅釋艸云芍鳧茈

⿰氵鳧 ⿰氵鳧水在桂陽 方言沅涌⿰氵鳧幽之語注

撮口許

春驅切 ⿰足具 足冷痛 玉篇

郡需切 ⿰足區 跛行也 玉篇

永需切 ⿱穴區 山穴也 玉篇

訓驅切 ⿱艹姁 芋也 玉篇

逞驅切 ⿰⿱彡巾頁 ⿰巾句⿰⿱彡巾頁繒頭也 集韻

蕦 蕦蕵蕪別名 廣韻。萱按爾雅釋艸須葑蓯須蕵蕪及臺夫須本不作蕦知艸頭乃後加耳廣韻單舉蕵蕪亦嫌偏枯

⿸鹿需 ⿸鹿需麛也 集韻引廣雅。廣雅云⿸鹿需鹿子

鑐 或作鎖 鎖牡也 集韻。廣韻云鎖中鑐也 鑐著甲周身若禍灸故曰鑐 管子禁藏

被蓑以當鋗鑐注

劬 郡揄切 勞也禮記內則見於公宮則劬注。楚辭思古躬劬勞而瘏瘁注云劬亦勞也 劬勞病也爾雅釋詁 劬勞病苦也詩凱風母氏劬勞傳鴻雁劬勞于野傳 劬數也詩鴻雁釋文引韓詩又廣雅釋詁三

鞠 鞍也廣雅釋器

蒟 或作蒟蒟 蒟芋熒爾雅釋艸

睮 永儒切 睮睮自媚兒漢書韋賢傳集注引如淳云

闟 窺也廣韻。集韻闟闟私視也

徾 行兒廣韻

歈 歌也廣雅釋樂。徐鉉曰切韻云巴歈歌也案史記渝水之人善歌舞漢高祖采其聲後人因加此字 歈謳皆歌也楚辭招魂吳歈蔡謳注

廠 或作揄 邪廠舉手相弄廣韻。又云或作歋歈。董按邪歋雙聲故邪廠或作歋歈也集韻併揄歋為一字而序廠為俗亦有見

甂 甇陳魏宋楚之間曰甂方言五 甂瓶也廣雅釋器。董按方言廣雅甂與瓶同物則二字亦可合為一

揄 家也廣雅釋丘。方言十三云家秦晉之間或謂之揄

崳 崳次山名在雁門集韻

䟢 豆變色曰䟢集韻

蕍 或作蕍蕍 蕍蕮爾雅釋艸。集韻云蕍藥艸澤蕮也 蕍榮爾雅釋艸 蕍猶敷蕍亦華之兒爾雅釋艸蕍芛葟華榮注 蓲蕍花兒廣韻。文選吳都賦異荂蓲蕍注云蕍與蕍同

騟 紫馬廣韻。集韻云騟馬褋色

揄 黑牛玉篇

鷸 鳥名玉篇

愉 憂也懼也廣韻

渝 污也廣韻

瑜 美石次玉廣韻

硢 或作碖 石次玉也廣韻

𥳧 黑竹廣韻

蕍 薜蕍艸名集韻

欥 或作欥犾 欶 犾犾呼犬子也廣韻

嚅 輭揄切 囁嚅多言也廣韻。集韻無多字

顬 顳顬耳前動廣韻。集韻前作穴

鱬 朱鱬魚名魚身人面廣韻。集韻引山海經云即翼之澤其中多赤鱬其狀如魚人面食之不疥

韻史

第四部上聲副編

者韻

開口訏

岣 良口切 岣嶁衡山也玉篇。岣嶁山巔廣韻

豿 熊虎之子也廣韻。萱按漢律捕虎購錢三百其豿半之言虎則熊可知爾雅釋獸熊虎醜其子狗此段狗爲豿也

傋 傋傋不媚皃玉篇。溝愚也溝瞀無知也荀子儒效其愚陋溝瞀而冀人之以己爲知也注。萱按此段溝爲傋也非十二子世俗之溝猶瞀儒亦然說文子部作穀瞀

顜 明也和也直也史記顜若畫一集韻。萱按顜或作覯作講皆段借也史記曹相國世家

索隱云漢書顜作講

耩 或作耩𦔛也耩耕也廣雅釋地

𤘬 侃斗切 牛名集韻

塸 挨斗切 聚沙也廣韻。集韻云塸沙堆

凵 山名在陽羨集韻

麔 麃麔五音集韻

𤘭 海斗切 鳴也廣雅釋詁二 𤘭牛鳴也爾雅釋獸釋文引字林 今青州呼犢爲𤘭爾雅釋畜其子犢注

㸸 或作犃特牛廣韻。云犃特牛 玉篇㸸夔牛之子也 文選江賦夔㸸翹陸於夕陽注 犃㸸偏高也廣韻

犼 似犬玉篇。集韻云犼北方獸名似犬食人

𢟍 懰𢟍很戾廣韻

𦛗 肥皃玉篇

抖 帶口切 抖擻舉皃廣韻。集韻云抖擻舉索物也。萱按斗擻鬆鬟也 一切經音義十四引難字 抖擻 乎應書作斗擻 斗抖古今字非段借

𧘑 衫袖也玉篇

𪌲 麥𪌲集韻

𡵆 山名玉篇

蚪 蚪蚪蟲名廣韻 科斗活東爾雅釋蟲。萱按此等字不加偏旁亦得

𪍴 代口切 或作麮𪍴餠屬廣韻。玉篇屬作也

黈 或作斢 黃色也 穀梁莊廿四年傳士黈注又漢書東方朔傳黈纊充耳注。續漢輿服志注引字林云黈黃色也黃綿爲之又文選東京賦黈纊塞耳薛注云黈纊言以黃綿大如丸懸冠兩邊當耳不欲妄聞不急之言也 黈猶演也文選長笛賦猶以二皇聖哲黈益注 𪎰黃也廣雅釋器。萱按此段斢爲黈也

蘣 好也廣雅釋詁一 廣韻云蘣好皃又木苗出。萱按黈蘣二字疑即說文黈蘣二字之譌變也詳十六部黈下

斢 斢斢奪取物集韻引字林。廣韻引新斢黃也 萱按此斢爲正借字也 字林云斢斢兵奪人物

𧥣 誘也玉篇

𡛬 奈口切 婄𡛬女肥皃集韻。萱按婄𡛬廣韻作𡛬婷餘同

𡟧 朗斗切 婦無廉也集韻 𡟧女人惡稱廣韻

𢑼 多也玉篇

斢 斢斢兵奪人物廣韻引新字林

甋 瓶也廣雅釋器
䴢 䴢䴢糫餅廣韻
䅹 或作耬 耕畦謂之䅹集韻
嶁 或書作𡼕 山巔也後漢馬融傳注引字林又集韻引坤蒼 岣嶁衡山別名廣雅
膢 交趾郡羸膢漢書地理志下。集韻云羸膢縣名在交趾。萱按集韻又云羸膢在蒼梧郡殆誤
䙓
蓲 小蓲艸玉篇 蓲艸名香菣也集韻。萱按蓲以區爲聲廣韻以下作蓫作蓲皆譌
蝢 酌斗切 蟲名廣韻
䪮 菆斗切 樂音美也集韻 䪮䪮衆聲同上
䩦 或作𩋕 東也玉篇

㩀 聚也集韻。廣韻也作名
趣 棸斗切 走也玉篇
駷 散斗切 或作騣 搖馬銜走也公羊定八年傳臨南駷馬注。萱按廣韻以下駷皆兼讀息拱切由誤認屋沃爲東冬之入聲故東聲之字闌入九部矣

合口呼

㥮 狀剖切 心㥮也玉篇
𤢏 寸剖切 或作豵 豕牝也廣雅釋獸
擻 奏剖切 斗擻㩌擻也一切經音義十四引難字 抖擻舉索物也集韻
𩸞 白魚也玉篇
䴯 普取切 䴯䴯餅也玉篇

犃 雄也廣雅釋獸 犃牯偏高也廣韻
鴀 或作䳇 雀名廣韻
蔀 蔀蔀魚薺也廣雅釋艸。廣韻云蔀菜魚薺也 蔀蔽也日蔽雲中稱蔀易豐其蔀虞注 蔀覆也後漢蔡邕傳注 蔀者覆蔀之物也左氏宣六年傳注蔀其家疏 蔀覆暖蔀光明之物也易豐注 大闇謂之蔀易略例 蔀茂盛周帀之義漢上傳引陸績易注 蔀之言齊同日月之分爲一蔀也周髀算經下四章爲一蔀注 蔀小也易豐虞注又釋文引馬注。釋文云薛本作菩。萱按菩者蔀之借字 蔀小席廣韻
䒛 䒛䒛艸亂皃玉篇
殕 奉剖切 敗也廣雅釋詁三 殕腐也一切經音義十六引通俗文 殕食上生白毛廣韻

齊齒呼

跓 寵主切 或作䞼 勇足也廣韻 跓停足也一曰足不正集韻。萱按楚辭九思云將起跓羐兮碩明
哇 口不正玉篇
崔 天崔廣韻。又云按爾雅云霍山爲南嶽郭璞云即天柱山字俗从山
傴 行也玉篇
蝺 蟲名玉篇
甌 仰主切 缶也廣雅釋器
弣 范耦切 弓把也儀禮大射儀見鏃於弣注又禮記少儀削授弣疏。疏又云弣謂削把 弣把中禮記曲禮上左手承弣注 弣柄也廣雅釋器 弓中央曰弣 弣撫也人所撫持也釋名釋兵 柎側骨考工記弓人於挺臂中有柎焉故剽注。萱按此段柎爲弣也由柎柎遞變

俯 此當芺之字姑从俗存之。頫俛字音勉正字也見十三部 說文垂頭也 禮記月令蟄蟲咸俯疏 俯下
頭也 禮記禮運皆俯而闚也疏 可俯低也 漢書東方朔傳集注 俯伏也 呂覽季秋注 俯猶
曲也言不齊一也 禮記樂記進俯退俯注 俯就物之皃 荀子非相若渠匽檃栝之府然
於己也注。云府與俯同。又 俯謂臥而不食 荀子賦三俯三起注 俯俛也 禮記曲禮上俯而納
屨注。公羊宣六年傳俯而窺其戶注云俯俛頭。萱按以
俛釋俯者以正字釋俗字也經典俯字皆後人所改非古己
有此振俗字也大方之家自當用頫用俛讀如勉
不當用俯讀如府也十三部頫俛下辨之詳矣

撮口評

春庚切 椇

椇枳椇也 禮記內則芝栭菱椇注。曲禮下婦人之摯椇榛注云椇榛木名棋枳也有實今邳郯之東食之
椇訓法也 禮記曲禮下疏。又云婦人有法故以爲摯 椇之言棋枳也謂曲撓之
也 禮記明堂位殷以椇注。萱按詩 陸璣疏云椇曲來巢殷俎似之 椇棃之不臧者 禮記內則注。

曲禮下疏云椇即今之白石李也形如珊瑚味甜美。萱按
此兩說皆誤枳之實屈曲絶不類棃李𢔶崔豹古今注云一
名白石實名枳椇味甚劣羅願爾雅翼云其子作
房似珊瑚核在其端今不以爲重職者食之而已

郿庚切 趋 或作趋 使也治也近也健也 玉篇 趋行皃 集韻 趋走顧皃 同上

蘡 蘡艸也 玉篇

貗 貒子貗 爾雅釋獸

永煮切 ⿱目几 深目也 廣韻

訓庚切 ⿰阝向 離也 廣雅釋詁三 ⿰阝向地名在河東。廣韻。集韻云⿰阝向縣名在安邑 萱按說文郇地名不言所在 疑⿰阝向即郇也

輭庚切 韀 鞋韀也 玉篇

翠庚切 積 艸名 廣韻

韻史

第四部去聲副編

冓韻

開口評

艮豆切 姤

姤者遇也 易序卦傳萱按卦名本是遘字淺人以俗字改之而不盡故遘姤錯見。易彖下傳又廣雅釋言竝
云姤遇也 姤則陰始 易象上傳后不省方虞注。後漢魯恭傳案易五月姤用事注云姤本多作后古字通用
萱按后者遘之叚借字 也而姤字从此出矣 姤好也 管子地員 人夷姤注 其姤惡也 文選思玄賦咨
姤嫭之難竝兮注

⿱雨冓 大雨也 玉篇

⿱穴冓 穴也 玉篇

⿱艹冓 或作遘 積艸也 集韻

⿰火冓 舉火也 廣韻

⿰石冓 伐也 廣雅釋詁四 ⿰石冓罰也碼也 玉篇。廣韻云⿰石冓甃井也又罰也 ⿰石冓碼堅也。又集韻云⿰石冓碼也

㝅 或作穀穀 取牛羊乳也 廣韻

⿰句頁 勤作。五音集韻引字林 玉篇云頊勤也 ⿰句頁頊勤力 集韻 ⿰句頁䫉老稱也 同上

⿰貝句 稟給也 玉篇 ⿰貝句賬本也 集韻引廣雅

絇 絲絇。廣韻。萱按絇蓋絲之別名 集韻云絇絲數也

偘漏切 怐 愚也 廣雅釋詁一又荀子非十二子世俗之溝猶瞀儒注 怐愗愚皃 楚辭九辯直怐愗而自苦注。萱按 怐愗字異體最多詳三部愗下

篋 織具廣韻

𣪍 或作㪗 𣪍瞀也廣韻 瞀瞀鄙吝心不明也集韻 𣪍瞀無暇也廣韻

𩌏 挨豆切 𩌏鞬也邊人謂之𩌏集韻引字林

䧢 鳥聲集韻

藲 飲水也

逅 海豆切 邂逅不期而會也玉篇。萱按詩綢繆見此邂逅韓詩邂逅作見此邂覯毛用今字韓用古字

解悅也集韻

𧻓 蹇行玉篇

洉 沾濡也集韻

鮜 鯸也廣雅釋魚

𧩲 言皃玉篇

睺 龍目也出南海玉篇 眗睺本也集韻引廣雅 睺瞜貪財之皃廣韻

𥓱 石蠶膜也一曰石蔞集韻引埤蒼

𩤴 或書作鴝雕也出昆侖山集韻。萱按揚雄蜀都賦云鴝鯸鴝鶉風胎雨㲉

䫹 䫹或作風皃集韻

𧮫 谷名集韻

豿 豕鳴也集韻引字林

蔻 豆蔻生交阯其根似薑而大從根中生形似益智皮殼小厚核如石榴辛且香文選吳都賦艸則藿蒳豆蔻劉注。萱按南方艸木狀說豆蔻云其花作穗嫩葉卷之而生花微紅

䛠 滯豆切 或作䛠短𧬰 䛠譳不能言也集韻引埤倉。萱按或作短孃或作䛠譳並同韓愈南山詩先強勢已出 後鈍嗔嫗短語怗也廣韻 䛠譳 陋或作陿峻也玉篇

毭 代漏切 罽也廣雅釋器 毭毹罽廣韻

荳 荳蔻藥艸廣韻。萱按李作豆蔻俗加艸耳至菽之偁豆其名不雅馴況用荳耶

𥙆 祭𥙆也廣韻

𢪃 四匊曰𢪃集韻

𥥷 陷𥥷也玉篇

𤝞 吠聲玉篇

餖 或作殷 飣也廣韻

酘 重醖也集韻引字林

𧺶 或作毁 走也玉篇 𧺶自投下也廣韻。集韻無下字

𣽧 或作𣽧 水名廣韻

譳 奈豆切 䛠譳不能言也廣韻

嬬 女字集韻

擩 構擩不解事廣韻。萱按此與从耎之㨎絕異而俗作㨎字或用擩誤甚

檽 木名皮可染玉篇。集韻云構檽似榗楸而卑小後漢王符傳注檽木名皮可染

㵋 水漚㵋玉篇

瞜 朗豆切 睺瞜貪財之皃廣韻。萱按睺瞜或作瞜睺

數 數歐小兒兇惡也廣韻

謱 謱詬忽怒廣韻。集韻忽作㥪

踾 踾也玉篇

鍢 鍬鍢也玉篇。集韻云鍬鍢鐵生衣

蕌 蕌蘆藥艸集韻

䐿 酌豆切 脯也廣韻。又云䐿膢也

䙚 衣不伸也集韻

皺 皺也集韻。廣韻云皺目皺

䉱 捕魚器集韻

踍 窄豆切 踾踍也玉篇

膆 粲豆切 或作揍 膆膆理也 文選難蜀父老躬膆胝無胈注引孟康。後漢郭玉傳注云膆理皮膚之閒也。又素問刺安論病有在毫毛膆理者注云皮之文理曰膆理 膆膚理也 儀禮鄉射記進膆注又爾雅釋獸注皮理膆蹙

釋文又釋畜釋文引埤蒼。又史記司馬相如傳集解引徐廣 膆理也 進膆謂前其本也儀禮鄉飲禮記注 揍理也淮南兵略解必中揍注 膆謂皮膚史記扁鵲倉公傳君有疾在膆理正義 膆謂津液滲泄之所素問舉痛論寒則膆理閉注

輳 聚也漢書叔孫通傳集注。又云輳字或作湊。萱按湊字中已包輳義輳可弗製 輳輻共轂也集韻

䁖 半春也玉篇

鱫 鹽也廣雅釋器。集韻云南夷謂鹽曰鱫

楱 楱亦橘之類也文選上林賦黃甘橙楱郭注。史記司馬相如傳集解引徐廣云楱橘屬又漢書相如傳注引張揖云楱小橘也

鍢楱鐵齒杷名廣韻

猤 溫豕也廣韻。爾雅釋獸豕奏者溫注云今溫豬短頭皮理膆蹙。萱按爾雅今本溫作㹐奏溫古字借字也㹐今字專字也

⿱竹奏 散豆切 小竹玉篇

瘶 或作嗽 寒病也集韻 瘶欬瘶也廣韻 嗽欬也周禮疾醫冬時有嗽上氣疾注又廣雅釋言嗽吮也 嗽促也 萱按此段嗽爲欶也說文祇有欶後乃有瘶嗽字而互借通用周禮疾醫釋文云嗽本亦作欶

合口評

傶 祖趨切 傶促也玉篇

鏉 錐屬也玉篇

蹵 寸趨切 醉倒皃廣韻引埤蒼。集韻倒作行

檣 音聚切 仆也玉篇。萱按與趨踣音義皆同

颾 風細皃玉篇

蓓 蓓蕾又黃蓓艸名玉篇 蓓蕾花綻皃同上

齊齒評

註 掌過切 記物曰註一切經音義七引通俗文 註識也廣雅釋詁二。萱按記識乃古人經注之注字不作注 注之本義與訓釋之注不同罕識字從注以註代注 註注疏也註解也註註射 萱按此皆注之義而誤用註說詳注下明代人

疰 病也廣雅釋詁一。萱按此義古祇用注釋名云注病一人死一人復得氣相灌注也

迬 萱按玉篇迬字義闕或謂即注字亦未必然徃乃生聲非从主也徃之重文作㞣

鞋 戎服蔽厀也一曰韋絝集韻。萱按左氏成六年傳有韎韋之跗注李用注作之後乃製鞋爲專字亦似贅設

紸 紸讀爲注注纊即屬纊也荀子禮論紸纊聽息之時注注又云紸或當爲黈以爲黈字非也。

萱按前說謂綷爲注之借字後說謂爲綷之譌字然則綷之本義安屬乎

鉒 置也廣雅釋詁四。集韻云鉒者提馬維家謂之投翢淮南說林以瓦鉒者全以金鉒者跂注注又云鉒讀象金之銅柱餘之柱。萱按注語不可曉莊列瓦注全注當是正字淮南獨作鉒訓釋亦異

軴 車止也集韻。萱按駐字足足以勹之何用軴爲

⿰貝主 財⿰貝主玉篇

⿰句主 邑名廣韻

蛀 蠹也集韻。廣韻云蛀蛀蟲

⿰耳朱 顴也呼也集韻

寵遇切

⿰豆攴 勇也廣雅釋詁三 ⿰豆攴爲也玉篇

始晝切

⿺辶壴 走也玉篇

⿺走俞 馬前負謂之⿺走俞集韻

腧 五藏腧也廣韻。集韻云五臟腧穴。萱按古祇用俞後人加偏旁耳靈樞經云脈之所注爲俞

⿰身俞 或作褕⿰身付⿰身俞服稱也集韻

⿹戍毛 毛也廣韻

⿰口戍 使犬聲集韻

仰晝切

媢 妬也又女妬男廣韻

范晝切

⿰身付 ⿰身付⿰身俞著衣廣韻

⿰石付 白石玉篇

蚹 蚹謂蛇腹下齟齬可以行者也莊子齊物論吾待蛇蚹蜩翼邪釋文引司馬注蚹蠃

負螺而行因以名之爾雅釋魚孫氏正義

撮口評

春具切

鞻 鞻者靲屨也周禮春官序官鞮鞻氏釋文引字林。鞮鞻氏掌四夷之樂注云鞻讀如屨也。鞻四夷舞者所扉也集韻

⿱⺮苟 竹名廣韻 ⿱⺮苟織具集韻

郡屨切

颶 越人謂具四方之風曰颶集韻。萱按南越志颶風者具四方之風也常以五六月發永嘉人謂之風颱嶺嶠夏秋雄風曰颶嶺表錄異

⿱⺮遇 竹器五音集韻

永具切

⿱日俞 雨衣廣韻 ⿱日黽⿱日俞謂之⿰巾婁帞集韻引廣雅

訓具切

⿰虫區 幺蠶也廣韻 ⿰虫區蠶眠也集韻

戀具切

屢 數也易繫辭下傳其爲道也屢遷疏又書咎繇謨屢省乃成晚出傳又詩正月屢顧爾僕箋巧言君子屢盟箋賓之初筵屢舞僊僊傳角弓式居屢驕釋文引王注又禮記郊特牲孔子屢歎之疏樂記臨事而屢斷注又左氏宣十二年傳屢豐年注又論語公冶長屢憎於人集解引孔注又皇疏又國語晉語子於伯楚屢困注又史記季布欒布傳身屢典軍集解引瓚曰又後漢賈逵傳注又楚辭靈懷屢離憂而遠悲注又文選東京賦勤屢省薛注 屢猶每也論語先進屢空集解。皇疏云屢每也 屢疾也爾雅釋詁 屢亟也爾雅釋言 婁亟也詩桓婁豐年箋。萱按說文無屢古本用婁也漢書用婁尤多未經改竄餘多用今字易之習其流而昧其源矣

⿰口屢 呼犬聲集韻 ⿰口屢⿰口屢吳人呼狗方言也廣韻

輭屢切

⿰牛需 牛⿱埶土廣韻 ⿰牛需牛名集韻

顚屢切

⿰巾遇 見玉篇義闕

韻史

第四部入聲副編

珏韻

開口評

鱻 艮僕切 樂器之聲東方之音玉篇。萱按古借獸角字爲五音之角本無專字也後雖有鱻字亦罕用矣魏書江式傳云宮商鱻徵羽

捔 或作擉揀籍揞 掎也廣雅釋言 攙捔貫刺之也文選西京賦叉蔟之所攙捔注 捔恭也廣雅釋言。萱按左傳譬如捕鹿晉人角之諸戎掎之注云角者當其頭也掎者踣其足也是古祇用角字且與掎有別也廣雅捔訓掎者渾言非析言也渾言則通析言則有別也訓恭則引申段借之義 擉刺也莊子則陽冬則擉鱉于江釋文引司馬注 簎謂以杈刺泥中搏取之周禮鼈人以時簎魚鼈龜蜃凡貍物司農注

䀝 目動集韻

䈔 竹裛也集韻 篧竹名同上

𡇠 佩僕切 鞭聲廣韻

媉 挨撲切 好也廣雅釋詁一廣韻也作皃。媉媉容也廣雅釋訓

齷 或作齷 齷齪齒相近也廣韻 齷齪迫也一曰小皃集韻

剭 或作𠜾 刑也廣雅釋詁四又漢書叙傳下𠨬剭鼎臣注引晉灼 剭者厚刑謂重誅也漢書叙傳下注引服虔 剭誅謂所殺不於市而以適甸師氏者也周禮司烜氏邦若屋誅注。萱按剭屋正借字也故鄭破屋爲剭

𣪠 海僕切 急束也廣韻。集韻少束字

搙 柰僕切 捻也搵也廣韻 搙拄也廣雅釋詁四。書大傳搙弁者爲文注云搙弁或爲振非當言帚掃

傉 虜三字姓有厙傉官氏廣韻。萱按厙傉氏慕容燕之臣也後世厙姓或出於此歟南涼禿髮傉檀又以傉爲名而字義皆不傳蓋外域所製字也

䛶 酌僕切 詐也廣雅釋言。萱按詐俗作詐不成字 䛶想也楚以南謂之䛶方言十 䛶譖也廣雅釋言。離騷謠䛶謂余以善淫注云䛶猶譖也又方言十注云䛶譖亦通語也 䛶毀也楚辭逢尤䛶譖兮虛獲尤注 䛶諲也廣雅釋詁三 䛶賫也廣雅釋詁一

𨶒 成山𨶒水出焉集韻引山海經

漸 水名在臨湘集韻

𥞤 𥞤稻今年死來年自生曰𥞤齊民要術二引字林

珿 苣僕切 齊也廣雅釋詁四

鋜 鎖足廣韻 鋜足鈴集韻

𧢿 角促玉篇又五音集韻

𥁕 杯也集韻

𨇠 行𨇠也玉篇。集韻云行也

𨅬 或作𨂝是 齪齒相近聲又齷𨅬也玉篇。萱按廣韻齷齪齒相近也祇是一義 𨅬謹慎也玉篇 𨅬𨅬持整之皃漢書申屠嘉傳𨅬𨅬廉謹注。萱按說文女部婕謹也異體作婕史記云婕婕廉謹然則婕與𨅬爲古今字 齷齪小節也文選西京賦獨儉嗇以齷齪注引漢書注 齷齪好苛局小之皃文選吳都賦齪而算劉注 齷是音局促促長廣雅音釋引聲類

嶌 或作嶋嶌 速也廣韻

鸀 履也廣雅釋器 白鸀𪀚也廣韻

𢡑 心不安也廣韻

⿰言蜀 龍鸀集韻

鸀 或作鸀雞 鸀山烏 爾雅釋鳥。注云似烏而小赤嘴穴乳出西方 鸀鳿水鳥也 文選吳都賦鵾雞鸀鳿注劉 鸀鸏鳥也 廣韻

稍僕切 磟 俗有。磟石也 玉篇 磟礫盤石也 廣韻

宰僕切 娕 者。謂作辣 殇娕殭兒 集韻 殇娕歹也 廣雅釋詁三

職僕切 𣫍 或作𣫍 穿也 廣韻 集韻

揺 捽也 廣雅釋詁三 揺拌也 廣韻

犃

倍鶩切 嫸 女嫸昌意妻 集韻

嬫 短人也 集韻。又云嫸侏儒也

瞨 目暗也 集韻

黩 或作黕 色暗也一曰淺黑色 集韻 黩淺黲黑也 廣韻

曥 物氣炁白 集韻

醭 醭醭醬敗壞也醬敗則醭生也 一切經音義十五引埤蒼 醭醋生白醭 廣韻。集韻云醭酒上白

鏷 或作鏷 鏷鑮魯矢名 廣韻引字林。萱按魯莊公以金僕姑射南宮長萬即此也字有古今耳

⿰骨菐 骨箭也 集韻。萱按骨下疑有奪字 或作鏃 或作⿰骨菐

⿱菐毛 毛⿱菐毛毛不理也 廣韻

穙 或作穙 穙穛也 廣韻 穙禾生穊也 集韻。萱按禾一作艸

犦 牛未劌也 廣韻。萱按劌者去其勢也 集韻云犦特牛

鸔 鸔鸔鳥名 廣韻

蠼 蠼螷也又蠼蠊小蟲名 廣韻 蠼蛇屬 集韻

⿰言菐 以言蔽也 集韻

檏 撲也 集韻

⿰貝卜 盈財也 廣韻。萱按集韻作羨財也 羨或譌爲美

釙 金鉟也 集韻。萱按玉篇作金針 五音集韻作金釙也 疑皆金鉟之譌

⿰石卜 砟硝藥名 集韻。萱按本艸作朴硝 段借字

炑 燁炑竹火聲 集韻。萱按燁炑或作𤆬燁

炇 火裂也 廣韻。萱按裂字是 集韻作烈非

⿰鼠卜 ⿰鼠菐⿰鼠卜鼠屬 集韻引廣雅。廣韻屬作名

合口評

廣讀切 ⿰目匍 或作眇 目動也 集韻。萱按廣韻⿰目匍動目也 眇大目也 不爲一字 集韻混合之 眇目閒也 玉篇

殇 者。謂作殇 殇辣歹也 廣雅釋詁三。萱按廣韻歹譌夕 又出殇字云殇辣多也 三字皆譌體 如陶詩刑天舞干戚變爲形天無千歲矣 殇辣殭兒 集韻

⿰口谷 或作嗚 烏鳴也 廣韻 偏枯鳴。萱按集韻作雉鳴 似如⿰口谷者不但雉也

⿱艹穀 蔍也 集韻

瀫 水名在河內 集韻。萱按文選顏延年詩伊瀫絕津

⿱殸豆 或作⿱殸豆 豆名一曰豆萁 集韻

⿱殸鼠 ⿱殸鼠⿰鼠菐鼠名 集韻。萱按⿱殸鼠⿰鼠菐與⿰鼠菐⿰鼠卜疑祇一物 俗字滋多 物名亦愈煩瑣 ⿱殸鼠鼬鼠也 玉篇

苦卜切 墼 土墼也 玉篇。萱按未燒者曰墼 一名㲉

⿱竹屋 脫卜切 竹密（玉篇）

⿰禾屋 禾芒也（玉篇）

⿰屋阝 地名在南陽（集韻）

⿱殳酉 會卜切 酒濁也（廣韻）

⿱殳水 或作瀫 水聲也（廣韻）

螜 天螻也。大戴記夏小正螜則鳴傳螜蟲名螻蛄也一曰蛸螬 爾雅釋蟲云螜天螻謂之螗螜（集韻）

⿱殳言 豕聲（集韻）

⿱殳衣 ⿱殳衣⿱殳衣衣聲（集韻）

⿱竹穀 吳俗謂簍為⿱竹穀（集韻）

⿱艸穀 ⿱艸穀菜生水中可食（玉篇）

蔛 石蔛藥艸（集韻）。萓按古作石斛段借字也

⿱竹斛 箱也（廣韻）。箱上有大字（集韻）

槲 或書槲作⿱殳木 槲樕木名（集韻）。萓按李艸圖經槲木高丈餘與櫟相類亦有斗

焀 火兒（廣韻）

剢 董讀切 刀鉏也（廣韻）

豛 或作豝豝豛豛 東方星名（集韻）豛尾也（文選東京賦薛注）豛龍尾也（國語楚語日月會於龍豛又賈注龍豛注）

豚 或作𡲳启臀也（廣雅釋親）。廣韻云豚尾下竅也。萓按豚臀也觀國志潞涿君之戲則漢人豚亦讀涿 一曰肥也（集韻）

⿱殳衣 ⿱殳衣⿱殳衣新衣兒（集韻）

⿰扌賣 杜讀切 抽也（集韻）

瓄 玉器一曰圭名（集韻）

⿰石賣 或作⿰石蜀 石名（玉篇）。萓按或謂⿰石賣⿰石蜀與碡同字亦是

鑟 印之匵（集韻）

劅 刀劅室（集韻）

⿱罒賣 魚罔（玉篇）。萓按或謂⿱罒賣與罜同字故罜可以⿱罒賣音然亦似不必併

⿰言禿 詆⿰言禿狡猾也（廣韻）

⿸疒禿 首瘍也（集韻）

⿰扌禿 或作⿰木禿 杖指也（集韻）。萓按廣韻作杖指雖得通然恐是字誤

⿰犭禿 獸名（玉篇）

⿰禿鳥 或作⿰禿隹 禿鶖鳥也（廣韻）

⿰亻蜀 ⿰亻蜀俅短醜兒（廣韻）。集韻云⿰亻蜀俅動兒又云短陋謂之⿰亻蜀俅

⿰食蜀 粥也（集韻）

⿺走蜀 ⿺走蜀⿺走录餈餅（集韻）

䮷 或作⿰馬鹿 ⿰馬鹿䮷野馬（廣韻）

⿰羊蜀 羊六尺謂之⿰羊蜀（集韻）

⿱艸獨 ⿱艸獨落藥艸（集韻）。萓按本艸作獨活後人加艸

騳 馬走也（玉篇）

⿰禿頁 磊卜切 項也（集韻）

唳 笑也一曰鳥聲集韻

諑 譃諑也集韻引廣韻

睩 私聽也集韻

皴 皴瘯皮肉瘦惡也集韻

𣪍 擊也集韻

轆 車聲廣韻

琭 玉名廣韻。萱按集韻名作皃似優。琭琭喻少老子不欲琭琭如玉注

碌 多石皃廣韻碌石青色也

粶 或作𥽄火爆米曰粶集韻

𩜵 食也玉篇

𤞟 水上飛也廣韻。集韻云𤞟上飛皃

鵦 鳥名玉篇

𤾣 白獸廣韻

蟓 蟓聽蟲名似蜥蜴出魏興居樹間輒下齧人人必死復上樹垂聽聞人哭乃去集韻引字林。萱按廣韻引字林字句小異而字作睩聽殊可怪攷玉篇虫部有蟓耳部有睩兩注皆同字林則其誤久矣

椂 木名集韻

𣝗 𣝗蓮艸名集韻

籙 或作𥴊𥳗弧籙箭室也廣韻引音譜。集韻弧作胡

𢡟 心開一曰心轉集韻

摝 或作捸摝者止行息氣也廣韻周禮大司馬三鼓摝鐸注掩上振之爲振同上摝振

𥊍 𥇵𥊍眼淨也廣韻。集韻云𥇵𥊍目明

𦗼 耳鳴也集韻

𦟼 腹鳴也集韻

趢 趢趚走聲集韻

𥙊 祭也廣韻。集韻也作名

𦄍 純也集韻

熝 煉也集韻

𪑘 或作𪐱作黳𪑘垢黑也集韻

䨚 大雨也廣韻暴雨謂之䨚集韻

𢉖 庾也廣韻引賈逵鹿倉也廣雅釋室

艫 舸艫舟也廣雅釋水

轆 或作𨎳縰車趙魏之間謂之轣轆車方言縰車謂之麻鹿道軌謂之鹿車廣雅釋器。萱按麻鹿即轣轆也古今字轒轤圓轉木也廣韻。萱按縰車與井上樚轤皆以圓轉爲用故轆樚通用

樚 樚轤井上汲水木集韻。萱按諸家多作轆轤者義相通貫也亦作樚櫨庾信詩道險臥樚櫨是也樚又爲木名或段鹿作之武陵郡北有鹿木二株馬伏波所種木多節見酉陽襍組樚匱也玉篇。萱按此謂樚與簏同義也

𣚽 𣚽心逗柿名集韻

蔍 或作蔍 艸名鹿蹄也一曰蔍葱集韻 圈蔍蠹爾雅釋艸。萱按釋文蔍本作鹿段借也 圈則菌蔍之借 菌艸名地莧也集韻

⿰土鹿 地名梁有⿰土鹿口城集韻

⿰鹿瓦 瓴甋⿰鹿瓦甎也廣雅釋室 狹長者謂之⿰鹿瓦甎一切經音義十五引通俗文

鏕 釜名一曰鉅鏕縣名集韻。萱按史作鉅鹿俗因鉅从金并鹿亦加金耳廣韻云鉅鹿郡名

⿰鹿皮 或作⿰皮鹿 獸皮有文皃集韻

⿰女鹿 ⿰女鹿婁蜀人埋鹿臭而食之集韻

騼 野馬也廣韻 騼騼馬屬集韻引廣雅

螰 蝭蛛螇螰爾雅釋蟲。注云即蝭蟧也一名蟪蛄齊人呼螇螰

⿰鹿巨 或作鉅 吳王孫休三子名廣韻。萱按景帝名四子皆自製字其字於六書無以稱焉

⿰豕龍 讀壯切 龍車玉篇。萱按⿰龍尾⿰豕龍同字訓龍尾也⿰豕龍蓋⿰龍尾之破字俗又改尾為車耳玉篇入⿰豕龍於豕部未覺其誤也鄧書燕說

⿰足族 讀祖切 可哈如此 ⿰足族⿰足族曲足皃集韻

⿱族虫 蝦蟲頭上距集韻

⿰巛鹿 畚也集韻

⿱族手 讀寸卜切 或書作⿰手族 斂也集韻

⿱族巾 ⿰巾蓋也集韻

瘯 瘯蠡畜之小病也廣韻。左氏桓六年傳不疾瘯蠡也疏瘯瘰皮膚病。萱按釋文瘯又作蔟段借也

⿱族魚 魚名集韻

簇 小竹也廣韻 胡餅家用簇簇刺也一切經音義十六引廣蒼

⿰石族 碌⿰石族石皃廣韻 碌⿰石族石地不平皃集韻

趚 讀送卜切 趚趚走聲集韻

⿸疒束 瘃⿸疒束寒病也集韻

觫 觳觫懼死鬼集韻。孟子梁惠王下吾不忍其觳觫注云觳觫牛當到死地處恐皃

⿺鬼束 鬼也玉篇

⿰⿱士束殳 ⿰⿱士束殳⿰⿱士束殳動物廣韻

⿱⿰⿱士束殳衣 ⿱⿰⿱士束殳衣⿱⿰⿱士束殳衣新衣皃集韻

鏉 鏤也集韻

簌 篩也集韻

樕 山名也集韻東山之首曰樕𧑒集韻引山海經

⿰虫速 或作⿰虫欶 ⿰虫僕⿰虫速小蟲廣韻

⿰目卜 讀布切 目骨玉篇

⿰氵卜 水名集韻

鳪 或作⿰隹卜 鳪雉爾雅釋鳥。注云黃色鳴自呼

⿱髟菐 ⿱髟菐⿱髟并也廣韻 ⿱髟菐⿱髟并鬅皃集韻

蹼 或作⿰足僕 鳧雁醜其足蹼爾雅釋鳥。注云腳指閒有蹼蹼屬相著。萱按人亦有若此者俗許鵝掌釋典謂之鶩王掌

⿰片菐 牆版之大者集韻

⿰阝菐 或作濮 彭⿰阝菐蠻夷國名廣韻。萱按彭濮見書坶誓⿰阝菐後出之專字也

獛 獛鉛南極之夷尾長數寸巢居山林 廣韻引山海經。萱按爾雅說四極云南至於濮鉛段濮爲獛也古時字少

鱳 鼠名 玉篇

昧卜切 菋 艸名 集韻

炢 火爇也 玉篇又五音五韻

朷 刀治桑也 廣韻

樢 鳥名 集韻

蚞 蛥蚗謂之蜓蚞 方言 蜓蚞螇螰 爾雅釋蟲

齊齒評

儉蔟切 ⿱卜皿 器也 玉篇

竉蔟切 ⿰立足 等也 玉篇

⿰豆足 小豆也 玉篇

⿰羽足 飛皃 玉篇 ⿰羽足羽齊皃 集韻

想蔟切 ⿰虫束 ⿰虫頁蛋也 玉篇

撮口評

春曲切 鋦 或作⿱局金以鐵縛物也 玉篇。集韻縛作束

⿱局月 或作⿱局骨曲角也 廣韻

郡縛切 蛐 蛐蟮 玉篇

⿰口曲 問罪 玉篇。集韻云鞫問謂之⿰口曲

⿰亻曲 小皃 玉篇

⿱髟曲 ⿱髟曲⿱髟局髮卷髮皃 集韻

⿱髟局 ⿱髟曲⿱髟局鬈髮皃 集韻

⿱宀句 不敢伸也 集韻。萱按局字足以勹之此等字儘可省

⿰耒局 耕也 廣雅釋地

駶 馬立不定 廣韻。集韻定作常

⿰魚局 魚名 集韻

永曲切 ⿰車局 或作⿰革局車枕前也 玉篇。集韻無前

⿰黑谷 黑皃 集韻

訓曲切 ⿸广頊 或作⿰鹿頁⿸广頊⿸广頊也 廣韻引聲譜 ⿰鹿頁⿸广頊也 玉篇引聲類。萱按⿰鹿頁或用頊作之同部段借字也

女曲切 媷 懈惰也 玉篇 媷嬾也 集韻

呂曲切 ⿰忄彔 心從也 集韻

⿰足彔 或作⿰足鹿行皃一曰恭也 集韻。廣韻少前義

⿰日彔 日暗也 廣韻

⿰月彔 脂也 集韻

醁 美酒也 廣韻 醽醁酒名 集韻。萱按晉武平吳薦醽酒於太廟又抱朴子云嘉遁寒泉旨於醽醁字从酉也以釀由酃湖其水綠亦名酃綠矣

⿰魚彔 魚名 集韻

騄 駿馬也 楚辭絕世赴崑山兮馵騄注。廣韻云騄駬駿馬名 騄驥善馬也 後漢靈帝紀注。文選南都賦騄驥齊鑣注云騄驥馬之名也

籙 圖也 廣韻。萱按文選東京賦云高祖膺籙受圖析言則圖籙有辨也永明十一年策秀才文云朕秉籙御天比渾

翕曲切
言別不籙箒也廣雅釋器籙簏也一曰籍也集韻

矚 視也。華嚴經音義上引韻略云矚視之甚也

囑 託辭也集韻。廣韻無辭字

襡 襡屬也衣裳上下相聯屬也釋名釋衣服 釋襡連要衣也晉書音義下引字林
襡長襦也連署衣也玉篇

䌵 或作䌵 襩綴帶謂之䌵集韻。萱按廣韻不言襩蓋通借也 䌵帶也玉篇

灟 灟灟恭也集韻引廣雅。萱按灟與燭義略同 澒翼洞灟無形之皃淮南天文 澒澒翼翼 洞洞灟灟故曰大昭注。萱按祭灟目汁也集韻 義洞洞乎屬屬乎古字少段借

處曲切
趗 趢趗小兒行也廣韻

趢 走也集韻 跺跳也同上

𡊄 牛馬所蹈之處廣韻

豩 尾長也玉篇

臅 狼臅膏臆中膏也禮記內則小切狼臅膏注。萱按說文臆胷肉也臅則胷中之膏

𧄍 或作𧄍 羊藟藟英光也集韻引廣雅。萱按諸家作羊𨇤躅俗體作藟藟耳爾雅蘇苦芙光注云芙明也

粿 糲粿損米也廣韻

𪌉 。作𪍑者譌 麥𪌉麥殼破碎者玉篇

輭曲切
鬻 或作鬻 大鼎也玉篇 鬻鼎也廣雅釋器

戟 或作戟 戟鋒謂之𢧢其子謂之戟廣雅釋器。玉篇云戟戟也 廣韻云戟矛戟枝也萱按不言戟當兼矛言 矛無子

褥 或作𧞯 褥辱也人所坐褻辱也釋名釋牀帳 釋褥薦也一切經音義三引三蒼。集韻云褥藉也 𧞯𧞯𧞯玉篇

黷 黑垢也廣韻

恕曲切
㑾 㑾倲短醜皃廣韻 㑾倲動也一曰短皃集韻

斀 擊也玉篇

𤪊 玉也廣韻

欘 木名也似栭大葉而赤玉篇

俊曲切
哫 哫訾慄斯謂承顏色也楚辭卜居將哫訾栗斯喔咿儒兒以事婦人乎注。集韻云哫訾以言求媚也

翠曲切
䟽 或作䟽 迫也速也玉篇。廣韻云䟽迫也

莡

捉

𪕉 𪕉鼩小鼠集韻

𢉇 舍也集韻引廣雅

綀 脨或作茀綀炙具廣韻。集韻具作䈓

馭曲切
趗 跛也玉篇

𧿹 行不正也集韻

鈺 寶也又堅金也玉篇 又五音集韻

砡 齊也廣雅釋詁四 又砡齊頭也文選長笛賦注引字林 集韻引字林

瑦 瑭或作鸀 鸀瑦鳥名廣韻。萱按文選作蜀玉

逯曲切

虬 蠘虬蟲名集韻

慄 詭隨也集韻。萱按卜居哫訾粟斯即慄斯也

剹 細切也集韻

鏫 金也集韻

繅 綿文玉篇

毪 或作毪毪毹罽也廣雅釋器

欒曲切

犦 或作犦絡髮謂之犦一曰牛絡頭集韻。廣韻云犦絡牛頭繩也

甫曲切

幞 或作幞帊衣曰幞御覽七百四引通俗文 幞帊也又幞頭周武帝所製裁幅巾出四脚以幞頭乃名焉亦曰頭巾廣韻。封氏聞見記云近古用幅巾周武帝裁出脚後幞髮故俗謂之幞頭 幞帕也集韻

韻史卷二十一至二十四目錄

第五部形聲

奴聲	羽聲	兆聲	雨聲	五聲
吾聲	予聲	午聲	許聲	后聲
雇聲	武聲	鼠聲	黍聲	禹聲
鼓聲	鼓聲	夏聲	宁聲	烏聲
厶聲	隻聲	蒦聲	芓聲	席聲
朔聲	咢聲說文作斝	若聲	魯聲	旅聲
寡聲	蠱聲	兔聲	罩聲	圖聲
睪聲	擇聲	乇聲	谷聲與三部谷不同	卻聲
𩫏聲與十三部𦎫別	郭聲隸作郭	𢧢聲隸作戟	答聲	貉聲
霍聲	炙聲	白聲	帛聲	百聲

尺聲	赤聲	赫聲	赦聲	壑聲
㝩聲	䨣聲	霸聲	乍聲	叒聲

第五部音讀

四詳表

合口詳	姑枯烏詳	都稃○○	樝恇○奢	租麤○蘇	逋鋪○○○
	○○○胡	○圖奴盧	○租○○	○徂吾○	○蒲謨○○
撮口詳	居袪迂訏	○○○○	諸初○書	苴趄○胥	○○○數○
	○渠餘○	○○絮閭	○除如○	○狙魚徐	○○○扶無

右平聲

合口詳	古苦鄔虎	堵土弩魯	作𧺝○社	組粗午○	補普暮○○

撮口詳	舉巨宇許	○○女旅	咀楚汝黍	姐祖俁緒	○○○甫舞

右上聲

合口詳	故庫惡互	妒渡怒路	醉蛇○嗄	○胙悟素	布步慕○○
撮口詳	據去豫○	○○女慮	翥助茹庶	嫭蜡馭絮	○○○賦○

右去聲

開口詳	各恪堊涸	泊託諾洛	窄咋○溹	作昨鄂索	博亳漠○○
齊齒詳	腳卻噱○	○○逆略	斮趞若獡	踖譃虐夕	○○○○○
合口詳	郭鞹臒穫	○○○○	籗○○朔	○○矱○	○○○○○
撮口詳	矍躩玃彏	○○○○	○○○○	○○○○	○○○縛○
開口詳	格客啞輅	○○○○	礫澤○釋	○籍額○	百白陌○○

齊齒詳	戟綌奕虩	○○○○	隻彳○○	踖耤逆昔	碧檘○○○
合口詳	虢○彠獲	○○○○	○○○○	○○○○	○○○○○
撮口詳					

右入聲此部平上去無開口齊齒音而入聲有之且分二門然古音格亦讀各戟亦讀腳虢亦讀郭可不分

四聲表

全平	姑枯烏詳	都稃○○	樝恇○奢	租麤○蘇	逋鋪○○○
昜平	○○○胡	○圖奴盧	○租○○	○徂吾○	○蒲謨○○
上聲	古苦鄔虎	堵土弩魯	作𧺝○社	組粗午○	補普暮○○
去聲	故庫惡互	妒渡怒路	醉蛇○嗄	○胙悟素	布步慕○○
入聲	郭鞹臒穫	○○○○	籗○○朔	○○矱○	○○○○○

入聲 虢○彠獲 ○○○○ ○○○○ ○○○○ ○○○○○

右合口詳

侌平 居袪迂訏 ○○○○ 諸初○書 苴趄○胥 ○○○數○

昜平 ○渠餘○ ○○袈閭 ○除如○ ○鉏魚徐 ○○○扶無

上聲 舉巨宇許 ○○女旅 俎楚汝黍 咀祖俁緒 ○○○甫舞

去聲 據去豫○ ○○女慮 蒩助茹素 爐蜡馭絮 ○○○賦○

入聲 矍躩籰彏 ○○○○ ○○○○ ○○○○ ○○○縛○

右撮口詳

韻史

第五部韻目 平聲姑 上聲鼓 去聲顧 入聲各

平聲合口詳 （廣都切）姑 沽 酤（平上兩讀） 蛄

辜（鮎鮎） 嫴（箛） 瓜 苽 柧

觚 罛 泒 呱 孤

𤞑 葭（韗） 麚（麔○） 豭 家（宲宲○）

刅 （曉姑切）枯 （腕都切）殆 夸 誇

侉 刳（挎） 烏（繎於 於○鳴 兩見） 歑（嗚）

雅（平上兩讀義 別○鴉 杅○鴉） 錏 窊（溛○） 夵

杇（圬○） 弙（疔） 污 洿 （火姑切）虍

虐 虖（滹○滹） 歑 嘑 呼

詡 幠 膴 荂（荂花○） 謼（嘑○）

魖 （菫姑切）都 闍 （綂姑切）桴 （腄姑切）楂

戲（攄） 租 觰 諸（○諸） （剔姑切）奢奓

（纂姑切）租 （寸姑切）麤（麤○麤 麤麤） （巽姑切）穌 蘇

（貝姑切）誧 餔（逋 晡） 逋（逋 佩姑切 鋪） 庯（峬） 巴

鈀 豝 ○（會切 盧 弧） 痡 抪

皅 葩 胡 狐 黏（粘○糊）

鬎 餬 胡 瑚（瑚○）

鼯（鼯○糊） 乎 荂（華） 米（鈲 錝○鏵 銧） 瑕

鍜 鰕 猪 涂（塗塗○途） 荼 拏 盧盧 纑 篕 殂酢

碬 蝦 屠 嵞 荼荼（樣○荼） 帑（五部十部兩見○孥） 顱（○髗） 壚 蘆 虘（五部十七部兩見）

蹳 壺（○樝） 鄜 郐 （煩胡切）奴伩 鬣 鑪（○爐） 鱸鸕 䣜（五部十七部兩見）

瘕 （統盧切）迖徒 捈 駼 怓 砮 攎 艫 （狀盧切）柤 （我盧切）吾

騢 圖 酴 悇 呶 （磊徒切）矑鑪盧 驢 櫨 （寸盧切）退徂䣜 梧

菩蒱 芽 蒲 摹（摸○平入兩讀） 撮口 許（春虛切） 裾 涺 祛 紆（於重見） 盱

部 枒（○椰） 杷 蟆 車轂 据 粟 阹 （訓居切）扜 邘

浯 吳晎（○吳） （漫胡切）謨暮（謩譕） 瞴 尻 腒 （郡居切）厶笶 魼鱋 訏 虛（再見）

衙（平上兩讀） （佩徒切）酺（平去二音） 居屐（踞○平去兩讀） 琚 胠 虛（墟兩見○） 吁 噓

牙酉 匍 模（橅㑪） 椐 祛 （永居切）迂 忓 歔

魖 藘藘 睮 齟 䢸 㵸 狙 沮 蝑（平上二音） 麩䴸

（準虛切）諸 遮 紓 延（○婙） 疽 蒩 鴡（雎） （選居切）胥（鄐○蝑胥） 楈（五部八部兩見） 鈇

諸 （蠢居切）初 舒 疏（○疎） 苴 （翠居切）疽 胆（○蛆） 蛾 （粉居切）夫（兩見） 邞

豬 樗 鄃 （醉虛切）且且（平上二音） 罝（罝組罝） 伹 坥 揟（偦） 衭 鄜（鄜）

菹 （舒居切）書 疋 譇 趄（跙） 岨（砠碏） 觰 鈇 豧

尃（○尃） 躣 灈 蟲（○蝶） 餘 歟 亐（于） 盂 邪（耶○琊） 挐

斅（○敷） 欋 豦 渠 畬（畭） 嬩 尪 靳 茒 （戀餘切）閭

臚 膚（兩見○臚字） 趯 蘧（蘧○平上兩讀） 驟（鸜） 伃（妤） 鸒 衰（衧） 雩（䨒） （乃餘切）絮 廬

臞（○癯） 蘧 （永渠切）余 舁 旟 玗 謣（誇） 袈（袈○袽） 驢

○（郡餘切）瞿（平去二音） 衢 蘧 畬 輿（○轝） 澦 竽 釪（鄅） 邪 臚（重見）

蠢餘切除　篨　篨　儲　藸
躇。踷　鉏。鋤　輭餘切如　娜　翟鴽。翟鴽
翠餘切狙　我餘切娛　虞。驉　魚。鰅奐驗　蘇
漁瀲。敷敷　遐餘切徐　徐　斜　衺
粉餘切夫重見　扶扶　蚨　枎　榑
娩餘切毋　毲無旡　蕪　膴　璑
巫巫

上聲

合口許廣土切鼓。鼓鼓鼓　瞽　古鼯　詁
盬　盬　罟　酤平上兩讀　叚叚叚
假　假　瑕　椵　賈。價

樌榠　股　羖　罟　寡
兆　蠱　瞂古切苦　脆古切鄔　鴮。塢鴮
趨　瑦　詁　會古切戶戾　雇鸌鴮
扈屿。扈屿　鄠　鄠　[illegible]　虎虒勮
琥　怙　祜　居　岵岵
楛　汻滸　丅二下。上去兩讀　芐
夏夐上去兩讀　董古切睹覩　睹曙。上去兩見　堵豬　陼
統古切土　吐　杜　殿壔　稌
燠古切弩　磊古切魯　櫓樐　蓾菡　鹵
虜。擄　虜　鑪　艣　狀古切趣趣

剬古切社陸　祭古切組　珇　祖　葅。葅
寸古切粗　猵。猵衡　我古切五乂　伍　午
雅平上兩讀義別　庌　貝古切補　圃。圃　祀
把　佩古切浦　溥　普普　漫古切墓嫫㜷
莽　馬影影

撮口許眷許切舉。舉舉　莒　筥　篆
鄅　椝矩。兩見　郡許切巨渠。渠矩兩見　鉅
岠岠。拒　距䶥䶥　齟　苣。炬　柜柔。櫸
鬻粔　踽。偶　犕　蒙廣。平上兩讀　鑢廣廣
永許切雨雨上去兩讀　与　與昇上去兩讀　趣

禹禹　䳇　瑀　楀。㨮　萬
宇寓　羽　霸　鄅　予
野埜。埜　冶　訓舉切許　鄦　懇
詡　栩　寫。寫　乃許切女上去兩讀
蕊舉切旅旅。旅旅　膂呂　柖　準許切俎
阻　眝　町　杼　者
赭　渚　鷟鬻　蠢許切処處。處
宁。佇竚　貯。储　紵縒　盂　盬
褚柠　楮衲　芧。苧　杼。楰棧　抒
杵　齟齟　鱸　楚　齭齽。齼

轉許切汝 舜舉切暑 黍 柔 朖
鼠癙兩讀 所 捨 醉許切姐 翠許切且丒平上
咀 祖 我許切㯺 篽敘籞
鋤鋙 齬。齭 語上去兩讀 敔 衙平上兩讀義同
圄 圉圄 俁 噳 選舉切緒
敘 序伃圩 屖 鱮 諝
㥠 糈 稰 湑醑 蝑平上兩讀義同
粉舉切父 斧 甫 鬴 俌
輔 酺。[illegible] 黼。黼 䩉 鄜
莆 脯 簠医 撫迯。掚 攺

脫舉切霖無。無又借爲平聲見霖字下 潕 憮 嫵
廡廡 舞翌僻 嚚 武
去聲
合口許廣路切顧。顧 故 固。怘 錮
痼 棝 菌 箇个。個 嫁
㤎 稼 嚆固切庫 袴。袴 胯
跨 跨 酷 䕒五部三部兩見 脘固切亞。婭
惡去入兩見 會固切笪互。牙 柘 罝
護 鑊。鱯 棒欜。樺 䵇 墉隋
謣 唬 郯 婟 崋華
西 晉 暇 下上去兩讀 夏上去兩讀

堇固切妬妬。 蠹蠧 殬 妒 託
秅 紞固切度去入二音 渡 兔。菟
㸚固切怒。努 笯 磊固切路 露 路
璐 鷺。鷺 簬簵 賂 寸固切胙。祚
阼。胙 酢 措 厝去入二音 潜
麆。麆 我固切晤 悟悆 寤寤。寣 害
牾許。牾件 迕遻。忤 誤。悞 訝。迓 巽固切素 謼諯愬訴訴。
泝泝泝泝。 貝固切布 靶 佩固切步 踄去入二音
荹 捕 哺吺 悑怖 酺平去二音
狛去入二音。[illegible] 鮊去入二音。鰒 漫固切莫暮去入兩讀。 慔

慕 募 鬘 墓 禡
罵 瘍 鄢
撮口許春豫切據 倨居尻路。平兩讀 眀 畀
瞿平去二音 鑺 郡豫切去 魼 遽
勮。劇 醵酤 懼愳 永據切譽 礜
鵙鸒 麌 與上去二音 豫。預忬 悆悇
瘀 淤 寠 芋 夜
雨上去二音 乃據切女上去二音 戀據切慮 勴。勴
鑢鑢音 準據切翥。翥 著本韻兩見又入聲。著
詛。謯諸 樝詐 吒咤姹嗄。詑 喥 蟅

度○睹 𦔮○莇 作 恕怒 赦赦 覷 謝 搏去入兩讀

入聲 開口呼 良洛切 各 格

㯟 箸本韻再見○莇苧楮 詐 署 醉豫切怚 蜡褚○䖵 卸 傅 挌

柘 輭豫切茹 睹曙○上去兩讀 爐 籍去入兩讀 㽈 胳裕○ 茖

炙去入兩讀 射䠶去入兩讀 滗洳 舍 翠據切駔又見十部上聲別一義○䐶 我據切御馭 粉據切賦賻○ 閣 骼骰○𩩍髂

蠢據切助 鸐 舜據切㡿 洽 遐據切絮 賦 格洛○䅥 艀

口各切客 堊 鵅 𥅡𧂂𧂂 魠 橐 剫 略 雒 跖跅

㥲恪恪 蛩 貉貊○貉貊 蘀蘀 袥 櫜 素各切諾 輅 鵅駱 踱

稟各切惡○去入兩讀惡惡悪 海各切壑壑 輅䡖○ 代各切託 襗 槨柝析析○ 朗各切洛 鉻䂐○剳 鮥 齰齚

涸㶅 郝 侂托○ 鐸 墲墲墲○墲墲 落 笿 諍各切拓摭 諎唶咋○

啞 垎 赫嚇○嚇焃 碩 襗 度去入兩讀 霩 駱 礫尾○砾 乇

隻 席庍庍斥○ 碩 釋 迮 餎 秸 額額 蔫鶚鶚 髆

炙○去入兩讀炙爙 宅咤厇 柘 螫 笮窄○ 怍作○ 籍 咢咢 蝷鰐○鱷蜉 搏去入兩讀

擇 袥 索 采各切筰笮○ 昨 錯 遻遻 散各切索 鞹

莣各切尺 澤 䑐 硋 柞 厝去入兩讀 醋 咢㖾鍔○ 保各切嚩 鎛

稍各切石 赤 釋 宰各切作 秨 我各切諮 遣 鄂 齶 博

簿 迫 跡去入兩讀 白帛 鮊鮁○去入兩讀 冒各切莫 蟇獏 漠

齊齒呼 几略切 腳腳○ 舊略切噱

欂 敀 䪬鞹 帛 洦泊 膜 瘼 貘貊○狛 勮劇○平去兩讀

百 柏栢 膊 怕 拍拍 摹摸○平入兩讀 蕮 幕 藹 攫 谷卻𦢊䂗

佰 托各切毫 溥 魄 霸 嘆寞○ 鏌 耴 卻却○

伯 暮 鑮 狛䝷○去入兩讀 霸䨣 蓦 鄚 戟㦸○ 御

㤩 蝍 綌㤩 郤郄○ 柳隱略切亦腋○
宩 隙 㹤怯五部八部兩見 液 罘罜
奕 弈 掖 繹鐸○襗 數
羿 圛 譯 利若切略 蜋倡略切蠚○螺箸兩去見入
嶧 驛 向略切虩覤○ 鍺
軫略切斫 靳 礏 櫡忍略切斳○若 箸
著○射䠶去入兩讀 彳 婼 淺略切逪 趞
叒 甋略切踖碏○ 借 籍去入兩讀 籍
雔舄見鵲小○略舄 又切 耤 逆 縌
䊧 捇 我略切艻

小略切箵簩○昔腊宵 惜 夕 𡖄
席囱席○ 蓆 舄重見 丙略切碧 皕
避略切樽
合口訏 廣霍切亳 郭 崞 椁槨○
虢 瀇 聝郭切霩廓○ 漷 鞹
獷獷○又十部去聲 䨼篧○䈮篧 腕郭切蒦韄 會郭切霍又十六部上聲○霍 擭
韄 膢 蠖
藿霍○ 穫 鑊 濩 獲
刷霍切朔 獡狢猎
撮口訏 春縛切矍 攫 钁 玃

郡縛切躩 訓縛切矆懬
䞤
永縛切篗䉶𥕢
粉𥉻切縛
彏
貜蠼○

韻史卷二十一

泰興何萱譔集

第五部平聲上

合口評

姑韻

姑 廣都切 **夫母也** 說文段注釋親曰婦偁夫之父曰舅偁夫之母曰姑姑舅在則曰君舅君姑沒則曰先舅先姑按聖人正名之義名有可段借通用者有不可段借通用者可段借者舅姑是也故母之昆弟爲舅夫之父亦曰舅妻之父曰外舅夫之母曰姑男子偁父之姊妹亦曰姑偁妻之母曰外姑蓋白虎通云舅者舊也姑者故也舊故之者老人之偁也故其偁可汜用之不可段借者父母是也故同姓有父母異妹無父母夫之父母未嘗偁父母也姑之夫未聞偁父也姑未聞偁母也母之兄弟未聞偁父也母之兄弟之妻未聞偁母也從母之夫未閒偁父也惟外祖父外祖母則以父之父母例之而得偁從母則以父之昆弟偁從父例之而得偁從母之子亦以從父昆弟例之而得偁凡同姓五服之外及異姓之親祇偁兄弟無偁昆弟者古人偁謂之嚴也今天下之名不正者多矣盡反諸經乎許於舅擧母之昆弟於姑擧夫母各擧男女所敢尊以發舅姑之例也姑之字段爲語詞卷耳傳曰姑且也○釋名釋親屬云夫之母曰姑亦言故也又國語魯語吾聞之先姑注云夫之母曰姑

沒曰先姑又白虎通三綱六紀云親如母而非母者姑也 **父之姊妹爲姑** 爾雅釋親又公羊莊三年傳請後五廟以存姑姊妹注又詩泉水問我諸姑傳云父之姊妹偁姑又釋名釋親屬云父之姊妹曰姑姑故也言於己爲久故之人也又左氏僖十五年傳姪其從姑注云謂我姪者我謂之姑○爾雅釋親王父之姊妹爲高祖王姑父之從父姊妹爲從祖姑父之從祖姊妹爲族祖姑 **妻之母爲外姑** 爾雅釋親又禮記坊記壻親迎見於舅姑注云母爲外姑 **婦謂夫之庶母爲少姑** 爾雅釋親 **故也** 廣雅釋親又太玄玄數南呂生姑洗注又白虎通五行三綱六紀○爾雅釋親孫注云姑之言古也尊老之名也 **且也** 小爾雅廣言又國語魯語姑從君乎注晉語盍姑謀睦乎注越語請姑無庸戰注又孟子梁惠王下姑舍女所學而從我注公孫丑上姑舍是注○禮記內則姑與之注云姑猶且也 **姑之言諸也** 史記吳太伯世家索隱引宋忠 **潔也** 國語周語六律三曰姑洗所以修潔百物考神納賓也注○呂覽季春律中姑洗注云姑洗陽律也姑故洗新是月陽氣發生去故就新也又淮南天文曰姑洗者陳去而新來也又時則律中姑洗注云姑故洗新也是月陽氣養生去故就新又周禮太師注云姑洗辰之氣也三月建焉而辰在大梁又云姑洗長七寸九

分寸之一 **姑蘇臺名** 國語吳語以罷民於姑蘇注又越語以上姑蘇注云姑蘇宮之臺也在吳昌門外近湖又文選吳都賦造姑蘇之高臺劉注云姑蘇吳臺名也○國語越語西至於姑蔑注云姑蔑今太湖也是也○楚辭抽思低佃夷猶宿北姑兮注云北姑地名 **無姑姑榆也** 爾雅釋木無姑注○穆天子傳六天子乃釣于河以觀于姑錄之木注云姑錄大木也○詩卷耳我姑酌彼金罍說文夕部引作我乃酌彼金罍萱按此同音段借字

沽 **沽水出漁陽縣塞外東入海** 說文段注漁陽郡漁陽二志同今直隸順天府密雲縣縣西南三十里漁陽故城是也前志漁陽下曰沽水出塞外東南至泉州入海行七百五十里水經曰沽河從塞外來南過漁陽狐奴縣北西南與濕餘水合爲潞河又東南至雍奴縣西爲笥灕又東南至泉州縣與清河合東入於海清河者派河尾也按凡曰出某縣塞外某縣徼外某縣某方蠻夷中者皆言其來之遠不可得其地名故系之某縣也此云漁陽塞外則非出漁陽矣今直隸之白河即沽河也白河遠出宣化府獨石口之獨石水合赤水城水龍門水東南樓流逕密雲縣西與湖河合潮河古鮑丘水也既得潮河西南逕懷柔縣東南南經順義縣東至通州城北東南三面俗偁古潞水又南逕舊漷縣西又逕香河縣西

南又東南逕武清縣東又東南入天津縣畔合諸大川由直沽入海與酈注所述不甚異程氏瑤田曰俗謂沽水及酈注之獨固門漁水巖山皆在今之薊州者繆甚玉裁謂方與紀要謂漢漁陽在今薊州亦大繆今字以爲沽買字伐木鄭箋曰酤買也字从酉 **買也** 論語鄉黨沽酒市脯釋文 **賣也** 論語子罕求善賈而沽諸集解引馬注又皇疏○後漢李雲傳注云沽賣之也又逸民傳注云沽謂衒賣也 **沽猶略也** 禮記檀弓上以爲沽也注 **沽猶麤也** 儀禮喪服傳冠者沽加功也注云沽猶麤也冠尊加其麤麤功大功也○論語求善賈而沽諸玉篇反部作求善價而乃諸萱按此同音段借也然未審其所據

酤 平上兩讀 **一宿酒也一曰買酒也** 說文又詩伐木無酒酤我傳云酤一宿酒也又烈祖既載清酤傳云酤酒萱按論語沽酒市脯不食釋文酤沽買也此段沽爲酤也 **買也** 漢書食貨志下集注又詩伐木箋又疏云古買酒爲酤酒 **酤謂賣酒也** 漢書景帝紀夏旱禁酤酒注 **清酤美酒也** 文選西京賦清酤敍辭注

蛄 **螻蛄也** 說文段注今之土狗也孟子蠅蜹姑嘬之蜹一作蟠或云蟠姑卽螻蛄也○方言十一曰螻蛭謂之螻蛄

蛄螆强蛘爾雅釋蟲

辜𦵔古文。或書作殆𦵔辠也說文又爾雅釋詁又詩正月民之無辜箋雲漢何辜今之人。箋又公羊宣六年傳天乎無辜注又淮南本經殺不辜之民注。段注周禮掌戮殺王之親者辜之鄭注辜之言枯也謂磔之按辜本非常重罪引申之凡有罪皆曰辜禮義之罪也爾雅釋詁舊注辜謂應死人也莊子則陽至齊見辜人焉釋文引李注辜即枯也荀子正論斬斷枯磔注辜謂磔牲以祭也周禮小子凡沈辜侯禳司農注又大宗伯以疈辜祭四方百物司農注云疈辜披磔牲以祭若今時磔狗祭以止風又犬人凡幾珥沈辜疏云辜謂疈磔牲體以祭必也漢書律麻志六律姑洗洗絜也言陽氣洗物辜絜之也集注引孟康云辜必也辜絜必使之絜也固也一切經季經抄音義引漢書音義云辜固也謂規固販鬻以求利也。漢書陳咸傳沒入辜權財物注云辜權專固也障也後漢靈帝紀豪右辜權注云辜障也謂障餘入賣買而自取其利也。按辜權一作辜較又史記汲鄭列傳索隱云辜較字亦作酤推皆同音段借字辜較猶梗概也孝經蓋天子之孝也疏引劉炫云蓋者辜較之辭辜較猶

梗概也言其大略也舉十一月爲辜爾雅釋天

嫴或書作葦保任也說文段注急就篇疾痛保辜謕呼號師古曰保辜者各隨其輕重令毆者以日數保之限內致死則坐重辜也按保辜唐律今律皆有之辜者嫴之省嫴與保同義疊字師古以重坐重辜解之誤矣春秋公羊傳注曰古者保辜鄭伯髡原爲大夫所傷以傷辜死君親無將見辜者辜內當以弒君論之辜外當以傷君論之辜皆當作嫴原許君之義實不專謂罪人保辜謂凡事之估計豫圖耳廣雅曰嫴推都凡也是其理也權也廣雅釋言嫴權凡也廣雅釋訓萱按段所引多都字且也廣雅釋詁三萱按此段爲語辭與姑之訓且同

瓜蓏也說文段注艸部曰在木曰果在地曰蓏瓜者縢生布於地者也。漢書食貨志菜茹有畦瓜瓠果蓏瓜者外延離李而實續漢五行志二紹也詩緜緜瓜瓞傳瓜苞蔓于地太乎達歟美可以達于瓜苞注乾園㑊瓜易遘以杞苞瓜虔注王瓜萆挈也禮記月令王瓜生注萱按夏小正作王萯秀木瓜楙木也可食之木詩木瓜投我以木瓜傳瓜者蓋弓頭爲瓜形也

後漢董卓傳注

菰或作菰雕胡一名蔣說文段注食醫內則皆有菰食鄭云菰彫胡也廣雅曰菰蔣也其米謂之彫胡然則猶扶渠實名蓮亦因以爲華葉名也彫胡枚乘七發謂之安胡其葉曰菰曰蔣俗曰茭其中臺如小兒臂可食曰菰手其根曰葑。禮記內則蝸醢而菰食雉羹注又周禮太宰注無秫大參而有粱菰釋文並云菰彫胡也膳夫食用六穀司農注云菰雕胡也又淮南詮言菰飯犓牛弗能甘也注云菰凋胡也。漢書司馬相如傳上蓮藕菰蘆注引郭璞云菰蔣也又淮南原道浸潭菰蔣注云菰者蔣實也其米曰彫胡又天文大旱菰封熯注云菰蔣草也又楚辭大招設菰粱只注云菰粱蔣實謂雕菰也又文選江賦泛之以遊菰注云菰蔣也菰吹鞭也菰者撫也言其節撫威儀風俗通聲音引漢書舊注萱按此謂菰爲菰之段借也菰吹鞭也又校官碑履菰竹之廉又段爲孤字

柧棱也又柧棱逗殿堂上最高之處也說文段注柧與棱二字互訓殳以積竹八觚觚當作柧觚行而柧廢矣史記酷吏傳曰漢興破觚爲圜應劭曰觚八棱有隅者通俗文曰木四方爲棱八棱爲柧按通俗文

析言之者若渾言之則急就奇觚謂四方板版也文選西都賦曰設璧門之鳳闕上觚棱而棲金爵後漢書正作柧棱李賢引說文爲注。廣雅釋言曰柧棱也

觚鄉飲酒之爵也一曰觴受三升者觚說文段注鄉當作禮鄉飲酒禮有爵觶無觚也燕禮大射特牲皆用觚觚受三升古周禮說也言一曰者許作五經異義時從古周禮說至作說文則疑故言一曰以見古說未必盡是則韓詩說觚二升未必非也不先言受二升者亦疑之也。論語雍也觚不觚集解引馬注云觚禮器也又皇疏云觚禮酒器也又釋文云觚酒爵也又大戴記曾子事父母執觴觚杯豆而不醉注云觚器也二升曰觚廣雅釋器又論語雍也集解又禮記禮器貴者獻以爵注又儀禮特牲餼食禮記實二爵二觚四觶一角一散注引舊說云爵一升觚二升觶三升角四升散五升萱按此爲定說考工記梓人觚三升觚乃觶之誤論語馬注三升曰觚則沿古周禮說與說文同逗寡也禮記禮器疏引異義又詩卷耳疏引異義韓詩說云二升曰觚觚寡也飲當寡少角也漢書郊祀志下集注按此渾言之也法也太玄大自削以觚注玄攡占之以其觚注方也漢書酷吏傳集注又後漢杜林傳注云觚亦方

也又文選文賦或操觚以率爾注云觚木之方者古人用之以書猶今之簡也又云觚木簡也棱也莊子大宗師其觚而不堅也釋文引崔注特立不羣也莊子大宗師釋文引王注劒拊也淮南主術操其觚招其末注觚盧虘魯也漢書司馬相如傳上蓮藕觚盧注引張晏萱按此因聲段借之義李無正字也其方棱諸義皆柧爲正字

罛 魚罟也詩曰施罛濊濊說文又爾雅釋器魚罟謂之罛又詩碩人傳云罛魚罟魚網也國語魯語水虞於是乎講罛罶注又文選吳都賦同罛共羅劉注大网淮南說山好魚者先具罟與罛注

泒 泒水起鴈門葰人戍夫山東北入海說文段注葰人縣後志無前志屬太原郡此屬鴈門者二郡境相接容有改屬也葰如淳音瑣師古音山寡反史記周勃樊噲二傳作霍人左傳襄十年之霍人也今山西代州繁峙縣縣南有葰人故城戍夫山即泰戲之山也北山經曰泰戲之山虖沱之水出焉而東流注於漊水郭云今虖沱水出鴈門鹵城縣南武夫山李吉甫曰泰戲山一名武夫山在繁峙縣東南虖沱水出焉通典虖沱水出繁峙縣東南泒阜山明統志謂之小泒山大泒山然則戍夫即武夫即泰戲也泒水即虖沱之源也

呱 小兒嗁聲詩曰后稷呱矣說文又文選幽通賦注引字林云呱子啼聲泣聲也詩生民釋文○書咎繇謨啟呱呱而泣呱呱號也廣雅釋訓

孤 無父也說文段注孟子曰幼而無父曰孤引申之凡單獨皆曰孤孤則不相酬應故背恩者曰孤負孤則人輕賤之故鄭注儀禮曰不以己尊孤人也○國語周語司民協孤終注晉語恤孤寡注又淮南原道童子不孤注時則存孤獨注謚云無父曰孤又淮南修務以養孤孀注云幼無父曰孤又禮記王制云少而無父者謂之孤又深衣如孤子衣純以素注云三十以下無父偁孤又曲禮上孤子當室注云孤子謂年未三十者又管子輕重己曰民生而無父母謂之孤子孤謂嗣子也禮記襍記上孤子須矣注孤子者死王事者之子也周禮外饔邦饗耆老孤子注又司門以其財養死政之老與其孤注云死政之老死國事者之父母也孤其子又管子中匡起諸孤注云孤謂死王事者子孫顧也易睽睽孤遇亢夫虞注又釋名釋親屬云無父曰孤孤顧也顧望無所瞻見也獨也廣雅釋詁三又後漢馬融傳注小也特也史記老莊申韓傳雖欲爲孤豚索隱孤者特立無德能者也禮記曲禮下自稱曰

孤疏孤謂無人周禮書周祝國孤國屠注偏孤謂喪父也文選寡婦賦少伶俜而偏孤兮注煢也國語吳語以心孤句踐注遠也漢書終軍傳集注負也後漢明德馬皇后紀注無子曰孤呂覽懷寵求其孤寡注孤寡謙偁也呂覽士容南面偁寡注又君守君名孤寡而不可障壅注云孤寡人君之謙偁也三少卿也謂之孤大戴記保傅於是爲置三少皆上大夫也注又周禮掌次孤卿有邦事注云孤王之孤三人副三公論道者又禮記王制王者之制祿爵疏云孤亦偁公又呂覽離俗遇高唐之孤注云孤孤特位尊又後漢城陽恭王祉傳注云孤者特也卑於公尊於卿故曰孤所使於四鄰諸侯者非其人謂之孤荀子君道孤臣謂孤陋之臣也文選東京賦由余以西戎孤臣薛注謂子爲孤屠後漢南匈奴傳注孤謂六甲之孤辰後漢方術傳注孤竹竹特生者周禮大司樂孤竹之管注○文選東京賦孤竹之管薛注云孤竹國名出竹世以山不連陵曰孤山孤都聲相近疑即所謂都山也水經滱水注

箛 吹鞭也說文段注風俗通曰漢書舊注箛者吹鞭也急就篇曰箛篍起居課後先師古曰箛吹鞭也篍吹筩也起居謂晨起夜臥及休食時督作之司以此二者爲之節度宋書樂志晉先蠶注吹小箛大箛按云鞭者如長笛賦云裁以當邁便易持也箛箠二竹名文選南都賦篠蘇箛箠注

葭 蕸籀葦之未秀者說文又爾雅釋艸葭蘆注云葦也又李注云葦初生葭蘆爾雅釋艸又詩碩人葭菼揭揭傳蘆也詩騶虞彼茁者葭傳蒹葭蒹葭蒼蒼傳又荀子正名屋室廬庾葭稾蓐尚机筵而可以養形注又漢書中山靖王勝傳非有葭莩之親注司馬相如傳上藏莨蒹葭注引郭璞終軍傳南越竄屏葭葦注王莽傳上上與陛下又葭莩之故注又後漢蔡邕傳注又文選子虛賦注引張揖○詩蒹葭陸疏云葭一名蘆又莊子則陽蒹葭如萌以扶吾釋文云葭亦蘆也又漢書李陵傳牴大澤葭葦中注云葭即蘆也又爾雅釋艸注云葭即今蘆也葭一名華爾雅釋艸葭華舍人注葭屮穆天子傳五在乎葭中注葭即遐也後漢杜篤傳注按此謂段借也○左氏定十三年經齊侯衛侯次于垂葭公羊作垂瑕亦段借字

麚俗作麤。牡鹿也呂夏至解角說文。爾雅釋獸曰鹿牡麚又禮記月令曰仲夏之月日長至鹿角解

麚短脰爾雅釋獸

豭牡豕也說文又漢書翟方進傳與豭豬連繫都亭注又晉書音義上又左氏隱十一年傳疏云豭謂豕之牡者哀十五年傳輿豭從之疏同又廣雅釋獸曰豭豕也又詩何人斯傳三物豕犬雞也疏云豭即豕也。段注左傳野人歌曰既定爾婁豬盍歸吾艾豭此豭為牡豕之證也方言八曰豬北燕朝鮮之閒謂之豭郭云猶云豭斗也牡豬也史記秦始皇紀夫為寄豭索隱。左氏隱十一年傳使卒出豭釋文云豭豬別名昭四年傳深目而豭喙釋文云豭豬也雄也廣雅釋獸

家𡧚古文。或作𡧚。凥也說文段注凥處也處止也釋宮牖戶之閒謂之扆其內謂之家引申之天子諸侯曰國大夫曰家凡古曰家人者猶今曰人家也家凥疊韻人所居偁家易家人釋文。襍卦傳家人內也室也呂覽愼勢此王者之所以家以完也注。詩緜未有家室傳云室內曰家家者內外之大名左氏文十

八年傳男有家疏又昭廿九年傳注在家則祀中霤疏云家謂宮室之內又爾雅釋宮其內謂之家李注云家謂門以內也家者承世之辭詩桓箋箴定其家先王之業疏家猶業也鬼谷子符言家于其無常也注夫偁家語國語齊語罷女無家注。詩桃夭箋家人猶室家也疏云家猶夫也婦謂之家離騷浞又貪夫厥家注。左氏僖十五年傳注家謂子圉疏云夫謂妻為家又呂覽不屈此非不便之家氏也注云家氏婦氏有夫有婦然後為家周禮小司徒上地家七人注夫家猶言男女也周禮小司徒以稽國中及四郊都鄙之夫家九比之數注遂人以歲時登其夫家之眾寡注以三夫為一家管子乘馬國家國之所居謂城方也周禮典命其國家宮室車旗衣服禮儀注。呂覽貴卒爭先入公家注云公家公之朝也。獨斷天家百官小吏之所偁天子無外以天下為家故偁天家家即縣也左氏昭五年傳注而言十家疏采邑大戴記文王官人使是治國家而長百姓注。周禮春官序官家宗人注云家謂大夫所食采邑方士掌都家注云家大夫之采地夏官序官家司馬注云家卿大夫采地大司馬家以號名注云家謂食采地者之臣也載師以家邑之田任稍地注云家邑大夫之采地

朝大夫掌都家之國治注云都家王子弟公卿及大夫之采地也卿大夫偁家書微子我家耄遜于荒馬注又左氏桓二年傳諸侯立家注十八年傳男有家疏。禮記中庸天下國家可均也注又論語季氏聞有國有家者集解引孔注陽貨惡利口之覆邦家者皇疏亦云家謂卿大夫也又子張夫子之得邦家者皇疏云家謂作卿大夫也又孟子離婁上皆曰天下國家注云家謂卿大夫之家也又文選東京賦饗饋決乎家陪薛注云家陪謂公卿大夫之家。禮記曲禮上凡家造注又公羊桓二年傳於是先攻孔父之家注又書洪範其害于而家王注亦云大夫偁家又公羊莊四年傳家亦可乎注云家謂大夫家又國語楚語家貨足以共用注云家大夫也又禮記禮運藏於私家疏云大夫以下偁家易師開國承家荀注承家立都邑也易師干注家人言庶人之家漢書惠帝紀見蘭陵家人并中注家公主人公也莊子寓言其家公執席釋文引李注家兵僮僕之屬後漢朱雋傳注家言謂偏見自成一家之言荀子大略此家言邪學之所以惡儒者也注

夃秦人市買多得謂之夃詩曰我夃酌彼金罍說文段注市買多得謂之夃秦

人語也方言不載詩者周南文今毛詩作酌姑酌傳曰姑且也許所據者毛詩古本今作姑者後人以今字易之也如尚書壁中古文本作無有作敄本作黎民狙飢之類夃者姑之段借字如敄狙者好阻之段借字五篇曰夃今作沽引論語求善價而夃諸未審其所本之論語

猳切
姑

枯槁也夏書曰唯箘輅枯枯逗木名也說文段注今尚書作惟箘簬楛按惟作唯轉寫誤也輅當依竹部引書作簬楛作枯則許所據古文尚書如是書之枯非枯槀之義必別釋以曉人也考工記注引尚書箘簬枯鄉射禮注引國語肅慎貢枯矢然則鄭所據尚書國語皆作枯與許所據合也。易大過枯楊生稊疏云枯謂枯槁又漢書禮樂志枯槀復產注云枯槀謂艸木經冬零落者也燥也荀子勸學淵生珠而崖不枯注虛也太玄差過其枯城注謂故都也注又云枯枯猶病也淮南原道終身運枯形于連嶁列埒之門注川澤無水曰枯周禮司書注童枯則不稅疏。管子水地齊晉之水枯旱而運注云枯旱謂其水慘溢而無光也枯魚猶乾魚莊子外物旱索我于枯魚之肆釋文引李注。廣雅釋詁二曰胋乾也螢按此段胋為枯也胋晚出尤。俗字挫枯

棄不用也楚辭怨上芳蘦兮挫枯注骨無肉曰枯呂覽異用澤及髏骨注弃市暴屍也荀子正論斬斷枯磔注又云或者枯與鼴辜義同山榆也周禮壺涿氏注檮讀爲枯釋文○易大過釋文引鄭注云枯謂無姑山榆枯榆木名周禮壺涿氏杜注

殆枯也說文段注周禮殺王之親者辜之注辜之言枯也謂磔之桀部曰磔辜也按殆同辜磔也玉篇曰點古文辜字

夸奢也說文段注奢者張也疊韻同義○荀子仲尼貴而不爲奢注云夸奢侈也張也史記劉敬叔孫通傳此宜夸矜集解引韋昭張布也漢書司馬相如傳上夸條直暢注引郭璞泰也史記屈原賈生傳夸者死權集解引臣瓚大也廣雅釋詁一又後漢馮衍傳注○漢書嚴安傳集注云夸大也競也詫而自大也呂覽下賢富有天下而不驕夸注虛也呂覽李生非夸以爲名也注○文選鵩鳥賦注引莊子司馬注云夸虛名也弱也淮南修務形夸骨佳注娅也方言十二夸猶美也文選舞賦夸容乃理注華言無實曰夸周書諡法毗也史記屈原賈生傳集解引應劭夸毗體柔也爾雅釋訓舍人云夸毗卑身屈已也又孫注郭注云

夸毗屈己卑身以柔順人也又詩板無爲夸毗傳云夸毗體柔人也又後漢崔駰傳注云夸毗謂佞人足恭善爲進退○爾雅釋文云夸毗字書作躬舭夸父神獸也一曰仙人也淮南墜形夸父棄其策注○呂覽求入夸父之野注云夸父獸名也又山海經海外北經夸父與日逐走入日注云夸父蓋神人之名也夸蚼蟲之生於土而游於土者洪範五行傳時則有華孼注

誇譀也說文又廣雅釋言萱案說文譀下云誕也段大令曰當作誇也譀與誇互訓自矜曰誇一切經音義十一引通俗文大也漢書外戚傳下集注引孟康又管子白心是故萬物均既誇衆矣注大言也文選長楊賦注引字林誇誇切切也廣雅釋訓誇奢得勝也爾雅釋詁奢勝也注

侉惝譽也說文段注心部曰惝者慜也慜者惝也惝今隸作慿譽者意內而言外也案爾雅毛傳皆曰夸毗體多柔然則侉即夸毗字乎夸毗亦作躬舭

刳或作挎判也說文段注內則云刲之刳之案刲謂刺殺之刳謂空其腹轂辭刳木爲舟亦謂虛木之中刳木一作

挎木鄉飲酒禮相者二人皆左何瑟後首挎越內弦賈公彥曰瑟底有孔越以指深入而持之也手部無挎剖也漢書王莽傳中集注又後漢董卓傳注屠也一切經音義二十引蒼頡又廣雅釋詁三狄也方言十二萱按此段狄爲剔也晚出書泰誓上疏云刳剔謂割剝也刲刳博異語也禮記內則刲之刳之注刳謂除消其土也文選蕪城賦刳濬洫注○莊子天地君子不可以不刳心馬釋文刳崔本作軒挎持也儀禮鄉飲酒禮挎越注挎除也易轂辭下傳挎木爲舟九家注

烏䯊都切○俗有嗚𢁺古文烏象形於象古文烏省○於字兩見孝烏也烏亏呼也取其助气故曰爲烏呼說文段注孝烏謂其反哺也亏於也象气之舒亏呼者謂此烏善舒气自叫故謂之烏取其助气許語也取其字之聲可以助气故以爲烏呼字此發明假借之法古者短言於長言烏呼於烏一字也按經傳漢書烏呼無有作嗚呼者加口作嗚殊乖大雅於字益古文之後出者此字旣出則又于於爲古今字釋詁毛鄭皆云亏於也凡經多用于凡傳多用於而烏烏不用此字○論衡指瑞曰烏者孝烏又史記周李紀流爲烏集解引書鄭注云烏有孝名烏反

哺之烏至孝之應也文選典引三足軒翥於茂樹蔡注又小爾雅廣烏曰純黑而反哺者謂之烏小而腹下白不反哺者謂之雅烏白項而羣飛者謂之燕烏燕烏白脰烏也雅烏鸒也烏者陽之精後漢班彪傳下注○文選蜀都賦注引春秋元命苞云陽成於三故日中有三足烏烏者陽精又古微書引春秋元命苞云烏孝烏陽精天意烏在日中從天以昭孝也烏謂卑居鵲之屬周禮羅氏掌羅烏烏注○射烏氏以引矢毆烏鳶注云烏鳶善鈔盜便汙人嘼也廣雅釋詁四○淮南原道抒烏號之弓注云烏於也萱按此以古文釋小篆猶之以今字釋古字也漢人有此例烏猶馬也漢書司馬相如傳下集注安也呂覽明理烏聞至樂注又文選吳都賦烏聞梁岷有陟方之館劉注又史記司馬相如傳余尚惡聞若說索隱○淮南時則天子烏始乘舟注云烏猶安也何也漢書匡衡傳贊集注○賈誼傳集注云烏猶何也於何也史記大宛列傳惡睹本紀所謂昆命者乎索隱又漢書司馬相如傳上烏者乎索隱又漢書司馬相如傳士有先生者注烏足道乎注傳下烏謂此乎注酷吏傳序惡能勝其任而媮快乎注楊僕傳烏足以驕人哉注○公羊桓六年傳惡乎淫釋文云烏乎猶於何也歎辭也漢書韋贊傳於赫有漢注又文選陸士衡

赴洛道中詩注引韓詩章句**烏乎吁嗟也**小爾雅廣訓〇素問徵四失論嗚呼注云嗚呼歎也又匡謬正俗二又漢書武帝紀烏虖注董仲舒傳烏虖注又荀子儒效嗚呼而莫之能應注竝云嗚呼歎辭也又法言先知嗚呼必天先秋而後春乎注云嗚呼駭歎之聲又書洪範嗚呼又左傳襄三十年嗚呼必有此夫又論語八佾子曰嗚呼萱按此類嗚字俗所改也本皆作烏**烏烏歎其氣至**素問寶命全形論見其烏烏注〇漢書楊惲傳仰天拊缶而呼烏烏注云烏烏秦聲關中舊有此曲亦作嗚又史記李斯傳歌呼嗚嗚萱按作烏者是**軶上者謂之烏啄**小爾雅廣器〇釋名釋車云槅扼也所以扼牛頸也馬曰烏啄下向又馬頸似烏開口向下啄物時也**哀烏星之狀皃**史記天官書聚一十五星蔚然曰郎位索隱云蔚然漢書作哀烏星之狀皃萱按郎官僑烏府以此**烏滸南方夷號也**後漢靈帝紀注又文選吳都賦烏滸狼臘劉注云烏滸南夷別名也**烏篳射干也**廣雅釋艸**烏麩蒿也**同上**烏足艸名也**莊子至樂陵舄得鬱棲則爲烏足釋文引司馬注又列子天瑞烏足之根釋文**烏號柘名以爲弓**文選吳都賦攝烏號劉注又淮南俶真烏號之弓注云烏號栢桒也又原道注云烏號桒栢其材堅勁烏

峙其上及其將飛枝必橈下勁能復巢烏隨之烏不敢飛號呼其上伐其枝以爲弓因曰烏號之弓也**於者烏聲**書堯典僉曰於鄭注**於嗟也**易繫辭下傳稽其類虞注**於於歎辭也**詩文王於昭于天傳清廟於穆清廟傳又漢書劉向傳注司馬遷傳注韋賢傳於昔君子注叙傳下於惟帝典注又後漢班彪傳注又孟子告子下於荅是也何有注又孟子音義下引張音丁音〇詩文王正義引書大傳云於者歎之**於歎美之辭也**史記夏本紀皋陶曰於正義太史公自序受命於穆清正義引顏云又後漢班彪傳下注又詩文王箋於美乎疏云於爲歎美之辭**於戲歎辭也**文選非有先生論先生曰於戲可乎哉注又漢書司馬遷傳曰於戲注云於戲歎聲也〇禮記大學於戲前王不忘疏云於戲猶言嗚呼矣緇衣於緝熙敬止疏云於謂嗚呼**於乎歎美之聲**荀子仲尼於乎夫齊桓公有天下之大節焉注王霸於乎君人者亦可以祭若言矣注又後漢岑彭傳注云於戲歎美之詞〇光武帝紀下注云於赫歎美之詞班彪傳注云於赫歎美也〇和帝紀注云於穆歎美之詞又章帝紀注云於穆歎美也**於乎語之韻絕**爾雅釋詁繇於也注**於菟虎也江淮閒謂虎爲於菟**文選吳都賦於菟之族劉注〇左氏宣四年傳楚人

謂乳穀謂虎於菟又漢書敘傳上謂虎於檡又方言八曰虎江淮南楚之閒或謂之於䖘又廣雅釋獸云於䖘虎也**惡安也**左氏桓十六年傳惡用子矣注襄廿八年傳惡識宗釋文又國策秦策惡有不戰者乎注又呂覽本生適於性惡得不傷注權勲惡能給若金注長利又惡能與國士之衣哉注又太玄玄文氣形惡得在而不反乎注〇左氏哀七年傳惡賢而逆之注云惡猶安也**惡何也**後漢馬融傳注又家語曲禮子貢問有亡惡乎齊注**惡於也**太玄玄文而惡入乎逆注萱按此謂惡卽於之段借也**惡於何也**大戴記武王踐阼惡乎危以忿疐注又穀梁定九年傳惡得之注又史記大宛傳惡睹本紀所謂昆命者乎索隱又漢書王貢兩龔鮑傳於彥成其名外戚傳下又惡有上官博陸宣成之謀注又郊祀志上惡敢言方哉注云惡謂於何也又田竇灌韓傳贊惡能穀斯敗哉注外戚傳上惡能識乎性命注竝同大戴記武王踐阼惡有藏之約注又史記外戚世家惡能識乎性命哉索隱隱又文選劇秦美新惡可以已乎注竝云惡猶於何也**惡乎於何也**小爾雅廣訓〇禮記檀弓上有亡惡乎齊疏吾惡乎哭諸釋文檀弓下吾惡乎用吾情注又公羊桓六年傳惡乎淫注又論語里仁惡乎成名皇疏竝云惡乎猶於何也**惡乎至猶何所至**公羊莊十二年傳魯侯之美惡乎至

注**惡何猶言是何也**家語困誓惡何也注**惡有猶何有寧有此之類也**公羊昭卅一年傳惡有言人之國賢若此者乎注**惡者不安事之歎辭也**孟子公孫丑上曰惡是何言也注**曰惡者深嗟歎**孟子公孫丑下曰惡是何言也注**惡猶言烏**荀子法行孔子曰惡賜是何言也注萱按惡之讀乎聲皆用爲烏字也故高誘此注明言其爲段借又漢書司馬相如傳下又惡可以已哉注云惡讀與烏同酷吏傳集注云惡讀曰烏〇禮記禮器必先有事於惡池注云惡當爲呼聲之誤也釋文云惡本作虖萱按此像字誤非謂惡本有虖音也集韻不憭遂列惡於濟之或體中矣

歍

或作噁日俗作嗚**心有所惡若吐也一曰歍歞口相就也**說文段注心有所惡若欲吐而實非吐也山海經曰其所歍所尼郭曰歍嘔猶嘖吒范注太玄曰歐歍逆吐之聲也按此所謂唶嘌嘌卽歍之或字也唶嘌言其未發也叱吒言其已發也太玄則歐歍之歐謂吐歍謂欲吐未吐歍歞謂口與口相就也〇山海經大荒北經相繇食于九土其所歍所尼卽爲源澤**歍唈失聲也**淮南覽冥孟嘗君爲之增歎歍唈流涕注（萱按歍唈史漢皆作於邑詳於下）

辭隋王箋云或以歍唈又北海相景君碑云歍歍哀哉嗚舒也氣憤懣故發此聲以舒寫之也釋名釋言語嗚吟也周禮銜枚氏禁嘂呼歎嗚於國中者注烏乎吁嗟也小爾雅云云

雅平上兩讀義別○俗作鴉鵶楚烏也一名鸒一名卑居秦謂之雅說文段注楚烏烏屬其名楚烏非荊楚之楚也烏部曰鸒卑居也即此物也酈善長曰按小爾雅曰雅純黑返哺謂之慈烏小而腹下白不返哺者謂之雅烏爾雅曰鸒斯卑居也孫炎曰卑居楚烏犍爲舍人以爲壁居說文謂之雅莊子曰雅賈馬融亦曰賈烏按卑居之爲壁居如史記卑耳之山即齊語壁耳之山卑壁同十六部卑俗作鴉音匹非也雅之訓亦云素也正也皆屬段借○書古太誓流之爲雕鄭注云雅鴉烏也又莊子齊物論鴟鴉耆鼠釋文引崔注同萱按自借爲雅正字李義轉專用俗字矣

鋞鋞鍛逗頸鐙也說文段注漢刑法志三屬之甲蘇林曰三屬者兜鍪也盆領也髀褌也按盆疑當作益益領即鋞鍛許兜部曰兜鍪首鐙也冃部曰冑兜鍪也此云鍛鋞鍛頸鐙也則與蘇說三屬同矣

宊○俗作洿污衺逗下也說文段注史記甌窶滿篝污邪滿車司馬彪曰污邪下地田也按凡下皆得謂之宊

水部洿者宊下也吳都賦宊隆異等○又廣雅釋詁一又後漢桓彬傳注竝云宊下也宊隆高下皃文選長笛賦宊隆詭戾注滚瀤不平之皃文選江賦沿論滚瀤注

夵夵大也說文段注此謂宊下之大也

杇隸作杅○俗作圬所以涂也秦謂之杇關東謂之槾說文段注涂塗古今字涂者飾牆也土部曰墍涂也墍仰涂也墀涂地也論語曰糞土之牆不可杇也按此器今江浙以鐵爲之或以木戰國策豫讓刃其杇曰欲爲智伯報讎杇謂涂廁之杇今本皆作扜庚吁切繆甚刃其杇謂皆用木而獨刃之疑杇古全用木故杇槾古字也鋘鏝今字也經傳多段爲孟字墁也論語公冶長不可杇也集解引王注又皇疏云杇謂杇墁之使之平泥也○漢書董仲舒傳不可圬也注云圬鏝也所以泥飾牆也圬人塗者左氏襄卅一年傳圬人以時塓館公室注又疏云圬是塗之所用因謂泥牆屋之人爲圬人又文選魏都賦葺牆冪室劉注云圬人塗人也圬頂言頂上宊也史記孔子世家生而首上圩頂索隱萱按此段圬爲宊洿字也杅杅即于于也自足之皃荀子儒敎是杅杅亦

富人矣注大杅山名也山海經西山經黑水西流于大杅注杅亦盂也後漢崔駰傳注萱案此謂杅爲盂之段借也又呂強傳注云杅椀屬也亦作盂盌謂之杅杅盛湯漿杅飲水器杅浴器也杅俗之盌也杅若今馬盂矣杅若今食㑋矣盂下詳

弙隸作弙滿弓有所鄉也說文段注鄉今向字漢人之無用向者大荒南經有人方扜弓射黃蛇郭曰扜挽也案此段扜爲弙也弙與彎雙聲張也廣雅釋詁一

污隸作汙薉也一曰小池爲汙一曰涂也說文段注艸部曰薉者蕪也地云蕪薉水云汙薉皆謂其不潔清也義與洿略同汙池見孟子滕文公涂也與杅義略同木部曰杅所以涂也○荀子儒效行不免於汙漫注云汙穢也又一切經音義二引字林同又荀子富國百姓曉然皆知其汙漫暴亂而將大危亡也注性惡所見者汙漫淫邪貪利之行也注竝云汙穢行也又漢書昌邑哀王髆傳王行汙於庶人注云汙濁穢食貨志上暴君汙吏注云汙謂貪穢也萱按穢皆當依說文作薉濁也漢書昌邑哀王髆傳王尊傳酷吏傳贊集注汙洿也如洿泥也釋名釋言

語窪也大戴記少閒汙池土察注下也孟子公孫丑上汙不至阿其所好注又荀子非相是以終身不免埤汙傭俗注又漢書蓋諸葛劉鄭孫毋將何傳贊集注又王莽傳上而豬其宮室以爲汙池注又文選西征賦注引漢書音義○莊子齊物論似汙者釋文引司馬注云汙者若汙下曲也左傳序盡而不汙成十四年盡而不汙兩釋文又漢書鄒陽傳集注濫也大戴記子張問入官羣臣服汙矣注慢也法言先知汙人老注若汙勞事左氏昭元年傳處不避汙注厈也漢書鼂錯傳集注惡也後漢樂節王暢傳注汙猶殺也禮記檀弓上道汙則從而汙注弃義從欲者汙也列女傳貞順不絜也漢書鄒陽傳回面汙行注○賈子道術放理潔靜謂之行反行爲汙汙吏貪吏也孟子滕文公上是故暴君汙吏注汙膺陷胃也淮南說山文王汙膺注停水曰汙漢書溝洫志以爲汙澤注又翟義傳莽盡壞義第宅汙池之注云汙停水也又詩十月之交傳下則汙疏云汙者池停水之名又荀子王制汙池淵沼川澤謹其時禁注云汙停水之處又非相注云豬水處謂之汙亦地之下者也水不流謂之汙左氏隱三年傳潢汙行潦之水服注又呂覽達鬱故水鬱則爲污注云水淺不流曰汙水不

泄爲汙漢書賈誼傳注又文選荅賓戲龍潛於潢汙注引左氏傳服注云不洩謂之汙
潢也
史記屈原賈生傳彼尋常之汙瀆兮索隱○國語周語猶塞川而爲潢汙也注云大曰潢小曰汙又史記老莊申韓傳汙瀆之中自快索隱云汙瀆潢汙之小渠也
汙壑大壑
淮南原道而蹟蹈于汙壑穽陷之中注
汙邪下地田也
史記滑稽傳汙邪滿車集解引司馬彪○爾雅釋詁釋文云汙窊猶汙邪也
澤也
禮記記注
表汙猶相染汙也
文選雪賦汙隨染成注又禮記曲禮注云相識汙也晚出書允征舊染汙俗釋文云汙浣泥著物也○
塗也
一切經義音義三引字林耳
煩也
詩葛覃薄汙我私傳又疏云汙澣相對則汙亦澣名以衣汙垢者澣而用功深故因以汙爲澣私服之名

洿濁水不流也一曰窊下也
說文段注服虔注左傳云水不流謂之汙按汙即洿之段借字孟子梁惠王作洿滕文公作汙元應引說文濁水不流池也引字林濁水不流曰洿宜有池爲長
停水曰洿
一切經音義八引三蒼又漢書敘傳上振拔洿塗注云洿傳水也
洿水猶澮水也
淮南精神在洿也注
其濁也

廣雅釋詁三
下也
漢書外戚傳上集注
深也
楚辭天問川谷何洿注又廣雅釋詁三
聚也
廣雅釋詁三
漫也
文選嘯賦大而不洿注
洿沫涕洟也
漢書外戚傳上洿沫悵兮注引孟康
洿者穢之別名不絜之僻也
左氏文六年傳注治理洿穢疏萱按洿與汙音同義近故通借者多汙李義訓蕆在洿則爲引伸之義矣○漢書貢禹傳所謂素餐尸祿洿朝之臣也外戚傳下洿穢不修注竝云洿與汙同此段洿爲汙也○爾雅釋巨注項上汙下者又禮記表記注汙澤也兩釋文竝云汙李作洿又文選西征賦宗祧汙而爲沼注云汙與洿古字通此段汙爲洿也又左傳文六年治舊洿釋文云洿李作汙按此等自可兩通

會姑切
虍虎文也象形
說文又廣韻引字林○徐鍇曰象其文章屈曲也
虗虗鳥也
說文段注虧字從此
虖
虖池字俗作滹滹
嘑虖也
說文段注口部曰嘑豕驚聲也唬虎聲通俗文曰虎聲謂之嘑唬疑此嘑虖當作嘑唬漢書多段虖爲乎字
虖池出鹵城
周禮職方氏其川虖池嘔夷注又穆天子傳一北循虖沱之陽注云虖沱

河今在鴈門鹵城縣陽水北萱按周禮李作虖後乃加水爲滹禮器之恐池則謞字也晉書音義中云濟李或作淨
歑溫吹也
說文段注與呼音同義異
嘑號也
說文段注号部曰號嘑也是爲轉注難人夜嘑旦以詘百官此嘑字之僅存者也若衙枚氏詘呼歎鳴大雅式號式呼以及諸書云叫呼者其字皆當作嘑不當用外息之字嘑或作請崔靈恩毛詩式號式請○萱按漢書敘傳亦作式號式請
鳴也
廣雅釋詁二
嘑爾猶呼爾咄唪之皃也
孟子告子上嘑呼叫爾而與之注
也
漢書文帝紀集注項籍傳集注朱雲傳集注王莽傳中集注○禮記曲禮上城上不呼釋文云呼號叫也又漢書陳勝傳遮道而呼游注云呼謂大喚也按此皆段呼爲嘑也
呼外息也
說文又一切經音義七引字林○段注外息呼謂氣出其息也今人用此爲號嘑詠召字非也
出
素問離合眞邪論僕呼引鍼注
呼噏吐納也
後漢朱穆傳注
呼吸謂咽氣養生也
後漢仲長統傳注○書大傳陰盛則呼吸物而藏之內也注云呼吸氣入而寒
萬發聲也
左氏文元年傳江羊愁曰呼注

出聲也
書大傳其之呼也注
歑虛憓之聲
禮記檀弓上曾子聞之瞿然曰呼注
呼謂叫呼
素問陰陽應象大論在聲爲呼注萱按此義嘑爲正字呼段借也○禮記曲禮城上不呼釋文云呼號呼也
呼猶命也
儀禮特牲饋食禮記凡祝呼佐食許諸注萱按此義訏爲正字呼則借也
呼謂傳舉
苟子儒效呼先生以欺愚者而求衣食馬注萱按此亦當用訏
訏召也
說文段注口部曰召訏也後人以呼代之呼行而訏廢矣
鳴也
廣雅釋詁二○爾雅釋言注相呼食爲餐
釋文呼或作訏訏釋言注又云江東訏大爲騆釋文或作呼萱按此皆當作訏
幠覆也
說文又廣雅釋詁二又釋名釋宮室又詩斯干君子攸芋冪又儀禮士冠禮記兒冔注士喪禮幠用斂衾注又禮記喪大記幠用斂衾疏又荀子禮論無幃絲嚮縷翼其頟注○段注喪大記幠用斂衾釋詁幠大也幠有也皆覆義之引伸也投壺曰無幠無敖注曰幠敖皆慢也又其引伸也斯于以芋爲幠
幠覆之爲其形露
儀禮旣夕幠用夷衾注○禮記郊特牲周弁殷哻夏收疏云幠覆也言所以自覆飾也
大也
爾雅釋詁又詩小旻疏○方言一云幠大也東

齊海岱之閒或曰憮有也爾雅釋詁憮敖皆慢也禮記投壺注

膴無骨腊也楊雄說鳥腊周禮有膴判說文段注腊今字也日鄭作昔腊人掌乾肉凡田獸之脯腊膴胖之事脯腊皆謂乾肉故許釋膴爲無骨腊蓋賈侍中周禮解詁說與鄭司農云膴膺肉杜子春云膴胖皆謂夾脊肉後鄭云公食大夫禮曰庶羞皆有大有司徹曰主人亦一魚加膴祭于其上內則曰麋鹿田豕麕皆有胖足相參正也大者截之大臠膴者魚之反覆膴又詁曰大二者同矣則是膴亦腜肉大臠胖宜爲脯而腥胖之言片也析肉意也按依後鄭說膴胖皆非腊也趙商閒腊人掌凡乾肉而有膴胖何鄭荅雖鮮亦屬腊人此可證膴胖之非腊許說蓋偏執耳無骨則肥美故引伸爲凡美之偁毛詩傳曰膴膴美也揚說別一義鳥腊必非無骨也蓋楊雄蒼頡訓纂一篇中有此語判按周禮作胖鄭大夫云胖讀爲判許同之半部釋胖爲半體脯也廣雅釋器刑膴謂夾脊肉或曰膺肉也周禮內饔凡掌共羞脩刑膴胖骨鱐以共膳司農注又腊人凡祭祀共豆脯薦脯膴胖凡腊物大夫注云膴胖皆謂夾脊肉司農注云膴膺肉膜肉大臠所以祭者周禮內饔注○籩人朝事之籩其實麷蕡白黑形鹽膴鮑魚鱐注云

膴腜生魚爲大臠又禮記少儀祭膴注云膴大臠謂刳魚腹也又儀禮有司徹注云膴刳魚時割其腹以爲大臠也又周禮內饔疏云膴魚肉總有也大也詩小旻釋文又儀禮公食大夫禮士羞庶羞皆有大注○周禮腊人注云膴與大一也厚也詩節南山則無膴仕傳法也詩小旻民雖靡膴箋膴膴美也詩緜周原膴膴傳按韓詩作腜腜

雩荂或○俗作花其字起於北朝亦借用華艸木華也說文段注此與荂音義皆同釋艸曰荂荂也荂荂榮也今字花行而荂廢矣釋艸有荂字郭曰今江東呼華爲荂音敷按今江蘇皆言花呼瓜切方言曰華荂晠也齊楚之閒或謂之華或謂之荂吳都賦曰異荂蓲薾李善曰荂枯瓜切○萱按說文雩荂雖分二部義實無殊以各有所屬之字而分耳韻書析入虞麻二韻既屬自搜郭璞李善二音亦尚未的今審定祇當分会易平耳雩荂讀会平如呼雩讀易平如壺庶不支離又按雩字隸作華而雩與華亦多用華作之形方氏之華離爾雅瓜曰華之華皆讀会平則雩引申段借之義也鄭君讀華離爲低義則善矣其音或未必然舉之借華尤夥去聲內詳之

芺薊其實荂爾雅釋艸又注云芺與薊莖頭皆有蓊臺名荂荂即其實○莊子天地折揚皇荂釋文荂本作華

花華也廣雅釋艸○論語子罕唐棣之華皇疏云華花

也華藥也漢書司馬相如傳下集注引張揖華實也呂覽本味壽木之華注木謂之華爾雅釋艸○釋艸又云白華野菅又權黃華注云今謂牛芸艸爲黃華瓜曰華之爾雅釋木又禮記曲禮上爲國君者華之巾以絡注云華中裂之不四拆也○周禮形方氏無有華離之地萱按地亦有中裂者竊欲逐曲禮注釋形方之華離未知合不

譁讙也說文又漢書劉向傳集注喧也漢書藝文志集注囂也國語晉語士卒在陳而譁注言語譊譊也一切經音義四引三蒼譁囂猶讙譊國語楚語若夫譁囂之美注譁釦讙呼也國語吳語三軍皆譁釦以振旅注譁化也燕朝鮮洌水之閒或曰譁方言三又注云譁化聲之轉也○廣雅釋詁三曰譁七也萱按七者化之省借字也又左氏成十六年傳注嚻諠譁也釋文譁本又作嘩

魖鬼皃說文

都董姑切有先君之舊宗廟曰都周禮距國五百里爲都說文段注左傳曰凡邑有

宗廟先君之主曰都無曰邑周禮大司徒注曰都鄙者王子弟公卿大夫采地其畍曰都鄙所居也載師注曰家邑大夫之采地小都卿之采地大都公之采地王子弟所食邑也大宰八則注曰都鄙公卿大夫之采邑王子弟所食邑周召毛聃畢原之屬在畿內者祭祀者其先君社稷五祀按據杜氏釋例大曰都小曰邑雖小而有宗廟先君之主曰都尊其所居而大之也又按左氏言有宗廟先君之主曰都許改云有先君之舊宗廟則必如晉之曲沃故絳而後可偁都恐非左氏意也左氏與周官合周禮載師注引司馬法曰王國百里爲郊二百里爲州三百里爲野四百里爲縣五百里爲都大宰注曰邦中在城郭者四郊去國百里邦甸二百里家削三百里邦縣四百里邦都五百里○孟子公孫丑下王之爲都者又楚辭悲回風惟佳人之永都分注並云邑有先君之宗廟曰都又呂覽仲秋建都邑又淮南時則可以築城郭建都邑注並云國有先君宗廟曰都又左氏閔元年傳分之都城注云邑有先君之主曰都又周禮家宗人疏同國也廣雅釋詁四又國語吳語都鄙薦畿注又呂覽孟夏無伏于都注○書文侯之命簡恤爾都鄭注云都國都也又周書職方辨其邦國都鄙注云國曰都又釋名釋州國云國城曰都都者國君所居國君所居人所都會之地也都謂京邑也文選藉田賦居靡都鄙注又歸田賦遊都

邑以永久注云都謂京都○華嚴經音義下引風俗通云天子治居之城曰都舊都曰邑下邑曰都詩干旄在
浚之都傳又國語晉語翟之廣莫於晉爲都注○左氏隱元年傳大都不過三國之一疏云下邑謂之都又云都亦一名邑又
國策秦策王不如因而賂一名都注云都邑城郭之邑曰都詩都人士彼都人士箋又後漢班彪傳上注云
城郭之域曰都○華嚴經音義下引漢書音義云都城也十邑爲都廣韻引書大傳州十爲都管子度地
四鄉命之曰都管子乘馬十鄉爲都廣雅釋地四縣爲都周禮小司徒又注云四縣爲都
方四十里四都方八十里旁加十里乃得方百里爲一同也積萬并九萬夫○呂覽貴因冉徙成都注云四縣爲都都方二十
里也萱按二十里之說誤小司徒注乃定詁也又小司徒疏云都方三十二里羣都諸采邑也周禮宰夫掌治
灋以孜百官府羣都縣鄙之治注○大宗伯乃頒祀於邦國都家鄉邑注云都家之鄉邑謂王子弟及公卿大夫所食采地萱
按大宰載師大司徒春官序官都宗人夏官序官朝大夫方士考工記匠人各注竝略同都鄙謂畿內采邑
詩抑疏四百里以外至五百里曰都周禮縣士掌野注中央爲都淮南天文都

爲四方最也淮南天文注聚也廣雅釋詁三又管子水地水以爲都居注又淮南墜形幽都之門注又詩
都人士疏云都者聚居之處又文選東京賦其西則有平樂都場薛注云都謂聚會也民所聚曰都穀梁傳十
六年傳○公羊僖十六年六鷁退飛過宋都注云人所聚曰都又詩出其東門疏云都者人所聚會之處又左氏莊廿九年傳
龍見而畢務疏引釋例云都邑者人之所聚也八都猶八方也文選西京賦取殊載於八都薛注居也
漢書東方朔傳集注引如淳藏也廣雅釋詁四大也廣雅釋詁一又漢書燕刺王旦傳集注大指也
漢書楊雄傳下請略舉凡而客自覽其切馬注總也華嚴經音義上引漢書拾遺又後漢光武紀下注○漢書西域傳上
集注云都猶總也鄭吉傳集注云都猶大也總也凡也廣雅釋訓○漢書兒寬傳嘗爲弟子都養注云都凡眾也盛
也小爾雅廣言都者美也漢書司馬相如傳上集注都猶姣也史記司馬相如傳甚都集解引韋昭
雅也史記司馬相如傳姣冶嫺都索隱引郭璞閑也詩有女同車洵美且都傳又左氏昭十六年傳注洵美且都疏
又國語楚語使富都郱竪贊馬注閑美之偁漢書司馬相如傳上集注又詩有女同車疏云都者美好閑習之言

山有扶蘇傳子都世之美好者也疏云都謂美好而閑習於禮法○文選三國名臣序贊子瑜都長注云都長謂體兒都閑而
雅性長厚也於也爾雅釋詁又孟子萬章上謨益都君咸我績注又漢書司馬相如傳下終都攸卒集注○書堯典驩
兜曰都晚出孔傳云都於歎美之辭師都六鄉六遂大夫也謂之師都都民所聚
也周禮司常師都建旗注都部者都統其眾也後漢齊武王縯傳注○光武帝紀上注云都尉本郡
尉秦官也掌佐守典武職秩比二千石景帝吏名都尉彭脩傳注云都尉秦官也○符融傳注云都官從事主察舉百官犯法
者竇武傳注云都官從事主洛陽百官朝會與三府掾同也○竇武傳注又云都內主藏官名試也漢書霍光傳集注引
孟康椵楬杙也江東呼都方言五椵燕之東北朝鮮洌水之閒謂之椵注帝之密都天帝
曲密之邑山海經中山經青要之山實惟帝之密都注○西山經崑崙之丘實惟帝之下都注云帝之下都天帝都
邑之在下者也三天子之都一本三天子之鄣山山海經海內經南海之內有山名三天子
之都注都梁縣俗謂蘭爲都梁山因以號縣受名馬水經資水注○淮水注引

應劭地理風俗記云縣爲一都之會故曰江都也○滙水注引張晏云堯山在北堯母慶都山在南登堯山見都山故望都縣
以爲名也澤中有丘都丘爾雅釋丘○釋名釋丘云澤中有丘曰都丘言蟲鳥往所都聚也池也廣雅
釋地九水所潛故曰九都山海經中山經和山實惟河之九都注○水經涑水注云水澤所聚謂之都亦
曰豬○水經都野在武威縣北注云都野澤卽休屠澤也古文以爲豬野也萱按以池澤釋都者引中段借之義也瀦爲正矣

闍

闉闍也說文萱按闉下曰闉闍城曲重門也鄭風出其闉闍傳曰闉曲城也闍城臺也臺也爾雅釋言○釋
宮云闍謂之臺闍是城上之臺謂當門臺也詩出其東門疏闍積土如水渚可
以望氣祥也爾雅釋宮孫注又李注云闍積土爲之所以觀望闍謂國外曲城之中市
里也詩出其東門箋

綾姑切

杼

杼木出橐山說文段注中山經曰傳山西五十里曰橐山其木多樗多構木按樗者杼之誤廣韻曰黃杼木
可染又曰杼木名可染繒按周禮注曰染艸茅蒐橐盧豕首紫剡之屬橐盧豈卽黃杼與抑字音相近而艸木異類也五篇乃

佚杼字

腫姑切

樝 樝果似棃而酢說文又山海經中山經綸山多柤栗注云柤似棃而酢濇萱按柤者樝之段借字○段注內則柤棃注曰柤棃不臧者爾雅郭注山海經郭傳皆云樝似棃而酢濇按卽今之肉粗味酸者也張揖注子虛賦云樝似棃而甘乃以同類互易其名耳陶隱居譏鄭公不識樝恐誤 樝卽今所謂樝子也漢書司馬相如傳上樝棃梬栗注又引張揖云樝似棃而甘也又廣雅釋木云樝棃也又爾雅釋樝棃曰鑽之又山海經海外北經平丘爰有甘柤○萱按樝酢亦甘許張郭各舉一偏耳但樝棃大小相縣形色性味皆棃異入樂者尤小孰時皆深紅不知諸家何以云似棃也廣直以棃釋樝尤疏矣據爾雅翼云又有香柤子小於樝梓而相似北土無之中都則有生食甚香孰則蘇而不溢益別是一類然則南方所食者是香柤北土自有似棃之樝與

⿰虘又 或作摣 叉卑也說文段注叉卑者用手自高取下也若手部云籍者以鉏物剌而取之也方言抯摣取也南楚之閒凡取物溝泥中謂之抯或謂之摣亦此字引申之義也

摣 叉也五指俱往叉取也釋名釋姿

容○一切經音義二十引聲類云摣五指摣投也

摣取也方言十又廣雅釋詁一

摣扯皆謂戟撮之文選西京賦摣狒猬批窳狻薛注萱按戟撮當作搣撮

抯 挹也說文段注按方言抯摣實一字也故許有抯無摣○萱按集韻以摣爲⿰虘又之或當是也从手猶从又取也廣雅釋詁一○方言十曰抯摣取也南楚之閒凡取物溝泥中謂之抯亦謂之摣

自關而西秦或曰抯方言六

觰 觰挐逗疊韻字獸也一曰下大者說文段注前義未聞後義謂角之下大者曰觰也

大也廣雅釋詁一

諸 ○俗作諸 諸挐逗疊韻字蒘窮也說文段注方言讕哰謰謱挐也挐揚州會稽之語也或謂之惹或謂之謔郭曰挐謂諸挐也按諸挐出此蒘窮者謂蒘澀辭窮而文離牽引是曰諸挐

刷姑切

奢 奓籒張也說文段注張者施弓弦也引申爲凡充庰之偁侈下曰一曰奢也西京賦有馮虛公子者心奓

體泰薛注言公子生於貴戚心志奓溢體安驕泰也未嘗云奓卽侈字李善引聲類云奓侈字也疑李登始爲此說初非許意平子文章用籒文奢也

泰也文選子虛賦奢言淫樂而顯侈靡郭注

侈也論語八佾禮與其奢也寧儉皇疏○大戴記子張問入官曰奢侈者財之所以不足也

勝也爾雅釋詁

靡也文選吳都賦安可以儷王公而著風烈也注○文選西京賦紛瑰麗以奓靡薛注云奓靡奢放也

奢謂服飾飲食老子是以聖人去甚去奢去泰注

奓豐也文選射雉賦奓雄豔之姱姿徐注

奢謂夸矜僭上左氏隱三年傳驕奢淫泆疏

奢比亦神名也山海經海外東經奢比之民注○國策齊策閭姝子奢韓詩外傳作閭娵子都又荀子賦閭娵子奢莫之媒也注云子奢當爲子都

纂姑切

租 田賦也說文

稅也廣雅釋詁二

租謂課稅禮記玉藻關梁不租疏

在工商曰租

籍在農曰租稅管子國蓄租籍者所以彊求也注

積也詩鴟鴞予所蓄租釋文引韓詩又毛傳云租爲

租訓始也詩鴟鴞疏

寸姑切

麤 ○俗作麁麤麄 行超遠也說文段注鹿善驚躍故从三鹿引申之爲鹵莽之偁篇韻云不精也大也疏皆今義也俗作麄今人槩用粗粗行而麤廢矣粗徂古切三鹿齊跳行超遠之意字統云驚警防也鹿之性相背而食慮人獸之害也故从三鹿楊氏與許乖異如此

大也廣雅釋詁一

麤猶疏也微也禮記儒行麤而翹之注

麤錯也相遠之言也釋名釋言語

麤厲抗厲也漢書禮樂志麤厲猛奮之音作注

麤麤布也荀子禮論資麤衰絰菲繐菅屨注○左氏襄十七年傳晏嬰麤縗斬疏云三升布

麤功大功也儀禮喪服傳冠者沽功也注

屨也廣雅釋器又方言四曰麤屨也南楚江沔之閒總謂之麤○萱按麤引申之義與粗同故人概用粗矣裏壽碑麄絺大布之衣麄亦麤之異體漢時俗字也又左傳哀十三年麤則有之釋文麤本作麄又周禮司市注引王制布帛精麤作布帛精麄又列子說符得其精而忘其麤注云麤與麄同又禮記檀弓注謂精麄廣狹釋文云麄本作麤

⿱艹麤 艸屨也說文段注方言曰以絲作之者謂之屨以麻作之者謂之不借麤者謂之屨東北朝鮮洌水之閒謂之卽角南楚江沔之閒總謂之麤急就篇屐屩絜麤儀禮喪服傳疏屨注云疏猶麤也按禮注方言急就之麤字皆麤字之省疏屨

者蔗薊之菲則是艸爲之措也釋名釋衣服云齊人謂艸履曰扉荊州人曰麤麤措也言所以安措足也

穌巽姑切把取禾若也說文段注禾若散亂杷而取之離騷蘇糞壤以充幃兮謂申椒其不芳王逸曰蘇取也韓信傳曰樵蘇後爨師不宿飽漢書音義曰樵取薪也蘇取艸也此皆段蘇爲穌也蘇桂荏也蘇行而穌廢矣樂記蟄蟲昭蘇注云更息曰蘇據玉篇云穌息也死而更生也然則希馮所據樂記作穌取也廣雅釋詁一滿也上同生也上同寤也廣雅釋言

蘇桂荏也說文又爾雅釋艸蘇桂荏注云蘇荏類又方言三蘇亦荏也關之東西或謂之蘇或謂之荏注云蘇荏屬也又禮記內則注云薌蘇荏之屬也◦段注析言之則蘇荏二物統言則不別也桂荏今之紫蘇蘇之段借爲樵蘇蘇或言菜也方言三注艸也廣雅釋言又莊子天道蘇者取而爨之釋文引李注又方言三云蘇艸也江淮南楚之間曰蘇取艸也漢書韓信傳樵蘇後爨注又文選魏都賦注引漢書晉灼注◦列子周穆王若累塊積蘇焉注云蘇樵萱按此段爲穌也蘇取也離騷蘇糞壤㠯充幃兮注蘇猶索淮南修務蘇捘世事注因少構多謂

之蘇功管子法禁漁利蘇功注鳥尾爲蘇史記司馬相如傳蒙鶡蘇索隱引決疑又集解引徐廣云蘇尾也析羽也史記司馬相如傳索隱引孟康凡下垂爲蘇文選東京賦注引摯虞決疑要注息也漢書武帝紀集解引應劭更息曰蘇禮記樂記蟄蟲昭蘇注生也淮南時則蟄蟲始動蘇注死而復生謂之蘇小爾雅廣名又易震震蘇蘇虞注云死而復生稱蘇又左氏襄十年傳蘇而復上者三疏云蘇者死而更生之名又一切經音義十八引聲類云更生曰蘇又顏氏家訓雜藝云更生爲蘇寤也楚辭橘頌蘇世獨立注蘇蘇不安也易震釋文引鄭注又疏云蘇蘇畏懼不安之兒蘇蘇躁動兒易震釋文引王肅注◦釋文又云蘇蘇疑懼兒蘇蘇尸祿素餐兒易震釋文引馬注◦荀子議兵蘇刃者死注云蘇讀爲傃

誧貝姑切大也一曰人相助也說文又廣雅釋詁一云誧大也諫也廣雅釋詁四謀也同上

餔或作晡盙籀申時食也說文又莊子盜跖釋文引字林云晡日申時食也又後漢王符傳非朝餔不得通注云餔謂日加申時也今爲晡字也◦段注引申之義凡食皆曰餔又以食食人謂之餔夕食也一切經音

義九引三蒼食也廣雅釋詁二◦左氏昭五年傳注晡時謂僕疏云晡謂食也又云晡時謂日西食時也餔哺也如餳而濁可哺也釋名釋飲食賜也太玄大或益之餔注日至于悲谷是謂餔時淮南天文以食食人亦謂之餔漢書高帝紀上呂后因餔之注餔日昳時也文選神女賦序晡夕之後注下晡謂日下於晡時申之後五刻也素問標本病傳論夏晡注

逋逋籀亡也說文又廣雅釋言又左氏僖十五年傳六年其逋注又國語晉語辱收其逋遷裔胄而建立之注又漢書武帝紀戾太子傳陳湯傳丙吉傳翟義傳集注亡也負也漢書義縱傳集注竄也廣雅釋言逃也易象上傳歸逋竄也荀注書大誥于伐殷逋播臣疏又違也後漢光武帝紀上注遲也廣雅釋詁四逋稅謂欠田租也後漢光武帝紀下注◦萱按北史逋峭字乃庯之段借

庯或作峬石閒見也說文段注閒讀去聲閒見謂突兀忽見人部倪下云閒見是也庯史假逋字爲之魏書北史溫子昇傳皆云子昇語梁客館不修容止謂人曰詩章易作逋峭難爲字當作庯廣韻引字林云峬峭好形兒也峬卽庯之

隸近時波俏之語又音字之遷移也

巴蟲也或曰食象它象形說文段注蟲謂蟲名山海經曰巴蛇食象三歲而出其骨巴苴艸名史記張儀列傳苴蜀相攻擊索隱又漢書司馬相如傳上諸柘巴且注引文穎曰巴且艸一名巴蕉◦文選蜀都賦其中則有巴且巴戟劉注云巴戟巴戟天也巴國今三巴是山海經海內經西南有巴國注又周書王會巴人以比翼鳥注云巴人在南者又荀子彊國秦西有巴戎注云巴在西南戎在西皆隸屬又左氏桓九年傳巴子使韓服告于楚注云巴國在巴郡江州縣◦三巴記閬兆白水東南流曲折三迴如巴字故曰三巴

鈀兵車也司馬灋曰晨夜內鈀車一曰鐵也說文段注今司馬法無此文鐵也別一義凡箭其廣長而薄鎌謂之錍或謂之鈀箭方言九鏑也廣雅釋器

豝牝豕也一曰二歲豕能相杷拏者也詩曰一發五豝說文段注杷者掊也拏牽引也杷拏以疊韻爲訓◦爾雅釋嘼豕牝豝又詩騶虞壹發五豝傳吉日發彼小豝箋竝云豕牝曰豝又騶虞釋文

云豝豕牝也 獸二歲爲豝 廣雅釋獸又周禮大司馬大獸公之小禽私之司農注○禮記射義釋文獸一歲曰豝萱按一恐二字之誤

鋪 佩姑切 箸門抪首也 說文段注手部曰抪捫持也捫持者古者箸門爲贏形謂之椒圖是曰鋪首以金爲之則曰金鋪以青畫瑣文鑲中則曰青瑣見西京蜀都賦注按大雅鋪敦淮濆箋云陳屯其兵於淮水之上此謂段鋪爲敷也今人用鋪字本此江漢淮夷來鋪傳曰鋪病也則謂段鋪爲痛也○太平御覽一百八十八引通俗文云門扇飾謂之鋪首又漢書哀帝紀銅龜蛇鋪首鳴注云門之鋪首所以銜環者也楊雄傳上排玉戶而颺金鋪兮注引李奇云鋪門首也又文選蜀都賦金鋪交映劉注云金鋪門鋪首以金爲之長門賦摘玉戶以撼金鋪兮注云金鋪以金爲鋪者也景福殿賦青瑣銀鋪注云銀鋪以銀爲鋪首也 陳也 廣雅釋詁二又詩常武鋪敦淮濆釋文 布也 小爾雅廣詁又廣雅釋詁三又後漢班彪傳下注又左氏宣十二年傳鋪時繹思注又疏云鋪是布散之義 徧也 詩雨無正淪胥以鋪箋又漢書敘傳下集注又後漢班彪傳下注 止也 方言十二又廣雅釋詁三 病也 詩雨無正釋文江漢傳 鋪頒袞也東齊曰

韻史 卷二十一第五部平聲姑韻 二一九三

鋪頒猶秦晉言抖藪也 方言六

痛 病也詩曰我僕痛矣 說文○爾雅釋詁又後漢蔡邕傳注引韓詩竝云痛病也又詩卷耳傳云痛亦病也 人疲不能行之病 爾雅釋詁孫注○詩卷耳釋文痛本作鋪萱按此段鋪爲痛也

抪 捫持也 說文段注謂捫按而持之也金部鋪下云箸門抪首也抪首者人所捫摸處也 抪亦布散也 漢書中山靖王勝傳塵埃抪覆注 抪數也謂數舒之也 一切經音義十六引字書

皅 艸蘤之白也 說文段注靈樞經曰紛紛皅皅終而復始紛紛皅皅蓋言多也

葩 華也 說文又廣雅釋艸又文選西京賦吐葩颺榮薛注思玄賦百卉含葩舊注又後漢張衡傳注○段注古光華字與花實字同義同音葩之訓華者艸木花也亦華麗也艸木花最麗故凡物盛麗皆曰華韓愈曰詩正而葩謂正而文也葩亦散也通作皅靈樞經曰紛紛皅皅終而復始 葩取其盛皃也 一切經音義七引聲類 蓋之金華也 文選思玄賦皸琱輿而樹葩兮注 葩華分散也 文選海賦葩華跗泭注 葩爪悉以金作

韻史 卷二十一第五部平聲姑韻 二一九四

華形莖皆曲 文選東京賦葩瑤曲莖薛注○琴賦若眾葩敷榮曜春風注云古本葩字爲花皃

弧 會盧切 木弓也一曰往體寡來體多曰弧弓 說文段注按木弓謂弓之不傳以角者也弓有專用木不傳角者後世聖人初造弓矢之遺法也引申之爲凡紆曲之偁輸人曰凡揉舟欲其孫而無弧深弓人曰往體寡來體多謂之王弓之屬利射革與質注云射深者用直此又直馬於射堅宜也王弓合九而成規弧弓亦然按王弓之屬者言王弓以包弧弓也弧者直而稍紆之謂弧弓亦天子之弓王弓亦直而稍紆則王弓弧弓得互傳也○考工記韓人注又漢書藝文志弦木爲弧注竝云弧木弓也又五行志下之上檿弧箕服王莽傳下弧矢之利注竝云木弓曰弧又韓安國傳弧弓骹獵注云以木曰弧以角曰弓○周禮司弓矢王弓弧弓注云往體寡來體多曰王弧 弓也 易睽釋文又儀禮大射儀注采其有弧矢之咸釋文又周禮冥氏疏又左傳傳十五年疏又國語鄭語檿弧箕服注又家語覲鄉射懸弧之義也注又文選魏都賦燕弧盈庫而委勁劉注 坎爲弧 易睽先張之弧注云繫辭下傳弧矢之利虞注○象下傳君子以除戎器虞注云坎爲弓弧 所以張縿之弓也 儀禮覲禮載龍旂弧韣注又禮記明堂位載弧韣注云弧挫旗所以張幡也又

韻史 卷二十一第五部平聲姑韻 二一九五

疏云弧以竹爲之其形爲弓以張縿之幡 弧者言萬物之吳落且就死也 史記律書 弧之爲言豫也 說苑修文 盭也 廣雅釋詁四○楚辭謬諫正法弧而不公注云弧戾也 弧張罿罦之屬所以扃絹禽獸 周禮冥氏掌設弧張注 星名也 楚辭守志彀天弧兮射姦注又文選西京賦弧旌枉矢薛注又後漢張衡傳注○杜篤傳注云天狼下有四星曰弧萱按言四星者舉直狼之大星言也據隋步天歌及今西術經天該皆云弧九星○易睽後說之壺釋文云弧亦作壺京馬鄭王翟作壺又左傳莊十八年注㦸短弧也釋文云弧本作狐按壺狐皆弧之同音段借字 短狐蜮也 廣雅釋魚萱按狐者弧之段借字 蜮一名射工俗呼之水弩在水中含沙射人

狐 祅獸也鬼所乘之有三德其色中和小歬大後死則丘首謂之三德 說文鬼所乘下爾雅音義無之字丘首作首丘廣韻大後作豐後○易未濟干注云狐野獸之妖者 獸之長尾者也 易未濟小狐汔濟虞注 狐者隱伏之物 易解注 狐性多疑故曰狐疑 後漢馬援傳注○漢書文帝紀朕狐疑注云狐之爲獸其性多疑每渡冰河且聽且渡故言疑者偁狐疑又翻譯名

韻史 卷二十一第五部平聲姑韻 二一九六

義五引輔行記云狐是獸一名野干多疑善聽坎爲狐易未濟干注艮爲狐易屯卽鹿無虞解田獲三狐虞注。未濟虞注云艮爲小狐狐貍獸名詩七月取彼狐貍釋文狐貔鼠也太乎視狐短貔之毛注狐蜮也廣雅釋魚萱按此段狐爲弧也蝍蛉六足四翼蟲也江東名爲狐黎方言十一蜻蛉謂之蝍蛉注令狐晉邑名國語晉語使令狐文子佐之注

黏粘或作糊。俗黏也說文按黏女廉切相箸也。文選蕪城賦注引字書云糊黏也萱按此以正字釋俗字也謂今之糊卽古之黏字也粘饘也廣雅釋器按此段粘爲鬻字也

鬻饘也說文段注釋言餬饘也當作此字今江蘇俗粉米麥爲粥曰餬

餬寄食也說文餬寄也寄食爲餬方言二又廣雅釋詁三曰餬寄也食也莊子人閒世足以餬口釋文引李注鬻也左氏隱十一年傳而使餬其口於四方注又疏云餬是饘鬻別名又云餬者以鬻食口之名饘也爾雅釋言

胡牛顄垂也說文段注按此言顄以包頸也顄頤也牛自頤至頸下垂肥者也引伸之凡物皆曰胡如老狼有胡鶘胡龍垂胡顄是也胡與矦音轉叚近故周禮立當前矦注曰車轅前胡下垂柱地者經傳胡矦遐皆訓何士冠禮永受胡福鄭曰胡猶遐也載芟毛傳胡壽也諡法彌年壽考曰胡保民耆艾曰胡皆謂壽命遐遠胡謂頸下垂肉也漢書郊祀志上有龍垂胡顄下迎黃帝注。金日磾傳日磾捽胡投何羅殿下注引晉灼云胡頸也下垂曰胡禮記深衣注謂胡下也釋文胡互也在咽下垂能斂互物也釋名釋形體何也詩日月胡能有定傳君子偕老胡然而天也胡然而帝也箋風雨云胡不夷傳伐檀胡取禾三百廛兮瞻卬伊胡爲慝箋又楚辭天問胡䠶夫河伯注又史記曹相國世家與窋胡治乎索隱又廣雅釋詁三。詩生民胡臭亶時桑柔胡斯畏忌箋竝云胡之言何也又禮記中庸君子胡不慥慥爾疏云胡猶何也又漢書王褎傳則胡禁不止曷令不行注云胡曷皆何也大也周書諡法注又廣雅釋詁一胡猶遐也遠也儀禮士冠禮注胡耇元老之偁也左氏僖廿二年傳雖及胡耇注。釋名釋長幼云九十曰鮐背或曰胡耇咽皮如雞胡也胡簋禮器名夏曰胡左氏哀十一年傳胡

簋之事注又賈服注云夏曰胡又疏云胡簋行禮所用之器戟也廣雅釋器。考工記冶氏胡三之司農注云援直刃也胡其孑胡粉胡餬也脂和以塗面也釋名釋首飾胡餅作之大漫沍也亦言以胡麻著上也釋名釋飲食方丘胡丘爾雅釋丘胡蘇下流急疾之兒也漢書溝洫志有徒駭胡蘇鬲津注。爾雅釋水胡蘇李注云胡蘇者其水下流故曰胡蘇胡下也蘇流也孫注云胡蘇者水流多散蘇蘇然胡者山戎之別種御覽七百九十九引風俗通。又云胡者互也言其被髮左衽言語贄幣事殊互也萱按釋名風俗通皆以互釋胡而釋名爲本義此則引申之義。考工記總目胡無弓車司農注云胡今匈奴胡豆䜸𧯛也廣雅釋艸胡蝶卽蛺蝶也列子天瑞胡蝶胥也釋文又莊子齊物論莊周夢爲胡蝶至樂其葉爲胡蝶釋文引司馬崔注。韓勑碑胡輦器用萱按段胡爲瑚也

湖大陂也揚州濅有五湖濅逗川澤所仰以漑灌者也說文段注𨸏部曰陂一曰池也然則大陂謂大池也古言鴻陂大陂言汪汪若千頃陂皆謂大池也池以鍾水湖特鍾水之大者耳職方氏曰

楊州其澤藪曰具區其浸五湖鄭曰具區五湖在吳南按經具區五湖分析言之五湖之非具區明矣鄭云皆在吳南則其相聯屬可知也又釋浸字者以補浸篆下所未備也鄭曰浸可以爲陂灌漑者按可以爲陂謂可以爲池也許云川澤所仰以漑灌者謂職方其澤藪其川其浸三者析言之川流或竭澤水李希藉浸水亭蓄者多可以灌注之故必兼言浸也風俗通曰湖者言流瀆四面所猥都也川澤所仰以漑灌也用許語池也廣雅釋地大池也楚辭遠逝就申胥於五湖注。書禹貢疏云大澤畜水南方名之曰湖湖者都也風俗通山澤湖深水漢書元帝紀江海陂湖圃池注五湖今太湖也國語越語戰於五湖注又後漢馮衍傳下注云太湖有五湖故謂之五湖隔湖兆湖射湖貴湖及太湖爲五湖又水經沔水注云五湖謂長蕩湖太湖射湖貴湖滆湖也虞翻曰是湖有五道故曰五湖。後漢梁冀傳注云湖謂洞庭湖

瑚珊瑚也說文殷之六瑚禮記明堂位。論語公冶長瑚璉也苞鄭注竝云夏曰瑚萱按當以禮記爲是。漢修堯廟碑地致墦坳石闕二坐按墦坳乃璠瑚之破體字也

鶘一書作鶘。俗作猢蘄鶘鼠黑身白膂若帶手有長白毛侶握版之狀類蝯蜼之屬說文段注見上林西京賦諸家說其狀乖異不同其字或作蟖胡或作獑胡或作獑猢或作獑鶘

乎語之餘也說文段注乎餘疊韻意不盡故言乎以永之班史多叚虖爲乎詞也廣雅釋詁四乎是疑辭也禮記檀弓上其大功乎疏。易繫辭上傳其不可見乎疏云疑而問之故稱乎也又儀禮聘禮古之遺禮乎疏云乎者猶疑之矣乎者謙退之辭禮記少儀子亟食於某乎疏於也呂覽貴信又況乎人事注極也廣雅釋詁一乎而語助也漢書地理志下俟我於著乎而注。萱按乎而卽兮字之合聲短言之曰兮長言之曰乎而乎爾者歎而不怨之辭也孟子盡心下然而無有乎爾注

夸隸作華榮也說文又爾雅釋艸又後漢張衡傳注又國語魯語以德榮爲國華注云華榮華也。段注按釋艸曰蕍芛蕫華榮渾言之也又曰木謂之華艸謂之榮榮而實者謂之秀榮而不實者謂之英析言之也引申爲曲禮削瓜爲國君華之之字又爲光華華夏字夸也爾雅釋艸皇也爾雅釋言果蓏也禮記郊特牲天子樹瓜華注華

色也者其榮也素問解精微論華者猶榮華容色之象也隋書五行志下引洪範五行傳華猶光也淮南墬形末有十日其華照地注華謂有光華者也荀子正論琅玕龍茲華覲以爲實注。詩著傳瓊華美石疏云華美謂色有光華華者色也漢書五行志下之上黃色也禮記玉藻大夫玄華注又詩蒿章疏云華黃色畫也禮記檀弓下華而晥注采畫也文選東京賦龍輈華轙薛注華謂彫畫之也漢書司馬相如傳上華榱壁璫注華采五色采也楚辭雲中君華采衣兮若英注。書顧命華玉仍几疏云華是彩之別名華英光耀也文選南都賦履躧華英注華謂采章文選大將軍讌會詩遺華反質注華浮華文選七命於是徇華大夫聞而造焉注華謂鮮美素問異法方宜論其民華色而脂肥注葆也文選上林賦建翠華之旗郭注華曬也齊楚之閒或謂之華方言一或謂諸夏爲諸華詩苕之華箋。左傳閔元年疏云華夏皆謂中國也定十年傳夷不亂華疏云中國有禮儀之大故偁夏有服章之美謂之華華表謂華飾屋外之表也文選景福殿賦故其華表則鎬

鎬鑠鑠注華譽虛譽也後漢馬融傳注華顛謂白首也後漢崔駰傳注蔡邕傳注。樊準傳注云華首謂白首也又邊讓傳注云華髮白首也華鍾謂有篆刻文故言華也文選東京賦鏤華鍾薛注又後漢班彪傳下注云鍾有篆刻之文故曰華華玉五色玉也書顧命鄭注。詩著尚之以瓊華乎而傳云瓊華美石箋云瓊華石色似瓊也華章華楚臺名也楚辭傷時顧章華兮太息注華屋夏屋國策秦策見說趙王于華屋之下注華池芳華之池也楚辭謬諫鼉黿游乎華池注華容水名文選蜀都賦於後則都背華容劉注地名也莊子天地堯觀乎華釋文引司馬注華鄉鄉名也文選南都賦華鄉重柜注華平瑞木也文選東京賦植華平於春圃薛注華蟲五色之蟲周禮司服王之吉服注。左傳昭廿五年疏云華蟲卽鷩雉華驪色如華而赤今名馬標赤者爲棗騮穆天子傳一華騮注。書晚出舜典重華協于帝僞孔傳云華謂文德皐陶謨華蟲僞孔云華象艸華晚出武城華夏蠻貊僞孔云冕服采章曰華顧命華玉仍几僞孔云華彩色

苿鈣或。俗作鏵鈈鈈兩刃臿也宋魏曰苿也說文段注兩刃臿者謂臿之兩邊有刃者也臿者刺土之器釋器曰斛謂之鏟斛鍪鏺臿皆古今字作臿者就舂臼之義引申之俗作郭衣鋮之鍤非也金部曰鉆銚鍬皆臿屬鍪河內謂臿頭金也此云兩刃臿則又與凡臿不同方言五曰臿燕之東北朝鮮洌水之閒謂之斛宋魏之閒謂之鏵或謂之鏵江淮南楚之閒謂之臿沅湘之閒謂之畚趙魏之閒謂之桑東齊謂之梩按茉鏵古今字也方言渾言之許析言之耳高注淮南曰臿鏵也青州謂之鏵有刃也三輔謂之鍤釋名釋用器曰鍤插也掘地起土也或曰銷銷削也能有所穿也削也或曰鏵刳也刳地爲坎也其板曰葉象木葉也高劉皆作鏵高云有刃當作有兩刃奪一字耳耒字亦作鋘吳越春秋夫差夢兩鈈殖吾宮牆太宰亟占之曰農夫就成田夫耕也公孫聖占之曰越軍入吳國伐宗廟插社稷也糸應曰茉古文奇字作鈈李賢引何承天纂文張揖字詁作鈈鈈又鍰之俗承天改吳爲吳因又改鈈爲鈈耳非張揖有鈈字也鈈臿刃也後漢獨行戴就傳又燒鈈斧注引張揖字詁鏵鍪也廣雅釋器

瑕玉小赤也說文又禮記聘義疏引字林。段注子虛賦赤瑕駁犖張揖曰赤瑕赤玉也楊雄蜀都賦左思吳都

斯皆云瑕英劉達曰瑕玉屬也木華海賦瑕石詭嶧廣雅玉屬有赤瑕若聘義瑕不掩瑜注瑕玉之病也高注淮南書曰瑕猶
鬻也此別一義鬻同璺玉翳也爾雅序劉瑕礫釋文其瑕適玉病也管子水地瑕適皆見精也注○
荀子法行瑕適並見情也注云瑕玉之病也過也詩狼跋德晉不瑕傳又太亦眾內蹈之瑕注○詩泉水不瑕有害二
子乘舟不瑕有害箋竝云瑕猶過也瑕疵過也老子善言無瑕讁釋文○詩狼跋箋云不瑕言不可疵瑕也蕆
也廣雅釋詁二○後漢班彪傳下注云瑕械猶過惡也裂也廣雅釋詁二○淮南精神審乎無瑕注云瑕猶鬻也瑕
謂虛脆也管子制分乘瑕則神注廉瑕嚴利也考工記弓人深瑕而澤紾而搏廉注瑕謂日
旁赤氣也漢書楊雄傳上綸清雲之流瑕兮注萱按此用爲霞字也說文無霞遠也詩泉水不瑕有害傳思齊
釋文又禮記表記疏已也詩思齊烈假不瑕箋瑕之言胡也禮記表記瑕不謂矣注萱按此用爲遐字也說
文不錄遐瑕丘魯邑春秋之負瑕矣水經泗水注○萱按文遐南都賦駁瑕委蛇段瑕爲蝦也又左
氏宣十五年傳瑾瑜匿瑕漢書路溫舒傳作瑾瑜匿惡按瑕惡同部義近得相通借矣

鍜錏鍜也說文萱按鍜頸鎧也錏
碬厲石也赤色說文萱按此今本說文磏字下訓釋也說文碬石字譌爲碬段大令據詩傳箋審定當作碬諫
矣其磏下語則碬之訓釋也碬與磏義同而音異磏當與廢礛爲類在八部碬在十四部○段注說文磏礪石赤色據淮南注
礛讀廉氏之廉淮南礛諸許作廢諸然則磏即廢礛三字一也以馬赤白色曰駁玉小赤曰瑕海賦瑕石詭暉蜀都賦吳都賦
皆有瑕英江賦壁立碬駁言之則屬石赤色名碬宜矣磏篆恐當爲碬篆古本碬碬皆有而致舛譌如鼎部之鼏鼏二篆衣部
之袗袖二篆皆以形似致合爲一字
蹳足所履也說文萱按段氏疑蹳爲蹴之誤或然段聲則在十四部
瘕女病也說文段注按女字必是衍字詩厲假不瑕箋云厲假皆病也正義引說文癘疫病也或作癩瘕病也是唐
初本無女字也倉公傳曰潘滿如小腹痛臣意診其脈曰遺積瘕也女子薄吾病甚臣意診其脈曰蟯瘕也瘕蓋腹中病錢氏
大昕曰唐公房碑癘蠱不遐即鄭箋之癘瘕不瑕也太陽受寒血凝爲瘕素問大奇論三陽急爲瘕注○

氣厥論爲處瘕注云瘕一爲疝傳寫誤也蟲病也山海經南山經䴡詹之水多沛育佩之無瘕疾注
騢馬赤白襍毛色似鰕魚說文段注襍毛者謂異色之毛襍亂相厠也魯頌有騢釋畜毛傳皆曰彤
白襍毛曰騢鰕魚謂今之蝦亦魚屬也蝦器有紅色凡段聲多有紅義是以瑕爲玉小赤色騢卽今之赮白
馬爾雅釋畜彤白襍毛騢注又舍人注云赤白襍毛今赭馬名騢
鰕鰕魚也說文段注三字句各本作紛也今正鰕者今之蝦字古謂鰕魚如罍曰罍魚馬部騢下云色似鰕魚騨下
云文如罍魚郭注爾雅云今青州呼鰕魚爲鰝皆其證鰕篆是此物正字不訓以鰕魚則騢之似鰕魚鰛之狀似鰕爲似何物
乎況鰕篆之下繫接鰝篆釋云大鰕鰝爲今之大蝦無可疑者若如各本則鰝不爲大紛乎由釋魚有紛鰕之文郭曰出襪邪
頭國與說文紛解同淺人遂改鰕篆之解爲紛也不知許立文之例以類相從鰕果是紛則鰕篆必次紛篆後不次鰝篆前至
於物有同名異實者如爾雅鰕三見鰝大鰕則今之蝦也紛蝦則襪邪頭之魚也鯢大者謂之鰕則今有四脚之魚也而皆謂
之鰕豈可合而一之乎鰕篆者長須水蟲之正字古亦借瑕爲之凡段聲如瑕鰕騢等皆有赤色古亦用鰕爲雲赮字鯢

大者謂之鰕爾雅釋魚郭云今鯢魚似鮎四脚前似獮猴後似狗聲如小兒嗁大者長八九尺別名鰕魵鰕
爾雅釋魚又說文鰕下云出蕆邪頭國又後漢東異夷傳瀸國海出班魚皮段大令曰班魚卽鰕魚也
蝦蝦蟆也說文又文選弔屈原夫豈從蝦與蛭蟥注○段注蝦蟆見於本艸經背有黑點身小能跳接百蟲解作
呷呷聲舉動極急蟾蜍身大背黑無點多痱磊不能跳不解作聲行動遲緩絕然二物陳藏器蘇頌皆能詳言之許於此但云
蝦蟆不云蜩蠢也亦謂其似同而異古或借爲霞字與魚鰕字从魚別蝦亦水蟲漢書賈誼傳注小魚也
楚辭通路從蝦兮遊諸注
壺○俗有棲昆吾圜器也說文段注缶部曰古者昆吾作匋壺者昆吾始爲之公羊昭廿五年傳注曰壺禮器
腹方口圜曰壺反之曰方壺有爵飾又喪大記狄人出壺大小戴記投壺皆壺之屬也酒器也周禮掌客壺四十注
○秋官序官壺涿氏疏云壺乃盛酒之器壺者以壺爲尊周禮司尊彝其饋獻用兩壺尊注又儀禮聘禮八壺
設于西序注云壺酒尊也又禮記禮器門內壺疏云壺亦尊也壺大一石禮記禮器門內壺注壺所以盛

飲周禮挈壺氏掌挈壺以令軍井注又漢書東方朔傳云壺者所以盛也盛水器也周禮夏官序官挈壺氏注
漏水之器也禮記喪大記狄人出壺注壺投壺也文選吳都賦拚射壺博注。穆天子傳六是曰壺輪
注云壺器名又禮記投壺投壺之禮釋文同。大戴記投壺云壺脰脩七寸口徑二寸半壺高尺二寸受斗五升壺腹脩五寸
壺謂瓦鼓周禮秋官序官壺涿氏注方壺一曰方丈列子湯問方壺釋文禮也太糸事暨子提
壺注居家無壺注少女提壺注瓠也詩七月八月斷壺傳又楚辭招甕糸蠡若壺注云壺乾瓠也壺棗爾雅釋木
郭云今江東呼棗大而銳上者爲壺壺猶瓠也又孫注云棗形上小下大似壺瓠故曰壺。釋文壺本作榼萱按壺榼正俗字
大而蜜謂之壺蠡方言十一
紘盧切
辻隸變作徒步行也說文又易賁舍車而徒虞注又詩黍苗我徒我御箋云步行曰徒
來告注又莊子徐无鬼無徒驥于鐂壇之宮釋文引司馬注又文選上林賦徒車之所轥轢郭注。論語先進吾不徒行以爲
之椁皇疏云徒猶步也步兵也左氏隱八年傳彼徒我車注又僖廿八年傳徒兵千注云徒兵步卒襄元年傳敗其

徒兵于洧上注云徒兵步兵又疏云步行謂之徒行故步兵謂之徒兵也又禮記祭義五十不爲甸徒疏云徒謂步卒又國語
吳語師師徒以爲過賓於宋注云徒師步卒也眾也公羊昭八年傳簡車徒也注又周書芮良夫實蕃有徒注又淮南原
道而堅強者死之徒也注覽冥廝徒馬圉注又文選西京賦薛注東京賦結徒營薛注又漢書食貨志上賦其車馬甲兵士徒
之役注。刑法志卒正三年簡徒注云徒人眾黨也左氏宣十年傳原屏咎之徒也注襄卅年傳昔爲我徒注又孟子滕
文公下聖人之徒也注又呂覽報更與天下之賢者爲徒注又淮南俶眞分徒而訟注。管子版法外之有徒禍乃始牙注云
徒謂黨與也從者也國語晉語后子謂其徒注又左氏昭四年傳旦而皆召其徒注徒謂弟子也呂覽
誣徒視徒如己注又華嚴經音義下引莊子司馬注。論語先進非吾徒也皇疏云徒門徒也又漢書韋賢傳集注云徒謂學
徒又孟子滕文公上其徒數十人注云其徒學其業者也徒謂客之旅禮記檀弓上其被刑徒趨而出注
者謂之徒論衡四諱徒人謂無兵甲者管子參患將徒人注人徒謂胥徒結徭
役者也荀子王霸徒有數注人徒處徒行或曰獨處也荀子仲尼雖在貧窮徒處之勢注

事也管子七法則官徒毀法注塵賤之事也易象上傳舍車而徒崔注司徒掌徒役之事
詩緜乃召司徒箋。十月之交番維司徒箋云司徒之職掌天下土地之圖人民之數又春秋繁露五行相生曰司徒者金也
又後漢應劭傳注云司徒卽丞相也使也廣雅釋詁一輦也詩車攻徒御不驚傳道旁也列子天瑞食于
道徒者釋文無舟而渡水曰徒涉爾雅釋訓疏引李注空也左氏襄廿四年傳齊師徒歸注又論
語陽貨夫召我者而豈徒哉皇疏又國語晉語吾豈將徒殺之注諸臣之委室而徒退者注吳語然而不可徒許也注又史記
司馬相如傳家居徒四壁立索隱引孔文祥又文選答蘇武書猶復徒首奮呼注。儀禮鄉射禮記以爵拜者不徒作注又禮
記檀弓上徒使我不誠於伯高王制君子耆老不徒行問喪難斯徒跣注疏云徒猶空也空手也儀禮大射儀僕人正
徒相大師注又聘禮上介徒以公賜告注云徒謂空手空默之謂也列子黃帝以此勝一身若徒注徒猶
獨也華嚴經音義五引劉熙但也呂覽離俗惕然而寤徒夢也注又史記酷吏傳徒請名禍猾吏索隱引服虔又
文選羽獵賦徒角搶題注引晉灼又漢書欒布傳沒黯傳李陵傳董仲舒傳王溫舒傳集注又楊雄傳上注云徒亦但也。呂

覽異用非徒網鳥也注云徒猶但也袒也廣雅釋詁四跣也史記張儀傳徒裼以趨敵索隱
圖畫計難也說文段注左傳曰咨難爲謀畫計難者謀之而苦其難也國語曰夫謀必素見成事焉而後履之謂
先規畫其事之始終曲折歷歷可見出於萬全而後行之也故引伸之義謂繪畫爲圖聘禮曰君與卿圖事釋詁曰圖謀也小
雅傳曰慮圖皆謀也畫也廣雅釋詁四又文選子虛賦不可勝圖郭注計也公羊莊十三年傳君不圖與注度
也廣雅釋詁一又釋名釋典藝。後漢杜篤傳注云圖猶規度也法也楚辭懷沙前圖未改注謀也爾雅釋詁
又禮記表記我儀圖之注又國語晉語寇知其釁而歸圖焉注又國策秦策顧大王圖之注又荀子儒效圖回天下於掌上而
辯白黑注臣道以環主圖私爲務注又離騷不顧難以圖後兮注又淮南說林難與有圖注又史記周本紀受九鼎而圖犯索
隱又漢書息夫躬傳豫圖未形馮野王傳內足與圖身注。食貨志上迺駁而圖之又禮記緇衣毋以內圖外注疏云圖亦謀
也又詩板傳猶圖也疏云圖卽謀也又國語晉語伯氏荀出而圖吾君注云圖爲之謀也又禮記檀弓上伯氏不出而圖吾君
注云圖猶謀也又論語述而不圖爲樂之至於斯也皇疏云圖猶謀慮也又漢書高帝紀上羽不可圖注云圖謂謀而取之高帝

紀下未能盡圖其功注云圖謂謀而賞之議也廣雅釋詁四又呂覽似順君其圖之注云圖議之也○左氏襄十年傳惟大國圖之注云圖猶議也取也國策秦策而天下可圖也注象也國語周語省其典圖刑法注又太玄玄摛又玄圖注圖謂畫物象也文選宋孝武宣貴妃誄稱圖照言注圖河圖也文選東方朔畫贊陰陽圖緯之學注郭有道碑文探綜圖緯注又書顧命鄭注云河圖圖出於河帝王聖者之所受又後漢班彪傳下注云圖書河圖洛書也桓譚傳注云圖書卽讖緯符命之類也睿圖孔聖之圖畫也文選皇太子釋奠會詩睿圖姊睟注圖謂模寫土地之形荀子榮辱循法則度量形辟圖籍注圖地圖也周禮小宰三曰聽閭里以版圖司農注又大司徒之職掌建邦之土地之圖注云土地之圖若今司空郡國輿地圖又小司徒地訟以圖正之注云圖謂邦國夲圖又司會凡在書契版圖者之貳注云圖土地形象田地廣狹又冢人掌公墓之地辨其兆域而爲之圖注云圖謂畫其地形及丘塋所處而藏之又內宰掌書版圖之灋注云圖王及后世子之宮中吏官府之形象也○韓勑後碑改畫聖象如古畫口螢按啚者鄙吝正字圖省作啚則爲尤俗字而漢時已然

瘏病也說文又詩卷耳我馬瘏矣傳鴟鴞予口卒瘏傳又楚辭思古躬劬勞而瘏悴注又爾雅釋詁馬疲不能進之病爾雅釋詁疏引孫注懼也爾雅釋詁○卷耳釋文瘏本作屠鴟鴞釋文瘏本作瘏萤按此互相通借

屠剳也說文萱按剳判也滅之也史記絳侯周勃世家屠澤都索隱裂剝也楚辭天問何勤子屠母注○周書周祝國孤國屠注云屠謂爲人分裂也屠謂誅殺其人也文選陽給事誄相望屠潰注○漢書高帝紀上令屠沛注云屠謂破取城邑誅殺其人如屠六畜然又後漢光武紀上注云多所誅殺曰屠又荀子議兵不屠城注云屠謂毀殺其民若屠者然也壞也廣雅釋詁一別也淮南天文未在己曰屠維注云言萬物各成其性故曰屠維屠別維離也地名也詩韓奕出宿于屠傳○水經河水注云屠申澤闕駟謂之巖瀍澤矣屠各胡兒後漢公孫瓚傳注○左傳屠蒯檀弓作杜蕢

鄙左馮翊郃陽亭說文段注謂左馮翊郃陽有鄙亭也各本作鄙陽亭誤大雅韓奕出宿于屠毛曰屠地名宋濁水李氏謂地在同州鄙谷是也按屠鄙古今字顧氏祖禹讀史方輿紀要作荼谷渡云在今陝西同州府郃陽縣東河地

西故城南

捈臥引也說文段注臥引謂橫而引之也廣雅曰捈舒也引也廣雅釋詁一抒也廣雅釋詁二銳也廣雅釋詁四

酴酒母也說文段注未部𨡻酒母也此酴亦訓酒母則今之酵也五篇曰參酒不去滓飲也酒也廣雅釋器

涂或作塗○俗有途鐢涂水出益州牧靡南山西北入繩說文段注牧前志作收後志作牧華陽國志竟作升李奇曰靡音麻收靡卽升麻常壞曰升麻縣山出好升麻收升牧三字皆同細隸釋益州太守碑牧靡字三見晉書亦作牧矣益州郡牧靡二志同前志曰南山臘涂水所出西北至越嶲入繩過郡二行千二十里水經注若水篇曰若水又東涂水注之水出建寧郡之收靡縣南山縣山竝卽草以立名山枉縣東烏向山南五百里山生收靡可以解毒涂水濱源濺谷西北流至越嶲入若水按涂水出臘谷故漢志謂之臘涂水漢志說文皆云入繩而水經注云入若水者善長云若水又還越嶲大作縣入繩繩水出徼外南逕莋牛道至大荇與若水合自下亦通謂之繩水矣諸書錄記犀水或言入若又言

注繩正是異水沿注通爲一津隨納通稱也水道提綱曰金沙江卽古繩水鴉龍江一名打沖河至古若水金沙江出畨地至雲南姚安府大姚縣境合鴉龍江至四川敘州府治宜賓縣西南境入於江金沙自犍石山發源至雲南麗江府境已四千二百餘里自麗江至四川敘州府又二千五百餘里源遠流長所受大水數十小水無數其爲大江上源無疑也玉載謂多以金沙爲大江正源然非禹貢峼山道江之言禹貢於河源江源皆舉其近者聖人不尚遠畧意牧靡今何縣涂水今何水未審按古道塗塗壄字皆作涂道路也漢書禮樂志大朱涂廣注涂度也人所由得通度也釋名釋道五涂徑畛涂道路也周禮司險設國之五溝五涂注又遂人凡治野注云徑畛涂道路皆所以通車徒於國都也徑容牛馬畛容大車涂容乘車一軌道容二軌路容三軌害也廣雅釋詁三○後漢班彪傳上注云涂亦塗也古字通用又荀子儒效鄉也混然涂之人也注云涂與途同又周禮量人量其市朝州涂軍社之所里又禮記王㓹士遇之涂內則涂皆乾又爾雅釋丘當涂梧丘又考工記匠人注引爾雅堂涂謂之陳又論語陽貨遇諸塗釋文云本又作涂又周慄功勳銘行旅語於涂陸塗道也論語陽貨遇諸塗集解引孔注又孟子梁惠王上塗有餓莩注又山海經海內西經

流黃鄧氏之國有塗四方注又國策齊策臨淄之塗注又呂覽論人事心乎自然之塗注淫辭亡緇衣求之塗注又楚辭逢紛信中塗而叛之注憂苦塗漫漫其無時注又文選上林賦馳騖乎仁義之塗郭注又水經伊水注國中三道曰塗易說卦傳爲大塗鄭注塗路也禮記曾子問塗適故也疏儒行道塗不爭險易之利疏又文選思玄賦涑雨沛其灑塗舊注聖主得賢臣頌忽若篲氾畫塗注塗道路也荀子性惡塗之人可以爲禹注又論語陽貨遇諸塗皇疏又道聽而塗說皇疏云塗道亦道路也○石門頌塗路盅艱按塗漢時俗字也震爲大塗易說卦傳三塗大行轘轅崤澠水經伊水注引服虔說○新序善謀九曰嶽三塗陽城大室荊山終南九州之險也四塗泥也詩角弓如塗塗附傳又孟子公孫丑上坐於塗炭注又漢書五行志上積土塗注五行志下之上見豕負塗注王褒傳注敘傳上振拔洿塗注又文選答賓戲振拔洿塗注又廣雅釋詁三塗污也文選西都賦注引廣雅又後漢班彪傳下注塗塗飾穀梁襄廿四年傳臺榭不塗注塗亦墍也書梓材惟其塗墍茨疏塗杜也杜塞孔穴也釋名釋宮室塗塗厚皃楚辭逢紛白露紛以塗塗兮注塗者漸洳徑也漢書

東方朔傳○太平御覽卅七引書禹貢馬注云塗泥漸洳也塗涷釋也詩出車雨雪載塗傳○大戴記夏小正涷塗傳曰涷塗者涷下而澤上多也塗炭者若陷泥墜火喻窮困之極也後漢趙憙傳注塗車以泥塗爲車也釋名釋喪制醜塗亦山名山海經西山經洋水西南流注于醜塗之水注塗山國名書臯陶謨娶于塗山晚出孔傳當按此用爲嵞字也塗苦也後漢南匈奴傳注當按此段塗爲茶也途道也爾雅釋丘當途梧丘注又國策齊策而不利說途也注又文選東京賦經途九軌薛注又爾雅釋宮路旅途也注云途即道也○文選上林賦長途中宿郭注云中途樓閣閒陛道當途即當仕路也文選郭景純遊仙詩長揖當途人注嵞會稽山也一曰九江當涂也民俗㠯辛壬癸甲之日嫁娶虞書曰予娶嵞山說文段注左傳禹會諸侯於塗山執玉帛者萬國魯語昔禹致羣神於會稽之山防風氏後至禹殺而戮之二傳所說正是一事故云嵞山即會稽山嵞塗古今字故今左傳作塗封禪書云管仲曰禹封泰山禪會稽吳越

春秋曰禹登茅山以朝羣臣乃大會計更名茅山爲會稽封禪書又云秦并天下自殽以東名山五太室恆山太山會稽湘山劉向上封事曰禹葬會稽蓋大禹以前名嵞山大禹以後則名會稽山故許以今名釋古名也杜注左傳云塗山在壽春東北非古說也會稽山在今浙江省紹興府治東南十二里一曰者別一義謂嵞山在九江當塗也地理志九江郡當塗應劭曰禹所娶塗山氏國也郡國志九江郡屬縣有當塗有平阿平阿有塗山按平阿本當塗地漢當塗即今安徽省鳳陽府懷遠縣縣東南有塗山非今在江南太平府治之當塗也咎繇謨曰予創若時娶於塗山辛壬癸甲鄭注云登用之年始娶於塗山氏之三宿而爲帝所命治水水經注引呂氏春秋禹娶塗山氏女不以私害公自辛壬癸甲四日復往治水故江淮之俗以辛壬癸甲爲嫁娶日也許云當塗民俗以辛壬癸甲之日嫁娶正與呂覽合鄭注尚書亦同呂覽尚書辛壬癸甲言娶塗山所歷之四日也縣之名當塗者蓋以嵞山得名嵞塗古今字文引咎繇謨文合二句爲一句如東方昌矣之類此證後說也郱鄒下邑也魯東有郱戎說文段注周禮雍氏注伯禽以王師征徐戎劉本徐作郱音徐按魯世家頃公十九年楚伐我取徐州徐廣曰徐州在魯東今薛縣引後志曰魯國薛縣本國六國時曰徐州玉裁謂楚所取之徐州即

郱地疑非薛齊湣王三年已封田嬰於薛不能至魯頃公十九年魯尚有薛也齊世家田常執簡公於徐州亦非此徐州郱戎即周禮注所云伯禽以王師征郱戎今尚書作徐夷徐戎許鄭所據作郱鄒在魯東則郱在魯東可知矣書序曰徐夷竝興東郊不開昭元年傳周有徐奄徐蓋郱戎也鄒習於夷故左傳曰郯又夷也駼騊駼也說文當按騊駼北野之良馬也[牛余]黃牛虎文說文筡析竹筤也說文段注方言筡析也析竹謂之筡郭云今江東呼篾竹裏爲筡亦名筡之也按此注謂已析之篾爲筡人析之亦偁筡之本無誤字戴氏疏證改筡之二字爲筤字非也爾雅簡筡中蓋此義之引伸肉薄好大者謂之筡中如析去青皮而薄也醫方竹茹音如卽此字別錄从竹俗从艸荼荼籀○俗有茶梌苦荼也說文段注釋艸邶毛傳皆云荼苦菜唐風采苦采苦傳云苦苦菜然則苦與荼正一物也儀禮鉶芼牛藿羊苦豕薇記內則濡豚包苦亦謂之苦月令本艸易通卦驗皆謂之苦菜詩荼蓼有女如荼及後世荼

荈皆用此字。詩谷風誰謂荼苦傳緜堇荼如飴傳又楚辭傷時堇荼茂兮敷疏注又後漢史弼傳誰謂荼苦注竝云荼苦菜也

茗之類爾雅釋木櫝苦荼釋文又郭注云樹小如梔子冬生葉可煑作羹飲今呼早采者爲荼晚取者爲茗一名荈蜀人名之苦荼。封氏聞見記云早採者爲荼又爾雅釋文云荼埤蒼作棌

萑茗也詩鴟鴞予所捋荼傳。大戴記夏小正灌荼傳曰荼萑葦之莠爲蔣楮之也又取荼傳曰荼也者以爲君薦蔣也又漢書禮樂志注云荼者今俗所謂兼雖也

荼英荼也詩出其東門有女如荼傳。箋云荼茅秀物之輕者飛行無常

茅秀也儀禮既夕記菌者用荼注又國語吳語望之如荼注。周禮地官序官掌荼注考工記鮑人之事欲其無迸也注竝云荼茅莠也又漢書禮樂志顏如荼注引應劭云荼野菅白茅也

白也太玄守與荼有守注

僭也廣雅釋詁二

借也方言十二

荼猶徒也方言十二

痛也一切經音義十二引廣雅

苦也國語周語寧爲荼毒注。晚出書湯語弗忍荼毒僞孔傳云荼毒苦也

綏也書大傳廠各荼注

荼荼舒遲也易困來荼荼虞注

荼荼內不定之意易困釋文引子夏傳。詩良耜以薅荼蓼爾雅釋艸荼委葉釋文作蒢萱按蒢晚出字此蕆艸之荼也又文選爲石仲容與孫

晧書生人謟荼炭之艱此用爲塗字也又考工記弓人斲木必荼寬緩以荼禮記玉藻諸侯荼荀子大略諸侯御荼此皆叚荼爲舒也

奴煖胡切

伎古文奴婢皆古辠人周禮曰其奴男子入于辠隸女子入于舂槀說文段注秋官司厲文鄭司農云謂坐爲盜賊而爲奴者輸於罪隸舂人槀人之官也由是觀之今之爲奴婢古之罪人也故書曰予則奴戮汝論語曰箕子爲之奴春秋傳曰斐豹隸也著於丹書乎謂奴從坐而沒入縣官者男女同名按許用仲師說入罪隸者奴入舂槀者可呼婢引伸之凡水不流曰奴木之類近根者奴毛傳曰帑子也左傳鳥帑鳥尾也驚馬下來也其字皆當作奴皆引伸之義也。天官序官奚三百人注云古者從坐男女沒入縣官爲奴又漢書刑法志注引李奇云男女徒總名爲奴

戮也呂覽開春叔嚮爲之奴而媵注云奴戮也律坐父兄沒入爲奴

俘囚爲奴周書作雒俘維九邑注

不流曰奴後漢光武帝紀上注又水經瀧水注曰水黑曰盧不流曰奴

怓亂也詩曰以謹怋怓說文段注民勞釋文曰惛說文作怋舊本如是今本作說文作昏誤也怋怓爲

連綿字。廣雅釋詁三曰怓亂也

惛怓大亂也詩民勞傳段氏曰惛當作怋

嗷讙聲也詩曰載號載嗷說文

號嗷號呼讙嗷也詩賓之初筵傳

拏持也一曰誣也說文萱按今說文拏拏二篆訓釋互易繆矣此據段氏審定本。段注煩拏紛拏字當从如拏攫字當从奴方言十曰嘲哞謔讓拏也郭注言諸拏也又曰拏楊州會稽之語也或謂之慈或謂之謔許言部曰諸拏羞窮也

拏攫相搏持也文選西京賦熊虎升而拏攫注。漢書楊雄傳上熊羆之拏攫注云拏韋引也又文選羽獵賦熊羆之拏攫注引韋昭云拏攫惶遽也萱按此賦及注皆誤拏爲拏當依西京賦作拏攫顏注尤淆混

捽也引也文選長笛賦注引蒼頡篇萱按訓捽是也訓引字當作拏聲近段借作拏耳

帑五部十部兩見此本音彼今音也。妻帑字俗作拏

金幣所藏也說文段注此與府庫廥等一律帑讀如奴帑之言囊也以幣帛所藏故从巾小雅常棣傳曰帑子也此段帑爲奴周禮曰其奴男子入於罪隸女子入於舂槀本謂罪人之子孫爲奴引伸之則凡子孫皆可偁奴又段帑爲鳥之尾曰帑亦其意也今音帑藏他朗切以別於妻帑乃都切。漢書匈奴

傳下亦以爲盡費府帑注云帑藏金帛之所也又後漢桓帝紀注云帑者金布所藏之府也又晉書音義中云帑金帛舍也

庫藏曰帑廣韻引通俗文又五經文字引字林云帑藏帑

帑妻子也左氏文六年傳宣子使臾駢送其帑注。國語晉語以其拏適西山注又孟子梁惠王下罪人不拏注竝云拏妻子也又國語鄭語寄拏與賄馬楚語見藍尹亹載其拏注竝云妻子曰拏又五經文字引字林云拏妻拏

帑子也詩常棣樂爾妻帑傳又禮記中庸疏又左氏襄十四年傳并帑於戚注又漢書文帝紀集注引應劭王莽傳中予則奴戮女注。小雅爾雅廣言又後漢光武帝紀上注竝云拏子也

古者謂子孫曰帑禮記中庸樂爾妻帑注又釋文云帑子孫也。太玄衆文人推拏注云拏子弟也

帑膚也後漢朱馮虞鄭周傳注

帑雌也漢書天文志集注引晉灼

鳥尾曰帑左氏襄廿八年傳以害鳥帑注又疏云帑者細弱之名於人則妻子爲帑於鳥則鳥尾曰帑又文六年傳疏云帑細弱者細弱之號妻子俱得偁之。漢書文帝紀盡除收帑相坐律令景帝紀罪人不帑武帝紀赦吳楚七國帑地理志下君若寄帑與賄韋玄成傳罪人不帑注竝云帑讀與拏同萱按此以今字釋古字也又匡謬正俗二曰拏戮者或以爲奴或加刑戮耳

砮砮石可㠯爲矢族夏書曰梁州貢砮丹國語曰肅愼氏貢楛矢石砮說文段注矢族矢鋒也禹貢荆州梁州皆貢砮賈逵注國語曰砮矢鏃之石也按砮本名石名韋昭注石砮云砮鏃也以石爲之乃少誤禹貢荆州貢厲砥砮丹梁州貢砮磬此云梁州貢砮丹乃許君筆誤楛當作枯字之誤也說詳木部枯下○漢書地理志上厲砥砮丹注云砮石名可爲矢鏃**丹也**廣雅釋器○漢書五行志下之上石砮注引應劭云砮鏃也萱按魯語韋注之誤本於劭也廣雅亦誤

落胡切**⿰甶盧鑪**籀**⿸虍甶**古文**⿱盧缶也**說文段注⿱盧缶者小口罌也**罏缶也**廣雅釋器○莊子大宗師皆在鑪捶之閒耳釋文引崔注云鑪謂之食萱按此段鑪爲⿰甶盧也

盧𥂕籀**盧飯器也**說文段注凵部曰凵盧飯器以柳爲之士昏禮注曰笲竹器而衣者如今之筥⿱竹去籚矣筥⿱竹去籚二物相似⿱竹去籚即凵盧也方言⿱竹旅趙魏之郊謂之去⿱竹旅注盛飯筥也錢氏大昕曰去⿱竹旅即凵盧也○萱按說文似當作凵盧飯器也或轉錄奪一字與抑飯器可單偁盧如方言之⿱竹旅與**黑色也**荀子性惡鉅闕辟閭注又漢書司馬

相如傳上盧橘夏熟注王莽傳上盧引矢注又王莽傳下是猶紲韓盧而責之獲也注云黑色曰盧又文選上林賦注引晉灼又太玄守辭于盧首注故云盧黑也**土黑曰盧盧然解散也**釋名釋地**水黑曰盧**後漢光武帝紀上注萱按訓黑之字說文作黸則盧爲段借字**盧牟猶規矩也**淮原南原道盧牟六合注**盧水即久台水也**水經維水注○書牧誓及庸蜀羌髳微盧彭濮人晚出孔傳云盧彭在西北**目童子也**漢書楊雄傳上玉女無所眺其清盧兮注引服虔萱按此義晚出有矑字說文不之錄**盧田犬**詩盧令盧令令傳**白雉也**漢書司馬相如傳上箴疵鵁盧注引張揖又文選上林賦郭注云盧鸕鵝也按如郭說則盧即鸛之段借○廣雅釋鳥云盧休老鵜也**盧矛戟之柲**國語晉語侏儒扶盧注萱按此義自有籚正字**酒食也**漢書食貨志下注引臣瓚萱按此段盧爲蠦也志又曰率開一盧以賣注云盧者賣酒之區也司馬相如傳上乃令文君當盧注引郭璞云盧酒盧趙廣漢傳推破盧罌注云盧所以居罌○荀子富國君盧屋妾㑥盧釋文作盧書牧誓微盧彭濮人史記注云盧當爲盧左傳成十三年曹伯盧公穀作盧昭二十年蔡㑥盧釋文作盧書牧誓微盧彭濮人史記周本紀作微纑彭濮人禮記明堂位

注刻檮盧釋文盧本作櫨萱按从盧聲之字每省作盧段借之理也用盧本義者尠矣**顱**○俗作髗**頊顱也**說文頊下云頊顱首骨也**頭也**文選射雉賦擬青顱而點項徐注**腦蓋也**一切經音義十九引字書**顱謂額顙也**爾雅釋畜注俗所謂漫髗微齒釋文引字書又後漢馬融傳注云顱顙也○漢書武五子傳贊頭顱盧相屬於道注云盧頟骨也萱按此段盧爲顱也**顱⿰蜀頁顙也**後漢西羌傳注

⿱髟盧⿱髟鼠也說文段注亦謂⿱髟盧⿱髟鼠⿰鼠盧也二篆雙聲

攎拏持也說文○廣韻攎下云攎斂**張也**方言十二**引也**廣雅釋詁一

黸齊謂黑爲黸說文段注經傳或借盧爲之或借旅爲之皆同音段借也旅引旅矢見尚書左傳俗字改爲旅**黑也**方言三黸瞳之子謂之矊注又廣雅釋器

纑布縷也說文又爾雅釋器釋文引字林○段注言布縷者以別乎絲縷也績之而成縷可以爲布是曰纑禮經縷分別若干升以爲纑細五服之縷不同也趙岐曰湅麻曰纑麻部⿸麻盧下曰未湅纑治纑也然則湅治之乃曰纑蓋縷有不湅者

若斬衰齊衰大功小功之縷皆不湅總衰之縷則湅之若麻縷吉服之縷則無不湅者不湅者曰⿸麻盧湅者曰纑統呼曰縷**也**左傳昭十九年注因紡纑釋文○孟子滕文公下妻辟纑**纑紵屬可以爲布**史記貨殖傳林竹穀纑集解引徐廣萱按此引伸之義也雖未績爲縷已得偁爲纑矣**練絲曰纑也**文選張景陽雜詩注引孟子劉注萱按此亦引申之義也由麻而通之絲其功不殊**纑閒虛也**墨子經上

壚黑剛土也說文又漢書地理志上下土墳壚注云壚謂土之剛黑者也又廣雅釋地曰壚土也○段注釋名曰土黑曰壚盧然解散也周禮草人埴壚用豕鄭云埴壚黏疏者以黏釋埴以疏釋壚許於黸得義云黑而剛則疏之義亦見矣**壚埴壚地也**呂覽稱土凡耕之道必始於壚注**疏也**禮書卌四引書禹貢鄭注○淮南地形壚土人大注覽冥契黃盧注竝云壚讀纑纚之纑**黃黑色土也**楚辭思古倘佯壚阪注

鑪○俗作爐**方鑪也**說文段注方對鏃圜鑪言之凡爨炭之器曰鑪定公三年左傳郲莊公自投於牀廢於鑪炭爛遂卒○後漢孔融傳注云鑪累土爲之以居酒瓮四邊隆起一面高如鍛鑪故名鑪字或作壚萱按鑪以居酒瓮非即瓮也莊

子大宗師崔注云鑪謂之貸此謂鑪爲鑪之段借字非鑪之本恉矣

冶爲鑪

太乍將鑪鈞否注○淮南齊俗鑪橐埵坊注云鑪橐埵皆冶具

爐火所居也

文選廣絕交論注引聲類

鑪熏鑪也

文選江文通襍體休上人詩青鑪絕沇燎注

酒肆也

史記司馬相如傳而令文君當鑪集解上引韋昭又後漢左慈傳注云鑪猶肆也○爾雅釋天注卽令夜獄載鑪照也釋文云鑪本作壚

艫

舳艫也一曰船頭

說文舳艫也三字爲句萱按舳下云漢律名船方丈爲舳艫○段注前義二字不分析之說也後義單謂艫字也方言曰舟首謂之閤閭郭云今江東呼船頭屋謂之飛閣是也釋名曰舟其上屋曰廬象廬舍也其上重室曰飛閣在上故曰飛也按此皆許所謂船頭曰艫艫閭古音同耳李斐注武帝紀亦云舳後持杝處艫船頭刺櫂處說與許同而小爾雅艫船後也舳船前也吳都賦劉注李之與許異益小爾雅呼設杝處爲船頭也○漢書武帝紀云舳艫千里又文選吳都賦巨檻接艫劉注云艫船後也又小爾雅廣器曰船尾謂之艫

櫨

欂櫨也伊尹曰果之美者箕山之東青鳧之所有甘櫨焉夏

孰也一曰宅櫨木出弘農山也

說文段注伊尹語見呂覽本味篇鳧作鳥不言夏孰高誘曰箕在山在潁川陽城之西青鳥崑崙山之東二處皆有甘櫨之果上林賦盧橘夏孰應劭曰伊尹書云果之美者箕山之東青鳥之所有盧橘夏孰史漢注作青馬依文選作青鳥爲長蓋卽山海經之三青鳥疑島鳧皆鳥之誤也漢志道家者流有伊尹五十一篇小說家者流有伊尹說二十七篇許蕈下耗下鮪下及此皆取諸伊尹書相如用盧橘夏孰太沖猶議讖其不實後人以給客橙枇杷等當之繆甚宅櫨木者鄭注周禮說染艸之屬有橐蘆未知是不

櫨卽欂也

爾雅釋宮注釋文又一切經音義一引三蒼云櫨薄柱上方木也山東江南皆曰析自陝以西曰楷萱按薄者欂之省櫨薄卽欂櫨也單許曰櫨桼詩曰欂櫨

櫨在柱端如都櫨負屋之重也

釋名釋宮室○爾雅釋宮釋文引字林云櫨柱上樹也又淮南本經標林欂櫨注云櫨柱上樹卽梁上短柱也萱按樹似當作析

屋也

淮南修務不可以爲櫨棟注

櫨

櫜櫨

文選南都賦注引郭璞上林賦注

櫨今黃櫨木也

漢書司馬相如傳上華楓杵櫨注又史記相如傳索隱引古今字林云櫨合樺也

籚

積竹矛戟矜也春秋國語曰朱儒扶籚

說文段注積竹見殳下矜柄也考工記攻木之工輪輿弓廬匠車梓注廬矛戟矜柲也按廬者籚之段借字也釋文曰廬本或作籚國語晉語文今本朱籚作侏盧朱儒扶籚西京賦所謂都盧尋橦也

筐也

廣雅釋器

蘆

蘆菔也一曰薺根

說文段注一曰者字義別說謂薺根謂之蘆也○萱按薺根疑指薺苨也薺苨亂人參近世直許薺苨參矣據人參近根處名蘆然則薺苨亦可傳蘆與叉爾雅釋艸葖蘆萉注云蘆萉蕪菁屬紫花大根俗呼雹葖又方言蕪菁其紫華者謂之蘆菔注云蘆菔今江東名爲溫菘又一切經音義二引字林云似菘紫花者謂之蘆菔也

葦也

淮南俶眞蘆苻之厚注覽冥積蘆灰以止淫水注又漢書司馬相如傳上蓮藕觚盧注引郭璞萱按此統言之則蘆葦無別也

葦未莠爲蘆

大戴記夏小正灌荼傳又淮南修務銜蘆而翔注云未秀曰蘆已秀曰葦萱按此析言之也

艸也

詩騶虞傳葭蘆也釋文

鸕

或書作鸕

鸕鷀也

說文又楚辭悼亂鴻鸕兮振翅注云又史記司馬相如傳鱵鴜鵁鸕集解引郭璞又後漢馬融

傳注又文選南都賦注引蒼頡云鸕鷀似鶂而黑又一切經音義十九引字林云鸕鷀似鶂而黑水鳥也○段注釋鳥鶿鷧郭云卽鸕鷀也按今江蘇人謂之水老鴉畜以捕魚鸕者謂其色黑也鷀者謂其不卵而吐生多者生八九少生五六相連而出若絲緒也有單言鸕者上林賦箴疵鵁盧南都賦鷗鸕是也有單言鶿者釋鳥是也

柤　狀盧切

木閑也

說文段注門部曰閑闌也廣雅釋器曰柤樘柱距也距當作歫字止也

隱也

廣雅釋室

刈餘曰柤

一切經音義廿五引通俗文○山海經中山經綸山多柤栗海外北經平丘爰有甘柤萱按此當作櫨柤則借也

退　寸盧切

徂　或

𨓲　籀

往也退齊語

說文段注按鄭風匪我思且箋云猶非我思存也此謂且卽徂之段借釋詁云徂存也是也○爾雅釋詁又詩氓自我徂爾箋四月六月徂暑傳小明我征徂西箋楚辭徂賫孝孫箋絲自西徂東箋皇矣侵阮徂其釋文矢作彼徂矣箋又楚辭懷沙汩徂南土注又文選思玄賦從蓐收而遂徂舊注諷諫詩歲月其徂注竝云徂往也又方言一曰徂往也徂齊語也又詩四月箋云徂猶往也

不係於前與變俱往故曰

徂莊子田子方丘是以日徂注

去也

楚辭抽思實沛徂兮注

行也

文選思舊賦逘旋反而北徂注又詩桑柔

云徂何往箋○駉思馬斯徂箋云徂猶行也**徂猶始也**詩四月箋**徂者往也死也**史記伯夷傳吁嗟徂兮索隱**徂落死也**孟子萬章上放勳乃徂落注又漢書楊雄傳上集注又文選陸韓卿奉答內兄希叔詩殂落固云是注云徂落猶彫落也又釋名釋喪制云徂落徂祚也福祚殂落也徂亦往也言往去落也○水經汶水注引鄒山記云徂徠山亦曰尤徠之山也又詩閟宮徂徠之松水經汶水注作岨徠之松又莊子則陽已死不可徂釋文徂李作阻又田子方釋文云徂司馬本作疽萱按岨阻疽皆徂之段借字

殂𣦸古文**往死也唐書曰勛乃殂**說文段注殂之言𨒪也𨒪往也故曰往死玉篇曰殂今作徂勛乃殂二徐本皆如是至集韻類篇乃增放字至李仁甫乃增之曰放勛乃殂落武用改大徐李此皆不信古之過也堯典曰二十有八載放勳乃殂落見孟子春秋繁露皇甫謐帝王世紀所引皆如是此作勛乃殂據力部勳者小篆勛者古文勳則許所傳眞壁中文也而無放落二字蓋孟子董子所傳者今文尚書也許所傳者古文尚書也孟子何以傳今文尚書伏生李與孔安國本皆出周時說詳尚書撰異矣放勛何以但言勛也或言放勛或言勛一也蓋當世臣民所傳不一也殂落何以但

言殂也云殂則已足矣不必言殂落也釋詁崩薨無祿卒殂落殪死也白虎通曰書言殂落死者各自見義堯見憯痛之舜見終各一也此其所據皆今文尚書且爾雅無妨殂落二字各爲一句也師古注王莽傳引虞書放勳乃殂則唐初尚書尚有無落字者**殂落死也**爾雅釋詁又書堯典帝乃殂落晚出孔傳○釋詁李注云殂落堯死之偁萱按專屬之堯義似偏枯

虘五部十七部兩見**虎不柔不信也**說文段注剛暴矯詐

⿰虘阝五部十七部兩見**沛國縣今酇縣**說文段注前志沛郡酇後志沛國酇陳勝攻銍酇苦柘譙謂此酇也今河南歸德府永城縣縣西南有故酇縣城許云今酇縣者謂李爲⿰虘阝縣今爲酇縣古今字異也班固泗水亭長碑曰文昌四友漢有蕭何序功第一受封于⿰虘阝正作⿰虘阝水經注曰渙水又東徑酇縣城南春秋襄公十年公會諸侯及齊世子光於⿰虘阝今其地⿰虘阝聚是也按今三經皆作柤酇所據作⿰虘阝此皆古字作⿰虘阝之證

吾我盧切**我自偁也**說文○爾雅釋詁又儀禮士冠禮顧吾子之教之也注又禮記襍記下吾子不見大饗乎疏竝云吾

我也又太玄勤羈角之吾注云吾者我也**身也**老子吾將鎭之以無名之樸注**吾子相親之辭**儀禮士冠禮注○管子海王吾子食鹽二升少半注云吾子謂小男小女也**禦也**漢書百官公卿表集注引應劭又後漢光武帝紀上注○續漢百官志四執金吾本注云吾猶禦也**吾吾不敢自親之皃**國語晉語暇豫之吾吾注○山海經海內北經林氏國有珍獸名曰騶吾注云吾亦作虞也周書曰酋耳大傳謂之怪獸又漢書地理志金城郡允吾縣注引應劭云允吾音鉛牙萱按吾牙本同音同在五部韻書牙字誤收入麻韻因收鉛吾入麻與他吾字異讀惑之甚者矣凡吾字皆音牙皆在虞韻即晉語之吾吾河渠書之吾山亦不必讀魚同是疑母字吾魚音本至近故不必細析也

梧

梧桐木一曰櫬說文段注梧桐木三字句釋木曰櫬梧賈思勰曰注云今梧桐皮青者曰梧桐棗今人以其皮青號曰青桐也玉裁謂此今人所植梧桐樹也其華五出子如珠綴於瓢邊瓢如蕘匙賈氏云青桐九月收子炒食甚美如菱芡是也一曰猶一名也李爾雅○禮記襍記上杵以梧疏云桐也釋文云桐木也又孟子告子上舍其梧櫝注云梧桐木名**梧桐柔木也**詩卷阿梧桐生矣傳**梧者東方之艸春木也**賈子胎教**琴也**莊子

齊物論惠子之據梧也釋文引司馬注○又引崔注云梧琴瑟也**梧在梁上兩頭相觸牾也**釋名釋宮室**支也**後漢許登傳注○山海經北山經滑魚其音如梧注云如梧如人相枝梧聲**蒼梧山名也**後漢郅惲傳注○山海經海內南經蒼梧之山注云蒼梧之山即九疑山也**當途梧丘**爾雅釋丘○釋名釋丘云當途曰梧丘梧忤也與人相當忤也

⿱艹吾⿱艹⿱吾廾籀**艸也**說文○廣韻云似艾**今江東呼人呼荏爲⿱艹吾**方言三注

郚東海縣故紀侯之邑也說文段注前志云東海郡郚鄉疑此當云郚鄉東海縣春秋經莊元年齊師遷紀郱郚郚杜云郚在東莞朱虛縣東南按前志漢郚鄉縣後漢并入琅邪之朱虛永初元年朱虛又屬北海國晉屬東莞郡故杜預劉昭云朱虛有郚城朱虛今山東青州府臨朐縣縣東六十里故朱虛城是也故郚城在青州府安丘縣縣西南六十里

浯

浯水出琅邪靈門壺山東北入濰說文段注琅邪郡靈門見前志今山東沂水州府莒

州州北百二十里有靈門城前志靈門下曰壺山浯水所出東北入淮淮當作雒字之誤也水經注曰濰水又北逕平昌縣故城東又北浯水注之水出浯山世謂之巨平山許慎言水出靈門山世謂之浯汶矣其水東北逕姑幕縣故城東又東北逕平昌縣故城北又東北流注於濰水今浯水自莒州流入諸城縣昫東北流逕安丘縣東南入濰水浯蒼梧也淮南本經曲拂邅回以像湡浯注

衙平上兩讀義同衙衙行皃說文段注九辯導飛廉之衙衙王注風伯次且而埽塵也按衙衙是行列之意後人因以所治爲衙止也釋名釋樂器萱按此謂衙卽敔之段借也又周禮田僕注逆衙還之釋文衙本作御○公羊文二年戰于彭衙釋文云衙本或作牙又封氏聞見記云衙字本作牙

牙𤘐古文壯齒也象上下相錯之形說文段注壯各本譌作牡士部曰壯大也壯齒者齒之大者也統言之皆偁齒偁牙析言之則前當脣者偁齒後在輔車者偁牙牙較大於齒非有牝壯也釋名牙樝牙也隨形言之也輔車或曰牙車牙所載也詩誰謂雀無角誰謂鼠無牙謂雀本無角鼠本無牙而穿屋穿墉似有角牙者然鼠齒不大故

謂無牙也東方朔說騶牙曰其齒前後若一齊等無牙此爲齒小牙大之明證領上大齒謂之爲牙左氏隱五年傳皮革齒牙疏○易大畜豶豕之牙虞注云剛白從頤中出牙之象也牙樝牙也釋名釋形體童牙謂幼小也後漢崔駰傳注牙牙旗也文選關中詩高牙乃建注又東京賦牙旗繽紛薛注引兵書云牙旗者將軍之旌又薛注云古者天子出建大牙旗竿上以象牙飾之故云牙旗機謂之牙廣雅釋器弩鉤弦者曰牙似齒牙也釋名釋兵牙在傍大戴記保傅下有雙璜衡牙注○禮記玉藻佩玉有衡牙疏引皇氏云衡居中央牙是外畔兩邊之璜崇牙栒虡上板作鉏鋙者文選東京賦崇牙張薛注牙璋以起軍旅周禮典瑞○司農注云牙璋瑑以爲牙牙齒兵象故以牙璋發兵若今時以銅虎符發兵後鄭云牙璋亦王使之瑞節牙也者以爲固抱也考工記輪人

芽芽逗萌也說文段注古多以牙爲芽始也廣雅釋詁一孽也廣雅釋艸

枒或作椰枒木也一曰車网會也說文段注上林賦有胥邪史記作胥餘南都賦作楈枒蜀都吳

都賦單許之曰枒艸木狀作椰其木葉在顛略似椶樹而實大如瓠繫在顛若挂物今俗用椰瓢是也考工記輪人注曰牙讀如訝謂輪輮也世間或謂之网書或作輮按車人牙作輮車部曰輮車网也車輪之肉今北人謂之氏卽古語之牙也謂之牙者如艸木萌芽句曲然襍佩之璜曰牙亦猶是也車网必合眾曲而成大圜故謂之网會网會絫言之也牙枒蓋古今字

吳𡗜古文○作吳者謬大言也說文段注大言之上各本有姓也亦郡也一曰吳八字乃妄人所增今刪正周頌絲衣魯頌泮水皆曰不吳傳箋皆云吳譁也言部曰譁者讙也然則大言卽謂譁也孔沖遠詩正義作不娛史記孝武本紀作不虞皆段借字大言者吳字之本義也引伸之爲凡大之偁方言曰吳大也九章齊吳榜以擊汰王注齊舉大櫂何承天改吳作吳音胡化反其繆甚矣譁也詩絲衣不吳不敖傳泮水不吳不揚箋讙也詩泮水釋文大也方言十三本也廣雅釋詁三吳大伯之後魯同姓也禮記坊記魯春秋猶去夫人之姓曰吳注又漢書高帝紀下云吳古之建國也○釋名釋州國云吳虞也大伯讓位而不就歸封之於此虞其志也三吳吳興吳郡會稽水經漸江水注吳夷狄也新序節士吳山古文以爲汧山也水經渭水

注引地理志吳回祝融弟亦爲火正也山海經大荒西經有人名曰吳回注國志以天上有口爲吳顏氏家訓書證萱按吳志薛綜傳無口爲天有口爲吳諧語耳而俗字因之○史記武帝紀不虞不驁又衙方碑不虞不揚皆段虞爲吳也

渢胡切

酺平去二音王德布大歙酒也說文段注禮器注引王居明堂禮曰仲秋乃命國醵蓋醵酺略同也漢文帝紀酺五日文穎曰音步漢律三人以上無故飲酒罰金四兩今詔橫賜得令會聚飲食五日也伏虔音蒲按周禮族師祭酺別一義○漢書文帝紀酺五日集注云酺之爲言布也王德布於天下而合聚飲食爲酺酺字或作脯飲也廣雅釋詁四合聚飲食爲酺漢書文帝紀集注布也後漢明帝紀注酺者爲人物烖害之神也周禮族師春秋祭酺亦如之注萱按注又云故書酺或爲步則酺爲段借字

匍手行也說文又一切經音義十三引字林○段注今人以手摸索其語蒲乎切當作此字伏也廣雅釋詁三匍匐言盡力也詩谷風匍匐救之箋匍匐猶顛蹷或作扶服禮記問喪故匍匐而

哭之注萱按匍匐皆重脣音扶服皆輕脣音古皆讀重脣故匍扶匐服以同音通借矣又詩生民誕實匍匐釋文匍本作扶

匍匐小兒時也匍猶捕也藉索可執取之言也釋名釋姿容

蒲水艸也或㠯作席說文段注周禮祭祀席有蒲筵。周禮澤虞共其葦蒲之事注云蒲以爲席。大宗伯男執蒲璧注云蒲爲席所以安人又荀子不苟與時屈伸柔從若蒲葦注云蒲葦所以爲席可卷者也又家語顏回妾織蒲注云蒲席也艸也詩揚之水不流束蒲傳蒲蒲蒻也詩韓奕維筍及蒲傳蒲深蒲也詩韓奕箋又國語吳語其民必移就蒲嬴於東海注蒲柔滑之物詩澤陂有蒲與荷箋蒲合蒲如鳧頭也禮記明堂位周以蒲勺注廣雅釋器云蒲杓也。蒲蒲柳詩揚之水箋。左氏襄十二年傳董澤之蒲注云蒲楊柳又後漢馬融傳注云蒲亦柳也蒲平以蒲作之其體平也釋名釋牀帳蒲蘇皺也廣雅釋器艸圓屋曰蒲蒲敷也總其上而敷下也釋名釋宮室蒲車以蒲裹輪取其安後漢逸民傳注蒲類匈奴中海名後漢班超傳注。水經河水注云蒲昌亦有鹽澤之偁也

蒲盧蜾蠃謂土蜂也禮記中庸蒲盧也注又釋文云蒲盧今之細要蜂也一名蠮螉又家語哀公問政猶蒲盧也注云蒲盧蜾蠃也謂土蜂也取螟蛉而化子以爲子蒲梢良馬也晉書音義上蒲伏卽匍匐也左氏昭十三年傳注伏竊往飲季孫疏又文選七發蒲伏連延注又史記蘇秦列傳嫂委蛇蒲服索隱云蒲服卽匍匐。周禮職方氏其澤藪曰弦蒲司農注云蒲或爲浦又左傳昭十三年奉壺飲冰以蒲伏馬釋文云蒲本又作匍亦作扶又書序將遷君于蒲姑釋文及史記周本紀作薄姑又左傳成十年立公子州蒲疏作州滿釋文云蒲本作滿萱按蒲匍扶皆同部段借字蒲薄一聲之轉蒲滿形至近不知孰正孰譌

杷收麥器說文段注方言五云杷宋魏之閒謂之渠挐亦謂之渠疏郭云杷無齒爲朳按耒部云桂冊叉也可以劃麥河內用之桂亦杷也杷亦引伸之義爲引取與捂捋義略同渠挐謂之杷廣雅釋器手捂之也漢書貢禹傳捽屮杷土注引手卻曰杷釋名釋樂器

謨漠胡切暮古文。一書作暮或作譕議謀也虞書曰咎繇謨說文段注曰當作有謂自曰若稽古

咎繇至帝拜曰往欽哉一篇也詩巧言假莫爲謨謀也爾雅釋詁又詩抑訏謨定命傳又孟子萬章上謨蓋都君咸我績注又太平御覽邪謨高吸注又孟文選幽通賦謨先聖之大猷兮曹注又漢書敘傳上下集注又後漢崔駰傳張衡傳左雄傳注又張衡傳南匈奴傳注並云謨亦謀也。左氏襄廿一年傳聖有謩勳注云謩謀也爲天下計者謂之譕臣管子形勢譕臣者注僞也爾雅釋詁郭云謨者謀而不忠器名周禮鬯人凡山川四方用蜃司農注又杜注云謨當爲蜃萱按謨與蜃形音義相去殊遠殆字誤也杜說是又詩抑釋文謨本作漠按此由艸書而誤。書序皋陶矢厥謨釋文云字又作謩又楊統碑謩茲英猶

模或作橅典法也說文又小爾雅廣詁又一切經音廿四引廣雅又音義十四引聲類云模法之也。段注以木曰模以金曰鎔以土曰型以竹曰范皆法也漢書亦作橅象也禮記內則浮毋注模所椓文章之範書大傳繽乎其猶模繡也注模狀猶規矩公羊定四年傳注治國有狀疏模菫木名穆天子傳四事皇天子之山模菫注。後漢文苑杜篤傳橅未央注云橅亦模又鄭固碑作毋幰式按此段幰爲模也。說文林部𣚍下云典或說

規模字當按𣚍見上聲

摹或作摸。平入二音規也說文段注規者有法度也以法度度之亦曰規廣韻曰摹者以手摹也楊雄傳參摹而四分之三摹九據或手在旁作摸今人謂之摸摭讀入聲實一字摹與模義略同韻會此下有謂所規傚也五字蓋庚儼默注語之存者傚當作放。漢書高帝紀下規模宏遠矣注引鄭展云摹若畫工規模物之摹又引韋昭云摹者如畫工未施采事摹之矣法也文選東京賦規萬世而入摹注引聲類又薛注又後漢仲長統傳注刑也廣雅釋詁四數也太玄攤攔神明而定摹注廣求也漢書楊雄傳音義引字林摹者索而得之太玄玄圖規生三摹注又太玄法摹法以中克注云摹索取也。一切經音義十八引字林云摸摭也又音義十六引埤蒼云摸索捫摸也

摸撫也方言十三又廣雅釋言張小使大謂之廓陳楚之閒謂之摸方言一

蟆蝦蟆也說文

膴膴婁逗微視也說文段注篇韻婁作瞜

韻史卷二十一

撮口呼　第五部平聲　弍　姑韻

車春虛切⿰⿱車車戈籀輿輪之總名也夏后時奚仲所造象形說文段注車之事多矣獨言輿輪者以轂輻牙皆統於輪軾較軫軹轛皆統於輿輈與軸則所以行此輿輪者也故倉頡之制字但象其一輿网輪一軸許君之說字謂之輿輪之總名言輪而軸見矣渾言之則輿輪之總名析言之則惟輿偁車以人所居也故攷工記曰輿人爲車左傳曰薛之皇祖奚仲居薛以爲夏車正杜云奚仲爲夏禹掌車服大夫然則非奚仲始造車也明堂位曰鉤車夏后氏之路也毛詩元戎傳曰元大也夏后氏曰鉤車先正也殷曰寅車先疾也周曰元戎先良也夏后氏曰箋云鉤者鉤股曲直有正也俗本譌甚今依釋名及音義改正蓋奚仲時車制始備合乎句股曲直之法古史攷云少昊時加牛禹時奚仲加馬強爲之說耳象形謂象网輪一軸一輿之形此篆橫視之乃得古音居在五部今尺遮切釋名曰古者曰車聲如居言行所以居人也今曰車聲近舍車舍也行者所處若屋舍也韋昭辯釋名曰古惟尺遮切自漢以來始有居音按三國時尚有歌無麻遮字祇

在魚歌韻內非如今音也古音讀如袪以言車之運行不讀如居但言人所居止老子當其無有車之用音義去於反此車古音也然攷工記輿人爲車是自古有居音韋說未愜也籀文从戈者車所建之兵莫先於戈也从重車者象兵車聯綴也重車則重戈矣○考工記輿人注云車輿也車駕牛馬周禮族師及其六畜車輦疏又縣師疏云車所以駕馬車以行陵陸墨子節用上又小取云車木也禮天子大路諸侯路車大夫大車士飾車公羊昭廿五年傳注○易賁舍車而徒崔注云車士大夫所乘副也太乎乎文爲車爲馬注車貳車也周禮巾車陳車注車戎車也詩江漢既出我車箋車巾車也儀禮聘禮記盼肉及庚車注道車朝夕及燕出入之車儀禮既夕記道車載朝服注乘車五路周禮夏采以乘車建綏復于四郊注皮車遣車之革路周禮司裘大喪廞裘飾皮車注素車殷路也禮記郊特牲乘素車貴其質也注○釋名釋車曰胡奴車東胡以罪沒入官爲奴者引之殷所制也車載柩車周禮謂之蜃車雜記謂之團儀禮既夕記遂匠納車于階閒注坤爲車易小畜輿說輻剝君子得車大畜輿說輹

解負且乘虞注○大畜日閑輿衛虞注云坤爲車輿說卦傳其于輿也虞注云坤爲大輿坎爲車易小畜尚得載貴舍舍車而徒睽見輿曳載鬼一車井井收勿幕虞注乾爲大車易象上傳大轝以載盧氏注震爲車左氏閔元年傳車從馬注僖十五年傳車說其轅注震也國語晉語車上水下必伯注雷也國語晉語車班內外注車爲月大戴記保傳仰則觀天文側聽則觀四時之運注牙也呂覽權動若車之有輔也注○釋名釋形體云頤或曰輔車或曰牙車或曰頻車或曰鼲車凡繫於車皆取在下載上物也又左傳僖廿五年疏云車是內骨又云牙車領車牙下骨之名也揭車芳艸也一名芞輿離騷畦雷夷與揭車分注車搞鷦杔也廣雅釋鳥○禮記禮運天子以德爲車注云車或爲居又莊子徐無鬼若乘日之車釋文云車元嘉本作居萱按此同音叚借字又易大有貢困釋文豆云車本作輿按此同義通用輿車聲亦近

尻処也孝經曰仲尼尻尻逗謂閒尻如此說文段注凡尸得几謂之尻尸卽人也引申之爲凡尻処之字既又以蹲居之字代尻別製踞爲蹲居字乃致居行而尻廢矣方言廣雅尻処字皆不作居而或妄改之

許書如家尻也宋尻也寔尻之逮也寠無禮尻也宕羣尻也之類皆改爲居而許書之脈絡不可知矣仲尼尻孝經首章首句也今作居許君受魯國三老所獻衛宏所校古文孝經如是釋文引鄭本亦作尻顏氏家訓云仲尼居三字之中三倉尼旁益丘說文尸下施几如此之類何由可從甚爲紕繆鄭所據者古文眞本既字亦是孔子命名取字本義何云不可從也尻謂閒尻此釋孝經之尻卽小戴之孔子閒居也鄭目錄曰退朝而處曰燕居退燕避人曰閒居閒居而與曾子論孝猶閒居而與子夏說愷第君子故孝經之尻謂閒處閒處卽尻義之引申但閒處之時實凭几而坐故直曰仲尼尻也如此謂尸得几

居⿸尸足俗○俗又作踞乎去网讀蹲也說文段注足部曰蹲居也二字爲轉注今足部改居爲踞又妄添踞篆訓云蹲也總由不寃許書條理周知古形古義耳立部踆下亦曰居也亦同義而譌爲僅跋也葢俗本之紛亂如此說文有尻有居尻処也从尸得几而止凡今人居處字古祇作尻處居蹲也凡今人蹲踞字古祇作居廣雅釋詁二尻也一條釋詁三踞也一條畫然分別曾憲曰按說文今居字乃箕居字也近之矣但古人有坐有跪有蹲有箕踞跪與坐皆鄰著於席而跪聳其體坐下其腓詩所謂啓處四牡傳曰啓跪也處居也四牡不違啓處采薇出車作不違啓居居皆當作尻許尻下云處也正本毛

傳引伸之爲凡尻處字也若蹲則足底著地而下其脽聳其厀曰蹲其字亦作踆原壤夷俟謂蹲踞而待不出迎也若箕踞則
臀著席而伸其脚於前是曰箕踞趙佗箕踞見陸賈聞賈言乃蹶然起坐是也箕踞爲大不敬三代所無居篆正謂蹲也今字
用蹲居字爲尻處字而尻字廢矣又別製踞字爲蹲居字而居之本義廢矣○漢書敘傳上音義又後漢郭泰傳注竝云踞蹲
也又一切經音義十六引字林云踞亦蹲也踞反企也漢書高帝紀上沛公方踞牀注踞却倚也文選
西京賦據渭踞涇注踞謂坐其上也左氏襄廿四年傳皆踞轉而鼓琴疏踞是游也左氏昭廿五年
傳執兵而踞疏處也易繫辭則居可知矣釋文又漢書燕剌王旦傳集注又呂覽離俗仁者居之注達鬱卒不居趙地注
又淮南墜形寢居直夢注又禮記樂記居鬼而從地疏又詩蟋蟀箋又當主思於所居之事疏竝云居謂居處也○周禮大史
掌建邦之六典注云居猶處也又禮記玉藻居士錦帶注云居士道藝處士也坐也國語魯語居吾語女注又周禮凡以
神仕者以猶鬼神示之居注云居謂坐也又詩東方未明序疏云居安坐也○後漢蔡邕傳注云居猶坐也又禮記樂記居吾
語女注云居猶安坐也又論語陽貨居吾語汝皇疏云居猶復座也居者居其所也穀梁僖廿四年傳又呂覽

精論閒蜻皆從女居注云居所所居所止也荀子不苟惟所居以其類至注又呂覽愼人胼胝不居注云居止
不動也素問平人氣象論前曲後居注居安居也荀子正論居則設張容員依而坐注又非相居錯遷徙注
云居錯安居也又呂覽上農無有居心注云居安居謂閒居孝經仲尼居注又釋文引孔注云居靜而思道也引
鄭注云居居講堂也○太玄玄錯云居也室玄衝云居得乎位又書仲丁序疏云到彼新邑謂之居據也廣雅釋言居
猶當也禮記王制數各居其上之三分注近也呂覽誣徒居則不安注治也周書作雒農居鄙得以庶
士注居亦法也史記樂書禮居成物索隱居者不逐於外也莊子天地欲同乎德而心居矣注
清淨無爲之謂居老子無狎其所居王注居謂未仕者文選補亡詩彼居之子注居生
者左氏僖九年傳送往事居注居謂墳墓也詩葛生歸于其居箋又漢書地理志下歸于其居注又後漢蔡
邕傳注居謂儲也漢書張湯傳居物致富注引服虔蓄也國語晉語假貸居賄注又史記平準書廢居居
邑索隱引劉氏云居停蓄也○論語公治長臧文仲居蔡皇疏云居猶蓄也居謂所宜居積者書咎繇謨

懋遷有無化居晚出孔傳居猶塾閑也呂覽圜道一有所居則八虛注天子以天下爲家故
所在偁居左氏穀梁僖廿四年經天王出居于鄭杜范注廣居謂天下也孟子滕文公下居天下之
廣居注居謂牧序所處周禮趣馬辨四時之居治注艮爲居易隨利居貞頤居貞吉革居貞吉象
下傳二女同居象下傳居德則忌君子以居賢德善俗王居无咎居位中也君子以愼辨物居方繫辭上傳君子居其室繫辭
下傳剛柔襍居處注○上古穴居而野處處注云艮爲穴居居居惡也爾雅釋訓又李注云居居不狎習之惡又
詩羔裘自我人居居傳云居居懷惡不相親比之兒○爾雅釋屮望棄居釋文居本作車萱按比同音通借字
裾衣袌也說文段注袌褱也褢物謂之袌因之衣前裣謂之袌方言襌衣有袌者趙魏之閒謂之袪衣郭云前施袌
囊也房報切按前施袌囊即謂右外袷方言無袌者謂之裎衣則今之對袷衣無右外袷者也褻衣無袌禮服必有袌上文之
祐衿謂無袌者唐宋人所謂衩衣也公羊傳曰反袂拭面涕沾袍此袍當作褢何注曰衣前襟也釋器衣皆謂之襟袚謂之裾
褑同袷謂交領袌連於交領故曰袚謂之裾郭景純曰衣後襟非也釋名裾在後之說非是○釋名釋衣服曰裾倨也倨倨然

直亦言在後常見踞也萱按以倨釋裾是也謂在後常見踞則非郭氏方言注之誤沾成國也袿謂之裾方言四又
後漢邊讓傳注袌也淮南齊俗楚莊王裾衣博袍注裾裾衣服盛兒荀子子道由是裾裾何也注又宥坐
其流也坤下裾拘必循其理注云裾與倨同萱按此段借字
据戟揭也說文段注鶡鷄予手拮据傳曰拮据戟揭也公羊注段据爲據○文選魏都賦因長川之据勢注云据古
掾字又漢書楊雄傳下集注引晉灼云据今據字也萱按說文据據義別謂之段借則可不得爲古今字也
腒北方謂鳥腊腒傳曰堯如腊舜如腒說文段注周禮內則注皆曰腒乾雉士相見之
禮摯冬用雉夏用腒注曰備腐臭也按鄭注謂乾雉依相士相見禮而言也士相見禮腒謂雉周禮內則不必專謂雉許椒言
爲腊爲長堯腊舜腒亦見王充論衡引傳雉腊也禮記內則釋文引盧注又穀梁莊廿四年傳男子之贄羔雁雉腒注
云腒腊也夏用腒備腐臭也乾雉也周禮庖人夏行腒鱐膳膏臊司農注又禮記內則夏用腒鱐注又儀禮士相見
禮夏用腒釋文又穀梁傳莊廿四年釋文腒乾肉朐後漢崔駰傳論奉贄以結好注脯也廣雅釋器久也

廣雅釋詁三 央也 廣雅釋言

琚 佩玉石也詩曰報之以瓊琚 說文段注按雜佩謂之佩玉琚乃佩玉之一物毛公大戴皆云琚瑀以納閒佩玉石者謂佩玉納閒之石也木瓜毛傳云琚佩玉石也許君用之今毛傳石譌爲名莫能是正瑀下不言佩玉石琚下不言美石次玉互見也詩佩玉瓊琚謂佩玉之閒有美琚也瓊瑰玉佩謂美瑰在玉佩之閒也○大戴記保傅琚瑀以襟之注云琚瑀總曰玭珠赤者曰琚或曰琚石次玉又續漢輿服志下注引纂要云琚瑀所以納閒在玉之閒今白珠也

椐 樻也 說文段注大雅其檉其椐釋文木毛傳皆云椐樻也陸機云節中腫似扶老即令靈壽是也今人以爲馬鞭及杖郭云腫節可以爲杖按杖以木者曰靈壽亦曰扶老漢書孔光傳賜靈壽杖孟康曰扶老杖也服虔曰靈壽木名郭注山海經亦云靈壽木名似竹有枝節常璩云朐忍鼎有靈壽木劉逵云靈壽木出涪陵楊雄作靈節銘皆是也以竹者名扶老杖中山經其上多扶竹郭云卬竹也高節實中中杖名之扶老竹漢書之卬竹杖王逸少以卬竹杖分贈老友皆是也靈壽木與卬竹皆以節勝陸氏云椐即靈壽然椐與靈壽俱見山海經郭不云一物若陶潛云策扶老以流憩則又未識其爲椐與靈壽也

○山海經北山經虢山其下多桐椐注云椐樻中腫節中杖又集韻引字林云椐木名靈壽也萱按椐與靈壽畢竟當分爲二陸璣呂忱合之似未可據今江淮以南椐又不中杖

籬青徐曰椐椐居也居於中也 釋名釋宮室

椐椐彊彊相隨之皃 文選七發注

涺 涺水也 說文

[illegible] 苿臿也 說文萱按苿兩刃臿也臿刺土之器也

凵 邱居切 筁 或 凵盧飯器以柳作之象形 說文段注凵盧詳皿部盧下按皿部不言凵者單評曰盧絫評曰凵盧也象形者下侈上斂士昏禮注作筁籚廣韻曰筁飯器

胠 亦下也 說文萱按亦腋古今字○段注玉藻說袂二尺二寸祛袂末也祛與胠同音然則胳謂迫於太者胠謂迫於臂者左傳襄廿三年齊侯伐衛有先驅申驅戎車貳廣啟胠大殿賈逵曰左翼曰啟右翼曰胠啟胠皆在旁之軍莊子胠篋司馬曰從旁開爲胠皆取義於人體也廣雅胠脅也未若許說之明析 胠謂脇上也 素問六節藏象論支鬲胠

脇注又玉機眞藏論則兩脇胠滿注云胠謂腋下脇也又欬論則兩胠下滿注云胠亦脇也又廣雅釋親云胠脅也○山海經南山經柢山鯥魚其羽在胠下注云胠亦作脅 開也 史記老莊申韓傳胠篋正義 從旁開爲胠 莊子胠篋將爲胠篋探囊發篋匱之盜釋文引司馬注 發也 莊子胠篋釋文

祛 ○俗有祛 衣袂也一曰祛褱也褱者袌也祛尺二寸春秋傳曰披斬其祛 說文段注按祛有與袂析言之者蓋袂上下徑二尺二寸至祛則上下徑尺二寸其義當分別也若鄭風唐風之兩言祛則無庸分別定本唐風傳曰祛袂末也此非是傳下文言本末本謂羔裘末謂豹袖非謂袂本祛末也一曰祛褱也此義未見其證方言曰祛謂之裾鄭云裾或作裾按下文云裾衣袌也此云祛袌也則知古有叚祛爲裾者矣祛得訓袌故或曰藏去或曰弃或曰祛皆其義也藏物必去此而藏彼故其義亦爲攘却兒寬傳李奇注曰祛開也散也凡褰開曰祛若毛傳云祛祛彊健皃亦於从去得義古無从示之祛至集韻而後有之唐石經以車祛祛从衣不誤○詩遵大路摻執子之祛兮傳羔裘羔裘豹祛傳又左氏僖五年傳披斬其祛注又服注又國語晉語勃鞮斬其祛注又淮南人閒攘祛薄腋注又後漢張衡

傳注竝云祛袂也○儀禮喪服記又禮記玉藻竝云祛尺二寸儒行衣逢掖之衣注同 袖也 楚辭哀時命左祛挂於槫桑注又列子周穆王執化人之祛注云祛衣袖又儀禮喪服紀記祛注云祛袖口也又禮記檀弓上長祛注云祛謂褎緣口也又玉藻注云祛袖口也 舉也 後漢班彪傳上注○文選舞賦黼帳祛而結組兮注云祛猶舉也 開也 廣雅釋詁三○漢書兒寬傳合祛於天地神祇注引李奇云祛開散 虛也 釋名釋衣服 去也 廣雅釋詁二又文選南州桓公九井詩慼祛各亦泜注 祛祛彊健也 詩駉以車祛祛傳

祛 极也 說文萱按极下云驢上所以負也廣韻祛下云版置驢上負物蓋若今馱鞍矣

阹 依山谷爲牛馬圈也 說文又蕭該漢書楊雄傳音義引三蒼云因山谷爲牛馬圈謂之阹 阹獵者圍陳遮禽獸也 漢書司馬相如傳上江河爲阹注引蘇林又楊雄傳下以網爲周阹注引李奇云阹遮禽獸圍陣也 閑也 文選吳都賦阹以九疑劉注云阹關也因山谷以遮獸也又上林賦郭注後漢馬融傳注竝云因山谷遮禽獸爲阹

魼或作鱋魼魚也說文段注漢書上林賦禺禺魼鰨郭樸注云比目魚也按郭說未知其審犬部狧字下有比目魚鰈同爾雅而魚部無鰈字玉篇廣韻合魼鰈爲一字非也○螢按魼鰨史記作鰪納納一作鰨鰪即魼字鰨一名盧鰨也

虛附見○俗作墟大丘也昆侖丘謂之昆侖虛古者九夫爲井四井爲邑四邑爲丘丘謂之虛說文段注昆侖丘丘之至大者也釋水曰河出昆侖虛海內西經曰海內昆侖之虛在西北帝之下都卽西山經昆侖之丘實惟帝之下都也水部曰泑津在昆侖虛下按虛者今之墟字猶昆侖今之崐崘字也虛本謂大丘大則空曠故引伸之爲空虛如魯少皞之虛衛顓頊之虛陳太皞之虛鄭祝融之虛皆本帝都故謂之虛又引伸之爲凡不實之偁邶風其虛其邪毛曰虛虛也謂此虛字乃謂空虛非丘虛也一字有數義數音則訓詁有此例如許書已已也謂此辰已之字其義爲已甚也虛訓空故丘亦訓空如漢書丘亭是自學者罕能會通乃分用墟虛字別休居卬於二切而虛之本義廢矣又引小司徒職文言丘亦名虛皆說虛篆从丘之意也丘虛語之轉易升九三升虛邑馬云虛丘也虛猶聚也居也引伸爲虛落今作墟鄘風升彼虛矣傳曰虛漕虛也○呂覽貴直使人之朝爲屮而國爲墟注云墟丘墟也又漢書

賈誼傳凡十三歲而社稷爲虛注云虛謂丘墟又史記呂后紀朱虛侯正義云虛猶丘也又華山廟碑歸用丘虛山下

基也山海經海外南經崑侖墟墟四方注又爾雅釋水河出崑侖虛注又孫注云墟者山下之地凥也廣雅釋詁二○漢書王莽傳上名曰凶虛注云墟故居也又文選西征賦注引聲類云墟故所居也又風俗通山澤曰今故廬居處高下者亦名爲墟次也國語晉語實沈之虛晉人是居注毀滅無後之地禮記檀弓下虛墓之閒注又疏云凡舊居皆曰虛又左氏昭十七年傳大辰之虛也疏云虛者舊居之處也虛村宋地國語晉語始合諸侯於虛村以救宋注又左氏桓十二年經公會宋公于虛○左傳哀十三年以六邑爲虛又莊子天運以遊逍遙之虛秋水拘于虛也徐无鬼至鄭之虛又列子湯問名曰歸虛又荀子儒效虛般國解蔽此其所以衰九牧之地而虛宗廟之國也哀公亡國之虛則必有數蓋焉又漢書王莽傳贊遂令天下城邑爲虛○荀子大略仁非其里而虛之非禮也注云虛讀爲居聲之誤也螢按虛自有居訓非讀從居也何言聲誤虛村宋地國語晉語始合諸侯於虛村注又左氏桓十二年經公會諸侯於虛

永居切迂避也說文段注迂曲回避其義一也曲也後漢蔡邕傳注遠也呂覽先己寡人以爲迂言也注又太玄內

迂彼黃牀注又廣雅釋詁一又文選荅賓戲彼豈樂爲迂闊哉注引項岱又史記孝武紀事如迂誕正義又漢書藝文志王吉傳楊雄傳下敘傳上集注又後漢王暢傳注又論語子路子之迂也皇疏又集解引苞注云迂猶遠也回遠也漢書郊祀志上言神事如迂誕注然則怪迂阿諫苟合之徒注又禮記文王世子疏云迂爲回遠迂是廣大之義禮記檀弓下于則于疏○文王世子況于其身以善其君乎疏云迂猶廣也大也夸誕也漢書五行志中之上叔迂季伐注僻也書盤庚中迂乃心晚出孔傳失也荀子榮辱失之己反之人豈不迂乎哉注邪也國語晉語不度而迂求注迂久猶良久也後漢劉寬傳注迂迂回加誣於人國語周語郤犨見其語迂注迂塗曲縈之皃也太玄羨其次迂塗注○論語子之迂也釋文迂李作于螢按于段借字也檀弓于則于同又周語其語迂賈子禮容引作其語訏按訏亦段借字

紆詘也一曰縈也說文段注詘者詰詘也今人用屈曲字古人用詰詘亦單用詘字易曰往者詘也來者信也詘謂之紆考工記連行紆行亦或段汙爲之左傳曰盡而不汙縈者環之相積紆則曲之而已故別爲一義縛下云紆未縈

縲可證○漢書楊雄傳下集注云紆縈也屈也楚辭憂苦志紆鬱其難釋注又文選琴賦則盤紆隱深注又漢書敘傳上集注曲也考工記矢人中弱則紆注又楚辭懷沙鬱結紆軫兮注惜誦心鬱結而紆軫注又後漢胡廣傳注屈曲也淮南本經紆剡儼注盤紆軫猶盤曲也後漢馮衍傳下注紆譎曲折也漢書楊雄傳上超紆譎之清澄注引孟康澄回也文選高唐賦水濬濬而盤紆兮注垂也文選東京賦紆皇組薛注索也廣雅釋詁三紆行虵屬考工記梓人連行紆行注

於重見○螢案於本烏之異體此其引申之義也經典多用於爲于故于於爲古今字儀禮士昏禮記至於某之室注大射儀士御於大夫注並云今文於爲于此古文用今字今文用古字也于也廣雅釋言○螢按爾雅詩傳說文竝云于於也二字之通用久矣凥也廣雅釋詁二代也爾雅釋詁於猶在也呂覽期賢衛有士十人於吾所注於猶厚也呂覽不侵而猶以人之於己也爲念注於者夷言發聲也左氏宣八年傳盟呉越而還疏○定五年經於越入呉注云於發聲也又定十四年經於越敗呉於檇李疏云於越即越也夷言發聲又穀梁定五年經

注引舊說云於趑夷言也於乎行仁恩之皃莊子天地於乎以盖衆釋文又釋文引司馬注云於乎誇誕皃○釋文又云於乎本作唹吁萱按借於乎爲唹吁與嘆美之於乎自別皆別但唹乃後出字則唹吁非古義也廣雅訓唹爲笑笑而吁吁之深者與於邑短氣皃漢書成帝紀贊言之可爲於邑注中山靖王勝傳孟嘗爲之於邑注○楊雄傳上雖增欷以於邑注云於邑短氣也萱按於邑與歍唈同淮南覽冥孟嘗君爲之增歎歍唈流涕注云歍唈失聲也於邑煩寃愁苦也史記刺客傳乃於邑曰索隱引劉氏

訓居切

扜 指摩也說文段注扜摩爲雙聲山海經曰有人方扜弓射黃虵○萱按摩字俗作麾引也呂覽壅塞因扜弓而射之注揚也方言十二又廣雅釋詁四

訏 詭譌也一曰訏誊齊楚謂信曰訏說文段注訏誊別一義今字作吁嗟按信當作大釋詁訏大也方言訏大也中齊西楚之間曰訏許語本楊大也詩溱洧洵訏且樂傳生民實覃實訏傳抑訏謨定命傳又爾雅釋詁又廣雅釋詁一又方言一訏訏大也詩韓奕傳川澤訏訏傳萱按御覽卅七引作川澤淤淤然則訏者淤

之段借字訏謂張口嗚呼也詩生民箋○爾雅訏大也釋文訏本作盱詩洵訏且樂韓詩作盱漢書地理志作恂盱且樂又實覃實訏說文口部引作實覃實吁又方言一訏大也注云訏亦作芋萱按盱吁芋皆訏之通借字

吁 驚語也說文段注呂刑王曰吁來按亏有大義故从亏之字多訓大者芋下云大葉實根駭人吁訓驚語故从亏口亏者驚意○文選東京賦吁漢帝之德辭注云吁驚也曰疑怪之辭也漢書楊雄傳下吁謂茲邪注又後漢北海王興傳注吁者駭歎之聲法言君子吁是何言歟注吁嗟嗟歎之辭也史記伯夷傳吁嗟祖兮索隱又文選謝玄暉和王著作八公山詩注引韓詩章句云吁嗟歎辭也吁嗟嗚呼也小爾雅廣訓萱按嗚呼當作烏乎于嗟者美之也詩騶虞于嗟乎騶虞箋○萱按于者吁之省借字又書呂刑吁來釋文馬作于憂也詩卷耳云何吁矣傳○萱按釋詁注作云何盱矣然則吁者盱之段借字然也方言十二譍也廣雅釋詁一吹氣聲也禮記檀弓曾子聞之曰吁釋文吁荼氣出而溫書大傳陽盛則吁荼萬物而養之外也注○莊子在宥對雲將曰吁釋文吁本作呼

忬 憂也說文段注卷耳云何吁矣傳曰吁憂也此謂吁即忬之段借也于部曰吁驚詞也本義不訓憂也何人斯曰云何其盱都人士曰云何盱矣盱亦忬之段借毛無傳疑卷耳本亦作盱也盱張目也○爾雅釋詁恙寫悝盱憂也釋文盱本作忬

盱 張目也一曰朝鮮謂盧童子曰盱說文段注張載注魏都賦盱衡曰眉上曰衡盱舉眉大視也釋詁盱憂也此引伸之義凡憂者亦有張目直視者也毛詩卷耳曰盱憂也何人斯都人士皆無傳然則三詩皆作盱訓憂今卷耳作吁誤也鄭箋盱爲病又憂之引伸之義方言驢瞳之子燕代朝鮮洌水之間曰盱或謂之揚○文選西京賦注引字林云盱張目也又列子黃帝而盱盱釋文引蒼頡云盱張目皃又荀子非十二子盱盱然注云盱盱張目之皃仰目也列子黃帝釋文盱謂舉眼也方言二盱雙也燕代朝鮮洌水之間曰盱注盱衡舉眉揚目也漢書王莽傳上盱衡厲色注病也詩何人斯云何其盱箋都人士云何盱矣箋誇也易豫釋文引鄭注大也易豫盱豫悔釋文引王肅注又漢書地理志下恂盱且樂注谷永傳又廣盱管表注引晉灼盱謂睢盱易豫盱豫悔疏又釋文云盱睢盱也○易豫向注云睢盱小人喜悅倿媚之皃也又莊子寓言而睢睢盱盱注云睢睢盱盱跋

扈之皃盱虺牀爾雅釋艸○易豫釋文云盱子夏作紆京作汙姚作盱又公羊昭卅一年傳有子馬謂之盱釋文云盱本作䀱

邘 周武王子所封在河內野王說文段注左傳曰邘晉應韓武之穆也河內野王二志同前志孟康注曰故邘國今邘亭是也後志曰野王有邘城尚書大傳曰文王受命一年斷虞芮之訟二年伐邘此商時之邘也武王子所封徐廣曰在野王縣西北按今河南懷慶府府西北十三里有故邘城

虛 网見○此引伸之義也李義讀起居切空也易升升虛邑釋文又禮記曲禮上虛坐盡後疏又國策秦策虛桃人注莫敢以虛願望於上注又史記孫子吳起傳批亢擣虛索隱又漢書楊雄傳集注又呂覽審應不可以虛名爲也注又淮南說三山是以虛禍距公利也注又太乎毅懷威滿虛注失剌虛滅刀注元攤資陶虛無注虛形萬物注元數地則虛三注又廣雅釋詁三空名也續漢五行志六孔竅也淮南汜論若循虛而出入注閒也爾雅釋詁虛亦希也呂覽辨土不知其稼居地之虛也注無也文選西京賦有憑虛公子者薛注又素問調經論曰無者爲虛又左氏文

二年傳作虛器疏云有其器而無其位故曰虛也**國無人謂之虛**周書文政無虛不形注。莊子人閒世國爲虛厲釋文引李注云居宅無人曰虛**無水也**淮南說林川竭而谷虛注**不實也**國策秦策困倉虛注。呂覽辨土就之則虛注云虛不穎不粟又虛稼先死注云虛根不實也**弱也**呂覽行論齊國以虛也注**病也**呂覽圜道八虛甚久則身斃注**虛者道也**呂覽有度清明則虛注又史記太史公自序曰虛者道之常也又貫子道術云道者所從接物也其本者謂之虛又淮南詮言云虛者道之舍也。大戴記曾子立事云道言而飾其辭虛也**虛无靜也**素問上古天眞論恬惔虛无注。淮南精神云虛無者道之所居也又管子心術上。云虛者無藏也**天之道曰虛**

天曰虛竝管子心術上。素問天元紀大論太虛寥廓注云太虛謂空玄之境又文選遊天台山賦太虛遼廓而無閴注云大虛謂天也**陰道虛**素問太陰陽明論。太玄玄攡虛實盪注云陰爲虛**虛者萬物之始也**管子心術上**虛明亦心也**文選王文憲集序非虛明之絕境注又淮南俶眞是故虛室生白注云虛心也又莊子人閒世曰虛虛明者心齋也**虛者情無所念慮也**淮南原道是故貴虛者注又汜論恆虛而易足注云

虛無欲也**虛者氣出也**素問刺志論又調經論曰虛者聶辟氣不足又陰之生虛奈何注云虛謂精氣奪也又玉機眞藏論此謂五虛注云虛謂眞氣不足也**虛爲虛僞**管子弟子職志毋虛邪注**虛徐也**詩北風其虛其邪傳又箋曰邪讀爲徐萱按今本傳文作虛虛也焦氏循毛詩補疏曰循按虛虛也正義本作虛徐也傳以徐訓虛箋讀邪爲徐其虛其邪猶云其徐其徐班固幽通賦承靈訓其虛徐兮其虛徐卽用詩其虛其徐而邪已作徐在鄭前毛直以徐訓虛謂不特邪字是徐虛字亦是徐若以虛訓虛成何達詁易傳褰者蒙也剝者剝也上一字乃卦名謂卦之名蒙名下卽取蒙剝之義未可援以爲訓詁之常例若謂上虛是丘虛下虛是空虛以空虛之虛解丘虛之虛顧以虛訓虛咼以分其爲丘虛爲空虛毛傳宜依正義作虛徐也釋文本作虛虛乃謁也**其虛其徐威儀容止也**爾雅釋訓又孫注云虛邪威儀謙退也**虛徐者謙虛閑徐之義**詩北門疏**虛徐懷疑也**漢書敘傳上承靈訓其虛徐兮注引孟康又文選幽通賦曹注云虛徐孤疑也**坤爲虛**易晉受茲介福歸妹无實象下傳損益盈虛象下傳君子以虛受人承虛筐也虞注。豐閒其无人虞注云坤爲空虛又象上傳君子尚消息盈虛虞注云坤消爲虛又象下傳天地盈

虛虞注云四消入坤爲虛**虛口謂酳也**禮記曲禮上客不虛口注又疏云虛口謂食竟飲酒盪口**玄枵虛也顙項之虛虛也北陸虛也**爾雅釋天萱按顙項之虛釋文云此一字音墟又云枵耗名也**虛玄武中虛宿也**書堯典宵中星虛鄭注又書大傳主秋者虛昏中注云虛北方玄武之宿。周禮大司樂黃鍾爲宮注又洪範五行傳簡宗廟簡宗廟注竝云虛危爲宗廟**六虛六位也**易繫辭下傳周流六虛注。太玄玄圖九虛設闢注云九虛九位也**虛者所以列應天之精氣也**素問五運行大論**虛邪者八正之虛邪氣也**素問八正神明論**對孤爲虛**後漢方術傳注萱按史記龜策傳集解云六甲孤虛法甲子旬中無戌亥戌亥卽爲孤辰巳卽爲虛甲戌旬中無申酉申酉爲孤寅卯爲虛

噓

吹也說文**吐氣爲噓**莊子齊物論仰天而噓釋文**出氣緩曰噓**玉篇引聲類**噓謂呼也**太玄玄攡噓則流體注**息也**莊子齊物論釋文引向注**噓噏猶吐納也**文選海賦噓噏百川注**噓吸於悒皆啼泣皃也**楚辭憂苦長噓吸以於悒兮注又山海經大荒西經日月山有神人名曰

噓注云噓言噓唏也萱按此段噓爲歔也又文選七發噓唏煩酲注云噓與歔古字通

歔

欷也一曰出气也說文**歔欷啼皃**楚辭悲回風增歔欷之嗟嗟兮注**歔欷沸泣皃也**一切經音義五引字林**歔欷懼皃或曰哀泣之聲也**離騷曾歔欷余鬱邑兮注

魖

秏鬼也說文又漢書楊雄傳上梢夔魖而抶獝狂注引孟康。段注秏者乇無之言東京賦曰殘夔魖與罔象夔木石之怪也罔象水之怪也與魖爲三物

諸 準虛切

辨詈也說文段注辨判也諸不訓辨辨之詈也詈者意內而言外也白部曰者別事詈也諸與者音義皆同釋魚前弇諸果後弇諸獵諸卽者郊特牲或諸遠人乎亦作或者遠人乎凡舉其一則其餘謂之諸以別之因之訓諸爲衆或訓爲之或訓爲於則於雙聲疊韻求之**詞之總也**一切經音義廿四引聲類又左氏文五年傳不祀忽諸服杜注竝云諸辭又禮記郊特牲疏云諸是語辭。公羊桓六年傳其諸以病桓與注云其諸辭也**之也**儀禮士昏禮記視諸衿鞶注又左氏桓十三年傳見莫敖而告諸天之不假易也注又穀梁莊廿四年傳迎者行見諸舍見諸注又論語學而告諸往而

知來者集解引孔注又皇疏又廣雅釋言○論語學而其諸異乎人之求之與也皇疏云諸猶之也於也儀禮鄉射禮則薦諸其席注聘禮會諸其幣注又禮記禮運始諸飲食疏郊特牲而盬諸利疏又廣雅釋言○禮記射義射求正諸己注云諸猶於也諸之乎也小爾雅廣訓諸諸便便辯也爾雅釋訓衆也禮記祭統諸德之發也疏又淮南修務諸人皆爭學之注又廣雅釋詁三非一也一切經音義廿四引蒼頡篇又周禮漿人注涼以水和酒也疏云言諸者非一之義又禮記檀弓下諸達官之長杖疏云諸者非一之辭諸者衆雜之辭禮記內則注名諸爲濫疏諸母庶母也禮記曲禮上諸母不漱裳注○內則擇於諸母與可者注云諸母衆妾也諸子主公卿大夫士之子者或曰庶子周禮夏官序官諸子注○宮正注王之庶子職疏云諸庶一也於諸侯卽爲庶子於天子則爲諸子注諸君謂老男老女也管子海王今吾非籍之諸君吾子而有二國之籍者諸侯物生有爲者也易繫辭下傳能研諸侯之慮注諸于大掖衣也如婦人之袿衣後漢光武紀上注方諸五石之精作圓器似杯仰月則得水也

華嚴經音義上引淮南許注望諸明都也在睢陽周禮職方氏其澤藪曰望諸注萱按爾雅釋地宋有孟諸書禹貢作孟豬史記夏本紀作明都諸毗山名山海經西山經槐江之山北望諸毗鵬鶖之所宅也注又南山經柜山西臨流黃北望諸毗東望長右注云流黃諸毗長右皆山名諸毗水名山海經南山經浮玉之山東望諸毗注又北山經求如之水滑水出焉而西南流注于諸毗之水注云諸毗之水水出諸毗山也諸稽攝提天神之名也淮南墜形○注云諸比天神也乾桃乾梅皆曰諸禮記內則注紀莒之閒名諸爲濫釋文○釋名釋飲食曰桃諸藏桃也諸儲也藏以爲儲待給冬月用之也諸慮山櫐爾雅釋木諸慮奚相爾雅釋蟲諸柘甘柘也漢書司馬相如傳上諸柘巴且注引張揖萱按諸柘卽諸蔗也二字皆段借南方艸木狀諸柘一曰甘蔗招魂云有柘漿些○禮記內則桃則疏引王肅云諸菹也按此謂諸卽菹之段借字也藷藷蔗也說文段注三字句或作諸蔗或都蔗諸蔗二字疊韻也或作笄蔗或干蔗象其形也或作甘蔗謂其味也或作邯蟠服虔通俗文曰荆州笄蔗○文選南都賦藷蔗薑蟠注引漢書音義云藷蔗甘蔗也艸藷蔗今江南

單許爲藷語有重輕耳山海經北山經景山其上多艸藷藇注萱按此卽今俗名番芋者歟單許曰藷兼許曰山藷與芋及署預爲一類不與蔗爲一類又藷署預皆藷生據廣雅署預名儲藇故諸名艸藷藇乎本艸網目藷有三署預名山藷番芋名甘藷其單許藷者蔗也竊疑其來諦說文及南都賦注皆藷蔗連文未嘗單許諸也豬豕而三毛叢尻者說文段注三毛叢尻謂一孔生三毛也說見蘇頌本艸圖經犀下今之豕皆然豕子豬爾雅釋獸○獨斷下曰蹋豬車重細緩輪有晝田獵乘之菹俗作葅酢菜也說文段注酢今之醋字菹須醯成味周禮七菹韭菁茆葵芹菭筍也鄭曰凡醯醬所和細切爲蠡全物爲若牒爲菹少儀麋鹿爲菹則菹之偁菜肉通五截謂蠡菹皆本菜偁用爲肉偁也藏菜曰菹離騷后辛之菹醢兮注○釋名釋飲食曰菹阻也生釀之遂使阻於寒溫之閒不得爛也全物爲菹一切經音義一引通俗文○儀禮少牢饋食禮韭菹在南又詩雎箋荇菜之菹兩釋文竝云菹本作闕也菹者卽是蠡也儀禮公食大夫禮注昌蒲本菹也疏○周禮醢人其實韭菹疏云牒者爲菹細切者爲蠡水艸之菹芹茆之屬禮記祭統

水艸之菹注○周禮醢人云以五齊七醢七菹三臡實之菹謂醢也漢書刑法志菹其骨肉於市注菹澤生艸者也今青州謂澤有艸者爲菹孟子滕文公下驅蛇龍而放之菹注○穆天子傳六細菹之歎注云今吳人呼田獵茸艸地爲菹又管子輕重甲請君伐菹薪注云艸枯曰菹菹卽芭苴一名芭蕉後漢馬融傳注

𥂝𧖴或醢也說文段注醢人注曰凡醢醬所和細切爲蠡全物若牒爲菹少儀曰麋鹿爲菹野豕爲軒皆牒而不切麋麋爲辟雞兔爲宛脾皆牒而切之切蔥若薤實之醢以柔之由此言之則蠡菹之偁菜肉通按菹亦爲肉偁故其字又作蘁从血菹會意也从血猶从肉也从缶者菹醢必醫諸器中而成也蓋謂之盞廣雅釋器

遮過也說文段注易用錫馬蕃庶鄭讀爲藩遮○呂覽應同子不遮乎親注云遮後過也遮遮圉也國語晉語僕遮扞衛不行注遮猶兼也管子侈靡六畜遮育五穀遮熟注橫道自言曰遮史記高帝紀遮說漢王正義引樂彥天子出虎賁伺非常謂之遮迾文選赭白馬賦引通俗文

初楚居切始也裁衣之始也說文段注衣部曰裁製衣也製衣以鍼用刀則爲製之始引申爲凡始之偁此說从刀衣之意。爾雅釋詁又大戴記夏小正初歲祭耒傳又穀梁隱五年傳宣十五年傳又易既濟初吉虞注又詩生民厥初生民箋又離騷皇覽揆余于初度兮注天問遂古之初注又淮南本經神明定於天下而心反其初注竝云初始也又易乾初九干注云位始故偁初又蒙初筮告疏云初者發始之辭又繫辭下傳初帥其辭虞注云初始也又下也始生也離騷初既與余成言兮注初者數之始易繫辭下傳其初難知注太初者氣之始也列子天瑞又白虎通天地引乾鑿度又廣雅釋天初處陽上升而始謀也書大傳名曰初處注初者地氣也素問六微旨大論居弟一之位故偁初易乾疏凡倒本其事者皆言初也左氏隱元年傳初鄭武公疏梁益之閒謂鼻爲初方言十三初猶故也儀禮覲禮伯父帥乃初事注又禮記檀弓下夫魯有初注云初謂故事又太玄養復繼之初注云初爲故也初吉朔日也詩小明二月初吉傳舒也廣雅釋詁初者未生而得生莊子天地之所起注一初謂性命之

本莊子繕性無以反其性情而復其初注萱按六經孔孟未有言復其初者蒙莊始爲此說而淮南亦言心反其初皆自立宗旨不關儒業後儒或奉爲科律何歟戴先生東原明辨之矣

樗樗木也說文又莊子逍遙遊人謂之樗釋文云樗木名惡木也詩七月采荼薪樗傳我行其野蔽芾其樗傳。段大令曰惟其惡木故齒人祗以爲薪小雅以儷惡菜今之臭椿樹是也所在有之有一種葉香者可食樗鳩樗雞也廣雅釋蟲。史記樗里子傳索隱引紀年作椿里疾萱按雩聲者聲同部楮亦惡木也

書傷居切廣雅用篆體作書箸也說文又廣雅釋言又賈子道德說曰著此竹帛謂之書書者此之著者也又曰書者著德之理於竹帛而陳之令人觀焉以著所從事。段注敘目曰箸於竹帛謂之書書者如也箸於竹帛非筆末由矣記也廣雅釋言又周禮黨正而書其德行道藝注云書記之書所以紀政事荀子勸學書者政事之紀也注。釋名釋書契曰書庶也紀庶物也亦言著也著之簡紙永不滅也書者言也韓非子喻老。荀子儒效曰書言是其事也又禮記王制注書禮者事疏云書者言事之經書者如也古微書引書璇璣鈐又廣雅釋言。古微書引孝經

援神契曰書者如也舒也紀也心畫也法言問神書者文字書序釋文。尚書序疏云書者舒也又云書者言之記又云書者以筆畫記之書六書之品周禮大司徒禮樂射御書數注保氏五曰六書司農注云六書象形會意轉注處事假借諧聲也萱按六書劉歆班固以象形象事象意象聲轉注假借爲序說文以指事象形形聲會意轉注假借爲序三者較之劉班密矣指事形聲卽象事象聲也鄭鄭衆作處事諧聲非其義也段大令說文序中注之詳矣籍也左氏哀十五年傳書社五百服注。荀子仲尼與之書社三百注云書社謂以社之戶口書於版圖又管子霸形市書而不賦注云書謂錄其名籍書者五經六籍總名也史記禮書索隱又正義云五經六籍或謂之書又論衡正說云五經總名爲書。荀子天論萬物之怪書不說注云書謂六經也書卽簡策是也又周禮春官序官典命注命謂王遷秩羣臣之書疏。論衡對作云奏記轉易其名謂之書書謂簿書契其最凡也周禮司會凡在書契版圖者之貳注。天官序官司書注云司書主計會之簿書書契所以決斷萬事也易繫辭下傳聖人易之以書契注。書序釋文引鄭玄云以書書木邊言其事刻其木謂之書契也又周禮小宰六曰聽取予

以書契司農注云書契符書也又後鄭注云書契謂出予受入之凡要凡簿書之最目獄訟之要辭皆曰契又質人掌稽市之書契注云書契取予市物之券也其券之象書兩札刻其側書卦者筮人以方寫所得之卦也儀禮士冠禮書卦注。文選詠霍將軍北伐詩羽書時斷絕注云羽書卽羽檄書也又後漢蔡邕傳注云書佐主幹文書又釋文名釋兵曰書刀給書簡札有所刊削之刀也坤爲書易繫辭下傳易之以書契虞注

賖貰買也說文段注貰買者在彼爲貰在我則爲賖也周禮泉府凡賖者祭祀無過旬日喪紀無過三月鄭司農云賖貰也緩也文選謝玄暉和王主簿怨情詩徒使春帶賖注。後漢王充王符仲長統傳論楚楚衣服戒在窮賖注云賖奢同萱按此范用段借字也

紓緩也說文又詩采菽彼交匪紓傳又左氏莊卌年傳以紓楚國之難注傳卌三年不然紓我注文十六年姑紓死焉注成二年而紓于難釋文成三年而求紓其民注成九年而紓晉使注成十六年可以紓憂注又國語魯語敢告滯積以紓執事注又呂覽異用今之人學紓注又後漢書馮衍傳上敵人紓怨注又龐參傳注荀彧傳注又方言十二。左氏文六年傳難

必抒矣服注云抒緩也萱按此段抒爲紓也史記虞卿傳注杼意通指又段杼爲紓也解也左氏僖廿一年傳是崇皞濟而修祀紓禍也注襄廿九年傳必三年而後能紓注又廣雅雅釋詁一又後漢左周黃傳注又孔融傳注云紓解也緩也○周禮士師注緩刑紓民心也釋文紓本作舒又詩彼交匪紓荀子勸學被作匪交匪舒

舒伸也一曰舒緩也說文○爾雅釋言又公羊成元年注舒恒與若釋文又洪範五行傳眺則侯王舒注又淮南說山其聲舒揚注竝云舒緩也又穀梁桓十四年傳聽遠音者聞其疾而不聞其舒注云舒謂徐緩又詩月出疏云舒者避緩之言展也素問氣交變大論其政舒啟注又小爾雅廣言又廣雅釋詁三○方言六曰舒勅展也東齊之閒凡展物謂之舒勑散也淮南本經嬴縮卷舒注啟也素問五常政大論其令條舒注詳也淮南原道舒安以定注徐也詩野有死麕舒而脫脫兮傳常武王舒保作傳又考工記弓人斲目必荼司農注萱按此謂荼即舒之假借也又左傳魏舒史記作魏荼又史記建元以來侯者年表荊荼是徵即詩荊舒是懲也敘也爾雅釋詁緒也同上舒物之枝葉發舒爾雅釋天四月爲余孫注舒蘇也楚通語也方言十遲也詩月出舒

窈糾兮傳又廣雅釋詁四○書洪範曰舒恒燠若鄭注云舒舉遲也又禮記玉藻君子之容舒遲疏云舒遲閑雅也舒猶慢也史記五帝紀貴而不舒索隱情也書洪範曰豫王注萱按此謂豫即舒之段借也知罪不誅茲謂舒漢書五行志中之下引京房易傳望舒月御也離騷前望舒使先驅兮注舒鴈鵞舒鳧鶩爾雅釋鳥又儀禮聘禮記出如舒鴈注云舒鴈鵞也○楚辭懷沙舒憂娛哀史記屈原傳舒作舍

郚地名說文段注按五篇引春秋徐人入郚杜預云今廬江舒縣按僖三年三經皆作舒魯頌亦作舒二志廬江舒縣亦皆作舒希禍所攄未審

疋足也弟子職曰問疋何止古文吕爲詩大雅字亦吕爲足字或曰胥字一曰疋記也說文段注問疋何止謂問尊長之臥當在何方也內則曰將衽長者奉席請何止止一作趾疋也古文段借疋爲雅字古音同在五部也亦以爲足字此則以形相似而段借變例也或曰胥字此亦謂同音段借如府史胥徒之胥經作疋可也一曰疋記也記下云疋也是爲踦注後代改疋爲疏也耳疋疏古今字此與疋也別一義

齇門戶青疏窻也說文段注於門戶刻鏤爲窻牖之形而以青飾之也去部連曰疏通也薛注西京賦曰疏刻穿之也招魂網戶朱綴刻方連些古詩曰交疏結綺窻

奸○作姱者譌通也說文段注此與疏音義皆同玉篇引月令其器奸以達今月令作疏諸書杖疏字太玄作杖奸太玄又有奸首轉寫譌作姱○太玄玄衡曰奸則來乎錯曰奸也進萱按今本皆譌姱

疏○俗作疎通也說文又廣雅釋詁一又禮記樂記朱弦而疏越疏又孟子滕文公上爲疏九河注又荀子禮論疏房樾須起席牀第几筵所以養體也注大略疏知而不法注解蔽疏觀蔦物而知其情注又淮南本經疏川而爲利注又國語周語疏爲川谷以導其氣注又漢書司馬相如傳下集注又文選魏都賦疏通溝以濱路劉注○段注古奸疏齇三字通用疏之引伸爲疏瀾分疏疏記開也文選述祖德詩隨山疏濬潭注曠也文選王撫軍庾西陽集別作一首注引蒼頡徹也國語晉語公令疏軍而去之注除也文選遊天台山賦注引國語賈注理也文選江賦濯翻疏風注治也廣雅釋詁三滌也國語楚語教之樂以疏其穢而鎮其浮注分也淮南原道襄子疏隊而擊之注又文

選陽給事誅疏爵紀庸注又漢書英布傳集注引張晏稀也楚辭東皇太一疏緩節兮安歌注○呂覽辨土不知其移之疏而不適也注云疏希也外也春秋文曜鉤亢爲疏廟宋注遠也楚辭大司命不漫近兮愈疏注又呂覽慎行王已奪之而疏太子注又漢書谷永傳集注引晉灼又楊雄傳下是以遐方疏俗注云疏亦遠也疊又疊錯傳射疏及遠注云疏亦閑遠也疏也者言與親踈疏遠禮記祭義進而不愉疏也疏疏亦賤也文選長楊賦賤珷瑁而疏珠璣注引廣雅遲也廣雅釋詁四○淮南說林若以燧取火疏之則弗得注云疏猶遲也長也淮南說林體大者節疏注大也太玄玄首都序三位疏成注又止車穀均疏注搜索也漢書趙充國傳疏捕山閒廣注引蘇林○釋名釋言語曰疏索也獲索相遠也識也廣雅釋詁三疏謂條錄之漢書蘇武傳數疏光過失注○杜周傳後主所是疏爲令注云疏謂分條也布陳也楚辭湘夫人疏石蘭分兮爲芳注○淮南俶真今夫萬物之疏躍枝舉注云疏躍布散也徒跣也淮南道應子佩疏揖注疏達謂疏朗通達禮記樂記疏達而信疏分流也漢書溝洫志九川既疏注疏璧琮者通於天地周禮典瑞疏璧琮以斂尸注

疏謂飾畫之也管子問大夫疏器注寥也釋名釋采帛云紡麤絲織之曰疏疏寥也寥寥然也又云疏者言其經緯疏也衰也書大傳諸侯疏杼注率下親上曰疏附詩緜予曰有疏附傳疏謂窻也史記禮書疏房牀第几席索隱○荀子禮論注云疏房通明之房也刻鏤也文選魯靈光殿賦天窗綺疏張注又西京賦交綺谿以疏寮薛注云疏剡穿之也又東京賦注引蔡邕月令章句云疏鏤也又後漢馬融傳注云疏鏤謂雕鏤也又禮記明堂位疏屏注云疏屏剡之爲雲氣蟲獸又疏云疏刻也又殷以疏勺注云疏通刻其頭疏匕匕柄有刻飾者儀禮有司徹獲二疏匕於其上注○廣雅釋器云龍疏句杓也齊疏齊衰也孟子滕文公上齊疏之服注疏屨者麤蒯之菲也儀禮喪服傳疏疏衣服盛兒韓詩外傳由疏疏者何也注○周禮巾車疏飾司農注云故書疏爲播又國策秦策東有淮頫沂黃煮棗海鹽無疏史記作無胥又漢書匈奴傳上集注云疏字或爲余萱按播胥余皆疏之音近段借字疏疏如總也釋名釋喪制疏麻神麻也楚辭大司命注

醉虘切且平上二音且古文且又㠯爲几字所㠯薦也說文段注薦當作荐今不改者存其舊以示人推究也薦

訓獸所食艸荐訓薦席薦席謂艸席也艸席可爲藉謂之荐故凡言藉當曰荐而經傳薦荐不分凡藉義皆多用薦實非許意且古音俎所以承藉進物者引伸之凡有藉之譽皆曰且凡語助云且者必其義有二有藉而加之也云姑且苟且者謂僅有藉而無所加粗略之譽也凡經注言且有者十有一鄉飲酒禮注同姓則以伯仲別之又同則以且字別之言同姓之中有伯仲同者則呼某甫也少牢饋食禮注伯某之某且字也士喪禮父某甫注云某甫且字也若言山甫孔甫士虞禮適爾皇祖某甫注云某甫且字也若言尼甫又曲禮有天王某甫注云某甫且字也檀弓嗚呼哀哉尼甫注云因且字以爲之謚禖記陽童某甫注云某甫且字也坊記魯春秋猶去夫人之姓曰吳其死曰孟子卒注云孟子之子蓋其且字又公羊傳宣十五年王札子殺召伯毛伯注云札者冠且字也桓四年天王使宰渠伯糾來聘注云宰渠伯糾天子下大夫繫官氏且字定四年劉卷卒注云劉卷氏采不名且字古言表德之字謂之且字往往可証者如是蓋古二十而冠祇云某甫五十而後以伯仲某甫者所以藉伯仲也故鄭注禮之某甫如是何注春秋之札卷糾皆爲且字與鄭無不合作正義者多不能憭致韓寫多譌而其不譌者固可考而知也經注之且字非許書則不憭矣若周頌傳曰萋且敬慎兒且此也則毛公傳於故訓者也古文且字無二橫

者鄭注明堂位曰有虞氏以梡斷木爲四足而已夏后氏始中足爲橫距是也又以爲几字者古文段借之法几亦著於地故几且同字古文字少辭也詩山有扶蘇乃見狂且傳又文選西京賦其樂只且注助句辭孟子告子上注乃見狂且音義引丁音語助也易夬其行次且釋文引馬注往也詩溱洧士曰既且釋文多兒詩韓奕籩豆有且箋六月爲且爾雅釋天

䢸右扶風鄠鄉說文

庴人相依庴也說文段注按篇韻皆七賜切則與且聲不相應廣雅無庴有康音七賜切

苴屨中艸說文段注引伸爲苞苴○漢書賈誼傳冠雖敝不以苴履注云苴履中之藉也藉也禮記曲禮上苞苴箄筍釋文又漢書郊祀志上席用苴藉集注引晉灼○郊祀志注云苴茅藉也又曲禮上疏云苴者亦以艸藉器而貯物也又儀禮士虞禮苴刌茅長五寸束之注云苴猶藉也又取黍稷祭于苴三注云苴所以藉祭也孝子始將納尸以事其親爲神疑於其位設苴以定之耳苞裹也管子霸言夫上夾而下苴注又禮記內則編雈以苴之釋文○禮運飯腥而苴孰釋

文云苴苞也又少儀苞苴注云苞苴謂編束萑葦以裹魚肉也苴謂艸之翳薈管子七臣七主苴多䐑藝注○呂覽貴生其土苴以治天下注云苴艸蒯也又詩召旻如彼棲苴傳云苴水中浮艸也又楚辭悲風回風艸苴比而不芳注云枯曰苴麻子也詩七月九月叔苴傳又左氏襄十七年傳苴絰帶杖注云苴麻之有子者又儀禮喪服傳苴絰杖釋文云苴有子之麻又莊子讓王苴布之衣而自飯牛釋文引李注云苴有子麻也又齊民要術二引崔寔云苴麻麻之有蘊者芋麻是也又淮南子經衰絰苴杖注云苴麻之有實者又儀禮喪服傳曰苴絰者麻之有蕡者也苴惡兒也所以首其內而見諸外也禮記閒傳○儀禮士喪禮苴絰大鬲注云苴絰斬衰之絰也苴麻者其兒苴以爲絰服重者尚麤惡又閒傳疏云苴是黎黑色又喪服小記苴杖疏云苴者黯也苴杖竹也儀禮喪服傳又禮記喪服小記間喪又荀子哀資衰苴杖者不聽樂注○荀子禮論齊衰苴杖注云苴杖謂以苴惡色竹爲之杖又哀公注云苴謂蒼白色自死之竹也○高瞶碑闕斷苞組萱按此段組爲苴也又一切經音義廿五引詩如彼棲祖祖亦段借字又禮記禮運注云苴或爲俎又漢書郊祀志上注云苴字本作箱假借用○荀子注苴讀狙讀姐呂覽注苴音同酢按此皆同部字也故皆

用苴作之酢卽今醋字

罝罝組或䍦籒兔网也說文又呂覽季春罝罘羅網注又漢書貨殖傳罝網不布於壄澤注又後漢嬌慎傳注。寇榮傳注云罝亦兔網也兔罟也國語魯語獸虞於是乎禁罝羅注又淮南時則罝罘羅罟注又後漢馬融傳注。爾雅釋器兔罟謂之罝又詩兔罝肅肅兔罝傳云兔罝兔罟也又釋文云罝菟罟也萱按菟段借字獸罟也呂覽上農繯網罝罦注。禮記月令田獵罝罘注云獸罟曰罝罘網也文選西京賦結罝百里薛注云罝遮也遮取兔也一切經音義廿二引白虎通。爾雅釋罟注罝猶遮也又舍人注云罝兔自作徑路張罝捕之也

謯謯娽也說文段注其義未聞謯娽當是古語許當是三字句誎也廣雅釋言

⿰氵虘⿰氵虘水出北地直路西東入洛說文段注北地郡直路見前志今未聞前志直路下曰沮水出東西入洛水經曰沮水出北地直路縣東過馮翊祋祤縣北東入於洛按前志當云出西東入今本誤倒洛者上文出北地歸德北夷界中東南入渭之水也酈注謂沮水下流合銅官注鄭渠西東入洛自鄭渠溼廢沮水故道難考矣今沮水出陝西鄜

州中部縣西北子午山東流經駱駝岡翟道山南俗曰沮水有子午河自來西來會又東有慈烏河西南來會東南流經縣城南又東稍北三十餘里入洛河盍非班許水經所謂也禹貢道渭水自鳥鼠同穴東會於灃又東會於班溼又東過漆沮入於河尚書某氏傳云漆沮一水名亦曰洛水水經滑水又東過華陰縣北注云洛水入馬關翢以爲漆沮之水也是則洛水之下流古傳漆沮炳馬可信尚書傳云漆沮一水名亦曰洛水正義申之曰孔以爲洛水一名漆沮文理甚明言一水名者正恐入疑爲二水也今版李皆作二水名然則亦曰洛水者謂漆乎謂沮乎不可通矣若周頌傳云漆沮岐周之二水也此言溼西之漆沮爲二水以別於溼東之漆沮爲一水雅頌皆舉溼西之二水禹貢舉溼東之一水各不同也酈曰濁水入沮至白渠俗謂之漆水又謂之爲漆一水此洛也所以得名漆沮與此與出漢中房陵之沮水各字漢書水經不別

蒩茅藉也禮記曰封諸侯以土蒩以白茅說文段注司巫祭祀其組館杜子春云組讀爲蒩蒩藉也玄謂蒩之言藉也祭食有當藉者館所以承蒩士虞禮苴刌茅長五寸實于篚按鄭謂儀禮之苴卽周禮之蒩也禮記曰者百三十一篇文也白虎通獨斷皆云天子大社以五色土爲壇封諸侯受天子社土以所封之方色東方受青南

方受赤他如其方色皆苴以白茅授之歸國立社按班蔡作苴假借字許作蒩正字也。周禮鄉士共茅蒩大夫注云蒩謂祭前藉也又杜注云蒩當爲菹以茅爲菹若葵菹也按杜謂蒩卽菹之段借也然以茅爲菹義似未昀萱蕺也廣雅釋艸又文選蜀都賦注引埤蒼引孟子綦母遽注蒩艸名也亦名土茄蜀都賦樊蒩圖劉注澤生艸言蒩蜀都賦注

翌居切

疽久癰也說文又後漢劉馬傳注。段注癰久而潰沮浮然也。癰也廣雅釋詁二又後漢朱穆傳注癰瘡也漢書項籍傳疽發背死注陳平傳疽發背而死注又後漢虞翊傳注惟項籍傳注瘡作創。一切經音義四引廣蒼云疽瘡名也疽猶惡創也後漢烏桓鮮卑傳注。呂覽盡數辛水所多疽與痤人注云疽痤皆惡瘡也病也莊子田子方丘是以日祖祖作疽釋文引司馬注。孟子萬章上孔子於衛主癰疽史記孔子世家作雍渠韓非作雍鉏說苑作雍雎萱按渠鉏雎皆疽之音近段借字

但拙也說文段注廣韻作拙人當是說文古本拙者不巧也按但與粗同細卽今粗笨字也鈍也廣雅釋詁三

趄或作跙趑趄也說文萱按說文本無趄此徐鉉所補十九文之一也易夬其行次且新序襍事五作其行趑趄說文趑下曰趑趄行不進也段注云趑者後出俗字趄又因趑而加走旁者也許斷不錄今姑皆存之俟好學者深思焉趄行止之礙也易夬釋文引王肅注

狙玃屬一曰犬暫齧人者一曰犬不齧人者說文段注莊子狙公賦芧司馬彪云狙一名猵胖似猨而狗頭喜與雌猨交崔譔向秀謂之獼狙李七餘切自段借爲覷字而後讀去聲周禮蜡氏注狙司卽覷伺也倉頡篇曰狙伺候也。萱按狙讀去聲者附見覷字下不特出也狙本音無去聲也獼猴也廣雅釋獸又後漢黨錮傳注云狙獼猴也

鴡或作雎鴡鳩王鴡也說文又爾雅釋鳥又詩關雎關關雎鳩傳又左氏昭十七年傳鴡鳩氏注。段注春秋傳曰鴡鳩氏司馬也五鳩鳩民之一釋鳥雎鳩王雎郭云雎類今江東呼之爲鶚周南毛傳曰雎鳩王雎也鳥摯而有別摯本亦作鷙古字同關雎言后妃之德儀禮鄉飲酒禮乃合樂注燕禮遂歌鄉樂注。詩正義曰陸璣疏云

雎鳩大小如鴟深目目上骨露幽州人謂之鷲而楊雄許慎皆曰白鷺白鷹似鷹尾上白段大令曰此是陸璣而非楊許也楊雄許慎已下孔沖遠語也

迯雎難行也 廣雅釋訓亹按古作次且晚出字作趑趄迯又趑之變也雎則段借字又秦策范雎韓子外儲說左上作范且

胆 ○俗有蛆 蠅乳肉中也 說文又一切經音義一引三蒼云蠅乳肉中曰胆又音義廿二引通俗文云肉中蟲謂之胆○段注周禮蜡氏注蜡骨肉腐臭蠅蟲所蜡也蜡讀如狙司之狙按狙司俗作覷伺釋蟲蠭醜鱐蠭本作蠭千據反見廣韻即周禮所謂蜡三蒼所謂乳肉中也

蝥也 一切經音義廣雅釋蟲十三引字書蛆蝶馬蛀也又方言十云馬蛀北燕謂之蛆蝶○莊子齊物論蝍且甘帶釋文云且本作蛆

坦 益州部謂螾場曰坦 說文段注郡國志自漢中至犍爲屬國郡國十二益州刺史部也螾丘蚓也場失羊切俗作場古作壤穀梁傳吐者外壤食者內壤徐邈麋信皆作場音傷是也螾場謂其外吐之土方言六曰梁宋之閒蚍蜉犁鼠之場謂之坻螾場謂之坦郭云其糞曰坦按醫書謂之蚓樓今土面虛起者是也許云益部與梁宋之閒不合疑方言

宋當作益

岨 或作砠碻 石戴土也詩曰陟彼岨矣 說文段注周南卷耳曰陟彼碻矣李亦作砠釋山曰石戴土謂之崔嵬土戴石爲岨毛傳云崔嵬土山之戴石者石山戴土曰砠二文互異而義則一戴者增益也釋山謂用石戴於土上毛謂土而戴之以石釋山謂用土戴於石上毛謂石而戴之以土以絲衣戴弁例之則毛之立文爲善矣石在上則高不平故曰崔嵬土在上則雨水沮洳故曰岨許於嵬下同毛此岨下亦同毛也詩爾雅作砠許作岨主謂山故字从山重土故不从石○釋名釋山云石戴土曰岨岨臚然也萱按成國與毛許同是也爾雅孫郭注云砠土山上有石者此誤會爾雅之意矣

沮 沮水出漢中房陵東入江 說文段注漢中郡房陵二志同左傳之麋國成大心敗麋師於防渚闕駟曰防即房陵也今湖北鄖陽府房縣是其地左傳定四年吳人敗楚及鄖楚子出涉雎哀六年昭王曰江漢雎章楚之望也前志房陵下曰東山沮水所出東至鄖入江應劭南郡臨沮注曰沮水出漢中房陵東入江水經曰沮水出漢中房陵縣東山東南過臨沮縣界又東南過枝江縣東南入於江今此水出房縣西南二百里之景山經當陽縣合漳水至荊州府城西

南周寅店入江顧景范曰其字正當作沮左傳作雎皆七餘反後譌爲租讀曰租字與音俱變矣今襄陽沮水左右地皆曰沮中亦謂之租中襄陽記租中在上黃界吳志赤烏四年諸葛瑾取租中魏志正始四年諸葛瑾攻沮中正是一事

沮水 漢水也 史記夏本紀至于荊山正義○水經沔水注云沔水一名沮水闕駟曰以其初出沮洳然故曰沮水也縣亦受名焉萱按文選江賦汲引沮漳登樓賦倚曲沮之長洲皆即左傳之江漢雎漳也沮爲正字雎則段借又婁壽碑桀且溺之耦耕段且爲沮也

沮謂萊沛 禮記王制山川沮澤注 漆沮岐周之二水也 詩潛猗與漆沮傳又縣自土漆沮傳云沮水也萱按此非出房陵之沮亦非出北地郡直路之濾雅頌漆沮在涇西爲二水字正作沮禹貢道渭東過漆沮在涇東合漆沮二字爲名本當作濾經史多用沮又按沮讀上聲者借爲阻字也

選居切

胥 ○俗書作胥又有蝦蜘蛉 蟹醢也 說文段注庖人其祭祀之蕃注謂四時所爲膳食若今荊州之鮺魚青州之蟹胥雖非常物進之孝也釋名曰蟹胥取蟹藏之使骨肉解足胥胥然也字林云胥蟹醬也按鄭云作醢及鬻必先膊乾其肉乃後莝之襍以粱麴及鹽漬以美酒塗置瓶中百日則成許云蟹醢作之當同也釋名所云則似今之醉蟹似劉說長蟹者

多足之物引伸假借爲相與之義釋詁曰胥皆也又曰胥相也今音相分平去二音爲二義古不分公羊傳曰胥命者相命也穀梁傳曰胥之爲言猶相也毛傳於聿來胥宇于胥斯原皆曰胥相也此可證相與相視古同音同義也小雅君子樂胥毛曰胥皆也賚誼書引此詩云胥相此爾雅皆與相同義之證也方言又曰胥輔也文王胥附先後是也○周禮庖人釋文云胥醬也

相也 爾雅釋詁又詩雨無正淪胥以鋪箋角弓無胥遠矣箋緜聿來胥宇傳公劉于胥斯原傳桑柔戴胥及溺箋不胥以穀箋閟宮壽胥與試箋又方言六胥由輔也注又文選東京賦于斯胥洎薛注晉武帝華林園集詩人胥悅欣注○穀梁桓三年傳胥之爲言猶相也又曰胥命者何相命也

皆也 爾雅釋詁又詩桑扈君子樂胥傳角弓民胥然矣箋抑無淪胥以亡箋韓奕侯氏燕胥箋有駁于胥樂兮箋又列子天瑞胡蝶胥也注又漢書楊雄傳上集注又方言七云胥皆也東齊曰胥

胥 輔也吳越曰胥 方言六 助也 廣雅釋詁二 視也 管子樞言與人相胥注君臣胥令而動者也注

疏也 莊子應帝王是于聖人也胥易釋文引司馬注

胥 少也謂少時也 列子天瑞胡蝶胥也釋文

待也 管子大匡將胥有所定也注姑少胥其自及也注

須也 孟子萬章上帝將胥天下而遝之馬注又莊子山木

猶且胥疏于江湖之上下釋文引司馬注又漢書楊雄傳下集注敘傳上集注引應劭○史記趙世家而胥之入集解廉頗藺相如傳胥後令正義扁鵲倉公傳胥與公往見之集解引徐廣竝云胥猶須也**樂官也**書大傳胥與就膳撤注又禮記喪大記大胥是斂衆胥佐之注○王制小胥大胥注云大胥小胥皆樂官屬**胥靡刑徒人也**荀子儒效鄉也胥靡之人注又莊子庚桑楚胥靡登高而不懼釋文引司馬注**胥靡刑名也**漢書楚元王交傳二人諫不聽胥靡之注引應劭賈誼傳傳說胥靡注引張晏又呂覽求人傳說殷之胥靡注云胥靡刑罪之名也○賈誼傳注云胥靡相隨之刑楚元王交傳注引晉灼云胥靡古者相隨坐輕刑之名**胥靡腐刑也**史記屈原賈生列傳傳說胥靡索隱引徐廣又莊子庚桑楚釋文引崔注**胥靡瘙人也**莊子庚桑楚釋文**胥餘里落之壁**書大傳不愛人者及其胥餘注○左傳僖十五年疏引莊子司馬彪注云胥餘其子名**胥教國名**莊子齊物論欲伐宗膾胥教釋文引司馬注○文選吳都賦造姑蘇之高臺注云姑胥即姑蘇也○周禮士師以比追胥之事修閭氏而比其追胥者注竝云胥讀僃萱按此謂胥即僃之段借也僃謂伺捕盜賊又詩桑扈君子樂胥箋云胥有才智之名也周禮天官序官胥十有二人

注云胥讀如諝謂其有才知為什長按此謂胥即諝之段借也大行人屬象胥注云諝謂象之有才知者也又史記匈奴傳黃金胥紕一索隱云漢書作犀毗又云胥犀聲相近胥犀與師竝相近按此段胥為犀也胥犀師為一聲之轉

揟 或作僃 **取水沮也武威有揟次縣** 說文段注沮今之渣字集韻九麻曰粹滓也亦作渣取水渣者必浚之濾之如醴酒然然則揟與湑音義皆同今所謂濾水也周禮謂伺捕盜賊為胥亦此意揟次縣見漢地理志郡國志孟康曰次音咨 **僃謂司搏盜賊也** 周禮士師以比追胥之事注又疏云胥讀如宿僃之僃者時有夜宿逐賊謂之僃○巾車疏飾小服皆疏注云故書疏為揟杜子春讀揟為沙萱按此疏為正字故書作揟者用段借字也孔疏云讀揟為沙於義無所取故不從也

䱬 **䱬魚也** 說文

蝑 平上二音 **蚣蝑也** 說文萱按蚣下云蚣蝑春黍也呂股鳴者周南傳云斯螽蚣蝑也豳風傳云螽斯蚣蝑也

楈 五部八部兩見 **楈木也** 說文段注上林賦有胥邪南都賦作楈枒郭璞曰胥邪似并閭皮可作索按未審即許所

云楈木否也

粉居切

夫 兩見 **丈夫也周制八寸為尺十尺為丈人長八尺故曰丈夫** 說文○禮記郊特牲夫也者夫也夫也者以知帥人者也注云夫之言丈夫也又曲禮上若夫坐如尸注云若夫言若欲為丈夫也釋文云夫丈夫也又檀弓夫由賜也見我釋文云夫謂丈夫○孟子滕文公下景春曰章章指云以道匡君非禮不運偁大丈夫又公孫丑下有賤丈夫焉注云賤丈夫貪人可賤者也 **夫夫猶言此丈夫也** 禮記檀弓上夫夫也為習於禮者注○莊子田子方于是旦而屬之夫夫釋文引司馬注云夫夫大夫也 **夫者膚也言其智膚敏宏** 意林引風俗通 **夫者扶也** 大戴記本命又廣雅釋親○禮記曲禮下注云夫之言扶又左傳氏昭七年傳大夫臣士疏云夫之言扶也夫能扶成人也又白虎通嫁娶夫者扶也扶以人道者也白虎通三綱六紀夫者扶也以道扶接也白虎通爵大夫之為言大扶扶進人者也故傳曰進賢達能謂之鄉大夫 **震為夫** 易蒙見金夫小畜夫妻反目大過老婦得其士夫漸夫征不復象上傳同人于野象下傳夫夫斂解上傳二人同心序卦傳然後有夫婦虞注○蒙納婦虞注云震

剛為夫又睽遇元夫虞注云震為元夫又國語晉語一夫之行也注云震一索而得男故曰一夫 **陽偁夫** 太玄斂夫牽於車注 **夫男子之總名** 詩車攻射夫既同疏○禮記緇衣夫子凶疏云夫子男子也又詩女曰雞鳴子興視夜疏云夫起即子興也 **夫者妻之天也** 儀禮喪服傳又後漢列女傳夫者天也注 **良人夫也** 孟子離婁下其良人出注○文選寡婦賦注引劉熙孟子注云婦人偁夫曰良人 **夫妻牉合也** 儀禮喪服傳○大戴記保傳詩之關雎注云夫婦化之始也又後漢荀爽傳夫婦人倫之始王化之基 **夫家猶言男女也** 周禮小司徒以稽國中及四郊都鄙之夫家九比之數注遂人以歲時登其夫家之眾寡注○媒氏司男女之無夫家者而會之注云無夫家謂男女之鰥寡者 **夫猶人人也** 文選東京賦夫懷貞節薛注○左氏襄八年傳夫人慈痛注云夫人猶人人也又淮南本經夫人相樂注云夫人眾人也 **夫一夫也** 孟子公孫丑下廛無夫里之布注又梁惠王下殘賊之人謂之一夫注云將必降為匹夫故謂之一夫也○管子乘馬二田為一夫 **夫謂餘夫也** 孟子滕文公上音義引丁音 **畮百為夫** 周禮小司徒九夫為井注引司馬法又左氏襄廿五年傳井衍沃注又賈注云衍沃之地畝百

爲夫。周禮載師凡民無職事者出夫家之征注云夫稅者百畝之稅夫賦也言消息百姓均其役賦續漢書百官志注引風俗通夫者治也周禮天官序官宰夫疏。禮記王制夫圭田無征注云夫。猶治也夫猶兵也左氏哀元年傳夫屯晝夜九日注夫傅相也詩墓門夫也不良傳大夫君也廣雅釋詁一夫人天子夫人考工記玉人夫人以勞諸侯司農注又後鄭注云夫人王后也記時諸侯僭偁王而夫人之號不別是以同王后於夫人也夫人者正嫡之偁穀梁僖八年傳言夫人必以其氏姓注又列女傳節義云夫人重位也。白虎通嫁娶云國君之妻偁之曰夫人者明當扶進人人謂八妾也國人尊之故偁君夫人也又獨斷上云公侯之妃曰夫人夫之爲言扶也又釋名釋親屬云諸侯之妃曰夫人夫扶也扶助其君也又禮記曲禮下諸侯曰夫人。夫遂陽遂也周禮司烜氏以夫遂取明火于日注又淮南覽冥夫陽燧取大於日注云夫讀大夫之夫費鳳別碑鵠若飛鷹鵠鏡若夫琥虎按此用夫爲趺也趺乃晚出字又按鏡字無攷

袟 襲袟也說文段注襲袟蓋古語或曰當作袟逗襲也句廣韻曰袟衣襟前襟錯曰今俗猶言之少儀劒則啟櫝蓋

襲之加夫襓與劒焉鄭曰夫襓劒衣也夫或爲煩皆發聲按鄭既謂夫襓是劒衣又云夫是發聲蓋不能定其說也而廣韻雅釋器曰袟襓袱劒衣也夫加衣旁卽許此字亦是韜藏意韋部曰韜劒衣也

鈇 研莖刀也說文段注後漢馮魴傳注但云莖刀近是而尚奪字莖者斬芻也斬芻之刀今之剿刀禮記屢言鈇鉞秋官掌戮注曰斬以鈇鉞若今要斬也殺以刀刃若今棄市古多訓鈇爲椹質文選册魏公九錫文引蒼頡篇鈇椹質也鉞斧也公羊昭廿五年傳曰不忍加之鈇鑕鑕卽質何休云斬晉之荆范雖曰匈當椹質要待斧鉞漢王訢傳暴勝之將斬訢訢巳伏質爲鈇而仰言因壯而貫之然則斬人皆胸伏椹質說蒼頡者謂椹質爲鈇以古詩斬芻之質謂之豪砧隱語夫字言之說蒼頡者是也然則許此解當云莖刀質也俗人不得其解因删去質字耳若五經文字云鈇音斧又與斧同則甚謬誤後漢獻帝紀加鈇鉞虎賁注引蒼頡篇鈇斧也此奪去椹質也鉞四字爲俗誤所本鈇鑕椹也後漢李固傳注又注引字林云鈇鑕鑕也鈇鉞所以斷大荆白虎通攷黜。穀梁莊元年傳注禮有九錫疏引舊說云鈇鉞謂大柯斧又列子說符人有忘鈇者注云鈇鉞也又漢書戾太子傳不顧鈇鉞之誅注云鈇所以斫人如今莖刃也尹翁歸傳至以鈇自

剄而死注云鈇斫莖刃也楊雄傳下製以質鈇注云鈇莖刃也萱按此諸注皆誤如段氏所譏惟尹翁歸傳不可言椹質疑鈇本莖刃之質引申之遂以鈇目剄刃與

麩 麱或 小麥屑皮也說文段注麩之言膚也屑小麥則其皮可臥飤馬大麥之皮不可食用故無名 青麩者一名地節一名黃芝後漢華陀傳注

鮢 鯕魚出東萊說文段注依玉篇當作鮢鯕魚

邞 琅邪縣也一名純德說文段注前志琅邪郡邞後志無幷省也孝文元年封呂平爲侯國莽曰純德

鄜 麃省作鄜左馮翊縣說文段注見地理志按封禪書秦文公作鄜時今陝西鄜州洛川縣東南七十里有鄜城廢縣又按麃聲在二部而孟康鄜音敷者凡漢志地名皆隨其地語言爲音故也

豧 豕息也說文

尃 。俗作專布也。說文又史記司馬相如傳雲尃霧散集解引徐廣段注祭義溥之而橫乎四海釋文溥本或作尃

同芳于反今剩云或作敷繆也集韻韻會可證說卦傳震爲尃鄭虞姚皆同王肅于實作尃于云花之通名爲鋪花皃謂之數漢書上林賦布結縷史記布作尃徐廣曰尃古布字按尃訓布也非一字。三國華陀傳注古尃字與尃相似寫書者多不能別其名宜爲尃也萱按華字元化故裴知其本名華尃也震爲尃說卦傳此依于注

敷 。俗作數敃也周書曰用敷遺後人說文按所引顧命文今作用數遺後人休布也書禹貢禹敷土鄭注又詩小旻敷于下土傳又小爾雅廣詁又周禮大司樂注禹治水傳土疏又素問寶命全形論木敷者其葉發注氣交變大論其德敷和注又離騷跪敷衽以陳辭兮注又文選西京賦篠簜敷衍辭注東京賦武士星敷蘇。漢書地理志上篠簜既敷注云敷謂布地而生也萱按皋陶謨敷同日奏罔功禹貢篠簜既敷文庚之命敷聞在下史記敷皆作布顧命敷重篾席說文首部作布重莫席詩敷政優優左傳成二年昭廿年作布政優優此以訓釋字代正字也漢人有此例而史記爲多陳也書堯典敷奏以言晚出孔傳又家語弟子行敷奏其勇注又漢書宣帝紀集注引應劭成帝紀敘傳下集注又後漢帝章帝紀注。書疏云敷者布散之言與陳設義同分也書禹貢馬注又漢書地理志上集注敷猶鋪也

穆天子傳六敷筵席注○詩敷時繹思左傳宣十二年作鋪時繹思又儀禮特牲饋食禮注爲神敷席也釋文敷或本作鋪

敷猶徧也詩賚敷時繹思傳○書敷奏以言史記五帝紀作徧告以言

大也詩常武鋪敦淮濆釋文引韓詩

治也孟子滕文公上舉舜而敷焉注萱按今經文有治字者後人據注加之也說詳焦氏循孟子正義

敷與言

開舒也漢書禮樂志敷與萬物注

敷蘤華開皃文選吳都賦異荂蓲蘛劉注○書禹貢禹敷土洪範用敷錫厥庶民曰皇極之敷言史記夏本紀宋世家作傅土傅錫傅言漢書文帝紀成帝紀傅納以言即堯典敷奏以言也後漢東平憲王傳傅聞在下即文侯之命敷聞在下也大戴記衛將軍文子傅奏其勇即詩長發敷奏其勇也萱按敷傅同尃聲故通借敷尃義又同故後漢荀淑傳儉緄靖尃注奐肅尃注云尃本或作敷

臚 **膚**籀○臚字又戀餘切今音也

皮也說文段注今字皮膚從籀文作膚膚行而臚廢矣晉語聽臚言於市史漢臚句傳蘇林曰上傳語告下爲臚此皆讀爲敷奏以言之敷也史記臚於郊祀漢書曰大夫臚岱韋昭辨釋名鴻大也臚陳序也謂大以禮陳序賓客此皆讀爲廷實旅百之旅也劉熙釋名鴻腹前肥者曰臚以京師爲心體王侯外國爲腹腴以養

之也此讀爲夏右腴之腴皆段借也其本義則皮膚也經籍通用膚字禮運曰膚革充盈引伸爲膚美爲膚大爲膚受

膚者人肉皮上之薄緆也論語顏淵膚受之愬皇疏○禮記禮運疏云膚是革外之薄皮

膚肉也廣雅釋器○儀禮少牢饋食禮雍人倫膚九注云膚脅革肉聘禮膚鮮魚鮮腊設扃鼏注云膚豕肉也唯燖者有膚又禮記內則麋膚魚醢注云膚切肉也膚或爲胖

膚膏也漢書董賢傳集注引孟康

膚者柔脆之物也易噬嗑噬膚注又釋文云柔脆肥美曰膚

膚布也布在表也釋名釋形體

側手爲膚公羊僖卅一年傳膚寸而合注

艮爲膚易噬嗑噬膚剝剝牀以膚睽厥宗噬膚夬臀无膚姤臀無膚虞注

膚美也詩狼跋公孫碩膚傳文王殷士膚敏傳又漢書劉向傳集注敘傳下集注引劉德又法言淵騫雖古之膚使注又廣雅釋詁一

膚大也詩六月以奏膚功傳又孟子離婁上殷士膚敏注

膚傳也廣雅釋詁四

膚離也廣雅釋詁三

膚剝也廣雅釋言

膚理皮膚文理也荀子性惡骨體膚理好愉佚注又榮辱骨體膚理辨寒暑疾養注云膚理肌膚之文理

膚受謂皮膚之不經於心胸文選東京賦所謂末學膚受薛注○後漢張法

滕馮度揚傳注云膚受謂得皮膚之言而受之不深知其情核也

牀之膚謂薦席易象上傳剝牀以膚崔注

辨上偁膚易剝虞注○易剝釋文膚京本作簠又公羊膚寸而合書大傳作扶寸而合注萱按扶簠皆同部段借字

臚傳也國語晉語風聽臚言於市注又太玄玄攡臚湊羣辟范注○文選東京賦臚人列注云行上語爲臚也又引漢書韋昭注云臚傳也次以傳上令也又莊子外物大儒臚傳曰釋文引向注云從上語下曰臚又史記劉敬叔孫通傳臚句傳集解引漢書音義云傳從上下爲臚萱按用臚本義者少此皆段臚爲敷也臚敷本同音雖段借不煩改讀也後世臚傳之義乃讀力居切何與

臚猶行也文選東京賦注引漢書蘇林注

臚附也史記孝景帝紀典客爲大行索隱引韋昭

臚陳也文選思玄賦即岐趾而臚情舊注又史記六國表臚於郊祀索隱又漢書禮樂志集注三見又敘傳下大夫臚岱注云臚亦陳也又集注云臚旅聲相近○周禮司儀皆旅擯注云臚陳也之也萱按此皆段臚爲旅也

臚敘也爾雅釋言又史記司馬相如傳攄之無窮集解引徐廣

腹前曰臚也一切經音義廿二引釋名萱按此段臚爲

瞿郡餘切　平去二音

雁隼之視也說文段注隼亦鷙字也吳都賦曰鷹瞵鶚視經傳多假瞿爲䀠說文䀠𠂇又視也凡詩齊風唐風禮記檀弓曾子問雜記玉藻或言瞿或言瞿瞿蓋皆䀠之假借若毛傳於齊曰瞿瞿無守之皃於唐曰瞿瞿然顧禮義也各依文立義而爲鷩遽之狀則一

瞿瞿瞪視之皃荀子非十二子瞿瞿然注

瞿瞿鷩遽之皃禮記玉藻疏

瞿大視皃莊子徐无鬼釋文引字林

瞿然鷩視皃莊子徐无鬼子綦瞿然喜曰釋文引李注

瞿然喜皃莊子釋文引司馬注

瞿然忙皃也素問玉機真藏論帝瞿然而起注

瞿然自失之意也漢書王莽傳中瞿然祇畏注○惠帝紀聞叔孫通之諫則懼然注云瞿然失守皃東方朔傳於是吳王懼然易容注云懼然失守之皃也吳王濞傳膠西王瞿然駭曰注鄒陽傳長君懼然曰注竝云瞿然無守之皃萱按瞿本䀠之借作懼者又瞿之借也其義則本狂夫瞿瞿毛傳

瞿爲良士皃詩東方未明疏

瞿瞿儉也爾雅釋訓又舍人注云瞿瞿休休顧禮節之儉也萱按義本詩蟋蟀良士瞿瞿傳

瞿瞿勤勤也素問靈臺秘典論窘乎哉消者瞿瞿注

瞿瞿梅梅不審皃也禮記玉藻視容瞿瞿梅梅注

瞿句也莊子達生旋而盇矩釋文

引司馬注 戣瞿蓋今三鋒矛 書顧命一人冕執瞿鄭注○禮記曲禮注閵名心瞿檀弓公瞿然失席曰㒳釋文云瞿本作懼又莊子徐无鬼釋文瞿本作矍

躣 行皃 說文段注九辯右蒼龍之躣躣

忂 行皃 說文

趯 走顧皃 說文

臞 ○俗作癯 少肉也 說文 瘦也 史記司馬相如傳形容甚臞集解引徐廣又爾雅釋言舍人注又舊注云臞肉之瘦也 瘠也 爾雅釋言又史記司馬相如傳索隱引韋昭又漢書司馬相如傳下集注○周禮大司徒注瘠臞也萱按此之謂轉注釋文云臞又作燿又麋人注久則瘦臞腐敗釋文云臞本作臞賈疏云臞是細小之義按燿臞疑皆由艸書而誤 秏也 太玄爭赫河臞注○文選安陸昭王碑文癯瘠改皃注云臞與癯同又爾雅釋言釋文云臞本作癯

衢 四達謂之衢 說文又爾雅釋宮又荀子王霸注又易大畜何天之衢釋文引司馬注又虞注云衢四交通又

爾雅孫注云衢交通四出也又李注云四達各有所至曰衢又大戴記子張問入官必於四面之衢注云衢四達道又公羊宣十二年傳放乎路衢注云路衢郭內衢道四達謂之衢○段注釋名釋道曰四達曰衢齊魯閒謂四齒杷爲欋欋杷地則有四處此道似之也按中山經宣山桑枝四衢少室山木曰帝休枝五衢天問靡蓱九衢淮南書木大則根欋皆謂逵道岐出 壤 正方四面受敵謂之衢國 管子國蓄 道也 荀子大略二者亂之衢也注又文選魯靈光殿賦荷天衢以亢亨張注又周禮保氏注舞交衢疏又左氏昭二年傳尸諸周氏之衢疏注 秦俗以㒳爲衢 荀子王霸注○勸學行衢路者不至注云衢道㒳道也今秦俗猶以㒳爲衢古之遺言歟 道六通謂之衢 淮南繆稱猶中衢而致尊邪注 九交道曰衢 楚辭天問靡蓱九衢注 路也 楚辭遭厄躡天衢兮長驅注 衢涂岐路也 荀子王霸注楊朱哭衢涂注 其枝四衢言枝交互四出其枝五衢言樹枝交錯相重五出有象衢路也 竝山海經中山經注

灈 灈水出汝南吳房入瀙 說文段注汝南郡吳房二志同孟康曰本房子國楚靈王遷房於楚吳王

闔閭弟夫槩奔楚封於此爲堂谿氏以封吳故曰吳房今吳房城棠谿亭是按昭十三年杜注房滅於楚後平王遷之於荊山今河南汝寧府遂平縣治故吳房城也水經曰灈水出汝南吳房縣西北奧山東過其縣北入於汝酈水曰灈水東逕灈陽故城西東流入瀙水逕其縣南又東入於汝今遂平縣縣西七十里奧來山蓋水經之奧山也方輿紀要曰灈水在遂平縣南東北流入汝水道提綱曰灈水今難確鑿指證

豦 鬥相丮不解也司馬相如說豦封豕之屬一曰虎㒳足舉 說文 段注鬥㒳丮相對也丮持也不言持言丮者以疊韻爲訓也封豕之屬別一說也毛詩傳曰封大也封豕大豕也上林賦擽飛遽遽或作虡廣韻引作虡即豦歟虎㒳足舉又別一義 貜類也 爾雅釋獸豦迅頭注

蘧 平上二音或作蘧 菜也似蘇者 說文段注此齊民要術蘘苄蘧之蘧本艸新補之苦苣也野生者爲苦名褊苣人家常食爲白苣江外嶺南吳人無白苣嘗植野苣以供廚饌字或作蘧俗譌作苣廣雅云蕒蘧也曹憲云白蘧與苦蕒大異恐非廣韻曰苦蘧江東呼爲苦蕒賈思勰引詩義疏云蘧苦葵也青州謂之芑

蘧 蘧麥也 說文段注三字一句釋艸曰大菊蘧麥本艸謂之瞿麥一名巨句麥廣雅謂之紫萎一名麥句薑俗謂之洛陽花一名石竹 蘧芙蕖 文選西京賦蘧藕拔薛注 出隧蘧蔬 爾雅釋艸又注云蘧蔬似土菌生菰艸中今江東呼之甜滑音同氍毹 蘧蘧有形之皃 莊子齊物論則蘧蘧然周也釋文引李注又大宗師蘧然覺釋文云蘧然有形之皃 蘧蘧高也 文選魯靈光殿賦揭蘧蘧而騰湊注 蘧廬猶傳舍也 莊子天運仁義先王之蘧廬也注又釋文引司馬注○漢書敘傳下舅氏蘧廬篨注云蘧篨口柔也萱按此段蘧篨爲蘧篨也又公羊定十五年齊侯衛侯次于蘧篨穀梁作蘧篨皆段借也又爾雅釋艸釋文云蘧本作蘧文莊子齊物論大宗師㒳釋文云蘧本作璩又禮記檀弓蘧伯玉從釋文云蘧本作璩按淮南泰族亦作璩伯玉

籧 籧篨 逗 粗竹席也 說文段注方言五曰簟宋魏之閒謂之笙或謂之籧苗自關而西或謂之簟或謂之䈂其麤者謂之籧篨自關而東或謂之篕棪郭云江東呼籧篨爲廢音廢按此云粗者與上籧苗別言之籧苗其精者也晉語毛詩皆云籧篨不可使俯此謂捲籧篨而豎之其物不可俯故詩風以言醜惡爾雅以名口柔也 籧篨葦席 淮南

本經若籧篨注簟籧篨𢅥也廣雅釋器萱按玉篇邪下云𢅥也集韻𢅥下云屋邪也篕楧謂之籧篨廣雅釋器籧篨口柔也爾雅釋訓又詩新臺籧篨不鮮箋又詩釋文云籧篨口柔不能俯也又爾雅孫注郭注云籧篨之疾不能俯口柔之人覵人顏色常亦不伏因以名云又舍人注云籧篨巧言也又李注云籧篨巧言好辭以口饒人是謂口柔○萱按漢書敘傳舅氏籧篨用段借字也籧篨偃也淮南脩務籧篨戚施注又國語晉語籧篨不可使偃注云籧篨偃人籧篨疾也廣雅釋訓又詩新臺疏云籧篨戚施本人疾之名

⿱巨䖵○俗作蝶⿱巨䖵⿰虫京也說文○爾雅釋蟲曹風毛傳竝云蜉蝣渠略也萱按渠略段借字也⿱巨䖵⿰虫京其正字亦疊韻字方言十一作蝶蛪

渠水所居也說文又風俗通山澤坑也廣雅釋水溝也呂覽上農不敢渠地而耕注又禮記曲禮上門閭溝渠必步疏云渠亦溝也河所渠并千七百一川色黃爾雅釋水渠匽所以制水荀子非相府然若渠匽檃栝之於己也注國語齊語渠弭於有渚注又管子小匡渠彌於河階

注云渠彌禪海之名大也周禮鍾師肆夏呂叔玉注又左傳襄四年注納夏一名渠疏又荀子彊國是渠衝入穴而求利也注又漢書吳王濞傳田叔傳司馬相如傳下孫寶傳薛宣傳所宣傳集注又後漢光武紀上注⿰食豦帥也廣雅釋言萱按⿰食豦別無傳見王氏念孫疏證云⿰食豦古通作渠史記田叔傳取其渠率二十人率與帥通渠渠不寬泰之兒荀子修身有法而無志其義則渠渠然注注又云渠讀爲遽古字渠遽通萱按此謂渠卽遽之段借也渠渠猶勤勤也詩權輿於我乎夏屋渠渠箋渠思文也肆夏繁遏渠皆周頌也周禮鍾師肆夏呂叔玉注又杜注云肆夏繁遏渠所謂三夏矣渠謂車輮所謂牙考工記車人渠三柯者三司農注又後鄭注云渠二丈七尺謂罔也其徑九尺○山海經海內經韓流渠股注云渠車軔言跰腳也又書顧命釋文云車渠車軔也又書大傳取大貝如車渠注云渠罔也又廣雅釋器輮輞也萱按渠輮罔輞皆古今字也書釋文之說疑非是渠衝攻城之大車也荀子彊國是渠衝入穴而求利也注萱按注又云或作距衝然則渠爲段借字渠漸也一曰甲名淮南汜論渠幨以守注渠耳渠也一切經音義四引埤蒼渠眉玉飾之溝瑑

也周禮典瑞駔圭璋璧琮琥璜之渠眉注渠門旗名管子小匡渠門赤旂注渠荅鐵疾藜也漢書鼂錯傳具藺石布渠荅注引蘇林杷宋衛之閒謂之渠挐或謂之渠疏方言五○穆天子傳四曰爰有褽洩之口注云今西有渠搜國疑褽渠字又爾雅釋屮及詩澤陂傳竝云荷夫渠也按晚出字作蕖又蜉蝣傳蜉蝣渠略也按此⿱巨䖵之借爾雅釋鳥鷥鴿雝渠按此⿰鳥渠之借又左氏定十五年齊侯衛侯次于渠篨公羊作遽篨穀梁作渠篨按此正字當作遽又史記孔子世家雍渠或作癰疽雍鉏雍雎按此本無正字

⿰鳥渠一書作鷊雝⿰鳥渠也說文○爾雅釋鳥鷥鴿雝渠釋文渠本作鷊

永渠切

余語之舒也說文段注語匡謬正俗引作詞左氏傳小白余敢貪天子之命無下拜此正詞之舒亏部曰亏於也象气之舒亏然則余亏異字而同音義釋詁云余我也余身也孫炎曰余舒遲之身也然則余之引伸訓爲我詩書用予不用余左傳用余不用余予曲禮下篇朝諸侯分職授政任功曰予一人注云覲禮曰伯父寔來余一人嘉之余予古今字凡言古今字者主謂同音而古用彼今用此異字若禮經古文用余一人禮記用予一人余予本異字異義非謂予余本卽一字也顏

師古匡謬正俗不達斯指且又以予上聲余平聲爲分別又不知古音平上不甚區分重性朓繆儀禮漢讀攷糾之詳矣我也爾雅釋詁又離騷皇覽揆余于初度兮注○左氏傳十二年傳余嘉乃德注云余朕皆我也身也爾雅釋詁又左氏僖九年傳注○釋詁孫注云余舒遲遲之身也又舍人注云余卑謙之身也四月爲余爾雅釋天又李注云四月萬物皆生枝布葉故曰余余舒也又釋文云余本作舒又詩小明箋引作四月爲除萱按舒除皆通借字○爾雅釋屮荅接余釋文余李作荼又史記匈奴傳比余索隱曰漢書作比疏萱按接余接荼可兩通比余比疏當爲正字也又周禮委人凡其余聚以待頌賜注云余當爲餘聲之誤也

⿱余余二余也說文段注按易困九四來徐徐子夏作荼荼王肅作余余皆舒意也許言⿱余余之形未言其義舉此以補之

餘饒也說文又國策秦策不得煖衣餘食注又淮南精神適情不求餘注餘猶多也呂覽辯士亦無使有餘注皆也廣雅釋詁三衆也周書糴匡餘子務藝注餘子謂羨也周禮小司徒大故致餘子司農注○書大傳餘子皆入學注云餘子猶衆子也又漢書食貨志上餘于亦在于序室注引蘇林云餘子庶子也未任役爲餘子

又呂覽離俗平阿之餘子注云餘子官氏也又報更張儀魏氏餘子也注云大夫庶子爲餘**餘夫者一家一人受田其餘老少尚有餘力者**孟子滕文公上餘夫二十五畝注**末也**公羊春秋序此世之餘事疏**久也**廣雅釋詁三**餘謂過度**荀子富國不求其餘注**非也**廣雅釋詁四**有餘者閒暇之謂也**莊子天道則用天下而有餘注**越人謂鹽曰餘**越絕書外傳記地傳蓋按鹽餘一聲之轉**餘皇舟名**左氏昭十七年傳獲其乘舟餘皇注又後漢馬融傳注云餘皇吳之船名。廣雅釋水艅艎舟也按此晚出字**貝黃白文曰餘蚳**詩巷伯釋文引字書按爾雅釋魚蚳作䑅。族仲山碑文父有余財段余爲餘也又史記屈原賈生傳餘何畏懼段餘爲余也

畬

或書作畭**二歲治田也易曰不菑畬凶**說文段注周易音義云畬馬曰田三歲說文云二歲治田此許作二之證攷釋地曰一歲曰菑二歲曰新田三歲曰畬小雅周頌毛傳同馬融孫炎郭璞皆同鄭注禮記坊記許造說文虞翻注易无妄皆云二歲曰畬許全書多宗毛公而意有未安者則不從此其一也菑艸部云反耕田也反耕者初耕反

艸一歲爲然二歲則用力漸舒矣畬之言舒也三歲則爲新田**悉耨曰畬**易无妄釋文引馬注**畬和也田舒緩也**爾雅釋地孫注又詩采芑疏云畬和柔之意

伃

一作妤**倢伃婦官也**說文段注漢書外戚傳婦官十四等昭儀位視丞相比諸侯王倢伃視上卿比列侯韋昭曰倢伃承伃助也漢舊儀云皇后爲倢伃下與禮比丞相**美偁也**漢書昭帝紀母曰趙倢伃注外戚傳上至武帝制倢伃娙娥傛華充依各有位注**妤幸也妤助也**史記外戚世家尹婕妤索隱引聲類引韋昭

舁

共舉也說文**舉也**廣雅釋詁一。一切經音義十六引蒼頡云舉舉也對舉曰舉也萱按此十四部擇字之義也自說文蒼頡擇皆譌舉或乃并舁舉爲一字殊屬支離

輿

。俗作轝**車輿也**說文段注車輿謂車之輿也攷工記輿人爲車注曰車輿也按不言爲輿而言爲車者輿爲人所居可獨得車名也軾軷軫軹轛皆輿事也**車也**呂覽報更嗑君轝注又漢書嚴助傳輿轎而險領注引服虔。梁孝王武傳景帝使使持乘輿駟注云輿即車也又獨斷上云輿猶車也又後漢光武紀下注云輿者車之總名也**車牀也**

禮記曲禮下注木工輪輿引盧匠車梓也疏又明堂位注鉤有曲輿者也疏云輿則車牀**車士也**文選東京賦注引漢韋書韋昭注**輿師主兵車**左氏成二年傳司馬司空輿師注**輿主駕車者**漢書嚴助傳厮輿之卒注**輿人作車者也**孟子滕文公下則梓匠輪輿注**輿尉軍尉主發眾使民**左氏襄卅年傳而廢其輿尉疏引服注**輿隸皆賤官**左氏昭四年傳輿人納之注**輿謂輒軸也**荀子禮論輿藏而馬反告不用也注**載也**廣雅釋詁二又後漢光武紀下注。漢書淮南王安傳棊輿地圖注引蘇林云輿猶盡載之意**輿猶抗也**禮記曾子問遂輿機而往疏**舉也**釋名釋車又廣雅釋詁一。廣雅又云舉舉也萱按輿舉本一字而廣雅分爲二釋**眾也**周禮夏官序官輿司馬注又左氏僖廿八年傳聽輿人之謀注成二年傳無令輿師海於君地注襄卅年傳食輿人之成杞者注昭八年傳輿變袁克注九年傳虐其輿臣注哀廿四年傳使求從輿人注又文選東京賦輿徒不勞薛注。左氏昭七年傳皁臣輿服注云輿眾也佐皁舉眾事也**多也**廣雅釋詁三**天子車馬衣服器械百物曰乘輿**獨斷上**輿鬼南方之宿**後漢郎顗傳注**地道也**後漢

王景傳注又文選甘泉賦注引淮南許注**坤爲輿**易象上傳六四元吉虞注困于金轝虞注云坤爲轝。**坤爲大轝**易說卦傳又大有大輿以載大壯壯于大輿之腹虞注**乾爲輿**易象上傳輿脫輹虞注**輿頸鷄鴹**爾雅釋鳥。釋艸鶃車气輿釋文輿本作輿又作除又呂覽淫辭前呼輿誇注云輿誇或作邪誇按此皆輿爲段借字又禮記曾子問注云輿機或爲餘機按此段餘爲輿也又論語楚狂接輿莊子道遙遊釋文作接輿又大宗師子輿釋文輿本作輿按此同聲通借字又易剝君子得輿論語車中不內顧老子雖有舟輿三釋文云輿本作車按輿車字異義同

歟

安气也說文段注如趣爲安行騖爲馬行疾而徐音同義相近也今用爲語末之辭亦取安舒之意通作與論語與與如也**疑兒**莊子大宗師與乎其觚而不堅也釋文**邪也**呂覽自知可反歟注萱按歟邪古音同語辭或用歟或又省作與皆邪之段借也。淮南精神不識天下之以我備其物與注云與邪詞也**與與猶徐徐也**論語鄉黨皇疏**與與威儀中適之兒也**論語鄉黨集解引馬注**與與翼翼蕃廡兒也**詩楚茨我黍與與我稷翼翼箋**與譽也**廣雅釋詁四萱按此似當讀去聲舊讀平爲歟之段借疑非也**發聲也**漢書

文帝紀朕之不明與嘉之注引如淳 辭也 文選漢武帝賢良詔猗歟偉歟注引如淳。易象上傳物與无妄注又國語晉語將與幾人注又漢書武帝紀集注竝云與辭也 語辭也 論語公治長于予與改是釋文又禮記檀弓上喪不剝奠也與疏檀弓下殺屬與疏雜記下間與賜與疏。詩采蘋箋此其義也與疏云與是語助也 語不定之辭也 論語學而求之與衛靈公非與皇疏而瑶之多 與是疑辭也 周禮牛人注職人者謂牧人充人與疏又禮記聘義爲五之寡與疏

嬩 女字也 說文段注倢伃之伃蓋亦可用此伃婦官也

鸒 鸒鸒馬行徐而疾也詩曰四牡鸒鸒 說文段注論語注曰與與威儀中適之皃心部曰愳趨步愳愳也蘇林漢書注曰懊懊行步安舒也是可以證鸒鸒之解矣四牡鸒鸒今詩無此句小雅車攻大雅韓奕皆云四牡奕奕古音奕之平聲讀弋魚切蓋即其異文也

旟 錯革鳥其上所以進士眾周禮曰州里建旟 說文段注司常職曰鳥隼爲旟

爾雅曰錯革鳥曰旟小雅毛傳曰鳥革章錯革鳥爲章也李巡云錯革鳥者以革爲之置於旐端孫炎云錯置也革急也言畫急疾之鳥於縿周官所謂鳥隼爲旟者矣郭云此謂合剝鳥皮毛置之竿頭即禮記云載鴻及鳴鳶三八釋革各不同許仍爾雅原文許意大約於孫說無異鄭注周禮云畫日月畫交龍畫熊虎鳥隼龜蛇是則鄭之說錯革鳥謂畫鳥隼孫說所本也許云其上者謂畫於正幅高處小雅大人占之旐維旟矣室家溹溹傳云溹溹眾也旐旟所以聚眾也州里建旟司常職文大司馬仲秋教治兵百官載旟。考工記輈人鳥旟七斿注云鳥隼爲旟州里之所建者也 鳥隼曰旟 詩干旄孑孑干旟傳出車彼旟旐斯傳江漢既設我旟箋桑柔旟旐有翩傳又國語周語旟旐有翩注。釋名釋兵曰鳥隼爲旟旟譽也軍吏所建急疾趨事則有偁譽也又古微書引河圖握矩記云南方法赤鳥曰旟 揚也 詩都人士髮則有旟傳又箋云旟枝旟揚起也

瀕 瀕水也 說文

亏 隸作于 於也 說文段注於者古文烏也烏下云孔子曰烏亏呼也取其助气故吕爲烏呼然則以於釋亏亦取其

助气釋詁毛傳皆曰亏於也凡詩書用亏字凡論語用於字蓋于於二字在周時爲古今字故釋詁毛傳以今字釋古字也凡言於皆自此之彼之譬其气舒于檀弓易則易于則于論語有是哉子之于也于皆廣大之義左傳于民生之不易杜云于曰也此謂假于鴻曰與釋詁于曰也合自周時已分別於爲屬辭之用於攀繆故許仍之。詩采蘩于沼于沚傳燕燕遠送于野傳擊鼓于以求之箋谷風比予于壽箋無衣王于興師箋正月于何從祿箋都人士行歸于周箋文王侯于周服箋公劉于胥斯原箋于時處處于時廬旅于時言言于時語語箋崧高于邑于謝江漢至于南海箋我將于時保之箋有駜胥樂兮箋又禮記大學惟命不于常注又論語爲政孝于惟孝皇疏又爾雅釋詁竝云于於也又公羊隱元年公及邾儀父盟于眛注云于者於也又荀子勸學于越夷貉之子注云于越猶言於越也 乎也 呂覽審應然則先王聖于注 曰也 爾雅釋詁又詩東門之枌穀旦于差六月王于出征車攻之子于苗小弁我獨于罹桓於昭于天箋又左氏宣十二年傳于民生之不易注又漢書楊雄傳楊雄傳上集注 語辭 後漢書皇甫嵩朱儁傳贊亦彌于越注又禮記文王世子疏云于是語辭 越

入發語聲 文選吳都賦注引春秋杜注。漢書貨殖傳辟猶戎翟之與于越注云于發語聲也戎蠻之語則然于越

猶言句吳耳又吳都賦注引漢書音義云于南方越名也又淮南原道于越生葛絺注云于吳也萓按高誘注殆非也當從漢書文選注 往也 詩桃夭之子于歸雨無正維曰于仕傳小旻伊于胡底采綠之子于狩棫樸周王于邁崧高于邑于謝江漢于彊于理箋又漢書韋玄成傳集注。詩采蘩于以采蘩箋云于以猶言往以也又荀子大略畫爾于茅注云于茅往取茅也 遠也 漢書景十三王傳集注。公羊莊元年傳築于外非禮也注云于遠辭也 求也 爾雅釋言 于猶爲也 儀禮士冠禮宜之于假注 枉也 論語子路子之迂也鄭注萓按釋文迂李作于鄭謂于爲迂之段借字 大也 書大傳名曰朱于注。方言一曰于大也于通語也 于謂君禮 禮記檀弓下于則于注又疏云于謂廣大 于于無所知皃 莊子應帝王其覺于于釋文引司馬注。釋文引簡文注云于于寐之狀也 于于多難之皃也 太玄飾白舌于于注 于喁聲之相和也 莊子齊物論前者唱于而隨者唱喁釋文引李注 于諸賓也齊人語也 公羊哀六年傳陳乞使人迎陽生于諸其家注 于思多鬚之皃 左氏宣二年傳于思于思注 銑閒謂之于 考工記梟氏爲鍾。司農注云于鍾脣之上祛也 于章山名 山海

經大荒西經故成湯伐夏桀于章山克之注于軒于也一名猶生於水中涘後漢馬融傳注○萱按禮記文王世子況于其身以善其君乎注云于讀爲迂又家語子夏問況于其身注云于鄭氏讀爲迂又儀禮聘禮記賄在聘于賄注云于讀曰爲又論語爲政孝于惟孝釋文于本作乎又列子周穆王於于余一人釋文于又作乎又魏大饗碑于赫斯怒亦用于爲於也

尪 股尪也說文段注尪之言紆也紆者詘也

衰 或作衦 諸衰也說文段注按當云諸衰衣衰也篇韻可證後漢書光武帝紀皆冠幘而服婦人衣諸于繡擁注引前書音義曰諸于大掖衣如婦人之袿衣按大掖謂大其袌也方言袿謂之裾于者衰之假借字○公羊宣十二年傳疏引舊說云衦是衦字詳盂下

玗 石之似玉者說文段注鍇釋以玽玗琪非也玽玗琪合三字爲玉名單言玽者玉器也單言璂者弁飾也單言玗者美石也齊風尚之以瓊華傳曰華美石華蓋即玗二字同于聲也玗琪赤玉屬也山海經海內西經開

明北有玗琪樹注又穆天子傳四玗琪注云玗琪玉屬也

竽 管三十六簧也說文段注管下當有樂字凡竹爲者皆曰管樂周禮笙師掌教龡竽大鄭曰竽三十六簧按據廣雅竽三十六管然則管皆有簧也通卦驗風俗通皆云長四尺二寸竽與笙之管皆列於匏宋書樂志曰竽今亡○呂覽仲夏注云竽三十六管又風俗通聲音曰竽管三十六簧也又一切經音義八引古史考云女媧作簧其後隨作竽三十六管笙類也漢書禮樂志竽工員二人注○荀子正名聲音清濁調竽奇聲以耳異注云竽笙類所以調衆樂者也又廣雅釋樂曰竽象笙三十六管宮管在中央竽笙之大者以匏爲之呂覽仲夏調竽笙壎箎注又釋名釋樂器曰笙以匏爲之故曰匏也竽亦是也其中汙空以受簧也竽類管用竹爲之形參差象鳥翼周禮笙師疏引通卦驗注竽也者五聲之長者也韓非子解老○荀子名曰竽八音之首

盂 飲器也說文段注木部椲木也可屈爲杅者杅即盂之段借字既夕禮用敦用杅注杅盛湯漿公羊宣十二年傳古者杅不穿何注一杅飲水器孫卿子曰槃圓而水圓杅方而水方史記滑稽傳操一豚蹏酒一盂而祝後漢書孝明紀盂脯糒

而已方言盂宋楚魏之閒或謂之盌又曰盂謂之柯又曰盂謂之櫂河濟之閒謂之盞盌又曰盂謂之銚銳○文選答客難安於覆盂注云盂與杅同萱按李善非也盂杅同从于聲故古多段杅爲盂其本義本音則判然矣篆杇隸杅爲一字盂杅則非一字也韻書或分杇杅爲二或并盂杅爲一由於六書不深而昧段借之指也食器也若盆而大今之所謂盆盂也漢書東方朔傳置守宮盂下注盌謂之盂方言五萱按後漢明帝紀注引方言盌謂之杅用段借字盂田獵陳名左氏文十年傳宋公爲右盂注杅椀屬也亦作盂後漢呂強傳注又崔駰傳注云杅亦盂也萱按此言段借也非謂杅盂爲一字杅浴器也禮記玉藻出杅注○疏云杅俗之盃也杅若今馬盂矣公羊宣十二年傳疏又疏引舊說云衦是衦字若今食俗矣萱按衦者衰之或體諸衦大掖衣也食帶似之故杅衦皆得爲盂之引伸段借字○山海經西山經黑水西流于大杅注云大杅山名也按此亦當爲盂之借又儀禮既夕釋文杅本作芋按芋亦段借字

靬 鞜內環靼也說文段注環靼者環之以靼

雩 𦐯或 夏祭樂於赤帝以祈甘雨也雩舞羽也說文段注公羊傳曰大雩者何旱祭也月令仲夏之月大雩帝用盛樂乃命百縣雩祀百辟卿士有益於民者以祈穀實注曰雩吁嗟求雨之祭也雩帝謂爲壇南郊之旁雩五精之帝配以先帝也自鞀鞞至柷敔皆作曰盛樂凡他雩用歌舞而已春秋傳曰龍見而雩雩之正當以四月按鄭言五精之帝高誘注時則訓曰帝上帝也許獨云赤帝者以其爲夏祭而言也以祈甘雨故字从雨以于蕘而求故从亏服虔曰雩遠也亦於从于得義也雩舞羽也說或體从羽之意周禮樂師有羽舞有皇舞鄭司農云羽舞者析羽皇舞者以羽覆冒頭上衣飾翡翠之羽鼓師云教皇舞帥而舞旱暵之事按皇舞亦羽舞也故字或作翌而雩或作𦐯請雨祭謂之雩雩吁也論語先進風乎舞雩皇疏又後漢安帝紀注云雩吁也嗟而求雨又周禮女巫疏引春秋考異郵云雩者吁嗟求雨之聲又疏引董仲舒說云雩求雨之術吁嗟之又初學記引崔靈恩周禮義宗云雩祈雨之祭又禮記禮器疏云雩祭天求雨也又左氏桓五年傳服注云雩祭山川而祈雨也又襄五年傳秋大雩注云雩夏祭所以祈甘雨又荀子天論雩而雨何也注云雩求雨之禱也又爾雅釋訓舞號雩也旱祭也周禮司巫則師巫而舞雩注又呂覽仲夏

大雩帝注又淮南時則大雩帝注○後漢仲長統傳注云雩祭旱之名也又穀梁桓五年經大雩注云雩者旱祭請雨之名又定元年傳云雩者爲旱求者也又公羊桓五年傳大雩者何旱祭也注云雩旱請雨祭名使童男女各八人舞而呼雩故謂之雩又禮祭記祭法云雩宗祭水旱也又雩禁注云雩禁亦謂水旱壇也雩之言吁嗟也又廣雅釋天云雩禁祭水旱也又左傳桓五年釋文云雩祭名又莊卅二年傳雩講於梁氏注云雩祭天也

雩之言遠也 左氏桓五年傳疏○服注云雩遠也遠爲百穀求膏雨也

雩得雨曰雩不得雨曰旱 穀梁僖十一年傳○禮記玉藻至于八月不雨君不舉注云至其秋秀實之時而無雨則雩雩而得之則書雩喜祀有益也

蝃蝀謂之雩 爾雅釋天○穀梁僖廿二一年經會于雩注云雩宋地雩或爲字

謣誇或 妄言也 說文○玉篇云誇同下譁

釾 或作鋣 鏌釾也 說文○鏌下云鏌釾大戟也段大令曰應劭司馬貞顏師古皆主劒說非許意史記趙良司馬相如皆云干將之雄戟張揖曰吳王劒師干將所造者也然則干將莫邪古說皆謂戟矣○段又曰鏌釾疊韻字也漢郭究碑

作鋣杜篤傳注引同

鏌鋣劒名 莊子大宗師我且必爲鏌鋣釋文

邪 隸或作耶○俗作瑯

琅邪郡也 說文段注謂琅邪郡之字如此作也前志曰琅邪郡秦置屬徐州後志曰琅邪國屬徐州剌史部許從前漢之制故曰郡前志郡領東武等五十一縣今山東兗州府東境沂州府及青州府南境莒州萊州府南境膠州一帶皆是其地今兗州府諸城縣縣東南百四十里有故琅邪城古齊琅邪邑也其地有琅邪山管子齊桓公將東游南至琅邪孟子齊景公欲遵海而南放於琅邪蘇泰說齊室曰王曰齊南有泰山東有琅邪史記秦始皇屬竝海至琅邪子虛賦曰齊東陼鉅海南有琅邪皆謂今諸城縣山海經云瑯邪臺在渤海郡閒非也趙岐曰琅邪齊東南境上邑越絕書句踐既滅吳欲霸中國從都琅邪立觀臺於山上周七里以望東海始皇立琅邪郡爲三十六郡之一而漢因之尋周時琅邪之名未知何解許君以其字從邑傳合郡名爲釋耳九經字撲曰郎邪鄒名郎良也邪道也以地居鄉魯人有善道故爲郡名今經典玉旁作良者譌未知其說所出古書絕無作郎者且琅邪齊地非鄒魯地邪古書用爲衺正字又用爲辭助如乾坤其易之門邪乾坤其易之縕邪是也今人文字邪爲疑辭也爲決辭古書則多不分別如子張問十世可知也當作邪是也又邪也

二字古多兩句並用者如龔遂傳今欲使臣勝之邪將安之也韓愈文其眞無馬邪其眞不知馬也皆也與邪同按漢碑琅邪字或加玉旁俗字也近人隸書從耳作邪耶由邪耳相似藏三牙或作藏三耳

琅邪齊東境上邑也 孟子梁惠王下放於琅邪注○山海經海內東經琅邪臺在渤海閒琅邪之東注云琅邪者越王句踐入霸中國之所都又水經濰水注云琅邪山名也越王句踐之故國也句踐并吳欲霸中國從都琅邪

語辭也 漢書外戚傳下內邪若不私府小取注

問之辭 荀子正名其求物也其養生也注

不定之辭 史記剌客傳顧不易邪索隱又顏氏家訓音辭云邪者未定之辭北人郎呼爲也又易乾注盍非正性命之情者邪釋文邪或作耶同

邪者不正之目反正爲邪邪曲也邪僻也邪私也邪僞也邪姦術也邪謂邪辟邪謂邪惡 蓋按此類邪字皆衺之段借字也音隨義改衺下詳之

⿱艹邪 芇⿱艹邪也 說文○芇下云芇⿱艹邪邑浦也

絮 乃餘切 絜縕也一曰敝絮也易曰需有衣絮 說文段注絜縕謂東縕也東縕見蒯通傳敝絮

謂孰緜也前說謂麻此謂絲易者既濟六四文辭

塞也 廣雅釋詁三

⿱奴衣 ○俗作袽⿱奴衣 敝衣 說文段注袽者敝衣帤者敝巾絮者敝絮各依所从而解之易既濟六四繻有衣袽虞翻曰袽敗衣也然則袽即⿱奴衣字糸部引易需有衣絮又見⿱奴衣與絮可通用也冕說之曰袽又作⿱奴衣五裁謂袽⿱奴衣皆⿱奴衣之誤字耳○既濟注云衣袽所以塞舟漏也濟釋文

袽者殘幣帛可拂拭器物也 易既濟盧氏注袽絲袽也既易

帤 巾帤也一曰幣巾 說文段注方言幪巾也大巾謂之帣嵩嶽之南陳潁之閒謂之帤巾亦謂之幪按巾帤蓋方俗語幣當爲敝字之誤也如衣部⿱奴衣爲敝衣糸部絮爲敝絮虞翻注易曰袽敗衣也盧氏曰袽者殘幣帛可拂拭器物也音義皆略同引人厚其帤注謂弓中禪也內景黃庭經曰人閒紛紛帤如

挐 牽引也一曰已也 說文段注挐字見於經者僖元年獲莒挐三傳之經所同也其義則宋玉九辯曰枝煩挐而交橫王注柯條糾錯而煎嶷招蒐稻粱穱麥挐黃粱些王注挐糅也王逸九思殽亂兮紛挐注君任佞巧競疾忠信交

亂紛挐也左思吳都賦攢柯挐莖李注曰許慎注淮南子云挐亂也凡若此等皆於牽引義爲近而漢霍去病傳昏漢匈奴相紛挐此與九思紛挐同謂漢與虜相亂也而師古注乃云紛挐亂相持搏也以亂釋紛以相持搏釋挐大非語意○萱按挐與挐不同說文挐訓持即今所用攫挐字也而玉篇廣韻皆清亂其義挐謂相連引也漢書嚴安傳禍挐而不解注又後漢馮衍傳上禍挐未解注○淮南本經芒繁紛挐又曰巧爲紛挐注云挐讀人性紛挐不解之挐亂也文選吳都賦注引淮南許注○淮南覽冥美人挐首墨面而不容注云挐首亂頭也艸與髮并編爲挐首橈也莊子漁父方將杖挐而引其船釋文引馬司馬注

閭戀餘切 閭里門也周禮五家爲比五比爲閭閭侶也二十五家相羣侶也說文段注周制二十五家爲里其後則人所聚居爲里不限二十五家也里部曰里凥也里門曰閭侶當作旅旅眾也此引周禮大司徒職言閭之古義○漢書異姓諸侯王表閭閻偪於戎狄注食貨志上發閭左之戍注陳勝傳發閭左戍漁陽九百人注鼂錯傳後入閭取其左注循吏傳序興于閭閻注又後漢卓茂傳注又呂覽仲夏門閭無閉注又淮南時則門閭毋閉

注又文選西京賦便旋閭閻薛注又注引字林竝云閭里門也又周禮秋官序官脩閭氏注云閭謂里門又漢書張良傳表商容閭注云里門曰閭又後漢安帝紀注云里門謂之閭○周禮閭序胥各掌其閭之徵令司農注地官序官鄉老疏引司馬法豆云二十五家爲閭又大司徒注云閭二十五家里也楚辭思古違郢都之舊閭兮注又呂覽期贊魏文侯過段干木之閭而軾之注又淮南脩務魏文侯過其閭而式之注以年之少爲閭文人說注又廣雅釋室尻也廣雅釋詁二門也荀子大略弔者在閭注巷門曰閭周禮地官序官閭胥疏當道門公羊成二年傳相與踦閭而語注三鄰爲閭華嚴經音義下引書大傳萱按此異說也左右一卒曰閭周書武順○注云閭陣名閭者聚也水聚族之處故稱閭也文選養生論注引莊子司馬注閭即羭也一名山驢山海經北山經縣雍之山其獸多閭注又儀禮鄉射禮記於郊則閭中注云閭獸名如驢一角或曰如驢岐蹄○周書王會北唐以閭閭似隃冠

廬寄也秋冬去春夏居說文段注大雅于時廬旅毛傳曰廬寄也小雅中田有廬箋云中田田中也農

人作廬焉以便其田事春秋宣十五年公羊傳注曰一夫受田百畝公田十畝廬舍二畝半凡爲田一頃十二畝半八家而九頃共爲一井在田曰廬在邑曰里春夏出田秋冬入保城郭漢食貨志曰一井八家共之各受私田百畝公田十畝是爲八百八十晦餘二十晦以爲廬舍在野曰廬在邑曰里春令民畢出在壄冬則畢入其詩曰四之日舉趾止同我婦子饁彼南晦又曰十月蟋蟀入我牀下嗟我婦子聿爲改歲入此室處所以順陰陽備寇賊習禮文也孟子曰五畝之宅趙注廬井邑居各二畝半以爲宅冬入保城二畝半故爲五畝也按許意廬與下文壥義互相足在野曰廬在邑曰廛皆二畝半也引伸之凡寄居之處皆曰廬周禮十里有廬廬有飲食左傳立戴公以廬於曹吾儕小人皆有闔廬以避燥濕寒暑皆是○小爾雅廣言又國語齊語衛人出廬於曹注竝云廬寄也又釋名釋宮室云寄止曰廬廬慮也取自覆慮也田中屋也漢書食貨志上注舍也左氏閔二年傳立戴公以廬於曹注襄三十年傳廬井有伍注又廣雅釋室又後漢馬融傳注○周禮秋官序官野廬氏注云廬賓客行道所舍艸屋也荀子正名屋室廬庾葭稾蓐尚机筵而可以養形注居也文選西京賦恨阿房之不可廬薛注思玄賦姑純懿之所廬舊注○後漢張衡傳注云廬猶居也廬若今野候徙

有庌也周禮遺人十里有廬注廬謂宿衛之廬後漢班彪傳上注廬者宿止之處漢書王莽傳下數俱至國師殿中廬注又嚴助傳君厭承明之廬注云直宿所止曰廬又金日磾傳日磾小疾臥廬注云殿中所止曰廬又佞幸董賢傳詔令賢妻得通引籍殿中止賢廬注云廬謂殿中所宿止處也又文選西都賦周廬千列注引漢書張晏注云直宿曰廬廬嚴者也禮記雜記下○儀禮既夕記居倚廬注云倚木爲廬在中門外東方北戶又周禮宮正大喪則授廬舍辨其親疏貴賤之居注云廬倚廬也舍塈室也親者貴者居倚廬疏者賤者居塈室精廬講讀之舍後漢書儒林傳論精廬暫建注其上屋曰廬象廬舍也釋名釋船良爲廬易剝小人剝廬褒注又虔注嬀姓之國國語周語廬由荊嬀注又左氏桓十三年傳羅與廬戎兩軍之○國語晉語軍於廬柳注云廬柳晉地又水經廬江水注云廬山彭澤之山也矛戟矜柲也考工記總目輪輿弓廬匠車梓注又秦無廬司農注云廬謂矛戟柄竹欑柲或曰摩鋼之器

驢 驢獸侶馬長耳說文段注按驢騾駃騠騊駼驒騱大史公皆謂爲匈奴奇畜本中國所不用故字皆不見

經傳蓋秦人造之耳若鄉射禮閭中注云閭獸名如驢一角或曰如驢岐蹄引周書北堂以閭閭斷非驢也而或以爲一物何哉

臚 重見。萱按臚膚本一字也本義本音已見訪居切矣後世分臚膚爲二臚乃讀力餘切失古意矣緣俗讀既久姑重出於此 侯達人審定馬 傳也附也陳也敘也臚猶行也腹前曰臚也 訪居切下詳之

除 蠢餘切 殿陛也 說文段注殿謂宮殿殿陛謂之除因之凡去舊更新皆曰除取拾級更易之義也。文選西都賦修除飛閣注引上林賦司馬彪注云除樓陛也又東京賦登自東除薛注云東除階也 道也 廣雅釋室。漢書王莽傳下自前殿南下階除注云除殿陛之道也 除謂門屏之閑 漢書蘇武傳扶輦下除注 治也 禮記曲禮下馳道不除注又國語周語身聳儲潔注又國策秦策扁鵲請除注又易萃君子以除戎器疏。左氏莊四年傳注吏開直道疏云除道謂除治新路又荀子議兵辟門除涂以迎吾入注云除涂治其道涂也 修也 易象下傳君子以除戎器虞注又釋文引王肅姚陸注云除猶修治 瘉也 廣雅釋詁一。方言三曰愈或謂之除 開也 詩天保何福不除傳 除猶開通

也 呂覽去宥入路除注姦 潔好也 老子朝甚除王注 去也 詩蟋蟀日月其除傳斯干風雨攸除釋文又易萃除戎器釋文引鄭注又國語晉語除閣以應外謂之忠注又廣雅釋詁一又素問鍼解菀陳則除之者注又奇病論治之以蘭除陳氣也注云除謂去也又詩蟋蟀疏云除者棄去之名 除除吏 淮南兵略夫論除謹注 除除陳生新也 詩小明日月方除傳。漢書景帝紀初除之官注引如淳云凡言除者除故官就新官也 修除芟掃之 周禮典祀則帥其屬而修除注 除謂驅逐 荀子議兵除涅其下注 除慝誅惡逆也 考工記玉人以除慝注 冬毛微墮也 淮南天文是故春夏則羣獸除注 四月爲除 詩小明日月方除箋又疏云今爾雅除作余除余字雖異音實同也。淮南天文曰卯爲除

蒢 黃蒢職也 說文。爾雅釋艸職黃蒢注云職似酸漿 揗蒢地榆也 廣雅釋艸

篨 遽篨也 說文。遽下云遽篨粗竹席也

儲 偫也 說文段注文選注引作蓄也或作具也或作積也又引謂蓄積之以待無也蓋兼舉演說文語古者太子謂之

儲君儲偫爲雙聲。漢書五行志上集注云儲偫也楊雄傳下集注云儲峙也又後漢鄭皇后紀注云儲峙猶蓄積也又文選東京賦儲乎廣庭薛注云儲待也萱按峙者峙者峙之俗體字峙在說文爲偫備訓待也 豫備也 漢書何疏傳儲兵馬以待之注。書費誓疏云預貯朱栗謂之儲峙 儲謂儲蓄精思也 文選安陸昭王碑文秋儲無以兢巧注又曹子建贈丁翼詩小人德無注云儲謂蓄積之以待無也 儲副君也 一切經音義二引蔡崑勸學篇又文選西征賦注引元命苞宋注云儲君副主言設以待之又後漢安帝紀注云儲嫡謂太子也 儲胥猶言有餘也 漢書楊雄傳下木雍槍纍以爲儲胥注引服虔又文選長楊賦注引韋昭云儲胥蓄落之類也 儲邸猶府藏也 文選王元長曲水詩序盈衍儲即注 儲與相羊也 漢書楊雄傳上儲與序大溥注引服虔。淮南倣眞儲與庵治注云儲與庵治衰大意也又本經陽陰陽儲與注云儲與猶尚羊無所主之兒一曰衰大兒又要略合三王之風以儲與庵治注云儲與猶攝業也又楚辭哀時命衣攝葉以儲與分注云攝業儲與不舒展兒

藸 艸也 說文段注鉉本移此字於堇篆下以堇藸二字當類列而不知許意單呼藸者别是一物也。段又曰釋艸有

味荎藸釋木有味荎著實一物也春初生苗引赤蔓於高木長六七尺故又入釋木

躇 。俗作躇 峙躇逗不前也 說文。文選琴賦優遊跱注云躇跱躇躇竦跱 躇止也 廣雅釋詁三 躊躇猶豫也 廣雅釋訓。莊子外物聖人躇躇以興事釋文云躇躇從容也又後漢張衡傳注云躊躇猶排徊也又馮衍傳注云躊躇猶蹢躅也又文選琴賦武怨嫗而躊躇注云躊躇猶躑躅也 躇步跐蹈皆踐踏之兒 列子天瑞若躇步跐蹈釋文

鉏 。俗作鋤 立薅斫也 說文段注薅者披去田艸也斫者斤也斤以斫木此則斫田艸者也云立薅者古薅艸坐爲之其器曰槈其柄短若立爲之則其器曰鉏其柄長槈之用淺鉏之用可深故曰斫釋名曰齊人謂其柄曰橿橿然正直也頭曰鶴似鶴頭也 犂也 一切經音義十二引三蒼 茲其也 一切經音義十九引蒼頡 藉也 周禮司巫及蒩館杜注 鉏耰謂鉏木也 史記陳涉世家鉏耰棘矜索隱 鋤助也去穢助苗長也 釋名釋用器萱按鉏鋤正俗字鋤則段借字也

奴餘切
如從隨也
說文段注從隨即隨從也隨從必以口从女者女子
從人者也幼從父兄嫁從夫夫死從子故从女白虎通曰
女者如也引伸之凡相似曰如凡有所往曰如皆從隨之引伸
也。左氏宣十二年傳有律以如己也注云如從也又列子力
命胥如志也釋**似也**漢書爰盎傳集注又詩羔裘**若也**論語子
文云如隨也傳如濡潤澤也疏云如似路如知
爲君之難也皇疏又禮記少儀臣如致金玉貨貝於君疏雜記
上如於道疏雜記下如三年之喪疏又廣雅釋言又漢書劉向
等傳集注。論語先進如用之皇疏云如猶若也**猶比也**史
又漢書西南夷傳如以先帝所立注云如亦若也如記
孝武紀可爲觀如緩**均也**廣雅**當也**國策宋策夫宋**之往也**爾
氏城集解引葦昭釋言不足如梁也注雅
釋詁又左氏昭廿八年傳御以如舉疏又國語晉語有如河水
注又荀子大略學者非必爲仕而仕者必如學注又呂覽尊師
如山林注又文選東京賦獨微行其馬如薛注又史記司馬相
如傳第俱如臨邛索隱又漢書高帝紀上紀下等集注。語馬
遷傳出則不知所如**之也**國語周語南冠以如夏氏注魯司公
往注云如亦往也父文伯之母如季氏注晉語以其賞
如伯樂氏注又呂覽首時與將軍如節以如秦注正名走而之
穀注又楚辭涉江迷不知吾之所如注又文選思乍賦撐天遺

其馬如**行也**左氏昭三年傳**適也**小爾廣雅廣詁。春秋本義
舊注君子如祉注引陸希聲春秋左傳通例云
自此適**至也**呂覽贊能**外相朝皆言如**左氏桓五年經齊**謀**
彼曰如與之如國注侯鄭伯如紀注
也爾雅**辭也**易屯屯如邅如釋文引子夏傳又晉晉如推如疏
釋詁又漢書敘傳下榮如辱如注引張晏又太玄飾言
無追如注應六幹羅如注又文選歸田賦安知榮辱之所如注
。易小畜有孚攣如大有厥孚交如疏並云如語辭。禮記玉
藻受一爵而色洒如**而也**左氏隱七年傳及鄭伯盟歃如忘服
也疏云如者如此義注傳廿六年傳室如懸盤注莊七年
經夜中星隕如雨注又穀梁莊七年注又漢書五行志下之下
。荀子儒效鄉是如不藏倍是如不亡注云如讀爲而又詩常
武如震如怒釋**柰也**文遂東京賦如之何其以溫故知新薛注
文云如李作而。公羊昭十二年傳子荀如之何注定八
年傳如文夫何注竝云如猶柰也又詩綱繆如此良人何疏云
如何猶柰何注又論語子罕匡人其如予何皇疏云如予何者
猶言柰我何也又先進皇疏**且如假設之辭**公羊隱元年傳**如**
云如之何猶柰是何也且如桓立注
卽不如齊人語也公羊隱元年傳如**如者以物相授與之言**書
勿與而已矣注堯

典如五**二月爲如**爾雅釋天。萱按成陽靈臺碑感赤龍交如生
器鄭注堯又武榮碑仁如不壽又武梁石室畫象赴火
如亡皆用如爲而也又漢修堯廟碑高如不危
滿如不溢郎孝經高而不危滿而不溢也
娜地名說文
鴽鴽或。或**牟毋也**說文段注毋音無鉉作毋誤釋鳥鴽牟
作翟鴽毋鄭注公食大夫禮月令皆作鴽毋無
也毋與牟無與毋皆音同也今二注舛謞蔡邕月令章句鴽爲
鶉鴾之屬時則訓注云鴽鶉也李巡云鴽鴾一名鴾毋郭云鴽
鷁也按內則爾雅皆鴾鴽**鴽蝙蝠**禮記內則雄兔鶉鷁疏引皇
竝舉則不可云鴽即鶉也氏。呂覽季春田鼠化爲鴽
注云鴽鷁青州謂之鴾毋周雒謂之鴽幽州謂之鷁也又大戴
記夏小正田鼠化爲鴽傳云鴽鴾也又廣雅釋鳥云鴽鷁也萱
按諸說皆不及蔡邕之確邕謂鴽**鴽子鶉**爾雅釋
爲鷀鷁之屬言屬而別自見矣鳥
翠餘切
豠豕屬說文段注凡言屬者**豕也**廣雅釋
類而別也別而類也獸
我餘切
娛樂也說文又廣雅釋詁一又詩出其東門聊可與娛傳又周
書程典諸侯不虞注又漢書五行志中之上集注又離

騷夏康娛以自縱注東君羌聲色兮娛人注惜誦設張辟以娛
君兮注抽思聊以娛心兮注懷沙舒憂娛哀兮注招魂娛酒不
廢注又文選西京賦窮身極娛薛注又史記屈原賈**戲也**漢書
生傳索隱。一切經音義三引字林云娛亦樂也司馬
相如傳**安也**莊子讓王許由虞于潁濱釋文。文選張景陽詠
上集注史詩朝野多歡娛注云娛與虞古字通用萱按古
多借虞爲娛屈原傳引懷
沙舒憂虞哀其一也
虞
。俗
作驂
騶虞也白虎黑文尾長於身仁獸也食自死之肉詩曰
于嗟乎騶虞說文段注騶虞山海經墨子作騶吾漢東方朔傳
作騶牙皆同音假借字也白虎黑文見毛傳鄭志
張逸問傳曰白虎黑文荅曰周史王會云按今王會篇文不具
尾長於身見山海經毛傳曰騶虞義獸也白虎黑文不食生物
有至信之德則應之許云仁獸不同者毛用古氏修左氏修毋
致子之說許不從也哀十四年左傳服虔注云視明禮修而麟
至思睿信立白虎擾言從義成則神龜在沼聽聰知止而名山
出龍貌恭禮仁則鳳皇來儀此以昭九年傳云水官不修則龍
不至故也毛云麟信而應禮又云騶虞義而應信又云鳳皇靈
鳥仁瑞也正用古說許不从古說故麟騶虞皆謂之仁獸鳳謂

之神鳥騶虞之仁何也以其不食生物食自死之肉也詩曰者召南文五經異義今詩韓魯說騶虞天子掌鳥獸官古詩毛說騶虞義獸白虎黑文食自死之肉不食生物人君有至信之德則應之周南終麟止召南終騶虞俱稱嗟歎之皆獸名謹按古山海經鄒書云騶虞獸說與毛詩同按許說詩从毛作說文則於从毛之中不从其義獸應信之說也鄒書蓋謂鄒子書又按此字借假借多而本義隱矣凡云樂也安也者娛之假借也凡云規度也者以爲度之假借也○書大傳名曰虞注云虞蓋騶虞也**度也**爾雅釋言又詩文王有虞殷自天傳雲漢則不我虞箋閟宮無貳無虞箋又周禮地官序官山虞注肆師涖戒不虞也疏又儀禮士昏禮記惟是三族之不虞注又禮記少儀隱情以虞注緇衣出入自爾師虞注又大戴記文王官人營之以物而不虞注又周書寤警儆天下不虞注又左氏桓十一年傳且日虞四邑之至也注桓十七年傳而備其不虞注成八年傳其孰以我爲虞注襄三年傳不虞之不戒注昭四年傳君苟無四方之虞注昭六年傳始吾有虞於子注又國語周語以待不虞注以待不廷不虞之惠注齊語澤立三虞注晉語其若不虞何注楚語以戒不虞者也注吳語今伯父有荆蠻之虞注曾足以爲大虞乎注又孟子離婁上有不虞之譽注又管子七臣七主故主虞而安注又漢書異姓諸侯王表集注百官公卿

表上集注辛慶忌傳集注又後漢楊彪傳注○周禮地官序官澤虞注疏云虞亦度也又莊子庚桑楚藏不虞以生心注云虞者億度之謂又詩抑用戒不虞傳云不虞非度也**擇也**廣雅釋詁一**望也**方言二又廣雅釋詁一**憂也**太乎乎瑩古者不還不虞注**驚也**廣雅釋言**備也**國語晉語衛文公有邢翟之虞注**有也**廣雅釋詁一**虞猶專也**易中乎虞吉注**歎也**廣雅釋詁二又淮南繆稱即鹿無虞注**誤也**詩閟宮無貳無虞傳**虞猶回也**呂覽忠廉利不足以虞其意注**助也**廣雅釋詁二**樂也**周書酆謀三虞注又漢書禮樂志集注三見又呂覽慎人許由虞乎類陽注又白虎通號又論衡正說**安也**易中乎虞吉荀注又儀禮既夕三虞注又士虞禮鄭目錄又周禮喪祝疏又國語周語虞於湛樂注又廣雅釋詁一○儀禮士虞禮釋文云虞猶安也**安神也**禮記喪服小記報葬者報虞注○公羊文二年傳虞主用桑注云虞猶安神也**喪祭也**儀禮特牲饋食禮宗人執畢先入注又禮記檀弓下以虞易奠注○儀禮目錄云虞安也士既其葬其父母迎精而反日中而祭之於璜宮以安之又既夕三虞注云虞喪祭名虞安也骨肉歸於土精氣無所不之孝子爲其彷徨三祭以安之朝葬日中而虞不忍一日離又士虞禮記三虞卒哭

注云虞爲喪祭卒哭爲吉祭又禮記檀弓下日中而虞疏云虞者葬日還殯宮安神之祭名又左氏傳昭五年疏云禮葬日爲虞又穀梁文元年傳喪主于虞注云禮平旦而葬日中反而祭謂之虞又公羊文二年傳虞主用桑注云虞祭天子九諸侯七大夫五士三其奠處猶吉祭又釋名釋喪制曰既葬還祭於殯宮曰虞謂虞樂安神使還此也**掌水官也**淮南時則乃命水虞漁師注又呂覽孟冬乃命水虞漁師注云官也又大戴記夏小正虞人入梁傳曰虞人官名也**虞掌山澤之官名**史記五帝本紀集解引書舜典馬注○禮記檀弓下虞人致百祀之木注又呂覽季夏乃命虞人注竝云虞人掌山澤之官又後漢何進傳注云虞山澤之官**野虞謂主田及山林之官**禮記月令命野虞毋伐桑柘注○呂覽季春注云野虞主材官又仲冬野虞教導之注云野虞掌山澤之官**虞衡掌山澤之官主山澤之民者**周禮大宰三曰虞衡作山澤之材注○文選王元長曲水詩序充仞郊虞注云郊虞掌山澤之官也**虞人主林麓之官也**禮記喪大記虞人設陪注○孟子滕文公下招虞人以旌注云虞入守苑之吏也又呂覽慎小虞人以告注云虞人主囿之官**虞者囿之司獸者也**賈子禮○易屯即鹿无虞虞注云虞謂虞

人掌禽獸者又穀梁莊廿八年傳虞之非正也注云虞典鳥獸之官**虞主田獵之地者也**禮記緇衣若虞機張注又周禮獸人及弊田令禽注于虞中司農注云虞中謂虞人釐所田之野及弊田植虞旗於其中致禽而珥焉○國語語晉語詢於八虞注引賈唐云八虞周八士皆在虞官**虞氏**書堯典曰虞舜鄭注**國名**書晚出泰誓傳虞芮賀厥成釋文○穆天子傳六乃宿于虞注云虞國名今太陽縣又水經漸江水注云上虞縣地名虞賓晉太康地記曰舜避丹朱于此故以名縣百官從之故縣北有百官橋亦云禹與諸侯會弟記因相虞樂故曰上虞○孟子盡心上驪虞如也丁音云驪虞義當作歡娛古字通用耳又文選羽獵賦注謝乎曄始出尚書省詩歡虞謚兄弟注竝云虞與娛通又漢書禮樂志合好効歡虞泰一注王褒傳虞說耳目注車千秋傳尉安衆庶注魏相傳則君安虞而民和睦注東平思王宇傳足以正身虞意注匡衡傳未有游虞弋射之宴注谷永傳慎節游田之虞注楊雄傳上宏仁惠之虞注楊雄傳下及五帝之虞注匈奴傳上無以自虞注外戚傳下勉虞精兮極樂注元后傳可以虞侍太子者注恭欲虞樂以市其權注竝云虞與娛同萱按皆同聲假借也○左傳僖五年虞仲漢書地理志吳越春秋作吳仲又公羊定四年帥師伐鮮虞釋文虞本作吳又詩絲衣不吳不敎史記孝武紀

作不虞不騺索隱云吴虞聲相近又文選東京賦注引劉芳詩義疏云騶虞或作吾萓按虞从吾聲故虞吴互借虞與吾音亦相近

魚〇俗有负驗聰水蟲也象形魚尾與燕尾相侣說文段注其尾皆枝故象枝形非从火也〇詩斯干篓虺蛇之蟲疏云魚亦蟲之屬也又靈臺序以及鳥獸昆蟲馬疏云魚亦蟲之別名又洪範五行傳時則有魚孽注云魚蟲之生於水而游於水者也魚者蟲之隱者也易象下傳豚魚吉注陰蟲也易井井谷射鮒集解〇剝貫魚何注云魚爲陰物又隋書五行志下引洪範五行傳云魚陰類也魚者介鱗之物書古太誓白魚入于王舟馬注〇周禮鼈人秋獻龜魚注云魚亦謂自貍藏魚者水精儀禮有司徹魚十有五而俎疏引中候〇特牲饋食禮魚十有五注云魚水物以頭枚數陰中之物取數於月十有五日而盈又論衡指瑞曰魚水精奇爲魚易剝貫魚以宮人寵姤包有魚中孚豚魚吉繫辭下傳以田以魚虞注〇儀禮鄉飲酒禮乃閒歌注燕禮乃閒歌魚麗注豆云魚麗言太平年豐物多也又鄉飲酒禮乃閒歌注燕禮閒歌注豆云南有嘉魚言太平君子有酒樂與賢者共之也鮮魚

韻史　卷二十一第五部平聲姑韻　二三四五

曰脡祭禮記曲禮下又獨斷上〇呂覽孟春魚上冰注云魚鯉鮒之屬也魚石頭中石也書大傳魚石漁魚服矢服也詩采芑簟茀魚服箋〇采薇象弭魚服傳云魚服魚皮也又陸璣疏云魚服魚獸之皮也魚刀魚兵如刀者也魚劍魚兵如劍也書大傳魚刀注魚劍注魚腸劍也廣雅釋器〇淮南脩務夫純鉤魚腸之始下型型注云魚腸文理屈辟若魚腸者良劍也魚伯青蚨也廣雅釋蟲獸名左氏閔二年傳歸夫人魚軒服注兩目白曰魚爾雅釋畜二目白魚舍人注又詩駉有驔有魚傳云二目白曰魚魚山卽吾山也水經濟水注〇列子黃帝姬魚語汝注云魚當作吾鱟二魚也說文段注二魚重而不竝易所謂貫魚也魚行必相隨也晉語暇豫之吾吾不如鳥烏韋注吾讀如魚韓文公詩用魚魚雅雅豈卽本國語乎从二魚與从三魚不同三魚謂不變其新二魚謂連行可觀

漁或作斂〇俗作獻鱻古搞搏魚也說文段注捕魚字古多作魚如周禮獻人本作鱻此與取鱻者曰鱻人取獸者曰獸人同也左傳公將如棠觀魚者謂捕魚者也呂氏春秋淮南鴻烈高注每云漁讀如論語之語讀如相語之語

韻史　卷二十一第五部平聲姑韻　二三四六

尋其文義皆由本文作魚故爲讀若以別諸水蟲周禮音義獻本作魚又音御御音卽高氏之語音也然則古文本作魚作鱻鱻其籀文乎〇漢書地理志下舜漁靁澤注彭越傳常漁鉅野澤中爲盜注王莽傳中以漁采爲業注竝云漁謂捕魚也又易繫辭以佃以漁釋文引馬注云取魚曰漁又詩魚麗傳獺祭魚然後漁釋文云漁取魚也漁言若漁獵之爲也漢書景帝紀漁奪百姓注又宣帝紀欲其毋侵漁百姓注云漁者若言漁獵也又何竝傳以氣力漁食閭里注云漁者謂侵奪取之若漁獵之爲也奪也漢書宣帝紀集注引如淳漁師掌魚官也呂覽季夏命漁師伐蛟注飾詐以鉤君利謂之漁利管子法禁漁利蘇功注

遅餘切

徐緩也說文段注與徐義略同齊世家田常執簡公於徐州索隱曰徐廣音舒其字从人左氏作舒說文作郐按魯世家作徐遅也廣雅釋詁四徐安行也說文〇易困釋文引馬注云徐徐安行兒舒也爾雅釋天太歲在辰曰執徐李注又釋地濟東曰徐州李注云淮海閒其氣寬舒稟性安徐故曰徐徐舒也又釋名釋州國云徐州徐舒也土氣舒緩也又古微書引春秋元命苞

韻史　卷二十一第五部平聲姑韻　二三四七

云徐之爲言舒也言陰牧內安詳也遅也廣雅釋詁四緩也國策宋策臣請受邊城徐其攻而留其日注〇素問三部九候論中手徐徐然者病注云徐徐緩也徐者詳慎也老子孰能濁以靜之徐清王注徐徐安隱兒莊子應帝王其臥徐徐釋文引司馬注又引簡文注云徐徐寐之狀也又釋文云徐徐崔本作祛祛徐徐者疑懼之辭也易困來徐徐注又釋文云徐徐疑懼兒徐者皆共之辭也關東語公羊成十五年傳魯人徐傷歸父之無後也注坤爲徐易困乃徐有說虞注〇廣雅釋艸云徐長卿鬼督郵也

斜抒也說文段注手部曰抒者挹也挹者抒也水部浚抒也革部觀所以抒井也臼部舀抒臼也凡以斗挹出之謂之斜故字从斗音轉義移乃用爲衺俗人乃以人之衺正作邪物之衺正作斜其可蚊有如此者〇楊君石門頌余谷之川萓按此段余爲斜也

衺窶也說文段注交部曰窶者衺也二篆爲互訓窶今字作回衺今字作邪毛詩傳曰回邪也衺猶惡也周禮比長有辠奇衺則相及注〇司救掌萬民之衺惡過失而誅讓之注云衺惡謂侮慢長老語言無忌而未麗於罪過者

韻史　卷二十一第五部平聲姑韻　二三四八

奇衺譎觚非常。周禮宮正去其淫怠與其奇衺之民注內宰禁其奇衺注云奇衺若今媚道**邪謂邪慝**禮記祭義雖有奇邪而不治者疏。左氏隱三年傳驕奢淫泆疏云邪謂慝逆之事**邪者不正之目**素問藏氣法時論夫邪氣之客於身也注鍼解邪勝則虛之者注六微旨大論何謂邪乎注。太玄玄圖邪謨高吸注云邪不正也又漢書元帝紀是以氛邪歲增注云邪者言非正氣也**邪謂邪辟**禮記樂記回邪曲直疏又流辟邪散疏云邪散謂違辟不正。文選登徒子好色賦愚亂之邪臣注云邪僻也又詩板傳板板僻也疏云邪僻即反戾之義**邪曲也**禮記表記注不爲回邪之行釋文。賈子道術曰方直不曲謂之正反正爲邪又春秋繫露竹林曰前正而後有枉者謂之邪道**邪私也**呂覽審分則臣有所匿其邪矣注**邪偽也**文選西京賦邪贏優而足恃薛注**邪姦術也**周書王佩亡正處邪注**邪謂風邪之氣**素問陰陽應象大論其有邪者注。欬論皮毛先受邪氣注云邪謂寒氣**邪餘分也**史記厤書歸邪于終集解引韋昭**邪道也**廣邪釋室。老子是謂盜夸王注云凡物不以其道得之則邪也**天祿辟邪並獸名也**後漢靈帝紀注。詩北風箋邪讀如徐疏云其邪爾雅作

其徐字雖異音實同又禮記樂記中正無邪釋文云字又作耶問喪注耶巾栢頭釋文亦作邪萱按衺一變爲邪再變爲耶昧其本原音義胥逸矣

夫 粉餘切 冏見此引申之義也**發聲**。周禮司烜氏掌以夫遂取明火於日司農注鄭注云夫遂陽遂也又禮記少儀襲之加夫襓與劒焉注云夫襓劒衣也夫或爲煩皆發聲**夫者發語之辭**易小畜注夫言血者疏又禮記禮運夫禮之初疏樂記夫武之備戒之已久疏**辭也**孟子盡心下夫舜惡得而禁之注又國策齊策子靖郭君之所聽受夫注又左氏僖廿四年傳夫祛猶在疏**語辭也**左氏宣二年傳公嗾夫獒焉服注又易比後夫凶疏**語助也**左氏隱三年傳命以義夫注又禮記中庸如此夫疏又文文選報任少卿書而事乃有大謬不然者夫注**歎辭也**孟子告子上必子之言夫注**不滿之辭**呂覽審應申子說我而戰爲吾相也夫注**夫是疑怪之辭**左氏昭十四年傳猶義也夫疏**復也**文選思玄賦獲我所求夫何思舊注**夫猶凡也**孝經若夫慈愛恭敬疏引劉轍**夫人衆人也**淮南本經夫人相樂注。漢書賈誼傳夫將爲我危注云夫夫人也亦猶彼人耳**夫不楚鳩也**

爾雅釋鳥佳其鳺鴀釋文又詩四牡翩翩者鵻箋云夫不鳥之慤謹者又傳云鵻夫不也釋文引艸木疏云夫不一名浮鳩釋文又云夫本作鳺。漢書司馬相如傳上外發夫容陵華注引應卲云夫容蓮華也又淮南本經夫容芰荷注云夫容藕華也又詩澤陂傳荷夫渠也釋文云夫本作芙。詩都人士箋臺夫須也釋文云夫本作扶萱按扶段借字鳺芙皆晚作字古皆用夫

扶 ⿰夫攴 古文 **左也** 說文段注左下曰手相助也。萱按左即今之佐字**鋪四指曰扶**禮記投壺籌室中五扶注又閒以二矢半疏云四指曰扶扶廣四寸又書大傳扶寸而合注云四指爲扶**扶則膚也**禮記王制注握謂長不出膚疏

蛈 青蛈 逗 **水蟲可還錢** 說文段注其事見鬼谷子淮南萬畢術搜神記陳藏器本艸拾遺未知今尚有此物否。鬼谷子曰若蛈母之從其子也出無閒入無朕獨往獨來莫之能止此謂青蛈之還錢與萬畢搜神所說正合也而陶隱居以螲蟷在穴中釋之此由誤認蛈爲蛈逐以爾雅王蛈蝎爲注。酉陽雜俎亦云青蛈鬼谷子謂之蛈母郢書燕說博學者

尤難免矣。鬼谷子內揵若蛈母之從其子也注云蛈母螲蟷也**蛈虷蚰蜒也**廣雅釋蟲又方言十一曰蚰蜒趙魏之閒或謂蛈虷

枎 枎疏 逗 **四布也** 說文段注枎之言扶也古書多作扶疏同音段借也上林賦垂條扶疏劉向傳梓樹生枝葉扶疏上出屋楊雄傳枝葉扶疏呂覽樹肥無使扶疏是則扶疏謂大木枝柯四布疏通作胥亦作蘇鄭風山有扶蘇毛曰扶蘇扶胥木也釋文所引不誤正義作小木誤也毛意山則有大木隰則纔有荷華是爲高下大小各得其宜後人以鄭箋掍合而段之。漢書司馬相如傳上垂條扶疏注云扶疏四布也**枎疏分布也**華嚴經音義上引漢書音義萱按漢書楊雄傳下注云扶疏分布也用段借字

榑 榑桑神木日所出也 說文段注叒下曰日初出東方湯谷所登榑桑叒木也然則榑桑即叒木也東下曰從日在木中杲下曰從日在木上皆謂榑木也淮南高注亦曰榑桑日所出也。淮南墜形暘谷榑桑在東方注云榑桑在登保之山東北方也**榑木大木也**呂覽求人禹東至榑木之地注又淮南時則榑木之地注云榑木榑桑

晚餘切

毋止之詞也說文段注詞者意內而言外也其意禁止其言曰毋也古通用無詩書皆用無士昏禮夙夜毋違命注云古文毋爲無是古文禮作無今文禮作毋也漢人多用毋故小戴禮記今文尚書皆用毋史記則竟用毋爲有無字○漢書高帝紀上毋得鹵掠注云毋止之辭也禁辭詩角弓毋教猱升木箋又書皋陶謨無教逸欲有邦疏云毋者禁戒之辭又禮記檀弓下曰噫毋注云毋禁止之辭又內則淳毋疏云毋是禁辭又論衡譴告曰毋者禁之也○荀子法行無內人之疏而外人之親注云無禁辭也毋猶不也禮記檀弓上有毋過禮疏無也禮記檀弓下其毋以嘗巧者乎注勿也文選思玄賦毋緜攣以俾己兮舊注○禮記檀弓下疏云毋猶勿也毋猶今人言莫也禮記曲禮毋不敬釋文毋發聲語助史記貨殖傳寧爵毋刀集解引漢書音義毋追者言其追大也白虎通紼冕

𣞤隸變用無

无奇字亡也无奇字無也通於元者虛無道也王育說天屈西北爲无說文段注凡所失者所未有者皆如逃亡然也此有無字之正體而俗作無無乃𣞤之隸變𣞤

之訓豐也與無義正相反然則隸變之時昧於亡爲其義𣞤爲其聲有聲無義殊爲乖繆古有段𣞤爲𣞤者要不得云本無二字漢隸多作𣞤可證也或段亡爲無者其義同其音則雙聲也无奇字無也謂古文奇字如此作也今六經惟易用此字通於元者蓋其義謂上通元始故其字形亦用元篆上毋於一虛毋无道也謂虛无之道上通元氣寂寞也玉篇曰无虛无也奇字之无與篆文之𣞤義乃微別許說其義非僅說其形也稱王育說又无之別一義也亦說其義非說其形屈猶傾也天傾西北地不滿東南見列子及素問天傾西北者謂天體不能正園也○易乾屬无谷釋文云元通于元者虛无道也又引王述說云天屈西北爲无○漢書古今人表亾懷氏律麻志上六曰亾射鼂錯傳皋人亾芾司馬相如傳上亾是公者梅福傳比高祖所以亾敵於天下也蕭望之傳宜亾此害王莽傳上踰羣妻亾幾各注竝云亾讀曰無又後漢列女樂羊子妻傳當日知其所亾注云亾無也虛也管子心術下至不至無注○一切經音義六引聲類云無虛無也不也老子其無正注又禮記三年問無易之道也疏○三年問注云無易猶不易也又國語周語中無亦擇其柔嘉注晉語無亦晉之柔嘉是以甘食注竝云無亦不亦也又文選東京賦宜無嫌於往初薛注云無猶不也無與勿同也詩采苓苟亦無與傳無無

形也太玄玄攡資陶虛無注閒也爾雅釋詁有而無益於治曰無公羊莊四年傳上無天子下無方伯注無亦亦也國語魯語彼無亦置其同類注無乃猶得乃公羊宣十二年傳無乃失民臣之力乎注無發聲語助史記貨殖傳寧爵無刀集解引漢書音義又漢書貨殖傳寧爵無刀注引孟康云無發聲助也無達山名山海經西山經河水東注于無達注無終本山戎國也後漢吳漢傳注無夷馮夷也山海經云冰夷穆天子傳一河伯無夷之所都居注○莊子達生水有罔象釋文引司馬注云無傷狀如小兒赤黑色赤爪大耳長臂一云水神名無姑其實夷爾雅釋木○周禮鄉大夫五曰興舞杜注云無讀爲舞又荀子禮論無緒帾絲歶縷翣其類注云無讀爲幠萱按此謂段借也又書皋陶謨無若丹朱傲洪範無偏無黨漢書劉向傳作毋若丹朱教車千秋傳作毋偏毋黨又史記宋微子世家引洪範無字皆作毋按此同音通用字也

蕪薉也說文又廣雅釋詁二○國語周語田疇荒蕪注又呂覽辯士弗除則蕪注又文選魏都賦注引國語賈注竝云蕪穢也萱按薉穢古今字不治曰蕪楚辭招魂牽於俗而蕪穢注艸也小爾雅廣言又爾雅釋通也

楚辭哀郢孰兩東門之可蕪注萱按此借蕪爲𣞤也𣞤見上聲豐也爾雅釋詁又釋文云蕪蕃滋生長也

⿰阝無弘農陝東陬也說文段注陬者隅也

璑三采玉也說文段注周禮故書璑玉三采注曰璑惡玉名江沅曰惡玉者亞次之玉也古惡亞字通廣雅玉類有璑玉裁按天子純玉公四玉一石侯三玉二石故書作璑新書作珷皆謂石之次玉者諸公之冕璑玉三采謂以璑雜玉備三采下於天子純玉備五采也許云三采玉謂之璑矣○萱按古無輕脣之音故無聲之字皆可讀若謨而璑珷雙聲通借玉名廣雅釋

巫⿱巫舛古文巫祝也三字一句女能事無形㠯舞降神者也古者巫咸初作巫說文段注按祝乃覡之誤巫覡者巫也故覡篆下總言其義示部曰祝祭主贊辭者周禮祝與巫分職二者雖相須爲用不得以祝釋巫也周禮女巫無數旱暵則舞雩巫咸作巫蓋出世本作篇君奭曰在大戊時則有巫咸又王家書序曰伊陟相大戊伊陟贊于巫咸馬云巫男巫名咸殷之巫也鄭云巫咸謂爲巫官者封禪書曰伊陟贊巫咸巫咸之興自此始

謂巫覡自此始也或云大臣必不作巫官是未讀楚語矣賢聖何必不作巫乎。易巽用史巫紛若疏云巫謂巫覡又國語楚語注云巫覡見鬼者周禮男亦曰巫又漢書郊祀志上注云巫覡亦通稱耳又書序伊陟贊于巫咸鄭注云巫咸巫官又離騷巫咸將夕降兮注云巫咸古神巫也又後漢張衡傳注云巫咸神巫也巫是禱神之人左氏傳僖廿一年疏又襄廿九年傳乃使巫以桃茢先祓殯疏云巫者接神之官又公羊隱四年傳於鍾巫之祭焉注云巫者事鬼神禱解以治病請福者也男曰覡女曰巫巫掌神之位次者也漢書高帝紀下則有秦晉梁荊之巫注引文穎。周禮春官序官男巫注云巫能制神之處位次主者巫掌招彌以除疾病儀禮士喪禮巫止于廟門外注。易巽用史巫荀注云巫以告廟在女曰巫國語楚語又漢書郊志上。列子黃帝有神巫自齊來釋文又荀子正論出戶而巫覡有事注又呂覽侈樂作爲巫音注竝云女曰巫又淮南精神鄭之神巫注云神在女曰巫又後漢臧洪傳注云巫女巫也醫師在女曰巫淮南說山巫之用糈注。山海經海內西經開明東有巫彭巫抵巫陽巫履巫凡巫相注云巫彭巫抵巫陽巫履巫凡巫相皆神醫也巫男巫也書序伊陟贊于巫咸馬注兌爲巫易說卦傳

巫蠱猶妄說也法言君子以巫蠱注。後漢和帝陰陰皇后紀注云巫師爲蠱故曰巫蠱巫咸國在登葆山羣巫所從上下也山海經海外西經。書君奭時則有若巫賢晚出孔傳云巫民氏

誣加也說文段注元應五引皆作加言加言者架言也古無架字以加爲之淮南時則訓鸛加巢加巢者架巢也毛詩箋曰鸛之作巢冬至加之劉昌宗加音架李善引呂氏春秋注曰結交也構架也云加言者謂憑空構架聽者所當審愼也按力部曰加語相贈加也從力口然則加與誣同義互訓可不增言字加與誣皆象毀譽言之毀譽不以實皆曰誣也方言誣諺與也吳越曰誣荊楚曰諺與猶齊晉言阿與表記受祿不誣注曰於事不信曰誣。廣雅釋詁二云誣加也謗也漢書孫寶傳集注欺也左氏襄十四年傳不可誣也注昭廿六年傳祇取誣焉注又廣雅釋詁二妄也大戴記曾子立事喜之而觀其不誣也注。禮記曾子問故誣於祭也注云誣猶妄也罔也禮記樂記誣上行私而不可止也注又國語周語誣其王也注晉語蠱君而誣國人注。晉語且夫樂氏之誣晉國也久矣注云誣罔也以惡取善曰誣予也廣雅釋詁三不信曰誣禮記表記故其受祿不誣注加誅無辜曰誣國語周語其刑矯誣注又一切

經音義十二引國語賈注不進賢達能者誣也說苑至公不能行而言之誣也大戴記曾子立事以溥獲厚爲誣也呂覽務本今功伐甚溥而所望厚誣也注無能受官謂之誣上管子重令不誣於上注三不適謂之誣禮記射義疏引書大傳又說苑修文。論語馬可誣也漢書薛宣傳引作馬可憮也萱按憮者音近叚借字

韻史卷廿二

合口詡厲土切

第五部上聲　鼓韻

鼓。俗作鼔作皷皆非作鼓尤誤鼓見三部止篤切擊也　鼓籀　郭也春分之音萬物郭皮甲而出故曰鼓周禮六鼓靁鼓八面靈鼓六面路鼓四面鼖鼓皋鼓晉鼓皆兩面說文段注凡外障內曰郭自內盛滿出外亦曰郭郭廓正俗字鼓郭疊韻六鼓見周禮鼓人六面四面兩面鄭與此同。漢書律麻志上集注又風俗通聲音竝云鼓者郭也又釋名釋樂器曰鼓郭也張皮以冒之其中空也革也。禮記學記鼓無當於五聲疏風俗通聲音云革曰鼓皮曰鼓漢書律麻志上又白虎通禮樂引樂記震音也白虎通禮樂引樂記又白虎通云鼓震音煩氣也萬物憤懣震動而出。易毄辭上傳鼓之舞之以盡神虞注云震爲鼓又太玄廟利鼓鉦注云震爲雷故稱鼓又周禮大司馬之職辨鼓鐸鐲鐃之用疏云鼓雷之類鼓鼙聲爲坎禮記樂記鼓鼙之聲讙疏鼓之爲聲不宮不商禮記學記鼓無當於五聲疏鼓

所以任也所以起也所以進也管子兵法動也易毄辭上傳鼓之以雷霆虞注鼓之舞之以盡神荀注又釋文引陸董注又莊子騈拇使天下簧鼓釋文。漢書楊雄傳下立政鼓衆注引鄭展云鼓亦動也又素問瘧論乃作寒慄鼓頷注云鼓謂振動又陰陽類論弦而沈急不鼓注云鼓謂之動出音曰鼓周禮小師掌教鼓鼗柷敔塤簫管絃歌注鳴也離騷呂望之鼓刀兮注又廣雅釋詁二。左氏僖廿二年傳不鼓不成列疏云軍法鳴鼓進以戰因謂交戰爲鼓又後漢荀彧傳注云鼓行謂鳴鼓而行言無所畏也鼓猶彈也論語先進鼓瑟希皇疏鼓猶奏也禮記檀弓下鼓鐘疏鼓伐鼓也左氏莊廿五年經鼓用牲于社注鼓者攻之也論衡順鼓鼓擊鼓也漢書枚乘傳馬方駭鼓而驚之注萱按此與三部入聲鼓擊鼓也訓同而意異彼主擊言此主鼓言聽之應也洪範五行傳時則有鼓妖注鼓舞猶變化也易略例鼓舞而天下從注簸也莊子人閒世鼓筴播精釋文引司馬注鼓樂者樂以鼓爲節也孟子梁惠王下今王鼓樂於此注又儀禮大射不鼓不釋注云鼓亦樂之節。詩那奏鼓簡簡箋云奏鼓奏堂下之樂也土鼓築土爲鼓禮記禮運蕢桴而土鼓注

量名也左氏昭廿九年傳遂賦晉國一鼓鐵注又疏引服注又荀子富國然後瓜桃棗李一本數以盆鼓注云鼓量也又禮記曲禮上獻米者操量鼓注云量鼓量器名。左氏傳昭廿九年疏云治石爲鐵用橐扇大動橐謂之鼓今時俗語猶然斛謂之鼓廣雅釋器石四謂之鼓小爾雅衡。家語正論趙簡子賦晉國一鼓鐵注云三十斤謂之鈞鈞四謂之石石四謂之鼓鼓十二斛管子地數名自有百鼓之粟者不行注。禮記曲禮釋文引隱義云樂浪人呼容十二石者爲鼓于上謂之鼓考工記鳧氏又司農注云鼓所擊處。磬氏鼓爲三司農注云鼓其下小者所當擊者也白翟別邑國語晉語園鼓注又水經濁漳水注引京相璠云鼓白狄之別也河鼓星名也文選思玄賦伐河鼓之磅硠舊注後漢張衡傳注云牽牛北爲河鼓鼓鍾之山帝臺之所以觴百神也山海經中山經。西山經鍾山其子曰鼓注云鼓此亦神名名之爲鍾山之子耳又海內經緣婦孕三年是生鼓延殳注云鼓延殳三子名共鼓貨狄黃帝二臣名也一切經音義十二引世本共鼓貨狄作舟船宋注鼓造蓋謂梟一曰蝦蟆今世人五月望作梟羹亦作蝦蟆羹

淮南說林鼓造辟兵壽盡五月之望注

瞽目但有眹也說文段注眹从舟舟之縫理也引伸之凡縫皆曰眹但有眹者才有縫而已釋名曰瞽鼓也瞑瞑然目平合如鼓皮也晒者目合而有見瞽者目合而無見按鄭司農云無目眹謂之瞽韋昭云無目曰瞽皆與許異。詩有瞽序釋文云無目眹曰瞽又後漢盧植傳注云無目眀曰瞽萱按眹眀正俗字無目者禮記少儀瞽曰聞名注又漢書禮樂志自御大夫師瞽以下注賈誼傳瞽史誦詩注又後漢胡廣傳注。禮記仲尼燕居譬猶瞽之無相與疏云瞽謂無目又漢書賈山傳瞽誦詩諫注云瞽無目之人也又後漢光武紀下注同又馬廖傳注云瞽人無目者也盲也廣雅釋詁三盲者也論語子罕與瞽者集解引苞注又皇疏又左氏襄十四年傳瞽爲詩注又楚辭懷沙瞽以爲無明注。莊子逍遙游瞽者無以與于文章之觀釋文云瞽盲者無目如鼓皮也矇也詩有瞽箋不觀氣色而言謂之瞽荀子勸學又注云瞽者不識人之顏色棄老取少謂之瞽韓外傳九樂官也詩有瞽傳樂師也周禮大行人九歲屬瞽史諭書名注又左氏昭十七年傳瞽奏鼓注又國語周語瞽獻典注又周禮大史與大師

瞽卽大師周禮大史與大師同車注○國語楚語臨事有瞽史之道注云瞽樂太師樂人也禮記禮運卜筮瞽侑注玉藻御瞽幾聲之上下注瞽宗宮也廣雅釋室○禮記明堂位瞽宗殷學也注云瞽宗樂師瞽矇之所宗又周禮大司樂祭於瞽宗司農注云瞽樂人樂人所共宗也神瞽古樂正知天道者也死而爲樂祖祭於瞽宗謂之神瞽國語周語古之神瞽注○詩有瞽序釋文云瞽本作鼓又周禮樂師詔來瞽皋舞司農注云瞽當爲鼓又大戴記保傅鼓夜誦詩注云瞽與鼓聲誤也萱按此聲同互相段借也

古𠖠古文故也說文又爾雅釋詁又詩日月逝不古處傳烝民古訓是式傳○段大令曰按故者凡事之所以然而所以然皆備於古故曰古故也逸周書天爲古地爲久鄭注尚書稽古爲同天昔也呂覽長見今之於古也注○晚出書孔序疏云自今本昔曰古始也廣雅釋詁一古言久也詩緜古公亶父傳往也文選東京賦慨長思而懷古薛注天也書堯典鄭注又詩玄鳥疏引尚書緯○周書周祝云天爲古乾爲古易繫辭下傳其於中古乎虞注皆有經遠之規謂之有古周書常訓民乃有古注先古先祖禮記祭義

以祀天地社稷山川先古注先王稱之曰在古詩那自古在昔傳古者古昔明王時也詩裳裳者華序古之仕者世祿箋又都人士序古者長民箋云古者明王時也○太玄玄攡通同古今以開類注云古謂庖犧又儀禮士昏禮注不忘古也疏云古者謂黃帝以前又穀梁桓三年傳以是爲近古也注云古謂五帝時又儀禮士冠禮記大古冠布注云大古唐虞以上又禮記檀弓上注怪不如太古也疏云唐虞以上謂之太古又書康誥別求聞由古先哲王鄭注云古虞夏也又禮記郊特牲古者尸無事則立注云古謂夏時也又古者生無爵注云古謂殷以前也又檀弓上古者墓而不墳古者不降注竝云古謂殷時也又王制古者公田籍而不稅注云古者謂殷時又儀禮士冠禮記古者生無爵死無謚注云古謂殷又大戴記保傅古之王者注云古卽殷周時也又禮記檀弓下塗車芻靈自古有之疏云古謂周以前虞以後又檀弓上繐衰總裳非古也疏云古謂周初制禮時也又月令注未通於古疏云古謂秦已前古謂古法漢書董仲舒傳集注又詩烝民古訓是式箋云古訓先王之遺典也又疏云古訓者故舊之道又文選劇秦美新古文畢發注云古文先王之典籍也又後漢盧植傳注云古文謂孔子壁中書也又禮記樂記吾端冕而聽古樂注云古樂先王之正樂也○文選吳

都賦松梓古度劉注云古度樹也

詁訓故言也詩曰告之詁言說文段注故言者舊言也十口所識前言也訓者說教也訓故言者說釋故言以教人是之謂詁分之則如爾雅析故訓言爲三三而實一也漢儒傳注多偁故者故即詁也毛詩云故訓傳者故訓猶故言也謂取故言爲傳也取故言爲傳是亦詁也賈誼爲左氏傳訓故訓故者順釋其故言也按詩釋文於抑告之詁言下云戶快反說文作詁則此爲詩曰告之詁言六字無疑毛傳曰詁言古之善言也以古釋詁正同許以故釋詁陸氏所見說文未誤也自有淺人見詩無告之詁言因改爲詩曰詁訓不成語耳○後漢桓譚傳注鄭興傳注竝云詁訓古言也又爾雅釋詁釋文引字林云詁故言也詁者古今之異語也爾雅釋詁釋文引張揖雜字說○詩周南關雎詁訓傳疏云詁者古也古今異言通之使人知也也又云詁訓者釋古今之異辭辨物之形皃訓也春秋公羊經傳解詁釋文言也廣雅釋詁詁謂指義也漢書楊雄傳上訓詁通而已注事也後漢盧植傳注

盬器也說文

盬河東鹽池也袤五十一里廣七里周百十六里說文段注地理志河東郡安邑鹽池在西南郡國志亦云安邑有鹽池左氏傳曰郇瑕氏之地沃饒而近盬服虔注云盬鹽池也土俗裂水沃麻分灌川野畦水耗竭土自成鹽即所謂鹹鹺也而味苦號曰鹽田杜注左氏郭注穆天子傳皆曰盬者鹽池然則鹽池古者謂之盬亦曰盬田周禮因以爲盬不湅治之偁又引申之詩以爲不堅固之偁周禮苦良苦讀爲盬謂物之不佳者也○水經注六引字林云河東鹽池謂之盬又左傳成六年疏云盬河東鹽池又穆天子傳六戊子至于盬注云盬鹽池也又漢書貨殖傳猗頓用盬鹽起注同盬謂出鹽直用不煉也史記貨殖列傳猗頓用盬鹽起索隱○周禮鹽人共其苦盬散盬疏云盬謂出于鹽池今之顆盬是也鹽也左氏成六年傳沃饒而近盬注又疏云盬雖是鹽唯此池之鹽獨名盬餘鹽不名盬也麤也史記五帝紀皆不苦窳正義不堅固也詩四牡王事靡盬傳采薇北山王事靡盬箋又左氏襄廿九年傳王事靡盬注又荀子天論楛耕傷稼注○漢書息夫躬傳器用盬惡注引鄧展云盬不堅牢也不攻緻也詩鴻羽王事靡盬傳又疏云盬爲不攻牢不堅緻之意也又漢書食貨志下縣官作鹽鐵器苦惡注引如淳云盬不

攻嚴也。王氏引之經義述聞曰鴇羽傳曰盬不攻致也箋曰我迫王事無不攻致故盡力焉既則罷倦不能播種五穀四牡傳曰盬不堅固也杕杜箋曰王事無不堅固故我行役續嗣其日言常勞苦無休息也北山箋曰王事無不堅固故我當盡力勤勞於役久不得歸父母思己而憂也引之謹案如毛鄭所解則是王事無不堅固是以勞苦不息勞苦不息是以不得養父母王事靡盬之下須先述其勞苦不息而後繼之以不能蓺稷黍云云殆失之迂矣今案盬者息也王事靡盬者王事靡有止息也王事靡息故不能蓺稷黍也王事靡息故不遑啓處不遑將父母也王事靡息故我心傷悲也王事靡息故繼嗣我日也爾雅曰棲遲憩休苦息也苦讀與靡盬之盬同周官盬人共其苦盬杜子春讀苦爲盬謂出盬直用不湅治典婦功辨其苦良鄭司農讀苦爲盬謂分別其縑帛與布紵之麤細是盬與苦通良盬之盬通作苦猶靡盬之盬通作苦也解經者於詩之靡盬則訓爲不攻致不堅固而不知其即爾雅苦息也之苦於爾雅之苦息也則誤讀爲甘苦之苦而不知其即詩之靡盬蓋古字之假借在漢人已有不能盡通其義者矣

盬亦蠱也 左傳襄廿九年疏又詩鴇羽疏云盬與蠱字異義同。王氏引之曰案毛鄭皆讀盬爲良盬之盬故曰不攻致不堅固也良盬之盬或作楛又作苦荀子議兵篇械用兵革窳楛楊倞注曰楛

韻史　卷二十二第五部上聲鼓韻　二三六九

不堅固也呂氏春秋誣徒篇從師苦而欲學之攻也高誘注曰苦不精致也苦楛盬竝同義孔穎達不得其解乃曰盬與蠱字異義同引昭元年左傳於文皿蟲爲蠱穀之飛亦爲蠱以證盬爲不攻牢不堅致之意失其指矣

且也 方言十三

猝也 方言十三又廣雅釋詁二

盬猶⿰鹵古也 方言十三盬雜卒也注萱案⿰鹵古音姑見廣雅訓息也

啑也 左氏僖廿八年傳楚子伏己而盬其腦注又疏云盬之爲啑未見正訓蓋相傳爲然

罟网也 說文段注案不言魚网者易曰作結繩而爲网罟以田以漁是网罟皆非專施於漁也罟實魚网而鳥獸亦用之故下文有鳥罟兔罟。詩兔罝傳兔罟也釋文云罟周也又周禮獸人掌罟田獸注同又詩小明畏此罪罟傳又禮記中庸驅而納諸罟擭陷阱之中疏又國語魯語里革斷其罟而棄之注又文選射雉賦㩻微罟以長眺徐注又後漢張衡傳注竝云罟網也。易繫辭下傳作結繩而爲網罟釋文引馬姚注云罟猶网也

罔之總名 禮記中庸罟擭陷阱釋文又莊子胠篋罟罔之所布釋文云罟罔之通名又廣雅釋器云罔謂之罟

魚網也 淮原南原道因江海以爲罟注又說山好魚者先具罟與罛注云罟細網

魚罟謂之罟 爾雅釋器又李注云魚罟捕魚具也又呂覽上農罛罟不敢入於淵

韻史　卷二十二第五部上聲鼓韻　二三七〇

注云罟魚罟也

取魚曰罟 易繫辭下傳釋文引黃注

數罟密網也 孟子梁惠王上數罟不入洿池注

離爲罟 易繫辭下傳上古結繩而治虞注

酤 平上兩讀

一宿酒也一曰買酒也 說文

買也古買酒爲酤酒酤謂賣酒也清酤美酒也 注俱詳平聲

叚 **⿵冂叚** 古文 **叚** 譚長說叚如此

借也 說文段注人部假云非眞也此叚云借也然則凡云假借當作此字古多借瑕爲叚晉士文伯名匄字伯瑕楚陽匄鄭駟乞皆字子瑕古名字相應則瑕即叚也禮記公肩假古今人表作公肩瑕左傳瑕嘉平戎於王周禮注作叚嘉皆同音叚借

假非眞也虞書曰假于上下 說文段注又部曰叚借也然則假與叚義略同六書六曰假借謂本無其字依聲託事也假于上下堯典文此引經說假借也彳部曰假至也經典多借假爲假故僞之淺人不得其例乃於虞書曰之上妄加一曰至也四字又分非眞也爲古雅切至也爲古額切而不知古音無此區別也今刪正學者苟於全書引經說假

韻史　卷二十二第五部上聲鼓韻　二三七一

借之處皆憭然則無所惑矣。段又注毛詩雲漢傳泮水傳假至也烝民玄鳥長發箋同此皆謂假爲假之假借字也其楚茨傳格來也抑傳格至也亦謂格爲假之假借字也又那傳烈祖傳假大也此與賓筵卷阿傳之瑕大也同謂假爲瑕之假借字也又假樂傳維天之命傳假嘉也此謂假爲嘉之假借字也

借也 儀禮少牢饋食禮假爾大筮有常注又周書皇門假余德憲注又國語晉語無必假手於武王注又莊子德充符假人則從是也釋文又荀子非十二子假今之世注又文選琴賦或怨嫿而蹐踏注又後漢安帝紀注劉盆子傳注丁鴻傳注劉愷傳注段熲傳注。左氏莊十八年傳注是借人禮疏云假借同義取者假爲上聲借爲入聲與者假借皆爲去聲薑按此六朝人強生分別也古音實不然茲併合以省轉輵

假謂假借之恩 管子小問假而禮之注又詩長發箋假暇疏云假者假借之義

易之也 公羊桓元年傳曰其言以璧假之何易之也

攝也 呂覽審分覽假乃理事也注又史記項羽本紀爲假上將軍正義

因也 禮記曲禮上假爾泰龜有常疏又管子君臣上大臣假於女之能以規主情注四稱假寵𩥭貴注又莊子大宗師假於異物注

假猶請也 呂覽士容其鄰假以買取鼠之狗注

借也 廣雅釋詁一

假猶濫也 後漢竇融傳注

貸也 後漢張禹傳注

韻史　卷二十二第五部上聲鼓韻　二三七二

又安帝紀注云假貸猶寬容也**假謂顧賃也**漢書韓延壽傳私假繇使吏注又酷吏甯成傳假貸民役使數千家注云假謂雇賃也。後漢和帝紀注云假猶租賃**給與也**漢書儒林轅固傳迺假固利兵注又循吏龔遂傳遂迺開倉廩假貸民注云假謂給與**今不然也**墨子經上**假令猶言或當也**漢書匈奴傳下假令單于初立注**病也**詩思齊箋**已也**爾雅釋詁又禮記曲禮下告喪曰天王登假注又詩下武箋此三后既沒登假釋文萱按此義遐爲正字假爲借字**至也**易明夷王假有家注家人王假有家萃王假有廟豐王假之渙王假之各虞注又詩雲漢昭假無贏泮水昭假烈祖傳烝民昭假于下噫嘻既昭假爾玄鳥四海來假箋又禮記王制歸假于祖禰祭統公假于大廟孔子閒居昭假遲遲注又管子小匡龍龜假注又楚辭昭竈蘭芳假坐又史記司馬相如傳乘盧無而上假集解引徐廣又文選劇秦美新登假皇穹注又方言一又廣雅釋詁一萱按假假同音故古多用假爲假格之訓至亦假之借字也等是段借假無庸讀格矣**升也**詩雲漢昭假無贏那湯孫奏假烈祖以假以享箋又漢書王莽傳上集注又傳中集注云假至也升也**上也**淮南齊俗其不能乘雲升假注**歇也**廣雅釋詁三**大也**爾雅釋詁又易家人釋文引馬注又虞注

又豐釋文引馬注又象下傳王假有廟荀注陸績注姚信注又詩思齊烈假不瑕那湯孫奏假烈祖以假以享鬷假無言傳又儀禮士冠禮宜之于假注又禮記中庸奏假無言鄉飲酒義夏之爲言假也注又太玄玄瑩假哉天地注又史記司馬相如傳舜在假典索隱引徐廣。禮記禮運是爲大假注云假亦大也又方言一曰凡物之壯大者而愛偉之謂之夏周鄭之閒謂之假**嘉也**爾雅釋詁又詩假樂假樂君子維天之命假以溢我雝假哉皇考傳又禮記中庸假樂君子釋文**善也**禮記中庸釋文**固也**詩文王假哉天命傳**暇也**禮記孔子閒居昭假遲遲疏又詩長發昭假遲遲箋云假暇**不脫冠衣而寐曰假寐**詩小弁假寐永歎箋又漢書中山靖王勝傳注。國語晉語蚤而假寐注云不脫冠帶而寐曰假寐**國名也**莊子山木子獨不聞假人之亡與釋文引李注又文選褚淵碑文注引莊子司馬注

假 **至也**說文段注方言一曰假佫至也邠唐冀兗之閒曰假或曰格按格古格字假今本方言作假非也毛詩三頌假字或訓大也或訓至也訓至則爲假之假借尚書古文作格今文作假如假于上下是也亦假之假借

嘏 **大遠也**說文段注嘏大也許獨兼遠言之者大則必遠故郊特牲曰嘏長也大也此許所本也經傳嘏字多謂祭

祀致福其本訓則謂大遠爾雅毛傳假大也假蓋即嘏之假借**大也**爾雅釋詁又詩賓之初筵錫爾純嘏卷阿純嘏爾常矣傳又詩我將釋文又儀禮少牢饋食禮以嘏于主人注又左氏昭廿年傳鬷嘏無言注又周書寶典樂獲純嘏注。方言一云嘏大也宋魯陳衛之閒謂之嘏秦晉之閒凡物壯大謂之嘏**長也大也**儀禮特牲饋食禮進聽嘏注**予福曰嘏**詩卷阿箋又賓之初筵箋云嘏謂尸與主人以福也。禮記禮運修其祝嘏注云嘏祝爲尸致福於主人之辭也又祝嘏辭說疏云嘏謂尸之辭致福告於主人又曾子問疏云嘏是福慶之辭又家語問禮嘏以慈告注云嘏傳先祖語於孝子**受福曰嘏**詩我將伊嘏文王閟宮天錫公純嘏箋又儀禮特牲饋食禮注又郊特牲注云主人受祭福曰嘏又詩載見俾緝熙于純嘏箋云天子受福曰大嘏嘏辭有福祚之言。儀禮少牢饋食禮注云古文嘏爲格又士冠禮注云古文格爲嘏釋文云嘏李作假又禮記禮運釋文云嘏本作假又晉書音義上云嘏一作暇萱按格假暇皆嘏之段借字格雙聲假暇同聲

椵 **木可作牀几**說文段注釋木曰椵本艸陶隱居說人參曰高麗人作人參讚曰三椏五葉背陽向陰

欲來求我椵樹相尋椵樹葉似桐甚大陰廣圖經亦言人參春生苗多於深山背陰近椵漆下潤溼處是則椵爲大木故材可牀几郭云子大如盂者未知是不也

賈 。俗有價**市也**說文段注市買賣所之也因之凡買凡賣皆曰市賈者凡買賣之偁也酒誥曰遠服賈漢石經論語曰求善賈而賈諸今論語作沽者假借字也引伸之凡賣者之所得買者之所出皆曰賈俗又別其字作價別其音入禡韻古無是也。爾雅釋言又詩谷風賈用不售釋文又國語晉語以寵賈怨注不以安賈貳注亟云賈市也**賈市賈也**漢書敘傳上呂行詐以賈國注**買也**左氏桓十年傳若之何其以賈害也注成二年傳賈余餘勇注昭廿九年傳平子毋歲賈馬注**賈謂販賣之**漢書酷吏甯成傳賈不至千萬注又王嘉傳百賈震動注云賈謂販賣之人也又高帝紀下賈人毋得衣錦繡綺穀絺紵罽注云賈人坐販賣者也。周書命訓極賞則賈其上注云賈賣**讎也**漢書敘傳上集注引劉德**求也**國語晉語謀於眾不以賈好注**固也**廣雅釋言。白虎通商賈云賈之爲言固也固其有用之物以待民來以求其利者也**居賣物曰賈**周禮司市以商賈阜貨而行布注又文選魏都賦不鬻邪而豫賣劉注云

居賣曰賈段大令曰居賣物謂居積物亦兼賣之也居非謂坐○漢書食貨志上韓信傳集注竝云坐販曰賣又胡建傳穿北軍壘垣以爲賈區注云坐賣曰賈又左傳宣十二年疏云坐曰賈行曰商處曰賈周禮大宰六曰商賈阜通貨賄注○白虎通商賈云止曰賈行者爲賈文選西京賦商賈百族薛注賈主市買知物賈周禮天官序官賈八人注賈謂物貴賤厚薄也禮記王制命市納賈注○周禮典婦功辨其苦良比其小大而賈之注云賈之者物不正齊當以泉計通功賈人知物善惡者也禮記少儀致麤衣於賈人注○儀禮聘禮賈人西面坐啟櫝注云賈人在官知物賈者又國語越語臣聞之賈人注云賈人買賤賣貴者賈師定物賈周禮地官序官胥師賈師注○司市以賈民禁僞而除詐注云賈民胥師賈師之屬賈正掌貨物使有長賈若市利吏左氏昭廿五年傳郈魴假使爲賈正焉注賈田在市賈人其家所受田也周禮載師以宅田士田賈田任近郊之地注又司農注云賈田者吏爲縣官賣財與之田○水經汝水注賈復城俗語謞謬謂之寡婦城薑按賈寡同聲字復婦雙聲字賈價也小爾雅廣言薑按此以俗字通正字也價者

物之數也文選琴賦經千載以待價兮注○荀子儒效不豫賈注云賈讀爲價又漢書宣帝紀而賈咸貴注成帝紀賈級千錢注食貨志上賈平則止注半賈而賣注而裁其賈注增其賈而糴注食貨志下賈貴注爲物上中下之賈注吳王濞傳卒踐更輒予平賈注東方朔傳及其賈直注其賈畝一金注陳湯傳且與穀同賈注趙廣漢傳設欲知馬賈注毋將隆傳隆奏言賈賤注張禹傳極膏腴上賈注薛宣傳賈數不可知注酤吏楊樸僕傳問君賈幾何注貨殖宣曲任氏傳人爭取賤賈注佞幸石顯傳去牢與陳實無賈注王莽傳上君嫌其賈邪注云賈讀曰價薑按價字既出音隨形改雖李用正字者注家亦竝必以俗字通之諸俗固不得不然而世之升降見矣賈亦鷹屬山海經大荒南經有蒼梧之野爰有鷹賈注

檟或作榎楸也春秋傳曰樹六檟於蒲圃說文段注釋木槐小葉曰榎郭云槐當爲楸楸細葉者爲榎又大而皵楸小而皵榎郭云老乃皮粗皵爲楸小而皮粗皵者爲檟又槄山榎郭云今之山楸按榎者檟之或字左傳孟子作檟爾雅别言之許渾言之春秋傳見左傳襄四年梓之屬左氏襄二年傳穆姜使擇美檟注又疏云檟是爲櫬之木○攷工記注梓榎屬也釋文云榎本作檟山檟一名梢爾雅釋木山檟李注梢木名左氏襄二

年傳釋文又哀十二年傳檟可材也釋文檟苦荼爾雅釋木又注云檟今呼早采者爲荼晚取者爲茗一名荈蜀人謂之苦荼

股髀也說文段注骨部曰髀股外也言股則統髀故曰髀也○史記酷吏列傳餘皆股栗集解引徐廣云股栗髀脚戰搖也膝上爲股太卆卆數九體三爲股肱注○易咸其股崔注云股脛而次于脾上咸脛本曰股詩采菽赤芾在股箋又國語吳語將還玩吳國於股掌之上注又莊子在宥爲于是乎股無胈釋文脛也廣雅釋親脚也漢書高五王傳股戰而栗注又淮南墜形有修股民注奇股民注○晚出書君牙疏云股足也支別也漢書溝洫志皆往往股引取之注股猶末也周髀算經上以髀爲股注股固也爲強固也釋名釋形體巽爲股易說卦傳又姤羸豕孚蹢躅虞注象上傳跛而履虞注象下傳咸其股虞注○易艮艮其腓虞注云巽長爲股股肱臣也廣雅釋詁一○後漢何敞傳注云股肱謂手臂也臧洪傳注云股肱猶手足也薑按手臂不足兼股疑臂字誤乃股自髀以下如漆山海經大荒東經有國曰乃股注又海外東經乃股之國注云乃股髀以下盡黑○

海外西經云長股之國一曰長脚股鳴蚣蝑動股屬考工記梓人以股鳴者注股謂近轂者也考工記輪人參分其股圍司農注磬之上大者考工記磬氏股爲二司農注展方之匜而爲股周禮髀算經上數之法出於圓方注

羖夏羊牡曰羖說文段注按釋嘼夏羊牝羭牡羖自郭所據牝牡字已互譌引之者多誤爾雅牝羭牡羖猶上文云牡羒牝羝也郭注云白者吴羊黑者夏羊○薑按爾雅釋文引字林云羖夏羊牝曰所據亦誤本爾雅也羖夏羊羖羝也亦羯也一切經音義十四引三蒼羊不童也詩賓之初筵俾出童羖傳又箋云羖羊之性牝牡有角

斝玉爵也夏曰醆殷曰斝周曰爵或說受六升說文段注魯祀周公爵用玉琖仍雕周禮祭統皆云玉爵然則三代皆飾玉可知故許統云玉爵也禮運醆斝及尸君非禮也鄭云先王之爵惟魯與王者之後得用之其餘諸侯用時王之器而已大雅洗爵奠斝箋云用殷爵者尊兄弟也考工記爵受一升而已醆斝未聞也或說斝

容六升故字从斗。詩行葦傳又廣雅釋器竝云斝爵也又左氏昭十七年傳若我用灌斝玉瓚注云斝玉爵也又禮記明堂位又云灌尊殷以斝爵殷以斝又禮運醆斝及尸君注云醆斝先王之爵也又云斝是殷爵又釋文云斝爵名也夏曰醆殷曰斝周曰爵

斝角爵名也天子曰斝諸侯曰角禮記郊特牲舉斝角疏斝耳玉爵左氏昭七年傳賂以瑤甕玉櫝斝耳注又疏云斝是爵名器名周禮量人與鬱人受斝歷而皆飲之司農注。鬱人大祭祀與量人受舉斝之卒爵而飲之注云斝受福之嘏聲之誤也又司尊彝祼用斝彝黃彝司農注云斝讀如稼嗇按此段斝爲嘏稼也同音字也斝畫禾稼也禮記明堂位注

寡少也說文又易說卦傳爲寡髮疏又論語爲政則寡尤皇疏子張得其門者或寡矣皇疏又孟子梁惠王上刑于寡妻注盡心下養心莫善於寡欲注又國策秦策然深刺寡恩注能有國者寡也注又漢書司馬相如傳下集注貢禹傳集注又呂覽離謂夫其多能不若寡能注又淮南主術而寡察其實注職寡者易守注。詩桃夭序疏云寡者少也言少匹對耳又周禮小司徒各登其鄉之衆寡六畜車輦注云衆寡民之多少又鄉大夫帥其吏與其衆寡注云衆寡謂鄉人之善者無多少也

謙也禮記曲禮下其與民言自稱曰寡人注。孟子梁惠王上寡人之於國也注云王侯自稱孤寡又後漢仲長統傳云寡者爲人上者也又禮記坊記自稱其君曰寡君注云寡君猶言少德之君言之謙寡鮮也猶言少德謙也儀禮燕禮寡君有不腆之酒注罕也爾雅釋詁弱也左氏成十三年傳寡我襄公注獨也廣雅釋詁三。老子自謂孤寡注云孤寡喻孤獨寡者衆之所宗也易略例五口以下爲寡周禮旅師疏寡宗少宗系也列子楊朱以故寡宗注寡妻適妻也詩思齊刑于寡妻傳又箋云寡妻寡有之妻言少也。家語困誓刑于寡妻注云寡適也婦人五十無夫曰寡孝經不敢侮於鰥寡鄭注又管子入國云婦人無夫曰寡又後漢光武紀下注云五十無夫曰寡又釋名釋親屬云無夫曰寡寡踝也踝踝單獨之言也。禮記王制老而無夫者謂之寡又孟子梁惠王下老而無夫曰寡又文選寡婦賦題注云少而無夫曰寡匹婦爲寡管子揆度。管子問問死事云少而之寡注云寡謂其妻無妻亦謂之寡禮記王制疏偏喪曰寡詩鴻雁哀此鰥寡傳又左氏襄廿七年傳生成及彊而寡注云偏喪曰寡寡特也又小爾雅廣義云凡無妻無夫通謂之寡又

桃夭序疏引爾雅云無夫無婦並謂之寡丈夫曰索婦人曰嫠。管子輕重己無夫無子謂之老寡坤爲寡易象上傳君子以捊多益寡虞注

𠑹廱蔽也說文段注廱當作邕俗作壅此字經傳罕見音與蠱同則亦蠱惑之意也晉語曰在列者獻詩使勿兜疑兜或當爲𠑹韋曰兜惑也

蠱腹中蟲也春秋傳曰皿蟲爲蠱晦淫之所生也梟磔死之鬼亦爲蠱說文段注中蟲皆讀去聲廣韻集韻皆曰蠱直衆切蠱食物也亦作蚛腹中蟲者謂腹內中蟲食之毒也自外而入故曰中自內而蝕故曰蠱此與虫部腹中長蟲腹中短蟲讀異周禮庶氏掌除毒蠱注云毒蠱蟲物而病害人者賊律曰敢蠱人及教令者棄市左氏正義曰以毒藥藥人令人不自知今律謂之蠱元應書引說文蠱腹中蟲也謂行蠱毒也下五字蓋默注語顧野王輿地志曰主人行食飲中殺人人不覺也字從著蠱於飲食器中會意春秋傳者昭元年左氏傳文醫和視晉侯疾曰是爲近女室疾句如蠱非鬼非食惑以喪志天有六氣淫生六疾陰淫寒疾陽淫熱疾風淫末疾雨淫腹疾晦淫惑

疾明淫心疾女陽物而晦時淫則生內熱惑蠱之疾於文皿蟲爲蠱穀之飛亦爲蠱在周易女惑男風落山謂之蠱皆同物也和言如蠱者蠱以鬼物飲食害人女色非有鬼物飲食也而能惑害人故曰如蠱人受女毒一如中蠱毒然故穀辭謂之蠱容張平子賦謂之妖蠱謂之蠱媚皆如蠱之說也言於文皿蠱爲蠱者造字者謂蠱在皿中而飲人即以人爲皿而蝕其中康謂之蠱米亦皿也女惑男風落山男亦皿也山亦皿也故云皆同物也此皆蠱之引申之義史記封禪書磔狗邑四門以禦蠱菑索隱引樂彥云左傳皿蠱爲蠱梟磔死之鬼亦爲蠱梟當作梟斷首倒縣磔辜也殺人而申張之也強死之鬼其魂魄能馮依於人以爲淫厲是亦以人爲皿而害之也此亦引申之義序卦傳曰蠱者事也伏曼容注曰蠱惑亂也萬事從惑而起故以蠱爲事引大傳乃命五史以書五帝之蠱事。國語晉語蠱皿爲蠱又左氏昭元年傳注云器受蠱害者爲蠱又一切經音義十四引聲類云蠱弋者反蠱行毒也萱按馬融讀數辭治容爲蠱容聲類弋者反治之音也李登蓋用馬音然蠱治自是同部段借蠱行毒之字不必改讀蠱者熱毒惡氣爲傷害人史記秦本紀以狗禦蠱正義又華嚴經音義上引聲類云蠱謂蠱物病害人也又山海經南山經青丘之山有獸如狐而九尾食者不蠱注云不蠱令人不逢妖邪之氣或曰

蠱蠱毒又周禮庶氏掌除毒蠱注云毒蠱毒物而病害人者。素問玉機眞藏論少腹冤熱而痛出白一名曰蠱**惑疾也**左氏昭元年傳疾如蠱注又疏云蠱者心志惑亂之疾若今昏狂失性其疾名之爲蠱又云蠱是失志之疾名又淫溺惑亂之所生也疏云志性恍惚不自知者其疾名爲蠱**蠱者損壞之名**禮記王制注又左道巫蠱及俗禁疏。詩耦矜傳蠱不攻繳也疏云害器敗穀者皆謂之蠱又左氏襄廿九年傳注蠱不堅固也疏云蠱是蠱之害物故爲不牢固也**穀飛曰蠱**論衡商蟲又左氏昭元年傳注云穀久積則變爲飛蟲名曰蠱。周禮翦氏凡庶蠱之事注云蠱蟲之類**事也**易序卦傳又彖上傳蠱元亨而天下治也荀注又易蠱幹父之蠱虞注又釋文又廣雅釋詁三又漢書五行志下之上集注引韋昭又後漢譏弁傳注。易彖上傳蠱注云蠱者事有事而待能之時也又先甲三日馬注云蠱爲造事之端**蠱則飭也**易雜卦傳**疑也**爾雅釋詁**惑也**易蠱巽而止蠱疏引褚注又釋文又左氏莊廿八年傳楚令尹子元欲蠱文夫人釋文又後漢和帝陰皇后紀注又文選西京賦挾邪作蠱辭注。左傳莊廿八年注云蠱惑以淫事又易蠱伏曼容注云惑亂也**蠱亂也**易蠱釋文**淫也**太弁止用止狂蠱注**媚也**文選西京賦妖蠱豔夫夏姬注○後漢張

衡傳注云謂妖麗也**蠱化也**國語晉語將以驪姬之惑蠱君而誣國人注。山海經南山經有獸馬名曰蠱雕

康古切**苦大苦**逗**苓也**說文段注見邶風唐風毛傳釋艸苓作蘦孫炎注云今甘艸也按說文苷字解云甘艸矣倘甘艸又名大苦又名苓則何以不類列而割分異處乎且此云大苦苓也中隔百數十字又出蘦篆云大苦也此苓必改爲蘦而後畫一卽畫一之又何以不類列也攷周時音韻凡令聲皆在十二部今之眞臻先也凡蘦聲皆在十一部今之庚耕清青也簡兮苓與榛人韻采苓苓與顛韻倘改作蘦則爲合音而非本韻然則釋艸作蘦不若毛詩爲善許君斷非若下襲毛詩於蘦下襲爾雅劃分兩處前後不相顧也後文蘦篆必淺人據爾雅安增而此大苦苓也固不誤然則大苦卽卷耳與曰非也毛傳爾雅皆云卷耳苓耳說文苓篆下必當云苓耳逗卷耳也今李必淺人删其苓耳字卷耳自名苓耳非名苓凡合二字爲名者不可删其一字以同於他物如單云蘭非芄蘭單云葵非皃葵是也此大苦斷非苓耳而苦篆苓篆不類廁又其證也然則大苦何物曰沈括筆談云爾雅蘦大苦注云蔓延生葉似荷青莖赤此乃黃藥也其味極苦謂之大苦郭云甘艸非也甘艸枝葉全不同苦爲五味之一引伸爲勞苦○萱按俗名之曰旱金蓮古音苓讀蓮也江左但覩其花尟知爲黃藥者其物本產五合

山谷閒**火味也**周禮瘍醫以苦養氣注又素問陰陽應象大論苦勝辛注五運行大論苦勝辛注又火生苦注云物之味苦者皆始自火之生化也**苦卽大鹹**爾雅釋言鹹苦也注**苦者所以長養也**白虎通五行。左氏昭四年傳注霖雨爲人所患苦疏云味無甘苦之異養物爲甘害物爲苦耳**苦吐也人所吐也**釋名釋言語**勤也**國策齊策無勞倦之苦注又呂覽本味犯危行苦注**苦勞苦也**漢書谷永傳夫由疏賤納至忠甚苦注又文選弔屈原文嗟苦先生注引應劭○國策秦策不苦一民注又呂覽愼人以憂苦於民也注亦云苦勞**苦謂困屏之**漢書馮奉世傳或貪污爲外國所苦注**苦傷**呂覽遇合自苦而居海上注**病也**莊子達生以爲有苦而欲死也釋文引司馬注又呂覽權勳觸子苦之注貴卒皆甚苦之注。淮南精神苦洿之家決洿而注之江注云苦猶疾也**苦患**法言先知或苦亂注**厭也**漢書韓信傳集注又李廣傳士卒多樂從而苦程不識注云苦謂厭苦之也又匈奴傳上罷極苦之注云苦之心厭苦也**窮也**廣雅釋詁四**急也**莊子天道疾則苦而不入釋文引司馬注○淮南道應注云苦急意也**息也**爾雅釋詁**快也**廣雅釋詁二○方言三云苦快也宋鄭周洛韓魏之閒曰苦又方言二云

苦快也楚曰苦又注云苦而爲快者猶以臭爲香治爲亂徂爲存**開也**廣雅釋詁三**熾也**方言十三又廣雅釋詁三**惡也**漢書禮樂志集注又淮南時則工事苦慢注○管子小匡辨其功苦注云苦謂濫惡又荀子王制辨功苦注云苦謂濫惡者**脆也**國語齊語辨其功苦注**不精至也**呂覽誣徒從師苦而欲學之功也注**麤也**史記匈奴傳不備苦惡集解引韋昭又漢書匈奴傳上集注云苦猶麤也○周禮典絲疏云苦卽麤鹽者也**凡病之器云苦窳**史記平準書鐵氣苦苦惡賈貴索隱**苦苦荼也**儀禮公食大夫禮記羊苦注士虞禮記鉶芼用苦若薇注特牲饋食禮記注又禮記內則濡豚包苦實蓼注○穆天子傳天子於是食苦注云苦艸名可食又詩采苓采苦采苦傳云苦苦菜也萱按苦者苦采可食苓者大苦不可食唐風采並見一詩中亦非無意許君作說文當先載苦菜次載大苦乃爲精密今說文衹載大苦疑傳鈔脫落**大苦豉也**楚辭招蒐大苦酸鹹注萱按此與苓同名異實○廣雅釋艸云苦心沙蓼也又云苦萃款冬也**苦雨白露之類**月令孟夏行秋令則苦雨數來注

脘古切**鄔大原縣**說文段注二志同前志曰晉大夫司馬彌牟邑按彌牟爲鄔大夫見昭廿八年左傳前此有鄔藏以邑爲

氏戴先生曰今山西汾州府介休縣東三十五里有故鄔城漢縣也其北魏之鄔城在今介休縣東四十五里俗譌武城按據許字從烏以烏爲聲甚明陸氏左傳音義乃云大原縣字從鄔作鄥誤甚。爾雅釋地釋文引字林云鄔太原縣也。水經汾水注云鄔澤春秋謂之大陸又名之曰漚洟之澤許慎說文曰馮水即此水也汾水注又云鄔水俗亦曰慮水萓按鄔澤非馮水鄭氏韋合之誤也

隖 隖。俗作碼 小障也一曰庳城也 說文段注障隔也庳猶卑也。後漢馬援傳注引字林云塢小障也一曰小城又廣韻引埤蒼云碼小障也 營居曰隖 一切經音義十一引通俗文又後漢獻帝紀注云營居曰塢一曰庳城也 水中山也 文選上林賦阜陵別隖郭注

⿺走烏 走輕也 說文

碼 石之似玉者 說文

⿰言亞 相毀也一曰畏⿰言亞 說文段注後義與惡惡之惡略同

戶 ⿸戶木 會古切 古文 護也半門曰戶象形 說文。廣雅釋詁四云戶護也又釋名釋宮室云戶護也所以謹護閉塞也又一切經音義十四引字林書云一扇曰戶兩扇曰門又在於堂室曰戶在於宅區域曰門 戶者人所出入 白虎通五祀 室戶也 儀禮聘禮設于戶西西陳注又公羊宣六年傳俯而窺其戶注。易象下傳不出戶庭崔注云戶庭室庭也 戶謂穴也 禮記月令啟戶始出疏蟄蟲坏戶疏 坤爲戶 易 易訟其邑人三百戶虞注坎內約自牖虞注節不出戶庭虞注。易觀闚觀虞注豐闚其戶虞注竝云坤爲闚戶 巽爲戶 易豐闚其戶集解 主也 漢書王嘉傳集注 止也 小爾雅廣詁又左氏宣十二年傳屈蕩戶之注 戶猶誠也 禮記禮器未有入室而不由戶者疏

雇 ⿱雩鳥 或 鳸 籀 九雇 逗 農桑候鳥扈民不婬者也春雇鳻盾夏雇竊玄秋雇竊藍冬雇竊黃棘雇竊丹行雇唶唶宵雇嘖嘖桑雇竊脂老雇鷃也 說文段注左傳昭十七年郯子曰五鳩鳩民者也五雉爲五工正利器用正度量夷

民者也九扈爲九農正扈民無淫者也皆以同音訓詁鳩民者勼民也夷民者古雉與夷音同也扈民者戶民也杜曰扈止也左傳屈蕩戶之漢書王嘉戶殿門失闌注皆曰戶止也此扈同戶戶下曰護也扈今用爲雇傭字賈侍中云春扈分循相五土之宜趣民耕種者也夏扈竊元趣民耘苗者也秋扈竊藍趣民收斂者也冬扈竊黃趣民蓋藏者也棘扈竊丹爲果驅鳥者也行扈唶唶晝爲民驅鳥者也宵扈嘖嘖夜爲農驅獸者也桑扈竊脂爲蠶驅雀者也老扈鷃鷃趣民收麥令不得晏起者也舍人樊光蔡邕說皆同故皆爲農桑候鳥戶民不淫者少昊之官督民農桑者取其名亦戶民不使淫逸者也。鴳又文選東京賦行致賓于九扈薛注云九扈爾雅釋鳥云扈正也又詩小宛傳桑扈箋竝云桑扈竊脂也又農正知田事扈裸行注云桑扈隱士也。後漢張讓傳注云雇楚辭涉江桑扈謂酬其價也萓按此段雇爲顧也說詳顧下

扈 ⿰山扈。扈俗有 ⿰山弓 古文 夏后同姓所封戰於甘者在鄠有戶谷戶亭

又有甘亭 說文段注尚書序曰啟與有扈戰於甘之野作甘誓馬融曰有扈姒姓之國爲無道又曰甘有扈南郊地名也左傳曰夏有觀扈五觀與扈皆夏同姓也云在鄠者謂夏之有扈在漢之鄠縣也鄠即扈如𣻎即郃蓟即鄚皆古今字姚

察史記訓纂云戶扈鄠三字一也按扈爲周字鄠爲秦字通典云至秦改爲鄠。書有扈氏漢書地理志作鄠史記夏本紀正義作

山卑而大扈 爾雅釋山又釋文云崛本作扈

扈蘺葩花葉皃 後漢馬融傳上注。淮南戶俶眞崔薦炫煌注云薦讀曰扈

扈跋扈也 一切經音義十二引漢書音義 止也 左氏昭十七年傳扈民無淫者 緩也 小爾雅廣詁又獨斷上 考工記弓人弓而羽網注 廣也 爾雅釋山注 大也 文選上林賦扈從橫行注引晉灼。封氏聞見記云百官從駕謂之扈從又云扈從益臣下侍從至尊各供所職

扈扈謂大廣 禮記檀弓上爾毋扈扈爾注。家語子貢問毋扈扈爾注云扈扈大也

扈美皃 詩簡兮碩人俁俁釋文引韓詩 扈扈光彩盛也 後漢馮衍傳下注 扈被也楚人名被爲扈 離騷扈江離與辟芷兮注。文選吳都賦扈帶鮫函劉注云楚人謂被爲扈 使也 廣雅釋詁一

養馬者曰扈 公羊宣十二年傳廝役扈養注

鄠 右扶風縣也 說文段注前後二志同今陝西西安府鄠縣縣北二里有故鄠城即古扈國也

鄌地名說文。玉篇云魯地名

霩雨皃方語也說文段注方上蓋脫北字集韻曰霩火五切北方謂雨曰霩呂靜說按呂氏韻集所據說文爲完善

舒也廣雅釋詁四

虎虝古文勮古文山獸之君說文野獸也詩何草不黃匪兕匪虎傳虎豹獸之猛者也管子形勢解。易文言傳風從虎疏云虎是威猛之獸龍虎者獸之貴者也太平御覽兕門注虎陰中陽獸與風同類也文選廣絕交論注引淮南許注。淮南時則虎始交注云虎陽中之陰也又楚辭謬諫虎嘯而谷風至兮注云虎陽物也又風俗通祀典云虎者陽物百獸之長也虎者戾蟲國策秦策神虎金獸也文選東京賦屯神虎於秋方薛注土物也淮南天文注虎之爲言搏討也白虎通五行虎竊毛謂之虦貓爾雅釋獸。山海經西山經盂山其獸多白虎注云白虎名甝坤爲虎易履履虎尾頤虎視眈眈革大人虎變文言傳風從虎虞注艮爲虎易說卦釋文引九家集解兌爲

韻史　卷二十二第五部上聲鼓韻

二三九三

虎漢上傳引易頤馬注。易革陸注云兌之陽又稱虎又宋注云兌爲白虎解虎虎皮也詩小戎虎韔鏤膺傳虎賁武士爲小臣者也孟子盡心下虎賁三千人注。史記晉世家集解引賈逵云天子卒曰虎賁又又後漢班彪傳上注云虎賁宿衛之臣又續漢書五行志注引風俗通云虎賁國之秘兵又白虎通致黜云虎賁者所以戒不虞而去惡虎落者以竹篾相連遮落之也漢書鼂錯傳爲中周虎落注又注引鄭氏云虎落者外蕃也若今時竹虎落。周禮師氏居虎門之左注云門路寢門也王日視朝於路寢門外畫虎焉以明勇猛虎魄珠也後漢王符傳注虎蘭澤蘭也虎掌瓜屬也廣雅釋艸虎王蝟也廣雅釋蟲王氏念孫疏證云蝟能制虎故有虎王之名

琥發兵瑞玉爲虎文春秋傳曰賜子家子雙琥是說文段注周禮牙璋以起軍旅以治兵守不以琥也漢與郡國守相爲銅虎符銅虎符從第一至第五國家當發兵遣使者至郡國合符符合乃聽受之蓋以代牙璋也許所云未聞爲虎文瑑虎爲文也春秋傳者昭公卅二年左傳文琥猛象秋嚴周禮大宗伯以

韻史　卷二十二第五部上聲鼓韻

二三九四

白琥禮西方注。小行人琥以繡璜以黼注云子男於諸侯則享用琥璜萱按禮器琥璜爵釋文琥本作虎省借字也

怙恃也說文又爾雅釋言又周書謚法又詩鴇羽父母何恃傳。後漢鄭泰傳注云怙亦爲恃也賴也詩蓼莪無父何怙釋文引韓詩

祜按此漢恭宗名也故說文但書上諱二字其詁訓形聲俱不言福也爾雅釋詁又儀禮士冠禮承天之祜注又禮記禮運是謂承天之詁注又詩信南山受天之祜箋桑扈箋下武箋泮水自求伊祜箋烈祖有秩斯祜箋又載見思皇多祜釋文。禮記禮運注云祜福也福之言備也大福也賈子禮天之福也爾雅釋詁舊注厚也爾雅釋詁祜謂福厚也爾雅釋詁舊注

居美石也說文

岵或作陆山有艸木也說文段注有當作無毛詩魏風傳曰山無艸木曰岵山有艸木曰屺與爾雅互異竊謂毛詩所據爲長岵之言瓠落也屺之言荄滋也許宗毛者也疑有無字李同毛後人易之。爾雅釋山云山多艸木岵又釋

韻史　卷二十二第五部上聲鼓韻

二三九五

名釋山云山有艸木曰岵岵怙也人所怙取以爲事用也萱按此皆與毛傳異而與今本說文同疑非也

楛楛木也說文段注大雅榛楛濟濟陸疏曰楛其形似荊而赤莖似蓍上黨人篾以爲筥箱又屈以爲釵按禹貢惟箘路楛楛不與上文杶榦栝柏爲伍而與箘路爲伍楛之用蓋與箘路同也。書禹貢馬注又國語周語注魯語注又漢書五行志下之上楛矢貫之注地理志上惟箘簵楛注竝云楛木名又後漢孔融傳注云楛木也又書禹貢鄭注云楛木類萱按鄭義較密楛木可以爲箭山海經西山經上申之山下多榛楛注。書禹貢晚出孔傳云楛中矢幹又家語辯物肅慎氏貢楛矢注云楛箭栝也濫苦也荀子彊國其百吏肅然莫不恭儉敦敬忠信而不楛注又勸學問楛者勿告也注云楛與苦同惡也濫惡者謂之楛荀子勸學注又議兵械用兵革窳楛不便利者弱注云楛濫謂不堅楛不便利者弱注云楛濫惡謂不固也又王霸則百工莫不忠信而不楛矣注云楛謂盬惡不牢固也又天論楛耕傷稼注云楛耕謂麤惡不精也楛惡也謂不堅固也荀子榮辱其定取舍楛僈注又富國芒軔僈楛注云楛不堅固也

汻隸作滸水厓也說文又爾雅釋水又詩緜率西水滸傳水涯也詩江漢江漢之滸箋又葛藟在河之

韻史　卷二十二第五部上聲鼓韻

二三九六

滸釋文又孟子梁惠王下注又後漢馮衍傳注引字林○詩北山傳濱涯也疏云滸濱涯浦皆水畔之地同物而異名也水
崖曰滸詩葛藟在河之滸傳岸上滸爾雅釋邱淮爲滸爾雅釋水○詩伐木許許顏氏家訓書證作伐
木滸滸萱按說文斤部引詩伐木所所則許滸皆所之段借字也
丅隸作下○以動靜分二聲上靜去動度古未必爾今姑隨俗分之二古文底也說文段注广部曰底者山
居也一曰下也許氏解字多用轉注轉注者互訓也底云下也故下云底也此之謂轉注抑此底字當作氐許書無低字日部
昏下曰从氐省氐者下也正與此下者氐也爲轉注○周禮覆人注複下曰爲疏云下謂底又呂覽功名出魚予十仞之下注
云下猶底也後也國語周語以有允在下注○詩下武下武維周箋又後漢仲長統傳注竝云下猶後也又史記李斯
傳後宮下陳索隱云下陳猶後隣列也末爲下論語憲問小人下達集解地也素問五運行大論下者左行注
又何謂下注云下地位也又禮記中庸合外內之道也疏云下謂地下謂足也素問厥論陽氣衰於下則爲寒厥陰
氣衰於下則爲熱厥注又經脉別論取之下俞注云下俞足俞也又國語晉語下貳代覆注云下足溼也淮南修務墝埆

高下注○書堯典疇若予上下草木鳥獸馬注云下謂漏又晚出孔傳云下謂澤藪澤也國語周語歸物於下注○
詩下泉冽彼下泉傳云下泉泉下流也下謂器也易繫辭下傳下交不瀆疏萱按注云形而上者況之道形而下
者況之器故疏云上謂道也下謂器也下猶近也儀禮喪服傳卑者尊統下注下下世也書微子用
亂敗厥德于下德于下馬注下猶賤也左氏襄廿三年傳下妾不得與郊弔注○呂覽論威君臣上下注云下幼
下謂臣也禮記中庸下焉者注又易象上傳上下交而其志同也疏又文選東京賦上下通情辭注○呂覽圜道所
以立上下注云下臣又周禮訓方氏與其上下之志注云上下君臣也又禮記曲禮工君臣上下釋文云下謂大夫士也又儀
禮士相見禮凡自稱於君士大夫則曰下臣民也國策宋策爲天下饒注○易繫辭下傳下交不瀆虞注云下謂凡庶
又書文侯之命敷聞在下馬注云下謂人上下猶尊卑也禮記坊記示民有上下也注天下謂人
主也老子天下希及之注注天下多忌諱坤爲下易象上傳而天下隨時虞注象下傳以旅與下虞注又君
子以祿及下虞注云下謂坤兌澤爲下易象上傳君子以辨上下虞注邑爲下左氏莊廿八年經疏云國

都爲上邑爲下北也素問五運行大論所謂上下者注○儀禮燕禮大射儀奠于筵下兩注竝云筵下筵南又燕禮大射
儀降席下兩注竝云席下席西也又左氏襄十六年傳警守而下注云順河東行故曰下又國語晉語公以二軍下次於陽樊
注云東行曰下萱按下無定在故東西南北皆可傳落也爾雅釋詁陰也禮記少儀皆尚左手注俯者也
周禮卜師辨龜之上下左右陰陽注捻下謂陷下也方言十三捻下也注○周禮典同下聲肆注云下謂鍾形
大下下大也下則聲出去放肆又老子下德不失德注云下德謂號謚之君
芐地黃也禮記鉶毛牛藿羊芐豕薇是說文段注公食大夫禮記文今儀禮毛作芼與
許所據不同今儀禮曰羊苦注苦苦荼也今文苦爲芐然則許從今文鄭從古文也士虞禮特牲饋食禮二記鉶芼用苦若薇
注皆云今文苦爲芐特牲又正之曰芐乃地黃非也○爾雅釋艸芐地黃注云一名地髓江東呼芐又疏引本艸云地黃一名
地髓一名芐一名芑段大令曰本艸經謂戜者之乾地黃
夏又去聲𡕾古文中國之人也說文段注以別於北方狄東北貉南方蠻閩西方羌西南焦僥東方

夷也夏引伸之義爲大也○漢書地理志下此之謂夏聲注云夏中國又後漢班彪傳注云中夏中國也又荀子儒效居夏而
夏注云夏中夏夏華夏也文選東京賦造我區夏矣薛注又後漢安帝紀注朱浮傳注馮緄傳注董卓傳注夏
諸夏也詩皇矣不長夏以革箋又漢書刑法志命以蠻夷獵夏注又文選幽通賦巨滔天而泯夏兮曹注○公羊成十
五年傳春秋內其國而外諸夏注云諸夏外土諸侯也謂之夏者大總下土言之辭也又呂覽祭今東夏之命注云東夏東方
也大也爾雅釋詁又禮記樂記又詩權輿於我夏屋渠渠傳時邁肆于時夏傳又周禮染人秋染夏司農注鍾師以
鍾鼓奏九夏注鍾師肆夏呂叔玉注○白虎通五行云夏之言大也又方言云夏大也自關而西秦晉之閒凡物之壯大者而愛
偉之謂之夏禹天下號也書序釋文○白虎通號曰夏殷周者有天下之大號也又漢書禮樂志又風俗通聲音
竝云夏大承二帝也禹樂名也禮樂記樂記夏大也注又左氏襄廿九年傳貫注云夏禹之樂大夏也又白虎通禮
樂云禹曰大夏者言禹能順二帝之道而行之故曰大夏也又周禮大司樂注云大夏禹樂也禹治水傅土言其德能大中國
也又禮記內則舞大夏注云大夏樂之文武備者也又公羊昭廿五年傳以舞大夏注云大夏夏樂也又獨斷上云夏曰大夏○

禮記明堂位裼而舞大夏注云大夏夏舞也又周禮樂師注二十舞大夏疏云大夏夏禹之舞

樂歌大者稱夏

詩時邁箋又國語周語注云樂章大者曰夏○詩思文陳常于時夏箋云夏之屬有九又周禮大司樂王出入則令奏王夏尸出入則令奏肆夏牲出入則令奏昭夏注云三夏皆樂章名又儀禮燕禮奏陔注云凡夏以鐘鼓奏之○家語論禮夏籥序興注云夏文舞也

大殿也

楚辭哀郢曾不知夏之爲邱兮注

大屋也

楚辭招寬冬有突夏注○淮南本經乃至夏屋宮駕注云夏屋大屋也又家語終記吾見封若封若夏屋者注云夏屋今之殿形中高而四方下也

夏臺大臺

淮南本經放之夏臺注○北堂書鈔四十五引白虎通云夏曰夏臺

水名也

文選安陸昭王碑文沛夏險漢注○水經夏水注夫夏之爲名始于分江冬竭夏流故納庾稱既有中夏之目亦芭大夏之名矣又引劉澄之永初山川記云夏水古文以爲滄浪漁父所歌也又江水注引地理志云夏水過郡入江故曰江水也又沔水注引庾仲雍說云夏口一曰沔口矣又左氏昭十三年傳王沿夏釋文云夏漢水也○呂覽求人夏海之窮注云夏海大冥也

稻也

禮記學記夏楚二物注萱按此謂夏爲檟榎之省借字也榎者檟之或文選絕廣絕交論注云夏與榎古今字也馬洴瞀誺注云夏與榎古今字也○書禹貢

羽畎夏翟晚出孔傳云夏翟翟雉名按此或讀去聲又春秋釋例云除春夏之夏餘皆戶雅切案此等分別皆淺俗所爲夏之訓大已包春夏之義何獨不可讀上聲乎今姑从俗分兩讀有識者當知其無庸

睹 董古切

覩 古文

見也

說文又廣雅釋詁三又易文言傳聖人作而萬物覩虞注又史記大宛傳惡睹本紀所謂崑崙者乎索隱又文選東京賦仰不睹炎帝帝魁之美薛注

視也

廣雅釋詁一又呂覽召類使史默往睹之注又華嚴經音義上引珠叢

示也

莊子秋水今我睹子之難窮也釋文引崔注

暏 今字有曙曙亦讀去聲

且明也

說文段注各本作旦明誤今正暏與昧爽同義許書有暏無曙而文選魏都賦謝康樂溪行詩李注並引作曙古今字形異耳許本作暏後乃變爲曙署亦者聲也呂覽謂一朝爲一曙廣韻曰暏詁朝欲明也

曙明也

楚辭悲回風思不眠以至曙注又淮南天文曙于蒙谷之浦注又小爾雅廣詁又廣雅釋詁四

曙明日也

呂覽重己一曙失之注

堵 𩫖 籀

垣也五版爲堵

說文段注儒行曰儒有一畝之宮環堵之室注云宮謂牆垣也堵面一堵

也面一堵者謂面各一堵也依鄭說堵與垣別大氐散文則通對文則別也古周禮及古春秋左氏傳說一丈爲板板廣二尺五板爲堵一堵之牆長丈高三丈三堵爲雉一雉之牆長三丈高一丈以度長者用其長以度高者用其高○焦氏循羣經宮室圖曰詩小雅百堵皆作傳云一丈爲板五板爲堵正義云五板爲堵累五板也板長二尺然則毛公說板以長言說堵以高言與周禮左氏說同○萱案板長一丈高二尺堵長丈高丈雉長三丈高一丈此定說也蓋累二尺者五故堵與雉皆高一丈也板之長卽堵之長故堵長丈三堵故雉長三丈也其何休云八尺爲板堵凡四十尺雉二百尺鄭箋云五堵爲雉韓詩說云五堵爲雉雉長四丈皆不可爲典要存其異說可耳○公羊定十二年傳五板而堵又詩緜百堵皆興箋又禮記儒行注竝云五板爲堵

方丈爲堵

禮記儒行釋文又後漢班彪傳上注又左氏隱元年傳都城過百雉注云方丈曰堵莊子庚桑楚至人尸居環堵之室釋文引司馬注云一丈爲堵又淮南原道環堵之室注云堵長一丈高一丈面環一堵爲方一丈故曰環堵

半爲堵

周禮小胥凡縣鐘磬半爲堵全爲肆注云鐘磬者編縣之二八十六枚而在一簴謂之堵又疏云所縣者則半之爲堵全之爲肆○左氏莊十四年傳生堵敖釋文云史記作杜敖又史記十二諸侯年表楚杜敖囏索隱云堵杜聲相

近又禮記禮器諸注堵者謂之臺釋文云堵本作闍萱案借堵爲闍猶借杜爲堵也

陼

如渚者陼丘水中高者也

說文段注釋水曰水中可居者曰州小州曰渚釋丘曰如渚者陼丘謂在水中高而平如水中小州然也許本之爲說今爾雅作小洲曰陼如陼者陼丘涸渚通用

土 統古切

地之吐生萬物者也

說文段注土二横當齊長士字則上十下一上横直之長相等而下横可隨意今俗以下長爲土字下短爲士字絕無理○古微書引春秋元命苞云土之爲言吐也又書禹貢禹敷土鄭注云能吐生萬物者曰土又周禮大司徒辨十有二壤之物注云土猶吐也又白虎通五行云土能吐含萬物土之爲言吐也又釋名釋天釋地竝云土吐也能吐生萬物也

瀉也

廣雅釋言

田也

爾雅釋言

壤也

呂覽辨土於其施土注

瓦礫也

呂覽賁生其土苴以治天下注

土郎坊也

禮記郊特牲土反其宅疏

中央曰土

管子四時不中者死注又漢書五行志上云土中央生萬物者也又春秋繁露五行相生云中央者土君官也○漢書杜欽傳土者中宮之部也又王恭傳中集注云土爲中

土爲五行之主

禮記月令注大廟大室中央室也疏○春秋繁露五行五行之義云土者五行

之主也又云土五行之中也又五行對云土者五行最貴者也又云土者五行之子也**土者君之官也**春秋緐露五行相勝**土者天之股肱也**春秋緐露五行之義○素問陽明脈解篇云土者生萬物而法天地又白虎通五行云者最大芭含**土四方之主也**淮南時則以送萬物之歸注**水之牡也**水經洛水注引魏略**土者火之子也**春秋緐露五行對**土是陰氣之主**禮記郊特牲社祭土而主陰氣也疏**土曰備化土曰卑監土曰敦阜**並素問五常政大論**戊也**漢書王莽傳中音義引春秋說○淮南天文云戊己四季土也又云土生於寅壯於午死於戊三辰皆土也**土者夏中**春秋緐露五行逆順又五行對云土為季夏**辰為土**禮記月令注木生數三疏**陰為土**易說卦傳艮為山宋注**坤為土**易臨甘臨虞注暌見豕負土虞注升貞吉升階虞注象下傳修井也虞注又後漢魯恭傳注○易泰城復于隍虞注云坤為積土**宮為土**漢書律麻志上**土為信**禮記禮運疏引春秋服氏注**思心曰土**洪範五行傳厥罰恆風注**色別曰土**御覽引蔡邕月令章句○釋名釋地云徐州貢土五色色有青黃赤黑白也**平地也**周禮掌節

土國用人節注**山林川澤丘陵墳衍原隰謂之五土**後漢明帝紀注○周禮大司徒辨十有二土之名物注云十二土分野十二邦上繫十二次各有所宜也**土謂社也**公羊僖卅一年傳諸侯祭土注○禮記檀弓上君舉而哭於后土注云后土社也又周禮大祝告先告后土注云后土土社神也又詩緜乃立家土傳又爾雅釋天乃立家土注並云家土大社也又後漢郎顗傳下云土者地祇陰性澄靜**土功陶旊也**禮記曲禮下土功注**塤也**周禮大師金石土革絲木匏竹注又太乎乎挽革木土金注○周禮籥章掌土鼓豳籥杜注云土鼓以瓦為匡以革為兩面可擊也注**土周堲周也**禮記曾子問下殤土周注**土梗土人也**莊子田子方直土梗耳釋文引司馬注**土苴糟魄也**莊子讓王其土苴以治天下釋文引李注又引司馬注云土苴如蕢艸也**土師即司空也**管子五行奢龍辨乎東方故使為土師注○春秋繁露五行相生云司營者土也**居也**詩緜自土沮漆傳**土猶度也**考工記玉人以致日以土地注○周禮典瑞封國則以土地注云土地猶度地也又大司徒以土圭土其地注云土其地猶云度其地又司農注云土其地但為正四方耳又土方氏以土地相宅注云土地猶度地知東西南北之深

土揖推手小下之也周禮司儀土揖庶姓注**無心者也**莊子在宥今夫百呂皆生於土而反乎土注又釋文云土苴乃是無心之兒**土螽蠰谿**爾雅釋蟲

吐

寫也說文○一切經音義十一引蒼頡云吐棄也亦寫也**瀉也**廣雅釋言○釋名釋疾病云吐瀉也故揚豫以東謂瀉為吐也**吐猶出也**後漢翟酺傳注○水經河水注云吐京郡即土軍縣胡漢譯言音為訛變矣又云吐谷渾者始是東燕慕容之枝庶因氏其字以為首類之種號也

杜

甘棠也說文段注名南蔽芾甘棠毛曰甘棠杜也釋木曰杜甘棠本無不合不實杜實而可食則謂之甘棠凡實者皆得謂之杜則皆得謂之甘棠也牡棠牝椨杜析言之也杜得偁甘棠互言之也釋木又曰杜赤棠白者棠魏風傳用之此以其木色之異異其名與杜甘棠說異即與分牡牝說異為許所不取戴先生曰爾雅謂杜甘曰棠毛公失其句讀益依陸璣疏白棠即甘棠子美赤棠即杜子溢為此說耳非許意亦非爾雅意也○爾雅釋木杜甘棠注云杜今之杜梨又杜赤棠舍人注樊注並云白者為棠赤者為杜**杜杜若也**後漢馮衍傳注○爾雅釋艸杜土鹵又廣雅釋木杜仲蔓榆也**根**

也廣雅釋艸又方言三云杜根也東齊曰杜○詩鴟鴞徹彼桑土傳云桑土桑根也釋文引韓詩作桑杜萱桑杜正字土者省借字**杜伯蠍也天杜蜣蜋也**並廣雅釋蟲○方言十二云蛄詣謂之杜蛒螻螲謂之螻蛞南楚謂杜狗**塞也**莊子胠篋塞曠之耳釋文引崔注又小爾雅廣詁又一切經音義五引國語賈注又漢書劉向傳王陵傳疊錯傳灌夫傳司馬相如傳上杜欽傳梅福傳趙充國傳諸葛豐傳孫寶傳孔光傳薛宣傳各集注又敘傳下塞臨杜津注云杜亦塞也萱按廣雅敵塞也杜敵同聲古多用杜為敵○周禮大司馬犯令陵政則杜之注引王霸記云杜塞使不得與鄭國交通**德機不發曰杜**莊子應帝王是殆見吾杜德機也注**閉也**書費誓杜乃攫王注**歰也**廣雅釋詁三又方言七云杜歰也趙曰杜又注云今俗語通言歰如杜**杜猶衙也**管子度地杜曲則擣毀注**土者寬大之名**史記楚世家而北達於燕索隱

敵

○俗有⿰土度**閉也**說文段注杜門字當作此杜行而敵廢矣丹部引周書惟其敵丹臒此段敵為塗也**⿰土度塞也**廣雅釋詁三

稌稻也說文又詩豐年豐年多黍多稌傳又禮記內則析稌犬羹兔羹注又爾雅釋艸稉也周禮食醫牛宜稌司農注

愌古切

弩弓有臂者周禮四弩夾弩庾弩唐弩大弩說文段注司弓矢文也弩統於弓故官但言弓○晉書音義上曰弩箙盛弓箭器弩怒也有執怒也釋名釋兵○方言一云凡人語而過謂之過東齊謂之劒或謂之弩弩猶怒也又方言三云楚東海之間卒謂之弩父○水經膠水注五弩山蓋膠山之殊名也

磊古切

魯鈍詈也說文段注左傳魯人以爲敏謂鈍人也釋名釋州國曰魯魯鈍也國多山水民性樸鈍也按椎魯鹵莽皆卽此○後漢延篤傳注又論語先進參也魯集解引孔注跛云魯鈍也又皇疏云魯遲鈍也又禮記檀弓下容居魯人也注云魯魯鈍也質勝文也論語先進皇疏引王弼道也廣雅釋詁三魯亦地名周書殷祝從于魯注○水經江水注云魯山古翼際山也魯雞大雞也莊子庚桑楚魯雞固能矣釋文引向注按釋文又云魯雞蜀雞也○文選贈五官中郎將詩小臣信頑鹵注云魯與鹵同又左氏隱元年傳注以手理自然成字疏云石經古文魯作妝

櫓楯武大盾也說文段注盾瞂也戰盾也秦風毛傳曰伐中干也伐卽瞂干卽戰櫓其大者也釋名曰盾大而平者曰吳魁隆者曰須盾櫓或假杵爲之流血漂杵卽流血漂櫓也始皇本紀亦假鹵爲之天子出行鹵簿鹵大楯也以大盾領一部之人故名鹵簿○左氏襄十年傳蒙之以甲以爲櫓注云櫓大楯又禮記儒行禮義以爲干櫓注云干櫓小盾大盾也又文選過秦論流血漂櫓注引韋昭云大楯曰櫓又漢書司馬相如傳上泰山爲櫓注云櫓大楯以爲翳也又劉屈氂傳以牛車爲櫓注云櫓楯也○家語儒行禮義以爲干櫓注云櫓大楯萱按其義非是楯盾也廣雅釋器○漢書陳勝項籍傳贊流血漂鹵注云鹵盾也又史記秦始皇紀流血漂鹵集解徐廣云鹵楯也又封氏聞見記云鹵大楯也又云鹵以甲爲之所以扞敵○獨斷下云天子出車駕次第謂之鹵簿又封氏聞見記云甲楯有先後部伍之次皆著之簿籍天子出入則按次導從故謂之鹵簿耳望敵之樓也漢書劉屈氂傳注又文選上林賦郭注云櫓望樓又後漢南匈奴傳注云櫓卽樓也○萱按說文車部云轈兵車高如巢以望敵也又左氏成十六年傳楚子乘轈車今本作登巢車注云巢車車上爲櫓又宣十五年傳注云樓車車上望櫓然則櫓目其樓轈目其車車上之樓曰櫓車上爲櫓曰轈又成十六年疏云櫓澤中守

艸樓也此則誤矣說文木部云樔澤中守艸樓孔誤移以釋櫓城上守禦曰櫓也華嚴經音義上引切韻

櫓露也露上無屋覆也釋名釋宮室

⿱艹魯蓾武艸也可以束說文段注釋艸云蓾蔖郭云作履苴艸按說文云苴履中艸謂以艸襯履底曰苴賈子曰冠雖敝不以苴履是也許云可用束郭云可苴履大約是一物

鹵西方鹹地也安定有鹵縣東方謂之㡿西方謂之鹵說文段注地理志安定郡鹵縣禹貢青州海濱廣斥謂東方也安定有鹵縣謂西方也大史公曰山東食海鹽山西食鹽鹵然對文則分析散文則不拘鹹地僅產鹽引申之春秋經大原亦曰大鹵釋名地不生物曰鹵○易說卦傳兌爲剛鹵釋文云鹵鹹土也又漢書宣帝紀常困於蓮勺鹵中注云鹵者鹹地也又溝洫志注蘇林引爾雅云鹵鹹苦也○釋名釋地云地不生物曰鹵鹵爐也如爐火處也廣延曰大鹵古微書引春秋說題解辭○穀梁昭元年傳中國曰大原夷狄曰大鹵鹵莽猶麤粗也莊子則陽君爲政焉勿鹵莽治民焉勿滅裂釋文引司馬注○郭注云鹵莽滅裂輕脫末略不盡其分奪

也方言十二大漂也國策中山策血流漂鹵注抄掠也史記吳王濞傳鹵御物集解引如淳又高帝紀毋得鹵掠集解引應劭云鹵與虜同○萱按鹵莽者鹵通魯也漂鹵者鹵通樐也訓奪訓抄掠皆段鹵爲虜也其同音則一也

虜○俗作擄獲也說文段注公羊傳爾虜焉故凡虜因亦曰虆臣謂拘之以索也○禮記曲禮上獻民虜者操右袂注云民虜軍所獲也又漢書樊噲傳集注云生獲曰虜虜執虜也公羊莊十二年傳此虜也注虜者囚係之名詩常武傳虜服也疏强也方言十二服也詩常武仍執醜虜傳奴隸也史記李斯傳而嚴家無格虜者索隱○萱按史記高帝紀毋得鹵掠又文選張景陽七命詩珍寶見剽鹵皆段鹵爲虜也

虜廡也說文

鐪煎膠器也說文段注煎熬也膠作之以皮故熬之而後成○廣韻鐪釜屬

⿰魚虜⿰魚虜魚也出樂浪潘國說文段注樂音洛浪音郎樂浪潘國貞番也番音潘

狀古切

⿺走虜隸作⿺走斥距也漢令曰⿺走斥張百人說文段注距當作歫歫止也一曰槍也按蹶弩主於蹷歫故曰

趚張史漢申屠嘉傳材官蹶張如淳曰材官之多力能脚蹋強弩張之故曰蹶張律有蹶張士孟康曰主張強弩蹶音其月反漢令蹶張士百人考許書趣趚二字並出趣云蹶也趚云距也引漢令趚張百人與如孟引作蹶張不合今尋繹字義趣者跳起也趚者拓也如孟二家作蹶張皆由認蹶趣趚爲一字耳讀說文者因序厥相似合趣趚爲一字篇韻皆云趚同趣正誤合二爲一之譌也厥之省不得作序

刷古切

社 **䄯** 古文 **地主也春秋傳曰共工之子句龍爲社神周禮二十五家爲社各樹其土所宜木** 說文段注五經異義今孝經說曰社者土地之主土地廣博不可徧敬封五土以爲社古左氏說共工爲后土爲社許君謹案曰春秋稱公社今人謂社神爲社公故知社是上公非地祇鄭駁之云社祭土而主陰氣又云社者神地之道謂社神但言上公失之矣人亦謂雷曰雷公天曰天公蓋上公也宗伯以血祭祭社稷五祀五嶽社稷之神若是句龍柱棄不得先五嶽而食又引司徒五土名又引大司樂五變而致介物及土示土示五土之總神即謂社也六樂於五地無原隰而有土祇則土祇與原隰同用樂也玉裁按許訓社爲地主此用今孝經說與異義从左

氏說者不符蓋許君異義先成說文晚定往往有說文之說早同於鄭君之駁者如社稷昊天聖人感天而生三寔等皆是也左氏傳昭公廿九年史墨曰共工氏有子曰句龍爲后土后土爲社許既从今孝經說矣又引古左氏說者此與心宇云土藏也象形博士說以爲火藏一例兼存異說也鄭駁異義以爲社者五土之神能生萬物者以古之有大功者配之然則句龍配五土之神祭於社風俗通義曰周禮說二十五家爲社但爲田祖報求許云周禮者周禮說也賈逵杜預注左傳高誘注呂覽薛瓚注五行志皆同晏子春秋桓公以書社五百里封管仲呂覽越以書社三百里封墨子史記將以書社七百里封孔子皆謂二十五家爲里里有社故云書社若千里鄭駁異義引州長職曰以歲時祭祀州社是二千五百家爲社也祭法大夫以下成羣立社曰置社注云大夫以下謂下至庶人也大夫不得特立社與民族居百家以上則共立一社今時里社是也引郊特牲唯爲社事單出里是鄭不用周禮說與許異大司徒設其社稷之壝而樹之田主各以其野之所宜木遂以名其社與其野注所宜木謂若松柏栗也若以松爲社者則名松社五經異義許君謹案論語所云謂社主也鄭無駁注周禮從許義按莊周書之櫟社高祖所禱之枌榆社皆以木名社之壝韓非子云社木者樹木而塗之鼠穿其閒堀穴託其中熏之則恐焚木灌之則

恐塗阤此可見樹木爲主之剬○禮記禮運命降于社之謂殽地注又郊特牲疏引孝經說又公羊莊廿三年傳諸侯越境觀社注莊廿五年傳以朱絲營社注又風俗通祀典引孝經說又續漢祭祀志下引孝經援神契竝云社者土地之主也萱按此社之本訓也社祀地主猶稷祀穀神句龍配地主猶棄配穀神也 **土也** 論衡順鼓又漢書郊祀志下又後漢光武紀上○周禮肆師社之日涖卜來歲之稼注云社祭土爲取財馬 **社者土地之神也** 白虎通社稷又禮記大傳祈於社疏云社是土地之神○書召誥疏引經說云社爲土神又荀子禮論故社祭社也注云社土神又詩緜傳冢土大社也疏云社爲土之神也又御覽五百卅二引成伯璵禮記外傳云社者五土之神也又禮記郊特牲而社稷大宰疏云社五土總神又周禮大宗伯注后土土神也疏云社是五土總神非后土又大宗伯以血祭祭社稷五祀五嶽注云社稷土穀之神有德者配食馬又禮記祭中庸郊社之禮注云社祭地神又郊特牲社祭土而主陰氣也疏云社卽地神又周禮鼓人以靈鼓鼓社祭注云社祭祭地祇也 **社是地祇之別** 禮記郊特牲疏○白虎通災變云社地別神也 **后土爲社謂輔作社神** 詩甫田傳社后土也疏引鄭志荅趙商又左氏昭廿九傳年傳后土爲社又書夏社序欲遷其社不

可馬注云社句龍也又釋文云社后土之神也又國語魯語故祀以爲社注同又周禮大司徒設其社稷之壝注云社稷后土及田正之神又獨斷上云社神蓋共工之子句龍也又呂覽季冬以供皇天上帝社稷之享注云社后土之神謂句龍也又仲春命人社注云社祭后土所以爲民祈穀也○左氏莊廿五年傳注請救於上公疏云社是上公之神又書召誥疏云孝經說社爲土神稷爲穀神句龍后稷配食者又詩甫田疏引駁異義云社者五土之神能生萬物者以古之大有功者配之又禮記郊特牲疏引馬昭等云社稷是地之別體非是方澤神州之地也又云句龍爲后土之官其地神亦名后土故左傳云君戴皇天而履后土地偁后土與句龍偁后土名同而實異也萱按此解最明劉社之說於是定矣故注家或偁其主或偁其配無不可者若王肅難鄭以社專指句龍轉云社不是地不亦感乎 **社者衆陰之長** 白虎通災變又論衡順鼓○順鼓又云社陰也又後漢袁紹劉表傳注云社者陰類 **社軍社也** 周禮肆師凡師甸用牲於社宗注○大司寇粧戮于社注云社謂社主在軍者也又小宗伯若大師則師有司而立軍社注云社主曰軍社又奉主車注云社之主蓋用石爲之 **社民神之主也** 風俗通十反○莊子人閒世注云利人長物禁民爲非社之義也又禮記郊特牲云社所以神地之

道也又明堂位云是故夏礿秋嘗冬蒸春社秋省又左氏定四年傳祓社釁鼓注云師出先有事祓禱于社謂之宜社又周禮大司樂函鍾爲宮注引或說云天社在東井輿鬼之外天社地神也

封也

廣雅釋言又公羊哀四年傳〇管子輕重戊又公羊哀四年傳注又淮南繆稱其社用土注竝云封土爲社又白虎通社稷云封土爲社故變名謂之社別於衆土也又太弁聚示於叢社注云主土而封聚故謂之社〇白虎通社稷引禮三百記云王者二社爲天下立社曰太社自爲立社曰王社諸侯爲百姓立社曰國社自爲立社曰侯社太社爲天下報功王社爲京師報功又獨斷上云天子之宗社曰泰社天子所爲羣姓立社也天子之社曰王社一曰帝社諸侯爲百姓立社曰國社諸侯自爲立社曰侯社大夫以下成羣立社曰置社

二十五家爲社

荀子非十二子書社三百注引周禮說又呂覽愼大諸大夫賞以書社注又左氏昭廿五年傳請致千社注又賈注云二十五家爲一社千社二萬五千家也又哀十五年傳書社五百注云二十五家爲一社又呂覽知接書社四十注云社二十五家也又管子小稱公子開方以書社七百下衛矣注云古者羣居二十五家則共居社謂以社數于策

方六里命之曰社

管子乘馬篇按此爲異說他書未見

獨江淮謂母爲社

淮南說山社何

愛速死注〇方言十一蠡螢注云蠡齊人又呼社公

蓍切

組綬屬也其小者以爲冠纓

說文段注屬當作織淺人所改也組可以爲綬組非綬類也綬織猶冠織織成之情梁謂之纙織成之綬材謂之組五藻綬必連組曰元組綬朱組綬是也內則曰織紝組紃周禮典絲掌組詩曰執轡如組傳曰組織組也執轡如組御衆有文章言能制衆動於近成於遠也按詩意非謂如織之柔謂如織組之經緯成文御衆纓而不亂自始至終秩然能御衆者如之也織成之後所用轂佩之系其大者也五藻曰元冠朱組纓天子之冠也縕布冠績緌諸矦之冠也元冠丹組纓諸矦之齊冠也元冠綦組纓士之齊冠也緌與纓同材故諸矦言緌不言纓纓以組之細者爲之大爲組綬小爲組纓其中之用多矣典絲所佚所受之組是也〇穆天子傳三好新錦組百組注云組綬屬又漢書五行志下之上解帷組結佩之注地理志上厥篚元纁璣組注竝云組綬類又國策宋策東組三百綟注云組斜文紛綬之屬也

綬也

楚辭招魂抜脉組纓注又文選東京賦紆皇綬薛注又後漢班彪傳上注蔡邕傳下注邊讓傳注又廣雅釋器〇家語終記琊象環桎五寸而緝組綬注云組雜色組綬所以繫象環

印綬也

漢書酷吏楊僕傳懷銀黄垂三綬注又嚴

助傳丈二之綬注云組者印之綬〇高帝紀上係頸以組注云組謂綬也所以帶璽也又史記秦始皇紀子嬰即係頸以組集解引應劭云組者天子之黻也

組條也薄闊爲組似繩者爲紃

禮記內則織紝組紃疏〇詩采蘋序箋織紝組紃疏云組亦條之類大同小異耳又漢景帝紀錦繡纂組注引應劭云組者今綬紛條是也又淮南修務相纂組注云組邪文如今之短汲黑耳

組織組也

詩簡兮執轡如組傳又大叔于田執轡如組箋云如組者如組織之爲也

組縢以組飾之及紟帶也

禮記少儀甲不組縢注

組甲以組貫甲也

管子五行衍組甲厲兵注〇左氏襄三年傳帥組甲三百注云組甲漆甲成組文又馬注云組甲以組爲甲裏又賈注云組甲以組綴甲萱案杜似不如馬賈之確

文也

書禹貢厥篚元纁璣組馬注

綬也

詩采蘋序釋文

組似組東海有之

爾雅釋艸又注云組綬也海中艸生彩理有象之者因以名云

珇琮玉之瑑

說文段注玉人駔琮五寸宗后以爲權駔琮七寸天子以爲權注駔讀爲組以組繫之因名馬許作珇蓋杜子春讀故書之駔爲珇鄭所不從不載其說者也記又云瑑圭八寸則駔宗非謂瑑明矣似讀駔爲珇訓琮玉之瑑許

失之方言曰珇好也美也許意謂兆瑑之美曰珇

好也美也

方言十三又廣雅釋詁一

祖始廟也

說文段注始兼兩義新廟爲始遠廟亦爲始故祔祧皆曰祖也釋詁曰祖始也詩毛傳曰祖爲也皆引申之義如初爲衣始引申爲凡始也

始也

爾雅釋詁又易小過過其祖注又書堯典黎民祖飢馬注又儀禮聘禮記出祖注既夕有司請祖期注乃祖疏又周禮喪祝注祖爲行始疏又禮記祭法曰祖考注仲尼燕居則無以祖洽於衆也注又史記五帝本紀黎民始飢集解引徐廣秦始皇紀今年祖龍死集解引蘇林又管子修靡尊祖以敬祖注又呂覽必己而浮游乎萬物之祖注又太弁疑于其心祖注失于其心祖注又文選高唐賦萬物祖矣注

祖者先也

史記三王世家又秦始王皇紀祖龍者人之先也集解引應劭云祖人之先祖

祚也祚物先也

釋名釋親屬〇方言十三云梁益之閒謂鼻爲初或謂之祖祖居也

夫祖者且也

禮記檀弓上萱按注云且未定之辭

上也遠也

竝廣雅釋詁一

上也搖也轉也

竝方言十二

本也

廣雅釋詁三又淮南原道物之大祖也注

法也

史記榮傳嘗以爲祖索隱又家語論禮則無以祖洽四海注〇禮記鄉飲酒義祖陽氣之發於東方也注云祖猶法也

習也

國語

魯語祖識地德注

祖者宗之習之之謂也

史記韓世家秦王必祖張儀之故智集解引徐廣

徂也

後漢馬成傳注又風俗通祀典

送也

小爾雅廣言

王父也

爾雅釋親又儀禮聘禮卿受于祖廟注既夕設盥于祖廟門外注

祖先祖也

詩斯干似續妣祖箋又大戴記禮三本云先祖者類之本也又周禮大司樂以享先祖注云先祖謂先王先公又詩楚茨箋先祖以孝子祀禮甚明之故疏云本其生存謂之祖○生民序尊祖疏云祖者始也己所從始也自父之父以上皆得偁焉又穀梁文二年傳則是無祖也注云祖人之始也

別子爲祖

禮記喪服小記又大傳又書大傳宗室有事族人皆侍終日注○穀梁傳僖十五年傳始封必爲祖又儀禮喪服傳諸侯及其大祖天子及其始祖之所自出注云大祖始封之君始祖者感神靈而生若稷契也

祖宗通言

禮記郊特牲郊特牲而社稷大牢疏引崔氏○考工記匠人左祖右社注云祖宗廟又禮記祭法有虞氏禘黃帝而郊嚳祖顓頊而宗堯注云禘郊祖宗謂祭祀以配食也曰祖曰宗通言耳

遷主曰祖

周禮小宗伯若大師則帥有司而立軍社注

祖是尊名

儀禮喪服傳爲外祖父母疏

祖者國之重者也

管子輕重己

文祖天也

書堯典受終于文祖馬注又鄭

注云文祖者五府之大名猶周之明堂又書大傳云文祖者堯文德之祖廟

祖者將行犯軷之祭也

詩烝民仲山甫出祖箋又韓奕韓侯出祖箋云祖將去而犯軷也○左氏昭七年傳夢襄公祖注云祖祭道神又史記五宗世家榮行祖於江陵北門索隱云祖者行神行而祭之故曰祖也又漢書臨江閔王榮傳祖於江陵北門注云祖者送行之祭因饗飲也又劉屈氂傳丞相爲祖道注云祖者送行之祭因設宴飲焉又後漢馮緄傳注云祖道祭也又吳祐傳注引五經要義云祖道者行祭爲道路祈也又文選荆軻歌注引崔寔四民月令云祖道神祀以求道路之福

祖爲行始

周禮喪祝及祖飾棺注又司農注云祖謂將葬祖于庭象生時出則祖也又白虎通崩薨云祖者始也始載於庭也又禮記檀弓上主人既祖塡池注云祖謂移柩車去載處爲行始也又儀禮既夕有司請祖期注云將行而飲酒曰祖

田祖先嗇也

詩甫田以御田祖傳○周禮籥章凡國祈年于田祖注云田祖始耕田者謂神農也

馬祖天駟也

周禮校人春祭馬祖注○書堯典黎民阻飢史記五帝紀作黎民始飢集黎民阻飢史記五帝紀作黎民解引徐廣曰今文尚書作祖飢索隱云祖阻聲相近萱按聲近則相通借

葅

○俗有葅

菜也

說文段注廣雅葅蕺也崔豹古今注曰荆楊人謂葅爲蕺蜀都賦劉注曰葅亦名土茄葉覆地生根可食人饑以纖穜風土記曰盬香菜根似茅根蜀人所謂葅香段公路北戶錄曰盬秦人謂之葅子按盬與蕺同側立切作葅者誤葅作葅葅皆誤說文無蕺字卽今魚腥艸也凶年人搖食之

寸古切

粗

疏也

說文段注彼疏斯粺箋云疏麤也謂糲米也麤卽粗正與許書互相證疏者通也引申之猶大也故粗米曰疏糲與粺米技則糲爲粗稷與黍稻梁技則稷爲粗九穀考云凡經言疏食者稷食也論語疏食菜羹卽玉藻之稷食菜羹左傳梁則無矣麤則有之麤對梁而言稷之謂也儀禮昏禮婦饋舅姑有黍無稷特著其文蓋婦道成以孝養不進疏食也按引伸段借之凡物不精者皆謂之粗○荀子予正名愚者之言芴然而粗注云粗疏略也

略也

史記樂書粗厲猛起正義又文選辨亡論下注引漢書音義○東京賦故粗爲賓言其梗槩如此薛注云粗猶略也又難蜀父老請爲大夫粗陳其略注引韋昭同又素問移精變氣論粗工兇兇注云粗謂粗略也○文選辨亡論下百度之欽粗修萱按此段粗爲粗也

大也

廣雅釋詁一○禮記月令其器高以粗注云粗猶大也

麤也

禮記樂記其聲粗以厲注○漢書司馬相如傳下集注云粗猶

麤也

精粗謂萬物大小也

禮記樂記疑是精粗之體注

粗厲亢厲

史記樂書集解引禮記樂記王肅注又禮記樂記疏云粗厲謂人君性氣粗疏威厲

庵也

廣雅釋室○萱按麤粗二字本義不同而引伸之義極相近故人多用粗罕用麤其實可各讀本音正無煩改讀耳

觕

○俗有觕衕

角長皃

說文段注按此字見於經史者皆譌爲觕從牛角公羊傳曰觕者曰侵精者曰伐何曰觕麤也公羊隱元年注曰用心尚麤觕漢藝文志曰底得麤觕以麤連文則觕非麤字也麤觕若今人曰粗糙雙聲字也觕從爿聲古蓋讀如倉轉寫譌其形作觕其音讀才古反又或讀七奴反矣其義則本訓角長引申之爲鹵莽之意因之觕與精爲對文月令其器高以粗呂覽粗作觕廣韻觕祖古切牛角直下也於本義近集韻曰觕角長曰衕或作觕鋤庚切於本音近○萱按觕說文讀若粗自从雙聲音得音不必如集韻讀鋤庚切也衕之从行晚出字耳

觕大也

呂覽孟夏其器高以觕注

觕麤也

公羊莊十年傳觕者曰侵注

觕麤疏也

呂覽異實其知獮觕注

觕粗略也

漢書藝文志底得麤觕注

觕謂大略也

漢書敘傳下觕舉注○萱按粗觕亦非一字自觕譌爲觕俗多用觕爲粗麤字

罕知三字之本不同并粗悧槩讀平聲矣

五 我古切 乂 古文 五行也說文又後漢郎顗傳注引春秋合誠圖宋注 陽數也穀梁僖十六年經隕石于宋五注引劉向 五為數之奇詩南山葛屨五兩疏 陽爻也後漢楊震傳注 五天位易賁天文也虞注 五者帝位易泰六五九家注臨六五荀注象上傳履帝位而不疚虞注 五主音大戴禮記本命○家語執轡云五為音 五百猶今之問事也後漢禰衡傳注 五噣詩小星三五在東傳又後漢獻帝紀注云五諸侯星名也○詩小戎五粲梁輈傳云五五束也

伍 相參伍也說文段注參三也伍五也周禮曰五人為伍凡言參伍者皆謂錯綜以求之易繫辭曰參伍以變荀卿曰窺敵制勝欲伍以參韓非曰省同異之言以知朋黨之分偶參伍之驗以責陳言之實又曰參之以比物伍之以合參史記曰必參而伍之漢書言參五其價以類相準此皆引伸之義也○荀子議兵注云伍參猶錯雜也 五也國語齊語參其國而伍其鄙注易繫辭上傳疏又 伍者聚也周禮小司徒疏 伍謂類伍素問三部九候論參伍不調者

病注 耦也漢書律麻志上八八為伍注引孟康○管子七臣七主事無常而法令申不許則國失勢注云伍謂偶合也 伍猶列也漢書外戚傳上集注 當也後漢曹節傳注 行也周禮司服注今時伍伯緹衣疏 五人為伍周禮大司徒族師夏官序官又宮正會其什伍而教之道藝注諸子合其卒伍注又禮記燕義注又左氏桓五年傳先偏後伍注又管子小匡又白虎通三軍 一比也周禮夏官序官五人為伍注又小司徒五伍為兩疏云在家為比在軍為伍 伍伍長也後漢馬融傳上注 伍亦卒之行列也文選西京賦整行伍注 兵名也周書武順五五二十五曰元卒注○周禮小司徒注云伍兩卒旅師軍皆眾之名又夏官序官凡制軍注云軍師旅卒兩伍皆眾名也 百二十乘為伍左氏昭元年傳伍於後服注○周禮司右疏引司馬法云以百二十五乘為伍 五戶為伍周書大聚 五家為伍管子立政乘馬又鶡冠子王鈇又漢書尹翁歸傳盜賊發其比伍中注酷吏尹賞傳父老伍人注又後漢仲長統傳注○釋名釋州國云五家為伍以五為名也 伍謂大夫五人周禮大宰傳其伍注

午 啎也五月侌气啎屰昜冒地而出也象形此與矢同意也說文段注啎者屰也律書曰午者陰陽交故曰午律麻志曰咢布於午天文訓曰午仵也陰氣從下上與陽相仵逆也廣雅釋言午仵也按仵卽啎字四月純陽五月一陰屰陽冒地而出故製字以象其形古者橫直交互謂之午義之引申也儀禮度尺而午注云一縱一橫曰午矢之首與午相似皆象貫之而出也○淮南天文云午者仵也又禮記哀公問午其眾以伐有道注云午其眾逆其族類也疏云午仵也萱按仵又仵之俗也仵仵皆當作啎 凡物交橫為午史記項羽紀楚蠭起之將索隱○儀禮大射儀注一從一橫曰午又特牲饋食禮記午割之注云午割從橫割之 大歲在午曰敦牂爾雅釋天○史記索隱引孫炎云敦盛牂壯也 午取其鄂布也太玄玄數辰巳午注○禮記月令注觀斗所建疏云午萼也萱按萼者鄂之借 午物滿長白虎通五行 火也詩文王序疏引乾鑿度注又左氏昭卅一年傳庚午之日注又服注又漢書王莽傳上集注引張晏 午為馬禮記月令注羊火畜也疏○論衡物勢云午火也其禽馬也又云午馬也 午日中文選天台山賦爾爾乃羲和亭午注 午為定淮南天文○荀子富國午其軍注云午讀為迕萱按

此段午為逆也逆遇也迕又遌之俗體字

雅 此引申段借之義也本義讀平聲 正也詩鼓鍾以雅以南箋又周禮大師曰雅注又孝經大雅云疏引鄭注又論語述而子所雅言皇疏又荀子榮辱君子安雅云注儒效小雅之所以為小雅者注法二後王謂之不雅注賦性得之則甚雅似者與注又呂覽順民寬侮雅逸注又史記三王世家文章爾雅索隱○毛詩序云雅者正也言王政之所由廢興也又風俗通聲音云雅之為言正也又文選長門賦注引七略云雅之言正也又白虎通禮樂云雅者古正也又論語述而集解引孔注云雅言正言也又荀子王制使夷狄邪音不敢亂雅注云雅正聲也 正而有美德者謂之雅荀子榮辱注○北堂書鈔引周續之詩序義云物由我正則謂之雅又周禮籥章欽豳雅注云豳雅亦七月也謂之雅者以其言男女之正 雅謂風雅方言一皆古雅之別語也注○後漢祭遵傳注云雅歌謂歌雅詩也 言天下之事形 天下之風謂之雅毛詩序○釋名釋典藝云言王政事謂之雅又貫子道術云辭令就得謂之雅 道被 四方乃名為雅詩關雎序王者之風疏 小雅為諸侯之樂大雅頌為天子

之樂儀禮鄉飲酒禮乃合樂注燕禮遂歌鄉樂注○左氏襄廿九年傳爲之歌小雅疏云天以政教齊天下故民述天子之政還以齊正而爲名故謂之雅也又昭廿年傳三類疏云天子之詩爲雅又文選西都賦大雅宏達注云大雅謂有大雅之才者詩有大雅故以立稱馬雅爾雅也方言一今或同而舊書雅記注雜也釋名釋言語云雅雜也爲之難入將爲之雜雜然憚之也義也釋名釋典藝閒麗也華嚴經音義上引漢書音義○文選陸士龍爲顧彥先贈婦詩雅步擢纖腰注云雅閑雅謂妖麗也素也史記荆燕世家今呂氏雅故索隱張耳陳餘傳集解引韋昭又漢書高帝紀上集注引蘇林常山憲王舜傳集注卜式傳集注引臣瓚谷永傳集注故也史記高帝紀雅不欲屬沛公集解引服虔張耳陳餘傳張耳雅游索隱引鄭氏又漢書陳餘傳集注○張禹傳忽逢雅素注云雅素故也萬舞也詩鼓鐘以雅以南箋又云周樂尚武故謂萬舞爲雅雅亦樂器名也狀如漆筩中有椎禮記樂記訊疾以雅注○周禮笙師春牘應雅司農注云雅狀如漆筩而弁口大二圍長五尺六寸以羊韋鞔之有兩紐疏畫○禮記緇衣注云雅書序作牙段萓按牙借字也

庌廡也周禮曰夏庌馬說文段注夏官圉師職文注曰故書庌爲訝鄭司農云當爲庌乎謂庌廡也廡所以庇馬涼也按許亦用仲師說大屋曰廡幷冀人謂之庌庌正也屋之正大者也釋名釋宮室舍也廣雅釋室客堂曰庌一切經音義九引風俗通俗文

補[illegible]古切完衣也說文段注既袒則宜補之故袒下次之以補引伸爲凡相益之偁完也廣雅釋詁四補者修也史記六國表補麗城籍姑索隱益也漢書董仲舒傳集注補謂彌縫其闕荀子臣道事暴君者有補削無撟拂注補謂改也大戴記曾子立事其過而不補也注疾補衣弊衣也呂覽順說田贊衣補衣注○國策秦策神農伐補遂注云補遂國名也

圃○俗有圃所呂種菜曰圃說文○一切經音義一引蒼頡解詁音義十九引三蒼並云種菜曰圃又論語子路皇疏云圃者種菜之事也樹菜蔬曰圃禮記射義孔子射於矍相之圃注又論語子路請學爲圃集解引馬注又詩東方未明釋文○莊子天地方將爲圃畦釋文引李注云菜疏曰圃又左氏昭十二年傳我有圃疏云圃者所以殖菜

蔬也菜圃也詩東方未明折柳樊圃傳○左氏莊十九年傳取蒍國之圃以爲圃注昭十二年傳釋文哀十五年傳舍於孔氏之外圃注又服注又孟子告子上今有場師注又莊子天地釋文又楚辭涉江吾與重華遊兮瑤之圃注竝云圃圃也又左氏隱十一年傳齊於社圃注哀十五年傳注竝云圃圃名圃農圃也呂覽尊師治唐圃注樹果蔬曰圃周禮大宰三曰園圃毓草木注又載師以場圃任圃地注云圃樹果蓏之屬季秋於中爲場又左氏莊十九年傳疏云圃以蓄爲之所以樹果蓏又詩七月疏云種樹菜果則爲之圃春夏爲圃詩七月九月築場圃傳又周禮場人掌國場圃疏云春夏爲圃秋冬爲場有草曰圃文選吳都賦藪爲圃劉注遺野也楚辭惜誓覽並圃之蠡蠡注圃之言布也論語子路皇疏大也詩車攻東有甫草韓詩又國語周語藪有圃草注博也文選東京賦注引韓詩章句補也御覽八百廿四引風俗通鄭有圃田爾雅釋地又列子天瑞居鄭圃釋文云圃田鄭之藪澤也又周禮職方氏其澤藪曰圃田注云圃田在中牟○公羊定八年蒲圃釋文圃本作甫左氏襄廿八年傳石圃史記十二諸侯表作傳衛世家作石曼專索隱作磚式作專萓按甫傳皆圃之同聲段借字磚專則形近之謁

[illegible]捭擊也說文段注捭者反擊也今之琵琶古當作捭[illegible]把握也說文段注握者搤持也孟子注曰拱合兩手也把以一手把之也○淮南繆稱無把之枝注云把握也持也楚辭東皇太一盍將把兮瓊芳注又廣雅釋詁三執持也漢書張敞傳把其宿負注手執處也禮記曲禮注弣把中釋文○文選射雉賦庚弣旋把徐注云把弣內所執處也一曰手曰把莊子人閒世其拱把而上者釋文引司馬注

浦[illegible]古切水瀕也說文段注瀕下曰水厓人所賓附也濱也呂覽本味江浦之橘注厓也國策秦策還爲越王禽於三江之浦注又廣雅釋邱涯也詩常武率彼淮浦傳又淮南天文曙于蒙谷之浦注又文選思玄賦召洛浦之宓妃舊注水涯也楚辭湘君望涔陽兮極浦注又漢書司馬相如傳上行乎州淤之浦注又文選上林賦注引張揖羽獵賦儲與乎大浦注引服虔岸也一曰崖也呂覽召類克戰於丹水之浦注

溥大也說文又爾雅釋詁又詩北山溥天之下傳韓奕溥彼韓城箋公劉瞻彼溥原傳又周書祭公予多時溥愆注又

禮記中庸溥博如天疏廣也詩公劉箋又漢書韋玄成傳集注徧也漢書董仲舒傳集注又華嚴經音義上引

珠叢又禮記中庸疏云溥謂無不周徧○詩召旻溥斯害矣箋云溥猶徧也布也禮記祭義溥之而橫乎四海疏溥

漢以翮撫水之皃文選長笛賦汜濫溥漢注○禮記祭義疏云溥定本作傳傳溥古字傳著之名義俱通又

釋文云溥本作敷萱按訓布者敷爲正字溥傳則通借字皆尊聲也經典又多借普爲溥

普隸作普日無色也說文段注此義古籍少用衣部祎下曰無色也讀若普暜兩無色同讀是則普之本義實

訓日無色今字借爲溥大字耳今詩溥天之下孟子及漢人引詩皆作普天趙岐曰普徧也大也儀禮士虞禮記普淳

注少牢饋食禮普淳注又漢書司馬相如傳下集注又淮南本經普汜無私注徧也漢書揚雄傳下集注又文選高唐賦

廣矣普矣注博也漢書王褒傳集注博施也文選西京賦皇恩溥薛注普薦鉶羹儀禮士虞禮記

普薦注普淳黍稷也儀禮士虞禮記普淳注少牢饋食禮普淳注

漫古切墓或作嫫悔墓母逗古帝妃都醜也說文段注都猶最也民所聚曰都故凡數曰都漢書古今人表

悔母黃帝妃生蒼林荀卿賦四子講德論皆作嫫姆講德論曰嫫姆倭傀善譽者不能拚其醜○楚辭怨世嫫母勃屑而日侍

注云嫫母醜女也荀子賦嫫母力父是之嘉也注云嫫母醜女黃帝時人又淮南說山嫫母有所醜注云嫫母古之醜女又淮

南務脩務云粉白黛黑弗能爲美者嫫母仳倠也萱按說文人部云仳倠醜面倠許惟切

莽南昌謂犬善逐兔艸中爲莽說文段注此字犬在茻中故偁南昌方言說其會意之指也引

伸爲函莽艸也小爾雅廣言又廣雅釋艸又楚辭憂苦遵墊莽以呼風兮注又淮南本經野莽白素注泰族食莽飲水注

又文選西京賦赴長莽薛注○孟子萬章下在野曰艸莽之臣注云莽亦艸也平艸也漢書王莽傳下易言伏戎于莽

注又楊雄傳下羅千乘於林莽注云艸平曰莽艸稠曰薦深曰莽漢書景帝紀或地饒廣薦艸莽水泉注引

如淳震爲艸莽易同人伏戎于莽虞注巽爲艸莽易困困於葛藟虞注○左氏哀元年傳暴骨如莽注

云艸之生於廣野莽莽然故曰艸莽莽艸藥物殺蟲者周禮翦氏以莽艸薰之注又釋文云莽艸乃藥名

叢木也易同人釋文引鄭注竹類也爾雅釋艸莽數節注大也小爾雅廣詁萱按王莽字巨君取此義

雲皃漢書禮樂志莽若雲注莽莽長大皃莽莽均長皃呂覽知接何以爲之莽莽也注莽

莽平野之皃漢書西域傳上烏弋地暑溼莽平注西域傳下地莽平多雨寒注莽蒼近郊之色

也莊子逍遙游適莽蒼者釋文引司馬注又引李注云莽蒼近野也又引崔注云莽蒼艸野之色又引支遁云莽蒼冢閒也

莽罠廣大皃文選吳都賦相與騰躍乎莽罠之野注莽眇聲碎之謂耳莊子應帝王厭則又

乘爭夫莽眇之鳥以出六極之外注又釋文云莽眇輕虛之狀也

馬影古文影籀怒也武也象馬頭髦尾四足之形說文段注馬怒也武也

以疊韻爲訓亦門聞也戶護也之例也釋名曰大司馬馬武也大揔武事也古籀文皆以彡象髦石建奏事事下建讀之曰誤

書馬字與尾當五今乃四不足一上譴死矣○周禮目錄云馬者武也言爲武者也罵也廣雅釋詁三馬陽物

白虎通封公侯馬者必顯之物易睽喪馬注兵之首也史記趙世家賜號爲馬服君正義引虞喜志

林○後漢馬援傳云馬者甲兵之本又隋書五行志下引洪範五行傳云馬者兵象馬畜之疾行者屬皇極

洪範五行傳時則有馬禍注○管子形勢解云馬者所乘以行野也龔蟲也淮南脩務六尺以上曰馬

詩漢廣言秣其馬傳○周禮廋人云馬八尺以上爲龍七尺以上爲駃六尺以上爲馬月主馬大戴記易本命○文

選赭白馬賦注引春秋考異記云地生月精爲馬辰爲馬周禮馬質禁原蠶者注乾爲馬易說卦傳繫辭

下傳牛乘馬虞注又南齊書五行志引洪範五行行傳○說卦傳乾爲良馬爲老馬爲瘠馬爲駮馬震爲馬易坤利牝

馬之貞虞注賁白馬翰如陸注晉康侯用錫馬蕃庶虞注坎爲馬易屯乘馬班如虞注明夷用拯馬壯吉九家注睽喪

馬虞注渙用拯馬壯虞注象下傳是以康侯用錫馬蕃庶侯果注司馬於天子政官之卿儀禮大射

儀牢夫戒牢及司馬注○貫子等齊云天子宮門曰司馬諸侯宮門曰司馬野馬騊駼也國策魏策野馬四百

注又爾雅釋畜云騊駼野馬野馬又山海經北山經羆差之山多馬注云馬野馬也似馬而小○新序雜事五云騂騙綠驥天

下之俊馬也野馬者遊氣也莊子遁遙遊野馬也注又釋文引崔注云野馬天地闇氣如野馬馳又引司馬

注云野馬春日澤中迎氣也又一切經音義三引莊子注云野馬鵬之所憑而飛者乃是游氣耳馬社始乘馬

者周禮校人秋祭馬社注**勝算也**禮記投壺請爲勝者立馬注云馬勝算也謂之馬者若云技藝如此任爲將帥
乘馬也**陽馬四阿長桁也**文選景福殿賦承以陽馬注。九章商功章陽馬術曰廣袤相乘以高乘之三
而一劉徽注云陽馬之形方錐一隅也今謂四柱屋隅爲陽馬又云邪解立方得兩塹堵邪解塹堵其一爲陽馬一爲鼈臑陽
馬居二鼈臑居一不易之率也合兩鼈臑成一陽馬合三陽馬而成一立方故三而一**馬氏刀也**廣雅釋器**馬**
舄車前爾雅釋艸又廣雅釋艸云馬先蛇床也馬唐馬飯也馬尾商陸也馬帚屈馬第也馬鼺蒻也又管子地員黑驁
馬夫注云馬夫艸名又楚辭怨世馬蘭踸踔而日加注云馬蘭惡艸也**蜩中最大者爲馬蟬**爾雅釋蟲
蝒馬蜩注又方言十一云馬蚿其大者謂之馬蚰。一切經音義二云字書馬腦作碼碯二字謂石之次玉者萱按二字皆俗

撮口謼

擧居許切 隸作舉。俗有擧乃譌體**對舉也一曰興也**說文段注對舉謂以兩手舉之按與卽舁轉寫改之左傳
使五人輿豭從己舁之段借也舁者共舉也共者非一人之辭也舉之義亦或訓爲舁俗別作舉羼入說文音以諸切非古也
舉謂手所操考工記盧人舉圜欲細注**舉者提持之言**詩烝民箋獨舉之以行者疏**動也**

國語魯語君爲是舉注將爲喪舉注晉語非上不舉注釋夫子而舉注楚語不爲豐約舉注。荀子天論舉錯不明注云舉謂
起兵動眾又王霸中足以舉宋注云舉謂舉其國而滅之**舉猶行也**周禮師氏王舉則從注又禮記中庸則其政舉
疏**起也**國語晉語舉而從之注**援也**淮南脩務木熙者據梧檟注**拔也**國策齊策三十日而舉燕國注
。穀梁僖三年傳而虞虢舉矣疏又史記蘇秦傳五日而國舉索隱竝云舉猶拔也**與也**楚辭初放舉世皆然兮注**舉**
猶得也國策秦策舉河內注又齊策舉齊屬之海注云舉得**用也**國語周語唯能釐舉嘉義注又呂覽遇合凡舉
人之本注分職曾國之匹夫也而我舉之注又淮南主術無小而不舉注。禮記儒行懷忠信以待舉注云舉舉用也又素問
六元正紀大論大涼乃舉注云舉用事也又淮南氾論未足大舉注云舉用又呂覽大廣佐齊桓公舉事注乃云舉猶用也
取也呂覽樂成民莫之舉注又下賢莫之舉也注云舉猶取也又荀子議兵秦師至而鄙郢舉若振槁然注云舉謂舉而
取之**舉謂揔取也**漢書嚴助傳雖舉越國而虜之注**立也**左氏文元年傳楚國之舉注又賈注。呂覽順
說莫不延頸舉踵注云舉踵企望之也**飛也**呂覽論威兔起鳧舉注又文選西京賦鳥不暇舉薛注**去也**楚辭

自悲顧離羣而遠舉注**擬實也**墨子經上**舉猶謀也**呂覽異寶不足與舉注**舉猶言也**禮記
雜記過而舉君之諱則起注**舉謂記錄之也**左氏襄廿七年傳仲尼使舉是禮也釋文引沈注**舉亦**
問也禮記曲禮上客不先舉疏**舉猶正也**呂覽自知所以舉過也注**總也**漢書嚴助傳集注**皆也**
左氏襄六年傳君舉不信羣臣乎注又莊子天地舉滅其賊心而皆進其獨志注又釋文又荀子不苟舉積此者注儒效舉在
此注王制則凡非雅聲者舉廢注富國皆知己之所願欲之舉在是于也注王霸則舉義士也注彊國舉去桀紂而奔湯武注
。左氏宣十七年傳舉言羣臣不信注云舉亦皆也又孟子音義上引丁音云舉猶皆也又史記六國年表因舉而笑之索隱
又漢書王陵傳集注竝同**盡也**管子牧民地辟舉則民畱處注地數民舉所最栗注又文選遊天台山賦注引劉兆穀梁
注又答蘇武書注**舉猶生也**書洪範馬注。史記孟嘗君列傳告其母曰勿舉也索隱云舉謂初誕而舉之又其
母竊舉生之索隱云舉謂浴而乳之**舉謂物賤而買之**史記仲尼弟子傳好廢舉索隱引劉氏**舉猶**
祭也禮記王制山川神祇有不舉者注**舉謂肺脊**儀禮特牲饋食禮尸實舉于葅菹豆注又食舉注云舉牢

肺正脊也又特牲記離肺一注云小而長午割之亦不提心謂之舉肺又有司徹佐食受牢舉如儐注云舉肺脊**殺牲**
盛饌曰舉周禮膳夫王日一舉注。國語楚語祀加於舉注云舉人君朔望之盛饌**發酒端曰舉**儀禮
鄉飲酒禮舉觶于賓注又特牲饋食禮嗣舉奠注云舉飲酒也又禮記曲禮上長者舉未釂疏云舉猶飲也。淮南道應舉白而進
之注云舉白進酒也**倍捷曰舉**小爾雅廣衡萱按上文云兩有半曰捷舊注云舉三兩**蒨舉皆木名**
也山海經中山經敖岸之山北望河林其狀如蒨如舉注。西山經崇吾之山有獸焉其狀如禺而文臂豹虎而善投名曰
舉父畢氏沅山海經新校正云善投謂玃人也舉父卽爾雅玃父也說文云玃母猴也玃持人也萱按豹虎上下疑有脫字

莒

齊謂芋爲莒說文段注所謂別國方言也借爲國名顏氏家訓云北人之音多以舉莒爲矩唯李季節云齊
桓公與管仲於臺上謀伐莒東郭牙望桓公口開而不閉故知所言者莒也然則莒矩必不同呼此爲知音矣按廣韻莒矩雖
分語麌然變聲同呼顏氏云北人讀舉莒同矩者唐韻矩其呂切北人讀舉莒同之也李季節音謹讀舉莒居許切則與矩之
其呂不同呼合於管子所云口開而不閉廣韻矩俱雨切非唐韻之舊矣又按孟子以遏徂莒毛詩作徂旅知莒從呂聲李讀

如呂是所以口開不閉不第如李季節所云也。古微書引孝經援神契注云莒亦芋也又管子小問開口而不闔是言莒也注云莒字两口故二君開口相對卽知其言莒萱按注與本文意各岐出注殆非也此但辨字音似不關字形

莒己姓東夷之國也國語鄭語滕薛鄒莒注又齊語萊莒徐夷吳越注云莒琅邪縣

莒箱也說文段注箱當作籍方言簇南楚謂之筲趙魏之郊謂之箸簇禮經鄭注云弃形蓋如今之莒籚箸籚按箸籚卽箸簇也。一切經音義十五引字林云莒箱也

莒箱也亦盛杯器籠曰莒一切經音義十五引聲類

圓曰莒詩采蘋維筐及莒傳又禮記月令具曲植籧筐釋文又左氏隱三年傳筐莒錡釜之器注云員曰莒又淮南時則具撲曲莒筐注云員底曰莒

四秉曰莒儀禮聘禮記。又國語魯語出稷禾秉芻缶米注。小爾雅廣物云秉四曰莒莒十曰稯

秉十曰莒廣雅釋器

莒謂一穧也周禮掌客米百有二十莒注。儀禮聘禮記注云莒穧名也若今萊陽之閒刈稻聚把有名爲莒者

篆食牛匡也方曰匡圜曰篆說文段注匸部曰匡飯器莒也篆匡之圜者飯牛用之今字通作莒

許篆與莒別名南傳方曰匡圜曰莒莒當作篆月令具曲植篆筐或譌作籧。呂覽季春具栚曲篆筐注云員底曰篆

杯落也廣雅釋器。方言十三云箄簍籅筲篆也篆莒其通語也

鄅妘姓之國春秋傳曰鄅人籍稻說文段注春秋昭十八年鄅人入鄅左傳云鄅人籍稻杜云鄅妘姓國也正義云鄅爲妘姓世本文按韋昭曰陸終弟四子求言爲妘姓杜曰鄅今琅邪開陽縣前志曰東海郡開陽故鄅國後志開陽屬琅邪開陽卽春秋經哀三年之啟陽也魯有鄅地爲啟陽荀卿則云襄賁開陽今山東沂州府府北十五里有故開陽城服虔曰籍耕種於籍田也

槼两見詳起許切下。省作矩

郡許切

巨槼或。今字省作矩

規巨也說文段注周髀算經曰圜出於方方出於矩矩出於九九八十一故折矩以爲句廣三股脩四徑隅五既方其外半之一矩環而共盤得成三四五两矩共長二十有五是謂積矩用矩之道平矩以正繩偃矩以望高覆矩以測深臥矩以知遠環矩以爲圜合矩以爲方方屬地圜屬天天圜地方方數爲典以方出圜按規矩二

字猶言法度古不分別規圓矩方者圓出於方圓方皆出於矩也夫部曰規有法度也不言圓曰規考工記斬數之道必矩其陰陽注矩謂刻識之也凡識其廣長曰矩故凡有所刻識皆謂之矩按後人分別巨大也矩法也常也與說文字異其呂切唐韻也廣韻作矩槼俱雨切大學絜矩之道注云矩或作巨此古文之遺也。後漢馬援傳注云矩步者回旋皆中規矩又一切經音義廿五引世本云倕作規矩萱按如後人分別則矩必不讀其呂切矣宜知巨槼本一字玄訓大者段巨爲鉅耳規矩其本訓也一昧本源岐途遂多今姑从俗兩見有識者當知其無庸

槼方也廣雅釋詁一又太玄玄圖地道成矩注又淮南汜論有本主於中而以知槼韄之所周者也注。漢書楊雄傳上集注引應劭又後漢魯丕傳注又呂覽自知則必規矩注又文選思玄賦泯規矩之員方舊注竝云矩方也。離騷偭規矩而改錯注云方曰矩又呂覽序意大矩在下注云矩方地也又素問陰陽應象大論觀權衡規矩而知病所主注云矩謂方象又云矩也者所以明強盛也

矩所以爲方也孟子告子上必以規矩注。荀子不苟五寸之矩盡天下之方也注云矩正方之器也又漢書律麻志上云矩者所以矩方器械令不失其形也

矩廣長也周髀算經上方出於矩注

矩曲尺也史記禮書規矩識錯索隱

矩

謂之表周髀算經上句出於矩注

秋爲矩矩者所以方萬物也淮南時則

槼法也離騷求槼韄之所同注。爾雅釋詁又考工記車人之事半矩謂之宣注又禮記大學是以君子有絜矩之道也注又論語爲政不踰矩集解引馬注又皇疏又管子弟子職居句如矩注又古微書引書帝命驗黑曰玄矩宋注竝云矩法也。管子宙合成功之術必有巨獲注云巨獲作矩韄

矩法制也漢書敘傳下疆土踰矩注

矩度也淮南本經天地之大可以矩表識也注

矩常也爾雅釋詁。管子山至數皆有矩券於上注云矩券常券

巨大也廣雅釋詁一又小爾雅廣詁又呂覽慎小巨防容螻注又淮南說山巨雖可而修不足注又素問熱論巨陽者諸陽之屬也注許熱病論巨陽引精者三日注又文選西京賦巨靈贔屭薛注又方言一云巨大也齊宋之閒曰巨又漢書王襃傳沛乎如巨魚縱大壑注云巨亦大也。儀禮大射儀右巨指鉤弦注云右巨指右手大擘又孟子滕文公下吾必仲以仲子爲巨擘焉注云巨擘大指也又梁惠王下爲巨室注云巨室大宮也又離婁上不得罪於巨家注云巨家大家也又公羊哀六年傳於是使力士舉巨囊而至於中霤注云巨囊大囊又莊子外物巨緇五十犒以爲餌釋文引司馬注云巨緇大黑綸也

巨者大之極也

問厥論巨陽之厥注云巨陽太陽也**巨猲略**呂覽蕩兵有巨有微而已矣注。孟子滕文公上巨屨小屨同賈注云巨粗屨也**巨風離氣所生一曰愷風**淮南有始南方曰巨風注**巨虛穴名也**素問鍼解巨虛者蹻足注**巨蒐西戎國名**列子周穆王至于巨蒐之氏之國釋文。水經巨洋水注巨洋水即國語所謂具水矣袁宏謂之巨昧王韶之以爲巨蔑亦或曰朐瀰皆一水也而廣其目焉又巨馬水注云巨馬河即洓水也。呂覽慎大發巨橋之粟注云巨橋紂倉名

鉅大剛也說文段注孫卿議兵篇曰宛鉅鐵釶慘如蠭蠆史記禮書本之曰宛之鉅鐵施鑽如蠭蠆徐廣曰大剛曰鉅按引伸爲鉅大字。史記禮書正義云鉅剛鐵也**大也**禮記三年問創鉅者其日久疏又釋文又荀子賦動則綦高以鉅注又呂覽尊師鉅東方之鉅狡也注修樂以鉅爲美注。書大傳鉅野淺注云鉅野大野也**鉤也**文選西征賦於是弛青鯤於網鉅注。廣雅釋器云巨闕劍也又初學記引廣雅云鉅黍弓也又荀子性惡云繁弱鉅黍貞古之良弓者也**鉅者白也**墨子貴義**鉅公天子也**漢書郊祀志上言吾欲見鉅公注引鄭氏又引張晏云天子爲天下父故

曰鉅公**巨勝胡麻也**廣雅釋艸

岠。俗有拒**止也一曰槍也一曰超岠**說文段注許無拒字岠卽拒也此與彼相抵爲拒相抵則止矣書傳云岠至也至則止矣其義一也漢石經論語其不可者距之字作距許岠與距義別木部曰槍岠也兩字互訓槍者謂柢觸也史記投石超距超一作拔漢書甘延壽投石拔拒絕於等倫張晏曰拔拒起距也劉逵曰拔拒謂兩人以手相按能拔引之也**拒敵也**荀子仲尼與之書社三百而富人莫之敢敵也注**拒方陳**左氏桓五年傳鄭子元請爲左拒注。淮南齊俗拘罷拒折之容注云拒折方也萱按訓方者段爲槃也**拒受居漏水涑橐者也**周禮掌舍設梐枑再重司農注**距止也距至也距困也距閉也距去也距躍不行也旅距不從之皃**萱按此類距字皆岠之段借也注詳距下。詩雨無正箋患不能距止之釋文距本作岠又爾雅釋言注距齊州以南釋文距本作岠萱按兩岠字蓋岠之譌也

距或作䚕𧣈**雞距也**說文段注左傳季氏介其雞郈氏爲之金距服曰以金沓距也按鳥距如人與獸之叉此距與

止部之岠與義他家多以距爲岠。論語子張其不可者距之釋文云距雞爪也又漢書五行志中之上而不鳴不將無距注云距雞附足骨鬬時所用刺之又淮南原道雞有鉤蔵芒距注云距爪也**俎距脛中當横節也**儀禮少牢饋食禮長皆及俎距注。鄉射禮記距隨長武注云距隨者物横畫也始前足至東頭爲距後足來合而南面爲隨**髕曲頭曰距距矩也言曲似矩也**釋名釋形體。文選羽獵賦云距連卷**止也**管子小問來者鶩距注萱按此下諸義大抵皆岠之本義也義也後人距岠不分矣从止从足義本近耳**至也**莊子漁父距陸而止釋文引李注又後漢董卓傳注又書禹貢疏**距者相抵之名**書皋陶謨距川疏**距猶起也**春秋考異郵八風殺生以節翔翔距冬至四十五日條風至注**去也**國語周語距今九日注又列子湯問不知距齊州幾千萬里注**大也**淮南氾論疏距者舉遠注**距猶自也**國語晉語距非聖人注**距躍超越也**左氏僖廿八年傳距躍三百注。文選四子講德論今夫子閉門距躍注云距躍不行也萱按李善釋距躍恐不如杜預左傳注之確。淮南本經戴角出距之獸注云距讀拒守之拒**困也**廣雅釋言**閉也**漢書趙廣漢傳集注**旅距不從之皃**後漢馬援傳注

齟斷腫也說文

苣。俗作炬**束葦燒也**說文段注後漢書皇甫嵩傳束苣乘城俗作炬以此爲炬燭蓋苣字。皇甫嵩傳注云苣束葦燒之又華嚴經音義上引珠叢云苣謂莒苣束艸爇火以照之也苣卽古之炬字。後漢張衡傳注云炬可以昭明

柜或書作榘。俗作櫸**柜木也**說文段注趙注孟子曰杞柳柜柳也郭注爾雅曰柜柳似柳皮可煑飲廣韻柜下云柜柳按柜今俗作櫸又音譌爲鬼柳樹未知許所說是此字不。山海經大荒西經有方山者上有青樹名曰柜格之松注云柜格之松木名

𩰫秬或**黑黍也一稃二米㠯釀**說文段注生民曰誕降嘉穀維秬維秠毛曰秬黑黍也秠一稃二米也禾部稃穭也秠一稃二米天賜后稷之嘉穀也是則黑黍名𩰫自其一稃二米言之則謂之秠以釀酒是曰𩰫釀經典曰𩰫鬯故其字从鬯也黑黍容有不一稃二米者。左氏僖廿八年傳秬鬯一卣注又賈注昭四年傳黑牡秬黍注昭十五年傳鍼鉞秬鬯注又禮記王制注秬酒也釋文表記秬鬯以事上帝釋文又管子地員其種大秬細秬注又呂覽本味南海

之秬注竝云秬黑黍也又楚辭天問咸播秬黍注云秬黍黑黍也又白虎通考黜云秬者黑黍一稃二米又周禮春官序官鬯人注云秬如黑黍一稃二米○爾雅釋艸秬黑黍釋文云秬令蜀黍也

秬鬯香酒也漢書王莽傳上秬鬯二卣注○穀梁莊元年傳注禮有九錫疏云秬鬯謂賜秬鬯之酒盛以圭瓚之中以祭祀也又周禮鬯人掌共秬鬯而飾之注云秬鬯不和鬱者

踽○俗有偶疏行皃詩曰獨行踽踽說文段注唐風獨行踽踽毛曰踽踽無所親按許合經傳云爾疏通也引伸為親疏孟子行何為踽踽涼涼義同○列子力命偶偶而步釋文引字林云踽疏行皃踽踽行也廣雅釋訓奎踽開足也文選西京賦奎踽盤桓薛注踽僂傴僂也文選登徒子好色賦旁行踽僂注○漢書東方朔傳行步偶旅注云偶旅曲躬皃也

𤘘齲或齒蠹也說文段注釋名釋疾病曰𤘘朽也蟲齧之缺朽也史記齊中大夫病齲齒淮南踦木愈齲司馬彪五行志桓帝元嘉中京都婦女作齲齒笑○後漢梁冀傳注云齲齒笑者若齒痛不忻忻病也廣雅釋詁一

齒重生也一切經音義十五引蒼頡

藘或作蕒菜也似蘇者說文段注此齊民要術蘘荷芹藘之藘本艸新補之苦苣也野生者名褊苣人家常食為白苣江外嶺南吳人無白苣常植野苣以供廚饌字或作蕒俗譌作苣廣雅云蕒藘也曹憲云白藘與苦蕒大異恐非廣韻曰苦藘江東呼為苦蕒思總引詩義疏云藘苦葵也青州謂之芑

鐻虡古文虡隸省○萱按此从段氏更定也段曰鐻字蓋秦小篆李斯所作也虡為隸字不用小篆而改省古文後人所增也鐘鼓之柎也飾為猛獸說文段注木部曰柎闌足也靈臺有瞽傳皆曰植者曰虡橫者曰栒考工記曰梓人為筍虡贏屬恆有力而不能走其聲大而宏若是者以為鐘虡按鼓虡當亦象贏屬也戴氏考工記圖曰虡所以負筍非以贏者羽者為虡下之跗也引西京賦洪鐘萬鈞猛虡趪趪趪負筍業而餘怒及奮翅而騰驤薛注云當筍下為兩飛獸以背負張揖注上林賦曰虡獸重百二十萬斤以俠鐘旁俠同夾此可見虡制師古改其注云以縣鐘則昧於古制矣廣韻引埤蒼鐻樂器以夾鐘削木為之與張注同今李韻廣韻作形似夾鐘則非矣又考上林賦擽飛虡廣韻引正

作虡張揖曰飛虡天上神獸鹿頭龍身是長卿謂虡為神獸許謂栒虡字飾以猛獸說不同也典庸器經文作虡注文作鐻此鄭氏注經之通例○釋名釋樂器云所以縣鐘鼓者橫曰筍從曰虡虡舉也在旁舉筍也又禮記明堂位夏后氏以龍簨虡注云簨虡所以縣鐘磬也植曰虡木謂之虡爾雅釋器段大令曰梓人為虡本以木始皇乃易以金李斯小篆乃改為从金虡聲之字○後漢董卓傳注云鐘虡以銅為之虡几也廣雅釋器○方言五几其高者謂之虡注云虡卽筍虡也獸名也漢書司馬相如傳上立萬石之虡注又貫山傳縣石鑄鐘虡注云虡猛獸之名又郊祀志上鐘虡銅人皆生毛注云虡神獸名也縣鐘之木刻飾為之因名曰虡也又後漢董卓傳注云虡鹿頭神身獸也

雨永許切上去兩音去聲引申之義也𠕲古文水從雲下也說文段注引申之凡自上而下者偁雨萱按凡字本義與引申之義古不必有兩讀但分用既久亦有不容并合者此類字是也○釋名釋天云雨水從雲下也又云雨羽水也漢書王莽傳中興致時雨注引應劭雨者水氣也其音羽也春秋繁露五行五事○釋名釋天云雨羽也如鳥羽動則散也天氣下為雨素問陰陽應象大論○古微書引河圖帝通紀云雨者天之施也

地之含氣和者為雨淮南天文春洩氣為雨文選雪賦注引五經通訓木氣也書洪範曰雨鄭注又星有好雨鄭注云雨木也為金妃又禮記禮器饗帝於郊注云木為雨陰陽和而為雨古微書引春秋元命苞又易鼎方雨虧悔注云雨者陰陽交和不偏亢者也又睽往遇雨則吉疏云雨者陰陽交和之道也又大戴記天曾子天圓云和則雨陽為雨禮記月令仲夏行冬令則雹凍傷穀注○易小過密雲不雨注云夫雨者陰在于上而陽薄之而不得通則烝而為雨又象上傳密雲不雨尚往也虞注云陽上薄陰陰能固之然後烝而為雨又大戴記曾子天圓云陽氣勝則散為雨露陰也隋書五行志上引洪範五行傳又論衡寒溫云雨者陰又古微書引易稽覽圖云降陰為雨○漢書天文志云雨少陰之位也坎為雨易睽見豕負塗虞注鼎方雨虧悔虞注又小畜既雨既處虞注云坎水零為雨又象上傳雲行雨施虞注云下坎為雨又密雲不雨虞注云坎降地偁雨兌也易繫辭上傳潤之以風雨虞注又繫辭下傳以待風雨虞注云兌為雨澀氣也素問五常政大論涼雨時降注濡物者也管子形勢解雨者輔也言輔時生養也釋名釋天○御覽引邵季彬禮統云輔時生養均遍故謂之雨渠也廣雅

釋天雨師畢也周禮大宗伯以槱燎祀司中司命飌師雨師注又淮南原道令雨師灑道注云雨師畢星也又獨斷上云雨師神畢星也其象在天能興雨
雨師謂屛翳也
山海經海外東經雨師妾在其北注
雨者兆之體氣如雨然也
書洪範曰雨鄭注

与 賜予也一勺爲与此與予同意
說文段注賜予也予推予犇人也下从勺一者推而予之
與攩與也从升義取共舉不同与也今俗以與代与與行而与
廢矣○荀子富國其於貨財取與計數也注云與謂賜與又周
禮大卜三曰與司農注云與謂予人物也萱按此皆段與爲与
也如此者甚多後人好趨省便如与處等轉不用本字何也

與 上去二音其讀平聲者歟之通借字也
与升 古文
黨與也
說文段注黨當作攩攩朋羣也與當作与与賜
予也○淮南主術則非之以與注又漢書項籍傳田假與國之
王注引張晏燕王劉澤傳弗與矣注引孟康云蓋寬饒傳多仇少
與注竝云與黨與也又燕剌王旦傳集注云與謂黨與又荀子
瀷國陶誕比周以爭與注云與謂黨與之國也又後漢陳元傳
注云與猶黨也周禮大卜三曰與注云與謂所與共事也
類也
國語周語少曲與馬注
親也
管子霸言諸侯之所

與也注又形勢見與之交幾於不親注云與親與也○易咸二
氣感應以相與釋文引鄭注又莊子大宗師孰能相與於無相
與釋文竝云與猶親也又荀子王霸不欺其與注云與相親與之國
與猶助也
國策秦策不如與魏以勁之注齊策
君不與勝者而與不勝者注又呂覽順說因其來而與來注樂成吾其與之注
許也
論語公治長吾與女弗如也皇疏述
而唯我與爾有是夫皇疏又管子小匡衆必與之注又國語晉
語子與之注又漢書司馬遷傳集注翟方進傳集注○史記五
帝紀與爲多馬索隱又漢書陳湯傳集注竝云與猶許也又語
論語子罕子罕言利與命與仁皇疏云與者言語許與之也
譽也
廣雅釋詁四
與猶說也
淮南天文聖人不與也注
與猶歸也
呂覽執一少選曰與子注
從也
國語齊語桓公知天下諸侯多與己也注○詩
旄丘傳言與仁義也疏云與者從彼於我之稱
與猶隨也
淮南墬形
蛤蟹珠龜與月盛衰注○史記仲尼弟子
傳與時轉貨貲集解云與時謂逐時也
與猶待也
後漢馮衍傳下注
偕也
漢書淮陽欽傳集注○史記夏本紀與益予衆庶稻鮮食
索隱云與謂同與之與又莊子養生主人之兒有與也注
云兩足共行曰有與又荀子王制霸奪之與注云與謂與國也
及也
禮記檀弓上與人之葬聖人也注又論語述而唯我

與爾有是夫釋文○漢書賈誼傳集注云與猶及也
如也
廣雅釋言又文選報任少卿書而世俗又不與能死節者次比
注又漢書高帝紀下集注韓信傳集注陳平傳集注陸賈傳集
注○史記司馬相如傳何與寡人集解引郭璞又文選子虛賦
孰與寡人乎郭注竝云與猶如也又漢書高帝紀下孰與仲多注云與亦如也
并也
公羊襄廿九年傳與季子同毋者四
注
謀也
論語述而釋文
與謂舉也
易象上傳物與无妄虞注
用也
管子海王我未與其本事也注○呂覽貴直王胡不能與鄙士乎注云與猶用也
操也
方言十二
生也
廣雅釋詁一
與猶數也
禮記曲禮上生與來日注
辭也
國語周語其與能幾何注晉語將與幾何注
與猶還也
史記孟嘗君傳貸錢者多不能與其息索隱
與謂施也
周書謚法愛民好與曰惠注
與猶予也
爾雅釋詁台朕賚畀卜陽予也注又
周禮大卜三曰與司農注云與謂予人物也又荀子富國其於
貨財取與計數也注云與謂賜與萱按經典與字爲与之段借
者多矣此其尤顯者

䞣
安行也
說文段注廣韻九魚䞣䞣安行兒按欠部歟安气也心部懙趣步懙懙也馬部䮙馬行徐而疾也論語曰

與與如也漢書長倩懙懙

禹
禹 古文
蟲也象形
說文段注夏王以爲名學者昧其本義○廣韻引字林云禹蟲名
舒也
廣雅釋詁四
禹者輔也
風俗通義皇霸引書大傳
淵源流通曰禹
書堯典疏引謚法
受禪成功
功曰禹
淮南汜論禹之時以五音聽治注
鯀子也
楚辭天問伯禹腹鯀注○漢書藝文志集注云命古禹字
字萱按命即說文所載古文也而筆畫小誤

騁
張耳有所聞也
說文
驚也
廣雅釋詁一又玉篇引蒼頡

瑀
石之次玉者
說文段注鄭風傳曰雜佩者珩璜琚瑀衡牙之類又曰佩有琚瑀所以納閒納閒者納於上珩下璜衡牙之中也韓詩傳蠙珠以納其閒保傳篇曰玭珠以納其閒琚瑀以雜之玭即蠙毛不言蠙珠韓不言琚瑀保傳篇兼言之蓋蠙珠居中琚瑀皆美石又貫於蠙珠之上下故曰雜佩雜集也集衆美也盧辯曰玭珠之赤者曰琚白者曰瑀誤矣○詩女曰雞鳴釋文云瑀石次玉也

橋。作撟者譌

橋木也 說文段注未詳小雅橋維師氏箋云橋氏也集韻類篇皆云橋木名撟姓引詩撟維師氏唐石經初刻從手後改從木按篇韻皆無撟字釋文五經文字急就篇顏注從木。漢書古今人表師氏撟五行志下作撟

萬艸也 說文段注攷工記故書禹之以眡其匡先鄭讀爲萬。鄭云萬蔓未詳何物

宇寓籀

屋邊也易曰上棟下宇 說文段注引伸之凡邊謂之宇如輪人爲蓋上欲尊而宇欲卑左傳云在君之宇下又云失其守宇皆是也宇者言其邊故引伸之義又爲大文子及三蒼云上下四方謂之宇往古來今謂之宙上下四方者大之所際也莊子云有實而無乎處者宇也有長而無本剽者宙也有實而無乎處謂四方上下實有所際而所際之處不可到。易繫辭下傳上棟下宇虞注又荀子儒效君子言有壇宇注竝云宇謂屋邊也又楚辭招魂高堂邃宇注云宇屋也又素問六微旨大論生化之宇注云宇謂屋宇也又詩豳疏云宇者屋宇所以居人又國語越語而爲畝邑宸宇注又文選東京賦注引蒼頡竝云宇邊也

屋四垂爲宇 詩七月八月在宇釋文又淮南氾論注云宇屋之垂。左氏昭四年傳失其守宇注云於國則四垂爲宇

屋霤也 詩七月釋文引韓詩

屋簷也 淮南覽冥而燕雀佼

之以爲不能與之爭於宇宙之閒注又左氏昭四年傳疏云宇謂屋簷也

梠也 儀禮士喪禮置于宇西階上注

宇謂屋之覆也 漢書郊祀志五帝廟同宇注。釋名釋宮室云宇羽也如鳥羽翼自覆蔽也

寓猶葢也 文選東京賦德宇天覆薛注

隮下曰宇 考工記輪人注

凥也 廣雅釋詁二。詩緜聿來胥宇傳桑柔念我土宇傳閟宮大啟爾宇傳又國語周語使各有寧宇注又離騷爾何懷乎故宇注又淮南俶真而徙倚乎汗漫之宇注又周禮大司徒注各有攸宇疏竝云宇居也萱按凥正字居段借字。漢書高惠高后文功臣表大其寓注云寓謂啟土所居也

大也 爾雅釋詁又荀子非十二子矞宇嵬瑣注。爾雅注云宇宙亦爲大也

覆也 國語晉語今君子之德宇注又荀子賦精微乎毫毛而大盈乎大寓注

天所覆爲宇 文選魯靈光殿賦廓宇宙而作京張注。太玄玄攡玄瑩宇宙祏坦注云闔天謂之宇又玄攡注云闔天地晝夜之稱謂之爲宇如屋宇之所覆也

野也 楚辭招魂其外曠宇些注

四表曰宇 文選典引榮鏡宇宙蔡注

八寓八方區宇也 文選東京賦威振八寓薛注

天地之內稱寓 文選東京賦區寓又寍薛注。淮南原道而大宇宙之總注云宇宙論天地

天地四方爲宇 漢書

武帝紀集注司馬相如傳上集注引張揖又莊子齊物論釋文引尸子云天地四方曰宇。呂覽下賢神覆宇宙而無望注云四方上下曰宇以屋喻天地也又淮南天文虛廓生宇宙注云宇四方上下也又原道紘宇宙而章三光注云四方上下曰宇又莊子庚桑楚注云宇者有四方上下

宇器宇也 莊子庚桑楚宇泰定者發乎天光釋文引王注。水經江水注引來敏本蜀論云望帝者杜宇也。一切經音義七云宇籀文作㝢萱按㝢者寓之小譌

羽

鳥長毛也象形 說文段注長毛別於毛之細縟者長毛必有耦故竝羽凡部曰參新生羽而飛也羽竝參也引伸爲五音之羽。左氏隱五年傳骨角毛羽疏云鳥翼長毛謂之爲羽

鳥翼也 後漢班彪超傳注。文選爲石仲容與孫皓書羽檄燭日注云羽鳥羽也又國語晉語羽羽旄齒革注云羽鳥羽也翡翠孔雀之屬又楚語皮革羽毛注云羽鳥羽也所以爲旌毛

鳥屬 考工記梓人羽者注又文選吳都賦羽族以觜距爲刀鈹劉注云羽族鳥屬也蜀都賦羽族紛泊劉注云羽族鳥也

羽翠羽也 楚辭招魂實羽觴些注。文選東京賦羽葢威蕤薛注云羽葢以翠羽覆車葢也又考工記鐘氏染羽注云羽所以飾旌旗及王后之車

羽翟羽也 禮記樂記及干戚羽旄謂之樂注。周禮大司徒其

動物宜羽物注云羽物翟雉之屬

羽蟲鳳皇鴻鵠鶴鷺之屬也 呂覽觀表毛羽裸鱗注。家語執轡羽蟲三百六十而鳳爲之長

鴈也 周禮庖人冬行鱻羽膳膏羶杜注又禮記內則冬宜鮮羽注

羽獸南方朱鳥 管子幼官以羽獸之火爨注

羽衣緝鳥羽以爲衣也 後漢李章傳注

羽衛負羽侍衛也 文選江文通雜體袁太尉詩羽衛藹流景注。七命屯羽隊於外林注云羽隊士負羽而爲隊也又後漢虞詡傳注云虛危南有衆星曰羽林也

羽檄徵兵之書也 漢書淮南王安傳持羽檄從南方來注又息夫躬傳羽檄重迹而押至注云羽檄檄之插羽者也。後漢西羌傳注云羽書卽檄書也

白羽矢名 文選鮑明遠擬古詩留我一白羽注。釋名釋兵云矢其旁曰羽如鳥羽也鳥須羽而飛矢須羽而前也

羽以爲翿舞者執之以指麾也 呂覽季夏執干戚戈羽注又長攻先令舞者置兵其羽中注云羽舞者所執持也又淮南時則注云羽舞者所持翿又莊子徐無鬼孫叔敖甘寢秉羽釋文云羽雩舞者之所執又穀梁隱五年經初獻六羽注云羽翟羽舞者所執又詩簡兮箋萬舞干舞也疏引孫毓云羽舞翟之舞也。晚出書大禹謨舞干羽于兩階傳云羽翳也

羽析白羽

爲之形如帗也周禮舞師教羽舞注又樂師有羽舞司農注云舞羽舞者析羽羽籥籥舞也象
文也禮記文王世子秋冬學羽籥注○公羊隱五年傳初獻六羽注云羽者鴻羽也所以象文德之風化疾也又傳云六
羽者何舞也北方羽聲也管子版法聽羽聲注○呂覽孟冬其音羽注云羽水也位在北方又淮南說山欲學
歌謳者必先徵羽樂風注云羽北方水羽爲水漢書律厤志上○淮南天文其音羽注云羽水也又白虎通禮樂云
水謂羽又左氏昭廿五年傳注宮商角徵羽疏云水爲羽羽謂水音沈而深也素問陰陽應象大論云在音
爲羽注又金匱真言論其音羽注云羽水聲也羽謂之栜爾雅釋樂○淮南天文云南呂爲羽○禮記仲尼燕居和
鸞中采薺客出以雍徵以振羽注云采薺雍振羽皆樂章也振羽振鷺及雍羽爲智羽爲聽竝漢書律厤志
上羽爲物禮記樂記又漢書律厤志上○禮記五藻右徵角左宮羽注云宮羽在左君也物也羽之爲言
舒言萬物始孳白虎通五行又晉書樂志云羽舒也陽氣將復萬物孳育而舒生羽者紓也白虎
通禮樂宇也漢書律厤志上○爾雅釋樂釋文引劉歆注云羽宇也物聚藏宇覆之也又風俗通聲音引劉歆鐘律書

云羽者宇也物始藏宇覆之也火象也素問五常政大論其蟲羽注又羽蟲育注云羽爲火蟲氣同地也翼其
衆也國語周語故長夷則之上宮名之曰羽注○呂覽舉難三士羽翼之也注云羽翼佐之又太玄翕翕其羽注云羽朋
友之用美稱相翼之謂也鈞浮也呂覽離俗羽有動靜注羽山東裔也書堯典殛鯀于羽山馬注又禹
貢蒙羽其藝鄭注云蒙羽二山名又山海經海內經帝令祝融殺鯀于羽郊注云羽郊羽山之郊○淮南原道朝羽民注云羽
民南方羽國之民
霸水音也說文段注江氏聲曰五聲羽屬水許字作霸與各書不同今按此當謂流水之音耳
鄉南陽舞陰亭說文段注南陽郡舞陰二志同水經曰潕水出潕陰縣西北扶予山東過其縣南凡水之南爲
陰當因水在縣西北縣即在水東南而名舞陰矣水作潕縣作舞者漢時縣字作舞也水經注作潕陰者依水改字也鄉者漢
時亭名庾信賦曰栩陽亭有離別之賦漢藝文志之別栩陽賦也栩陽亭豈即鄉亭與
予推予也象相予之形說文段注予與古今字釋詁曰台朕賚畀卜陽予也按推予之予假借爲予我

之予其爲予字一也故台朕陽與賚畀卜皆爲予也爾雅有此例廣雅尚多用此例予我之予儀禮古文左氏傳皆作余鄭曰
余予古今字○段又注古予我字亦讀上聲萱按余引申之義訓我予段借之義亦爲我故余予本異讀義而得爲古今字
與也廣雅釋詁三○方言十三埤予也注云予猶與又荀子成相外不避仇內不阿親賢者予注大略然而有所共予也
注竝云予讀爲與賜也爾雅釋詁又荀子脩身喜不過予注布施也淮南本經予之與奪也注○史記夏本紀
與益予衆庶稻鮮食索隱云予謂施予之予又詩大明箋而天乃予諸庶有德者疏云予宜爲投予之義許也禮記檀弓
注自予不能及釋文又管子宙合主盛處賢而自予雄也注又漢書終軍傳集注又外戚傳下春秋予之注云予謂許予之也
加美之辭史記屈原賈生傳請問于服索隱引小顏讎也方言二我也爾雅釋詁又詩河廣等箋小毖
予又集于蓼傳又公羊襄廿九年傳注哀十四年傳注又孟子離婁下注告子下注又楚辭少司命芳菲菲兮襲予注○白虎
通疏云予亦我也又禮記坊記非予武注云非予武非我武功也
野壄古文○或作埜郊外也說文段注邑部曰距國百里曰郊冂部曰邑外謂之郊郊外謂之野野外謂之

林林外謂之冂詩召南邶風傳皆曰郊外曰野鄭風傳曰野四郊之外也論語質勝文則野包咸曰野如野人言鄙略也○易
坤龍戰于野干注又書牧誓王朝至于商郊牧野鄭注又周禮甸師共野果蓏之薦注遂人掌邦之野注縣士掌野注又國語
晉語曰季使舍於冀野注竝云郊外曰野又詩野有蔓艸傳云野四郊之外又周禮委人注旅師注竝云野謂遠郊以外也又
士師注云去國百里爲郊郊外謂之野外也淮南主術有野心者注萱按此引申爲凡外之稱也○爾雅釋地牧外謂
之野又楚辭初放長於原野注云坰外曰野又周禮天官序官疏云國外則曰野萱按此汎言則通也故說各不同野則
九夫爲井四井爲邑之屬是也周禮天官序官體國經野注野謂一百里以
外三等采地之中周禮天官序官注又縣士凡野有大事注云野距王城二百里以外及縣都又掌野注云
地距王城二百里以外至三百里曰野又載師以廛里任國中之地司農注引司馬法云三百里爲野又野廬氏疏云野謂百
里至畿又遂人疏云從二百里至五百里皆名野野謂甸稍縣都也周禮地師以歲時徵野之賦貢注遂
人掌邦之野注○司會注質人注竝云野甸稍也野謂公邑大夫周禮大司馬野以邑名注郊野載旒注

乾爲野易象上傳同人于野虞注毄辭上傳野容誨淫虞注毄辭下傳上古穴居而野處虞注葬之中野虞注**野是廣遠之處**易同人同人于野疏又詩小明傳艽野遠荒之地疏云野是遠稱○爾雅釋地魯有大野**九野八方中央也**淮南原道而知八紘九野之形埒者注又列子湯問八紘九野之水注云九野天之八方中央也○素問六節藏象論九野爲九藏注云九野者應九藏而爲義**鄙也**公羊桓十一年傳而野番注又呂覽過合爲野晉而反善之注○禮記仲尼燕居敬而不中禮謂之野疏云野謂鄙野**不達禮也**禮記檀弓上若是野哉疏○論語子路野哉由也集解引孔注云野猶不達也皇疏同又荀子禮論事生不忠厚不敬文謂之野注云野野人不知禮者也○貫子道術云容志審道謂之僩反僩爲野**野人粗略也**論語先進野人也鄭注又皇疏云野人貿朴之稱也○孟子萬章上齊東野人之語也注云東野東作田野之人所言耳又萬章下在野曰艸莽之臣注云在野野居之人又荀子脩身庸很而野注云野郊野之人**野妖野**易毄辭冶容誨淫釋文引王肅注**野雞雉也**廣雅釋鳥○文選長笛賦埜雉量雝注云埜古野字又莊子山木遊于雕陵之樊釋文引司馬注云埜古野字

冶銷也說文段注銷者鑠金也久之融如鑠金然故鑪鑄亦曰冶易野容誨淫陸德明本作冶容按野冶皆蠱之段借也張衡賦言妖蠱今言妖冶○一切經音義二引三蒼云冶銷鑠也遇熱即流遇冷即合與冰同意故字从仌**治金器曰冶**書梓材若作梓材馬注○禮記曲禮下注金工築冶鳧栗鍛桃疏云冶謂煎金石者**冶謂鑄冶也**禮記學記良冶之子疏又禮運注執冶萬物疏云冶謂陶鑄也**妖也**荀子非相莫不美麗姚冶注又文選雪賦執袖慇冶注又一切經音義八引易劉瓛注云冶妖冶也又文選海賦眇瞄冶夷注云冶夷妖媚之兒○後漢崔駰傳注引周鄭注云飾其容而見於外曰冶**官名也**國策西周策函冶氏注

許訓舉切**聽言也**說文段注聽從之言也耳與聲相入曰聽引申之凡順從曰聽許或假爲所或假爲御下武傳許進也郎御進也東平王蒼正作昭盭來御又爲鄉之段借字**聽也**廣雅釋詁四○呂覽首時王子許注云許諾**與也**公羊文九年傳許夷狄者注又廣雅釋言又莊子大宗師瞻明閒之聶許釋文引李注徐無鬼夫神者不自許也釋文引司馬注**信也**孟子梁惠王上則王許之乎注**許猶興也**孟子公孫丑上可復許乎注**進也**詩下武傳又廣雅釋

詁三**許猶所也**文選謝尒暉在郡臥病詩良辰竟何許注**許許柹皃**詩伐木伐木許許傳萱按說文引伐木所所不用毛此義**諸姜也**詩揚之水不與我戍許傳萱按此段許爲鄦也鄦下詳之

鄦炎帝大岳之胤甫侯所封在潁川說文段注炎帝神農氏之裔子爲大嶽詳呂部下大嶽封於呂其裔子甫侯又封於鄦鄦許古今字前志曰潁川郡許故國姜姓四岳後大叔所封大叔左傳隱十一年正義作文叔說文敘目云呂叔作藩俾侯於許然則封鄦者文叔非甫侯也鄭注呂刑曰呂侯受王命入爲三公引尚書刑德放云周穆王以呂侯爲相古文尚書呂刑今文尚書作甫刑且據國語毛傳史記潛夫論諸書呂甫許皆姜姓封國詩王風申甫許三國竝言武王既封文叔於許矣豈待穆王封甫侯於許叔重言甫侯所封者甫侯即謂呂叔呂叔即謂文叔無二人也在潁川者謂鄦在潁川許縣也潁川郡許二志同漢字作許周時字作鄦史記鄭世家鄦公惡鄭於楚盖周字之存者今春秋經傳不作鄦者或後人改之或周時已段借未可定也不曰在潁川許縣者其字異形同音其地古今一也今河南許州州東三十里有故許昌城**許諸姜也**詩揚之水傳○水經陰溝水注引世本云許州向申姜姓也炎帝後又穆天子傳五見許男于

淯上注云許國今許昌縣淯水之所在**許許田也魯朝宿之邑也**詩閟宮居常與許箋又傳云常曷縣淯水之所在許魯南鄙西鄙

𢡱趣步𢡱𢡱也說文段注趣疾走也趣步𢡱𢡱謂疾而舒也馬部鸒下曰馬行徐而疾義正相類論語與與如也馬注曰與與威儀中適之兒與與即𢡱𢡱之段借欠部曰歟安气也**懙懙行步安舒也**漢書敘傳下長倩懙懙注引蘇林

詡大言也說文段注禮器德發揚詡萬物注詡猶普也按詡之本義爲大言故訓爲普則曰猶凡古注言猶者視此詡之引申之義爲大故周弁殷吁夏收白虎通吁作詡鄭注禮云吁名出於幠幠覆也義可相發明○禮記少儀疏云詡謂敏大言語**大也**漢書揚雄傳上集注○廣雅釋訓云詡詡大也**許猶普也偏也**禮記禮器注**詡謂義而有勇**禮記少儀會同主詡注**北方人謂媢好爲詡**漢書張敞傳長安中傳張京兆憮注引孟康萱按此方俗之語亦段詡爲嫵也

栩柔也其皁一曰樣說文段注陸機曰栩今柞櫟也徐州人謂櫟為杼或謂之為栩按毛傳說文皆栩柔樣為一木櫟下但云木也不云即栩也然則陸機專據徐州語言合之耳艸部曰皁斗櫟實也一曰樣斗許益謂栩為柞櫟與陸機同○爾雅釋木云栩杼又詩鴇羽集于苞栩傳東門之枌宛丘之栩傳又漢書地理志下宛丘之栩注竝云栩杼也萱按柔杼本異字而相承多用杼罕用柔二字數不可分矣

栩栩喜皃莊子齊物論栩栩然胡蝶也釋文萱按此段借之義

寫○俗作瀉**置物也**說文段注謂去此注彼也曲禮曰器之溉者不寫其餘皆寫注云寫者傳己器中乃食之也小雅曰我心寫兮傳云輸寫其心也按凡傾吐曰寫故作字作畫皆曰寫俗作瀉者寫之俗字周禮以澮寫水不作瀉○萱按殽阮碑承寫其流作寫不作瀉

寫謂倒傳之也禮記曲禮疏**吐也**漢書司馬相如傳上集注**除也**詩泉水以寫我憂傳又廣雅釋詁三○管子白心臥名利者寫生危注云寫猶除也**盡也**廣雅釋詁一**憂也**爾雅釋詁又注云寫有憂者思散之也○方言十云無寫憐也沅澧之閒凡言相憐哀謂之嘳或謂之無寫皆相見驩喜有得亡之

意也**寫猶象也**周髀算經上笠以寫天注**寫猶放數也**淮南本經可以鼓鐘寫也注**書稱刺又曰寫到寫此文也**釋名釋書契畢尚書沅疏證云今本到字加人旁說文新附字也到寫猶以此器之物傳寫於他器也鄭注周禮鄉大夫職云內史副寫其書又注御史職云為書寫其治之法令

許乃切

女上去二音去聲引申之義也**婦人也象形王育說**說文段注男丈夫也女婦人也立文相對喪服經每以丈夫婦人連及文渾言之女亦婦人析言之適人乃言婦人也左傳曰君子謂宋共姬女而不婦女待人婦義事也此可以知女道婦道之有不同者矣言女子者對男子而言子皆美偁也曰女子子者系父母而言也集韻曰吳人謂女為婚牛居切青州呼女曰婚五故切楚人謂女曰女奴解切皆方語也此篆不得其居六書何等而惟王育說是象形也蓋象其揜斂自守之狀○儀禮士昏禮其他如取女禮注又禮記曾子問女未至疏竝云女謂婦也又曲禮上女子許嫁纓疏云女子婦人通稱也**女子謂未嫁者也**禮記雜記女子附於王母則不配注○公羊隱二年傳云女在其國稱女在塗稱婦入國稱夫人又文四年傳娶乎大夫者略之也注云女者父母辭**女者如也**大戴記本命又白虎通嫁娶云

女者如也從如人也又釋名釋長幼云女如也婦人外成如人也故三從之義少如父教嫁如夫命老如子言**女民之弱者**詩候人季女斯飢傳又七月疏云女是人之弱者**陰也**離騷眾女嫉余之娥眉兮注湘君將以遺兮下女注○後漢劉瑜傳注云女陰物也**女好柔婉也**荀子賦此夫身女好而頭馬首者與注**巽為長女離為中女兌為少女**竝易說卦傳○易屯女子貞不字虞注云離為女子又觀闚觀利女貞虞注云兌為女又家人利女貞虞注云女謂離巽又彖下傳二女同居虞注云二女離兌也**女嬖寵之家**左傳昭三年傳而女富溢尤注○左氏襄十一年傳疏云女樂房中私宴之樂**女師者教女之師以婦人為之**詩葛覃傳師女師也疏○儀禮士昏禮注云女從者謂姪娣也又後漢竇武傳注云女尚書內官也**女媧古神女而帝者**山海經大荒西經女媧之腸注○後漢張衡傳注云女魃旱之神也**女牀山名在華陰西六百里**文選東京賦鳴女牀之鸞鳥薛注○釋名釋宮室云城上垣曰睥睨亦曰女牆言其卑小比之於城若女子之於丈夫也**女蘿兔絲也**楚辭山鬼被薜荔兮帶女蘿注又爾雅釋艸兔作菟又詩頍弁蔦與女蘿釋文云女蘿在艸曰兔絲在木曰松

蘿○廣雅釋艸云女腸女苑也**女桑荑桑也**詩七月猗彼女桑傳又箋云女桑少枝也又爾雅釋木女桑桋桑注云今俗呼桑樹小而條長者為女桑樹**女鷗工雀也**廣雅釋鳥又方言八云桑飛自關而東或謂之女匠○萱按經典多用女為汝省借字也

繇舉切

旅○俗有琭又有祇**止从**古文○古文又段借㞱為魯**軍之五百人**說文段注大司徒五人為伍五伍為兩四兩為卒五卒為旅五旅為師五師為軍以起軍旅注云此皆先王所因農事而定軍令者也欲其恩足相恤義足相救服容相别音聲相識引伸為凡眾之傳小雅旅力方剛傳云旅眾也又引伸之義為陳小雅殺核為旅傳云旅陳也又凡言羈旅義取乎盧盧寄也故大雅盧旅猶處處言言語語也又古段為盧引之盧俗乃製琭字左傳仲子生而有文在其手曰為魯夫人正義曰隸書起於秦末手文必非隸書石經古文虞作苡魯作㞱手文容或似之者字以為聲○詩采芑陳師鞠旅箋黍苗我師我旅箋皇矣爰整其旅箋又易序卦傳故受之以師九家注又左氏哀元年傳有眾一旅注又論語衛靈軍旅之事集解引鄭注竝云五百人為旅又周禮小司徒注云旅五百人○左氏成十八年傳旅不儡師注云旅五百人之師也萱按此

引仲之義也又管子小匡云二千人爲旅按此獨爲異說**旅師旅也**史記太史公自序悼豪之旅索隱○詩皇矣爰整其旅傳云旅師**旅部旅也**淮南脩務奚仲不能旅注**旅猶軍旅也**史記天官書主葆旅事索隱引宋均又漢書天文志注引宋均云旅軍衆也又易旅釋文云旅是軍旅**旅一黨**周禮夏官序官五百人爲旅注**衆也**爾雅釋詁又廣雅釋詁三又釋名釋言語又詩采芑振旅闐闐箋北山旅力方剛傳大明殷商之旅傳閟宮敎商之旅箋又周禮天官序官旅下士三十有二人注掌次凡祭祀張其旅幕注司士大夫以其等旅揖注又左氏隱五年傳入而振旅注成七年傳中國不振旅注昭三年傳敢頻里旅注又穀梁莊八年傳注昭八年傳拚會旅注又楚辭天問湯謀易旅注靈懷讓夫黨旅注○周禮小司徒注云伍兩卒旅師軍皆衆之名又夏官序官凡制軍注云軍師旅卒兩伍皆衆名也又考工記函人爲甲權其上旅與其下旅疏云旅即衆也又爾雅釋天注云振旅整衆又穀梁莊八年傳云入曰振旅復長幼也**衆士也**國語魯語師尹惟旅注**下士也**禮記檀弓上司徒旅歸四布注○周禮宰夫四曰旅掌官常以治數注云旅辟下士也又使其旅帥有司而治之注云旅冢宰下士也**子弟也**詩載芟侯亞侯旅傳

祭名也論語八佾季氏旅於泰山集解引馬注又皇疏云旅非常祭也又釋文云祭山曰旅又漢書地理志集注云旅祭也又禮記禮器大旅具矣注云大旅祭五帝也又周禮司尊彝大旅亦如之注云旅者國有大故之祭也又掌次王大旅上帝注云大旅上帝祭天於圜邱國有故而祭亦曰旅又典瑞注上帝五帝也疏云國有故而祭曰旅又龜入旅亦如之疏云旅謂祈禱天地及山川又大宗伯國有大故則旅上帝及四望注云旅陳也陳其祭事以祈焉禮不如祀之備也萱按旅之訓陳者多矣祭名之旅猶是也俗乃製祣字以別之無乃遂事乎**陳也**爾雅釋詁又詩賓之初筵殽核維旅傳殷武旅楹有閑傳又左氏莊廿六年傳庭實旅百注襄十四年傳商旅于市注又史記六國年表而臚於郊祀正義又文選東京賦旅束帛之箋箋薛注典引亦宜勤愍旅力蔡注**列也**周書作雒旅楹注**俱也**國語越語欲其旅進旅退也注○禮記樂記進旅退旅注云旅猶俱也**序也**儀禮鄉飲酒禮司正升相旅注鄉射禮未旅注燕禮賓以旅酬于西階上注士旅酌注大射儀請旅諸臣注士旅酌注○左氏襄廿三年傳及旅而召公鉏注云獻酬禮畢通行爲旅又詩小弁箋醻旅醻也疏云旅醻謂衆相旅也**旅謁**周書大匡王乃旅之以上東隅注**行也**儀禮燕禮記請旅侍臣注特牲饋食禮衆賓長自左

受旅注**道也**爾雅釋宮又禮記郊特牲臺門而旅樹注又雜記下旅樹而反坫注云旅樹門屏也○家語曲禮子貢問旅樹而反坫注云旅梳也**末也**方言十三**客也**易復商旅不行釋文又左氏莊廿二年傳羇旅之臣注又賈注又國語晉語禮賓旅注旅人所以事子也注舍於逆旅甯羸氏注又管子小匡衛人出旅於曹注又廣雅釋詁四又文選思玄賦顏羇旅而無友兮舊注○易旅旅小亨疏云旅者客寄之名羇旅之傳又云失其本居而寄他方謂之爲旅又釋文云旅羇旅也又雜卦傳云親寡旅也又周禮遺人以待羇旅注云羇旅過行寄止者又文選陸士衡樂府會吟行東方就旅逸注云旅逸謂爲客而放逸也**旅猶處也**周禮地官序官旅師注○左氏襄廿八年傳而旅于明年之次注云旅客處也**旅者行商也**呂覽仲秋來商旅注又左氏襄十四年傳商旅于市疏云旅亦是商又禮記月令來商旅注云商旅賈客也又考工記總目通四方之珍異以資之謂之商旅注云商旅販賣之客也**巽爲商旅**易象上傳商旅不行虞注**旅者大散物皆失其居之時也**易象下傳旅之時義大矣哉注**野生曰旅**史記天官書集解引晉灼○後漢光武紀上注云旅寄也也不因播種而生故曰旅今字書作穭古字通**養也**廣雅釋詁一○儀禮

公食大夫禮旅人南面加匕于鼎退注云旅人雍人之屬旅食者也**旅距不從之兒**後漢書馬援傳黠羌欲旅距注○御覽廿七引風俗通云旅拒也言陽氣欲出陰不許也**地名也**詩皇矣以按徂旅傳萱按孟子引作以遏徂莒**上旅謂要以上下旅謂要以下**考工記函人司農注萱按此謂旅爲膂之段借也後鄭訓旅爲衆○儀禮士冠禮旅占注云古文旅作臚萱按古文用段借字也又周禮司儀注云臚陳之也爾雅釋言臚敍也文選東京賦注臚猶行也皆段臚爲旅**玈黑弓**左氏僖廿八年傳玈弓矢千注又詩彤弓疏云玈者爲黑也又釋文云玈弓黑弓也又史記高祖功臣侯者年表昌園侯盧鄉索隱云玈即盧古玈弓字亦然也萱按訓黑之字正作黸亦借用盧用旅俗製玈字讀盧贅矣

膂 呂古文**膂骨也象形昔大嶽爲禹心呂之臣故封呂侯**說文段注呂象顆顆相承中象其系聯也沈氏彤釋骨曰項大椎之下二十一椎通曰脊骨曰脊椎曰膂骨或以上七節曰背骨第八節以下乃曰膂骨周語太子晉曰伯禹念前之非度釐改制量象物天地比類百則儀之于民而度之于羣生共之從孫四嶽佐之

高高下下疏川道滯帥象禹之功度之于軌儀莫非嘉績克厥帝心皇天嘉之胙以天下賜姓曰姒氏曰有夏謂其能以嘉祉殷富生物也胙四嶽國命爲矦伯賜姓曰姜氏曰有呂謂其能爲禹股肱心膂以養物豐人民也按曰共之從孫賈逵韋昭皆曰共共工也外傳曰四嶽內傳曰大嶽一也官名也外傳以祉訓姒以殷富訓夏以膂訓呂以養訓姜韋解云呂之爲言膂也是呂膂各字呂者國名以國爲氏許云大嶽爲禹心呂之臣故封呂矦膂爲小篆呂是許所據國語股肱心膂作股肱心呂本無二字後之爲國語學者不得其解乃以氏曰有呂作古文股肱心膂作小篆韋氏習而不察乃云呂之爲言膂矣以心呂之意名其地而矦之而氏之潛夫論曰宛西三十里有呂酈道元徐廣司馬貞說皆同宛城今南陽府治附郭南陽縣是也許自序曰大嶽左夏呂叔作藩俾矦於許世胙遺靈大嶽者許之先也故詳之膂之謠或爲裔華陽國志孝子隗通爲毋汲江膂水天爲出平石至江中江膂水謂江心水也。文選讓中書令表注引國語賈注云膂脊也又素問瘧論篇循膂而下注云膂謂脊兩旁又廣韻引字林云呂脊骨也

膂肉也

廣雅釋器。晚出書君牙作股肱心膂疏云膂背也段大令曰僞君牙襲國語云股肱心膂此未知古文無膂秦文乃有膂也

膂力也

廣雅釋詁二。方言六云膂力也宋魯曰膂膂田力也

膂僂也燕之外郊越之垂甌吳之外鄙謂之膂

方言七。廣雅釋詁三云旅擔也萱按膂旅僂攈皆通借字

呂旅也

漢書律麻志上又太玄玄數太獲生南呂注蕤賓生大呂注。呂覽季冬律中大呂注云呂旅也所以旅陰即助養助其成功又淮南時則律中大呂注云呂旅也寓物萌動於黃泉未能達見所以旅旅去陰即陽助其成功故曰大呂

呂者拒也

白虎通五行云呂者拒也言陽氣欲出陰不許也又云呂之爲言拒者旅抑拒難之也又御覽二十七引風俗通云旅之言拒也依即拒難之也

呂侶也

淮南天文音比大呂注

陰聲爲呂

左氏昭廿五年傳六律注。禮記禮運五聲六律十二管注云陰曰呂又太玄玄攡云陰爲呂六

閒爲呂

太玄玄瑩。國語周語律所以立均出度也注云呂六呂林鍾中呂夾鍾大呂應鍾南呂也

呂長也

廣雅釋詁二。方言六云呂長也宋魯曰呂

呂梁河水有石絕處也

莊子達生孔子觀乎呂梁釋文引司馬注

梠　楣也

說文段注釋名釋宮室曰梠旅也連旅之也士喪禮注曰宇梠也宀部曰宇屋邊也。文選馬汧督誄栜梠梢之松注云梠楣也

雀梠即屋櫓也亦呼爲連緜

方言十三屋梠謂之欞注

俎　準許切

禮俎也

說文段注謂禮經之俎也魯頌傳曰大房半體之俎也按半體之俎者少牢禮上利升羊載右胖下利升豕右胖載于俎是也故曰禮俎半部曰胖半體肉也。論語衛靈公俎豆之事集解引孔注云俎豆禮器也皇疏同又左氏隱五年傳不登于俎注云俎祭宗廟器

几也

方言五又廣雅釋器。史記項羽本紀爲高俎索隱云俎亦机之類

肉几也

山海經海外西經女祭女戚居兩水閒祭操俎注又一切經音義五引字書。漢書項籍傳乃爲高俎注云俎者所以薦肉

俎亦四腳小盤也

一切經音義五引字書

俎所以載也

儀禮士昏禮匕俎從設注。特牲饋食禮命佐食徹尸俎注云俎所以載肵俎

俎者肴之貴者也

儀禮鄉飲酒禮鄉射禮賓辭以俎注。國語周語陳其鼎俎注云俎設於左牛豕爲一列魚腊腸胃爲一列又禮記玉藻特牲三俎注云三俎豕魚腊又五俎四簋注云五俎加羊與其腸胃也又儀禮公食大夫禮上大夫八豆八簋六鉶九俎注云俎加鮮魚鮮腊三三爲列

俎者所以明祭之必有惠也俎者所以明惠之必均也

竝禮記祭統。韓勑碑爵鹿柤梪又張納碑既修沮梪萱按柤沮皆俎之段借字

軍中巢櫓謂之俎

漢書項籍傳注引李奇

阻　險也

說文段注大射儀且左還毋周注曰古文且爲阻堯典古文黎民俎飢鄭注云俎讀曰阻是皆古文段借字也。詩殷武罙入其阻釋文又楚辭天問阻窮西征注又廣雅釋丘又文選東京賦西阻九河注又高唐賦序高丘之阻注竝云阻險也又易繫辭下傳德行恆簡以知阻虞注云阻險阻也又釋名釋丘云水出其後曰阻丘背水以爲險也

難也

爾雅釋詁又詩雄雉自詒伊阻傳谷風既阻我德傳思文箋黎民阻飢釋文又太玄玄文鬼神阻注。易繫辭下傳疏云小難曰阻

尼也

書堯典黎民阻飢鄭注

衰也

廣雅釋詁二

疑也

廣雅釋言又左氏閔二年傳狂夫阻之注

持也

後漢應劭傳注

恃也

左氏隱四年傳阻兵而安忍疏又文選五等論阻其國家之富注又後漢劉盆子傳注

依也

呂覽誠廉阻丘而保城也注又文選東京賦邪阻城洫薛注

止也

左氏閔二年傳服注又呂覽知士故非之弗爲阻注

沮止也

詩小旻何日斯沮箋巧言亂庶遄沮傳雲漢則不可沮傳又左氏文二年傳注宣十七年傳左右或沮之注襄廿七年傳何以沮勸疏又國策齊策故人非之不爲沮注又呂覽至忠人不知不爲沮注又史記平準書其沮事之議索隱又後漢楊彪傳注荀彧傳注萱按此用沮爲阻也沮本水名其讀上聲者皆阻之段借同且聲也

沮將也將有事

而自止也太玄玄數九事二為方沮注沮疑也小爾雅廣言沮難也家語儒行沮之以兵而不懾注沮謂恐怖之也禮記儒行沮之以兵注沮敗也國語晉語衆孰沮之注又莊子逍遙游舉世非之而不加沮釋文又淮南本經行沮然後義立注脩務故力竭功沮注又後漢馮衍傳下注○一切經音義一引三蒼云沮慚也敗壞也又音義十八引蒼頡解詁云沮漸也敗壞也蓋按此本一條耳而慚漸異字沮壞也詩小旻何日斯沮傳又楚辭逢紛顏黴黧以沮敗兮注又漢書王尊傳吏氣傷沮注○食貨志下而廢格沮誹注云沮止壞之又周勃傳上默然而沮注云沮者止壞之意也又婁敬傳迺今妄言沮吾軍注云沮謂止壞也又陳湯傳集注云沮止也壞也又詩雲漢疏云沮者止壞謀慮之言又禮記儒行世亂不沮疏云沮猶廢壞也又淮南說山故沮舍之下不可以坐注云沮舍壞也沮毀也史記秦本紀而子沮哭吾軍正義○漢書司馬遷傳以為僕沮貳師注云沮毀壞也又李陵傳欲沮貳師注云沮謂毀壞之者也沮喪也後漢列女傳下注岸崩謂之沮左氏莊十一年傳注若沮岸崩山釋文

眝長眙也一曰張眼說文段注外戚傳飾新宮以延眝此眝正眝之誤延眝謂長望也凡辭章言延佇者

亦皆當作眝說文無佇竚字惟有宁字宁佇竚皆訓立延眝非謂立也九章思美人兮擥涕而竚眙王逸云竚立悲哀文選注佇眙立視也此則訓立然作眝眙亦無不可○文選弔魏武帝文注引字林云眝長眙也視也文選弔魏武帝文眝美目其何望注引廣雅

眝幯也所以盛米也說文段注巾部曰幯載米眝也二篆為轉注今俗以艸為之俗語如適即幯字也以竹為之俗語如巨即眝字也皆所以盛米

羜五月生羔也說文又爾雅釋畜釋文引字林段大令曰謂羔生五月者也未成羊也詩伐木既有肥羜傳又爾雅釋畜未成羊羜注云俗呼五月羔為羜羔也廣雅釋畜

者別事詞也說文段注言主於別事則言者以別之喪服經斬衰裳苴經杖絞帶冠繩纓菅屨者注曰者者明為下出也此別事之例凡俗語云者箇者般者回皆取別事之意不知何時以迎這之這代之這魚戰切詞也廣雅釋詁四

赭赤土也說文段注邶風赫如渥赭即秦風之顏如渥丹故箋訓赭為丹古秦風毛亦作渥赭是以韓詩作沰沰與赭音義皆同也管子地數篇云上有赭者下有鐵是赭之本義為赤土也引伸為凡赤○山海經中山經若山多赭注西山經濯水其中有流渚注又漢書張敞傳偷長以赭汙其衣裙注又文選子虛賦其土則丹青赭堊注引張揖又一切經音義九引三蒼竝云赭赤土也又荀子正論殺赭衣而不純注云以赤土染衣故曰赭衣赤也廣雅釋器又漢書王莽傳下桃湯赭鞭注又列子周穆王赭堊之色釋文云赭赤色○山海經西山經竹山有艸焉名曰黃雚赤實其狀如赭注云赭紫赤色又封氏閒見記云赭黃黃色之多赤者又云赭或謂之柘木染萱按柘不得染赤語殆有誤丹也詩簡兮釋文○水經江水注云赭要洲名

渚渚水在常山中丘逢山東入湡爾雅曰小州曰渚說文段注常山郡中丘見前志中丘下曰逢山長谷諸水所出東至張邑入濁按諸當作渚濁當作湡皆字之誤也張邑即廣平國之張也中丘渚水俟攷小州曰渚釋水文州洲古今字召南傳曰渚小洲也水岐成渚○禮記禮運不使渚者居中原注又左氏文十年傳王

居渚宮注又史記司馬相如傳東階巨海索隱引蘇林又文選吳都賦洲渚馮隆劉注竝云小洲曰渚又楚辭陶壄淹低佪兮京渚注云小洲為渚又山海經中山經青要之山南望墠渚注云水中小洲名渚又淮南覽冥遺回蒙汜之渚注云渚小洲也又釋名釋水云小洲曰渚渚遮也體高能遮水使從旁回也沚也詩鳧鷖鳧鷖在渚傳○文選東京賦渚戲躍魚薛注云渚水渚也又詩蒹葭傳坻小渚也疏云渚沚皆水中之地小大異也水枝成渚詩江有汜江有渚釋文萱按此本毛傳也今傳作水岐成渚者字譌也釋文明出水枝字阮尚書元挍勘記云水枝謂水之分流如木之分枝耳穆天子傳所謂枝詩不當遂作岐字又按江賦曰因岐成渚字作岐亦同處也廣雅釋水水中可居者曰渚國語齊語渠弭於有渚注又淮南隆形東方曰大渚注又莊子秋水兩湙渚淮之閒釋文引司馬注○詩鳧鷖疏云水中高地謂之渚島也山海經大荒東經東海之渚中注水涯也楚辭湘君夕弭節兮北渚注哀時命下被衣於水渚注池決復入為渚淮南覽冥注一溢一否曰渚詩江有汜釋文引韓詩○文選西京賦海若遊於元渚注引韓詩章句云水一溢而為渚鄂渚地名也楚辭涉江乘鄂渚而反顧兮注

鬻煑或鬻或亯也說文段注亯鬻也鬻下當云亯也經傳用亯用烹乃亯之段借字耳亯部曰獻也不訓鬻火熟曰煑一切經音義十七引字林煑食薄膳也說苑反質鬻鹽湅治之周禮鹽人凡齊事鬻鹽以待戒令注○文選養生論醴醪鬻其腸胃注云鬻今之煑字也煑塡棗爾雅釋木

蠢許切処處或作處○俗止也說文段又廣雅釋詁三又詩江有汜其後也處傳鳧鷖公尸來燕來處傳又國諸語楚語譬之如牛馬處暑之既至注吳語處而不處注又漢書敘傳上集注又楚辭招魂步及驟處兮注萱按惟廣雅作処餘皆用或體或體獨行轉謂処俗字矣○段大令曰人遇几而止引申之爲凡尻処之字俗分別其上去萱按此字義無可分當爲讀上聲處猶畱也禮記射義處者半注又史記樗里子甘茂傳卽位之上卿而處之索隱尻也廣雅釋詁二又詩殷其靁莫敢遑處傳四牡不遑啟處傳又國語楚語使制神之處位次主注吳語而處以念惡注又孟子萬章上處仁遷義注又呂覽功名故民無常處注音初猶思故處遇合故君子不處幸注審分成而不處注知分而安處之注知化我得其地不能處注上農重從則死其處注又淮南本經處喪有禮矣注汜論古者民澤處復穴注又楚辭悲回風折芳椒以自

處注萱按惟廣雅字作尻用正字餘俱作居也用段借○詩采薇不遑啟處箋又禮記月令疏引蔡氏竝云處猶居也又淮南主術處人以譽尊注云處人隱居也處猶巢也淮南汜論燕雀處帷幄而兵不休息注處舍營壘也荀子議兵處舍收藏欲周以固注安也淮南修務不遑啟處注又漢書張安世傳集注薛宣傳集注○禮記檀弓下何以處我注又後漢孔融傳注竝云處猶安也定也國語晉語蠶處之注常也呂覽誣徒喜怒無處注萱按此義後人讀去聲殊爲自擾又文選東京賦安處先生注云處處也按此注殊混讀去聲亦誤也斷也後漢陽球傳注○漢書谷永傳臣愚不能處也注云處謂斷決也處猶制也左氏文十八年傳德以處事注名也國語魯語而知者處物注處猶病也呂覽愛士陽城胥渠處注處守守國者左氏襄廿五年傳及處守者注處士不仕者也荀子非十二子古之所謂處士者注○漢書異姓諸侯王表處士橫議注云處謂士不宦於朝而居家者也又後漢劉寬傳注云處士有道藝而在家者又鄭玄傳注云處逸謂處士隱逸之大儒處子在室女也莊子逍遙游淖約若處子釋文○易象下傳亦不處也注處注云凡士與女未用皆稱處處器謂貯庫而爲備

者管子問處器之具注巽爲處易小畜既雨既處虞注旅旅于處虞注繫辭上傳或出或處虞注繫辭下傳上古穴居而野處虞注○易象下傳亦不處也虞注云巽爲長女所猶處也書無逸鄭注又詩殷武箋萱按古多借所爲處

宁○俗作佇竚辨積物也象形說文段注辨今俗字作辦音蒲莧切古無二字二音也周禮以辨民器辨具也分別而具之故其字从刀積者聚也宁與貯蓋古今字周禮注作貯史記作積著釋宮門屏之閒曰宁郭云人君視朝所宁立處毛詩傳云宁立久立也然則凡云宁立者正積物之義之引伸俗字作佇作竚皆非是以具可宁立也故謂之宁齊風作著○文選遊天台山賦惠風佇芳於陽林注云宁猶積也佇與宁同正門內兩塾閒曰宁爾雅釋宮門屏之閒謂之宁李注又孫注云宁門內屏外人君視朝所宁立處也又儀禮聘禮注既而侯于宁也疏云宁門屋宁也○釋名釋宮室云宁佇也將見君所佇立定氣之處也萱按此以俗字釋古字也漢時宁立字用佇竚詩自作宁立佇立兒也離騷延佇乎吾將反注湘君將以遺兮下女注○大司命結桂枝兮延竚注云竚立也又文選幽通賦竚盤桓而且俟曹注同佇待也漢書外戚傳上集注○楚辭疾世佇立兮切怛注云佇停佇久也漢書敘傳上集注引張晏又爾

雅釋詁又注云佇企稽久○詩燕燕竚立以泣傳云竚立久立也萱按古當本作宁立其竚作竚及作佇者皆俗改也

貯○俗作褚積也說文段注此與宁音義皆同今字專用貯矣周禮注作褚俗字也○廣雅釋詁一又爾雅釋獸釋文引字林又漢書楊雄傳上集注竝云貯積也○周禮塵入注謂貨物褚藏于市中釋文云褚李作貯又作褚萱按褚俗褚借又漢書外戚傳飾新宮以延貯此貯乃貯之誤貯猶居也史記貨殖列傳廢著鬻財索隱塵也史記平準書索隱引字林

紵緒或檾屬細者爲絟布白而細曰紵說文段注檾者枲屬也陳風曰東門之池可以漚紵周禮典枲掌布緦縷紵之麻艸之物注云白而細疏曰紵古亦借借爲褚衣之褚紵亦麻也詩東門之池陸疏云又釋文云紵本作苧萱按釋文絡誤也苧乃苧之別字因形近而譌非紵之異體字也俗以其从艸宁聲混入纑屬之紵重紕貤謬久矣史記貨殖列傳材竹穀纑索隱云紵今山閒野紵亦作苧其誤同紵是紵布禮記喪大記絺綌紵不入疏紵織紵爲布及疏也漢書高帝紀下賈人毋得衣錦繡綺縠絺紵罽注又史記司馬相如

傳揄紵縞正義引顏云紵纖紵也

宝 器也說文

盬 器也說文

楮 柠或 穀也 說文。山海經西山經鳥危之山其陰多檀楮注云楮即穀

褚 或作帾衸 卒也一曰裝也 說文段注左傳鄭賈人將寘荀罃褚中以出此謂衣裝也凡裝縣曰著丑呂切其字當作褚小正七月灌茶灌聚也茶崔葦之秀爲將褚之也褚之者裝衣也將各本作蔣字之誤也。方言三楚東海之閒卒或謂之褚注云褚言衣赤也。漢書南粵王傳集注云以緜裝衣曰褚又一切經音義十六引通俗文云裝衣曰衸蓄 也 左氏襄卅年傳取我衣冠而褚之注 褚郎幄。周禮幕人注四合象宮室曰幄疏禮記喪大記素錦褚疏云褚屋也 褚謂覆棺之物 禮記檀弓上褚幕丹質疏又釋文云褚幕覆棺者 褚師市官 左氏昭二年傳請以印爲褚師疏 帾幡也 廣雅釋器。荀子禮論無帾絲萬縷翣其貌以象菲帷幬尉也注云帾與褚同

芧 。俗譌作芓 艸也可以爲繩 說文段注上林賦蔣芧青薠張揖曰芧三稜也郭樸音杼按三稜者蘇頌圖經所謂葉似莎艸極長莖三稜如削高五六尺莖端開花是也江蘇蘆灘中極多呼爲馬芧音同宁莖可繫物亦可辨之爲索南都賦蘪芧薠莞李注引說文芓可以爲索蓋賦文李作芧文選上林賦亦作芓芓者芧之別字 根衍曰芧 周書大聚教芧與樹藝注。莊子齊物論狙公賦芧釋文引司馬注又列子黃帝與若芧釋文竝云芧橡子也又列子注云芧栗也萱按莊列段芧爲柔也柔栩也橡者樣之俗字樣栩實也爾雅舊注云柔實爲橡子 芧蔣也 管子小匡首戴芓蒲注。王裦僮約多取蒲芓益作繩索

杼 。俗有桫梭 機持緯者 說文段注按此與木名之柔以左形右聲下形上聲爲別 杼柚謂機也 後漢陳忠傳注 殺也 禮記禮器注杼上疏萱按籀文殺作殺譌爲綱考工記玉人杼上終葵首注云杼綱也 杼謂削薄其踐地者 考工記輪人行澤者欲杼注 杼亦牆也 書大傳諸侯疏杼注 杼作也東齊土作謂之杼 方言六 長也 廣雅釋詁二又小爾雅廣言。方言二云杼首長首也燕謂之杼 采

實也 淮南本經菱杼紾抱注萱按此謂木巧之飾也注又云紾戾也抱轉也皆壯采相銜持皃也 杼者舒也 史記平原君虞卿傳注杼意通指索隱萱按此段杼爲紓也。文選褚淵碑文餐東野之祕實寶注云杼古序字也萱按此段借字也典引曰御東序之祕寶

抒 挹也 說文段注凡挹彼注茲曰抒斗部曰斜抒也肇抒扁也斛挹也水部曰浚抒也漉浚也覲抒井覲也左傳難必抒矣此段抒爲紓紓者緩也服虔本作正作紓 汲出謂之抒 一切經音義九引通俗文 取出也 詩生民釋文引蒼頡。一切經音義十九引蒼頡云抒取也除也 渫也 楚辭惜誦發憤以抒情注。漢書王襃傳集注云抒猶泄也又劉向傳一抒愚意注云抒謂引而泄之也 除也 左氏文六年傳難必抒矣注又疏云抒聲近除故爲除也萱按抒自有除義然此經之恉依服注作紓爲長 舒也 後漢殤帝紀注 解也 方言十二萱按訓舒訓解皆謂抒爲紓之段借也

杵 舂杵也 說文段注舂擣粟也其器曰杵毄辭曰斷木爲杵掘地爲臼臼杵之利萬民以濟。一切經音義十八引

世本雍父作舂杵注云雍父黃帝臣也 築謂之杵 廣雅釋器 杵所以毀碎於物者也 管子任法然故諶杵習士聞識博學之人不可亂也注 杵所以擣鬱也 禮記雜記上杵以梧注。左氏僖十二年經陳侯杵臼卒公羊作處臼又史記齊太公世家立莊公異母弟杵臼集解引徐廣曰史記多作著臼萱按處著皆杵之同音段借字

齇 或作齟 齇齬 韻逗疊 齒不相值也 說文段注廣韻曰齟齬不相當也或作鉏鋙按金部鋙下云鉏鋙也御或作鋙周禮注作鉏牙左傳西鉏吾以鉏吾爲名牙吾古音皆在九魚由齇之字變爲齟鋙之字變爲齬因以齇齬並入麻韻耳當依廣韻上林呂切下魚巨切 齟者齒不正也 漢書東方朔傳

𪓐 會五采鮮皃詩曰衣裳𪓐𪓐 說文段注曹風蜉蝣曰衣裳楚楚傳曰楚楚鮮明皃許所本也𪓐其正字楚其段借字也蓋三字詩有作𪓐𪓐者如毛革韓鞠之比

楚 叢木一曰荊也 說文段注艸部荊下曰楚木也此云荊也是則異名同實楚國或許楚或許荊或衆許荊

楚廣雅。儀禮士喪禮楚焞置于燋注又禮記學記夏楚二物注又云廣雅釋木並云楚荊也又周禮春官序官華氏注燋焌用荊疏云楚即荊又漢書韓延壽傳民無箠楚之憂注云楚荊也木也又淮南人閒師之所處生以棘楚注云楚大荊也**木也**詩楊之水不流束楚傳又漢廣疏云楚亦木名又**雜薪之中尤翹翹者**詩漢廣言刈其楚**楚楚茨棘兒**詩楚茨楚楚者茨傳萱按說文叢木之訓由此也**楚焞即契所用灼龜也**周禮華氏掌共燋契注**楚扑長如笴刊本尺**儀禮鄉射禮記**列兒**詩賓之初筵籩豆有楚傳。儀禮士冠禮注云楚陳列之兒又祭組如初疏云楚陳列兒**楚猶痛也**文選陸士衡於承明作與士龍詩慷慨含辛楚注。後漢王允傳注云楚苦痛**楚辛楚也**文選宋孝武宣貴妃誄鍘楚挽於槐風注。釋名釋州國云楚辛也其地蠻多而人性急數有戰爭相爭相害辛楚之禍也**楚地在南郡南陽之閒**詩殷武奮發荊楚韓詩。水經獲水注引孟康云舊名江陵爲南楚陳爲東楚彭城爲西楚又引文穎云彭城故東楚也項羽都馬謂之西楚**楚衡杜衡也**廣雅釋艸。方言八云驪黃自關而西或謂之楚雀**楚楚鮮明兒**詩蜉蝣衣裳楚楚傳又後漢何進傳注又王允

王符仲長統傳注云楚楚鮮兒也又國策秦策不韋使楚服而見注云楚服盛服萱按此段楚爲齼也說文引詩衣裳齼齼

齭 亦作齼。俗有憷僆**齒傷酢也**說文段注酢者今之醋字酸澀也凡言痛憷僆澀意皆同。御覽三百六十八引字林云齼齒傷酢也。廣韻憷痛也僆不滑也。

汝 較許切 **汝水出弘農盧氏還歸山東入淮**說文段注前汝志汝南郡定陵下曰高陵山汝水出東南至新蔡入淮過郡四行千三百四十里水經曰汝水出河南梁縣勉鄉天息山酈云地理志曰出高陵山即猛山也亦言出南陽魯陽縣之大盂山又言出弘農盧氏還歸山博物志曰汝出燕泉山並異名也余以永平中除魯陽太守既在遷見不容不述今汝水出魯陽縣之大盂山蒙柏谷西即盧氏界也其水東北流逕太和城西城北又東屈堯山西嶺下水流兩分一東逕堯山南爲濦水一東北出爲汝水東流至原鹿縣入於淮所謂汝口據酈說得諸親見大盂山之西即盧氏界此許云出盧氏還歸山所由也凡言水源者或數源並合而偏舉其一或遠源罕見而劣舉其近是以每多乖異前志云出定陵入淮於新蔡皆在汝南而云過郡四班固知不始於高陵山矣過郡四者蓋南陽河南潁川汝南也方輿紀要曰今汝水出汝州魯

山縣西南七十里大盂山東北流出縣北經伊陽縣汝州南又東南經寶豐縣郟縣南入南陽府裕州界經葉縣北又東入許州之襄城郾城縣南而入汝寧府西平縣境東南流經上蔡縣西汝陽縣北又東經新蔡縣西息縣北至江南潁州南而注於淮蓋非復漢以前故道矣水道提綱曰汝水舊從舞陽縣北而南入西平界自元末於渦河堨斷其流使東歸潁於是西平雲莊諸石二山之水明時亦塞今水道與古全異即名稱亦隨時不同所謂濯溵濦汝溱湞亦難確鑿指證但據時俗所見敘次源流耳**水名也**詩汝墳遵彼汝墳傳又汝墳序釋文又國語齊語濟汝注。爾雅釋水云汝有濆**汝汝也**廣雅釋水王侍御念孫疏證曰太平御覽引春秋說題辭云汝之爲言汝也訓與廣雅同而未詳其義諸書依字解經率多皮傳於主名山川之意未必有當也**南楚之界也**風俗通過譽。萱按周禮春官序官司農注女作秩宗又史記五帝紀女登帝位夏本紀女輔之女無面諛即書之汝作秩宗汝陟帝位汝翼汝無面從也段借字也又華山廟碑汝南女陽人一語中正字借字錯出

暑 舒舉切 **暑熱也**說文段注暑與熱渾言則一故許以熱訓暑析言則二故大雅溫隆蟲蟲毛云溫溫而暑隆隆而雷蟲蟲而熱

也暑之義主謂溼熱之義主謂燥故溽暑謂溼暑也釋名釋天曰暑煑也如水煑物也熱爇也如火所燒爇也。論語鄉黨當暑袗絺綌皇疏又素問骨空論立而暑解治其骸關注並云暑熱也又五運行大論其性爲暑注云暑熱也心之氣性也又書洪範疏云暑是熱之極**少陽爲暑**素問天元紀大論寒暑燥溼風火注。至眞要大論彼春之暖爲夏之暑注云陽之少爲暖其壯也爲暑又熱論篇爲病暑注云陽熱大盛寒不能制故爲病曰暑又淮南墬形南方曰暑門注云南方盛陽積溫所在故曰暑門**坤爲暑**易繫辭下傳寒往則暑來虞注又文言傳非一朝一夕之故虞注。繫辭上傳一寒一暑虞注云暑坤也

黍 **禾屬而黏者也以大暑而種故謂之黍**說文段注九穀攷曰以禾況黍謂黍爲禾屬而黏者非謂禾爲黍屬而不黏者也禾屬而黏者黍禾屬而不黏者穈對文異散文則通偁黍謂之禾屬要之皆非禾也今山西人無論黏與不黏統呼之曰穈黍太原以東則呼黏者爲黍子不黏者爲穈子黍宜爲酒爲羞籩之餌餈爲酏粥穈宜爲飯禾黍稻稷各有黏不黏二種按黍爲禾屬者其米之大小相等也其采異禾穗下垂如椎而粒聚黍采略如稻而舒散大暑

之大衍字也九穀致曰伏生尙書大傳淮南劉向說苑皆云大暑中種黍菽而呂氏春秋則云日至樹麻與菽麻正麋之誤又夏小正五月初昏大火中種黍菽麋麋字因下文誤衍諸書皆言種黍以夏至說文獨言以大暑蓋言種黍之極時其正時實夏至也玉裁謂種值有定時古今所同非可段借許書經轉寫安增一字耳以暑種故謂之黍猶二月生八月孰得中和故謂之禾皆以疊韻訓釋○齊民要術二引汜勝之書云黍者暑也種者必待暑

黍曰薌合 禮記曲禮下又獨斷上

黍火穀 禮記月令天子乃以雛嘗黍注

黍者穀之美者也 管子輕重己又詩生民傳黃嘉穀也疏云黍稷穀之善者○儀禮特牲饋食禮佐食摶黍授祝注云獨用黍者食之主

黍者緒也 古微書引春秋說題解辭

凡十黍爲一參 禮記檀弓上注所以通布貨財疏

酒器受三升曰黍 呂覽權勳操黍酒而而進之注萱按此義恐未然○荀子性惡繁弱鉅黍古之良弓也注云黍當爲來史記作拒來也

黍 黃黍也 禮記內則飯黍稷稻粱白黍黃粱注萱按內則黍與白黍竝舉故鄭別黍爲黃黍黃黍名麋一名穄卽不黏者也而黏者專得黍名然對文異散文則通許黍黍大名也

柔 栩也 說文段注莊子狙公賦芧司馬云芧橡子也芧卽柔字橡卽樣字柔本樹名因用爲實名也此與機杼字以下形上聲左形右聲分別

柔實爲橡子 爾雅舊注○列子黃帝釋文又莊子齊物論釋文竝云芧橡子也

芧 栗也 列子黃帝與若芧注萱按莊列皆段芧爲柔也栗卽橡子橡穀爲柔斗以剡剡似斗故也

䝱 齎財卜問爲䝱 說文段注史記貨殖傳醫方諸食技術之人焦神竭能爲重糈也日者傳卜而有不審不見奪糈按糈皆當作䝱同音段借䝱所以歸卜者也祭神米曰糈卜者必禮神故其字亦作糈

鼠 亦作癙 穴蟲之總名也象形 說文段注其類不同而皆謂之鼠引申之爲病也見釋詁毛詩正月作癙雨無正作鼠實一字也○漢書五行志中之上云鼠小蟲性盜竊又云鼠盜竊小蟲夜出晝匿

鼠者人之所燻也 說苑善說

艮爲鼠 易說卦傳

水也 論衡物勢

憂也 詩雨無正鼠思泣血傳又管子侈靡鼠麀廣之實陰陽之數也注

癙 病也 山海經中山經脫扈之山有艸馬名曰植楮可以已癙注又爾雅釋詁又孫注云癙者畏之病也又舍人注云癙心憂憊之病也又詩正月癙憂以痒傳云癙痒皆病也

所 伐木聲也詩曰伐木所所 說文段注伐木聲乃此字本義用爲處所者段借爲処字也若王所行在所之類是也用爲分別之詞者又从処所之義引申之若予所否者所不與舅氏同心者之類是也皆於本義無涉是眞段借矣小雅伐木文首章伐木丁丁傳曰丁丁伐木聲次章伐木許許傳曰許許柿皃此許許作所所者聲相似不用柿皃之說用伐木聲之說者蓋許以毛爲君亦參用三家也今按丁丁者斧斤聲所所則鍇聲也

處也 一切經音義二引三蒼又荀子王霸不可不善爲擇所而錯之注又呂覽謹聽僻遠幽閒之所注達鬱必於無人之所注○書無逸君子所其無逸鄭注又詩殷武有截其所箋竝云所猶處也又禮記檀弓下無所不用斯言也疏云所謂處所又左氏襄廿三年傳不患無所注云所位處

尻也 廣雅釋詁二○獨斷上云天子所在曰行在所天子以四海爲家故謂所居爲行在所猶言今雖在京師行所至耳又左氏昭二十年傳入復而所注云所所居官

所猶地也 論語爲政居其所皇疏

所猶道也 禮記哀公問求得當欲不以其所注

盡也 廣雅釋詁一

所言且也 書牧誓爾所弗勖鄭注

所是不定之辭 禮記檀弓下注高四尺所疏

所者非其所也 穀梁僖廿八年傳

所猶是齊人

語也 公羊文十三年傳往黨衞侯會公于沓注

所病猶瘵病也 史記扁鵲倉公傳醫之所病集解引徐廣

捨 釋也 說文段注釋者解也按經傳多段舍爲之○左氏哀十二年傳乃舍衞侯釋文云舍釋也又周禮大胥司農注舍萊疏云舍卽釋也又司圜上罪三年而舍注云舍釋之也又詩行葦舍矢旣均箋云舍之言釋也○周禮太史舍算注旬祝舍旬于祖廟注竝云舍讀曰釋又占夢乃舍萌于四方注云舍讀爲釋又列子天瑞舍然而喜注云舍宜作釋萱按讀釋者改定其音也宜作釋者改其字也然釋爲捨之正訓舍卽捨之段借本讀自通似無煩改讀改字

置也 廣雅釋詁四○易屯不如舍虞注又左氏桓二年傳舍爵策勳釋文文十八年傳捨爵而行釋文襄廿五年傳舍之得民注昭四年傳使杜洩舍路注定四年傳舍舟于淮汭釋文又公羊桓十一年傳舍死亾無所設注又穀梁莊廿年傳以薦舍於前注又論語雍也注山川其舍諸釋文子路人其舍諸釋文又呂覽上農非死不舍又文選幽通賦舍宋取誼注竝云舍置也○呂覽仲春命樂正入舞舍菜注賣生獨不可以舍我乎注又文選盧子諒贈劉琨詩趣舍悶要注竝云舍猶置也

捨謂所弃置也 漢書賈誼傳莫如先審取捨注○匈奴傳下今舍貴立賤注云舍謂棄置也

廢也 書湯誓舍我穡事釋文又國語楚語若之何其

其舍之也注吳語舍其愆令注又史記伯夷傳趨舍有時正義李斯傳則舍爲天下役索隱又漢書禮樂志集注藝文志集注董仲舒傳集注司馬遷傳集注黄霸傳集注敍傳上集注又後漢張衡傳注萱按此皆本文用段借字注用捨正字。禮記檀弓下未之有舍也注云舍猶廢也**捨謂赦罪**周書玉佩施捨在平心注。呂覽責直王乃舍之注云舍不誅也**捨者君行一日止而捨息也**左氏莊三年傳注捨宿不書疏**舍投也**論語先進鏗爾舍瑟而作皇疏**舍放也**論語述而舍之則藏釋文又文選西京賦矢不虛舍薛注。爾雅釋詁廢税赦舍也注云舍放置**舍棄也**左氏定四年傳釋文又論語雍也釋文又國語楚語女無亦謂我老耄而舍我注。論語皇疏云舍猶棄也**舍止也**左氏昭九年傳舍棄物可也服注又荀子成相各以宜舍巧注注哀公舍此而爲非者注儒致舍粹折無適也注又呂覽必己舍故人之家注。禮記月令耕者少舍注云舍猶止也又史記李斯傳索隱云舍猶廢也止也**舍去也**國語楚語昔鬬子文三舍令尹注**舍除也**詩雨無正舍彼有罪傳又荀子禮論則舍之矣注脩身舍亂妄無爲也注。論語季氏君子疾夫舍曰欲之皇疏云舍猶除也**舍謂舍故也**左氏襄十一年傳注不舍其故而改作也疏

舍中也禮記射義或曰舍也疏**舍縱也**孟子離婁上舍正路而不由注**舍貟也**管子五輔是故上必寬裕而有解舍注**舍不取也**國語魯語蟲舍蚳蝝注。周語故聖人之施舍也議之注云舍不予也萱按二義相反而實無異**舍者謂有復除舍不收役事也**周禮鄉大夫其舍者司農注又小宰治其施舍注云施舍不給役者。國策齊策故物舍其所長注云舍收也**艮爲舍**易賁舍車而徒虞注。文選西京賦舍利颬颬薛注云舍利獸名性吐金故曰舍利

醉許切
姐蜀人謂母曰姐淮南謂之社說文段注謂母曰姐方言也其字當蜀人所製淮南謂之社因類記之也社與姐音近。廣雅釋親曰姐母也**慢也**荀子大略藍苴路作似知而非注又注引長短經知人篇趙蕤注云姐者類知而非知

翠許切
且平上二音**且**古文**所以薦也**說文詳平聲**兼辭**公羊文五年傳注。穀梁文五年傳云其曰且志兼也**且猶復也**國語齊語且有後命注。孟子滕文公上且志曰注云且復言也**言且者意不**

盡詩泉水箋聊且略之辭疏**且者未定之辭**禮記檀弓上夫祖者且也沮注**發辭也**荀子性惡且順情性好利而欲得注**將也**國策秦策城且拔矣注甘茂亡秦且之秦注三國且去注又呂覽音律歲且更始注陽氣且泄注振亂且死者也而生注愛土且以走爲利注。漢書郊祀志上集注又淮南時則雷且發聲注益云且猶將也**然也**詩閟宮孔曼且碩箋。墨子經上云且言然也又經說上云自前曰且自後曰巳方然亦且若石者也**此也**詩載芟匪且有且傳**且苟且也**詩東門之枌穀旦于差釋文引辭詩。巧言曰父母且疏引鄭音云且晉荀且之且萱按據此知且字古本有兩讀然同在一部義亦不甚遠非若後世劃分兩部判若鴻溝也**僭也**廣雅釋詁二**取也**老子舍慈且勇王注**始也**莊子庚桑楚與物且者釋文萱按此謂且即祖之段借也又郭注云且謂務外而跂者。水經溫水注云且蘭縣故且蘭侯國也一名頭蘭牂柯郡治也。儀禮大射儀且左還注云古文且爲阻萱按此古文用阻爲且也

咀舍味也說文段注含而味之凡湯酒膏藥舊方皆云㕮咀廣韻云㕮咀嚼也按㕮即哺字古父甫通用後人不知爲一字矣含味之上似當有哺咀二字**噍也**文選思玄賦注引蒼頡。一切經音義廿二引三蒼云咀噍也又含味也

嚼也後漢張衡傳注王嘉傳注又一切經音義廿二引通俗文又廣雅釋言萱按廣雅作嚾即嚼字**齰也**一切經音義六引字林**咀咀口和嚼之謂**管子水地三月如咀咀者何注**咀藉也以藉齒牙也**釋名釋飲食**咀嚾人及獸屬**大戴記易本命咀嚾者九竅而胎生注

祖事好也說文段注事好猶言學好也者部引詩衣裳齟齟方言曰珇好也珇美也然則祖與齟珇音義略同

莪許切
禦祀也說文段注後人用此爲禁禦字古只用御字。萱按此字未見用本義者从御故即用禦爲御義不甚遠也若語兒之作禦兒以同聲通用則貞段借矣**當也**易漸利用禦冠虞注又詩黃鳥百夫之禦傳又周書大明武云何能禦注又國語齊語莫之能禦也注**禦猶對也**論語公治長禦人以口給皇疏**備也**國語周語所以禦災宊也注**禦謂未有而預防之也**爾雅釋言禦禁也舍人注**禦猶應也距也**國語周語其有以禦戎矣注**距也逆也**莊子徐無鬼是禦楅也釋文**抗也**小爾雅廣言**扞也**後漢馬融傳上注**敵也**莊子馬蹄釋文引廣雅**禁也**爾雅釋言又詩常棣外禦其侮箋又左氏昭十六年傳平子禦之注又公羊莊十二

年傳仇牧可謂不畏彊禦矣注又國語魯語禦災害也注又荀子大略困禦禍不可禦注又楚辭靈懷遂不禦乎千里注又文選吳都賦禦以沅湘劉注○周禮司寤氏禦晨行者注云禦亦禁也謂過止之無刑罰也**止也**易蒙利禦寇虞注繫辭上傳以言乎遠則不禦虞注又左氏昭四年傳雹可禦乎注又國語魯語所以禦之亂也注晉語又潰而不可救禦也注語禦軌以德注楚語而莫之能禦也注又爾雅釋器竹前謂之禦李注又廣雅釋詁三又荀子榮辱於是又節用禦欲注又呂覽仲秋禦佐疾注又文選幽通賦豈羣黎之所禦注○易繫辭上傳釋文云禦禁止也**禦彊禦**書牧誓弗禦克奔鄭注○史記周本紀不禦克犇集解引書鄭注云禦彊禦謂彊暴之人也**武臣折衝曰禦武**詩緜予曰有禦武侮傳○左氏襄十四年傳注云止寇謂之禦**大臣也**周書世俘禽禦八百有三百兩告以馘俘注**禦兵養之辟****兵刃也**山海經西山經中曲之山有獸焉其名曰駮可以禦兵注又符禺之山其鳥多鴖可以禦火注云禦火畜之辟火災也**竹前謂之禦**爾雅釋器又孫注云禦以箄爲車飾也又李注云竹前謂編竹當車前以擁蔽名之曰禦○爾雅釋言禦圉禁也釋文禦本作御莊子在宥注矯許生而禦姦之器不具釋文禦本作御又詩猗嗟以禦亂兮儀禮大射

儀注作以御亂兮萱按作御者用本字也又烝民不畏彊禦湯曾是彊禦漢書王莽傳作不畏彊圉敘傳下作曾是彊圉又列子名禦寇戰國策新序作圉寇又石門頌綏億衙彊北海相景君碑強圉衙改節又一切經音義一云禦古文敔同萱按圉衙敔皆禦之通借字義本同也不獨音同

篽一作籞**魰**或**禁苑也春秋傳曰澤之自篽**說文段注宣帝紀詔池籞未御幸者假與貧民蘇林曰折竹以繩綿連禁禦使人不得往來律名爲籞應劭曰籞者禁苑也按蘇應說與許合元帝紀詔罷嚴籞池田假與貧民西京賦云洪池清籞猶漢書云嚴御也晉灼釋嚴籞爲射苑故引許嚴字之解謂嚴與嚴同可以訓射亦迂曲矣澤之自篽自當作舟昭二十年左傳曰澤之萑蒲舟鮫守之鮫當是敜誤許所據竟作舟篽耳魯語有舟虞同也○後漢章帝紀注云籞禁苑也又引漢書音義云折竹以繩懸連之使人不得往來謂之籞又樊儵傳注云篽者於池苑中以竹綿聯之爲禁篽也**篽也者所以養鳥也**漢書宣帝紀注引臣瓚**翳也**廣雅釋器

鋤鋙或○俗有峿**鉏鋤也**說文段注鉏鋤疊韻字齒部齟齬齒不相值也鉏鋤蓋亦器之能相抵拒錯摩

者故廣韻以不相當釋鉏鋙周禮玉人注云駔牙左傳人有名鉏吾者皆此二者之同音段借**岨峿不安皃**文選文賦或岨峿而不安注萱案此段峿爲鋙也

齬○俗作齵**齟齬也**說文萱按齬下云齟齬齒不相值也**齟齬相惡也**太玄親其志齟齬注

語**論也**說文段注此即毛鄭說也語者禦也如毛說一人辯論是非謂之語如鄭說與人相答問辯難謂之語○禮記文王世子凡語于郊者注云語謂論語於郊郊學又以待又語注云又語爲後復論說也**論難曰語**詩公劉于時語語傳又禮部韻略引字林**荅述曰語**周禮大司樂興道諷誦言語注又論語序釋文○楚辭救言言語訥讜兮注云相荅曰語又詩公劉疏云荅難曰語謂二人相對**言也**禮記文王世子語使能也注又國策秦策樂羊及而語功注又廣雅釋詁四**談說也**禮記文王世子即歟而語注○射義揚解而語注云語謂說義理也又中庸故君子語大注云語猶說也疏云語說也又文選山巨源絕交書今空語同知有達人注云空語猶虛說也**語敘也敘己所欲說也**釋名釋言語○又釋典藝云國語記諸國君臣相與言語謀議之得失也**諺言也**穀梁僖二年傳語曰脣亡

則齒寒注又孟子萬章上語云盛德之士注云語者諺語也**語語喜也**廣雅釋訓**肝在氣爲語**素問剌禁論其動爲語注**震爲語**易繫辭上傳或默或語虞注語以其功下人者也虞注又則言語以爲階虞注云震爲言語**爲人說爲語**禮記雜記言而不語注萱按此義舊讀去聲其實無可分也當并爲一讀

敔**禁也**說文段注與圉禦音同釋言禦圉禁也說文禦訓祀圉訓圄圉所以拘罪人則敔爲禁禦本字禦行而敔廢矣古段借作御作圉○廣雅釋詁四云敔禁也**終也**白虎通禮樂**敔衙也衙止也所以止樂也**釋名釋樂器○書臯陶謨合止柷敔釋文云敔所以止樂**敔狀如伏虎**釋名釋樂器○書臯陶謨鄭注云敔狀如伏虎背有刻以物擽之所以止樂又周禮小師司農注云敔木虎也又呂覽季夏飭鐘磬柷敔注云敔木虎脊上有鉏鋙以枚擽之以止樂**柷敔乾音也**白虎通禮樂引樂記○又引樂記云木曰柷敔**柷敔者終始之聲萬物之所生也**白虎通禮樂○禮記月令明堂位兩釋文云敔本作圉周禮大司樂釋文云敔本作梧萱按敔梧聲同敔圉音同故段圉梧爲柷敔字也

衙 平上兩讀義同 衙衙行皃 說文 止也 釋名釋樂器詳見平聲

圉 守之也 說文。漢書禮樂志集注云圉守也 禦也 釋名釋宮室 止也 禮記月令疏引蔡氏 囚也 左氏宣四年圉伯嬴於轑陽而殺之注 圉圉所以禁守繫者若今別獄矣 禮記月令省囹圄注周曰囹圄獨斷上又御覽六百四十三引風俗通云周曰囹圄圄與也言令人幽閉思愆改惡為善因原之也。左氏定四年經孔圉公羊作孔圄淮南人閒訓馬圉論衡逢遇作馬圄

圉 今隸作圉 囹圉 逗 所以拘辠人一曰圉垂也一曰圉人掌馬者 說文 段注㚔為罪人口為拘之故其字作圉他書作囹圄者同音相段也圉者守之也其義別月令仲春命有司省囹圄孟秋命有司繕囹圄注曰囹圄所以禁守繫者若今別獄矣蔡邕云囹牢也圄止也所以止出入皆罪人所舍也崇精問曰獄周曰圜土殷曰羑里夏曰均臺囹圄何代之獄焦氏荅曰月令秦書則秦獄名也漢曰若盧魏曰司空是也按蔡說囹圄皆罪人所舍云皆則不必一地是以口部曰圄獄也不連囹言此言囹圄錯見以明之邊垂者可守之地養馬者守也視之事疑皆圉字引申之

義各書段圉為之耳 圉謂禁守其人也 漢書貨殖傳圉奪成家者為雄桀注 禁也 爾雅釋言又周書寶典不圉我哉注 圉謂未有而預防之也 爾雅釋言舍人注 威德剛武曰圉 周書諡法 禦也 周書謚法注 止也 太乎彊終莫之圉注 使也 廣雅釋詁一 邊垂也 左氏隱十一年傳亦聊以固吾圉也注。爾雅釋詁又詩桑柔孔棘我圉傳召旻我居圉卒荒傳竝云圉垂也又召旻箋以此故盡空虛疏云圉謂邊境又爾雅孫注云圉國之四垂也又舍人注云圉拒邊垂也又水經渠水注云圉邊陲之號 養馬為圉 周禮校人乘馬一師四圉司農注。太宰注而名其男曰圉釋文夏官序官圉師注又左氏傳廿八年傳誰扞牧圉釋文昭七年傳馬有圉注又楚辭思古燕公操於馬圉注竝云養馬圉曰圉又左氏傳十七年傳故名男曰圉注又國語周語乃堙替隸圉注又管子小間夷吾嘗為圉人矣注又淮南人閒乃使馬圉往說之注竝云圉養馬者 圉人掌養馬者 禮記檀弓上圉人浴馬注又左氏莊卅二年傳圉人犖注又史記魯世家集解引左傳服注。儀禮既夕圉人夾牽之注又左氏襄廿七年傳使圉人駕注竝云圉人養馬者 臣也 廣雅釋詁一。左氏傳十七年傳故名男曰圉服注云圉人掌養馬臣之賤者又淮南脩務及

至圉人擾之注云圉養馬官 馬曰圉 左氏傳廿八年傳注又淮南覽冥廝徒馬圉注 牢養也 文選東京賦圉林氏之騶虞薛注。左氏哀十四年傳將圉馬於成注云圉畜養也 圉圉魚在水羸劣之皃 孟子萬章上始舍之圉圉焉注 靈圉崑崙眾神也 楚辭遠逝悉靈圉而來謁注 揭也 詩有瞽鞉磬柷圉傳萱按此段圉為敔也禮記樂記注謂柷圉也釋文云圉本作敔。管子輕重甲守圉之國用鹽獨甚。莊子繕性其來不可圉按此皆段圉為禦也。詩孔棘我圉箋云圉當作禦又我居圉卒荒韓詩外傳作我居御卒荒又爾雅釋天太歲在丁曰強圉史記麻書作強梧又左氏孔圉公羊作孔圄按此皆可兩通

俁 大也詩曰碩人俁俁 說文 俁俁容皃大也 詩簡兮傳萱按釋文云俁俁韓詩作麌麌用段借字

嚘 麌鹿羣口相聚皃詩曰麀鹿嚘嚘 說文段注大雅麀鹿嚘嚘毛曰嚘嚘然眾也小雅麀鹿麌麌毛曰麌麌眾多也按毛意麌麌即嚘嚘之段借也說文無麌 嚘嚘眾也 廣雅釋詁

緒 渠舉切 絲耑也 說文段注耑者艸木初生之題也因為凡首之偁抽絲者得緒而引可引引申之凡事皆有緒可纘 緒謂端次也 漢書陳湯傳前又已有十年功緒注 緒次緒也 莊子山木食不敢先嘗必取其緒釋文 緒究緒也 文選哀永逝文絕緒兮莫承注 統也 文選東京賦故宗緒中圯薛注 業也 詩常武三事就緒箋閟宮纘為之緒傳殷武湯孫之緒箋又周禮內宰展其功緒注又宮正疏禮記中庸武王纘大王王季文王之緒注又廣雅釋詁四又楚辭天問纂就前緒注尊食宗緒注又太乎堅陽喪其緒注乎攤抽不抽之緒注乎圉地抴其緒注。周禮宮正稽其功緒注云緒其志業 事也 爾雅釋詁又詩閟宮箋又國語周語纂修其緒注 尋也 史記張丞相傳集解引文穎又漢書任敖傳集注引文穎 末也 廣雅釋詁一 餘也 楚辭沵江欽秋冬之緒風注又文選報任少卿書注引莊子司馬注又一切經音義十九引廣雅。漢書梅福傳治暴秦之緒注云緒謂餘業也 緒者殘也 莊子讓王其緒餘以為國家釋文引司馬李注。釋文又云緒餘謂殘餘也 然燭燼也 管子弟子職捧梲以為緒注 緒言猶先言也 莊子漁父先生有緒言而去釋文 絭也 廣雅釋器

敘次弟也說文段注咎繇謨曰天敘有典釋詁曰舒業順敘緒也古或假序爲之。周禮大司馬以敘和出注云敘和出用次弟出和門也次也國語楚語能道訓典以敘百物注故重黎氏世掌天地注又淮南本經不失其敘注。周禮鄉師凡邦事令作秩敘注云緒猶次也次序也書咎繇謨惇敘九族鄭注。周禮宰夫七曰胥掌官敘以治敘注云治敘次序宮中如今侍曹伍伯傳吏朝也又眡祲八曰敘司農注云敘者雲有次弟序如山在日上也又巾車辨其用與其旗物而等敘之注云等敘之以封同姓異姓之次序敘猶比次也周禮司書以敘其財注比也匡謬正俗五緒謂定其倫次書咎繇謨天敘有典疏介次也周禮內宰置其敘注敘敘秩次也謂先尊後卑也周禮小宰以官府之六敘正羣吏注。里宰行其秩敘注云秩敘受耦相佐助之次第才等也周禮宮伯行其秩敘注肆行列也周禮司市以次敘分地而經市注緒也爾雅釋詁又孫注云敘謂端緒也更也周禮小司寇以敘進而問焉注述也國語晉語紀言以敘之注敘杼也杼泄其實宣見之也釋名釋典藝。書百揆時敘惇敘九族三苗丕敘西戎即敘彝倫攸敘各以其敘史漢所引字皆作敘

韻史 卷二十二第五部上聲鼓韻 二五一三

序

序。俗有⿰阝予⿰土予東西牆也說文段注釋宮曰東西墻謂之序按堂上以東西牆爲介禮經謂階上序端之南曰序南謂正堂近序之處曰東序西序古段杼爲序尚書大傳天子賁庸諸侯疏杼鄭注云牆謂之庸杼亦牆也李善文選注引雜書天準聽天球河圖在東杼又支部曰次弟謂之敘經傳多段序爲敘周禮儀禮序字注多釋爲次弟是也又周頌繼序思不忘傳曰序緒也此謂序爲緒之段借字。爾雅釋宮又儀禮鄉飲酒禮奠爵於序端注燕禮賓升立於序內東面注大射儀賓升立於西序注士喪禮皆餕于西序下南上注並云東西牆謂之序又儀禮士冠禮直東序注云堂東西牆謂之序又爾雅注云序所以序別內外又孫注云序堂東西牆所以別序內外也又舍人注云序殿東西堂序尊卑處又文選典引御東序之祕寶蔡注云東序牆也又書顧命在西序疏云序者乃牆之別名序謂東西廂漢書諸侯王表不降階序而運天下注。後漢劉瑜傳注云東西廂謂之序又班彪傳下注云東序東廂也又文選魯靈光殿賦東序重深而與祕張注同州黨之學也周禮州長春秋以禮會民而射于州序注。禮記鄉飲酒義主人拜迎賓於庠門之外注云州黨爲

韻史 卷二十二第五部上聲鼓韻 二五一四

序又學記注黨屬於鄉疏云黨學曰序遂有序亦學名禮記學記術有序疏庠序者教化之宮也孟子梁惠王上謹庠序之教注注。廣雅釋室云庠序宮也無室謂之序禮記鄉飲酒義疏。儀禮鄉射禮豫則鉤楹內注云序無室可以深也序則豫也禮記王制注西序小學疏。祭義鄉大夫序從注云序或爲豫又儀禮鄉射禮豫則鉤楹內注云今言豫者謂州學也今文用豫爲序萱序按序豫同予聲故古文用豫爲序今文則用本字也射也廣雅釋言又孟子滕文公上云序者射也序者序長幼也白虎通辟雍舒也漢書儒林傳殷曰序正義夏曰序御覽五百卅三引禮記外傳。禮記明堂位序夏后氏之序也注云序亦學也殷曰序孟子梁惠王上謹庠序之教注又滕文公上又漢書儒林傳又後漢章帝紀注又獨斷上周曰序漢書儒林傳序。御覽五百卅五引五經通義云周爲序里曰序白虎通辟雍聚曰序漢書平帝紀又後漢班彪傳下注緒也詩閔予小子傳又漢書韋玄成傳集注次也易繫辭上傳易之序也釋文引京注又儀禮鄉飲酒禮衆賓序升注士喪禮酒豆籩俎序從云注又左氏宣十二年傳內官序當其夜注昭卅二年傳遲速衰序注又公羊僖四年傳序績也注文

韻史 卷二十二第五部上聲鼓韻 二五一五

七年傳諸侯何以不序注又國語周語不失其序注周旋序順注制朝以序成注魯語牧相宣序民事注夕序其業注又離騷春與秋其代序注又廣雅釋詁三。禮記中庸所以序昭穆也注云序猶次也序謂不失次序各當士宜也荀子儒效序五種注王制序五種注序謂次第先後周禮小宗伯注次序之時疏又太宰疏云序是先後次第之言又肆師以歲時序其祭祀注云序第次其先後大小又禮記祭義卿大夫序從注云序以次第從也位次也左氏昭廿九年傳卿大夫以序守之注。周禮肆師令內外命婦序哭注云序使相秩次序次第也猶代也儀禮燕禮序進注大射儀序進注又婦序哭禮記注云郊特牲昏禮不賀人之序也注云序猶代也列也國語齊語班序顛毛注又後漢鄭弁傳注更也周禮御僕以序守路鼓注又禮記仲尼燕居夏管象舞注。儀禮公食大夫禮序進盟注云序猶更也重也史記趙世家而序往古之勳正義象也易繫辭上傳易之序也釋文引陸注序飾也謂其革均也考工記鮑人則厚薄序也注序杼也抴杼其實也釋名釋言語序者舒也敘也公羊序疏

韻史 卷二十二第五部上聲鼓韻 二五一六

孱 履也說文

鱮 鱮魚也說文段注齊風其魚魴鱮傳曰魴鱮大魚陸疏曰鱮似魴厚而頭大其頭尤大而肥者徐州人謂之鰱廣雅曰鱮鰱也 鱮似魴而弱鱗詩敝笱箋又後漢馬融傳注○敝笱陸疏云鱮徐州人謂之鰱或謂之鱅幽州人謂之鶃鶃或謂之胡鱅

諝 知也說文段注周禮詩皆段胥爲之天官胥十有二人注胥讀爲諝謂其有才知爲什長秋官象胥注胥其有才知者也小雅君子樂胥箋云胥有才知之名也周易段胥爲之鄭云須有才知之稱天文有須女屈原之妹名女須按荀爽一名諝 智也廣雅釋詁三○文選謝靈運初去郡詩注引莊子司馬注云胥多智也 諝謂象之有才知者也周禮大行人屬象胥注○漢書司馬相如傳上樂樂胥注云胥有材智之人也

㥠 知也說文萱按諝㥠音義皆同疑本一字

糈 糧也說文段注凡糧皆曰糈享神其一耑耳 精米所以享神也離騷懷椒糈而要之注○史記

日者傳不見奪糈索隱云糈者卜求神之米也 饊也廣雅釋器

稰 祭具也說文段注山海經離騷經皆作糈王逸曰糈精米所以享神郭璞曰糈祭神之米名疑許所據二書作稰

湑 ○俗有醑 莤酒也一曰浚也一曰露皃也詩曰有酒湑我又曰零露湑兮說文段注小雅伐木云釃酒有藇傳曰以筐曰釃以藪曰湑又云有酒湑我傳曰莤之也按毛許釃莤皆有別酉部云莤者禮祭束茅加於祼圭而灌鬯酒是爲莤與鄭大夫甸師注合是則毛傳湑訓以藪莤之藪謂草如祭之用茅也故亦曰莤浚也亦同漉義可兩兼湑浚雙聲 漉盝也廣雅釋詁二 酒之沸者也詩鳧鷖爾酒既湑箋○儀禮士冠禮疏云湑泲酒之稱 清也儀禮士冠禮旨酒既湑注 樂也文選吳都賦酣湑半劉注 盛皃詩裳裳者華其葉湑兮傳○車舝其葉湑兮釋文云湑茂盛也 湑湑枝葉不相比也詩杕杜其葉湑湑傳 湑湑然蕭上露皃詩蓼蕭零露湑兮傳

蝑 平上兩讀義同 蜙蝑也說文

父 粉舉切 巨也家長率教者說文段注父巨叠韻率同達先導也經傳亦借父爲甫○廣雅釋親云父渠也又白虎通三綱六紀云父者矩也以法度教子也萱按巨渠矩同字○荀子致仕云父者家之隆也又禮記曲禮上七十曰老而傳注云傳家事任子孫是爲宗子之父 父至尊也儀禮喪服傳傳又云故父子首足○素問陰陽類論三陽爲父注云父所以督濟羣小言高尊也 父者子之天也儀禮喪服傳又禮記曲禮上父之讎注又春秋繁露順命○漢書戾太子傳云父者猶天 天爲父後漢隗囂傳注 乾爲父易說卦傳又蠱幹父之蠱虞注彖傳下傳父父虞注繫辭下傳如臨父母虞注說卦傳故稱乎父虞注序卦傳然後有父子虞注○繫辭下傳剛柔者立本者也虞注云乾天稱父 父母者人之本也史記屈原賈生傳 父甫也始生己也釋名釋親屬○老子吾將以爲教父注云父始也 生曰父死曰考禮記曲禮上下○公羊隱元年傳隱之考也注云生稱父死稱考 父兄諸父諸兄儀禮士冠禮則父兄戒宿注○士喪禮注父兄姑姊妹疏云父謂諸父 父兄同姓 羣臣左氏隱十一年傳寡人惟是一二父兄注○禮記曲禮下云天子同姓謂之伯父又儀禮覲禮云同姓大國則曰伯

父同姓小邦則曰叔父又詩伐木以速諸父傳云天子謂同姓諸侯諸侯謂同姓大夫曰父 父兄長老也國語晉語讓父兄也注○方言六云凡尊老南楚謂之父或謂之父老 父事之如父荀子仲尼遂立以爲仲父注 父母謂萬物形之先也素問天元紀大論變化之父母注○爾雅釋畜注江東呼父馬爲騭釋文云父本作駁萱按駁晚出字古祇作父○列子湯問曾不能損魁父之形釋文云父淮南子作阜萱按此借父爲阜也父阜一聲之轉而父不必有阜音此可證父字一韻兩見之誤 ○父者字也公羊傳注 父且字甫是丈夫之美稱禮記疏 父猶傅也男子之美稱也穀梁傳萱按此皆段父爲甫也父甫本無二音自學者妄生分別上去二聲內滲出陰陽之說故甫父分二音因之父本義與段借亦分二音其重性貽謬有如此者今父甫定爲一音父段借之義則甫下詳之凡仄聲內分金易者皆無事自擾也今概不用

斧 所以斫也說文段注斧之爲用廣矣斤則不見於他用也蓋其制有異矣白與黑相次文曰黼蓋如畫斧然故亦斧曰斧藻○易旅得其資斧注云斧所以斫除荊棘以安其舍者也又巽喪其資斧注云斧所以斷者也

隋鍪曰

斧詩破斧既破我斧傳斧甫也甫始也凡將制器始用斧伐木已乃制之也釋名釋器用斧之爲言補也古微書引春秋元命苞離爲斧易巽喪其齊斧虞注又旅得其資斧虞注云離爲資斧鉞也文選檄吳將校部曲注引漢書張晏注萱按鉞當作戉斧鉞軍器也國語魯語其次用斧鉞注○太平衆斧刃抉其柯折注云斧柯者征伐之柄也斧鉞大荆也國語周語有斧鉞刀墨之荆注○後漢蔡茂傳注云斧斤謂荆戮也斧謂之黼爾雅釋器○禮記檀弓上加斧于椁上注云斧謂之黼白黑文也斧者是屏風之名詩公劉箋公劉既登堂負扆而立疏○禮記明堂位天子負斧依注云斧依爲斧文屏風於戶牖之閒又周禮司几筵王位設斧依注云斧謂之黼其繡白黑采以絳帛爲質又文選東京賦負斧扆薛注云白與黑謂之斧斧藻猶刻桷丹楹之飾法言學行吾未見好斧藻其德若斧藻其楶者也注

甫男子之美稱也說文段注春秋公及邾儀父盟于蔑穀梁傳曰儀字也父猶傳也男子之美稱也士冠禮字辭曰伯某甫仲叔季惟其所當注伯仲叔季長幼之稱甫是丈夫之美稱按甫者男子美稱某甫者若言尼甫嘉甫孔甫謂

之且字且者薦也五十以伯仲乃謂之字以下一字爲伯仲叔季之薦故曰且字也甫則非字凡男子皆得偁之以男子始冠之偁引伸爲始也又引伸爲大也○漢書律厤志下集注又顏氏家訓音辭並云甫者男子之美偁又禮記曲禮下曰有天王某甫疏云甫是男子美偁也又漢書五行志中之上集注云甫者男子之通號甫之言丈夫也詩甫田倬彼甫田箋又儀禮士冠禮曰伯某甫注云甫是丈夫之美偁又釋名釋首飾云甫丈夫也某甫且字也禮記曲禮下曰有天王某甫注復曰某甫復矣注褋記上稱陽童某甫注我也爾雅釋詁始也周禮小宗伯甫褰亦如之注家人請度甫褰注又儀禮鄉射禮注甫欲習衆庶疏又禮記曲禮上注皆謂甫省視之疏月令注此甫八月中疏此月物甫萌牙注又老子以閱衆始甫注又太平法準繩不甫注又釋名釋用器○老子王注云衆甫物之始也大也爾雅釋詁又詩甫田無田甫田傳車攻東有甫草傳甫甫然大也詩韓奕魴鱮甫甫傳又小雅爾雅廣訓云魴鱮甫甫語其大也甫

甫衆也廣雅釋訓博也後漢班彪傳下注輔也禮記禮器注禪乎梁甫疏甫者信也白虎通封禪○白虎通又云梁甫者泰山旁山名諸姜也詩揚之水不與我戍甫傳○崧高維申及甫箋云甫甫侯也父

猶傳也男子之美稱也穀梁隱元年傳又史記齊大公世家父師尚父集解云父亦男子之美號也丈夫之顯稱也史記孔子世家尼甫集解引王肅又詩韓奕傳顯父疏云父者丈夫之稱父者字也公羊桓二年傳於是先攻孔父之家注又禮記檀弓上嗚乎哀哉尼父疏云父且字甫是丈夫之美稱萱按古書借父爲甫者殆不勝數同音段借六書之常事自从聲分今易父有門讀而段借之指晦矣○詩車攻東有甫草韓詩作東有圃草左氏定四年傳及甫田之北竟釋文甫本作圃萱按甫从父聲圃从甫聲聲同者義亦相近

鬴釜或鍑屬也說文段注升四曰豆豆四曰區區四曰鬴今經典多作釜惟周禮作鬴○方言五云釜自關而西或謂之釜或謂之鍑量六斗四升曰鬴考工記陶人爲甗實二鬴注又周禮廩人人四鬴注云六斗四升曰鬴又㮚氏量之以爲鬴注又云鬴六斗四升也○論語雍也與之釜集解引馬注云六斗四升曰釜又皇疏云釜容六斗四升也又左氏昭三年傳注云釜六斗四升四區曰鬴考工記㮚氏注○小爾雅廣量云區四謂之釜又廣雅釋器云區四曰釜又左氏昭三年傳豆區釜鍾注云四區爲釜有足曰錡無足曰釜詩采蘋雉錡及

釜傳又左氏隱三年傳筐莒錡釜之器注云無足曰釜坤爲釜易說卦傳釜炙於釜汁中和熟之也釋名釋飲食○管子輕重丁今齊西之粟釜百泉注云五鍾爲釜萱按此獨爲異說其云釜百泉則與漢書食貨志說略同

俌輔也說文段注謂人之俌猶車之輔也輔專行而俌廢矣○廣韻埤蒼云俌輔也又爾雅釋詁弼棐輔比俌也注云俌猶輔也

輔春秋傳曰輔車相依說文段注凡許書有不言其義徑舉經傳者如斠下云斠之斠矣鶴下云鶴鳴九皐聲聞于天艴下云色艴如也絢下云詩云素以爲絢兮之類是也此引春秋傳僖公五年文不言輔義者義已具於傳文矣小雅正月曰其車既載乃棄爾輔傳曰大車既載又棄其輔也無棄爾輔員於爾輻傳曰員益也正義云大車牛車也爲車不言作輔此云棄輔則輔是可解脫之物蓋如今人縛杖於輻以防輔車也今按呂覽權勳篇曰宮之奇諫虞公曰虞之與虢也若車之有輔也車依輔輔亦依車虞虢之勢是也此即詩無棄爾輔之說也合詩與左傳則車之有輔信矣引伸之義爲凡

相助之偁今則叚義行而本義廢尠有知輔爲車之一物者矣入部曰俌輔也以引伸之義釋本義也今則本字廢而借字行矣面部曰酺頰車也面酺自有本字周易作輔亦字之叚借也今亦本字廢而借字行矣春秋傳輔車相依許廁之於此者所以說輔之本義也所以說左氏也謂輔與車必相依倚也他家說左者以頰與牙車釋之乃因下文之脣齒而傅會耳固不若許說之善也俌也爾雅釋詁佐也離騷覽民德焉錯輔注輔卽友也禮記學記是以雖離師輔而不反也疏助也廣雅釋詁二又國語周語王又章輔禍亂注又呂覽愼行齊晉又輔之注又漢書張湯傳集注。國策秦策士倉又輔之注云輔猶助也又易象上傳輔相天地之宜鄭注云輔相助也正也呂覽重言有輔王室之固注又淮南脩務立三公九卿以輔翼之注相也呂覽介立爲之丞輔注又禮記文王世子愼其身以輔翼之疏相道爲輔國語越語憎輔遠弼注。賈子保傅云誠立而敢斷輔善而相義者者謂之輔輔者輔天子之意者也又華嚴經音義下引書大傳云直立而敢斷廣心而從欲輔善而相丞謂之輔。荀子臣不道云有能比知同力率羣臣百吏而相與彊君撟君君雖不安不能不聽遂以解國之大患除國之大害成於尊君安國謂之輔又說苑臣術說略同比知作比和輔然相親附

之兒荀子非十二子輔然注左曰輔禮記文王世子正義引書大傳卿也大戴記千乘副介也國策秦策王令向壽輔行注。孟子公孫丑下王使蓋大夫王驩爲輔行注云輔副使也輔府史庶人在官者也周禮大宰置其輔注。又司農注云輔爲民之平也三輔謂京兆左馮翊右扶風後漢光武紀上注輔小木爾雅釋木輔頰輔左氏僖五年傳注萱按此叚輔爲酺也酺下詳之矣說文輔下有人頰車也四字乃後人所羼緣未懷於本義借義之分也

酺。俗有酺頰也說文段注頰者面旁也面旁者顏前之兩旁大招靨輔奇牙宜笑嘕只王注言美頰有靨酺口有奇牙嘕然而笑尤媚好也淮南書奇牙出靨輔搖高注靨輔頰邊文婦人之媚也又曰靨酺在頰則好在顴則醜注靨酺者頰上窐也由此言之靨酺在頰故酺與頰可互偁古多叚輔爲酺如毛詩傳曰倩好口輔也此正謂靨酺咸上六咸其輔頰舌艮六五艮其輔其字皆當作酺蓋自外言曰酺曰頰曰靨酺自裹言則上下持牙之骨謂之酺車亦謂牙車亦謂頷車亦謂頰車亦謂黷車亦謂之酺亦謂之頰許言酺頰也者言其外也易言酺頰嘗酺言其裹也酺車非外之酺頰車非外之頰此名之當辨

者也諸家說左傳輔車相依用牙車爲訓而許君不同又按艮卦虞注云輔面頰骨上頰車也面頰骨今俗語尚如是上頰車卽頰骨在上持牙者服虔注左傳謂之上頷車然則在下持牙者亦得曰下頰車下頷車矣必云上頰車上頷車者言酺則上言上是也頰車與舌言則必動故咸艮爻辭取此。呂覽權動若車之有輔注云輔頰也又左氏僖五年傳諺所謂輔車相依注云輔頰車酺耳目之閒易咸咸其輔釋文引虞注萱按釋文又云咸其輔虞作酺。易咸咸其輔頰舌虞注云耳目之閒稱輔頰輔頰車也易艮艮其輔疏輔上頷車也與牙相依左氏僖五年傳服注又疏云輔爲外表車是內骨。易咸釋文引馬注云輔上頷也。頤或曰輔車言其骨強所以輔持口也釋名釋形體骸下爲輔素問骨空論又注云膕下爲輔

黼。俗有黼白與黑相次文說文段注攷工記文鄭曰文章黼黻繡五者言刺繡采所用也繡以爲裳。攷工記畫繢之事又詩采菽玄衮及黼傳又周禮典絲凡祭祀共黼畫組就之物注又左氏昭廿五年傳以奉五色注又荀子富國故爲之雕琢刻鏤黼黻文章注又呂覽季夏紀注預云白與黑謂之黼。荀子哀公黼衣黼裳者注又淮南時則注主術注說林

黼黻之美注疏云白與黑爲黼又詩文王常服黼冔傳云黼白與黑也又周禮縫人注黼荒疏云黼白黑文斧謂之黼爾雅釋器又儀禮覲禮天子設黼依於戶牖之閒注。左氏桓二年傳火龍黼黻注云白與黑謂之黼形若斧又昭廿五年傳爲九文注云黼若斧又爾雅釋言注云黼文如斧又孫注云黼文如斧形蓋半白半黑似刃白而身黑又釋文云白與黑曰黼斧形也又漢書禮樂志黼繡周張注云白與黑畫爲斧形謂之黼又賈誼傳美者黼繡注云黼者織爲斧形又周禮幕人注其用文德則黼可疏云黼者白與黑作斧文取合斧斷割之義又司服疏云黼謂白黑爲形則斧文近刃白近上黑取斷割焉又司几筵王位設黼依疏云黼卽白黑文而爲斧形繡也文選射雉賦身抡黼繪徐注黼黻彰也爾雅釋言黼黼黻絺衣也詩采菽玄衮及黼箋太玄文易以黼黻注黼黻冕服也漢書郊祀志下黼黻琱戈注黼裳者冕服有文者也書顧命王麻冕黼裳鄭注

⿰韋甫尻衣也廣韻幒也集韻。武二切說文⿰韋甫下段注按五篇云⿰韋甫扶豆扶尻衣也次於鞁下奪上與說文同攷許書襪足衣也袴脛衣也則當別有尻衣卽史漢萬石君傳所謂中裙也而廣韻九麌曰⿰韋甫尻衣集韻九麌曰⿰韋甫幒也幒卽許

之憁字疑說文本有韛尻衣也从韋甫聲之文而佚之如爾冡袍衫皆佚其一之比。萱按玉篇韓注當歸韛下韓當依說文訓鞄裹也

鄡 汝南上蔡亭 說文段注汝南郡上蔡二志同今河南汝寧府上蔡縣縣西南十里故蔡城是也有亭名鄡

莆 萐莆也 說文萱按萐下云萐莆瑞艸也堯時生於庖廚扇暑而涼論衡作萐脯言廚中自生肉脯薄如萐

脯 乾肉也 說文段注周禮腊人掌乾肉凡田獸之脯腊膴胖之事注云大物解肆乾之謂之乾肉薄析曰脯捶之而施薑桂曰段脩脯腊小物全乾也許於脯於日部之笞統言之曰乾肉鄭則以大物小物析言之。漢書東方朔傳云乾肉爲脯又儀禮士冠禮注乾肉牲體之脯也疏云乾肉曰脯又周禮掌客疏云脯乾肉薄者又內饔疏云乾則爲脯不加薑桂不鍛治者直謂之脯又膳夫疏云不加薑桂以鹽乾之者謂之脯 脯皆析乾肉也 禮記內則牛脩鹿脯注又麥食脯羹雞羹注云脯所謂析乾牛羊肉也 脯搏也乾燥相搏著也又曰脩脩縮也乾燥而縮也 釋名釋飲食。禮記曲禮下婦人之摯椇榛脯脩棗栗疏云脯搏肉無骨而曝之 始也 禮記曲禮

下疏又曲禮上以脯脩置者疏云脯訓始始作卽成也 脯曰尹祭 禮記曲禮下又獨斷上 肉乾熟爲脯 呂覽行論殺鬼侯而脯之注 脯炙以餳蜜豉汁淹之脯脯然也 釋名釋飲食

簠医 古文 黍稷圜器也 說文段注簠盛稻粱見公食大夫禮經文云左擁簠粱是也此云黍稷者統言則不別也如毛傳云四簋黍稷稻粱亦是統言云圜器與鄭云方器互異。國語周語修其簠簋注云簠簋黍稷之器萱按此亦統言 稻粱器也 周禮掌客簠十注又肆師注在器曰盛疏云簠盛稻粱。漢書賈誼傳簠簋不飾注云簠簋所以盛飯也方曰簠圓曰簋 簠謂祭器 易剝剝牀以膚釋文引京注釋文又云膚京作簠又禮記樂記簠簋俎豆釋文云簠祭器名 簠簋祭器方曰簠 孝經陳其簠簋而哀感之鄭注又周禮舍人凡祭祀共簠簋注云方曰簠圓曰簋盛黍稷稻粱器 外方內圓曰簠 詩權輿每食四簋釋文又儀禮聘禮夫人使下大夫勞以二竹簠方注云竹簠方者器名也以竹爲之狀如簠而方如今寒具筥筥者圓此方耳。聘禮釋文云外圓內方曰簠又淮南泰族陳簠簋注云器方中者爲簠萱按釋文一手所定而詩儀禮聘處說簠之方圓亦如鄭許之互異疑不能明也據古文医从匚似鄭

說爲優

撫 。俗有捬 ⿺辶亡 古文 安也一曰揗也 說文段注揗者摩也揗亦訓揗故撫揗或通用。廣雅釋詁一又國語魯語子以君命鎮撫敝邑注楚語撫征南海注又國策秦策以撫其心注又淮南原道以撫四方注又文選東京賦宣重威以撫和戎狄薛注並云撫安也又周禮大行人王之所以撫邦國諸侯者注云撫猶安也 定也 廣雅釋詁四 厚也 後漢梁竦傳注 慰也 漢書高帝紀上集注 撫爲存撫 禮記文王世子疏 存恤也 左氏定四年傳若以君靈撫之注 拊也 國語晉語叔向見司馬侯之子撫而泣之注。儀禮鄉射禮左右撫矢而乘之注云撫拊之也 撫敷也敷手以拍之也 釋名釋姿容 抵也 楚辭招魂撫案下些注 撫猶據也 禮記曲禮上國君撫式注 持也 楚辭東皇太一撫長劒兮玉珥注又廣雅釋詁三 拾也 小爾雅廣詁 覽也 文選神女賦序於是撫心定氣注 有也 廣雅釋詁一。禮記文王世子君王其終撫諸注云撫猶有也 掩也 荀子宥坐勇力撫世守之以怯注又爾雅釋訓云掩撫掩之也 循也 楚辭懷沙撫情劾志兮注。史記麻書撫十二節正義云撫猶

循也 巡也 後漢杜篤傳注 撫小止之謙也 禮記曲禮上則撫僕之手注又君撫僕之手疏云撫案止也又客跪撫席而辭疏云撫謂以手案止之也 以手按之也 禮記喪大記君撫大夫注又儀禮士喪禮君坐撫當心注云撫手衆之 撫拍相親狎也 後漢趙壹傳注又儀鄉射禮疏云言撫者撫拍之義 撫掩猶撫拍 謂慰恤也 爾雅釋訓撫掩之也注 撫循慰悅之也 荀子富國拊循之注 疾也 方言十二

⿰凶攵 撫也 說文

搴切

橆 按此蕃橆字也橆變爲無遂借爲有橆字而蕃無乃借廡或借蕪爲之矣段氏說 豐也商書曰庶艸緐橆 說文段注釋詁曰蕪茂盛豐也釋文云蕪古本作橆庶艸緐橆洪範文今尚書作蕃廡晉語黍不爲黍不能蕃廡亦同

潕 潕水出南陽舞陰東入潁 說文段注南陽郡舞陰二志同今河南南陽府泌陽縣縣北十里有舞陰故城水經曰潕水出潕陰縣西北扶予山東過其縣南又東過西平縣北又東過郾縣南又東過定潁縣北東入於汝酈

云潕水過潕陰縣北不出其南又去鄎縣遠不得過今水道提綱敍汝水不言潕水源流惟方輿紀要引舊志云潕水出泌陽縣北自平地湧出如飛舞然東北流達舞陽縣東南爲三里河又東入於汝未知今水道然否水經入汝許云入潁乖異俟考又按水名作潕縣以水得名而舞陰舞陽字作舞當依漢志

憮㤅也韓鄭曰憮一曰不動說文段注一曰不動別一義論語夫子憮然孟子夷子憮然三蒼曰憮然失意皃也趙岐曰憮然猶悵然也皆於此義近○廣雅釋詁一云憮愛也又方言一云亟憐憮俺愛也宋衛邠陶之閒曰憮或曰俺又云憮愛也韓鄭曰憮萓按㤅愛正俗字愛者㤅之段借**撫也**爾雅釋言又注云憮愛撫也**恩也**廣雅釋詁二**哀也**廣雅釋詁一又方言一云憮哀也自楚之北郊曰憮**失意皃也**後漢孔融傳注又一切經音義九引三蒼云憮然失意皃也**憮然者猶悵然也**孟子滕文公上夷子憮然爲閒曰注**憮猶怪也**後漢蔡邕傳下注又禰衡傳注云憮然怪之也又韻會引三蒼云憮怪愕之詞**憮然猶驚愕也**論語微子夫子憮然曰皇疏**大也**漢書張敞傳長安中傳張京兆眉憮注引應劭萓按此段憮爲嫵也

嫵媚也說文段注上林賦嫵媚孅弱李善引埤倉曰嫵媚悅也按嫵媚可分用張敞傳長安中傳京兆眉憮憮即嫵字蘇林曰憮音嫵北方人謂眉好爲諂畜**好也**廣雅釋詁一**頰輔謂之嫵媚**史記司馬相如傳嫵媚姌嫋索引隱引通俗文○御覽三百八十一引通俗文云頰妍美曰嫵媚

廡[广舞]籒**堂周屋也**說文段注釋名曰大屋曰廡幽冀人謂之庌說與許異許謂堂之四周爲屋也洪範晉語蓄廡皆段廡爲[雨舞]也○御覽一百八十一引聲類又後漢梁鴻傳注竝云廡堂下周屋也又張酺傳注云廡屋也又晉書音義上云廡堂下**廊屋也**後漢順帝紀注靈帝紀注○侯覽傳注云廡廊下周屋也**門屋也**漢書竇嬰傳所賜金陳廊廡下注**周室也**漢書循吏召信臣傳覆以屋廡注**舍也**廣雅釋室**庌也**文選蜀都賦千廡萬屋劉注**大屋曰廡廡憮也憮覆也**釋名釋宮室○管子國蓄夫以室廡籍謂之毀成注云大曰廡**豐也**書洪範庶草蕃廡注又國語晉語不能蓄廡注萓按此段廡爲蕪也○文選東京賦草木蕃廡薛注云廡盛也

舞武作儛**𦏶**古文**樂也**說文○左氏隱五年傳夫舞所以節八音而行八風又禮記明堂位冕而舞大武注

云大武周舞也又楚辭招魂起鄭舞些注云鄭舞鄭國之舞也或曰鄭舞鄭重屈折而舞也又山海經海外西經大樂之野夏后啟於此儛九代注云儛謂盤作之令儛也**樂容曰舞**藝文類聚引蔡邕月令章句○禮記樂記又說苑修文竝云舞動其容也**舞者音聲之容也**文選舞賦題注**舞者德之容也**公羊隱五年傳始僭諸公注**舞器羽籥之屬**周禮司干掌舞器注**舞之謂以手足舞之**詩子衿傳弦之舞之疏**舞者象功**白虎通禮樂○後漢明帝紀注云舞者所以明功**舞號雩也**爾雅釋訓**務也**楚辭天問干協時舞注**舞者行也**易繫辭上傳鼓之舞之以盡神荀注**疾也**廣雅釋詁一**舞猶弄也**漢書汲黯傳集注引如淳○列子仲尼爲若舞彼來者奚若注云世或謂相嘲調爲舞弄也**巽爲舞**易姤羸豕孚蹢躅虞注繫辭上傳鼓之舞之以盡神虞注○豐日中見斗虞注云舞是巽爲高舞**鉦上謂之舞**考工記鳧氏○左傳蔡侯獻舞穀梁作獻武國秦策秦舞陽史記及武梁祠堂畫像作秦武陽萓按同音通借也又孔耽碑段舞爲廡

[罒舞]牖中网也說文段注中字賸或曰當作戶牖网如招魂之网戶王逸曰网戶綺紋鏤也

武楚莊王曰夫武定功戢兵故止戈爲武說文段注此槩括楚莊王語以解武義莊王曰於文止戈爲武是倉頡所造古文也祇取定功戢兵者以合於止戈之義也大雅履帝武敏傳曰武迹也此武之別一義也○左氏宣十二年傳夫武禁暴戢兵保大定功安民和衆豐財者也又漢書武五子傳贊云止戈爲武又文選東京賦既光厥武薛注云止戈曰武**武言以功定天下也**漢書禮樂志又風俗通聲音云武言以武功定天下者也**武者伐也**古微書引春秋元命苞又春秋繁露楚莊王**威之也**淮南說林爲隱武也注**勇也健也**竝廣雅釋詁二**尚先陵人也**老子善爲士者不武注○呂呂覽名類云武者悉之表也**師衆以順爲武**左氏襄三年傳**戎昭果毅以聽之之謂武**後漢蓋勳傳注**剛彊理直曰武**周書謚法又注云理忠恕直無曲也又白虎通謚引禮謚法云剛彊理直謚曰武**威彊叡德曰武**周書謚法○管子霸言云兵威而不止命曰武潛**克定禍亂曰武**周書謚法又獨斷下○文選述高帝紀贊注引項岱云尅定禍亂闢土斥彊曰武**除爲武也**周書謚法注云除暴又**爲民犯難者武也**周書李典

刑民克服曰武周書謚法又注云法以正民能使服夸志多窮曰武周書謚法又注云大志行兵多所窮極武舞也征伐動行如物鼓舞也釋名釋言語乾為武人易履武人為于大君虞注巽利武人之貞虞注武人謂將率也詩漸漸之石武人東征箋武人謂環人之屬有勇力者禮記月令賞軍帥武人於朝注◦淮南時則還乃賞軍率武人於朝注云武勇者功名也士也淮南覽冥勇武一人為三軍雄注云武士也江淮閒謂士為武又脩務及至勇武一攘捲一擣注云武士也楚人謂士為武又齊俗為天下顯武注云楚人謂士為武◦爾雅釋地云空桐之人武武卒選擇武勇之卒號為武卒荀子議兵魏氏之武卒注武車亦兵車禮記曲禮上武車綏旌注武庫掌兵器後漢馬嚴傳注冠卷也禮記玉藻縞冠玄武注又喪大記弔者襲裘加武帶經注云武吉冠之卷也又雜記上委武玄縞而后緌蕤注云委武冠卷也秦人曰委齊東曰武又儀禮既夕記謂縫著于武也疏云武謂冠卷◦獨斷下云武冠或曰繁冠今謂之大冠武官服之侍中中常侍加黃金璫附蟬為文貂尾飾之周樂也◦文選典引武稱未盡蔡注莊子天下武王周公作

武釋文云武樂名武武王樂也論語八佾謂武集解引孔注又後漢班彪傳下注◦周禮大司樂注云大武武王樂也武王伐紂以除其害言其德能成武功武宿夜武曲名也禮記祭統武莫重於武宿夜注萬舞也禮記郊特牲冕而舞大武注武壯而不可樂也注◦樂記夫武之備戒之已久注云武謂周舞武舞象戰鬥也禮記樂記武亂皆坐注◦仲尼燕居下管象舞注云象舞武舞也又下而管象示事也注云武象武王之樂也武樂執干戚以舞也後漢祭遵傳注武謂金也禮記樂記復以武注迹也爾雅釋訓又廣雅釋詁三又詩下武繩其祖武傳生民履帝武敏傳武嗣武受之傳又儀禮士相見禮武舉前曳踵注鄉射禮下綱不及地武注鄉射禮記距隨長武注大射儀干不及地武注又禮記曲禮上堂上接武注曲禮下牛曰一元大武注又離騷及前王之踵武注又文選東京賦踵三皇之遐武薛注魏都賦奕遷不能與之踵武而齊其風劉注又史記司馬相如傳率邇者踵武集解引徐廣又漢書司馬相如傳下集注引文穎又後漢臧洪傳注繼也爾雅釋詁又詩下武下武維周傳半步為武國語周語不過步武尺寸之閒注三尺曰武華嚴經音義下引何承天纂要萱按古六尺為步故半步三尺後世五尺

為步則半步二尺五寸耳度量衡皆大於古久矣武王湯也詩長發武王載旆傳武羅神名也山海經中山經青要之山䰠武羅司之注章武郡名山海經海內東經虖沱水入越章武北注◦海內經有九丘曰武夫之丘注云武夫之丘此山出美石萱按晚出字有碔夫俗加石耳

韻史

第六册

何萱撰著

商務印書館發行

韻史

何萱撰著

第六册

商務印書館發行

韻史卷廿三

第五部去聲　顧韻

合口評

顧 廣路切○俗作顧 **還視也** 說文段注還視者返而視也檜風箋云迴首曰顧析言之爲凡視之偁鄉黨賓不顧矣謂還視也車中內顧苞氏謂前視不過衡軏旁視不過輢較則顧猶視也又引伸爲臨終之命曰顧命又引伸爲語將轉之詞○詩蓼莪顧我復我箋又後漢梁竦傳注張奐傳注竝云顧旋視也 **迴首曰顧** 書顧命序鄭注又詩匪風顧瞻周道箋○禮記曲禮上而顧命車右就車疏又論語車中不內顧皇疏竝云顧迴頭也萱按皇侃與苞咸義別經文本作車中內顧苞是也緣俗本衍不字皇遂望文爲說矣 **視也** 離騷瞻前而顧後兮注又呂覽慎勢行者不顧注長利協而穫遂不顧注又文選日出東南隅行注引蒼頡 **念也** 禮記大學太甲曰顧諟天之明命注又國策齊策而不顧萬乘之利注又史記五帝紀顧弟弗深考正義○詩那顧予烝嘗箋又史記齊悼惠王世家顧而父知田耳索隱又後漢王昌傳注竝云顧猶念也 **顧猶視也念也** 詩正月屢顧爾僕箋又書多方開厥顧天鄭注云顧由視念也 **思念也** 漢書食貨志下顧古

爲之有數注陳餘傳顧其勢初定注吾顧以無益注顧爲王實不反注韓信傳顧王策安決注婁敬傳顧爲奈何注司馬遷傳顧自以爲身殘處穢注疏廣傳顧自有舊田盧注○汲黯傳顧淮陽吏民不相得注云顧謂思念也 **旋也** 文選鍾山詩注引蒼頡○穆天子傳五吾顧見汝注云顧還也 **反也** 國策秦策顧爭於戎狄注又史記楚世家顧據午道索隱絳侯周勃世家顧得侯索隱引淮南許注刺客傳顧不易邪索隱又呂覽審分白之顧益黑注離謂子以死爲顧注又淮南說山或斷臂而顧活注說林肥其體而顧近其死注○史記燕召公世家顧爲臣索隱楚世家繫趙及病索隱竝云顧猶反也又漢書賈誼傳首顧居下注云顧亦反也 **顧猶倒也** 漢書周勃傳集注 **嚮也** 廣雅釋詁四 **眷也** 文選東京賦神歆馨而顧德薛注 **問也** 國語晉語吾朝夕顧焉注 **顧猶待也** 穀梁莊廿八年傳有顧之辭也疏 **顧猶及也** 後漢馮衍傳注 **顧者言能以德行引入者也** 後漢書黨錮傳 **顧指者謂指麾顧盼而治也** 莊子天地手撓顧指釋文引向注○釋文云顧本作頤萱按似頤字優 **臨終之命曰顧命** 書顧命序作顧命釋文又後漢陰興傳注張酺傳注○禮記緇衣葉公之顧命注云臨死遺書曰顧命 **顧**

昆吾皆己姓也詩長發韋顧既伐箋萱按韋顧漢書古今人表作韋鼓段借字也故也禮記祭統顧上
先下後耳疏萱按此謂顧爲故之段借字也顧雛也若今言雇賃也漢書鼂錯傳斂民財以顧其功
注○食貨志上公得顧祖注云顧祖爲顧庸之直或祖其本萱按此義本無正字故用顧祖作之於顧爲再引伸之義也後又省
爲雇則與九雇字相犯雇失其本義顧祖亦失其本字廣韻以下顧雇竝列正借莫辨矣今審定候鳥之雇自讀上聲其雇貨
之義祗坿於此不隨俗者當以用顧爲正雇猶酬也後漢桓帝紀注又張讓傳注云雇謂酬其價也又南匈奴傳注
云雇賞報也○光武紀上注云令甲女子犯徒遣歸家每月出錢雇人於山伐木名曰雇山
故使爲之也說文段注今俗云原故是也凡爲之必有使之者使之而爲之則成故事矣引申之爲故舊故曰古
故也墨子經上曰故所得而後成也許李之事也廣雅釋詁三又公羊昭卅一年傳習乎邾婁之故注又左氏襄廿六
年傳問晉故焉注昭廿五年傳昭伯問家故注又國語周語且無故而料民注是何故注抑人故也注晉語諸侯之故求治之
注楚語夫是誰之故也注又荀子解蔽身盡其故則美注正名夫民易一以道而不可與共故注成相美豈獨無故注○易繫

韻史　卷二十三第五部去聲顧韻

二五四三

辭上傳知幽明之故疏云故謂事也故事故也易繫辭下傳又明于憂患與故注故故事也國語周語
太誓故曰注魯語非故也注故謂大事也漢書禮樂志特以簿書不報期會爲故注事變也荀子王霸
不敬舊法而好詐故注凡非常也周禮宮正國有故則令循注故猶難也國語鄭語王室多難注○
漢書張陳王周傳贊事多故矣注云故謂中乇難也故謂祭饗禮記王制無故不殺牛注故謂禍災周禮
宮正國有故注又大宗伯國有大故注云故謂凶烖又又禮記曲禮下君無故玉不去身注云故謂災患喪病漢以來
謂死爲物故言其諸物皆就朽故也釋名釋喪制○穀梁文十年傳子卒不日故也注云
故殺也又桓元年傳繼故注云故謂弒也法也呂覽知度非晉國之故注故猶本也荀子性惡非故生於人之
性也注故猶端也詩載驅序無禮義故箋意也淮南氾論勤問其故注○國語楚語夫其有故注云故猶
意也謀也文選景福殿賦注引國語賈注故謂指趣也漢書劉歆傳學者傳訓故而已注又儒林丁寬傳訓
故舉大誼而已注云故謂經之指趣也○藝文志魯故二十五卷注云故者通其指義也詐也淮南主術是以上多故則

韻史　卷二十三第五部去聲顧韻

二五四四

下多詐注古也楚辭招魂反故居些注舊也孟子梁惠王下所謂故國者注又國策秦策寡人與子故也注又楚
辭招魂樂先故些注○左氏昭三年傳豐氏故主韓氏注昭十二年傳蔓成然故事蔡公注竝云故猶舊也又漢書西域傳上
故服匈奴注云故謂舊時也○禮記喪大記故主宗子注云故主謂舊君也又詩伐木序燕朋友故舊也疏云故舊即昔之朋
友也又管子禁藏故貴易其法注云故謂恩舊又呂覽遇合舍故人之家注云故人知舊也又周禮小司寇二曰議故之辟注
云故謂舊知也又大宰二曰敬故注云敬故不慢舊也舊典也左氏定十年傳齊魯之故注故猶素也
列子黃帝而安于於陵故也注故猶先也穀梁襄九年傳故宋也注○管子修靡故道新道注云故道謂先王之典
刑故記古書也呂覽至忠嘗讀故記注故實故事之是者史記魯周公世家咨於故實集
解引韋昭故老元老詩正月召彼故老傳故粟陳也管子五行發故粟以田數注今也爾雅釋詁
萱按此郭義也詩緜傳抑箋竝釋肆爲故今也故今連文與郭異承上起下之辭禮記曲禮上故君子戒慎
不失於色於人疏○禮運故政者疏郊特牲故天子牲孚弗食也疏學記故安其學而親其師疏樂記故曰樂者樂也疏竝云

韻史　卷二十三第五部去聲顧韻

二五四五

故謂因上起下之辭故者申事之辭也周髀算經上故折矩注○詩周南故訓傳釋文故本作詁國語周語
上而咨於故實史記魯世家引作固實萱按故詁義同固亦聲同又史記張釋之馮唐傳注故彼不行索隱云謂故命人行而
身不自行故與雇同按此段故爲顧賃字也雇又顧之借故又雇之借展轉益失其眞

固

○俗有志四塞也說文段注四塞者無罅漏之謂周禮夏官掌固注云固國所依阻者也國曰固野曰險按凡堅
牢曰固又事之已然者曰固即故之段借字也漢官掌故唐官多作掌固○荀子議兵固塞不樹注云固塞謂使邊境險固若
今之邊城也固險可依以固者也周禮大司馬負固不服注○國策秦策東有肴函之固注云固牢堅
難攻易守也固謂城郭完堅兵甲利也論語季氏固而近於費集解引馬注堅也詩天保亦
孔之固傳又左氏成十六年傳修陳固列注又呂覽達鬱筋骨欲其固也注首時冰凍方固注又楚辭招魂弱顏固植注謬隸
夫何執操之不固兮注又文選射雉賦内無固守徐注○禮記中庸苟不固聰明聖知疏又史記禮書彊固之本也正義竝云
固堅固也鞏也廣雅釋詁一牢也左氏昭四年傳固陰冱寒疏○文選東京賦民心固結薛注云固牢固也又蕪

韻史　卷二十三第五部去聲顧韻

二五四六

城賦觀基扃之固護注云固護言牢固也**不傾移也**易繫辭下傳德之固也注。荀子儒效云萬物莫足以傾之之謂固又禮論云禮之中焉能勿易謂之能固。**定也**國語晉語夫固國者在親眾而善鄰注。素問五運行大論其用為固注云固堅定也**安也**國語周語久固則純注晉語國可以固注魯語帝嚳能序三辰以固民注。魯語晉始伯而欲固諸侯注云固猶安也**必也**國策秦策王固不能注地大者固多憂乎注齊策固不求生也注又呂覽本味固不獨注任數其說固不行注知度其道固窮注貴直固嫌于危注贊能固辭讓而相注。公羊襄廿七年傳女能固能公乎注云固猶必也**一也**國語周語而守終純固注**欲專之曰固**禮記曲禮上毋固獲注。大戴記曾子立事注云固專固也**固固持也**國語晉語亦固太子以攜之注**久也**左氏襄廿六年傳固聞之服注又國語晉語臣固聞之注又國策魏策皆以太子為非固相也注又小爾雅廣詁**常也**呂覽首時時固不易得注。禮記曲禮上求毋固注云固猶常也又國語周語固有之乎注云固猶嘗也**故也**論語子罕固天縱之將聖皇疏又國語越語道固然乎注。禮記哀公問固民是盡注云固猶故也**固如故也**儀禮士昏禮記敢固以請注士相見禮固請吾子之就家也注敢固辭注

燕禮寡君固曰不腆注又禮記曲禮上客固辭疏少儀某固願聞名於將命者注。投壺敢固辭注云固之言如故也**再辭曰固**禮記曲禮上主人固辭注。儀禮士冠禮賓禮辭許注云再辭而許曰固辭**固謂再三也**漢書衛青傳青固謝曰注**敝也**論語學而學則不固集解引孔注**固鄙固也**荀子修身體偕固而心執詐注。禮記哀公問寡人固不固注云固不固言吾由鄙固故也萱按鄭此注及孔疏皆不甚可解皇氏用王肅之義二固皆為固陋**固謂不違於禮也**禮記曲禮下君子謂之固注。大戴記曾子立事云弗知而不問焉固也**陋也**論語述而儉則固集解引孔注又皇疏又禮記曲禮下君子謂之固疏又孟子告子下固哉高叟之為詩也注又荀子修身不由禮則衷固辟違注彊固其辭賞也固注又廣雅釋言**固猶質陋也**禮記祭義立而不詘固也注**固謂護憸也**管子版法明養生以解固注**固謂禁固也**素問至真要大論諸厥固泄注**閑也**漢書楊雄傳下集注**廢也**國語魯語不識固又求自適注**窮辭也**孟子梁惠王上然則小固不可以敵大注。士昏禮記某固敬具以須白虎通作某故論語固天縱之將聖論衡作故天史記咎於固實一作故實萱按此同聲通借也

錮鑄𡫳也說文段注𡫳作塞誤今正凡銷鐵以窒穿穴謂之錮左傳曰子反請以重幣錮之漢書曰下錮三泉。左氏成二年傳注禁錮勿令仕疏又史記秦始皇紀下銅而致椁集解引徐廣曰云錮鑄塞也又漢書劉向傳雖錮南山猶有隙注云錮謂鑄塞也萱按塞皆當作𡫳**錮謂鑄而合之也**漢書賈山傳冶銅錮其內注**鑄也**史記張釋之馮唐傳雖錮南山集解引張晏**錮謂蔽塞**後漢延篤傳注**錮亦謂專取之也**漢書貨殖宜曲任氏傳下錮齊民之業注萱按此段錮為固也文選求通親親表禁固明時又段固為錮也**錮疾堅久之疾**漢書賈誼傳必為錮疾注**痼久病也**說文段注多段固為之月令十二月行春令則國多固疾注曰生不充其性有久疾癈疾為錮疾痼謂久疾故許異其義**痼猶廢也**後漢周章傳注**梱斗**逗**可射鼠**說文**菌艸也**說文

箇。俗有個**个**或**竹枝也箇或作个半竹也**說文段注竹梃自其徑直言之竹枚自其圍言之一枚謂之一箇也方言曰箇枚也接竝則為竹單則為个竹字象林立之形一莖則一个也史記木千章竹萬竿萬个正義引釋名竹曰个木曰枚今釋名佚此語經傳多言个大射士虞禮特牲饋食禮注皆云个猶枚也今俗或名枚曰箇音相近又云今俗言物數有云若千個者此讀然總傳个多與介通用左氏或云一个行李或云一介行李是一介猶一个也介者分也分則有閒閒一而巳故介以為一枚之傳方言曰介特也是也閒之外必兩分故曰介居二大國之閒月令左介右介是具義也又接支下云从手持半竹即个為半竹之證半者物中分也半竹者一竹兩分之也各分其半故引伸之曰左个右个竹从二个者謂竹易分也分曰个因之櫚者亦曰个。禮記少儀大牢則以牛左肩臂觿折九箇少牢則以羊左肩七箇猫豕則以豕左肩五箇周禮祭僕注引少儀箇皆作个又禮記大學若有一个臣釋文个李作介又考工記梓人為戾注云个讀若齊揹斡之斡萱按此別上个下个與凡个字不同也然義異音同者亦多矣似無煩改讀**枚也**方言十二又漢書累武昭宜元成哀功臣表集注刑法志集注貨殖傳集注。國語齊語鹿皮四个注云个枚也又儀禮大射儀揹三个抶一个注士虞

禮俎釋三个注特牲饋食禮注有司徹注並云个猶一枚也凡也廣雅釋言个者一个兩个漢書貨殖傳注引孟康一个爲一具禮記雜記上注天子太牢包九个疏。檀弓下注遣車視牢具疏云个是牢具也个謂所包遣奠牲體之數也禮記檀弓下國君七个注上个下个皆謂舌也考工記梓人爲侯上兩个與其身三下兩个半之注个東西廂左氏昭四年傳使寘饋於个而退注又釋文云个謂廂屋右个南頭室也呂覽孟春天子居青陽右个注个猶隔也呂覽孟春天子居青陽左个注又淮南時則朝于青陽左个注个偏也禮記月令青陽左个釋文

嫁女適人也說文段注白虎通曰嫁者家也婦人外成以出適人爲家按自家而出謂之嫁至夫之家曰歸喪服經謂嫁於大夫曰嫁適士庶人曰適此析言之也渾言之皆可曰適皆可曰嫁。詩丰序箋謂嫁娶之禮疏云嫁謂女適夫家又方言三女謂之嫁子注云嫁子言往適人往也爾雅釋言嫁往也自家而出謂之嫁由女而出爲嫁也方言一。列子天瑞將嫁於衛注云自家而出謂之嫁歸也易序卦傳故受之以歸妹

虞注賣也國策西周策以嫁之齊也注。方言三云凡人嫛乳而雙產自關而東趙魏之閒謂之孿生女謂之嫁子

幏南郡蠻夷賨布也說文段注貝部曰賨者南蠻賦也文選魏都賦注引風俗通曰槃瓠之後輸布一匹小口二丈是爲賨布廩君之巴氏出幏布八丈幏亦賨也故統謂之賨布。後漢南蠻西南夷傳注云幏南蠻夷布也

稼禾之秀實爲稼莖節爲禾一曰稼家事也一曰在野曰稼說文段注既言秀又言實者論語說也謂禾采之成曰稼也甫田曾孫之稼箋云稼禾也謂有稿者也全體爲禾渾言之也聘禮禾三十車是也禹貢所謂總也莖節爲禾別於采而言析言之也一曰稼家事也此取从家爲義史記曰五穀蕃孰穰穰滿家豳風八月其穫謂禾可穫也九月築場圃十月納禾稼謂治於場而納之囷倉也此說與穡義略同一曰在野曰稼稼之言嫁也毛傳曰種之曰稼周禮司稼注曰種穀曰稼如嫁女以有所生此說與穡義別呂覽君守篇曰后稷作稼。周禮稻人掌稼下地注云謂之稼者有似嫁女相生樹五穀曰稼論語子路樊遲請學稼集解引馬注又皇疏云五穀黍稷稻梁之屬種之曰稼收斂曰穡稼猶嫁也又云稼者種穀之名。齊民要術一引楊泉物理論云種作曰稼稼猶云耕種也耕

種曰稼儀禮少牢饋食禮宜稼于田注又詩桑柔稼穡卒痒箋。桑柔釋文引王注云稼謂耕稼也種曰稼史記周本紀宜穀者稼穡焉正義又文選東京賦勸稼穡於原陸薛注補亾詩芒芒其稼注養生論夫爲稼於湯之世注。詩七月疏云穜殖諸穀名爲稼種曰稼斂曰嗇禮記郊特牲注先嗇若神農者疏明堂位注春祠夏禴疏。周禮遂師巡其稼穡而移用其民疏云春種曰稼秋斂曰穡又山海經大荒南經巫載民不稼不穡食也注云種之爲稼收之爲穡震爲禾稼易无妄不耕穫虞注。益利用爲大作虞注云震爲稼穡稼器耒耜鎡基之屬周禮遂大夫正歲簡稼器注稼彝畫禾稼也周禮司尊彝祼用斝彝黃彝司農注

庫聵固切兵車藏也說文段注此庫之本義也引伸之凡貯物舍皆曰庫。禮記曲禮下在庫言庫注云庫謂車馬兵甲之處也又文選東京賦據其府庫薛注云車馬器械所居曰庫也兵府也淮南時則七月官庫注。左氏昭十八年傳使府人庫人疏云庫亦謂之府也物所藏也禮記檀弓下管庫之士注。管子七律衛庫者天子之禮也注云庫者所以藏寶物舍也廣雅釋室又釋名釋宮室云庫舍也物所在之舍也故齊魯謂庫曰舍也

絝。俗作袴脛衣也說文段注今所謂套袴也左右各一分衣兩脛古之所謂絝亦謂之褰亦謂之襗見衣部若今之滿當袴則古謂之幝亦謂之幒見巾部此名之宜別者也褌謂之袴廣雅釋器。方言四云袴齊魯之閒謂之䙋或謂之襱關西謂之袴絝跨也兩股各跨別也釋名釋衣服絝謂絆絡之也文選上林賦絝白虎郭注

胯股也說文又史記淮陰侯傳不能死出我胯下集解引徐廣跨下兩股之閒也漢書韓信傳不能出跨下注。萱按此謂跨卽胯之借奎也廣雅釋言

跨渡也說文段注謂大其兩股閒以有所越也因之兩股閒謂之跨下史記淮陰侯傳作胯下久部曰弁跨步也。廣雅釋詁二云跨渡也越也荀子儒效跨天下而無蘄注又文選西京賦跨周法薛注跨谷彌阜薛注乘之也史記司馬相如傳跨野馬索隱跨猶騎也史記司馬相如傳彌山跨谷正義又漢書司馬相如傳上集注。文選上林賦跨野馬注云跨謂騎之也據也後漢班范傳下注。國語晉語不跨其國注云跨猶據也踞也亦躡也一切

經音義七引字林○音義一引俗典云江南謂開膝坐為跨○跨山東謂之甲跌兩股閒也詩駉釋文引蒼頡萱按此段跨為胯也胯與跨義分動靜及其引申則通借最近矣又按廣韻十一暮四十禡皆載胯跨字一古音一今音也其實夸聲之字當專在五部耳十七部中自有本正字不煩異部相借也

跨居也說文段注按此恐又跨字之異體○萱按居即踞也踞古今字字林云跨踞也

酤韭鬱也說文段注鬱同鬱廣雅寖醞鬱廦幽也皆飲食也此許君酤訓韭鬱鼓訓幽未之證謂菹也廣雅釋器

蘛蘛菹也御覽引郭璞解詁

𪎭又見三部入聲餅麴也讀若庫說文段注餅麴者堅築之成餅也方言𪎭麩麩麴也自關而西秦豳之閒曰𪎭晉之舊都曰麩齊右河泲曰麩或曰麯北鄙曰𪍑麴其通語也許音庫合音也今音空谷切依殸聲也麴也廣雅釋器又方言十三

腕固切

亞○俗有婭醜也象人局背之形賈侍中說以為次第也說文段注醜也亞之

本義亞與惡音義皆同故詛楚文亞駝禮記作惡池史記盧綰孫他之封惡谷漢書作亞谷宋時玉印曰周惡夫印劉原甫以為即條侯亞父次第也別一義易上繫言天下之至嘖而不可惡也荀爽惡作亞云次也尚書大傳王升舟入水鼓鐘惡觀臺惡將舟惡鄭注惡讀為亞亞次也皆與賈說合次也爾雅釋言又儀禮公食大夫禮腊腸胃亞之注士喪禮兩胉亞注士虞禮魚亞之注特牲饋食禮亞獻士注又左氏文六年傳為亞卿馬注襄十九年傳亞宋子注又論語微子亞飯干適楚集解引孔注又皇疏又文選西京賦常亞於乘輿薛注○儀禮覲禮路下四亞之注云亞之次車而東也仲叔也詩載芟侯亞侯旅傳兩壻相謂曰亞詩節南山瑣瑣姻亞傳又左氏昭廿五年傳為父子兄弟姑姊甥舅婚媾姻亞注又爾雅釋親云兩壻相謂為亞又釋名釋親屬云兩壻相謂曰亞言一人取姊一人取妹相亞次也又竝來至女氏門姊夫在前妹夫在後亦相亞也○史記楚世家正義又後漢酷吏傳注竝云兩壻相謂曰婭又左傳昭廿五年釋文爾雅釋親釋文竝云亞本作婭萱按亞婭正俗字也仲叔及兩壻之亞次第之一端耳廣韻分亞婭為二殊誤

惡注在入聲此字从俗去入兩讀未為不可然聲雖異義則通也廣韻以下嚴劃畛限殊陋○讀平者烏之借也坩詳烏下

會固切

笠互古文○俗有乎可以收繩者也象形中象人手所推握也說文段注收當作糾聲之誤也糾絞也今絞繩者尚有此器其物象工字軖謂之笠廣雅釋器王氏疏證云軖紡車也紡車所以收絲故亦謂之笠互若今屠家縣肉格周禮牛人凡祭祀共其牛牲之互注○文選西京賦置互擺牲薛注云互所以挂肉互謂楅衡之屬周禮牛人司農注互物謂有甲萮胡龜鼈之屬周禮鼈人取互物司農注互物蚌蛤之屬周禮掌蜃掌斂互物蜃物注○漢書劉向傳宗族磐互注云互字或作牙謂若犬牙相交入之意也萱按顏說非是由互而乎由乎而牙譌變蹤跡甚顯乃仍為齒牙字而傅會之可乎

枑梐枑也說文行馬也晉書音義中萱按此單釋枑字也具物本名梐枑亦單稱枑周禮掌舍掌王之會同之舍設梐枑再重杜注云梐枑謂行馬說文梐下云梐枑行馬也○又按脩閭氏掌比國中宿互欜者注司會以參互攷日成注竝云故書互為巨又掌舍注云故書枑為柜疑巨柜皆形近之譌

罟罟也說文兔罟也廣雅釋器

護救視也說文段注尚書中候握河紀堯受河圖伯禹進迎舜契陪位稷辨護注云辨護者供時用相禮儀周禮注亦云辨護蕭何世家數以吏事護高祖○古微書引春秋元命苞云護者救也監視也漢書王嘉傳使者護作注又李廣傳有白馬將出護兵注云護謂監視之○張良傳臥而護之注云護謂監領諸將護謂保安之漢書張良傳煩公卒調護太子注又張湯傳調護之尤厚注云護謂保佑也助也廣雅釋詁二慎守也素問離合眞邪論適而自護注護謂總領之也史記樂毅傳并護索隱

鱯○作鰾者譌鱯魚也說文段注郭注釋魚曰鱯佀鮎而大白色按今江中多有之俗譌為回魚聲之誤耳水經沔陽縣度口水有二源一曰清檢一曰濁檢清水出鱯濁水出鮒常以二月八月取華陽國志鱯譌為鰾

樗檴或○俗有樺樗木也以其皮裹裹松脂說文段注釋木檴落郭云可以為杯器素按小雅薪是穫薪箋云穫落木名也陸云依鄭則字木旁樗檴古今字也司馬上林賦字作華師古曰華卽今之樺皮貼弓者莊子華冠亦謂樺皮為冠也樺者俗字也以其皮裹松脂所謂樺燭

罅 裂也 說文段注考工記旊人所謂薜也引伸爲凡裂之稱。廣雅釋詁二云罅裂也 罅者巇也 鬼谷子抵巇注 罅發栗皮折罅而發也 文選蜀都賦樼栗罅發劉注

埲 陴 武 垪也 說文。萱按一切經音義十四云埲古文陴埲二形然則三字可并爲一

謼 評也 說文段注此與嘑異義而通用大雅崔本式號式謼 叫也 漢書賈山傳一夫大謼集注。萱按此嘑之義也

唬 虎聲也 說文又通俗文云虎聲謂之哮唬。萱按說文又云讀若暠此語恐誤唬與暠異部又非雙聲且說文無暠許何以云然今不用此讀

瓠 匏也 說文。詩匏有苦葉傳云匏謂之瓠 瓢也 史記屈原賈生列傳斡棄周鼎而寶康瓠索隱又廣雅釋器 壺也 爾雅釋器康瓠謂之甈注又詩七月傳云壺瓠也萱按瓠正字壺借字毛郭互訓皆段借之恉也 瓠棲瓣 爾雅釋艸。詩碩人齒如瓠犀傳云瓠犀瓠瓣 布護也 莊子逍遙游則瓠落無所容釋文引司馬注 瓠落猶廓然也 莊子逍遙游釋文引簡文注 瓠落大兒 文選謝靈運永初三年詩注引莊子司馬注。漢書王子

侯表上瓠節侯息注云瓠卽瓠字也萱按其說恐未然夸聲之字改从夲音義皆難彊通

婟 嫪也 說文段注爾雅鶩澤虞郭注今婟澤鳥常在澤中見人輒鳴喚不去按婟嫪二篆爲轉注 婟嫪戀惜也 爾雅釋鳥釋文引聲類又一切經音義十九引聲類云婟嫪戀惜不能去也

崋 或作華 崋山也在弘農華陰 說文段注地理志京兆尹華陰大華山在南豫州山郡國志弘農郡華陰故屬京山兆有大華山漢之華陰今陝西同州府華陰縣郡其地泰華山在縣南十里卽西嶽也按西嶽字各書皆作華華行而華廢矣漢碑多有从山者。爾雅釋山云河南華又云華山爲西嶽又李注云華西岳華山也又周禮職方氏其山鎮曰華山注云華山在華陰又後漢張衡傳注云華陰華山之北也 華山古之惇物山也 水經華山爲西嶽注。後漢章帝紀注云華霍山名也 華山謂之大華 廣雅釋山。山海經西山經太華之山注云太華之山卽西嶽華陰山也又小華之山注云小華之山卽少華山 太華之山削成而四方 山海經西山經。莊子天下作爲華山之冠以自表注云華山上下均平 崋者華也 風俗通山澤。水經渭水注云華山遠而望之又若

華狀又初學記五引白虎通云西方華山少陰用事萬物生華故曰華山 華之爲言穫也言萬物成熟可得穫也 白虎通巡狩 華屋夏屋 國策秦策見說趙王于華屋之下注云華山名華屋夏屋。周憬碑來陽崋曼華作崋

襾 覆也讀若晉 說文

晉 闕 說文段注謂形音義之說皆闕也按襾字讀如晉則其音傳矣

暇 閒也 說文段注酒誥曰不敢自暇自逸古多借假爲暇周書多方天惟須夏之子孫鄭云夏之言假大雅皇矣周頌武二箋皆作須假而孔本作暇孫卿子其爲人也多暇日其出人不遠也賈逵國語注假閒也登樓賦聊假日以銷憂李善云假或爲暇引楚辭聊暇日以消時可見古假暇通用假訓大故包閒暇之義匡謬正俗似未識此意。國語晉語我教茲暇豫事君注楚語官寮之暇注並云暇閒也。又左氏成十六年傳好以暇注云暇閒暇

下 又上聲上靜去動姑从俗分之 降也 禮記射義下而飲注又史記陳涉世家斬下索隱又漢書酈食其傳集注又呂

覽知接以書社四十下衛注爲欲七日而原不下注。儀禮士相見禮大夫則辭退下注大射儀賓下拜注並云下亦降也又史記酈生陸賈傳令下足下正義云下謂降之也 以兵威服之曰下 史記項羽紀未能下正義已下東陽索隱 下謂弊之 禮記王制天子殺則下大綏注 下猶隕也 呂覽功名下鳥于百仞之上注 下猶去也 周禮司民歲登下其死生注 下猶減也 國策西周策溫固不下注又後漢仲長統傳注 入地爲下 易繫辭下傳上下元常虞注。穆天子傳六注云下爲入土又淮南天文云日至于連石是爲下春 避也 呂覽愼人讓贊而下之注 下謙下也 荀子堯問賜爲人下而未知也注 報也 漢書食貨志下死罪積下注引蘇林 下謂失分 晚出書五子之歌民可近不可下傳 上下猶豐殺也 周禮司儀從其爵而上下之注 下之請服也 左氏桓八年傳季梁請下之注 下意猶出氣也 後漢和熹鄧皇后紀注 下兵出兵也 國策秦策下兵三川注 飛而下曰下音 詩燕燕下上其音傳

夏 上去二音。萱按惟春夏讀去聲餘俱上聲此姑从俗分也古音祇當一讀耳 夏爲朱明夏爲長贏

釋天夏者陽也冬夏教以詩書注云春夏陽也又後漢張純傳云夏者陽氣在上陰氣在下夏爲太陽其氣長養獨斷上○春秋繁露官制象天云夏者太陽之選也火也素問金匱眞言論夏勝秋注又呂覽孟春孟春行夏令注○素問水熱穴論云夏者火始又禮記禮運疏云夏爲火王又內則疏云夏南方火又中庸疏引皇氏說云夏爲火大主照物而有分別又洪範五行傳厥罰常燠注云火主夏又春秋繁露天地之行云夏火氣也又五行對又十指竝云大爲夏又論衡難歲云夏氣熱大也又後漢荀爽傳注云夏大之位賞爲夏春秋繁露四時之副夏者天之德也春秋繁露威德所生夏氣長洪範五行傳厥罰恆燠注又漢書董仲舒傳云夏者天之所以長也○論衡無形云氣爲夏夏樂氣也故養春秋繁露陰陽義又天辨在人云夏樂志也又陽尊陰卑云夏主養又云夏氣樂夏整齊萬物周禮目錄○新序善謀云物至則反冬夏是也差夏謂立秋之後一十日也素問六元正紀大論物成於差夏注心主夏素問藏氣法時論太陰陽明論脾不主時注脾主長夏素問藏氣法時論離爲夏易萃孚乃利用禴虞注升孚乃

利用禴虞注既濟不如西鄰之禴祭虞注象上傳而四時不忒虞注象下傳天地節而四時成虞注夏屬鳥禮記明堂位注春祠夏禴疏引皇氏沈氏夏大也萬物皆長大也太玄玄數爲南方爲夏注○御覽二十二引崔靈恩三禮義宗云夏大也至此之時物已長大成故以爲名嘏也廣雅釋言假也管子四時其時曰夏注又漢書律麻志上集注王莽傳中集注引晉灼○禮記鄉飲酒義云夏之爲言假也夏假也寬假萬物使生長也釋名釋天○御覽時序部六引書大傳云夏者假也吁荼萬物養之外者也夏之言暇書多方須夏之子孫鄭注萱按古暇假通用夏訓假者皆暇之義也○書無逸至于日中昃不違暇食漢靈臺碑作日稷不夏赤也周禮巾車孤乘夏篆卿乘夏縵司農注○後鄭注云夏篆五采畫轂約也夏縵亦五采畫無瑑又染人秋染夏注云染夏者染五色謂之夏者其色以夏秋爲飾又天官序官夏采注云夏采夏翟羽色禹貢徐州貢夏翟之羽有虞氏以爲緌後世或無故染鳥羽象而用之謂之夏采夏扈氏農正趣民芸除獨斷半夏藥艸禮記月令半夏生注董固切妬○作妒者譌婦妬夫也說文害色爲妬離騷上各興心而嫉妬注以色曰妬詩關雎箋

不嫉妬釋文小星序夫人無妬忌之行箋隱良者謂之妬荀子大略忌也後漢張衡傳注害也文選馬汧督誄注引廣雅媢也廣雅釋言乳癰曰妬妬褚也氣積褚不通至腫潰也釋名釋疾病萱按此義俗作疨御覽三百七十一引通俗文云乳病曰疨蠹蠹或木中蟲說文段注在木中食木者也今俗謂之蛀音注左傳曰公聚朽蠹○一切經音義十三引字林云蠹木中虫也穿食人器物者也又呂覽達鬱樹鬱則爲蠹注云蠹蝎木中之蟲也又後漢皇后紀注云蠹食木蟲又周禮翦氏掌除蠹物注云蠹物穿食人器物者蠹魚亦是也內生蟲也素問五常大論其主飛蠹蛆雉注害物之蠹左氏襄廿七年傳財用之蠹注○襄卅一年傳而朽蠹以重斂邑之罪釋文云蠹蟲敗也蛸蠨也廣雅釋蟲○方言十一云蛸蠨秦晉之閒謂之蠹壞也公羊宣十二年傳皮不蠹注害也國策秦策則是舉一舉而壞韓蠹魏注策有漢中蠹注殬敗也商書曰彝倫攸殬說文段注經假斁爲殬雲漢鄭箋云斁敗也孔穎達引洪範彝倫攸斁按

洪範今作斁者蓋漢人以今字改之許所云者壁中文也○詩雲漢耗斁下土箋又漢書五行志上集注又後漢和熹鄧皇后紀注班彪傳下注袁譚傳下注竝云斁敗也又雲漢釋文云字林斁作殬萱按斁在入聲本義訓解也厭也終也經典段射爲斁因之亦段射爲殬如春秋繁露郊祀篇引雲漢耗射下土是也斁壞也漢書薛宣傳集注妊少女也說文○廣韻妊姹美女也萱按史記韓長孺傳卽欲以姹鄭縣集解云姹誇也然則姹乃吒咤之俗體參同契河上妊女得火則飛妊女謂丹汞也字不作姹韻書或并妊姹爲一字非也罠奠酒爵也周書曰王三宿三祭三罠說文段注周書顧命曰王三宿三祭三罠某氏注曰酌者實三爵於王王三進爵三祭酒三奠爵六部曰奠置也○萱按今尚書罠作咤字之誤也秏二秭爲秏周禮曰四秉曰筥十筥曰稯十稯曰秏四百秉爲一秏說文段注五稯爲秭禾二百秉也二秭爲秏禾四百秉也周禮掌客曰上公車禾眡死牢牢十車車三秏注云禾槀實并刈者也聘禮四秉曰筥十筥曰稯十稯曰秏每車三秏則三十稯也聘禮注云一車之禾三秏爲千二百秉三百筥三十

稯也周禮當是本作禮記漢人所改也許書之例謂周官經曰周禮謂十七篇曰禮十七篇之記謂之禮記四秉曰筥以下聘禮記文秉見又部曰禾秉也詩毛傳云秉把也四秉謂禾四把也禾者稾實秉刈者也鄭注禮云筥穧名也若今萊陽之間刈稻聚把有名爲筥者詩云彼有遺秉又云此有不斂穧按鄭意筥即穧刈禾盈手曰秉盈手者四聚於一處爲一穧穧十而總束之則爲稯故曰稯猶秉也周禮注云筥讀如梂稆之稆謂一穧也疑今禮注奪去一字○聘禮釋文云四百秉爲秅又廣雅釋器云稯十曰秅

數名也

儀禮聘禮注又周禮掌客司農注云秅讀爲秅秭麻荅之秅又疏云秅是束之名萱按五經算術數有十等億兆京垓秭壤溝澗正載是也而無秅之名然則鄭云數名者卽謂稯十秉四百也○漢書西域傳上烏秅國去長安九千九百五十里集注引鄭氏云烏秅音鷊拏又儀禮釋文引字林云秅疾加反按此皆流變之音不可爲典要

⿸广秅 ○秅俗秖誤

開張屋也濟陰有⿸广秅縣

說文段注謂屋之開張者也地理志濟陰郡有秅○史記漢興將相名臣年表秅矦金日磾又漢書景武昭宣元成功臣表秅矦商丘成注云秅在濟陰成武萱按不應同時有兩秅矦疑有一誤

度 統固切 去入二音去靜入動古當祇讀去聲今姑从俗分載

法制也

說文段注論語曰謹權量審法度中庸曰非天子不制度今天下車同軌古者五度分寸尺丈引謂之制周禮出其淳制天子巡守禮制幣丈八尺純三咫純謂幅廣

法也

左氏昭四年傳度不可改注又國語周語念前之非度注楚語比綴以度注吳語撓亂百度注又離騷競周容以爲度注懷沙常度未替注又文選東京賦不度不臧薛注○書呂刑度作刑以詰四方馬注又詩楚茨禮儀卒度傳又禮記坊記禮儀卒度釋文又後漢班彪傳下注竝云度法度也

制也

荀子解蔽參稽治亂而通其度注又呂覽任地此其度也注○禮記仲尼燕居宮室得其度疏云度謂制度

度謂制大小也

禮記月令按度程注又左氏桓二年傳注尊卑各有數疏云度謂限制○周禮大司徒九曰以度教節注云度謂宮室車服之制又禮記中庸不制度注云度國家宮室及車與也又曲禮上進退有度注云度謂伐與步數又淮南時則貢歲之數以遠近土地所宜爲度注云度者職貢多少有常也又周禮基大夫掌其度數注云度數爵等之大小

愼行禮法謂之謹度

孝經制節謹度注又鄭注

諸侯行孝曰度

孝經諸侯章疏引援神契

坤爲度

易象下傳節君子以制數度虞注○彖下傳節以制度虞注云坤數十爲

度

度者圜也

古微書引春秋說題辭

度猶遵也

史記平準書度四百萬石索隱引樂叢彥

度謂天之三百六十五度也

素問離合眞邪論故天有宿度注

度謂日月星辰之行度也

後漢明帝紀注又周髀算經下月度疾日度遲注云度日月所行之度也○素問至眞要大論云度者日也又六元正紀大論後皆三十日而有奇也注云度日也又正化度也注云度謂日也又六微旨大論六十度而奇注云度一日也百

度百刻也

禮記樂記百度得數而有常注

五度五行也

淮南兵略詘伸不獲五度注

山林之地九夫爲度

左氏襄廿五年傳度山林賈注

度者分寸尺丈引也所以度長短也

漢書律麻志上○書堯典同律度量衡鄭注又淮南時則同度量注竝云度丈尺也又漢書郊祀志上注云度丈尺也又禮記月令同度量注云丈尺曰度又明堂位頒度量注云度謂丈尺高卑廣狹也又國語晉語不能深知君之心度注云度尺寸也又周禮司市量度者注云量度者若今處斗斛及丈尺也萱按入聲之度特律度引申之義耳可知所讀之非古

杖也

廣雅釋器

度謂殳也因刻丈尺耳

周禮司市凡市入則胥執鞭度守門注○方言五会宋魏之閒

或謂之度注云今江東呼打爲度

度謂可擬射也

禮記緇衣往省括于厥度則釋注○度過也度亦踰越也度去也萱按皆段度爲渡也於度之本義不遠

渡

濟也

說文段注邶風傳曰濟渡也方言曰過度謂之涉濟凡過其處皆曰渡假借多作度天體三百六十五度謂所過者三百六十五也

過也

廣雅釋詁三○漢書孫寶傳集注引如淳匡衡傳集注楊雄傳贊集注石顯傳集注竝云度過也

去也

廣雅釋詁二○楚辭惜賢年忽忽而日度注云度去也

度亦踰越也

漢書王莽傳上度百里之限注

兔 ○俗有菟

兔獸也 三字句

象兔踞後其尾形兔頭與㲋頭同

說文段注踞俗字也當作居其字象兔之蹲後露其尾之形也俗作菟

兔曰明視

禮記曲禮下又獨斷上○新序雜事五云昔者齊有良菟曰東郭逡蓋一旦而走五百里又儀禮既夕魚腊鮮獸注云士腊用兔

兔蠶名

淮南說林蠶爲蠶注

兔北兔絲也兔頭瓜屬也

竝廣雅釋艸○周易略例所以得兔爾雅釋器兔罟謂之罝釋獸兔子娩

三釋文亟云兔本作菟又史記六國年表兔臺索隱云兔亦作菟又後漢書注引詩有菟斯首又唐扶頌白菟鸞鳩

怒 煗固切 ○俗有努 恚也 說文○禮記樂記其怒心感者疏云怒謂怨遇惡事而心恚怒 譴責也 禮記內則而后怒之注○廣雅釋詁一云怒賁也 話也 國策秦策先王積怒之日久矣注 怒者動也 鬼谷子摩○鬼谷子權云怒者妄動而不治也 作氣也 國語周語怨而不怒注 怒者陰氣 淮南原道人大怒破陰注○春秋繁露陽尊陰卑云怒氣爲清而當秋又爲人者天云怒秋之荅也 直聲也 素問五運行大論其志爲怒注 怒者逆德也 淮南道應又史記平津侯主父列傳 怒遷怒齊人語也 公羊莊四年傳此非怒與注○荀子榮辱云快快而亡者怒也 怒謂芒角刺出 漢書天文志其怒青黑色注引宋均 怒馬謂馬之肥壯其氣憤怒也 後漢第五倫傳注○呂覽至忠非怒王則疾不可治注云怒讀如强弩之弩萱按此引申之義耳無庸改讀 勉也 廣雅釋詁三 健也 廣雅釋詁二 多也 廣雅釋詁三○方言努勉也廣韻努努力也集韻努戮力也段大令曰按古無努字祇用怒萱按即作努亦似不必讀上聲

笯鳥籠也 說文段注方言籠南楚江沔之閒謂之篣或謂之笯懷沙曰鳳皇在笯洪興祖補注引說文笯籠也南楚謂之笯豈洪氏所見本異與

路 磊固切 道也 說文段注釋宮一達謂之道路此統言也周禮澮上有道川上有路此析言也爾雅毛傳路大也此引申之義也○爾雅釋宮又詩遵大路傳又孟子公孫丑下充虞路問曰注又離騷來吾道夫先路注路幽昧以險隘注回朕車以復路兮注惜誦願陳志而無路注同極而異路兮注懷沙進路北次兮注逢紛鴻永路有嘉名注又文選登徒子好色賦遵大路兮攬子祛注竝云路道也又後漢馮衍傳注云大路大道也 途也 爾雅釋宮○周禮遂人凡治野注云徑畛涂道路皆所以通車徒於國都也徑容牛馬畛容大車涂容乘車一軌道容二軌路容三軌萱按涂途正俗字爾雅周禮有渾言析言之異又孟子皆悅而願出於其路矣周禮司關注作皆說而願出於其塗 艮爲徑路 易說卦傳又易睽遇主于巷虞注 暴露也 荀子議兵路亶者也注○釋名釋道云道一達曰道路道路也路露也言人所踐蹈而露見也 大也 爾雅釋詁又詩生民厥聲載路傳皇矣車乘載路傳又史記孝武紀路弓乘矢集解引韋昭又莊子馬蹄雖有義臺路寢釋文○周

禮宮人注路寢一疏閽人注五曰路門疏竝云路大也人君所居皆曰路又巾車注王在焉曰路疏云路大也王之所在故以大爲名 正也 離騷既遵道而得路注又莊子馬蹄釋文路寢孔碩傳云路寢正寢也又白虎通東也道也正也 通也 周書武穆一毀城寡守不路注 應也 詩皇矣箋 齊也 詩皇矣釋文 常居也 管子四時國家乃路注○楚辭怨世路室女之方桑兮注云路室客舍也 路門者大寢之門 考工記匠人路門不容乘車之五个注○水經穀水注云路門一曰畢門亦曰虎門也 路鼓四面鼓也 鼓人以路鼓鼓鬼享注○孟子滕文公上是率天下義引張音丁音云路與露同萱按此謂路爲露之叚 車也 詩汾沮洳殊異乎公路傳○儀禮覲禮路先設車也凡君所乘車曰路又詩采薇彼路斯何疏 名 路者君車也 白虎通車菥○詩韓奕乘馬路車箋車曰路車又左氏桓二年傳注大路 諸侯之車亦稱爲路 路王之所乘車 周禮春官序官典路注○綄而乘路注云路王者之 通名又釋名釋車云天子所乘曰路路亦車也謂之路者言行於道路也 大路謂車也 禮記雜記上陳乘黃大路

於中庭疏 大路者天子之車也 禮記樂記又淮南齊俗故有大路龍旂注○荀子禮論大路之素未集也注云大路殷祭天車王者所乘也 大路天子所賜車之總名 左氏襄十九年傳王追賜之大路廿四年傳賜之大路注○襄廿八年傳先路次路疏云賜車稱路從王賜之名 公路主君之輓車 箋 輅車也 廣雅釋器又呂覽孟春乘鸞輅注又文選思玄應龍以服輅舊注四子講德論乘輅而歌注○賦龍輅充庭薛注云輅天子之車也又天子乃撫玉輅薛玉輅謂五飾之也又吳都賦吳王乃巾玉輅劉注云玉輅飾車也又國語晉語輅車十五乘注云輅廣車也又列子乘其畢輅釋文云輅柴車也又論語衛靈乘殷之輅集解注云殷車曰大輅又爾雅釋詁舍人注云輅車之大也又張湛傳注云輅大也又文選四子講德論注引白虎通云爲輅者言所以步之於路也萱按訓車之字皆當作路叚之非古也輅本義訓車軨前橫木本音讀入聲段大令曰用輅爲路車字其淺俗不足道也○續漢輿服志上注引集韻云軏前橫木曰路萱按此又叚路爲輅也亦未洽

露潤澤也 說文段注澤與露疊韻五經通義曰和氣津凝爲露蔡邕月令曰露者陰之液也按露之言臚也故凡陳

列表見於外曰露亦段路爲之如孟子神農章羸露字作路是也○漢書嚴助傳陛下垂德惠以覆露之注云露謂使之霑潤澤也**潤也**國語晉語是先子覆露子也注又淮南時則包裹覆露注又周禮大司樂疏云露潤○詩蓼蕭零露湑兮箋云露者天所以潤萬物**膏澤也**漢書鼂錯傳覆露萬民注引如淳**濟也**廣雅釋詁二**露者雨之類**素問四氣調神大論則上應白露不下注○大戴記曾子天圓云陽氣勝則散爲雨露**露慮也覆慮物也**釋名釋天**顯也**後漢郅惲傳注**露謂顯暴不深固**漢書楊雄傳下今樂遠出以露威靈注又文選長楊賦注云露暴露也又楚辭涉江露申辛夷死林薄兮注云露暴也**羸也**左氏昭元年傳勿使有所壅蔽湫底以露其體注又疏云氣不散則體羸露也羸露是露骨之名○荀子議兵路豈者也注云露袒謂上下不相覆蓋又富國都邑露注云露謂無城郭墻垣**露布謂不封之也**後漢李雲傳注○封氏聞見記云露布捷書之別名也所以名露布者謂不封檢露而宣布欲四方速知**敗也**方言三又廣雅釋詁三**承露覆結也**廣雅釋器**中露衛邑名**詩式微胡爲乎中露傳萱按列女傳四引作胡爲乎中路

潞冀州浸也上黨有潞縣說文段注周禮職方氏曰冀州其浸汾潞鄭云潞出歸德此謂潞即洛耳按班許皆云洛出歸德北夷畍中漢歸德在今甘肅慶陽府境洛水在今陝西同州府境入河非冀州地也且雍州既曰其浸洛矣安得又爲冀浸鄭注於雍州云洛出懷德冀州云潞出歸德蓋由株守地理志而未思志歸德下言其源懷德下言其委一水兩言不當改洛爲潞以屬冀州自雍入冀古無此水以當之許但云冀州浸不言何出何入不欲強爲之說蓋此浸自周初迄漢湮沒不彰古今變遷大類如斯如大河故瀆泲水枯絕河水不出嶠冢皆無可疑者班許皆不言潞之源流此可以正鄭注矣闞駰曰潞縣有潞水爲冀州浸即漳水也善長亦謂無他大川可以爲浸惟漳水耳此非許意也周禮川浸潞漳竝言則非一物上黨郡潞縣二志同今山西潞安府潞城縣縣東北四十里有故潞城漢縣蓋治此春秋宣十五年晉師滅赤狄潞氏以潞子嬰兒歸前志曰潞縣故潞子國也按潞國以水得名○水經濁漳水注云潞水即漳水也又濮水注云蒍溝潞水之別名也**羸也**呂覽不屈士民罷潞注螢按此段潞爲露也左傳注云露羸也**璐玉也**說文**美玉也**文選雪賦注云引淮南許注又楚辭涉江被明月兮佩寶璐注云寶璐美玉也

鷺○俗有鶖**白鷺也**說文段注釋鳥曰鷺舂鉏周頌魯頌傳曰鷺白鳥也按大雅白鳥翯翯白鳥謂鷺傳不言者人所共知也漢人謂鷺爲白鳥也於頌則以人所知說其所不知此傳注之體也陸氏疏云好而潔白故謂之白鳥此白鷺當作白鳥許之例多因毛傳也舂鉏者謂其狀俯仰如舂如鉏○詩振鷺振鷺于飛傳有駜振振鷺傳又漢書楊雄傳上晁鷺振鷺注又後漢蔡邕傳注竝云鷺白鳥也又邊讓傳傳注云鷺潔白之鳥又馬融傳注云鷺白鷺也**鷺一名舂鉏水鳥也**詩振鷺序釋文又宛丘値其鷺羽釋文云鷺白鳥也一名舂鉏○一切經音義十九引字書云鷺作鶖同來素反白鳥也頭翅背上皆有長翰毛江東取爲睫攤曰白鷺縗**簬簵**或**箘簬也夏書曰惟箘簬楛**說文○箘下云箘簬竹也萱按今尚書作惟箘簵楛史記亦作簵**前也**廣雅釋艸萱按此單釋簬字也書之箘簬則二字爲一名說文箭下云矢竹也**賂遺也**說文段注見魯頌大賂傳箋云大猶廣也廣賂者賂君及卿大夫也按此以此遺彼曰賂如道路之可往來也貨賂皆謂物其用之則有公私褒正之不同○詩泮水大賂南金傳又國語晉語驪姬賂二五注竝云賂遺也**貨也**文選

吳都賦其琛賂則琨瑤之阜劉注

寸固切**胙**○俗有祚**祭福肉也**說文段注福者皇尸命工祝承致多福無疆于女孝孫是也周禮以脤膰之禮親兄弟之國注曰同福祿也引伸之凡福皆言胙如左傳言天胙明德無克胙國國語胙以天下胙四岳國也是也自後世別造祚字以改經傳由是胙祚錯出矣○爾雅釋天夏曰復胙釋文又左氏傳九年傳王使宰孔賜齊侯胙注又國語齊語天子使宰孔致胙於桓公注又管子小問祝鳧已疵獻胙注竝云胙祭肉也又後漢鄭彪傳注云胙祭廟肉也又國語晉語命公胙侑注云胙祭賜祭肉也**餘肉也**後漢班彪傳下注**胙謂祭餘酒肉也**漢書郊祀志上已祠胙餘皆燎之注又左氏傳四年傳歸胙於公注云胙祭之酒肉**福也**國語周語永錫胙胤注天地所胙注○爾雅釋天釋文又文選陳情表門衰祚薄注引字書又後漢襄楷傳注竝云祚福也**祿也**國語周語胙以天下注○一切經音義一引國語賈注云祚祿也**報也**左氏隱八年傳胙之土而命之氏釋文襄十四年傳世胙太師注○文選東京賦祚靈主以元吉薛注云祚報也**胙賜也又位也**國語齊語反胙於絳注又賈注云胙位也○文選東京賦漢祚中缺注引國語賈注云祚

位也王也法言重黎則天曷不胙注〇文選恩倖傳論賓祚夙傾注云賓祚猶賓命也胙者酢也周禮膳夫親徹胙俎疏〇膳夫則徹王之胙俎注云主人飲食之俎皆爲胙俎萱按此段胙爲作也儀禮特牲饋食禮有司徹皆作阼俎又士冠禮注云作猶酢也

阼〇俗有[足乍]主階也說文段注階之在東者古者天子踐阼臨祭祀故國運曰阼〇漢書匡衡傳適子冠乎阼注云阼主階也又禮記曲禮下踐阼臨祭祀疏又史記孝文紀皇帝即阼正義竝云阼主人階也又賓子禮云阼階者主之階也文晉書音義上云阼東階又儀禮鄉射禮席主人于阼階上注云阼階東階階也家語階五目巧之室則有陝阼注萱按單以階釋阼於義不足王也廣雅釋詁三〇禮記冠義故冠以阼注云阼謂主人之北也阼猶酢也東階所以荅酢賓客也儀禮士冠禮立于阼階下注阼俎主人之俎儀禮特牲饋食禮祝命徹阼俎注有司徹阼俎注〇周禮膳夫則徹王之胙俎親徹胙俎又荀子哀公登自胙階又曹騰碑踐胙之初萱按此皆段胙爲阼也又祝睦碑踐[足乍]州郡[足乍]晚出字

酢醶也說文段注酢本截漿之名引申之凡味酸者皆謂之酢醶酢也酸酢也皆用酢引申之義也今俗皆用醋以此爲酬酢字樂也廣雅釋詁一甑自關而東或謂之酢餾方言五

措置也說文段注置者赦也立之爲置捨之亦爲之置措之義亦如是經傳多段錯爲之賈誼傳段厝爲之〇禮記禮器措則正注又曲禮措之廟疏又釋文月令措之于參保介之御閒疏又釋文中庸學之弗能弗措也疏又釋文又呂覽孟春措之參于保介之御閒注又淮南說山物莫措其所修而用其所短也注又小爾雅廣言又廣雅釋詁四又一切經音義九引字林音義十五引蒼頡竝云措置也又公羊昭十二年傳注不欲令人妄億錯疏云措者置也置意於言也措猶置立也論語子路則民無所措手足皇疏措猶設也太玄玄攤攤措陰陽而法氣注措猶用也禮記中庸故時措之宜也疏時措言得其時而用也禮記中庸故時措之宜也注交雜也史記燕召公世家內措齊晉索隱刺也淮南繆稱獲狄之捷來措注措猶頓也考工記梓人則必如將廢措注厝置也文選寡婦賦將遷神而安厝注又漢書賈誼傳集注又後漢梁統傳注又史記扁鵲倉公傳使人瘖索隱云厝

者置也又後漢崔駰傳注云厝者置之不用〇孝經而安厝之釋文又莊子逍遙游注又何厝心于其閒哉釋文又應帝王注莫得厝其閒也釋文竝云厝李作措又考工記梓人則必如將廢措注云故書措作厝杜子春云當爲措錯置也易繫辭上傳苟錯諸地而可矣虞注序卦傳然後禮義有所錯虞注又論語爲政舉直錯諸枉集解引包注又皇疏又爾雅釋天錯革鳥曰旗孫注又禮記仲尼燕居加於身而錯於前疏又國語齊語其置之勿言也注猿獮猴錯木注又史記周本紀荊錯四十餘年不用集解引應劭禮書規矩誠錯索隱又離騷偭規矩而改錯注覽民德焉錯輔注恩古錯權而任意注錯安也楚辭懷沙各有所錯兮注〇漢書王莽傳下民無所錯手足注云錯安置也錯猶施行也禮記仲尼燕居舉而錯之而已注〇易序卦傳禮義有所錯干注云錯施也錯處也書大傳昔者三王懇然欲錯刑遂罰注錯投也論語爲政舉直錯諸枉鄭注錯廢也書微子序殷既錯天命馬注又論語顏淵皇疏錯停止也史記張儀傳則秦魏之交可錯矣索隱錯謂懷安失於事機荀子天論舉錯不時注〇禮記禮器樂記仲尼燕居公羊傳十二年傳論語爲政顏淵子路莊子達生各釋文竝云錯本作措又荀子儒效舉錯而定注王霸不可不善

爲擇所而後錯之注竝云錯讀爲措萱按借錯爲措猶借厝爲措也段借之字祇當坿見正字下不煩複出也

厝去入二音厝石也詩曰佗山之石可以爲厝說文入聲詳之

潜所以攤水也漢律曰及其門首洒潜說文段注攤當作難塞也漢律益謂壅水於入家門首有妨害也隁也廣雅釋室

[虘且]〇作[虘且]者譌且往也說文段注且往言姑且往也匆遽之意

我固切

晤明也詩曰晤辟有摽說文段注晤者啟之明也心部之悟㝱部之寤皆訓覺覺亦明也同聲之義必相近晤辟有摽邶風文今詩作寤此篇云耿耿不寐云我心匪石云如匪澣衣則當作寤訓覺晤其段借之字也〇廣雅釋詁四云晤明也遇也詩東門之池可以晤歌傳晤猶對也詩東門之池箋〇萱按列女傳二引詩可與寤言

悟悉古文覺也說文段注見部覺下曰悟也是爲轉注按古書多用寤爲之〇文選寡婦賦恒驚悟兮無閒注云晤文選遊西池覺也心解也詩注引聲類悟猶了達也素閒八正神明論慧然獨悟注曉也後漢

張酺傳注。班彪傳上注云寤猶曉也萱按此段寤爲悟也寤晤悟三字義至近故多通借用矣悟者言其可驚悟漢書陳張王周傳贊魁梧奇偉注

寤寱猶作寱。或寐覺而有言曰寤一曰晝見而夜寱也說文段注元應引倉頡篇覺而有言曰寤左傳季寤字子言按周南毛傳曰寤覺也衛風鄭箋同言其大略而已鄭釋周禮寤夢云覺時道之而夢亦與倉頡篇同也古書多段寤爲悟晝見而夜夢蓋亦周禮寤夢之說陳風傳云晤遇也箋云晤對也寤與晤義相通周禮占夢釋文云寤本又作寱此用籀文而小變也。漢書董仲舒傳朕夙寤晨興注云寤寐之覺也又列子周穆王四曰寤夢注云寤夢覺時道之而夢覺也詩關雎寤寐求之傳考槃獨寐寤言箋澤陂寤寐無爲箋下泉愾我寤嘆寱又周禮秋官序官司寤氏注又小雅爾雅廣言又呂覽離俗惕然而寤注又淮南要略欲一言而寤注又離騷哲王又不寤兮注河伯惟極浦兮懷寤注思美人文君寤而追求注又文選嘆逝賦寤大莫之同寐注登徒子好色賦寤春風兮發鮮榮注自寤自覺寤也文選東京賦盡亦覽東京之事以自寤乎薛注寤忤也能與物相接忤也釋名釋姿

韻史　卷二十三第五部去聲顧韻

二五八三

容寤猶曉也後漢班彪傳上注萱按訓覺訓曉皆與悟相通

𡧳寤也說文段注寐覺而有言曰寤𡧳之音義皆同也覺也廣雅釋詁四

啎或書作許。俗有牾仵忤迕遻屰也說文段注逆迎也屰不順也今則逆行而屰廢矣相迎者必相屰古亦通用逆爲屰致儀禮之梧受爾雅釋名之梧丘太史公書之魁梧枝梧漢書之抵梧皆是梧之譌字梧屰也迎也逆也不識梧字乃多妄改管氏七臣七主篇事無常而法令申不梧則失國勢戰國策有樓許呂覽明理篇亂世之民長短頡許百疾高注許迎也字皆左吾右午啎之或體也姚玄云字書無之過矣逆也漢書嚴延年傳集注王莽傳上集注又呂覽明理長短頡許百疾注萱按段引高注許迎也此從畢校本作逆又按說文今本作啎逆也段定爲屰者說文乃解字書之書不容用段借字也他家則可。文選高唐賦敝互橫梧注云梧逆也。淮南主術故智者先忤而後合注又史記老莊申韓傳大忠無所拂忤言無所擊排正義刺客傳不敢忤視索隱又漢書東方朔傳集注金日磾傳集注竝云忤逆也又劉向傳集注云忤猶逆也。漢書廣川惠王越傳集注王商傳集集注王嘉傳集注竝云迕逆也觸也穆天子傳六於是白鹿一梧椉逸出走注。文

韻史　卷二十三第五部去聲顧韻

二五八四

選幽通賦上聖迕而後捘兮曹注云迕觸也裂也廣雅釋詁二忤錯也春秋元命苞陰陽散忤注迕猶遇也後漢陳蕃傳注。一切經音義八引聲類云迕逆不遇也萱按二義相反而相成迕違也禮記哀公問午其衆以伐有道釋文引王肅。漢書外戚傳下集注云忤違也又蕭望之傳繇是大與高恭顯忤注云忤謂相違逆也迕背也管子君臣上國家有悖逆反迕之行注迕橫也莊子天道迕道而說者釋文引司馬注迕犯也小爾雅廣言。一切經音義十三云忤古文牾遻迕三形又音義四云忤古文作牾遻迕三形萱按遻見說文讀入聲非牾之異體也音義四亦當是迕字忤偶也集韻又廣韻云忤偶敵萱按忤訓偶猶陳蕃傳注迕訓遇也而字尤俗

誤。俗有悞謬也說文段注按謬當作繆古繆誤字從糸如綢繆相戾也大傳五者一物紕繆是謬訓狂者妄言與誤義隔

訝。俗有迓相迎也周禮曰諸侯有卿訝也說文段注秋官掌訝職文惟周禮作訝他經皆作御如詩百兩御之毛曰御迎也以御田祖箋云御迎也書予御續乃命于天弗御克奔以役西土御衛不迷某氏皆訓迎故

韻史　卷二十三第五部去聲顧韻

二五八五

衛包遂皆改爲迓士昏禮媵御曲禮大夫士必自御之穀梁傳跛者御跛者眇者御眇者列子遇駭鹿御而擊之皆訓迎則皆訝之同音假借。周禮秋官序官訝士注掌訝注考工記輪人爲輪疏又禮記曲禮上注又儀禮士昏禮媵御沃盥交注聘禮訝賓于館注公食大夫禮從者訝受皮注竝云訝迎也又聘禮注云以君命迎賓謂之訝又聘禮記御大夫訝注云訝主國君所使迎待賓者如今使者護客御迎也詩鵲巢傳甫田箋思齊以御于家邦傳又漢書敘傳上集注引孟康又文選幽通賦昔衛叔之御昆兮注。儀禮士昏禮注云御當爲訝迓迎也爾雅釋詁又左氏成十三年傳迓晉侯於新宮注又公羊成二年傳注又穀梁成元年傳注又後漢張衡傳注又文選思玄賦僉供職而來迓舊注。左氏傳成十三年釋文公羊傳成二年釋文竝云迓本作訝迓御也太玄親不迓侮注。書牧誓弗迓克奔釋文云馬作禦萱按史記周本紀作不禦克犇段禦猶段御也又按儀禮聘禮訝受几于筵前注云今文訝爲梧段大令謂梧是梧之譌字萱按謂訝梧皆訓迎可竝通矣

莫固切

素白致繒也說文段注繒之白而細者也致者今之緻字鄭注襍記曰素生帛也然則生帛曰素對湅繒曰練而

韻史　卷二十三第五部去聲顧韻

二五八六

言以其色白也故爲凡白之偁以白受采也故凡物之質曰素如殷下一曰素也是也以質未有文也故曰素食曰素王伐檀毛傳曰素空也**縞之麤者曰素**小爾雅廣服○禮記檀弓下則素服哭於庫門之外注云素服者縞冠也又詩素冠庶見素冠兮傳云素冠練冠也**縑也**後漢襄楷傳注○文選文賦唯毫素之所擬注云書縑曰素**素卽絹也**周禮染人注暴練練其素而暴之疏○內司服素沙注云素沙者今之白縛也又禮記襍記上素沙注云素沙若今紗縠之帛也萱按內司服司農注云素沙赤衣也以赤釋素者如儀禮云凡畫者丹質也**白也**詩羔羊素絲五紽傳素冠箋又論語八佾素以爲絢兮皇疏又儀禮覲禮注如今綈素屏風也疏又小爾雅廣詁又楚辭橘頌綠葉素榮注又淮南覽宴冥若乃至於玄雲之素朝注說山譬猶以湼拭素也注○禮記喪大記素錦褚疏云素錦白錦也又儀禮士冠禮素韠注云素韠白韋韠也又周禮巾車素車棼蔽注云素車以白土璧車也又楚辭哀時命含素水而蒙深兮注云素水白水也又文選蜀都賦素柰夏成注云素柰白柰也又後漢張衡傳注云素咸白亮也**白采也**考工記畫績之事凡畫績之事後素功注**質也**呂覽上德虛素以公注又文選幽通賦晧爾太素曹注舞賦注引韓詩章句○大戴記本命注引易說又列子天瑞又白

虎通天地引乾鑿度又後漢班彪傳下注並云太素者質之始也又管子水地云素也者五色之質也又禮記仲尼燕居不能樂於禮素注云素猶質也又經文云達於禮而不達於樂謂之素**樸也**呂覽勿躬不雕其素注又淮南本經其事素而不飾注○文選大將軍讌會詩神道見素注七命羣萌反素注並云素樸素也又淮南本經質真而素樸注云素樸精不散也**形法定爲素**儀禮士喪禮獻素獻成亦如之注○禮記曲禮上注未定體則弛之疏云素形朴也**無色謂之素**管子水地注○釋名釋采帛云素朴素也已織則供用不復加功飾也又物不加飾皆目謂之素此色然也又考工記玉人璋邸射素功注云素功無琢飾也又禮記檀弓下以生者有哀素之心也注云哀素言哀痛無飾也凡物無飾曰素**本也**廣雅釋詁三又素問陽明脉解皆非其素所能也注○禮記喪服小記注素有喪服而來爲主疏云素猶本也**素猶實也**文選謝靈運還舊園詩夫子照情素注**素也者謂其無所與襍也**莊子刻意**故也**小爾雅廣言又漢書高帝紀上集注○史記張耳陳餘傳張耳雅游索隱云素亦故也又儀禮喪服傳飯素食注云素猶故也**舊也**後漢呂布傳注**素雅素也**文選廣絕交論斯賢達之素交注**昔也**文選寡婦賦目仿佛乎平

素注又注引字林**先也**禮記喪大記注素在君所食都邑之臣疏引皇氏又詩板箋又素以賦斂空虛疏又後漢列女傳注**素猶始也**書大傳著其素注**預也**文選閒中詩注引國語賈注○國語吳語夫謀必素見成事焉注云素猶豫也**性也**淮南俶真平易者道之素注○俶真而抱其太素注云素朴性也**素猶志也**後漢張衡傳注**博也**廣雅釋詁四**廣也**方言十三又廣雅釋詁二云綮廣也萱按綮者素之小篆廣雅每用篆體字**空也**易象下傳不素飽也虞注又詩伐檀不素餐兮傳又左氏定十年傳與其素厲注又史記貨殖傳命曰素封索隱又廣雅釋詁三又論衡量知○孟子心盡心上不素餐兮注云無功而食謂之素餐又莊子天道以此處下元聖素王之道也注云有其道爲天下所歸而無其爵者所謂素王**素謂刊之也**儀禮鄉射禮握素注**鄉也**禮記中庸素隱行怪疏君子素其位而行疏○漢書鄒陽傳見情素注云素謂心所向也萱按中庸鄭注云素皆讀爲傃傃猶鄉也是鄭以素爲傃之段借也而說文無傃據鄒陽傳注素自訓鄉可不煩改讀**嗉也**史記天官書張素爲廚主觴客索隱萱按此謂素卽嗉之段借字也而說文無嗉古祇用素耳**象項也**詩著充耳以素乎而傳**素履者謂布衣之士**易象上傳

素履之往荀注**果蓏不以火化而食故曰素食**管子禁藏果蓏素食當十石注萱按素食字與喪服傳同而其義迴異**素華軌鬷**爾雅釋艸

訴隸變作訴○俗譌訢**𧦝**或**愬**或**告也論語曰訴子路於季孫**說文○國策齊策必東愬於齊注又呂覽必已此必愬我於萬乘之主注又廣雅釋詁三並云愬告也又文選寡婦賦殷憂結而靡訴訴注云靡訴言無所告訴也**如其事曰訴**公羊莊元年傳夫人譖公于齊侯注又後漢齊武王縯傳注**譖也**左氏成十六年傳訴公於晉侯注又論語憲問公伯寮愬子路於季孫集解引馬注又皇疏又荀子致仕流愬注○後漢馮衍傳注云愬猶譖也**謳也**廣雅釋詁二**愬者相訴訟讒也**論語顏淵膚受之愬皇疏○文選西征賦愬黃巷以濟潼注引薛綜云愬向也愬與遡古字通萱按此段借字也又七命遡九秋之鳴飈按此遡自用李義注乃云愬與遡同似誤武七發李借愬字故善云爾傳寫者改用李字遂與注齟齬矣

泝隸變作泝泝○俗譌泝**溯**或**逆流而上曰泝洄泝向也水欲下違之**

而上也說文段注泰風傳曰逆流而上曰遡洄順流而涉曰遡游釋水同涉作下水欲下違之而上也釋洄字之義洄遡疊韻○國語吳語率師沿海泝淮注又楚辭抽思泝江潭兮注疏云逆流而上曰泝又漢書李廣利傳從泝河山注楊雄傳上楊氏遡江上處巴江州注疏云遡謂逆流而上也又文選洛神賦御輕舟而上遡注云遡逆流向上也又左氏文十年傳沿漢泝江注云泝逆流又哀四年傳吳將泝江入郢注云逆流曰泝又一切經音義十九引三蒼云逆流行水曰泝泝回也亦行也迎也法言五百其遡於日乎注上也後漢馬融傳注鄉也詩公劉遡其過澗傳桑柔如彼遡風傳○文選西京賦咸遡風而欲翔薛注云遡向也又東京賦泝洛背河薛注云泝向也萱按鄉背字漢入不作向說文泝向也段注謂向當作鄉此薛注亦然流也史記司馬相如傳下泝八埏集解引漢書音義又漢書司馬相如傳下集注引孟康行也方言十二又廣雅釋詁一泝然惡寒也素閒皮部論泝然起毫毛注

貝固切

布枲織也說文段注其艸曰枲曰葩析其皮曰杭曰札屋下治之曰麻緝而績之曰綫曰縷曰纑織而成之曰布布之屬曰紨曰緝曰絟曰總曰綿曰緰貲曰悈曰幓古者無今之木棉布但有麻布及葛布而已引申之凡散之曰布取義於可

卷舒也外府注曰布泉也其藏曰泉其行曰布泉者今之錢也衛風抱布貿絲傳曰布幣也箋云幣者所以貿買物也此幣爲凡貨之偁布帛金錢皆是也麻紵葛曰布布通名也小爾雅廣服又文選吳都賦果布輻湊而常然劉注云布葛紵之屬○釋名釋采帛云布布也布列衆縷爲經以緯橫成之也又太古衣皮女工之始始於是施布其法使民盡用之也布謂匹帛也莊子山木林回曰爲其布與赤子之布寡矣注幣也後漢崔駰傳注又詩氓抱布貿絲傳又疏云布幣謂絲麻布帛之布功布鍛濯灰治之布也儀禮士喪禮冪奠用功布注又既夕商祝免袒執功布入注云功布灰治之布也又喪服傳云大功布九升小功布十一升○士喪禮云明衣裳用布又喪服傳斬衰裳注云齊衰以下用布又既夕記云凡絞紟用布泉也周禮載師凡宅不毛者有里布司農注廛人掌斂市紋布總布賀布罰布廛布注巫馬入其布于校人注羊人則受布于司馬注○司市以商賈阜財貨而行布司農注云布謂泉也又史記平準書初大農筦鹽鐵官布多索隱云布謂帛布刀布皆泉也布取其廣荀子榮辱餘刀布注○周禮外府掌邦布之入出注云布泉也布讀爲宣布之布其藏曰泉其行曰布取名於水泉其流行無不徧布謂口率出

泉漢法口百二十也周禮載師疏又閭師疏云夫布卹賦也○司市辟布者司農注云辟布辭訟泉物者也又後鄭注云辟布市之羣吏考實諸泉入及有遺忘布謂錢也管子戒市正而不布注君臣下東布之罰注又孟子公孫丑上廛無夫里之布注云布錢也○漢書食貨志下是爲布貨十品注云布亦錢耳謂之布者言其分布流行也布謂貨財也莊子山木釋文又禮記檀弓上子碩欲以賻布之餘具祭器注云古者謂錢爲泉布所以通布貨財○周禮外府注云貨布長二寸五分廣寸首長八分有奇廣八分其圜好徑二分半足枝長八分其右文曰貨左文曰布重二十五銖直貨泉二十五又載師司農注云里布者布參印書廣二寸長二尺以爲幣貿易物敷也廣雅釋詁三展也小爾雅廣言賦也國語周語將導利而布之上下者也注而時布之於農注施也周書諡法又廣雅釋詁三布猶敷也山海經海內經禹鯀是始布土注○儀禮聘禮管人布幕于寢門外注云今文布作敷又史記司馬相如傳尃結縷氾尃濩之集解引徐廣云尃古布字萱按敷尃皆可爲布之段借而尃非即布字也說卦傳爲布爲尃竝列矣班也禮記檀弓上而布材與明器疏陳也左氏昭三年傳寡君使虎布之注昭十六年傳敢私布之注又國語晉語敢私

布之於吏注鄭語乃布幣焉注吳語布幣行禮注○國語周語布戎于牧之野注云布戎陳兵也列也廣雅釋詁一○晚出書泰誓中疏云布者編也布序謂各順其性無謬沴也後漢班彪傳下注布護言遍布也漢書司馬相如傳下氾布護之注布濩猶散被也文選東京賦聲教布濩薛注○吳都賦布濩皐澤劉注云布濩遍滿皃又上林賦布濩閎澤郭注云布濩猶布露也布覆周布四覆也文選長笛賦氣噴勃以布覆兮注坤爲布易說卦傳○左氏莊廿二年傳奉之以玉帛注云坤爲布帛祭星曰布爾雅釋天又注云布散祭於地又孫注云布既祭布散於地位似星辰布列又李注云祭星者以祭布露地故曰布露布亦謂之露版封氏聞見記布似布華山有之爾雅釋艸布穀一名戴紝一名戴勝後漢襄楷傳注○方言八周魏之閒謂之擊自關而西或謂之布穀注云布穀今江東呼爲穫穀又列子天瑞鵲之爲布穀釋文云布穀鵠鵯也又禮記月令注鳩搏穀也疏云布搏聲相近○方言八桑飛自關而東或謂之女匠注云桑飛今江東呼布母○校官碑备政優優帝堯碑體別枝备寧山亭碑甘澍弗备萱按此用篆體而小異也小篆布作斧

靶 轡革也 說文又爾雅釋詁釋文引字林又文選吳都賦迴靶乎行邪睨劉注。段大令曰按云轡革者毛傳革轡首也 靶謂轡也 漢書王褒傳王良執靶注又文選聖主得賢臣頌注引漢書音義。爾雅釋器注以韋靶車軾釋文云靶本作鞾萱按此靶乃形近之譌考工記注云飾車謂革鞾輿也

步 佩固切 行也 說文又書召誥王朝步自周鄭注又疏又詩白華天步艱難傳桑柔國步斯頻傳禮記少儀執轡然後步注未爵不嘗羞注又國語吳語以安步王志注又荀子脩身不識步道者注又廣雅釋詁一。左氏定五年傳改五改步疏云步謂行也又僖卅三年傳將步師出于敝邑釋文又禮記曲禮上步路馬必中道疏竝云步猶行也 徐行也 離騷步余馬於蘭皋兮注又淮南說林蘇秦步注。釋名釋姿容云徐行曰步步捕也如有所司捕務安詳也 徙行爲步 楚辭招魂步騎羅些注 再舉足爲步 禮記祭義跬步而不敢忘孝也釋文又儀禮鄉射禮記與跬相應疏云再舉足謂之步 倍跬謂之步 小爾雅度 六尺爲步 周禮小司徒九夫爲井注引司馬法又禮記坊記疏引異義古春秋左氏說又左氏襄廿五年傳井衍沃注又國語周語不過步武尺寸之閒注又大玄玄瑩天元咫步注又莊子庚桑楚步

仞之丘陵釋文。華嚴經音義下引何承天纂要云六尺曰步又公羊傳昭十二年疏云古者六尺爲步。禮記王制云古者以周尺八尺爲今以周尺六尺四寸爲步 步謂車緩行 荀子正論步中武象注 堂下謂之步 爾雅釋宮又書名語鄭注 野度以步 考工記匠人 步猶尋也 後漢郅惲傳注 推也 文選陸機演連珠注引書大傳注。素問至眞要大論閒氣者紀步也注云步六十日餘八十七刻半也 徒鼓瑟謂之步 爾雅釋樂 狹而長者曰步 釋名釋兵 步馬習馬 左氏襄廿六年傳左師見夫人之步馬者注 馬步神爲災害馬者 周禮校人冬祭馬步注又疏云馬神稱步謂若元冥之步人鬼之步之類步與酺字異音義同萱按此本無正字故用步又用酺杜子春注族師云當爲步 蟦就又呼步屈 方言十一蟦就謂之蚇蠖注

踄 去入二音 蹈也 說文

荹 亂艸 說文。玉篇云牛馬艸亂藁也

捕 取也 說文又廣雅釋詁一 捕猶索也 周髀算經捕影而視之注 摶也 廣雅釋言萱按捕與摶義迴別

後人多用捕罕用搏廣雅徑以搏釋捕矣要之非古義也莊子秋水捕鼠不如狸公羊桓四年傳注因以捕禽獸兩釋文竝云捕本作搏按作搏是說詳搏下

哺 或作㕮 哺咀也 說文段注哺咀蓋疊韻字凡含物以飼曰哺爾雅生哺㲉凡湯酒膏藥舊方皆云㕮咀廣韻云㕮咀嚼也按㕮即哺字古父甫通用後人不知爲一字矣。一切經音義一引字林云哺咀食也 食也 後漢岑彭傳注馬援傳注 口中嚼食也 一切經音義一引淮南許注 口中所含食也 漢書高帝紀上輟飯吐哺注又張良傳漢王輟食吐哺注云哺食在口中者也又匈奴傳贊稚子咽哺注云哺謂所食在口中者也 飲也 漢書賈誼傳集注 食之也 後漢趙孝傳注 小兒氣結曰哺哺露也哺而寒露乳食不消生此疾也 釋名釋疾病

悑 怖或 惶也 說文 懼也 廣雅釋詁二 怖肝猶戒懼 淮南脩務焦心怖肝注 怖覆謂恐怖而反覆也 文選神女賦神心怖覆注

酺 平去二音 王德布大㱃酒也 說文 飲也布也合聚飲食爲酺 竝詳酺平聲 者爲人物烖害之神也 周禮族師春秋祭酺亦如之注萱按此義杜子春作步

狛 去入二音。或作[illegible] 如狼善驅羊 說文

鮊 去入二音。或作鮁 海魚也 說文 鱎也 廣雅釋魚

莫 滿固切 去入兩讀入聲引申之義也。俗有暮 日且冥也 說文段注且冥者將冥也木部曰杳者冥也夕部曰夕莫也引申之義爲有無之無 晚也 詩東方未明不夙則莫傳采薇歲亦莫止箋抑誰夙知而莫成傳臣工維莫之春箋。素問離合眞邪論不知日暮注著至教論悅悅日暮注又呂覽謹德崇德未暮注竝云暮晚也又論衡明雩云暮者晚也 夕也 禮記文王世子及莫又至注。國策齊策旦暮進食注云旦暮朝夕也 夜也 洪範五行傳星辰莫同注。廣雅釋詁四又楚辭靈懷暮去次而敢止注竝云暮夜也。文選歎逝賦寤大莽之同寐注云大莽猶長夜也 閽見也 文選七發烟雲閽莫注 稚也 廣雅釋言 暮末也 楚辭哀歲歲忽忽兮惟暮注 暮死也 莊子至樂若果養乎

釋文引司馬注莫也詩汾沮洳言采其莫傳

慔勉也說文段注勉者彊也釋訓曰懋懋慔慔勉也按爾雅音義云亦作慕今說文慔慕分列或恐出後人改竄

慕習也說文思也孟子離婁上巨室之所慕注又楚辭懷沙邈不可慕兮注又呂覽任地既往而慕之注○孟子萬章上人少則慕父母注云慕思慕也又淮南原道怵然若有所誘慕注云慕有所思慕謂小兒隨父母嗁呼禮記檀弓上其往也如慕注○問喪其往送也如慕注云慕者以其親之在前貪也淮南原道誘慕於名位注

募廣求之也說文○廣雅釋詁三云募求也又切經音義十引蒼頡云募問求也招也荀子王制案謹募選閱材伎之士注募選謂以財召之而選擇可者荀子議兵招延募選注胸腹曰募素問奇病論治之以膽募俞注水名也呂覽離俗務光負石而沈於募水注

鬕鬕帶逗結頭飾也說文段注鬕帶二字爲句如方言之髻帶所以繞於髻上爲飾者西京賦朱鬕薛注以絳帕頭按薛注帕乃帞之誤帕即鬕字其字之本義乃飾髻上也故从髟

墓丘墓也說文段注丘謂之虛故曰丘墓亦曰虛墓檀弓曰虛墓之間未施哀於民而民哀是也周禮有冢人有墓大夫鄭曰冢封土爲丘壠象冢而爲之墓冢塋之地孝子所思慕之處然則丘自其高言墓自其平言渾言之則曰丘墓也墓之言規模也方言凡墓而無墳謂之墓所以墓謂之墲注引漢劉向傳初陵之墲今漢書作初陵之墲冢也廣雅釋丘○禮記檀弓上易墓非古也疏云墓謂冢旁之地塋域謂之墓詩墓門傳墓門墓道之門疏○禮記曲禮上適墓不登壟注云墓塋域又後漢謝夷吾傳注云墓謂塋域墓謂兆域今之封塋也禮記檀弓上古也墓而不墳注墓謂壙穴也漢書劉向傳注罪也國策秦策因以宜陽之郭爲墓注土也論衡譏日墓慕也孝子思慕之處也釋名釋喪制○方言十三注云墓猶慕也

禡師行所止恐有慢其神下而祀之曰禡周禮禡於所征之地說文段注釋天曰是類是禡師祭也王制注云爲兵禱周禮肆師甸祝皆作貉杜鄭讀貉爲十百之百云爲師祭造軍法者禱氣勢之十百增倍許說不同者許時古今說具在五經異義今已亡又賈氏周禮解詁亦亾不詳其所本也師祭也

爾雅釋天又詩皇矣是類是禡箋桓序講武類禡也箋又禮記王制禡於所征之地注○周禮大司馬有司表貉司農注云禡謂師祭也又詩皇矣釋文云禡師祭名於野曰禡詩皇矣傳禡者馬也漢書敘集傳下集注

罵詈也說文又漢書張騫傳集注引如淳又一切經音義六引蒼頡罵迫也以惡言被迫人也釋名釋言語

一瘍目病一曰惡气著身也一曰蝕創說文段注凡三義蝕者敗創也創也廣雅釋詁

鄏存鄏逗犍爲縣說文段注宋本皆作存或作郁者俗又或譌爲郁矣前志犍爲郡存鄏今本存作郁而師古不爲音知故作存華陽國志晉書尚作存今四川敘州府府西南有郁鄏廢縣府西北百六十里有郁鄏灘

撮口呼

春豫切

據杖持也說文段注謂倚杖而持之也杖者人所據則凡所據皆曰杖據或作据楊雄傳三摹九据晉灼曰据今據字也按何氏公羊傳注據亦皆作据是段借拮据字杖也廣雅釋言又國語晉語無所據依注又論語述而據於德何注

○論語皇疏云據者執杖之辭也依也詩柏舟不可以據傳又文選東京賦彼偏據而規小薛注居也釋名釋姿容又國語晉語今不據其安注據猶位也處也漢書楊雄傳下集注○國策齊策據水則不若魚鱉注云據處在上曰據也後漢班彪傳上注據謂跨之書禹貢疏按也廣雅釋詁三據猶安也左氏僖五年傳神必據我注定也方言六又廣雅釋詁四引也廣雅釋詁一就也文選東京賦據其府庫薛注據掌以左手覆按右手也禮記玉藻君賜稽首據掌致諸地注據梁强梁也莊子大宗師據梁之失其力釋文引司馬注據者晉言十里也水經河水注

倨不遜也說文段注遜當是本作孫孫者遜循恭敬之意戰國策曰何前倨而後恭引申之凡侈曰倨凡斂曰句鉤倨大戴禮與其倨也寧句樂記倨中矩句中鉤左傳直而不倨曲而不屈淮南子句爪倨牙凡言侈斂之度謂之倨句考工記曰倨句一矩有半又曰倨句磬折即謂一矩有半也又曰倨句外博謂侈於一矩而不及一矩有半也又曰句於矩謂斂於一矩也管子弟子職曰倨倨句如矩謂正方也傲也荀子修身體倨固而心執詐注又呂覽下賢貴爲天子而不驕倨注又漢

書翟方進傳集注。漢書酷吏郅都傳丞相條侯至貴居也注云居怠傲酷吏趙禹傳禹爲人廉裾注云裾亦傲也又史記司馬相如傳据以驕鶩索隱引張揖云据直項也萱按居裾据皆倨之段借字又爾雅釋畜倨牙食虎豹釋文云倨本作居簡傲也漢書汲黯傳爲人性倨少禮注慢也禮記曲禮上遊毋倨疏又漢書匈奴傳上集注元后傳集注。大戴記曾子立事與其倨也寧句注云倨猶慢也釋詁三跛也莊子天運方將倨堂而應儆曰釋文倨倨臥無思慮也淮南覽冥臥倨倨注方也荀子宥坐其流也埤下裾拘必循其理注邊牀曰倨史記酈生陸賈傳方倨牀索隱引樂彥倨劇勮也太玄玄圖倨劇莫困乎九注萱按劇亦當作勮

居屋俗。俗又作踞平去兩讀踞蹲也踞反企也踞却倚也踞謂坐其上也踞是游也萱按皆詳平聲居下此從俗讀耳

䀠ナ又視也說文段注ナ又各本作左右非也今正凡詩齊風唐風禮記檀弓曾子問雜記玉藻或言瞿或言瞿瞿盖皆䀠之段借瞿行而䀠廢矣瞿下曰雁隼之視也若毛傳於齊曰瞿瞿無守之皃於唐曰瞿瞿然顧禮義也各依文立義而爲驚遽之狀則一。萱按後人借左右爲ナ又許自用正字

瞿平去二音注在彼

⿰魚瞿魚名說文

邱豫切

去人相違也說文離也國策齊策不能相去注又呂覽遇合晝夜隨之而弗能去注又漢書丙吉傳集注。素問離合眞邪論呼盡乃去注云去謂離穴又太玄玄錯云去離故舍也國策秦策今三國之兵且去楚注移也呂覽功名見利之聚無之去注行也廣雅釋詁一。素問三部九候論是以脫肉身不去者死注云去猶行去也落也素問上古天眞論八八則齒髮去注去猶失也史記李斯傳胥人者去其幾也索隱亡也後漢梁鴻傳注義乖曰去鬼谷子捭闔益損去就倍反注去所避席左氏襄二十年傳武子去所注大去者不反之辭左氏莊四年經紀侯大去其國注。穀梁莊四年傳云大去者不遺一人之辭也除也左氏閔二年傳衛侯不去其旗釋文又論語鄉黨去喪無所不佩集解引孔注。呂覽下賢其去其帝王之色注察贇疾病妖厲去矣注竝云去猶除也又漢書董仲舒傳掃除其迹而悉去之注云去亦除也去猶釋也呂覽審分居無去車注藏也左氏閔二年傳釋文襄廿年傳則去其肉而以其泊饋釋文昭十九年傳以度而去之釋文又漢書五行志下之上集注棄也

漢書匈奴傳上集注去猶遣之也國策秦策處女相與語欲去之注去謂驅逐也漢書五行志下之上夏帝卜殺之去之止之注罷退之也禮記禮運在埶者去注藏也管子山至數泰秋國穀去三之一注去之殺之也孟子公孫丑下則去之否乎注。萱按自訓除已下皆去引申之義也舊乃分爲上聲殊可不必

麮麥甘鬻也說文段注荀卿書冬日則爲之饘粥夏日則與之瓜麮釋名曰煑麥曰麮麮亦齲也煑熱則齲壞也按麥甘鬻者以麥爲粥其味甘也急就篇云甘麮殊美奏諸君是也其法當用大麥爲之或去皮或粉之皆可爲粥其性清虛於夏日宜大麥甘故今煎飴餹亦用大麥

遽傳也一曰窘也說文段注釋言馹遽傳也孫炎曰傳車驛馬也左傳僖卅三年使遽告於鄭遽興姜戎昭二年乘遽而至傳中戀反窘迫也。周禮大僕以待達窮者與遽令司農注又國語晉語遽人來告注吳語邊遽乃至注又列子說符使遽人謁之注竝云遽傳也。文選羽獵賦虎豹之淩遽注云遽窘也。遽若今時乘傳騎驛而使者也周禮行夫掌邦國傳遽之小事注。國語吳語徒遽來告注云遽傳車也又左氏昭二年傳注云遽傳驛又管

子大臣三十里置遽委馬注云遽今之郵驛也以馬曰遽詩江漢箋則使傳遽告功于王釋文疾也國語晉語公懼遽見之注又呂覽誠廉而遽爲之正與治注貴因遽告太公注察今遽契其舟注自知遽掩其耳注。國語周語遽歸告王注云遽猶疾也遽猶卒也禮記儒行遽數之不能終其物注急也禮記儒行釋文又文選神女賦神女稱遽注促也文選西京賦百禽悽遽薛注又禮記玉藻士曰傳遽之臣疏云遽是促遽。楚辭大招遽爽存只注云遽趣也萱按趣即促之段借字速也漢書郊祀志下集注五行志中之上集注溝洫志集注蒯通傳集注嚴助傳集注楊敞傳集注丙吉傳集注怵也太玄窮萬物窮遽注。方言二云茫矜奄遽也秦晉或曰矜或曰遽遽猶競也楚辭大招萬物遽只注畏懼也左氏襄卅一年傳豈不遽止注。後漢趙壹傳注云遽畏也又廣雅釋詁二云遽懼也惶也漢書楊雄傳上集注

勮。俗有劇去入兩讀務也說文段注務者趣也用力尤甚者音轉爲渠力切字譌从刀作劇。萱按轉爲入聲未失也从刀則俗矣疾也廣雅釋詁一。漢書楊雄傳上口吃不能劇談注云劇亦疾也勮巨也事功巨也釋名釋言

語劇甚也漢書楊雄傳上集注引鄭氏又文選蜀都賦劇談戲論劉注劇秦美新何其劇與注劇猶難也後漢列女傳注劇繁多也荀子非十二子猶然而材劇志大注劇囂煩也荀子解蔽不以夢劇亂知謂之靜注旁出岐多故曰劇爾雅釋宮三達謂之劇旁注又釋名釋道云三達曰劇旁古者列樹以表道道有央溝以通水潦恆見修治此道轉多用功稍劇也轉多用功稍劇○太玄玄衡云劇惡不息又玄錯云劇無赦○漢書楊雄傳上集注引晉灼云劇或作遽又公羊宣六年注猶超劇釋文云劇本作遽又易渙注不在戹劇釋文云劇本又作處萓按遽與勦皆訓疾故相通借矣處當形近之譌

醵酟或會歛酒也說文合錢飲酒爲醵旅酬相酌似之也禮記禮器周禮其猶醵與注又疏云醵斂錢共飲酒也又周禮族師注族長無飲酒之禮疏云醵郎合錢飲酒又詩良耜箋又有祭酺合醵之歡釋文云醵合錢飲酒也

懼恖古文恐也說文段注恐下曰懼也是爲轉注懼病也懼驚也方言十三○後漢申屠剛

傳注云懼驚也故有知非以慮是則謂之懼荀子解蔽懼盇怒中之別出詩烝民箋謂喜怒哀樂好惡也疏又禮記禮運喜怒哀樂愛惡欲疏引熊氏云懼則怒中之小別○漢書惠帝紀贊聞叔孫之諫則懼然鄒陽傳長君懼然曰萓按此皆段懼爲瞿也小顏讀瞿尚未密又莊子天運吾始聞之懼庚桑楚南榮趎懼然顧其後兩釋文並云懼本作戄按此兩通而懼爲晚出字

永據切

譽偁也說文段注偁舉也譽偁美也繩也禮記表記君子不以口譽人注萓按左氏莊十四年傳繩息媯注云繩譽也與此爲轉注善也淮南本經經誹譽注樂也呂覽孝行天下譽注○禮記祭統疏引援神契云天子之孝曰就諸戾曰度大夫曰譽聲美也詩振鷺以永終譽箋○墨子經上云譽明美也狀古述今曰譽周書謚法安譽仁之賊也法言淵騫○文選王元長曲水詩序信可以優游暇豫注云譽猶豫古字通萓按此謂同音通借也孟子一遊一豫左傳服注作一遊一譽

礜毒石也出漢中說文段注疑本作礜石礜石也三字爲句後人改之礜石石名周禮注曰今醫方有五毒之樂

作之合黃埜置石膽丹沙雄黃礜石慈石其中燒之三日三夜其煙上箸以雞羽埽取之以注創惡肉破骨則盡出本艸經曰礜石味辛有毒西山經曰礜可以毒鼠郭云蠶食之而肥按今世無此物本艸曰生漢中山谷及少室○山海經西山經臯塗之山有白石焉其名曰礜注云礜今礜石

鵙一書作鷽卑居也說文段注爾雅曰鷽斯卑居也鵙爲舍人以爲壁居按卑居之爲壁居如史記卑耳之山即齊語壁耳之山卑壁同十六部卑俗作鵙音匹非也○詩小弁弁彼鷽斯傳云鷽卑居卑居雅烏也又荀子榮辱君子安雅注云鷽斯雅烏也又爾雅釋鳥注云鷽雅烏也小而多羣腹下白江東亦呼爲鵯烏又釋文引字林云鷽楚烏也一名鷽一名鵯鶋秦云雅烏萓按雅讀平聲鵯鶋皆俗字鷽鳩小鳥文選江文通襍體阮步兵詩注引莊子司馬注

鸒侶鹿而大說文段注楊雄蜀都賦麤鸒鹿麖

與上去二音此爲引申之義及也儀禮鄉飲酒禮記不與注又禮記王制六十不與服戎注又呂覽察微羊斟不與馬注與猶兼也儀禮士昏禮記我與在注𠝏豫也穀梁傳十九年傳因郕以求與之盟注即也呂覽

求人自爲與啁噍巢於林注與猶奇也禮記射義與爲人後者注以我臨物故曰與易襍卦傳或與或求注○萓按經典或借豫預爲與字預者豫之晚出字也

豫○俗作預忬𧰼古文象之大者賈侍中說不害於物說文段注此豫之本義故其字从象也引申之凡大皆偁豫故淮南子史記循吏傳魏都賦皆云市不豫價周禮司市注云防誑豫皆謂賣物者大具賈以愚人也大必寬裕故先事而備謂之豫寬裕之意也寬大則樂故釋詁曰豫樂也易鄭注曰豫喜豫說樂之皃也亦借爲舒字如洪範曰豫恆燠若即舒恆燠若也亦借爲與字如儀禮古文與作豫是也賈侍中名逵許所從受古學者也侍中說豫象雖大而不害於物故寬大舒綏之義取此字備也國語晉語豫而後給注戒莫如豫注又淮南說山知者善豫注○易豫釋文云豫備豫也先患慮患謂之豫荀子大略禁於未發之謂豫禮記學記○說苑建本云時禁於其未發之曰預逆也禮記學記疏早也廣雅釋言素也漢書陸賈傳集注安也爾雅釋詁○一切經音義十八引蒼頡云預安也又先辯也逆爲之具故曰預猒也爾雅釋詁又楚辭惜誦婞直而不預豫兮注

樂也爾雅釋詁又易豫釋文引馬注又國語晉語母老子彊故曰豫注我教茲暇豫事君注又孟子離婁上而瞽瞍底豫注又荀子禮論說豫娩澤注又文選長節賦暇豫王孫注又漢書敘傳下集注悅也莊子應帝王何間之不豫也釋文引簡文注○易豫釋文又漢書劉輔傳今天心未豫注引張晏竝云豫悅豫也又華嚴經音義引珠叢云心中和悅謂之豫也喜也後漢郎顗傳注佚也一切經音義十三引蒼頡豫亦游也孟子梁惠王下吾王不豫注秋行曰豫文選東京賦度秋豫以收成薛注○孟子梁惠王下劉注云秋遊曰豫豫亦未定也後漢馬援傳注敘也爾雅釋言○爾雅釋地河南曰豫州釋文引春秋元命苞云豫之言序也言陽氣分布各得其處其氣平靜多序也○儀禮鄉射禮豫則鉤楹內注云豫者謂州學也今文豫爲序爲序萱按豫有序義故儀禮古文用豫爲序今文則用本字也干也漢書薛宣傳集注○灌夫傳集注云預干也又華嚴經音義上引珠叢云凡事相及爲預萱按訓干訓及皆借爲與字也舒也爾雅釋地李注云河南其氣著密厥性安舒故曰豫豫舒也○釋名釋州國云豫州地在九州之中京師東都所在常安豫也河南曰豫州周禮職方氏又爾雅釋地又說苑辨物豫章大木也生七年

乃可知漢書司馬相如傳上楩枏豫章注引服虔萱按衆言之曰豫章或單偁豫亦單偁章史記司馬相如傳正義引溫活人云豫今之枕木也又後漢王符傳注云豫章即樟木也今按樟晚出字○文選西京賦登豫章薛注云豫章池中臺也

悆或書作悆忘也嘽也周書曰有疾不悆悆喜也說文段注忘也未聞恐有譌字嘽者含深也含深者欲之甚也淮南修務訓高注云憛悇貪欲也賈誼新書勸學篇孰能無悇憛養心而顛一視之匈奴篇一國聞之者見之者垂義而相告人悇憛其所自按嘽憛悆悇皆古今字悇憛猶憛悇也若廣雅釋訓云悇憛懷憂也此則其引申之義凡求得未有不患失者有疾不悆金縢文今本文作弗豫許所據者壁中古文今本則孔安國以今文字易之也悆喜也此引書而釋之必釋之者以書義與字本義別也○廣雅釋詁二云悆忘也盜也文選東京賦膺多福以安悆薛注悇憛禍福未定也後漢馮衍傳注悇憛憂愁皃楚辭謬諫心悇憛而煩冤兮注○王氏念孫廣雅疏證引馮衍顯志賦云幷日夜而幽思兮終悇憛而洞疑

瘀積血也說文段注血積於中之病也九辯曰形銷鑠而瘀傷病也廣雅釋詁一疾也太玄玄數八爲

疾瘀注

淤澱滓濁泥也說文○後漢杜篤傳注云淤澱滓也漫也漢書司馬相如傳上行乎洲淤之蒲集注又文選上林賦注引張揖淤亦洲名蜀人云史記司馬相如傳集解引方言又文選上林賦注引方言云水中可居者曰洲三輔謂之淤萱按此淤字引申之義也○漢書溝洫志填關之水注云關讀曰淤萱按淤關義通亦可不必改讀

寠楚人謂寐曰寠說文段注寠猶敕也敕黏也

芋大葉實根駭人故謂之芋也說文段注口部曰吁驚也毛傳曰訏大也凡于聲字多訓大芋之爲物葉大根實二者皆堪駭人故謂之芋其字从艸于聲也小雅君子攸芋毛傳芋大也謂居中以自光大箋云芋當作幠○萱按幠覆也大也芋之引申亦可爲凡大之偁故斯干段芋爲幠疏云聲近故誤於段借未憭也○一切經音義四引聲類云芋大葉著根之菜見之驚人故曰芋大者謂之蹲鴟甚可食也蹲鴟也史記項羽紀士卒食芋菽索隱又水經江水注云蹲鴟即芋也○廣雅釋艸云水芋爲芋也齊人或名全菹爲芋儀禮士喪禮其實葵菹芋注

大也詩斯干傳又方言十三又廣雅釋詁一芋猶訏也方言十三注萱按同于聲也聲同則義近芋之訓大亦似可讀李音矣

夜舍也天下休舍也說文段注夜舍也以疊韻爲訓休舍猶休息也舍止也夜與夕渾言不別析言則殊小雅莫肎夙夜莫肎朝夕朝夕猶夙夜也春秋經夏四月辛卯夜即辛卯夕也○穀梁莊七年夏四月辛卯昔萱按昔亦夜也列子釋文云昔昔夜夜也莫也詩陟岵夙夜無已箋蒸民夙夜匪解箋又國語周語夙夜基命宥密注○廣雅釋言云夜暮也此用俗字夜即昏也詩行露疏○小星疏云昏爲夜陰也論衡說日○周髀算經上云夜者陰又太玄玄攡一晝一夜注云陰則爲夜幽也晚出書舜典疏引虞書喜星見爲夜禮記月令疏引蔡氏夜夜漏未盡雞鳴時也周禮雞人夜嘑旦以嘂百官注夜者自昏至旦之總名左氏莊七年經注恆常也疏夜是明之首周禮司寤氏禁宵行者夜遊者疏夜謂祭祀之先夕之期也詩采繁箋早夜在事疏坤爲夜易繫辭上傳晝夜之道也虞注繫辭下傳蓋取諸豫注○夬莫夜有戎虞注云坤爲

暮夜又繫辭上傳通乎晝夜之道而知荀注云夜者坤也坎爲夜易豐宜日中干注夜謂暗昧之行
也管子侈靡大昏也博夜也注夜士今都候之屬續漢百官志二注引周禮干注夜郎西南
夷之國也後漢馮緄傳注西方有木焉名曰夜干荀子勸學○洪範五行傳時則有脂夜之
妖注云夜讀曰液又國策齊策今將軍東有夜邑之奉說苑作
掖邑萱按用夜爲液掖者省借字也又左氏昭廿五年傳狐夜
姑釋文夜本作射又大戴記勸學西方有木名曰射干
按夜射亦聲近通用故射姑射干亦作夜姑夜干矣
雨本義上聲此其引申之義也古本不分今姑從俗分之著於上見於下謂之雨穀梁莊七年傳
文三年傳螽隆謂之雨春秋繁露玉英○萱按此類字俗分兩音久矣假令并爲一讀何傷乎
乃據切
女上去二音此其引申之義也妻也漢書外戚傳下集注敘傳下集注○萱按妻亦用其引申之義去聲以女
妻人曰女左氏桓十一年傳宋雍子女於莊公曰雍姑注又孟子離婁上涕出而女於吳音義引丁音又後漢梁鴻
傳注進女爲女國語越語請句踐女女於王注○晉語有施氏以妹喜女焉注云以女進人曰女納女於

韻史 卷二十三第五部去聲韻 二六一五

人曰女左氏莊廿八年傳女以驪姬注仕也漢書楊雄傳上奚必云女彼高丘注
戀據切
慮謀思也說文段注心部曰念常思也惟凡思也懷念思也想覦思也懇同思之和也同一思而分別如此言部曰
慮難曰謀與此爲轉注口部曰圖畫計難也然則謀慮圖三字義同左氏曰慮無他云書曰無慮皆謂計畫之纖悉必周有
不周者非慮也○方言一云慮謀思也又漢書哀帝紀有大慮者注云大慮謂謀策思慮謀也爾雅釋詁又廣雅釋詁四
又禮記文王世子慮之以大疏又周禮朝士則令邦國都家縣鄙慮刑貶注又國策秦策顧大王有以慮之也注又呂覽安死
爲無窮者之慮注不廣管子之慮近之矣注又文選思玄賦景三慮以營國分舊注○詩雨無正弗慮弗圖箋云慮圖皆謀也
又禮記學記發慮憲疏云慮謂謀慮思也爾雅釋詁又方言一又漢書魏相傳集注孫寶傳集注馮野王傳外足以
慮化注敘傳下不圖不慮注又後漢班彪傳下注○禮記曲禮上注人之坐思疏云慮即思計也國策秦策子爲寡人
慮之注又荀子王制慮以王命全其力注又呂覽節喪以生人之心慮則心非爲乎死者慮也注恃君故爲天下長慮注○
管子國蓄租稅者所慮而請也注云慮猶計也又漢胡建傳欲民先成其慮也注云慮謂計念也度也國策齊策顧王

韻史 卷二十三第五部去聲韻 二六一六

熟慮之注又呂覽慎行君子計行慮義注又太玄周立督慮也注○列子說符白公勝慮亂注云慮猶度也議也廣雅
釋詁四求也墨子經上○經說上云慮也者以其知有求也而不必得之若睨知慮旅也旅衆也易
曰一致百慮慮及衆物以一定之也釋名釋言語慮猶恐也漢書溝洫志集
注情然而心爲之擇謂之慮荀子正名禮之中焉能思索謂之能慮
荀子禮論刑出慮大戴記四代坎心爲慮易繫辭下傳能研諸侯之慮虞注廣也廣雅釋詁二
亂也呂覽長利無慮吾農事注慮猶結綴也莊子逍遙遊何不慮以爲大樽釋文引司馬注大計也
漢書賈誼傳慮亡不帝制而天子自爲者注○趙充國傳亡慮萬二千人注云亡慮大計也又食貨志下天下大氐無慮皆
鑄金錢矣注云無慮亦謂大率無小計慮耳無慮都凡也後漢光武紀下注郭躬傳注段熲傳注西羌傳注又
廣雅釋訓云無慮凡也○左氏宣十二年傳前茅慮無注云慮無如今軍行前有斥候蹹伏皆持以絳及白爲幡見騎賊舉絳
幡見步賊舉白幡備慮有無也○漢書雋不疑傳集注云今云慮因本錄聲之去者耳萱按慮錄不同部此以雙聲段借又爾

韻史 卷二十三第五部去聲韻 二六一七

雅釋木諸慮山欒釋蟲諸慮奚相萱按一木一蟲同名諸慮吾疑焉釋木字又作攄亦段借字釋蟲或作蠦俗字也
勴○俗有勴助也說文勴謂贊勉爾雅釋詁助勴也注
鑢或作鐧厝銅鐵也說文段注厝者厲石也故以爲凡砥厲之字厲銅鐵謂之鑢故其字从金周禮注作鐧
磨也廣雅釋詁三○萱按集韻云鐧矛戟受柄處此今義非古義也
遲據切
翥○俗有鸃飛舉也說文段注方言十曰翥舉也楚謂之翥郭云謂軒翥也西京賦鳳騫翥於甍標飛也廣雅
釋詁三舉也廣雅釋詁一又小爾雅廣言
箸本韻兩見又入聲姑从俗分也○俗有著飯攲也說文萱按此本義本音也今此義皆讀若助且有筯字矣明
也荀子王霸著仁義注萱按惟此作著○禮記大傳名著而男女有別注又周禮大宗伯注著有黍稷疏又莊子則陽彼知
某之著於己也注又史記樂書著誠去偽正義再始以著往正義又樂著太始集解引王肅天官書雖不言不著正義又廣雅
釋詁四又小爾雅廣詁竝云著明也○漢書韋玄成傳著親親也注云著亦明也又禮記樂記著不息者天也注云著猶明白

韻史 卷二十三第五部去聲韻 二六一八

也見也莊子田子方女殆著乎吾所以著也注又後漢竇融傳注表也漢書朱雲傳集注。杜周傳前王所是著
著爲律注云著謂明表也著標著也管子立政鄉師以著于士師注著謂顯著禮記樂記疏。管子
幼幼官教習不著著注云著猶明著形之大者也禮記中庸形則著注著謂明書之也漢書張湯
湯傳受而著讞法注。漢書張良傳傳故不著注云著謂書之於史冊著猶處也史記樂書著不息者天也正義
正義著猶居也史記貨殖傳廢著鬻財集解引徐廣納也廣雅釋言著猶立也禮記樂記故先王著
著其教教焉注人也莊子庚桑楚甲氏也著封也釋文著猶成也禮記郊特牲由主人之絜著此水也注樂
記以著萬物之理注思也小爾雅廣言存著則謂其思念也禮記祭義致愛則存致愨則著注
著猶圖也淮南主術皆著於明堂注著猶誠也史記樂書以著萬物之理集解引孫炎注著衆謂
使民興事知休作之期也禮記祭法帝嚳能聚星辰以著衆注門屏之閒曰著國語
周語大夫士日恪位著注萱按惟此用著正字。詩著俟我于著乎而傳又漢書地理志下竢我於著乎而注竝云門屏之閒

曰著又家語問王立而無次序則亂於著矣注云著所立之位也門屏之閒謂之著萱按此義本取義於宁立則著乃宁之段
借字爾雅釋宮云門屏之閒謂之宁太歲在戊曰著雍爾雅釋天。淮南天文云午在戊曰著雍著雍言位
在中央萬物繫養四方也著地名出濟南郡著縣也漢書地理志集注

詛

有。禮俗訓也說文萱按訓祝古今字訓呪正俗字祝本義與詛詛相反借祝爲呪音義皆變遂與詛相轉注矣。
漢書外戚傳下爲媚道以祝禮後宮有身者注云禮古詛字萱按禮俗字耳又詩蕩侯作侯祝傳云作呪祝詛也此謂作爲詛
之段借毛以正字通之并釋祝也詛謂祝之使沮敗也周禮春官序官詛祝注。管子四稱衆所怨詛
注云詛祝之也詛以禍福之言相要左氏襄十一年傳詛諸五父之衢注又詩巧言以詛爾斯釋文云以
禍福之言相要曰詛盟詛主於要誓大事曰盟小事曰詛周禮詛祝掌盟詛注。後漢鄭
訓傳注云小事曰詛又詩蕩侯且祝詛求其凶咎無極。已疏云詛者盟之細事又左氏隱十一年傳以詛射穎考叔者疏云詛
者盟之細又宣二年傳詛無畜羣公子注云詛盟誓詛者詛往過周禮詛祝疏請神加殃謂之

詛書無逸否則厥口詛祝疏詛阻也使人行事阻限於言也釋名釋言語

詐

欺也說文又廣雅釋詁二。荀子議兵挾契司詐注云詐欺誑也又新序雜事五云人窮則詐僞也爾雅釋詁
。荀子富國有掎挈伺詐注云詐偽其辭巧言爲詐淮南俶真而巧故萌生注匿行曰詐荀子脩身詐
者謂詭變而用奇也呂覽義賞繁戰之君不足于詐注。方言三云膠譎詐也詐通語也詐謂陷
阱奇伏之類公羊哀九年傳詐之也注以虛取之爲詐呂覽務本無功伐而求榮富詐也注詐
卒也齊人語也公羊僖卅三年傳詐戰不日注詐戰謂不期也穀梁僖廿三年傳以具不教民
戰注

吒

亦作咤。俗有詫姹嗟噴也吒怒也說文段注此三字明吒噴吒三字互訓也曲禮曰毋吒食謂當食而
叱怒他事嫌於怒食故注云嫌薄之淮陰侯傳曰項王喑噁吒吒千人皆廢。漢書王吉傳口倦乎叱吒注云吒亦吒字也又
禮記曲禮上毋吒食疏云吒謂以口舌中作聲又釋文云吒叱吒也歎聲也文選郭景純遊仙詩撫心獨悲吒注痛

惜曰吒一切經音義二引通俗文吒誇也孟子梁惠王上顧鴻鴈麋鹿音義引丁音。史記韓長孺傳郎欲以
姹鄙縣集解云姹誇也又司馬相如傳子虛過詫烏有先生集解引郭璞云詫誇也萱按漢書相如傳作過姹注云姹誇誑之
也又文選子虛賦作過姹注云姹誇也然則詫姹姹皆即吒也惟姹爲段借字其本義訓少女詫告也莊子達生踵門
而詫子扁慶子釋文引司馬注曰吒懲刈之器書堯典五流有宅五宅三居鄭注云宅讀曰吒懲刈之器謂五
刑之流皆有器懲刈五吒者五種之器謂桎一梏二拳三是郤行曰吒書顧命三吒鄭注又王注云吒奠爵萱按
據鄭義謂吒爲宅之段借字也據王義謂吒爲詫之段借字也說文宀部引書三氏盎據壁中古文

嗁

遞也說文段注廣韻嗁多語之兒然則遞者謂多言過遞人言也

螔

蚕也說文段注方言曰蝣宋魏之閒謂之蚉南楚之外謂之蝛蛜或謂之螣郭注即蝗也亦呼蚔蝠按即今北人所
謂蛞蚸。江南人謂之蝗蟲若廣雅本艸所云蝛者皆非許意。廣雅釋蟲云蝛蛜蚉也萱按此條與楊許同飛螔飛
蠊也廣雅釋蟲萱按廣雅又云蝥蟯蚉也負蠜蝛也蝛蚉飛蝛三者通爲一物周禮謂之貍蟲赤犮氏注云貍蟲盧肌求

之屬

蔗。俗有睹諸蔗也三字句說文。楚辭招䰟有柘漿些注云柘藷蔗也又漢書禮樂志泰尊柘漿析朝酲注引應劭云柘漿取甘柘汁以為飲也又一切經音義九引通俗文云荆州出甘蔗或作甘柘一物也萱按作柘者段借字或作䣝睹晥晩出字也

樜樜木出發鳩山說文段注北山經曰發鳩之山其上多柘木許所據柘作樜也發鳩山卽湅水所出之發包山淮南書亦作發包古音包鳩同在三部許不言樜同柘而廣韻謂一字非許意也萱按若樜卽柘不須言發鳩矣

柘柘桑也三字句說文段注山桑柘桑皆桑之屬古書竝言二者則曰桑柘單言一者則曰桑曰柘柘亦曰柘桑如淮南注烏號云柘桑其木堅勁烏峙其上是也桑柘相似而別見胡氏通鑑釋文辨誤漢志琅邪郡靈門高桑山桑乃原之誤水經注可證師古謂卽柘字誤。禮記投壺以柘若棘釋文云柘木名又淮南本經林無柘梓注云柘桑萱按柘與桑皆可飲蠶而葉實翰乃全殊不知胡胡三省何以云桑柘相似也柘楡楆楡也廣雅釋木萱按楚辭漢書柘漿乃蔗之段借

字

炙去入兩讀注在彼

助蠢據切左也說文段注左今之佐字左下曰手相左助也二篆為轉注右下曰手口相助也易傳曰右者助也按左右皆轉為助左者以𠂇助又右者以手助口疑此解當云左右也傳寫脫右字商頌曰實左右商王傳云左右助也。小爾雅廣詁云助佐也勴也爾雅釋詁助猶益也論語先進非助我者也集解引孔注助猶成也呂覽應同而不助農於下注助作也作往相助非長久也釋名釋言語舉也廣雅釋詁一察姦也孟子滕文公上守望相助注助者藉也孟子滕文公上。公孫丑上助而不稅注云助者井田十一助佐公家治公田又詩甫田歲取十千疏云助者九夫而稅取一夫之田助者殷家稅名也孟子滕文公上請野九一而助注。考工記匠人注引孟子殷人七十而莇莇者藉也治地莫善於莇請野九一而莇惟莇為有公田雖周亦莇也萱按莇者耡之別體字助耡義本通也

耡。俗有莇殷人七十而耡耡藉稅也周禮曰㠯興耡利萌說文段注孟子滕文篇今作七十而助周禮注引作莇孟子曰夏后氏五十而貢殷人七十而助周人百畝而徹其實皆十一也徹者徹也助者藉也趙曰徹者猶人徹取物也藉者借也猶人相借力助之也按藉耡二篆皆稱古成語而後釋其字義耡卽以耤釋之耤稅者借民力以食稅也㠯興耡利萌遂人職文今萌作甿俗改也注曰變民言萌異外内也萌猶懵懵無知貌也鄭本作萌淺人一改為氓再改為甿注又云鄭大夫讀耡為藉杜子春讀耡為助謂起民人令相佐助按鄭意耡者合耦相助以歲時合耦于耡謂於里宰治処合耦因謂里宰治処為耡也許意以周禮證七十而耡謂其義同。考工記匠人九夫為井注云莇者借民之力以治公田又使收斂焉萱按助之義博耡之義專助義中勹有耡義故匠人注引孟子直作莇或鄭所據本作莇也

箸本韻彝見。俗有筯字櫡飯敧也說文段注敧各本作敧支部敧持去也危部敧甈也敧者傾側意著必傾側用之故曰飯敧宗廟宥座之器曰敧器古亦當作敧器也著曲禮謂之梜假借為箸落為箸明古無去入之別字亦不从艸也。萱按飯敧字與著明字本無異讀而俗音區別判若鴻溝今雖未容併合要不可昧其源流今人或謂箸為

梜禮記曲禮上羹之有菜者用梜注。廣雅釋器云筴謂之箸箸卽筯也史記十二諸侯年表紂為象箸而箕子唏索隱麵菜傳象箸而羹索隱萱按此以今字釋古字也以人所習知者通其所不知。索隱又云箸樽也萱按箸樽見周禮亦本無異讀而後人分讀入聲箸者食所用也史記絳侯周勃世家又不置櫡索隱箸筩盛杞箸籠也方言五箸筩注。廣雅釋器云箸筩也萱按筩以盛箸因之筩亦傳箸引申之義固爾然易混矣

射去入兩讀姑从俗分也䠶古文弓弩發於身而中於遠也說文段注謂用弓弩發矢於身而中於遠也詩禮記以射為獸數之數。萱按俗分去入用讀者泛而言射則在去聲以射其物而言則在入聲讀石其實一義之引申耳甚不可不分也又讀畢者段為戰也讀姑者段為燀也又讀夜者僕射泰官名漢官儀注云僕主也古者重武事每官必有主射督課之故名師古云射本如字讀今音夜益關中語轉為此音也今按僕射之名既取射之本義自當如顏說讀本音耳讀夜乃一隔流變之音非僕射必當音夜也自廣韻以下去聲内射字皆兼收羊謝切一音是取方音概天下也殊非通法又左傳狐射姑穀梁作夜姑并字亦隨之變矣要祇是音近通借射者三耦四矢以達物

導氣也孟子滕文公上序者射也注射五射之法周禮大司徒禮樂射御書數注又保氏三曰五射○司農注云五射白矢參連剡注襄尺井儀也射者男子之事也禮記射義繹也廣雅釋言○禮記射義云射之爲言繹也繹者各繹己之志也又儀禮鄉射禮賓主人大夫若皆與射注云射者繹己之志君子務焉象也淮南人閒百射重戒注○隋書五行志下引洪範五行傳云射者兵戎禍亂之象射者仁之道也禮記射義王極之度也洪範五行傳時則有射妖注射之言投射也漢書蕭望之傳以射策甲科爲郎注射者器弓矢楅中之屬儀禮鄉師黨共射器注射夫眾射者也詩賓之初筵射夫既同箋射人掌以射法治射儀儀禮大射儀射人戒諸公卿大夫射注○司射適次注云司射射人也射人爲擯者也儀禮燕禮射人納賓注○禮記投壺盡用之爲射禮注云射謂燕射射聲謂工射者也夜中聞聲則射之因以爲名後漢光武紀下注射射宮也周禮諸子秋合諸射注又禮記燕義秋合諸射注○穀梁昭八年傳以習射于射宮注云射宮澤宮又文選東京賦徐至于射宮薛注云射宮謂壁辟雍

也郊射爲射宮於郊也禮記樂記散軍而郊射注○詩賓之初筵疏云射宮者西郊之學也射堂縣先名上諸暨亦曰句無矣水經漸江水注西方有木名曰射干大戴記勸學○後漢馮衍傳注云射干爲翼又陳寵傳注云射卽今之烏扇也也射工蜮也廣雅釋魚

麝如小麋臍有香說文○爾雅釋獸麝父麛足注云腳似麋又釋文引字林云麝如小鹿有香又山海經西山經翠山其陰多旄牛麢麝注云麝似獐而小有香

乍止亡詞也說文段注乍與毋同意毋者有人姦女而一止之其言曰毋乍者有人逃亾而一止之其言曰乍皆咄咄逼人之語也亡與止亡者皆必在倉猝故引申爲倉猝之偁廣雅曰暫也孟子今人乍見孺子將入於井左傳桓子乍謂林楚文意正同而左傳俗本改作乍爲咋暫也孟子公孫丑上注又廣雅釋言兩辭也一切經音義十七引蒼頡

詐慙語也說文段注與作音同義近論語其言之不怍則爲之也難當作此詐按玉篇云慙語也疑左傳定八年桓子咋謂林楚杜云咋暫也當作詐字

輭豫切

茹飤馬也說文食也廣雅釋詁二又漢書薛宣傳集注王莽傳上集注所食之菜也漢書食貨志上采茹有畦注又王莽傳上雖生菜茹而人不食注云所食之菜曰茹○詩蒸民柔則茹之疏云茹者敢食之名故取菜之入口名爲茹采之總名也文選七發白露之茹注○詩七月箋耕治之以種菜茹疏云茹者咀嚼之名以爲菜之別偁故書傳謂菜爲茹度也詩柏舟不可以茹傳六月獫狁匪茹箋臣工來咨來茹箋牽引也易泰拔茅茹以其彙征吉釋文又漢書劉向傳注引鄭氏

澤或作洳漸溼也說文段注魏風彼汾沮洳傳曰汾汾水也沮洳其漸洳者洳澤其漸洳者洳澤同字沮子預反猶湑也○廣雅釋詁一云洳溼也

舜據切

庶屋下眾也說文段注諸家皆曰庶眾也許獨云屋下眾者以其字从广也釋言曰庶侈也侈鄭箋作侈此引申之義又引申之釋言曰庶幸也詩素冠傳同又釋言曰庶幾尚也眾也爾雅釋詁又易晉錫馬蕃庶釋文又書咎繇謨庶明勵翼鄭注庶尹允諧鄭注洪範念用庶徵鄭注又詩摽有梅求我庶士箋雞鳴無庶予子憎箋天保以莫不庶傳小明我

事孔庶箋生民庶無罪悔箋卷阿既庶且多箋抑庶人之愚傳又論語子路庶矣哉集解引孔注○禮記緇衣出入自爾師虞庶言同注云師庶皆眾也又書湯誓格爾眾庶疏云庶亦眾也侈也爾雅釋言又注云庶者眾多爲奢侈又孫注云庶豐多也○詩楚茨爲豆孔庶箋云庶胗也庶類萬物也後漢班彪傳下注庶子猶諸子也禮記燕義有庶子官注○儀禮大射儀庶子設折俎注云庶子司馬之屬幸也爾雅釋言又詩素冠庶見素冠兮傳抑庶無大悔箋江漢王國庶定箋又禮記檀弓上其庶幾乎疏冀也易繫辭下傳其殆庶幾乎庶注又文選傅長虞贈何劭王濟詩注引國語貫注幾也淮南繆稱夷聲陽句吳其庶乎注○論語先進回也其庶乎皇疏云庶庶幾也庶幾尚也爾雅釋言○詩兔爰箋尚庶幾也疏云庶幾者幸覯之意也又爾雅釋言庶幸也注云庶幾僥倖庶摭也拾摭之也謂拾摭微陋待遇之也釋名釋親屬庶士軍士也荀子正論庶士介而坐道注庶長秦爵也左氏襄十一年傳秦庶長鮑注震爲明庶風太玄玄掜掜擬之八風注庶除毒蠱者周禮蔣氏凡庶蠱之事注又秋官序官庶民氏注云庶讀如樂煑之煑

恕忞古文仁也說文段注孔子曰能近取譬可謂仁之方也矣孟子曰彊恕而行求仁莫近焉是則為仁不外於恕析言之則有別渾言之則不別也仁者親也○廣雅釋詁四又漢書成帝紀集注杜欽傳集注竝云恕仁也如也一切經音義二引蒼頡○左氏昭六年傳誨之以恕疏云如心爲恕謂如其己心也又詩關雎序疏云於文如心爲恕又周禮大司徒疏云如心曰恕如下從心中以實應曰知恕大戴記小辨恃忖也禮記中庸忠恕違道不遠疏云恕忖也忖度其義於人又論語里仁忠忠恕而已矣皇疏云恕謂忖諸我以度于人也以心挨心爲恕離騷羌內恕己以量人兮注○賈子道術云以己量人謂之恕又文選養生論注引聲類云恕人心度物也又一切經音義二引聲類云以心度物曰恕明也墨子經上又經說上云恕也者以其知論物而其知之也著若明

署部署也各有所网屬也說文段注部署猶處分項羽本紀曰梁部署吳中豪傑爲校尉候司馬急就篇曰分別部居不襍廁魯語孟文子曰夫位政之建也署位之表也署所以朝夕虔君命也按官署字起於此网屬猶系屬若网在綱故从网○漢書禮樂志我署文章注云署猶分部也表也題也文選西京賦重以漢書蘇武傳集注又禮

樂志集注云署表也置也廣雅釋詁四○漢書兒寬傳集注云署表也置也位也文選西京賦重以虎威章溝嚴更之署薛注署者主供其事也漢書儒林孟喜傳曲臺署長注醫巫所居曰署文選吳都賦廨署棋布劉注署謂書表其事也漢書何竝傳注署曰注又鄭當時傳翟公大署其門注云署謂書之書文書檢曰署署予也題所予者官號也釋名釋書契

睹今字作曙上去兩讀且明也說文曙明也廣雅曙明日也呂覽注竝詳上聲萱按睹李在上聲舌音變爲曙而讀去聲齒音彊生分別人遂不知睹曙爲一字矣今併之

舍市居曰舍說文段注食部曰館客舍也客舍者何也謂市居也市居者何也周禮遺人曰凡國野之道十里有盧盧有飲食三十里有宿宿有路室路室有委五十里有市市有候館候館有積鄭云一市之閒有三盧一宿候館及盧宿皆所謂市居曰舍也此市字非買賣所之謂賓客所之也舍可止引伸之爲凡止之偁釋詁曰廢稅赦舍也凡止於是曰舍止而不爲亦曰舍其義異而同也猶置之而不用曰廢置而用之亦曰廢也論語不舍晝夜謂不放過晝夜也不放過晝夜即是不

傳止於某一晝一夜以今俗音讀之上去無二理也古音不分上去舍捨二字義相同○太乎去舍彼枯園注云舍居也又素問瘧論此榮氣之所舍也注云舍猶居也館也書大傳以朝車送之舍注○儀禮覲禮天子賜舍注云賜舍猶致館也舍謂屋舍也漢書高帝紀上欲止宮休舍注舍猶宮也周禮地官序官舍人注宅也鬼谷子本經陰符神歸其舍注庫也春秋文曜鉤咸池天漢五星五帝居舍也注行所解止之處周禮天官序官掌舍注○公羊襄七年傳未至乎舍而卒也注云舍昨日所舍止處也止宿也漢書匈奴傳下舍之上林苑蒲陶宮注云王莽傳下寒民舍居橋下注舍東宮注王出所止宿處周禮虎賁氏舍則守王閑注○史記天官書以其舍命國正義云舍所止宿也次宿也淮南覽冥日爲之反三舍注○文選郭景純遊仙詩注引淮南許注云二十八宿一宿爲一舍凡師一宿爲舍左氏莊三年傳又後漢光武帝紀下注三十里爲舍也穆天子傳六五舍至于重壁之臺注○左氏僖廿三年傳其避君三舍注賈注云三舍九十里也又僖廿八年傳退三舍避之注云一舍三十里又呂覽不廣鄉舍延師注云軍行三十里爲一舍舍於中舍息也釋名釋宮室舍其休

沐之處周禮宮伯掌八次八次八舍八舍之職事注云次其宿衛所在舍其休沐之處又司農注云庶子衛王宮在內爲次在外爲舍○宮正以時比宮中之官府次舍之衆寡注云次諸吏直宿若今部署諸廬者舍其所居寺倚廬也穆天子傳六出造舍注堊室也周禮宮正大喪則授廬舍注○儀禮喪服傳舍外寢注云舍外寢於中門之外屋下壘塹爲之不塗壁所謂堊室也主人家也禮記曲禮上將適舍注○漢書曹傳參傳告舍人趣治行注云舍人猶家人也又高帝紀上注云舍人親近左右之通偁也又注引文穎云舍人主廐內小史官名也上舍甲第也國策齊策於是舍之上舍注又呂覽知士舍之上舍注精舍今讀書齋是也文選謝靈運右石壁精舍詩注舍猶處也詩羔裘舍命不渝箋住也禮記檀弓上舍於子夏氏疏舍謂留也漢書谷永傳舍昭昭之白過注止也易屯釋文又周禮司戈盾及舍注又左氏僖十五年傳晉大夫反首拔舍從之注又公羊桓十六年傳舍不即罪注莊十二年傳散舍諸宮中注又論語述而舍之則藏釋文又孟子滕文公上舍皆取諸其宮中而用之注又離騷余忍而不能舍也注又史記律書七正二十八舍索隱居止也素問瘧論舍於何藏注而皆安舍注○漢書景武昭宣元

庶功臣表生舍衛太子所注云舍謂居止也**息也**漢書高帝紀上集注韓信傳集注李廣傳集注張敞傳集注外戚傳下集注**止息也**漢書韓安國傳定舍以待其勞注王吉傳舍於棠下而聽斷焉注言其取舍也同也注儒林申公傳舍魯邸注又後漢馮異傳注○周禮掌次疏云舍言止息**舍者舒氣也**史記律書**受也**詩羔裘釋文引王注**舍卽釋也**周禮大胥春入學舍菜注萱按此謂舍卽捨也上聲捨下詳之

汵 **汵水出北𨝼山入印澤**說文段注北山經曰鉤吾之山又北三百里曰北𨝼之山涔水出焉而東流注於印澤許所據涔作汵如柝作槵𨝼作爲皆與今本不同也其地未詳

赦 **赦**或**置也**說文段注网部曰置赦也二字互訓赦與捨音義同非專謂赦罪也後捨行而赦廢赦專爲赦罪矣**舍也**爾雅釋詁又周禮司刺掌三刺三宥三赦之灋注又漢書刑法志集注又一切經音義五引三蒼**赦謂放免**易象下傳君子以赦過宥罪疏○公羊昭十八年傳云赦止者免止之罪辭也**事也**詩小毖自求辛赦釋文引韓詩○書晚出允征先時者殺無赦釋文云亦作敇

怚幹豫切 **驕也**說文段注此與女部嫿驕也音義同**劇也**方言十二**傷也**廣雅釋詁三

嫿 **驕也**說文段注文選琴賦或怨嫿而躊躇幽憤詩恃愛肆姐姐卽嫿之省李善皆引說文嫿嬌也與魏文帝箋蹇姐名昌姐亦嫿字○萱按琴賦用正字幽憤詩用段借字嬌者驕之俗

駔琴據切 又見十部上聲別一義○俗有𩐝**壯馬也一曰駔會也**說文段注戴仲達引唐本說文作奘馬也士部曰壯者大也介部奘者駔大也釋言曰奘駔也郭云今江東呼大爲駔駔猶麤也按駔本大馬之偁引伸爲凡大之偁故駔篆下云奘馬而奘篆下但云駔大許書義例之精密如此○駔會也義詳十部又淮南氾論段干木晉之大駔注云駔驕怚一曰駔市儈也萱按驕怚義近大讀七庶切然淮南自指市儈言**外有捷盧也**周禮典瑞駔圭璋璧琮琥璜之渠眉司農注○典瑞疏又考工記玉人駔琮五寸疏竝云駔讀爲組萱按駔組同部而音微異

覰 **覷覰也一曰拘覰**逗**未致密也**說文段注覰古多假狙爲之周禮蜡氏注曰蜡讀如狙司之狙狙司卽覰伺也史漢狙擊秦皇帝應劭云狙伏伺也方言自關而西曰索或曰狙三倉狙伺也通俗文伏伺曰狙是則覰

狙古今字如今本少覷覰也三字則覰之本義隱也拘覰亦漢時語未致密也謂粗疏致今之緻字○漢書張良傳集注云狙字本作覰**窺頭也**一切經音義十二引字林萱按窺頭也卽說文之覷覰也說文覷下云覷覰闚覷也**視也**廣雅釋詁一**伏覗曰覰**一切經音義二十引通俗文○音義十引通俗文云伏伺曰狙萱按此所引本一條而正借字錯出**狙司候也**文選西征賦注引蒼頡又史記留侯世家集解引服虔云狙伺疾候也**狙謂密伺之**漢書張良傳注

蜡俗有蠹○別有䄍**蠅胆也周禮蜡氏掌除骴**說文段注肉部曰胆蠅乳肉中也蜡胆音義皆通蜡氏秋官職也鄭曰蜡骨肉臭腐蠅蟲所蜡也蜡讀如狙司之狙按狙司卽覰伺也蠅蟲所蜡卽蠅乳肉中之說乳者生子也蠅生子爲蛆蛆者俗字胆者正字蜡者古字已成爲蛆乳生之曰胆曰蜡齊民要術作浥魚法勿令蠅胆其意同也釋蟲蠭醜螸螸千據反卽蜡字之異者也廣韻音誤而字不誤今爾雅各本誤螸郭云螸者剖母背而生今大蠅有如是者蟲蛹變而爲蛾亦是裂殼而出蜡字禮記郊特牲借爲八蜡字尋八蜡本當作昔昔老也息老物也故字林作䄍李仁甫說文作蜡年終祭

名斯爲巨謬本艸以蜡爲水母之名**蠭醜螸**爾雅釋蟲萱案蠭爾雅久譌爲蠹邵氏正義亦未能諟正也釋文千據反乃蠭之音非蠹之音也知陸德明時字未誤今釋文作于據反誤之甚者也○**䄍祭也**廣雅釋天萱按禮記月令釋文云字林蜡作䄍是䄍字卽起於張呂時矣益八蜡本無正字故古借蜡作之䄍字既出蜡遂爲䄍之段借又周禮黨正注謂十二月大蜡之時釋文云依字作䄍○詩羔裘箋大蜡而息民釋文又禮記禮運昔者仲尼與于蜡賓釋文亦云蜡祭名也**蜡之祭主先嗇也**禮記襍記下子貢觀于蜡注○明堂位疏云蜡是報田之祭又禮運疏云祭百神曰蜡又月令疏云天宗公社門閭謂之蜡○周禮羅氏蜡則作羅襦注云蜡建亥之月又司農注云蜡謂十二月大祭萬物也䄍**索也**廣雅釋天又禮記禮運注襍記注又月令疏又郊特牲蜡也者索也注云蜡謂求索也○獨斷上云蜡之言蜡索也祭日索此八神而祭之也又家語觀鄉射注云蜡索也歲十有二月索羣神而祀之今之臘也**周曰大蜡**獨斷上又風俗通祀典又詩羔裘疏云人君以歲事成熟搜索羣神而報祭之謂之大蜡○禮記郊特牲伊耆氏始爲蜡

藉去入兩讀 **祭藉也一曰艸不編狼藉**說文段注稭字下禾稾去其皮祭天以爲藉也引申爲凡

承籍蘊籍之義又爲假籍之義艸不編狼籍別一義薦也左氏
。漢書郊祀志上所以爲籍也注云籍以籍地也文十
二年傳所以籍寡君之命注成二年傳若苟有以籍口注襄四
年傳籍之以樂注又後漢隗囂傳注又文選丘希範侍宴樂遊
苑詩注引漢書服虔注。儀禮士虞禮注云籍用葦席注云籍猶在
薦也又漢書薛廣德傳溫雅有醞籍注云籍有所薦籍也
下曰籍列子黃帝籍芳墻林釋文又易大過籍用以艸薦地而
白茅釋文引馬注又虞注云伍在下稱籍
坐曰籍文選遊天台山賦籍萋萋之纖艸注。漢書佞幸席也
董賢傳營書寢偏籍上衾注云籍謂身臥其上也
管子山權數賦籍藏寶注。儀禮士籍謂繅也繅所以縕籍玉
虞禮籍用葦席注云古文籍爲席
儀禮聘禮記凡執玉無籍者襲注又禮記曲禮上執玉其有籍
者則裼注云籍藻也。周禮大行人繅籍九寸注云繅籍以五
采韋衣版若奠玉則以籍之又左氏成斷曰籍不斷曰旌公
二年傳注籍薦疏云承玉之物名爲繅籍羊
宣十二年傳籍資籍也文選陶徵士誄故無足古者什一而籍
左執茅旌注而至者物之籍也注
公羊宣十五年傳。風俗通祀典云古者使民如借故曰借也
籍田又左氏宣十五年傳出穀出不過籍疏云籍田借也

韻史 卷二十三第五部去聲碩韻 二六三九

大戴記衛將軍文子使其臣如籍注又周禮遂人鄭大夫注讀
耡爲籍疏里宰注耡讀爲籍疏又左氏僖廿八年傳籍之告楚
釋文又國語周語不籍千畝注又小爾雅廣言。周禮甸師掌
帥其屬而耕耨王籍注又禮記王制古者公田籍而不稅注竝
云籍之言借也又莊子讓王釋文云籍亦借籍謂借助也漢書
也又漢書陳勝傳集注引服虔云籍猶借也游俠
郭解傳以軀耤友報仇假也史記陳涉世家籍第令毋斬集解
注萱按傳段耤爲籍也引服虔又漢書司馬相如傳上故
盡籍此三人爲辭注相如傳下籍蜀父老爲辭注又呂覽任數
凡耳之聞也籍於静注。左氏宣十二年傳敢籍君靈注云籍
猶假借也又漢書五行志中之下故籍秦以因也管子內業彼
爲驗注云籍假借萱按此用籍爲籍字也道自來可籍
與謀注又莊子寓言寓言十籍謂貢獻穀梁哀十三年傳係也
九籍外論之釋文引李注其籍于成周注
莊子讓王籍夫繫也莊子應帝王執斄之蹈也史記魏其武安
子者無毀釋文狗來籍釋文引崔注侯傳人皆籍吾
弟索隱引晉灼又漢書灌夫傳集注引晉灼又後漢明帝紀注
。漢書匈奴傳下集注云籍猶蹈也又文帝紀集注引臣瓚云
籍謂蹈籍又後漢廉范傳注云籍猶蹈籍也又左踐也荀子王
氏昭十八年傳注籍蹈蓋履行之疏云籍猶籍蹈霸日欲

韻史 卷二十三第五部去聲碩韻 二六四〇

司閽而相與投籍之注又正名故窮籍而無極注云繩也莊子
籍踐履也又左氏昭十八年傳疏云籍踐履之義應帝
王釋文引蠶也莊子讓毀也莊子讓籍陵籍也莊子讓王釋文
司馬注王釋文王釋文。荀子正論籍
靡舌繹注云籍猶辱也呂覽愼人籍夫籍水郎洋水也水經渭
籍見陵籍也子者不禁注水注。
文選七發合戰於籍籍之籍籍夢死狀也素問方盛衰論見入
口注云籍籍益地名也斬血籍籍注。萱按
籍去入兩讀其義不容劃分說文一曰艸
不編狼籍即从本義再引申之義也

魚據切

御馭古文使馬也說文段注周禮六藝四曰五馭大宰注曰凡
言馭者所以毆之內之於善此引申之義也
馭惟見周禮。詩車攻徒御謂御車漢書荀彧傳集注楊惲傳
御不驚傳云御御馬也集注。儀禮既夕記御以
以蒲蔽疏云御猶乘也漢書楊雄御五御之節周禮大司徒禮
御謂御車者傳上集注樂射御書數注
又保氏四曰五馭司農注云五馭鳴使也廣雅釋詁一又呂覽
和鸞逐水曲過君表舞交衢逐禽左貴卒鮑叔御公子小
白僮注。後漢明德馬皇禦也詩谷風亦以御冬傳又漢書司
后紀注云僮御皆使者也書司馬相如傳下集注又左氏

韻史 卷二十三第五部去聲碩韻 二六四一

襄四年傳疏止也左氏襄四年傳季孫不御注又荀子榮辱於
云御卽禦也是又節用御欲注又淮南時則天子乃儺以
御秋氣注汜論而民御謂御事禮記少儀幼則曰御謂臨御素
得以捨形御寒注能御未能御注問
天元紀大論天有御者制也史記范唯蔡澤傳弊御於諸侯索
五行御五伍注隱又後漢段頌傳注云御制御也
又荀子榮辱注云御制也或作禦萱按作禦者用段治也詩思
借字也古祇作御。詩思齊疏云御者制治之名齊以
御于家邦箋又簡兮傳可以御亂疏又禮記少儀疏又國語侍
周語百官御事注。詩崧高王命傅御傳云御治事之官也
也詩六月飲御諸友箋行葦授几有緝御箋又禮記月令三公
九卿諸侯大夫皆御注內則家子御食注又左氏成十六年
傳使鍼御持矛注又國語鄭語實御在側注又楚辭惜誦俾山
川以備御兮注又廣雅釋言又小爾雅廣言。儀禮大射禮士
御於大夫注又禮記射義御於君所注竝云御猶侍也又月令
后妃師九嬪御注云御謂從往侍祠又周禮春官序官御史注
云御猶侍待也漢書楊雄傳上集注。家語顏回此進也詩六
也進也道之美而莫之御也注云御猶侍也月傳
又廣雅又釋詁二又左氏襄廿六年傳朱也當御注又國語晉
語朱也當御注楚語以訓御之注。荀子禮論時舉而代御注

韻史 卷二十三第五部去聲碩韻 二六四二

云御進用也又大略天子御珽諸侯御荼注云御者言臣下所進御也又左氏昭廿三年傳士伯御叔孫從者四人疏云御謂進引也
御猶進也勸也
周禮九嬪而以時御敘于王所注又天官序官女御注云御猶進也侍也又禮記內則必與五日之御注云御謂侍夜勸息也○獨斷上云天子所進曰御又後漢皇后紀注云御謂進御於王也
接見也
禮記曲禮下婦人不當御注
幸也
文選思玄賦斥西施而弗御兮舊注
勸侑曰御
禮記曲禮上御食於君注○左氏襄廿八年傳御者知之注云御進食者
御亦養也
左氏昭廿九年傳故國有豢龍氏御龍氏服注
御謂衣食
禮記王制千里之內以為御注
凡衣服加於身曰御
文選景福殿賦注引蔡邕月令章句○獨斷上云凡衣服加於身飲食入於口妃妾接於寢皆曰御
語也
釋名釋言語云御語也尊者將有所欲先語之也亦言其職卑下尊者所勤御如御牛馬然也
享也
孟子梁惠王上以御于家邦注
用也
楚辭涉江腥臊並御注○公羊桓十四年傳御廩者何注云御者謂御用于宗廟又荀子大略注云御服皆器用之名尊者謂之御又詩吉日箋御賓客者疏云御者給與充用之辭
行也
易文言以御天也荀注
致也
呂覽孟春措之參于保介之御閒注
御猶將也

國語越語皆典相御注
御猶嚮也
書顧命御王冊命鄭注
御猶相瞰望也
國策秦策韓楚必相御也注
御猶憑也
文選曹子建雜詩臨牖御櫺軒注
御猶陳也
後漢班彪傳下注
朝也
後漢班彪傳下注
時也
管子五行日至睹甲子木行御注
御猶生也
禮記曲禮下能御矣注
婦官也
國語周語王御不參一族注○周禮內宰以婦職之灋敎九御注云九御女御也九九而御于王因以號焉○呂覽上農農不出御注云御妻也
御者今時侍從之人
儀禮既夕記御者四人注又士喪禮外御受沐入注云外御小臣侍從者○禮記文王世子問內侍之御者注云御如今小史直日矣又國語吳語奉槃匜以隨諸御注云御近臣宦豎之屬○呂覽長見臣之御庶子鞅注云御庶子爵也
御廩藏公所親耕以奉粢盛之倉也
穀梁桓十四年傳御廩災注
水入宮苑為御水
後漢曹節傳注

選據切
絜敝緜也
說文段注緜者聯微也因以為絜之偁敝者敗衣也因以為孰之偁敝緜孰緜也是之謂絜凡絜必絲為之古無今之木棉也以絜納袷衣閒為袍曰褚亦曰裝褚亦作著以麻縕為袍亦曰褚○禮記玉藻縕為袍疏云好者為緜惡

者為絜又漢書文帝紀絜三斤注云絜緜也又公羊昭二十年傳注特棺絜從疏云絜謂新緜萱按此汜言則通也然公羊疏不如禮疏之密
塞也
廣雅釋詁三
絜猶調也
禮記曲禮上毋絜羹注又釋文絜云絜調也○儀禮特牲饋食禮釋文云絜調和之也
絜胥也胥久能解落也
釋名釋采帛

謝
辭去也
說文段注辭不受也曲禮大夫七十而致事若不得謝則必賜之几杖此謝之本義也引申為凡去之偁又為衰退之偁俗謂拜賜曰謝按經典無榭字祇作謝釋宮無室曰榭轉寫俗字也木部不錄○萱按謝榭義別古祇作謝者無正字而用段借也俗製榭字而段借微矣惟荀子王霸臺謝甚高尚用謝字若春秋成周宣謝火左傳無觀臺謝禮運以為臺謝已被俗改謝榭錯出矣合今不併合下卷別出榭字
去也
楚辭橘頌願歲并謝注招竟恐後謝之注大招青春受謝注又廣雅釋詁三
謝謂告辭也
漢書蒯通傳語以事而謝之注
告也
漢書周勃傳集注車千秋傳集注趙廣漢傳集注○高帝紀上高祖嘗告歸之田注云謝亦告也
以辭相告曰謝
漢書陳餘傳集注引晉灼○李陵傳霍子孟上官少叔謝女注云謝以辭相問也
謝猶聽也
禮記曲禮上若不得謝注又公羊成十五年傳疏

謝猶慙也
文選顏延年贈王太常詩屬美謝繁翰注
謝猶讋也
後漢皇甫規傳注
化也
莊子秋水何少何多是謂謝施釋文引司馬注
敘也
淮南俶眞二者代謝舛馳注○詩嵩高于邑于謝潛夫論志氏姓作于邑于序
周之南國也
詩崧高于邑于謝傳○黍苗肅肅謝功傳云謝邑也
龜仰者謝
爾雅釋魚又釋文云謝本作射萱按射省借字

卸舍車解馬也
說文段注舍止也馬以駕車止車則解馬矣一說解馬謂騎解鞌方言曰發舍車也東齊海岱之閒謂之發宋趙陳魏之閒謂之稅郭注今通言發寫按發寫卸發卸也寫者卸之段借字曲禮曰器之溉者不寫其餘皆寫義正同卸今卸為通用俗語

魯獸名
說文

粉據切
賦
○俗有賻
斂也
說文段注周禮太宰以九賦斂財賄斂之曰賦班之亦曰賦經傳中凡言以物班布與入曰賦○公羊哀十二年傳譏始用田賦也注云賦者斂取其財物也又漢書地理志上厥賦上上錯注云賦者發斂土地所生之物以供

天子也又漢書刑法志有稅有賦注云賦謂發斂財財也又食貨志上有賦有稅注云賦謂計人口發財也賦猶取也左氏僖廿七年傳賦納以言注又疏云賦取也稅也廣雅釋詁二又呂覽孟冬收水泉池澤之賦注又淮南時則收水泉池澤之賦注○書禹貢序貢序疏云賦者自上稅下之名賦謂出車徒給繇役也周禮小司徒以任地事而令貢賦注賦軍賦論語公治長鄭注○周禮大司馬凡令賦注云賦給軍用者也兵也左氏隱四年傳敝邑以賦服注又國語魯語悉帥弊賦注又淮南要略悉索敝賦注○論語公治長可使治其賦也集解引孔注又皇疏又國語楚語所以飾賦用注公馬足以稱賦注竝云賦兵賦也又左傳隱四年服注云以田賦出兵故謂之賦口率出泉也周禮大宰五曰賦貢以馭其用注又以九賦斂財賄注云賦口率出泉也今之算泉民或謂之賦此其舊名與又釋文引干注云賦上之所求于下○閭師疏均人疏竝云賦謂口率出泉賦謂雇更之錢也後漢明帝紀注賦謂九賦九貢周禮閭師以時徵其賦注又大司徒以斂財賦注云賦謂九賦及軍賦又小司徒以令貢賦注云賦九賦也七賦五穀桑麻也法言問道七賦之所養注量也爾雅釋言臧也方言十三揆也

國語晉語賦職任功注班也周禮宮正注若今賦冬夏衣疏○漢書趙充國傳田事出賦注陳湯傳賦予城郭諸國注竝云賦謂班與之也予也呂覽分職出高庫之兵以賦民注給與也漢書哀帝紀皆以賦貧民注賈山傳以賦鰥傳注○元帝紀賦貸種食注云賦給與之也又翼奉傳賦醫藥注云賦謂分給之布也詩烝民明命使賦傳又呂覽慎大賦鹿臺之錢注又淮南時則次諸矦之列賦之犧牲列牲注又廣雅釋詁三又小爾雅廣詁數也管子山權數賦籍藏龜注○釋名釋典藝云數布其義謂之賦鋪也楚辭悲回風竊賦詩之所明注○周禮大師曰賦注云賦之言鋪直鋪陳今之政敎善惡賦者古詩之流也文選班孟堅兩都賦序○文賦賦體物而瀏亮注云賦以陳事誦也楚辭招魂同心賦些注○漢書藝文志云不歌而誦謂之賦又文選三都賦序云古人稱不歌而頌謂之賦操也方言十二動也方言十三又廣雅釋詁一

陚 丘名 說文 一曰至也

搏 去入兩讀 索持也 說文段注入室搜曰索索持謂摸索而持之周禮環人搏諜賊釋文云搏音博又房布反劉音

付射人注鞮善搏者也行則止而擬度馬其發必獲釋文云搏音博劉音付士師注胥讀爲宿胥之胥胥謂司搏盜賊也釋文云搏音博劉音付小雅車攻薄獸田獵搏獸也釋文云搏音博舊音付按小司徒注之伺捕盜賊卽士師注之司搏盜賊也一用今字一用古字古捕盜字作搏而房布反又音付猶後人所謂捫摸摸據也本部搏捕二篆皆收捕訓取也又部取下云捕也是與索持義迴別今則捕行而搏廢但訓爲搏擊又按搏擊與索取無二義凡搏擊者未有不乘其虛怯扼其要害者猶執盜賦賊必得其巢穴也李無二義二音至若考工記之搏埴廣書之捫搏此則則捎字之段借一曰至也此別一義蓋搏亦爲今之附近字許則云駙者近也左傳則作傳搏手搏也左氏僖廿八年傳晉矦夢與楚子搏注又穀梁僖元年傳屏左右而相搏釋文○素問陰陽別論陰搏陽別注云搏謂搏觸於手也擊也左氏成十二年傳注爲搏噬之用疏又廣雅釋詁三又史記衞將軍驃騎傳搏戰獲王索隱○魏其武安矦傳夫醉搏甫索隱云搏謂擊之又漢書灌夫傳注云搏以手擊之又荀子正論詈侮捽搏注云搏手擊也搏博也四指廣搏亦以擊之也釋名釋姿容搏以手擊水孟子音義下引張音鬭也荀子富國是猶烏獲與焦僥搏也注搏猶攫也取也

史記李斯傳盜跖不搏索隱○左氏莊十一年傳若顙孫生搏之注又淮南說山雖貪者不搏注竝云搏取也又文選西京賦摭紫貝搏耆龜薛注云搏摭皆拾取之名搏拚謂搏擊拚襲人而奪其物也漢書高惠高后文功臣表安丘懿矦張說某注凡鳥翼擊物曰搏史記李斯傳索隱○禮記月令注鷹學習攫搏也疏云攫謂以翼擊物又儒行鷙蟲攫搏疏云以腳取之謂之攫以翼擊之謂之搏搏者殺獸之名詩駟驖箋謂達其搏噬疏飛而上也莊子逍遙遊搏扶搖羊角而上者釋文引司馬注又引崔注云搏拊翼徘徊而上也○詩葛覃傳黃鳥搏黍也釋文云搏黍鳥名也又禮記月令注鳩搏穀也疏云布搏聲相近又月令注搏勞釋文云搏本作伯捷也淮南說山慶忌死劒鋒不給搏注圓也淮南要略說捍搏困注搏負負荷而攢搏也文選魯靈光殿賦互黝糾而搏負注扉武曰不借齊人云搏腊搏腊猶把作麤皃也釋名釋衣服搏壁以席搏著壁也釋名釋牀帳○楚辭湘君薜荔拍兮蕙綢注云拍搏壁也戴氏震屈原賦注云此謂舟之閣閣搏壁矣搏拊以韋爲之裝之以糠所以節樂書咎繇謨搏拊琴瑟鄭注

又釋文名釋樂器云搏拊以韋盛穅形如鼓以手拊拍之也。禮記明堂位拊搏玉磬揩擊注云拊搏以韋爲之充之以穅形如小鼓。

搏之言拍也考工記總目搏埴之工二注萱按搏壁搏拊搏腊等皆段搏爲拍也。

磔也周禮掌戮掌殺斬殺賊諜而搏之釋文萱按此段搏爲膊也鄭注云搏當爲膊字之誤也

搏猶脅也山海經西山經東望恎山有窮鬼居之各在一搏注萱按此段搏爲胉也廣雅云胉脅也說文無胉者許以今文迫包之也儀禮牲體脅謂之兩胉注注云今文胉爲迫。搏經典或作捕作溥作薄作傅作博作伯作布皆同部段借字又孟子音義下云搏之丁作搏按此則形近之譌

傅相也說文段注賈子曰傅傅之德義古假爲敷字如禹敷土亦作爲傅土是也亦爲今之附近字如凡言附著是也。左氏僖廿八年傳鄭伯傅王注又廣雅釋言又淮南主術是故心知規而師傅諭導注又漢書百官公卿表上集注竝云傅相也又陳平傳今日傅敎帝注云傅相之

傅師傅穀梁隱元年傳父猶傅也注。禮記內則十年出就外傅注云外傅敎學之師也

傅傅其德義大德記保傅又賈子保傅云傅傅之德義

輔也漢書賈誼傳集注。東方朔傳醉

殺主傅注引如淳云傅者老大夫也又後漢清河孝王慶傳注云中傅官名也

治也廣雅釋詁三。詩詩崧高王命傅御箋云傅御者貳王治事謂冢宰也

領也史記衛將軍驃騎傳傅校獲王索隱引顏秘監

守也淮南兵略傅堞而守注

傅謂傅母後漢章德竇皇后紀注又詩南山箋及傅姆同處疏云傅是姆類。漢書王商傳集注云傅謂傅婢又灌嬰傳臣願得大王右左右善騎者傅之注引如淳云傅猶言隨從者

敷也廣雅釋言又大戴記保傅注云傅猶敷也。詩長發傅奏其勇釋文云傅本作敷又漢書文帝紀傅納以言注宣帝紀以傅奏其言注陳湯傳止營傅陳注赦傳下時舉傅納注竝云傅讀曰敷又荀子成相禹傅土平天下注云傅讀爲敷又孔宙碑祇傅五敎萱按卽書敬敷五敎也

著也國語晉語未傅而鼓降注又史記項羽紀傅海正義又淮南原道傅旌象注萱按惟國語用著餘皆作著也箸著正俗字。漢書王莽傳上集注云傅猶著也

附也禮記祭統注傅以洪範注云傅著於鐘鼎也疏又漢書五行志上傅以洪範注云傅謂附著漢書高帝紀下集注云傅讀曰附萱按漢書此注凡廿餘見皆謂傅爲附之段借字也又或用付。考工記匠人爲溝洫里爲式然後可以傅衆力疏云傅謂付之又史記夏本紀興人徒以傅上索隱云傅卽付也

近也考工記廬人重欲傅

人注又小爾雅廣詁。周禮朝士注以其比畔爲證也疏云其云地傅者先鄭皆以音附爲附近讀之

就也廣雅釋詁三

覆也漢書百官公卿表上集注引應劭又續漢百官志一注引應劭漢官儀

至也詩菀柳亦傅于天箋。卷阿亦附傅于天箋云傅猶戾也

傅別中別手書也周禮士師正之以傅別約劑注又小宰四曰聽稱責以傅別注云傅別質劑皆今之劵書也事異異其名耳又注云傅別謂爲大手書於一札中字別之又司農注云傅別謂劵書也聽訟責者以劵書決之傅傅著約束於文書別別爲兩兩家各得一也司農注又云傅或爲符萱按符傅異部而爲一聲之轉

傅橫目爾雅釋艸又孫注云傅三輔曰結纏今關西饒之俗名句屢艸也

傅負版爾雅釋蟲

傅沫者以沫相育也莊子天運魚傅沫釋文引司馬注。天運釋文又山木髓其曲傅釋文竝云傅本作傅又周禮訓方氏誦四方之傅道杜注云傅當作傳書亦或爲傳萱按此皆形近之譌亦或可兩通。左傳傅瑕史記鄭世家作甫瑕萱按甫省借字

傅華葉布也說文段注與尃敷字義通從艸故訓華葉布

韻史卷廿四

第五部入聲　各韻

開口呼

各 艮洛切 異詈也 說文段注詈者意內而言外異爲意各爲言也 詞也 廣雅釋詁四 亦各不一之辭 詩載馳亦各有行疏

胳 ○俗有格 亦下也 說文段注亦腋古今字亦部曰人之臂亦也两広迫於身者謂之亦亦下謂之胳又謂之胠身之迫於两広者也深衣曰胳之高下可以運肘注肘不能不出入胳衣胳衣袂當腋之縫也按衣袂當胳之縫亦謂之胳俗作格禮經牲體之胳今文作胳古文作骼鄭出古文於注是注從今文也許訓胳爲亦下訓骼爲禽獸之骨是從古文禮不同鄭也按儀禮肶骼之骼或作胳假借也○禮記深衣格之高下釋文云格腋也又云格本作胳 肘後曰胳 一切經音義五引埤蒼 格袖也 廣雅釋器 骼格次衣也 廣雅釋器

閣 所目止扉者 說文段注釋宮曰所以止扉謂之閣郭注門辟旁長橜也引左傳高其閈閎而又云閣長杙卽

門橜也按郭云門辟旁長橜者謂門開則邊旁有两長橜使其止而不過也云卽門橜者謂左傳之閣卽他經之閣两扉中之橜也是二者皆所以止扉皆謂之閣但左傳主謂中門者耳許閎訓門閣訓所以止扉則畫然二義許未本諸釋宮今本釋宮譌爲閣陸氏音義不辯是非云本亦作閣音各郭注本無此字不知郭氏於衖門謂之閎下引左盟諸僖閎於所以止扉謂之閣下引左高其閈閎郭作注時閎絕未誤爲閣注亦絕無誤也顏師古匡謬正俗分別閎閣二字不同所引爾雅及注皆作閎今雅雨堂刻本譌亂不可讀左傳高其閈閎猶門也高其門則所以止扉亦必高蓋晉館門不容車失於狹小致子產壞垣故士文伯飾說門雖小而甚高此處無取閈閎連文陸氏音義亦誤從閣轉云讀者因爾雅或作閣因改左傳作各音與爾雅音義皆爲顛倒見其誤不可不正也閣本訓直橜所以扞格者引申之橫者可以度物亦曰閣如內則所云天子諸侯大夫士之閣漢時天祿石渠閣皆所以閣書籍皆是也閣字之義如此故凡止而不行皆得謂之閣倚爾雅作謂之閣於所以止扉何涉乎○子產何以毀垣因門不容車也亦因門閣高也觀孫叔敖悉民卑車因教閭里高其梱居牛藏氏悉自高其車此非閣高而車不得入之證乎故郭云左傳之閣卽門橜也○左傳閈閎杜注閎門也此必有誤杜本乃誤本郭

景純顏師古所據本不誤陸之音義孔之正義皆據誤本爲之○又左傳閈字沈重云閈也此必古說蓋閉閣猶禮記之扞格也閉本不從門後人因閣亦加門耳○蔡邕月令章句於脩鍵閉云鍵門牡所以止扉亦謂之刻移鄭注亦云鍵牡閉牡按蔡謂鍵爲門牡許則云閣爲門牡蓋閣居閣之下門之中漢書所謂門牡者而閣居两旁每扉以一長杙上貫於過門板下拄於地故云所以止扉古謂之刻移有關有關又有閣者慎於持暴也故曰高其閈閎厚其牆垣以無憂容使閣亦得傳牡而與閣異物○閣與閣皆閉門乃用之不比閣爲死物謂梱卽閣誤矣○右數條皆段氏注未又自駁其說之未安者螢按段辨釋閣字甚覈惟孫叔敖事未合爾雅譌文邵氏晉涵正義已諟正矣

樴謂之杙長者謂之閣 爾雅釋宮 止也 廣雅釋詁三 載也 廣雅釋詁二 廚也 廣雅釋室 攱也 廣雅釋詁三○禮記內則大夫七十而有閣注云閣以板爲之庋食物螢按攱者庋之異體字 架橙之屬 禮記檀弓上其餘閣也與疏 閣有四阿謂之阿閣 文選古詩阿閣三重階注 祕閣卽尚書省也 文選陸士衡答賈長淵詩升降祕閣注又答張士然詩絜身躋祕閣注云祕書省亦爲祕閣 絕漢抵營室曰閣道 後漢張衡傳注 險絕之處

傍鑿山巖而施版梁爲閣 史記高祖紀輒燒絕棧道索隱引崔浩 閣閣猶歷歷也 詩斯干約之閣閣傳○考工記匠人約之格格螢按此同音段借也古音格亦讀各

格 ○俗有戠格 木長皃 說文段注木長皃者格之本義引申之長必有所至故釋詁曰格至也抑詩傳亦曰格至也凡尚書格于上下格于藝祖格于皇天格于上帝是也此接於彼曰至彼接於此曰則曰來鄭注大學曰格來也凡尚書格爾衆庶格汝衆是也至則有摩杭之義馬如云格君心之非是也或借假爲之如雲漢傳曰假至也尚書格字今文尚書皆作假是也有借格爲度閣字者亦有借格爲扞格字者○文選上林賦注引埤蒼云格格木長皃也 格猶標準也 後漢傳變傳注 射之椹質也 淮南兵略射不儀度不得則格的不中注 椸架也 一切經音義十三引蒼頡 絡謂之格 方言五 量度也 文選蕪城賦注引蒼頡 至也 爾雅釋詁又詩抑神之格思傳又儀禮士冠禮孝友時格注又禮記月令暴風來格注又文選劇秦美新格來甚勤注○易萃王假有廟處注豐王假之度注文漢書成帝紀惟先假王正厥事注頭云假至也又方言一云格至也郲唐冀兗之閒或曰格螢按假借字格俗字也文書君奭天壽平

格鄭注云格謂至於天也**至也亦拒也**素問氣交變大論陰厥且格注又四氣調神大論是謂內格注云格拒也○公羊莊卅一年傳注諸庚交格而戰者疏定四年傳注疏竝云格猶拒也**來也**爾雅釋言又詩楚洪神保是格傳又禮記中膚神之格思注繙衣則民有格心注大學致知在格物注又論語爲政鄭注○方言一格格登也注云格亦訓來又方言二云格來也自闕而東周鄭之郊齊魯之閣或謂之格格**陛也**爾雅釋詁○詩雲漢昭假無羸箋邪湯孫奏假箋烈祖以假以享箋竝云假升也**登也**書呂刑底有格命鄭注○方言一云格登也梁益之聞曰格**起也**爾雅釋天太藏在寅曰攝提格李注又淮南天文攝提格之藏注云格起言萬物承陽而起也**格格舉也**爾雅釋訓**正也**論語爲政有恥且格集解又孟子離婁上惟大人爲能格君心之非注又方言三**舊法也**禮記繙衣言有物而行有格注○家語五儀口不吐訓格之言注云格法**攷也**淮南時則夏行冬令格注**止也**小爾雅廣詁**格謂堅強**禮記學記則扞格而不勝疏**強扞也**史記李斯傳而嚴家無格廣者索隱○荀子議兵格者不舍注云格謂相拒捍者**闕也**周書武稱窮寇不格注○漢書梁孝王武傳太后議格注引服虔云格者格關**擊也**後漢陳寵傳注

拘執也後漢鍾離意傳注**搒楚也**淮南覽冥身枕格而死注**相拒而殺之曰格**後漢劉益子傳注**格五今之塞也**後漢蔡邕傳注又梁冀傳注引範宏鑒經云塞有四采塞白乘五是也至五郎格不得行故謂之格五○萱按五部平上去無開口齊齒兩詩而入聲獨有之卽十部兩姜兩門之入聲也自音韻流變又於其中強生分別不知古音格讀各客讀恪戟讀脚給讀卻號讀郭餘字讀法視此本不容多分門類今於表中不併合者留爲學者推究也書中併之者从其本讀也如罔以各爲入光洁以郭爲入其調協差近若罔以格爲入光洁以號爲入其調協差遠故格宜讀各號宜讀郭也

格枝格也說文段注枝格者遮禦之意五篇曰格枝枝柯也釋名戟格也旁有枝格也庚信賦艸樹涸淸枝格相交格行而格廢矣

挌擊也說文段注凡今用格門字當作此後漢陳寵傳斷獄者急於篣格酷烈之痛注引此說文周禮注曰若今時無故入人室宅廬舍上人車船牽引人欲犯法者其時格殺之無罪公羊定四年注曰挾引者懷格意也莊卅一年注古者方伯

征伐不道諸庚交格而戰者誅絕其國此等格字皆當从手**格謂堅禦也**管子地員乾而不格注

萶艸也說文**萶山蔥**爾雅釋艸○山海經北山經邊春之山多蔥注云山蔥曰萶

骼○俗有骼骰刷**禽獸之骨曰骼**說文段注按骨當作髖許據禮十七篇故云禽獸之髖曰骼也禽者走獸總名儀禮多言肬肬骼肬亦作膊皆說文之臑字也骼亦作胳於人曰髖也髖者髀上也牲前足體三曰肩曰臑曰臂臑於人爲去肩下臂上也後足體三曰骼曰髀曰臑禮髀臟不升故經多言肩臂臑膊骼臑在臂上骼在肬上而先言臂肬者蓋四肶以下爲貴也骼是本宇至埤蒼乃作骼廣雅字林變作剛又或作骰魚虞歌麻通轉之故也云曰骼曰獸者所以別人禽之異名肉部曰臂羊豕曰臑是其例也許據十匕篇爲言故不敢謂骼爲人骨也月令孟春掩骼雜獸鄭云骨枯曰骼肉腐曰獸蔡云露骨曰骼有肉曰獸高注呂覽云白骨曰骼有肉曰髐注淮南同皆不言骼獸爲禽獸之骨也則亦未營不可通用矣○廣雅釋器又文選吳都賦萬萬笑而被格劉注竝云骼骨也又漢書陳湯傳注引應劭云禽獸之骨曰骼又揚雄傳下折胔拉骼注云骼骨也**骨枯曰骼**禮記月令掩骼埋胔注又後漢質帝紀注○漢書陳湯傳月令春掩骼埋胔之時注引臣瓚云

枯骨曰骼**露骨曰骼**禮記月令釋文引蔡注○呂覽孟春掩骼霾骴注云白骨曰骼也**骨有肉也**淮南時則掩骼雜獸注**膊骼股骨**儀禮少牢饋食禮膊骼注○禮記雜記上注包牲取下體疏云取骼謂取膊下股骨也○儀禮鄉飲酒禮記介俎注云今文胳作骼又有司徹羊骼一注云古文骼爲胳萱按此今文用正字古文用段借字**大也**漢書陳湯傳集注**骼腰骨也**漢書楊雄傳音義引字林又文選解嘲注引埤蒼云骼要骨也又素問長刺節論刺兩骼膠口脇肋閒注云骼爲膏骨

骼骨角之名也說文段注骨角角之如骨者猶石言玉石也樂記角骼生注云無麗曰骼無麗者其中無肉其外無理郭氏山海經傳云麋鹿角曰骼是也牛羊角有肉有理五篇云無枝曰角有枝曰骼此取枝格之意惟麋鹿角有枝則其說非異也封禪文犧雙骼其柢之獸謂二同李也言骼者白麟鹿之大者也○淮南主術槃之力制骼伸鉤注云骼角也

麋鹿無麗曰骼史記樂書角骼生索隱○淮南原道角骼生也注云骼麋角也又山海經東山經其神皆獸身人面戴骼注云麋鹿屬角爲骼**鹿骼鉤也**廣雅釋器○方言五云鉤宋楚陳魏之閒謂之鹿骼

口各切

客寄也 說文段注字从各各異詞也故自此託彼曰客引申之曰賓客賓所敬也客寄也故周禮大行人大賓大客別其辭諸侯謂之大賓其孤卿謂之大客司儀曰諸公諸侯諸伯諸子諸男相為賓諸公之臣侯伯子男之臣相為客是也統言則不別耳論語寢不尸居不客謂生不可似死主不可似客也今本誤作不容 **客賓客也** 禮記祭義濟濟者容也釋文○國語周語子國為客注云客上客也又周禮象胥詔相國客之禮儀注云客謂諸侯使臣來弔者又禮記少儀客爵居左注云客爵謂主人所酬賓之爵也 **敬也** 呂覽自知終座以為上客注觀世晏子遂以為客注又左氏襄廿七年傳趙孟為客注云客一座所尊敬○老子過客止注云過客一也 **後至為客** 素問陰陽類論 **客謂客止於人形也** 素問玉機眞藏論今風寒客於人注 **起兵伐人者謂之客** 禮記月令注為客不利疏

窓 或作恪恪急 **敬也春秋傳曰以陳備三窓** 說文段注左傳襄廿五年文五經異義公羊說存二王之後所以通夫三統之義禮戴說天子存二代之後猶尊賢也古春秋左氏說周家封夏殷二王之後以為上公封黃帝堯舜之後謂之三恪許慎謹案云治魯詩丞相韋玄成治易施讎等說引外傳曰三王之樂可得觀乎知王者所封三代而

已不與左氏說同鄭駮之云所存二王之後者命使郊天以天子之禮祭其始祖受命之王自行其正朔服色恪者敬也敬其先聖而封其後與諸侯無別殊異何得比夏殷之後按許不偁公羊說戴說而偁古左氏亦不與異義同蓋異義先成說文晚定用左氏說與鄭同也○爾雅釋詁又詩那執事有恪傳又左氏昭七年傳叔父陟恪注又國語周語偁莫不任肅純恪也注魯語執事有恪注竝云恪敬也 **恭也** 一切經音義三引字林又禮記祭義嚴成儼恪疏云恪謂恭敬○魯峻碑敬恪恭儉又帝堯碑若不虔恪恪又魏修孔子廟碑追存二代三恪之禮萱按惟此尚未省餘皆作恪矣

宴各切

惡 去入兩讀○俗有恩悳悪 **過也** 說文段注人有過曰惡有過而人憎之亦惡本無去入之別後人強分之○左氏定五年傳吾以志前惡注云惡過也 **惡謂不正** 穀梁隱四年傳晉之名惡也注○法言修身云修其惡則為惡人 **惡扼也扼困物也** 釋名釋言語 **惡者人心之所疾惡也** 老子斯惡矣王注 **惡者美之充也** 管子樞言 **人情愛陽而惡陰故謂陰為惡** 左氏莊廿五年傳注慝陰氣疏 **美惡說之是非也** 禮記學記君子知至學之難易而知其美惡注○老子天下皆知美之為美斯惡已

王注云美惡猶喜怒也萱按此亦惡不分去入之證 **衺惡謂侮慢長老語言無忌而未麗於罪者** 周禮司救掌萬民之衺惡過失而誅讓之注 **醜也** 莊子德充符衞有惡人焉注又呂覽去尤魯有惡者注遇合雖惡奚傷注 **兒醜也** 左氏昭廿八年傳鬷蔑惡注哀廿七年傳惡而無禮注又莊子德充符釋文○孟子晝離下雖有惡人注云惡人醜類者也又書洪範疏云五曰惡兒狀醜陋 **麤也** 國語齊語惡金以鑄鉏夷斤欘注 **垢穢也** 左氏成六年傳有汾澮以流其惡注又管子水地夫水淳弱以清而好灑人之惡注 **疾疢也** 左氏成六年傳其惡易觀注 **喪荒也** 周禮行夫媺惡而無禮者注 **惡謂害氣也** 素問四氣調神大論惡氣不發注○淮南說林反為惡注云惡猶害也 **地有五行不通曰惡** 周書武順 **惡謂刑戮** 荀子富國或美或惡注 **惡謂戚也** 漢書匈奴傳下易隸以惡注 **惡卒怯卒** 呂覽簡選與惡無擇注 **惡笄者櫛笄也** 儀禮喪服記○禮記喪服小記齊衰惡笄惡笄以終喪疏云惡笄者榛木為笄也 **坤為惡** 易象下傳不惡而嚴虞注又繫辭下傳惡不積虞注云坤為積惡又象上傳君子以遏惡揚善虞注云坤為遏惡○易象上傳人道惡盈而好

謙虞注繫辭下傳愛惡相攻虞注竝云坤為惡○ **惡惡也** 呂覽慎小故賢主謹小物以論好惡注 **憎也** 呂覽大樂天使人有惡注首時其兒適吾所甚惡也注○論語陽貨君子亦有惡乎皇疏云惡謂憎疾也 **疾也** 呂覽貴直而不肖主之所惡也注 **惡猶惠也** 呂覽安死非惡其勞也注 **惡猶畏也** 呂覽振亂凡人之所以惡為無道不義者注又史記仲尼弟子傳且王必惡越索隱 **不睦也** 國策齊策齊衛之交惡注 **惡謂讒短也** 文選獄中上書自明蘇秦相燕人短之於燕王注 **惡讒毀之也** 漢書衡山王賜傳厥姬乃惡徐來於太子注廣川惠王越傳若數惡望卿注鄒陽傳惡之孝王注 **惡謂毀譖言其罪惡也** 漢書樊噲傳人有惡噲黨於呂氏注又爰盎傳後雖惡君注云惡謂譖毀之言其過惡又張禹傳數毀惡之注云惡謂言其過惡 **惡謂忌諱** 漢書夏侯勝傳惡察察言注○禮記王制奉諱惡注云惡忌日若子卯 **惡即矢也** 漢書昌邑哀王髆傳如是青蠅惡矣注○北海顏氏家訓書證云惡上安西萱按相景君銘分明好惡又西狭頌示之以好惡又顏氏家訓書證云惡上安西萱按恩惠悪皆晚出惡字也又儀禮既夕記主人乘惡車注云古文惡作堊按此段堊為惡也又周禮守祧禮記褉記兩釋文云堊李作

惡按此殺惡爲堊也又易轂辭而不可惡也釋文云惡荀爽本作亞又書大傳鐘鼓惡注云惡當爲亞亞次也按亞惡古多通借轂辭惡爲正字大傳亞爲正字

啞　笑也易曰笑言啞啞說文段注按字林云謚笑聲呼益反此由笑言啞啞字音形皆變而云然啞俗訓爲瘖幺下切○廣雅釋詁一云啞笑也釋訓云啞啞笑也　笑聲也一切經音義六引字林○易震笑言啞啞釋文引馬注云啞啞笑聲　啞啞樂也易震釋文引鄭注

堊　白涂也說文段注以白物涂白之也周禮曰其祧則守祧幽堊之注云幽讀爲黝黝黑也堊白也爾雅曰地謂之黝牆謂之堊郭云黑飾地白飾牆也釋名曰堊亞也亞次也先泥之次白以白灰飾之也按謂涂白爲堊因謂白土爲堊古用蜃灰周禮共白盛之蜃注云謂飾牆使白之蜃也今東萊用蛤謂之又灰云○廣雅釋室云堊塗也又禮記喪大記既祥黝堊注云黝堊堊室之飾也牆謂之堊又云堊謂塗堊室之牆　堊墁有泥墁之也後漢尹敏傳注　白土也穀梁莊廿三年傳天子諸侯黝堊釋文又一切經音義十一引蒼頡又列子周穆王赭堊之色釋文又文選子虛賦其土則丹

青赭堊注引張揖○山海經西山經大次之山其陽多堊注云堊似土色甚白又後漢呂强傳注云堊似土白色　土也山海經北山經澠水其中多黃堊注　堊卽白蜃考工記匠人營國注以蜃灰堊牆注　白也周禮守祧其祧則守祧黝堊之司農注又禮記喪大記既祥黝堊疏○萱按古或用惡爲堊同音段借也

蛋　镻也說文段注長部曰镻蛋也與此爲轉注○說文镻下云蛋也蛇毒長　蝮屬大眼最有毒今淮南人呼蛋子爾雅釋魚镻蛋注

㕡海各切　壑或　溝也說文段注大司徒溝封鄭曰溝穿地爲阻固也水部溝水瀆廣四尺深四尺此單舉匠人文耳凡穿地爲水瀆皆偁溝偁㕡毛詩實墉實㕡謂城池也鄭伯有爲窋室飲酒人謂之壑谷○爾雅釋言隍壑也舍人注又國語晉語谿壑可盈注竝云壑溝也　虛也爾雅釋詁　壑谿壑也爾雅釋詁注　壑猶坑也禮記郊特牲水歸其壑注又疏云壑坑坎也又孟子滕文公上則舉而委之於壑注云壑路旁坑壑也　阬谷也文選西京賦陵巒超壑辭注○左氏襄卅年傳吾公在壑谷注云壑谷窋室　城池也詩韓奕實墉實壑釋文○爾雅釋言注云城池空者

爲壑　大壑在東海外一切經音義一引郭璞江賦注○山海經大荒西經西有王母之山壑山海山注云王母之山壑山海山皆羣大靈之山○淮南原道而蹈蹈于污壑穿陷之中注云壑讀赫○萱按赫古音郝

涸　⿰氵⿰卤舟重文　渴也說文段注渴盡也渠列切釋詁曰涸渴也俗李作竭月令仲秋之月水始涸○方言十二盜歇涸也注云涸謂渴也○禮記月令注又國語周語天根見而水涸注晉語故川涸山崩注又史記封禪書秋涸涷索隱引字林又管子牧民積于不涸之倉注又呂覽仲秋水始涸注又淮南俶眞三川涸注竝云涸竭也又漢書公孫弘傳澤不涸注云涸水竭也又淮南時則水始涸注云涸擬竭萱按他家云竭卽說文之渴也渴竭古今字　盡也廣雅釋詁一○文選文賦谿若涸流注云涸水盡也　枯也呂覽愼大商涸旱注　塞也楚辭謬諫孰江河之可涸注　涸澤漉池也淮南主術不涸澤而漁注○史記封禪書索隱引小顏云涸讀與泜同萱按泜卽涸之去聲不煩改讀

垎　水乾也一曰堅也說文段注乾音干五篇廣韻皆作土乾也爲長謂土中之水乾而無潤也王逸九思氷涷兮垎澤自注垎竭也寒而水澤竭成冰按水澤竭所謂乾也今楚辭作洛澤廣韻集韻十九鐸皆引冬冰兮洛澤誤甚按

乾與堅義相成水乾則土必堅齊民要術曰溼耕堅垎數年不佳謂耕溼田則土堅垎不佳也學記曰發然後禁則扞格而不勝注曰格讀如凍垎之垎扞格堅不可入之皃正義云言格是堅彊譬如地之凍則堅彊難入故云如凍洛之垎但今人謂地堅爲垎也正義本注是凍垎陸德明本是凍洛陸非孔是管子沙土之次曰五墑墑盎謂堅垎

⿰鼠各　⿰鼠各鼠出胡地皮可作裘說文

貉　○俗作貊貊狢　北方貉逗豸種也孔子曰貉之言貉貉惡也說文段注北方貉與西方羌从羊北方狄从犬南方蠻从虫東南閩越从虫東方夷从大參合觀之鄭司農云北方曰貉曰狄周禮大甸獵祭表貉注云貉讀爲十百之百貉與惡疊韻貉貉惡皃尙書音義作貊貊溲人所更改耳　東方北夷也漢書楊雄傳上胡貉之長注○後漢仲長統傳注云貊夷貊之人在荒者也又山海經海內西經貊國在漢水東北注云貊國今扶餘國卽瀸貊故地　狄之別也周書職方解七閩八貉注○詩韓奕傳追貊北狄也疏云貊者四夷之名疏又引鄭志云九貊卽九夷也　貊炙全體炙之各自以刀割出於胡貊之爲也釋名釋飲食○

螢按晚出貊貊字爲貉之俗體亦爲貘之俗體後漢列女傳注貊大如驢狀類頗似熊是也又借爲莫字詩皇矣貊其德音也是也皇矣釋文云貊本作貉則又段貉爲莫益疏潤矣又孟子告子下大貉小貉正字也穀梁疏作大貊小貊書疏作大貊小貊俗字也禮記王制疏作大輅小輅則同音段借字

輅 ○俗有輅 **車軨㭐橫木也** 說文段注婁敬傳脫輓輅蘇林曰輅音凍洛之洛一木橫遮車前二人挽之三人推之劉昭注輿服志曰韻集云軛前橫木曰輅按軛前當依許作軨前輓輅之車用人不用牛馬疑有轅無軛也禮經既夕篇賓奉幣由馬西當前輅注曰輅轅縛所以屬引疏曰謂以木縛車轅上以屬引於上而挽之是喪車亦有轅無軛輅之見於經者此而已矣若左傳梁由靡號射輅秦伯狂狡獲鄭人皆謂車前相接可以禽之此輅引申之義也故杜曰輅迎也應劭注漢云輅謂以木當肖以挽車廣韻用之改其字作輅形與義皆非以木當肖乃今之縛板與輅各物解嘲云寠敬委輅脫輓謂委車前橫木脫縛板輅非肖前木也若近代用輅爲路車字其淺俗不足道也 **輓輦橫木也** 淮南兵略輅首路死者注○史記劉敬叔孫通傳索隱云輅鹿車前橫木 **迎也** 國語晉語輅秦公將止之注又左氏僖十五年傳注又服注又

韻史 卷二十四第五部入聲各韻　二六七一

宣二年傳注

郝 **右扶風鄠盩厔鄉** 說文段注謂右扶風之鄠縣盩厔縣皆有郝鄉也前志曰右扶風盩厔按在今陝西西安府盩厔縣 **郝郝耕也** 爾雅釋訓又注云言土解又舍人注云釋釋猶䔾䔾解散之意螢按舍人謂郝即釋之通借字也 **郝蟬丹蔘也** 廣雅釋艸

赫 ○俗有赫赫爀嚇 **大赤兒** 說文段注邶風赫如渥赭傳曰赫赤兒此赫之本義也若生民傳曰赫顯也出車傳赫赫盛兒常武傳兩云赫赫然盛也節南山傳赫赫顯盛也漢與傳赫有明德赫赫然以及雲漢傳赫赫旱氣也桑柔傳赫炙也皆引申之義也又按皕部曰奭盛也是詩中凡訓盛者皆段赫爲奭而采芑瞻披洛矣二傳曰奭赤兒即簡兮傳之赫赤兒正謂奭即赫之段借也爾雅釋訓奭奭本作赫赫二字古音同矣武作艴如白巟通引赫韐有艴李注文選亦引毛傳艴赤兒○廣釋器云赫赤也 **顯也** 詩生民以赫厥靈傳又小爾雅廣言 **明也** 小爾雅廣詁○漢書韋賢傳於赫有漢注云赫明兒又廣雅釋訓云赫赫明也 **赫然盛兒** 文選高唐賦巫山赫其無疇兮注○詩出車赫赫南仲傳又漢書成帝紀

韻史 卷二十四第五部入聲各韻　二六七二

集注五行志下之上集注竝云赫赫盛兒○國語楚語赫赫楚國而君臨之注又漢書董仲舒傳赫赫師尹注竝云赫赫顯盛也又禮記大學疏云赫赫顯盛兒 **赫赫明盛兒也** 孝經赫赫師尹注 **赫赫燥熱之狀** 詩雲漢疏 **赫戲盛兒** 後漢張衡傳叛赫戲以熚煌注又文選思玄賦羨上都之赫戲兮舊注○西京賦注云赫戲炎盛也 **赫戲光明兒** 離騷陟陞皇之赫戲兮注 **赫赫濯濯迅也** 爾雅釋訓又孫注云赫赫明著之迅 **赫然已支解之兒** 公羊宣六年傳則赫然死人也注 **赫喧者容儀發揚之言** 詩淇澳疏○爾雅釋訓云赫兮喧兮威儀也 **赫怒也赫發也** 方言十二○廣雅釋詁二云赫怒也又詩皇矣王赫斯怒箋云赫怒意 **覺也** 廣雅釋詁四 **恐也** 詩大明赫赫在上釋文 **虛也** 太玄爭赫河臞注 **赫胥氏古之帝號** 後漢王充王符仲長統傳注○莊子馬蹄夫赫胥氏之時釋文作赫胥氏 **赫蹏薄小紙也** 漢書外戚傳下有裹藥二枚赫蹏書注引應劭○詩江漢赫赫明明釋文云赫本作嚇又桑柔釋文云赫本作嚇又孔龢碑云赫赫彌章螢按赫爀嚇皆晚出字

韻史 卷二十四第五部入聲各韻　二六七三

奭 隸作奭 **奭** 古文 **盛也讀若郝此燕召公名史篇名醜** 說文段注釋詁赫赫躍躍赫赫舍人本作奭奭常武毛傳云赫赫然盛也按奭是正字赫是段借字小雅路車有奭韎韐有奭毛曰奭赤兒此當作赫赤部云赫大赤兒奭是段借字召公名奭見尚書史記而史篇云名醜史篇之作去周初未遠未審何以乖異敘目云及宣王太史籀著大篆十五篇漢志史籀十五篇周宣王太史作又云史籀篇者周時史官教學童書也按省言之曰史篇王莽傳徵天下史篇文字孟康曰史籀所作十五篇也許三併史篇姚下云史篇以爲姚易也匋下云史篇讀與岳同此云史篇名醜計度其書必四言成文教學童誦之倉頡爰歷博學實仿其體 **怒兒也** 漢書竇嬰傳有如兩宮奭將軍注螢按此段奭爲螫同音通用也 **赤兒** 詩采芑路車有奭傳瞻彼洛矣韎韐有奭疏又釋文螢按白巟通爵篇引作韎韐有艴

蠚 或作蠚 **螫也** 說文段注蠚螫蓋本一字若聲赦聲同部也或讀呼各切山東行此音或讀式亦切闗西行此音見釋元應書今人乃以此篆切呼各螫篆切式亦分而二之○漢書田僊傳集注引應劭云蠚螫也 **毒也** 漢書蒯通傳集注嚴助傳集注○一切經音義廿二引字林云蠚蠚行毒也螢按說文螫下云蠚行毒也然則蠚螫同 **螫痛也蠚**

韻史 卷二十四第五部入聲各韻　二六七四

痛也竝廣雅釋詁二萱按蓋一字而廣雅兩釋無乃選事歟

託代各切 寄也說文又禮記檀弓下久矣予之不託於音也注又孟子萬章下士之不託諸侯注又呂覽不廣此以其所能託其所不能注又淮南說山此以善託其醜注又楚辭招蒐東方不可以託竝注又文選思玄賦以託山阪以孤蒐舊注方言二云託寄也凡寄為託又管子山權數託舍於若注云託舍猶寄居也 屬也莊子達生踵門而託子扁慶子曰釋文引李注 託謂憑託也論語泰伯可以託六尺之孤皇疏 依也管子水地唯知其託者能為之正注 付也呂覽貴生可以託天下注又國策齊策託於東海之上注云託附。項託見淮南脩務說林論衡實知惟漢書董仲舒傳作項橐萱按此同音段借字

侘。俗有托 寄也說文又廣雅釋詁三。段大令曰此與託音義皆同俗作托非也玉篇引論語可以侘六尺之孤

頊 頊顱也逗首骨也說文段注骨部曰髑髏頂也頊顱即髑髏語之轉也頊顱亦疊韻玉篇引博雅聲類作項顱恐有誤戰國策云頭顱僵仆相望於竟。萱按頊之譌項形近故也俗遂混入屋韻矣

魠 吻口魚也說文段注吻者張口也上林賦鰅鰫鰬魠郭注魠鱤也一名黃頰郭語恐非許意儻是黃頰則當與鰽為伍廣雅曰魧鰽魠以魠為名取開祏之意也 多口魚、史記司馬相如傳集解引徐廣

祏 衣衸說文段注廣雅衩衸祏裓膝也玉篇裓膝襞衸也按裓膝者衺衩在正中者也故謂之祏言其開祏也亦謂之衸言其中分也祏之引申為推廣之義玄瑩曰天地開闢宇宙祏坦廣雅釋詁曰祏大也今字作開拓拓行而祏廢矣序與祏音義同 裓膝也廣雅釋器 拓開也小爾雅廣詁又後漢竇憲傳注 拓廣也漢書揚雄傳上集注引應劭 拓大也廣雅釋詁一萱按段引作祏大也所見本異 拓落廣大之皃文選魏都賦或趙朗而拓落兮注。解嘲何為官之拓落也注云拓落猶遼落不諸偶也又漢書揚雄傳下注云拓落不耦也萱按耦正字偶段借字以上皆段拓為祏也拓之本義則拾也拓與摭同字

襗 絝也說文段注絝者脛衣也按周禮玉府注云燕衣服者巾絜寢衣袍襗之屬論語紅紫不以為褻服鄭注云褻衣袍襗秦風與子同澤傳曰澤潤澤也箋云襗褻衣近汗垢釋名曰汗衣近身受汗垢之衣也詩謂之澤受汗澤廣韻此字三見

一曰褻衣一曰袗襗一曰衣襦亦皆不云絝又按毛云潤澤也箋云襗褻衣此蓋毛作潤襗故箋家襗而釋之潤襗衣名也 褻衣近污垢詩無衣與子同澤箋 襗袍長襦也廣雅釋器。詩無衣疏云襗是袍類萱按廣韻襗凡三讀實屬強分無衣段澤為襗而與戟作韻知當專讀亙各切矣戟古音腳

鐸 大鈴也軍灋五人為伍五伍為兩兩司馬執鐸說文段注鼓人以金鐸通鼓注鐸大鈴也謂鈴之大者說者謂軍法所用金鈴金舌謂之金鐸施令時所用金鈴木舌則謂之木鐸按大司馬職曰振鐸又曰撻鐸鄭謂撻掩上振之鐸之制同鈴軍灋云云見大司馬職。周禮鼓人注云鐸大鈴也振之以通鼓又漢書食貨志上行入振木鐸注云鐸大鈴也又淮南繆稱鐸以聲自毀注云鐸大鈴出於吳又說林心所欲毀鍾為鐸注云鐸大鈴也金口木舌為木鐸金舌為金鐸。廣雅釋器又通典引王肅禮記注竝云鐸鈴也又北堂書鈔引阮諶周禮圖云鐸今之鈴 鐸度也號令之限度也釋名釋兵。文選吳都賦命官師而摧鐸劉注云鐸搖號令而振之也 木鐸木舌也文事奮木鐸武事奮金鐸周禮小宰徇以木鐸注又疏云鐸皆以金為之以木為舌則曰

木鐸以金為舌則曰金鐸又左氏襄十四年傳遒人以木鐸徇于路注云鐸金口木舌又淮南氾論告寡人以事者擊鐸注云鐸鈴金口木舌又時則振鐸以令於兆民注云云鐸木鈴也金口木舌為鐸所以振告萬民也

蘀 艸木凡皮葉落陊地為蘀詩曰十月隕蘀說文段注陊落也詩曰者豳風文毛曰蘀落也錯本陊作墮鉉本隕作隕。詩蘀兮疏云落葉謂之蘀 落也詩七月傳鶴鳴其下維蘀傳又廣雅釋艸木 槁也詩蘀兮蘀兮蘀兮傳

橐 囊也說文段注按許云橐囊也囊橐也渾言之也大雅毛傳曰小曰橐大曰囊高誘注戰國策曰無底曰囊有底曰橐皆析言之也囊者言實其中如瓜瓠也橐者言虛其中以待如木榛也元應書引蒼頡篇云橐囊之無底者則與高注互異許多用毛傳疑當云橐小囊也囊橐也則同異皆見全書之例如此此蓋有奪字又詩釋文引說文無底曰囊有底曰橐與今本絕異。國策秦策負書擔囊注又後漢馬融傳注又廣雅釋器四竝云橐囊也 契囊也漢書趙充國傳安世本持橐簪筆注引張晏又顏注云橐所以盛書也。左氏僖廿八年傳甯子職納橐饘馬注云橐衣囊 無底曰橐漢書

刑法志爲之橐橐注陸賈傳賜賈橐中裝注趙充國傳注王吉傳所載不過橐衣注又史記酈生陸賈傳索隱引埤蒼又一切經音義一引蒼頡云橐囊之無底者也萱按惟國策注言有底曰橐以孤證或不足泥

橐排橐也老子其猶橐籥乎王注又淮南本經鼓橐吹埵以銷銅鐵注云橐治鑪排橐也又文選文賦同橐籥之罔窮注云橐冶鑄者用以吹火使炎熾

橐橐用力也詩斯干椓之橐橐傳又釋文云橐本作柝萱按此同音通用也

橐土謂其土多竅穴若橐多竅管子地員橐土蟲易全處注

橐駝背肉似橐故云橐也史記匈奴傳其奇畜則橐駝注又文選上林賦騊駼橐駞注引韋昭云橐駞背上有肉似橐故曰橐駞也又爾雅釋畜注狀如橐駞駝釋文云橐又作駝萱按石聲毛聲同部故晚出字作駝又童子逢盛碑才亞后橐按即項託也后項一聲之轉橐託同音

欜

行夜所擊木易曰重門擊欜說文段注行去聲巡也周禮宮正夕擊柝而比之注云莫行夜以比直宿者修閭氏比國中宿互欜者先鄭云欜謂行夜擊欜九家易曰⿰木㡿者兩木相擊以行夜也孟子注云柝行夜所擊木也左傳賓將掫注云掫行夜也從橐者蓋虛其中則易響今之敲梆是也。周禮挈壺氏縣壺以序聚欜司農注云擊欜兩木

韻史 卷二十四第五部入聲各韻 二六七九

相敲行夜時也又左氏哀七年傳魯擊柝聞于邾釋文云柝本作欜

柝戒守者所擊也周禮宮正司農注。易繫辭釋文引馬注云柝兩木相擊以行夜又穀梁莊廿五年傳士擊柝注云柝兩木相擊又左傳哀七年釋文云柝以兩木相擊以行夜也又後漢張衡傳注云柝行夜木也又文選東京賦故函谷擊柝於東薛注云柝守夜所擊木也又西京賦城尉不施柝注云柝與欜同音萱按欜正字柝段借字

擊柝擊木所以警夜者荀子榮辱抱闈擊柝注。孟子萬章下抱關擊柝注云柝門闢之木也或曰柝行夜所擊木也

欜欜聲也廣雅釋訓

⿰木㡿

隸作柝。俗有柝析

判也易曰重門擊⿰木㡿說文段注土裂曰坼木判曰⿰木㡿二字今可用今八從手作析甚無味也自專以⿰木㡿爲擊⿰木㡿字而⿰木㡿之本義廢矣按欜下引易重門擊欜欜之本義也引經言轉注也此引易擊⿰木㡿者欜之借字也引經言段借也易有異文兼引之而六書明矣

開也淮南原道柝八極注

⿰土㡿

隸作坼。俗有坼⿰片㡿坧

裂也詩曰不坼不疈說文段注裂者繒餘也因以爲凡隙之偁詩曰者大雅生民文今詩作副許作疈者所據用籀文也毛傳曰不坼不副言易也。廣雅釋詁一又詩閟宮釋文並云坼裂也又生民

韻史 卷二十四第五部入聲各韻 二六八〇

疏云坼塙皆裂也又淮南本經天旱地坼注云坼燥裂也

分也廣雅釋詁一。一切經音義十五引字林云坼裂也亦分也

開也廣雅釋詁三

兆璺也周禮占人卜人占坼注

度

去入兩讀此引申之義也

法制也說文萱按此本義也讀去聲餘義皆從此引申古本無去入之別而後人強分之

心能制義曰度周書謚法又左氏昭廿八年傳又詩皇矣帝度其心傳。國語魯語云咨義爲度

咨禮爲度左氏襄四年傳。詩皇皇者華周爰咨度傳云咨禮義所宜之爲度

以人自觀謂之度賈子道術

度己猶正己也荀子非相君子之度己則以繩注

不度猶不意也左氏桓十七年傳而備其不虞注

度者得其病處以四時度之也素問病能論

量也左氏文十八年傳事以度功注又禮記王制度地居民釋文又列子說符度諸法士賢人之言釋文又素問經脈別論揆度以爲常也注。三部九候論必先度其形之肥瘦注云度謂量也又血氣形志論篇先度其兩乳間中折之注云度謂度量也又文選長笛賦剸挾度擬注云度擬量度比擬也又周禮司市量度者注云量度者若今處斗斛及丈尺也萱按此義亦見去聲注內

揆也國語

韻史 卷二十四第五部入聲各韻 二六八一

晉語君不度而賀注謀度而行注

計也禮記少儀不度民械釋文又國策齊策臣竊度之注又後漢李通傳注云度計度也。漢書文帝紀夫度田非益寡注陳勝傳度已失期注並云度謂量計之又韓信傳信度何等已數言注爰盎傳自度執與陳平絳侯注云度計量也

謀也又爾雅釋詁又詩皇矣度其鮮原箋又儀禮士喪禮度茲幽宅兆基注又禮記坊記度是鎬京注又左氏昭廿四年傳同德度義注哀十一年傳圖豈敢度其私注。詩皇矣爰究爰度箋云度亦謀也又書呂刑何度非及馬注。云度造謀也

尻也方言三又詩緜度之薨薨傳皇矣爰究爰度傳又左傳氏文十八年傳不度于善注又小爾雅廣言又莊子則陽而上皆度釋文又太乎乎告周行九度注又文選典引正位度宗蔡注萱按惟方言字作尻餘並云度居也。周禮縫人注書曰度西疏又漢書韋乎成傳今我度茲注並云度亦居也

就也廣雅釋詁三

填也詩緜釋文又韓詩

度猶投也詩緜箋

僉宋魏之閒或謂之度方言五

山林之地

九夫爲度九度而當一井也左氏襄廿五年傳度山林疏引賈注萱按此義已見去聲度本皆讀去聲也

韻史 卷二十四第五部入聲各韻 二六八二

劘判也說文段注釋器木謂之劘郭引左傳山有木工則劘之。廣雅釋言云劘判也分也廣雅釋詁一

柰各切

諾譍也說文段注譍者應之俗字說解中有此字或偶爾从俗或後人妄改疑不能明也口部曰唯諾也唯諾有急緩之別統言之則皆應也。廣雅釋詁一云諾譍也又詩閟宮莫敢不諾箋云諾應聲也許也荀子王霸刑賞已諾注。論語顏淵子路無宿諾皇疏云諾猶許也又文選傚曹子建樂府白馬篇一朝許人諾注云諾相然許之辭也諾者受語辭公羊宣十五年傳司馬子反曰諾注承領之辭也禮記投壺大師曰諾疏順也呂覽知士劇皃辨苔曰敬諾注今人稱諾猶古之稱唯禮記曲禮上注恭於諾疏諾已皆自畢語公羊僖元年傳此奚斯之聲也諾已注

朗各切

洛洛水出左馮翊歸德北夷畍中東南入渭說文段注左馮翊三字當作北地二字前志北地郡歸德下洛水出北蠻夷中入河入河者入渭以入河也此總舉其源委也左馮翊褱德下曰洛水東南入渭此言其入渭之處也許之例舉源地不舉委地然則當云出北地歸德無疑矣今甘肅慶陽府安化合水二縣漢歸德地也今陝

西同州府朝邑縣有懷德城漢縣也括地志云洛水源出慶州洛源縣白於山方輿記要曰洛水出慶陽府合水縣北二十里白於山東北流經廢洛源縣又經保安縣安塞縣甘泉縣鄜州又南經洛川縣南中部縣東而沮水入焉沮水自中部縣子午嶺東南流而入於洛水即說文瀘水出北地直路西東入洛也自是洛水亦兼沮水之偁又南流經宜君縣過耀州合漆水歷三源原縣富平縣白水縣又東南流經澄城縣同州府至朝邑縣南入渭水水道提綱云舊合渭入河自明時改流徑入河不南入渭今洛口南去渭口三十里按水經注本有雍州洛水篇今亡之矣禹貢道渭節謂之漆沮職方雍州其浸渭洛小雅瞻彼洛矣傳曰洛宗周之浸也左傳國語皆云三川震韋杜以涇渭洛爲三川玉裁按雍州洛水豫州雒水其字分別自古不紊周禮職方豫州其川熒雒雍州其浸渭洛正義本不誤逸周書職方解地理志引職方正同雒不見於詩瞻彼洛矣傳曰洛宗周浸水也此職方氏文也洛不見於左傳傳凡雒字皆作雒如傳七年伊雒之戎宣三年楚子伐陸渾之戎遂至於雒是也淮南墬形訓曰洛出獵山據高注謂雍州水也雒出熊耳據高注謂豫州水也漢地理志宏農上雒下云禹貢雒水出冢領山東北至鞏入河豫州川盧氏下云伊水出熊耳山東北入雒黽池下云穀水出穀陽谷東北至穀城入雒新安下云禹貢澗水在

東南入雒河南穀城下云禹貢瀍水出替亭北東南入雒此謂豫州水也左馮翊褱德下云洛水東南入渭北地歸德下云洛水出北蠻夷中入河直路下云沮洛水出東西入洛此謂雍州水也已上皆經數千年尚未誤者而許書水部下不舉豫州水尤爲二字分別之證後人書豫州作洛其誤起於魏裴松之引魏略曰黃初元年詔以漢火行也火忌水故洛去水而加佳魏於行次爲土土水之牡也水得土而流土得水而柔故除佳加水變雒爲洛此丕改雒爲洛而又妄言漢變洛爲雒以摘已紛更之咎且自讀於復古自魏至今皆受其歎周禮春秋在漢以前雒改之予尚書有豫水無雍水而蔡邕石經殘碑多士作雒鄭注周禮引召誥作雒是今文古文尚書皆不作洛鄭蔡斷不擅改經文也自魏人書雒爲洛而人輒改魏以前書籍故或致行數行之內雒洛錯出即如地理志引禹貢既改爲洛矣則上雒下云曰爲貢雒水不且前無所承予若郊祀志汧洛從水後文宣帝以四時祀江海雒水成王郊於雒邑字皆從佳又當時二字確然分別之證也○穆天子傳四云曰自宗周瀍水以西注云洛即成周也又注引孝經援神契云八方之廣周洛爲中謂之洛邑又水經洛水注云洛陽周公所營洛邑也萱按此等洛字皆後人改也正當作雒又詩清廟序既成雒邑釋文云洛水名字从水後漢都洛陽以火德爲水尅故火故改爲各旁佳

按此說誤也皆爲曾子柏所欺者洛出懷德周禮職方氏其浸渭洛注萱按洛於懷德合渭故舉其會合處非泝其源也如河舉積石江舉岷山之例洛爲波爾雅釋水萱按此謂豫州洛水也字當作雒波即門水驛也廣雅釋水○古微書引春秋說題辭云洛之爲言繹也繹其燿也言水繹繹光燿也洛洛水流下之兒也山海經西山經槐江之山爰有淫水其清洛洛注

落凡艸木曰零木曰落說文段注零爾雅音義作苓落亦爲離落纏絡字木部梔落也糸部纓落落也是也○莊子逍遙遊則瓠落無所容釋文引司馬注云落零落也又離騷惟艸木之零落兮注云零落皆墜也木曰落又史記汲鄭傳賓客益落索隱云落猶零落謂散也云落謂墜也漢書霍去病傳集注墮也驗離騷及榮華之末落兮注殞也國語吳語民人離落注穫也漢書司馬相如傳上集注引郭璞散也漢書鄭當時傳集注落猶廢也莊子天地無落吾事釋文死也爾雅釋詁始也爾雅釋詁又詩斯干箋歌斯干之詩以落之釋文訪落訪予落止傳始也類也周書文酌無不落注物宮室始成祭之曰落左氏昭七年傳顧與

諸侯落之注以豭豬血釁鐘曰落左氏昭四年傳饗大夫以落之注又服注云釁以豭豚曰落

尻也廣雅釋詁二又後漢劉平傳注又晉書音義中萱按惟廣雅字作尻餘倶云落居也○後漢仇覽傳注云落居也案今人謂院爲落也

藩也後漢列女傳注

落亦籬也文選西京賦揩枳落注

欒也漢書揚雄傳上集注又文選羽獵賦注引晉灼

邪行也文選遊天台山賦落五界而迅征注

落落稀兒文選歎逝賦親落落而日稀注

落落踈寂兒文選左太沖詠史詩落落窮巷士注○後漢耿弇傳注云落落猶疏闊也

落落喩多老子落落如石注

落驛希踈之意書洪範疏

落魄失業無次也漢書酈食其傳家貧落魄注○史記酈生陸賈傳集解引應劭云落魄志行衰惡之兒又引晉灼云落薄落託義同

落架水名也水經泒水注

落謂經絡也漢書李尋傳落脈通注○李廣傳禹從落中以劒研絕纍注西域傳贊落以隨珠和璧注並云落與絡同又文選景福殿賦落帶金釭注云落帶璧帶也落與絡古字通萱按此皆絡爲正字落爲段借

零雨零也說文段注此下雨零字今則落行而零廢矣○廣雅釋詁訓云零零雨也

隓也廣雅釋詁二

略眄也說文段注方言二云略眄也吳楊江淮之閒或曰瞷或曰略

視也廣雅釋詁一○方言六云略視也吳揚曰略

絡絮也一曰麻未漚也說文段注今人聯絡之言益本於絮義包絡字漢人多段落爲之其實絡之引申也楊雄傳曰絲絡天地以絮喻也陳風曰東門之池可以漚麻傳曰漚柔也箋云於池中柔麻使可緝績作衣服按未漚者曰絡猶生絲之未湅也

纚也廣雅釋詁四

繞也文選西都賦蘿山絡野注引方言○山海經海內經有九丘以水絡之注云絡猶遶也

縛也楚辭招魂鄭綿絡些注

網也文選西京賦衍地絡薛注

綆也廣雅釋器○方言五云自關而東周洛韓魏之閒綆或謂之絡

綃也廣雅釋器

絡猶經絡也後漢隗囂傳注○論語摘輔象地典受州絡注云絡維緒也

支脈也素問五常政大論其實絡濡注又至眞要大論絡滿色變注云絡絡脈也又繆刺論故絡病者注云絡謂正經之傍支又調經論則寫其小絡之血注云支而橫者爲絡又三部九候論治其經絡注引靈樞經云經脈爲裏支而橫者爲絡

絡幕施張之兒也文選蜀都賦爵羅絡幕劉注○後漢馬融傳注云絡續張

羅兒也

絡頭幧頭也廣雅釋器○方言四云絡頭帞頭也自關而西秦晉之郊曰絡頭

盾以縫編版謂之木絡釋名釋兵○淮南覽冥黃雲絡注云絡讀道路之路謂車之垂絡也萱按絡即路之入聲無庸改讀

輅生革可吕爲縷束也說文段注小雅約之閣閣毛曰約束也閣閣猶歷歷也按閣讀如絡秦風五槃傳曰五束歷錄生革縷束曰輅者謂束之歷錄也

銘剳新○俗有鬎也說文段注鬎者鬀髮也亦謂之銘○廣雅釋詁一云剳剔也

去節曰剳一切經音義十一引通俗文

笿栝笿也說文段注方言栝落陳楚宋衛之閒謂之栝落又謂之豆筥自關東西謂之栝落郭云盛栝器籠也按引伸爲籠絡字今人作絡古當作笿亦作落○萱按落晚出離落字也方言用爲杯笿字又一切經義音義十六引字林云笿杯籠也

東也廣雅釋詁三

駱馬白色黑鬣尾也說文段注釋嘼曰白馬黑鬣駱詩音義曰樊孫爾雅並作白馬黑髦鬣尾也然則許

正同樊孫本矣魯頌毛傳亦曰白馬黑鬣曰駱按今毛詩有驔有駱有駵有雒毛曰黑身白鬣曰雒正與白身黑鬣曰駱互異正義曰定本集注及徐音皆作駱釋文亦云雒李或作駱然則李二物相似而同名淺人惑之乃妄改字○禮記月令駕白駱注明堂位夏后氏白馬黑鬣注又呂覽孟秋駕白駱注又詩四牡嘽嘽駱馬傳駉傳並云白馬黑鬣曰駱又淮南時則乘白駱云白馬黑毛曰駱又廣雅釋畜云白馬朱鬣駱萱按惟廣雅朱鬣爲異說

白黑相閒也禮記明堂位疏

駱者越別名後漢馬援傳注

駱驛不絕兒文選舞賦駱驛飛散注嘯賦聲駱驛而嚮連注又魯靈光殿賦縱橫駱驛注云駱驛不絕又漢書王莽傳下駱驛道路注云駱驛言不絕

駱繹連續也後漢郭伋傳注○文選洞簫賦賦或漫衍而駱驛分注云駱驛相連延兒南都賦注云駱驛繽紛往來不絕眾多兒

又駱漠駱驛紛漠奔馳之兒文選舞賦駱漠而歸注

雒忌欺也說文段注各本作鵅鶌今考爾雅音義當作忌欺釋鳥曰鵅鵅鶌元應引作忌欺然則忌欺與怪鵅一物元應以爲關西名訓侯關東名訓狐皆此也按雈部鵅舊舊留不云卽雒未知許意爲一不鵅卽雒字各家音格但今江蘇此

烏尚呼鉤雒鴝雒音同洛則音格者南北語異耳又按自魏黄
初以前伊雒字皆作此與雍州渭洛字迴別曹丕云漢忌水改
洛為雒欺世之言也○廣
廣韻引字林云雒鴝鵋烏
黑身白鬣曰雒
詩駉有驕有雒傳萤
按與白馬黑鬣曰駱
正相反一駱一雒似無不可不必泥徐音皆作駱也○文選江
賦聿經始於洛沫注云雒與洛通萤按非通也豫州水名本作
雒經魏晉以下改鼠乃與洛牽混耳雒
邑雒汭伊雒等皆不當作滑洛字
鵅
或書
作駱
烏鸔也
說文段注見釋鳥郭云水鳥也按鴝與雒音同
義別○穆天子傳五有皎者鵅注云鵅鳥名
鮥叔鮪也
說文段注此見釋魚許李之叔鮪者鮪之小者也對
王鮪為辭江賦亦以叔鮪王鱧儷句叔字林作鯀俗
字也郭注爾雅曰鮪鱧屬也今宜都郡自京門以上江中通出
鱣鱧之魚有一魚狀似鱧而小建平人呼鵅子郎爾雅之鵅也
按今川江中尚有鵅子魚昔在南溪縣巫山縣食之叔鮪名鵅
則王鮪不名鵅而以鵅注鮪者何也潭言析言不同故互注而
又別其大小也○萤按字林云鵅音
格當鮔也此仞鵅為鮨也誤甚矣
諾各切
拓摭
或
拾也陳宋語
說文段注有司徹篇乃摭于魚腊俎俎
釋三個其餘皆取之摘下云拓果樹實

也儀禮摭古文作拂此實非一字因雙聲而異方言摭取也陳
宋之闢曰摭○小爾雅廣詁又文選思玄賦撫若華舊注又漢
書司馬遷傳贊集注又後
漢馮衍傳注竝云摭拾也
取也
方言一方言二
又廣雅釋詁一
拾取也
漢書楊
雄傳上
往往摭離驗文而反之注又禮記禮器有順而摭也疏云摭猶
拾取也○萤按拓大也拓開也拓廣也拓落廣大之兒拓落不
耦也皆段為祏字
也祏下詳之矣
舉也
列子說符能拓
國門之關注
拓猶拆也
後漢張衡
傳注
磔
○俗有
矺尾
辜也
說文段注辛部曰辜辜也掌戮殺王之親者辜
之注辜之言枯也謂磔之鄭與許合也大宋伯
以疈辜祭四方百物大鄭从故書作罷辜云罷辜披磔牲以祭
爾雅祭風曰磔郭云今俗當大道中能磔狗云以止風按凡言
磔者闢也張也剝其胥腹而張之令其乾枯不收字或
作矺見史記今俗語云磔破者當作此字音或如作
車裂也
荀子正論斬斷枯磔注宥坐吳子胥不磔姑蘇
東門外李注○後漢董卓傳注云磔車裂之也
磔謂裂其肢體
而殺之
史記李斯傳十公
主矺死於杜索隱
磔謂張其戶也
漢書景帝紀改
磔曰棄市注
祭風
曰磔
爾雅釋天又李注云祭風以牲
頭蹄及皮破之以祭故曰磔
開也
廣雅釋
詁三
張也
廣雅釋
詁一○

一切經音義十四引
通俗文云張申曰磔
搩也
禮記月令旁磔注○史記秦本
紀以拘禦蠱正義云磔穰也
跖
或作
跛
足下也
說文段注今所謂腳掌也史記曰跖動弩按弩
以足蹈張之故曰跖跖或借蹠為之又作跛賈
誼傳曰病非徒瘇也又苦跛盭跛跖字之異者也足跖反戾不
可行○漢書賈誼傳集注云足下曰蹠又素問通評虛實論蹠
跛寒風溼之病也注云蹠謂足也又淮南原道戰蹠實而走注
脩務蹠達膝注氾論蹠距者舉遠注竝云蹠足也萤按此皆用
段借
字
蹈也
漢書楊雄傳上跖竈負沴注○淮
南主術一人蹠耒而耕注云足蹈
雞足踵也
呂覽用
眾必食
其跖注○淮南說山必食
其蹠注云蹠雞足踵也
蹠楚人謂跳躍曰蹠
說文○廣雅釋詁二云蹠跳也又
方言二云踏踏踏跳也楚曰蹠
躡也
一
切
經音義五
引蒼頡
踐也
楚辭哀郢眇不
知其所蹠注
踏也
文選舞賦注
引淮南許注
履也
廣雅釋
詁一
行也
廣雅釋
詁一
適也
淮南原道自無蹠
有自有蹠無注
至也
淮南齊俗致其所蹠
注說林蹠越者或以
舟或以
車注
願也
淮南繆稱各從其蹠而亂生焉注萤按諸義皆與
跖相出入似不甚可分別然二字本義自殊○蹠

足也蹠蹈也
己見距下也
齰齚或齧也
說文又廣雅釋詁三又漢書灌夫傳齰舌自殺集
注鄭通傳使太子齰齚集注又文選南都賦注引
埤
蒼
齩咬曰齚
一切經音義二
引通俗文
諎唶
或○俗
有咋
大聲也
說文段注聲類曰嚄大笑唶大呼考工
記脩則柞注柞讀為咋咋然之咋聲大
外也按咋咋諎
諎同皆大聲
唶唶鳴也
廣雅釋訓○爾雅釋鳥行為唶
嚌李注云唶唶嘖嘖鳥聲兒也咋
齰
也
淮南脩務齕咋足以嚌肌碎骨注
○漢書東方朔傳集注云咋嚙也
咋暫也
左氏定八年傳桓
子咋謂林楚注
乇艸葉也垂采上毌一下有根象形字
說文段注艸葉也當作
艸華兒下云垂采上貫
一華則有采葉則不當言采也直者莖也斜垂者華之采也
禾纂亦以下垂象其采在一之下者根也一者地也
隻烏一枚也
說文段注雙下曰佳二
枚也佳烏統言不別耳
踦也
公羊僖卅三年傳匹
馬隻輪無反者注
炙
去入兩讀○
俗有炙燃
鍊
穡
炙肉也
說文段注小雅楚淡傳曰炙炙
肉也瓠葉傳曰炕犬曰炙正義

云炕舉也謂以物貫之而舉於火上以炙之按炕者俗字古當作抗手部曰抗扞也方言曰抗縣也是也瓠葉言炮言燔言炙傳云毛曰炮加火曰燔抗火曰炙燔炙不必毛也抗火不同加火之通近也此毛意也箋云凡治兔之首宜鮮者毛炮之柔者炙之乾者燔之此申毛意也然則鳧鷖楚茨行葦燔炙並言皆必異義生民傳曰傳火曰燔貫之加於火曰烈貫之加於火即抗火也生民之烈即炙也禮運注曰炮裹燒之也燔加於火上也炙貫之火上也三者正與瓠葉傳相合然則炙與炮之別異又可知矣許宗毛義故炙下云炙肉也用楚茨傳爲文即瓠葉傳之抗火曰炙也不用瓠葉而用楚茨者其字从肉故取炙肉之文也火部曰熹炙也炮毛炙肉也裹炮炙也㚇置魚簡中炙也皆是其引申之義爲通近熏炙如桑柔傳曰赫炙也是炙讀去聲則之夜切一義一字耳或乃別其義併異其形小徐本火部有炙字云炙也蓋唐以前或用麤入許書○家語問禮以炰以炙注云炮之曰炙箋按不如禮運以亨以炙注訓貫之火上也 燒也 漢書戾太子傳炙胡巫上林中注引服虔 爇也 廣雅釋詁二 火灼曰炙 禮記曲禮上毋嚃炙疏 炙炙也炙於火上也 釋名釋飲食篇 按炙炙也舊讀上去下入上言火熟之肉下言抗火曰炙也其實一義引申可無煩如此判別 炙肝炙也 詩楚茨箋

又行葦或燔或炙箋云炙用肝 炙鼠螻蛄也 廣雅釋蟲

蒼切

尺十寸也人手卻十分動脈爲寸口十寸爲尺尺 逗 所以指尺規榘事也周制寸尺咫尋常仞諸度量皆㠯人之體爲法 說文段注 寸十分也禾部曰十髮爲程一程爲分十分爲寸又曰律數十二十二禾秒而當一分十分而寸漢志曰九十分黃鍾之長一爲一分十分爲寸十寸爲尺十尺爲丈十丈爲引而五度審矣寸部下亦曰人手卻一寸動䘑謂之寸口鄭注周禮曰脈之大候要在陽明寸口疏云陽明在大拇指本骨之高處與弟二指閒寸口者大拇指本高骨後一寸是也按大拇指本高骨後一寸許所謂人手卻十分也卻者庠也庠者拓也人手竟又開拓十分得動脈之處是曰寸口凡寸之度取象於此指尺當作指庠聲之誤也指庠猶標目也用規榘之事非尺不足以爲程度尺居中下可睃寸分上可包丈引也漢志曰寸者忖也尺者蒦也尺庠蒦三字同韻古書亦借赤爲之毛晃曰宋時業牘如此寸法人寸口尺起於寸咫法中婦人手尋八尺也法人兩臂之長常倍尋或曰常當作丈周制八寸爲尺十尺爲丈人長八尺故曰丈夫人部曰仞伸臂一尋也是仞尋無二而此尋仞並舉

疑許主七尺曰仞之說人部之解出後人改竄非許原文○漢書律麻志上又賈子六術又淮南道應終日行不離咫尺注竝云十寸爲尺又說苑辨物又淮南主術夫寸生於𥝕注竝云十寸爲一尺又獨斷上云夏以十寸爲尺殷以九寸爲尺周以八寸爲尺又禮記王制古者以周尺八尺爲步注云或言周尺八寸又注引禮制云周猶以十寸爲尺蓋按禮制說是也周尺八寸殆未可據 尺者蒦也 漢書律麻志上集注 六尺謂年十五已下 後漢明帝紀注李燮傳注 又班彪傳注云六尺即十五也 尺澤言小也 文選對王楚王問夫尺澤之鯢注 百尺帆檣也 文選海賦揭百尺注 尺蠖蟦⿰虫就也 廣雅釋蟲

赤烾 古文 南方色也 說文段注爾雅一染謂之縓再染謂之赬三染謂之纁鄭注士冠禮云朱則四入與 按是四者皆赤類也鄭注易曰朱深於赤按赤色至明引申凡洞然昭著皆曰赤如赤體謂不衣也赤地謂不毛也俗借爲尺○考工記畫繢之事云南方謂之赤又周禮屨人注赤繶者王黑舄之飾疏云赤南方火色又禮記玉藻衣正色疏云赤是南方色 色淺曰赤色深曰朱 禮記月令駕赤騮疏 赤赫也太陽之色也 釋名釋采帛○

易說卦傳爲大赤虞注云太陽爲赤又後漢襄楷傳注云赤者太陽天上之正色也 赤者陽氣 後漢章帝紀重三正慎三微也注陳寵傳注○白虎通三正云赤者盛陽之氣也 赤者火色也 水經渭水注引洪範五行傳 赤者心色也 素問風論其色赤注 赤者周之應氣也 論衡指瑞 乾爲大赤坎爲赤 竝易說卦傳 赤爲兵荒 周禮保章氏辨吉凶水旱降豐荒之祲象司農注 赤謂誅滅也 文選解嘲 不知一跌將赤吾之族也注 赤犮猶言捇拔也 周禮秋官序官赤犮氏注 赤奮若天神也 淮南墜形赤奮若清明風之所生也注又天文太陰在丑曰赤奮若注云赤奮若言陽奮物而起之無不順其性也赤陽色 赤地旱也 淮南天文殺不辜則國赤地注覽冥晉國赤地注 赤子嬰兒也 孟子離婁下不失其赤子之心者也注又荀子臣道養赤子注○漢書賈誼傳故自爲赤子而教固已行矣注云赤子言其新生未有眉髮其色赤又禮記大學如保赤子疏云赤子謂心所愛之子 赤臭惡人也 大玄閑赤臭播關注 赤疫疫鬼惡者也 文選東京賦逐赤疫於四裔薛注 大赤九旗之通帛也 周禮巾車建大赤注○御覽服章部七引書大

傳云藻火赤又書顧命赤刀鄭注云赤刀者武王誅紂時刀赤爲飾周正色又釋名釋船云輕疾者曰赤馬舟其體正赤疾如馬也 赤澤水 水色赤也 山海經大荒北經竹南有赤澤水注。穆天子傳二遂宿于昆侖之阿赤水之陽注云赤孑水出東南隅而北注又水經渭水注云小赤水卽山海經之灌水也 赤艸 卽朱艸也 後漢光武紀下注曹褒傳注。爾雅釋艸赤抱薊

㡿 隸作斥。俗作斥 卻屋也 說文段注卻屋者謂開拓其屋使廣也引申之爲斥逐爲充斥魏都賦注引倉頡曰斥廣也又引申爲指斥穀梁僖五年傳曰目晉侯斥殺是也俗作斥作斥幾不成字 卻也 漢書曹參傳集注東方朔傳集注揚雄傳下集注又文選思玄賦斥西施而弗御兮舊注云斥卻也萱按卻卻正俗字 開也 小爾雅廣詁又史記貨殖傳塞之斥也索隱又漢書惠帝紀集注引如淳燕剌王旦傳集注韋玄成傳注集注匈奴傳下集注 廣也 史記司馬相如傳闗益斥索隱引張揖又漢書司馬相如傳下注云斥閒廣也。禮記王制注斥大九州之界制疏云斥大謂開斥廣大 大也 文選魏都賦墳衍斥斥注引蒼頡又注云斥斥廣大之皃也 遠也 史記天官書斥小疏弱集解引蘇林又後漢張

衡傳注梁鴻傳注 見也 左氏襄卅一年傳寇盜充斥注又後漢郭伋傳注 推也 素問調經論勿之深斥注又廣雅釋詁三又一切經音義十四引蒼 度也 史記李將軍傳然亦遠斥候索隱引淮南許注。書禹貢晚出傳斥候而服事疏云斥謂檢行之也 候也 左氏襄十八年傳斥山澤之險注又淮南兵略相爲斥闕要遮者注云斥堠也萱按候堠正俗字。釋名釋船云五百斛以上還有小屋曰斥候以視敵進退也 棄也 漢書丙吉傳集注又武帝紀無益於民者斥注云斥謂逐棄之又江都易王非傳擊吉斥之注云斥謂退棄之 不用也 一切經音義十四引漢書音義又漢書郊祀志上乘輿斥車馬帷帳器物注云斥不用者也 指也 後漢孔融傳注又穀梁僖五年傳注云斥指斥 厓也 廣雅釋丘 池也 廣雅釋地 小澤也 莊子逍遙遊斥鴳笑之曰釋文引司馬注又文選西京賦絕阮蹤斥注云斥澤厓也。莊子釋文又云斥李作尺又文選七啟山鷚斥鷚注云斥與尺古字通萱按尺者斥之借也然尺鷚赤可通 斥謂地鹹鹵 書禹貢海濱廣斥鄭注又漢書刑法志除山川沈斥注云斥鹹鹵之地又左氏襄廿五年傳注淳鹵埆薄之地疏云東方謂之斥西方謂之鹵又管子地員乾而不斥注云斥濕鹵萱按史漢皆引海濱廣濕此用訓釋字代正字也又文選

海賦云襄陵廣舄舄者潟之本字。後漢袁紹傳注云土地之斥鹵故曰斥丘又淮南墬形有斥山之文皮馬注云斥讀斥丘之斥

宅 𡧢古文 厇古文 人所託尻也 說文段注託者寄也人部亦曰侂寄也引申之凡物所安皆曰宅宅託疊韻釋名曰宅擇也擇揀吉處而營之 居也 爾雅釋言又易象上傳上以厚下安宅盧氏注又詩皇矣此維與宅傳文王有聲宅是鎬京箋閟宮遂荒徐宅傳又周禮眡祲掌安宅敘降注土方氏以土地相宅注又儀禮士喪禮爲其父某甫筮宅注又國語晉語非吾宅也注又文選西京賦然而四海同宅西秦注東京賦召伯相宅薛注又蜀都賦百果甲宅注歎逝賦哀緣情而來宅注。漢書地理志上四隩既宅注云宅亦居也又荀子大略故家五畝宅注云宅居處也又王制定廛宅注云宅謂邑內居也又後漢張衡傳注云宅幽謂居北方幽都之地 安也 禮記郊特牲土反其宅疏 根也 易解甲圻釋文引馬陸注。文選蜀都賦注引周易鄭注云皮曰甲根曰宅 章之次也 國語魯語 宅謂天也 淮南原道縱志舒節以馳大區注 宅田致仕者之家所受田也 周禮載師以宅田士田賈田任近郊之地

注又司農注云民宅曰宅宅田者以備益多也。儀禮士相士見禮宅者注云宅者謂致仕者去官而居宅或在國中或在野 墓穴也 孝經卜其宅兆注又鄭注。禮記雜記上大夫卜宅疏喪服小記祔葬者不筮宅注又廣雅釋丘竝云宅葬地也。又儀禮士喪禮筮宅注云宅葬居也又後漢趙咨傳注云宅兆葬之營域也。漢書韋玄成傳先后茲度注引臣瓚云古文宅度同萱按周禮縫人注度西曰柳穀卽書宅西曰昧谷也又風俗通民乃降丘度土史記五流有度三危既度後漢班彪傳下恤度宗禮記坊記度是鎬京論衡此惟予度皆段度爲宅也又書宅嵎夷等史記作居都夷居南郊居西土居北方卽用訓釋字易之也又儀禮士相見禮注云今文宅或爲託又易彖下傳百果艸木皆甲宅集解云今本宅作斥又書五宅三居鄭注云宅讀曰咤按託圻咤皆同部通借字宅託義尤近

擇 柬選也 說文段注柬者分別簡之也簡者存也走部選下曰一曰選擇也。淮南本經是以不擇時日注云擇選也 別也 呂覽情欲與死無擇注又簡選與惡刎無擇注云擇別 擇猶異也 呂覽離謂其與橋言無擇注 取也 呂覽驕忩存其所擇注又淮南散眞而錯擇名利注 失也 呂覽審應其自藏之與在于上奚擇注 擇謂

創艾也漢書韋玄成傳中此擇辭注

澤光潤也說文○禮記曲禮上共飯不澤手疏少儀澤劒首疏並云澤謂光澤也又詩無衣與子同澤傳云澤潤澤也又荀子宥坐順非而澤注云澤有潤澤也又禮論說豫娩澤注云澤顏色潤澤也又孟子離婁下君子之澤注云澤者滋潤之澤又離騷芳與澤其雜糅兮注云澤質之潤也**潤液也**素問經絡論熱多則淖澤注又疏五過論令澤不息注云澤者液也又氣交變大論有澤有燥注云澤洪潤也又玉機眞藏論色夭不澤注云不澤謂枯燥也**下而有水曰澤言潤澤也**釋名釋地○風俗通山澤云水艸交厝名之為澤澤者言其潤澤萬物以阜民用也**水之鍾也**國語周語○周禮地官序官澤虞注云澤水所鍾也又疏引纂要云水之所鍾曰澤又大司徒辨其山林川澤丘陵墳衍原隰之名物注云水鍾曰澤**水積而為厝曰澤**水經河水注○左氏宣十五年傳川澤納汙疏云澤是委水又易象下傳澤上於地荀注云澤者皁下流潦歸之**有水曰澤**呂覽仲冬山林藪澤注有始澤有九藪注○禮記月令山林藪澤疏云有水之處謂之澤又易象彖下傳鼎象也荀注云澤者水也又孟子滕文公下園囿汙池沛澤多注云

澤水也又國語周語不竇澤注云澤居水也又文選西京賦澤虞是濫薛注云澤虞主水澤官**川壅為澤**左氏宣十二年傳**漸汝曰澤**公羊僖四年傳大陷于沛澤之中注○山海經海內北經宵明燭光處河大澤注云澤河邊溢漫處**池也**廣雅釋地**澤則雨也**文選月賦從星澤風注○漢書食貨志上亾以趨澤注云澤雨之潤澤也又揚雄傳上澤滲灕而下降注云澤雨露也**兌為澤**易說卦傳又後漢郎顗傳注張衡傳注又荀爽傳注云兌為澤妻象也○易大過過涉滅頂虞注象上傳剛浸而長虞注並云兌為永澤又大過枯楊生梯虞注說卦傳說言乎兌虞注並云兌為雨澤**澤澤宮也**禮記郊特牲王立於澤注又疏云澤習之處又射義天子將祭必先習射於澤澤者所以擇士也注云澤宮名也又周禮司弓矢澤共射椹質之弓矢司農注云澤澤宮也所以習射選士之處也又書大傳已祭取餘獲陳于澤注云澤射宮也**澤者鑑也**賈子道德說**祿也**孟子公孫丑下則是干澤也注**澤謂摟莎也**禮記曲禮上共飯不澤手注○少儀運笏澤劒首注云運澤謂玩弄也**尺澤肺脈氣也**素問至眞要大論尺澤絕注**汗衣詩謂之澤受汗澤也**釋名釋衣服萓接詩與子同澤釋文先擧毛鄭次云說文作釋然則

傳箋自作澤可知今本箋作釋者疑後人用周禮用賈疏而改詩箋也詩作澤自通不必用袍釋字王**澤器謂滑澤之器**考工記慌氏實諸澤器司農注○山海經中山經泰室之山有艸焉黑實澤如嬰薁注云澤謂滑言子滑澤**澤澤蘭也**儀禮既夕記實綏澤焉注○爾雅釋艸云澤烏蕵又釋艸蕍蕮疏引李巡云澤瀉一名水瀉一名及瀉一名芒芋一名鵠瀉又廣雅釋艸云陵澤甘遂也**澤虞戴勝也**廣雅釋鳥○書大傳鉅定螺注云鉅定澤也又爾雅釋魚云八曰澤龜○左氏襄十七年傳澤門之晢釋文云本或作皋門又水經潁水注云澤城即古城皋亭皋澤字相似蓋接皋澤音異而義同古書往往相亂又史記孝武紀先振兵澤旅段澤為釋也河渠書溉澤鹵之地段澤為席也又禮經段澤為醳酒字鄭君云澤讀為醳

稍各切

石山石也說文段注或借為碩大字或借為柘字柘百二十斤也○釋名釋山云山體曰石石格也堅捍格也又漢書五行志下之下云石山物又地理志下鍾代石北注云石山險之限又爾雅釋山云西南之美者有華山之金石焉又淮南墜形西南方之美者有華山之金石焉注云石含玉之石也**陰類也**漢書五行志中之上又穀梁僖十六年隕石于

宋五注○公羊傳十六年傳注云石者陰德之專者也**石之言堅也**素問示從容論沈而石者注又漢書匈奴傳下石畫之臣甚衆注云石言堅固如石也○易困困于石注云石之為物堅而不納者也**艮為石**易豫介于石虞注无妄勿藥有喜虞注漸鴻漸于磐虞注象下傳君子以除戎器虞注○易賁艮為石鄭注云艮為石地文也又說卦傳云艮為小石**石者大也**漢書律厤志上又匈奴傳注引鄧展云石大也**擿也**廣雅釋詁四○後漢書堅鐔傳注云石謂發石以投人也**鐵之母也**呂覽精通慈石召鐵或引之也注**石謂砥也**國語晉語加密石焉注**磬也**書堯典予擊石拊石鄭注又周禮大師金石土革絲木匏竹注又國語周語石尚角注楚語而以金石匏竹之昌大鬒屈為樂注又太弁弁捝擊石彈絲注○漢書禮樂志擊石拊石注殷殷鐘石注並云石謂磬也又淮南主術故古之為金石管弦者注云石磬又禮記月令疏引易通卦驗注云石為磬又曲禮下石工注云石工玉人磬人也又周禮典同厚聲石注云石如磬石之聲**石砭石也**素問病能論夫氣盛血聚者宜石而寫之注又淮南史王僧孺傳引春秋傳美疾不如惡石服注○漢書藝文志集注云石謂砭石又國策秦策扁鵲怒而投其石注云石砭所以砭彈人臃腫也又素問腹中論石之則狂

注云石謂以石鐵關破之**石冬脉水氣也**素問平人氣象論胃而有石曰冬病注又陰陽別論云鼓陽至而絕曰石**豐碑也**呂覽求人故功績勒乎金石注又文選文賦被金石而德廣注云石碑碣也又吳都賦五牒石記劉注云石記刻石書傳記也**石材柱下質也石承當柱下而已**書大傳大夫有石材度人有石承注**之爲言託也託立法也**古微書引春秋說題辭**秝也**廣雅釋山**十斗爲一石**說苑辨物蓋按此段石爲秝也○國語周語關石龢鈞注云石今之斛也**石稱也石百二十斤**呂覽仲春鈞衡石注又淮南時則鈞衡石注云衡石稱也百二十斤爲石又說林萬石俱熯注云百廿觔爲石又禮記月令注云百二十斤曰石又國語周語重不過石注云百二十斤爲石又史記秦始皇紀衡石量書集解云石百二十斤又漢書刑法志日縣石之一注引服虔校乘傳至石必差注竝云石百二十斤也又考工記輪人爲輪注稱兩輪鈞石同疏云一百二十斤曰石又儀禮喪服傳注二十兩曰鎰疏云依算法百二十斤爲石**四鈞爲石**漢書律麻志上又後漢禡衍傳注陳忠傳注○小爾雅廣衡又家語正論趙簡子賦晉國一鼓鐵注竝云鈞四謂之石又說苑辨物云四鈞重一石**石紐鄉禹所生**

水經沐水注○後漢王龔傳注蔡邕傳注竝云石門魯城外門也**石林大石山也**後漢馬融傳注○水經汾水注云石桐水卽綿水也**石藥英乳也**素問腹中論禁芳艸石藥注**石櫑卽若櫑也**文選閒居賦石櫑蒲陶之珍注○吳都賦石帆水松劉注云石帆生海璵石上艸類也又呂覽本味漢上石耳注云石耳萊名也文後漢張衡傳注云石菌芝也**石首鯼也**廣雅釋魚○方言十一螳蝍謂之鬐注云蝗蝍有斧蟲也江東呼爲石蝍○莊子外物無石師而能言釋文云石本作碩萱按碩李字石段借石之訓大皆碩字也又文選爲曹公作書與孫權明棄碩交則段碩爲石矣

碩　頭大也說文段注引申爲凡大之偁碩與石二字互相借**大也**爾雅釋詁又詩考槃碩人之寬箋碩人碩人其碩箋碩鼠碩鼠碩鼠箋狼跋公孫碩膚傳巧言蛇蛇碩言箋白華念彼碩人箋大田既庭且碩箋崧高其詩孔碩箋閟宮路寢孔碩箋又禮記大學莫知其苗之碩注又左氏桓六年傳博碩肥臆注又穆天子傳二爰有大木碩艸注又荀子富國珪壁將甚碩注又文選甘泉賦㯹詵碩麟注引韋昭○方言一云碩大也齊宋之閑曰碩**碩者美大之稱**詩簡

兮碩人俁俁箋○椒聊碩大無明箋云碩謂壯皃佼好也**碩人大德也**詩簡兮傳○後漢周黃徐姜申屠傳注云碩人謂賢者**遠也**小爾雅廣言**艮爲碩**易蹇往蹇來碩吉虞注

秝　百二十斤也稻一秝爲粟二十斗禾黍一秝爲粟十六斗大半斗說文段注律麻志曰五權之制銖者物繇忽微至於成著可殊異也李起於黃鐘之重一龠容千二百黍重十二銖兩者兩黃鐘之律之重也二十四銖而成兩斤者明也十六兩成斤鈞者均也三十斤成鈞石者大也權之大者也四鈞爲石古多段石爲秝月令鈞衡石是也有段秝爲山石者楚辭悲任秝之何益是也稻亦可偁粟猶凡穀皆可偁米也秝不專用諸穀而从禾故舉稻與禾黍之粟各一秝合於量者言之○萱按此五權正字也而古書多用石少用秝俗又別製石字讀若旦其淺陋不足言也且據說文秝非限以十斗也十斗爲秝說始於說苑耳五量自有斛正字

祏　宗廟主也周禮有郊宗石室一曰大夫以石爲主說文段注五經異義今春秋公羊說祭有主者孝子以主繫心夏后氏以松殷以人以栢周人以栗今論語說哀公問主於宰我宰我對曰夏后氏

以松夏人都河東河東宜松也殷人以栢殷人都亳亳宜栢也周人以栗周人都豐鎬豐鎬宜栗也古周禮說虞主用桑練主用栗無夏后氏以松爲主之事許君謹業從周禮說論語所云謂社主也鄭君無猷五經要義曰木主之狀四方穿中央以達四方天子長尺二寸諸侯長尺皆刻謚於其背春秋左氏傳興司宗祏又曰使祝史從主祏於周廟又曰反祏於西圃皆謂木主也主當同宀部作宔宔字下曰宗廟宔祏也祏字下曰宗廟室也是爲轉注藝文類聚引作宗廟之木主曰祏五經異義古春秋左氏說古者日祭於祖考月薦於高曾時享及二祧歲祫及壇墠終禘及郊宗石室終者謂孝子三年喪終則禘於太廟以致新死者也又春秋左氏曰從石主於周廟言宗廟有郊宗石室所以藏粟主也玉載按郊宗石室蓋謂天子有之郊宗蓋謂郊餘宗禹郊冥宗湯郊稷宗武王之類遠祖之室爲石室藏之至祭上帝於南郊祭五帝於明堂則奉其室以配食故謂之郊宗石室祭法周語皆言禘郊祖宗此舉郊宗以包禘祖也其餘毀廟之主亦附藏馬至禘祫而升合食於大祖故曰禘及郊宗石室云周禮者說左氏家謂成周之禮非謂周官經有此也五經異義今春秋公羊說卿大夫士非有土子民之君不得祫享序昭穆故無木主大夫東帛依神士結茅爲菆許君謹按春秋左氏傳曰衛孔悝反祏於西圃祏石主也言大夫以石爲主

今山陽民俗祭皆以石爲主鄭君駁之曰大夫士無昭穆不得有主少牢饋食大夫禮也束帛依神特牲饋食士祭禮也結茅爲菆大夫以石爲主禮無明文孔悝之反祏有主者祭其所出之君爲之主耳玉裁按異義先出說文反晚成多所更定故說文之說多有異於異義同於鄭駁者祏以宗廟爲本義以大夫石主爲或義是也許言周禮有石室言大夫以石爲主皆證明从石會意之恉玉裁謂宗廟本木主而字从石者盍取如石不可轉意石室自別是一事春秋之末大夫僭侈作室不可知云反祏者猶言反室耳不必以石爲之也摯虞决疑注曰凡廟之主藏於戶外北牖下有石函故名宗祏**藏主石函也**左傳莊十四年典司宗祏釋文哀十六年傳反祏于西圃注又昭十八年使祝史從主祏于周廟注云祏廟主石函萱按說文指主言杜陸指函言似許優矣然左氏主祏連言則杜陸亦未誤**十世則爲祏**管子山至數。桐柏碑開祏神門毅阬碑宏祏其祠白石神君碑開祏舊兆無極山碑忺祏宇室萱按此皆段祏爲祏也

鼫五技鼠也能飛不能過屋能緣不能窮木能游不能渡谷三句一韻**能穴不能掩身能走不能先人**二句一韻**此之謂五技**說文段注釋獸鼠屬

韻史　卷二十四第五部入聲各韻　二七一一

有鼫鼠孫炎云五技鼠也舍人樊光同易晉九四晉如鼫鼠九家易以五技鼠釋之荀卿云梧鼠五技而窮詩魏風碩鼠碩鼠無食我黍鄭箋云碩大也不言五技是詩碩鼠非鼫鼠崔豹古今注乃云螻蛄一名鼫鼠有五能而不成技術此語殊誤螻蛄不妨名鼫鼠要不得云有五技也。爾雅釋獸釋文引字林文易晉釋竝云鼫五技鼠也易釋文又云子夏傳作碩

釋潰米也說文段注大雅曰釋之窶窶傳曰釋淅米也窶窶聲也按潰米淅米也潰者初湛諸水淅則淘汰之大雅作釋釋之段借字也。爾雅釋訓釋文引詩作淅之潘潘萱按此卽用訓釋字也

釋解也說文又小爾雅廣言又左氏襄廿九年傳釋不朝正于廟也注又國語晉語亦釋宋之圍注感不釋也注去而罪釋注吳語乃使行人奚斯釋言於齊注申胥釋劬而對注又楚辭惜誦蹇不可釋注招魂彼皆習之魂往必釋些注又淮南本經發怒則有所釋懱矣。太弁釋圍煦釋注云釋亦解也又漢書吳王濞傳集注云釋解也放也酷吏郢都傳欲釋之注云釋置也解也霍光傳未釋服未可御故食注云釋謂解脫也又文選遊天台山賦釋二名之同出注云釋謂解說令散也又爾雅釋訓郝郝耕也舍人注云釋釋猶萶萶解散之意也**捨也**漢書文帝紀集注。左氏哀八年傳乃請釋子服于吳注

韻史　卷二十四第五部入聲各韻　二七一二

又國語晉語君其釋申生也注釋其閒脩注釋釆注釋夫子而動注又國策秦策而天下乃齊釋注又呂覽知分以爲不可爲故釋之注又淮南說山琬交之王在涔況之中雖康者弗釋注竝云釋舍也萱按古多借舍爲捨又儀禮鄉飲酒禮主人釋服注大射儀獲而未釋獲注竝云古文釋作舍又聘禮記釋皷周禮大馭注作乃舍軾又周禮占夢乃舍萌于四方注云古書釋菜釋奠多作舍字今按釋捨雙聲而同義故互相通借段也**置也**國語魯語其亦使聽從而釋之注晉語君國可以濟百姓而釋之注盡姑釋荊與鄭注楚辭天問釋舟陵行注惜誦欲釋階而登天兮又呂覽權勳子釋之注**放也**左氏襄廿八年傳釋盧蒲嬰于北竟注又漢書劉屈蘉蘉集注又韓信傳集注云釋放也置也又趙充國傳釋有罪誅亡事注云釋還也放也**廢弃也**漢書馮野王傳今釋令與故事注又東方朔傳服脣而不釋注云釋廢置也又趙充國傳集注匡衞傳集注竝云釋廢也又呂覽長見祝釋天下若釋躐注云釋棄**釋猶除也去也**禮記三年閭則釋之矣注。左氏襄廿一年傳釋茲在茲注云釋除也又禮記禮器禮釋回注云釋猶去也又呂覽論人釋智謀注云釋亦去也**散也**漢書谷永傳集注**釋者消亡**老子渙兮若氷之將釋注**釋猶遺也**儀禮士奠禮俎釋三个注**稅也**

韻史　卷二十四第五部入聲各韻　二七一三

淮南說山其出致釋駕而僵注。儀禮鄉射禮主人釋服注云釋服說朝服**推也**太玄玄衝。玄錯云釋也柔**理也**呂覽上德太子子不肯自釋注**服也**爾雅釋詁

螫蠱行毒也說文段注周頌曰自求辛螫古亦段奭爲之史記有如兩宮螫將軍漢書作奭將軍是也或云蚳音知列切亦作蝁。爾雅釋蠱釋文引字林云螫蠱行毒也**螫猶蠚也**爾雅釋蠱注八角螫蠱釋文。詩彼都入士箋蠆螫蠱也釋文云螫本作蠚**怒也**史記魏其武安侯傳有如兩宮螫將軍集解引張晏又索隱云奭卽螫也。淮南假貞蜂蠆螫指而神不能憯注說山貞蠱之動以毒螫注竝云螫讀解釋之釋又詩小毖自求辛螫釋文云螫韓詩作赦萱按螫釋音同螫赦聲同螫蠚義同段大令謂蠚螫同字

索入家搜也說文段注搜求也顏氏家訓曰通俗文云入室求曰搜按當作入室求曰索今俗語云搜索是也索經典多假索爲之如探嘖索隱是。史記范雎蔡澤傳忘索之索隱云索搜也又漢書楊雄傳上滂索蛟螭注云索搜求也又周禮方相氏以索室毆疫注云索廋也萱按廋者搜之段借字**求也**廣雅釋詁三。小爾雅廣言又易說卦一索而得男

韻史　卷二十四第五部入聲各韻　二七一四

釋文引王肅注又考工記㮚氏時文思索釋文又禮記曲禮索牛釋文又國語齊語索訟者注晉語唯其索之注子盍亟索慾庇州犂馬注越語彊索者不祥者注又史記禮書禮之中能思索索隱又漢書杜林傳吹毛索疵注又荀子王霸故君人勞於索之而休於使之注又楚辭招魂唯魂是索些又文選甘泉賦迺搜逑索偶注引韋昭洞簫賦薄索合沓注竝云索求也又漢書東方朔傳使自索之注王莽傳中思索廣求注竝云索亦求也取也廣雅釋詁一又方言六云索取也自闕而西曰賓○小爾雅廣詁又離騷索藑茅以莛篿兮注竝云索取也索鬼神求廢祀而修之周禮大司徒十有一曰索鬼神司農注○禮記郊特牲索祭祀祝于祊注云注索求神也又曲禮上大夫以索牛注云索求得而用之

索數也易說卦傳釋文引馬注

砟碎石磒聲說文段注磒落也其聲砟砟然

宰各切

作起也說文段注秦風無衣傳曰作起也釋言穀梁傳曰作爲也魯頌駉傳曰作始也周頌天作傳曰作生也其義別而略同別者所因之文不同同者其字義也有一句中同字而別之者如小雅作而作詩箋云上作起也下作爲也辵部曰迮

迮起也然則作迮二篆音義同古文段借作爲作○易乾聖人作而萬物覩釋文引馬注繫辭下傳神農氏作虞注又詩無衣與子偕作傳巷伯作爲此詩箋桑柔作爲式穀箋又論語子罕雖少者必作集解引苞注鄉黨必變色而作集解引孔注又皇疏三嗅而作皇疏先進鏗爾舍瑟而作皇疏又釋名釋船竝云作起也又考工記梓人作其鱗之而又史記樂書禮自外作正義竝云作猶起也又周禮鄉師凡作民則掌其戒令注云作民謂起役也興也文選兩都賦序王澤竭而詩不作注○左氏僖廿年經注言作以興事疏云作者興事之辭作者造立之言詩天作疏○漢書禮樂志作者之謂聖注云作謂有所興造也動也荀子解蔽作之則將注又漢書元帝紀集注○禮記內則魚曰作之疏引皇氏云作謂動搖也又作而自問之注云作有感動作猶變也禮記哀公問孔子愀然作色而對注爲也爾雅釋言又穀梁文二年傳成元年傳襄十一年傳又詩皇矣帝作邦作對箋下武世德作求箋江漢作召公考箋又周禮小司徒以作田役箋注又論語憲問作者七人矣集解引苞注又周髀算經下天以更元作紀厤注又楚辭天問啟伐代益作后注又呂覽審分今以衆地者公作則遲注又太玄叏叏其心作疾注又法言問道莫知作上作下注○穀梁僖廿年傳定二年傳竝云作爲也有加其度

也又禮記緇衣毋以小謀敗大作注云大作大臣之所爲也又檀弓上設帷堂並作疏云作起爲也行也詩常武王舒保作箋作謂營作也後漢樊準傳注作謂作務素問陰陽應象大論此陰陽反作注作發作也素問瘧論以日作注是有所增益曰作公羊莊廿九年傳修舊也注作猶治也周禮稻人以涉揚其芟作田注○禮記內則魚曰作之注云作治擇之名用也易離明兩作釋文引荀注又左氏成八年傳選不作人注○周禮羅氏蜡則作羅禚注云作猶用也使也儀禮鄉飲酒禮作相爲司正注鄉射禮西階上北面作衆賓射注作上耦射注燕禮小臣作下大夫二人滕爵注大射儀小臣作下夫大夫二人滕爵注擯者作大夫長升受旅注作上耦射注聘禮則公作大夫致之以酬幣注公食大夫禮則公作大夫朝服以侑幣致之注又周禮象胥凡作事注射人疏諸子作羣子從疏○司士作六軍之士注云作謂使之也始也詩駉思馬斯作傳又廣雅釋言一生也詩天作天作高山傳又國語晉語天作高山注又老子萬物並作注長也老子未知牝牡之合而全作王注成也易象上傳明兩作虞注震爲作易益利用爲大作虞注說卦傳爲作足注太陰在酉歲名曰作鄂淮南天文又注云作鄂零

落也萬物皆陊落索也爾雅釋天太歲在酉曰作噩孝李注李又云作鄂皆物芒枝起之兒又孫注云作愕者物落而枝起之兒五作五教也書大傳五作十道注大作謂耕播耒耨之利易益利用爲大作虞注又疏云大作謂作大事也又周書祭公汝無以小謀敗大作注云大作大事也作謂農功也周書太子晉士奉衆時作謂之曰作注作謂作文也文選文賦序余毎觀才士之作注起兵也左氏襄廿三年傳而後作馬注灼也禮記郊特牲作龜於禰宮疏○儀禮士喪禮卜人坐作龜興注云作猶灼也又周禮太卜則眡高作龜司農注云作龜謂鑿龜令可熱也作謂牧之使可乘駕也詩駉思馬斯作箋作之魚骨小無所去爾雅釋器魚曰斮之李注萓按作斮音至近內則爾雅字異而義竝通李本與內則同○詩蕩侯作侯祝釋文云作李作詛又禮記月令毋或作爲注云令月令作爲爲詐僞萓按詛詐作竝同部雙聲字通借至近

迮迮迮起也說文段注此與作音義同公羊傳今若是迮而與季子國何云迮起也倉卒意按孟子乍見孺子將入於井乍者倉卒意卽迮之段借也引申訓爲迫迮卽今之窄字也迫也後漢陳忠傳共相壓迮注文文選歎逝賦注引

聲類

笮。俗有窄迫也在瓦之下棼上說文段注笮迫疊韻說文無窄字笮窄古今字也屋笮者本義引伸為通窄字棼複屋棟也釋宮屋上薄謂之笮郭云屋笮也考工記注曰重屋複笮也按笮在上椽之下下椽之上迫居其間故曰笮以竹為之故从竹格謂之笮廣雅釋室笮迮也編竹相連迫迮也釋名釋宮室。詩雨無正箋急笮且危釋文云笮本作迮又漢書王莽傳下迫笮青徐盜賊萓按迫笮郎迫迮笮謂壓笮也後漢書耿恭傳笮馬糞汁而飲之注盜也廣雅釋詁二矢箙也儀禮既夕甲胄干笮注既夕記干笮注。釋名釋兵云其受矢之器織竹曰笮相迫笮之名也黥刖也國語魯語其次用鑽笮注。文選長笛賦刻鏤鑽笮注云笮與鑿音義同也萓按笮鑿異部雙聲

果各切

筰。俗有筰艸作筰非也筊也說文段注廣韻曰笮筰二同竹索也西南夷尋之以渡水按西南夷有筰縣在越巂其名本此或从艸作筰非也引舟者曰筰筰作也作起也起舟使動行也釋名釋船。水經若

韻史 卷二十四第五部入聲各韻　二七一九

水注云筰夷也汶山曰夷南中曰昆彌蜀曰邛漢嘉越巂曰筰皆夷種也侈聲筰周禮典同。周禮司兵釋文云笮本作筰又晉書音義下云筰本為笮萓按笮筰義本別而同从乍聲故互相借也

柞柞木也說文段注詩有單言柞者如維柞之枝析其柞薪是也有柞棫連言者如皇矣早麓緐是也陸機引三蒼棫即柞也與許不合假令許謂棫即柞則二篆當聯屬之且詩不當或單言棫或單言柞或柞棫竝言也鄭詩箋云柞樸也孫奕爾雅注樸實樸也齊民要術摂爾雅注合柞樸樸為一亦皆非許意按柞可薪故引申為凡伐木之偁周禮有柞氏周頌傳曰除艸曰芟除木曰柞古無二音也。詩采萩雒柞之枝釋文云柞木名吳越之間名柞為櫪水經河水注。山海經西山經大時之山上多穀柞注又詩緐柞棫拔矣箋竝云柞樸也又水經渭水注云長楊五柞竝以樹名宮亦猶陶氏以五柳立稱又漢書宣帝紀五柞宮燕剌王旦傳待詔五柞宮又張延德傳南至長楊五筰楊雄傳下振師五筰萓按筰者筰之俗字此又段柞為柞除木曰柞詩載芟載芟載柞傳又周禮秋官序官柞氏注云柞除木之名除木者必先刊剝之。文選西京賦柞木翦棘注云柞與樣同又後漢馬融傳注云柞邪斫木也萓按訓邪斫木則字當作樣樣在十七

韻史 卷二十四第五部入聲各韻　二七二〇

部與柞異部而雙聲實非一字轂小而長則柞考工記輪人侈則柞考工記鳧氏

秨禾緐兒說文段注緐今搖字今俗語說動搖之兒曰秨即此字也

飵楚人相謁食麥曰飵說文段注方言一云饕飵食也陳楚之內相謁而食麥饘謂之饕楚曰飵凡陳楚之郊南楚之外相謁而餐或曰飵或曰餂秦晉之際河陰之閒曰餽餉此秦語也

怍。俗有愫慙也說文又廣雅釋詁一又禮記曲禮容無怍釋文又論語憲問其言之不怍集解引馬注又皇疏又荀子儒效以相耿怍注又後漢皇甫規傳注列女傳注。公羊宣六年傳靈公心怍焉注云怍慙兒又太卒上階天不愫注云愫慙也又荀子儒效無所儗愫。注云愫與怍同羞也後漢禰衡傳注顏色變也禮記曲禮上容毋怍注又後漢劉夲傳注。管子弟子職顏色毋怍注云怍謂變其容兒色不和曰怍禮記祭義是故孝子臨尸而不怍注

昨彖日也說文段注彖累正俗字古書積累字皆作彖厸部云彖者增也彖日謂重彖其日也廣韻云昨日隔一宵也周禮司尊彝段昨為酬酢字隔日也文選悼亡詩注引蒼頡昨席於主階設席王所坐

韻史 卷二十四第五部入聲各韻　二七二一

也周禮司几筵昨席亦如之司農注又昨席莞筵紛純注云昨讀曰酢又司尊彝諸臣之所昨也注云昨讀為酢字之誤也萓按酢醋互易已久故不云讀曰醋也又爾雅釋天夏曰復昨段昨為胙也

厝去入兩讀厝石也詩曰佗山之石可以為厝說文段注厝石也各本作厲石今正小雅鶴鳴曰他山之石可以為錯傳曰錯錯石也今本少一錯字可以琢玉舉賢用滯則可以治國下章曰他山之石可以攻玉傳曰攻錯也錯古作厝厝石謂石之可以攻玉者爾雅玉曰琢之玉至堅厝石如今之金剛鑽之類非厲石也金部鑢下云錯銅鐵也錯亦當作厝謂剝礦之按許書厝與措錯義皆別而古多通用如抱火厝之積薪之下段厝為措也。孝經而安厝之又莊子逍遙遊注又何厝心于其開哉應帝王注莫得厝其閒也三釋文竝云厝本作厝措又漢書地理志下集注引晉灼云厝古措字萓按此皆言厝為段借字置也漢書賈誼傳集注又後漢梁統傳注又文選寡婦賦將遷神而安厝注。史記扁鵲倉公傳使入厝索隱云厝者置也又後漢崔駰傳注云厝謂置之不用萓按此惟詩鶴鳴古本用厝本義餘皆借也

逪逡逪也說文段注小雅獻醻交錯毛曰東西為交邪行為錯儀禮交錯以辯旅酬行禮一逡一逪也。廣雅釋言

韻史 卷二十四第五部入聲各韻　二七二二

云逪迻也萱按以迻釋逪統言不別也又措迻逪正字詩禮交錯段借字也

借也 廣雅釋詁二。後漢張衡傳注云交錯交錯也又儀禮特牲饋食禮注云交錯猶言東西

猎 矛屬 說文段注魯語猎魚鼈以爲夏槁韋云猎擭也擭魚鼈以爲槁儲也按此猎字引申之義也周禮作簎魚鼈注云謂杈刺泥中搏取之莊子擉鼈於江東京賦毒冒不蔟皆音近義同者也

簎 刺也春秋國語曰簎魚鼈 說文段注刺者直傷也周禮鼈人以時簎魚鼈龜蜃鄭司農云簎謂以杈刺泥中搏取之魯語里革曰鳥獸孕水蟲成獸虞於是乎禁罝置羅猎魚鼈以爲夏槁韋云猎擭也擭刺魚鼈按猎本矛屬此段借爲簎也許所據國語作簎與周禮同。後漢馬融傳注云簎刺也 簎謂以竹木圍繞又刺也 列子仲尼長幼羣聚而爲牢簎釋文借爲措字則讀去聲

錯 金涂也 說文段注涂俗作塗又或作搽謂以金措其上也或借爲措字措者置也或借爲摩厝字厝者厲石也或借爲迻逪字東西曰迻邪行曰逪也 廁也 楚辭天問九州安錯注又廣雅釋詁四 藏也 廣雅

釋詁四又方言六云錯藏也周秦曰錯 施也 易序卦傳禮義有所錯干注又淮南假眞而錯擇名利注。禮記仲尼燕居舉而錯之而已注云錯猶施行也 廢也 書微子序殷既錯天命馬注又論語顏淵皇疏 錯猶乖也 後漢第五種傳注。書微子序晚出傳云錯亂也 逆上脩錯 易敷辭上傳錯綜其數褱注。賈子道街云動靜攝次謂之比反比爲錯 錯爭錯也 史記燕世家內錯齊晉索隱引劉氏 雜也 詩漢廣翹翹錯薪傳韓奭篳帝錯衡釋文又小爾雅廣詁又淮南李經焜昱錯睢注又太乎乎錯注乎攤常變錯注乎告萬物錯離乎其中注 閒雜也 漢書谷永傳親疏相錯注何武傳親疏相錯注。儀禮聘禮注鍘羹器也疏云言錯者閒雜而陳之 互也 漢書定國傳集注楊雄傳上集注又穆天子傳六士女錯踊注 交也 楚辭國殤車錯穀兮短兵接注又文逕江賦注引易王薦注。易穀辭上傳錯綜其數疏云錯謂交錯又錯儀禮特牲饋食禮眾賓及眾凡弟交錯以辯注云交錯猶言東西萱按此義逪爲正字而經典多用錯少用逪 紨也 太乎乎挩 分也 書中候考河命圖出水壇畔赤水緣錯注 摩也 易說卦傳八卦相錯褱注。廣雅釋詁三云錯磨也萱按磨者礦之俗體舊多段借磨爲摩錯爲厝 錯猶治也 文選景福殷賦鉤錯矩成注。列女

傳仁智云錯者所以治鋁又書爲貢錫貢磬錯晚出傳云治玉石曰錯又法言學行有刀者礦諸有玉者錯諸注云磏錯治之名又漢書地理志上錫貢磬錯注云錯治玉之石 錯錯石也 詩鶴鳴可以爲錯傳萱按詩用錯爲厝也今本毛傳脫一錯字 鋁謂之錯 廣雅釋器萱按鋁與鑢同鑢磨也 鏤謂之錯 廣雅釋器。國語晉語文錯具服注云錯鏤也又御覽七百五十六引通俗文云金銀要飾謂之錯鏤 邪行爲錯 詩楚辭獻酬交錯傳。禮記祭義不錯則隨注云錯鴈行也又家語正論不錯則隨注云錯鴈行文黨隨行兄黨鴈行也 錯紒交結也 後漢馬融傳注 錯繆聊亂皃 文選吳都賦雜褰錯繆劉注。南都賦鉛塋錯繆而盤紆注云錯繆雜亂皃也 錯迕雜 交迕也 文選風賦迴穴錯迕注。書禹貢海物惟錯晚出傳云錯雜非一種 隔錯失其性也 楚辭憫上心爲兮隔錯注 錯悍猶倉卒也 後漢書寒朗傳而二入錯悍不能對注 錯然者警順之皃也 易離履錯然注 錯石雜眾石也 文選長門賦織錯石之瓴甓兮注 錯衡文衡也 詩采芑約軝錯衡傳韓奕箪帝錯衡傳 錯者塍餕舅餘御餕姑餘也 儀禮士昏禮於是與始飯之錯注。

鄉射禮而錯皆不拜注云錯者實主人之解以之次賓也實賓長之解以之次大夫 錯錯然不潤澤也 考工記引人疏 小鼎也 淮南說山鼎錯日用而不足賁注 置也 易穀辭上傳苟錯諸地而可矣虞注又論語爲政舉直錯諸杜集解引苞注又皇疏又爾雅釋天錯革鳥曰擯孫注又離騷価規矩而改錯注覽民德馬錯輔注恩古錯權而任意注又史記周李紀荆錯四十餘年不用集解引應劭 安也 楚辭懷沙各有所錯兮注。苟子天論舉錯不時注云錯謂懷安失於事機 處也 書大傳昔者三王懲然欲錯荆遂罰注 投也 論語爲政鄭注 停止也 史記張儀傳則秦魏之交可錯矣索隱萱按段錯爲措者尤多訓置之類是也又訓藏訓施訓棄皆可讀去聲亦皆措之段借也去聲內不特出錯者卅見措下矣又荀子儒效舉錯而定注王霸不可不善爲擇所而後錯之注並云錯讀爲措

醋 此酬醋本字也後人醋酢互易 客酌主人也 說文段注鄭葉傳曰酢報也形引笺曰主人獻賓賓酢主人主人又飲而酌賓謂之醻接諸經多以酢爲醋惟禮經尚仍其舊後人酢醋互易如種種互易。詩行葦武獻武酢笺云進酒于客日獻客荅之日酢又禮記少儀介爵酢爵佩爵皆居右注云酢謂客酌酢所以酢主人也酢武爲作又左氏莊十八年傳疏云

賓荅主人曰酢 報也 儀禮士虞禮尸以醋主人注特牲饋食禮士以醋主人注。爾雅釋詁又詩楚茨萬壽攸酢傳瓠葉酌言酢之傳又儀禮鄉射禮東南面酢主人注又國語周語獻酬交錯也注竝云酢報也又文選魏都賦益亦明靈之所酬酢劉注云客酌主人酒名曰酢酢者報也又廣韻引蒼頡云客報主人曰酢又書顧命秉璋以酢晚出傳云報祭曰酢又疏云酢訓報也又周禮大行人王禮再祼而酢司農注云而酢報飲王也 陰來爲酢 易繫辭上傳是故可與酬酢九家注又釋文云酢京李作醋。儀禮特牲饋食禮尸以醋主人注云古文醋作酢又有司徹尸以醋主婦注云今文醋曰酌萱按古文用酢爲醋本由段借及酢復借醋遂致互易久假不歸人轉以禮經爲異矣其作酌者如少儀酢爵之或爲作爵也作爲同部段借酌則異部段借也

我各切

詻 論訟也傳曰詻詻孔子容 說文段注訟當作頌論頌即言容也玉藻曰戎容暨暨言容詻詻周禮保氏六儀五曰軍旅之容暨暨詻詻傳云云未詳論語曰子溫而厲 詻詻教令嚴也 禮記玉藻注 詻詻語也 廣雅釋訓 逆擊曰詻 莊子人間世若唯無詻釋文引崔注萱按此段借之義

韻史 卷二十四第五部入聲各韻

二七二七

額 或作額 顙也 說文段注釋名曰額鄂也有垠鄂也引伸爲凡有垠鄂之偁如喪服疏引大戴禮云大功已上唯唯小功已下額額然皋陶暮晝夜路額額釋名云額額然惲之韓碑云額額蔡城。方言十云額顙也中夏謂之額 額額是不休息之意 書皋陶謨罔晝夜額額疏。漢書地理志上平原郡龍額注衛青傳封說爲龍額侯注竝云額字或作額又韓王信傳封龍額侯注云額字或作雒萱按額額同字作雒則譌也 查名該訶爲額 封氏聞見記

㖾 隸作咢 譁訟也 說文段注引伸爲徒擊鼓曰咢 咢咢直言也 漢書韋賢傳咢咢黃髮注又文選諷諫詩諤諤黃髮注云咢與諤同萱按諤晚出字 徒擊鼓謂之咢 爾雅釋樂又詩行葦或歌或咢傳云徒擊鼓曰咢又釋文引毛傳云徒歌曰咢 咢一作岌並冠高皃也 後漢張衡傳注萱按咢與岌一聲之轉故異部得相通借 咢猶咢咢然言外發也 詩常棣咢不韡韡傳 承華者曰咢 詩常棣箋段大令曰今詩作鄂非也傳箋皆取咢布之意

韻史 卷二十四第五部入聲各韻

二七二八

遻 隸作遻 相遇驚也 說文 遇也 文選幽通賦乘高而遻神兮曹注思玄賦幸二八之遻虞兮舊注又漢書敘傳上集注又後漢崔駰傳注張衡傳注又列子黃帝遻物而不慴釋文 見也 爾雅釋詁 心不欲見而見曰遻 爾雅釋詁舊注 逢也 楚辭懷沙重華不可遻兮注。史記屈原賈生傳重華不可牾兮萱按牾當作啎啎迎也遻卽啎之入聲

㓒 **䂮** 籒。俗有鍔 刀劍刃也 說文段注淮南脩務訓摩其鋒㓒王子淵聖主得賢臣頌漢書作越砥斂其咢文選作鍔各聲與咢聲同部釋詁剡䂮利也陸德明本作䂮顏籒孔沖遠引作略周頌有略其耜毛云略利也張揖古今字詁云略古䂮以說文折衷之䂮者古字㓒者今字㓒者正字略者段借字。後漢竇憲傳注云鍔刀也又文選七命注引聲類云鍔刀刃也又莊子說劍齊岱爲鍔釋文引司馬注云鍔劍刃也又云鍔劍稜也萱按以稜釋鍔義似未密 刃旁也 漢書蕭望之傳底厲鋒鍔注又王褒傳注云咢刀旁也萱按咢者省借字 鍔卽鋒 考工記桃人司農注殺趨鍔疏 䂮利也 爾雅釋詁又釋文云詩李作略 鍔鍔列列皆高皃 文選西京賦薛注

韻史 卷二十四第五部入聲各韻

二七二九

鄂 江夏縣 說文段注二志同今湖北武昌府武昌縣西南二里故鄂城是也江夏有鄂縣故南陽之縣曰西鄂顧氏祖禹曰史記熊渠當周夷王時興兵伐庸楊粵至於鄂又封中子紅爲鄂王孔氏以爲南陽之鄂誤矣時楚兵未能逾漢而北也 鄂垠鄂也 文選甘泉賦紛披麗其亡鄂注景福殿賦肅坻鄂之鍔鍔注。漢書楊雄傳上集注云鄂垠也 鄂柞格所以誤獸也 國語魯語設穽鄂注 作鄂零落也萬物皆陊落 淮南天文作鄂之歲注 凡言鄂者皆謂阻礙不依順也 漢書霍光傳羣臣皆驚鄂失色注。諤者景君墓表京師鄂驚 直也 文選長笛賦不占成節鄂注注又云字林曰鄂直言也謂節操蹇鄂而不怯懦也萱按晚出字有愕諤古祇作鄂費氾碑蹇鄂質直又綏民校尉熊君碑臨朝蹇鄂 鄂鄂辯厲也 大戴記曾子立事是故君子出言以鄂鄂注。禮記坊記注不用鄂鄂釋文云鄂本作諤

鷩 或作鶚鶚 鷩鳥也 說文段注此今之鶚字也咢說文作㖾鶚廣雅作鶚古音屰聲咢聲皆在五部五各切作鶚者隸變耳詩匪鷻匪鳶正義鳶作鶚引孟康曰鶚大鵰也又引說文鳶鷩鳥也是孔沖遠固知鳶卽鶚字陸德明本乃作鳶云以

韻史 卷二十四第五部入聲各韻

二七三〇

專反今毛詩本因之又以與專反改說文鳶字之音誤之甚矣鳶夏小正作弋與職切俗作鳶與專切此猶鷕切以水論爲以

沼耳弋者雖也非鶚也 鵰也 廣雅釋鳥又文選鷦鷯賦彼鷲鵰鵾鴻注○漢書鄒陽傳鷙鳥累百不如一鶚注又後漢

龐參傳注鵰衝傳注亟云鶚大鵰也又詩四月傳鶚鳶貪殘之鳥也疏云鵰之大者又名鶚 鵰屬也 山海經西山經

欽䲹化爲大鶚注○御覽九百廿六引蒼頡解詁云鶚金喙鳥也見則天下兵能殺麞鹿

𧍞 ○俗有蚅鰐鱷 侶蜥易長一丈水潛吞人即浮出日南也 說文段注一丈當同

鼉下云長丈許劉注吳都賦曰異物志云鰐魚長二丈餘有四足似鼉喙長三尺甚利齒虎及大鹿渡水鰐擊之皆中斷生子

則出在沙上乳卵卵如鴨子亦有黃白可食其頭琢去齒旬日間更生廣州有之按據劉注則不必日南郡乃有其物也

散各切

索 艸有莖葉可作繩索 說文段注當云索繩也與糸部繩索也爲轉注而後以艸有莖葉可作繩索發

明从𣎵之意今李乃淺人所刪耳爾雅曰紼縴也謂大索經史多段索爲索字又水部曰澌水索也索訓盡詩曰畫爾于茅宵

爾索綯以艸者如蔽秆茅麻是以竹者者如竹部之筊是以木者樏欙之屬是 絞也 淮南主術索鐵歛金注 合爲

索 楚辭惜誓并紉茅絲以爲索注 大者謂之索 小爾雅廣器 車紂今江東通呼索綸

方言九車紂自關而東周洛韓汝潁而東或謂之曲綸注 十尋而索 大戴記主言 功也 淮南氾論緂麻索縷

注 盡也 左氏襄八年傳悉索敝賦注又國策秦策積蓄索注又廣雅釋詁一○說苑權謀云索也者盡也又儀禮鄉射

禮命曰取矢不索注云索猶盡也又文選歎逝賦序索然已盡注云索盡皃 盡也亦儩也 一切經音義三引蒼

頡 空也 小爾雅廣言○左氏昭十二年傳疏引張乎子說云索空 索猶散也 禮記檀弓上吾離羣而索居注

○素問調經論邪氣乃索注云索散盡也 獨也 廣雅釋詁三 數也 易說卦一索而得男釋文引馬注又太玄玄攡

陰陽分索注弁挽上索下索注 法也 左氏定四年傳疆以周索注○呂覽下賢而以心與入相索注云索盡也一曰索法

八索三王之法 左氏昭二年傳是能讀三墳五典八索九丘賈注又家語正論八索九丘注云八索索法○釋

名釋典藝云八索索素也著素王之法若孔子者聖而不王制此法者有八也又後漢張衡傳注云八卦之說謂之八索 索

索懼也 易震震索索釋文 索索內不安皃 易震釋文引馬注又疏云索索心不安之皃 索索

猶縮縮足不正也 易震釋文引鄭注 索然涕下皃 莊子徐無鬼子綦索然出涕曰釋文引司

馬注 索朗反語爲桑落也 水經河水注 索簡擇好者 左氏襄二年傳以索牛馬注○易繫

辭上傳探賾索隱疏云索謂求索萱按訓求者索之義也經典多段索爲索

深各切

⿰口尃 噍皃 說文段注按釋元應書三引說文皆云⿰口尃⿰口集噍皃也今說文⿰口尃字⿰口集字廁兩處無⿰口尃⿰口集之語蓋口部脫誤多矣

⿰口集聲也 一切經音義十五引廣蒼

⿰齒尃 噍堅也 說文段注按此蓋⿰口尃之或字後人竄入者也

髆 肩甲也 說文段注肉部曰肩髆也單呼曰肩絫呼曰肩甲甲之言蓋也肩蓋乎眾體也今俗云肩甲者古語也釋

名作肩甲靈樞經作肩胛水經注云如人胆袒胛故謂之赤胛山胛者甲之俗也應劭漢書注曰大宛天馬汗血汗從前肩髆

中出如血周禮醢人豚拍注云或曰豚拍肩也然則段拍爲髆字○漢書武帝紀立王子髆爲昌邑王注引晉灼云漢許愼以

爲肩髆字

摶 去入兩讀注在彼

轉 車下索也 說文段注釋名縛在車下與輿相連縛也當作轉在車下

鏄 鏄鱗也 衍也 鐘上橫木上金華也一曰田器詩曰庤乃錢鏄 說文

段注縣鐘者直曰虡橫曰筍攷工記云鱗屬以爲筍明堂位云夏后氏之龍簨虡注云飾簨以鱗屬又於龍上刻畫之爲重牙

然則橫木刻爲龍而以黃金涂之光華爛然是之謂鏄鱗鏄之言薄也迫也以金傳著之也徐廣之言車亦曰金薄蟉龍徐楚

金以金博山釋之隨書音樂志云近代加金博山於簨上此非許所謂淮南說金尊云華藻鏄鮮鏄之意略同耳鏄訓迫故田

器曰鏄周頌之鏄毛曰鏄也鄭注攷工記曰田器正謂鏄迫地披艸而有此僃釋名以爲鏄亦組類鏄迫也今本釋名作鏄非

○白虎通禮樂云鏄者時之氣聲也節度之所生也君臣有節度則萬物昌無節度則萬物亡亡與昌正相迫故謂之鏄也

鐘也 國語晉語戚施直鏄注○周語細鈞有鐘無鏄注晉語及寶鏄注竝云鏄小鐘也○周禮春官序官鏄師注云鏄如

鐘而大又禮書百廿引周禮孫炎注云鏄大鐘 鐘特懸者謂之鏄 初學記十六引三禮舊圖 今之金

尊也淮南俶眞華藻鎛解注鉏也廣雅釋器又國語齊語挾其搶刈耨鎛注又管子小匡挾其搶刈耨鎛注○國語周語日服其鎛注云鎛鉏屬又詩良耜傳趙刺也疏云鎛是鉏類耨也詩臣工庤乃錢鎛傳又考工記總目粤無鎛注云鎛田器又段氏爲鎛器注云鎛器田器錢鎛之屬又釋名釋用器云鎛亦鉏田器也鎛迫也迫地去艸也

博大通也說文段注凡取於人易爲力曰博陳風鄭箋交博好也大也詩泮水戎車孔博釋文引王注又廣雅釋詁一又素問標本病傳論淺而博注又呂覽上德故義之爲利博矣注又太玄玄攡衆制而博用者注又水經鮑丘水注引文穎○素問病能論云博者大也又淮南氾論豈必褒衣博帶句襟委章甫哉注云博帶大帶又左氏桓六年傳注雖告神以博碩肥腯疏云博碩言其形狀大廣也考工記冶氏是故倨句外博注磬氏其博爲一注又儀禮士冠禮純博寸注鄉射禮記楅長如笄博三寸注喪服記適傳四寸注又左氏桓六年傳博碩肥腯注又論語雍也君子博學於文皇疏子罕博學而無所成名皇疏博我以文皇疏子張博學而篤志皇疏又爾雅釋魚蝮虺博三寸釋文又孟子離婁下博學而詳說之注又文選魯靈光殿賦豐麗博敞張注又呂覽報更唯博之爲可注○禮記中庸溥博如天疏云博謂所及廣遠又荀子勸學詩

書之博也注云博謂廣記士風鳥獸艸木及政事也衆也荀子議兵和傳而一注平也楚辭招魂倚沼畦瀛兮遙望博注多聞曰博荀子修身○又老子博者不知注云博者多聞見又莊子知北遊且夫博之不必知釋文云觀異書爲博又繕性文滅質博溺心注文博者心質之飾也又鬼谷子權篇云繁稱文辭者博也博貫謂究極深幽耳後漢章帝紀注博依廣譬喻也禮記學記注博喻廣曉也禮記學記然後能博喻疏博習謂廣博學習也禮記學記五年視博習親師疏博士秦官也後漢章和帝紀注朱浮傳注○桓帝紀注云博士掌通古今又新序雜事四云博通士也者國之尊也博謂所懸係時日多也荀子彊國其懸日也博注博是寬狹之稱儀禮喪服傳注博廣也疏博謂股博也考工記磬氏其博爲一注齊別都也國語吳語遵汶代博注○水經若水注云博南山名也縣以氏之又渠水注引服虔云博浪陽武南地名也戲名也公羊莊十二年傳與閔公博釋文萱按此段博爲簙也

簙局戲也六箸十二棊也古者烏曹作簙說文段注古戲今不得其實箸韓非所謂

博箭招魂注云崑蕗作箸故其字从竹經傳多假博字○公羊莊十二年傳與閔公博釋文云博戲名也又云博字書作簙又一切經音義十四引纂文云博戲掩入取人財物也又音義十二引纂文云博六博用六箸六棊謂之六博又論語陽貨不有博弈者乎皇疏云博者十二棊而擲采者也又漢書高惠高后文功臣表博揜注貨殖宣曲任氏傳文又況掘冢博揜注並云博六博也又後漢王符傳注云博謂六博又梁冀傳注云投六箸行六棊故曰六博又一切經音義八引世本云烏曹作博弈也廣雅釋言萱按簙弈自是二事徑以弈釋簙於義疏矣簙謂之蔽秦晉之間謂之簙吳越楚之間或謂之簙毒方言五簙箸一名箭方言五簙或謂之箭裏注○山海經南山經漆吳之山多簙石注云簙石可以爲簙

欂欂櫨逗柱上枅也說文段注魏都賦靈光殿賦景福殿賦長門賦李注皆引說文欂櫨柱上枅也王莽傳爲銅欂櫨師古曰柱上枅也亦本說文枅今本作栭誤欂櫨衆呼之也單呼亦曰櫨詞賦家或言欂櫨或言櫨一也釋名曰櫨在柱上端如都盧負屋之重也此單言櫨也廣雅曰欂謂之枅此單言欂也李善引蒼頡篇曰枅柱上方木許說栝也欂櫨

也枅也一物三名也○淮南本經標株欂櫨注云欂枅也櫨也爾雅釋宮釋文引字林欂櫨柱栭也蕭該漢書楊雄傳音義引字林○漢書楊雄傳上擊簿櫨而將榮注云簿枅也又王莽傳下爲桐簿櫨注云簿櫨柱上枅即今所謂楷也萱按簙者欂之省

百十十也數句十十爲一百百白也十百爲一貫貫章也說文段注白告白也數長於百可以詈言白人也百白疊韻貫章雙聲章明也數大於千盈貫章明也○御覽七百五十引風俗通云十十謂之百言百者舉大數也漢書百官公卿表上用於百事注百舉成數也國語晉語庭實旅百注又禮記祭法有天下者祭百神注云言百者假成數也又左氏襄十九年傳如百穀之仰膏雨馬疏云穀之種類多言百舉成數也言百者舉其全數也禮記檀弓下虞人致百祀之木疏百言非一後漢班彪傳下注○詩噫嘻百播厥百穀韓詩云穀類非一種故言百也百言物饒左氏莊廿二年傳庭實旅百注百言衆多也後漢明帝紀注又班彪傳上注云百重言多也百數謂以百而數之也後漢班彪傳上

注乾爲百易訟其邑人三百戶虞注繫辭下傳百官以治虞注百姓與能虞注**百百官也**管子七法百匿傷上威注○詩天保羣黎百姓傳云百姓百官族姓也**百蠻夷狄之總稱也**後漢杜篤傳注**百鐘林鐘也**淮南時則律中百鐘注**百舌鳥名**淮南說山猶百舌之聲注

佰相什佰也說文段注佰之言百也廣韻一百爲一佰過秦論曰俛起什佰之中漢書音義云首出十長百長之中此謂十人之長爲什百人之長爲佰也食貨志無農夫之苦有仟佰之得師古云仟千錢也佰百錢也佰莫白反今俗猶謂百錢爲一佰按仟字罕見廣韻集韻類篇皆曰千人之長曰仟毛晃云出文字音義食貨志語意謂兼十倍百倍之利耳顏注非仟疑本作什顏不音千可證

伯長也說文段注釋詁正月傳同載芟傳云伯長子也伯兮傳云伯州伯也一義之引申也凡爲長者皆曰伯古多段柏爲之○爾雅釋詁又書多方越有胥伯疏又詩緇衣傳伯州伯也疏巷伯序箋巷伯奄官疏又周禮天官序官宮伯注又周禮目錄又左氏僖十九年傳諸侯無伯注又論語泰伯泰伯其可爲至德也已矣皇疏又荀子仲尼五尺之豎子言羞稱乎五

伯注又白虎通封公侯竝云伯長也又孝經而況於公侯伯子男乎鄭注又白虎通姓名竝云伯者長也又禮記王制千里之外設方伯注云伯亦長也又左氏襄廿二年傳以公姑姊妻之疏云伯者長傳**長子也**詩載芟侯主侯伯傳○白虎通姓名云伯者子最長迫近父也適長稱伯又禮記曲禮上疏引禮緯含文嘉云嫡長稱伯又左氏隱元年傳惠公元妃孟子疏云適妻之子長者稱伯**伯是兄弟之長**左氏定四年傳文武成康之伯疏○禮記檀弓上伯氏不出而圖吾君疏云伯仲者是兄弟之字又文選典論論文傅毅之於班固伯仲之間耳注云伯仲喻兄弟之次也又後漢光武紀上注云伯仲叔季兄弟之次又儀禮士冠禮曰伯某甫仲叔季唯其所當注云伯仲叔季長幼之稱又釋名釋親屬云父之兄又曰伯父伯把也把持家政也**位之長也**爾雅釋詁伯長也舍人注又郭注云伯官長又禮記曲禮下云五官之長曰伯**君也**廣雅釋詁二**爵也**書湯征序旅巢命序巢伯來朝鄭注又周書芮良夫芮伯若曰注又左氏隱元年經祭伯來注隱七年經天王使凡伯來聘注莊元年經單伯送王姬注文元年經天王使毛伯來錫公命注文五年經王使召伯來會葬注又國語周語有崇伯鯀注又穆天子傳一河宗之子孫鄭柏絜注**伯者白也**白虎通爵○公羊隱元年傳疏

引春秋說云伯之言白明白於德又古徵書引春秋元命苞云伯者伯之爲言白也明白於德也又風俗通皇霸云伯者長也白也言其咸建五長功實明白又獨斷上云伯者白也明白於德其地方七十里**伯州伯也**詩伯兮伯兮碣兮傳○禮記內則州史獻諸州伯疏云州伯則州長也又王制千里之外設方伯注云殷之州長曰伯又詩周南召南譜命其子王季爲西伯疏同又禮記曲禮下九州之長疏云殷曰伯**伯即牧也**禮記王制疏引鄭志又周禮大司徒注凡諸侯爲牧正師長及有德者疏○家語辨物則侯率子男以見於伯注云伯侯牧也又詩下泉郇伯勞之傳云郇伯郇侯也**爲****諸侯之長曰伯**荀子王霸五伯是也注又左氏哀十三年傳伯合諸侯注云伯諸侯長○周禮大宗伯九命作伯司農注云長諸侯爲方伯**上公有功德者加命爲二伯**周禮大宗伯九命作伯注○禮記曲禮下五官之長曰伯注云伯謂爲三公者又玉藻伯曰天子之力臣注云伯上公九命分陝者又家語辨物則伯率侯牧以見於王注云伯王官**伯亦長帥之傳也**漢書酷吏王溫舒傳置伯落長以收司姦注○孝經而況於公侯伯子男乎疏引舊解云伯者長也爲一國之長也又左氏成二年傳注夏伯昆吾疏云伯者長也言爲諸侯之長也又詩譜序下

無方伯疏云伯者長也言與諸侯爲長也**四卒成衛曰伯**周書武順又注云伯卒名又周書太子晉云士率衆時作謂之伯○後漢馬融傳注云伯謂師節也**道也**後漢曹節傳注**迫也**淮南入閒陽虎將舉劍而伯頤注**馬祖也**詩吉日既伯既禱傳又爾雅釋天既伯既禱馬祭也注云伯祭馬祖也將用馬力必先祭其先○楚辭天問伯強何處注云伯強大厲疫鬼也**伯慮國一曰相慮**山海經海內南經○海內經伯夷父生西岳注云伯夷父顓頊師**虎自關東西或謂之伯都**方言八**伯趙鵙也**廣雅釋鳥○書伯與左傳伯封國語逢伯陵列子伯益尸子伯陽漢書古今人表作柏與柏封逢柏陵柏益柏陽又書西伯戡黎釋文云伯本作拍又史記伯嚭吳越春秋作白喜論衡作帛喜又書常伯常任說文作常皎常任又左傳莊十七年注齊桓如伯釋文襄八年注晉復脩伯業釋文竝云伯本作霸萱按此皆用段借字也又孟子或相什伯段伯爲佰也漢書食貨志有什佰之得自用本字或作仟佰者字謁也**霸者伯也行方伯之職**白虎通號萱按霸者伯也以正字釋段借字也霸伯義本遠故以人所易知者通之後世昧於霸之本義轉仞霸爲王霸正字六朝時遂岐入去聲禡韻內斯爲巨誤漢書集注每云伯讀曰霸洵顛倒

之見也霸當讀伯耳而謂伯當讀霸乎哉霸本義借義皆不得讀去聲**霸者長也言爲諸侯之長**孟子離婁下以善服人者音義引丁音。禮部增韻引孟子舊注云伯蓋取牧伯長諸侯之義**迫伯猶迫也把也迫脅諸侯把持其政**白虎通號。禮記祭義疏引中候注云霸把也把天子之事也又論語憲問霸諸侯疏引鄭注云霸者把也言把持王者之政教故其字作伯或作霸也又一切經音義二引國語賈注云伯猶把也言把持諸侯之權也**霸者王之弊也**論衡命祿。禮記祭義至弟近乎霸注云天子衰諸侯興故曰霸又風俗通皇霸云霸者把也駮也言把持天子政令糾率同盟也。漢書王莽傳下云伯者繼空續乏以成麻數故其道駮又律麻志下云共工氏伯九域又呂覽先已五伯先事而後兵注云五伯昆吾大彭豕韋齊桓晉文又當務備說非六王五伯注云五伯齊桓晉文宋襄楚莊秦繆也又風俗通皇霸云齊桓晉文宋襄秦繆楚莊是五霸也又後漢崔寔傳注云霸政謂齊桓晉文也**無祿而王故謂之霸**漢書郊祀志上自共工氏霸九州注**爲而不貴者霸**管子乘馬**謀得眞勝者霸**管子兵法**自擇友者霸**新序雜事一**夫豐國之謂霸**管子霸言**都十**

爲霸國管子度地

迫 **近也**說文又廣雅釋詁三又素問長刺節論迫藏刺背二俞也注又太夲剝厥德迫也注**切也**素問玉機眞藏論迫近以微注又淮南精神迫而動注**附也**離騷望崦嵫而未迫注又哀時命外迫脅於機臂兮注云迫脅近附也**促也**呂覽貴生迫生爲下注又漢書王莽傳中集注**隘也**廣雅釋詁一**急也**廣雅釋詁一

敀 **迮也周書曰常敀常任**說文段注迮起也敀者起之也與迫音義同常敀常任立政文按漢人所用皆作常伯今尚書作伯許所據絕異者壁中古文多段借字也以敀爲伯如洪範以𡚁爲好顧命以莫爲蔑牧誓以狙爲桓皆壁中古文段借今尚書作伯好蔑桓者孔安國以今文字讀古文而易之而漢世言古文尚書者因之如杜子春鄭司農讀周禮故書往往易其字而許叔重鄭康成多因之其理一也杜子春已改之周禮其故書古字猶存於鄭注孔安國已改之尚書其壁中古文之字猶存於說文

柏或作栢**鞠也**說文段注釋文木曰柏栩也襍記暢臼以栩鄭曰栩柏也按栩者鞠之俗柏古多段借爲伯仲之伯

促迫之迫**戛也**廣雅釋詁一**柏猶迫也**公羊文二年傳練主用栗注又史記河渠書集解引徐廣又漢書溝洫志魚弗鬱兮柏冬日注云柏與迫同萱按武帝用段借字也。白虎通宗廟云迫者所以自迫促又史記張耳陳餘傳云柏人者迫於人也又周禮司几筵其柏席用萑司農注云柏席迫地之席葦居其上或曰柏席載黍稷之席**柏者鬼之廷也**漢書東方朔傳**柏車柏伯也大也丁夫服任之大車也**釋名釋車。考工記車人柏車長轂長一柯注云柏車山車**柏谷晉地也**國語晉語及柏谷注。山海經海內經肇山有人名曰柏高注云柏高柏子高仙者也。萱按左傳定四年戰於柏舉公羊作伯舉又漢書古今人表柏益柏與逢柏陵柏封柏陽皆段柏爲伯也

把各切

亳 **京兆杜陵亭也**說文段注六國表湯起于亳徐廣曰京兆杜縣有亳亭錢氏大昕史記考異曰殷本紀湯始居亳皇甫謐曰梁國穀熟爲南亳湯所都也立政三亳皆非京兆之亳亭秦本紀寧公二年遣兵伐蕩社三年與亳戰亳王奔戎遂滅蕩社徐廣云蕩一作湯社一作杜甫皇甫謐以爲亳號湯西夷之國又云周桓王時自有亳王號湯非殷也封禪書

于杜亳有三杜主之祠蓋京兆之亳乃戎王號湯者之邑徐廣以爲殷湯所起其不然乎然此篇稱作事者必於東南收功實者常於西北乃述禹興西羌周始豐鎬而及湯之起亳則史公固以關中之亳系之湯矣按許不言三亳而獨言杜陵亳亭者正爲其字从高則以此亭當之也然十里一亭者秦制亳亭之名秦漢乃有之亳之字固不起於亭也以解字爲書不得不有涉於皮傳者古亦借薄爲之如禮記亳社北牖。漢書郊祀志上亳人謬忌注引如淳云亳亦薄也又左氏哀四年亳社災公羊作蒲社災萱按薄亳同音蒲亳雙聲**亳即殷也殷都于亳故因謂之亳**穀梁哀四年傳亳亡國也注。書帝告釐沃序湯始居亳鄭注云亳今河南偃師縣有湯亭又詩玄鳥箋始居亳之殷地釋文云亳地名又周禮士師若祭勝國之社稷注云周謂亡殷之社爲亳社又水經淮水注引帝王世紀云穀熟爲南亳**三亳蓋東成皋南轘轅西降谷也**書立政三亳鄭注。荀子議兵古者湯以薄又呂覽具備湯嘗約于鄭薄矣萱按薄段借字

畣 **齊謂春曰畣**說文段注按廣雅獨不載此字疑其卣即畣之誤而其桑即許之卣也

踄去入兩讀蹈也說文

䡛或作䡛廣雅釋器鞾裏也說文段注鞾鞼前也以皮裏之。釋名釋車云䡛縛也在車下與輿相連縛也柳車也

膊薄脯膊之屋上說文段注膊之屋上當作薄之屋上薄迫也釋名膊迫也薄椓肉迫著物使燥也說與許同方言膊暴也燕之外郊朝鮮洌水之間凡暴肉發人之私披牛羊之五藏謂之膊左傳龍人囚盧蒲就魁殺而膊諸城上周禮斬殺賊諜而膊之皆謂去衣磔其人如迫脯於屋上也又儀禮兩胉今文作迫周禮豚拍杜子春以拍爲膊謂脅也按膊之正字當從禮今文作迫迫也釋名釋飲食曝也廣雅釋詁二。方言七云東齊及秦之西鄙言相暴僇爲膊磔也左氏成二年傳注。周禮掌戮注云膊謂去衣磔之破鮑不相離謂之膊史記貨殖傳索隱引聲類脯也廣雅釋器。周禮醢人豚拍魚醢注云膊謂脅也或曰豚拍肩也又淮南繆稱故同味而嗜厚膊者注云厚膊厚切肉也又說林一膊炭熯注云一膊一脡也膊兄也荆揚之鄙謂之膊方言十

薄林薄也一曰蠶薄說文段注吳都賦傾藪薄劉注曰薄不入之叢也按林木相迫不可入曰薄引申凡相迫皆曰薄如外薄四海日月薄蝕皆是傍各補各二切同也相迫則無閒可入凡物之單薄不厚者亦無閒可入故引申爲厚薄之薄曹憲云必當作礴非也月令季春具曲植籧匡注時所以養蠶器也曲薄也植槌也方言云宋魏陳楚江淮之閒謂之苗或謂之麴自關而西謂之薄周勃傳勃以織薄曲爲生草叢生曰薄漢書司馬相如傳上奄薄水渚注引張揖楊雄傳上列新雉於林薄注又文選補亡詩注引纂要。廣雅釋艸云艸叢生爲薄又文選江賦注引字林云薄叢生也深艸曰薄淮南原道隱於榛薄之中注假貞歠走叢薄之中注又主術入榛薄險阻也注云深艸爲薄艸木交錯曰薄楚辭涉江露申辛夷死林薄兮注薄旁薄也大戴記公冠薄薄之土注。太玄玄告地旁薄而向乎上注云旁薄地之形也又太玄中昆侖旁薄幽注云旁薄猶彭魄也地之形也又荀子榮辱薄薄之地不得履之注云薄薄謂旁薄廣大之皃聚也廣雅釋詁三薄猶集也漢書司馬相如傳集注引郭璞又文選上林賦奄薄水渚郭注迫也廣雅釋詁三又小爾雅廣言又左氏僖廿三年傳薄而觀之注成十六年傳楚師薄于險注文十二年傳

薄諸河注又荀子天論寒暑未薄而疾注又淮南天文陰陽相薄感而爲雷注本經共工振滔洪水以薄空桑注精神薄蝕無光注喘息薄喉注又文選洞簫賦薄索合沓注。釋名釋言語云薄迫也單單相逼迫也近也淮南本經旁薄衆宜注。左氏僖廿三年傳疏云薄者逼近之意附也楚辭涉江芳不得薄兮注招魂蘭薄戶樹注怨世安眇眇而無所歸薄注又廣雅釋言。易說卦雷風相薄釋文引陸注云薄相附薄也依也史記司馬相如傳掩薄艸渚正義入也易說卦傳陰陽相薄虞注又說文引馬注止也楚辭哀郢忽翱翔之焉薄注又漢書鄒陽傳集注至也廣雅釋詁一又文選射雉賦飛鳴薄廩注。廣雅釋言云薄致也薄謂以體著之莊子秋水非謂其薄之也釋文引崔注。春秋繁露仁義法云求諸人謂之薄勉也廣雅釋詁三。方言一云薄勉也秦晉或曰薄故其鄙語曰薄努猶勉努也南楚之外曰薄努薄猶甫也甫始也詩時邁箋微也文選神女賦注引蒼頡。又後漢趙咨傳注輕也呂覽任地常時而薄之注又漢書董仲舒傳集注。周禮大司徒二曰薄征司農注云薄征輕租稅也少也淮南要略悉索薄賦注。呂覽報更雖得則薄矣注云薄輕少也輕鄙之也文選左太沖詠史詩骨肉還相薄注又謝宣遠張

子房詩慶霄薄汾陽注云薄猶輕易也薄賤薄也文選陶徵士誄隨踵而立者入之薄也注薄猶損也呂覽仲夏薄滋味注薄猶嫌也漢書張安世傳集注怒也廣雅釋詁三懼也廣雅釋詁二買也廣雅釋詁三辭也詩芣苢薄言采之傳時邁薄言震之韓詩又後漢李固傳注引韓詩章句語助也漢書嚴助傳王居遠事薄遽注薄猶飾也史記禮書注金薄璆龍索隱引劉氏薄亦暴也今俗語亦云薄曬漢書宣帝紀爲取暴室嗇夫許廣漢女注萱按薄之訓暴訓迫皆與膊同薄膊同音薄暴一語之轉薄薄疾驅聲也詩載驅載驅薄薄傳薄靡者若塵埃飛揚之皃淮南天文薄靡而爲天注日月無光曰薄漢書天文志集注引孟康日月赤黃爲薄漢書天文志集注引孟康。史記天官書日月薄蝕集解引京房易傳云日赤黃爲薄氣往迫之爲薄漢書天文志集注引韋昭不交而食曰薄漢書天文志集注引孟康又五行志下之下引京房易傳云凡日食不行以晦朔者名曰薄又文選謝宣遠張子房詩注引京房易飛候占云凡日蝕皆於晦朔不於晦朔蝕者名曰薄薄一名曲史記絳侯周勃世家勃以織曲薄爲生集

解引蘇林。方言五云薄宋魏陳楚江淮之閒謂之苗自關而西謂之薄簾也禮記曲禮帷薄之外釋文又莊子達生高門縣薄無不走也釋文引司馬注薄器竹葦之器荀子禮論薄器不成內注平履也廣雅釋器。萑按古書用薄爲構泊亳字皆同音段借也

鑮大鐘也淳于之屬所以應鐘磬也堵吕二金樂則鼓鑮應之說文段注鄭注周禮禮經皆云鑮似鐘而大國語韋注云鑮小鐘也蓋誤鄭云似鐘則非鐘也故許既云大鐘而又云淳于之屬淳于國語周禮注作錞于周禮作錞乃矛戟之鐏也鼓人以金錞和鼓注曰錞錞于也圜如碓頭大上小下樂作鳴之與鼓相和疏謂出於漢之大予樂官韋注吳語曰唐尚書云錞于鐲非也錞于與鐲各異物今按古鐘制隋圜錞于如碓頭正圜許云淳于之屬蓋鑮正圜大於編鐘爲後代鐘式正圜之始云所以應鐘磬者大射儀笙磬西面其南笙鐘其南鑮頌磬東面其南頌鐘其南鑮鐘磬編縣鑮特縣於此知鑮所以應鐘磬淳于以和鼓事正相類堵以二金十字當作堵無鑮全樂則鼓鑮應之周禮曰凡縣鐘磬半爲堵全爲肆注曰鐘磬編縣之二八十六枚而在一虡謂之堵鐘一堵磬一堵謂之肆天子宮縣諸侯

軒縣卿大夫判縣士特縣諸侯之卿大夫半天子之卿大夫西縣鐘東縣磬士亦半天子之士縣磬而已今按大射樂樂人所陳諸侯之軒縣全樂有鑮者也若諸侯之卿大夫則二堵而分東西諸侯之士且僅有一堵皆不成肆皆無鑮左傳晉侯賜魏絳以二肆之半鐘一堵磬一堵及一鑮也此君之特賜故有鑮周禮國語字作鑮乃是段鎛鏻字。萱按後世大鐘正圜正是古之鑮耳嘗見古編鐘甚小而隋圜爾雅釋樂釋文引字書云鑮大鐘也又儀禮大射儀注云鑮如鐘而大奏樂以鼓鑮爲節又按國語周語細鈞有鐘無鑮晉語戚施直鑮又周禮春官序官鑮師又初學記十六引三禮舊圖云鐘特縣者謂之鑮皆段鑮爲鑮也鈴也廣雅釋器

白𠂤古文西方色也侌用事物色白說文。考工記畫繢之事云西方謂之白又爾雅釋水河出崑崙虛色白孫注云白者西方之色也。白虎通三正又後漢陳寵傳注並云白者陰氣白者殷之色也論衡指瑞又周禮司常雜帛爲物注云白殷之正色大司馬之職疏引鄭志云白者殷之正也又書古太誓白魚入于王舟馬注云白者殷家之正色又鄭注云白者殷正也胏色也素問風論其色白注素也易賁白賁干注又淮南本經

野莽白素注明也呂覽士節吾將以死白之注又漢書陳餘傳集注吳王濞傳集注田叔傳集注貢禹傳集注。荀子王霸仁人之所務白也注云白明白也又儒效則貴名白而天下治也注云白明顯之皃又榮辱身死而名彌白注云白彰明也又正名正說不行則白道而冥窮注云白道明道也又漢書馮奉世傳戚功白著注云白著謂顯明也道也淮南俶眞是故虛室生白注外內貞復曰白周書謚法震爲白易賁白馬翰如陸注巽爲白易說卦傳白者日光所照也莊子人閒世虛室生白釋文引崔注。知北遊若白駒之過卻釋文云白駒日也又漢書魏豹傳如白駒過隙注云白駒謂日景也又賈誼傳白晝大都之中注云白晝晝日也言白者謂不陰晦也白黑謂清濁也漢書王莽傳中白黑紛然注。後漢馮衍傳注云白黑猶賢愚也白謂甸徒猶今之白丁也荀子王制司馬知師旅甲兵乘白之數注。管子七法擊毆衆白徒注云白徒謂不練之卒無武藝白屋匹夫也後漢高彪傳注白爲喪周禮保章氏辨吉凶水旱降豐荒之祲象司農注正中冀州曰白土後漢張衡傳注又魯恭傳注云白山郎天山也。淮南隆形西南方曰編駒之山曰白門注云金氣白故曰白門白

虎門名後漢丁鴻傳注。水經㶟水注云白登臺名白啟也如冰啟時色也釋名釋采帛。周禮巾車建大白注云大白殷之旗猶周大赤蓋象正色也又釋名釋兵云白旆殷旌也以帛繼旐末也白越越布後漢明德馬皇后紀注。楚辭招䰟呼五白些注云五白者簿齒也又廣雅釋　云白楊刀也宗爨白御覽服章部七引書大傳稻曰白周禮籩人其實麷蕡白黑形鹽膴鮑魚鱐司農注。儀禮有司徹婦贊者執白黑以授主婦注又左氏僖廿七年傳白黑形鹽注並云白熬稻白事酒昔酒也禮記內則酒清白注。漢書敘傳上皆引滿舉白注云白者罰爵之名也又文選吳都賦飛觴舉白劉注云白罰爵名也熊指謂之熊白詩韓奕有熊有羆陸疏白牡周公牲也詩閟宮白牡騂剛傳。禮記明堂位牲用白牡注云白牡殷牲也白魚蛃魚也廣雅釋蟲白華野菅也詩白華白華菅兮傳又御覽九百九十六引毛詩題綱云白華野菅艸也其性柔刃堪用。後漢張衡傳注云白芝一名王芝芈達晉言白也水經河水注。莊子齊物論故以堅白之昧終釋文引崔注云辨白馬之名爲白。詩六月白旆央央爾雅釋天孫注作帛旆英英萱按帛英皆段借字也或亦可兩通

帛繒也說文。漢書婁敬傳臣衣帛衣帛見注云帛謂繒也又儀禮聘禮束帛加璧注云帛今之璧色繒也又周禮大宗伯孤執皮帛注云帛如今璧色繒也又左氏閔二年傳大帛之冠注云大帛厚繒。帛謂縑素後漢和熹鄧皇后紀注玄纁也淮南原道執玉帛者萬國注。論語陽貨玉帛云乎哉集解引鄭注云帛束帛之屬也又儀禮士昏禮記皮帛必可制注云皮帛儷皮束帛也又周禮大宰六曰幣帛之式注云幣帛所以贈勞賓客者帛所以薦玉也史記五帝本紀五玉三帛集解引書鄭注坤爲帛易說卦釋文引九家集解巽爲帛易賁束帛戔戔虞注帛屐以帛作之如屩也釋名釋衣服帛似帛華山有之爾雅釋艸

怕無偽也說文段注偽各本作爲今按許以爲訓母猴偽訓作也是許書作爲字皆當作作偽也今本人部偽下曰詐也淺人所改耳子虛賦曰怕乎無爲憺怕俗用澹泊爲之段借也澹作淡尤俗今人所云怕懼者乃迫之語轉靜也廣雅釋詁四

魄侌神也說文段注陽言气陰言神者陰中有陰陽也白虎通曰魄者迫也猶迫迫然著於人也淮南子曰地氣爲

魄祭義曰氣也者神之盛也魄也者鬼之盛也鄭云氣謂噓吸出入者也耳目之聰明爲魄郊特牲曰魂氣歸於天形魄歸於地祭義曰死必歸土此之謂鬼其氣發揚於上神之著也是以聖人尊名之曰鬼神按魂魄皆生而有之而字皆从鬼者魂魄不離形質而非形質也形質亡而魂魄存是人所歸也故从鬼孝經說曰魄白也白明白也魂芸也芸芸動也。淮南精神其魄不抑注云魄陰神又說山魄問於魂曰注云魄人陰神也又呂覽禁塞貴神傷魄注云陰精爲魄又楚辭大招無遠遙只注云魄者陰之形也靈爲魄大戴記曾子天圓陰之精氣曰靈注。左氏氏昭七年傳魄陽曰魂疏云附形之靈爲魄形也左氏昭七年傳人生始化曰魄注又國語晉語其魄兆於民矣注又太玄視陰成魄注。太玄中巔靈氣形反注云死氣爲魂其形爲魄體也禮記祭義疏。御覽五百四十九引成伯璵禮記外傳云形體謂之魄魄者生氣之源也越絕書外傳枕中。文選陸士衡贈從兄車騎詩注引老子鍾會注弔魏武帝文注竝云形氣爲魄魄者性之決也楚辭招魂魂魄離散汝筮予之注意之精也國語晉語。賈子禮容語下云心之精爽是謂魂魄又太玄玄告隱魄榮也注云魄者萬物之精體而未變者也耳目聰明爲魄周禮大宗伯注形魄歸於

地疏夏采注謂始死招魂復魄疏又儀禮士喪禮注復魄疏云耳目聰明謂之魄魄者白也白虎通性情性。古緯書引孝經援神契云魄白也白明白也闓也爾雅釋詁糟爛爲魄莊子天道古人之糟魄已夫釋文又釋文引司馬彪云爛食曰魄又釋文云魄謂魂魄也。又云魄李作粕萱按粕晚出字丹魄虎魄也文選恩倖傳論素練丹魄注魄榽榼爾雅釋木。列子仲尼是若欺魄焉釋文云欺魄字書作欺頼人面醜也

狛或作[illegible]如狼善驅羊說文

舶或作鮊海魚也說文鱎也廣雅釋魚

洎隸作泊淺水也說文段注顏氏家訓曰遊趙州見柏人城北有一小水土人亦不知名後讀城西門徐整碑云洎流東指案說文此字古泊字也泊淺水兒此水無名直以淺兒目之或當即以洎字爲名乎玉裁按顏書今本譌誤爲正之可讀如此說文作洎隸作泊亦古今字也犬部狛字下云讀淺若淺泊淺水易停故泊又爲停泊淺則薄故泊亦爲厚薄字又以爲憺怕字今韻以泊入鐸以洎入陌由不知古音耳漢書禮樂志泊如四海之池注云泊水兒也又文選海賦潤泊柏而

迆颺注云柏小波也

泊安靜也漢書楊雄傳下泊如也注又司馬相如傳上泊乎無爲澹乎自持注云泊澹皆安靜意也又後漢蔡邕傳注云泊猶靜也。文選謝惠連西陵遇風詩曲汜薄停旅謝靈運富春渚詩赤亭無淹薄登池上樓詩薄霄愧雲浮按此皆段薄爲泊也又洞簫賦密漠泊以獑猢注云嗼[illegible]兒漠與嗼同泊與岶同按嗼岶皆晚出字義涉皮傳又[illegible]讓傳注云泊汁也按泊訓汁亦[illegible]范書本作泊轉寫者譌耳

拍拊也說文段注釋名曰拍搏也手搏其上也按許釋搏曰索持則古經搏訓拍者字之段借考工記搏埴之工注云搏之言拍也云之言[illegible]義李不同也擊也廣雅釋詁三萱按釋詁三又云拍擊也不合拍拍爲一字何歟[illegible]言又[illegible]姿容搏壁也楚辭湘君苭辟苭拍兮蕙綢注短刀曰拍髀帶時拍髀旁也短刀又曰露拍言露見也釋名釋兵。周禮醢人豚拍魚醢鄭杜皆以拍爲髆萱按此同音段借也或訓豚拍爲肩則謂爲髆之段借

霏雨濡革也說文段注雨濡革則虛起今俗語若朴霸字以爲聲

霸 **䨣**古文 **月始生魄然也承大月二日承小月三日周書曰哉生霸** 說文段注霸魄疊韻鄉飲酒義曰月者三日則成魄正義云前月大則月二日生魄前月小則三日始生魄馬注康誥云魄朏也謂月三日始生兆朏名曰魄白虎通曰月三日成魄八日成光按上已皆謂月初生明為霸而律厤志曰死霸朔也生霸望也孟康曰月二日以往明生魄死故言死魄魄月質也三統說是則前說非矣漢志所引武城顧命皆作霸後代魄行而霸廢矣俗用為王霸矣字實伯之段借也○釋名釋天云霸月始生霸然也又文選月賦朏魄示沖注云魄月始生魄然也又謝惠連秋懷詩頹魄不再圓注云魄月魄也 **魄光也** 法言五百月未望則載魄於西注 **朔後為死魄** 周書世俘既死霸注○太玄玄數存魄注云魄者死之體也書曰明死而魄生故知魄為體也

莫冒各切 去入兩讀此為引申之義 **無也** 詩谷風德音莫違箋天保以莫不庶箋沔水莫肯念亂箋楚茨式禮莫愆箋角弓莫肯下遺箋行葦莫遠具爾箋抑莫捫朕舌傳蕩曾是莫聽箋時邁莫不震疊韓詩又禮記檀弓上莫相予伍馬注又論語雍也何莫由斯道也皇疏述而文莫吾猶人也集解又皇疏憲問莫我知也夫皇疏陽貨何莫學夫詩皇疏又淮南本經機械詐偽

莫藏於心注又廣雅釋言○易遯莫之勝說虞注益莫益之虞注漸終莫之勝虞注竝云莫无也又詩雲漢箋云靡莫皆無也 **大也** 小爾雅廣詁又史記廉頗藺相如傳皆輸入莫府集解引如淳張釋之馮唐傳上功莫府索隱又莊子逍遙遊廣莫之野釋文引簡文注又淮南脩務莫囂大心撫其御之手注 **定也** 詩皇矣求民之莫傳貉其德音釋文引韓詩板民之莫矣傳又漢書敘傳上求民之莫注又莊子大宗師莫然有閒釋文引崔注○左氏襄三十一年傳民之莫矣注云莫猶定也 **靜也** 漢書外戚傳下集注 **散也** 文選關中詩注引韓詩章句 **謀也** 詩巧言聖人莫之傳○漢書敘傳上引詩莫鐵作聖注人謨之 **布也** 廣雅釋詁三 **去也** 廣雅釋詁二 **莫猶削也** 管子制分屠牛坦解九牛而刀可以莫鐵注 **強也** 廣雅釋詁一 **稚也** 廣雅釋言 **漠也泊怕也** 廣雅釋言萱按怕者憯怕也俗作澹泊 **莫然疑之** 莊子人閒世妄則其信之也莫注 **德正應和曰莫** 周禮謚法又左氏昭廿八年傳又禮記樂記莫其德音注 **虛無也** 禮記禮運是為合莫注 **無所貪慕也** 論語里仁無適也無莫也鄭注萱按鄭以莫為慕之段借也○皇疏云適莫猶厚薄也 **莫寂寞言闇也** 荀子成相悖亂昏莫不終極注 **莫**

莫言清靜而敬至也 詩楚茨君婦莫莫傳○荀子非十二子莫莫然 **莫莫施兒** 詩旱麓莫莫葛藟傳 **莫莫茂也** 廣雅釋訓又文選蜀都賦梗稻莫莫劉注 **莫莫成就之兒** 詩葛覃維葉莫莫傳 **莫莫塵埃兒** 漢書楊雄傳上集注又文選羽獵賦注云莫莫紛紛風塵之兒也 **坎為廣莫風** 太玄玄挩擬之八風注 **煮繭曰莫莫幕也貧者著衣可以幕絡絮也** 釋名釋采帛○漢書李廣傳莫府省文書注云莫府者以軍幕為義古字通單用耳萱按幕府字史漢段莫作之廉藺傳張馮傳皆是 **莫邪大戟也** 史記屈原賈生傳莫邪為頓集解引許慎萱按此段莫為鏌也說文自作鏌釪 **莫貈蟷蜋蛑** 爾雅釋蟲又釋文云莫或作蟹○萱按經典癸鄭漢嗼幕字皆段莫為之又段為謨字莫即謨之段借入聲也

膜 **肉閒胲膜也** 說文段注釋名膜幕也幕絡一體也廣雅膫膌膜也膌與膜為一許意為二膜在肉裏也許為長胲膜者衆呼之胲之言該也 **膜謂鬲閒之膜** 素問舉痛論膜原之下注 **肓膜謂五藏之閒鬲中膜也** 素問痹論熏於肓膜注 **西膜沙漠之鄉** 穆天子傳二西膜之所謂鴻鷺注萱按此段膜

為漠也穆天子傳二又云吾乃膜拜而受注云膜音模按此非古義古音也釋氏之言膜拜濫觴於此

摹 或作摸○平入兩讀 **規也法也刑也數也** 萱按諸義皆讀平聲 **摸撫也** 方言十三又廣雅釋言 **摸揉也** 一切經音義十八引字林 **摸索捫撫也** 一切經音義十六引埤蒼 **張小使大謂之廓陳楚之閒謂之摸** 方言一 **摹者索而得之** 太玄玄圖規生三摹注又太玄法云摹法以中克注云摹索取也 **摹廣求也** 漢書楊雄傳音義引字林萱按訓索訓求訓撫手入兩讀所同

嗼 ○俗有寞 **啾嗼也** 說文段注按夕部云寂𡖐義略同爾雅釋詁曰嗼定也呂覽首時嗼然高注嗼然無聲也今毛詩求民之莫毛曰莫定也又貉其德音左傳韓詩貉皆作莫韓云莫定也○爾雅釋文云嗼本作莫萱按莫段借字又老子宋兮寞兮用俗字 **定也** 爾雅釋詁又廣雅釋詁四 **安也** 廣雅釋詁一 **寞靜也** 文選西征賦諒忠聲之寂寞注

𡖐 **宋也** 說文段注當云宋𡖐也轉寫佚字耳宋𡖐者夕之靜也啾嗼者口之靜也宋𡖐者死之靜也 **靜也** 廣雅釋詁四

⿱莫夕 或書作⿰歹莫 **死宋⿱莫夕也** 說文段注宋⿱莫夕猶嗷嘆也

瘼病也 說文又爾雅釋詁又詩四月亂離瘼矣傳桑柔瘼此下民傳又左氏宣十二年傳注又後漢仲長統傳注○方言三云瘼病也東齊海岱之閒曰瘼又一切經音義十引三蒼云今江東呼病皆曰瘵齊東曰瘼又爾雅釋詁注略同

幕帷在上曰幕 說文段注周禮注曰在上曰幕幕或在地展陳於上疏云聘禮布幕官陳幣史展幣皆於幕下又賓入境至館皆展幕是幕在地展陳於上也按大徐李此下有覆食案亦曰幕六字蓋淺人所增○左傳昭十三年以幄幕九張行釋文又一切經音義三引字林竝云在上曰幕又淮南說山針成幕注云幕帷也上曰幕旁曰帷又儀禮既夕用幕布注云幕布帷幕之布 **帳也** 左氏莊廿八年傳楚幕有烏注又穀梁定十年傳舞於魯君之幕下注又國語吳語乃退就幕幕而會注又廣雅釋器○楚辭招魂離榭脩幕注云幕大帳也又文選別賦注引纂要云帳曰幕又荅蘇武書韋韝毳幕以御風雨注云毳幙氈帳也 **覆也** 易井井收勿幕虞注又釋文又莊子則陽解朝服而幕之釋文引司馬注又方言十三又廣雅釋詁二○易井注云幕猶覆也又周禮天官序官幕人注云幕帷覆上者又禮記檀弓上布幕衛也注云幕所以覆棺上

也 **益也** 易井虞注 **絡也** 釋名釋衣服○釋牀帳云幕幕絡也在表之稱也 **庵也** 廣雅釋室 **暮也** 爾雅釋言 **幕幕冋兒** 後漢張衡傳注 **沙土曰幕** 史記匈奴傳益北絕漠集解引臣瓚又漢書武帝紀衛青復將六將軍絕幕注引應劭云幕沙幕匈奴之南界也又注云幕者卽今之突厥中磧耳又五行志中之上絕大幕注云幕沙磧也又後漢光武紀下注云沙土曰幕卽今磧也萱按此皆段幕爲漠也史記衛將軍騎驃騎傳不能度幕索隱云幕卽沙漠古字少耳 **錢背也** 史記大苑傳錢如其王面索隱又文選嘯賦羣鳴號乎沙漠注引韋昭○嘯賦李注云幕漫也漫幕同義猶今人呼帳幔也亦曰幕注又云幕今書或作漠又漢書西域傳上幕爲入面注云幕卽漫耳無勞借音萱按今人亦呼錢背爲漫也漫幕雙聲實皆漠之段借字

鏌鏌釾逌 **大戟也** 說文段注大徐無大戟字淺人但知莫邪爲劒故刪之也應劭司馬貞顏師古皆主劒說非許意史記趙良司馬相如皆云干將之雄戟張揖曰吳王劒師干將所造者也然則干將莫邪古說謂戟矣○漢書楊雄傳上杖鏌邪而羅者以萬計注云鏌邪大戟也又後漢杜篤傳注云鏌鋣大戟也 **鏌釾劒也** 廣雅釋器○荀子彊國剖

荊而莫邪已注云莫邪古之良劒又呂覽用民莫邪不爲勇者興注云莫邪良劒也察今不期乎鏌鋣注云鏌鋣良劒也又淮南脩務而不期於墨陽莫邪注云莫邪美劒名又莊子達生復仇者不折鏌干釋文云鏌李作莫萱按莫者鏌之省鋣者釾之或體邪則借也

鄚涿郡縣 說文段注見前志後志曰河閒郡鄚故屬涿史記曰扁鵲者勃海郡鄭人徐廣云鄭當爲鄚按司馬以鄚系勃海者境相際也扁鵲漢以前人不當叢以漢制耳今直隸河閒府任丘縣北十三里有莫州城往來孔道也唐開元十三年改鄚爲莫見通典舊唐書唐書今俗語如冒○左傳昭七年注東北至河閒鄚縣釋文云鄚李作鄭莫又國策秦楚策莫敖子華漢書古今人表作鄚敖子華

漠北方流沙也一曰清也 說文段注毛詩傳曰莫莫言清靜○楚辭疾世踰隴堆兮度漠注又後漢杜篤傳注竝云漠沙漠也又竇憲傳注西域傳注又文選封燕然山銘經磧鹵絕大漠注引臣瓚竝云沙土曰漠萱按史記漢書後漢書竝段幕爲漠史記集解云沙土曰幕索隱云幕卽沙漠古字少耳○爾雅釋言漠清也樊注云漠然清靜皃 **靜**

也 漢書賈誼傳集注 **定也** 淮南俶眞時既者其神漠注 **泊也** 文選勵志詩注引廣雅 **無聲也** 漢書馮奉世傳夕成等漠然注○荀子解敝聽漠漠而以爲吻吻注云漠漠無聲也 **漠漠合也** 楚辭疾世塵漠漠兮未晞注 **沖漠沖虛恬漠也** 文選七命沖漠公子含華隱曜注 **漠睧猶鈍睧不知足類** 淮南原道漠睧於勢利注 **病也** 史記扁鵲倉公傳瓜幕索隱萱按此段漠爲瘼也 **謀也** 爾雅釋詁又舍人注云漠心之謀也萱按此段漠爲謨也

貘 ○俗有狛貊按貊又爲貉之俗字 **侶熊而黃黑色出蜀中** 說文段注卽諸書所謂食鐵之獸也見爾雅上林賦蜀都賦注後漢書爾雅謂之白豹山海經謂之猛豹今四川川東有此獸薪采攜鐵飯甑入山每爲所齧其齒則奸民用爲僞佛齒○爾雅釋獸貘白豹釋文引字林云貘似紅而白黃出蜀都郡一曰白豹又文選上林賦其獸則㺎旄貘犛注云貘白豹 **貊大如驢狀頗似熊** 後漢列女傳注 **貊靜也** 詩皇矣貊其德音傳又箋云德正應和曰貊萱按此用貊爲嗼也

驀 上馬也 說文段注吳都賦曰驀六駮上馬必捷故引申爲猝乍之稱

齊齒呼 几略切

腳 〇俗有脚 脛也 說文段注東方朔傳曰結股腳謂跪坐之狀股與腳以郗爲中腳之言卻也凡卻步必先脛〇廣雅釋親云腳脛也又荀子正論捶苔膾腳注云腳古腳字 掎也 史記司馬相如傳射麋腳麟索隱引司馬彪又集解引郭璞云腳持足〇文選子虛賦注引韋昭云腳謂持其腳也又漢書司馬相如傳射麋格麟注云腳言持引其腳也

攫 爪持也 說文段注覆手曰爪謂覆手持之也 去也 太玄瑩故不攫所有注

丮 持也象手有所丮據也 說文段注持握也外象拳握形

戟 〇俗作戟 有枝兵也周禮戟長丈六尺 說文段注兵者械也枝者木別生條也戟爲有枝之兵則非若戈之平頭而亦非直刃似木枝之衺出也戈刃之倨句平而稍侈故曰外博戟則大侈倨句一矩有半故可刺可句攷工記冶氏戟廣寸有半寸內三之胡四之援五之倨句中矩與刺重三鋝鄭曰戟今三鋒戟也內長四寸半胡長六寸援長七寸半三鋒者胡直中矩言正方也鄭司農云刺謂援也玄謂刺者箸柲直前如鐏者也戟胡橫貫之故中矩則援之外句磬

折與通藝錄曰內三之謂戟柄橫出柲外者四寸有半也胡四之謂上連刃直而下垂者長六寸也援五之謂衺上之刃長七寸半也刺者謂橫出之內有鋒也倨句中倨者刺謂刺橫胡直正方之形也不言援之倨句言刺之倨句者戟爲句兵中矩者主於句也據二儀實錄雙枝爲戟獨枝爲干戈以爲證說與鄭注大乖異然恐程說近是方言匽戟廣雅作偃戟偃者仰也據衺上之刃名之也周禮棘門明堂位越棘大弓左傳子都拔棘以逐之棘皆訓戟棘者刺也戟有刺故名之曰棘衺者爲援則橫者爲棘爲刺也張揖注子虛賦曰雄戟胡中有鮔者鮔同岠益於直垂之胡之中爲橫出者是曰鮔鮔亦有鋒故方言三刃枝郭注云今戟胡鍸嚳中有小子刺者所謂雄戟也然則合援與刺與鮔是爲三刃枝鄭所謂三鋒戟者又不如是古制茫昧難知但曰援者斷非直刃凡左傳言公戟其手詩毛傳言搢据戟揭也許書言揭戟持也据戟揭也史言須犛如戟皆取衺出不取直上是則信而有微耳方言曰戟無刃吳楊之閒謂之戈然則戟者戈之有刃者也戟亦非直刃謂之有刃者何其刃幾於直也少儀曰戈有刃者橫戈之分別有無刃古矣左傳狂狡輅鄭人鄭人入於井倒戟而出之獲狂狡此用援刺鄭人不中鄭人攀柲刺而上也或以戟鉤欒欒斷肘而死則援與刺皆兼鉤刺之用矣靈輒倒戟以欒公徒而免趙盾此主於用援也

許云有枝兵者援刺皆得云枝〇一切經音義一引字林云戟有枝兵也長丈六尺又華嚴經音義上引論語圖云戟形傍出用刃也又考工記冶氏戟廣寸有半注云戟今三鋒戟也 戟格也旁有枝格也 釋名釋兵 戟車戟常也 詩無衣修我矛戟箋又考工記盧人云車戟常又國語齊語贖以犀甲一戟注云戟車戟也又淮南氾論出犀甲一戟注云戟車戟也長丈六尺

戟 亦兵也 呂覽離俗〇考工記冶氏疏云凡戟而無刃秦晉之閒謂之子或謂之鏤吳揚之閒謂之伐東齊秦晉之閒其大者謂之曼胡其曲者謂之句子曼胡萱按吳揚之閒謂之伐此語恐誤又御覽三百五六十六引埤蒼云戟盾也其誤同

蘧略切

噱 大笑也 說文〇廣雅釋詁一云谷笑也萱按噱與谷互相通借 噱噱笑聲也 漢書敘傳上談笑大噱注〇漢書注又云噱謂脣口之中又揚雄傳上注云口內之上下名爲噱又廣雅釋親云噱舌也萱按此皆噱之義也

勮 〇俗有劇平去兩讀 劇甚也劇亦疾也劇猶難也劇繁多也劇嚻煩也旁出歧多故曰劇劇亟不息劇無赦 萱按已詳去聲劇下古祇有劇訓務也音轉讀入聲

字譌從刀譌字行而正字隱矣

𧮫 啣或 臄或 口上阿也 說文段注大雅有卷者阿箋云有大陵卷然而曲口上阿謂口吻已上之肉隨口卷曲毛傳臄函也马部函谷也與毛合晉灼注羽獵賦曰口之上下名爲噱按通俗文云口上曰臄口下曰函服析言之毛許晉皆渾言之許舉上以包下耳今說文各本函下譌作舌也古者舌無函名特牲少牢禮肵俎用心舌與加殽脾臄異用陸釋文云說文曰函舌也又云口次肉也似陸峙說文已誤矣單行釋文口次譌口裏則義全非讀書之難如是〇漢書敘傳上注云噱謂脣口之中又楊雄傳上遙噱虖紘中注云口內之上下名爲噱又文選羽獵賦遙噱乎紘中注引晉灼同萱按此段噱爲臄也 函也 詩行葦嘉殽脾臄傳又釋文云臄本作醵萱按醵段借字又廣雅釋親云噱舌也此段噱爲臄而誤與函舌也同又廣雅釋詁云谷笑也此又段谷爲噱

欲 相踦欲也 說文段注踦當作掎 倦也 史記司馬相如傳徼欲受詘索隱引司馬彪司馬相如傳集解引郭璞萱按漢書相如傳欲作執文選子虛賦作執俗書作卻乃隙之俗體也又借爲欲字

⿸疒欲 極也 史記

合作卻卩卻也說文段注卩卻者節制而卻退之也退也國策秦策怒戰慄而卻注又廣雅釋言○楚辭

憝命卻騏驥以轉運分注又文選東京賦卻走馬以冀薛注竝云卻退也卻謂退而卑之也漢書爰盎

傳盎引卻慎夫人坐注讓也廣雅釋詁二卻猶止也呂覽用民遠擊金而卻之注爲欲不敢卻也注召類

舜卻苗民注除也老子卻走馬以冀釋文閉也素問四時剌逆從論血氣內卻注息也莊子天道今吾

心正卻矣釋文仰也禮記少儀注襲卻合之疏又儀禮公食大夫禮亦一一合卻之疏又士昏禮啟會卻于敦南疏云卻

仰也謂仰於地也○既夕舉柩卻下而載之疏云卻猶却也萱按此以俗字釋正字也俗字人易知卻不用也呂覽

知接無由接固卻其忠言注卻死猶避死也史記魯仲連鄒陽傳勇士不卻死而滅名索隱卻行螾

衍之屬考工記梓人卻行仄行注郤逆之也呂覽任地使其民而郗之注萱按郗乃郤之譌體緣卻與卻相

亂故卻亦或譌郗矣皆俛於大雅者也又儀禮士昏禮注云古文卻爲綌則同音段借也

御徼御受屈也說文段注子虛賦曰徼䣹受詘郭璞曰䣹疲極也司馬彪云徼遮也䣹倦也謂遮其倦者按長

卿用假借字作䣹許用正字作御蘇林注漢曰䣹音倦䣹之䣹當作音倦御之御也方言曰御傣也倣同御倦同倦心部㤢者

勞也與御音義同史記匈奴傳漢書趙充國傳皆云徼極與徼御音異義同勞也廣雅釋詁一傣也方言十二

極也廣雅釋詁一○又云御笑也萱按此段御爲喙也

㤢勞也說文段注此與御音義皆同本一字耳

蝍渠蝍逗一曰天社說文段注社一作柱廣韻譌作神按渠蝍卽蛣蜣雙聲之轉玉篇謂蜣蝍同字是也

釋蟲曰蛣蜣蜣蜋莊子云蛣蜣之智在於轉丸陶隱居云憙入人糞中取屎丸而卻推之俗名爲推丸羅願云一前行以後兩

足曳之一自後而推致馬乃坎地納丸不數日有蜣蜋自其中出玉裁謂此物前卻推丸故曰渠蝍一曰猶一名也廣雅曰天

柱蜣蜋也

綌帢或粗葛也說文又儀禮士昏禮綌冪注又燕禮冪用綌疏云葛之粗者曰綌○禮記曲禮上巾以綌

疏檀弓綌衰總裳釋文月令釋文喪大記疏又論語鄉黨釋文又儀禮士喪禮皆用綌注竝云綌麤葛也又詩葛覃爲絺爲綌

傳云麤曰綌又小爾雅廣服云葛之精者曰絺麤者曰綌大葛練也論語鄉黨皇疏○儀禮鄉飲酒禮記尊綌冪注

又禮記檀弓上疏竝云綌葛也又論語鄉黨袗絺綌集解引孔注云絺綌葛也○儀禮士昏禮卻于敦南注云古文卻爲綌萱

按古文段借也

郤○俗譌作郗晉大夫叔虎邑也說文段注叔虎之子曰郤爲以邑爲氏○一切經音義二引聲類云

卻鄉在河內閑也禮記曲禮下相見于郤地曰會注又莊子養生主批大郤釋文引崔李注德充符使日夜無郤釋文

引李注○周書寶典喜怒不郗注云郗閑也又列子黃帝其神无郤注云郤閑也萱按閑當作閒此皆段郤爲隙也漢書孫寶

傳與紅陽有郤注云郤與隙同又孟子音義下引丁音云郤義與隙同又莊子知北遊若白駟之過郤釋文云郤李作隙又文

選重荅劉秣陵沼書雖隙駟不畱注云郤古馳隙字也郤中委中也素問刺腰痛篇刺其郤中注○呂覽任地

使其民而郤之注云郤逆之也萱按此郤當作卻展轉之譌也

榔角械也一曰木下白也說文段注角盇角鬥之角後義未詳

𡭴際見之白也說文段注際者壁會也壁會隙也見讀如現壁隙之光一綫而已故从二小

隙壁際也說文段注左傳曰牆之隙壞誰之咎也際自分而合言之隙自合而分言之引申之凡坼裂皆曰隙又引

申之凡閒空皆曰隙段借以郤爲之○漢書地理志下集注引如淳云隙際也又魏豹傳如白駒過隙注云隙壁際也又文選

雪賦注引字林云隙壁際孔孔也莊子知北遊若白駒之過隙釋文○荀子禮論若駟之過隙注云隙壁孔也又史記

賃殖傳居雍隙集解引徐廣云隙者閒孔也隙謂空隙禮記三年問若駟之過隙疏又釋文云隙空隙之地也○

國語楚語四時之隙注云隙空閒時也又漢書荊法志皆於農隙以講事馬注云隙空閒也隙卽穴也後漢陳忠

傳注又周禮赤友氏凡隙屋疏云隙謂孔穴也閒也周禮黨正注至此農隙疏又國語周語蒐於農隙注二閒夾鐘出四

隙之細也注又文選東京賦三農之隙薛注○勸進表伺國瑕隙注云隙閒隙也又漢書高帝紀上集注云隙謂閒隙○左氏

哀十二年傳宋鄭之閒有隙地馬注云隙地閒田瑕釁也國語周語則可以上下無隙矣注○一切經音義十四引

國語賈注云隙釁也裂也廣雅釋詁二○萱按莊子批大郤列子其神无郤此類郤郤字皆隙之段借也郤者郤之譌

狌怯或。五部八部兩讀多畏也說文段注本謂犬段借謂人今字皆用怯無勇也呂覽務本將衆則罷怯注。賈子道術云持節不恐謂之勇反勇爲怯憚所行爲怯禮記曲禮注懾猶怯也釋文怯脅也見敵恐脅也釋名釋言語去也廣雅釋詁二。史記魯仲連鄒陽傳勇士不怯死而滅名索隱云怯死猶避死也又廉頗藺相如傳然士或怯懦

亦隱略切。俗有腋人之臂亦也說文段注徐鉉等曰亦今別作腋按廣韻肘腋作此字俗用亦爲語詞乃別造此肉部曰胳亦下也胠亦下也今禮記深衣袼之高下注云袼衣袂當腋之縫袼腋乃皆俗字人臂兩垂臂與身之間則謂之臂亦臂與身有重疊之意故引申爲重累之詞公羊傳大火爲大辰伐爲大辰北辰亦爲大辰何注云亦者兩相須之意按經傳之亦有上有所蒙者有上無所蒙者論語不亦說乎亦可宗也亦可以弗畔亦可以爲成人矣皆蒙上無所蒙皇侃曰亦猶重也此等皆申重贊美之詞亦之言猶大也甚之也若周頌亦有高廩亦服爾耕鄭箋云亦大也是謂亦即奕奕之假借也介部曰奕大也又或段爲射或段爲易亦者兩相須之意公羊昭十七年傳北辰亦爲大辰注又左氏昭廿年傳亦有和

韻史 卷二十四第五部入聲各韻　二七七五

義疏亦猶重也論語學而不亦說乎皇疏亦猶實也後漢竇融傳注治也廣雅釋詁三巳也詩泉水亦流於淇注言亦者不必之辭易井亦未繘井疏不亦者亦也孟子滕文公上不亦善乎注易也素問氣厥論謂之食亦注萱按易正字亦段借也又列子黃帝二人亦知釋文云亦本作易。漢書古今人表曹嚴公亦姑師古曰即射姑也萱按射字古祇讀去聲後人彊分動靜古無是也名射姑者當是亦爲正字射爲借字故射讀亦與借射爲厭斁字讀若同大也詩豐年箋噫嘻箋又噫嘻號云亦作奕音義同萱按亦與奕互相通借武榮碑亦世載德段亦爲奕也帝堯碑奕孔禎純段奕爲亦也又後漢袁術傳不顯奕代即詩不顯亦世也胳謂之腋廣雅釋親腋在肘後文選荅魏子悌詩注引埤蒼腋繹也言可張翕尋繹也釋名釋形體

奕大也詩曰奕奕梁山說文又爾雅釋詁又方言一又漢書敘傳下集注又太玄格往小來奕注。詩韓奕奕奕梁山傳云奕奕大也又巧言奕奕寢廟傳云奕奕大皃重也後漢袁譚傳注。班彪傳下注楊秉傳注袁術傳注竝云奕猶重也容也方言二云奕容也自關而西凡美容謂之奕陳楚汝頵之閒謂之奕。廣雅釋詁四云弈容也

韻史 卷二十四第五部入聲各韻　二七七六

釋訓云弈弈容也萱按義當作奕廣雅或傳寫之譌奕奕姣美也詩閟宮新廟奕奕箋奕奕盛也廣雅釋訓又文選秋懷詩注引韓詩章句云奕奕盛皃奕奕光明文選東京賦六元虬之奕奕薛注奕奕舞形也文選東京賦萬舞奕奕薛注。詩那萬舞有奕傳云奕奕然閒也奕奕輕靡之皃文選吳都賦僐從奕奕注。方言二注云弈僷皆輕麗之皃萱按弈當作奕奕奕行也廣雅釋訓寢廟奕奕言相連也獨斷下又續漢祭祀志下奕奕憂也爾雅釋訓。詩頍弁憂心奕奕傳云奕奕然無所薄也又疏云奕奕憂之狀奕亦前人也國語周語奕世載德注

弈圍棋也論語曰不有博弈者乎說文。論語陽貨皇疏云弈圍棋也又漢書游俠陳遵傳相隨博弈注云弈圍碁也又王褒傳注云弈今之圍碁也又方言五云圍碁謂之弈自關而東齊魯之閒皆謂之弈又左氏襄廿五年傳不如弈棋注云弈圍棋也又疏云圍棋稱弈者取其落弈之義也圍局也後漢張衡傳注又小爾雅廣服云碁局謂之弈。孟子告子上今夫弈之爲數注云弈博也或曰圍棋萱按前義未諦博弈自是二事

韻史 卷二十四第五部入聲各韻　二七七七

掖以手持人臂也一曰臂下也說文段注各本腋臂下有投地二字今依左傳音義刪正左傳衛人伐邾二禮從國子巡城掖以赴外殺之赴當是仆之誤正義曰說文云掖持臂也謂執持其臂投之城外也釋文曰說文云以手持人臂曰掖陸孔所據皆無投地二字淺人傳合左增之不知掖人者不必皆投地也詩衡門序曰僖公愿而無立志故作是詩以誘掖其君鄭云掖扶持也是可證矣一曰臂下也此義字本作亦或借掖爲之非古也儒行逢掖之衣高后本紀見物如蒼犬據其掖俗亦作腋。後漢書張衡傳禮至以掖國作銘注云掖謂挾之而投於城外也萱按此沿元凱注而有投字掖謂在旁扶之詩衡門序疏又釋文云掖扶持也謂與箋同臂也詩衡門序疏。左氏僖廿五年傳掖以赴外疏云掖本持臂之名遂謂臂下脅上爲掖是因名轉而相生也掖門在兩旁如人臂掖也漢書成帝紀闕入上方掖門注又注引應劭云掖門者正門之傍小門也又後漢襄楷傳注云端門左右星爲掖門。文選西京賦歷掖庭薛注云掖庭今官主後宮又水經河水注引應劭地理風俗記云張掖言張國臂掖以威羌狄大掖之衣大袂襌衣也禮記儒行衣逢掖之衣注又深衣注當掖之作縫也釋文云掖本作腋萱按腋俗字也正當作

韻史 卷二十四第五部入聲各韻　二七七八

亦○左氏襄四年傳注東萊掖縣北釋文云漢書作夜按夜省借字也

液 盪也 說文段注血部曰盪气液也按樂記注曰永歎淫液歌遲之也考工記春液角鄭司農液讀為醳謂重釋治之此皆引申之義也○素問調經論人有精氣津液注引鍼經云精之滲於空竅畱而不行者為液也又莊子人閒世以為門戶則液構釋文引司馬注云液津液也 汁也 文選思玄賦注引字林又素問腹中論鼻出清液注云液清液清水也○漢書王莽傳上集注云液與掖同萱按此謂段借也又山海經北山經液女之水注云液音懌

睪 今隸作罩 司視也今吏將目捕辠人也 說文段注司者今之伺字廣韻作伺漢之吏人攜帶眼目捕罪人如虞翻令能緝者備作賊衣以采綫縫賊裾有出市里者吏執禽之是也 高皃 家語困誓則睪如也注萱按此非睪之確詁也荀子大略望其壙皋如也字自作皋耳緣皋之俗體作睾與睪形近因之皋注云逐逸為睪注矣其譌謬有如此者又荀子正論代睪而食注云睪蓋香艸也睪當為藁卽所謂蘭芷藁本也又側載睪芷以養鼻注云睪芷香艸也又王霸云睪牢天下而制之若制子孫按謝校荀子諸睪字皆定為皋其說是矣○孫叔敖碑收九睪之利按此或謂段睪為澤萱

謂非也九睪卽九皋之譌皋自訓澤耳

⿱罒开 引繒也 說文段注篇韻此字皆作睪非也睪與⿱罒开不得合為一字各本引給也不可通惟廣韻作引繒皃似是隨唐相傳說文古本引繒而長之蓋作僞之事與數解也睪斁也音義相通或曰當作引給給絲勞也

圛 回行也商書曰曰圛絕句圛者升雲半有半無 說文段注回行也謂回曲而行商書謂洪範曰圛唐衛包改為曰驛而尚書正義詩齊風正義皆作曰圛此天寶以前未改之本也自貞觀以前史記宋世家集解云尚書作圛引鄭注圛色澤而光明也周禮大卜注引洪範曰雨曰濟曰圛曰蟊曰剋齊風鄭箋云古文尚書弟為圛皆古文尚書作圛之明證也古文尚書弟為圛者謂夏侯歐陽作弟古文尚書則作圛也言此者證詩之弟字亦當為圛而訓明也知今文尚書作弟者宋世家作涕可證也今本鄭箋作以弟為圛衍一字而不可通矣升雲半有半無此釋書曰圛之義與本訓回行不同故著之如莫席別於火不明塱讒別於以土增大道文法正同升雲半有半無正某氏氣落驛不連屬王肅霍驛消滅如雲陰所本如許說則商書圛字正驛繹之段借○書洪範疏云圛兆氣落驛不可連屬也 圛卽驛也 書洪

範疏

譯 傳四夷之語者 說文又後漢和帝紀注○文選東京賦重舌之人九譯薛注云九譯九度譯言始至中國者也 傳也 方言十三又廣雅釋詁四○漢書平帝紀越裳氏重譯貢白雉一注云譯謂傳言也 譯之言易也 翻譯名義一引宋僧傳○周禮秋官序官象胥疏云譯卽易 見也 方言十三又廣雅釋詁三 陳也 禮記王制疏 北方曰譯 禮記王制又周禮秋官序官象胥疏又後漢馬融傳注○漢修堯廟碑各相土譯居萱按此段譯為擇也又孝經注越裳重譯釋文云譯本作驛按此段驛為譯也

繹 ○繹祭字俗有襗譯 摺絲也 說文段注摺者引也引申為凡駱驛溫尋之傳駉馬傳曰繹繹善走也○廣雅釋言云繹摺也又漢書循吏黃霸傳語次尋繹注云繹謂抽引而出也 抽也 解也 一切經音義九引三蒼○方言六繹理也絲曰繹之注云云繹言解繹之也 繹猶緒也 文選劇秦美新神歌靈繹注 尋續也 論語八佾皇疏子罕皇疏○文選四子講德論注引論語馬注云繹尋也 充也 廣雅釋詁四 長也 方言一又廣雅釋詁二 窮

也 終也 竝廣雅釋詁四 斁也 詩泮水徒御無繹釋文 陳也 爾雅釋詁又詩車攻會同有繹傳常武徐方繹騷傳賚數時繹思傳又左氏宣十二年傳鋪時繹思注又論語子罕繹之為貴鄭注又後漢班彪傳下注○儀禮鄉射禮注繹己之志疏云繹謂陳己之志意也又穀梁宣八年傳疏云謂之繹者陳昨日禮也 調達之皃 後漢班彪傳下注○論語八佾繹如也鄭注云繹如志意條達之皃又漢書韋玄成傳集注云繹繹和調之皃 繹又祭也天子諸侯曰繹以祭之明日周曰繹 詩絲衣序繹賓尸也箋又儀禮有司徹注云天子諸侯明日祭於祊而繹○爾雅釋天云繹又祭也周又祭曰繹又公羊宣八年傳云繹者何祭之明日也又穀梁宣八年傳云繹者祭之旦日之享賓也又左氏宣八年經壬午猶繹注云繹又祭陳昨日之禮所以賓尸又國語魯語宗不具不繹注云繹又祭也唐尚書云祭之明日也昭謂天子諸侯曰繹又禮記郊特牲注繹又於其堂疏云繹是接尸之稱又云繹是堂上接尸 繹者各繹己之志也 禮記射儀○風俗通正失云三皇禪於繹繹明己功成而去德者居之繹繹者無所指序也萱按意不憭 繹繹生也 爾雅釋訓又疏引舍人注云繹繹穀皆生之皃 繹繹善走也 詩駉以車繹繹釋文 繹

繹相連皃漢書楊雄傳上集注。白虎通封禪云繹繹者是乃無窮之意也

繹繹盛皃文選甘泉賦注。引韓詩章句。漢書五行志下之下集注云繹繹光采皃

繹繹山也詩閟宮保有鳧繹傳。左氏哀七年邾衆保于繹注云繹邾山也萓按鄒魯之山作繹與下邳葛嶧山各字

地鼈曰繹屬周禮鼈人。詩板辭之繹矣釋文那莫不夷繹釋文竝云繹本作懌又書高宗肜日釋文爾雅釋天釋文竝云繹本作襗萓按懌襗晚出字也又爾雅釋文有襗鐸字皆繹祭之尤俗體又經典繹字或作斁驛嶧釋射鐸皆段借字射則繹也禮記玉藻注謂豐射之屬疏萓按此段射爲繹也

斁解也詩曰服之無斁斁猒也一曰終也說文段注斁解也與釋音義同後人區別之斁猒也見釋詁毛傳按此三字釋所引詩之斁以別於上文解訓此全書之一例也猒同猒飽也經典亦假射爲斁一曰終也別一義。詩葛覃服之無斁傳駉思無斁箋又思齊古之人無斁釋文振鷺在此無斁釋文又禮記大傳無斁于人斯注又文選魏都賦復之而無射劉注又法言先知曰思斁注竝云斁猒也

擇也詩思齊釋文

斁斁然盛也詩那庸鼓有斁傳。後漢張衡傳惟盤逸之無斁兮注云斁古度字也萓按斁與度不得爲古今字張自用斁李義無煩改讀也章

懷泯於晚出尚書耳又詩服之無斁在此無斁徒御無斁皆或作射按此段射爲斁也又書彝倫攸斁詩耗斁下土則段斁爲繹矣

射猒也爾雅釋詁又廣雅釋詁一又易說卦傳水火不相射釋文引虞陸董姚王肅注又詩車舝好爾無射箋抑矧可射思箋清廟無射于人斯釋文又禮記祭統奔走無射注中庸矧可射思注在此無斁注緇衣服之無斁注又漢書律歷志上又後漢列女傳注又太平少三曰射谷注疑三歲不射注平斁夾鐘生無射注。萓按此段射爲斁也詩無射于人斯禮記大傳注作無斁于人斯又爾雅釋詁釋文云射本作斁

無射者無猒也白虎通五行又淮南天文云無射入無猒也

無射所以宣布哲人令德示民軌儀也國語周語

無射戌之氣也九月建焉而辰在大火周禮太師無射注。又云無射長四寸六千五百六十一分寸之六千五百二十

射者終也白虎通五行

嶧葛嶧山也在東海下邳夏書曰嶧陽孤同說文段注地理志東海郡下邳葛嶧

山在西古文以爲嶧陽郡國志下邳國下邳縣葛嶧山本嶧陽山按今在江蘇省淮安府邳州西北六里非山東兗州府鄒縣東南二十五里之繹山也魯頌保有鳧繹傳曰繹繹山也左傳邾文公卜遷於繹杜云繹邾邑魯國鄒縣北有繹山哀七年邾衆保于繹杜云繹邾山也史記秦始皇上鄒嶧山刻石頌功德地理志魯國騶縣嶧山在北此山字作繹从糸不从山與東海葛嶧山字从山不同史記作鄒嶧漢志作嶧山乃譌字也秦時石刻字作繹。書禹貢嶧陽孤桐鄭注云嶧今下邳西葛嶧山也

屬者嶧爾雅釋山

嶧言駱驛相連屬爾雅釋山注

驛置騎也說文段注言騎以別於車也駟爲傳車驛爲置騎二字之別也周禮傳遽注曰傳遽若今時乘傳騎驛而使者也蓋乘傳謂車騎驛謂馬玉藻注云傳遽以車馬給使者也車謂傳馬謂遽渾言則傳遽無二析言則傳遽分車馬亦可證單騎从古而有非經典所無許傳下云遽也遽下云傳也此渾言也驛下云置騎也駟下云傳也此析言也置騎猶孟子言置郵俗用絡繹

馬也左氏昭二年傳釋文引爾雅釋言孫注。文十六年傳楚子乘驛注云驛傳車也又襄廿七年傳使驛謂諸王注云驛傳也萓按此兩年傳注驛字皆駟之譌說文云駟傳也

虩向略切。俗有覤

易履虎尾虩虩虩虩恐懼也一曰蠅虎也說文段注易履虎尾虩虩履九四文辭今易虩虩作愬愬釋文曰愬愬子夏傳云恐懼皃馬李作虩虩云恐懼也說文同按震卦辭震來虩虩馬云恐懼皃鄭同馬鄭用費易許用孟易而字同義同也崔豹曰蠅虎蠅狐也形似蜘蛛而色灰白善捕蠅一名蠅蝗一名蠅豹。易義海攝要引易陸續注云虩蠅虎始在穴中跳躍而出

虩虩懼也廣雅釋訓。莊子天地覤覤然釋文云覤覤驚懼之皃

略利若切

經略土地也說文段注昭七年傳芊尹無宇曰天子經略諸侯正封古之制也杜注經營天下略有四海故曰經略正封封疆有定分也禹貢曰嵎夷既略凡經界曰略左傳曰吾將略地又曰略基址引申之規取其地亦曰略地凡舉其要而用功少皆曰略略者對詳而言。左氏成二年傳侵敗王略注云略經略法度

界也左氏莊廿一年傳與之武公之略注定四年傳封畛土略注又小爾雅廣詁。文選吳都賦故其經略劉注云略分界也一曰遠界爲經略也

行也左氏宣十一年傳略基址注昭廿二年傳荀吳略東陽注廿四年傳以略吳疆注又廣雅釋詁一又小爾雅廣言。左氏隱五

年傳吾將略地焉注云略總攝巡行之名又文選上林賦觀士大夫之勤略注云略巡行也又淮南主術是故有大略者注云略行道也達也淮南脩務誦詩書者期於通道略物注略猶過也後漢吳漢傳注道也左氏定四年傳吾子欲復文武之略注○淮南氾論然而功名不滅者其略得也注云略猶道也智也文選七發雖有心略辭給注又漢書司馬相如傳上注云略智略也略猶數也淮南脩務達略天地注灋也廣雅釋詁一治也廣雅釋詁三簡也漢書王莽傳上集注又文選恨賦注引國語賈注○書禹貢嵎夷既略疏云略是簡易之名又管子侈靡本略近臣注云略謂禮不繁也要也孟子滕文公上此其大略也注又廣雅釋言約要也淮南本經其言略而循理注略猶殺也公羊哀五年傳喪數略也注減少也荀子天論養略而動希注○書禹貢馬注云用功少曰略又漢地理志上注云略言用功少也麤也孟子萬章上下嘗聞其略也注又荀子儒效略法先王注云略粗也又文選王命論又可略聞矣注云略粗略也略野略文選魯靈光殿賦鴻荒朴略張注大也淮南氾論總其略行注○荀子非相略則舉大注云略謂舉其大綱求也廣雅釋詁三又小爾雅廣言又方言二云略求也就室曰捜於道曰略略

強取也○詩魯頌譜謀東略疏云是謂征伐爲略也取也左氏宣十五年傳以略狄土注成十二年傳略其武夫注又廣雅釋詁一又小爾雅廣詁又後漢杜篤傳注○漢書司馬相如傳下集注云行取曰略又左氏襄四年傳季孫曰略注云不以道取爲略獲得也淮南兵略貪金玉之略注奪也國語齊語犧牲不略注犯也國語晉語略則行志注○詩蜉蝣傳蜉蝣渠略也萱按此段略爲蟟也又載芟有略其耜傳云略利也此段略爲䂮也䂮乃鍔之籀文匡謬正俗引張揖云略古作䂮按其說非也䂮略不得爲古今字

蟟○俗有蠌蠹蝨蟟一曰浮游朝生莫死者說文段注一曰猶一名也浮游俗人所改各本作蜉蝣俗人所改耳蝣字許書無蜉字雖有亦非今正釋蟲曰蜉蝣渠略曹風毛傳曰蜉蝣渠略也朝生夕死其狀詳陸璣詩疏爾雅注渠略段借字

軫略切

斫擊也說文段注擊者攴也凡斫木斫地斫人皆曰斫矣○方言十揚越之郊凡人相侮以爲無知或謂之斫注云斫卻斫頑直之皃今關西語亦皆然

斮斬也說文段注斬者截也截者斷也斫用衰斮截用正○爾雅釋器釋文引字林又公羊成二年傳曰斮法斮注又呂覽權貴直吏曰斮注又漢書劉向傳集注引應劭楊雄傳集注又後漢董卓傳論夫以剞肝斮趾之性注又文選羽獵賦斮巨挺注引韋昭竝云斮斬也斷也廣雅釋詁一又楚辭怨世羌兩足以畢斮注斫也爾雅釋器魚曰斮之樊注○釋器犀謂之斮釋文云斮李作厝萱按厝段借字或可兩通治犀用厝石亦如攻玉然擊也文選東京賦斮猶狂薛注

䃉斫也說文段注斫者其器所以斫地因謂之斫也釋器曰斫謂之鐯鐯字又作櫡依許則當作䃉郭云鑁也金部鑁者大鉏也

櫡○俗有鐯斮斫謂之櫡說文段注見釋器櫡一作鐯俗字也凡斫木之斤斫地之钁皆謂之櫡櫡之言著也

著直略反

倡略切

箸去入兩見姑从俗分也古祇讀去聲○俗作著附也國語晉語底著滯淫注又太玄玄攡必著乎情注○一切經音義三引字書云著相附著也著之言處也禮記樂記樂著大始注位次也左氏昭十二年傳則固有

著矣注補也一切經音義二引廣雅著尊者著略尊也或曰著尊著地無足周禮司尊彝其朝獻用兩著尊司農注又禮記明堂位著殷尊也注云著地無足○史記十二諸侯年表紂爲象著而箕子唏索隱云箸者樽也又廣雅釋器云著鐏也充之以絮也儀禮士喪禮著組繫注太歲在戊曰著雍爾雅釋天又釋文云著本作祝萱按祝段借字也又淮南天文云午在戊曰著雍○廣雅釋水云清滌浮著水也按王氏疏證云浮著未詳

射去入兩讀䠶古文弓弩發於身而中於遠也說文○萱案泛而言射則在去聲以射其物而言則在入聲後人強生分別如此其實一義之引申耳雖不分庸何傷彼註已詳故此從略射獲謂矢中人也儀禮鄉射禮無射獲注○大射儀毋射獲注云射獲矢中之也凡戲爭能取中皆曰射列子說符博者窮也䠶行也廣雅釋詁一又楚辭天問皆歸射鞫注邸射剡而出也考工記玉人璋邸射素功注又邸四寸注云射炎出者也周禮典瑞璋邸射司農注云射剡也○射其外鉏牙考工記玉人大琮十

有二寸射四寸注射則繹也禮記玉藻注謂壼射之屬疏○萱按此謂射即繹之段借字也周禮地官曰繹屬是也射本有繹義廣雅及記射義所云是也射厭也無射者無厭也無射宣布哲人令德示民軌儀也射者終也萱按此皆段射爲斁也斁下詳之又按穀梁曹伯射姑釋文射本作亦左傳狐射姑穀梁作夜姑射亦夜皆同部通借字

彳小步也象人脛三屬相連也說文段注三屬者上爲股中爲脛下爲足也單舉脛者舉中以該上下也脛動而股與足隨之彳亍止兒也文選射雉賦彳亍中輟徐注

婼不順也春秋傳有叔孫婼說文段注毛詩傳曰若順也此字从若則當訓順而云不順也此猶祀从巳而訓祭無已也○左傳昭七年叔孫婼如齊涖盟公羊作叔孫舍

忍略切

若或作[illegible]擇菜也一曰杜若香艸說文段注晉語秦穆公曰夫晉國之亂吾誰使先若夫二公子

而立之以爲朝夕之急此謂使誰先擇二公子而立之若正訓擇擇菜引伸之義也毛傳曰若順也於雙聲段借也又假借爲如也然也乃也汝也又兼及及之辭杜若香艸別一義順也爾雅釋言又釋天太歲在丑曰赤奮若李注又易觀荀注注巽用史巫紛若荀注又詩大田曾孫是若箋烝民天子是若傳邦國若否箋閟宮魯侯是若傳又禮記曾子問若義也注禮器致其敬而誠若注又孟子梁惠王上以若所爲注告子上乃若其情注又史記張丞相傳若百工集解引如淳司馬相如傳囨若淑而不昌集解引徐廣又文選選魯靈光殿賦粤若稽古帝張注善也爾雅釋詁又漢書禮樂志集注韋玄成傳集注若猶然也詩猗嗟傳頎長兒疏又漢書賈誼傳荀若而可注示也爾雅釋言如也公羊莊四年傳則襄公得爲若行乎注又素問生氣通天論若春無秋若冬無夏注八正神明論若神髣髴注○呂覽塑塞夫登一山而視牛若羊注云若猶如也又書文侯之命若汝予嘉疏云若訓如也又左氏僖卅三年傳以閒敝邑若何注云若何猶如何又禮記檀弓下吾欲暴尫而奚若注云奚若何如也又儀禮喪服傳若子注云若子者爲所爲後之親如親子似也管子小問與若之多虛而少實注汝也小爾雅廣詁又國語晉語命曰三日若宿而而至注吳語其歸若已注又管子山權數賜

若服中大夫注又呂覽愼大若國有妖乎注○漢書高五王傳若生而爲王子注張良傳吾爲若楚歌注申屠嘉傳吾今使人召若注元后傳且若自以金匱符命注竝云若亦汝也又儀禮士昏禮記則若則有常注云若猶女也又禮記祭統若纂乃祖服注云若乃猶女也又莊子齊物論若不吾勝我果是也而果非也邪注云若而皆汝也乃也小爾雅廣言○國語周語若能有濟也注云若猶乃也而也老子寵辱若釋文引顧注驚之也國語晉語若夫二公子而立之注萱按此注不若段大令說之諦至也老子貴大患若身注及也漢書高帝紀上若一郡降者封萬戶注又後漢陳忠傳注○漢書文帝紀丞若尉致注武帝紀爲復子若孫注任教傳若百工天下作程品注引晉灼竝云若者豫及之辭也又惠帝紀若不滿十歲注云若預及之言也辭也易豐有孚發若注節不節若則嗟若注○易離出涕沱若戚嗟若疏云若是語辭也不定之辭也周禮內小臣若有祭祀疏縣師若將有軍旅會同田役之戒疏○周禮稍人若有會同又儀禮士冠禮若殺則特豚燕禮若以樂納賓又禮記文王世子注先聖周公若孔子郊特牲注先嗇若神農者孔賈各疏竝云若者不定之辭若干且設數之言也漢書食貨志下百加若干注又賈誼傳各爲若干國注云若干豫設數也

○儀禮鄉射禮注若干純疏云若干者數不定之辭疏又云凡數法一二以上皆得稱若干若猶耳也詩甫田箋突耳加冠爲成人也疏疏又云言若者皆然耳之義古人語之異耳若猶然後管子海王若其事立注如此也荀子王霸出若入若注又史記禮書若者必死正義○荀子王霸亦可以察若言矣注云若言如此之言如故也國策秦策織自若注○後漢桓郁傳注云若性猶自然也又呂覽貴直已不用若言注云若言猶直言也莫若猶莫過也老子莫若嗇王注蹈足兒文選上林賦注引廣蒼若若長兒漢書石顯傳綬若若邪集注海若海神文選西京賦海若遊於元渚薛注○莊子秋水望洋向若而嘆曰若釋文引司馬注云若海神若杜若也楚辭雲中君華采衣兮若英注又漢書司馬相如傳衡蘭芷若注引張藉揖○文選舞賦順微風揮若芳注云若杜也大木之奇靈者爲若山海經西山經其陰多榣木之有若注北黿曰若屬周禮黿人又爾雅釋魚云黿右倪不若○易離釋文云殸古文若皆如此又斥張長田尹斷碑養善豈春陽萱按从艸猶从艸也

箬楚謂竹皮曰箬說文段注今俗云筍籜箬是也徙而陊地故竹篆下垂者像之

叒叒木逗榑桑也日初出東方湯谷所登也象形說文段注天問曰出湯自湯谷次于蒙汜淮南天文訓曰日出于湯谷浴于咸池拂于扶桑是謂晨明墜形訓注曰扶木扶桑也在湯谷之南海外東經曰湯谷上有扶桑十日所浴大荒東經曰湯谷上有扶木一曰方至一曰方出皆載於烏按離騷總余轡乎扶桑折若木以拂日二語相聯蓋若木即謂扶桑扶若字即榑叒字也

甑略切

踖○俗有碏長脛行也一曰踧踖說文段注踧踖見論語鄉黨馬融曰恭敬皃也廣韻曰踧踖行而謹敬按左傳石碏漢石經公羊作石踖从石誤字也躐也禮記曲禮毋踖席釋文○曲禮疏云踖席猶逆席踖踖敏也爾雅釋訓踖踖言爨竈有容也詩楚茨執爨踖踖傳踖踖慙媿皃也太玄勤勞踖踖注

借假也說文段注按小徐本無此字張次立乃依大徐增之大徐依注義序例偏旁所有而補正文者十九字借其一也序曰六書六曰假借又部段下曰借也當有借篆可知矣古多用藉爲借如言藉令即假令也○詩抑借曰未知傳云借假

也又後漢和熹鄧皇后紀注云借猶假也○史記陳涉世家籍第令毋斬集解引服虔又呂覽任數凡耳之聞也藉於靜注竝云藉假也又大戴記衛將軍文子使其臣如藉注云藉借也又左氏宣十二年傳敢藉君靈注云藉猶假借也助也漢書朱雲傳集注不借履也廣雅釋器○釋名釋衣服云屝或曰不借言賤易有宜各自蓄之不假借人也

淺略切

䟶驚皃說文

趞趬趞也一曰行皃說文萱按趬下云行輕皃一曰趬舉足也趬趞雙聲字今俗言輕趬其即趬趞之謂

歘趞趞行也廣雅釋訓

䧿隸變作鵲舄古籀○舄又見沁略切䧿也象形說文萱按說文先舄後䧿卽以䧿釋舄者借爲履舄字已久故以人所易知者通其所不知○段大令曰舄䧿也謂舄卽䧿字此以今字釋古字之例古文作舄小篆作䧿卑下曰厚也周禮注曰勛讀爲勳皆以今字釋古字鳥部曰雗鷽䧿也言其物此云舄䧿也言其字舄本䧿字自經典借爲履舄字而本義廢矣周禮注曰複下曰舄襌下曰履小雅毛傳曰舄達履也達之言重沓也卽複下之謂也釋名曰舄腊也複其下使乾

腊也舄者知太歲之所在說文舄字解段大令注曰淮南書云蟄蟲鵲巢皆向天一按天一謂太陰所建也博物志云鵲背太歲然則鵲巢開戶向天一而背歲鵲巢言國君夫人之德儀禮鄉飲酒禮乃合樂注燕禮遂歌鄉樂注又詩鵲巢釋文云鵲字林作雜○禮記少儀注名謂若韓盧宋鵲之屬萱按此段爲獨字也宋獨良犬

耤帝耤千畝也古者使民如借故謂之耤說文段注帝耤見月令周禮甸師掌帥其屬而耕耨王藉以時入之以共齍盛禮記曰天子爲藉千畝冕而朱紘躬秉耒以事天地山川社稷先古鄭注周禮詩序云藉之言借也借民力治之故謂之藉田韋周語云藉借也借民力以爲之按鄭韋與許同應劭云帝王典藉之常臣瓚曰蹈藉也皆非也親耕不能終事故借民力而謂之藉田言藉者歟然於當親事而未能親事也臣瓚師古之言尤爲剌謬按今經典多作藉○詩韓奕實畝實藉箋云藉稅也又風俗通祀典云古者使民如借故曰藉田萱按此借藉爲耤也其借藉字者經典不勝數稅也廣雅釋詁二○漢書游俠郭解傳以驅耤友報仇注云耤古藉字籍耕也績漢禮儀志上注引月令盧注萱按此耤田之餘義而字作藉

籍去入兩讀祭籍也一曰艸不編狼籍說文詳去聲

籍簿也說文段注簿當作薄六寸簿見寸部專字下引申凡著於竹帛皆謂之籍○史記梁孝王世家著引籍正義又漢書外戚傳上必置我籍趙之伍中注竝云籍謂名簿也又高帝紀上籍吏民注云籍謂爲簿籍籍書籍也文選答賓戲劉向司籍注引項岱○文選東京賦蓋六籍所不能談注思玄賦六籍闕而不書舊注又後漢班彪傳下注張衡傳注竝云六籍六經也又周禮大司馬乃以九畿之籍注云籍其禮差之書也又小行人掌邦國之禮籍注云禮籍名位尊卑之書書也左氏成二年傳非禮也勿籍注○荀子榮辱循法則度量形辟圖籍注云籍謂書其戶口之數也錄也史記趙世家公孫支書而藏之索隱又後漢梁冀傳注云籍謂疏錄之也○漢書高惠高后文功臣表以昭元功之侯籍云注云籍謂名錄也又武帝紀籍吏民馬注云籍者總入籍錄而取之

籍籍也所以籍疏人民戶口也釋名釋書契○史記陳涉世家籍令第令毋斬集解引應劭云籍吏士名籍也籍圖籍也淮南氾論履天子之籍注又荀子儒效履天子之籍注云籍謂天下之圖籍也○漢書文帝紀其開籍田注引應劭云籍者帝王典籍之常也萱按籍田

字乃耤之段借也仲遠以典籍釋之迂矣**籍籍從横皃**漢書燕剌王旦傳集注○江都易王非傳國中口語籍籍注云籍籍誼聒之意又劉屈氂傳事籍籍如此注云籍籍猶紛紛也**籍之謂殺其身執其家瀦其宮**詩破斧正義引大書大傳**稅也**詩韓奕箋萱按訓稅訓耕皆耤之義籍其借字也○書大傳急則不賦籍注云籍公家之常徭又續漢禮儀志上引月令盧注云籍耕也**借也**穀梁宣十五年傳籍而不稅疏引徐邈又史記陳杞世家空籍五歲矣索隱萱按訓借訓假亦耤之義也而經典多段籍亦段籍○漢書霍光傳集注云籍假也**蹈也**後漢明帝紀注引五經要義萱按此義當作籍史記魏其武安侯傳人皆籍吾弟索隱引晉灼云籍蹈也**䣢蜀地也**說文徐鍇曰按字書鄉名在臨邛○廣韻引蒼頡云䣢地名在蜀又姓**捇裂也**說文又廣雅釋詁二**捇拔除去之也**周禮秋官序官赤犮氏注赤犮猶捇拔也疏

我略切**屰不順也**說文段注後人用多用逆逆行而屰廢矣**逆迎也關東曰逆關西曰迎**說文段注逆迎雙聲二字通用如禹貢逆河今文尚書作迎河是也

今人假以爲順屰之屰逆行而屰廢矣方言逢逆迎也自關而西或曰迎或曰逢自關而東曰逆○爾雅釋言又周禮小祝逆時雨注太史掌建邦之六典以逆邦國之治注又國語周語上御逆於境注行理以節逆之注以逆天休注魯語使季冶逆注齊語桓公親逆之於郊注晉語逆公子黑臀注荆之逆諸侯也注又管子小稱除怨無爭以相逆也注又文選甘泉賦逆釐三神者注引韋昭並云逆迎也又論語憲問不逆詐皇疏云逆者迎也又國語晉語乃歸女而納幣且逆之注又荀子富國婚姻娉內送逆無禮注並云逆親迎也又周禮司儀車逆拜辱司農注云車逆主人以車逆賓於館也**逆猶受也**儀禮聘禮眾介皆逆命不辭注○周禮小宰以逆邦國都鄙官府之治注云逆逆受之又宰夫萬民之逆司農注云逆逆受王命者又大僕掌諸侯之復逆注云逆謂受下奏又小宗伯逆齍注云逆齍受饎人之盛以入又書禹貢同爲逆河鄭注云下尾合名曰逆河言相向迎受也又水經河水注引鄭玄云逆河言相迎受矣**自下而上曰逆逆謂上書**周禮宰夫注又疏云逆者向上之言**逆猶鉤考也**周禮鄉師以逆其役事注○司會以逆邦國都鄙官府之治注司書以逆羣吏之徵令注並云逆受而鉤考之又女史逆六宮注云逆鉤考六宮之計又小宰疏云逆謂逆受句考之也又司會疏云逆

即鉤考也又職內及會以逆職歲疏云逆亦參互鉤考之**逆逆剌也**文選東方朔畫贊支離覆逆之數注○太玄玄掜知陰者逆注云逆謂逆知也**逆猶卻也**考工記匠人逆牆六分注○國策齊策故專兵壹志以逆秦注云逆拒**遻也**廣雅釋言**反也**國語晉語未退而逆之注○素問方盛衰論者何者爲逆注云反者爲逆又賈子道術云行歸而過謂之順反順爲逆**亂也**廣雅釋詁三○禮記仲尼燕居疏云逆謂逆亂**逆者乖於常理**荀子非十二子言辯而逆注又素問通評虛實論氣滿發逆注云逆者謂違背常候與平人異也○釋名釋言語云逆遻也遻不從其理則生殿運不順也又左氏昭四年傳慶封惟逆命注云逆命謂性不恭順**下陵上爲逆**素問五運行大論寒暑相陵注○管子君臣上云爲下而勝逆也又列女傳節義云夫見利而反上者逆也又漢書五行志下之下引京房易傳云獄君獲伍茲謂逆**勇而不中禮謂之逆**禮記仲尼燕居又家論語論禮**崇玩好威嚴令謂之逆**列女傳辯通**禁而不止謂之逆**管子法法**見色而悅謂之逆**韓詩外傳九**行所不勝曰逆**素問玉版論要篇**祭天不順茲謂逆**漢書五行志下之下引京房易傳

陰犯陽爲逆左氏莊廿五年傳注陰陽順逆之事疏○漢書天文志云天文以東行爲順西行爲逆又洪範五行傳星辰逆行注云逆謂緣反明經天守舍之類也**氣異謂之逆**素閒六元正紀大論從逆奈何注○禮記樂記逆氣成象疏云逆氣謂違逆之氣又淮南覽冥逆氣戾物注云逆氣亂氣也又時則命之曰逆注云逆風氣之由也故命之曰逆也**逆謂濇也**素問通評虛實論實而逆則死注涅又云所謂逆者手足寒也**逆折旋回也**文選上林賦橫流逆折注引司馬彪○水經瀦水注云濡水枉渚迴滿率多曲復亦謂之爲曲逆水也又周禮田僕設驅逆之車注云逆衙還之使不出圍**逆旅客舍也**左氏僖二年傳保於逆旅注又後漢黃憲傳注周防傳注**馬逆毛居駃**爾雅釋畜**縌綬維也**說文段注此綬謂漢之綬也乘輿長丈九尺九寸至四百石三百石二百石長丈五尺百石長丈二尺者是也綬維謂之縌乘輿至二千石皆長三尺二寸千石至二百石皆長三尺者是也司馬彪曰縌者古佩璲也佩綬相迎受故曰縌按當曰與綬相迎受故曰縌縌之言逆也漢之縌古之綬也漢之綬猶古之戟佩也縌篆其創於李斯革與**縌者**

系也卽今之綬也 漢書翟義傳持黃金印赤韍縌注引服虔云今名。續漢輿服志下畱其係璲注引徐廣云今名璲爲縌

㫺 小略切。隸作昔。俗有嗇

𦢊 籀。今隸作腊尊用諸脯腊

乾肉也 說文段注周禮腊人掌乾肉凡田獸之脯腊膴胖之事鄭云大物解肆乾之謂之乾肉若今涼州烏翅矣腊小物全乾者鄭意大曰乾肉小曰腊然官名腊人則大物亦得腊也故許渾言之鄭注腊人云腊之言夕也此可證周禮故作昔字後人改之昔者古文籀文增肉作𦢊於義爲短昔肉必經一夕故古叚昔爲夕轂梁經辛卯昔恆星不見左傳爲一昔之期列子昔昔夢爲君皆是又引伸之則叚昔爲昨又引伸之則以今昔爲今古矣今古之義盛行而其本義遂廢凡久謂之昔周禮昔酒鄭云今之酋久白酒周語厚味實腊毒韋云腊亟也讀若酋昔酒焉味厚者其毒亟也韋意久與亟義相成積之久則發之亟。周禮天官序官腊人疏云乾曰腊朝曝於夕乃乾又釋名釋飲食云腊乾昔也又穆天子傳六魚腊注云魚腊乾魚

腊是堅剛之肉也 易噬嗑噬腊肉。釋文引馬注云腊肉晞于陽而煬于火曰腊肉

腊脯也 廣雅釋器。儀禮有司徹疏無脯與膏注云腊爲庶羞

腊

兔腊也 儀禮士昏禮腊一肫注又既夕魚腊鮮獸注云士腊用兔

腊極也 國語鄭語毒之酋腊者注。周語注云腊亟也

已腊治體皴腊 山海經西山經錢來之山有獸名曰羬羊其脂可以已腊注。考工記弓人老牛之角紾而昔司農注云昔謂牛角犅理錯也萱按此段昔腊爲錯也

昔猶前也 禮記檀弓上予疇昔之夜注

往也 老子昔之得一者注又離騷昔三后之純粹兮注。孟子離婁上曰昔者注云昔者往也

始也 詩采薇昔我往矣釋文引韓詩又老子王注又廣雅釋詁一

古也 書堯典序昔在帝堯釋文又孝經昔者明王之以孝治天下也鄭注。詩那自古在昔傳云古曰在昔又公羊序昔者孔子有云疏云昔者古也前也又易說卦傳昔者聖人之作易也疏云據今而稱上世謂之昔者也

終也 呂覽任地孟夏之昔注

久也 詩墓門誰昔然矣傳又箋及爾雅釋訓云誰昔昔也文史記田敬仲完世家引滕昔幹索隱云昔久舊也。禮記郊特牲注味厚腊毒也釋文引劉義又漢書五行志中之上集注又文選七命注引國語賈注竝云腊久也

夕也 莊子齊物論釋文引崔注。周禮天官序官腊人注云腊之言夕也又史記楚世家其樂非特朝昔之樂也索隱云昔猶夕也

夜也 轂梁莊七年辛卯昔釋文又楚辭大招以娛昔只注又莊子天運則

通昔不寐矣釋文又後漢張衡傳注又廣雅釋詁四。列子周穆王昔昔夢爲國君釋文云昔昔夜夜也又穀梁莊八傳年傳云日入至於星出謂之昔

昔者昨日也 孟子公孫丑下昔者辭以疾注又莊子齊物論今日適越而昔至也釋文引向注云昔者昨日之謂也

昔酒者久釀乃熟 周禮酒正疏疏又云言昔爲久又書無逸昔之人無聞知疏云昔訓久也

昔邪烏韭也在屋曰昔邪在牆曰垣衣 廣雅釋艸又山海經西山經肰如烏韭注云烏韭在屋者曰昔邪在牆者曰垣衣

惜痛也 說文又廣雅釋詁二又文選歎逝賦注引國語賈注

惜者哀也 楚辭惜誓序

貪也 楚辭惜誦惜誦以致愍兮注

愛也 呂覽長利爲天下惜死注又廣雅釋詁一云惜愛也萱按㤅愛正借字愛者㤅之俗

夕莫也 說文段注莫者日且冥也日且冥而月且生矣故字从月半見且者日全見地上莫者日在茻中夕者月半見皆會意象形也。周禮宮正夕擊柝而比之注云夕莫也又禮記文王世子朝夕釋文云暮曰夕

初昏爲夕也 洪範五行傳星辰莫同注

將晨爲夕 同上

莫見君謂之夕 左氏成十二年傳朝而不夕疏又昭十二

年傳子革夕注云夕莫見。周禮道僕以朝夕燕出入注云朝夕朝朝暮夕

夕猶朝也 詩白駒以永今夕傳。洪範五行傳日之夕月之夕歲之夕注云晡時至黃昏爲日之夕下旬爲月之夕自九月盡至十二月爲歲之夕又荀子禮論月夕卜宅注云月夕月末也又管子戒云秋出補人之不足者謂之夕

山西曰夕陽 爾雅釋山又詩公劉度其夕陽傳。周禮大司徒日東則景夕多風司農注云景夕謂日跌景乃中立表之處大東近日也

衰也 廣雅釋詁二

坤爲夕 易乾夕惕若厲虞注。詩頍弁樂酒今夕楚辭章句十作樂酒今昔萱按夕昔義同史記楚世家索隱云昔猶夕也

穸窀穸也 說文段注孔宙碑作窀夕乃蒙上穴而省耳。萱按窀穸猶長夜長夜謂葬薶

夜也 左氏襄十三年傳惟是春秋窀穸之事注又後漢趙咨傳注劉陶傳注

席𢂋 古文。俗文有席

藉也禮天子諸侯席有黼繡純飾 說文段注席藉疊韻戶護門門之例也藉本祭藉引申爲凡藉之偁竹部曰竹席曰莚實通稱耳禮謂周官經此約周禮司几莚之文莞莚粉純次席黼純鄭司農云粉讀爲和粉之粉謂白繡也純緣也後鄭云斧謂之黼其繡白黑采。周禮春官序官司几莚注云藉之曰

席又漢書賈捐之傳相枕席於道路注云席即藉也又賈誼傳集注引臣瓚云席藉也五席莞藻次蒲熊周禮司几筵掌五几五席之名物注。儀禮燕禮司宮兼卷重席注云重席重蒲筵繢布純也又士虞禮記尸出執几從席從注云几席素几葦席也席釋也可卷可釋也釋名釋牀帳席所以禦塵儀禮旣夕加抗席三注席者神之所憑止也山海經中山經熊山席也注席猶坐也論語鄉黨必正席先嘗之皇疏。禮記祭統鋪筵几設同几疏云設之曰筵坐之曰席又周禮司几筵設莞筵紛純加繅席畫純疏云初在地者一重謂之筵重在上者卽謂之席陳也禮記儒行儒有席上之珍以待聘注又疏云席猶鋪陳也又儀禮鄉飲酒禮乃席賓主人介注云席數席也因也漢書蒯通傳集注。劉向傳集注云席猶因也大也漢書賈誼傳集注引應劭。後漢王充王符仲長統傳注云席上謂大儒也席卷言無餘也後漢馮衍傳注虞詡傳注

蓆廣多也說文大也爾雅釋詁又詩緇衣緇衣之蓆兮傳儲也詩緇衣釋文引韓詩

舄韻內兩見。萱按舄本䧿之古文自用爲履舄字而本義遂專作䧿鵲矣履舄本無正字終古段借履也廣韻釋器

云。詩狼跋赤舄几几傳云赤舄人君之盛履也達履也詩車攻赤芾金舄傳又小爾雅廣服云達履謂之金舄舄而金鉤也。段大令曰達之言重沓也卽複下之謂也複其下曰舄舄腊也行禮久立地或泥溼故複其下使乾腊也釋名釋衣服。周禮屨人掌王及后之服屨注云複下曰舄禪下曰屨又疏云重底者名曰舄又左氏桓二年傳帶裳幅舄注云舄複履又疏云舄者屨之小別大兒詩閟宮松桷有舄傳舄奕者猶蟬聯不絕也後漢班彪傳下注又文選典引舄奕乎千載蔡注云舄奕光曜流行兒舄卽斥鹵也謂鹹鹵之地也漢書溝洫志終古舄鹵兮生稻粱注萱按此段舄爲斥也文選海賦襄陵廣舄卽禹貢之海濱廣斥矣生於陵屯則爲陵舄莊子至樂

碧丙略切石之青美者說文段注西山經高山其下多青碧傳碧亦玉類也淮南書崑崙有碧樹注碧青石也劉逵常璩郭璞皆曰越嶲會無縣東山出碧。萱按今俗目此石曰翡翠以鳥名名之也青也廣雅釋器萱按本言石之青因以爲凡青。文選南都賦注引廣志云碧有縹碧有綠碧碧謂玉之青白色者也漢書司馬相如傳上

錫碧金銀注。淮南墬形碧樹瑤樹在其北注云碧青玉也碧玉謂水玉也文選蜀都賦或隱碧玉劉注。山海經東山經耿山多水碧注云水碧亦水玉類又西山經章莪之山多瑤碧注云碧亦玉屬

合口

評 辟略切 虞靈切

皕二百也說文段注卽形爲義不言从二百盡奭字以爲聲

欂壁柱也說文段注壁柱謂附壁之柱柱之小者此與欂櫨之欂各字篇韻皆兩存不混

𩫏偏旁从𩫏𩫏者隸皆作享與高𩫏之隸無別度也民所度居也說文段注𩫏度也此以音說義與蒦度也音義略同釋名曰郭廓也廓落在城外也按城𩫏字今作郭郭行而𩫏廢矣邑部曰䣙齊之郭氏虛也鼓下云萬物郭甲而出當作𩫏卽今之廓字也。萱按𩫏於隸體弗便也故今字概用郭

郭齊之郭氏虛善善不能進惡惡不能退是以亡國也說文段注齊之郭氏虛謂此篆乃齊郭氏虛之字也郭本國名虛墟古今字郭國既亡謂之郭氏虛如左傳言少昊之虛昆吾之虛大皞之虛祝融之虛也郭氏虛在齊境內按郭今以爲城𩫏字又以爲恢郭字又左傳虢國字公羊作郭郭城郭也一切經音

義十七引蒼頡。周禮載師注有山陵林麓川澤溝洫城郭宮室涂巷疏云郭謂郭郭外城也禮記禮運城郭溝池以爲固疏。管子度地云城外爲之郭又公羊文十五年傳恢郭也注云郭城外大郭郭謂四周之內也漢書酷吏尹賞傳致令辟爲郭注郭之爲言廓大也大也玉篇一引白虎通。釋名釋宮室云郭廓也廓落在城外也又華嚴經音義上引風俗通云郭之爲言廓又慧林引風俗通云郭大也皮也素問湯液醪醴論津液充郭注弩牙外曰郭爲牙之規郭也釋名釋兵劒削也廣雅釋器。方言九云劒削自闗而東或謂之廓萱按郭廓亦正俗字也

崞崞山也在鴈門說文段注地理志鴈門郡領縣十四有崞縣蓋以山名縣也不言某縣者略也今崞縣故城在山西直隸代州崞縣西三十五里崞山在縣西南四十里

椁。俗有槨葬有木𩫏也說文段注木𩫏者以木爲之周於棺如城之有𩫏也檀弓曰殷人棺椁注椁大也以木爲之言郭大於棺也周棺也周禮閭氏師不樹者無椁注又禮記喪大記君松椁注云椁謂周棺者也又孝經爲

之棺槨衣衾而舉之注云周棺爲槨又鄭注同廓也廣雅釋言○白虎通崩薨云槨之爲言廓所以開廓辟土無令迫棺
也又釋名釋喪制云槨廓也廓落在表之言也大也禮記檀弓上殷人棺椁注疏云椁聲與寬廓乃相近又椁席
藏中神坐之席也周禮司几筵柏席用萑注其椁者度兩漆之內相距之尺
寸也考工記輪人椁其漆內而中詘之司農注
虢虎所攫畫文明文也說文段注攫者叉所扨也畫者叉所劃故有明文也虢字本義久廢罕有用者
國名左傳隱元年虢叔死馬釋文○書君奭虢叔公羊僖二年國策秦策周書王會俱作郭叔萱按虢郭同音通用又左
氏昭元年會于虢公羊作會于鄭按亦音近○水經濟水注云虢亭俗謂之平眺城或亦謂虢眺城蓋號虢字相類字轉失實也
㶁水裂去也說文段注謂水分裂而去也韓愈文用㶁㶁字
醲郭切霩○俗有廓雨止雲罷皃說文段注淮南天文訓道生於虛霩虛霩生宇宙今俗字作廓廓行而霩廢矣廓

空也廣雅釋詁三又一切經音義十二引字林廓虛也淮南精神處大廓之宇注廓大也詩皇矣憎其式
廓傳又文選西京賦廓開九市薛注又爾雅釋詁釋詁疏引尸子廣澤○釋詁注云廓落亦爲大也又廓張也淮南
原道廓四方注○方言一云張小使大謂之廓又爾雅釋詁孫注云廓張之大也廓開也禮記檀弓祥而廓然釋文
○文選海賦廓如靈變注云廓猶開也廓寬也華嚴經音義下引通俗文○太玄玄錯云廓無方又玄衡云廓外違
廓猶規也文選東京賦廓是極薛注是廓除皃文選長楊賦廓然已昭矣注劒削自關而
東或謂之廓方言九萱按此段廓爲郭也廣雅曰郭劒削也
漷漷水在魯說文段注春秋經襄十九年取邾田自漷水公羊傳曰其言自漷水何以漷爲竟也何言乎以漷爲
竟漷移也何云魯本與邾婁以漷爲竟漷移入邾婁畔魯隨而有之諸侯土地本有度數不得隨水隨水有之當坐取邑水經
注泗水篇曰漷水出東海合鄉縣西南流入鄒又逕魯國鄒山東南而西南流左傳所謂嶧山詩所謂保有鳧嶧者也又西南逕蕃縣故城南又西逕薛縣故城北夏車正奚仲之國也又西至湖陸縣入於泗按合鄉蕃縣故城皆在今山東滕縣不云在

魯邾婁之閒徑云水在魯者邾婁魯附庸非敵故立文如是一統志曰漷水源出滕縣東北百里述山西流會諸泉水逕縣南
又西會南梁河入運河舊名南沙河西南流入泗不與南梁會自漕河東徙過其南流乃北出趙溝會南梁以入運河也
鞹革也說文又詩載驅簟茀朱鞹疏又釋文又韓奕鞹鞃淺幭傳又論語顏淵虎豹之鞹鄭注又楚辭離世筐澤瀉以
豹鞹兮注又呂覽贊能乃使吏鞹其拳注○載驅疏又云鞹是革之別名皮去毛曰鞹詩韓奕釋文又論語顏淵
集解引孔注又皇疏云鞹者皮去毛之稱也又韓奕疏云鞹者去毛之皮也
彍或作彍○本十部去聲字又在此者十部與五部同入滿弓弩也說文詳見十部
籱篧或○亦作篧籗罩魚者也說文段注网部曰罩捕魚器也小雅傳曰罩篧也釋器曰篧謂之罩李巡
云篧編細竹以爲罩捕魚也孫炎云今楚篧也籗罩也廣雅釋器
腕郭切蒦彠或規蒦逗商也一曰視遽皃一曰蒦逗度也或从尋尋
亦度也楚辭曰求矩彠之所同說文段注規蒦二字蓋古語釋之曰商也矍下云一曰視遽皃

蒦與矍形聲皆相似故此義同度徒故切漢志曰寸者忖也尺者蒦也故蒦爲五度之度鳥飛起止多有中度者故雉蒦皆訓
度度高廣皆曰雉寸部曰度人之网臂爲尋八尺也求矩彠之所同見離騷王曰槼法也彠度也高注淮南曰槼方也彠度法
也度法也淮南氾論以矩彠之所周注
擭擊擭也一曰布擭也一曰握也說文段注布擭卽今之布濩字也劉逵注吳都賦曰布濩遍滿皃握者搤持也西京賦擭㩴猢薛云擭謂握取之也今本握譌搤元應不誤○說文擊下云擊擭逗不正也持
也一切經音義十二引廣雅
韄佩刀系也說文段注此蓋糸部所謂緱也廣韻云佩刀飾莊子外韄內韄引申之義也李云縛也佩刀
靶韋也莊子庚桑楚釋文引蒼頡
雘善丹也周書曰惟其敷丹雘說文段注按南山經曰雞山其下多丹雘侖者之山其下多青
雘然則凡采色之善者皆偁雘蓋本善丹之名移而他施耳亦猶白丹青丹黑丹皆曰丹也惟其敷丹雘杍材文敷孔穎達正

義本作數衛包改作塗俗字也。書杍材馬注云臒善丹也又廣雅釋器云臒丹也臒是彩色之名有青色者有朱色者書杍材疏。山海經南山經注云臒赤色者或曰美丹也

蠖尺蠖逗疊韻字詘申蟲也說文段注詘者詰詘也曲也易𣪊辭曰尺蠖之詘以求信也信古伸字釋蟲曰蠖尺蠖注今蜘蛛方言曰蟦蝛謂之蚔蠖注又呼步屈席蠖屈蟲也考工記弓人麋筋席蠖灂注。易𣪊辭下傳庚果注云蠖屈行蟲蜘蛛也又釋文云蠖蟲名也

靃會郭切又見十六部上聲。俗作霍飛聲也說文段注此字之本義也引申爲揮霍爲靃靡靃靡音選委切疾皃也文選七發霍然病已注。甘泉賦翕赫曶霍注云曶霍疾皃霍濩盛皃文選琴賦霍濩紛葩注霍焉猶渙焉也荀子議兵霍焉離耳注霍者萬物盛長垂枝布葉霍然而大風俗通山澤霍之爲言護也言太陽用事護養萬物也白虎通巡狩。御覽引崔靈恩禮記義宗云南嶽謂之霍者霍護也言陽氣用事盛夏之時護養萬物故以爲稱霍山爲南嶽爾雅釋山又周

禮職方氏其山鎮曰霍山注云霍山在彘大山宮小山霍爾雅釋山又注云宮謂圍繞之。穆天子傳五霍庚舊告彘注云霍國今在平陽永安縣西南有城

藿。俗作藿尗之少也說文段注少讀養幼少之少毛詩傳曰藿猶苗也是也李善引說文作豆之葉也與士喪禮注合。詩小宛傳菽藿也疏云菽葉謂之藿豆葉也儀禮公食大夫禮記牛藿注又楚辭愍命耘藜藿與蘘荷注又史記太史公自序藜藿之食正義又漢書司馬遷傳注又鮑宣傳漿酒霍肉注萱按鮑宣傳及注作霍省借字也。廣邪雅釋艸云豆角謂之莢其葉謂之藿又大戴記曾子制言下聚橡栗藜藿而食之注云藿豆艸名也楚辭天問菁藿是營注。莊子庚桑楚奔蜂不能化藿蠋釋文引司馬注云藿蠋豆藿中大青蟲也

穫刈穀也說文段注穫之言獲也刈穀者以銍以鎌。廣雅釋言云穫刈也又詩大東無浸穫薪傳云穫艾也又離騷願俟時乎吾將刈注云穀曰穫穫禾可穫也詩七月八月其穫傳。易无妄不耕穫虞注云禾在手中故稱穫收也國語吳語以歲之不穫也注得也呂覽審時稼就而不穫注。詩臣工傳銍穫也釋文云穫本作鑊萱

按鑊段借字又爾雅釋地周有焦穫釋文云穫又作護

鑊鑴也說文段注少牢饋食禮有羊鑊有豕鑊鑊所以煑也鼎大而無足曰鑊漢書刑法志有鑿顛抽脅鑊亨之刑注鄭陸朱劉叔孫傳鬻猶不免鼎鑊注。淮南說山嘗一臠肉知一鑊之味注云無足曰鑊烹牲器也周禮大宗伯省牲鑊注又亨人掌共鼎鑊注云鑊所以煑肉及魚腊之器既熟乃脀于鼎。詩葛覃是刈是濩又爾雅釋訓作是刈是鑊萱按鑊正字濩段借濩淪也詩葛覃釋文引韓詩

濩雨流霤下皃說文段注霤屋水流下也今俗語謂簷水溜下曰滴濩乃古語也或假濩爲鑊如詩是刈是濩是也或假爲護如湯樂名大濩是也。萱按湯樂自假濩爲護不煩別作頀也漢書禮樂志云濩言救民也周禮大司樂疏云言護者卽救護也淪也詩葛覃釋文引韓詩萱按此鑊引申之義詩段濩爲鑊也汙也廣雅釋詁三濩渃大皃也楚辭疾世望江漢兮濩渃注濩澤今平陽濩澤縣是也穆天子傳五休於濩澤注。山海經北山經濩濩之水

獲獵所獲也說文。左氏定九年傳云凡獲器用曰得得用曰獲得也詩皇矣其政不獲箋又周禮大司馬獲者取左耳注又禮記坊記笑語卒獲注中庸不獲乎上注又左氏昭廿三年傳獲陳夏齧注又公羊莊十年傳獲也注又論語雍也仁者先難而後獲皇疏又孟子萬章下耕者之所獲注又楚辭天問吳獲迄古注又廣雅釋詁三又小爾雅廣言。書微子乃罔恆獲鄭注云獲猶得也又詩楚茨笑語卒獲傳云獲得時也又左傳昭元年傳楚公子不獲注云不獲不得安民爲手故稱獲易巽田獲三狐虞注爭取曰獲禮記曲禮上毋固獲注侵而言獲者適得之也公羊襄八年傳。昭廿三年傳云君死于位曰滅生得曰獲大夫生死皆曰獲又穀梁昭廿三年傳上下之稱也注云臣得曰獲又左氏宣二年傳獲樂呂注云獲生死通名俘而取之曰獲周禮朝士凡得獲貨賄人民六畜者注又漢書昭帝紀集注云俘取曰獲又左氏襄十年傳尉止獲注云獲囚俘又儀禮鄉射禮疏云戰伐得囚俘亦曰獲獲謂係虜之禮記檀弓下不獲二毛注。楚辭哀時命釋管晏而任臧獲兮注云獲爲人所係得也或曰獲主禽者也射者中則大言獲獲得也儀禮鄉射禮獲者坐而獲注。疏云射著正鵠亦曰獲餘獲

餘算也儀禮鄉射禮釋獲者遂以所釋餘獲者坐而獲涖升自西階注大射儀釋獲者遂以所執餘獲注○鄉射禮釋獲者遂進取賢獲注大射儀取賢獲執之注竝云賢獲勝黨之算也又鄉射禮疏云以其唱獲則釋算故名算爲獲人也墨子小取恢廓也莊子庚桑楚夫外韄者不可繁釋文引崔注誤也淮南兵略八風伸不獲五度注屈辱也廣雅釋詁三奴婢賤偁也方言三○廣雅釋詁四云獲婢也又莊子駢拇臧與穀二人釋文引張注云婦奴之子謂之獲又文選報任少卿書臧獲婢妾注引韋昭云羌人以婢爲妻生子曰獲又方言三云荊淮海岱雜齊之閒罵婢曰獲齊之北鄙燕之北郊女而婦奴謂之獲亡婢謂之獲○萱按禮記儒行不隕獲于貧賤周髀算經下物有朝生暮獲荀子富國一歲而再獲之皆段獲爲穫也又文選風賦啗醋獲嗽獲則段獲爲嚄也

刪霍切

朔月一日始蘇也說文段注朔蘇疊韻日部曰晦者月盡也盡而蘇矣樂記注曰更息曰蘇息止也生也止而生矣引申爲凡始之偁北方曰朔方亦始之義也朔方始萬物者也○儀禮士喪禮朔月奠注云朔月月朔日也又漢書武帝紀集注引應劭云朔蘇也又廣雅釋言云朔穌也萱按此段穌爲蘇也又白虎通四時云月言朔朔之言蘇也明消更生故

言朔又釋名釋天云朔蘇也月死復蘇生也又白虎通三正云朔者蘇也革也生也後漢馬融傳注○素問陰陽類論一陰至絕作朔晦注云陰生爲朔又呂覽季冬月窮于紀注云月終紀光盡而復生曰朔始也儀禮大射儀朔鼙在其北注又禮記禮器應鼓在東疏又御覽時序部十一引書大傳又廣雅釋詁一又漢書成帝紀集注○武帝紀集注云朔猶始也朔亦初也禮記禮運皆從其朔注○大傳改正朔疏云朔謂月初又釋名釋天云朔月初之名也旦也莊子道遙游朝菌不知晦朔釋文○白虎通三正引書大傳云夏以平旦爲朔殷以雞鳴爲朔周以夜半爲朔北也書禹貢朔南暨釋文洛誥我卜河朔黎水釋文又文選西京賦秦里其朔薛注北方也爾雅釋訓又書禹貢朔南暨鄭注又漢書地理志上朔南泉注賈捐之傳朔南暨聲教注敘傳上雄朔野以颺聲注引應劭敘傳下龍荒幕朔注又文選幽通賦曹注出師頌朔風變楚注○詩出車城彼朔方傳云朔方北方也朔盡也北方萬物盡故言朔也爾雅釋訓舍人注○後漢馬融傳注云朔狄北狄也又景丹傳注云朔調上谷也鼙在前曰朔朔始也釋名釋樂器○周禮小師下管擊應鼓徹歌注云應與棘及朔皆小鼓也

獡或作猎從犬獡獡不附人也南楚謂相驚曰獡說文段注良犬宋獡以此得名○禮記少儀注名謂若韓盧宋鵲之屬萱按鄭段鵲爲獡也又初學記廿九引字林云獡音鵲宋之良犬也驚也廣雅釋詁一○方言二云獡驚也宋衛南楚凡相驚曰獡或曰透虘也廣雅釋言○山海經大荒北經有黑蟲如熊狀名曰猎猎注云猎或作獡

撮口詡

矍眷縛切

矍又佳欲逸走也一曰視遽皃說文段注佳當作隼也當作皃隼欲逸走而未能矍矍然震上六視矍矍馬云中未得之皃人之中未得者如隼之欲逸走也前義自鷹隼言後義自人言東都賦西都賓矍然失容善注引驚視皃○後漢班彪傳下注云矍矍視遽之皃矍矍視也廣雅釋訓矍矍目不正易震釋文引鄭注又疏云矍矍視不專之容矍鑠勇皃也後漢馬援傳注矍踢驚動之皃漢書楊雄傳上河靈矍踢注矍巳謂有所驚懼而問未止也管子戒君請矍巳乎注

攫扟也說文段注按眾經音義卷五卷十二引說文同而注之曰扟居逆切是其所據說文作丮轉寫譌作扟耳丮者

持也○萱按扟所臻切从上把取也非攫之義故知當作丮矣搏也淮南說山熊羆之動以攫搏注脩務奮翼攫肆注又莊子徐無鬼之釋文引三蒼又文選南都賦注引蒼頡云漢書楊雄傳上熊羆之挐攫注之則黃霸傳烏攫其肉注竝云攫搏持之也取也莊子讓王左手攫之則右手廢釋文引李注云撮也淮南覽冥鷙鳥攫老弱注精神造化者之攫援物注以爪持也史記田完世家攫之深集解引徐廣又文選射雉賦注引埤蒼○一切經音義廿五引通俗文云手把曰攫攫謂以足取物禮記月令注鷹學習攫搏也疏又儒行鷙攫疏云凡鳥以足取之謂之攫又史記李斯傳盜跖弗搏索隱云凡鳥翼擊物曰搏足取曰攫○淮南云烏窮則搏獸窮則攫又周禮獸人注備獸觸攫又公羊莊十二年注乳犬攫虎攫挐相搏持也○文選魯靈光殿賦奔虎攫挐以梁倚注漢書楊雄傳下攫挐者亡注云攫挐妄有搏執牽引也脩務攫撥之捷注攫援撥也淮南脩務援摽拂注攫攫撥亦黃帝時捷疾者也淮南

鑊大鉏也說文○爾雅釋器釋文引字林云鑊大鋤也萱按鉏鋤正俗字鉏之大者曰鑊欘謂之鑊廣雅

釋器鑁斫也淮南精神鎔者揭鑁注兵略劃撕荼奮儋鑁注。淮南齊俗今之修干戚而笑鑁插注云鑁斫屬

玃大母猴也善玃持人好顧盼說文段注釋文獸曰玃父善顧郭云猳玃也似獼猴而大色蒼黑能玃持人善顧盼按張揖注上林賦曰玃似獼猴而大。文選江賦孤玃登危而雍容注云玃似獼猴也又史記司馬相如傳蛭蜩蠼蝚索隱引司馬彪云蠼猱獼猴也萱按爾雅之玃相如之蠼皆玃之段借也蠼又玃之俗體耳疑玃玃本同一字玃猳玃獸名也呂覽察傳故狗似玃注。史記司馬相如傳蜼玃飛鷊索隱引郭璞云玃色蒼黑能玃搏人故云玃也猴五百歲化為玃也一切經音義九引古今注。音義九又引抱璞子云獼猴八百歲化為玃玃壽千歲

躩郡縛切足躩如也說文盤辟皃也論語鄉黨足躩如也集解引苞注又皇疏速皃也論語鄉黨皇疏引江熙疾行也莊子山木蹇裳躩步釋文引司馬注跳也漢書司馬相如傳下集注引張揖

趯大步也說文

籰永縛切一作䉃或所以呂收絲者也說文段注方言曰籰榬也兗豫河濟之間謂之榬郭云所籰以絡絲也按今俗謂之籰車

玃。俗有蠼⿱般犬玃也說文段注⿱般犬廣韻引作⿱敄豕未知孰是蓋合二字為獸名與犬部玃字義別西方有獸馬如鹿白毛馬足人首四角其名曰玃如廣雅釋地蠼龍之形皃也史記司馬相如傳蠼以連蜷索隱引韋昭。相如傳蛭蜩蠼蝚又爾雅釋獸玃父善顧萱按此段玃蠼為玃也又左傳郕子玃且漢書古今人表作玃且

矍訓縛切或作矍戄戄大視皃說文。文選魏都賦矍馬相顧注云矍大視。又廣雅釋詁一云矍視也戄敬皃也文選非有先生論於是吳王戄然易容注戄驚也廣雅釋詁一又切一切經音義十一引蒼頡

彏弓急張也說文。漢書楊雄傳上彏天狼之威弧注云彏急張也萱按急張謂弦

縛粉矍切束也說文段注束下曰縛也與此為轉注引申之所以縛之之物亦曰縛縛薄也使相薄著也

釋名釋言語

韻史卷廿五目録

第五部副編韻目

平聲合口呼 廣都切 軱

𩏂 𦨘 舻 瞶姑切 跍 郚 睆都切 鴣 螐 㓵

鍏 沽 軲 鮬 鶘 盬 硈

胍 𪉲 猳 椁 佤 槅 鴣 雜 柸

抓 觚 菇 豭 姱 怙 蒿 畖 會姑切 垺

箛 鴣 雄 箍 箛 胯 槩 鴮 窊 軤

芧 枒 岈 䈏 趏 㟜 稸 狀姑切 侘 平去兩讀 糙 庯 𢁸

煆 平去兩讀 歑 醋 𣭼 瑦 瑭 渣 柞 𡖄姑切 蘇 𥚽 吧

呀 𥇗 肔 𩎟 腄姑切 𪍹 𪍹 𪍹 𪍹 浾 㤃 酥 酥 鵏 雛 芭

𢿏 㤉 鞁 𡵅 𪆫 㾩 貝姑切 陠 鯆 鯆 鯆 笆 範

瘏 董姑切 䣝 統都切 琭 瑹 梌 槐 𤹕 瘯 膳 膠 寸姑切 䟦 𧾷 䲕 靶

蚆 墲 㾦 痄 䛕 驊 鶓 霞 餘 鷂 燠胡切 鵞 𪍹 瀘

佩姑切 榑 妑 䴵 酤 𥳑 鶘 鞾 遐 遐 遐 鷴 謏 設 設 嚧 𪍹

𢿏 舥 鞠 葫 竽 頡 咽 蟳 遮 磨 唐 㲉 㲉 瓐 獹

鯆 舥 葫 魱 䫏 統盧切 𥻗 莬 䳕 䈩 甂 鱸

踊 ○會盧切 𥜤 𧚱 鶘 樝 𥘥 𥛘 𥛘 鍍 磊胡切 矑 轤 蠦

䔡 𡩧 祦 䫻 䈬 蒲鷂鯸

撮口呼 舂虛切 踞

居 永居切 唹 訓居切 驉 豬 準虛切 櫧

狀盧切 䣗 窊 觪 鮐 鯸 蜅 㝘 砷 簽 盱 盱 諸

𥂏 𡋉 𥟖 𣗏 峿 㟜 蜈 蛒 䰻 峈 崌 崌 蝉 陊 瘑 瘑 蝫 蝫 鰭

寸盧切 䋈 婇 㻌 珸 佩胡切 𧘂 琵 鶋 鄚居切 攄 雩 欽 礑

我盧切 䧼 𤞏 㹘 㦞 蜛 鮐 噓 蒫 蚜 袖 瀦

潴蠢居切攄 綀粉居切妹 蓿 ○郡餘切碟渠 蕖 璩 隊 氍氍毹
䝼 嗟 蔬 袪 䴘䴘 傈 榛 䅇 蠗
偳 舜居切鴽雒鴿 翠居切屠 趺砆 撒 璩渠 懅 轅 淥榛 猵
畬参。五部十七部冊見 蒛 遐居切稰 鴂雉 檄 緤緤 趜 豦 礭 盬
紑 箐 秩 蔽蒪 猓 皞 鄜郎 戳鑺 永衢切艅

狳 篒 迬 蒣 懋餘切燜 潤 嚧 籍 鷵 猷
雒 瀕 蓋 乃餘切䍏 鐗 檍平去二音 璥 鴝 遐餘切䅳䝉 惽
蜍 骬骬 䈞節 葦 櫚 蘆 駗䮾 轅餘切䇹 粉餘切昳 謝
璵璵 釪 椰椰 榉 蔺 嬑 蠢餘切癛 我餘切䁐驉 訞 渻
猰 軒 蒋 菽 蔺 蠦 滁 瀿 魁颫 晚餘切諷

上聲合口 詡廣土切 鈷
䕶 瞔古切箬苦 鴻 帍 虜 瞀 烦古切䇯 蘳 寸古切蘳
鰞 鋍鞣 會古切荒 厍濟 董古切𢠴 統古切䩡 磊古切㴓 腫古切厏 蓋
嫗 估 䏶 蛻 嵃 䳅 坻 摘 厏 我古切昨
䓰 牯 愭 郝 滬 賭腹 芏 卤 疨 仵
蝦 腕古切鴣頸 盱 篭 肚 莊 艣 纂古切粗 厗

撮口 許 春許切 弄
疜 簿 碼瑪 粔麮 永許切扵 哹㝵 郘 準許切忬 漨
盃 鏄䎱䎱 鷌 罝 膂 乃許切䊾。枚絮 居 衸 䄔
貝古切譜誣譜謚 漫古切䥍 鱋 趄 駏狚 櫇 敥 稰䅳 忬惰 渚
嫣 郘 岠 訓舉切䎣 懋舉切侶 棭䅼 飷 擔
佩古切焴 寫 郡許切詎 蛣 珝 紹 遒 蠢許切䃈 鐸

去聲
合口
許廣路切
涸

魌鶷 盬 麌麌 萸 湰 𦄦 珷碔碔 疳 脛

輆許切肷 樕 選舉切醑 㵀淑 駁 晩舉切嘸 鷡 坬 逕

惹 醉許切碻 醎 樇 鴮鷂雉 艞艞 稒揰 搬掾 桱

舜舉切野 翠許切趡趡 璵 粉舉切脯 釜 甒瓶甒 圕 腕固切俉 婭

蟓 我許切蘖 嶼 硧 蚁 䟸覺甒 鯝 欿 蹤

攎攄 擨 祬 嚇哧 磊固切蘳蕗 炨 蛇 俉 巽固切傃 塑壉

會固切嫭嫮 竄 詎 董固切疙 露 莚 刷固切嗄歃 逜 謤 玣玶○

韄 鏴 苙 統固切篗 癒瘍瘧 窀 我固切赶 癟瘔 摖 貝固切抪

鞾鞾 汻 狂 蔞 腫固切醉 狀固切侘平去兩讀 捂探 砑拚 嗉膆 佈

護 沍 煆平去兩讀 鷁 榨 聐 犽 猿猿 蝂

撮口
許卷切
潒

剬 帊帕袙艀 舥 隅 欸 永據切楾 櫞櫃 罟 齗

弝 杷穲 駊駍○ 榪 潮 㞎 菸 鴝雉 準據切䲡鯲鰍 蠢據切䶑

灞 㾺 漫固切篡 傌 踞 鳶 舉 戀據切篾 舜據切鼑

欛靶 鞴 䄍 䌈 鵒 鼉 舉 櫶平去二音 餓 漁

佩固切靶 鄚 鷌 郡豫切呿 荃 滌潮 嶱 巘 著

入聲
開口
許良托切
䨂

曙 禘 樹 搭 趏 帶各切沰 護 臎 䐑

鈽搭 海各切矐 榕 代各切侂 嗄 韄 柰各切䋺

庫 蹜蹭 略 洛 䞢 忙慢 䩼 澤 㹱

翠據切剆粗 選據切篙 口各切喀峈略 秴 嚇 飥魹饑 踱跅 檡 朗各切硌

宜 謝 佫 焃爀 馲駝駹 踷蹠 韡 硌

珞 榙（落） 犵 𥗴（蚢） 詐 㵳（䅈） 内 碻 鮥 犻

酪 諍各切（舴） 虴（蝶） 趏 㪔 鶔（雒） 䅥各切（趚） 釋 緒（䋏） 我各切（愕）

貉（翎） 㟂 吒 袥（褯） 牥 鴼 糕 曎 怍 顎

烙 蚱 尾 茝各切（咋） 靳 䂵 溹 襫 鈼 愕

洛 杔 㙐（坧） 泎（澘） 韠 蚥 鉐 采各切（剒） 砟 諤

齶（咢 腭） 崿（蘁） 散各切（㨘） 餺（䭦） 簙 餺（䭦） 粕 鵖 瞙 袹

萼 堮（壆） 䩕 䮀 䑀 𥖜 胉 舶（䑺） 勤 鉑

愕 噩（鄂） 榛 猼（猼） 茖 轉（䪁 䪁） 珀 趋（趠） 塻 陌

渻 鍔 藁 餺 抱各切（蒪） 鑮 箔 冒各切（㿭） 圓 狛駋

㗁 峇（嶺 嵥） 保各切（礴） 蚵 膊 翻（䎊 䎊） 萆 寞 帞（袹） 貊

蛨 齊齒許几略切（攫） 鄙（鄒） 燡（嶧 燡） 醳 利若切（䌓） 䨼 礋 淺略切（𢿐 䙲） 小略切（碻）

剫 繹 懌 㲼 斡略切（譃） 侶略切（趞） 鯌 瀉

䶩 隱略切（帟） 墿 念略切（闒） 䂐 斵 忍略切（槠） 猎 蔦（蔿）

䥍 洂 嚗 逽 蝷（蚸） 撍 都 厝 熇（暗）

舊略切（瘃 瘃） 焥 襗 踖 掠 䂵 我略切（咘） 蹝 楮

鄗 合口許虞霍切（謔） 劇（劇 劇） 䶦 癯 癯 撮口許我縛切（還） 春縛切（戄）

汐 㖃 巆 爅 翻 䨊

矌（聥） 脘霍切（𡠞 𡠞） 嚄 劐 濩 轇 瀖

曠 鑊 會郭切（靃 靃） 曤 謋 欔

暵霍切（擴 擲） 臒 彏 攉 我霍切（瓁） 郡縛切（鄭）

韻史卷廿五

第五部平聲副編姑韻

泰興何萱譔集

合口呼

軱 廣都切 槃結骨也。莊子養生主技經肯綮之未嘗，而況大軱乎。釋文引崔注：軱戾大骨。莊子養生主注

胍 胍肫大腹。廣韻。萱按：胍肫一作肫胍。

⿰扌瓜 引也。廣雅釋詁一。○廣韻云：⿰扌瓜，引也，擊也。

⿱⺮觚 方也，棱也。廣韻。萱按：此觚之俗體耳。

⿰月辜 ⿰月辜⿰月壽大脯也。集韻引埤倉。

⿰金辜 鏷⿰金辜，魯矢。廣韻引字林。○萱按：蓋李無正字，故左傳段僕姑用之，俗乃製鏷⿰金辜。

⿺走古 息也。廣雅釋詁二。○萱按：檀弓自作姑息，俗乃製⿺走古字而訓息。

瓳 或作姑 瓜名。廣韻。土瓜也。集韻。乾菜。廣韻。

鴣 或作⿰古隹 鷓鴣，如雞，黑色，其鳴自呼。文選吳都賦：鷓鴣南翥而中留。劉注：鷓鴣鳥似服鳥而大。一切經音義十六引埤蒼，又引字指云：鷓鴣鳥，其鳴自呼，飛但南不北，形如雌雉。萱按：相傳其自評云鉤輈格磔。隨陽鳥也。禽經。○崔豹古今注云：鷓鴣出南方，向日而飛，畏霜露，早晚希出。

⿰舟古 或作⿰舟古 巫⿰舟古，祠名，在雲陽，越人祀之也。一曰嬰兒病鬼為巫⿰舟古。集韻。○萱按：漢書地理志及集韻作⿰舟古，獨廣韻作⿰舟古，从卵从卯，其義皆不可曉。晚出字不合六書有如此者。廣韻云：漢越巫鄭祠在雲陽，亦小兒病鬼。按鄭乃穰之異體字，南陽縣名也。鄭祠益不可曉。

萿 括也。廣雅釋言。

犌 牛絕有力，欣犌。爾雅釋獸。邵氏正義云：欣字疑衍文。

貑 獸如熊，黃白文，關西呼曰貑羆。集韻。○爾雅釋獸：羆如熊，黃白文。郭云：似熊而長頭高腳，猛憨多力，能拔樹木，關西呼曰貑羆。萱按：單評曰羆，絫評曰貑羆。又釋獸：麔麚短脰，或作麔貑，段借字也。

箍 曠姑切 或作箛 以篾束物也。廣韻。萱按：箍尤俗字也，箛亦未能免俗。

跍 蹲兒。廣韻。

軲 車也。廣雅釋器。依軲，山名。集韻。萱按：山海經依軲之山。

橭 牡橭，木名，山榆也。一曰橭桅，木枝四布。集韻。萱按：廣韻但云木四布也，不言橭桅。○周禮壺涿氏以牡橭午貫象齒而沈之。注云：故書橭為梓，杜子春云梓當為橭。

姱 好兒。楚辭東君：思靈保兮賢姱。注：禮魂：姱女倡兮容與。注。○文選射雉賦：麥雄豔之姱姿。徐注云：姱，好也。才也。文選思玄賦：既姱麗而鮮雙兮。舊注。

⿰身夸 ⿰身夸⿰身比，體柔也。廣韻。萱按：⿰身夸⿰身比皆俗字也，詩爾雅用夸毗作之。

郀 郀首，地名。集韻。

鮬 婢妾魚名。廣韻。○集韻云：鯆鮬，小魚。

⿰亻瓜 ⿰亻瓜者，兩頭寬中狹；邪者，一頭寬一頭狹。周禮形方氏注：正之使不⿰亻瓜邪離絕。疏。○廣韻云：⿰亻瓜邪，離絕之皃。

⿰忄瓜 ⿱巫心⿰忄瓜，伏態兒。列子力命：憀⿰忄瓜。釋文引阮孝緒。

鎢 腕都切 鎢錥謂之銼鑹。廣雅釋器。○玉篇云：鎢錥，小釜。廣韻云：鎢錥，溫器。

⿰車烏 ⿰車烏頭，枷車也。廣雅釋器。○集韻云：一曰車首。

⿰木烏 椑⿰木烏，椑木名，青柿也，出長沙。集韻。萱按：文選閒居賦梁侯烏椑之柿，字祇作烏。○玉篇云：⿰木烏，木中箭笴。

⿱艹烏 ⿱艹烏蘆，艸名，荻也。廣韻。集韻。

鰞 鰞鰂，魚名。九月寒烏入水化為之。廣韻。集韻。

螐 螐蠋，蟲名，似蠶。集韻。○廣韻云：蚅，螐蠋，蟲也，大如指，白色。又爾雅釋蟲：蚅，螐蠋。釋文云：螐，李作烏。萱按：詩

韓奕傳云厄烏蠋後人乃加虫耳

⿰氵⿱亞皿　盤⿰氵⿱亞皿旋流也（廣韻）

鴮　或作雜　鴮鸅鵜鶘別名俗謂之掏河也（廣韻）

⿰田瓜　⿰田瓜雷地名在絳（集韻）

⿱穴亞　⿱穴亞⿱穴余作恣態皃（廣韻。萱按恣當作姿。集韻云⿱穴亞⿱穴余不正）

⿰亞刂　⿰亞刂也（廣雅釋詁四。又國語吳語自⿰亞刂於客前以酬客注。廣韻云⿰亞刂自刎也）

⿰石亞　硍⿰石亞不平之皃（文選江賦爷礪磈磥而硍⿰石亞注）

椏　江東言樹岐爲椏枝也（廣韻引方言。萱按椏枝一作杈椏）

會姑切

垀　垀靡煩也（淮南要略嬴有無之情注。集韻云垀埒也）

軤　姓也（廣韻集韻。萱按字必有義，不著其義而但曰姓也，陋甚矣）

芌　艸名（集韻。萱按廣韻云艸多，疑多乃名之譌）

煆　平去兩讀　爇也（廣雅釋詁二。廣韻云煆赫也熱也乾也，又云煆火猛。集韻云煆火氣）

呀　大空也（後漢班彪傳注引字林）呀呷波相吞吐之皃（文選海賦猶尚呀呷注）

颬　颬颬容也（文選西京賦含利颬颬薛注。廣韻云颬吐氣，又風皃。集韻云風吹謂之颬）

疨　喉病（集韻）

谺　岈谽谺谷中大空皃（廣韻引字統）峆岈山深之狀（廣韻。萱按廣韻谺岈分二字，集韻併合之）

歑　息也（集韻引廣雅。萱按左旁不知何所从，晚出字不堪檢覈有如此者）

⿰目夸　怯也（廣韻。萱按夸聲之字皆有大義，此訓怯殆未確）張目也（集韻。萱按此盱之義也，⿰目夸借字）

⿰忄夸

董姑切

⿰賭阝　賭勝曰⿰賭阝（廣韻引字林）

⿱⺮都　竹名（廣韻）

醏　醍醏醬也（廣韻。集韻止云醬也）

肚　肚胍大腹（廣韻。集韻云胍肚大腹皃，一曰椎之大者。故俗謂仗頭大爲胍肚，關中語譌爲胍楇）

⿰革度　牛牽舟謂之⿰革度（集韻。廣韻引通俗文云⿰革度析皮具牛牽船。萱按析皮具似別一物，合之則不可通）

統姑切

⿰王余　或作瑹　美玉也（廣韻集韻。廣韻又云瑹美玉名，按禮記注云笏也，本作荼。萱按荼瑹古今字）

⿺走余　䞣⿺走余伏地（廣韻。集韻云⿺走余䞣伏也，又云⿺走余䞣匍匐也。萱按似集韻是）

庩　庯庩屋上平也（廣韻。集韻云庯庩屋不平。萱按集韻此注凡三見，皆作屋不平；廣韻兩見，皆作屋上平，似廣韻是）

⿰革余　⿰革尃⿰革余⿸厂桀也（廣韻集韻）

峹　山名（廣韻）

梌　或作梚　木名楸也（集韻。廣韻⿰木荼下云楸木名別名。萱按⿰木荼乃荼之別體，即今之茶字也。集韻併荼⿰木荼爲一，梌梚爲一，其說可從）一銳也（廣韻）刺木曰梌（廣韻。萱按此注在麻韻，銳也注在模韻，莫測其分屬之恉）

⿰山雩　山名（廣韻）

⿰王雩　或作琈　⿰王雩琈玉名（廣韻。集韻引山海經云小華山其陽多⿰王雩琈。萱按廣韻⿰王雩琈分二字，⿰王雩下云玉名，與⿰王雩琈二名者不同，疑集韻併合爲是）

腄姑切

皻　或作䶍膭皶　鼻上皰（集韻）皻刺長於皮中形如米或如針（素問生氣通天論寒薄爲皶注）

⿸疒虘　瘡痂甲也（廣韻）

⿰禾虘　赤⿰禾虘稻名（廣韻。集韻云⿰禾虘紅稻也）

渣 或作柞滓也集韻
洓 棠木汁廣韻集韻
䶥 䶥也廣雅釋詁三。廣韻云䶥嗛聲
瘵 或作膪膠瘢也集韻引廣雅。廣韻云瘵瘡痕又云膪膠不密又黏也萱按廣韻不謂瘵膠同字
狀姑切
侘 平去兩讀侘傺失意志皃侘猶堂堂立皃也離騷忳鬱邑余侘傺兮注惜誦心鬱邑余侘傺兮注
㤞 㤞憏未定也後漢馮衍傳注萱按㤞憏蓋即侘傺也本一字而後人強分之
痄 癡皃廣韻
䀖 皮䀖惡也廣韻。集韻引廣雅云䀖皴䀖皮裂
寸姑切
𥻆 米不精也廣韻萱按凡物不精字當作粗或借用麤俗又加米旁爲米不精之專偁亦拘矣

桑姑切
廯 廜廯菴也廣雅釋室。廣韻云廜廯艸菴也又廜廯酒元日飲之可除瘟氣又引通俗文云屋平曰廜廯
酥 或作酴酪酥廣韻。集韻云酥酪屬
普姑切
陠 衺也廣雅釋詁二
䞯 趍䞯伏地廣韻。集韻地作也
庯 屋上平廣韻。集韻云庯庩屋不平萱按廣韻併陠庯爲一字集韻分之是也又說文有庯與庯不同
秿 穧也廣雅釋詁四 刈禾也集韻。廣韻云刈禾治秿萱按似有脫字當作刈禾治之曰秿廣韻又云秿禾穳積也
鵏 或作離鵏枝鳥名廣韻。爾雅釋鳥云鵃鵏枝合鵏
魳 魚名江豚也集韻萱按廣韻合鯆魳爲一字殆非也
鱄 或作鯆鱁鱄鮬鮪也廣雅釋魚萱按鮪當作鮪晉書音義下引埤蒼云鮬鮪魚也 鱄魳魚名一

云魚子也呂覽本味洞庭之鱄東海之鮞注萱按此鱄也鱄與鱄鮬不同鱄鮬海魚體圓無鱗暑月亦冰俗名曰水魚其尾有刃被其劃傷或能殺人俗云劉姓者被其傷則不殺其故難知。集韻云鯆魚名尾有毒廣韻云鯆大魚
䶕 䶕齇鼻病廣韻
吧 吧呀小兒忿爭廣韻 大口皃集韻。廣韻云吧呀大口皃
芭 芭蕉艸名廣韻集韻萱按此有數種形雖相似而大小花實縣殊巨者葉大如門。史記張儀傳注益州天苴讀爲芭黎索隱云芭黎即織木葦爲葦籬也今江南亦謂葦籬曰芭籬 巫所持香艸名也楚辭禮魂傳芭兮代舞注
笆 或作笓有刺竹籬廣韻。集韻云笆竹之有刺者一曰笮也 笓笮也集韻 棘竹一名笆竹竹譜注引三蒼
靶 腊屬集韻

佩姑切
蚆 蠃屬博而頯也爾雅釋文引字林又廣韻云蚆貝也。爾雅釋魚蚆博而頯注云頯者中央廣兩頭銳
䅳 大豆也一曰穧也集韻。廣韻云䅳豆䅳也
𢻾 㱛𢻾屋欲壞廣韻集韻
䮒 馬名廣韻
踊 馬䮊迹也廣韻。集韻云踊馬蹀迹萱按䮊蹀俱可通未知孰爲正
墲 墲謂規度墓地也方言十三凡葬而無墳謂之墓所以墓謂之墲注
妑 女字也廣韻引字林
舥 浮梁謂之舥集韻。廣韻云舥腳船也
䚉 牛角闊也廣韻
會盧切
䙺 或書作褻褻袖也廣雅釋器 袺謂之䙺同上。廣韻云䙺袚集韻云䙺衣袚也

𤸎或作疨𤺋瘻物在喉中一曰物螯也廣韻集韻

醐或作甋醍醐酥之精液集韻。廣韻云醍醐酥屬徐鉉曰醍醐酪之精者也

鞹或作笋箶麓箭室又竹也廣韻。集韻云鞹麓箭室又云箶竹名萱按廣韻無鞹

葫菜名大蒜也一曰彫葫菰米也集韻。廣韻云葫瓜又云葫大蒜張騫使大苑得之食之捐人目萱按葫瓜即菰也今俗名茭瓜

鶘鵜鶘鳥名好羣飛沈水食魚集韻

瓳甎也廣雅釋室

箶

頶咽牛頷垂也廣韻萱按皆胡之俗也說文云胡牛頷垂也

魱鯦當魱爾雅釋魚郭云海魚也似鯿而大鱗肥美多鯁今江東呼其最大長三尺者爲當魱邵氏正義云即後世

所謂鯆魚也鯆之名因鰲鯠而聲轉類篇云其生有時吳人以爲珍。萱按當魱鰲鯠釋魚重見者鰲鯠謂鯆鮬則鯆之大者

樝棗名也大而銳上者廣韻。爾雅釋木棗壺棗注云今江東呼棗大而銳上者爲壺壺猶瓠也萱按壺棗取義於瓜瓠而俗乃作樝其義隱矣斯爲尤俗字

驊或作鷨駿馬也莊子秋水騏驥驊騮釋文引李注又漢書楊雄傳上騁驊騮以曲囏兮注云驊騮駿馬名也又荀子性惡云驊騮騹驥纖離綠耳此皆古之良馬也。列子周穆王右服騧騮注云騧古驊字又穆天子傳四右服騧騮注云騧騮疑驊騮字

鷨或作難鳥名似雉廣韻。集韻云鷨山雉名

𧕻大蛇也出魏興吠小蛇吸蝮但張口小蛇自入也廣韻引字林

頥顢頥難語廣韻引新字林顢頥言語無度廣韻。集韻云顢讕言不正也一曰顢頥難制

赮日朝赤色廣韻赮駮如赮之駮也文選江賦壁立赮駮注注又云赮古霞字又江賦景炎霞

火注云赮與霞同萱按赮霞字皆晚出然非一字郭段借耳廣韻所釋乃赮之正訓

霞赤雲也文選蜀都賦舒丹氣而爲霞劉注。御覽引釋名云霞白雲映日光而成赤色假日之赤光而成也霞謂朝霞赤黃氣也楚辭遠遊載營魄而登霞兮注又文選東京賦掃朝霞薛注云霞日邊赤氣也。萱按甘泉賦吸清雲之流瑕兮段瑕爲霞也

遐○俗有遐遐遠也爾雅釋詁又易泰不遐遺疏又詩汝墳不我遐棄傳天保降爾遐福箋南山有臺遐不眉壽箋鴛鴦宜其遐福箋隰桑遐不謂矣箋棫樸遐不作人傳旱麓遐不作人箋抑不遐有愆箋又楚辭愍命廢周邵於遐夷注又文選東京賦諠方激而遐騖薛注踵二皇之遐武薛注思兮賦悉歸雲而遐逝兮舊注。爾雅釋詁注又漢書郊祀志下登遐倒景注竝云遐亦遠也又司馬相如傳下遐哉邈乎注云遐邈皆遠也逝也文選東京賦俟閶風而西遐薛注假陞也爾雅釋詁萱按假者遐之段借字禮記登假即登遐也。漢書禮樂志假狄合處又華山碑思登假之道魏孔羨碑洪彝登假楊統碑文懷假冥又假爾莫不隕滯繁陽令楊君碑假爾僉服武斑碑商周假韓按此皆段假爲遐也。禮記表記瑕不

謂矣又景北海碑陰竈靈瑕頤皆段瑕爲遐。斥長田君碑遐介口口戾咸碑于是遐邇士仁萱按遐遐皆遐之異體字

蕸荷其葉蕸爾雅釋艸又釋文云蕸字或作葭萱按此省借字

統盧切

蒤蒤虎杖爾雅釋艸又廣韻云虎杖似紅艸。吳中名醫葉氏桂臨證指南云虎杖爲淋症要藥惜近時無識者萱按虎杖見於爾雅詳於方書而世人不之識洵可惜矣冀有心人留意察之苟其種未絕或不致闇昧終古蒤委葉爾雅釋艸姚莖涂薺爾雅釋艸又釋文云蒤本作涂萱按蒤字後出古祇用涂

稌或作蒤穗也廣雅釋艸云蒤穗也廣韻云稌穗也。集韻云禾穗曰稌又云蒤茅穗也一曰蓄積也蒤蒿也廣韻

鵌或作鷂鳥名與鼠同穴廣韻。爾雅釋鳥云鳥鼠同穴其鳥爲鵌其鼠爲鼵又釋畜云蜀子鵻萱按鵻與鵌異物

鷵似烏蒼白色爾雅釋鳥鷲鶶鷵注。玉篇云鷲一名唐屠鳥似烏萱按唐鶶屠鷵皆古今字

廜屋平曰廜麻廣韻引通俗文。集韻云屋平曰廜萱按此單評衆評之異

菟䖘今江南山夷呼虎爲菟方言八虎或謂之於䖘注。集韻云春秋傳楚人謂虎於菟一曰菟裘魯邑萱按左傳隱十一年使營菟裘公羊作吾使脩塗裘莊三十年鬬穀於菟漢書敘傳上作謂虎於檡檡塗段借字皆菟之雙聲疊韻也菟奚顆涷爾雅釋艸

鍍金飾物也廣韻

煥胡切

駑駘也廣雅釋言又廣韻引字林。漢書王陵傳陸下不知其駑下注云駑凡馬之稱非駿者也鈍馬也楚辭謬諫駑駿襍而不分兮注今謂馬之下者爲駑文選王命論是故駑蹇之乘注。荀子脩身庸衆駑散注云駑謂材下如駑馬者也惡馬也莊子馬蹄注駑驥名過于身而足釋文

諏或作設設譇諏語兒廣韻絲設語不解也廣韻。集韻云譇諏蓋窮一曰言不可解或作設萱按設之右旁不知其所从何等字書未見有叚也集韻諏作設同字而無設廣韻諏設各字而無設疑設設皆諏之譌體者也

設挐也廣雅釋詁三

伮或作伮爬伮搔也一曰斂也集韻爬伮以手收除也廣韻萱按廣韻作伮集韻作伮則叚卽奴之破字也故字書無叚又按段字右旁與叚形近或李从段而奪去左旁乎然書無叚設字也且煥胡切从奴从如爲洽不得有段聲字今定从奴聲

磊胡切

挐

矑目童子也文選甘泉賦玉女亡所眺其清矑兮注引服虔萱按古祇作驢方言三云驢瞳之子謂之矑

⿸疒盧癰頭廣韻萱按語未全集韻云⿸疒盧癰病語亦不慊此如荀偃之疽生於首

嚧呼豬聲也廣韻。集韻云嚧嚧呼豬聲一曰呼嚧笑也

瓐碧瓐玉也集韻引廣雅。廣韻云瓐玉名

⿰盧瓦酒器廣韻

轤轒轤圓轉木也廣韻。集韻云轒轤井上汲水木萱按廣韻通言集韻專言但汲水木三字意未全

⿰盧皮離也集韻引廣雅

⿰盧攴敀也廣韻。集韻云敀⿰盧攴欺也

獹韓良犬也初學記廿九引字林韓獹犬屬集韻引廣雅

鱸魚名廣韻。後漢左慈傳所少吳江松江鱸魚耳注引神仙傳云松江出好鱸魚味異他處又晉書張翰傳見秋風起思松江蓴羹鱸膾命駕歸

蠦蠦蝘蜇蝪也廣雅釋魚。方言八云秦晉西夏守宮或謂之蠦蝘蠦蜸一名蜚又名蝢

蠜廣韻

蘆蘆薈藥艸集韻。廣韻云蘆會藥名

狀盧切

⿸广直壞也廣韻屋隤兒集韻

⿰阝屠坨丘名廣韻集韻

⿰女余美也廣韻

酓含舌兒廣韻

⿱宀余窒⿱宀余也廣韻詳窒下

⿱穴余密⿱穴余深兒廣韻

「⿰木⿱穴余茶早採者爲茶封氏封見記。爾雅釋木釋文云茶埤蒼作⿰木⿱穴余」

寸盧切

笡竹名集韻

我盧切

娪美女也集韻引埤倉。釋名釋長幼云女青徐人曰娪娪忤也始生時人意不喜忤忤然也

⿰礻吳福也廣韻

⿰舟吳船名廣韻

峿 峿 嶇峿山名廣韻嶇峿山皃。集韻云
珸 珸 琨珸石之次玉者集韻引廣雅。廣韻云琨珸美玉
猂 或作猂 獸名如猿善啼集韻。廣韻云猂猿屬
鼯 或作鼯鼯 鼯鼠夷由爾雅釋鳥。文選蕪城賦階鼯鷢鼯注云鼯鼯鼠也 鼠名狀如小狐似蝙蝠肉翅亦謂之飛生集韻
䱷 或作䱷 魚名廣韻。集韻云䱷鮈魚名
蜈 或作蜈 蜈蚣蟲名廣韻集韻
蒱 佩胡切 摴蒱戲也博物志老子入胡作摴蒱廣韻
脯 脯魚也一曰雉膺肉集韻。廣韻云雉身有脯肉也
簠 或作蒲 竹笪沈水取魚之具廣韻 蒱箈小竹網集韻

蜅 蛖也廣雅釋魚 小蟹也廣韻 蟲名蛤也集韻
杷 播也廣韻
琶 琵琶樂器胡中馬上所鼓推手曰琵却手曰琶因以為名釋名釋樂

撮口呼

䝳 舂虛切 或作䝳 䝳也廣雅釋詁三。廣韻云䝳貯也又云居儲
崌 或作崌 書作崌 崌崍山也廣韻。集韻云崌山名北江所出
鶋 鷽斯鵯鶋爾雅釋鳥。廣韻云鵯鶋海鳥 萱按古祇用居後乃加鳥
蜛 或作鋸 蜛蠩蟲名一頭尾有數條左右有脚狀如蠶可食集韻
苴 苴苴艸也廣韻
硨 硨磲石之次玉者集韻引廣雅

蟅 蟅蟞蟲名如蜆而大集韻
攄 郗居切 擊也廣雅釋詁三
㠊 或作㠊 書作㠊 㠊崎山路廣韻。集韻云崎㠊山峻
唹 永居切 笑也廣雅釋詁一。廣韻云唹笑皃
箊 箊竹名葉薄而廣集韻
陓 秦有楊陓爾雅釋地又釋文云陓李作紆萱按淮南作秦之楊紆呂覽作秦之楊華皆叚借也。廣韻云楊陓澤名集韻云陓藪名秦有楊陓在扶風汧縣西
雩 雩注雨皃廣韻。集韻云雹雩暴雨
虶 蛐蜒別名廣韻。集韻云蚨虶蟲名蛐蜒也
驉 訓居切 或作驉 駏驉畜似騾也廣韻。爾雅釋地與邛邛駏驉比釋文云驉李作虛又作驉

旴 或作盱 日始出易豫盱豫釋文引姚注 大也漢書地理志下集注谷永傳集注引晉灼
疗 或作疗 書作疗 病也廣雅釋詁一
欨 欨欨樂也廣倉集韻引
衪 大袑衣也廣韻。集韻云大袑謂之衪
櫧 準虛切 或作櫧 櫧似柞山海經中山經前山其木多櫧注 櫧似采柔漢書司馬相如傳上沙棠櫟櫧注引郭璞 櫧似柃葉冬不落漢書司馬相如傳上注引張揖
藷 藷蕷別名廣韻按廣韻又云藷似薯而大則不徑目為一物殆屬別者也。集韻云藷藥艸署預也萱按署預省借字此食品不但為藥艸之常
蠩 或作蠩 蠦蠩蟾蠩爾雅釋魚又釋文云蠩本作諸萱按諸蠩古今字又書大傳濟中蟾諸注云蟾諸月中蝦蟇。廣韻也又淮南說林月照天下食於詹諸注云詹諸月中蝦蟇又云蜛蠩一頭數尾長二三尺左右有脚狀如蠶可食又集韻云

蝑蝫蟲名一曰蝦蟆

⿰石諸 礛⿰石諸礪也可以攻玉 集韻引廣雅。廣韻云礛⿰石諸青礪

⿰氵諸 水名在恆山 集韻

瀦 以瀦畜水 周禮稻人又司農注引左氏襄廿五年傳規偃瀦萓按古多用豬都作之都瀦古今字瀦豬正借字。水經淶水注云水澤所聚謂之都亦曰瀦又書禹貢大野既豬馬注云水所停止深者曰豬又彭蠡既豬鄭注云南方謂都爲豬又禮記檀弓上洿其宮而豬焉注云豬都也又左氏襄廿五年傳規偃豬疏云豬者停水之名又漢書王莽傳上而豬其宮室以爲汙池注云豬謂畜水。周禮職方氏其川滎雒注引滎播既都又史記夏本紀引大野既都彭蠡既都滎播既都被明都至于都野又左傳爾雅釋文竝引孟諸按卽被孟豬也又書晚出傳云孟豬澤名

櫫 杙也 廣雅釋室。廣韻云楬櫫有所表識

⿰亻庶 ⿰亻庶儸健而不德 廣韻

奢 俗有爹亦見十七部 奢父也爹父也 竝集韻引廣雅。廣韻云奢正奢切吳人呼父爹陟邪切羌人呼父也萓按奢爹當本一字而者聲多聲不同部以六書繩之似奢爲正字而爹從之若吳羌之異詩方俗語言不足細辯也

攄 蠢居切 舒也 廣雅釋詁四又漢書敘傳音義引字林又後漢和熹鄭皇后紀注班彪傳上注又文選西京賦心猶憑而未攄薛注荅賓戲卒不能攄首尾注引項岱 抒也 淮南脩務攄書明指以示之注 張也 廣雅釋詁一。史記司馬相如傳攄之無窮集解引廣雅云攄張舒也 申也 漢書敘傳上集注 布也 漢書司馬相如傳下集注 散也 漢書楊雄傳上集注又文選舞賦攄予意以宏覲兮注 攄猶騰也 後漢張衡傳注

⿰口楚 呵叱人也 廣韻

鸆 舁居切 或作鵌錐 鳥名似鳧 廣韻集韻

⿱艹舒 ⿱艹舒蔀魚薺也 集韻引廣雅

紓 繼也 廣韻集韻。廣韻又云紓繼入也

練 絺屬後漢禰衡著練巾 集韻。廣韻云練葛徐鉏曰練布屬

蔬 菜也 漢書元帝紀叔民饑饉注又一切經音義十七引宇林。小爾雅廣物云菜謂之蔬又禮記月令有能取蔬食田獵禽獸者疏云蔬謂菜蔬又漢書鄭陽傳注云蔬謂菜也又周書大匪無播蔬注云可食之菜曰蔬又論語述而飯蔬食飲水集解引孔注又皇疏竝云蔬食菜食也。周禮太宰注疏不熟曰饉釋文又漢書地理志下疏食果實之饒注又莊子山木猶且胥疏于江湖之下上下釋文引司馬注竝云疏菜也又淮南主術秋畜疏食注云菜蔬曰疏又國語鄭語周棄能播殖百穀疏注云疏艸菜之可食者萓按疏蔬古今字古時字少 艸實曰蔬 國語魯語能殖百穀百蔬注又後漢呂強傳注云蔬艸有實者又禮記月令注云艸木之實爲蔬食。莊子山木釋文引李注云疏艸也又呂覽仲冬有能取疏食注云艸實曰疏食又周禮妻人凡疏材木材注云凡疏材艸木有實者也又疏云疏是艸之實 蔬卽蠶也 禮記穰記上疏喪大記皆蔬食水飲疏又論語寒問飯蔬食皇疏云蔬猶蠶也又鄉黨雖蔬食菜羹皇蔬云蔬食蠶食也。儀禮喪服傳食疏食注疏袁裳齊注竝云疏猶蠶也又禮記王溱客飧主人辭以疏注云疏之言蠶也 蔬食饑食也 孟子萬章下雖蔬食

菜羹注。詩召旻彼疏斯粺箋云疏麤也謂糲米也又文選魏都賦非疏糲之士所能精劉注云疏糲麤也又家語終記舍以以疏米三具注云疏梗米禮記稻曰嘉疏 疏疏如總也 釋名釋喪制。禮記禮運蔬布以冪疏云蔬布謂蠶布又儀禮喪服削杖布帶蔬屨疏云蔬取用艸之義卽爾雅云蔬不熟之蔬 疏麻神麻也 楚辭大司命折疏麻兮瑤華注。莊子天道鼠壤有餘蔬釋文引司馬注云蔬讀若糈萓按此謂蔬卽糈之叚借字也又荀子富國然後葷菜百疏以澤量注云疏與蔬通

⿸尸胥 猝居切 此也 廣韻

稰 選居切 落也 廣韻。集韻云稰禾子落兒

䈝 竹名一曰箕屬 集韻

妋 粉居切 貪也 廣韻。集韻云妋貪兒

⿰礻夫 祭名 廣韻

玞 或作砆 砆武夫石似玉山海經南山經會稽之山其下多砆石注。廣韻云珷玞美石次玉集韻云碔砆石次玉萱按武夫古字从玉从石字皆後出 砆也

鴂 或作雉 鷂鳩鳥廣韻。集韻云鴂鴣鳥名萱按爾雅釋鳥云隹其夫不後乃加偏旁耳

秩 再生稻也玉篇。廣韻云里秩

蒼 地蒼藥也名廣韻。集韻引廣雅云地葵地蒼

猼 或作鵏 羽也一曰細毛廣雅。集韻引翻下羽也廣韻

撽 張也廣韻。集韻云撽張也揚也

檄 木名廣韻。集韻云檄檻木名葉如椿生吳蜀山谷中子上有鹽如霜

敷 或作傅 花葉布也廣韻。集韻引千寶說云華之通名鋪爲華皃謂之敷

鄒餘切

磔 或作硨 硨磔石之次玉集韻引廣雅

韻史 卷二十五第五部平聲副編姑韻　二八七一

璖 或作璩 環屬戎夷貫耳集韻。徐鉉曰璩環屬萱按鼎臣以璖璩同字集韻夲之

繅 或作繰 覝履也其緣謂之無繅廣雅釋器。廣韻云繅履飾 無繅絲也廣雅釋器

貅 貅貗獸名食猛獸廣韻引山海經。騷貅獸名集韻

蕖 芙蕖也廣韻。爾雅釋艸荷夫渠注云芙渠別名芙蓉江東呼荷萱按夫芙渠蕖竝古今字 蕖芋也其莖謂之蔽廣雅釋艸。後漢馬融傳注云芋蕖即芋魁也一名蹲鴟大葉其根亦可食也

僺 吳人呼彼稱集韻萱按多借渠作之

懅 忚也後漢徐登傳注 懅亦慙也後漢王霸傳注。廣韻云懅怯也

遽 小走皃廣韻。集韻云遽犯也一曰小跳

饞 將饞帥也集韻引廣雅萱按多借用渠

璩 璩玉名也耳璩也一切經音義廿二引字書萱按璩璖音訓皆同集韻併合亦是

韻史 卷二十五第五部平聲副編姑韻　二八七二

欋 籬也廣雅釋室。廣韻云欋枯藩籬

𨏩 輞也集韻引廣雅萱按車按車輞古祇用渠

窶 穴類廣韻 空也集韻萱按空當作孔

鄹 或作郥 聚名廣韻

隊 陼也集韻

褫 緊也廣韻集韻

灈 或作椽 杷宋魏之閒謂之灈挐廣韻引方言萱按或作灈挐

礫 磲礫青磧廣韻。集韻引廣雅云磲礫磧礫也

戵 鑺戟屬廣韻

氍 或作氀毹 罽也廣雅釋器 織毛褥謂之氍毹廣韻引風俗通。一切經音義二引通俗文云織毛褥曰

韻史 卷二十五第五部平聲副編姑韻　二八七三

氍毹細者謂之氍毹又北堂書鈔卅二引聲類云氍毹織毛爲席也又一切經音義十四云氍毹字苑作氍氀

蠷 蠷螋蟲名集韻。廣韻云蠷螋蟲

獁

盬 樹種也廣韻引聲類

永渠切

艅 艅艎吳王船名廣韻萱按集韻省王字非是古多作餘皇餘艅古今字

狳 犰狳獸名集韻。山海經云餘我之山有獸如兔鳥喙鴟目蛇尾遇人則眠名曰犰狳見則螽蝗爲害也

雓 雞大者蜀蜀子雓爾雅釋畜

蜍 蜘蛛也廣韻。方言云鼅鼄北燕朝鮮洌水之閒謂之蝳蜍

璵 或作璵 璵璠美玉左氏定五年傳陽虎將以璵璠斂注。楊統碑器其璵璠之質

獥 獸名一曰猗獥犬子集韻

韻史 卷二十五第五部平聲副編姑韻　二八七四

籅或作算篆也廣雅釋器。方言十三云籅篆也江沔之間謂之籅
⿰氵與水名廣韻萱按說文有⿰氵與此殆其破字耳廣韻兩載非是集韻刪⿰氵與
骬或書作骭肟也廣雅釋親萱按肟亦作骬缺盆骨也廣雅髑骬缺盆肟也或引作骭也廣韻作骨靈樞經云缺盆以下至髑骬長九寸
釪錞釪形似鐘以和鼓也廣韻萱按本作錞于或作錞于後人加金作釪非古也
⿰車于⿰木邪車也廣雅釋器
⿺辶宇窻也集韻。廣韻云窻⿺辶宇牀也萱按語不憭
⿱艹盂蒩⿱艹盂菜名似韭出塞下集韻
⿱竹邪⿱竹耶竹名廣韻集韻
⿰木邪椰⿰木邪高十尋葉居其末果名也一切經音義十六引異物志萱按此與杈枒字異。

廣韻云椰子木名集韻云椰木名出交趾
⿰木芋木名皮可爲索廣韻
⿱艹杅枲屬皮中索集韻
乃餘切
⿱亏毛犬多毛皃集韻
蒘蘮蒘艸名集韻似芹可食子大如麥兩兩相合有毛著人衣爾雅釋艸蘮蒘竊衣注。廣韻云藸蒘艸名
桴涂桴杷名廣韻
菸藸菸艸名集韻
懸餘切
憪憂也廣韻
鐧矛戟受柄處集韻

櫚栟櫚椶也皮可以爲索文選南都賦栟櫚栟櫚注引上林賦張揖注
⿱竹閭⿱竹閭簹竹名廣韻
䕡菴䕡艸名狀如艾蒿集韻
⿰氵閭浘⿰氵閭海水洩處廣韻萱按浘⿰氵閭皆尤俗字莊子本作尾閭俗加水義轉不足
櫖平去二音諸櫖山櫐廣韻。爾雅釋木諸慮山櫐注云今江東呼櫐爲藤似葛而麤大萱按慮櫖古今字廣韻又云林櫖山林
藘茹藘蒨艸集韻。廣韻云爈犬黎藘艸
爈山火曰爈集韻。廣韻云爈火燒山界
蠦諸蠦蟲名集韻
⿰山慮山名廣韻

⿰王敘玉名廣韻
⿰馬敘或作⿰馬敘傳馬名廣韻萱按傳讀去聲傳也如今遽馬集韻。又云傳謂之⿰馬敘
蠢餘切
⿸疒除瘢也廣雅釋痴⿸疒除不達也廣韻
滁水名一曰州名廣韻集韻
藸藸⿱艹壽蔥名廣韻。集韻云⿱艹壽藸菜名蔥也
⿰鉏鳥⿱舂鳥⿰鉏鳥鳥名白鷺也廣韻集韻萱按此尤俗字也爾雅作舂鉏
須餘切
蕠蕠藘艸名蒨也可以染絳集韻萱按古祇作茹藘
我餘切
⿰目魚或作⿰馬魚馬二目白廣韻萱按魯頌爾雅祇作魚
澞陵夾水澞爾雅釋山又釋文云澞本作虞萱按澞虞正借字
鸆鸅鸆鳥名常在澤中象主守之臣集韻。廣韻云鸅鸆一名洄澤萱按古借虞爲鸆

羭選餘切 或作羚野羊也廣韻。集韻云羭郊羊也皮可冒鼓擊之益急

眅粉餘切 望也廣韻。集韻云眅希望也

訞 語端辭集韻。廣韻云訞辭也萱按作訞辭者字譌也經典語端辭皆用夫

颬 或書作颭颬風大風廣韻

𣣏 畚也集韻引廣雅。廣韻云𣣏小畚器也

㥲 心明廣韻。萱按㥲䎉湑皆从冒聲廣韻獨不收冒字殊爲疏漏楊慎曰冒古晡字申時也然冒之製字於六書亦難言之集韻併㥲䎉湑雜去是也

䎉 飛兒廣韻

湑 水名也其中有神古人廣韻

譕晚餘切 誇詞也廣韻集韻

韻史 卷二十五第五部平聲副編姑韻

二八七九

䉑 竹黑皮竹浮有文齊民要術十引字林。廣韻云䉑黑皮竹也萱按黑皮竹當如字林作竹黑皮此言其皮也

鴮鸅 或作雖鴮鸅鳥名廣韻。集韻云鵜鴮鳥名鸅也萱按廣韻分鴮鸅爲二鸅下云鳥名雀屬

㤝 㤝毳也荊揚江湖之閒曰揄鋪楚曰㦈㤝方言欲空之兒廣韻

莁 莁荑一名無姑一名蔱蘠爾雅釋艸莁荑蔱蘠邵疏引本艸。萱按蘇恭謂蔱蘠乃殺蘠二字之誤是也郭璞注云一名白蕢不云無姑與本艸異無姑在釋木

韻史 卷二十五第五部平聲副編姑韻

二八八〇

韻史

合口呼第五部上聲副編鼓韻

鈷廣土切 鈷鏻也玉篇又集韻云鈷鏻溫器萱按鏻鉧同字柳宗元有鈷鉧潭記范成大曰鈷鉧熨斗也。廣韻云鈷鉼疑鉼譌字

估 市稅也廣韻

牯 牛名廣韻集韻

嫴 好也集韻引

䇢贖古切 箬竹名廣韻集韻

銙 或作䩇帶也廣韻。集韻云銙帶具

㤩 小衫曰㤩集韻。廣韻云㤩衿袍也

韻史 卷二十五第五部上聲副編鼓韻

二八八一

懀 帣衣也廣韻

𢃳 或作頶頭巾也廣韻。集韻云首巾謂之𢃳

溩 水名一曰水大兒集韻

萀腕古切 豆屬似貍豆而大集韻。廣韻云虎豆名俗加艹

𧈭會古切 蟲名善捕蠅集韻。廣韻云虎蠅蟲名俗加虫

𨛜

䀰 明也漢書楊雄傳上集注文也方言十二又廣雅釋詁三赤文也文選西京賦注引埤蒼䀰䀰文采兒方言十二注

帍 被巾也廣雅釋器。集韻引方言云帍娘謂之被巾

戽 或作淭抒也廣雅釋詁二。集韻云淭抒水器戽斗舟渫水器廣韻

韻史 卷二十五第五部上聲副編鼓韻

二八八二

[山扈]　山廣皃。玉篇。山卑而大曰[山扈]。廣韻。爾雅釋山卑而大扈，注云扈廣也。邵氏正義云山之卑而大者曰扈。玉篇作[山扈]。釋文亦作[山扈]，俗體字也。

滬　糸滬水名。集韻。廣韻云靈龜負書出糸滬水。

簄　取魚竹罔。集韻。廣韻云簄海中取魚竹名。

廈　屋之四下者爲廈。文選西京賦大廈耽耽，薛注大屋也。淮南說林大廈成而燕雀相賀，注又太弁。邅大廈徵注。大廈大屋也。淮南本經大廈曾加注。

墐古切

帾　幡也。集韻引廣雅。廣韻云帾幡也，摽記物之處也。

皵　桑皮也。詩鴟鴞釋文引字林。

賭　或作[貝鳥]也。文選博奕論注引埤蒼。集韻引廣雅云賭取財也。錢戲曰賭。一切經音義十五引通俗文。

肚　胃謂之肚。廣雅釋親。集韻云肚胃也。

睯　視也。廣雅釋詁一。窺也。廣雅釋言。廣韻云梁公子名仉睯。

統古切

軠　軠軡車中重薦也。輕軠軡小軺者也。釋名釋車。廣雅云軠軡謂之軺，又云軺短也。廣韻云軠輴轂別名也，一名軠軡。畢尙書沅曰輴轂乃盛箭室，與軺誼不合。

[土瓦]　甓也。集韻引廣雅。瓶也。廣韻。

芏　芏夫王。爾雅釋艸。芏艸名似莞，生海邊，可爲席也。廣韻。集韻云夫王也。爾雅芏夫王生海邊，似莞藺，越人以爲席。

袿　袿衡香艸。集韻。廣韻云杜衡香艸似葵。山海經云可以治癭，帶之令人便馬，馬亦健走。根葉似細辛而氣小異。字俗从卄。

蟡古切

[弩虫]　水[弩虫]蟲名。集韻。廣韻云水弩蟲名，俗从虫。萱按弩[弩虫]古今字。

蠡古切

滷　苦也。爾雅釋言。苦地也。爾雅釋言注。

[扌鹵]　强也。廣雅釋詁一。集韻云一曰動搖。

[勹鹵]　[勹鹵]也。廣韻。[勹鹵][勹鹵]伏地。集韻。

艕　所以進船者也。廣韻集韻者字今補。釋名釋船云在旁曰櫓，櫓旅也，用旅力然後舟行也。萱按櫓艕古今字。

藞　藞磋不中皃。一曰藞苴泥不熟。集韻。廣韻云藞搓泥不熟皃。萱按藞苴疊韻。

歷古切

[广乍]　屋也。集韻。

厏　厏厊不相合。廣韻。萱按相字集韻增。

痄　痄疨創不合也。一曰病甚。集韻。廣韻云痄瘡不合。

纂古切

靻　靻勒名。廣韻。馬鞨也。集韻。玉篇云靻馬頭上靻。又淮南氾論云蘇秦匹夫徒步之人也，靻蹻嬴蓋經營

萬乘之主

寸古切

[艹麤]　艸履。廣韻。

蔖　艸也。廣雅釋艸。爾雅釋艸菌蔖，注云作履苴艸。又集韻云艸名可爲履，一曰艸死曰蔖。

我古切

旿　明也。廣韻。

仵　偶也。集韻。廣韻云仵偶敵。

厊　厏厊不合。廣韻。

疨　痄疨病甚。集韻。

盌　杯也。廣雅釋器。方言五盌桮也，秦晉之郊謂之盌，注云盌所謂伯盌者也。

貝古切

譜　諩　或書作譜諩。牒也。廣雅釋言。釋名釋典藝：譜布也，布列見其事也。亦曰緒也，主緒人世類相繼如統緒也。史記三代世表不可得而譜，正義云譜布也。譜者普也。

詩譜序以立斯譜疏。孫叔敖碑陰別口謚純也又春秋左氏傳序及地名。譜第釋文云譜本又作謚

佩古切

烳火行皃廣韻萱按集韻無行字

簿簿書也荀子正名然而徵知必將待天官之當簿其類然然後可也注又漢書張釋之傳集注云簿謂簿書

簿卽牘也史記絳侯周勃世家乃書牘背示之索隱簿文簿也漢書禮樂志特以簿書不報期會爲故注李廣傳吏治軍簿注又急責廣之莫府上簿注云簿謂文狀也文記也後漢鍾離意傳注○文選劉公幹雜詩沈迷簿領書注云簿領謂文簿而記錄之簿計簿也漢書食貨志下多張空簿注又兒寛傳上畜簿注云簿謂文計也

笏或曰簿言可以簿疏物也釋名釋書契○周禮天官序官司書疏云簿今手版又左氏桓二年傳注若今吏之持簿釋文引徐廣云持簿手版也簿謂伐閲漢書翟方進傳官簿皆在方進之右注簿者鹵簿史記黥布傳布常爲軍鋒索隱又漢書司馬相如傳上鼓嚴簿注引孟康云簿鹵簿也又獨斷下云天子出車駕次第謂之鹵簿○廣雅釋器云笛謂之簿萱按此段簿爲簿也

鑮或作鞲鞴鞋鞲車茵集韻

漫古切

鏻鈷鏻溫器廣韻集韻

媽母也廣雅釋云一曰牝馬○集韻

窵穴名在燕然廣韻集韻

碼或作瑪碼磁石似玉廣韻

鷌異鳥廣韻云鳥名○集韻

鰢魚名廣韻

撮口許

眷許切

弆窖藏曰弆一切經音義十三引通俗文○左氏昭十九年傳以度而去之疏云去卽藏也字書去作弆謂掌物也今關西仍呼爲弆東人輕言爲去又漢書蘇武傳掘野鼠去屮實而食之注云去謂藏之也又游俠陳遵傳主皆藏去以爲榮注云去亦藏也萱按去弆亦古今字

䞓行皃廣韻

郘亭名在長沙廣韻集韻

郡許切

詎豈也漢書孫寶傳集注○高帝紀上集注云詎猶豈也何也莊子齊物論庸詎知吾所謂知之非不知邪釋文引李注詎猶未也莊子齊物論釋文引服虔未知詞也集韻引字林○漢書孫寶傳掾部渠有其人乎注云渠讀曰詎又張平子碑庸渠限其所至哉萱按渠段借字也詎正字而後出古祇用豈

粔或作麮千緈者謂之粔籹御覽八百六十引通俗文○一切經音義五引蒼頡云粔絮餅餌也江南呼爲膏糭又音義五引字林云粔絮膏糭果也

罝罟也廣韻

駏或作狟駏驉獸名集韻○爾雅釋獸與邛邛駏驉比釋文云駏本或作岠又作狟萱按狟異體字岠則借也

蛣蛣蚗也廣韻

岠至也漢書食貨志下集注引孟康又廣雅釋詁一又華嚴經音義上引珠叢去也爾雅釋地岠齊州以南注

永許切

扵擊也廣雅釋詁三

膂或作膐肩骨也玉篇

穥苗盛也集韻○詩楚茨我黍與與萱按與穥古今字又集韻云禾稼謂之穥

訓擧切

祤祋祤縣名在馮翊廣韻

珝玉名廣韻

冔或作㝞殷冠也詩文王常服黼冔傳○白虎通紼冕云謂之冔者十二月之時施氣受化詡張而後得牙故謂之冔又禮記曾子問疏云冔是殷之祭冠又獨斷下云殷曰冔又詩文王釋文引字林云冔作㝞又廣雅釋器云㝞冠也冔名出於憮憮覆也言所以自覆飾也儀禮士冠禮記殷冔注又有司徹疏云冔覆也可以覆首又釋名釋首飾云冔殷冠名也冔憮也冔之言覆言以覆首也

粇 乃許切 或作粷 粔粇也廣韻 蜜餌也集韻

⿰黍女 黏也廣雅釋詁四。方言三云⿰黍女黏也齊魯青徐自關而東或曰⿰黍女

侶 戀舉切 侶伴侶也玉篇引聲類 儷也集韻

絽 絣也廣雅釋詁二 緊也廣雅釋言

郘 亭名廣韻

⿸广吕 晉大夫冀叔⿸广吕也玉篇引埤蒼萱按此闕其字義

穭 或作稆 自生也後漢獻帝紀尚書郎以下自出採稆注引埤蒼注又云稆與穭同萱按廣韻作自生稻也

梠 或作櫖 木名中箭笴廣韻集韻

⿺辶呂

忬 準許切 或作評 智也廣雅釋詁三 忬慴知也一切經音義十二引字林又引通俗文云多意謂之忬

衧 敝衣也玉篇。一切經音義十六引通俗文云裝衣曰衧萱按此謂衧爲褚之段借也

⿰巾予 或作帾 棺衣也廣韻。集韻云⿰巾予覆棺衣

飷 食無味也廣韻

礎 蟲許切 礩也廣雅釋室。淮南說林山雲蒸柱礎潤注云礎柱下石礩也 楚人謂柱碣曰礎一切經音義十八引淮南許注

濋 濟爲濋爾雅釋水

⿰衤咸

⿰扌者 擊也廣雅釋詁三

撦 開也廣雅釋詁三

⿰革單 大也廣雅釋詁一

䰳 或作䰳 醜䰳也廣韻。集韻云醜䰳惡也

肗 輭許切 魚不鮮也廣韻。集韻云魚敗曰餒肉敗曰肗

惹 惹言情惹也方言十䇫揚州會稽之語也或謂之惹注。廣韻云謰惹徐鉉曰惹亂也

墅 舁舉切 田廬也廣韻

蝚 或作蝞 螢蝑蝽蝚集韻引廣雅。廣韻云蝚蜎

盄

⿰木㯪

磪 磪硧場外石也廣韻。集韻云硧磪礑也

趡 蟀許切

趡 奚許切

蘂 我許切 蘂翳也廣韻集韻

麌 或作麌 麕牡曰麌詩吉日麀鹿麌麌箋萱按說文引麀鹿噳噳殆三家詩也。爾雅釋獸麕牡麌釋文云一作麀麌 麌麌衆多也詩吉日傳又箋云麌復麌言多也又小爾雅廣訓云麀鹿麌麌語其衆也 麌麌形皃文選西京賦薛注

醑 選舉切 麗酒也廣韻。集韻云釃酒也

䣿 酒之美也廣韻

䂎 矛也廣韻 矛屬集韻

嶼 海中洲上有山石文選吳都賦島嶼緜邈劉注。徐鉉曰島也集韻云山在水中

藇 美皃詩伐木釃酒有藇傳萱按玉篇引詩釃酒有䤏二字音義皆同也 藇蕪也廣韻。集韻云藇苗盛也

漵 或作潊 水浦也廣韻

⿰木爲 案謂之⿰木爲廣雅釋器。方言五云案陳楚宋魏之間謂之⿰木爲

⿰骨甫 粉舉切 ⿰骨可也 廣雅釋親

⿰石甫 ⿰石甫磓磴也 集韻。廣韻云磓⿰石甫

滏 水名在鄴 集韻。廣韻引山海經云神菌之山滏水出焉

⿰馬父 牡馬也 廣韻

⿰父鳥 或作⿰父隹⿰鳥父 ⿰父鳥鳺越鳥 廣韻。集韻云鳥名越父也

⿱父虫 蟲名食瓜者 集韻。爾雅釋蟲蠸輿父守瓜注云今瓜中黃甲小蟲喜食瓜葉故名守瓜邵氏正義云蠸一名輿父一名守瓜又引戴侗云瓜蠅狀似螢火

蚥 蝦蟆也 廣雅釋魚。廣韻云蚥蟾蜍別名集韻云去蚥蟲名蟾諸也 不蜩王蚥 爾雅釋蟲郭云未詳

⿰糸無 絲也 廣韻萱按集韻併⿰糸無於結嫌武斷

嘸 晚舉切 不精明也 漢書韓信傳諸將皆嘸然陽應曰諾注引孟康

⿰舟無 或作⿰舟武 長艇船也 廣韻。集韻云舟謂之⿰舟武

甒 或作甒廡甗 甒罌也周魏之閒謂之甒 方言五。注云今江東亦呼罌為甒子 甒瓶也 廣雅釋器 盛酒之器 禮記喪大記士容甒疏 甒亦瓦器 儀禮既夕甒二注又禮記雜記甕甒釋文云甒瓦器 樽也 禮記禮運注甒大也釋文又禮器君尊瓦甒注云甒五斗。儀禮士冠禮一甒醴既夕甒二士喪禮記尊兩甒于廟門外之右少牢饋食禮司宮尊兩甒于房戶之閒注竝云古文甒作廡萱按古文用段借字

⿰足武 或作⿺辶無⿱無足 跡也 集韻引廣雅

珷 碔 或作䃙 珷玞石似王 廣韻。集韻云碔砆石似王

鵡 鸚鵡能言鳥也 說文鳥部鸚下解又劉恂北戶錄云字林鵡作䳇。萱按曲禮李作嬰母釋文始見鵡字形音皆變矣不古可知至狄梁公後鵡專行而䳇廢矣

韻史

合口呼 第五部去聲副編顧韻

涸 廣路切 凝也閉也 廣韻萱按涸沍義同而音微異古多用沍漢書郊祀志上秋涸凍注五行志上金鑠冰滯涸堅注竝云涸讀與沍同

稒 或作掴 稒陽縣名在五原郡 廣韻集韻

⿱罒固 ⿱罒路⿱罒固取魚具也 廣韻

鯝 魚肚中腸 廣韻。集韻云一曰杭越之閒謂魚胃為鯝

⿸疒古 小兒口瘡 廣韻

坬 土埵也 廣韻

⿰扌段 或作掾 杸也所以舉物 集韻引廣雅

俹 脘固切 倚也 一切經音義十引字書云俹倚也今言俹息俹臥皆是也又音義十四引韻集云俹倚俹也今言俹息卻俹亟是也

⿰亞欠 極也 廣雅釋詁一 歐⿰亞欠驢鳴 廣韻萱按歐乙利切

⿰月亞 ⿰月亞膪肥兒 廣韻

⿺辶亞 次第行也 廣韻

稏 䆉稏稻也 集韻萱按廣韻也作名未密

婭 兩壻相謂曰婭 史記楚世家故為婚姻正義又後漢酷吏傳注萱按婭最俗字爾雅李作兩壻相謂為亞

⿰足亞 ⿰足亞踏踏地用力也 廣韻萱按集韻踏作距

⿰扌惡 或作掗 吳人云舉亦為⿰扌惡也 廣韻又集韻云吳人謂挽曰⿰扌惡

嫭 會固切 或作嫮 好也 漢書禮樂志眾嫭並集注引孟康又楚辭大招嫭以姱只注云嫭姱好兒也。廣雅釋詁一又漢書

韓安國傳集注引服虔又文選思玄賦咨妬嫮之難並兮舊注並云嫮好也又雪賦玉顏掩嫮注又後漢張衡傳注並云嫮好兒也美目兒漢書禮樂志注引如淳又揚雄傳上知衆嫭之嫉妬兮注云嫭美兒也。外戚傳上集注又後漢張衡傳注並云嫮美也妬也廣雅釋詁一嫮嫪也廣雅釋言嫮夸妊也漢書韓安國傳即以嫮鄗小縣注引服虔

䨼 黝屬山海經南山經青丘之山多青雘注。廣韻云雘青屬

韄 或作韄刀飾把中皮也廣韻。集韻云刀靶中韋

頀 護也廣雅釋詁四頀者救也春秋繁露楚莊王。漢書禮樂志又風俗通聲音並云濩言救民也又周禮大司樂注大濩湯樂也疏云言濩者即救護也又古微書引春秋元命苞云護者救也萱按湯樂名護而段濩俗乃製頀矣

摦 横大不入也左氏昭廿一年傳大者不摦注又疏云摦聲近横故為横大又漢書五行志下之上注云摦横大也

⿱穴瓠 寬也廣雅釋詁二

綔 佩印系集韻。續漢志云諸侯王以下以綔

冱 凝也史記封禪書秋涸凍索隱引小顏又漢書五行志上金鐵冰滯涸堅注郊祀志上集注又後漢張衡傳注凍也莊子齊物論河漢沍而不能寒釋文引向注又文選思玄賦清泉沍而不流舊注堅也文選魏都賦下冰室而沍冥劉注閉也左氏昭四年傳固陰沍寒注又後漢張衡傳注沍猶涸也莊子齊物論釋文引崔注

沍 水漫也集韻

⿰衤互 短衣也集韻

⿰言互 志也認也廣韻

⿱艹互 艸名可為繩集韻

⿰犭互 獸名似玃尾長集韻

煆 平去兩讀爇也廣雅釋詁二赫也熱也乾也廣韻。集韻云煆火氣廣韻又云煆火猛

嚇 或作哧笑聲廣韻。集韻云以距人謂之嚇

荒固切 疺 乳病曰疺御覽三百七十一引通俗文

梡固切 篗 籰也集韻引廣雅蠶篗廣韻

蒦 香艸廣韻

鸌 木鸌鳥有毛角廣韻。爾雅釋鳥鶹鸌軌又云雈老鸌

磊固切 ⿱艹露 或作蕗蔠葵蘩露廣韻

⿱罒路 ⿱罒路罶取魚具也廣韻

癋 或作⿸疒盧瘑瘡也廣雅釋言。廣韻云瘑癋瘡也萱按瘡名瘑亦名⿸疒盧非連綿字

腫固切 醡 壓酒具也廣韻

榨 打油具也廣韻。廣韻分醡榨為二並云出證俗文集韻併合云酒盞也萱按二者義同集韻可從

灹 火聲廣韻火焱也集韻

⿱艹乇 ⿱艹乇葿黃芩也廣雅釋艸。集韻云黃芩黃文內虛

⿱穴乇 ⿱穴乇亦窋也文選魯靈光殿賦窋⿱穴乇垂珠注。集韻云窋⿱穴乇物在穴中兒

狀固切 侘 平去兩讀侘傺失志兒離騷注詳平聲

蛇 水母東海謂之蛇集韻引南越志。廣韻云蛇水母也一名蠩形如羊胃無目以蝦為目

刷固切 嗄 或作數氣逆也老子終日號而不嗄釋文楚人謂啼極無聲為嗄莊子庚桑楚兒子終日嗥而嗌不嗄釋文引司馬注憂煎之聲也太玄夷三日不嗄注。老子釋文云嗄本作嚱又莊子釋文云嗄本作嗄崔李作喝萱按嚱嗄喝皆段借字

我固切 ⿺走午 逆也管子心術無形則無所位⿺走午注萱按字書未見⿺走午字音義與迕同殆即迕之譌也

梧 或作捂 梧即逆也 儀禮既夕注謂對相授疏○萱按古多借梧爲梧 梧支也 後漢方術徐登傳梧鼎而爨注又馬融傳注云梧支梧也邪柱爲梧史記項羽紀莫敢枝梧集解引瓚曰 梧柱也 文選景福殿賦桁梧複疊注 梧相支柱不安也 漢書司馬遷傳贊或有抵梧注又注引如淳云梧讀曰迕相觸迕也

聤 聽也 廣韻

俉 迎也 史記天官書其人逢俉化言索隱引劉伯莊

逜 寤也 爾雅釋言○集韻云謂相午寤

窹 或作寤 竈名 廣韻 窹竈也 集韻引廣雅

研 或作犽 碾也 集韻

犽 獸名似貜長尾 集韻

異固切

傺 傺猶鄉也 禮記中庸素隱行怪注○荀子議兵蘇刀死注又文選陶徵士誄傺斷告終注豆云傺向也 傺

經也 廣雅釋言

⿰言素 譖也 集韻

⿰扌素 揞取物也 廣韻

嗉 或作膆 嗉者受食之處別名嗉今江東呼粻 爾雅釋鳥亢鳥嚨其粻嗉注○爾雅釋獸云鳥曰嗉 膆喉受食處也 文選射雉賦裂膆破嗉徐注

⿰犭素 或作⿰犭素 獸名 集韻 ⿰犭素牲白也 廣韻

塑 塐 埏土象物也 集韻

⿰王斥 俗作⿰王斥 玉名 廣韻

目固切

抪 布也 廣雅釋詁三 敷也 一切經音義十六引字書 擊也 廣雅釋詁三○唐扶頌夷粤抪捲萱按此段爲跋扈字也

佈 偏也 廣韻

⿰虫布 ⿰虫布蛸蟲也 廣韻○集韻云蛸⿰虫布蟲名似蜆

⿰布刂 裁刀也 廣韻 截也一曰裁刀 集韻

弝 弓弝 廣韻○集韻云弝弓把也

灞 水名 廣韻

欛 或作靶 柄也 集韻○廣韻云欛刀柄名

跁 跁跒不前 玉篇○類篇云跁跒躋也 跁跒短人也 廣韻

佩固切

帊 或作帕袙 帛三幅曰帊帊衣幞也 廣韻引通俗文 兩幅曰帊 一切經音義十八引通俗文 幞也 廣雅釋器○釋名釋衣服云帕腹橫帕其腹也

耙 或作䎱 耙稏稻名 廣韻○集韻云䎱稏稻也

痡 痞也 廣雅釋言

鞴 鞴靫盛箭室 廣韻

郙 亭名 廣韻

⿰舟步 或作⿰舟步 艇短而深謂之⿰舟步 集韻引方言

⿰馬步 俗有⿰馬本字疑⿰馬步之譌 習馬也 集韻○廣韻云案左傳曰左師見夫人之步馬字不從馬

漫固切

⿱⺮暮 竹筥 廣韻

⿰糸莫

⿰言馬 多言也 廣韻

⿰阝馬 益也 集韻引方言○廣韻云⿰阝馬增益也又巧也

榪 牀頭橫木 廣韻

撮口諄

偶 齊大夫名 證傳兒刖笞偶之法用爲罵字也 漢書賈[illegible]

舂據切

濠 或作涮 乾也 廣雅釋詁二

「踞 居之俗體晚出者 蹲也 漢書敘傳上音義又後漢郭泰傳注。一切經音義十六引字林云踞亦蹲也。 却倚也 文選西京賦據渭踞涇注 反企也 漢書高帝紀上沛公方踞牀注 踞謂坐其上也 左氏襄廿四年傳皆踞轉而鼓琴疏 踞是游也 左氏昭廿五年傳執冰而踞疏。萱按古作蹲居自借居爲凥處字而俗乃製踞字且讀去聲矣俗人數益昧其流變之由」

䱟 魚名 廣韻

鄒據切

呿 開也 莊子秋水口呿而不合釋文引司馬注。廣韻云呿臥聲

㰦 欠㰦也 廣韻。集韻併㰦呿爲一云張口皃

「㞐 閑也 儀禮士喪禮注徹帷㞐之釋文」

鳶 鳥名 廣韻

鼁 鼁䲝蟾諸 爾雅釋魚又注云鼁䲝似蝦蟆居陸地淮南謂之去蚥。萱按說文𪓰鼀同字七宿反去鼀變爲鼁形與音皆譌

茾 艸名 廣韻

永據切

棜 棜之制如今大木舉矣上有四周下無足 儀禮特牲饋食禮棜在其南注又既夕記設棜于東堂下注云棜今之舉也又禮記禮器疏云棜是舉名。禮器大夫士棜禁注云棜斯禁也謂之棜者無足有似於棜或因名云耳又玉藻大夫側尊用棜注云棜斯禁也無足有似於棜是以言棜又儀禮特牲饋食禮記壺棜禁饌于東序注云禁言棜者祭尚厭飫得與大夫同器不爲神戒也又少牢饋食禮同棜注云棜無足禁者酒戒也大夫去足改名優尊者若不爲之戒然

菸 慫也 廣雅釋詁四 臭也 廣雅釋器。廣韻云菸臭艸集韻云蔫菸敗也

舉 舁食者 廣韻。集韻云舉食輿也

壆 高平 廣韻。集韻云壆高平陸也

潒 或作瀕 灩瀕水名 廣韻

橡 或作槙 橡樟木也 文選吳都賦木則楓柙橡樟劉注

鸆 或作鶬雜 鳥名似雉 廣韻

戀據切

簴 舟中篝也 廣韻集韻

櫖 平去二音 林櫖山林又山櫐也 廣韻。集韻云諸櫖木名一曰山櫐

𡾊 山名在河內 集韻

𦊓 罔也 集韻。廣韻云網罳

準據切

蠦 鱸或作鱸 蠦螽也 廣雅釋器。廣韻分蠦鑢爲二云蠦螽也又云蜸蠦

𩞄 大麋又豕食 廣韻。集韻云𩞄犬豕食也

𡽗 番山 廣韻

斱 斫也 廣韻

蠡據切

𪕋 或作麤䵂 其子𪕋 爾雅釋獸。爾雅釋艸注當歸似蘄而𪕋大又云似葛而𪕋大萱按此借𪕋爲麤也又廣韻云𪕋大也集韻云䵂大也

舜據切

昈 明也 廣韻

𣸮 水名 廣韻

薯 薯蕷 廣韻。萱按本名署預繼乃加艸後又避諱而名山藥愈俗矣

曙

騇 或作捨 牝馬也 廣韻 牝曰騇 爾雅釋畜

厙 姓也 廣韻萱按

刞 昝據切 或作粗 耕起土也 廣韻。集韻云耕而土起謂之粗

笡 謦謂之笡 廣雅釋器。廣韻云笡斜逆

褯 小兒褯 廣韻。集韻云褯小兒衣也

⿰金夜 鏡也 廣韻

躤 或作踖 踐也 一切經音義九引字書

篶 選據切 程也 廣雅釋器。廣韻云笘篶

⿰氵射 水名出瞻渚山 集韻

榭 有木者謂之榭 爾雅釋宮又禮記月令可以處臺榭注又楚辭招魂層臺累榭注 臺有屋曰榭 淮南時則處臺榭注又呂覽重已其爲宮室臺榭也注云有屋曰榭又爾雅釋宮注云榭臺上起屋又李注云臺上有屋謂之榭。左氏襄卅一年傳無觀臺榭釋文又哀元年傳次有臺榭陂池焉注又後漢班彪傳上注竝云有木曰榭又文選東

京賦謝門曲榭薛注云臺有木曰榭。漢書五行志上飾臺榭注云臺有室曰榭萱按室宇未諦疑屋之譌 臺加木曰榭。淮南精神今高臺層榭注李經崇臺榭之隆注呂覽仲夏可以處臺榭注云臺加木爲榭 無室曰榭 爾雅釋宮又公羊宣十六年傳宣宮之榭也注又國語楚語故先王之爲臺榭也注。釋宮李注云但有大殿無室名曰榭又儀禮鄉射禮豫則鉤楹內注云凡屋無室曰榭又左氏宣十六年經夏成周宣榭火注云無室曰榭謂屋歇前又文選魯靈光殿賦陽榭外望張注云大殿無內室謂之榭 榭即今堂埕 爾雅釋宮注又李注云榭但有堂也。左氏成十七年傳三卻將謀於榭注云榭講武堂又漢書五行志上云榭者講武之坐屋 器之所藏也 禮記禮運以爲臺榭注又漢書五行志上云榭者所以臧樂器。萱按說文無榭古秪用謝作之荀子王霸云臺謝甚高左氏傳成周宣謝火

韻史

開口呼 第五部入聲副編各韻

⿱卒麥 民託切 碎麥也 廣韻。集韻云麥碎曰⿱卒麥

蛒 蛐蜒也 廣雅釋蟲 蟦蠐梁益之閒謂之蛒 方言十一。集韻引方言云蛞諸謂之杜蛒一曰蛭蛒地蠶也一曰蝤蠐

喀 口各切 ⿰血客 或作衉 吐聲 廣韻 嘔也 集韻 面污血曰衉 國語晉語吾伏弢衉血注

揢 手把著也 廣韻 搦也 集韻

矐 海各切 重目又失明也 廣韻

⿰氵客 ⿰氵客澤冰皃 廣韻。集韻云凍堅也

⿰禾客 禾屬似黍而小 廣韻集韻

佫 人姓也 廣韻引纂文萱按言姓而不求其義舊韻書之陋如是

⿺走各 僵也 廣雅釋詁四。廣韻云⿺走各趚倒地

⿰木客 椸架也 集韻。廣韻云鞍格

⿰目赫 目赤也 廣韻

嚇 或作嚇 赫也 方言十三

⿰火赫 赤也 廣雅釋器。廣韻云嚇火色萱按⿰火赫嚇之義赫字中已包之矣此等字可省

沰 帶各切 赭也 詩終南顏如渥丹釋文引韓詩 矺也 廣雅釋言。段氏王裁曰崔寔書上火不落下火滴沰周禮掌舍注云柜受居溜水涑橐者也橐即沰之段借

仛 代各切 依也 廣雅釋詁三

⿰忄乇 或作⿰忄度 忖也一曰企也 集韻。廣韻云徵也 ⿰忄度怎也 廣雅釋言

飥 或作飥饢餅謂之飥方言十三。集韻云餺飥餅屬

馲 或作馲驝馲駝似鹿而大肉鞌出繞山爾雅釋畜釋文引字林。萱按古借用橐字

⿰言复 欺也廣雅釋詁二

嗄 言無度也集韻。廣韻云口嗄嗄無度

⿰車复 ⿰車复輅轉也廣韻集韻

⿰足复 或作⿰足乇以脚⿰足复土也一切經音義十四引三蒼。集韻云⿰足复跣足一曰作前作抑

⿰足睪 隸作跅跅者跅落無檢局也漢書武帝紀跅弛之士注。廣韻云跅弛不遵法度之士

⿰月睪 ⿰革泰肔⿰月睪無檢限也廣韻

⿰革睪 ⿰革泰⿰革睪履也廣雅釋器。釋名釋衣服云⿰革泰⿰革睪鞾之缺前壅者胡中所名也⿰革泰⿰革睪猶速獨足直前之言也

凙 冰結也楚辭冬冰之洛凙集韻

檡 檡棘善理堅刃者可以爲射決廣韻。萱按刃當作韌儀禮士冠禮若檡棘注云今文檡爲澤按今文用叚借字又漢書敘傳謂虎於檡叚檡爲菟也檡梬橐廣韻

籜 竹皮也文選謝靈運經湖中瞻眺詩初篁苞綠籜注。山海經中山經甘棗之山有艸焉葵本而杏葉黃華而莢實名曰籜可以已瞢

⿰月石 滴也澆也廣韻。⿰月石腣畜水腸一曰腹大兒集韻

索各切 緒

⿰忄者

朗各切 略 大兒廣韻白色集韻

硌 磊硌石兒廣韻集韻

珞 瓔珞頸飾廣韻集韻

酪 乳酪也廣韻。徐鉉曰酪乳漿也

⿰飛各 亦作⿰羽各飛去也廣韻⿰各羽翮飛兒集韻

烙 燒也廣韻集韻

⿰歹各 殂也廣韻。集韻云⿰歹各死也

⿰木茖 或作落籬⿰木茖也集韻。廣韻云欏⿰木茖出音譜

諍各切 舴 舴艋舟也廣雅釋水

岝 岝嶺高兒文選海賦啟龍門之岝嶺注岝峉山不齊兒文選南都賦注引埤蒼

蚱 蚱蜢淮南名去父也即蟾蠩也一切經音義十二引字書。萱按蚱蜢乃蝗類或釋爲蟾屬誤

杔 杔櫨壁酒器也廣韻。集韻云杔櫨盞酒具一曰柱上枅

⿰犭乇 或作⿰豸乇⿰犭乇⿰犭百獸名驢父牛母集韻。萱按山海經崍山注玉篇並有此說然未足信也古今注言驢牡馬牝則生⿰月來馬⿰月來馬郎馲⿰馬百也又涉羸矣

虴 或作蠂虴蜢也。爾雅釋蟲注今謂之土蠂釋文。集韻云土蠂蟲名似蝗而小螢蝑江東呼虴蜢方言十一舂黍謂之螢蝑注

吒 蟒亦呼吒咟方言十一蟒南楚之外謂之蟅蟒注

⿸尸乇 張也集韻。廣韻云張⿸尸乇

墌 或作坧基址也廣韻

䗪 或作⿰虫石蟅負蟲也廣韻

⿺走石 行也廣韻

⿰衤夜 或作⿰衤庶袖也廣雅釋器襜謂之⿰衤夜方言四衣掖下也方言四注

咋菹各切 齧也淮南脩務齔咋足以噆肌碎骨注嚙也漢書東方朔傳集注暫也左氏定八年傳桓子咋謂林楚注。廣韻云咋大聲又云呹咋多聲

泎或作灂瀺泎水落地聲廣韻。集韻云瀺泎水落皃

葃 菜名集韻。廣韻云葃茹菜萱按集韻又併作葃爲一字云茹艸也

皵 皺也廣韻集韻

𤗈 開也廣韻集韻

䩥 韄䩥刀靶中韋集韻

𩏂 𩏂韄刀飾廣韻。集韻云𩏂韄刀靶韋也

蘀或作蘀 蘀蕮藥艸車前別名廣韻

蠌 螖蠌小者蟧爾雅釋魚

韻史 卷二十五第五部入聲副編各韻

二九一九

鸅或作𨿸 鳥名鸅鸆也集韻。廣韻云鸅鸆護田也

𪀚 𪀚鶴鳥名錦文也集韻。廣韻云毛備五色

𤭛 瓶也廣韻盛酒器集韻

蚱 蚱蠖蟲名今蝍蛛集韻萱按易繫辭本作尺蠖

卤 姓也廣韻萱按義既不可知於六書亦罔知所屬廣韻收此等字爲無識矣又載臭字云白澤臭字云獸也集韻併之云臭臭大白澤也愈無稽矣故雜之

趚稍各切 儃也廣雅釋詁四

䊤 煑米多水廣韻。集韻云煑米爲䊤

漆 雨皃一曰水名在滎陽一曰水在聞喜縣集韻。廣韻云漆漆雨小皃

鉐 鍮鉐以石藥治銅集韻

韻史 卷二十五第五部入聲副編各韻

二九二〇

䳭 䳭鳥雁也廣雅釋鳥 鳥名雝鶏也集韻

𦓈 耕也廣韻

䁺 明也方言十三。廣韻云䁺視皃

襫 襏襫雨衣廣韻。集韻云襏襫蓑襞也

剒采各切 厝謂之剒爾雅釋器

䱜 魚名鼻前有骨如斧斤一說生子在腹朝出食暮還入集韻

䌥 𦁎 絅䌥艸緪集韻。廣韻分爲二字云𦁎緪也䌥艸緪

𢂃 幗幘謂之𢂃集韻引廣雅

鈼 甑也梁人呼爲鉹吳人呼爲鈼集韻

砟 石上廣韻。集韻云石也

韻史 卷二十五第五部入聲副編各韻

二九二一

𤙖 牛名重千斤出華陰集韻。廣韻云山牛

偔我各切 多也廣韻

顎 嚴敬曰顎廣韻

愕 驚也廣雅釋詁一又文選西都賦注引字書又後漢班彪傳上注。漢書張良傳良愕然欲毆之注云愕驚皃也。直言也文選三國名臣序贊注引字書萱按此謂愕諤通也。謁者景君墓表京師鄂驚萱按此段鄂爲愕也又文選高唐賦卒愕異物此段愕爲遌也

諤 直言也文選三國名臣序贊注引字書。諷諫詩諤諤黃髮注云諤諤正直皃 諤諤語也廣雅釋訓。費氾碑謇鄂質直又綏民校尉熊君碑臨朝謇鄂萱按鄂皆諤之借

齶或作咢或作腭 齒齗也集韻。廣韻云口中齗腭

萼或作蘁 承華者曰萼齊民要術十引詩義疏。列子周穆王二曰蘁夢萱按此段蘁爲愕也周禮作噩夢

韻史 卷二十五第五部入聲副編各韻

二九二二

華跗也集韻。廣韻云花蕚蒂按此尤俗字也古本作咢取咢布之義或借鄂

㮠　穽也廣韻

㴂　水名廣韻

隭　重甗曰隭甗音言甑也山如重甑曰隭一切經音義一引通俗文。集韻云阜兒

崿　或作𡾊　崖也文選西京賦注引文字集略。廣韻分崿𡾊爲二云崿崖崿𡾊山峯

堮　或作𡓀　圻也集韻。廣韻云堮圻堮

噩　或作路　太歲在酉曰作噩爾雅釋天萱按釋文云噩本作咢又史記麻書作作鄂漢書天文志作作路又殼阮碑云光和四年作路之歲咢鄂路皆同音通借字。周禮占夢二曰噩夢注云噩當爲驚愕之愕謂驚愕而夢

鑩　鉤也集韻。廣韻云鑩以鐵作鉤物也

峉　或作頟峉　山高大兒楚辭山阜峉峉集韻

㩟　散各切　摸也擇也集韻

䩕　䩕鞾履也廣雅釋器

㮦　白㮦木名廣韻。集韻云㮦木梢又云㮦木枝上生

蒁　艸名廣韻

䄶　保各切　短袂也廣韻。集韻云衫短袂謂之䄶

餺　或作䴺　餺飥餅也廣韻集韻

䍸　吳羊牿曰䍸廣雅釋畜。廣韻引山海經云䍸𦍩獸名似羊九尾四耳其目在背

猼　或作䍸　獸名似人有翼一曰地名信都有下猼縣集韻

𪕮　𪕮鼠也廣韻　𪕮䶉鼠名集韻

䗚　䗚蟭螵蛸也廣雅釋蟲。廣韻云䗚蟭蟷蜋卵也

簙　把各切　簙簺具名吳人用廣韻

瓸　甃也廣雅釋室。廣韻云甗瓸井甃

苩　藍之別名廣韻。集韻云苩藍艸名

蒪　蒪苴蘘荷也集韻引廣雅

膊　割肉也廣韻。萱按此當膊之異體集韻併之爲是

餺　或作䴺　餅也廣韻集韻

礴　旁礴混同也集韻。廣韻云盤礴又文選吳都賦旁魄而論都注云礴與魄同萱按盤旁雙聲礴魄一音

韉　或作䩕　韉鞣履也廣韻。集韻引廣雅云鞋韉謂之䩕

鱒　魚似鯉一目也廣韻

䎔　或作𦑣　䎔䎔飛兒集韻

粕　已漉之精也淮南道應是直聖人之糟粕耳注。一切經音義三引淮南許注云已漉之酒曰粕也　爛食曰粕文選文賦注引莊子司馬注

胉　脅也儀禮士喪禮兩胉注又釋文又廣雅釋親。士喪禮注兩云今文胉爲迫萱按迫胉古今字

珀　琥珀出罽賓國集韻。翻譯名義六引廣志云虎珀生地中其上及旁不生艸木深者八九尺大如斛削去上皮中是虎珀

箔　簾也廣韻集韻

䒭　艸名象帛集韻。廣韻云爾雅䒭似帛俗从艹

鴭　鴭鶝鳥名似鸐出縣雍山集韻引字林

舶　或作艊　舟也廣雅釋水　大船也一切經音義引埤蒼又引通俗文云吳船曰艊晉船曰舶長二十丈載六七百人者是也又音義十引字林云舶大船也今江南泛海船謂之舶崑崙及高麗皆乘之大者受萬斛也

冒各切

𧺆 或作趙 𧺆猶越也 文選江賦𧺆漲截洞注。廣韻云𧺆風入水皃集韻云𧺆逼也萱按𧺆與迫音義皆近

⿸广臭 定也空也 集韻

寞 寂寞無聲也 集韻

瞙 目不明也 廣韻引字統

⿰莫力 動也 廣韻集韻

塻 塵也 集韻。廣韻云含塻亦塵塻

⿴囗莫 見文 廣韻集韻

帞 頭 或作絈 帞頭幧頭也 廣雅釋器又集韻引廣雅云[illegible]謂之幓帞。方言四云絡頭南楚江湘之閒曰帞

袹 裲襠謂之袹腹 廣雅釋器。禮記問喪注邪巾袹頭萱按此段袹爲帞也

陌 道也 廣雅釋室 塍分界也 楚辭憫上率彼兮昒陌注 東西曰陌 史記秦本紀開阡陌索隱引風俗通商君傳開阡陌封疆正義。後漢光武紀上注鮑永傳注竝云東西爲陌 河東以南北爲陌 史記秦本紀索隱引風俗通。漢書食貨志下開阡陌注云東西曰伯又匡衡傳南以閩佰爲界注云陌佰者田之東西界也又丁鮒碑口流疇佰萱按佰佰皆陌之借也。釋名釋首飾云綃頭或謂之陌頭言其從後橫陌而前也按此段陌爲帞

狛 駂犿狛驢父牛母 廣韻又集韻云一說似驢而小。山海經峽山注云邛來山在漢嘉嚴道縣江水所自出山有九折坂出狛狛似熊而黑白駁亦食銅鐵

蛨 蚔蛨蟲名螌蝑也 集韻

貊 著也

齊齒呼

几略切

撠 著也 漢書揚雄傳下音義引如淳 揭也 漢書揚雄傳下集注又音義引字林 撠謂揭持之也 漢書五行志中之上撠高后掖注 撠謂以手持撠刺人也 史記孫子吳起傳救鬬者不搏撠索隱。

詩鴟鴞傳拮据撠挶也釋文云撠本作戟萱按戟撠古今字亦正俗字

舊略切

⿱髟戟 ⿱髟戟皃 集韻。廣韻云髲⿱髟戟

⿱艹戟 大戟巴戟皆藥艸 集韻

⿸疒卻 或作⿸疒郤 瘡疾也 廣韻

郤 或作郤 鄉名在河東聞喜縣 集韻

劇 甚也 漢書揚雄傳上口吃不能劇談集注引鄭氏又文選蜀都賦劇談戲論劉注劇秦美新何其劇與注 劇亦疾也 漢書揚雄傳上注 劇猶難也 後漢列女傳注 繁多也 荀子非十二子猶然而材劇志大注 ⿱罒豦煩也 荀子解蔽不以夢劇亂知謂之靜注 劇旁出歧多故曰劇 爾雅釋宮三達謂之劇旁孫注。釋名釋道云三達曰劇旁古者列樹以表道道有夾溝以通水潦恆見修治此道旁轉多用功稍劇也 劇惡不息 太辛辛衡 劇無赦 太幺辛錯。萱按古祇有劇訓務也字譌从刀音轉讀入聲乃譌字行而正字幾隱矣

憶略切

帟 帳也 周書王會墠上張赤帟陰羽注。廣雅釋器云帟帳也萱按帟者帟之借 平帳也 周禮幕人掌帷幕幄帟綬之事司農注又文選蜀都賦張奕幕劉注 幕之小者 禮記檀弓上君于士有賜帟注。釋名釋牀帳云小幕曰帟張在人上帟帟然也 幄中坐上承塵也 後漢皇后紀注。周禮幕人注云帟主在幕若幄中坐上承塵幄帟皆以繒爲之又掌次凡喪王則張帟三重注云張帟柩上承塵

液 激液水皃 廣韻。集韻云液水名

焲 大光也 集韻引字林

燡 或作燡曎 明也 小爾雅廣詁 光明皃 文選魯靈光殿賦赫燡燡而燭坤注

⿰炎睪 災也 廣韻引字林

墿 道也 廣雅釋室

⿰口睪 川名 集韻

釋 重祭名殷曰肜周曰繹 廣韻。集韻云祭之明日又祭名。萱按古祇用繹

醳 酒也 史記淮陰侯傳醳兵集解引魏都賦劉注 醳酒久釀酉澤也 釋名釋飲食 舊醳之酒謂昔酒也 禮記郊特牲猶明清與醆酒于舊澤之酒也注又疏云醳是和醳醴醆之名即今卒造之酒也又周禮司尊彝疏云醳酒即事酒也。石門頌醳艱即安郙閣頌醳散關之嶄漯北海相景君碑農夫醳耒萱按此段醳爲釋也又史記張儀傳醳之索隱云醳古釋字

惲 悅也 詩板辭之惲矣傳又書金縢疏又漢書敘傳上集注蕭何傳集注灌夫傳集注。禮記文王世子是故其成也惲注云惲悅惲 怡也 一切經音義七引字林 樂也 爾雅釋詁又漢書司馬相如傳上昆蟲闓惲集注引文穎。釋詁舊注云惲意解之樂也 和樂也 漢書陸賈傳高帝不惲注 服也 爾雅釋詁又詩節南山既夷既惲傳 更也 廣雅釋詁三。方言六云惲改也自山而東或曰惲 不惲疾不解 書顧命王不惲馬注。萱按惲當本爲釋之異體字後乃別出耳顧命釋文云馬本作不釋又詩靜女說惲女美笺云說惲當作說釋又或用繹輯爲惲詩頍弁庶幾說惲釋

韻史 卷二十五第五部入聲副編各韻 二九三一

文云惲本作繹板辭之惲矣說苑善說作辭之繹矣左氏襄卅一年傳作辭之輯矣

闍 念略切 牽引也 廣韻

諾 先也 集韻。廣韻云走諾

踏 踐也 廣韻。集韻云踏跌也

繫 利若切 絣也 廣雅釋詁二。廣韻云繫絣也

誓 約誓歎美也 廣韻

䂮 磨刃也 集韻

螮 隸作蚸 蟿螽螇螮 爾雅釋蟲注云今俗呼似蚣蝑而細長飛翅作聲爲螇蚸

掠 或作剠脈 取也 左氏昭十四年傳已惡而掠美爲昏注又小爾雅廣詁 奪取也 左氏昭廿年傳輸掠其聚注又後漢光武帝紀上注 劫奪也 後漢鄧訓傳注 掠謂略奪也 漢書高帝紀上毋得鹵掠注 笞也

韻史 卷二十五第五部入聲副編各韻 二九三二

呂覽春秋無肆掠注 笞擊也 漢書江都易王非傳不中程輒掠注陳咸傳下獄掠治注 問也 後漢章帝紀注 掠 問也謂搒捶治人也 一切經音義九引蒼頡。禮記月令毋肆掠注云掠謂捶治人又釋文云掠考捶 掠謂劃伐之 穆天子傳五命虞人掠林注 槍而死曰掠掠狼也用威大暴如豺狼也 釋名釋喪制

䂄 軫略切 䂄礋打草田器 廣韻引字林。廣

謶 謫也 廣雅釋言。廣韻云欺也

篧 𥳑也 廣雅釋器。玉篇云篧盪米具

搚 擊也 廣雅釋詁三。廣韻云搚遌也

砙

礋

韻史 卷二十五第五部入聲副編各韻 二九三三

趞 佀略切 急走也 廣韻引字林

楉 忍略切 楉榴石榴也 廣雅釋木。集韻引廣雅云楉榴柰也廣韻云楉榴安石榴也

鄀 楚邑 左傳僖卅五年釋文引字林 國名 左傳僖卅五年釋文。廣韻云鄀地名在襄陽

跋 足下文 廣韻

皵 淺略切 或作𣝺 皻也 廣雅釋言 棤皮也 爾雅釋木大而皵楸樊注又舍人注 棤皵 爾雅釋木又邵氏晉涵正義云木之皮甲錯麤者謂之棤亦謂之皵上文云大而皵小而皵是也。一切經音義二十引埤蒼云皴皮皴散也樹皮甲錯麤厚亦曰皴皵

䱜 魚名出東海 廣韻

猎 先民之山有黑蟲狀如熊名曰猎猎 集韻引山海經

庴 縣名在清河 廣韻

韻史 卷二十五第五部入聲副編各韻 二九三四

我略切 小略切

咈 嘔也 廣韻集韻

碦 磧也 文選西京賦雕楹玉碦注引廣雅。廣韻云碦柱下石

潟 鹵也 周禮草人鹹潟用貆注 鹹鹵之地 漢書地理志上海瀕廣潟注 史記貨殖傳地潟鹵集解引徐。廣云潟鹵鹹地也萱按斥潟爲古今字音近而義同史記又叚澙爲潟

蕮 或作蔦 馬蕮艸名車前也 集韻。爾雅釋艸蕍蕮又芣苢馬蕮釋文蕮云蕮李作舄萱按古祇用借字後加艸乃

焟 或作腊 乾也 廣雅釋詁二。集韻引廣雅云曝也

棤 皮甲錯也 廣韻。集韻引謝嶠說云爾雅棤皵木皮甲錯也

⿰昔阝 鄉名在臨邛 集韻

汐 海潮汐也 集韻 言汐者椽夕至也 文選江賦注引抱朴子

合口訐

廣霍切 虩霍切 脘霍切

諕 諕諕多言兒 廣韻

⿰耳廣 或作⿰耳郭 耳⿰耳廣也 廣韻。玉篇云⿰耳郭大耳也

矌 目無眹也 玉篇。集韻云矌目無色也又云矌目張兒。倉頡篇矘矌視兒江淹詩矘矌盡都甸

擴 或作⿰手郭 廓也 孟子公孫丑上知皆擴而充之矣注。集韻云擴張大也

⿰廣刂 或作⿰郭刂 解也 方言十三又廣雅釋詁一 劐裂也 廣雅釋詁二

⿰口郭 叩聲 集韻。又云嗑也

嬳 或作⿰女矍 作姿態也 集韻。廣韻云恐嬳

⿰食蒦 味薄也 廣韻。集韻引伊尹云甘而不餶肥而不⿰食蒦

臒 善肉 玉篇云羞美肉。廣韻 大也善也 廣韻

鸌 水鳥 廣韻

⿰山蒦 陂名又村名在吳王舊城側也 廣韻

嚄 大笑也 史記信陵君傳正義引聲類 大喚也 文選風賦注引聲類 嚄嗌愫之辭 史記外戚世家武帝下車泣曰嚄索隱 嚄責失聲驚愕兒也 史記外戚世家正義 嚄唶謂多詞句也 史記信陵君傳晉鄙嚄唶索隱

會靡切

靃 或作䨥 䨥靃又大雨也 玉篇

⿸广蒦 廓⿸广蒦空遠兒 廣韻

⿸疒蒦 瘑⿸疒蒦物在喉 集韻

⿰火蒦 熱也 廣韻集韻

⿰蒦刂 裂也 廣雅釋詁二

矐 明也 玉篇 日開也 廣韻

攉 手反覆也 集韻。廣韻云攉盤手戲

癨 吐病也 廣韻。集韻云病亂也

⿰霍羽 ⿰郭羽⿰霍羽飛疾也 廣韻

瀖 瀖泋衆波聲 廣韻。文選海賦瀖泋濩渭注 瀖濩采色眩曜不定之兒 文選魯靈光殿賦瀖濩燐亂 濆也 廣雅釋詁二

謋 疾意 莊子養生主謋然已解徐邈注。集韻云謋然速也

瓁 玉璞也 集韻。廣韻云朴瓁也。管子輕重篇決瓁洛之水通之杭莊之閒

撮口訐

我霍切 眷縛切

⿱奞夂 健兒 廣韻

⿰車矍 輞也 廣雅釋器

欔 欔烏階 爾雅釋艸 欔卽烏杷也 爾雅釋艸注

鄧 郘緧切 鄉名在聞喜縣廣韻集韻

還 我緧切 行不住也廣韻 還還周旋也集韻

⿱艹雙 ⿱艹雙子菜廣韻

⿰氵⿱艹雙 筌取魚器廣韻

韻史卷二十六

泰興何萱石閭譔集　子庚校
上海顧錫麒竹泉覆審
武進李兆洛申耆鑑定

第六部平聲

緪韻

開口呼

緪 改登切 或作絚 大索也一曰急也 說文段注按手部揯引急也緪與揯音義皆同亦作絚非从亘之絚也○一切經音義十一引通俗文云大索曰緪又御覽七百六十六引通俗文云大繩曰緪 緪索也 廣雅釋器 緪大索也 晉書音義下引字林○漢書溝洫志搴長茭兮湛美玉注引臣瓚云緪索也 緪急也 淮南繆稱張瑟者小弦緪大弦緩注 緪急張弦也 楚辭東君緪瑟兮交鼓注 恆弦 詩天保如月之恆傳○箋云月上弦而就盈釋文云恆本亦作緪 緪竟也秦晉或曰緪 方言六 緪竟也 楚辭招魂姱容修態緪洞房些注○董按揯緪緪訓竟者皆亙之段借字也從漢書班彪傳下北彌明先而緪長樂文選西都賦作亙長樂是也段爲亙即從亙之音故緪有古鄧切一讀

揯 或作揯 引急也 說文段注淮南繆稱曰治國辟若張瑟大弦揯則小弦絕矣 揯引也揯急也 註廣雅釋詁一 揯竟也 廣雅釋詁三○董按此段揯爲亙

鮔 或作鮔 鮔魧 通 鮪也周雒謂之鮪蜀謂之鮔魧 說文段注李奇注上林曰周洛曰鮪蜀曰鮔鱛陸詩疏曰益州人謂之鮔鱛按蜀有之者出於江也周雒有之者出鞏穴入河也各書多作鮔省立心也鮔古音當在十部而字形亦改爲鱛矣 鮔鱛鮪也 文選吳都賦荃鮔鱛注上林賦鮔鱛漸離郭注○董按即今之鱘魚也蜀都賦劉注云鱧鮔鱛也恐未諦鱧與鮪不同物

⿱癶⿱豆廾 到增切 或作⿱癶⿱豆廾○俗有甑登 禮器也 說文 瓦豆謂之鐙 儀禮公食大夫禮大羹湆不和實于鐙注 瓦豆謂之登 爾雅釋器○詩生民于豆于登傳云瓦曰登登薦大羹也又大戴記曾子事父母執觴觶杯豆而不醉注云以瓦曰登○段氏玉裁曰登鐙皆段借字劉氏台拱曰詩爾雅皆作登唐石經篇韻皆無登字玉篇有登字俗製登字改經非也

登彝籀上車也說文段注引神之凡上陞曰登登上也周禮司民掌登萬民之數注考工記輈人勤登登馬力注又禮記曲禮下告喪曰天王登假注又國語周語罄香不登注又漢書司馬相如傳上集注又准南覽冥扶搖而登之注又楚辭惜誦欲釋階而登天兮注又文選東京賦登岱勤封薛注○考工記輈人其登又難注云登上阪也又左氏桓二年傳登降有數注云登降謂上下尊卑登陞也爾雅釋詁登升也周禮羊人登其首注又禮記玉藻登席不由前注又小爾雅廣言又後漢書竇融傳注班彪傳下注又孟子滕文公上五穀不登注又呂覽異寶登太行而望鄭注又文選東京賦西登步華薛注○左氏隱五年傳不登於俎豆注云登為升登高也國語晉語不哀年之不登注又文選羽獵賦涉三皇之登閎注引韋昭○漢書楊雄傳上注云登閎高遠也登陟即是在之義也左氏昭十五年傳福胙之不登疏登進也禮記月令農乃登麥注農乃登黍注又呂覽仲夏注又文選東京賦登自東除薛注○漢書食貨志上云進業曰登集注引鄭氏云進上農功諸事業名曰登又登猶入也准南繆稱錦繡登廟注登成也爾雅釋詁又詩皇矣誕先登于岸箋崧高登是南邦傳又周禮小司徒注司服疏又儀禮喪服冠六

韻史　卷二十六第六部平聲縆韻

二九四三

升注又禮記曲禮下年穀不登注月令蠶事既登注又左氏襄二年傳且不登叛人也注昭三年傳以登於釜注又史記樂書男女無別則亂登正義又呂覽季春登繭稱絲效功注又准南天文蠶不登注主術戰器登民豐注又糸糸告昴則登才冬注○左氏隱五年傳不登於器服注云登為成又漢書成帝紀年歲未歲登注云登謂百穀成登成也定也周禮鄉大夫以歲時登其夫家之眾寡注族師注○遂人注云登成也猶定也登加也左氏昭三年傳三量皆登一焉注登年多歷年也國語周語若登年以載其毒必亡注登登用力也詩縣築之登登傳登登眾也廣雅釋登來之者美大之辭也公羊隱五年傳○禮記大學登庚之疏云齊人語謂登來為得來也聲有緩急得為登寵言登者尊之也禮記月令登龜注○萱按蕓長蔡湛頌云功蹬王府此段蹬為登也布八十縷為升儀禮喪服冠六升注又國語魯語喜衣不過七升之布注○萱按此段升為登也鄭云升字書為登俗誤已行久矣

璒石之似玉者說文

韻史　卷二十六第六部平聲縆韻

二九四四

鐙○俗有燈錠也說文段注祭統曰夫人薦豆執校執醴授之執鐙注曰校豆中央直者也鐙豆下跗也執醴者以豆授夫人執其下跗夫人受之執其中央直者按跗說文作柎闌足也鐙有柎則無足曰鐙之說未可信豆之遺制為今俗用鐙蓋徐氏兄弟逐以膏鐙解說文誤矣生民傳曰木曰豆瓦曰登豆薦道臨登薦大羹箋云祀天用瓦豆陶器質也然則瓦豆用於祭天廟中之鐙范金為之故其字从金錠謂之鐙廣雅釋器豆有足曰錠無足曰鐙○廣韵一切經音義七引聲類音義十三引剖集竝云有足曰錠無足曰鐙○萱按糸應所引無豆字殆非也攷延光四年耿氏作鐙膏鐙蓋始乎此又文選贈五官中郎將詩明鐙熇炎光亦謂膏鐙也膏鐙義行而李義微燈字行而鐙字亦微瓦豆謂之鐙儀禮公食大夫禮實于鐙注○萱按鐙字从金諒非陶器而仍沿瓦豆之偁者本名不容沒也同一名而瓦與金異其實故同一器而異與鐙異其字也遂俗字孳乳浸多又有鐙若登矣

簦笠蓋也說文段注笠而有柄如蓋也即今之雨繖史記躡蹻擔簦按簦亦謂之笠渾言不別也士喪禮下篇燕器杖笠

韻史　卷二十六第六部平聲縆韻

二九四五

翣注曰笠竹簦蓋也云蓋則簦也又按疏云簦竹青皮恐非是簦疑同箬竹箬也今人謂之箬帽大而有把手執以行謂之簦小而無把首戴以行謂之笠急就篇注○史記虞卿傳躡屩擔簦說趙孝成王集解云笠有柄者謂之簦又集解引徐廣云簦長柄笠又平原君傳注同

贊登切

曾兩見義異詞之舒也說文段注曰部曰替曾也詩替不畏明胡替莫懲毛鄭皆曰替曾也按曾之言乃也詩曾是不意曾是在位曾是在服曾是莫聽論語曾是以為孝乎曾謂泰山不如林放乎孟子爾何曾比予於管仲皆訓為乃則合語氣趙注孟子曰何曾猶何乃也是也是以替訓為曾替不畏明者乃不畏明也皇侃論語疏曰曾猶嘗也嘗是以為孝乎絕非語氣蓋曾字古訓乃子登切後世用為曾經之義讀才登切此今義今音非古義古音也至如曾祖曾孫取增益層累之意則曾皆可讀矣○王氏引之經傳釋詞云曾替皆詞也故其字竝從日或言曾或言替語之轉耳說文替曾也引詩替不畏明字或作憯噆又作憯爾雅憯曾也郭注曰發語辭詩節南山毛傳曰憯曾也民勞傳及十月之交箋竝同

曾則也乃也孟子公孫丑上爾何曾比予於管仲音義引丁音○萱按趙釋何曾為何乃其義寂精丁犀入則義

韻史　卷二十六第六部平聲縆韻

二九四六

轉覺其疏不若婷訓乃之爲愈矣

曾則也論語爲政曾是以爲孝乎鄭注八佾曾謂泰山釋文又管子大匡其於我也曾若是乎注又淮南脩務我曾無有閭里之聞注曰曾撓注○論語八佾皇疏又漢書韋玄成傳曾是車服注又後漢書荀韓鍾陳傳贊注又太玄玄數曌曾越卓注竝云曾之言則也又論語先進曾由與求之問皇疏云曾猶則也

曾是也廣雅釋言

曾何也廣雅釋言○方言十云曾何也湘潭之原荊之南鄙謂何爲曾若中夏言何爲也

曾阿也廣雅釋言

曾舉也楚辭東君翾飛兮翠曾注

曾猶高也淮南覽冥還至共曾逝萬仞之上注○文選弔屈原文遂增擊而去之注引如淳云曾高高上飛意也

曾益也說文會字解○釋名釋親屬云曾祖從下推上祖位轉增益也

曾重也穆天子傳一曾祝佐之注又漢書司馬相如傳下集注又後漢書張衡傳注又淮南本經大廈曾加注又楚辭惜誦願曾思而遠身注招蒐曾臺累榭注大招曾類倚耳注怨思遂曾閣而追身注又文選登慮山香鑑峯詩曾蔭萬里生注○尒雅釋親孫之子爲曾孫注云曾猶重也又詩維天之命曾孫篤之箋云曾猶重也自孫之子而下事先祖皆稱曾孫又左氏襄十八年傳曾臣彪注云曾臣猶末位又疏云曾祖曾孫者曾是重義

曾累也離騷曾歔欷余鬱抑兮注○萱按曾訓益訓重訓累與增無別二字音義皆同也又按訓重訓累曾亦可讀如層招蒐曾臺亦作層臺累榭是其證矣

曾青空青也文選蜀都賦琥珀丹青劉注○荀子王制南海則有羽翮齒革曾青丹干焉注云曾青銅之精可績畫及化黃金者出蜀山越嶲又正論重之以曾青注云曾青銅之精形如珠者其色極青故謂之曾青

增益也說文段注益者饒也會下曰曾益也是可段曾爲之○爾雅釋言人淮南本經殘高增下注又文選高唐賦奮息增欷注弔屈原文遂增擊而去之注引李奇竝云增益也增有益增曰益竝太玄玄錯○玄衡云增始昌

增加也廣雅釋詁一又史記屈原賈生傳搖增翮逝而去之正義

增重也廣雅釋詁四又漢書賈誼傳集注司馬相如傳上集注楊雄傳上集注又後漢書班彪傳上注又淮南覽冥孟嘗君爲之增欷注

增累也廣雅釋詁四○萱按增與曾義相通貫故曾亦訓累訓重訓益也

增增眾也爾雅釋訓又詩閟宮烝從增增傳○爾雅注之增增眾彩之兒

增響委聲也文選西京賦礔礰激而增響薛注

譄加也說文段注加者語相譄加也譄加誣三字互訓

憎惡也說文又廣雅釋詁三又國語周語其叔父實應且憎注又楚辭哀郢憎愠惀之修美兮注○素問藏氣法時論憎風注云憎風謂深惡之也

憎謂己所嫌恨禮記曲禮上憎而知其惡疏

憎苦也廣雅釋詁四

憎憚也方言七

憎難也廣雅釋詁三

蹭北地高樓無屋者說文段注北地郡也高樓上不爲覆曰蹭禮運曰夏則居曾巢鄭曰暑則聚薪柴居其上也此蹭之始也禮運本又作蹭

橧巢也廣雅釋室○萱按此段橧爲蹭誤同王肅也家語問禮夏則居橧巢注云聚柴爲橧不知禮運作蹭與曾非作橧也橧雖見尒雅乃承所寢何得目人所居子肅之寡識如此俗人或用家語改禮記陋甚矣

潧潧水出鄭國詩曰潧與洧方沈沈兮說文段注鄭國謂周之鄭鄭國即漢之新鄭也鄭語曰前華後河右洛左濟主芣騩而食溱洧水經曰潧水出鄭縣縣西北平地鄜云出鄶城西北雞絡隖下東南流左合洧水又

南左會承雲山水又東南逕鄶城西謂之柳泉水又南注於洧世亦謂之爲鄶水也今溱水在河南開封府密縣東北流經新鄭縣西北南流合洧水爲雙泊河而洧盛溱涸矣按曾聲則在六部而經傳皆作溱溱聲鄶風爲溱涉溱與豈無他人爲韻學者疑之玉栽謂說文水經皆云潧水在鄭溱水出桂陽蓋二字古分別如是後來因鄭風異部合韵遂形聲俱變之耳詩曰云云汎音丸藥之丸各本作渙渙令正此鄭風文也令毛詩作渙渙春水盛也釋文曰韓詩作洹洹音丸說文作汎父弓反按作汎父弓反音義俱非蓋汎汎之誤汎汎與洹洹同溱志又作灌灌亦當讀汎汎皆水盛法旋之見引此詩者爲潧字之證知令經傳皆非古本廣韻曰詩作溱洧誤○萱按凡異部段借者或同音或雙聲也潧與溱異部同音故段溱爲潧以韻人耳潧與洧則無屬段借矣淺人因彼改此致成疑竇而曾聲之當在六部與鄭水之是潧非溱固無可疑也廣韻以下乃於臻韻收潧字昧於形聲段借之悄矣

矰○俗有戰惟射矢也說文段注周禮司弓矢云矰矢茀矢用諸弋射注云結繳於矢謂之矰矰高也茀矢象焉茀之言制也二者皆可以弋飛鳥制羅之也前於重又微輕行不低也詩云弋鳧與鴈○漢書息夫躬傳矰若浮猋注云矰弋射矢

也繳弋射也其矢曰矰史記畱侯世家雖有矰繳集解引韋昭
於後漢注又後漢書班彪傳上注又漢書張良傳注〇貨殖傳矰弋不施
馬融傳注註云矰者弋之矢也繳射矢長八寸其絲名矰文選
西京賦簡矰紅蘚注〇楚辭惜誦矰弋機而在上兮注云矰繳
射也矢也又史記畱侯世家索隱引周禮鳥注云繳繫短矢謂
之矰短矢也漢書司馬相如傳上者先具矰與繳注〇微矰出注又淮南好山好射
弋射短矢又淮南假眞今矰繳機呂覽直諫宛路之矰注云矰繳不能
而在上注云〇矰弋射身短矢也矰矢名也及易疏遯又注國語吳語
白羽之矰注〇山海經海內經帝俊賜羿
彤弓素矰注云素矰矰矢名以白羽羽之矰猶矢也淮南兵略腐荷之增
注〇脩務以備矰弋注云矰矢又周禮司弓矢注云矰蕭也廣雅
矰矢恆矢弓所用也
釋器矰一弦可以仰射高者故云矰也史記畱侯世家索隱矰罔也莊子應帝王以
避矰弋之害釋文引李奇
罾魚网也說文又後漢書馬融傳注又莊子胠篋鉤餌罔罟罾笱之知釋文又楚辭湘夫人罾何爲兮木上注〇御覽引

韻史 卷二十六第六部平聲緪韻 二九五一

廣雅云罾魚網也又漢書陳勝傳置人所罾魚腹罾罔也廣雅釋器
中注云罾魚網也形如仰繖蓋四維而舉之
〇文選七啟舉挂輕罾注云罾亦罔也又
江賦罾罾比船注云罾罾皆網名也
鱛或書作熷置魚箭中炙也說文段注箭斷竹也置魚箭中而乾炙之事與炙相類
保登切
崩〇或書作崩〇俗有漰阴古文山壞也說文崩壞也〇廣雅釋詁一又呂覽貴因注〇左氏隱元年傳厚將崩疏
云高大而壞謂之崩崩壞散呂覽慎大國人大崩注崩弛崩也漢書五行志下之上引劉歆〇國語
周語是故聚不崩弛注云大曰崩小曰弛自上下者爲崩〇漢書五行志中之上禮記曲禮下崩曰
天王崩注云自上顛壞曰高曰崩厚曰崩尊曰崩穀梁隱三年傳
崩疏云自天墜下曰崩
崩死也爾雅釋詁又國策秦策一日山陵崩注天子曰崩大戴記四代又公羊隱三年傳又穀梁隱三年
宋公僩卒注〇禮記曲禮下云天子死曰崩又越絕書吳內傳
云天子稱崩又白虎通崩薨云天子曰崩大尊像又釋名釋喪
服云天子曰崩山崩壞崩僵也廣雅釋詁四〇白虎通崩薨云崩之爲言𢢽然伏僵
之形也崩硼磬也

韻史 卷二十六第六部平聲緪韻 二九五二

崩是墜失之稱也論語陽貨樂必崩皇疏〇又云樂是氣化氣化故言崩陰虛陽搏謂之崩
素問陰陽別論欲去曰崩論語季氏邦分崩離析集解引孔注賢者出走名曰崩呂覽貴因
羣疾也詩無羊不騫不崩傳
漢縢切
亙恆緪作𠀓古文常長也詩曰如月之恆說文段注常當作長古長久字祇作
長淺人稍稍分別乃或借下帬之常爲之故至集韻乃有一日
久也之訓而篇韻皆無之此俗字之不可不正者也時之長與
尺寸之長非有二義古文月字略似外字古文恆直是二中月
耳詩曰云云小雅天保文此說从月之意非謂毛詩作亙也傳
曰恆弦也按詩之恆李亦作緪謂張弦也月上爾雅釋
弦而就盈於是有恆久之義故古文从月恆常也詁又易
需利用恆疏豫恆不死襄注又書洪範恆熯若鄭注又詩小明
無恆安處篋又周禮貫師使有恆貫注又禮記內則與恆飲食
注鑷衣人而無恆注又左氏莊七年經注恆星不見象注又公羊莊
七年傳注成元年傳疏又國語周語夫天事恆象注越語上必有
以知天地之恆制注又孟子梁惠王上無恆產注離婁上人有
恆言注又楚辭天問恆秉季德注哀時命舉世以爲恆俗今注

韻史 卷二十六第六部平聲緪韻 二九五三

招魂去君之恆幹注又文選思玄賦恆反仄而靡所舊注〇周
禮司巫疏云恆訓爲常〇董按此皆用常爲長也二字本義雜
遠陽而相沿段借已久恆久也易象下傳襍卦傳又恆亨鄭注虞注洊晉虞注又釋文又周
不容一一誤正也
禮司巫則帥巫而造巫恆注又廣雅恆德之固也〇易繫辭下傳
釋詁三〇易序卦傳云恆者久也彖下傳恆
亨荀注云恆寘世也恆慨言既廣又大也荊揚之間凡言廣大者謂之恆
慨方言二恆星者經星也穀梁莊七年傳〇公羊莊七年傳云恆星者何列星也
河北恆恆山爲北嶽爾雅釋山〇李注云恆北嶽恆山也又楚辭自悲淩恆山其若陋兮注云恆山北
嶽恆山四成也山海經西山經〇云恆山在上曲陽周禮職方氏其山鎮曰恆山注
常山謂之恆廣雅釋山〇爾雅釋山郭氏音義云恆山一名常山避漢文帝諱又白虎通巡狩云恆者常也
萬物伏藏于北方有常也恆矢安居之矢也周禮司弓矢恆矢庳矢注恆弦也〇詩天保傳萲按此
段恆爲弦也又考工記弓人恆角而短此段
恆爲互也與詩恆之秬秠恆之糜芑同

韻史 卷二十六第六部平聲緪韻 二九五四

代恆切

騰 迻書也。說文段注：令人猶謂騰寫。

幐 囊也。說文段注：離騷蘇糞壤以充幃兮，注云幃謂之幃謂之幐。幐者囊也。按凡囊皆曰幐，王逸文為說耳。廣雅釋器○董按：朕本从舟，故朕聲之字偏旁仍有用舟者。幐 傳也。方言七○注云：今江東呼傳四頭有物為幐○董按：玉篇云兩頭有物謂之幐擔。

縢

縢○俗有絳縢 緘也。說文段注：亦所以束者也。周書有金縢。凡艸之藟木之藟曰縢○廣雅釋器。又後漢劉瑜傳注。又文選魏都賦閱玉策於金縢劉注。趾云縢緘也○左傳桓二年注：若今行縢者。亦云縢訓緘也，然則近而緘是故名行縢。董按：行縢即詩采菽之邪幅，一名偪。金縢 以金緘匱藏符瑞之書於其中也。後漢書張奐傳下注○書金縢序周公作金縢說云：金縢是匱之名。董按：緘之名於匱始誤也，匱上益李緘字，觀章懷注范語可見。縢 束也。書金縢半部注。縢 約也。詩小戎竹閉緄縢傳。又莊子胠篋則必攝緘縢釋文引崔注○禮記少儀疏云：縢是縛約之名。縢 緣也。儀禮士喪禮緇縢注。縢 繩也。詩閟宮朱英綠縢傳。又莊子胠篋釋文引廣雅。縢 索也。廣雅釋器。組縢 以組飾之及紟帶也。禮記少儀甲不組縢

注○疏云：謂紛帶。

縢 令江東呼纍為藤。爾雅釋木諸慮山纍注。藤 宏胡麻也。廣雅釋艸。縢 亦縢也。後漢書儒林傳注○董按：此謂縢即縢之借字也。又莊子胠篋向崔本縢作綠。又御覽引詩朱英綠縢。又禮記檀弓釋文縢本作縢。又儀禮士喪禮古文縢為甸。董謂綠俗體也。縢騰同音段借字，句則與聲段借字。

滕

滕 水超踊也。說文段注：超踊皆跳也。跳，躍也。小雅百川沸騰，毛曰：沸出騰乘也。滕之段借。滕 競與也。易咸上六象傳滕口說也釋文。滕 達也。爾雅釋詁○邵氏晉涵爾雅正義云：咸上六象傳滕口說。滕 虛也。口與復心實也。孔疏謂所競者口。中陵朱滕 爾雅釋地○釋文云：又作騰。

螣

螣○俗有 神它也。說文○爾雅釋魚螣螣蛇注。釋文云：又作騰。螣 龍類也。爾雅釋魚注○釋文云：螣本又作朕，又作騰，又作螣。字林云：螣神蛇也○董按：螣螣俗字，朕騰皆段借字。又螣子山木王獨不見夫騰猿乎。段騰為螣。又詩大田去其螟螣，段騰為螣。又作蟘，在一蟊賊，謂之螣。方言十一○董按：部亦螣之入聲字○爾雅南泰族云：螣蛇宂雄鳴於上風，雌鳴於下風而化成。又淮南泰族云：螣蛇雄鳴於上風，雌鳴於下風，而化成形，精之至也。大戴記作螣蛇。荀子勸學

騰 傳也。一曰犗馬也。說文段注：傳，張應切。騰，傳也。引伸為馳也，為躍也。一曰云云，上文犗馬謂之騬，則是騰為騬之段借字。亦有段騰為乘者，如月令乘牛騰馬，讀乘匹之乘○董按：騰與犗義相反，因其騰而犗之，則義又相足。騰與騬皆訓犗馬，非謂騬騰為正借字也，段似誤會矣。又月令注云累騰皆乘匹之名，非謂騰當讀乘，乘騰為正借字也，段亦誤會。騰 傳也。淮南繆稱子產騰辭注○董按：此傳字蓋讀平聲。騰 乘也。詩十月之交百川沸騰傳。閟宮不震不騰。又漢書劉向傳集注。又楚辭愍命騰驢鸁以馳逐注。又文選甘泉賦注引韓詩章句○董按：段大令謂百川沸騰乃騰之借字，亦通。騰 升也。漢書禮樂志集注。楊雄傳上傳下集注。又文選洛神賦騰文魚以警乘注。騰 上也。廣雅釋詁。又淮南原道蹈騰昆命注。騰 超也。文選西京賦乃奮翅而騰驤薛注。周書寶典倫不騰上注云：不騰不越，不相超越。騰驤 趨走也。文選東京賦齊騰驤而沸𣾰薛注。騰 犇也。廣雅釋室。騰 疾也。一切經音義十八引廣雅。騰 馳也。漢書司馬相如傳下集注引張揖。敘傳下集注。又後漢書杜篤傳注。又楚辭招魂目駱光世注。大招騰駕步遊注。騰 過也。廣雅釋詁三。又離騷騰眾車使徑待注。騰 渡也。廣雅釋詁二

騰 舉也。漢書楊雄傳下集注。騰 勝也。周書文酌四騰屬咸眾注。騰 跳躍也。漢書李廣傳暫騰而上胡兒馬注。騰躍 言踴貴也。後漢書光武帝紀下注。為人臣者變故易常而巧官以詔上謂之騰。管子君臣下。累騰 皆乘匹之名。禮記月令乃合累牛騰馬注○疏云：騰馬，父馬也。又淮南時則乃合標牛騰馬注云：騰馬，相騰逐之馬。又呂覽季春乃合纍牛騰馬注云：騰馬，騰駒蹴踶善將摩者也。又執騰駒注云：騰駒，騰馬也。騰黃 神馬，一名吉光。文選東京賦騰澤馬注引騰黃瑞應圖。騰遠 獸名也。漢書司馬相如傳上騰遠射干注引服虔○史記相如傳引漢書音義云：騰遠，鳥名。又索隱引司馬彪云：騰遠，蛇也○董按：彪意似謂騰為騰之借。騰與騰皆是逆義。儀禮燕禮注○今文騰皆作騰。疏○今公食大夫禮眾人騰羞者注云：騰當作騰○董按：二字義本通，故今文段騰為騰。

𧇾 黑虎也。說文

老恆切

棱 ○俗有棱楞 柧也。說文○董按：柧下云：柧棱，殿堂上最高之處也。棱 四方也。一切經音義十一引三蒼○音

義十八引通俗文云木四方為棱八棱為柧

棱威也後漢書班彪傳下設璧門之鳳闕上柧棱而棲金爵注

棱威棱也後漢書王允傳注神靈之威曰棱漢書李廣傳集注引李奇棱棱霜氣嚴冬之皃文選蕪城賦注棱菱也書大傳大夫達棱注萱按因菱有角而皮傳為棱義也○列子力命駑馬棱車釋文云棱當作棧萱按棱車多棱故即段棱為棧

層 棨恆切

重屋也說文段注曾之言重也曾祖曾孫皆是也故从曾之層為重屋考工記四阿重屋注曰重屋複笮也後人因之作樓木部曰樓重屋也引伸之為凡重疊之偁古亦假增為之層重也後漢書班彪傳上注又楚辭招魂層臺累榭注又文選別賦注層楹而空揜注○山海經海外西經雲蓋三層注云層猶重也○萱按魏大饗碑蓤九增之華蓋此段增為層也凡增與曾之訓重訓絫皆與層相關通

曾

用見義分曾猶嘗也論語為政曾是以為孝乎皇疏○萱按論語曾字當訓乃皇氏訓嘗誤也左氏昭十二年傳注云昆吾曾居許地此與嘗義合釋文云曾一本作嘗是也王氏引之經傳釋詞云曾猶嘗也閔元年公羊傳曰莊公存之時樂

曾淫于宮中釋文云曾才能反宗玉篇曾子登切則也又才登切經也廣韻同是訓為則者乃曾是曾謂之曾音子登切訓為經者乃曾經之曾音才登切羣經音辨曾則也作滕切曾嘗也昨滕切嘗即曾經之義以上諸書皆音義判然不相滑雜說文曾詞之舒也此即曾是曾謂之曾讀如增而徐鉉音昨棱切則誤讀如層矣集韻曾徂棱切引說文詞之舒也即踵徐氏之誤自是以後遂以曾是曾謂之曾讀如層矣當依玉篇廣韻及經典釋文改正

曾重也

曾

叅也萱按此已詳贊登切曾下矣似亦可讀如層

合口呼

厷 古薨切

厶古文厷象形肱或

臂上也說文段注臂手上也古段弓為厷二字古音同也傳易者江東馯臂子弓馯姓臂名子弓字名臂故字厷左穀梁鄭黑肱公羊作黑弓鄭公孫黑肱字伯張則肱即弓也○後漢書祭遵傳注云厷臂上也

肱臂也詩無羊麾之以肱傳又論語述而曲肱而枕之集解引孔注又國語周語謂其能為禹股肱心膂注齊語有拳勇股肱之力注又漢書元后傳注○穆天子傳二乃封長肱于黑水之西河注云長肱即長臂人也身如中國臂長三丈太平介數九體三為股肱注○論語述而皇疏云良為

肘為肱肘後曰肱通亦言臂

肱易豐折其右肱虞注○文言傳正位居體虞注云艮為兩肱

肱圜也漢書王莽傳中集注引晉灼

弓

窮也㠯近窮遠者象形古者揮作弓周禮六弓王弓弧弓㠯䠶甲革甚質夾弓庾弓㠯䠶干侯鳥獸唐弓大弓㠯授學䠶者說文段注古者云云郭景純引世本曰牟夷作矢揮作弓此等皆當出世本作篇揮黃帝臣周禮云云夏官司弓矢文也說詳鄭注甚質今作椹質按古書作鞎大鄭云鞎當為椹許書無椹字蓋許從鄭鄭本作甚也干今作軒○一切經音義十六引世本云揮作弓又山海云少皞生班是始為弓又荀子解蔽云倕作弓浮游作矢而羿精於䠶萱按說皆未異牟夷浮游疑是一人牟浮音近夷游一聲之轉

㠯木曰弧㠯角曰弓漢書韓安國傳弧弓䠶獵注骨飾兩頭曰弓爾雅釋器弓有緣者謂之弓李注禮天子雕弓諸侯彤弓大夫嬰弓士盧弓公羊定四年傳挾弓而去楚注○穀梁定八年傳云大弓者武王之戎弓也弓穹也張之穹隆然也釋名釋兵坎為弓易解得黃矢虞注旅䠶雉一矢亡虞注○說卦傳云坎為弓輪弓矢者器

也易繫辭下傳○白虎通考黜云弓矢所以征不義伐無道也

弓蓋橑也考工記輪人弓鑿廣四枚注○疏云漢書名蓋弓為橑子也○儀禮鄉射禮記侯道五十弓注云今文改弓為弦萱按今文段借也弦乃弘之異體字

鞃 或作䩨

車軾中把也詩曰鞹鞃淺幭說文段注大雅傳曰鞹革也鞃軾中也此謂以去毛之皮鞔軾中人所凭處篇韻皆云軾中靶靶轡革不當以名軾蓋許本作把而俗譌从革軾中把者人把持之處也較毛多一字

泓 腕肱切

下深皃說文段注下深謂其上似淺陿其下深廣也揚子其中宏深其外肅括月令其器閎鄭云閎謂中寬象土含物弘之義略同

泓泓深也廣雅釋訓

泓宏聲大皃文選笙賦泓宏融裔注○萱按江賦云極泓量而海運狀滔天以淼茫泓量與泓宏略同

泓水名左氏傳廿一年經宋公及楚人戰于泓注哀十三年傳自泓上觀之注又公羊傳廿二年傳期戰于泓之陽注

薨 戶肱切

公侯碎也說文段注曲禮曰公侯曰薨卢部曰大夫死曰碎此不曰公侯死而曰公侯碎者欲見分別則惟大夫偁

吽統言則不爾也曲禮又曰壽考曰卒短折曰不祿此概言之非謂大夫士也○禮記曲禮下又大戴記四代又公羊隱三年傳並云諸侯曰薨又越絕書吳內傳云諸侯偁薨**薨死也**爾雅釋詁○禮記曲禮下云諸侯死曰薨**薨亡也**廣雅釋言○虎通崩薨云薨之言奄也奄然亡也**薨小毀壞之辭**公羊隱三年傳注○釋名釋喪制云諸侯曰薨薨壞之聲也又禮記曲禮下注云薨顛壞之聲又疏云薨者崩之餘聲也**既葬曰薨**通典八十三引石渠禮議**薨薨衆多也**詩螽斯傳○爾雅釋訓注云薨薨衆多之兒董按舍人本作雄雄以薨薨爲段借字**薨薨亟疾也**詩緜度之薨薨釋文引王注

儚　○俗有顭儚**懵也**說文段注懵者不憭也釋訓曰儚儚洄洄懵也儚當作儂與夢夢亂也義別○董按說文夢懵皆訓不明也亦與儚義未審不通

繃　布肱切　或作繃**束也墨子曰禹葬會稽桐棺三寸葛以繃之**說文段注今墨子節葬篇此句三見皆作緘古蒸侵二部音轉最近也鄭注禮記曰齊人謂棺束爲緘○廣雅釋詁三云繃束也

綳即今之小兒繃也漢書宣帝紀曾孫雖在襁緥注○董按此繃指物言亦束引申之義

弘　戶朋切　敬避廟諱○俗有弦彋**弓聲也**說文段注集韻曰弸弦弓聲也或作彋按弦彋皆即此篆也甘泉賦曰帷弸彋其拂汨兮蘇林云弸音石墮井弸尒之弸彋音弘李善曰弸彋風吹帷帳之聲也是則弓聲之引申爲他聲經傳多段此篆爲宏大字宏者屋深故也爾雅曰宏大也**弘山恆山也**書大傳出都弘山注**弘大也弘廣也弘深款重也**董按此類皆段弘爲宏也宏下詳之

宖　宖○俗有**屋響也**說文段注長門賦曰擠玉戶以撼金鋪兮聲噌吰而似鐘音甘泉賦曰帷弸彋其拂汨兮稍暗暗而覯深皆屋響之意魯靈光殿賦曰隱陰夏以中處宖寥窲以崢嶸今文選宖字皆誤惟韻會所據不誤

紘　○俗有紘**紭或冠卷維也**說文段注維字今依玉篇補卷經典釋文起權反玉藻縞冠玄武注曰武冠卷也古者冠與卷殊襍記注曰秦人曰委齊東曰武喪大記注曰武吉冠之卷也冠卷不得偁紘故知冠卷下有雖字必爲古李矣周禮弁師注朱紘以朱組爲紘也紘一條屬兩耑於武又曰組小鼻在武上笄所貫也士冠禮注曰有笄者屈組爲紘垂爲飾無

笄者謂冠許一部冠下曰弁冕之總名也則此云冠卷維者謂冕弁之紘以一組自頤下而上屬兩耑於武者也蓋笄貫於武紘賓屬於笄首耳許以笄統於卷故曰冠卷維許鄭說略同戴先生說冠無笄有武冕弁有笄無武紘屬於笄說更明了引申之凡中寬者曰紘如月令其器圜以閎閎讀爲紘淮南書有八紘**紘維也**史記司馬相如傳序集子北諸集解引郭璞又文選歐陽堅石臨終詩注引淮南許注○淮南原道而知八紘九野之形埒者注云八紘天之八維也又墜形八殥之外而有八紘注云紘維也維落天地而爲之表**冠有笄者爲紘紘在纓處兩耑上屬下不結**禮記襍記管仲鏤簋而朱紘注**紘纓從下而上者**儀禮士冠禮緇組紘纁釋文又左氏桓二年傳衡紞紘綖注○詩葛覃疏云紘者纓之無緌從下而上者也釋文云紘纓之無緌者從下仰屬於冠又國語魯語公侯之夫人加之以紘綖注云紘紘纓之無緌者也從下而上不結冕曰**紘冕之飾**禮記禮器疏**紘編磬繩也**儀禮大射儀鞀倚于頌磬西紘注○淮南原道紘宇宙而章三光注云紘綱也若小車蓋四維謂之紘繩之類也**紘罘之綱也**文選西都賦罘網連紘注又後漢書班彪傳上注**紘綱也**漢書楊雄

傳上逼哮虖紭中集注○文選吳都賦狼跋乎紭中劉注云紭綱綱也**紭係也**廣雅釋詁二**紘束也**廣雅釋詁三**紘張也**文選答賓戲廓帝紘恢皇綱注引項岱**紘謂中寬象土含物**禮記月令其器圜以閎注**八紘八極也**列子湯問八紘九野之水注

谹　武作谹谹硡**谷中響也**說文段注此與宖屋響也義近攷工記其聲大而宏司農注謂聲音大也引申爲凡大之偁史記司馬相如傳必將崇論谹議**硡聲也**廣雅釋詁四**谹深也**董按此蓋段谹爲宏**硡礚聲也**廣雅釋詁四

閎　**巷門也**說文段注巷者里中道也然則閎猶閭也釋宮衖門謂之閎郭引左傳盟諸僖閎云閎衖頭也○爾雅孫注云閎衖閭道也又左氏成十七年傳入于閎注云閎巷門昭廿年傳及閎中注云閎曲門中又文選魏都賦瑋豐樓之閈閎劉注云閎門中所從出入也**閎大也閎閎敦美之意也**董按此皆段閎爲宏

宏　○俗有宏**屋突也**說文段注屋突者其內突廣也法言曰其中弘深其外肅括宏字之義段弘爲宏耳攷工記其聲大而

宏大而宏者其聲外大而中宏也月令其器圜以閎鄭云閎謂中寬象土含物圜以閎呂氏春秋作宏以掩葢宏者深廣其中掩其外故禮記呂覽可互相足掩者斂也閎亦宏之叚借字

含育萬物爲宏易彖上傳含宏廣大崔注

宏大也爾雅釋詁又書酒誥若保宏父釋文又左氏襄十三年注傳其宏多矣注又後漢書馬融傳以臨乎宏池注俾之昌言而宏議注又尸子廣澤注又呂覽孟冬注○後漢書班彪傳上注云宏亦大也傳下注云宏洪竝大也又考工記梓人爲筍虡司農注云宏謂聲音大也

宏普也文選弔魏武帝文丕大德以宏覆注

鋐深也漢書司馬相如傳下必將崇論鋐議集注○荃按此段鋐爲宏也段閎若弘皆同音字也宏聲厶聲一也

亦閎大也楚辭怨思遂曾閎而迫身注又文選上林賦布濩閎澤注羽獵賦涉三皇之登閎注引韋注○漢書司馬相如傳上注云閎亦大也

閎閎敦美之意也太玄文大圖閎閎注

弘大也爾雅釋詁又書顧命弘璧鄭注又詩節南山喪亂弘多傳又左氏襄廿九年傳聖人之弘也賈注又漢書武帝紀集注又後漢書李杜傳論其道弘矣注又尸子廣澤注又文選舞賦攄予意以弘觀兮注

弘廣也荀子禮論禮之也注○詩民勞而式弘大箋云弘猶廣也

弘惝高大

也漢書揚雄傳上正瀏濫以弘惝兮注

弘敷猶延蔓也文選西京賦乃隆崇而弘敷薛注

弘深敦重也法言脩身其爲中也弘深注

音宏切

朋六部平七部去兩見異義古文鳳鳳在七部鳳飛羣鳥從以萬數故以爲朋黨字說文段注此說假借也朋本神鳥以爲朋黨字韋本相背也以爲皮韋烏本孝鳥也以爲烏呼予本十一月陽气動萬物滋也人以爲偁凡此四以爲皆言六書假借也朋黨字何以借朋鳥也鳳飛則羣鳥從以萬數也未製鳳字之前假借固已久矣猶習聞鳳至者爲之也六部七部音最相近故朋在六部蒸登韵小篆鳳入七部侵韵也○荃按本有字而段借者所段之字本義自在本無字而段借者往往借義行而本義廢如萬本蟲名借爲千萬而蟲名隱矣西本鳥栖字借爲東西而鳥栖義隱矣朋本鳳鳥借爲朋黨音隨義改而久假不歸矣

朋謂朋黨周禮士師疏

朋黨也易損注又詩椒聊疏又離騷世竝舉而好朋兮注○論語學而有朋皇疏云朋猶黨也○白虎通三綱六紀云朋者黨也

朋類也易損或益之十朋之龜侯果注又廣雅釋詁三又太玄釋失澤朋注○易象下傳君子以朋友講習虞注云同

類爲朋友

朋黨類也太玄守閑朋觚注

朋羣也國語吳語請王厲士以奮其朋勢注又後漢書班固傳下也朋萬論之士注○書臯陶謨朋淫于家曉出傳云朋羣也又鄭注云朋淫淫門內

朋比也詩椒聊碩大無朋傳又廣雅釋詁三

朋猶輩也山海經北山經羣居而朋飛名曰鶌注○詩七月疏云朋者輩類之名

朋猶侶也後漢書張衡傳注

朋猶同也後漢書李固杜喬傳注

同門曰朋易象下傳君子以朋友講習疏又公羊定四年傳朋友相衛注又論語學而有朋集解引苞注與朋友交鄭注又白虎通三綱六紀引禮記○詩伐木序燕朋友故舊也疏云朋是同門之偁

同師曰朋周禮大司徒五曰聯朋友注○論語學而皇疏云同處師門曰朋

三鄰爲朋禮記坊記正義引詩大傳

朋友者朋勣之謂也太玄玄翕朋友勣也注

朋友謂羣臣同志好者也詩既醉朋友攸攝箋○假樂燕及朋友傳云朋友羣臣也

坤爲朋易泰朋亡荀注

兌爲朋易泰虞注豫朋盍簪虞注復朋來无咎虞注咸朋從爾思虞注蹇大蹇朋來虞注解朋至斯孚虞注損虞注

古者貨貝五貝爲朋詩菁菁者莪錫我百朋箋又太玄增策貝以役注

兩貝爲朋漢書食貨志下爲大貝十朋注○易損崔憬注云雙貝曰朋

兩樽曰朋詩七月朋酒斯饗傳○荃按說文土部引書堋淫于家又易復朋來京作崩漢書五行志作崩來無咎又左傳齊隰朋史記集解作隰崩按堋崩皆叚借字也崩則譌體他書無此字也又周禮士師爲邦朋故書朋作𠎁此通用字也𠎁即傰字亦即朋字矣

鵬六部七部兩見

亦古文鳳說文○莊子逍遙遊化而爲鳥其名爲鵬釋文云鵬即古鳳字○荃按朋黨無正字故借用古文鳳作之絕無段借鵬字者也大不知幾千里其翼若垂天之雲特寫言耳鳳在七部鵬胡闕入六部乎且莊在李斯前未有小篆鳳字所云化而爲鳥其名爲鵬即謂鯤化爲鳳非鳳之外別有一鵬鳥也斷不當從朋黨之音也至玉篇云鵬大鳥也集韵云大鵬鵬屬遂與鳳劃分眞鄙書燕說矣鵬祇合在七部鳳字下不當刪此條流俗相沿已久故六部不容遂雜去鵬字姑識所疑與有識者共析之○莊子釋文引字林云鵬朋黨也古以爲鳳字荃按朋黨從未有借用鵬字者呂鑿空亂道也又凡言以爲某字者謂段借也鵬即是鳳何云以爲鳳字乎

倗○俗傰傳

有輔也說文段注蓋朋黨字正作倗而朋其段借字○周禮士師掌士之八成七曰爲邦朋注云朋黨相阿

使政不平者故書朋作傰鄭司農讀爲朋友之朋釋詁四
傰傰猶曹也管子版法注之以散羣傰署注傰不也廣雅
棚棧也說文段注通俗文板閣曰棧連閣曰棚析言之也許云棚棧也渾言之也令人謂架上以蔽下者皆曰棚
閣也廣雅釋室○九章算術商功章棚除二書平道五注云棚閣除邪道棚棧閣也一切經音義十四引三蒼
棚○音義五引蒼頡云棚樓閣也棚弢也廣雅釋詁三在館諸生吏相造詣互結朋
黨以相漁奪號之爲棚封氏聞見記○萱按此皮傅用字也
輣樓車也說文又後漢書光武紀衝輣撞城注輣兵車名也漢書敘傳下衡輣闕闕注引鄧展輣
戰車也史記淮南衡山傳作輣車鏃矢集解引徐廣
弸弓彊皃說文○萱按庾信華林園馬射賦弓如明月對弸馬似浮雲向埒弸埒相儷則非謂弓彊與弓滿也賦意蓋指庾自言而無字可用故良傳用弸耳辭章家言不盡典要又按庾賦或作對堋更屬段借疑庾本用棚字耳弸弦也

弸滿也太玄止絕弸破車注廣雅釋詁一又法言吾子以其弸中而彪外也注弸環風吹帷帳之聲也文選甘泉賦帷弸環其拂汨兮注○漢書揚雄傳上注引孟康云弸環風吹帷帳鼓皃○萱按玉篇云弸環帷帳起皃集韻云弸環弓聲

甍慢宏切

甍○俗有𢋇甑屋棟也說文段注棟者極也屋之高處也棟自屋中言之故从木甍自屋表言之故从瓦爾雅方言謂之甑者屋極爲分水之脊雨水各從高霤瓦而下也○國語晉語既鎮其甍矣注又文選西京賦鳳騫翥於甍標薛注甍字齊平薛注竝云甍棟也又左氏襄廿八年傳猶援廟桷動於甍注云甍屋棟
屋脊曰甍甍蒙也在上覆蒙屋也釋名釋宮室甍謂之甑廣雅釋宮○方言十三甑謂之甑注云甑即屋檼也今字作甍○程氏易疇通藝錄云甍者蒙也凡屋通以瓦蒙之曰甍故其字从瓦晉語譬之如室既鎮其甍矣又何加焉謂蓋構既成鎮之爲甍則不復有所加矣若以甍爲屋極則當施棟桷覆茅瓦安得云無所加左傳度舍援廟桷而動於甍則甍爲屋覆桷之瓦可知言其多力引一桷而屋宇爲之動也若以甍爲屋極則太公之廟丸

非容鄰之廬所援之桷必爲當棟之題題之去極甚遠安得援題而動於極也○王氏念孫曰案易疇謂以瓦覆屋曰甍與內外傳皆合確不可易甑之言霤也說文霤屋水流也甍爲霤所從出故又謂之甑矣○萱按程氏義敹矣然說文亦非誤屋棟即是屋脊舉屋脊而覆屋之瓦即己包舉矣○高彪碑云家失欃梁
瞢目不明也說文段注小雅視天夢夢與瞢音義同一切經音義廿六引三蒼云瞢不明也○瞢視不審諦也文選洞簫賦瞪瞢忘食注瞢慭也國語晉語而使君瞢注又廣雅釋詁又小尒雅廣言瞢愧也文選魏都賦有靦瞢容注瞢悶也左氏襄十四年傳亦無瞢焉注瞢久而益憂
太玄衛瞢剸跙佽鎩瞢晦也太玄瞢瞢復睽天注瞢日月瞢瞢無光也周禮眡祲六曰瞢司農注瞢瞢猶薨薨也太玄瞢瞢之離注瞢瞢失臥極也一切經音義二引韻集
夢不明也說文段注按故訓釋爲亂許云不明者由不明而亂也以其字从夕故釋爲不明也夢夢亂也爾雅釋訓又詩正月視天夢夢釋文引爾雅夢夢傳○正月箋云王者爲亂夢夢然又抑疏云言王政昏亂之意也

夢夢昏昏之亂也爾雅釋訓孫注○顧野王注云夢夢煩懣亂也夢夢惡皃也詩正月釋文引韓詩夢澤中也楚辭招魂與王趨夢兮課後先注又云楚人名澤爲夢中○爾雅釋地楚有雲夢釋文云夢本作蒙○萱按夢蒙一聲之轉非同音也韻書乃收夢於九部平去韻中而音韻淆矣夢者人精神所寤可占者周禮大卜注○萱按此借夢爲寢不足異也借字埒行遂使寢失其字而夢亦失其音則可怪甚矣
夢○俗有薨灌渝說文○萱按爾雅釋艸葭蘆菼薍其萌虇蕍芛葟華榮郭於虇斷句云今江東呼蘆筍爲虇音緟縿以蕍字下屬別爲一條說文以夢灌渝夢艸可爲帚也玉篇蕍爲句字體亦皆與郭本異未得其審

齊齒評

競几僧切

競䜌作競也一曰競逐敬也說文段注競競彊語也小雅無羊傳曰矜矜競競以言堅彊也競競戒也爾雅釋訓又詩小旻戰戰競競傳競競戒箋又漢書司馬相如傳下集注孔傳呂覽集注業業競競戒也漢書韋賢傳競競戒慎也泰誓經典戰戰競競漢書注又鄭注又論語競競元王注傳伯皇疏又漢書董仲舒傳故堯注競又後漢書班彪傳下注楊賜傳注爲競競又漢書競競慎也帝紀集

注王莽傳兢兢恐也詩雲兢兢順也漢書廣陵厲王兢動
上集注兢業業傳胥傳集注
也太平逃其殷注○詩雲漢釋文左傳僖廿二年釋文宣十六
年釋文竝云兢本或作矜又中常侍樊安碑云矜矜戰戰董
按此皆段矜爲兢也二
字異部同音而義近

淩切 兢
雁鷹 鷂雁鳥也說文段注左傳如鷹鸇之逐鳥雀釋鳥鷹來鳩
郭云來當爲爽按左傳爽鳩氏司寇也杜曰爽
鳩鷹也或鷹鷙鳥也詩大明時維鷹揚箋○左傳昭十七年疏
作鷹 云鷹是鷙擊之鳥○董按鷹與應同聲
得相通借爾雅鷹隼醜
釋文云鷹字或作應

膺

膺○俗匈也說文段注勹部曰匈膺也魯頌戎狄是膺釋詁毛傳
有膺 曰膺當也此引伸之義凡當事以膺任事以肩○廣
雅釋親云膺匈也又國語魯語無掐膺注又家語子夏問無拊
膺注又楚辭惜誦背膺牉以交痛兮注悲回風編愁苦以爲膺
注竝云膺胸也 膺胷前也 禮記曲禮上疏少儀執箕膺揭釋文○少儀
疏云膺人之胸前又中庸則拳拳服膺疏云
膺謂胸膺 膺胸傍也 素問腹中論有病膺腫頸痛胸滿腹脹注膺乳上骨也 一切經音義四引蒼頡

膺𦛗也氣所𦛗塞也釋名釋形體 膺抱也國語周語保明德注 膺親也爾雅釋言
又禮記少儀注 膺當也漢書地理志下集注淮南衡上濟北王傳贊
注嚴朱吾丘主父徐嚴終王賈傳贊集注每
奴傳贊集注又後漢書桓 膺受也楚辭天問撰體協脅鹿何膺
帝紀獻梁皇后紀注之注○後漢書班彪傳下膺
萬國之貢珍注 膺擊也孟子滕文公上 膺絡胸者也楚辭悲回
云膺猶受也戎狄是膺注風注○釋
名釋衣服云膺心衣抱腹而施 膺焉帶也詩小戎虎
鉤肩鉤肩之間施一襠以奄心也韔鏤膺傳 鉤膺樊
纓也詩采芑鉤膺鞗革傳鞗高鉤膺濯 馬回毛在膺宜乘爾雅釋畜
濯傳韓奕鉤膺鏤鍚箋
○董按膺有作應者二字同訓當得相段也亦可兩通又蘇陽
令楊君碑膺天鍾度膺膺正俗字也

應

平去兩讀○當也說文段注當田相值也引伸爲凡相對之偁
俗有膺膺 凡言語應對之字即用此大徐言部增譍字
非也諾下譍下唉下對下譍字皆當改正○爾雅釋詁又詩麟
趾序關雎之應也釋文麟趾箋與禮相應釋文下武應侯順德
傳發我應受之傳又左氏僖十二年傳應乃懿德疏又國語周
語以應成德注又史記禮書終始相應正義又荀子仲尼注又

莊子列禦寇應其分至而已釋文又呂覽論人何物之不應注又
淮南原道事無不應注又太平應應蓄貞注竝云應當也又禮
記明堂位注正門謂之應門疏云應當也以 應當之也 淮南原道而百
當朝正門故謂之應門
事之變無不應注○董按應與膺同義通用 應荅也 國語晉語
爾雅曰敵強應丁當也釋文云應本或作膺 寵往離散
以應我注又國策齊策齊王不應注又呂覽 應者報也 易文言
順說宋王無以應注審應公子沓無以應注 傳同聲
相應 應者應也 白虎通五行又御覽廿七引風俗通○董按即
疏以本字爲解釋字雖出漢人而究非訓詁之體詩
北風傳虛虛也焦氏循大經補疏字疑後字誤而定爲虛徐也其
說甚辯至若易序卦傳蒙者蒙也之類則以字之本義釋卦名
因卦名不盡取本義故也 應受也 廣雅釋言 應猶隨也 淮南覽冥應
不得援之爲詁訓通例 而不藏注
應和也 國策秦策則楚之應之也必勸注又呂覽應同聲比則
應注呂類注又淮南原道不爲先唱感而應之注主術
其不當 應也注 應擊也 廣雅釋詁三又國策齊策使章子將而應之
注又呂覽察微應之大肄注處方注○淮南主術注
不使應敵注 當期爲應 素問六微旨大論應則順注
大 應爲先兆 素問六元正紀大論有怫
云應猶擊也

之應 在己爲德施行爲應 左氏昭廿八年傳德正應和曰莫服
注○漢書魏相傳云敵加於己不得
己而起者謂之應兵又後漢書 應也者以其爲之人者也 管子心術
臧洪傳注袁紹傳注竝同
應也 令 太平錯 震爲應 易象上傳應地无疆虞注象下傳二篇
應有時虞注數解下傳則民不應也虞
注 應則陰生 太平衡 六間應鍾均利器用俾應復也 國語周語○周禮大師注
云應鍾長四寸二十七分寸之二十又云應鍾亥之氣也十月
建亥而辰在析木又白虎通五行云十月謂之應鍾何言萬物
應陽而動下藏也又呂覽孟冬律中應鍾注云應鍾
陰律也陰應於陽轉成其功萬物聚藏故曰應鍾 應小鼓也
詩縣箋謂之應鼙釋文○禮記禮器應鼓在東注云小鼓謂之
應又周禮小師擊應鼓注云應與鞞及朔皆小鼓也又爾雅釋
樂小者謂之應注云應和大鼓也又 應小鞞也 詩有瞽傳○應田
李注云小者聲音相承故曰應應承也又儀禮大射儀應鼙在其
名釋樂器云鼙在後曰應應大鼓也又周禮小師鼓
東注云應鼙朔鼙也先擊朔鼙應鼙應之又 文選東京賦
應鼓注云應鼙也又笙師春牘應雅 應門中門也 立應門之將
注云應長六尺五寸其中有椎

將薛注。爾雅釋宮云正門謂之應門又詩緜迺立應門傳云王之正門曰應門又箋云朝門謂之應門又書大傳然後應門擊柝注云應門朝門也又大傳云次曰應門又後漢書明帝紀注云應門聽政之處也。萱按天子三門皋應路應爲中門猶諸侯三門庫雉路雉爲中門也前人天子五門三朝之說未諦詳見戴先生震三朝三門攷莊子讓王縱履杖藜而應門釋文

應國名 後漢書馮異傳注。水經滍水注云應城故應鄉也應侯之國又左氏傳廿四年傳云邘晉應韓武之穆也

歲星謂之重華或謂之應星 廣雅釋天

應龍能興雲雨者也 後漢書張衡傳注。班彪傳注張衡傳注又楚辭天問應龍何畫注並云有翼曰應龍又山海經大荒東經應龍處南極注云應龍龍有翼者也

兢 向切

興 平去兩讀義分 起也 說文段注廣韻曰盛也舉也善也周禮六詩曰比曰興興者託事於物。按古無平去之別也。萱按按字有不容不分見者此類是也。爾雅釋言又易同人三歲不興虞注又詩東方未明序朝廷興居無節疏小明興言出宿箋大明維予侯興傳緜百堵皆興箋又儀禮士冠禮夙興注正纚興注乃冠興注士昏禮建柶興注士相見禮君爲之興注鄉

飲酒禮賓爵于薦西興注公食大夫禮雖將拜興也注士喪禮卜人坐作龜興注特牲饋食禮注又禮記曲禮上執食興辭疏檀弓下有以故興物者疏學記教之所由興也注禮運是故謀閉而不興疏祭統而興施惠之象也疏又論語泰伯則民興於仁集解引苞注興於詩苞注又皇疏衛靈公莫能興集解引孔注又淮南氾論興于牛頷之下注並云興起也又詩關雎序四曰興疏云興者起也

興夙興也 詩斯干乃寢乃興箋

興作也 呂覽義賞姦僞𣩵亂貪戾之道興注。周禮舞師凡小祭祀則不興舞注云興猶作也。萱按大司樂涖廞樂器段廞爲興也笙師同典庸器同注並云興謂作之

興猶動也發也 考工記弓人末應將興注。左氏哀十六年傳使興國人以攻白公釋文云興謂興發也又哀廿六年釋文云興發也

興謂發起 禮記文王世子興有德也疏

興生也 廣雅釋詁一又禮記樂記而百化興焉疏又史記樂書而淫樂興焉正義又離騷各興心而嫉妬注。大戴記夏小正匽之興五日翕望乃伏傳云其不言生而稱興何也不知其生之時故曰興

興猶出也 禮記樂記降興上下之神注。中庸其言足以興疏云興謂發謀出慮

興猶行也 論語子路則禮樂不興皇疏

興舉

也 廣雅釋詁一又漢書郊祀志下集注引如淳又淮南覽冥帝道揜而不興注。周禮大司徒以鄉三物教萬民而賓興之注遂大夫則帥其吏而興甿注大司馬進賢興功注又禮記文王世子興秩節注並云興猶舉

興之舉其事 呂覽懷寵而復興之注

興昌也 呂覽審時是故得時之稼興注

興盛也 詩天保以莫不興箋

興成也 書大傳乃勃然招樂興於大麓之野注。國語楚語其可興乎注云興猶成也

興猶尊尚也 詩抑興迷亂于政箋

興謂興起在位也 禮記中庸其言足以興注。曲禮下惟興之日注云興謂起爲卿大夫疏云惟興謂已始仕也又周禮鄉大夫而興賢者能者司農注云興賢者謂若今舉孝廉興能者謂若今舉茂才

震爲興 易彖下傳而萬物不興虞注

縣興金作也 禮記仲尼燕居入門而縣興注。家語論禮入門縣興注云興作樂

縣官徵聚物曰興今云軍興是也 周禮旅師平頒其興積注。司稼而平其興注云興所徵

賦興物謂薦百品 禮記祭統其興物備矣注

興地名 說文

兢 掌切

烝火气上行也 說文段注此烝之本義引申之則烝進也又引申之則又也衆也又引申之則君也又厚也經典多段蒸爲之者。文選鵩鳥賦陰陽陶烝注云烝氣上出皃又公羊桓八年傳注云烝衆也氣盛皃冬萬物畢成所薦衆多芬芳備具故曰烝

蒸氣上皃 文選琴賦蒸靈液以播雲注。王仲宣公讌詩涼風徹蒸暑注云蒸熱氣也又素問五運行大論其令鬱蒸注氣交變大論其德溽蒸注五常政大論其候溽蒸注並云蒸熱也。萱按烝作蒸气作氣皆通用字也又爾雅釋訓烰烰蒸也釋文云蒸本今作烝

烝謂烝之使柔 荀子性惡故枸木必將待檃栝烝矯然後直注

烝升也 書多方不蠲烝馬注又禮記襍記大飲烝疏又左氏宣十六年傳殽烝注又國語周語陽氣俱烝注穉於既烝注陰遁而不烝注殽烝注

能蒸升也 淮南主術而四海之雲湊注

烝進也 爾雅釋詁又詩信南山是烝是享傳甫田烝我髦士傳賓之初筵烝衍烈祖箋豐年烝畀祖妣箋載芟箋閟宮增徒烝徒增增箋又左傳襄二年注又國語魯語注又史記五帝紀正義

烝烝猶進進也 詩泮水烝烝皇皇箋又後漢書和熹鄧皇后紀注謝夷吾傳注

烝塵也 爾雅釋言又詩東山烝在栗薪箋。南有嘉魚烝然罩罩箋云烝塵也烝然猶言久如也又爾雅孫注云烝物

久之塵烝窴也○詩東山烝在桑野傳○常棣烝也無戎傳云烝塡○萱按窴與塡亦久也東山箋云古者聲窴塡塵同
烝眾也爾雅釋詁又詩東山烝在栗薪傳漸漸之石烝涉波矣箋棫樸烝徒楫之箋蕩箋烝民傳思文箋又禮記王制
冬曰烝疏引皇氏禮器閉蟄而烝疏蒸眾也漢書武帝紀集注元帝紀集注谷永傳集注又後漢書楊震傳注又列子
仲尼立我蒸民注○又文選東京賦于時蒸民薛注思玄賦覽蒸民之多僻兮舊注○漢書伍被傳氾愛蒸庶注云蒸亦眾也
烝庶謂眾人也漢書中山靖王勝傳此乃烝庶之成風注蒸庶眾人也漢書宣帝紀天下蒸庶注
烝君也爾雅釋詁又詩文王有聲文王烝哉傳又禮記表記武王烝哉注烝美也詩文王有聲韓
詩蒸美也廣雅釋詁一蒸蒸純壹之皃漢書酷吏傳集注蒸蒸孝也廣雅釋訓
烝烝厚也詩泮水傳○萱按凡漢人言至孝烝烝大孝烝烝孝烝內發烝烝其孝舜不失烝烝之孝皆本堯典烝烝
為言也自偽孔傳以烝烝乂為句訓烝為進誤讀誤解義始晦王尚書伯申經義述聞云以烝烝乂為句乂為進進治則不辭甚矣
三復經文當讀克諧為句以孝烝烝為句乂不格姦為句列女傳曰舜父頑母嚚父號瞽叟弟曰象敖遊於嫂舜能諧柔之承

事瞽叟以孝蔡邕九疑山碑曰逮于虞舜聖德克明克諧頑傲以孝蒸蒸是讀克諧為句以孝烝烝為句也列女傳又曰母憎
舜而愛象舜猶內治靡有姦意是讀乂不格姦為句也經言以孝烝烝烝烝即是孝德之形容故漢魏人多以烝烝為孝者謂
烝之烝者言孝德之厚美也烝烝作也爾雅釋訓○注云蒸物成興作之皃蒸烝烝猶仍也後漢
書史弼傳注烝謂烝祭禮記祭統勤大命施于烝彝鼎疏烝冬祭也左氏襄十三年傳烝于曲沃注
昭元年傳晉既烝注又公羊桓八年經己卯烝釋文桓八年傳又國語晉語烝於武公注楚語子是予烝嘗注○詩楚茨以往
烝嘗箋又禮記祭統又左氏傳州二年傳烝嘗禘於廟注又穀梁桓八年經己卯烝注又國語魯語收攜而烝注嘗禘烝享之
所致君胙者注烝而獻功注又說苑脩文涖云冬祭曰烝冬曰烝詩天保禴祠烝嘗傳又禮記王制又公羊桓八
年傳又國語魯語注○白虎通宗廟云冬曰烝烝者烝之為言眾也冬之物成者眾烝冬事也穀梁桓八年傳○禮
記祭統云嘗烝陰義也烝進也進品物也爾雅釋天孫注○春秋繁露四祭云冬曰蒸蒸者以十月進初
稻也蒸祭也爾雅釋詁又國語魯語烝將躋僖公注又楚辭天問何獻蒸肉之膏注○春秋繁露祭義云畢熟故蒸蒸

言眾也又後漢書明帝紀注云蒸眾也冬物畢成可祭者眾冬祭曰蒸爾雅釋天又後漢書伏湛傳注○淮南時
則注云蒸冬祭也又管子八觀表蒸不聚注云蒸冬祭名烝謂有牲體為俎也禮記月令大飲烝注○呂
覽孟冬大飲烝注云烝俎實禘郊之事則有全烝親戚宴饗則有殺烝國語周語
○注云全烝全其牲體而升之也殺烝升體解節折之俎謂之折俎也又左傳宣十六年疏云升殺于俎皆謂之烝又云牢解
其體而升于俎謂之房烝又云薦其牢體亦謂之房烝實鼎曰脀實俎曰載周禮內饔王舉則陳其鼎
俎以牲體實之注○儀禮少牢饋食禮牢脀注云脀以牲體實鼎也○萱按此段脀為烝也脀李義李音與烝遠為而段為烝
者同烝聲也脀折俎也儀禮燕禮記有脀注○燕禮無脀注大射儀無脀注疏云脀俎實又特牲饋食禮宗人告
祭脀注云脀俎也脀者升也儀禮燕禮疏又周禮內饔疏烝婬也方言十二蒸婬也廣雅釋詁
一上婬為烝方言十二注上淫曰烝左氏桓十六年傳烝於夷姜注又服注又小尒雅廣義○萱
按婬正借字也烝通訓婬非嫭謂上婬也自服杜誤解左傳數其年歲斷無此事近焦氏循左傳補疏極敷之其論始定今節

錄於此焦云以夷姜為莊公妾者緣服虔上淫曰烝之訓杜依之耳烝廣雅訓為淫史記衛世家云宣公愛夫人夷姜夷姜生
子伋以為太子而令右公子傳之劉向列女傳云宣公夫人夷姜生伋以為太子明以夷姜為宣公夫人新序節士篇云伋前
母子也壽與朔後母子也史記所謂愛夫人夷姜即左傳所云烝於夷姜謂寵溺之也宜以史記明左傳而知杜依服氏之非
正義乃斥馬遷為誤失之矣

蒸

蒸或析麻中榦也說文段注析謂木其皮為麻其中莖謂之蒸亦謂之黀今俗所謂麻骨梧也潘岳西征賦
李注云菆井即渭城賣麻蒸市也周禮甸師注云木大曰薪小曰蒸是凡言薪蒸者皆不必專謂麻骨古凡燭用蒸弟子職曰
蒸閒容蒸詩巷伯傳云放乎旦而蒸盡擗屋而繼之○漢書揚雄傳上椎蒸焜上注云蒸麻榦也
蒸薪也詩無羊釋文又儀禮既夕釋文粗曰薪細曰蒸詩無羊以薪以蒸箋又左氏昭廿年傳藪薪蒸
釋文○周禮委人以式法共祭祀之薪蒸材木注云給炊及燎麤者曰薪細者曰蒸又淮南主術冬伐薪蒸注云薪小者曰蒸
蒸炬也廣雅釋器燭用蒸儀禮既夕二燭俟于門外注燭炬曰蒸楚辭謬諫菎蕗雜於黀蒸兮注

蒸熱也蒸熱氣也蒸烝也萱按此皆段蒸爲烝也

徵𢼸古文○一部上六部平兩見異義召也王徵爲徵行於微而聞達者即徵也說文段注按徵者證也驗也有證驗斯有感召而事以成故士昏禮注禮運注又曰徵成也依文各解義則相通壬徵云云又說壬徵之意言行於隱微而聞達挺著於外是乃感召之意也○爾雅釋言又周禮司市以量度成賈而徵價注典祀徵役于司隸而役之注又儀禮鄉飲酒禮徵唯所欲注鄉射禮注又左氏宣九年傳王使來徵聘注宣十七年傳晉侯使郤克徵會于齊注昭三十二年傳無徵怨於百姓注定七年傳徵會於衞注定八年傳喜于徵死注又國語周語且夫兄弟之怨不徵於它注唯官是徵注晉語可徵訊也注又國策宋衛策梁王伐邯鄲而徵師於宋注又荀子正名心有徵知注又楚辭遠遊徵九神於四極兮注云徵召也又禮記文王世子大昕鼓徵疏云徵猶召也徵徵召也周禮縣正各掌其縣之政令徵比注徵證也漢書平帝紀贊集注五行志中之上集注藝文志集注項籍傳集注劉向傳集注董仲舒傳集注倪寬傳集注張安世傳集注終軍集注翟義傳集注谷永傳集注王莽傳上集注○萱按有段證爲徵者禮記中庸雖善無徵注徵諸

庶民注疏云徵或爲證徵驗也書洪範念用庶徵鄭注八庶徵疏又禮記中庸久則徵疏徵諸庶民疏又左氏襄廿一年傳可明徵也注襄廿六年傳加書徵之服注昭元年傳徵爲五聲注又荀子儒效注王霸注富國注性惡注○中庸久則徵注云徵猶效驗也徵證驗也漢書賈誼傳既有徵矣注徵信也驗也素問天元紀大論陰陽之徵召也注○方盛衰論五部無徵注云無徵猶無可信驗也徵信也莊子逍遙遊而徵一國者釋文引司馬注徵始有形象而徵也左氏昭十七年傳是其徵也注徵應也漢書五行志上集注又莊子列禦寇以不徵徵其徵也不徵注又呂覽觀表先知必審徵表注又淮南脩務夫謌也樂之徵也注又太玄玄數徵早注徵祥也太玄失旄德靈徵失注徵者求也史記貨殖傳故物賤之徵貴索隱有者又漢書五行志中之上集注又呂覽達鬱桓公樂之而徵燭注徵典也○莊子天道周之徵藏史有老聃者釋文引司馬注云徵藏藏名也徵成也周禮典瑞疏又儀禮士昏禮納徵注又禮記禮運是故杞而不足徵也注又左傳成八年疏又穀梁莊廿二年傳有納徵注又論語杞不足徵也集解引苞注又皇疏又淮南氾論故聖人見化以覲其化注○禮記昏義疏云納徵者納聘

財也徵成也徵明也左傳宣十八年注以徵求名之儒釋文昭三十年傳且徵過也注又後漢書郭泰傳注又廣雅釋詁四○禮記中庸杞不足徵也注云徵猶明也徵成也明也禮記中庸杞不足徵也疏○萱按此徵字當嫭訓成禮運之杞而不足徵也鄭訓成論語杞宋不足徵芭注皇疏皆訓成是也蓋孔子欲成夏禮殷禮與周禮並行以爲萬世因革損益之準繩而文獻不足無以成之遂爲終古之缺陷漢人未達此恉改訓徵爲證而孔子之意隱矣試思夏禮殷禮孔子既能言之其非無證明矣無證即無稽無稽之言非所以疑孔子然則又何證乎識不是而彊改相承之詁訓其陋每有如此者徵審也左氏襄廿八年傳以徵過之也注○萱按此蓋謂徵爲懲之借也昭三十年且徵過也同荀子正論且徵其未也亦尒徵猶清也易損君子以徵忿窒欲釋文引鄭注○萱按此謂徵爲激之借字也王彌訓止也同激清也激止水也孔疏作懲忿窒欲懲亦止也徵止也易損釋文徵虛也爾雅釋詁徵縣屬馮翊左氏定十年傳釋文引三蒼

寵魷切爯并舉也說文段注一手舉二故曰并舉趙注孟子稱貸曰稱舉也凡手舉字當作爯凡偁揚當作偁凡銓衡當作稱今

字通用稱○萱按校尉熊君碑仲秋下旬碑皆段爯爲偁又大戴記保傅篇文王官人篇亦段爯爲偁而字譌作爯偁舉也爾雅釋言又廣雅釋詁一○萱按此段偁爲爯也同音也偁偁舉也爾雅釋訓稱舉也書君奭丕單稱德疏又儀禮士相見禮閒吾子稱贄注聘禮賓稱面注又禮記檀弓下言在不稱徵注又左氏宣十一年高稱善人注襄八年傳女何故稱兵于蔡注襄廿七年傳而稱兵以害我注哀廿三年傳其可以稱旌繁乎注又國語周語君子不自稱也注稱遂共工之過注夫道成命者而稱吳天注晉語君稱所以佐天子注楚語公馬足以稱賦注又管子小匡其智稱賢以自成也注小稱注又呂覽孟春不可以稱兵注又文選東京賦元祀惟稱蔣注○萱按此皆段稱爲爯也同聲也借字嫥行而人幾不知有正字矣稱謂舉行也周書君奭公稱丕顯之德注○禮記喪大記君稱言注云稱言舉所以來之辭也

偁揚也說文段注揚者飛舉也釋言曰偁舉也郭注引尚書偁爾戈玉篇引左傳爲偁善人凡古偁舉偁謂字皆如此作自序云其偁易孟氏書孔氏子篆下云人以爲偁自稱行而偁廢夬稱者今之稱字○萱按校尉熊君碑君長子爯孝仲秋下旬碑嘉爯卓然皆段爯爲偁也又大戴記保傅篇再爲義主譌作再爲義王文王官人篇亟爯其說譌作敬再其說王先生裏祖

始競切

升

始爲謏正偁譽也廣雅釋詁四稱說也呂覽當染必稱此二士也注○萱按廣韻以下平聲內特出稱字不知其爲偁若爲之段借矣稱猶言也禮記射義旄期稱道不亂者注稱述也國語晉語其知不足稱也注稱呼也國語吳語王稱左畸注稱娖猶齊整也後漢書中山簡王焉傳注

升○俗昇陞有十合也合龠爲合龠容千二百黍說文段注律麻志曰合龠爲合十合爲升十升爲斗十斗爲斛而五量嘉矣古經傳登多作升古文段借也禮經注曰布八十縷爲升升字當爲登今之禮皆爲升俗誤已行久矣按今俗所用又作陞經有言升不言登者如周易是也有言登不言升者左傳是也合龠云云合二龠爲合猶之十二銖兩之爲兩也○漢書律麻志上云升者登合之量也又廣雅釋器云合十曰升又說苑辨物云十合爲一升兩匊謂之升小尒雅廣量○讀詩記引崔集注云古者爲升上徑一寸下徑六分其深八分萱按古之量雖小然不應小至於此崔說恐未可據升登也後漢書明帝紀注又列子黃帝俱升高臺釋文○易升元亨疏云升者登也又云升者登上之義升上也易升鄭注又禮記禮器因名山升中于天注○易序卦傳云聚而上者謂之升又儀禮少牢

饋食禮司馬升羊右胖注云升猶上也升謂上升素問六微旨大論氣之升降注○又升降息注云升降謂氣化也陞上也廣雅釋詁一升高也易升釋文引馬注○白虎通封禪云故升封者增高也升猶舉也書洪範馬注升進也公羊隱元年傳注見治升平疏又呂覽孟秋農乃升穀注又文選西京賦升觴舉燧注東京賦升獻六禽薛注陞進也廣雅釋詁二○萱按尒雅釋天素陞龍於縿釋畜善陞甗皆用陞爾雅多俗字故也升獻也呂覽孟夏農乃升麥注升成也詩天保如日之升傳○萱按說文新附有昇字鉉云日出也觀天保傳及蜀志秦宓傳日升於東方知昇字不必製自外來曰升公羊文二年傳皆升合食于太祖注升不來也易襍卦傳升朝也論語憲問與文子同升諸公皇疏升即廢縣也儀禮覲禮注升沈必就祭者也疏煑於鑊曰享在鼎曰升儀禮士冠禮載合升注升平謂國太平也文選東京賦治致升平之德薛注其小者謂之升甗方言五升短也廣雅釋詁二布八十縷爲升升亦訓爲成萱按此詳登下

勝

平去兩讀○俗有夌任也說文段注任者保也保者當也凡能舉之能克之皆曰勝本無二義二音而俗強分平去○詩烈祖武王靡不勝傳又禮記曲禮上不勝喪注樂記注三體相勝釋文立云勝任也又表記殷周之道不勝其敝注又呂覽論人何事之不勝注立云勝猶任也勝堪也漢書賈山傳集注又管子入國子有幼弱不勝養爲累者注勝舉也廣雅釋詁一又國語周語不過一人之所勝注齊語文事勝矣注又漢書司馬相如傳上集注○左氏宣十二年傳可勝既乎疏云重物不可舉者謂之不勝用之不可盡者亦言不勝勝盡也漢書賈山傳集注又文選神女賦序不可勝贊注封禪文不可勝數注勝乘也詩正月靡人弗勝傳勝陵也易漸終莫之勝虞注○萱按以上諸義俗讀平聲以下諸義則皆讀去聲其彊生分別如此勝戰勝公羊宣十二年傳勝乎皇門注勝克也爾雅釋詁○禮記聘義用之於戰勝注云勝克敵也勝謂制剋之也素問金匱眞言論所謂得四時之勝者注○脈要精微論以其勝治之注云勝謂勝剋也勝能也易遯莫之勝說虞注勝極也老子躁勝寒靜勝熱也注勝者盛也素問逆調論獨勝而止耳注○瘧論陰陽更勝也注云勝謂強盛于彼之勝也

勝謂多也素問六元正紀大論故上勝則天氣降而下注有謂又論語雍也質勝文則野皇疏○鄉黨不使勝食氣皇疏云勝猶多也勝猶益也管子揆度其勝貪歟之仇注勝猶過也禮記樂記樂勝則流疏又史記樂書正義勝猶行也呂覽誣徒理義之術勝矣注勝猶遏也國語晉語尊明勝患注勝謂好勝人也荀子榮辱直立而不見知者勝也注○呂覽論威遏勝之所在也注云勝有所勝也是而直者爲勝論衡物勢○淮南氾論訟而不勝者注云不勝猶不直也法立令行之謂勝管子正世下及上之事謂之勝管子君臣上先舉其用爲勝素問至眞要大論六氣相勝注辯勝當也墨子經上勝謂民辭情短大戴記子張問入官勝之無犯民之言注勝滅也易繫辭下傳貞勝者也虞注○周禮媒氏凡男女之陰訟聽之于勝國之社注云勝國亡國也勝玉勝也史記司馬相如傳戴勝而穴處兮集解引郭璞勝婦人首飾也漢代謂之華勝漢書司馬相如傳下注○釋名釋首飾云華勝華象艸木華也勝言人形容正等一人著之則勝蔽

髮前爲飾也勝所以纏紐也方言八注胡麻粒大者爲巨勝一切經音義十引本艸。萱按婷字作藤作藕皆俗體也藤見玉篇藕見素問古祇作巨勝

股兢切仌。有俗冰凍也象水冰同凝之形說文段注仌凍二篆爲轉注案許之日仌凍如月令冰凍消釋是也仌象水初凝之文理。論衡論死云水凝爲仌仌陰也太玄應仌盛于地注。初學記七引韓詩云仌者窮谷陰氣所聚仌者凝陰公羊成十六年傳雨木仌者注。漢書五行志上云仌者陰之盛而水滯者也仌一名介隋書五行志上引洪範五行傳。公羊傳成十六年注引徐邈云仌者兵之象乾爲仌易說卦傳仌泮春時也文選蜀都賦仌泮北徂劉注雨仌謂雹也素問至眞要大論水凝雨仌注。萱按仌者水之所凝故即用凝爲仌凝冰同字用冰不用凝者以仌冰形略相近又者作冰無冰字形自冰出而義則自仌出故冰爲仌之俗體而冰凝自別爲一字兩不相涉也俗書冰凋爲一非是掤所以覆矢也詩曰抑釋掤忌說文段注左傳公徒釋甲執冰而踞冰者掤之段借字賈逵服

皮皆曰冰櫝丸蓋也杜預曰成說櫝丸是箭筩其蓋可以取飲。詩大叔于田傳云掤所以覆矢又疏云掤爲覆矢之物又書鈔百廿六引劉楨毛詩義問云掤所以覆矢也謂箭筩蓋掤矢藏也廣雅釋器掤櫝丸蓋也詩太叔于田釋文引馬注冰箭筩左氏昭十三年傳飲冰注。昭廿五年疏云掤與冰字雖異音義同是一器也。萱按冰即凝字與掤不但義異併音亦異矣緣仌字俗作冰而掤借用之故見爲同音耳然則此合作冰不合作冰也而俗書冰冰涸淆無分別

漾陵切蠅營營青蠅蟲之大腹者說文段注小雅青蠅傳曰營營往來皃此蟲大腹故其字从黽虫會意謂腹大如黽之蟲也其音則在六部故繩爲蠅省聲非許之精詣則必仅爲形聲字遂使古音不可攷矣。方言十一蠅東齊謂之羊陳楚之間謂之蠅注云今江東呼羊聲如蠅。萱按蠅羊一聲之轉羊與黽同部蠅讒人之象也論衡商蟲蠅蠅遊行皃文選洞簫賦蠅蠅翊翊注

亮凭切夌越也一曰夌徲也說文段注凡夌越字當作此今字或作淩或作夌而夌廢矣檀弓喪事雖遽不陵節鄭曰

陵躐也躐與越義同廣韵陵下云犯也侮也侵也皆夌義之引伸今字槪作陵矣彳部曰徲久也凡言陵遲陵夷當作夌徲今字陵遲陵夷行而夌徲廢矣玉篇云夌遲也廣韵云陵遲也遲與徲同也匡謬正俗釋陵遲曰陵爲陵阜之陵而遲者遲遲微細削小之義古遲夷通用或言陵夷其義一也言陵阜漸平猶王道弛替耳玉裁謂許書作夌則知說陵爲陵阜非也夌徲爲遂之反語古遲遂通用夌徲言時久則弛替遲古讀如夷臺頹字耳以左傳下陵上替說之許前義於下陵近後義於上替近下陵與上替其事常相因也夌[illegible]也廣雅釋詁四夌犯也同上夌菜藻也廣雅釋艸。萱按此蓋淩之段借字

陵越也史記樂書正義又禮記樂記五者皆亂迭相陵疏。學記不陵節而施之謂孫注云陵猶越也陵躐也禮記檀弓上喪事雖遽不陵節注陵突也廣雅釋詁四又漢書賈誼傳集注楊雄傳集注陵升也後漢書周黃徐姜申屠傳注。文選西京賦陵重巘薛注云陵猶升也陵上也漢書司馬相如傳上集注陵謂加尚之左氏隱三年傳少陵長疏突掩爲陵漢書天文志陵歷鬥食集注陵侮也一切經音義九引廣雅。周禮大司馬犯令陵政則杜之注引王霸記云陵政者輕政灋不循令也

陵轢猶欺蔑也後漢書朱浮傳注陵猶促也文選七發寬伏陵窟注陵侵也一切經音義九引蒼頡。文選何敬祖雜詩秋風乘夕起注云陵亦使也陵侵陵荀子富國陵謹盡察注。致仕注云侵陵亦嚴峻之義陵陵遲也後漢書儒林傳論注。篤行傳下登德化之陵遲今注云陵遲言積替也又漢書成帝紀日以陵遲注云陵遲亦言如丘陵之逶遲稍卑下也又荀子宥坐注云陵遲言上陵之勢漸慢也陵遲猶陂陁詩大東序禮義陵遲疏。家語始誅注云陵遲猶陂池也陵夷即凌遲也文選難蜀父老反衰世之陵夷注又漢書竇田灌韓傳贊注。王嘉傳法度陵遲注云陵遲即陵夷也陵夷漸積替也漢書禮樂志陵夷而不反注刑法志寢以陵夷注張釋之傳注李尋傳注。成帝紀注云陵夷言其積替若上陵之漸平也又司馬相如傳下注云陵夷弛替也又劉向傳注云陵夷謂卑替也又朱博傳恐功效陵夷注云陵夷漸廢替也又後漢書皇后紀注云陵夷猶積替

凌越也呂覽論威雖有江河之險則凌之注。萱按夌訓越凡夌聲之字亦有越意故陵凌淩皆借爲夌字凌乘也文選思玄賦凌驚雷之硠礚兮舊注長笛賦賦湊會而夌節兮注凌升也文選東京賦凌天池

薛注 淩猶歷也 史記秦始皇紀正義陵水經地 突梅為淩 漢書天文志注引韋昭 淩相冒占過也 史記天官書相淩為鬥集解引孟康 淩謂相淩轢 莊子徐無鬼察士無淩誶之事釋文引李注 淩侮也 呂覽不侵立千乘之義而不可淩注 淩犯也 楚辭國殤淩余陣兮躐余行注 淩侵犯也 一切經音義廿四引蒼頡○音義三引三蒼云淩侵淩也 淩暴也 廣雅釋言又法言吾子震風淩雨注 淩誶謂好陵罵辱人也 列子力命狠悖情露讒極淩誶四人釋文

淩乘也 楚辭哀郢淩陽侯之氾濫注自悲淩恆山其若陋兮注 淩馳也 廣雅釋言○楚辭大招冥淩浹行注云淩猶馳也

⿺走夌 一部入六部平兩讀 去也 說文

綾 東齊謂布帛之細者曰綾 說文又方言二 綾淩也其文望之如仌淩之理也 釋名釋采帛 繒綾不平皃 文選魯靈光殿賦崱繒綾而龍鱗注

陵 或作陎 大阜也 說文段注按引申之為乘也上也躐也侵陵也陵夷也皆夌字之段借也夂部曰夌越也一曰夌徲也夌徲卽陵夷也○左氏昭十二年傳有 大阜曰陵 爾雅釋地 內如陵注又爾雅釋丘注竝云陵大阜也

又書禹貢又東至于澧鄭注又詩天保如岡如陵傳又周禮大司徒注遂大夫疏又左氏傳三十二年傳殽有二陵馬注襄廿五年傳辨京陵注又國語齊語陸阜陵墐注又漢書外戚傳下泛泄陵邑注又穆天子傳爰有陵衍平陸注○釋名釋山云大阜曰陵陵隆也體隆高也 陵莫大於加陵 爾雅釋地○爾雅李注云阜最大為陵又續漢書五行志云夫陵者高大之象也 陵亦丘也 漢書地理志北海郡營陵注又水經淄水注○易漸鴻漸于陵虞注云陵丘也又 陵次陸者也 易漸象上傳地險山川丘陵也虞注云上下偁陵又爾雅釋丘云後高陵丘又云如陵陵丘注○左傳定六年注陵師陸師疏云南人謂陸為陵 四平曰陵 文選長楊賦注引韓詩章句 四隤曰陵 廣雅釋丘 震為陵 易同人升其高陵虞注 在艮山下故偁陵 易震躋于九陵虞注 陵謂山墳 後漢書光武紀上注○水經渭水注引風俗通云陵者天生自然者也今王公墳壟稱陵 陵冢也 廣雅釋丘○水經渭水注云長陵亦曰長山也秦名天子冢曰山漢曰陵故通曰山陵矣又文選西征賦注引三秦記略同 居室如陵故曰陵居 素問異法方宜論民陵居而多風注 其陵峻也 荀子致仕

節奏欲陵注○古微書引春秋說題辭云陵之為言峻也 陵水卽栗水也 史記范雎蔡澤傳至於陵水索隱引劉注萓按陵水國策秦策作蔆水未知孰是又穆天子傳三山陖自出注云陖陵字萓按此仿小篆體而誤也小篆右旁作夾此譌作夵 陵越也陵升也陵躐也 萓按此類皆段為夌也詳在彼

⿰舟夌

淩 或○平去兩讀 仌出也詩曰納于⿰舟夌陰 說文段注仌出者謂仌之出水文棱棱然輕蹟為力膺切重讀則里孕切今俗語猶介亟詩三之日納于淩陰傳曰淩陰冰室也此以冰釋淩以室釋陰非謂⿰舟夌為仌室也鄭注周禮淩人徑云淩冰室似失之 ⿰舟夌仌也 廣雅釋言 淩冰也 文選思乎賦魚矜鱗而并淩兮舊注又後漢書張衡傳注○周禮淩人杜注云三其淩三倍其冰 積冰曰淩 初學記七引風俗通○水經鮑丘水注云伏淩山陰崖積雪凝冰夏結故世人因以名山也 淩室藏冰之室也 漢書惠帝紀未央宮淩室災注成帝紀淩室大注○五行志上云淩室所以供養飲食 淩冰凜也 爾雅釋言淩慄也樊注 淩戰栗也 漢書揚雄傳上虎豹之淩遽注 淩競恐懼皃 漢書揚雄傳上閻閻而入淩競注 淩雜交亂也 史記天官書淩雜米鹽正義 淩越也淩乘也 萓按此類皆段為夌也彼已詳 淩慄也 爾雅釋言○萓按夌淩正借字 淩懷戰

慄 爾雅釋言注

淩

淩水在臨淮 說文段注前志臨淮郡後志為下邳國前志泗水國淩應劭曰淩水所出入淮南後志淩屬廣陵郡水經注淮水篇淮水左逕泗水國南淩水出淩縣東流逕其縣故城東而東南流注於淮是曰淩口今江蘇徐州府宿遷縣東南五十里有淩城淩水未詳廣韻曰淩歷也今字今義也 郭淩地名 周書作雒乃因蔡叔于郭淩注 淩懷戰慄 爾雅釋言淩慄也注○萓按此段淩為淩 淩乘也淩馳也 萓按此段為夌

蔆

或作菱蔆遴 司馬相如說蔆从遴 芰也楚謂之芰秦謂之薢茩 說文段注楚語曰屈到嗜芰韋曰芰蔆也釋艸曰薢茩芙光郭云芙明也或曰蔆也關西謂之薢茩按景純兩解後解與說文字林合釋艸又曰蔆蕨攈發芙居郝反郭云今水中芰按蕨攈芙光皆雙聲爾雅薢茩芙光或可以決明子釋之不嫌異物同名也而說文之芰薢茩卽今菱角本無疑義不知徐鍇何以淆惑邁當是凡將篇中字淩聲古音在六部遴聲古音在十二部而合之者以雙聲合之也今史漢文選子虛賦祇作淩華○周禮籩人加籩之實淩芡枲脯注又禮記內則芝栭蔆椇注又書大傳鉅野菱注又漢書循吏龔遂傳益畜果實菱芡注司馬相如傳上咀嚼菱藕注引張揖外發 [illegible]

注益樹蓮菱注又文選東京賦供蝸廬與菱芡藓注竝云蔆芰也蔆芰藓茍也廣雅釋艸蔆水物也所以厭火藝文類聚六十三引風俗通芰菜藻也廣雅釋艸〇萱按此或叚芰爲蔆歟義在離即之間

乘寵陵切平去兩讀〇隸作乘俗有乗棘𠓗古文覆也軍法入桀曰乘說文段注加其上曰乘人乘車是其一耑也軍注云云益出漢志兵書四種內入桀者以弱勝強書序云周人乘黎左傳車馳卒奔乘晉軍乘之證也

乘加也淮南氾論訓弱相乘注乘升也詩七月亟其乘屋傳又國語晉語郤叔虎將乘城注〇荀子大略注云乘屋升屋治其敝漏也又文選大將軍讌會詩注云乘亦升也乘陞也登亦如之也釋名釋姿容

乘者登也左氏襄廿三年傳欒氏乘公門注又孟子滕文公上亟其乘屋音義引丁音又史記高帝紀堅守乘城索隱引韋昭黥布傳守徼乘塞索隱有者又列子黃帝俱乘高臺釋文又楚辭涉江乘鄂渚而反顧兮注〇詩子衿傳乘城而見闕疏又左氏宣十二年傳楚人乘我注竝云乘猶登也乘石者登車所履之石詩白華傳扁扁

乘石皃釋文〇周禮隸僕洗乘石司農注云乘石王所登上車之石也乘猶登也進也史記高帝紀淮陰侯復乘之正義乘積也登也漢書王莽傳中集注乘陵也國語周語乘人不義注又漢書禮樂志集杜欽傳集注又呂覽貴直一鼓而士畢乘之注又文選何敬祖襍詩注引國語賈注乘凌也小爾雅廣言〇萱按廣雅云陵乘也文選注云凌乘也陵凌皆夌之借字也然則此以陵凌釋乘亦皆夌之借字矣夌乘二字相轉注

乘轢也國語晉語駕而乘材注乘逐也漢書陳湯傳集注乘勝也書西伯戡黎序周人乘黎鄭注又國語周語楚有五敗晉不知勝注〇呂覽權勳天下兵乘之注云乘猶勝也乘因也漢書朱雲傳集注嚴延年傳集注王莽傳上集注又文選謝玄暉始出尚書省詩注引漢書如淳注典引乘其命賜彤弧黃鉞之威注〇演聯珠乘風載響注云乘猶因也乘用也漢書司馬相如傳下集注引張揖乘計也周禮稾人乘其事司農注〇宰夫乘其財用之出入注云乘猶計也〇萱按算術之因乘義略同此鄭君說九數云今有重差夕桀錢少詹辛楣云夕桀者互乘之破字也錢說甚精乘除爲算之大用互乘一曰維乘又乘之要義也隱伏襍糅皆用此御之

乘治也詩七月箋又漢書魏相傳集注乘守也漢書高帝紀上集注引李奇乘木即涉難也易彖下傳乘木有功也注乘者謂稻田塍埒爾雅釋丘如乘丘注引或說乘者如乘者形如車乘也爾雅釋丘李注一基在後似車四列在前似駕馬車之形也〇釋名釋丘云如乘曰乘丘四馬曰乘上車曰乘左氏桓十八年傳使公子彭生乘公注〇萱按以上諸義舊讀平聲餘則皆讀去聲其頊胥鉏析如此古音蓋不必然也學者盍觀其會通乎

乘載也一切經音義三引三蒼〇音義廿二引三蒼云載曰乘又孟子音義引丁音云晉名春秋爲乘者取其善惡無不載乘猶載也獨斷上〇左氏僖四年傳與屈完乘而觀之注云乘共載又國策秦策韓康子御魏桓子驂乘注云三人共載曰驂乘乘者興於田賦乘馬之事因以爲名孟子離婁下晉之乘〇詩韓奕乘馬路車箋云所駕之馬爲乘馬又左氏哀三年傳校人乘馬注云乘馬使四四相從爲駕之易

乘駕車也漢書高帝紀下操兵乘騎馬注車曰乘左氏隱元年傳具卒乘注宣十二年傳而卒乘輯睦注〇春秋左傳序晉謂之乘釋文云乘車乘也又云乘兵車又成十八年傳使訓卒乘疏云在車者爲乘又襄十三年傳

車其卒乘疏云在車曰乘又成十三傳晉師乘和注云乘車士又莊九年傳傳乘而歸注云傳乘乘他車乘車安車也書大傳乘車輲輪注〇考工記總目乘車之輪注云乘車玉路金路象路也天子車曰乘輿諸侯車曰乘車賈子等齊〇文選東京賦乘輿巡守岱嶽薛注云乘輿天子也又西京賦常亞於乘輿薛注云乘輿天子所乘車又後漢書安帝紀注云乘輿天子所乘車輿也不敢斥言尊者故偁乘輿

萬乘天子也千乘諸侯也呂覽不侵〇孟子梁惠王上注云萬乘兵車萬乘謂天子也千乘兵車千乘謂諸侯也百乘之家謂大國之卿食采邑有兵車百乘之賦者也獨斷上云百乘之家子男之國也又乘備駟也公羊僖二年傳請以屈產之乘注〇後漢書鄭當傳注云駟馬曰乘又禮記曲禮上疏云乘車駟馬之車也乘二耦爲乘周禮夏官序官圉人注校人乘馬一師四圉

左氏昭廿九年傳帝賜之乘龍服注云四頭爲乘四馬爲乘司農注又左氏僖廿三年傳有馬二十乘注襄十九年傳加璧乘馬注又國語晉語有馬二十乘注楚語納其乘馬注〇儀禮聘禮乘馬注又孟子萬章上注竝云乘四馬又詩駕騖乘馬在廄釋文崧高路車乘馬傳又荀子解蔽杜作乘馬注竝云

乘馬四馬也又管子乘馬云一乘者四馬也又侈靡注云馬四匹謂之乘馬又後漢書桓帝懿獻梁皇后紀注云乘馬四匹馬也

四馬曰乘 易屯乘馬班如釋文又書康王之誥皆布乘黃朱疏又詩有駜疏又禮記檀弓攝束帛乘馬而將之釋文少儀其以乘壺酒疏又左氏閔二年傳歸公乘馬注僖二年傳注又穀梁隱元年傳乘馬曰賵注又漢書王莽傳上鸞路乘馬注○穀梁文十四年傳長轂五百乘注云四馬曰乘一乘甲士三人步卒七十二人五百乘合三萬七十五百人

乘黃四馬也 詩渭陽路車乘黃傳○禮記襍記上陳乘黃大路於中庭疏云乘黃謂馬也又管子小匡地出乘黃注云乘黃神馬也

乘四也 孟子離婁下發乘矢注又大名迎黃乘否貞注○儀禮聘禮乘皮設注云物四曰乘又鄉射禮疏云凡物四皆曰乘也又禮記少儀注云乘壺四壺也又方言六云四雁曰乘

乘四數之 儀禮大射儀司馬師坐乘之注○既夕記矢翭矢一乘注又漢書郊祀志上路弓乘矢注引韋昭豉云四矢曰乘又史記孝武紀集解引韋昭云四矢爲乘又詩賓之初筵疏云四矢謂之乘又周禮司弓矢注每人一弓乘矢釋文云四矢曰乘矢又儀禮鄉射禮兼挾乘矢注大射儀挾乘矢注又孟子離婁下音義引丁音逗云乘矢四矢也

乘二也 廣雅釋詁

四乘式也 廣雅釋詁一

甸亦謂之乘 荀子王制司馬知師旅甲兵乘白之數注○注又云以其治田則謂之甸出長轂一乘則謂之乘又禮記郊特牲丘乘共粢盛注云四丘六十四井曰甸或謂之乘乘者以其於車賦出長轂一乘

丘乘者都鄙井田也四丘爲乘 禮記郊特牲疏○公羊昭元年傳有千乘之國注云十井爲一乘公侯封方百里凡千乘伯四百九十乘子男二百五十乘○董按何此注與苞咸論語道千乘之國注同歸備異說不可爲典要

乘田苑囿之吏也主六畜之芻牧者也 孟子萬章下嘗爲乘田矣注

馬牝牡曰乘 易屯乘馬班如釋文引鄭注

乘謂乘行之禽也謂鴈鶩之屬其歸之以雙爲數 儀禮聘禮記宰夫始歸乘禽注○董按廣雅乘二也義蓋由此出與

騬

犗馬也 說文段注牛部曰犗者騬牛也其事一故其訓互通○玉篇云犗之言割也割去其勢故謂之犗○董按周禮校人頒馬攻特司農注云攻特謂騬之

騬犗也 廣雅釋獸○董按犍曹憲音居言切字或作犍或作劇通俗文云以刀去陰曰劇衆經音義引字書云犍劇也

澂

或作澂澄 清也 說文段注澂之言持也持之而後清澂澄古今字禮運澄酒在下字作澄鄭云澄酒與周禮沈齊字雖異蓋同物也周易君子以懲忿懲者澂之斯清故王弼訓止也○方言十二又廣雅釋詁一又後漢書張衡傳注竝云澂清也又易損釋文引劉注云澂清也

澄清也 淮南泰族乃澄列金木水火土之性注要略澄徹神明之精注○後漢書馮衍傳注云澄猶清也

澄湛也 文選吳都賦泇澄漆注曹子建公讌詩注引字書

澄止水也 淮南說山人莫鑑於涞雨而鑑於澄水者注

澄謂沈齋也 禮記禮運疏○坊記注云澄猶清酒也

懲

忿也 說文段注懲忿二篆爲轉注忿古多用乂艾爲之而忿廢矣古亦段徵爲懲○廣雅釋言又楚辭國殤首雖離兮心不懲注竝云懲忿也

懲艾也 詩小毖予其懲而毖後患箋閟宮荊舒是懲箋又孟子滕文公上注又漢書淮南衡山濟北王傳集注又離騷非余心之可懲

懲乂也 漢書劉向傳集注

懲謂創艾也 注禮記表記以怨報怨則民有所懲注又漢書翟義傳以懲淫慝注外戚傳下懲丁傳行事注○嚴朱吾丘徐嚴終王賈傳贊注云懲創刈也董按段刈爲忿猶段艾乂也

懲創也 漢書楚元王傳集注夏侯勝傳集注王尊傳集注又後漢書竇

融傳注

懲恐也 廣雅釋言

懲苦也 詩小毖釋文引韓詩

懲止也 詩沔水寧莫之懲傳節南山憯莫懲嗟箋十月之交胡憯莫懲箋又左氏宣十年傳注以懲求之偏釋文又周書命訓能無懲乎注又漢書刑法志集注以董仲舒傳集注張敞傳無以勸善懲惡注又荀子富國注又一切經音義十三引廣雅又楚辭懷沙懲違改忿兮注易象下傳君子

懲創止也 漢書孔光傳欲懲後犯法者也注懲者息其既往以懲忿窒欲疏懲

幐也 文選思玄賦懲淟涊而爲清舊注○董按史記年表云荊荼是徵羊竇道碑云盜賊徵止徵皆懲之省借字也

憕

平也 說文

橙

橘屬 說文段注南都賦曰穰橙鄧橘蜀都賦劉注曰蜀有給客橙按今橘橙柚三果其大於柚其酢於橙汁而橙皮甘可食本艸經合橙柚爲一條渾言之也○爾雅釋木釋文引字林云橙橘屬董按言屬而別見矣析言之也

橙柚也 史記司馬相如傳藏橙若蓀索隱引郭璞○漢書相如傳上黃甘橙樓注云橙即柚也○董按今目驗橘橙柚判然三物互相訓釋者非是

縆

索也說文段注縆可以縣可以束可以爲閑故釋訓曰兢兢縆縆戒也周南傳曰縆縆戒愼也○萱按廣雅釋詁釋器竝云縆索也又小介雅廣器云大者謂之索小者謂之縆 縆言主糾合作之也漢書禮樂志縆弦二人員六人注 縆謂紮與後幅相當之縫也禮記深衣負縆及踝以應直注 縆屬棺曰紼禮記曲禮上注 屬車曰引紼引棺索疏 天爲縆縆者所以縆萬物也淮南時則○文選西京賦注引春秋元命苞云玉衡北兩星爲玉縆 巽爲縆易坤括囊虞注小畜有孚攣如虞注隨係之乃從縫之虞注貫魚虞注剝貫魚之斗虞注大畜童牛之梏虞注坎係用徽纆虞注无妄之或繫之牛虞注夬羣羊虞注姤繫于金柅虞注兌引兌虞注遯勝之說作結縆而爲網罟虞注重致遠虞注弦木爲弧虞注上古結縆而治虞注○說卦 縆直也廣雅釋詁三又後漢書王渙傳注云巽爲縆直呂覽自知欲知平直則必準縆注又淮南天文二縆呂覽本經故於權衡準縆注抱表懷縆注子午卯酉爲二縆注禮論竝云縆謹者直之至也又注淮南說林行險者不得史記禮書又荀子禮論主術是故能進退履縆注云縆亦直也 縆直正也 履縆注 縆者

上下岩直經緯四通也漢書律麻志上 縆所以辨曲直荀子王制中和者聽之縆也注○離騷背縆墨以追曲兮注云縆墨所以正曲直也 縆謂拌彈之也漢書古臣張孔馬傳贊注引如淳○元帝紀以刑名縆下注云縆謂彈治之又管子七臣七主注云縆謂彈正也又淮南繆稱而內行無縆注云所以彈縆曲者也 縆之謂之縮之爾雅釋器 縆正也注呂覽離俗潔白清廉中縆注又淮南時則注云縆者營其主術海內莫不被縆矣注○詩縣其縆則直箋云縆治廣制之正也又漢書儒林傳縆之以文武之道注云縆謂治正又管子宙合云 縆政也後漢書劉般傳注 縆法也史記樂書以縆德之方縆扶擽以爲正云 縆猶度也禮記樂記 以縆墨猶規矩也○公羊傳序解疏王肅縆墨喻章程也又張衡傳注云縆墨喻禮後漢書蔡茂傳注云馬法也又寇榮傳注云縆謂法律也 縆約猶拘制也後漢書儒林傳注 縆縆戒也爾雅釋訓又詩抑子孫縆縆箋○下武縆其祖武傳云縆戒又螽斯傳云縆縆戒愼也 縆縆謹敬更正意也漢書禮樂志云縆縆衆多也意變注引應劭○注引孟康

縆縆者動行無窮極也老子云縆縆不可名注○釋文引簡文無窮不可序○萱按釋文云縆縆無涯際之皃又引顧注云縆縆寬急義不僚 若縆言細也荀子彊國云不絕若縆注 含實曰縆周禮薙氏秋縆而芟之注 胡縆香艸也離騷索胡縆之縆注 縆舋也左氏莊十四年傳縆息嬀注○小爾雅廣訓云縆縆之也○萱按此義字嬉作舋

塍

○俗有埁 稻田中畦埒也說文段注作塍俗製也古紙用畦埒之言也稻田之五十畝作之介所以爲畦者取義於此謂之塍必言稻中含水水令者不畮畦稻田中介稻以水四列列者未五十畮之畦也阡陌也均水水稻以水列中合禾泰不書埒之周禮稻人以溝列之田畮也許鄭謂遂逡正一一同切四川中水稻者列之田讀曰必蓄水也行之周畮也許鄭說逡正同切經音義謂按田縆如遂田首惟受稻介用以者縆之義於此謂之塍畦也九引蒼頡 塍隄也 蜀廣子遠江迴浙之水非人所以垣者畦縆也陌之田首其之稻 長城小日塍注云縆西都賦釋室謂之塍大田坪選縆所也以水 隄俗小日塍注劉云塍大曰

訓

○俗有訓 厚也說文段注因仍則加厚訓與仍音義略同

陵切

訓就也訓重也玉篇

仍

因也說文又爾雅釋詁又周禮司几筵凶事仍几注又禮記明堂位爵用玉琖仍雕注又論語先進仍舊貫集解引鄭注又皇疏又漢書外戚傳下集注又敘傳上集注引應劭又後漢書郎顗傳注又漢書敘傳上注又楚辭悲回風後之所仍注又文選思玄賦注引班固集注隨風處集注又漢書藝文志據行事仍人道之相仍兮注○仍又詩常武執醜廣雅釋詁一 仍從也 仍重也廣雅釋詁四因也○晉語無道傳畢孫之子爲仍孫注云仍亦重也又漢書五行志上語晉仍就也親孫子以禮仍有之耳思意實遠也又釋名釋親屬云昆孫之子曰仍 仍再也小爾雅廣言又廣雅釋言 仍數也國語周語注 仍頻也漢書武帝紀集注宣帝紀集注元帝紀集注成帝紀食貨志下集注五行志上中之上志下之下各集注淮南衡山濟北傳下集注廣川惠王越傳集注衛青傳注集注充國傳集注陳湯傳贊集注李尋傳王集注孔光傳注谷永傳集注匈奴傳上注外戚傳集注下王莽傳中集注敘傳下集注又後漢書明帝紀注和帝紀注鄭寇傳注宋弘傳張純傳注賈逵傳注 仍厚也爾雅釋詁 仍乃也詩雲漢箋天仍下旱災亡亂之道疏云定 同上○周禮司几筵注云故書仍爲乃又

本集注仍字皆作乃字○王伯申經傳釋詞云史漢淮南衡山傳贊曰仍父子再亡國各不終其身仍者乃也乃至父子再亡其國又匈奴傳仍再出定襄數百里擊匈奴仍亦乃也故史記作乃再出定襄師古曰仍頻也頻父子再亡國斯爲不詞矣頻再出定襄愈爲不詞矣○蓥按用乃爲仍者同聲有借字也又爾雅擘仍肫埤詩仍執醜虜仍皆或作扔亦同聲通借也聲同則義近

仍仍衆也 廣雅釋訓 仍仍不得志之皃 淮南精神乃性仍仍然注

扔

捆也 說文○蓥按捆就也扔與仍音義同捆與因音義同 扔引也因也 老子爲之而莫之應則攘臂而扔之釋文○廣雅釋詁一云扔引也 扔就也數也原也 老子釋文引字林 扔摧也 後漢書馬融傳竄伏扔輪注引聲類

杒

杒木也 說文

艿

或作艿 芿[illegible]艸也 說文段注按許謂艿爲艸名也廣韻云陳根艸不芟新艸又生相因仍所謂燒火艿此別一義其字亦作芿 艸不翦曰芿 列子黃帝趙襄子狩於中山藉芿燔林釋文

迺

或作迺俗有迺○𠧧古文○一部上六部十三部平凡三見 驚聲也或曰迺逞往也讀若仍 說文段注驚聲者驚訝之聲與乃字音義俱別詩書史漢發語多用此字作迺而流俗多改爲乃按釋詁曰仍迺侯乃也以乃釋迺則本非一字可知矣元應書三引蒼頡篇迺往也讀若仍是或說往義之音則然也或說與前說迥異今人迺讀乃與或說相近○一切經音義十八引蒼頡云迺往也遠也 迺至也 一切經音義八引聲類 迺始也 漢書賈誼傳集注 迺汝也 漢書陳餘傳集注張良傳集注陳平傳事兄伯如事迺父注○項籍傳必欲烹迺翁注云迺亦汝也○蓥按此謂迺乃同字也世俗相沿多如此不知二字之本異矣列子釋文云迺古乃字 迺往也迺及也 廣韻集韻○蓥按此用俗字也若緐陽令楊君碑迺共追錄厥勳又宗俱碑迺爲大口迺陟司空此皆用小篆體而微異

陾

築牆聲也詩曰捄之陾陾 說文段注詩曰云云大雅緜文毛傳曰捄虆也陾陾衆也度居也言百姓之勸勉也登登用力也箋云捄捊也度猶投也築牆者捊聚壤土盛之以虆而投諸版中按箋與傳不異箋之投即傳

之居詩之捄謂捊土度謂投版中然後乃築之登登洪則毛傳謂陾陾衆也爲長許謂築牆聲似非是又其家从耎聲則與如乘切相去甚遠依玉篇手部作捄之陑陑則之韻而聲可轉入蒸韻如耳孫之即仍孫也蓋其字从自故許必云築牆以傳合之而聲則或讀爲耎聲○蓥按陑音而在一部副編升陑見書湯誓序字與陾陑不相涉雖玉篇引詩作陑陑要不容提合爲同字也

承 始陵切

○俗有㭱丞承 奉也受也 說文段注奉者承二篆爲轉注受者相付也凡言承受承順承繼又魯頌傳曰承止也皆奉之訓也凡言或承之羞承之以劍皆相付之訓也左傳曰蔡大夫恐昭矦之又遷也承此叚承爲懲也○左氏成十六年傳承寡君之命以請注使行人執榼承飲注定元年傳將承王官注又國語魯語備承事也注以是承君之官注晉語敢不承業注勉從二三子以承君命注楚語夫子承楚國之政注故齊肅以承之注又周書大匡小官承長注竝云承奉也又詩鹿鳴承筐是將箋云承猶奉也○易師開國承家虞注又國語齊語余敢承天子之命注晉語非起也敢專承之注又國策齊策而晚承魏之樂注又文選盧子諒贈劉琨詩注引韓詩章句竝云承受也又禮記玉藻士於大夫不承賀注云承猶受也

承者奉持之義 詩閟宮疏○禮記孔子閒居注云承奉承不失墜又周書武順卒不力無以承訓注云承謂奉行後令也又左傳襄廿五年注云承飲奉觴又昭十三年傳注承貢賦之次疏云承者奉上之語 自下受上偁承 易歸妹女承筐无實虞注 不承承也 小尒雅廣訓 承猶丞也 周禮小行人爲承而擯注○儀禮聘禮云大夫爲承擯 承猶事也 禮記坊記承一人焉以爲尸注○管子閒官承吏注云承吏謂攝官無饑而空理事 承迎也 莊子大宗師若不足而不承釋文引李注 承止也 詩閟宮則莫我敢承傳 承者當待之義 詩閟宮疏 承舉也 易艮不承其隨釋文引馬注又漢書楊雄傳上集注 承佐也 左氏哀十八年傳請承注又小尒雅廣詁又呂覽貴信莊子左搏桓公右抽劍以自承注又國語晉語號射爲右以承公注 承盛也 漢書王莽傳下集注 承次也 小尒雅廣詁○左氏昭十三年傳子產爭承注云承貢賦之次 承猶傳也 儀禮少牢饋食禮承致多福無疆于女孝孫注 承繼也 詩權輿不承權輿傳又左氏宣十二年傳鄭師爲承注廣雅釋詁四又 承續也 楚辭招魂朱明承夜兮注○孟子滕文公下丕承哉注云承纘

承嗣謂冢子也大戴記曾子立事使弟猶使承嗣也注承祀謂祝祭事也詩閟宮龍旂承祀饗幘巾或謂之承露方言四程令江東呼爲承方言五楊前凡江洒之閒日程注承明殿前之廬也後漢書班彪傳上注承華廄名也文選東京賦駙承華之蒲梢承塵施於上以承塵土也釋名釋牀帳承水世謂之靖澗水山海經中山經泰山承水出焉注出于其陰注瀉爲承列子黃帝流而承之釋文○萱按作撜古亦段承爲贈禮記文王世子至于賵賻承含注云承讀爲贈聲之誤也此段爲拯字也釋文云諸家直作拯

丞

丞綠作翊也說文段注翊當作翼俗書以翊爲翼翼猶輔也哀十八年傳曰使帥師而行請承杜曰承佐也承者丞之段借文王世子引記曰虞夏商周有師保有疑丞百官公卿表丞相應劭曰丞者承也相者助也按漢凡官多有丞者皆以輔之○戰國策云堯有九佐舜有七友禹有五丞湯有三輔丞佐也呂覽介立注丞輔也藝文類聚四十五引風俗通○大戴記保傅又賈子保傅並云博聞強記捷給而善對者謂之丞丞者承天子之遺忘者也

又列子天瑞舜問于丞曰釋文云丞謂輔弼疑丞之官又文選皇太子釋奠會詩丞疑奉帙注云丞疑丞也又孝經注前疑後丞釋文李亦作承丞天子之相號爲丞相賈子等齊○又云諸侯之相號爲丞相限謂之丞廣雅釋室○戚伯著碑泉瓦府丞萱按丞作承京兆作泉瓦殆不成字雖出漢人不容效顰丞亦拯也文選洞簫賦注引聲類萱按此謂丞爲拯之段借○丞沒也廣雅釋詁一○萱按此蓋段丞爲沈也沈丞異部而音最近故相通借歟

脀

脀或書作胚○俗有脀騃也說文段注馬部曰駭馬佗佗也人部曰佗勇壯也按騃取壯意凡肥者多疵故方言曰疵騃也廣韻曰脀癡皃按禮經戴記以此字爲薦脀字𦞦段脀爲烝烝進也而廣韻乃分脀爲熟脀爲癡皃集韻亦分別異體皆非是脀癡也廣雅釋詁三胚錦也廣雅釋器脀折俎也脀者升也實鼎曰脀萱按皆詳烝下

淺陵切

繒

綷籀○或作縡帛也楊雄巨爲漢律祠宗廟丹書告也說文段注繒帛也帛下曰

繒也是爲縛注春秋傳段爲鄫字縡爲祠宗廟丹書告神之帛見於漢律者字如此作楊雄言之雄甘泉賦曰上天之縡蓋即謂郊祀丹書告神者此則从宰不省者也○文選雪賦注引字林云繒帛總名也又灌漢書灌嬰傳睢陽販繒者也注匈奴傳上赤綈綠繒注並云繒者帛之總稱襍帛曰繒一切經音義六引三蒼注云○禮記禮運瘞繒宣祝嘏辭說注云幣帛曰繒或作贈又釋文云繒本又作增○萱按贈增皆同通借又家語禮運瘞繒宣祝注云繒謂若增封泰山○山荀子王相說繒綾不平皃文選魯靈光殿賦則繒綾而龍鱗注云繒綾與鄫同萱按國語荀子皆段繒爲鄫又按說文無增字古用繒詩漸漸之石箋云今離其繒收之處是也爾雅釋文云增本亦作繒又作漢碑皆段繒爲鄫

鄫

姒姓國在東海說文段注按許書無鄫字舊本作曾今正姒姓夏后之後故國左傳僖十四年經季姬及鄫子遇于防哀七年經公會吳子于鄫說文段注曰相地志曰夏后相後禹後少康封其少子曲烈於鄫公命爲姒姓國在東海郡繒縣○萱按左氏傳作鄫國語作繒漢書地理志東海郡有繒縣注曰故鄫國禹後也○按國語作繒公羊作鄫穀梁作繒左傳衞成後志曰東海郡繒故國姒姓夏禹之後前志曰東海郡有繒縣國語作鄫何事國語今山東兗州府嶧縣東八十里有鄫城故釋文於鄫首見處云亦作繒據許則作鄫爲正借字錯出不自諸家始矣又水經淯水注云鄫人

者鄫人也此別字誤耳

仰凭切

冰

凝俗○平去兩讀水堅也說文段注易象傳初六履霜陰始凝也馴致其道至堅冰也古本當作陰始冰也至堅仌也釋器冰脂也孫本冰作凝按此可證詩之膚如凝脂本作冰脂以冰代仌乃別製凝字經典凡凝字皆冰之變也冰脂也爾雅釋器○萱按此冰字未經後人改易猶用古字然孫叔然已作凝凝如脂凝也淮南原道凝結而不流注凝冰也文選懷舊賦注引字林○萱按此通正俗字之故凝堅也考工記總目凝土以爲器注也俗字凝之凝即正字之凝也淺人不知爲同字之故凝仌堅也儀丈文選曹子建人贈丁翼詩注引字書凝仌之絜也文選七命霜凝猶結也文選七命天凝定也書臯陶謨注又詩桑柔傳又廣雅釋詁四又荀子王霸兵劍好假道凝注應以王命全其力凝其德注凝止也釋文引馬注又人而無所凝止也之難馬注云凝猶定也臯陶謨凝者安靜之義詩桑柔疏凝止也鉞樊推辭冷夏凝苦泥折堅唯凝績其凝

澀兮注又文選別賦注引廣雅○荀子凝謂不通也漢書薛宣
王制注云凝止謂定止其不可也傳淤而嘉
氣尚敎注凝成也又易鼎君子以正位凝命釋命釋文引鄭注又漢注
又書皋陶謨鄭注又禮記樂記凝是精粗之體注○禮記
又後漢書崔駰傳注又鬼谷子本經陰符神者得則凝注
中庸至道不凝焉注鄉飲酒義尺地嚴凝之氣注疏云凝猶成也
凝正也淮南兵略凝如冬注典凝嚴也文選劉公幹贈從詩豈凝者嚴整
之皃也易象下傳注○凝寒也不羅凝寒注
釋文云凝嚴皃素問五常政大論其候凝肅注凝肅謂寒氣
霧空凝而不動素問至真要大論則凝肅慘慄注徐引聲謂之凝文選謝希逸鼓吹曲凝
茄翼高蓋注○易鼎釋文云凝望乎作擬又禮記中庸釋文文
云凝李又作凝荁按擬凝皆凝之段借字也一聲之轉也
冰箭箭荁按此段冰爲棚冰夷馮夷也荁按此謂冰爲馮之借字也爲凝止謂有所不
爲荀子解蔽而無所凝止之注○荁按此段凝爲凝也

凝陵切
淜無舟渡河也說文段注小雅傳曰徒涉曰淜河淜河徒涉也爾雅
徒搏曰暴虎淜正字馮段借字

韻史 卷二十六第六部平聲緪韻 三〇二三

釋訓又論語述而暴虎馮河集解引孔注○皇疏云無舟渡河
爲馮河又呂覽安死注云無舟渡河曰馮又淮南本經注云無
舟檝而渡曰馮河又易泰用馮河虞注云馮河涉河也
淜滂風擊物聲文選風賦忽淜滂注

凭依几也周書曰凭玉几說文段注顧命文今尚書作憑衛包所改俗字也古段借祇作馮凡馮依皆用
之憑依几也書顧命釋文引字林馮馮几也詩卷阿有馮有翼箋馮依也左氏哀七年傳馮恃
其衆注又國語周語伯陵之後逢公之所馮神也注丹朱馮身
以儀之注又淮南精神馮大一注又太乎廓百辟馮馮注又小
介雅廣言又一切經音義十七引三蒼又文選思乎賦馮歸雲
而退迷兮荀注○史晨奏銘云神所靈所馮依
馮依託也文選西京賦有馮虛公子注者薛注馮據也漢書鄭其傳集注食馮車中所馮者
也漢書酷吏周陽由傳同
車來嘗敢均茵馮注說文段注按馬行疾馮馮然此馮之本義也
馮○憑凴俗有馮行疾也展轉他用而馮之本義廢矣馮者馬號箸地

韻史 卷二十六第六部平聲緪韻 三〇二四

堅實之皃因之引伸其義爲盛也大也滿也憑也如左傳之馮
怒聲嫓之馮心以及天問之馮翼惟象淮南之馮馮翼翼地理
志之左馮翊皆謂充盛皆當字之合音段借者滿也或段爲
凭字凡經傳云馮依其字皆當作凭或段爲淜字如易詩論語
之馮河皆書作淜馮登也廣雅釋言馮乘也周禮春官序官馮相氏
也俗作憑非是注○大司馬職傳馮弱犯寡
猶告之注云馮陵也詩小旻傳○左氏襄十三年傳小人伐
來陵也其技以馮君子注云馮亦陵也
馮迫也左氏襄八年傳馮陵我城郭注馮盛也左氏昭五年傳憲虎
也廣雅釋詁一又文選西京賦心猶滿又後漢書班彪傳注○下
不厭手求索注注云馮滿也楚人名滿爲馮又文選長門賦心馮
馮噫而不舒兮注云馮怒也廣雅釋詁二○方言二楚曰馮馮噫盛皃
馮噫氣滿皃列子湯問帝馮怒注又楚
方言注馮大也辭天問何馮弓挾矢注又
二注引馮挾也楚辭天問馮珧利決注馮者恃也
翼注張晏史記伯夷傳眾庶馮生索隱馮輔也漢書百官公卿表上左馮翊
念之意也史記屈原賈生傳品庶馮生索隱○集解引孟康云馮貪也
馮謂挾持服膺禮記喪大記馮亦持

韻史 卷二十六第六部平聲緪韻 三〇二五

記君大夫馮父母妻長子注○儀禮士
喪禮主人西面馮尸注云馮服膺之
馮裴也廣雅釋言馮馮元氣
也廣雅釋訓馮馮盛滿也漢書禮樂志桂華馮馮翼翼注馮馮眾也廣雅釋訓○詩緜削屢馮馮傳
云削牆鍛屢之聲馮馮然
馮翼洞灟無形之皃淮南天文馮馮翼翼洞洞灟灟注馮閎者
盧廓之謂也莊子知北遊彷徨乎馮閎注馮隆高皃文選吳都賦洲渚馮隆劉注馮氣憤
畜不通之氣莊子盜跖侅溺于馮氣釋文馮夷河伯也後漢書馬融傳注又淮南齊俗昔者馮夷
得道以潛大川注○廣雅釋天冰夷馮夷也即河伯也山海經
云河伯謂之馮夷海內北
經從極之淵維冰夷恆都焉注○注又云穆天子傳無夷竹書
作馮夷字或作冰也荁按馮冰正借字

芃凭切
⿰馮阝姬姓之國說文段注廣韻曰馮姓也畢公高之後食采於馮城
因而命氏左傳云畢者文之昭王肅注尚書云畢毛
文王庶子然則⿰馮阝爲姬姓國其後以國氏者作
馮也師古云馮歸姓恐非

韻史 卷二十六第六部平聲緪韻 三〇二六

撮口呼

祛雄切

穹窮也說文段注窮者極也豳風穹窒熏鼠毛傳曰穹窮室塞也穹窮雙聲大雅以念穹蒼釋天毛傳皆曰穹蒼蒼天也按穹蒼者謂蒼天難窮極也韗人爲皋陶穹者三之一注鼓木腹穹隆居鼓三之一令人皆謂高爲穹隆 穹大也爾雅釋詁○注云穹隆亦爲大也 穹天也文選謝惠連詠牛女詩瞻目矚曾穹注 皇穹天也文選寡婦賦仰皇穹兮歎息注○古辭傷歌行注引爾雅李注云仰視天形穹隆而高其色蒼蒼故曰穹蒼 穹言形穹隆也漢書司馬相如傳下摩自顯穹生民注○太玄紛告天穹隆而周乎下注云穹隆天之形也 穹隆長曲皃文選西京賦閣道穹隆注遊天台山賦跨穹隆之懸磴注 穹隆鬱起回窾也文選上林賦穹隆雲橈郭注 穹隆大石皃史記司馬相如傳集解引張揖○漢書相如傳上觸穹石注引張揖云穹石大石也 穹崇高皃文選長門賦鬱並起而穹崇注 穹谷深谷也後漢書班彪傳上注又文選西都賦注引韓詩章句 穹廬氈帳也漢書楊雄傳下破穹廬注又文選長楊賦注引音義 穹獸名史記天官書如

韋昭穹閭索隱引宋均○又引鄒氏云一作弓閭天文志亦作弓音穹○萱按弓者穹之省借字也

餘穹切

雄鳥父也說文○萱按弓聲厷聲皆在六部則穹雄二字在六部明矣穹當讀如同雄當讀如雲同與雲皆在十三部與穹雄異部而同音○又按六部撮口呼無他字頗難定其音故即用穹雄互相切而字母用平聲字以定之字母全平則所切亦全平字母易平則所切亦易平此反切不得已之變法與他處迴異也 以翼右揜左雄爾雅釋鳥 走亦曰雄周禮庖人疏○萱按詩雄雉于飛傳云飛曰雌雄走曰牝牡此析言也渾言則亦互偁 曰爲雄太玄告日月雄雌之序注

虹工

雙出色鮮盛者爲雄後漢書馬融傳注引郭璞 匽戟謂之雄戟廣雅釋器 雄謂雄桀於人也周書周祝注○漢書東方朔傳注其滑稽之雄云雄謂爲之長帥也又鮑宣傳易長雄注云雄爲之雄豪也 雄先之屬老子知其雄王注 雄雄盛勢盛也楚辭大招雄雄赫赫注 猶熾盛也後漢書班超傳注

韻史卷二十七

第六部上聲

鄘韻

開口呼

抱瞢切

鄘一部平六部上用見異義 右扶風鄠鄉說文段注謂右扶風鄠縣有鄘鄉也漢鄘城侯周緤功臣表鄘成在長沙張守節引與地志云鄘城縣故陳倉縣之故鄉聚名也周緤所封○萱按鄠縣之鄘鄉未知即陳倉之鄘否也要與沛郡之鄘鄉殊矣沛之鄘見一部讀若陪 鄘國名穆天子傳一天子西征至于鄘人注倗鄘之字誤耳故服虔音蒯

齊齒呼

几拯切

巹豆蠡也說文段注瓠部曰瓢蠡也然則巹瓢也蠡說文三見斗部曰斡蠡柄也併此及瓠部凡三見也蠡之言離方言曰劙解也一瓠離爲二故曰蠡鄭注巹人云瓢謂瓠蠡也漢書以蠡測海張晏曰蠡瓠瓢也字皆借蠡九歎瓟蠡於筐簏急就篇蠡升參升半卮觛方言蠡或謂之戲或謂之簞或謂之𧍠則字皆从瓜王伯厚注急就云皇象碑本作盠李本作蠡廣韻

蓋蓋韻皆有蠡士昏禮四爵合卺注云合卺破匏也昏義亦作卺正義云以一瓠分爲兩瓢卺者蓋之假借字卺从丞聲蓋从蒸聲故同音段借○儀禮士昏禮蓋瓢也 廣雅釋器卺破瓢爲杯也釋文引字林云蓋蠡也禮記昏義合卺而酳釋文○昏義疏云卺謂半瓢以一瓠分爲兩謂之卺○萱按卺若讀若有所承也俗槩用爲合卺字而卺之本義蓋之本字俱廢矣卺在十五部音几蓋卺一聲之轉廣韻拯併爲一字於六書之恉荒矣

章蓋切

拯撜或○俗有抍 上舉也出休爲拯易曰拯馬壯吉說文段注用拯馬壯吉周易明夷六二爻辭其字今作拯陸氏德明作丞云拯救之拯猶良不承其隨云承音拯救之拯左傳目於智井而承之承拯救之拯也明獵賦丞民乎農桑李引聲類丞亦拯字此丞之證列子使弟子竝流而承之張注承音拯引方言出溺爲承此承之證也 拯舉也易渙釋文引馬注 撜舉也淮南齊俗子路撜溺注 抍舉也明夷釋文引字林云抍上舉 拯者救溺之名數梁序拯頹綱以繼三五疏又左傳昭十年疏○宣十二年注云出溺曰拯 拯猶救助也左氏昭十年傳是以無拯注○疏云以財與之謂拯是救助之義

拚周禮職官疏○大司徒注拚捄天民之窮者也釋文云本亦作拯救拯升也漢書司馬相如傳下集注人淮南氾論則拚其髮而拯注拚陞也廣雅釋言拯拔也易渙釋文引王肅注拚拔也廣雅釋詁三○方言十三云蹦拚拔也出休爲拚出火爲蹦拯取也易艮不拯其隨廣注拚取也易渙釋文引子夏傳又廣雅釋詁一拚收也廣雅釋詁三云拚爲蹦書○孔宙碑拯濟也易渙釋文引伏曼容注又孟梁惠王下民以爲將拯己於水火之中也注又文選思玄賦蒙庬褫以拯民舊注述祖德詩拯溺由道情注拯承也易明夷釋文引鄭注

𨋵或作𨋵書輅車後登也說文段注廣韻十六蒸四十二拯皆曰𨋵輅車後登出字林今按不言出說文恐是呂氏後增之字非許舊也古車無不後登者○萱按輅者小車也古時車皆自後登矣獨小車爲然許氏斷不容作此顢頇語𨋵篆明係後人用字林羼入說文者

寵拯切

灷矣粹解散○萱按說文灷佚矣然朕㑞栚皆用爲聲其有此篆甚明不補則矣聲無本也故即用朕栚之音前灷於此而解从蓋闕

朕○朕朕俗有我也闕說文段注此說解既闕而妄人補我也二字未知許說字之例也按朕在舟部其解當曰舟縫入也从舟灷聲何以知爲舟縫也攷工記函人曰視其朕欲其道也戴先生曰舟之縫理曰朕故札續之縫亦謂之朕所以補其許書之㑞文也本訓舟縫引申爲凡縫之偁凡言朕兆者謂其幾甚微如舟之縫如龜之坼也目部瞽字下云目但有朕也目但有縫也釋詁曰朕我也此如卬吾台余之爲我皆取其音不取其義趙高之於二世乃曰天子所以貴者但以聞聲羣臣莫得見其面故號曰朕比傳朕字本義而言之遂以亡國凡說文字不得其理者害及於天下趙高王安石是也云从舟灷聲音人部㑞字亦云灷聲今說文雖無灷然論例當有之灷聲朕謂革制考工記函人朕司農注者隤之將兆謂其微也鬼谷子抵巇巇始有朕注朕兆也列子黃帝吾向示之以太沖莫朕釋文又淮南詮言遊無朕注又文選魏都賦注引淮南許注○淮南覽冥不見朕垠注云朕

兆朕也莊子齊物論而特不得其眹釋文引眹迹也鬼谷子捭闔見變化李注應帝王而遊無眹釋文引崔注天子自偁曰朕公羊宣十二年傳寡人無良邊垂之臣注○獨斷上云漢天子之眹馬注又白虎通號云或偁朕何亦王者之謙也朕我也爾雅釋詁又書堯典汝能庸命巽朕位禹注又自偁曰詩韓奕無廢朕命箋又論語堯曰朕躬有罪皇疏又孟子萬章上朕載自亳注又離騷朕皇考曰伯庸注九辯朕幼清以廉絜分注又漢書高帝紀下集注引如淳曰○爾雅釋詁注云古者貴賤皆自偁朕又獨斷上云朕我也古者尊卑共之貴賤不嫌則可同號之義也朕予也爾雅釋詁朕身也上同

栚或作植之橫者也闕西謂之栚說文段注方言五槌其橫關西曰㰲宋魏陳楚江淮之間謂之齊海岱之間謂之䌨相卞反按㰲朕三同關西謂之栚西當作東栚當同簇虞之簇橫者曰簇方言作䌨亦同音也呂覽具抉曲注曰抶讀曰朕三輔謂之栚持也三輔謂之栚關朕正與方言關西曰㰲合廣雅釋器○萱按楊許皆言橫謂槌東謂之持春呂注覽季㰲槌也柄也不韋椎讓不言橫者渾言非析

言也

韻史卷二十八

第六部去聲

㮓韻

開口謌

改鄧切 㮓 亙古文竟也 說文段注弓人恆角而短注曰恆讀爲㮓㮓竟也大雅恆之秬秠毛云恆徧也徧與竟義相足 亙竟也 漢書諸侯王表集注引孟康又後漢書竇憲傳注又文選西都賦北彌明光而亙長樂注○後漢書班彪傳下注云亙猶竟也 亙經度也 文選西京賦亙雄虹之長梁薛注 亙猶橫度也 後漢書張衡傳注 亙引也 文選吳都賦亙以綠水注 絚竟也 方言六又楚辭招魂注○後漢書蔡邕傳析絚地之基注云絚與恆亙同 㮓竟也 考工記弓人注又廣雅釋詁三○萱按凡亙聲字皆有竟義故絚搄恆皆用爲亙之段借字漢書叙傳上恆以年歲注引如淳云恆音亙竟之亙

到亙切 隥 或作墱嶝 仰也 說文段注仰者舉也登陟之道曰隥亦作墱西都賦陵墱道而超西墉西京賦墱道邐倚以正東薛曰墱

閣道也按閣道謂淩空如棧道者 隥阪也 廣雅釋丘又穆天子傳一乃絕隃之關隥注 隥小阪也 一切經音義四引蒼頡 墱陛級也 後漢書班彪傳上注 嶝小阪也 玉篇

代亙切 鄧 曼姓之國今屬南陽 說文段注左傳楚武王夫人曰鄧曼則知鄧國曼姓也南陽郡鄧二志同今河南南陽府鄧州是其地○國語周語鄧由楚曼注鄭語申呂應鄧注韋云鄧曼姓又漢書地理志云鄧縣故國 鄧邑名 莊子徐無鬼至鄧之虛釋文引向注 鄧林林名也 文選蜀都賦聿兼鄧林劉注○淮南墬形夸父棄其策是爲鄧林注云鄧猶木也一曰仙人也 鄧猶登也 漢書鄧通傳集注○萱按鄧从登聲亦兼會意

茝亙切 贈 玩好相送也 說文段注贈送疊韻秦風渭陽大雅韓奕皆云何以贈之毛傳鄭箋皆云贈送也崧高云以贈申伯傳云贈增也增與送義異而同猶賸之訓增亦訓送也既夕禮云知死者贈知生者賻何休云知死者賵賻知生者贈襚按以玩好送死者亦贈之一端也今人以物贈人曰送送亦古語也○萱按如今韻則贈與送非疊韻也段云疊韻者據送从关則古音送當在大部讀若十三部之遜

玩好曰贈 儀禮既夕記凡贈幣無常注又古微書引春秋元命苞又荀子大略又說苑修文引傳 贈送也 詩女曰雞鳴襍佩以贈之箋又周禮占夢以贈惡夢注又儀禮士昏禮注聘禮注既夕注又禮記檀弓下何以贈我注少儀贈從者注又左氏傳廿三年傳宋襄公贈之以馬二十乘注又廣雅釋詁四○禮記文王世子釋文云贈猶送也 贈問遺也 詩女曰雞鳴傳○疏云贈之者以物與之也 贈偹也 廣雅釋言又古微書引春秋說題辭白虎通崩薨云贈之爲言稱也玩好曰贈 贈致贈賄之禮 國語周語賓饗贈餞注 贈襚所以送死也 荀子大略又說苑脩文○周禮大宰贊贈玉含玉注云贈玉既窆所以送先王又禮記檀弓下主人贈而祝宿虞尸注云贈以幣送死者於壙也又襍記上賓人之賵也疏云賵謂以物送亡人於椁中也又文王世子至于賵賻承含釋文云車馬曰賵布帛曰賻珠玉曰含衣服曰襚總謂之贈○萱按賵賻承含段承爲贈也注云承讀爲贈聲之誤也 堂贈謂逐疫也 周禮男巫冬堂贈杜注○萱按鄭注故書贈爲增段借字也杜云增當爲贈

合口謌

巽堋切 送 籀○六部九部兩讀 遺也 說文 送致也 漢書食貨志下集注引應劭○後漢書周燮傳注云送敬猶致謝也又荀子富國送迎無禮注云送致女 送引也 史記平準書命曰株送徒集解引應劭 送猶畢也 禮記月令出土牛以送寒氣注 從禽曰送 詩大叔于田抑縱送忌傳送謂逐後詩大叔于田疏○萱按此部送字讀如十三部之遜是李音也九部送字乃音轉耳

布癭切 堋 ○俗有塴崩 喪葬下土也春秋傳曰朝而堋禮謂之封周官謂之窆 虞書曰堋淫于家亦如是 說文段注喪葬下土謂葬時下棺於壙中也是名曰堋禮謂禮經所謂傳禮十七篇也既夕禮乃窆注云今文窆爲封小戴記多從今文檀弓縣棺而封鄭云封當爲窆鄭以封於義不親切故欲依禮古文及周官易其字也周官者漢志所謂周官經漢人謂之周也遂人及窆陳役鄭司農云窆謂下棺時禮記謂之封春秋謂之堋皆葬下棺也聲相似鄉師注略同蒸侵東三韻相爲通轉故三字音相近大鄭云聲相似是也語言之小異耳此皆謂下棺或以不封不樹亦改讀爲窆則誤矣大徐無亦如是三字遂致不可通上偁春秋傳禮周官說轉注也堋封窆異字同義也惟封

略近叚借下偁臬陶謨說叚借也謂叚堋爲朋其義本不同而
形亦如是作也堋淫于家即朋淫于家故孔安國以今文字讀
之定爲朋字朋淫即羣居終日言不及義恒舞于宮酣歌于室
徇于貨色也不知此皆乃武以楚王戊私姦服舍釋之夫下棺
之地非持服之舍也其說書之東剌何如哉故不知有偁經說
叚借用之例不可與讀說文
堋下棺左氏昭十二年傳毀之則朝而堋不毀則日中而堋注
寢或作寑病臥也說文段注寑者臥也寢者病臥寢臥也楚辭謬諫
也此二字之別今字既本作寢矣
疾而益悲兮注○萱按辭云寢疾則臥即病臥
也与他処假寢爲寢者異矣張表碑云寢疾而終

慢堋切
寱○俗有寱寐而覺者也周禮占日月星辰占六寱之吉凶一曰正寱
二曰噩寱三曰思寱四曰寤寱五曰喜寱六曰懼寱說文段注
醒下解而覺同意今字段夢爲之夢行而寱廢矣周禮注云寐而覺與
夢文正寱者鄭注云無所感動平安自夢也噩者譁訟借爲驚占云
遻之遻周禮作噩夢杜子春云當爲驚愕之愕謂驚愕而夢也
思寱者鄭云覺時所思念之而夢也思小徐作脩誤寤夢者鄭

云覺時所道之而夢也寤大徐作悟喜寱者鄭云喜悅而夢也
懼夢者鄭云恐懼而夢也○占夢釋文云本又作寱
寱想也廣雅釋言○萱按惟廣雅寱字未經改
竊曹憲音云今人以夢爲寱失之矣
夢象也論衡死偽
想象也荀子解蔽不以夢劇亂知謂之靜注夢臥而以爲然也墨子經上神遇爲夢列子
周穆王○注云神之夢者人精神所寤可占者周禮大卜掌三夢之法注○萱
所交謂之夢按大卜字作薯俗體夢者事之祥周禮占夢掌
也釋文云本多作夢冬聘王夢注夢者診之次
也論衡死
懜懜懵○俗有不明也說文○萱按說解與夢同惟音分平去耳疑本一字也
行充其宜謂之義反義爲懜賈子道術
齋齒詩
漾媿切
孕○俗有媰臙冤子也說文孕裹子也一切經音義九引三蒼又國語
魯語鳥獸孕注又文選思玄賦孕行產而孕懷也後漢書班彪傳下注○山海經海內經緣婦孕三年注云孕懷身也又淮南原道毛爲對舊注

者孕育注云孕者懷胎又左氏僖十七年孋懷也太玄沈好孕
傳梁嬴孕過期注云懷子曰孕惡術注○管
子五行腦孕婦不育注云腦古孕字又一切經音義孕妊娠也
七云古文孕作腦又音義八三孕古文𦝫記毛者孕鬻注○鄭
易漸婦孕不育虞注○釋孕任也禮記樂記天子牲孕弗食也注
之引鄭注云孕猶娠也特牲故其母居伊水之上孕注
云孕任子也又疏云任身爲孕注呂覽本味其母
孕是裹任之意也○國語鄭語既笄而孕注云
孕任孕傳也廣雅釋孕重身也太玄衆師孕唶之注○
身也四太玄書匈奴傳上閼氏孕注云
孕懷任離爲孕易漸婦孕不育虞注漢書匈奴傳上閼奴孕𦣚注懷云
者也婦三歲不孕

應
佚平去兩讀注在○俗有𡢃𡠌
或作𩏣媵僯送也呂不韋曰有侁氏以伊尹佚女古文呂爲訓字說文
段注佚今之媵字釋言曰媵將送也送爲媵之本義以姪娣送
女乃其一耑耳今義則一耑行而全者廢矣呂氏春秋孝行覽

本味篇曰湯於是請取婦爲婚有侁氏喜以伊尹媵女古文云
云與訓侁音部說相距甚遠字形又不相似如足足屮艸亏亏
之比今杜當作揚由揚詠由詠復諭訓始則聲誤終則字
誤耳檀弓杜賁揚觶注云揚舉也說文作媵揚以媵爲揚
禮媵讀爲揚注云媵送也舊讀揚者今文媵作揚盡經禮家舊讀媵爲揚許亦同禮家
舊媵爲揚若今義大夫禮家人媵者注又媵記注曰鄉飲酒禮注天又禮又家
文燕禮公食大夫禮楚辭河伯魚鱗鱗兮媵來禮記曲禮上疏又釋左
傳莊十九年注年釋文又賦迅叡濮其媵我兮舊注○漢書平帝紀
之國注又是思乎也
集注云媵又之言送也
送女曰媵爾雅釋言其孫注又左氏僖五年傳以媵秦穆姬注○
故謂妾爲媵詩我之行其野不以禮爲室家疏云妻送嫡而行
送女適人者男女皆名其寔施之女之事凡媵之爲言送也從也送數梁隱經
叔姪歸于紀注以媵詩江有汜序美媵也疏云媵謂妾也謂之七年
者以其從之適媵爲名也又儀禮士昏禮注云古者嫁女必姪娣
婦從謂之媵以公羊莊十九年傳云媵者何
何諸侯娶一國則二國往媵之以姪娣從

姪娣曰媵媵承也

承事嫡也釋名釋親屬賸寄也寄物爲賸方言二○廣雅釋詁二云賸寄也賸託也方言十三廣雅釋言又賸禮之輕者也穀梁莊十九年傳賸淺事也穀梁成八年傳成九年傳

賸兩讀○俗有剩物相增加也一曰送也副也說文段注賸增疊韻以物相益曰賸字之本義也今義訓爲贅疣與古義小異而實古義之引申也改其字作剩而形異矣人部曰佚送也賸訓送則與佚音義皆同副貳也貳副益也訓送訓副皆與增加義近○萱按玉篇賸者相贈也以物加送也剩者不當也廣韻賸剩長也集韻賸益也餘也明係同字不當劃爲二也唐書杜甫傳贊云殘膏賸馥沾丐後人多矣

嬹向孕切嬹說也說文段注說今之悅字李善注潘岳關中詩顏延年和謝靈運詩皆引說文興悅也謂興與嬹古同也今惟漢功臣表有甘泉侯嬹嬹悅也玉篇嬹喜也廣雅釋詁一興之言喜也歆也禮記樂記不興其藝

注興悅也興者託事於物興引譬連類也興謂比喻也興會情興所會也萱按凡興字讀去聲者皆嬹之借字也借字婞行不復知嬹爲正字矣惜夫

興平去兩讀義分興物而作謂之興釋名釋典藝興者託事於物周禮大師曰比曰興司農注○大司樂以樂語教國子興道諷誦言語注云興者以善物喻善事又大師注云比見今之失不敢斥言取比類以言之興見今之美嫌於媚諛取善事以喻勸之○萱按後鄭義恐未諦近焦氏循補疏云雄雉刺衛宣公芄蘭刺惠公毛傳皆云興也則比興不得以美刺分正義言美刺俱有比興是也興譬喻之意詩關雎傳興也釋文○論語陽貨詩可以興集解引孔注云興引譬連類也又皇疏云興謂譬喻也故君子以爲比疏○漢書劉向傳依興古事注云興謂比喻也興比之隱者謂之興左氏文七年傳興會情興所會也文選宋書謝靈運傳論靈運之興會標舉注○萱按興字古無平去之別後人於比興興會婞讀去聲實則一義引申耳且說

文嬹字訓悅訓喜凡興字去聲諸義無慮皆嬹引申之義也不知嬹興爲正借字而興字強分平去而嬹字幾廢矣興悅也興之言喜也歆也萱按並詳見嬹下

掕亮嬹切掕止馬也說文段注掕馬猶勒馬也疑易拯馬壯拯乃掕之段借

餕馬食穀多气流四下也說文段注謂汗液前後左右四面流下也餕與淋雙聲義近

⿰舟夌淩或○平去兩讀注在彼

證掌嬹切證告也說文段注今人爲證驗字證諫也呂覽誣徒不可證移注證則也太玄從自然證也注證譣也廣雅釋詁四證驗也楚辭惜誦所以證之不遠注○萱按驗即證也證正字驗借字○六證六徵大戴記文王官人慎用六證注○萱按二字音義皆相近古亦通用禮記中庸雖善無徵注徵諸庶民注云徵或爲證

稱寵嬹切稱○俗有秤銓也春分而禾生日夏至晷景可度禾有秒秋分而秒定

律數十二句十二秒而當一分十分而寸其以爲重十二粟爲一分爲一銖故諸程品皆从禾說文段注銓者衡也聲類曰銓所以稱物也稱俗作秤揩爯并舉也偁揚也今皆用稱稱行而爯偁廢矣淮南天文訓曰十二粟而當一分十二分而當一銖十二銖而當半兩衡有左右因倍之故二十四銖爲一兩許用淮南說與說苑律厤志說異度托於十二秒權起於十二粟諸程品之字謂稱科程稯秭秅秳七篆也此釋稱从禾之意秤釋料稱斤兩也管子版法以下六字从禾之意也一稱數注衡有半謂之稱小爾雅廣衡稱所以知輕重楚辭惜誓苦稱量之不審兮注斗稱量器也淮南時則角斗稱注稱度也廣雅釋詁一稱猶等也考工記輿人謂之參稱注稱猶足也禮記禮器稱次之注稱亦勝也文選演連珠是以物勝權而衡殆注稱副也國語晉語稱晉之德注功庸以稱之注又漢書紀傳各集注稱宜也漢書刑法志集注○荀子正論明其聲稱注云稱謂所宜也又禮論貴賤輕重皆有稱者也注云稱謂各當其宜又成相判稱陳注云稱謂當罪

稱好也爾雅釋言○考工記輪人欲其內稱也注云內稱宏殺好也稱猶隨也禮記檀弓上稱家之有亡疏

衣單複具曰稱左氏閔二年傳祭服五稱注又後漢書趙壹傳衣衾稱之數注○儀禮士喪禮祿衣注云不禪謂之稱又白虎通崩薨襲衣云衣衾三十稱單袷備為一稱稱舉也萱按此許平聲再下稱猶

言也稱說也稱述也稱呼也萱按皆見平聲偏下廣韻不辨正借乃於平聲內特出稱字非治緐

而聲之與

始切

興

縢勝賸椉

椉繇作兗古文○平去兩讀注在彼

重見注在前俗有剩字

○平去兩讀注在彼俗有贅文

機持經者說文段注三蒼曰縢經所居機縢也淮南氾論訓曰後世為之機杼勝複以便其用而民得以揜形御寒勝音縢之段借字戴勝之鳥首有橫文似勝故鄭云織紝之鳥小雅云杼柚其空縢即軸也謂之軸者如車軸也俗作柚謂

之縢者縢其任也任正者也

椵謂之縢廣雅釋器○萱按今廣雅作椵謂之縢字誤也集韻椵必駕切亦誤當依廣韻迄卦切

紫切

興

甑鬵作鬵○或甗也說文段注考工記陶人為甑實二鬴厚半寸脣寸七穿按甑所以炊烝米為飯者其底七穿故必以箅蔽甑底而加米於上而餴之而餾之○萱按以儀禮少牢饋食禮廩人概甑甗匕與敦于廩爨釋甑者渾言也二字並舉盖言非一物此析言也鬵謂之鬵或謂之甗或謂之鬵廣雅釋器○方言云甑自關而東謂之甗或謂之鬵又爾雅釋器甑謂之鬵孫注云關東謂甑為鬵涼州謂甑為鋙○萱按山海經大荒東經云有鞠山

甑炊器也一切經音義十引字林

仰切

興

氷凝俗○平去兩讀注在彼

韻史卷二十九

第六部平聲副編

泰興何萱譔集

絚韻

開口呼

改切

登

瞪目起也玉篇

秬玉篇○萱按諸家不收秬字顧氏亦有音無義聞疑載疑以俟知者

嬁美女皃玉篇

到切

增

癈病也玉篇

殸升聲也玉篇集韻

毵毵或作毛席也後漢書西域傳天竺國有毾毵細布好毾毵注引埤蒼毾毵毛有文章也一切經音義十四引廣蒼○萱按通俗文云氍毹毾毵之細者名毾毵又古樂府云毾毵五木香毾毵即毾毵之異文

鶒鵹鶒鳥也廣韻○集韻云鵹鳥名鶒鵹也○萱按本艸云鵹雞大如雞雄色褐雌稍小色班秋月即無聲與秋雞同

類

䔲夫須也國語吳語䔲笠相望注○萱按爾雅釋艸臺夫須臺䔲同物可為蓑者也又名莎根即香附子

䔲笠

備雨器也國語吳語注

金䔲艸名廣韻○萱按拾遺記有𦶇下生艸三株狀若金䔲語未審金䔲今何艸矣又本艸綱目苦芋一作苦䔲此連苦為名芋䔲則一聲之轉也皆不涉夫須

代切

登

瞪飽也廣韻

䳾䳾鼓聲也玉篇○廣韻云䳾䳾鼓聲也

酌切

登

䆸䆸宏閎大皃玉篇○萱按晉書天文志東海氣如圓䆸此段䆸為𦫭也

𠎞𠎞偈不仁也廣韻

贊切

登

𤬪玉皃玉篇

磳硱磳石楚辭招隱士硱磳磈硊注

䎹舉也（廣雅釋詁一）䎹飛也（廣雅釋詁二。萱按九歌翾飛兮翠曾曾者䎹之叚借字）

萻蒚艸（廣韻。萱按廣雅釋艸云蒚蔔也與此為轉注又楚辭七諫蒚蕗雜於麢蒸兮注云蒚蕗香直之艸說文蒚作蕃）

橧豕所寢橧（爾雅釋獸。注云橧其所臥蓐又舍人注云豕所寢艸名為橧又李注云豬臥處名橧也又某氏注云臨淮之閒謂野豬所寢為橧）豬其檻及蓐曰橧（方言八）橧圈也（廣雅釋獸。萱按禮運夏則居增巢字亦作曾家語問禮作夏則居橧巢注云聚柴為橧此王肅私定後人乃用家語改禮記誤甚矣增者高樓無屋曾亦有高義故得通借何當以豕所寢名人所居乎若尒雅釋文云舊本橧多作繒此則叚借之常如鄫之作繒也）

橧巢也（廣雅釋室。萱按此王肅貽之誤也）

散登切

⿰色曾⿱艹⿰色曾⿰色曾神不爽也（廣韻）

⿰白曾白皃（廣韻）⿰白曾素白也（集韻）

鬙鬅鬙髮短（廣韻。萱按短或作亂）

僧沙門也梵音云僧伽（廣韻。梵音云僧伽從浮屠教者或偁上人梵語僧伽邪三合音俗取一字名曰僧又魏書釋老志其始脩心則依佛法僧之三歸若君子之三畏也。萱按東漢佛始流入中國僧字殆即於是始與三歸字攸教作三畈）

保登切

⿸疒朋婦人癥血不止也（玉篇）

⿸广朋崩也（玉篇）

⿰朋刂斫也（玉篇）

⿰朋斤斷也（玉篇）

抱登切

漰漰渤水聲也（文選江賦鼓㕔窟以漰渤注。萱按賦又云注五湖以漫㴋灌三江而漰沛）

漰湱㵭濤皆大波相擊之聲也（文選江賦湱㵭濤注）

漢滕切

⿰石崩擊石也（玉篇）

硼石名（玉篇。萱按藥中有硼沙字如此作）

姮姮娍也（玉篇。集韻云姮女字）

峘小山岌大山逗峘（爾雅釋山。注云岌謂高過又邵氏晉涵正義云兩山相竝而小山高過於大山者曰峘又玉篇云岌山高皃。萱按釋文峘本有袁音豈尒時峘亦作峘歟誤甚矣）

代恆切

⿸疒滕（⿸疒滕或作痽）痛病（集韻。萱按廣雅疼痛也⿸疒滕即疼字一音之轉耳）

儯（僜或作）倰儯長也（廣韻）僜醉行皃（同上）

黱黑皃（玉篇）

螣蟲食禾葉也（玉篇。萱按螣即蟘其音則相為平入）

籐䉚器（玉篇。萱按䉚者美竹也古無藤祇作滕一變為藤再變為籐俗字孳乳浸多矣）

老恆切

祾祭也（廣雅釋天。又云祾福也靈也。萱按玉篇云祾祭名神靈之威福也）

倰長也（廣雅釋詁二）倰儯長皃（廣韻）

⿺走夌越也（玉篇）

輘輘輷大聲也（文選洞簫賦故其武聲則若雷霆輘輷佚豫以沸渭注）輘踐踏也（漢書灌夫傳輘轢宗

室注。萱按史記作夌轢惠帝紀作陵轢淩陵輘蓋皆夌之叚借）

䬋大風也（玉篇）

崚（或作夌）書崚嶒山皃（廣韻。萱按沈約鍾山詩崚嶒起青嶂注同）

碐碐碐石皃（玉篇集韻）

⿱⺮陵竹名（玉篇）

⿰身夌身也（玉篇）

苣恆切

⿱宀曾⿱宀曾宏⿱宀曾大屋也又屋深響也（玉篇。廣韻云⿱宀曾宖響也）

⿱⺮曾簦⿱⺮曾笠也（玉篇）

鏳鏳鐙玉聲（廣韻。萱按玉篇集韻作金聲）

⿰曾彡毛張（玉篇）

合口諍

瞻 祭恆切 目小作態瞢瞻也 廣韻

罢 古薨切 或作橐 橐也 玉篇 罢網滿也 廣韻

吰 腕肱切 牛聲 玉篇

瀷 丘肱切 水相激聲 文選江賦溭瀷濊注 瀷水

颹 或作颹 風皃 玉篇 颹颹大風也 廣韻

薨 或作礚 石薨薨 玉篇○集韻云薨石

落聲

䎕 或作䎕 䎕䎕飛也 廣雅釋詁三 薨羣鳥弄翅也 玉篇 薨薨飛也 廣雅釋詁三○ 玉篇云䎕蟲飛

䎕 釋訓○萱按詩螽斯繩繩爾雅釋訓薨薨羽飛也

薨字疑皆薨薨之叚借

也 䎕䎕飛也 廣雅釋訓

嫐 布肱切 謹也 玉篇

韻史 卷二十九第六部平聲副編經韻

三〇五五

弸 弓也 玉篇

竑 戶朋切 或作紘 竑謂度也 考工記輪人故竑其輻 廣以為之弱 司農注

吰 或作鈜 噌吰聲也 文選長門賦聲噌吰而似鐘音 注○廣韻云鈜金聲 集韻云鏗鈜鐘鼓聲

耾 或作聉 聾也 廣雅釋詁三 耾耳語也 玉篇引字書○韻耾耾風聲 文選風賦耾耾雷聲 注引埤蒼○會云耾耳中聲 賦注引埤蒼云耾聲皃 疑有奪誤 萱按長笛 耾耾大聲 法言非雷非霆隱隱

耾耾注○萱按文選吳都賦云輿夫唱和之隆動鐘鼓之鏗耾有殿

峵 或作嶒 嶒峵深空皃 文選魯靈光殿賦注○注又云嶒峵上濶而 險也○萱按十一部嶒嶸與此嶒峵音義並

同皆謂山峻也

鋐 器也 玉篇

浤 或作泓 浤浤波浪之聲也 文選海賦浤浤汩汩 注○萱按江賦 加注泂潗滵鄰國滿注云皆水勢回

韻史 卷二十九第六部平聲副編經韻

三〇五六

荺之旋皃

荺藤 荺胡麻也 玉篇

鬅 普宏切 鬅鬅鬅會髮短 廣韻

㥊 㥊㥊好嗔皃 廣韻○嗔皃 玉篇作怒也

蹦 走也 玉篇

弸 或作弸 弸殍肨也 玉篇○集韻有肨字肨亦作脹

霌 大雨 玉篇

棚 禾宼 玉篇

蟰 蟲名 玉篇

葍 慢宏切 勉也 書洛誥汝乃是不葍馬注

韻史 卷二十九第六部平聲副編經韻

三〇五七

竃 竹也 玉篇 竃竹筒 廣韻

矒 矒瞪矒覥不分明也 廣韻○萱按文選魯靈光殿賦屹矒瞪以勿罔注云言殿東西廂與祕高窔覥之不明審也 之不

艷 或作艷 艷艷神不爽也 廣韻 艷艷醜皃 上同

魌 鬼也 玉篇

鄸 曹邑 左氏昭二十年經曹公孫會自鄸出奔宋注

豵 或書作豵 獸如豕目在耳出昆侖 廣韻 豵似豕也 玉篇

齎 齒諍

蕿 蕿蘞也 廣雅釋

蟰 漢鼓切 蟰蟰謂之寒蜩 方言十一○爾雅釋蟲蜺寒蜩注云寒螿也 似蟬而小青色○萱按蟰蜺螿一物三名 蟬之晚者也 俗名青螿子

韻史 卷二十九第六部平聲副編經韻

三〇五八

掌兢切 徵行不正 玉篇

癥腹結病也 玉篇○史記扁鵲傳以此視病盡見五藏癥結又王叔和脈經云左手脈橫癥在左右手脈橫癥在右又抱朴子用刑云夫癥瘕不除而不脩越人之術者難圖老彭之壽也

𨛱 或作𨛱 古國名 廣韻

蒸 菹也 廣雅釋器○萱按菹蒸同字集韻引廣雅云蒸謂之菹字體小誤

𥴚 或作𥴚 竹也 玉篇○集韻云𥴚竹炬一日竹名皮有文

龐兢切 睖 睖瞪直視 廣韻

避兢切 砅 木擊山巖之聲也 文選江賦砅巖鼓作注

亮兢切 倰 慄也 爾雅釋言釋文引埤蒼 倰猶怖也 文選西京賦百禽倰遽注 倰憐也 方言六○注云倰亦憐耳

倰 哀也 廣雅釋詁一○方言一云倰哀也趙魏燕代之閒曰倰

𧼮 欺𧼮也 廣韻

錂 金名 玉篇

鯪 鯪魚逗鯪鯉也有四足出南方 楚辭天問鯪魚何所注○萱按鯪鯉二字爲名可單評鯪而不可單評鯉廣雅以鯉釋鯪非是○郭景純異魚圖贊云吞舟之魚其名曰鯪背腹有棘如三角菱罟師畏之網羅莫厝萱按鯪之鱗如石如鐵俗評爲穿山甲陶隱居云鯪似鼉亦似鯉今目驗之乃皆不似

龐陵切 憴 憴憴戒也 爾雅釋訓 憴憴戒慎也 詩螽斯傳○萱按繩者憴之段借也爾雅多俗字說文無憴

譝 譽也 廣雅釋詁四○左氏莊十四年傳繩息嬀以語楚子注云繩譽也又小尒雅廣訓云繩之譽之也萱按古無譝字祇借繩作之也又子華子問仕譝譝兮如將後或云言朴也

鱦 或作鱦 小魚 爾雅釋魚○家語屈節云魚小者名鱦吾大夫欲長之 今江東亦呼魚子未成者爲鱦 爾雅釋魚注

澠 澠水出齊國臨淄縣北入時水 左氏昭十二年傳有酒如澠注○萱按山海經海內經云巴國有巴遂山澠水出焉此與齊之澠異水同名也又澠池亦水名也乃黽池之段借字水經注水篇云漢景帝三年因崤黽之地以目縣其讀若即用黽之音不與齊巴二澠同

𤃉 水前後相淩也 廣韻

攘陵切 礽 福也又就也 玉篇

𨸭 地名 玉篇

濴陵切 噌 噌吰聲也 文選長門賦聲噌吰而似鐘音注○晉書王沈傳空囂者以泓噌爲雅量云泓噌空囂意

嶒 嶒竑深空皃 文選魯靈光殿賦鬱坱圠以嶒竑注 崚嶒山皃 廣韻○萱按夏侯湛抵疑云吐言數百陵嶒一世陵嶒峻嶒崝與同

驓 四骹皆白驓 爾雅釋畜○注云骹膝下也

𤛓 牛名 玉篇

仰凭切 䏊 肥䏊也 玉篇○集韻但云肥也

避陵切 𣿬 水小聲也一曰𣿬瀷水勢相激皃 玉篇○萱按郭璞江賦云𣿬瀷濩潝

撮口呼

餘穹切 𧰼 豖特也 玉篇

韻史

第六部上聲副編

鄘韻

開口呼

鄘改切 瘂 𤸤瘂癡也 集韻

鄘到切 瞪 白也 玉篇

鄘代切 ⿰足桼○俗有蹖 ⿰足桼⿰足桼行皃 集韻○萱按⿰足桼或作跂蹸

䪂 倰䪂長皃 集韻

鄘老切 鰧 或作鰶 魚名蒼身赤尾 廣韻○山海經中山經云來需之水多鰧魚狀如鱖居逵 鰧似蝦

赤文 集韻

鄘贊切 瞺 水田 集韻

鄘莫切 𤸤 𤸤瘂癡也 集韻

齊齒呼

䁣 䁣盯直視也 廣韻

儉拯切 洗 洗洗寒皃 集韻

殑 殑殑欲死也 廣韻○集韻也是皃

掌蓋切 𤺥 骨烝病也 集韻○萱按烝火氣上行也骨熱如烝故其病名𤺥或作骨㷫者譌

寵拯切 憴 憴憸愚皃 集韻

憸 憴憸愚皃 集韻○萱按憸憴蓋祇一字俗誤分耳

𡾊 或作䟿 止也 集韻

庱 亭名 玉篇○萱按吳志大帝傳云親乘馬射虎於庱亭又按元和郡志云庱亭在丹陽縣東四十七里

始拯切 洗 洗洗寒皃 集韻

殑 殑殑欲死也 廣韻

韻史

泰興何萱石闇撰集　子庚校字

第六部去聲副編　上海顧錫麒竹泉覆審

武進李兆洛申耆鑑定

栕韻

開口呼

暅 鄧改切 暅曝也 廣雅釋詁二 暅目起皃 集韻 䞭月去也 玉篇

堩 或作埂 道也 儀禮既夕記唯君命止柩于堩注又禮記曾子問葬引至于堩注又廣雅釋室 堩道路也 禮記襍記下無免堩注

𥔵石連皃 廣韻

到亙切 饏祭食也 玉篇

轑車羽也 玉篇

磴 巖磴也 玉篇○萱按水經注云羊腸坂在晉陽西北石磴縈委若羊腸焉 石橋曰磴 文選遊天台山賦跨穹隆之懸磴注 磴猶盆也 文選江賦注○萱按此段磴為澄也澄者小水相盆

凳 牀屬 集韻引字林○萱按言屬而別見矣

䔲蔆䔲新睡起也 廣韻

代亙切 霯大雨也 玉篇

澄 或作䁞 小水相盆也 廣韻 磴猶盆也 文選江賦磴之以瀿瀵注○萱按此段磴為澄也又蜀都賦澄流十二同源異口此段墱為澄也

蹬 履也 廣雅釋詁一 蹭蹬失勢之皃 文選海賦乃或蹭蹬窮波注

殑殘殑困病皃 廣韻

䮴行欲倒也 廣韻 騣䮴馬傷穀病 玉篇 集韻

老亙切 㨄 或作撜 撜也 廣雅釋詁三

殑殘殑困病 廣韻 殑殑鬼出皃 同上

騣䮴馬病也馬傷穀也 玉篇

䔲 或作䔲 䔲䔲臥初起也 集韻

酣亙切 𤿱張皮也 廣韻

㡧 或作憕 憕幎設幕也 字林 引 僜又晉書天文志東海氣如圓簦此段簦為㡧也 㡧開張畫繒也 廣韻引文字指歸○萱按引申之亦為凡張之

槃亙切 蹭 蹭蹬失勢之皃 文選海賦注

䵴 皯䵴面黑氣 廣韻

𠞰刀割過傷也 廣韻○集韻多傷字

散亙切 𤺋 𤺋寱睡覺也 廣韻 𤺋寱眠寤也 集韻

保亙切 堋 蜀郡謂塘曰堋 集韻

抱亙切 鰗魚名 玉篇 集韻

莫亙切 𦽔 𦽔䟂疲行皃 玉篇

鐨 或作鎽 重鐶也 廣韻 鎽鐶也 廣雅釋器

鸏 鸏鵬鸏也 玉篇

合口呼

腕堋切 漰 有㵁○俗漰 小水皃 廣韻

齊齒呼

漾嬹切 瞑日暉也 玉篇 集

黽黑也 廣雅釋器 黽面黑子 廣韻

膡 或作賸 膡二也 廣雅釋詁二 膡大視又雙也 集韻○方言二䝷鑠肝揚膡雙也南楚江淮之間曰䝷或曰膡好目瞪睖注云此本論雙耦因廣其訓復言目 萱按其訓二睖之本義也好目其引申之義也集韻云云似喑容

奪主矣廣韻但云睽大視不言雙眛其本恉

向孕切 䁘 鍾痛也 玉篇○萱按䁘即說文脪字之俗體而形與音俱變矣廣韻云䁘腫起

掌孕切 䵸 黃色 玉篇

寵孕切 瞪 或作䁐 直視也 文選豪士賦注引埤蒼又晉書音義中○一切經音義七引通俗文云直視曰瞪○萱按瞪乃眙之異體字耳眙在一部音瞪形變遂劃分二部二音矣

䁐 久視也 集韻

⿰黑登 米黑壞 廣韻

⿰孑人 川也 玉篇

始孕切 嵊 山名在剡縣 廣韻○萱按山在今浙江紹興府嵊縣江海贈別離法曹詩云人行嵊峽外

⿰乘阝 縣名在會稽 集韻

藤 或作蕂 苣藤胡麻也 玉篇○萱按古祇作巨勝俗加艸耳又作蕂素問注云蕂即黑芝麻

鰧 或作䲢 魚也 玉篇

紫孕切 ⿰衤曾 汗襦江淮南楚之間謂之⿰衤曾 方言四

淺孕切 ⿰曾彡 毛張皃 玉篇 集韻無皃

⿺辶曾孕切 䨺 或作靐 雷聲 廣韻

務孕切 孵 初孕也 玉篇引釋典

撮口呼

穹之去聲

⿰扌穹 捺也 集韻

⿰日穹 日乾物 集韻

焪 盡也乾也 玉篇

⿰氵穹 水急皃 集韻

韻史卷三十

泰興何萱石閭譔集 子度校字

上海顧錫麒竹泉覆審

武進李兆洛申耆鑑定

第七部平聲

金韻

齊齒呼

几音切 金 𠓛古文 五色金也黃爲之長久薶不生衣百鍊不輕從革不違西方之行 說文段注革背也從革見鴻範謂順人之意以變更成器雖屢改易而無傷也以五行言之爲西方之行○管子輕重乙云黃金刀布者民之通貨也又漢書食貨志上及金刀龜貝注云黃者曰金又云金謂五色之金也又書堯典金作贖刑馬注云金黃金也又禹貢厥貢惟金三品鄭注云金三品者銅三色也又山海經南山經杻陽之山其陽多赤金其陰多白金注云赤金銅也白金銀也又中山經桑封中穿之加金注云加金以金銀飾之也又廣雅釋器云金鐵也又呂覽懷寵注云金鐵也可以爲田器又詩小戎疏云金銀銅鐵總名爲金 金美金也 淮南墜形注○爾雅釋地云西南之美者有華山之金石焉又水經溫水注云華俗謂上金爲紫磨金夷俗謂上金爲陽邁金

金質陰也 大戴記曾子天圓金水內景注○鹽鐵論論菑云金陰物也又白虎通五行云金者少陰有中和之性又云金者陰壽去 陽稱金 易蒙見金夫虞注 乾爲金 易說卦傳姤繫于金柅虞注困困于金輿虞注鼎金鉉鄭注虞注繫辭上傳其斷金虞注說卦傳爲戈兵虞注 利 兌爲金 易鼎金鉉宋注象下傳得其資斧集解 庚辛爲金 素問藏氣法時論其日庚辛注平人氣象論肝見庚辛死注刺熱論庚辛甚注 商爲金 漢書律麻志上 西方稱之曰金 文選西京賦橫西洫而絕金塘薛注○春秋繁露五行相生云西方者金 金者西方萬物既成殺氣之始也 漢書五行志上又南齊書五行志引洪範五行傳○春秋繁露五行逆順云金者秋殺氣之始也 金是秋之寒氣 左氏閔二年傳金寒疏 金主收斂應秋 素問天元紀大論金木者注 金生於己 鹽鐵論論菑 金木者生成之終始也 素問天元紀大論○白虎通五行云金木微氣也 金者堅強難消 白虎通五行○後漢書列女傳注云金物之堅者又馮衍傳注云金石以諭堅也 金剛也 易噬嗑得黃金注得金矢注鼎金鉉疏○後漢

書桓帝紀注云金者剛之物也金堅剛之物易姤繫于金柅注金為義漢書魏相傳集注引張晏
金之爲言禁也白虎通五行○釋名釋天云金禁也氣剛毅能禁制物也金性內明禮記仲尼
燕居入門而金作示情也注金者精和之至也白虎通效致金聲言宏殺之調
也書大傳皆莫不磬折玉音金聲玉色注金曰審平素問五常政大論金者司徒也春秋
繁露五行相勝金銖兩名也漢書蕭望之傳有金選之品注引應劭○國策齊策乃使人操千金注云二十
兩為一金古者以一鎰為一金孟子公孫丑下王餽兼金一百而不受注○史記燕世家子之因遺
蘇代百金正義引臣瓚云秦以一鎰為一金一斤為一金文選王命論所願不過一金注引韋昭○
漢書張良傳賜良金百金注云秦以鎰名金若漢之論斤也又公羊隱五年傳百金之魚公張之注云百金猶百萬也古
者以金重一斤若今萬錢矣金鐘鼎也呂覽求人敬功績銘乎金石注文選文賦被金石而功德廣注
金鐘也國語楚語而以金石匏竹之昌大囂庶為樂注又漢書司馬相如傳上金鼓迭起注又呂覽不二有金鼓

注又淮南主術攷古之為金石管弦者注又太玄玄掜革木土金注○禮記月令疏引易通卦驗注云金為鐘又儀禮大
射太簇以金奏疏云金即鐘也又周禮鼓人以晉鼓鼓金奏注云金奏謂樂作擊編鐘又疏云金闕鐘也金鐘
鎛也周禮大師金石土革絲木匏竹注○鍾師掌金奏注云金謂鐘及鎛又疏云金即鎛鐘金石絲竹
樂之器也禮記樂記又說苑修文○淮南氾論遺猶金石注云金石鐘磬也金謂器屬也素問
五常政大論革金且耗注金鉦鐲鐃之屬也文選東京賦戴金鉦而建黃鉞薛注金謂和鸞
荀子禮論金革轡靷而不入注金武也史記樂書歸奏金鐃者正義金所以坐也所以退
也所以免也管子兵法○釋名釋兵云金鼓金禁也為進退之禁也金所以為兵也國語
楚語金足以禦兵亂注○周禮瘍醫掌腫瘍潰瘍金瘍折瘍之祝藥注云金瘍刃創也金謂刀鋸斧鉞
莊子列禦寇為外刑者金與木也注○淮南說山砥石不利而可以利金注云金劍之屬金練金甲組練
也文選顏延年侍遊曲阿後湖詩注○素問方盛衰論則夢見兵戰注云金為兵革金玦兵要也史記

晉世家佩之金玦集解引韋昭金曰深目所以望遠近射準也淮南泰族教之以金目則
快射注金僕姑矢名左氏莊十一年傳公以金僕姑射南宮長萬注金金印也法言孝至帶我
金犀注又後漢書宦者傳注○馮衍傳下注云金謂印也又班彪傳注云金銀謂印也又淮南氾論盜管金注云金印封
金遺美寶也太玄晦失金遺注金斗酒斗也呂覽長攻先具大金斗注金斟即銅
柱也後漢書班彪傳上注金馬署名也同上○萱按金馬門亦曰金閨金山西方之精
也後漢書馮衍傳注○張衡傳注云金山金門山也金城言堅固也後漢書班彪傳上注○漢書地
理志下金城郡注引臣瓚云稱金取其堅固也又水經河水注引薛瓚同○萱按臣瓚之姓薛賴此注而可攷酈在小顏
前言宜信金城河即積石之黃河也水經河水注○注引應劭云初築城得金故曰金城鬱
金緤也廣雅釋器金舄黃朱色也詩車攻赤芾金舄箋○疏云金舄者即禮之赤舄也金距
以金踏距左氏昭廿五年傳郈氏為之金距服注

衿

或作衿襟交衽也說文段注釋器曰衣眥謂之襟孫郭皆曰襟交領也鄭風青青子衿毛曰青衿青領也方言衿
謂之交按衿之字一變為衿再變為襟字一耳而爾雅之襟毛傳方言之衿皆非許所謂衽也爾雅詩傳方言皆自領言
之深衣曲袷如矩以應方注袷交領也古者方領如今小兒衣領玉藻袷二寸注曲領也禮天子視不上於袷玉藻侍
於君視帶以及袷注皆云交領也袷者交領之正字其字从合左傳作襘从會與从合一也交領宜作袷而毛詩爾雅方
言作衿殆以衿袷為古今字與若許云衽交衽也此則謂掩裳際之衽當前幅後幅相交之處故曰交衽衽本衽之偁因
以為正幅之偁正幅統於領因以為領之偁此其推移之漸許必原其本義為言凡金聲今聲之字皆有禁制之義禁制
於領與禁制前後之不相屬不妨同用一字○後漢書馬融傳注云衿交衽也又南蠻西南夷傳注云襟衽也襟禁
也交於前所以禁禦風寒也釋名釋衣服○衷制云襟禁也釋衣皆謂之襟
離騷霑余襟之浪浪注襟交領也文選王僧達答顏延年詩注引聲類衿衣交領也方言四衿
謂之交注又文選魏都賦注引聲類又顏氏家訓書證引列女傳曹大家注少衣衿是領之別名詩子

衿青青子衿疏萤按漢石經作青青子衿又詩釋文云衿本亦作襟。顏氏家訓書證云古者斜領下連於衿故謂領為衿

衿猶前也文選陸士衡贈從兄車騎詩言樹背與衿注

衿謂纓也衿帶也衿猶結也萤按此皆段衿為紟

紟

或作紟䋈籀。平去同詩

衣系也說文段注聯合衣襟之帶也今人用銅鈕非古也凡結帶皆曰紟玉藻紳韠結三齊注云結約餘也結或為紟韋注國語曰帶甲者紟鍼也紟今本譌衿荀卿非十二子曰其纓禁緩段禁為紟也按襟交衽也俗作衿今人衿紟不別又士喪禮絞紟衾二注云紟單被也乃紟之別一義亦因可以固結之義引申之

紟帶也荀子非十二子注

紟結也禮記少儀注及紟帶也釋文

紟亦禁也禁使不得解散也釋名釋衣服

紟襌被也禮記喪大記布紟疏引皇氏

衿帶也漢書楊雄傳上衿芰茹之緣衣兮注。詩東山釋文云衿縈佩帶又後漢書杜篤傳注云衿帶衣服之要

衿謂纓也詩東山傳施衿結帨。萤按紟作衿者多矣姑謂之段借可亦

衿猶結也禮記內則衿纓綦屨注

衿褵施

衿結褵也文選齊竟陵文宣王行狀遵衿褵於未萌注

衿本又作紟禮記內則衿纓釋文。絞紟釋文云紟本又作衿。萤按此皆紟為正字衿為借字

笒竹篸也儀禮士喪禮數用笒注。萤按鄭破笒為紟亦得然李字自通可勿泥也

今

是時也說文段注今者對古之偁古不一其時今亦不一其時也云是時者如言目前則目前為今目前已上皆古如言趙宋則趙宋為今趙宋已上為古如言魏晉則魏晉為今魏晉已上為古故今者無定之辭約之以是時則兼賅矣

今時辭也文選南都賦注引蒼頡

今指事之詞也王伯申經傳釋詞云今指事之詞也考工記輈人曰今夫大車之轅摯墨子兼愛曰今若夫攻城野戰殺身而為名禮記三年問曰今是大鳥獸晉語今君之所聞也猶言是君之所聞也宣十五年公羊傳是何子之情也韓詩外傳是作今皆指事之詞

今急辭也詩摽有梅迨其今兮傳

今猶即今也史記汲黯鄭當時傳吾今召君矣索隱王氏經傳釋詞云孫炎注尒雅曰即猶今也故今亦可訓為即書召誥曰其丕能誠于小民今休王厥有成命今休皆謂即致太平之美也傳胥失之呂覽今

驕恣王曰寡人請今止之秦策臣今見王獨立於廟朝矣趙策背之輔今折矣魏策樑公將入矣臣今兼韓策十日之內數萬之眾今涉魏境燕策天下必以王為能市馬馬今至矣史記項羽紀吾屬今為之虜矣鄭世家晉兵今至矣五子胥傳不來今殺奢也今字竝與即同義

今即隨世也太玄玄攡通同古今以開類注

今昔猶昨夜也史記龜策傳今昔士子索隱

今猶若也王氏引之經傳釋詞云家大人曰今猶若也禮記曾子問曰今以墓遠則其葬也如之何今墓遠若墓遠也管子法法曰今以誣能之臣事私國之君而能濟功名者古今無之今以若以也

欽

去金切

欠兒說文段注凡气不足而後欠欽者倦而張口之兒也引伸之乃欽然如不足謂之欽詩晨風憂心欽欽傳曰思望之心中欽欽然小雅鼓鍾欽欽傳曰欽欽言使人樂進也皆言沖虛之意尚書欽哉皆令其惟恐失之也釋詁曰欽敬也故虞夏商書言欽周書則言敬虞夏商書皆欽敬錯見上曰欽若昊天下敬授民時又欽哉不曰敬哉蓋欽與敬意略同而顯有別也周書言敬哉不言欽哉惟多方曰有夏之民叨懫日欽劓割夏邑立政帝欽罰之欽字兩見蔡氏傳皆訓

為敬未知合書意否

欽敬也禮記內則欽有帥注又漢書律厤志上集注司馬遷傳集注韋玄成傳集注楊雄傳上集注王莽傳中傳下集注又後漢書班彪傳下然後欽若上下注

敬事節用謂之欽書堯典欽明文思安安鄭注

威儀表備謂之欽書堯典馬注。周書諡法云威儀表備曰欽

欽欽憂也爾雅釋訓

欽欽聲也廣雅釋訓。詩鼓鍾疏云欽欽亦鍾聲也

欽頤曲頷也後漢書周燮傳注

欽崟山兒後漢書張衡傳注

欽亦吟字假音山海經西山經其音如欽注。萤按東山經其音如欽同此皆吟為正字

衾

大被說文段注寢衣為小被則衾是大被。一切經音義二十引字林云衾大被也

衾被也詩小星抱衾與裯傳又儀禮士喪禮幠用斂衾注又孝經為之棺槨衣衾而舉之注又廣雅釋器

衾為臥物詩小星疏

衾广也其下廣大如广受人也釋名釋衣服。荀子禮論然後皆有衣衾多少厚薄之數注云衾謂君錦衾大夫縞衾士緇衾也

衾者始死斂衾儀禮士喪禮幠用衾注

凡衾制同皆

五幅也儀禮士喪禮緇衾赬裏無紞注衾是紟之類儀禮士喪禮疏○萱按紟之別一義即衾李義

龕

有○俗龕龍兒說文段注此篆之本義也段借為戡亂字今人用戡堪字古人多段龕文選注引尚書孔傳曰龕勝也○萱按凡經字隸从今作龕是也俗从合作龕非也讀若堪者昧於段借之理也龕取也龕聲也龕盛也龕受也龕含龕囊也萱按此皆借字戡堪下詳之

音 於金切

聲生於心有節於外謂之音十一字一句宮商角徵羽聲也絲竹金石匏土革木音也說文○禮記樂記云凡音者生人心者也又云凡音者生於人心者也又呂覽音初云凡音者產乎人心者也合氣而爲音淮南天文音者飲也言其剛柔清濁和而相飲也白虎通禮樂音末也風俗通聲音○白虎通禮樂云音爲末象八風音聲也詩日月德音無良傳又淮南墜形清水音小濁水音大注單出曰聲雜比曰音周禮鼓人疏大司樂疏樂師疏又禮記月令其音角疏○樂記注云宮商角徵羽雜比曰音又疏云清濁相雜和比謂之音聲成文

謂之音毛詩序又禮記樂記又說苑修文又後漢書桓譚傳注○禮記樂記疏云眾聲和合成章謂之音變成方謂之音禮記樂記又說苑修文○賈子六術云是故五聲宮商角徵羽唱和相應而調和調和而成理謂之音音即樂也詩關雎序疏○左氏昭廿一年傳云夫音樂之輿也又國語周語瞽師音官以省風土注云音官樂官也音則今之歌曲也禮記樂記疏五音宮商角徵羽也孟子離下不能正五音注又老子五音令人耳聾釋文又淮南汜論禹之時以五音聽治注又楚辭東皇太一五音紛兮繁會注○素問五藏生成論五藏相音注云音謂五音也八音金石絲竹匏土革木也左氏隱五年傳夫舞所以節八音而行八風注○大戴記保傅載十二管節注云八音八卦之音以律定八風之高下清濁而準配金石絲竹也八音一說笙柷鼓簫琴塤鐘磬也白虎通禮樂八音萬物之聲也同上鏗鏘之類皆爲音禮記樂記夫樂者與音相近而不同注音主猿大戴記易本命震爲音易中孚翰音登于天虞注小過飛鳥遺之音虞注震爲音聲易節則嗟若虞注音聲

猶言語詩訓風籜好其音者疏音息者聞消息也文選陸士衡為顧彥先贈婦詩音息曠不違注犇音謂惡辭也文選文賦或寄辭於犇音注音所茠蔭之處左氏文十七年傳鹿死不擇音注○萱按此謂音為蔭之段借字也

喑

宋齊謂兒泣不止曰喑說文段注方言齊宋之間謂之喑或謂之惄按喑之言瘖也謂啼極無聲喑喑也廣雅釋言又一切經音義六引字林喑喑大叱也一切經音義四引聲類喑噫懷怒氣史記淮陰侯傳喑噁叱咤索隱喑醷聚氣兒莊子知北遊生者喑醷物也釋文引李注下無言則謂之喑說苑正諫○萱按此則喑瘖義略同喑疾不能言也萱按此段為瘖

瘖

不能言也說文又漢書外戚傳上飲瘖藥注○國語晉語嚚瘖不可使言注云瘖不能言者又禮記王制瘖聾跛躃斷者疏云瘖謂口不能言瘖謂不得言語也素問奇病論人有重身九月而瘖注瘖者失音史記扁鵲倉公傳使人瘖索隱瘖喑然無聲也釋名釋疾病瘖啞也禮記王制釋文○萱

按文選思玄賦經重瘖乎寂寞兮此段瘖為陰也喑疾不能言也後漢書童恢傳注○萱按此段喑為瘖也

懕

或作愔○俗有稽安也詩曰懕懕夜歙說文段注小戎傳曰懕懕安靜也湛露傳曰懕懕安也釋文及魏都賦注引韓詩愔愔和悅之兒按愔見左傳祈招之詩蓋愔即懕之或體懕乃懕之段借載芟有懕其傑懕懕其苗亦懕之段借廣韻稽稽苗美也用載芟傳也懕懕夜歙湛露文按此則許所據从心懕安也廣雅釋詁一懕懕安也爾雅釋訓懕懕好人安詳之容爾雅釋訓注愔和也文選神女賦澹清靜其愔嫕兮注愔和靜兒也一切經音義十七引聲類○文選琴賦注引聲類云愔愔和靜兒又神女賦注云愔嫕和靜兒愔愔安和兒也左氏昭十二年傳祈招之愔愔注○一切經音義十七引三蒼云愔愔性和也○萱按詩懕懕良人列女傳二作愔愔良人懕安靜也文選洞簫賦其妙聲則清靜懕應注懕者苗長茂盛之兒詩載芟傳言傑苗懕然特美也疏稽禾苗茂美也集韻

霒或作黔霒皀侌古文侌古文雲覆日也說文段注今人陰陽字小篆作霒易霒者雲覆日易者旗開見日引申為兩儀之用今人作陰陽乃其中之一端而已霒字今僅見大戴禮記文王官人篇素問五常政大論陰者密雲也文選登廬山香鑪峯詩注引蔡邕月令章句○萱按凡用陰為霒者皆視此霒沈雲皃玉篇

陰

或作陰闇也水之南山之北也說文段注闇者閉門也閉門則為幽暗故以為高明之反穀梁傳曰水北為陽山南為陽注云日之所照曰陽然則水之南山之北為陰可知矣水經注引伏虔曰水南曰陰公羊桓十六年傳注曰山北曰陰按山北為陰故陰字从阜自漢以後通用此為霒字霒古文作侌夫造化侌易之氣本不可象故霒與陰易與陽皆叚雲日山阜以見其意而已陰闇也廣雅釋言濟陰在濟水之陰也汝陰在汝水陰也釋名釋州國○萱按謂在濟南汝南也山北曰陰國策齊策及之罘泰梁父之陰注又漢書郊祀志上從陰道下注又後漢書崔駰傳注又呂覽古樂乃之阮隃之陰注又文選思玄賦遝華陰之湍渚舊注應詔觀北湖田收詩陰谷曳寒煙注○詩公劉疏云山北為陰又山海經南山經細陽之山其陽多赤金其陰多白

金注云山南為陽山北為陰陰謂北也後漢書班彪傳上注○周禮大司樂陰竹之管注云陰竹生於山北者又柞氏令剝陰木而水之注云生山北為陰木又山虞仲夏斬陰木注云陰木秋生山北者○萱按二鄭說陰木異司農謂陰木秋冬生者若松柏之屬後鄭所不用陰蔭也詩小戎陰靷鋈續傳陰揜軌也○釋名釋天云陰蔭也氣在內奧蔭也又釋形體云陰蔭也言所在蔭翳也又釋車云陰蔭也橫側車前所以蔭苓也陰覆也書洪範惟天陰騭下民馬注又漢書五行志上集注引應劭陰曖也楚辭大司命壹陰兮壹陽注陰深也書洪範王注陰猶沈也春秋繁露陽尊陰卑陰密也史記萬石張叔傳陰重不泄索隱引小顏又漢書周仁傳集注陰靜翕太玄玄告○管子心術上云陰者靜陰默也書洪範釋文無逸乃或亮陰馬注又疏又論語憲問皇疏又漢書五行志中之下集注又後漢書和熹鄧皇后紀注○論語憲問集解引孔注云陰猶默也幽無形深不測之謂陰也太玄玄攡陰堂幽暗之室後漢書周磐傳注闇謂之陰後漢書班彪傳上注陰者陽之合春秋繁露基義陰者陽之助也春秋繁露天辨

在人陰藏於虛而為陽佐輔鹽鐵論論菑陰陽者天地之大理也管子四時○淮南天文云天地之襲精為陰陽又賈子六術云陰陽天地之動也又素問天元紀大論曰陰曰陽注云陰陽天道也又陰陽應象大論云陰陽者天地之道也陰陽猶隱顯也大戴記文王官人考其陰陽注○荀子王制相陰陽注云陰陽謂數也又莊子則陽云陰陽者氣之大者也又呂覽君守注云陰陽陰陽升涉也又素問陰陽應象大論云陰靜陽躁又云陽生陰長又云陽殺陰藏又云陰陽者血氣之男女也陰者天之急也春秋繁露循天之道陰者天之刑也春秋繁露陰陽義○王道通云陰為刑又陽尊陰卑云陰刑氣也玄枵為陰左氏襄廿八年傳陽不堪陽服注太陰太歲也廣雅釋天陰地也禮記郊特牲禮由陰作者也疏○素問陰陽離合論名曰太陰注引靈樞經云地為陰陰者地氣也素問太陰陽明論重陰地中也後漢書張衡傳注陰日夕昃也呂覽察今故審堂下之陰注月為陰素問陰陽離合論六節藏象論○鹽鐵論論菑云月者陰陰道冥陰為夜也太玄玄圖則陰質北斗注○禮記祭

義陰陽長短疏云陰謂夜也陰為冬也家語本命羣生閉藏乎陰注陰即雨也周禮大司徒日西則景朝多陰疏水稱陰文選東京賦陰池幽流薄注○萱按有叚蔭為陰者楊君石門頌潦泥常蔭是也陰溼也呂覽辯土下得陰注陰猶潤澤也呂覽任地子能藏其惡而揖之以陰乎注坤為陰叙梁序乾綱絕紐注坎為陰夜易中孚鳴鶴在陰虞注燭陰燭龍也是燭九陰山海經海外北經鍾山之神名曰燭陰注○大荒北經赤水之北有神人是燭九陰是謂燭龍注云是燭九陰熙九陰之幽隱也陰者鬼神之府也太玄玄交冥交于神齊注○文選洛神賦顯潛處於太陰注云太陰眾神之所居陰者五神藏也素問生氣通天論陰之所生注陰陽別論陰之所生本曰和注痺論陰氣者靜注○著至教論升於陰注云陰謂藏也又生氣通天論云陰者藏精而起亟也三陰者六精之所主也素問陰陽類論○厥論陰氣衰於下則為熱厥注云陰謂足之三陰脈也又陰陽類注云三陰者太陰也又二陰為裏注云三陰少陰也又水熱穴論云少陰者冬脈也厥陰肝脈也少陰腎脈也太陰脾脈也

素問六節藏象論寸口一盛病在厥陰二陰盛病在少陰三盛病在太陰注至陰土精氣也素問五常政大論至陰內實注至陰者盛水也素問水熱穴論○逆調論陰氣虛注解精微論陰陽相持注陰陽應象大論注云水為陰陰者腎之寫白虎通情性引元命苞○素問脈別論是陰不足注云陰謂腎經陰謂寒也素問四時刺逆從論陰痺注○陰陽應象大論注云水寒而靜故為陰陰腦也素問解精微論悗則沖陰注內心為陰禮記檀弓下注何伴若善之疏又素問陰陽離合論○左氏傳十五年傳陰血周作注云內為陰陰成形素問陰陽應象大論滯而下者盡為陰春秋繁露人副天陰重如今滯下病史記萬石張叔傳集解引韋昭陰偶也白虎通嫁娶陰小也國策秦策天下陰燕陽魏注陰小人也太玄進曰飛悲陰注陰私也國策西周策陰合於秦注秦策齊秦之交陰合注齊秦策齊秦之交陰合注齊策我因陰結韓之親注又後漢書楊厚傳注○淮南覽冥參耦比周而陰謀注云陰謀私謀也陰陰竊大戴記文王官人陰行以取名注陰之者所以發之也呂覽君守陰為柔

漢書郊祀志下集注臣為陰子為陰妻為陰春秋繁露基義○後漢書郎顗傳注又楚辭涉江陰陽易位時不當兮注並云陰者臣也又易繫辭下傳陰二君而一民韓注云陰臣道陰德陰氣在人者周禮大宗伯以天產作陰德注○司農注云陰德謂男女之情陰祀祭地北郊及社稷也周禮牧人陰祀用黝牲毛之注陰禮謂男女之禮周禮大司徒三曰以陰禮教親注○內宰以陰禮教六宮司農注云陰禮婦人之禮又祭之以陰禮注云陰禮婦人之祭禮陰訟爭中冓之事以觸法者周禮媒氏凡男女之陰訟注○內小臣掌王之陰事陰令注云陰事羣妃御見之事若今掖庭令晝漏不盡八刻日錄所記推當御見者陰令王所求為於北宮○山海經海外西經奇肱之國其人三目有陰有陽注云陰在上陽在下六呂為陰書大傳六律者何注○周禮大師云陰聲大呂應鍾南呂函鍾小呂夾鍾城以積土為之土積則為陰左氏襄九年傳注城積陰之氣疏陰山亦曰陰山山海經中山經陰山注竈龍為陰大戴記曾子天圓龍非風不舉竈非火不兆注○周禮卜師辨竈之上下左右陰陽注云陰後

弇也陰鶴也周書王會墠上張赤帟陰羽注陰諧暉目鳴也天將陰雨則鳴淮南繆稱陰諧知雨注陰淺黑也爾雅釋畜陰白襍毛駰注又孫注

向音切

歆

神食气也說文段注大雅曰履帝武敏歆傳曰歆饗也許用毛義而不云饗也者嫌食部以鄉飲酒釋饗故易其文神食气故其字从欠字引伸為憙悅之意皇矣無然歆羨傳釋為貪羨楚語曰楚必歆之賈逵曰歆貪也韋曰歆猶貪也周語民歆而德之韋曰歆猶欣欣喜服也按鄭箋生民首章云心體歆歆然亦是以欣釋歆○一切經音義引字林云歆神食氣也鬼神食氣謂之歆詩皇矣疏生民疏歆內氣也論衡祀義○蓋被內者入也入氣猶食气歆享也左氏襄廿七年傳能歆神人注歆饗也左氏僖十年傳神不歆非類注僖卅一年傳不歆其祀注又國語周語王歆太牢注又文選東京賦神歆馨而顧德薛注歆貪也一切經音義七引國語賈注

廞

或作廞陳輿服於庭也說文段注周禮故書廞為淫鄭司農云淫讀為廞廞陳也許說同先鄭釋詁曰

廞興也後鄭注周禮云廞興也興作之說同爾雅按易淫為廞古音同在七部也釋廞為興古六部七部合音也廞陳也小尒雅廣言○萱按義興周禮司服廞衣服司農注同而字乃作廞豈轉寫奪一點與廞興也爾雅釋詁又周禮司裘大喪廞裘飾皮車注大司樂涖廞樂器注大師大喪帥瞽而廞注笙師廞其樂器注典庸器大喪廞筍虡注巾車遂廞之行之注司兵廞五兵注○萱按詩大明維予侯興與林心為韻者用訓釋之字以代正字也人多識興少識廞故也此段借之一例廞馬遣車之馬周禮圉人廞馬亦如之注淫讀為廞謂水淤泥土畱著助之為厚考工記匠人善防者水淫之注○萱按廞淫正借字也司裘等職今本皆正作廞淫陳也周禮大師帥瞽而廞司農注

掌音切

斟

○俗有斟汁勺也說文段注勺玉篇廣韻作酌按許以盛酒行觴為酌則水漿不曰酌枓曰勺用枓挹注亦曰勺詩泂酌彼行潦挹彼注茲則勺酌古通也勺之謂之斟引申之盛於勺者亦謂之斟方言斟汁也北燕朝鮮洌水之間曰斟左傳羊斟不與趙世家張儀列傳廚人進斟是也又引申之凡增益謂之斟方言曰斟益也南楚凡人相益而又少謂之

不斟凡病少愈而加劇亦謂之不斟或謂之何斟言雖少損無所益也勻之斟之多少在已故凡處分曰斟勻今多用斟酌左傳華元殺羊食士其御羊斟不與此羊斟謂羊汁也宋世家說此事云華元殺羊以食士其御羊羹不及可以證左傳之解矣傳當李作其御羊羊斟不與上羊其名也故字叔詳君子謂羊斟非人也其羊斟之謂乎二斟字衍文淮南子作羊羹不斟謂不益也呂覽察微篇羊斟為人名亦是淺人增斟也○史記張儀傳熱啜索隱云斟謂羹勻故因名羹曰斟

斟酌也廣雅釋詁四斟取也國語周語而後王斟酌焉注○一切經音義十四引國語賈注云斟猶取也斟益也廣雅釋詁一斟酌飲也文選典引斟酌道德之淵源蔡注斟酌謂取其意指也後漢書鄭輿傳注斟愖猶遲疑也後漢書馮衍傳注

兂

簪俗首笄也說文段注竹部曰笄簪也二字為轉注古言笄漢言兂此謂今之兂即古之笄也古經無簪字惟易豫九四朋盍簪鄭云速也實寔之假借字張揖古今字詁虎作揩埤蒼云揩疾也寔虎揩同字京作揩經文之簪古無釋為笄者又士喪禮復者一人以爵弁服簪衣于裳注云簪連也然則實鐕之段借字金部曰鐕可以衣著物者

凡經典此二簪字外無言簪者簪笄也所以持冠也文選招隱詩注引蒼頡簪以玉為笄也古曰笄今曰簪文選謝靈運擣衣詩注引魏臺訪議幘道曰簪文選餞呂僧珍詩注引通俗文簪形似箴而大荀子賦簪以為父注簪銚也以銚連冠於髮也又枝也因形名之也釋名釋首飾簪疾也易豫朋盍簪注又釋文○釋文引埤蒼云簪速也○萱按疾速二義同皆謂簪為段借字篸謂之簪廣雅釋器○萱按此段簪為鐕也者也

瑎

石之似玉者說文

玪

或作瑊玪塾通石之次玉者說文段注鄭本尚書璆玪琅玕鄭注璆美玉玪美石子虛賦瑊玏玄厲張揖曰瑊玏石之次玉者中山經葛山其下多瑊石郭傳瑊玏石似玉廣雅瑊玏石似玉也按玪瑊同字塾玏同字玪塾合二字為石名亦有單言玪者如尚書中山經及穆天子傳是○史記司馬相如傳集解引徐廣云瑊玏皆次玉者萱按據徐皆之一字則非一物可知亦可單言玏矣瑊石玏石似玉者山海經中山經注

櫼

楔也說文段注玄應書曰說文櫼子林切今江南言櫼中國言屬楔通語也屬側洽切按子林切蓋本說文音隱今江浙語正作知林切不作子林也木工於鑿枘相入處有不固則作木札楔入固之謂之櫼櫼亦作鉆戰國策蘇秦謂趙王曰柱山有兩木一蓋呼侶一蓋哭問其故曰吾苦夫匠人且以繩墨按規矩刻鏤我一曰此非吾所苦也是故吾事也吾所苦夫鐵鉆然自入而出夫人者今臣使於秦而三日不見無有為臣鐵鉆者乎鉆自入而出謂以大鐵鉆釘入大樹一邊既析破乃取樹之一邊為用夫人者言此人叚所苦也今四川建昌山中取杪方皆以楔釘入取陽面一塊而樹尚卓立蘇秦以此喻離間之人也蘇秦謂鐵器許謂木札其用正同周禮注飛鉆當作此解砳音○萱按櫼鉆正借字同音通用也與膏車之鐵鉆涉不相涉櫼即柳也文選景福殿賦櫼櫨各落以相承注○萱按此櫼之別一義也柳者係馬注

鉆

鐵銸也一曰膏車鐵鉆說文段注周禮典同注飛鉆涅闇疏引鬼谷子飛鉗一曰云云謂脂其車轂者以器納轄濡膏而染穀中也其器曰鉆鐵為之○萱按周禮射鳥氏注并夾鍼箭具此段鍼為鉆也鉆之形蓋略同

鉗歟若國策蘇秦所說之鐵鉆則櫼之借字耳鉆持也後漢書陳寵傳注引蒼頡○萱按鉆與八部之鉗相箝義多交互出入訓持尤與相義近說文相訓為持也鍛具曰鉆一切經音義十一引通俗文○萱按釋氏有鉗鎚之喻謂鍛具也然則亦可云鉆鎚

鍼

○俗有針所以縫也說文段注縫者以鍼紩衣也竹部箴下曰綴衣箴也以竹為之僅可聯綴衣以金為之乃可縫衣○漢書序傳音義引字林云鍼所以縫也鍼刺也廣雅釋詁一又漢書廣川惠王越傳集注古者以砭石為鍼素問寶命全形論制鍼石大小注又後漢書文苑趙壹傳鍼石運乎手爪注○萱按周禮射鳥氏注鍼箭具段鍼為鉆字箴石可以為砭針治癰腫者山海經東山經高氏之山其下多箴石注○禮記文王世子注箴藥所勝釋文云箴本亦作鍼箴所以刺病也漢書藝文志而用度箴石湯火所施注○萱按段箴為鍼二字義本通也

箴

綴衣箴也說文段注綴衣聯綴之也謂箴之使不散若用以縫則从金之鍼也尚書贅衣即綴衣也引伸之義

為箴規古箴鍼通用俗通曰衛大夫箴莊子今左傳作鍼莊子箴插也廣雅釋詁二箴諫也書盤庚上無或敢伏小人之攸箴馬注又左氏昭廿六年傳子犖而箴注○詩庭燎序因以箴之釋文云箴諫誨之辭箴誡也左氏宣十二年傳箴之曰注箴戒也漢書宣帝紀集注賈山傳集注○左氏襄四年傳官箴王闕疏云每官各為箴辭以戒王若箴之療疾故曰箴焉箴猶敕也國語晉語厚戒箴國以待之注箴刺也國語楚語猶箴儆於國注○周語師箴注云箴箴刺王闕以正得失也箴頓挫而清壯文選文賦○注云箴以譏刺得失箴尹官名左氏宣四年傳箴尹克黃注十羽為箴穆天子傳三天子於是載羽百車注一羽謂之箴爾雅釋器箴所以刺病也漢書藝文志注○萱按此段箴為鍼也鍼下詳之

葴

馬藍也說文段注見釋艸郭云今大葉冬藍也釋艸又云葴寒漿郭云今酸漿艸江東呼曰苦葴子虛賦葴析苞荔張揖釋以馬藍郭璞云葴酸漿江東名烏葴○史記司馬相如傳集解引徐廣云葴馬藍也葴寒漿也漢書

司馬相如傳上葴持若蓀注

鱵

鱵鴜也說文段注上林賦箴疵史記作鱵鴜張揖曰箴疵似魚虎而蒼黑色按鱵鴜二音鴜之言觜也觜口也鱵鴜蓋其咮似鍼之銳

綝　齒金切

止也說文段注蓋古以綝為禁字○廣雅釋詁三云綝止也綝善也爾雅釋詁綝纚盛皃文選思玄賦佩綝纚以煇煌舊注○後漢書張衡傳注云綝纚盛皃也

棽

木枝條棽儷也說文段注人部儷下曰棽儷也棽儷者枝條茂密之皃借為上覆之皃東都賦鳳蓋棽麗李善注引七略雨蓋棽麗孋與儷同力支切張揖大人賦注曰林離摻攦也摻攦所林所宜二反蓋即棽儷棽支條棽麗也漢書王莽傳集注引字林

郴

桂陽縣說文段注二志同今湖南直隸郴州即古郴縣漢桂陽郡治也郴姓也晉書音義下○方言一云自關而西秦晉之間凡物之壯大而愛偉之謂之夏周鄭之間謂之嘏郴齊語也

肜

或作肜○七部九部兩讀義分船行也說文段注夏曰復胙商曰肜周曰繹肜即此字取舟行延長之意也其音以戎切其字毛詩箋作融

𧠟

私出頭視也說文段注𧠟下曰闖頭門中也闖下曰馬出門皃也音義皆略同

闖

馬出門皃說文段注引申為突兀驚人之辭公羊傳曰開之則闖然公子陽生也何云闖出頭皃韓退之詩曰喁喁魚闖萍許讀平聲今去聲俗語轉若[illegible]○公羊哀六年傳釋文引字林云闖馬出門皃

槮

長木皃詩曰槮差荇菜是也說文段注九辨萷櫹槮之可哀即許之櫹槮二字也王注萟獨立也上林賦紛溶萷蔘郭云支球擢也蔘同槮詩見周南今詩作參許所據作槮謂如木有長有短不齊也參差不齊也史記司馬相如傳嶄巖嵾嵳正義引顏云○漢書楊雄傳上增宮嵾差注云嵾差不齊也又楚辭惜賢覽玉石之嵾嵯注云嵾嵳不齊皃也參差低仰皃文選西京賦閈巒參差薛注○萱按說文外無作槮差者學者遂不知槮參為正借字而槮幾廢矣參差洞簫也楚辭湘君吹參差兮誰思注參

錯謂碕岸之險參差交錯也文選謝靈運富春渚詩臨圻阻參錯注參參長皃後漢書張衡傳注又文選補亡詩參參其穡注參綏言既廣又大也東甌之閒謂之參綏方言二

森　始金切

木多皃說文段注按篇韻皆云森木長皃疑篇韻所據為長從林從木正謂有木出乎林之上也森多木長皃文選文賦注引字林○萱按呂沿許義疑此注乃說文原本也多森槮木長皃文選長笛賦森槮柞樸注森衆皃也後漢書張衡傳注又文選思玄賦百神森其備從兮舊注森盛皃也文選甘泉賦森奉璋以階列注森衰垂皃文選江賦蜛蝫森衰以垂翹注

突

隸作罙○俗有罙窔深也一曰竈突說文段注此以今字釋古字也突湥古今字篆作突湥隸變作罙深水部湥下但云水名不言淺之反是知古深淺字作罙深行而罙廢矣有穴而後有淺深故字从穴毛詩罙入其阻傳曰罙深也此罙字見六經者毛公以今字釋古字而許襲之此罙之音義原流也鄭箋易罙為冞訓為冒也蓋以字形相似

易之罙在侵韻罙在脂韻鄭注經有易字之例他經云某讀為臭箋詩不介讀經者誤謂毛鄭同字作音義者當各字各音分別載之云毛作罙式針反深也鄭作罙面規反冒也說文罙作窔罙作罙乃為明析而陸釋文則曰罙面規反毛深也鄭冒也說文作罙从网米云冒也此倏之與有七以罙切面規絕非毛音一也以鄭箋作罙非鄭所易字二也以說文之罙作罙而不知說文罙作窔罙別一字戴體作束與窔無交涉三也窔字不見他經惟見商頌而陸亡其音遂亡其義四也許用商頌毛傳造說文而失許之原本致許書竅下義晦罙下遂有妄人添詩曰罙入真阻六字鄭箋所改之字許時代在前安能用其說五也窔隸作罙猶演隸作深而各字書韻書因陸罙切面規窔下不敢載罙張參五經文字曰罙罙音稱上說文下釋文相承隸省見詩集韻類篇皆曰罙罙索三形同字此皆陸為作甬六也唐石經作罙籀不誤自宋及今日毛詩刻本竟作罙不罙不罙為從古所無之字陸竇乃之七也許水部不載深淺一義故全書深淺字用窔今發其劍於此一曰云云廣雅竈窻謂之埃呂氏春秋云竈窔決則火上焚棟蓋竈上窔起以出煙大今人謂之煙囪即廣雅之竈窒今人高之出屋上畏其焚棟以其顛言謂之窔以其中深曲通火言謂之窔廣雅窔下謂之窔今本正奪窔字耳

韻史 卷三十第七部平聲金韻

三一〇三

淕

漢書云曲突徙薪則有曲之令火不直上者矣越宮光欲盡改故書之竈突為竈突真皆說也深厚山川也廣深喻遠近深淺猶善惡也萱按凡用深為罙者皆視此矣字同有不容盡違今而從古者此類是也隸作深俗有淺○淕水出桂陽南平西入營道說文段注桂陽郡南平零陵郡營道二志同今湖南桂陽州藍山縣縣東五里有南平城水經曰深水出桂陽盧聚西北過零陵營道縣營浦縣泉陵縣至燕室邪入於湘酈云桂陽縣本隸桂陽郡後割屬始興縣有盧溪盧聚山在南平縣之南九疑山之東玉裁謂盧聚山在南平之南經舉其遠源許舉其近源涯出盧聚南流入海深出盧聚西北流入湘以入江是分紀不同也湘水篇經注皆本言深水益呂忱言深水導源盧溪西入營水亂流營波同注湘津故湘水篇言營不言深耳今深營二水源委未聞漢營道營浦縣皆代於水以字林訂說文則當作入營不必有道字泉陵縣即今湖南永州府零陵縣今瀟水合諸水於此入湘深水營水在其中也按此無深淺一訓者許意深淺字當作窔詳窔下深水一名遂水水經注卅五引字林

韻史 卷三十第七部平聲金韻

三一〇四

深邃也文選琴賦則盤紆隱深注深謂窒之也考工記鳧氏六分其厚以其一為之厚而圜之注深浚治也漢書溝洫志治水有決河深川注深測也爾雅釋言○老子深矣遠矣注云深不可測深者高也左氏文十二年傳請深壘固軍疏從上曰深儀禮覲禮深四尺注深甚也孟子滕文公上面深墨注深猶盛也國策秦策三國之兵深矣注深重也國策秦策然深刻寡恩注秦之深聯也注又呂覽禁塞害莫深焉注國語晉語秦寇深矣注云深猶重也○宏深敦重也法言修身其為中也宏深注深猶藏也考工記梓人必深其爪注極未形之理則曰深易繫辭上傳惟深也注○虞注云深謂幽贊神明深謂陽易繫辭上傳无有遠近幽深虞注深謂日影長短之深也周禮大司徒測土深疏深為九州之外也禮記禮運深而通疏○後漢書張衡傳注云正南印州日深工深謂濟在中央兩邊無也考工記弓人其次筋角皆有濟而深注○弓人云覆之而角至謂之深弓深深內息之皃莊子大宗師其息深深釋文引李注深弁言高遠

韻史 卷三十第七部平聲金韻

三一〇五

而黯黑也素問六元正紀大論太虛深玄注深厚山川也禮記樂記窮高極遠而測深厚注廣深喻遠近周禮大司徒注不知廣深故曰測疏深淺猶善惡也文選在元城與魏太子牋未知深淺注深衣謂衣裳相連前後深邃禮記曾子問注布深衣縞總疏○深衣釋文引鄭目錄云名曰深衣者謂連衣裳而純之以采也又方言四云禪衣有裏者趙魏之間謂之袛衣無裏者謂之裎衣古謂之深衣深蒲蒲始生水中子周禮醢人深蒲醓醢注○司農注云深蒲蒲蒻入水深故曰深蒲或曰深蒲桑耳○萱按深蒲字說文作淕网通又大戴記文王官人志殼如淺淺不見他籍蓋由篆體譌變又列子黃帝不深之度此注譌為深也

淕

淕蒲逗弱之類也發段注此釋周禮也加豆之實淕蒲醓醢先鄭曰淕蒲蒲蒻入水淕故曰淕蒲鄭曰淕蒲蒲始生水中子是則淕蒲即蒲蒻在水中者許君以蒲子別於蒲以蒻之類別於蒻謂蒲有三種似二鄭說為長

蔓

人蔓逗藥艸句出上黨說文段注本艸經作人參蔓人參也御覽引廣雅○萱按蔓蔘

韻史 卷三十第七部平聲金韻

三一〇六

皆淺之段借字也作人參者亦分

曑

參戎○兩見義異商星也說文段注商當作晉許氏記憶之誤也於農衆國語農祥釋之於參舉晉星釋之一重民事一重分野也呂南傳曰參伐也漢人參伐統詩伐故毛以伐釋參唐風傳曰三星參也天官書天文志皆云參為白虎三星直者是為衡石益多者象三星具外則象具昣域與今用為參兩參差字○萱按參差字據說文作槮差則參乃借字不煩特出也惟參兩別見焉參西方白虎之宿也淮南時則昏參中注○文選蘇子卿古詩注引法言宋注云參虎星也參也者伐星也大戴記夏小正五月參則見傳○詩小星維參與昴傳又國語晉語且以辰出而以參入注疏云參伐也參伐為武府洪範五行傳好攻戰注○公羊莊七年傳記異也注云參伐主斬艾立義參言萬物可參也史記律書

獫

平上兩讀犬容頭進也一曰賊疾也說文段注上也字當作皃漢書曰容頭過身集韻類篇皆云犬容頭進皃一云云賊疾疑有誤一曰獫賊也廣雅釋詁三

祲

紫音切

精气感祥春秋傳曰見赤黑之祲是說文段注气氣古今字周禮眡祲注祲陰陽氣相侵漸成祥者魏志高堂隆傳孔子曰災者修類應行精祲相感祲妖氣也左氏昭十五年傳吾見赤黑之祲注祲氣也漢書匡衡傳集注引李奇精祲氣之侵入者也淮南泰族精祲有以相蕩也注○釋名釋天云祲侵也赤黑之氣相侵也祲陰陽相侵之氣也後漢書安帝紀注○左傳昭十五年疏云祲是陰陽之氣相侵之名祲謂日旁雲氣周禮保章氏以五雲之物辨吉凶水旱豐荒之祲象司農注○左傳昭十五年疏云日光之氣有名為祲祲亦盛也後漢書班彪傳下注

駸

馬行疾皃詩曰載驟駸駸說文段注小雅四牡傳曰駸駸驟皃驟者馬捷步也○詩四牡釋文引字林云駸馬疾行也駸駸疾也廣雅釋訓

綅

綫也詩曰貝冑朱綅說文段注魯頌閟宮文傳曰貝冑貝飾也朱綅以朱綫綴之按毛意謂以朱綫綴貝於冑孔正義謂綴甲非也閒傳禫而綅襍記注禫既祭乃服禫服朝服綅冠鄭曰黑經白緯曰綅別一義○萱按禮

記少儀疏云朱綅以朱絁綴甲其說與詩疏同皆出孔沖遠又襍記釋文云黑經白緯曰綅段綅為纖也閒傳亦作纖

埐

地也說文

梣

梫或○俗有欑青皮木說文段注淮南書曰夫梣木色青翳而蠃蝸瘉睆此皆治目之藥也高曰梣木苦歷木名也生於山剝其皮以水浸之正青用洗眼瘉人目中膚翳正文各本譌誤今考定如是按本艸經謂之秦皮以一名岑皮而聲誤作秦耳其木一名石檀陶隱居云是樊槻木槻音槻集韻云江南樊雞木其皮入水可解膠益墨樊雞即樊槻也

兟

兟兟銳意也說文段注兟兟各本譌替替今依玉篇集韻正先主入故兩先為銳之意兟兟其言所謂意內而言外也凡俗用鐵尖字即此字之俗

鐕

可㠯綴著物者說文段注喪大記君裏棺用朱綠用襍金鐕大夫裏棺用玄綠用牛骨鐕注鐕所以琢著裏棺今謂釘者皆是非獨棺釘也

侵

此音切

○俗有侵漸進也說文段注漸當作趣趣進也侵之言駸駸也水部浸淫隨理也浸淫亦作侵淫又侵陵亦漸逼之意左傳曰無鐘鼓曰侵公羊傳曰觕者曰侵精者曰伐穀梁傳曰苞人居民毆牛馬曰侵又曰五穀不升謂之大侵侵淫漸進也文選風賦侵淫谿谷注○上林賦侵淫促節注云浸淫漸進之皃侵淫漸染之義史記孝武紀索隱引小顏○文選魏都賦綠菱泛濤而浸潭注云浸潭漸漬也○萱按浸潭即浸淫侵淫之段借侵尋遂往之意也史記孝武紀侵尋於泰山矣索隱引晉灼○索隱云侵尋即侵淫也侵凌也廣雅釋言侵陵也書大傳六伐既侵注○左傳莊廿九年疏云侵者加陵之意侵陵亦嚴峻之義荀子致仕節奏欲陵注侵犯也國語楚語無相侵瀆注又漢書薛宣傳集注侵猶犯負也漢書陳餘傳義不侵為無諾者也注侵傷也穀梁襄廿四年傳注侵之能敵也考工記廬人是故侵之司農注侵之者兵加其竟而已用兵淺者周禮大司馬負固不服則侵之注○穀梁僖廿六年傳襄八年傳並云侵淺事也又公羊隱四年疏云侵者淺辭寢鐘鼓以入其竟曰

侵左傳莊廿九年疏引釋例侵伐襲者師旅討罪之名也同工。詩采薇箋謂侵也伐也戰也疏云侵伐戰用師之大名入而不至謂之侵管子法法下情上而道止謂之侵管子明法明法解枉法行事謂之侵管子七臣七主侵臣事小察以折法令注。侵主好恐反法以自傳注云越法行事謂之侵五穀不登謂之大侵後漢書樊準傳。萱按光武紀上注云五穀不升曰大殺段殺為侵五穀不孰謂之大侵墨子七患。廣雅釋天云五穀不升曰大侵

蔓覆也說文。萱按艸部蔓覆二字疑後人羼入非說文本有也覆當是薓之俗體蔓當是苫之俗體耳學者詳之

心 小金切

人心土藏也在身之中象形博士說以為火藏說文段注土藏者古文尚書說火藏者今文家說詳肉部肺下心者土之象也南齊書五行志引洪範五行傳。呂覽季夏祭先心注云心土也又淮南精神而心為之主注云心土也故為四行之主心火之精也白虎通情性。呂覽季夏注又淮南時則注竝云心火也又古微書引春秋元命苞云心者心之精上為張星火成於五故人心長五寸。萱按叔

重與高誘兼持古今二說惟鄭君專主歐陽而五藏之義定古今說詳禮記月令正義在內為心太玄斷斷心滅斧注在中為心太玄中神戰于元注。禮記少儀牛羊之肺離而不提心疏云心謂肺中央少許耳心為陽藏素問氣決論肝移寒於心狂隔中注心為牡藏素問金匱真言論注引靈樞經脈要精微論心者藏之尊者白虎通五祀心者五藏之主也淮南原道心者五藏之專精也素問解精微論心為神靈之臺莊子萬惡不可內于靈臺司馬注。素問六節藏象論云心者生之本神之變也其華在面其充在血脈心者人之北辰也孟子盡心上注天門謂心也莊子天運天門弗開矣釋文心者君主之官也神明出焉素問靈蘭秘典論。荀子解蔽云心者形之君也而神明之主也又鬼谷子捭闔云心者神之主也又淮南精神云心者形之主也又春秋繁露循天之道云心氣之君也包管萬慮其名曰心詩關雎序在心為志疏。疏又引春秋說題辭云恬淡為心心者精之所舍管子內業可以為精舍注心也者智之舍也管子心術

上心者欲之所生也淮南詮言聖人勝心注心也者道之上宰也荀子正名心禮白虎通情性心猶義也呂覽誣徒以章則有異心注心任也廣雅釋親。白虎通情性云心之為言任也任於恩也心容也廣雅釋詁四。春秋繁露深察名號云栣眾惡於內弗使得發於外者心也故心之為名栣也實也誠也厚也施也度也恕也謂之心術管子七法心纖也所識纖微無物不貫也釋名釋形體坎為心易坎維心亨虞注離戚嗟若虞注益有孚惠心虞注艮其心不快虞注厲薰心虞注旅我心不快虞注象上傳復其見天地之心乎虞注象下傳聖人感人心虞注象上傳親諸侯虞注象下傳中心願也虞注繫辭上傳二人同心虞注繫辭下傳能說諸心虞注。說卦傳云坎為亟心為心病其於木也為堅多心心舌知食味者儀禮特牲饋食禮記心舌皆去本末注少牢饋食禮佐食上利升牢心舌注云心舌知滋味心為大火左氏襄九年傳。大戴記夏小正初昏大火中傳曰大火者心也又公羊傳昭十七年注云大火謂心心之大星天王也前星太子後星

庶子史記天官書索隱引洪範五行傳。新序襍事四云心宋分野也房心為大辰天帝之明堂周禮大司樂圜鐘為宮注。爾雅釋天云大辰房心尾也心者天子明堂布政之宮公羊昭十七年傳注。莊七年傳注云房心天子明堂布政之宮也又哀十三年傳注云房心天子明堂布政之庭無心鼠耳也廣雅釋艸

風 缶金切

凬古文。或作飌八風也東方曰明庶風東南曰清明風南方曰景風西南曰涼風西方曰閶闔風西北曰不周風北方曰廣莫風東北曰融風說文段注樂記八風從律而不姦鄭曰八風從律應節至也左氏傳夫舞所以節八音而行八風服注八卦之風也乾音石其風不周坎音革其風廣莫艮音匏其風融震音竹其風明庶巽音木其風清明離音絲其風景坤音土其風涼兌音金其風閶闔易通卦驗曰立春調風至春風分明庶風至立夏清明風至夏至景風至立秋涼風至秋分閶闔風至立冬不周風至冬至廣莫風至白虎通調風作條風條者生也明庶者迎眾也清明者芒

也景者大也言陽氣長養也凉寒也陰氣行也閶闔者咸收藏也不周者不交也言陰陽未合化矣廣莫者大莫也閉陽氣也按調風條風融風一也八卦八節八方一也通卦驗始於調風許終於融風者許依易八卦之次終於艮也艮者萬物之所以成終而成始也風之用大矣哉凡無形而致者皆曰風詩序曰風風也敎也風以動之敎以化之劉熙曰風氾也放也○萱按太兮兮祝祝擬之八風注同白虎通**八方之氣謂之八風**左氏襄廿九年傳八風平注○素問八正神明論云八風者東方嬰兒風南方大弱風西方剛方北方大剛風東北方凶風東南弱風西南方諜風西北方祈風○萱按素問說八風與諸家迴異亦自成一說也**風角謂候四方四隅之風以占吉凶也**後漢書郎顗傳注**風氣也**廣雅釋言又淮南氾論風先萌高注○莊子齊物論云大塊噫氣其名為風又易文言傳風從虎疏云風是震動之氣又詩匪風疏云風乃天地之氣又淮南天文云天之偏氣怒者為風又春秋緐露五行對云地出雲為雨起氣為風**風者天地之使也**文選風賦注引河圖帝通紀**風者天之號令**素問陰陽應象大論東方生風注天元紀大論神在天為風注又文選東京賦聲與風翔

薛注○易象上傳風行天上九家注云風者天之命令也又疏云風為號令又太兮兮祝同又後漢書蔡邕傳下云風者天之號令所以教人也又寇榮傳注云風者天之號令所以譴告人也又蔡邕傳注張奐傳注竝云風者天之號令所以譴告人君者**風者號令天之威怒**後漢書郎顗傳**陰陽散爲風風氣無根也**文選風賦注引五經通義○注引物理志云風陰陽擊發氣也**風者陽中之陰大臣之象也**漢書天文志○南齊書五行志引洪範五行五行傳云風於陽則為陰於陰則為大臣之象**風者陽氣也**素問瘧論○楚辭謬諫虎嘯而谷風至兮注云谷風陽氣也**風運氣也**素問六元正紀大論其運風清熱注**風為木氣**素問陰陽應象大論風勝溼注五運行大論注○五常政大論風寒竝與注云風木也又風雲並與注云風木化也又脾其畏風注云風木令也又淮南天文注云風木風也又春秋緐露五行五事云風者木之氣也其音角也**風土氣也**易說卦傳巽為風陸注又書洪範曰風鄭注○洪範星有好風鄭注云風土也為木妃又周禮大宗伯疏云風為土又左傳昭元年注云風為土味**風寒氣生也**素問至眞要大論大風數樂注巽為

風易說卦傳又後漢書張衡傳注○易象下傳水火相息虞注繫辭上傳潤之以風雨虞注竝云風巽巽也**風伯箕星也**淮南原道使風伯埽塵注又後漢書班彪傳下注○獨斷上云風伯神箕星也其象在天能興風**風師者箕星也**周禮大宗伯以槱燎祀司中司命飌師雨師司農注又風俗通祀典**風氾也其氣博氾而動物也**釋名釋天○子度按文選風賦注引作風者氾也為能氾博萬物**風動也**廣雅釋詁一○詩序風風也釋文引劉氏說云動物曰風又後漢書皇甫嵩傳注云風謂諷動也**風吹也**廣雅釋言**風放也**左氏僖四年傳惟是風馬牛不相及也服注又廣雅釋言○詩北山或出入風議箋又公羊莊元年傳注必持風旨疏竝云風猶放也又釋名釋天云風放也氣放散也子度按李注風賦引作風者放也動气放發**風之為言萌也**古微書引春秋考異郵又白虎通八風**風者宣而疾**易象上傳山下有風何妥注**風者善行而數變**素問風論**風漂物者也**管子形勢解**風落也**呂覽審時如此者不風注**風化也**國策秦策從風而服注又呂覽先識注審分注又淮南本經天下莫不從風注傲真而外

淫于世俗世俗之風注主術亡國之風注慕義從風注又楚辭憂苦思八俗之流風兮注○呂覽適音而移風平俗者也注云風猶化又後漢書朱浮傳注云風迹風化之迹也又周禮大師曰風注云風言賢聖治道之遺化也又詩關雎序云上以風化下下以風刺上主文而譎諫言之者無罪聞之者足以戒故曰風又北堂書鈔引周續之詩序義云由我化物則謂之風**風聲也**文選祭顏光祿文注引廣雅○孝經移風易俗疏引韋昭云大人風聲故謂之風**風教也**漢書武帝紀集注○素問天元紀大論神在天為風注五運行大論東方生風注竝云風者教之始天之使也**風謂政教所施**周禮合方氏注謂風俗所高尚疏**風俗也**呂覽音初聞其聲而知其風注○漢書五行志下之上夫天子者風以作樂注引應劭云風土地風俗也又詩谷風序疏云風與俗對則小別散則義通**化霑一國謂之風**詩關雎序王者之風疏○關雎序云是以一國之事繫一人之本謂之風**風者諸侯之詩**詩國風釋文○左氏昭廿年傳三類疏云諸侯之詩為風**風歌也**論衡明雩引論語風乎舞雩說**風曲也**山海經大荒西經太子長琴始作樂風注**繫水土之風氣故謂之風**漢書地理志下

風飛也廣雅釋詁三風羽也廣雅釋器風采也國語晉語風聽臚言於市注又文選奏彈王源注引國語賈注風謂風采漢書何武集傳渠注風問風歎令問後漢書高彪傳注風風涼也論語先進風乎舞雩皇疏○論衡明雩引論語風乎舞雩說云風乾身也風府穴名也素問熱論其脈連於風府注厥陰為風素問天元紀大論寒暑燥溼風火注風者百病之始也素問生氣通天論骨空論○玉機真藏論風論竝云風者百病之長也風喘息之象也太卜斷決其聲鮭注風走逸書粊誓馬牛其風鄭注牝牡相誘謂之風左氏僖四年傳惟是風馬牛不相及也服注風主蟲大戴記易本命○論衡商蟲云凡蟲為風之字○蕢按說文風下又云風動蟲生故蟲八日而匕說風从虫之意也若考異郵云其立字虫動於凡中者為風俗昧於其字之為諧凡聲矣風沇豫司冀橫口合脣言之風氾也青徐言風踧口開脣推气言之風放也釋名釋天東風艸也文選吳都賦風扶畱劉注東風告也廣雅釋詁三○蕢按此段風為諷也漢書

諷多作風周禮瞽矇諷背文曰風即大司樂注倍文曰諷

楓

楓木也厚葉弱枝善搖一名欇說文段注各本搖作搖今正少一欇字今依韵會補釋木曰楓欇欇為舍人曰楓為樹厚葉弱莖大風則鳴故曰欇欇按欇木葉搖白也搖樹動也厚葉弱枝故善搖善搖故名欇欇嵇含南方艸木狀分楓人楓香為二條實一木也古音在七部招搖臺楓心南為韵上林賦楓一作氾是也木即今楓香樹山海經大荒南經注○文選西京賦梓棫楩楓薛注云楓香木也又吳都賦木則楓柙櫲樟劉注云楓柙皆香木名也楓樹脂可為香今之楓膠香也漢書司馬相如傳上華楓枰櫨注○爾雅釋木注云楓樹似白楊葉圓而岐有脂而香今之楓香是驗作琴

珡 舊林切

琴古文禁也神農所作洞越句練朱五弦周時加二弦象形說文段注禁者吉凶之忌也引申為禁止白虎通曰琴禁也以禁止淫邪正人心也此疊韵為訓宋書樂志曰琴馬融笛賦云宓羲造世本云神農所造也琴馬融笛賦云神農造世本云宓羲所造也按風俗通廣雅皆同世本李長

說誤洞當作迵迵者通達也越謂琴瑟底之孔迵孔者琴腹中空而為二孔通達也越音洛或作趏練朱五弦者廣書傳曰古者帝王升歌清廟之樂大琴練弦蓋練者其質朱者其色鄭注樂記清廟之瑟朱絃云練朱弦也練者聲濁五者初制琴之弦數文王武王各加一弦○廣雅釋詁四云琴禁也又風俗通聲音云琴之為言禁也又文選長門賦注引七略云雅琴琴之言禁也雅之言正也君子守正以自禁也又尒雅釋樂釋文引字林云神農作琴琴舜所彈五弦琴也孟子萬章工琴朕弤朕注○禮記樂云昔者舜作五弦之琴以歌南風琴者樂之統也風俗通聲音○列女傳仁智云琴之合甚思之者言思要也夫琴所以象政也新序雜事五播琴猶播殖方俗言耳山海經內經有都廣之野冬夏播琴注琴蟲亦蛇類也山海經大荒北經有蟲獸首蛇身名曰琴蟲注

靲

鞮也說文段注鞮革履也玉篇靲下云靲鞮也周禮鞮鞻氏音義呂忱云鞮者革履也鞻者靲鞻按鞮鞻走部作趧裹故革部無鞻靲竹篸也儀禮士喪禮繫用靲注○段大令曰按鄭以為紟字紟者係也而與重但當以竹篸

係之因謂篸為紟○蕢按篸非靲之義乃引申之別一義也篸者其物係者其義言竹篸而義在其中矣不必復牽涉紟字矣

聆

國語曰回祿信於聆遂闕說文段注國語今見周語闕者謂其義其音其形皆闕也韋注聆遂地名未詳音禽後漢書楊賜傳引作黔遂黔亦今聲也而說苑引國語作亭遂竹書帝癸三十年作聆遂是其字从令从今不可定而許書此篆或後人所偶記註於此者

苓

艸也詩曰食野之苓說文段注小雅呦呦鹿鳴食野之苓傳曰苓艸也陸璣云苓艸莖如釵股葉如竹蔓生澤中下地鹹處為艸真實牛馬皆喜食之按如陸說則非黃苓藥也許君黃𦬆字從金聲詩野苓字從今聲截然分別他書亂之非也毛詩音義引說文云蒿也以別於毛公之艸也甚為可據但訓蒿則與第二章不別

𦬆

黃𦬆也說文段注本艸經廣雅皆作黃苓今藥中黃苓也、

捦

㩒或○俗有捦急持衣裣也說文段注此篆古段借作禽俗作擒作走獸總名曰禽者以其為

人所捦也又按此解五字當作急持也一曰持衣裣也九字乃合必轉寫有譌奪矣 捦持也 廣雅釋詁三 捦捉也 一切經音義十一引埤蒼○又引三蒼云捦手捉物也 禽獲也 左氏襄廿四年傳收禽挾囚注○易象下傳舊井无禽崔憬注云禽猶獲也又師田有禽釋文云禽徐本作擒○蓋收捦正擒俗禽則叚借也挍官碑云禽姦戩猾亦用借字戩乃殘之省

鈙

○俗有敌 持也 說文段注金聲此與捦義略同

㕁

○俗有庈庈 石地也 說文段注㕁者壁閒之意○蓋按春秋傳魯有費庈父

禽

走獸總名 說文段注釋鳥曰二足而羽謂之禽四足而毛謂之獸許不同者其字从厹厹為獸迹鳥迹不云厹也然則倉頡造字之本意謂四足而走者明矣以名毛屬者名羽屬此乃偁謂之轉移叚借及其久也遂為羽屬之定名矣尒雅自其轉移者言之許指造字之本言之凡經典禽字有謂毛屬者有謂羽屬者有兼舉者故白虎通曰禽者何鳥獸之總名明為人所禽制也○禮記曲禮上不離禽獸釋文云禽盧本作走又月令命主祠祭禽于四方疏云禽者獸之

通名也 禽即鳥也 爾雅釋文又文選鳥獸題注○禮記曲禮上執禽者左獸疏云禽鳥也又周禮庖人司農注云六禽鴈鶉鷃雉鳩鴿又左氏昭元年傳又使强委禽焉注云禽鴈也 兩足曰禽 廣韻引字林 未孕曰禽 周禮獸人注小禽私之疏 陽稱禽 易師田有禽虞注 禽者擒也 禮記曲禮上不亦禽獸之心乎疏 禽犢饋獻之物也 荀子勸學小人之學也以為禽犢注 傅翼戴角分牙布爪仰飛伏走謂之禽獸 列子黃帝○周禮庖人掌共六畜六獸六禽辨其名物注云六禽於禽獸及六摯宜為羔豚犢麛雉鴈凡鳥獸未孕曰禽 觸禽從欲謂之禽獸 說苑修文 內取茲謂禽 漢書五行志下之上

㸒 淫 淡林切

近求也 說文段注近求浸淫之意也小徐無近字廣韻曰貪也○俗有霪 浸淫隨理也一曰久雨曰淫 說文段注浸淫者以漸而入也司馬相如難蜀父老曰六合之內八方之外浸淫衍溢史記作浸潯月令曰淫雨蚤降左傳曰天作淫雨鄭曰淫霖也雨三日以上為霖○釋

名釋言語云淫浸也浸淫旁入之言也又書無逸嗣王則其無淫于觀于逸于遊于田晚出書傳云淫者浸淫不止 淫猶侵也 文選演連珠貞於期者時累不能淫注 淫潤也 楚辭自悲秋玉色而外淫注 淫游也 廣雅釋言又管子法明不淫意於法之外注又楚辭招魂不可以久淫些注 淫謂流移也 禮記曲禮上毋淫視疏 淫延生也 呂覽任地子能使雚夷毋淫乎注 淫沒也 小尒雅廣詁 淫過也 禮記樂記世亂則禮慝而樂淫疏又左氏昭元年傳淫生六疾注哀七年傳則有淫者矣注又穀梁襄五年傳淫於崔氏注又周書糴匡服美義淫注又管子七臣七主而上不調淫注又呂覽古樂諸侯去殷三淫注又淮南原道久淫而不復注又文選羽獵賦創淫輪夷注引張晏又漢書揚雄傳上集注又後漢書襄楷傳注荀悅傳注○詩關雎序不淫其色疏云淫者過也過其度量謂之為淫又鼓鐘傳鼓其淫樂疏引王肅云凡作樂而非所則謂之淫淫過也 淫久也 晉語底著滯淫注又文選王仲宣七哀詩注引國語賈注又漢書禮樂志集注 淫大也 爾雅釋詁又詩有客旣有淫威傳○書泰誓今惟淫舍牿牛馬疏云淫訓大也 淫多皃也 楚辭沈江日浸淫而合同注 淫進皃

也 管子內業則淫然而自至注 淫淫增進皃 管子內業淫淫乎與我俱生注 淫淫流皃也 楚辭哀郢涕淫淫其若霰注大招霧雨淫淫注靈懷河水淫淫情所願兮注 淫淫去遠皃 文選高唐賦洪波淫淫之溶濇注 淫淫羣行皃 漢書司馬相如傳集注引郭璞 淫淫與與往來皃 漢書揚雄傳上注○文選羽獵賦注云淫淫與與皆行皃也 淫灪游激淳衍皃 史記司馬相如傳沇溶淫鬻索隱引郭璞 淫裔電皃 後漢書張衡傳注又文選思玄賦弄狂電之淫裔舊注 淫曀闇昧也 楚辭逢紛徑淫曀而道壅注 淫液者飲酒時情態也 詩賓之初筵序沈湎淫液箋○家語辨樂淫液之注云淫液散淫滋味 淫濯謂過度而且大也 文選七發血脈淫濯注 淫濼謂似酸痛而無力也 素問骨空論淫濼脛痠不能久立注 淫氣謂氣之妄行者 素問痺論淫氣喘息注 淫謂行所不勝己者也 素問至眞要大論上淫于下所勝平之注 淫不次也不次而行如浸淫相染而生病也 素問四時刺逆從論反之則生

亂氣相淫病焉注不學正道爲淫學呂覽知度不好淫學流說注非其所祭而祭
之名淫祀淫祀無福禮記曲禮下○太弁聚狂昧淫止注云淫謂淫祀也作淫謂女工
奢僞怪好物也禮記月令毋得淫注淫巧謂奢僞怪好也禮記月令毋或作爲淫巧
以湯上心注○呂覽季春注云淫巧非常說怪又淮南時則注云淫巧非常之巧也淫久雨也素問五運行大
論其眚淫潰注○尒雅釋天云久雨謂之淫平地出水爲淫水後漢書和帝紀注又淮南覽冥積蘆
葦以止淫水注坎水爲淫易繫辭上傳冶容誨淫虞注淫薄粉之令帛白考工記慌氏淫
之以蜃注淫陳也周禮大師司農注○蕢按先鄭破淫爲廞是也司兵司裘考工記匠人諸淫字亦然皆詳廞廞下
○又按淫之引申義近婬故婬多借淫作之又淮南說山云淫魚出聽此借淫爲鱏也尋遂往之意也
漢書郊祀志上寖尋於泰山矣注引晉灼○蕢按此段尋爲淫也

婬

ム逸也說文段注ム作私非也今正ム音私姦衺也逸者失也失者縱逸也婬之字今多以淫代之淫行而婬廢

矣婬逸也家語刑政作婬聲注淫邪也國語晉語知程鄭端而不淫注又漢書五行志中之上集注又
呂覽音初世濁則禮煩而樂淫注又離騷謠琢謂余以善淫注○蕢按淫引申之義略與婬同古今皆段淫爲婬淫謂
傾邪也禮記儒行其居處不淫注○幽居而不淫疏云淫猶傾邪也淫猶僭也國語吳語以淫名聞
於天子注淫猶貪也禮記樂記聲淫及商疏無猶坊記示不淫也淫夫禮防民所淫注○緇衣慎惡以御民之
淫注云淫貪侈也貪色爲淫左氏成二年傳又列女傳孽嬖○小尒雅廣義云男女不以禮交謂之淫又說
苑反贊云好樂聲色者淫也又詩雄雉序疏云淫謂色欲過度淫過蕩左氏襄廿九年傳遷而不淫注○隱三年
傳驕奢淫佚疏云淫謂者欲過度又禮記王制齊八政以防淫疏云淫謂過奢侈淫泆大戴記曾子立事居上位
而不淫注淫放也禮記哀公問淫德不倦注又左氏昭六年傳嚴斷刑以威具淫注又國語晉語使淫觀狀注又
漢書刑法志集注又孟子滕文公下放淫辭注淫放泆也書無逸則其無淫于觀鄭注淫濫也國語
周語聽淫日離其名注又後漢書桓帝紀注淫放濫也周禮宮正去其淫怠與其奇衺之民注淫佚

放濫也國語越語淫佚之事注淫亂也呂覽古樂有正有淫矣注○孟子滕文公下富貴不能淫注云
淫亂其心也淫亂襍也管子小匡男女不淫注淫惑也呂覽直諫得丹之姬淫注淫見淫
略也國語齊語男女不淫牢馬遇具注淫慝謂虣掠百姓取囚俘也左氏成二年傳
禁淫慝也注

驔

騽

或○平入兩讀注在彼

鱏

○俗有鮪鱏魚也傳曰伯牙鼓琴鱏魚出聽說文段注郭景純說鮪即鱏也許意不爾
故二篆割分異處劉注蜀都蜀曰鱏魚出江中頭與身正半
口在腹下亦與陸璣所說鮪狀正同今字作鱘見陳藏器本
艸師古曰今俗語讀尋日者諸書多有之不定爲何書也諸
書或作鱏魚或作淫魚或作潛魚皆由聲近傳竟謂大魚耳
淫者大也○蕢按段潛者同部也段淫者且同音也淮南說
山淫魚出聽注云淫魚長頭身相半長丈餘正白身正黑口
在頷下似鬲獄魚而身無鱗出江中鱏亦大魚也漢書賈誼傳橫江湖之鱣鯨兮注○後漢書馬融傳注云

鱏口在頷下大者長七八尺鱏長鼻魚也重千斤尒雅釋魚釋文引字林

蟫

白魚也說文段注今衣書中白蟲有粉如銀者是也一名蛃魚本艸經謂之衣魚蟫衣書中蟲一
名蛃魚尒雅釋蟲蟫白魚注蟫亦動皃也後漢書馬融傳注蟫蟫相隨之皃楚辭
惵亂貉兮蟫蟫注

醰

孰鬻也說文醰幽也廣雅釋器

炎

○俗有炎燅小爇也詩曰憂心如炎說文段注蓺或作熱誤節南山釋文正義引作訦亦誤飾
南山曰憂心如惔古本毛詩作如炎故毛傳曰炎燎也鍼葉傳曰加火曰燔許曰燔爇也爇加火也是毛訓作爇許則別
之云小爇月方言廣雅曰炎明也此引伸之別一義炎郭璞曹憲音淫今各書皆譌作炎炎如炎各本作炎炎今正

林

利琴切

平土有叢木曰林說文段注周禮林衡注曰竹木生平地曰林小雅依彼平林傳曰平林林木之在平
地者也冂部曰野外謂之林引伸之義也釋詁毛傳皆曰林
君也假借之義也○楚辭涉江露申辛夷死林薄兮注又文

選典引賁發仁義之林藪蔡注竝云叢木曰林木叢生曰林呂覽安死其樹之若林注又淮南說林注又文選西京賦林麓之饒薛注○風俗通山澤云林樹木之所聚生也山木曰林詩擊鼓于林之下傳○釋名釋山云山中叢木曰林林森也森森然也竹木曰林周禮大司徒注又文選七命注引曹大家列女傳注○周禮職方氏其利林漆絲枲注云林竹木也又大司徒疏云竹木生平地曰林又穆天子傳二是曰竹林注云竹木盛者為林林積木國語周語囿有林池注木聚謂之林詩大明疏林聚也廣雅釋詁三林衆也廣雅釋詁三又國語周語四閒林鐘注○白虎通五行云林者衆也萬物成熟種類衆多也野外曰林詩駉在坰之野傳○爾雅釋地云野外謂之林林鐘未之氣也六月建焉而辰在鶉火又林鐘長六寸周禮大師函鐘注○呂覽季夏律中林鐘注云林衆鐘聚陰律也陽氣衰陰氣起萬物衆聚而成又淮南天文音比林鐘注云林鐘六月也林衆鐘聚也陽極陰生萬物衆聚而盛故曰林鐘林鐘者引而止也淮南天文林鐘者言萬物就死氣林林然史記律書林離摻

欐也漢書司馬相如傳上麗以林離注引張揖○文選東都賦注引孝經鉤命決云西夷之樂曰林離林氏山名也文選東京賦囿林氏之騶虞薛注林君也詩賓之初筵有壬有林傳又漢書律曆志上又楚辭天問伯林雉經注又太玄玄數黃鍾生林鍾注○萱按釋詁訓君者十字林烝皆取義於衆得衆斯得國矣此再引申之義也林襤聲相近故以林爲襤史記匈奴傳大會蹛林索隱○萱按襤正林借以雙聲通用也

痳

疝病也說文段注釋名曰痳懍也小便難懍懍然也按痳寡不與疝伍者以有疝痛而不痳者也痳病也廣雅釋詁一痳小便數也一切經音義二引聲類淋小便數也一切經音義二十引聲類○萱按小便之難與數事相因非有二也痳淋正借字

霖

凡雨三日已往爲霖說文段注左傳隱九年春王三月癸酉大雨霖以震書始也庚辰大雨雪亦如之書時失也凡雨三日以往爲霖平地尺爲大雪按許直用傳文爲說也已當作以自三日以往謂雨三日又不止不定其日數也雨三日止不得謂霖矣賈注國語亦曰雨三日以上爲霖若宋人注尚書云三日雨爲霖失古義矣釋天久雨

謂之淫淫謂之霖○禮記月令淫雨蚤降注又尒雅釋天注又漢書高帝紀上七月大霖雨注竝云雨三日以上爲霖淫雨謂之霖書大傳天之無烈風淫雨注霖久雨也素問氣交變大論其災霖潰注霖雨者人怨之所致後漢書安帝紀

淋

或作書㠯水渼也一曰淋淋山下水也說文段注謂山下其水也七發曰洪淋淋焉若白鷺之下翔○尒雅釋艸釋文引字林云淋以水沃也淋漬也廣雅釋詁二淋漉水下也一切經音義十引三蒼淋灑不絕皃文選洞簫賦被淋灑其靡靡兮注淋離長皃也楚辭哀時命劍淋離而縱橫注淋小便數也萱按此段淋為痳

琳

美玉也說文琳美石也書禹貢厥貢惟球琳琅玕鄭注琳玉也爾雅釋器又漢書司馬相如傳上琳珉昆吾注引張揖璆琳琅皆玉名也又琳琅聲也楚辭東皇太一璆鏘鳴兮琳琅注

臨

或作臨監也說文又國語周語臨長晉國者注臨涖一也左氏昭六年傳臨之以敬疏臨者在上臨下之名詩皇矣疏○左傳昭六年疏云臨謂位居其上俯臨其下臨謂御於下素問五常政大論火氣下臨注臨視也尒雅釋詁又詩大明上帝臨女箋思齊不顯亦臨箋皇矣臨下有赫箋又禮記襍記上客臨注○論語爲政臨之以莊則敬皇疏云臨謂以高視下也臨見也易繫辭下傳如臨父母虞注臨照也方言十三又廣雅釋詁三臨大也廣雅釋詁一又易臨鄭注又釋文○序卦傳云臨者大也臨治也華嚴經音義上引國語賈注臨者撫有之也穀梁哀七年傳春秋有臨天下之言焉注臨猶守也國策西周策君臨函谷注以尊適卑曰臨周禮巷人凡王弔臨注臨者亦卻背之義史記貨殖傳北鄰烏桓夫餘索隱臨哭也左氏宣十二年傳卜臨於大宮注又御覽四百八十引左傳賈注又呂覽觀表還車而臨注臨猶伐也國策西周策以臨韓魏注臨臨車也詩皇矣與爾臨衝傳又後漢書伏湛傳注右高臨丘尒雅釋丘臨朐山名也水經巨洋水注引應劭

[氵嵒] 或作槃涻谷也一曰寒也說文段注泉出通川為谷谷亦槃槃雨倆濇也後義與瀽音義略同也廣雅釋詁

[山入] 盧岑切 入山之突也說文段注廣韻作入山深皃於形得義山小而高說文○尒雅釋山云山小而高岑山小而高曰岑岑嶄也嶄嶄然

岑 也釋名釋山岑高也方言十二又廣雅釋詁四○文選思玄賦飲青岑之玉醽兮舊注云上高者曰岑岑銳也楚辭逢紛揄揚滌盪流瀴注觸岑石兮注岑大也方言十二又廣雅釋詁一又岑取也廣雅釋詁一岑岸也莊子徐無鬼未始離于岑注○釋文云岑謂崖岸也岑謂巖險禮記大學注知鳥擇岑蔚安閑疏岑嵓危嶮之形文選琴賦悳岑嵓注碕岑言岑崟爾雅釋山注○方言十二注云岑崟峻皃也嶜岑高峻之皃也文選南都賦坐谷嶜岑注岑峨嵾嵯不齊皃楚辭怨世俗岑峨而嵾嵯注岑樓山之銳嶺者孟子告子下可使高於岑樓注岑寂猶高靜

韻史 卷三十第七部平聲全韻 三一三五

也文選舞鶴賦去帝鄉之岑寂注岑岑㾯悶之意漢書外戚傳上我頭岑岑也注岑牟鼓角士冑也後漢書禰衡傳注

涔 ○俗有涔清也一曰涔陽渚在郢說文段注淮南書牛蹏之涔謂水之潰於牛迹中者也毛詩潛有多魚韓詩作涔爾雅曰槮謂之涔毛傳曰潛槮也說者云槮即槑字韓詩曰涔魚池也此皆涔之別義屈原九歌望涔陽兮極浦王逸曰涔陽江碕名附近郢按許曰在郢王曰附近郢許云渚名王云江碕名皆不云有涔水謂近郢渚大江之州渚耳近儒說未可信涔水即黃水也水經涔水注○豈按黃水不妨別名涔水要之與涔陽無涉涔久而水潦也淮南主術有涔旱災害之患注○俶真夫牛蹏之涔注云涔潦水也又氾論牛蹏之涔注云涔雨水也涔大濇水也淮南覽冥涔雲波水注涔多水也淮南說林宮池涔則溢注涔槮也廣雅釋器積柴養魚曰涔爾雅釋器李注以米投水養魚爲涔也爾雅釋器舍人注○李注略同涔池也集韻

韻史 卷三十第七部平聲全韻 三一三六

湛 𣸟古文沒也一曰湛水豫州浸說文段注古書浮沈字多作湛湛沈古今字沉又沈之俗也沒下云湛也二字轉注大徐宅減切未知古義古音也凡湛字引伸之義甚多其音不一要其古音則同直林切而已職方氏荊州其浸穎湛豫州其浸波溠許系溠於荊系湛於豫益以正經文之互譌也鄭注云湛未聞許系諸豫益必實有所指矣水經汝水篇注曰汝水又東南逕繁丘城南而東南出湛水出犨縣北魚齒山西北東南流歷魚齒山為湛浦春秋傳襄十六年晉楚戰於湛阪蓋即湛水以名阪也又東南逕蒲城北又東入汝周禮鄭注曰未聞蓋偶有不照按許意亦正謂斯水也杜元凱云昆陽縣北有湛水東入汝今河南南陽府葉縣北二十里有昆陽城○漢書鄧陽傳集注引應劭云湛沒也湛清也考工記鍾氏染羽以朱湛丹秫司農注又禮記○月令湛熾必絜注又呂覽仲冬湛饎必潔注又淮南時則注○禮記內則湛諸美酒注云湛亦清也湛深也文選思玄賦私湛憂而深懷兮舊注封禪文湛恩厖鴻注湛湛深皃文選高唐賦蓊湛湛而弗止注久雨爲湛論衡明雩湛謂潭潭徐遲之皃太玄告月遊而日湛注湛水不流也文選遊西池詩注引蒼頡湛水異也論衡

韻史 卷三十第七部平聲全韻 三一三七

感虛湛湛水皃楚辭招魂湛湛江水兮上有楓注湛湛水流鼓怒之聲也史記司馬相如傳湛湛隱隱正義湛淡迅疾皃文選吳都賦湛淡羽儀劉注湛處言湛然如水而墨荀子性惡硏閒注湛湛露茂盛皃詩湛露湛湛露斯傳○廣雅釋訓云湛湛露也湛厚也楚辭悲回風吸湛露之浮涼注湛湛重厚皃也楚辭哀郢忠湛湛而願進兮注○漢書司馬相如傳下集注云湛湛積厚之皃湛安也方言十三又廣雅釋詁一○方言注云湛然安皃瘨癃病也秦曰湛方言三湛酒清酒也米物下湛故曰湛淮南覽冥故東風至而湛溢注湛樂也湛淫也豈按此段湛為媅也媅下詳之沈沒也廣雅釋詁一又小尒雅廣詁又國策秦策不沈者三板耳注又史記酈傳作沈令法索隱引韋昭又漢書咸宣傳集注引應劭又楚辭惜誦情沈抑而不達兮注怨世世沈淖而難論兮注○豈按湛沈異部而音義大同古多用湛後世多用沈沒水謂之沈晚出書胤征疏○翰釋名義六引異物志云沈香出日南國欲取當先斫樹壞著地積久外朽爛其心堅者置水則沈名曰沈香沈溺

韻史 卷三十第七部平聲全韻 三一三八

也左傳襄廿四年注沒沒沈滅之言釋文又法言寡見沈而樂者注 沈深也漢書司馬相如傳下集注又後漢書郭泰傳注又莊子外物慰暋沈屯釋文引司馬注○文選上林賦沈沈隱隱注云沈沈深皃也 祭川曰沈

浮也管子侈靡注○周禮大宗伯以貍沈祭山林川澤注云祭山林曰埋川澤曰沈又小子凡貍沈妻俟醸司農注云沈謂祭川又書大傳沈四海注云祭水曰沈又淮南說山篇戒以沈諸河注云祀河曰沈 沈浮猶盛衰淮南原道而與道沈浮俛仰注 沈浮言多也文選長楊賦英華沈浮注 沈濳也濳然安著之

言也釋名釋言語○萱按以上皆段沈為湛也二字他義亦多互相出入 沈湎淫酒也淮南要略康樂沈湎注○詩賓之初筵疏云沈湎者飲酒過久若沈沒然又初學記廿六引韓詩云凡飲之禮齊顏色均眾寡謂之沈 沈沔荒迷也漢書霍光傳沈沔於酒注○萱按湎沔異部同音故段沔為湎

壬 懷林切

位北方也侌極易生故易曰龍戰于野戰者接也象人褢妊之形承亥壬吕子生之叙也壬與巫同意壬承辛象人脛

脛任體也說文段注月令鄭注曰壬之言任也時萬物懷任於下律書曰壬之為言任也言陽氣任養萬物於下也律厤志曰懷任於壬釋名曰壬妊也陰陽交物懷妊至子而萌也引易者證陰極陽生也乾鑿度曰陽始於亥乾位在亥文言曰為其兼於陽故偁龍許君以亥壬合德亥壬包孕陽气至子則滋生矣故舉坤上六爻辭坤上六在亥巫象人兩袖舞壬象人腹大也○太玄玄數曰壬癸注云壬取其懷任 太歲在壬曰玄黓爾雅釋天 月

在壬曰終同上 乾主壬易象下傳天地之大義也虞注 壬癸亥子水也又 壬子

代也又 壬子夷則之角也並淮南天文 壬任也禮記月令疏又御覽廿八引崔靈恩禮記義宗又廣雅釋言○爾雅釋詁注云壬猶任也又白虎通五行云壬者陰使任又詩賓之初筵箋云壬任也謂鄉大夫也 壬大也爾雅釋詁又詩賓之初筵有壬有林傳 壬佞也爾雅釋詁○漢書元帝紀是故壬人在位注引服虔云壬人佞人也又春秋繁露陽尊陰卑云股體移易其處謂之壬人 任大也詩燕燕仲氏任只傳○萱按任訓大訓佞皆壬之段借字 任佞也爾雅釋詁又後漢書郅惲傳注○釋詁孫注云任似可任之佞也

任

保也說文段注保之本義尚書所謂保抱任之訓保則保引伸之義如今言保舉是也周禮五家為比使之相保注云保猶任也又孝友睦婣任恤注云任信於友道也引伸之凡澹何曰任小雅我任我輦我車我牛傳云任者輦者車者牛者四云者者皆謂人也坤風傳任大也即釋詁之壬大也○廣雅釋言又漢書哀帝紀集注趙充國傳集注又後漢書贊帝紀注又管子大匡吾權任子以死生注任法世無請謁任舉之人注又淮南說山所不能任其必孝也注並云任保

也 任謂保任後漢書楊秉傳注○公孫述傳注云任保任也 任人謂保任見舉者史記汲鄭傳莊任人賓客集解引臣瓚○漢書汲黯傳信任宏注引蘇林云任保舉 相與信為任漢書季布傳為任俠有名集注引如淳又史記季布欒布傳為氣任俠集解○集解引孟康云信交通曰任 任謂朋友相任周禮大司徒五曰不任之刑司農注○大戴記文王官人觀具任廉注云任以信相親也又詩燕燕仲氏任只箋云任以恩相親信也○萱按燕燕之任毛破為壬鄭不破字而俱通之 任士損己而益所為也墨子經上

任好也荀子成相穆公任之注 任用也呂覽樂成達子任人也注任數去三者不任則治注舉難將任

之注察今此任物亦必悖矣注○周禮牛人以載公任器注司隸為百官積任器注並云任猶用也 任委也管子五行任君賜賚注○萱按任字舊有分讀去聲者此類是也殆於無事而自擾 任使也○廣雅釋詁一周禮太宰之職疏云任謂任使又云任使即事也又掌國任其萬民注云任謂以其任使之也又 任謂任使其氣力漢書季布傳注○史記季布欒布傳集解云任氣力也 任職也國語周語保任戒懼注又呂覽誠廉不避其任注 任其所掌治周禮司士三歲則稽士任注 任事也漢書韓安國傳集注引如淳○異姓諸侯王表集注云任用也事也 任謂有堅完可任託以事也漢書季布傳集注引應劭 任猶

事也周禮大司馬以任邦國注 任猶傳也周禮大宰以任百官注以九職任萬民注 任猶因也文選雪賦地班行注任 任謂就地所生因民所能周禮大司徒以任土事注 任亦將

也呂覽舉難將任車以至齊注 仁義修立謂之任賈子道術 任勝也國語魯語不能任重注○呂覽季春戴任降于桑注云戴任戴勝鴟也 任堪也史記白起王翦傳病不任行正義又漢書霍光傳集

注辛慶忌傳集注尹翁歸傳集注蕭望之傳集注匡衡傳注翟方進傳集注王莽傳中集注又後漢書明帝紀注和帝紀注丁鴻傳注左雄傳注章帝紀注云任堪使也○任能也國策秦策是大王善業之臣無任矣注又莊子秋水任士之所勞釋文引李注任充也漢書王莽傳中其女皆為任注任當也左氏僖十五年傳重怒難任注成二年傳僕之人必有任是夫釋文襄廿五年傳誰能任之釋文又國語魯語事其君而任其政注○漢書石顯傳集注云任猶當也任荷也國語晉語任大惡三注任負也楚辭悲回風任重石之何益注○荀子宥坐百仞之山任負車登焉注云任負車任重之車也任負荷也國語魯語家欲任兩國注任負戴也漢書地理志下幼者扶老而代其任注任載也呂覽博志則不能數里任重也注又淮南道應於是為商旅將任車注○管子兵法數所以任也注云任猶載也謂今之假裝也任抱也國語齊語負任儋何注○詩生民是任是負傳云任猶抱也任猶擔也家語正論不以其任於道路注又孟子滕文公上門人治任將歸注○音義引丁音云治任治擔任之具謂任所擔持也禮記祭義班白者不以其任行乎道路注○王制輕任并疏云

任謂負擔負者又詩黍苗疏云任即是擔負之意任謂役事也漢書賈山傳百姓任罷注任力役荀子議兵輕其任注任者擔也淮南說林任動者車鳴也注倍任用力倍也考工記輈人為輈倍任者也注任脈衝脈皆奇經脈也素問上古天真論任脈通注○萱按奇音基奇經八脈任其一也任脈者女子得之以任養者也素問骨空論其女子不孕注○白虎通禮樂五行云任養萬物南夷之樂曰任詩鍾鼓以雅以南傳又公羊昭廿五年傳以舞大夏注又文選東都賦僸侏兜離注引孝經鉤命決○禮記明堂位任南蠻之樂也注云以雅以任南方曰任周禮鞮鞻氏掌四夷之樂注又獨斷上○禮記明堂位注以雅以任疏云任即南也任國名莊子外物任公子為大鈞釋文引李注任佋可任之佞也尒雅釋詁任佞也孫注○萱按此段任為士也釋詁壬任妊也訓佞正借字不妨同見有借姓為任者潛夫論五德志之大姓即詩大明之大任

紝

任縈武○俗有緇機縷也說文段注緻曰絲麻曰縷縷者綫也綫者縷也喪服言縷若干升孟子以麻縷

絲絮並言皆謂麻也然亦有麻絲並言縷者機縷是也機縷今之機頭內則曰執麻枲治絲繭織紝組紃紝合麻枲絲繭言之左傳魯賂楚以執斲執鍼織紝皆百人杜曰織紝織繒布者機縷曰紝漢書食貨志下嬪婦桑蠶織紝注機縷曰紝漢書嚴助傳婦人不得紡績織紝注紝謂繒布也詩采蘩序疏○釋文云紝繒帛之屬又禮記內則疏云紝為繒

始林切

諶

○俗有愖誠諦也詩曰天難諶斯說文段注釋詁諶信也許曰誠諦未詳詩乃緝之設天難諶斯大雅文今詩作忱毛曰忱信也按諶忱義同音近古通用今詩其命匪諶心部作天命匪忱○文選幽通賦實棐諶而相訓注云諶與忱古字通也諶誠也爾雅釋詁又詩蕩其命匪諶傳又楚辭哀卽諶在弱而難持注又漢書貢禹傳集注孔光傳集注敘傳上集注引應劭諶信也尒雅釋詁又後漢書胡廣傳注

煁

烓也說文段注小雅白華曰樵彼桑薪卬烘于煁釋言曰煁烓也毛傳曰烓烓竈也郭璞曰今之三偶竈挾鄭箋云桑薪薪之善者不以炊爨養人反以燎於烓竈則烙事物而已然則行竈非為飲食之竈若今火爐僅可烙物自古名之

曰烓亦名之曰煁或段諶為之春秋傳裨諶字竈知諶即煁字也漢書人表又作卑湛煁烓竈也尒雅釋言舍人注

鬵

䰜籀大鬴也一曰鼎大上小下若甑曰鬵說文段注檜風誰能亨魚攩之釜鬵毛曰鬵釜屬按下文別一義釋器鼎絕大謂之鼐圜弇上謂之鬳附耳外謂之鈛款足者謂之鬲鬳謂之鬵鬵鉹也按此六句皆說鼎故許以鼎大上小下若甑發明鬵謂之鬵金部曰鉹鬵鼎亦所以發明鬵鉹也釋爾雅者是通此矣○一切經音義十引字林云鬵大釜也一曰鼎大上小下若甑也鬵釜也楚辭憂若寒土甑自鬵於中字注關而東或謂之鬵方言五○尒雅釋器孫注云關東人謂甑為鬵○萱按詩匪風疏云鬵是甑非釜類此與說文諷語鬵涼州呼鉹尒雅釋器注又方言五注鬵疾也廣雅釋詁一○萱按此段鬵為揩也从兓同

蠶

蠶○俗有蚕任絲蟲也說文段注任俗譌作吐今正任與蠶以疊韵為訓也言惟此物能任此事美之也絲

鰽　䱹　吟 御林切

下曰蠶所吐也古音讀如蠶蠶爲龍精周禮馬質禁原蠶者注蠶干火也淮南覽冥蠶咡絲而商絃絕注○洪範五行傳時則有蠃蟲之孽注云蠶蠃蟲之類蟲之生於火而藏於秋者也蠶食而不飲大戴記易本命○注引淮南子云蠶食而不飲三十日而化蠶歲之大功事畢於此也禮記祭義世婦卒蠶注蠶室宮刑獄名後漢書光武紀下注○萱按此注有獄是若陳忠傳注云蠶室宮刑名也或云猎州也二義不異又奪獄字地蠶蚰蜒也又地蠶蟦螬也並廣雅釋蟲

鰽魚也說文段注此是魚名類篇謂即小魚為䱹之䱹非也○俗有䱹鮺也說文段注渾言不別析言則別之○萱按鮺下云南方謂之䱹北方謂之鮺一曰大魚為鮺小魚為䱹皆析言䱹差也廣雅釋器

䪩或有詥○俗呻也說文如吟如人呻吟聲山海經其音如吟注○萱按一作其音如欽段欽為吟也又詩板傳殿屎呻吟也釋文吟本作唫唫亦吟之借字也又禮記學記注呻吟也釋文吟又作詥此用俗

崟　釿

醴字動聲曰吟詩關雎序疏又釋文吟歌也廣雅釋樂○國策秦策則將吳吟注云吟歌吟也吟頌謂謳吟歌誦文選答東阿王箋謹韞櫝玩耽以為吟頌注○漢書禮樂志吟青黃注云吟謂歌誦也吟口吟咏長在人口也荀子不苟盜跖吟口注吟歎也文選蘇子卿古詩注引蒼頡○素問寶命全形論呿吟至微注云吟謂吟歎吟嚴也其聲本出於憂愁故其聲嚴肅使人聽之悽歎也釋名釋樂器

○俗硷岑有山之岑崟也說文段注子虛賦岑崟參差日月蔽虧又揚雄蜀都賦衡南都賦皆有崟崟字李善讀為岑崟崟高也廣雅釋詁四嶔硷山深險連延之狀文選吳都賦嶔硷乎數州之閒劉注○萱按嶔即嶔字嶔硷蓋即說文之岑崟○又按穀梁僖卅三年傳必於殽之巖唫之下此段唫為崟也崟崟高大皃文選羽獵賦注引李形單行字崟崟衆饒皃楚辭惆上叢林兮崟崟注

劑斷也說文段注劑者齊也小徐無斷字釋名曰斷者謹也板廣不可得制削又有節則用此斷之所以詳謹令

乑　霂　尋 小林切

平減斧迹也六書故曰釿魚斤切似鍚而小按此篆盍从斤金聲讀若呻吟之吟其義謂以斤斧之屬制斷金鐵物也今俗閒謂庚新堅為釿斷當即此字劉成國以謹也釋之蓋已失其義鄴其音非許入斤部之恉矣

偏旁作乑眾立也說文段注玉篇作乑也國語曰人三為乑

霖雨也南陽謂霖霂說文段注其字从从从者眾立也故雨多取之段是可以證霂雨之為霂而非小雨矣淫雨即霂雨之段借

隸作尋○俗有得覓繹理也度人之兩臂為尋八尺也說文段注繹理也謂抽繹而治之凡治亂必得其緒而後設法治之引伸之義為長方言曰尋長也海岱大野之閒曰尋自關而西秦晉梁益之閒凡物長謂之尋周官之法度廣為尋古文禮段尋為燅有司徹乃燅尺俎注燅溫也古文燅皆作尋記或作尋春秋傳若可尋也亦可寒也秦左傳服注尋之言重也溫也論語何注溫尋也互相發明俗本禮注作燖誤用臂為尋八尺此別一義考工記曰澮廣二尋○萱按考工記匠人云宮中度以尋尋猶尋繹也公羊成三年傳尋舊盟也注尋

猶緣也文選陸士衡樂府悲哉行蔓葛亦有尋注尋用也左氏莊廿八年傳今令尹不尋諸仇讐注僖五年傳將尋師也注昭元年傳日尋干戈注又小尒雅廣詁又家語觀周將尋斧柯注又漢書郊祀志上集注引鄭氏又文選五等論注引國語賈注尋就也漢書郊祀志上集注尋討也國語周語夫三軍之所尋注尋長也廣雅釋詁二○淮南繆稱不能使無憂尋注云憂尋憂長也又其憂尋推之也注云憂尋憂深也舒肘知尋大戴記主言○小尒雅廣度云四尺謂之仞倍仞謂之尋尋舒兩肱也八尺曰尋詩閟宮是尋是尺傳又考工記總目殳長尋有四尺注盧人注又儀禮鄉射禮記以鴻脰韜上二尋注鄉侯上个五尋注覲禮壇十有二尋注又禮記雜記下兩五尋注又左氏成十二年傳爭尋常以盡其民注昭廿三年傳疏哀十一年傳人尋約注又釋名釋兵又華嚴經音義下引何承天纂要又史記屈原賈生傳彼尋常之污瀆兮集解引應劭又漢書終軍傳枉尺直尋注又後漢書崔駰傳注又莊子庚桑楚夫尋常之溝釋文又呂覽悔過穴深尋注又淮南氾論內之尋常而不塞注又文選吳都賦擢木千尋劉注○國語周語其察色也不過墨丈尋常之閒注晉語而無尋尺之祿注竝云八尺為尋丈六尺曰

常半常曰尋儀禮公食大夫禮記司宮具几與蒲筵常緇布純加萑席尋注七尺曰尋史記張儀傳跡間三尋索隱○萱按姊備一義不可為典要尋大竹名山海經大荒北經有岳之山尋竹生焉注尋萱按此段尋為淫也尋淫聲相近淫下詳之○重也尋溫也萱按竝詳毅下尋逐侳之意也萱按此段尋為淫也又按議郎元賓碑杠尺直㝵又華山亭碑斷度㝵席竝段㝵為尋

𢒽 平上附讀衣博大也說文

潯 ○俗有薄𣺌深也說文段注今人用此字取義於旁而已潯厓也廣雅釋丘又淮南原道故雖游於江潯海裔注潯水涯也文選江賦注引淮南許注沈休文應詔樂遊苑詩注七發注引字林宋孝武宣貴妃誄注潯深也玉篇

鄩 周邑也說文段注左傳昭廿二年郊鄩潰杜曰河南鞏縣西南有地名鄩中水經注洛水篇曰鄩水於訾城西北東入洛永京相璠云有鄩城蓋周大夫鄩肸之邑也萱按鄩肸鄩羅皆子朝之黨見左傳今河南河南府鞏縣西南五十八里有故鄩城

凡 余林切

冣括而言也說文段注冣各本作冣最者犯而取也非其義今正冣者積也才句切括者絜也絜者束也絜者麻一耑束之成一耑也冣括者總聚而絜束之也意內言外曰𧮫其意冣括其言凡也春秋繁露曰號凡而略名曰而詳目者徧辨其事也凡者獨舉其大也享鬼神者號一曰祭祭之散名春曰祠夏曰礿秋曰嘗冬曰烝獵禽獸者號一曰田田之散名春苗秋蒐冬狩萱按周禮多言凡六典凡治典教典禮典政典刑典事典目也鄭注言冣目者謂其總數也若其他言凡祭祀凡賓客凡禮事凡邦之弔事言師掌官成以治凡亦皆聚㨿之謂舉其凡則若网在綱杜預之說春秋曰傳之義例總歸諸凡凡之言氾也包舉氾濫一切之稱也凡冣計也漢書萬石君傳迺舉枭其門凡注凡要也小尒雅廣詁凡大指也漢書揚雄傳下請略舉凡而客自覽其切焉注凡謂都數也管子版法計凡付終注○一切經音義廿二引三蒼云凡數之總名也凡無常數之言周禮春官序官凡內女之有爵者注○庖人凡其死生鱻薧之物注云凡計數之又疏云凡亦是計數之稱凡皆也廣雅釋詁三又荀子榮辱凡在言也注○書微子凡有辜罪鄭注云凡猶皆也萱按史記宋世家直作皆有罪辜凡者

冣辭儀禮士虞禮注凡為喪事略也疏言凡語廣周禮戎僕注掌凡戎車之儀疏大司樂注凡樂事疏御史凡治者受法令焉疏司弓矢凡祭祀疏凡非一也儀禮公食大夫禮凡宰夫之具注○既夕記疏云言凡非一之言○萱按周禮閽師凡事注冪人凡王中疏鬱人凡祼事疏司尊彝疏大卜疏司服疏冢人疏又禮記檀弓下疏凡文王世子凡釋尊者疏玉藻凡有指畫於君前疏襍記上凡異居疏又公羊襄廿九年傳凡為季子故也疏竝與儀禮注疏略同凡謂常道荀子禮論喪禮之凡注○凡緣而往埋之注云凡常也凡者是史官之策書成事法式也左氏春秋序發凡以言例疏治凡若月計也周禮宰夫二曰師掌官成以治凡注○疏云治凡謂當月計月要之處也凡艸麻艸也呂覽任地凡艸生藏注凡國名莊子田子方楚王與凡君坐釋文引司馬注○萱按凡伯見春秋傳凡蔣邢茅胙祭皆出自周公

芃 艸盛皃詩曰芃芃黍苗說文段注鄘風芃芃其麥毛曰芃芃然方盛長古音在七部衛彈碑梵梵黍稷隸變從林而舊洪字芃始有梵字㴟也凡泛切芃芃美皃詩下泉芃芃黍苗傳芃芃長大皃

詩黍苗芃芃黍苗傳芃芃木盛皃詩棫樸芃芃棫樸傳芃小獸皃詩何艸不黃有芃者狐傳

齊齒呼二

兼 几謙切

幷也說文又廣雅釋言又華嚴經音義上引文字集略又儀禮士冠禮兼執之注大射儀兼諸弣注又孝經兼之者父也釋文又左氏昭八年傳欲兼我也注又國策秦策山東之建國可兼斂注○齊策夫魏氏兼邯鄲注云兼猶并也又儀禮鄉射禮兼諸弣注云兼并矢於弣兼竝也呂覽權勳忠不可兼注兼同也廣雅釋詁四兼倍也文選西京賦鬻者兼贏薛注事兼未央薛注云兼猶倍也○兼復名也荀子正名單不足以喻則兼注兼猶配也家語五帝惟句龍兼食於社注兼猶兩也儀禮聘禮兼執之以進注又禮記間傳麻葛兼服之注○國策秦策則是一舉而兼兩虎也注云兼得也兼猶三也文選鮑明遠還都道中詩俄思甚兼秋注兼猶盡也荀子解蔽聖人縱其欲兼其情而制焉者理矣注兼術兼容之法荀子非相夫是之謂兼術注○晚出書仲虺之誥兼弱攻昧疏云兼謂包之重兼言累積也後漢書呂强傳注兼巾之者六豆共巾也儀禮士昏禮兼巾之注兼金好金也其價兼倍於常者故謂之兼金孟子公孫丑下王餽兼金一百而不受注

縑

幷絲繒也說文段注謂駢絲為之雙絲繒也呂氏春秋昔吾所亡者紡緇也今子之衣禪緇也以禪緇當紡緇子豈有不得哉任氏大椿曰禪緇即單緇也余謂此紡即方也並絲曰方猶併船曰方此紡非紡之本義後漢輿服志及古今注並云合單紡為一系者同此方絲所謂兼絲也○釋名釋采帛云縑兼也其絲細緻數兼於絹染兼五色細緻不漏水也縑即今之絹也漢書外戚傳上媼為翁須作縑單衣注縑謂之練廣雅釋器無餘縑瓜屬也廣雅釋艸

鰜

鰜魚也說文段注三字今正按當作鰜魚也玉篇曰鰜大青魚類篇曰鰜魚大而青是為一物也廣韻云比目魚因鳥有鶼皮傅耳○萱按鰜下云一名鰜其非比目明矣

蒹

萑之未秀者說文段注凡經言萑葦言蒹葭言葭葦皆並舉二物蒹菼萑一也今人所謂荻也葭葦一也今人所謂蘆也萑一名薍一名騅一名蒹葦一名華釋艸曰葭華蒹薕每二字為一物又曰葭蘆菼薍亦每二字為一物葭蘆即葭華也菼薍即蒹薕也夏小正傳毛公許君說皆同此舍人李巡樊光則云蘆薍為一艸陸璣郭樸則又兼葭菼為

三矣夏小正七月秀萑葦傳曰未秀則不為萑葦秀然後為萑葦又曰萑未秀為菼葦未秀為蘆按未秀曰萑未秀則曰蒹曰薍曰菼也蒹薕也史記司馬相如傳藏莨蒹葭集解引漢書音義又莊子則陽蒹葭始萌以扶吾形釋文○詩蒹葭陸疏云蒹水艸也青徐人謂之薕蒹兗州遼東通語也蒹敵也史記司馬相如傳索隱引郭璞○萱按荻字後出蔽又其異體字蒹荷也似萑而細穆天子傳二注○萱按荷蓋華字涉雙聲而譌者蒹與葭華為屬別與夫采全別矣

謙 舊兼切

敬也說文段注敬肅也謙與敬義相成謙或假嗛為之恭為謙國語魯語陷而入於恭注○易謙辭上傳云謙也者致恭以存其位者也謙自謙損也史記樂書故禮主其謙集解引王肅○周書武順齊位不損注云謙損也謙是卑退之意左傳昭五年注謙道卑退疏○易謙亨疏云謙者屈躬下物先人後已又釋文云謙卑退為謙義屈已下物也謙輕易襍卦傳○注云謙者不自重大謙德之柄也易繫辭下傳謙讓者德之基也後漢書列女傳注○萱按馮煥碑陰云汝南邊嗛子讓謙所以持禮

易繫辭下傳干注艮山在地下為謙易象下傳虞注○三國志管輅傳云山在地中曰謙嗛謙也易謙釋文引子夏傳○萱按謙卦子夏作嗛用借字也又漢書藝文志易之嗛嗛文選魏都賦嗛嗛同軒東征賦思嗛約兮禮記少儀注嗛遠之也皆用借字○又按大學此之謂自謙段謙為慊也

猒 漾謙切

猒或有饜○俗飽也足也說文段注足也二字依韻會增淺人多改猒為厭厭專行而猒廢矣猒與厭音同而義異雒誥萬年猒于乃德此古字當存者也按飽足則人意倦矣故引伸為猒倦猒憎釋詁曰豫射厭也是也豫者古以為舒字安也亦緩也洪範曰豫曰急豫猶怠也猒厭古今字猒饜正俗字猒足也國語周語豈敢猒縱其耳目心腹以亂百度注翟封豕豺狼也不可猒也注又荀子儒效猒猒乎其能長久也注王霸愈猒而好新注○列子楊朱而美厚不可常猒足釋文云一本猒作饜猒安也方言六猒欺也淮南主術是以君臣猶久而不相猒注猒塞也漢書高帝紀上於是東遊以猒當之注○萱按此段猒為壓也猒本音讀平聲與厭壓音義皆殊自淺俗多用厭韻書四聲內逐皆有厭字其紛紘有如此者學人忘其義之本殊又不察厭之本音祇去入兩讀也惜

夫。萱按厭壓二字互借通用鄃陽令稱君碑克壓帝心段壓為厭也**饜者飽也**史記張儀傳吾請令公饜事可乎索隱○左氏春秋序饜而飫之疏云饜飫皆訓為飽饒裕之意也○萱按孟子離婁下則必饜酒肉而後反文選注作厭酒乃俗所改也**厭飽也**國語晉語屬厭而已注又史記游俠傳褐衣疏食不厭索隱貨殖傳不厭糟糠索隱又漢書王莽傳中集注**厭足也**國語周語不可厭也注晉語各厭其私注又呂覽懷寵求索無厭注**厭飽足也**漢書鮑宣傳今貧民菜食不厭注**厭飫也**書洛誥馬注又史記伯夷傳索隱○禮記曾子問攝主不厭祭注云厭厭飫神也**厭極也**國語晉語民志無厭注**厭滿也**漢書張延壽傳集注杜鄴傳集注何武傳集注郭解傳集注王莽傳中傳下集注**厭倦也**後漢書獻帝紀注劉盆子傳而疲敝厭兵注**厭止也**詩還序從禽獸而無厭釋文**無厭言不虛也**禮記緇衣服之無射注**祭適殤於廟之奧謂之陰厭**禮記祭法王下祭殤五注○注又云王子公子祭其適殤於其黨之廟大夫以下庶子祭其適殤於宗子之家皆當室之白謂之陽厭

饜 **姈**問謙切 **欽** **貼**卿謙切 **黇**眺兼切 **沾**

好也說文段注謂饜饜也○廣雅釋詁一云饜好也**婆姈也一曰善笑皃**說文段注婆姈疊韻字玉篇曰婆姈善笑皃按集韻俗謂舅母曰姈巨禁切舅之妻不偁母云舅母亦里語也**含笑也**說文段注欽含疊韻**欽欲也**廣雅釋詁一**小垂耳也**說文**貼小耳垂也**玉篇引埤蒼○俗有黇**白黃色也**說文段注白色之黴而黃也**黇黃也**廣雅釋器○五音集韻云黇黃也○俗有添**沾水出上黨壺關東入淇一曰沾**逗**益也**說文段注上黨壺關二志同今山西路安府附郭長治縣府治即漢壺關地前志壺關下曰有羊腸坂沾水東至朝歌入淇水經注淇水篇曰淇水出沮如山衛激橫山又東北沾水注之水出壺關縣東沾臺下東流注淇水今山西潞安府壺關縣東南有沾水是一曰沾益也沾添古今字俗製添為沾益字而沾之本義廢矣添從忝聲忝從天聲古音當在真先部也楚辭大招不沾薄只

王曰沾沾多汁也薄無味也其味不濃不薄適甘美也漢曹全碑惠沾渥白石神君碑澍雨沾洽魏受禪表[illegible]澤雲行雨不沾渥皆即今之添字竊疑小雅既霑既足古本當作沾既渥既渥言厚也既沾既足言多也相引假為覘字史記陳丞相世家滑稽列傳假為霑字○廣雅釋詁一云沾益也曹憲音云世人水旁著忝失之又以此沾字為霑亦失之也又左傳昭十二年釋文引字林云沾他兼反**沾溢也**廣雅釋言**沾禰也**廣雅釋詁一**沾沾言自整頓也**史記魏其武安侯傳魏其沾沾自喜耳集解引張晏○漢書灌嬰傳注云沾沾輕薄也今俗言滬沾沾

占掌謙切

視兆問也說文段注周禮占人注曰占著龜之卦兆吉凶又占人掌占龜注曰占人亦占簭言掌占龜者簭短龜長主於長者此云視兆問亦專謂龜卜按上文叶字疑占之變體後人竄入○儀禮士喪禮注云占者三人掌玉兆瓦兆原兆者也又禮記月令命太史釁龜筴占兆注云占兆龜之繇文也**占視也**易革未占有孚虞注又廣雅釋詁一方言十云占視也凡相竊視南楚或謂之占自江而北凡相候謂之占**占瞻也**廣雅釋言○方言十云占

猶瞻也**占問也**漢書韓安國傳集注**占諗也**廣雅釋詁四○荀子賦請占之五泰注云占驗也**占候也**後漢書段熲傳注○荀子王制占祲兆注云占占候也**占數也**史記五帝紀幽明之占正義**極數知來之謂占**易繫辭上傳○後漢書方術傳云占也者先王所以定禍福決嫌疑幽贊於神明遂知來物也**者離為占**易革虞注**占度也**漢書敘傳上集注**占自隱度也**史記平準書各以其物自占索隱引郭璞有自又漢書食貨志下各以其物自占注游俠陳遵傳口占書吏注○昭帝紀令民得以律占祖注云占謂自隱度其實定其辭也又文選思玄賦占水火而妄訊舊注云占謂自隱度而言也**占謂自隱度而應募為占募也**文選鮑明遠樂府東武吟占募到河源注**占謂口隱度其事令人書也**文選陶徵士誄式遵遺占注○後漢書袁敞傳注云占謂口授也**獄訟之辨曰占**漢書昭帝紀集注**占謂自歸首也**後漢書明帝紀注**占著謂附名籍**同上○漢書宣帝紀流民自占八萬餘口注云占者自隱度其戶口而著名籍也**占護猶守護也**後漢書楚王英傳注

霑 雨霡也說文。霡下云濡也 霑濡也國語齊語霑體塗足注又漢書禮樂志集注引應劭又離騷霑余襟之浪浪注 霑漬也廣雅釋詁二又一切經音義二引三蒼 瀧涿謂之霑漬方言七

蛅 蛅斯逗 墨也說文段注釋蟲云蛓蛅蟖郭云蛓屬按許云毛蟲也此乃食木葉之蟲非木中之蠹其卵育自藏之殼曰雀甕

覘 蚩廉切 闚視也春秋傳曰公使覘之信說文段注左傳公使覘之杜曰覘視也檀弓晉人之覘宋者鄭曰覘闚視也國語公使覘之韋曰覘微視也檀弓我喪也斯沾段沾為覘 覘視也廣雅釋詁一又淮南俶真其兄掩戶而入覘之注 覘微視也國語晉語各覘其私注。公使覘之注云覘微視之 覘觀也家語子貢問使人覘之注 覘伺也左氏成十七年傳使覘之信注 覘候也晉書音義中

娑 娑姈也說文段注三字句也廣韻作姈娑 娑姈善笑兒玉篇

痡

痕 蒥 皮剝也說文段注剝裂也

痁 始廉切 有熱瘧春秋傳曰齊侯疥遂痁說文段注有熱瘧有熱無寒之瘧也齊侯疥右傳昭二十年文按梁元帝及袁狎顏之推欲改疥為痎所謂無事而自擾也陸氏德明既辨之矣 痁瘧也廣雅釋言 痁瘧疾也左氏昭廿年傳注哀二年傳痁作而伏注 痁病也禮記曾子問不以人之親痁患注

苫 蓋也說文。介雅釋器白蓋謂之苫注云白茅苫今江東呼為蓋 編菅茅以蓋屋曰苫介雅釋器李注。一切經音義六引字林云苫舒蓋反茅苫也 苫編藁也儀禮既夕記寢苫注又左氏襄十七年寢苫枕艸疏。左傳釋文云苫編艸也 苫艸心也儀禮喪服傳寢苫枕塊釋文。禮記檀弓釋文問喪釋文竝云苫艸也 苫開也廣雅釋詁三

蓡 喪藉也說文段注按此字可疑上文曰侵覆也从艸侵省聲不得以一者一不省畫為二字二義明矣且鉉曰失廉切則與苫音義同苫因凶服覆廬也

𢦏 紫廉切 或書作笺 絕也一曰田器古文說文段注絕者刀斷絲也引申為凡斷之偁斷之亦曰𢦏與殲義相

近一說謂田器字之古文如此作也田器字見於全書者銛鈂鈐鎌皆田器與𢦏同音部未審為何字之古文疑銛字近之此如銚李田器斗部作斛云出介雅古一字不限一體也 笺刺也銳意也廣韻。蓋按義與後出之尖字同豈尖亦可作𢦏歟

殲 。俗有朕 微盡也春秋傳曰齊人殲于遂說文段注微盡也者殲之言纖也纖細而盡之也春秋莊十七年左穀作殲公作殲字之同音假借也穀曰殲盡也公曰殲漬也何云殲之為死積死非一之辭故曰積 殲盡也爾雅釋詁又詩黃鳥殲我良人傳又左氏莊十七年經注傳廿六年傳門官殲焉注襄廿八年傳其將聚而殲旃注又漢書敘傳上集注引應劭又後漢書陶謙傳注又楚辭愍世清泠泠而殲滅兮注又文選幽賦東鄰虐而殲仁兮曹注。蓋按孫根碑至於東叩大虐戕仁即幽通所云也特叩戕字體異且班賦亦作東从不當作叩 殲衆之盡也介雅釋詁舍人注 殲滅也後漢書崔駰傳注又文選東京賦殪野仲而殲游光許注 殲刺也禮記文王世子其刑罪則纖剸注

鑯 。俗有鈠鈠尖 器也一曰鑴也說文段注蓋銳利之器郭注介雅用為今之尖字融上鐵頂者鑴大徐誤作鍋鍋者穿木琢石也 鑯銳也廣雅釋詁四 鋟錐也廣雅釋器。公羊定八年傳鋟版釋文云鋟本又作鑯或作鈠 尖銳也廣韻

記

㡨 拭也說文段注其義少見字林幖㡨記則音義同 㡨幖識也古文韻會引字林。廣韻引字林云㡨幖

瀸 漬也爾雅曰泉一見一不為瀸說文段注公羊傳莊十七年齊人瀸于遂瀸者何瀸積也眾殺戍者也積本又作漬何曰積死非一之辭按傳文及說文皆當作積為長許云漬漚也瀸篆不與漬篆聯可以知許說矣爾雅云云與上文別一義。廣雅釋詁二又一切經音義十二引字林竝云瀸清也又引通俗文釋云淹漬謂之瀸洳。蓋按積漬二義蓋皆瀸之正解釋水則餘義也 瀸洽也呂覽圜道瀸於民心注 瀸亦浸耳漢書郊祀志下漸臺高二十餘文注 瀸纔有兒爾雅釋水注

霰 或作霰雺 溦雨也 說文段注溦各本作微今正水部曰溦小雨也今人謂小雨曰廉纖即霰也 雺微雨也 廣韻

雺 小雨也 說文○萱按霰雺音義皆同疑本一字而誤分

僉 此兼切 皆也虞書曰僉曰伯夷 說文 僉皆也 爾雅釋詁又周禮大宗伯釋文又後漢書班彪傳下注張衡傳注○方言七云僉皆也自山而東五國之郊曰僉又書堯典僉曰疏云僉訓為皆 僉同也 小爾雅廣言 僉眾也 楚辭天問僉荅何憂注 僉多也 廣雅釋詁三 僉夥也 方言十二 僉劇也 同上 僉過也 廣雅釋言○方言一云自關而西秦晉之間凡人語而過謂之過或曰僉 僉今連枷 方言五僉注

籤 驗也一曰銳也貫也 說文段注驗當作譣占譣然不也小徐曰籤出其處為驗也銳貫二義相成與占譣相足意 籤利也 廣雅釋詁二 記識曰籤 一切經音義十四引通俗文

韱 小謙切 山韭也 說文段注山韭謂山中自生者按夏小正正月囿有見韭與四月囿有見杏皆謂自生者也釋艸作藿山韭藿見艸部不云山韭然則許所據尒雅作韱山韭與 韱少也 太玄少注斂注○萱按義與孅纖皆近纖借字

孅 兌細也 說文段注兌各本作銳集韻類篇皆作兌兌者悅也漢書曰古之治天下至孅至悉也孅與纖音義皆同古通用 孅細也 漢書食貨志上集注孔宛氏傳集注 孅弱弱顏也 文選上林賦嫵媚孅弱郭注 孅趍猶足恭也 史記日者傳孅趍而言索隱 孅犂北狄之別名也 周書王會孅犂注 韱少也 太玄少動韱其得注斂墨斂孅孅注○萱按此段韱為孅若纖也

纖 細也 說文段注細者散也魏風摻摻女手韓詩作纖纖女手毛傳曰摻摻猶纖纖也尚書厥篚玄纖縞鄭注纖細也漢文紀遺詔纖七日釋服服虔注纖細布凡細謂之纖其字或作孅漢食貨志如此荀卿子纖驪列子作盜驪穆天子傳盜驪郭注為馬細頸驪黑色也廣雅作駣驟駣者駃駣脩長之謂盜駣同聲纖駣同義也○史記貨殖傳愈於纖嗇索隱又漢書司馬相如傳上集注又管子五輔纖嗇省用以備飢饉注又文選西京賦米鹽纖縣薛注子虛賦襍纖羅注引司

馬彪典引鋪觀二代洪纖之度蔡注纖云纖細也 纖微細分也 周髀算經下無令有纖微注 纖介猶微細也 後漢書明德馬皇后紀注 纖細繒也 漢書地理志上注○方言二云繒白之細者謂之纖 纖縠細縠也 文選舞賦纖縠蛾飛注 纖弱謂容體纖細柔弱也 文選上林賦嫵媚纖弱注○萱按郭璞所據作纖弱二字通也 雖纖細擬其腊令纖然後清以酢也兔纖亦如之 釋名釋飲食 纖小也 廣雅釋詁二○方言二云纖小也自關而秦晉之郊梁益之閒凡物小者或曰纖 掔纖殺小兒也 考工記輪人欲其掔爾而纖也注 纖儉嗇也 史記貨殖傳周人既纖集解引漢書音義 纖纖女手之兒 文選古詩注引韓詩章句 纖阿美女姣好兒 史記司馬相如傳纖阿為御索隱 纖阿古之善御者 文選子虛賦纖阿為御郭注 纖娃衣飾 史記司馬相如傳蜚纖垂髾集解引郭璞 纖冠者采纓也 禮記閒傳禫而纖注引舊注 黑經白緯曰纖 禮記閒傳禫而纖注○史記孝文紀集解引應劭云纖禫也○萱按禫而服纖因即謂纖為禫

引伸也餘義也 黑經白緯曰綅 禮記雜記注綅冠釋文○萱按此段綅為纖也閒傳纖字亦或作綅段借同此若魯頌貝冑朱綅自用綅本義或人讀纖昧於正借之指矣

嬐 敏疾也一曰莊敬兒 說文

憸 險詖也憸利於上佞人也 說文段注詖同頗古文以詖為頗也○書立政國則罔有立政用憸人馬注云憸利佞人也又晚出冏命無昵于憸人釋文云憸利口也○萱按立政勿用譣人其惟吉士則段譣為憸也 憸利小小見事之人也 書盤庚上相時憸民馬注 憸強也 廣雅釋詁一○萱按書立政冏命冏釋文竝云憸本又作思此因說文思下引言相時思民故淺視合之耳思在十四部與憸音義皆殊

銛 當作銛○俗有梩枚欿銛 臿屬 說文段注臿大徐作銛則是郭衣鍼矣臿者舂去麥皮也段借為為嫢臿即上文田器之銚也其屬亦曰銛俗作杴廣韻曰古作梩或作欿皆即銛字引申為銛利字賈誼曰莫邪為鈍鉛刀為銛漢書音義曰銛利也又按方言曰銛取也此引申段借之義也古者口舌字从舌非聲當作丙舌兒也他念切在谷部木部炊竈木

之栝此亦屬之銛皆用為聲篆體亦當改正孟子以言銛之以不言銛之今本誤作餂 鍤謂之銛 廣雅釋器○萱按鍤者鍫鍤也蓋斧之類與亦屬殊矣 銛斷也 廣雅釋詁一 銛利也 廣雅釋詁二又史記屈原賈生傳索隱又後漢書張衡傳注 世俗謂利為銛徹 漢書賈誼傳注引晉灼 銛取也 孟子盡心下是以言銛之也注又方言三又廣雅釋詁一 杴鍬屬 廣韻 銛利也 史記蘇秦傳銛戈在後正義引劉伯莊○萱按此段銛為銛同也過秦論非銛於句戟長鎩也

栝 木也 說文

丙謙切

砭 平去兩讀 以石刺病也 說文段注以石刺病曰砭因之名其石曰砭石東山經高氏之山其下多箴石郭云可以為砭針治癰腫者按素問異法方宜論以東方砭石南方凡箴並論知古金石並用也後世乃無此石矣 石謂以石為箴也 素問異法方宜論注 石砭所以砭彈人癰腫也 國策秦策扁鵲怒而投其石注

舊廉切

黔 黎也秦謂民為黔首謂黑色周謂之黎民易曰為黔喙 說文段注黎履黏也與驪黧字同音故借為黑義高下曰老人而凍黎若垢謂凍黑也俗作黧小徐本作黧乃用俗字改許也秦始皇本紀二十六年更名民曰黔首應劭曰黔亦黎黑也祭義明命鬼神以為黔首則正義云此孔子言非當秦世錄記之人在後變改之耳按本紀泰山刻石親巡遠黎則刻碣石門黎庶無繇尚沿周語也琅邪臺刻石三言黔首之罘刻石會稽刻石各言黔首者一皆用秦制也大雅雲漢禮記大學以黎民皆訓衆民釋詁曰黎衆也詩桑柔傳曰黎齊也宋人或以黑色訓黎民殊誤許言此者證秦以前無黔首之偁耳非謂黎黔同義為黔喙說卦傳文謂艮也按黔鄭作黚喙晁以道呂東萊所據釋文作彖蓋喙之寫異體或古段彖為喙之故與 轉 黔謂黑也 禮記祭義疏○漢書敘傳音義引字林云黔黎黑也

鈐 鈐𨪒 逗 大犂也一曰類枱 說文段注犂者耕也鈐𨪒雙聲枱各本作枱誤今正枱耒耑也耒者手耕曲木也耒枱與犂之別一以人一以牛也說文作枱他書作耜若枱者臿也則當云類臿而已○萱按鈐喉音𨪒舌

音非雙聲也段氏凡說雙聲多未諦 鶴厀今江東呼為鈐釘 方言九矛骹細如鴈脛者謂之鶴厀注 鈐所用祭器名所未詳也 山海經西山經其祠之毛一雄雞鈐而不糈注○萱按西山經又有鈐山○俗有雂鵅皆作苦

雂 鳥也春秋傳有公子苦雂 說文段注見左傳昭廿年若鍼本及唐石經 鴝句喙鳥 爾雅釋鳥釋文引字林

漾廉切

阽 壁危也 說文段注引申為凡物之危 阽屋檐也 文選和王著作八公山詩阽危賴宗袞注○萱按注義未全以詩本有危字故不盡其辭 阽危也 廣雅釋詁一又後漢書張衡傳注○離騷阽余身而危死兮注云阽猶危也 阽臨也 文選思玄賦阽焦原而跟趾舊注又後漢書張衡傳注 安臨危曰阽 文選思玄賦注引臣瓚漢書注○三國志和洽傳注云臨危曰阽 阽近邊欲墮之意 漢書文帝紀或阽於死亡注引如淳○食貨志上阽危者若是注云阽危欲墮之意也 疾甚謂之阽 小尒雅廣名

同廉切

嫌 不平於心也一曰疑也 說文段注嫌不平於心也心部曰慊疑也嫌與慊義別一曰疑也此謂二篆義同○漢書杜鄴傳集注云嫌疑也 嫌嫌疑也 禮記坊記使民無嫌注 嫌猶近也 呂覽貴直閭嫌於危注○禮記曲禮上禮不諱嫌名注云嫌名謂音聲相近若禹與雨丘與區也 嫌惡也 荀子正名眞累百年之欲易一時之嫌注

慊 疑也 說文段注疑者惑也故下文受之以惑今字多作嫌按女部嫌者不平於心也一曰疑也不平於心為嫌之正義則嫌疑字作慊為正今則嫌行而慊廢且用慊為歉非是又或用慊為愿尤非是大學此之謂自謙注曰謙讀為慊慊之言猒也凡云之言者皆就字之本音本義而轉之猒足非慊之本義也至若鄭本周易為其慊於陽故稱龍焉鄭注云慊讀為羣公溓之溓古書篆作立心與水相近讀者失之故作慊溓襍也陰謂此上六也陽謂今消息用事乾也上六為蛇得乾氣襍似龍此鄭注則易慊為溓皆不用字之本義也 慊亦嫌字 漢書趙充國傳婾得避慊之便注○萱按俗多作嫌疑故小顏以嫌通慊實則無膚者也 轉 慊不滿之皃 萱按此類皆段慊為歉也歉下詳之

稴

○俗有稴**稻不黏者**說文段注凡穀皆有黏者有不黏者秫則稷之黏者也稷則黍之不黏者也稻有不黏者則稴是也今俗通謂不黏者為秈米集韻類篇皆云方言江南呼稴為秈亦作秈作稴按說文玉篇皆有稴無秈蓋秈即稴字音變而字異耳廣雅曰秈稴也渾言不別也

恬 眺廉切

○俗有恬**安也**說文段注各本篆作恬解作甛省聲今正谷部西下曰舌兒从谷省象形也念切按許書木部栖及此恬字本从西聲轉寫从舌乃改為甛省聲矣**恬安也**漢書禮樂志集注賈誼傳集注淮陽憲王欽傳集注楊雄傳下集注又荀子富國輕非譽而恬失民注王霸是由好聲色而恬無耳目也注性惡恬禍而廣解注**恬靜也**方言十三又廣雅釋詁四又素問上古天真論以恬愉為務注○國語吳語又不自安恬逸注云恬猶靜也**恬然安閑兒**荀子彊國恬然如無治者注○漢書淮陽憲王欽傳大王忝何恬然注云恬然安靜兒也**恬淡猶清靜也**後漢書班彪傳上注○素問上古天真論恬惔虛无注云恬惔虛无靜也又老子恬澹為上釋文云恬本或作栝○萱按栝即栖也恬栖同西聲相段借轉皆諧从舌**恬愉無所好憎也**淮南原道恬愉無矜

注

甛

或作甜餂**美也**說文段注周禮注恬酒恬即甛字○廣雅釋詁一云甛美也**甛甘也**廣雅釋器

拈 紐嫌切

掫也說文○萱按掫下云拈也是為轉注掫丁愜切**拈指取物也**列子湯問女何黃而三扌子注**拈黏也兩指翕之黏著不放也**釋名釋姿容**拈持也**廣雅釋詁三

黏

○俗有粘**相著也**說文段注有段濂為黏者如攷工記雖有深泥亦弗之濂也是○尒雅釋言釋文引字林云黏相著也○萱按著當从說文作箸古無著字**黏合也**一切經音義十四引蒼頡**黏糊也**爾雅釋言注膠黏㔷釋文引字書○漢書高惠高后文功臣表戴庚眞粘注云粘亦黏字**濂謂泥不黏箸輻也**考工記輪人亦弗之濂也司農注○萱按以正字釋借字散一語中正借字竝見

餂

相謁食麥也說文○方言一云凡陳楚之郊南楚之外相謂而餐或曰餂或曰餂**餂食也**廣雅釋詁二

鮎

鰋也說文段注釋魚及魚麗傳曰鰋鮎也箋云鰋一名鮎郭別鰋鮎為二非也孫**鮎別名鯷江東通呼鮎為鮧**爾雅釋魚注○山海經北海經其狀如鯑魚注云今亦呼鮎為鯑○萱按郭不習說文與許乖違者非佳此也姑錄之備一義云爾詩魚麗釋文云江東呼鮎為鮧陸沿郭說

廉 利嫌切

仄也說文段注此與广為對文謂偪仄也廉之言斂也堂之邊曰廉天子之堂九尺諸侯七尺大夫五尺士三尺堂邊皆如其高賈子曰廉遠地則堂高廉近地則堂卑是也堂邊有隅有稜故曰廉廉隅也又曰廉稜也引伸之為清也儉也嚴利也許以仄晐之仄者圻咢陵隅之謂算法謂邊曰廉謂角曰隅**側邊曰廉**儀禮鄉飲酒禮設席于堂廉東上注○漢書賈誼傳注云廉側隅也**堂廉謂堂基南畔廉稜之上**禮記喪大記卿大夫即位于堂廉楹西北面東上疏○疏引逸義云堂廉即堂上近南霤為廉也**廉稜也**廣雅釋言又荀子不苟廉而不劌注○萱按棱或作稜俗體也**廉稜也**書冏命疏又釋文又禮記聘義疏○樂記注解瘠廉肉疏云廉謂廉稜**廉隅也**論語陽貨古之矜也廉皇疏又史記樂書其聲直以廉正義○禮記樂記哀以立廉注其聲直以廉

疏竝云廉廉隅也**廉絕也**考工記輪人外不廉而內不挫注**廉利也**呂覽必已廉則剉注○孟秋其器廉以深注云廉利也象金斷割又國語晉語殺君以為廉注引賈侍中云廉猶利也**廉瑕嚴利也**考工記弓人深瑕而澤紾而摶廉注**廉直也**國語晉語注引虞御史**廉斂也自檢斂也**釋名釋言語**廉猶儉也**淮南原道不以廉為悲注**廉清也**廣雅釋詁一○老子王注云廉清廉也**廉者潔不濫濁也**周禮小宰注又以廉為本疏○鬼谷子摩云廉者潔也**廉謂清潔有廉隅者**漢書武帝紀初令郡國舉孝廉注**潔廉謂不營於貨色**大戴記文王官人潔廉而果敢者也注**辭利刻謙謂之廉**賈子道術○楚辭招魂朕幼清以廉潔兮注云不受曰廉又韓非子解老云所謂廉者必生死之命恬輕恬資財也**廉人之高行也**孟子離婁下可以取章指**難子之謂廉**韓非子說使○墨子經上云廉作非也○萱按義皆不甚可憭**緐瘠廉肉聲之鴻殺也**禮記樂記使其曲直緐瘠廉肉節奏注**廉荁稜也**廣雅釋叶**廉察也察廉皆視也**萱按此皆段廉

為類也類下詳之。又按漢修堯廟碑石陳階陛欄楯段陳為廉也

簾

簾也說文段注二字疊韻。萱按廉薄字不當作簾廣韻誤似蓪而細高數尺江東呼爲簾蓪爾雅釋艸蒹簾注

簾

堂簾也說文段注小徐曰此書及釋名簾帷皆作幰疑幰或與簾別或者此簾字後人所加之乎所不能決也按巾部曰幰帷也又曰在旁曰帷周禮幕人掌帷幕幄帟綬之事注曰王出宮則有是事在旁曰帷在上曰幕帷幕皆以布為之四合象宮室曰幄帟者王在幕若幄中坐上承塵幄帟皆以繒為之然則幰施於次以蔽旁簾於堂之前以隔風日而通明幰以布為之故从巾簾析竹縷為之故其字从竹用殊其地殊其質殊學者可以無疑矣按韋昭注國語曰薄簾也薄今字作箔簾戶簾也漢書外戚傳下置飾室中簾南注簾戶蔽也御覽七百引聲類。又引通俗文云戶幃曰簾。萱按此幰譌為簾帷譌為幃耳幃者囊也與幰簾皆不相涉

幰

帷也說文段注按與竹部簾異物幰以布為之簾以竹為之鄭云帷以布為之幰簾也自障蔽爲

廉恥也戶幰施之於戶外也釋名釋牀帳戶幃曰簾御覽七百引通俗文。萱按此段簾為幰也幃乃帷之譌字

䭑

嘰也說文又廣雅釋言。萱按說文嘰下云小食也䭑所也廣雅釋言一穀不升謂之䭑韓外傳八。萱按此段䭑為歉也

鬑

鬑也一曰長皃說文段注一曰云云此別一義謂須髮之長古陌上桑曰為人絜白皙鬑鬑頗有鬚。萱按說文鬑下云女鬢垂皃也

䨴

久雨也說文段注䨴之言連也

溓

溓或溓溓薄仌也或曰中絕小水又曰淹也說文段注溓溓二字依文選注補潘岳寡婦賦曰水溓溓以微凝中絕小水玉篇廣韻作大水中絕小水出也當是古人所見完本後奪誤為四字耳謂大水中絕小水之流而出也八字一句公羊傳曰周公盛魯公燾羣公溓何曰盛者新穀燾者冒也故上以新也溓

者連新於陳上財令牛相連耳此溓引伸之義也公羊疏本作溓今本公羊作廩誤鄭注周易引羣公溓見詩采薇正義皃以適云唐本有又曰淹也四字楊上善注素問云溓水靜也於此義相近淹篆下無此義於此補見溓清也

溓清也竝廣雅釋詁二溓稴也易文言傳為其嫌于无陽也鄭注。萱按鄭無无字嫌作慊鄭讀為溓訓稴荀虞陸董又作嗛。又按考工記輪人雖有深泥亦弗之溓也此段溓為黏先鄭云謂泥不黏著輪

熑

或作燫火煣車网絕也周禮曰煣牙外不熑說文段注此為考工記作注也輪人曰凡揉牙外不廉而內不挫旁不腫謂之用火之善注曰廉絕也挫折也腫瘣也按廉者熑之段借絕謂火絕記文之外謂火內謂正當火處旁謂不當火處煣之不善則當火處燒減而不當火處暴起畏此二病或絕火而更煣假令火未嘗少絕而無此二病是眞善用火也車网即牙也牙木部作枒玉篇曰熑煬火不絕此義與火絕相輔

磏

或作磏厲石也赤色說文段注與厲音義略同磏礪也廣雅釋器磏赤礪石也礛諸青礪也廣韻。萱按漢修堯廟碑石磏階陛欄楯段磏為廉

鎌

或作鐮鍥也說文。萱按鍥下云鎌也二字相轉注一名刈鉤刈鉤自關而西或謂之鎌方言五鐮廉也體廉薄也其所刈稍稍取之又似廉者也釋名釋用器鎌杈也廣雅釋言鎌棱也方言九凡箭鏃胡合羸者四鎌注。萱按鎌引申之義與廉大同故訓杈訓棱鎌危也廣雅釋詁一舟鎌危也偽物謂之舟鎌方言六

蠊

或作蠊蝛海蟲也長寸而白可食說文段注介蟲也長寸而白謂其殼可食謂其中肉也本艸謂蝛蜼似蛤而長扁蝛與蠊音同玉篇曰蠊小蚌可食蠊蠘海蟲長一寸可食晉書音義下引字林蝛似蛤一名蠊蝛也廣韻。集韻云蝛蛤屬。萱按蝛一名蝛蜓猶蠊韻書蝛音咸未嘗不可要之與蠊非異物矣

籢

或作匳。俗有㨜奩鏡籢也說文段注玉篇引列女傳曰置鏡籢中別作匳俗作奩廣韻云盛香器也奩鏡匣也後漢書光烈陰皇后紀注盛鏡器曰奩謂方底者一切經音義三引蒼頡。萱按音義

二音義十引三蒼說並略同斂所以斂物也一切經音義十四引韻集○音義十引韻集云文舊斂也收斂物也凡底物小器皆謂之攈華嚴經音義上引珠叢

類

○俗有頹察覘也說文段注密察之覘也高帝紀廉閒師古注曰廉察也字本作頹其音同耳按史所謂廉察皆當作頹察廉行而頹廢矣美見火部从八二為半之美為聲非从入一為干也篆體沿訛今皆正之廉察也漢書高帝紀集注何武傳集注又後漢書魯恭傳注梁統傳注第五倫傳注楊震傳注華陀傳注又管子正世人君不廉而變注○文選洞簫賦廉察其賦歌注云廉亦察也察廉皆覘也文選西京賦察貳廉空薛注○萱按人少識頹者故以廉代之迨久假不歸幾莫知其有正字矣豈不可惜乎哉

懷康切

䫇

或作䫇聲頰須也說文段注頰面旁也釋名曰在頰耳旁曰髥隨口動搖冄冄然也封禪書有龍垂胡髥下迎黃帝許文意乃泛謂須在頰曰髥漢書高帝紀上美須髥注䫇頰毛也漢書霍光傳美須䫇注朱博傳奮髥抵几曰注髥頷毛也晉書音義中髥咽下須也山海經西山經上中之山其鳥多當扈以

其髥飛注髥蛇大蛇也淮南精神注○萱按此段髥為蚺也

詽

詽詽逗多語也樂浪有詽邯縣說文段注地理志郡國志同孟康音男詽言多不盡集韻引字林

柟

○俗有柟梅也說文○萱按柟梅一物乃今之楠非今之酸果也酸果正字作某重文作楳或作梅者段借字也自郭璞誤釋爾雅梅柟云似杏實酢遂使梅之本義沈晦而柟亦冒酸果之偁其貽謬如此荊州曰梅揚州曰柟益州曰赤楩似豫章無子也爾雅釋木梅柟樊注○萱按孫注同上八字又詩終南有條有梅陸疏云柟荊州人曰梅又莊子山木其得柟梓豫章也釋文云柟木名柟今所謂楠木漢書司馬相如傳上楩柟豫章注○山海經南山經虖勺之山其上多梓柟注云柟大木今作楠爾雅以為柟○萱按柟讀顏正字正音也楠讀南俗字俗音也楠從柟變而音與柟異才音轉逸有如此者淺人強雅就俗柟亦讀南其誤甚矣今審定同物異名各从其讀庶柟之本音不致闇昧終古柟葉似桑史記司馬相如傳楩柟豫章集解引郭璞○萱

按葉似桑則非酸果矣郭此解未誤注尒雅乃誤耳

蚺

○俗有蚺大它可食說文髥蛇大蛇也其長數丈俗以為上肴淮南精神越人得髥蛇以為上肴注○萱按蚺正字髥借字同音通用也

䶪

○俗有䶪䶪甲邊也天子巨䶪尺有二寸諸侯尺大夫八寸士六寸說文段注公羊傳曰龜青純何注純緣也謂緣甲頿也千歲之龜青頿明乎吉凶也樂記史記樂書皆曰青黑緣者天子之寶龜也按頿者䶪之段借字劉淵林注蜀都賦引譙周異物志曰涪陵多大龜其甲可以卜其緣中又今叙字似瑇瑁名曰靈又郭注尒雅亦用其語而今本多譌字緣者甲之邊也甲文象木戴孚甲之象故介蟲外骨謂之甲天子巨䶪以下出三正記見白虎通天子下當有䶪字巨當作歫漢志元龜歫冄長尺二寸冄段借字也孟康曰冄䶪甲緣也歫至也度背兩邊緣尺二寸也按兩邊相歫尺二寸故知元龜尺二寸謂其廣不謂其脩也魯頌毛傳曰元䶪龜尺二寸諸侯尺云云皆謂兩邊相歫

此康切

笘

○俗有笘漱絮簀也說文段注漱各本作敝今正廣韻曰笘漂絮簀也漂與漱同義水部曰漱於水中擊絮也漱絮簀即今做紙密緻竹簾也漱絮莊子所謂洴澼絖即做紙之事紙部曰紙絮一落也謂絮一落成一紙也紙之初起用敝布魚网為之用水中擊絮之法成之紙字落乎載於說文則紙之用來舊

灊

灊水出巴郡宕渠西南入江說文段注巴郡宕渠二志同今順慶府渠縣縣東北七十里有宕渠城是也前志宕渠下曰灊水西南入江不曹水出東北南入灊水經於江水曰又東北至巴郡江州縣東強水涪水漢水白水宕渠水五水合南流注之酈云宕渠水即潛水渝水矣水經又曰潛水出巴郡宕渠縣又南入於江按許云西南入江則此水必合嘉陵江至合州入江未詳今之何水鄭注禹貢梁州曰漢別為潛其穴本小水積成澤流與漢合蜀都賦演以潛沫劉逵云禹貢梁州沱潛既道有水從漢水中沔陽縣南流至梓潼漢壽縣入穴中通岡山下西南潛出今名伏水舊說云禹貢潛水也劉澄之酈道元說與逵略同或以今保寧府廣元縣之由七盤關經神宣驛又經龍洞口至朝天驛北穿穴而出入嘉陵之水證之此水甚小殆非是況所由非宕渠也班許皆不釋禹貢以灊水系諸宕渠縣云西

南入江許云出宕渠班則不云出宕渠然則潛是入西漢以[illegible]江之水今不能定為何水耳自漢出為潛漢書地理志上沱潛旣道注○菫按地理志浮于潛浮于江沱潛漢皆用潛不用潛又史記夏本紀沱涔已道段涔為潛也又書古文訓引禹貢鄭注云潛水為疏迵為西漢水疑此潛水字亦當作潛潛者山水名也閒山圖潛山圍繞大山為霍山水經沘水注○菫按此與說文之潛不相涉乃在今安徽省者也漢書武帝紀登潛天柱山謂此矣

潛

涉水也一曰藏也一曰漢為潛說文段注上文泳注潛行水中對下文汓注浮行水上言之抑風傳云由都已上為涉然則言潛者自其都以下沒於水言之所謂泳也左傳哀十七年越子以三軍潛涉又按潛汓等字後人不甚分明若水經注江水篇云有潛客泳而視之見水下有兩石牛此則謂潛全沒水中矣一曰藏也此今日通行義釋言曰潛深也方言曰潛涵沈也漢為潛釋水文劉逵注蜀都賦云禹貢梁州沱潛既道有水從漢中沔陽縣南流至梓潼漢壽縣入大穴中通岡山下西南潛出今名伏水舊說云禹貢潛水也郭樸爾雅音義同此說○潛書禹貢鄭

注云漢為潛又釋文引司馬注云沱湖也其中泉出而不流者謂之潛漢水溢流為爾雅釋水李注○水經潛水注云潛蓋漢水枝分潛出故受其稱耳潛深也尒雅釋言又後漢書班彪傳上注潛藏也左氏昭廿九年傳潛醢以食夏后注又漢書賈誼傳集注引張晏又文選劇秦美新景曜浸潭之瑞潛注潛沈也楚郢以南或曰潛方言十潛隱也易乾潛龍勿用崔注又廣雅釋詁四○易乾跳云潛者隱伏之名潛伏也書洪範沈潛剛克馬注○淮南人閒臣請潛行注云熱潛行注云潛行伏見也潛没也廣雅釋詁一潛亡也方言十三潛又遊也方言十潛上也廣雅釋詁一潛測也尒雅釋言潛嘿也國語吳語越王仍令其中軍銜枚潛涉注又文選西京賦而內外潛通薛注潛師密發也左氏哀六年傳潛師閉塗注○周書文政同惡潛謀注云潛謂潛密之謀也潛行私行國策秦策於是潛行而出注潛服若衷甲者周禮閽人潛服賊器不入宮注晉有潛丘爾雅釋上潛槮也詩潛有多魚傳○菫按此謂潛即槮之借字也爾雅槮謂之涔本亦作槮郭改作槮小爾雅作潛字林作罧皆校

文也○又按列子黃帝至人潛行不空釋文云潛或作漸此則段漸為潛也史記宋世家沈漸剛克亦介

⿰齒兼 仰廉切

燅 小廉切

齒差也說文段注差當作蓋

燅或○俗有燅燅於湯中爚肉也說文段注爚當作鬻玉篇韻會作爚則俗用字也爓者內肉及萊湯中薄出之爚漬也禮有司徹乃燅尸俎鄭注燅溫也古文燅皆作尋記或作尋春秋傳若可尋也亦可寒也按燅者正字尋者同音段借字云記或作尋者邠特牲血腥爓祭注云爓或為尋是也爓亦段借字也所引春秋傳哀公十二年左傳文賈注云尋溫也服注云尋之言重也溫也寒敪也邠特牲之注云爓或為尋見有司徹疏今本禮記作爓或為膾誤也有司徹注中尋字唐人謂作燖亦非也論語注溫尋也又中庸溫故而知新注曰溫讀如尋溫之溫尋本皆無火旁燅爚也廣雅釋詁二以湯去毛曰燅一切經音義一引通俗文爓沈肉於湯也禮記禮器三獻爓注○邠特牲腥肆爓膾祭疏云爓謂沈肉於湯又釋文云爓本亦作爛○菫按燅正字爓借字腥則爓之俗體也爓在八部與燅音義皆相近燅又段燂作之燅燂二字音同義通

燂

○俗有燖火熱也說文燂熛也廣雅釋詁三燂溫也禮記內則五日則燂請浴釋文燂炙爓也考工記弓人橋角欲孰於火而無燂注○又云故書燂或作朕鄭司農云字從

齋嵩評三

緘 几彡切

所吕束匧也說文段注所吕二字今補篋者笥也束者縛也束之者曰緘引申之齊人謂棺束曰緘喪大記作咸○一切經音義十一引字林又漢書外戚傳上滿一篋緘封注云緘束篋也緘束篋之繩也漢書外戚傳下使客子解篋緘未已注緘繩也莊子胠篋釋文引廣雅○天運其有機緘而不得已邪釋文云緘司馬本作咸○菫按緘之者為咸猶篋之者為匧緘索也廣雅釋器緘束也漢書楊王孫傳集注又後漢書王符傳注棺束曰緘緘函也古者棺不釘也釋名釋喪制○禮記喪大記大夫士以咸注云今齊人謂棺束為緘繩

椷

篋也說文段注匸部曰匧笥也竹部曰笥飯及衣之器也方言椷杯也與許異漢天文志閒可椷劍蘇林曰椷音函容也此假椷為含也匧謂之椷廣雅釋器椷木篋也一切經音義十一引字書椷杯也廣雅

釋器。方言五云械栝也自關而東趙魏之閒曰柢

鹹

平入兩讀齧也說文•

㪘

堅持意說文段注从緘者三緘其口之意

黬

或作黬雖晳而黑也古人名黬字晳說文段注晳者人色白也則黬專謂人面者仲尼弟子列傳曾蔵字晳奚容蔵字子晳又狄黑字晳蔵皆黬之省論語曾晳名點則同音段借字也黬面有疵也莊子庚桑楚有生黬也釋文引司馬注黬釜底黑也莊子庚桑楚釋文引字林

尲

諫作尲尲尬行不正也說文段注尲尬雙聲今蘇州俗語謂事乖剌者曰尲尬

始緘切

彡

毛飾畫文也象形說文段注巾部曰飾者㕞也飾畫者㕞而畫之毛者聿也亦謂之不律亦謂之弗亦謂之筆所以畫者也其文則為彡手之列多略不過三故以彡象之也毛所飾畫之文成彡須髮皆毛屬也故皆以為彡之屬从彡而彡毛髮皃也漢書高帝紀下耐以上請之注

縿

。俗有幓襂裓襳旌旗之游所屬也說文段注各本失所屬二字今補㫃部曰游旌旗之流也周禮巾車注云正幅為縿游則屬焉正義曰正幅為縿爾雅文又覲禮正義爾雅說旌旗正幅為縿唐後爾雅奪正幅為四字縿邢疏不能攷補縿是旌旗之體游則屬焉故孫炎注曰為旒於縿郭璞曰縿衆旒所著戴先生曰游著縿垂者也交龍鳥隼之屬皆畫於縿爾雅曰纁帛縿鄭本之曰九旗之帛皆用絳上有弧以殊縿之幅見覲禮明堂位攷工記下以人維之周禮節服氏六人維王之太常爾雅維以縷是也所以太常必維之者正恐其游長曳地毛詩素絲紕之大夫旌旗之游亦維持之也游屬於縿而統於縿然㫃部游下不云旌旗之縿也則知縿下斷不云旌旗之游理合析言不得渾言矣。詩干旄箋以縫紕旌旗之旒縿疏云縿謂系於旌旗之體幓旒也漢書司馬相如傳下垂旬始以為幓兮注引張揖。當按旒下亦奪所屬二字稚讓似不應疏如此豈小顏失之歟縿練也禮記檀弓上縿幕魯也注。皆按爾縿為練之借字可也謂縿引申之義與縑異名同物亦可也鄭讀縿為綃則部分遠隔恐未可況襂纚羽垂之皃文選海賦被羽翮之襂纚注

攕

好手皃詩曰攕攕女手說文段注魏風葛屨曰摻摻女手可以縫裳傳曰摻摻猶纖纖也漢人言手之好曰纖纖如古詩云纖纖擢素手傳以今喻古故曰猶具字本作攕俗改為摻非是遵大路傳曰摻擥也是摻字自有本義孔氏正義引說文摻參聲此金反訓為斂操桑聲七遂反訓為本也是唐初說文稚有摻字之證自淺人摻操不分而奪摻纂亦猶冡冡不分而奪冡纂衫衫不分而奪衫纂也知摻之有本義則知用為攕字之非矣攕飾也淮南要略攕揳哤齵之郄也注

武緘切

芝

艸浮水中皃說文段注芝與氾音義同

漾咸切

猎

竇中犬聲說文段注犬鳴竇中聲猎猎然也

向君切

咸

•皆也悉也說文咸皆也爾雅釋詁又書無逸咸和萬民疏又周禮大司樂疏大下三日咸陟注掌交使咸知王之好惡辟行之注又儀禮士冠禮咸加爾服注又禮記月令百工咸理注內則咸盥漱注咸如之注樂記注祭統注緇衣刑不試而民咸服注咸有壹德注又周書大明武注武穆注作雍注又孟子萬章上咸丘蒙注又呂覽大樂注論

咸注季夏注季冬注辨土注又淮南時則注又法言脩身序動不克咸注又楚辭天問注又文選東京賦薛注。方言十二備該咸也注云咸猶皆也咸同也詩閟宮克咸厥功箋又左氏傳廿四年傳昔周公弔二叔之不咸注咸徧也國語魯語小賜不咸注咸猶僉也周禮筮人二曰巫咸注咸則也春秋保乾圖天皇于是斟元陳極以立易乾注咸感也易彖下傳又臨咸臨注又虞注咸咸亨鄭注虞注又釋又又廣雅釋言又後漢書張衡傳注荀爽傳注又荀子大略咸和也詩棠棣序箋周公弔二叔之不咸疏咸引也莊子天運具有機緘而不得巳鄉釋文引司馬注咸速也易襍卦傳咸池備矣禮記樂記又漢書禮樂志又風俗通聲音大咸咸池堯樂也堯能殫均刑灋以儀民言其德無所不施周禮大司樂舞雲門大卷大咸大磬大夏大濩大武注。舞咸池以祭地示注云咸池大咸也又文選東京賦咸池不齊度於䪨吹薛注云咸池堯樂也又莊子聖樂咸池九韶之樂釋文云咸池堯樂名咸池黃帝樂也後漢書曹褒傳注。文選東京賦注引樂動聲儀云黃帝樂曰咸池咸池天神也楚辭自悲屬天命而委之

咸池注 **咸池星名** 淮南天文注○萱按咸池在五帝車舍五車內凡星 **咸池日浴處也** 離騷飲余馬於咸池兮注 **咸池者水魚之囿也** 淮南天文 **左高成丘** 爾雅釋丘○萱按禮記喪大記大夫士以咸段咸為緘也又周禮伊耆氏共其杖咸段咸為函也

誠

和也周書曰不能誠于小民 說文段注和當作龢果氏注尚書同周書者洛誥文不今各本作丕宋本說文宋本集韵皆作不詩書丕多通不也○晚出書大禹謨至誠感神傳云誠和 **誠亦咸也** 晚出書大禹謨疏 **誠調也** 廣雅釋詁四 **誠聲也** 廣雅釋言

醎

○俗有醎 **衛也北方味也** 說文段注醎衛也以疊韵為訓苦辛甘下不著某方之味此著之者錯見也○廣雅釋言云醎衛也 **醎苦也** 爾雅釋言 **潤下作醎** 書洪範○素問寶命全形論夫鹽之味醎者注云醎謂鹽之味苦浸淫而潤物者也 **醎水味水之流行地中似脈** 周禮瘍醫以醎養脈注○素問陰陽應象大論水生醎注云凡物之味醎皆水氣之所生也又醎勝苦注云醎水味者水味所以醎何

是其性也 白虎通五行○又云所以北方醎者萬物醎與所以堅之也猶五味得醎乃堅也 **醎可用** **柔耎也** 素問陰陽應象大論在味為醎注○藏氣法時論云醎耎

麙

○俗有羬械麙 **山羊而大者細角** 說文段注此七字文理不通疑有誤當作山羊而大角者按釋獸說麙與此絶異 **羊六尺爲羬** 爾雅釋畜 **熊虎醜其子狗絶有力麙** 爾雅釋獸○釋文云麙本或作羬

銜

馬勒口中也 當作者 **銜者所吕行馬者也** 說文段注革部曰勒馬頭落銜也落謂絡其頭銜謂關其口統謂之勒也其在口中者謂之銜落以䩐為之䩐生革也銜以鐵為之故其字从金引申為凡含之用所以字今補凡馬提控其銜以制其行止此釋从行之意 **銜勒也** 國策秦策伏軾撙銜注又後漢書仲長統傳注○莊子馬蹄詭銜竊轡釋文云銜口中勒也 **銜馬銜也** 漢書王吉傳其樂豈徒銜橛之閒哉注匈奴傳下銜尾相隨注○史記司馬相如傳銜橜之變索隱引張揖云銜馬勒銜也 **銜飾口鐵也** 楚辭靈懷斷鑣銜以

馳鶩兮注 **銜轡喻法律以控制人也** 後漢書鮑永傳注 **銜含也** 漢書義縱傳集注 **官銜亦曰頭銜所以名為銜者如人口銜物取其連續之義** 封氏聞見記 **銜猶恨也** 史記外戚世家心銜之索隱○萱按大宛傳馬嗛肉蜚其上佞倖傳太后由此嗛嫣嗛皆段借字也徐廣云嗛讀與銜同

仰咸切

顩

頭頰長也 說文段注四字當作頭陝面長兒五字玉篇云頭頰面長兒頰亦謚字廣韵面長兒則少頭陝二字文選解嘲顩頤折頞韋昭曰面長曰顩王篇引蒼頡云顩面長銳頤之兒蓋解嘲及蒼頡皆以顩為顩也與入聲嵒別也

嵒

山巖也 說文段注西京賦下嶄巖以嵒䆄按嵒與石部之嵒別○文選琴賦注引字林云嵒山巖 **嵒巉巖山兒也** 爾雅釋山文引字林釋 **嵒嵒冠兒** 文選思玄賦冠嵒嵒其映蓋兮舊注

碞

磛碞也周書曰畏于民碞 說文段注磛碞猶工文之磛礹積石高峻兒也周書召誥畏于民碞某氏曰碞僭也蓋謂碞即僭之假借字耳 **碞即巖也** 書召誥疏

颿

缶咸切

馬疾步也 說文段注馬之行疾於風故曰追奔電逐遺風按今有帆字船上幔以使風者也自社注左傳已用此字不必借颿 **颿風馬風疾也** 廣雅釋訓

開口評

弇

改三切

𢍜 古文○平上网讀 **蓋也** 說文段注釋文曰弇同也弇蓋也此與奄覆也音義同釋器曰圜弇上謂之鼒謂斂其上不全蓋也周禮說鐘弇聲鬱弇謂中央寬也四部有盦字蓋弇之別體後人所增也○萱按爾雅釋天弇日為蔽雲蔽亦蓋也 **弇覆也** 爾雅釋言弇蓋也孫注又廣雅釋詁二 **弇深遂也** 呂覽仲冬處必弇注○孟冬其器宏以弇注云弇深 **弇襲也** 荀子賦法禹舜而能弇迹者邪注 **弇謂鐘口內小** 考工記鳧氏侈弇之所由興疏○萱按與典同注弇謂中央寬義相成 **弇中狹路** 左氏襄廿五年傳行及弇中注哀十四年傳失道于弇中注 **弇山日入之所** 列子湯問不至弇山反釋文○穆天子傳三升于弇山注云弇弇茲山日所入也

堪

口三切

地突也 說文段注突者犬從穴中暫出也因以為凹突之偁俗乃製凹凸字地之突出者曰堪淮南書曰堪輿行

雄以起雌許注曰堪天道輿地道也見文選注甘泉賦屬堪輿以壁壘張晏曰堪輿天地總名也按張說未安堪言天高處無不勝任也所謂雄也輿言地下處無不居納也所謂雌也引申之凡勝任皆曰堪古段戡錢為之**堪低也**廣雅釋詁四**堪戡也**方言十二又廣雅釋詁二**堪任也**詩小宛未堪家多難傳又國語周語何德以堪之注若不堪重注**堪勝也**爾雅釋詁○國語魯語弗堪也注又列子仲尼堪秋蟬之翼注竝云堪猶勝也**戡勝也**文選答蘇武書意謂此時功難戡矣注○蓋按此段戡為堪**堪盛也**廣雅釋詁三**龕盛也**同上○蓋按廣雅堪龕皆訓盛龕即堪之借字**堪樂也**呂覽報更堪士不可以驕恣屈也注**堪坏神名**莊子大宗師堪坏得之釋文引司馬馬注○釋文云堪坏淮南作欽負

戡

平上兩讀**刺也**說文段注刺者直傷也平直皆得云刺經史多段此為堪勝字**戡克也**爾雅釋詁○孫注云戡強之勝也○蓋按此戡引申之義也謂為堪之段借字亦得**戡勝也**蓋按此已詳堪下

戓

殺也商書曰西伯既戡黎說文段注殺者戮也按漢魏六朝人戓堪戡龕四字不甚區別左傳

王心弗堪漢五行志作王心弗戓勝也西伯既戓黎今作戡黎許所據作戓黎邑部𨙸下文引西伯戡𨙸其乖異或因古今文不同與爾雅曰堪勝也郭注引書西伯堪黎蓋訓勝則堪為正字或段戓或段戡又或段龕皆以同音為之也**龕取也**廣雅釋詁一又法言重黎劉龕南陽注**龕聲也**方言十三**龕受也揚越曰龕**方言六**龕今云龕囊依此名也**方言六注○蓋按段龕為戓若堪故可从戓堪之音學者習於借義遂忘龕之本音當讀欽矣

諳

枝三切

悉也說文段注此與寀義同音近玄應書卷十十一云說文語於禁切大聲也豈所據本異與**諳諷也**廣雅釋言

韽

下徹聲說文段注周禮典同曰微聲韽此蓋賈侍中說周官解故說杜子春鄭康成說各異**韽聲小不成也**周禮典同注○注又云韽讀為飛鉆涅韽之韽杜子春韽為闇不明之闇鄭大夫韽讀為鶉鵪之鵪

⿰倉隹

鶬鶊○俗有鶬**離屬也**說文段注太平御覽引有一曰牟毋四字○廣韻引字林云鶬鶊作離雗

盦

覆蓋也說文段注此與大部奄音義略同此謂器之蓋也

覘

帶三切

內視也說文段注隸釋張壽碑覘覘虎視不折其節覘與眈音義皆同眈下曰視近此曰內視

媅

○俗有妉妧**樂也**說文段注衛風無與士耽傳曰耽樂也小雅和樂且湛傳曰湛樂之久也耽湛皆段借字媅其真字也段借行而真字廢矣**湛樂也**詩賓之初筵子孫其湛箋**湛過於樂也**大戴記保傳樂而湛注○詩常棣釋文引韓詩云湛樂之甚也又莊子則陽飲酒湛樂釋文云湛樂之久也**湛淫也**國語周語虞於湛樂注**耽樂也**文選翊耽躬於適眞注引項岱**耽亦樂也**禮記中庸和樂且耽注又後漢書馮衍傳下注**過樂謂之耽**書無逸惟耽樂之從晚出傳○詩氓疏云耽者過禮之樂**耽嗜也**一切經音義二引國語注○列子楊朱方其耽於色也釋文云耽李又作妉蓋按妉不成字蓋又妉之破體也**耽之者是相好之甚也**禮記中庸疏

探

代三切

遠取之也說文段注探之言深也易曰探嘖索隱漢書揚雄傳音義引字林云探遠取也○**探取也**

爾雅釋詁又廣雅釋詁一又小尒雅廣詁又易繫辭上傳探嘖虞注又文選西京賦探封狐薛注**探者摸取也**爾雅釋詁注**探謂闚探求取**易繫辭上傳疏**探試也**爾雅釋言○注云刺探嘗試**探窮其根源也**漢書淮南王安傳深探其獄注**探籌捉籌也**淮南詮言必探籌而定分注

拑

拤持也說文段注謂兼二物而持之也秝部曰秉持一禾兼持二禾兼者會意字拑者形聲字拑與兼音略同**拑持也**廣雅釋詁三

耼

耼或○俗有耼**耳曼也**說文段注曼者引也耳曼者耳如引之而大也如曼鬋曼睩之曼史記老子列傳曰姓李氏名耳字耼史記索隱老子音義後漢書桓帝紀注文選遊天台山賦注所引皆如此今本史記作名耳字伯陽謚曰耼淺人妄改者也字伯陽見唐固國語注○蓋按耳曼或作耳漫者字譌也**耼然老旄之兒也**漢老子銘**老耼古壽考者之號也**禮記曾子問問諸老耼注**吾耼姬姓文王之子耼季之國**國語周語耼由鄭姬注

欲

欲得也說文段注孟子附之以韓魏之家如其自視欿然則過人遠矣注張鎰曰欿音坎內顧不足而有所欲也玉裁按孟子段欿為坎謂視盈若虛也太玄雷椎欿罩即坎窞也今本太玄欿字誤不可識○孟子盡心音義引字林云欿欲得也欿欲也廣雅釋詁一欿貪也廣雅釋詁二欿愁皃也楚辭哀時命欿愁悴而委惰兮注欿欿聲也廣雅釋訓欿陷也欿險也欿坑也萱按皆段欿為坎也

貪

欲物也說文段注心部惏女部婪皆訓貪○廣雅釋詁一云貪欲也又詩桑柔民之貪亂箋云貪猶欲也又疏云貪欲皆是意之所思貪探也探取入他分也釋名釋言語晉魏河內之北謂惏曰殘楚謂之貪方言一辭利刻謙謂之廉反廉為貪賈子道術專利為貪周書芮良夫惟以貪諛為事注愛財曰貪離騷眾皆競進而貪婪兮注求無猒足為貪呂覽慎大暴戾貪頑注見利忘死者貪也列女傳貞順久固祿位者貪也說苑至公○漢書五行志下之上引京房易傳云臣安樂祿茲謂貪專知擅事侵人自用謂

之貪莊子漁父利人土地貨寶者謂之貪兵漢書魏相傳又後漢書臧洪傳注袁紹傳注勇而不見憚者貪也荀子榮辱貪者怨之本也國語晉語

米三切

曑

參武○重見義異參者交互之意穀梁傳桓五年注蓋參譏之疏參三也易繫辭上傳參伍以變疏說卦傳參天兩地而倚數虞注又崔注又論語泰伯三分天下有其二皇疏又廣雅釋言又國語周語王御不參一族注齊語參國起以為三官注參其國而伍其鄙注越語夫人必將與天地相參注又荀子勸學禹耳參漏注又太玄玄首都序陰陽㘜參注玄數參珍睟精注又文選東京賦咸以參夷之則辟注荅賓戲參天地而施化注引項岱○左氏襄廿七年傳參以定之疏云參即三也又大戴記保傅有司參夙興端冕注云參謂三月朝也又國策齊策因與之參坐於衛君之前注云參三人並也又周禮大宰設其參注云參謂卿三人又釋文引干注云參三公也參天地其德與天地為三也禮記孔子閒居三王之德參於天地注○漢書揚雄傳上參天地而獨立兮注云參之言三也又荀子賦大參天地注云參謂天地相似又王制天地之參也注云參謂與之相參共成化育也欑

衡量三等為參漢書律麻志上立則見其參於前也注引孟康有中曰參周書武順參奇也易說卦傳參天兩地注又漢書律麻志上注參分也廣雅釋詁一○方言六云參分也齊曰參參猶森也論語衛靈公立則見其參於前也皇疏參猶望也淮南說山越人學遠射參天注參高也莊子大宗師冥聞之參寥釋文引李注○李又云參寥高邈寥曠不可名也參宜也莊子天下以參為驗釋文參豫也後漢書郎顗傳注參者驗也史記禮書參是豈無堅革利兵哉索隱荀子解蔽參稽治亂而通其度注云參驗參謂參校素問三部九候論參伍不調者病注參伍猶錯雜也荀子成相參伍明謹施賞刑注參伍謂參五分之也文選典引全于參五華夏注參譚相隨皃文選琴賦或參譚繇促注參彈并弦淮南修務參彈復徽注參表謂立表所以參驗曲直管子君臣上若望參表注參任謂兼勳賢而任之後漢書朱景王杜馬劉傅堅馬傳注參謂筮御與右也周禮筮人八曰巫參注參謂參乘之事周禮筮人疏○萱按禮記

月令天子親載耒耜措之于參保介之御間段校本據正義改之御為御之說亦未家得馬王兩說義乃定○馬氏元伯云保介之御間之猶與也鄭注曰置耒於車右與御者之間與字正釋之字○王氏引之經義述聞云案于參呂覽作參于參于保介與御間文義甚順鄭注以為勇士參乘非也書傳凡言參乘無但曰參者二十九乘為參左氏昭元年傳參為左角服注引司馬法參夷夷三族也後漢書宦者傳注參牟子謂二瞳之相參也荀子非相堯舜參牟子注參合陘北俗謂之倉鶴陘水經河水注參檛是擊鼓之法萱按見禰衡傳注此段參為驂也驂敘也細也○儀禮大射儀參七十注又周禮射人則以貍步張三侯司農注並云參讀為驂謂讀驂者定其音也非謂其義義與驂不涉萱驂者三也漢書文帝紀集注○萱按此段驂為參也又孫叔敖碑自曹臧孤竹吳札子罕之倫不能驂也又郎中郭君碑追顏驂舟告是驂乘車右也禮記服問唯近臣及僕驂乘從服疏又莊子徐无鬼昌寓驂乘釋文○左氏文十八年傳而使職驂乘注云驂乘陪乘又國策趙策觀桓子驂乘注云三人其載曰驂乘三為參御覽七百五十引風俗通○萱

韻史　卷三十第七部平聲金韻

按此謂三為參之借字也考工記輈人上三正注云三當為參又弓人有三均注云有三讀為又參

謲傪驂

相怒使也說文

好皃說文段注未見其證方言十三曰傪惰也惰惡也此段傪為傪也

駕三馬也說文段注驂三疊韻為訓詩干旄良馬四之良馬五之良馬六之傳曰四之御四馬也五之驂馬五轡也六之四馬六轡也然則毛公有駕三之說矣王肅云古者一轅之車駕三馬則五轡其大夫皆一轅車夏后氏駕兩謂之麗殷益以一騑謂之驂周人又益以一騑謂之駟本從一驂而來亦謂之驂總言之驂則三馬之名五經異義天子駕數易孟京春秋公羊說天子駕六詩毛說天子至大夫同駕四士駕二詩云四騵彭彭武王所乘龍旂承祀六轡耳耳魯僖所乘四牡騑騑周道倭遲大夫所乘謹按禮王度記曰天子駕六諸侯與卿同駕四大夫駕三士駕二庶人駕一說與易春秋同駁曰予之聞也周禮校人掌王馬之政凡頒良馬而養乘之乘之乘馬一師四圉四馬為乘此一圉者養一馬而一師監之也尚書顧命諸侯入應門皆布乘黄朱言獻四黄馬朱鬣也既實周天子駕六校人則何不以馬與圉以六

三二〇七

韻史　卷三十第七部平聲金韻

為數顧命諸侯何以不獻六馬易經時乘六龍者謂陰陽六爻上下耳豈故為禮制王度記云天子駕六者自是漢法與古異大夫駕三者於經無以言之依鄭駁則古無駕三之制孔晁云馬以引重左右當均一轅車以兩馬為服旁以一馬驂之則偏而不調非人情也株林曰乘我乘驕傳曰大夫乘驂則毛以大夫亦駕四也且殷之制亦駕四故王基云商頒約軝錯衡八鸞鏘鏘是則殷駕四不駕三也按詩箋曰驂兩騑也檀弓注曰騑馬曰驂蓋古者駕四兩服馬夾輈在中左右各一騑馬左右皆可以三數之故謂之驂以其整齊如翼言之則謂之騑驂本非謂駕三也衡王度記曰大夫駕三故訓傳亦言驂馬五轡則是古有其說故許釋驂為駕三然許不偁王度記天子駕六以下云云於騑下亦云驂也是說文晚成不堅執異義之說其說經非不與鄭合矣○左氏桓三年傳疏云驂駕三馬也又漢書揚雄傳上麗句芒與驂蓐收今注云驂三馬也

兩馬在邊為驂

呂覽愛士注蓋挾此驂之定詁○國策衛策拊驂無笞服注云兩學曰驂又詩大叔于田兩驂如舞蓋云在旁曰驂

騑馬曰驂

詩采菽載驂載駟釋文又儀禮覲禮使者降以左驂出注又禮記檀弓上使子貢說驂而賻之注○左氏桓三年傳驂絓而止注定九年傳如驂之靳釋文又穆天子傳

三二〇八

韻史　卷三十第七部平聲金韻

三芳周白驂二足注又淮南泰族驂欲馳注鉣云驂騑馬也

外騑為驂

楚辭謬諫服罷牛而驂驥注○文選陽給事誄如彼騑駟亂服驂衛注云在服之左曰驂右曰騑○蓋按分驂騑為左右亦或一義然不足泥也文選注引韓詩章句云兩驂左右騑驂

驂者服外之馬也

後漢書賈復傳注○禮記檀弓釋文云驂夾服馬也又荀子哀公問兩驂列兩服入廄注云兩驂兩服之外馬

七達謂之劇驂

爾雅釋宮○孫郭注云劇驂三道交復有一岐出者又釋名釋道云七達曰劇驂驂馬有四耳今此道有七比於劇也

驂者三也驂乘陪乘三人共載曰驂乘

豈按此皆段驂為參也

三　穇驂切

弍古文

數名天地人之道也於文一耦二為三成數也

說文段注陳蟡曰數者易數也三兼陰陽之數言一下曰道立於一二下曰地之數王下曰三者天地人也老子曰一生二二生三三生萬物此釋三之義下釋三之形故以於文二字別言之二下曰从一耦一以一儷一也此曰一耦二為三以一儷二也三畫而三才之道在焉故謂之成數又字下曰手之列多略不過三○易豐不三歲不覿十注又左氏昭卅二年傳不

三二〇九

韻史　卷三十第七部平聲金韻

及四十年服注竝云三者天地人之數也又國語周語紀之以三注云三天地人也又莊子齊物論云二與一為三二

三者天地相承覆之數也

周禮媒氏令男三十而娶女二十而嫁注

三者數之極

後漢書黃瓊傳注

震木數三

易師三三錫命集解豐三歲不覿集解

三者陽數

易困三歲不覿九家注

三者陽德成也

易象上傳王三錫命荀注○訟終朝三褫之荀注云三者陽功成也

三月萬物一成

大戴記本命三年顖合注

三者終也

太玄廓三歲無童注進三歲不還注密三日不覺散津三歲無君注居三歲見背注大三歲不不葉注顛三歲不射注窮三歲見錄注

三為終

太玄常三歲不食注

三者數之小終

後漢書袁紹傳注

三東方也

素問五常政大論眚於三注

三三正也

後漢書郎覬傳注○章帝紀注云三正謂天地人之正

三主斗

大戴記易本命

三星謂心星也

詩綢繆三星在天箋○小星三五在東傳云三心

三星參也

詩綢繆傳

三五三皇五帝也

後漢書班固傳下注

三謂三王

漢書郊祀志下集注

言三人則眾賓多矣

儀禮鄉飲酒禮

三二一〇

拜受者三人莊鄉射禮注三拜示徧也儀禮鄉射禮主人西南面三拜衆賓注○少牢饋食禮主人西面三拜養者注云三拜旅之示徧也又有司徹南面拜衆賓于門東三拜注云言三拜者衆賓賤旅之也三爲參御覽七百五十引風俗通○萱按考工記韗人上三正弓人有三均皆段三為參也

海覃切

犙　含

三歲牛說文

含嗛也說文段注禮樂志吟青黃以吟為含

含合也合口亭之也銜亦然也釋名釋飲食

含食也法言至孝子有含萩縕絜注

含藏也國語楚語上氣含收注

含懷也國策秦策

含怒日久注又淮南原道含德之所致也注

含寬也廣雅釋詁三

含謂包容史記禮書函及士大夫索隱○萱按含函正借字異部同音也月令含桃本又作函

含忍也左氏宣十五年傳國君含垢賈注

含德茂蓄而不露也老子含德之厚注

含情情未申也文選登廬山香爐峰詩臨風默含情注○萱按十九首云齊心同所願含意俱未申

含桃櫻桃也廣雅釋木又禮記月令羞以含桃注○呂

覽仲夏注云含桃鸎桃鸎鳥所含食故言含桃淮南時則注大同

珠玉曰含周禮職喪疏又左氏文五年經注○萱按此段含為唅也唅去聲

函含也詩載芟實函斯活箋又文選思玄賦屬箕伯以函風兮舊注○漢書宣帝紀產于函德殿銅池中注引如淳云函亦含也又後漢書張衡傳注云函猶含也○萱按考工記燕無函曲禮席閒函丈漢書律麻志函三為一禮樂志函宮吐角澂徵清五行志不則皆函陰氣地理志凡民函五常之性董仲舒傳故偏覆包函而無所殊蕭望之傳民函陰陽之氣啟傳函之如海文選南都賦巨蜂函珠亦背段函為含也

函容也漢書天文志集注引蘇林敘傳上集注又後漢書遝讓傳注又太乍養函香貞注乍瑩啗函啟化注○禮記曲禮上席閒函大注云函循容也

函包也漢書禮樂志集注○地理志下集注云函笆也

函包容也漢書禮樂志人函天地陰陽之氣注楊雄傳上以函頁之大漢兮注

函宏寬大也文選吳都賦伊茲都之函宏劉注

函牛受一牛之鼎也淮南詮言夫函牛之鼎沸注○後漢書劉商傳注云函牛之鼎謂大鼎也

䟾

或作鈇橧䟾

冶槖幹也說文段注治各本作治令正治槖謂排槖排讀音拜切其字或作鑴或作橐冶者以

革囊鼓火老子之所謂槖也其所執之柄曰䟾斡猶柄也䟾或謂肸而廣韻以排槖柄釋之玉篇以似瓶有耳釋䟾引許者昔容謂治而其義湛雍終古矣排囊之柄古用瓦為之故字从瓦後乃以木為之故集韻作橧从木

代廢切

鼨　覃

○俗有鼨鼠屬說文

隸作覃

[illegible]古文[illegible]籀長味也詩曰實覃實吁說文段注此與酉部醰音同義近醰以覃會意也引伸之凡長皆曰覃葛覃傳曰覃延也凡言覃及覃思皆同經典葛覃字亦假葦為之大雅實覃實吁傳曰覃長也訏大也許作吁疑轉寫誤

覃延也爾雅釋言

覃長也廣雅釋詁二

覃大也深也漢書敘傳上集注

覃靜也後漢書侯瑾傳注

覃謂始能坐也詩生民箋

覃懷近河地名書禹貢覃懷底績曉出傳

覃利也詩大田以我覃耜傳○萱按此段覃為剡也尒雅釋詁注引作剡邾用正字文選東京賦介御聞以剡邾注云覃與剡同

譚延也管子侈靡祀譚次祖注見本辟之若尊譚注○萱按此段譚為覃也又詩生民釋文云覃本或作譚

醰

平去兩讀

酒味長也說文段注廣韻玉篇皆云酒味不長也不是腈字集韻云酒味苦也由宋時說文以酓義系醰篆而奪酓之故耳汲古閣初刻時正如此或曰古酓章同部疑無二字然小徐本分列畫然小徐作甜長味也按洞籥賦良醰醰而有味李注引字林醰酤同長味也同是膳字○萱按說文酓下云酒味苦也後奪此篆其解遂逸於醰下而醰之本義亂矣

醰美也文選魏都賦宅心醰粹注

䣐

或作譚

國也齊桓公之所滅說文段注衛風曰譚公維私小雅曰東國困於役而傷於讒譚大夫作大東以告病左傳莊十年曰齊師滅譚譚無禮也譚子奔莒同盟故也今濟南府府東南七十里有故譚城在二志濟南郡之東平陵縣東平陵故城在今濟南府府東七十五里按詩春秋公穀皆作譚許書又無譚字益許所據從邑齊世家謠作郯可證司馬所據正作鄣郭譚古今字也許書有譚長不以古字廢今字也

譚國名詩碩人序釋文小東序釋文

譚猶著也文選嘯賦參譚雲屬注

譚誕也謂安縱也大戴記子張問入官修業居久勿譚注

譚延也管子侈靡注見本注○萱按此段譚為覃也又白虎通宗族引覃公惟私則段覃為譚也

二字互借通用**譚說也**萱按此段譚為談也談在八部二字異部同音得相通借

鐔

劍鼻也說文段注攷工記曲禮少儀所謂劍首也通藝錄曰劍鼻謂之鐔鐔謂之珥又謂之環一謂之劍口有孔曰口視其旁如耳然曰珥面之曰鼻對末言之曰首玉裁按莊子說劍凡五事曰鋒鍔脊鐔夾鋒者其耑許書之鏠字左傳所謂劍末也鍔者其刃許之㓹字脊者其身中隆處記因之有兩從臘廣之鍔偁也鐔者其鼻玉部所謂設瑑處也夾者其柄鐔在其耑記所謂莖許刀部所謂制也卬鼻劍鼻瓜鼻皆謂鼻者鼻猶初也始生子為鼻子**劍其旁鼻****曰鐔鐔尋也帶所貫尋也**釋名釋兵**劍珥謂之鐔**廣雅釋器。莊子說劍周宋為鐔釋文引司馬注云鐔劍珥也**鐔謂劍環也**莊子說劍釋文。釋文引三蒼云鐔劍名也**鐔劍口**文選東京賦注引韻集又一切經音義十三引聲類**鐔劍口旁橫出者也**漢書匈奴傳下玉具劍注**鐔劍喉也**漢書韓延壽傳作刀劍鉤鐔注

潭

潭水出武陵鐔成王山東入鬱林說文段注林字賸當刪俗人不知鬱為水名漢志涯

韻史　卷三十第七部平聲金韻　三二一五

水入鬱離水入鬱亦皆沿林矣王集韻引作玉韻會引作五漢志作玉未審當何從武陵郡鐔成二志同前志鐔成下曰玉山潭水所出東至阿林入鬱過郡二行七百二十里過郡二者武陵鬱林也今廣西潯州府阿林廢縣漢縣也鬱林郡廣鬱下曰鬱水首受夜郎豚水東至番禺郡四會入海過郡四行四千三十里過郡四者牂柯蒼梧鬱林南海也潭水即今福祿江源出苗地東南至今貴州黎平府西為古州江東至永從縣南合彩江為福祿江入廣西昕至柳城縣為柳江又東南絕象州至潯州府城北曰潯江此為廣西之右江亦曰北江合廣西左江亦曰南江即所謂入鬱也廣始潯州以北潯江為名潯江即古潭水古二字同音因改其字耳今人上流為柳江下流為潯江漢人統曰潭下流亦曰溜潭與滔實一水也按鬱水今嶺外之盤江由雲南貴州廣西至廣東為西江入海者也淮南書曰始皇使尉屠睢發卒五十萬為五軍一軍守鐔成之嶺一軍守九疑之塞一軍處番禺之都一軍守南埜之畍一軍結餘干之水皆謂今之嶺也漢鐔成縣故城在唐之朗溪縣今之湖南沅州府黔陽縣王山蓋在嶺故潭水流嶺外東入鬱也嶺北之水多入沅按今義訓為深取從覃之意也武訓水側與潯同也。方言十湘潭之原注云潭水名出武陵**潭淵也**廣雅釋水又文選吳

韻史　卷三十第七部平聲金韻　三二一六

都賦嚴岡潭淵劉注。楚辭抽思泝江潭兮注云潭淵也楚人名淵曰潭**潭水邊也**漢書揚雄傳上因江潭而往記兮注引蘇林**潭深也**漢書揚雄傳下集注又管子侈靡潭根之毋伐注。文選述祖德詩隨山跡濬潭注云楚人謂深水為潭又淮南原道以曲隈深潭相予注云深潭回流饒魚之處**潭海隨波之兒**文選江賦與波潭沲注**潭淪動搖之兒**文選海賦介其枝岐潭淪注

蕁

蕁或。俗省作蕁**莐蕃也**說文段注莐當是本作兇加州本州作沈燭說爾雅者謂即今之知母**蕁莐藩**爾雅釋艸。注云蕁一名蝭母生山上葉如韭一曰蝭母又釋文引孫注云蕁古潭字。萱按孫說未必然潭石衣與蕁海藻是一物字皆當作潭其作蕁者字誤抑或段借也要之與兇蕃之蕁異矣說文無潭七部九部兩讀。俗有蚒

彤

丹飾也說文。國語周語彤鏤為美注云彤謂丹极。萱按賈子禮容語下器無蟲鏤蓋段蟲為彤也然蟲字亦自通矣樸人曰小蟲之蠹以為雕琢**彤丹也**左氏哀九年傳器不彤鏤注又國語周語器無彤鏤注。文選漢高祖功臣頌彤雲晝聚注二彤丹色也又左傳哀元年釋文云彤丹漆也**彤赤也**爾雅

韻史　卷三十第七部平聲金韻　三二一七

釋畜彤白雜毛騢注又釋文又廣雅釋器又小爾雅廣詁又詩靜女釋文彤弓釋文又文選西京賦彤庭煇煇薛注射雉賦彤盈窗以美發徐注。素問六元正紀大論為彤雲注又漢書王莽傳上彤弓矢注鉉云彤赤色也**彤赤也****即赭白也**文選赭白馬賦題注**彤纁也**書顧命昝麻冕彤裳晚出傳**彤管筆赤管也**詩靜女貽我彤管箋。後漢書皇后紀上注云彤管赤管筆也**彤弧赤弓**後漢書班彪傳下注。左氏僖廿八年傳彤弓一彤矢百注云彤赤弓又詩彤弓釋文云彤弓赤弓也**彤弓朱弓也**詩彤弓彤弓弨兮傳又山海經海內經帝俊賜羿彤弓素矰注又管子輕重丁不得不以彤弓石璧注又荀子大略諸侯彤弓注。公羊定四年傳挾弓而去楚注云禮諸侯彤弓**彤魚國名**國語晉語夷鼓彤魚氏之甥也注

男 囊覃切

丈夫也說文段注夫下曰周制八寸為尺十尺為丈人長一丈故曰丈夫白虎通曰男任也任功業也古男與任同音故公侯伯子男王莽男作任**男者兒也**漢書天文志集注引孟康**男子者謂戶內之長也**後漢書明帝紀注**男女猶陰陽也**易繫辭下傳男女構精干注**艮為男**易象下傳

韻史　卷三十第七部平聲金韻　三二一八

男女睽虞注蠱辭下傳虞注序卦傳然後有男女虞注襍卦傳女歸待男行也虞注男君也廣雅釋詁一男爵也穆天子傳五見許男于洧上注。左氏昭十三年傳鄭伯男也賈注服注竝云男當為南謂南向之君也萱按此謂男為南之叚借字二字蓋互相通借男者任也孝經不敢遺小國之臣而況於公侯伯子男乎鄭注又周禮大司馬疏又大戴記本命又廣雅釋親男者又白虎通爵。漢書地理志上集注云男之言任也又王莽傳中注云男亦任也。萱按禹貢二百里男邦史記夏本紀作二百里任國男任也典任事也釋名釋長幼。孝經疏引舊注云男者任也言任王之職事也又周禮職方氏又其外方五百里為男服注云男任也任事。萱按此云男服又大司馬作男畿男者任功立業古微書引春秋元命苞。獨斷上云男者任也立功業以化民其地方五十里

南

羍古文任也艸木至南方有枝任也說文段注漢律麻志曰大陽者南方南任也陽氣任養物於時為夏云艸木至南方者猶云艸木至夏也有枝任者謂夏時艸木暢楙丁壯有所枝格任戴也故从朩按

古南男二字相假借南任也書大傳名曰南陽注又廣雅釋言又漢書律麻志上又太[illegible][illegible]數太蔟生南呂注。御覽廿一引崔靈恩三禮義宗云夏謂南者南任也又禮記文王世子疏引鉤命決云南一名任又白虎通禮樂云南之為言任也南者物懷任也詩鼓鐘疏。御覽時序部六引書大傳云南方者何也任方也任方者物之方任又白虎通五行云南方者任養之方萬物懷任也又云南者任也言陽氣尚有任生薺麥也南陽位國語楚語乃命南正重司天注。周語云五閒南呂贊陽秀也又白虎通五行云南方者陽在上萬物垂枝南方主長養白虎通五行。素問異法方宜論云南方天地所長養陽之所盛處也又禮記樂記昔者舜作五弦之琴以歌南風注云南風長養之風也南方者火也盛陽承動白虎通五行南方文明之所陽明夷明夷于南狩疏南風愷樂之風淮南詮言而歌南風以治天下注。周禮疏引左傳又歌南風舊注云南風姑洗南呂以南南呂酉之氣也八月建焉而辰在壽星周禮大師南呂注。又云南呂長五寸三分寸之一南任也陰任陽事助成萬物也國語周語

五閒南呂注。淮南天文云南呂者任包大也又詩則律中南呂注云南任也言陽氣呂旅而去助陰陰任成萬物也又呂覽仲秋注云南呂陰律是月陽氣內藏陰旅於陽任其成功南事律名禮記禮運注終于南事釋文南亦舞也詩鼓鐘疏。六經奧論三引詩鼓鐘以雅以南劉炫說云南如周南之南南言化自北而南也詩閟宮序。儀禮鄉飲酒禮乃合樂注燕禮遂歌鄉樂注竝云周南召南國風篇也王后國君夫人房中之樂歌也南音楚音左氏成九年傳操南音注。文選吳都賦操南音劉注云南言徵引也南國之音也南夷之樂也禮記文王世子胥鼓南注。引鉤命決云南夷之樂曰南疏南極雨府也素問六元正紀大論雲奔南極注南斗北方之宿也後漢書順帝紀注南門者星名也大戴記夏小正四月初昏南門正傳少名十月初昏南門見傳南門法門也穀梁僖廿年傳南面君位也呂覽士容南面稱寡注。國語周語鄭伯南也注引賈注云南南面君也又引鄭司農云南謂子男又引賈侍中云南在南服之侯伯又家語正論鄭伯南注云南左氏作男古字作男亦多有作此南連言之猶言公侯也南

南土也詩樛木南有樛木傳。箋云南土謂荊陽之域又泮水大賂南金傳云南謂荊陽也南野謂蒼梧也後漢書郅惲傳注南夷荊楚也詩閟宮及彼南夷傳。左氏成九年傳南冠而縶者誰也注又賈注竝云南冠楚冠也。萱按衛公子荊亦曰南楚南交稱大交書大傳中祀大交霍山注南郊七里之郊也淮南時則以迎歲於南郊注又魏書五十五引禮記月令盧注。御覽五伯廿八引蔡邕月令章句云南郊七里因火數也南岳衡山書堯典至于南岳晚出傳南山周南山也詩艸蟲陟彼南山傳。南山南山崔崔傳云南山齊南山也又候人南山朝隮傳云南山曹南山也河南在河之南也釋名釋州國。又云汝南在汝水南也又云南海在海南也宜言海南欲同四海名故言南海。萱按南海在海之北若倒作海南轉成窒礙矣[illegible]揚州為海西頭不容偏海東也南猶舊比亦語楚聲轉也方言八東齊海岱之閒謂之戴南南猶舊也注。萱按此段南為舊

老覃切

惏

河內之北謂貪曰惏說文段注內字依小徐作河之北即河內也惏與女部婪音義同賈注左傳曰

惏嗜也方言曰惏殘也陳楚曰惏○一切經音義一引字書云惏亦貪也惏貪殘也大戴記保傅飢而惏注惏耆也左氏昭廿八年傳貪惏無厭賈注○萱按耆者嗜之借

婪 貪也杜林說卜者攩相詐譺爲婪說文段注此與心部之惏音義皆同攩譺各本作黨驗今正攩者許之黨字譺者許之驗字也○廣雅釋詁二云婪貪也愛食曰婪離騷眾皆競進而貪婪兮注

厱 或作磏厱諸治玉石也說文段注淮南說山訓玉待磏諸而成高注曰磏諸攻玉之石磏即厱字也廣韻曰磏諸青礪高誘磏讀廉○萱按磏礛為一字音廉厱磏為一字音婪此同部雙聲也其義雖同不妨異字異音也高誘磏讀廉者強殽混合為一耳無庸泥磏諸治玉之石淮南脩務注說林璧瑕成器磏諸之功注此義礛諸礪也廣雅釋器厱岸側空處也文選江賦犢獺睽睛乎厱空注○萱按因字从厂皮傳為

葳 艸得風皃說文

韻史　卷三十第七部平聲全韻　三三二三

韻史　卷三十第七部平聲全韻　三三二四

韻史

何萱撰著

第七冊

商務印書館發行

韻史　第七冊

何萱撰著

商務印書館發行

韻史卷三十一　泰興何萱石閣撰集　子度校字

第七部上聲　上海顧錫麒竹泉覆審

錦韻　武進李兆洛申耆鑑定

齊齒諄

錦凡品切 襄邑織文也說文段注漢地理志郡國志陳留郡屬縣有襄邑今河南歸德府睢州治即故縣地地理志云縣有服官李善引陳留記云襄邑涣水出其南睢水經其北傳云睢涣之間出文章故其黼黻絺繡日月華蟲以奉宗廟御服焉司馬彪輿服志云襄邑歲獻織成虎文按許以漢法釋古謂若今之襄邑織文即經典之錦文也毛傳貝逗錦文也禹貢厥匪織貝鄭注云貝錦名也凡為織者先染其絲乃織之則成文矣禮記云士不衣織 錦金也作之用功重其價如金故其制字从帛與金也釋名釋采帛 錦文采色也詩終南錦衣狐裘傳 錦文衣也詩碩人衣錦褧衣傳○禮記中庸衣錦尚絅注云錦衣之美 玉錦錦之文纖縟者也儀禮聘禮士介四人皆奉玉錦束請覿注

唫岑錦切 口急也說文 唫閉也呂覽重言君呿而不唫注 唫謂之陰太玄玄攡唫剛凝形注 唫猶噏也同上 唫不通也太玄玄衝 唫少與太玄玄錯○萱按穀梁傳必於殽之巖唫之下段唫為崟也

㬎七部一見十四部兩見凡三讀義各異 或曰衆口皃讀若唫唫說文段注此別一義也讀若唫唫當作讀若口唫之唫轉寫譌奪耳㬎三義畫然三音大徐總曰五合切非也惟第二義讀若唫故濕水字从之為聲○萱按㬎詳見十四部上聲內其五合切無庸也

歙羕錦切 𣲜古文 㱃古文○作飲涂餘 歠也說文段注易需卦虞注曰水流入口為飲引伸之可飲之物謂之飲如周禮四飲是也與人飲之謂之飲俗讀去聲如左傳飲之酒是也又消納無迹謂之飲漢書朱家傳飲其德猶隱具德也○萱按飲讀去聲者乃無事自投也 飲奄也以口奄而引咽之也釋名釋飲食 飲是陰周禮酒正注后致飲疏 凡飲養陽氣也禮記郊特牲 飲酒漿也周禮膳夫

掌王之食飲膳羞注 飲酒清酒也儀禮公食大夫禮飲酒漿飲俟于東房注○周禮酒人共賓客之禮酒飲酒而奉之注云飲酒食之酒 飲食燕饗也周禮宰夫掌其牢禮委積膳獻飲食賓賜之飧牽注 飲罰也左氏哀廿五年傳請飲尗也注 飲謂畱飲也素問刺志脈小血多者飲中熱也注 飲沒也漢書朱家傳集注 飲器飲溺器椑榼也淮南道應破其首以為飲器注

㐭利錦切 廩或 穀所振入也宗廟粢盛蒼黃㐭而取之故謂之㐭說文段注穀者百穀總名中庸注曰振猶收也手部曰振舉也周禮注曰秉藏曰廩粢各本作粢今正粢稻餅之或字也粢者齍稷之或字也甸師以其齍盛鄭注齍作粢云粢稷也穀者稷為長是以名曰齍器曰盛按小宗伯注云齍讀為粢六粢謂六穀黍稷稻粱麥苽是則六穀稷為長故單舉粢也許於四部曰齍黍稷器也盛黍稷在器中也字依周禮此作粢盛者齍粢古今字禮記多用粢盛故許從之與鄭同也蒼舊作倉今正㐭而取之之㐭當作懍懍懍寒也凡戒慎曰懍懍亦作懍懍漢書通作廩廩許云懍而取之故謂之㐭懍㐭疊韻如上文蒼黃取而藏故謂之倉藏倉疊韻也上文云穀所振

入也者周禮所謂廩人掌九穀之數以待國之匪頒賙賜稍食也此云宗廟粢盛蒼黃廩而取之者穀梁傳所謂甸粟而內之三宮三宮米而藏之御廩周禮所謂廩人大祭祀則共其接盛舉其重者以釋㐭之音義也鄭云大祭祀之穀藉田之收藏於神倉者也不以給小用釋言廩廟也藏氏鏞堂曰廟古本當作斛倉人云廩少鮮也公羊桓公廩注云連新於陳上財令牢相連耳襄廿三年所傳聞注亦云廩近升平皆廩鮮也之義玉裁按此與漢書廩廩庶幾賈誼為此廩廩皆廩之段借也○漢書昭帝紀朕廬倉廩注云廩穀所振入也 廩所以藏齍盛之穗也詩豐年亦有高廩傳○漢書百官公卿表上屬官廩犧注云廩主藏穀 米藏曰廩荀子富國垣窌倉廩者財之末也注又文選籍田賦注引蔡邕月令章句○儀禮少牢饋食禮廩人溉甑甗匕與敦于廩爨注云廩人掌米入之藏者又周禮地官序官廩人注云盛米曰廩云廩人舍人倉人司祿官之長又 廩所以盛米粟管子戒在廩疏○管子問問死事之寡其餼廩何如注云餼米粟之屬 廩藏也管子山國軌泰春民之所用者君已廩之矣注且 廩倉也詩豐年釋文又左氏文十六年傳振廩同食注又廣雅釋室又孟子萬章上父母使舜完廩注又後漢書

寇榮傳注○左氏桓十四年經疏云廩倉之別名又詩楚茨疏云廩亦倉之類即廩御廩一名神倉國語周語廩於藉東南注○公羊桓十四年御廩災傳云御廩者粢盛委之所藏也又穀梁桓十四年注云御廩藏公所親耕以奉粢盛之倉也又漢書五行志上引劉向云御廩夫人八妾所舂米藏以奉宗廟者也又引劉歆云御廩公所親耕藉田以奉粢盛者也方曰廩荀子榮辱餘刀有囷廩注廩矜也寶物可矜惜者投之於其中也釋名釋宮室廩積也聚也素問皮部論廩於腸胃注廩治也廣雅釋言○公羊桓十四年注云廩者擇治穀名廩者希少之名廩與也廩結也稍食曰廩萱按此皆段廩為稟也廩廩危也廩然傾動皃萱按此皆段廩為懍

凜

凜○懍俗有凜凜寒也說文段注引申為敬畏之稱俗字作凜懍凜寒也腎之性也素問五運行大論其性為凜注○文選閒居賦注引字書云凜寒也凜者顏色懼皃也一切經音義十引埤蒼懍懍戒懼之皃家語致思懍懍焉若持腐索之扞馬注懍懍危懼皃文選文賦心

韻史 卷三十一第七部上聲錦韻 三二二九

懍以懷霜注懍懍言勁烈如秋霜也後漢書融傳注孔懍懍有風采之皃也後漢書陳蕃傳注懍敬也廣雅釋詁一懍然悚栗之皃荀子議兵臣下懍然莫必其命注懍悷悲吟皃也一切經音義十引埤蒼廩廩言有風采也漢書循吏傳序此廩廩庶幾德讓君子之遺風矣注廩廩危也漢書食貨志上集注引李奇廩然傾動皃左氏哀十五年傳無乃廩然隕大夫之尸注○萱按段廩為懍有為廩之正義者廩廩危也是有為懍之餘義者廩少鮮也是廩廝也廣雅釋言○舍人注云廩少鮮也廩者希少之名公羊僖八年傳羣公廩注癝栗體凜寒凜廣韻○萱按廣韻分癝廩為二字誤也集韻云癝寒病則混合為一又按癝从仌廩聲俗乃从疒从稟而別製凜

⿱炎㐭

侵火也說文段注疊韻為訓也近火者有畏意

⿰⿱炎㐭阝

地名說文

韻史 卷三十一第七部上聲錦韻 三二三〇

菻

或作廩蒿屬說文段注郭樸曰莪蒿亦曰廩蒿按廩同菻許不言莪菻一物也

戡 享錦切

平上兩讀注在彼

瀋 齒錦切

汁也春秋傳曰猶拾瀋也說文段注按禮記檀弓為榆沈故沈為瀋○左氏哀三年傳無備而官辨者猶拾瀋也注云瀋汁也又釋文云北土呼汁為瀋

衽 攘錦切

○俗有祖衣衽也說文段注凡朝祭喪服衣與裳殊深衣不殊服記曰衽二尺有五寸鄭曰衽所以掩裳際也上正一尺燕尾一尺五寸凡用布三尺五寸玉裁按朝祭服同玉藻注所謂或殺而下屬衣則垂而放之者也玉藻衽當旁鄭曰謂裳幅所交裂也江氏永曰以布四幅正裁為八幅上下皆廣一尺一寸各邊削幅一寸得七尺二寸既足要中之數矣下齊倍於要又以布二幅斜裁為布四幅狹頭二寸在上寬頭二尺在下各邊削幅一寸亦得七尺二寸共得一大四尺四寸此四幅連屬於裳之兩旁所謂衽當旁也玉裁按此注所謂或殺而上屬裳則縫之以合前後者也此二者皆謂之衽凡言衽者皆謂裳之兩旁鄭曰凡衽者或殺而上下或殺而上是以小要取名焉小要者喪大記云君蓋用漆

韻史 卷三十一第七部上聲錦韻 三二三一

三衽三束是也段借為衽席衽席者今人所謂褥也語之轉衽衣衿也後漢書變傳注傳衽衣襟也禮記喪大記皆左衽疏又漢書張良傳楚必斂衽而朝注○文選秋興賦且斂衽以歸來兮注云衽襟也衣前曰衽漢書五行志中之上衰衽如故袁注○離騷跪敷衽以陳辭兮注云衽衣前也又公羊昭廿五年傳再拜稽首以衽受注云衽下裳當前者衣衽衣際也詩采菽傳衽也釋文執衽裳際也儀禮喪服傳注下又無衽釋文又禮記喪大記扱衽釋文又左氏成十七年傳抽戈結衽注○一切經音義十一引蒼頡解詁云衽謂裳際所及交列者也或云衣襟也衽所以掩裳際也儀禮喪服記衽注又公羊昭廿五年傳釋文○禮記深衣續衽鉤邊注云衽在裳旁者也又疏云衽謂深衣之裳以下潤上狹謂之為衽衽謂裳幅所交接者也禮記玉藻衽當旁注○問喪扱上衽注云上衽深衣之裳前衽謂裳也考工記輪人衣衽不厭注○左傳哀三十一年釋文云衽裳下也襌謂之衽方言四○注云衽襟也或曰裳際也衣衽褸也在旁褸褸然也釋名釋衣服衽袂也廣雅釋器衽袖也同上○萱按此在衣之衽諸家謂之

韻史 卷三十一第七部上聲錦韻 三二三二

衣襟鄭君所謂或殺而下者也惟上闊下狹與在裳之衽相反而其實不殊

衽臥衣也莊子達生衽席之上釋文引李注

衽臥席也儀禮士昏禮御衽于奥注既夕記衽下莞下上簟注又禮記曲禮上請衽何趾注衽內則將衽釋文又後漢書皇后紀注○禮記喪大記疏云衽寢臥之席也又儀禮士喪禮衽如初注云衽寢臥之席也亦下莞上簟

衽席單席也周禮玉府衽席牀笫凡褻器司農注○疏云衽席牀者燕寢中臥席

衽猶席也禮記中庸衽金革注○曲禮注安定其牀衽釋文云衽席也

衽柔弱也淮南詮言林衽席注筐

衽令小要也儀禮士喪禮掘肂見衽注又禮記檀弓上衽每束一注有今喪大記三衽三束注

衽謂燕尾合棺縫際也禮記喪大記疏○釋名釋喪制云棺束旁際曰小要其要約小也又謂之衽衽任也任制際會使不解也

飪

肚古文○或作恁餁飴脍

大孰也說文段注特牲禮請期曰羹飪注飪孰也飪亦段稔爲之釋言饋餾稔也字又作餁餁同飪

飪熟也徐揚之間曰飪方言七○左傳桓十四年疏云飪是熟肉

餁熟也易象下傳鼎亨飪也注又釋文又儀禮士昏皆飪也注聘禮飪一牢在西注公食大夫禮魚腊飪注士虞禮記

羹飪注特牲饋食禮注又廣雅釋詁三

飪生熟之節禮記文王世子注爲其失飪釋文

腍孰也禮記郊特牲注

恁

下齎也說文段注未聞按後漢書班固典引曰亦宜勤恁旅力李賢注引說文恁念也當用以訂正廣雅曰恁思也廣韻玉篇亦曰念也恁念為疊韻廣雅又云恁弱也則與詩荏染同音通用耳

集

弱皃說文段注小雅大雅皆言荏染柔木毛曰荏染柔意也論語色厲而內荏孔曰荏柔也按此荏皆當作集桂荏謂蘇也經典多段荏而集廢矣○廣雅釋詁一云集弱也

集集弱也廣雅釋訓

荏柔弱皃禮記曲禮釋文

荏柔佞也論語陽貨皇疏

荏屈橈也漢書翟方進傳注引應劭

荏染柔意也詩巧言傳釋文抑

恁弱也

衽柔弱也萱按此亦皆集之段借字也恁弱見廣雅衽柔弱見淮南詮言注

荏

桂荏逗蘇也說文段注上文蘇下云桂荏也是之謂轉注凡轉注有各部互見者有同部類見者荏之別義爲荏染○爾雅釋艸云蘇桂荏又方言三蘇亦荏也關之東西或謂之蘇或謂之荏

云荏苒猶漸也文選悼亡詩荏苒冬春謝注

荏菽戎菽也詩生民蓺之荏菽傳○箋云荏菽大豆也

荏屈橈也荏

染柔意也萱按此類皆段荏爲集也

稔

穀孰也春秋傳曰不五稔是說文段注稔之言飪也不五稔昭元年左傳文○廣韻引廣雅云稔穀熟也

稔孰也禮記文王世子疏又漢書五行志中之上集注

稔熟也左氏僖二年傳不可五稔注昭十八年傳昆吾稔之日也注又國語吳語不稔於歲注又後漢書法雄傳注○左傳襄廿七年釋文云稔熟也穀一熟故爲一年

禾熟曰稔一切經音義廿一引字林

稔年也廣雅釋詁一又左氏襄廿七年傳所謂不及五稔者注又國語晉語解不五稔注鄭語不三稔矣注

夏曰歲一曰稔也獨斷上○萱按爾雅釋言饋餾稔也乃段稔爲飪者

𢆉

撥也从干入一爲干入二爲𢆉讀若飪言稍甚也說文段注撥刺也甘

泉賦洪臺崛其獨出兮撥北極之嶟嶟入一云云說會意之怡飪甚同音入二甚於入一故讀若飪即讀若甚也

審 始錦切

宷古文籀文

悉也知宷諦也說文段注諦廣韻引作諟古同部段借也○論語堯曰審法度皇疏云審猶諦也

審諟也廣雅釋詁三

審度也文選東京賦審曲面埶薛注

審知也淮南說山不可不審注

審明也淮南本經審於符者注

審慎也呂覽音律審民所終注孟冬審棺槨之厚薄注此小物不審也注

審詳也呂覽察微公怒不審注

審亦聽也周禮遂師審其誓戒注

審處也莊子應帝王鯢桓之審爲淵釋文引簡文注

審索也廣雅釋言

審竝也同上

審正也國語齊語審吾疆場注又呂覽處方李不審注

審定也呂覽順民必先審民心注○考工記弓人冰析濟則審環注云審猶定也

審實也呂覽先民審此言也注

審者錄之禮記月令審卦吉凶注

審謂詳觀其道也荀子非相欲知億萬則審一二注

十羽爲審周禮羽人凡受羽注云審搏縛羽數束者也爾雅曰一羽謂之箴十羽謂之縛百羽謂之緷其名音相近也一羽有名蓋失之矣○萱按穆天子傳三注作十羽

爲箴與周禮介雅皆乖違

甚 𠯀古文 尤安樂也說文段注尤甘也引伸凡殊尤皆曰甚 甚者益審之言也左氏昭十八年傳戊寅風甚疏 甚劇也廣雅釋言 甚大也孟子梁惠王下王之好樂甚注○左氏昭廿八年傳甚口疏云甚口者謂大口也 甚厚也呂覽觀表甚歡注 甚重也淮南脩務聖人之憂勞百姓甚矣注 甚猶深也呂覽知士王之說嬰也甚矣注 不甚猶勝也論語衛靈公甚於水火皇疏 甚謂多也素問標本病傳論謹察間甚以意調之注 甚者謂誠也國策秦策左右皆曰甚然注 甚謂貪淫聲色老子去甚注 甚忘謂過去之速也莊子田子方吾服女也甚忘注

葚 ○俗有椹 桑實也說文又詩氓無食桑葚釋文又泮水釋文引字林○小介雅廣物云桑之實謂之葚 黮桑實也詩泮水食我桑黮傳○氓釋文云葚本又作椹○萱按黮椹皆葚之段借字

瞫 深視也一曰下視也又竊見也說文段注瞫深疊韵見其底裏曰深視也左傳有晉人狼

瞫下視也別一義竊見也又一義

嬸 下志貪頑也說文

諗 深諫也春秋傳曰辛伯諗周桓公說文段注諗深疊韵深諫者言人之所不能言也小雅是用作歌將母來諗箋云諗告也以養父母之志來告於君左傳昔辛伯諗周桓公此皆於深諫義近毛曰諗念也此則謂諗爲念之同音段借辛伯諗周桓公左傳閔二年文桓十八年諗作諫 諗告也左氏閔二年傳注又國語魯語使吾無忘諗注晉語使果敢者諗之注 諗念也爾雅釋言又集韵引字林○介雅釋文云諗相思念也 諗潛藏也萱按此淰之義也同聲段借

淰 同讀 濁也說文段注淰與澱淤滓相類禮運曰龍以爲畜故魚鮪不淰淰之言閃也凡云之言者皆段其音以得其義益濁其本義閃其引申段借之義也衆經音義引埤蒼淰水無沈也杜詩云山霧戎戎暝溪雲淰淰寒戎戎言其流動淰淰言其凝滯水無波之義之申也○廣雅釋詁三云淰濁也 引淰水中驚走也又淰水中

之形狀竝禮記禮運故魚鮪不淰疏 諗潛藏也家語禮運魚鮪不諗注○萱按此段諗爲淰

⿰酉替 紫錦切 ○俗有⿰月替 歃酒也說文段注歃歠也歃也歃謂小飲之 ⿰酉替美也廣雅釋詁一 ⿰月替美也同上

寑 此錦切 寢 籀○隸作寑寢 臥也說文段注李善引論語鄭注寑臥息也必於室故其字从宀引申爲宮室之偁周禮宮人掌王之六寢之修釋宮曰室有東西箱曰廟無東西猶有室曰寢又引申之凡事止亦曰寢今人皆作寢寢乃寑又字之省與寢異義 寢臥也禮記曲禮上寢毋伏疏少儀寢則坐而將命疏又五經文字引字林○萱按楚辭謬諫寢疾連文訓臥乃其本義與此段爲寢者殊科 寑權假臥之名也 寢侵也侵損事功也釋名釋姿容 寤寐也淮南墜形寢居直夢注 寢偃也廣雅釋言 寢眠也論語公冶長宰予晝寢皇疏鄉黨寢不尸皇疏衛靈公終夜不寢皇疏 寢宿也後漢書馬融傳注 寑寢也所寢息也釋名釋宮室○漢書禮樂志集注匈奴傳集注並云寢息也又文選永明九年策秀才文寢貝積寢注云寢猶息也 寢猶止也大戴記曾子制言上無席則寢其趾注 寢謂不下也漢書張禹傳癸寢罷歸故

官注○禮記問傳寢苫枕塊釋文本亦作寑萱按此用正字也又朱竈碑寑而作頌此用籀文也餘多借用寑 寑藏也廣雅釋詁四 寑幽也廣雅釋器 寑衣被也廣雅釋器○論語鄉黨必有寢衣集解引孔注云寢衣今被也又鄭注云寢衣今小臥被又皇疏云寢衣謂被也 寑室也周書皇門子獨服在寢以自露厥家注○禮記喪大記注云寢室通耳 無東西廂有室曰寢介雅釋宮又公羊宣十六年傳宣公之榭也注○漢書賈誼傳閔寢戶之簾注云室有東西廂曰廟無東西廂曰寢 前曰廟後曰寢周禮隸僕注又禮記月令寢廟必備注又呂覽季春注又淮南時則注○漢書外戚傳下序昭穆於前殿注引如淳云廟之前日殿半以後日寢 五寢五廟之寢也周禮隸僕掌五寢之埽除糞洒之事注○呂覽季冬供寢廟之芻豢注云寢廟祖廟也 小寢高祖以下廟之寢也始祖曰大寢周禮隸僕復於小寢大寢注○呂覽孟春執爵於太寢注云太寢祖廟也 寢衣冠所藏之處禮記月令疏○儀禮聘禮記卿館於大夫大夫館于士士館于工商注云自官師以上有廟有寢工商則寢而已 寢者陵正殿後漢書章帝紀注

寢路寢也詩殷武寢成孔安傳又儀禮燕禮膳宰具官饌於寢東注○周禮宮人掌王之六寢之脩注六寢者路寢一小寢五又公羊莊三十二年公薨於路寢注云天子諸侯皆有三寢一曰高寢二曰路寢三曰小寢又禮記喪大記君夫人卒於路寢注云君謂之路寢大夫謂之適寢士或謂之適室路寢者正寢也左傳莊三十二年注○禮記雜記下路寢成注云路寢者生人所居寢適寢也禮記王制庶人祭於寢注○儀禮士喪禮適室正寢之室也疏云卿大夫謂之適室亦謂之適寢小寢燕寢也禮記玉藻然後適小寢注○左氏僖八年傳不薨於寢注又服注竝云寢謂小寢又詩君子陽陽疏云小寢是路寢之下室寢門內門也儀禮士喪禮主人迎于寢門外注寢戈親近兵杖左氏襄廿八年傳使執寢戈而先後之注

梫

穓作梫桂也說文段注釋木梫木桂郭曰今南人呼桂厚皮者為木桂葉似枇杷而大按南方艸木狀云桂有三種葉似枇杷者為牡桂牡木音同許言梫桂也者梫為桂之一種而桂不止於梫也蜀都賦其樹則有木蘭梫桂劉逵云梫桂木桂也

蔓

覆也說文又廣雅釋詁二○萱按說文又出蔓字音侵訓覆也必淺人所屬入者耳蔓即蔓之省許不得分蔓蔓為二字二音也明矣

蕈

○俗有蕈桑英也說文段注蕈之生於桑者曰蕈蕈之生於田中者曰菌先鄭司農注周禮云深蒲或曰桑耳○尒雅釋艸注地蕈也釋文云蕈桑英也又云今人呼菌為蕈

趛 仰錦切

或作趛趛低頭疾行也說文

稟 丙品切

賜穀也說文段注賜穀曰稟中庸既稟稱事鄭注周禮宮正內宰廩人掌固皆云稍食祿稟也又司祿注云賜稟其艱阸凡若此類今本多譌為廩即有未譌者亦皆讀為力甚切矣今之廩賜生員於古當作稟稟賜凡賜穀曰稟受賜亦曰稟引申之凡上所賦下所受皆曰稟左傳言稟命則不威是也○後漢書光武紀下注云稟賜穀也稟食也後漢書劉虞傳注稟祿也廣雅釋詁四稟結也漢書文帝紀集注食貨志上集注地理志下集注西域傳下集注王莽傳下集注又後漢書竇憲傳注丁鴻傳注仲長統傳注樊準傳注又淮南原道稟授無形注稟

謂給授也漢書禮樂志天稟其性注給猶動用也淮南俶眞雖欲勿稟注稟予也廣雅釋詁三稟受也左氏昭廿六年傳先王所以稟於天地注又國語晉語將稟命焉注楚語是無所稟命也注又後漢書馬援傳注○儀禮聘禮注餼猶稟也疏云于賓為稟稟者受也稟敬也秦晉之間曰稟吳楚之間自敬曰稟方言六稍食曰廩周禮校人宮中之稍食司農注○萱按稟正字廩借字淺人轉謂廩正稟借廩給也後漢書章帝紀注又管子五行大常察乎地利故使為廩者注廩與也一切經音義十一引廣雅

品 避錦切

眾庶也說文○後漢書班彪傳下注云千品言多也品徧也禮記玉藻命之品嘗之注○周禮膳夫品嘗食注云品者每物皆嘗之道尊者也品同也漢書李尋傳集注引孟康品率也漢書咸宣傳集注品齊也廣雅釋詁四品式也同上品法也一切經音義廿四引廣雅釋器品階格也禮記檀弓下品節斯疏品謂品秩書堯典五品不遜疏品謂等差也漢書匈奴傳上給繒絮食

物有品注品高下之品也國語鄭語以品處庶類者也注品藻者定其差品漢書楊雄傳下稱述品藻注三品者三色也禮記禮器注貢金三品疏五品五常也史記五帝紀集解引書王肅注又後漢書鄧禹傳注○書堯典鄭注云五品父母兄弟子也五品五常之教也後漢書申屠剛傳注劉愷傳注周榮傳注謝夷吾傳注

齊齒呼二

檢 几冉切

書署也說文段注書署謂表署書函也後漢祭祀志曰尚書令奉玉牒檢皇帝以二分璽親封之記太常命人發壇上石尚書令藏玉牒已復石覆訖尚書令以五寸印封石檢按上云玉牒檢者玉牒之玉函也所謂玉檢也下云石檢檢者上文云石覆訖是也檢以緘之又加以璽印周禮注曰璽節印章如今斗檢封矣廣韵云書檢者印窠封題也則通謂印封為檢矣公孫瓚傳曰袁紹矯刻金玉以為印璽每有所下輒皁囊施檢章懷注曰檢今俗謂之排排如今言幖簽耳引申為凡檢制檢柙之偁○後漢書公孫瓚傳注云檢書署也檢禁也禁閉諸物使不得開露也釋名書契檢局也漢書王莽傳上德亡省衰不檢注又華嚴經音義上引漢書音義檢

法度也文選演連珠注引蒼頡知其足剩謂之檢周禮職幣注振者拼也檢也疏檢謂自攝斂也晚出書伊訓檢身若不及疏檢押猶隱括也漢書楊雄傳下注又貫子君子序蠢廻檢押注檢押猶規矩也後漢書仲長統傳注檢猶察也後漢書周黃徐姜申屠傳注檢猶比也管子山權數此檢數百里之地也注檢同也爾雅釋言檢甲也廣雅釋詁四〇萱按甲蓋押之省檢才也一切經音義六引廣雅檢來也荀子儒效禮者人主之所以為羣臣寸尺尋丈檢式也注木在手曰檢易坎險且枕釋文引鄭注〇萱按鄭謂險為檢之借字也又如孟子狗彘食人食而不知檢漢書食貨志贊引作而不知斂則檢為斂之段借字撿局也後漢書黃霸傳集注〇萱按此段檢為撿也撿音斂說文云拱也撿譣也廣雅釋詁四撿謂定撿不瀾漫也文選演連珠臣聞動備定撿劉注

舊檢切

儉

約也說文段注約者纏束也儉者不敢放侈之意古段險為儉易儉德辟難或作險〇論語八佾皇疏云儉約也又為

韻史 卷三十一第七部上聲錦韻

三二四五

禮記樂記恭儉而好禮疏云儉謂以約自處〇萱按荀子富國俗儉而百姓不一又劉修碑動乎儉中並段儉為險也二字互相段借儉者省約為禮之謂也顏氏家訓治家儉居處節儉也國語周語季文子孟獻子皆儉注儉嗇節愛文選西京賦獨儉嗇以齷齪薛注〇詩葛屨序其君儉嗇褊急疏云儉嗇言愛物宮室不崇器無彤鏤儉也國語周語儉少也廣雅釋詁三廣較自斂謂之儉賈子道術儉然自卑謙之兒荀子非十二子儉然注儉德之共也左氏莊廿四年傳又按漢書翟酺傳注

歉

歉食不滿也說文段注歉疑當作嗛謂口銜食不滿也引伸為凡未滿之偁穀梁傳曰一穀不升謂之歉古多段嗛為歉歉少也廣雅釋詁三歉不足也荀子仲尼主信愛之則謹慎而歉注一穀不升曰歉廣雅釋天又後漢書光武紀上注嗛謂不滿周禮酒正注唯嗛之視疏〇史記孝文紀未有嗛志索隱云嗛者不滿之意嗛不足也荀子仲尼滿則慮嗛注〇穀梁襄廿四年傳注云嗛不足兒食

韻史 卷三十一第七部上聲錦韻

三二四六

盡曰嗛管子弟子職唯嗛之視注嗛少意也漢書郊祀志下今穀嗛未報注〇郊祀志上集注云嗛者少也嗛猶小小也國語晉語嗛嗛之德不足就也注嗛謙也易謙釋文引子夏傳嗛者常慊然而不愜其志也史記樂毅傳先王以為慊于志索隱嗛足也荀子禮論注大略注嗛快也國策魏策齊桓公夜半不嗛注嗛足也快也荀子正名注慊不滿之兒禮記大學疏〇坊記貴不慊於用注云慊恨不滿之兒也慊恨也淮南齊俗衣若縣衰而意不慊注慊不足也文選辨亡論注引穀梁劉兆注慊貧也廣雅釋詁四慊約也淮南原道不以慊為悲注慊少也孟子公孫丑下吾何慊乎哉注慊快也孟子公丑上行有不慊於心注又荀子非十二子注解蔽注又呂覽孝生注知按注慊足也莊子養生主釋文天運釋文引李注慊厭也荀子榮辱具之而無嗛于鼻注〇禮記大學此之謂自慊注云慊之言厭也〇萱按厭當作猒訓飽足之猒讀平聲凡用厭為猒者皆非是慊猶義也後漢書張衡傳注慊猶善也國策齊策苟可慊齊兒辨者注〇萱按凡嗛慊訓快訓足諸義皆與歉相反豈以相

韻史 卷三十一第七部上聲錦韻

三二四七

反為相成者與

鼸

或書作鼸䶄也說文鼸即鼢鼠也尒雅釋獸鼸鼠釋文引字林〇萱按今與分形相近疑此鼢字即說文鼢字之譌鼸鼠鼱鼩鼠也爾雅釋獸李注頤或曰鼸車鼸鼠之食積于頰人食似之故取名也釋名釋形體〇尒雅釋獸釋文引孫注云鼸者頰裹也又引郭云以頰內藏食也

謀檢切

酓

酒味苦也說文段注夏本紀用為饜字段借也

弇

𢍚古文〇平上兩讀注在彼

嬐

女有心嬐嬐也說文

撿

自關巳東取曰撿一曰覆也說文段注方言掩索取也自關而東曰掩自關而西曰索或曰狙按許所據方言蓋作撿李善注子虛上林賦引方言亦作撿也今廣雅掩取也字作掩弇蓋也故从弇之撿為覆凡中

韻史 卷三十一第七部上聲錦韻

三二四八

庸誠之不可揜大學揜其不善皆是○蒿按揜七部掩八部相去㝡近而音義皆同不待言段借揜深也呂覽仲夏處必揜注揜謂意錢也後漢書王符傳注○一切經音義十二引纂文云揜撲揜跳錢戲也俗謂之射數戲曰射意也揜意錢之屬也漢書高惠高后文功臣表搏揜注貨殖宣曲任氏傳又況摳家搏揜注

渰

雨雲皃說文段注各本作雲雨皃今依初學記太平御覽正毛傳曰渰雲興皃顏氏家訓定本集注作陰雲恐許所據經作雨雲渰漢書作黤按有渰淒淒謂黑雲如鬈淒風怒生此山雨欲來風滿樓之象也既而白雲彌漫風定雨甚則興雲祁祁雨我公田也詩之體物瀏亮如是渰陰雲也漢書食貨志上注又後漢書左雄傳注○蒿按渰有用弇者省借字也大田釋文云渰本作弇

厭

上入兩讀義分○俗有饜笮也此義入聲一曰合也說文段注按厭之本義笮也合也與壓義尚近於猒飽也義則遠而各書皆假厭為猒足猒憎字猒足猒憎失其正字而厭之本義罕知之矣周語克厭天心韋注厭合也韋注漢書敘傳亦同按蒼頡篇云伏合人心曰厭字苑云厭眠內不祥也此合義之一耑寐下云寐而厭也是也俗字作魘

徐鉉用為新附字誤矣山海經服之使人不厭郭云不厭不魘夢也此厭字之叚古者也其音一剡切○漢書李尋傳厭厭如滅注引鄭氏云厭音檿桑之檿厭當也漢書王莽傳下集注敘傳上取舍不厭斯位集注引劉德○周勃傳處尊位以厭之注云厭謂當之也厭可也廣雅釋詁三厭伏也儀禮既夕記纓條屬厭注又後漢書蔡邕傳注○周禮大司馬則厭而奉主車注云厭伏冠也又禮記曲禮下厭冠不入公門注云厭猶伏也厭服也漢書景帝紀集注又後漢書桓榮傳注胡廣傳注厭然順服皃荀子正論天下厭然與鄉無以異也注厭然順從之皃荀子儒效天下厭然猶一也注厭或曰眯山海經西山經翼望之山有鳥焉名曰鵸鵌服之使人不厭注壓服也公羊文十四年傳子以大國壓之注壓著也廣雅釋詁三○蒿按厭壓二字互借通用緜陽令楊君碑克壓帝心即國語之克厭天心也厭當也厭合也

黶

中黑也說文段注謂黑在中也大學注厭讀為黶黶者閉藏皃也其引申之義也黶黑也廣雅釋器黶謂黑色禮記大學見君子而后黶然疏○漢書高帝紀上左股有七十二黑子注云今中國通呼為黶子吳楚俗

謂之誌蒿按俗又製痣與誌同為後出字

檿

或書作檿山桑也詩曰其檿其柘說文段注禹貢檿絲史記檿作酓同音假借字也檿山桑也詩皇矣傳又書禹貢釋文又山海經中山經陽帝之山其木多檿楮注○國語鄭語檿弧箕服注云山桑曰檿檿檿桑也漢書五行志下之上檿弧其服注引服虔地理志上厥篚檿絲注○爾雅釋木云檿桑山桑檿山桑也後漢書馬融傳注檿山桑之有點文者也漢書五行志下之上注

險 向冉切

○俗有嶮阻難也說文險阻出奇覆設之處也禮記少儀軍旅思險注○疏云險是地形險阻大難曰險易繫辭下傳德行恆易以知險注險危也國語周語君子將險哀之不暇注晉語必內險之注又荀子儒效持險應變曲當注又文選西京賦修路陂險薛注○左氏昭十二年傳易不可以占險疏云險謂危險又呂覽適音其政險也注云險猶危險惡也周易繫辭險易釋文引鄭注○左氏哀十六年傳以險徼幸者其求無猒注云險猶惡也險衺也廣雅釋詁二險猶遠也淮南主術雖幽野險塗注嶮高也方言

六○列子楊朱踰山川阻嶮釋文云嶮與險同山高岸嶮故曰安嶮水經瀍水注險謂境多阨塞詩鄭譜鄭仲恃險疏險難測也荀子正論上幽險則下漸詐矣注○莊子漁父云不擇善否兩容頰適偷拔其所欲謂之險據當不頃謂之平反平為險賈子道術○荀子禮論麤衰哭泣憂戚所以持險奉凶也注云險謂不平之時險傾側也荀子解蔽此言上幽而下險也注○文選長笛賦夫固危殆險巇之所迫也注云險巇猶傾側也險謂傾危之道禮記中庸小人行險以徼幸注○楚辭怨世然蕪穢而險戲注云險戲猶言傾危也又離騷路幽昧以險隘注云險隘喻傾危也險謂徼倖免罪苟且求賞也荀子富國俗險而百姓不一注○蒿按荀段險為險而注改用正也又按左氏襄廿九年傳險而易行此段險為險二字互借通用也杜預則謂字誤險詖不正也詩卷耳序險詖私謁之心釋文引崔注○釋文云險詖妄加人以罪人險易猶理亂也後漢書班彪傳下注坎為險易象上傳動乎險中疏山下有險艮注行險而順干注需險在前也何注又左氏哀廿五年傳囿于石注又後漢書李膺傳注國曰

固野曰險周禮地官序官掌固注險山形似重甑集韻引字林險謂偏弇也險則聲斂不越也周禮典同險聲斂注險者謂汙薄爾雅釋魚蜠大而險注

獫

或作玁長喙犬也一曰黑犬黃頭說文段注前說見釋畜毛詩傳後說別一義獫狁北狄也詩采薇玁狁之故傳○釋文云玁本作獫○萱按漢書匈奴傳作獫允之故○又詩韓奕箋云為獫狁所迫

鄧冉切

點

或作玷小黑也說文段注今俗所謂點汙是也滅謂之點爾雅釋器○注云以筆滅字為點點汙也廣雅釋詁三又漢書司馬遷傳集注又楚辭怨世唐虞點灼而毀議注點辱也文選報任少卿書適足以見笑而自點耳注○萱按補亡詩莫之點辱注謂點玷通

利冉切

斂

收也說文又廣雅釋詁三又素問五運行大論其化為斂注氣交變大論其化緊斂注斂者收攝之名詩桑扈箋然而不自斂以先王之法疏斂減也史記趙世家斂三百里正義斂取也廣雅釋詁一斂猶還也周髀算經上日道發斂之所生也注秋冬為斂漢書律厤志上集注險聲斂

周禮典同○注云險則聲斂不越也斂藏之于明堂周禮大宰扶日而斂之疏斂下棺於椁禮記喪大記寢門之內輯之注斂禮記檀弓下斂般請以機封注斂者謂舉之不以杖地也斂小器投諸台者言取郭外萌內之於城中也列女傳仁傳

撿

拱也說文段注凡斂手宜作此字撿譣也撿局也撿謂定撿不瀾漫也萱按皆撿之義也疑係由艸書譌變非必盡關段借

薟

蘞或白薟也說文段注白薟本艸經作白斂唐風蘞蔓于野陸璣云似栝樓葉盛而細其子正黑如燕薁不可食陸疏廣要曰本艸蘞有赤白黑三種疑此是黑蘞也

猿檢切

冄

○俗有冄毛冄冄也象形說文段注冄冄者柔弱下垂之兒須部之須冄耴下垂意女部之姌取弱意離騷老冄冄其將至此借冄為光光詩荏染柔木傳曰荏染柔意也染即冄之假借凡言冄言姌皆謂弱冄龜甲緣也漢書食貨志下元龜距冄長尺二寸注引孟康冄危也廣雅釋詁一冄冄歲月流兒

也文選悼亡詩荏冄冬春謝注冄冄進也廣雅釋訓冄冄行也同上○離騷注云冄冄行兒

姌

○俗有姌弱長兒也說文段注上林賦嫵媚姌嫋郭璞曰姌嫋細弱也小顏云謂骨體按毛詩曰荏染柔意也荏染即姌也姌姌弱也廣雅釋訓姌嫋長兒文選舞賦峨此姌嫋注

朁

闞說文段注按依玉篇廣韻朁字下當云朁味薄也朁字下當云朁朁也二篆疊韻而今本但訛闞字疑許書本無此篆二

失冉切

閃

闚頭門中也說文段注禮運魚鮪不淰注云淰之言閃也王在門中則重王故入王部人在門中則重門入門部○禮記禮運疏云閃是忽有忽無故字從門中人也閃屍暫見之兒文選海賦蜩像暫曉而閃屍注閃揄傾倿之兒也後漢書趙壹傳注

淰

重見在閃注

夾

盜竊褱物也俗謂蔽人俾夾是也弘農陝字从此說文段注蔽人俾夾

益漢時有此語蔽人者人所不見人部俾下曰門持人也手部挾下曰俾持也當大家用陝輸趙壹傳作陝陝揄疑陝即夾字漢弘農陝縣在今河南陝州从夾之字絕少故著之陝隘字从夾

陝

弘農陝也古虢國王季之子所封說文段注地理志弘農郡陝縣後志同今河南直隸陝州有虢陝縣左傳曰虢仲虢叔王季之穆也國語僑文王敬友二虢杜預以爲皆文王母弟馬融曰虢叔同母弟虢仲異母弟今按同母異母不可知據許祇云王季之子可也地理志曰陝故虢國東虢在熒陽賈逵曰虢仲封東虢制是也虢叔封西虢虢公是也鄭語西有虞虢韋曰虢虢叔之後西虢也又濟雒河潁之閒虢鄶為大韋曰虢東虢也虢仲之後按地理志及說文皆但云陝故虢國不目為西虢者盖東周時東虢已滅於鄭不頌分別也春秋晉滅虢謂在陝之西虢王季之子虢叔之後○萱按唐扶頌分鄭之治段鄭為陝也陝輸不定兒後漢書列女曹世叔妻傳視聽陝輸注

⿱陝女

不媚前卻⿱陝女⿱陝女也說文段注後漢書班昭女誡曰動靜輕脫視聽陝輸陝輸不定兒

韻史 卷三十一第七部上聲錦韻 三二五七

顩 仰檢切

顩皃也說文段注䶢者齒差也爲韵皆云顩顩不平也顩上檢切字當作顩羊聲按許說顩之本義文選解嘲顩頤乃假爲顩也

顩顩面長銳頤之皃玉篇引蒼頡○文選解嘲顩頤折頞注云面長曰顩○萱按欽兼聲同部故借顩爲顩也又後漢書周燮傳生而欽頤注云欽或作顩不知顩欽皆當作顩也

醶

○俗作有醶酢漿也說文段注漿截醶三者同物今俗有醶

醶酢也廣雅釋器

隒

○俗有嶮崖也說文段注崖者高邊也按今俗語謂邊曰隒當作此字王風傳曰涘者厓也濟者水隒也蓋平者曰厓高起者曰隒釋山云重甗隒○廣雅釋丘云隒厓也萱按隒厓析言則異渾言則不別

隒是山岸詩葛藟傳滸水隒也疏兼葭傳湄水隒也疏

隒山形似重甗爾雅釋山釋文引字林

隒阪也爾雅釋山李注

隒方也廣雅釋詁一

貶 丙抒切

損也說文又廣雅釋言又文選封禪文不可貶也注○公羊隱二年傳何以不言氏貶注云貶猶損也又後漢書安帝紀注云貶引謂貶損引過也

貶減也廣雅釋詁二○周禮朝士則令邦國都家縣鄙處州貶注云貶猶減也又

韻史 卷三十一第七部上聲錦韻 三二五八

云故書貶爲窆萱按窆同音段借字

貶猶屈也禮記曲禮上注此士禮貶于大夫者疏

貶退也漢書司馬遷傳集注

貶隊也詩召旻我位孔貶傳

齊齒詩三

㝵

○俗有㝵叟㝵傾覆也杜林說以爲貶損之貶說文段注周禮硩蔟氏掌覆天鳥之巢曰者巢之省以手施於巢傾覆之意也巢在上覆之而下則貶損義相通上林賦適足以㝵君自損晉灼云㝵古貶字與

減 几摻切

○俗有減損也說文又左氏文十七年傳克減侯宣多注○太玄鍇云減日損又云減有損又系衡云減日損其彙

減謂損其揹其數漢書元帝紀太僕減穀食馬注○昭帝紀贊戶口減半注云減讀爲減省之減又百官公卿表下御史中丞咸宣注萬石君傳九卿咸宣注引服虔說云咸音減省之減萱按咸者減之省借字

減少也詩巧言譖始既涵釋文引韓詩又廣雅釋詁三又淮南天文是以月虛而魚腦減注精神則身飽而敖倉不爲之減也注

減謂偏少也素問三部九候論中部之候相減者死注

減輕也左氏昭十四年傳不爲末減注

減盡也管子宙合

減猶倦也禮記祭義故禮主其減注

回毛在肘後減陽爾雅

韻史 卷三十一第七部上聲錦韻 三二五九

釋書

㨛 舊減切

○俗有㨛戶也說文段注通俗文云小戶曰床口減反集韵㨛床林三同口減切戶也按許床爲古文戶不爲㨛

黯 淡減切

深黑也說文又一切經音義引字林

黯黑也廣雅釋器○萱按淮南主術注云晉史黯字墨名字相應也

黯黕失色將敗之皃文選別賦黯然銷魂者唯別而已矣注

黯黮不明皃也楚辭遠逝望舊邦之黯黮兮注

獫 向減切

犬吠不止也一曰兩犬爭也說文

醶 盍減切

酢也說文又廣雅釋器

摻 始減切

斂也說文段注各本無摻篆及解今依鄭風遵大路正義所引補詩摻執子之袪傳曰摻攬也正義說文摻參聲斂也操桑督參也蓋因俗二字相亂故分引之今本無摻篆亦由南朝以來摻操不別之故凡許書鼎部羅晶相似而失其一衣部衫衸相似而失其一水部池沱相似而有池無沱皆此類

摻細也斂物而細謂之擊或曰摻方言二

摻小也廣雅釋詁二

摻取也廣雅釋詁一

摻操也廣雅釋言

參楇是擊鼓之法後漢書文苑禰衡傳衡方爲漁陽三楇注○萱按范三字注參字皆摻之借字

韻史 卷三十一第七部上聲錦韻 三二六〇

摻

平上用讀注在彼

軓 笛減切

或作軓

車軾前也周禮曰立當前軓說文段注杜子春注大馭職鄭司農注輈人後鄭注少儀皆曰軓謂車軾前也秦風陰靷鋈續傳曰陰揜軓也戴先生云車旁曰轓式前曰軓皆揜輿版也軓以揜式前故漢人亦呼曰揜軓詩謂之陰攷工記輈人軓前十尺書或作軛大馭祭軓杜子春云軓當爲軓禮記少儀旣范鄭曰大馭作祭軓軓與范聲同按其字蓋古文作軓今字作軓段借作范范又謂范此岐出之由也鄭於少儀注謂軾前於輢人注云說是軓法也謂輿下三面材輢軾之所尌持車正也其說亦互異攷工注取範圍之意謂軾前及网輢所尌皆爲軓析言之則曰軾前周禮大行人上公立當前軓侯伯立當前侯諸子立當車衡前侯日唐石經已下皆譌作前疾而詩小雅疏論語疏皆作前侯不誤此偁前軓從來謂前侯之輿文今按非也蓋周禮車軓本作前軓前軓者前乎軓也自車軓以至

車衡八尺幾半而前庪介其中前庪者前乎下垂柱地者也其相去尺寸之差也若作車軹謂䡊頭則自軹至前庪凡七
尺五寸有餘而自前胡距衡四尺有餘而已恐非也軹軓軹三字互譌甚多戴先生集中曾作文辨之今又知許引周禮
軓字為是軓乃字形之誤若庪譌為軓聲形皆無當也又按周禮注軓軓也取不可通係轐人大馭注正之則必經文作
軓注云車軓軓也以今字注古字也舊述漢讀故說未了今於此正之○禮記曾子問疏云軓謂車軾前也又少儀祭左
右軓范注云範謂軾前也又詩匏有苦葉濟盈不濡軓釋文云軓車轄頭也○萱按陸破軓為軌其義未確詩仍當作濡
軌且軌亦非轄頭

開口詩

改禫切

感 動人心也說文段注許書有感無憾左傳漢書憾多作感蓋感淺於怨怒才有動於心而已感動也尒雅釋詁又易繫辭上傳感而遂通天下之故虞注文言傳物各從其類也疏又詩野有死麕無感我帨兮傳又禮記樂記感滌暢之氣注又史記樂書感滌蕩之氣正義又漢書外戚傳下集注又呂覽精通幽思相感注又淮南原道感而應之注天文感而為雷注說山物之尤必有所感注又文選西京賦感河馮注感觸也莊子山木感周之顏釋文

引司馬注又文選長笛賦感迴飈而將類注七發夏則雷霆霹靂之所感也注感發也淮南脩務注故在所以感注
感應也易臨咸臨注○素問陣論復感于邪注云感謂應也又文選詶宣遠張子房詩伊人感代工注云感猶應
也感謂深得其妙有應於心者也管子小稱匠人有以感近橋注感思也後漢
書劉趙淳于江劉周趙傳注○文選景福殿賦感物眾而思深注上責躬應詔詩表竊感相鼠之篇注並云感猶思也
感猶荷也文選張茂先答何邵詩是用感嘉貺注感傷也廣雅釋詁二感者痛恙也
呂覽圜道為具感而必知也注感驚動也荀子解蔽必以其感忽之閒注感惑也呂覽有度物感之也
注滿志多窮曰感周書謚法感忽恍忽也荀子議兵善用兵者感忽悠閒注○辭蔽注云
感忽猶怳惚也感槩感意氣而立節槩也漢書游俠郭解傳少時陰賊感槩注

口禫切

歛 食不滿也說文歛貪也廣雅釋詁二歛言歛惏也方言一楚謂之貪南楚江湘之間謂之歛注

揆禫切

罯 覆也說文

潤 水大至也說文○萱按水大廣韻作大水

黭 果實黭黯黑也說文段注荀卿子黭然而雷擊之注黭然卒至之皃此段借字也黭不明也文選四子講德論鄙人黭淺注

海禫切

撼 ○俗有撼搖也說文又廣雅釋言撼動也廣雅釋詁一

顑 ○俗有顑顲逗疊韻食不飽面黃起行也說文段注離騷長顑頷亦何傷王注顑頷不飽皃按許之顑顲即顑頷也離騷假借頷為顲許書單出頷纂云面黃也此恐茂人所增廣韻顑顲度也

頷 面黃也說文段注離騷苟余情其信姱以練要兮長顑頷亦何傷王注顑頷不飽皃李部顑字下云飽飯不飽面黃起行也義得相足今則頷訓為頤古今字之不同也頷頷也南楚謂之頷方言十頷口也公羊宣六年傳絕其頷注○萱按淮南汜論輿于牛頷之下謂牛口也頷頰車前牙之

下也素問至真要大論頷腫注頤或曰頷車頷含也口含物之車也釋名釋形
體頷搖頭也萱按此段頷為頷也

代減切

禫 除服祭也說文段注士虞禮記曰中月而禫注中猶閒也禫祭名也與大祥閒一月自喪至此凡二十七月禫之然澹澹平安意也玉裁按說文一書三言讀若三年導服之導考士虞禮注曰古文禫或為導喪大記注曰禫或皆作道許君益從古文不錄今文禫字且禰字重禰當居部末如顛朋晶靐叢皆居部末是也禰字下出禫字疑是後人增益鄭君从禫許君从導各有所受之也閒月而禫亦祭名也孝子之意澹然哀思益衰也釋名釋喪制○廣雅釋天云禫祭也禫為外服禮記喪服小記則其爲母不禫注

⿰米覃 糜和也說文段注糜和謂菜屬也凡漢以米和之曰糝糜以菜和之曰⿰米覃

嘾 含深也說文段注莊子曰大甘而嘾

嗿 聲也詩曰有嗿其饁說文段注周頌傳曰嗿眾皃許以字从口故釋與毛異

禫 平上兩讀注在彼

黮 桑葚之黑也說文段注桑葚見艸部葚黑曰黮故泮水即以其色名之毛傳曰黮桑實也謂黮即葚之段借字也許與毛小別矣廣雅云黑也則引申爲凡黑之偁方言云私也亦引申之義也○家語辨樂則黮而黑注云黮黑兒 黮黑黃也一切經音義六引字林 黮深黑也文選魏都賦注引聲類 黤黮深黑也一切經音義十一引纂文 黮䨴黑兒文選景福殿賦綿蠻黮䨴注 黮闇不明兒莊子齊物論則人固受其黮闇釋文引李注 黮黤雲色不明兒文選補亡詩黮黤垂雲注 黮私也廣雅釋詁四○方言十三黮黮私也注云黮黮皆冥闇故為陰私也

湳 景禫切 西河美稷保東北水說文段注西河郡美稷見前漢志今蒙古鄂爾多斯左翼中旗東南有漢美稷故城在故勝州之西南也檀弓注曰保縣邑小城保堡古今字水經注河水篇曰河水又南樹頹水注之河水又左得湳水口水出西河郡美稷縣東南流又東南流入長城東鹹水入之又東南渾波水注之又東逕西河富昌縣故城南又東流

入於河按漢昌城在鄂爾多斯左翼前旗界湳水來審今鄂爾多斯何水也鄭云匠人因湳水為姓

顲 老禫切 顑顲也說文○蓋按顑顲即離騷之顑頷也不飽兒 顲面痛兒玉篇引聲類

朁 采禫切 曾也詩曰朁不畏明說文段注釋言大雅傳小雅箋同八部曰曾者詞之舒也曾之言乃也許八部今民勞十月之文爾雅字皆作憯憯之本義痛也 憯曾也爾雅釋言又詩節南山憯莫懲嗟傳十月之交胡憯莫懲箋民勞憯不畏明傳雲漢憯不知故釋文又漢書劉向傳集注又荀子富國注 其憯曾也左氏昭廿年傳憯不畏明注又家語正論注○蓋按朁段憯亦段憯皆同聲也又段慘同部也 憯發語辭爾雅釋言注○王氏引之經傳釋詞云說文朁曾也字或作憯噆又作慘詩節南山釋文作噆十月之交民勞雲漢釋文作慘曾朁皆詞也故其字竝从曰或言曾或言朁語之轉耳

憯 痛也說文又廣雅釋詁二又漢書武帝紀集注鼂錯傳集注董仲舒傳集注淮陽憲王欽傳集注東平思王宇傳集注○司馬遷傳禍莫憯于欲利注云憯亦痛也又淮南人閒怨之憯於骨髓注云憯猶痛也 憯憂也文選風賦

狀直憯悽惏慄注引鄭乍 憯猶利也淮南主術兵莫憯于志注 憯曾也憯發語辭蓋按此段憯為朁也

慘 毒也說文又廣雅釋言又文選琴賦注引字林又史記屈原賈生傳疾痛慘怛正義又漢書食貨志下集注 慘痛也漢書元帝紀集注又列子楊朱慘於腹釋文 慘悁也方言十三○蓋按字亦作慘借也 慘悴惡事也方言十三注 慘虐也後漢書周紆傳注 慘殺也方言一 慘愒也廣雅釋言 慘貪也廣雅釋詁二 慘憂也爾雅釋詁○詩月出勞心慘兮釋文云慘憂兒○蓋按以韻求之月出字當作懆或借或譌未可知也北山或慘慘畏咎釋文懆慘本作懆此容可兩通用 慘慘者憂不樂也詩抑我心慘慘傳○蓋按依張參五經文字作我心懆懆為優懆慘義同而字異 慘慘慍也爾雅釋訓 慘慘憂愁之慍也爾雅釋訓李注 慘慘者憂慍憔悴之兒詩抑疏 慘慘猶慼慼也詩正月憂心慘慘傳 慘慘憂慼之兒漢書武帝紀集注 慘怛憂勞也

文選風賦中心慘怛注 慘烈寒也文選西京賦冰霜慘烈薛注 慘慄寒甚也素問至眞要大論注 慘廩亦寒涼之意也漢書楊雄傳上下陰潛以慘廩兮注○文選甘泉賦注云慘廩寒兒也 慘曾也蓋按此段慘為朁也登樓賦又段爲黲

㜗 婪也說文

黲 淺青黑色也說文段注淺青之黑也通俗文曰暗色曰黲玉篇曰今謂物將敗時顏色黲也○蓋按文選登樓賦天慘慘而無色慘者黲之借 黲黑也廣雅釋器 黲敗也廣雅釋詁三

顉 傲禫切 低頭也春秋傳曰迎于門顉之而已說文段注低當作氐氐者說文之低字也左傳襄廿六年衛獻公反國大夫逆於竟者執其手而與之言道逆者自車揖之逆於門者頷之而已釋文頷本又作顉按依許則頷皆非也杜注搖頭亦非既不執手而言又不自車揖之則頷在車首冐而已不至搖頭也釋文本又作顉正是本字又作頷之譌列子湯問曰顉其頤洪庄顉其頤注引列子亦作顉引廣雅顉動也頷皆顉之譌

故云五感反若本是頷字則當云胡感反也頷其頤者閒口則低其頤靈光殿賦頷若動而躨跜今本亦謁頷頷動也廣雅釋詁一頷猶搖頭也列子湯問釋文○蓋按段用左傳及杜注釋頷則杜所據是頷甚明陸孔後漢呂布傳注乃皆誤頷頷曲頤也列子湯問釋文

嬙

○俗有嬙含怒也一曰難知也詩曰碩大且嬙說文段注陳風澤陂文今詩作儼傳曰矜莊皃一作曒太平御覽引韓詩作嬙嬙重頤也廣雅釋詁曰嬙美也蓋三家詩有作嬙者許偁以證字形而已不謂詩義同含怒難知二解也

燥譚切

糂

糂曰籀糝古文○俗有饎餕糣粖以米和羹也一曰粒也說文段注古之羹必和以米墨子藜羹不糂十日呂覽作藜羹不斟七日不粒不斟正不糂之誤內則注曰凡羹齊宜五味之和米屑之糝一日粒也者今南人俗語目米糝飯糝謂孰者也釋名曰糝黏也相黏敎也按廣韵集韻類篇干祿字書皆有粖字云米漬瓜偺也桑感切蓋糝有零星之義故今之小菜古謂之糝別製其字作粖通鑑盧循遺劉裕益智粽宋廢帝殺江夏王義恭以

蜜漬目睛鬻之鬼目粽廣韵二仆枸櫞樹皮可作粽南方艸木狀建安八年交州史張津以益智子粽餉魏武帝俗多以粽字胡三省注通鑑曰角黍也蓋誤認為送韵之粽字齊民要術引廣州記益智子取外皮蜜煑為糝味辛控作糝字按糝周禮醢人內則皆如此作周頌潛有多魚傳曰潛糝也古本如此尒雅糝謂之涔涔即詩之潛也小尒雅及郭景純改糝為木旁謂積柴水中令魚依之止息字當从木也而舍人李巡皆云以米投水中養魚曰涔似其說各異不知積柴而投米焉非有二事以其周米故曰糝以其用柴故製字作罧罧見淮南書糣糝皆魏晉間妄作也○蓋按說文糝訓長木皃即參差之本字也借為糝則非是糝食菜餗蒸周禮醢人酏食糝食司農注汋入飯曰糝御覽八百五十引通俗文○蓋按此段糝為墋也說文無墋

韻史卷三十二

泰興何萱石閣撰集 子庚校字

第七部去聲

上海顧竹泉覆審

禁韻

武進李兆洛申耆鑒定

齊齒呼 几蔭切

禁

吉凶之忌也說文段注禁忌雙聲忌古亦讀如記也曲禮曰入竟而問禁禁國禁大戴記曾子立事不犯其禁注○禮記曲禮上注云禁謂政教又疏云禁謂國中政教所忌禁止也廣雅釋詁三又國策西周策禁秦之攻周注秦策王不能禁注又漢書金安上傳集注又呂覽功名蠅愈至不可禁注振亂禁之者注簡選天下莫之能禁注壹行則不足以禁也注重言不教禁誅者注侍君勇敢不足以卻猛禁悍注又文選注詠懷詩涕下誰能禁注○素問離合真邪論工不能禁也注云禁謂禁止也禁謂防遏禮記王制以時入而不禁疏○周禮秋官序官使帥其屬而掌邦禁注云禁所以防姦者也禁謂為之厲禁荀子王制以時禁發注○文選西京賦上林禁苑許注云禁禁人妄入也禁者其蕃衛也周禮圍人掌囿游之獸禁注○管子五行令祝宗選禽獸之禁

注云禁謂牢閑圈所養擬供祭祀也禁猶謹也禮記緇衣君子道人以言而禁人以行注禁戒也淮南汜論是故因鬼神禨祥而為之立禁注禁法也呂覽離謂此謂國之禁也注○孟秋禁止姦注云禁令禁藏也文選東京賦散禁財薛注禁錄也小爾雅廣言乘輿之物通呼曰禁文選王元長曲水詩序禁軒承幸注○魏都賦注引魏武集云漢制王所居曰禁中諸公所居日省中又獨斷上云天子所居曰禁中禁中者門戶有禁非侍御者不得入故曰禁中後漢書和帝紀注同禁坐猶御坐也後漢書循吏傳注北方曰禁周禮鞮鞻氏掌四夷之樂注又後漢書班彪傳下注陳禪傳注又獨斷上禁承尊之器也名之為禁者因為酒戒也儀禮士冠禮有禁注○士昏禮有禁注云禁所以庪甒者又少牢饋食禮同於皆有冪注云禁者酒戒也又禮記禮器大夫士棜禁注云禁如今方案隋長局高三寸斯禁切地無足者儀禮鄉飲酒禮斯禁注鄉射禮斯禁注禁架即禁術也後漢書徐登傳注

噤　舊蔭切

口閉也說文段注史淮陰侯傳雖有舜禹之智吟而不言此假吟為噤也吟噤義相似○楚辭思古口噤閉而不言注云閉口為噤噤亦閉也文選西征賦有噤門而莫啟注○萱按此引申為凡閉之稱金或讀為噤荀子正論金舌弊口猶將無益也注○萱按此謂金為噤之段借字也

㸵

或作玪齡牛舌病也說文段注廣韻作牛舌下病舌病則噤閉不成聲

紟

或作絵絵篇○平去兩讀注在彼

蔭　漾禁切

○俗有廕蔭艸陰地說文段注左氏傳曰若去枝葉則本根無所庇蔭矣楚語玉足以庇蔭嘉穀引伸為凡覆庇之義也釋言曰庇庥蔭也說文曰庇蔭也休止息也詩桑柔以陰為蔭○萱按詩有杕之杜箋以其特生陰寡也桑柔傳言陰均也兩釋文並云陰本亦作蔭蔭日景也左氏傳昭元年傳趙孟視蔭注○漢書五行志中之上注云蔭謂日之蔭影也蔭木景也淮南說林蔭不祥之木注蔭盡也廣雅釋詁一陰謂覆蔭也詩桑柔既之陰女釋文陰謂覆蔽之漢書敘傳下陰妻之逆注○禮記祭義陰為野土注云陰讀依蔭

之廕又尒雅釋詁注云缺落廕○萱按蔭正廕俗陰則借也陰喝猶噎寒也後漢書竇憲傳注

窨

地室也說文段注今俗語以酒水等埋藏地下曰窨

賃　紐蔭切

庸也說文段注庸者今之傭字廣韻曰傭餘封切傭賃也凡僱僦皆曰庸曰賃賃借也廣雅釋詁二

譖

愬也說文段注論語譖愬析言之此統言之譖[言呈]也廣雅釋詁二譖讒也一切經音義十七引譖讒謗也論語顏淵浸潤之譖三蒼○萱按詩巷伯取彼譖人禮記緇衣後漢書馬援傳並作取彼讒人皇疏旁言曰譖文選諷諫詩王赧聽譖注引劉兆加誣言曰譖公羊莊元年傳夫人譖公於齊侯注無言又後漢書齊武王縯傳注僭數也詩巧言僭始既涵傳○萱按此段僭為譖也二字聲同互借通用抑不譖不賊桑柔朋友已譖瞻仰譖始竟背三釋文並云譖本作僭

讖　楚蔭切

驗也有徵驗之書河雒所出書曰讖說文段注驗本馬名益即譣之假借讖驗疊韻○漢書賈誼傳集注又後漢書張純傳注並云讖驗也又光武紀上注云讖符命之書讖驗也言王者受命之徵驗也

讖譣也廣雅釋詁四讖纖也其義纖微而有效驗也釋名釋典藝讖祕密書也出河洛一切經音義九引三蒼○文選魏都賦藏氣讖緯注云河洛所出書曰讖又思玄賦舊注引蒼頡云讖書河洛書也讖文曰讖驗也遺書讖謂夢書也文選幽通賦儀遺讖以臆對注

妊　攘禁切

或作姙孕也說文段注孕者褱子也妊孕也後漢書章帝紀注獻帝伏皇后紀注妊娠也廣雅釋言妊身也廣雅釋詁四任謂懷任也漢書元后傳初李親任政君在身注少謂叙傳上初劉媼任高祖注○萱按任者妊之段借字

滲　始蔭切

下漉也說文段注司馬相如封禪文滋液滲漉楊雄河東賦澤滲灕而下降今俗云滲漏滲漉謂潤澤下究漢書司馬相如傳下注○文選宋孝武宣貴貴妃誄六祈殽滲注云滲謂滲漉喻社福也滲灕流兒也漢書楊雄傳上注滲淫小水津液也文選海賦瀝滴滲淫注滲泄小便也素問至真要大論淡味滲泄為陽注滲盡也廣雅釋詁一

罧

積柴水中吕聚魚也說文段注毛詩潛有多魚韓詩潛作涔釋器曰槮謂之涔毛傳曰潛槮也爾雅毛傳槮本从米舍人李巡皆云以米投水中養魚曰涔从米是也自小尒雅改作槮改米為木云槮改水為木槮也積柴水中而魚舍焉郭景純因之云今之作槮者聚積柴木於水魚得寒入其裏藏隱因以薄圍捕取之槮非古字至若罧字雖見淮南鴻烈然與槮皆俗字也毛詩爾雅音義皆云字林作罧不云出說文疑或取字林羼入許書古本當無此篆○萱按說文有槮乃槮差正字用以代槮斯為俗矣餘詳上聲椹下槮者椹之或

濅　紫蔭切

隸作浸○俗有寑寖濅濅水出魏郡武安東北入呼沱水說文段注魏郡武安二志同今河南彰德府武安縣縣西南五十里有武安城前志武安下曰濅水東北至信都國東昌入虖池河過郡五行六百一十里按沈浸浸淫之字多用此隸作浸浸可以為陂灌溉者周禮職方氏其浸五湖注○漢書地理志上濅曰五湖注云浸謂引以灌溉者浸灌也莊子天地一日浸百畦釋文引同司馬注浸淵深淵也呂覽本味浸淵之艸注濅漬也廣雅釋詁二浸漬也淮南原道潤浸北房注浸濯也

文選西京賦浸石菌於重涯薛注浸近也漢書薛宣傳上浸之源注浸稍也楚辭惜誓上浸以感注寖稍也楚辭大司命不寖近兮愈疏注寖甚也漢書外戚傳下集注寖益也漢書刑法志集注王尊傳集注張安世傳集注董賢傳集注○廣陵厲王胥傳集注云寖浸也益也萱按以浸釋寖者以同字通之使人易憭寖漸也漢書紀志傳各集注又後漢書順烈梁皇后紀注張步傳注馮衍傳注浸漸也漢書紀志傳各集注又後漢書東海恭王彊傳注又莊子大宗師浸假而化予之左臂注又釋文引向注浸者漸進之名易象下傳浸而長也疏寖積也廣雅釋詁一浸潤也文選東京賦澤浸昆蟲薛注○淮南時則不浸於肌膚注云浸猶澀也浸潤積漸之深也漢書谷永傳毋聽浸潤之譖愬注○王尊傳浸潤加誣注云浸潤猶漸染也又論語顏淵浸潤之譖皇疏云浸潤猶漸漬也浸潯猶漸浸也史記司馬相如傳浸潯衍溢索隱○萱按漢書作浸淫衍溢注云浸淫猶漸漬也浸淫猶漸冉相親附之意也文選洞簫賦浸淫叔子遠其類注○漢書食貨志下浸淫日廣注高五王傳事浸淫聞於上注埏云浸淫猶漸染也浸

潭猶漸冉也史記司馬相如傳浸潭促節索隱○文選魏都賦綠芰泛濤而浸潭注云浸潭漸漬也隨波之皃浸潭廣衍也淮南本經呼吸浸潭注○文選劇秦美新景曜浸潭之瑞潛注云浸潭謂滋液浸潤能生萬物也浸微覘也淮南兵略想肖類注浸自生膚入眸子曰浸浸侵也言侵明也亦言浸淫轉大也釋名釋疾病○萱按有眨侵為浸者漢書薛宣傳集注又列子湯問浸減龍伯之國釋文延云浸或作侵

沁 此陰切

沁水出上黨穀遠羊頭山東南入河說文段注上黨郡穀遠二志同今山西沁州沁源縣城南故穀遠城漢縣也前志穀遠下曰羊頭山世靡谷沁水所出東南至滎陽入河過郡三行九百七十里三郡上黨河內河南也水經曰沁水出上黨涅縣謁戾山南過穀遠縣東至滎陽縣北東入於河按水經及注皆云至滎陽入河師古據唐時在懷州武陟入河疑轉寫錯誤非也古水道與唐時不同耳山海經水經舉涅謁戾山班許舉穀遠羊頭山者羊頭即謁戾也戴先生曰山在今武鄉縣西百二十里西北接祁縣平遙縣西南接沁源縣一名麓臺山迆邐而西為

綿山其北為介休縣西為靈石縣皆謁戾山也今沁水出沁州沁源縣西北百里之綿山東谷西南流經平陽府岳陽縣東又折而東南經澤州府沁水縣東又南經陽城縣東而入河南懷慶府所歷濟源縣東北又南經府城北又東南經武陟縣東修武縣西而入於河與唐時入河處同經典釋文引郭樸三蒼解詁曰音狗吣之吣吣今謅作沁沁水即涅水也水經沁水注○注又引京相播說曰少水即沁水也

鳳 缶蔭切

朋古文鵬古文○朋鵬又見六部平聲神鳥也天老曰鳳之像也麐前鹿後蛇頸魚尾龍文龜背燕頷雞喙五色備舉出於東方君子之國翱翔四海之外過崐崘飲砥柱濯羽弱水莫宿風穴見則天下大安寧朋古文鳳象形鳳飛羣鳥從呂萬數故呂為朋黨字鵬亦古文鳳說文段注天老黃帝臣麐前鹿後各本作鴻前麐後又魚尾下有鸛顙鴛思四字按爾雅釋文大雅卷阿正義初學記論語疏所引皆作麐前鹿後皆無鸛顙鴛思四字惟左傳正義同今本蓋唐人所

據原有二本左疏所據非善本也天老對黃帝之言見韓詩外傳今外傳亦無此四字郭氏山海經圖讚曰八象其體五德其文云八象則益為十者非矣今皆更正五德其文者首文曰德翼文曰順背文曰義腹文曰信膺文曰仁也見山海經東方君子之國見羊部羌下崐崘當作昆侖文選引許慎曰風穴風所從出也荀卿書引詩有鳳有皇樂帝之心當作有皇有鳳與心為韵鳳飛云云說段借也朋本神鳥以為朋黨字韋本相背也以為皮韋烏本孝鳥也以為烏呼子本十一月陽气動萬物滋也人以為偁凡此四以為皆言六書段借也朋黨字何以借朋鳥也鳳飛則羣鳥從以萬數也未製鳳字之前假借固已久矣猶習聞鳳至者為之也六部七部音冣相近故朋在六部蒸登韵小篆鳳入七部侵韻也既象其形矣又加鳥旁蓋朋者冣初古文鵬者踵為之者也莊子書化而為鳥其名為鵬崔云古鳳字按莊生寓言故鯤魚子也鵬羣鳥之一也而皆云大不知其幾千里○萱按莊子其名為鵬即其名為鳳也鳳鵬無二物亦必無二音矣後世鵬入蒸登韵乃巨誤也鵬黨本無正字小篆雖有倗未必果出於古文古文借朋為朋黨自然音隨之改鵬非段借字而與朋黨同讀何歟丹穴之山有鳥焉其狀如鶴五采而文名曰鳳山海經南

山經雄曰鳳左傳莊廿二年注又呂覽閒春鳳皇聖人皆來至矣注又淮南覽冥鳳皇之翔至德也注又論衡講瑞引禮記瑞命○詩卷阿傳云鳳皇靈烏仁瑞也雄曰鳳雌曰皇羽蟲之精者曰鳳大戴記曾子天圓鳳皇者鶡火之禽陽之精也鶡冠子度萬○古微書引春秋演孔圖云鳳火之精也鳳皇者禽之長也詩卷阿正義引白虎通鳳皇烏之聖者也論衡講瑞鳳林山名也水經河水注

諷

誦也說文段注大司樂以樂語教國子興道諷誦言語注倍文曰諷以聲節之曰誦倍同背謂不開讀也誦則非直背文又為吟咏以聲節之周禮經注析言之諷誦是二許統言之諷誦是一也訖音曰諷○詩序釋文又云用風感物則謂之諷諷謂就學諷詩書也荀子大略少不諷注諷諫也廣雅釋詁四○後漢書李雲傳注云諷諫者知禍福之萌而諷告也不敢正言謂之諷文選甘泉賦序奏甘泉賦以諷注諷謂微加曉告詩關雎序風風也教也疏風告也廣雅釋詁三○萱按段風為諷自詩序左傳始

齊齒呼

⿱耂占 即念切

老人面如點處說文段注謂老人面有黑處之處也點者小黑也

鉆 缺也說文段注刀缺謂之㓠瓦器缺謂之鉆詩云白圭之㓠引伸通用也

㓠 缺也詩曰白圭之㓠說文段注大雅抑詩白圭之玷毛曰玷缺也箋云玉之缺尚可磨鑢而平按㓠玷古今字

坫 ○俗有店屏也說文段注陳氏禮書曰坫之別凡有四記曰反坫出尊論語邦君為兩君之好有反坫此反爵之坫也記曰崇坫康圭此尊玉之坫也記又曰士於坫一此庋食之坫也士冠禮爵弁皮弁緇布冠各一匴執以待於西坫南大射將射工遷于下東坫之東南士喪禮牀第夷衾饌于西坫南既夕禮設棜于東堂下南順齊于坫此堂隅之坫也爾雅曰垝謂之坫郭云坫端也在堂隅按端本作壖高皃也以土為之高可屏蔽故許云屏也其字俗作店崔豹曰店置也所以置貨鬻物也坫墆也爾雅釋宮注○儀禮大射儀注豐所以承尊也疏云此豐若在宗廟或兩君燕亦謂之坫坫在堂角儀禮士冠禮注○周禮小祝疏云堂西南隅謂之坫垓坫垠堮也淮南俶真設于

無垓坫之宇注反坫反爵之坫也禮記郊特牲臺門而旅樹反坫注明堂位反坫出尊注雜記下旅樹而反坫注○家語曲禮子貢問注云反坫在兩楹之間人君好會獻酢禮畢反爵於其上也反坫外向室也周書作雒咸有四門反坫注

唸 唸吚逗呻也詩曰民之方唸吚說文段注大雅文今作殿屎

⿱雨執 寒也或曰早霜也說文

⿱穴執 ○俗有⿱穴執屋傾下也說文段注謂屋欹傾下陷也與墊音義同⿱穴執下也廣雅釋詁一⿱穴執厭也廣雅釋言

墊 ○俗有埝下也春秋傳曰墊隘說文段注墊謂地之下也皋陶謨曰下民昏墊因以為凡下之偁方言曰凡柱而下曰埕屋而下曰墊馬部云騫馬腹墊也漢後用為褺江縣字春秋云云左傳文成六年襄九年廿五年凡三見○萱按墊江縣乃褺江之譌本非此字也辨詳褺下○方言六又莊子外物則廁足而墊之釋文引司馬崔注墊云

墊下也埝下也廣雅釋詁一墊是下濕之名書咎繇謨疏墊陷也書咎繇謨鄭注又漢書王莽傳下集注墊藏也廣雅釋詁四墊溺也後漢書明帝紀注崔駰傳注墊猶掘也後漢書方術傳注墊隘羸困也左氏成六年傳民愁則墊隘注○襄九年傳夫婦辛苦墊隘注云墊隘猶委頓

簟 胝念切

竹席也說文竹葦曰簟詩斯干下莞上簟箋簟細葦席也禮記喪大記君以簟席注簟席也廣雅釋器簟方文席也詩載驅簟茀朱鞹傳○韓奕簟茀錯衛疏云簟者席之名簟席之親身者禮記內則斂枕簟注○禮器莞簟之安疏云莞簟今之席也簟覃也布之覃覃然平正也釋名釋牀帳蘧苗自關而西或謂之簟方言五

㐁 𠆣 古文○俗有⿰舌阝舌皃从谷省象形𠆣古文㐁讀若三年導服之導一曰竹上皮讀若沾一曰讀若誓弼字从此說文段注魯靈光殿賦[illegible]

熊舑舕以新斷善曰舑舕吐舌兒吐拈吐暫二切按舑蓋即酉之俗也士處禮注曰古文禫或爲導檀引喪大記注皆曰禫或作道是今文禮作禫古文禮作導蘄从今文故見古文於注許从古文此故及木穴部皆云三年導服而示部無禫今有者後人增也導服者導凶之言也校突酉讀若導服皆七八部與三部合韵之理不於上文丙下言之者以古兒之讀別下文竹工皮之讀使人易了也不云讀若導而云三年導服之導者三年導服之導古語蓋讀如澹故今文變爲禫字是其音不與凡導同也竹上皮別一義竹上青皮顏命禮器聘義皆謂之筍筍筠古今字沾古之添字篛沾又讀誓比七八部與十五部合韵之理獮字从酉爲聲弱部作獮然則从酉者小篆从酉作獮者古文也

紐拈切

栖 ○俗有㮇栝炊竈木說文段注今俗語云竈㮇是也廣韻云㮇火杖栖㮇古今字也按栝晧銛等字皆從丙聲西見谷部轉寫譌爲舌耳

念 ○俗有恡常思也說文段注方言曰念思也又曰念常思也許云懷念思也左傳引夏書曰念茲在茲釋茲在茲名言茲在茲允出茲在茲惟帝念功念思也爾雅釋詁又史記陳涉世家念鬼索隱又漢書五行志上集注陸賈

傳集注○蒯通傳集注云念猶思也念黏也意相親愛心黏者不能忘也釋名釋言語念猶識録也論語公冶長不念舊惡皇疏念趨謂審行步也儀禮聘禮記將授念趙注無念念也小爾雅廣訓又詩文王無念爾祖傳又左氏文二年傳注昭廿三年傳注○萱按文二年無作毋勿念忽忘也爾雅釋訓○孝經鄭注云無念無忘也惗愛也又暗聲憶也玉篇

始拈切

炶 ○俗有炶火行也說文○廣韵也作兒炶爚也楚辭大招炶鶉敝只注

紫念切

僭 儗也說文段注各本作假也今依玉篇所引正廣韵亦云擬也以僭儗二篆相聯互訓知作假之非矣以下儗上僭之本義也引申之則訓差大雅不僭不賊傳是也又訓不信巧言箋抑箋是也其小雅巧言傳曰僭數也則謂僭即譖之假借也詩亦假譖爲僭如大雅桑柔瞻卬箋是也○漢書韓安國傳集注云僭儗也僭擬也廣雅釋詁四僭齊也下傚上之辭公羊隱五年傳譏始僭諸公也注下犯上謂之僭穀梁隱五年傳始僭樂矣注○漢書五行志中之上引京房易傳云上緣求妃茲謂僭又云庶位踰節茲謂僭僭假也文選潘安

仁爲賈誼作贈陸機詩注引字書僭者奢麗論衡言毒僭差也廣雅釋詁四又左氏哀五年傳不僭不濫注又漢書五行志中之上又後漢書楊震傳注又太玄周何德之僭否注○左氏襄廿六年傳賞不僭而刑不濫疏又漢書五行志中之上僭恒陽若注引應劭並云僭謂僭差僭過差也左傳僖九年注僭忒也晚出書湯誥釋文僭不信也詩巧言僭始既涵箋抑覆謂我僭箋又左氏襄廿七年傳而以僭濟之釋文昭元年傳楚又行僭注昭八年傳僭而無徵釋文昭廿五年傳以下爲信與僭注又漢書翟義傳予不敢僭上帝命注王嘉傳民用僭式注譖不信也詩桑柔朋友已譖箋驕卬譖始竟皆箋○萱按譖僭互相段借同朁聲也僭數也萱按此詳譖下

仰念切

譣 ○俗有譣問也周書曰勿㠯譣人說文段注按言部讖驗也竹部讖驗也驗在馬部爲馬名然則云微驗者於六書爲假借莫詳其正字今按譣其正字也譣訓問謂按問與試驗應驗義近自驗切魚窆譣切息廉二音迴異顯識其關竅矣勿以譣人立政文按此僞周書說段借也立政勿用譣人其惟吉士此譣正憸之假借心部曰憸詖

也憸利於上佞人也依今音訓問則魚窆切譣人則息廉切○萱按息廉切乃憸之音雖或借譣而平聲內不當特出譣字也譣證也集韵引字林譣證也廣韵驗信也國策齊策亦驗其辭於王前注驗功也呂覽勿躬責其實以驗其辭注驗效也呂覽察傳必驗之以理注驗効也淮南主術驗在近而求之遠注

驗 ○俗有驗馬名說文段注今用爲譣字證也徵也效也不知其何自始驗行而譣廢矣驗信也驗效也驗効也驗功也萱按皆段驗爲譣也

鹼 或作鹼鹵也說文鹼水和鹽也廣韵

丙念切

窆 葬下棺也周禮曰及窆執斧說文段注土部曰堋葬下土也春秋傳朝而堋禮謂之封周官謂之窆按禮謂十七篇也士喪禮下篇曰及窆主人哭踊無筭注窆下棺也今文窆爲封然則許十七篇從今文鄭從古文而壘今文也凡戴記皆作封戴記從今文也周官謂之窆者周禮鄉師云及窆執斧以涖匠師先鄭云窆謂葬下棺春秋傳所謂傰禮記所謂封也按堋窆三字分蒸侵東三韵而一聲之轉○周禮太僕司農注云窆謂葬下棺也窆謂

下棺也儀禮既夕乃窆注又禮記曾子問疏又後漢書范式傳注○周禮遂人及窆陳役司農注云窆謂下棺時遂人舉陳役也又小司徒引窆疏云窆謂下棺於坎又小爾雅廣名云下棺謂之窆窆下也廣雅釋詁一封郎窆周禮冢人注凡窆用綍疏○禮記檀弓上縣棺而封注云封當為窆窆下棺也春秋傳作堋又王制庶人縣封注云縣封當為縣窆又左傳僖三十三年注窆棺也疏云封堋窆聲相近而字改易耳皆謂葬時下棺之名也又昭十二年傳堋下棺疏云周禮作窆禮記作封此作堋皆是葬時下棺于壙之事平去兩讀注在彼

齊齒呼三砭

嗛 向泛切

口有所銜也說文段注夏小正曰田鼠者嗛鼠也爾雅鼸鼠古本亦作嗛故孫叔然云嗛者頰裏也廣韻曰嗛蝯藏食處也嗛鼠食積於頰人食似之故頰車或曰鼸車假借為銜字如佞幸傳大后由此嗛韓嫣是也亦假借為歉字商銘嗛嗛之食嗛嗛之德是也亦假借為謙字如子夏周易漢藝文志謙卦作嗛是也志云合於易之嗛嗛一嗛而四益轉寫下句言遂滋異說從嗛羊者羊而四角周書王會嗛嗛猶小小也嗛者

少也嗛不足也嗛謂不滿嗛者常慊然而不愜其志也食盡曰嗛一穀不升謂之嗛萱按此皆段嗛為歉也嗛謙也萱按此謂嗛即謙之段借字嗛快也嗛足也萱按此段慊為愿也嗛愿亦一聲之轉故異部通借矣

汎 孚嗛切

浮皃說文段注皃當作也邶風汎彼柏舟毛曰汎流皃廣雅曰汎汎氾氾浮也○國語晉語是故汎舟於河注云汎浮也汎汎流皃也文選思玄賦舊注汎汎悠悠隨流之皃文選海賦或汎汎悠悠於黑齒之邦注汎汎然迅疾而不礙也詩二子乘舟汎汎其景傳汎濫謂汎長濫決平地有水也詩文王有聲箋而豐水亦汎濫為害疏○萱按說文氾下云濫也則作氾濫為正矣楚辭憂苦文選長笛賦皆言汎濫汎濫浮辭也史記老莊申韓傳汎濫博文正義汎淒微小皃又云波急之聲文選洞簫賦泡溲汎淒注汎齊浮蛾在上汎汎然也釋名釋飲食汎栟謂汎水而栟也管子弟子職汎栟席注汎博也廣雅釋詁四左傳襄廿八年○

注汎祭疏云汎是寬博之語汎普也漢書谷永傳集注○萱按訓普訓博尤與汎義近謂汎為氾之借字亦得泛汎在七部氾在八部義雖微異古多通用

泛

浮也說文段注邶風曰汎彼柏舟亦汎其流上汎謂汎汎浮皃也下汎當作泛浮也汎泛古同音而字有區別如此左傳僖十三年汎舟之役亦當作泛泛泛上浮之意也漢書禮樂志集注引應劭泛泛平皃素問脉要精微論泛泛乎注泛覆也萱按此段泛為覂也詳覂下

覂

覆也說文段注武帝紀泛駕之馬師古曰泛覆也音方勇反字本作覂後通用耳廣韻正作覂駕之馬食皆志大命將泛孟康曰泛音方勇反覆也玉篇正作大命將覂古音在七部○萱按方勇反者音轉也缶聲之字何處此音泛覆也文選漢武帝詔注引應劭覂棄也廣雅釋詁一

開口呼

淦 改譚切

汵或水入船中也一曰泥也說文段注水入船中必由朕而入淦者浸淫隨理之意一曰汎也謂淦泥

暗 挨撢切

日無光也說文段注集韻類篇皆以晻暗為一字依許則義各殊明之反當用晻暗主謂日無光眡祲掌十煇之灋五曰闇鄭司農云闇日月食也闇者正字闇者段借字也引伸為深沈不明之偁闇昏時也禮記祭義夏后氏祭其闇注闇夜也廣雅釋詁四又呂覽具備使民闇行注闇冥也禮記曲禮上孝子不服闇注又小爾雅廣詁闇默也漢書元后傳集注闇幽隱也後漢書張衡傳注闇闇幽隱漢書揚雄傳上稍闇闇而靚深注暗暗聲空之皃文選甘泉賦稍暗暗而靚深注○萱按楊本用借字選改用正字暗深也廣雅釋詁三暗不明也文選歐陽堅石臨終詩注引國語賈注○萱按此謂暗與晻同也晻之本義即暗引申之義故異部通用暗藹遠皃也後漢書張衡傳注暗藹衆盛皃也文選甘泉賦僾暗藹兮降清壇注○漢書楊雄傳上注云暗藹神之形影也闇藹者言木陰水波闇藹然也文選高唐賦隨波闇藹注

闇

閉門也說文段注借以為幽暗字○萱按段借諸義暗下備矣

琀 海撢切 或作唅 送死口中玉也 說文段注典瑞曰大喪共飯玉含玉注飯玉碎玉以襍米也含玉柱左右顛爪在口中者襍記曰含者執璧將命則是璧形而小耳穀梁傳曰貝玉曰含按琀士用見士喪禮諸侯用璧見襍記天子用玉經傳多用含或作唅 含以珠貝含其口中也 釋名釋喪制○穀梁隱元年傳又後漢書趙咨傳注袁安傳注竝云珠玉曰含又左氏文五年經王叔榮叔歸含且賵注云珠玉曰含含口實又荀子大略云玉貝曰含又周禮大宰司農注云含玉璧琮○萱按琮形八角似非含所宜他書亦未見琀言琮者 含口實也 穀梁文五年經歸含注○公羊文五年傳云含者何口實也又周禮大宰大喪贊贈玉含玉注云含玉死者口實又呂覽節喪含珠鱗施注云含珠口實也 唅口實也 後漢書梁商傳注○說苑修文引傳云口實曰唅又古微書引春秋說題辭云口實曰唅緣生象食孝子不忍虛其欲天子以珠諸侯以玉大夫以璧士以貝唅之為言實其口含也 珠玉曰唅 禮記文王世子至于賵賻承含釋文○白虎通崩薨云所以有飯唅何緣生食今死不欲虛其口故唅用珠寶物何也有益死者形體故天子飯以玉諸侯以珠大夫以璧士以貝也○萱按天子玉諸侯珠載春秋說為長 唅唵

也 廣雅釋訓

撢 代閭切 探也 說文段注周禮撢人掌撢序王意以語天下釋文曰與探同按許書則義同而各自為字 撢引也 淮南俶真撢挺挏注按 撢持也 一切經音義十四引蒼頡

醰 平去兩讀注在彼

韻史卷三十三

泰興何萱石閭譔集　子度校字

上海顧錫麒竹泉覆審

武進李兆洛申耆鑑定

第七部入聲

急韻

齊齒呼

急 几立切 隸作急 褊也 說文段注褊者衣小也故凡窄陋謂之褊釋言曰褊急也 急盡也 廣雅釋詁一 急要也 文選應詔觀北湖田收詩通急戒無年注 急及也操切之使相逮及也 釋名釋言語 急猶先也 呂覽情欲邪利之急注 急猶堅也 禮記曲禮上急繕其怒注 急促自用也 書洪範曰急鄭注 急謂成功也 呂覽首時似緩而急注 急謂如絃張之急 素問通評虛實論急則死注○說苑尊賢云急張者良材也 急者謂強剛土也 呂覽任地急者欲緩注 急謂困難也 管子問桀知人急則眾不亂注○萱按詩六月我是用急鹽鐵論繇役作我是用戒戒急一聲之轉故異部相段詩作戒合韵 國無六年之蓄曰急 禮記王制○賈子憂民云無六年之蓄謂之急

彶 ○俗有彶 急行也 說文段注急彶疊韵凡用彶彶字乃彶之段借也 彶急也 淮南繆稱彶於不知己者注 彶彶劇也 汲汲劇也 竝廣雅釋訓○萱按一本字一借字 汲汲欲速之義 漢書揚雄傳上不汲汲於富貴注

伋 ○俗有伋 人名 說文段注以此為解亦非例也古人名字相應孔伋字子思仲尼弟子燕伋字子思然則伋字非無義矣人名二字非許書之舊也荀卿曰空石之中有人焉其名曰觙其為人也善射以好思闢耳目之欲遠蚊虻之聲閑居靜思則通思人若是可謂微乎比蓋設言善思之人名之以觙乎觙與伋音義蓋相近○書大傳伋然淵其志注云伋讀曰播播然變動兒萱按伋與播音義殊不近吾疑焉

汲 引水也 說文段注各本有於井二字今依韵會引及玉篇訂其器曰缾曰罋其引罋之繩曰綆曰繘幷几三曰可以汲引伸之凡擢引皆曰汲廣雅曰汲取也古書多用汲為伋彶同音段借 汲引也 考工記匠人大汲其版注○穀梁襄十年傳汲鄭伯注云汲猶引也 汲汲欲速之義汲汲劇也 萱按皆伋之解也詳伋下

芨

有○俗慧董艸也說文又爾雅釋艸芨即烏頭也江東呼為堇爾雅釋艸注○段大令云凡物有異名同實者釋艸芨堇艸陸德明謂即本艸之翰翟按郭釋以烏頭烏頭名堇見國語而芨名無見陸說為長翰翟一名堇艸一名芨名醫別錄○萱按廣雅堇翟也說文翟下云堇艸也是二名相為轉注

級

絲次弟也說文段注本謂絲之次弟故其字从糸引申為凡次第之俗階之次弟曲禮云拾級聚足連步以上是也尊卑之次第賈生云等級分明而天子加焉故其尊不可及是也後漢書注秦法斬首多者進爵一級因謂斬首為級級次序也論語摘輔象五聖受道級注級等也廣雅釋言又禮記曲禮上注又左氏僖九年傳賜一級注又漢書高帝紀集注賈誼傳集注又呂覽懷寵加其級注又淮南時則授車以級注級等次也禮記月令授車以級注級等差論語摘輔象明由晚升級注級階次也一切經音義廿一引聲○呂覽重言分級而立注云級階陛又禮記曲禮上釋文云級階等歷級遽登階不聚足家語曲禮子夏問歷

級而救焉注斬首一名為級也華嚴經音義下引珠叢

給

相足也說文段注足凡人下人必有足而後體全故引申為完足相足者彼不足此足之也故从合給足也國語周語事之供給注魯語知羊舌職之聰敏肅給也注晉語伋執卑給則贍注又伋漢書高帝紀下集注昭帝紀集注禮樂志集注食貨志下集注郊祀志上集注西域傳上集注王莽傳上傳中集注又後漢書卓茂傳又呂覽闕春官貴又恐不給注應言且何地以給之注又淮南本經古者上求薄而民用給注○漢書司馬遷傳則人給家足之道也注云給亦足也給供也國語周語且財不給注民不給注楚語注又國策秦策恐不能給也注又漢書張安世傳集注張騫傳集注嚴助傳集注朱買臣傳集注酷吏傳贊集注○司馬遷傳注云給猶供也給供給也荀子臣道齊給如響注又文選報任少卿書膚救死扶傷不給注給備也國語周語外內齊給注給及也國語晉語豫而後給注○漢書鼂錯傳弗能給也注云給謂相連及經給謂經營濟給之後漢書鍾離意傳注給暇也漢書王莽傳下集注給急也荀子非十二子齊給便利而不順禮義注給

給敏也後漢書酈炎傳注○莊子徐無鬼王射之敏給注云給續括也給捷也論語公冶長禦人以口給皇疏又漢書東方朔傳集注○禮記仲尼燕居疏云給謂捷給給得之速也穆天子傳六取衆而給注應事而至謂之給荀子臣道注○性惡齊給便敏而無類注云給謂應之速如供給者也接給謂應所問而對大戴記文王官人取接給而廣中者注○保恭傳接給而善對注云接給謂應所問而給也而不中禮謂之給禮記仲尼燕居又家語論禮

及 舊立切

乁古文及句秦刻石及句如此[illegible]古文[illegible]古文逮也說文段注秦刻石今載史記者琅邪臺刻石云澤及牛馬碣石刻石云惠論功勞賞及牛馬按李斯作小篆而刻石仍不廢古文也○方言三云遝及也關之東西曰遝或曰及逭按及逮遝三字義同說文逮下云及也及與也爾雅釋詁又詩谷風及爾顛覆箋及爾同死箋祇及爾偕老箋中谷有蓷何嗟及矣箋七月殆及公子同歸傳何人斯及爾如貫箋采菽玄袞及黼箋大明乃及王季箋䌛炭及善女箋棫樸六師及之箋桑柔載胥及溺箋板及爾同僚箋及爾出王箋又儀禮士昏禮記及揖讓入注特牲饋

食禮及佐食舉牲鼎注又禮記祭義夫何神明之及交注又左氏隱元年經公及邾儀父盟于蔑疏襄四年傳臣不敢及注成十三年傳白狄及君同州注又史記孔子世家及齊平索隱○公羊隱元年公及邾儀父盟于昧傳云及者何與也會及暨皆與也又書洛誥疏云及訓與也及黨與也管子立政罰有罪不獨及注及連也廣雅釋詁及猶預也管子君臣上是以上及下之事謂之揣注○左氏宣七年傳云凡師出與謀曰及及連也廣雅釋詁四及如也管子大匡豈及彭生而能止之哉○淮南脩務堯舜之聖不能及注云及猶如也及至也周禮職歲及會疏小司徒及三年則大比疏鄉師及窆疏黨正及四時之孟月吉日疏及大比亦如之疏遂師及窆疏家人及葬疏喪祝及葬疏及壙疏司儀及將幣疏又儀禮燕禮賓入及庭注大射儀干不及地武注賓及庭注聘禮及竟注士虞禮記及門如出戶注及大門內踊如初注少牢饋食禮若不吉則及遠日注又禮記曲禮下諸侯未及期相朝曰遇注檀弓下若從柩及壙疏曾子問將冠子而未及期日注又論語衛靈公皇疏又廣雅釋詁一又國語周語及陳注以及此難注魯語樂及鹿鳴之三注及涇莫濟注晉語大罰將及注及柏谷注將及之注孤始顧不及此注○周禮

喪祝及祖飾棺司農注引或說云及祖至祖廟也及猶至也周禮大宰及執事疏及納亨疏及祀之日疏喪
祝及朝疏又儀禮聘禮及期注又禮記內則夫婦之禮雖及七十同藏無間注○文選陸士衡樂府短歌行注引論語摘
輔象議注李少卿與蘇武詩注疏云及亦至也及猶就也管子大匡及齊君之能用之也注及猶汲
汲也公羊隱元年傳○詩摽有梅序男女得以及時也疏云言及者汲汲之辭及追也國語晉語姓言不可
及注○後漢書竇錮傳云者言其能導人追宗者也及及繼也荀子儒效周公屏成王而及武王注○後漢書
宋弘傳注云及猶繼也又管子輕重戊梁之民餓餒相及注云相及猶相繼也魯兄死弟繼曰及公羊
莊卅二年傳魯一生一及注○漢書高惠高后文功臣表于繼弟及注云弟代兄位謂之及也及者內為志
焉爾穀梁莊廿二年傳及者何累也公羊莊十一年傳及罪也呂覽懷寵及其民注不
不及不足也素問天元正紀大論各有太過不及也注○書呂刑何度非及史記周本紀作何居非其宜又
詩摽有梅序男女得以及時也釋文云及本作得○萱按也得也與及義皆近若論語集解而及有宋朝之美釋文及宜

李作反此則形近之譌

泣

無聲出涕者曰泣說文段注者別事詞也哭下曰哀聲也其出涕不待言其無聲出涕者為泣此哭泣
之別也尚書大傳曰微子將往朝周過殷之故墟志動心悲欲哭則為朝周俯泣則近婦人推而廣之作雅聲謂之麥秀
歌素問以泣為字○詩雨無正鼠思泣血傳云無聲曰泣血又禮記檀弓上泣血三年注云言泣無聲如血出泣
淚也廣雅釋言○漢書高帝紀下泣數行下注云泣目中淚也又外戚傳上太后發喪哭而泣不下注云泣謂淚也淚
下無聲曰泣也華嚴經音義一引漢紀崔浩注○一切經音義二引字林云無聲而淚曰泣泣謂
哭也素問解精微論不泣者神不慈也注太乙裝泣○萱按析言有辨渾言則哭泣略同注泣憂也于之道注
泣淼風疾皃也漢書揚雄傳淼泣雷厲注上凝於脈者為泣萱按此泣澀之義也泣猶澀也

湆

武作清肫幽溼也說文段注五經文字云清從泣下日大羹也清從泣下日幽溼也今禮經大羹相承多作下字
或傳寫久譌不敢改正按湆字不見於說文則知張說何本儀禮音義引字林云湆羹汁也玉篇廣韻同然則本無異

字肉之精液如幽溼生水也雅羹謂之肬皆字之或體耳廣湆溼也廣雅釋詁一湆汁也爾雅釋器
釋文又詩采蘋釋文又禮記少儀凡羞有湆者不以齊疏引廣云○儀禮士昏禮大羹湆疏云湆與汁一也湆肉
汁也儀禮士虞禮泰羹湆自門入注少牢饋食禮又進二豆湆于兩下注○周禮亨人疏云鑊中煮肉汁一名湆
大羹湆煑肉汁也儀禮士昏禮大羹湆在爨注公食大夫禮大羹湆不和注特牲饋食禮設大羹湆于
臨北注○禮記少儀疏賀場云凡湆皆謂大羹引肉湆肉在汁中者以增俎實為尸
加也儀禮有司徹羊肉湆注○坐祭嚌之注云嚌湆者明湆肉加耳嘗之以其汁尚味羹謂之肬廣雅
釋○萱按今本作膱謂之湆蓋俗所改

漾及切

邑

國也說文段注鄭莊公曰吾先君新邑於此左傳凡偁人曰大國凡自稱曰敝邑古國邑通偁白虎通曰夏曰夏邑
商曰商邑周曰京師尚書曰西邑夏曰天邑商曰作新大邑於東都雒皆是周禮四井為邑左傳凡邑有宗廟先君之主
曰都無曰邑此又在國中分析言之○廣雅釋詁四云邑國也又左氏桓十一年傳以僕四邑注云邑亦國也邑

國都也爾雅釋地邑外謂之郊注又縣注邑都邑也楚辭大招隱田邑千畛注天邑天子
所都也後漢書班彪傳下注○華嚴經音義上引風俗通云天子治居之城曰都舊都曰邑邑公邑也
大戴記文王官人使長鄉邑而治父子注是公主所食曰邑水經河水注引史記百官表又漢書昭帝
紀帝姊鄂邑公主注引應劭○高帝紀下令天下縣邑城注引張晏云皇后公主所食曰邑又百官公卿表上云皇太后
皇后公主所食曰邑邑猶里也周禮里宰掌比其邑之衆寡注四井為邑公羊成元年傳譏始上使
也注又莊子則陽何謂丘里之言釋文引李注○周禮小司徒注云四井為邑方二里五里為邑廣雅釋地又初
學記州郡部引書大傳六軌為邑管子小匡邑多田少偁邑公羊桓元年傳坤偁邑
易訟其邑人荀注升升虛邑虞注坤為邑易比邑人不戒虞注晉維用伐邑虞注夬告自邑虞注○无妄邑人
之災虞注云坤為人又泰自邑告命虞注云坤為自邑邑猶俋也邑人聚會之偁也釋名
釋州國邑邑微弱皃也楚辭遠逝風邑邑而蔽之注邑於邑也萱按此段邑為悒也

悒

○俗有悒不安也說文段注大戴禮曰君子終身守此悒悒盧注憂念也蒼頡篇曰悒悒不暢之皃也其字古通作邑俗作悒爾雅云僾悒也謂憂而不得息也○荀子解蔽無悒情之心注云悒快也萱按快蓋快之字誤悒悒不安也一切經音義四引字林悒悒不舒之皃也一切經音義四引蒼頡悒悒不暢之皃素問刺瘧注腹中悒悒邑邑不樂也文選與滿公琰書良增邑邑注邑於邑也漢書谷永傳忿邑止之注悒於悒也文選長門賦舒息悒而增欷兮注歍唈失聲也淮南覽冥孟嘗君為之增欷歍唈注嗚唈短氣爾雅釋言僾唈也注○萱按本作於邑偏旁皆後加而正俗又判唈僾氣不舒憤懣之皃荀子禮論愅詭唈僾而不能無時至焉注

挹

抒也說文又廣雅釋詁二挹斞也詩大東不可以挹酒漿傳挹酌也荀子宥坐弟子挹水而注之注○詩泂酌云泂酌彼行潦挹彼注茲凡以器斟酌於水謂之挹華嚴經音義上引珠叢挹損也後漢書朱浮傳注又文選為幽州牧與彭寵書注引蒼頡挹亦退也荀子宥坐此所謂挹而損之之

韻　史　卷三十三第七部入聲急韻

三三〇五

道注也挹婁一名肅愼後漢書孔融傳注今文挹皆為扱儀禮有司徹二手執挑匕枋以挹湆注○萱按挹與扱同部同義通借家合

浥

溼也說文又廣雅釋詁一厭浥溼意也詩行露厭浥行露傳浥溛陷也漢書司馬相如傳上踰波趨浥注引郭璞

揖

攘也一曰手箸匈曰揖說文段注攘汲古閣改作讓誤此與下文攘推也相聯為文鄭禮注云推手曰揖凡供其手使前曰揖凡推手小下之為土揖推手小舉之為天揖推手平之為時揖也成十六年敢肅使者則若今人之長揖手箸匈曰揖此別一義上言揖以為讓謂手遠於胸此言手箸於胸曰揖者箸直略切禮經有揖有厭厭一涉切推手曰揖引手曰厭推者推之遠胸引者引之箸胸如鄉飲酒主人揖先入此用推手也賓厭衆賓此用引手也謙若不敢前也今文厭皆作揖則今文禮有揖無厭許君於禮或從古文或從今文此手箸匈曰揖葢於此從今文不從古文是以統謂之揖厭推手引手隨宜而用今人謙讓亦兼有此二者周禮疏儀禮疏厭或作撎誤字不可從○論語述而揖

韻　史　卷三十三第七部入聲急韻

三三〇六

巫馬期而進之釋文云手箸匈曰揖揖推之也儀禮鄉射禮西南面揖弓注大射儀揖引注○周禮司儀疏云凡揖皆推手至於厭則引手上手為揖楚辭大招揖辭讓只注○淮南道應子佩疏揖北面立於殿下注云揖舉手也以手通指曰揖公羊僖二年傳獻公揖而進之注揖之入之也儀禮燕禮公揖鄉大夫注○聘禮公揖入注云揖遷羣臣揖進也廣雅釋詁二揖召也周書克殷逐揖之注揖別也儀禮聘禮乃退揖注揖讓也後漢書劉昭傳注○漢書王莽傳上揖大福之恩注云揖謂讓而不當也揖挾也書大傳八十者杖於朝見君揖杖注○萱按注又云揖當為去似去義長揖斂也揖合也揖會聚也萱按此皆段揖為輯也詳輯下

昱

日明也說文段注日明各本作明日今依衆經音義及玉篇訂太玄曰日以昱乎晝月以昱乎夜注昱明也日無日不明故自今日言下一日謂之明日亦謂之昱日昱之字故多段借翌字為之釋言曰翌明也是也凡經傳子史翌日字皆昱日之段借翌與昱同立聲故相段借本皆在緝韻音轉又皆入屋韻劉昌宗讀周禮翌日乙丑音育是也俗人以

韻　史　卷三十三第七部入聲急韻

三三〇七

翌與翼形相似謂翌即翼同入職韻唐衛包改尚書六翌皆為翼而昱日之義廢矣明部朚下曰翌也翌當為昱朚从亡明晝夜之道亡明而明復矣昱之義引伸為凡明之偁故顏命翌室某氏曰明室三輔決錄注釋左馮翊曰馮翊盛也翊明也翊即翌昱明也廣雅釋詁四又太玄告注翊明也漢書王莽傳上越若翊辛丑注○萱按昱段翌正也段翼非正也

喅

音聲喅喅然說文

煜

燿也說文段注此以雙聲為訓○萱按說文燿下云照也煜熾也廣雅釋詁三煜盛皃也一切經音義五引埤蒼曄煜聲之盛文選東都賦管絃曄煜注煜霅光皃也漢書敘傳上煜霅其間者注

翊

或書作翋翌○网見飛皃說文段注漢郊祀歌神之來泛翊翊甘露降慶雲集師古曰翊音弋入切又音立按翊字本義本音僅見於此經史多假為昱字以同立聲也釋言曰翌明也尚書五言翌日皆訓明日一言翌室訓明室天寶間

韻　史　卷三十三第七部入聲急韻

三三〇八

盡改為翼凡尚書翼字訓敬訓輔與訓明者涵同無別自衛包始漢魏晉唐初皆有翌日無翼日郭璞玄應李善引尚書皆作翌日自同其字入同其音以七部立聲之字讀一部異聲之與職切字書韻書承諸襲繆小顏弋入力入之音無有採者矣又吳都賦云翋𦑣廣雅翋𦑣飛也力答徒合二切翋同𦑣此亦翊之本義本音也翊明也漢書王莽傳上注○蓋段此段翊為昱翊輔也翊佐也翊翊敬也蓋按此皆翼之義也翊多誤翼者此則翼譌翊矣姑謂之異部互借可備

熠

盛光也詩曰熠熠宵行說文段注詩東山熠燿宵行傳曰熠燿粦也粦熒火也又倉庚于飛熠燿其羽箋云羽鮮明也王伯厚詩攷異字異義條舉說文熠熠宵行而文選張華勵志詩凉風振落熠燿宵流注引毛傳熠熠粦也疑皆熠燿之說當依詩音義為正熠熠盛光照也一切經音義十引字林熠熠者熒火之蟲飛而有光之皃詩東山疏○釋文云熠燿熒火也熠爚光明皃文選笙賦熠熠爚以敊鹽注

驔

騽或○平入兩讀驪馬黃脊一曰馬豪骭說文段注魯頌有驔有魚釋畜曰驪馬黃脊曰騽爾雅音義云騽說文作驔音簟是則爾雅之騽即驔之異異體體許於此篆用爾雅不用毛傳也毛傳曰豪骭曰驔比即驔之異說後人乃以兩義分配兩形耳按覃之古音如淫其入聲則如熠古音又如尋其入聲則如習故驔騽必一字鳥之鶉鵲蟲之熠燿其理一也廣韻二十六緝騽字下云馬豪骭又驪馬黃脊玉篇騽字下曰驪馬黃脊又馬豪骭亦可證二義分二形之非矣骭者骹也骹者脛也高誘注淮南曰骭自膝以下脛以上也豪骭謂骭上有脩豪也魯頌傳曰豪骭曰驔正義本作豪骭白白衍

向立切

翕

或作翖○俗有噏起也說文段注釋詁毛傳皆云翕合也許云起也者但言合則不見起言起而合在其中矣翕从合者馬將起必斂翼也○漢書張騫傳父布就翖侯注常惠傳昆彌自將翖侯以下五萬餘騎注西域傳上有五翖侯注竝云翖即翕字也翕呷衣張起也漢書司馬相如傳上翕呷萃蔡注引張揖○蓋按史記作噏呷集解云噏呷宋張也吸嚊閉張也漢書揚雄傳上吸嚊潚率注○蓋按翕用吸猶用噏也噏俗字吸借字翕

猶引也一切經音義四引廣雅無猶又詩大東載翕其舌箋○蓋按玉篇口部作戢吸其舌借字也又淮南墜形其人翕形段翕為脅也又漢書王莽傳中動靜研脅段脅為翕也二字豐聲互相通借翕合也詩常隸傳大東傳般允猶翕河傳又禮記中庸注○大戴記夏小正匽之興五日翕望乃伏傳云翕也者合也翕聚也方言三又廣雅釋詁三翕斂也易繫辭上傳其靜也翕注又釋文又漢書楊雄傳下集注又荀子議兵伐翕伐張翕猶閉也易繫辭上傳宋注翕也入太玄玄衝翕也內太玄玄錯翕順也太玄翕翕其志注翕冥中注翕炅也方言十三翕熾也方言十二又廣雅釋詁三翕盛也後漢書班彪傳下注翕赩盛皃文選琴賦瑤瑾翕赩注○甘泉賦翕赫習霍注云翕赩盛皃翕習也論語八佾皇疏翕習容裔音樂之狀文選吳都賦劉注翕習盛皃文選魯靈光殿賦祥風翕習以颯灑注鵾雞賦翔不翕習注翕如盛也論語八佾翕如也集解翕如變動之皃論語八佾鄭注翕忽疾皃文選吳都賦神化翕忽劉注翕響謂奄忽之間也一切經音義九引文選蜀

都賦注翕翕訿訿莫供職也爾雅釋訓○蓋按此段翕為潝也

潝

或作潝水流疾聲說文段注上林賦汩潝漂疾急郭音許立反然則即潝字也小雅潝潝訿訿釋訓云莫供職也潝潝為小人之勢詩小旻傳潝潝然患其上疏潝潝不善之皃詩小旻潝潝訿說釋文引韓詩○蓋按詩作潝潝本字也爾雅作翕翕劉向傳作歙歙荀子脩身作噏噏呰呰皆同音通借字

⿰翕阝

地名說文○蓋按歙縣似當作此⿰翕阝古今皆段借用歙

歙

縮鼻也丹陽有歙縣說文段注欠部曰縮者蹴也歙之言攝也陽當作楊字之誤也地理志郡國志丹楊郡歙縣今江南徽州府歙縣休寧縣皆其地也今徽人讀式涉切○蓋按丹陽云云說段借也縣名疑當从邑作⿰翕阝此五字當迻於⿰翕阝下為洽歙斂也莊子山木則呼張歙之釋文又後漢書張衡傳注○蓋按字从翕翕本訓斂歙亦脅也後漢書張衡傳我不忍以翕肩注○蓋按脅肩見孟子歙歙危懼皃老子歙歙為天下渾其心釋文引顧注

吸

內息也說文段注內息納其息也吸謂氣入素問離合眞邪論吸則內鍼注吸者若噓吸聲也莊子齊物論吸者者釋文引司馬注叫吸飲也廣雅釋詁四吸取也太玄玄圖邪諛高吸注吸吸雲動皃楚辭思古雲吸吸以湫戾注吸嘷開張也蓋按此段吸為翕

孴 組立切

孴籀盛皃說文戢孴眾皃文選魯靈光殿賦芝栭欑羅以戢孴注

立 利及切

侸也說文段注人部曰侸者立也與此為互訓淺人易為住字亦許書之所無立林也如林木森然各駐其所也釋名釋姿容○釋車云立人象人立也立平立也禮記曲禮上立視五巂注○釋名釋形體云鼻下曰立人取立於鼻下狹而長似人立也立倚也禮記曲禮上婦人不立乘疏曲禮下立則磬折垂佩疏立猶行也呂覽貴因如秦者立而至有車也注少立自正慎其位也儀禮鄉飲酒禮退其少立注○鄉射禮退少立注云少立自修正慎其位也立逼也廣雅釋詁二立涖也史記范睢蔡澤傳明主立政索隱立猶見也呂覽適威敵功名立注○淮南主術德無所立注云立見立

猶定也後漢書郎顗傳注立謂不廢絕左氏襄廿四年傳既沒其言立注立置也呂覽蕩兵故立君注又淮南氾論立之於李朝之上注立成也廣雅釋詁三又漢書朱雲傳集注又後漢書張奮傳注又呂覽用民功名猶可立注博志此功名之所以立也注士容不能立功注又淮南覽冥太公並世故武王之功立注又離騷恐脩名之不立注○禮記冠義而後禮義立注云立猶成也德成之謂立莊子天地立謂立功立事也後漢書周章傳注○國策秦策知其可與立功注云立成功也立名者行之極也說苑說叢立謂當其王時素問寶命全形論五勝更立注國人立之曰立他國立之曰納公羊莊六年傳注乾為立易象下傳君子以立不易方虞注○蓋按立有用為位者周禮小宗伯掌建國之神立注云立讀為位古者立位同字古文春秋經公即位為公即立

粒

⿰食立古文糂也說文段注按此當作米粒也米粒是常語故訓釋之例如此與糂篆下云糂米也正同玉篇廣韻粒下皆云米粒可證淺人不得其解乃妄改之以與糂下一曰粒也相合不知粒乃糂之別義正謂米粒如妄改之文

則粒為以米羹矣而一曰粒也何解乎今俗語謂米一顆曰一粒孟子樂歲粒米狼戾趙注云粒米粟米之粒也皋陶謨烝民乃粒周頌立我烝民鄭箋立當作粒詩書之粒皆王制所謂粒食始食艱食鮮食至此乃粒食也按此篆不與糂篆相屬亦可證其解斷不作糂也○蓋按詩立我烝民立字義優不必如箋破為粒也說在王尚書引之經義述聞粒米也書皋陶謨烝民乃粒鄭注○晚出傳曰云米食曰粒穀曰粒一切經音義七引通俗文○小爾雅廣物云穀謂之粒蜀土呼粒為逼顏氏家訓勉學○萱按逼當作皂其字人罕識故以逼假其音

笠

簦無柄也說文段注汪士龍曰笠本以御暑亦可御雨故良都傳笠所以御暑雨無羊傳蓑所以御雨笠所以備暑都人士傳臺所以御雨笠所以御暑三傳相合今都人士暑雨互訓以南山有臺疏文選注正簦謂之笠廣雅釋器笠竹篣蓋也儀禮既夕燕器杖笠翣注笠亦如蓋其形正圓戴之所以象天周髀算經上笠以寫天注笠所以禦暑考工記輪人為輪疏又儀禮既夕疏又後漢書蔡邕傳注蓑笠備雨服儀禮既夕記車戴蓑笠注蓑笠戶牡也廣雅釋室○萱按此引申段借之義

鴗

天狗也說文段注見釋鳥郭曰小鳥也青似翠食魚江東呼為水狗按今所在園池有之謂之魚狗亦謂之魚虎

㗊 掌立切

眾口也說文

戢

藏兵也詩載戢干戈說文段注周頌時邁曰載戢干戈載櫜弓矢傳曰戢聚也櫜韜也聚與藏義相成聚而藏之也戢與輯音同輯者車輿也可聚諸物故毛訓成為聚周南傳亦云揖揖會聚也周語夫兵戢而時動動則威觀則玩玩則無震戰與觀正相對故許易毛曰藏以其字从戈故曰藏戢藏也左氏宣十二年傳兵不戢注襄廿四年傳注又文選歎逝賦惜此景之屢戢注不戢戢也詩桑柔不戢不難傳戢聚也爾雅釋詁又國語周語注又漢書五行志上集注又一切經音義十八引蒼頡戢斂也詩鴛鴦戢其左翼箋白華箋又小爾雅廣言又漢書刑法志集注武五子傳皆帶戢必焚注又文選劉越石答盧諶詩示戢東羽注目戢捷也詩鴛鴦釋文引韓詩戢捷也同上戢插也廣雅釋詁戢孴眾皃文選魯靈光殿賦芝栭欑羅以戢孴注○俗有解濈

濈

和也說文段注小雅無羊來思其角濈濈傳曰聚其角而息濈濈然也按毛意言角之多盛言聚而

韻史　卷三十三第七部入聲急韻

和也和輯之訓聚兼訓和○詩無羊釋文云戢本作戰又作斂蓋按解俗體戰借字戢疾皃也文選七啟戢然皃沒注戢水行出也文選南都賦注引埤蒼

汁

液也說文段注古經傳多段汁為叶方言曰斟協汁也北燕朝鮮洌水之閒曰斟自關而東曰協關西曰汁此汁兼瀋汁和叶而言如台朕賚畀卜陽予也之例汁液必出於和協故其音義通也漢汁郝懿用此字北土呼汁為瀋左氏哀三年傳猶拾瀋也釋文汁謂和協也或曰瀋汁方言三注○禮記內則柔其肉注去柔之為汁和也汁涕也涕涕而出也釋名釋形體雨汁者水雪雜下也禮記月令則天時雨汁注汁合也和也周禮鄉士汁日刑殺司農注○釋文云汁合也汁叶也周禮大行人釋文又文選西京賦注引方言○吳都賦皆謠俗汁協注云汁猶叶也

執

隸作執○俗有執傲捕辠人也說文段注手部曰捕者取也引申之為凡持守之偁執取也周禮環人注折馘執俘而還疏執拘也禮記檀弓下則將肆諸市朝而妻妾執注○周禮校人執駒注云執猶拘也

三三一七

韻史　卷三十三第七部入聲急韻

執囚也呂覽慎行使執連尹注執攝也使畏攝已也釋名釋姿容執服也詩執競釋文引韓詩執脅也廣雅釋言執捉也禮記曲禮上執食興辭疏執操也大戴夏小正執養宮事傳執持也詩執競序釋文執競武王箋又禮記曲禮下執天子之器明上衛疏曾子問執束帛疏又論語堯曰允執真中皇弢又文選東京賦獻琛執贄薛注○儀禮鄉射禮左執弓右執一个注大射儀注疏云側持弦矢曰執執者操持營為禮記月令執干戚戈羽疏執守也老子執大象注○禮記曲禮上執備顏注云執猶守也又少儀執君之乘車注云執執轡謂守之也執制也淮南主術人主之所以執下注執主也淮南說山執獄牢者無病注○左氏傳廿七年傳作執秩以正其官注云執秩主爵秩之官執猶斷也禮記中庸足以有執也疏執猶處也禮記樂記而子自執焉注吾執猶待也荀子堯問皃執之士者百有餘人注執猶結也國語越語而又與大國執讎注良為執易師利執言虞注○遯執之用黃牛之革虞注云良為手稱執執者治其器物習其事之言禮記月令執干戚戈羽注執者治文也公羊

三三一八

韻史　卷三十三第七部入聲急韻

隱七年傳不與夷狄之執中國也注執組猶織組也楚辭靈懷執組者不能至兮注執事猶言左右也後漢書蘇竟傳君執事無恙注傲執事者集韵○禮記喪大記注執或為傲釋文云傲本作執執一專意也荀子堯問一無失注執執友志同者禮記曲禮上友稱其志也注執執駒無令近母猶攻駒也周禮校人執駒司農注○大戴記夏小正執陟攻駒傳云執也者始執駒也執馳也者離之去母也執而升之君也太陰在辰歲名曰執徐淮南天文○爾雅釋天云太歲在辰執徐曰伏蟄之物皆振舒而出故曰執徐執蟄徐舒也爾雅釋天李注○淮南天文執徐之歲注云執徐伏蟄之物皆散舒而出也

慹

悑也說文段注莊子齊物論○哀樂慮歎變慹司馬彪云慹不動皃桂馥曰不當作心○蓋按說文心部云悑惶也惶恐也懼也恐慹不動皃莊子田子方慹然似非人釋文引司馬注○蓋按不動與悑義相反而相成齊物之變慹亦爾也桂未谷破不為心說恐未諦

三三一九

韻史　卷三十三第七部入聲急韻

馽

縶或○隸或作馽絆馬足也春秋傳曰韓厥執馬前說文段注糸部曰絆者馬馽也是為轉注小雅白駒傳曰縶絆也周頌有客箋同莊子連之以羈馽即此字前當作馽語見成公二年左傳今左作執縶馬前蓋古本正作執馬前改易誤衍耳許意絆是物馬是人用物據傳文則謂絆為馬縶絆也廣雅釋器又莊子秋水釋文引三蒼又楚辭國殤霾兩輪兮縶四馬注縶馬絆也公羊襄廿七年傳夫負羈縶注又左氏成二年傳注縶羈也文選思玄賦縶騷襄以服箱舊注縶拘也莊子秋水而右膝已縶已釋文引司馬注縶拘執左氏成九年傳南冠而縶者誰也注○蓋按執縶古通用

蟄 齒立切

藏也說文段注藏者善也善必自隱故別無藏字凡蟲之伏為蟄周南曰螽斯羽蟄蟄兮傳曰和集也其引申之義也蟄潛藏也易繫辭下傳龍蛇之蟄虞注蟄靜也爾雅釋詁蟄蟄蟲也家語辨物火伏而後蟄者畢注蟄獸熊羆之屬冬藏者也周禮穴氏掌攻蟄獸注

尼

屆尼也說文○蓋按屆下云屆尼從後相躡也段注云以後次前積疊之謂之屆尼吳都賦作墆堄善曰枝柯相

三三二〇

㙮

兒重疊尻少也廣雅釋詁三○楚按此單釋尻字也與李義別廣韵屆下云㮣也亦非本義○俗有埋下入也說文段注此與下涅曰隰義略同吳都賦曰墑墑鱗接李注云墑塲枝柯相重疊兒也按太沖之墑埋即許書之屆尻堙下也廣雅釋詁一

湁

湁潗逗鬻也說文段注上林賦滆滆湢湢湁潗鼎沸索隱引周成雜字曰湁潗水沸之兒也潗與涌同涌又訓雨下故不類廁於此鬻沸古今字鼎沸者言水之流如蠱鼎沸也此蓋引上林成語如人部引微御受屈今本奪鼎字湁潗水微轉細涌之兒史記司馬相如傳索隱引郭璞

懷及切

入

內也象從上俱下也說文段注內也者自外而中也上下者外中之象○釋名釋言語云入內也內使還也入納也國策秦策入其社稷之臣於秦注○呂覽無義公孫與見而從入注云入猶納也從外曰入公羊莊六年傳篡辭也注○左氏桓十五年經疏云入者自外之辭又昭廿一年傳自陳入于宋南里以叛注云自外至故曰入入猶還也漢書武帝紀集注引晉灼○國策齊策將軍無解兵而入齊注秦策○齊女入魏

注竝云入還國又莊子人間世就不欲入注云入者還與同入猶來也禮記喪服小記非養者入主人之喪注○後漢書馬融傳注云入享謂來助祭也入猶致也國策齊策可以令楚王亟入下東國注入猶與也國策魏策今無敢入之事注入猶投也呂覽必已舟中之人盡揚播入於河注○禮記投壺云順投為入入猶充也史記范睢蔡澤傳墾卅入邑索隱引劉氏入猶墜也呂覽任數煤炱入甑中注入下也淮南修務九攻而墨子九卻之弗能入注○呂覽愛類不能入注云入猶下也入受也國語吳語其臣箴諫以不入注○禮記表記事君大言入注云入謂君受之又疏云入猶受也入收也舊唐書引蔡邕月令章句入中也淮南主術而曲直之不相入注入得也廣雅釋詁三柔之謂入韓非子解老坎為入易象上傳習坎為入坎廣注巽為入易遯廣注因入于其官廣注象上傳君子以儉德避難廣注入者以兵入也公羊隱二年傳注○春秋李義引陸希聲左傳通例云克內曰入入者內弗受也穀梁莊三年傳昭六年傳昭廿一年傳昭廿二年傳○左氏成十八年傳云凡諸侯去其國國逆而立之曰入○

以惡曰復入入者非已至之文難辭也公羊隱八年傳我入邴注弗地曰入左氏襄十三年傳○公羊隱二年莒人入向傳云入者何得而不居也又莊十年傳入不言圍注云得而不居曰入獲大城焉曰入之左氏文十五年傳入子者謂嫁女者也周禮媒氏凡娶判妻入子者司農注○又云入子者容媵姪娣不聘之者入死也莊子庚桑楚入無竅釋文凡水首從水出謂之受流歸他水謂之入左氏僖十五年傳注雕水受汴疏出入者變化之謂耳莊子知北遊注然勃然莫不出焉油然漻然莫不入焉注蚰蜒或謂之入耳方言十一

廿

或作廿二十并也古文省多說文段注省多者省作二十兩字為一字也考工記程長倍之四十者二十分寸之一謂之枚本於二字為句絕故書十與上二合為廿此可證周時凡言二十可作廿也古文廿仍讀二十兩字秦碑小篆則維廿六年維廿九年卅有七年皆讀一字以合四言廿之讀如入卅之讀如趿皆自反也至唐石經二十皆作廿三十皆作卅則仍讀為二十三十矣

蟬立切

十

數之具也一為東西丨為南北則四方中央備矣說文段注漢志協於十十者數之極易屯十年乃字疏十是數之小成左傳僖四年疏襄廿八年疏○詩甫田疏云十千者數之大成十為百數之始周禮羽人疏○後漢書班彪傳上注云十世百年舉全數也十者天地之至數也素問六節藏象論天有十日注○春秋繁露官制象天云十者天之數也又陽尊陰卑云十者天數之所止也坤數十易豐雖旬无咎虞注復至于十年不克征集解又虞注云坤為十○損十朋之龜虞注云坤數十十謂神靈攝寶文筮山澤水火之龜也十陰數也太玄事十年不海注十終也太玄度十年不復注十二者歲之度也春秋繁露官制象天十一謂三命者也儀禮公食大夫禮魚腸胃倫膚若九若十有一注

什

相什保也說文段注族師職曰五家為比十家為聯五人為伍十人為聯使之相保相受鄭云保猶任也宮正注五人為伍二伍為什雅頌以十篇為一什按後世曰什物古曰任器古今語也任急言之曰什如唐人詩十可讀如諶

也周禮牛人司隸皆有任器鄭云任猶用也萱按王君鄉道碑汁邡王君此段汁任爲什用也○什十也什聚
也雜也亦會數之名也又謂資生之物也一切經音義二引三蒼○華嚴經音
義上引三蒼云什聚也襍也吳楚聞謂資生襍具爲什物也什十倍也孟子滕文公上或相什伯注詩
每十篇同卷故曰什也文選宋書謝靈運傳論紛披風什注什人謂之什也詩鹿
鳴之什疏什吏謂十人長也左氏襄十一年傳使其什吏疏○管子七法兵也者審於地圖謀什官注
云軍之部置什官必伍什則有長故曰什官二五爲什漢書刑法志集注鼂錯傳集注○周禮宮正云會其
什伍而教之道藝又禮記祭義軍旅什伍注云什伍士卒部曲也又詩鹿鳴之什疏云什伍者部别聚居之名十夫
爲什周書大聚十家爲什管子立政什一謂十取其一也漢書食貨志上稅謂公田
什一注○文選歎逝賦得什一於千百注云什一者謂通千百而計之十分而得其一又報孫會宗書逐什一之利注云
什一謂十中之一也什器爲生之具也漢書薛宣傳處置什器注○史記五帝紀作什器於壽丘索隱

云什器什數也蓋人家常用之器非一故以十爲數猶今云什物也又後漢書宣秉傳注云軍法五人爲伍二伍爲什則
共其器物故通謂生生之具爲什物

拾

掇也說文段注史記貨殖傳曰俯有拾仰有取射有決拾毛傳曰決所以鉤弦也拾遂也拾韝左臂即俗所謂收拾
也曲禮拾級聚足齊曰拾請爲涉聲之誤也拾者猶言一一拾取匡謬正俗三拾是收
斂之意也禮記內則注捍謂拾也疏○儀禮鄉射禮袒決遂注云拾斂也所以蔽膚斂衣也拾更也
詩賓之初筵釋文又儀禮鄉射禮各與其耦讓取弓矢拾注大射儀拾發以將乘矢注既夕及大夫拾踊三注士虞禮記
男女拾踊三注又禮記投壺注弁喪注喪大記與主人拾踊者疏又漢書敘傳工集注引應劭拾遂也詩車攻決
拾既佽傳又儀禮大射禮儀說決拾注○詩芄蘭傳韘決也疏云拾名遂以韋爲之著臂所以遂弦與決別拾謂射
韝禮記曲禮下以纓拾矢注○儀禮鄉射禮袒決遂注云遂射韝也以韋爲之所以遂弦者也其非射時則謂之拾
拾謂韝扞也拾者所以引弦也周禮繕人掌王之用弓弩矢箙矰弋決拾司裘注○國語

吳語百夫決拾注云拾捍也又文選東京賦薛注云拾韝捍著左臂也拾韘也廣雅釋器○萱按此渾言也析
言不爾拾室劄削也廣雅釋器拾涉也禮記曲禮拾級疏○萱按此謂拾即涉之借字也注列云
字扶

歰

○俗有且澀澁不滑也說文歰難也廣雅釋詁三○萱按石門頌道路澀難用俗字歰語歰難
也方言十注歰吃也廣雅釋詁二○方言十云吃或謂之歰歰猶苦者方言十忸怩恕歰也注
泣謂如雲在水中凝住而不行去也素問調經論注○萱按此段泣爲歰也凝
於脉者爲泣素問六節藏象論○注云泣謂血行不利

澀

幽澀也說文澀澁也釋名釋言語澀謂自卑下如地之下澀然也荀子
修身卑澀重遲貪利注澀土氣也素問五常政大論臂其畏澀注澀謂雨露呂覽重己足以辟燥
澀而已矣注澀者失意潛沮之名方言一注澀猶遲久之也呂覽貴卒勝之同則

澀爲下注澀憂也廣雅釋詁一○方言一云澀憂也陳楚或曰澀自關而西秦晉之間或曰慦或曰澀自關而西
秦晉之間凡志而不得欲而不獲而不獲高而有壁得而中亡謂之澀謂地澀氣也素問生氣通天論秋
傷於濕注○萱按段濕爲澀易傳攷工記先之矣太陰爲濕素問天元紀大論寒暑燥濕風火注○易文言
傳水流濕荀注云坤者純陰故曰濕也濕猶生也考工記弓人必因角幹之濕以爲之柔注

湒 紫立切

或作濈雨下也一曰濈涌皃說文段注廣雅云濈濈雨也毛詩其角濈濈宋李說釋文如是假借
爲角皃湁下云湁湒濈也湒濈也一切經音義十二引字林濈滫沸聲文選海賦鴻浮濈滫注

㗱

噍也說文段注也當作皃

䌖

合也說文段注合者亼口也因爲凡网合之偁眾絲之合曰䌖如衣部五采相合曰襍也䌖蠻夷貨
名也文選吳都賦䌖頫紛紜劉注

卙

卙卙逗盛也汝南名蠶盛曰卙說文段注小徐曰詩宜爾子孫蟄蟄兮毛曰蟄蟄和集也

與對對義近汝南云云此汝南方言也今江蘇俗語多云密對對音如蟄

埶

艸木不生也一曰茅根說文段注埶之言蟄也與傳反對成文玉篇云艸木生皃未知孰是茅根

別一義

入 此立切

三合也从入一象三合之形說文段注許書通例凡成字者必曰从某如此言从入一是也从入一而非會意則又足之曰象三合之形謂似會意而實象形也

雧

集 或

羣鳥在木上也說文段注引伸為凡聚之偁漢人多假襍為集○左氏襄二年傳親集矢于其目疏云隹在目上為集又廣韻引字林云集羣鳥駐木上又

集止也詩鴇羽集于苞栩傳又國語晉語人皆集於苑注○左傳襄二年疏云集是鳥止之名矢有羽似鳥故亦偁集

集至也國語晉語不其集亡注

集就也詩小旻是不用集傳大明有命既集傳又左氏襄八年傳注又廣雅釋詁三

集下也淮南說山雨之集無能霑注

集取也廣雅釋詁一

集正也同上

集安也左氏昭十七年傳辰弗集於房注又廣雅

釋詁一

集和也史記衛康叔世家為武庚未集索隱又漢書武帝紀集注荆燕吳傳贊天下未集注馮奉世傳集注

集成也左氏桓五年傳可以集事注成二年傳注成十二年傳周集我文公注襄廿三年傳知不集也注襄廿六年傳今日之事幸而集注哀二年傳以集大事注又國語晉語重耳若獲集德而歸載注軍事集矢注將襲天行注吳語恐事之不集注以集其謀故也注又廣雅釋詁三又小爾雅廣詁○詩黍苗我行既集箋又漢書陸賈傳集注並云集猶成也又呂覽盡數集於聖人注云集皆成也

集聚也廣雅釋詁三又文選東京賦緫集瑞命薛注

集謂聚滯也漢書禮樂志陰而不集注

集合也漢書萬石君奮傳集注薛宣傳集注又呂覽慎行其事已集矣注

集謂合聚也漢書東方朔傳上書囊以為殿帷注

集會也爾雅釋言又詩小毖予又集于蓼箋又國語周語極之所集曰聲注又楚辭天問載尸集戰何所急注怨思雲霏霏而隕集注

集齊也漢書鼂錯傳集注

集同也廣雅釋詁四

集襍也孟子公孫丑上是集義所生者注

集集眾也廣雅釋訓

鏶

鍓 或

鏶也說文○萱按鏶鍱也鏈鏶也鏶鍱鏈三字相轉注謂五金椎薄成葉者

咠

聶語也詩曰咠咠幡幡說文段注耳部曰聶附耳私小語也按聶取网耳附一耳咠取口附耳也巷伯三章緝緝翩翩四章捷捷幡幡許引當云咠咠翩翩而云咠咠幡幡者誤合二章為一耳咠咠今詩作緝緝毛云緝緝口舌聲

𠦃

詞之集也說文段注此依廣韻玉篇訂詞當作辭此下當有詩曰辭之𠦃矣六字蓋詩作𠦃許以集解之今毛詩作輯傳作輯和也許所偁蓋三家詩○萱按新序襍事二作辭之集矣則集𠦃義同不煩破字

緝

績也說文段注凡麻枲先分其莖與皮曰朩因而漚之取所漚之麻而林之林之為言微也微纖為功析其皮如絲而撚之而劉之而績之而後為縷是曰績亦曰緝亦絫言緝績孟子曰妻辟纑趙注曰緝其麻曰辟按辟與擘肌分理之擘同謂始於析麻皮為絲也引申之用縷以縫衣亦為緝如禮經云斬者不緝也齎者緝也是也又引申之為積厚流光之偁大雅傳曰緝熙光明也是也○詩東門之池箋緝績作衣服釋文云西州人謂績為緝

緝猶績也詩行

葦箋

緝則今人謂之緶也儀禮喪服傳文緝也疏

緝下橫縫緝其下也釋名釋衣服

緝繫擢頭索也方言九所以縣擢謂之緝注

緝會聚也文選陽給事誄以緝華裔之眾注

緝合也後漢書王允傳注

緝叶也後漢書蔡茂傳注

緝光也爾雅釋詁

緝明也詩昊天有成命於緝熙傳又國語周語○禮記緇衣於緝熙敬止注云緝熙皆明也

緝熙光明也詩文王傳維清箋敬之箋又禮記大學注又漢書揚雄傳下則不足以揚鴻烈而章緝熙注又後漢書章帝紀注竇憲傳注班彪傳下注

緝御蹴踖之容也詩行葦授几有緝御傳

緝緝口舌聲詩巷伯緝緝翩翩傳○萱按此咠緝為正借字也又文選褚淵碑文衣冠未緝段為輯也

輯

車輿也說文段注各本作車和輯也大誤今正自轢篆以上皆車名自輿篆至輈篆皆車上事件其間不得有車和之訓許書列字次第有倫可攷而知也假令訓為車和則此篆當與軾輢轛軛軓輟軫轚諸篆為類列子湯問篇齊輯乎轡銜之際唐殷敬順釋文引說文輯車輿也殷氏所見未誤太平覽上九崇崇高山下有川波其人有輯航可與過測

曰高山大川不輯航不克也此輯謂輿山必輿川必航而後可過是古義見於子雲之書某無可徵也輿之中無所不居無所不載因引申為斂義喪大記檀弓之輯杖輯屨是也又為和義爾雅輯和也版詩毛傳同公劉傳曰和睦也引申義行本義遂廢淺人少可多怪改易許書此字从車之恉遂不可得而聞矣

輯斂也禮記檀弓有餓者蒙袂輯屨注喪大記寢門之內輯之注。蓋按有段緝為輯者文選褚淵碑文衣冠未緝是也

輯聚也國語周語輯睦和協於是乎輿注

輯合也書堯典輯五瑞釋文引王注又左氏定四年傳輯其分族疏又漢書武帝紀集注引如淳儒林瑕丘江公傳比輯其議集注

輯成也國語魯語其輯之亂注

輯和也詩版辭之輯矣傳抑輯柔爾顏傳又國語魯語契為司徒而民輯注晉語與眾之信輯睦焉注輯訓典注又文選補亡詩元化內輯注又漢書禮樂志集注賈誼傳集注鼂錯傳集注又後漢書光武紀上注竇融傳注劉焉傳注孔融傳寧輯東夏注。班超傳注云輯亦和也

輯輯風聲和也文選補亡詩輯輯和風注蓋按此段輯輯為習習也

揖合也漢書郊祀志揖五瑞集注。書堯典馬注云揖斂也。蓋按此段揖為輯也孟堅李長所據尚書皆作揖五瑞

揖揖會聚也詩螽

韻史　卷三十三第七部入聲忢韻　　三三三三

斯揖揖兮傳

葺

茨也說文

葺覆也左氏襄卅一年傳繕完葺牆注又文選魏都賦葺牆冪室劉注又廣雅釋詁三。左傳疏云葺牆謂艸覆牆也

覆蓋曰葺一切經音義三引通俗文。楚辭湘夫人芷葺兮荷屋注云葺蓋屋也

葺屋謂艸屋考工記匠人葺屋三分疏

葺補治也左氏昭廿三年傳必葺其牆屋注

葺累也楚辭悲回風魚葺鱗以自別兮注又文選吳都賦葺鱗鏤甲注。蓋按當作葺絫也

葺襲重兒文選笙賦漁衍葺襲注

謵

言謵讋也說文段注疑上文讋注失气言之上當有謵讋二字疊韻字也。蓋按讋下云失气言一曰言不正也

習　小及切

數飛也說文段注數所角切月令鷹乃學習引伸之義為習孰

習學也呂覽審已退而習之注聽言造父始習于大豆注。周禮胥師疏云習是學習之義又禮記樂記五年視博習親師疏云博習謂廣博學習也習簡

韻史　卷三十三第七部入聲忢韻　　三三三四

習也國語周語是皆習民數者也注

習是循故之稱也論語學而學而時習之皇疏

習曉也國策秦策不習於誦注

習常也易坎習坎虞注

習積也易象上傳習坎入坎虞注

習重也易象上傳陸注又釋文。象上傳云習坎重險也

坎為習易象上傳君子以朋友講習虞注。坎釋文引劉注云水流行不休故曰習

習因也晚出書大禹謨卜不習吉傳金縢一習書傳。禹謨疏云習與襲同習是後因前又左氏襄十三年傳不習則增修德而改卜注云不習謂卜不吉

習狎也漢書五行志中之下

習近習呂覽任數習者曰注

習猶便也漢書張騫傳集注

習謂便習之也文選謝靈運富春渚詩注丞宜便習注又易坎習坎注。坎釋文云習便習也

習調節也大戴記子張問入官既知其以生有習注

習行兒文選東京賦肅肅習習薛注

習習和也後漢書班彪傳下注

習習和舒兒詩谷風習習谷風傳。箋云習習和調之兒

輯輯風聲和也文選補亡詩輯輯和風注。蓋按此習與輯為正借字

韻史　卷三十三第七部入聲忢韻　　三三三五

。俗有牊

槢

槢木也說文段注莊子淮南有槢槢字皆謂械楔不為木名

凡楔皆謂之槢文選景福殿賦槢以瓊英注

槢械楔也文選景福殿賦注引莊子司馬注。子在宥聖知之不為桁楊接槢也釋文云槢崔本作槢

鰼

鰌也說文段注見釋魚郭云今泥鰌按山海經之鰼魚別是一物

鰼尋也埤雅引爾雅釋魚孫炎正義。蓋按義與許郭異未知是否尋者紳之段借字俗作鱘

襲

𧟌猶。有戳俗

左衽袍說文段注小斂大斂之前衣死者謂之襲士喪禮乃襲三稱注日遷尸於襲上而衣之凡衣死者左衽不紐按喪大記小斂大斂祭服不倒皆左衽結絞不紐襲亦左衽不紐也袍襲衣也記曰繡為蔮縕為袍也許曰袍襺也士喪禮襲衣有爵弁服皮弁服褖衣注褖衣所以表袍者子羔之襲繭衣裳與稅衣為一是也斂始於襲襲於袍故單言袍也襲字引申為凡揜襲之用若記曰帛為褶士喪禮古文作襲假借字也喪大記玉藻用禮今文作褶注曰褶袷也有表裏而無著許依古文禮故不收褶字凡經典重襲之義如箋襲于夢武王所用許襲則行不襲

韻史　卷三十三第七部入聲忢韻　　三三三六

則增修德而改卜皆當作褶褶義之引申 襲衣也 穀梁哀十三年傳而請冠端而襲注又文選上林賦襲朝服注 引司馬彪思玄賦襲溫恭之黻衣兮舊注 襲服也 文選西京賦張甲乙而襲翠被薛注○禮記玉藻云服之襲也 先美也弔則不襲盡飾也 襲事謂衣服也 儀禮士喪禮陳襲事于房中注○禮記奔喪襲經于序東注云 襲服衣也 襲者重衣之名 書金縢書又左傳莊廿九年疏○禮記內則寒不敢襲注云襲謂重衣又詩公劉傳三單相襲也疏云重衣謂之襲 衣單複具為一襲 一切經音義十八引史記音義○後漢書東平憲王蒼傳注楊賜傳注竝云衣單複具曰襲又卓茂傳注云單複具謂之襲 襲謂掩上衣也 禮記樂記周旋裼襲疏○喪服小記袒降踊襲疏云襲謂掩所袒之衣 加朝服謂之襲 初學記引雷氏五經要義 襲是修容之禮 儀禮鄉射禮將襲先言賓疏 凡執玉無藉者襲 儀禮聘禮記 衣 尸曰襲襲帀也以衣周帀而覆衣之也 釋名釋喪制○禮記檀弓下使之襲注云襲賤者之事 襲覆也猶言察也 文選弔屈原文襲九淵之神龍注引漢書音義○史記屈原賈生傳集解

引服虔云襲覆也 襲複衣也 儀禮士喪禮主人襲反位注○商祝襲注云襲布衣牀上 一襲一稱也猶今言一副也 漢書昭帝紀賜衣被一襲注○叔孫通傳衣一襲注云一襲上下皆具也今人呼為一副 襲大薩也 文選王命論注引字林 襲因也 禮記祭統不相襲處疏中庸下襲水土注表記卜筮不相襲注又廣雅釋詁四又小爾雅廣詁又漢書韓安國傳集注又淮南俶真襲九窾注氾論不相襲而下注又文選典引襲四宗之緝熙蔡注○淮南精神憂患不能入也而邪氣不能襲注云襲猶因也亦入 襲仍也 楚辭懷沙重仁襲義兮注 襲謂承襲如嫡之承襲也 素問六節藏象論五運相襲而皆治之注 襲繼也 漢書楊雄傳上集注引服虔 襲及也 廣雅釋詁一又楚辭少司命芳菲菲兮襲予注哀時命邪氣襲余之形體注 襲受也 左氏昭廿八年傳故襲天祿注文選赭白馬賦注引國語賈注又 襲還也 文選哀永逝文注引國語賈注 襲者藏也 老子是謂襲常注 襲入也 周語晉語使晉襲於爾門注小國入馬注又管子君臣下狡婦襲主之請而資游慝也注又莊子大宗師以襲氣毋釋文引司馬注又淮南覽冥襲穴而不敢咆注又文

選吳都賦師襲海而徇珍劉注風賦注別賦注詣建平王上書注 襲者嘿限入于地中 公羊僖十四年傳襲邑也注 襲合也 小爾雅廣言又國語周語三襲焉注又荀子不苟齊秦襲注又淮南天文天地之襲精為陰陽注 襲郤合之 禮記少儀鄉則啟積蓋襲之注 襲和也 淮南天文而天地襲矣注 襲猶淪也 春秋元命苞沙底襲邑是注 襲猶取也 文選五等論新都襲漢注 襲重也 禮記表記注歲襲其祥疏又左氏哀十年傳卜不襲吉注又廣雅釋詁四又漢書賈誼傳集注引鄧展鄒陽傳集注匈奴傳贊集注又後漢書班固傳下注張衡傳注又呂覽順民衣禁襲注節喪棺椁數襲注○爾雅釋山山三襲陟注又管子輕重丁使其牆三重而門九襲注竝云襲亦重也 襲重累也 漢書外戚傳下災變相襲注○淮南氾論此聖人所以重仁襲恩注云襲亦重累 襲掩也 周書小武無襲門戶注又穀梁哀四年傳辟中國之正道以襲利注又國語晉語楚令尹子木欲襲晉軍注○周禮胥師襲其不正者注云故書襲為習杜子春云當為襲謂掩捕其不正者又疏云襲是掩襲之義○萱按襲習二字互借通用文選齊竟陵文宣王行狀寵謀襲吉注云襲與習通 輕行掩其不

備曰襲 左氏襄廿三年傳齊侯襲莒注又穀梁襄廿三年傳注○白虎通誅伐云掩人不備行不假塗人銜枚馬繩勒畫伏夜行為襲也 師輕曰襲 國語周語注晉語襲侵之事陵也注○左氏莊廿九年傳云凡師有鐘鼓曰伐無曰侵輕曰襲又公羊僖卅三年傳注云輕行疾至不戒以入曰襲又漢書高帝紀集注引臣瓚云輕行無鐘鼓曰襲 密聲取敵曰襲 孟子公孫丑上非義襲而取之也注○呂覽悔過昔秦穆公興師以襲鄭注云不鳴鐘鼓密聲曰襲又淮南氾論注云以兵伐國不擊鼓密聲曰襲

卅

或作卅 三十并也古文省 說文段注此亦當云省多奪耳○萱按入下云古文省多

隰

阪下溼也 說文段注釋上曰下溼曰隰又曰陂者曰阪下者曰隰蓋上隰指平地言之下隰指阪言之阪形固高而其四旁低濕亦謂之隰也許用後說者以其字从自也 下溼曰隰 詩簡兮隰有苓傳車鄰隰有栗傳皇皇者華原隰傳又隰桑正義引書大傳又周禮大司徒辨其山陵川澤丘陵墳衍原隰之名物注遂大夫疏又國語周語猶其有原隰衍沃也注又漢書地理志上原隰底績注司馬相如傳上循阪下隰注貨殖傳注又後漢書班彪傳上

注公孫瓚傳注又呂覽孟春阪險原隰注○古叙書引春秋說題辭云下溼者隰也下溼謂土地窊下常沮洳名為隰也爾雅釋地李注下溼曰隰隰墊也墊溼意也釋名釋地○萱按墊蓋當作墊轉寫誤耳爾雅釋地舊注云隰溼墊也隰下澤也管子形勢原之隰注平隰卑也淮南時則丘隰水潦注呂覽季夏注云隰下也○上平曰原下平曰隰公羊昭元年傳○御覽地部廿二引書大傳云下平者謂之隰隰之猶言溼也而隰皋水崖下溼左氏襄廿五年傳牧隰皋注隰謂新發田也詩載芟徂隰徂畛箋

皀

丙立切

七部入十部平兩讀穀之馨香也象嘉穀在裹中之形匕所以扱之或說皀一粒也又讀若香說文段注禾部曰穀續也續當作粟粟者嘉穀實也曲禮曰黍曰薌合梁曰薌其薌即香字左傳引周書曰黍稷非馨明德惟馨馨者香之遠聞者也香者芳也象形謂白也大雅謂秬鬱芑為嘉穀毛傳謂苗為嘉穀許書謂禾為嘉穀鬱芑苗禾一物也連裹曰穀曰粟去裹曰米米之馨香曰皀裹者禾部所謂稃也

稭也稃也穀皮是也匕所以扱之說下體从匕之意匕部曰匕所以比取飯一名柶扱者收也顏氏家訓曰在益州與數人同坐初晴見地下小光問左右是何物一蜀豎就視云是豆逼耳皆不知所謂取來乃小豆也蜀土呼豆為逼時莫之解吾云三蒼說文皆有皀字訓粒通俗文音方立力反一眾皆歡悟按又讀若香又字上無所承疑有奪皀有在七部一音當云讀在某在又讀若香之上今奪○萱按皀粒疊韻字皀當讀重脣音通俗文之音微未諦皀訓粒見顏氏家訓勉學篇

鵖鴔

避立切

鴔鵖也說文鵖鴔猶鵖鴔語聲轉耳爾雅釋鳥鵖鴔戴鵀注或書作鵖○俗有鴔鴔鵖也說文段注釋鳥鵖鴔戴鵀郭云鵀即頭上勝今亦呼為戴勝按說文倒之曰鴔鵖疑當從爾雅鵖戴一音鴔鵀勝一音也呂覽作任勝與任六部七部合音最近方言又謂之戴南月令戴勝降於桑鄭云戴勝織紝之鳥郭注方言云勝所以纏紝按木部云勝機持經者木部云紝機縷也此鳥之首文有如纏機經之滕故曰戴勝方言又謂之鶝鶝鵖鴔之雙聲也

齊齒呼

跲

凡帖切

躓也說文又禮記中庸言前定則不跲注又家語哀公問政注跲代也廣雅釋詁三○萱按郭究碑幼而有跲段跲為給也

极

萑帖切

驢上負也說文段注當云驢上所以負也淺人刪之耳廣韻云驢上負版蓋若今馱鞍或云負笈字當用此非也風土記曰笈謂學士所以負書箱如冠箱而卑者也謝承後漢書曰負笈隨師然則笈者書箱人所負以徙步者不得合為一也

裛

漾楫切

纏也說文段注各本作書囊也今依西都賦琴賦後漢書班固傳注所引正巾部曰帙書衣也帙亦作袠廣雅裛謂之袠今本始據廣雅改耳若依今本則當云帙也○後漢書班彪傳上注云裛纏也裛廁謂裛纏其壙廁之處也文選琴賦會裛廁注錢露垂花亦謂之裛也文選陶淵明襍詩裛露掇其英注裛垂衣香也文選陶淵明雜詩注引文字集略

擪

或作擫擫一指按也說文段注洞簫賦挹抐擫捕李注言中制也南都賦彈琴擫蕭李注引說文按擫擫皆同

擪莊子外物擪其噦一作壓○莊子外物釋文引字林云擪一指按也又荀子解蔽厭目而視者視一以為兩注云厭猶按也○萱按荀段厭莊段壓皆聲同也擪按也廣雅釋詁三厭指按也荀子解蔽注厭猶捻也文選笙賦厭焉乃揚注擫謂指擫也同上

厭

上入兩讀義分○俗有捻笮也一曰合也說文段注竹部曰笮迫也此義今人字作壓乃古今字之殊土部壓訓壞也寒也無笮義凡喪服言尊之所厭皆笮義冠謂之厭冠謂冠出武下也周禮巾車王后之厭翟注云次其羽使相迫也禮經推手曰揖引手曰厭即尚書大傳家語之葉拱家語注云兩手薄其心古文禮揖厭分別今文禮厭皆為揖鄭不之從而禮經有厭誦作撎者周禮大祝疏竟作引手曰撎斷不可從撎為跪而舉頭下手與厭為五而引手著肯不相涉也檀弓死而不弔者厭注行止危險之下已上皆笮之義其音於輒切○萱按後義厭讀上聲應注已備厭之本音祗此兩讀而已其借為猒與壓則附見平聲內要之與本義本音無涉也舊韻書不辨正借四聲皆收厭字其無事自檀有如此者厭鎮也史記高祖紀因東游以厭之索隱引廣雅厭抑也漢書辛慶忌傳集注翼奉

傳注集厭掩也荀子儒效厭旦於牧之野注○禮論禮者謹於吉凶不相厭者也注○國語晉語荊厭晉軍注云厭謂掩其不借也厭持也淮南氾論厭文搔法注引手曰厭儀禮鄉飲酒禮賓厭介注鄉射禮賓厭衆賓注○萱按此與揖同而異禮今文厭皆作揖從鄭所不取厭冠者喪冠也禮記曲禮下厭冠不入公門疏厭蹋重而密也文選射雉賦表厭躡以密緻徐注厭翟次其弟相迫故曰厭也詩何彼襛矣釋文厭浥溼意也詩行露厭浥行露傳壓笮也國語魯語吾懼壓焉注○一切經音義十七引蒼頡云壓鎮也笮也壓鎮也廣雅釋言○萱按史記索隱引廣雅作厭改用正字也壓鎮壓也楚辭離世傳壓次而不發兮注壓抑也楚辭大招擧傑壓陛注壓亦殺也國策齊策荊馬壓羊注○禮記檀弓上疏云厭謂行止危險之下為崩墜所厭殺也○萱按厭正字壓段借也荀子彊國如牆厭之亦用正字而注乃云厭讀為壓是認壓為正字矣非顛倒歟

脅 向帖切

或書作脅兩膀也說文段注廣雅曰膀胠胉脅也按許無胉字胠下云亦下者析言之不與廣雅同也膀言其前

胠言脅迫於胠者入按周禮豚脅謂之豚柏儀禮胜體謂之兩胉注云今文胉為迫許此部前後皆無胉字是則鄭從古文胉許從今文迫也膀亦假旁為之考工記旁鳴胴屬是脅方也廣雅釋詁四脅挾也在兩旁臂所挾也釋名釋形體脅謂兩乳之下及胠外也素問至眞要大論兩脅裹急注騈脅合榦左氏僖廿三年傳聞其騈脅注脅是腋下之名其骨謂之肋左傳僖廿三年疏○釋文引通俗文云腋下謂之脅盾或著之於脅故曰脅盾管子版法兵尚脅盾注○中匡云刑罰以脅盾一戟脅驅在服馬外脅也釋名釋車脅驅愼駕具所以止入也詩小戎游環脅驅傳脅劫也脅迫也脅恐也脅懼也脅翕也脅斂也脅肩聳體也脅息縮氣也萱按說文無愶古皆用脅也副編愶下詳之

歙

○俗有歙翕气也說文段注翕合也廣韵作歙氣

拹

或作搚摺也一曰拉也說文段注公羊傳曰使公子彭生送桓公於其乘焉拹榦而殺之榦者脅骨也

何曰拹者析膂也拹或作搚者或體也或作拉者段借字也上文曰拉者摧也

勰

或書作勰同思之龢也說文段注同思一如同力勰和也爾雅釋詁

恊

同心之龢也說文段注同心一如同力故从劦心會意○萱按說文劦同力也从三力凡以劦會意之字義略同

協

叶古文旪或同衆之龢也說文段注各本作衆之和同非是今正同衆之和一如同力叶字見周禮大史協事注曰故書協作叶杜子春云叶協也書亦或為協或為汁大行人協辭命注故書作汁辭命鄭司農云汁當為叶書或為叶按十口所同亦同衆之意協和也爾雅釋詁又禮記孔子閒居協此四國注又周書成閒立忠協義乃作注又左氏昭廿五年傳乃能協於天地之性注又國語周語瞽告有協風至注鄭語虞幕能聽協風注又史記天官書協洽索隱又淮南天文協洽之歲注又太乎瑩律呂旣協注乎數聲律相協注又楚辭天問于協時舞注又文選西京賦注引方言注舞賦形態和神意協注叶和也漢書五行志上集注協和說也呂覽

長利協而耰遂不顧注協汁也自關而東曰協關西曰汁方言三○萱按汁引申之義訓和故與協相通借矣禮記月令注叶光紀大傳注叶光紀兩釋文迺云叶本作汁又史晨奏銘云汁光之紀協合也書洪範相協厥居疏又周禮春官序官典同注書曰協時日疏大史舉君執事讀禮書而協事注小行人協九儀賓客之禮注又禮記禮運協于分藝注協諸義而協注又周書諡法協時肇享曰孝注又左氏昭七年傳告之夢夢協注又國語周語和協輯睦注司民協孤終注料餘協典禮注協於丹朱注又後漢書班彪傳上注又周髀算經下於是天與地協注又管子弟子職是協是稽注又文選赭白馬賦精曜協從注○國語周語朕夢協于朕卜注云協亦合也叶合也漢書五行志上集注引應劭協同也國語周語紀農協功注又莊子列禦寇氣協唐許釋文又文選東京賦清風協於元德薛注協服也爾雅釋詁太陰在未歲名曰協洽淮南天文○爾雅釋天云太歲在未曰協洽陽氣欲化萬物故曰協洽爾雅釋天注○淮南天文協洽之歲注云協洽言陰欲化萬物和也

韻史　卷三十三第七部入聲怗韻

聑 卸帖切

安也說文段注長笛賦曰瓠巴聑柱按从二耳會意二耳之在人首帖安之至者也凡帖安當作此字帖其段借字也

聑耳垂也玉篇引埤蒼

帖 跳協切

。俗有帛書署也說文段注木部曰檢書署也木為之謂之檢帛為之則謂之帖皆謂標題今人所謂籤也帛署必黏黏引伸為帖服為帖妥俗製貼字為相附之義製怙字為安服之義

題賦曰帖一切經音義十四引通俗文

䏦前帷曰帖言帖帖而垂也釋名釋牀帳

公羊僖四年傳卒怗荆注

怗靜也廣雅釋詁四

貼以物為質也徐鉉說文新附字

黏

韋䩞說文段注篇韻皆云韋黏

䩞案具廣韻引新字林

褺

重衣也巴郡有褺江縣說文段注凡古云衣一襲者皆一褺之假借褺讀如重疊之疊文選王命論思有短褐之褺李注引說文褺重衣王命論本作褺李注時不誤淺人妄改文選耳漢書敘傳作短褐之褻師古釋以親身之衣不知為褺字之誤也古書之難讀如此巴郡有褺江縣今地理志郡國志巴郡下皆作墊江縣蓋淺人所改也

三三四九

韻史　卷三十三第七部入聲怗韻

據孟康曰音重疊之疊知漢書本不作墊江也褺江縣在今四川重慶府合州嘉陵江涪江渠江會於此入大江如衣之重複然故以褺江名縣

⿱埶足

。俗有蹀⿱埶足足也說文段注按此三字一句⿱埶足即蹀字也段借作啑作喋文帝紀新喋血京師服虔曰喋音蹀履之蹀如淳曰殺人流血滂沱為喋血司馬貞引廣雅喋履也然則喋血者蹀血也謂流血滿地污足下也廣雅蹀躡

也文選魏都賦注引聲類

蹀蹈也文選南都賦注引淮南許注

蹀履也廣雅釋詁一

蹀謂履涉之耳漢書文帝紀注

喋猶跋也史記魏豹彭越傳喋血乘勝索隱○集解引徐廣云喋一作啑又文選與陳伯之書朱鮪涉血於友于注云涉與喋同○蓋按啑與喋涉皆在八部得為蹀之段借字者異部而音略近也猶⿱埶足之俗體作蹀也若桐柏碑蹀讘濟遠此以聲同段蹀為渫耳

躡蹀小步皃文選南都賦注

聲

或作戠音鼓無聲也說文

聶 紐帖切

駙耳私小語也說文段注口部咠下曰聶語也按二篆皆會意以口就耳則為咠已二耳在旁彼一耳居

三三五〇

韻史　卷三十三第七部入聲怗韻

間則為聶史記魏其武安傳曰乃效女兒呫聶耳語韋曰呫聶附耳小語聲

聶謂聶綢素問調經論聶辟氣不足注

聶耳之國為人兩手聶其耳山海經海外北經

聶合也爾雅釋木晝聶宵炕注又孫注又釋文

聶之言牒也禮記少儀聶而切之為膾注○蓋按此謂聶為牒之段借字也周禮醢人注引皆聶而不切皆聶而切之聶並作牒牒薄切肉也見八部又內則注膾軒聶而不切疏云聶作牒聲相近耳

躡

蹈也說文段注史記張良陳平躡漢王足是也籍田賦注引說文躡追也不同○淮南覽冥躡矢躡風注云躡蹈也

躡履也廣雅釋詁一

躡攝也登其上使攝服也釋名釋姿容○方言一云躡登也自關而西秦晉之間曰躡

躡至也淮南覽冥控躡都廣注

躡急也方言十二又廣雅釋詁一

躡之言疾也文選七啟忽躡景而輕騖注

躡蹀小步皃文選南都賦羅襪躡蹀而容與注

嵒

多言也春秋傳曰次于嵒北說文段注僖元年左傳文今左作聶聶北邢地杜氏說○蓋按嵒與訓山巖之嵒形相似而義迥別嵒見平聲

三三五一

韻史　卷三十三第七部入聲怗韻

㚔

隸作幸俗有㚔幸。所㠯驚人也一曰大聲也一曰俗語㠯盜不止為㚔說文段注五經文字曰說文从大从羊羊音干今依漢石經作幸段又曰執者就文執者經典相承凡報之類同按今隸用石經體且改說文此部皆作幸非也今皆正干者犯也其人有大干犯而觸罪故其義曰所以驚人其形从大干會意一曰大聲也別一義盜不止為㚔為㚔又一義大徐本疊㚔字○蓋按㚔字似當疊盜不止為㚔㚔蓋漢時俗語如是故許著之

敜

。俗有捻塞也周書曰敜乃穽說文段注粊誓某氏注云窒敜之按士喪禮隸人涅廁注涅塞也蓋敜其本字涅其段借字也異部雙聲相假借○廣雅釋詁三云敜塞也

摺 寧帖切

敗也說文段注敗者毀也今義為摺疊

摺折也廣雅釋詁一又淮南脩務模捻一搚則摺脅傷幹注○漢書揚雄傳上集注引晉灼云摺古拉字○蓋按拉訓摧與摺同部義近然非一字○

慴

懼也說文又爾雅釋詁又晉書音義上莊子達生是故遌物而不慴釋文

又慴即懾也爾雅釋詁注

三三五二

慴恐也漢書陳湯傳集注

讋

讋言猶失气言一曰言不止也說文段注此與慴音義同此从言故釋之曰失气言東都賦陸讋水慄言不止謂詘詘沓沓也讋失氣也漢書武帝紀為匈奴讋馬注項籍傳府中皆讋伏注諸將讋伏注張湯傳羣臣震讋注又晉書音義下引字林讋懼也後漢書班虎傳下注讋恐懼也文選詠霍將軍北伐詩注引漢書文穎注賦悚讋怖注云讋與慴同○㣈獵讋忌也淮南氾論注因其資以讋之注

謺

謺讘也說文段注謺讘當是疊韻異字但不類列而讘在後頭字下益後人亂之

讘

○俗有讘譍多言也河東有狐讘縣說文段注河東云云見地理志按史漢表皆有讘侯徐廣小顏瓠皆音狐考漢志北海有瓠縣小顏云瓠即執字疑瓠讘二字疊韻瓠當从瓜作瓠執之或體不音狐漢志說文作狐讘皆詥字也囁嚅多言也玉篇引埤蒼呫囁附耳小語聲史記魏其武安侯傳呫囁耳語集解引韋昭○萱按此益段囁為聶也一本作呫聶

懾

失气也一曰心服也說文讘失常也一切經音義十二引字書懾服也一切經音義九引字林懾服也廣雅釋言○萱按服或作般字誤也今依高郵王氏疏證本王氏曰秦策云趙楚懾服史記項羽紀諸將皆慴服漢書作讋服陳咸傳作執服朱博傳作熱服並字異而義同懾猶感也荀子禮論不至於隘懾傷生注懾猶怯惑也禮記曲禮上則志不懾注懾恐也漢書禮樂志集注東方朔傳集注懾懼也史記樂書柔氣不懾正義又後漢書光武紀上注班彪傳上注趙壹傳注又家語困誓為無懾也注又呂覽論威威所以懾之也注下賢脅無衣食而不憂懾注又文選述祖德詩萬邦成衆懾注○淮南主術篇義行理而志不懾注云懾猶懼也懾猶恐懼也禮記樂記柔氣不懾注懾慴恐懼也史記衛將軍驃騎傳懾慴者帰取集解引文穎懾持也萱按此段懾為攝也或書作懾

欇

木葉槢白也說文段注槢各本從手今正槢樹動也凡木葉面青背白為風所懾則獵獵然背白盡露故曰槢白楓厚葉弱枝善搖一名欇欇是也釋木又有欇虎欇則未得其解欇虎欇○爾雅注云今

江東呼為檝欇欇枝也廣雅釋器僉宋魏之閒謂之欇殳方言五○注云欇殳亦杖名也

⿰女占

齒帖切

小弱也一曰女輕薄善走也一曰多技埶也說文○萱按埶藝古今字

⿰亻聶

心服也說文段注心部懾下一曰心服也然則二字音義同廣韻無⿰亻聶⿰亻聶懼也廣雅釋詁二○萱按訓懼者多作懾疑⿰亻聶本懾之或體而校說文者強析為二

攝

始帖切

引持也說文段注謂引進而持之也凡云攝者皆整飭之意論語攝齊史記侯生攝弊衣冠襄十四年左傳曰不書者情也書者攝也注云能自攝整詩攝以威儀傳曰言相攝佐者以威儀也論語官事不攝注云攝猶兼也皆引持之意○漢書陳餘傳耳攝受笞注云攝謂引持之使攝持也儀禮士喪禮橫攝之注又左氏成十六年傳請攝飲馬注昭廿六年傳是攝是贊注又國語魯語故能攝固不解以久注晉語若下攝上與上攝下注乃能攝固保具土房注楚語所以攝固者也又後漢書朱穆傳徒咸王綱之不攝注馮緄傳注又文選吳都賦土壞不足以攝生劉注攝馬號劉注○左氏悳元年傳攝也疏昭十八年傳攝其首馬疏並云攝訓為持也又文選喻巴蜀檄皆攝弓而馳注云攝謂張弓

注矢而持之也懾持也後漢書朱暉傳注○萱按持義當用攝攝正字懾借字攝收持也漢書五行志下之上攝乎晉楚之閒注攝收也莊子胠篋則必攝縅滕釋文引崔注攝者收斂之名詩既醉朋友攸攝疏攝猶言斂著也史記酈生陸賈傳起攝衣正義攝猶整也儀禮士冠禮攝酒注又史記刺客傳目攝之索隱釋攝猶正也後漢書銚期傳注攝樞也論語鄉黨攝齊升堂皇疏攝結也莊子胠篋釋文引李注攝固也國語楚語伎而不攝注攝執也國語吳語攝少司馬茲注攝迫也論語先進攝乎大國之閒集解引苞注又皇疏攝佐也左氏襄卅一年傳朋友攸攝注攝並也論語八佾皇疏攝猶兼也論語八佾集解引苞注攝兼官也左氏昭十三年傳羊舌鮒攝司馬注攝代也禮記明堂位注周公攝王位疏○周禮大宗伯疏云攝訓為代攝猶貸也禮記檀弓上升子攝東帛乘馬而將之注攝猶屈也呂覽下賢卑為帝衣而不序攝注攝猶辟也儀禮士昏禮執皮攝之注○萱按禮經或段聶為攝如士冠禮注有司徹司宮攝酒注並云今文攝為聶攝猶緣也儀禮

既夕白狗攝服注攝猶緣也史記刺客傳目攝之正義攝養也老子蓋聞善攝生者注攝安也漢書嚴助傳集注引孟康攝葉不舒展兒楚辭哀時命衣攝葉以儲與兮注內攝之者兩手相鄉也儀禮聘禮毛在內內攝之注○庭實皮則攝之注云攝之者右手并執前足左手并執後足攝形如今要扇國語晉語屏攝之位注攝提星名形似車文選思玄賦倚招搖攝提以低佪剹流兮舊注太歲在寅曰攝提格爾雅釋天又後漢書張純傳注又離騷攝提貞于孟陬兮注○淮南天文云太陰在寅歲名曰攝提格三曰攝𨈾爾雅釋魚

紫帖切

楫

○俗有檝檝所以擢舟也說文段注各本作舟櫂也許無櫂字手部曰擢引也楫所以引舟而行故亦謂之櫂而漢書劉屈氂傳外戚傳百官表皆用輯濯為楫櫂段借也毛衛風傳曰楫所以擢舟也此許所本今據以正今毛詩櫂謌櫂淺人所改也鄧通傳以濯船為黃頭郎司馬相如傳濯鷁牛首皆櫂舟之義也詩爾雅音義引說文舟棹也則其誤久矣棹又櫂之俗方言曰楫謂之橈或謂之櫂亦櫂之譌也櫂櫂正俗字楫所以行舟也莊子

大宗師不以心楫道釋文引崔注楫所以刺船也漢書賈誼傳亡維楫注○王莽傳下不用舟楫注云楫所以刺舟也又謂之楫楫捷也撥水使舟捷疾也釋名釋船○一切經音義十引通俗文云擢謂之楫又詩棫樸烝徒楫之傳云楫櫂也又楚辭哀郢楫齊揚以容與兮注云楫船櫂檝橈也文選吳都賦槁工檝師劉注○漢書元后傳輯濯越歌注云輯為櫂之短者今吳越之人呼為橈短曰輯長曰濯漢書劉屈氂傳又發輯濯士注○百官公卿表上注引如淳云輯濯船官也○蓋按楫與輯櫂與濯皆聲同也故竝用借字也輯亦用楫作之互相段也楫聚也漢書兒寬傳集注引張楫○蓋按此則段楫為輯也楫林木也呂覽明理有若山之楫注○蓋按此再引申之義注兩讀義分○此義或作浹

挾

俾持也說文○說許彼一義挾達也詩大明使不挾四方傳○蓋按韓外傳作使不俠四方民俠為挾也挾至也淮南要略挾日月而不姚注挾猶會也國語晉語挾以衛胥注挾猶著也管子弟子職右執挾匕注方持弦矢曰挾儀禮鄉射禮兼挾乘矢注大射儀挾乘矢

注○蓋按方持弦矢曰挾謂矢與弦成十字形也段氏說○又按挾矢古文皆作接矢接與挾異部而音義大同故通用也段以接矢為本字挾矢為借字亦無不合挾者周帀之義詩大明傳挾達也疏○荀子儒效盡善挾治之謂神注王霸政令以挾注以是用挾於萬物注致仕能以禮挾而貴名白天下注禮論於是其中焉方皇周挾注竝云挾讀為浹○蓋按挾讀浹者挾浹古今字以今通古則人易慎且明其異於挾之別一音也浹周也荀子解蔽雖億萬已不足以浹萬物之變注又文選顏延年贈王太常詩注引漢書蘇林注浹帀也小爾雅廣言又國語越語浹日而令大夫朝之注又後漢書段熲傳注袁紹傳注○詩大明疏云浹即今之帀義同也又周禮大宰挾日釋文云挾字又作浹千李作帀又公羊哀十四年注人道浹釋文云浹本作帀浹為周帀也左氏成九年傳浹辰十二日也疏周浹猶周帀史記禮書房皇周浹索隱浹周洽也荀子儒效注浹洽也後漢書和帝紀注宋弘傳注班彪傳下注又荀子王霸注浹合也文選應詔觀北湖田收詩注引字書浹徧也文選東京賦饔餼浹乎家陪薛注浹通也淮南原道不浹於骨髓注浹徹也爾雅釋言又漢書禮

樂志集注司馬相如傳下集注昌邑哀王髆傳集注又後漢書獻帝伏皇后紀注從甲至甲為浹國語越語浹日注從甲至甲為之挾日凡十日周禮大宰挾日而斂之司農注大司馬注云挾日十日也浹渫水滂濞也文選江賦注引埤蒼

小帖切

燮　爕

大孰也說文段注此與又部燮篆義別廣韻曰燮孰也爕籀和也說文又爾雅釋詁又詩大明燮伐大商傳又史記五帝紀以燮北狄索隱宋微子世家索隱又漢書叙傳下集注燮諧和皆和也文選東京賦北燮丁令南諧越裳薛注

⿰王燮

石之玉說文段注錯本如此下有言次玉者四字益注釋語自瑰至玗十八字皆似玉者鉉本作石之次玉者與錯本注皆非玉篇廣韻皆云⿰王燮石似玉

齊齒呼三

儿壓切

祫

衣無絜說文段注此對以絜曰襺以縕曰袍言也小戴記以為交領之字○一切經音義廿一引字林又史記匈奴傳服繡祫綺衣索隱引字林又漢書匈奴傳上注竝祫衣無絜也祫交領也儀禮士相見禮疏又禮記

袷

曲禮下天子視不上於袷注玉藻視帶以及袷注深衣曲袷如矩以應方注 袷曲領也 禮記玉藻袷二寸注

○曲禮下疏云袷謂朝祭服之曲領也 袷重也 廣雅釋詁四 袷路次車也 文選東京賦結飛雲

之袷路薛注

韐 或 士無市者有韐制如榼缺四角爵弁服其色韎賤不

得與裳同 說文段注大夫以上祭服用希冕爵弁服其韠曰韍士與君祭之服用爵弁服其韠曰韐不曰韍故

曰士無韍有韐也玉藻之緼韍即韎韐則非不可稱韍也玉藻曰韠天子直四角直無圜殺也公侯前後方殺四角使之

方變於天子也韠以下為前以上為後士前後正士賤與君同不嫌也正直方之間語也天子之士則直諸侯之士則方

按許云韐缺四角者正謂如公侯殺四角使之方也所謂殺四角使之方者合上下成八角之形方之言柧也正義云既

殺而補之使方非是云如榼者古榼之制蓋八角故木部椑下云圜榼也可以見榼之有棱而不正圜也韠之制下廣二

尺上廣一尺長三尺韐之制則大體圜而八角故毛公云韐所以代韠也士冠禮注云韐之制似韠許云士無韍有韐蓋

其制不同惟缺四角者略同諸侯大夫之韠耳爵弁服見士冠禮韋部曰茅蒐染韋一入曰韎瞻彼洛矣傳曰韎韐者茅

蒐染韋一入曰韎句韐所以代韠也箋云韎者茅蒐染也茅蒐韎聲也韐祭服之韠合韋為之士冠禮注曰韎韐縕韍也

合韋為之士染以茅蒐因以名焉今齊人名蒨為韎句韐之制似韠按凡言韎韐者韐謂其物韎謂其色故士喪禮設韐

帶不連韎緇言自六朝人不知韎韐二字可分析詩傳鄭箋禮注鄭志皆譌亂不可讀矣士喪禮曰爵弁服纁裳純衣緇

帶韎韐纁淺絳也三入為纁韎則茅蒐一入而已不與裳同色也凡韠同裳色上文市下云天子朱市諸侯赤市卿大夫

赤市蔥衡蓋天子朱裳諸侯卿大夫赤裳士賤則裳韠色不同若皮弁服素韠則士亦與裳同色也此下鈕本有司農曰

裳纁色六字恐是淺人增注司農者不詳其何人許自賈侍中而外無舉官者按經典有韐無袷韐行袷廢矣 韐帶

用革 又 韐帶韎韐緇帶 儀禮士喪禮設韐帶搢笏注○又云古文韐為合也○萓按合者韐之省

借字古文字少

鞈

磬之古文作鞈从古文革此則从小篆革也體雖微異實則同耳疑彼或當作鞈 防汗也 說文段注此當作所以防

捍也轉寫奪誤巾部曰幘馬纏鑣扇汗也與此無涉篇韻皆曰防捍是相傳古本捍亦作扞故譌汗荀卿曰犀兕鮫革鞈

如金石管子輕罪入蘭盾鞈革二戟注曰鞈革重革當心著之可以禦矢鼂錯曰匈奴之革笥木薦弗能支孟康曰革笥

以皮作如鎧者被之木薦以木版作如楯一曰革笥若楯木薦之以當人心也此皆防捍之說錯曰令胡人扞胥也知錯

本故作扞按鼓部鞈古文磬而此作小篆訓防扞與上文韋鞴鞈下文勒皆為馬具者不相貫錯本篆體作鞈獨從古文

革則恐好事者增之乃从鼓部偏旁耳 防汗謂之鞈 廣雅釋器 鞈堅皃 荀子議兵注

賊 舊壓切

目陷也 說文段注廣雅賊陷也引伸為凡陷之偁 賊視也 廣雅釋詁一

平入兩讀

齵

齧也 說文

壓 溙洽切

壞也一曰塞補也 說文段注此與厂部厭義絕不同而學者多不能辨廣韻壓下云鎮也降也笮也乃

皆厭之訓也 厭塞也 論語雍也天厭之皇疏又釋文又荀子脩身厭其源注○萓按此段厭為壓也壓从厭聲

得相通借而舊韻書昧其源流猒厭壓諸字彙混極矣今耆為執定庭各得其所塞亦當依說文作寏二字有別 厭

猶損也 左氏文二年傳以厭之也注 壓笮也壓鎮也壓抑也壓亦殺也 萓按

此當入聲厭字之義也注在彼 壓服也壓著也 萓按此上聲厭字之義注在彼

洽 向壓切

或作霅 霑也 說文段注大雅民之洽矣傳曰洽合也此謂毛詩段洽為合也釋詁曰郃合也郃即洽毛詩在洽之

陽稱引者多作在郃之陽是也○漢書禮樂志集注王陵傳集注又文選東京賦仁洽道豐注並云洽霑也 洽漬也

華嚴經音義下引廣雅 洽謂沾漬優渥 晚書大禹謨洽于民心疏 洽浹也 後漢書班彪傳下注

○宋弘傳博學洽聞注云洽浹洽也 洽潤也 淮南要略內洽五藏注 洽徧也 後漢書杜林傳注 洽

徧徹也 一切經音義廿二引三蒼○音義六引蒼頡云洽徧徹也 洽通也 管子國蓄故民愛可洽於上也

注輕重丁寡人欲復業產此何以洽注 洽溥也 漢書終軍傳集注 洽合也 詩正月洽比其鄰傳賓之初筵

以洽百禮箋板民之洽矣傳載芟箋又禮記仲尼燕居則無以祖洽於眾也注又家語論禮注又史記天官書索隱引李

李巡又淮南天文協洽之歲注○萓按洽本訓霑霑未有不合者則合乃引申之義也不待破洽為合矣 洽水也

詩大明傳太歲在未曰協洽爾雅釋天○萱按史記厤書作協汁漢童子逢盛碑作協給汁與給皆洽之同部通借字也洽亦叚協作之詩洽比其鄰洽此四國左傳作協比其鄰禮記作協此四國

祫

大合祭先祖親疏遠近也周禮有曰者衍文三歲一祫說文段注春秋文二年八月丁卯大事于大廟公羊傳曰大事者何大祫也大祫者何合祭也毀廟之主陳於大祖未毀廟之主皆升句合食於大祖裒上二者五年而再殷祭鄭康成曰魯禮三年喪畢而祫於大祖明年春禘於羣廟自此之後五年而再殷祭一祫一禘春秋經書祫謂之大事書禘謂之有事商頌玄鳥祀高宗也鄭云祀當為祫祫高宗崩而始合祭於契之廟歌是詩焉曾子問祫祭於祖則祝迎四廟之主許言合祭先祖親疏遠近正用公羊大事傳禘之合食蓋同而以審諦會合分別具名亦分別其歲有三年五年之殊分別其時有夏秋之殊禘即周禮之肆獻祼追享祫即周禮之饋食朝享夏殷有時禘有事祫周禮禘祫皆為殷祭非四時祭毛公傳曰諸侯夏禘則不禴秋祫則不嘗謂周禮諸侯禘在夏祫在秋則皆廢時祭天子則不廢時祭云周禮者以別於夏殷之禮士虞禮今文祫為合○說苑修文云祫者大合祭於祖廟又詩雝箋

天子四時而小于祫釋文云祫大祭名也又禮記曾子問君之喪除服而後殷祭疏云祫者祭之大又云三年一祫又王制疏引禮緯同祫三年喪畢之名也詩玄鳥釋文○儀禮士虞禮記哀薦祫事注云始虞謂之祫事者主欲合先祖也以與先祖合為安今文曰合事大饗為祫也禮記月令大饗帝疏○藝文類聚卅八引白虎通云祭宗廟所以禘祫何尊人君貴功德廣孝道也位尊德盛所及彌遠祫合也詩譜釋文玄鳥序箋又禮記曾子問疏又穀梁文二年傳著祫嘗注又漢書五行志中之上集注韋玄成傳集注又後漢書章帝紀注又說苑修文○禮記王制祫禘注云禘合也天子諸侯之喪畢合先君之主於祖廟而祭之謂之祫又白虎通宗廟云祫者合也毀廟之主皆合食於太祖也又公羊文二年傳注云祫猶合也

㭘

劒柙也說文段注柙當作匣聲之誤也少儀所謂劒櫝也廣雅㭘室郭劒削也

挾

重見義分俾持也說文段注俾持謂俾夾而持之也亦部夾下曰盜竊褱物也俗謂蔽人俾夾然則俾持正謂藏匿之持如今人言懷挾也孟子挾貴挾賢挾有勳勞挾故此皆本義之引申音胡頰也若詩禮之挾矢周禮之挾日音皆

子協反挾日于本作而日左傳作浹謂十日徧也禮注方持弦矢曰挾謂矢與弦成十字形也皆自其交會處言之古文禮挾皆作接然則接矢為本字挾矢為叚借字與各本作夾聲篆體亦从二人今皆正从二入以形聲中有會意也挾持也國語晉語亡人之所懷挾嬰纕注又後漢書鄭泰傳注又楚辭天問何馮弓挾矢注借贊懷芬香而挾蕙兮注歷命挾人等而弾纓注挾夾也在傍也釋名釋姿容○後漢書班彪傳上注云在傍曰挾在挾曰挾國語齊語注吳語挾經秉枹注○管子小匡時雨既至挾其槍刈耨鎛注云右挾曰挾挾猶帶也文選登樓賦挾清漳之通浦兮注挾護也廣雅釋詁四挾輔也同上挾接也孟子盡心上挾貴而問注挾藏也爾雅釋言又漢書惠帝紀集注引應劭挾銷也莊子人閒世秦皇挾縣圖注挾斯猶挾變也方言三挾斯敗也南楚凡人貧衣被醜敝或謂之挾斯器物敝亦謂挾斯注

囚

組壓切

○俗有囚囚蜀下取物縮藏之說文段注謂攝取也今農人況蜀即囚之俗字○萱按俗呼蜀為南上聲與緝壓切之音為一聲之轉囙手動玉篇囚囚私取物集韻

扱

齒壓切

收也說文段注收者捕也曲禮以箕自鄉而扱之此扱之本義也儀禮注云扱柶此插之叚借字也○廣雅釋詁三云扱收也扱取也廣雅釋詁一扱斂也禮記曲禮上釋文○萱按注破扱為吸似無庸扱引也廣雅釋詁一扱擭也方言十三扱猶汲也方言十三注扱地手至地也婦人扱地猶男子稽首儀禮士昏禮婦拜扱地注扱插也廣雅釋詁二○萱按此謂扱即插字也插正字叚借扱

翜

始壓切

捷也飛之疾也一曰俠也說文段注釋詁曰際接翜捷也郭云捷謂相接續也接翜捷皆謂敏疾敏疾則際接無痕具義相成也許舉其本義故下云飛之疾也以釋从羽今俗語寋時者當作此止部曰建疾也俗通用捷疌翜疊韻人部曰俠傳也漢人多用俠為夾此俠當為夾或當為挾

乏

齒壓切

發作之春秋傳曰反正為乏說文段注左傳宣十五年文此說此形而義在其中矣不正則為匱之二字相鄉背也禮受矢者曰正拒矢者曰乏以其禦矢謂之乏以獲者所容身謂之容乏廢也莊子天地

無乏吾事釋文行而無資曰乏周禮遺人疏引書大傳又呂覽季春振乏絕注乏持獲者所蔽儀禮大射儀服不氏以旌居乏而待獲杜注○大射儀云凡乏用革容謂之乏所以為獲者御矢也儀禮鄉射禮乏參侯道注大射儀與所設之注○文選東京賦設三乏薛注云之以革為之獲旌者之御矢也

開口
詩 攺合切

妗　合

婦人皃說文妗好也廣雅釋詁一兩讀義分龠二曰合廣雅釋器合龠為合漢書律麻志上○又云合者合龠之量也十圭為一合廣韻引孟子○說苑辨物云十龠為一合○宣按此皆異說不及孟堅雅讓為確詁矣又按考工記弓人春液角則合段合為洽也周禮皂人注蛤曰合衆段合為含也合者相配耦之言耳漢書貨殖傳注

敆　佮

合會也說文段注俗云敆縫敆合也爾雅釋詁○太卜令告下敆上敆注云敆猶合也

合也說文

頷　閤

頤也說文段注公羊傳呼獒而屬之獒亦躇階而從之祁彌明逆而跋之絕其頷何云以足逆蹴曰跋頷口也按玉篇引作絕其頷此謂以足迎蹋之逐使獒之頤不能噬也方言頷頤領也南楚謂之頷秦晉謂之頷頤其通語也按依方言則緩言曰頷急言曰頷頷當讀如合也玉篇公答切

門旁戶也說文段注釋宮曰小閨謂之閤按漢人所謂閤者皆門旁戶也皆於正門之外為之前書注曰閨閤內中小門也公孫弘傳起客館開東閣以延賢人師古云閤者小門也東向開之避當庭門而引賓客以別於掾史官屬也亦有云南閤者如許沖云臣父故大尉南閤祭酒是也有云西閤者如晉書衛玠為太傅西閤祭酒是也唐時不臨前殿御使殿謂之入閤謂立杖於前殿喚仗則自東西閤入也凡上書於達官曰閤下猶言執事也今人乃誤為閤下船首謂之閤閭方言九○注云閤閭今江東呼船頭屋謂之飛閭是也閤門河即浩亹河也水經河水注○宣按此讀閤為海答切故與浩雙聲通轉也古人音讀如此者多矣祇當存其說以見方俗語言容有輕重不同耳義固無殊也舊韻書一字重見疊出不辨孰是正音治絲而棼非惑與

鴿　鉿

○俗有鴿鳩屬也說文段注鳩之可畜於家者狀全與勃姑同

或書作蛤蜃屬有三皆生於海厲千歲雀所匕秦人謂之牡厲海蛤者百歲燕所匕也魁蛤一名復紫老服翼所匕也說文段注蜃屬屬而有大小之別也有三目下三者生於海別於生雅者也千當作十雀十歲則為老矣月令所云爵入大水為蛤也高誘注時則訓連上實字讀云實雀者老雀也據人堂宇之閒如實客者本艸經魚蟲部上品有牡蠣又有海蛤陶隱居云以細如巨勝潤澤光淨者好圖經云久爛者為蛤未爛有文理者為文蛤也此又其一也服翼蝙蝠也詳爾雅方言釋魚魁陸注曰本艸云魁狀如海蛤圓而厚外有理縱橫即今之蚶也按宋人謂瓦屋子今浙人食之亦名瓦隴子以其紋理名之此其一也○考工記慌氏湅之以蜃注云蛤今海旁有焉又一切經音義十六引字林云蛤燕雀所化也秦曰牡蠣

鉿蒲盧也廣雅釋魚蛤似蚌而圓漢書地理志下果蓏嬴蛤注○國語晉語雉入於淮為蛤注云小曰蛤大曰蜃皆介物蚌類也又一切經音義廿二引字林云月望則蚌蛤實月晦則蚌蛤虛也蛤梨海蚌

也淮南道應方倦龜殼而食蛤梨注桂林之中守宮大者而能鳴謂之蛤解方言八○注云蛤解似蛇醫江東人呼為蛤解

挨答切　海答切

帢　姶　鞈　合

蒲席䈰也說文段注竹部曰䈰者帢也楊雄以為蒲器然則䈰與帢一物也

女字也春秋傳曰嬖人婤姶一曰無聲說文段注昭公七年左氏傳曰衛襄公夫人姜氏無子嬖人婤姶生孟縶一曰云云別一義

轡鞈一曰龓頭繞者說文段注轡鞈蓋古語轡亦名鞈也龓各本作龓玉篇作龓而玉篇有部龓下曰馬龓頭吳都賦云騶韊則龓頭為長龓近之龓非也龓頭即羈也繞纏也者當作也鞈之言罨也

兩讀義分亼口也說文段注各本亼作合誤此以其形釋其義也三口相同是為合十口相傳是為古引伸為凡會合之偁釋詁曰敆郃盍翕仇偶妃匹會合也妃合會對也合謂道相合漢書郊祀志合則見人注合同也周禮小行人合六幣注又廣雅釋詁四又淮南說林異形者不可合於一體注○禮記月令疏云節奏齊同謂

之合樂合同舍也漢書天文志合散犯守注引孟康○天文志云同舍為合合會也周禮司儀將合
諸侯疏又國語楚語於是乎合其州鄉朋友婚姻注又史記樂書合守樹鼓正義又呂覽大樂離則復合注遇合合大人
而告之注精論齊桓公合諸侯注召類氣同則合注合聚也詩民勞以為民逑箋○左傳宣二年疏云合是衆合
言語合匹也離騷湯禹儼而求合兮注合配也詩大明天作之合傳又荀子富國男女之合注得耦
為合周禮媒氏注○漢書貨殖傳檗麹鹽豉千合注云合者相配耦之言耳○萱按據頗說則五量之合亦可讀海
荅切矣足證合之用諸乃後人強分古不必爾合交也呂覽論威才民未合注○太乎乎灘一闢一合注云合謂
陰陽交錯也又詩青蠅疏云合猶交亂也合結也國語楚語合其嘉好注合應也史記樂書合生氣之
和正義○素問五運行大論在人合之本何注云合謂中外相應合和也呂覽有始夫物合而成注○古樂以
氏黃鍾之宮適合注云合和諧又荀子非十二子合聲者也注云合謂和合聲衆也合作也漢書律麻志上集注
引孟康合成也國語魯語詩所以合意注合閉也漢書兒寬傳合祛於天地神祇注合堅密

也考工記弓人秋合三材則合注合謂習錄所當共之事也周禮太史注合猶蒸
也史記樂書天地欣合正義合猶荅也左氏宣二年傳晥合而來奔注合要者使具各為
要約言語兩相辨荅左氏襄十年傳與伯輿合要注合遝盛多皃文選洞簫賦鶩合遝
以詭譎注合沓重沓也文選洞簫賦薄索合沓注合天天神之所馮也山海經海外南
經注六合謂四方上下也素問生氣通天論注脉要精微論注○山海經海外南經六合之間注又
後漢書班彪傳上注竝云四方上下為六合也又文選東京賦六合殷昌薛注云六合天地四方也春夏為
合管子侈靡合離也注○淮南原道舒之幎於六合注云孟春與孟秋為合仲春與仲秋為合季春與季秋為合孟夏
與孟冬為合仲夏與仲冬為合季夏與季冬為合故曰六合一曰四方上下為六合黃帝明堂以艸蓋
之曰合宮文選東京賦黃帝合宮薛注是合樂謂歌樂與衆聲俱作儀禮鄉飲酒禮
乃合樂注○禮記郊特牲疏云合者上下之樂竝作合巹破匏也儀禮士昏禮四爵合巹注音合

升合左右胖升於鼎也儀禮士昏禮合升注○士冠禮載合升注云合升者明亨與載皆合左右
胖

詥欱迨匌　郃

諧也說文段注詥之言合也
○俗有齡歠也說文段注欱與吸意相近與歠為反對東都賦曰欱野歕山齡食也玉篇
遝也說文段注迨遝疊韵
帀也說文段注匌之言合也帀而與朔合矣海賦曰磊匌匌而相厄按釋詁曰斂郃合也郃乃地名於義無取當為
匌字之段借也○廣雅釋言云匌帀也匌匌重疊也文選海賦注
左馮翊郃陽縣詩曰在郃之陽說文段注左馮翊郃陽縣二志同應劭曰在郃水之陽也
按今陝西同州府郃陽縣郃其地在郃之陽大雅文今詩郃作洽水經注引亦作郃按魏世家文侯時西攻秦築雒陰合陽
陽字作合蓋合水名毛詩本作在合之陽故許引以說會意秦漢閒乃製郃字耳乃詩作洽者後人意加水旁許引詩

作郃者後人所改郃合也爾雅釋詁○萱按不惟從合聲亦兼取合義

疺荅

帶市切

病劣也說文段注劣猶合也
○俗有荅畣小尗也說文段注禮注有麻荅廣雅云小豆荅也段借為酬荅荅是鋪名周禮掌客
注秏讀為秏秭麻荅之秏疏荅對也儀禮鄉射禮記旣發則荅君而俟注又禮記郊特牲荅陽之義也注祭義
移荅君注又漢書郊祀志上集注五行志下之上集注又後漢書班彪傳下注○詩雨無正疏云荅猶對也荅應
也漢書郊祀志下集注荅報也漢書五行志下之上集注荅問也書牧誓昏棄厥肆祀弗荅鄭注荅
當也書牧誓晚出傳荅猶距也詩雨無正聽言則荅箋荅布重厚之皃漢書貨殖傳榻
布皮革千石注○注又云荅布麤厚之布也荅布白疊也漢書貨殖傳注引孟康○後漢書馬援傳注云
荅布白疊布也畣然也爾雅釋言畣者應也亦為然爾雅釋言注○廣雅釋詁四曹憲音云畣
今人以荅字為對畣失之矣○萱按對荅本無正字故古用荅作之不得據畣以議荅也畣明係後出字荅馬解

代答切

踏　榙　鼛

解體兒莊子齊物論嗒焉似喪其耦釋文。萱按此據釋文段答爲嗒也嗒後出

跋也說文段注按跋當作跳方言路跳也自關而西秦晉之間曰跳或曰路踏跳也廣雅釋詁二。方言一注云踏古蹋字。萱按蹋訓踐與踏義微別二字同音而異部

榙㯓逗果似李說文段注史記上林賦榙㯓字同許漢書文選皆作答遝假借字也郭云答遝似李廣韵引埤蒼同。萱按今本史記作榙㯓漢書作答遝雖文字體悉異其實一也張揖注云答遝似李出蜀

鞈古文。或作鞳。俗有鞨鼓聲也說文段注司馬法曰鼙聲不過闒闒即鼛字也投壺音義曰。鄭呼爲鼙也其聲下其音榻榻然榻亦即鼛也史記上林賦鏗鎗鏜鼛漢書文選作闒鞈郭璞曰闒鞈鼓音也此渾言之耳鼛亦鼓也淮南兵略訓若聲之與響若鏜之與鞈高注鏜鞈鼓鼙聲此謂鏜鼓聲鞈鼙聲也。萱按鞈从古文革防汗之鞈从小篆革形雖微異實不異也據淮南兵略今本字作鞈則與鞈有別矣且此字从答似尤合鞨鼓聲文選上林賦注引字書。萱按易在八部鼛易異部同音故俗字作鞨與段闒榻同意

譶　龖　鈒　濕

疾言也說文段注文選琴賦紛𧮰譶以流漫注𧮰譶聲多也吳都賦𧮰譶澩㵿交貿相競注引蒼頡篇言不止也。萱按譶又有疾立切一音其義無異多歧同爲

飛龍也說文。廣韵云龖龍飛之狀

下平缶也說文段注下當作不字之誤也凡器無不下平者以從乏之意求之當是不平缶反正爲乏也又以讀若易求之易與替雙聲替者一偏下也集韵類篇皆之引說文瓨也二書引說文皆用大徐本何以乖異若是𢻹𥑲也廣雅釋器。俗有濕

濕水出東郡東武陽入海桑欽云出平原高唐說文段注東郡東武陽二志同今山東曹州府朝城縣縣東南有東武陽城是也前志東武陽下曰禹治漯水東北至千乘入海過郡三行千二十里過郡三者東郡平原千乘也水經曰河水又東北過高唐縣東注云河水於縣漯水注之漯水上承河水於東武陽縣東南而北逕武陽新城東又逕東武陽故城南又北北逕陽平縣故城東又北絕莘道城之西北又東北逕樂平

縣故城東又北逕聊城縣故城西又東北逕清河縣故城北又東北逕文鄉城東南又東北逕博平縣故城南又東北逕瑗縣故城西又東北逕高唐縣故城東又東北逕濕陰縣故城北又東北逕著縣故城南又東北逕崔氏城北又東逕鄃平縣故城北又東北逕建信縣故城北又東北逕千乘縣二城間又東北爲馬常坑亂河枝流而入於海按此班許所說故道也河渠書禹以爲河所從來者高水湍悍難以行平地數爲敗乃廝二渠以引其河漢書音義曰二渠其一出貝丘西南南折者也其一則漯川出貝者王莽時遂空唯用漯耳玉裁謂濕水故瀆今不可詳按日部㬎讀若吟此濕所以在七部也漢隸以濕爲燥溼字乃以漯爲弟濕字累者洛条字在十六部於音殊遠隔也平原郡高唐二志同今山東濟南府禹城縣西南有高唐故城左傳襄十九年廿五年昭十年哀十年之高唐也前志高唐下曰桑欽言漯水所出酈注河水篇云按竹書穆天子傳兩言漯水尋沿歷逕趣不得近出高唐也桑氏所言蓋津流所出次於是間也玉裁按桑舉其源之迹者耳今禹城縣濕水已不可詳。孟子音義上引丁音云漯作溼誤也。萱按此知溼之誤而不知漯之尤非也

漯水戴延之謂之武水也水經河水注。穆天子傳六天子飲于漯水之陽注云漯水今濟陰

老答切　寧答切

拉　柆　砬　翋　帀

漯陰縣水流濕萱按此類濕字皆詳溼下始謂爲溼之段借云爾

摧也說文段注公羊傳搚幹而殺之何曰搚折聲也按搚亦作拉此文摧一曰折也之義。漢書鄒陽傳集注云拉搚也拉謂中折素問五常政大論其變振拉摧拔注拉頓折也文選吳都賦拉捭摧藏注拉風聲也文選羽獵賦𢶍拉雷厲注拉搚飛兒文選舞賦搚鵾鷔注拉搚折也廣雅釋詁一。萱按此搚與公羊協幹之搚皆拉之段借字

折木也說文段注此與手部拉義殊猶標與摽之別也。萱按析言之拉柆有辨渾言則無別矣

石聲也說文段注謂石崩之聲吳都賦曰拉攞雷硠崩巒弛今拉即砬字也玉篇曰砬亦拉字拉者折也拉木折也

或書作翋翌。兩讀詳在前注翋𦑸飛也廣雅釋。萱按此義翋讀老荅切爲合翋𦑸異部而疊韻。俗有迊迊

匌也說文段注匌各本作周誤今正勹部匌帀徧也是爲轉注按古多假襍爲帀帀徧也

廣雅釋詁一一采為一帀五采則五帀周禮典瑞注用草而畫之疏雜帀也從子至亥為一帀淮南詮言以數雜之壽注〇萱按此謂雜即帀之借字也故雜從帀之音也其本義自有李音固不當讀帀矣而世罕辨之雜猶帀也呂覽論人圜周復雜注襍猶僉也列子湯問襍然相許注襍猶俱也國語越語襍受其刑注襍其也漢書雋不疑傳集注襍集也方言三襍會也國語楚語古者民神不襍注又呂覽仲秋四方來襍注襍聚也廣雅釋詁三又易略例襍物撰德注襍馬總萃皃漢書谷永傳雜馬同會注雜謂相參也同上

采荅切

噆

嗛也說文段注玄應引作衘也嗛衘音義同噆齧也莊子天運蚊虻噆膚釋文引司馬注〇一切經音義二十引埤蒼云噆齧膚也萱按相梁詩云齧妃女脣甘如飴

雥

羣鳥也說文段注許善心神雀頌嘉貺繇集

襍

或書作雜〇俗有雧余五采相合也說文段注與辭字略義略同所謂五采彰施於五色作服也引伸為

凡參錯之偁亦借為聚集字詩言襍佩謂集玉與石為佩也漢書凡言襍治之猶今云會審也此篆蓋本从衣集改篆者以木移左衣下作雜久之改鳥為隹而仍作雜也襍合也國語鄭語故先王以土與金木水火襍注雜猶飾也禮記玉藻雜帶君朱綠注雜猶駁也淮南說山貂裘而雜注雜糅也淮南本經故不得雜馬注雜亂也易雜卦傳釋文引孟注雜猝也方言十三又廣雅釋詁二〇萱按猝疑當作辦乃合雜廁也廣雅釋詁四又楚辭招魂來雜陳些注所治非一故曰雜也莊子天下而九雜天下之川釋文引崔注〇文選南都賦被服雜錯注云雜錯非一也陰陽錯居稱襍易繫辭下傳六爻相襍處注俗不純為雜方言三荊淮海岱雜齊之間注雜能多異術也荀子性惡雜能旁魄而無用注襍襲相因也漢書司馬相如傳上雜襲絫輯注襍襲重疊也文選吳都賦雜襲錯繆劉注襍襲猶雜沓言相雜而累積漢書蒯通傳魚鱗雜襲注〇外戚傳上芳襍襲以彌章注云襍襲重積也雜遝衆多皃也文選洞簫賦或襍遝以聚斂兮注藉田賦長幼襍沓以交集注〇洛神賦

爾乃衆靈雜遝注云襍遝衆皃又後漢書賈逵傳注云襍遝言多也襍遝重累也漢書司馬相如傳下雜遝膠輵以方馳注襍遝聚積之皃漢書劉向傳雜遝衆賢注雜服冕服皮弁之屬禮記學記不學雜服注〇儀禮士冠禮襍裳注云襍裳者前玄後黃襍布麤布荀子賦雜布與錦不知異也注襍帛者以帛素飾其側周禮司常襍帛為物注襍帀也萱按此謂雜為帀之借字也凡破字則改其音故襍讀如帀矣其非段借者弗庸改也而俗槩讀襍為帀亦獨何歟或書作颫

蘇荅注

颯

風聲也說文段注各本作翔風也今依文選風賦注正廣韻同九歌曰風颯颯兮木蕭蕭風賦曰有風颯然而至翔風非字意也颯颯風也廣雅釋訓颯然吹木葉落皃文選安陸昭王碑文城府颯然注颯戾清涼皃楚辭怨思遊清霧之颯戾兮注颯擖屈折皃文選舞賦颯擖合弁注颯沓羣飛皃文選舞鶴賦颯沓矜顧注颯纚長袖皃也後漢書班彪傳上注又文選西都賦紅羅颯纚薛注西京賦舊長袖之颸纚薛注

⿰彳䍜

〇俗有⿰彳䍜行皃一曰此與馺同說文段注吳都賦⿰彳䍜嘉樂繆⿰彳䍜當从彳廣韻注⿰彳䍜衆行皃一說⿰彳䍜即馺字也馺馬行相及也

趿

進足有所擷取也爾雅曰趿謂之擷說文段注爾雅毛傳皆云執衽曰袺扱衽曰擷衣部云以衣衽扱物謂之襭或作擷按許所據爾雅扱作段無衽字與今本異亦與衣部說異蓋衣部用毛傳此據爾雅也趿趿行也廣雅釋訓

靸

〇俗有靸小兒履也說文段注急就篇有靸靸履也廣雅釋器靸韋履深頭者之名也靸襲也以其深襲覆足也釋名釋衣服靸然輕舉意也漢書司馬相如傳下汩越靸以遠逝兮注〇萱按此於馺義為近靸雲走疾皃文選吳都賦靸雲警捷注

馺

馬行相及也爾雅曰小山馺說文段注西京賦薛解曰馺娑駘盪枍詣承光皆臺名按馺娑駘盪皆以馬行皃皃臺之高也小山馺今爾雅作小山岌許所據古本也馺及也廣雅釋詁一馺馳也

鈒 方言十三廣雅釋言又馺然疾意也漢書楊雄傳上輕先疾雷而馺遺風注馺馺疾皃也方言十三注馺還多皃文選文賦紛葳蕤以馺還注鋋也說文段注廣韻云戟也又云鈒鏤皆非古義○萱按說文鋋下云小矛也漢書注云鋋鐵把短矛也

韻史卷三十四

泰興何萱石閭譔集子度校字

第七部平聲副編

上海顧錫麒竹泉覆審

金韻

武進李兆洛申耆鑑定

齊齒訏

几音切惍 利也玉篇

黅 黃也廣雅釋器又素問六元正紀大論其穀乍黅注五常政大論其穀黅和注至眞要大論司氣爲黅化注

[齒今] 告也玉篇

[糸禁] 絲也玉篇

舊金切嶔 武作嶔礉沙石嶔岑也文選海賦沙石之嶔注嶔巖欹皃也文選上林賦嶔巖倚傾郭注嶔巖深險皃也漢書楊雄傳上深溝嶔巖而爲谷注有嶮又文選甘泉賦注○後漢書杜篤傳注云嶔巖謂崎也礉硿山深險連延之狀文選吳都賦礉硿爭數州之間劉注嶔巇山相對

而危險之皃也文選吳都賦嶔巇屹嶝注

[疒金] 疾[疒金]惡寒振也玉篇

漾金切[殸音] 聲和靖也廣韻

[酉音] 醉聲也廣韻

[豆音] [豆夋]謂之[豆音]廣雅釋器

隌 平上兩讀隱闇也集韻○萱按玉篇隌烏感切闇也與黯同又廣韻云爾雅隌闇也注謂隌然冥皃

[广音] 地也玉篇

向音切[音女] [女夋]也廣韻

[口感] 吽也玉篇○萱按吽與吼同呼詬切牛鳴也

鑫 萱按玉篇載其字而不言其義

訡訡 萱按玉篇亦未言其義但云出神呪

掌音切砧 砧為擣帛之質也文選謝靈運擣衣詩櫚高砧響發注砧杵之質也文選謝靈運擣衣詩

注引文字集略碪擣衣之石廣韻玉篇

椹 ○俗有枯椹謂之榩也爾雅釋宮○注云椹斫木櫍也又孫注云椹斲材質也椹者埜椹也史記范雎蔡澤傳不足以當椹質索隱○周禮圉師射則充椹質注云杜子春讀椹為齊人言鈇椹之椹○又司弓矢以授射甲革椹質者注云故書椹為鞎鄭司農云椹字或作鞎○萱按鞎者段借字然部分遠隔矣不若段砧為椹者為音同義近也

鱵 魚名廣韻

誺 鹵金切 善言玉篇

琛 或作賝 寶也爾雅釋言又詩泮水來獻其琛傳又文選東京賦獻琛執贄薛注吳都賦其琛賂則琨瑶之阜劉注 美寶曰琛爾雅釋言舍人注 天琛自然之寶也文選海賦其垠則有天琛水怪注 琛寶也文選思玄賦獻環琨與璵縞兮舊注

賝 貫也廣雅釋言

穇 或作穇 禾短曰穇集韻 穇禾長皃廣韻○萱按參差正字說文作槮穇者目凡物也穇蓋取義於槮禾

韻史 卷三十四第七部平聲副編金韻 三三八九

之不參禾之情也專狀禾之長短其字曰穇而韻書第弗深攷或偏舉禾短或偏言禾長由憯於全義遂致背違如此

⿰阝欽 地名玉篇

⿰鼻朁 紫音切 或作[illegible] 高鼻也廣韻

⿰石朁 石也玉篇

⿰朁隹 或作⿰朁鳥 鶉之別名廣韻○集韻云漢中呼鶉為⿰朁隹

⿰禾⿱⺕又 錐也廣韻

⿰日⿱⺕又 此音切 日光也玉篇

⿰豆⿱⺕又 ⿰豆⿱⺕又謂之䜴廣雅釋器 ⿰豆⿱⺕又幽豆也一曰野豆集韻○萱按幽豆即所謂配鹽幽菽者歟

⿰魚⿱⺕又 魚名玉篇

鈊 小金切 金名玉篇

韻史 卷三十四第七部平聲副編金韻 三三九〇

⿰車心 車鉤心制軸者集韻○萱按鉤心字祇合用心加車旁殊贅廣韻言鉤⿰車心木尤非

杺 木名其心黃廣韻○萱按爾雅釋木言樸樕心則偏旁乃贅設也

⿰鳥心 鳥黑色玉篇

⿱林風 缶金切 風行水上曰⿱林風集韻 ⿱林風梵聲也廣韻 瘋 頭病也集韻○病一作風

⿰亻風 地名廣韻 ⿰阝風 地名玉篇

⿰犭風 風母狀如猿逢人則叩頭小打便死得風還活廣韻引異物志

[illegible] 竹名出南海集韻

⿸疒今 舊林切 寒也玉篇

邻 亭名在重安集韻

⿰黑侖 黃色也玉篇

韻史 卷三十四第七部平聲副編金韻 三三九一

檎 林檎果名也林檎實似赤柰而小味如梨文選蜀都賦則有林檎枇杷劉注

⿰禾朁 禾欲秀也廣韻玉篇

⿱艹琴 ⿱艹琴艸生水中根可緣器御覽九百八十引字林

澿 水名廣韻

[illegible] 漾林切 病也玉篇

絰 久緩皃廣韻

[illegible] 或作[illegible] 竹名廣韻

鷣 或作⿰覃隹 鷣負雀爾雅釋鳥 鷣鷂也江東呼之為鷣爾雅釋鳥注

⿰言壬 組琴切 喉聲謂之⿰言壬一曰諗也集韻

鵀 或作⿰亻隹 鵀即頭上勝今亦呼為戴勝爾雅釋鳥鵖鴔戴鵀注○釋文云鵀本亦作[illegible]萱按鵀集

韻史 卷三十四第七部平聲副編金韻 三三九二

磷 利琴切 磷磷深皃集韻

正借字 戴鵟戴勝也集韻引廣雅○方言八云鵟屬鳩自關而東謂之戴鵟東齊吳揚之間謂之鵟

寀 室深也玉篇

箖 䨱也廣雅釋地 箖箊竹名廣韻

崊 山名集韻

霖 藍琴切 霖也廣雅釋言 霖霖雨也廣雅釋訓

笒 竹名廣韻

踚 蹝蹟停水玉篇

痳 始林切 腹內故病也廣韻○集韻引方言云秦晉之間謂病曰痳

崯 此林切 崯崟高銳皃漢書揚雄傳上注玉石崯崟注 崯崟高大皃文選羽獵賦注引李彤單行字

庈 擦林切 玉篇

脒 病也玉篇

韻史 卷三十四第七部平聲副編金韻　三三九三

埁 土也玉篇

䅲 禾欲秀玉篇

崟 仰林切 兩山相向玉篇

莶 莶菜似蒜生水中御覽九百八十引字林

縿 小林切 續也廣韻

趛 趛謂長枝也後漢書馬融傳踔趛枝注

簙 竹長千尺為大船也生海畔玉篇

槫 木名似槐廣韻

犉 牛也玉篇○集韻也作名

隯 小阜也在三輔集韻

䐷 古姓集韻引纂文

韻史 卷三十四第七部平聲副編金韻　三三九四

颫 或作颩 姓也廣韻○集韻引姓苑云汝南人

柃 木葉也廣韻

渢 缶林切 水聲玉篇

渢 大聲玉篇 渢渢中庸之聲集韻

蝒 或作颫 蟲窒也玉篇 颫蟲室集韻

肕 乳也集韻 肕妗肕玉篇

齊齒詩二

罧 几誅切 緣網曰罧廣韻

鵠 鳥名比翼也集韻○爾雅釋地云南方有比翼鳥焉不比不飛其名謂之鶼鶼

㦨 舊兼切 㦨猗意不安也廣韻○集韻也作皃

戣 矛也玉篇 戣戈屬集韻

榵

韻史 卷三十四第七部平聲副編金韻　三三九五

鈐 或作鈐 曲頭鑿也廣韻

馦 向兼切 或作䭠 香也廣雅釋器

㾾 或作瘵 㾾瘦物在喉也廣韻○集韻云㾾味毒喉中

䊝 被也廣雅釋器

䨘 火皃玉篇

战 郎謙切 战敠逗稱量也廣韻 战探以手稱物集韻

䰃 䰃鬑髮疏薄皃廣韻

詀 或作謙 被誑也廣韻 詀轉語同上 南楚謰謱或謂之詀謕方言十○集韻云詀謕巧言

佔 視也禮記學記呻其佔畢注 佔佔衣裳皃史記匈奴傳喋喋而佔佔集解又漢書匈奴傳上注

祐 祐即衣衽也方言四繞謂之交注

韻史 卷三十四第七部平聲副編金韻　三三九六

酟 眺兼切 和也 集韻○文選七命酟以春梅注云酟與沾同也萱按沾字俗作添添和義略同

㥏 齒兼切 惉 点○俗有懘也 史記樂書則無惉懘之音矣正義○索隱云惉懘又李作点懘 怗懘敝敗不和之皃○禮記樂記則無怗懘之音矣注○釋文云怗弊也萱按此段怗為惉也怗者怗之俗體平入同占聲 点不和皃 玉篇

黏 黏䵒多也 玉篇

閸 獲也 玉篇

熸 紫謙切 滅也 小爾雅廣詁○左氏襄廿六年傳王夷師熸注昭廿三年傳楚師熸注並云吳楚之閒謂火滅為熸

⿰口韱 ⿰口韱嗽不廉也 玉篇 廣韻

蠘 蟲名 玉篇

⿱艹蠘 或作⿱艹韱 百足 爾雅釋艸○集韻云⿱艹韱艸名百足也

韻史 卷三十四第七部平聲副編金韻 三三九七

釗 此兼切 切也 集韻

⿰月韱 臛也 廣韻○萱按⿰月韱亦段臉作之埤蒼廣雅云臉臛也是也 臉鋤也 廣雅釋器○一切經音義十五引廣雅云臉縣餕也 臉臛也 集韻引埤蒼廣雅

暹 小謙切 日光升也 集韻○廣韻升作進

鬑 髮也 廣韻 鬑鬑垂皃 集韻

⿰犭韱 獸也 玉篇

枔 舊廉切 葉也 方言十三又廣雅釋詁四

忴 心急也 玉篇

仱 古樂名 玉篇○集韻名作人

⿰巾今 絹也 廣韻 ⿰巾今布帛名 集韻

韻史 卷三十四第七部平聲副編金韻 三三九八

胋 眺廉切 大羹也 玉篇

湉 水靖也 廣韻 澶湉安流皃 集韻

葀 藥艸 集韻

菾 菜名治病熱 集韻○萱按菾一名莙薘易肥大而味殊劣燒為灰以浣衣白如玉

⿰火咸 鉗 玉篇

秥 紺嫌切 禾也 玉篇

⿸疒兼 利嫌切 臞疾 集韻

臁 穴臁也 玉篇○集韻穴作腔

嬚 女字 玉篇

譧 譧詌言不正也 集韻

䌂 縿也 集韻

韻史 卷三十四第七部平聲副編金韻 三三九九

劆 輕利也 集韻

⿰廉攴 或作⿰扌廉 擊鼓謂之⿰廉攴 集韻○廣韻云⿰廉攴⿰鼓攴初打聲

⿰車廉 車輞 廣韻

⿰禾廉 禾名 廣韻 ⿰禾廉⿰禾韱艸不實 集韻

⿰木廉 艸木疏皃 集韻

䵡 齒廉切 ○俗有䵡䵝 赤黃色 廣韻引埤蒼

呥 壤廉切 呥呥噍皃 荀子榮辱亦呥呥而噍注

⿰彳冉 遲行也 集韻

⿰糸冉 黏⿰糸冉多也 集韻

袡 或作䌪襝 衣緣也 廣韻 褘袡蔽厀也一曰衣下襈 集韻

韻史 卷三十四第七部平聲副編金韻 三四〇〇

棪始廉切 或作棌 似李而酸 廣韻○集韻云棪果名似柰而酢 棌棌子樹也 文選吳都賦棌櫧欒霜劉注
瞥此廉切 ○俗有瞥 思也 廣雅釋詁二 瞥憂也 方言一○又云瞥憂宋衛或曰瞥 瞥瞥憂而不動者也 方言一注
礆仰廉切 山也 玉篇
膁 美也又胥左右虛肉處 玉篇
攕小廉切 或作櫼攕撏 摘物也 廣韻引聲類 撏取也 廣雅釋詁一○方言一云撏取也衛魯揚徐荊衡之郊曰撏
㡧 巾也 廣雅釋器○廣韻云㡧小巾
櫼 木細葉也 廣韻○集韻云櫼木名細葉
齋齒許三
蘞 山菜 廣韻○集韻云蘞菜名生山中
鑯舊纖切 鑯鋻長皃 廣韻

韻史 卷三十四第七部平聲副編金韻　三四〇一

輱 車聲 集韻
欲向纖切 多智也 玉篇
衘 開皃 玉篇
酫 酟酫出頭皃 廣韻
酟掌纖切 或作䤠 酟酫小頭 集韻
閰 立待也 玉篇
衫始纖切 小襦 集韻 衫芟也芟末無袖端也 釋名釋衣服
杉 𪐎○俗有杉一名被黏 南方艸木狀○爾雅釋木被黏注云黏或作杉豈按黏古字杉今字近世通用杉而不知即古之黏既製榝字又或借用站若檝其無事自擾如此
彤 或作䀐 瞻視也 廣韻 䀐暫見也 集韻

韻史 卷三十四第七部平聲副編金韻　三四〇二

嘇 口啥嘇物也 玉篇
鞪 或作毿 馬鞘垂皃 集韻
轞 車聲也 廣韻
訯缶纖切 言急也 玉篇
堿向暑切 堿水堿也 淮南主術若發堿決唐注
娍 鉗也 玉篇
駴 駴騅古縣名漢書只作咸 廣韻
鰔 魚也 玉篇
衘 艸名 玉篇
甐 乾屋瓦也 集韻引埤蒼 甐瓦旋屋也 集韻
𦯍 𦯍蕑花皃 玉篇

韻史 卷三十四第七部平聲副編金韻　三四〇三

喃紐咸切 或作諵娚 語聲也 一切經音義九引埤蒼○集韻云詀諵語聲東晳作娚 諵諵語也 集韻引廣雅
鼸遮咸切 鼠名腰黑 集韻引廣雅○集韻云鼸鼠名黑耳白腰○量按腰黑腰白二說不同豈二者皆有之人各書所見與
㦦
謡仰咸切 戲言也一曰和也 廣韻
嶮 山名 玉篇 嶮嵒也 廣韻
踮遐咸切 或書作𧼎 𧼎涉也 集韻 𧼎步度水也 廣韻
湴 行淖中也 玉篇
𠇗缶咸切 輕也 廣雅釋詁三○方言十云𠇗輕也楚凡相輕薄謂之相𠇗
邪 地名 玉篇

韻史 卷三十四第七部平聲副編金韻　三四〇四

帆 ○俗有颿舤。船上幔也 一切經音義十一引聲類 隨風張幔曰帆帆也使舟疾汎汎然也 釋名釋船 颿者船帳也 文選吳都賦樓船舉颿而過 肆劉注○萱按此段颿爲帆 寳亦無膚也說文颿訓馬疾步

颿 風皃 玉篇

杋 此木皮俗呼爲水桴木也 玉篇○萱按此木上集韻多木名二字

開口詩 柉 木名皮可爲索 集韻○萱按韓勑碑蓋柉棊盎段柉爲盌也盌柉異部而同音

琝 玉也 玉篇

改三切 䬎 風也 玉篇

口三切 領 或作頷頤醜也 玉篇 嵁 平上兩讀義分○或作磡 嵁巖不平皃 莊子在宥大山嵁巖之下注○集韵云嵁絶山皃

淲 流也 玉篇

坵 瓦器 廣韻

揆三切 剣 刑也 玉篇

腤 或作䐶 烹也 集韻 腤煑魚肉也 玉篇

媎 女不淨 玉篇

海三切 欿 或作歁 含笑皃 廣韻

䤋 或作醓䤋 面紅也 廣韻○萱按集韻醓面䤋色又云䤋赤色不爲一字

䫲 或作𪏐 香也 廣雅釋器 𪏐䫲香也 廣雅釋訓

峆 大谷也 廣韻

谽 或作谺 谽呀䀱谷之形容也 史記司馬相如傳谽呀豁閜 集解引郭璞○索隱引司馬彪云谽呀大谽嘲大皃○文選思玄賦越谽嘲之洞穴兮舊注 谺大開皃 後漢書張衡傳注云谽嘲深皃也 漢書司馬相如傳下通谷豁乎谺谺注

帶三切 頕 頰緩也 廣韻

代三切 䜖 䜖䜖也䜖䜖吐舌皃 玉篇

坩 或作垪 水衝岸壞 廣韻

涆 或作㴔 㴔涆峻波也 文選海賦㴔涆 濼而爲魁注

䔩 葱別名 廣韻

滄 水也 玉篇

窂三切 䍲 羊腌也 廣韵 䍲羊䲕也 集韻○又云羊臭謂之䍲 䍲 塩藏肉一曰獸名似羊 集韻

䐶 腤䐶 玉篇 䐶脣病也 同上

籫 籫𥳈𥲤也 廣韻○萱按廣雅云艇籫也 𥳈謂之籫 廣雅釋器○萱按此段籫爲籫也省下𡭴

䌥 緅衣曰䌥 一切經音義十四引通俗文○萱按說文有䍲無䌥 則䍲䌥古今字也又儀禮士喪禮䌥𦅾于衣注云䌥連也此則借䌥作之

采三切 䟃 䟃趕走皃 廣韻 䟃譚㴴㵴相隨驅逐衆多皃 文選吳都賦注

䢤 衆䢤也 玉篇

燥驂切 鬖 毛垂皃 一切經音義二十引蒼頡 髿鬖髮垂皃 集韻 髮亂曰鬖髿 文選江賦注引通俗文

毿 毛長曰毿毿 一切經音義十一引通俗文

衫 或作𧘲 衣破襤衫 廣韵

抱三切 涍 深也 玉篇

海覃切 晗 欲明也 玉篇

鋡 盛也 廣雅釋詁三○萱按盛當讀平聲盛鋡即含之俗字

梒 梒桃果名櫻桃也 集韻○萱按古祇作含桃義取鳥含也何以梒爲

炶 或作㸁 火上行皃 玉篇

㴒(或作淰瀶)船沒也(廣韻)淰沈也(集韻引方言)

⿰甚冘(代原切)⿰甚冘⿰甚冘宮室深邃皃(玉篇)沈沈深邃之皃也(史記陳涉世家夥頤涉之為王沈沈者集解引應劭○索隱引劉伯莊云沈沈猶談談謂故人呼為沈沈者猶俗云談談漢是○萱按⿰甚冘正沈借同冘聲故也)⿰甚冘⿰甚冘盛也(廣雅釋訓)⿰甚冘火盛皃(廣韻○萱按單用⿰甚冘字訓火盛乃餘義也)

瞫日所次隅曰瞫(管子五行僨瞫神廬注)

墰地名(玉篇 集韻)

⿰甘覃甘也(廣雅釋器)

⿰耳覃聒也(廣韻)

⿺走覃⿺走炎⿺走覃走皃(廣韻)

⿰香覃馣⿰香覃香氣(廣韻)

藫藫石衣(爾雅釋艸)藫水苔也一名石髮(爾雅釋艸注)藫海藻(爾雅釋艸)

曇曇曇黑雲皃(玉篇)雲布謂之曇(集韻)

壜(或作甋墰)罎甁屬(廣韻)墰甁屬(玉篇)

⿱艹男(巢卑切)萱⿱艹男艸名(玉篇○萱按古作宜男義最顯白二字俗皆加艸滯且陋矣)

楠(與枏同物而異字異音)枏大木今作楠爾雅以為枏(山海經南山經虖勺之上其上多梓枏注○漢書司馬相如傳上楩枏豫章注云枏今所謂楠木○萱按冄聲南聲迴異枏楠雖是一物不妨異字異音也俗乃強枏讀楠逅使枏失其本音此甚非者矣今不從之)楠榴木之盤結者(文選吳都賦楠榴之木劉注)

⿰冫南仌也(玉篇)

畘四十畝曰畘(玉篇)

嵐(老卑切)山風也(文選晚出西射堂詩注引埤蒼)嵐山氣也一曰岢嵐山名在太原又

州名(集韻)

⿰足嵐急行(玉篇)

啉(或書作替)聒也一說飲畢曰啉(集韻)酒巡帀曰啉(廣韻引酒律○萱按婪尾林蓋當作比字)

蹭(采卑切)止也(廣雅釋詁三)

⿰朁阝亭名在貝丘(集韻)

⿱埶女女名(玉篇)

⿰亻㬎(徽卑切)(或作⿰言㬎)不慧也(玉篇)⿰言㬎不惠也又讇弄言(廣韻)

⿱穴咨(或作啽)寐語(玉篇)啽寐聲列子眠中啽囈呻呼(集韻)

韻史

第七部上聲副編

錦韻

齊齒詩

頪 舊錦切 恷也。方言十三。又廣雅釋詁二。頪頪恚皃也。方言十三注。

憏 懃也。玉篇

襟 寒極。廣韻。○集韻極作皃。

磔 石名。玉篇

蔡 艸名。玉篇

昑 明也。玉篇

坽 坎也。坑也。玉篇引埤蒼。○儀禮既夕記甸人築坽坎注云築實土其中堅之穿坎之名一曰坽。

頗 醜皃。玉篇。頗顉醜皃。廣韻

拰 紐錦切 搦也。廣韻。拰搦調弓皃。集韻

顉 掌錦切 低頭皃。玉篇。○集韻云顉頭俯皃一曰頭銳而長也

磯 用石力。玉篇

䫖 䫖顉自恢劣皃。廣韻。○玉篇少自字

鍖 鍖鉎聲不進皃。文選洞簫賦行鍖鉎以龢囉注

踸 蘁錦切 或作跉踔 踸踔暴長皃也。楚辭怨世馬蘭踸踔而日加注。跉卓行皃。莊子秋水吾以一足跉卓而行釋文引李注。○萱按跉卓本亦作踔釋文云今人以不定為踸踔。文選文賦故踸踔於短韻注。跳踔無常也。廣雅釋訓。跳踔湛灤波前却之皃。文選海賦注

墋 或作磣 不清澄之皃也。文選漢高祖功臣頌上墋下黷注。沙土入食中曰墋。一切

經音義廿二引通俗文。○萱按廣韻墋下云土也磣下云食有沙磣不為一字然實無分也集韻磣下云物雜砂也。沙入飯曰糝。御覽八百五十引通俗文。○萱按此段糝為墋也

鉎 樣錦切 或作鋌 弱也。廣雅釋詁一。鉎濡也。集韻引字林。鉎聾也。廣雅釋詁四。○淮南脩務今叙或絕側蠡文鬣絕拳鉎注云鉎讀豐年之稔

鍖 鉎聲不進皃。玉篇引王褒洞簫賦行鍖鉎而龢囉注

筐 單席也。廣韻

棯 或作蒠 還味棯棗。爾雅釋木

橎 始錦切 木名。廣韻

瘮 或作痒 駭恐皃。集韻

瘁 寒病。廣韻

餢 紫錦切 美也。集韻引廣雅。餢味小甘也。集韻。○萱按廣韻餢浬通上也未測其恉

痩 此錦切 或作顉 疢痛。又皃醜也。廣韻。瘦體陋也。集韻。侵短小也。醜惡也。刻確

也。史記魏其武安侯傳武安者皃侵集解引韋昭。○漢書田蚡傳注引伏虔云侵短也。○萱按此段侵為瘦也亦借寑之作

頰 醜也。玉篇

顩 頗顉醜皃。廣韻

僸 仰錦切 或作伶 卬也。漢書司馬相如傳下僸侵潯集注。僸仰也。史記司馬相如傳索隱。○萱按僸正字姶借字。僸僸仰頭皃也。晉書音義中。北夷之樂曰僸。文選東都賦僸休兜離注引孝經鉤命決。○後漢書班固傳下云伶侏兜離。北夷之樂曰禁。詩鼓鐘傳。又白虎通禮樂。○萱按禁者僸之借字也經傳通用禁。西夷之樂曰禁。公羊昭廿五年傳注以舞大夏。禁者言萬物禁藏。白虎通禮樂

廞 大屋也。玉篇

伈 小錦切 伈伈懼也集韻引廣雅

齊齒評二 嶂 山名玉篇

黬 几冉切 黑也玉篇

瞼 瞼謂眼外皮也一切經音義十七引字略

臉 頰也集韻 臉腌也 荃按此段臉為臟也

䭠 所也集韻引廣雅

膁 舊檢切 腰左右虛肉處廣韻玉篇○集韻云膁馬腹旁 膁美也玉篇

脥 腹下也廣韻

頛 有○俗頛頛 頛頛不平也廣韻

䙖 漾檢切 襝也廣韻玉篇

⿰衤歛 玉篇䙖⿰衤歛俱有而⿰衤歛無注疑䙖之譌耳

𤸰 蟹腹下甲集韻○廣韻甲作𤸰

㫐 㪘也廣雅釋器

旃 揜也廣韻

旑 揜充廣韻

婡 向檢切 少氣也廣韻 性不端良謂之婡嫔集韻

⿰斂頁 胡被也玉篇

羷 角三觠羷爾雅釋畜○集韻引字林云羊角三觠為羷

㥏 眺冉切 弱也玉篇

⿰田㕘 餉田皃亦鹿跡玉篇

簟 簟瀲水滿也廣韻

郶 或作居 門犍曰郶一切經音義十五引通俗文 居戶牡集韻云居開戶○廣韻

稴 鄉名在濟北蛇丘集韻

⿰阝冉 紅檢切 亭名在鄭集韻○又云⿰阝冉亭名在京兆音他點切○荃按不妨兩地並有⿰阝冉亭然何必分二音耶

䋈 利冉切 索也廣雅釋器 所以縣欂關西謂之䋈方言五○廣韻云䋈縣繫薄也

瀲 或作瀲 波際也文選西征賦青蕃蔚乎翠瀲注 瀲泛也水波上及文選江賦注引字書 瀲灧相連之皃文選海賦則乃浟湙瀲灩注 瀲清也廣雅釋詁一 瀲濟也廣雅釋詁二

燚 火也玉篇

⿰斂瓜 水芝瓜也其子謂之⿰斂瓜廣雅釋艸

⿱艹趝 善美之皃廣韻

趝 功勤之稱廣韻

颭 掌冉切 風動物也集韻 颭風吹落水也廣韻

䤟 攘檢切 鐵也玉篇

⿰冉羽 羽也廣雅釋器 ⿰冉羽羽弱也廣韻

⿱竹冉 竹弱之皃廣韻

苒 艸盛皃又荏苒猶展轉也廣韻

⿰氵冉 始冉切 或作⿰氵閃 疾皃文選海賦⿰氵冉泊柏而迆颺注○廣韻云⿰氵冉水動皃集韻云⿰氵冉流皃 ⿰氵閃果決也勇也廣韻

澰 澰躍踊逸也 文選射雉賦意澰躍以振踊徐注

⿱冉貝 或作𧶠 蕃姓廣韻○集韻蕃作狄

嶮 仰檢切 山嶮也玉篇○廣韻云嶮巇嵰嶮山不平集韻

噞 噞喁魚出頭也（文選長笛賦鱏魚噞喁於水裔注）噞喁魚在水中羣出動口皃（文選吳都賦噞喁沈浮劉注○集韻引字林云噞喁魚口出水皃）噞猶猛也（文選魏都賦抗旍則威噞秋霜注）

齊齒呼三

⿰魚僉 ⿰魚僉鰅魚名出樂浪（廣韻集韻）

鹻（几攕切） 鹹也（廣韻）

箴 竹名（廣韻玉篇）

喊（向減切） 聲也（方言十三）

嬮（婆） 健也（廣雅釋詁二）

槭 塗也（廣雅釋室）

罱（紐減切） 或作𦊆 魚網也（集韻）

瀸 泉（玉）

豏 豆半生也（玉篇）豏餅中豆（集韻）

⿰鹵占（掌攕切） 鹹也（玉篇）

韻史 卷三十四第七部上聲副編錦韻　三四二一

⿱日出（齒減切） 日光照也（玉篇）

偡 齊也（集韻○又云齊進謂之偡）偡偡齊整也（玉篇○廣韻云湛然齊整）

啿 啿啿豐厚之皃（漢書禮樂志羣生啿啿集注）

碪 或作嵁 碪礊高皃（文選魏都賦恒碣碪礊於青霄注）嵁礊山形（廣韻）嵁巖不平（集韻）

醦（始減切） 酢也（廣雅釋器）

腅（丙減切） 河東謂淫腫為腅（廣韻○集韻無注字）

錽（美減切） 刃也（廣韻）

釩（缶減切） 拂也（廣韻）釩器也（集韻）

開口呼

礷（陵禪切） 以石蓋也一曰石箴（集韻）

鰔 或作鰄 魚一名黃䱇○（山海經海內經減水其中多鰔魚注○集韻云鰔魚名魠也一曰黃頰）

韻史 卷三十四第七部上聲副編錦韻　三四二二

轗（口禪切） 轗軻也（玉篇○壹按轗軻雙聲坎壈疊韻其義同）

揞（扶禪切） 藏也（廣雅釋詁四○方言六云揞藏也荊楚曰揞）揞手覆也（廣韻）

醅 面醅䤊色也（玉篇）醅䤊䤊容（集韻）

陪 平上兩讀注在彼

菡（海禪切） 或作[illegible] 開華也（集韻○廣韻云菡花開）

「崡 崿也（廣韻）崡山皃（集韻）

肣（帶禪切） 舌也（玉篇）肣牛腹也（廣韻玉篇）

箴 箱屬（廣韻○集韻云箴篋類）

黮（代感切） 或作䨴霮 陰皃（文選思玄賦雲師䨴以交集兮舊注）霮䨴露垂皃（文選吳都賦宵露霮䨴注）

揇（景禪切） 搦也（廣韻）

韻史 卷三十四第七部上聲副編錦韻　三四二三

腩 或作䐶腩 煑肉也（廣韻）腩脯也（廣雅釋器）腩膗也（集韻）

䈒 竹弱也（廣韻）

萳 艸長弱也（廣韻）

壈（老禪切） 或作壈 坎壈不平一曰失志皃也（集韻）

轗 輡轗車不進也（集韻）

燣 爇也燗也色焦也（集韻）

婪 好皃（玉篇）

惏 或作惏 惏皃（廣韻○集韻云惏悲惏皃一說林木君子所感歎宋玉曰入林悲心）

㨆 殺也（方言一）今關西人呼打為㨆（方言一注）

漤 鹽漬果（廣韻）漤汁也（集韻）

韻史 卷三十四第七部上聲副編錦韻　三四二四

醂 藏柹也一曰林漬（集韻）

深 藏梨汁也（廣韻引字林）

⿱雨彡（稍禫切）小雨也（玉篇）

昝（宰禫切）姓也出蜀郡（集韻。萱按昝蓋晉之譌字耳）

撍。俗有撍 手動也（集韻）撍搬也（同上）

⿰朁刂（来禫切）刺也（集韻）

⿰弓朁。俗有⿰弓達⿰弓達 弓張弦也（集韻）

⿰參頁 顉⿰參頁搖頭皃（廣韻。集韻云顉⿰參頁首動皃）

醦 面醅醦色也（玉篇云醅醦。集韻醦盛容）

嵁（傲禫切）平上兩讀義分。或作碪 碪⿰石号高皃（文選魏都賦）

傪（燥禫切）動也（廣雅釋詁一。萱按說文傪字與此義別集韻混合爲一字非是傪訓好）

鏒 金鏒也（玉篇）鏒鐵器之皃（五音集韻）

探 摵探搖動也（廣韻）

韻史

第七部去聲副編

禁韻

齤齒詩

齽（几蔭切）齒向裏（廣韻。集韻云齣齒內曲謂之齽）

⿰木禁 格也（方言十三）⿰木禁今之竹木格是也（方言十三注。集韻云⿰木禁格也一曰所以扞門）

⿰舟今（驕蔭切）或作舲 蜀人呼舟也（廣韻）

癊（漾禁切）或作瘖䏖 心病也（集韻引字林）

訡 諴訡怒言也（玉篇）

諴（向禁切）諴訡怒言也（玉篇）

⿰木頁（利禁切）或作⿰木頁 ⿰木頁顉俯首也（集韻）

⿱禁鼓 鼓聲（廣韻）

揕（寧蔭切）擬擊也（廣韻）揕謂以劍刺其胸也（史記荊軻傳右手揕其胸索隱。集韻云揕擊也一曰刺也）

覘（齒禁切）視也（玉篇。萱按此與說文覘字音義略同）

隌 隱隌也（玉篇。集韻云隱隌也）

侉（始蔭切）𠑷侉頭向前（廣韻）⿰木頁顉俯首也（集韻）

⿸广罙 廕⿸广罙大屋（廣韻。集韻云廕⿸广罙屋深）

⿱罒參 罔也（玉篇）

摻（紫蔭切）擊也（玉篇）

探 深掘也（五音集韻）

⿰忄心（比禁切）惻也（玉篇）

⿱雨念 雲行玉篇

⿰冫念 或作淰 冷氣也集韻。廣韻少氣字

吣 或作唸喦 犬吐也廣韻

⿰念刂 剋也玉篇

⿱⺮復 或作棯 墨漬筆也集韻 ⿱⺮復墨工人具廣韻。萱按此木工所用筆也是曰繩墨

沰 丙蔭切 沰湆飛聲玉篇

湆 避蔭切 沰湆飛聲玉篇

⿰火風 缶禁切 焚也玉篇

齊齒呼二

⿺走念 凡念切 疾行皃廣韻。集韻云⿺走念䟁首疾行

⿰舟兼 舟名玉篇

蘞 蘞艸時人取根呼為蜀夜干含治喉痛玉篇

傔 苦念切 侍從也集韻 傔足也呂覽知士苟可以傔皃辨者注。萱按此段傔為慊也

⿱⺮兼 籠也玉篇

鐱 金也玉篇

⿰木⿱罒林 向念切 ⿰目田⿰木⿱罒林蔭也玉篇。⿰目田丁淡切

䀡 郎念切 視也廣韻。方言十云䀡視也凡相竊視南楚或謂之䀡自江而北謂之䀡

歛 或作歁 呻也玉篇

磹 眈念切 䃸磹電光也廣韻

⿰足覓 支也廣韻引通俗文

⿱害心 紺坫切 勤也玉篇

⿰糸僉 挽船篾也廣韻引字林。集韻云⿰糸僉引舟繩也

⿱⺮念 或作⿱⺮念 竹索玉篇

⿰阝念 過在岸上玉篇

⿰貝僉 利坫切 或作⿰貝卑 市賈先入物曰⿰貝僉。一切經音義十六引通俗文集韻云⿰貝卑價物預授直也

⿰歹僉 殯也廣韻。集韻云殮衣死也

⿰扌閃 姑坫切 疾皃也文選射雉賦⿰扌閃降丘以馳敵徐注。萱按⿰扌閃與八部揬異字集韻混合之非是

⿰氵僉 清也集韻引廣雅

⿰口韱 紫念切 ⿰口韱⿰口敢不廉也廣韻。集韻⿰口敢作⿰口敢

⿸广僉 仰念切 小兒玉篇

⿰禾韱 小坫切 ⿰禾韱⿰禾韱禾不實皃集韻

䃸 䃸磹電光也廣韻

齊齒呼三

鰭 漾泛切 魚名玉篇

⿰齒占 章泛切 剔齒也玉篇

站 有垂。俗俗言獨立廣韻 站久立也集韻

⿱雨殺 或作霰 水也玉篇 霰以物內水中集韻引音譜 霰小雨也集韻

⿰忄韱 齒泛切 自陳悔也廣韻。無自陳二字語似未完 萱按集韻但云悔也

⿰貝兼 或作⿰貝兼 賣也廣雅釋詁三 ⿰貝兼重賣也廣韻 ⿰貝兼市物失實也集韻。又云⿰貝兼拐⿰貝兼也

⿰占彡 始泛切 相接物也又利也廣韻引字說

⿰金彡 大鐮也廣韻

閪 避泛切 門中覘也玉篇

梵 缶嗤切 淨行也華嚴經音義下引字林。萱按說文新附字云梵出自西域釋書 梵潔也一切經音義十四引

開口訏

瓬 瓬字或作瓬 瓦也玉篇

屹 山名玉篇

嵅 改擇切 嵅嵅山名玉篇

壈 口擇切 壈坷玉篇。蠻按坷下云坎坷不平坎音壈之段借字

䫲 味厚也集韻。廣韻云䫲鹹味厚

勘 挍也廣韻

礛 巖崖之下廣韻

憾 海擇切 恨也小爾雅廣言又廣雅釋詁四又禮記中庸人猶有所憾注又釋文宣二年傳以其私憾注襄廿九年傳美哉猶有憾服注又國語魯語無憾而後即安注晉語且夫翟之憾者注楚語夫事君無

憾憾則懼偪注又論語公冶長共敝之而無憾集解引孔注又皇疏又孟子梁惠王上是使民養生喪死無憾也注盡心下我不憾焉者注又家語正論質諸鬼神而無憾注又淮南孝經發怨則有所釋憾矣注又漢書張安世傳集注○楚辭哀時命志憾恨而不逞兮注云憾亦恨也 憾恨也國語齊語則民不憾注 憾不安也一切經音義十三引字林○蠻按古亦段感爲憾見中庸釋文左傳釋文史記吳太伯世家索隱

鰔 或作𩞄 食不飽也廣韻

洽 水和物廣韻 洽泥皃集韻

㗛 帶擇切 㗛㗛槮蔭也玉篇○槮許儉切

腤 代闍切 美也廣雅釋詁一○廣韻云腤食味美也廣 腤䐶肥皃集韻

憛 或作㥏 思也廣雅釋詁二 憛悇憂惑也集韻

潭 沒也集韻○廣韻云沈水底潭潭

霮 久雨也玉篇

儃 儃倸癡皃廣韻 儃倸老無宜適也集韻

嬸 暴擇切 美皃又小肥也玉篇

䨣 泥也玉篇 䨣雨淖也集韻

[女臽] 或作[女臽] 取也集韻

腤 腤䐶肥皃集韻

掐 魚食皃集韻

瀶 老闇切 水浮謂之瀶集韻 瀶瀾浮皃廣韻

[田參] 采擇切 田隴相聯也廣韻

頴 燥擇切 顉頴搖頭皃廣韻

悇 憛悇失志也廣韻

倸 儃倸癡皃廣韻

韻史

第七部入聲副編

忽韻

鷑（齊蓄許　几立切）鳥名（玉篇）

⿸戶及（牆立切）戶牡也（廣雅釋室）

笈　笈謂學士所以負書箱如冠箱而卑者也（一切經音義三引風土記又晉書音義下引風土記○御覽七百十一引風俗通云笈學士所以負書籍箱如冠箱也）

鴔　或書作鴔鴔鳥（廣韻）

⿰日㬎　曝也（廣雅釋詁二）欲燥曰⿰日㬎（一切經音義廿二引通俗文）

⿰月㬎　或作⿰月㬎（廣韻）胸脯也或曰⿰月㬎乾也（玉篇）

⿱艹㼌　冬瓜⿱艹㼌也（集韻引廣雅○萱按玉篇但云⿱艹㼌冬瓜也則⿱艹㼌乃冬瓜之別名）

俋（漾及切）耕人行皃莊子俋俋乎耕而不顧（集韻）俋俋然耕皃（廣韻）

⿰女邑　⿰女邑⿰女咠婦皃（玉篇○⿰女咠女立切）

⿰食邑　○俗有⿰食邑⿰食邑臭也（玉篇○廣韻云⿰食邑臭也）⿰食邑饐臭也（集韻）

⿰魚邑　鹽漬魚也（玉篇）

⿱艹邑　艸傷壞也（集韻）⿱艹邑菸茹熟（五音集韻）

⿱艹挹　或作⿱艹挹⿱艹掎　⿱艹挹⿱艹掎艸容皃（集韻）⿱艹揖艸名一曰⿱艹揖⿱艹掎艸容皃（五音集韻）

⿱竹揖　挹器（五音集韻○玉篇云⿱竹揖杓）

⿰亻翕（向立切）閉塞也（老子將欲⿰亻翕之釋文引顧注）

⿰女翕　莊嚴也（廣韻）⿰女翕女性靜（集韻）

闟　安定意也（史記匈奴傳闟然更始集解引徐廣）闟住立皃（管子小問闟然止注）闟之言函也取四函函車邊（續漢輿服志注引薛綜）闟鋋也（文選東京賦闟戟鏐鍜薛注○萱按此段闟為鈒也說文鈒鋋也）

⿰言翕　疾言也（集韻）⿰言翕訷語聲（廣韻）

⿰忄翕　心熱也（玉篇）

熻　爇也（廣雅釋詁二）

⿰翕鳥　鳥名（玉篇）

釞（郳及切）鉆也（玉篇）釞鐵器（五音集韻）

⿰女咠（紐立切）⿰女邑⿰女咠婦皃（玉篇）

湒　潗湒水文皃（廣韻）潗湒沸聲（集韻）

洇　濕洇水皃（集韻）

抐　挹抐中制也（集韻）

⿱艹抐　或作⿱艹挹　⿱艹挹⿱艹抐艸容皃（集韻）

⿰齒立（利及切）⿰齒立齧聲（廣韻）⿰齒立⿰齒蠡咬堅物聲（集韻）

雴　雴雴雨也（廣雅釋訓）雴䨼大雨（集韻）

鉝　胡食器林邑王獻流離䀁鉝（集韻）

砬　砬礫石聲一曰石藥能制藥毒（集韻）

岦　岦岌山皃（廣韻）

苙　圂也（方言三）苙欄也（孟子盡心下既入其苙注）苙公明艸也（史記周本紀叔封布茲索隱）○集韻云苙白芷也　白苙芃蒩也（廣雅釋艸）

鷑 鶅鳩鶏鷑爾雅釋鳥。注云鷑鳩小黑鳥鳴自呼江東名爲烏鵖

嘰 掌立切 喻也廣韻

瞮 或作晱 淚出皃廣韻

霵 或作霵䨘 雨聲一曰雨下也集韻。文選洞簫賦霅霵曄踕注云霵或爲䨘同

蕺 葙也後漢書馬融傳注引廣雅。文選南都賦蓼蕺蘘荷注云蒁與蕺同。堂按李注恐未諦蒁聲戢聲部分遼隔蕺蒁安得同乎 蕺艸名葉似蕎麥生溼地集韻。堂按俗名魚腥艸者即蕺也

紺 一也玉篇

圓 圓圓硬皃玉篇

齰 齰齒也玉篇。堂按此齰齒之異名耳單言之曰齒曰齰連言之則曰齰齒也一齒二齒同物惟音爲異

嗎 嗎嗶鳴也集韻

瓡 縣名在北海集韻

𦡯 齒立切 熻也廣雅釋詁二。堂按熻乃湆之段借字集韻引廣雅正作湆 𦡯肉半生半熟也廣韻 𦡯𦡯也玉篇引禮記

譺 始立切 有譺。俗言甚多也玉篇。堂按譺聲之字轉訓言多吾疑焉

唷 咠唷口聲玉篇

漝 湆漝水皃集韻。堂按玉篇云漝影也國淵其揖

霎 小雨聲廣韻

翜 飛皃玉篇

𦗥 牛耳動皃也廣韻。集韻有皃字

䁒 萋立切 眨也廣韻。集韻云䁒目動也

䐑 肥膏也一曰創潰出皃集韻 䐑和也玉篇

𩋓 𩋓謂之𨎻集韻引廣雅。集韻云𨎻一曰車𨎻

𥞖 𥞖𥞖禾衆皃集韻

㠍 或書作嵲 山名集韻 嶫嶫山皃同上

諿 此立切 謀也太平御覽引說文注 諿和也辯也集韻

𢓼 行皃玉篇。集韻云𢓼𢓼行皃

箿 覆也廣韻

䕘 蕃也廣雅釋艸

岌 仰及切 或作岋圾 高也爾雅釋山小山岌大山峘釋文。堂按郭注云岌謂高過 岌岌高皃離騷高余冠之岌岌兮注又後漢書馮衍傳注。廣雅釋訓云岌岌高也 岌岌盛也廣雅釋訓 岌動皃也文選羽獵賦天

動地岋注引韋昭 圾危也莊子天地殆哉圾乎天下注列禦寇殆哉圾乎仲尼注 岌岌危也文選

諷諫詩岌岌其國注引司馬彪 岌岌危動皃漢書韋賢傳集注 岌岌欲毀壞也漢書韋賢傳注引應劭 岌岌乎不安皃也孟子萬章上天下殆哉岌岌乎注

𣧄 或作殁 危也廣雅釋詁一

𦨘 船行也玉篇

漐 汗出皃廣韻

褶 小及切 袂也禮記玉藻帛爲褶釋文。段大令云褶士喪禮古文作襲注借字也凡經典重襲之義如塈釁于擊武王所用祥襲則行不襲則增修德而改卜皆當作褶褶義之引申 褶袷也有表裏而無著禮記喪大記君褶衣褶余注 帛爲褶無絮雖複與禪同。儀禮士喪禮襚者以褶注疏云有著爲複無著爲褶 褶襲也覆上之言也釋名釋衣服

嚁 嚁嚁忍寒聲廣韻

瘤 小痛也玉篇

霫 雨皃廣韻引字林 霫霫雨也廣雅釋訓

颯 颯颯大風廣韻○壹按集韻云飆飆大風未必是也詩習習谷風自作習

鳛 雛或作 鴡鷚鳥名廣韻○集韻引山海經云小廣山有鳥狀如烏而白文名曰鴡鷚

𣶏 水首習也集韻廣雅引 習茵水艸廣韻引埤蒼

箵 或作 艒䑿䈿修船具廣韻 䑿以竹葉䑿船也玉篇 艒舟子船玉篇

趿 走皃玉篇

跀 斂膝坐也集韻

鍫 田器也椹也玉篇

齊齒呼三

冊 或作册 宇統插冀把說文數名今直以為四十字廣韻○段大令云插冀者抹掇冀除冊逗數之積也說文𠦃下說解○段注云漢石經論語年冊見忍為是冊為四十并插廿為二十并冊為三十并也

祄 几帖切 褶也集韻 衱衣領也廣韻

吸 舊帖切 嗯也廣韻云吸日乾也集韻

鯫 枯魚也集韻○廣韻云鯫以竹貫魚為乾出復州界又云鯫魚名

䨲 漢攝切 或作𩈙醫 淮南䨲輔在頰前則好楚辭曰䨲奇牙玉篇○集韻云䨲頰輔也 𩈙 酺頰上窐也淮南說林在頰則好注𩈙酺 𩈙酺頰邊文婦人之媚也淮南修務注 𩈙酺搖注䨲面上䨲子廣韻

𣚦 木葉動皃廣韻

𨜶 地名玉篇

惵 向帖切 或作𦜍 畏迫也○一切經音義十三引公羊劉兆注惵怯也廣雅釋詁 四 壹按古未有惵字多借用脅 脅迫也淮南本經注而相脅注又漢書鄒陽傳集注○脅 常患傳使使脅求公主注云脅謂以威迫之也 者 劫也禮記禮運是謂脅君疏又脅恐也淮南本經明於性者國語晉語乃脅樂中行注天地不能脅也注 脅懼也廣雅釋詁二○方言一云脅閻懼也齊楚之間曰脅閻宋衛之間凡怒而噎噫謂之脅閻 脅翕也漢書吳王濞傳集注鄒陽傳集注 脅斂也文選長門賦翡翠脅翼而來注又漢書嚴延年傳集注 脅收斂也漢書王莽傳中脅肩竦體也孟子滕文公下脅肩諂笑注又文選解嘲注引動靜辟脅注 孟子劉注同竦作聳人斂身謂之胠肩文選射雉賦脅肩而旋雉徐注 也文選高唐賦脅息注 脅息縮氣也文選高唐賦脅息增欷注 胠 脅息猶翕息

嗋 合也莊子天運予口張而不能嗋釋文

熁 火迫也集韻

渻 水流皃廣韻

墧 隄水也玉篇

賫 財也玉篇 馬鞅謂之賫廣雅釋器

㔉 束帶也廣韻

犤 牛犍謂之犤集韻

弽 弓㢸皃廣韻 弽弓強也集韻

笘 郎帖切 折竹箠也廣韻 笘籥也廣雅釋器

跕 屣也玉篇 躡足為跕漢書地理志下女子彈弦跕躧集注引臣瓚 跕謂輕躡之也漢書地理志下注○史記貨殖傳則鼓鳴瑟跕屣集解引張晏云 跕跕墮皃也後漢書馬援傳

仰視飛鳶跕跕墮水中注

呫 跳攝切 嘗也 儀禮士相見禮注今云呫嘗膳釋文 呫囁附耳小語聲 史記魏其武安侯傳乃效女兒呫囁 耳語集解引韋昭

惦 安也 廣雅釋詁一

謺 寬也 玉篇

⿰火聶 紐帖切 或作⿰日聶 煠也 廣雅釋詁三

⿰目聶 或作䀹 目動也 集韻

⿰聶欠 或作⿰聶攴 ⿰聶欠相及也 玉篇○萱按及或作著

鑷 披減髮謂之鑷 御覽七百十四引通俗文○萱按古借籋作之俗乃製鑷 鑷攝也攝取髮也 釋名釋首飾

韻史 卷三十四第七部入聲副編忝韻 三四四九

袩 稍謂之袩又襟謂之袩 並方言四○集韻引廣雅云稍袩袿謂之褸衩

⿰音念 聲絶也 廣韻

⿸广念 墊也 玉篇

埝 下也陷也 玉篇 埝益也 集韻

⿰革念 鞍⿰革念薄也 廣韻引字林

錜 小釵一曰小頭釘 集韻

⿰麥念 或作⿰麥念 ⿰麥念頭 玉篇 ⿰食念餅也 集韻

⿱艹念 艸名 玉篇

⿰目習 拏帖切 耳也 玉篇

襵 詘也 廣雅釋詁四 使縫曰襵 一切經音義十四引通俗文 襵攝衣也今人言襵

韻史 卷三十四第七部入聲副編忝韻 三四五〇

疊是也 一切經音義十四引埤蒼 襵謂衣襞積 集韻 襵孤卿之禮 禮記檀弓上注 篡以布衣木如襵與䟴

⿰豸聶 或作⿰豸聶 梁之良豕 廣韻 ⿰豸聶豕屬 集韻引廣雅

跕 蟲帖切 行皃 玉篇

⿺辶聶 懷攝切 行皃 玉篇

⿰月聶 內動也 廣韻○內字依集韻增

顳 顳顬耳前動也 集韻

灄 姑帖切 水名在西陽 廣韻

楪 北帖切 土楪農具 廣韻

⿰扌餮 或作⿰木餮 飯朵也 玉篇○萱按廣韻朵作㚏

韻史 卷三十四第七部入聲副編忝韻 三四五一

⿰目燮 小帖切 閉目 玉篇

⿰足燮 或作躞 躞蹀行皃 集韻

齊齒評三

⿰目合 几壓切 或作眨 眇也一曰目睫動 集韻 ⿰目合眼細暗也 廣韻

餄 或作鉿餄 餅也 廣韻

恰 用心也 廣韻

帢 舊壓切 或作帢帢 帛幘曰帢 御覽六百八十六引通俗文 帢士服制如檻四角 晉書音義中引字林○集韻云弁缺四隅謂之帢 帢士服也一曰魏武帝攷古皮弁以帛為之以色辨貴賤一曰按頭使下故曰帢

帢帽也 廣韻引埤蒼

剳 或作劄 陷也 集韻 劄入也江南今有劄寶器 一切經音義十一引集韻 斜入也

韻史 卷三十四第七部入聲副編忝韻 三四五二

凹 漾洽切 或作啓 容咎 低下也 廣韻○低字从集韻增 容埑下也 一切經音義廿三○萱按容从穴从人从口與容類字从谷从冖者不同

⿰鼻合 向壓切 或作歙 歙⿰鼻合⿰鼻句鼻息也 廣韻

趇 走兒 廣韻

焀 火兒 集韻

珨 蜃飾器 集韻

㜸 組壓切 美也 集韻 㜸㜸美兒 廣韻

⿴囗合 手動也 玉篇

眨 宰洽切 目數開閉也 一切經音義十一引字苑 一曰目眨 一切經音義一引通俗文

⿰口乏 豕食也 玉篇

韻史 卷三十四第七部入聲副編⿱及心韻　三四五三

開口訏

溚 溼也 玉篇

劄 以針刺 玉篇

⿰亻荅 ⿰亻荅⿰亻匝忽觸人也 廣韻

⿰虫因 斑身小蟲 玉篇 廣韻○集韻云⿰虫因蚊蟲也

⿱日合 畜壓切 日照水 玉篇

盫 五味調肉菜也 廣韻引文字音義 盫和五味以烹也 集韻

⿺辶合 行書 玉篇

哈 始壓切 以口歃飲 玉篇 哈魚多兒 同上○萱按玉篇哈字兩見而義絕殊未得其審也字書或借哈為喻字

疺 岳壓切 疺瘦也 玉篇

鉿 改荅切 𨦫也 廣雅釋器○廣韻云鉿二尺𨦫 鉿陷聲也 太玄鉿鉿然有穿注

韻史 卷三十四第七部入聲副編⿱及心韻　三四五四

⿰目合 ⿰目合眨目睫長兒 廣韻○兒字从集韻增

鮯 東方有魚焉如鯉六尺鳥尾其名曰鮯 廣雅釋地

⿸厂⿱合土 口荅切 閉口聲也 玉篇○萱按疑此當書作⿸厂⿱合土从口⿸厂⿱合土聲⿸厂⿱合土石地也故引申為此義作⿸厂⿱合土則於義不協且與硆字相犯矣

㕉 或作⿸厂⿱合土 左右有岸㕉 爾雅釋山○集韻云山左右有岸曰㕉

峇 或作⿸厂合 山窟也 玉篇

⿱穴合 或作容 容合也 玉篇 ⿱穴合合相當也 廣韻

⿰虫荅 挨荅切 蟲名 玉篇

耠 或作秴 耕也

⿰齒合 海荅切 食也 玉篇

韻史 卷三十四第七部入聲副編⿱及心韻　三四五五

瘩 肥兒 集韻引字林○廣韻引字林云瘩肥瘩疲

盒 盤覆也 廣韻

匼

匌 會也 廣韻

⿱艹匌 艸名 集韻

嗒 帶币切 嗒焉解體兒 莊子齊物論荅焉似喪其耦注○萱按注無兒字釋文又云荅本又作嗒又釋文○

⿰女荅 ⿰女荅姶女兒 集韻○廣韻云⿰女荅面⿰女荅⿰女荅兒

匒 匒匌重疊兒見海賦 玉篇

搭 打也 廣韻引字林○集韻云搭擊也 搭摸也 廣韻

⿰皮荅 皮指荅 玉篇又五音集韻

韻史 卷三十四第七部入聲副編⿱及心韻　三四五六

褡 被横謂之褡一曰衣敝集韻橫褡小被廣韻

㚒 皮皺也集韻

代荅切
塔 浮圖也廣韻塔佛堂也一切經音義六引字書

狧 或作𤝔大食也玉篇

佮 行兒玉篇○五音集韻云佮佮行兒

蹹 踐也集韻

龘 龘龍行龘龘也玉篇

曩荅切
䎎 䎎耎也玉篇

笝 維舟竹索集韻

老荅切
㰤 㰤歇不滿兒廣韻

磖 磖礏破物聲集韻

韻史 卷三十四第七部入聲副編忞韻 三四五七

翋 翋翍飛也廣韻

𤛑 𤛑拉牛抵也集韻

菈 菈櫴雷硠崩弛之聲文選吴都賦注菈遳蘆菔也廣雅釋艸○方言三云蘆菔東魯謂之菈遳

穸荅切
嘁 嘁咨慼也易離嘁嗟若釋文引子夏傳

呍 入口曰呍一切經音義六引通俗文

趀 趀趀急走廣韻○萱按急走二字集韻作走急兒三字

沛 沸兒集韻

魳 魚名廣韻

䓹 艸名玉篇

韻史 卷三十四第七部入聲副編忞韻 三四五八

采荅切
𩐳 斷聲廣韻

囃 助舞聲也廣韻

𤁋 沸兒玉篇

𥳹 或作䕹叢也玉篇䕹雜艸叢廣韻

𥗚 或書作𥓉石多兒廣韻

磼 或作嶫磼碟山高兒集韻

敥荅切
𡅊 衆聲也廣韻𡅊𡅊衆聲集韻

礘 或作硆礘礘石兒集韻○廣韻云動礘礘玉篇云石硆硆

砐 砐硪山高兒玉篇砐硪搖動兒文選江賦陽侯砐硪以岸起注

𦨲 或作舩舟動兒集韻

韻史 卷三十四第七部入聲副編忞韻 三四五九

燥荅切
㚷 嫔㚷女字廣韻

毾 㲮毾眼睫長廣韻

𢓜 行兒玉篇○五音集韻云𢓜𢓜行兒

韻史 卷三十四第七部入聲副編忞韻 三四六〇

韻史卷三十五　泰興何萱石閣譔集　子庚校字

第八部平聲　上海顧錫麒竹泉覆審

甘韻　武進李兆洛申耆鑑定

開口呼

甘 良甿切

美也說文段注羊部曰美甘也甘爲五味之一而五味之可口皆曰甘。廣雅釋詁一又楚辭招魂此皆甘人注並云甘美也　甘者不苦之名也易節甘節疏　甘者五味之本也春秋繁露五行之義　甘土味土含載四者似肉周禮瘍醫以甘養肉注。素問陰陽應象大論云凡物之味甘者皆土氣之所生也又甘勝鹹注云甘土味又五運行大論土生甘注云物之味甘者皆自土之生化也　甘者中央之味也春秋繁露循天之道。淮南原道味者甘立而五味亭矣注云甘中央也又周禮食醫凡和疏云中央土味甘屬季夏　稼穡作甘書洪範　甘謂飴蜜也楚辭招魂辛甘行些注　甘至言熟也文選蜀都賦甘至自零劉注　甘含也人所含也釋名釋言語　甘猒也詩伯兮甘心首疾傳　甘樂也一切經音義二

韻史　卷三十五第八部平聲甘韻　三四六一

引廣雅　甘猶香也淮南覽冥甘之于芻豢注。晚出書五子之歌甘酒嗜音傳云甘嗜無猒足　口徹爲甘莊子外物　甘者緩也莊子天道徐則甘而不固釋文引司馬注又素問藏氣法時論又廣雅釋詁二淮南道應注云甘緩意也　甘者佞邪說媚不正之名易臨甘臨注　甘有扈南郊地名書甘誓馬注　甘泉祭天所也在郊地之郊後漢書杜篤傳注　甘水即醴泉也山海經海南西經開明北又有甘水注。水經河水注引郭義恭廣志云新頭河甘水也名曰新陶水水甘故曰甘水　雨霽而陰翳者謂之甘雨論衡是應　甘露者美露也降則物無不盛者也白虎通封禪　甘木即不死樹食之不老山海經大荒南經甘木是食注。海外北經平丘爰有甘柤甘華注云甘柤其樹枝幹皆赤黃花白葉黑實甘華亦赤枝幹黃華　甘棠杜也詩甘棠蔽芾甘棠傳。釋文引草木疏云甘棠今棠棃

⿱厤甘 或書作⿰甘麻〇俗有⿱厤甘　和也从甘麻麻調也說文段注和當盉寫者亂之且皿部曰盉

韻史　卷三十五第八部平聲甘韻　三四六二

調味也从甘麻云云說从麻之意厂部曰麻治也秝部曰秝疏適也秝疏適者調龢之意周禮凡和春多酸夏多苦秋多辛冬多鹹調以滑甘此从甘麻之義也各本及篇韻集韻類篇字體皆譌今正

泔 周謂潘曰泔說文段注今各處語言同此　泔瀾也廣雅釋器　泔烹和之名荀子大略曾子食魚有餘曰泔之門人曰泔之傷人不若與之注　泔淡滿也漢書揚雄傳上秬鬯泔淡集注引應劭

苷 甘草也說文段注所藥中國老安和七十二種石一千二百種艸者也

酖 到甘切

樂酒也說文段注酒樂者因酒而樂樂酒者所樂在酒其義別也毛詩段酖及湛以爲媅氓傳曰酖樂也鹿鳴傳曰湛樂之久也引申爲凡樂之偁左傳曰宴安酖毒不可懷也從來謂即媅字竊謂非也所樂非其正即毒也謂之酖毒　嗜酒爲酖華嚴經音義上引字林　酖樂也　酖嗜也萱按此段酖爲酖與媅也注已具媅下矣七部之媅湛八部之酖酖皆有樂義媅之訓樂本義也酖之訓樂引申之義也湛酖則段借也而借字專行久矣　酖鳥名羽有毒以畫酒飲之則死左氏莊三十二年傳使鍼李酖之注。萱按此段酖爲鴆也

韻史　卷三十五第八部平聲甘韻　三四六三

眈 視近而志遠易曰虎視眈眈說文段注視近志遠謂其意深沈也。漢書敘傳音義引字林云眈視近而志遠也又引應劭云眈近也　眈眈視也廣雅釋訓　眈眈下眡皃易頤虎視眈眈虞注。釋文引馬注云眈眈虎下視皃　眈眈威視之皃漢書敘傳下集注　眈眈威而不猛也易頤釋文　覘覘虎視張壽碑。萱按眈覘異部而音義悉同故段覘爲眈也

耽 耳大欲也詩曰士之耽兮說文段注淮南墬形訓夸父耽耳在其北高注耽耳耳垂在肩上耽讀衣攝之攝或作攝以兩手攝其肩之耳也按許書本無聸字耽即聸也今本於耽篆之外沾一聸篆誤矣士之耽兮衛風氓文此引詩說段借也毛傳曰耽樂也耽本不訓樂而可段爲媅字女部曰媅者樂也　耳垂爲耽華嚴經音義上引字林　耽耽深邃之皃也文選西京賦大廈耽耽薛注。漢書陳勝傳夥涉之爲王沈沈者注引應劭云沈沈宮室深邃之皃也萱按此謂沈爲耽之借字　耽耽樹陰重皃文選吳都賦元蔭耽耽注　耽嗜也　耽樂也耽者過禮之樂耽之者是相好之甚也萱按媅耽異部而同音故多段耽爲

韻史　卷三十五第八部平聲甘韻　三四六四

媅也亦可謂爲酖之借酖耽則同部矣

聸　垂耳也南方有聸耳國說文段注古祇作耽一變爲聸耳再變則爲儋耳矣儋耳南方夷後漢書明帝紀注。水經溫水注云儋耳即離耳儋耳民好徒跣耳廣埀以爲飾水經溫水注儋耳其人耳大下儋埀在肩上山海經大荒北經有儋耳之國注

儋　。俗有擔儋何也說文段注儋俗作擔古書或借擔爲之疑又擔之誤耳韋昭齊語注曰背曰負肩曰儋任抱也何揭也按統言之則以肩以手以背以首皆得云儋也。葢按漢羊竇道碑騎馬儋負儋乃漢時俗字儋荷負也漢書揚雄傳下儋人之爵注。爾雅釋天何鼓謂之牽牛注云今荊楚人呼牽牛星爲擔鼓擔者荷也擔者荷也文選思玄賦伐河鼓之磅硠注。楚辭哀時命負擔荷以丈尺兮注云荷曰擔。葢按凡何作荷儋作擔者直是字譌非關段借擔負也爾雅釋天釋文引字林儋者一人之所負擔也漢書蒯通傳守儋石之祿者注。貨殖傳漿千石注云儋人儋之也儋任也任力所勝也釋名釋姿容擔舉也廣雅釋詁一儋

助也廣雅釋詁二儋石斗也史記淮陰侯傳索隱齊人名小罌爲儋石史記淮陰侯傳集解引蘇林。漢書蒯通傳注引應劭云齊人名小甖爲儋受二斛儋罌也漢書食貨志注引孟康。史記貨殖傳索隱引孟康云儋石甖石甖受一石故云儋石儋耳其人耳大下儋埀在肩上葢按耽與聸訓耳亦皆此義正字儋則借也相沿悉作儋耳

代耽切

緂　白鮮衣皃謂衣采色鮮也說文段注後六字葢非許語依玉篇則白鮮衣皃四字當作衣采色鮮也五字緂鋭緂淮南氾論緂麻索縷注

海藍切

函　肣俗。或作函肣舌也說文段注舌在口所以言別味也函之言含也含於口中也按大雅毛傳曰臄者函也通俗文云口上曰臄口下曰函毛服之函皆即說文之顄字顄頤也故服云口下毛則渾言之口上口下不分耳陸氏音義引詩函函舌也之云以釋毛去之遠矣許函與顄各字各義毛服用函爲顄函借爲含如席閒函丈函人爲甲是也周頌實函斯活傳曰函含也謂段借也小徐云說文篆如此李陽冰非之謂書作函按如李說易與函混今廣韻函函別爲二字則更非矣大

雅音義引說文云函舌也又云口裏肉也。廣雅釋親云函舌也函入也國語楚語若合而函吾中注函函谷關也後漢書杜篤傳注班彪傳上注又文選蜀都賦崤函有帝之宅劉注。國策西周策君臨函谷注云函谷關名也在弘農城北函鐘一名林鐘周禮大司樂歌函鐘注。鐘爲宮注云函鐘林鐘也函函猶含也函容也函包也函宏寬大也函牛之鼎謂大鼎也葢按含函異部而同音故多段函爲合者

顄　或作顄。俗有㖤頤也說文段注𦣝下曰顄也𦣝者古文頤與此爲轉注王莽傳作顄正字也方言作頷於說文爲假借字。葢按从口作㖤俗體也文選洞簫賦頤啞嗈以紆鬱㖤嗈二皆俗

涵　或作涵水澤多也詩曰僭始既涵說文段注水澤多謂所受潤澤多也小雅巧言傳曰僭數涵容也按涵訓容者就受澤多之義而引伸之涵同也詩巧言箋涵沈也文選吳都賦涵容乎其中劉注。方言十二涵沈也楚郢以南曰涵

涵　或作涵寒也說文

䨡　或作䨡久雨也說文䨡霖也廣雅釋言

酣　。俗有借酒樂也。說文段注張晏曰中酒曰酣引伸爲凡飽足之偁呂覽分職令召客者酒酣注云飲酒合樂爲酣又長攻代君至酒酣注云酣飲酒合樂之時酣酒洽也文選吳都賦酒湑半劉注不醒不醉曰酣史記高帝紀酒酣集解引應劭酣樂也廣雅釋詁一又呂覽直諫相與飲酒酣注。淮南覽冥戰酣日暮注云酣對戰合樂時也酣洽也漢書高帝紀下集注又文選漢高祖歌注引漢書應劭注

邯　趙邯鄲縣說文段注趙國邯鄲二志同左傳有邯鄲午秦始皇置邯鄲郡漢趙國故邯鄲郡也張晏曰邯山在東城下畢盡也城郭從邑故加邑按今直隸廣平府邯鄲縣縣西南二十里有故邯鄲城邯山名後漢書光武紀上注邯水名邯分流左右在今廓州後漢書西羌傳注

代藍切

談　語也說文段注談者淡也平淡之語譚說也莊子則陽夫子何不譚我於王釋文引李注。釋文云譚李亦作談

○董按談正字諱借字二字部異而音同諱見七部

惔 憂也詩曰憂心如炎說文段注節南山憂心如惔許所據作憂心如炎引之以明會意也此靈麗引易之倒令更正炎者火光上也憂心如之故其字作惔雲漢如惔如焚亦如炎之讓毛傳曰惔燎之也○董按雲漢如惔如焚後漢書章帝紀注引韓詩作如炎如焚又節南山釋文云惔韓詩作炎字書作焱 惔燔也詩節南山傳 惔恬也董按此段惔爲俟

倓 倒或○俗有賧賅 安也說文段注倉頡篇曰倓恬也荀卿子曰桓公倓然見管仲之能以託國也洞簫賦時恬倓以綏肆按蠻夷贖罪貨曰倓此夷語耳字亦作賧○廣雅釋詁一又荀子仲尼注並云倓安也 惔靜也廣雅釋詁四 倓恬也一切經音義九引蒼頡 惔恬也○一切經音義十六引蒼頡董按惔乃俠之段借字 倓蠻夷贖罪貨也後漢書南蠻西南夷傳注 賧蠻夷以財贖罪晉書音義上

錟 長矛也說文段注此今義也史記錟戈在後又非錟於句戟長鎩段爲銛利字也 錟矛也廣雅釋器 錟利

也董按已詳七部銛下

郯 東海縣帝少昊之後所封說文段注東海郡郯二志同今山東沂州府郯城縣西南百里有故郯城前志曰郯故國少昊後盈姓按盈即嬴字宣四年經曰公及齊侯平莒及郯○禮記曲禮注邳郯之東釋文云郯東海縣名 郯國名也穀梁宣四年傳釋文又家語致思孔子之郯注○家語辯物遂見郯子而學焉注云郯小國也

朗談切

⿱髟監 髮長也說文○集韻云⿱髟監鬖髮長兒 ⿱髟監鬖髮疏兒廣韻

襤 ○俗有繿檻 裯謂之襤褸襤逗無緣衣也說文段注裯謂衹裯九辨被荷衹之晏晏王曰裯衹裯也方言曰裯謂之襤郭注衹裯敝衣亦謂襤褸按說文褸字疑衍衹裯亦名襤耳不如郭說也方言又曰無緣之衣謂之襤楚謂無緣之衣曰襤故衹裯無緣則謂襤也巾部幨與襤同○方言三云南楚凡人貧衣被醜敝或謂之襤褸又方言四云襘祫以布而無緣敝而紩之謂之襤褸 藍縷敝衣左氏宣十二年傳華路藍縷注○史楚世家華路藍蔞集解引左傳服注云藍蔞言衣敝壞其蔞藍藍然○董按襤藍褸蔞俱正借字 布褐而紩之謂之藍縷小爾雅廣

服

幨 楚謂無緣衣也說文○方言三云楚謂無緣之衣曰襤紩衣謂之褸○董按說文幨字疑本襤之重文後人強分隸二部耳 幨㡉毳也楚曰幨㡉方言二○注云幨㡉謂物之扞蔽也

籃 曆古文 大篝也說文段注今俗謂熏篝曰烘籠是也 籃大客也一切經音義十六引字林 籃大篋也一切經音引義十六引纂文○廣雅釋器云籃篋也 籃篚屬晉書音義下 籃或謂之筊方言十三○注云筊亦呼籃

藍 染青艸也說文○詩采綠終朝采藍箋云藍染草也又周禮地官序官卝人疏云藍以染青 竊藍淺青也爾雅釋鳥秋扈竊藍注無淺又左傳昭公十七年疏 藍猶濫也大戴記文王官人藍之以樂注○董按此謂藍爲濫之借字也 藍蔞言衣敝壞其蔞藍藍然董按此段藍爲襤也詳襤下

蘫 瓜葅也說文 蘫葅也廣雅釋器

采談切

慙 或書作慚 媿也說文段注女部曰媿慙也二篆爲轉注 不直失節謂之慙慙愧也小爾雅廣義

⿱斬手 或書作摲平上兩讀○ 斬取也說文段注各本斬取二字作暫今正斬者截也謂斷物也暫非其義禮器有摲而播也長楊賦魔城摲邑蒼頡篇曰摲拍取也鄭曰摲之言芟也按芟刈艸也摲本訓芟夷禮器注謂於此少與得分以與彼是爲芟殺有所與摲殺上貴之分以布徧於賤者謂之摲而播故廣雅本之爲說曰摲者次也是鄭注禮之義而非摲之本義也乍甘切廣韻作擊斬取也山檻切 摲剡銳也淮南兵略剡木篸奮儋摲注 摲舉手擬也文選長楊賦所過麾城摲邑注引顏監

齋齒評 几芟切

監 ⿱監言古文○平去兩讀 臨下也說文段注小雅毛傳監視也許書監視也監臨下也古字少而義晐今字多而義別監與鑒互相段 監領也詩節南山釋文引韓詩 監監一國謂君也周禮大司馬建牧立監注○大宰立其監注云監謂公侯伯子男各監一國 三監管蔡霍書大誥序三監及淮夷畔鄭注○晚出傳云

三監管蔡商四監主山林川澤之官也禮記月令注。呂覽季夏命四監大夫注云。四監四郡大夫也監謂御史監郡者也漢書曹參傳擊泗水監豐下破之注。百官公卿表上云監御史秦官掌監郡。監者廷尉之官漢書宣帝紀集注。武帝紀集注云監其官也監工工官之長呂覽見季春監工日號注監門主門也荀子榮辱或監門御旅抱關擊柝注監閽人也史記秦本記因景監求見孝公正義監雲氣臨日也周禮眡祲四曰監司農注監冠珥也周禮眡祲注監寐猶寤寐也後漢書劉陶傳不能監寐注張衡傳注。桓帝紀注云監寐言難寢而不寐監視也監觀也萱按此當瞷爲正字在監則引申段假借也瞷下詳之監察也萱按此義鑒爲正字在監爲引申段借之義也詳鑑下

瞷

視也說文段注釋詁監瞷臨泚㴑相視也按釋文曰監字又作瞷然則小雅河用不監亦可作瞷瞷亦當爲瞷視也監視也詩節南山何用不監傳大東監亦光箋皇矣序天監代殷莫若周箋烝民天監有周箋敬之日監在茲箋又禮記大大儀監于殷疏又論語八佾周監於二代集解引孔注又皇疏又釋文又國語周語上卿監之注魯語日入監九卿注齊語而

監其卿之資注晉語且以監諸侯之爲注楚語精物以臨監注又管子小匡注又呂覽達鬱王使衛巫監謗者注又漢書諸侯王表集注王莽傳上集注又後漢書班彪傳下賓監之事注張衡傳彼天監之孔明兮注。萱按監瞷通用古不甚分畛域故經典皆有監無瞷監謂視見也漢書王莽傳中蓋予之所監也注監觀也論語八佾釋文又國語周語下使永監爲注魯語上使長監于世齊語以監其上下之所好注又漢書禮樂志集注又文選思玄賦舊注鑒視也後漢書班彪傳下上帝懷而降鑒注。萱按瞷鑒亦正借字

始瞷切

芟刈艸也說文。左氏隱六年傳芟夷蘊崇之注云芟刈也又漢書賈誼傳故薪去不義諸侯注云薪讀與芟同謂芟刈之萱按此段薪爲芟也除草曰芟詩載芟傳。釋文云芟除艸也芟艸除田也周禮肆師嘗之曰涖卜來歲之芟注芟殺也淮南本經芟野菼注芟大鐮所以芟艸國語齊語耒耜枷芟注。萱按芟本謂刈艸因而刈之之具亦名芟矣。

嵒巖切

毚俗有纔狡兔也兔之駿者說文段注小雅巧言傳曰毚兔狡兔也按狡者少壯之意駿者良才者也

兔之大者則爲毚之類。文選西京賦毚兔聯猭薛注云毚狡兔也毚大兔也詩巧言正義引蒼頡解詁毚狡也素問解精微論請問有毚愚仆漏之問注又國策秦策躍躍毚兔注毚獪也廣雅釋詁四毚欃檀樹之別種也史記孔子世家毚檀素隱。萱按此毚乃欃之省借字也說文無欃纔犬聲玉篇

嚵

小啐也一曰喙也說文段注喙也別一義嚵嘗也集韻引廣雅

讒

譖也說文。萱按禮記緇衣注取彼讒人即巷伯取彼譖人也讒譖是僞妄之言詩桑柔箋譖不信疏也讒誕也韓外傳四讒邪也呂覽貴因讒慝勝良注敗言爲讒左氏昭五年傳好言人惡謂之讒莊子漁父利亂以亂屬曰讒大戴記千乘傷良曰讒荀子脩身讒鼎名也左氏昭三年傳讒鼎之銘曰注又釋文。服注云讒鼎疾讒之鼎明堂位所云崇鼎是也一云讒地名禹鑄九鼎於甘讒之地故曰讒鼎也

儳

儳互逭不齊也說文段注今人作攙和字當用此周語戎翟冒沒輕儳注云儳進退上下無列也曲禮曰長者

不及毋儳言注云儳猶暫也左傳聲盛致志鼓儳可也注云儳巖未整陳皆不齊之意表記儳焉如不終日亦同儳巖也左傳僖廿二年釋文儳疾也廣雅釋詁一又後漢書何進傳注引廣雅儳謂不與之言而傳對也漢書儒林孔傳傳鄒房生梁欷儳和之曰注儳焉可輕賤之皃也禮記表記君子不以一日使其躬儳焉如不終日注

劖

斲也一曰剽也剗也說文段注劖斷也與金部鑱馬略近劖者砭刺也剗者刈也。廣雅釋詁一云劖斷也

鑱

銳也說文鑱謂石針也史記扁鵲倉公傳鑱石撟引索隱

纔

帛雀頭色也一曰微黑色如紺句纔淺也說文段注今經典緅字許無纔即緅字也考工記三入爲纁五入爲緅七入爲緇注染纁者三入而成又再染以黑則爲緅緅今禮俗文作爵言如爵頭色也又復再染以黑乃成緇矣士冠禮爵弁服注爵弁者冕之次其色赤而微黑如爵頭然或謂之緅依鄭則爵緅纔三字一也三字雙

犛巾車雀飾注曰雀黑多赤少之色玉裁按今目驗雀頭色赤而微黑前一說謂黑多後一說謂微黑不同鄭注考工巾車謂黑多注士冠禮謂微黑亦不同也其實雀頭微黑而已纔淺亦於雙聲求之猶竊之訓淺也江沅曰今用爲才字乃淺義引伸○漢書鼂錯傳集注賈山傳集注楊雄傳下集注竝云纔淺也 **纔暫也** 廣雅釋言又漢書賈山傳集注 **纔少也** 漢書文帝紀集注 **纔微也劣也僅也** 一切經音義廿二引三蒼 **纔微見也** 同上

酁宋地也 說文段注左傳哀十七年宋皇瑗之子麇有友曰田丙而奪其兄酁般邑以與之酁般猶祁午孟丙鄭者般之邑也不詳其地在漢之何郡縣故但曰宋地

暫 或書作嶃 **礹石也** 說文段注按暫礹二篆之解似當依玉篇更正暫下云暫礹山石兒也礹下云暫礹也乃合全書之例今本乃爲淺人所亂耳若暫礹古多用爲連綿字上林賦嶄巖嵾嵳郭云皆峯嶺之兒高唐賦登巉巖而下望西都賦巉嶄巖皆即此二篆也古二篆分用者小雅漸漸之石傳曰漸漸山石高峻此暫之段借字也節南山傳曰節高峻兒巖巖積石兒此礹之段借字也巖詩音義作嚴謂嚴爲或本今按許磛書則巖者厓也礹者山石兒音同而義別詩當作嚴爲長

韻史 卷三十五第八部平聲廿韻

三四七七

礹石兒 集韻

礹 仰毚切 **礹石山也** 說文段注巖主謂山故从山礹主謂石故从石詩曰維石巖巖諸書多叚巖爲礹如高唐上林是也○子虛云陵球碑礹礹猶巖巖獨用本字餘皆作巖若巖用借字 **巖巖積石兒** 詩節南山傳又漢書董仲舒傳集注

巖 ○俗有巗岩 **厓也** 說文段注各本作岸今依太平御覽所引正厂部曰厓者山邊也厓亦謂之巖故厂下云山石之厓巖人可居也戰國策巖下有貫珠者漢書遊於巖廊之上皆謂殿下小屋如厓巖之下可居也天子之堂九尺諸侯七尺其上曰巖廊其下曰巖下山部之巖主謂山厓石部之礹主謂積石 **巖是山崖之名** 書說命序得諸傅巖疏 **巖穴也** 楚辭哀時命穴巖石而窟伏注 **壧穴也** 漢書禮樂志壧處頃聽注引晉灼○顏注云壧與巖同 **巖岸側巖巖之處也** 文選羽獵賦探巖排碕注○漢書楊雄傳上注云巖水岸巖巖之處 **巖深巖也** 文選長笛賦峆窞巖窟注 **巖窟不平也** 文選西都賦注引左傳杜預注 **巖高也** 廣雅釋詁四 **巖巖高也** 廣雅釋訓 **巖廊謂巖峻之廊也** 漢書董仲舒傳注引晉灼 **巖廊殿下小屋也**

韻史 卷三十五第八部平聲廿韻

三四七八

漢書董仲舒傳注引文穎

齊齒呼二

嚴 或作巖 **呻也** 說文

淹 漾賸切 **淹水出越巂徼外東入若水** 說文段注越巂郡屬益州二志同巂音先蘂反今四川語言讀如西上聲佩觿謂字作巂與巂不同者誤說也同字異音耳不言何縣徼外者未審也水經曰淹水出越巂遂久縣徼外東南至青蛉縣又東過姑復縣東南入於若水然則淹水亦合金沙江以入江者也越巂郡今四川寧遠府是其地廣韻淹下曰漬也滯也久留也敗也 **淹水一曰復水也** 水經注三十七引字林 **淹謂浸漬之** 禮記儒行淹之以樂好注○楚辭離世淹芳芷于腐井兮注云淹漬也○裁按此義正當作腌而借用淹也淹敗也亦然腌入聲 **淹遲也** 文選鵩鳥賦淹速之度兮注又漢書賈誼傳集注 **淹留也** 左氏宣十二年傳二三子無淹久注○裁按漢書禮樂志神奄留叚奄爲淹也 **淹久也** 爾雅釋詁又左氏僖三十三年傳爲從者之淹注成二年傳無令輿師淹於君地注襄廿六年傳君淹恤於外注又公羊宣十二年傳王師淹病矣注又國語晉語振廢淹注又後漢書張衡傳注又淮南脩務淹

韻史 卷三十五第八部平聲廿韻

三四七九

浸漬漸靡使然也注又離騷日月忽其不淹兮注 **淹敗也** 廣雅釋詁三 **漫淹敗也水微爲淹** 方言十三○注云漫淹皆謂水潦漫滯壞物也 **淹滯有才德而未敘者也** 左氏昭十四年傳舉淹滯注又後漢書馬融傳注 **三盆手者三掩也** 禮記祭義注○裁按此叚掩爲淹也

閹門豎也宮中奄昏閉門者 說文段注豎猶孺也周禮注曰豎未冠者之官名凡文王世子之內豎左傳之使牛爲豎皆是司門則曰門豎故从門各本作閹今正周禮注曰奄精氣閉藏者今謂之宦人也豎不必奄人此豎則奄人也故从奄當依小徐作閹閹閉門者一說當作宮中掩門者○晉書音義中音義下竝云閹宦官又豎也宮中奄閽閉門者 **閹尹主領奄豎之官者也** 後漢書宦者傳注○班彪傳上注云閹尹閽寺竝宦官 **奄奄士也** 國語晉語公令奄楚刺重耳注○詩召旻箋而近仕刑奄之人釋文云奄本作閹○裁按閹奄古通用 **奄官也** 淮南時則令奄尹注○周禮春官序官奄八人注云奄如今之宦者 **奄官無陽施猶婦人也** 續漢書五行志四○周禮天官序官酒人奄十人注云精氣閉藏者今謂之宦人又釋文云奄謂精氣閉藏也 奄 **太**

韻史 卷三十五第八部平聲廿韻

三四八〇

歲在戊曰閹茂爾雅釋天閹蔽也爾雅釋天李注又史記天官書閹茂歲索隱引孫炎萬物皆蔽冒故曰閹茂爾雅釋天孫注

䵡 向瞻切

赤黃色也一曰輕傷人䵡姁也說文段注赤黃者赤色微而黃也傷各本作易今正侮者傷也傷者輕也此謂輕侮人者其狀䵡姁也後漢書曹大家女誡視聽陜輸注云陜輸不定皃蓋即䵡姁也語同字異耳

詹 章淹切

○俗有蟾多言也說文詹足也呂覽適音不充則不詹注○萱按詹本言之多引申爲凡多也俗又製贍爲給足之尊字詹至也爾雅釋詁又詩采綠六日不詹傳閟宮魯邦所詹傳又文選思玄賦黃靈詹而訪命兮舊注○方言一云詹至也詹楚語也詹省也給也史記孝景紀長信詹事集解引應劭又漢書百官公卿表上集注詹詹小辨之皃莊子齊物論小言詹詹釋文引李頤注詹諸月中蝦蟇淮南說林蝕於詹諸注○文選古詩四五詹兔缺注云詹與占同古字通○萱按詹占正借字或作蟾蠩蟾蜍俗字也蟾蜍蝦蟇也淮南精神月中有蟾蜍注又後漢書張衡傳注○爾雅釋魚鼁䵹蟾諸李注云蟾諸即蝦蟆蟾蠩蟼也淮南原道蟾蠩

捕蚤注

瞻

臨視也說文段注釋詁毛傳皆曰瞻視也許別之云臨視今人謂仰視曰瞻此古今義不同也瞻視也詩燕燕瞻望弗及傳雄雉瞻彼日月傳節南山民具爾瞻傳瞻彼洛矣箋公劉瞻彼溥原箋良耜或來瞻女箋又左氏襄三十一年傳各瞻其事釋文○禮記月令瞻肥瘠疏云瞻亦視也瞻觀也離騷瞻前而顧後兮注

襜 齒瞻切

或作幨裧帙衣蔽前說文段注釋器曰衣蔽前謂之襜此謂衣非謂蔽鄣也引伸之凡衣或曰襜褕或曰襜襦皆取蔽義又引伸之凡所用蔽謂之襜巾車皆有容蓋大鄭曰容謂幨車山東謂之裳幨或曰潼容幨即襜字也詩毛傳曰帷裳婦人之車惟裳即裳幨也士昏禮婦車有裧襍記其輤有裧裧亦即襜字○詩采綠不盈一襜傳云衣蔽前謂之襜襜帷也後漢書劉盆子傳注襜襜搖皃楚辭逢紛裳襜襜而含風兮注襌襦謂之襜裿廣雅釋器襜褕短衣謂非正朝衣如婦人服也史記魏其武安侯傳坐衣襜褕入宮索隱○索隱引字林云襜褕短衣襜褕直裾襌衣也漢書外戚恩澤侯表注雋不疑傳衣黃襜褕注○晉書音義引

字林云直裾曰襜褕襜褕曲裾襌衣也漢書何並傳被其襜褕注○子度云直裾曲裾二說不同意者襜褕本非一式與荊州謂襌衣曰布襦亦曰襜褕言其襜襜宏裕也釋名釋衣服○萱按鄉黨襜如也豈即襜裾宏裕乎鄭注云一俛一仰衣前後襜如也襟謂之幨管子揆度列大夫豹幨注障牀曰幨御覽六百九十九引通俗文幨幰所以禦矢也淮南氾論渠幨以守注幨絕起也考工記弓人夫筋之所由幨注幨幰也廣雅釋器裧車裳幃周禮謂之容車有容則固有蓋儀禮士昏禮有裧注○既夕記疏布裧注云裧者車裳幃於蓋弓垂之裧謂鼈甲邊緣禮記雜記上其輤有裧注韠蔽膝也又曰跪襜跪時襜襜然張也釋名釋衣服○萱按跪襜二字爲名非單名襜也蔽鄣正字作袡亦借用襜○子度云廣雅袡蔽鄣也又曰襜蔽鄣也一用正字一用段借字集韻昧於正借之指乃搵合襜袡爲一字誤矣

⿱竹剡

所以搔馬也說文段注所以二字今補廣韻刮馬篦也

漸 紫淹切

平上兩讀義別浸也史記孝武紀治大池漸臺正義引顏師古又漢書諸侯王表注郊祀志下集注地理志上集注溝洫志集注賈捐之傳集注楊雄傳下集注又荀子修身知慮漸深注大略蘭茝藁本漸於蜜醴一佩易之注正論上幽險則下漸詐矣注又水經渭水注○萱按漸與纖異部而音義大同瀸漬也洽也亦浸也漸謂浸潤之也漢書董仲舒傳漸民以仁注然其師友淵源所漸注考漸漬也詩氓漸車帷裳釋文又廣雅釋詁二又史記三王世索隱又荀子勸學其漸之滫注漸浸漬也荀子議兵是漸之也注漸溼也廣雅釋詁一又詩氓釋文漸是沾濕書禹貢疏漸洳浸濕也漢書東方朔傳塗者漸洳徑也注漸沒也文選諷諫詩享國漸世注漸劇也列子力命七日大漸注漸習也淮南繆稱良工漸乎矩鑿之中注漸入也書禹貢東漸於海晚出傳又漢書諸侯王表集注地理志上集注賈捐之傳集注漸漸麥芒之狀史記宋世家麥秀漸漸兮索隱漸漸含秀之皃也文選射雉賦麥漸漸以擢芒徐注漸毒猶深害莊子胠篋知詐漸毒釋文引崔注漸臺天臺之名文選月賦注引張衡觀象賦自注

黚 巨鹽切

黚 淺黃黑也 說文段注淺黃之黑與黃濁之黑相對成文地理志犍為郡黚水作此字許水部作黔水音同故也。薑按黚下云黃濁黑也二字正相反對。俗有䵦。䵦又見副編去聲異義

鉗 㠯鐵有所劫束也 說文段注劫者以力脅止也束者縛也 鉗以鐵束頸也 漢書高帝紀下自髡鉗為王家奴注楚元王傳楚人將鉗我於市注 鉗鑷也 漢書江充傳集注 鉗䥥也 後漢書梁統傳注。薑按鉗與䥥音義大同 鉗鈦也 後漢書光武紀上注引蒼頡。薑按鈦鐵鉗也 刖足者鉗 列女傳 糲通二字互訓 鉗惡也 廣雅釋詁三。方言十南楚凡人殘罵謂之鉗注云鉗害又惡也 鉗妄對不謹誠 家語五儀注 無取鉗之 鬑 剔也剔刑人之髮為之也 釋名

拑 脅持也 說文段注謂脅制而持之也凡脅之為制猶脅之為當也鬼谷子有飛鉗鉗即拑字。薑按拑鉗異部而義大同今鬼谷書作飛箝 拑以木銜馬口 公羊宣十四年傳拑馬而秣之釋文 拑籋也 漢書五行志中之上集注

韻史 卷三十五第八部平聲甘韻 三四八五

箝 籋也 說文段注箝脅持也以竹脅持之曰箝以鐵有所劫束曰鉗書史多通用。漢書爰盎傳集注云箝籋也 箝緘也 漢書異姓諸侯王表鉗語燒書集注引應劭 箝 箝人口也 荀子解蔽箝而利口注 箝謂鞏持緘束令不得脫也 鬼谷子飛箝注

檐 漾拑切

檐 。俗有櫩 櫩 梍也 說文段注檐之言隒也在屋邊也明堂位重檐注云重承壁材也姚氏鼐云漢時名檐為承壁材以其直垂而下如壁。按古書多用檐為儋何之儋 檐 梠也 廣雅釋室。爾雅釋宮檐謂之樀注云屋梠又謂之梠齊人謂之檐楚謂之梠。薑按爾雅字當作閻孫郭注則閻檐之義也 櫩 謂屋梠也 淮南本經修檐注 櫩 屋垂也 淮南主術飛檐注 檐 屋垂以為櫩 題注 也 一切經音義四引字書 檐 板承落也 文選西京賦注 檐接也接屋前後也 釋名釋宮室 外旋下廕謂之步檐也 漢書異姓諸侯王表閻閭偪於戎狄注引應劭 步櫊 步櫊步廊也 文選上林賦步櫊周流注。漢書司馬相如傳上步櫊長廊也 文選魏都賦注云步櫊言其下可行步即今之步廊也

韻史 卷三十五第八部平聲甘韻 三四八六

賦方步櫊而有踰注 檐屋外邊壇也 檐謂之樀 薑按此皆閣之異義也 秦晉續折木謂之櫊 方言六

閻 櫊謂之樀 樀廟門也 說文段注今釋宮檐謂之樀許所據爾雅有異本作閻木部樀戶樀也此樀義不同謂廟門也故閻从門異語王背檐而立大夫向檐也韋云門戶當作也國語爾雅字皆當作閻郭韋以屋檐謂之樀非是 檐屋外邊壇也 國語異注 檐謂之樀 爾雅釋宮

閭 櫊 或 里中門也 說文段注別於閻閈為里外門也。漢書異姓諸侯王表閭閻偪於戎狄注循吏傳序與於閭閻注又後漢書班彪傳注引字林又文選西京賦便旋閭閻薛注並云閭里中門也 閭里門也 荀子儒效雖隱於窮閻漏屋注 閻閈也 廣雅釋詁三。方言十三注云閻謂閈門也又東齊閻戶謂之閻苫 步櫊長砌也 楚辭大招曲屋步櫊注 閻易衣長大兒也 文選上林賦晻閻易以卹削郭注 有閻大又史記司馬相如傳晻閻易以戌削集解引徐廣 食閻勸也 廣雅釋詁一

韻史 卷三十五第八部平聲甘韻 三四八七

濶 海岱之間謂相汚曰濶 說文段注方言十浼濶洿也自關而東或曰浼東濟海岱之間或曰浼或曰濶按洿汚古通用子雲義取汚薉許說及廣雅皆從之郭注以汚池釋之非也。方言十注云濶注皆洿池也薑按此容可姑備一義

炎 火光上也 說文段注洪範曰火曰炎上其本義也雲漢傳曰炎炎熱氣也大田傳曰炎火盛陽也皆引申之義也。文選東都賦注引字林云炎火光又漢書司馬相如傳下日月之宋光絕炎注引李奇云炎者火之光 炎炎火光也 漢書揚雄傳下炎炎者滅注 炎謂火德。後漢書班彪傳下注 炎火盛兒 楚辭大招南有炎火千里注 炎熱氣也 文選班婕妤怨歌行涼風奪炎熱注。後漢書章帝紀注云炎言熱也 炎炎熏也 爾雅釋訓。注云炎炎旱熱熏炙人 炎炎美盛兒 莊子齊物論大言炎炎釋文引簡文注。太玄疑首升炎炎 國語吳語日長炎炎注 炎炎進兒 太玄疑注云炎盛大之兒也 炎炎同是非也 莊子齊物論釋文引李注 煙炎煙火之微細者 後漢書蔡邕傳注 東北曰炎

韻史 卷三十五第八部平聲甘韻 三四八八

風淮南天文。呂覽有始東北曰炎風注云炎風艮氣所生一曰融風南方曰炎天呂覽有始淮南天文又炎帝者太陽也白虎通五行炎帝神農也山海經北山經是炎帝之少女注大荒西經炎帝之孫名曰靈恝。呂覽蕩兵貴炎故用水火矣注云炎炎帝也

熊。八部九部兩讀俗有熊熊兹熊獸似豕山凥冬蟄从能炎省聲說文段注冬蟄見夏小正按炎省聲則當在古音八部今羽弓切雖諧火始談談漢書作膺膺淮南書東北曰炎風一作融風皆古音之證左傳正義曰張叔反論云賁爵下革田鼠上騰牛哀虎變鯀化為熊久血為烽積灰生蠅或疑熊當為能能王劭曰古人讀雄與熊皆于陵反張叔用舊音傳并潛通賦與終韻用新音也玉裁謂熊不妨古反于陵要之反論必是能字春秋左氏敬嬴公穀作頃熊熊蓋炎能熊三字雙聲。左氏昭七年傳今夢黃熊入于寢門賈注云熊獸也又爾雅釋獸熊虎醜孫注云熊似豕之獸熊山野之獸漢書五行志中之上熊為獸猛白虎通鄉射。列子黃帝熊羆狼豹貔虎為前驅注云熊羆皆猛獸勇鬥者也熊熊光氣炎盛相焜燿之皃山海經西山經其光熊熊注有熊者獨

宏大道德也黃帝有天下號曰有熊白虎通號

鹽。俗有盬盬鹵也天生曰鹵人生曰鹽古者夙沙初作鬻海鹽說文段注首十字各本作鹹也二字今正鹽之味鹹鹽不訓為鹹玄應書三引說文天生曰鹵人生曰鹽當在此處上冠以鹵也二字則渾言析言者備矣周禮鹽人掌鹽之政令有出鹽直用不湅治者有湅治者夙大徐作宿古宿夙通用左傳有夙沙衛呂覽注曰夙沙大庭氏之末世困學紀聞引魯連子曰古善漁者夙沙瞿子又曰夙沙瞿子善煮鹽許所說蓋出世本作篇所謂人生曰鹽也。水經注六引字林云夙沙初作煮海鹽又湅水注引呂忱云沈沙煮海謂之鹽中有岱嶽與其五穀魚鹽生焉爾雅釋地九府盬鹽也水經涑水注引左傳成六年沃饒而近盬服注鹽形鹽呂覽本味大夏之鹽注。蓋按形鹽見周禮天左氏傳云鹽虎形鹽曰鹹鹺禮記曲禮下又偶斷上鹽食肴之將漢書食貨志下鹽田海邊也文選海賦陸充盬田注鹽販之澤即鹽池也山海經北山經景山南望鹽販之澤注鹽水即鹵水也又有鹽石即陽石也水經鹵水注。

蓋按鹽鹵陽三字雙聲又按東海廟碑瀕海鹽田武梁祠堂畫象無鹽嫫女漢時俗字作鹽也近人作盬彌陋

螹此鹽切。俗有螹螹離也說文段注三字句螹史記文選同漢書作漸上林賦說水族曰蛟龍赤螭魱鰽螹離司馬彪曰螹離魚名也張揖曰其形狀未聞按許以此次於蠵螭二篆閒必介蟲之類周人或以漸離為名取於物為假也漸瀸字或作螹訓非也

嚴仰柑切嚴古文教命急也說文段注嚴急疊韻趙注孟子曰事嚴喪事急嚴謂戒所以禁非也素問疏五過論醫不能嚴注無赦之謂嚴韓非子難四嚴言不可犯也漢書揚雄傳上犯嚴淵注。賈子道術云瓬制不犯謂之嚴嚴儼也儼然人憚之也釋名釋言語嚴畏也離騷湯禹嚴而祇敬兮注。文選羽獵賦犯嚴淵注云嚴言可畏也嚴威嚴也詩六月有嚴有翼傳。左氏昭六年傳斷之以剛疏云嚴謂威可畏也嚴嚴有威重之皃荀子儒效嚴嚴兮其能敬己也注嚴堅中外正嚴也管子小問嚴謂嚴肅禮記祭義嚴威儼恪疏嚴敬也詩殷武下民有嚴傳又國語楚

語無有嚴威注又管子小匡擇其善者而嚴用之注。禮記大學其嚴乎注云嚴乎言可畏敬也又學記嚴師為難注云嚴尊敬也嚴尊也孟子公孫丑上無嚴諸侯注又呂覽審應使人戰者嚴馴也注。禮記大傳收族故宗廟嚴注云嚴猶尊也又漢書平當傳集注云嚴謂尊嚴嚴壯也楚辭國殤嚴殺盡兮棄原壄注乾為嚴易象下傳不惡而嚴虞注嚴更督行夜鼓文選西京賦重以虎威章溝嚴更之署薛注。後漢書班彪傳上注云嚴更之署行夜之司也嚴棘謂獄也後漢書寇榮傳注嚴即莊也避明帝諱故改之後漢書傳注。陳紀傳注云嚴讀曰莊。蓋按既諱莊改為嚴安得嚴又讀莊乎此注當云嚴本莊改乃合耳經典中嚴本作莊者甚夥嚴姓亦然公羊桓六年傳謂嚴公也釋文云本亦作莊又古今人表嚴先生史記越世家作莊

⿱竹嚴惟射者所蔽者也說文段注依晉灼補上者字此即射雅之翳也亦謂之廩廣雅廩作秝⿱竹嚴翳也廣雅釋器

齊燕詩三

冘漾忱切。俗有佔冘冘逗行皃說文段注冘冘各本作淫淫今依玉篇集韻類篇正玉篇別立冘部云冘冘行皃則

知冂部有冘者孫強所增也而引說文作滛淫是唐時譌本耳後漢書盧植傳注所引不誤羽獵賦三軍芒然窮冘閼與孟曰冘行也如曰冘者懈怠也古籍內冘豫義同猶豫巴東灩預堆亦曰猶豫坤元錄作冘豫樂府作淫豫然則冘是遲疑躊躇之皃矣冘人行皃也萱按冘从出冂冂遠介也儿者奇字人也冘者遠望人行若行若不行之皃冘豫不定也後漢書竇武傳太后冘豫未忍注佔行皃玉篇

鈂齒忱切 臿屬也說文。一切經音義七引蒼頡

𦬶艸也說文段注此與莐蕃各物。爾雅釋艸莐藩釋文云字或𦬶。萱按𦬶與莐蕃未必非二物𦬶莐未必非二字也

沈平上兩讀義異。俗有沉 陵上滈水也一曰濁黕也說文段注陵上云云謂陵上雨積停潦也古多假借為湛沒之湛如小雅載沈載浮是又或借為瀋字檀弓為揄沈是也一曰云云黑部曰黕滓垢也黕沈同音通用 沈者莽也言其平望莽莽無涯際也風俗通山澤 沈水汙泥也莊子達生

有沈有漏釋文引司馬注 沈泥滓也荀子解蔽沈濁在下而清明在上注。釋名釋飲食云沈齊濁滓沈下汁清在上也 沈謂黃泉之中也太玄玄告沈以窮乎注 沈謂居深水之下也漢書刑法志除山川沈㡿注。沈㡿水田爲鹵也漢書刑法志注引臣瓚 沈下也素問至真要大論太陰之至其脈沈注。太玄玄錯云沈志下又玄衡云沈下藏 沈止也廣雅釋詁三 沈滯也國語周語以揭沈伏注 沈伏也國語周語氣不沈滯注水無沈氣注。素問四氣調神大論賢氣獨沈注云沈謂沈伏也 沈猶隱也太玄玄圖陰陽沈交注 沈藏匿也漢書酷吏咸宣傳於是作沈命法注引孟康又史記酷吏傳集解引漢書音義 沈者不復出也荀子非十二子多少無法而流湎然注 不得其穀曰沈管子侈靡沈浮示輕財也注 沈脈者按之乃得也素問陰陽應象大論觀浮沈滑濇而知病所生以治注六節藏象論夫脈之大小滑濇浮沈注 沈潛謂人性之沈滯懦弱也左氏文五年傳疏。書洪範晚出傳云沈潛謂地 沈漸猶滯溺也左氏文五年傳沈漸剛克注。成六年傳於是有沈溺重膇之疾注云沈溺濕疾 平

沈平漸也考工記輪人平沈必均注。司農云平沈謂浮之水上無輕重 沈者雲之重也文選登廬山香爐峯詩注引蔡邕月令章句 沈大也方言一又廣雅釋詁一 沈沈盛皃淮南俶眞茫茫沈沈注。文選謝玄暉始出尚書省詩衰柳尚沈沈注云沈沈茂盛之皃也 沈沈宮室深邃之皃也萱按據玉篇則此段沈沈爲黕也玉篇冘部有黕字音談爲此義之專字愚謂即以沈沈本字說之其義亦自通矣不破爲黕奚不可黕見第七部副編 沈沒也沈溺也沈深也沈潛也萱按此皆段沈爲湛也湛在七部 沈久也沈陰也萱按此霃之義沈其借字也

霃久霠也說文段注月令季春行秋令則天多沈陰沈即霃之段借也沈行而霃廢矣 沈久也素問至真要大論溼陰所勝則沈陰且布雨變枯槁注 沈陰也書洪範沈潛剛克馬注

訦始鈂切 燕代東齊謂信訦也說文。方言一云允訦恂展諒穆信也燕代東齊曰訦。萱按詩大明天難訦斯蕩其命匪諶韓詩作天難訦斯其命匪訦三字義近互通矣諶在七部音亦同

忱。俗有愖 誠也詩曰天命匪忱說文段注誠者信也詩大明曰天難忱斯毛曰忱信也言部諶下曰誠諦也引詩天難諶斯古忱與諶義近通用大雅蕩曰天生烝民其命匪諶毛曰諶誠也許作忱是亦可徵二字互用也。文選幽通賦實諶而相訓曹注思玄賦用忱而枯仁舊注又後漢書張衡傳注並云忱誠也 愖猶忍也大戴記小閒憂以繼愖注

厰仰忱切 崟也一曰地名說文段注崟者山之岑崟也地名蓋公羊傳殽之嶔巖是也嶔蓋即厰字

韻史卷三十六

泰興何萱石閣譔集　子度校字

第八部上聲　上海顧錫麒竹泉覆審

敢韻　武進李兆洛申耆鑑定

開口呼

𠭖艮膽切𣪘籀𢽾古文。隸作敢。進取也說文。敢果也論語堯曰敢用玄牡皇疏。果敢謂不虞不懼也大戴記文王官人潔廉而果敢者也注。後漢書光武紀上注云敢死謂果敢而死者又馬武傳注云敢言謂言果敢而無所隱也。敢果決也荀子性惡天下有中敢直其身注。敢必行也一切經音義十六引三蒼。敢勇也廣雅釋詁二。勇敢勇猛果敢列子力命勇敢釋文。信理遂恔謂之敢賈子道術。敢者怖懼用勢決之辭儀禮燕禮匿敢辭注。士虞禮記敢用絜牲剛鬣注云敢冒昧之辭。又疏云凡言敢者皆是以卑觸尊不自明之意。敢犯也廣雅釋詁四。敢衄也同上。敢不敢也左氏莊廿一年傳敢辱高位注昭二年傳敢辱大館注。定五年傳不能如辭疏云敢為不敢如為不如古人之語然也。又儀禮聘

禮記辭曰非禮也敢對曰非禮也敢辭注云二者皆卒曰敢言不敢。

醰酒味淫也說文段注淫者浸淫隨理也謂酒味淫液深長。

⿷匚贛⿰木贛或俗有⿰木贛小桮也說文段注木部曰桮⿷匚贛也二篆為轉注而桮下見渾言之義此見析言之義兩處互相足而後義全此許立文之例也⿷匚贛下亦可云桮也桮下亦可云大⿷匚贛也是互相足之謂也門部云大桮為閜故小桮為⿷匚贛矣方言曰盌械盞溫閜𥁓㮋桮也自關而東趙魏之閒曰械或曰盞或曰盌按械盞即許之⿷匚贛音同字異許則械訓匧各有本義也。

⿷匚贛杯也廣雅釋器。⿷匚贛倉也廣雅釋室。

⿱艹贛艸也一曰薏苢說文段注本艸曰一名⿱艹贛音感即此字陶隱居云交阯實大者名⿱艹贛珠⿱艹贛與贛雙聲字也。⿱艹贛薏苢也廣雅釋艸。

口膽切

坎。俗有埳峪陷也說文段注陷者高下也高下者高而入於下也因謂阱為坎井部曰阱者大陷也穴部曰窞坎中更有坎也易曰坎陷也習坎重險也毛詩傳曰坎坎擊鼓聲按此謂坎坎為贛贛之段借字也。易序卦傳云坎者陷也

埳陷也廣雅釋詁四。坎險也釋名釋天。易坎習坎注云坎者險陷之名又云習坎者習為險難之事也。坎為水禮記郊特牲疏又左傳襄廿五年疏昭十二年疏。易井鄭注云坎水也又說卦傳云坎者水也正北方之卦也。坎勞也水也眾也國語晉語。易說卦傳云坎勞卦也。坎下也易襍卦傳。坎幽也易象下傳幽不明也廣注。坎坷不平皃漢書揚雄傳上濊南巢之坎坷兮注。坎壈不遇皃也楚辭離世志坎壈而不違注。坎恨也楚辭壹懷哀僕夫之坎毒兮注。坎憂也太玄內坎我西階注。坎銓也爾雅釋言。坎為丈夫禮記郊特牲注婦孕不育疏。坎為豕禮記坊記不如西鄰之禴祭注。埳即坎也文選長笛賦埳窞巖覆注。萱按此以人所易知通人所難知明其為同字也。埳亦坑也一切經音義三引埤蒼。埳井壞井也莊子秋水子獨不聞夫埳井之鼃乎釋文引司馬注。埳井喻小也。埳軻不遇也後漢書馮衍傳注。欿險也欿陷也。竝易坎釋文引京劉注。萱按此段欿為坎也。又自埳峪而變。欿坑也廣雅釋水。坎聲也。坎坎喜也萱按此類皆段坎為贛也。坎為廣莫

風淮南墬形注。天文廣莫風至注云坎為鼓

惂憂困也說文

凵張口也象形說文。廣韻也作兒

贛繇也舞也詩曰贛贛鼓我說文段注繇當作䚻徒歌也上也字衍謠舞者謠且舞也詩序曰維清奏象舞也武奏大武也禮記文王世子明堂位祭統皆云管象舞大武象與大武皆謂周頌武篇鄭注祭統云吹管而舞武象之樂也樂記說武以咏歎淫液發揚蹈厲竝言則舞兼歌矣故其字从章从夂鼓各本作舞今依韻會訂士部引壿壿舞我則此當同詩作鼓矣今小雅伐木作坎坎毛無傳而陳風傳曰坎坎擊鼓聲也魏風傳曰坎坎伐木聲也魯詩伐檀作欿欿贛贛鼓我蓋取三家與毛異。坎為鼓淮南天文廣莫風至注。墬形注云坎為廣莫風。鼓聲為坎禮記樂記鼓鼙之聲讙疏引崔氏說。坎聲也文選曹子建箜篌引題注。坎坎喜也爾雅釋訓。欿欿聲也廣雅釋訓。萱按此段欿為贛也

挨腤切
晻。俗有黤不明也說文段注北征賦曰晻晻其將暮漢書元帝紀三光晻昧南都賦晻曖翳蔚吳都賦旭日晻咩凡言晻藹謂陰翳也蜀都賦作奄藹。漢書劉向傳而反晻昧說天注又匡衡傳音義引字林竝云晻不明也晻冥也廣雅釋詁四晻障也廣雅釋詁二晻晻暗也廣雅釋訓。荀子不苟是姦人將以盜名於晻世者也注儒效晻然若合符節注又漢書元帝紀三光晻昧注今朕晻于王道注德薄明晻注外戚傳下遂晻莫而昧幽注竝云晻與暗同又五行志下之下日光晻注云晻與闇同。萱按晻暗闇字異而音義大同後出暗字亦同惟奄聲在八部音聲在七部爲異耳上去異讀耳晻陰雨也呂覽務本有晻淒淒注。萱按詩作濟則晻乃濟之備然作有晻亦旬通作晻溘雲氣之兒漢書禮樂志晝晻溘注章外戚傳光燿晻而不彰注晻靄猶蓊鬱蔭兒離騷揚雲霓之晻靄兮注晻曖芳香之盛也史記司馬相如傳晻曖苾勃正義。文選上林賦晻薆咇茀注云晻與晻音義同

海腤切
𢎘緐作已嘾也艸木之𢎘未發圅然象形說文段注口部曰嘾者含深也艸木云云圅之言含也深含未放象形者下象承𢎘之莖上象未放之蓓蕾

東艸木垂𢎘實也說文段注艸字依玉篇補
菡或作菡藺也說文菡藺芙蓉也廣雅釋艸菡萏荷華也詩澤陂有蒲菡萏傳。山有扶蘇文云菡萏荷華也未聞曰菡萏已發曰芙蓉菡萏蓮華也爾雅釋艸荷其華菡萏疏引李注。萱按菡有作菡顏敢者三皆俗字亦皆叚借菡萏豐盛之兒也華嚴經音義下引漢書音義
淊泥水淊淊也一曰繅絲湯說文段注繅絲必用爞湯名曰淊
蜭毛蠹也說文段注釋蟲文蠹者木中蟲也蜭居木中其形外有毛能食木故曰毛蠹是爲蜭蜭之言陷也
蜭即蛓爾雅釋蟲蜭毛蠹釋文

到覽切
膽連肝之府也說文段注白虎通曰府者爲藏宮府也膽者肝之府也肝主仁仁者不忍故以膽斷仁者必有勇也素問曰膽者中正之官決斷出焉膽者積精之府也後漢書馬融傳注膽有膽氣荀子脩身勇膽猛戾注膽金也淮南精神膽爲雲注膽溢也淮南覽冥川谷不膽注膽治擇之名

也禮記內則桃曰膽之注。爾雅釋木桃曰膽之舊注云膽擇取其美者膽定不動之兒淮南原道膽兮其若深淵注。萱按此蓋段膽爲懦也然本字亦旬可通
黵大污也說文
黕滓垢也說文段注滓者澱也垢者濁也荀卿曰人心譬如槃水正錯而勿動則湛濁在下而清明在上楊倞曰湛濁謂沉泥滓也按沉即黕之段借字文選注引魏文帝愁霖賦曰玄雲黕其四塞段黕爲黑兒引申之義也黕黑兒也文選籍田賦翠幕黕以雲布注
紞冕冠塞耳者說文段注魯語王后親織玄紞韋曰紞所以縣瑱當耳者齊風充耳以素乎而充耳以青乎而充耳以黃乎而箋云素青黃謂所以縣瑱者或名爲紞織之人君五色臣則三色而已瓊華瓊瑩瓊英謂縣紞之末所謂瑱也玉裁按紞所以縣瑱瑱所以塞耳紞非塞耳者也大戴禮黈紞塞耳所以掩聰黈黃色也紞同纊薛綜東京賦注曰黈纊言以黃綿大如丸縣冠兩邊當耳不欲妄聞不急之書比薛氏緣辭生訓大戴紞字乃紞之譌形之誤也黃色之紞下垂充耳人君

紞五色故或單舉乎或單舉黃以該他色自紞譌爲紞漢初諸儒不能辨證禮緯客難東京賦諸書又改作纊因起薛氏繆說而呂忱顏師古從之用黃綿塞耳禮之所無士喪禮曰瑱用白纊豈有生時以纊充耳者如淳漢書注曰以玉爲瑱以黈纊縣之如語亦欠明了古文用字斷無有呼條繩爲纊者許書冕冠塞耳者當作冕冠所以縣塞耳者乃與鄭箋詩韋注國語合鄭章析言之許渾言之耳引申之義爲衾紞鄭云被識也按今人詩謂之當頭即當耳之意又紞如打五鼓亦謂當鼓而有聲也
紞縣瑱之物織五采爲之詩葛覃疏紞織五采如縚狀用縣瑱也詩葛覃釋文紞謂懸之繩也詩有瞽疏紞冠之垂者左氏桓二年傳衡紞紘綖注又釋文引字林紞今之條詩著疏引王基紞被識也儀禮士喪禮無紞注。禮記喪大記紟五幅無紞注云紞以組類爲之縫之領側若今被識矣紞或爲點

代膽切
憺安也說文段注子虛賦曰憺乎自持按人部曰佚安也音義皆同。楚辭雲中君蹇將憺兮壽宮注東君觀者憺兮忘歸注竝云憺安也憺定也淮南俶眞蜂蠆螫指而神不能憺注憺猶動也漢書李廣傳威稜憺乎鄰國集

注引李奇。注引蘇林云陳留人語恐言憺之。董按動及恐與安定義相違反豈以相反為相成歟振動恐懼無不欲安定者也澹安也廣雅釋詁一又漢書禮樂志集注賈誼傳集注司馬相如傳下集注楊雄傳下集注又文選長門賦注引漢書李奇注。董按安定諸義段澹爲憺若倓也憺同音倓同部音近澹靜也廣雅釋詁四。文選神女賦澹清靜其情憺兮注云澹靜皃澹恬靜也莊子遁遠遊注雖澹然而不待坐忘行志釋文澹泊安靜也漢書楊雄傳下澹泊為德注文選長楊賦注云澹泊與澹怕同澹定也後漢書馮衍傳注膽定不動之皃淮南原道膽兮其若深淵注。董按此段膽為澹也與段澹同

澹

澹澹水繇皃也說文段注東賦高唐賦注引皆有澹澹字皃亦依東京賦注補高唐賦曰水澹澹而盤紆東京賦曰滐水澹澹俗借爲淡泊字繇書作搖澹淡搖蕩之皃也文選七發湍流遡波又澹淡之注澹淡水波水文也文選高唐賦從靡澹淡注澹淡蓋隨風之皃也文選西都賦澹淡浮注。後漢書班彪傳下注云澹隨風之皃也澹動也漢書禮樂志集注。後漢書班彪傳下注云澹猶動也

澹澹爲似欲不定也素問刺熱論其逆則項痛員員澹澹然注澹汸澄深也文選海賦淡游澹汸注澹定也澹安也澹靜皃澹泊安靜也董按此澹引申段借之義也正字當作憺若倓注具憺下澹給也澹足也董按此段澹為贍說文無贍也荀子王制物不能澹則必爭注云澹讀為贍又張納碑云卿澹淶餘憺猶動也漢書李廣傳集注引李奇。董按此蓋段憺爲澹也二字互相段

淡

饕。薄味也說文段注醲之反也面部曰醲厚酒也又澹淡亦作泊淡水滿皃楊雄賦秬鬯泔淡應劭曰泔淡滿也按泔淡訓滿謂淡為贍之段借。禮記中庸淡而不厭注云淡其味似薄也淡無酸酢少味也禮記表記君子淡以成注無味謂之淡管子水地注。漢書叔孫通傳攻苦食啖注云淡謂無味之食也。董按傳作啖注作淡者淡正字也又集注引如淳云食無菜茹為啖此與傳同用段借字也淡謂無主味也漢書楊雄傳下大味必淡注淡也者五味之中也管子水地淡淡安流平滿皃文選高唐賦濟淡淡而並入注。董按潘安仁金谷集詩云綠池汎淡淡饕無味也玉篇

啖

噉或。俗有䐁噍啖也說文啖食也廣雅釋詁一。漢書王吉傳吉婦取棗以啖吉。注云啖謂使食之啖啖并吞之皃荀子王霸啖啖常欲人之有注䐁肉也廣雅釋器䐁肴也北户錄注引字林食無菜茹為啖董按此段啖為淡

緂

帛騅色詩曰毳衣如剡說文段注騅者蒼白色也詳馬部釋言曰菼騅也王風毛傳曰菼騅也蘆之初生者也艸部曰剡者萑之初生一曰騅帛色如剡故謂之騅色謂之緂也取其與剡同音也

剡

菼或萑之初生一曰亂一曰騅說文段注騅各本作騅今依爾雅兩一曰謂剡之一名也釋言云菼騅也菼亂也王風傳云菼騅也蘆之初生者也箋云菼亂也按毛釋爲恐其與雜無別也故又申之曰蘆之初生者菼別於蘆析言之也統言之則菼亦偁蘆鄭恐萑葦無別也故又申之曰亂也剡與騅皆言其青色亂言其形細莖襍寄許云萑之初生亦以正毛也。爾雅釋言釋艸並云菼亂也又樊注云菼初生萑騅色海濱曰亂又郭注云菼江東呼爲烏蓲又詩七月疏云初成者爲菼長大爲亂成則名爲萑又蒹葭陸疏云菼一名亂亂或謂之荻至秋堅成則謂之萑揚州人謂之馬

尾萑未秀爲菼大戴記夏小正萑荼傳菼艸色如騅在青白之間爾雅釋言注。淮南本經芰野菼注云菼艸也

菡

或作菡。俗有莟欿萏菡萏逗扶渠華句未發爲菡萏已發爲夫容說文段注許意扶渠爲華葉莖實本根之總名爾雅說此艸以夫渠建首毛公亦曰荷扶渠也其華菡萏扶渠一作夫渠今爾雅作芙蕖俗字也未發云云就華析言之也陳風有蒲菡萏爾雅毛傳皆曰其華菡萏此統言之不論其未發已發也屈原宋玉言芙蓉不言菡萏亦猶是也許意菡之言含也夫之言敷也故分之高誘曰其華曰夫容其秀曰菡萏與許意合華與秀散文則同對文則別夫容今本作芙蓉俗字也

窞

坎中更有坎也易曰入于坎窞一曰旁入也說文段注坎中更有坎也各本作坎中小坎今依易釋文訂易坎初六曰入于坎窞虞翻曰坎中小坎稱窞釋文引說文坎中更有坎也字林坎中小坎也然則今本爲後人以呂改許明矣。易坎釋文云窞旁入又引字林云窞坎中小坎一曰旁入窞坎之深者也易坎

干注 窞坎底也 易坎釋文引王肅注 窞坑也 廣雅釋水

肬 或作醓 肉汁滓也 說文段注醢人韭菹醓醢注云醓肉汁也公食大夫禮注曰醓醢醢有醓釋名曰醓多汁者曰醓醢濇也宋齊人皆謂汁爲濇按此三條可見禮經正字當作肬謂多肉汁之醢也許云汁滓者謂醢不同清也合醢人注及血部盬下覩之肬醢用牛乾脯莝之襍以梁麴及鹽漬以美酒塗置甀中百日則成蓋他醢及臡皆用此法如鹹醢則用乾鹹肉麋臡則用乾麋肉也凡醢臡皆有汁而牛乾脯獨得肬名者六畜不言牲名他醢臡不言肬立文錯見之法汁即鹽酒所成醢皆牲物非有執汁也毛傳云以肉曰醓醢大鄭云醓醢肉醬也皆言肉以色汁不言何肉者蓋謂周禮六牲之肉下文醢臡麋鹿麇兔雁在六獸六禽內可證也許但言牛乾脯者舉六牲之一以包其餘也正字作肬醢段借字作醓醢許所據禮作盬今字作醓 醓醢汁也 儀禮聘禮其南醓醢屈注○少牢饋食禮注云韭菹醓醢朝事之豆也而饋食用之豐大夫禮 醓醬也 廣雅釋器 醓肉醬也 詩行葦醓醢以薦注○周禮醢人疏云醓者以肉爲之

䀋 血醢也禮有䀋醢以牛乾脯梁䉺鹽酒也 說文段注醢多汁則曰肬醢以血爲

韻史 卷三十六第八部上聲叙韻

三五〇九

醢則曰盬醢其多汁汪郎相似也故从肬而肬亦聲各本禮下有記誤今依韻會本禮經周禮皆云醓醢醢非出記也許書言禮有柵禮有刷巾禮有眞祭禮有總緣皆謂禮經醢人注曰作醢及臡者必先膊乾其肉乃後莝之襍以梁麴及鹽漬以美酒塗置甀中百日則成矣其作法許鄭正同鄭槩云膊乾其肉尚云牛乾脯者鄭總釋諸醢臡許單釋醢醢舉一以見例也經牛醢不言牛他醢臡不言醢立文錯見也以牛乾脯梁麴鹽酒則非血醢矣其謂之盬醢何也禮經醢即盬之鬱周牛乾膊梁麴盬酒閒之數中令其汁汪郎然是曰肉汁滓是曰肬醢宜矣而許時禮經作盬醢則段借血醢之字也故許引禮經而釋盬醢非盬之本訓猶圍下引商書曰圍而又釋之望下引唐書墾謊而又釋之非圍墾之本義

朗膽切
覽 觀也 說文段注以我觀物曰覽引伸之使人觀我亦曰覽史記孟荀列傳爲開第康莊之衢高門大屋尊寵之覽天下賓諸侯賓客言齊能致天下賢士也此覽字無讀去聲者則覽字何必歧析其音乎○廣雅釋言又昌覽重言拚以覽民則也注又文選思玄賦覽燕民之多游兮注如云覽觀也 覽視也 國策所策而數覽注又漢書章乎成傳集注又文選東京賦盛亦覽東京之事以自寫乎薛注 覽省視也 漢書楊雄傳上又覽橐橐之昌游注 覽觀也 雖驗里覽

韻史 卷三十六第八部上聲叙韻

三五一〇

揆余于初度兮注 覽望也 楚辭雲中君覽冀州兮有餘注 覽受也 國策齊策大王覽其說注 覽者謂習讀之人猶言學者耳 匡謬正俗二

擥 或作攬 撮持也 說文段注謂總撮而持之也 擥持也 離騷擥木根以結茝兮注 攬持也 廣雅釋詁三 擥總也 漢書揚雄傳上集注 擥總持也 漢書陳湯傳擥城郭之兵注 擥執取也 漢書叙傳上擥萬萬而揆余兮注叙傳下克擥威神注擥轡正席注○恩夫躬傳撫神龍兮擥其須注晏蓋傳蓋擥轡注王莽傳中故務自擥隶事注攷云擥謂執持之 擥謂引取之 漢書五行志上是以擥仲舒注 攬斂也斂置手中也 釋名釋姿容 擥采也 離騷夕擥洲之宿莽注

宰騰切
寋 或作慶栽 尻之速也 說文段注止部寋疾也寋爲凡速之詞从宀則爲居之速也鄭風不寋故也毛曰寋速也用寋以言凡速耳周易朋盍簪晃氏說之曰箭京本蜀才本作攢陰弘道柔張攝古今字詁庚作攢埤蒼云攢疾也攢與箭同王元叔謂即詩不寋字祖感反玉栽按廣即寋古山广通用蓋古今字詁今字作寋古字作攢也○爾雅釋詁寋速也釋文云

韻史 卷三十六第八部上聲叙韻

三五一一

蹇本作蹇 蹇意之速 爾雅釋詁舍人注 揩速也盡也 廣韻○萱按此用易京本蜀才本及埤蒼義也 謂之段借可也僭聲在七部

齊齒呼

采膽切
摲 或書作撕○平上兩讀注在彼

漢箴切
黬 ○俗有憨 黬者忘而息也 說文段注忘而息宋人所謂黑甜也故从黑今人所用憨字即此字之變也 黬忘也 方言十三又廣雅釋詁三 憨愚也 爾雅釋鳥注爲鳥憨急摩飛釋文引字書又文選射雉賦山鷲悍害 注 憨愚也癡也 玉篇

黤 青黑色也 說文段注謂青色之黑也 黤黮深黑也 一切經音義十一引纂文○音義十七引蒼頡云黤黮深黑不明也

向范切
檻 櫳也一曰圈 說文段注李善長楊賦注引釋名曰檻車上施闌檻以格猛獸亦囚禁罪人之車也按許云檻櫳也者謂罪人及虎豹所居假爲凡閑檻字圈者養獸之閑○漢書谷永傳注云檻義取檻押之檻又音義引字林云檻櫳也

韻史 卷三十六第八部上聲叙韻

三五一二

一曰圈也檻牢也廣雅釋室檻者捕獸之機也後漢書法雄傳注。宋均傳注云檻謂機以捕獸檻閑也漢書谷永傳音義引如淳。集注云檻又閑也檻闌也文選西京賦鏤檻文梐薛注。華嚴經音義上引珠叢云檻謂殿之閑也又音義下引顧野王云檻謂殿上構閑也又漢書史丹傳天子自臨軒檻上注云檻軒閑版也又文選潘安仁爲賈謐作贈陸機詩注引漢書韋昭注云檻殿上閑軒上版檻欄也山海經海內西經海內崑崙之墟面有九井以玉爲檻注。漢書朱雲傳雲攀殿檻檻折注云檻軒前欄也又翟方進傳桂檻皆衣素注云檻軒前欄版也檻楯也楚辭東君照吾檻兮扶桑注招魂檻層軒些注坐臺伏檻注。後漢書班彪傳上注云櫺檻樓上欄楯也從曰檻楚辭招魂注。史記袁盎鼂錯傳索隱引纂要云宮殿四面欄縱者云檻也船上下四方施版者曰檻也文選吳都賦巨檻接艦劉注。釋名釋船云上下重版曰檻四方施版以禦矢石其內如牢檻也。董按後出有从舟之艦爲專字見於廣雅字林古祇用檻字檻車謂以版四周爲檻無所見後漢書鄧騭傳注檻檻車聲也楚辭離世山中檻檻余傷懷兮注。詩大車大車檻檻傳云檻檻車行聲也。董按此檻

再引伸之義也後出專字有从車之轞古祇用檻耳五經文字作大車轞轞用字嫌疏檻泉正出也詩采菽觱沸檻泉傳。瞻卬箋云檻泉正出涌出也

𤢜　小犬吠南陽新野有𤢜鄉說文段注南陽郡新野縣見地理志郡國志今河南南陽府新野縣南有漢新野故城

斬　章範切　截也說文段注截者斷也昔部斷截也周禮掌戮注曰斬以鈇鉞若今要斬也殺以刀刃若今棄市也本謂斬人引申爲凡絕之偁斬斷也詩節彼南山國既卒斬傳又廣雅釋詁一。釋名釋喪制云斫頭曰斬斬要曰要斬斬暫也暫加兵即斷也斬裂也廣雅釋詁二斬裁也同上斬殺也爾雅釋詁斬伐也禮記檀弓下可以爲棺椁者斬之注又國語齊語斬孤竹注斬板謂斷其編也禮記檀弓上今一日而三斬板而已封注斬者何不緝也儀禮喪服傳。左氏襄十七年傳晏嬰麤縗斬注云斬不緝之也三年之縗曰斬不緝其末直翦斬而已釋名釋喪制。御覽五百四十七引成伯璵禮記外傳云斬衰者以六寸

之布廣四寸爲衰帖於心前翦而不緝也斬不言裁割而言斬者取痛甚之意儀禮喪服注喪服斬衰裳疏

叜　美檻切　或作鍐俗有叜巤蓋也說文段注司馬彪輿服志乘輿金鍐劉昭引蔡邕獨斷曰金鍐者馬冠也高廣各五寸上如玉華形在馬髦前薛綜注東京賦同按在馬鬊前則正在馬之巤蓋其字本作金叜或加金旁耳馬融廣成頌揚金叜而拖玉瓌字正作叜可證西京賦璙弁玉纓薛曰弁馬冠叉髦也徐廣說金鍐云金爲馬叉髦然則弁也叉髦也叜也一也叜或誤作叜鍐或誤作鍐玉篇又誤作金駿皆音子公反非也巤蓋者人凶也鍐馬飾也文選江文通雜體袁大尉詩金鍐映秋山注金鍐形如緹亞獨斷上

犯　缶檻切　侵也說文段注本謂犬段借之謂人。廣雅釋言又漢書五行志中之上集注並云犯侵也犯陵也國語晉語信不可犯注吳語以犯獵吳國之師徒注犯陵犯人也國語周語其語犯注犯躐也禮記檀弓下犯人之禾注犯突也小爾雅廣言犯者干也翻譯名義九引音義指歸。禮記文王世子不以犯有司注云

犯猶干也犯犯逆也國語晉語是犯也注犯猶僭也禮記坊記民猶犯齒注犯觸也淮南脩務犯津關注自下觸之曰犯史記天官書其入守犯太微集解引韋昭。後漢書順帝紀注注云犯謂七寸內光芒相及犯令者違命也周禮大司馬之職注引王霸記犯猶遭也淮南主術犯患難之危注犯勝也爾雅釋詁犯敗也國語楚語清而所犯必大矣注犯衄也廣雅釋詁四犯害也國語周語水火之所犯注犯謂刑犯於物也素問五常政大論殺而無犯注犯違猶裁成也董按此段借字也詳見范下

範　範軷也說文段注按車軌字本作軓从車㔾聲鄭說曰軓法也輿下三面材輢式之所對持車正也然則周易範圍字當作軓或作笵而範其段借字也釋文曰鄭曰範法也馬王肅張作犯違此亦範犯同音通用之證也。董按範軷義已見軷下故此祇云範軷也軷下云出將有事於道必先告其神立壇四通樹茅以依神爲軷既祭犯軷句轢牲而行爲範軷然則範本義同犯乃犯專行而範失其本義矣範之他義無慮皆范之義也乃範專行而范失其本字矣範猶遇也

遺也一說範法也淮南俶眞一範人之形而猶喜注。萓按莊子大宗師云今一犯人之形而曰人耳人耳字作犯是二字通用範常也範謂模範萓按皆叚範爲笵也

笵或作軋法也說文段注繫辭範圍天地之化而不過鄭曰範法也考工記軌前十尺注云書或作軋軋法也按許無軋字車部範爲範軷則繫辭範圍假借字也規模曰笵一切經音義二引通俗文以竹曰笵韻會引通俗文。一切經音義云以土曰型以金曰鎔以木曰模以竹曰笵一物材別也軋法也謂與下三面之材轄式之所對持車正也考工記輈人注。萓按軋字惟見此及大馭杜注笵法也漢書揚雄傳下集注又太玄文鴻文無范注玄瑩國家之矩范也注。萓按笵范正借字抑或形近而竹誤爲艸也笵鑄作器用禮記禮運范金合土注笵刑范鑄劍規模之器也荀子彊國刑范正注範法爾雅釋詁又書洪範傳又易繫辭上傳九家注又孟子滕文公下爲之範我馳驅注又漢書成帝紀集注又後漢書質帝紀注班彪傳下注又太玄窮不失其範注範謂爲之立法也漢書嚴安傳非所以範民之道也注範謂模

韻史　卷三十六第八部上聲叙韻

三五一七

範易繫辭上傳疏。法言五百序經諸範注云範模範常也爾雅釋詁範圍者擬範天地而周備其理也易繫辭上傳注犯違猶裁成也易繫辭釋文引張注。萓按犯違二字皆借也又列子湯問周犯三萬里亦假用犯

范蓱蓨。有藘俗艸也說文范林言林汜濫布衍也山海經海外南經其范林方三百里注范蜂也禮記檀弓下范則冠而蟬有緌注內則爵鷃蜩范注。萓按以艸名名蜂古時字少也俗加分判而蠭字出矣范蠭也玉篇又集韻引廣雅范法也范鑄作器用萓按此借范爲笵也又劉衡碑師訓之范楊著碑褒蕤師范皆用借字

齊齒許二舊擯切

芡雞頭也說文段注周禮加籩之實有芡注同此方言葰芡雞頭也北燕謂之葰青徐淮泗之間謂之芡南楚江湘之間謂之雞頭或謂之鴈頭或謂之烏頭。廣雅釋艸又漢書循吏龔遂傳益蓄果實蔆芡注又文選東京賦供蝸蠯與菱芡薛注並云芡雞頭也芡雞頭也一名鴈頭生水中呂覽恃君夏日則食菱芡注。周禮籩人蔆芡

韻史　卷三十六第八部上聲叙韻

三五一八

栗脯疏云芡雞頭俗有二名今人或謂鴈頭也

讓諂切

焱火華也說文段注古書焱與焱二字多互譌如曹植七啟風厲焱舉當作焱舉班固東都焱焱炎火當作焱焱炎炎王逸曰焱去疾兒李善注幾不別二字焱火花也爾雅釋艸釋文引字林又文選東京賦紛焱悠以容裔薛注焱火光也文選甘泉賦注引字林焱焱炎炎並戈矛車馬之光也後漢書班彪傳下注。萓按此不知班本是焱焱而徑釋爲焱焱也然所釋云云亦非焱正義直鄧書熟說耳過而存之聊備一義而已

餤或書作焰火行微餤餤也說文段注微當作散雒誥曰無若火始餤餤廣韻曰餤火初著也左傳注引書作餤餤漢書梅福傳引書作庸庸此篆與光爛字別焰者俗焰字也。萓按左氏莊十四年傳其氣餤以取之漢書五行志藝文志皆作其氣炎以取之段借字也五行志又云及濫炎妄起亦用炎爲餤

琰廟諱敬避璧上起美色也說文段注璧當爲圭也當爲者周禮注云凡圭剡上寸半琰圭剡半以上又半爲瑑飾許云起美色蓋與鄭意同或當作圭剡上起美飾者若高注淮南顏注司馬相如傳皆云琬琰美玉名此當合二字爲

韻史　卷三十六第八部上聲叙韻

三五一九

一名別是一物尚書五重琬琰亦是一物非周禮之二圭也琰珪也有鋒鋩周書王會四方元繢璧琰注。周禮典瑞司農注云琰圭有鋒尺二寸征伐誅討之象又書顧命琬琰在西序正義引鄭注云大璧大琰皆度尺二寸琰圭亦王使之瑞節周禮典瑞琰圭以易行以除慝注。考工記玉人琰圭九寸判規以除慝以易行注云琰圭剡半以上又半爲瑑飾諸侯有爲不義使者征之執以爲瑞節也

剡銳利也說文段注釋詁曰剡利也毛詩段借覃爲之大田曰以我覃耜毛曰覃利也釋詁文也。漢書藝文志剡木爲矢注云剡謂銳而利之也剡銳也儀禮聘禮釋文引字林又廣雅釋詁四。萓按正字作剡借字有覃足於用矣俗別製耜爲剡耜專字非贅與剡利也廣雅釋詁二又漢書賈誼傳集注又淮南氾論古者剡耜而耕注又楚辭橘頌曾枝剡剡注剡殺也禮記雜記下剡上疏剡鋒也國語晉語大喪大亂之剡也注剡亦斬也荀子彊國棐欲剡其股而以蹈秦之腹注剡然侵削之兒荀子彊國剡然有苓而據松柏之塞注剡剡光兒離騷皇剡剡其揚靈兮注剡剡身起兒也禮記玉藻弁剡剡起屨疏行鍵閉也壯所以止扉

韻史　卷三十六第八部上聲叙韻

三五二〇

或謂之剗移顏氏家訓書證引蔡邕月令章句。萱按剗移俗剗作虔彥見百里奚妻瀞婦歌揬利也淮南俶眞揬挺挏注。萱按此段揬爲剗也易繫辭揬木爲楫文選長笛賦剗揬庋擬亦然

奄覆也大有餘也又欠也說文段注釋言曰荒奄也弇同也弇蓋也古奄弇同閉覆蓋同義詩皇矣傳曰奄大也執競傳曰奄同也鄭箋詩奄皆訓覆許云大覆也大有餘也二義實相因也覆手上者往往大手下故字从大周官經謂宦者爲奄以精氣閉藏名之覆蓋義之引申也又欠也三字未詳方言曰奄息也李賢陳情表曰氣息奄奄。漢書諸侯王表集注司馬相如傳上集注引張揖又詩閟宮奄有龜蒙箋並云奄覆也又奄有下國箋云奄猶覆也奄奄覆也爾雅釋言注奄蓋之也淮南修務而知不足以奄之注奄亦覆蓋之意詩皇矣疏奄大也廣雅釋詁一奄同也周書皇門王用奄有四鄰注又詩臣工疏引王肅奄撫也詩韓奕奄受北國傳奄久也詩臣工奄觀銍艾箋奄息也廣雅釋詁二又方言十奄遽也陳潁之閒曰奄方言二。萱按武班碑晻忽徂逝嚴訢碑掩忽摧臧衡方碑庵離寢疾晻掩庵皆奄之叚借字而庵字後出奄欻去

來不定之皃文選吳都賦慌罔奄欻劉注。萱按欻音忽作欻者譌奄如今之宦者周禮春官序官奄八人注。天官序官酒人奄十人注云奄精氣閉藏者今謂之宦人又續漢書五行志四云奄官無陽施猶婦人也。萱按精氣閉藏者曰奄司門之奄曰閽故二字多通用奄國在淮夷之旁書多方王來自奄鄭注奄山即崦嵫山山海經西山經玉山注

掩斂也小上曰掩說文段注釋器圜弇上謂之鬲弇上當作掩上掩覆也史記司馬相如傳掩薄艸渚正義又漢書相如傳上集注引張揖又淮南兵略掩節而斷割劉注又文選西京賦掩四海而爲家薛注東京賦執塵掩迒薛注懷舊賦注引埤蒼。周髀算經上空正掩日注云掩猶覆也。萱按說文奄揜皆訓覆則掩與二字義同揜掩異部亦同音也掩蓋也國語晉語爾童子何知而三掩人于朝注吳語今君掩王東海注掩蔽也淮南天文掩茂之歲注。萱按爾雅太歲在戌曰閹茂孫炎李巡閹訓蔽掩薆也方言六掩猶隱翳也禮記月令處必掩身注掩猶閑也文選沈休文學省愁卧詩愁人掩軒卧注掩匿也左氏文十八年傳掩賊爲藏注又國語魯

語注掩取也廣雅釋詁一。方言六云掩取也自關而東曰掩掩捕也史記司馬相如傳掩羣雅索隱掩同也家語辯樂掩有四方注又文選高唐賦越香掩掩注。方言三云掩同也江淮南楚之閒曰掩掩猶盡也淮南主術不掩羣注畋掩止也方言十三掩止息皃文選洞簫賦掩以絕滅注掩裹首也儀禮士喪禮掩練帛廣終幅長五尺析其末注掩若今人幞頭儀禮士喪禮疏掩者先結頤下既瑱幎目乃還結項也儀禮士喪禮商祝掩注掩撲掩跳錢戲也俗謂之射數或云射意也萱按此戲一名意錢意錢之掩兩漢書多作揜二字通也七部揜下已詳三盆手者三掩也萱按此掩字乃淹之叚借

裺褗謂之裺說文段注蓋奄覆之義方言曰裺謂之襦又曰懸裺謂之緣又曰繞衛謂之襦裺皆不與許同

鄣周公所誅鄣國在魯說文段注玉篇作周公所誅叛國商奄是也奄鄣二字今時並行今則奄行而鄣廢矣軍呼曰奄奠呼曰商奄書序孟子左傳皆云奄如踐奄歸自奄伐奄昭元年周有徐奄是也又云商奄如昭九年蒲姑

商奄吾東土也定四年因商奄之民命以伯禽而封於少皞之虛是也大部曰奄覆也爾雅弇蓋也故商奄亦呼商蓋墨子曰周公旦非關叔辭三公東處於商蓋韓非子曰周公旦將攻商蓋辛公甲曰不如服眾小以劫大乃攻九夷而商蓋服矣商蓋即商奄也奄在淮北近魯故許云在魯鄭注書序云奄在淮夷之北注多方云奄在淮夷旁是也祝鮀說因商奄之民封魯者杜云或迸散在魯是也今山東兗州府曲阜縣縣城東二里有奄城云故奄國即括地志之奄里此可證迸散在魯之說豳風四國是皇毛傳云四國管蔡商奄也商謂武庚則此傳商奄爲二

讇諂或諛也說文段注讇者未有不諛。周書史記諂諛日近注云好順人意爲諂諛諂媚也左氏襄三年傳稱其讐不爲諂注諂猶佞也公羊隱四年傳公子翬諂于隱公注諂之言陷也謂以佞言陷之荀子修身以不善先人者謂之諂注諂先意承欲者也鬼谷子權希意道言謂之諂莊子漁父非分橫求曰諂也論語學而貧而無諂皇疏讇謂橫求見容禮記少儀頌而無讇疏讇謂傾身以自下也禮記玉藻立容辨卑毋讇注諂笑強笑也孟子滕文

公下下會肩諂笑注從命而不利君謂之謟荀子臣道

染 擾諂切

㠯繒染爲色 說文段注此據周禮染人言也染人掌絲帛繒者帛也不言絲者舉帛以該絲也夏纁玄秋染夏裴光遠曰从木木者所以染梔之屬也从九九者染之數也按裴說近是禮一入爲縓再入爲赬三入爲纁朱則四入五入爲緅玄則六入七入爲緇字从九者數之所究言移易本質必深入之也

染擩也 史記司馬相如傳割鮮染輪集解引郭璞又漢書相如傳上集注引李奇

染污也 廣雅釋詁三

染艸茅蒐橐盧豕首紫莂之屬 周禮掌染艸掌以春秋斂染艸之物注○地官序官掌染艸注云染艸藍蒨象斗之屬

染豉醬也 呂覽當務其染而已注

⿱雨染 濡也 說文段注濡此義水部失載於此見之今人多用霑染濡染行而⿱雨染廢矣染者以繒染爲色非⿱雨染義也

媣 諟也 說文段注諟者理也

睒 始掩切 暫視皃 說文段注大玄曰酒作失德鬼睒其室此與高明之家鬼瞰其室語同也吳都賦踸踔乎緲中忘其所以

韻史 卷三十六第八部上聲斂韻 三五二五

睒睗江賦猵獺睒睗乎厱空○文選江賦注云睒暫視也

睒窺也 太玄瞢薄復睒天注

睒見也 太玄劇鬼睒其室注

覢 暫見也春秋公羊傳曰覢然公子陽生 說文段注暫見者猝作之見也按與睒音義皆同書公羊者以別於左氏謂之春秋傳也此哀公六年公羊傳文何本睒作闚注云闚出頭皃許所據不同也

覢見也 廣雅釋詁三

覢覢視皃 廣韻引蒼頡

⿺走斬 此掩切 或書作⿺走暫 進也 說文段注按水部漸云漸水也則訓進者當專作⿺走斬許所見周易卦名當如是矣

漸進也 易漸鴻漸于干虞注又廣雅釋詁二又史記孝武紀鴻漸于般集解手津虞主父傳皆以鴻漸之翼集解引李奇又荀子脩身知慮漸深注不苟知則攫盜而漸注王制然後漸慶賞以先之注富國漸慶賞注慶賞不漸則兵弱注議兵是漸之也注正論上注幽險則下漸詐矣注又文選思玄賦恐漸冉而無成兮舊注幽通望十紀而鴻漸兮注引應劭○易漸注云漸者漸進之卦也

漸者引進通道之意也 史記趙世家漸九川集解引徐廣

漸稍也 文選謝靈運游南亭詩注

韻史 卷三十六第八部上聲斂韻 三五二六

引廣雅

漸是徐動之名 易象上傳漸之進也疏

漸者不速之名也 易漸漸女歸吉疏○襍卦傳云漸女歸待南行也

漸者物事之端先見之辭 公羊隱元年傳漸進也注○蓋按借字專

行裁莫知趣爲李字矣

漸 平上兩讀義別

漸水出丹陽黟南蠻中東入海 說文段注丹陽郡黟二志同今安徽徽州府黟縣縣是其地云漸水出黟南之蠻夷中則今錢塘江之北源南源皆見矣前志黟下曰漸江水出南蠻夷中東入海水經曰漸江水出三天子都北過餘杭東入於海按班許水經皆曰漸江水鄱氏注則曰浙江蓋水經以後無係漸江者其前則山海經吳越春秋史記皆曰浙江山海經有出於漢人著漢人之書地理志說文爲謹嚴據許立文曰江至會稽山陰爲浙江謂岷江也曰漸江水出丹陽黟南蠻中謂今錢唐江也分別畫然蓋浙江者岷江之委漸江者錢唐江源流之總係二水古於山陰相合故可統名之曰浙江後世水道絕不相通而錢唐江猶冒浙江之名失其本號耳水道提綱曰漸江有南北二源北曰歙港即新安江出歙縣黟縣績溪休寧諸山南源有二一曰衢港即信安江出開化江山二縣山一曰婺港即東陽江出東陽

韻史 卷三十六第八部上聲斂韻 三五二七

縣山南北二港在嚴州府治建德縣合流而北經桐廬縣富陽縣至蕭山縣西南合浦陽江經州杭州府城東南至今龍赭二山之間入海班許黟南蠻中今之北源南源皆包舉矣按走部有趣字訓進也今則皆用漸字而趣廢矣○水經漸江水注云漸江山海經謂之浙江也

漸水也 淮南泰族雖有窮髮流漸弗能汙也注○蓋按此漸之餘義也由水名引申爲凡水之偁也又疑流漸字或當本作流漸因形近而字誤耳

漸者進也 易序卦傳○蓋按此等義皆段漸爲趣也

漸苞相苞裹而同長也 蓋按此段漸爲蔪也書禹貢艸木漸苞釋文云漸本作蔪

蔪 䔩 或○俗有漸 艸相蔪苞也 說文段注蔪苞即今禹貢之漸包釋文曰漸本又作蔪字林才冉反艸之相包裹也包或作苞叢生也馬相苞裹也按叢生之義字作苞者是云

漸苞相苞裹而同長也 文選蜀都賦柯葉漸苞劉注○蓋按禹貢蓋本借漸爲蔪故左沿之

漸麥芒也 文選七發注引埤蒼○廣韻引埤蒼云漸麥秀也

槧 牘樸也 說文段注樸素也猶坏也牘書版也槧謂書版之素未書者也論衡曰斷木爲槧釋名曰槧版之長三尺

韻史 卷三十六第八部上聲斂韻 三五二八

者也槧漸也言漸漸然長也楊雄曰天下上計孝廉及內郡衛卒會雄常把三寸弱翰齎油素四尺以問其異語歸即以鉛摘次之於槧西京襍記曰懷鉛提槧

𨢿 闕說文𨢿僑逗味薄也玉篇廣韻

儼 昂頭也一曰好皃說文段注昂當本是作卬淺人所改也卬者望欲有所庶及也陳風碩大且儼傳曰儼矜莊皃曲禮注同古借嚴爲之儼矜莊皃禮記曲禮上儼若思注又文選洛神賦六儼其齊首注儼然矜莊之皃國策秦策儼然不遠千里而來注又荀子非十二子儼然注儼謂儼正禮記祭義嚴威儼恪疏儼是嚴正之皃也書洪範疏儼敬也爾雅釋詁又離騷湯禹儼而求合兮注又文選思玄賦僕夫儼其正策兮舊注儼然敬皃爾雅釋詁注。萱按漢書匡衡傳正躬嚴恪張山拊傳嚴然總五經之眇論嚴即儼也二字通用

广 因厂爲屋也象對剌高屋之形說文段注厂各本作广誤今正广者山石之厓巖因之爲屋是

曰广廣韻及昌黎集注皆作因巖可證因巖即因厂也剌謂對面高屋森聳上剌也首畫象巖上有屋

齊齒呼三

掌沈切

枕 臥所𠂤薦首者說文段注𠂤字今補警枕曰頮見少儀木在首曰枕素問骨空論注云頭上之橫骨爲枕骨軫謂之枕方言九又小爾雅廣器枕橫也橫在前如臥牀之有枕也釋名釋車枕臨也漢書嚴助傳集注。萱按字有動靜皆一義之引申也論語曲肱而枕之史記魁枕參首何不可同讀上聲乎枕義有別讀去聲者乃淺人無事自擾耳枕止也易坎險且枕虞注枕安也易坎干注枕者枕枝而不安之謂也易坎注枕閑礙險害之皃易坎釋文引陸注。萱按閑礙漢上易傳引作險礙俱不憭

頕 玉枕也說文段注玉枕各本作項頕小徐作項枕廣韻作項頕云項魚欲切醫經本作玉枕許說同一譌爲項頕再譌爲項頕皆非也沈氏彤詳攷內經甲乙經作釋骨曰顳骨之後橫起者曰頭橫骨曰枕骨其附旁尤起者曰玉枕骨玉枕骨即偃臥著枕之處單呼曰頕玉篇引蒼頡云香頭之皃此別一義也

始枕切

𣪠 下擊上也說文段注廣雅四曰𣪠棊也謂棊上使不得下也

沈 平上兩讀義異。或作邥沈國名公羊文三年傳伐沈釋文沈氏羌號也後漢書安帝紀注沈水出廣漢縣下入涪水本或作沉水及沇水者並非後漢書光武帝紀下注

韻史卷三十七　泰興何萱石閣譔集　子庚校字
第八部去聲　上海顧錫麒竹泉覆審
紺韻　武進李兆洛申耆鑑定

開口呼

紺 艮濫切 。俗有繼 帛深青而揚赤色也 說文段注揚當作陽猶言表也釋名曰紺含也青而含赤色也按此今之天青亦謂之紅青許言陽劉言含其意一也以纁入深青而赤見於表是為紺賈氏考工疏云纁入赤汁則為朱不入赤汁而入黑汁則為紺賈說非也入深青乃為紺入黑乃為緅矣。漢書王莽傳下時莽紺袀服注云紺深青而揚赤色也又華嚴經音義上引珠叢云深青之色而揚赤色者謂之紺也又一切音義三引字林云紺青赤色也又顏氏家訓書證云呼紺為禁故以糸旁作禁代紺字 紺青也 廣雅釋器。素問六節藏象論如以縞裹素注云紺薄青色。萱按以薄青釋紺義猶未審若論語鄉黨注云紺緅紫玄之類也皇疏云紺是玄色也其說尤疏

贛 贛籀 賜也 說文段注釋詁曰贛賜也據釋文本作贛後人改作貢耳端木賜字子贛凡作子貢者亦皆後

人所改淮南道應要略二訓注皆云贛賜也按贛之古義古音皆與貢不同。萱按禮記弓子貢釋文論語子貢釋文書序任土作貢釋文並云貢本作贛又顧命爾無以釗冒貢于非幾釋文云貢馬鄭王作贛

闞 口濫切 。俗有鏡 望也 說文段注望者出亡在外望其還也望有倚門倚閭者故从門大雅闞如虓虎謂其怒視。廣雅釋詁一云闞望也 闞視也 廣雅釋詁一又文選琴賦衛闞海淵注 闞然虓豁之皃 莊子天道而口闞然注。萱按費鳳別碑鴆若飛鷹鶚鏡若夫虓虎鏡即闞之俗體也因闞如虓虎皮傳而製者也

衉 𧗃 武。俗有譕 羊凝血也 說文段注釋名曰血䐄以血作之䐄即衉字也陶氏注本艸宋帝時太官作作血衉庖人削蘸皮誤落血中遂皆散不凝陶所云血衉即劉之血䐄也按必糸諸羊者惟羊血供飲食。萱按衉䐄音近故戚國段䐄為衉 衉血也 廣雅釋器

譀 海濫切 誌俗 誕也 說文段注東觀漢記曰雖誇譀猶令人按誕也當作誇也譀與誇互訓。廣雅釋言云譀誕也 譀調也 廣雅釋詁四

虩 。俗有䖘 䖘屬 說文段注釋獸䖘白虎許無䖘虩即䖘也一說釋文云䖘字林下甘反又亡狄反甘聲之字不能切亡狄䖘與䖘當是以一譌二未知孰是耳。萱按䖘下云白虎也 虩怒也 廣雅釋詁二

啗 代濫切 或作嚪 食也 說文又漢書霍光傳集注 啗啖也 國語晉語主孟啗我注 啗含也 太玄玄瑩啗函敵化注 啗譖嗽獲中風口動之皃 文選風賦注 嚪進說之意也 史記趙世家令趙嚪秦以代齊之利集解引徐廣。索隱云嚪字與啗同又一切經音義十六引字書云哈與啗字同徒濫反。萱按啗嚪同字猶謂詒同字也哈則段借耳哈見七部副編

棪 遬其也 說文段注釋木棪棲其郭曰棪實如柰可食南山經傳曰棪別名速其子似柰而赤可食按遬籀文速字也今爾雅作棲為俗字 棪別名連 山海經南山經堂庭之山多棪木注

濫 朗紺切 氾也一曰濡上及下也詩曰觱沸濫泉一曰清也 說文段注濫氾也謂廣延也商頌左傳皆云賞不僭刑不濫魯語濫於泗淵皆其引申之義一曰濡上及下也此因濫與淋聲近淋訓以水漢則濫

訓略同詩曰觱沸濫泉觱小涂作滭此詩小雅大雅皆有之今作檻泉者字之段借也毛曰觱沸泉出皃檻泉泉正出也檻泉由小以成大故偁以證氾義一曰清也此又別一義與濫蓋相反而相成也音。漢書谷永傳音義引蘇林云濫氾也 濫氾濫也 漢書敘傳音義引字林 濫泛也 後漢書班彪傳上注 濫謂汎汎小流皃 孝經序疏引文選江賦臣翰注 濫清也 國語魯語宣公夏濫於泗淵注 水正出曰濫泉濫銜也如人口有所銜口闞則見也 釋名釋水 以冰置水漿於其中為濫 呂覽節喪鍾鼎壺濫注。管子禁藏夫冬日之不濫非愛水也注云謂泛冰於水以求寒所謂濫漿 濫以諸和水也 禮記內則漿水醷濫注。釋名釋飲食云桃濫水漬而藏之其味濫濫然酢也 濫浴器也 莊子則陽同濫而浴釋文 濫施罛罟也 文選西京賦澤虞是濫薛注 濫溢也濫過也濫僭差也濫竊也濫貪也濫失也 萱按此皆段濫為爁也濫行爁不行人幾不知有爁字矣

爁 過差也論語曰小人窮斯爁矣 說文段注差貳者不相值也凡不得其當曰過差亦曰爁

今多以濫爲之商頌不僭不濫傳曰賞不僭刑不濫也左氏曰賞僭則懼及淫人刑濫則懼及善人其字皆可作爤濫行而爤慶矣論語者衛靈公篇文今作濫

濫溢也左氏哀五年傳不僭不濫注又論語衛靈公小人窮斯濫矣集解

濫過也周書程典不濫其度注

濫僭差也禮記樂記狄成滌濫之音作注又史記樂書集解引王肅

濫謂濫佚左傳襄廿六年疏

濫竊也論語衛靈公鄭注。禮記樂記姦聲以濫注云濫濫竊也又鄭音好濫淫志注云濫濫竊姦聲也

濫亦盜竊也禮記禮器君子以爲濫矣注

濫貪也呂覽權勳虞公濫於寶與馬注

濫失也左氏昭八年傳民聽濫也注

濫覦也淮南俶眞美者不能濫也注

濫之意猶擘聚也禮記樂記竹聲濫注

動有文體謂之禮反禮爲濫賈子道術

濫脇音不和淮南脩務而不期於濫脇號鍾注

藍猶濫也大戴記文王官人藍之以樂注。萱按此段藍爲濫也實即段藍爲濫耳

醓

泛齊行酒也說文段注泛齊見周禮酒正鄭曰泛者成而滓泛泛然如今宜成醪矣行酒未聞疑是貨物行瀸之

行謂行用之酒也行酒上疑當有一曰二字。萱按今俗語謂物不精緻者曰行貨其即行酒之謂與

暫 采紺切

。俗有蹔寠不久也說文段注左傳婦人暫而免諸國今俗語云寠時閒即此字也

蹔猝也廣雅釋詁二。左傳僖卅三年注云暫猶卒也

蹔蹔其無備國語晉語爲蹔事也注

齊齒詩

監譼 几陷切

古文。平去兩讀注在彼

鑑

或書作鑒大盆也一曰鑑諸逗可以取明水於月說文段注盆者盎也凌人春始治鑑注云鑑如甑大口以盛冰置食物於中以禦溫氣春而始治之按鄭云如甑醯人作醯云塗置甑中則鑑如今之甕許云大盆則與鄭說不符疑許說爲是且字从金必以金爲之也鑑諸當作鑑方諸也轉寫奪字耳字周禮司烜氏以夫遂取明火於日以鑒取明水於月注夫遂陽遂也鑒鏡屬取水者也謂之方諸淮南書方諸見月則津而爲水高注方諸謂陰燧大蛤也熱摩令熱月盛時以向月下則水生以銅盤受之下水數滴高說與許鄭異考工記以鑒燧之齊併言則鑑之爲鏡可知也鄭云鏡屬又注考工記云鑒亦鏡也詩云我心匪鑒毛傳曰鑒所以察形蓋鏡主於照形鑑主於取明水本系二物而鏡亦可名

鑒是以經典多用鑑字少用鏡者鑑亦段監爲之是以毛詩宜鑒於殷大學作儀監鄭箋詩云以殷王賢愚爲鏡注大學云監視殷時之事各依文爲說而已尚書監字多有同鑒者。考工記輈人金錫半謂之鑒燧之齊注云鑒燧取水火於日月之器也

鑑是盛冰之器周禮凌人疏。又云鑑漢時名爲甒

鑑鏡也左氏莊廿一年傳王以后之鞶鑑予之疏又釋文昭廿八年傳光可以鑑釋文又國語晉語而不獲追鑑注可以鑑而鳩趙宗乎注吳語王盍亦鑑於人注又莊子則陽人與之鑑注又淮南主術借明于鑑以炤之注詮言鑑見其醜則善鑑注脩務執元鑑於心注又太弁童修其元鑑冶注。廣雅釋器云鑑謂之鏡

鑒鏡也詩柏舟釋文文王疏又國語周語王無不鑒於黎苗之王注楚語康惺而鑒前惡乎注

鑒照也廣雅釋詁二

鑒所以自照左氏僖二年傳是天奪之鑒注

明鑑所以照形也賈子胎教

鑑者所以能見也賈子道德說。又云通達空竅奉一出入爲先故謂之鑑

鑒察也呂覽適音谿極則不鑒注又文選西京賦注引國語賈注。國語晉語是天奪之鑒而益其疾注云鑒鏡也鏡所以自省察

監察也方言十二又國語周語使監謗者注后稷監之注晉語監戒而謀注又漢書韋弁成傳集注。萱按此段監爲

鑑

鑒視也萱按此段鑒爲鑑也監鑑鑒三字互借通用

臽 臼鑑切

小阱也說文段注阱者陷也臽謂阱之小者古者掘地爲臼故从人在臼上會意臼猶坑也

臽坑也廣雅釋水。萱按天井碑云堅無臽瀆

陷 陷錎

。俗有高下也一曰陊也說文段注高下者高與下有懸絕之勢也高下之形曰陷故自高入於下亦曰陷義之引申也易曰坎陷也謂陽陷陰中也凡深沒其中曰陷

陷下也論語雍也不可陷也集解引孔注

陷墜也國語魯語上陷而不振注

陷沒也楚辭懷沙注。禮記檀弓下毋使其首陷焉注云陷謂沒于土

陷溺也荀子天論表不明則陷注

陷穽也漢書鼂錯傳而爲之機陷也注。周禮雍氏春令爲阱擭溝瀆之利於民者注云穿地爲塹所以禦禽獸其或超踰則陷焉世謂之陷阱又禮記中庸驅而納諸罟擭陷阱之中疏云陷阱謂坑也穿地爲坎豎鋒刃於中以陷禽獸也

陷少也淮南繆稱滿如陷注

陷潰也廣雅釋言

陷壞也呂覽論威雖有大山之塞則陷之也注

陷破也莊子外物而陷釋文

盾約脊而鄒者曰陷廣言可以陷

破虜敵也今謂之曰露見是也釋名釋兵。蓋按樊敏碑陷附者象陳君閣道碑窴陷壞絶字皆作陷體小變而近俗也又莊子外物釋文引字林云鉛猶陷字也一切經音義十三亦云陷古文鉛同惟廣韻鉛訓車鏁別爲一字 陷猶失過也國語魯語陷而入於恭注 陷諫者義也白虎通諫諍

胎。俗有餡 食肉不猒也說文段注猒飽也 胎銜也銜炙細密和以薑椒鹽豉已乃以肉銜裹其表而炙之也釋名釋飲食 血胎以血作之同上。蓋按此段胎爲餡也 鎌肉也玉篇

餡 餡魚也說文

缶璼切

氾 氾濫也說文段注𢖍應引此有謂普博也四字楚辭卜居將氾氾若水中之凫乎王逸云氾氾普愛衆也若水中之凫羣戲遊也論語汎愛衆此借汎爲氾。方言三云自關而東或曰洼或曰氾 氾濫任波搖蕩之皃文選長笛賦氾濫溥漠注。楚辭憂苦折銳摧矜凝氾濫兮注云氾濫猶沈浮也 氾猶汎汎搖動皃也楚辭

韻史 卷三十七第八部去聲紺韻

三五四一

格蒐氾崇蘭芝注 氾不係也莊子德充符氾而若辭釋文 氾普也廣雅釋言。又史記司馬相如傳氾專護之索隱引胡廣又漢書司馬相如傳上周覽氾觀注伍被傳氾愛蒸庶注 氾博也楚辭思古且徜佯而氾觀注 氾遍也家語郊問氾埽清路注 氾衆也淮南本經氾無私注 氾廣也禮記王制獄氾與衆共之疏少儀氾埽曰埽疏 氾灑地也漢書王褒傳忽若篲氾畫塗注。禮記郊特牲氾埽反道疏云氾埽廣埽也 氾祭遠散所祭左氏襄廿八年傳慶封氾祭注 氾濆也廣雅釋詁二 氾污也廣雅釋詁三。方言三氾洿也注云氾流皆洿池也 氾涯也淮南道應此其外猶有沃沃之氾注 氾水厓也淮南道應而航在一氾注 水決復入爲氾水經注七引字林 氾地名國語晉語居于鄭地氾注。又云氾在襄城郎周襄王所出南氾也又史記匈奴傳襄王奔於鄭之氾邑索隱引蘇林云氾今潁川襄城是 西海之水流沙之西有國名曰氾葉山海經海內經 氾天亦山名赤水所窮也山海經西山經而東流注于氾天之水注 汎普也漢書谷永傳集注。蓋按訓普博皆氾之義汎則叚借也汎泛氾

韻史 卷三十七第八部去聲紺韻

三五四二

三字異部同音故多通用也 汎博也廣雅釋詁四 汎是寬博之語左傳襄廿八年注汎祭疏

齊齒評二

几欠切

劒 劍籀人所帶兵也說文段注桃氏爲劒有上制有中制有下制注云此今之匕首也人各以其形皃大小帶之 劒檢也所以防檢非常也又斂也以其在身時拱斂在臂內也釋名釋兵 班劒者以虎皮飾之文選王文憲集序注引漢官儀 劒首謂劒環頭小孔也莊子則陽吹劒首者吷而已矣釋文引司馬注 劒謂挾之於旁禮記曲禮上負劒辟咡詔之注

舊劒切

欠。俗有伙㰦 張口气悟也象气从儿上出之形說文段注悟覺也引申爲解散之義口部嚏下曰悟解气也鄭注周易艸木皆甲宅曰皆讀如人倦解之解人倦解所謂張口气悟也謂之欠亦謂之嚏曲禮君子欠伸正義云志疲則欠體疲則申通俗文曰張口運气謂之欠㰦按詩願言則嚏傳曰嚏劫也孫毓同崔靈恩集注云毛訓嚏爲㰦今俗人云欠欠㰦㰦是也不作劫字人體倦則伸志倦則㰦玉裁謂許說多宗毛詩釋嚏爲悟解气蓋用毛說也㰦音邱據切欠㰦古有此語今俗曰呵欠又欠者气不足也故引申爲欠少字 又欠欽也開張其口脣欽欽

韻史 卷三十七第八部去聲紺韻

三五四三

然也釋名釋姿容 欠㰦張口頻伸也一切經音義四引埤蒼 腎爲欠素問宣明五氣論 志倦則欠體倦則伸儀禮士相見禮君子欠伸注

漾劒切

豔。俗有豔 好而長也春秋傳曰美而豔說文段注小雅毛傳曰美色曰豔方言豔美也宋衛晉鄭之閒曰豔美色爲豔按今人但訓美好而已許必云美而長者謂其從豐也豐大也大與長義通詩云莊姜之美必先言碩人頎頎言魯莊之美必先言猗嗟昌兮頎而長兮所謂好而長也左傳兩言美而豔此豔進於美之義人固有美而不豐滿者也毛傳及方言皆渾言之也美而豔左傳桓元年文十六年文 好體曰豔淮南精神獻公豔驪姬之美注。楚辭招魂豔陸離些注云豔好皃也又左傳桓元年疏云豔者言其顏色好 豔言光豔也方言二注 豔美也廣雅釋詁一 美色曰豔詩十月之交豔妻煽方處傳又漢書五行志下之下集注又文選射雉賦麥雉豔之姱姿徐注。思玄賦雖色豔而賂美兮舊注又左傳桓元年釋文並云豔美色也 色美曰豔左傳桓元年注。後漢書左雄傳注云豔色美也 豔者文辭可美之稱也穀梁傳序左氏豔而富疏 豔楚歌也文選

韻史 卷三十七第八部去聲紺韻

三五四四

吴都賦荆豔楚舞劉注歆豔是愛敬之言禮記郊特牲注使歆豔之疏

媕或作諳誣挐也說文段注方言挐揚州會稽之語也或謂之惹或謂之諳注言誣諳也又曰誣諳與也吴越曰誣荆齊曰諳與猶秦晉言阿與也按媕諳同字挐上从如李仁甫本如是廣韻同諳如挐也廣雅釋詁三諳予也同上

俺去入兩讀大也說文段注與奄義略同奄大有餘也其音亦當同○集韻云俺我也北人稱我曰俺於騰切

爓或作燩膶焰火爓也說文段注各本作火門也門乃爓之壞字耳今正文選蜀都賦高爓飛煽於天垂象善引說文爓火焰也音豔焰即爓之省六書故引唐本說文火爓爓也敕李善所據多一爓字今人云光燄者作此字爲正古多段炎爲之如左傳其氣炎以取之司馬相如傳末光絕炎揚雄傳景炎炘炘皆是又如郊祀歌長離前掞光耀明晉灼曰掞即光炎字亦段借也爓與燄篆義別爓火皃也文選西都賦注引字林焰陽焰也素問六元正紀大論焰爲瞻注○文選海賦朱燉綫烓注云燉與爓同湯肉曰爓○禮記祭義爓祭腥而退注郊特牲疏云爓祭謂沈肉於

湯又釋文云爓本亦作膶○萱按此義燅爲正字爓則借也燅在七部

晄剡切

烅○俗𤈦誒有炎光也說文段注各本篆體作𤈦解云舌聲銛疑當是甜省聲非也此與木部之栝皆从西之誤今正

此剡切

塹○俗有壍阬也一曰大也說文段注江沅曰阬閬也閬門高大之皃門之高大阬之深廣相似也故𨸏部阬閬也郎顗傳之阬高皃古毛詩皋作𨸏門有阬耳塹則與阬之深廣同義玉裁按江說是也左氏傳注塹溝塹也廣韻云遶城水也史記李斯列傳消塹之勢異塹乃漸之段借謂斗直者與陂阤者之勢不同也一曰大也大下疑奪一字今無攷矣

塹掘也莊子外物然則廁足而墊之釋文○釋文又云墊本亦作塹

齊齒詩三

蚩秋切

鴆毒鳥也一曰運日說文段注左傳正義鴆食蝮以翮擽酒中水中飲之則殺人按左傳鴆毒字皆作酖段借也酉部曰酖樂酒也一曰云云一曰猶一名也廣雅云雄曰運日雌曰陰諧淮南書云暉日知晏陰諧知雨○後漢書安思閻皇后紀注云鴆毒鳥也食蝮以其羽畫酒中飲之立死又國語魯語使醫鴆之不死注云鴆鳥名一名運日其羽有毒漬之酒而飲之立死鴆運日鳥也國語晉語乃寘鴆於酒注又離騷吾令鴆爲媒兮注○左傳莊卅二年服注云鴆鳥

一名運日鳥又山海經中山經女几之山多鴆注云鴆大如鵰雌名運日雌名陰諧也鴆鳥一名雲白文選吳都賦黑鴆零劉注瑤碧之山有鳥食蜚名曰鴆山海經中山經○注云鴆更是一種非食蛇之鴆也鴆鳥名羽有毒以畫酒飲之則死左氏莊卅二年傳使鍼季酖之注○左傳公羊傳莊卅二年兩釋文竝云酖本亦作鴆又晉書音義中云酖字當作鴆

韻史卷三十八

泰興何萱石閭譔集　子度校字

上海顧錫麒竹泉覆審

武進李兆洛申耆鑑定

第八部入聲

郤韻

開口呼

郤艮沓切　地名　說文段注二志泰山郡皆有蓋縣孟子有蓋大夫廣韻蓋姓字書作郤古盍切

榼口沓切　。俗有盍醯　酒器也　說文段注師古注急就篇曰榼盛酒之器其形榼榼然也孔叢子曰子路嗑嗑當飲十榼

醠　酒器也　玉篇醠酒器　同上

⿸疒盍挨沓切　跛病也　說文段注廣韻曰⿸疒盍短氣也此今義也

鞥　車具也　說文

盍海沓切　或作盇　覆也　說文段注皿中有血而上覆之覆必大於下故从大艸部之蓋从盍會意訓苫覆之引伸耳今則蓋行而盍廢矣曷何也曷凡言何不者急言之亦曰何是以釋言云曷盍也鄭注論語云盍何不也　盍合也　爾雅釋詁

又易豫朋盍簪注又釋文　坤爲盍　易豫虞注　盍者疑詞　史記伯夷傳盍往歸焉索隱引劉氏　盍何不也　禮記檀弓上子蓋言子之志於公乎注檀弓下盍嘗問焉注又左氏桓十一年傳盍請濟師於王注莊廿年傳盍納王乎釋文成六年傳子盍從衆注襄廿一年傳子盍詰盜服注昭元年傳子盍亦遠績禹功釋文昭卅年傳女盍從舊注又國語魯語君盍以名器請糴於齊注晉語盍撥我注又論語公冶長盍各言爾志鄭注又皇疏顏淵盍徹乎鄭注又皇疏又孟子公孫丑下子盍爲我言之注離婁下寇至盍去諸又法言問神注又文選幽通盍孟晉以追羣兮注。東京賦盍亦覽東京之事以自寤乎薛注云盍猶何不也　盍何也　廣雅釋詁三又管子戒盍不出從乎君將有行注又莊子盜跖盍不爲行釋文又楚辭東皇太一盍將把兮瓊芳注。王氏引之經傳釋詞云家大人曰盍何也字亦作盇又作闔莊子養生主曰善哉技盇至此乎言技之善何至於此也秦策曰勢位富貴盇可忽乎哉言何可忽也管子小稱曰闔不起爲寡人壽乎闔不何不也盍爲何不而又爲何曷爲何而又爲何不聲近而義通也故爾雅曰曷盍也廣雅曰曷盍何也學者失其義久矣　盍戶扇也　萱按此段盍爲闔也

嗑　或作⿰言盍　多言也　說文　謵⿰言盍多言也　玉篇　嗑者合也　易序卦傳又噬嗑注又釋文　嗑笑聲也　莊子天地則嗑然而笑釋文引李注　噬嗑食也　易襍卦傳。彖上傳云頤中有物曰噬嗑

闔。俗有盍　門扉也一曰閉也　說文段注月令乃修闔扇公羊傳齒著乎門闔釋宮闔謂之扉下文曰閉闔門也易曰闔戶謂之坤　闔扉也　管子八觀閭閈不可以毋闔注　闔門扇也　左氏襄十七年傳以枚數闔注又荀子儒效外闔不閉注。公羊傳莊十三年注云闔扇也又禮記少儀排闔說屨於戶內者疏云闔謂門扇又呂覽仲春注云闔扇門扇也　盍戶扇也　荀子宥坐復瞻被九蓋皆繼注。萱按此段盍爲闔也二字互相借。　用木曰闔　禮記月令注　闔閉也　漢書武帝紀集注楊惲傳集注孫寶傳集注又後漢書鄭崇傳注又楚辭謬諫欲闔口而無言兮注。易繫辭上傳是故闔戶謂之坤虞注云闔閉也又左氏襄十七年傳皆有闔盧注云闔謂門戶閉塞又素問生氣通天論閉闔不得注云闔謂元府閉封又淮南墬形西方曰西極之山曰閶闔之門注云闔閉也大聚萬物而閉之故曰閶闔之門也　闔閉藏也　鬼谷子捭闔闔之者閉也注。史記律書云闔者藏也　闔之者結其誠也　鬼谷子捭

闔　闔者所以操禁固之權　素問陰陽離合論陽明爲闔注　闔謂呼吸也　老子天門開闔注　開闔謂終始五際也　老子天門開闔注。太玄玄攡是故闔天謂之宇注云闔天晝夜之稱　坤爲闔戶　易豐闚其戶虞注　兌爲闔闔風　大玄玄掜掜擬之八風注　吳人以步屈名桑闔　一切經音義二引纂文　闔苦也　周禮圉師茨牆則翦闔注。萱按此段闔爲盍也　闔語助也　莊子列禦寇闔胡嘗視其良釋文。萱按此段闔爲盍也古盍曷通用故二字皆訓何亦皆訓何不莊子天地夫子闔行耶釋文云闔李作盍

沓代臘切　語多沓沓也遼東有沓縣　說文段注孟子毛傳釋詩皆曰泄泄猶沓沓也引伸爲凡重沓字段借爲達字毛生民傳曰達達生也先生姜嫄之子先生者也達生即沓生謂始生而如再生三生之易也車攻傳曰舄達屨也達屨即沓屨所謂襪下曰舄也板箋曰女無憲憲然無沓沓然爲之制法度達其意以成其惡以達釋沓是其理也遼東有沓縣兩志皆作遝東沓氏縣顏曰凡言氏者皆謂因之而立名　沓猶沓沓　詩十月之交噂沓背憎傳　沓合也　廣雅

釋詁二又小爾雅廣言又楚辭天問天何所沓注又文選羽獵賦天與地沓注引應劭沓𩣑也國語鄭語其民沓貪而忍注重沓是多饒積厚之意顏氏家訓書證沓沓疾行也漢書禮樂志騎沓沓注沓釜沸出也文選七發注引埤蒼。萱按此段沓爲湇也沓風病之名也史記扁鵲倉公傳病病苦沓風索隱

誻　𧨏誻也說文段注與曰部沓字音義皆同誻誻多言也荀子正名愚者之言誻誻然而沸注

䑙　或作䑙嚃歠也說文段注歠歠也曲禮曰毋嚃羹廣韻嚃歠也然則嚃即䑙也羹之無菜者不用梜直歠之而已禮葉䑙羹者何也䑙者流歠許澤言之耳嚃歠也一切經音義十五引埤蒼嚃爲不嚼菜禮記曲禮上毋嚃羹注

㜛　俛伏也一曰服意也說文段注俛者低頭也伏者伺也服意悅服之意也

㧺　。俗有䪌縫指㧺也一曰韋䪌說文段注縫指㧺者謂以鍼紩衣之人恐鍼之梨其指用韋爲㧺韜於指

以韝之也㧺之言重沓也射韝亦謂之臂㧺一曰云云謂如射韝韜於臂者。萱按臂㧺亦作臂沓肩借字也

涾　湁溢也今河朔方言謂灪溢爲涾說文段注河朔河北也涾沲相重之皃文選海賦長波涾沲注沓釜沸出也文選七發注引埤蒼。萱按此沓乃涾之借字

𥕛　舂已復擣之曰𥕛說文段注𥕛之言沓也取重沓之意𥕛舂也廣雅釋詁四

錔　以金有所冃也說文段注冃各本作冒凡覆乎上者頭衣之義之引申耳輨下曰軑耑錔也錔取重沓之意故多借沓爲之漢外戚傳切皆銅沓黃金塗謂以銅冒門限以黃金塗銅也高注呂覽郈氏金距云以利鐵作假距沓其距上即服注左傳以金錔距也手部㧺下曰一曰韜也

眔　目相及也說文段注隶及也石經公羊祖之所遝聞今本作逮聞中廣所以逮賤釋文作遝此眔與隶音義俱同之證。萱按眔隶變聲凡異部通轉無慮皆變聲也

遝　迨也說文段注廣韻迨遝行相及也文賦紛葳蕤以馺遝方言迨遝及也東齊曰迨關之東西曰遝或曰及公羊傳

祖之所逮聞也漢石經作遝聞目部云眔目相及也是遝亦會意按褱眔字皆遝聲是合韻之理也。萱按遝逮通用即眔隶通用也皆雙聲義同也州輔碑遝事和熹后孝安帝劉寬碑末遝誅討陳球碑遝究徂齊又爾雅釋言云逮遝也遝及也廣雅釋言。萱按及作乃者譌也此從王氏疏證訂正廣雅本用方言義

𧩼　𧩼誻遝語相及也說文段注此依玉篇訂隶及也眔目相及也然則此從遝訓語相及無疑

㯚　榙㯚木也說文。萱按榙下云榙㯚果似李

𦐇　或作𦐇𦑝飛盛皃說文段注按廣雅𦐇㹶即說文之𦐇昜疊韻字也从羽冃鉉曰犯冃而飛是盛也按从同者莊子所云翼若垂天之雲也𦐇㹶飛也廣雅釋詁三。吳都賦云𧾷𧾷𦐇㹶𦐇𦐇飛皃玉篇𦐇𦐇飛皃同上𪇭𪇭飛起皃同上

蹋　或作躢蹹踏踐也說文蹋履也廣雅釋詁一蹋榻也榻箸地也釋名釋姿容踏下也漢書司馬相如傳下集注引張揖踏箸地史記索隱引三蒼蹋鞠兵勢也文選景福殿賦

注引七略。萱按𦐇與翕形近故蹋之破字作蹹魏大饗碑云上索蹹高

闒　樓上戶也說文段注齊風傳曰闥門內也許書無闥闒即今闥字西京賦說神明臺曰上飛闥而仰眺西都賦說井幹樓曰排飛闥而上出此二闥皆樓上戶在高處故名之曰飛。萱按班張用段借字也達聲在十五部闒闒部異而音義同得通用也闒里也廣雅釋室闒下也漢書司馬遷傳集注。後漢書公孫瓚傳注云闒猶下也闒𦐇劣也文選報任少卿書注引張揖字詁闒茸駑頓也楚辭憂苦雜斑駁與闒茸注闒茸猥賤也文選報任少卿書在闒茸之中注。漢書外戚傳集注云闒茸眾賤之儔闒茸下材不肖之人也漢書賈誼傳闒茸尊顯兮注。史記屈原賈生傳索隱引應劭胡廣云闒茸不才之人又引字林云闒茸不肖之人也

𧮰　或作謵嗑也說文段注口部曰嗑多言也玉篇曰𧮰譫多言也𧮰譫即𧮰嗑

鰨　虛鰨也說文段注漢書上林賦鮭鰨史記作鰪鮒納一作鰨注家皆以鮭鰨爲二魚許亦別鮭與虛鰨爲二按虛非鮭鰪之異文也郭注云鰨鯢魚也似鮎有四足聲如嬰兒按許下文云鯢剌魚也不類列一處則鰨之非鯢明矣。萱按虛鰨

二字爲一魚之名此鰨之本字本義也其鰨也鯢也刺魚也人魚也四名爲一物正名爲鰨徐廣所據上林賦魶一作鰨乃段鰨爲魶耳非謂魶鰨同字也郭璞不辨正借徑以鯢魚說魶鰨二字遂致牽涸矣

栝 或作猶猲。俗有獛猲 犬食也 說文段注爾雅牛曰齝羊曰齥麋鹿曰齸鳥曰嗉寓鼠曰嗛當補之旲曰栝犬曰食主舌他物主喉也漢吳王濞傳曰栝糠及米史記作䑛䑛見舌部以舌取食也食爾反栝讀如路異字異音而同義顏注云栝古訑字乃大誤 栝栝貪欲之意也 太玄延焚延栝栝注

奈沓切

軜 驂馬內轡系軾前者詩曰渓以觼軜 說文段注驂馬內內轡爲環系諸軾前故御者祇六轡在手秦風毛傳曰軜驂內轡也是則軜之言內謂內轡也其所入軾前之環曰觼角部曰觼環之有舌者是也詩言觼軜者言施觼於軜也大戴禮六官以爲轡司會均入以爲軜此引申段借之義也今小戎渓作鋈按內聲當在十五部而十五部之入八部者自古然矣。大戴記盛德注云軜在軾前又荀子正論三公奉軶持軜注云軜謂驂馬內轡系於軾前者也 軜內也 詩小戎釋文

魶 或作魶 魶魚似鼈無甲有尾無足口在腹下 說文段注史記上林賦有魶字徐廣云魶一作鰨 魶鯢也 廣雅釋魚魶鯢魚史記司馬相如傳禺禺鱋魶集解引漢書音義。萱按鯢魚魶爲正鰨則段借徐廣所見史記作鱋鰨是用借字耳。自郭璞以鯢魚釋鰨而字之正僞淆矣

朗沓切

臘 。俗有腊 冬至後三戌臘祭百神 說文段注三戌下玉篇有爲字非也臘本祭名因呼臘月臘日耳月令臘先祖五祀左傳虞不臘矣皆在夏正十月臘即蜡也風俗通云禮傳夏曰嘉平殷曰清祀周曰大蜡皇侃曰夏殷蜡在已之歲終皇說是也秦本紀惠王十二年初臘記秦始行周正亥月大蜡之禮也始皇三十一年十二月更名臘曰嘉平十二月者丑月也始皇始建亥而不敢謂亥月爲春正月但謂十月朔而已項羽紀書漢之二年冬臘之以春臘之以四月可證也更名臘爲嘉平者改臘在丑月用夏制因用夏名也臘在丑月因謂丑月爲臘月陳勝傳書臘者接也新故交接大祭以報功也漢家火行火衰於戌故曰臘也高堂隆曰帝王各以其行之盛而祖以其終而臘火生于寅盛于午終於戌故火家以午祖以戌臘按必在冬至後三戌者恐不在丑月也鄭注月令曰臘謂以田獵所得禽祭也風俗通亦曰臘者獵也按獵以祭故

其字從肉。漢書武帝紀五日祠門戶比臘注云臘者冬至後臘祭百神也 臘者歲終祭眾神之名 左傳僖五年注又後漢書城陽王祉傳注陳寵傳注。獨斷下云臘者歲終大祭縱吏民宴飲非迎氣故但送不迎 臘祭也 臘索也 廣雅釋天 臘者接也 風俗通祀典有者後漢書陳寵傳注 又臘者所以迎邦送德也 風俗通祀典 臘者獵也言因獵取獸以祭祀其先祖也 同上 ○禮記月令臘先祖注云臘謂以田獵所得禽祭或言祈年或言大割或言臘互文 秦曰臘 廣雅釋天 漢曰臘 獨斷上。萱按嘉平清祀大蜡總謂之臘異名隨代而改臘名終古不易張蔡皆舉近以賤遠 臘腊也 法言問道 不膢臘也歟注 臘謂兩刃 考工記桃氏爲劍臘廣二寸有半寸注

齊齒詩

几押切

甲 𠇚 古文 東方之孟昜气萌動从木戴孚甲之象大一經曰人頭空爲甲𠇚古文甲始於一見於十歲成於木之象 說文段注史記麻書曰甲者言萬物剖符甲而出也漢書律麻志曰出甲於甲月令注曰日之行春東從青道發生月爲之佐時萬物皆解孚

甲月令曰孟春之月天氣下降地氣上騰天地和同艸木萌動孚者卵孚也孚甲猶今言穀也凡艸木初生或戴種於顛或先見其葉故其字像之下像木之有莖上像孚甲下覆也衛風毛傳曰甲狎也言甲爲狎之段借字也又大雅會朝清明毛傳曰會甲也會讀如檜物之益也會朝猶言弟一朝此於變聲取義貨殖傳蓋一州漢書作甲一州致藝文志陰陽家有大壹兵法一篇五行家有泰一陰陽二十三卷泰一二十九卷然則許備大一經者蓋此類空腔古今字許言頭空履空額空腔空皆今之脛也人頭空謂髑髅也古文甲云云宋本作始於十見於千或疑當作始於下見於上。易蠱先甲三日後甲三日馬注云甲在東方又周禮媒氏疏云東方木爲甲乙又素問藏氣法時論其曰甲乙注云甲乙爲木東方干也 甲者萬物孚甲也 白虎通五行。釋名釋天云甲孚也萬物解孚甲而生也又太玄玄數注云甲取孚甲而生 甲仁也 太玄斷庚斷甲注 甲言第一也 文選西京賦北闕甲第薛注 甲爲十日之首 易蠱馬注。禮記郊特牲日用甲疏云甲是旬日之初又法言先知先甲一日易注云甲是一旬之始己有之祕也 六甲日之幹也 太玄玄測都序延来六甲注。白虎通姓名云甲乙者幹也又楚辭哀郢甲之鼂吾以行注云甲日也 甲乙木

日也呂覽孟春注。淮南天文云甲乙寅卯木也又天文注云甲木也又注云甲乙皆木也甲乙者麻之紀也左氏桓十七年傳十月朔注太歲在甲曰閼逢月在甲曰畢並爾雅釋天甲歲雄也史記麻書歲名焉逢索隱甲齊也淮南天文甲戌燕也同上甲乙謂相次也後漢書馬融傳注甲者令爲之次也漢書韓彭英盧吳傳贊著于甲令而稱忠也注易象上傳先甲三日注云甲者創制之令也乾爲甲易訟終朝虞注象上傳先甲三日虞注離爲甲易蹇風吉虞注離爲甲胄易說卦傳甲兵象也漢書五行志上。國策秦策秦下甲而攻趙注云甲兵也甲鎧也詩叔于田序繕甲治兵箋又儀禮既夕甲胄干笮注又禮記曲禮上獻甲者執胄注少儀甲若有以前之注樂記車甲衅而藏之府庫注儒行儒有忠信以爲甲胄注又公羊成元年經三月作丘甲注哀六年傳吾有所爲甲注又穀梁成元年經注又國語齊語國寡甲兵注晉語殪以爲大甲注吳語服兵擐甲注又國策秦策不用一領甲注又廣雅釋器又家語相魯家不藏甲注又呂覽愛士投而擊繆公之甲注順說甲惡於此注慎行令尹好甲兵注又淮南人間一鼓民被甲括矢注覽冥質壯輕足者爲甲卒注又

楚辭國殤操吳戈兮被犀甲注。周禮夏官序官司甲注云甲今之鎧也又詩叔于田疏云經典皆謂之甲後世乃名爲鎧箋以今曉古又公羊閔二年傳桓公使高子將南陽之甲注云甲革皆鎧胄也甲似物有孚甲以自禦也釋名釋兵。左氏文十二年傳裹糧坐甲疏云甲者所以制禦非常組甲以組爲甲也文選吳都賦注引左傳馬融注汗襦自關而東謂之甲襦方言四皮曰甲根曰宅文選蜀都賦百果甲宅注引周易鄭注甲謂龜甲也文選吳都賦茸鱗鏤甲劉注有甲言體有鱗甲山海經中山經依軲之山有獸焉虎爪而有甲注甲闔也釋名釋形體甲押也廣雅釋言甲狎也爾雅釋言又詩芄蘭能不我甲傳。壹按此謂甲爲狎之借字也又書多方因甲于內亂鄭王甲皆爲押

夾

持也說文段注持者握也握者搤也搤者捉也捉物必以兩手故凡持曰夾左傳曰夾輔成王古多段俠爲夾公羊注曰滕薛俠轂。壹按夾與挾異形異部而義大同挾持也挾輔也挾猶帶也挾在傳也皆與夾之訓釋不異但夾从二人在八部與从二入之夾在七部者異也挾字各家从夾段氏定爲从夾故亦在七部然觀禮弓實主夾之也釋文夾本作挾是則

夾挾通用即依諸家挾从夾亦無不合矣夾把也莊子說劍韓魏爲夾釋文引司馬注。壹按陸德明破夾爲鋏與司馬注異謂夾爲鋏之借字也魏大饗碑衛夾踰鋒亦然夾帶也書禹貢夾右碣石釋文夾近也廣雅釋詁三又書梓材懷爲夾釋文多方爾曷不夾介乂我周王晚出傳夾輔也一切經音義十二引蒼頡。詩旄丘序疏云且夾輔者左右之辭也在左右曰夾儀禮既夕圍人夾牽之注。穆天子傳二左右夾佩注云夾佩左右兩佩夾者孚甲也言萬物孚甲種類分也白虎通五行二閒夾鍾出四隙之細也國語周語。淮南天文云夾鍾者種始莢也又音比夾鍾注云夾鍾二月也夾夾也萬物去陰夾陽地而生故曰夾鍾又時則律中夾鍾注云夾陽縈地而生故曰夾鍾也夾鍾一名圜鍾周禮大司樂歌夾鍾注。大師夾鍾注云夾鍾卯之氣也二月建焉又云夾鍾長七寸二千一百八十七分寸之千七十五又禮記月令疏云夾鍾者夷則之所生三分益一律長七寸二千一百八十七分寸之千七十五往體多來體寡謂之夾臾之屬考工記弓人。周禮司弓矢夾弓庾弓注云往體多來體寡曰夾庾又注云王弧夾庾唐大六者弓異體之名也并夾矢

籣也周禮司弓矢并夾注。射鳥氏則以并夾取之司農注云并夾鍼箭具夾室在堂兩頭故曰夾也釋名釋宮室郟室門郟之室一曰東西廂也大戴記諸侯釁廟郟室割雞於室中注。壹按此段郟爲夾也又任伯嗣碑郟河阻山段借亦同俠棟棟相俠也文選吳都賦俠棟陽路注。壹按此段俠爲夾也又華山亭碑吏卒俠路亦用借字

郟

潁川縣說文段注見前志故楚郟邑也左傳昭元年楚公子圍使公子黑肱城郟十九年令尹子瑕城郟秦二世元年陳勝將鄧寵將兵居郟在今河南汝州郟縣按郟鄏之郟山名非此郟郟山名鄏地邑也水經穀水注引京相璠說郟洛邑國語周語晉文公既定襄王於郟注。遂定之於郟注云郟王城也。壹按此郟得義於郟山與潁川之郟縣同名而異地郟室門郟之室也壹按此夾之義郟乃段借字

䩡

或作䩭鞮䩡沙也說文段注謂鞮之名䩡沙者也鞅角䩡沙皆漢人語廣雅之䩭䩓也䩭古匣切䩓音沙䩭䩓粽釋靸履也集韻履與釋同廣韻䩭䩓索釋胡履也釋名粽釋鞾之缺前壅者胡中所名也䩭䩓履也廣雅釋器

窜漾甲切 入脈刺穴謂之窜說文段注蓋古醫經之言齊民要術說相牛有窜字 窜楞也一切經音義六引周成難字

閘 閘閉門也說文段注謂樞轉軋軋有聲

呷向甲切 吸呷也說文段注司馬相如賦曰翕呷萃蔡張揖曰翕呷衣起張也海賦猶尚呀呷餘波獨湧李善曰呀呷波相吞之皃吳都賦曰讙譁喤呷廣韻喤呷眾聲也

狎。俗有庿 犬可習也說文段注引伸為凡相習之偁古段借甲為之衛風傳曰甲狎也此言段借 狎習也爾雅釋詁又禮記表記狎侮死焉釋文又左氏襄四年傳民狎其野注又國語周語未狎君政注晉語陽人未狎君德注楚語神狎民則注又漢書燕刺王旦傳集注 狎習也近也禮記曲禮上賢者狎而敬之注。一切經音義十九引字林云狎習也近也惕也萱按惕疑傷之字誤 狎近也晚出書大甲上予弗狎于弗順傳。疏云狎習是相近之義故訓為近 狎安習也左氏昭廿三年傳民狎其野注 狎相習知者禮記檀弓下狎則入哭注 狎者

韻史 卷三十八第八部入聲郄韻

三五六五

素相親狎也。論語鄉黨雖狎必變集解引孔注又皇疏方言十三媟狎也注云媟狎相親狎也 狎親習也左氏襄六年傳少相狎注 狎慣忽也論語季氏狎大人鄭注又晚出書大禹謨疏引旅獒狎侮君子鄭注伊訓疏。左傳襄六年疏云狎是相褻慢相貫習之名者也 狎戲也管子正論令俳優侏儒狎徒詈侮而不鬥者注 狎易也家語正論民狎而翫之注 狎輕也廣雅釋詁三又左氏昭廿年傳民狎而翫之注穀梁莊十七年傳此謂狎敵也注云狎猶輕也 狎輕侮也荀子臣道人不肖而不敬則是狎虎也注 狎更也左氏襄廿七年傳且晉楚狎主諸侯之盟也久矣注昭廿一年傳不狎鄢注又服注又國語晉語注 狎謂多而相排也文選舞賦車騎竝狎注 狎獵重接皃文選西京賦披紅葩之狎獵薛注。南都賦琢璜狎獵注云狎獵飾之皃 甲狎也爾雅釋言又詩芄蘭傳。萱按此甲為狎之借也又書多方因甲于內亂鄭王本甲是狎

柙㘥古文。囯構 檻也所以藏虎兕也說文段注論語虎兕出於柙馬曰柙檻也引伸為檢柙之柙偁如檻下云柙指是也。論語季氏皇疏又後漢書仲長統傳注又穆天子傳五命之為柙注又管子小匡遂生束縛而柙以

韻史 卷三十八第八部入聲郄韻

三五六六

予齊注竝云柙檻也 檢柙猶隱括也法言君子蠢迪檢柙注 柙匱也萱按此義匣正字柙借字 櫳檻也玉篇

匣 匱也。說文段注廣韻曰箱匣也古亦借柙為之柙檻也。漢書王莽傳下廢藏在室匣中者注云匣匱也 匣是匱之別名匱之小者書禹貢包匭菁茅疏 匣亦函也史記刺客傳奉地圖匣索隱 匣琴匣也文選宋孝武宣貴妃誄匣有遺弦注 柙匱也漢書平帝紀義陵寢神衣在柙中注。萱按匣柙二字互借通用後漢書梁竦傳賜東園畫棺玉匣衣衾注云匣或作柙此柙亦借字與平帝紀同又列子湯問柙而藏之當亦尔也又論語虎兕出于匣釋文匣本作柙此則柙正字匣段借

陜。俗有陿峽狹 隘也說文 陿謂褊隘也漢書景帝紀郡國或磽陿注 陿地小也漢書刑法志其生民也陿阸注 陿阸謂秦地險固也荀子議兵其生民也陿阸注 夾岸間為陿文選上林賦赴隘陿之口郭注 山峭而夾水曰陿漢書趙充國傳遣騎候四望陿中亡虜注 陿兩山之間

韻史 卷三十八第八部入聲郄韻

三五六七

也漢書地理志下武威郡蒼松注又晉書音義下 兩山之間為峽淮南原道仿洋于山峽之旁注 峽崿山足也太乎增賴彼峽崿注 狹謂陋也文選東京賦狹三王之趢趗薛注 狹漏也楚辭怨思阜隘而狹漏兮注。萱按漏似當作陋以音同而譌也 狹謂聲急也禮記樂記狹則思欲注又史記樂書正義

㢜 辟也說文段注㢜與陜音同義近

臿齒甲切。俗有鍤舂臿桒 舂去麥皮也說文段注示部桒下曰讀若舂麥為桒之桒臿桒古今字也許於說解中用今字耳周禮廩人大祭祀則共其接盛即臿之段借凡穀皆得云臿也引伸為凡刺入之偁如農器刺地者曰鍫臿 桒舂也廣雅釋詁四 臿今之鍫也後漢書戴就傳注。淮南精神今夫繇者揭钁臿負籠土注云臿鍤也青州謂之鍤三輔謂之鍤也 臿刃也後漢書戴就傳注引張揖字詁 臿鍬也史記秦始皇紀身自持築臿正義又漢書溝洫志舉臿為雲注。方言五云臿燕之東北朝鮮洌水之間謂之𣂏江淮南楚之間謂之臿 鍤鍫也漢書王莽傳上負籠荷鍤注。萱按此段鍤為臿也臿以用金為之鍤本訓鍼臿與鍼義略相近 鍤插也插地起土也

韻史 卷三十八第八部入聲郄韻

三五六八

釋名釋用器

鍤　韋衣鍼也　說文段注韋各本作郭今正郭者齊之郭氏虛也韋者城韋民所度居也古無廓字祇用郭字其實當用韋如鼓下云郭皮甲而出此云郭衣皆謂帳廓張衣於版以鍼窑鐵其週使伸直今之治裘者正如此是曰韋衣其鍼曰鍤鍤之言深入也以為鍪酉字者失之遠矣　鍤鍼也廣雅釋器　鍤鍪也鍤插也插地起土也　萱按此皆酉之義也鍤借字

插　刺內也　說文段注內各本作內今正內者入也刺內者刺入也漢人注經多段插字扱字為之　扱插也　廣雅釋詁二。萱按此以扱為插之借字也

屆　或作揷　屆屋迺從後相躡也　說文段注躡各本作酉今依玉篇訂以後次前積疊之謂之屆屋吳都賦作插爛楚立除立二切善曰枝柯相重疊兒廣韻曰重累土也廣韻亦單用屆字訓楔非此義也

疀　或作疀疀　𣂖也一曰古田器也　說文段注𣂖者斛旁有庣也甾之類故其字从甾古田上當有一曰

二字斛下亦引爾雅斛謂之疀古田器也此別一段斛疀為銚甾也許書金部作銚甾乃其正字今之鍪也江沅說。萱按甾之具體字作甾故疀亦或作疀若疀也見爾雅釋器釋文

始甲切　萐　萐莆瑞艸也堯時生於庖廚扇暑而涼　說文段注白虎通曰孝道至則萐莆生庖廚萐莆者樹名也其葉大於門扇不搖自扇於飲食清涼助供養也論衡作萐脯言廚中自生肉脯薄如萐搖鼓生風寒涼食物

箑䈉或　扇也　說文段注戶部曰扇扉也扉可開合故箑亦名扇方言扇自關而東謂之箑自關而西謂之扇郭曰今江東亦通名扇為箑按今江東皆曰扇無言箑者凡江東古言見於郭注者今多不同蓋由時移世易士民遷徙不常故也士喪禮下注曰翣扇也此言經文段翣為箑也　翣扇也　儀禮既夕燕器杖笠翣注又禮記少儀不翣也釋文引盧注明堂位周之璧翣疏又莊子德充符釋文又淮南俶真冬日之不用翣注。淮南說林被裘而以翣翼注云翣扇也楚人謂之翣也。萱按以扇釋翣者翣是箑之借字也明堂位之璧翣乃簨虡之翣亦訓扇者當是翣在簨虡者形同箑於箑也　翣扇

也　呂覽有度冬不用翣注。萱按段翣猶之段箑也翣箑古今字　大扇謂之翣　小爾雅廣服　翣者所以拾涼　儀禮既夕疏。萱按喪翣義亦兼取拾涼故釋名釋喪制云翣象翣扇為清涼也

翣　。俗有翣　棺羽飾也天子八諸侯六大夫四士二下垂　說文段注羽衍文棺飾本周禮周禮喪縫棺飾為衣翣柳之材檀弓周人牆置翣又飾棺牆置翣鄭曰翣以布衣木如攝與喪大記注漢禮翣以木為筐廣三尺高二尺四寸方兩角高衣以白布畫者畫雲氣其餘各如其象柄長五尺車行使人持之從既窆樹於壙中按翣柳皆棺飾也鄭云以布衣木又引漢禮況之經無用羽明文以其物下垂故从羽也禮器曰天子八翣諸侯六翣大夫四翣喪大記君黼翣二黻翣二畫翣二此諸侯六翣也大夫黻翣二畫翣二此大夫四翣也周禮注天子又有龍翣二下垂之下當有如羽二字周禮故書翣作接鄭司農云接讀為翣引檀弓周人牆置翣春秋傳四翣不蹕接與翣皆段借字也

翣棺飾也　周禮女御后之喪持翣注御僕注

翣棺衣飾也　淮南齊俗注。後漢書趙咨傳注云翣以竹為之高二尺四寸廣三尺衣以白布柄長五尺葬時令人執之於柩車傍也。萱按翣必有所飾章懷不言飾者恐辭費耳

宋翔鳳謂章懷所說為唐時翣制與古異宋說非也

蔞翣棺之牆飾　禮記檀弓下設蔞翣注。呂覽節喪僂翣以督之注云翣棺飾也畫黼黻之狀如扇翣於僂邊天子八諸侯六大夫四也。萱按祝穆碑蔞蔞以扁此段蔞為翣也蔞蔞即蔞翣即僂翣也蔞僂亦正借字又高誘之棺飾字似當同周禮注作棺飾飾形近轉寫字誤為飾耳

翣武飾也　莊子德充符不以翣資釋文引宋注。郭注云翣者武所資也

翣是扇之類也　左傳襄廿五年疏。釋名釋喪制云翣齊人謂扇為翣此似之也象翣扇為清涼也翣有黼有畫各以其飾名之也

武王作翣　一切經音義十九引世本

歃　。俗有歃啑　歠也春秋傳曰歃而忘　說文段注歃者歠也凡盟者歃血隱七年左傳歃如忘服虔曰如而也臨歃而忘其盟載之辭言不精也許作而者古如而通用許所據與服異

歃歃血也　左傳隱七年釋文。疏云歃謂口含血也

歃飲血也　國語晉語楚人固請先歃注。素問三部九候論歃血而受注云歃血飲血也

挑謂之歃　儀禮有司徹二手執挑匕枋以挹湆注于疏匕注

歃嘗也　集韵引廣雅

霅想甲切○俗有霎霅霅震電兒一曰霅衆言也說文段注霅霅聲光襍沓之兒按馬融廣成頌霅爾霅落霅音素洽反今俗語云霎時間霎即霅之俗字霅疾言也霅以爲聲或訓霅爲衆言則是从言从雨會意矣吳都賦曰報霅驚捷。漢書敘傳音義引字林云霅衰電也一曰衆言也霅曄急疾兒文選笙賦霅曄岌岌注霅煜光明之兒也文選答賓戲霅煜其閒者注霅散也漢書揚雄傳上霅然陽閒集注引晉灼霅雨也後漢書馬融傳注霅霅雨也廣雅釋訓

灋缶押切法今省文金古文刑也說文段注刑者罰辠也易曰利用刑人以正法也引伸爲凡模范之偁木部曰模者法也竹部曰笵者法也土部曰型者鑄器之法也許書無言今文者法蓋隸省之字許書本無或增之也。書呂刑云惟作五虐之刑曰法又國語魯語不共有刑注云法刑也法者刑罰也所以禁強暴也鹽鐵論詔聖法常也爾雅釋詁。漢書張釋之傳集注云法謂常法法則也呂覽必已此神農黃帝之所法注。老子人法地王注云法謂法則也法則謂其官之制度周禮大宰二曰灋則以馭其官注有其又疏法效

也荀子不苟畏法流俗而不敢以其所獨甚注法謂則而效之漢書賈誼傳是不法聖智也注法象也素問八正神明論必有法則焉注又呂覽情欲必法天地也注灋合也廣雅釋詁二灋猶數也周禮司書凡稅斂掌事者受灋焉注法亦律也書大傳丕天之大律注法者天下之程式也萬事之儀表也法度者主之所以制天下而禁姦邪也竝管子明法解。禁藏云法者天下之儀也又形勢解云法度者萬民之儀表也又任法云法者天下之至道也又云法者上之所以一民使下也又七臣七主云夫法者所以興功懼暴也當故不改曰法管子正。又云如四時之不貸如星辰之不變如宵如晝如陰如陽如日月之明曰法又七法云尺寸也繩墨也規矩也衡石也斗斛也角量也謂之法又心術云法者所以同出不得不然者也法令者君臣之所共立也管子七臣七主。漢書張釋之傳云法者天子所與天下公共也法謂法度禮記王制注律法也疏。漢書律厤志上審法度注云法度丈尺也又周禮掌次掌王次之灋注云灋大小丈尺又禮記少儀工依於法注云法謂規矩尺寸之數也法所以銓量輕重爾雅釋言坎律

銓注也制而用之謂之法易繫辭上傳。周髀算經下地法覆槃注云形乃謂之法又莊子在宥麤而不可不陳者法也注云法者妙事之迹也又墨子經上云法所若而然也又太玄玄衡云法易與天下同也灋守灋不失也周禮小宰曰廉灋注五法謂守法度也荀子不苟愚則端愨而法注法謂行法也漢書酷吏王溫舒傳雖有百罪弗法注禮義之謂法荀子法行法者治之端也荀子君道法者所以愛民也新序善謀法者所以敬宗廟尊社稷說苑至公法八法呂覽五春守典奉法注五法謂仁義禮智信大戴記盛德齊五法注法德法大戴記盛德德盛則脩法注。盛德云德法者御民之銜勤也又云古者以法爲銜勤灋尊卑之差周禮酒正皆有灋以行之注灋謂其禮灋也周禮小宰以灋掌祭祀朝覲會同賓客之戒具注法言謂禮法之言孝經非先王之法言不敢言注國灋即國服周禮朝士令以國灋行之疏法禁者俗之隄防後漢書虞詡傳。大戴記禮察云禮者禁於將然之前而法者禁於已然之後又管子心術云殺戮禁誅謂之法法逼也

人莫不欲從其志逼止使有所限也釋名釋典藝法者所以督姦也鹽鐵論刑德法惡刻太玄玄錯坎爲法易象上傳以正法也虞注月爲法也周書小開武月以紀刑注法冠楚冠也一曰柱後惠文冠獨斷下。後漢書朱樂何傳注云法冠執法者服之法服謂衣服竝有法度文選東京賦乃整法服薛注。後漢書楊秉傳注云法服謂天子服日月星辰山龍華蟲藻火粉米黼黻十二章法門謂天子諸侯皆南面而治法令之所出入故謂之法門穀梁傳廿年傳南門者法門也注法物謂大駕鹵簿儀式也後漢書光武紀下注法物好物也老子法物滋彰注灋羊食饗積膳之羊周禮羊人共其灋羊注

齊齒呼二

頰䫏几捷切籀面旁也說文段注面者顏前也顏前者兩眉閒兩目閒已下至頰閒也其旁曰頰面部曰酺頰也易咸上六咸其輔頰舌輔即酺之段借字也凡言頰車者今俗謂牙牀骨牙所載也與單言頰不同頰夾也面旁稱也亦取挾斂食物也釋名釋形體輔謂之頰廣雅釋親耳目之閒稱輔頰

易咸虞注。左傳僖五年疏云頰之輔。口旁肌之名也頤或曰頰車亦所以載物也釋名釋形體。萱按此義未密頤在表頰車在裏不當溷爲一也又易咸之頰舌孟本頰作俠段借字也

唊

妄語也說文唊唊多言也廣韻

鋏

可曰持冶器鑄鎔者也說文段注冶器者鑄於鎔中則以此物夾而出之此物金爲之故从金周禮弁夾取矢鋏兩刃鈹也管子問衣夾鋏注鋏從稜閒刃也莊子說劒韓魏爲夾釋文。萱按陸破夾爲鋏謂夾爲借字也周禮司弓矢射鳥氏之并夾當亦爾矣鄭云并夾矢籥也長鋏劒名也楚辭涉江帶長鋏之陸離兮注鋏刀身劒鋒有長鋏短鋏文選吳都賦毛羣以齒角爲矛鋏劉注

梜

。俗有筴檢柙也說文段注檢柙皆函物之偁然則梜亦函物之器也曲禮羹之有菜者用梜謂箸爲梜此引伸之義也梜者筯也史記龜策傳象箸而羹索隱梜猶箸也今人或謂箸爲梜提禮記曲禮上用梜注。釋文云梜字作筴筴亦箸也一切經音義十五引字林。萱按梜筴古今字也十六部冊字

亦或用筴作之冊筴正借字也梜與冊部分遠偶筴亦音隨義轉矣筴蓍也禮記月令太史釁龜筴注少儀筴蓍波小箕曰筴莊子人閒世鼓筴播精釋文引李注筴簡書也國語齊語注。萱按此類皆段筴爲冊也謂策筴周字者非矣策亦多借爲冊耳

莢

艸實說文段注周禮曰墳衍植物宜莢物按莢物兼艸木言。爾雅釋木釋文引字林云莢艸實也豆角謂之莢廣雅釋艸莢物蘙莢王棘之屬周禮大司徒注

蛺

蛺蜨也說文段注疊韵爲名今俗云胡蝶見莊子蛺蜨蟞蛈也廣雅釋蟲

鉣

組帶鐵也說文段注按組上疑當有馬字

劫

。俗有刦劫人欲去已力脅止曰劫或曰已力去曰劫說文段注脅猶迫也俗作愶古無其字用脅而已以力止人之去曰劫不專謂盜而盜禦人於國門之外亦劫也大史公曰劫人作姦此義从力而俗作刦从刀蓋刀與力相淆之處固多矣劫劫脅也禮記儒行劫之以衆注劫謂威脅之漢書高帝

紀上因以劫衆注劫謂興兵脅之管子大匡於是劫魯注刧脇也國策秦策已珉欲以齊秦劫魏而困薛公注刦奪去也荀子脩身劫之以師友注劫迫也荀子解蔽故口可劫而使墨云注又淮南精神不可劫以死生注爲君不能禁下而自禁者謂之劫韓非子難三劫悟氣相衝激文選笙賦郁挦劫悟注

舊業切

犾怯

杜林說犾从心。五部八部兩讀多畏也說文段注本謂犬段借謂人今字皆用伯山說也懾所行爲怯禮記曲禮注懾猶怯也釋文怯脅也見敵恐脅也釋名釋言語怯無勇呂覽務本將衆則罷怯持節不恐謂之勇反勇爲怯賈子道術怯去也廣雅釋詁二怯死猶避死也史記魯仲連鄒陽傳勇士不怯死而滅名索隱

匧篋

或椷臧也說文段注小徐本如是大徐無椷字木部椷下曰匧也是二篆爲轉注臧字似衍玉篇作緘也乃椷之誤若文選應璩百一詩任昉哭范僕射詩李注皆引說文篋笥也此則所據本不同自當以小徐本爲善耳戰國策乃

夜發書陳篋數十廣韵曰匧藏也篋箱也分一字爲二而刪去椷字之所緣也。萱按莊子天運盛以篋衍釋文篋本作匧此由形近而誤也匧則罕有用者隋方曰篋儀禮士冠禮同篋注篋箱類也史記老莊申韓傳胠篋正義

⿸疒夾

。俗有瘀病息也說文段注病息謂病之鼻息也

愜

或書作愜快也說文又一切經音義三引字林又漢書文帝紀未有愜志集注愜猶快也文選文賦愜心者貴當注愜滿也漢書文帝紀集注引應劭愜可也廣雅釋詁三

悏

或書作悏思皃說文

瘱

。俗有瘱嫕嫕嫕靜也說文段注靜當作竫亭安也此義或作嫕見後漢書傳寫誤爲嫕洞簫賦曰清靜厭瘱神女賦曰澹清靜其愔瘱李善引韓詩曰瘱悅也引蒼頡篇曰瘱密也引曹大家列女傳注曰瘱深邃也或曰古音讀如邑瘱靜也漢書外戚傳下集注瘱審也齊楚曰瘱方言六瘱審也集韵引廣雅瘱猶協

也太玄廓陰氣應而念之注嫕淑善也文選神女賦注

枼漾捷切褊也一曰葉逗薄也說文段注褊方木也枼上當有一曰二字凡木片之薄者謂之枼故葉牒鍱葉僷等字皆用以會意廣韵僷輕薄美好皃按鉉曰當從卅乃得聲此非也毛傳曰葉世也葉與世音義俱相通凡古侵覃與脂微如立位盇蓋是屮犓荔軜內薾爾遝隶等其形聲皆枝出不得專疑此也

葉艸木之葉也。說文段注凡物之薄者皆得以葉名管子地員葉下於鬊注云葉艸名葉猶支也詩芄蘭芄蘭之葉箋葉散也列子天瑞其葉爲胡蝶注葉聚也方言三又廣雅釋詁三葉世也詩長發昔在中葉傳又廣雅釋言又淮南脩務稱譽葉語注又文選文賦俯貽則於來葉注。吳都賦雖累葉百疊劉注云葉猶世也鍱其板曰葉象木葉也釋名釋用器葉柶大端儀禮士冠禮面葉注。士冠禮注士昏禮注竝云古文葉作擖。萱按古文用段借字故執箕膺葉或亦作擖揭也但二字本義相隔殊遠耳葉箕舌禮記曲禮注執箕膺葉釋文葉拱兩手薄其心也家語辨樂葉拱而對注葉褕毳也燕

韻史 卷三十八第八部入聲鄴韻

三五八一

之北郊朝鮮洌水之閒曰葉褕方言二今名短度絹爲葉褕也方言二注葉褕謂物之扞蔽也同上

箑篇也說文段注小兒所書寫每一笘謂之一葉今書一紙謂之一頁或作葉其實當作此葉葉籥也廣雅釋器

鍱。俗有鍱鏶也齊謂之鍱說文段注此謂金銅鐵椎薄成葉者鏶謂之鍱廣雅釋器鍱鑲也同上鍱鋌也廣韵引廣雅

僷或作僷宋衛之閒謂華僷僷說文段注華容華也僷僷好皃方言曰奕僷容也凡美容謂之奕或謂之僷宋衛曰僷陳楚汝潁之閒謂之奕按僷亦作僷廣韵曰僷僷輕薄美好皃僷僷容也廣雅釋訓僷輕麗之皃方言二注僷詘也廣雅釋詁四僷厭也禮記玉藻若祭爲己僷卑跪又釋文

曅或作曅曅。俗有曄燁炗也說文段注也當作皃字之誤思玄賦舊注云曄光皃漢書敘傳云世宗曄曄吳都賦

韻史 卷三十八第八部入聲鄴韻

三五八二

云飾赤烏之韡曄錯本曰在琴上玉篇曰說文作曅大徐曰在寄非也。後漢書張衡傳列缺曄其照夜注云曄光也曄明也廣雅釋詁四曅晠也方言十二曅盛也後漢書馮衍傳注曄盛皃文選長笛賦曄然復揚注神女賦序曄兮如華注曄曄盛皃漢書敘傳下集注

爗廟諱。敬避或作爗燁盛也詩曰爗爗震雷說文段注小雅十月之交爗爗震雷皃按凡光之盛曰爗。廣雅釋詁二云爗盛也爗爗光盛漢書揚雄傳上颺爗爗之芳苓注。爗爗光皃漢書李尋傳集注燁煜聲之盛文選東都賦管弦燁煜注。後漢書班彪傳下注云燁煜盛皃

曄艸木白華皃說文段注皃各本作也今依文選西都賦注正賦曰蘭芷發色曄曄猗猗左思白髮賦曰子觀橘柚一皜一曄貴其素華匪尚綠葉則音在八部也曄曄猗猗茂美之皃後漢書班彪傳上注

俺去入兩讀注在彼

腌漬肉也說文段注今淹漬字當作此淹行而腌廢矣方言云淹敗也水敗爲淹皆腌之引伸之義也腌猶藏也肉

韻史 卷三十八第八部入聲鄴韻

三五八三

謂之腌謂之饐魚腌酢淹肉也玉篇引蒼頡淹漬也楚辭離世淹芳芷於腐井兮注。萱按此段淹爲腌由漬肉引申爲凡漬也再引申則方言廣雅之淹敗也是

罨罕也說文段注蜀都賦曰罨翡翠

俠向捷切俜也說文段注荀悅曰立氣齊作威福結私交以立彊於世者謂之游俠如淳曰相與信爲同是非爲俠所謂權行州里力折公侯者也或曰任氣力也俠甹也按俠之言夾也夾者持也經傳多段俠爲夾凡夾皆用俠人臣肆意陳欲曰俠韓非子八說、俠之言挾也漢書季布傳爲氣任俠集注。萱按叔孫通傳殿下郎中俠陛此段俠爲夾也注謂俠與挾同亦通俠棟棟相俠也文選吳都賦注。萱按此正當作夾。俠美人之稱漢書禮樂志俠嘉夜集注。萱按此亦引申段借之義也似夾挾字皆可用此俠輕也淮南說山喜武非俠也注俠少也呂覽音律安壯養俠注俠敗也廣雅釋詁三

婡得志婡婡也一曰婡息也一曰少气也說文段注得志婡婡也爲韵皆云此義卬婡

韻史 卷三十八第八部入聲鄴韻

三五八四

協切是與恩音義皆同也一曰少气也爲韵皆云此義呼牒切廣韻也作兒

綊 紅綊也說文。萱按紅下云紅綊乘輿馬飾也又十五部去聲

四

茜 㠯艸補缺一曰約空也說文段注約空未聞此別一義茜補也廣雅釋詁

郘切　眺切
捷　葉

掫 拈也說文

疊 。俗有疊疊 楊雄說㠯爲古理官決罪三日得其宜乃行之从晶宜亡新㠯从三日大盛改爲三田說文段注从晶宜已上揚雄說也理官士也詩莫不震疊韓詩薛君傳曰震動也疊應也天下無不動而應其政教李圃曰此言動之於內而應之於外者也按疊爲應即得其宜乃行之之說也毛詩傳曰疊懼也今毛義行而韓義廢矣柳楊子所說者本義也故許述之毛詩之云謂疊即慴之段借字故許不俗亡新不知三日爲絫日識其陋也今皆從之亦可已矣多部曰重夕爲多重日爲疊此令人用疊之義也 疊應也

後漢書李固傳注引韓詩章句 疊懷也廣雅釋言 疊厚也廣雅釋詁三 疊積也太玄樂首輿舒疊注又一切經音義十四引三蒼 疊重也積也一切經音義九引蒼頡 疊詘也廣雅釋詁四 疊墮也廣雅釋詁二 疊振疊也文選吳都賦鉦鼓疊山劉注 小擊鼓謂之疊文選謝玄暉鼓吹曲疊鼓送華輈注 疊慴也詩時邁傳。疏云疊作慴音義同。萱按訓懼者疊引申之義也非必段爲慴若懾而後訓懼也慴則字之誤也由疊慴而逃變 疊毛織也史記貨殖傳荅布皮革千石索隱引廣志。又引吳錄云有九德郡布名曰白疊 牒即今疊布也後漢書王符傳注。萱按此段牒爲疊也疊布即白疊矣 牒累也淮南本經積牒礎石注。萱按此亦疊義也累當作絫凡積絫皆爲疊

襍 。俗有襍 南楚謂禪衣曰襍說文段注九歌曰遺余襍兮醴浦方言曰禪衣江淮南楚之閒謂之襍關之東西謂之禪衣按屈原賦當用南楚語王逸云襜襦殆非也 襍禪衣也廣雅釋器 襍襜襦也楚辭湘夫人注。萱按釋騷或未諦此解自當存

韘弽 或。俗有鞢韘 射決也所㠯拘弦㠯象骨句韋系句著右巨指詩曰童子佩韘說文段注衛風童子佩韘毛曰韘決也能射御則帶韘小雅車攻傳曰決所以鉤弦也鄭注周禮曰決挾矢時所以持弦飾也注鄕射禮大射儀云決猶闓也以象骨爲之著右大巨指以鉤弦闓體按即今人之扳指也經與多言決少言韘韘惟見詩毛公釋爲決而箋云韘之言沓所以彊沓手指此以禮經之極釋韘也大射云朱極三注云極猶放也所以韜指利放弦也以朱韋爲之食指将指無名指各一小指短不用鄭意以韘極沓三字變聲且極固韋爲之故字从韋決則象骨爲之故不从毛而易其義許說从毛也以字从韋論之鄭爲長矣內則言佩決詩言佩韘蓋言一可以包二㠯象云云繕人注云士喪禮決用正王棘若釋棘則天子用象骨與按用棘蓋施諸死者疑生者用象若骨故鄕射大射禮注皆云用象骨許意正如是用韋爲系箸右巨指故字从韋但今世扳指不用系士喪禮注云決以韋爲之藉又云以紐環大擘本恐生者皆不必然也

屧 。俗有屧屜 屧之荐也說文段注之各本作中今依玄應所引訂此藉於屧下非同屧中苴也荐者藉也吳

宮有響屧廊東宮舊事有絳地文屧屧百副即今婦女鞵下所施高底其字本音他頰切轉爲他計切今蔽匱有抽屜本即屧字

諜 軍中反閒也說文段注釋言閒俔也郭云左傳謂之諜今之細作也按左傳諜輅之諜告曰楚幕有烏皆是是大史公書借爲牒札字 諜謂姦寇反閒者周禮掌戮掌斬殺而膊之注 諜賊反閒爲國賊周禮環人搏諜賊注 諜閒也左氏莊廿八年傳諜告注僖廿五年傳諜出注哀十一年傳害諜曰注 諜閒諜也莊子人閒世大多政法而不諜釋文引崔注 諜閒候也國語晉語諜出曰注 諜候也左氏哀元年傳使女艾諜澆注又國語晉語諜其將落注 諜伺也左氏桓十二年傳使伯嘉諜之注 諜驛也廣雅釋詁四 諜便僻也莊子列禦寇形諜成光釋文 諜安也莊子人閒世釋文引李注 諜譜第也萱按此段諜爲牒

牒 。俗有牐 札也說文段注木部云札牒也左傳曰右師不敢對受牒而退司馬貞曰牒小木札也按厚者爲牘薄者

爲牒牒之言葉也葉也竹部葉義略同史記段諜爲牒○左氏昭二十五年傳注云牒札也小簡曰牒漢書路温舒傳截以爲牒注牒究也廣雅釋言牒版也廣雅釋器○方言五云牀其上版衛之北郊趙魏之間謂之牒牒者記系謚之書也史記三代世表余讀牒記索隱牒譜也文選謝靈運入華子崗詩注引漢書蘇林注諜譜也漢書楊雄傳上集注引應劭諜譜第之也漢書禮樂志披圖案諜注引蘇林有之又後漢書張衡傳注○蓋牒之用牒馬班范皆爾按牒累也牒郎令疊布也蓋按此段牒爲疊

堞

○俗有堞城上女垣也說文段注女之言小也㠯部陴下曰城上俾倪女牆也堞與陴異字而同義左傳堙之環城傳於堞社曰堞女牆也古之城以土不若今人以專也土之上間加以專牆爲之射孔以伺非常曰俾倪曰陴亦曰堞左傳盧蒲嫳攻崔氏崔氏堞其宮而守之弗克此謂於宮牆之上又加俾倪也按从葉者如葉之薄於城也亦有會意爲今字作堞堞城上女牆也淮南兵略傳堞而守注又文選魏都賦嬰堞帶溪劉注○廣雅釋室又一切經音義十二引字書故云堞女牆也城上垣或名堞取其重疊之義也釋名釋宮室堞短垣

左傳襄廿七年注堞亦謂之俾睨左傳襄六年釋文

蜨

○俗有蝶蠂蛺蜨也說文蝶蛺蝶也文選張景陽雜詩注引莊子司馬注鳥足之根爲蠐螬其葉爲蝴蝶蝴蝶胥也莊子至樂○蓋按蝴本作胡俗加偏旁

聿 紐葉切

手之疌巧也說文

疌

機下足所履者說文段注疌者躡也○御覽八百十五引字林云疌機下所履

䮔

○俗有䮔馬步疾也說文段注按今人專輒字作輒似當作䮔爲近之

巤 亮葉切

毛巤也象髮在囟上及毛髮巤巤之形也說文段注象髮在囟上謂匘也囟下曰巛象髮髮謂之鬣鬣即巛也巤巤之形謂巛象毛髮巤巤之形也玉裁按巤與鬣蓋正俗字巛即鬣不當復从彡矣彡部鬣之爲增竄無疑鬣毛也廣雅釋器鬣首毛也文選七發翠鬣紫纓注鬣髦也爾雅釋畜青驪繁鬣騥釋文鬣馬鬣也爾雅釋畜舍人注○蓋按鬣謂人髮鬣爲馬毛以此分辨亦自清析凡馬言鬣者悉當改爲鬣

矣其鬣下諸或體字皆贅設也可省矣鬣頷上鬣也漢書五行志下之上公取而朱其尾鬣注

鬣 ⿰毛巤 或 ⿰豕巤

或○或作鬣⿱髟馬髦馲髮鬣鬣也說文段注囟部巤下曰毛巤也象髮在囟上及毛髮巤巤之形鬣鬣動而直上皃所謂頭髮上指髮上衝冠也辭賦家言旌旗獵獵是其假借字也許意巤爲今馬鬣字鬣爲顫動之字今則鬣行而巤廢矣人部曰儠者長壯儠儠也字意略同今左氏傳長儠作長鬣杜以多須釋之殊誤須下垂不偁鬣凡上指者偁鬣許說毛者通乎獸毛而言故馬豕之髦亦曰鬣周禮巾車翣字故書爲駐亦或爲鬣按駐鬣皆即鬣字也隸體多假萬爲鬣曲禮曰豕曰剛鬣帚部曰豕鬣如筆管者曰是或从豕之意也○蓋按鬣以鬣爲聲然彡與巛是一从巛又从彡嫌複矣疑本从巤省聲作鬣而轉寫誤爲不省也豬毛曰⿰豕巤一切經音義十九引通俗文○蓋按此何必有專字說文鬣下重文疑皆後人羼入非必許本有也鬣謂帚也禮記少儀拚席不以鬣注○蓋按此再引申之義長鬣美須頷也蓋按此詳儠下儠鬣蓋正借字鬣髦也鬣毛也蓋按此類皆詳巤下段借字也抑或通用也

儠

長壯儠儠也春秋傳曰長儠者相之說文段注左傳昭七年十七年國語楚語皆云長鬣鬣者儠之假借字也韋昭杜預釋爲美須頷誤按儠儠長壯皃辭賦家用獵獵字蓋當作儠儠左傳昭七年曰使長鬣者相儠長也廣雅釋詁二長鬣美須頷也國語楚語而使長鬣之士相焉注○蓋按韋杜同誤而字皆作鬣則可據鬣从彡巤省聲此其證也巛與彡略同故从彡則省巛

擸

理持也說文段注謂分理而持之也擸持也廣雅釋詁三

邋

搚也說文段注手部曰搚摺也公羊傳曰搚幹而殺之或作躐○俗有獦

獵

放獵逐禽也說文段注放小徐作畋畋平田也非許義韵會作效疑校之譌校獵見吳都賦蓋即孟子之獵較也校獵二字逗以逐禽釋之蔡邕月令章句曰獵捷也白虎通曰四時之田總名爲獵毛詩不狩不獵箋云冬獵曰狩宵田曰獵此因經文重言而分別之也引伸爲凌獵爲捷獵在田逐禽謂之獵詩南山傳横獵之疏獵是行步踐履之名同上獵歷也文選風賦獵蕙艸注從旁爲獵儀禮大射

耴 掌捷切

儀毋獵獲注。鄉射獲無獵獲注云獵矢從旁獵聲也文選洞簫賦獵獵若枝折注獵震也國語吳語以犯獵吳國之師徒注獵虐也爾雅釋言。注云凌獵暴虐獵捕也太弁穀吏所獵也注獵攬也史記日者傳獵纓正襟危坐索隱獵取也文選羽獵賦注引國語賈注獵者捷取之名也左傳隱五年疏引蔡邕月令章句獵捷相接之兒文選景福殿賦獵捷相加注獵攬不齊也文選生賦騁田獵獵注獵車之形今之鉤車是也禮記曲禮上疏引隱義。釋名釋車云獵車所乘以畋獵也南龜曰獵屬周禮龜人。萱按爾雅釋魚說龜云後弇諸獵躐踐也後漢書崔駰傳注又楚辭國殤凌余陣兮躐余行注。荀子議兵不獵禾稼注云躐踐也躐與躐同。萱按躐乃躐字之後出者二字義在即離間躐踰越也禮記學記學不躐等也疏跋前行曰躐爾雅釋言跋躐也李注

耴 耳垂也春秋傳曰秦公子耴者其耳垂也故以爲名說文段注按曰字行今按左氏傳秦無公子耴惟鄭七穆子良之子公孫輒字子耳以今許訂之古本左傳當作公孫耴白虎通所謂考其名爲

之字聞名即知字聞字即知其名也左傳云以類命爲象生而耳垂因名之耴猶生而夢神以黑規其臀因名之黑臀吳都賦魚鳥聱耴耴音牛乙切非此字。俗有⿰巾耴褊

⿰巾耴 ⿰巾句處

領耑也說文段注此篆與⿰巾耴篆同義篇韵皆有⿰巾耴無⿰巾句集韵乃兼有之蓋此書當刪⿰巾句而存⿰巾耴於

⿰金耴

鉆也說文段注此與竹部篇義同音近

輒

車兩輢也說文段注按車必有兩輢如人必有兩耳故从耴耴耳垂也此篆在輢篆之先故輢篆下但云車旁而不言兩凡許全書之例皆以難曉之篆先於易知之篆如釋下云車輿也而後出輿篆輒下云車兩輢也而後出輢篆是也廣韵作車相倚也乃字之誤不可從凡專輒用此字者此引申之義凡人有所倚倚而妄爲之如人在輿之倚於輢也然不動兒莊子達生輒然忘吾有四肢形體也釋文輒如見倂縶也穀梁昭廿年傳兩足不能相過齊謂之綦楚謂之跟衛謂之輒釋文。萱按此謂輒與縶同意

⿰女臿 齒葉切

疾言失次也說文段注所謂儳言。俗有䐑

䐑

薄切肉也說文段注云薄者取從枼之意少儀曰牛與羊魚之腥聶而切之爲膾注聶之言牒也先藿葉切之復報切之則爲膾醢人注引少儀聶皆作牒腊人注云膴亦牒肉大臠按如許鄭說牒者大片肉也鄭云凡醢醬所和細切爲齏全物若牒爲菹。萱按周禮醢人釋文云牒本作䐑

⿰耳支 擾葉切

使也說文

涉 始捷切

𣶒 古籀

徒行厲水也說文段注厲各本作厲誤厲或砅字也砅本履石渡水之偁引申爲凡渡水之偁釋水曰繇膝以上爲涉毛傳同許云徒行者以別於以車及方之舟之也許意詩所言揭厲皆徒行也皆涉也故字从步涉謂涉水也漢書霍去病傳注涉行水之偁儀禮聘禮疏水行曰涉詩載馳大夫跋涉傳又周禮大馭疏又左氏襄廿八年傳跋涉山川釋文又史記楚世家集解引服虔又後漢書章帝紀注淺曰涉漢書霍去病傳集注引張晏涉猶入也漢書高帝紀集注引晉灼涉猶歷也穀梁襄廿九年傳與之涉

公事吳疏引徐邈涉度也國語吳語銜枚潛涉注又呂覽知分還反涉江注涉渡也廣雅釋詁二又呂覽異寶注忠廉注察今注離騷詔西皇使涉余注涉者渡水之名詩匏有苦葉疏涉謂無舟楫而渡也漢書英布傳使布先涉河注。爾雅釋訓謂河徒涉也李注云無舟而渡水曰徒涉過度謂之涉濟方言七。注云涉濟猶今云濟度不由蹊遂而涉曰跋涉詩載馳釋文引韓詩涉然深入之兒荀子正名君子之言涉然而精注

倢 紫葉切

。俗有倢佽也說文段注按佽便利也一曰遞也上佴佽也冢遞訓此解家便利之訓廣雅曰倢疾也廣韵曰倢斜出也便也利也玉篇曰詩云征夫倢倢倢倢樂事也本亦作捷按倢伃婦官也亦作婕妤蕃吉敏捷而又安舒與倢次也廣雅釋詁三。萱按次有欲之破字倢言便倢也方言一虔儇慧也宋楚之間謂之倢注倢健也廣雅釋詁二捷健也後漢書方術任文公傳大小負糧捷步注。萱按此用捷爲倢也走捷倢三字義多交互出入倢疾也萱按此義經典多同捷若倢作之皆借也說文走下云疾也乃是正字倢接幸也漢書昭帝紀母

曰趙倢伃注。外戚傳上至武帝制倢伃娙娥傛華充依注云倢言接幸於上也

婕 女字也說文段注師古漢書注曰倢伃字或从女其音同耳 婕承妤助也一云美好也史記外戚世家尹婕妤索隱引韋昭 婕妤幸也史記外戚世家索隱引聲類

䀹 或作睫魅睫 目旁毛也說文段注糸應曰睫說文作䀹釋名作魅云捷也接也插於眼睚而相接也接大鄭周禮注云無目眹謂之瞽有目眹而無見謂之矇眹或作眹云無眹有昧即無眹有眹也。爾雅釋鳥注取以為睫擳釋文云睫本作䀹又史記扁鵲倉公傳忽忽承䀹索隱云䀹即睫也 睫目旁毛也漢書賈誼傳陛下不交睫解衣注 䀹皆毛也爾雅釋鳥釋文引三蒼 睫目瞬也列子仲尼而暱而睫釋文 睫曰睫玉篇

接 交也說文段注交者交脛也引申為凡相接之偁周禮廩人接讀為一扱再祭之扱。淮南原道知與物接而好懵生矣注又呂覽懷寵兵不接刀注竝云接交也又呂覽愛士則刀無與接注云接交戰也 接猶會也儀禮喪服傳以時接見手天子注 接猶近也儀禮聘禮賓立接西塾注 接亦祭也後漢書班彪傳注。蓋接祭乃

際之借字 接合也廣雅釋詁三又國語吳語兩君偃兵接好注 接續也廣雅釋詁二又國語齊語故使工人為木材以接手注又淮南精神聖人食足以接氣注又楚辭哀郢憂與愁其相接注。儀禮聘禮接聞命注又漢書賈誼傳集注竝云接猶續也 接捷也爾雅釋詁又禮記曾子問注接祭而已疏 接疾也淮南本經接徑歷遠 接達也小爾雅廣詁 接徧也廣雅釋詁二 接見也呂覽知接目無由接也注又淮南氾論目無以接物也注。淮南說林盲者不觀無以接物注云接猶見也 接持也廣雅釋詁三 先事慮事謂之接荀子大略 凡物飛迎前射之曰接文選曹子建樂府白馬篇仲手接飛猱注 接給謂應所問而對也大戴記文王官人取接給而廣中者注。保傅接給而善對注云接給謂應所問而給也。蓋接有段接為翣者周禮縫人衣翣柳之材故書翣作接是也先鄭接讀為盟踐亦翣之借字也有段接為妾者詩毛傳荇接余也即妾餘也此皆同妾聲通用也

椄 續木也說文段注今栽華植果者以彼枝移接此樹而華果同彼樹矣椄之言接也今接行而椄廢 椄槢

椷楔莊子在宥聖知之不為桁楊椄槢也釋文引司馬注 椄槢桎梏梁也莊子在宥釋文引崔注

菨 菨餘也說文段注三字句毛傳陸疏作接余接荅菜今江浙池沼間多有葉不正圓花黃六出北方以人莧當之南方以蓴絲當之皆非也 荇接余也詩關雎參差荇菜傳。釋文云本作菨荼

疌 此葉切 疾也說文段注凡便捷之字當用此捷獵也非其義豫九四朋盍簪子夏傳曰簪疾也鄭云速也晁說之云陰弘道接張揖古今字詁寁作揩埤蒼云揩疾也說之云揩簪同一字王原叔謂即詩不寁字祖感反玉裁按釋詁寁速也本或作疌。蓋接寁為疾速本字經典多作捷捷亦作倢倢皆借也借字行而本字不行 儳疾也廣雅釋詁一 捷疾也易豫陸績注又小爾雅廣詁又後漢書張衡傳注趙壹傳注又呂覽貴卒可謂捷矣注又離騷夫唯捷徑以窘步注又文選西京賦趫捷之徒薛注 捷疾取也淮南兵略百族之子捷捽招杼船注 捷捷者舉動敏疾之皃詩烝民疏 捷速也禮記曾子問注接祭而已疏又荀子君子長幼有序則事貴捷成而有所休注大略先事慮事謂之接注又莊子徐無鬼傅捷矢注又列子湯問得之捷手注。左傳成五年疏云捷亦速也 捷亟也廣雅釋言 捷及

也小爾雅廣詁又漢書揚雄傳上集注引晉灼 捷謂相接續也爾雅釋詁接捷也注 捷引續也莊子人間世必將乘人而鬥其捷釋文 捷邪出左氏成五年傳待我不如捷之速也注。疏云右行則遲邪出則速楚辭謂邪行小道為捷徑又文選東京賦邪徑捷乎轘轅薛注云捷邪也 旁出為捷國語晉語不如捷而行注 捷武言捷巧文選洞簫賦狀若捷武注 捷慧也廣雅釋詁一 捷法也後漢書荀彧傳注 捷成也小爾雅廣詁 捷養也呂覽論威捷于肌膚也注

捷 。俗有捷踕 獵也軍獲得也春秋傳曰齊人來獻戎捷說文段注捷獵也以疊韻為訓謂如逐禽而得之也小雅一月三捷傳曰捷勝也箋云往則庶乎一月之中三有勝功春秋經齊侯來獻戎捷易晝日三接內則接以大牢鄭注皆讀為捷勝也是古文段借字也又接大雅征夫捷捷言樂事也又有瞽傳曰業大版也捷業如如鋸齒皆其引申之義。穀梁傳廿一年傳云捷軍得也又莊卅一年傳云軍得曰捷又公羊莊卅一年注云戰所獲物曰捷又淮南泰族非不捷也注云軍之所獲為捷 捷獲也左氏莊卅一年經注又穀梁莊卅一年釋文 捷勝也

爾雅釋詁又詩采薇傳又禮記內則注又左氏莊卅一年經疏文十三年傳又疏又國語周語且獻捷注又吳語事君不捷注又疏後漢書朱景王杜馬劉傳堅馬傳注捷克也周書謚法又左氏莊八年捷吾以女爲夫人注捷捷猶緝緝也詩巷伯捷捷幡幡傳。董按毛云緝緝口舌聲謂緝同咠也捷亦爾矣又漢書楊雄傳上音義引蘇林云唼音詩唼唼幡幡之唼此所據詩作唼唼借字也妾聲疌聲同部得通用也說文不收唼字捷獵參差也文選洞簫賦羅鱗捷獵注捷獵高顯兒文選吳都賦施柴而捷獵劉注捷獵相接兒文選魯靈光殿賦捷獵鱗集注獵捷相接之兒文選景福殿賦獵捷相加注捷盧若鋸牙然周禮典瑞司農注駔外有捷盧也疏。董按蓋即所謂捷業如鋸齒也業與盧形音義皆不相涉捷業何以又爲捷盧耶意者由捷獵再變耶業獵疊韻也獵盧雙聲也兩有半曰捷倍捷曰舉小爾雅廣衡

緁

緝或緶衣也說文段注緶下曰緶衣也與此爲轉注衣部曰齎者緶也喪服傳曰斬者何不緝也齊者何緝也齊即齎緝即緁段借字也緁者緶其邊也緝緁也廣雅釋詁一。董按此通古今字也緁獵相差次

也漢書楊雄傳上鴻絅緁獵注。文選羽獵賦注云緁獵相次兒也。董按緁獵蓋與捷獵同。義或本作捷而字誤爲緁也

妾

有辠女子給事之得接於君者十二字一句妾接疊韻春秋傳云女爲人妾妾逗不娉也說文段注有罪女子給事者周禮女酒女漿女奚女醯女醢女鹽女冪女祝女史內司服女御縫人女御女工女舂抌女饎女槀各若干人各有奚若干人是也鄭注女酒女奴曉酒者古者從坐男女沒入縣官爲奴其少才知以爲奚今之侍史官婢或曰奚宦女云得接於君者如內司服縫人皆有女御鄭云有女御者以衣服進或當於王廣其禮使無色過是也奚女部作嬈春秋云云左傳僖十七年卜招父曰男爲人臣女爲人妾越王句踐亦云身請爲臣妻請爲妾不娉云云此釋左傳妾字之義別於上文有罪女子之得接者也內則曰聘則爲妻奔則爲妾不必有罪故云爾妾給使者國語晉語納女工妾三十人注妾者接也以時接見也白虎通嫁娶。廣雅釋親云妾接也又禮記內則注云妾之言接也又釋名釋親屬云妾接也以賤見接幸也不聘曰妾左氏僖十七年傳女曰妾注又史記晉世家女爲妾集解引服虔妾是賤者之定名詩正月疏。禮記曲禮下有妾注云妾賤者又

孝經不敢失於臣妾鄭注云妾女子賤稱又周禮大宰八曰臣妾聚斂疏材注云臣妾男女貧賤之稱妾爲副室左傳昭十一年簉副倅也疏貴妾姪娣也儀禮喪服傳貴妾注。喪服傳君之所不服注云諸侯之妾貴者視卿賤者視大夫妾謂內外命婦禮記月令注妾始蠶疏引皇氏子兌爲妾易說卦傳又遯畜臣妾虞注鼎得妾以其子虞注

仰捷切

浽 鯜 業

浽水也說文

鯜魚也出樂浪潘國說文

業𦕈古文。俗有牃大版也所吕飾縣鐘鼓捷業如鋸齒吕白畫之詩白巨業維樅說文段注周頌傳曰業大版也所以設栒爲縣也捷業如鋸齒或曰畫之植者爲虡橫者爲栒大雅箋云虡也栒也所以縣鐘鼓也設大版於上刻畫以爲飾按栒以縣鐘鼓業以覆栒爲飾其形刻之捷業然如鋸齒又以白畫之分明可觀故此大版名曰業業之言嶪也許說本毛傳或曰畫之或曰二字乃以白二字之譌未有正其譌者凡程

功積事言業者如版上之刻程往可計數也巨業維樅大雅文今詩作虡上林賦虡作鉅許作巨蓋三家詩巨與鉅同也墨子貴義曰鉅者白也黔者黑也鉅業者蓋謂以白畫之與。禮記明堂位夏后氏之龍簨虡注云簨以大版爲之謂之業又爾雅釋器孫注云業所以飾栒刻版捷業如鋸齒也又釋名釋樂云筍上之板曰業刻爲牙捷業如鋸齒也又文選東京賦設業設虡薛注云業栒上板刻爲鋸齒捷業然又西京賦負簨業而餘怒薛注云畫簨下爲兩飛獸以背負又以板置上名爲業大版謂之牃爾雅釋器。董按此顏氏家訓所識業左益片者也據釋文爾雅本作業業築牆版也爾雅釋器注業謂篇卷也禮記曲禮上請業則起注業謂所學禮記檀弓上大功廢業注業謂功業易文言傳君子進德修業疏業捷也事捷乃有功業也釋名釋言語業事也爾雅釋詁又易文言傳宋衷注又國語魯語非故業也注敬不承業注豹之業注晉語武公之業注楚語其事不煩官業注民神異業注又國策秦策驕恣非伯主之業也注又史記項羽紀業已講解索隱又漢書司馬相如傳下集注又呂覽本味豈越越多業哉注又淮南精神當世而樂其業注主術臣守其業注男女不得事耕織之業注氾論百姓殊業而皆務於治注舉而

錯之天下之民謂之事業易繫辭上傳。又盛德大業疏云於事謂之業又文言傳發于事業疏云事成之業

韻秉道德仁義而施之之謂業也太玄玄攤正業謂先王正典禮記學記時敎必有正業疏業貢賦之業左氏昭十三年傳有事而無業注坤爲業易文言傳君子進德修業廣注坤爲大業易家人富家大吉廣注富有之謂大業易繫辭上傳業大也爾雅釋詁業敘也同上業緒也同上業始也廣雅釋詁一業猶創也國語晉語擇其善者而業用之注業猶本先也史記留侯世家良業爲取履索隱○司馬相如傳業已建之索隱云業者本也業猶次也國語晉語則民從事有業注業峨高也後漢書班彪傳上注業業盛也廣雅釋訓業業言高大也詩烝民四牡業業傳。蓋按晚出專字作驜驜。業業然壯也詩采薇四牡業業傳業業然動也詩常武赫赫業業傳。烝民疏云業業動之皃。業業危也爾雅釋訓又詩雲漢兢兢業業傳召旻箋又漢書元帝紀集注孔光傳集注王莽傳上集注又太玄差累卵業業注。詩長發有震且業傳云業危也業

業危懼也漢書董仲舒傳而舜業業日致其孳注又後漢書班彪傳下注揚震傳注

齊齒詩三

鄴此袖切魏郡縣說文段注二志同漢魏郡治鄴縣今河南彰德府臨漳縣西二十里有故鄴城

⿰衤疌袷緣也說文段注緣衣純也純之允切深衣曰具父母大父母衣純以績具父母衣純以青如孤子衣純以素袂緣純邊廣各寸半詩青青子衿毛曰青衿青領也正謂緣以青也蓋古者深衣右自領及衽左自袷亦及衽皆緣之故曰袷緣

韻史卷三十九

泰興何萱譔集　子庚校字

第八部平聲副編　上海顧錫麒竹泉覆審

甘韻　武進李兆洛申耆鑑定

開口詩

疳良眈切疾也玉篇

⿱雨甘霜也玉篇

⿱竹甘竹名玉篇

柑木名似橘廣韻。集韻木作果黄甘橘屬而味精漢書司馬相如傳黄甘橙榛注引郭璞。蓋按古用甘爲柑也後加偏旁耳

⿰山甘山名玉篇

坩口甘切或作⿰甘瓦土器也玉篇坩甒也廣韻

⿰木奄挨眈切蹇也玉篇⿰木奄蹇跛之皃廣韻

庵或作蓭艸圓屋曰蒲又謂之庵庵奄也所以自覆奄也釋名釋宮室庵舍也廣雅釋室庵康也一切經音義十二引埤蒼

菴或作葊菴閭蒿也子可醫疾。文選子虛賦菴閭軒于注引張揖。史記司馬相如傳菴蔄軒芋索隱引郭璞云菴蔄子可療病也

馣香氣玉篇

⿳宀爿甘海甘切或作⿳宀爿甘不脫冠帶而寢也廣韻

蚶或作魽蛤也爾雅釋魚釋文引字書蚶蠔屬玉篇。集韻云蚶蚌屬魁陸也橫縱其理五味自充炮則蓋魽似蛤有文如瓦屋玉篇。蓋按蚶與蛤屬而別者也予目驗之橫理者殼薄純似蛤蜊但差細耳縱理者殼厚純似瓦壟浙中呼瓦壟子

到甘切

晲 日晚色也玉篇

㪊 多也廣雅釋詁三

忱 貪也玉篇

甔 或作甔。甔齊之東北海岱之間謂之甔方言五。甔大甖缶史記貨殖傳。甔千甔集解引徐廣。甔大甖可受一石廣韻。甔小甖同上。蕫按廣韻甔為二字似強分甔甔瓶也廣雅釋器。甔甀謂瓦甔也列子湯問狀若甔甀釋文。擔大甖也後漢書明帝紀注引埤蒼。蕫按此段據為甔也或亦段傳為。

代耽切

⿱穴淡 ⿱穴監⿱穴淡薄而大也玉篇。⿱穴監⿱穴淡不平也廣韻

⿱艹淡 ⿱艹淡蘫瓜菹集韻。蕫按說文玉篇蘫下云瓜菹也然則亦可單言淡歟但未收其字耳廣韻淡蘫作濫淡濫乃蘫之借字

海藍切

鋡 鎧也廣雅釋器。函鎧也考工記總目燕無函司農注又孟子公孫丑上矢人豈不忍於函人哉注。蕫按說文無鋡古祇借函作之甲亦曰函堅重之名也釋名釋兵。後漢書蔡邕傳注云函亦甲也

⿱竹函 或作⿱竹函笒笒實中竹名廣韻。笒篟竹實中集韻

蜬 貝在水者蜬爾雅釋魚。蠃小者蜬同上。蕫按釋文蜬本又作函則虫旁亦後加耳

⿱甘蟲 瓜蟲也玉篇。⿱甘蟲桑蟲廣韻。集韻云蠚桑葉上蟲

炶 火行皃玉篇

咁 乹也玉篇

詌 亂也荀子哀公注

⿰氵邯 或作欺 ⿰氵邯或也沅澧之間凡言或如此者曰⿰氵邯如此方言十。注云⿰氵邯亦憨聲之轉也。蕫按玉篇欺沅湘人言也語有參誤⿰氵邯湖不定也集韻

代藍切

餤 進也詩巧言亂是用餤傳又禮記表記注。爾雅釋詁餤進也舊注云餤甘之進也

痰 胷上水病廣韻。痰病液集韻

⿰角炎 角也玉篇

⿰角冘 角也玉篇

⿸广冘 陰也玉篇

朗談切

⿰監面 或作⿰監面⿰監面⿰面斬面長皃集韻。廣韻⿰監面作⿰監面少皃字

儖 儖儳形皃惡也廣韻

璼 玉名玉篇

⿱甘盬 來甘切玉篇。蕫按有音無義蓋後人羼入非顧氏本有也

𥨏 𥨏⿱穴淡⿸匚監薄也集韻。廣韻云𥨏⿱穴淡不平也

蓮談切 采談切 微藍切 美盬切 齊⿰言孚切 凡疌切

⿰髟甘 或作⿰髟甘⿰髟參毛長皃玉篇

⿰鳥甘 ⿰鳥甘⿰鳥⿱艹甘鳥名今俗呼郭公也廣韻

欦 欣也惏也玉篇

⿰面斬 面長醜皃集韻。⿰面斬⿱斬面長面廣韻

⿱斬金 小⿱斬金也廣韻。集韻無小字

⿱斬鳥 或作⿰鳥斬鸛別名廣韻。⿱斬鳥鸛鸛也集韻引廣雅

甜 美玉也玉篇

姏 老女稱晉書音義上

⿱監玉 玉也玉篇

⿰角監 角也玉篇

（舊芟切）嵌　或作[illegible]。開張之皃也（文選甘泉賦嵌巖巖其龍鱗注。又漢書楊雄傳上注。廣韵引蒼頡云嵌開張山皃）。嵌巖山嶮（集韵。萱按說文新附字有嵌云山深皃）。

⿰白皮　不平皃（玉篇）

（向芟切）⿰白頁　顲⿰白頁面長皃（玉篇。又云顲⿰白頁醜皃）

瞰　有睸瞰也（玉篇）

（掌芟切）⿰白鳥　或作皺。鳥⿰白鳥物也（廣韵。而義同玉篇云⿰白鳥鳥啄食。萱按⿰白鳥與啄雙聲）。⿰白鳥鵪⿰白鳥也（玉篇）

（齒巖切）⿰鼻毚　鼻高皃（廣韵。集韵云⿰鼻毚⿰鼻毚高鼻）

（向毚切）⿰白鳥　鳥也（玉篇）

⿰忄毚　恪也（玉篇）

⿰欠毚　笑也（玉篇）

⿰目毚　目深皃（玉篇）

饞　饕也（集韵）。饞不廉也（廣韵）

韻史　卷三十九第八部平聲副編廿韻　三六一三

⿰角毚　角皃（玉篇）

攙　銳也（廣雅釋詁四）。攙刺也（廣韵）。攙捔貫刺之（文選西京賦又蕤之所攙捔薛注）。攙搶星名也（文選東京賦攙搶旬始薛注。吳都賦攙搶暴出而相屬劉注）。攙搶彗孛也（後漢書崔駰傳注少孛。又淮南俶眞攙搶衛杓之氣注。萱按彗以銳刺爲義則攙搶爲正字爾雅欃槍爲借字）。彗星爲欃槍（爾雅釋天）

⿰犭毚　犬聲（玉篇）

欃　或作欃。欃檀，檀別名（漢書司馬相如傳上欃檀木蘭注引孟康。萱按史記孔子世家作毚檀用段借字。索隱云毚檀檀樹之別名也）。欃水門也（字林集韵引）。⿰片毚水門也（字林類篇引）。彗星爲欃槍（萱按此段欃爲攙也）

艬　舟也（廣雅釋水）

⿸厂毚　厓上也（玉篇）

韻史　卷三十九第八部平聲副編廿韻　三六一四

⿰阝毚　地名（玉篇）

巉　或作嶃嶄。高也（廣雅釋詁四）。嶄嶄高也（廣雅釋訓）。巉巖山石高峻之皃也（後漢書班彪傳上歷巉巖注）。嶄巖高峻之皃也（文選西都賦歷嶄巖注引毛萇詩傳。詩漸漸之石傳云漸漸山石高峻。萱按此用段借字也。釋文云亦作嶃嶃）。巉巖石勢不生艸木（文選高唐賦登巉巖而下望兮注）。嶄巖尖銳皃（史記司馬相如傳嶄巖參差正義引顏云）

（岳毚切）舥　⿰舟恬船艇也。亦名舥（一切經音義十六引埤蒼）

⿱迢皿　或作醆盞盞。杯也（廣雅釋器。方言盞盂杯也秦晉之郊謂之盞自關而東趙魏之間曰椷或曰盞或曰盌。萱按韓勑碑籩柸禁壺段柸爲盞也二字同音異部）

齋齒評二（漾瞻切）崦　或作峰。崦嵫日所入山也（離騷望崦嵫而未迫注。山海經西山經注云崦嵫之山日沒所入山也）

醃　菹也（廣雅釋器）。醃漬藏物也（集韵。廣韵云醃鹽漬魚也。萱按專字作腌去入兩讀古字作淹讀平聲二字皆見說文何以醃爲醃淹音同醃腌相爲四聲）

韻史　卷三十九第八部平聲副編廿韻　三六一五

（向瞻切）⿰禾炎　禾傷肥也（廣韵）

（眺瞻切）⿰舌詹　⿰舌詹䑙吐舌皃（廣韻。萱按魯靈光殿賦注云⿰舌詹談吐舌皃然則⿰舌詹即談也形變而音亦分平去矣談見去聲下[illegible]）

譫　或作嚵。多言也（一切經音義十二引埤蒼）。譫亂言也（素問六元正紀大論戰慄譫妄注。氣交變大論譫忘心痛注云譫亂語也）。譫言謂妄謬而不次也（素問熱論不欲食譫言注）

⿱詹鳥　鳥名。山海經女祭山有⿱詹鳥其色青黃（集韵。山海經海外西經鶖鳥鶬鳥所經國亡注云鶖鳥鶬鳥此應禍之鳥即今梟鵂鶹之類）

（齒瞻切）裧　或作袩。裧裧衣動（廣韵。集韵云裧衣動皃）

韂　屏也（玉篇）

韻史　卷三十九第八部平聲副編廿韻　三六一六

舊鹽切

蹭 馬急行玉篇。又廣韻引韻譜

舑 舚也玉篇

漾拑切

瘤 劖也廣雅釋詁一。廣韻云瘤病走

灆 進也廣韻云灆水。集韻進

櫼 木名膠可作香集韻

劍 刜也玉篇

亮拑切

鵮 鵮離怪鳥屬集韻。玉篇廣韻竝云鵮離鳥自爲牝牡也

帘 酒家幟集韻。廣韻云青帘酒家望子

齒拑切

譣 言利美也廣韻

仰拑切

𠗦 𠗦凝寒也玉篇

玁 獸名玉篇

缶鹽切

砭 刺也以石刺病也玉篇

齊齒呼三

深忱切

究 深也玉篇

瓭 瓶也廣雅釋器。瓭甖也靈桂之郊謂之瓶其小者謂之瓭方言五。玉篇云瓭瓦屬

齒忱切

𤙗 吳牛謂之𤙗集韻。廣韻云𤙗水牛

莸 蕁莸藩爾雅釋艸。釋文云字或作莸。董按說文有莸無莸諸家即以莸藩屬莸蕃推段大令以爲各物也

韻史

第八部上聲副編

敢韻

開口呼

艮膽切

澉 澉澹猶洗滌也文選七發。注手足澉澹。澉䉷味淡集韻。澉𩞄無味廣韻

橄 橄欖果名也集韻。俗呼青果閩廣產焉。董按諫果其別名

簳 竹有毛齊民要術十引字林。或作簳簳

口膽切

䡅 䡅軻不遇也楚辭怨世然䡅軻而流滯注。文選古詩轗軻長苦辛注云轗與䡅同。董按元元神祠碑遭元元轗軻此轗爲轗也轗車聲也民

扻 打扻也玉篇

欣 板也玉篇

扎 取也玉篇。扎以手扎物廣韻

挨膽切

䁆 目也玉篇

唵 手進食也廣韻。唵啗也一切經音義四引字林。唵哈也一切經音義十一引埤蒼。董按廣雅唵哈也是爲轉注

𠍔 或書作䅖蹇也玉篇

埯 泥坑也玉篇。董按集韻但云坑也無泥字

𧝝 或作帼𡸴耳玉篇。幅巾擁耳也集韻

海膽切

后 后嘾乳汁狀廣韻引莊子

𩬈 短𩬈玉篇。𩬈髮短皃集韻

欿 或作歁貪也廣雅釋詁一。欿欲也廣雅釋詁一。欿欲得也孟子盡心如其自視欿然音義引字林欲得也。集韻云欿愁皃也楚辭哀時命欿愁悴而委惰兮注。欿陷也欿險也欿阬

穽 開也玉篇

也萱按此段欿爲坎也欿欿聲也萱按此段欿爲轒

衴 到覽切 被緣也 廣韻引埤蒼

⿰詹鳥 鳥青黃 玉篇 或作雖 ⿰詹鳥鷹福鳥名 集韻

⿰石詹 石⿰石詹藥名 廣韻

薝 薝棘艸名 集韻○玉篇云金谷多薝棘

丼 投物井中聲又姓 集韻○萱按此字之尤䏯出者與丹之篆體相犯

髧 代膽切 或作优 垂皃也 文選魏都賦髧若𥘬雲舒蜺以高垂注 髧兩髦之皃 詩柏舟髧彼兩髦傳○釋文云髧本作优○萱按說文髟部引詩統彼兩髦或三家詩也髧統義亦略相近

毯 毛席 廣韻○集韻毛作毲

⿰竹淡 竹名 廣韻

⿱敢食 無味也 玉篇

⿰木臽 木名 玉篇

韻史 卷三十九第八部上聲副編敘韻 三六二一

醶 朗膽切 醶醶醋味也 玉篇

欖 酌膽切 或作樒 橄欖果名 集韻 樒木名 廣韻

⿱毚見 或作鑱 鬼名 玉篇○五音集韻云鑱辟邪也符尾也山尸奉敕鑱者是此也

餡 莫膽切 吳人呼哺兒也 廣韻

𡝢 鄉名在河東 廣韻

撖 齊齒呼 舊範切 挂也一曰危也 玉篇

儑 載器也 玉篇

⿰石敢 谷名 玉篇 ⿰石敢闞險皃 廣韻 ⿰石敢闞開皃 集韻

嚂 向範切 貪求也 淮南齊俗剸吳芬馨以嚂其口注 嚂呵也 廣韻○萱按義與喊相近故韻書或併喊嚂爲一字

⿰米監 或作饘也 廣雅釋器 粱粢

壏 或作壁墬 壏猶彊也 管子地員五粟之狀廉馬如壏注 彊墬彊堅者 周禮艸人彊𪐴用蕡注○釋文云墬本作壁○萱按墬與壏同體則彊墬當是假借字耳自來韻書乃謂壏墬同字而不以墬壏爲同字吾疑焉 墬 是壉闞也 禮記月令注強墬之地疏

艦 舟也 廣雅釋水 艦屋船也 晉書音義中引字林

轞 或作轞 車聲曰轞 御覽七百七十六引通俗文 轞轞聲也 廣雅釋訓 檻檻車行聲 詩大車傳有行又楚辭離世山中檻檻余傷懷兮注○萱按檻轞古今字也五經文字作大車轞轞則假借太疏漏矣 轞網車 廣韻 轞載囚車 集韻○萱按由車聲用爲車名亦義之引申也或分轞轞爲二字殊不必

⿰犭監 犬獟謂之⿰犭監 集韻 ⿰犭監虎聲 玉篇

瀺 齒檻切 水流瀺也 文選長笛賦雄投瀺穴注引字林 瀺水注聲也 文選長笛賦注 瀺穴瀺注 隙穴也 同上 瀺灂小水聲也 文選上林賦注引字林○高唐賦瀺灂注引埤蒼云瀺水流聲皃 瀺灂

韻史 卷三十九第八部上聲副編敘韻 三六二三

出沒皃 文選閒居賦游鱗瀺灂注 西征賦瀺灂驚波注 高唐賦巨石溺溺之瀺灂兮注云瀺灂石在水中出沒之皃

⿰土毚 岳檻切 兆名 玉篇

僴 ○俗有儳 擬也 廣韻 儳行也 同上

躝 跂足 玉篇

昰 日光照也 玉篇

腅 河東謂淫腫爲腅 廣韻 又集韻

笅 齊齒呼二 舊掩切 小竹 玉篇○廣韻無小字

⿰耳奄 耳也 玉篇

腌 漾諂切 屋櫓版也 集韻 腌屋腌雀也 玉篇

椸 榛也 廣雅釋木

韻史 卷三十九第八部上聲副編敘韻 三六二四

霮 雲狀廣韻。萱按濝霮異部而音義故集韻棍合為一字

掩 旌旗皃玉篇

⿰方奄 掩光也玉篇

⿰方囟 掩也集韻

⿰𧾷炎 疾趨也玉篇。集韻云⿰𧾷炎⿰𧾷炎疾行也

⿰耒炎 利耜也集韻。萱按淮南氾論剡耜而耕正字也詩大田以我覃耜借字也何以⿰耒炎爲

扊 扊扅户牡所以止扉廣韻。萱按古作剡移後乃製扊扅爲爲字或又借扂爲扊

⿰糸閻 續也方言一方言六又廣雅釋詁二

夵 上大下小廣韻本廣末狹謂之夵集韻

始掩切

⿱竹黯 竹名玉篇

三六二五

紫掩切

⿱斬食 或作⿱斬食食味薄也廣韻。集韻云饕嗇食也一曰饕傭味醨 瀐饕無味也廣韻

仰掩切

曮 日行也廣韻 日躔謂之曮

⿰女嚴 好女皃玉篇

⿰女广 或作庈嬐婦人齊整皃集韻 嬐敏疾也同上 庈齊庈也玉篇 庈卑皃五音集韻

⿰亻广 或作⿰亻广 俺⿰亻广癡也廣韻

⿰土广 尻也廣雅釋詁二

⿸广吉 峻也集韻

齊齒呼

章沈切

⿰厶山 張口也廣韻

⿰火力 用力也玉篇

始枕切

魫 魚子廣韻

邥 左傳敗戎於邥垂玉篇。杜云周地河南新城縣北有垂亭

三六二六

韻史

第八部去聲副編

紺韻

開口呼

艮濫切

⿰鹵臽 鹹味也玉篇 ⿰鹵臽⿰鹵監無味也廣韻

⿱髟臽 平聲又見正編 青⿱髟臽玉篇。類篇云髮青⿱髟臽色

⿰鹵敢 或作鹹 味苦也廣韻 ⿰鹵敢味過鹹也集韻

灨 水名出南康一曰邑名在豫章集韻。萱按或叚淦爲灨異部同音也淦者水。俗有灨入船中也非水名

贛巨人即梟陽也山海經海內經南方有贛巨人注

口濫切

瞰 或作闞瞰 視也廣雅釋詁一又文選洞簫賦魚瞰雞睨注又漢書揚雄傳上瞰帝唐之嵩高兮集注傳下瞰烏弋集注。揚雄傳上注云瞰瞰皆視也

瞯視也孟子滕文公下陽貨瞯孔子之亡也注離婁下王使人瞯夫子注

瞰謂遠視也漢書王莽傳中瞰臨左右注揚雄傳下注

俯視曰瞰後漢書光武紀上注

瞰瞻也文選

三六二七

思玄賦瞰瑤谿之赤岸兮舊注 瞰望也文選東都賦四高而抗樓注引字書東京賦左瞰暘谷薛注

海濫切

㬱 日出皃集韻

到紺切

⿰貝甘 ⿰貝監⿰貝甘貪財也一曰戲乞集韻

⿰面冘 傾劣皃廣韻

⿰火瓦 瓦屬玉篇

⿰風甘 風定皃又風聲玉篇

代紺切

⿰馬冘 馬步近前廣韻

⿰井鳥 或作鴾鵃鳥名廣韻

⿰鹵監 或作⿰鹵敢 ⿰鹵臽⿰鹵監無味也廣韻

⿱竹躭 竹玉篇

腅 肴也玉篇

奈紺切

妠 或作姶。去入兩讀 入也廣雅釋詁三 妠娶也後漢書順烈梁皇后紀注引聲類。注云妠妠娶也

姶

妠 聚物也玉篇

三六二八

朗紺切
㦨 貪也玉篇
爁 火㷔行玉篇
纜 維船索也。文選謝靈運鄰相送至方山詩解纜及流潮注。登陟海嶠詩繫纜臨江樓注云纜維舟索也
灠 湧泉也玉篇。萱按灠與濫音義並同故集韻併爲一字
酌紺切
戇 。俗有戇 愚戇玉篇
齊齒呼
几陷切
㔋 利也廣雅釋詁二 㔋牒切也集韻 㔋剶細切也玉篇。廣韻少㔋字
向鑑切
儼 㒖儼高危皃廣韻
瞰 有賵瞰也玉篇
甔 大甖似盆續漢書云盜伏於甔下廣韻。集韻引廣雅云甖瓶甔也可以盛冰鑑 如甄大口。周禮凌人春始治鑑注 萱按此段鑑爲甔也
盬 大盎玉篇
𩦣 馬走玉篇

韻史 卷三十九第八部去聲副編紺韻 三六二九

韻史 卷三十九第八部去聲副編紺韻 三六三〇

拏鑑切
鱴 魚名玉篇
覽 遲皃玉篇
蘸 以物內水也廣韻
齒鑑切
鬖 或作髮 鬖皃玉篇
韊 鞍韊玉篇 韊鞴之短者也廣韻
甊 甖屬廣韻。集韻云甊大盎以盛瀋者 甊甊器也玉篇
陷 陷也廣雅釋詁四
齊齒呼
謀劍切
鰌 魚名玉篇
惔 或作愋 愛也廣雅釋詁一。方言一云惔愛也晉魏曰惔又云惔愛也宋衛邠陶之間或曰惔 惔憸多
意氣也方言一注 意足曰惔十三引纂文 惔一切經音義 惔忘也廣雅釋詁二 惔快也廣韻
始鑑切
㓹 刀㓹玉篇
甑 瓦施屋也玉篇。集韻多施字

齿欠切
俺 匿也玉篇
䑪 斂冽也玉篇廣韻
灠 或作瀿 澂灠水溢皃玉篇 澂灠水波動皃廣韻
𪓟 灠也廣韻
㬇 曬也玉篇
敾 敞也廣韻
壛
贍 馬急行也廣韻 廣韻引諸
韂 或作韂 韂鞍小障泥廣韻。集韻云韂馬障泥也
始劍切
掞 舒也一曰疾皃集韻 掞舒藻也廣韻 掞利也 萱按此高誘爲剡也又易繫辭掞木爲楫釋文云掞本作剡又文選長笛賦剡掞度注云掞與剡音義同。又掞有貶掞爲炎者炎剡掞同炎聲也漢書禮樂志

韻史 卷三十九第八部去聲副編紺韻 三六三一

贍 長麗前掞光耀明注引晉灼云掞即光炎字也 或作𧹗 足也漢書昭帝紀集注安漢傳集注終軍傳集注哀帝紀集注于定國傳集注戾太子傳集注西域傳集注上嚴集注又孟子公孫丑上力不贍也注又小爾雅廣言又華嚴經音義下引漢書音義又一切經音義五引字書又文選西征賦注引字書。呂覽順民愁悴不贍者注云贍猶足也 贍是優足之餘也禮記大傳無不足者注云贍猶是也 贍助也華嚴經音義五引聲類云贍或作𧹗同一切經 云贍本作作僃。萱按贍字僃段借字 贍給也漢書食貨志上集注東方朔傳集注揚雄傳上集注趙充國傳集注淮南主術 。萱按說文無贍古蓋用澹作之也荀子王制不澹注又張納功德叙邺澹凍餒皆用借字 澹足也漢書能澹則必爭又張納功德叙邺澹凍餒皆用借字 食貨志下集注又淮南原道富澹天下而不既注齊俗三晉而欲不澹注。文選謝靈運石壁精舍詩注引淮南許注有云澹猶足也
此劍切
㜗 或作𡢃 𡢃㜗美女皃廣韻 𡢃㜗美皃集韻

韻史 卷三十九第八部去聲副編紺韻 三六三二

䶫 仰欠切 好皃玉篇○譪作麥藏也廣雅釋詁二

麥 務劒切 麥艸木無蔓也集韻

齊齒呼三

欥 舊欵切 噎也玉篇

欵 拏鴆切 或作欵耕也廣雅釋地○廣韻云欵掘地也又赤黑色○萱按古謂犁爲耕後世謂用犁起土爲耕體用之分也廣韻欵訓掘地乃廣雅欵訓耕之引申之義也又按說文欵訓亩屬亩與耕皆指物言則二字義大同

⿰瓜冘 齒鴆切 青皮瓜名廣韻

韻史卷三十九

第八部入聲副編

郃韻

開口呼

⿰盍頁 艮沓切 ⿰盍頁車頜骨也廣韻

⿰虫盍 ⿰虫盍蛤蚌也廣雅釋蟲

瞌 口沓切 眼瞌也玉篇

⿰衤盍 ⿰衤盍襠婦人袍集韻

溘 或作⿰王盍依也廣雅釋詁四○溘猶奄也離騷寧溘死而流亡兮注

峇 山窟也玉篇

⿰車盍 撥沓切 車聲也廣韻

⿺走盍 ⿺走盍趿走皃玉篇

⿸广盍 藏也太牟⿸广盍其鈇集韻

⿸厂盍 山旁穴也文選南都賦潛⿸厂盍洞出注

⿹勹盍 或作⿰龠盍飾釆謂之⿹勹盍集韻○廣韻二字云⿹勹盍彩婦人髻飾花也又引郭璞字指云⿰龠盍調色畫繒也○萱按依集韻併⿹勹盍⿰龠盍爲一

搕 海沓切 以手盍也廣韻搕取也集韻

⿰魚盍 ⿰魚盍鰨魚名廣韻

⿰盍欠 大啜也廣韻欱歁也同上

熆 吹火也廣韻

⿱竹盍 籧篨自關而東或謂之⿱竹盍㧞方言五

魶 魶魶魚名廣韻引山海經

搨 到臘切 或作揄搨打也集韻

啺 口動皃玉篇
餳 餳餉食皃玉篇
裼 衣也玉篇
韢 熱韢韢廣韻韢皮服也集韻
鞨 兵器也玉篇
錫 錫鉤
剔 或作鍚 着也玉篇。一切經音義十九引字書云剔著也剔鉤剔索打剔等皆作此又廣韻云相着聲曰剔
耷 大耳也玉篇
皺 或作䏧 寬皮皃玉篇 皴皺皮瘦寬皃同上
篴 竹相擊也廣韻 篴竹名同上

韻史 卷三十九第八部入聲副編鄔韻 三六三七

代臘切
矺 矺
偒 [illegible]也廣韻 偒儯獰劣同上 偒傏惡也一曰不謹皃集韻
遢 𨘌遢不謹事廣韻 𨘌遢行皃集韻 漡澀也玉篇 艒艗亦作 雨艒大船廣韻 大船曰艒集韻
篛 窻扇也廣韻
蓐 艸名可作布集韻。廣韻云蓐布也
榻 或作榻 牀三尺五曰榻 初學記廿五引通俗文。釋名釋牀帳云人所坐臥曰牀長狹而卑曰榻言其榻然近地也又云榻登施之承大牀前上榻上登以上牀也。蓋揆榻與榻登據畢校本不加木旁 榻枰也廣雅釋器
毾 毾㲪毛席也後漢書西域傳注引埤蒼 毾㲪毛有文章也一切經音義十四引廣蒼 毛蓐細者曰毾㲪一切經音義十一引通俗文。音義二引通俗文云織毛褥曰氍毹細者謂之毾㲪
騔 䮰騔馬行不進皃集韻。廣韻無皃

韻史 卷三十九第八部入聲副編鄔韻 三六三八

塌 或作爛 墮也廣雅釋詁二
爤 爤也隓也廣韻
諹 多言也廣韻
遝 蘆菔東魯謂之菈遝方言三。廣雅釋艸云菈遝蘆菔也
毆 毆毆盡也玉篇
鎑 或作鑉 鎑鑪也玉篇 鎑鑪箭也同上
鬠 髮也玉篇
遝 遝遝行皃玉篇
偺 偒偺不任事也集韻。廣韻任作著
黮 積厚也廣韻 黮黮蓋無所不施無所不容之意也顏氏家訓書證

韻史 卷三十九第八部入聲副編鄔韻 三六三九

黵 黑也集韻。玉篇云晉書有黵伯
幍 帳上幍玉篇 幍帳上覆也廣韻
鞜 鞨也文選長楊賦革鞜不穿注引服虔 鞜革履也漢書楊雄傳下注
罯 罔也一曰罯罨覆也集韻。廣韻引字林云罯相罯罨
鼛 鼓寬玉篇
軜 車釭也廣韻
榙 榙枎柱上方木也一名榙亦名欂櫨一切經音義十五引蒼頡柱斗謂之 榙集韻。又云榙柱。篇
箵 竹皃玉篇 箵竹冒也一曰竹名集韻
䓘 菜名生水中也大葉玉篇。荳捿名字大葉字从集韻增

韻史 卷三十九第八部入聲副編鄔韻 三六四〇

韻史 卷三十九第八部入聲副編鄐韻 三六四一

⿰馬沓 駁⿰馬沓馬行疾也 集韻

⿺沓鳥 鳥名 廣韻

⿰虫沓 ⿰虫盍⿰虫沓蝆也 廣雅釋器

鰈 東海之魚名曰鰈 韓外傳五。列子說符反兩檢魚而笑注云鰈比目魚也。董按列子作檢檢借字也 注作鰈改用正字也古亦叚鰨作之爾雅釋文云鰈本作鰨 東方有比目魚焉不比不行其名謂之鰈 爾雅釋。管子封禪東海致比目之魚注云各有一目不比不行其名曰鰈又後漢書邊讓傳注云比目魚一名鰈一名王餘不比不行江東呼爲板魚

奈沓切 魶 餲魶食皃 玉篇

妠 或作妠。去入兩讀注在彼

眲 視也 玉篇

韻史 卷三十九第八部入聲副編鄐韻 三六四二

⿰韋內 弱也 廣雅釋詁一

衲 補也 廣雅釋詁四

⿰扌納 或作抐 打也 集韻

蒳 艸樹也葉似栟櫚而小 文選吳都賦蘺蒳豆蔻劉注。董按廣韻引異物志多子似檳榔可食六字

蒳香艸 廣韻引字統

朗沓切 ⿰齒巤 或作⿰齒立⿰齒巤 齧聲 廣韻。集韻齧作噍

⿰巤皮 或作⿰皮巤 ⿰巤皮⿰皮巤皮皃 廣韻

⿰糸巤 或作⿰糸巤 ⿰糸巤颯紛雜皃 集韻

⿰石巤 石墮 玉篇

鑞 或作鑴 錫鑞也 玉篇

韻史 卷三十九第八部入聲副編鄐韻 三六四三

⿰虫巤 或作蠇 蜜滓也 玉篇

⿰羽巤 或作⿰巤鳥 飛皃 集韻。⿰扌巤⿰巤羽飛初起皃 廣韻

⿰馬巤 ⿰馬巤⿰馬弱馬行不進 玉篇

昔巤切 獵 ⿰巤犬走皃 玉篇

⿰業鬼 醜也 玉篇

弱巤切 鈉 打鐵也 玉篇

楽沓切 奎 。俗有奎惡也 廣韻

⿰扌奎 擸⿰扌奎和雜也 廣韻。襍作攙。集韻 ⿰扌奎破聲一曰持也 集韻

⿰言奎 ⿰言奎⿰言奎聲也 集韻

⿺走奎 疾走皃 集韻

韻史 卷三十九第八部入聲副編鄐韻 三六四四

傲沓切 ⿰目業 睡皃 集韻

礏 磼礏高皃也 史記司馬相如傳巖峩磼礏索隱引埤蒼。集韻云磼礏山高皃

⿰業瓦 瓦器 玉篇

燥沓切 ⿰亻奎 偒⿰亻奎不謹皃 廣韻。⿰亻奎惡也 廣雅釋詁三

⿰衤奎 ⿰衤立⿰衤奎衣敝 集韻

⿰口奎 ⿰口奎⿰口奎醜也一曰食皃 集韻

⿰月奎 ⿰月立⿰月奎肉襍也 集韻

⿰足奎 ⿰足奎⿰足奎行皃 廣韻

⿰奎攴 ⿰奎攴鼓起也 廣韻引新字林

⿰土奎 ⿰土奎⿰土奎土墮皃 集韻

閘 閉也玉篇

霾 雨下也玉篇

齾齒諍 几押切

蕐 艸聲集韻

胛 背上兩膊間後漢書張宗傳注 胛閤也與胷脅相會閤也集韻

⿰足甲 行聲玉篇

⿺辶甲 漢書人名廣韻

⿸厂甲 厭⿸厂甲玉篇

⿰石甲 或作岬 兩山之間為⿰石甲集韻引許愼說 ⿰石甲山側也廣韻 岬山旁也文選吳都賦注 引淮南許注 岬山脅也水經江水注引淮南注○江水注云赤岬山如人袒胛故謂之赤岬山

⿰王甲 玉名廣韻

鉀 鉀鑪箭名廣韻○方言九凡箭其小而長中穿二孔者謂之鉀鑪注云鉀鑪今箭鉀鑿空兩邊者也 鉀雖也集韻

⿸疒夆 病也廣雅釋詁二○集韻云⿸疒夆創也一曰歇足病謂之⿸疒夆

鵊 鷙 鳥名杜鵑也一曰書篇名陰陽家有鵊治子篇集韻

舊甲切

掐 爪也文選長笛賦注引埤蒼 爪按曰掐 一切經音義十一引通俗文

帢 或作㡊袷帢帢帢 帽也廣韻引埤蒼 帛幘曰帢 御覽六百八十六引通俗文 帢士服制如榼四角 晉書音義中引字林○集韻云弁缺四隅謂之帢帢士服也一曰魏武帝致古皮弁以帛為之以色别貴

殎 睞一曰按頤使下故曰殎 殑殎也玉篇

漢甲切

押 輔也廣雅釋詁四○集韻云押輔也押按也 押籬壁也廣韻 押署也同上 押字才能也廣韻引文字指歸 檢押隱括也集韻引顏師古說○法言君子蠢迪檢押注云檢押猶隱括也○萱按法言二字皆从木豈以形近而字誤歟抑二者可通用歟 押至言相因而至也漢書息夫躬傳狎獵重迹而押至注○萱按此義或作押至通用字也

庘 物欲壞曰庘廬一切經音義九引通俗文○廣韻云庘屋壞

鴨 或作⿰馬甲鳧駝 水鳥集韻 鳧鶩鴨也廣雅集韻引

⿰足奄 或作痷 跛也廣韻 痷病也集韻

向甲切

圔 窊圔聲下皃集韻○萱按窊圔廣韻作圔窊

⿰忄甲 悅也集韻

⿰言甲 多言也集韻

⿰甲欠 ⿰甲欠鼻息也廣韻

䀹 相箸也集韻

⿰衤甲 襦也集韻引廣雅 ⿰衤甲衿也集韻

炠 火乾也集韻

⿰革甲 ⿰革甲⿰革枼花相次比皃文選景福殿賦紅葩⿰革甲⿰革枼注

翈 羽也廣雅釋器

⿰魚甲 ⿰魚甲鰈裝飾重疊皃文選笙賦鰈參差注 ⿰魚甲 ⿰魚甲鰈鱗次衆多皃集韻○又云⿰魚甲魚名

笚 或作筴 竹名集韻 筴竹玉篇

⿱甲齒 齒曲生又缺也廣韻 ⿱甲齒噍聲也集韻

⿰夾欠 息也廣雅釋詁二 ⿰夾欠氣逆也廣韻

欶 欶齁鼻息也玉篇

浹 浹渫冰凍相箸也一切經音義九引字林

硤 硤石縣名集韻

⿰臿攴 臿也廣雅釋器 ⿰臿攴盡也廣韻

⿱山肌 紐押切 靜也集韻

⿰氵⿱山瓜 水皃集韻

⿰犭⿱山瓜 飛上皃廣韻 ⿰犭臿⿰犭⿱山瓜飛皃集韻

⿰臿皮 章押切 皺⿰臿皮老人皮膚皃集韻

偛 黠皃集韻 偛傷小人皃廣韻

⿰言臿 譇⿰言臿多言也集韻○廣韻譇作齋

喢 齒甲切 喢嚅小人言也集韻

⿰月臿 肉⿰月臿臘玉篇○集韻云⿰月臿臘肉也

⿰臿刂 切薛玉篇

⿱雨臿 大雨玉篇○集韻云⿱雨臿雨聲

⿰犭臿 飛皃玉篇

喋 ⿰馬甲唼食玉篇 喋便語也同上 喋猶蹀也萱按此叚喋爲楚蹀也七部拝之

⿰馬枼 馬行也玉篇

鞢 ⿰革甲鞢花相次比皃文選景福殿賦注 鞊鞢鞍具廣韻引新字林

渫 浹渫冰凍相箸也一切經音義九引字林

擖 舌也禮記少儀執箕膺擖注 擖箕之舌也禮記少儀疏有之曲禮上釋文

⿰氵⿱雨臿 水名廣韻○萱按⿰氵⿱雨臿或作⿱雨臿省借字也

⿰彳臿 或作通 行皃玉篇

⿰走臿 行⿰走臿⿰走臿玉篇○集韻云⿰走臿⿰走臿行疾皃

⿰風臿 風疾也廣韻

⿰口⿺走臿 或作唼 ⿰口⿺走臿喋也謂以口微吸之也一切經音義八引字書 水鳥食謂之⿰口⿺走臿文選上林賦注引通俗文○一切經音義八引埤蒼聲類云唼鴨食也 蟲食曰唼唼血也一切經音義四引字林○音義廿二引通俗文云蟲食曰唼 唼小歠也漢書王陵傳始與高帝唼血而盟注○萱按唼血謂飲歠 喋血蹀蹈義異而同皆段借也七部之蹩乃正字 唼喋銜食也漢書揚雄傳下靈修既信椒蘭之唼佞兮注

⿰豕⿺走臿 或作⿰豕臿⿰豕⿺走臿 豕牝也廣雅釋獸 ⿰豕⿺走臿老母豕玉篇 ⿰豕⿺走臿豕母也同上

⿰豸妾 或作⿰豕妾 獸名廣韻

帹 此甲切 ⿱是頁⿱罒肴謂之帹廣雅釋器 帹面衣也廣韻

⿰氵⿱羽妾

⿺走臿 行疾也廣韻玉篇

⿰馬臿 馬騄皃集韻 ⿰馬臿⿰馬臿馬騄廣韻

牐 閉城門具也一曰以版有所蔽集韻

煠 或作⿰氵臿 瀹也集韻引廣雅

⿰口⿱習女 ⿰口⿱習女喋猶深算也淮南覽冥至虛無純一而不⿰口⿱習女喋苛事也注

⿺辶⿱竹妾

⿰矢去 缶押切 矢皃廣韻

齊齒諍三

⿰言夾 几捷切 妄語也玉篇

舊業切

庲 廦也（玉篇）

⿰禾夾 穧也（廣雅釋詁四）

砝 或作暂 硬也（廣韻）

⿰目劫 急視也（集韻）

⿰糸劫 縫也（廣雅釋詁二） ⿰糸劫纀補衣（廣韻）

⿰虫劫 或作蛣 石蜐生石上形如龜脚得春雨則生也（廣韻引南越志）

抾 挹也（廣雅釋言） 抾挹取也（漢書楊雄傳上抾靈蠵注） 抾捧也（文選羽獵賦注引韋昭）

呿

⿸尸去 ⿸尸匡也（廣韻）

⿸疒去 羸也（集韻） ⿸疒去病劣（廣韻）

渫捷切

⿸疒夾 欠氣也（廣韻）

殜 或作殜 微也（方言二） 殗殜病半臥半起也（方言二注） 殜病也（廣雅釋詁一）

諜 樂器也（廣韻）

楪 牑也（集韻○廣韻云楪楡縣名在雲中）

⿰目業 瞼也（玉篇）

⿰巾奄 幧頭也（方言四○又云自河以北趙魏之間幧頭或謂之帢 又釋名釋首飾云綃頭齊人謂之帢言斂髮使帢從也）

⿰糸奄 絛絛也（玉篇）

⿰革奄 車具也（廣韻）

⿰金奄 椎也（廣雅釋詁二）

⿰禾奄 或作晻 種也（廣雅釋地）

餣 餌也（廣雅釋器○方言十三云餌或謂之餣）

⿰奄攵 ⿰奄攵⿰奄攴相及也（集韻）

殗 或作殟 病也（廣雅釋詁一○方言二云殗微也宋衛之間曰殗 自關而西秦晉之間凡病而不甚曰殗殜） 殜病半臥半起也（方言二注） 殗重也 殜重疊兒（文選吳都賦重葩殗葉注）

向捷切

⿰目奄 閉目也（廣韻）

⿰目葉 目動兒（玉篇）

⿰目枼 閉一目也（玉篇）

卻捷切

渫 除去也（玉篇○董捘桐柏碑渫纖齊遠此段渫爲渫也）

⿰口瓦 多言也（廣韻）

眺葉切

⿰亻瓦 ⿰亻瓦僷輕佻兒（集韻）

⿺辶瓦 ⿺辶瓦⿺辶渫走也（集韻）

⿰扌疊 排也（集韻○廣韻云⿰扌疊掛⿰扌疊）

⿰足疊 小走聲（廣韻）

⿰車疊 車聲（廣韻）

⿰疊刂 刺也（廣雅釋詁一）

㲲 或作氎 毛布也（一切經音義十二引字林）

⿰疊鳥 鳥名（廣韻○集韻引山海經云鸐禦火二首四足狀似雖鵲）

惵 懼也（後漢書章德竇皇后紀注○一切經音義十七引字詁云怗今作惵○董按怗服者怗之俗體詳見七部怗下又與惵相通借也公羊傳注云怗服也此云惵懼也懼與服義相成） 惵惵懼也（後漢書鍾離宋意傳注） 惵羸

也方言十二

䑜 或作 小舐曰䑜廣韻

⿰爿枼 牀版也廣韻○集韻版作簀

⿱竹⿰皮枼 簸也集韻

⿰黑枼 竹裏黑也玉篇 ⿰黑枼黔首也廣韻

紐葉切

⿰糸業 縫也廣雅釋詁二

⿰土内 空也廣雅釋詁三 ⿰土内深也同上 ⿰土内靜也廣雅釋詁四

躡 足不相過也廣韻 躡聚合不解也穀梁昭二十年傳楚謂之躡釋文引劉注

⿰烏聶 鳥飛兒一曰鳥名集韻

箒 竹也玉篇廣韻○廣韻又云箒竹箒○葢按竹箒蓋箝之類

韻史 卷三十九第八部入聲副編鄰韻 三六五七

⿱竹尔 小箱集韻

苶 疲兒集韻○五音集韻云苶病劣兒 苶然忘兒莊子齊物論苶然疲役釋文引崔注

亮葉切

⿰日聶 日暗也廣韻○玉篇云⿰日聶日欲入也

⿰目聶 目暗也玉篇廣韻○集韻云⿰目聶病視也

囁 ⿱聶齒聲廣韻

⿰聶刂 斷也廣雅釋詁一 ⿰聶刂削也廣雅釋詁三

⿰石聶 ⿰石聶礏山連屬兒集韻

⿰谷聶 谷名廣韻 ⿰谷聶餘聚顏氏家訓勉學引字林○集韻云⿰谷聶聚名在上蔡

欇 虆木名虎豆也纏林木而生集韻 欇柶端木名廣韻○葢按古亦叚葉爲欇

⿱竹聶 竹名集韻 ⿱竹聶編爲之廣韻○葢按所編不知何狀且冀所用也宜即虎落與

韻史 卷三十九第八部入聲副編鄰韻 三六五八

⿰革聶 馬靼也廣韻

⿰馬聶 馬行兒集韻

⿰牛聶 牛名也爾雅釋畜欇牛釋文引字林 ⿰牛聶旄牛也爾雅釋畜注○廣韻云⿰牛聶牛牡也又旄牛名

⿰魚聶 魚名廣韻

婡 婡嬴行不正也玉篇

掌捷切

鮿 膊魚也史記貨殖傳鮿千石集解引徐廣○漢書食貨志鮑千鈞注云鮿膊魚也即今不著鹽而乾者也 婢鮿魚即青衣魚廣韻

⿱艹耴 ⿱艹耴小葉爾雅釋艸○集韻云⿱艹耴艸名小葉

⿰木耴 木小葉也廣韻

齒葉切

⿰月耴 肉動也集韻○葢按廣韻⿰月耴下云腸⿰月耴又腸下云動⿰月耴

韻史 卷三十九第八部入聲副編鄰韻 三六五九

⿰忄耴 休也廣韻字書引 ⿰忄臿⿰忄耴小人兒廣韻 偛⿰忄耴黠兒一曰心動兒集韻

⿰氵耴 淁⿰氵耴繞有水兒廣韻

⿱雨耴 ⿱雨耴霎小雨廣韻

⿰角枼 角也玉篇

⿰業刂 ⿰業刂艸刀玉篇

⿰舌刂 切聲玉篇

⿰火臿 火燒殘也玉篇

⿱竹臿 竹葉也玉篇

始捷切

歃 貪也集韻 歃愒欲也廣韻

⿰目疌 ⿰目疌目兒玉篇

鈔 鐵也集韻

韻史 卷三十九第八部入聲副編鄰韻 三六六〇

韻史　卷三十九第八部入聲副編鄴韻

紫葉切

溓　裁有水也文選洞簫賦泡溲汎溓注引埤蒼　汎溓微小皃文選洞簫賦注　汎溓波急之聲同上

霎　霡霎小雨玉篇廣韻

緁　或作緁　緁續也玉篇

瓲　半瓦謂之瓲一曰瓦相掩集韻

此葉切

䛒　多言也又口捷廣韻

脻　捷也玉篇

𨓆　疾走玉篇

崨　崨嶫山連延也廣韻

踥　踥踥行也廣雅釋訓

韻史　卷三十九第八部入聲副編鄴韻

仰捷切

𠞰　績也廣雅釋詁二○方言六云剿績也秦晉謂之剿

𢶍　引也廣韻

𢡃　懼也廣韻

𡃃　或作歖　口動皃集韻

𧬈　樂也廣韻

𨼆　陒險危皃集韻云隟危皃○廣韻

嶫　或書作嶪　岌嶪山皃廣韻

𣽡　横水大版廣韻

驜　驜驜馬高大廣韻○集韻云驜驜言高大也詩烝民四牡業業傳○董按古祇作業業俗加偏旁　業業然壯也詩采薇四牡業業傳

韻史　卷三十九第八部入聲副編鄴韻

鸈　鳥名知人吉凶廣韻

𩹍　魚名廣韻

𩻛　魚盛皃廣韻

想捷切

𢓜　趨行皃集韻

䑜　舟行也廣韻

婕　治也集韻

腠　腠䐑小楔一曰簡也集韻

蕠　艸名廣韻

齊齒呼三

向捷切

𦙝　牛肉也玉篇

紐捷切

菾　或作蘢　蘢菾艸密皃集韻

韻史　卷三十九第八部入聲副編鄴韻

齒捷切

䄲　重緣也廣韻　䄲略絜束皃同上

𥟖　種也玉篇

韻史卷四十

第九部平聲　泰興何萱石閣譔集　子度校字

上海顧錫麒竹泉覆審

武進李兆洛申耆鑒定

江韻

開口呼

江 良涳切

江水出蜀湔氐徼外崏山入海 說文段注蜀郡湔氐道二志同前志曰湔氐道禹貢崏山在西徼外江水所出東南至江都入海過郡九行七千二百六十里今本九作七行七千作行二千今依徐鍇所引正過郡九者蜀郡犍為巴郡南郡長沙江夏廬江丹陽廣陵國也湔氐徼外崏山即禹貢崏山封禪書謂之瀆山李膺益州記謂之羊膊嶺今四川龍安府松潘廳即松潘衛衛土二百三十里大分水嶺是也流經茂州成都府眉州嘉定府敘州府瀘州重慶府忠州夔州府湖廣之宜昌府荊州府岳州府武昌府漢陽府黃州府江西之九江府江南之安慶府池州府太平府江寧府鎮江府常州府諸境至北岸通州南岸蘇州府昭文縣境入海此為禹貢漢志所謂北江入海也 江共也 水經江水注引釋名○釋名釋水云江公也諸水流入其中所公共也 江貢也 廣雅釋水○風俗通山澤

云江者貢也所出珍物可貢獻也 江北江 山海經中山經崏江水出焉注 南江自潯陽而分為九皆東會於大江 山海經中山經在九江之間注 是三江者岷江松江浙江也 水經沔水注引郭景純說○國語越語三江環之注云三江松江錢唐浦陽江也又山海經中山經帝之二女是常遊於江之淵澧沅之風交瀟湘之淵注云江湘沅水皆共會巴陵頭故號為三江之口 江海水之大者 左氏春秋序者江海之浸疏○書禹貢九江孔殷疏云江以南水無大小俗人皆呼為江文山海經大荒西經江山之南摟為言注云江山之南即窮山之際也

扛

横關對舉也 說文段注以木横持門戶曰關凡大物而兩手對舉之曰扛項羽力能扛鼎謂鼎有關以木横貫鼎耳而舉其兩耑也即横木而兩手舉之亦曰扛即兩人以横木對舉一物亦曰扛字林捎捐舉也巨謬正俗曰音謫故謂扛為剛有遣捫字者故為穿鑿也西京賦作舡鼎舡即舩鼠大饕碑作舩鼎舩者扛之段借字也○後漢書屠延傳注云扛鼎横關對舉也又貴長房傳注云兩人對舉為扛 扛舉也 廣雅釋詁又史記項羽紀集解引韋昭又漢

書項籍傳注淮南厲王長傳注廣陵厲王胥傳注又匡謬正俗六又文選魏都賦劉逵扛鼎注

杠

牀前横木也 說文段注方言曰牀其杠北燕朝鮮之間謂之樹自關而西秦晉之間謂之杠南楚之間謂之趙東齊海岱之間謂之樺按廣韻讀古曠反孟子徒杠其引仲之義也爾雅素錦綢杠丨部曰於旌旗杠兒則謂直者也 杠公也衆叉所公共也 釋名釋車 杠竿也 禮記檀弓注以練綢旌之杠釋文又音書音義下 杠橦也 儀禮鄉射禮記杠長三仞注○士婁禮竹杠長三尺注云杠銘橦也 杠今之旎也 文還 陸士衡挽歌詩注引賀循葬禮 杠方橋也 萱按此義爲字有矼矼後出古祇用杠

釭

車轂中鐵也 說文段注木部曰樔車轂中空也今攷工記作藪大鄭云藪讀為蜂藪之藪謂轂空壺中也接壺中謂三十輻所趨非以鐵鍱裹之燿其易傳也其裹之之鐵鐵曰釭因之壺中亦曰釭釋名曰釭空也其中空也方言曰自關而西謂之釭引伸之凡空中可交者皆曰釭漢書日昭陽宮壁帶為黃金釭函盤田壁是也俗謂背燈為釭亦取凹處盛膏之意扣方言釭亦曰釭也釭有鐵則軸易傷故又有鋼○後漢書班彪傳上注云釭轂鐵也又 車釭

齊燕海岱之間謂之鍋自關而西謂之釭 方言九 釭壁中之横帶也 漢書外戚傳下壁帶往往為黃金釭注 矢關西曰釭釭交也言有交刃也 釋名釋兵

瓨

侣罌長頸受十升 說文段注史漢貨殖傳皆曰醯醬千瓨按醯醬者今之醯也則於下文之醬升當作斗漢書注古本有作斗者○史記貨殖傳集解引徐廣又漢書食貨志注並云瓨長頸罌也

舩

或作舡 舉角也 說文段注叚借為扛字鄉大饕碑上象端高舩鼎紙西京賦烏獲扛鼎是也舡亦舩字

淙 佩江切

直流也 說文 淙漾小雨 廣韻

椌

柷樂也 說文段注樂記注曰椌楬謂柷敔也此釋椌為柷釋楬為樂也謂之椌者其中空也○禮記樂記皇人作為柷敔椌楬壎箎釋文云柷敔也

邦 保涳切

㘗 古文○俗有邫 國也 說文段注周禮注曰大曰邦小曰國析言之也許云邦國也國邦也統言之也周禮注又

則國野之對稱周禮體國經野是也古者城郭所在曰國曰邑云邦之所居亦曰國此謂統言則封竟之內曰國曰邑析言
而不曰邦邦之言封也古邦封通用書序云邦康叔邦諸侯論語云在邦域之中皆封字也周禮故書乃分地邦而辨其
守地邦謂土畛杜子春改邦為域非也○周禮鄉疏外府疏又國語周語后非衆周與守邦注又廣雅釋詁四並云邦國
也又周禮太宰釋文引干注云邦疆國之境大曰邦邦封也封有功於是也釋名釋州
國上邦猶上國也文選吳都賦習其弊邑而不睹上邦者注邦國謂畿外諸侯詩抑
疏○曉仰疏云邦是畿外之辭又周禮方士疏朔士疏並云邦國畿畿外又大宰疏云邦國皆謂諸侯之國邦
伯方伯即州牧也書召誥命庶殷侯甸男邦伯晚出傳邦中在城郭者周禮太宰百邦
中之賦注邦門城門也儀禮既夕于邦門注至坤為邦易益利用為依遷邦虞注象上傳王公設
險以守其邦虞注象下傳可以正邦也虞注○豫利建侯行師虞注中孚稱有好爵虞注並云坤為邦國坤為大
邦易既濟三年有賞于大邦虞注象下傳孚化邦也虞注○復以其國君虞注云坤為其邦

韻史 卷四十第九部平聲江韻

韻史 卷四十第九部平聲江韻

夅漢龙切服也从夊中相承不敢並也說文段注上从夊下从反夊相承不敢並夅服之意也凡降服
字當作此降行而夅廢矣降者自伏之文公羊莊八年傳曰為不言降我師注降下也詩艸蟲我
心則降傳出車箋又後漢書東平憲王蒼傳注○穀梁莊卄年傳云降猶下也○萱按降本義訓下謂自上而下也段借
為夅亦訓下下即伏也按訓下無則而貴則有則降之者何取之也公羊莊卄傳年降大也
呂覽古樂降通渉水以導河注
洚
水不遵道一曰下也說文段注孟子滕文公篇書曰洚水警予洚水者洪水也告子篇水逆行謂之洚水
洚水者洪水也水不遵道正謂逆行惟其逆行是以絕大洚洪二字義實相因一曰下也此別一義洚與夅降音同義同
水逆行洚洞無涯故曰洚水孟子滕文公下注共水所謂降水也水經
濁漳水注○萱按此段共為洚也
栙栙雙也說文段注三字句竹部曰篆栙雙也廣韻曰栙雙帆未張又曰雙帆也按廣韻有跭雙跭雙栙雙皆疊韻

字
缸○俗有缸瓨也說文段注瓦部曰瓨似甖長頸受十斗缸與瓨音義皆同也史漢貨殖傳皆曰醯醬千瓨鈲瓶
也廣雅釋器
龐倍龙切○俗有龎高屋也說文段注謂屋之高者也故字从广引伸之為凡高大之稱小雅四牡龐龐傳曰龐龐充寔也
尨莫夅切○俗有狵犬之多毛者詩曰無使尨也吠說文段注釋畜毛傳皆曰尨狗也此渾言之許
云犬之多毛者就字分別言之也引伸為襍亂之稱小戎蒙曰裘尨是也牛白黑雜毛曰牻雜語曰哤皆取以會意詩曰
者名南野有死麇丈尨雜也後漢書劉龐傳注尨雜色也左氏閔二年衣之尨服注又漢書五行志
中之上注○國語晉語以尨衣純注云雜色曰尨人考工記五人上公用尨司農注云尨謂雜色又周禮牧人凡外祭毀
事用尨可也杜注云尨謂雜色不純又後漢書張衡傳注云尨蒼雜色也又漢上傳九引易說卦傳為龍鄭注云尨取日
出時色雜色尨涼左氏閔二年傳尨偏衣左氏閔二年不獲而尨注傳尨茸亂皃左氏僖五

韻史 卷四十第九部平聲江韻

韻史 卷四十第九部平聲江韻

年傳狐裘尨茸注○穆天子傳四尨狗注云尨尨茸之謂猛狗或曰尨亦狗名尨亂也晚出書周官不和政尨傳
○萱按此段尨為尨也又戎用尨用龐亦同邦通借字尨蒼也文選思玄賦尉尨眉而郎潛兮舊注畫雜
羽之文於伐故曰尨伐詩小戎蒙伐有苑箋駹襍色易說卦為尨釋文引干注○周禮大
人疏云駹謂襍色牲萱按此段駹為尨也○駹車邊側有漆飾也周禮巾車駹車雚蔽注
駹
馬面顙皆白也說文段注面者顏前也釋嘼曰面顙皆白惟駹按言惟者以別於上文的顙白顛白達素
縣也面顙白其他非白也故从尨同禮駹車借為尨雜字也駹青馬也漢書匈奴傳上東方盡駹注○易說
卦傳震為駹虞注云駹蒼色震為駹易說卦傳駹雜色駹車邊側有漆飾也萱按
皆詳尨下段借字也
牻
白黑雜毛牛說文段注古謂雜色不純為尨亦作駹古文假借作駹亦作尨周易說卦傳毛詩小戎周禮牧
人巾車五人皆可證也牻訓為白黑襍毛然則凡謂雜色不純亦可用牻字

哤 哤異之言一曰襍語說文段注齊語曰四民者勿使雜處雜處則其言哤其事易韋注哤亂也漢人多用襍為集字集語猶衆語也襍言曰哤小爾雅廣訓哤聒雜聲文選長笛賦哤聆其前後者注

庬 ○俗有庬石大也說文段注石大其本義也引伸之為凡大之偁釋詁曰庬大也左傳民生敦庬周語敦庬純固是也又引伸之為厚也商頌為下國駿庬毛傳是也或假此庬為尨雜字荀卿引商頌駿庬作蒙庬大也左氏成十六年傳注又國語周語注又漢書司馬相如傳下注又後漢書張衡傳注又方言一○文選封禪文湛恩庬鴻注云庬鴻皆大也又方言一注云庬深之大也庬豐也廣雅釋詁四○方言二云庬豐也關而西秦晉之間凡大貌或謂之庬庬厚重也後漢書孔融傳注○又按大戴記為下國侗蒙荀子榮辱為下國駿蒙皆段蒙為庬也庬鴻未分之象也蒼按此段虞為濛也濛鴻庬鴻俱見思玄賦注

浝 浝水也說文

涳 或書作浝平去兩讀○涂也說文段注謂涂墍也涂墍泥墍皆古今字水部涂字下遺涂泥一解刷木部曰杇所

以涂也此部六言涂金部曰錯金涂也皆不得其轉注矣詩雨雪載涂毛傳曰涂凍釋也小正凍塗傳曰凍下而澤上多也詩角弓傳曰塗泥也通俗文曰泥塗謂之浝湏泥塗必東水土為之故字東从水土湊人又入之水部非也

塗 塗也廣雅釋室

合口呼

公 古翁切

○俗有㕣平分也韓非曰背厶為公說文段注五蠹篇倉頡之作書也自環者謂之厶背厶者謂之公自環為私六書之指事也八厶為公六書之會意也○左傳昭七年疏引環濟要略云自營為厶八厶為公又列子天瑞注云公者對私之名又漢書張釋之傳注云公謂不私也兼覆無私謂之公賈子道術○大戴記子張問入官大城而公治之注云公無私也又周書諡法注云公志異私也又太玄昆人寄命于公注云無私為公兼制而博用者公也太玄玄攡公平也淮南脩務何可以公論乎注○古微書引春秋元命苞云公者為言平也又荀子王制云公平者職之衡也公正也廣雅釋詁一又呂覽貴公昔先聖王之治天下也必先公注故老聃則至公矣注大樂平出於公注審分清靜以公注士客忘老必不公注序意則知無由公注又淮南原道與

民間出于公注主術是故公道遍注案公道而朋黨注○白虎通義又古微書引春秋元命苞並云公之為言公正無私也又公羊傳隱元年疏引春秋說云公之言正公正無私又孝經疏引舊解云公者正也言正行其事公方也淮南主術皐臣公正注公者通也白虎通爵公廣也釋名釋言語公共也荀子解蔽此心術之公患也注又文選高唐賦公樂聚穀注○禮記禮運天下為公注云公猶共也公詳也淮南原道此俗世庸民之所見也注公公謂顯然為之也漢書吳王濞傳公即山鑄錢注胡建傳公穿單垣以求貫抒注公功也詩六月以奏膚公傳公事也爾雅釋詁又詩采蘩夙夜在公芻天保于公先王傳靈臺疏矆奏公傳文王有聲王公伊濯箋江漢肇敏戎公傳酌寔維爾公允師傳又周禮均人豐年則公旬用三日焉注公祖也史記外戚世家討公昆弟索隱公父廣雅釋親公君也爾雅釋詁又釋名釋親屬又詩既醉公尸嘉殺箋臣工敬爾在公傳又周禮家人掌公墓之地注又儀禮喪服公為遺子之長殤中殤注又禮記襍記上公七踊注容義數於公宮注又穀梁隱元年傳言君之不取為公也注入論語子字出則事公卿呈疏卿案入公門皇疏季氏祿之去公室皇

疏○儀禮既夕禮公賵字緣末注云公國君也又疏云臣皆尊其君呼之曰公又孟子號文公上注云公者國人尊君之稱也又左傳隱元年疏云五等之爵雖尊卑殊號臣子稱其君父皆稱為公又禮記曲禮上凡祭于公者注云祭於公助祭於君也又公羊昭五年不以私邑累公邑也又儀禮聘禮上有之公幣私幣皆陳注云公幣君之賜也公諸侯也通典引儀禮喪服馬注又國語周語公行下衆注王公立立然注又史記周本紀公行不下衆正義引書大家又漢書劉向傳注韋昭成傳注○禮記祭法疏又左氏春秋序疏出云諸侯稱公又宣十大年傳公當事注云公謂諸侯又國語魯語公卿之以征不德注云公謂諸侯為王卿士者也又禮記禮運疏云公是諸侯之號又詩駿箋云諸侯之臣親君曰公公者五等諸侯之總名左氏昭七年傳王臣公疏○禮記檀弓上疏云公者五等諸侯也又穀梁桓十八年傳堯夔稱公舉上也注云公五等之上人僖五年傳晉人執虞公注云五等諸侯民皆稱曰公諸侯之子稱公子公子之子稱公孫儀禮喪服傳又左氏隱八年傳公命以字為展氏注又白虎通姓名○論衛侯鯨云諸侯之子稱公子諸侯之庶姬公孫公子君之庶子也儀禮喪服記公子為

其世注○禮記大傳公子是也注云公子謂先君之子公子者名號之美稱左氏宣十七年傳公在日公子疏昭元年傳疏○宣元年傳注云公子當時之寵號又公羊閔元年傳注云公子是凡常之總號公族諸侯同族也禮記文王世子公族其有死罪磬注天公謂天子也後漢書南匈奴傳注○易益告公用主注云凡足以施天下則王次天下之大者則稱公稱王者之後稱公公羊隱五年傳又禮記王制疏引援神契又春秋繁露爵國○周禮大宗伯疏引孝經援神契云二王之後稱公大國稱侯千乘又巾車疏云周之滅二王之稱公後天子三公稱公公羊隱五年傳又春秋繁露爵國○考工記總目云坐而論道謂之三公又說苑臣術云三公者所以參五事也又北堂書鈔五十引五經異義云三公臣之最尊者也又獨斷上云三公者天子之相又大戴記保傅注引今尚書說云三公司馬司徒司空也又韓外傳八同公上公也國語楚語升以爲公注○周禮大宗伯公執桓圭注云公二王之後及王之上公又孟子萬章下公一位注云公謂上公九命及二王後也公上爵也漢書五行志下之上注○公羊隱元年傳注云公者五等之爵最尊又白虎通爵云公卿大夫者何

謂也內爵稱也公者臣之極也馬益告公用圭注解公用射隼于據之上疏小過公弋取拔在穴注高公者臣子之私稱公羊隱元年傳疏引春秋說○桓十八年傳稱我君注云公者臣子之稱也立制及衆曰公周書諡法○太子晉云伯能謂善於衆辭百姓同謂之公公孤也禮記燕儀不以孤卿爲賓注又儀禮大射儀若有諸公則先卿獻之注○鄉射禮注又燕禮注並云諸公謂大國之孤也又鄉飲酒禮注又士表禮注並云大國有孤四命謂之公大射儀注云諸公大國有孤卿一人又公者仁德之正號不必三事大夫也後漢書鄭玄傳公猶官也周禮牛人掌養國之公牛注巾車掌公車之政令注○職典凡公有司之所共注云居其官曰公又疏云公謂官之常職也又儀禮鄉射禮記大夫與則公士為賓注云公士在官之士公司馬國司馬也周禮夏官序官家司馬各使良臣以正於公司馬注公有司亦士之屬命於君者儀禮特牲饋食禮記若有公有司私臣皆殽脀注公邑謂六遂餘地周禮師注載公公門也詩羔羊退食自公傳公車門名公車所在因以名

焉後漢書光武紀下注○和帝紀注云公車署名也公車所在故以名為公堂學校也詩七月躋彼公堂傳公館若今縣官舍也禮記曾子問公館與公所為曰公館注○雜記上云公館者公宮與公所為也公府三公府也後漢書帝紀注靈公長老之號漢書睢閣傳注○田叔傳注云公老老人之稱又溝洫志云公相呼尊老之稱注翁者老人之稱漢書匈奴傳上注○方言六云凡尊老周晉秦隴謂之公頌謂之翁翁謂父也漢書項籍傳吾翁即汝翁注有謂又廣雅釋親○薑指翁謂頭毛也凡言老翁者賓之段借字公夫之兄曰公釋名釋親屬○薑按此段公爲俗也俗下許之○按公與工功二字互借通用詩靈臺矇瞍奏公江漢肇敏戎公楚辭章句作殿奏工後漢實闕傳作舉成功又漢求碑公子完達齊為公正即左氏工正也又樊安碑以公德加位即功德也又左傳季公鳥作文作空鵠是公空亦聖用以

工

𢀜古文巧飾也象人有規榘說文段注飾拭古今字又部曰敂飾也巾部曰飾敂也聿部曰聿飾也彡部曰彡毛飾畫文也今之拭字也此云巧飾也者依古文作𢀜爲訓彡者飾畫文巧飾者謂如㦣人疏廣須大

袖以仰涂而領袖不汚是也推執於規榘乃能如是引伸之凡善其事曰工見小雅毛傳直中繩二平中準是規榘也○論語衛靈公工欲善其事皇疏云工巧師也又公羊成元年傳注云巧心勞手以成器物曰工又漢書食貨志上云作巧成器曰工工巧也廣雅釋詁三又華嚴經音義下引韻譜又史記鄭生陸賈傳工女下機索隱又楚辭招魂工祝格君背行先哲注○考工記總自云巧者述之守之世謂之工工作器物者周禮大宰五曰工事之式注○考工記總目云審曲面埶以飭五材以辨民器謂之百工凡執技藝者稱工儀禮燕禮席工于西階上注○國語周語工諫云百工執技以事上注者善其事曰工詩楚茨工祝致告傳工能也禮記曲禮下天子之六工疏又大戴記文王官人進退工攻注○荀子正名道之工宰也注云工能成物人間禮眡篆相為扶工疏云能其事曰工又天官序官五存工八人注云工能攻玉者工官也詩臣工傳又儀禮少宰鐠食禮皇尸命工祝注又周書大戒朕聞維時光厥工注又國語魯語夜儆百工注鄭語釋臣取諫工注又漢書薛宣傳注谷永傳注引李奇又廣雅釋詁四又小爾雅廣言又法言先知務工人績注○後漢書袁紹劉表傳注云工者官也又國語周語工協草

注云工百工之官○萓按堯典允釐百工史記五帝紀作信飭百官漢書律厤志作允釐百官此代以訓釋字也
巧為工易說卦傳工女功也文選長楊賦工不下機注○在元城與魏太子牋女工吟詠於機抒注云
工與紅同○萓按當云工與功同漢書多以紅為功也又周禮肆師凡師不功注云古者工與功同字又書皋陶謨天工
人其代之苗頑弗即工漢書律厤志作天功人其代之史記夏本紀作苗頑不即功工大師也儀禮鄉飲酒禮
工不辭洗注工謂樂正也礼記鄉飲酒義工入升歌三終注○書咎繇謨工以納言晚出傳云工樂官又
儀禮燕禮疏云樂官亦稱工工樂師也左氏襄廿八年傳使工為之誦茅鴟注昭九年傳注又文選聲賦諧
工瞽當注○漢書賈誼傳工誦箴諫注云工習樂者也工樂人也左氏襄四年傳工歌文王之三注襄十四年傳工誦
師諫注又大戴記保傳工誦正諫注又文選長笛賦工人巧士注○禮記樂記乙賤工也注云樂人稱工工瞽師
官也國語魯語歲工史書世注○傳襄十四年疏云工亦瞽也左工瞽矇也國語楚語宴居有師工之
誦注○儀禮大射儀乃席工于西階上少東注云工謂瞽矇善歌諷誦詩者也燕禮注大同三玉為一工

也淮南道應乎玉百工注○萓按雙玉為珏工與珏雙聲梁飛自關而東謂之工爵方言
八
功
○俗有紡呂勞定國也說文段注司勳曰國功曰功鄭曰保全國家若伊尹許則舉發法文以釋之也詩以
奏膚公傳曰膚大也公功也此謂以公為功也國功曰功公羊桓元年傳注明試以功疏又國語晉語無功庸
者不敢居高位注○賈子教宰云始取天下為功又後漢書張會傳注云功謂王業功謂有大勳也後漢書應
劭傳注○書堯典疏云據其勳業謂之功○萓按功勳散文則通對文則有別司勳職文是也功者安主上
利萬民者也管子明法○墨子經上云功利民也又大戴記四代云功以養民又賈子大政上云以富樂民
為功功功臣也禮記大傳二曰報功注功農功周禮大司蠡上功糾力注功吏職也周禮
宮正稽其功緒注○大府注云九功謂九職也功戰功也荀子議兵隆禮效功上也注有益者謂
之功春秋繁露考功名能成德法者為有功大戴記盛德功成也爾雅釋詁又周

禮槀人乃入功于司弓矢及繕人注又洪範五行傳傳與鮮之功注○國語齊語相陳以功注云功成功也功勝也
爾雅釋詁又周禮司馬若師有功注大用力曰功漢書高祖功臣年表功攻也攻治之乃
成也釋名言語釋功事也詩七月載纘武功傳然高世執見功傳又穀梁宣十二年傳又後漢書宋弘傳
注又小爾雅廣詁又太乎審益天功也注功名也呂覽誣徒從師苦而欲學之功也注○禮記表記與仁同功注
云功者人所貪也功牢也國語齊語其功苦注辨堅好者謂之功荀子勸學問楛者勿告也
注○管子小匡辨其功苦注云功謂堅美又七法器械不功注云功謂堅利功精好加功者也荀子
議兵械用兵革功完便利者強注○王制辨功苦注云功謂器之精好者功沽謂善惡周禮酒正注又有功
沽之巧疏○司兵注等謂功沽上下疏云功謂善者為上等功即麤也禮記服問注服其功衰服麤衰疏
婦功謂絲枲周禮九嬪注功布鍛濯灰治之布也儀禮士喪禮冪奠用功布注○
既夕商祝免袒執功布入注云功布灰治之布也大功八升若九升小功十升若十

一升儀禮喪服記小功者兄弟之服也儀禮喪服傳○萓按弟弟兄弟儀禮劃紲分別與也
經不同傳又云夫之所為兄弟服妻降一等即夫之小功服也自來多誤曾功衰卿大夫所服周禮
司裘季秋獻功裘司農注天子巡守曰巡功左氏昭五年傳大有巡功注○萓按功與工攻公皆同音
相通借
攻
擊也說文段注考工記攻木攻皮攻金注曰攻猶治也此引伸之義○國策秦策寬則兩軍相攻注云攻擊又史記
劉敬叔孫通傳攻苦食啖集解引徐廣云攻猶今人言擊也非攻謂鬥非也荀子富國注攻謂
搓伐其林木山海經大荒南經有雲雨之山禹攻雲雨注攻謂穿窬而盜也漢書游俠
郭解傳藏命作姦剽攻注攻謂奪其計使不成也周書大武四攻者注攻伏也廣雅釋詁
三攻者責也責讓之也論衡順鼓○周禮大祝五曰攻六曰說注云攻說則以辭責之攻禜
名也周禮大祝五曰攻司農注攻說祈名周禮庶氏以攻說禬之注攻禜祈名周禮翦氏以攻

榮攻之注攻錯也詩鶴鳴可以攻玉傳攻摩也易繫辭下傳愛惡相攻虞注攻治也書甘誓左不攻于左晚出傳又周禮瘍醫以毒攻之注龜人攻龜用春時注又禮記學記善問者如攻堅木疏又左氏襄十五年傳使玉人為之攻之注又論語為政攻乎異端集解又皇疏先進小子鳴鼓而攻之皇疏顏淵攻其惡皇疏又周書雕匡單不雕攻注又廣雅釋詁三又小爾雅廣詁又國語楚語虞氏攻之注又漢書董賢傳注又管子版法攻之以官注又呂覽上農農攻粟工攻器注攻作也詩靈臺傳〇左氏昭三十一年傳攻難之士注云攻猶作也攻猶習也後漢書范升傳注攻善也爾雅釋詁攻巧也國策西周策是攻用兵注攻堅也詩車攻我車既攻傳又後漢書班彪傳下注馬融傳注〇文選魏都賦物育蔽而就攻劉注云攻者堅也又家語六本巧而好度必攻注云攻攻堅攻擊也廣雅釋詁一攻駒也者教之服車數舍之也大戴記夏小正執陟攻駒傳攻健也廣雅釋獸

苦工切 空 竅也說文段注今俗語所謂孔也天地之間亦一孔耳古者司空主土尚書大傳曰城郭不繕溝池不修水泉不修

韻史 卷四十第九部平聲江韻 三六八五

韻史 卷四十第九部平聲江韻

水為民害責於地公司為飢曰司空公一人掌水土事凡營城起邑浚溝洫修墳防之事則議其利建其功是則司空以治水土為職尚作司空治水而後晉百挍也治水者必通其瀆故曰司空猶司孔也空孔也後漢書章帝紀省冰紈方空縠吹綸絮注〇漢書張壽得小國當空造注云空即孔也空穴也漢書百官公卿表上注空穿也漢書鮑宣傳注〇溝洫志注云空猶穿也空通也漢書張騫傳注引蘇林空廓也文選左太冲詠史詩寥寥空宇中注空大也詩白駒在彼空谷傳空者血流之道大經隧也素問六節藏象論仙行而不得反其空注空猶虛中也論語先進屢空集解〇皇疏云空猶虛也空息也文選別賦恐骨極而空折注空待也方言十三又廣雅釋詁二空乏也後漢書賈逵傳屢空注空窮匱也論語先進屢空皇疏〇詩節南山不宜空我師傳云空窮也空盡也爾雅釋詁又詩大東杼柚其空傳空滅無也文選西京賦象哉康空薛注空空無識也論語子罕空空如也皇疏空空慤也呂覽下賢空空乎其不為巧故也注不執著為空後漢書西域傳注空首拜

三六八六

頭至手所謂拜手也周禮大祝三曰空首注〇疏云空首者先以兩手拱至地乃頭至手是為空首也以其頭不至地故名空首〇萱按穆天子傳五再拜空首注云空首頭至于地此說與鄭賈違異殆非也司空主水土之官也淮南時則命司空注有主又役漢書王莽傳注司空掌營國邑詩緜乃召司空箋〇書洪範四曰司空馬注云司空掌營城郭主空土以居民又鄭注云司空掌居民之官又白虎通封公侯云司空主土不言土言空者空尚主之何況於實以職見著北戴斗極為空桐爾雅釋地空石石穴也荀子解蔽空石之中有人焉注空穴巖穴也淮南原道空穴之中足以適情注空桑山名也周禮大司樂空桑之琴瑟注又楚辭大司命淪空桑兮從女注空桑瑟名也楚辭大招定空桑只注空奪即蛇皮脫也山海經中山經峽山多空奪注〇萱按空字疏證平聲義與弗賊俗強分數音非與事而自擾與

烏工切 翁 〇俗有額 頸毛也說文段注山海經天帝之山有鳥黑文而赤翁漢郊祀歌赤鴈集六紛員殊翁襍五采文急就

韻史 卷四十第九部平聲江韻 三六八七

韻史 卷四十第九部平聲江韻

篇鳧按俗言老翁者假翁為公也周禮酒人注假翁為滃〇山經西山經注云翁頸下毛又漢書禮樂志注引孟康云翁屬也頸頷項也廣雅釋親翁謂父也翁者老人之稱萱按皆詳公下

蓊 平上兩讀竹兒說文段注南都賦其竹阿那蓊茸風靡雲拔李善引說文翁竹兒也埤蒼蓊竹頭有文也上烏孔反下如涌反按吳都賦云翁茸蕭瑟謝靈運山居賦自注修竦便捎蕭森蓊蔚皆竹兒也今三賦翁皆誤从艸矣蓊然聚兒文選高唐賦蓊湛湛而弗止注蓊薆蔭薈兒漢書司馬相如傳下觀衆樹之蓊薆兮注蓊茸茂盛貌兒文選吳都賦注蓊鬱艸木茂兒集韻〇萱按凡翁誤翁者兒此

鰫 鰫魚也說文

螉 螉蜙蟲在牛馬皮者說文段注螉蜙各本無此二字今補爾雅釋文引字林螉蜙似蝗蟲在牛皮者字林本說文也郭氏爾雅注蚣蜙一作蝑蜙此謂蛬螽春黍蠓螉蜂也廣雅釋蟲〇方言十一云蠭燕趙之閒謂之蠓螉

三六八八

烘 戶翁切
○俗有灯尞也詩曰卬烘于煁說文段注云尞者燎柴之義之引伸也小雅白華卬烘于煁毛傳及
釋言皆烘燎也曰烘以火燎也爾雅釋言舍人注○韻引字林云烘燎也廣

東 睹工切
動也說文又廣雅釋詁一又漢書律厤志上○精漢書五行志注引風俗通云東者動也東方者動方
也物之動也藝文類聚歲時部上引書大傳○白虎通五行云東方者動方也萬物始動生也又云東方者
陽氣始動萬物始生東方生長之方書皆蘇暮坐鍾以閭鄭注○白虎通五行云東方天下皆生也又太
平御覽一百九十六引白虎通云東方物所生以也東方者陽也白虎通情性東方者木也
淮南天文又白虎通五行又論衡物勢又春秋繁露五行相生○素問玉機真藏論云東方木也萬物之所以始生也
東風木風也淮南覽冥故東風至而酒湛溢注震為東易既濟東殺牛廣注鄰東者日
之初素問五運行大論東方生風注東君日也廣雅釋天又漢書郊祀志上晉巫祠五帝東君注東
宮世子也呂覽審應寡人在東宮之時注之東郊農郊也呂覽仲春命田舍東郊注東洛

邑也詩東攻駕言徂東傳○閟宮俾侯于東箋云東東藩魯國也又桑民城彼東方傳云又大東東人之子傳云東
人釋人也○篁按有用東為涷者省借也荀子義兵龐東龍而退耳注云東龍與涷瀧同

涷
涷水出發鳩山入河說文段注北山經曰又北二百里曰發鳩之山漳水出焉東流注於河水經注
濁漳篇曰漳水又東涷水注之涷水西出發鳩山東經余吾縣故城南又東徑屯留縣故城北又東流注于漳故許慎曰
水出發鳩山入閭從水東聲也按酈注作入閭不可通說文云入於河亦與水道不合又但云出發鳩山不言發鳩所在
郡縣蓋許所據山海經作涷水出焉東流注于河故許仍舊立文如下文洨出北囂山入卬澤亦全用北山經語涷作漳
正如今北山經作涔許作洨及木部引據出發鳩山今作栝之比㴱涷字音出山海經故顏麥之耳若依水經注則涷入
濁漳濁漳注入海不入河發鳩山在南子徒水經山海經注省云在上黨長子縣西今山西潞安府長子縣西五十里有
發鳩山皆方言瀧涿謂之霑漬瀧涿亦瀧涷又爾雅楚辭有涷雨王云暴雨也曰暴雨謂之涷爾雅釋天
又後漢書張衡傳注涷雨暴雨也淮南覽冥雍涷雨注○楚辭大司命使涷雨兮灑塵注云暴雨為涷雨又

文選思玄賦涷雨沛其灑塗注云巴郡謂暴雨為涷雨又爾雅釋天注云今江東呼夏月暴雨為涷雨瀧沾溼
兒荀子議兵龐種東龍而退耳注○篁按東龍者涷瀧之段借字也又按張納功德碑叙云鄉瀋涷餘此雖誤為瀋涷
誤為涷也謂之段借亦得

冬
㫕古文○俗有各四時盡也說文段注冬之為言終也考工記曰水水有時而凝有釋故冬从仌○爾雅
釋天云冬為甲英又云冬為安寧又新序善謀云物至則反冬夏是也冬終也廣雅釋詁一又漢書律厤志上
又太玄玄文罔北方也冬也注○白虎通五行云冬之為言終也又釋名釋天云冬終也物終成也又初學記引蔡邕月
令章句云冬終也萬物於是終也又太平御覽廿八引崔靈恩三禮義宗云冬終也立冬之時萬物終成又太玄玄數為
北方為冬注云冬終也物皆終藏也冬中也管子四時注○禮記鄉飲酒義云冬之為言中也中者藏也又藝文
類聚歲時部引書大傳云冬中也物方藏于中也冬氣藏洪範五行傳厥罰恒寒注○管子形勢解云冬者陰氣畢
下收萬物藏又春秋繁露陽尊陰卑云冬主藏冬主閉藏充塞不虛禮記中庸疏引皇氏○周禮目

錄云冬藏萬物閉冬陰也呂覽孟春注○獨斷上云冬為太陰又春秋繁露官制象天云冬者太陰之選也
坎為冬易彖上傳而四時不忒虞注應乎天而時行虞注冬為水王禮記禮運疏○素問金匱真言
論冬勝夏注云冬水人春秋繁露天地地之行云冬水氣也又五行對云水為冬冬殺左氏閔二年傳○春秋繁露威
德所生云冬者天地之威也又天辨在人云冬哀物之氣也又云冬哀志也又陰陽義云冬哀氣也故藏冬者五
穀成熟物備禮成後漢書張純傳冬扈氏農正趣民蓋藏獨斷上冬瓜
菰也廣雅釋艸

苳
苳蘠艸也說文

通 杜工切
達也說文段注通達雙聲禹貢達于河今文尚書作通于河按達之訓行不相遇也通正相反經傳中通達同訓者
正亂亦訓治徂亦訓存之理○小爾雅廣詁又呂覽論人通則覘其所禮注簡選此不通乎兵者之論注傳勢舟車之所
通注疑似惠人之傳聞辯言而似通皆注分職通乎用非其有注高義俗離謂之窮通也注又淮南修務通于物者注並

云通達也通達理也史記趙世家通有補民益主之業正義○淮南繆稱通智得而不勞注云通之智達道之人
通实猶窮達也文選西征賦位有通實之遇注○禮記儒行上通而不困注云上通謂仕道達於君也
往來不窮謂之通推而行之謂之通並易繫辭上傳○象下傳動不窮也虞注云往
來不窮謂之通通洞也無所不貫洞也釋名釋言語通開也漢書何武傳注通亦
徹也漢書高帝紀下通虔諸將注引應劭通猶順也淮南主術則治道通矣注通利也呂覽達鬱
血脈欲其通也注通者不滯之謂也荀子不苟則可謂通士矣注通知也淮南主術天下
天下之物無不通者注○詩小旻傳人有通聖者跡云通者通知衆事故稱聖人博覽古今為通人
論衡超奇君子通於道之謂通莊子讓王又風俗通窮通通謂陳道之也漢書夏侯
勝傳先生通正言注通也者得也莊子齊物論○荀子正名足以通則含之矣注云通謂得其理相通
至也國語晉語道遠難通注通達比也周書大聚與田疇皆通注通猶共也後漢書來厥傳

韻史 卷四十第九部平聲江韻　三六九三

注通謂上下相稱也漢書司馬相如傳上夸像直暢注坎為通易說卦傳象上傳唯君子
為能通天下之志虞注象下傳而其志通也虞注中正以通虞注象下傳知通實也虞注繫辭下傳困窮而通虞注究
為通易說卦傳為巫虞注人迹所及為通莊子則陽而反在通達之國注因水入水曰
通漢書地理志上注井十為通詩甫田歲取十千箋又周禮小司徒注引司馬法通天冠名
也文選東京賦冠通天薛注通問謂相稱謝也禮記曲禮上嫂叔不通問注睟子明而
不正曰通視言通達目匡一方也釋名釋疾病通婬也廣雅釋詁一○公羊
莊廿七年傳通乎夫人注云通者婬通旁淫曰通左氏桓十八年傳齊侯通焉服注又國語晉語通於驪姬注又
小爾雅廣義○左傳襄廿五年莊公通焉服注云凡淫曰通

俑

平上附讀義異痛也說文段注此與心部恫音義同禮記孟子之俑偶人也俑即偶之段借字如喁亦禺聲而肖無
容切也假借之義行而本義廢矣廣韻引俾蒼說木人送葬設關而能跳踊故名之俑乃不知音理者強為之說耳按正

韻史 卷四十第九部平聲江韻　三六九四

偽云說文他紅切此蓋出音隱痛義之音如是大徐云又余隴切則木偶之音也

恫

○俗痛悳痛也一曰呻吟也說文段注呻吟見口部匡謬正俗曰太原俗呼痛而呻吟為通喚周書痛
瘝是其義江南謂呻喚聞中謂呻恫按前說可包後說此等恐皆後人入也○爾雅釋言又廣雅釋詁二又書盤庚上乃
奉其恫釋文康誥恫瘝乃身晚出傳又詩思齊神罔時恫傳來朶哀恫中國裴又國語晉語注又後漢和帝紀注張衡傳
注又呂覽審分百官恫擾注又文選思玄賦恫後辰而無及痛泣並云恫痛也又史記燕召公世家百姓怨恫索隱云恫
猶痛也又書康誥疏云恫聲類於痛恫無知兒瞢按此段恫為恫也二字互相足

侗

大兒詩曰神罔時侗說文段注侗大兒此義未見其證與同義近大則侗得為大兒矣論語侗而不
愿孔注曰侗未成器之人按此大義之引伸猶言渾沌未鑿也詩者大雅思齊文今本作恫傳曰恫痛也按痛者恫之本
義許所據本作侗偁之以見毛詩假侗為恫也○莊子山木釋文引字林云侗大兒侗狀也方言十二侗謂
籠侗未成器之人也論語泰伯皇疏恫無知兒晉書音義中○瞢共此段恫為恫二字互

韻史 卷四十第九部平聲江韻　三六九五

段也○又按書顧命在後之侗為本作詷說文詷下亦引在后之詷此所據本異

雙 杜工切

隹二枚也說文段注見隹部雙下方言飛鳥曰雙鳫曰乘○雙按矣仲山碑云節度無雙此段雙為雙也於義
不足雙二也廣雅釋詁四○禮記少儀加於一雙疏云二隻曰雙雙匹楚辭守志嗟吴俦分未為雙注南
海之外有三青獸相并名曰雙雙山海經大荒南經○公羊宣五年經其諸為其雙雙
而俱至者疏正義引舊說云雙雙之鳥一身二首尾有鳩雄隨便而偶常不離散

宗 徂工切

尊祖廟也說文段注宗尊雙聲按當云尊也祖廟也今本奪上也字大雅公尸來燕來宗傳曰宗尊也凡尊者
謂之宗喪之別曰宗之大傳君之宗之宗云宗尊也禮記別則為祖繼別為宗繼禰者為小宗凡言大宗小宗皆謂同所
出之兄弟所尊也尊莫尊於祖廟故謂之之宗廟宗从宀从示示謂神也宀謂屋也宗尊也書堯典禋于六宗晚出傳
汝作秩宗晚出傳為貴江漢朝宗于海晚出傳又詩雲漢靡神不宗傳又周禮目錄又大宗伯夏見曰宗注又儀禮士昏
禮記宗廟父母之言注又禮記檀弓下天下其孰能宗予注又孝經為之宗廟以鬼享之鄭注又周書王會注太子晉注

韻史 卷四十第九部平聲江韻　三六九六

又白虎通宗廟又釋名釋宮室又國語晉語注又漢書紀志傳各注又後漢書班忠傳注傳敘傳注又呂覽孟冬天子乃祈來年於天宗注又太平永永宗道也衆宗其高年注又法言壹祭注又文選東京賦薛注典引蔡注○左氏隱十一年傳周之宗盟賈注云宗為尊宗盟尊盟又書說命序高宗夢得說曉出傳云愚高可尊敬號高宗又儀禮喪服傳云大宗者尊之統也○萱按左傳晉伯宗敘果作宗尊是二字本通用

宗尊也亦主也素問平人氣象論其動應衣脈宗氣也注無亦又一切經音義九引字林○白虎通宗族云宗者尊也為先祖主者宗人之所尊也

宗主也易睽厥宗噬膚注○左氏昭二年傳禮之宗也注云宗猶主也又穆天子傳大夫宗伊扈注云宗亦主

宗本也廣雅釋詁三又國語晉語禮之宗也注又呂覽下賢以道為宗注雜謂是非之宗也注理聽百禍之宗也注又淮南天文月者者陰之宗也注原道覽之大宗也注輿形俱出其宗注時則是故上帝以為物宗注精神而能守其宗注主術無為者道之宗注說山音符返吾宗矣注○國語晉語曲沃君之宗也注云宗本宗也又荀子非十二子宗原應變注云宗原根本也又淮南要略氣敗大宗注云大宗本也又主術此葬之宗也注云宗亦本也事

宗者長也風俗通山

三六九七

澤正失又太平御覽引五經通義

宗屬也素問至真要大論歸其所宗注

宗聚也廣雅釋詁三

宗衆也廣雅釋詁三又周書周祝典南王用宗與注又楚辭招魂室家遂宗注○易同人同人于宗荀注云宗者衆也

宗謂所宗仰也後漢書黨錮傳注

宗者萬物之宗也老子言有宗王注

夏見曰宗周禮大宗伯又儀禮覲禮鄭目錄又詩沔水朝宗于海箋

乾為宗易睽厥宗噬膚虞注

宗同宗也國語晉語終滅羊舌氏之宗者注○左氏昭二年傳於之宗十一族注云同祖曰宗又楚辭思古宗鬼神之無次注云同姓為宗

宗者族之始也管子輕重戊○文選為袁紹檄豫州所更光五宗注云宗亦族也人荀子王制百宗城郭立器之數注云百宗百族也

五宗五服內之親故也後漢書宦者傳注○東紹傳注云五宗上高祖下及玄孫至

宗者祖禰之正體禮記喪服小記尊祖故敬宗注○大傳敬宗故收族注云宗是祖之正嫡

宗適子也詩白華序以孽代宗箋又書大傳辭代其宗注○詩版大宗維翰箋云大宗王之同姓之適子也

宗謂宗子也詩黄鳥復我諸兄箋○既宗子維城箋云宗子謂王之適子又儀禮

三六九八

士昏禮記宗子無父母命之注云宗子者適長子也

宗大宗禮記內則祇事宗子宗婦注○儀禮士昏禮記則教于宗室注云宗室大宗之家

繼別為大宗繼禰為小宗書大傳宗室有事族人皆侍終日注○禮記喪服小記云繼別為宗繼禰者為小宗又周禮大宰五曰宗以族得民注云宗繼別為大宗收族者又儀禮喪服傳有餘則歸之宗注云宗者世父為小宗要宗事者也

父之黨為宗族爾雅釋親○白虎通宗族云古者所以必有宗何也所以長和睦也大宗能率小宗小宗能率羣弟通其有無所以紀理族人者也

宗宗人也禮記禮運宗祝在廟注○荀子正論出門而宗祝有事注云宗者主祭祀之官又儀禮士冠禮宗人告事畢注云宗人有司主禮者也

宗婦族人之婦儀禮特牲饋食禮記宗婦北堂注○禮記喪大記外命婦卒外宗哭于堂上北面注云外宗姑姊妹之女

宗宗廟也家語哀公問政設為宗祧注○周禮肆師杜注云宗謂宗廟又詩采蘋宗室牖下傳云宗宗室大宗之廟也

祖宗者不毀之名有德者謂之宗家語廟制古者祖有功而宗有德注○書無逸昔在殷王中宗鄭注云中宗謂太戊也又其在高宗時鄭注云高宗謂武丁也

三六九九

禘郊祖宗謂祭祀以配食也曰祖曰宗通言耳禮記祭法有虞氏禘黄帝而郊嚳祖顓頊而宗堯注

宗還主也周禮肆師凡師甸用牲于社宗注

宗事宗廟之事儀禮士昏禮記承我宗事注

宗社宗也詩鳧鷖既燕于宗○文選褚淵碑文鳴控弦於宗緩注云宗宗社也

宗公宗神也詩思齊惠于宗公傳

宗公大臣也詩思齊箋

宗伯主禮之官周禮春官序官司農注

瞽宗官也廣雅釋室○禮記明堂位瞽宗殷學也注云瞽宗樂師瞽矇之所宗

宗器祭器也禮記中庸陳其宗器注○左氏襄廿五年傳晉侯以宗器樂器注云宗器祭祀之器

天宗謂日月星辰也禮記月令天子乃祈來歲於天宗注

不居四時天地者名為六宗太玄今告神遊乎大宗注○萱按六宗聚訟說無定說范望云云與歐陽兩夏侯略同

宗丘邑中所宗也釋名釋丘

宗膾國名莊子齊物論欲伐宗膾胥敖釋文引司馬注

布八十縷謂之宗儀禮喪服傳疏○萱按此段宗為稷也

三七〇〇

㚇艘○俗有翔鶃斂足也雖雅醜其飛也㚇說文段注二句見釋鳥今爾雅作艘許所據異也㚇聚也廣雅釋詁三艘球翅上下爾雅釋鳥注金㚇者馬冠也後漢書馬融傳注

鬷鬴鬵說文段注廣雅鬵鬲鬷也陳風越以鬷邁商頌鬷假無言毛曰鬷數也又曰鬷總也數讀如數罟之數數罟豳風作緵罟魚麗作緵罟然則傳皆謂鬷者總之假借字也二鬷釜也廣雅釋器鬷謂麻縷每數一升而用縕紀之詩東門之枌疏○董按孔伸毛義亦謂鬷為總之借

艐或書作艐船著沙不行也說文段注沙字各本奪今依廣韻一東三十三箇所引補大人賦張揖注曰艐著也尸部屆行不便也郭注方言云艐古屆字按釋詁方言皆曰艐至也不行之義之引伸也朡繫也呂覽開春叔嚮為之奴而朡注三朡國名書序遂伐三朡晚出傳○董按史記殷本紀作遂伐三㚇

嵏或書作嵕九嵏山也在左馮翊谷口說文段注左字各本無今補地理志曰左馮翊谷口九嵏

山在西谷口故城今在西安府醴泉縣東北七十里九嵏山今在縣東北五十里有九峯俱峻山之高聚者曰嵏漢書司馬相如傳上㚇嵏其室注○史記相如傳集解引郭璞云嵏山名三嵏山在聞喜文選上林賦注引郭璞三蒼

埈或作稄種也一曰內其中說文段注種者執也埈者以禾種入土也廣雅曰稄種也即埈種字之異體也引伸之義謂以此入彼中皆得曰埈也大鑿中木謂之鈍柞曰謂之春亦此意稄不耕而種也廣韻

稄稅籀作稄○或布之八十縷為稄說文段注按此當有奪文聘禮記曰禾四秉曰筥十筥曰稄十稄曰秅許下文五稄為秅二秉為秅正本記文若先之曰布八十縷為稄則下文不為四百縷為秅八百縷為秅乎知其斷不然矣蓋必云禾四十秉為稄从禾㚇聲一曰布之八十縷為稄轉寫奪為而亂之耳秉見又部云禾把也从又持禾云四十秉為稄則上下相屬成文鄭注周禮云禾稾寔并刈者也秉手把也稄猶束也國語兵我叔田一井出稄禾秉芻缶米不是過也按米謂禾四十秉秉芻謂芻一把韋注殊誤布八十縷為稄者史記孝景本紀令徒隸衣七稄布索隱正

義皆云七升布用五百六十綫漢書王莽傳一月之祿十綫布二匹盎孟康云綫八十綫也然鄭注喪服曰八十綫為升升當為登登成也今之禮皆登為升俗誤已行久矣賈公彥云今亦云布八十綫謂之宗宗即古之升也是則宗綫登升一路之縣聘禮今文稄作緵古文作稄許从今文故糸部無緵布緵與禾把皆數也故同名糸部總下云十五升布謂十五稄布也○國語魯語注云稄六百四十斛也堂按以禾四十秉而稄為六百四十斛不知韋何所據而張大之如此也筥十曰稄廣雅釋器稄稄聚皃莊子則陽是稄稄何為者釋文引李注○釋文又稄稄亦作總一本作稄董按作稄者形近而譌耳稄總義略同故多段總為稄緵罭也爾雅釋器緵罟謂之九罭釋文今江南呼緵罟為百囊網也詩九罭釋文○爾雅釋器注云緵今之百囊罟亦謂之罭今江東謂之緵十筥曰總周禮掌客注

椶栟櫚也可作萆說文段注栟櫚椶也椶栟櫚也互訓也蜀都賦椶枒楔樅四木名也按椶與名南之總音義皆同毛曰總數也數讀數罟之數艸部曰萆雨衣一名衰按可作萆之文不數系於栟下而系之椶下者此樹有聚無枝其

皮曰椶可為衣故不系栟下也按本皮名因以為樹名故栟閭無椶為互訓也張揖注上林賦曰栟閭椶也皮可以為索今之椶櫚也玉篇云椶櫚一名蒲葵今按南方艸木狀云蒲葵如栟櫚而柔薄可為篷笠出龍川是蒲葵與椶櫚各物也謝安之蒲葵扇今江蘇所謂芭蕉扇也椶葉之折不似蒲葵葉成片可為笠與扇○山海經西山經石脆之山其木多椶注云椶名栟櫚一椶今椶木山海經中山經寔如椶又名曰楨櫧注

葼青齊兗冀謂木細枝曰葼說文段注見方言引傳曰慈母之怒子也雖折葼笞之其惠存焉○方言二云木細枝謂之枝青齊兗冀之間謂之葼又文選魏都賦弱葼係寔劉注云葼木之細枝者也葼小也廣雅釋詁二

豵○俗有豵生六月豵一曰一歲曰豵尚叢聚也說文○爾雅釋獸釋文引字林云豵豕生月也六豕一歲曰豵詩七月言私其豵傳○廣壹發五豵傳云一歲曰豵獸一歲為豵雅釋獸○董按此引申為凡獸一歲之稱也周禮大司馬大獸公之小禽私之司農注云一歲為豵豕

之大者謂之豜小者謂之豵小爾雅廣雅豕生三日豵爾雅釋獸豵曰又詩騶虞箋七月箋

蜙或書作蚣蝑蜙也說文○萱按蝑下云蝑蜙蟲在牛馬皮者舂黍謂之蟿蝑方言十一○萱按螽蝑與蝑蜙各物猶蝑蜙與蝶蝑各物也

悤寸工切或作悤忩多遽悤悤也說文段注从囱从心者謂孔隙既多而心亂也悤悤明也呂覽下賢篇悤悤乎其心之堅固也注○萱按此與聰義略相近若漢書郊祀志下云悤明上通直用為聰字矣

聰察也說文段注察者聰也聰察以雙聲為訓耳徹為聰莊子外物聽曰聰書洪範又春秋繁露五行五事聰聽也易彖下傳聰不明也疏又廣雅釋詁四獨聽者謂聰韓非子外儲說右上遠聽曰聰楚辭沈江遺君之不聽注傳聽於無聞曰聰文選述高帝紀神武注引項岱聰明聰聞也詩兔爰尚寐無聰傳○書堯典達四聰疏云聰謂耳聞之也聞審謂之聰管子宙合○春

秋繁露五行五事云聽者能聞事而審其意也

璁石之佀玉者說文

鏓鎗鏓也一曰大鑿中木也說文段注學記曰善待問者如撞鐘叩之以小者則小鳴叩之以大者則大鳴待其松容然後盡其聲注曰松容謂重撞擊也鎗鏓雙聲字也鎗鏓者狀鐘聲今趁用此者中木也各本作平木者玉篇廣韻竟作平木器今正鑿非平木之器馬融長笛賦鏓硐隫壑李注云說文曰鏓大鑿中木也然則以木通其中昔曰鏓也今按中讀去聲許正讀大鑿入木曰鏓與鐘植春肆聲義皆略同詩曰鑿冰沖沖傳曰鑿冰之意今四川富順縣卭州鑿鹽井深數十丈口徑不及尺以鐵為杵架高繩而鑿之俗偁中井中謂平聲其實當作此總字恖者多孔蔥者空者中恖者耳囪義皆相類凡字之義必得諸字之聲者如此釋名曰總言錙總入殺中也總入正總入之諺大鑿曰鏓御覽七百六十三引通俗文○萱按鑿下會中木二字具義不完

𢈇屋階中會也說文段注謂兩階之中湊也西京賦曰刊層平堂設切且隴今之階陛石必長石居中兩邊闕

合篇的皆屋中會無階字非是○萱按由堂而下階其文按蒐謂之𢈇古宮室有作階西階則𢈇當有二𢈇後世階在中央則𢈇亦祇一𢈇

驄馬青白雜毛也說文段注白毛與青毛相間則為淺青俗所謂蔥白色詩曰有瑲蔥衡釋器曰青謂之蔥

蔥葷菜也說文段注爾雅茖山蔥管子冬蔥皆蔥之屬蔥嶺山其上多蔥因以為名後漢書班超傳注引西河舊事○章帝紀注云蔥嶺山名在敦煌西又馬融傳注云蔥嶺西域山也又水經河水注其山高大上生云故曰蔥嶺蔥蒲莞也廣雅釋艸蔥齊桓公劍名荀子性惡注蔥靈輜車名左氏定九年傳載蔥靈注○注云蔥靈衣車也有蔥有靈貫蔥蒼也萱按此類皆段蔥為總也

總帛青色也說文段注爾雅青謂之蔥蔥即總也謂其色蔥蔥淺青也深青則為蔥矣市部曰大夫赤市蔥衡用蔥五業文也潘岳藉田賦總綸服於緣飭廣雅絹一名總作總者誤蔥蒼也詩采芑有瑲蔥衡傳蔥青色也荀子性惡桓公之蔥注○爾雅釋器注云蔥淺青又漆注云蔥青之異色蔥蘢皆青盛皃也文選

江賦潜蔥蘢注薈蔥翠鬱色也文選射雉賦塵蔥翠捴注傳總青也廣雅釋器○萱按此段總為也總經絲絹曰總一切經音義十二引通俗文○萱按此段總為總也二字互相段借

洪戶同切洚水也說文段注皃與谷部谾皆言洪水釋詁曰洪大也引伸之義也孟子以洪釋洚許以洚釋洪是曰轉注大鑿曰洚洪字本作洪洪大也爾雅釋詁又書堯典湯湯洪水方割晚出傳洪範曉出傳又詩長發洪水芒芒傳又漢書紀志傳各注又後漢書紀傳各注又孟子滕文公下洚水者洪水也注又禹問六元正紀大齡洪水延從注又文選西京賦洪鍾萬鈞注注東京賦洪恩素蓄薦注與引鋪觀二代洪載之度參注○晉書引劉向洪範五行傳云洪祀大祀也洪纖猶大小也後漢書班彪傳下注秀穎德行之謂洪法言孝至洪代也書大誥乃洪大誥治鄭注洪池名也文選東京賦於東則洪池清籞薛注○萱按書洪水滔天鯀陻洪水洪範九疇史記夏紀宋世家洪作鴻二字音義皆同也洪發聲也五伯申經傳釋云洪發聲也大誥洪惟我幼沖人多方洪惟圖天之命皆是也解者皆訓為大失

⿰忄共平上兩讀戰慄也說文段注大學曰恂慄也戰國策曰戰戰慄慄日慎一日方言蛩⿰忄共戰懼也荊吳曰蛩⿰忄共蛩⿰忄共又恐也注峯共兩音此與上共下心之恭字義別⿰忄共懼也廣雅釋詁二

訌讀也詩曰蟊賊內訌說文段注大雅召旻傳曰訌潰也抑傳曰虹潰也虹者訌之假借字釋言虹潰也亦作訌郭云謂潰敗按許作讀者許以讀與潰同也詩彼童而角寔虹小子天降罪罟蟊賊內訌皆謂由中出與中止之義合○萱按讀下云中止也段謂中止者自中而止猶云內亂也訌爭訟相陷入之言也詩召旻箋貢潰也文選幽通賦周賈盪而貢憤兮曹注○萱按此段貢為訌也

紅帛赤白色也說文段注春秋釋例曰金畏於火以白入於赤故南方閒色紅也論語曰紅紫不以為褻服按此今人所謂粉紅桃紅也○楚辭招魂紅壁沙版注云紅赤白也紅絳也白色之似絳者也釋名釋采帛紅赤色兒史記司馬相如傳紅杳渺以眩湣索隱引晉灼紅纁之類也論語鄉黨紅紫節注縓謂之紅廣雅釋器紅即朱也法言吾子或蒼蠅紅紫注謂紅是南方色

韻史 卷四十第九部平聲江韻

三七〇九

閒禮記玉藻裳閒色疏○論語鄉黨孔注云紅紫閒色不正又疏云紺南方閒色紅者中祥大祥以紅為緣領也史記孝文紀服大紅十五日小紅十四日集解引應劭○萱按劉德晉灼皆以紅為功之段借字是也紅功也史記孝文紀索隱引劉德○漢書文帝紀注引晉灼云漢書例以紅為功紅亦工也漢書哀帝紀宮女紅之物注引如淳○酈食其傳注董仲舒傳注並云紅讀曰工○萱按工與功義相成其段借紅字作之亦一意也紅龍古爾雅釋艸○注云俗呼紅艸為龍鼓語轉耳曲紅山名也水經漾水注○漢周憬功勳銘云自漾亭至乎曲紅又經民枝尉熊君碑云詔書除補桂陽曲紅長○萱按曲紅即曲江之段借字也

⿰米工○俗有粠陳臭米說文段注賈捐之傳太倉之粟紅腐而不可食師古曰粟久腐壞則色紅赤也按紅腐即紅之段借字

玒○俗有玜玉也說文

仜大腹也說文段注與雄音義略同廣韻曰身肥大也仜有也廣雅釋詁一

韻史 卷四十第九部平聲江韻

三七一〇

琟鳿或鳥肥大琟琟然也說文段注然依韵會補詩傳爽曰鴻小曰鴈當作琟字謂鴈之肥大者也乎應曰鵠古文琟聲類以為鴻鵠之或字雁之大者曰鴻楚辭悼亂鴻鶴兮振翅注○易漸鴻漸于干虞注云大雁也大曰鴻小曰雁詩鴻雁傳又左氏襄十六年傳賦鴻雁之卒章注又後漢書班彪傳注又文選嘯賦又以鴻雁之將雛注○萱按此等皆琟之義經典相承用鴻鴻行而琟廢矣鴻鴻雁也楚辭招魂煎鴻鶬些注鴻隨陽鳥易漸鴻漸于陵集解鴻水鳥也易漸虞注又後漢書蔡邕傳注鴻取飛有行列也禮記曲禮上前有車騎則載飛鴻注鴻鳥之長脛者也儀禮鄉射禮記以鴻脛韜上二尋注項大也詩節南山四牡項領傳○萱按此段項為琟也

鴻

鴻逗此複舉字之未刪者鵠也說文段注黃鵠一名鴻豳風鴻飛遵渚毛曰鴻不宜循渚鴻飛遵陸毛曰陸非鴻所宜止按鄭箋祇云鴻大鳥不言何鳥學者多云雁之大者夫鴻雁遵渚遵陸亦其常耳何以毛云不宜以喻周公未得禮正謂一舉千里之大鳥當集高山茂林之上不當循小洲之渚高平之陸也經傳鴻字有謂大雁者如曲禮前有車

韻史 卷四十第九部平聲江韻

三七一一

騎則載飛鴻易鴻漸于磐是也有謂黃鵠者此詩是也單吁鵠絫吁黃鵠鴻鵠黃言其色鴻之言琟也言甚大也故又單吁鴻雁之大者曰鴻字當作琟而假借也鴻鵠大鳥楚辭初放斥逐鴻鵠兮注鴻鵠鶴也楚辭大招鵾鴻羣晨注鴻大也史記夏本紀鴻水滔天索隱又漢書禮樂志注又後漢書班彪傳下注又呂覽愛類名曰鴻水注又淮南高叙又原道與天地鴻洞注要略此鴻烈之奄洪也注又太乎乎文鴻文無范注乎鴻鴻本五行注兮告故兮鴻綸天兮注又楚辭遠紛鴻永路有嘉名注又文選魯靈光殿賦鴻㸌炾以爌閬張注○封禪文湛恩厖鴻注云厖鴻皆大也鴻謂粗大禮記樂記注之鴻殺也注聲鴻盛也呂覽執一神農以鴻注鴻代也爾雅釋詁鴻傭也考工記梓人博身而鴻注○萱按此段鴻為傭也傭均也直也鴻鴻水也楚辭天問不任汩鴻注○荀子成相禹有功抑下鴻注云鴻即洪水也又文選四子講德論夫鴻均之世注云鴻與洪古字通鴻池池名也水經穀水注鴻都門名後漢書靈帝紀注能精思著文連結篇章者為鴻儒論衡超奇蒙海上氣也莊子在宥釋文○萱按此段鴻為澒也凡鴻濛鴻洞

韻史 卷四十第九部平聲江韻

三七一二

鴻絧鴻容皆澒之段借字

虹䖨籀書作○或蝃蝀也狀佀虫明堂月令曰虹始見籀文虹从申
申電也說文段注釋天曰螮蝀謂之雩螮蝀虹也毛傳同虫者它也虹似它故字从虫謂電者陰陽激燿也虹似之
又取以會意○淮南時則注又蔡邕月令章句又集韻引字林又文選西京賦亙雄虹之長梁薛注並云虹螮蝀也又引呂覽
季春注云虹螮蝀也兗州謂之又禮記月令注云螮蝀謂之虹螮蝀謂之蝱漢書天文志抱珥蝱蜺注
引如淳蝱蝱各有兩首山海經海外東經雄曰虹爾雅釋天釋文引郭音義又藝文類聚引
蔡邕月令又文選西京賦虹旃蜺旄薛注○雅南天文注云雄為虹虹陰陽交氣也呂覽孟冬虹藏不見
注○古微書引春秋元命苞云陰陽交為虹又華嚴經音義下引蔡邕月令云虹謂陰陽交接之氣而著之形色虹
攻也純陽攻陰氣也釋名釋天虹陽氣之動也○又云虹陰中之陽也淮南時則
注虹蜺陰氣也後漢書楊賜傳注虹天氣也禮記聘義氣如白虹注○詩蝃蝀箋云虹天氣

韻史　卷四十第九部平聲江韻　三七一三

之成虹蜺彗星者天之忌也淮南天文日旁氣白者為虹古微書引尚書琁璣
鈐○後漢書郎顗傳云凡日旁氣色白而純者為虹虹者襍色也淮南天文注虹俗亦呼為
青絳也爾雅釋天釋文○萱按絳大赤也以絳況虹故虹有青絳之名非虹當讀若絳也韻書於絳韻特出虹字
乃自攘耳虹采旗也楚辭遠逝建虹采以招指注○萱按以虹目旗猶之以絳目虹也互相比況取譬不遠也
旗未嘗讀虹則虹何須讀絳乎虹洞相連也後漢書馬融傳注○萱按此段虹為澒也

同杜農切合會也說文段注口皆在所覆之下是同之意也同合也儀禮少牢饋食禮同祭于豆祭注又漢書地理
志上注又呂覽精諭天符同也注○孟子滕文公下未同而言注云未同志未合也又墨子經上云同重體合類也同
共也周禮司市以泉府同貨而斂貨注又左氏成元年傳是貰與同義也注○太府寺圜方同九州注云同猶共也
又國語鄭語以同於王良注云共處曰同同齊也書堯典同律度量衡釋文引王注又詩車攻我馬既同傳又後
漢書馬融傳注○周禮大司徒六曰同衣服注云同猶齊也同等也呂覽審己雖當與不知同注變類陰民之

韻史　卷四十第九部平聲江韻　三七一四

害同注義實與無務同注為欲與無立雖之地同注不苟與苟主同注務大與三王之佐同注同謂齊等漢書
律曆志上乃同律度量衡注○管子大匡同甲十萬注云同甲謂完堅斷等同輩也一切經音義六引廣雅釋詁
同聚也詩吉日獸之所同箋○七月我稼既同箋云既同言已聚也又文選東京賦薛注云同亦聚也同皆
也廣雅釋詁三同猶俱也詩七月同我婦子箋同異而俱於之一也墨子經上○左
氏文十六年傳振廩同食注云同食上下無異饌也同猶一也國語周語其惠足以同其民人注○獻同可觀
注云一心不二曰同同謂和同也易同人釋文又周書咸閒衆知乃同注○呂覽君守離世別羣而無不同
注云同和又禮記樂記樂統同注云同和合也同謂平之也禮記月令同度量注○禮運是謂大同注云同
猶和平也也同猶通也山海經海內經伯陵同吳權之妻阿女緣婦注同謂協好惡也禮記
樂記樂者同注○後漢書劉梁傳云好惡不殊謂之同周禮大宗伯以軍禮同邦國注云同謂威其不協僭差者又
同者大同天下書顧命上宗奉同瑁馬注同謂神人相應國語周語然後可同也注同

韻史　卷四十第九部平聲江韻　三七一五

人親也易雜卦傳睽為同易象上傳同人于野虞注象下傳其志不同虞注繫辭上傳二人同心虞注
凡二同故言同同公羊莊四年傳其餘從同同注殷見曰同詩車攻會同有繹傳巧言君子
屢盟箋又周禮大宗伯又太宰大朝覲會同注又論語先進如會同亦注○周禮大行人殷同以施天下之政注云殷同
卽殷見也衆頫曰同論語先進如會同集解引鄭注○後漢書班彪傳下注云殷眺曰同同盟左氏
僖八年傳不赴於同注同酒柸書顧命上宗奉同瑁鄭注○晚出傳云同爵名同陰律也周禮春官
序官注○大司樂以大律六同注云六同合陰聲者也又典同掌六律六同之和注云故書同作銅○萱按漢書郊祀志
下作六律六鍾鐘銅皆通借字也又左傳蕭同叔子史記作蕭銅叔子地方百里曰同國語楚語四封
不備一同注又家語正論引國一同注○水經河水注引風俗通云百里曰同方百里為一同左氏昭廿
三年傳土不過同注有一又考工匠人為溝洫又淮南本經諸侯一同注十終為同同方百里周禮
小司徒注引司馬法

韻史　卷四十第九部平聲江韻　三七一六

詷 平去兩讀 共也周書曰在后之詷一曰譀也 說文段注在后之詷顧命文某氏尚書作在後之侗釋文云馬本作詷共也許葢用馬說徐統鋪莛說詷几注詷之言同也徐者以其非配之亦不特几也按此經注本如是假令經本作同几又何煩以言釋之歟鄭必云之言者鄭意詷本不訓同於其疊韻訓為同非若馬許往云共也引書後作后者儀禮注引孝經說云后者後也一曰云云通俗文言過謂之謰詷纛痛徒痛二切悠言過者言之太過也與譀訓合廣韻作言急怒誤○禮記祭統正義引字林云詷共也○瑩按譀昔誇誕也下闞切 義 謥詷急也 一切經音義八引纂文 謥詷言忽遽也 後漢書和熹鄧皇后紀注

銅 赤金也 說文段注銅色本赤今之白銅然化為之耳食貨志曰金有三等黃金為上白金為中赤金為下孟康曰赤金丹陽銅也按丹陽銅即吳王濞傳章郡銅山貨殖傳章山之銅也 赤者曰銅 漢書食貨志上及金刀龜貝注 銅為物之至精 漢書律麻志上 銅陰也 周禮典同以辨天地四方陰陽之聲以為樂器司農注○掌六律六同之和注云故書同作銅 取銅之名以合於同也 漢書律麻志上用銅者名自名

也注 銅梁山名 文選蜀都賦外負銅梁於宕渠劉注 銅鼓即駱越也 水經溫水注 銅人郎金狄也 文選西征賦金狄遷於灞川注○瑩按仲尼弟子傳銅鍰伯華大鎖記作桐提二字音段借也

桐 或書作梁 榮也 說文 桐梧桐也 山海經北山經號山其下多桐梧注文呂覽季春桐始華注又淮南時則注 桐穴鄉音木也 穆天子傳五乃樹之桐注 桐者陰也 白虎通喪服 桐痛也 廣雅釋詁二○白虎通喪服用桐者痛也 桐洞也 法言學行桐子之命也注 桐輕脫之貌也 漢書廣陵王胥傳毋桐好逸注○瑩按此段桐為動也又史晨後碑云桐車馬于瀆上段桐為通也又漢書禮樂志注云桐讀為通 桐地名也 書序伊尹放諸桐鄭注晚出傳云桐湯葬地也○ 板桐山名也 楚辭哀時命望閬風之板桐注○瑩按板桐亦見水經河水注

童 辛童箸男有辠曰奴奴曰童女曰妾 說文段注女部曰奴婢皆古之辠人也周禮其奴男子入于辠隸女子入于舂槀今人童僕字作僮以此為僮子字蓋經典皆漢以後所改○瑩按童僮二字蓋本互

借通用後世韻書正借不分轉以借字為正字昧其本始久矣今依說文各從其朔其互易者偏之段借也 童奴婢也 漢書食貨志童手指千注引孟康 童使也 廣雅釋詁一 童子隸子弟若內豎寺人之屬 儀禮既夕禮記童子執帚注○瑩按此童子用童之本義與他處童子異 僮奴婢也 史記貨殖傳僮手指千集解○漢書司馬相如傳上卓王孫僮客八百人注云僮謂奴又賈誼傳今民賣僮者注引如淳云僮謂隸妾也又衛青傳注云僮者婢妾之總稱 僮御皆使者也 後漢書明德馬皇后紀注 僮猶賤也 後漢書馮衍傳注

僮 ○俗有僮 未冠也 說文段注辛部曰男有辠曰奴奴曰童按說文僮童之訓與後人所用正相反如穜種二篆之比今經傳僮子字皆作童子非古也雜記註曰童未成人之稱學記注曰成童十五以上引伸為僮蒙玉篇引詩狂僮之狂也且傳曰狂行僮昏所化也廣雅曰僮癡也若名南僮潼婡敬也則又如愚之義也○張公神碑騖白鹿兮從仙僮嚴訢碑云人僮僾僾瑩按僮字蓋即僮之異體也又僮僮字亦見禮記射義據釋文本作童 僮雅也 廣雅釋言 僮

僮蒙不違也 國語魯語使僮子備官而未之聞耶注 僮無知也 國語晉語僮昏不可使謀注 僮昏疾也 廣雅釋訓 童未冠者之稱 易蒙童蒙釋文引鄭注又禮記檀弓下與其鄰重汪踦往 疏 注○左傳僖九年疏云童者未冠之名 童子未冠之稱也 儀禮喪服記童子唯當室緦注又禮記玉藻童子之節也注又論語先進童子六七人皇疏○詩邶疏云童子未冠之名 成童八歲以上 穀梁昭十九年傳羈貫成童注 十五曰童 釋名釋長幼 童者未成人之稱年十九以下皆是也 詩芄蘭序刺惠公以幼童即位疏 童子未成人 孟子滕文公下有童子以黍肉餉注又禮記少儀童子曰聽事注○曲禮上童子不衣裘裳疏云童子未成人之名也又喪服四制始人童子不杖疏云童子謂幼小之男子 童牙謂幼小也 後漢書崔駰傳注 小童者童蒙幼末之稱 左氏僖九年傳凡在喪王曰小童注○白虎通嫁娶云夫人自稱曰小童者謂也言己智能寡少如童蒙也又禮記曲禮下自稱於其君曰小童注云小童若云未成人也 女子之未笄者稱童 釋名釋長幼○易大畜童牛之牿釋

文引劉注云童妄也童稚也易觀童觀釋文引鄭注○公羊疏廿大引易采鄭注云人幼稚曰童童無知太玄錯童寡有太玄衡亟見竊察謂之慧反慧為童賈子道術童昏謂年在幼童昏闇無知詩褰裳疏○國語鄭語而近頑童窮固注云頑童童昏同陋也童猶獨也易觀童觀釋文引馬注艮為童易觀童觀虞注大畜童牛之牿廣注山無艸木曰童管子侈靡童不童而用賭注又荀子王制山不童而百姓有餘材也注又文選吳都賦岡岵童劉注並云童無草木也又莊子徐無鬼童土之地釋文云童土地無草木也山林不茂為童周禮司書注枯則不稅疏童牛羊之無角者曰童釋名釋長幼○易大畜虞注又釋文並云童牛無角之牛也又詩抑彼童而角傳云童羊之無角者也○萱按童廣蒼作犝此俗加偏旁耳童子刀謂小刀也後漢書南匈奴傳注儱僮不遇兒廣韵瞳未有知兒莊子知北遊汝瞳焉如新生之犢釋文引李注○萱按此段瞳為僮也瞳字後出謂目珠子也童童盛也萱按此段童為童也穜褕謂之童容萱按此段童為

僮也僮字後出○又按列子黃帝云狀不必童而智童此段為同字也

潼

潼水出廣漢梓潼北界南入墊江說文段注墊各本作墊今正廣漢郡梓潼前後二志同前志曰梓潼五婦山馳水所出南入涪行五百五十里應劭注云潼水所出南入墊江水經曰梓潼水出其縣北界西南入於涪又西南至小廣魏南入於墊江按馳水潼水梓潼水畧名同定五婦山即今四川保寧府劍州州西北五十里之五子山今劍州及綿州之梓潼縣益漢梓潼地潼水出五子山之西大山東南流經今梓潼縣又經潼川府之鹽亭縣又至射洪縣東南之獨生山入涪江今謂之潼江射江灞江許云南入墊江即謂今射洪東南入涪江涪江下流至重慶府之合州合嘉陵江也漢志墊江應劭音徒洪反孟康音重褺之褺許書衣部云褺重衣也巴郡有墊江縣此縣為嘉陵江渠江涪江會合之地水如衣之重複故曰墊江其字音疊淺人乃譌作昏墊之墊觀應孟之音則知漢書字固从衣也云入墊江者其縣其水通名也今四川忠州之墊江縣則漢巴郡臨江縣地與漢墊江相距甚遠又按涪下曰南入漢者言至墊江而入西漢水也潼下曰南入墊江者言入西漢水在墊江境也錯見互相足又按地理志水經之差水下合白水

水又合西漢水即今四川保寧府昭化縣城北合嘉陵江之白水也羌水亦謂之墊江者蓋昔人以其委名其源猶書吐谷渾河射墊其國西疆山觀墊江源今洮州衛西南四百三十里西彊山羌水所出潼益也廣雅釋詁一潼高兒文選高唐賦沫潼潼而高厲注

痋

○俗有疼終動病也說文段注痋即疼字釋名曰疼旱氣疼疼然煩也按詩旱既太甚蘊隆蟲蟲韓詩作蘊隆烔烔劉成國作疼痋皆旱熱人不安之兒也今義疼訓痛痋旱氣痋痋然煩也釋名釋疾病○萱按此據旱校本也今本疼疼作疼誤也旱作旱作痺亦非疼痛也廣雅釋詁二

鉵

或作[illegible]枱屬也說文段注枱大徐作梠今正○萱按枱者耒端也他書作鈶說文作枱鈴鏞謂之[illegible]廣雅釋器○萱按[illegible]當作鈴字之誤也說文云鈴鏞大鐸也

赨

或作[illegible]赤色也說文段注管子地員篇其種大苗細苗赨莖黑秀箭長尹注赨即赤也[illegible]赤也太玄疑赤黃疑金中注

籠寵名說文段注當作籠寵也三字句

筩

斷竹也說文段注漢律歷志曰制十二筩以聽鳳之鳴此筩之一耑也筩竹管也一切經音義二引三蒼郭注筩竹筩也如今官受密事筩也漢書趙廣漢傳又教吏為缿筩注引孟康筩長也廣雅釋詁二筩灑皆釣名也文選江賦筩灑連鋒注

彤

七部九部兩讀注在彤○俗有蚒

煩同切

農辳[illegible][illegible]古文[illegible]古文○隸作農或作[illegible]耕人也說文段注各本無人字今依玄應書卷十一補食貨志四民有業闢土植穀曰農洪範次三曰農用八政鄭云農讀為醲易其字也某氏因訓農為厚矣古文小徐從艸大徐從林夏諫曰[illegible]見古尚書農是力田之名左傳襄九年疏○莊子讓王石戶之農釋文引李注云農農人也又春秋繁露五行相勝云農者民也辟土殖穀曰農公羊傳成元年注種曰農收曰穡左氏襄九年傳其庶人力於農穡注三農原隰及平地周禮大宰三農生九穀注○司農注

云三農平地山澤也農食之本也漢書五行志上注引張晏農者天下之本也漢書景帝紀溝洫志又後漢書班彪傳注陳忠傳注又風俗通祀典農天下之大本也漢書文帝紀○又云農天下之本莫大焉務農者興德之本也漢書宣帝紀飭力以長地財謂之農夫考工記總目農夫田官也爾雅釋言畯農夫也疏引孫注農田畯也禮記郊特牲饗農注司農者田官也春秋繁露五行相生農父司徒書酒誥晚出傳先農即神農炎帝也後漢書明帝紀注○獨斷上云先農蓋神農之神東南辰為農祥淮南墜形注○國語周語農祥晨正注云農祥房星也又文選東京賦薛注云農祥天駟即房星也東南神州曰農土淮南墜形農郊田野也後漢書馬融傳注農輿三蓋所謂耕根車也文選東京賦農輿輅木薛注農勉也廣雅釋詁三○萱按此此農引申之義也服勤莫如農亦莫廣於農農厚也漢書五行志上注農者濃也古微書引禮含文嘉○萱按訓厚訓濃皆醲之義也農其借字也

韻史 卷四十第九部平聲江韻　三七二五

韻史 卷四十第九部平聲江韻

〓

膿俗有〓○俗腫血也說文段注腫癰也俜滯之血則為〓周禮注曰潰瘍癰而含膿血者膿醲也汁醲厚也釋名釋形體膿厚之味也文選七發注○萱按厚味字正當用醲故借膿作之

嚨吾同切喉也說文○爾雅釋鳥亢鳥嚨注云嚨謂喉嚨嚨嚨亢鳥之頸也爾雅釋鳥樊注嚨嚨財可見也爾雅釋鳥舍人注

聾或書作聵無聞也說文○說苑正諫云上無聞則謂之聾呂覽尊師其聞不若聾注云聾無聞也又聾謂耳不聞聲禮記王制瘖聾跛躃斷者疏○莊子逍遙遊聾者無以與乎鐘鼓之聲釋文云聾不聞也又文選七命注引蒼頡云聾耳不聞也耳不聽五聲之和為聾左氏僖廿四年傳○國語晉語聾聵不可使聽注云耳不別五音之和曰聾又韓非子解老云耳不能別清濁之聲則謂之聾又論衡別通云耳不聞宮商曰聾聾龍也如在蒙籠之內聽不察也釋名釋疾病聾聵疾也廣雅釋訓聾闇也左氏宣十四年傳鄭昭宋聾注聾無知也淮南子說林雖聾蟲而不自陷注

三七二六

龓或作攏兼有也說文段注今字籠字當作此籠行而龓廢矣吳都賦云沈虎潛鹿馽龓僒束按馽龓者繫而籠其頭也玉篇曰馬龓頭說文鞥下云龓頭規者亦取兼包之意龓有也廣雅釋詁一龓馬被具也集韻

䃧或作谾大長谷也說文段注司馬相如傳曰巖巖深山之谾谾兮晉灼曰谾音龍古瀧字蕭該曰谾或作瀧長大皃也徐廣谾音力工反與晉說同白駒傳曰空谷大谷也谾谷空皃廣韻引字林谾谾深通皃漢書司馬相如傳下注

礱或書作礲礲也天子之桷椓而礱之說文段注下文云礱者石磑也此云礲也者其引伸之義謂以石礦物曰礱也今俗謂磨穀取米曰礱板當依類篇所引作斲穀梁傳晉語尚書大傳公羊何注皆作斲可證尚書大傳曰桷天子斲其材而礱之加密石焉大夫達夏士首本庶人到加鄭云礱礪之也密石祇之也夏樸也按樸者謂斲其通體之戉技首本者斲其首也韋注晉語亦云先祖礱之加以密砥是可證礪也風之分擗細矣礱磨也穀梁莊廿

韻史 卷四十第九部平聲江韻　三七二七

韻史 卷四十第九部平聲江韻

四年傳斲之礱之釋文又廣雅釋詁三又荀子性惡金必將待礱厲然後利注又國語晉語注又文選上書諫吳王注引國語賈注○漢書枚乘傳磨礱厎厲注云礱亦磨也礲磨盡也淮南說林舌之與齒孰先礱也注礱厲也詩閟宮傳枚枚礱密也釋文礱礪也廣雅釋器礲石名也法言學行夫有刀者礲諸注

〓房室之疏也說文段注按疏當作䟽疏者通也䟽者門戶疏窗也房室之窗牖曰〓謂刻畫玲瓏也○萱按說文〓櫳分二字他書多通用不別櫳疏也一切經音義十二引蒼頡櫳疏檻也漢書外戚傳下房櫳虛兮風泠泠注珠櫳以珠飾疏也文選鮑明遠翫月詩蛾眉蔽珠櫳注櫳舍也廣雅釋室

櫳檻也說文段注字有偏旁俏移而為二字者棐相也抒機持繹者也〓房室之疏也櫳檻也是也竊有疑為〓與櫳當言橫直為窗櫺通明不嫌同偁如檻亦為闌檻許於楯下云闌檻是也左木右龍之字恐淺人所增櫳所以盛禽獸欄檻也一切經音義十一引三蒼櫳所以盛禽獸也華嚴經音義上引三蒼櫳牢也廣雅釋室

三七二八

籠舉土器一曰笭也說文段注木部曰梠一曰徙土輂齊人語也一作梩手部曰捄盛土於梩中也是則籠即梩也笭下云一曰籯也周禮槀人凡乘車充其籠箙注云充籠箙者以矢籠所以盛土也漢書王莽傳上所負鍤注籠籠受土籠也淮南精神負籠土注有又說山絡裘而負籠注籠竹簸也周禮司弓矢充籠箙矢注疏云籠箙皆盛矢物○籠所以盛鳥文選鸚鵡賦閑以雕籠注籠落謂縢羅之相籠絡也史記屈原賈生傳注以籠落索隱籠脫鷄也廣雅釋鳥籠古艸名管子地員其山之淺有籠與斥注○萱按此當作籠釋艸紅籠古是也又孔耽神祠碑故籠羅之雖此作籠二字互相借矣東籠與涷瀧同荀子議兵注○萱按涷瀧沾溼皃東籠二二字皆借又漢書衛青傳云青至籠城嚴籠為龍也

蘢天蘥也說文又爾雅釋艸紅蘢古其大者蘬爾雅釋艸○萱按經作蘢古注作蘢鼓管子地員作蘢古蘢蘢皆段借字蘢蓯聚會也淮南俶真繽紛蘢蓯注○譬若周雲之蘢蓯注云蘢蓯聚合也

蠪蠪丁螘也說文段注按此當於蠪丁為逗各本刪蠪字者非也讀爾雅者以丁螘為句亦非蠪丁螘之一名耳爾雅丁作打○爾雅釋蟲蠪打螘注云赤駁蚍蜉苦蠪蝦蝦也廣雅釋魚蚵蠪蜥蜴也同上鳧麗之山有獸焉其狀如狐而九尾九首虎爪名曰蠪蛭其音如嬰兒是食人一名螭蠪廣韻引山海經○萱按此之螭蠪廣雅之蚳蠪當是一物而字或省耳鮭蠪狀如小兒長一尺四寸黑衣赤幘大冠帶劍持戟莊子達生東北方之下者倍阿鮭蠪躍之釋文引司馬注○萱按史記龜策傳蚗蠪伏之據索隱蚗蠪當為蛟龍

寸同切賨或作賨悰南蠻賦也說文段注後漢書南蠻西南夷傳曰槃瓠之傳蠻夷秦置黔中郡漢改為武陵歲令大人輸布一匹小口二丈是謂賨布魏都賦曰賨幏積幏見巾部○萱按魏都賦注引風俗通與范史同蓋本於應也或奪去小口二字者非是○漢書注云賨布南蠻賦也後巴人呼賦為賨因謂之賨人晉書音義下賨稅也廣雅釋詁二

悰○俗有詠樂也說文段注此宴樂字也選詩戚戚苦無悰○廣雅釋詁一又文選遊東田詩注引漢書章昭注並云悰樂也又漢書廣陵王胥傳出入無悰為樂亟注云悰亦樂也

琮瑞玉大八寸似車釭說文段注鄭注周禮曰琮八方象地玉人曰大琮尺二寸射四寸注射其外鉏牙疏云角各出二寸兩相并四寸也五萱按除去射四寸則大琮八方之徑八寸許云瑞玉大八寸者謂大琮也其他琮不言射惟琮琮大八寸如車釭者蓋車轂空中不正圜為八觚形琮似之琮釭疊韵圓中牙外曰琮白虎通瑞贊引禮○儀禮聘禮釋文云琮半璧也○萱按云圜中者恐未諦云半璧尤誤琮之為言宗也象萬物之宗聚也白虎瑞贊通聘于夫人用璋享用琮儀禮聘禮○聘禮束帛加璧束帛加琮注云君享用璧夫人用琮天地配合之象也又周禮小行人璧以帛琮以錦注云五等諸侯享天子用璧享后用琮琮以發兵公羊定八年傳璋判白注○疏云時王之禮也○萱按劭公此義與周禮考工不合周德雖衰此等舊章似尚未應改變

淙水聲也說文段注聲淙淙然水淙瀆也廣雅釋詁二

潨○俗有灇小水入大水曰潨詩曰鳧鷖在潨說文段注大雅傳曰潨水會也按許說申毛若鄭箋云潨水外之高者也有瘞埋之象焉則謂潨與崇同恐非詩意○文選謝靈運經湖中瞻眺詩仰聆大壑灇注云灇與潨同潨水會也文選吳都賦故濩潨注潨厓也廣雅釋丘潨者地高之皃詩鳧鷖疏○萱按箋疏義與廣雅訓厓相近皆潨引申之義也

佩同切蓬莑古文蓬藩○俗有縫蒿也說文又列子天瑞攓蓬而指釋文又楚辭沈江若蝦大於秋蓬注○後漢書逸讓傳注云蓬蒿艸莱之間也蓬艸名也詩騶虞彼茁者蓬傳○禮記內則射人以桑弧蓬矢六疏云蓬是禦亂之草蓬叢也山海經海內經玄狐蓬尾注薄南楚謂之蓬薄方言五蓬非直達者也莊子逍遙遊夫子猶有蓬之心也夫注○釋文引向注云蓬者短不暢曲士之謂蓬蓬盛皃詩采菽其葉蓬蓬傳蓬蓬風皃莊子秋水蓬蓬然于北海釋文引李注蓬龍猶蓬轉風皃

楚辭怨思風蓬轉注飄蓬勃氣出皃文選笙賦黯蓬勃以氣出注萱按左思吳都賦歛霧達浮即蓬勃之
段借字也蓬累猶扶扶也史記老莊申韓傳則蓬累而行索隱引劉注蓬者盆也史記老莊
申韓傳索隱蓬廬蘧篨覆也淮南本經民之專室蓬廬注蓬顆猶裸顆小冢也
漢書賈山傳曾不得蓬顆蔽冢而託葬焉注引臣瓚○又引晉灼云東北人名土塊為蓬顆蓬萊海中山
名也楚辭僑時從安取兮蓬英注蓬頭亂髮山海經西山經玉山西王母蓬髮注○莊子說劍劍宮蓬
頭穴騎譯文云蓬本作縫屛蓬即并封也語有輕重耳山海經大荒西經有獸左右有
首名曰屛蓬注

蒙 慢同切

蒙覆也說文段注凡冡覆僮蒙之字今字皆蒙依古當作冡蒙行而冡廢矣艸部蒙艸名也蒙覆也詩君子偕老蒙
彼縐絺傳又左氏襄十年傳而蒙之以甲以為櫓注定十年傳以小怨蒙番焉注又國語晉語猶蒙耳也注又方言十二
人小爾雅廣詁蒙蔽也漢書揚雄傳注蒙謂覆蔽之漢書衛綰傳常蒙其罪注蒙籠覆蔽

之皃也漢書鼂錯傳中木蒙蘢注○揚雄傳上處蒙蘢注云蒙蘢艸木所蒙蔽處也蒙奄也爾雅釋言
蒙襄也左氏昭十二年傳以幕蒙之注蒙冒也易明夷以蒙大難釋文又周禮方相氏掌蒙熊皮注又左
氏哀十四年傳蒙荊棘注又漢書宣帝紀注淮南厲王長傳注濯夫傳注翟方進傳注又後漢書光武紀上注荀彧傳注
又呂覽知接蒙衣袂而絕乎音宮注又淮南主術萬人蒙之而不論注汜論蒙死七之罪注脩務蒙矢石注蒙見
冒亂也書洪範曰蒙恒風若鄭注○後漢書郎顗傳注云蒙者君臣上下相冒亂也蒙被也國語晉語
閒蒙中肯注又漢書成帝紀注禮樂志注東方朔傳注梅福傳注隊湯傳注諸葛豐傳注孫寶傳注王嘉傳注董賢傳注
○五行志中之下注司馬遷傳注並云蒙猶被也又杜欽傳中生蒙無罪之辜注云蒙亦被也蒙猶被也冒
也漢書敘通傳注孫蒙猶遭也易明夷以蒙大難釋文引鄭注蒙載也國語晉語篠蒙繆注遭
蒙冒犯也漢書鼂錯傳蒙矢石注賈山傳志臣之所以蒙死而渴知也注○東方朔傳注云蒙冒也犯也又嚴
助傳注復犯也云蒙欺也左氏僖廿四年傳上下相蒙注又服注昭元年傳又隗圍蒙其先君注昭八年傳甚

識其相蒙也注昭廿八年傳蒙王與今尹注又後漢書酷吏傳注蒙雜而著易雜卦傳蒙討羽也
詩小戎傳蒙尨也詩小戎蒙伐有苑箋○蒙按尨者尨之借字也尨引申之義訓雜訓亂蒙字亦然故詩蒙伐箋
作尨伐詩蒙左氏作尨茸戎蒙戎以言亂也詩旄丘狐裘蒙戎傳○釋文云蒙戎亂皃蒙茸言
亂史記晉世家集解引左氏浩五年傳狐裘尨茸服注無以教天下曰蒙易蒙釋文引偕覽圖蒙
者亡之主也太玄玄文蒙有也太玄玄文蒙相極注周蒙蒙盛皃楚辭自悲微霜降之
蒙注蒙蒙暗也廣雅釋訓蒙者蒙也物之稚也易序卦傳○蒙釋文云蒙稚也又干
注云蒙為物之稚也蒙幼小之皃易序卦傳物生必蒙鄭注○公羊疏卦廿六引易蒙鄭注云蒙者蒙蒙物
初生形是其閒著之名也末蒙童蒙也文選幽通賦咨孤蒙之眇眇兮曹注○左傳九年疏云蒙謂闇昧也
幼童於事多闇昧是以謂之童蒙為艮為童蒙易蒙匪我求童蒙虞注蒙謙稱也文選西京賦蒙
窮蔽薛注為蒙士例謂下士晚出書伊訓具訓于蒙士傳○疏云蒙謂蒙稚早小之稱又引鄭氏說云

蒙士謂蒙闇之士蒙瞽蒙書洪範曰蒙王注蒙者微昧闇弱之名易蒙字疏蒙蒙
陰闇也後漢書黃邊傳注蒙曰光不明蒙蒙然也釋名釋天○素問六節藏象論狗蒙
招尤注云蒙不明也蒙天氣下也漢書揚雄傳上霧集而蒙合兮注○後漢書郎顗傳注云蒙氣也蘙
人謂蒴為蒙也易序卦傳物生必蒙虞注蒙倛其首蒙茸然荀子非相仲尼之狀面如蒙
蒙倛注蒙籠膠葛皃文選甘泉賦紛蒙籠以棍成注引服虔○漢書揚雄傳上注云蒙籠深通皃蒙
南方也夏也物之修長也官可得而載也太玄玄文蒙山也詩閟宮奄
有龜蒙傳○書禹貢蒙羽其藝鄭注云蒙羽二山名又蒙蒙旅平晚出傳云蒙蒙二山名西至日所入為
大蒙爾雅釋地蒙頌猱狀爾雅釋獸○當作頌即頌疊韵猶蒙戎蒙茸也容也蒙

蒙

蕣攄王女也說文段注王氏作玉誤釋艸云蒙王女又云唐蒙女蘿女蘿兔絲漈矣曰別三名按衛風爰采
唐矣傳云唐蒙菜名小雅兔絲女蘿傳云女蘿兔絲松蘿也疏爾雅毛傳此二條皆不謂一物今人猶冒皆用蒙字為之

蒙即唐也爾雅釋艸注放皋之山有木焉其名曰蒙木服之不惑
山海經中山經南方有鳥焉名曰蒙鳩荀子勸學○注云蒙鳩鷦鷯也又云蒙當為蔑○蒙萱按蔑
蒙雙聲故段蔑為蒙

幪
○俗有幪蓋衣也說文段注覆蓋物之衣也法言震風凌雨然後知夏屋之為帡幪也幪即幪之俗尚書大傳下
刑墨幪方言帗巾也與許義稍異大雅麻麥幪幪傳曰幪幪然盛也按此亦引申之義謂徧覆於地也大巾謂之
帉嵩嶽之南陳潁之閒謂之帤亦謂之幪方言四幪巾也書大傳注
又荀子正論墨黥注又方言四又廣雅釋器○方言四注巾主覆者故名幪幪覆也周書太子晉若能幪予反
而覆之注又廣雅釋詁二幪蓋覆也法言吾子注幪幪茂也廣雅釋訓

醿
○俗有醿𪍓生衣也說文醿有衣麴方言十三醿麴也注醿麴也醿𥢄也並廣
雅釋器

䮴
○俗有䮴驢子也說文段注何承天纂文同

鸏
或書作鸏水鳥也說文段注史記上林賦說水鳥有鴉鶩徐廣曰鴉鷖一作鸏蠓按矛與我聲之字音轉多讀如
蒙賦文當依此本鷎鶚鳥也廣韻

饛
○俗有盨盨盛器滿皃詩曰有饛簋飧說文段注小雅傳曰饛滿簋皃許謂字之本意不專
謂簋也故易為器豐盈滿也玉篇

矇
童蒙也一曰不明也說文段注此童蒙與周易童蒙異謂目童子如瞽也毛公劉熙韋昭皆云有
眸子而無見曰矇鄭司農云有眸子而無見謂之瞍其意略同毛說為長許主毛說也禮此略然若發矇謂如發其覆一
曰不明也者此泛言目不明為別一義○釋名釋疾病云矇有眸子而失明蒙蒙無所別也無珠子曰矇
文選演連珠注引韓詩章句○古今韻會引字林云矇無珠有眸子而無見曰矇國語周語
矇誦注晉語矇瞍不可使視注又後漢書蔡融傳注○呂覽逵瞽矇職注云目不見曰矇又詩有瞽釋文云矇有目眹而

無見也矇盲也廣雅釋詁二矇盲者也楚辭懷沙矇謂之不章注矇瞍疾也廣雅釋訓
○董按詩靈臺矇瞍奏公白帖作矇瞍奏功段借也文選長揚賦今日發矇注云矇與蒙古字通字矇僮矇
也楚辭沈江君之矇瞍注幸人未學問曰矇論衡量知○又云矇者竹木之類也

濛
○俗有濛霥溦雨皃說文段注溦各本作微今正皃各本作也今依玉篇正溦濛三字一聲之轉豳風曰零
雨其濛傳云濛雨皃廣韻空濛小雨廣雅作霥霥俗字也○萱按楚辭章句十二引詩零雨其濛又爾雅西至日所入為
大蒙釋文濛作濛然則濛蒙二字互借通用霥霥雨也廣雅釋訓濛汜日所入也文選蜀都
賦沛若濛汜之涌波劉注濛鴻天之高氣也文選思玄賦踰濛鴻於宕冥兮舊注庬鴻未分
之象也文選思玄賦注引孝經援神契宋注○萱按庬鴻即蒙鴻之借字也庬者庬之俗石大也

霿
平去兩讀天气下地不應曰霿晦也說文段注釋天曰天氣下地不應曰霿今本作曰霥或作
曰霧皆非也霿釋名作蒙開元占經作濛釋名曰霥日光不明霥霥然也開元占經引郗萌曰在天為濛在人為霧日月

不見為濛而後入不相見為霧按霥與霧之別以郗所言為確許以霧系天气以霥系地為亦分別井然大氐霥下霧上
我涇霧乾霥讀如務霧讀如蒙霥之或體作霧霧之或體作霥不可亂也而爾雅自陸氏不能正誤譌艸不可讀如玉篇
云霥天氣下地不應也霧地氣發天不應也蓋本爾雅而與說文互易則又在陸氏前矣其他經史霥霧三字往往淆
謂要當以許書為正閒元占經引月令仲冬行夏令氛霧冥冥今月令作氛霧霧乃霿之誤也衛包尚書曰蒙恆風若漢
五行志作霧尚書大傳作瞀劉向曰瞀眊眊亂也按此霧字引申段借之義也本音茂轉音蒙易傳蒙者蒙也亦霧之段
借霧晦也者晦本訓月盡引申為日月不見之偁釋天曰霧謂之霧晦許言此者欲人知霧與霧異也○晉書音義上云霧天
氣下地不應也又書洪範曰蒙王注云霧天氣下地不應闇冥也霿冒也洪範五行傳厥咎霧注○萱按霧與
霧皆訓冒其上下乾涇雖殊而事亦略同也霿者氣澤鬱鬱冥冥也書洪範曰蒙鄭注○疏引
鄭注云霧聲近蒙又文選甘泉賦霧集而蒙合兮注云霧與蒙同微霿天之微氣也淮南原道濟微
霿注霿者雲之類素問四氣調神大論雲霧不精注霿言蒙昧爾雅釋天注書洪範七稽疑○

疏云曰霿北氣蒙闇也霿塞言昏昧也後漢書光武紀下注霿霧謂霿暗不分似霧也素問至真要大論則霧清瞑注

韻史卷四十

第九部平聲

江韻二

齊齒呼

恭几邕切或書作恭肅也說文段注肅者持事振敬也尚書曰恭作肅此以肅釋恭者析言則分別渾言則互明也論語每恭敬析言如居處恭執事敬皃思恭事思敬皆是○廣雅釋言云恭肅也恭敬也爾雅釋詁又漢書賈誼傳注又文選聖主得賢臣頌恭惟春秋法五始之要注引服虔弔屈原文恭承嘉惠兮注引張晏○春秋繁露五行五事云恭者敬也恭謂恭恪儀禮喪服傳疏內曰恭漢書五行志中之上皃曰恭書洪範又春秋繁露五行五事○書無逸儼恭寅畏鄭注又禮記少儀賓客主恭注並云恭在皃又禮記曲禮上疏引何胤云在皃爲恭在心爲敬人恭敬撙節退讓疏云皃多心少爲恭心多皃少爲敬又孝經若夫慈愛恭疏引皇侃云恭者皃多心少又漢書五行志中之上注云皃正曰恭恭拱也自拱持也釋名釋言恭謂以禮自持禮記樂記恭儉而好禮疏

接遇慎容謂之恭賈子道術讓接謂之恭論語季氏皃思恭皇疏○國語魯語陷而入於恭注云敬爲恭恭奉也書甘誓今予惟恭行天之罰此出傳恭是遜從論語學而恭近於禮皇疏恭謂乾乾夕惕也荀子解蔽仁者之思也恭注恭近謂不敢放誕也荀子脩身行而供冀注不懈于位曰恭書堯典允恭克讓鄭注責難於君謂之恭孟子離婁上夙夜敬事曰恭國語周語夙夜恭也注○周書謚法云敬事供上曰恭又後漢章德竇皇后紀注引謚法云敬事尊上曰恭執事堅固曰恭周書謚法正德美容曰恭後漢書和帝紀注引謚法尊賢敬讓曰恭尊賢讓善曰恭尊賢貴義曰恭並周書謚法執禮御賓曰恭同上愛民長弟曰恭同上芘親之闕曰恭同上淵源流通曰恭同上既過能改曰恭周書謚法又國語楚語可不謂恭乎注○獨斷下云知過能改曰恭恭則壽大戴記武王踐阼供恭也荀子脩身注○瑩校此謂供即恭之段借字也共敬也史記屈原賈生傳共承嘉惠集解引張晏又漢書王莽傳注引服虔

○堂按此類共字無慮皆後人所改也詁謂之借字可僭兒正曰共左氏昭十一年傳不道不共注

供設也一曰供給說文段注設者施陳也釋詁供時共具也按即儲備字共即供之段借字凡周禮皆以共為供尚書一經訓奉訓待者皆作共其恭敬字皆作恭衛包乃盡改共為恭毛詩亦共恭分別總之古經用共為恭之假借不用共為恭之假借惟左傳三命茲益共其共也如是君命以共時借共為恭鄭君箋詩所謂古之恭字或作共者乎詳古文尚書撰異給若相足也設與給二義相足共部曰龔給也是龔與供音義同尚書共行天罰漢人引皆作龔行天罰謂奉行天罰也○供猶設也論語鄉黨子路共之皇疏堂按經用借字疏用正字○供帳供設帷帳也後漢書班彪傳下注供進也廣雅釋詁二供奉也周書諡法敬事供上曰恭注○堂按甘誓晚出傳云恭奉也此恭字衛包所改經注皆供養也廣雅釋言供謂大也書大傳維時供祀六沴注供具也爾雅釋詁○堂按范饋碑靖供衛上用本字詩靖共爾位用借字共具也爾雅釋詁又詩小明靖共爾位箋又禮記表記疏又國語周語事之共給注魯語不共有法注○爾雅釋詁合人注云共具物也共張謂共具張設漢書成帝

紀無共張繇役之勞注○出帝紀共養者中注律曆志上共養三德為善注鄭云共讀曰供共猶給也周禮羊人共其羊牲注共猶捘也周禮大祝九曰共祭注共法也書九共序九共九篇馬注王注又詩長發受小共大共傳又家語弟子行注率事以信為共左氏昭十二年傳共者治身克謹當官理治也左氏文十八年傳忠肅共懿廣共謂供其職事書堯典汝共工晚出傳共工主水官也漢書刑法志顓頊有共工之陳以定水害注引文穎○書堯典共工方鳩孱功鄭注云共工水官名共工霸九州者山海經海外北經共工之臣曰相柳氏注共工天神也淮南墬形共工景風之所生也注共國名詩皇矣侵阮徂共正義引魯詩說共地名左氏隱元年傳生莊公及共叔段釋文

龔給也說文段注糸部曰給相足也此與人部供音義同今供行而龔廢矣尚書甘誓啟龔行天之罰謂奉行也漢魏晉唐引此無不作龔與供給義相近衛包作恭非也秦龢鐘銘龔夤天命言奉龔天命也共給也左氏隱十一年傳不寵共德注○堂按此段共為龔若供也又禮記祭法共工氏家語作龔工氏書孔序魯共王釋文共本作龔又左傳楚共王呂

覽權勳作龔王

韓慦也說文段注心部曰慦謹心此與心部恭音義同

銎切○俗有鈚斤斧穿也說文段注穿者通也詩釋文作斧空也三字謂斤斧之孔所以受柄也若豳風毛傳曰方銎曰斨隋銎曰斧隋謂狹長予鍛謂之銎方言九○注云銎即予刃下口銶謂之銎廣雅釋器

邕切邕籀邑四方有水自邕成池者是也說文段注邑各本無依韻會補成各本作城誤依廣韵韵會正自邕當作自雝轉寫之誤擁者抱也池沼多由人工所為惟邑之四方有水來自擁抱旋繞成池者是為邕以擁釋邕以疊韵為訓也故其字以川邑引申之凡四面有水皆曰邕周頌曰于彼西雝傳曰雝澤也大雅曰於樂辟雝鎬京辟雝傳曰水旋丘如璧曰辟雝水經注釋漁陽郡雍奴曰四方有水為雍不流為奴皆邕字之段借也邕載也爾雅釋言邕和也堂按訓和當邕為正字而後出廱雝訓和訓和引申之義也邕雝訓和皆段借之義

雝或作雍鷄○平去兩讀義異雝渠也說文段注經典多用為雝和字雝鷄作雍渠鳥部作鵙雝渠水

鳥詩常棣脊令在原箋雝鶏鴒也廣雅釋鳥雍父作舂杵一切經音義十八引世本雝俞晉地也國語晉語次於雝俞注雝澤也詩振鷺傳○堂按此段雝為邕也雝者河雝水也水經瓠子河注引許慎說○堂按此段雝為灉也雍若壅之以水象教化流行也白虎通辟雍○堂按此段雝為廱也雝歡聲兒雝和也堂按此段雝為邕也雝亨煎之官也堂按此段雝為饔也古亦段為甕若擁○人按禮記坊記史記魯世家皆借諸為雝

灉或作灉河灉水也在宋說文段注也字依水經注補水經曰瓠子河出東郡濮陽縣北河酈云尚書雝沮會同爾雅曰水自河出為灉許慎曰灉者河灉水也是酈意以瓠子河為尚書之灉也按自河出為灉濟為濋汶為瀾洛為波漢為潛淮為滸江為沱過為洵潁為沙汝為濆見於釋水其見於說文者則沱也潛也灉也洵也河之別為灉如江之別為沱沱非一沱州灉亦非一灉凡首受河之水皆可名之矣許云灉水在宋說者以沉水當之復入者爾雅釋水灉反入注灉者河水溢出為小流也漢書鄒陽傳是以申徒狄蹈雝之河灉即河水決出而

注〇曾按此段廱為灉也又列子黃帝廱水之潘為淵釋文云廱河水決出還復入也

廱 天子饗飲辟廱 說文段注饗飲謂鄉飲酒也食部曰饗者鄉人飲酒也辟廱者天子之學也在郊禮記文王世
子曰凡大合樂必遂養老天子視學設三老五更羣老之席位
焉注云以鄉飲酒禮言之席位之處則三老如賓五更如介羣
老如衆賓必也又云遂養老者用大合樂之明日也鄉飲酒鄉
射之禮明日乃息司正徵唯所欲以告於先生君子可也是養
老之禮類是則天子養老之禮即鄉飲酒之禮水部泮下曰諸
侯鄉射之宮鄉謂鄉飲酒射謂鄉射魯頌泮宮箋云在泮飲酒
者徵先生君子與之行飲酒之禮而因以謀事也永錫難老者
長賜之家壽考如王制所云八十月告存九十日有秩也是則
天子諸侯養老皆用鄉飲酒禮韓詩說辟廱所以敎天下春射
秋饗等事三老五更許但云饗飲者舉鄉飲以該鄉射也大雅
曰於樂辟廱毛傳曰辟廱水旋丘如璧以節觀者也魯頌傳
曰天子辟廱諸侯泮宮五經異義公羊說天子三諸侯二天子
有靈臺以觀天文有時臺以觀四時施化有囿臺以觀鳥獸魚鼈
諸侯當有時臺囿臺諸侯卑不得觀天文無靈臺皆在國之東
南二十五里東南少陽用事萬物著見用二十五里者吉行五
十里朝行暮反也韓詩說辟廱者天子之學圓如璧壅之以水

示圓言辟取辟有德不言辟水言辟廱者取其廱和也所以敎
天下春射秋饗尊事三老五更在南方七里之內立明堂於中
五經之文所藏處蓋以茅艸取其潔清也左氏說天子靈臺太
廟之中壅之靈沼謂之辟廱諸侯有觀臺亦在廟中皆以望嘉
祥也毛詩說靈臺不足以監視靈者精也神之精明稱靈故稱
臺曰靈臺稱囿曰靈囿沼曰靈沼謹按公羊傳左氏說皆無明
文說今無以正之今之閒也禮記王制天子命之敎然後為學
在公宮之左大學在郊天子曰辟廱諸侯曰泮宮天子將出征
受命於祖受成於學出征執有罪反釋奠於學以訊馘告然則
大學即辟廱也詩頌泮水云既作泮宮淮夷攸服矯矯虎臣在
泮獻馘淑問如皋陶在泮獻囚此復與辟廱同義之證也大雅
靈臺一篇之詩有靈臺有靈囿有靈沼有辟廱其如是也則辟
廱及三靈皆同處在郊矣囿也沼也同言靈於臺下為囿為沼
可知小學在公宮之左大學在西郊王者相變之宜家家之說
各不昭皆當然於郊差近之耳在廟則遠
矣王制與詩其言參參亦從以明之矣 辟廱宮也 廣雅釋宮 辟廱
是學也 禮記玉藻疏 廱者擁之以水象敎化流行也 文選閒居賦注引白虎通〇詩
泮水箋云辟廱者築土雝水之外圓如璧四方來觀者均也 廱和也 禮記王制注 廱廱和也 爾雅釋訓

廱主熟食官 曾按此段廱為饔 雍之為言壅也 白虎通辟雍〇曾按廱作雝若者借字也 雍
者雍之以水象敎化流行也辟雍所以行禮樂宣德化也 並白虎通
辟雍 三雍明堂辟雍靈臺也 後漢書陳忠傳注 雍已食之樂也 淮南主術奏雍而徹
注〇周禮樂師帥學士而歌徹注云雍在周頌臣工之什

癰 〇俗有雍 腫也 說文段注肉部曰腫癰也按腫之本義謂癰引伸之為凡峙起之名如上文癰腫也痤小腫也則非謂癰
也 癰腫膿瘡也 素問五常政大論分潰癰腫注 癰壅也氣壅否結裹而潰也 釋名
釋疾病〇曾按孟子主癰疽史記孔子世家作雍渠韓非子作雍鉏說苑至公作雍雎皆用雍為癰也 鼻不知
香臭曰癰 論衡別通〇釋名釋疾病云齆喉氣者蒙中不通猶成癰也〇曾按鼻癰近人許作齆以鼻音狀其鼻病
也此音所由流變也而齆字出矣

饔 或作饔 孰食也 說文段注已孰可食者也小雅毛傳曰孰食曰饔周禮注曰饔割亨煎和之稱〇儀禮特牲饋食禮

記尸卒食而祭饎爨饔爨來黻注云饔熟肉又公羊昭廿五年傳餕饔未就注云饔孰肉 熟曰饔 詩瓠葉序雖有牲牢
饔餼箋又左傳桓十四年注又文選東京賦饔浹乎家陪薛注 熟食曰饔 周禮天官序官內饔疏又左傳隱十
年注逮之以饔餼疏 饔飧熟食也 孟子滕文公上饔飧而治注 具食曰饔 漢書杜欽傳 饔者
羹肉之名 左傳桓十四年疏 牲殺曰饔 儀禮聘禮君使卿韋弁歸饔餼五牢注 饔和也 周禮
天官序官內饔疏 大禮曰饔餼 周禮司儀致饔如致積之禮注〇掌客饔餼九牢注云饔餼既相見致大禮也
又外饔凡賓客之飧饔食之事注云賓賤將幣之禮數禮於客莫盛於饔 饔人食官 左氏昭廿五年傳與饔人
檀通注 饔人掌割烹之事者 儀禮少牢饋食禮饔人摡鼎匕俎雍饔注〇曾按饔借雍與廱作之者
音同通用也 雍正羣吏掌辨體名肉物者 儀禮有司徹雍人執一匕以從注〇特牲饋食禮雍
正作饔注云雍正官名也 雝亨煎之官也 國語周語佐雝者饔爲注 廱主熟食官 漢書百官公卿
表上有廱大宰注引文穎〇曾按左傳哀七年仲雍後漢書崔琦傳注引列女傳作仲雍又史記吳世家索隱引系本曰吳孰

哉居香離宋衷曰熟哉仲雍字蕃離今吳之餘暨也解者云雍是熟食哉曰雍字熟哉也

凶 向邕切

或作訩㐫 惡也象地穿交陷其中也說文段注此爲指事凶者吉之反○廣雅釋詁三云凶惡也 陰爲凶太玄玄文陳陰陽以戰其吉凶者也注 傷人曰凶漢書五行志下之上 凶逆也呂覽慎勢以輕使重凶注 不順政故曰凶周書大聚若凶士陋民注其 凶謂悖其德禮也孝經而背在于凶德注 凶訟也史記五帝紀頊凶不用正義 凶咎也爾雅釋言 凶空也就空亡也釋名釋言語 凶終也書洪範一曰凶短折馬注 凶夭也漢書五行志下之上 未齔曰凶洪範五行傳厥極凶短折注又史記宋世家集解引鄭本 天有四時不時曰凶周書武順 歲凶者謂水旱災害也禮記曲禮下歲凶年穀不登疏○孟子告子上凶歲子弟多暴注云凶歲飢饉也 凶年也周禮大司樂大凶注○司關國凶札司農注云凶謂凶年饑荒也又掌客凶荒殺禮注云凶荒無年也 凶荒謂年穀不熟周禮司市疏司稼疏肆師疏與瑞疏朝士疏○均人疏大宗伯疏並云凶謂年穀不熟又墨子

七患云三穀不收謂之凶 凶門北出門也淮南兵略鑿凶門而出注 凶事后王喪朝于祖廟之尊周禮天府凡吉凶之事注 凶器明器也禮記曲禮上凶器不入宮門注又周禮閭人喪服凶器入宮注○鄉師鄉共吉凶禮樂之器注云凶器者疏共喪器者也 凶服者弔服也周禮鄉師七共吉凶二服注 凶拜稽顙而后拜謂三年服者周禮大祝六曰凶拜注 御示凶辟凶邪氣也山海經北山經譙明之山有獸焉名曰孟槐可以御示凶注○菅扞詩濕齊夔夫其狩無有㐫弼又漢書藝文志五然星事㐫旱又三公山碑攘去寇㐫又譙敏碑降茲㐫疾皆用異體字

匈

胷或○俗有胷胸 膺也說文段注肉部曰膺匈也二篆爲轉注膺自其外言之無不當也匈自其中言之無不容也無不容故从勹今字胸行而匈廢矣 胸膺閒也素問腹中論胸滿腹脹注 胸猶前也文選魏都賦閱胸殷衛注 胸猶內也呂覽先己謂失於胸注 胷猶腔也腔氣所衛也釋名釋形體 貫匈國其爲人匈有竅山海經海內南經 匈奴一曰獫狁山海經海內南經匈奴注○周書王

會匈奴樓煩注云匈奴北狄之別名也 胷鳴榮原屬考工記梓人以胷鳴者注 匈恐懼兒管子任法注○萱按此段匈爲兇也 匈匈喧擾之意匈匈讙議之聲萱按此段匈爲訩也

訩

訩或詾或訟也說文段注訩各本譌說今依篇韻及六書故所據唐本正爾雅釋言小雅魯頌傳箋皆云訩訟也按下文系之云訟爭也說文之通例如是 詾鳴也廣雅釋詁一 訩盈也爾雅釋詁 匈匈喧譁之聲荀子天論君子不爲小人匈匈也輟行注○萱按此段匈爲詾也又漢書東方朔傳君子不爲小人之匈匈而易其行注云匈匈讙議之聲 匈匈喧擾之意漢書高帝紀下天下匈匈注○項籍傳注云匈匈讙擾之意也

鐘 職容切

鍾或 樂鐘也秋分之音萬物種成故謂之鍾古者垂作鍾說文段注樂鍾也當作金樂也萬故謂之鐘五字今補猶鼓者春分之音萬物郭皮甲而出故謂之鼓笙者正月之音物生故謂之笙管者十二月之音物開地牙故謂之管也鍾與穜疊韻傳多作鍾段借酒器字垂作鍾蓋出世本作篇 鍾樂器也爾雅釋樂釋文引字林○國語周語細鈞有鍾無鎛注云鍾大鎛也 鍾音之器也左氏昭廿一年傳

鍾音之君也淮南本經大鐘鼎注 鍾兌音也白虎通禮樂引樂記 鍾鍾者秋分之氣北堂書鈔百八引五經通義 鍾律之名呂覽侈樂爲千鍾注 金曰鍾漢書律曆志上又淮南說林猶鍾之一調注又白虎通禮樂引樂記又風俗通聲音又楚辭大招叩鍾調磬注 鍾金也禮記郊特牲以鍾次之注又呂覽仲夏注又淮南汜論諭寡人以義者擊鍾注 鍾者動也白虎通五行又御覽廿七引風俗通○白虎通禮樂云鍾之爲言動也又五行云鍾者動也言陽氣於黃泉之下動養萬物也 鍾叢也小爾雅廣詁 鍾聚也國語周語四閒林鍾注又呂覽季夏律中林鍾注又淮南天文音比黃鍾注音比林鍾注 鍾之言陽氣鍾聚於下也國語周語故名曰黃鍾注○揭斷云律中黃鍾言陽氣踵黃泉而出上 鍾空也內空受氣多故聲大也釋名釋樂器○萱按鍾鍾二字互相段借所自古矣 鍾種也太簇數黃鍾生林鍾注○漢書律曆志上云鍾者種也又淮南天文云鍾者氣之所種也 鍾聚也細也國語周語二閒夾鍾注○萱按鍾本義借義皆可訓聚常分別觀之 鍾虡以銅爲之後漢書董卓傳注 鍾鈴也廣雅釋器○萱按鈴與鍾

相類故鍾引申爲鈴而字則借用鍾

鍾

酒器也說文段注古者此器蓋用以宁酒故大其下小其頸自鍾傾之而入於尊勻之而入於觶故量之大者亦曰鍾引申之義爲鍾聚○集韻引字林云鍾酒器也一曰樂器○堂按鍾云樂器者借爲鐘字也呂忱兼舉正借二義而集韻不加分別鍾器也後漢書班彪傳注鍾量器也孟子告子上萬鍾則不辯禮義而受之注鬴十則鍾考工記㮚氏量之以爲鬴注又左氏昭三年傳○堂按左傳鬴作釜又廣雅釋器云釜十曰鍾六斛四斗曰鍾左氏襄廿九年傳戶一鍾注又後漢書郎顗傳注鄭玄傳注又莊子人間世粟則受三鍾釋文引司馬注○堂按禮記王制疏又左傳昭三年注又史記貨殖傳果菜千鍾正義文漢書食貨志下注引孟康主父偃傳率三十鍾而致一石注又管子輕重乙注義皆略同畚艸器若今市所量穀者是也齊人謂之鍾公羊宣六年傳有人荷畚注鍾十斛也淮南要略注○小爾雅廣量云釜二謂之鍾又後漢書郎顗傳注云四釜爲鍾○堂按此皆鍾之別說也鍾則借字也鍾鈴也廣雅釋器○堂按此蓋鍾引申之義而借鍾爲鐘也鍾聚也周禮

地官序官澤虞疏又左氏昭廿一傳器以鍾之注昭廿八年傳而天鍾美於是注又國語周語鍾而藏之注澤水之鍾也注鍾水豐物注又釋名釋形體又太玄鋭萬鍾貞注又一切經音義八引纂文鍾當也文選舞鶴賦注引曹植九詠章句又勸進表注鍾注意也莊子天地以二缶鍾惑而所適不得矣釋文引司馬注今關中俗婦呼舅爲鍾漢書廣川惠王越傳背尊章嫖以忽注○集注云鍾者章聲之轉也鍾官主鑄錢之官也後漢書萬傳注颸鍾山昆侖也淮南俶眞譬若鍾山之玉注○水經河水注云鍾山即陰山○堂按穆天子傳鍾山作舂山段借字鍾水即嶠水也水經鍾水注

伀

或作伀志及衆也說文段注與公同義其音當同引伸爲夫兄曰兄伀之字或作伀若方言廣雅之征伀即今怔忪字也夫之兄又曰兄伀言是已所敬忌見之怔忪自肅齊也釋名釋親屬○廣雅釋親夫之兄爲兄伀釋文云伀本作公○堂按本皆作兄公注云今俗呼兄鍾語之轉耳按釋名又云夫之兄曰公俗或謂舅曰章又曰伀釋名釋親屬女伀謂壻之姊也禮記昏義注室人謂

女伀女叔諸婦也疏○堂按將之姊謂夫之女兄伀懼也廣雅釋詁二○堂按忪字後出古祇用伀

憁

忪或○或作衳衳惲也一曰帙說文段注帙書衣也衳惲也廣雅釋器褌陳楚江淮之間謂之衳方言四

窻切

囪

古文○或作窗俗有窻窓窻牕牕在牆曰牖在屋曰囪象形說文段注片部中牖穿壁以木爲交窗也屋在上者也此皆以交木爲之故象其交木之形外域之也古音在九部今窻突尚讀倉紅切○堂按說文既立囪部不當於穴部又出窻部字而釋以通孔也其爲淺人羼入無疑今依段氏說刪併窻正牖也一切經音義三引蒼頡解詁窻聰也於內窺外爲聰明也釋名釋宮室窻助戶爲明考工記匠人四旁兩夾窻注窻闞也廣雅釋室天窗高窗也文選魯靈光殿賦天窗綺疏張注瑣窗窗爲瑣文也文選鮑明遠翫月詩玉鉤隔瑣窗注

牕

兩讀注在後○俗有牕

惷

愚也說文又廣雅釋詁一又一切經音義十七引字林又義禮士昏禮某之子惷愚釋文又禮記哀公問寡人惷愚冥煩釋文又漢書高帝紀下注張陳王周傳注又後漢書董卓傳注文荀子大略注惷愚無所知也一切經音義十七引蒼頡解詁○淮南氾論愚夫惷婦注云惷亦愚無知之兒也又本經愚夫惷婦注云惷讀近貯蓋之胜韇籠口言之也又鑒形具入惷愚注云惷讀人謂惷然無知之惷也籠口言乃得○堂按龍口言者讀如韓心也實則義同字異不煩提合惷愚生而癡騃童昏者周禮司刺三赦曰惷愚注○漢書刑法志注云惷愚生而癡騃者文後漢書張酺傳注云惷愚癡騃也

⿱舂見

或書作覩俗有觀書○視不明也一曰直視說文段注前義與心部惷愚也書義同直視別一義於从春取義

憧

意不定也說文段注咸九四曰憧憧往來劉表章句曰憧憧意不定也說與許同憧憧懷思慮也易咸虞注憧憧行皃易咸釋文引馬注憧憧往來也廣雅釋訓憧憧往來不絕皃

易咸釋文引王肅注○萱按京本作恆恆所據不同也恆訓重義亦兩通

衝或作衝通道也春秋傳曰及衝吕擊之說文段注衝通疊韵引伸義爲當也向也突也春
秋云云在傳昭元年文各本以下有戈字季壽本無按上云子南執戈逐之則云以擊之不再出戈是也今傳作擊之以戈亦
是淺人所改衝交道左傳昭元年注衝隧也楚辭河伯衝風起兮水橫波注衝當也廣雅釋詁三
衝猶向也山海經海外北經有一蛇首衝南方注衝出之皃莊子天道而目衝然注衝動也
方言十二又廣雅釋詁一衝揬也廣雅釋詁四○國策齊策使輕車銳騎衝雍門注云衝突也又詩皇矣疏云衝者從
傍衝突之稱衝牙以玉爲之其狀如牙以衝突前後也詩女曰雞鳴傳珩璜琚瑀
瑀衝牙之類疏衝謂應水刻數之平氣也素問離合眞邪論無逢其衝而寫之注大衝
肝脈氣也素問至眞要大論太衝絕注衝衝行也廣雅釋訓衝從相入皃漢書司馬相如
傳下發撥衝莛注引張揖衝輣車也萱按此謂衝即輣之段借字衝訓衝車兵車戰車皆說此也凡

䡴陷敶車也說文段注敶者列也見攴部於此可見古戰陳字用此矣用陳者段借字也作陳者俗字也大雅與爾臨
衝傳曰臨臨車也衝衝車也釋文曰說文作䡴陷陣車也定八年左傳主人焚衝釋文亦云尒前後漢書衝輣衝皆即䡴字李
善曰衝字略作䡴䡴樓也文選辨亡論上衝輣息於朝野注引字略○萱按樓謂車樓衝䡴車也後漢
書光武紀上注○萱按䡴正字衝借字借字行而正字廢矣衝衝車也詩皇矣傳又後漢書伏湛傳注衝戰
車也左傳定八年注衝兵車也所以衝突敵城也淮南說山折衝萬里注○氾論隆衝以攻
注云衝所以臨敵城衝突壞之衝車大鐵著其轅端馬被甲車被兵所以衝
于敵城也淮南覽冥大衝車注
罿罬也說文又爾雅釋器又詩兔爰雉離于罿傳罬謂之罿爾雅釋器施羅於車上曰罿詩兔
爰釋文引韓詩鳥罟謂之罿法言淵騫抗辭兔罿注罿綱也文選鸚鵡賦尚何濯孫罿羽注○後漢書
班彪傳上云爵罿鳥綱也

舂書邕切○俗有搗擣粟也古者雝父初作舂說文段注言粟以他穀亦言粟以暖米小徐本粟作米周禮
有舂人廣雅曰[illegible]築捶舂爲數[illegible]舂也太平御覽世本雍父作舂杵臼宋衷曰雍父黃帝臣也周本紀楚周雍氏正
義云括地志故雍城在洛州陽翟縣東北二十五里故老云黃帝時雍作杵臼所封也○後漢書明帝紀注云舂老婦人犯罪
不任軍役之事但令舂以食徒者又而荒傳水舂河漕注云水舂即水碓也舂猶衝也史記魯世家舂其喉集解
引服虔○萱按左氏文十一年傳富父終甥摏其喉用俗字杜云摏猶衝也舂撞也釋名釋樂器舂容
謂重撞擊也禮記學記待其容注舂常謂藻井之飾也周書作雒舂常畫旅注○穆天子傳
一示女舂山之寶注云山海經舂字作[illegible]萱按此鏞舂爲正字也又令羅釋寫注舂泰釋文舂本作[illegible]此舂[illegible]爲古今字借
䡯紫邕切䡯○俗有蹤踪車迹也說文段注明輪之迹也迹者步處也因引伸爲凡迹之假咱輪之迹亦謂之軌微之而非軌微
之禮也莊子曰夫迹履之所出而迹豈履也䡯之言從也有所從來也又可從是以求其質也䡯古字祇作從公羊傳曰委蛇
行可從迹也君子偕老傳曰委委行可委曲從迹也俗變爲蹤再變爲蹤因不若用許書䡯字矣䡯迹也廣雅釋詁

三蹤迹也楚辭怨上擬斷兮二蹤注蹤從也人形從之也釋名釋言語○萱按漢石門頌君其
繼縱夏承碑紹縱先軌郭仲奇碑有山甫之縱魯峻碑比縱豹產殖國令碑蒸其縱高外黃與比縱皆段縱爲縱也又楊著碑
追遜曾參此段遜爲䡯也遜乃遜之異體字
縱絨屬說文段注急就篇絛繢總爲類師古曰總一作縱說文作縱按羔羊素絲五總傳曰總數也豈即縱
瘲病也說文段注蓋與瘛瘲爲二病瘲瘛小兒病也漢書藝文志金創瘲瘛方三十卷注
鏦此宵切𨰻或○俗有豴穳矛也說文段注○彖非聲也未詳玄應曰字誥云古文鏦𨰻二形今作穳同七亂切字林云穳小矛
也按𨰻與鏦當是各字而同義从金彖聲今說文轉寫有誤○廣雅釋器云鏦矛也又方言九云矛吳揚江淮南楚五湖之間
或謂之鏦鏦小矛也淮南兵略修鏦短鏦注又華嚴經音義上引淮南許注鏦撞也史記南越尉佗傳欲
鏦嘉以矛集解引韋昭東越傳即鏦殺王索隱引劉氏○後漢書馬融傳鏦特肩注云鏦猶撞也鏦謂撞殺之
也史記吳王濞傳即使人鏦殺吳王索隱引鄭氏鏦謂以矛戟撞之漢書吳王濞傳注鏦謂

以戈刺殺之史記吳王濞傳索隱鏦謂鏦刺之也漢書南粵王傳注

樅

樅松葉柏身說文段注見釋木郭引尸子曰松柏之鼠不知堂密之有美樅按堂密謂山如堂者○爾雅釋木釋文云樅木名又文選西京賦木則樅栝椶柟薛注云樅松葉柏身○壹按蜀都賦椶枒楔樅劉注云樅柏葉松身此松柏字互譌

樅崇牙也詩靈臺虡業維樅傳○釋文云樅衛牙也

蜙想邕切

蜙或○或作蚣書作蚣蝑迢雙聲舂黍也呂股鳴者說文段注詩釋文曰揚雄許慎皆云舂黍陸氏所據有此三字今補周南傳曰斯螽蜙蝑也豳風傳曰斯螽蜙蝑也釋蟲曰蜤螽蜙蝑舍人曰今所謂舂黍也方言曰舂黍謂之蜙蝑詩斯螽即螽斯有雜螽即斯蜙蝑舂黍皆雙聲蜙舂蝑舂又疊韻陸璣疏曰幽州人謂之舂箕舂箕即舂黍蝗類也以股鳴者考工記梓人文鄭曰股鳴蜙蝑動股屬七月曰五月斯螽動股○廣雅釋蟲云蜙蝑蟄螽也蜙蝑即蜙之字譌耳非古本有蚻字也

舂黍又名蜙蠑方言十一注○爾雅釋蟲注云蜙蠑也俗呼舂黍又釋文云蜙本作蝑螢蜙蝑乃舂黍之一名與蜻蠑蟲在早爲皮者同名而各物

蚣蜈蚣蝍蛆也一切經音義引字林

封缶邕切

封牡㞷古文○十部亦有此字音冀爵諸侯之土也公侯百里伯七十里子男五十里說文段注爵諸侯之土也謂爵命諸侯以是土也詩毛傳之子嫁子也之事祭事也莊子之人也即是人也無則之土言是土也其義之土故其字从之土引申爲凡畛域之偁天司徒注曰封起土畍也封人注曰聚土曰封謂壝埒及小封疆也家人注曰王公曰丘諸臣曰封又引申爲大也文引申爲緘因之偁公侯曰云用孟子及王制之說古文从㞷土則與㞷如讀若皇者同字猶取其古文同作布也艸木妄生字㞷在土上之之本義也爵諸侯之土字从㞷土之之引申段借義也

封爵諸侯也一切經音義十三引字林

封國也國語楚語鄭幾不封注不可以封注○又將何以封矣注云封封國也

封謂故無土地者也禮記樂記封黃帝之後於薊注○公羊隱元年傳褎之也注云無土建國曰封文一切經義廿三引聲類云建國曰土地曰封

封謂賜之爲采邑左傳昭廿七年注季子本封延陵疏○淮南時則毋以封侯注云封侯列士封邑也

封界也小爾雅廣詁又月令孟春皆修封疆注樂成使田有封洫注○周禮保章氏所封封域注云封疆界也

封竟也左氏成二傳無入而封注○定十一年傳屬封

疆之間注云封疆竟內近郊地

封疆也左氏傳卅年傳說東封鄭注襄卅年傳田有封洫注○周禮大司馬制幾封國注云封謂立封於疆爲界

封人掌疆畔者荀子堯問篇丘之封人注○左氏隱元年傳爲穎谷封人注云封人典封疆者又桓十一年蔡封人注云封人守封疆者傳

封封土築也續漢書祭祀志上○祭祀志下云封者謂封土爲壇祭告天代興成功也

封謂增高其封土也穆天子傳一注○續漢書祭祀志上注引表宏云崇其揭制謂之封壇

積土爲封禮記樂記封比干之墓注又國語齊語正其封疆注○漢書霍去病傳注云積土增山曰封

聚土曰封周禮地官序官封人注又禮記檀弓上是封之崇四尺注○史記高君傳開所於封疆正義云封聚土也又左傳僖二年疏云封者聚土之名也

封謂聚土爲墳也禮記王制不封不樹注封不樹也封之言窆也封然則謂壙以封爲窆之借易繫辭傳不封不樹注云封者窆字也義下

封謂窆也穿溝出土於岸即爲封周禮大司徒注

封通雍本曰封國語吳語今天王既封殖越國注

中封中央壤也儀禮士喪禮北面注中封而筮神注○周禮肆師書大封于大封

十首山山注云封亦壇也又大戴記保傳封泰山而禪梁甫注云封謂負土石於泰山之陰爲壇而祭天也封之後漢書光武紀下注云封謂聚土爲壇

封冢也廣雅釋丘

封築土爲壟禮記檀弓上注節下傳廣注上云穿○土易稱數

封塡竁謂之封方言十三小介名廣雅釋詁

封埋藏之左氏文三年傳封殽尸而還注

封識之文三年傳注封場也方言十三廣雅釋詁

封塗也廣雅釋詁楚郢以南蟻土謂之封

封建也所以封觀四世鄰國注之封虎通

封厚也左氏文國語晉語二年傳窮敝

封立也廣雅釋詁四

封大也詩烈文無封靡于爾邦傳○又周書

封崇也漢書武帝紀注引孟康以自封殖注○文選封殖姑也注又周語

封累也君臣起姓敬以自封注武又後漢書

張衡傳注云封豕大豕也○淮南本經訓封豨脩蛇注云

封戎散亂也

封禪刻石

紀號也文選吳都賦注引孝經鉤命決○漢書郊祀志上云封禪者古不死之名也封者立石高一丈二赤尅之風俗通正失夫封者表有德水經淄水注封者金泥銀緘白虎通封禪封謂印封之也後漢書安帝紀注封傳猶今之驛券史記孟嘗君傳更封索隱傳桑封者桑主也方其下而銳其上而中穿之加金山海經中山經封父國名禮記明堂位封父龜注封豨神獸也楚辭天問封豨是射注封豨大豕淮南本經封豨脩蛇注○山海經海內經有封豕注云封豕大豨也封狐大狐也離騷又好射夫封狐注招云鬼封狐千里此二注封獸象也後漢書南蠻西南夷傳注

葑

平去兩讀義異○俗有豐須從也說文段注邶風采葑采菲毛傳曰葑須也釋艸曰須葑蓯說文曰葑須從也二家互異而皆不誤葑須為雙聲葑從為疊韻單評之為葑絫評之為葑從單評之為須絫評之為須從語言之不同也或許所據爾雅與今本異集坊記注云葑蔓菁也陳宋之間謂之葑方言云豐蕘蕪菁也陳楚之郊謂之豐郭注豐舊音蜂今江東音嵩

字作菘也玉裁按豐菘皆即葑字書讀稍異耳須從正切菘字陸佃嚴粲羅願皆言在南為菘在北為蕪菁若菘葑讀去聲則是一物○豐按葑是唇音舊屬非母須屬齒音舊屬心母二字不得為雙聲也段氏言雙聲每不甚諦蓋其千慮之一失葑菜名也詩采苓采葑采葑傳葑蔓菁幽州人或謂之芥詩谷風陸疏○桑中爰采葑矣箋云葑蔓菁葑蕪菁也詩谷風釋文引艸本疏豐蕪菁苗也齊民要術三引字林豐蕘蕪菁也廣雅釋艸

丰

○俗有妦丰艸盛丰丰也說文段注引伸為凡豐盛之偁鄭風子之丰兮毛曰丰豐滿也鄭曰面兒丰丰然豐滿方言好或謂之妦妦即丰字也丰豐也小爾雅廣言○詩丰疏云丰者面色丰然又釋文云丰面兒豐滿也丰階也廣雅釋室丰茸衆飾兒文選長門賦羅丰茸之遊樹兮注丰容也文選謝靈運經湖中瞻眺詩升長皆丰容注引郭璞丰容悅茂兒文選謝靈運經湖中瞻眺詩注妦言妦容也方言一注妦好也廣雅釋詁一○方言一云好趙魏燕代之間或曰妦

夆

啎也說文段注午部曰啎逆也夆訓啎猶逢迎逆遇遌互相為訓釋訓曰粵夆掣曳也掣曳者啎逆之意夆古亦借為鏠峯字

捀

○俗有拜捀奉也說文段注奉者承也捀謂兩手執蓍分而扐之史記龜策傳捀策定數灼龜觀兆注

𢓜

○俗有徒使也說文段注疑當作𢓜律也三字

鏠

○俗有鋒兵耑也說文段注兵械也耑物初生之題引申為凡物之斷與末凡金器之尖曰鏠俗作鋒古亦作夆山之顛曰夆古無峯字鋒刀芒端也漢書王褒傳清水焠其鋒注有若蕭望之傳底厲鋒鍔注○陳勝項籍傳贊銷鋒鍉注云鋒戈戟刀也又荀子王制書說之說鋒起注云鋒起謂如鋒刃齊起言銳而難拒也○豐按光武紀寇盜烽起段烽為鋒也又漢書藝文志蠭出並作項籍傳楚蠭起之將楊雄傳下機駭蠭軼韓王信傳反其蠭東鄉趙廣漢傳專厲彊壯蠭氣中山靖王勝傳讒言之徒蠭生段借皆同刀其末曰鋒言若蠭刺之毒利也釋名釋兵

○又云劍其末曰鋒末之言也鋒俠言如其鋒之利也後漢書袁紹傳注

㷭

○俗有烽烽㷭燧候表也邊有警則舉火說文段注候表也謂伺候之表孟康曰㷭如覆米䈪縣著挈皋頭有寇則舉之燧積薪有寇則燔然之也[illegible]顏師古取其說張揖曰晝舉㷭夜燔燧李善取其說廣韵夜曰㷭晝曰燧蓋有誤按孟張說㷭燧為二許𨸏部曰燧塞上亭守燧火者也則為一蓋許以蹟从閣故釋曰塞上亭○後漢書光武紀下注云邊方備警急作高土臺臺上作桔皋桔皋頭有兜零以薪艸置其中常低之有寇即燃火舉之以相告曰烽㷭土魯也史記周本紀幽王為㷭燧正義㷭望也廣雅釋詁一㷭櫓望也方言十二㷭今云烽火是也方言十二注烽烽火也玉篇冠首曰烽漢書五行志上注引晉灼○注引孟康云烽或作㷭

蠭

古文○俗有蠭蜂飛蟲螫人者說文段注左傳蠭蠆有毒按釋蟲言土蠭木蠭無單言蠭者許書則蠭下云細腰土蠭也即爾雅之土蠭然則此單言蠭者即爾雅之木蠭也本艸經露蜂房亦謂木上大黃蠭窠也其房大者如甕缶

小者如蝸云露蓬正對土蠭在地中言之許謂土蠭爲細要純雌其也蠭螫人者則謂大黃蠭爲非細要純雄無子者內則植子謂之范俗作蔆其子可食故內則庶扈雚幽蜩范○廣雅又引蒼頡云蜂蟲名又爾雅釋蟲釋文引字林云蠭飛蟲螫人者又管子輕重丁云蠭蠭螫也○董按李湘夫人碑飛蠭兮此用古文體蜂陽物也論衡言毒土蜂蠮螉也爾雅釋蟲蠭起猶言蠭午也史記項羽紀楚蠭起之將集解引如淳○董按此蓋段蠭爲鋒也漢書蠭出蠭氣及其蠭注趙云蠭與鋒同又中山靖王勝傳蠭言之徒蠭生注云蠭與鋒同蠭午祿沓也史記項羽紀索隱○漢書劉向傳蠭午並起注引如淳云蠭午猶雜沓也蜂準高鼻也史記秦始皇紀正義○董按此段蜂爲隆也高祖紀作隆準漢書高紀同

邛渠容切

邛成逕濟陰縣說文段注成各本作地今正各本衍在字今刪今本地理志曰山陽郡郜成縣廣國宋氏郜云郜書作邛外戚侯表邛成屬濟陰與山陽相距不遠玉裁按宋說是也玉篇邛字下曰山陽邛成縣此邛成之確證希馮蓋以前志正說文而不知說文與表合前漢時容有改屬故志表不符耳志云侯國郡表之邛成其侯王奉先也邛成之誤鄧成者以

莽曰告成之故也郡國志成武有郜城與此無涉又按水經注泗水篇曰黃溝又東逕邛成縣故城南地理志山陽縣也王莽更名之曰郜城矣故世有南郜北郜之論也此可證漢志本作邛水經注版本譌作邛戴先生校注文乃依漢志譌本改邛成爲郜成改郜城爲郜成非是郜城本在成武縣東南自莽改郜城曰郜城於是謂在成武者北郜此曰南郜今本漢志作莽曰告成亦誤也地理中成城二字多淆錯雜當定邛丘也詩防有鵲巢邛有旨苕傳邛笮皆西南夷國名後漢書公孫述傳注邛勞也爾雅釋詁又禮記緇衣惟王之邛注邛病也廣雅釋詁一又詩小旻亦孔之邛傳乃言維王之邛箋家語韻改注邛邛距虛亦馬屬董按此段邛爲蛩也

[木邛]

樓梮木也說文段注集韻作樓類篇作欓是宋初本不同也宋謝銘本及李氏五音韻譜作欓毛刻初印同斧季剜段作棱按梮字無攷棱梮木合二木爲名未知何木也釋木曰棱柜柳郭注云未詳或曰柳當爲柜柜椐似柳皮可以煮作飲郭易柳爲柳而後釋柜柳則當爲以柜柳釋梮非也說文蓋取諸爾雅棱與棱形似梮與柜聲同棱與棱之誤蛩○俗有蛩蛩蛩蛩蛩獸也四字句一曰秦謂蟬蛻曰蛩說文段注子虛上林賦皆有蛩

蛩張揖曰蛩蛩青獸如馬按史記作邛邛秦謂蟬蛻曰蛩方言殊語也蛩之言空也○山海經海外北經北海內有素獸焉狀如馬名曰蛩蛩注云蛩蛩即蛩蛩距虛也蛩蟬蠛蠓之屬也淮南本經飛蛩滿野注蛩一曰蝗也沇州謂之螣同上蛐蜓江東又呼蛩方言十一注邛邛獸似距虛負蟨而走也周書王會獨鹿邛邛距虛善走也注○穆天子傳一邛邛距虛走百里注云邛邛距虛亦馬屬又爾雅釋地與邛邛駏驉比釋文云邛本作蛩按段邛爲蛩自爲雅然駏驉則俗字也蛩恐也董按此謂蛩爲恐之段借字也蛩懼也蛩蛩懷憂兒董按並詳恐下

容渠从切

容古文盛也說文段注今字段借爲頌兒之頌容受也荀子解蔽故曰心容注○易象上傳容保民無疆疏云容謂容受也容含也史記樂書廣則容姦正義容寬也易象上傳君子以容民畜象虞注容保民無疆虞注又廣雅釋詁三又漢書五行志下之上坤爲容易彖上傳容保民無疆虞注容先小都也孟子盡心上容兒必照焉注容謂羽衛也荀子正論居則設張容負依而坐注容謂之防爾雅釋宮

容者乏也待獲者所蔽也周禮射人三正三獲三容司農注○儀禮鄉射禮記容謂之乏疏云容者以革爲之可以容身故云容也容容隨眾上下也漢書翟方進傳持容容之計注何頌寬頌也漢書王莽傳赤煒頌平注引晉灼○董按此段借爲容也又惠帝紀云皆頌繫刑法志云容貌繫者頌繫之吳王濞傳云頌共禁不與揚又書帝紀雄傳云奮六經以播頌皆配此容飾也董按此段爲頌二字互相段借

頌

額籀文○平去讀義異兒也說文段注兒下曰頌儀也與此爲轉注不曰頌也而曰頌儀也者其義小別也於此同之於彼別之也古作頌兒今作容兒古今字之異也容者盛也與頌義別六詩一曰頌周禮注云頌之言誦也容也誦今之容廣以美之詩譜曰頌之言容天子之德光被四表格于上下無不覆燾無不持載此之謂容於是和樂興焉頌聲乃作此皆以容受釋頌似頌爲容之假借字矣而毛詩序曰頌者美盛德之形以其成功告於神明者也此與鄭義無異而相成鄭謂德能包容故作頌序謂頌以形容其德但以形容釋頌而不作形頌則知假容爲頌其來已久以頌字專系之六詩而頌之本義廢矣漢書曰容生善爲頌曰頌禮甚嚴其本義也曰有罪當盈械者許頌禁此假頌爲寬容字也余封切又似用切九部按古衹余

封切 一容皃也左氏昭九年傳物有其容注又楚辭招云鬼華容備此二注○周禮鄉大夫二曰容司農注云容謂容皃也
容皃威儀容顏也左氏宣十四年傳於是有容皃采章注容儀也後漢書劉昆傳注○禮記少儀注祭祀之容疏云容即儀也又祭義濟濟者容也釋文云容儀容也又國語周語桑穀行容注云容容儀也○萱按楊統碑庶考斷之頌儀用本字僅見
容威儀也○禮記表記威容稱其服注詩楚茨濟濟蹌蹌箋云有容言蔵儀敬慎也
容止威儀也孝經容止可觀注○禮記月令有不戒其容止者注云容止猶動靜
容狀也老子孔德之容釋文引簡文注
容禮容也後漢書曹褒傳注○韓外傳四云文禮謂之容又淮南覽冥容臺振而荒義注云容臺行禮之臺又禮記樂記使之行商容而復其位疏云容謂禮樂之官
容濬也廣雅釋詁一又毛子士德之容釋之引鍾注○士容此國字之容也注云容猶法也呂覽
容宜也文選答賓戲過時之容注目項岱
容用也釋名釋姿容
容猶事也史記樂書之容也正義
容飾也廣雅釋詁二又禮記喪大記張容疏
容謂雕飾文選鄒陽獄中上書以左右先為之容注○漢書鄒陽傳注云容謂雕刻加飾也
容

悅也呂覽似順夫順令以取容者注
婦容謂婉娩周禮九嬪婦德言婦容婦功注婦容包六行也周禮鄉大夫二曰容注○四四和容司農注云容與頌同
容謂趨翔儀禮士相見禮不為容注
容與言閑舒也漢書禮樂志澹容與注○文選洞簫賦容與而施惠注云容與寬裕之皃
容與言自得也史記司馬相如傳翱翔容與索隱引郭璞後漢書馮衍傳注云容與猶從容也○
容與游戲皃也史記司馬相如傳循節容與索蔴文離騷遵赤水而容與注
容裔高低之皃文選東京賦紛為以容裔降注
容容飛揚之皃漢書禮樂志集注
容容猶和同也後漢書左雄傳注
口容弄口禮記少儀數無毋口容注
爲容謂羽衛也荀子正論注
容車容飾之車後漢書祭遵傳注○周禮巾車皆有容蓋司農注云容謂幨車山東謂之裳幃或曰幢容又釋名釋車云容車婦人所載小車也其蓋施帷所以隱蔽其形容也
容者治轂爲之形容也考工記輪人容轂必直注
容謂象式考工記函人凡為甲必先爲容司農注曰
容容刀也詩芄蘭容兮遂兮箋○釋名釋兵云曰容刀有刀形而無刃備儀容而已佩刀武

茂華光澤竝通而不相淩容也管子水地
容華芙蓉艸花淮南墜形屈龍生容華注
容飾也廣雅釋詁二○萱按頌皃字無慮皆段容作之容則容之古文也
頌寬頌也萱按此又段頌爲容也二字互相段借

傛

平上兩讀義分
不安也一曰華說文段注按華上當本有傛字淺者刪之傛華亦婦官外戚傳注婦官十四等第三等傛華視眞二千石比大上造此義餘封切○萱按前義上聲
傛傛猶言奕奕也便習之⿸疒容也漢書外戚傳上至武帝制倢伃娙娥傛華充依注

溶

平上兩讀
水盛也說文段注甘泉賦溶方皇於西清善曰溶盛皃也按今人謂水盛曰溶溶○文選思玄賦注引字林云溶水盛皃
溶廣大皃也後漢書張衡傳氣旋溶以天旋兮注引楚辭王注
溶溶廣大皃楚辭愍命心溶溶其不可量兮注
溶溶波皃楚辭遠逝體溶溶而東回注
溶滴猶蕩動也文選高唐賦洪波淫淫之溶滴注
溶然閑暇皃也漢書揚雄傳上注

鎔

冶器灋也說文段注冶者銷也鑄也董仲舒傳曰猶泥之在鈞唯甄者之所爲猶金之在鎔唯冶者之所鑄師古曰鎔謂鑄器之模範也今人又失其義○史記平準書姦或盜摩錢裏取鎔集解引呂靜云冶器法謂之鎔
鎔形容也作錢模也漢書食貨志下冶鎔炊炭注引應劭
鎔炭鑪所以行消鐵也文選上蕭太傅固辭奪禮啟注引蒼頡
以金曰鎔韻會引通俗文
鎔鈹也廣雅釋器

⿰容瓦

或作甗
器也說文
⿰容瓦瓶也廣雅釋器
⿰容瓦瓺缶也廣韻

鰫

鰫魚也說文段注鄭注內則云今東海鰫魚有骨名乙在目旁狀如篆乙食之鯁人不可出

𩫖

○俗有書
用也說文段注此與用部庸音義皆同玉篇曰𩫖今作庸廣韻曰𩫖者庸之古文

庸

用也說文又書堯典疇咨若時登庸晚出傳又詩兔爰尚無庸傳南山齊子庸止傳又禮記中庸鄭目錄又左氏莊十四年傳庸非貳乎注僖廿四年傳庸勳注文十八年傳靖庸回注宣十五年傳所謂庸庸祗祗者注成十五年傳無庸注襄廿五年傳庸以元女大姬配胡公注昭十六年傳庸次比耦注又大戴記曾子制言上庸孰能親女乎注又廣雅釋詁四又周

語周語庸勳長老注其安庸刑注自顯庸也注魯語庸何傷注晉語吾壽知天之不授晉注吳語王其無庸戰注越語請姑無庸戰注時為之庸注又家語始誅注在厄注又漢書王尊傳注王式傳注引文穎鄭解傳注敘傳下注又後漢書鄭惲傳注梁統傳注鄭興傳注劉瑜傳注又管子輕重丁齊東豐庸而糴賤注正致刑其民庸心以蔽注又呂覽下賢吾庸敢鷙霸王乎注又楚辭哀時命庸詎知其吉凶注又文選魯靈光殿賦軒冕以庸張注○莊子齊物論云庸也者用也又禮記內則勿庸疾怨注云庸之言用也又左氏昭十二年傳而無庸毀疏云庸亦用也

庸庸用也廣雅釋訓

庸猶何也管子大匡雖得賢庸必能用之乎注

庸猶何用也文選秋興賦注引莊子司馬注○莊子齊物論庸詎知吾所謂知之非不知邪庸詎知吾所謂不知之非知邪釋文引李注云庸詎猶言何用也

庸猶何也安也詎也王氏經傳釋詞○伯申尚書云庸與何同意故亦稱庸何左傳國語庸何傷左傳將庸何歸庸猶安也庸與安同意故亦稱庸安荀子宥坐女庸安知吾不得之桑落之下庸猶安也庸與詎同意故亦稱庸詎莊子齊物論云云楚辭哀時命云云庸猶詎也或曰庸孰大戴記庸孰能親女乎庸孰猶庸詎也解者多訓為用失之

庸以也法言重黎天子制公侯伯子男

也庸節注

庸使也廣雅釋詁一

庸代也方言三又廣雅釋詁三

庸償也小爾雅廣言

庸和也一切經音義廿二引廣雅

庸者通也公羊傳隱元年疏引春秋說

庸功也書堯典有能奮庸熙帝之載馬注皋陶謨笙鏞以閒鄭注又詩崧高以作爾庸箋又周禮大司徒以庸制祿注春官序官典庸器注眡瞭掌頌磬笙磬注又禮記樂記又從而庸之注又左氏僖廿七年傳車服以庸注昭十三年傳吾庸多矣注昭廿二年傳而伯父有庸施注又國語周語服物昭庸注又漢書食貨志上注韋玄成傳注引孟康又後漢書王暢傳注又管子輕重甲北海之衆無得聚庸注又孟子盡心上利之而不庸注又荀子大略庸庸勞勞注又文選東京賦厥庸孔肆薛注○周禮大宰五曰保庸注云保庸安有功者

民功曰庸周禮司勳又國語晉語無功庸者不敢居高位注者不敢居高位注又為致事庸力行務注又公羊傳隱元年疏

庸勳也後漢書朱景王杜馬劉傅堅馬傳注

庸勞也爾雅釋詁又詩兔爰箋又文選思玄賦庸織路於四裔兮舊注又後漢書張衡傳注

庸庸勞也爾雅釋訓

庸善也小爾雅廣言

庸大也太玄內過庸夷注

庸法也太玄中首尾信可以為庸注玄文故首尾可以為庸也注

庸常也爾雅釋詁又易文言

傳庸言之信庸行之謹九家注又書皋陶謨自我五禮有庸哉晚出傳又禮記中庸君子中庸注又論語雍也中庸之為德也集解又皇疏又史記佞幸傳寵最過庸索隱又漢書雋不疑傳注又後漢書馮衍傳注胡廣傳注左雄傳注獨行傳注又孟子告子上庸敬在兄注又荀子不苟庸言必信之庸行必慎之注又淮南泰族北不可以為庸注○周禮大司樂中和祗庸孝友注云庸有常也又禮記中庸庸德之行注云庸猶常也又漢書韋玄成傳厥驅有庸注云庸亦常也

庸謂凡常無奇異也文選魏都賦超百王之庸庸注○國語齊語君之庸臣也注又荀子修身庸衆而野注並云庸凡庸也又莊子德充符其與庸亦遠矣釋文引崔注云庸常人也

庸衆也淮南原道此俗世庸民之所公見也注

庸愚也

庸猶傭傭無節目之辭公羊莊卅二年傳庸得若是乎注

庸易也詩節南山昊天不傭釋文引韓詩

庸薄也後漢書西羌傳注

庸庸微小皃漢書梅福傳注

庸器伐國所獲之器周禮典庸器掌藏樂器庸器注○司農注云庸器有功者鑄器銘其功

庸姓也詩桑中美孟庸矣傳

庸國名也萱按此段庸為鄘也書牧誓及庸蜀羌髳

庸城也

水庸溝也萱按此段庸為墉也

傭重見○俗有傭

均也直也說文段注各本少上也字今補玉篇有廣韻皆曰均也直也所據古本也均之義有未盡故便言直也直謂無枉曲也小雅昊天不傭釋言毛傳皆曰傭均也周禮典同正聲緩先鄭云正者不高不下鍾形上下正均者工傳身而鴻汀云傳傭也此謂鴻即之假借字也若廣雅云傭役也謂役力受直曰傭此今義也○萱按漢書多段庸為傭詩節南山釋文引韓詩亦作昊天不庸

傭役也史記陳涉世家嘗與人傭耕索隱引廣雅○一切經音義六引孟氏云傭役也謂役力受直曰傭作

傭賣力也一切經音義六引蔡邕勸學注

庸賣功庸也漢書高惠高后文功臣表咸作庸保之中注

庸謂傭也漢書周勃傳取庸苦之不與錢注○食貨志上教民相與庸輓犂注云庸義亦與庸傭同

庸即謂傭作者漢書司馬相如傳上與庸保雜作注

庸廝賤之人也楚辭懷沙固庸態也注

鏞

大鐘謂之鏞說文段注爾雅文大雅商頌毛傳皆同雅商頌字作庸古文段借考工記曰大鐘十分其鼓間以其一為之厚○詩靈臺賁鼓維鏞又文選東京賦容鯨必全鏞薛注云鏞大鐘也

鏞亦名鎛爾雅釋樂注

西方之樂謂之鏞書皋陶謨笙鏞以閒鄭注庸深大之聲爾雅釋樂孫注○李注云庸大也

墉𩫖古文○俗有牖墉𩫨𩫖又見五部入聲城垣也說文段皇矣以伐崇墉傳曰墉城也崧高以作爾庸傳曰庸城也庸墉古今字也城者言其中之盛受墉者言其外之牆垣具也毛統言之許析言之也周易曰乘其墉又曰公用射隼于高墉之上五篇曰𩫖度也民所度居也字音古博切此云古文墉者蓋古讀如墉秦以後讀如郭如豕亥同而字訓順訓蒸同變字之比

墉城也易解釋文又詩良耜其崇如墉傳又左氏襄九年傳祝宗用馬於四墉注昭十八年傳祈於四墉注又後漢書伏湛傳注班彪傳下注又文選魏都賦於是崇墉濬洫劉注○西京賦横西洫而絶金墉薛注云墉謂城也又詩韓奕實墉實壑箋云墉者城也

墉牆也易解疏又詩行露何以穿我墉傳又儀禮士冠禮陳服于房中西墉下注士昏禮尊于室中北墉下注席于北墉下注又國語晉語猶無基而厚墉注又楚辭離世孤雌吟於高墉兮注又文選魯靈光殿賦崇墉岡連以嶺屬張注○爾雅釋宮又禮記郊特牲君南鄉於北墉下注又儀禮士虞禮祝自墉南面注故云牆謂之墉又既夕禮記疏云墉謂之牆

墉謂垣牆也爾雅釋宮疏引李注○蓋按爾雅釋文墉本作牖乃俗字也

高曰墉書梓材既勤垣墉釋文引馬注墉壁也禮記喪大記負墉南面疏墉院也廣雅釋室墉容也所以蔽隱形容也釋名釋宮室巽爲墉易同人虞注○庸牆也儀禮士喪禮注疾時災北庸不釋文○書大傳天子賁庸注云牆謂之庸

水庸溝也禮記郊特牲祭坊與水庸注○疏云庸者所以受水亦泄水○蓋按此墉引申之義也庸借字

鄘南夷國說文段牧誓有庸蜀左傳文十六年庸人率羣蠻以叛楚楚滅之杜曰庸今上庸縣屬楚之小國按二志漢中郡皆有上庸縣今湖北鄖陽府竹山縣東四十里有故上庸城尚書庸地在漢水之南南至江上遠僞傳云在江南非也今字庸行而鄘廢於詩風之邶庸作鄘皆非也又按南夷國當作漢南國○左氏昭廿一年傳宋城舊鄘蓋按此於漢南國無涉或當如釋文作墉耳庸國名也文選陸士衡答賈長淵詩庸岷稽顙注○蓋按庸與岷聯言猶尚書庸蜀聯言也其實鄘於蜀於岷皆相去遠甚

⿰豸庸或作⿰豸庸⿰犭庸猛獸也說文段注猛當作⿰豸庸三字爲句⿰豸庸見上林賦郭璞曰⿰豸庸似牛領有肉堆即犎牛也按即爾雅之

犦牛也字亦作⿰牛庸亦作⿰牛庸漢書作庸○史記司馬相如傳獸則⿰牛庸旄貘犛集解引徐廣云⿰牛庸獸類也⿰牛庸今之犂牛也史記司馬相如傳索隱○漢書相如傳上注云庸牛即今之犎牛也

鷛或作⿰庸鳥⿰庸鳥鷛鳥也說文段注上林賦說水鳥有庸渠史記作鶅鷞郭曰鷛鷠似鶩灰色而雞足一名章渠吳都賦鷛鷠劉注同郭李善音庸渠按此鳥本草謂鷛也庸渠即今之水雞也漢書司馬相如傳上煩鶩鷛渠注

母旅切 从

濃○俗有霥露多也詩曰零露濃濃說文段注小雅蓼蕭傳曰濃濃厚皃按酉部曰醲厚酒也衣部曰襛衣厚皃凡農聲字皆訓厚䨶䨶䨶露也廣雅釋訓䨶䨶䨶露濃皃玉篇

醲厚酒也說文段注鴻範次三曰農用八政鄭曰農讀爲醲然則凡厚皆得爲醲也醲厚也廣雅釋詁農厚也書洪範晚出傳又漢書五行志上注農者濃也論語子路吾不如老農皇疏又古微書引禮含文嘉又風俗通皇霸膿厚之味也文選七發甘脆肥膿注○蓋按農與膿皆爲醲之段借字

襛兩讀衣厚皃詩曰何彼襛矣說文段注凡農聲之字皆訓厚醲酒厚也濃露多也襛衣厚皃也引伸爲

凡多厚之稱召南曰何彼襛矣唐棣之華傳曰襛猶戎戎也韓詩作茙茙即戎戎之俗字耳戎取同聲得其義詩俗本作襛誤

⿰犭農犬惡毛也說文段注爾雅毛郭云⿰犭農長也狵⿰犭農多毛犬也爾雅釋獸釋文引字林

亮容切

龍○俗有龖龓竜竜龟鱗蟲之長能幽能明能細能巨能短能長春分而登天秋分而潛淵說文段注鱗蟲四句一韻春分二句一韻毛詩蓼蕭傳曰龍寵也謂龍即寵之段借也勾傳曰龍和也長發同謂龍爲邕和之段借字也○後漢書張衡傳注云龍鱗蟲之長又家語執轡云甲蟲三百有六十而龍爲之長又楚辭天問應龍何畫注云有翼曰應龍又廣雅釋魚云有鱗曰蛟龍有翼曰應龍有角曰虬龍無角曰螭龍能高能下能小能巨能幽能明能短能長淵深是藏敷和其光又洪範五行傳時則有龍蛇之孽注云龍蟲之生於淵行無形游於天者也鱗蟲之精者曰龍大戴記曾子天圓有角曰龍後漢書仲長統傳注又離騷駟玉虬以乘鷖兮注天問焉有虬龍注○覽冥駕應龍注云有角爲龍淮南大曰龍離騷麾蛟龍以梁津兮注龍者水

物也左傳昭廿五年疏有者昭廿九年傳又考工記畫繢之事水以龍注又呂覽召類以龍致雨注又淮南天文龍舉而景雲屬注 龍水畜也易畧例召雲者龍注。說苑正諫云夫白龍天帝貴畜也 龍魚之類也論衡福虛○淮南兵畧疾如駮龍注云龍魚也 龍蟲類也史記老莊申韓傳龍之為蟲也正義 夫龍介蟲陰物也楚辭謬諫龍舉而景雲往注 龍陽類貴象也漢書五行志下引洪範五行傳○大玄禺雨咒門注云龍虎者獸之貴者也 龍之為言萌也陰中之陽也故言龍舉而雲興古微書引春秋元命包 龍者變化之物易乾潛龍勿用疏。禮記明堂位周龍章注云龍取其變化也 龍神獸也國語魯語水之怪曰龍罔象注 龍獸之難患者也隋書五行志下引洪範五行傳 龍東方之獸也論衡驗符 龍陽氣在東為文在南為明也大玄玄文龍出於中注 龍東方宿天德之貴神左氏昭卅二年傳賈注○襄廿八年傳注又周禮保章氏疏竝云龍歲星也又左傳桓五年龍見而雩服注云龍角亢也又後漢書安帝紀注云龍星角亢又獨斷上云靈星火星也一曰龍星又左傳僖五年龍尾伏辰注又國語晉語注竝云龍尾尾星也 辰為龍

論衡言毒 乾為龍易說卦釋文引荀爽集解 震為龍易文言傳雲從龍廣注繫辭下傳龍蛇之蟄廣注說卦傳 龍君也廣雅釋詁一又呂覽介立有龍于飛注○續漢書五行志注引風俗通云龍者陽類君之象也又賈子容經云龍也者人主之辟也 龍章謂山龍之章後漢書仲長統傳注○鄭易傳注云龍章衮龍之服 山龍彰也廣雅釋言 龍旂交龍為旂也文選東京賦咸龍旂而緣繆薛注 龍杓也廣雅釋 龍淵劍也廣雅釋器 龍雀飛廉也文選東京賦龍雀蟠蜿薛注 九龍本周時殿名也門上有三銅柱柱有三龍相紏繞故曰九龍文選東京賦九龍之內薛注 龍舟大舟也刻為龍文淮南本經龍舟鷁首注 龍巢地名也水經江水注 龍門山名周禮大司樂龍門之琴瑟注 龍門水名也水經汳水注○淮南修務鑿龍門注龍門本有水門鯩魚遊其中上行得上過者使為龍故曰龍門 龍門河之隘也淮南本經○後漢書馮衍傳下注云龍門河所經今絳州縣也又李膺傳注云龍門河水所下之口 秀 龍巢也廣雅釋木 龍紅艸也詩山有扶蘇隰有游龍傳 龍木龍須也龍沙麻黃也龍

蘢馬蓼也 龍蹏瓜屬也竝廣雅釋艸 飛龍鳥名也文選西京賦鷫飛龍薛注 龍魚陵居如狸一曰鰕一曰鱉魚其為魚也如鯉山海經外西經 海馬八尺以上為龍周禮庾人又儀禮覲禮天子乘龍注又禮記月令駕蒼龍注○文選東京賦龍輅充庭薛注云馬八尺曰龍又乘鸞輅而駕蒼龍注云馬高八尺為龍萱按後漢書衍傳下注班彪傳下注馬融傳注竝畧同為龍驍也萱按此謂龍為駥之段借字也亦段龍為尨見考工記玉人 龍輔玉名萱按此段龍為瓏也

瓏

○俗有瓏 禱旱玉也閻為龍文說文段注璪龍為文也左傳昭公使公衍獻龍輔於齊侯正義引說文為說○漢書楊雄傳音義引字林云禱旱玉為瓏 瓏聲也廣雅釋詁四 瓏玉聲玲瓏也韻會引瑲蒼 瓏玲金玉之聲太玄唐亡彼瓏玲注 瓏玲明見皃也漢書楊雄傳上和氏瓏玲注引晉灼 龍輔玉名左傳昭廿九年注

瀧

雨瀧瀧也說文段注也大徐作皃今依小徐及廣韻瀧瀧雨滴皃也音轉讀為浪浪平聲方言曰瀧涿謂之霑漬郭云瀧

涿猶瀕滯也瀕滯當作瀸滯埤倉云滯瀸漉也通俗文云霝滴謂謂之瀸滯又廣韻集韻皆云瀧涷沾漬也瀧涷即瀧涿也荀卿書東瀧而退楊倞云東瀧即瀧涷 瀧漬也廣雅釋詁二 涷瀧沾濕皃荀子議兵注

齒容切

重

平去兩讀義分○俗有墨 厚也說文段注厚者𠪚也厚斯重矣引伸之為鄭重重疊古祇平聲無去聲○淮南俶真九鼎重味注云重厚也又呂覽盡數無以烈味重酒注云重猶厚也○萱按重訓厚者俗兼平去二讀 重猶累也詩無將大車祇自重兮褒又漢書荊燕吳傳贊注○禮記表記下疏又素問氣交變大論重感於邪注竝云重謂重累也又儀禮少牢饋食禮蓋二以重注云重累之又後漢書呂強傳注云重累言累積也又史記春申君傳王無重世之德索隱云重世猶累世也○萱按累皆當作絫 重謂重疊左傳成二年疏○素問玉機真藏論名曰重強注云重謂藏氣重疊 重再也廣雅釋言又後漢書郅惲傳注郎顗傳注○史記建元以來侯者年表重會朝索隱李斯傳又而說以重陛下過索隱竝云重者再也 重陪也禮記內則重醴注 重猶復也史記刺客傳故重自刑以絕從索隱○周禮掌次設重帟注云重帟復帟又考工記匠人四阿重屋注云重屋複笮也又呂覽期賢此之謂重傳注云重疊復重之重 重猶數也左氏襄四年傳武不可重注

重謂增益也萱按此亦引申之義也正字有緟。重多也荀子富國重色而衣之注王霸注強國以重己之所有餘注正論重文繡注。左氏成二年傳重器備注又文選東京賦其取咸也重矣薛注竝云重猶多也重皆是多饒積厚之意顏氏家訓書證。重明謂既明又使明也荀子致士明退姦注重

重謂懷孕也詩大明傳身重也釋文又漢書劉屈氂傳重馬傳祀注重傳也廣雅釋詁四。素問奇病論人有重身九月而瘖注云重身謂身中有身則懷妊者也重主道也儀禮士喪禮用二鬲於西墻下注又禮記檀弓下。釋名釋喪制云重死者之資重也含餘米以為鬻投之甕而懸之比葬未作主權以重主其神也為木也縣物焉曰重儀禮士喪禮重木刊鑿之注重較其較重卿所乘也釋名釋車。詩淇澳倚重較兮傳云重較卿士之車又釋文云重較車兩傍上出軾也太歲在辛曰重光爾雅釋天。萱按史記曆書重光作昭陽爾雅昭陽是在癸之目重陽天也後漢書馬融傳注重陰地中也後漢書張衡傳注重魯地國語魯語宿於重館注重即羲書呂刑乃命重黎晚出傳。左氏傳云重該修熙少昊之四叔也

童童盛也廣雅釋訓。萱按此段童為重也凡云童童然視此又檀弓與其鄰重汪踦注段重為童也二字互相段借

緟有。俗種增益也說文段注增益之曰緟經典統段重為之非字之本如易之重卦象傳言重巽又言洊雷震習坎明兩作離兼山艮麗澤兌皆謂緟之也今則重行而緟廢矣增益之則加重故其字从重許書重文若干皆當作緟文重謂增益也漢書文帝紀是重吾不德也注重猶益也呂覽制樂是重吾罪也注

種穜種種易非是互先種後孰也說文段注此謂凡有穀如此者豳風傳曰後孰曰重周禮內宰注鄭司農云先種後孰謂之種按毛詩作重段借字也周禮作穜轉寫以今字易之也。晉書音義中云先種後孰謂之種又呂覽任地種重禾不為重注云早種晚孰為重穜晚也續漢書禮儀志上力田種各穜訖注引貿備。又引周禮內宰千注云種晚秔稻之屬穜厚也廣雅釋詁三。萱按詩七月閟宮黍稷重穋兩釋文云重本作種又五經文字引字林云種直龍反此用種本字本音也又周禮內宰而生種穋之種釋文云種本作童按段童猶段重也

橦帳極也說文段注極棟也帳屋高處也宋本葉鈔本小徐本作帳柱按西京賦都盧尋橦謂植者也橦者旗之竿也後漢書馬融傳注橦百尺也文選海賦帆檣橦注決橦華者樹名橦其花柔毳可續為布也文選蜀都賦布有橦華劉注

撞丮擣也說文段注丮者疾也撞刺也廣雅釋詁又國策秦策迫則杖戟相撞注撞猶擊也文選東都賦然後撞鍾告罷注撞鏗也文選東京賦撞洪鐘薛注撞摐猶揘畢也文選西京賦徒搏之所撞摐薛注

髶忍容切有。俗髶亂髮也說文段注此與艸部茸義略同髶髦頭髶騎也文選東京賦髦被繡薛注

⿰酉茸一部去九部平兩見。俗有⿰酉茸重釀酒也說文段注此篆各本作⿰酉茸解云酒也从酉茸聲而容切廣韻玉篇皆有⿰酉茸無⿰酉茸解云重釀也玉篇列字正與說文次第相合然則古本說文作⿰酉茸可知矣廣雅亦云⿰酉茸汝東切今據以更正又按艸部之茸亦耳聲也則⿰酉茸可而容切⿰酉茸酸也廣雅釋器⿰酉茸重釀也集韻引字林

茸茸卄穡。平上四讀。俗有茸艸茸茸皃說文段注茸之言戎也召南毛傳曰穠猶戎戎也韓詩何彼戎矣左氏傳狐裘尨茸即詩之狐裘蒙茸。文選湖中臨眺詩引蒼頡云茸艸皃茸竹頭有文也文選南都賦阿那蓊茸注引埤蒼⿱竹茸竹頭有交文齊民要術十引字林茸謂蒲華也文選謝靈運經湖中瞻眺詩新蒲含紫茸注茸木名管子地員其杞其茸注茸細也後漢書公孫瓚傳注茸細毛也文選報任少卿書在闒茸之中注茸次也漢書司馬遷傳注引蘇林茸推也漢書司馬遷傳注

襛重見在前注

鱅始容切鱅魚也說文段注史記上林賦鰅鱅鰬魠漢書文選鱅皆作鰫非是據許書鰫鱅劃然二物且郭注上林云鱅常容反與傳字音正同段令从容聲則不得反以常容矣郭云鱅似鰱而黑陸璣云今鰱徐州人謂之鰱或謂之鱅

从此容切相聽也說文段注聽者聆也引伸為相許之偁言部曰許聽也按从者今之從字從行而从廢矣周禮司儀客朋拜辱於朝陸德明本如此許書凡云從某大徐作从小徐作從江氏聲曰作从者是也以類相與曰从。萱按無極山碑云从上至

蹤

從或作迎从遊从平云而讀義分。隨行也說文段注以从辵故云隨行齊風並驅從兩肩兮傳曰從逐也逐行亦隨也釋詁曰從自也其引伸之義也又引伸訓順春秋經從祀先公左傳曰順祀先公是從訓順也左傳使亂大從王肅曰從順也左傳大伯不從是以不嗣謂卜肎順其長幼之次也引伸為主從為從橫為標從亦段縱為之從行也廣雅釋詁一。漢書韓信稱疾不朝從注云從從行也又大戴記夏小正當人不從傳云不從者弗行從隨也詩既醉從以孫子箋又禮記檀弓下如有從而弗及注學記又從而庸之注縕衣言從而行之注又左氏隱六年傳長惡不悛從自及也注昭卅八年傳從使之收器者注又公羊莊十三年傳曹子手劍而從之注又國語晉語無以從二三子注吳語以從逸王志注又呂覽侍君筋骨不足以從利避害注。周禮鄰長則從而授之又儀禮鄉飲酒禮賓及衆賓皆從之注又禮記雜記也注竝云弔非從主人也注竝云從猶隨也從順也禮記樂記率神而從天注孔子閒居氣志既從注又左氏昭五年傳從而不失儀注定八年傳注又洪範五行傳以其月從其禮注又素問生氣通天論血氣皆從注玉機真藏論脈從四時注至真要大論

有從取而得者注腹中論居齊下為從注五常政大論補上下者從之注有氣從不康注通評虛實論滑則從注又漢書五行志中之上注杜欽傳注又後漢書質帝紀注周舉傳注又管子勢順守其從注四維行義不從注又呂覽順勢以重使螘從注。素問四氣調神大論惟聖人從之注云從猶順也從謂隨順也素問刺禁論從之有福注從者隨從也公羊隱八年傳稱人則從不疑也注。後漢書周燮傳注云從佐謂隨從而已從謂順從也素問陰陽別論人有四經十二從注三部九候論九候皆從注。左氏昭十一年傳不昭不從注云言順曰從又禮記郊特牲婦人從人者也注云從謂順具數令氣同謂之從素問六元正紀大論從逆余何注大言曰從書洪範。春秋繁露五行五事云言曰從從者可從又漢書五行志中之上注云言正曰從從不自專左氏昭廿六年傳姑慈而從注從服公羊宣十二年傳告從注。左氏襄十年傳從之將退注云從猶服也從逐也小爾雅廣詁從逐也左氏成十六年傳韓厥從鄭伯注從猶羣也淮南氾論禽獸可羈而從也注。太平平錯云從也戰國策秦策而代齊注從從羣也大戴記夏小正亮人從傳從重也爾雅釋詁從因也由也

漢書外戚傳上注。張騫傳注云從由也從謂立也周書周祝故萬物之所生也性於從注從為也管子正世知得失之所在然後從事注又老子故從事於道者注民之從事注。老子王注云從事謂舉動從事於道者也從就也左氏成十七年傳從而歌之注又廣雅釋詁三又漢書高帝紀上注又後漢書丁鴻傳注。禮記曲禮上必操几杖以從之注檀弓下從而謝焉注竝云從猶就也從者求吉得吉之言儀禮少牢饋食禮占曰從注位高道大者從說苑說叢震為從易坤或從王事廣注益告公從廣注從從容也莊子至樂從然以天地為春秋釋文。釋文引司馬注云從道旁也從容舉動也廣雅釋訓又楚辭懷沙執知余之從容注又文選琴賦從容秘翫注從容閒暇也史記留侯世家良嘗閒從容步游下邳圯上索隱。漢書嚴助傳助侍燕容容注云從容閒語也從容謂休燕也詩都人士序從容有常箋從容謂安緩比類也素問陰陽類論陰陽從容注從容猶在後也後漢書馮衍傳下注從牛子顏氏家訓書證引延篤戰國策音義從豎也荀子賦以能合從注又漢書周勃傳注。蓋接衛從之從詩南文釋文音足容反乃強生分別也今

用圓圖盼之而紫邕切下不複出從縱字學者審焉段氏玉裁曰古隨從與從橫不分二音從長也廣雅釋詁二又小爾雅廣言。史記周本紀正義云長為從南北為從史記蘇秦傳索隱又漢書項籍傳注引孟康又太平平埜曰從與橫注平圖以從橫天地之道注。一切經音義三引韓詩傳云南北曰從蓋接韓本作橫由其畝由從也平應所据字異而義同於教者東西為從儀禮鄉射禮十純則縮而委之注大射儀注。鄉飲酒禮記設右階閒縮當注云當東西為從以關東為從史記周本紀與諸侯約從集解引文穎又漢書項籍傳注引文穎又後漢書為衍傳注。呂覽不侵孟嘗君為從注云關東為從以利合曰從史記周本紀集解引臣瓚又後漢書彭寵傳注王常傳注。漢書鼂錯傳注云從謂合從也從生人也周書文傳從生以養一丈夫注盡經曰縱楚辭沈江不別橫之與縱注。蓋接此借縱為從橫字也如後人之音則縱為正字而從轉為借字矣南與北合曰縱淮南覽冥橫閒之注縱縱橫四散也文選魯靈光殿賦縱橫騁驛注縱橫謂廢起也鬼谷子捭闔以化萬物萬物縱橫注。蓋接從縱二字五借通用從衡字從正縱借縱放字縱正從借

䶂　沖以切　叚避鷛講○四部九部兩讀注在彼○俗有騙

喁　四部九部兩讀注在彼

鰅　四部九部兩讀注在彼

松　想从切　枀　或○俗有松枀　松木也　說文段注集韻思恭切閩內語也按浴宮從閩內語惟嶽州讀解容切○蕫按爾雅釋文引字林云松衆容反然則此音非獨嶽州為然矣又詩山有扶蘇山有喬松傳云松木也松猶容也公羊文二年傳練主用栗注　松者所以自竦動宗廟通松檟長三尺其柃宜輕以松作之也　釋名釋兵

逢　在从切　遇也　說文又爾雅釋詁又左氏宣三年傳莫能逢之注又史記司馬相如傳逢涌原泉索隱引張揖又楚辭天問而親以逢殆注○素問離合真邪論卒然逢之注云逢謂逢遇　逢遌也　爾雅釋詁　逢迎也　國語周語道而得神是謂逢福注又孟子告子下逢君之惡注又楚辭天問逢彼白雉注○方言一云逢迎也自關而西或曰逢　逢見也　爾雅

釋詁又洪範五行傳是離逢非沴注　卜曰逢筮曰遇　論衡卜筮○蕫按對文有別散文則通　逢大也　書洪範子孫其逢馬注又荀子非十二子其衣逢注儒效逢衣淺帶注○禮記儒行衣逢掖之衣注又列子黃帝逢衣徒也釋文並云逢猶大也　逢掖大掖也　禮記儒行釋文○後漢書吳延史盧趙傳贊逢掖臨師注云逢相承本作縫義亦通蕫按縫借字　逢衣儒服寬而長大　列子黃帝注引莊子向秀注曰　今河關以北蓑種麥賣之名曰逢　蕫按凡段逢為豐也熬麥曰豐又司馬相如傳逢涌原泉漢書注謂逢為豐之借

縫　○俗有緈　以鍼紩衣也　說文段注緎下曰所以縫也召南羔羊之縫傳曰縫言縫殺之大小得其宜引伸之義也○禮記玉藻縫齊倍要注云縫紩也縫或為逢或為豐蕫按逢者縫之省也縫之借豐猶豐之借逢也　縫合也　廣雅釋詁三　縫即皮之界緎　詩羔羊疏○爾雅釋訓緎羔羊之縫也注云縫飾羔裘之名○蕫按國策趙策鯷冠秫縫史記作卻冠秫紩未知紩縫孰為正字也

撮口呼

躳　眷充切　躬　俗　身也　說文段注从呂者身以呂為柱也侯執信圭伸圭人形直伯執躬圭躬圭人形曲鞠躬古歛曲之皃也

躬身也　爾雅釋詁又廣雅釋親又詩谷風我躬不閱箋說躬自俾史箋烝民王躬是保箋商頌譜疏引契揺湯說契注又周禮小司徒不躬坐獄訟注又儀禮鄉射禮記倍中以為躬注又禮記以儀不疑在躬注樂記致禮以治躬則莊敬注祭義注又公羊宣十五年傳躬旻以己爾注又論語里仁恥躬之不逮也皇疏述而躬行君子皇疏鄉黨鞠躬如也皇疏衛靈公躬自厚而薄責于人皇疏堯曰皇疏又漢書刑法志注司馬相如傳下注引張揖又大予周逮遇躬外注大躬自總注又法吉先知躬工人續注○論語子路吾黨有直躬者集解引祇注云直躬直身而行　躬猶身也　易艮疏又論語子路皇疏又選東京賦躬追養于廟祧薛注　躬體也　史記司馬相如傳躬膝脈無朕索隱引張揖又呂覽孝行嚴親之遺躬也注○易決決其躬荀注云體中曰躬　躬親也　禮記祭義齊戒沐浴而躬朝之疏又漢書叙傳上注又呂覽孟春躬耕帝藉田注○儀禮士昏禮記已躬命之注云躬猶親也又漢書刑法志聖人既躬明悊之性注云躬謂身親有之又公孫弘傳躬率以正而遇民信注云躬身親行之也　躬猶己也　禮記樂記不能反躬注○蕫按史記樂書作不能反己一也又論語直躬鄭本作直弓借字之也　坤為躬　易蹇匪躬之故虞注震震不于其躬虞注　坤身稱躬　易蒙見金

夫不有躬虞注　躬恭也　禮記緇衣匪其止共釋文引皇本云　躬行者政之始也　大戴記子張問入官　命圭七寸謂之躬圭　考工記玉人

宮　○商刑字俗有館　室也　說文段注釋宮曰宮謂之室室謂之宮郭云皆所以追古今之異語明同寔而兩名按宮言其外之圍室言其內析言則殊統言不別也毛詩作于楚宮作于楚室傳曰室猶宮也此統言也宮自其圜繞言之則居中謂之宮五音宮室角微羽劉歆云寔滿宮些注云宮稱室也又史記管蔡世家正義引鄭衆左氏章注云社宮中有室屋者　院宇謂之宮　禮記文王世子疏　宮穹也屋見於垣上穹隆然也　釋名釋宮室○禮記曲禮上三十曰壯有室疏云論其四面穹隆則曰宮　宮謂牆垣也　禮記儒行儒有一畝之宮注○周禮司儀宮旁一門注云宮謂遺土以為牆處又儀禮覲禮為宮方三百步注云宮謂遺土為將以象墻壁也又左傳宣十二年疏云言其墻屋則稱之為宮　宮謂圜障之也　禮記喪大記君為廬宮之注○爾雅釋山大山宮小山霍注云宮謂圜繞之蕫按宮非大山之名而水經廬江水注引爾雅云大山曰宮斷句殊誤　宮隱蔽之言　周禮內宰以陰教六宮注

坎為宮易說卦釋文引九家注艮為宮易剝貫魚以宮人寵注困入於其宮虞注虞艮為宮闕易解
公用射隼于高墉之上集解彖上傳養贅也艮為宮室易觀闚觀虞注宮室妻子也荀子大略賜予其宮
室注婦人稱寢曰宮周禮內宰注六宮謂后也周禮內宰注○後漢書皇后紀注云皇后正寢一燕
寢五是為六宮天子行所立名曰行宮文選吳都賦行宮之基劉注宮壇營域也王宮
曰壇禮記祭法王宮祭日也注宮廟也詩采蘩公侯之宮傳又呂覽重已其為宮室臺榭也注○左傳宣十二年疏云為
宮即廟也宮宗廟也詩雲漢自郊徂宮襄云楚宮謂宗廟也中作于楚宮王世子諸也方
所德居子穀梁成三年宮下注禮記文王世子廟也諸宮者存時所居緣
生事死因以為名後漢書明帝紀注云明堂位公羊穀梁文十三年傳禮記明堂位注又稱宮宮斗北
斗魁星也禮斗威儀注宮三宮謂紫宮太微文昌也楚辭遠游使掌行分注文
宮之為言宣也史記天官書中宮天極星索隱引元命苞宮者五神之舍也素問天元通論生氣陰

之宮五注宮心之宅猶靈臺也管子心術上宮者謂心也管子心術上心宮謂
道之重爾雅釋樂宮者中也白虎通又漢書律五行志有者上宮者中央之音也春秋繁露天
之宮者音之君也淮南天文又爾雅釋樂○廣雅釋詁云宮者中也君也宮也宮聲之主
也國語周語宮者容也含也白虎通禮樂云土謂宮土為宮左傳昭廿五年疏注又太白虎
通禮樂云土謂宮又北堂書鈔水土之鬼也宮土聲也宮素問陰陽應象大論李言注其音又
引白虎通云宮者法土也又垂之土宮則土也宮謂土音大而和也素問注○金呂覽季夏注
子淮南時則注云宮法云宮也又土也宮謂土音大而和也應象論陰陽注○
音為戊巳為宮也太乙生於日注數聲黃鍾為宮注禮記又國語周語小律大以之禪平
宮注注又淮南天文注周禮大師疏八十一絲為宮大宮羽在左君也物也禮記左宮羽注之
南聲天文又淮八十一絲為宮
宮縣四面縣也周禮小胥王宮縣注司農注又司農云四面有牆故謂之宮縣禮記郊特牲諸侯之
新宮小雅逸篇也儀禮燕禮記注又按說者以禮斯千下當之新宮注然也○司宮大宰之屬

掌宮廟者也儀禮公食大夫禮記注云司宮具几○燕禮小宰司宮鄉謂為
大長秋也後漢書注宦者宮人宦侍也淮南人間注宮子曰宮陰刑也漢書官公卿百
表上各錄作士正五刑注○武帝紀畫陰為宦人又犯禮注云宮刑王割其
陰也又呂覽知士正五刑注○宮刑也注云宮割也體宮人書傳刑又呂覽孝經五刑之屬宮割其
子墨子其刑劃刑以刀割也割勢也宮刑割又子經宮又傳割五辟禮記文王世出
墨其刖古罪以刀鋸劓刑注云宮刑割男女刑宮宮刑其親之屬三
千疏引孔安國○漢書刑法志注云宮刑者男子女子宮人犯淫刑宮之屬幽
閑又禮記文王世子公族無宮刑注云宮割下宮傳婦人幽閉
云周禮司刑注五刑者宮刑割女子閉於宮中也又又
中白虎通出五刑宮者女子淫執置宮中
周禮司寇人外宮五刑又後漢書注云宮謂男子割勢女子閉宮
云士禮得出宮也刑云宮割去其淫勢也說文
中白虎通出五刑宮者宮夫宮刑也不得
出中也
切去
宮弓
芎說司馬相如以芎藭逗香艸也說文段注本左傳作鞠窮賈逵云所以
注疏皆不釋疑或本作鞠而謂之鞠窮山鞠窮于楚辭悲回風以芎為字
二字○宣按芎藭段借作鞠雙聲也按本芎芎藭也
選子虛賦芎藭昌蒲注引芎藭一名江蘺
司馬彪云芎藭似藁本山海經西山經注○史記司馬

切訓
弑
殼馬相如傳索隱引郭璞云芎藭今麻陽呼為江蘺
鼓或作鼓擊空聲也說文殼聲也廣雅釋詁四
切準
弑
中
中古文中籀文中○平去兩讀○義分說文內也注段本作內俗本和也非是當
為也郭亦曰內合宜者入之辭也入者內也則中也此非中者別一本作內內也
禮中唱和即得失之宜也然則中字皆平聲去之外之作入於之諺宋
月九之中注云國策得失字也書中非中也注之之中訓聲義而爾之以月而
又後漢書注中疏中國策又秦後漢有以中云中疏云中○中也無正皆記和麻
藏也中藏內也中人謂也是中也傳也注中言中也周不也別作
禮記王藻熱內署也中也又國策內也秦也中也人則中也內也
鄉射下從士之中武注中禮記射文則在中者在中有考二記匝人國中九經
士射記中中等注疏大義子五帝之中士中傳之中言二記中人國中九經
學記中年考校月中禮記禮記中庸傳日政以上則注二○儀禮注
閒○蛋按周有中士禮記表服小記亡則冠一中以上而禮記中注
讀中之訓閒兩讀平去兩讀但通中半也文列子又文力選命上得儒亡禮之則考之考內也之外作也
中半也文列子文力選命上林賦中亡亦中注云中注中樂又釋中注

郭注○太玄玄圖云半之為春中夜半為中洪範五行傳星辰莫同注○左氏桓七年經夜中星隕如雨釋文云夜中
夜半也中月半也素問六節藏象論表正於中注○書洪範疏云中氣謂月半也又左傳僖五年疏云中氣者月半之
氣也正午為中太玄周植中極注隅中至日跌為日之中洪範五行傳日之中注○墨子經上
云日中南也日中春分也呂覽任地凡草生藏日中出注○書堯典日中星烏晚出傳云日中謂春分之日日
中春秋分也左氏莊廿九年傳凡馬日中而出日中而入注○疏引釋例云春秋分而晝夜等謂之日中又疏云中者
謂日之長短與夜中分故春秋二節謂之春分秋分也中旬為月之中洪範五行傳月之中注自五月
至八月為藏之中洪範五行傳歲之中注中央土也淮南天文又白虎通五行○春秋緐露五行相
生云中央者土君官也中者天氣也素問六微旨大論中者天地之太極春秋緐露循天之道
○又云中者天之用也中者藏也禮記鄉飲酒義五中謂五藏素問陰陽類論五中所主注中心
也史記樂書四暢交於中正義又淮南原道以中制外注說山則中不平也注又太玄逹中異獨逹注○史記樂書情動於中正

義云中猶心也又大戴記小辨云內思單心曰知中中謂中心也詩關雎序情動於中疏有謂又太玄翕翕異中注○
禮記文王世子禮樂交錯於中注云中心中也又法言脩身其為中也宏深注云中者心志也中者精神也莊子田子
方爾於中也始矣夫釋文○禮記中庸云喜怒哀樂之未發謂之中中身也禮記檀弓下文子其中退然如不勝衣注又國
語楚語左執鬼中注中頭容直禮記玉藻頭顯必中注中正也後漢書陳寵傳注又淮南主術是以中立注○
論語堯曰允執其中皇疏云中謂中正之道也又孟子離婁下章指云履其正者乃可為中中平也國語晉語夫以回嚚
國之中注又一切經音義廿五引廣雅中猶均也考工記弓人斷摯必中注中猶忠也周禮大司樂中和祇
庸孝友注中忠信也太玄窮氏好中注○詩皇皇者華周爰咨詢箋云中和謂忠信也中和也易蒙以亨行時
中也釋文又白虎通五行中中和也論語雍也中庸之為德也皇疏○漢書律厤志上民受天地之中以生注云中謂中
和之氣也又孟子離婁下中也養不中注云中者履中和之氣所生又國語周語詠之以中音注云中音中和之音也中者
順也莊子在宥中而不可不高者德也釋文中德中庸之德舞也國語周語道之以中德注中五

謂無比也周書程典上立而下比注中凡行不迂辟則謂之中書洪範疏中者天
下之所終也春秋緐露循天之道中猶成也禮記禮器因名山升中于天注中同長也墨子
經上中者不大不小也漢書律厤志上以子穀秬黍中者注中者謂穿之也考工記桃氏中
其莖司農注中始也太玄玄錯中謂關與婚事穀梁桓九年傳為之中者歸之也注中謂罪
正所定周禮小司徒以三刺斷庶民獄訟之中注○鄉士士師受中注云受中謂受獄訟之成也中都官謂
京師諸官府也後漢書光武紀上注又樊準傳注云中都官吏在京師之官吏也○齊武王縯傳注云中大夫
王國之官也中燿天王也後漢書襄楷傳中者天子之書也漢書藝文志劉向以中古文易
經注中書內中之書也後漢書伏湛傳注治中謂其治職簿書之要周書天府
凡官府鄉州及都鄙之治中司農注中民善治民也莊子徐無鬼中民之士榮官釋文引李注中祀猶
南祀也書大傳中祀大交霍山注中岳嵩高也後漢書隗囂傳注中年在春秋之時

為鄭之堰也水經注引漢書薛瓚注中衣言在小衣之外大衣之中也釋名
釋衣服中帶若今之禪褕儀禮既夕禮記婦人則設中帶注中閭中算器也儀禮大射
儀賓之弓矢與中箸豐注○周禮大史飾中司農注云中所以盛算也又禮記投壺司射奉中疏云中謂算之器又云中之器
刺木為之狀如兕鹿而伏背上立圖圜以盛算也中仲也古字通書大傳中祀大交霍山注○蓋按此謂中
即仲之段借字也漢書仲作中尤多又荀子其在中蘬之言也中蘬即書仲虺有段中為仲者方言十二假恤中也是有段中
為忠若漢張遷碑中謇於朝魏橫海將軍呂君碑君以中勇宮是亦或段忠為中互借也衷中也左氏閔二年傳用其
衷注僖廿八年傳今天誘其衷注又國語周語其君齊明衷正注魯語作而不衷注晉語衷而思始注楚語直而不衷注而又
能齊肅衷正注又漢書敘傳下敬近其衷注○當按此謂衷為為中之段借字也後漢書梁統傳爰制百姓于刑之衷即呂士
制百姓于刑之中也衷謂中心也文選五君詠衷自此見注宋郊祀歌萬饗王衷注王文憲集序莫不總制清衷
注衷正也左氏昭六年傳楚辟我衷注衷善也書皐陶謨和衷哉晚出傳晚出湯誥降衷于下民傳又左

氏哀十一年傳天若不識不衷釋文哀廿七年傳故寡君使瑤察陳衷焉注又國語晉語鬼神降衷注私志雖衷注吳語今天降衷於吳注又一切經音義二引尚書注又廣雅釋詁一又家語正論注又荀子子道孝子不從命乃衷注又呂覽順民願一與吳徼天下之衷注衷也者適也呂覽適音。注云衷音之適也又左氏僖廿四年傳服之不衷注云衷猶適衷節適也左氏莊六年傳而後五衷焉注衷表別外之辭也文選五君詠注引蒼頡衷之為言不輕不重之謂也後漢書梁統傳

忠

敬也盡心曰忠說文段注敬者肅也未有盡心而不敬者此與慎訓謹同義各本無盡心曰忠四字今依孝經補孝經疏唐元行沖所為唐本有此忠者內盡於心也禮記禮器忠信禮之本也疏中庸忠恕違道不遠疏。於義祀之忠也釋文又論語里忠恕而已矣皇疏憲問忠焉能勿誨乎皇疏莅云忠謂盡中心也又左氏文十八年傳忠肅恭懿疏云忠者與人無隱盡心奉上也又晚出書仲虺之誥疏云忠是盡心之事於文中心為忠詩關雎序疏皇皇者華疏又左傳昭六年疏。桓六年傳所謂道忠於民疏云於文中心為忠言中心愛物也又論語學而為人謀

而不忠乎皇疏云忠中心也又周禮大司徒知仁聖義忠和注云忠言以中心又疏云中心曰忠又國語周語言忠必及意注云出自心意為忠考中度衷為忠國語周語。又云中能應外忠也又大戴記曾子大孝云忠者中此者也忠誠也荀子禮論其忠至矣注忠者惇慎此者也荀子君子忠謂恕也國語周語注晉語注忠直也孝經進思盡忠疏引字詁忠正也呂覽孝行事君不忠注。鹽鐵論刺議云以正輔人謂之忠忠德之正也左氏文元年傳又大戴記衛將軍文子忠厚也書大傳出而不止是不忠也注又國語周語忠非親禮注又楚辭湘君交不忠兮怨長注。白虎通諫諍又論衡問孔篇云忠者厚也忠者德之厚也賈子大政上忠猶愛也呂覽至忠權動其心以忠也無猶將以忠於君王之身注注愛利出中謂之忠賈子道術。大政上云吏以愛民為忠又左氏桓六年傳云上思利民忠也義明而物親忠也國策趙策忠猶稱也管子禁藏人之和注忠稱良吏曰忠論衡答佞言合稷契之謂忠法言孝至教人以善謂之忠孟子滕文公上殭其君之所不能為忠也後漢

書郅惲傳又袁宏後漢紀引孟子。荀子臣道又說苑臣術篇云逆命而利君謂之忠外強內溫忠也左氏昭十二年傳。又云外內倡和為忠又國語晉語云除闇以應外謂之忠忠以為利而強低也墨子經上公家之利知無不為忠也左氏僖九年傳臨患不忘國忠也左氏昭元年傳危身奉上曰忠周書諡法臣以下不非其君上為忠後漢書范升傳忠者臣之高行也管子形勢解。論語述而文行忠信釋文云忠臣事君也無私忠也左氏成九年傳忠為令德左氏昭十年傳。賈子道德說云有忠德之美也忠文之實也國語周語又後漢書朱穆傳注忠信禮之本也禮記禮器忠謂衣服之物禮記曲禮上不竭人之忠注。蓋按此再引申之義衷誠也荀子成相嵗衷對言不從注。蓋按此段衷為忠也衷謂中心恕之詩關雎序衷窈窕箋。疏云衷與忠字異而義同。蓋按箋破衷為衷疏通衷於忠未知果傳詩本惰不

衷

有。俗衷裏褻衣春秋傳曰皆衷其衵服說文段注褻衣有在外者衷則在內者也引申為折

衷叚借為中字衷者褍在衷也殺洩宣九年傳或衷其褍注衷懷也左氏宣九年傳皆衷其衵服注衷當也左氏昭十六年傳發命之不衷注。雖驗明五帝以折中注云折中正也孔子系家言六藝者折衷於夫子均云折斷也中當也索隱云言欲折斷其物而用之與度相中當蓋按貢為傳亦作折中餘多作折衷義玆通也衷中也衷正也蓋按此類皆叚衷為中也衷誠也蓋按此叚衷為忠也

节

或作茧艸也說文茧艸名玉篇

衆

或作眾俗乎去兩讀。多也說文又爾雅釋詁又國策秦策人徒之衆注齊策仕人衆注衆策而欲滿其意者衆注又書禮樂志注引孟康又呂覽先巳亡國辱主愈衆注論成凡軍具衆也注孝行寡而衆之注當貴泰公子之在外者衆注又淮南修務人曰夏生生者衆注。周禮小司徒各登其鄉之衆寡六畜車輦注云衆寡民之多少又鄉大夫師其吏與其衆寡注云衆寡謂鄉人之善者無多少也衆謂萬事也禮記仲尼燕居凡衆之動得其宜注衆庶也文選幽通賦斯衆兆之所惑曹注衆人謂衆庶也荀子儒效是衆人也注。說苑修文云安故重遷謂之衆庶又後漢

書揭終傳云安上重居謂之衆庶衆衆人荀子修身庸衆而野注○後漢書仲長統傳注云衆者為人下若也衆凡也淮南修務不若衆人之有餘注○莊子天地釋文引司馬注云衆人凡人也衆大也家語正論今侍楚衆注○呂覽音律無聚大衆注云大衆準旅工役也衆者師也風俗通祀典○禮記曲禮下大夫死衆注云衆謂君師人三為衆國語周語又史記周紀又列女傳仁智○漢書高惠高后孝文功臣表云三人為衆七口以人上為衆周禮族師注族長無飲酒之禮疏坤為衆易說卦傳又豫朋盍戠虞注復用行師虞注晉康侯用錫馬蕃庶衆允悔亡虞注象上傳師衆也虞注則刑罰清而民服集解象下傳君子以莅衆虞注序卦傳訟必有衆起九家注又左氏閔元年傳衆歸之注坎為衆左氏宣十二年傳衆散為弱注衆謂羣臣也禮記曲禮下典司五衆注衆主人庶昆弟也儀禮士喪禮衆主人在其後注○喪服為衆子注云衆子者長子之弟及妾子女子在室亦如之士謂之衆子大夫則謂之庶子衆物也淮南本經旁薄衆宜注○老子以閱衆甫王注云衆甫物之始也衆秫爾雅釋艸○釋文云衆音終萱按此音殊為贅設衆古音本讀平非獨衆秫為然

霢小雨也明堂月令曰霢雨說文段注月令無此文惟季春行秋令淫雨蚤降注云今月令曰衆雨漢人衆讀平聲即許所據之霢雨也但記文淫雨鄭注云霢雨許不當以小雨釋霢似小必是誤字終弃古文絿絲也說文段注按絿字恐誤疑下文縿字之譌取其相屬也廣韵云終極也窮也竟也其義皆當作冬冬者四時盡也故其引申之義如此俗分別冬為四時盡終為極也窮也竟也乃使冬失其引申之義終失其本義矣○萱按古文冬自終出小篆終自冬出故二字之義相因終充也儀禮士冠禮廣終幅注終遂猶充備也禮記鄉飲酒義節文終遂焉注終成也國語周語純明則終注○故高朗令終注云終猶成也終畢也國語周語庶人終食會語終則講於會注○禮記表記事君慎始而敬終注云疏云終事謂事畢也終竟也爾雅釋言彌終也注又左氏昭十三年傳求終事也注○孟子萬章下是以未嘗有所終三年淹也注云終者竟也又詩漸漸之石疏云終亦竟也又禮記鄉飲酒義疏云終謂終竟也終猶竟也論語衛靈公吾嘗終日不食皇疏又文選幽通賦終保己而貽則兮注○論語堯曰天祿永終皇疏云終猶卒竟也終盡也禮記儒行不能終其物疏又呂覽音律數將幾終注

又釋名釋喪制○素問診要經終論顯閣十二經脈之終注云終謂盡也終極也廣雅釋詁二又漢書嚴助傳注○莊子達生遊乎萬物之所終始注云終始者物之極終窮也廣雅釋詁四終猶已也左氏傳廿四年傳婦怨無終注終卒也國語周語令自大畢伯任之終也注又呂覽音律書民所終注○禮記檀弓上注云注云事卒為終終死也國語周語司民協孤終注終謂終沒也文選報孫會宗書送其終也注老者曰終周禮疾醫死終則各書其所以注君子曰終禮記檀弓上文王世子文王九十七乃終注樂義曰終大戴記小辨坤為終易訟終朝三褫之虞注革有孚終虞注象上傳終則有始虞注不坤為永終易象下傳君子以永終知敝虞注終古猶永古也文選吳都賦藏埋於終古劉注○莊子大宗師終古不忒釋文引崔注云終古久也又考工記總目則於馬終古登阤也注云齊人之言終古猶言常也諸言法陰之類皆曰終鬼谷子捭闔三辭曰終辭不許也儀禮士冠禮賓禮辭許注識終自周季冬也周禮宰夫注大司徒注旦至食時為終朝易訟終朝三褫之釋文引司馬注○萱按詩采綠終朝采綠傳

略同終日風為終風詩終風終風且暴傳○釋文引韓詩云終風西風也十成為終周禮小司徒注引司馬法終南周之名山中南也詩終南終南何有傳○後漢書班彪傳注云終南長安南山也終葵椎也考工記玉人抒上終葵首注又禮記書馬融傳注○爾雅釋艸終葵蘇露內則釋文又後漢釋文云終本亦作葵萱按終葵一名落葵俗以其可蘇而加艸作葵即腿脂萊也椎之首象其葉故借名焉終牛棘爾雅釋艸○注云終即馬棘也崇終也詩蝃蝀崇朝其雨傳河廣曾不崇朝傳又淮南氾論不崇朝而雨天下者注又國語楚語思念前世之崇替注又文選陸士衡樂府注引國語賈注○萱按此謂崇即終之段借字也又書君奭其終出于不祥釋文云終馬本作崇終詞之既也王氏引之經傳釋詞云家大人曰終詞之既也左傳傳廿四年注云終猶已也已止之已曰終因而已然之已亦曰終故曰詞之既也詩終風且暴毛傳曰終日風為終風韓詩曰終風西風也此寄緣詞生訓非經文本義終猶既也言既風且暴也燕燕終溫且惠言既溫且惠也北門終窶且貧言既窶且貧也伐木終和且平言既和且平也甫田終善且有言既善且有也正月終其永懷又窘陰雨言既長憂傷又仍陰雨也終與既同義故或上言終而下言且或上言終

而下言又說者皆以終為終竟之終而經文上下相因之指遂不可尋矣定之方中曰卜云其吉終然允臧然猶而也言既而允臧也說者以終為終竟亦失之引之謹案載馳句許人尤之眾穉且狂眾讀為終古多借眾為終終既也穉驕也此承上文而言女子善懷亦各有道是我之欲歸未必非也而許人偏見輒以相尤則既驕且妄矣益自以為是驕也以是為非妄也毛公不知眾之為終而云是乃眾幼穉且狂許之大夫豈必人人皆幼耶

濘 或作汝汵 濘水也 說文段注廣韻集韻皆曰在襄陽

鼨 𪕰籀或作鼨 豹文鼠也 說文段注釋獸曰鼨鼠豹文鼮鼠郭讀以豹文下屬云鼠文采如豹者漢武帝時得此鼠孝廉郎終軍知之賜絹百疋按文選注藝文類聚皆引竇氏家傳載此事系之光武時竇攸以豹文為鼮鼠則同惟唐書盧若虛傳云時有獲異鼠者豹首虎臆大如拳職方辛怡諫謂之鼮鼠而賦之若虛曰非也此許慎所謂鼨鼠豹文而形小一坐盡驚玉裁謂他人讀爾雅皆豹文鼮鼠為句終軍竇攸辛怡諫從之許讀爾雅鼨鼠豹文為句盧若虛從之其是非詎難定也許有鼨無鼮疑爾雅大字為一物○爾雅釋文引字林云鼨豹文鼠也○

螽 ○或作螺蟁螽 蝗也 說文段注蝗下曰螽也是為轉注按爾雅有蛗螽艸螽蜇螽蟿螽土螽皆所謂螽醜也蜇螽詩作斯螽亦云螽斯毛許皆訓以蜙蝑皆螽類而非螽也惟春秋所書者為螽○列子仲尼折春螽之股釋文云螽一曰蝗也 螽蝗子也 爾雅釋蟲蛗螽蠜李注○詩艸蟲釋文引毛詩艸木疏云今人謂蝗子為螽 始生曰蝝大曰蝝 公羊宣十五年傳未有言蝝生者注 螽猶眾也 公羊文三年傳記異也注古徵書引春秋佐助期云螽○之為言眾暴寡也 蝝若煩擾之所生 公羊桓五年傳記災也注 螽蟲災也 穀梁桓五年傳僖十五年傳○藝文類聚引劉向洪範五行傳云春秋之螽者蟲災也 螽即螟也 漢書劉向傳水旱饑蝝螽螟注 螽似蝗而小今謂之土蝶 爾雅釋蟲土螽蠰谿注○山海經東山經見則螽蝗為災注云螽蝗類也 螽斯名蚣蝑一名舂黍似蝗而小 太平御覽引毛詩提綱○萱按詩螽斯傳七月傳又左氏穀梁桓五年經注又後漢書荀爽傳注說竝略同 螽蝗引無也 廣雅釋蟲 螽醜奮 爾雅釋蟲○太平遇周遇 螽注云螽螫蟲也萱按蛓屬乃螫蟲也螽似不當言螫

充 處娀切 長也 高也 說文 充實也 穀梁莊廿五年傳言充其陽也注又漢書蕭望之傳注又荀子儒效若夫充虛之相施易也注又呂覽下賢精充天地而不竭注審分充以卑下注又淮南精神使神滔蕩而不失其充注主術此皆有充於內注○呂覽正名不肖者之充注云充亦實也 充者實也充是誠實 詩山有扶蘇傳子充良人也疏 充塞也 廣雅釋詁三又釋名釋首飾又小爾雅廣詁○儀禮士喪禮瑱充耳疏云充即塞也 充盈也 淮南兵略此善為充幹者也注 充滿也 禮記玉藻注人君充之疏又左氏襄卅一年傳寇盜充斥注又廣雅釋詁一又素問湯液醪醴論津液充郭注解精微論髓者骨之充也注又漢書董仲舒傳注又後漢書郭伋傳注又孟子萬章下充類至義之盡也注又呂覽重己味眾珍則胃充注又文選東京賦以龍輅充庭薛注○離騷蘇糞壤以充幃兮注懸命伊皋之倫以充廬注竝云充猶滿也 充大也 淮南說山近之則鍾音充注○呂覽必已禍充天地注云充猶大 充行也 廣雅釋詁一 充當也 漢書揚雄傳上注又後漢書班彪傳下注 充竟也 小爾雅廣詁 充備也 公羊桓四年傳三曰充君之庖注又小爾雅廣言 充猶足也 周禮大府以充府庫注 充猶全也 列子仲尼南郭之兒充心虛注 充

猶居也 周禮圉師射則充椹質注 充猶覆也 禮記玉藻服之襲也充美也注 充猶襲也 禮記玉藻服不充疏 充猶肥也 周禮地官序官充人注又儀禮特牲饋食禮宗人視牲告充注 充養也 方言十三又廣雅釋詁一 充謂道也 管子內業發其充注 敬誠立而敢斷輔善而相義者謂之充 大戴記保傳 充盈猛厲 荀子子道色充盈注 顏 充詘歡喜失節之兒 禮記儒行不充詘於富貴注○家語儒行註云充詘踴躍參擾之兒 陰陽姦謂之充 周書文政充虛為害注 充耳盛飾也 ○詩旄丘褎如充耳傳箋云充耳塞耳也 幅廣為充 方言一○萱按漢石門頌八方所達益域為充此段充為衛也

忡 ○俗惱憹 有惪也詩曰憂心忡忡 說文段注也當作兒按 忡忡憂也 爾雅釋訓 忡忡猶衝衝也 詩艸蟲憂心忡忡傳又後漢書東平憲王蒼傳注 忡惱怖意也 方言十二惱怵中也注○萱按子雲作中字也注用正字 借 憹憹憂也 廣雅釋訓 憹憹憂心兒 楚辭雲中君極勞心兮憹憹注

娀選充切帝高辛氏之妃偰母號也詩曰有娀方將說文段注偰見人部高辛氏之子堯司徒殷之先也商頌天命玄鳥降而生商傳曰春分玄鳥降湯之先祖有娀氏女簡狄配高辛氏帝率與之祈於郊禖而生契故本其為天所命以玄鳥至而生焉按有娀諸家說為國名長發鄭箋云有娀氏之國亦始廣大許云偰母號者以其國名為之號故長發傳曰有娀契母也是亦以為號也娀契母之本國名詩玄鳥釋文有娀在不周之北淮南墬形

豐粉充切豐古文豆之豐滿也从豆象形一曰鄉飲酒有豐侯者說文段注豐謂豆之大者也引申之凡大皆曰豐方言曰豐大也凡物之大兒曰豐又曰朦尨豐也豐其通語也趙魏之郊燕之北鄙凡大人謂之豐燕記豐人杼首燕趙之間言圍大謂之豐許云豆之豐滿者以其引申之義明其本義也周頌豐年傳曰豐大也然則豐年亦此字引申之義而賈氏儀禮疏不得其解豐象豆大也此與豐上象形同耳大射儀注曰豐其為字从豆曲聲近似豆大而卑矣似鄭時有曲字但鄭注轉寫至今亦多譌誤曲聲之聲或走勝字一曰云云此別一義鄉當作禮與觚下觶下之誤同禮

飲酒有豐侯者謂鄉射燕大射公食大夫之豐也鄭言其形云似豆卑而大說者以為若井鹿盧言其用於鄉射云所以承爵也於大射云以承尊也公食大夫之豐亦當是承爵燕禮之豐亦當是承尊各就其篇之文釋之禮但云豐許云豐侯者蓋漢時說禮家之語漢律厤志王命作策豐刑竹書紀年成王十九年黜豐侯阮諶曰豐國名也坐酒亡國崔駰酒箴曰豐侯沈湎荷罌負缶自戮于世圖形戒後李尤豐侯銘曰豐侯荒謬醉亂迷逃乃象其形為禮戒式後世傳之圖無正說三君皆後漢人諶撰三禮圖者漢人傳會禮經有豐侯之說李尤以為無正說鄭不之用許則襲禮家說也

豐所以承觶者也如豆而卑儀禮公食大夫禮加于豐注○萱按凡大射鄉射鄉飲燕聘各注釋豐略同豐大也易象下傳又周禮鄉師注匠師主豐碑之事疏又考工記函人欲其豐也注矢人羽豐則遲注弓人角欲青白而豐末注又國語周語嗇義豐功謂之仁注其亦必有豐敗也戴注又漢書五行志下之上注又後漢書班彪傳注又方言一又太玄大豐嗇啃壯注又莊子山木夫豐狐文豹釋文引司馬注又楚辭懷沙謹厚以為豐注○易序卦云豐者大也豐者多大之名盈足之意易豐豐亨疏○又云財多德大故謂之為豐又雜卦傳云豐多故也豐厚也國語周語艾人

必豐注豐民人也注晉語今晉侯不量齊德之豐否注豐兄弟之國注利以豐民注又後漢書胡廣傳注又楚辭大招豐肉微骨注○周禮大司徒其民豐肉而庳注云豐猶厚也豐之言腴充滿意也易豐釋文引鄭注○豐注云豐之為義闡宏微細通夫隱禘若也又釋文云豐腴厚光大之義豐滿也廣雅釋詁一豐盈肥滿也文選神女賦兒豐盈以莊姝兮注豐胗亦肥多之義詩楚茨箋庶胗也疏豐饒也文選西京賦地沃野豐薛注東京賦外豐葭菼薛注豐茂也詩湛露在彼豐草傳生民茀厥豐草箋又禮記曲禮下韭曰豐本注又國語周語豐殖九穀○漢書司馬相如傳下沵豐艸注云豐艸茂艸也豐盛也國語楚語不為豐約舉注又呂覽當染弟子彌豐注又文選東京賦仁洽道豐薛注○易象下傳日中則昃荀注云豐者至盛豐融盛兒文選琴賦豐融披離注豐形林木兒也後漢書馬融傳注豐年大有年也詩豐年箋豐水即泡水也水經泗水注○淮水注云豐水即窮水也○萱按禹貢灃水漢書作酆水出右扶風鄠縣非水經豐水也豐席刮凍竹席書顧命敷重豐席鄭注○晚出傳云豐莞豐文王廟所在書召誥則至於豐馬注○萱按此與大雅

作邑于豐皆段為酆字也

寷大屋也易曰豐其屋說文段注易曰云云豐上六爻辭偁此說寷从宀豐會意之指宀屋也豐大也故寷之訓曰大屋此與偁百穀艸木麗於地說麗从艸麗同意經典釋文不得其解乃云麗說文作䕻豐說文作寷大小徐皆於引易作䕻寷之字其繆非一日矣寷大也廣雅釋詁一

酆灃或作周文王所都在京兆杜陵西南說文段注詩書皆作豐左傳酆文之昭也字從邑前後二志亦作酆大雅曰既伐于崇作邑于酆杜預曰酆在鄠縣後志曰酆在京兆杜陵西南按京兆尹杜陵二志同今陝西西安府府東南十五里有故杜陵城○萱按文選西征賦注引詩作邑于豐酆鄗二水名後漢書馮衍傳注○書禹貢引地理志灃水出扶風鄠縣東南萱按漢書地理志右扶風鄠縣下作酆水出東南然則灃字乃孔沖遠所改又禹貢灃水攸同東會于灃漢志作酆水道同東至于酆豐文王所都晚出書畢命至于豐傳○召誥則至于豐馬注云豐文王廟所在

鱧䵑麥也說文段注周禮籩實有鱧大鄭熬麥曰鱧後鄭云今河閒以北煑種麥賣之名曰後鄭謂逢即鱧之遺語也種釋文直龍反是種稑之種程氏瑤田曰熬黄蓋通偁熬乾煎也荀卿子午其單取其粉若擬鱧蓋麥乾煎則質輕故以爲易之況今南方蒸稬米爲飯曝乾煬之呼爲米蓬與鄭云逢昔合遵齊皆乾物餌餈亦必以粉全之然則黄麥非麥術也今人適呼乾熬爲煬說文鬻爲熬也

鱧熬麥也儀禮有司徹鱧蓄注鱧麥之芽蘗也荀子富國注

竈夏后時諸侯夷羿國也說文段注弓部曰羿帝嚳射官夏少康滅之羽部曰羿羽之羿風亦古諸侯也按羿古通用云帝嚳射官而夏少康滅之則羿夏之夷羿即帝嚳射官之後裔明矣夷羿見左傳虞箴左傳魏絳云夏訓有之曰有窮后羿昔有夏方衰后羿自鉏遷於窮石因夏民以代夏政寒浞殺羿靡滅浞立少康有窮由是遂亡今左傳作窮許所據作竈今古字也左氏之竈石杜不言其地所在蓋非山海經離騷淮南子所云弱水所出之竈石也地理志說文皆云弱水出張掖山丹則山海經離騷淮南子所云竈石當在山丹漢山丹今爲甘州府山丹縣距夏都安邑甚遠然許鄯善之下即出竈字因謂西北邊地○說出書五子之歌有竈后羿傳云有窮國名

竆或作窮極也說文段注或段爲躳字如鞠躳古作鞠竆○廣雅釋詁一又後漢書酷吏傳注又荀子富國縱欲而不竆注又呂覽決勝則不可竆矣注安死智巧竆屈注下賢與物變化而無所終竆注又法言重黎卒竆時戮注又楚辭雲中君橫四海兮焉竆注又文選西京賦目觀竆薛注東京賦不竆樂以訓儉薛注竝云竆極也

竆亦極也呂覽執一竆日月注○山海經大荒南經赤水竆焉注云竆流極於此山也

竆盡也禮記樂記竆高極遠而測深厚疏又論語堯曰四海困竆皇疏又莊子養生主指竆於爲薪注又列子湯問飛衛之矢先竆注又淮南子修務竆道本末注○禮記禮運欲一以竆之注及疏竝云竆謂竆盡

竆竟也小爾雅廣詁

竆終也漢書律歷志上注引孟康○詩考槃序使賢者退而竆處疏云竆猶終也

竆謂終始莊子庚桑楚與物竆者物入焉注

竆巳也淮南原道應無竆注竝

不竆不止也禮記儒行儒有博學而不竆注

無竆無形也淮南道應太清問於無竆注○墨子經上云竆或有前不容尺也

竆無喜太玄衡

竆思索太玄錯

竆於道之謂竆莊子讓王又呂覽慎人又風俗通竆通

說而不能竆也大戴記曾子立事

竆謂不省之人周書常訓上賢

而不竆注

竆謂計無所出也荀子禮論亂則竆注

坤稱竆易象下傳志竆災也廣注

竆困也國策秦策公孫衍欲竆張儀注又荀子富國亂則竆矣○雖居不相待則竆矣注云竆謂爲物所困也

竆宭也楚辭天問阻竆注

竆貧也廣雅釋詁四

竆匱也荀子修身不竆而通者積焉注竆

竆謂全無生業左氏昭十四年傳分貧振竆疏

無三年之畜謂之竆淮南主術

竆者罰之也呂覽振亂

竆謂竆究失職周禮大僕以待達者與遽令司農注

竆鰥寡孤獨曰竆呂覽季春賜貧竆注慎大以振竆困注又淮南時則○周禮大司徒三曰振竆注云竆者有四曰矜曰寡曰孤曰獨

竆民天民之竆而無告者周禮大司寇以肺石達竆民注○莊子天下音不磬無告注云無告者所謂竆民也

竆君小國迫脅之君也管子修身不如事竆君而順焉注

竆髮北方無毛地也莊子逍遙遊竆髮之下釋文引崔注○司馬注云竆髮北極之下無毛之地萱按北極之下四字未諦據周髀言北極下無日光人不可居若不毛之地未嘗無人

竆石山名也淮南墜形弱水出自竆石注

竆奇天神也淮南墜形

竆奇廣莫風之所生也注

竆奇號曰神狗山海經西山經邽山有獸焉名曰竆奇注○廣韻云竆奇獸名聞人鬭乃助不直者

有竆國名萱按國名當作有竆俗亦通用竆

藭或作藭营藭也說文段注营藭疊韻○萱按营藭香艸也所以禦濕左傳作鞠竆段借字也藭竆同音营鞠雙聲

嚚所呂枝鬲者說文

融融籀炊气上出也說文段注釋詁毛傳方言皆曰融長也此其引伸之義也通作彤思糸賦展泄泄以彤彤廣成頌彤蔚蔚豊

融高也左氏昭五年傳明而未融服注

融長也國語周語顯融昭明注又文選東京賦昭明有融薛注○方言一云融長也宋衛荆吳之間曰融

融者續也白虎通

融明也國語鄭語命之曰祝融注又釋名釋丘又御覽引崔靈恩禮記義宗又史記楚世家集解引虞翻丞原貫生傳編融淪正義引顧野王又文選月賦淪精而漢道融注

融朗也左傳昭五年注又後漢書李儒傳注

融猶通也文選景福殿賦品物咸融注

融猶銷也文選遊天台山賦融而爲川瀆注

融融和樂也左氏隱元年傳注其樂也融融注祝融

明兒左氏昭廿九年傳火正曰祝融○國語周語融降於崇山注云融祝融也祝融者祝屬也白虎通五行○祝睦後碑云淳燿天地曰祝融融泄動兒也文選景福殿賦隨雲融泄注賦融裔聲長也文選崖賦淑宏融裔注融風艮之風也後漢書蔡邕傳下注再成銳上為融丘爾雅釋丘○釋名釋丘云上曰融丘銳商謂之融萱按此段融為彤也蟲蟲而熱詩雲漢蘊隆蟲蟲傳萱按此段蟲為融也蟲蟲是熱氣蒸人之兒詩雲漢疏

彤或書作彤○七部九部兩讀義分船行也說文○萱按此本義也讀若琴見七部彤祭乃引申之義讀若融亦借融作彤者彤彤不絕公羊宣八年傳繹者何注○數祭宣八年傳之祭之明日之享賓也注云謂之彤若彤是不絕之彤若相尋不絕之意爾雅釋天繹注又商曰彤○爾雅釋天書高宗彤日疏彤日晚出傳云祭之明日又祭殷曰彤商謂之融詩絲衣序繹賓尸也○後漢書張衡傳注云彤與融同

熊八部九部兩讀注在彼○俗有鱗攏鱗

隆呂崇切隸作隆豐大也說文段注漢志河內郡隆慮應劭曰隆慮山在北避殤帝名改曰林慮也按臨與隆合韻故毛詩臨衝韓詩作隆衝隆豐厚荀子禮論以隆殺為要注隆厚也荀子儒效有師法則隆積矣注禮論故三年以為隆注○史記禮書索隱云隆猶厚也隆猶備也荀子賦皇天隆物以示下民注隆多也淮南繆偁禮不隆注○禮記祭義頌而隆長者注云隆猶多也隆長也漢書王莽傳上注隆上也易大過棟隆廣注隆高也易略例隆墀永歎注又國策齊策雖隆薛之城注又史記高祖紀隆準而龍顏集解引應劭又漢書高帝紀同王吉傳注又後漢書光武紀上注李周傳注又小爾雅廣詁又孟子音義上引丁音又呂覽期賢段千木之隆注又淮南氾論隆衛以攻隆盛也禮記檀弓上道隆則從而隆注釋文又國語吳語無蔡當泰而福隆注吳語大夫貞隆於越注又國語吳語大夫貞隆注隆長利子孫又呂覽論隆注又淮南此氾論世主之隆也注又楚辭怨思棄隆波而南隆注又淮南南分注○禮記樂記是故樂之隆注云隆猶波而南犧隆注又淮慶素問生氣通天論日中而陽氣隆注○史也記禮書是謂太隆索隱云隆者盛也高也盛也隆猶高也盛隆禮謂盛行禮也

禮記經解隆禮由禮謂之有方之士注隆謂尊盛之也禮記經解是以先王隆之也注○荀子致士君者國之隆也注云隆猶尊也隆崇妹起也文選子虛賦隆崇峷萃郭注○西京賦乃隆崇而宏數薛注云隆崇高也隆積不平兒文選海賦鬱沏迭而隆積注隆窮槩磬也漢書司馬相如傳下詘折隆窮注引張揖隆屈也文選魯靈光殿賦釋隆也謂此賦隆崛隆字與平子言隆屈同○萱按此非以西京賦屈狀曰終南太一隆屈崔吻乎青雲王本發張語嵬又漢書楊雄傳下隆者絕注云隆雷聲也隆隆而雷詩雲漢隆隆是雷聲蟲蟲不絕疏傳云隆隆而雷注蘊隆雷隆豐隆雷也後漢書張衡傳注○注水經淮河南之文選思玄賦豐隆其震霆兮舊注云豐隆雷也乃張衡出注又淮豐隆雲師也漢書司馬文選思乎賦注云豐隆雲師又引廣雅釋天云雲師謂之豐隆云豐隆之滂濞注引應劭○文選相如傳下注涉豐隆之曰師也以交集分注云豐隆曰雲師又廣雅釋天中隆云爾雅釋山中央高注隆屈奮也南楚之外謂之蓬或謂之車枸簍方言九謂之車隆屈廣雅釋器○隆穹所謂車奮若耳漢書季布傳注廣柳車中置隆強言體隆而強也釋名釋車

癃篇作癃○或罷病也說文段注病當作癃罷者廢置之意凡廢置不能事事曰罷癃平原君傳躄者自言不幸有罷癃之病然則凡癈疾皆得謂之罷癃師古注漢書改罷癃作癃病非許意也癃病也史記平原君虞卿傳集解引徐廣又後漢書光武紀下注引蒼頡篇高帝紀下年老癃病勿遣注云癃疲病也漢書癃病篤疾淮南覽冥癃病平公癃注膀胱不利為癃素問宣明五氣論癃閎注云癃小便不通大癃謂不得小便也奇病論有癃者小便注云癃小便不得也

鼕或作鼕鼓聲也說文段注此當云鼕鼕鼓聲也○讀若冬徒冬切二切本皆作鼕鼕篇韵良弓切其作鼕

崇處戎切或作嵩崧嵩山大而高也說文段注各本皆作嵩高三字鼕之變也說文釋名易注引詩解大雅崧高維嶽嵩即崇字今依毛傳釋山崇巍也高也釋名用作嶽山大而高曰嵩孔子閒居引詩作崧嵩高作嶽毛傳山大而高曰崧嵩山二形皆即崇之異體章注國語云嵩古通用崇山崇高太平皆曰嵩及徐鉉引其語詩序曰崇丘萬物之得極其高大也字此崇御覽訓也河東賦職帝唐詩之崇高周大寧嵩高之崇之故之漢山如岳嵩如不頌謂崇而不頃中嶽禹即之外也秦名大室漢武帝始謂之崇高山囷以山下戶三百為奉方

邑名曰崇高獻武帝紀郊祀志地理志封禪書可證崇字地理志作宗地之小異耳史漢或崇嵩錯出要無疑為一字惟後漢書靈帝紀熹平五年復崇高為嵩高山語大可疑證以東觀記堂谿典請雨因上言改之名為嵩高山是則非復崇高為嵩高乃改崇高為嵩高蓋其時六書之學不明謂嵩與崇別而改之沿至今日尚仍其誤李賢注云前書武帝祠中嶽改嵩高為崇高前書未嘗有此文武帝改大室為崇高武帝以前但曰大室不曰嵩高也崇高本非中嶽之專傳故淺人以崇為汜辭嵩為中嶽強生分別許造說文不取嵩崧字益其時固燎然也崇之引伸為凡高之傳大雅福祿來崇傳曰崇重也禮經崇酒注崇充也鄘風崇朝其雨傳曰崇終也皆音近假借或問釋山嵩高為中嶽非古名嵩高之證與曰嵩即崇字封禪書曰秦有大室祠大室嵩高也此謂秦之大室即漢之崇高也釋山之嵩高蓋漢人語非本經故許嶽字下言大室不言崇高〇萱按桐柏碑宮廟嵩峻三公山碑厥體嵩[illegible]嵩即崇字也或說嵩為聲之段借誤也

崇高也

爾雅釋詁又考工記總目崇於軫四注輪已崇注旗人崇四尺注梓人廣與崇方注匠人堂崇三尺注廣與崇方注又儀禮大射儀大侯之崇見鵠於參注又禮記檀弓上注王制樂正崇四術注文王世子崇德也注明堂位崇坫注又國語周語不崇蓺注封崇九山注天所崇之子孫注夫

宮室不崇注魯語若為小而崇注齊語惟女是崇注晉語其子孫不可不崇也注又後漢書班彪傳上注傳下注又文選西京賦與黃比崇薛注引史記思玄賦二女感於崇嶽兮舊注〇初學記廿四引白虎通云天子曰崇城言崇高也

崇積也

廣雅釋詁一

崇聚也

書酒誥矧曰其敢崇飲晚出傳又左氏隱六年傳芟夷蘊崇之注僖廿四年傳棄德崇姦注文十八年傳崇飾惡言注昭元年傳崇卒也注又廣雅釋詁三又漢書五行志中之下注

崇叢也

小爾雅廣詁

崇多也

爾雅釋宮孫注

崇猶益也

國語周語用巧變以崇天災注

崇厚也

詩烈文維王其崇之箋

崇立也

詩烈文傳

崇長也

左氏成十八年傳今將崇諸侯之地注

崇充也

爾雅釋詁又釋名釋道又書君奭馬注又儀禮鄉飲酒禮崇酒注鄉射禮注大射儀主人不崇酒注燕禮注有司徹再拜崇酒注又禮記樂記六成復綴以崇注又荀子賦曾不崇日又楚辭招魂汜崇蘭些注〇萱按此崇再引伸之義也謂為充之段借字亦得

崇亦為充盛

爾雅釋詁注

崇高盛也

後漢書杜篤傳注

崇猶興也

文選西京賦進明德而崇業薛注

崇飾也

國語周語容皃有崇注楚語容皃之崇注

崇尚也

漢書貢禹傳注

崇尊也

國語周語崇立上帝

明神而敬事之注〇禮記祭統崇祀宗廟社稷注云崇猶尊也

崇重也

爾雅釋詁又書盤庚中高后丕乃崇降罪疾晚出傳又公羊傳卅一年傳不崇朝注又儀禮鄉射禮注盛禮已崇疏又禮記明堂位殷之崇牙疏引皇氏又後漢書李固傳注〇萱按重崇義近謂崇為借字亦無不合

崇終也

萱按此謂崇為終之段借字

上下為崇

周禮司常注廣與崇方疏

崇國名

禮記明堂位崇鼎注

崈緜國

國語周語崈伯緜注有

崇崇牙旌旗飾也

禮記檀弓上設崇殷也注〇家語終記注云崇崇牙又詩有瞽崇牙樹羽傳云崇牙上飾卷然可以飾也

八達謂之崇期

爾雅釋宮〇釋名釋道云八達曰崇期

崇崇高皃也

文選甘泉賦崇崇圜丘注

崇山南喬也

書堯典放驩兜于崇山馬注又後漢書馮勤傳注朱穆傳注

崇崇高山也

國語周語融降於崇山注

嵩高中嶽也東謂太室西謂少室總名嵩也

文選懷舊賦注引戴延之西征記

嵩殊也亦高稱也

釋名釋山〇爾雅釋詁云嵩高也又風俗通山澤云嵩者高也

嵩者高也言峻大也

漢書楊雄傳上瞰帝唐之嵩高兮〇白虎通巡狩云嵩言其高大也注

崧即嵩也俱是高大

之皃

爾雅釋山釋文〇晉書音義上云崧音嵩本亦作嵩

高大曰崧

爾雅釋山李注

崧高皃

詩崧高傳

崧者山形竦然

詩崧高疏

沖涌繇也

說文段注繇搖古今字涌上涌也搖旁搖也小雅曰攸革沖沖毛云沖沖垂飾皃此涌搖之義豳風傳曰沖沖鑿冰之意義亦相近召南傳曰忡忡猶衝衝也忡與沖聲義皆略同也凡用沖虛字者皆盅之假借老子道盅而用之今本作沖是也尚書沖人亦空虛無所知之意

沖猶升也

素問解精微論惋則沖陰注

沖至也

呂覽重言飛將沖天注也

沖沖聲也

詩七月釋文

沖虛也中也沖調也沖稚也

萱按詳見盅下借字

盅器虛也老子曰道盅而用之

說文段注丘部曰虛大丘也引伸為虛落今之墟字也又引伸為空虛邶風其虛其邪毛曰虛虛也是其義也謂此虛字乃虛中之虛也盅虛字今作沖水部曰沖涌繇也則作沖非也沖行而盅廢矣

沖虛也

淮南原道沖而徐盈注又太玄少她自沖注又文選魏都賦帝德沖矣注引字書演連珠山盈川沖注〇

褚淵碑文注引字林云沖猶虛也沖虛也中也一切經音義廿六引字書○文選鵬鵩賦注引字書又老子道沖而用之注云沖中也萱按說文作道盅所據蓋善本也他本悉用借字沖漠沖虛恬漠也文選七命沖漢公子注沖調也淮南詮言之太沖注謂沖稚也漢書翟義傳注幼少在位曰沖後漢書沖帝紀注○萱按書金縢惟予沖人史記魯世家作惟予幼人沖童也書盤庚下肆予沖人晚出傳○疏云沖童聲相近皆是幼小之名

蟲

有足謂之蟲無足謂之豸說文段注有衆渾言以包析言者有衆析言以包渾言者此蟲豸析言以包渾言也蟲者蝡動之總名前文既詳之矣虫下蛛下故祇引爾雅釋蟲之文豸者欲長脊行豸豸然欲有所伺殺形也本謂有足之蟲因凡蟲無足者其行但見長脊豸豸然故得段借豸名今人俗語云蟲豸詩蘊隆蟲蟲毛傳曰蟲蟲而熱也按蟲蟲蓋融融之段借韓詩作炯許所不取○周禮大司徒疏又列子黃帝禽獸蟲蛾釋文茲云有足曰蟲又爾雅釋文云蟲有足者也蟲之為言屈申也古微書引春秋考異郵蟲狡也淮南覽冥狡蟲死注風為蟲家語

執轡○萱按義出於極素煩氣為蟲淮南精神虺蛇無足之物故謂之蟲也詩斯干箋虺蛇之蟲疏○萱按謂無足者為蟲與爾雅說文正相反姑備一說可爾蟲是鳥獸通名禮記儒行鷙蟲攫搏疏○詩雞鳴疏云鳥亦稱蟲又桑柔疏云蟲是鳥之大名蟲蟲是熱氣蒸人之兒詩雲漢疏○萱按此正當作融也又唐扶頌德及艸虫此虫為蟲之省字借字也詩艸蟲靈臺釋文又爾雅釋文蛀云蟲本或作虫若春秋蟲牢繁露竹林作蠱牢此形近字譌耳

汝崇切

戎

隸作戎○俗有棫兵也說文段注兵者械也月令乃教於田獵以習五戎注五戎謂五兵弓矢殳矛戈戟也按周禮司兵掌五兵鄭司農云戈殳戟酋矛夷矛後鄭云此車之五兵也步卒之五兵則無夷矛而有弓矢兵之引申之引申亦為卒旅兵可相助故引申之義小雅烝也無戎傳曰戎相也又引申為戎狄之戎又民勞傳戎大也方言戎大也宋魯陳衛之間語又鄭詩箋云戎猶汝也猶之云者以戎汝雙聲而通之也戎有讀若汝者常武之詩是也又有讀若棘者常棣之詩是也○易象下傳君子以除戎器虞注又書康誥殪戎殷疏又詩雨無正戎成不退傳又禮記檀弓上戎事乘驪注中庸

壹戎衣注又論語子路亦可以即戎兵集解引包注又國語周語以致戎於商牧注制戎以果毅注戎商必克注晉語必有女戎注非戎則非吾所知也注吳語王不設戎注又淮南時則注又文選東京賦戎士介而揚揮薛注綜云戎兵也又書立政其克詰爾戎兵疏云戎亦兵也又周禮巾車以即戎注云即戎謂兵事離為戎易同人伏戎于莽虞注夬莫夜有戎虞注象上傳自我致寇虞注象下傳君子以除戎器虞注五戎五兵謂刀劔矛戟矢也呂覽季秋注○淮南時則注云刀劔矛戟矢曰五兵○萱按高與先後鄭異亦備一說戎器軍器也禮記王制戎器不粥於市注戎軍旅也家語弟子行材任治戎注戎醜大衆爾雅釋天醜攸行注戎戎右軍右也左氏桓七年傳與其戎右少師注戎馬兵馬也淮南泰族庫馬動而戎馬驚注元戎兵車也文選閭居賦其西則有元戎禁營注○左傳十二年注元戎疏云戎車也宣小戎兵車也詩小戎小戎俴收傳又國語齊語故五十人為小戎注戎路兵車也禮記月令乘戎路注戎路白路也呂覽孟秋乘戎路注戎車草路也周禮戎僕掌馭戎車注○詩六月戎車既飭箋云戎車草路之等也戎車君所乘兵

車也左氏桓七年傳門丹獲其戎車注○周禮車僕掌戎路之萃注云戎路王在軍所乘也西方曰戎禮記王制又周禮職方氏司農注又周書職方五戎六狄之人民注又公羊隱三年公會于潛注西辟之民曰戎大戴記千乘戎狄夷蠻皆氏羌之別種也左氏經隱二年注○文十六年傳戎伐其西南注云戎山奏也戎大也爾雅釋詁又書盤庚上乃不畏戎毒于遠邇晚出傳又詩緜戎醜攸行傳思齊肆戎疾不殄傳民勞戎雖小子烝民纘戎祖考傳韓奕傳江漢肇敏戎功傳烈文念茲戎功傳又後漢書宋弘傳注戎猶汝也詩民勞箋嵩高○戎有良翰箋烝民箋韓奕箋江漢箋○後漢書周舉傳注云戎汝也戎相也爾雅釋言戎拔也廣雅釋詁三○方言三云戎拔也自關而東江淮南楚之間或曰戎戎者兇也通鑑注引風俗通戎者強惡也白虎通禮樂戎謂伐惡晚出書大禹謨惟口出好興戎傳戎戎者華形兒詩何彼襛矣傳襛猶戎戎也疏戎叔謂之荏菽爾雅釋艸○穀梁莊卅一年經齊侯來獻戎捷傳云戎菽也又釋文云戎叔也戎叔即胡豆也爾雅釋艸注又樊光云舍人李巡注又漢書天文志西北戎叔為注引孟康又管子戎出冬葱與戎

叔布之天下注○爾雅釋艸疏引孫注云戎叔豆也又周書王會山戎戎菽注云戎菽巨豆也

大戎宣王尸犬戎之神名也山海經大荒北經犬戎北有赤獸名曰戎宣王尸注

拭推也廣雅釋詁三

拭相也集韵引爾雅○萱按釋言作戎相也釋文云本作拭

泰州文獻

第四輯

春秋長曆

韻史（一）

鳳凰出版社

ISBN 978-7-5506-2199-2

9 787550 621992 >

圖書在版編目（ＣＩＰ）數據

春秋長曆、韻史、黄龍士先生棋譜等 / （清）陳厚耀等撰. -- 南京 : 鳳凰出版社, 2015.9
（泰州文獻）
ISBN 978-7-5506-2199-2

Ⅰ. ①春… Ⅱ. ①陳… Ⅲ. ①泰州市－地方史－史料
Ⅳ. ①K295.33

中國版本圖書館CIP數據核字(2015)第192370號

責任編輯　王愛榮
裝幀設計　姜　嵩
出版發行　鳳凰出版傳媒股份有限公司
鳳凰出版社(原江蘇古籍出版社)
發行部電話 025－83223462
出版社地址　南京市中央路165號　郵編:210009
出版社網址　http://www.fhcbs.com
印　　刷　揚州文津閣古籍印務有限公司
揚州市開發區鴻揚路22-2號(6幢)　郵編:225009
開　　本　889毫米×1194毫米　1/16
印　　張　166.5
版　　次　2015年9月第1版　2015年9月第1次印刷
標準書號　ISBN 978-7-5506-2199-2
定　　價　2400.00圓(全四册)

《泰州文獻》工作委員會

主　任

藍紹敏　陸志鵬

常務副主任

盧佩民

副 主 任

戴勝利　王學鋒　張培成　佘江涛

委　員（按姓氏筆畫为序）

丁少華　方標軍　成愛君　季春芳　周興安

查學斌　姜小青　奚愛國　陳士宏　黄林華

曹茂良　曹學賦　許大才　張國祥　萬永良

程榮穩　鄒祥龍　費振鐘　劉　玲　劉仁前

劉宏鳴　潘時常　薛金林　顧維中

《泰州文獻》編纂委員會

主　編

盧佩民

副主編

黄林華　姜小青

執行主編

成愛君　費振鐘

編　委（按姓氏筆畫为序）

王　飛　王　劍　王正奎　卞惠興　朱長順　全　勤

李文華　李明官　吴　迪　吴小晴　吴雙林　汪　政

沈　俊　林世田　莫其康　倪培翔　徐一清　徐同華

高　峰　陳　立　黄　靖　曹學林　常　康　張　定

張永龍　劉仁前　劉春龍　潘浩泉　薛　飛　謝冬榮

竇立成　顧寄南

《泰州文獻》學術指導委員會

（按姓氏筆畫为序）

江慶柏　金良年　茅家琦　華學誠　徐　雁　畢飛宇

程章燦　楊九俊　魯國堯　劉玉才　顧　農

總序

泰州古稱海陵，漢初（公元前一一七年）置縣，晉末（公元四一一年）設郡，南唐（公元九三七年）建州，始稱泰州。

泰州濱江近海，物阜民豐。漢唐以來，糧鹽並舉，商貿繁榮，爲溝通南北的重要港口城市。泰州素爲文教昌明之邦。唐初立州學，北宋建貢院，明清開學政試院，産出大批科舉優秀人才。泰州自古人文薈萃。走進泰州的，從范仲淹、富弼、陸佃，到孔尚任、吴讓之、蔣春霖，都留下深遠影響。走出泰州的，從張懷瓘、胡瑗、施耐庵、王艮，到李清、吴嘉紀、柳敬亭、黄龍士、李鱓、鄭燮、劉熙載、李詳、梅蘭芳、高二適，都在各自領域爲中國文化作出巨大貢獻。

泰州遺存的文獻也很豐富。僅據《江蘇藝文志》所載，便有二千七百餘種，涵蓋經、史、子、集的方方面面。其中，尤以明清時期爲夥，占到百分之九十九以上。這當中不排除由於種種原因，致使元以前的一些著述湮没無聞，但明清兩代，確是泰州文化的繁盛期。在這些文獻中，如《書斷》（張懷瓘）、《水滸傳》（施耐庵）、《王心齋先生遺集》（王艮）、《宗子相集》（宗臣）、《陋軒詩集》（吴嘉紀）、《板橋全集》（鄭燮）、《藝概》（劉熙載）、《李審言文集》（李詳）、《黄龍士先生棋譜》等，在中國文化史上都有重要地位和深遠影響。

與此同時，對鄉邦文獻進行整理的也代不乏人。自宋至清，周氏（周麟之等）、宫氏（宫偉鏐等）、陳

氏（陳應芳等）、徐氏（徐鳴柯等）等都曾致力其事，爲泰州留下了許多寶貴的文化財富。清嘉道間，鄉人夏荃編輯《海陵文徵》二十卷、附録十二卷，《海陵詩徵》十卷。民國初年，曾任江蘇省省長的鄉人韓國鈞歷經十餘年編成《海陵叢刻》計二十三種六十六册。

二〇一一年九月召開的中共泰州市第四次代表大會，提出了建設文化名城的任務。爲此，中共泰州市委、泰州市人民政府決定編纂《泰州文獻》。這是泰州有史以來對本土文獻最大規模的整理和彙編。它對於保存、利用、研究和開發泰州的歷史文化，尋繹泰州獨特的地方文化價值，爲泰州文化建設提供歷史人文資源，意義重大。

爲了保證編纂工作的順利進行，市委、市政府專門成立了工作委員會、編纂委員會和學術指導委員會。工作委員會由市委、市政府領導和相關部門負責同志組成，負責對編纂工作的領導和協調。編纂委員會由相關專家、學者組成，具體負責《泰州文獻》的編纂出版工作。學術指導委員會由江慶柏、魯國堯、程章燦、茅家琦、華學誠、徐雁、金良年等國内知名文史專家組成，負責對編纂工作的指導和把關。

編纂工作按如下幾個步驟進行：（一）進行文獻調查，建立文獻檔案；（二）精選有代表性、有學術價值的作品影印出版，選目由編纂委員會和學術指導委員會共同審議確定；（三）編輯出版《泰州文獻總目》。

《泰州文獻》分爲四輯：

第一輯『官修舊志』，收録泰州地區現存所有官修地方志。

第二輯『地方史料文獻』，收録泰州地區歷代重要的筆記和史料。按内容又可分爲史地類：收録有關泰

州歷史地理方面的著作，包括小志、專志、雜志等；政情類：收録有關泰州政治、經濟等方面的著作；文教類：收録有關文化、教育、圖書館等方面的著作。

第三輯『家族文獻』，收録泰州地區重要的家譜、家傳、家集與名人年譜。按内容又可分爲家乘傳記類：擇要收録泰州家族譜牒中的譜序、家規、家訓、箴言、族約、族記、祠田記、塋田記、雜記、著述等資料；家族總集類：以家族姓氏筆畫爲序。

第四輯『泰州文存』，收録泰州地區作者的詩文著作及其他代表性著作。按内容又可分爲學術論著類：收録泰州作者的經史雜著；文集類：收録泰州作者的詩文集；地方總集類：收録泰州作者的詩文合集。考慮到《水滸傳》、《封神演義》（《辭海》云『一説陸西星作』）、《檮杌閑評》（學界多謂李清所作）等小説流傳甚廣，版本豐富，故不再收録。其他如堪輿、術數類著作，泰州人撰泰州地區以外的地方志、地理志類著作，一般性的彙編、摘鈔類著作，亦不予收録。

《泰州文獻》原則上收録現轄區内的作家作品。但從尊重歷史出發，泰州學派創派人物、明代思想家、哲學家王艮，平民詩人吴嘉紀等人，歷史上均屬於泰州地區，對泰州地區具有深遠的文化影響，他們的作品亦予收録。

前人給我們留下了豐厚的文化遺産，我們既要加以珍視和傳承，更要在前人的基礎上，創造出無愧於今天這個偉大時代的新篇章。這是我們更重要的使命，讓我們爲之努力。

《泰州文獻》編纂委員會

二〇一三年十月十八日

凡例

一、《泰州文獻》（以下簡稱《文獻》）分爲《官修舊志》、《地方史料文獻》、《家族文獻》和《泰州文存》四輯。

二、《文獻》收録範圍原則上爲現行政轄區内作者的著述和與泰州有關的重要著述，但考慮到歷史上曾屬於泰州地區的人物，如泰州學派的代表人物王艮、平民詩人吴嘉紀等對泰州文化深具影響，對他們的作品亦予收録。

三、所收著作成書年代限於一九四九年以前。

四、《文獻》所收著作，以學術價值、使用價值較高爲原則，適當兼顧版本價值。

五、《文獻》以影印方式出版。如有蠹損、殘缺、漫漶不清處，原則上以相同版本予以補配，以保證完整、清晰。

六、《文獻》對所收每種著作均撰寫提要，置於該著作前面，以方便讀者瞭解作者生平、主要内容、學術價值等。

七、《文獻》除保留所收著作原有頁碼外，均新編頁碼，每册頁碼自爲起訖。

八、《文獻》最後一册編有書名索引和作者索引，以方便讀者使用。

目録

春秋長曆

（清）陳厚耀 撰

《春秋長曆》十卷，清陳厚耀撰，據南京圖書館藏《海陵叢刻》本影印。

陳厚耀（一六四八—一七二二），字泗源，號曙峰，江蘇泰州人。清代經學家、曆算學家。康熙四十五年（一七〇六）中進士，任蘇州府教授。後以通算授中書科中書、翰林院編修。康熙五十六年（一七一七），遷國子監司業，擢左諭德兼翰林院修撰。

據《春秋世族譜·序》中所載，陳厚耀入史館領書局直廬後，得觀書之便。其欲補杜預的《春秋》之學，於是『先成《長曆》六卷』。又據《春秋戰國異辭·凡例》所言，《春秋長曆》爲其研究《春秋》之學時『次第附録』而成。《春秋長曆》定本爲十卷本，有《集證》一卷，《古曆法》一卷，《曆編》六卷，《長曆退二月譜》兩卷。《集證》一卷備引《漢書律曆志》《春秋左傳注疏》等八種有關春秋律曆的記載，來考證春秋天文曆法推算中的問題。《古曆法》一卷以章、蔀、紀、元爲不同單位來推算曆元。《曆編》六卷則以《春秋》經、傳爲參考，一一推算春秋二百四十二年中的朔、閏以及每月之大小。《長曆退兩月譜》兩卷則以曆法學推算古曆，來補證杜預之《長曆》中閏、朔和曆法排次。陳厚耀以曆法爲其專長，故其對春秋曆法的推算比杜預等前人更爲準確、精密。該書既補充了杜預《長曆》的闕漏，又糾正了《長曆》一書中的訛誤。該書與《春秋世族譜》《春秋戰國異辭》互爲表裏。故《四庫全書總目》云：『於考證之學極爲有裨，治《春秋》者固不可少此編矣。』

（蔣　樂）

春秋長歷集證

是書校訖後館吏又持來請分卷並原本亦無卷數也爰釐酌為十卷 丙申正月廿九日

春秋長曆十卷 兩江總督採進本

國朝陳厚耀撰是書補杜預長曆而作原序不分卷帙今約畧篇頁釐為十卷其凡有四一曰曆證備引漢書續漢書晉書隋書唐書宋史元史及左傳注疏天文曆法及宋元諸儒曆法諸書諸說以證推步之異二曰古曆以古法十九年為一章一章之首推合周曆正月朔旦冬至之年以列其年月之朔閏三曰曆編舉春秋二百四十二年一一推其朔閏及月之大小而以經傳干支為之證佐仍附杜預曆說於下四曰曆存以考杜預長曆之舊[illegible]

此吾鄉陳泗源先生之書也予自弱冠時即訪求此書三十年未得一觀[illegible]刊本故今秋南歸有日矣乃于星伯舍人處假得是編為當年採進之原本中有紫溪學士校改處且原書未分卷帙亦學士硃書代分十卷並編首皆有學士硃寫丙申正月廿九日附記之一條洵不易得之書爰緩行期亟付鈔胥錄成並將學士原校改處附記之硃字逐一影摹複取四庫全書提要中案語錄曰冠首俾梓行者代為刊傳惜硃分卷帙為鈔胥不曉事全行改去不無憾事云衛[illegible]辛卯穐八月廿八日記

此書共七萬六千二百餘字計鈔費八千四百文又記

文瀾閣本無節抄二字

春秋長歷卷一集證

漢書律歷志 節抄

海陵後學陳厚耀述

春秋殷歷皆以殷魯自周昭王以下亡年數故據周公伯禽以下爲紀

魯公伯禽即位四十六年至康王十六年而薨子考公酉立考公即位四年及煬公熙立（及者兄弟相及非子繼父也下倣此）煬公二十四年正月丙申朔旦冬至殷歷以爲丁酉距微公七十六歲

煬公即位六十年（元本十六年誤）子幽公宰立幽公即位十四年及微公弗立微公二十六年正月乙亥朔旦冬至殷歷以爲丙子距獻公七十六歲

微公即位五十年子厲公翟立厲公即位三十七年及獻公具立獻公十五年正月甲寅朔旦冬至殷歷以爲乙卯距懿公七十六歲

獻公即位五十年子慎公執立慎公即位三十年及武公敖立武公即位二年子懿公被立懿公九年正月癸巳朔旦冬至殷歷以爲甲午距惠公七十六歲懿公即位九年兄子栢御立栢御即位十一年叔父孝公稱立孝公即位二十七年子惠公皇立惠公三十八年正月壬申朔旦冬至殷歷以爲癸酉距僖公七十六歲

惠公即位四十六年子隱公息立凡伯禽至春秋三百八十六年春秋隱公即位十一年及桓公軌立桓公即位十八年子莊公同立莊公即位三十二年子愍公啟方立愍公即位二年及僖公申立僖公五年正月辛亥朔旦冬至殷歷以爲壬子距成公七十六歲

僖公即位三十三年子文公興立文公元年距辛亥朔旦冬至二十九歲是歲閏餘十三正小雪閏當在十一月後而在三月故傳曰非禮也後五年閏餘十是歲七閏而置閏閏所以正中朔也亡閏而置閏又不告朔故經曰閏月不告朔言亡此月也傳曰不告朔非禮也文公即位十八年子宣公倭立宣公即位十八年子成公黑肱立成公十二年正月庚寅朔旦冬至殷歷以爲辛卯距定公七年七十六歲

成公即位十八年子襄公午立襄公二十七年九月乙亥朔建申之月也經書十二月乙亥朔日有食之傳曰冬十一月乙亥朔日有食之於是辰在申司歷過也再失閏矣言時實行以爲十一月也不察其建不考之子天也

襄公即位三十一年子昭公稠立昭公二十年春王正月距辛亥百三十三歲是辛亥後八章首也正月己丑朔旦冬至失閏故傳曰二月己丑日南至

昭公即位三十二年及定公宋立定公七年正月己巳朔旦冬至殷歷以爲庚午距元公七十六歲

定公即位十五年子哀公蔣立哀公十二年冬十二月流火非建戌之月也是月也螽故傳曰火伏而後蟄者畢今火猶西流司歷過也哀公即位二十七年遜于邾子悼公曼立悼公三十七年子元公嘉立元公四年正月戊申朔旦冬至殷歷以爲己酉距康公七十六歲

元公即位二十一年子穆公衍立穆公即位三十三年子恭公奮立恭公即位二十二年子康公毛立康公四年正月丁亥朔旦冬至殷歷以爲戊子距緡公七十六歲

康公即位九年子景公偃立景公即位二十九年子平公旅立平公即位二十年子緡公賈立緡公二十二年正月丙寅朔旦冬至殷歷以爲丁卯距楚元七十六歲（即漢高帝之八年）

緡公即位二十三年子頃公讎立頃公十八年秦始滅周周凡二十六王八

百六十七歲周滅後六年楚考烈王滅魯頃公爲家人秦伯五世四十九歲漢高祖皇帝代秦繼周太歲在午八年十一月乙巳朔旦冬至楚元三年也

東漢書律歷志

范氏曰黃帝造歷起辛卯顓頊用乙卯虞用戊午夏用丙寅殷用甲寅周用丁巳魯用庚子漢承秦初用乙卯至武帝元封不與天合乃作太初歷元以丁丑

晉書律歷志

姜岌云自皇羲以降暨于漢魏各自制歷以求厥中考其疏密惟交會薄蝕可以驗之書契所記惟春秋著日蝕之變自隱公訖于哀公凡二百四十二年之間日蝕三十有六考其晦朔不知用何歷也班固以爲春秋用魯歷魯歷不正故致閏失其序魯以閏餘一之歲爲蔀首檢春秋置閏不與此蔀相符也命歷序云孔子爲治春秋之故退修殷之故歷使其數可傳于後如是春秋宜用殷歷正之今考其交會不與殷歷相應以殷歷考春秋月朔多不及其日又以檢經率多一日檢傳率少一日但公羊經傳異朔于理可從而經有蝕朔之驗傳爲失之也服虔解傳用大極上元大極上元乃三統歷劉歆所造元也何緣施於春秋于春秋而用漢歷無乃遠乎傳之違失多矣不惟斯事而已襄公二十七年冬十有一月乙亥朔日有食之傳曰辰在申司歷過再失閏也考其去交分交會應在此月而不爲再失閏也案歆歷于春秋日蝕止一朔其餘多在二日因附五行傳著朓與側匿之說云春秋時諸侯多失其政故月行恒遲歆不以歷失天而爲之差說日之蝕朔此乃天驗也而歆反以己歷非之此寃天而負時歷也杜預又以周衰世亂學者莫得其眞今之所傳七歷皆未必是時王之術也今誠以七家之歷考古今交會

信無其驗也皆由斗分疏之所致也殷歷以四分一爲斗分三統以一千五百三十九分之三百八十五爲斗分乾象以五百八十九分之一百四十五爲斗分今景初以一千八百四十三分之四百五十五爲斗分疏密不同法數各異殷歷斗分麤故不施于今乾象斗分細故不得施于古景初斗分雖在麤細之間而日之所在乃差四度日月虧已皆不及其次假使日在東井而蝕以月驗之乃在參六度差違乃爾安可以考天時人事乎今治新歷以二千四百五十一分之六百五爲斗分日在斗十七度天正之首上可以考合于春秋下可以取驗于今世以之考春秋三十六蝕正朔者二十有五蝕二者二蝕晦者二誤者五凡三十三蝕其餘蝕經元日諱之名無以考其得失圖緯皆云三百歲斗歷改憲以今新歷施于春秋之世日蝕多在朔春秋之世下至于今凡一千餘歲交會弦望故進退于三蝕之間此法乃可永載用之豈三百歲斗歷改憲者乎姜岌後秦姚興人嘗晉孝武太元九年歲在甲申

春秋七百七十九日經三百九十三傳三百八十六　三四十七日蝕三無甲乙

皇帝歷得四百六十六日　一蝕

顓頊歷得五百九日　八蝕

夏歷得五百三十六日　十四蝕

眞夏歷得四百六十六日　一蝕

殷歷得五百三日　十三蝕

周歷得五百六日　十三蝕

眞周歷得四百八十五日　一蝕

魯歷得五百二十九日　十三蝕

三統歷得四百八十四日　一蝕

文瀾閣本畢中丞

乾象歷得四百九十五日　七蝕
泰始歷得五百一十日　十九蝕
乾度歷得五百三十八日　十九蝕
今長歷得七百三十六日　三十蝕
漢末宋仲子集七歷以考春秋其夏周二歷術數皆與藝文志所記不同故
更名爲眞夏眞周歷也
隋書律歷志中
劉孝孫劉焯甲子元歷　孝孫歷法並按明文以月行遲疾定其合朔欲令
食必在朔不在晦二之日也縱使頻月二小三大得天之統大抵其法有三
今列之云

第一勘日食證恒在朔　詩云十月之交朔日辛卯日有食之今以甲子元
歷術推算符合不差春秋經書日食三十五二十七日食經書有朔推與甲
子元歷不差八日食經書並無朔字左氏傳云不書朔官失之也公羊傳云
不言朔者食二日也穀梁傳云不言朔者食晦也今以甲子元歷推算俱是
朔日邱明受經于夫子于理尤詳公羊穀梁皆臆說也
隱公三年二月己巳日有食之　推合己巳朔
莊公十八年春三月日有食之　推合壬子朔
僖公十二年三月庚午日有食之　推合庚午朔
僖公十五年夏五月日有食之　推合癸未朔
襄公十五年秋八月丁巳日有食之　推合丁巳朔
前後漢及魏晉四代所記日食晦朔及先晦都合一百八十一今以甲子元
歷術推之並合朔日而食

前漢合有四十五食　三食並先晦一日三十二食並皆晦日十食並是朔日
後漢合有七十四食　三十七食並皆晦日三十七食並皆朔日
魏合有十四食　四食並皆晦日十食並皆朔日
晉今有四十八食　二十五食並皆晦日二十三食並皆朔日
第二勘度差變驗　尙書云日短星昴以正仲冬即是唐堯時冬至之日日
在危宿合昏之時昴正午案竹書紀年堯元年丙子今以甲子元歷術推算
得合堯時冬至日昏中昴星正午漢書武帝大初元年丁丑洛下閎等考定
太初歷冬至日在牽牛初今以甲子元歷術算即得斗末牛初矣晉姜岌以
月食驗日度知冬至之日日在斗十七度宋文帝癸酉歲何承天考驗軌度
亦知冬至之日日在斗十七度至今隋開皇甲辰之歲攷定歷象以稽天道
知冬至之日日在斗十三度

第三勘氣影長驗　春秋緯命歷序云魯僖公五年正月壬子朔旦冬至今
以甲子元歷推算得合不差宋元嘉十年何承天測景知冬至已差三日今
歷推冬至之日恒與影長之日符合不差
十七年張胄元歷成奏之上付劉暉與國子助教王頍司歷劉宜援據古史
影等駁胄元云命歷序僖公五年天正朔旦冬至傳僖公五年正月辛亥朔
日南至張賓歷天正壬子朔冬至合命歷序差傳一日張胄元天正壬子朔
三日甲寅冬至差命歷序二日差傳三日成公十二年命歷序天正辛卯朔
旦日至張賓歷天正辛卯朔冬至合命歷序張胄元亦天正辛卯朔二日壬
辰冬至差命歷序一日昭公二十年春秋左氏傳二月己丑朔日南至準命
歷序庚寅朔旦日至張賓歷天正庚寅朔冬至並合命歷序差傳一日張胄
元歷亦天正庚寅朔差傳一日二日辛卯冬至差命歷序一日差傳二日宜

朔後五十一分入第三章第九年二月

案命歷序及春秋左氏傳並閏餘盡之歲皆須朔旦冬至若依命歷序勘春秋三十七食合處至多若依左傳合者至少是以知傳爲錯今張胄元信情置閏命歷序及傳氣朔並差又宋元嘉冬至影有七張賓歷合者五差者二亦在前一日張胄元歷合者三差者四在後一日云云高祖令羣臣博議咸以胄元爲密遂貶劉暉等胄元所造歷法付有司施行

唐書歷志

大衍歷議曰大衍歷僧行所造僖公五年正月辛亥朔日南至以周歷推之入壬子蔀第四章以辛亥一分合朔冬至殷歷則壬子蔀首也昭公二十年二月己丑朔日南至魯史失閏至不在正左氏記之以懲司歷之罪周歷得己丑二分殷歷得庚寅一分殷歷南至常在十月晦則中氣後天也周歷食朔差經或二日則合朔先天也傳所據者周歷也緯所據者殷歷也氣合于傳朔合于緯斯得之矣又命歷序以爲孔子脩春秋用殷歷使其數可傳于後考其食朔不與殷歷合及開元十二年朔差五日矣氣差八日矣上不合于經下不足以傳于後代蓋哀平間治甲寅元歷者託之非古也　又曰魯歷南至又先周歷四分之三而朔後九百四十分日之五十一故僖公五年辛亥爲十二月晦壬子爲正月朔又推日食密于殷歷其以閏餘一爲章首亦取合于當時也

又曰日月合度謂之朔無所取之取之食也春秋日食有甲乙者三十四殷歷魯歷先一日者十三後一日者三周歷先一日者二十二先二日者九其僞可知矣莊公三十年九月庚午朔襄公二十一年九月庚戌朔定公五年辛亥朔當以盈縮遲速爲定朔殷歷雖合適然耳非正也僖公五年正月辛亥朔十二月丙子朔二十四年三月己丑朔文公元年五月辛酉朔十一年

三月甲申晦襄公十九年五月壬辰晦昭公元年十二月甲辰朔二十年二月己丑朔二十三年正月壬寅朔七月戊辰晦皆與周歷合其所記多周齊晉事蓋時王所頒齊晉用之僖公十五年九月己卯晦十六年正月戊申朔成公十六年六月甲午晦襄公十八年十月丙寅晦十一月丁卯朔二十六年三月甲寅朔二十七年六月丁未朔與殷歷魯歷合此非合食故仲尼因循時史而所記多宋魯事與齊晉不同可知矣昭公十二年十月壬申朔原輿人逐原伯絞與魯歷周歷皆差一日此邱明即其所聞書之也僖公二十二年十一月己巳朔宋楚戰于泓周殷魯歷皆先一日楚人所赴也昭公二十年六月丁巳晦衞侯與北宮喜盟七月戊午朔遂盟國人三歷皆先二日衞人所赴也此則列國之歷不可以一術齊矣而長歷日子不在其月則改易閏餘欲以求合故閏月相距近則十餘月遠或七十餘月此杜預所甚謬也夫合朔先天則經書日食以糾之中氣後天則傳書南至以明之其在晦二日則原乎定朔以得之列國之歷或殊則稽于六家之術以知之此四者皆治歷之大端而預所未曉故也　又曰春秋日食不書朔者八公羊曰二日也穀梁曰晦也左氏曰官失之也劉孝孫俱得朔日以邱明爲是

又曰哀十二年冬十有二月螽開元歷推得閏當在十一年春至十二年冬失閏已久是歲九月己亥朔先寒露三日于定氣日在亢五度去心近一次火星明大尚未當伏至霜降五日始潛于日下乃月令蟄虫咸俯則火辰未伏當在霜降前雖節氣極晚不得十月昏見故仲尼曰邱聞之火伏而後蟄者畢今火猶西流司歷過也方夏后氏之初八月辰伏九月內火及霜降之後火已朝覿東方距春秋之季千五百餘年乃云火伏而後蟄者畢向使冬至常居其所則仲尼不得以西流未伏明是九月之初也自春秋至今又千

孫業衡字註 是衛字之譌

百歲麟德歷以霜降後五日日在氐八度房心初伏定增二日以月食衡校之猶差三度閏餘稍多則建亥之始火猶見西方向使宿度不移則仲尼不得以西流未伏明是十月之候也自羲和以來火辰見伏三覩厥變然則邱明之記欲令後之作者參求徵象以探仲尼之旨是歲失閏寖久季秋中氣後天三日比及明年仲冬又得一閏悟仲尼之言補正時歷而十二月猶可以爲至哀公十四年五月庚申朔日食以開元歷考之則日食前又增一閏魯歷正矣長歷自哀公十年六月迄十四年二月纔置一閏非是

又曰古歷與近代密率相較三百年氣差一日三百年朔差一日推而上之久益先天引而下之久益後天僖公五年周歷正月辛亥朔餘四分之一南至以歲差推之日在牽牛初至宣公十一年癸亥周歷與麟德歷俱以庚戌日中冬至而月朔尙先麟德歷十五辰至昭公二十年己卯周歷以正月己丑朔

日中南至麟德歷以己丑平旦冬至哀公十一年丁己周歷入己酉蔀首麟德歷以戊申禺中冬至惠王四十三年己丑周歷入丁卯蔀首麟德歷以乙丑日昳冬至呂后八年辛酉周歷入乙酉蔀首麟德歷以壬午黃昏冬至其十二月甲申人定合朔太初元年周歷以甲子夜半合朔冬至麟德歷以辛酉禺中冬至十二月癸亥晡時合朔氣差三十二辰朔合四辰此疎密之大較也僖公五年周歷漢歷唐歷皆以辛亥南至後五百五十餘歲至太初元年周歷漢歷皆得甲子夜半冬至唐歷皆以辛酉則漢歷後天三日矣祖冲之張冑元促上章歲至太初元年冲之以癸亥雞鳴冬至而冑元以癸亥日出欲令合于甲子而適與魯歷相會自此推僖公五年魯歷以庚戌冬至而二家皆以甲寅乖邱明正時之意以就劉歆之失今考麟德元年甲子唐歷皆以甲子冬至而周歷漢歷皆以庚午然則自太初下至麟德差四日自太初上及僖公差三日^{共差七日矣}不足疑也

宋史歷志

宋行古崇天歷云自四分歷以上古有六歷皆以九百四十分爲日法　又云自漢太初至于宋^{英宗時}冬至差十日

元史歷志

授時歷議云自春秋獻公以來凡二千一百六十餘年用大衍宣明紀元統天大明授時六歷推算冬至凡四十九事　今按獻公十五年戊寅歲正月甲寅朔旦冬至授時得甲寅統天得乙卯後天一日至僖公五年正月辛亥朔旦冬至授時統天皆得辛亥與天合下至昭公二十年己卯歲正月己丑朔旦冬至授時統天皆得戊子並先一日若曲變其法以從之則獻公僖公皆不合矣以知春秋所書昭公冬至乃日度失行之驗也

明鄭世子載堉曰授時歷議據前漢志魯獻公十五年戊寅歲正月甲寅朔旦冬至引此爲首蓋獻公乃隱公五世祖下距隱公元年己未一百六十一年許鄭諸儒豈不知獻公在春秋前甚遠哉第以所推昭公二十年冬至而得戊子既不能合偶與獻公合故援此而爲之說云曲變其法以從昭公則與獻公不合遂謂春秋所書昭公冬至乃日度失行之驗然則大衍宣明諸歷推之皆得己丑豈皆誤耶夫獻公甲寅冬至別無所據惟劉歆三統歷是據耳左傳不足信而歆獨可信乎太初元年冬至在辛酉歆乃以爲甲子差天三日尙不能知而能逆知上下數百年乎然則獻公十五年冬至當在何日曰三統授時之甲寅失之先紀元大明之丁巳失之後大衍所推丙辰宣明所推乙卯庶或近之然別無所考闕疑可也大凡春秋前後千載之間氣朔交食長歷大衍所推近是劉歆班固所說全

森案闕字係是閏字之譌

非杜預一行已有定論矣

又曰春秋二百四十二年間所載日食凡三十有七以授時歷推之惟襄公二十一年十月庚辰朔及二十四年八月癸巳朔不入食限蓋自有歷以來無比月而食之理其三十三食食皆在朔經或不書日不書朔公穀以爲食晦二者非左氏以爲史官失之者得之其間或差一月二月者蓋由古歷疏闊置閏失當之弊姜岌一行已有定說孔子作春秋但因時歷以書非大義所關故不必致詳也

春秋左傳註疏

孔氏穎達曰古今歷法推閏月之術皆以閏餘減章歲餘以歲中乘之章閏而一所得爲積月命起天正筭外即閏所在也古歷十九年爲一章章有七閏入章三年閏九月六年閏六月九年閏三月十一年閏十一月十四年閏八月十七年閏四月十九年閏十二月此據元首初章若于後漸積餘分大率三十二月則置閏不必恒同初章閏月也見文元年孔疏

又曰日月動物雖行度有大量不能不小有盈縮故有雖交會而不食者或有頻月而食者自隱元年盡哀二十七年積二百五十五年凡三千一百五十四月惟三十七食是雖交而不食也襄二十一年九月十月頻食二十四年七月八月頻食是頻交而食也戰國及秦歷紀全差漢末漸候天時始造其術劉歆三統以爲五月二十三分月之二十而日一食空得食日而不得加時漢末會稽尉劉洪作乾象歷始推月行遲疾求日食加時後代修之漸益詳密今爲歷者推步日食莫不符合但無頻月食法皆一百七十三日有餘而始一交會未有頻月食者其解在襄二十四年見隱三年孔疏

○桓三年春正月不書王惟元年二年十年十八年凡四年書王其餘十三年俱不書王

杜氏曰經之首時必書王明此歷天王之所班也其或廢法違常失不班歷則不書王

劉氏炫曰天王失不班歷乃國之大事何得傳無異文又昭二十三年以後王室有子朝之亂經皆書王豈是王室猶能班歷又襄二十七年再失閏杜云魯之司歷頓置兩閏又哀十二年十二月螽仲尼曰火猶西流司歷過杜云季孫雖聞仲尼之言而不正歷如杜所註歷既天王所班魯人何得擅改又子朝奔楚其年王室方亂王位猶且未定諸侯不知所奉復有何人尚能班歷昭二十三年秋乃書天王居于狄泉則其春未有王矣時未王歷無所出何故其年亦書王也若使春秋之歷必是天王所班則周之錯失不聞于魯魯人雖或知之無由輒得改正襄二十七年傳稱司歷過再失閏而杜釋例云魯之司歷始覺其謬頓置兩閏以應天正若使歷爲王班當一論王命寧敢專置閏月改易歲年哀十三年十二月螽釋例又云季孫雖聞仲尼之言猶不即改明年復螽始悟十四年春乃置閏既言歷爲王班又稱魯人改之亦復何須王歷杜之此言自相矛盾此下書王者正是闕文耳見桓三年註疏

春秋屬辭

趙子常汸曰春秋雖修史爲經猶存其大體謂始年爲元年歲首爲春一月爲正月加王于正皆從史文傳獨釋王周正月者見國史所書乃時王正月月爲周月則時亦周時孔氏謂月改則春移是也後于僖公五年春記正月辛亥朔日南至昭十七年夏六月記太史曰在此月也日過分而未至當夏四月是謂孟夏又記梓愼曰火出于夏爲三月于商爲四月于周爲五月皆以周人改時改月春夏秋冬之序則循周正分至啟閉之候則仍夏時其經書冬十月雨雪春正月無氷二月無氷及冬十月隕霜殺菽之類皆爲記災可知矣汲冢竹書有周月解亦曰夏數得天百王所同商以建丑爲正亦越我周作正以垂三統至于敬授民時巡狩烝享猶自夏焉其言損益之意甚明經書春烝春狩夏蒐以此蓋三正之義備矣而近代說者往往不然夫以

左氏去聖人未遠終春秋二百四十二年以及戰國之際中國無改物之變魯未滅亡傳于當時正朔豈容有差而猶或有爲異論者何也蓋嘗考之曰殷周不改月者據商書言元祀十有二月而秦人以十月爲歲首也曰夏時冠周月者則疑建子非春而孔子嘗欲行夏之時也按太史公記三代革命于殷曰改正朔于周曰制正朔于秦曰改年始蓋正謂正月朔謂月朔何氏公羊註曰夏以斗建寅之月爲正平旦爲朔殷以斗建丑之月爲正雞鳴爲朔周以斗建子之月爲正夜半爲朔是也殷周即所改之月爲歲者故曰改正朔曰制正朔春即十月爲歲首而別用夏時數月故曰改年始其言之已詳漢書律歷志據三統歷商十二月乙丑朔旦冬至即書伊訓篇太甲元年十有二月乙丑伊尹祀于先王以冬至越茀行事其所引書辭並序皆與僞孔氏書伊訓篇語意不合且言日不言朔又不言即位則事在即位後矣凡

新君即位必先朝廟見祖而後正君臣之禮今即位後未踰月後祠于先王以嗣王見祖此何禮也暨三祀十有二月朔奉嗣王歸于亳是日宜見祖而不見又何也所謂古文尚書者掇拾傳會不合不經蓋如此說者乃欲按之以證殷周不改月可乎禮記孟獻子亦曰正月日至七月日至其說皆與傳合夫冬至在商之十二月在周之正月大寒在周之二月驚蟄在三月夏至在七月而太初歷立冬小雪于夏爲十月商爲十一月周爲十二月唐人大衍歷追算春秋冬至亦皆在正月孰謂春秋不改月乎陳寵云陽氣始萌有蘭射干芸荔之應天以爲正周以爲春陽氣上通雉雊雞乳地以爲正殷以爲春陽氣已至天地已交萬物皆正蟄蟲始振人以爲正夏以爲春蓋天施于子地化于丑人生于寅三陽雖有微著三正皆可言春此亦歷家相承之說所謂夏數得天以其最適四時之中爾孰謂建子非春乎乃若夫子答顏

子爲邦之問則與作春秋事異蓋春秋即當代之書以治當代之臣子不當易周時以惑民聽爲邦爲後王立法故舉四代禮樂而酌其中夫固各有攸當也如使周不改時則何必曰行夏之時使夫子果欲用夏變周則亦何以責諸侯之無王譏桓文而斥吳楚哉何休哀十四年傳註曰河陽冬言狩獲麟春言狩者蓋據魯變周之春以爲冬去周之正而行夏之時以行夏之時說春秋蓋昉于此然何氏固以建子爲周之春但疑春不當言狩而妄爲之辭至程子門人劉質夫曰周正月非春也假天時以立義爾則遂疑建子不當言春此胡氏夏時冠周月之說所由出也先儒見孟子謂春秋天子之事而述作之旨無傳惟斟酌四代禮樂爲百王大法遂以爲作春秋本意在此故番陽吳仲迂曰若從胡傳則是周本行夏時而以子月爲冬孔子反不行夏時而以子月爲春矣何氏之失又異于此故朱子以爲恐聖人制作不如

是之紛更煩擾錯亂無章也薛氏又謂魯歷改冬爲春而陳氏用其說于後傳曰以夏時冠周月魯史也是盖知春秋改周時爲不順而又移其過于魯爾然謂魯自有歷實劉歆之誤按律歷志言劉向所總有黄帝顓頊夏殷周歷及魯歷爲六歷自周昭王以下無世次故據周公伯禽以下爲紀自煬公至䌷公冬至殷歷每後一日則由歷家假魯君世次逆推周正交朔之合否因號魯歷非魯人所自爲明矣宋書禮志又言六歷皆無推日食法但有考課疏密而已是豈當代所嘗用者哉劉歆惑于襄哀傳文遂謂魯有司歷而杜氏因之謬矣然說者亦自病夏時周月不當並存故直謂春秋以夏正數月又疑若是則古者大事必在歲首隱公不當以寅月即位其進退無據如此固不足深辨而或者猶以爲千古不決之疑則以詩書周禮論語孟子所言時月不能皆合故也夫三正通于民俗久矣春秋本侯國史記書王正以表大順與頒朔告朔爲一體其所書事有當繫月者有當繫時者與他經不同詩本歌謠又多言民事故或用夏正以便文通俗書乃王朝史官記言之體或書月則不書時或書時則不書月況僞孔註二十五篇决非眞古書其有合有否皆不可論于春秋周禮所書正月正歲皆夏正也諸官制職掌實循二代而損益之其著時月者又多民事與巡狩烝享自夏者同故仍夏時以存故典見因革盖非赴告策書定爲一代之制者皆得通習之則又不可論于春秋矣若論語言暮春亦如詩書言春夏皆通民俗之恆辭也不可據以爲周不改時孟子習七八月之間旱十一月徒杠成十二月輿梁成在左傳後則周改月猶自若竹書又記曲沃莊伯之十一年十一月魯隱公之元年正月也竹書乃後人用夏正追錄舊文故與春秋不同然亦未嘗輒以夏正亂春秋之時月也自啖趙而後學者往往習攻左氏而王周正月爲甚以

杜程

其尤害于經故特詳著焉又曰長歷考春秋日月失三十六日朔三晦二其經傳上下所書日月有可證據者明是史文差謬日食不入限者四頻月食者二大衍歷失一百二十六日朔三日食不入限十七先一月者六先二月者二先三月者一先五月者一後一月者六閏一月頻月食者二杜氏據左氏傳屢議周歷失閏是以長歷第前却閏月求與春秋日月相符故所失少大衍歷自以三十二月閏率追筭不計與經合否故所失多東周歷法無傳矣劉歆所總六歷俱非古法也杜氏謂或用黄帝以來諸歷推經傳朔日皆不合所謂魯歷亦不與春秋相符疑來世好事者爲之凡經傳有七百七十九日漢末宋仲子集七歷以考春秋魯歷得五百二十九失二百五十是不與春秋相符也大衍歷合朔議曰春秋日食有甲乙者三十四殷歷魯歷先一日者十三後一日者三周歷先一日者二十二先二日者九其僞可知矣然大衍歷視長歷每差一月亦有若二月者其日月得失本非所以釋經也傳除釋經日外別記三百一十六日長歷推無月者二其不合者六日而已是固不容以閏率議之但長歷視大衍歷少六閏自隱二年至宣十年三失閏自成末年至春秋之終復三失閏果若是四時寒暑皆當反易不但以申爲戌而已恐周歷雖差未必如是之謬按經傳有曠數年不書日者前後屢見之長歷于此既無所據豈能無失至言頓置兩閏以應天正則臆决尤甚故說者疑焉今姑取其所考日月以證史文之誤附于闕文後盖三傳異師而日月之誤不殊有非筆削傳寫失眞者矣併及大衍歷者所以見周歷置閏無準致日月不與天合如傳所記日南至在二月則雖月建戌而實申也然孔子于十二月螽常識司歷之過而春秋日食不書朔日乃獨致辨于交朔之不合者閏餘之失易見而交朔

之繆難知易見者有不勝識而難知者非驗諸日食則莫能得其正也

天元歷理

徐圃臣曰今按春秋諸朔或在其月或不在其月朔或先一日閏或在前或在後殆失閏實始幽厲之世因循不改遂爲成法耳唐一行謂經從魯歷傳或從各國所記之日故不同因以知列國各自有歷亦是今考之周魯歷朔率先一日晉鄭齊楚之傳所述多夏正以此知建子爲正乃東周變法實非周公本制故列國守先王之舊而不爲非也

森案古秝有六黃帝顓頊夏殷周魯是也今所傳之古秝獨校出乃殷秝而范書又後僭一日較殷秝范書之朔實先天一日又案魯惠公三十八年入殷秝癸酉范書今欲合于范書之閏月爲小建而于范書僭一日已還就之則于范濮徼素矣且范書之合朔恆同日今朔僭一日則至亦不是謂之朔

九月當是九百

春秋長歷卷二

海陵後學陳厚耀述

古歷法古法十九年爲一章至朔分齊四章爲一蔀復得朔旦冬至二十蔀爲一紀則日之干支復其初三紀爲一元則年月日之干支皆復其初是爲歷元

章法十九年　二百三十五月

蔀法七十六年　九月四十月

紀法一千五百二十年　一萬八千八百月

元法四千五百六十年　五萬六千四百月

日法九百四十分

歲三百六十五日四分日之一（即九百四十分日之二百三十五）

歲法三十四萬三千三百三十五分

月二十九日九百四十分日之四百九十九

月法二萬七千七百五十九分

歲餘一萬〇二百二十七（每歲朔虛五千二百九十二分氣盈四千九百三十五分併之爲歲餘）

月餘八百五十二分二秒五忽（每月朔虛四百四十一分氣盈四百十一分二秒五忽併之爲月餘）

推天正入朔分

置所求年（從歷元數至此正爲所求幾何年）減一以歲法乘之乃以月法收之爲月餘不滿一月法者去之所得月復以月法乘之得數滿日法去之餘卽天正入朔分

以次遞加四百九十九滿日法去之即次月入朔分

推冬至日及分

置所求年減一以歲法乘之加天正入朔分得數滿月法去之餘以日法收之爲日加一日命之卽所求冬至日及分

推月大小

視入朔分在四百四十一分以下爲月大以上爲月小

推閏年閏月

置所求年（不減一）以歲餘乘之得數滿月法去之餘視不滿歲餘者則置閏之年乃以月餘收之爲月所得月以反減十二餘爲所閏之月如滿歲餘以外者此年不置閏其月法去之適盡者爲蔀之末年閏十二月

推至朔分齊之年

以月法二萬七千七百五十九與歲餘一萬二百二十七用約分法對減之各餘一千四百六十一以除月法得十九年爲至朔分齊是爲一章四倍之得七十六年爲一部而得朔旦至朔分齊之日又以一千四百六十一除歲餘得七爲一章之閏

推甲子年甲子月甲子日至朔分齊

以蔀法七十六年乘歲三百六十五日四分日之一得日二萬七千七百五十九以六十（全甲之數）去之餘日三十九却以全甲六十用約分法對減之各餘三以除全甲六十得二十再以二十乘七十六年得一千五百二十年而爲甲子日至朔分齊是爲一紀

以紀法一千五百二十用六十去之餘二十是全甲三之一也以三週一千五百二十年得四千五百六十年而爲甲子年甲子日至朔分齊之年不言甲子月甲子時者冬至卽子月合朔卽子時也是爲一元

推每蔀月朔相承捷法

天干挨次逆推如甲至癸癸至壬是也地支隔三順推如子至卯卯至午是

也皆週而復始

按春秋歷蔀首月朔惟得申亥寅巳其子丑卯辰午未酉戌皆不値所謂甲子朔旦冬至竟爲數之所無漢書殷歷周歷朔旦不同則三代所用之歷亦各有增減而朔旦四甲子必古有之而周歷不合年

又按三代改歷非重修歷法也其日法九百四十分及章蔀紀元之法初未嘗易（漢太初歷猶仍其法）不過因測景冬至後天則移冬至朔旦于前一日以示改易之意如顓頊用甲寅殷用壬子周用辛亥之類蓋古人未知有歲差惟于數百年中減去一二日以求合天而歷法初不之改也改歷自後漢始

推入朔分入何年何月 附

置入朔分以八百五十九乘之（用八百五十九者惟得八百五十九月則入朔餘一分遲乘之則進增一分）得數以蔀月九百四十去之餘月又以章月二百三十五收之餘月以章首年月數之卽知入何章何年何月

蔀首第一章首（正月朔旦冬至）	惠三十八庚戌	僖五丙寅	成十二壬午	定七戊戌
正大九百四十分入朔	壬申	辛亥	庚寅	己巳
二大四百四十九分入朔	壬寅	辛巳	庚申	己亥
三小五十八分入朔	壬申	辛亥	庚寅	己巳
四大五百五十七分入朔	辛丑	庚辰	己未	戊戌
五小一百一十六分入朔	辛未	庚戌	己丑	戊辰
六大六百一十五分入朔	庚子	己卯	戊午	丁酉
七小一百九十四分入朔	庚午	己酉	戊子	丁卯
八大六百七十三分入朔	己亥	戊寅	丁巳	丙申
九小二百三十二分入朔	己巳	戊申	丁亥	丙寅
十大七百三十一分入朔	戊戌	丁丑	丙辰	乙未
十一小二百九十分入朔	戊辰	丁未	丙戌	乙丑
十二大七百八十九分入朔	丁酉	丙子	乙卯	甲午
一章二年（正月十二日冬至）	惠三十九辛亥	僖六丁卯	成十三癸未	定八己亥
正小三百四十八分入朔	丁卯	丙午	乙酉	甲子
二大八百四十七分入朔	丙申	乙亥	甲寅	癸巳
三小四百六分入朔	丙寅	乙巳	甲申	癸亥
四大九百五分入朔	乙未	甲戌	癸丑	壬辰
五大四百六十四分入朔	乙丑	甲辰	癸未	壬戌
六小二十三分入朔	乙未	甲戌	癸丑	壬辰
七大五百二十二分入朔	甲子	癸卯	壬午	辛酉
八小八十一分入朔	甲午	癸酉	壬子	辛卯

九大五百八十分入朔 癸亥 壬寅 辛巳 庚申
十小一百三十九分入朔 癸巳 壬申 辛亥 庚寅
十一大六百三十八分入朔 壬戌 辛丑 庚辰 己未
十二小一百九十七分入朔 壬辰 辛未 庚戌 己丑
一章三年正月二十三日冬至 惠四十壬子 僖七戊辰 成十四甲申 定九庚子
正大六百九十六分入朔 辛酉 庚子 己卯 戊午
二小二百五十五分入朔 辛卯 庚午 己酉 戊子
三大七百五十四分入朔 庚申 己亥 戊寅 丁巳
四小三百一十三分入朔 庚寅 己巳 戊申 丁亥
五大八百一十二分入朔 己未 戊戌 丁丑 丙辰
六小三百七十一分入朔 己丑 戊辰 丁未 丙戌

七大八百七十分入朔 戊午 丁酉 丙子 乙卯
八小四百二十九分入朔 戊子 丁卯 丙午 乙酉
九大九百二十八分入朔 丁巳 丙申 乙亥 甲寅
閏大四百八十七分入朔 丁亥 丙寅 乙巳 甲申
十小四十六分入朔 丁巳 丙申 乙亥 甲寅
十一大五百四十五分入朔 丙戌 乙丑 甲辰 癸未
十二小一百四分入朔 丙辰 乙未 甲戌 癸丑
一章四年正月初四日冬至 惠四十一癸丑 僖八己巳 成十五乙酉 定十辛丑
正大六百三分入朔 乙酉 甲子 癸卯 壬午
二小一百六十二分入朔 乙卯 甲午 癸酉 壬子
三大六百六十一分入朔 甲申 癸亥 壬寅 辛巳

四小二百二十分入朔 甲寅 癸巳 壬申 辛亥
五大七百一十九分入朔 癸未 壬戌 辛丑 庚辰
六小二百七十八分入朔 癸丑 壬辰 辛未 庚戌
七大七百七十七分入朔 壬午 辛酉 庚子 己卯
八小三百三十六分入朔 壬子 辛卯 庚午 己酉
九大八百三十五分入朔 辛巳 庚申 己亥 戊寅
十小三百九十四分入朔 辛亥 庚寅 己巳 戊申
十一大八百九十三分入朔 庚辰 己未 戊戌 丁丑
十二大四百五十二分入朔 庚戌 己丑 戊辰 丁未
一章五年正月十五日冬至 惠四十二甲寅 僖九庚午 成十六丙戌 定十一壬寅
正小一十一分入朔 庚辰 己未 戊戌 丁丑

二大五百一十分入朔 己酉 戊子 丁卯 丙午
三小六十九分入朔 己卯 戊午 丁酉 丙子
四大五百八十六分入朔 戊申 丁亥 丙寅 乙巳
五小一百二十七分入朔 戊寅 丁巳 丙申 乙亥
六大六百二十六分入朔 丁未 丙戌 乙丑 甲辰
七小一百八十五分入朔 丁丑 丙辰 乙未 甲戌
八大六百八十四分入朔 丙午 乙酉 甲子 癸卯
九小二百四十三分入朔 丙子 乙卯 甲午 癸酉
十大七百四十二分入朔 乙巳 甲申 癸亥 壬寅
十一小三百一分入朔 乙亥 甲寅 癸巳 壬申
十二大八百分入朔 甲辰 癸未 壬戌 壬丑

一章六年冬至正月二十六日 惠四十三乙卯 僖十辛未 成十七丁亥 定十二癸卯
正小三百五十九分入朔 甲戌 癸丑 壬辰 辛未
二大八百五十八分入朔 癸卯 壬午 辛酉 庚子
三小四百一十七分入朔 癸酉 壬子 辛卯 庚午
四大九百一十六分入朔 壬寅 辛巳 庚申 己亥
五大四百七十五分入朔 壬申 辛亥 庚寅 己巳
六小三十三分入朔 壬寅 辛巳 庚申 己亥
閏大五百三十三分入朔 辛未 庚戌 己丑 戊辰
七小九十二分入朔 辛丑 庚辰 己未 戊戌
八大五百九十一分入朔 庚午 己酉 戊子 丁卯
九小一百五十分入朔 庚子 己卯 戊午 丁酉

十大六百四十九分入朔 己巳 戊申 丁亥 丙寅
十一小二百八分入朔 己亥 戊寅 丁巳 丙申
十二大七百七分入朔 戊辰 丁未 丙戌 乙丑
一章七年冬至正月初七日 惠四十四丙辰 僖十一壬申 成十八戊子 定十三甲辰
正小二百六十六分入朔 戊戌 丁丑 丙辰 乙未
二大七百六十五分入朔 丁卯 丙午 乙酉 甲子
三小三百二十四分入朔 丁酉 丙子 乙卯 甲午
四大八百二十三分入朔 丙寅 乙巳 甲申 癸亥
五小三百八十二分入朔 丙申 乙亥 甲寅 癸巳
六大八百八十一分入朔 乙丑 甲辰 癸未 壬戌
七小四百四十分入朔 乙未 甲戌 癸丑 壬辰

八大九百三十九分入朔 甲子 癸卯 壬午 辛酉
九大四百九十八分入朔 甲午 癸酉 壬子 辛卯
十小五十七分入朔 甲子 癸卯 壬午 辛酉
十一大五百五十六分入朔 癸巳 壬申 辛亥 庚寅
十二小一百一十五分入朔 癸亥 壬寅 辛巳 庚申
一章八年冬至正月十八日 惠四十五丁巳 僖十二癸酉 襄元己丑 定十四乙巳
正大六百十四分入朔 壬辰 辛未 庚戌 己丑
二小一百七十三分入朔 壬戌 辛丑 庚辰 己未
三大六百七十二分入朔 辛卯 庚午 乙酉 戊子
四小二百三十一分入朔 辛酉 庚子 己卯 戊午
五大八百三十分入朔 庚寅 己巳 戊申 丁亥

六小二百八十九分入朔 庚申 己亥 戊寅 丁巳
七大七百八十八分入朔 己丑 戊辰 丁未 丙戌
八小三百四十七分入朔 己未 戊戌 丁丑 丙辰
九大八百四十六分入朔 戊子 丁卯 丙午 乙酉
十小四百五分入朔 戊午 丁酉 丙子 乙卯
十一大九百四分入朔 丁亥 丙寅 乙巳 甲申
十二大四百六十三分入朔 丁巳 丙申 乙亥 甲寅
一章九年冬至正月二十九日 惠四十六戊午 僖十三甲戌 襄二庚寅 定十五丙午
正小二十二分入朔 丁亥 丙寅 乙巳 甲申
二大五百二十一分入朔 丙辰 乙未 甲戌 癸丑
閏小八十分入朔 丙戌 乙丑 甲辰 癸未

三大五百七十九分入朔 乙卯 甲午 癸酉 壬子
四小一百三十八分入朔 乙酉 甲子 癸卯 壬午
五大六百三十七分入朔 甲寅 癸巳 壬申 辛亥
六小一百九十六分入朔 甲申 癸亥 壬寅 辛巳
七大六百九十五分入朔 癸丑 壬辰 辛未 庚戌
八小二百五十四分入朔 癸未 壬戌 辛丑 庚辰
九大七百五十三分入朔 壬子 辛卯 庚午 己酉
十小三百一十二分入朔 壬午 辛酉 庚子 己卯
十一大八百一十一分入朔 辛亥 庚寅 己巳 戊申
十二小三百七十分入朔 辛巳 庚申 己亥 戊寅
一章十年 正月十一日冬至 隱元己未 僖十四乙亥 襄三辛卯 哀元丁未

正大八百六十九分入朔 庚戌 己丑 戊辰 丁未
二小四百二十八分入朔 庚辰 己未 戊戌 丁丑
三大九百二十七分入朔 己酉 戊子 丁卯 丙午
四大四百八十六分入朔 己卯 戊午 丁酉 丙子
五小四十五分入朔 己酉 戊子 丁卯 丙午
六大五百四十四分入朔 戊寅 丁巳 丙申 乙亥
七小一百三分入朔 戊申 丁亥 丙寅 乙巳
八大六百二分入朔 丁丑 丙辰 乙未 甲戌
九小一百六十一分入朔 丁未 丙戌 乙丑 甲辰
十大六百六十分入朔 丙子 乙卯 甲午 癸酉
十一小二百一十九分入朔 丙午 乙酉 甲子 癸卯

十二大七百一十八分入朔 乙亥 甲寅 癸巳 壬申
一章十一年 正月二十一日冬至 隱二庚申 僖十五丙子 襄四壬辰 哀二戊申
正小二百七十七分入朔 乙巳 甲申 癸亥 壬寅
二大七百七十六分入朔 甲戌 癸丑 壬辰 辛未
三小三百三十五分入朔 甲辰 癸未 壬戌 辛丑
四大八百三十四分入朔 癸酉 壬子 辛卯 庚午
五小三百九十三分入朔 癸卯 壬午 辛酉 庚子
六大八百九十二分入朔 壬申 辛亥 庚寅 己巳
七大四百五十一分入朔 壬寅 辛巳 庚申 己亥
八小十分入朔 壬申 辛亥 庚寅 己巳
九大五百九分入朔 辛丑 庚辰 己未 戊戌

十小四十八分入朔 辛未 庚戌 己丑 戊辰
十一大五百六十七分入朔 庚子 己卯 戊午 丁酉
閏小一百二十六分入朔 庚午 己酉 戊子 丁卯
十二大六百二十五分入朔 乙亥 戊寅 丁巳 丙申
一章十二年 正月初二日冬至 隱三辛酉 僖十六丁丑 襄五癸巳 哀三己酉
正小一百八十四分入朔 己巳 戊申 丁亥 丙寅
二大六百八十三分入朔 戊戌 丁丑 丙辰 乙未
三小二百四十二分入朔 戊辰 丁未 丙戌 乙丑
四大七百四十一分入朔 丁酉 丙子 乙卯 甲午
五小三百分入朔 丁卯 丙午 乙酉 甲子
六大七百九十九分入朔 丙申 乙亥 甲寅 癸巳

七小三百五十八分入朔 丙寅 乙巳 甲申 癸亥
八大八百五十七分入朔 乙未 甲戌 癸丑 壬辰
九小四百一十六分入朔 乙丑 甲辰 癸未 壬戌
十大九百一十五分入朔 甲午 癸酉 壬子 辛卯
十一大四百七十四分入朔 甲子 癸卯 壬午 辛酉
十二小三十三分入朔 甲午 癸酉 壬子 辛卯
一章十三年正月十四日冬至 隱四壬戌 僖十七戊寅 襄六甲午 哀四庚戌
正大五百三十二分入朔 癸亥 壬寅 辛巳 庚申
二小九十一分入朔 癸巳 壬申 辛亥 庚寅
三大五百九十分入朔 壬戌 辛丑 庚辰 已未
四小一百四十九分入朔 壬辰 辛未 庚戌 已丑

五大六百四十八分入朔 辛酉 庚子 己卯 戊午
六小二百七分入朔 辛卯 庚午 己酉 戊子
七大七百六分入朔 庚申 己亥 戊寅 丁巳
八小二百六十五分入朔 庚寅 己巳 戊申 丁亥
九大七百六十四分入朔 己未 戊戌 丁丑 丙辰
十小三百二十三分入朔 己丑 戊辰 丁未 丙戌
十一大八百二十二分入朔 戊午 丁酉 丙子 乙卯
十二小三百八十一分入朔 戊子 丁卯 丙午 乙酉
一章十四年正月二十五日冬至 隱五癸亥 僖十八己卯 襄七己未 哀五辛亥
正大八百八十分入朔 丁巳 丙申 乙亥 甲寅
二小四百三十九分入朔 丁亥 丙寅 乙巳 甲申

三大九百三十八分入朔 丙辰 乙未 甲戌 癸丑
四大四百九十七分入朔 丙戌 乙丑 甲辰 癸未
五小五十六分入朔 丙辰 乙未 甲戌 癸丑
六大五百五十五分入朔 乙酉 甲子 癸卯 壬午
七小一百一十四分入朔 乙卯 甲午 癸酉 壬子
閏大六百一十三分入朔 甲申 癸亥 壬寅 辛巳
八小一百七十二分入朔 甲寅 癸巳 壬申 辛亥
九大六百七十一分入朔 癸未 壬戌 辛丑 庚辰
十小二百三十分入朔 癸丑 壬辰 辛未 庚戌
十一大七百二十九分入朔 壬午 辛酉 庚子 乙卯
十二小二百八十八分入朔 壬子 辛卯 庚午 乙酉

一章十五年正月初六日冬至 隱六甲子 僖十九庚辰 襄八丙申 哀六壬子
正大七百八十七分入朔 辛巳 庚申 己亥 戊寅
二小三百四十六分入朔 辛亥 庚寅 己巳 戊申
三大八百四十五分入朔 庚辰 己未 戊戌 丁丑
四小四百四分入朔 庚戌 己丑 戊辰 丁未
五大九百三分入朔 己卯 戊午 丁酉 丙子
六大四百六十二分入朔 己酉 戊子 丁卯 丙午
七小二十一分入朔 己卯 戊午 丁酉 丙子
八大五百二十分入朔 戊申 丁亥 丙寅 乙巳
九小七十九分入朔 戊寅 丁巳 丙申 乙亥
十大五百七十八分入朔 丁未 丙戌 乙丑 甲辰

十一小一百三十七分入朔 丁丑 丙辰 乙未 甲戌
十二大六百三十六分入朔 丙午 乙酉 甲子 癸卯
一章十六年正月十六日冬至 隱七乙丑 僖二十辛巳 襄九丁酉 哀七癸丑
正小一百九十五分入朔 丙子 乙卯 甲午 癸酉
二大六百九十四分入朔 乙巳 甲申 癸亥 壬寅
三小二百五十三分入朔 乙亥 甲寅 癸巳 壬申
四大七百五十二分入朔 甲辰 癸未 壬戌 辛丑
五小三百一十一分入朔 甲戌 癸丑 壬辰 辛未
六大八百一十分入朔 癸卯 壬午 辛酉 庚子
七小三百六十九分入朔 癸酉 壬子 辛卯 庚午
八大八百六十八分入朔 壬寅 辛巳 庚申 己亥

九小四百二十七分入朔 壬申 辛亥 庚寅 己巳
十大九百二十六分入朔 辛丑 庚辰 己未 戊戌
十一大四百八十五分入朔 辛未 庚戌 己丑 戊辰
十二小四十四分入朔 辛丑 庚辰 己未 戊戌
一章十七年正月二十八日冬至 隱八丙寅 僖二十一壬午 襄十戊戌 哀八甲寅
正大五百四十三分入朔 庚午 己酉 戊子 丁卯
二小一百二分入朔 庚子 己卯 戊午 丁酉
三大六百一分入朔 己巳 戊申 丁亥 丙寅
四小一百六十分入朔 己亥 戊寅 丁巳 丙申
閏大六百五十九分入朔 戊辰 丁未 丙戌 乙丑
五小二百一十八分入朔 戊戌 丁丑 丙辰 乙未

六大七百一十七分入朔 丁卯 丙午 乙酉 甲子
七小二百七十六分入朔 丁酉 丙子 乙卯 甲午
八大七百七十五分入朔 丙寅 乙巳 甲申 癸亥
九小三百三十四分入朔 丙申 乙亥 甲寅 癸巳
十大八百三十三分入朔 乙丑 甲辰 癸未 壬戌
十一小三百九十二分入朔 乙未 甲戌 癸丑 壬辰
十二大八百九十一分入朔 甲子 癸卯 壬午 辛酉
一章十八年正月初九日冬至 隱九丁卯 僖二十二癸未 襄十一己亥 哀九乙卯
正大四百五十分入朔 甲午 癸酉 壬子 辛卯
二小九分入朔 甲子 癸卯 壬午 辛酉
三大五百八分入朔 癸巳 壬申 辛亥 庚寅

四小六十九分入朔 癸亥 壬寅 辛巳 庚申
五大五百六十六分入朔 壬辰 辛未 庚戌 己丑
六小一百二十五分入朔 壬戌 辛丑 庚辰 己未
七大六百二十四分入朔 辛卯 庚午 己酉 戊子
八小一百八十三分入朔 辛酉 庚子 己卯 戊午
九大六百八十二分入朔 庚寅 己巳 戊申 丁亥
十小二百四十一分入朔 庚申 己亥 戊寅 丁巳
十一大七百四十分入朔 己丑 戊辰 丁未 丙戌
十二小二百九十九分入朔 己未 戊戌 丁丑 丙辰
一章十九年正月二十日冬至 隱十戊辰 僖二十三甲申 襄十二庚子 哀十丙辰
正大七百九十八分入朔 戊子 丁卯 丙午 乙酉

二小三百五十七分入朔　戊子　丁酉　丙子　乙卯
三大八百五十六分入朔　丁亥　丙寅　乙巳　甲申
四小四百一十五分入朔　丁巳　丙申　乙亥　甲寅
五大九百一十四分入朔　丙戌　乙丑　甲辰　癸未
六大四百七十三分入朔　丙辰　乙未　甲戌　癸丑
七小三十二分入朔　丙戌　乙丑　甲辰　癸未
八大五百三十一分入朔　乙卯　甲午　癸酉　壬子
九小七十分入朔　乙酉　甲子　癸卯　壬午
十大五百八十九分入朔　甲寅　癸巳　壬申　辛亥
十一小一百四十八分入朔　甲申　癸亥　壬寅　辛巳
十二大六百四十七分入朔　癸丑　壬辰　辛未　庚戌

閏小二百六分入朔　癸未　壬戌　辛丑　庚辰
第二章首正月初一日冬至　隱十一己巳　僖二十四乙酉　襄十三辛丑　哀十一丁巳
正大七百五分入朔　壬子　辛卯　庚午　己酉
二小二百六十四分入朔　壬午　辛酉　庚子　己卯
三大七百六十三分入朔　辛亥　庚寅　己巳　戊申
四小三百二十二分入朔　辛巳　庚申　己亥　戊寅
五大八百二十一分入朔　庚戌　己丑　戊辰　丁未
六小三百八十分入朔　庚辰　己未　戊戌　丁丑
七大八百七十九分入朔　己酉　戊子　丁卯　丙午
八小四百三十八分入朔　己卯　戊午　丁酉　丙子
「九大九百三十七分入朔　戊申　丁亥　丙寅　乙巳

十大四百九十六分入朔　戊寅　丁巳　丙申　乙亥
十一小五十五分入朔　戊申　丁亥　丙寅　乙巳
十二大五百五十四分入朔　丁丑　丙辰　乙未　甲戌
二章二年正月十二日冬至　桓元庚午　僖二十五丙戌　襄十四壬寅　哀十二戊午
正小一百一十三分入朔　丁未　丙戌　乙丑　甲辰
二大六百一十二分入朔　丙子　乙卯　甲午　癸酉
三小一百七十一分入朔　丙午　乙酉　甲子　癸卯
四大六百七十分入朔　乙亥　甲寅　癸巳　壬申
五小二百二十九分入朔　乙巳　甲申　癸亥　壬寅
六大七百二十八分入朔　甲戌　癸丑　壬辰　辛未
七小二百八十七分入朔　甲辰　癸未　壬戌　辛丑

八大七百八十六分入朔　癸酉　壬子　辛卯　庚午
九小三百四十五分入朔　癸卯　壬午　辛酉　庚子
十大八百四十四分入朔　壬申　辛亥　庚寅　己巳
十一小四百三分入朔　壬寅　辛巳　庚申　己亥
十二大九百二分入朔　辛未　庚戌　己丑　戊辰
二章三年正月二十三日冬至　桓二辛未　僖二十六丁亥　襄十五癸卯　哀十三己未
正大四百六十一分入朔　辛丑　庚辰　己未　戊戌
二小二十分入朔　辛未　庚戌　己丑　戊辰
三大五百一十九分入朔　庚子　己卯　戊午　丁酉
四小七十八分入朔　庚午　己酉　戊子　丁卯
五大五百七十七分入朔　己亥　戊寅　丁巳　丙申

六小一百三十六分入朔 己巳 戊申 丁亥 丙寅
七大六百三十五分入朔 戊戌 丁丑 丙辰 乙未
八小一百九十四分入朔 戊辰 丁未 丙戌 乙丑
九大六百九十三分入朔 丁酉 丙子 乙卯 甲午
閏小二百五十二分入朔 丁卯 丙午 乙酉 甲子
十大七百五十一分入朔 丙申 乙亥 甲寅 癸巳
十一小三百一十分入朔 丙寅 乙巳 甲申 癸亥
十二大八百九分入朔 乙未 甲戌 癸丑 壬辰
二章四年 正月初四日 冬至 桓三壬申 僖二十七戊子 襄十六甲辰 哀十四庚申
正小三百六十八分入朔 乙丑 甲辰 癸未 壬戌
二大八百六十七分入朔 甲午 癸酉 壬子 辛卯

三小四百二十六分入朔 甲子 癸卯 壬午 辛酉
四大九百二十五分入朔 癸巳 壬申 辛亥 庚寅
五大四百八十四分入朔 癸亥 壬寅 辛巳 庚申
六小四十三分入朔 癸巳 壬申 辛亥 庚寅
七大五百四十二分入朔 壬戌 辛丑 庚辰 己未
八小一百一分入朔 壬辰 辛未 庚戌 己丑
九大六百分入朔 辛酉 庚子 乙卯 戊午
十小一百五十九分入朔 辛卯 庚午 己酉 戊子
十一大六百五十八分入朔 庚申 己亥 戊寅 丁巳
十二小二百一十七分入朔 庚寅 己巳 戊申 丁亥
二章五年 正月十五日 冬至 桓四癸酉 僖二十八己丑 襄十七乙巳 哀十五辛酉

正大七百一十七分入朔 己未 戊戌 丁丑 丙辰
二小二百七十五分入朔 己丑 戊辰 丁未 丙戌
三大七百七十四分入朔 戊午 丁酉 丙子 乙卯
四小三百三十三分入朔 戊子 丁卯 丙午 乙酉
五大八百三十二分入朔 丁巳 丙申 乙亥 甲寅
六小三百九十一分入朔 丁亥 丙寅 乙巳 甲申
七大八百九十分入朔 丙辰 乙未 甲戌 癸丑
八大四百四十九分入朔 丙戌 乙丑 甲辰 癸未
九小八分入朔 丙辰 乙未 甲戌 癸丑
十大五百七分入朔 乙酉 甲子 癸卯 壬午
十一小六十六分入朔 乙卯 甲午 癸酉 壬子

十二大五百六十五分入朔 甲申 癸亥 壬寅 辛巳
二章六年 正月二十六日 冬至 桓五甲戌 僖二十九庚寅 襄十八丙午 哀十六壬戌
正小一百二十四分入朔 甲寅 癸巳 壬申 辛亥
二大六百二十三分入朔 癸未 壬戌 辛丑 庚辰
三小一百八十二分入朔 癸丑 壬辰 辛未 庚戌
四大六百八十一分入朔 壬午 辛酉 庚子 己卯
五小二百四十分入朔 壬子 辛卯 庚午 己酉
六大七百三十九分入朔 辛巳 庚申 己亥 戊寅
閏小二百九十八分入朔 辛亥 庚亥 己巳 戊申
七大七百九十七分入朔 庚辰 己未 戊戌 丁丑
八小三百五十六分入朔 庚戌 己丑 戊辰 丁未

九大八百五十五分入朔	己卯	戊午	丁酉	丙子
十小四百一十四分入朔	己酉	戊子	丁卯	丙午
十一大九百一十三分入朔	戊寅	丁巳	丙申	乙亥
十二大四百七十二分入朔	戊申	丁亥	丙寅	乙巳
二章七年正月初七日冬至	桓六乙亥	僖三十辛卯	襄十九丁未	哀十七癸亥
正小三十一分入朔	戊寅	丁巳	丙申	乙亥
二大五百三十分入朔	丁未	丙戌	乙丑	甲辰
三小八十九分入朔	丁丑	丙辰	乙未	甲戌
四大五百八十八分入朔	丙午	乙酉	甲子	癸卯
五小一百四十七分入朔	丙子	乙卯	甲午	癸酉
六大六百四十六分入朔	乙巳	甲申	癸亥	壬寅

七小二百五分入朔	乙亥	甲寅	癸巳	壬申
八大七百四分入朔	甲辰	癸未	壬戌	辛丑
九小二百六十三分入朔	甲戌	癸丑	壬辰	辛未
十大七百六十二分入朔	癸卯	壬午	辛酉	庚子
十一小三百二十一分入朔	癸酉	壬子	辛卯	庚午
十二大八百二十分入朔	壬寅	辛巳	庚申	己亥
二章八年正月十八日冬至	桓七丙子	僖三十一壬辰	襄二十戊申	哀十八甲子
正小三百七十九分入朔	壬申	辛亥	庚寅	己巳
二大八百七十八分入朔	辛丑	庚辰	己未	戊戌
三小四百三十七分入朔	辛未	庚戌	己丑	戊辰
四大九百三十六分入朔	庚子	己卯	戊午	丁酉

五大四百九十五分入朔	庚午	己酉	戊子	丁卯
六小五十四分入朔	庚子	己卯	戊午	丁酉
七大五百五十三分入朔	己巳	戊申	丁亥	丙寅
八小一百一十二分入朔	己亥	戊寅	丁巳	丙申
九大六百一十一分入朔	戊辰	丁未	丙戌	乙丑
十小一百七十分入朔	戊戌	丁丑	丙辰	乙未
十一大六百九十九分入朔	丁卯	丙午	乙酉	甲子
十二小二百二十八分入朔	丁酉	丙子	乙卯	甲午
二章九年正月二十九日冬至	桓八丁丑	僖三十二癸巳	襄二十一己酉	哀十九乙丑
正大七百二十七分入朔	丙寅	乙巳	甲申	癸亥
二小二百八十六分入朔	丙申	乙亥	甲寅	癸巳

閏大七百八十五分入朔	乙丑	甲辰	癸未	壬戌
三小三百四十四分入朔	乙未	甲戌	癸丑	壬辰
四大八百四十三分入朔	甲子	癸卯	壬午	辛酉
五小四百二分入朔	甲午	癸酉	壬子	辛卯
六大九百一分入朔	癸亥	壬寅	辛巳	庚申
七大四百六十分入朔	癸巳	壬申	辛亥	庚寅
八小一十九分入朔	癸亥	壬寅	辛巳	庚申
九大五百一十分入朔	壬辰	辛未	庚戌	己丑
十小七十七分入朔	壬戌	辛丑	庚辰	己未
十一大五百七十六分入朔	辛卯	庚子	己酉	戊子
十二小一百三十五分入朔	辛酉	庚午	己卯	戊午

二章十年正月十一日冬至 桓九戊寅 僖三十三甲午 襄二十二庚戌 哀二十丙寅

正大六百三十四分入朔 庚寅 己巳 戊申 丁亥

二小一百九十三分入朔 庚申 己亥 戊寅 丁巳

三大六百九十二分入朔 己丑 戊辰 丁未 丙戌

四小二百五十一分入朔 己未 戊戌 丁丑 丙辰

五大一百五十分入朔 戊子 丁卯 丙午 乙酉

六小三百九分入朔 戊午 丁酉 丙子 乙卯

七大八百八分入朔 丁亥 丙寅 乙巳 甲申

八小三百六十七分入朔 丁巳 丙申 乙亥 甲寅

九大八百六十六分入朔 丙戌 乙丑 甲辰 癸未

十小四百二十五分入朔 丙辰 乙未 甲戌 癸丑

十一大九百二十四分入朔 乙酉 甲子 癸卯 壬午

十二大四百八十三分入朔 乙卯 甲午 癸酉 壬子

二章十一年正月二十一日冬至 桓十己卯 文元乙未 襄二十三辛亥 哀二十一丁卯

正小四十二分入朔 己酉 甲子 癸卯 壬午

二大五百四十一分入朔 甲寅 癸巳 壬申 辛亥

三小一百分入朔 甲申 癸亥 壬寅 辛巳

四大五百九十九分入朔 癸丑 壬辰 辛未 庚戌

五小一百五十八分入朔 癸未 壬戌 辛丑 庚辰

六大六百五十七分入朔 壬子 辛卯 庚午 己酉

七小二百一十六分入朔 壬午 辛酉 庚子 己卯

八大七百一十五分入朔 辛亥 庚寅 己巳 戊申

九小二百七十四分入朔 辛巳 庚申 己亥 戊寅

十大七百七十三分入朔 庚戌 己丑 戊辰 丁未

十一小三百三十二分入朔 庚辰 己未 戊戌 丁丑

閏大八百三十一分入朔 己酉 戊子 丁卯 丙午

十二大三百九十分入朔 己卯 戊午 丁酉 丙子

二章十二年正月初三日冬至 桓十一庚辰 文二丙申 襄二十四壬子 哀二十二戊辰

正大八百八十九分入朔 戊申 丁亥 丙寅 乙巳

二大四百四十八分入朔 戊寅 丁巳 丙申 乙亥

三小七分入朔 戊申 丁亥 丙寅 乙巳

四大五百六分入朔 丁丑 丙辰 乙未 甲戌

五小六十五分入朔 丁未 丙戌 乙丑 甲辰

六大五百六十四分入朔 丙子 乙卯 甲午 癸酉

七小一百二十三分入朔 丙午 乙酉 甲子 癸卯

八大六百二十二分入朔 乙亥 甲寅 癸巳 壬申

九小一百八十一分入朔 乙巳 甲申 癸亥 壬寅

十大六百八十分入朔 甲戌 癸丑 壬辰 辛未

十一小二百三十九分入朔 甲辰 癸未 壬戌 辛丑

十二大七百三十八分入朔 癸酉 壬子 辛卯 庚午

二章十三年正月十三日冬至 桓十二辛巳 文三丁酉 襄二十五癸丑 哀二十三己巳

正小二百九十七分入朔 癸卯 壬午 辛酉 庚子

二大七百九十六分入朔 壬申 壬亥 庚寅 己巳

三小三百五十五分入朔 壬寅 辛巳 庚申 己亥

四大八百五十四分入朔	辛未	庚戌	己丑	戊辰
五小四百一十三分入朔	辛丑	庚辰	己未	戊戌
六大九百一十二分入朔	庚午	己酉	戊子	丁卯
七大四百七十一分入朔	庚子	己卯	戊午	丁酉
八小三十分入朔	庚午	己酉	戊子	丁卯
九大五百二十九分入朔	己亥	戊寅	丁巳	丙申
十小八十八分入朔	己巳	戊申	丁亥	丙寅
十一大五百八十七分入朔	戊戌	丁丑	丙辰	乙未
十二小一百四十六分入朔	戊辰	丁未	丙戌	乙丑
二章十四年正月二十五日冬至	桓十三壬午	文四戊戌	襄二十六甲寅	哀二十四庚午
正大六百四十五分入朔	丁酉	丙子	乙卯	甲午

二小二百四分入朔	丁卯	丙午	乙酉	甲子
三大七百三分入朔	丙申	乙亥	甲寅	癸巳
四小二百六十二分入朔	丙寅	乙巳	甲申	癸亥
五大七百六十一分入朔	乙未	甲戌	癸丑	壬辰
六小三百二十分入朔	乙丑	甲辰	癸未	壬戌
七大八百一十九分入朔	甲午	癸酉	壬子	辛卯
閏小三百七十八分入朔	甲子	癸卯	壬午	辛酉
八大八百七十七分入朔	癸巳	壬申	辛亥	庚寅
九小四百三十六分入朔	癸亥	壬寅	辛巳	庚申
十大九百三十五分入朔	壬辰	辛未	庚戌	己丑
十一大四百九十四分入朔	壬戌	辛丑	庚辰	己未

十二小五十三分入朔	壬辰	辛未	庚戌	己丑
二章十五年正月初六日冬至	桓十四癸未	文五己亥	襄二十七乙卯	哀二十五辛未
正大五百五十二分入朔	辛酉	庚子	己卯	戊午
二小一百一十一分入朔	辛卯	庚午	己酉	戊子
三大六百一十分入朔	庚申	己亥	戊寅	丁巳
四小一百六十九分入朔	庚寅	己巳	戊申	丁亥
五大六百六十八分入朔	己未	戊戌	丁丑	丙辰
六小二百二十七分入朔	己丑	戊辰	丁未	丙戌
七大七百二十六分入朔	戊午	丁酉	丙子	乙卯
八小二百八十五分入朔	戊子	丁卯	丙午	乙酉
九大七百八十四分入朔	丁巳	丙申	乙亥	甲寅

十小三百四十三分入朔	丁亥	丙寅	乙巳	甲申
十一大八百四十二分入朔	丙辰	乙未	甲戌	癸丑
十二小四百一分入朔	丙戌	乙丑	甲辰	癸未
二章十六年正月十七日冬至	桓十五甲申	文六庚子	襄二十八丙辰	哀二十六壬申
正大九百分入朔	乙卯	甲午	癸酉	壬子
二大四百五十九分入朔	乙酉	甲子	癸卯	壬午
三小一十八分入朔	乙卯	甲午	癸酉	壬子
四大五百一十七分入朔	甲申	癸亥	壬寅	辛巳
五小七十六分入朔	甲寅	癸巳	壬申	辛亥
六大五百七十五分入朔	癸未	壬戌	辛丑	庚辰
七小一百三十四分入朔	癸丑	壬辰	辛未	庚戌

八大六百三十三分入朔　壬午　辛酉　庚子　己卯
九小一百九十二分入朔　壬子　辛卯　庚午　己酉
十大六百九十一分入朔　辛巳　庚申　己亥　戊寅
十一小二百五十分入朔　辛亥　庚寅　己巳　戊申
十二大七百四十九分入朔　庚辰　己未　戊戌　丁丑
二章十七年正月二十七日冬至　桓十六乙酉　文七辛丑　襄二十九丁巳　哀二十七癸酉
正小三百八分入朔　庚戌　己丑　戊辰　丁未
二大八百七分入朔　己卯　戊午　丁酉　丙子
三小三百六十六分入朔　己酉　戊子　丁卯　丙午
四大八百六十五分入朔　戊寅　丁巳　丙申　乙亥
閏小四百二十四分入朔　戊申　丁亥　丙寅　乙巳

五大九百二十三分入朔　丁丑　丙辰　乙未　甲戌
六大四百八十二分入朔　丁未　丙戌　乙丑　甲辰
七小四十一分入朔　丁丑　丙辰　乙未　甲戌
八大五百四十分入朔　丙午　乙酉　甲子　癸卯
九小九十九分入朔　丙子　乙卯　甲午　癸酉
十大五百九十八分入朔　乙巳　甲申　癸亥　壬寅
十一小一百五十七分入朔　乙亥　甲寅　癸巳　壬申
十二大六百五十六分入朔　甲辰　癸未　壬戌　辛丑
二章十八年正月初九日冬至　桓十七丙戌　文八壬寅　襄三十戊午
正小二百一十五分入朔　甲戌　癸丑　壬辰
二大七百一十四分入朔　癸卯　壬午　辛酉

三小二百七十三分入朔　癸酉　壬子　辛卯
四大七百七十二分入朔　壬寅　辛巳　庚申
五小三百三十一分入朔　壬申　辛亥　庚寅
六大八百三十分入朔　辛丑　庚辰　己未
七小三百八十九分入朔　辛未　庚戌　己丑
八大八百八十八分入朔　庚子　己卯　戊午
九大四百四十七分入朔　庚午　己酉　戊子
十小六分入朔　庚子　己卯　戊午
十一大五百五分入朔　己巳　戊申　丁亥
十二小六十四分入朔　己亥　戊寅　丁巳
二章十九年正月二十日冬至　桓十八丁亥　文九癸卯　襄三十一己未

正大五百六十三分入朔　戊辰　丁未　丙戌
二小一百一十二分入朔　戊戌　丁丑　丙辰
三大六百二分入朔　丁卯　丙午　乙酉
四小一百八十分入朔　丁酉　丙子　乙卯
五大六百七十九分入朔　丙寅　乙巳　甲申
六小二百三十八分入朔　丙申　乙亥　甲寅
七大七百三十七分入朔　乙丑　甲辰　癸未
八小二百九十六分入朔　乙未　甲戌　癸丑
九大七百九十五分入朔　甲子　癸卯　壬午
十小三百五十四分入朔　甲午　癸酉　壬子
十一大八百五十三分入朔　癸亥　壬寅　辛巳

十二小四百一十二分入朔 癸巳 壬申 辛亥

閏大九百一十一分入朔 壬戌 辛丑 庚辰

第三章首正月初一日冬至 莊元戊子 文十甲辰 昭元庚申

正大四百七十分入朔 壬辰 辛未 庚戌

二小二十九分入朔 壬戌 辛丑 庚辰

三大五百二十八分入朔 辛卯 庚午 己酉

四小八十七分入朔 辛酉 庚子 己卯

五大五百八十六分入朔 庚寅 己巳 戊申

六小一百四十五分入朔 庚申 己亥 戊寅

七大六百四十四分入朔 己丑 戊辰 丁未

八小二百三分入朔 己未 戊戌 丁丑

九大七百二分入朔 戊子 丁卯 丙午

十小二百六十一分入朔 戊午 丁酉 丙子

十一大七百六十分入朔 丁亥 丙寅 乙巳

十二小三百一十九分入朔 丁巳 丙申 乙亥

三章二年正月十二日冬至 莊二己丑 文十一乙巳 昭二辛酉

正大八百一十八分入朔 丙戌 乙丑 甲辰

二小三百七十七分入朔 丙辰 乙未 甲戌

三大八百七十六分入朔 乙酉 甲子 癸卯

四小四百三十五分入朔 乙卯 甲午 癸酉

五大九百三十四分入朔 甲申 癸亥 壬寅

六大四百九十三分入朔 甲寅 癸巳 壬申

七小五十一分入朔 甲申 癸亥 壬寅

八大五百五十一分入朔 癸丑 壬辰 辛未

九小一百一十分入朔 癸未 壬戌 辛丑

十大六百九分入朔 壬子 辛卯 庚午

十一小一百六十八分入朔 壬午 辛酉 庚子

十二大六百六十七分入朔 辛亥 庚寅 己巳

三章三年正月二十三日冬至 莊三庚寅 文十二丙午 昭三壬戌

正小二百二十六分入朔 辛巳 庚申 己亥

二大七百二十五分入朔 庚戌 己丑 戊辰

三小二百八十四分入朔 庚辰 己未 戊戌

四大七百八十三分入朔 己酉 戊子 丁卯

五小三百四十二分入朔 己卯 戊午 丁酉

六大八百四十一分入朔 戊申 丁亥 丙寅

七小四百分入朔 戊寅 丁巳 丙申

八大八百九十九分入朔 丁未 丙戌 乙丑

九大四百五十八分入朔 丁丑 丙辰 乙未

閏小十七分入朔 丁未 丙戌 乙丑

十大五百一十六分入朔 丙子 乙卯 甲午

十一小七十五分入朔 丙午 乙酉 甲子

十二大五百七十四分入朔 乙亥 甲寅 癸巳

三章四年正月初四日冬至 莊四辛卯 文十三丁未 昭四癸亥

正小一百三十三分入朔 乙巳 甲申 癸亥

二大六百三十二分入朔　甲戌　癸丑　壬辰
三小一百九十一分入朔　甲辰　癸未　壬戌
四大六百九十分入朔　癸酉　壬子　辛卯
五小二百四十九分入朔　癸卯　壬午　辛酉
六大七百四十八分入朔　壬申　辛亥　庚寅
七小三百七分入朔　壬寅　辛巳　庚申
八大八百六分入朔　辛未　庚戌　己丑
九小三百六十五分入朔　辛丑　庚辰　己未
十大八百六十四分入朔　庚午　己酉　戊子
十一小四百二十三分入朔　庚子　己卯　戊午
十二大九百二十二分入朔　己巳　戊申　丁亥

三章五年正月十五日冬至　莊五壬辰　文十四戊申　昭五甲子
正大四百八十一分入朔　己亥　戊寅　丁巳
二小四十分入朔　己巳　戊申　丁亥
三大五百三十九分入朔　戊戌　丁丑　丙辰
四小九十八分入朔　戊辰　丁未　丙戌
五大五百九十七分入朔　丁酉　丙子　乙卯
六小一百五十六分入朔　丁卯　丙午　乙酉
七大六百五十五分入朔　丙申　乙亥　甲寅
八小二百一十四分入朔　丙寅　乙巳　甲申
九大七百一十三分入朔　乙未　甲戌　癸丑
十小二百七十二分入朔　乙丑　甲辰　癸未

十一大七百七十一分入朔　甲午　癸酉　壬子
十二小三百三十分入朔　甲子　癸卯　壬午
三章六年正月二十六日冬至　莊六癸巳　文十五己酉　昭六乙丑
正大八百二十九分入朔　癸巳　壬申　辛亥
二小三百八十八分入朔　癸亥　壬寅　辛巳
三大八百八十七分入朔　壬辰　辛未　庚戌
四大四百四十六分入朔　壬戌　辛丑　庚辰
五小五分入朔　壬辰　辛未　庚戌
六大五百四分入朔　辛酉　庚子　己卯
閏小六十三分入朔　辛卯　庚午　己酉
七大五百六十二分入朔　庚申　己亥　戊寅

八小一百二十一分入朔　庚寅　己巳　戊申
九大六百二十分入朔　己未　戊戌　丁丑
十小一百七十九分入朔　己丑　戊辰　丁未
十一大六百七十八分入朔　戊午　丁酉　丙子
十二小二百三十九分入朔　戊子　丁卯　丙午
三章七年正月初八日冬至　莊七甲午　文十六庚戌　昭七丙寅
正大七百二十六分入朔　丁巳　丙申　乙亥
二小二百九十五分入朔　丁亥　丙寅　乙巳
三大七百九十四分入朔　丙辰　乙未　甲戌
四小三百五十三分入朔　丙戌　乙丑　甲辰
五大八百五十二分入朔　乙卯　甲午　癸酉

六小四百一十一分入朔　乙酉　甲子　癸卯
七大九百一十分入朔　甲寅　癸巳　壬申
八大四百六十九分入朔　甲申　癸亥　壬寅
九小二十八分入朔　甲寅　癸巳　壬申
十大五百二十七分入朔　癸未　壬戌　辛丑
十一小八十六分入朔　癸丑　壬辰　辛未
十二大五百八十五分入朔　壬午　辛酉　庚子
三章八年正月十八日冬至　莊八乙未　文十七辛亥　昭八丁卯
正小一百四十四分入朔　壬子　辛卯　庚午
二大六百四十二分入朔　辛巳　庚申　己亥
三小二百二分入朔　辛亥　庚寅　己巳

四大七百一分入朔　庚辰　己未　戊戌
五小二百六十分入朔　庚戌　己丑　戊辰
六大七百五十九分入朔　乙卯　戊午　丁酉
七小三百二十八分入朔　己酉　戊子　丁卯
八大八百一十七分入朔　戊寅　丁巳　丙申
九小三百七十六分入朔　戊申　丁亥　丙寅
十大八百七十五分入朔　丁丑　丙辰　乙未
十一小四百三十四分入朔　丁未　丙戌　乙丑
十二大九百三十三分入朔　丙子　乙卯　甲午
三章九年正月二十九日冬至　莊九丙申　文十八壬子　昭九戊辰
正大四百九十二分入朔　丙午　乙酉　甲子

二小五十一分入朔　丙子　乙卯　甲午
閏大五百五十分入朔　乙巳　甲申　癸亥
三小一百九分入朔　乙亥　甲寅　癸巳
四大六百八分入朔　甲辰　癸未　壬戌
五小一百六十七分入朔　甲戌　癸丑　壬辰
六大六百六十六分入朔　癸卯　壬午　辛酉
七小二百二十五分入朔　癸酉　壬子　辛卯
八大七百二十四分入朔　壬寅　辛巳　庚申
九小二百八十三分入朔　壬申　辛亥　庚寅
十大七百八十二分入朔　辛丑　庚辰　己未
十一小三百四十一分入朔　辛未　庚戌　己丑

十二大八百四十分入朔　庚子　己卯　戊午
三章十年正月初十日冬至　莊十丁酉　宣元癸丑　昭十己巳
正小三百九十九分入朔　庚午　己酉　戊子
二大八百九十八分入朔　己亥　戊寅　丁巳
三大四百五十七分入朔　己巳　戊申　丁亥
四小一十六分入朔　己亥　戊寅　丁巳
五大五百一十五分入朔　戊辰　丁未　丙戌
六小七十四分入朔　戊戌　丁丑　丙辰
七大五百七十三分入朔　丁卯　丙午　乙酉
八小一百三十二分入朔　丁酉　丙子　乙卯
九大六百三十一分入朔　丙寅　乙巳　甲申

十小一百九十分入朔　丙申　乙亥　甲寅
十一大六百八十九分入朔　乙丑　甲辰　癸未
十二小二百四十八分入朔　乙未　甲戌　癸丑
三章十一年冬至正月二十一日　莊十一戊戌　宣二甲寅　昭十一庚午
正大七百四十七分入朔　甲子　癸卯　壬午
二小三百六分入朔　甲午　癸酉　壬子
三大八百五分入朔　癸亥　壬寅　辛巳
四小三百六十四分入朔　癸巳　壬申　辛亥
五大八百六十三分入朔　壬戌　辛丑　庚辰
六小四百二十二分入朔　壬辰　辛未　庚戌
七大九百二十一分入朔　辛酉　庚子　己卯
八大四百八十分入朔　辛卯　庚午　己酉
九小三十九分入朔　辛酉　庚子　己卯
十大五百三十八分入朔　庚寅　己巳　戊申
十一小九十七分入朔　庚申　己亥　戊寅
閏大三百九十六分入朔　己丑　戊辰　丁未
十二小一百五十五分入朔　己未　戊戌　丁丑
三章十二年冬至正月初二日　莊十二己亥　宣三乙卯　昭十二辛未
正大六百五十四分入朔　戊子　丁卯　丙午
二小二百一十三分入朔　戊午　丁酉　丙子
三大七百一十二分入朔　丁亥　丙寅　乙巳
四小二百七十一分入朔　丁巳　丙申　乙亥

五大七百七十分入朔　丙戌　乙丑　甲辰
六小三百二十九分入朔　丙辰　乙未　甲戌
七大八百二十八分入朔　乙酉　甲子　癸卯
八小三百八十七分入朔　乙卯　甲午　癸酉
九大八百八十六分入朔　甲申　癸亥　壬寅
十大四百四十五分入朔　甲寅　癸巳　壬申
十一小四分入朔　甲申　癸亥　壬寅
十二大五百三分入朔　癸丑　壬辰　辛未
三章十三年冬至正月十三日　莊十三庚子　宣四丙辰　昭十三壬申
正小六十二分入朔　癸未　壬戌　辛丑
二大五百六十一分入朔　壬子　辛卯　庚午
三小一百二十分入朔　壬子　辛酉　庚子
四大一百一十九分入朔　辛亥　庚寅　己巳
五小一百七十八分入朔　辛巳　庚申　己亥
六大六百七十七分入朔　庚戌　己丑　戊辰
七小二百三十六分入朔　庚辰　己未　戊戌
八大七百三十五分入朔　己酉　戊子　丁卯
九小二百九十四分入朔　己卯　戊午　丁酉
十大七百九十三分入朔　戊申　丁亥　丙寅
十一小三百五十二分入朔　戊寅　丁巳　丙申
十二大八百五十一分入朔　丁未　丙戌　乙丑
三章十四年冬至正月二十四日　莊十四辛丑　宣五丁巳　昭十四癸酉

正小四百一十分入朔 丁丑 丙辰 乙未
二大九百九分入朔 丙午 乙酉 甲子
三大四百六十八分入朔 丙子 乙卯 甲午
四小二十七分入朔 丙午 乙酉 甲子
五大五百二十六分入朔 乙亥 甲寅 癸巳
六小八十五分入朔 乙巳 甲申 癸亥
七大五百八十四分入朔 甲戌 癸丑 壬辰
閏小一百四十三分入朔 甲辰 癸未 壬戌
八大六百四十二分入朔 癸酉 壬子 辛卯
九小二百一分入朔 癸卯 壬午 辛酉
十大七百分入朔 壬申 辛亥 庚寅
十一小二百五十九分入朔 壬寅 辛巳 庚申
十二大七百五十八分入朔 辛未 庚戌 己丑
三章十五年正月初六日冬至 莊十五壬寅 宣六戊午 昭十五甲戌
正小三百一十七分入朔 辛丑 庚辰 己未
二大八百一十六分入朔 庚午 己酉 戊子
三小三百七十五分入朔 庚子 己卯 戊午
四大八百七十四分入朔 己巳 戊申 丁亥
五小四百三十三分入朔 己亥 戊寅 丁巳
六大九百三十三分入朔 戊辰 丁未 丙戌
七大四百九十一分入朔 戊戌 丁丑 丙辰
八小五十分入朔 戊辰 丁未 丙戌

九大五百四十九分入朔 丁酉 丙子 乙卯
十小一百八分入朔 丁卯 丙午 乙酉
十一大六百七分入朔 丙申 乙亥 甲寅
十二小一百六十六分入朔 丙寅 乙巳 甲申
三章十六年正月十七日冬至 莊十六癸卯 宣七己未 昭十六乙亥
正大六百六十五分入朔 乙未 甲戌 癸丑
二小二百二十四分入朔 乙丑 申辰 癸未
三大七百二十三分入朔 甲午 癸酉 壬子
四小二百二十八分入朔 甲子 癸卯 壬午
五大七百八十一分入朔 癸巳 壬申 辛亥
六小三百四十分入朔 癸亥 壬寅 辛巳
七大八百三十九分入朔 壬辰 辛未 庚戌
八小三百九十八分入朔 壬戌 辛丑 庚辰
九大八百九十七分入朔 辛卯 庚午 己酉
十大四百五十六分入朔 辛酉 庚子 己卯
十一小一十五分入朔 辛卯 庚午 己酉
十二大五百十四分入朔 庚申 己亥 戊寅
三章十七年正月二十七日冬至 莊十七甲辰 宣八庚申 昭十七丙子
正小七十三分入朔 庚寅 己巳 戊申
二大五百七十二分入朔 己未 戊戌 丁丑
三小一百三十一分入朔 己丑 戊辰 丁未
四大六百三十分入朔 戊午 丁酉 丙子

閏小一百八十九分入朔　戊子　丁卯　丙午
五大六百八十八分入朔　丁巳　丙申　乙亥
六小二百四十七分入朔　丁亥　丙寅　乙巳
七大七百四十六分入朔　丙辰　乙未　甲戌
八小三百五分入朔　丙戌　乙丑　甲辰
九大八百四分入朔　乙卯　甲午　癸酉
十小三百六十三分入朔　乙酉　甲子　癸卯
十一大八百六十二分入朔　甲寅　癸巳　壬申
十二小四百二十一分入朔　甲申　癸亥　壬寅
三章十八年正月初九日冬至　莊十八乙巳　宣九辛酉　昭十八丁丑
正大九百二十分入朔　癸丑　壬辰　辛未

二大四百七十九分入朔　癸未　壬戌　辛丑
三小三十八分入朔　癸丑　壬辰　辛未
四大五百三十七分入朔　壬午　辛酉　庚子
五小九十六分入朔　壬子　辛卯　庚午
六大五百九十五分入朔　辛巳　庚申　己亥
七小二百五十四分入朔　辛亥　庚寅　己巳
八大六百五十三分入朔　庚辰　己未　戊戌
九小二百一十二分入朔　庚戌　己丑　戊辰
十大七百一十一分入朔　乙卯　戊午　丁酉
十一小二百七十分入朔　乙酉　戊子　丁卯
十二大七百六十九分入朔　戊寅　丁巳　丙申

三章十九年正月二十日冬至　莊十九丙午　宣十壬戌　昭十九戊寅
正小三百二十八分入朔　戊申　丁亥　丙寅
二大八百二十七分入朔　丁丑　丙辰　乙未
三小三百八十六分入朔　丁未　丙戌　乙丑
四大四百八十五分入朔　丙子　乙卯　甲午
五大四百四十四分入朔　丙午　乙酉　甲子
六小三分入朔　丙子　乙卯　甲午
七大三百二分入朔　乙巳　甲申　癸亥
八小六十一分入朔　乙亥　甲寅　癸巳
九大五百六十分入朔　甲辰　癸未　壬戌
十小一百一十九分入朔　甲戌　癸丑　壬辰

十一大六百一十八分入朔　癸卯　壬午　辛酉
十二小一百七十七分入朔　癸酉　壬子　辛卯
閏大六百七十六分入朔　壬寅　辛巳　庚申
第四章首正月初一日冬至　莊二十丁未　宣十一癸亥　昭二十乙卯
正小二百三十五分入朔　壬申　辛亥　庚寅
二大七百三十四分入朔　辛丑　庚辰　己未
三小二百九十三分入朔　辛未　庚戌　己丑
四大七百九十二分入朔　庚子　己卯　戊午
五小三百五十一分入朔　庚午　己酉　戊子
六大八百五十分入朔　己亥　戊寅　丁巳
七小四百九分入朔　己巳　戊申　丁亥

八大九百八分入朔 戊戌 丁丑 丙辰
九大四百六十七分入朔 戊辰 丁未 丙戌
十小二十六分入朔 戊戌 丁丑 丙辰
十一大五百二十五分入朔 丁卯 丙午 乙酉
十二小八十四分入朔 丁酉 丙子 乙卯
四章二年正月十二日冬至 莊二十一戊申 宣十二甲子 昭二十一庚辰
正大五百八十三分入朔 丙寅 己巳 甲申
二小一百四十二分入朔 丙申 乙亥 甲寅
三大六百四十二分入朔 乙丑 甲辰 癸未
四小二百分入朔 乙未 甲戌 癸丑
五大六百九十九分入朔 甲子 癸卯 壬午

六小二百五十八分入朔 甲午 癸酉 壬子
七大七百五十七分入朔 癸亥 壬寅 辛巳
八小三百一十六分入朔 癸巳 壬申 辛亥
九大八百一十五分入朔 壬戌 辛丑 庚辰
十小三百七十四分入朔 壬辰 辛未 庚戌
十一大八百七十三分入朔 辛酉 庚子 己卯
十二小四百三十二分入朔 辛卯 庚午 己酉
四章三年正月二十三日冬至 莊二十二己酉 宣十三乙丑 昭二十二辛巳
正大九百三十一分入朔 庚申 己亥 戊寅
二大四百九十分入朔 庚寅 己巳 戊申
三小四十九分入朔 庚申 己亥 戊寅

四大五百四十八分入朔 己丑 戊辰 丁未
五小一百七分入朔 己未 戊戌 丁丑
六大六百六分入朔 戊子 丁卯 丙午
七小一百六十五分入朔 戊午 丁酉 丙子
八大六百六十四分入朔 丁亥 丙寅 乙巳
九小二百二十三分入朔 丁巳 丙申 乙亥
閏大七百二十二分入朔 丙戌 乙丑 甲辰
十小二百八十一分入朔 丙辰 乙未 甲戌
十一大七百八十分入朔 乙酉 甲子 癸卯
十二小三百三十九分入朔 乙卯 甲午 癸酉
四章四年正月初五日冬至 莊二十三庚戌 宣十四丙寅 昭二十三壬午

正大八百三十八分入朔 甲申 癸亥 壬寅
二小三百九十七分入朔 甲寅 癸巳 壬申
三大八百九十六分入朔 癸未 壬戌 辛丑
四大四百五十五分入朔 癸丑 壬辰 辛未
五小一十四分入朔 癸未 壬戌 辛丑
六大五百一十三分入朔 壬子 辛卯 庚午
七小七十二分入朔 壬午 辛酉 庚子
八大五百七十一分入朔 辛亥 庚寅 己巳
九小一百二十九分入朔 辛巳 庚申 己亥
十大六百二十九分入朔 庚戌 己丑 戊辰
十一小一百八十八分入朔 庚辰 己未 戊戌

十二大六百八十七分入朔 己酉 戊子 丁卯
四章五年正月十五日冬至 莊二十四辛亥 宣十五丁卯 昭二十四癸未
正小二百四十六分入朔 己卯 戊午 丁酉
二大七百四十五分入朔 戊申 丁亥 丙寅
三小三百四分入朔 戊寅 丁巳 丙申
四大八百三分入朔 丁未 丙戌 乙丑
五小三百六十二分入朔 丁丑 丙辰 乙未
六大八百六十一分入朔 丙午 乙酉 甲子
七小四百二十分入朔 丙子 乙卯 甲午
八大九百一十九分入朔 乙巳 甲申 癸亥
九大四百七十八分入朔 乙亥 甲寅 癸巳

十小三十七分入朔 乙巳 甲申 癸亥
十一大五百三十六分入朔 甲戌 癸丑 壬辰
十二小九十五分入朔 甲辰 癸未 壬戌
四章六年正月二十六日冬至 莊二十五壬子 宣十六戊辰 昭二十五甲申
正大五百九十四分入朔 癸酉 壬子 辛卯
二小一百五十三分入朔 癸卯 壬午 辛酉
三大六百五十二分入朔 壬申 辛亥 庚寅
四小二百一十一分入朔 壬寅 辛巳 庚申
五大七百一十分入朔 辛未 庚戌 己丑
六小二百六十九分入朔 辛丑 庚辰 己未
閏大七百六十八分入朔 庚午 己酉 戊子

七小三百二十七分入朔 庚子 己卯 戊午
八大八百二十六分入朔 己巳 戊申 丁亥
九小三百八十五分入朔 己亥 戊寅 丁巳
十大八百八十四分入朔 戊辰 丁未 丙戌
十一大四百四十三分入朔 戊戌 丁丑 丙辰
十二小二分入朔 戊辰 丁未 丙戌
四章七年正月初七日冬至 莊二十六癸丑 宣十七己巳 昭二十六乙酉
正大五百一分入朔 丁酉 丙子 乙卯
二小六十分入朔 丁卯 丙午 乙酉
三大五百五十九分入朔 丙申 乙亥 甲寅
四小一百一十八分入朔 丙寅 乙巳 甲申

五大六百一十七分入朔 乙未 甲戌 癸丑
六小一百七十六分入朔 乙丑 甲辰 癸未
七大六百七十五分入朔 甲午 癸酉 壬子
八小二百三十四分入朔 甲子 癸卯 壬午
九大七百三十三分入朔 癸巳 壬申 辛亥
十小二百九十二分入朔 癸亥 壬寅 辛巳
十一大七百九十一分入朔 壬辰 辛未 庚戌
十二小三百五十分入朔 壬戌 辛丑 庚辰
四章八年正月十九日冬至 莊二十七甲寅 宣十八庚午 昭二十七丙戌
正大八百四十九分入朔 辛卯 庚午 己酉
二小四百八分入朔 辛酉 庚子 己卯

三大九百七分入朔　庚寅　己巳　戊申
四大四百六十六分入朔　庚申　己亥　戊寅
五小二十五分入朔　庚寅　己巳　戊申
六大五百二十四分入朔　己未　戊戌　丁丑
七小八十三分入朔　己丑　戊辰　丁未
八大五百八十二分入朔　戊午　丁酉　丙子
九小一百四十一分入朔　戊子　丁卯　丙午
十大六百四十分入朔　丁巳　丙申　乙亥
十一小一百九十九分入朔　丁亥　丙寅　乙巳
十二大六百九十八分入朔　丙辰　乙未　甲戌
四章九年正月二十九日冬至　莊二十八乙卯　成元辛未　昭二十八丁亥

正小二百五十七分入朔　丙戌　乙丑　甲辰
二大七百五十六分入朔　乙卯　甲午　癸酉
閏小三百一十五分入朔　乙酉　甲子　癸卯
三大八百一十四分入朔　甲寅　癸巳　壬申
四小三百七十三分入朔　甲申　癸亥　壬寅
五大八百七十二分入朔　癸丑　壬辰　辛未
六小四百三十一分入朔　癸未　壬戌　辛丑
七大九百三十分入朔　壬子　辛卯　庚午
八大四百八十九分入朔　壬午　辛酉　庚子
九小四十八分入朔　壬子　辛卯　庚午
十大五百四十七分入朔　辛巳　庚申　己亥

十一小一百六分入朔　辛亥　庚寅　己巳
十二大六百五分入朔　庚辰　己未　戊戌
四章十年正月初十日冬至　莊二十九丙辰　成二壬申　昭二十九戊子
正小一百六十四分入朔　庚戌　己丑　戊辰
二大六百六十三分入朔　己卯　戊午　丁酉
三小二百二十二分入朔　己酉　戊子　丁卯
四大七百二十一分入朔　戊寅　丁巳　丙申
五小二百八十分入朔　戊申　丁亥　丙寅
六大七百七十九分入朔　丁丑　丙辰　乙未
七小三百三十八分入朔　丁未　丙戌　乙丑
八大八百二十七分入朔　丙子　乙卯　甲午

九小三百九十六分入朔　丙午　乙酉　甲子
十大八百九十五分入朔　乙亥　甲寅　癸巳
十一大四百五十四分入朔　乙巳　甲申　癸亥
十二小十三分入朔　乙亥　甲寅　癸巳
四章十一年正月二十一日冬至　莊三十丁巳　成三癸酉　昭三十己丑
正大五百一十二分入朔　甲辰　癸未　壬戌
二小七十一分入朔　甲戌　癸丑　壬辰
三大五百七十分入朔　癸卯　壬午　辛酉
四小一百二十九分入朔　癸酉　壬子　辛卯
五大六百二十八分入朔　壬寅　辛巳　庚申
六小一百八十七分入朔　壬申　辛亥　庚寅

七大六百八十六分入朔　辛丑　庚辰　己未
八小二百四十五分入朔　辛未　庚戌　己丑
九大七百四十四分入朔　庚子　己卯　戊午
十小三百三分入朔　庚午　己酉　戊子
十一大八百二分入朔　己亥　戊寅　丁巳
閏小三百六十一分入朔　己巳　戊申　丁亥
十二大八百六十分入朔　戊戌　丁丑　丙辰
四章十二年冬至正月初三日　莊三十一戊午　成四甲戌　昭二十一庚寅
正小四百一十九分入朔　戊辰　丁未　丙戌
二大九百一十八分入朔　丁酉　丙子　乙卯
三大四百七十七分入朔　丁卯　丙午　乙酉

四小三十六分入朔　丁酉　丙子　乙卯
五大五百三十五分入朔　丙寅　乙巳　甲申
六小九十四分入朔　丙申　乙亥　甲寅
七大五百九十三分入朔　乙丑　甲辰　癸未
八小一百五十二分入朔　乙未　甲戌　癸丑
九大六百五十一分入朔　甲子　癸卯　壬午
十小二百一十分入朔　甲午　癸酉　壬子
十一大七百九分入朔　癸亥　壬寅　辛巳
十二小二百六十八分入朔　癸巳　壬申　辛亥
四章十三年冬至正月十四日　莊三十二己未　成五乙亥　昭二十二辛卯
正大七百六十七分入朔　壬戌　辛丑　庚辰

二小三百二十六分入朔　壬辰　辛未　庚戌
三大八百二十五分入朔　辛酉　庚子　己卯
四小三百八十四分入朔　辛卯　庚午　己酉
五大八百八十三分入朔　庚申　己亥　戊寅
六大四百四十二分入朔　庚寅　己巳　戊申
七小一分入朔　庚申　己亥　戊寅
八大五百分入朔　己丑　戊辰　丁未
九小五十九分入朔　己未　戊戌　丁丑
十大五百五十八分入朔　戊子　丁卯　丙午
十一小一百一十七分入朔　戊午　丁酉　丙子
十二大六百一十六分入朔　丁亥　丙寅　己巳

四章十四年冬至正月二十四日　閔元庚申　成六丙子　定元壬辰
正小一百七十五分入朔　丁巳　丙申　乙亥
二大六百七十四分入朔　丙戌　乙丑　甲辰
三小二百三十三分入朔　丙辰　乙未　甲戌
四大七百三十二分入朔　乙酉　甲子　癸卯
五小二百九十一分入朔　乙卯　甲午　癸酉
六大七百九十分入朔　甲申　癸亥　壬寅
七小三百四十九分入朔　甲寅　癸巳　壬申
閏大八百四十八分入朔　癸未　壬戌　辛丑
八小四百七分入朔　癸丑　壬辰　辛未
九大九百六分入朔　壬午　辛酉　庚子

十大四百六十五分入朔 壬子 辛卯 庚午
十一小二十四分入朔 壬午 辛酉 庚子
十二大五百二十三分入朔 辛亥 庚寅 己巳
四章十五年正月初五日冬至 閔二辛酉 成七丁丑 定二癸巳
正小八十二分入朔 辛巳 庚申 己亥
二大五百八十一分入朔 庚戌 己丑 戊辰
三小一百四十分入朔 庚辰 己未 戊戌
四大六百三十九分入朔 己酉 戊子 丁卯
五小一百九十八分入朔 己卯 戊午 丁酉
六大六百九十七分入朔 戊申 丁亥 丙寅
七小二百五十六分入朔 戊寅 丁巳 丙申

八大七百五十五分入朔 丁未 丙戌 乙丑
九小三百一十四分入朔 丁丑 丙辰 乙未
十大八百一十三分入朔 丙午 乙酉 甲子
十一小三百七十二分入朔 丙子 乙卯 甲午
十二大八百七十一分入朔 乙巳 甲申 癸亥
四章十六年正月十七日冬至 僖元壬戌 成八戊寅 定三甲午
正小四百三十分入朔 乙亥 甲寅 癸巳
二大九百二十九分入朔 甲辰 癸未 壬戌
三大四百八十八分入朔 甲戌 癸丑 壬辰
四小四十七分入朔 甲辰 癸未 壬戌
五大五百四十六分入朔 癸酉 壬子 辛卯

六小一百五分入朔 癸卯 壬午 辛酉
七大六百四分入朔 壬申 辛亥 庚寅
八小一百六十三分入朔 壬寅 辛巳 庚申
九大六百六十二分入朔 辛未 庚戌 己丑
十小二百二十一分入朔 辛丑 庚辰 己未
十一大七百二十分入朔 庚午 己酉 戊子
十二小二百七十九分入朔 庚子 己卯 戊午
四章十七年正月二十八日冬至 僖二癸亥 成九己卯 定四乙未
正大七百七十八分入朔 己巳 戊申 丁亥
二小三百三十七分入朔 己亥 戊寅 丁巳
三大八百三十六分入朔 戊辰 丁未 丙戌

四小五百九十五分入朔 戊戌 丁丑 丙辰
閏大八百九十四分入朔 丁卯 丙午 乙酉
五大四百五十三分入朔 丁酉 丙子 乙卯
六小十二分入朔 丁卯 丙午 乙酉
七大五百一十一分入朔 丙申 乙亥 甲寅
八小七十分入朔 丙寅 乙巳 甲申
九大五百六十九分入朔 乙未 甲戌 癸丑
十小一百二十八分入朔 乙丑 甲辰 癸未
十一大六百二十七分入朔 甲午 癸酉 壬子
十二小一百八十六分入朔 甲子 癸卯 壬午
四章十八年正月初九日冬至 僖三甲子 成十庚辰 定五丙申

正大六百八十五分入朔	癸巳	壬申	辛亥
二小二百四十四分入朔	癸亥	壬寅	辛巳
三大七百四十三分入朔	壬辰	辛未	庚戌
四小三百二分入朔	壬戌	辛丑	庚辰
五大八百一分入朔	辛卯	庚午	己酉
六小三百六十分入朔	辛酉	庚子	己卯
七大八百五十九分入朔	庚寅	己巳	戊申
八小四百一十八分入朔	庚申	己亥	戊寅
九大九百一十七分入朔	己丑	戊辰	丁未
十大四百七十六分入朔	己未	戊戌	丁丑
十一小三十五分入朔	己丑	戊辰	丁未

十二大五百三十四分入朔	戊午	丁酉	丙子
四庚十九年冬至正月十九日	僖四乙丑	成十一辛巳	定六丁酉
正小九十三分入朔	戊子	丁卯	丙午
二大五百九十二分入朔	丁巳	丙申	乙亥
三小一百五十一分入朔	丁亥	丙寅	乙巳
四大六百五十分入朔	丙辰	乙未	甲戌
五小二百九分入朔	丙戌	乙丑	甲辰
六大七百八分入朔	乙卯	甲午	癸酉
七小二百六十七分入朔	乙酉	甲子	癸卯
八大七百六十六分入朔	甲寅	癸巳	壬申
九小三百二十五分入朔	甲申	癸亥	壬寅

十大八百二十四分入朔	癸丑	壬辰	辛未
十一小三百八十三分入朔	癸未	壬戌	辛丑
十二大八百八十二分入朔	壬子	辛卯	庚午
閏小四百四十一分入朔	壬午	辛酉	庚子

右一部七十六年九百四十月按法推朔以考春秋謂之古歷分附各公之年週而復始其不滿一蔀者闕之

凡蔀末之閏月必大今借一日於蔀首故閏月小

文淵閣本歷編下無一二三等字下仿此

春秋長歷卷三

隱元年己未　歷編一

正小　辛巳

二大　庚戌

三小　庚辰

四大　己酉

五大　己卯　傳辛丑二十日

六小　己酉

七大　戊寅

八小　戊申

九大　丁丑

十小　丁未　傳庚申十四日

十一大　丙子

十二小　丙午

○杜氏云隱元年正月辛巳朔　大衍歷正月辛亥朔初十日庚申冬至　程氏云自三統至欽天推隱元年正月朔或辛亥或庚戌或壬子視大衍歷前後差一日以傳五月辛丑十月庚申考之則正月朔非辛亥故杜氏遷就以辛巳爲朔若從辛巳則冬至不在正月矣意者差閏只在今年而杜氏考之不詳也

按隱元年正月朔推古歷當得庚戌而杜氏以爲辛巳蓋推後經傳日月而得之辛巳實上年十二月自元年至七年月朔皆先一月則知隱元之前已失一閏矣至隱七年閏後始合于歷爲宋趙子常名汸所著春秋屬辭內有日月差謬一條開載杜氏長歷及唐大衍歷日月異同與合朔日食經傳不同處頗稱詳密今逐年錄入以備參考

隱二年庚申

正大　乙亥

二小　乙巳

三大　甲戌

四小　甲辰

五大　癸酉

六小　癸卯

七大　壬申

八大　壬寅　經庚辰杜氏云八月無庚辰庚辰七月九日日月必有誤

九小　壬申

十大　辛丑

十一小 辛未

十二大 庚子 經乙卯十六日

閏小 庚午

○杜氏云閏月庚午朔 大衍歷是年閏十一月

推古歷亦同

按此年及隱五年隱七年杜歷俱閏十二月蓋

據經傳日月而得之若依歷法則固無屢閏十

二月者則可知春秋之閏多置之年末矣其後

又不盡用此法何也

隱三年辛酉

正大 己亥

二小 己巳 經己巳日食

三大 戊戌 經庚戌十三日 傳壬戌二十五日

四小 戊辰 經辛卯二十四日

五大 丁酉

六小 丁卯

七大 丙申

八小 丙寅 經庚辰十三日

九大 乙未

十小 乙丑

十一大 甲午

十二小 甲子 經癸未二十日 傳庚戌杜云十二月無庚戌日誤

○經春王二月己巳日有食之杜氏云不書朔官

失之穀梁云言日不言朔食晦日也朔日並不言

食二日也姜岌校春秋日食云是歲二月己亥朔

無己巳三月己巳朔去交分入食限大衍與姜氏

合郭守敬授時歷云是歲三月己巳朔加時在晝

去交分二十六日六千六百三十一分入食限

按古歷正月得己巳朔杜氏以隱元之前已失

一閏故先一月爲正月則此年之二月應得己

巳姜氏等所推又以己巳爲三月朔則春秋之

前似失兩閏矣疑之疑之

○大衍歷三月小己巳朔經三月庚戌在四月四

月辛卯在五月八月大丙申朔經八月庚辰在九

月十二月大甲午朔經十二月癸未在明年正月

此以大衍歷法推春秋故多未合

○十二月傳庚戌杜氏云日誤者此月有癸未必

無庚戌庚戌在癸未之前三十三日不得共一月

也

隱四年壬戌

正大 甲午
二大 癸亥 經戊申宜在三月
三小 癸巳
四大 壬戌
五小 壬辰
六大 辛酉
七小 辛卯
八大 庚申
九小 庚寅
十大 己未
十一小 己丑
十二大 戊午

○經二月戊申杜氏云戊申三月十七日有日而無月

按上年十二月有癸未則此年二月無戊申戊申書衛州吁事不蒙上文二月莒人伐杞故曰有日而無月孔氏云僖二十八年冬下無月而經有壬申公朝于王所亦有日而無月經如此類共有十四事

隱五年癸亥

正小 戊子
二大 丁巳
三小 丁亥
四大 丙辰
五大 丙戌
六小 丙辰
七大 乙酉
八小 乙卯
九大 甲申
十小 甲寅
十一大 癸未
十二小 癸丑 經辛巳二十九日
閏大 壬午 ○大衍歷閏八月古歷閏七月今從杜歷

隱六年甲子

正小 壬子
二大 辛巳
三小 辛亥
四大 庚辰
五小 庚戌 經辛酉十二日 傳庚申十一日
六大 己卯
七大 己酉
八小 己卯
九大 戊申
十小 戊寅
十一大 丁未
十二小 丁丑

隱七年乙丑

正大 丙午
二小 丙子
三大 乙巳
四小 乙亥
五大 甲辰
六小 甲戌
七大 癸卯 傳庚申十八日
八小 癸酉
九大 壬寅
十小 壬申
十一大 辛丑
十二大 辛未 傳壬申初二日 辛巳十一日
閏小 辛丑

○大衍歷閏下年四月古歷亦同今從杜歷

按杜氏以隱元之前失一閏推勘經傳皆不合乃借前一月辛巳爲隱元之正月朔而後合于五月之辛丑十月之庚申二年十二月之乙卯三年二月之己巳與十二月之癸未五年十二月之辛巳六年五月之辛酉庚申七年七月之庚申與十二月之壬申辛巳然與二年八月之庚辰三年十二月之庚戌四年二月之戊申又

不合也不得不諉之爲日月之誤杜氏以爲合者多而不合者少故從其多者而皆先一月以就之其不合者又因上文脫少某月止載日辰之故則不合者又多合矣但春秋既失一閏則一二年間即當補正奈何相沿八九年誤以承誤而使數年之多至常在二月而不在正月也恐司歷者謬不至此俟質之

隱八年丙寅

正大 庚午
二小 庚子
三大 己巳 經庚寅二十二日
四小 己亥 傳甲辰初六日 辛亥十三日 甲寅十六日
五大 戊辰
六小 戊戌 經己亥初二日 辛亥十四日
七大 丁卯 經庚午初四日
八小 丁酉 傳丙戌宜在七月
九大 丙寅 經辛卯二十六日
十小 丙申
十一大 乙丑
十二小 乙未

○傳八月丙戌鄭伯以齊人朝王杜氏云上有七月庚午下有九月辛卯則八月不得有丙戌孔氏云七月二十日是丙戌九月二十一日是丙戌未知丙戌孰誤也

○大衍歷此年閏四月五月小己亥朔經六月己亥辛亥在此月六月大戊辰朔經七月庚午在此月八月大丁卯朔經九月辛卯在此月此自以其定閏定朔推之故不與春秋歷相符也下皆倣此

隱九年丁卯

正大 甲子
二大 甲午
三小 甲子 經癸酉初十日 庚辰十七日
四大 癸巳
五小 癸亥
六大 壬辰
七小 壬戌
八大 辛卯
九小 辛酉
十大 庚寅

閏小　庚申
十一大　己丑　傳甲寅二十六日
十二小　己未
○按古曆此年不應閏大衍曆亦不閏杜氏置閏于十月以合于十一月之甲寅也自此以前皆先一月今補一閏則月皆其朔而冬至在正月矣
○大衍曆三月小甲午朔經癸酉庚辰在四月

隱十年戊辰
正大　戊子　傳癸丑二十六日
二小　戊午
三大　丁亥
四小　丁巳
五大　丙戌
六大　丙辰　經壬戌初七日辛未十六日辛巳二十六日　傳戊申宜在五月庚午十五日庚辰二十五日
七小　丙戌　傳庚寅初五日
八大　己卯　傳壬戌初八日　癸亥初九日
九小　己酉　傳戊寅宜在八月
十大　甲寅　經壬午二十九日

十一小　甲申
十二大　癸丑
○傳六月戊申公會齊侯鄭伯于老桃杜氏云六月無戊申戊申五月二十三日日誤孔氏云六月無戊申者下有辛巳取防亦在六月之內戊申在辛巳前三十三日不得共一月上有五月今別言六月故知日誤月不誤
○傳九月戊寅鄭伯入宋杜氏云九月無戊寅戊寅八月二十四日孔氏云經有十月壬午長曆推壬午十月二十九日戊寅在壬午前四日耳絞九月不得有戊寅上有八月下有冬則誤在日也

○按此年爲一章之終宜閏十二月大衍曆閏在下年正月杜曆不閏而置之桓元年之末以從經傳日月不論章法矣通春秋一書皆然然前後推移終不能越乎章蔀之大概時閏法有遷就耳大衍曆雖與春秋不合然其曆與章蔀法稍近故逐年附記之以備參考

隱十一年己巳
正小 癸未
二大 壬子
三小 壬午
四大 辛亥
五小 辛巳 傳甲辰二十四日
六大 庚戌
七小 庚辰 經壬午初三日 傳庚辰即朔日
八大 己酉
九小 己卯
十大 戊申 傳壬戌十五日

十一大 戊寅 經壬辰十五日
十二小 戊申
〇大衍歷閏正月七月大庚戌朔十一月大戊申朔

文瀾閣本杜氏歷

桓元年庚午
正大 丁丑
二小 丁未
三大 丙子
四小 丙午 經丁未初二日
五大 乙亥
六小 乙巳
七大 甲戌
八小 甲辰
九大 癸酉
十小 癸卯

十一大 壬申
十二小 壬寅
閏大 辛未
〇杜歷是年及桓七年皆閏十二月兩閏相去六年若于中間桓四年補一閏率則三年一閏也說見桓五年
〇大衍歷四月大丙子朔經丁未在五月

桓二年辛未

正大 辛丑 經戊申初八日

二小 辛未

三大 庚子

四小 庚午 經戊申宜在五月

五大 己亥

六小 己巳

七大 戊戌

八小 戊辰

九大 丁酉

十小 丁卯

十一大 丙申

十二小 丙寅

○經夏四月取郜大鼎于宋戊申納于大廟杜氏云戊申五月初十日孔氏云長歷此年四月庚午朔其月無戊申五月己亥朔十日得戊申是有日而無月也 大衍歷亦同

○大衍歷是年閏九月古歷亦同杜以上年既閏故是年不閏然則桓四年一閏不可不補矣

桓三年壬申

正大 乙未

二小 乙丑

三大 甲午

四小 甲子

五大 癸巳

六小 癸亥

七大 壬辰 經壬辰朔日食

八小 壬戌

九大 辛卯

十大 辛酉

十一小 辛卯

十二大 庚申

○經秋七月壬辰朔日有食之既杜氏云聖人不言月食日而以自食爲文闕于所不見也姜氏以是歲七月癸亥朔無壬辰亦失閏其八月壬辰朔云交分入食限大衍與姜氏合郭氏亦云是年八月壬辰朔加時在晝食六分十四秒

按自隱三年二月己巳日食至此年七月壬辰朔日食相距一百四十一月大衍與古歷合但前後皆後一月耳則以歷法之不同也 據古歷八月得壬辰朔不與經合今移四五兩頻大

月于日食後則七月得壬辰朔與經合矣

桓四年癸酉

正 小 庚寅
二 大 己未
三 小 己丑
四 大 戊午
五 小 戊子
六 大 丁巳
七 小 丁亥
八 大 丙辰
九 大 丙戌
十 小 丙辰

十一 大 乙酉
十二 小 乙卯
補閏 大 甲申 補閏說見下

桓五年甲戌

正 小 甲寅 經甲戌乙丑
二 大 癸未
三 小 癸丑
四 大 壬午
五 小 壬子
六 大 辛巳
七 小 辛亥
八 大 庚辰
九 小 庚戌
十 大 己卯

十一小　己酉
十二大　戊寅
○經書春正月甲戌己丑陳侯鮑卒杜氏云甲戌前年十二月二十一日己丑此年正月六日陳亂故再赴
據杜氏月日以前年十二月爲甲寅朔此年正月爲甲申朔矣其中必無閏月閏或在上年十一月前總未可定但自桓元年閏十二月至桓七年始復閏十二月相去凡六年必失一閏若以此年正月爲甲申朔則次年八月之壬午九月之丁卯七年二月之己亥皆不合故上年十二月補一閏爲甲申朔此年正月爲甲寅朔杜歷甲寅在甲申前此甲寅在甲申後則兩大月有所移也二十一日得甲戌其己丑爲再赴之誤不必辨則六年七年之月日皆合矣似爲得之
○大衍歷是年閏六月推古歷亦同今從杜歷閏桓七年末　正月小乙卯朔己卯日冬至經己丑在二月

桓六年乙亥
正大　戊申
二小　戊寅
三大　丁未
四小　丁丑
五大　丙午
六小　丙子
七大　乙巳
八小　乙亥　經壬午初八日
九大　甲辰　經丁卯二十四日
十小　甲戌
十一大　癸卯
十二小　癸酉
○大衍歷八月大乙巳朔九月小乙亥朔

文瀾閣本明年三月

桓七年丙子

正　壬寅

二　壬申　經己亥二十八日　大衍歷二月大壬寅朔經己亥在三月

三　辛丑

四　辛未

五大　庚子

六大　庚午

七小　庚子

八大　己巳

九　己亥

十　戊辰

十一　戊戌

十二　乙卯

閏　丁酉　〇大衍歷閏在明年二月今從杜歷閏此年之末

桓八年丁丑

正　丙寅　經己卯十四日

二　丙申

三　乙丑

四　乙未

五　甲子　經丁丑十四日　大衍歷五月小乙未朔經丁丑在六月

六　甲午

七大　癸亥

八大　癸巳

九　癸亥

十　壬辰

十一　壬戌

十二　辛卯

〇大衍歷是年閏三月古歷閏二月杜歷不閏

桓九年戊寅

正	辛酉	
二	庚寅	
三	庚申	
四	己丑	
五	己未	
六	戊子	
七	戊午	
八	丁亥	
九	丁巳	
十	丙戌	
十一	丙辰	
十二大	乙酉	

桓十年己卯

正大	乙卯	經庚申初六日
二	乙酉	
三	甲寅	
四	甲申	
五	癸丑	
六	癸未	
七	壬子	
八	壬午	
九	辛亥	
十	辛巳	
十一	庚戌	
十二	庚辰	經丙午二十七日
移閏	己酉	

○大衍歷正月大乙酉朔乙巳日冬至經庚申在二月

○大衍歷是年閏十一月古歷亦同杜歷置閏于下年正月今移置此年之末庶合三年一閏之數

桓十一年庚辰

正 己卯

二大 戊申

三大 戊寅

四 戊申

五 丁丑 經癸未初七日

六 丁未

七 丙子

八 丙午

九 乙亥 傳丁亥十三日 己亥二十九日

十 乙巳

十一 甲戌

十二 甲辰

闰下应有移字

桓十二年辛巳

正 癸酉

二 癸卯

三 壬申

四 壬寅

五 辛未

六 辛丑 經壬寅初二日

七大 庚午 經丁亥十八日

八大 庚子 經壬辰二十三日 杜氏云八月無壬辰壬辰在七月

九 庚午

十 己亥

十一 己巳 經丙戌十八日

十二 戊戌 經丁未初十日

閏 戊辰

○杜歷置閏于下年正月然于經傳日月無據今移置此年之末

○大衍歷六月大辛未朔經壬寅在七月七月小辛丑朔經丁亥在八月十一月小己亥朔經丙戌在十月十二月大戊辰朔經丁未在十一月

桓十三年壬午

正 丁酉

二 丁卯 經己巳初三日

三 丙申

四 丙寅

五 乙未

六 乙丑

七 甲午

八 甲子

九 癸巳

十 癸亥

十一大 壬辰

十二小 壬戌

○大衍歷是年閏七月推古歷亦同今置上年末

桓十四年癸未

正 壬辰

二 辛酉

三 辛卯

四 庚申

五 庚寅

六 己未

七 己丑

八 戊午 經壬申十五日 乙亥十八日

九 戊子

十 丁巳

十一 丁亥

十二 丙辰 經丁巳初二日

○大衍歷八月大戊子朔經壬申乙亥在九月十二月大丙戌朔經丁巳在十一月或明年正月初一日

桓十五年甲申

正　丙戌

二大　乙卯

三大　乙酉　經乙未十一日

四　乙卯　經己巳十五日

五　甲申

六　甲寅　傳乙亥二十二日

七　癸未

八　癸丑

九　壬午

十　壬子

十一　辛巳

十二　辛亥

閏　庚辰

○大衍歷正月丙辰朔三月大乙卯朔經乙未在四月四月小乙酉朔經己巳在五月

○杜歷閏明年六月恐太疎今置此年之末亦與經傳日月無碍

桓十六年乙酉

正　庚戌

二　己卯

三　己酉

四　戊寅

五　戊申

六大　丁丑

七大　丁未

八　丁丑

九　丙午

十　丙子

十一　乙巳

十二　乙亥

○大衍歷是年閏四月古歷亦同今置上年末

桓十七年丙戌

正　甲辰　經丙辰十三日

二　甲戌　傳丙午宜在三月

三　癸卯

四　癸酉

五　壬寅　經丙午初五日

六　壬申　經丁丑初六日

七　辛丑

八　辛未　傳癸巳二十三日

九大　庚子

十大　庚午　經朔日食朔不書日　傳辛卯二十二日

十一　庚子

十二　己巳

○經二月丙午公會邾儀父盟于趡杜氏云二月
無丙午丙午三月四日也日月必有誤蓋據五月
有丙午六月有丁丑則丙午不在二月而在三月
可知或子訛午則丙子即初三日也

○經冬十月朔日有食之左氏云不書日官失之
大衍歷推得十一月庚午朔日食失閏也郭氏云
是年十一月不言日加時在晝交分二十六日八千
五百六十分入食限

按自桓三年七月壬辰朔日食至此年十月庚
午日食推古歷相距一百七十六月大衍亦同
杜歷少一月則知前桓四年一閏不可不補也

○大衍歷正月小乙亥朔壬午日冬至經丙辰在
二月五月小癸酉朔經丙午在六月六月大壬寅
朔經丁丑在七月八月大辛丑朔經癸巳在九月
十月大庚子朔十一月庚午朔日食

桓十八年丁亥

正　己亥

二　戊辰

三　戊戌

四　丁卯　經丙子初十日　丁酉入五月朔

五　丁酉

六　丙寅

七　丙申　傳戊戌初二日

八　乙丑

九　乙未

十　甲子

十一 甲午

十二 癸亥 經己丑二十七日

○經夏四月丙子公薨于齊丁酉公之喪至自齊杜氏云丁酉五月一日有日而無月不蒙上夏四月之文

○大衍歷四月大丁酉朔經丙子在五月丁酉在六月十二月大癸巳朔經己丑在十一月

○按古歷章法此年當閏十二月杜歷閏明年十月

莊元年戊子

正 癸巳

二大 壬戌

三大 壬辰

四 壬戌

五 辛卯

六 辛酉

七 庚寅

八 庚申

九 己丑

十 己未 經乙亥十七日

閏 戊子 ○大衍歷閏正月今從杜歷

十一 戊午

十二 丁亥

莊二年己丑

正 丁巳

二 丙戌

三 丙辰

四 乙酉

五 乙卯

六大 甲申

七大 甲寅

八 甲申

九 癸丑

十 癸未

十一 壬子

十二 壬午 經乙酉(初四日)

○大衍歷十二月大壬子朔經乙酉在十一月

莊三年(庚寅)

正 辛亥

二 辛巳

三 庚戌

四 庚辰

五 己酉

六 己卯

七 戊申

八 戊寅

九大 丁未

十大 丁丑

十一 丁未

十二 丙子

○大衍歷是年閏九月古歷亦同杜歷閏明年四月

莊四年(辛卯)

正 丙午

二 乙亥

三 乙巳

四 甲戌

閏 甲辰

五 癸酉

六 癸卯 經乙丑(二十三日)

七 壬申

八 壬寅

九 辛未

十 辛丑
十一 庚午
十二 庚子
○大衍歷六月大癸酉朔經乙丑在七月

莊五年壬辰
正大 己巳
二大 己亥
三 己巳
四 戊戌
五 戊辰
六 丁酉
七 丁卯
八 丙申
九 丙寅
十 乙未

十一 乙丑
十二 甲午

莊六年癸巳
正 甲子
二 癸巳
三 癸亥
四大 壬辰
五大 壬戌
六 壬辰
七 辛酉
八 辛卯
九 庚申
十 庚寅

十一 己未

十二 己丑

○大衍歷是年閏五月古歷亦同杜歷置此閏于明年四月以合于前四月之辛卯似矣然去莊四年之四月閏凡三十六月其後莊九年八月閏相去僅二十八月莊十一年三月閏相去僅十八月莊十四年五月閏相去又三十八月莊十七年六月閏相去又三十七月此十四年間凡五閏皆疎密無定準惟推勘經傳日月之上不而置之若按三十二月一閏之例改易分齊或遇閏之年則置之年末則與經傳日月皆不合今姑從杜歷以俟考歷者訂焉

莊七年甲午

正 戊午

二 戊子

三 丁巳

四 丁亥 經辛卯初五日

閏 丙辰

五 丙戌

六 乙卯

七 乙酉

八大 甲寅

九大 甲申

十 甲寅

十一 癸未

十二 癸丑

自莊二年至莊八年當有三閏今止二閏必失一閏矣然補之則前後閏俱移又不可

莊八年乙未		
正	壬午	經甲午十三日
二	壬子	
三	辛巳	
四	辛亥	
五	庚辰	
六	庚戌	
七	己卯	
八	己酉	
九	戊寅	
十	戊申	
十一	丁丑	經癸未初七日
十二	丁未	

○大衍歷是年正月大壬子朔己巳日冬至經甲午在二月十一月小戊申朔經癸未在十二月

莊九年丙申		
正大	丙子	
二大	丙午	
三	丙子	
四	乙巳	
五	乙亥	
六	甲辰	
七	甲戌	經丁酉二十四日
八	癸卯	經庚申十八日
閏	癸酉	○大衍歷是年閏三月推古歷閏二月今杜歷閏八月
九	壬寅	
十	壬申	
十一	辛丑	
十二	辛未	

莊十年丁酉

正	庚子	
二	庚午	
三大	己亥	
四大	己巳	
五	己亥	
六	戊辰	
七	戊戌	
八	丁卯	
九	丁酉	
十	丙寅	
十一	丙申	
十二	乙丑	

莊十一年戊戌

正	乙未	
二	甲子	
三	甲午	
閏	癸亥	○大衍歷是年閏十一月推古歷亦同今杜歷閏四月
四	癸巳	
五	壬戌	經戊寅十七日
六	壬辰	
七大	辛酉	
八大	辛卯	
九	辛酉	
十	庚寅	
十一	庚申	
十二	己丑	

莊十二年己亥

正　己未

二　戊子

三　戊午

四　丁亥

五　丁巳

六　丙戌

七　丙辰

八　乙酉　經甲午初十日

九　乙卯

十大　甲申

十一大　甲寅

十二　甲申

○大衍歷是年八月小丙辰朔經甲午在九月

莊十三年庚子

正　癸丑

二　癸未

三　壬子

四　壬午

五　辛亥

六　辛巳

七　庚戌

八　庚辰

九　己酉

十　己卯

十一　戊申

十二　戊寅

莊十四年辛丑

正 丁未

二 丁丑

三大 丙午

四大 丙子

五 丙午

閏 乙亥 ○大衍歷閏八月推古歷閏七月今從杜歷閏五月

六 乙巳 經甲子二十日

七 甲戌

八 甲辰

九 癸酉

十 癸卯

十一 壬申

十二 壬寅

莊十五年壬寅

正 辛未

二 辛丑

三 庚午

四 庚子

五 己巳

六 己亥

七大 戊辰

八大 戊戌

九 戊辰

十 丁酉

十一 丁卯

十二 丙申

○莊之年史臣記事多不載甲子

莊十六年癸卯

正	丙寅
二	乙未
三	乙丑
四	甲午
五	甲子
六	癸巳
七	癸亥
八	壬辰
九	壬戌
十大	辛卯
十一大	辛酉
十二	辛卯

莊十七年甲辰

正	庚申
二	庚寅
三	己未
四	己丑
五	戊午
六	戊子
閏	丁巳 ○大衍曆閏四月古曆亦同今從杜曆閏六月
七	丁亥
八	丙辰
九	丙戌
十	乙卯
十一	乙酉
十二	甲寅

莊十八年乙巳

正　甲申

二大　癸丑

三大　癸未　經日食

四　癸丑

五　壬午

六　壬子

七　辛巳

八　辛亥

九　庚辰

十　庚戌

十一　己卯

十二　己酉

○經書春王三月日有食之不言日不言朔杜氏曰官失之穀梁云夜食也宋劉孝孫云三月不應食五月壬子朔入食限大衍歷推五月朔交分入食限三月不應食郭氏云三月不入食限五月壬子朔加時在晝夜分入食限蓋誤五爲三

按推歷者皆云壬子食而長歷六月始得壬子朔即云失閏亦不至相距甚遠如此郭氏云誤五爲三然五三近似而春夏不得誤也經明書春三月則非夏五月可知此日食闕疑可耳

沈括云春秋日食三十六歷家推驗精者不過得二十六衛朴得三十五獨莊十八年三月古今筭不入食限閻百詩云是年乙巳歲二月有閏三月癸未朔未初初刻合食限衛朴云不入食限者不知何説也

按三十六食衛氏得三十五其中比月而食者二衛氏何以得之恐涉附會閻氏云癸未朔日食與今經歷恰合其奇然不知用何歷法推得之也

莊十九年丙午

正　戊寅

二　戊申

三　丁丑

四　丁未

五大　丙子

六大　丙午　傳庚申十五日

七　丙子

八　乙巳

九　乙亥

十　甲辰

十一　甲戌

十二　癸卯

○推古歷是年閏十二月大衍歷閏明年正月杜歷不閏

春秋長歷卷四

歷編二

莊二十年丁未

正　癸酉

二　壬寅

三　壬申

四　辛丑

五　辛未

六　庚子

七　庚午

八　己亥

九　己巳

十大　戊戌

十一大　戊辰

十二　戊戌

補閏　丁卯

○按杜歷自莊十七年閏六月至莊二十四年始閏七月凡相去八十五月不歷閏法疎濶如此今推勘上下日月其十九年六月內有庚申是巳而下年之五月則無辛酉七月則無戊辰至二十二年月日皆不合以是知年前失一閏也意杜歷傳本失之今于此年補一閏則皆合矣

莊二十一年戊申

正	丁酉	
二	丙寅	
三	丙申	
四	乙丑	
五	乙未	經辛酉二十七日
六	甲子	
七	甲午	經戊戌初五日
八	癸亥	
九	癸巳	
十	壬戌	
十一	壬辰	
十二	辛酉	

莊二十二年己酉

正	辛卯	經癸丑二十三日
二大	庚申	
三大	庚寅	
四	庚申	
五	己丑	
六	己未	
七	戊子	經丙申初九日 大衍歷七月大戊午朔經丙申在八月
八	戊午	
九	丁亥	
十	丁巳	
十一	丙戌	
十二	丙辰	

○大衍歷是年閏十月古歷閏九月今置下年末

莊二十三年庚戌

正 乙酉

二 乙卯

三 甲申

四 甲寅

五大 癸未

六大 癸丑 經壬申二十日 壬申見文十七年傳註云二十四日誤

七 癸未

八 壬子

九 壬午

十 辛亥

十一 辛巳

十二 庚戌 經甲寅初五日

移閏 庚辰 ○杜歷閏下年七月今移至此以均前後

莊二十四年辛亥

正 己酉

二 己卯

三 戊申

四 戊寅

五 丁未

六 丁丑

七 丙午

八 丙子 經丁丑初二日 戊寅初三日

九大 乙巳

十大 乙亥

春秋長歷集證 卷四 歷編 海陵叢刻 第十二種

十一 乙巳

十二 甲戌

○杜歷閏在此年七月今置上年末

莊二十五年壬子

正 甲辰

二 癸酉 傳壬戌見文十七年傳註云莊二十五年三月二十日則三月癸卯朔也

三 癸卯

四 壬申

五 壬寅 經癸丑十二日

六 辛未 經辛未朔日食

七 辛丑

八 庚午

九 庚子

十 己巳

十一 己亥

十二大 戊辰

○經六月辛未朔日有食之杜氏云長歷推之辛未實七月朔置閏失所故致月錯孔氏云案二十四年八月丁丑夫人姜氏入從彼推之則六月辛未朔非有差錯杜云置閏失所者以二十四年八月以前誤置一閏非是八月以來始錯也

按上年八月丁丑及此年五月癸丑皆非錯而次年十二月癸亥朔亦非錯則辛未實六月朔何以言實七月朔也

大衍歷七月辛未朔交分入食限郭氏亦云是年七月辛未朔加時在朔交分二十七日四百八十九入食限失閏也

按此二歷皆云七月日食與杜歷所推畧同然自以其歷推春秋非春秋當日之本歷也

又按自桓十七年十月庚午朔日食至此年六月辛未朔日食推古歷相距三百一十七月大衍亦然但前後俱後一月而杜歷三百一十六月實少一月則知莊二十年一閏不可不補也杜不知差一閏而以六月爲七月誤矣且又何以合于次年十二月癸亥朔日食也此註應削去以免後日之疑

○大衍歷正月小甲戌朔戊戌日冬至五月大壬申朔六月小壬寅朔經五月癸丑在此月

莊二十六年癸丑

正大 戊戌

二 戊辰

三 丁酉

四 丁卯

五 丙申

六 丙寅

七 乙未

八 乙丑

九 甲午

十 甲子

十一 癸巳

十二 癸亥 經癸亥朔日食

閏 壬辰

○經十二月癸亥朔日有食之大衍歷司郭氏亦云是年十二月癸亥朔加時在晝交分十四日三千五百五十一分入食限

○大衍歷于莊二十五年閏六月古歷亦同今杜歷于莊二十四年置一閏直至二十八年三月始復閏不太踈乎今移置此年末說見後

○按自前年六月辛未朔日食至此年十二月日食相距十八月古歷與大衍皆合又以此年日食下距莊三十年九月庚午朔日食大衍亦同而古歷相距四十九月大衍歷相距四十七月實差兩月下距僖五年九月戊申朔日食亦差兩月未詳何故想由月朔參差故也又以此年日食下距僖十二年三月庚午日食大衍二百四十月古歷亦同而杜歷亦同則又皆合矣此不可解之甚者

莊二十七年甲寅

正 壬戌

二 辛卯

三 辛酉

四大 庚寅

五大 庚申

六 庚寅

七 己未

八 己丑

九 戊午

十 戊子

十一　丁巳
十二　丁亥

莊二十八年乙卯

正　丙辰
二　丙戌
三　乙卯　經甲寅日誤
四　乙酉　經丁未二十三日
五　甲寅
六　甲申
七　癸丑
八　癸未
九大　壬子
十大　壬午

十一　壬子
十二　辛巳

○大衍歷是年閏二月小丙戌朔經三月甲寅在此月二十九日三月大乙卯朔經四月丁未在五月二十三日推古歷亦當閏二月接歷法也

按杜歷是年閏三月蓋欲合于前月之甲寅後月之丁未其法是矣然距莊二十四年七月閏則太疏距後莊三十年二月閏則太密似未合古法若以甲寅日爲干支之誤姑闕所疑則移此閏于莊二十六年之末並移後閏于莊二十九年之末庶兩閏均停合于三年一閏之例而

其中又無日月乖錯之患也况經傳之日杜駁甚多何獨拘此一月乎

又按杜歷自此年至僖五年置閏者六皆疏密不等如此年之閏三月去前閏四十五月莊三十年之二月閏去前閏二十四月莊三十二年之三月閏去前閏二十六月閔二年之五月閏去前閏二十七月僖元年之十一月閏去前閏十九月僖五年之十二月閏又去前閏四十九月皆不計疏密惟推勘經傳日月而得之然其中無日月者甚多不知以何爲據若欲盡按歷法以正之則經傳之干支率多不合故今卽其

文淵閣本末無也字

可正者稍移置之其餘率仍其舊以俟參考
又按杜歷置閏惟推勘經傳上下干支故踈密不等不復依歷法竊以歷法班自天子掌之太史必有一定之法相傳已久豈容任意踈密後之人當據歷以考經不必泥經而紊歷也且推勘經傳上下文云合前後日食以推之始爲精密至于日之干支傳寫千餘年不無一字偶差而左氏採各國所紀或兼用夏周二正惟日食乃魯史所載聖人據之直書而上推朔食者可以考訂歷法訛謬也

莊二十九年丙辰

正 辛亥
二 庚辰
三 庚戌
四 己卯
五 己酉
六 戊寅
七 戊申
八 丁丑
九 丁未
十 丙子
十一 丙午
十二大 乙亥
移閏大 乙巳 杜歷閏在明年二月今移置此說見上

莊三十年丁巳

正 乙亥
二 甲辰
三 甲戌
四 癸卯 傳丙辰十四日
五 癸酉
六 壬寅
七 壬申
八 辛丑 經癸亥二十三日 大衍歷八月大辛未朔經癸亥在九月
九 辛未 經庚午朔日食
十 庚子

十一　庚午
十二　己亥
○經九月庚午朔日有食之大衍授時二歷皆云十月庚午朔日食非九月也設從隱元年退一月算之則九月庚午朔日食與經合且上合于隱三年之二月己巳桓三年之七月壬辰下合于僖五年之九月戊申僖十二年之三月庚午所不合者莊二十五年之六月辛未二十六年之十二月癸亥其他日辰不合者亦甚多故不能曲變其法以就之也
○大衍歷是年閏十一月古歷亦同杜歷閏二月今移置上年末說見莊二十八年

莊三十一年戊午

正　己巳
二　戊戌
三　戊辰
四大　丁酉
五大　丁卯
六　丁酉
七　丙寅
八　丙申
九　乙丑
十　乙未
十一　甲子
十二　甲午
移閏　癸亥　杜歷閏在明年三月今移置此以均前後

莊三十二年己未

正　癸巳

二　壬戌

三　壬辰

四　辛酉

五　辛卯

六大　庚申

七大　庚寅　經癸巳初四日　大衍歷七月大庚申朔經癸巳在八月

八　庚申　經癸亥初四日　大衍歷八月小庚寅朔經癸亥在九月

九　己丑

十　己未　經己未即朔日　大衍歷十月小己丑朔經己未在十一月

十一　戊子

十二　戊午

○杜歷是年閏三月今移置上年末

閔元年庚申

正　丁亥

二　丁巳

三　丙戌

四　丙辰

五　乙酉

六　乙卯　經辛酉初七日　大衍歷六月大乙酉朔經辛酉在七月

七　甲申

八　甲寅

九　癸未

十　癸丑

十一大　壬午

十二大　壬子

○大衍歷是年閏八月古歷閏七月杜閏下年五月

閔二年辛酉

正 壬午

二 辛亥

三 辛巳

四 庚戌

五 庚辰 經乙酉初六日

閏 己酉

六 己卯

七 戊申

八 戊寅 經辛丑二十三日 大衍歷八月大戊申朔經辛丑在九月

九 丁未

十 丁丑

十一 丙午

十二 丙子

僖元年壬戌

正 乙巳

二 乙亥

三大 甲辰

四大 甲戌

五 甲辰

六 癸酉

七 癸卯 經戊辰二十六日 大衍歷七月小癸酉朔經戊辰在八月

八 壬申

九 壬寅

十 辛未 經壬午十二日 大衍歷十月大辛酉朔經壬午在十一月

十一 辛丑

閏 庚午

十二 庚子 經丁巳十八日

○按杜歷于閔二年閏五月此年又閏十一月相距僅十八月至僖五年始閏十二月相距又四十九月一太密一太疎若稍移置之則與經傳日月不合矣

僖二年癸亥

月	干支	附記
正	己巳	
二	己亥	
三	戊辰	
四	戊戌	
五大	丁卯	經辛巳十五日
六大	丁酉	
七	丁卯	
八	丙申	
九	丙寅	
十	乙未	
十一	乙丑	
十二	甲午	

○大衍歷是年閏五月古歷閏四月杜歷不閏

僖三年甲子

正	甲子
二	癸巳
三	癸亥
四	壬辰
五	壬戌
六	辛卯
七	辛酉
八	庚寅
九	庚申
十大	己丑
十一大	己未
十二	己丑

僖四年乙丑
正大　戊午
二小　戊子
三大　丁巳
四小　丁亥
五大　丙辰
六小　丙戌
七大　乙卯
八小　乙酉
九大　甲寅
十小　甲申

十一大　癸丑
十二小　癸未　傳戊申二十六日
移閏大大　壬子　古歷閏十二月杜歷閏明年十二月今移此
大虛　壬午

○按古歷法以明年僖五年正月朔旦冬至爲歷元則此年之十二月爲一蔀之終餘分俱盡當爲閏月今杜歷不閏而反閏于五年之十二月則不論章蔀之法矣其距七年之閏又甚近相去僅二十二月殊爲兩失今應移置此年之末也但自隱元年推筭至此尚有壬午朔一月未盡而傳稱明年僖五年日南至爲正月辛亥朔非壬午朔則知僖四年之前必失一閏而今不知應補于何年也

若從隱元年退一月以推之則此年之十二月得壬午明年正月得辛亥矣然經傳之日月及日食不合于杜歷者甚多又不可爲之强解不知杜氏長歷如何推去奈何並無疑詞也今姑虛存壬午一月于此以俟知歷者補之

其退一月歷譜以隱元年正月爲庚辰朔依次推之至僖四年則十二月得壬午正月得辛亥矣其中亦有與經傳適合者然恐不合于杜氏長歷今別存後以備參考

僖五年丙寅
正大　辛亥　傳辛亥朔日南至
二大　辛巳
三　辛亥
四　庚辰
五　庚戌
六　己卯
七　己酉
八　戊寅
九　戊申　經戊申朔日食
十　丁丑

十一　丁未
十二　丙子　傳丙子朔
○傳正月辛亥朔日南至杜氏云朔旦冬至歷數之所始孔氏曰歷之上元其年十一月朔旦冬至至十九年閏月盡復得十一月朔旦冬至是爲一章周以建子爲正月故正月朔旦冬至也又曰冬至者十一月之中氣中氣者月半之氣也月朔而已得中氣是必前月有閏閏後則中氣在朔是年前閏十二月十六日已得此年正月大雪節故此正月朔得冬至也而杜長歷僖元年閏十一月至此年閏十二月夫閏之相去歷家大率三十二月耳杜于此閏凡相

去五十月蓋推勘春秋日月上下置閏或稀或概以準春秋時法不與常歷同
按漢書律歷志據此僖五年正月朔旦冬至以爲一蔀之章首故考春秋歷者皆緣此溯前推後以知春秋二百四十二年之歷然即此僖五年之兩朔已不可解矣是年正月辛亥朔九月戊申朔一見傳一見經皆書魯事非有差也然以月法大小相間之數推之則正月朔得辛亥九月朔必得丁未而非戊申九月朔得戊申則正月朔必壬子而非辛亥若正月二月頻大三月復得辛亥則合或此兩朔之間有一月頻大

者亦合然章首之年必無頻月而大者不知杜編長歷何以於此並無疑詞也因思古歷家最忌蔀首正月小唐人猶有此說故借前蔀末閏月大之三十日入正月朔日則蔀首正月大是以至朔分齊之末日爲蔀首至朔之始日也依次推之則僖五年之朔始合終春秋之世經傳朔日合者共二十有餘稍不致桊然其不合者亦多差或一二日疑是閏法乖次之故耳
大衍歷正月小癸未朔二十九日辛亥冬至閏正月大壬子朔
又按先儒皆以此月爲朔旦冬至謂初一日夜

半子初冬至也然傳亦無明文止言南至或是朔冬至而非朔旦耳大衍歷推春秋亦未以辛亥爲朔旦也
○經九月戊申朔日有食之　大衍授時二歷俱略去此日食未詳何說
○杜歷此年閏十二月又於僖七年十一月置一閏以合于傳又推九年日月不合乃於八年十一月又置一閏是四年之間前後已三閏也有是歷乎夫僖七年之閏見于傳文不可易也明年復閏以强合于日月則過矣莫若並去前後兩閏止存七年傳文一閏而上下經傳日月亦無不合其僖

五年以前置閏太蔟亦宜按章法移之也

僖六年丁卯

正　丙午
二　乙亥
三　乙巳
四大　甲戌
五大　甲辰
六　甲戌
七　癸卯
八　癸酉
九　壬寅
十　壬申

十一　辛丑
十二　辛未

僖七年戊辰

正　庚子
二　庚午
三　己亥
四　己巳
五　戊戌
六　戊辰
七　丁酉
八　丁卯
九大　丙申
十大　丙寅

十一　丙申

十二　乙丑

閏　乙未　傳閏月

○傳閏月惠王崩在年末上文無月杜歷置閏于十一月今置十二月後

按閏月之見經傳者十而多在年末惟文元年閏三月昭二十年閏八月其餘八閏皆在年末成十七年襄九年昭二十二年閏十二月傳有明文其僖七年及文六年哀五年哀十五年上十四年或繫閏于冬後或雖不繫冬而下文亦無日月疑亦閏十二月也竊意春秋時拘三年一閏之例閏則置之年末其或多差則又補一閏于中以合一章七閏之法故秦漢時閏皆在後九月至太初改歷始正之蓋此法自春秋時已然但不知始于何王之年也

僖八年己巳

正　甲子

二　甲午

三　癸亥

四　癸巳

五　壬戌

六　壬辰

七　辛酉

八　辛卯

九　庚申

十　庚寅

十一　己未

十二　己丑　經丁未十九日

○杜歷是年閏十一月今去之説見上僖五年

四月丁亥下脫去下二大
月移于此六字今據文
瀾閣本補入

僖九年庚午

正 己未
二 戊子
三 戊午 經丁丑二十日
四大 丁亥 下二大月移于此
五大 丁巳
六 丁亥
七 丙辰 經乙酉三十日 杜歷以乙酉在八月未去上年兩閏也
八 丙戌
九 乙卯 經甲子初十日 戊辰十四日
十 乙酉
十一 甲寅
十二 甲申

○杜氏云九月甲子十一日戊辰十五日錯書甲子在戊辰後

按去上年兩閏則九月乙卯朔甲子初十日戊辰十四日

僖十年辛未

正 癸丑
二 癸未
三 壬子
四 壬午
五 辛亥
六 辛巳
七 庚戌
八 庚辰
九 己酉
十 己卯
十一 戊申
十二 戊寅
補閏 丁未 ○大衍歷閏六月古歷亦同今置年末

僖十一年壬申

正 丁丑
二 丙午
三 丙子
四 乙巳
五 乙亥
六 甲辰
七 甲戌
八大 癸卯
九大 癸酉
十 癸卯
十一 壬申
十二 壬寅

僖十二年癸酉

正 辛未
二 辛丑
三 庚午 經庚午日食
四 庚子
五 己巳
六 己亥
七 戊辰
八 戊戌
九 丁卯
十 丁酉
十一大 丙寅
十二大 丙申 經丁丑 杜氏云丁丑在十二月十二日
閏 丙寅

○經三月庚午日有食之杜氏云不書朔官失之
姜氏云三月朔交不應食在誤條其五月庚午朔
去交分入食限大衍歷同郭氏亦云五月庚午朔
加時在晝去交分二十六日五千一百九十二入
食限蓋五誤爲三
按三月得庚午朔與經合而姜氏諸人所推皆
云日食在五月必其閏法不與春秋同也
又按僖五年九月戊申朔日食至此年三月庚

午日食大衍相距八十月杜歷相距八十二月實多兩月今去僖五年末之一閏又置此年二月之閏於年末則前後兩日食皆合與大衍同然大衍又云日食在五月郭氏又云誤五爲三則三月之日食或在五月初二日蓋五月己巳朔二日得庚午故不書朔也

○大衍歷是年無閏杜歷閏二月今置年末

僖十三年甲戌

正 乙未
二 乙丑
三 甲午
四 甲子
五 癸巳
六 癸亥
七 壬辰
八 壬戌
九 辛卯
十 辛酉
十一 庚寅
十二 庚申

○大衍歷閏二月今在上年末

僖十四年己亥

正 己丑
二 己未
三大 戊子
四大 戊午
五 戊子
六 丁巳
七 丁亥
八 丙辰 經辛卯大衍歷八月小丁巳朔經辛卯在九月
九 丙戌
十 乙卯

下月天 杉子比

十一 乙酉
十二大 甲寅
補閏大 甲申
○按杜歷自僖十二年閏二月至僖十七年始閏十二月相距七十一月似太疎今補一閏于中在此年之末而前後兩日食皆合則杜本或有所遺也

僖十五年丙子
正 甲寅
二 癸未
三 癸丑
四大 壬午
五大 壬子 經五月日食
六 壬午
七 辛亥
八 辛巳
九 庚戌 經己卯晦 傳壬戌十三日
十 庚辰

十一 己酉 經壬戌十四日 傳丁丑二十九日
十二大 己卯
○經夏五月日有食之左氏云不書朔不書日官失之也大衍歷推四月癸丑朔去交分入食限郭氏亦云是年四月癸丑朔去交分一日一千三百一十六入食限
按五月壬子朔初二日得癸丑蓋食二日也故不書朔不書日推歷者皆云在四月則閏有所移耳
○大衍歷四月大癸丑朔日食九月小辛巳朔經己卯晦在十月閏十月庚辰朔推古歷亦當閏十一月杜歷無閏

僖十六年丁丑

月	朔	經傳
正	戊申	經戊申朔
二	丁丑	
三	丁未	經壬申二十六日
四	丙子	傳丙申二十一日
五	丙午	
六	乙亥	
七	乙巳	經甲子二十日
八	甲戌	
九	甲辰	
十大	癸酉	
十一大	癸卯	傳乙卯十三日
十二	癸酉	

僖十七年戊寅

月	朔	經傳
正	壬寅	
二	壬申	
三	辛丑	
四	辛未	
五	庚子	
六	庚午	
七	己亥	
八	己巳	
九	戊戌	
十	戊辰	傳乙亥初八日
十一	丁酉	
十二	丁卯	經乙亥初九日　傳辛巳十五日
閏	丙申	○大衍歷是年無閏

僖十八年己卯

正 丙寅

二大 乙未

三大 乙丑

四 乙未

五 甲子 經戊寅十五日 大衍歷五月大乙未朔經戊寅在六月

六 甲午

七 癸亥

八 癸巳 經丁亥杜氏云八月無丁亥丁亥在七月二十四日或九月二十五日

九 壬戌

十 壬辰

十一 辛酉

十二 辛卯

○大衍歷是年閏七月甲子朔經丁亥二十四日

僖十九年庚辰

正 庚申

二 庚寅

三 己未

四 己丑

五大 戊午

六大 戊子 經己酉二十二日

七 戊午

八 丁亥

九 丁巳

十 丙戌

十一 丙辰

十二 乙酉

文淵閣本置作移

僖二十年辛巳

正 乙卯

二 甲申

三 甲寅

四 癸未

五 癸丑 經乙巳乙當作己十七日 大衍曆五月大癸丑朔經乙巳在六月

六 壬午

七 壬子

八 辛巳

九 辛亥

十大 庚辰

十一大 庚戌

十二 庚辰

閏 己酉 ○杜歷閏二月今置年末以均後閏也

僖二十一年壬午

正 己卯

二 戊申

三 戊寅

四 丁未

五 丁丑

六 丙午

七 丙子

八 乙巳

九 乙亥

十 甲辰

十一 甲戌

十二大 癸卯 經癸丑十一日

○大衍歷是年閏四月推古歷亦同杜歷不閏

九月下七字有脫當今據文闕别未補入

僖二十二年癸未

正大　癸酉
二　癸卯
三　壬申
四　壬寅
五　辛未
六　辛丑
七　庚午
八　庚子　經丁未初八日
九大　己巳　下二大月移于此
十大　己亥

十一　己巳　經己巳朔　傳丙子初八日　丁丑初九日
十二　戊戌

士林案史潤前本于此分第五号与此而今異究未知文係何人爲今也從考

僖二十三年甲申

正　戊辰
二　丁酉
三　丁卯
四　丙申
五　丙寅　經庚寅二十五日
六　乙未
七　乙丑
八　甲午
九　甲子
十　癸巳

十一　癸亥
十二　壬辰

○晉語註云僖二十三年魯失閏以閏月爲明年正月

按是年爲一章之終推歷當閏十二月而魯歷不閏前隱十年亦爲一章之終而魯歷亦不閏則知春秋之歷其不按章法也久矣漢書以僖五年爲朔旦冬至之年恐亦未可爲據也

僖二十四年(乙酉)
正 壬戌
二 辛卯 傳(甲午初四日 辛丑十一日 壬寅十二日 丙午十六日 丁未十七日 戊申十八日)
三 辛酉 傳己丑晦(二十九日)
四 庚寅
閏 庚申
五 己丑
六 己未
七 戊子
八 戊午
九大 丁亥

十大 丁巳
十一 丁亥
十二 丙辰

○晉語註云僖二十四年三月己丑朔時以爲二月晦又云是年失閏以三月爲四月
按晉註所云蓋遵古歷然己丑乃五月朔亦非三月也豈月之大小有所移耶
又按大衍歷是年閏正月杜于四月置閏以補上年之閏其閏于四月者因合于二月三月之日干支也然下年又閏則比年皆閏矣似與歷法不合若移置上年則又與日不合今姑從之

僖二十五年(丙戌)
正 丙戌 經丙午(二十一日)
二 乙卯
三 乙酉 傳甲辰(二十日)
四 甲寅 經癸酉(二十日) 傳丁巳(初四日) 戊午(初五日)
五 甲申
六 癸丑
七 癸未
八 壬子
九 壬午
十 辛亥

十一 辛巳
十二大 庚戌 經癸亥(十四日)
閏大 庚辰

○按自此年一閏至宣二年凡二十九年杜歷置閏者十皆疎密不等僖三十年閏九月去此年閏五十七月文元年閏三月去前閏四十二月文二年閏正月去前閏僅十月文四年閏三月去前閏二十六月文六年閏十二月去前閏三十二月文八年閏七月去前閏十九月文十二年閏十一月去前閏五十二月文十六年閏五月去前閏四十二月宣二年閏五月去前閏四十八月若悉移置

之以合于章法則與經傳日月皆不合故今悉仍其舊以俟知歷者酌焉又按自僖二十五至宣二凡二十九年中大衍歷置閏者十一而杜歷止十閏則缺一閏可知也推古歷亦應十一閏

僖二十六年丁亥

正 庚戌 經己未初十日 大衍歷正月小辛巳朔經己未在二月

二 己卯

三 己酉

四 戊寅

五 戊申

六 丁丑

七 丁未

八 丙子

九 丙午

十 乙亥

十一 乙巳

十二 甲戌

○大衍歷正月壬寅日二十二日冬至是年閏九月古歷同

僖二十七年戊子

正 甲辰

二 癸酉

三 癸卯

四大 壬申

五大 壬寅

六 壬申 經庚寅十九日

七 辛丑

八 辛未 經乙未二十五日乙巳杜氏云八月無乙巳乙巳九月六日

九 庚子

十 庚午

十一　己丑

十二　己巳　經甲戌初六日

○大衍歷八月大辛未朔經乙巳在九月五日

僖二十八年己丑

正　戊戌　傳戊申十一日

二　戊辰

三　丁酉　經丙午初十日

四　丁卯　經己巳初三日　傳戊辰初二日　癸酉初七日　甲午二十八日

五　丙申　經癸丑十八日　傳丙午十一日丁未十二日己酉十四日癸亥二十八日

六　丙寅　傳壬午十七日

七大　乙未　傳丙申初二日

八大　乙丑

九　乙未

十　甲子　經壬申初十日　傳丁丑十五日○壬申丁丑俱繫冬後有日而無月或皆在十二月

十一　甲午

十二　癸亥

○是年宜補一閏

僖二十九年庚寅

正　癸巳

二　壬戌

三　壬辰

四　辛酉

五　辛卯

六　庚申

七　庚寅

八　己未

九　己丑

十　戊午

十一　戊子
十二大　丁巳
○大衍歷是年閏六月古歷亦同杜歷無閏

僖三十年辛卯
正大　丁亥
二　丁巳
三　丙戌
四　丙辰
五　乙酉
六　乙卯
七　甲申
八　甲寅
九　癸未　傳甲午十二日
閏　癸丑

十　壬午
十一　壬子
十二　辛巳

僖三十一年壬辰
正　辛亥
二　庚辰
三　庚戌
四大　己卯
五大　己酉
六　己卯
七　戊申
八　戊寅
九　丁未
十　丁丑

十一　丙午
十二　丙子
○上年閏宜置此年之末

僖三十二年癸巳
正　乙巳
二　乙亥
三　甲辰
四　甲戌　經己丑初四日　大衍歷甲辰朔經己丑在三月
五　癸卯
六　癸酉
七大　壬寅
八大　壬申
九　壬寅
十　辛未

十一　辛丑
十二　庚午　經己卯初十日　傳庚辰十一日
○大衍歷是年閏二月古歷亦同杜歷不閏
○大衍歷閏二月小乙巳朔故三月甲辰朔十二
月大庚子朔經己卯在十一月

僖三十三年甲午
正　庚子
二　己巳
三　己亥
四　戊辰　經辛巳十四日　癸巳二十六　大衍歷四月戊戌朔經辛巳癸巳皆在三月
五　戊戌
六　丁卯
七　丁酉
八　丙寅　傳戊子二十三日
九　丙申
十　乙丑

十一　乙未

十二　甲子　經乙巳杜氏云乙巳十一月十二日經書十二月誤

○劉氏云按如杜歷四月丁卯朔八月乙丑朔則辛巳四月十五日癸巳二十七日而乙巳爲十一月十二日大衍歷則辛巳癸巳皆在三月而乙巳爲十二月十一日杜歷自隱元年至文元年三十四閏大衍三十六閏蓋春秋周歷本差而後世追筭又互有得失杜氏惟據長歷釋經遂以此年十二月所書四事皆爲十一月亦固矣

上年兩月大移此方合

春秋長歷卷五

歷編三

文元年乙未

正　甲午

二　癸亥　經癸亥日食

三　癸巳

閏　壬戌　傳閏三月

四　壬辰　經丁巳二十六日

五大　辛酉　傳辛酉朔

六大　辛卯　傳戊戌初八日

七　辛酉

八　庚寅

九　庚申

十　己丑

十一　己未

十二　戊子

○經二月癸亥日有食之杜氏云不書朔官失之也姜氏云二月甲午朔無癸亥三月癸亥朔入食限大衍歷亦以爲然郭氏亦云三月癸亥朔加時在晝去交分二十六日五千九百一十分入食限

諸家各以其歷推春秋故癸亥在三月

○傳曰於是閏三月非禮也杜註云閏當在僖公

末年誤于今年置閏孔氏云僖五年正月辛亥朔
日南至治歷者皆以此爲章首之年漢書律歷志
云文公元年距僖公五年辛亥二十九歲是時閏
餘十三閏當在十一月後而在三月故傳曰非禮
志之所言是嫌閏月大近前也杜以僖三十年閏
九月文二年閏正月故言歷法當在僖公末年誤
于今年置閏是嫌置閏大近後也又云杜以春秋
之世歷法錯失所置閏月或先或後但推勘經傳
上下日月以爲長歷若日月同者則數年不置閏
若日月不同須置閏乃同者則未滿三十二月頻
置閏所以異于常歷故釋例云春秋日有頻月而

食者有曠年不食者理不得一一如筭以守恒數
故歷無有不失今據經傳微旨考日辰晦朔以相
發明爲春秋長歷雖未必得天蓋春秋當時之歷
也

按推勘日月則僖末年不得有閏而杜以爲當
閏者豈以文元爲章首而上年之末當有閏耶
然文二年二月之閏又何以太數也

○大衍歷是年閏十二月古歷閏十月今從傳閏
三月

文二年丙申

正 戊午

閏 大 丁亥

二 大 丁巳 經甲子初八日 丁丑二十一日

三 丁亥 經乙巳十九日

四 丙辰 傳乙巳杜氏云經書三月乙巳傳書夏四月乙巳經傳必有一誤

五 丙戌

六 乙卯

七 乙酉

八 甲寅

九 甲申

十 癸丑

十一 癸未

十二 壬子

○按文元年閏三月矣于二年復閏正月相去僅
十月似太促又文四年三月閏相去二十六月文
六年十二月閏見經相去三十三月文八年七月
閏相去十九月文十二年十一月閏相去五十二
月文十六年五月閏相去四十二月宣二年五月
閏相去四十八月此二十年間凡八閏或太疎或
太促欲移置之則與經傳日月多不合今姑從之
大衍歷亦八閏

〇大衍歷是年正月大戊子朔巳丑日多至二月

小戊午朔經甲子丁丑在此月

文三年丁酉

正 壬午

二 辛亥

三 辛巳

四 庚戌 傳乙亥二十六日

五 庚辰

六大 己酉

七大 己卯

八 己亥

九 戊寅

十 戊申

十一 丁丑

十二 丁未 經己巳二十三日

文四年戊戌

正 丙子

二 丙午

三 乙亥

閏 乙巳 〇大衍歷閏八月古歷閏七月

四 甲戌

五 甲辰

六 癸酉

七 癸卯

八 壬申

九 壬寅

十 辛未
十一 辛丑 經壬寅初二日
十二 辛未

文五年己亥
正 庚子
二 庚午
三 己亥 經辛亥十三日
四 己巳
五 戊戌
六 戊辰
七 丁酉
八 丁卯
九 丙申
十 丙寅 經甲申十九日

十一 乙未
十二 乙丑

文六年庚子
正大 甲午
二大 甲子
三 甲午
四 癸亥
五 癸巳
六 壬戌
七 壬辰
八 辛酉 經乙亥十五日
九 辛卯
十 庚申

文淵閣本作杜氏

十一 庚寅 傳丙寅杜氏云十月無丙寅丙寅十二月八日也

十二 己未

閏 己丑 經閏月

○經書閏月不告月在冬十月後下文無月故知閏十二月也

程氏云按歷法是年末應閏經書閏月則周閏有所移也

文七年辛丑

正 戊午

二 戊子

三 丁巳 經甲戌十八日 大衍歷三月大戊子朔甲戌在二月

四 丁亥 經戊子初二日 傳己丑初三日

五大 丙辰

六大 丙戌

七 丙辰

八 乙酉

九 乙卯

十 甲申

十一 甲寅

十二 癸未

○大衍歷是年閏四月古歷亦同

文八年壬寅

正 癸丑

二 壬午

三 壬子

四 辛巳

五 辛亥

六 庚辰

七 庚戌

八大 己卯 經戊申三十日

九大 己酉

十 己卯 經壬午初四日 乙酉初七日 丙戌初八日

十一　戊申

十二　戊寅

○杜歷是年閏七月以推下八月之戊申十月之壬午乙酉丙戌及明年正月之己酉乙丑二月之辛丑三月之甲戌九月之癸酉皆不合若移置明年七月閏則上下皆合矣疑當日傳寫之訛今改之

文九年癸卯

正　丁未　傳己酉初三日　乙丑十九日

二　丁丑　經辛丑二十五日

三　丙午　傳甲戌二十九日

四　丙子

五　乙巳

六　乙亥

七　甲辰

閏　甲戌

八　癸卯

九　癸酉　經癸酉初一日

十　壬寅

十一　壬申

十二大　辛丑

○杜歷閏在上年七月今置此年七月則上下日辰干支皆合說見上年

○推古歷是年閏十二月大衍歷閏明年正月相去一月知是年當閏也

○大衍歷九月小甲辰朔經癸酉在十月朔

文十年甲辰

正大　辛未

二　辛丑

三　庚午　經辛卯二十二日

四　庚子

五　己巳

六　己亥

七　戊辰

八　戊戌

九　丁卯

十　丁酉

十一 丙寅
十二 丙申

春秋長曆集證　卷五　曆編　一百二二　海陵叢刻　第十二種

文十一年乙巳
正 乙丑
二 乙未
三 甲子 傳甲子朔見襄公三十年絳縣老人言
四 甲午
五大 癸亥
六大 癸巳
七 癸亥
八 壬辰
九 壬戌
十 辛卯 經甲午初四日

十一 辛酉
十二 庚寅

春秋長曆集證　卷五　曆編　一百二三　海陵叢刻　第十二種

文十二年丙午
正 庚申
二 己丑 經庚子十二日
三 己未
四 戊子
五 戊午
六 丁亥
七 丁巳
八大 丙戌
九大 丙辰
十 丙戌

十一 乙卯

閏 乙酉

十二 甲寅 經戊午初五日

○大衍歷是年閏十月古歷閏九月

○按自此年至成十四年共三十九年大衍歷置閏十五推古歷亦同而杜歷止閏十三實少兩閏其間干支訛誤甚多經傳各異疑所據歷各有不同莫得其次序也

文十三年丁未

正 甲申

二 癸丑

三 癸未

四 壬子

五 壬午 經壬午初一日

六 辛亥

七 辛巳

八 庚戌

九 庚辰

十 己酉

十一 己卯 ○大衍歷十一月庚辰朔經己丑在此

十二大 戊申 經己丑杜氏云十二月無己丑己丑十一月十一日

文十四年戊申

正大 戊寅

二 戊申

三 丁丑

四 丁未

五 丙子 經乙亥五月乙亥齊侯潘卒杜氏云乙亥在四月二十九日書五月從赴

六 丙午

七 乙亥 傳乙卯杜氏云七月無乙卯日誤

八 乙巳

九 甲戌 經甲申十一日

十 甲辰

十一　癸酉
十二　癸卯

文十五年己酉
正　壬申
二　壬寅
三　辛未
四　辛丑
五大　庚午
六大　庚子　經辛丑朔日食　戊申初九日杜云八日
七　庚午
八　己亥
九　己巳
十　戊戌

十一　戊辰
十二　丁酉
○經書六月辛丑朔日有食之大衍曆同郭氏亦云六月辛丑朔加時在晝交分二十六日四千四百七十三分入食限
按辛丑朔在四月六月庚子朔或云食在二日然與經朔字不合杜曆並未言誤不知何故
○大衍曆是年閏六月古曆亦同杜曆閏在下年五月

文十六年庚戌
正　丁卯
二　丙申
三　丙寅
四　乙未
五　乙丑
閏　甲午
六　甲子　經戊辰初六日
七　癸巳
八　癸亥　經辛未初九日
九大　壬辰

十大 壬戌
十一 壬辰 傳甲寅二十三日
十二 辛酉

文十七年辛亥
正 辛卯
二 庚申
三 庚寅
四 己未 經癸亥初五日
五 己丑
六 戊午 經癸未二十六日
七 戊子
八 丁巳
九 丁亥
十 丙辰

十一 丙戌
十二 乙卯

文十八年壬子
正 乙酉
二大 甲寅 經丁丑二十四日
三大 甲申
四 甲寅
五 癸未 經戊戌十六日 大衍曆五月癸丑朔經戊戌在四月
六 癸丑 經癸酉二十一日 大衍曆六月癸未朔經癸酉在五月
七 壬午
八 壬子
九 辛巳
十 辛亥

十一 庚辰
十二 庚戌
○大衍歷是年閏二月古歷亦同杜歷不閏

宣元年癸丑
正 己卯
二 己酉
三大 戊寅
四大 戊申
五 戊寅
六 丁未
七 丁丑
八 丙午
九 丙子
十 乙巳

十一 乙亥
十二 甲辰

宣二年甲寅
正 甲戌
二 癸卯 經壬子初十日
三 癸酉
四 壬寅
五 壬申
閏 辛丑
六 辛未
七大 庚子
八大 庚午
九小 庚子 經乙丑二十六日

十大　己巳　經乙亥初七日　傳壬申初四日

十一　己亥

十二　戊辰

○大衍歷是年正月小甲辰朔癸亥日冬至經二月壬子在正月又閏十一月小己巳朔　古歷閏十一月今杜歷閏五月

宣三年乙卯

正　戊戌

二　丁卯

三　丁酉

四　丙寅

五　丙申

六　乙丑

七　乙未

八　甲子

九　甲午　○大衍歷九月小甲子朔經丙戌在此月

十大　癸亥　經丙戌二十四日

十一大　癸巳

十二小　癸亥

宣四年丙辰

正大　壬辰

二　壬戌

三　辛卯

四　辛酉

五　庚寅　○大衍歷五月大庚申朔經乙酉在此月

六　庚申　經乙酉二十六日

七　己丑　傳戊戌初十日

八　己未

九　戊子

十　戊午

十一　丁亥
十二　丁巳

宣五年丁巳
正　丙戌
二　丙辰
三大　乙酉
四大　乙卯
五　乙酉
六　甲寅
七　甲申
八　癸丑
九　癸未
十　壬子

十一　壬午
十二　辛亥
閏　辛巳

○杜歷閏在明年六月去宣二年五月之閏似太疎故置此年之末以均前後之閏其間亦無日月乖礙也

又按杜歷宣二年置一閏迄宣六年始再置一閏宣十年又置一閏相距甚疎若移宣六年之閏于四年五年之間而于宣七年補一閏于年末庶前後相均也然與宣八年之日月不合今從杜歷

○大衍歷是年閏八月古歷閏七月知是年當閏

也

宣六年戊午

正		庚戌
二		庚辰
三		己酉
四		己卯
五		戊申
六		戊寅
七	大	丁未
八	大	丁丑
九	小	丁未
十	大	丙子
十一		丙午
十二		乙亥

宣七年己未

正		乙巳
二		甲戌
三		甲辰
四		癸酉
五		癸卯
六		壬申
七		壬寅
八		辛未
九		辛丑
正	大	庚午
十一	大	庚子
十二	小	庚午

又潤閣作九分二十一秒皆依

宣八年庚申

正 大 己亥

二 己巳

三 戊戌

四 戊辰

五 丁酉

六 丁卯 經辛巳十五日 壬午十六日 戊子二十二日

七 丙申 甲子日食在十月

八 丙寅

九 乙未

十 乙丑 經己丑二十五日

十一 甲午

十二 甲子

○經書秋七月甲子日有食之既不書朔 杜氏云甲子七月二十日杜以七月爲乙未朔 姜氏云十月甲子朔日食大衍同郭氏亦云是年十月甲子朔加時在晝食九分八十一秒蓋十誤爲七

按經甲子日食在七月而推歷者皆以爲十月以七月甲子不入食限也然十月乃乙丑朔非甲子朔郭氏云十誤爲七非也十可誤爲七冬亦可誤爲秋乎愚意是秋九月甲子食而甲子即九月晦日十月朔得乙丑與此歷合蓋推歷

者用定朔故以甲子爲十月朔耳

○程氏云杜長歷自僖十二年至文元年五年一閏者二四年一閏者三失二閏焉又自文十六年至宣十年四年一閏者三又失一閏焉

按周歷果失閏則日食宜逾大衍日食之後而今反在大衍日食之前則知周歷未嘗失閏而杜歷之自失閏耳

○大衍歷是年閏五月丁酉朔十月甲子朔古歷閏四月杜歷不閏

宣九年辛酉

正 癸巳

二 癸亥

三 大 壬辰

四 大 壬戌

五 壬辰

六 辛酉

七 辛卯

八 庚申 ○大衍歷八月小庚申朔經辛酉在此月

九 庚寅 經辛酉八月杜氏云九月無辛酉日誤辛酉在

十 己未 傳癸酉十五日

十一 己丑
十二 戊午

宣十年 壬戌
正 戊子
二 丁巳
三 丁亥
四 丙辰 經丙辰日食 不書朔
五 丙戌 經癸巳 初八日
閏大 乙卯
六大 乙酉
七 乙卯
八 甲申
九 甲寅

十 癸未
十一 癸丑
十二 壬午

○經夏四月丙辰日有食之杜氏云不書朔官失之也大衍歷丙辰朔日食郭氏亦云以今歷推之是月丙辰朔加時在晝亥分十四日九百六十八分入食限

○推古歷閏十二月大衍歷閏明年正月

宣十一年 癸亥
正 壬子
二 辛巳
三 辛亥
四 庚辰
五 庚戌
六 己卯
七 己酉
八 戊寅
九 戊申
十大 丁丑 經辛亥 十月無辛亥辛亥或在十一月有日而無月

十一大　丁未

十二　丁丑　○大衍歷是年閏正月

宣十二年甲子

正　丙午

二　丙子

三　乙巳

四　乙亥

五　甲辰

閏　甲戌

六　癸卯　經乙卯十三日　傳丙辰十四日　辛未二十九日

七　癸酉　○大衍歷七月癸卯朔經乙卯在此月

八　壬寅

九　壬申

十　辛丑

十一　辛未

十二　庚子　經戊寅杜氏云十二月無戊寅戊寅十一月九日蓋以十一月爲庚午朔也

宣十三年乙丑

正　庚午

二大　乙亥

三大　己巳

四　己亥

五　戊辰

六　戊戌

七　丁卯

八　丁酉

九　丙寅

十　丙申

十一　乙丑

十二　乙未

○大衍歷是年閏九月古歷亦同杜歷不閏

宣十四年丙寅

正　甲子

二　甲午

三　癸亥

四　癸巳

五大　壬戌　經壬申十一日

六大　壬辰

七　壬戌

八　辛卯

九　辛酉

十　庚寅

十一　庚申

十二　己丑

宣十五年丁卯

正　己未

二　戊子

三　戊午

四　丁亥

五　丁巳

六　丙戌　經癸卯十八日　傳辛亥二十六日

七　丙辰　傳壬午二十七日杜氏云二十九日則以七月爲甲寅朔也似誤

八　乙酉

九　乙卯

十大　甲申

十一大　甲寅

閏　甲申

十二　癸丑

宣十六年戊辰

正　癸未

二　壬子

三　壬午　傳戊申二十七日

四　辛亥

五　辛巳

六　庚戌

七　庚辰

八　己酉

九　己卯

十　戊申

十一　戊寅

十二大　丁未

○大衍歷是年閏六月古歷亦同杜歷閏在上年

宣十七年己巳

正大　丁丑　經庚子二十四日　丁未杜氏云丁未二月四日則以二月爲甲辰朔誤

二　丁未

三　丙子

四　丙午

五　乙亥

六　乙巳　經癸卯日食不書朔　己未十五日

七　甲戌

八　甲辰

九　癸酉

十　癸卯

十一　壬申　經壬午十一日

十二　壬寅

○經六月癸卯日有食之杜氏云不書朔官失之姜氏云六月甲辰朔不應食大衍曆云五月在交限六月甲辰朔交分已過食限蓋誤郭氏云今曆推之是年五月乙亥入食限六月甲辰朔泛交二月已過食限大衍爲是

按姜郭所云日食不在癸卯而在甲辰癸卯亦非六月朔而經又不書朔則此日食闕疑可也度以爲癸卯朔朔字官失之似未深考　又按春秋日食雖月之前後有小差而日未嘗誤惟此年日食經以爲癸卯而後之推歷者皆以爲乙亥相隔二十八日疑是他年日食誤書于此

○大衍歷是年正月小丁丑朔經丁未在二月二日五月乙亥朔日食六月大甲辰朔

宣十八年庚午

正　辛未

二　辛丑

三　庚午

四　庚子

五大　己巳

六大　己亥

七　己巳　經甲戌初六日

八　戊戌

九　戊辰

十　丁酉　傳壬戌二十六日

十一　丁卯

十二　丙申

實貿乃貿貿之訛
文淵閣本作貿貿是

春秋長歷卷六

歷編四

成元年辛未

正 丙寅 經辛酉二十七日

二 乙未 傳癸未十九日

三 乙丑

閏 甲午

四 甲子

五 癸巳

六 癸亥

七 壬辰

八 壬戌

九大 辛卯

十大 辛酉

十一 辛卯

十二 庚申

○大衍歷是年閏三月古歷閏二月杜歷與大衍合按自文十三年至此成元年大衍歷置閏九杜歷置閏七校大衍實差二閏此後雖疏密不齊然與大衍適相當不知此時司歷者何以不言失閏直後四十餘年至襄二十七年始言辰在申再失閏矣不已實貿乎然而既差兩月不即補閏則每年冬至皆在三月成何歷法司歷者豈不知之杜氏爲長歷遂因此特差二閏于四十餘年之前以實傳文之說恐當日之歷亦未必如此之謬也

成二年壬申

正 庚寅

二 己未

三 己丑

四 戊午 經丙戌二十九日 杜氏云四月無丙戌丙戌五月一日今任四月

五 戊子

六 丁巳 經癸酉十七日 傳壬申十六日

七 丁亥 經己酉二十三日

八 丙辰 經壬午二十七日

九 丙戌 經庚寅初五日 杜氏云庚寅初七日有日無月大衍歷九月大乙酉朔經庚寅任此月初六日

十 乙卯

十一　乙酉　經丙申十二日

十二大　甲寅

成三年癸酉

正大　甲申　經辛亥二十八日

二　甲寅　經甲子十一日　乙亥二十二日

三　癸未

四　癸丑

五　壬午

六　壬子

七　辛巳

八　辛亥

九　庚辰

十　庚戌

十一　己卯　經丙午二十八日　丁未二十九日

十二　己酉　傳甲戌二十六日

○大衍歷是年閏十一月古歷亦同杜歷不閏

成四年甲戌

正　戊寅

二　戊申

三　丁丑　經壬申杜氏云壬申二月二十八日則以二月朔爲乙巳也似太遠

四　丁未　經甲寅初八日

五大　丙子

六大　丙子

七　丙子

閏　乙巳

八　乙亥

九　甲辰

十 甲戌
十一 癸卯
十二 癸酉

成五年乙亥
正 壬寅
二 壬申
三 辛丑
四 辛未
五 庚子
六 庚午
七大 己亥
八大 己巳
九 己亥
十 戊辰

十一 戊戌 經己酉十三日
十二 丁卯 經己丑二十三日

成六年丙子
正 丁酉
二 丙寅 經辛巳十六日
三 丙申
四 乙丑 傳丁丑十三日
五 乙未
六 甲子 經壬申初九日
七 甲午
大 癸亥
九 癸巳
十 壬戌

十一　壬辰

十二大　辛酉

○大衍曆是年閏七月古曆亦同杜曆不閏

成七年丁丑

正大　辛卯

二　辛酉

三　庚寅

四　庚申

五　己丑

六　己未

七　戊子

八　戊午　經戊辰十一日　大衍曆八月小丁亥朔經戊辰在九月

閏　丁亥

九　丁巳

十　丙戌

十一　丙辰

十二　乙酉

成八年戊寅

正　乙卯

二　甲申

三　甲寅

四大　癸未

五大　癸丑

六　癸未

七　壬子

八　壬午

九　辛亥

十　辛巳　經癸卯二十三日

十一 庚戌
十二 庚辰

成九年己卯
正 己酉
二 己卯
三 戊申
四 戊寅
五 丁未
六 丁丑
七大 丙午 經丙子 丙子齊侯無野卒杜氏云丙子六月一日書七月從赴
八大 丙子
九 丙午
十 乙亥

文綱閏手大衍歷下十一月上有
壬午二字

十一 乙巳 經庚申十七日 傳戊申初四日
閏 甲戌
十二 甲辰
○大衍歷閏四月古歷亦同杜歷閏十一月
○大衍歷十一月小甲戌朔經庚申在十月
按大衍歷閏在十一月前故十一月爲甲戌朔
○經冬十一月城中城傳曰書時也杜氏云此十
一月之後十二月之前有閏月故曰時
按杜以閏月巳交十二月節可以役民故謂之
時然亦泥

成十年庚辰
正 癸酉
二 癸卯
三 壬申
四 壬寅
五 辛未 傳辛巳十一日
六 辛丑 經丙午初六日有日無月在此月 傳戊申初八日
七 庚午
八 庚子
九 己巳
十 己亥

十一大　戊辰
十二大　戊戌
○大衍歷六月庚子朔經丙午初七日

成十一年辛巳
正　戊辰
二　丁酉
三　丁卯　經己丑二十三日
四　丙申
五　丙寅
六　乙未
七　乙丑
八　甲午
九　甲子
十　癸巳

十一　癸亥
十二　壬辰

成十二年壬午
正　壬戌
二　辛卯
三　辛酉
四大　庚寅
五大　庚申　傳癸亥初四日
六　庚寅
閏　己未
七　己丑
八　戊午
九　戊子

十 丁巳
十一 丁亥
十二 丙辰
○按是年杜歷原本缺閏則去前後兩閏太踈且與下年日辰皆不合疑傳寫失之今補一閏于此年則皆合矣
○大衍歷是年閏正月古歷閏上年十二月相去一月知閏不可缺也

成十三年癸未
正 丙戌
二 乙卯
三 乙酉
四 甲寅 傳戊午初五日
五 甲申 傳丁亥初四日
六大 癸丑 傳丁卯十五日 己巳十七日
七大 癸未
八 癸丑
九 壬午
十 壬子

十一 辛巳
十二 辛亥

成十四年甲申
正 庚辰
二 庚戌
三 己卯
四 己酉
五 戊寅
六 戊申
七 丁丑
閏 丁未
八 丙子 傳戊戌二十三日 庚子二十五日
九 丙午

十大　乙亥　經庚寅十六日　大衍歷十月大乙巳朔經庚寅在閏月

十一大　乙巳

十二　乙亥

○大衍歷是年閏十月古歷閏九月杜閏七月

成十五年乙酉

正　甲辰

二　甲戌

三　癸卯　經乙巳初三日　癸丑十一日

四　癸酉

五　壬寅

六　壬申

七　辛丑

八　辛未　經庚辰初十日

九　庚子

十　庚午

十一　己亥　傳辛丑初三日

十二　己巳

成十六年丙戌

正　戊戌

二　戊辰

三　丁酉

四　丁卯　經辛未初五日　傳戊寅十二日

五　丙申

六　丙寅　經丙寅朔日食　甲午晦二十九日　傳癸巳二十八日

七　乙未　傳戊午二十四日

八　乙丑

九　甲午

十　甲子　經乙亥十二日

十一　癸巳
十二　癸亥　經乙丑初二日　乙酉二十三日
○大衍歷六月丙寅朔日有食之郭氏亦云以今
歷推之是年六月丙寅朔加時在晝去交分二十
六日九千八百三十五分入食限

成十七年丁亥
正　壬辰
二　壬戌
三　辛卯
四　辛酉
五　庚寅
六　庚申　經乙酉二十六日　傳戊辰初九日
七　己丑　傳壬寅十四日
八　己未
九　戊子　經辛丑十四日
十　戊午　傳庚午十三日

十一　丁亥　經壬申杜氏云十一月無壬申日誤
十二　丁巳　經丁巳朔日食　傳壬午二十六日
閏　丙戌　經閏月乙卯晦三十日
○經書十有一月公至自伐鄭壬申公孫嬰齊卒
于貍脤穀梁子曰十一月無壬申壬申在十月也
傳壬申亦繫十一月並誤
○經書十有二月丁巳朔日有食之姜氏云十二
月戊子朔無丁巳似失閏
按十一月丁巳朔則十二月朔不得有戊子月
大則丁亥朔月小則丙戌朔耳戊子二字似誤
大衍推之十一月丁巳朔交分入食限郭氏亦云

十一月丁巳朔加時在晝交分十四日二千八百
九十七分入食限　今合于十二月
按歷法推之則丁巳當在明年正月今移去前
兩次頻月大而後合于十二月之丁巳朔並合
于閏月之乙卯晦及明年正月之甲申晦二月
之乙酉朔否則合于彼不合于此合于此不合
于彼矣是則春秋之歷不獨閏法有差而月之
大小亦無定也又按古歷法凡月之頻大者或
相去十七月或相去十五月自然之數也今推
杜歷有未合者則稍移頻大之前後以就之相
去亦甚不遠獨此成十六年之六月丙寅朔既

移去一次頻大以就之矣理應補一頻大之月以順其舊乃補之則不合于成十七年之十二月丁巳朔與明年之二月乙酉朔矣非惟不可補也又去一頻大之月而後一一相合是去兩次頻大也未知春秋當日之歷何以錯失如此而杜氏于此竟無一言及之不知如何推去也疑之疑之

成十八年戊子

正　丙辰　經庚申初五日　傳庚午十五日　辛巳二十六日　甲申晦二十九日

二　乙酉　傳乙酉朔

三　乙卯

四　甲申

五　甲寅

六　癸未

七　癸丑

八　壬午　經己丑初八日

九大　壬子

十　壬午

十一　辛亥

十二　辛巳　經丁未二十七日

襄元年己丑

正大　庚戌　傳春己亥杜氏云下有二月則此己亥爲正月正月無己亥日誤

二大　庚辰

三　庚戌

四　己卯

五　己酉

六　戊寅

七　戊申

八　丁丑

九　丁未　經辛酉杜氏云此月十五日則丁未朔也

十　丙子

十一　丙午
十二大　乙亥

襄二年庚寅
正大　乙巳
二　乙亥
三　甲辰
四　甲戌
閏　癸卯　○大衍曆閏三月小甲戌朔古曆閏二月
五　癸酉　經庚寅十八日
六　壬寅　經庚辰六月無庚辰庚辰在七月傳繫子七月大衍曆六月大壬寅朔
七　壬申　經己丑十八日　傳庚辰初九日
八　辛丑
九　辛未

十　庚子
十一　庚午
十二　庚子

襄三年辛卯
正　己巳
二　己亥
三　戊辰
四　戊戌　經壬戌二十五日
五　丁卯
六　丁酉　經己未二十三日　戊寅七月十三日
七　丙寅　○杜氏云長曆推戊寅七月十三日則七月是丙寅朔也
八　丙申
九　乙丑
十　乙未

十一　甲子
十二　甲午
○經書六月己未同盟于雞澤戊寅叔孫豹及諸
侯之大夫及陳袁僑盟戊寅雖蒙係六月而傳係
叔孫豹事于秋明戊寅是七月也經闕秋七月字
大衍歷亦云六月丁酉朔經戊寅在七月十三日

襄四年壬辰
正　癸亥
二　癸巳
三　壬戌　經己酉杜氏云三月無己酉日誤○己酉當作乙酉
四　壬辰
五　辛酉
六　辛卯
七大　庚申　經戊子二十九日
八大　庚寅　經辛亥二十二日
九　庚申
十　己丑

十一　己未
十二　戊子
○大衍歷是年閏十二月古歷閏十一月杜閏下年當移置此

襄五年癸巳
正　戊午
二　丁亥
三　丁巳
四　丙戌　傳甲寅二十九日　見襄六年傳
閏　丙辰
五　乙酉
六　乙卯
七　甲申
八　甲寅
九　癸未　傳丙午二十四日

十 癸丑
十一大 壬午 傳甲午十三日
十二大 壬子 經辛未二十日

襄六年甲午
正 壬午
二 辛亥
三 辛巳 經壬午初二日 傳乙未十五日 丁未二十六日
四 庚戌
五 庚辰
六 己酉
七 己卯
八 戊申
九 戊寅
十 丁未

十一 丁丑 傳丙辰在十二月
十二 丙午

襄七年乙未
正 丙子
二 乙巳
三 乙亥
四 甲辰
五 甲戌
六 甲辰
七 癸酉
八 癸卯
九 壬申 ○大衍歷九月小壬寅朔經壬戌在此月
十 壬寅 經壬戌二十一日 傳庚戌初七日

閏　辛未　（大衍曆閏八月大壬申朔古曆閏七月）
十一　辛丑
十二　庚午　經丙戌十七日

襄八年丙申
正　庚子
二　己巳
三　己亥
四　戊辰　傳庚辰十三日　庚寅三十日
五　戊戌　傳甲辰初七日
六大　丁卯
七大　丁酉
八　丁卯
九　丙申
十　丙寅

十一　乙未
十二　乙丑

襄九年丁酉
正　甲午
二　甲子
三　癸巳
四　癸亥
五　壬辰　經辛酉三十日
六　壬戌
七　辛卯
八　辛酉　經癸未二十三日
九　庚寅
十　庚申　傳庚午十一日　甲戌十五日

十一大　己丑　傳己亥十一日　大衍歷十一月大己丑朔　經十二月己亥在此月

十二大　己未　經己亥傳繫十一月　傳癸亥初五日　戊寅二十日

○傳十二月癸亥門其三門閏月戊寅濟于陰阪杜氏云以長歷推校上下此年不得有閏月戊寅戊寅是十二月二十日疑閏月當爲門五日五字上與門合爲閏則後人自然轉日爲月　顧允中日閏月應作門五日

襄十年戊戌

正　己丑

二　戊午

三　戊子　傳癸未二十六日

四　丁巳　傳戊午初二日　丙寅初十日

五　丁亥　經甲午初八日　傳庚寅初四日

六　丙辰　傳庚午十五日

七　丙戌

八　乙卯　傳丙寅十二日

九　乙酉　傳己酉二十五日

十　甲寅　傳戊辰十五日

十一　甲申　傳己亥十六日　丁未二十四日

閏　癸丑

十二　癸未

○大衍歷四月小丁亥朔是年閏四月經甲午在閏月　古歷亦閏四月

○蘇氏云按杜歷襄十年十一月丁未是二十四日十一年四月己亥是十九日據丁未至己亥一百七十三日前後除兩殘月惟置四個整月用日不盡尚餘二十九日故杜歷于十年十一月從置閏既十年有閏明九年無閏也

按襄九年十年十一年經傳上下日月皆合杜

歷之說則置閏宜在襄十年之末但不必定爲十一月耳

襄十一年己亥

正 大 壬子
二 大 壬午
三 壬子
四 辛巳 傳己亥十九日
五 辛亥
六 庚辰
七 庚戌 經己未初十日 傳丙子二十七日
八 己卯
九 己酉 傳甲戌二十六日
十 戊寅 傳丁亥初十日

十一 戊申
十二 丁丑 傳戊寅初二日 庚辰初四日 壬午初六日 己丑十三日

○傳冬十二月戊寅會于蕭魚杜氏云經書秋後冬前史失之

按經傳時月互異者不一或史即赴告時書之或傳所據各國史書彼此訛舛不與經合者諸侯之會無國不紀故傳于此年之事自四月己亥以後所書月日甚詳經書秋七月己未同盟于亳城北後有公至自伐鄭楚子鄭伯伐宋二事則諸侯之再伐鄭也必在九月經例不書月傳固與經不異鄭受伐乃使良霄如是諸侯觀兵鄭東門鄭人行成又晉鄭交涖盟已不得復在九月况涖盟後始退師爲蕭魚之會豈復一月中事乎蓋下文冬字當在會于蕭魚之上不知何由致誤也

襄十二年庚子

正 丁未
二 丙子
三 丙午
四 乙亥
五 乙巳
六 大 甲戌
七 大 甲辰
八 甲戌
九 癸卯
十 癸酉

文淵閣本推字下有一年字

十一　壬寅

十二　壬申

○推古歷是年閏十二月杜歷閏明年八月

襄十三年辛丑

正　辛丑

二　辛未

三　庚子

四　庚午

五　己亥

六　己巳

七　戊戌

八　戊辰

閏　丁酉　○大衍歷是年閏正月

九　丁卯　經庚辰日十四

文淵閣閏正月作閏三月

森案歷辰乃庚辰之譌

十　大　丙申

十一大　丙寅

十二　丙申

襄十四年壬寅

正　乙丑

二　乙未　經乙未朔日食

三　甲子

四　甲午　經己未二十六日

五　癸亥

六　癸巳

七　壬戌

八　壬辰

九　辛酉

十　辛卯

十一　庚申

十二　庚寅

○經二月己未朔日有食之郭氏云以今歷推之是月乙未朔加時在晝交分十四日一千三百九十三分入食限

春秋長歷集證　卷六　歷編　三十五　海陵叢刻　第十二種

襄十五年癸卯

正大　己未

二大　己丑　經己亥十一日

三　己未

四　戊子

五　戊午

六　丁亥

七　丁巳

八　丙戌　經丁巳日食不書朔

九　丙辰

十　乙酉

十一　乙卯　經癸亥初九日

十二　甲申

○經秋八月丁巳日有食之不書朔杜氏云八月無丁巳丁巳七月一日也日月必有誤姜氏云七月丁巳朔食失一閏也大衍歷同郭氏亦云今歷推之七月丁巳朔加時在晝去交分二十六日三千三百九十四分入食限　今推得丁巳朔在七月

○大衍歷是年閏十月乙卯朔經癸亥在閏月

古歷閏九月杜歷不閏閏在明年

春秋長歷集證　卷六　歷編　三十六　海陵叢刻　第十二種

襄十六年甲辰

正　甲寅

二　癸未　○大衍歷二月小癸丑朔經戊寅在此月

三　癸丑　經戊寅二十六日

四大　壬午　○大衍歷四月大壬子朔經甲子在此月

五大　壬子　經甲子十三日

六　壬午　傳庚寅初九日

七　辛亥

八　辛巳

九　庚戌

十　庚辰

閏 己酉
十一 己卯
十二 戊申

襄十七年乙巳
正 戊寅
二 丁未 經庚午二十四日
三 丁丑
四 丙午
五 丙子
六 乙巳
七 乙亥
八大 甲辰
九大 甲戌
十 甲辰

十一 癸酉 傳甲午二十二日
十二 癸卯

襄十八年丙午
正 壬申
二 壬寅
三 辛未
四 辛丑
五 庚午
六 庚子
七 己巳
八 己亥
九 戊辰
十 戊戌 傳丙寅晦二十九日

十一 丁卯 傳丁卯朔 己卯十三日 乙酉十九日
十二 丁酉 傳戊戌初二日 己亥初三日 甲辰初八日
○大衍歷是年閏六月古歷亦同杜歷閏在明年

襄十九年丁未
正 大 丙寅
二 大 丙申 傳甲寅十九日
三 丙寅
四 乙未 傳丁未十三日
五 乙丑 傳壬辰晦
六 甲午
七 甲子 經辛卯二十八日
八 癸巳 經丙辰二十四日 傳甲辰十二日
九 癸亥
閏 壬辰

十 壬戌
十一 辛卯
十二 辛酉
○傳夏五月壬辰晦齊靈公卒而經書秋四月辛卯杜氏云從赴也今依歷推之則五月晦乃癸巳而非壬辰六月甲午朔而非癸巳癸巳朔在八月相去兩月若曲變其法以從壬辰晦則與襄二十年之十月丙辰朔又不合矣竊疑春秋時有用周正者亦有用夏正有各國所書日月不盡合于魯故經傳多不合月每差兩月日每差一日朔法之差齊之夏五月即魯之秋七月辛卯與壬辰亦相差一

日也俟徐考之
○大衍歷七月大癸巳朔經辛卯在六月八月小癸亥朔經丙辰在七月

襄二十年戊申

正 庚寅 經辛亥二十日

二 庚申

三 己丑

四 己未

五大 戊子

六大 戊午 經庚申初三日

七 戊子

八 丁巳

九 丁亥

十 丙辰 經丙辰朔日食

十一 丙戌

十二 乙卯

○經冬十月丙辰朔日有食之大衍歷丙辰朔日食郭氏云今歷推之是年十月丙辰朔加時在晝交分十三日七千六百分入食限

襄二十一年己酉

正 乙酉

二 甲寅 大衍歷二月小甲申朔閏二月癸丑朔

三 甲申

四 癸丑

五 癸未

六 壬子

七 壬午

八 辛亥

閏 辛巳

九 庚戌 經庚戌朔日食

十 庚辰 經庚辰朔日食

十一大 己酉

十二大 己卯

○大衍歷是年閏二月古歷亦同杜歷閏八月

○經秋九月庚戌朔日有食之大衍歷同郭氏云今歷推之是月庚戌朔加時在晝交分十四日三千六百八十三分入食限

○經冬十月庚辰朔日有食之姜氏云此月而食宜在譏條大衍歷云庚辰朔日在黃道角四度非食限郭氏云今歷推之十月己過食限不應頻食姜說爲是

按比月而食自古推曆者無此術即精曆如姜郭亦云無比月而食之理然春秋已兩見如此年及二十四年是也或以爲春秋世亂日度失行之驗然漢書所載高帝三年冬十月甲戌晦日食十一月癸卯晦又日食文帝三年冬十月丁酉晦日食十一月丁卯晦又日食皆比月而食者豈盡日度失行之故耶是不可曉

襄二十二年庚戌

正　己酉
二　戊寅
三　戊申
四　丁丑
五　丁未
六　丙子
七　丙午　經辛酉十六日
八　乙亥
九　乙巳　傳己巳二十五日
十　甲戌

十一　甲辰
十二　癸酉　傳丁巳杜氏云十二月無丁巳丁巳十一月十四日也

襄二十三年辛亥

正　癸卯
二　癸酉　經癸酉朔日食
三　壬寅　經己巳二十八日
四　壬申
五　辛丑
六　辛未
七　庚子
八　庚午　經己卯初十日
九　己亥
十　己巳　經乙亥初七日

十一 戊戌

十二 戊辰

○經二月癸酉朔日有食之大衍歷同郭氏云今歷推之是月癸酉朔加時在晝交分二十六日五千七百三分入食限

○大衍歷是年閏十二月古歷閏十一月杜閏在明年

襄二十四年壬子

正 丁酉

二 丁卯

三 丙申

四 丙寅 ○此閏可置上年末

五 乙未

六 乙丑

七 甲午

八大 甲子 經甲子朔日食

九大 癸巳 經癸巳朔日食

十 癸亥

十一 癸巳

十二 壬戌

壬辰

○經秋七月甲子朔日有食之既大衍歷同郭氏云是月甲子朔加時在晝日食九分六秒

○經八月癸巳朔日有食之姜氏云比月而食在誤條大衍云癸巳朔日在黃道星二度過食限不應食郭氏云漢志董仲舒以爲比食又既今歷推之立分不叶不應食大衍說是

劉氏炫云日月共盡一體日食少則月食多日食多則月食少日食盡則前後望月不食月食盡則前後朔日不食以其交道盡不復相揜故也此與

二十一年頻月日食理必不然疑古書歷世遙遠轉寫失眞耳　趙子常汸曰按日月交會有常而積久不無小變動日或失其常度則雖巧歷有不能盡者漢高祖三年十月十一月晦日頻食文帝三年十月十一月晦並頻食是漢初三十年間頻食者再後世未有此同未可以常此推也

春秋長歷卷七

編歷五

襄二十五年（癸丑）

正　辛酉

二　辛卯

三　庚申

四　庚寅

五　己未　經乙亥（十七日）　傳甲戌（十六日）　丁丑（十九日）　辛巳（二十三日）　丁亥（二十九日）

六　己丑　經壬子（二十四日）

七　戊午　傳己巳（十二日）

八　戊子　經己巳（六月有壬子則八月無己巳傳繫七月是）　傳甲午（初七日）

九　丁巳

十　丁亥

十一　丙辰

十二　丙戌

襄二十六年（甲寅）

正　乙卯

二　乙酉　經辛卯（初七日）　甲午（初十日）　傳庚寅（初六日）

三大　甲寅　傳甲寅朔

四大　甲申

五　甲寅

六　癸未

七　癸丑

八　壬午　經壬午朔

九　壬子

十　辛巳

十一　辛亥

十二　庚辰　傳乙酉（初六日）

閏　庚戌

襄二十七年乙卯
正 大 己卯
二 大 己酉
三 己卯
四 戊申
五 戊寅 傳甲辰二十七日 丙午二十九日
六 丁未 傳丁未朔戊申初二日甲寅初八日丙辰初十日壬戌十六日丁卯二十一日戊辰二十二日庚午二十四日壬申二十六日
七 丁丑 經辛巳初五日 傳戊寅初二日 壬午初六日 乙酉初九日
八 丙午
九 丙子 傳庚辰初五日 辛巳初六日
十 乙巳

十一 乙亥
十二 甲辰 經乙亥朔日食傳在十一月
○經書十二月乙亥朔日有食之傳書十一月乙亥朔日有食之杜氏云今長歷推得十一月朔非十二月姜氏云十一月乙亥朔交分入食限大衍歷同郭氏亦云是年十一月乙亥朔加時在晝交分初日八百二十五分入食限
○傳曰辰在申司歷過也再失閏矣杜氏云謂斗建指申周十一月夏之九月斗當建戌而在申故知再失閏也若是十二月則爲三失閏矣又云文十一年三月甲子至今年七十一歲應有二十六閏今長歷推得二十四閏通計少再閏釋例言之詳矣 孔氏云歷十九年爲一章章有七閏從文十一年至襄十三年凡五十七年已成三章當有二十一閏又從襄十二年至今十四年又當有五閏故應有二十六閏也長歷推得二十四閏者杜以長歷實于其間分置二十四閏
按二十四閏者文十二 十六 宣二 五
十 十二 十五 成元 四 七 九
十二 十四 十七 襄二 五 七 十
十三 十六 十九 二十一 二十四
二十六共二十四閏

釋例云魯之司歷漸失其閏至此年日食之月始覺其謬遂頓置兩閏以應天正前閏月爲建酉後閏月爲建戌十二月爲建亥而歲終焉是故明年經書春無冰傳以爲時災若不復頓置兩閏則明年春是今之九月十月爲十一月無冰非天時之異無緣總書春也 劉氏云歷家之術求閏餘易求交食難今司歷能正交朔反不能置閏非人情也閏有章準率三十二月一逢如傳所言再失閏者則司歷廢閏殆七十月彌五年矣亦非人情也明年春無冰杜氏云頓置兩閏以應天正故正月建子得以無冰爲災頓置兩閏詭聽駭俗亦非人

情也　啖氏云按傳于此言司歷過也哀十三年又記仲尼曰司歷過也皆指王朝歷官與桓十七年傳曰官失之也意同其曰天子有日官諸侯有日御日官居卿以底日日御不失日以受百官于朝則所謂司歷與官非謂魯人明矣杜氏乃以爲魯之司歷哀十三年傳註又云季孫雖聞仲尼之言而不正閏皆謂魯自有歷實承劉歆之謬而非傳意也劉氏之說見漢書律歷志其所傳魯歷不與春秋相符杜氏亦以爲好事者爲之竊謂周室雖衰猶君臨列國崩薨卒葬皆告諸侯必無不頒歷之理借令喪亂之際頒不以時諸侯亦必不敢輒自爲歷使諸侯皆自爲歷則齊晉大國當先爲之如大國皆自爲歷而所差往往若此則當時所書盟會卒葬日月魯史當以何國爲正使魯史所書日月差錯與周歷不同韓宣子見魯春秋何以輒曰周禮盡在魯矣此必無之事也

按頓置兩閏成何歷法洵乎詭聽不知杜氏何據云此且以日食校之襄此年十一月乙亥朔日食大衍歷與杜歷同至昭七年四月甲辰朔日食大衍歷亦與杜歷同此十二年間皆置閏者四年月相當若復增兩閏則二歷之日食必不合矣此以知魯歷必無是也

又按周歷雖失閏然止可差一閏不得差再閏若失閏兩月則冬至常在三月而立春至于五月矣司歷者謬不至此其所以斗當在戌而在申者蓋春秋時歲差之法未行天度已漸移而人不知又或失一閏則占侯者遂以兩失閏矣

又按魯人使既補兩閏則歷已正矣而哀十二年十二月螽仲尼又曰失猶西流司歷過也豈正歷之後不七十年而又差一月耶補閏之說誠未可信也

襄二十八年丙辰

正　甲戌

二大　癸卯

三大　癸酉

四　癸卯

五　壬申

六　壬寅

七　辛未

八　辛丑

九　庚午

十　庚子　傳丙辰十七日

十一　己巳　傳乙亥初七日　丁亥十九日　癸巳二十五日

十二　己亥　傳乙亥朔乙誤　經甲寅十六日　乙未乙誤

○傳十二月乙亥朔杜氏云十二月戊戌朔乙亥誤十二月無乙未日誤劉氏以此年之前當有閏月然推勘上下日月不得有閏也　趙子常曰甲寅距乙未四十二日此中有閏月胡傳亦以乙未爲閏十二月之日也

按襄二十九年有閏則此年不得有閏經之已未誤乙傳之已亥亦誤乙也若置一閏以合于經傳則二十九年之日皆不合矣

襄二十九年丁巳

正　戊辰

二　戊戌　傳癸卯初六日

三　丁卯

四　丁酉

五　丙寅　經庚午初五日

六　丙申

七大　乙丑

八大　乙未

閏　乙丑　○大衍歷是年閏五月古歷閏四月

九　甲午　傳乙未初二日

十　甲子　傳庚寅二十七日

十一　癸巳　傳乙卯二十三日

十二　癸亥　經己巳初七日

襄三十年戊午

正　壬辰

二　壬戌　傳癸未二十二日

三　辛卯

四　辛酉　傳己亥己當作乙十五日

五　庚寅　經甲午初五日　傳癸巳初四日

六　庚申

七　己丑　傳庚子十二日　辛丑十三日　壬寅十四日　癸卯十五日　己巳十一日　乙巳十七日　癸丑二十五日

八　乙未　傳甲子初六日　己巳十一日

九大　戊子

十大　戊午

十一　戊子
十二　丁巳
○傳二月癸未晉悼夫人食輿人之城杞者絳縣人或年長矣往與于食使言其年曰臣生之歲正月甲子朔四百有四十五甲子矣其季于今三之一也吏走問諸朝師曠曰七十三年矣士文伯曰然則二萬六千六百有六旬也　杜氏云所稱正月謂夏正月也　孔氏云文十一年至此年爲七十四年而云七十三年者按文十一年正月甲子朔爲夏之正月是其年三月也此年之二月癸未是夏之十二月計七十三年猶未終也　劉待制

曰季未也今日也謂已得四百四十四全甲子其末一甲子六十日而今日乃癸未纔得二十日也故曰三之一　林氏曰四百四十五甲子合得二萬六千七百日以其末三分六甲之一故少四十日當得二萬六千六百六十日也
按正月甲子是周之三月則晉人猶用夏正月也竊意春秋時周正夏正列國互用故所書多不合大率差兩月者居多考之往古詩書皆用夏正其以建子月爲正月實始于東遷後時王之制非文武之制也若果國初文武之制豈以孔子從周之民而敢曰行夏之時耶周初用十一月爲歲首而不改月亦不改時仍稱冬十一月但以此爲歲首耳蔡九峯辨之甚詳

襄三十一年己未
正　丁亥
二　丙辰
三　丙戌
四　乙卯
五　乙酉
六　甲寅　經辛巳二十八日
七　甲申
八　癸丑
九　癸未　經癸巳十一日　己亥十七日
十　壬子　經癸酉二十二日

文瀾閣本長歷止有拔子

十一　壬午
十二　辛亥
○古歷是年閏十二月

昭元年（庚申）
正　辛巳　傳乙未（十五日）
二大　庚戌
三大　庚辰　傳甲辰（二十五日）
四　庚戌
五　己卯　經庚辰（初二日）　癸卯（二十五日）
六　己酉　經丁巳（初九日）
七　戊寅
八　戊申
九　丁丑
十　丁未

十一　丙子　經己酉（杜氏云長歷推己酉在十二月六日經傳皆言十一月月誤也）
十二　丙午　傳甲辰朔不合庚戌（初五日杜氏云七日）
閏　乙亥　○大衍歷是年閏正月
○大衍歷閏正月大庚戌朔與此合五月大戊申
朔經丁巳在此月
按傳言十二月甲辰朔烝于溫今推得十二月
丙午朔相去四個月（後丙午四個月得甲辰朔）縱如杜氏襄
二十七年補置兩閏之說當得乙巳朔非甲辰
朔也不知杜歷如何推去

昭二年（辛酉）
正　乙巳
二　甲戌
三　甲辰
四　癸酉
五　癸卯
六大　壬申
七大　壬寅　經壬寅（即朔日）
八　壬申
九　辛丑
十　辛未

十一　庚子

十二　庚午

昭三年壬戌

正　己亥　經丁未初九日

二　己巳

三　戊戌

四　戊辰

五　丁酉

六　丁卯

七　丙申

八　丙寅

九大　乙未

十大　乙丑

文瀾閣本閏在九月

十一　乙未

十二　甲子

○大衍歷是年閏九月古歷亦同杜閏在明年

昭四年癸亥

正　甲午

二　癸亥

三　癸巳

四　壬戌

閏　壬辰

五　辛酉

六　辛卯　傳丙午十六日

七　庚午

八　庚寅　傳甲申杜氏云八月無甲申甲申在七月二十六日則以七月己未朔也

九　己未

十 己丑
十一 戊午
十二 戊子 經乙卯二十八日 傳癸丑二十六日

昭五年甲子
正大 丁巳
二大 丁亥
三 丁巳
四 丙戌
五 丙辰
六 乙酉
七 乙卯 經戊辰十四日
八 甲申
九 甲寅
十 癸未

十一 癸丑
十二 壬午

昭六年乙丑
正 壬子
二 辛巳
三 辛亥 傳壬子初二日 見昭七年傳
四大 庚辰
五大 庚戌
六 庚辰 傳丙戌初七日
七 己酉
閏 己卯 ○大衍歷是年閏六月古歷亦同
八 戊申
九 戊寅

十　丁未

十一　丁丑

十二　丙午

昭七年丙寅

正　丙子　傳癸巳十八日　壬寅二十七日

二　乙巳　傳戊午十四日

三　乙亥

四　甲辰　經甲辰朔日食

五　甲戌

六　癸卯

七　癸酉

八　壬寅　經戊辰二十七日

九　壬申

十　壬寅　傳辛酉二十日

十一　辛未　傳癸未十三日

十二　辛丑　經癸亥二十三日

○經四月甲辰朔日有食之大衍歷同郭氏亦云是月甲辰朔加時在晝交分二十七日二百九十八分入食限

昭八年丁卯

正　庚午

二　庚子

三　己巳　傳甲申十六日

四　己亥　經辛丑初三日　傳辛亥十三日

五　戊辰

六　戊戌

七　丁卯　傳甲戌初八日　丁丑十一日

八　丁酉　傳庚戌十四日

九　丙寅

十　丙申　經壬午杜氏云壬午月十八日傳繫十一月誤則以八月後置一閏也

十一 乙丑 傳壬午十八日

十二 乙未

○杜歷是年閏八月今移下年末說見後

昭九年戊辰

正大 甲子

二大 甲午 庚申二十七日

三 甲子

四 癸巳

五 癸亥

六 壬辰

七 壬戌

八 辛卯

九 辛酉

十 庚寅

十一 庚申

十二 己丑

移閏 己未

○經書夏四月陳災傳言火出而火陳杜氏云火出于周爲五月而以四月出者以長歷推上年誤置閏閏當在此年三月後

按杜以上年誤置一閏者蓋推勘上下日月而知之故于上年閏八月以合于經之十月壬午然合于經之十月壬午而不合于傳之十一月壬午及九年之二月庚申十年之七月戊子十二月之甲子不知如何推去愚以上年不必置

閏壬午從傳在十一月則九年之二月庚申皆合却于九年末置一閏以合于十年之月日則兩得之矣今僭易之亦遵杜說也

○大衍歷是年閏三月古歷閏二月知閏當在此年

昭十年己巳

正 戊子

二 戊午

三大 丁亥

四大 丁巳

五 丁亥 傳庚辰五月無庚辰似誤

六 丙辰

七 丙戌 經戊子初三日

八 乙卯

九 乙酉

十 甲寅

十一 甲申

十二 癸丑 經甲子十二日

文淵閣本大衍曆
推是年閏十二月

昭十一年庚午

正 癸未

二 壬子

三 壬子 傳丙申十五日

四 辛亥 經丁巳初七日

五 辛巳 經甲申初四日

六 庚戌

七 庚辰

八大 己酉

九大 己卯 經己亥二十一日

十 己酉

十一 戊寅 經丁酉二十日

十二 戊申

○大衍曆是年閏十二月古曆閏十一月杜閏明年

昭十二年辛未

正 丁丑
閏 丁未
二 丙子
三 丙午 經壬申二十七日
四 乙亥
五 乙巳
六 甲戌
七 甲辰
八 癸酉 傳壬午初十日
九 癸卯

十大 壬申 傳壬申朔 丙申二十五日 丁酉二十六日
十一大 壬寅
十二 壬申

昭十三年壬申

正 辛丑
二 辛未
三 庚子
四 庚午
五 己亥 傳癸亥二十五日 乙卯十七日 丙辰十八日
六 己巳
七 戊戌 傳丙寅二十九日
八 戊辰 經甲戌初七日 傳辛未初四日 壬申初五日
九 丁酉
十 丁卯

十一 丙申
十二 丙寅

○經書夏四月楚公子比自晉歸于楚弒其君虔于乾谿傳曰夏五月王縊于芋尹申亥氏乙卯夜國人大驚子比子晳皆自殺丙辰棄疾即位　杜氏云癸亥五月二十六日（杜以五月爲戊戌朔）實在乙卯丙辰之後傳先言之者因申亥求王遂言王縊是傳終言之也既以五月統癸亥日而乙卯丙辰亦是五月之日雖言有顛倒皆蒙此五月之文也

昭十四年癸酉

正 乙未
二 乙丑
三大 甲午
四大 甲子
五 甲午
六 癸亥
七 癸巳
八 壬戌
九 壬辰 傳甲午初三日
十 辛酉

十一 辛卯
十二 庚申

○大衍歷是年閏七月古歷亦同杜閏在明年

昭十五年甲戌

正 庚寅
二 己未 經癸酉十五日
三 己丑
四 戊午
五 戊子
六 丁巳 經丁巳朔日食 傳乙丑初五日
七 丁亥
八大 丙辰 傳戊寅二十三日
九大 丙戌
閏 丙辰

十 乙酉
十一 乙卯
十二 甲申

○經書六月丁巳朔日有食之大衍歷推五月丁巳朔食失一閏郭氏亦云今歷推之是年五月丁巳朔加時在晝交分十三日九千五百六十七分入食限

按大衍歷閏在日食之前故日食在五月杜歷閏在日食之後故日食在六月

昭十六年乙亥

正　甲寅

二　癸未　傳丙申十四日

三　癸丑

四　壬午

五　壬子

六　辛巳

七　辛亥

八　庚辰　經己亥二十日

九　庚戌

十大　己卯

十一大　己酉

十二　己卯

昭十七年丙子

正　戊申

二　戊寅

三　丁未

四　丁丑

五　丙子

六　丙子　經甲戌朔日食

七　乙巳

八　乙亥

九　甲辰　傳丁卯二十四日

十　甲戌

十一　癸卯

十二　癸酉

○大衍歷五月大丙午朔閏五月小丙子朔六月小己巳朔九月小甲戌朔　古歷是辛卯四月

○經夏六月甲戌朔日有食之姜氏云六月乙巳朔交分不叶不應食當誤大衍歷云六月乙巳朔不應食姜氏是也當在九月甲戌朔日食黃道婁四度郭氏亦云是年九月甲戌朔加時在晝交分二十六日七千六百五十分入食限　徐圃臣曰當是昭十五年六月日食移此而誤也

按昭十五年並無甲戌朔經書六月丁巳與此

無涉徐說非也此日食姑闕疑

昭十八年丁丑

正 壬寅

閏 壬申 ○此閏可置上年末

二大 辛丑 傳乙卯十五日

三大 辛未

四 辛丑

五 庚午 經壬午十三日 傳丙午初七日 戊寅初九日

六 庚子

七 己巳

八 己亥

九 戊辰

十 戊戌

十一 丁卯

十二 丁酉

昭十九年戊寅

正 丙寅

二 丙申

三 乙丑

四 乙未

五大 甲子 經戊辰初五日 己卯十六日 傳乙亥十二日

六大 甲午

七 甲子 傳丙子十三日

八 癸巳

九 癸亥

十 壬辰

十一 壬戌

十二 辛卯

○推古歷是年當閏十二月大衍歷閏明年二月

昭二十年己卯

正 辛酉

二 庚寅 傳己丑日南至不合○己丑在正月二十九日正月誤作二

三 庚申

四 己丑

五 己未

六 戊子 傳丙申初九日 癸卯十六日 丙辰二十九日 丁巳晦

七 戊午 傳戊午朔

八 丁亥 傳辛亥二十五日

閏 丁巳 傳閏月 戊辰十一日

九大 丙戌

十大 丙辰 傳戊辰十三日

十一 丙戌 經辛卯初六日

十二 乙卯

○傳春王二月己丑日南至杜氏云是歲朔旦冬至之歲也當言正月己丑朔日南至時史失閏更在二月後故傳于二月記南至日以正歷也孔氏云歷法十九年爲一章章首之歲必正月朔旦冬至僖五年正月辛亥朔日南至是章首之年計僖五年至上年昭十九年合一百二十三年是爲七章今年復爲章首當言正月己丑朔日南至今傳乃云二月己丑日南至是錯名正月爲二月

也歷之正法章首上年十二月後宜置一閏則此年正月當是上年閏月此年二月乃是正月時史失閏上年錯不置閏傳于八月之下乃云閏月戊辰殺宣姜是閏在二月後也

按古之推歷者皆以僖五年正月辛亥朔日南至爲朔旦冬至是章首之年亦蔀首之年也至今昭二十年一百三十三年共有七章除去四章爲一蔀餘三章閏餘尚畸四分之一則昭之二十年雖爲章首而非朔旦冬至之年傳言己丑未嘗言朔而杜遂加以朔旦何也凡此年並非章首也春秋之時歷法章蔀乖次久矣若果

爲章首之年則此年何得有閏八月乎傳所以
特紀此年南至者原非以正歷之故因此日梓
愼望氣預知宋亂蔡喪之故耳若必以己丑爲
二月朔則下文日月及戊午朔皆推不去矣愚
以己丑爲正月晦日是日冬至傳誤書正月爲
二月不過一字之訛與孔氏錯名正月爲二月
之說同考大衍歷亦云正月二十九日己丑冬
至也
○大衍歷是年正月小辛酉朔二十九日己丑冬
至二月大庚寅朔閏二月小庚申朔三月己丑朔
四月己未朔五月戊子朔六月戊午朔與此俱同

○傳六月丙辰衛使在平壽云云丁巳晦公入與
北宮喜盟于彭水之上秋七月戊午朔遂盟國入
孔氏曰丙辰丁巳乃是頻日其事既多不應二日
之中並爲此事今杜不云日誤者以誤在可知且
宣二年壬申朝于武宮注云壬申十月五日有日
而無月冬又在壬申下明傳文無較例又注哀十
二年傳云此事經在二月蟊上今例在下更具列
其月以爲別者傳本不以爲義例故不與齊同如
杜此言或傳因簡牘之辭不復具顯其日月　趙
子常曰此說得之而未盡故劉侍讀每疑傳妄說
見二十三年

昭二十一年庚辰

正　乙酉
二　甲寅
三　甲申
四　癸丑
五　癸未　傳丙申十四日　壬寅二十日
六　壬子　傳庚午十九日
七　壬午　經壬午朔日食
八　辛亥　經乙亥二十九日
九　辛巳
十　庚戌　傳丙寅十七日

十一　庚辰　傳癸未初四日　丙戌初七日
十二　己酉

○經秋七月壬午朔日有食之大衍歷同郭氏亦
云是月壬午朔加時在晝交分二十六日八千七
百九十四分入食限

昭二十二年辛巳

正　己卯

二　戊申　傳甲子十七日　己巳二十二日

三　戊寅

四　丁未　經乙丑十九日　傳戊辰二十二日

五　丁丑　傳戊辰初四日

六　丙午　傳丁巳十二日　壬戌十七日　辛未二十六日　癸亥十八日　乙亥三十日　乙丑二十

七　丙子　傳戊寅初三日　辛卯十六日　壬辰十七日

八　乙巳　傳辛酉十七日　己巳二十五日　辛未二十七日　庚午二十六日

九　乙亥

十　甲辰　傳丁巳十四日　庚申十七日

十一　甲戌　傳乙酉十二日　己丑十六日

十二　癸卯　經癸酉朔日食　傳庚戌初八日

閏　癸酉　傳閏月　辛丑二十九日

○大衍歷七月小丙子朔十月大甲辰朔閏十月大甲戌朔十一月小甲辰朔十二月大癸酉朔

古歷閏九月

○經十有二月癸酉朔日有食之杜氏云以長歷推校前後當爲癸卯朔書癸酉誤　孔氏云庚戌上去癸酉三十七日若此月癸酉朔其月不得有庚戌又傳十二月下有閏月辛丑辛丑是壬寅之前日也二十三年傳正月壬寅朔則辛丑是閏月

之晦日也又計明年正月之朔與今年十二月朔中有一閏相去五十九日此年十二月當爲癸卯朔經書癸酉明是誤也　大衍歷十二月癸酉朔日食黃道箕四度半强郭氏亦云是月癸酉朔交分十四日一千八百入食限杜預以長歷推得癸卯非是

按大衍授時二歷推是年日食皆得癸酉而杜氏以爲癸卯則以閏月前後之不同也二歷閏在日食前故十二月即癸酉杜歷閏在日食後故十二月得癸卯杜之不復移閏在前者以閏十二月見傳不可改移故以癸酉爲癸卯之誤

不知日食自有一定之交分相距之定日非可差一月也杜不曉推日食而但以經傳之日月校之則失之矣經當書閏十二月癸酉朔日食失一閏字非卯誤爲酉且校之前年七月壬午朔日食與二十四年之五月乙未朔日食無不與大衍合則十二月之爲癸酉無疑

二月下有上年云云二十字今據文淵閣本補入

昭二十三年壬午

正大　壬寅　傳壬寅朔 經癸丑十二日 丁未初六日 庚戌初九日 傳癸卯初二日

二大　壬申　上年二三兩頻大月移此 自此以後悉如右歷十一月

三　壬寅

四　辛未　傳乙酉十五日

五　辛丑

六　庚午　傳壬午十三日 癸未十四日 丙戌十七日 己丑二十日 庚寅二十一日 甲午二十五日

七　庚子　經戊辰晦二十九日 傳戊申初九日 丙辰十七日 甲子二十五日 丙寅二十七日

八　己巳　經乙未二十七日　傳丁酉二十九日

九　己亥

十　戊辰　傳甲申十七日

十一　戊戌

十二　丁卯

〇經春王正月叔孫婼如晉　傳春王正月壬寅朔二師圍郊癸卯郊鄩潰丁未晉師在平陰王師在澤邑王使告間庚戌還　邾人城翼還自離姑武城人取邾師邾人愬于晉晉人來討　經癸丑晉人執我行人叔孫婼　劉氏云是年正月有壬寅朔有庚戌有癸丑傳叔孫事在庚戌之後經記叔孫如晉在癸丑之前夫庚戌癸丑四日耳邾人已能訴于晉晉人已能來討何其神速也故曰不然　趙子常云按左氏采衆記以釋經其附麗斷截皆以經爲主或先經以始事或後經以終義則所紀之事各有本末自不容以日月次其先後如此年傳自壬寅朔至庚戌還自記晉人圍郊本末自邾人城翼至晉人來討是原叔孫如晉之由非謂邾人城翼以後之事皆在庚戌後也如劉侍讀所難則作傳者必如近代所修日歷而後可

昭二十四年癸未

正　丁酉　傳辛丑初五日　戊午二十二日

二　丙寅　經丙戌二十一日

三　丙申　傳庚戌十五日

四　乙丑

五　乙未　經乙未朔日食

六　甲子　傳壬申初九日

七　甲午

八大　癸亥　經丁酉 杜氏云丁酉九月五日有日而無月

九大　癸巳

十　癸亥　傳癸酉十一日　甲戌十二日

十一　壬辰

十二　壬戌

○經五月乙未朔日有食之大衍歷同郭氏亦云是月乙未朔交分二十六日三千八百三十九分入食限

○大衍歷八月小甲子朔經丁酉在九月

昭二十五年甲申

正　辛卯

二　辛酉

三　庚寅

四　庚申

五　己丑

六　己未

七　戊子

八　戊午

九　丁亥　經己亥十三日　傳戊戌十二日

十　丁巳　經戊辰十二日　傳辛酉初五日　壬申十六日

十一大　丙戌　經己亥十四日

十二大　丙辰　傳庚辰二十五日

閏　丙戌

○大衍歷原本是年缺閏以前後推之當閏六月古歷閏六月

○大衍歷八月小戊子朔九月大丁巳朔經己亥在八月十月小丁亥朔經戊辰在九月十一月大丙辰朔經己亥在十月

昭二十六年乙酉

正　乙卯　傳庚申初六日

二　乙酉

三　甲寅

四　甲申

五　癸丑　傳戊午初六日　戊辰十六日

六　癸未

七　壬子　傳己巳十八日　庚午十九日丙子二十五日丁丑二十六日庚辰二十九日辛巳三十日

八　壬午

九　辛亥　經庚申初十日

十　辛巳　傳丙申十六日　辛丑二十一日

十一 庚戌 傳辛酉十二日 癸酉二十四日 甲戌二十五日
十二 庚辰 傳癸未初四日

昭二十七年丙戌
正 己酉
二 己卯
三大 戊申
四大 戊寅
五 戊申
六 丁丑
七 丁未
八 丙子
九 丙午 傳己未十四日
十 乙亥

十一 乙巳
十二 甲戌

昭二十八年丁亥
正 甲辰
二 癸酉
三 癸卯
四 壬申 經丙戌十五日
五 壬戌
閏 辛未 ○大衍歷閏三月癸酉朔古歷閏二月
六 辛丑
七大 庚午 經癸巳二十四日
八大 庚子
九 庚午

十 己亥
十一 己巳
十二 戊戌

昭二十九年戊子
正 戊辰
二 丁酉
三 丁卯 傳己卯十三日
四 丙申 經庚子初五日
五 丙寅 傳庚寅二十五日
六 乙未
七 乙丑
八 甲午
九 甲子
十大 癸巳

十一大 癸亥
十二 癸巳

昭三十年己丑
正 壬戌
二 壬辰
三 辛酉
四 辛卯
五 庚申
閏 庚寅 ○大衍曆閏十二月丁巳朔古曆閏十一月
六 己未 經庚辰二十一日
七 己丑
八 戊午
九 戊子

十 丁巳
十一 丁亥
十二 丙辰 傳己卯二十四日

昭三十一年庚寅
正 丙戌
二大 乙卯
三大 乙酉
四 乙卯 經丁巳初三日
五 甲申
六 甲寅
七 癸未
八 癸丑
九 壬午
十 壬子 傳庚午十九日

十一 辛巳
十二 辛亥 經辛亥朔日食
○經十有二月辛亥朔日有食之大衍歷同郭氏亦云是月辛亥朔交分二十六日六千一百二十八分入食限

昭三十二年辛卯
正 庚辰
二 庚戌
三 己卯
四 己酉
五大 戊寅
六大 戊申
七 戊寅
八 丁未
九 丁丑
十 丙午

十一　丙子　傳乙丑十四日

十二　乙巳　經己未十五日

春秋長歷卷八

歷編六

定元年壬辰

正　乙亥　傳辛巳初七日　庚寅十六日

二　甲辰

三　甲戌

四　癸卯

五　癸酉

六　壬寅　經癸亥二十二日　傳戊辰二十七日

七　壬申　傳癸巳二十二日

八　辛丑

文淵閣本閏在八月

九　辛未

十大　庚子

十一大　庚午

十二　庚子

○大衍歷是年閏八月古歷閏七月杜閏在明年

定二年癸巳

正　己巳

二　己亥

三　戊辰

四　戊戌　傳辛酉二十四日　大衍歷四月大丁卯朔經五月壬辰在此月

五　丁卯　經壬辰二十六日

閏　丁酉

六　丙寅

七　丙申

八　乙丑

九　乙未

十　甲子
十一　甲午
十二　癸亥

定三年甲午
正　癸巳
二大　壬戌　經辛卯三十日
三大　壬辰
四　壬戌
五　辛卯
六　辛酉
七　庚寅
八　庚申
九　己丑
十　己未

十一　戊子
十二　戊午

定四年乙未
正　丁亥
二　丁巳　經癸巳二月癸巳陳侯吳卒杜氏云癸巳正月七日書二月從赴
三　丙戌
四　丙辰　經庚辰二十五日
五大　乙酉
六大　乙卯
七　乙酉
閏　甲寅　〇大衍歷閏四月古歷亦同
八　甲申
九　癸丑

十 癸未

十一 壬子 經庚午十九日 庚辰二十九日 傳己卯二十八日

十二 壬午

定五年丙申

正大 辛亥

二大 辛巳

三 辛亥 經辛亥朔日食

四 庚辰

五 庚戌

六 己卯 經丙申十八日

七 己酉 經壬子初四日

八 戊寅

九 戊申 傳乙亥二十八日

十 丁丑 傳丁亥十一日 己丑十三日 庚寅十四日

十一 丁未

十二 丙子

○經書春王正月辛亥朔日有食之大衍歷同郭氏亦云三月辛亥朔交分十四日三百三十四分入食限

定六年丁酉

正 丙午 經癸亥十八日

二 乙亥

三 乙巳

四 甲戌 傳己丑十六日

五 甲辰

六 癸酉

七 癸卯

八 壬申

九 壬寅

十 辛未

文淵閣本長曆上有相字

十一 辛丑

十二 庚午

○古歷是年閏十二月杜閏在八年二月

定七年戊戌

正 庚子 ○大衍歷正月大庚子朔己巳冬至三統歷正月己巳朔冬至殷歷庚午朔

二大 己巳

三大 己亥

四 己巳

五 戊戌

六 戊辰

七 丁酉

八 丁卯

九 丙申

十 丙寅

十一 乙未 傳戊午二十四日

十二 乙丑 傳己巳初五日

○大衍歷是年閏正月小庚午朔杜歷閏明年二

月

定八年己亥

正 甲午

二 甲子 傳己丑二十六日 辛卯二十九日

閏 癸巳

三 癸亥

四大 壬辰

五大 壬戌

六 壬辰

七 辛酉 經戊辰初八日

八 辛卯

九 庚申

十　庚寅　傳辛卯初二日　壬辰初三日　癸巳初四日

十一　己未

十二　己丑

定九年庚子

正　戊午

二　戊子

三　丁巳

四　丁亥　經戊申二十二日

五　丙辰

六　丙戌

七　乙卯

八　乙酉

九大　甲寅

十大　甲申

十一　甲寅

十二　癸未　○大衍曆是年閏十月古曆閏九月杜閏明年六月

定十年辛丑

正　癸丑

二　壬午

三　壬子

四　辛巳

五　辛亥

六　庚辰

閏　庚戌　○此閏可置上年末

七　己卯

八　己酉

九　戊寅

十　戊申
十一　丁丑
十二　丁未

定十一年壬寅
正　丁丑
二　丙午
三　丙子
四　乙巳
五　乙亥
六　甲辰
七　甲戌
八　癸卯
九　癸酉
十　壬寅

十一　壬申
十二　辛丑

定十二年癸卯
正　辛未
二　庚子
三　庚午
四大　己亥
五大　己巳
六　己亥
七　戊辰
八　戊戌
九　丁卯
十　丁酉　經癸亥二十七日

十一　丙寅　經丙寅朔日食
閏　丙申　○大衍歷閏七月小戊戌朔古歷閏六月
十二　乙丑
○經十有一月丙寅朔日有食之大衍歷十月丙寅朔日食非十一月也經癸亥在九月郭氏亦云今歷推之是年十月丙寅朔加時在晝交分十四日二千六百二十二分入食限失一閏也
按閏在日食後自然以十月丙寅朔爲十一月也

定十三年甲辰
正　乙未
二　甲子
三　甲午
四　癸亥
五　癸巳
六　壬戌
七　壬辰
八大　辛酉
九大　辛卯
十　辛酉

十一　庚寅　傳丁未十八日
十二　庚申　傳辛未十二日

定十四年乙巳
正　己丑
二　己未　經辛巳二十三日
三　戊子
四　戊午
五　丁亥
六　丁巳
七　丙戌
八　丙辰
九　乙酉
十　乙卯

十一大　甲申
十二大　甲寅
○杜歷是年閏十二月今移明年二月以均前後

定十五年丙午
正　甲申
閏　癸丑　○大衍歷閏三月古歷閏二月
二　癸未　經辛丑十九日
三　壬子
四　壬午
五　辛亥　經辛亥即朔日　壬申二十二日
六　辛巳
七　庚戌　經壬申二十三日
八　庚辰　經庚辰朔日食
九　己酉　經丁巳初九日　戊午初十日

十　己卯　經辛巳初三日　杜氏以經辛巳蒙上九月實十月也有日而無月
十一　戊申
十二　戊寅
○經八月庚辰朔日有食之大衍歷同郭氏亦云是月庚辰朔交分十三日七千六百八十五分入食限
○大衍歷正月小甲申朔二十八日辛亥冬至經辛丑在此月閏三月大壬子朔五月辛亥朔八月庚辰朔九月己酉朔經辛巳在十月初三日

哀元年丁未
正　丁未
二　丁丑
三大　丙午
四大　丙子　經辛巳初六日
五　丙午
六　乙亥
七　乙巳
八　甲戌
九　甲辰
十　癸酉

十一 癸卯
十二 壬申

哀二年戊申
正 壬寅
二 辛未 經癸巳二十三日
三 辛丑
四 庚午 經丙子初七日
五 庚子
六大 己巳 傳乙酉十七日
七大 己亥
八 己巳 經甲戌初六日
九 戊戌
十 戊辰

十一 丁酉
閏 丁卯 ○大衍歷是年亦閏十一月古歷皆合
十二 丙申

哀三年己酉
正 丙寅
二 乙未
三 乙丑
四 甲午 經甲午即朔日
五 甲子 經辛卯二十八日
六 癸巳 傳癸卯十一日
七 癸亥 經丙子十四日
八 壬辰
九 壬戌
十大 辛卯 經癸卯十三日 傳癸丑二十三日

十一大 辛酉
十二 辛卯

哀四年庚戌
正 庚申
二 庚寅 經庚戌二十一日
三 己未
四 己丑
五 戊午
六 戊子 經辛丑十四日
七 丁巳 傳庚午十四日
八 丁亥 經甲寅二十八日
九 丙辰
十 丙戌

十一 乙卯
十二 乙酉

哀五年辛亥
正 甲寅
二 甲申
三大 癸丑
四大 癸未
五 癸丑
六 壬午
七 壬子
八 辛巳
九 辛亥 經癸酉二十三日
十 庚辰

閏 庚戌 ○大衍歷是年閏八月古歷閏七月
十一 己卯
十二 己酉
○經書冬叔還如齊閏月葬齊景公
按經閏月書于冬後上間叔還如齊一事下文
無紀則閏月未知何月疑亦是閏在年末也杜
閏十月未知何據
○大衍歷閏八月小辛巳朔經癸酉在閏月

哀六年壬子
正 戊寅
二 戊申
三 丁丑
四 丁未
五大 丙子
六大 丙午 傳戊辰二十三日
七 丙子 經庚寅十五日
八 乙巳
九 乙亥
十 甲辰 傳丁卯二十四日

十一 甲戌
十二 癸卯

哀七年癸丑
正 癸酉
二 壬寅
三 壬申
四 辛丑
五 辛未
六 庚子
七 庚午
八 己亥 經己酉十一日
九 己巳
十大 戊戌

十一大　戊辰
十二　戊戌
閏　丁卯　○此閏可置明年

哀八年甲寅
正　丁酉
二　丙寅
三　丙申
四　乙丑
五　乙未
六　甲子
七　甲午
八　癸亥
九　癸巳
十　壬戌

十一　壬辰
十二大　辛酉　經癸亥初三日
○大衍歷是年閏五月古歷閏四月杜歷閏在上
年

哀九年乙卯
正大　辛卯
二　辛酉　傳甲戌十四日
三　庚寅
四　庚申
五　己丑
六　己未
七　戊子
八　戊午
九　丁亥
十　丁巳

十一 丙戌
十二 丙辰

哀十年丙辰
正 乙酉
二 乙卯
三 甲申 經戊戌十五日
四 甲寅
五大 癸未
閏大 癸丑 ○古曆閏十二月大衍曆閏明年正月則此閏可徵年末
六 癸未
七 壬子
八 壬午
九 辛亥

十 辛巳
十一 庚戌
十二 庚辰

哀十一年丁巳
正 己酉
二 己卯
三 戊申
四 戊寅
五 丁未 經甲戌二十八日 傳壬申二十五日
六 丁丑
七 戊午 經辛酉十六日
八 丙子
九大 乙巳
十大 乙亥

十一　乙巳
十二　甲戌
○大衍歷是年閏正月

哀十二年戊午
正　甲辰
二　癸酉
三　癸卯
四　壬申
五　壬寅　經甲辰初三日
六　辛未
七　辛丑
八　庚午
九　庚子
十　己巳

十一　己亥
十二大　戊辰　傳丙申二十九日
○傳冬十二月螽季孫問諸仲尼仲尼曰丘聞之火伏而後蟄者畢今火猶西流司歷過也　杜氏云周之十二月今之十月是歲應置閏而失不置雖十二月實今之九月司歷誤一月九月之初尙溫故得有螽又曰火猶西流言未盡沒知是九月釋例論之備孔氏云季孫雖聞仲尼之言猶不即改至明年十二月復螽始于十四年春置閏欲以補正時歷也傳又于十五年書閏欲明十四年之閏于法當在十二年也

按自襄二十七年至此哀十二年共六十四年杜歷置閏二十三大衍歷亦置閏二十三未嘗失一閏也而十月螽火猶西流明是天度歲差之故閏後猶未見閏前則物候多違耳補正歷閏之說皆是臆解歷頒自天子豈季孫之所得而補哉且自哀十一年至哀十五年共五年應有兩閏殊非補一閏也

哀十二年己未

正 戊戌

二 戊辰

三 丁酉

四 丁卯

五 丙申

六 丙寅 傳丙子十一日 乙酉二十日 丙戌二十一日 丁亥二十二日

七 乙未 傳辛丑初七日

八 乙丑

九 甲午

十 甲子

十一 癸巳

十二 癸亥

○大衍歷是年閏九月古歷亦同杜閏在明年

哀十四年庚申

正 壬辰

二 壬戌

閏 辛卯 ○此閏亦可置上年末

三 辛酉

四大 庚寅 經庚戌二十一日

五大 庚申 經庚申朔日食 傳壬申十三日 庚辰二十一日

六 庚寅 傳甲午初五日

七 己未

八 己丑 經辛丑十三日

九 戊午

十 戊子

十一 丁巳

十二 丁亥

○經五月庚申朔日有食之大衍歷亦同郭氏云是月庚申朔交分二十六日九千二百一分入食限

○郭氏云春秋二百四十二年間凡三十有七日食以授時歷推之惟襄公二十一年十月庚辰朔及二十四年八月癸巳朔不入食限蓋自有歷以來無比月而食之理其三十五食食皆在朔經或不書日不書朔公穀以爲食晦二者非左氏以爲

史官失之者得之其間或差一月二月者蓋由古
歷疏潤置閏失當之弊姜岌一行已有定說孔子
作春秋但因時歷以書非大義所關故不必致詳
也

哀十五年 辛酉

正 丙辰
二 丙戌
三 乙卯
四 乙酉
五 甲寅
六 甲申
七大 癸丑
八大 癸未
九 癸丑
十 壬午
十一 壬子
十二 辛巳
閏 辛亥 傳閏月

○傳冬及齊平 至 閏月良夫與太子入
按傳繫閏月于冬後相隔二事疑即十二月也
故杜歷從之然故年實不應閏由閏法失當之
故若置之明年末則前後兩閏方均孔氏以爲
傳特書閏月以明十四年之閏當在十二年者
亦非是

哀十六年 壬戌

正 庚辰 經乙卯 正月無己卯己卯在前月二十九日
二 庚戌
三 己卯
四 己酉 經己丑 杜氏云四月十八日乙丑無己丑己丑五月十二日日月必有誤
五 戊寅
六 戊申
七 丁丑
八 丁未
九 丙子
十 丙午

十一大　乙亥

十二大　乙巳

〇按此年己卯己丑兩日辰皆不合若移上年之閏于此年之末則皆合矣傳上年所書閏月或據衛事書之與魯歷不合也　上年無閏則此年正月辛亥朔二十九日得己卯四月己卯朔則十一日得己丑

哀十七年癸亥

正　乙亥

二　甲辰

三　甲戌

四　癸卯

五　癸酉

六　壬寅

七　壬申　傳己卯初八日

八　辛丑

九　辛未

十　庚子

十一　庚午　傳辛巳十二日

十二　己亥

〇自此年至哀二十七年爲左氏所附有傳無經所載日月甚略杜歷及大衍歷授時歷皆無所發明今姑據古歷推之

哀十八年甲子

正　己巳

二　戊戌

三　戊辰

四大　丁酉

五大　丁卯

六　丁酉

七　丙寅

八　丙申

九　乙丑

十　乙未

十一	甲子
十二	甲午

哀十九年乙丑

正	癸亥
二	癸巳
閏	壬戌
三	壬辰
四	辛酉
五	辛卯
六大	庚申
七大	庚寅
八	庚申
九	己丑

十	己未
十一	戊子
十二	戊午

哀二十年丙寅

正	丁亥
二	丁巳
三	丙戌
四	丙辰
五	乙酉
六	乙卯
七	甲申
八	甲寅
九	癸未
十	癸丑

十一大 壬午
十二大 壬子

哀二十一年丁卯
正 壬午
二 辛亥
三 辛巳
四 庚戌
五 庚辰
六 己酉
七 己卯
八 戊申
九 戊寅
十 丁未

十一 丁丑
閏 丙午
十二 丙子

哀二十二年戊辰
正大 乙巳
二大 乙亥
三 乙巳
四 甲戌
五 甲辰
六 癸酉
七 癸卯
八 壬申
九 壬寅
十 辛未

十一　辛丑　傳丁卯二十七日
十二　庚午

哀二十三年己巳
正　庚子
二　己巳
三　己亥
四　戊辰
五　戊戌
六大　丁卯　傳壬辰二十六日
七大　丁酉
八　丁卯
九　丙申
十　丙寅

十一　乙未
十二　乙丑

哀二十四年庚午
正　甲午
二　甲子
三　癸巳
四　癸亥
五　壬辰
六　壬戌
七　辛卯
八　辛酉
九　庚寅
十　庚申

十一大 己丑

十二大 己未

閏 己丑 ○推古歷當閏七月

○傳書二十四年夏四月之後別無日月至傳末書閏月公如越云云以下並無別傳則此閏月繫之年末可也

哀二十五年辛未

正 戊午

二 戊子

三 丁巳

四 丁亥

五 丙辰 傳庚辰二十五日

六 丙戌

七 乙卯

八 乙酉

九 甲寅

十 甲申

十一 癸丑

十二 癸未

哀二十六年壬申

正大 壬子

二大 壬午

三 壬子

四 辛巳

五 辛亥

六 庚辰

七 庚戌

八 己卯

九 己酉

十 戊寅 經辛巳初四日

十一　戊申
十二　丁丑

哀二十七年癸酉
正　丁未
二　丙子
三　丙午
四　乙亥　傳己亥二十五日
閏　乙巳
五大　甲戌
六大　甲辰
七　甲戌
八　癸卯　傳甲戌八月無甲戌甲戌在七月初一日蓋閏在年末故以七月爲八月耳
九　癸酉

十　壬寅
十一　壬申
十二　辛丑

春秋長歷序

晉　當陽侯京兆杜預元凱父著

書稱朞三百六旬有六日以閏月定四時成歲允釐百工庶績咸熙是以天子必置日官諸侯必置日御世修其業以考其術舉全數而言故曰六日其實五日四分之一日日行一度而月日行十三度十九分度之有畸日官當會集此之遲疾以考成晦朔錯綜以設閏月閏月無中氣而北斗邪指兩辰之間所以異於他月也積此以相通四時八節無違乃得成歲其微密至矣得其精微以合天道事叙而不悖故傳曰閏以正時時以作事事以厚生生民之道於是乎在然陰陽之運隨動而差差而不已遂與歷錯故仲尼丘明每於朔閏發文蓋矯正得失因以宣明歷數也桓十七年日食得朔而史闕其日單書朔僖十五年日食而史闕朔與日故傳因其得失並起時史之謬

春秋長歷集證　杜序　一　海陵叢刻　第十二種

兼以明其餘日食或歷失其正也莊二十五年經書六月辛未朔日有食之鼓用牲于社周之六月夏之四月所謂正陽之月也而時歷誤實是七月之朔非六月故傳曰非常也唯正月之朔慝未作日有食之於是乎用幣于社伐鼓于朝此非用幣伐鼓常月因變而起歷誤也文十五年經文皆同而更復發傳曰非禮明前傳欲以審正陽之月後傳發例欲以明諸侯之禮也此乃聖賢之微旨先儒所未喻也昭十七年夏六月日有食之而平子言非正陽之月以誣一朝近於指鹿爲馬故傳曰不君君且因以明此月爲得天正也劉子駿造三統歷以修春秋春秋日食有甲乙者三十四而三統歷唯一食歷術此諸家既最疎又六百餘歲輒益一日凡歲當累日爲次而無故益之此不可行之甚者班固前代名儒而謂之最密非徒班固也自古以來諸論春秋者多述謬誤或造家術或用黃帝以來諸歷以推經傳朔日皆不得

諸合日食於朔此乃天驗經傳文書其朔食可謂得天而劉賈諸儒說皆以爲月二日或三日公違聖人明文其蔽在于守一元不與天消息也余感春秋之事嘗著歷論極言歷之通理其大指曰天行不息日月星辰各運其舍皆動物也物動則不一雖行度大量可得而限累日爲月以新故相序不得不有毫毛之差此自然理也故春秋日有頻月而食者曠年不食者理不得一而筭守恒數故歷無不有差失也始失於毫毛而尚未可覺積而成多以失弦望朔晦則不得不改憲以從之書所謂欽若昊天歷象日月星辰易所謂治歷明時言當順天以求合非爲合以驗天者也推此論之春秋二百餘年其治歷變通多矣雖數術絕滅還尋經傳微旨大量可知時之違謬則經傳有驗學者固當曲循經傳月日日之食以考朔晦也以推時驗而皆不然各據其學以推春秋此無異度已之迹而欲削他人之足也余爲歷論之後

春秋長歷集證　杜序　二　海陵叢刻　第十二種

至咸寧中善筭李脩卜夏顯依論體爲術名乾度歷表上朝廷其術合日行四分之數而微增月行用三百歲改憲之意二元相推七十餘歲承以强弱强弱之差蓋少而適足以遠通盈縮時尚書及史官以乾度與太始歷參校古今記注乾度歷殊勝今其術具存時又並考古今十歷以驗春秋知三統歷之最疎也今具列其時得失之數又據經傳微旨證據及失閏旨考日辰朔晦以相發明爲經傳長歷諸經傳證據及失閏時文字謬誤皆甄發之雖未必得天蓋春秋當時之歷也學者覽焉

春秋長厯卷九

隱元年　長厯退兩月譜自隱元年至僖五年止

正　　庚辰

二大　己酉

三大　己卯

四　　己酉

五　　戊寅　傳辛丑二十四日

六　　戊申

七　　丁丑

八　　丁未

九　　丙子

十　　丙午　傳庚申十五日

十一　乙亥

十二　乙巳

〇杜氏云隱元年正月辛巳朔大衍歷正月辛亥朔初十日庚申冬至程氏云自三統至欽天推隱元年正月朔或辛亥或庚戌或壬子覘大衍歷前後差一日以傳五月辛丑十月庚申考之則正月朔非辛亥故始遷就以辛巳爲朔若從辛巳則冬至不在正月意者差閏只在今年而杜氏考之不詳耳

按隱元年正月朔推古歷當得庚戌而杜氏以爲辛巳辛巳實上年十二月也杜以隱元之前失閏故推勘經傳皆不合乃借前一月辛巳爲隱元之正月朔而後合于五月之辛丑十月之庚申反二年十二月之乙卯三年二月之乙巳十二月之癸未五年十二月之辛巳六年五月之辛酉庚申七年七月之庚申與十二月之壬申辛巳然與二年八月之庚辰三年十二月之庚戌四年二月之戊申又不合也杜氏以爲合者多而不合者少故後其多者而皆先一月以就之然與隱三年之二月己巳日食桓三年之七月壬辰朔日食及僖五年之九月戊申朔皆

不合愚謂考歷以日食爲主後之推歷者皆能上溯而得之非如日月之干支可諉之爲傳寫之訛也若從杜歷則日食之不合者皆推不去矣因思隱元之前非失一閏乃多一閏耳莫如退一月以就之古歷隱元正月朔庚戌二月朔庚辰今退一月以庚辰爲正朔比杜氏辛巳朔實後兩月也則日食之不合者無不合而其中干支之或合或不合者亦與杜歷等殊爲得之

又按既退一月則冬至常在十二月與杜歷先一月則冬至常在二月等皆不免遷就之患然推至僖五年以後則冬至皆在正月矣

宋趙子常名汸所著春秋屬辭內有日月差謬一條細開杜氏長歷及唐大衍歷日月異同與合朔日食經傳不同處頗稱詳密今逐年錄入以備參考但杜長歷久失傳而唐書大衍歷亦未載春秋歷考不知趙氏何本也豈別有所據耶

隱二年庚申

正 甲戌
二 甲辰
三 癸酉
四 癸卯
五大 壬申
六大 壬寅
七 壬申
八 辛丑 經庚辰 杜氏云八月無庚辰庚辰七月九日
九 辛未
十 庚子
十一 庚午
十二 己亥 經乙卯十七日
閏 己巳 ○杜氏云閏月庚午朔大衍歷閏十一月推古歷亦同

隱三年辛酉

正 戊戌
二 戊辰 經己巳日食己巳初二日
三 丁酉 經庚戌十四日 傳壬戌二十六日
四 丁卯 經辛卯二十五日
五 丙申
六 丙寅
七 乙未
八 乙丑 經庚辰十六日
九大 甲午
十大 甲子

十一 甲午

十二 癸亥 經癸未二十一日 傳庚戌十八日

○經書二月己巳日食杜氏云不書朔官失之穀梁云言日不言朔食晦日也朔日並不言食二日也姜岌校春秋日食云是歲二月己亥朔無己巳似失一閏三月己巳朔去交分入食限大衍與姜氏合郭守敬授時歷云是歲三月己巳朔加時在晝去交分二十六日六千六百三十一入食限

按古歷三月當戊辰朔二日得己巳此退一月算則二月即戊辰朔也己巳日食在二日杜歷得己巳則先一月故耳姜氏等所推三月己巳日食從定朔也

大衍歷三月小己巳朔經三月庚戌在四月四月辛卯在五月八月大丙申朔經八月庚辰在九月十二月大甲午朔經十二月癸未在明年正月此以大衍歷法推春秋故多不合

隱四年壬戌

正 癸巳 經戊申

二 壬戌

三 壬辰

四 辛酉

五 辛卯

六 庚申

七 庚寅

八 己未

九 己丑

十 戊午

十一 戊子

十二 丁巳

○杜氏曰二月戊申在三月十七日有日而無月蓋以上年十二月有癸未則此年二月無戊申戊申書衛事不蒙上文二月莒人伐杞故曰有日而無月

隱五年癸亥
正 丁亥
二大 丙辰
三大 丙戌
四 丙辰
五 乙酉
六 乙卯
七 甲申
八 甲寅
九 癸未
十 癸丑

十一 壬午
十二 壬子 經辛巳閏月朔 杜氏云二十九日蓋前一月算故
閏 辛巳 ○大衍歷閏八月杜歷閏十二月今從之

隱六年
正 辛亥
二 庚辰
三 庚戌
四大 己卯
五大 己酉 經辛酉十三 傳庚申十二
六 己卯
七 戊申
八 戊寅
九 丁未
十 丁丑

十一 丙午
十二 丙子

隱七年
正 乙巳
二 乙亥
三 甲辰
四 甲戌
五 癸卯
六 癸酉
七 壬寅 傳庚申十八日
八 壬申
九大 辛丑
十大 辛未

十一 辛丑
十二 庚午 傳壬申初三日 辛巳十二日
閏 庚子 〇大衍閏下年四月古歷亦然今從杜
歷

文瀾閣本特此作杜元凱曰

隱八年
正 己巳
二 己亥
三 戊辰 經庚寅二十三日
四 戊戌 傳甲辰初七日 辛亥十四日 甲寅十七日
五 丁卯
六 丁酉 經己亥初三日 辛亥十五日
七 丙寅 經庚午初五日
八 丙申 傳丙戌在七月
九 乙丑 經辛卯二十七日
十 乙未

十一大 甲子
十二大 甲午
〇杜氏云八月丙戌誤上有七月庚午下有九月辛卯則八月不得有丙戌丙戌在七月二十日或九月二十一日紀鄭事也
〇大衍歷此年閏四月五月小己亥朔經六月己亥辛亥在此月六月大戊辰朔經七月庚午在此月八月大丁卯朔經九月辛卯在此月此自以其定閏定朔推之故不與春秋歷相合也下皆倣此

隱九年丁卯

正 甲子
二 癸巳
三 癸亥 經癸酉十一日 庚辰十八日
四 壬辰
五 壬戌
六 辛卯
七 辛酉
八 庚寅
九 庚申
十 己丑

閏 己未
十一 戊子 傳甲寅二十七日
十二 戊午

○按古歷此年不應食大衍歷亦不閏杜氏置閏于十月以合于十一月之甲寅也此以前皆先一月今補一閏則月皆從其本朔

○大衍歷三月小甲午朔經癸酉庚辰在四月

隱十年戊辰

正 丁亥 傳癸丑二十七日
二 丁巳
三大 丙戌
四大 丙辰
五 丙戌
六 乙卯 經壬戌初八日 辛未十七日 辛巳二十七日 傳戊申誤庚午十六日 庚辰二十六日
七 乙酉 傳庚寅初六日
八 甲寅 傳壬戌初九日 癸亥初十日
九 甲申 傳戊寅杜云九月無戊寅戊寅在八月
十 辛丑 經壬午三十日

十一 癸未
十二 壬子

○傳六月戊申杜氏云六月無戊申戊申五月二十二日

○按此年爲一章之終當閏十二月大衍歷閏在下年正月杜歷不閏而置之桓元年之末以從經傳日月不論章法矣通春秋一書皆然前後推移終不越乎章部之外故遂年閏法雖多隨杜之遷就而仍考古章部以稽其得失其太踈太密者亦按法損益之亦不必盡從杜氏其大衍歷雖與春秋不合然其歷與章部之法稍近故並附記之

隱十一年己巳

正 壬午

二 辛亥

三 辛巳

四 庚戌

五 庚辰 傳甲辰二十五日

六 己酉

七 己卯 經壬午初四日 傳庚辰初二日

八大 戊申

九大 戊寅

十 戊申 傳壬戌十六日

十一 丁丑 經壬辰十六日

十二 丁未

○大衍歷閏正月七月大庚戌朔十一月大戊申
朔

桓元年庚午

正 丙子

二 丙午

三 乙亥

四 乙巳 經丁未初三日

五 甲戌

六 甲辰

七 癸酉

八 癸卯

九 壬申

十 壬寅

十一大 辛未

十二大 辛丑

閏 辛未

○杜歷此年及桓七年皆閏十二月兩閏相去六
年若于中桓四年補一閏率則三年一閏也說見
桓五年

○大衍歷四月大丙子朔經丁未在五月

桓二年辛未

正 庚子 經戊申初九日

二 庚午

三 己亥

四 己巳 經戊申杜云戊申在五月初十日

五 戊戌

六 戊辰

七 丁酉

八 丁卯

九 丙申

十 丙寅

十一 乙未

十二 乙丑

○大衍歷四月大庚午朔經戊申在五月是年閏九月推古歷亦當閏九月杜以上年既閏故此年不閏然則桓四年之一閏不可少也

桓三年壬申

正 甲午

二 甲子

三大 癸巳

四大 癸亥

五 癸巳

六 壬戌

七 壬辰 經壬辰朔日食

八 辛酉

九 辛卯

十 庚申

十一 庚寅

十二 己未

○經書七月壬辰朔日有食之既姜氏以是歲七月癸亥朔無壬辰亦失閏其八月壬辰朔去交分入食限大衍與姜氏合郭氏亦云是歲八月壬辰朔加時在晝食六分十四秒

按自隱三年二月己巳日食至此年七月壬辰朔日食相距一百四十一月大衍與古歷合但前後皆後一月耳則以其歷法之不同也今日食在七月與經合

桓四年癸酉

正 己丑
二 戊午
三 戊子
四 丁巳
五 丁亥
六大 丙辰
七大 丙戌
八 丙辰
九 乙酉
十 乙卯

十一 甲申
十二 甲寅
補閏 癸未

桓五年甲戌

正 癸丑 經甲戌己丑甲戌二十二日己丑從赴
二 壬午
三 壬子
四 辛巳
五 辛亥
六 庚辰
七 庚戌
八 己卯
九 己酉
十 戊寅

十一 戊申
十二 戊寅

○經書正月甲戌己丑陳侯鮑卒杜氏云甲戌前年十二月二十一日己丑此年正月六日陳亂故再赴

按杜氏自桓元年閏十二月至桓七年始復閏十二月相去凡六年其中必失一閏若以此年正月爲甲申朔六日得己丑無甲戌則次年八月之壬午九月之丁卯七年二月之己亥皆不合愚于前年補閏十二月爲癸未朔此年正月癸丑朔二十二日得甲戌其己丑爲再赴之誤

不必辨則六年七年之月日皆合矣似爲得之
○大衍歷是年閏六月推古歷亦同今從杜歷置
桓七年末　正月小乙卯朔己卯日冬至經己丑
在二月

桓六年乙亥
正　丁未
二　丁丑
三　丙午
四　丙子
五　乙巳
六　乙亥
七　甲辰
八　甲戌　經壬午初九日
九　癸卯　經丁卯二十五日
十　癸酉

十一　壬寅
十二　壬申

○大衍歷八月大乙巳朔九月小乙亥朔

桓七年丙子
正　辛丑
二　辛未　經己亥二十九日　大衍歷二月大壬寅朔經己亥在三月
三大　庚子
四大　庚午
五　庚子
六　己巳
七　己亥
八　戊辰
九　戊戌
十　丁卯

文淵閣本大衍曆下有一置字

十一 丁酉

十二 丙寅

閏 丙申 ○大衍曆閏在明年三月今從杜曆閏此年末

桓八年丁丑

正 乙丑 經己卯十五日

二 乙未

三 甲子

四 甲午

五大 癸亥 經丁丑十五日 大衍曆五月小己未朔經丁丑在六月

六大 癸巳

七 癸亥

八 壬辰

九 壬戌

十 辛卯

十一 辛酉

十二 庚寅 ○大衍曆是年閏三月推古曆當閏二月今從杜曆

春秋長曆集證 卷九 曆存 二十二 海陵叢刻 第十二種

桓九年戊寅

正 庚申

二 己丑

三 己未

四 戊子

五 戊午

六 丁亥

七 丁巳

八 丙戌

九 丙辰

十大 乙酉

十一大 乙卯

十二 乙酉

桓十年己卯

正 甲寅 經庚申初七日

二 甲申

三 癸丑

四 癸未

五 壬子

六 壬午

七 辛亥

八 辛巳

九 庚戌

十 庚辰

十一 己酉

十二 己卯 經丙午二十八日

閏大 戊申

○大衍歷正月大己酉朔乙巳日冬至經庚申在二月

○大衍歷是年閏十一月推古歷亦然杜歷置閏于下年正月今于是年十二月閏以合三年一閏之數

桓十一年庚辰

正大 戊寅

二 戊申

三 丁丑

四 丁未

五 丙子 經癸未初八日

六 丙午

七 乙亥

八 乙巳

九 甲戌 傳丁亥廿四日 己亥二十六日

十 甲辰

十一 癸酉
十二 癸卯

桓十二年辛巳
正 壬申
二 壬寅
三 辛未
四 辛丑
五大 庚午
六大 庚子 經壬寅初三日
七 庚午 經丁亥十三日
八 己亥 經壬辰杜氏云八月無壬辰壬辰在七月二十三日
九 己巳
十 戊戌

十一 戊辰 經丙戌十九日
十二 丁酉 經丁未十一日
閏 丁卯
○杜歷置閏于下年正月然于經傳日月無據今置此年之末
○大衍歷六月大辛未朔經壬寅在七月七月小辛丑朔經丁亥在八月十一月小己亥朔經丙戌在十月十二月大戊辰朔經丁未在十一月

桓十三年壬午
正 丙申
二 丙寅 經己巳初四日
三 乙未
四 乙丑
五 甲午
六 甲子
七 癸巳
八 癸亥
九大 壬辰
十大 壬戌

十一　壬辰
十二　辛酉
○大衍歷是年閏七月推古歷亦同今置上年末

桓十四年癸未
正　辛卯
二　庚申
三　庚寅
四　己未
五　己丑
六　戊午
七　戊子
八　丁巳　經壬申十六日　乙亥十九日
九　丁亥
十　丙辰

十一　丙戌
十二大　乙卯　經丁巳初三日
○大衍歷八月大戊子朔經壬申乙亥在九月十二月大丙戌朔經丁巳在十一月朔或明年正月初二日

桓十五年甲申
正大　乙酉
二　乙卯
三　甲申　經乙未十二日
四　甲寅　經己巳十六日
五　癸未
六　癸丑　傳乙亥二十三日
七　壬午
八　壬子
九　辛巳
十　辛亥

十一　庚辰
十二　庚戌
閏　己卯
○大衍歷正月丙辰朔三月大乙卯朔經乙未在
四月四月小乙酉朔經己巳在五月
○杜歷閏在明年六月恐太疎今置此年末以成
三年一閏之例且于經傳日月無碍

桓十六年乙酉
正　己酉
二　戊寅
三　戊申
四大　丁丑
五大　丁未
六　丁丑
七　丙午
八　丙子
九　乙巳
十　乙亥

十一　甲辰
十二　甲戌
○大衍歷是年閏四月古歷亦閏四月今已置上
年末

桓十七年丙戌
正　癸卯　經丙辰十四日
二　癸酉　經丙午誤
三　壬寅
四　壬申
五　辛丑　經丙午初六日
六　辛未　經丁丑初七日
七大　庚子
八大　庚午　經癸巳二十四日
九　庚子
十　己巳　經日食書朔不書日

十一　己亥

十二　戊辰

○經二月丙午杜氏云二月無丙午丙午三月四日也日月必有誤蓋據五月有丙午六月有丁丑則丙午不在二月而在三月可知其云初四日者以三月朔爲癸卯也　或丙子誤丙午

○經冬十月朔日有食之左氏云不書日官失之大衍推得十一月庚午朔日食失閏也郭氏云是年十一月（不言日）加時在晝交分二十六日八千五百六十分入食限　按庚午爲八月朔已前兩月奕十月初二日得庚午或食在二日也然與經朔字不合

按自桓三年七月壬辰朔日食至此年十月庚午日食推古歷相距一百七十六月大衍亦同杜歷少一月則知前桓四年一閏不可不補也

○大衍歷正月小乙亥朔壬午日冬至經丙辰在二月五月小癸酉朔經丙午在六月六月大壬寅朔經丁丑在七月八月大辛丑朔經癸巳在九月十月大庚子朔日食在十一月庚午朔

桓十八年（丁亥）

正　戊戌

二　丁卯

三　丁酉

四　丙寅　經丙子（十一日）　丁酉（入五月）

五　丙申　經丁酉（杜氏云丁酉五月初二日有日而無月不蒙上夏四月之文也）

六　乙丑

七　乙未　傳戊戌（初四日）

八　甲子

九　甲午

十　癸亥

十一　癸巳

十二大　壬戌　經己丑（二十八日）

○大衍歷四月大丁酉朔經丙子在五月丁酉在六月十二月大癸巳朔經己丑在十一月二十六日

按章法桓十八年當閏十二月今省之以就杜歷

上海圖書館本有曆存二字為一行今補入

春秋長曆卷十

曆存

莊元年戊子

正大 壬辰

二 壬戌

三 辛卯

四 辛酉

五 庚寅

六 庚申

七 己丑

八 己未

九 戊子

十 戊午 經乙亥十八日

十一 丁亥

十二 丁巳

閏 丙戌 大衍歷閏正月杜歷閏十月今置年末與經傳日月無礙

莊二年己丑

正 丙辰

二 乙酉

三 乙卯

四大 甲申

五大 甲寅

六 甲申

七 癸丑

八 癸未

九 壬子

十 壬午

十一 辛亥

十二 辛巳 經乙酉初五日

〇大衍歷十二月大壬子朔經乙酉在十一月

之閏閏在作是年置閏九月

莊三年庚寅
正　庚戌
二　庚辰
三　己酉
四　己卯
五　戊申
六　戊寅
七大　丁未
八大　丁丑
九　丁未
十　丙子

十一　丙午
十二　乙亥
閏　乙巳
○大衍曆是年閏九月推古曆亦同杜曆置明年四月似無據今置此年之末

莊四年辛卯
正　甲戌
二　甲辰
三　癸酉
四　癸卯
五　壬申
六　壬寅　經乙丑二十四日
七　辛未
八　辛丑
九　庚午
十　庚子

十一小　己巳
十二大　己亥
○大衍曆六月大癸酉朔經乙丑在七月

莊五年壬辰

正	己巳
二	戊戌
三	戊辰
四	丁酉
五	丁卯
六	丙申
七	丙寅
八	乙未
九	乙丑
十	甲午
十一	甲子
十二	癸巳

莊六年癸巳

正	癸亥
二大	壬辰
三大	壬戌
四	壬辰
五	辛酉
六	辛卯
七	庚申
八	庚寅
九	己未
十	己丑
十一	戊午
十二	戊子

○大衍歷是年閏五月推古歷亦當閏六月杜歷置此閏于明年四月後以合于前四月之辛卯去莊四年四月閏凡三十六月其後莊九年閏八月相去僅二十八月莊十一年閏三月相去僅十八月莊十四年閏五月相去又三十八月莊十七年閏六月相去又三十七月此十四年間凡五閏皆疏數無定準惟推勘經傳日月之上下而置之若按三年一閏五年再閏之例互爲易置或置之年末則與經傳日月皆不合今姑從杜歷以俟考歷

者訂爲

莊七年甲午

正 丁巳

二 丁亥

三 丙辰

四 丙戌 經辛卯初六日 杜曆是月丁亥朔辛卯初五日

閏 乙卯

五 乙酉

六大 甲寅

七大 甲申

八 甲寅

九 癸未

十 癸丑

十一 壬午

十二 壬子

莊八年乙未

正 辛巳 經甲午十四日

二 辛亥

三 庚辰

四 庚戌

五 己卯

六 己酉

七 戊寅

八 戊申

九 丁丑

十 丁未

十一大　丙子　經癸未初八日
十二大　丙午
○大衍歷是年正月大壬子朔己巳日冬至經甲午在二月十一月小戊申朔經癸未在十二月

莊九年丙申
正　丙子
二　乙巳
三　乙亥
四　甲辰
五　甲戌
六　癸卯
七　癸酉　經丁酉二十五日
八　壬寅　經庚申十九日
閏　壬申　○大衍歷是年閏三月推古歷閏二月今杜歷閏八月
九　辛丑

十　辛未
十一　庚子
十二　庚午

莊十年丁酉
正大　己酉
二大　己巳
三　己亥
四　戊辰
五　戊戌
六　丁卯
七　丁酉
八　丙寅
九　丙申
十　乙丑

十一 乙未

十二 甲子

莊十一年戊戌

正 甲午

二 癸亥

三 癸巳

四 壬戌

閏 壬辰 ○大衍曆是年閏十一月推古曆亦同今杜曆閏四月

五大 辛酉 經戊寅十八日

六大 辛卯

七 辛酉

八 庚寅

九 庚申

十 己丑

十一 己未

十二 戊子

莊十二年己亥

正 戊午

二 丁亥

三 丁巳

四 丙戌

五 丙辰

六 乙酉

七 乙卯

八大 甲申 經甲午十一日

九大 甲寅

十 甲申

十一　癸丑
十二　癸未
○大衍歷是年八月小丙辰朔經甲午在九月

莊十三年庚子
正　壬子
二　壬午
三　辛亥
四　辛巳
五　庚戌
六　庚辰
七　己酉
八　己卯
九　戊申
十　戊寅

十一　丁未
十二　丁丑

莊十四年辛丑
正大　丙午
二大　丙子
三　丙午
四　乙亥
五　乙巳
閏　甲戌　○大衍歷閏八月推古歷閏七月今從杜歷閏五月
六　甲辰　經甲子二十一日
七　癸酉
八　癸卯
九　壬申

十 壬寅
十一 辛未
十二 辛丑

莊十五年壬寅
莊之年史臣紀事多不載甲子
正 庚午
二 庚子
三 己巳
四 己亥
五大 戊辰
六大 戊戌
七 戊辰
八 丁酉
九 丁卯
十 丙申

十一 丙寅
十二 乙未

莊十六年癸卯
正 乙丑
二 甲午
三 甲子
四 癸巳
五 癸亥
六 壬辰
七 壬戌
八大 辛卯
九大 辛酉
十 辛卯

十一　庚申
十二　庚寅

莊十七年甲辰
正　己未
二　己丑
三　戊午
四　戊子
五　丁巳
六　丁亥
閏　丙辰　○大衍歷閏四月推古歷亦同今從杜歷閏六月
七　丙戌
八　乙卯
九　乙酉

十　甲寅
十一　甲申
十二大　癸丑

莊十八年乙巳
正大　癸未
二　癸丑
三　壬午　經日食
四　壬子
五　辛巳
六　辛亥
七　庚辰
八　庚戌
九　己卯
十　己酉

十一　戊寅

十二　戊申

○經書春王三月日有食之不言日不言朔杜氏云官失之也穀梁云夜食也宋劉孝孫云三月不應食五月壬子朔入食限大衍歷推五月朔交分入食限三月不應食郭氏云三月不入食限五月壬子朔加時在晝交分入食限蓋誤五爲三

按推歷者皆云壬子食而長歷四月得壬子朔蓋必日食之前少置一閏而以四月爲三月耳郭氏云誤五爲三然五三近似而春夏不得誤也經明書春三月則非夏五月可知

沈括云春秋日食三十六歷家推驗精者不過二十六衛朴得三十五獨莊十八年三月古今筭不入食限閻百詩云是年乙巳歲二月有閏三月癸未朔未初刻合食限衛朴云不入食限者不知何說也

按三十六食中有比月而食者二從無歷家推合者衛氏何以得之莊十七年已閏十八年二月何得再閏癸未當作壬子閻說亦似有誤

莊十九年丙午

正　丁丑

二　丁未

三大　丙子

四大　丙午

五　丙子

六　乙巳　傳庚申十六日

七　乙亥

八　甲辰

九　甲戌

十　癸卯

十一　癸酉

十二　壬寅

○推古歷是年閏十二月

莊二十年丁未

正 壬申
二 辛丑
三 辛未
四 庚子
五 庚午
六 己亥
七 己巳
八大 戊戌
九大 戊辰
十 戊戌

十一 丁卯
十二 丁酉
補閏 丙寅 ○大衍曆是年閏正月今補於此說見下

○按杜歷自莊十七年閏六月至莊二十四年始閏七月凡相去八十五月不應閏法疎闊如此今推勘上下日月其十九年六月內有庚申是已而下年之五月則無辛酉七月則無戊辰至二十二年月日皆不合以是知年前失一閏也豈杜歷傳本失之耶今于此年補一閏則皆合矣

莊二十一年戊申

正 丙申
二 乙丑
三 乙未
四 甲子
五 甲午 經辛酉二十八日
六 癸亥
七 癸巳 經戊戌初六日
八 壬戌
九 壬辰
十 辛酉

十一 辛卯
十二大 庚申

莊二十二年己酉

正 大 庚寅 經癸丑二十四日

二 庚申

三 己丑

四 己未

五 戊子

六 戊午

七 丁亥 經丙申初十日 大衍歷七月大戊午朔經丙申在八月

八 丁巳

九 丙戌

十 丙辰

十一 乙酉

十二 乙卯

○大衍歷是年閏十月古歷閏九月今置下年末

莊二十三年庚戌

正 甲申

二 甲寅

三 大 癸未

四 大 癸丑

五 癸未

六 壬子 傳壬申二十日 壬申見文十七年傳註云二十四日誤

七 壬午

八 辛亥

九 辛巳

十 庚戌

十一 庚辰

十二 己酉 經甲寅初六日

閏 己卯 ○杜歷閏在下年七月今置此年之末

莊二十四年辛亥

正 戊申

二 戊寅

三 丁未

四 丁丑

五 丙午

六 丙子

七大 乙巳

八大 乙亥 經丁丑初三日 戊寅初四日

九 乙巳

十 甲戌

十一 甲辰

十二 癸酉

○杜歷是年閏七月今置上年末

莊二十五年壬子

正 癸卯

二 壬申 傳壬戌見文十七年傳莊云二月二十日

三 壬寅

四 辛未

五 辛丑 經癸丑十三日

六 庚午 經辛未朔日食

七 庚子

八 己巳

九 己亥

十大 戊辰

十一大 戊戌

十二 戊辰

○經六月辛未朔日有食之杜氏云辛未實七月朔置閏失所故致月錯

按此年日食不獨非六月朔亦非七月朔也辛未在四月朔耳若依杜歷從隱元年前一月推至此則辛未朔即六月不知杜歷何以言七月朔也但不合于僖五年之辛亥朔及戊申朔柰何

○大衍歷正月小甲戌朔戊戌日冬至五月大壬申朔六月小壬寅朔經五月癸丑在此月七月大

辛未朔日食郭氏亦云七月辛未朔加時在晝交分二十七日四百八十九入食限此二歷與杜歷所推畧同然自以其歷推春秋非春秋當日之本歷也

莊二十六年 癸丑

正 丁酉
二 丁卯
三 丙申
四 丙寅
五 乙未
六 乙丑
七 甲午
八 甲子
九 癸巳
十 癸亥

十一 壬辰
十二 壬戌 經癸亥朔日食

○經十二月癸亥朔日有食之大衍歷同郭氏亦云是年十二月癸亥朔加時在晝交分十四日三千五百五十一入食限

按癸亥在十月朔經書十二月朔疑是食二然與朔字不合若如上年辛未朔曲變之法則于此十二月即癸亥朔矣

○大衍歷于莊二十五年閏六月古歷亦同今杜閏不在二十五年而在二十八年三月不太疎乎宜于此年補一閏說見後

莊二十七年 甲寅

正 辛卯
二 辛酉
三大 庚寅
四大 庚申
五 庚寅
六 己未
七 己丑
八 戊午
九 戊子
十 丁巳

十一 丁亥
十二 丙辰

莊二十八年乙卯
正 丙戌
二 乙卯
三 乙酉 經甲寅下月朔誤
閏 甲寅
四 甲申 經丁未二十四日
五 癸丑
六 癸未
七 壬子
八 壬午
九 壬子

十 辛巳
十一 辛亥
十二 庚辰

○大衍歷是年閏二月小丙戌朔經三月甲寅在此月二十九日三月大乙卯朔經四月丁未在此月二十三日推古歷亦當閏二月按歷法也

按杜歷是年閏三月蓋欲合于前月之甲寅後月之丁未其法是矣然距前莊二十四年七月閏則太疏距後莊三十年二月閏則太密似未合古法若以甲寅日爲干支之誤姑闕所疑則移此閏于莊二十六年之末並移後閏于莊二

十九年之末庶兩閏均停合于三月一閏之例而其中又無日月乖錯之患也况經傳之日杜駁甚多何獨拘此一日乎

又按杜歷自此年至僖五年置閏者六皆疏密不等如此年之三月閏去前閏四十五月莊三十年之二月閏去前閏二十四月莊三十二年之三月閏去前閏二十六月閔二年之五月閏去前閏二十七月僖元年之十一月閏去前閏十九月僖五年之十一月閏又去前閏四十九月皆不計疏密惟推勘經傳日月而得之然其中無日月者甚多不知以何爲據若欲盡按歷

法以正之則經傳之干支率多不合故今姑仍其舊以俟參考

又按杜歷置閏惟推勘經傳上下干支故疎密不等不復依歷法愚以歷法班自天子掌之大史必有一定之法相傳已久豈容任意疎密後之人當據歷以考經不必泥經而紊歷也且推勘經傳上下文必合前後日食以推之始爲精密至于日之干支傳寫數千年不無一字偶差而左氏採各國史文豈無彼此互異惟日食乃魯史所紀聖人據之直書可以考訂歷法訛謬也

莊二十九年丙辰

正	庚戌	
二	己卯	
三	己酉	
四	戊寅	
五	戊申	
六	丁丑	
七	丁未	
八	丙子	
九	丙午	
十大	乙亥	
十一大	乙巳	
十二	乙亥	

莊三十年丁巳

正	甲辰	
二	甲戌	
閏	癸卯	
三	癸酉	
四	壬寅	傳丙辰十五日
五	壬申	
六	辛丑	
七	辛未	
八	庚子	經癸亥二十四日 大衍歷八月大辛未朔經癸亥在九月
九	庚午	經庚午朔日食

十　己亥
十一　己巳
十二　戊戌
〇經九月庚午朔日有食之大衍授時二歷皆云十月庚午朔日食非九月也然從隱元年退一月筭之則九月庚午朔日食與經合且上合于隱三年之二月己巳桓三年之七月壬辰下合于僖五年之九月戊申僖十二年之三月庚午所不合者莊二十五年之六月辛未二十六年之十二月癸亥率先兩月若曲變其法以從之則所合者又復不合未知何説也

〇大衍歷是年閏十一月古歷同杜歷閏二月可移置上年末説見莊二十八年

莊三十一年戊午
正　戊辰
二大　丁酉
三大　丁卯
四　丁酉
五　丙寅
六　丙申
七　乙丑
八　乙未
九　甲子
十　甲午
十一　癸亥
十二　癸巳

莊二十二年己未

正 壬戌

二 壬辰

三 辛酉

閏 辛卯

四大 庚申

五大 庚寅

六 庚申

七 己丑 經癸巳初五日 大衍歷七月大庚申朔經癸巳在八月

八 己未 經癸亥初五日 大衍歷八月小庚寅朔經癸亥在九月

九 戊子

十 戊午 經己未初二日 大衍歷十月小己丑朔經己未在十一月

十一 丁亥

十二 丁巳

○此年之閏可移置上年之末蓋前閏皆三年此二年一閏則疎密適均而去定閏不遠也且去後一閏不致太密益合

閔元年庚申

正 丙戌

二 丙辰

三 乙酉

四 乙卯

五 甲申

六 甲寅 經辛酉初八日 大衍歷六月大乙酉朔經辛酉在七月

七 癸未

八 癸丑

九大 壬午

十大 壬子

十一 壬午

十二 辛亥

○大衍歷是年閏八月杜歷閏于下年五月

閔二年辛酉

正 辛巳

二 庚申

三 庚辰

四 己酉

五 己卯 經乙酉初七日

閏 戊申

六 戊寅

七 丁未

八 丁丑 經辛丑二十四日 大衍歷八月大戊申朔經辛丑在九月

九 丙午

十 丙子

十一 乙巳

十二 乙亥

僖元年壬戌

正大 甲辰

二大 甲戌

三 甲辰

四 癸酉

五 癸卯

六 壬申

七 壬寅 經戊辰二十七日 大衍歷七月小癸酉朔經戊辰在八月

八 辛未

九 辛丑

十 庚午 經壬午十三日 大衍歷十月大辛酉朔經壬午在十一月

十一 庚子

閏 己巳

十二 己亥 經丁巳十九日 大衍歷空

○按杜歷于閔二年閏五月此年又閏十一月相距僅十八月至僖五年始閏十二月相距又四十九月一太密一太疎若稍移置之則與經傳日月不合矣今姑從之

僖二年癸亥

正　戊辰

二　戊戌

三大　丁卯

四大　丁酉

五　丁卯　經辛巳十五日

六　丙申

七　丙寅

八　乙未

九　乙丑

十　甲午

十一　甲子

十二　癸巳

○大衍歷是年閏五月

僖三年甲子

正　癸亥

二　壬辰

三　壬戌

四　辛卯

五　辛酉

六　庚寅

七　庚申

八大　己丑

九大　己未

十　己丑

十一　戊午

十二　戊子

僖四年乙丑

正 丁巳

二 丁亥

三 丙辰

四 丙戌

五 乙卯

六 乙酉

七 甲寅

八 甲申

九 癸丑

十 癸未

十一 壬子

十二 壬午 傳戊申二十九日

〇按古歷法以明年僖五年朔旦冬至爲歷元則此年之十二月爲一蔀之終餘分俱盡當爲閏月今杜歷無閏不知其歷元始于何年而又云日南至爲朔旦冬至歷數之所始豈以朔旦爲日出之時而不始于夜半子初耶今殊不可考

又按僖四年之前置閏太踈當置一閏于此年之末又按此年十二月爲壬午朔三十得辛亥而傳以明年正月爲辛亥朔與歷未合故借此年末日辛亥爲明年朔旦則十二月小而正月大也詳見後

本缺壹十二月壬午朔月頻大云云并三十四字今據文淵閣本補入

十二月壬午朔月頻大故有三十今借于明年正月則十二月小而明年正二兩月皆大

僖五年丙寅

正大 辛亥 傳辛亥朔日南至

二大 辛巳

三 辛亥

四 庚辰

五 庚戌

六 己卯

七 己酉

八 戊寅

九 戊申 經戊申朔日食

十 丁丑

十一　丁未

十二　丙子　傳丙子朔

○傳正月辛亥朔日南至杜氏云朔旦冬至歷數之所始治歷者因此則可以明其術數審別陰陽叙事訓民也

道光十二年六月初二日墨筆再校訖時客武林蠖廨中士琳記

跋

右儒林陳曙峯太史（名厚曜官左僉憲兼修撰阮文達國史儒林傳有傳）春秋長歷十卷爲廿泉羅茗香徵君（士琳）手斠本原書采進四庫傳刻漸稀徵君於道光戊子自爲春秋朔閏異同序略尚稱吾鄉陳泗源（亦太史字）先生曾譔春秋長歷十卷爲補杜氏而作惜未得見是此本爲徵君戊子以後所得其斠語精密當更過於爲春秋朔閏異同時予於算學粗涉崖略一行作吏此事遂廢於徵君語無能爲役惟念杜征南（預）既解春秋左氏傳又爲釋例十五卷長歷一卷其書存永樂大典中學者或未窺見（按曙峯先生亦未見杜氏書至嘉慶間孫淵如星衍莊葆琛述祖始從永樂大典錄出）先生通經邃歷所作左傳分類（長歷爲左傳分類之一）毅然補杜氏之闕而長歷則四庫書目及阮氏疇人傳江鄭堂（藩）漢學師承記皆稱於杜較密光緒間長沙王益吾祭酒（先謙）督學江蘇刊入皇清經解續編始復大著然能爲其學者尚尠今得徵君此本因歎吾郡經神歷學代有通人以遜淸論則太史開其先而徵君集其成皆於杜氏之學有大功不可謂非邦人幸付之印人以族世之明算經師證訂焉民國十二年癸亥夏歷正月三日韓國鈞識

韻史（一）

（清）何萱撰

《韻史》八十卷，清何萱撰，據上海圖書館藏民國二十五年（一九三六）上海商務印書館鉛印本影印。

何萱（一七七四—一八四一），字石間。清泰興人。松齡子。歲貢生。精音韻之學。

清代乾嘉間音韻學研究非常興盛，出現了江永、戴震、段玉裁等名家，佳作迭出，促進了傳統語言學的發展，何萱《韻史》亦於此一時期完成，因故至民國間方出版面世。此書卷首有鄭經撰家傳，吴存義序，切字簡易法，二十一字母，總目。正文爲十七部，平聲七十一韻，上聲六十六韻，去聲七十韻，入聲七十四韻。附録《何石間答吴百盉論韻史書》，金鉽後序，羅常培跋，索引。何氏自言其書收字以《説文解字》爲本，以《玉篇》《廣韻》佐之，韻部則仿玉裁十七部之説而擴之。此書體例爲每部以平、上、去、入依次爲序，每一聲首列韻目字，以下分列同韻字，每字或有反切注音，或列異體字，以下解釋其字義，有雙行小字注文，多舉《説文段注》《廣雅》等爲證，亦有《史記》《莊子》等各類典籍，作者亦有按語。每一韻又分四呼，在每一呼首字標明。此書名爲《韻書》，主要内容則爲釋義，解釋詳盡，引證豐富，故羅常培跋認爲此書價值在訓詁而不在音韻。羅氏又將此書與朱駿聲《説文通訓定聲》並列，謂『識見雖異而功力實同』，亦可見此書之價值。

（周　忠）

韻史

何萱撰著

第一册

商務印書館發行

匯之惠存
鄭肇經謹贈

韻史
何萱撰著
第一册
商務印書館發行

石閭何先生家傳

豐陽鄭經

經少爲童子師、病邇日音韻之訛、竊留意其學、而苦無師承、未窺門徑、逮李申耆師主講暨陽書院、從而受業、因請質焉、師謂今之言韻學者、以泰興何石閭先生韻史爲最、經雖未見、心竊嚮往之、今歲寄硯泰邑、即詢先生與是書、而先生已歸道山、是書則丏祁醇甫先生作序、郵寄京師矣、及得交哲嗣蓬階、攜示底稿數卷、雖未窺全帙、然見其定形正音析義、緯以四評、貫以二十一字母、分爲十七部、條例簡明、徵引賅洽、根據精覈、披覽之下、嚮所蓄疑、已昭若發矇、誠後學之津梁也、既而蓬階將修家乘、出先生行略屬經傳之、經何足以傳先生、然心儀先生久、不敢以不文辭、謹按先生名萱字石閭、號彛廬、先世歲貢生汝登公自休寧徙泰興、五傳至附貢生蒼崖公、生子五人、游庠者四、先生其第四子也、蒼崖公有至性、事二親及遠祖皆盡誠、祖

墓咸立石碣、無缺祭者、勇於赴義、邑之善舉、無不贊成、尤喜表揚節烈、烈婦洪汪氏、烈女馬十孃請旌勒石、皆命先生終其事、先生事親能得歡心、養葬盡禮、友愛昆季、中年以兄多逋負、家業盡廢、迄無怨言、雖不足時濟兄乏、徙如皋石莊、𨄔居湯氏廢圃老屋數椽、讀書課子、寒暑不輟、館穀所餘、悉以置書、宜與周嵎谷先生秉鐸泰興、耳先生名、過訪之、歸語人曰、何君家無長物、草與人齊、父子二人、一燈相對、惟積書數千卷、天水數甕、烹以餉客、予樂之、談笑忘達旦也、晚仍歸泰興、益屏棄舉業、專事根柢之學、於經史古文皆洞見本原、揭其要領、嘗謂考據家至本朝爲盛、惟書數二種、尙無完書、欲撰韻史及算鑑、與陳君東之往還商榷、東之請以算鑑任、後捷京兆、仍潛心勾股四元之學、學過勤、歿於京邸、先生慟之、曰、算鑑吾無望矣、韻史敢不卒業乎、著述繕寫、每夜篝燈四鼓乃已、閱數年始成、而目漸昏而足漸痿、蓋先生精力萃於是書、亦瘁於是書矣、書成、大興徐星伯、臨榆吳伯孟兩先生皆寓書索觀、而申

耆師尤加嘆賞、謂爲必傳、欲謀付梓而未果、醇甫先生以督學按試通州、既列蓬階冠軍、因詢是書、故寄呈是正焉、先生未冠即補弟子員、五舉優行、鄉闈屢薦不售、歲科頻列高等、比四十三始食餼、而卒以明經老、是何豐其學而歉其遇、亨其德而塞其命歟、雖然先生嘗語其子曰、遇合在天、學問在己、此可見自得者深、窮通得喪舉不足以介懷、亦既成一家言、受知宗匠、見賞名公、蓋所以不朽者、固有在也、生平與人交有終始、歿則恤其遺孤、引掖後進、必勖以正學、讀書、實事求是、不喜宋儒空疏之說、性惡釋老、于陽儒陰墨者、尤痛詆之、論難數四、必伸其說而後已、處困不受人憐、而恆急人之急、先生其今之古人歟、生乾隆甲午、卒道光辛丑、年六十八、配張孺人、繼陳孺人、皆先歿、子度、廩膳生、即與經交字蓬階者、所著韻史八十卷外、有紅露館古文十卷、尺牘一卷、詩一卷、泰興縣志稿二卷、皆未刊、創立宗譜二卷、嘉慶庚申已刊、道光丁酉復續修之、病未蕆事、今蓬階將增輯繕刊、因得覩先生行業、敬詮次

之、以志私企云、

序

音學之失傳久矣至於韻學舉世皆宗唐人孫愐或以為出自沈約者非也存義幼時先君子所校毛詩於韻叶等字悉本陸德明音釋詳加手註若某音某叶某某反某某切無不既精且核彙寫以為近今所懷以應試者既曰詩韻韻何以不遵詩擬作一編取詩之韻分之盡十七聲而止即各聲作見之字為主其餘錯見諸經者以次録之至史中所載則宋唐以前者他若楚辭漢賦下逮兩漢迄六朝人之詩旁及子集雜部各謠諺凡用韻者皆取資焉嘗有志而未逮後受業　石閶先生竊見其寢饋經史著作幾於等身而所殫精竭慮者尤在韻史一書存義嘗於執經之餘獲承

提命後宦遊京師間隔幾十餘年後乞假旋里吾師已歸道山蓮堵師兄出師所著韻史命序竊以吾師學問淵深范無涯涘存義何敢妄贊一辭然就管見而言古人論聲莫不諧以宮商角徵羽五字夫此五字者未足以盡變也蓋宮即喉音商即齶音角徵羽即舌唇齒唇音也其外有半舌半齒者則謂為頓音半齒半唇者則謂為顯音以縱定之則喉齶舌齒唇外有頓顯二音然而語音則地各不同雖以雙聲疊韻求之靡不可得若欲齊所不齊非合天下之人而同此文焉不可惟我

朝字典乃彙諸書之全集各省方音而折衷一是惜試韻不及求備亦未敢有人焉從事增之故字詳音詳而韻學獨略吾師作此書

之旨其即為此也歟存義盥讀之餘恍覩道範每一展卷猶不禁為之泣然也

受業吳存義謹序

韻史全書總目

第一部

平聲　一該韻　二経韻　三姬韻

上聲　一改韻　二痏韻　三紀韻

去聲　一戒韻　二怪韻　三記韻

入聲　一革韻　二聝韻　三棘韻　四閡韻

第二部

平聲

上聲

去聲

入聲

平聲　四高韻　五交韻　六驕韻　七澆韻

上聲　四杲韻　五絞韻　六矯韻　七皎韻

去聲　四膏韻　五教韻　六嶠韻　七皦韻

入聲　五較韻　六泆韻　七屩韻　八激韻

第三部

平聲　八鳩韻　九丩韻　十捊韻　十一臯韻

上聲　八韭韻　九赳韻　十瓠韻　十一顥韻

去聲　八究韻　九訆韻　十瘦韻　十一誥韻

入聲　九匊韻　十旭韻　十一梏韻　十二哭韻

平聲　十二膠韻

上聲　十二攪韻

去聲　十二孝韻

第四部

平聲　十三溝韻　十四芻韻　十五絇韻　十六俱韻

上聲　十三耇韻　十四黴韻　十五主韻　十六枸韻

去聲　十三冓韻　十四數韻　十五晝韻　十六屨韻

入聲　十三玨韻　十四榖韻　十五賣韻　十六挶韻

第五部

平聲　十七姑韻

上聲　十七鼓韻

去聲　十七顧韻

入聲　十七𩏑韻

平聲　十八凥韻

上聲　十八舉韻

去聲　十八據韻

入聲　十八矍韻　十九各韻　二十腳韻

第六部

平声　十九緪韻　二十厷韻　廿一兢韻　廿二穹韻

上聲　十九崩韻　二十蒸韻

去聲　十九桓韻　二十送韻　廿一孕韻

入聲　廿一革韻　廿二聝韻　廿三棘韻　廿四閡韻

第七部

廿三金韵 廿一錦韵 廿二禁韵 廿五急韵
廿四兼韵 廿二檢韵 廿三者韵 廿六跲韵
廿五緘韵 廿三減韵 廿四嗛韵 廿七袷韵
廿六弇韵 廿四感韵 廿五淦韵 廿八合韵

第八部

平聲 上聲 去聲 入聲
廿七甘韵 廿五敢韵 廿六紺韵 廿九部韵
廿八臨韵 廿六黝韵 廿七監韵 三十甲韵
廿九淹韵 廿七芟韵 廿八斂韵 三一頰韵
三十冘韵 廿八枕韵 廿九鴆韵 三二⿰衤疌韵

第九部

平聲 上聲 去聲 入聲
三一江韵 廿九孔韵 三十絳韵 三三革韵
三二公韵 三十滃韵 三一貢韵 三四職韵
三三恭韵 三一収韵 三二共韵 三五棘韵
三四躳韵 三三衆韵 三六閾韵

第十部

平聲 上聲 去聲 入聲
三五岡韵 三二骯韵 三四叜韵 三七各韵
三六光韵 三三廣韵 三五杭韻 三八亭韵

三七姜韵 三四繈韵 三六竟韵 三九腳韵
三八匡韵 三五奬韵 三七偟韵 四十矍韵

第十一部

平聲 上 去 入
三九耕韵 三六耿韵 三八諍韵 四一質韵
四十荆韵 三七儆韵 三九敬韵 四二結韵吉韵祮韵
四一冂韵 三八頴韵 四十禜韵 四三鴂韵血韵

第十二部

平聲 上 去 入
四二臤韵 三九稹韵 四一鎮韵 四四質韵

四三韓韵 四十畜韵 四二瞚韵 四五結韵
四四堅韵 四一⿱艹兩韵 四三鋻韵 四六祮韵
四五因韵 四二緊韵 四四啟韵 四七吉韵
四六均韵 四三⿰言匀韵 四五徇韵 四八鴂韵
四七淵韵 四四銍韵 四六⿰火至韵 四九血韵

第十三部

平聲 上 去 入
四八跟韵 四五詪韵 四七艮韵 五十質韵
四九罤韵 四六掍韵 四八睴韵 五一結韵吉韵祮韵
五十巾韵 四七菫韵 四九槿韵 五二鴂韵血韵

五一君韻
四八菌韻
五十據韻

第十四部
平聲 五二干韻 五三關韻 五四菅韻 五五肩韻 五六涓韻
上 四九旰韻 五十管韻 五一柬韻 五二蹇韻 五三畎韻
去 五一骭韻 五二貫韻 五三諫韻 五四見韻 五五絹韻
入 五三葛韻 五四括韻骨韻 五五訖韻訐韻叏韻 五六劌韻橘韻決韻厥韻

第十五部
平聲 五七幾韻 五八皆韻 五九睢韻 六十開韻 六一褱韻 六二歸韻
上 五四几韻 五五癸韻 五六愷韻 五七鬼韻
去 五六既韻 五七介韻 五八季韻 五九溉韻 六十禬韻 六一眷韻
入 五七訖韻 五八訐韻 五九叏韻 六十劌韻 六一橘韻 六二決韻 六三厥韻 六四葛韻 六五括韻 六六骨韻

第十六部
平聲 六三街韻 六四乖韻 六五覣韻 六六巂韻 六七規韻
上 五八解韻 五九丫韻 六十詭韻 六一頍韻 六二烓韻
去 六二懈韻 六三卦韻 六四蔆韻 六五跫韻 六六桂韻
入 六七隔韻 六八畫韻 六九毄韻 七十狊韻

第十七部
平聲 六八柯韻 六九戈韻 七十加韻 七一嬀韻
上 六三哿韻 六四果韻 六五掎韻 六六䡅韻
去 六七賀韻 六八課韻 六九駕韻 七十賜韻
入 七一隔韻 七二畫韻 七三毄韻 七四狊韻

凡十七部平聲計七十一韻上聲計六十六韻去聲計七十韻入聲計七十四韻大凡二百八十二韻其第六部第九部與第一部同入聲第十部與第五部同入聲第十一部第十三部與第十二部同入聲第十四部與十五部同入聲第十七部與十六部同入聲除此重複者不計實得二百五十二韻

韻史

切字簡易灋

何萱按音出於天字製於人故音一定而不變字孳乳而日多欲眞識字非反切不諦也欲以簡馭緐亦非反切不賈曰反曰紐曰切名異而實同試用二字摩盪反覆則自有一音衝口而出即所切之字也自鄭康成言讀若讀爲許叔重言从某某聲朕兆已萌孫叔然而後緐歷六朝以至隋唐反切之法音韵之學大備去古既遠象胥瞽史之職不復舉字書韻書必各有專籍勢使然也特是爲書者學有淺深地有南北所聞所見又多異辭俗字別解日積愈多故顧氏玉篇但取字多而不暇辨其古今雅俗也陸氏釋

文茍求義備而不盡計其是非優絀也至於韵書之作所重在本義所先在切字切字行既久而後有字母之説尋其端末六朝人祇用喉舌齒脣定字之音至唐人字母之書出遂强以傅於前人耳前人實未有此也要其學不容復缺矣檢各家字母有言二十母二十二母者有言四十一母四十二母五十母者或失則漏或失則複有言三十六母者稍爲近之而亦有複有漏豈今所審定祇用二十一字母平上去入皆然惟平聲分陰陽則倍其數爲四十二母耳其實仍二十一母也而無漏無複矣不審舊來何以議論多而迄無定説乎若夫切字之法定在音和而迂人乃有類隔之説近世以來復淆以等韵之説又紛以七音九音之説夫欲使

人眞識字而轉岐其途徑本近也而求諸遠本易也而求諸難何異舍康莊大道而欲乘車入鼠穴乎夫字母猶筏也入既涉河則筏無所用字既得音則字母無所用故切字一事最爲淺學不過二三日即可了徹愚此編所定至簡也至易也期於得音最真而不多費時日云爾

審定二十一字母每母每呼各用兩字出切一母四呼凡用八字惟脣音字不備

見起影曉喉音四短透乃賚舌音四照助耳審正齒音四井淨我信齒頭音三鼻音一第三字係鼻音謗竝命匪未重脣音三輕脣音二

舊譜卅六母今分載於廿一母下以備覈

二十一字母

見	舊見	艮改開口呼	古廣合口呼	几竟齊齒呼	舉眷撮口呼
起	舊溪郡	侃口開	曠苦合	儉舊齊	郡去撮
影	舊影喻	案挨開	甕腕合	漾隱齊	朋永撮
曉	舊曉匣	海漢開	戶會合	向險齊	許訓撮
短	舊端	帶到開	董賭合	邸典齊	釣的撮
透	舊透定	代坦開	杜洞合	體眺齊	統瘵撮

韻史 字母 一

乃	舊泥孃	柰囊開	怒煖合	念紐齊	女嫋撮
賚	舊來	朗老開	路磊合	亮利齊	呂戀撮
照	舊照知	酌諍開	壯腫合	軫掌齊	蒻準撮
助	舊牀穿澄徹	茁秩開	狀蠢合	寵齒齊	仲處撮
耳	舊日	弱日開	閏汭合	忍攘齊	汝輭撮
審	舊審禪	稍訕開	爽社合	始哂齊	舜恕撮
井	舊精	宰贊開	祖纂合	甑紫齊	俊醉撮
淨	舊清從	粲采開	寸措合	此淺齊	翠縓撮
我鼻音	舊疑	眼傲開	五臥合	仰旁齊	馭願撮
信	舊心邪	散燥開	巽送合	想小齊	敘選撮

韻史 字母 二

謗	舊邦	保博開	布貝合	丙貶齊	褊撮
竝	舊滂竝	抱倍開	佩晉合	品避齊	汴縹撮
命	舊明	莫冒開	昧慢合	面美齊	沔謬撮
匪	舊非敷奉		奉廢合	缶范齊	甫粉撮
未	舊微		味晚合	務齊	問武撮

右二十一字母萱以鄙見竊定者如此未知是焉否也萱所纂韻史全書十七部即自用其說不復取從前反切以歸畫一字雖無盡約之以廿一母則盡而不遺音雖至賾馭之以四呼則賾而不可亂合十七部廿一母四呼而以百六十餘字統之差覺簡且易矣而全書之條理亦由此舉矣其鼻音

韻史 字母 三

一字前人未嘗言及萱以臆推求而得之曾諮於深韻學者不吾非也緣向來誤認疑母為牙音故不知此音之出於鼻耳聊為發其覆焉

切字舉例

貴匱畏績　對退內類　贅縋汭瑞　辭淬磓碎　輩佩昧肺味

右去聲合口呼一條

几啓扆唏　邸體柅禮　旨柹爾矢　姊此頿兕　妣陛米斐尾

右上聲齊齒呼一條少未二音聊取合口呼二字補足。兩條皆十五部之字

萱按凡一呼之內全備二十一音之字者僅有此兩條故舉

韻史 字母 四

以爲例學者但熟此而十七部中呼法勢如破竹矣

反切之法上字定位下字定韻如德紅切上字在第一部革韻第五位（即舌音之第一字）下字在第九部江韻合口呼公字條內於公字下尋第五位即知是東字矣他皆視此（全韻呼法已分載十七部之首於彼一檢即得故此不備載。紅字易平東字全平此等反紐用字皆嫌不寄改爲德烘切則寄矣。德字開口呼東字合口呼此亦不寄改爲睹烘切則愈寄矣他皆視此）

等韻

一等（即開口呼）　二等（即合口呼）　三等（即齊齒呼）　四等（即撮口呼）

蓋雅不信等韻之說平生未嘗齒及也有舉此爲問者皆以不知謝之既而問不已余乃取四呼之法配此四等用餉學者殊覺易明而便於用也但不知與舊說合焉與否耳

韻史

第一部音讀

四呼表

	開口呼	合口呼	齊齒呼
1	該○唉欸　○○○孩	絓悝○○　○○○蛕	姬欺噫熙　○麒怡○
2	黐胎○○　○落能來	○○○○　○○○○	○○○○　○○○釐
3	齜○○崽　○豺○○	○○○○　○○○○	之癡○詩　○持而時
4	哉赳○鰓　○才㩙○	○○○○　○○○○	茲○○絲　○慈疑祠
5	桮肧○○○　○碩霾○○	○○○○○　○○○○○	㴝丕○○○　○牤謀罯○

右平聲

	開口呼	合口呼	齊齒呼
1	改肯挨海	○○痏悔	紀杞矣喜
2	等殆乃唻	○○○○	○○○里
3	○茝○○	○絫○○	止齒耳始
4	宰采○䰄	○○○○	子葬擬枲
5	棓倍䏿○○	○○○○○	鄙痞母負蜼

右上聲

	開口呼	合口呼	齊齒呼
1	戒欬噫械	怪○○誨	記忌異憙
2	戴代鼐賚	○○○○	○○○吏
3	○褰○○	○○○○	志值珥侍
4	再菜礙塞	○○○○	○字𩠐笥
5	邶佩痗○○	○○○○○	○萯橫富○

右去聲

	開口呼	合口呼
1	革克○黑	職丞棫惑
2	德特䶢肋	○慝○○
3	犆○○○	○○○○
4	則𧸮○塞	○○○○
5	不匐麥○○	○○○○○

齊齒許　棘極弋蠹　𦨆〇匿力　𢰸直〇式　稷〇嶷息　畐腷〇服〇
撮口許　〇〇閴瞉　〇〇〇〇　〇〇〇〇　〇〇〇〇　〇〇〇〇〇

右入聲

四聲表

全平　該〇唉改　黳胎〇〇　鯠〇〇崽　哉赲〇䚡　梧肧〇〇〇
易平　〇〇〇孩　〇落能來　〇財〇〇　〇才㾂〇　〇碩霾〇〇
上聲　改肯挨海　等殆乃咪　〇茝〇〇　宰采〇䰄　怌佁挴〇〇
去聲　戒欬噫械　戴代鼐賽　〇䒸〇〇　再菜礙塞　邶佩痗〇〇
入聲　革克〇黑　德特螣肋　特〇〇〇　則賊〇寔　不匐麥〇〇

右開口許

全平　㶣悝〇〇　〇〇〇〇　〇〇〇〇　〇〇〇〇　〇〇〇〇〇
易平　〇〇〇蛕　〇〇〇〇　〇〇〇〇　〇〇〇〇　〇〇〇〇〇
上聲　〇〇痗悔　〇〇〇〇　〇㷇〇〇　〇〇〇〇　〇〇〇〇〇
去聲　恠〇〇誨　〇〇〇〇　〇〇〇〇　〇〇〇〇　〇〇〇〇〇
入聲　聝圣惐惑　〇悳〇〇　〇〇〇〇　〇〇〇〇　〇〇〇〇〇

右合口許

全平　姬欺噫熙　〇〇〇〇　之癡〇詩　兹〇〇絲　㜯丕〇〇
易平　〇麒怡〇　〇〇〇釐　〇持而時　〇慈疑祠　〇怌謀呣〇
上聲　紀杞矣喜　〇〇〇里　止齒耳始　子䓉擬枲　鄙痞母負蝜
去聲　記忌異憙　〇〇〇吏　志值珥侍　字𩲡笥　〇葡䊵富〇

入聲　棘極弋蠹　𦨆〇匿力　𢰸直〇式　稷〇嶷息　畐腷〇服〇

右齊齒許

入聲　〇〇閴瞉　〇〇〇〇　〇〇〇〇　〇〇〇〇　〇〇〇〇〇

右撮口許

韻史卷一至卷五目録

第一部韻目

平聲該　上聲改　去聲戒　入聲革

平聲該韻

開口呼

艮哉切該 晐賅賌 垓晐 陔 郊 侅
賅 痎 頦 核 荄 祴
宰哉切唉 欸平去兩讀 埃 漢該切改咍○ 坦哉切台重見
異義 胎治○ 郃 贊該切𢦏𢦏 哉
浅淺㳙○ 烖灾災扶菑○ 㷔 㮚哉切赳 偲偲○
散哉切鰓 保哉切栖匿亟○杯匠 抱哉切胚○妊 咊

坏坯○𦚦坯 ○漢材切咳孩 骸 趩 坦來切臺
嫱憶○ 臭治 駘平上兩讀 鮐重見𩵦○倈鯠 𢚧落○ 沽苔
彙來切能𪏅○ 朗材切來逨○ 趚 秣 菜
臺 䅬庲緳○耗 淶 駷 秩來切豺犲○
槩來切裁 才 材 財 𧹞 抱來切頦
鄰一部平六部上兩讀異義 莫來切禖 媒 腜 槑䅥平上兩讀
梅楳𣝇○ 毎平上兩讀 脢䤀○朕 䀲鋂 霾 薶埋○

合口呼

古恒切綆 苦絚切恒瘇 ○胡恒切蛕蚘○

齊齒呼

兢熙切姬 箆 丌亓 其甘㕟㞔其匽其兩讀異義
棋朞 基至𩑈𩒨 僉基切欺 諆 頙顱供 娸婶

僛 北㘝丘○名欸一筆諱孔子 邱 隱基切噫意鐭○平去兩讀
向基切熙熙𤈦○ 嫛 𡜤 𧮯兩讀平入 毐
娭 誒 嬉 歖 譆嘻僖 僖○
禧 熹嬉𤍡嘻 軫基切㞢之 芝 甾甾畄
𦬆𦯘𦰡○緇 緇紂 輜 錙 寵熙切癡痴○
佁疑 蚩 蚩嗤○𢿌 笞抬○ 齝呞鮐齝 酉基切詩詩
邿 歔熙切兹 滋䔮○滋 孳䓅平去兩讀 嗞
𦮒兹 孜 仔 想基切絲 思 緦罳
司○平去兩讀伺覗 覗 獄 品熙切丕𠀑丕 伾伓
邔 秠杯 騂駓 鉟 頿頾 紑

○儉怡切其重見異義 期朞 祺禥 旗 萁平去兩讀惎諆○
讀 䶌 騏騹○ 麒 𦸗平去兩讀異義
綨綦綨 璂琪 綦碁 棊碁䃆 淇濝 裘求求裘○詳
三部與兗劃分 隱淇切頤𦣞頤 配佀上欧巳○配平上兩讀異義 胱
琪𤥗 宧 圯 尤 詍 胏黖𩸲○疵
沈 台兩見異義 怡 飴𩜁飤○ 詒貽○平上兩見異義
瓵 鮐○兩見䱂 竟怡切𢝊 𢡌 𢠽 𡍬㚬○㼩
䴺 騃 𦲸一部二部兩見 狸貍○ 堇
龍怡切持 峙平上兩讀異義○峙跱 治 𦵹 荏荏○
懷怡切而 耏耐平去兩讀異義耐 洏 栭䏐○㾍䰰 鮞

轜 輀
漢怡切 慈
想怡切 祠
范怡切 罳 罘
栭
鶅 鷙
罳 詞
苪
仰怡切 疑
辭 嗣 祠○
芣
晒怡切 時 旹
嶷 平入兩讀異義
辤 辞
西怡切 諆 呰 罯
牛
𥎵

開口呼

上聲改韻

良乃切 改
緕 重見
坦乃切 待
駘 平上兩讀
見
緕 兩讀
漢乃切 海
怠
晨海切 乃 鼐 疓乃
秋海切 茝 芷○
口乃切 肎 肻 肯
亥 来 帀
始
駭 騃
紿
迺 㢌 同迺 又十三部一部上六部平義異凡三義
聻乃切 宰 輋 寀○
寠海切 佁
醢 蘸
詒 平上兩讀異義
到乃切 挨 欸○ 等
棨乃切 采 採○

合口呼 𡋯海切 蒨
採 彩 綵 埰
保 職○ 截
痏
紀
洧
鮪
郈
改 戶洧切 悔
睎 晦○
攸 妏

齊齒呼 羌喜切 己 王
久
灸
玖
紀
儉喜切 屺 岐
杞
芑 苢 杞○
起 迟
㠱
踦 跂 䠡
隱起切 吕 以
苢 苡
有
盨 盎
友 畔 㕣
已 兩讀
矣
向起切 喜 歖
亮喜切 里
理
俚
裏
鄄 俚○
鯉
李 杍
軨起切 止 趾○
阯 址
沚
時
徵 數 一部上六部平兩讀異義
數
坐 胏
滓
龐起切 齒 㠯
祉
士

仕
漇
痔
恃 㤥○
秄 耔○
梠 梩
汜
鄙
誋 訡
姆 娒
竢 圯
洔
恥
市
梓 榟
枲 鈶 辝 梩○
涖
始
西起切 母
畝 畮○
糇 俟
峙 平去兩讀異義○ 峙 平上 跱
阸 兩讀異義 卮○
史
仰喜切 儗
廙
品起切 圮 醅
栂 楳 挴
晦 畝 畞○ 畆 畝
俟 異
使 挙
擬
枲 皋 葈○
諰 愢 鰓
鴟
騃
偫 畤○
擾起切 耳
甑喜切 子 孚 㜽
薿 檥○
已 喜讀兩
敗喜切 啚 啚
否 兩讀義分
莓 莓○
某 槑 平上兩讀
涘
痔
晒喜切 始
想起切 佀 似
祀 禩
㾚 痞○
海 平上兩讀

煤 蓴
罝
范起切 否 重見義分
婦
負 偩○

開口呼 良代切 戒

去聲戒韻

誡
漢岱切 核
口岱切 欬 咳○
劾 去入兩讀○ 刻
寀岱切 噫 去平兩讀 饐○
到岱切 戴 戴
歘 平去兩讀 戴 代
貸
岱
縢 黛○
態 僋
隸 逮○
耐岱切 靚
蕺 异岱切 耐 平去兩讀異義
暋
䨺
觀 觏
贊岱切 再
來 徠○
㴓
在 栽○
睞
載 兩讀義分
棨岱切 載 重見義分
截
激岱切 閡
礙 䃜○
擬
凝
菜
散岱切 塞
疑 懝

墨　保代切背貸。　邶䣙。　抱岱切佩珮。
㥽䆀德。
合口評　古誨切怪　槶蔮膕𢅏　戶怪切誨　䤈　晦
齊齒評　意異切記　迈　宄疚　冀　驥䭰。　徐記切巹
碁　萁惎諆。平去兩讀　𦬁平去兩讀異義　亟去入兩讀
舊𪆽一部平去三部兩讀　忌　䛋　隱記切异　異
蒷　忧　頄㾜疚頍　疚　又　右佑。
祐閡。　宥　婧侑酭。　趙　囿圞　蘦菌
意　向記切憙　亮記切吏　矜記切志　置遺毀。　栽
寵記切值　眙　事剸。倳𠷣　熾戧　饎䬼糦饎。

廁邊。廁　㯹記切佴　𡜐　珥　刵　酮一部去九部平
兩見。䴈　䌁餌　西記切𢿢䭾。䮒　侍　時
試　䄻　淺記切字　孳孶。　䔁平去兩讀　载蛓。蝴蚝蛔
想記切寺闍。　司。平去兩讀伺眮覗　品異切䒹蕭。　嗣𦜔　笥
食去入兩讀義分　飤飼。　備倫備。　范記切富
犕　𧟿茯犕䘀。　𣀔䉷
當
入聲革韻
開口評　良德切革𩊞䃍。　譁兩讀義分。悖　䩯　口德切克亨
𣬈𢂋。　勀尅。勉　刻剮　漢則切黑　嫼嫼。　䅥去入兩讀。刻

到克切悳惪　𢔶得　得　𢔶見。　得𢔶再見。
德　貣　蟘蛍。蟘　特植
朝克切肋　把德切忒忕。　仂　㘈　防　泐
勒　塾　玏　持得切特得　贊德切則劘劓劓副。
架克切𧇤賊　鰳鯽鯻。　散克切䨄寞　塞寋
保德切不　北　抱德切匐踣。　福福。　菔匐。
㚕　莫克切墨　默嚜。嘿　䵝䵝。　麥　㙢㙢
狀
合口評　古惑切䵝𧆞䵝。　國。𡆣域圀圀　蟈兩讀　若惑切圣
戶惑切或兩讀義分　惑　䵝惐。

齊齒評　竟力切棘　襋極　茍葍　悈　諽兩讀義分　棱一部入六部平
兩讀　亟去入兩讀　極　穊　極　徐力切極
陟力切弋　酨　代　㚹翊。　代　曾
薔蕙　㯡㯡　澿澿　䓄意　憶億　意𢡃。
肌臆臆膸　廙　匿匿。　潩　㵣
巽𩚼巽。　趩還。　向力切畫兩讀平入　念力切匿　㦽聽。𦖻㦸
亮弋切力　矜弋切矢　仄厍厔　㖐昃吳　側　荝
㦻　職職。　織紱鉽。　檍　陟陟　㦽
寵力切直稟　適　食去入兩讀義分　蝕
飭　敕勑　伏㤍。　趩　𡚷剡。稷　測

撮口呼

惻 恖 塄 㓹力切 式 軾 識 飾 恜。拭

爽 爽 奭。一部五部兩讀 色 虩 嗇 嗇 濇 穡

嗇 𪗎 轖 轖。 歒 殖 膱殖 埴 墄 植 櫂

稙 瓶弋切 稷 稯。穊 稷 仰弋切 嶷 嶷 平入兩讀異義

暱 昵 想力切 息 熄 熄 熄。 鄎 熄

貶弋切 皕 畐 逼。偪 福 品力切 愊 副 副 湢

堛 楅 輻 輻。 楅 福 泛弋切 福 幅 幅。 輻

蝠 葍 蔔。 伏 𠬝 服 舩 菔

䟮 䵄。 犕

州切 䋹 或 域 或兩讀異義。閾 閾 閾 闒 黓 棫 鰔

棫 蜮 蟈 蜮 兩讀 淢 𢧬 𦩷 䲹。

郁 訓閾切 𢧬

韻史

第一部副編韻目

平聲該 上聲改 去聲戒 入聲革

平聲該韻

開口呼

民哉切 姟 絯 餩 螏 硋 口該切 㚊

輢 漢該切 痎 欸 到該切 騹 坦哉切 髻 珆

蛤 諍該切 𪖐 𣘍 稍哉切 崽 贊該切 賊 䓀

散哉切 𩭺 顋 揌 䰄 䊙 䊙。 㥐 鰓 䰄 𩓴。

鷓 保哉切 㾂 鰓 抱哉切 碩 抔 魺

○ 坦來切 㙜 儓 𧭚 嚜 檯

薹 臺 昊 歅 跆 鮐

裹來切 痗 滮 朗材切 騋 瘶 康 睞

崍 陎 郲 棶 棶 萊

錸 錸 鯠 鯠 扶來切 𦳝 檕來切 芽 㵱

撒材切 㾂 猌。 抱材切 吥 莫來切 吆 㟃 㥐

海 幉 𢢅 𢡟 㥐

合口呼

胡悝切 烸

齊齒呼

竟熙切 朞 錤 簊 物 檢基切 錤 䳢 鷀

鵙 鴟 鉔 蚷 沍 吒 毑 㜊 妣

隱基切 譩 鴦 向基切 𪒠 矜基切 淄 䗪 鐳。 腦

韻史 目錄第一部副編韻目

䅏 妛 磁 鍶 泀 切范基 菩 敊 䶊 切亮怡 䔷 菥
鄿 瞔 穖 騩 切既基 䠖 趑 切隱淇 㠿 䭾 鬐 切模怡 鬏
鷀離 隮 嵫 楒 切品熙 怌 ○ 切儉怡 踑 熙 䣛 䱡 嫄
鯔 貍 鯔 菓 抷 弫 枕 蜱 膔 膔
切寵熙 切哂基 切想基 䊇 鉟 䳺 樲 泒 經 插
䮁 切飯熙 孖 罳 蒍 芤 䓫 䳢 胓 切向淇 吙 切寵怡 䐕 亂 佴

韻史 目錄第一部副編韻目

㮎 鯠 䱸 雞 䂿 䱦 篕 䳻 㫃 酥 鋂 䊢 醲
隔 陑 䏸 䋢 切仰怡 鏈 䰔 䊷 鴯 䴓 梅 䤩
峏 睞 䐂 魼 虰 觤
鴯 雌 切淺怡 磁 鷀 切想怡 鬗 兩平 入讀 絅 切想怡 鮖 切范怡 鴯
切哂怡 栭 汼 柌 䰾
㶓 䄧 芊 切品怡 狂 切面怡 煤

上聲改韻

開口呼 切加乃 輆 鋄 埃 䆀
切到乃 觪 切朗改 唻
切棐海 脮 鯠 切贊乃 綷
切漢乃 孩 切坦乃 噫 驛
翊 䵖 䑔 切槩乃 寀
𦐇 切曩改 疠 鬏

韻史 目錄第一部副編韻目

娸 䢴 䤎 合口呼 切戶洧 誚 齊齒呼 切亮喜 昏 鼓 切向起 嬉 切寵起 時 時侍 切摷起 絣 峧 矸
郛 切莫乃 梅 槑 切狀悔 罘 䳭 嘻 切亮喜 娌 洱 䁐 釪 鋅
切散改 䇳 䰌 莶 笩 切軫起 詎 矜 䣝 猍 䝚 杼
䈞 㵳 䵃 切儉喜 玘 莢 莢○ 砋 㡿 䳍 茹 㚷
切保乃 㤥 芑 着 笠 嵠 切哂喜 欽 鍗 蚜
切抱乃 佁 切隱起 欸 䳭 敾 綮 綮○ 硬 切散喜 玗 切淺起 䑂 軿

韻史 目錄第一部副編韻目

紀 如乂 切面起 碍 鱉 蛸 蜎
切仰起 迭 碊 㳷 罧 罧 蕛
䌊 鈀 鉏 痗 菓 切務喜 蝴 蝶
㱩 㢘 㹙 切范起 栗
切想起 䫶 切既喜 屬 跔 妡
䑋 朋 切品起 翊 䶬 鴝

去聲戒韻

開口呼 切艮代 怉 逡 切朗代 誺 瀸
減 切坦代 戴 酨 戴 戓 戓 䫶 桓 切散代 㕘
切口代 烗 㤥 烒 切佚代 綷 岧○ 切散代 賫 䳉 莆 㭯○
切漢代 㖣 玳 切贊代 戴 切抱代 茬
䠩 蚧 切東代 脎 䩍 䩍 䩍 轢○

合口諍

齊齒諍

莫岱切瘵 古誨切憊 竟異切愼 媐 䓘 亮記切使 娡 懴帺○ 貸 聏

筱 佁記切棋 惎祺 峊 隱記切鵋 鶏 哩 惹 徝 魌 鮞

䂚 紀 軫記切誌 恣 棲 撰記切誀 聑

洷 唭 鵋 遉 痣 肢 鳷 寵記切餧 咡 呞○ 耗

㖢 梞 宥 覘 鯌 饎 暗 鉺

惎 䇍 㹮 悳 鋕 植 暗 哂記切餌

突 峠 面記切穓

開口諍

入聲革韻

艮德切械 漢則切默 䚷 得 鎰 槃克切餩

泱 泄 鰓 苑記切鬐 鬐 械 黓 雘 得 朗克切扐 蟘 蛔

貘 夒 想記切杫 样 釛 歉 䮗 汸 傲克切緈 鮮

淺記切㸭 品異切犕 福 韤 韈 怑 渇 裹克切耗 竻

仰記切魕 髆 愊 口德切媿 姽 到克切踕 廻德切聽 得 艻 保德切蚩

鬐 楅 鶝 鶝 痡 悍 鬅 薛德切獙 抱德切罷 罷

合口諍

齊齒諍

拔 荻 古或切慖 磩 崴 棫 免力切琜 殛 惰 默 𢧐 栻

狀 万 寯 嘓 䬎 窢 蕀 隱力切癔 忕 戌 越

莫克切默 膕 䐸 苦或切勫 掝 㔔 䩸 代 戔 鳶

蹐 摑 擭 碅 獩 䮪 𧩓 繶 䌔 奇 戰 鉽 㷟

螺 堙 漍 橐或切惐 䁬 𥇕 饐 消 㦰 稘

爅 䘓 戶或切戩 杜或切慝 𡹄 螠 䗷 衼 艾 蜞

廙 典弋切秏 縟 軫弋切庋 遨 赴 畢 畢○ 篙 植 讀

莫 得 亮弋切佗 扡 捌 搱 敕 揠 哂力切懎 䗵 穡 想力切䭒

糴 穓 念力切䁥 汃 㟴 溲 勸 恜 蘵 漗

向力切赩 㥾 屴 藏 蔵藏 崖 尖 稘 䫜 鉽 甑弋切擐 鵖

黠 嫕 媐 犳 犳 蟙 蛓 剪 栻 繬 謖 僁 蒠

䮗 匿 匽匿 鳨 龍力切慗 梛 鵡 鷙鴙 嬙 脡 仰弋切臍 入平 篒

彪弋切湢 𩗂 䮠 緮 品力切畐 揊敺
偪 踾 𩜀 稫 偪陝 芳弋切𤗈
鶝 葍 稫 鵩 棴 栿
洑 駅
撮口呼 𧦝羽切域奋 䮓 戜 䳭 䳭 鬾
𢧀 𪁴 蒚 訓閾切𢧀 棫 棫
䧕 咰 䳑 楲

韻史卷六至卷十目錄

第二部形聲

高聲 喬聲 豪 号聲 號聲
垚 堯聲 爻聲 脊聲 孝聲與三部孝別
敎聲 皃聲 貌聲 交聲 毛聲
喿聲 澡聲 巢聲 樂聲 尞聲
𦥯聲綠作票 麃聲 㬥聲 㬥聲二字綠通作暴 夭聲
芺聲 苗聲 丿聲 少聲 小聲
肖 削 刀聲 召聲 羋聲
𣪊 鑿聲 敎聲 卓聲 到聲

兆聲 鳥 梟聲 県 幺
庣聲 弔聲 要聲 䁘聲 勞聲
龠聲 隺聲 翟聲 爵聲 缶聲
虐聲 勺聲 盜聲 皀聲 叉聲
了聲 弱聲 㕙 羔 歘
敫 褭 辵 本 犖
皛 顥 㿝 表 羔

韻史卷六至卷十目錄

第二部音讀

四訏表

開口訏 高○鷰蒿 刀叨○○ 䮾趬○捎 ○操○繅 ○毷○○○
○○○豪 ○桃○澇 ○巢○○ ○鞱敖○ ○㕻毛○○
合口訏 交骹咬髇 ○○○○ 鵃鈔○○ ○○○○ ○摽○○○
○○○爻 ○○譊○ ○䄶○○ ○○嶅○ ○麃媌○○
齊齒訏 驕趫娱䁖 刟叨○○ 昭超○燒 ○懆○○ 儦鑣○○○
○喬鴞○ ○○○○ ○潮饒韶 ○○○○ ○鄗苗○○
撮口訏 澆趬幺嘵 貂佻○○ ○○○○ 焦噍○消 標飄○○○

○麭姚○ ○茖○撩 ○○○○ ○樵堯○ ○瓢杪○○

右平聲

開口訏 杲蕘芺鎬 島㚏䠷潦 ○○○○ 澡懆妖○ ○○○○○
合口訏 絞○○蔱 ○○撓○ 僗○○○ 摷○齩○ ○○○○○
齊齒訏 嬌蹻夭歘 ○○○憭 沼犘繞紹 ○○○○ 裊殳眇○○
撮口訏 皎䂿杳曉 扚朓嫋了 ○○○○ 剿悄撓小 㯱瞟○○○

右上聲

開口訏 膏蹻扷號 到悼○勞 ○○○○ 趮操傲燥 ○暴眊○○
合口訏 教礉獄效 ○○淖○ 罩踔○稍 ○○○○ 豹礉皃○○
齊齒訏 橋轎○○ ○○○療 照召○邵 ○○齩○ 俵瞟廟○○

撮口訏 噭竅燿斤 釣眺㞙[illegible] 蘸○○○ 醮誚顦肖 ○勦紗○○

右去聲

開口訏 榷敲箹鶴 ○○○轢 ○箹○○ 鑿鑿搉○ 駮暴藐○○
合口訏 ○○淏雈 ○○搦犖 卓濯○箾 ○○○○ ○○○○○
齊齒訏 屩蹻約謔 ○○○○ 酌綽弱勺 雀嚼虐削 ○○○○○
撮口訏 激礿敫檄 旳翟休櫟 ○歡○○ ○○○○ ○臬○○○

右入聲

四聲表

全平 高○鷰蒿 刀叨○○ 䮾趬○捎 ○操○繅 ○毷○○○
昜平 ○○○豪 ○桃○澇 ○巢○○ ○鞱敖○ ○㕻毛○○

上聲 杲蕘芺鎬 島㚏䠷潦 ○○○○ 澡懆妖○ ○○○○○
去聲 膏蹻扷號 到悼○勞 ○○○○ 趮操傲燥 ○暴眊○○
入聲 榷敲箹鶴 ○○○轢 ○箹○○ 鑿鑿搉○ 駮暴藐○○

右開口訏

全平 交骹咬髇 ○○○○ 鵃鈔○○ ○○○○ ○摽○○○
昜平 ○○○爻 ○○譊○ ○䄶○○ ○○嶅○ ○麃媌○○
上聲 絞○○蔱 ○○撓○ 僗○○○ 摷○齩○ ○○○○○
去聲 教礉獄效 ○○淖○ 罩踔○稍 ○○○○ 豹礉皃○○
入聲 ○○淏雈 ○○搦犖 卓濯○箾 ○○○○ ○○○○○

右合口訏

全平 驕趫妖嚻 阴明○○ 昭超○嬈 ○幧○○ 儦鏢○○○
易平 ○喬鴞○ ○○○○ ○潮饒韶 ○○○○ ○鄗苗○○
上聲 矯驕夭歀 ○○○憭 沼肇繞紹 ○○○○ 裊殳眇○○
去聲 橋轎○○ ○○○尞 照召○邵 ○○䖲○ 俵𥇣廟○○
入聲 屩蹻約謔 ○○○○ 酌綽弱勺 雀嚼虐削 ○○○○○
右齊齒評
全平 澆趬幺嘵 貂佻○○ ○○○○ 焦噍○消 標飆○○○
易平 ○翹姚○ ○苕○撩 ○○○○ ○樵堯○ ○瓢杪○○
上聲 皎硃杳曉 杓朓嫋了 ○○○○ 剿悄撓小 謤瞟○○○
去聲 嗷竅燿斤 釣眺㞒伨 蘸○○○ 醮誚顤宵 ○勡紗○○

入聲 激豹敫徼 旳翟倏㯯 ○歠○○ ○○○○ ○梟○○○
右撮口評

韻史卷六至卷十目錄

第二部韻目

平聲高 上聲杲 去聲膏 入聲較

平聲高韻

開口評

高改刀切 膏平去兩讀義分 芺 蒿海高切 薅
刀攀高切 刂○釖 饕坦刀切 叨號餡○飽 本 洮
捎訕高切 梢 箱 箾䈰 箾 肖 搡槀高切 ○𢿘
平去兩讀義分 繅散刀切 縔○ 繰 操 臊膝○ 繅
○海毛切 髝 豪蠔毫豪○ 号 鄂
號平去兩讀義分 諕㙱○ 䝞楇○ 咷坦豪切 逃迯○

合口評

桃 鞀鞉鞉鼗 鞻 檪朗豪切 㥬勞平去兩讀義分○僗憥 鄛
澇 巢莊毛切 ○ 橾 鄵 警數 激
教眼豪切 遨○ 鼇傲 鼈整○ 憝 𩬊 旄
熬 嶅警○ 獒 嶅莫毫切 毛 旄 耗平去兩讀○耗
托 敲古交切 交 䫜毛 佼 郊 鷔鴮 蛟
鮫 ○芰平上兩讀 𩒨苂 請 較入較兩讀○平 李平去兩讀
敯若交切 跤○ 蹻敲 敲 敫○ 撟擊 磽礉 墩境 墝 墝○ 墪
鈔狀交切 抄○ 訬平上兩讀義分 𢶾平上兩讀○𢶾
勦平去兩讀 嘮 魑 晉交切 摽上數兩○讀平 ○ 戶繞切 爻

齊齒評

肴 餚
笅 笑
切昧文 媌 描
切几 蒚 驕 憍○
枖
鄗 蒚
犯
義分
切始 蒚 燒
鐎 䴏

敽 切煥文 清○ 譊
嬌
祅 訞○ 䄏
歀 歊
招
䖔 昆 䖔○ 䖔
切丙驕 儦 儦○ 儦
切品驕 鏢 鍘

倩
鐃
鷂
娱 妖○
歊 繞○
柖
盄 盈○

恔 切臥文上 㤊 𢾝 明○ 平請 獥㺒
切儉驕 趫
切向驕 蒚 買
楞
鉊 切齒驕 弨
濂
○ 切儉 苗 喬

昭切隱驕 夭 明平 讀上
撟
剑
超
穮 穮

泬 切昔文 明平 請去 麃 麃○
蒚
切掌 蒚 昭 佋○
翰 朝 明○ 見本韻
乏 之 入 明○ 請平
穮
僑

撮口評

鐈
潮 淖
切始 喬 韶
切舉 宵 澆 漅
儌 儌○
蹻 平請 ○上 蹺入 三
切羽 宵 么
膮 切統 宵 侊 恍○
膲○ 僬 雙

橋 平去 義異 ○明 墧請
切忍 喬 饒
劭 平明 去讀
㬰
窔 婴 要 去 明 讀 腰
切的 葽 鷃
𣈷 餱 燋

嬈 切面 喬 苗
磽
梟 梟○ 梟
趬
腰○ 義 平分
䳂 㧸○ 祧
挑 㧸○
醮 媙 䀠 㵩 諆

切隱 喬 鴞
橈 平義 去異 ○明
貓
屩 平請 ○入 橋明
噪 平喂 去○ 明噪 讀噪 ○
軗
葽
帬 袠
朓 翟 䑬 䑬
蕉 𦅾○
㠌
敫 明平 䈿 讀入
貂 䀰○
䭞 斛 斛○
繅

切齒 喬 輪 再朝 見○
蕘
徼 切去 宵 綺
鄗 鄗 鄡 切許 葽 嘵 僥
蛁 切佼 宵 𡛠○ 蕉 焦
𪇆 嘄 鷦

鐎
銚 明鍬 讀鍪○ 義分 平去
銷
熛
飄
僄 明平 讀去
切羽 翹 䍃 三謠 部○ 明二 見部
歊 歊
珧
趒

爵 齒 明平 讀入
痟 𥆑○
幖
旚 旚○
嫖
䍃
姚
艻 艻○

切選 葽 宵 脂○
綃
標
漂 平請 ○去 㵸明
剽 請平 義去 異明
䍃 部二 明部 見三
媱
䫏 明平 讀入
茗 䒵

切翠 宵 噍 爵 讀平 ○去 雀入 三
蛸
杓
搖
軺 輅○
切呂 翹 㯱

霄 氯○ 䴛
切褊 宵 趧 㯱○
切汴 宵 㜵 去票 明㜵 讀○
嘌
○ 切去 姚 翹
偣 傜
搖
窯 窯○
㯱

消
午
慓 明平 請上
嗂
瑤
切統 姚 跳 䠷○
遼 遼○ 遠 遼

寮 寮○
軗
落 薛 䔲○

璙
䝤 明平 請去
切我 翹 㚁 堯 㚁
鐐
料 請平 義去 分明
蔊
嶢 嶤

鷯 雞
膫 背
切翠 姚 橑 䕥○
㯹
切汴 翹 䚳 䚳
僥

上聲杲韻

開口評

切𣆠 杲 杲
切𥇛 㝵 芺
切帶 杲 㠦
切𥥔 杲 澡
切桑 杲 懆
切古 撓 姣 姣○

縞
鷍 雉○ 鳹
隝嶋 隯○ 㠐 鴎
繰

藁 藁 槁○
切海 杲 鎬
切朗 杲 潦
璪
絞

切口 㠦 豪 槁 槁○
滈 鰝
轑
藻 藻 澡 橾○
狡

蒿 鎬 鶮○ 㺞
顥 皜○ 鷎
橑
蘇
茭 平上 ○明 藪 讀 芠

薨
灝
橑 潦
璪

齊齒呼

烄 几杪切 撟 矯 敫 㩈

燎 隱杪切 夭 平上兩讀

垗 䠷。

嬈 忍撟切 繞

袑 而撟切 眇 訬妙

杪 杪 摽

撓 煥佼切 蹻 平上入讀。蹺 三

掌撟切 沼 隉 陷。 利撟切 憭

旐 始撟切 少 上去兩讀義分 西撟切 褭 褾 俵表。

絩 筊

撮口呼

恔 舉小切 佼。平上兩讀

皎 皎。 皦 璬 繳 入上兩讀。纎

橾 祖佼切 平上兩讀。 䊵 歛 斂。 僚 齒杪切 犀 肇 肇。 肇 挑 鮡 邶 品撟切 蔗 蔗 訬 平上兩讀義分 鄵 鷘 卧

卧佼切 皦 皦 嬌 璙 兆 㕣 佻 外 兆公 趙 紹 槃 㓜 受 殍。 芆

義異 櫻 吆小切 杓 誂 吕皎切 了 選皎切 小 膘

㝃 羽皎切 皀 島 杓 約 紅。 ㄥ 擢 俊小切 濯 汴小切 親 縹

窅 窔。 窔 許皎切 曉 鳥 女皎切 嬈 娚。 剽 剽。 剽 膘 膘。 葉

窅 曉 蔦 樢 朔朔 撳 朴 憬 平上兩讀

杳 鐃 銑皎切 眺 孅 婡。 婡 翠皎切 悄 怺。 摽 上數兩。讀平

窅 芍 上入兩讀義異 㝟 㝟尾。 褭 褭褭。

開口呼

改到切 帚燥切 到

去聲青韻

膏 平去兩讀義分 葑 鼓。

號 平去兩讀義分 海到切 罹 罹。 坦到切 悼

虢 盜

朗到切 盧 虢盧 樂 入與

合口呼

犛 朗切 鶴 異。 鶴 同切 我 櫟 勞 平去兩讀義分。鷲 僗

平去兩讀義分。 鷲 鷲。 㩳 散到切 鑿 去入兩讀義分。 粟 粟。 粟 鑿

越 入聲。 暴 暴 又見三部 下 取 牽 混 瀑 瀑

覞 平去兩讀 耗 平去兩讀義異。 嗃

古豹切 李 平去兩讀 教 誥 效

校 挍 汶 平去兩讀 煥豹切 淖

壯豹切 罩 萷。 草 鯙

爽豹切 娋 稍 鄗

齊齒呼

几廟切 橋 平去兩讀義異。 塙 利廟切 寮 鐐。

㮞 平去兩讀 眼到切 傲 宰到切 趮 趮趮。 媐 嫐 贅 顛 朶到切 操 。敹

譟 燥 烑。 鎟 倍到切 槖 㯟㯟

芺到切 蓑 毫毛 。蓑 毫 荖

芼 㲠 鶇 鷯。 鸐 户敎切 效 效 劾 傲 㑃。

橈 平去兩讀義異

壯豹切 踔 去入兩讀 布兒切 豹 莫豹切 兒 貌 貌 貌。 狼 邈 䫉 勦 平去兩讀 鐐 鐐。 獠 䜍

爍 療 劭 平去兩讀 少 上去兩讀義分 掌廟切 照 炤。 照。

齒廟切 召 面照切 廟 廟 廟 始廟切 邵 邵

撮口呼

舉竅切 竅 敫 去入兩讀 摮 擻 警 嗷 璬。

去肖切 竅 耀 耀 曜 鉃 鉃 羽肖切 烄 烄 窔 嬰 去要兩讀。平

鷂 嗷 璬

嘄 平去兩讀 嘄 嘄 突 窔。 突 覞 曜。 瞤

的肖切 釣 鈞。 統肖切 覞 眺

寫 吊 去入兩讀 帊 帊 讀 逕

銚 平去兩讀義 鑃 鑃 掉 耀 去入兩讀 虪 䨜。 輝 耀

女肖切 屎 。屎 屎 屣 名肖切 料 平去兩讀義分 炮 炮 俊肖切 醮 樵

漁 歎 歎。 醮 爝 燋。 翠肖切 噍 嚼 平去入三讀。 嚼

譙 誚 哨 陗 峭 叙肖切 顤 獟 選肖切 竅 肖

開口呼

入聲較韻

削 去入兩讀義分。鞘鞘骹

僄 兩平讀去 漂 平去讀。兩剽

驃

沔肖切 紗紗

敲鶴切 較 入較。兩讀平

撲鶴切 葯

搞 歊。

翯

海搉切 熇 搉 鶴 鷮。

㕭 矐。

朗鶴切 樂 與入聲兩讀異義比 爍

罕搉切 槃 棨鶴切 鑿 與去聲同。去入兩讀 分。鑿

搉 欔

保鶴切 箭 昀 骹。

笑 咲。芺 笑 唆

剽 平去兩讀異義

汴肖切 嫑 去入兩讀。平 剽 剽。

口鶴切 濯

搉

驩

㲉

膗 臛。

郝 郗。隔

霰 䨓

爍

爍

䌛

我鶴切 樂 朗凡三見此與朗鶴兩切異義

鑠

鮫 韍。

鮫

纍 纍

合口呼

倍鶴切 暴 曓 暴曝。亦作暴二字久涸 曓 疾字 䑊

䑊 驝䑊

欙 濯欙

洪 沃

濼

鋈

鮫 炮

噪

熛濯切 搦 皦。

倬

犨 糕 糕

踔 去入兩讀

趠 逴 踶。

濤

暴 暴。 譟

冒鶴切 懇 懇

戶濯切 霍 歡。

䑩 䑪

狀卓切 濯

夷濯切 箾

褸 褸

路濯切 犖

擢

掣

爆 爆。鑤 駁。

蕟 䓤

熇

壯濯切 帛 卓

嬥

捎 平入兩讀異義

㓮 蒴 槊 。

齊齒呼

几約切 蹻 平入兩讀。 蹻

約

䓵 藋

蔚

㞕 㞕。㞕

儉約切 蹻 平上入三讀。 蹺

礿 禴

籥

鬻

趯 蹻 蹻 蹻

隱謔切 藥

趯 趯。

爚

爍

躍

瀹 瀹

撮口呼

闊 鑰

妁

糕 糕

皃 脊 臭。

始約切 勺

斅 蘭 入兩讀平 斅。

仰約切 虐 虐 虐

舉撽切 激

磬

弔 去入兩讀。 怖 怖

蒻

颮

齒約切 綽 綽

忍約切 弱 弱

汋

燋 兩平入讀

芍 上入兩讀異義

瘧

敫 去兩讀入

的

釣撽切 旳 扚。

逓 去兩讀入

篛 平入兩讀

焯

焯

溺

此約切 噍 嚼 平去入三讀。 雀

想約切 削 去入兩讀異義

羽激切 敫 平兩讀入

彴

綂激切 伒

向約切 謔

繁 上入兩讀。 繳 平入異義

走 入兩讀。 走

腳

鑠 爍

玓

翟 鸐。

掌約切 酌

蒻

紫約切 雀 嶲。

許激切 撽

烺

糶 去入兩讀。 糶

羅 鵅。

璨

女激切 㲻 懇 懇。

礫 磜。

櫟

休

汴激切 梟

呂激切 趯 躒

韻史卷十目錄

第二部副編韻目

平聲高　上聲杲　去聲膏　入聲敎

平聲高韻

開口呼

改刀切　檮篙　餻糕鎬　㤘焊○　換高切　忉　刱　魛
旦刀切　舠　諍刀切　𦗤　罺　燥𤓶　茝刀切　譟　趮　颾
訕刀切　莦　稍　髾　旓　輎　消　鞘鞘鞩　鮹　婺
倍高切　颾䬛　簏　海毛切　隞𨺭障壕　濠　嚎　胡豪切　撈　憥懰
𨇥　勦障　嶗　𤩊　萱　簩　蟧　茝毛切　橾欒
蹀　巢　灤　𡐕　桑毛切　鶔　眼豪切　歞　鬖　𢧢戕　璈

嶅嶅　聱　鼇　獓　蔜　鼇鷔　熬敖　聱鰲
獓　倍毛切　嗷　莫豪切　毷　耗　毹　牦𣯆○　漻

合口呼

古敖切　詨謞諦　敹　敫　䡂敾　苦交切　頯　磽　嘐　咬
吠　梎梎○　梎　包　戶交切　颮　髇嗃　灱　饒　姣
壯交切　烏刀切鴞○　鴞雕　普交切　抛抝抛　抛○　戶鐃切鐃髈　骹　酸骹　紋　砍
崤　椅　藃　烋文切　鷬　麃　泑磈　泑　狀文切　秋
卧文切　鵁　瘖
几罟切　撟　簥　僑驕切　嶠　僑　橇轎○又十五部副編去聲　阞　鵝切　眇　掌罟切

齊齒呼

餈　向驕切　嘐嘐号　　儳　獵　典驕切　阸　髇驕切　淺驕切　鎬鴉
娟　韶　齒驕切　帽　欲　咍　颼　帽　鴰　隱驕切　㡌○

撮口呼

糔躁　棗　丙驕切　膘　儉苗切　嶠嶠○去用請平　翹翹　寄
𩛷　蚤　蕎　思喬切　橇　始喬切　琊　昭　𨛬　品喬切　鄡
面喬切　描　貓貓○　蟟　錨　鴟　嶠
舉宵切　寂　埭　蟟　蟱　奈　徐　撓　憍　蹻　嬌
羽宵切　邀　嘌　褸　鷂雞　嘍　嫖　頌　吆　肞
犳　許蔞切　彌鴟　刖刖刖○　招　弴　眺　剕
眺　俊宵切　毦　嫖　嗂　繇　選蔞切　旗　俏　逍　猶
魈　翰　鷂　鵗　硝　焇　飄　飇　彭　翻　鷂　謤
鏢　瘭　穮　藥　標　嘌　翢　冸宵切　飄　彭　翻
蟥　藻　去姚切　巏　膠　瑤　翻翻　瑤　遙遙　恌　飆

鰩　猺　搖　荲蓬　艞　䠷　蘸　統姚切　鬏　韶　遼嶚　岧岹
䬙　呂翹切　縢　趫　艞　騰　謠　飉　蟟　遼蕘　遼
䚻　翠姚切　劋　譙樵　鄡　鱙　泂姚切　杪　蚹

上聲杲韻

開口呼

改島切　暠皜　海杲切　蒿　岢　滯杲切　口島切　譺　皜　鳺　挨島切　䲨
帙　㠗　置杲切　聚　　倒　上去用異義　裔　　　　但杲切　套
鰷　眼杲切　妖請　蘋　　

合口呼

古撓套○　皎　餃　挍挍　　　戶絞切　飯　　　普絞切　䶌
几杪切　譑　鄗　骰　鱎　鱎　儉杪切　蹻　壯絞切　僕　侂　夭

齊齒呼

淇　闓　髝髜　　匂　向嬌切　歊　利嬌切　敫　隱杪切　醾　掌嬌切　篙

撮口呼
齒杪切 昭 桃 挑 蕭 趭趭 搊趭 忍矯切 遶 隢
始矯切 覘 莎 丙矯切 檦 袗裱 嫖 品矯切 皫皫 剽 驃
沒 面矯切 淼 渺 仯 䒒 眇 吵 仯
舉小切 虠 校 㺒 的 去皎切 砯 踁 𧨋 羽皎切 腰 偠婹
騕 鷕駃 峽 灟 蔦 杓 鵃 舟鳥 釕 統皎切 𨈆 兆
姚 眺 碎 軟 女皎切 儴嬝 穰 櫰 陦 磙 嶩
鳥鳥 呂皎切 䁘 隸鬃 隸 衫 舡 虹 俊小切 憔樵
進 睬 蓧 翠皎切 釙 精 膘 敢皎切 驍 尗 魞
福皎切 謤 汻皎切 顆鬃 醥 鰾 攄

去聲青韻

開口呼
改到切 犒 碻 槁 口到切 䯨 挨到切 扶 海到切 㹎 帶䲦切 倒上去
兩讀異義 坦到切 㩅 朗到切 䏿 䓑 嫪 謷 䃕 榜 嫪
鐯 薵 槺 架到切 郚 眊到切 撒 鏊 鷔 嶅 撒到切 𨁘
傲 倍到切 躁 莫到切 毪 兓 毷
合口呼
古豹切 餃 珓 㵿 徼 壟豹切 猷 烣豹切 吏閙○ 鶉 辩
欋 狀豹切 權掉 斛 燓 焯雉 韓 翹 牸 醾
仯 觘 觘 耖 鈔 圳 睄 腈腥 艄 稍 艄
稍 㴭 布皃切 哟 爆㬥 讓 普豹切 㬥 砲䂙 毦
䶭 悅 䶭 莫豹切 鯢 䴭 輗 浼 猫
齊齒呼
斂然切 嶠 去蕎○平兩讀 䯨 䑣 骹 犛廟切 詔 廟始切 館

的 眼然切 觥 丙然切 俵裱 品然切 䮽 瞟 膘䁘 䟽
撮口呼
瘵 舉竇切 轎 獥 趫 羽肖切 趬 蹺 論 筄 䑬䑬 姣
昫肖切 韵 竅 葯 伒 統肖切 鋽 踔 燿 呂肖切 喨 喨
額 嬫 罬 䡱 半肖切 蘸 猉 俊肖切 蟜 讀去○入 蟜兩 瞧
兩讀 儦 濟 翠肖切 䠓 俏 帩 䠷 湝 湝 取肖切 剃入去

入聲較韻

開口呼
改鶴切 㰕 口鶴切 熇 圓 挨鶴切 菡 葝 海推切 灂 渴
謞 嗃 吒 雎 醭 朗鶴切 鱳 鷮 芡鶴切 鎬 筠 葯
倬 宰推切 㦙 䪆 粲鶴切 鷔 眼鶴切 鏙 保鶴切 髗 膢 嘷 吻喙

曝 𤌗曝 倍鶴切 爆 㦙爆 爆 㩧 礴 髆 肙鶴切 勼
㩧 邈邈 雹 䨥
合口呼
烣濯切 皞 㿷 路濯切 嚗 礐 壯濯切 啅 諄 晫晫 晫
韓 箹 蕉藮藮 汋 狀卓切 戳 霍 籗 䨥 獲 猚
爽濯切 稍 鍬○ 槊 椈 䭾鍬 䥞 罰 消
齊齒呼
倫約切 鄰 隱𧟰切 蠑 藻 鉤 葯 瘧 䖚䖚 邅 綸
鍋 蟜 掌約切 灼 礿 礿 黝 蚐 燭
始約切 瞭 燩 紫約切 櫤 嚼兩去讀入 嚼讀去○入嚼兩 纜
想約切 鶯
撮口呼
舉檄切 躩 鷩 獵 窶 去檄切 矝○ 殺矜 許激切 䔈 鈞檄切 㺃

葯 罒 刎 蚐 紞激切 籊 女激切 糲 腟 呂激切 嵥○軆

㦡○攊 提 檪 仲激切 歡

韻史卷十一至十五目錄

第三部形聲

鹿聲 午聲 𠂤聲隸作阜 缶聲 孔聲

丑聲 戊聲 受聲 棗聲 韭聲

簋聲 咎聲 复聲 復聲 臼聲

臼聲 舀聲 匊聲 猶聲 夙聲說文作𠃨

酉聲古文丣 㾓聲 未聲 叔聲 六聲

老聲 幽聲 𩰲聲 戚聲 肅聲

蕭聲 秀聲 造聲 告聲 肉聲偏旁石經作月

竹聲 毒聲 哭聲 㝁聲 青聲

䖵聲隸作孰 學聲 竹聲 逐聲 目聲

𠙻聲 𡕒聲 美聲 尌聲 劫聲

就聲 奧聲 祝聲 𠧪聲隸作逌 𩰪聲

韻史

第三部音讀

四呼表

齊齒呼：鳩𤝏優休 琱○○○ 舟抽○收 犨秋○脩 彫飆○稃○

○求猶○ ○調○流 ○稠柔酬 ○遒○囚 ○○○浮○

撮口呼：丩𠷎幽○ ○○○○ ○○○○ 䌷○○焦 彪○○驫○

○糾○○ ○○○鏐 ○○○○ ○○○○ ○流繆炮○

開口呼：○○○溲 ○○○○ 愁○○搜 ○○○○ 裒○○○○

○○○○ ○○○○ ○愁○○ ○○○○ ○○皁○○

開口呼二：臯尻鐃薅 婤滔○○ ○○○○ 遭○○騷 褒○○○○

○○○嗥 ○匋㚔牢 ○○○○ ○曹𦐇○ ○袍㯷○○

合口呼：膠忍㧻虓 ○○○○ ○○○○ ○○○○ 包胞○○○

○○○○ ○○○膠 ○○○○ ○○○○ ○庖○○○

右平聲

齊齒呼：韭臼酉朽 ○○紐柳 肘丑𠇢守 酒○○莜○ ○○蹂草○

撮口呼：赳𠃧黝○ ○○䢜鏐 ○○○○ ○湫○○ ○○○○○

開口呼：○○○○ ○○○○ ○瓡○溲 ○○○叜 ○○牡○○

開口呼二：夰攷燠浩 搗討惱老 ○趙擾○ 早艸○埽 飽裒卯○○

合口呼：覺巧拗○ ○○○○ 爪○○數 ○○○○ 怉鮑○○○

右上聲

齊齒許 究医柚趣 ○莜○滷 戥宙㕲授 ○猷就鼽秀 ○○萩○務
撮口許 訆糾幼欶 ○寮○豂 ○○○○ ○○○○ ○○謬貝
開口許 ○叫 紫鬻 ○○○鄮 ○愍○瘦 ○○○○ ○○茂○
開口許二 語韮奧好 叟導謟嫪 ○○○○ 竈造羿瘙 報菢冒○
合口許 瞬仙孝 ○○○○ 柝○○○ ○○匏○ 匏○○○

右去聲

齊齒許 匊鞠育嫱 ○蔽悤六 竹逐肉叔 蹴蹙○凨 ○○目複
撮口許 ○○○旭 ○○○○ ○亍○○ ○○○○ ○○○○
開口許 梏酷嚳鵠 篤毒○○ ○○嘆○ ○○○裻 ○○覓○
合口許 ○哭○學 ○弱○鋜 ○○○○ ○○○○ ○裝○○

右入聲

四聲表

全平 鵃惆優休 掤○○○ 舟抽○收 揫秋○修 影颮○稃
易平 ○求猶○ ○調○流 ○稠柔酬 ○遒○囚 ○○○浮
上聲 韭臼酉朽 ○○紐柳 肘丑㽥守 酒○○莜 ○○㱩阜
去聲 究医柚趣 ○莜○滷 戥宙㕲授 猷就鼽秀 ○○萩○務
入聲 匊鞠育嫱 ○蔽悤六 竹逐肉叔 蹴蹙○凨 ○○目複

右齊齒許

全平 ㄐ惆幽○ ○○○○ ○○○○ ○○○○ 彪○飍○
易平 ○虯○○ ○○○繆 ○○○○ ○○○○ ○滮繆○

上聲 赳糾黝○ ○○○○ ○○○○ ○○○○ ○○○○
去聲 訆糾幼欶 ○寮○豂 ○○○○ ○○○○ ○○謬貝
入聲 ○○○旭 ○○○○ ○亍○○ ○○○○ ○○○○

右撮口許

全平 皋尻鏖蒿 ○○○○ ○○○○ 遭○○騷 褒○○○
易平 ○○○嗥 ○匋○○ ○○○○ ○曹○○ ○袍○○
上聲 介孜襖浩 擣討惱老 ○○○○ 早艸○埽 飽○○○
去聲 誥韮奧好 叟導謟嫪 ○○○○ 竈造羿瘙 報菢冒○
入聲 梏酷嚳鵠 篤毒○○ ○○○嘆 ○○○裻 ○○覓○

右開口許

全平 ○○○○ ○○○○ ○○○○ ○○○○ 囊○○○
易平 ○○○○ ○○○○ ○○○○ ○○○○ ○○○○
上聲 ○○○○ ○○○○ ○○○○ ○○○○ ○○○○
去聲 ○○○○ ○○○○ ○○○○ ○○○○ ○○○○
入聲 梏酷嚳鵠 篤毒○○ ○○○嘆 ○○○裻 ○○覓○

右開口許二

全平 膠○○虓 ○○○○ 啁○○○ ○○○○ 包胞○○
易平 ○○○○ ○○○○ ○○○○ ○○○○ ○庖○○
上聲 攪巧拗○ ○○○○ 爪○○○ ○○○○ 飽○○○
去聲 ○○○孝 ○○○○ ○○○○ ○○○○ 豹○○○

入聲 ○哭○學 ○ ○弱 ○○○兤 ○○○○ ○○桼○○
右合口評

韻史 目錄第三部音讀 七五

韻史 目錄第三部音讀 七六

韻史卷十一至十五目錄
第三部韻目
平聲鳩 上聲韭 去聲究 入聲匊
平聲鳩韻
齊齒評
凡休切 鳩有○雄俗 勼有○怮俗 捄 匶 鯄有○鯄俗 僉休切 訄有○訅俗
漾休切 憂慢○ 憂優○ 優 瀀 嚘歍○ 樛摎○ 鄾
向鳩切 休庥 舊鵂或○平兩讀一部去三部注在彼 鬏鬏鬏
典鳩切 琱 彫剛○ 凋 雕鵰 蓨 鯛 掌休切 舟 侜 輈
匊週○ 周賙○ 婤 輖 椆 州洲○ 譸壽○ 盩盩
齒鳩切 擣 妯讀平入兩義異 惆 瘳 㾄 犨 收 紫休切 鸛鸛

韻史 目錄第三部韻目 七七

蠁揫○ 啾 湫平上兩讀 揂 𪄰𪄰 茮椒棶棶 此鳩切 烌秋穐
𪓰禾穐○ 揪橚 萩 萩平去兩讀 鶖鶖 鶖○ 趥踰
緧緧𥿪緛𦃵○ 鰌鰍 想鳩切 修 滫上平兩讀 䬂颼 莕 差○ 脩鮨
蕭蕭鱐○ 瀟平入兩讀 瀟 鬏 蓨
范鳩切 孚 范鳩切 俘 郛垺○ 垺 稃柎 柎○ 柎 笇 笇
僉由切 求求○ 絿紈 逑紈 脙 腃 俅梂 球璆
脙 梂銶 莍 蝨蝨 蛷 斜 跦 湭 湭 𩜃 𩜃逵○
仇 仇叴 訆 䎀 犰 艽 莪 漾求切 猶 猶猷○ 輶 楢
猶 游 游遊 紑运 飛○ 遊 攸 悠○ 滺 悠 鋚 筝 由 岫○ 抽 抽
繇 繇○ 𢔶部二部三兩讀 詹 三部二部兩讀 遙 遙○ 繇 繇○ 繇

闟闟。圝圝。蘨蘨。絲絲。櫾櫾　卣卣
𩐁𩐁。與本義體求切異此與上聲義同　覦覦　苗道　塹塹　音上平
四詩亮由切　調　蜩　卣卣　鹵鹵　㕡鹽。條條。蓨
擂切　流汴。浏鎏。琊琉。瑠　聊聊。聊梓　騮騮。蓨
雷遛。瘤膢。鷚　鎦鐂劉劉。劉劉。懰
瀏　嬼　飂飂。廫　閵　瞜　寥寥　紬　綢
綢　鬜鬝。　嚠嘐　𩑈　𨞇切由　嶹　蕎
篡篡。　稠　調平上讀　鑿鑿　鏉鎉　鶹　惆惆。　忠由切　柔　楺楺。
𪒟　鍒　晱　鯥　鏉　瓔珠　恖由切　腤頓。
都部部。　僬　聬周。　愁愚愚　殷殼。　殹覷。　畝　鶹騎。
始由切　此由切　酉猷。鶖　迺　脩　蛸

撮口　韵
想由切　囚　汓　惛惆。　范求切　浮　𧍢　桴　枹　罶
棗幽切　丩弓。剹　荓苻艹。　𣏗樛　摎扌　闟　羽糾切　𢾊
幽　幽蚴　庵廬　呦吹。　䊁平上讀異義四　惂
𢀳幽切　𪇰鹵見四　虓　甫幽切　𪇰　去鏐切　舸泳。脉
𠁊乩。蒐　呂切　𧍢𡭴平上四讀　鏐平上四讀　汻鏐切　流　汚蚪切　澚平上讀義別

開口　韵
稍搜切　𢶃搜　蒐　嫂䏂搜　𢶃搜　郰鄹　猣搜　溲四讀　奠䅯切
牖牗　搜搜　𦭫　篼鎨　葸年切　愁慈　矛舒
茅　鬏髾騎。　𠭴鐓　𧕟𧕟。　蠱蠱　年　侔　𨱞𦺏

開口　韵二
良滔切　臬阜。康宰。　草草　鳌　橐　𩞦
𩞦炮蜷。　海臬切　𤟹鎒。　𥷚𨨊　帶臬切　𦁵　佩滔切　𨏊　兕尻。代臬切　滔
　　栞滔切

怊　掐掏　韬鍸　圁叵　鞱鞱縚　鎵恊　叟
𢏛　牧　遭　𣝣𦞦　嶆嶆。　醩。　茵　鵃　惉　𠐤
搔瘙搔林毴　騷窂臬切　海臬切　噪猱　猱縴。　剺　燒。　陶　散臬切　𢞬
萄　掲𢫀。　猲媟嫪掲。　代切袍　詢詢。　駒
𦒰𦒰　𦣉　𥢔　翙平去四讀　朗陶切　醪䍘切　牢奧。叨。　牢　銅鉤。　替曹切　奈陶
𤵗𢶏　覆　貆　窖𦧯　翲翮　棘倍陶切　袍毀
僔鐏。　𥡥　漕　曹　䵌　莫陶切　牢　𥗹　眠陶切
倍陶切　捊抔。　莫陶切　垗去登四讀平　𡝃去聲又五　絏　蝨
古𢁏切　𤃣𢁏　嘐　嗥切平入四讀　號部去。　㩭𩫎。
𢁏𢁏　胙𢁏切　嘲　戶𢁏切　布𢁏切　勹　包　胞　郇　苞　橐橐
普𢁏切　脬　泡　普𢁏切　咆㘙。　嚎　庖　炮　𤚩炮。

合口　韵

上聲韭韻
齊齒　韵　韭　𡸸　九　究　殳　忍　軌迒。　衏匝　沈瀜。　㞦沈。　溞　昬　籃甌
杌。　𥫗　媼　惄　𡸸　粗　日　目　泉　𩞦　駱沉。　𣖙　昝
匛。　俗路。　　㤓　慶　縣　凶　酉　𣷊　鯷
美　　𦘒　　臞　淵九切　酉　𤔒　笏　誘
杉四見　　　美重見此義　　飲欽　吻平上四讀　卣卣　䣬。　鹵平。
向九切　𩑈與聲。讀四見　溝見上求　切九者一同義　紐　鈕　扭　狃　𣗳　卣　𥂕　　諵
野　巧　朽　　念九切　揉　絡　柳　粔　𦤥　旬　𥃡𥃡。　邽　𡇝。
𣏹　亮九切　　杸　卝　𡬍𡬍　𦍹。𥃣
𩑈　　　　雲守切　肘　甔　蹴。　𦾔苐。　蒙
𣨞。　蔜　讀上入異義四讀　　守　腩　柳。　苐　駒疛
齒九切　𠀆　𦮙　杼　舒　醜　酎　四上讀去　紂　痳痔　蔿　忍九切　𤡬　𢮁。　株

撮口呼

開口呼

開口呼二

糾 黝 蟉 鏐 糿 泑

合口呼

道 討 考 早 老 保 寶 飽 巧 爪 昴 攪

齊齒呼

去聲究韻

究 宙 救 柚 祐 就 秀 宿

撮口呼

開口呼

開口呼二

叫 幼 謬 戊 茂 好 導 誥 奧 造 糙

漕 眼導切 暴 博誥切 報報 莫誥切 冃 帽。帽 冒冐 瑁瑁

媢 楣 萺萛

合口評 戶切 炰瑁。 孝 學斆去入兩讀義分 炮 疱。 酡靤 普孝切 麭

入聲匊韻

齊齒評 几育切 匊 掬。 趜 鮈 蘜。 菊 蘜 蘜 蓻。 菊 蒍 蘜 蔛

諊。 鞠 𥷚鞠。 沟 阬坑沆。 簕 竆 竆 鵴 鶵。 鵴鵴 菊 菊。 臼 鴬 星

匔 鞠 鞫 麹。 麴 䩩 鞠 鞠。 鞠 鞠鞠 鼩 匏 籟 鞠。 鞠 蝻

倹育切 漾菊切 育 毓 緧 消 菁 鬻 鬻。 弆 燠 燠。 墺 墺

隩 澳 奠 奠 奠。 向育切 慉 嬉 罯 罯去入兩讀 ○ 貓

體菊切 暶 暶。 滌 蔋 蔋蔋 迪 䢐 郇 笛 篴

念菊切 沑 上入兩讀義分 𡿩 𤱷 靤。 朒 朒。 恧 聏。 恧 聏 惄 惄。 悘 䵒

亮菊切 六 坴 陸 蓼 勠 稑 穋 𧻓 雛 鵴 肭 勠 平入兩讀 鏐 鐐 鋳 鏐

蓼 上入兩讀異義 ○ 去入兩讀 戮 𧾷 劉 竹 篤 築 築 箏 箋 軸

拏育切 鬻 粥。 粥 筑 筑 䈞 嘱 𠑅。 舺。 逐 遂。

昵 昵。 視 鏐 蓄 蓄 蔸。 切菡菊 蹙 㓛 倜。 祝 逐

舳 苗 妯 平入兩讀義分 畜 蓄 蓄 蕕 淑 琡 琡 璹 璹。 孰 熟。

忍育切 月 宍 內 宍。 始育切 尗 菽 叔 莯。 椒 俶 倐 倏。 儵 條 熟

宿 縮 蹜。 搐 笮 逡 入兩讀。 去 儵 儵 瀟 鰷 儵

紫育切 蹴 跡 歡 噈 摵 此菊切 㴦 戚 宗 宬 家 家 誎 嗽

戚 慼 慼。 戚 蹙 戚 戚 縬 踧 蹴 𥿊 婌 敀 淑 憱 慼 鬖 鬆

想菊切 𦘕 佤 佤。 宿 宿○ 去入兩讀 肅 肅 瀟 平入兩讀 ○ 瀟 橚

鶒 鶪 鷛 鷛。 王 去入兩讀 坖 瑭 瑭 泊菊切 回菊切 目 圂 睦 鶓 𡞇

蝮 蝮。 穆 穆。 母 梅。 覆 去入兩讀 復 復 箙 篗 腹 複 輹 䡖。

蝮 復 復。 復 復 復 覆 復 篗 蕧

撮口評 許亓切 旭 處旭切 亍

開口評 良篤切 告 吿 梏 牿 覺 慇。 慇 侃篤切 罍 嚳 酷 焅

尙 陪 碚 礐 嚳 鷽 鸐 蠲 鷽 鷽

舉 學 嚳 嚳。 嚳 嚳 嗋 ○ 平入兩讀 雔 鸐

槈 槽 鞐 鶻 髻 篤 篤 代篤切 毒 毒。 䓯 蒜 兩讀 裻 督 督 督

藩 蕃 裻 篤 義 分 見 裻 義 重 分 見 竺 篙 篤 毒 褥 劄 劄。 劄 劄

莫毒切 冟 筧 散篤切 博毒切 雹 霤 鞄 鞄。 鞄 鰒

合口評 苦㮚切 哭 戶㮚切 學斆 去入兩讀義分 昧哭切 鶩 㮚 鏊。 鑿 鏊 鶩

鶩

韻史

第三部副編韻目

鳩韻

齊齒呼

几休切 劉 叻 丩（丩勹。） 笱 㑨休切 怵 惆 漾休切 縵 廋

蓃 向鳩切 咻 沝 貅（狳 猍） 典鳩切 鵃（奮） 鯛 蒟（彡）

掌休切 股 凋 霌 賙 稠 碉 鄗 閬 齱 騆 騆

朕（舟） 翢 趙 焗 浟 碉 琱 綢 諯 啁 錭

荊（鳩） 㕬鳩切 瞭（倏 脩） 始鳩切 瞅 倏 犖 紫休切 瞅（腊）

比鳩切 胇（脜） 𥡝 畫（盞 罃） 鱃 想搊切 篸（鯵） 脩 鏐（鏥）

牀 揂 揂（入 㪚 揂。 兩讀 平） 牖（牖） 櫹 飀 瀟 飀 艣

鞧 丙鳩切 䐁 瞍 瞍 蓚 品鳩切 飆 芃鳩切 綷 秎 犼

琈（琈） 儉由切 颼 趉 蹂 毬（拔） 球 庥 脒 筞

鯄 朹 紈 㦲 釚（釚 釗） 㲌 梵 犰 魷 芤

漾求切 俯 痦 庮 郎 道 粤 秞 鮋 蚰 蝣（蜣）

鯈 斿 荇 體求切 崓 𥫗 亮由切 梳 琉（璢） 麂 麃

糂 流（流劉 劉） 流 瀏 鰤（鰡） 瘤 蟉 蔁 藰 懰

繻 孺 蠕 蹯 薷 蔔 穛 榴 櫑 懰 劉 瀏

飀（颼） 鷚（鷚） 䲰 佬 齒由切 踼（踌） 飀 萬（嶲）

鷚（鶅） 鰆 鯑 峒 醣 鯛 揗（攡） 忍由切 㶯 渘

鬏 鍒 鶔 鍒 菜 鄒 始由切 桝 此由切 髻（髻） 惱（慍 𢥞）

嶙 熖 湆 想由切 茵 烟 舸 鮰 烟 芃求切 殍

覩 哱 趕 雩 璧 琈 硦 艀 鷚（雜鶵） 鮃 莩

焗 巷

撮口呼

舉幽切 剌 去幽切 惆 羽朻切 颮 俊幽切 𥿵 選幽切 烋 峓（峽）

颩 福幽切 瀉 甫鏐切 玸

開口呼

海捜切 渡 諍捜切 嗽 精衰切 廋（瘦） 趠 酸 餕 鋑 剫

颼（颼） 鞍（鞦） 毽 𡚇（牧。） 駿 鯪 螋 莫愁切 勒

悴 眸 眸 鉾 拌（枔。） 鵨 鮃 鰲 罦 鵝 藍

開口呼二

良谄切 覩 悼（怜） 稗（橰。） 擇（格） 鄔 峰 鶵（雜）

莽 侃谄切 謆 𩌦 海皋切 膟（痹） 𥭉 頿 諂 鉊 餡

瑫 搯 箔 詨 脩 宰皋切 𢢾 檯 茝皋切 疚 散皋切 鬆

潘 颾（颾） 簦 綒 博皋切 報 代袍切 裪 裪 絢 鞠

徇 䣭 匋 餡 蜪 淘 滈（濤） 奉陶切 㯳 謡 朗陶切 倅

傍 哰 浮 錚（鏒） 崢 碎 䳆 瞭 嘟 嘟 槨

棃陶切 嬉 禮（禮） 鐥 嘈（嘈） 膭 膭 膭 嘈 鐥

嶆 簪 疢 倍陶切 軳 刨

合口呼

古苞切 轇 漻 苦苞切 惄 瞭 㲈苞切 巉 㹅 戶苞切 俘 詨

㢈 窲 涍 壯膠切 趙 颱 抓（兩讀 平上） 布膠切 笆 普膠切 僇

路庖切 類 蹘 䯩 膠 普類切 齙 颮 鉋（鉋） 狍 靤

非韻

齊齒訐　几守切　㲃　牟　僉守切　瘏　㺜　鳴雊鳥　魛　苗　漾九切　㯱
渼　酳　道　〇向九切　疛　𩟶　念九切　忸　䊵　闅　扭
杻　洇　亮九切　鞹鞹鞽　剢　𢠵　嬼婣婩　〇　蓟　礞　濠
掌守切　州　哃啼　鋗　𤠻　鯞　葽　㚒九切　蘸　蒴　蒴
䐗　忍九切　䅹　始九切　蘏　艏　𥚃　浸　紫守切　㦘　想九切　礵
絪　百九切　姓　范守切　焯　草　䭈隔　㑁　娬　㖣　蚳
撮口訐　去勳切　㣺　眑　颫　㘅　葯　鴪勳　女切　隸　翠赳切　𢢬
開口訐　茁壯切　㼤　稍壯切　醙　散壯切　䐹瞍　謏謏　蓌蓌
開口訐二　良早切　䪻　侃早切　拷　篣篣　桀考切　慎　禖　海考切　瀕　䎑
帶考切　䳼呼奪　奪切　代早切　黎　奈早切　𠈧　熘煯熘　磂磂瑠　瑠　䶉

貓貓鑃鑃鑃　朗早切　恅　哓　㹯笺　欄　𪕾　嘐
茁考切　貍　鰡　窐考切　郘　桌早切　悼　啅　罩　淖　博考切　堢堡
䶌　鷭　鎬𨶎　莫早切　漻　䓪
合口訐　古爪切　閥　苦攪切　阸　鴻　蠻攪切　拗　㘬勳　狕　壯攪切　抓平上
㡚　笊　芣　狝狐　杲　夬攪切　覙敫　布攪切　怉
善切　爪讀兩　䬲
究韻
齊齒訐　几切　由　愁　覰　坑　漾究切　紬　向究切　𤵃　體究切　䎘　綉　𧈭
亮究切　㖤　亮究切　𤥨𨜟〇　壔𩏂　甑甑　廖　掌宙切　痲
䏚　颵　㺐　齒究切　伷　䮷　䌷　㮻粖精　㥭　忍究切　㖩

𩞠　始究切　售　唉　吘　𥚠　紫宙切　僦　𧫳　比究切　䊭　䑹
㹨　仰究切　乾　想究切　鏅　鏥鏽銹　嬸　螑　西想切　慦傲　傲
𡧋　婺　范究切　齊　䀩　鞻鞻　籑　晚究切　𤼈　𤼵𤼵
𤼒𤼑　𤼎　蟉蝬
撮口訐　舉幼切　㔾　去幼切　𠮨　𥄢　遻　呂幼切　㝯嵺　肖幼切　䁐三部　部田讀九
〇凤　凨
開口訐　桀茂切　梵梵　潶　海茂切　黴　奈茂切　瀀　胡茂切　鄮　茁茂切　懋㥹
遘
開口訐二　良導切　䚗　侃誥切　𢤱　桀導切　䛷　𤸰　㜂　𨩊　䫜　𩸞
海導切　䜆　㛫　帶導切　受　代誥切　敖謷　積　𧃟〇𢣫　䔒

奈誥切　饀餡　䉛𦃈　䐾䊟　朗誥切　䫿　牢誥切　穮　粲誥切　𤊫
糙敪　䗋　撍　散誥切　蹝𨂡　毶　悛　歸
倍誥切　靤靤　菢　叟　莫誥切　𤺥𤻃〇　掃㪌　帽　渭　毦　鵑
合口訐　古孝切　酵　𩱫　覺孝切　㑃㩡　𧮕　缅　䙷𢇮　㓏　𩏱
𡷍　盌　䇷　户鮑切　涍平去兩讀　壯孝切　朳　仰孝切　𩫖　𨄍趠〇
𡗢韻
齊齒訐　几育切　㑓𠈫　餔　𪌭　鞠　梮　㖩　㹼　𦾐　蘜　鬻鬻
踘　闖　儉育切　𥚎　鞞　畜欠　泣　漾菊切　情　歆　啨　道
稍　楠𣘲　鏥　蛸　堉　蕱　㖰　鏌　磌　鏁　鄭
向育切　儲　𨂣　𥛚　體菊切　𩓾　𩪵　念菊切　𨃯　𧉮　㭬

○亮菊切跬 褂 娃 洼洼 鞋 畦 鮭 蛙 篕
○蓙蓙 瘸 剟 磟硫 𡺸育切 墊墊 瘢 紩紮
○碱 鸑 㞕菊切 㲹 揺 邀 潚 鱸 鋌 騷 螆 鋋
○遂 閎閎 洸 礡 始育切 㑼 絿 紈 娰 埶閣閣
碧 橘 摵 霽 潑 紫育切 纔 祴 襪 腻 腻 摵
獵 蟣蟤 箢苑 比菊切 撖 槻 睋 僟 葴
想菊切 佩 渢 湎 牗 蕭 揁 礵 魑魑 翩 驌
面菊切 宥 晦 痏 苜莪○ 艄 帽娼 氾菊切 餿
稪 馥 瘦瘦 趍 踆 䟥 鞎 鶨 陵 嶺 滺狀○
霞 篟篟 蘐

撮口呼 處究切 戠○戠
開口呼 良篤切 悎 鮚 𪂄 佩篤切 𢻱 秙 梏 集篤切 嚳 譽
篤切 嗃 頶 閣 艁 㙐 熒 嶨 蒍 帶毒切 鑿 醬
鬏 代篤切 㥲 蹻嶹 璹琡 蟦 楷篤切 嘐 倍篤切 瞗
跑 窇 靤 砲 搯 滈 鑄 莫毒切 晶 祚
合口呼 戶栞切 趋 鷽 杜栞切 嶋 磊栞切 鉅 莧栞切 䖘

韻史卷十六至卷二十目錄

第四部形聲

婁聲 數 句聲 口聲 后聲
禺聲 豆聲 壴聲 尌聲 廚聲
咅聲 部聲 區聲 蓲聲 矦聲
乁聲與十五部几別 殳聲 需聲 須聲 俞聲
取聲 冣聲與十五部最別 聚聲 臾聲 侮聲
芻聲 後聲 𠂤聲隸作孚 厚聲 斗聲
𧻓聲隸作走 奏聲 丶聲 主聲 書聲
付聲 府聲 冓聲 具聲 屚聲

寇聲 朱聲 豎聲 斲聲 禿聲
孔 乳聲 㐁聲 𡉉聲 㱿聲
谷聲 族聲 屋聲 丵聲 業聲
𧷓聲古文睦字睦在三部 賣聲隸作賣 岳聲 獄聲 豖聲
角聲 斛聲 足聲 曲聲 木聲
玉聲 玨聲 蜀聲 屬聲 㮚聲隸作粟
束聲 欶聲 卜聲 攴聲偏旁作文 局聲
鹿聲 彔聲 剝聲 辱聲 蓐聲

韻史

第四部音讀

四呼表

開口呼 溝彄甌齁 兜媮○○ 鄒摷○○ 諏㔋○○ ○○○○○
○○○侯 ○頭䫫樓 ○○○○ ○○○○ ○○○○○
合口呼 ○○○○ ○○○○ 㑳芻○媮 ○趨○○ ○醅○○○
○○○○ ○○○○ ○雛○○ ○○○○ ○培○涪○
齊齒呼 絇○○○ ○○○○ 朱樞○輸 ○○○○ ○○○樹○
○○輸○ ○○○○ ○廚○殊 ○叢㥔○ ○○○符○
撮口呼 俱驅窶欨 ○○○○ ○○○○ ○○○須 ○○○○○
○跔樞○ ○○○○ ○○○○ ○○○○ ○○○○○

右平聲

開口呼 耇口歐後 斗䜴㲃僂 㑃鯫○○ 走趣○藪 ○○○○○
合口呼 股○○○ ○○○○ ○䜌乳數 ○取○擻 ○剖○棓○
齊齒呼 ○○○○ ○○○○ 主柱○豎 ○○耦○ ○○○拊○
撮口呼 枸窶庾㚅 ○○○○ ○○臑○ ○稱○緰 ○○○○○

右上聲

開口呼 蔻寇漚候 鬭豆獳漏 緅驟○○ 奏湊○蔟 ○○○○○
合口呼 ○○○○ ○○○○ ○○○數 㑳聚○○ ○䛒○○○
齊齒呼 絇○○○ ○○○○ 晝豉○戍 ○○遇○ ○○○付○
撮口呼 屨具諭酗 ○○○屢 ○○孺○ ○○慪○ ○○○○○

右去聲

開口呼 珏愨渥确 ○○搙○ 斀竦○欶 斅○嶽○ 剝僕○○○
合口呼 穀罄屋斛 豝讀○鹿 豵○○數 鏃族○速 卜交木○○
齊齒呼 ○盇賣○ ○○○○ ○斞○○ ○蔟○蝀 ○○○○○
撮口呼 挶局浴頊 ○○搙綠 燭觸辱束 足促玉續 轐○○襆○

右入聲

四聲表

侌平 溝彄甌齁 兜媮○○ 鄒摷○涷 諏㔋○○ ○○○○○
昜平 ○○○侯 ○頭䫫樓 ○○○○ ○○○○ ○○○○○
上聲 耇口歐後 斗䜴㲃僂 㑃鯫○○ 走趣○藪 ○○○○○
去聲 蔻寇漚候 鬭豆㲃漏 緅驟○漱 奏湊○嗾 ○○○○○
入聲 珏愨渥确 ○○搙○ 斀竦○欶 斅○嶽○ 剝僕○○○

右開口呼

侌平 ○○○○ ○○○○ 㑳芻○媮 ○趨○○ ○醅○○○
昜平 ○○○○ ○○○○ ○雛○○ ○○○○ ○培○涪○
上聲 股○○○ ○○○○ ○䜌乳數 ○取○擻 ○剖○棓○
去聲 ○○○○ ○○○○ ○○○數 㑳聚○○ ○䛒○○○
入聲 穀罄屋斛 豝讀○鹿 豵○○數 鏃族○速 卜交木○○

右合口呼

金平 絢○○○ ○○○○ 朱樞○輸 ○○○○ ○○○樹○
昜平 ○○輸○ ○○○○ ○廚○殊 ○叢慯○ ○○○符○
上聲 ○○○○ ○○○○ 主柱○豎 ○○耦○ ○○○柎○
去聲 絇○○○ ○○○○ 晝豉○戍 ○○遇○ ○○○付○
入聲 ○盅賣○ ○○○○ ○斟○○ ○族○蛛 ○○○○○

右齊齒呼

金平 俱驅䆽欨 ○○○○ ○○○○ ○○○須 ○○○○○
昜平 ○跔揄○ ○○○○ ○○儒○ ○○○○ ○○○○○
上聲 枸寠庾姁 ○○○○ ○○糯○ ○額○顃 ○○○○○
去聲 屨具諭酌 ○○○屢 ○○孺○ ○○熅○ ○○○○○

入聲 挶局浴頊 ○○媷綠 燭觸辱束 足促玉續 蹼○○幞○

右撮口呼

韻史卷十六至二十目録

第四部韻目

平聲溝 上聲耇 去聲冓 入聲玨

平聲溝韻

開口呼

艮甌切溝 韝鞲構構 篝篝。 緱 句平去兩讀義分。勾
鉤 軥平去兩讀 𠛎鏄 拘孿。 駒 翑狗
鼩。鼅鼄鼂 㲒平上兩讀 侃鉤切摳 彄 摳鉤切謳 醧甌鉭醧
甌 歐平去兩讀義異 褔平上兩讀 鰸鷗 蔕甌切覞眍瞘
吺。咅 兜 兠 代鉤切媮 酌鉤切棷 蒁蕣。麔麔
𪘏 郰鄹 鄒 騶平去兩讀。騶 嫋

齵䶗 寠甌切諏謏 掫 陬 。海樓矦切
矦帿。 喉睺。 鍭䂉。 鏃 猴鴉。
鯸 代樓切頭 投投。 𣪘 緰 簏簏
窬廞。平去兩讀 牏平去兩讀鞻 匬 桼矦切𩴾 朗矦切婁婁
婁要裹 廔 樓 摟 遱 謱
髏䫫 膢褸 塿 鄋 寠平上兩讀 蔞
蔞 艛 螻

合口呼

狀酤切𦧲。蒟𦾽 櫢 獨 爽酤切愉輸。 。 寸酤切趨蹈。
趍䟔 送酤切涑平入兩讀義分 普趨切酤 。 狀培切雛鶵䳶。
普雛切培 陪 棓 䯽 箁 奉培切涪

齊齒訏 竟輸切 絇。平去兩讀 局鍸 掌輸切 朱 絑 誅 邾
珠 株 茱 鼄 寵輸切 殳 姝
祩 樞 貙 貙。 始樞切 輸 平去兩讀 鄃
范輸切 怸 柎 柎。跗 泭 泭。 。寵殳切 廚 厨。 始廚切 殊
鉥 洙 茱 夂 殳 今。殳 杸
淺殳切 叢 藂。 藂 叢 叢 仰廚切 齵 敬避朝諱。四部九部兩讀。
慪 愚 齵 喁 四部兩部九讀 鰅 四部九部兩讀
隅 堣 嵎 范殳切 符 紨 鳧
撮口訏 春驅切 俱 郡需切 區 嶇 嶇 嶇。 軀 軀 驅 毆 敺。 鰸
蓲 蓲。 訓驅切 欨 煦。 呴 遝驅切 須 鬚。 鬚 嬃

須 踼 嬬。 頭 需 需。 劊 嬬 繻 繻。 。郡揄切 跔
㖃。 朐 朐。 眗 齣 鴝 鸜駒 鴝。 斪 斸。 邭
永儒切 俞 揄 揄 覦 愉 踰
逾 逾 渝 渝。 瑜 褕 羭 蝓 蝓。 輕揄切 儒 儒。
臾 庾。 諛 腴 楰 萸
濡 濡。 襦 襦。 襦 臑 腴。
上聲耇韻
開口訏 艮口切 耇 耇。 痀 竘 狗 蚼
㩖 平上兩讀 苟 罒。 苟 苟 講 垢 均。 佩斗切 口
訽 扣 釦 叩 孔 四部九部兩讀。 孔 孔

揆斗切 傴 痀。 歐 平上兩讀義 異。欹䣳 毆 褔 平上兩讀
海斗切 後 逡 㫗 厚 厚。 垕 后
呴 吼呴 吽。 郈 郈。 詬 茍 帶口切 斗。陡什 斢 阧
料 代口切 鋀 鋀 鈄。 否 歐 音 喑 歆。 唖
鴝 雛 姓 蔀口切 彀 上去兩讀 轂 豰 毃 殼。 淞
朗斗切 僂 鞻。 褸 縷 漊 嘍 平上兩讀
茝斗切 鯫 宰斗切 走 趣 聚斗切 趣 散斗切 藪 藪。
藪 藪。 藪
廣剖切 股 四部五部兩讀 殺 四部五部兩讀。 粘 狀剖切 𪆁 䍴 炒 熠 熏 鬷 嫛
合口訏 閭剖切 乳 醹 軥 鞲軥。四部九部兩讀 四部 奧剖切 數 上去入凡四讀義分

寸剖切 取 普取切 剖 剖。 倍 偝 脴 瓿
棓 四部九部兩讀。 桲 棒 榔 部 菩 菩。菩 部 篰 五部兩讀。四部
附 㟊。 奉剖切 掊 結 𦃇。
齊齒訏 掌 耦 丨 䵷。 主 炷。 宔 柱。 砫 罜 麈
寵主切 柱 柱。 始主切 豎 豎 豎。 豎 裋 襡。 仰主切 禺
齵 腢 偶 耦 藕 藕。 范耦切 愔 㥯
柎 柎。 府 腑。 腐 腐。 府 務耦切 侮 侮
撮口訏 春庾切 枸 椇。 蒟 郡庾切 竘 寠 寠。 永煦切 庾 㡿。
斢 䱜。 瓜 瘉 癒愈 瘉 訓庾切 姁
昫 煦 選庾切 須 須。 盨

去聲藕韻

開口呼

艮豆切 蔻 寇。 構 構。 遘 覯 媾 購 軥 平去兩讀 雊

海豆切 彀 侃漏切 鷇 鷇。 鷇 鶵 偶 敂 叩 寇 滬 漚 槉豆切 豆 兩平請去

候 堠。 堠 郞 詬 詢 帶豆切 鬥 鬭 郞 鬪 代滷豆切

豆 荳。 豆 逗 脰 餖。 逗 粒 酴 揄 平兩讀去 窬 去窬兩讀平。

寶 柰豆切 穀 穀上去兩讀 吼 究 究。 糯 蠕。 朗豆切 嗽 酉 陋 屚

漏 瘻 鏤 酌豆切 縐 茁豆切 驟 梢豆切 瘷 窄豆切 奏 鄹

丏 丩

合口呼

暴豆切 湊 寸趨切 蔟 去入兩讀義異 散茂切 嗾

夾趨切 數 上去入四讀義分 娶 聚 㝡 堅 鑿。 普聚切 趨

踣 䟽

齊齒呼

竟晝切 絢 平去兩讀 絹 絹 漾晝切 裕 袞 念究切 槈 耨。 掌遇切 晝 書

壴 澍 霔。 注 駐 住。 狂 咮 噣 始晝切 侸 侸

封 尌。 樹 尌 豰。 考 戍 隃 輸 平去兩讀 仰晝切 遇 寓 庽

范晝切 付 坿 髣 耐 駙 騙 鮒 鮒。 赴 訃 卧

撮口呼

春具切 屨 句 平去兩讀 郡屨切 具 永具切 諭 喻 嫗 訓具切 酌 酗

顙具切 孺 孺。

仆

入聲玨韻

開口呼

艮僕切 玨 瑴 斛 角 桷 盝 侃僕切 㱿 殼 殼 殼。 慤 慤。 慤

換僕切 渥 腛。 偓 握 臺 臺。 臺 楃 樨 幄 喔 海僕切 确 㱿

合口呼

㱿 碓。 確 埆 觳 觳。 觳 酌僕切 歜 剮 鼓 敕 戕 椓 椓

芷僕切 琢 啄 涿 叱 捉 斵 斫 剉 斵 斲。 𣀔 𡝩。

傲僕切 娕 娖 嫙 嫙。 濁 鐲 鷟 鷟。 鷟 鶩 鰲 骲 嗍。 味

倍僕切 顝 嶽 嶽 岳 嶽 嶽 岳 嶽 辈 剝 切 剛 刖

朴 卜 業 龔 僕 僕。 墣 墣 樸 樸 博僕切 樸 技 樸 樸 樸 扑 璞

廣讀切 支 文 扑 㲒 穀 穀 𤓰 𤓰

穀 穀 瀑 瀑。 鬵 𠫱 穀 穀。 鬵 鬵 又 去聲五部

杜卜切 𪓐 𪓐 𪓐 𪓐 庣卜切 屋 屋 谷 卜峪。 繁 繁 苦卜切 鑿

贖 犢 讀 牘 嗇 靚 屋 靚 字 回見 十六部 兩 靚 戶卜切 遺 婧 黷 瀆 隋 贖 頤

瀆 櫝 匱 犢 犢 蠙 情 犢。 贖 贖 光 禿 髑

獨 獸 灑 淥 淥 盝 炭 數 入見 義分 聲 重 夷卜切 數 上去入兩見 義分 送卜切 涑 布卜切 請平入 義分兩 祖讀 請 鏃 鉃。 諫 速 遬 翳 瞽 衡 餗

磊卜切 彔 祿 逯 睩 娽 鹿 麗 䍡。 麓 箓 寸卜切 族 笑。

凡 入 兩 切

鬻 鬻 銳 簿卜切 支 蓍 溉 㩻 撇 諫 昧卜切 木 沐 霂 八 卜 樸 纀 纀 縷。 濮

齊齒呼

撲 蔟 淺讀切 薦 讀 異 入兩 暴 寵蔟切 鬥 蔟 暴 㯟 叢 蔟 去入兩讀 異義

撮口呼

漾族切 曲 揭 斤 春曲切 酗 巳 曲 閭 豊 區 𦰡 苗 訓曲切 項 永曲切 浴 錄 欲 慾。

郡緝切 局 侷。 跼 鋊 狢 默。 綠 緣 䘵。 親 遏

切 䛌 鶵 雛 雛 鶩 鵠

萊 蕣 蘇。 燭 蠋 斸 屬 屬 呂曲切 兩讀 屬 嬌 櫨 斸 𢻎 鐲

瘃瘃○ 庱曲切 歜 鄏○ 㔉 觸𣪁○ 躅𨄷 豕彩○ 梀
欶曲切 辱辱○ 𢘑 縟 溽 鄏 蓐蓐 恕曲切 蜀蠋○ 蠋 襡襩○
屬○重見屬 贖 束涑○ 俊曲切 足 翠曲切 促𧻓○ 趗 叔曲切 玉玊
獄㺽○ 逐曲切 俗𨑨○ 續賡 蕢蕢 桌桌粟

韻史

第四部副編韻目

平聲溝 上聲耇 去聲萁 入聲珏

平聲溝韻

開口詡

艮甌切袧 夠够 泃 朐購 鮈 餉
眗 㽛甑 𥰭 蒟 嗀 伆鉤𢞑
𠛎鏂斷 㡆幅 眗瞘瞘 芤 苦 挨鉤膒
嘔 頣 𢾃 𤙖 𤙖 𧾷
海鉤𡱵 睺 𪇰鯸鷍 帶甌𩑁頭○
剅䫚昫 䮾 䙉 挽 觚 代鉤偷切 跳

鍮鋀 酘鉤切䛍 𨁟 海樓切𢙇 𧖮 𨄃 䤈𩑌 𩙈 䨲 㲎毽
酌鉤切䋭 擩𢹎○ 𢾄 顀 篌 䯁𩩋 㲃 𢆲 𧆼 䮷
𦺗 橘 𡷁巌 𣖌 歋 篌 㤡 鴝 藕 䁯 𣐎
𥴊 篘䤈○𥶇 剸剸 瘊 㮢 銗鍭 蒟 朗侯切樓 𢞒 𧜚褸○
𧟟 宰鉤切𢾗 棨鉤切廚 㮢 䗔 䥔 奈侯切𪁓 瞜覩 剸 𪇘難鸛
觸 㖵 博鉤切瘷𤸰瘛 瘯 嵸 代樓切䠷 㦚 嘍 熡 䁖

合口呼

齊齒呼

齀 切壯醅傷 ○切晉雖蘈 鮒 切掌輸侏 戕 切范輸娄 敂 㺉 㮚

蘈 切爽醅毹氍毹 鮒 跦趎 袾 胕 切寵殳蹰 穀 切仰廚禑

棓 袾袾○ 騃 鵂雛 蟵 切淺殳爣 緺

切晉趨痦 棓 𪍿 鴸雉 鮒鮒 切始廚瓶 爣 喁

焙 毰 䘄 鮢 ○切漾廚輸 䏝 鬞 瘑

部 錇 硃 切寵輸翑翑 陎 纂 煸

撮口呼

鍝 蒍 切眘驅䞓 麜 切永儒瞗 揄 鷱 蕍

鄅 滜 切郡需䡱 鑐鎖 闟 崳 悏 欨欶欨

上聲者韻

嵎 切永需竇 ○切郡榆劬 偷 踰 浃 切輭榆嚅

鷵鷵雛 切訓驅蒟 歈 蕍蕍 瑛 䪰

蝺 切選驅須 蒟 廠廠 騟 碘碖 鱬

切范殳苻 蕷 蒟 蒟蒟 䩱 愉 筬

開口呼

切艮口峋

豿

傋

䪰

耩耩

切侃斗扣

合口呼

齊齒呼

切挨斗𡋤 傋 蚪 訃 𩫏 切茝斗鷃 切狀剖㥥 犃 切寵主駐駐 切仰主甌

孓 膞 切代口䞾 鋀䞾 切柰口婏 䁖䁖 鞭鞭 切忖剖㯳 鷇雛 切范耦骿

麿 切帶口抖 切朗斗𡟖 𡺮䉤 㯳 蔀 哇 俯

切海斗㺃 枓 黈斜 𢿣 𨻰 䨿 切棨斗趣 切豎剖擻 葬 崶

拓掘 對 薱 𩏊 茵 切敢斗駷駿 𩞁 切奉剖䭔 傴

狖 峠 蚪 𤭛 切酌斗蝂 切晉取䞭 𧍲

撮口呼

切眘庚棋 切訓庚陶

切郡庚趜韵 切輭庚䰰 切翠庚穎

去聲者韻

蘷

𩡅

切永煦見

開口呼

切艮豆姤 彀彀彀彀 㝅 㡅 䫂䫂 陑陑 狟

霻 領 切挨豆䩼 鮕 鏃 切代漏䤛 餖骰

窶 眗 䤧 誒 豿 荳 酘

篝 鉤 蓝 睺 蔻 䄻 趨䟲

㝅 切侃漏怐 切海豆逅 䪷 切帶豆䜴 捄 潹潹

磚 篾 趫 鱖鷱 妲嫛 䛠 窗 切柰豆譳

合口訐　齊齒訐　撮口訐

嬬　諣　皺　𠎿　祖趦切假　掌遇切註　軴　始晝切逵　仰晝切嫣　眷具切鞻

擩　踹　蘝　鯐　鄹　痓　駐　迣　范晝切射　筠

檽　鍋　窣豆切䠒　棷　寸趦切䠞　迬　䢤　腧　砎　郡屢切䫻

澆　藹　粲豆切䐢揍　䶕　普聚切㾕　鞋　蛀　鍮裓　蚪　邁

朗豆切䁖　酌豆切膒　散豆切篓　䫜　絓　眛　毬　永具切鶔

數　䙱　䡱　瘷　䅳　銈　寵遇切跂　㖁　訓具切䵦

戀具切屢　嚶

輭屢切懦

顮屢切嫗

入聲玨韻

開口訐

艮僕切鏉　摘擉揀藉揩　晦　柰僕切搼　侃僕切圊　挨僕切娖

齷躍　劅躍　海僕切鞶　筍　傉　酌僕切詠

閎　瀡　䅊　苣僕切珿　鋜　䑿

盝　踶　蹹踶踶　嵑嵑𪆿　鷀　燭

䚢　䴊雝䴇　䃜䃜。　稍僕切殐殐。　　窣僕切㲉數

䚢僕切㨢　犃　倍鶩切𦈌　㸢　䁧　纀黚

䤸　醭　鏷鏷　䑑　氉　䅬穙

撲　鸔　蟤　譔　䑶　貞卜

釙

合口訐

廣讀切晌䮡　祈

登登　鬣　苦卜切墼　𪾈𪾈。　炢

會卜切醬　殼瀫　䓊　脘卜切簋　哈嗬　鍛

䕺　䔎　䔎　䕫　𥠕　霿

𩫓𪁗𪁗𪁗　䮷𧱸　瓥　樧槊　燴　鄏

鐃　勯　䍦　杜卜切擴　瑲　鍛

狁　鵗䧹　儞　䛫　瘯　𢮦𢮦

騼　貓　駶　鐲　嬬　麗

䯝　䅬　䝁　磊卜切額　噪　騳騳

粶𪏀　𣓌　䴪　䴪　𢌩　𧦫𧦫　餵　蜯

騄　樸　䁖　雳　麗麓　麗　䆨　攗　𪉇

䴪𪏀　趚　鹿　𤺶　螰　卜切𥟳𢸗　磏　蟄　汁

腜　鄜　䴪　瓥　䴮　𪓰𪓰　𨄃　送卜切趚　鍬　卜鳥𩿡

餘搬　擴穄　纚　輚𨎺　鑢　壯讀切𩊠　𦁰　㾔　蔌　鬢

蝝　𥈭　𤓶　棣　𪌳𪏁　祖讀切蹴　𪋢　餗　獥　踍𤿃

蝀𧖟　鯫　𪍣　𪉂　殼　布讀切貞卜

䑑 陜（䑑） 獛 瀑 眛卜切 沫 炑 朷 楇 蛛

齊齒呼

俗蔟切 血 寵蔟切 趗 䟫 䠞 想蔟切 蝀

撮口呼

朿曲切 鋦（鋈） 綦（棊） 郡縛切 蛐 呥 髑 女局切 宿

鋦 駶 鮈 永曲切 輍（精） 豂 𩥍 頵 髑 衄

吕曲切 䠞 跧 睩 膝 酥 鯀 騄 簶 諸曲切 矚

嘱 䄿 䋘（䋘） 灟 處曲切 趗 跦 琢 豵 䮃 藹（蔮）

糠 赻（䞘） 㰈曲切 䮔（䜃） 戩（㪡） 褥（䙆） 䚉

恕曲切 倲 瞉 瓃 䕤 俊曲切 啶 翠曲切 啶（啶） 跒 俕

䞈 康 辣（脿） 䌥 馭曲切 趗 趗 鈺 砡 瑀（瑞） 虰

逡曲切 慄 剽 鏁 縹 氉（氉） 𧖓曲切 䑑（鞢） 甫曲切 僕（樸）

韻史卷二十一至卷二十五目録

第五部形聲

古聲 辜聲 且聲 沮聲 父聲

甫聲 尃聲（與十四部尃別） 浦聲 者聲 奢聲

亏聲（隸作于） 粤聲 䨝聲 雩聲 夸聲

瓠聲 瓜聲 孤聲 夫聲 牙聲

叚聲（與十四部叚別） 豭聲 家聲 車聲 吳聲

巴聲 皅聲 虍聲 雐聲 虞聲

虛聲 虖聲 慮聲 盧聲 虜聲

豦聲 凥聲 居聲 各聲 洛聲

路聲 烏聲 於聲（古文烏） 与聲 與聲

舁聲 卸聲 御聲 亦聲 䠶聲（同射）

夻聲 亞聲 惡聲 魚聲 鱻聲

穌聲 舍聲 余聲 涂聲 素聲

明聲 瞿聲 莫聲（俗作莫） 西聲 賈聲

庶聲 度聲 席聲 巨聲 桀聲

壺聲 䲆聲 処聲 圖聲 乎聲

虖聲 乍聲 土聲 夕聲 無聲

母聲 巫聲 石聲 疋聲（與三部足別） 馬聲

呂聲 鹵聲 下聲 女聲 如聲

奴聲 羽聲 兆聲 雨聲 五聲
吾聲 予聲 午聲 許聲 后聲
雇聲 武聲 鼠聲 黍聲 禹聲
鼓聲 鼓聲 夏聲 宁聲 絽聲
凵聲 叜聲 蒦聲 屰聲 㡿聲
朔聲 咢聲說文作咢 若聲 魯聲 旅聲
寡聲 蠱聲 兔聲 斝聲 圉聲
睪聲 擇聲 乇聲 谷聲與三部谷不同 郤聲
𩫖聲與十三部𩫖別 郭聲隸作郭 戟聲隸作戟 㫺聲 耤聲
霍聲 炙聲 白聲 帛聲 百聲

尺聲 赤聲 赫聲 赦聲 壑聲
[illegible]聲 䨣聲 霸聲 [illegible]聲 [illegible]聲

第五部音讀

四評表

合口評 姑枯烏評 都枎○○ 攎[illegible]○奢 租麤○蘇 逋鋪○○○
○○○胡 ○圖奴盧 ○租○○ ○徂吾○ ○蒲謨○○
攝口評 居袪迂訏 ○○○○ 諸初○書 苴趄○胥 ○○○數○
○渠餘○ ○○絮閭 ○除如○ ○鉏魚徐 ○○○扶無

右平聲

合口評 古苦鄔虎 堵土砮魯 [illegible]趄○社 組粗午○ 補普姥○○

攝口評 舉巨宇許 ○○女旅 沮楚汝黍 姐祖俁緒 ○○○甫舞

右上聲

合口評 故庫惡互 妬渡怒路 [illegible]○[illegible] ○阼悟素 布步慕○○
攝口評 據去豫○ ○○女慮 翥助茹庶 嫿蜡䣙絮 ○○○賦○

右去聲

開口評 各𧮯堊涸 [illegible]託諾洛 [illegible]○[illegible] 作昨鄂索 博亳漠○○
齊齒評 腳卻䜆○ ○○逽略 斮[illegible]若獡 踖䠞䖑夕 ○○○○○
合口評 郭鞹臒穫 ○○○○ 簴○○朔 ○○[illegible]○ ○○○○○
攝口評 矍躩玃彏 ○○○○ ○○○○ ○○○○ ○○○縛○
開口評 格客啞輅 ○○○○ 磔澤○釋 ○籍額○ 百白陌○○

齊齒評 戟綌㳄𪘏 ○○○○ 隻彳○○ 踖耤逆昔 碧䨿○○○
合口評 虢○䨿獲 ○○○○ ○○○○ ○○○○ ○○○○○
攝口評

右入聲此部平上去與開口齊齒音而入聲有之且分二門然古音格亦讀各戟亦讀腳虢亦讀郭可不分

四聲表

合平 姑枯烏評 都枎○○ 攎[illegible]○奢 租麤○蘇 逋鋪○○○
易平 ○○○胡 ○圖奴盧 ○租○○ ○徂吾○ ○蒲謨○○
上聲 古苦鄔虎 堵土砮魯 [illegible]趄○社 組粗午○ 補普姥○○
去聲 故庫惡互 妬渡怒路 [illegible]○[illegible] ○阼悟素 布步慕○○
入聲 郭鞹臒穫 ○○○○ 簴○○朔 ○○[illegible]○ ○○○○○

入聲 虢〇鞾獲 〇〇〇〇 〇〇〇〇 〇〇〇〇 〇〇〇〇〇

右合口詡

陰平 居袪迂訏 〇〇〇〇 諸初〇書 苴趄〇胥 〇〇〇數〇

陽平 〇渠餘〇 〇〇絮閭 〇除如〇 〇魟魚徐 〇〇〇扶無

上聲 舉巨宇許 〇〇女旅 俎楚汝黍 姐祖俁緒 〇〇〇甫舞

去聲 據去豫〇 〇〇女慮 翥助茹素 嫭蜡馭絮 〇〇〇賦〇

入聲 矍躩玃貜 〇〇〇〇 〇〇〇〇 〇〇〇〇 〇〇〇縛〇

右撮口詡

韻目卷二十一至卷二十五目錄

第五部韻目

平聲姑 上聲鼓 去聲顧 入聲各

平聲姑韻

合口詡 姑廣都切 沽 酤平上兩讀 蛄 辜菇跍

嫴箛 瓜 苽菰 柧 觚

罛 泒 呱 孤 菰

葭韓 麚麍 豭 家帘帘 另

枯曠姑切 殆 夸 誇 侉

刳挎 烏䑑都切 䳇於〇於兩見鴮 歍噁 雅平上兩讀義別〇鴉鴉

鋘 窊流 夻 杇杅圬〇 弙孖

污 洿 虍火姑切 虘 虖滹〇滹

歍 嘑 呼 謣 幠

膴 雩荂花 謼嘩 魖 都董姑切

闍 杼統姑切 樝膧姑切 戲𪁪 担寸姑切

䱙 譇語 奢參剛姑切 租篡姑切 麤麤麁麄

穌吳姑切餔 蘇 誧貝姑切 餔逋晡 逋逋

甫 巴 鈀 䎱 鋪佩姑切

痡 𢭏 色 葩 弧盧會切

狐 秸秙糊 㵝 餬 胡

湖 茱鋘鏵鍈 瘕 迲統盧切徒 捈 駼 愵 嚧磊徒切鑪虛 黸 壚

瑚坳 瑕 騢 圖 酴 悇 吺 盧 盧盧 鑪 蘆

鼯 鍜 鰕 瘏 涂塗○途塗 荼 拏 顱 壚 蘆

乎 碬 蝦 居 鋘 荼茶 荼 笯部又見○拏廿 鬣 鑪 壚 鱸 鵜

葽華 蝦 壺 鄗 郚 奴懊胡切 妆 砮 攄 鱸 柤 壯盧切

退寸盧切 徂 鏟 梧 牙 酉 匍 摹摸○平入兩讀 車 轂 据 欒 陆 於重見

殂 砟 菩 萼 芽 蒲 蟆 凥 腒 凵 笠 郡居切 鮭 鱸 杅 訓居切

盧又十七部 邪 梛 把 鵬 居 尻 踞○平去兩讀 琚 胠 虛 四見 ○墟 訏 攄口訏切 春盧

鄜又十七部 浯 吳 蜈 吳 謨 墓 謩 譕 漫胡切 椐 祛 迂 永居切 吁

吾 我盧切 衙 平上兩讀 酺 佩徒切 平去二音 模 橅 奭 裾 涺 袪 紆 忓

盱 鱸 蕰 藍 騄 畖 苴 苴 鴡 雎 胥 蝑 蛒 蝑 蛤 選居切 夫 兩見 粉居切

邪 諸 準虛切 遽 紓 妖 竽 苴 疽 翠居切 胆 蛆 揟 偦 袪

虛 再見 諸 初 蠢居切 舒 疏 疎 罝 罝 組 罝 伹 坥 鰖 鈇

嘘 豬 樗 郚 且 丘 二平上音 醉虛切 謯 趄 跙 岨 硱 硨 蝑 二平上音 麩 麵

獻 菹 書 舜居切 疋 耶 滁 狙 沮 楈 又見八部 鮇

邦 臚 膚 四見 臛 臛 蘧 余 永渠切 舁 旟 玗 謣 謣 袽 殺 裻

鄜 郿 瞿 平去二音 郡餘切 衢 蘧 紊 舉 與 擧 瀕 竽 舒 鄉 帤

鋪 躣 灈 鼉 蝶 餘 歟 亏 于 盂 邪 耶 鄉○ 挈

專 剸 欋 康 渠 畲 畬 嫙 尪 靬 芛 閭 慮餘切

軗 瞉 趯 蒃 藘○平上兩讀 鰈 鷚 仔 好 礜 袁 衧 雩 粤 絮 乃餘切 廬

韻史 目錄第五部韻目

驢 儲 娵 魚(䲆 驗) 徐 蚨 蕪 上聲鼓韻(合許切 廣上) 鼓(鼔 鼓 鼓) 鹽

臚(重見) 豬 鸅(鸅 鷶) 黨 斜 扶 甒 瞽 罟

除(蠡余切) 蹰(踞) 狙(翠余切) 漁(灔 敺) 裒 搏 瓐 古(鼠) 酤(平上兩讀)

篨(鋤) 鉏 娱(我余切) 夫(重見 粉余切) 毋(賤余切) 巫 詁 股

篨 如(炔余切) 虡 徐(選余切) 扶 鵁 誣 盬 假

一四七

韻史 目錄第五部韻目

假 股 蠱 瑦 鄠 怙 汻(滸) 睹(覩 董古切) 吐 魯(磊古切)

瑕 羖 苦(曠古切) 詎 鄗 祜 丁(下上 上去兩讀) 睹(去兩讀) 杜 櫓 檐

椵 斝 鄔(旒古切) 戶(扈 會古切) 雩 居 芐 堵(豬) 敲(坡) 蔞 菌

賈(價) 寡 隝(鳰 瑦) 雇(鶚 鴈) 虎(虜 勵) 岵(陆) 夏(奐 上去兩讀) 睹 稌 鹵

擲(榎) 兕 趌 扈(屽 苊 嶋) 琥 楛 土(統古切) 努(煥古切) 虜(擄)

一四八

韻史 目錄第五部韻目

艣 組(纂古切) 腒(衡 腒) 庌 浦(佩古切) 馬(影 影) 舉(擧 舉 春許切 撮口呼) 榘(兩見 矩) 距(䝣 鮔) 踽(偊)

鱮 珇 五(乂 我古切) 補(貝古切) 溥 莒 巨(榘 矩 兩見 鄒許切) 跙 鴉(鷗)

鱅 祖 伍 圃(圃) 普(普) 筥 苣(炬) 蒙(蒙 平上兩讀)

趣(趣 狀古切) 葙(葙) 午 祀 莽(嫫 漫古切) 簾 鉅 柜(櫸 臭) 鏮(廣 豦)

社(陸 剛古切) 粗(寸古切) 雅(平上兩讀 義別) 把 莽 鄒 岠(岠 柜) 簹(柜)

一四九

韻史 目錄第五部韻目

雨(兩 上去兩讀 永許切) 聥 羽 冶 栩 梠 籽 処(處 處 蠢許切) 鹽 杼

与 瑀 霸 許(訓舉切) 寫(瀉) 沮(準許切) 者 宁(跱 佇) 楮 杵

與(昇 上去兩讀) 橘(搨) 挪 鄉 女(上去兩讀 乃許切) 阻 赭 貯(䞣 儲) 褚(衿 衊) 鱸

趣 萬 予 擧 旅(㫃 旅 旅 慮舉切) 眝 渚 紵(紵) 芧(苧) 鱸

禹(畜) 宇(寓) 野(埜 埜) 詡 膂(呂) 虷 鬻(煮 鬻) 宦 杼(抒 抒) 楚

一五〇

韻史　目錄第五部韻目

齭（齷僆僆○㮎許切）　𧿹　且（翠許切）且（平上兩讀）　鉬鋙　圄　敍　㥠　父（枌舉切）　輔　莆

汝　鼠（癙）　咀　齬（齵）　圄（圉）　序（抒阡）　稰　斧　酺（䣿）　脯

暑（舜舉切）　所　祖　語（上去兩讀）　俁　房　稰　甫　𪏭（𪏭）　簠医

黍　拾　禦（我許切）　敔　嗅　鱮　湑（醑）　誧　䩉　橆迕（栩）

柔　姐（醉許切）　筯（䇞簗）　衙（平上兩讀）　緒（選舉切）　諝　蝑（平上兩讀）　俌　郙　歧

一五一

韻史　目錄第五部韻目

䉶（晚舉切　無○無又借為平聲見䉶字下）　廡（橆）　去聲蠱韻　顧（廣路合口呼切　𩓐）　梱　稼　跨　笪（會固切）　互（乎）　𢷤（擭　𢶍）　瓠

舞（䑯　儛）　故　固　庫（曠固切）　𦺇　枑　鑮　婟

潕　𦐅　固（恧）　箇（个　個）　絝（袴）　㮧（又見三部）　罟　𡐓（𡑒）　嵳（華）

憮　武　錮　嫁　胯　亞（腕固切　婭）　護　謼　西

嫵　痼　㡊　跨　惡（去入兩讀）　鱯（䫺）　唬　晉

一五二

韻史　目錄第五部韻目

暇　𩧬　渡　露　賂　厝（去入二音）　𥨍（𥨸　𩥳）　素（巽固切）　步（佩固切）　悑（怖）

下（上去兩讀）　妒　兔（菟）　潞　胙（酢）　措　害（寸固切）　謼（謝　愬　訴　訴○）　跱（去入二音）　酺（平入二音）

夏（上去兩讀）　䛤　怒（㛂固切　努）　璐　阼（祚）　𪏭（䖒）　啎（啎○悟　忤　迕　遻）　泝（洝　泝○泝）　𦶎　狛（去入二音○䖕）

妬（董固切　妒）　秅　笯　鷺（鸕）　酢　晤（我固切）　誤（悞）　布（貝固切）　捕　魺（去入二音○𪓕）

蠹（蝅）　度（統固切　去入二音）　路（磊固切）　簬（簵）　措　悟（悪）　訝（迕）　鞄　哺（哎）　莫（漫固切　去入兩讀○暮）

一五三

韻史　目錄第五部韻目

慔　禡　𢷤（攝口呼　許春切　𥭭）　瞿（平去二音）　勮（劇）　鷵（礐）　瘀　雨（上去二音）　䰷（準據切　䨲）　吒（咤　奼　嗄○　詫）

慕　罵　倨　鑼　醵（酤）　𪎌　淤　女（上去二音　乃據切）　箸（本韻入聲○著　兩見又）　㖞

募　瘑　居（去踞○平兩讀）　去（郡豫切）　懼（愳）　與（上去二音）　䆷　慮（戀據切）　蝘

䰋　鄏　明　𪍿　礜（永據切）　豫（忬預）　芋　勴（勵）　詛（𥙿）　𦱂（䐗）

基　畀　遽　礜　悆（悇）　夜　鑢（鐧）　詐　㩄

一五四

韻史 目錄第五部韻目

柘 射(䠶 去入兩讀) 浑(泇 𤎩據切) 舍 騀(又十部上 翠據切) 御(馭 我據切) 賦(賦。 勑據切) 入聲各韻 各(開口呼 良洛切) 格

炙(去入兩讀) 廧 庹 洽 絮 賦 胳(格) 荅

助(泰據切) 乍 恕 赦(赦) 覰 謝 搏(去入兩讀) 閣 骼(骼 骼)

勑(莇) 詐 署 怚(醉豫切) 蜡(䄍 蠚) 卸 傅 格(洛 武) 貉

著(再見。 莇 茅 𦺈) 茹(輭豫切) 睹(去入兩讀 曙。上) 嫿 䐿(去入兩讀) 窶 搏 格 客(口各切)

一五五

韻史 目錄第五部韻目

峉(海各切 惾 惾 忿) 𣪊 幹(䎛) 託(代各切) 釋 㩪(㧘 㭊 析 析) 洛(朗各切) 鉻(䥯 剳) 烙 齰(齚)

惡(烏各切 ○惡 去入兩讀) 涸(㵃) 郝 侂(托) 鐸 墲(㾢 㾏 䏣 ○ 㭊 拓) 落 笿 拓(諾各切 㩯) 譜(㗂 咋)

啞 烙 赫(䓇 㪎 嚇 𧹞) 頓 擇 度(去入兩讀) 零 駱 礫(㕩 砨) 乇

堊 略 爽(𡗝 奭) 魠 橐 劇 貉 雒(趺) 距 隻

絡(柰各切)

蛋 貉(貊 貃) 萲(𦵔) 袥 欜 諾 輅(絡) 鴿 蹠 炙(去入兩讀 ○炙 炃)

一五六

韻史 目錄第五部韻目

尺(莖各切) 澤 𦑤 磔 柞 唐(去入兩讀) 醋 剫(䂵 鍔) 噂 鎛(保各切)

赤(𧹈) 石(稍各切) 釋 作(宰各切) 䄍 遣 路 鄂(戎各切) 鸖 博

席(庌 斥 ○) 碩 釋 迮 飵 猎 頟(頟) 蔦(鶙 鶙) 髆 簿

宅(宨 庑) 拓 蘀 笮(窄) 怍(㤰) 籍 咢(咢) 蜉(蟈 蛶) 搏(去入兩讀) 檡

擇 袥 索 笮(采各切 笮) 昨 錯 遻(遻) 索(散各切) 轉 百

一五七

韻史 目錄第五部韻目

佰 亳(抱各切) 薄 魄 霏 嗼(𡨚) 鍥 脚(脚) 勮(劇。平 去入兩讀) 㗳(齊齒呼 几略切)

伯 㴑 鑮 狛(䟫 ○去 入兩讀) 霸(霸 冒各切) 募 鄚 攫 谷(啣 膆) 螂

迫 跡(去入兩讀) 白(皁) 絇(䟫 ○去 入兩讀) 莫 㯳(㯳) 漠 乳 魰 絡(峈)

啟 蕲(䕯) 帛 洦(泊) 膜 瘼 貘(貊) 戟(戟) 卻(却) 郤(郄)

柏(栢) 膊 怕 拍(拍) 摹(摸○平 入兩讀) 暮 驀 噱(普略切) 御 㨉

一五八

宊 奕 睪 嶧 斫（軫略切）○ 著 箬 趞 籍 綖

隙 弈 圛 驛 斮 射（軼去四入讀）叕 䧿（舃鵲見小略）○切歡 笞（篙小略切）○昔 寄 腊

狌（怯五部兩部見八） 掖 譯 鯱（覡 向略切） 礏 彳 踖（踖 略舃切又） 赫 惜

液 繹（驛譯） 略（利居切） 𣛭（錯斮） 婼 借 耤 笷 夕（我略切）

亦（腋 隱略切） 罘（睪） 戳 蟟（螺蟸） 箸（倡略切 去入見田） 若（恩略切 萞𦱆） 踖（淺略切） 藉（去入田讀） 逆 歺

席（㡚廗） 樽（避略切） 臺（廣霍 合評切） 㶁 籗（籊 簫籊） 臒 穫 獁（猎猊） 矍（春縛切 撮評切） 趯

蓆 郭 霩（廓 鞹郭切） 蠖 鑊 攫（永縛切 籰䨼 𩰫）

舄（重見） 崞 漷 矆（彍 睆郭切） 靃（又十六部 上○霍 會郭切） 濩 鑁 貜（蠼）

碧（丙略切） 椁（槨） 鞹 擭 獲 玃（訓縛切 矆瞿懼）

皕 譥 彉（彉又 十部去） 嬳 藿（萑） 朔（刷霍切） 躩（郡縛切） 彏

縛（粉與切）

韻史

第五部副編韻目

平聲姑　上聲鼓　去聲顧　入聲各

平聲姑韻

瓠(合音許切 廣都)　鍏　沽　軲　鮬　鞴

胍　魃　椵　棒　伬　槁

抓(菇)　觚　緞　姱　忓　蔦

箛　鴣(雉)　箍(茶)　軫　槃　鵠

膊　䑩(鲇)　跍(賤姑切)　郚(觥都切)　鴣　蝸

諡　砠　椵(平去兩讀)　歐　酺　荼　瓍(孖)　涂　疕　脯(貝姑切)

鴣(雉)　柧　呼　晗　肥　粽　歔(膢姑切)(鶘 鶘 膢)　醬　瞰(寸姑切)　趏

眂　垿(會姑切)　颮　恗　鞁　茶　瘧　瘵(膝膯)　糠　庯

窋　軒　彀　瓹(董姑切)　琭(紙都切)(琭)　梌(梌)　穞　侂(狀姑切)(平去兩讀)　蘇(與姑切)　捕

𤕰　芋　鉼(峪)　節　趍　崿　渣(柞)　恾　酥(酥)　鶘(雉)

鰆(花絓鯆)　芭　餔　肥　葫　魱　頋　荼(琉盧切)　菟(膍)　芋

鯆　粑　踊　猢(會盧切)(裘)　鶘　橦　觳　稌(料)　鎪　矑(磊胡切)

妑　蚆　嫵　瘌(疗)　瓿　騲(騶)　霞　鵌(鵝)　鴽　瓥(嬽胡切)

吧　搏(佩姑切)　妑　醐(瓬)　筸　鶓(雉)　遐(遐遐)　鶘　瞰(設設)　嚧

芭　散　舥　糊(葫竽)　胡(帽)　蝆　遽　唐(唐)　瓞　瓐

瓻　鱸　娛　婞(戈盧切)　猪(猰)　蒱　賰(居)　碑(撮音許切 春虛)　綮　盰(吟)

鑪　蠦　禽　觚(觚)　鰛(鶻)　篇(蒲)　崌(居)　蜱　陯　疠(疠)

斂　蘆　窊　艅　舻(艅)　蜅　鵑　攄(郡居切)　雩　欸

𪎸　盧　窯(狀盧切)　峿　蜈(峿)　胐　蜛(鮎)　爐(盧)　蚇　祗

甗　膈(蛇)　湑(寸盧切)　瑕(琚)　猶　胥　苣　唋(永居切)　驢(猛)(訓居切)　播(准虛切)

諸 櫫 𠻘 蔬 祑 膊(脯) 璖(渠) 懅 轗 渠(𧼨)

蝫(蝫 緒) 㴋 鴽(鶋 錐)(舒居切) 屠(翠居切) 玞(砆) 撳 緣(緣) 趧 窶 礭

礸 䏜(參七部○五部兩見) 舒 稰(遝居切) 鵻(雉) 撳 貗 𧨾 鄦(邱) 戳(鑼)

諸(十) 絽 箐 秩 𧆞(蒪) 蕖 璩 隊 戵(毧 氉)

潴 攄(蠢居切) 練 妖(粉居切) 薔 磲(郡餘切)(渠) 傢 擄 禠 蠷

䮴 蜍 骱(骱) 笷(節) 莩 閭 熫 瘀(蠢餘切) 䁥(我餘切)(驗) 詄

盬 璵(璵) 釪 挪(椰) 桴 藺 蟅 滁 瀀 颫(颫)

艅(永渠切) 獮 軒 蒋 荍 潤 嘘 豬 䳜 𢶍

徐 篻 逄 荇 㦡(戀餘切) 攄(平去兩讀) 璥 鸏 䅂(選餘切)(豣) 悄

雒 瀩 盖 矍(乃餘切) 蒠 櫚 駼(騋) 蘩(輾餘切) 眹 翩(耡餘切)

滑 上聲鼓韻

譕(晚餘切) 篻 鴮 㤁 茰

鈷(廣土切 合口呼) 鈐(聆) 芜(會古切) 㢌(湒) 㡣(董古切) 鞋(統古切) 湎(磊古切) 庁(腫古切)

估 㤉 虢 嵔 𢿍 坃 摘 庁

牯 㡠 鄜 滬 賭(賧) 芏 匌 㾌

蝦 鴨(脘古切)(頭) 盻 篭 肚 莊 艕 靻(纂古切)

箬(廣古切)(苦) 渦 㕑 度 瞀 詧(焕古切) 囍 蘢(寸古切)

蓋 譜(貝古切)(諡 譜) 鍒(漫古切) 弃(春許切 撮口呼) 罟 聱(䐕) 粄(乃許切)(架) 宕 衧 褫

盱(我古切) 嫣 趄 駏(䟡) 䕒 敹 穭(招) 忬(惰) 揁

屛 煏(佩古切) 寫 郎 岠 翝(訓舉切) 侶(戀舉切) 柧(柧) 餌 攓

房 簿 碼(瑪) 詛(郡許切) 蛣 珊 絽 迺 磋(蠢許切) 韓

盃 鏄(鞴 韝) 鴈(鰢) 粔(䞕) 挄(永許切) 呼(䛐) 郘 忬(單許切) 淒 魆(魌)

胺（歟許切） 楙 䤈（選舉切） 澂（澳） 敿 嘸（晚舉切） 䳄 去聲箇韻 涸（合口呼 廣路切） 坬

蒠 碓（醉許切） 醎 槁 鴂（雉 鷄） 鱫（䲃） 　 稒（梱） 椵（椽）

墅（舜舉切） 趡（翠許切）（趭） 䚄 髃（粉舉切） 釜 甒（瓵 甋） 　 罝 伍（腕固切）

蝫 蘮（我許切） 嶼 硧 蚁 䟺（𡜌 遡） 　 鯝 欧

埜 麌（麌） 蕻 滏 䌗 珷（碔 礁） 　 痁 脴

迓 婭（會固切）（㛹） 寎 䛩 疘（董固切） 踞 跁 趏（我固切） 寣（寣） 㨗

䂨 䯰 䋰 芏 䕯（統固切） 㾁（㾁 瘧） 窊 捂（捑） 砑（扞） 嗦（縢）

婭 鞾（韄） 汚 狂 䕯 醉（腫固切） 侘（狀固切）（兩讀平去） 聐 犽 猿（猢）

踪 護 汚 蝦（兩讀平去） 鰝 搾 蛇 俉 傃（兵固切） 塑（㙛）

擨（搽） 擨 袪 嚇（哧） 蕗（磊固切）（蕗） 吒 嗄（刷固切）（歌） 逜 諕 珩（珩）

抪（貝固切） 灞 痡 䈫（漫固切） 濠（春豫切）（瀏） 鼃 壆（撮口呼） 檍（二音平去） 嵉 箸

怖 㰰（䑺） 鞴 䉑 鮎 苦 潒（湏） 䗁 㪟 曙

蚽 跁（佩固切） 邨 謌 呿（郡豫切） 柋（永據切） 㩣（揗） 罟 蟨（蠢據切）（蛬 蠁 鑄） 䮿

剬 帊（帕） 艀（䑺 柏） 隔 㩕 菸 鵊（準據切）（䳇） 蠦（舜據切）（䵃 䴝） 㪵 庫

弝 杷（罷） 䑺（䑺） 楇 鬻 欒 蔥（戀據切） 饁 滬 助（翠據切）（租） 㒃

筥 澍 入聲各韻 䕯（開口呼 良託切） 洛 嚇 忙（㤶） 輹 澤 㤲

錦 榭 　 蛒 狢 嚇 飳 踱（䟽 䭾 㲊） 擇 路（朗各切）

鈹 　 喀（口各切）（䐋 絡） 恪 炼（㶼） 馲 蹄（䟽 鱳 馲） 籜 硌

䠋（䠊） 　 挌 趏 沰（帶各切） 䪚 䑖 胳 珞

篤（選據切） 　 矐（海各切） 榕 佗（代各切） 喥 䩚 絡 酪（柰各切）

路 鉊 岸 吒 祓 禠 屛 鶴 稼 睥 怍 頯

路 蚱 乇 咋 莊各切 靳 瓿 涑 襖 鈼 愕

路 托 墌 拓 泎 潪 鞾 蚸 鉐 剒 砟 采各切 諤

樂 落 犴 麈 蚢 莋 葦 韓 卤 碢 錯 怍 齶 咢 腭

舴 蝶 蚝 諍各切 趄 皈 鸐 雜 趚 措各切 釋 措 笮 愕 我各切 萼

愕 疁 鞜 蓀 搏 膊 萡 轉 鑮 鑮 珀 趄 趄 墣 陌

湱 鍾 蓀 鞾 尃 抱各切 鑮 箔 膜 冒各切 圍 貊 貊

陽 峇 崙 峇 磗 保各切 蟳 膊 翮 翻 朔 第 寞 帞 約 貊

崿 嶭 擽 散各切 鎛 鏄 簿 鑮 鑮 粕 鵖 瞙 袹 蛨

塄 壚 辣 轉 皕 礴 胎 舶 舽 勱 鉑

檓 喬 嚀 凡略切 鬻 隱略切 壆 念略切 閣 碧 筰 恩略切 楉 猎 蒻 蒻 讖 廣霍切 合 詐 切

戟 渀 嚁 逪 蜡 蚱 措 都 厝 借 腊 曠 鄺

戟 烗 襗 踖 掠 瓿 踧 哶 我略切 措 曠

郤 鄉 舊略切 燡 輝 嘩 醳 緊 利若切 礭 碏 皵 襫 淺略切 碼 小略切 鄗 撗 鄘 曠霍切

鄮 鄮 繹 懌 謈 謶 昣略切 趚 倡略切 鰭 潟 汐 劇 劃 劃

嘝 巏 戄 翻 奞 春縛 擭 口 詐 切

嫂 嬳 鹿霍切 嚄 劃 灌 蠖 濩

鑊 霍 霍 會郭切 曤 謀 攫

臒 度 擢 瓁 我霍切 鄭 郡縛切

臒 瘦 瘽 還 我縛切

韻史卷二十六至卷二十九目錄

第六部形聲

亙聲與十四部亘別　興聲　豋聲　薨　徵聲　兢聲　夌聲

恆聲　丞聲　登聲　爯聲　升聲　仌聲隸作冫　仍聲

弃聲隸作关尖　烝聲　𤼷聲說文作彝　稱聲　厶聲古文厷　馮　孕

𦨶聲隸作朕　承聲　瞢聲　椉聲隸作乘　厷聲同肱　雁聲　凭

朋聲　巹聲　夢聲　曾聲　弓聲　蠅聲

韻史

第六部音讀

四呼表

開口　呼　合口　呼　齊齒　呼　撮口

開口	呼	合口	呼	齊齒	呼	撮口
揯○○○	○○○恆	肱○泓薨	○○○宏	兢○膺興	○○蠅○	○穹○○
登膯○○	○滕○棱	○○○○	○○○○	○○○○	○○○陵	○○○○
⿱穴登○○○	○⿱穴曾○○	○○○○	○○○○	烝偁○升	○椉仍承	○○○○
增○○䁬	○層○○	○○○○	○○○○	○○○○	○鄫凝○	○○○○
崩硼○○○	○○○○○	繃○○○○	○朋瞢○○	仌砯○○○	○馮○⿰馮阝○	○○○○○

呼
○○雄○
○○○○
○○○○
○○○○
○○○○○

右平聲

開口　呼　合口　呼　齊齒　呼　撮口　呼

⿸疒亙○○○	○○○○	豋洸○○	○○○○
瞪䠬○縢	○○○○	○○○○	○○○○
○○○○	○○○○	拯朕○洸	○○○○
䁬○○○	○○○○	○○○○	○○○○
○⿰崩阝⿸疒曾○○	○○○○○	○○○○○	○○○○○

右上聲

開口　呼　合口　呼　齊齒　呼

亙○○○	○○浤○	○○孕嬹
隥鄧○⿰歹夌	○○○○	○○○掕
憕○○○	○○○○	證稱○滕
○贈○⿸疒曾	○○○送	甑影○○
塴⿰魚朋鏳○○	堋○㝱○○	○靁○○屛

撮口誇 ○揩○○ ○○○○ ○○○○ ○○○○ ○○○○○

右去聲

四聲表

陰平 搄○○○ 登嶝○○ 鼜○○○ 增○○䁬 崩硼○○○
陽平 ○○○恒 ○滕○棱 ○窨○○ ○層○○ ○○○○○
上聲 ⿱宀恒○○○ 蹬踜○驣 ○○○○ 噌○○○ ○鄘⿰禾曾○○
去聲 亙○○○ 隥鄧○㱥 憕○○○ ○贈○[illegible] 堋⿰魚朋鏳○○
入聲 革刻○黑 得特螣勒 恃○○○ 則賊○塞 北匐墨服○

右開口誇

陰平 肱○泓薨 ○○○○ ○○○○ ○○○○ 繃○○○○

陽平 ○○○宏 ○○○○ ○○○○ ○○○○ ○朋甍○○
上聲 ○○○○ ○○○○ ○○○○ ○○○○ ○○○○○
去聲 ○○泓○ ○○○○ ○○○○ ○○○送 堋○霿○○
入聲 馘圣○惑 ○○○○ ○○○○ ○○○○ ○○○○○

右合口誇

陰平 兢○膺興 ○○○○ 烝偁○升 ○○○○ 仌砅○○○
陽平 ○○蠅○ ○○○陵 ○椉仍承 ○鄫凝○ ○馮○鄰○
上聲 凳洗○○ ○○○○ 拯眹○洗 ○○○○ ○○○○○
去聲 ○○孕嬹 ○○○掕 證稱○媵 甑彭○○ ○霿○[illegible]
入聲 棘極翼畫 毦○匿力 仄測○嗇 稷○嶷息 逼[illegible]○服○

陰平 ○穹○○ ○○○○ ○○○○ ○○○○ ○○○○○
陽平 ○○雄○ ○○○○ ○○○○ ○○○○ ○○○○○
上聲 ○○○○ ○○○○ ○○○○ ○○○○ ○○○○○
去聲 ○揩○○ ○○○○ ○○○○ ○○○○ ○○○○○
入聲 ○○域瘢 ○○○○ ○○○○ ○○○○ ○○○○○

右齊齒誇

右撮口誇

韻史卷二十　至卷二十九目錄

弟六部韻目

平聲緪　上聲鄬　去聲桓　入聲革與一部同

平聲緪韻

開口呼

緪改登切　絚　揯拰　䱢絙

登𤼷　璒　鐙燈○　簦　贊登切曾兩見分義　增　到增切彝甑辟登○

譄　憎　增　澮　熷戠○　罾

鬙熷　崩保登切　嵋堋　𡺐○　○漢縢切　恆　代恆切

縢藤○　籐　縢　螣螣○　騰　𩦲

棱老恒切　楞○　稜　層架恒切　曾重見分義

合口呼

肱古薨切　厷　厶　弓　鞃鞃鞹　弘　泓脘肱切　薨戶肱切

儚僜○　顛　繃布肱切　綳　○戶朋切　鞃　宏窔○　諱敬切○避弦環廟

宖宖○　紘紭紭○　浤　硡砿　閎　倗倗○　朋普宏切　六部

輣平七部去兩見異義　弸　鵬慢宏切六部去部平兩見　瞢　甍　懵　棚　夢

齊齒呼

瞢凡膺切　薨　兢兢　膺膺○　應平去兩見○膺

徵𢿣平一部平兩部上六部讀異義　興向兢切平去兩讀義分　烝掌兢切　蒸蒸　兢興　鄳

騰平去兩讀○　𢏳兢切　𦦘　升始兢切　陞○昇　○漢陵切　蠅　𠃼貶兢切　冰○

夌亮凭切　淩　𨀂一部入六部平兩見　蔆菱　蓤　稜　𣓌　陵𨁈

徵徵　𧦝陵切　登　䧙　懲　澂龍陵切　𦐌乘○讀○平去兩　夌　𩬆　竊　凌

卤　鹵　三部○三部　仍　扔　艿　膡○　𤅝　𣕿　廾

丞　承始陵切　𣆶○　𦬝　𣄰　繩

平去兩讀　𢘓　陾　𣋎淺陵切　䋸　縆

乘　𡱩○　凭蔓陵切　凭　馮○　憑　鄫　范凭切　鄬

冰仰凭切　凝

撮口呼

穹祛雄切　○餘穹切　雄

上聲鄬韻

開口呼

鄬抱瞪切　一部平上兩讀異義　六部

齊齒呼

拯凡拯切　脞　胅○　眹　𣓌掌拯切　嶒　拯　撜　抍○

𦗯　䡫　𥲽龍拯切　拯　𢤦　矣

去聲桓韻

開口呼

桓改鄧切　亙　殑到亙切　隥　嶝　磴

合口呼

𡷗跮切　堋　逆　𨓆六部兩讀九部　布𢙉切　崩　翝○　𡽀　霿　𤸷慢堋切　𩆷○　代亙切　鄧　𧸘莲亙切

齊齒呼

懵漾𡖖切　𠡍○　孕向孕切　𦐌　𧳢　蠅　媵𦏁　應平去兩讀○膺　凌亮𡖖切　倰

興平去兩讀義分　甑𦏁切　稱　秤○　證掌𡖖切　𢙣

媵始𡖖切　平去兩讀○　𦏁　乘平去兩讀○　𥟝𦏁切　甑　𤓰　𢎒

騰　𦤀　凌兩平去讀　𢒼　剩重見　仰𡖖切　冰　凝

平去兩讀

入聲革韻部見一部

韻史

第六部副編韻目

平聲絚　上聲鄫　去聲揯　入聲革與一部同

平聲絚韻

開口呼

改登切亙　䄓　到增切磴　敱　㲪鐙　鵕

蹬　代登切瞪　鼜鼜　酌登切窨　僜　贊登切璔

磳　翺　曾　橧　散登切䁅　繒

鬙　僧　保登切痭　[illegible]　[illegible]　[illegible]

抱登切漰　磞　硼　○漢滕切姮　峘

代恆切㿐㾓　儯僜　鷘　蟜　藤

老恆切稜　倰　趬　輘　颷　崚䔖

碐　蔆　躳　茝恆切窨窨　簦

鏳　彰　棸恆切瞢

合口呼

古甍切宏橐　腕肱切呴　戶肱切灇　飍颵　𦐯𦐯翃

布肱切嫻　彌　○戶朋切竑　軦　吰鈜　耾賊

峵崆　鋐　浤汯　弘　普宏切翁　惆

蹦　弸彭　霸　翝　蝴　慢宏切䕫

䗬　矇　艷艷　䨜　鄸　蒙䝉

蒝

齊齒呼

漾兢切𧕃　掌兢切㤼　癥　衜衜　鲞　蒸菉

韻史 目錄第六部副編韻目

攝口呼

寵䑤睖切　綾　攘陵礽切　仰凭䁅切　餘穹竑切

避䏵砯切　寵陵㥒切　陑　避陵凴切

○亮凭㥄切　誳　淩陵噌切

䋲鯖　嶒

𢻊　涇　驓

錂　凓　㽪

開口呼

改鄰稉切　贊鄰噌切

上聲鄰韻

到鄰嶝切　莫鄰㬴切

代鄰蹽蹬。　瞪

䕢

老鄰䲢鯪切

齊齒呼

儉拯浺切　㥄

殑　始拯洗切

掌蒸㷀切　殑

寵拯憴切

㦀

崚踜

一九五

韻史 目錄第六部副編韻目

去聲恆韻

開口呼

改鄧暅切　轁　蹬　䮴

脝　磴　殑　酌亙轁切　保亙堋切

暅　凳　驓　㡠　擡對幀憕　抱亙鯛切

㥫　垣　蕄　㨹㨹　䅽亙蹭切　莫亙蕄切

硱　代亙臺切　老亙稜切　黯　鐕鏳

到亙鐙切　澄璒　䉕䉕　鬙　鸇

散亙鬅切　朊堋滃㴪。切　漾嬹暡切

合口呼

齊齒呼

黷　紫嬹䆤切

䵥　孔　淺嬹彰切

艢　䐪艢　㜗　避嬹霤䨺䨺切

向孕矌切　始嬹鄧切

掌嬹䵀切　藤　務嬹殍切

寵嬹瞪䁅切　鰧鰧

一九六

攝口呼穹之去聲𢮪　䁟

焪

㴦

韻史 目錄第六部副編韻目

一九七

韻史 目錄第六部副編韻目

一九八

韻史卷三十至三十四目錄

第七部形聲

今聲　琴聲　念聲　酓聲　歆聲
金聲　欽聲　錦聲　凡聲　風聲
咸聲　鹹聲　㐭聲　占聲　黏聲
音聲　羊聲　南聲　㚔聲與十一部幸别　執聲
甘聲　甚聲　甛聲　彡聲　㝷聲
壬聲　任聲　𡈼聲與二部𡈼别　淫聲　參聲
𠧪聲　先聲　兟聲　朁聲　三聲
男聲　心聲　侵聲　林聲　𤣩聲彔作乏

从聲　𢦔聲　韱聲　巳聲說文作𢎘　氾聲
兼聲　廉聲　僉聲　弇聲　閃聲
亼聲　合聲　拾聲　咠聲　戢聲
亩聲　稟聲　審聲　宊聲　㚇聲
冄聲　猒聲　厭聲　及聲　立聲
㬎聲　隰聲　溼聲　邑聲　入聲
雥聲　雧聲　聶聲　品聲　劦聲
協聲　十聲　叶聲　廿聲　帀聲
習聲　燮聲　龖聲　夾聲與八部夾别　陜聲與八部陝别
図

韻史

第七部音讀

四評表

齊齒　金欽音歆　○○○○　斟㨹○森　祲侵○心　○○○風○
許　○琴淫○　○○誑林　○岑壬諶　○𩞄吟潯　○○○凡○
齊齒二　兼謙猒姈　䑗沾○○　占覘○苫　鑯僉○纖　砭○○○○
許二　○鈐阽嬚　○恬拈㾾　○𪏮顉棪　○潛𪏶鼸　○○○○○
齊齒三　緘○○銜　○○○○　酟○○彡　○○○○　○○○芝○
許三　○○猎咸　○○喃○　○纖○○　○○咠○　○踫○颿○
開口　弇戢諳峆　覘探○○　○○○○　𪓐驂○三　○泛○○○

許　○○○含　○覃男婪　○○○○　○蹭儑○　○○○○○

右平聲

齊齒　許　齊齒二　許二　齊齒三　許三　開口　許

錦唫歆○　○○○瀶　戡瀋衽諗　醓槾趛寑　稟品○○○
檢歛㦬險　點㤿䏹斂　颭○冄閃　○○顩○　貶○○○○
減槏黭獫　○○囧○　䑎醶○摻　○○○○　腇○戧軓○
感歁黔揻　䕩禫湳顲　○○○○　昝黲顉糝　○○○○○

右上聲

齊齒　許　齊齒二　許二　齊齒三　許三

禁噤蔭譀　○○僋㯰　譖讖妊滲　潭沁○○　洦湆○颿○
趛傔○𣝗　坫簟念○　○○○點　僭○驗礛　窆○○○○
○○䤐嗛　○○○○　䮕懺○釤　○○○○　○閻○泛○

開口評 淦勘暗琀 蛐撢婻灊 ○○○○ ○瘮○侎 ○○○○○

右去聲

齊齒評 汲及邑吸 釞○香粒 汁螯入什 緁輯岌習 皀駮○○○

齊齒評二 跲极擜協 聑帖聶○ 揩姑顳攝 楫穕○燮 ○○○○○

齊齒評三 袷瞮壓洽 ○○囙○ 眨扱○翜 ○○○○ ○○○乏○

開口評 頜姶蛤欲 荅搭軜拉 ○○○○ 帀䨲砐颯 ○○○○○

右入聲

四聲表

金平 金欽音歆 ○○○○ 斟槮○森 祲侵○心 ○○○風○

易平 ○琴淫○ ○○詌林 ○岑壬諶 ○鬵吟潯 ○○○凡○

上聲 錦唫歙○ ○○○澟 戡瀋衽諗 醦棲趍瘦 稟品○○○

去聲 禁噤蔭譈 ○○賃頳 譖讖妊滲 瀋沁○○ 沰湆○凮○

入聲 汲及邑吸 釞○香粒 汁螯入什 緁輯岌習 皀駮○○○

右齊齒評

金平 兼謙猒姏 聑沾○○ 占覘○苫 鑯僉○纖 砭○○○○

易平 ○鈐阽嫌 ○恬拈廉 ○䳒䫡㥦 ○潛䶢燅 ○○○○○

上聲 檢歉渰險 點㤐阽斂 㸃○冄閃 ○○頷○ 貶○○○○

去聲 趛傔○䪜 坫簟念○ ○○○䟴 僭○驗䃰 窆○○○○

入聲 跲极擜協 聑帖聶○ 揩姑顳攝 楫穕○燮 ○○○○○

右齊齒評二

金平 緘○○衔 ○○○○ 䩇○○彡 ○○○○○ ○○○芝○

易平 ○○㨔咸 ○○喃○ ○纖○○ ○○砦○ ○蹳○颿○

上聲 減㯺黯㨔 ○○罱○ 䩇醆○摻 ○○○○ 腏○鈛帆○

去聲 ○○鮨嗛 ○○○○ 䶢㦜○釤 ○○○○ ○閻○泛○

入聲 袷瞮壓洽 ○○囙○ 眨扱○翜 ○○○○ ○○○乏○

右齊齒評三

金平 弇戡諳媕 䫲探○○ ○○○○ 糌鬖○三 ○渼○○○

易平 ○○○含 ○覃男妛 ○○○○ ○蹔傪○ ○○○○○

上聲 感歁黯撼 箴禫湳黵 ○○○○ 昝黲鏒糝 ○○○○○

去聲 淦勘暗琀 蛐撢婻灊 ○○○○ ○瘮○侎 ○○○○○

入聲 頜姶蛤欲 荅搭軜拉 ○○○○ 帀䨲砐颯 ○○○○○

右開口評

韻目卷三十至三十四目錄

第七部韻目

平聲金　上聲錦　去聲禁　入聲急

平聲金韻

齊齒呼

金(凡音切)(釒 㕌)　欽(舊金切)　瘖　歆(向音切)　玲(珹)

裣(衿 襟)　衾　愔(愔)　廞(廞 揞)　孅

紟(絵 紟)　龕(龕)　霠(霒 雺 会 侌)　斟(掌音切)(廾 抖 昙)　鈷

(平去兩讀)　音(漾金切)　先(簪)　鍼(針)

今　喑　陰(陰)　墻　箴

葴　驖　彤(彤。與九部兩讀義分)　森(始金切)　參(參 兩見義分)　駸　鐕　楓　荃　𡍺(漾林切)　蟫

突(罙。罙 宷)　綅　侵(凡音切)(侵)　琹(舊林切)(琴 鏨)　捦(襟 擒)　淫(霪)　醰

綝(齒金切)　覙　滲(深 滲)　猣(平上兩讀)　埐　蔓　黔　欽(欽)　婬　芺(夭 㚼)

棽　闖　湠　槮(梣 檽)　心(小金切)　肣　𡖢(㝱 㝱)　驔(騽 平入兩讀)　林(利琴切)

郴　槮(參 參)　蔆　祲(紫音切)　𧋍　風(缶金切)(風 飆)　岑　禽　鱏(鱘)　痳

霖(齒琴切)　炎　任　鬵(鬵)　埁(硶 崟)　穆(平上兩讀)　芃

淋(霝)　岑　紝(絍 絮)　蠶(蠶 蚕)　釿

琳　涔(冷)　鬻　从(从)　潯(蕁)

臨(臨)　湛(始林切)(湛)　諶(諶)　鯰(鯰)　霃　鄩

瀶(揉林切)(湿 騐)　壬　煁(仰林切)　吟(小林切)(齡 詅)　尋(㝷。㝷 尋)　凡(缶林切)

齊齒呼二

兼(凡謙切)　猒(漾謙切)(猒 饜)

縑　鰜　黶

蒹(向謙切)　妗

謙(舊兼切)　欽

聑(邸謙切)　蛅　苫　孅　籤　憸　黔(舊廉切)　慊　粘(粘)　簾

黏(眺兼切)(黏)　覘(齒兼切)　㥏　瀸　韱(小謙切)　銛(銛。枚 欣 銛 栝)　鈐　穲(穲)　鉆　慊

沾(添)　婆　戋(紫兼切)(㦰)　霑(雪 霡)　孅　枯　錐(鍩)　憪(眺廉切)(恬)　鮎　鎌

占(掌謙切)　痷(痕)　殲(戕)　䨻　纖　砭(丙謙切)(平去兩讀)　阽(漾廉切)　甛(餂 甜)　廉(利嫌切)　鬑

霑　痁(始兼切)　鐵(比兼切)(鉂 鈠 尖)　僉　嬐

嫌(向廉切)　枯(紐嫌切)　簾　霏

齊齒訐三

溓 濂 熑 爈
歛 匳○ 奩
枬 㯓 柟
蚺 蚦
潛 仰廉切
鬑

几…切
緘
械
㺯 㺯
芝 淺咸切
猎
㦯 㦯 緘 猘
缶緘
岩 缶咸切
颿

小廉切
磏 磏
頬 頬
艬 艬 艬
㜝 㜝 㜝

始緘切 向岩切
鹹 平入兩讀
彡
咸
銜

攘廉切 比廉切
鎌 鐮
頷 顅
箝 箝 箝
燂 㷮

仰咸切
歛
緣 㦯 緘 緘 㦯
誠
顩

蠊 螊 蠊
詌
灊

黬 黬
櫼
䶢 䶢
喦 喦别 與入聲

韻史 目錄第七部韻目

二一

開口訐

改三切
奔 穽 平上兩讀
揆三切
諳
䶬
媅 妉 妨
欽
貪
䫲 燥 䫲
䑙 䑙切
三 弍
鐔
潭
男
嵐
最東四十切
南 夲

口三切
堪
䧱 鶕 鶕
代三切
探
采三切
曼 夋 重見 義異
𢓭 海覃切
代䂺切
覃 覃 䡸 䡸
薵 薵 薵
老覃切
惏

戡 平上兩讀
龕
枏
諺
含
醰 平去兩讀
彤 又见九部 蚺
婪

帶三切
弍
覘
䑙 䑙 䑙
傪
㱽 頷 㱽 䫲
鄲
㱽 䃸

韻史 目錄第七部韻目

二二

上聲錦韻

齊齒訐

几品切
錦 舊錦切
唫
利錦切
亩 稟
凜 懍 凛
𡗁錦切
戡 平上兩讀
始錦切
㥧
㶌
審 寀
甚 甚
諗
淰 兩讀
㯻 校
䒼
避錦切
品

㬲 又凡十四部三讀 兩見 義各異
畬
齒錦切
瀋
荏
甚 䢱
紫錦切
䣝 䐶
蕈 蕈

䣝
攘錦切
衽 袵
稔
瞫
比錦切
寖 㝲 㝲 寑
仰錦切
趛 趛 趛

漾錦切
歆 飲 食 飲 淾
林 廩
飪 䛥 餁 腍 腍
羊
嬋
丙品切
寱 蕽 寑
稟

韻史 目錄第七部韻目

二三

何萱撰著

韻史

第二冊

商務印書館發行

韻史

何萱撰著

商務印書館發行

第二冊

韻史卷一

泰興何萱石閭譔集　子度校字

第一部平聲　上海顧錫麒竹泉覆審

該韻　武進李兆洛申耆鑑定

開口

評 艮哉切

該 軍中約也 說文段注凡俗云當該者皆本此 該備也該兼也該包也該咸也 萱按 此皆叚該為晐也借棲字姆行遂不知有晐字矣

胲 軍中約也 史記扁鵲倉公傳正義引許慎○萱按許謂胲為該之借

晐 或作賅亥貝 兼晐也 說文段注此晐備正字今字則該賅行而晐廢矣莊子淮南作賅今多作該 晐咸也 廣雅釋言 晐包也 同上 晐備也 廣雅釋詁二又國語吳語一介嫡女執箕帚以晐姓於吳宮注 賅備也 小尒雅廣言又莊子齊物論賅而存焉釋文引司馬注 賅兼也 莊子齊物論釋文引簡文注 該兼也 太玄玄攡黑而該之者注玄數時該注玄圖旁該終始注 該備也 穀梁序該二儀之化育注哀元年傳此該之變而道之也注又後漢書竇憲傳注班彪傳下注張衡傳注又管子小問四言者該注又離騷齊桓聞以該輔注○楚辭招魂招具該備注云該亦備也 該包也 家語正論天聖無不該注又楚詞天問該秉季德注 該咸也 方言十二 胲備也 廣雅釋詁二又莊子庚桑楚釋文引崔註○萱按此義晐為正字餘皆借字

垓 或作晐 兼晐八極地也國語曰天子居九垓之田 說文段注晐下曰兼晐也此用其義釋垓以疊韵為訓也凡四方所至謂之四極八到所至謂之八極淮南書曰八紘之外乃有八極非此義也兼備八極之地謂之垓鄭語曰王者居九晐之田收兼經入以食兆民章云九晐九州之極數也又楚語天子之田九晐以食兆民章云九晐九州之內有晐數也食兆民民耕而食其中也天子曰兆民桑晐者垓字之興也章云有垓數者郎風俗通千生萬萬生億億生兆兆生經經生垓 十經謂之垓 御覽七百五十引風俗通 垓階次也垓重也垓坫垠埒也 萱按此皆叚垓為陔也

陔

階次也說文段注近階之處也小雅有南陔序曰南陔孝子相戒以養也束晳補之曰循彼南陔言采其蘭是用階次之說矣而禮經賓出奏陔夏注曰以為行節序以戒釋陔皆取引申借之義陔重也漢書禮樂志集注引如淳郊祀志上集注陔隴也文選補亡詩注引聲類垓階次也史記武帝紀壇三垓集解引徐廣○萱按陔垓為正借字猶階堦為古今字也垓重也史記武帝紀集解引李奇又漢書司馬相如傳下集注引服虔垓坫埌堮也淮南俶眞設於無垓坫之宇注垓隄名在沛縣續漢書郡國志注引三蒼張注陔夏陔樂章也萱按此段陔為祴閡亦陔也漢書禮樂志專精厲意逝九閡陔注○萱按此陔閡為正借字

郲

陳留鄉說文段注陳留郡二志同今河南開封府東至歸德府西皆是其境陳留郡屬有陳留縣此不云陳留縣鄉但陳留鄉則是舉郡名不著某縣也曷為不著有未審也邵下曰弘農縣鄉下曰河南縣是舉郡縣同名之例

侅

奇侅逗非常也說文段注漢書藝文志五行家有五音奇胲用兵二十三卷五音奇胲刑德二十一卷如淳曰

胲音該史記扁鵲倉公傳臣意即避席再拜謁受其脈書上下經五色診奇咳術集解曰奇音羈咳音該案據張守節正義則史記奇咳本亦作奇胲肉部訓胲為足指毛肉然則侅正字胲其其段借字耳淮南兵略訓明於星辰日月之運刑德奇賌之數背向左右之便此戰之助也注云奇賌之數奇祕之數非常術其字又作賌亦段借也蓋奇侅與今云奇胲音義皆同是以左氏春秋無駭穀梁春秋作無侅若莊子侅溺於馮氣據徐音乃是段侅為礙

侅偏也莊子盜跖侅溺于馮氣釋文

飲食至咽曰侅同上○萱按此正礙之義

胲

足大指毛肉說文段注足大指上多生毛謂之毛肉故字从肉國語至於手拇毛脈謂手拇有毛之脈也漢書樹類胲段為䐃也○史記扁鵲倉公傳奇胲正義引顏野王云胲指毛皮也又莊子庚桑楚臘者之有膍胲釋文云胲足大指也

胲當實也史記扁鵲倉公傳正義引顏野王

胲軍中約也萱按此謂胲為該之借字

胲備也萱按此謂胲為晐之借字

痎

二日一發瘧也說文段注今人謂間二日一發為大瘧顏之推云兩兩日一發之瘧今北方猶呼痎瘧音皆

痎瘧也廣雅釋書○素問四氣調神大論注云痎瘧瘦瘧也

痎老也一曰瘦也素問生氣通天論秋為痎瘧注○瘧論夫痎瘧皆生於風注云痎猶老也又陰陽應象大論秋必痎瘧注云痎瘦也

頦

醜也說文段注篇韻云頤下非許義○廣雅釋詁云頦醜也

核

蠻夷以木皮為匧狀如籢尊之形也說文段注未詳所本今字果實中曰核而本義廢矣案許不以核為果實中者許意知果實中之字當用覈也周禮其植物宜覈物覈猶骨也

荄

草根也說文又後漢書魯恭傳萬物養其根荄注○漢書禮樂志根荄以遂注云草根曰荄又素問移精變氣論草荄之枝注云草荄謂草根也

荄根也爾雅釋草又方言三又廣雅釋草又太玄親還自荄也注○漢書五行志中之上則孕毓根核注云核亦荄字荄字也○萱按為荄者音同通用也

韭根曰荄御覽九百七十六引通俗文○爾雅釋草注云俗呼韭根為荄

祴

宗廟奏祴樂也說文○萱按周禮祴夏本字儀禮皆作陔夏段借字也陔戒也詩湛露釋文○釋又云陔本作祴又禮記禮器肆夏而送之注云肆夏當為陔夏釋文又云陔本作祴又周禮鍾師祴夏杜注云祴讀如陔鼓之陔陔夏也陔之言戒也終日燕飲酒罷以陔為節明無失禮也儀禮鄉飲酒禮賓出奏陔注○燕禮奏陔注云陔陔夏樂章也賓出奏陔夏以為行節也又大射儀奏陔注云陔夏樂章也其歌奏頌類也以鍾鼓奏之其篇今巳

唉 桀哉切

應也說文段注方言欸然也南楚凡言然者曰欸或曰譽桀廣雅欸譽然應也本方言許以唉訓應欠部欸訓譽與方言異蓋唉欸古通用也○萱按方言廣雅唉皆作欸猶項羽紀欸字作唉以音同故互借通用也

唉應聲莊子知北遊唉予知之釋文

唉慢應也一切經音義十二引字書

唉吟也一切經音義十二引蒼頡

唉驚問也管子八國禹立諫鼓于朝而備訓唉注

唉欸恨發聲之辭萱按此謂與欸之義

欸

平去兩聲訾也說文段注桀訾者皆之字誤訾者思稱意也皆者詞也分見言部口部玉篇欸者訾也可正訾字之

諴廣韵曰恕聲又曰歎也玉篇曰恚聲正與詞義合○部有唉字譍也與欸義別項羽本紀亞父受玉斗拔劍撞而破之曰唉豎子不足與謀此正怒聲字當作欸方言欸然也南楚凡言然者曰欸或曰譬此正訓譍字當作唉欸恚聲也一切經音義八引蒼頡訓詁欸歎也楚辭涉江欸秋冬之緒風注欸者絕語歎聲法言淵騫始皇方獵六國而翦牙欸注唉歎恨發聲之辭史記項羽紀索隱○箋按欸與唉同矣聲故二字互相通借究其歸則義迥異不容混淆

埃

埃塵也說文段注莊子曰野馬也塵埃也生物之以息相吹也彙言之曰塵埃○廣雅釋詁三又後漢書鄭弘傳注又離騷溘埃風余上征注並云埃塵也埃壒塵也後漢書班彪傳上注埃謂風揚塵也一切經音義廿四引蒼頡炱塵曰埃一切經音義十七引風俗通清埃猶清塵也文選謝宣遠張子房詩清埃播無纆注埃青塵也素問至眞要大論風淫所勝則太虛埃昏注埃土霧也素問五常政大論埃冒雲雨注埃白氣似雲而薄也素問六元正紀大論山澤埃昏注○列子黃帝埃不漫釋

文云埃一本作埃箋按埃訓埃段借字也其字後出李訓藝訓熾

弞 該 漢切

○浴有哈笑不壞顏曰弞說文段注各本篆作弞今正弞廣雅弞式忍切笑不壞顏也集韵類篇同今集曲禮笑不至矧注云齒本曰矧大笑則見此然則笑見齒本曰矧大笑也不壞顏曰弞小笑也二義不當同音淺人因己與弞略同似妄合之耳玉篇於欸欣二文下曰弞咲來切笑不壞顏也此希馮時所據說文也於歛歛二文之間曰弞式忍切笑不壞顏也此孫強陳彭年所據誤本說文也學者可以悟矣廣雅弞笑也楚辭吳都賦作咍人樂齒本曰矧謂矧即齗之段借也大戴記高柴執親之喪未嘗見齒盧注曰咽見則齒見笑則矧見棐論詩夫子咽之馬曰咽笑也蓋咽即矧盧路未數說文無咽後人因咽矧造弞耳弞笑也咍笑也並廣雅釋詁一○箋按廣雅弞止俗字往往重見疊出政欲學者數其異同推俗耳

咍蚩笑也楚人謂相調笑為咍一切經音義十六引字書○楚辭惜誦又衆兆之所咍也注云咍笑也楚人謂相調笑曰咍又文選吳都賦東吳王孫𩑈然而咍劉注云楚人謂相笑為咍

台 坦哉切

兩讀異義台謂三台三公象也後漢書安帝紀注○郎顗傳注云魁下六星兩兩而比曰三台又劉李傳注云三公在天為三台三公象三能矣書刑德放○箋按漢書天文志亦作三能東漢以下皆作三台矣文選盧子諒贈劉琨詩三台摛朗注王文憲集序時槩位亞台司注王仲宣誄三台樹位注褚淵碑文台衡之望斯集注並云台與能同又皇太子釋奠會詩台保象徵注云能與台同又月賦增華台室注云能古台字也又春秋元命苞注云能今之台字也又禮記樂記疏云古者以耐字為今之能字能字為三台之台字台背大老也詩行葦黃耇台背傳○閟宮黃髮台背箋云黃髮台背皆壽徵也台之言鮐也詩行葦箋○箋按爾雅釋訓引行葦經作黃耇鮐背是台背義自鮐出與三台由三能變轉者字同而肌義不同也恢炱廣大之貌文選舞賦舒恢炱之廣度兮注○注又云楚辭曰收恢台之孟夏兮炱與台古字通

胎

○俗有始婦孕三月也說文段注𡖊意兩引皆作二月釋詁曰胎始也此引申之義方言曰胎養也此段借胎為頤養也又曰胎逃也則方俗語言也○箋按淮南云三月而胎與許合文子云四月而胎與許異九竅者

胎生莊子知北遊在孕曰胎漢書禮樂志集注○禮記月令毋殺孩蟲胎夭飛鳥疏云胎謂在腹中未出胎獸胎懷妊未育者也淮南時則毋覆巢殺胎夭注○台本經刳胎殺夭注云胎獸胎也胎殆義同詩七月傳胎殆疏胎始也漢書枚乘傳集注引李奇○爾雅釋詁胎始也注云胚胎未成亦物之始也人積注云胎始養也胎逃也方言十三又廣雅釋詁三○箋按胎台二字互借通用孔耽碑云背有胎衣胎者台之借字也爾雅肇祖元胎據釋文胎本作台台者胎之借字也

邰

炎帝之後姜姓所封周棄外家國右扶風斄縣是也詩云有邰家室說文段注大雅有邰家室毛傳曰邰姜嫄之國也堯見天因邰而生后稷故國后稷於邰使事天以顯神順天命是則邰本后稷外家之國名炎帝之後姜姓所封也國后稷於邰時蓋國姜姓於他處矣至武王克殷興滅國繼絕世乃封神農之後于邰右扶風斄縣見地理志周人作邰漢人作斄古今語小異故古今字不同郡國志無斄縣郿下曰有邰亭蓋斄縣併入郿也邰亭杜預謂之斄鄉徐廣謂之斄鄉今陝西乾州武功縣西南二十二里故斄城是今丑

韻史　卷一　第一部平聲該韻　一一

民詩有即字改高誘注呂覽辯士引實韻賁粟有邰家室亦無即字

邰后稷所封國也

詩生民釋文○史記周本紀封棄于邰索隱云邰即斄古今字異耳又漢書郊祀志下云后稷封于斄注云斄讀邰同又晉書音義下云斄音邰在始平一音來○釐根何廸一音來其說蓋是也邰與斄同部音近斄與釐又同移聲故邰變為釐戈為釐皆由聲音轉變用字遂各不同非謂斄必讀邰也如斄必讀邰豈釐亦讀邰轍恐不然矣

𢦏　䝿該切

隸作𢦏

傷也

說文段注傷者刃也此篆與哉甾音同而義相近謂受刃也凡哉載哉之類以為声

哉　言之閒也

說文段注釋詁孔晛哉延虛無之言閒也許分別釋之曰哉為言之錯云若左傳遠哉遙遙論語君子哉若人是哉為閒隔之書集如錯說則必乃中乃為言之閒豈乃來者非耶乃中哉字皆可斷乃凡兩者之際曰閒一者之竟亦曰閒一之閒即兩之際也言之閒歆多用哉字若哉生明初哉首基則又訓哉為始凡竟即為始

哉者疑而量度之辭

禮記曾子問孔子曰祭哉疏○王氏引之經傳釋詞云疑而量度之辭若堯典我其試哉之屬是也

哉　問詞也

經傳釋詞云哉問詞也若詩北門謂之何哉之屬是也

哉　歎詞也

經傳釋詞

韻史　卷一　第一部平聲該韻　一二

云哉歎詞也或為歎美若大哉乾元之類或為嗟歎若帝曰咈哉之屬隨事有意義也

哉　猶矣也

經傳釋詞云哉猶矣也若鯀哉往哉益哉欽哉懋哉敬哉念哉之屬是也

哉　乃中語助也

經傳釋詞云哉乃中語助也書大誥曰肆哉爾庶邦君謂肆爾庶邦君也哉字無意義

哉　始也

詩文王陳錫哉周箋皇矣箋載見傳又書大傳儀伯樂舞鼚哉注又漢書律曆志下集注

哉　開也

爾雅釋詁

哉　載也

詩文王陳錫哉周傳○疏云哉與載古字通用蓋據國語周語引詩作陳錫哉周

哉　視也

廣雅釋詁一

渽

隸作渽俗有瀐○

渽　水出蜀汶江徼外東南入江

說文段注蜀郡汶江見前志後志云蜀郡汶江道前志蜀郡青衣下云大渡水東南至南安入渽汶江下云渽水出徼外南至南安東入江過郡三行三千四十里水經曰大江又東南過犍為武陽縣青衣水沫水從合西南來合而注之又曰青衣水出青衣縣西蒙山東與沫水合至犍為南安縣入江沫水出廣柔徼外東南過旄牛縣北又東至越巂靈道縣出蒙山南東北與青衣水合東入於江注曰江水又東南徑南安縣西縣治青衣水會衿帶二水矣縣南有峨眉山有濛水即大渡水也水發蒙谿東南與渽水

韻史　卷一　第一部平聲該韻　一三

合渽水出徼外徑汶山道南至南安入大渡水大渡水又東入江水經曰武陽注曰南安二縣壤接犍為南安者今四川嘉定府治所郭縣曰樂山是也蜀郡汶江境縣者今四川茂州治是其地凡言徼外皆謂去其郡縣境不甚遠如廣漢剛氐道徼外蜀湔氐徼外皆是徼者張揖曰塞也以木欄水為蠻夷所也漢志青衣縣下有大渡水而無青衣水蓋今之青衣水班所謂大渡水也今之大渡水班所謂渽水也凡水以互受而名亂舉如是矣且地理志不言沫水但言大渡水入渽渽水至南安入江水經華陽國志張揖注漢書皆曰沫水與青衣水合入江然則諸家云沫水與青衣水合者即班志之大渡水與渽水合也以今水道言今之青衣江出雅州府蘆山縣東伏牛山西麓東南流經榮經縣東雅州府城北名山縣南洪雅縣南夾江縣西至嘉定府西境與陽江合者諸家之青衣水班志之大渡水也今之大渡河出小金川司大金川司至上下魚通合打箭鑪瀘河經曉經關合越巂河經峩眉縣西南大峩山前又經三峩山麓至嘉定府西南境青衣江自西北來會者諸家所云沫水班固所云渽水也大渡河自北而西而西南而東西東北西行千五百里班云過郡三者蜀郡越巂犍為也云行三千四十里三千或是二千之誤凡唐宋史云大渡河者皆謂地理志之渽水即司馬相如

韻史　卷一　第一部平聲該韻　一四

傳之洓水說文各本篆作渽字之誤也令更正集作渽則與漢志不合遂有攷改志作渽者攷漢志師古注曰渽音哉蓋治音義攜文水經注云呂忱曰渽水出蜀許慎以為渽水也以水𢦏聲分別許呂古今異體俗攷渽為渽非是○蓋按水經注州三引字林云渽水出蜀廣韵十六咍本之是也乃又於七敎出渽字云水名多岐亡羊譜不定故也

烖

灾　或

災　籒

𤆎　古文○俗有菑

天火曰烖

說文段注春秋宣十六年夏成周宣謝火左傳曰人火之也凡火人火曰火天火曰烖災按經多言災惟此言火耳引申為凡害之偁十五年傳曰天反時為災地反物為妖民反德為亂亂則妖災生今惟周禮注作烖經傳多借菑為之菑或譌菑○國語周語火無災燀注云天曰災人古徵書引春秋為異鄭云天火為災又公羊襄十四年傳云火自出燒之曰災

灾烖也火所燒滅之餘曰烖言其於物如是也

釋名釋天○萱按以本字釋或字者明其同也非二之也

大者曰災小者曰火

公羊襄九年傳○春秋繁露必仁且知云小者謂之災災者天之譴也

國曰災邑曰火

穀梁昭九九年傳

災炧也

廣雅釋詁四

坤偁災也

易象下傳志窮災也虞注

坎

為災易象下傳過曰災也廣注○无妄之災廣注注云上動坎故稱災又象上傳不犯災也廣注云震坎故偏災也坎為災眚易復有災眚虞注旅斯其所取災虞注小過是謂災眚虞注

巛

害也說文段注害也者傷也巛害字本如此作玉篇云天反時為巛今凡作災烖甾皆段借字也災行而巛廢矣周語曰陽塞而在陰川原必塞原塞國必亡以一塞川是為害川故字以一雖川甾害也呂覽審時搖就而不穫必遇天普注災害也後漢書陳寵傳注又呂覽大樂注又楚辭招魂恐自貽災此注○荀子脩身茍然必以自惡也害物曰災易復釋文引鄭注又詩正月正義引洪範五行傳○公羊襄九年傳注災者離本辭疏云災者害物之名又隱五年傳記災也注云災者有害於人物隨事而生者傷害曰災易復釋文引子夏傳○白虎通災變引春秋潛潭巴云災之言傷也災甾也廣雅釋言○蒼頡篇冀州從事郭君碑降此紀甾直用甾字甾與甾同即與从災通用矣災禍也文選東京賦禬禳災薛注祈災危也爾雅釋詁禍烖新有兵寇水火也周禮掌客禍烖殺禮注○大宗伯以弔禮京禍災烖注云禍烖謂遭水火又大

司樂大烖注云烖水火也又司服注云大烖水火為害天烖日月晦食地烖崩動也周礼膳夫天地有烖則不舉注○大祝國大故天烖注云天烖疫癘也天反時為災謂風雨不節孝經災害不生疏引皇侃災者何大瘠也公羊莊廿年傳○國語周語所以御災也注云災饑兵也又古者天降災虐注云災水旱蟲螟之類謂災傷二穀以上則書災公羊桓十四年經御廩災注○後漢書徐防傳云春一物枯即為災又應劭傳云春一草枯即為災災謂罪惡穀梁莊廿二年傳災紀也注

趚 桑哉切

疑之等趚而去也說文段注等讀若鼞等趚疊韵字濡滯之兒疑之故等趚而去等在之止韵音變入咍海韵音轉入極等韵

偲

○俗有偲彊力也詩曰其人美且偲說文段注齊風曰其人美且偲傳曰偲才也箋云才多才也許云彊力者亦取才之義中之才之本義艸木之初也故用其引申之義若論語朋友切切偲偲馬曰相切責之兒也

傳作切切節節偲侒也廣雅釋言切切偲偲相切磋之兒也論語子路皇疏

䚡 散哉切

角中骨也說文段注骨當作肉字之誤也鄭注樂記角觡生曰無䚡曰觡謂角中堅實無肉者麋鹿是也許亦解觡為骨角亦謂中無肉者也本牛角䚡有肉之處外桊痛女人帶下血此則謂角之中角之本當中下閒血外有文理可靛陳藏器曰久在糞上爛白者往玉部曰䚡理自外可以知中引申謂凡物之文理也䚡謂骨外皮滑澤者禮記樂記疏

桮 保哉切

㔶籀○俗有杯盃匿𧯷也說文段注匚部曰匵小桮也析言之此云桮𧯷也渾言之方言盃械盞溫閜盞盛桮也桮具通語也以桮盛羹桮圓是也古杯盤盞盃盞之總名也大戴記曾子事父母執觴觚杯豆而不醉注桮棬桮素也孟子告子上義猶桮棬也注○音義引張音云桮棬屈木為之也豆莒自關東西謂之桮落方言五

肧 抱哉切

○俗有妊婦孕一月也說文段注文子曰一月而膏二月而脈三月而肧四月而胎五月而筋六月而骨七

月而成形八月而動九月而躁十月而生淮南曰一月而膏二月而膚三月而胎說各來異其大致一也李善注江賦引三月而肧治與令本異肧胎未成爾雅釋詁注○釋文云肧又作衃文云肧凝血○壹按未成者肧之義凝血者衃之義陸氏語殊欠分曉肧胎不當用凝血之字亦不得以凝血釋肧也妊孕也玉篇

衃

凝血也說文段注素問赤如衃血者死注衃血謂敗惡凝聚之血色赤黑也

坏

○俗有坯峌胚丘一成者也一曰瓦未燒說文段注一成各本作再成今正水經注曰河水又東逕成皋大伾山下爾雅山一成謂之伾許慎呂忱等並以為丘一成也孔安國以為再成曰伾據此是俗以孔傳改易許書今本非善長所見也一曰云云今俗謂土坏古語也瓦者土器已燒之總名然則坏者凡土器未燒之總名也此與墼字異義同但墼專謂塼坏國語趙簡子使尹鐸為晉陽壘培尹鐸增之韋注壘墼曰培此培字正坏之段借月令坏垣墻坏城郭注云坏益也是又段坏為培也山一成曰岯後漢書和帝紀注○蒲釋山李注云一重曰坯雅山一成為伾漢書溝洫志至于大伾注引鄭氏○禹貢指南引字林云伾山一成○壹按段伾為坏猶段邱

爲坏皆聲同也莊子大宗師堪坏得之釋文云坏崔作邳

瓦未燒者坏 一切經音義十五引字林○太玄干或賜之坏注云坏未成瓦也

坏土器之未燒者 後漢書崔駰傳注○史記張釋之馮唐傳盗長陵一坏土索隱云坏者塼之未燒之名也

坏胎物之始也 爾雅釋詁注

坏壁也 漢書楊雄傳下或鑿坏以遁注

坏慢也 法言先知柔則坏注

漢材切

咳

孩 古文

小兒笑也 說文段注內則孩而名之為作小兒笑而名之也○文選寡婦賦注引字林又漢書王莽傳上孩提之子注云孩者小兒笑也又賈誼傳故迺孩提有識注云孩小兒也

孩幼也 國語吳語而孩童焉比謀注

孩少也 廣雅釋詁三

孩提二三歲之閒在襁褓知孩笑可提抱者也 孟子盡心上孩提之童注○詩角弓傳而童孩慢之釋文禮記內則釋文並云孩本作咳又老子聖人皆咳之釋文云咳本作孩又夏承碑云咳孤憤注

骸

脛骨也 說文段注骸骭下言脛也骸也不言骨者骸骭皆目其表也骨空論曰膝解為骸關俠膝之骨為連骸然則正謂脛骨為骸矣下文云連骸下為輔輔即骸也膝解為其關俠膝之骨連之也字从亥者亥荄也荄根也公羊傳注骸人骨也則引申為凡人骨之偁

骸關謂膝解也 素問骨空論立而暑解治其骸關注

骸骨也 廣雅釋器○萱按左傳析骸以爨釋文云骸本作骨又公羊傳云析骸而爨文

趕

留意也 說文

坦來切

臺

觀四方而高者也 說文段注釋名曰觀觀也於上觀望也觀不必四方其四方獨出而高者則謂之臺大雅經始靈臺釋宮毛傳曰四方而高曰臺傳意高而不四方者則謂之觀謂之闕也釋名曰臺持也築土堅高能自勝持也古臺讀同持心曰靈臺謂能持物淮南子其所居神者臺簡以游大清注臺持也人臺無所鑒謂之任生注臺持也此皆作臺自可通或作古文擡古文擡與臺形相似按臺不必有屋李巡注尒雅曰臺上有屋謂之謝然則無屋者謂之臺築高而已○公羊莊卅一年今春築臺于郎注又淮南精神今高臺層榭注並云四方而高曰臺又呂覽重己其為宮

室臺謝也注云上方而高曰臺

土高曰臺 左氏襄卅一年傳無觀臺謝釋文又後漢書班彪傳上注○左氏哀元年傳次有臺榭陂池焉注云積土為高曰臺又淮南本經崇臺榭之隆注云積土高丈曰臺

積土四方而高曰臺 呂覽仲夏注又淮南時則注尒雅釋宮注云臺積土四方○

臺積土為之所以觀望 爾雅釋宮疏引李注○國語楚語故先王之為臺榭也注云積土曰臺

臺所以望氛祥而備災害 國語楚語夫為臺榭將以教民利也

無木謂之臺 楚語招慮晉臺累榭注

闍者謂之臺 禮記月令可以處臺榭注禮器不臺門注

臺猶持也 淮南俶真注

臺支也 方言十三又廣雅釋言

臺持也 廣雅釋詁二

夏曰均臺 獨斷上○淮南氾論夏臺注云臺或作宮

鹿臺紂錢府 呂覽慎大賦鹿臺之錢注

琅琊臺在渤海之閒 山海經海內東經○注云琅琊臺今琅琊在海邊有山嶕嶢特起狀如高臺此即琅琊臺也

尚書為中臺御史為憲臺謁者為外臺 文選為袁紹檄豫州注引應劭漢官儀○後漢書仲長統傳注云臺閣謂尚書也○

臺華也 廣雅釋詁

二○方言一云臺匹也東齊海岱之閒曰臺自關而西秦晉之閒物力同者謂之臺敵

臺賤官主使令者 孟子萬章下蓋自是臺無餽也注○左氏昭七年傳僕臣臺服注云臺給臺下微名也

臺隸賤職也 後漢書濟南安王康傳注

臺夫須 爾雅釋艸又詩南山有臺傳都人士箋○御覽引毛詩題綱云臺一名夫須莎艸也

臺所以御暑 詩都人士臺笠緇撮傳○疏云臺艸名

南山有臺言太平之治以賢者為本 儀禮鄉飲酒禮乃閒歌注燕禮閒歌注○禮記檀弓上自敗於臺駘始也注云臺當為壺字之誤也萱按春秋傳作狐駘一由音譌再由形譌

嬯

○俗有懢

遲鈍也闒嬯亦如此 說文段注集韻懢當來切即此字也今人謂癡如是闒嬯亦如此字謂其字亦如此作也闒嬯未闒廣韻蹋跆連手唱歌也

炱

或書作炲

灰炱煤也 說文段注玉篇曰炱煤煙塵也廣韻曰炱煤灰入屋也

積煙為炱煤 一切經音義十五引通俗文○呂覽任數煤炱入甑中注云煤炱煙塵也

炲謂炲煤也 素問六節藏象論黑如炲

者死注**炲黑色也**素問風論其色炲注○蓋揆舞賦舒恢炱之廣度兮段炱爲台也楚辭收恢台之孟夏

駘

平上兩讀**馬銜脫也**說文段注銜者馬勒口中者也脫當作挩解也馬銜不在馬口中則無以控制其馬崔寔政論曰馬駘其銜是也銜脫則行遲鈍廣雅曰駑駘也是也又引申爲寬大之意漢有臺名駘盪及春色駘蕩是也○後漢書崔寔傳注云駘馬銜脫也**駘者敔也**莊子天下駘蕩而不得釋文**駘蕩猶施散也**文選謝玄暉直中書省詩注引莊子司馬注**駘蕩安翔兒**文選長笛賦安翔駘蕩注**駘登躡也**史記天官書兵相駘藉集解引林○萱按此段駘爲跆也漢書作跆藉

鮐

重見○俗有鮍**海魚也**說文段注鮐亦名侯鮐即今之河豚也吳都賦王鮪侯鮐以王侯相儷改作鯸者非貨殖傳鮐鮆千斤鮐狀如科斗背上青黑有黃文詩黃髮台背毛曰台背大老也箋云台之言鮐也大老則背有鮐文是謂台爲鮐之段借字今爾雅作鮐背○漢書貨殖傳注云鮐海魚也又詩行葦釋文云鮐魚名**鮐老也秦晉之郊陳兗之會曰耇鮐**方言一○注云耇鮐言背皮如鮐魚**鮐背耇也**爾雅釋詁○疏引舍

人注云鮐背老人氣衰皮膚消瘠背若鮐魚也又釋名釋長幼云九十日鮐背背有鮐文也**鯸鮔魠也**集韻引廣雅

箈

○俗有菭**竹萌也**說文段注釋艸曰箈箭萌醢人鄭注同許意筍箈不以大竹小竹分別筍謂掘諸地中者如今之冬筍箈謂抽出者如今之春筍與鄭說不同也按周禮菭菹本作菭菹故大鄭云菭水中魚衣也與艸部菭水青衣也合後鄭讀菭爲箈用釋艸箈箭萌之訓故郭注爾雅引周禮箈菹鴈醢也今本周禮作菭非菭非箈乃是譌字注中亦奪菭當爲箈四字**菭箭萌一名篠者也**周禮醢人疏

菭

或作苔**水青衣也**說文段注醢人菭菹鄭司農曰菭水中魚衣玄謂菭箭萌玉裁案先後鄭異字先鄭作菭从艸許說正同後鄭作箈从竹部郭注爾雅引箈菹鴈醢從後鄭也後鄭注當有菭當爲箈四字而佚今本周禮作菭混誤不成字所當正者也吳都賦注曰海苔生海水中正青狀如亂髮乳之赤鹽藏有汁名曰濡苔○萱按今呼紫菜者殆即菭歟**菭水氣所生也**漢書外戚傳下華殿塵兮玉階菭注**青苔水垢也**淮南泰族生以

青苔注○萱按此蓋凡水皆生苔非指生海水中狀如亂髮之菭也

能 囊來切

○俗有熊**熊屬能獸堅中故偁賢能而彊壯偁能傑也**說文段注左傳國語皆云晉侯夢黃能入於寢門韋注曰能似熊凡左傳國語能作熊者皆淺人所改也賢古文作臤臤堅也能獸堅中四句發明段借之恉賢能能傑之義行而本義幾廢矣子下曰十一月陽氣動萬物滋人以爲偁亦此例也韋朋來西烏五篆下說解皆此例○左傳昭七年賈注云能獸也又釋文引字林云能熊屬足似鹿人漢書高帝紀上注云能本獸名形似熊足似鹿爲物堅中而強力故人之有賢才者皆謂之能**能該也無物不兼該也**釋名釋言語○萱按能該以疊韻爲訓**能能其事也**周禮大司寇上能糾職注**能之爲言耐也**古微書引春秋元命包○禮記禮運故聖人耐以天下爲一家注云耐古能字又樂記故人不耐無樂注云耐古書能字也後世變之此猶存焉又荀子正名注云能當爲耐古字通也**能猶勝也**史記田敬仲完世家寡人弗能拔索隱**能堪也**漢書嚴傳集注**能任也**廣雅釋詁二**能力也**呂覽長見君知我而使我畢能注**能恣**

也書堯典柔遠能邇鄭注**能猶伽也**詩民勞柔遠能邇箋**能猶安也**易屯宜建侯而不寧釋文**能猶及也**淮南脩務不能被德承澤注**能善也**漢書百官公卿表上集注敘傳下集注又荀子勸學非能水也注**能有所合謂之能**荀子正名**智所以能之在人者謂之能**同上**能理德法者爲有能**大戴記盛德**能才也**國語晉語大教者因體能質而利之者也注**能謂才能也**左傳昭廿年疏又論語泰伯以能問於不能皇疏又史記高祖紀正義又荀子正名注又墨子捭闔度權量能注**能謂材也**漢書高帝紀上惡能籌注**能士者材藝也**荀子王霸足以容天下之能士矣注○周禮大宰四曰使能注云能多才藝者**能謂有道藝者**周禮小司寇四曰議能之辟注○鄉大夫而興賢者能者注云能者有道藝者**有伎謂之能**詩烝民序任賢使能疏**能政令行也**周禮宰小二曰廉能注**能謂內作病形**素問病論顏問其診及其病能注**鼈三足**

能爾雅釋魚又史記夏本紀正義引束晳發蒙記又論衡是應○左傳襄卅一年釋文云能三足鼈也又山海經中山

經從水其中多三足鼇注云三足鼇者能鼈鼇屬玉篇魁下六星兩兩相比者曰三
能漢書天文志○禮記樂記注禮運疏並云古以能為三台字○蓋按義說詳台下能猶而也王氏經傳
釋詞云能猶而也能與而古聲相近故義亦相通能猶乃也亦聲相近也經傳釋詞云○人云
能與乃同義故二字可以互用又可以通用乃與而聲相近故能能訓為而又訓為乃能與寧一聲之轉而同訓為乃故詩
寧或滅之漢書谷永傳作能或滅之

來 朗材切

麳○俗有麳倈逨棶周所受瑞麥來麰也二麥一夆象其芒朿之形天
所來也故為行來之來詩曰詒我來麰說文段注周頌詒我來麰箋云武王渡孟
津白魚躍入王舟出涘以燎後五日火流為烏五至以穀俱來此謂遺我來牟書說以穀俱來云穀紀后稷之德案鄭箋
見尚書大誓尚書旋機鈐合符后詩云來牟書云穀其實一也下文云來麰麥也此云瑞麥麰然則來麰者以二字為名
毛詩傳曰牟麥也當是本作來牟麥也為許麰下所本後人刪來字耳古無謂來小麥麰大麥者至廣雅乃云麳小麥麰

大麥非許說也劉向傳作釐麰文選典引注引韓詩內傳貽
我嘉麰薛君曰麰大麥也與趙岐孟子注同然則韓傳未嘗云
來小麥二麥一夆云云夆即麰字之省許書無峯則山耑字
可作夆凡物之標末皆可偁夆夆者來也二麥一夆為瑞麥
如二米一稃為瑞嘉禾同夆則亦同稃矣廣韻引埤蒼云秾
麰之麥一麥二稃同受此瑞麥此一二兩字亦是互譌二麥
一稃亦猶異畝同穎雙觡共柢之類天所云云自天而降之
麥謂之來麰亦單謂之來因而凡物之至者皆謂之來許意
如是猶之相背韋之為皮韋朋鳥之為朋攩鳥而之為東而
之而子月之為人偁鳥之為鳥呼之鳥皆引申之義行而本
義廢矣如許說是至周初始有來字未詳其恉詩曰
云云今毛詩詒作貽俗字也麰作牟古文叚借字也直來曰
來公羊莊廿七年傳來至也爾雅釋詁又詩采薇我行不來傳來還也易雜卦傳而升不來也注
○國策秦策沈者未來注云來猶還也來猶歸也左氏文七年傳其誰來之注○詩匪風傳懷歸也疏云來
亦歸之義來猶反也詩采薇箋○左氏莊廿七年傳出曰來歸疏引釋例云來者有所反之言來猶致
也呂覽不侵不足以來士矣注來者信也易繫辭下傳倈伸也廣雅釋詁四來將來

也荀子解蔽不閑來注○論語微子來者猶可追也皇疏云來者謂未至之事也來者自外之文左氏
隱元年經天王使宰咺來歸惠公仲子之賵注○穀梁昭七年傳云外之前定之辭謂之來之內為來易咸
憧憧往來廣注震來虩虩廣注震在內偁來易比終來有它吉廣注復朋來无咎廣注豐來章有慶譽廣注
坎在內偁來易坎來之坎坎廣注乾陽信內偁大來易泰小往大來廣注○象上傳內健
而外順何注云健順在內故曰大來來謂先心易繫辭上傳神以知來廣注右者來周髀算經
下來者來朝也穀梁隱元年傳來者來中國也穀梁昭五年傳廿凡諸侯之
女歸寧曰來左氏昭七年傳來哀也使來入己哀之故其言之低頭
以招之也釋文釋言語來勅也周禮樂師詔來鼛鼓舞司農注來勤也爾雅釋詁又詩大東
職勞不來傳下武昭茲來許箋文王有聲遹追來孝箋江漢來旬來宣箋○一切經音義廿二引廣雅云來勑也○蓋按
來訓勤猶勑訓勞也勑正字來叚借也勑讀去聲倈者以恩招倈也蓋按此倈亦當為倈之借字

來強事也爾雅釋詁舍人注來不成也呂覽辯士一時而五六死故不能為來注玄孫之
子為來孫爾雅釋親○釋名釋親屬云玄孫之子曰來孫此在無服之外其意疏遠呼之乃來也來鳩
爽鳩也爾雅釋鳥鷹鶆鳩樊注○蓋按來與爽形近易譌郭璞謂來為鶆之誤字然則來亦爽之誤不俟
不來也爾雅釋訓○釋文云來本作倈來詞之是也王氏引之經傳釋詞云來詞之是也詩谷風曰
不念昔者伊予來塈伊惟也來猶是也塈讀為愾愾怒也此
承上有洸有潰言之洸洸武也潰潰怒也言君子不念昔日
之情而惟我是怒也傳箋皆失之辯見經義述聞桑柔曰既
之陰女反予來赫言我以善言蔭覆汝而汝反於我是赫怒
也伊予來塈反予來赫句法正相近矣又四牡曰將母來諗
言我惟養母是念也采芑曰荊蠻來威江漢曰淮夷來求淮
夷來鋪皆謂荊蠻是威淮夷是求淮夷是病也江漢又曰王
國來極亦謂王國是正也解者皆以來為往來之來遂詰鞫
為病矣來句中語助也經傳釋詞云來句中語助也莊子大宗師曰嗟來桑戶乎嗟來桑戶乎嗟來猶
嗟乎也來句末語助也經傳釋詞云來句末語助也孟子離婁篇曰盍歸乎來莊子人閒世篇曰嘗以

語我來又曰子其有以語我來來字皆語助⿺走來來也集韻逨就也廣韻

䅘

齊謂麥䅘也說文段注來之本義訓麥然則加禾旁作䅘俗字而已葢齊字也○廣韻引埤蒼云䅘麰之麥

萊

蔓華也說文段注今釋作艸釐蔓華許所見作萊小雅北山有萊之萊未知即此與否也經典多用為艸萊字○齊民要術十引詩義疏云萊藜也莖葉皆似菉王芻今兗州人蒸以為茹謂之萊蒸譙沛人謂蘇雖為萊豈拔俗呼萊為灰藋拔人食之紅心者稍優亦可削為杖萊艸也詩南山有臺傳又禮記王制釋文引庾注○陸璣詩疏云萊艸名萊為艸之總名詩南山有臺疏○楚茨序田萊多荒疏釋文並云田廢生艸謂之萊又十月之交疏萊者艸穢之名艸所生曰萊禮記王制釋文引何允注萊謂休不耕者周禮縣師注遂人萊五十晦注郊外謂之萊周禮縣師辨其夫家人民田萊之數注萊野也越紀書吳內傳萊除其艸萊也周禮山虞則萊山田之野注○大司馬虞人所田之野注云萊芟除可陳之處又司農注云芟除其

艸萊令車得驅馳又左傳襄四年疏云萊謂芟其艸萊以為殺圍之處萊國名穀梁宣七年傳公會齊侯伐萊釋文○國語齊語注云萊今東萊又水經濰水注云齊靈公滅萊萊民播流此谷邑落荒蕪故曰萊蕪禹貢所謂萊夷也

琜

琜瓄逗玉也說文段注廣雅玉類有琜瓄案說解有瓄而而無篆文瓄若葢古祇用賣後人加偏旁書賣音瀆

⿱髟來

庲古文○俗有⿰毛來⿰牛來彊曲毛也可以箸起衣說文段注箸同褚裝衣也王莽傳以氂裝衣師古曰毛之彊曲者曰氂以裝褚衣令其張起也案此氂皆氂之誤劉屈氂亦當作屈氂謂彊曲毛毛也○萱按後人以綿裝衣古葢用氂及毛耳若褐若毡皆氂之遺意⿱髟來毛也廣雅釋器凡言⿱髟來者毛之彊曲者也漢書五行志中之上天雨白氂注○王莽傳中注云氂字或作⿱髟來

淶

淶水起北地廣昌東入河幷州浸說文段注北地當作代郡代郡廣昌見前志後志屬中山國今直隸易州廣昌縣北有廣昌故城職方氏曰幷州其浸淶易鄭云淶出廣昌前志廣昌下曰淶水東南至容

城入河過郡三行五百里幷州浸水經曰巨馬河出代郡廣昌縣淶山巨馬河即淶水也東過迺縣北又東南過容城縣北又東過勃海東平舒縣東入於海酈云巨馬水於東平舒北南入於滹沱而歸於海也今淶水一名巨馬河源出廣昌縣南東流轉南逕易州淶水縣東又南入保定府定興縣晰至縣南為白溝河又東南逕城縣容城縣東北又東逕新城縣南又東南逕雄縣西又東入保定縣晰非酈注舊迹也

騋

馬七尺為騋八尺為龍詩曰騋牝驪牝說文段注周禮廋人曰馬八尺以上為龍七尺以上為騋六尺以上為馬鄘風騋牝三千毛傳馬七尺以上曰騋鄭司農以月令駕蒼龍說周禮龍俗作騋下牝字各本作牡今正詩曰騋牝三千毛傳曰騋牝騋馬與牝馬也釋器曰騋牝驪牝今尒雅誤作驪牡而音義不誤可攷音義曰騋牝頻忍反下同下同者即謂驪牝也此以驪牝釋詩之騋牝驪與騋以雙聲為訓謂騋馬驪色亦兼牝馬也此與詩曰不騋不來也合併詩爾雅正同若鄭注周禮則引騋句絶牝驪牝今句絶駒句絶裘駿句絶孫炎然讀亦如是○禮記檀弓釋文云七尺以上為騋又詩定之方中釋文云騋馬六尺以上也

豺　秩來切

○俗有犲狼屬狗聲說文段注釋獸曰豺狗足許云狗聲似許長其聲如狗俗呼豺狗○爾雅釋獸釋文引字林云豺狼屬狗足豺挈搏之獸形似狗漢書郊祀志上豺獺有祭注○呂覽季秋豺則祭獸注又淮南時則注並云豺獸也似狗而長尾其色黃又一切經音義三引蒼頡解詁云豺似狗白色有爪牙迅捷善搏噬也豺似⿰豸百白色史記司馬相如傳搏豺狼正義又索隱引杜林豺虎貪獸後漢書鄧惲傳注豺目目豎也後漢書梁冀傳注

裁　祭來切

制衣也說文段注刀部曰制者裁也二字為轉注韓非子曰管仲善制割賓胥無善削縫隰明善純緣制割者前裁之謂也裁者衣之始也引申為裁度凡裁裁制也廣雅釋言又國策秦策大王裁其罪注又淮南繆稱度伐能而裁制者聖人也注又楚辭大招為螻蛾之所裁注又文選西京賦取殊裁於八都薛注東京賦注引國語賈注○禮記喪大記夷衾質之裁猶冒也注云裁猶制也字或為材裁斷也管子形勢裁大者眾之所比也注○穀梁序公羊辭而裁注云裁謂善能裁斷裁節也爾雅釋言○漢書食貨志上而裁其貴以捐民注云裁謂減省之也矣

裁度也淮南主術取民則不裁其力注裁裂也廣雅釋詁二裁謂自刑殺也漢書賈誼傳疏而自裁注裁僅也萱按此段裁為才也

才

艸木之初也說文段注引申為凡始之偁釋詁曰初哉始也哉即才故哉生明亦作才生明凡才材財裁纔字以同音通用艸木之初而枝葉畢寓焉生人之初而萬善畢具焉故人之能曰才言人之所蘊也凡艸木之字才者初生而枝葉未見也屮者生而有莖有枝也之者枝莖益大也出者益茲上進也此四字之先後次弟才智也淮南主術任人之才難以至治注才者謂人之有俊才者孟子離婁下才也養不才注才有治能而參國政者列子仲尼東里多才釋文才才力也論語子罕既竭吾才皇疏才多才也詩盧令其人美且偲箋才多材也詩駉思馬斯才傳○萱按論語才難舉賢才漢書平帝紀引作舉賢材王嘉傳引作材難又易象三才而兩之禮記學記注引作三材是二字通也三才天地人後漢張衡傳注班彪傳下注五才金木水火土後漢書馬融傳注財淺也僅也漢書李陵

傳財令陵為助兵桑注裁僅也後漢書馬援傳注○萱按用財裁為才者同部同聲也亦或用纔異部雙聲也又段用裁載才本相為平去也載始也書皋陶謨乃賡載歌曰鄭注又詩駟驖載獫歇驕箋皇矣載錫之光箋載見傳載芟箋閟宮秋而載嘗箋又孟子滕文公下自葛載注萬章上朕載自亳注又太玄克載無貳就注又法言五百月未望則載魄於西注○爾雅釋天注云載取物終更始萱按凡載訓歲訓年由此引申然可不必改讀以篆取歲年篆取覆載義也

材

木梃也說文段注梃一枚也材謂可用也論語無所取材鄭曰言無所取桴材也貨殖傳曰山居千章之材服虔云章方也孟康云言任方章者千枚集漢人曰章唐人曰橦音鍾材方三尺五寸為一橦材引申之義凡可用之具皆曰材材橫木也國語晉語為而柔材注○左傳哀二年疏云材謂橫地細小之木也材本也史記五帝紀節用水火材物正義材即物也周禮閭師任衡以山事貢其物疏○儀禮既夕禮獻材于殯門外西面北上注云材明器之材材物八材也周禮大行人其貢材物注材是木之實周禮委人注凡疏材

艸木有實者也疏材貢木貢也周禮大宰五曰材貢司農注○後鄭云材貢櫄榦栝柏篠簜也條直為材楚辭懷沙材朴委積兮注材猶旁也管子地員山之材注材謂皮革齒牙骨角毛羽也左氏隱五年傳其材不足以備器用疏材謂其質性也禮記中庸必因其材而篤焉注材謂材榦可以立身者素問上古天真論人年老而無子者材力盡耶注材身也文選七啟注引莊子司馬注材用也國語周語讓文之材也注又呂覽異用故聖人於物也無不材注適用曰材史記仲尼弟子傳無所取材集解引樂肇材謂當其分荀子解蔽經緯天地而材官萬物注材裁也國語鄭語材兆物注○魯語夫苦匏不材於人注云材讀若裁又晉語官師之所材也注云材古裁字又荀子解蔽注云材或為裁材道也禮記學記教人不盡其材注又廣雅釋詁三材才德也易繫辭下傳彖者材也注材謂藝能管子五輔士脩身功材注○文選西京賦侲僮程材薛注云材伎能也又荀子王制注云材伎武藝過人者猶漢之材官也賢不肖者材也韓詩外傳七

財

人所寶也說文段注寶珍也周禮注曰財泉穀也禹下云小而財寡也以為今之纔字○國語魯語用軌之財者為春注云財寶也財貨也廣雅釋詁四○管子七法財不盡天下注云財謂貨財財物也禮記禮器設於地財疏財幣帛也禮記坊記先財而後禮則民利注○聘義此輕財而重禮之義也注云財謂璧琮享幣也又荀子富國財之末也注云粟米布帛曰財財用帛穀貨賄也周禮職方氏與其財用九穀六畜之數要注○大司徒以斂財賦注云財謂泉穀又則令邦國移民通財疏云財謂米穀也又令人分其財守疏云財即米也財賦稅之事周禮遂師注○司門以其財養死政之老與其孤注云財所謂門關之委積也又管子度地率部校長官佐各財足注云財謂其祿廩又給卒財足注云財其糧用也坤為財易象下傳不傷財虞注○象上傳后以財成天地之道虞注云坤富稱財達財周恤之孟子盡心上有達財者音義引陸注財淺也僅也漢書李陵傳集注○萱按此段財為才也凡漢書注謂財與纔同者非是纔亦才之借字耳又漢按漢書多用財為裁古亦用財為材皆同音相通借

抱來切

對碩鄦

餅麴也說文對麴也廣雅釋器○方言十三對麴也晉之舊都曰對注云今江東人呼麴為對說文段注曲頤者頤曲而微向前也楊雄傳領頤師古曰曲頤也案廣頤曰阬曲頤曰碩頤狀之不同也一部平六部上兩見異義右扶風鄠鄉从邑崩聲沛城父有鄦鄉讀若陪說文段注許云崩聲則在第六部也讀若陪則音轉在一部也沛郡城父見地理志城父者左傳襄元年昭九年之夷地今安徽潁州府亳州州東南七十里有故城父城是也史記索隱引蒼云鄦鄉在城父縣音裴○蓋按前義詳六部鄠縣之鄦鄉也兩鄦鄉判然異讀蓋漢時方俗語言如是耳非製字之始即有此岐析瑣屑也

莫來切

禖祭也說文段注謂祭名也商頌傳曰春分玄鳥降湯之先祖有娀氏女簡狄配高辛氏帝帝率與之祈於郊禖而生契故本其為天所命以玄鳥至而生焉大雅傳曰古者必立郊禖焉玄鳥至之日以大牢祀於郊禖天子親往后妃率九嬪御乃禮天子所御帶以弓韣授以弓矢於郊禖之前玉裁案據此則禖神之祀不始於高辛明矣鄭注月令云玄鳥禖

氏之官以為候高辛氏之世玄鳥遺卵娀簡吞之而生契後王以為媒官嘉祥而立其祠焉變媒言禖神之也注禮記時未專信毛詩故說組錯爾鄭志焦喬之荅問說鄭公殊為書○廣雅釋天云禖祭也又禮記月令疏云媒字从女今从示旁為之示是神明告示之義禖祀也漢書王莽傳中集注又續漢書禮儀志上注引月令章句高禖祀名詩生民疏引月令章句○事物紀原二引雷氏五經要義用高媒先王子孫之祠也因其求子故謂之禖續漢書禮儀志上注引盧植禮記注○漢書戾太子傳為立禖注云禖求子之神也禖猶媒也詩生民疏引月令章句

媒

謀也謀合二姓者也說文段注媒謀以疊韻為訓慮難曰謀周禮媒氏注云媒之言謀也謀合異類使和成者○詩行露釋文廣雅釋詁四並云媒謀也又媒謂遷合會之漢書司馬遷傳隨而媒孽其短注引臣瓚媒如媒娉之媒漢書司馬遷傳注齊人名麴餅曰媒漢書李陵傳隨而媒蘖其短注○蓋按麴餅周禮媒氏注作麴䴸媒酒教也漢書李陵傳注引孟康媒者少養雉

子至長狎人能招引野雉因名曰媒文選射雉賦徐注媒媒晦皃莊子知北遊媒媒晦晦釋文引李注

腜

婦孕始兆也說文段注韓詩曰周原腜腜又曰民雖靡腜毛詩皆作膴腜腜美也廣雅曰腜腜肥也此引申之義也腜胎也廣雅釋親腜猶無幾何詩小旻民雖靡腜釋文引韓詩腜腜美也文選魏都賦腜腜坰野劉注腜腜肥也廣雅釋訓

某

槑古文○平上兩讀注在彼

梅

楳或○俗有藏枏也可食說文段注案釋木曰梅枏也毛詩秦風陳風傳皆曰梅枏也與尒雅同但秦尒雅毛傳皆謂楩枏之枏毛公於召南摽有梅曹風其子在梅小雅四月矦栗矦梅無傳而秦陳乃訓為枏此以見召南等之梅與秦陳之梅判然二物召南之梅今之酸果也秦陳之梅今之楠樹也楠樹見於尒雅者也酸果之梅不見於尒雅者也樊光釋尒雅曰荊州曰梅揚州曰枏益州曰赤楩孫炎釋尒雅曰荊州曰梅揚州曰枏陸璣疏艸木曰梅樹皮葉

似豫樟皆謂楠樹也枏亦名梅後世取梅為酸果之名而梅之本義廢矣郭釋尒雅乃云似杏實酢篇韵襲之轉謂酸果有枏名此誤之甚者也然則許以枏梅二篆廁諸果之間又云可食豈非始誤與曰此淺人所改竄也梨杏李桃等不云可食何必獨云可食哉許意果為酸果正字故某篆解云果也以許書律羣經則凡酸果之字作梅皆段借也凡某人之字作某亦皆段借也段借行而本義廢固不可勝數矣召南釋文曰韓詩作楳○蓋按酸果正字作某古文作槑槑與楳字形前相近故韓詩及列女傳作楳由楳而梅段不歸矣酸果用梅本有字而段借也果人之用果本無正字終古段借也○爾雅梅枏樊注云似豫章無子也蓋按此無子二字足證說文可食二字必後人所羼矣時英梅爾雅釋木○蓋按此未知即酸果以否要與梅枏各物矣梅梅猶微微謂微昧也禮記玉藻疏○山海經中山經其木多梅梓注云梅或作藪

每

平上兩讀艸盛上出也說文段注左傳輿人誦曰原田每每杜注晉君美盛若原田之艸每每然魏都賦蘭

渚每每用此俗改為每案每是艸盛引申為凡盛如品庶每生貪也每懷懷私也皆盛意毛公曰每雖也凡言雖者皆充類之辭今俗語言每每者不一端之辭皆盛也毐者冒也史記伯夷傳衆庶馮生索隱毐貪也漢書賈誼傳集注引孟康敘傳下集注又後漢書孔融傳注又莊子人間世無門無毒釋文引崔注毐猶當也呂覽貴直每斷者以吾參夫二子者乎注毐詞也廣雅釋詁四毐非一定之辭也毐亦數也一切經音義廿五引三蒼毐有雖也○爾雅釋訓又詩常棣每有良朋箋皇皇者華每懷靡及傳云每雖○王伯申經傳釋詞云常棣曰每有良朋況也永難又曰雖有兄弟不如友生每有猶雖有耳箋曰雖有善同門來茲對之長而已數毐毐猶昏昏也莊子胠篋故天下每每釋文引李注毐牛者牛之小者也周書王書

脢

背肉也易曰咸其脢說文段注咸九五咸其脢于夏易傳云在脊曰脢馬云脢背也鄭云脢脊背肉也虞云夾脊肉也案諸家之言不若許分析憖然胂為迫呂之肉脢為全背之肉也釋文云說文同鄭作脄○俗有骸

背脊肉未知其審內則注脄脊側肉也脄即脢字胂謂之脢廣雅釋親脄夾脊肉禮記內則取牛羊麋鹿齏之肉必脄釋文脢者心之上口之下易咸咸其脢注又釋文○萱按此別為一說

⿱罒每

网也說文段注网之一也萬韻皆曰雖网

鋂

大環也一環毋二者詩曰盧重鋂說文段注盧令三章曰盧重鋂傳曰鋂一環貫二也上文重環傳云子母環謂以一環毋一環此云一環毋二以一毋二則一環是大故許知為大環也鋂環也廣雅釋器

霾

風而雨土為霾詩曰終風且霾說文○爾雅釋天風而雨土為霾孫注云霾大風揚塵從上下也又詩終風傳云霾雨土也風而雨土曰霾霾晦也言如物塵晦之色也釋名釋天

薶

○俗有埋瘞也說文段注土部曰瘞幽薶也周禮段借貍字為之今俗作埋○詩鳧鷖箋有瘞埋之象釋文云埋本

作薶薶污也淮南俶真塵垢弗能薶注薶藏也廣雅釋詁四埋藏也國語吳語孤埋之注埋塞也爾雅釋言葬不如禮曰埋埋毐也趣使腐朽而已也釋名釋喪制祭山林曰埋周禮大宗伯以貍沈祭山林川澤注○皂人疏云埋謂祭山林貍物黿鼈之屬自貍藏伏於泥中者周禮鼈人以時籍魚鼈龜蜃凡貍物司農注○後鄭云貍物亦謂鱴刀含漿之屬貍蟲螷肌求之屬周禮赤犮氏凡隙屋除其貍蟲注

合口評

経 古悝切

大也說文段注與恢音義皆同○萱按経與乖異部同音與恢同音也廣韻以下昧於音理分合多舛

悝 苦経切

或作⿸疒里啁也春秋傳有孔悝一曰病也說文段注口部曰啁嘐也啁即今之嘲字悝即今之詼字謂詼啁調也今則詼嘲行而悝啁廢矣孔悝見左氏哀十五年傳許偽此者蓋悝字漢人少用也釋詁曰悝憂也又曰⿸疒里病也蓋憂與病相因悝⿸疒里同字耳詩悠悠我里傳曰里病也是則段借里為悝悝猶嘲也文選東京

賦而悝繆公於宮室注⿸疒里病也詩雲漢云如何里釋文引王肅注⿸疒里心憂憊之病也爾雅釋詁⿸疒里病也舍人注里病也里憂也詩雲漢毛傳及鄭箋

蛕 胡悝切

○俗有蚘腹中長蟲也說文○一切經音義十一引蒼頡訓詁云蛕腹中蟲也○萱按說文蟯下云腹中短蟲也有短有長皆析言之也渾言則不別耳

齋齒評 竟照切

姬

黃帝尻姬水因水為姓 說文○國語晉語黃帝以姬水成姬炎帝以姜水成注云姬姜水名也

周姓也 文選東京賦周姬之末薛注○論衡奇怪云后稷母履大人而跡生后稷故周姓曰姬又白虎通姓名云

姬者姓也 姬伯文王為西伯也 文選東京賦儀姬伯之渭陽薛注 姬姜大國之女

後漢書應劭傳注 姬眾妾之總偁 史記齊太公世家王姬徐姬蔡姬索隱○萱按此再引申之之義也

徐非姬姓而亦偁姬故後世言姬者不必姬姓也漢書文帝紀母曰薄姬集注云眾妾為姬又引淳云姬眾妾之總偁

姬內官也 漢書文帝紀注引臣瓚 姬基也 廣雅釋言 姬者本也 史記三代世表 姬居

也 列子黃帝姬將告汝注 姬是語助之辭也 禮記郊特牲二日伐鼓何居疏 居辭也 左氏

成二年傳雖居後之人必有任是夫注○萱按姬居一聲之轉故叚居為姬也 居語助也 禮記檀弓上檀弓曰

何居疏○注云居讀為姬姓之齊魯之閒語助也又郊特牲何居注云居讀為姬語之助也何居怪之也○萱按詩柏舟

日居月諸疏云居諸者語助也徙不改讀而居亦為語助是則居字正義借義皆為辭也故日月傳云日乎月乎不言居

諸也 居猶與也 左氏襄廿三年傳國有人焉誰居注 居猶故也 莊子齊物論何居乎釋文引司馬注

篦

取蠛比也 說文全埋段氏玉裁注云比蓖古今字比密也引申為櫛髮之比釋名曰梳言其齒疏也數言比比

於梳其齒差數也比言細相比也木部曰櫛者梳比之總名也史記遺單于比余一漢書作比疏一余疏皆即梳字比梳

一者梳言則比亦梳也蠛者蚔子云取蠛比者比之至密者也今江浙皆呼蓖篦比當依俗音皿

篦櫛也 廣雅

釋器

亓

或作亓 下基也薦物之亓象形 說文段注字亦作六古多用為今渠之切之其墨子書其字多

作亓亓與六同也六象平而有足可以薦物 其語助也齊魯之閒聲如姬 書微子若之何

其鄭注○萱按語助之亓本無正字於薦物義近故用亓作之而世又通用其其行而亓廢矣然語助之其亦讀渠之切

又作已作近不皆讀如姬也禮記孔子閒居夙夜其命宥密注云詩讀其為基聲之誤也

箕

甘 古文 𠁁 古文 卤 古文 其 籒 𠥱 籒○其字兩讀異義 所㠯簸者也 說文段注小雅曰維南有

箕不可以簸揚廣韻引世本曰箕帚少康作按簸揚與受登皆用箕 箕梆箕也 禮記學記必學為箕疏○

漢書平帝紀通于器物注引孟康云箕用器也 箕是去物之具 禮記少儀執箕膺擖疏○曲禮上以箕自

鄉而扱之注云箕去棄物 箕謂舒展兩足狀如箕舌也 禮記曲禮上坐毋箕疏○文選高唐

賦箕踵漫衍注云箕踵前瀾後換似箕後平兒 箕踞謂伸其兩腳而坐 漢書陸賈傳尉佗魋結箕

踞注○史記張耳陳餘傳高祖箕踞罵詈索隱引崔浩云箕踞屈膝坐其形如箕又漢書陳餘傳注云箕踞者謂屈兩腳

其形如箕○萱按後世言箕踞古祇言箕曲禮坐毋箕是也若膝屈則是坐而非箕踞矣觀管幼安事可見箕踞當依陸

賈傳注 箕賦似箕然斂民財多取意也 淮南氾論頭會箕賦注○萱按賈誼文作頭會

箕斂 箕者言萬物根棋 史記律書 箕龍尾 爾雅釋天箕斗之閒漢津也箕在寅宮蒼龍第七宿也

○詩卷伯成是南箕傳云南箕箕星也 箕伯風師也 後漢書張衡傳注○獨斷上云風伯神箕星也其象

在天能興風 箕木名 國語鄭語檿弧箕服注 箕國名也 書洪範王訪于箕子馬注○北魏孝文帝

弔比干碑作箕子又易箕子之明夷釋文云箕本作其劉向作荄滋萱按作其者省也作其者借字也荄滋別一義本易

家趙賓說也 其辭也 詩庭燎夜如何其釋文又太介頌可與過其注

稘

或作朞 復其時也唐書曰稘三百有六旬 說文段注復其時言帀也十二月帀為期

年中庸一月帀為期月左傳旦王旦亦為期今皆叚期為之期行而稘廢矣堯典今作期蓋壁中古文作稘孔安國以今

字讀之易為期也朞者復其時也白虎通喪服稘朞也廣雅釋詁一期年也漢書王尊傳集注期期年也國語齊語桓公令官長期而書伐注朞年天道一備大戴記本命朞而生臏注〇禮記喪服小記期而除喪注云期天道一變朞三百六十五日四分日之一也素問氣交變大論上應天期注〇孝經援神契喪不過三年以期增倍注云期十二月也再期二十五月也朞帀也後漢書左雄傳注〇書堯典疏云朞即帀也又文選西京賦二百餘期薛注云朞一帀也帀四時曰朞後漢書班彪傳下注〇書堯典王注云朞四時帀一月曰期管子侈靡若旬虛期於月津注期卒也廣雅釋言〇蓋按有段基為稘者士虞禮朞而小祥注云古文朞皆作基是也又漢靈臺碑基年楊著碑木基劉曜碑基月嚴舉碑萬基亦爾

基或作坖牆始也說文段注牆始者本義也引申之為凡始之偁禮經古文借基為期年字〇左氏成十三年傳

身之基也疏云牆以居下者為基基始也爾雅釋詁又詩昊天有成命夙夜基命宥密傳又儀禮喪禮士度茲幽宅兆基注又國語周語自后稷之始基靖民注晉語基於其身注滅禍不自其基必復亂注又淮南道高者原必以下為基注〇漢書外戚傳序故易基乾坤注云基亦始又枚乘傳福生有基禍生有胎注引服虔云基胎皆始也基本也詩南山有臺邦家之基傳又素問天元紀大始肇基化元注又荀子王霸是綦定也注基謀也爾雅釋詁又禮記孔子閒居注基經也爾雅釋言又賈子禮容語下釋言注云基業所以自經營〇基業也淮南主術建以為基注又太本本塋物失其基注基設也爾雅釋言基所蹈也易繫辭下傳履德之基也注基據也在下物所依據也釋名釋言語基門塾之基詩絲衣自堂徂基傳又漢書郊祀志上注坤為基易繫辭下傳虞注〇蓋按基或作其作諆作期皆聲同段借也又後漢書郎顗傳於詩三基段基為祺也孟子鎡基段為錤也錤字後出齊民要術正作鎡有鎡錤

龜𪚦古文舊也外骨內肉者也天地之性廣肩無雄龜鼈之類以它為雄說文段注龜舊也以疊韻為訓門聞戶護之例龜古音姬音轉讀如鳩舊古音亦曰忌舊本鳩舊字段借為故舊即久字也劉向曰蓍之言耆龜之言久龜千歲而靈蓍百年而神以其長久故能辨吉凶外骨考工記梓人文鄭云龜屬列子曰純雌其名大腰純雄其名穉蜂張注大腰龜鼈之類也穉小也〇論衡卜筮云龜之為言舊也龜之言久也白虎通蓍龜又初學記引洪範五行傳又禮記疏引劉向易說龜陰也白虎通蓍龜龜陰之老也白虎通蓍龜引禮雜記龜北方之靈禮記禮運龜以為畜注〇蓋按宋公子圍龜字子靈見左氏成五年傳龜謂靈射之屬禮記玉藻卜人定龜注〇釋文云射音亦周禮作繹爾雅作射〇爾雅釋魚云龜俯者靈仰者謝前弇諸果後弇諸獵左倪不類右倪不若又周禮龜人云天龜曰靈屬地龜曰繹屬東龜曰果屬西龜曰靁屬南龜曰獵屬北龜曰若屬龜蟲之生于水而游

于春者屬木洪範五行傳時則有龜孽注介蟲之精者曰龜大戴記曾子天圓龜龍甲鱗之宗列子黃帝解六高之語者注龜者決疑之物也易損十朋之龜注〇楚辭惜誓放山淵之龜玉兮注云龜以可決吉凶龜筴君之卜筮所須也禮記曲禮下倒筴側龜於君前有誅疏龜象也左氏僖十五年傳龜貨也廣雅釋詁四龜者是天下之寶也史記龜策傳龜鼎國之守器後漢書宦者傳注離為龜易說卦傳又頤舍爾靈龜虞注損十朋之龜虞注繫辭上傳莫善乎蓍龜虞注兌為澤龜艮為山龜坤為地龜震為木龜易損虞注〇爾雅釋魚云一曰神龜二曰靈龜三曰攝龜四曰寶龜五曰文龜六曰筮龜七曰山龜八曰澤龜九曰水龜十曰火龜龜三足賁爾雅釋魚龜拘坼也莊子逍遙遊善為不龜手之藥者釋文引向注〇引司馬云文坼如龜文也又云如龜皸手綿也〇蓋按徐音舉倫反謂龜為皸之借字也尋向馬諸義仍龜之本字本

義耳何煩改讀乎凡強生分別無端破字者一不足況也擧視此矣○又按後漢西域傳龜茲音邱慈此異域方音與中土聲韻不涉也即並而存之亦存而不論耳無慮呂出

龜謂印文也○後漢書西域傳注太尒格龜鍋屬注云龜爲印

龜背之隆高當心左氏宣十二年傳射麋麗龜注又服注

龜山也詩閟宮奄有龜蒙傳

儉基切

欺

詐也說文又國策秦策蘇秦欺寡人注

欺誑也荀子性惡則所聞者欺誣詐僞也注

欺妄也莊子應帝王是欺德也釋文引簡文注

欺誤也呂覽有意則不可欺矣注

仁義修立謂之任反任爲欺賈子道術

祿不遂行茲謂欺漢書天文志中之下引京房易傳

欺謂遙相語也論語雍也可欺也皇疏

欺偲大首也文選魯靈光殿賦仡欺偲以雕眈注○萱按疑當作頮偲由艸書而誤艸體頁久二形不別也漢以後隸書或作艸

欺魄土人也列子仲尼篇若欺魄焉注○萱按此

亦頮諆爲欺也頮者魌也頮魌蓋如方相然

諆

欺也說文段注諆欺疊韵小徐引漢書誠諆然漢書蠡作詆欺也或作倛魌

頮

倛醜也今逐疫有頮頭說文段注頮醜也此頮之本義今逐云云此擧漢事以爲證也周禮方相氏注云冒熊皮者以驚毆疫癘之鬼如今魌頭也淮南精神訓視毛嬙西施猶頮醜也高注云頮頮頭也方相氏黃金四目衣赭稀世之頮鬼頮魌言極醜也風俗通曰俗說亡人魂氣遊揚故作頮頭以存之言頭魌魌然盛大也或謂魌頭爲觸壙殊方語按魌頮字同頭大故从頁也亦作微靈光殿賦仡頮偲以雕眈李注頮偲大首也今本作欺偲蓋誤○廣雅釋詁二云頮醜也

倛方相也韓侍郎云四目爲方相兩目爲倛荀子非相仲尼之狀面如蒙倛注

欺魄土人也列子仲尼注○萱按蓋當作頮誤與靈光殿賦欺偲同

倛儗不前韻集

娸

或作娸人姓也杜林說娸醜也說文段注醜者可惡也按頁頭曰頰醜也杜說蓋以娸爲頮頭字也○廣雅釋詁二又漢書枚乘傳集注叙傳下集注引晉灼竝云娸醜也

娸謂詆欺也漢書李陵傳隨而娸孽其短注引服虔

僛

醉舞皃詩曰屢舞僛僛說文

僛僛舞也廣雅釋訓

僛僛舞不能自止也詩賓之初筵傳

丠

隸作丘諱孔子名省一筆

丠土古文○隸作丘土

土之高也非人所爲也一曰四方高中央下爲丠說文段注丠古音讀如欺漢時讀入今之尤韵故禮孔娵名注曰字與爲丘與區之類漢時區亦去鳩切也○周禮大司徒注又文選高唐賦注注竝云土高曰丠又爾雅釋丘云非人爲之丘又淮南墬形注云四分而高曰丠又風俗通山澤云丠之字二人立一上一者地也四方高中央下象形也

丠高也呂覽季夏

則丠隰水潦注又淮南時則注○詩丠中有麻疏云丠是地之高者

土曰丠周禮遂師共丠籠及蜃車之役疏

小陵曰丠廣雅釋丠○釋名釋喪制云丠象丠形也陵亦然也

丠山也漢書司馬相如傳下以登介丠注引服虔○易頤于丠頤王肅注云丠小山

阜山偶丠易賁賁于丠園虞注象上傳山川丠陵也虞注

天下有名丠五其三在河南其二在河北爾雅釋丠○後漢書張衡傳注云三丠東海中三山也謂蓬萊方丈瀛洲又離騷哀高丠之無女注云楚有高丠之山舊說高丠楚地名也

艮爲山丠若澳澳有丠虛注○虞注云位半艮山故稱丠

丠墟也楚辭哀郢曾不知夏之爲丠兮注○後漢書馮衍傳注云丘亦墟也又易賁疏云丘謂丘墟

丠虛堆壟不平皃史記司馬相如傳丠虛崛崵正義

丠冢也廣雅釋丠○方言十三云冢自關而東謂之丠又云冢小者謂之塿大者謂之丠

丘壟也禮記曲禮下不斬於丘木注○淮南時則營丘壟之小大高庳注云丘壟冢也又楚辭沈江封比干之丠

隴注云小曰丠丠墳也呂覽孟冬注丠者基也水經渭水注引春秋說題辭王公曰丠周禮冢人以爵等為丠封之度注丘十六井也禮記郊特牲丘其衆殿注又漢書刑法志又家語正論其以丘亦足矣注又孟子盡心下是故得乎丘民注○管子侈靡乘馬甸之衆注云十六井曰丘四邑為丘周禮小司徒又公羊成元年傳譏始丘使也注又釋名釋州國又莊子則陽何謂丠里之言釋文引李注○小司徒注云四邑為丠方四里丘猶邑也左氏僖十五年傳敗於宗丘注丠尻也廣雅釋詁二丠眾也廣雅釋詁三丠聚也釋名釋州國又孝經疏一引梁武帝說又太令干歎崇干于丠貽注○家語正論八索九丠注云九丠國聚也丠空也廣雅釋詁三又左氏昭十二年傳八索九丠疏引張平子說又漢書楚元王傳集注引孟康息夫躬傳集注又後漢書龐參傳注丘大也漢書楚元王傳集注引張晏又管子侈靡篇丠老不適注丘所履之常也易順注○莊子大宗師以德為循者言其與有足者至於丠也注云丠者所以本也丠里

者合十姓百名而以為風俗也莊子則陽九丠九州亡國之戒左氏昭十二年傳八索九丠賈注齊俗以不知為丠漢書王式傳集注引如淳蒐丠蒐絲也山海經中山經葉艸其實如蒐丠注丠螾蟲也淮南時則丠螾結注

邱 地名說文段注令制詳孔子名之字郞曰

噫 隱綦切 平去兩讀注在彼○或作饐

熙 向綦切 ○俗有熨燥也說文段注文選劉琨贈盧諶詩注引此下有謂暴燥也四字蓋庾儼默注語釋詁又曰熙興也周語叔向釋昊天有成命之詩曰緝明熙廣也毛傳本之箋據釋詁熙光也云廣當為光按文王傳曰緝熙光明也敬之傳曰光廣也是古光廣義通熙者熙之本義又訓興訓光者引申之義也熙興也書堯典釋文又詩酌時純熙矣箋又漢書禮樂志集注敘傳下集注○萱按堯典庶績咸熙有能奮庸熙帝之載史記五帝紀作衆功皆興有能奮庸美堯之

事者漢書律厤志作衆功皆美然則熙引申之義周可訓美歟美與興義相成也熙盛也後漢書竇武傳注熙亦福也漢書禮樂志大矣孝熙注熙廣也詩昊天有成命於緝熙傳又後漢書和熹鄧皇后紀注竇憲傳注班彪傳下注爰延傳注楊震傳注禰衡傳注熙光也國語周語緝熙亶厥心注又後漢書班彪傳下注又文選七啟熙天曜日注熙光明也文選歸去來辭注○禮記大學於緝熙敬止注云緝熙光明也緝熙皆明也禮記緇衣於緝熙敬止注熙熙和樂皃熙熙淫放多情欲也萱按此段熙為嫛也熙歡笑也萱按此段熙為歡也戲熙也萱按此段熙為娛也熙歎也萱按此段熙為嬉也

嫛 或書作嬉說樂也說文段注說者今之悅字按老子史記天下熙熙字皆當為嫛嫛今熙行而嫛廢矣熙者燥也謂暴燥也其義別○方言十云嘻湘潭之閒曰紛怡或曰熙已萱按熙蓋嫛之省借字女謂之嫛太令內護于嫛執注嫛婦人之稱也玉篇熙熙和樂皃漢書禮樂志集注匈奴傳集注又荀子儒效熙

熙兮其樂人之臧也注○左氏襄廿九年傳廣哉熙熙乎注云熙熙和樂聲熙熙和盛周書太子晉萬物熙熙注熙熙淫放多情欲也老子衆人熙熙如登春臺注○列子楊朱熙熙然以俟死釋文云熙熙戲情欲也

孷 坼也說文

衋 平入兩讀傷痛也周書曰民罔不衋傷心說文段注某氏注書酒誥亦云衋然痛傷其心

毐 士之無行者賈侍中說四字上衛秦始皇母與嫪毐婬坐誅故世罵婬曰嫪毐說文段注士之無行者故其字从士毋古多段毋為有無字毋即無毐之本義如此非為嫪毐造此字也引嫪毐事者舉無行之極者為證事詳史記其人本姓邯鄲摎氏之摎許慎作嫪毐嫪者姻也今俗謂婦人所

之人爲姻婁乃古語也

娭

戲也一曰卑賤名也說文段注戲者三單之偏也一曰兵也嬉戲則其餘義也左傳子玉曰請與君之士戲用以戲爲戲矣上林賦娭遊往來善曰娭許其切然則令之嬉字也令嬉行而娭廢矣○漢書禮樂志集注揚雄傳上集注又楚辭招魂娭光眇視注蛙云娭戲也

娭婦人賤偁廣韻引蒼頡醜偁曰娭

御覽三百八十二引通俗文

娭婢也廣雅釋詁四

熙戲也淮南俶眞鼓腹而熙注說山則摶矢而熙注人閻良不敢以死爲熙注脩務本熙者注又文選登徒子好色賦出咸陽熙邯鄲注○豈按此段熙爲娭也

誒

可惡之聲一曰誒通然也春秋傳曰誒誒出出說文段注韋孟詩勤唉厥生漢書唉作誒師古曰誒歎聲項羽本紀索隱曰唉歎恨發聲之詈皆與許可惡也義合方言欸䜆然也南楚凡言然者曰欸或曰䜆口部曰唉䜆也廣雅欸䜆然䜆也是則誒與欸唉音義皆同通用也春秋云云引哀三十年文證前一義也

今傳作譆譆

唉歎辭也文選諷諫詩注引方言

小兒啼聲曰唉文選諷諫詩注引應劭

瞦

目童子精曰瞦也說文段注當作曰瞦也精謂精光也俗作精

歖

卒喜也說文段注卒疑當作猝

熙歡笑也列子力命注引字林○豈按熙者歎之段借字

譆

或作嘻悟

痛也說文段注當作痛聲左傳或叫于宋大廟曰譆譆出出鳥鳴于亳社如曰譆譆甲午宋大災案譆與喜同音故云痛聲

譆歎聲也莊子齊物論譆善哉技釋文引李注

譩嘻穴也素問骨空論大風汗出灸譩譆注

譆譆熱也左氏襄卅年傳語語出出注

憘歎聲也後漢書蔡邕傳試潛聽之曰憘注

嘻歎息之聲大戴記少閒公曰嘻注○文選七啟本微子傴而應之曰譆注有是言乎注引鄭本禮記注云譆悲恨之聲也譆與嘻古字通也豈按譆嘻蓋同字故說文不錄嘻

嘻哀痛之聲列子天瑞國氏曰嘻

注○公羊僖元年傳慶父聞之曰嘻注云嘻發痛語首之聲

嘻悲恨之聲禮記檀弓上夫子曰嘻注又史記張儀傳其妻曰嘻索隱○魯仲連鄒陽傳噫嘻亦太甚矣索隱云嘻者驚恨之嘆也

嘻懼聲左氏定八年傳從者曰嘻注

嘻乃驚而怒之辭也史記廉頗藺相如傳相視而嘻索隱○呂覽行論注云嘻怨兒

嘻勑也詩噫嘻噫嘻成王傳

嘻強笑也漢書灌夫傳夫怒因嘻笑曰注○太平樂人嘻鬼嘻注云嘻笑樂之皃也

嘻嘻笑聲易家人婦子嘻嘻釋文引馬注○戾注云嘻嘻笑也鄭注云嘻嘻驕佚喜笑之意又疏云嘻嘻喜笑之皃也

嘻嘻悅也素問至眞要大論粗工嘻嘻以爲可知注

嘻嘻旭旭自得之皃漢書揚雄傳上注

熙歎也漢書翟義傳熙我念孺子注○豈按此段熙爲譆也

僖

○俗有嬉樂也說文段注此字之本義少用其熬變爲嬉李注洞簫賦引說文嬉樂也郎謂此也諡法有盤有僖周書二謚並出而春秋三傳僖公史漢皆作盤公殆史漢段盤爲僖乎

小心畏忌曰僖下獨斷有過

爲僖周書諡法

釐僖也史記齊世家魯又更立釐公集解引徐廣○豈按此謂釐即僖之借字也凡謚釐者諸家亦皆破爲僖

貲淵受諫曰釐有伐而還曰釐並周書謚法

禧

禮吉也說文段注行禮獲吉也

禧福也爾雅釋詁○豈按此蓋段禧爲釐也釐與禧皆訓福似釐爲正字禧爲段借小顏注漢書翻謂釐爲禧之段借字僎矣說文釐下云家福也可證有用熙爲禧者漢書禮樂志熙事備成注云熙與禧同是也

禧告也爾雅釋詁

熹

或作熺暿烄

炙也說文段注炙者抗火炙肉也此熹之本義引申爲熱也左傳注云譆譆熱也此同音段借也又與熙相段借○豈按唐扶頌治致雍熹文選歸去來辭恨晨光之熹微熹皆熙之段借字選注引聲類云熹亦熙字也熙光明也有段爲嬉字者漢靈臺碑神龍所熹是也

熹烝也禮記樂記天地訢合注○疏云熹天地氣○豈按熹

許一聲之轉記用借字注疏用正字熺熾也焕熾也並廣雅釋詁三○淮南時則湛熺必潔注云熺炊熾火之熾也堂按熾與熺用字雖異義實無異熹熾盛也匡謬正俗五熺火明皃文選贈五官中郎將詩明鐙熺炎光注○海賦熺炭重熺注云熺炭炭之有光者也熺星之明管子侈靡有時而星熺注熹美也廣雅釋詁有功安人曰熹後漢書和熹鄧皇后紀注焕爇也廣雅釋詁二焕烄也廣雅釋言嘻盛皃也多熱也玉篇

㞢 軫基切

隸作之出也說文段注引申之義為往釋詁曰之往是也粲之有訓為此者如之人也之德也之條條之刀刀左傳鄭人醢之三人也召南毛傳曰之事祭事也周南曰之子嫁子也此等之字皆訓為是之有訓為上出者戴先生釋梓人曰傾側上出者曰之下垂者曰而須鬣是也之往也詩何彼襛矣王姬之車箋碩鼠誰之永號箋鶴鳴樂彼之園箋桑柔疏之陰女箋崧高定中伯之宅箋又禮記檀弓上之死而致死之注又左氏哀五年傳何熹之乎注又論語公

冶長建之之一邦皇疏憲問之三子告皇疏陽貨子之武城皇疏又漢書紀志傳各集注又各傳注又素問宣明五氣陰出之陽則怒注氣府論分之所在穴空注又荀子禮論無性則偽之無所加注大略諸侯非問疾弔喪不之臣之家注之往也趣也漢書文帝紀集注之適也禮記大學人之其所親愛而辟焉注又論語陽貨末之也已集解引孔注又皇疏又小爾雅廣詁又列子湯問臣恐彼國之不可升之也釋文之至也詩柏舟之死矢靡它箋又國策秦策義渠君之魏注秦之楚者多資矣注又史記秦始皇紀距之稱始皇正義又呂覽重已而牛不迭所以之注貴生必察其所以之注彼且奚以此之也注又法言重黎卒之屏營注之其也呂覽音初之子是必大吉注○蓋擬孟子皆悅而願為氓矣周禮載師注作皆悅而願為其氓矣○王氏引之經傳釋詞云書西伯戡黎殷之即喪言殷其即喪也微子曰今殷其淪喪詩旄丘曰旄丘之葛兮何誕之節兮上之字句中語助也下之字則訓為其言旄丘之葛何疏闊其節而不相附以喻衛之諸臣何多日而不相救也毛傳誕闊也采綠曰言韔其弓言綸之繩之亦其也互文耳

之可訓為其其亦可訓為之之是也管子小稱故之身者使之愛惡注山權數之廉為無資注又莊子知北遊釋文引司馬注○詩蓼莪欲報之德箋又莊子徐無鬼之狙也釋文故云之猶是也之子者是子也爾雅釋訓又詩桃夭之子于歸箋鵲巢箋江有汜箋有狐綏綏之子無裳箋揚之水彼其之子箋羔裘箋汾沮洳箋椒聊箋綏人箋伐柯我覯之子箋裳裳者華箋采綠之子于狩箋○釋訓疏引李注云之子者論五方之言是子也又詩東門之枌子仲之子箋云之子男子也之人是人也詩日月乃如之人兮箋之閒也爾雅釋詁○王氏經傳釋詞云之者言之閒也若在河之洲之屬是也之發聲也禮記射義又使公罔之裘注之語辭也○禮記檀弓上南宮縚之妻之姑之喪疏樂記長言之也疏云之是助句辭也之語助禮記射義釋文又左氏僖廿四年傳介之推不言祿注○經傳釋詞云凡春秋人名中有之字者皆放此○堂按匪直名也詩漢廣疏云之為語助之指事之詞也經傳釋詞云之指事之詞也若左右流之之屬是也之猶諸也經傳釋詞

云之猶諸也諸之一聲之轉禮記少儀僕者負良綏申之面地諸肆孟子滕文公而注諸海而注之江之亦諸也互文耳故詩伐檀寘之河之側兮漢書地理志寘之作寘諸襄廿六年左傳寘諸堤下五行志寘諸作寘之之猶於也經傳釋詞云之猶於也諸之一聲之轉諸訓為於故之亦訓為於禮記檀弓曰之死而致死之不仁之死而致生之不知言於死而致死之則不仁於死而致生之則不知也鄭訓之為往失之大學曰人之其所親愛而辟焉言於其所親愛而辟也鄭訓子為適亦失之大戴禮事父母篇曰養之內不養於外則是越之也養之外不養於內則是疏之也之亦於也互文耳之猶若也經傳釋詞云之猶若也書盤庚曰邦之臧惟女衆邦之不臧惟予一人有佚罰言邦若臧邦若不臧也牧誓牝雞之晨言牝雞若晨也洪範臣之有作福作威玉食言臣若有作福作威玉食也金縢爾之許我言爾若許我也我之弗辟言我若弗辟也僖卅三年左傳曰寡君之以為戮死且不朽若從君惠而免之三年將拜君賜宣十二年傳曰楚之無惡除備而盟何損於若（好）以惡之來有備不敗成二年傳曰大夫之許寡人之願也若其不許亦將見

也皆上言之而下言其之亦若也互文耳荀子假有之人欲南而惡北假之而有弟兄資財而分者假之皆謂假若也

之猶則也經傳釋詞云之猶則也僖九年左傳曰東略之不知西則否矣晉語曰華則榮矣實之不知之亦則也互文耳

之猶與也經傳釋詞云之猶與也書立政惟有司之牧夫謂有司與牧夫也考工記梓人作其鱗之而謂作其鱗與而也而頰毛也鄭注之而頰頌也以之而二字連讀失之辟見經義述聞禮記月令曰天子親載耒耜措之于參保介之御間謂保介與御者之間也鄭注保介車右也置耒於車右與御者之間與字正釋之字文十一年左傳皇父之二子死焉二子者公子穀甥司寇牛父也言皇父與此二子皆死也成十六年傳潘尪之黨襄廿三年傳申鮮虞之傅摯謂潘尪與黨申鮮虞與傅摯也

之猶兮也經傳釋詞云昭廿五年左傳曰鸜之鵒之公出辱之三之字並與兮同義

之猶用也國策齊策之其所殺注

之乘即上車也公羊宣六年傳子乘之矣注

或之東西轉移之皃家語觀周人皆或之注

移之就之也孟子告子下則六師

移之注

之而頰頌也考工記梓人作其鱗之而注

芝

神艸也說文段注釋艸曰苬芝論衡曰土氣和故芝艸生○楚辭繆諫拔搴元芝兮注云元芝神艸也

芝荋艸也後漢書馬融傳注

無華葉而生者曰芝栭禮記內則疏引庾蔚

芝草蒻也漢書司馬相如傳下咀噍芝英兮嘰瓊華注引張揖

芝木芝也禮記月令疏引盧植注○內則疏引賀氏云芝木也

芝小蓋也文選思玄賦左青琱以揵芝兮舊注○後漢書張衡傳注云芝蓋也

三蓋車名耕根車一名芝車親耕耤田乘之獨斷下

甴

隸作甾

𠀠古文

東楚名缶曰甴象形也說文段注太史公曰自彭城以東東海吳廣陵

此東楚也缶下曰瓦器所以盛酒漿秦人鼓之以節歌象形然則缶既象形矣甾復象形實一物而語言不同且實一字而書法少異耳玉篇作甾近之若廣韵謂即艸部之甾字則馬牛不相及也甾上从一雝川此象缶之頸少殺安得云同乎今隸當作甾象形者口大而頸少殺

菑

甾或○俗有緇緇

不耕田也易曰不菑畬說文段注陳氏鱣曰不耕田當為才耕田謂始耕田也才財材皆訓始玉裁案不當為反字之誤也爾雅田一歲曰菑毛詩傳馬融虞翻易注皆用之韓詩董遇易章句皆曰菑反艸也與田一歲義相成詩大田箋曰俶載讀為熾菑時至民以其利耜熾菑發所受之田趨農急也致諸經傳凡入之深而植立者皆曰菑如考工記輪人菑訓建輻弓人菑訓以鑿副析公羊傳以人為菑漢書揵石菑鄭仲師云泰山平原所樹立物為菑聲如熾博立梟棊亦為菑其他若毛傳木立死曰菑漢書事刃公之腹中急就篇分別部居不襍厠漢太學石經以人為側皆此字之引申段借又段為烖害字不菑畬无妄六二爻辭周禮注作不菑而畬語較明言為之無漸也畬二歲田也錯取然甾聲鄭所云利耜熾發地之意也

反土為菑漢書翟義傳集注

菑反

艸也易无妄釋文引董注又詩皇矣其菑其翳釋文引韓詩○爾雅釋地注云今江東呼初耕地反艸為菑

菑

始災殺其艸木也爾雅釋地孫注○書大誥厥父菑疏云菑謂殺艸又詩采芑疏云菑殺艸之名又云菑者災也

茂艸曰菑淮南本經菑榛穢聚注○書大誥釋文云菑艸也

田一歲曰菑書大誥釋文又詩采芑于此菑畝傳大田俶載南畝箋又禮記坊記不菑畬山注又漢書翟義傳注

凡植物于地中謂之菑考工記輪人為輪察其菑蚤不齵注

菑亦甾耳義與傳同漢書溝洫志隤林竹兮揵石菑注

菑謂插也漢書張安世傳送以輕車介士注無謂又後漢書楊賜傳注

木立死曰菑詩皇矣傳又史記河渠書頹竹林兮揵石菑集解引韋昭○爾雅釋木立死菑李注云以當死害生曰菑

菑謂輻入轂中者也考工記輪人注○司農注菑讀如穊廁也廁謂建輻也又弓人菑栗不迤司農注云菑讀為不菑而畬之菑

博立梟棊亦為菑考工記輪人司農注

菑周埒垣也所以分別內外衛威儀今大學辟雍作側字公羊昭廿五年傳以人為菑注

常蒸之山

菑水出焉山海經出萊蕪之菑經○萱按此與異水字不作菑菑出萊蕪周禮職方氏注○萱

按職方禹貢今皆作淄俗字也說文不收菑澠齊汞名淮南道應菑澠之水合注淄澠齊之二

水名也呂覽精諭淄澠之合注○水經云淄水出泰山萊蕪縣原山菑業也廣雅釋詁四菑擘

也廣雅釋艸菑耕也廣雅釋地立死椔爾雅釋木○注云不弊頓椔

緇

或作財帛黑色也說文段注黑者北方色也火所熏之色也攷工記三入為纁五入為緅七入為緇鄭注云之

玄色者在緅緇之閒其六入者與案玉藻大夫佩水蒼玉而純組綬注純當為緇古文緇字或作系字才又周禮媒氏純

帛注純實緇字也古緇以才為聲祭統王后蠶於北郊以供純服注純以見繒色書諸今也純鄭䟽為緇鄭云今之紂字

俗誤為純耳然則許書當為紂菉解云古文緇从系紂聲而䵷者盖從今書不從故書之例與○詩緇衣緇衣之宜兮聲

又漢書叙傳下涅而不緇注鉉云緇黑色也又廣雅釋器云緇黑也緇謂黑繪也爾雅釋天緇廣充幅長尋

曰說孫注無謂又賈子七區七主女不緇注○儀禮士冠禮緇帶注云緇帶黑繪帶也緇亦平之類儀禮

士冠禮疏凡染黑五入為緅七入為緇衣以緇裳以纁象天地也

儀禮既夕記緇純注○考工記鍾氏注云染纁者三入而成又再染以黑則為緅緅今禮俗文作爵言如爵頭色也又復

再染以黑乃成緇矣緇涬也泥之黑者曰涬此色然也釋名釋采帛緇衣者

居私朝服也詩緇衣箋○禮記祭統以其純服以其冕服注云純服亦冕服也互言之爾純以見繪色冕以

著祭服紂帛亦緇也詩行露傳紂帛不過五兩疏○儀禮士冠禮疏云古緇紂二字並行若據布為色者

則為緇字若據帛為色者則為紂字又禮記檀弓上爵弁絰紂衣疏云紂衣絲衣也純亦緇也禮記祭統君純

冕立於阼疏○萱按純與緇形音義皆遠陽特因為成禮稱姑謂之段借可也

輜

輜軿通衣車也輧車前衣也車後為輜說文段注衣車謂有衣藏之車非釋名所

云所以載衣服之車也倉頡篇曰輧衣車也霍光傳曰昌邑王略女子載衣車李善二京賦注引張揖云輜重有衣車也

左傳楊虎載葱靈杜曰葱靈輜車名賈逵曰葱靈衣車也有葱有靈窗前有衣為輧車後有衣為輜車上文渾言之此所

言之也輧之言屏也輜之言載也二義互文見義輜亦有蔽輧亦可載故每渾言不別列女傳齊孟姬曰立車無輧非敢

受命此輧為蔽前之證也釋名曰輧車輜車而屏蔽婦人所乘云四而未歸又曰有邸曰輜無邸曰輧邸如四邸者有邸之邸讀

如扆家書禮志引字林輧車有衣蔽無後轅其有後轅者謂之輜劉昭注輿服志引同而奪四字有後轅無後轅邸有邸

無邸之說此於前衣後之外別為一說○後漢書齊武王縯傳注云輜輧有轜藏之車也又賓遂傳雲輜藏路注云輜

車也又又遂東京賦終日不離其輜重注云輜重有衣車也又薛注云輜重車也輜衣車也漢書淮南厲王

長傳載以輜車注錦安因傳參輜重注楊雄傳上騎需輜注○張晏傳還載輜車注云輜車衣車也輜柳車也

廣雅釋器輜靜也老子不離輜重注輜謂車之有防蔽可以重載者音子問鄉

師車輜注○左氏宣十二年傳輜重也疏云輜重載物之車也又云蔽前後以載物謂之輜車載物必重謂之重車人挽

以行謂之輦重輦一物也輜輜車載輜重臥息其中之車也輜廁也所載

衣物襍廁其中也釋名釋車○集韻引字林云輜載衣物車前後皆藏若今庫車

錙

六銖也說文段注六銖為黍六百鄭注禮記儒行曰八兩為錙高注詮言訓曰六兩曰錙倍錙曰錘風俗通義曰

銖六則錘錘暉也二錘則錙錙機也二錙則兩也廣雅云八銖為錙其說皆乖異不與許合惟高注說山訓曰六銖曰錙

八銖曰錘與許說合與詮言注乖異疑說山之注乃許注之僅存者也○淮南說山有千金之璧而無錙錘之蠻諸注冠

錙錘之冠注云六銖曰錙鉉三錘則錙錙減也一切經音義二十引風俗通○萱按此與段氏所引

小異未知孰是錙錙銖兩也呂覽應言今割國之錙錘矣注○禮記儒行云雖分國如錙銖又家語注儒行云

視之如錙銖又荀子富國云割國之錙銖以略之又議兵云得一首者則賜贖錙金

寵熙切

癡

○俗有痴懇侄不慧也說文段注心部曰慧者儇也犬部曰儇者急也癡者遲鈍之意故與慧正相反癡騃

也方言十又一切經音義十六引埤蒼癡瘵不達兒廣韻

蚩

蚩蟲也說文段注此三字句謂有蟲名蚩也段借為氓之蚩蚩毛傳曰蚩蚩敦厚之兒玉篇曰癡也此謂毛詩又

曰笑也此謂段蚩爲蚩也蚩癡也釋名釋姿容又後漢書劉盆子傳○萓按有本字而段借者義各有所歸若無
正字而段借者則無所歸矣借字即其本字矣蚩駭也文選文賦注引聲類蚩悖也方言十一又後漢書
袁紹傳注蚩亂也廣雅釋詁三蚩蚩敦厚之皃後漢書崔駰傳注○萓按義本張傳亦無本字
而段借者詆傳敍作敍蚩尤作兵者山海經大荒東經應龍處南極殺蚩尤與夸父注○書呂刑蚩尤惟
始作亂馬注云蚩尤少皞之末九黎君名蚩尤庶人之貪者也大戴記用兵○注云或云蚩尤古之
諸侯妄耳一曰衆人之貪者也蚩戲也

⿰蚩欠

○俗有⿰蚩欠嗤⿰蚩欠⿰蚩欠戲笑皃說文段注此今之嗤笑字也廣韻畫⿰蚩欠嗤爲二字殊誤其云嗤又作⿰蚩欠不知皆也
⿰蚩欠之俗耳文賦曰雖濬發於巧心或受⿰蚩欠於拙目李善曰⿰蚩欠笑也與⿰蚩欠同今本轉寫乖謬○文選詠懷詩嗤嗤令自蚩注
云嗤與⿰蚩欠同蚩戲也小爾雅廣言○萓按用蚩爲⿰蚩欠者借字也蚩笑也一切經音義廿二引蒼頡又後

漢書隗囂傳注蚩輕也廣雅釋詁三蚩侮也文選西京賦注引蒼頡蚩相輕侮也一切
經音義十七引蒼頡有相音義廿二引三蒼

笞

○俗有抬擊也說文段注疑夸所目二字笞所以擊人者因之謂擊人爲笞也方言引傳曰慈母之怒子也雖折葼
笞之其謂存焉後世笞杖徒流大辟五刑創於隨唐至於今日笞有名無實○廣雅釋詁三又漢書高帝紀上集注又後
漢書章帝注竝云笞擊也又荀子正論捶笞臏腳注云笞杖擊也抽笞者笞列女傳辯通笞者所
以教之也漢書刑法志

齝

或作齝齝呞吐而噍也爾雅曰牛曰齝說文段注噍即嚼字也釋獸郭注曰食之已久復出
嚼之○詩無羊箋云呞而動其耳又爾雅釋獸注云呞齝爲齝

詩 哂基切

訨古文志也說文段注毛詩序曰詩者志之所之也在心爲志發言爲詩按許不云志之所之經云志也者
序析言之許渾言之也所以多渾言之者欲使人因屬以求別也又特牲禮詩懷之注詩猶承也奉謂納之懷中內則詩

負之注詩之言承也崇正義引含神霧云詩持也段詩爲持段持爲一部永與六部合音最近也上林賦歲持持音懲○
詩關雎序王者之風疏天保序疏節南山疏又呂覽慎大注又楚辭悲回風寫賦詩之所明注竝云詩者志也詩言
是其志也禮記樂記又荀子儒效有是又說苑修文○文選文賦詩緣情而綺靡注云詩以言志詩之
爲言志也詩譜序然則詩之道疏引春秋說題辭有爲又洪範五行傳時則有詩妖注○賈子道德說云詩者
此之志者也又云詩者志德之理而明其指令人緣之以自成也詩之也志之所之也釋名釋典
藝○後漢書禰衡傳注云詩者志之所之又詩關雎序疏云詩者人志意之所之適也詩有三訓承也
志也持也詩譜序疏詩思也毛詩指說引梁簡文說詩意也廣雅釋言○國語魯語下云詩
所以合意歌所以詠詩也詩者辭也在辭爲詩毛詩指說引梁簡文說○禮記樂疏云詩謂言詞也
發言爲詩詩關雎序又漢書禮樂志集注藝文志集注○詩序疏云發見於言乃名爲詩又云誦言爲詩又云
誦其言謂之詩又周語詩以道之注云誦之曰詩詩謂樂章荀子勸學詩者中聲之所止也注○穀梁

序就太師而正雅頌疏云詩者樂章也又左傳襄四年疏云詩是樂章詩賦也樂楚辭大招投詩賦只注
詩者弦歌諷諭之聲也北堂書鈔引鄭氏六藝論又詩譜序疏引六藝論○禮記學記不能安詩
疏云詩是樂歌又孔子閒居詩亦至矣疏云詩者歌詠歡樂也又荀子王制注云詩謂四方之歌謠詩書義之
府也左氏襄廿七年傳○文選三都賦序云孔子采萬國之風正雅頌之名集而謂之詩又詩譜序疏引春秋說題
辭云在事爲詩又管子山權數云詩者所以記物也詩禮者先王之陳迹也莊子外物儒以詩禮
發冢注

邿

附庸國在東平亢父邿亭春秋傳曰取邿說文段注王制曰不能五十里者不
合於天子附於諸侯曰附庸鄭云不合謂不朝會也小城曰附庸附庸者以國事附於大國不能以名通也春秋襄十三
年夏取邿邿者魯附庸也前志曰東平國亢父詩亭故詩國後志曰章帝元和元年分東平國爲任城國亢父屬任城國
案前志當作詩亭故邿國許書當作東平亢父詩亭杜預左傳注亦當本作詩亭皆寫者亂之耳邿詩古今字也今山東

濟寧州東南有故郜城○左傳注云郜小國也

茲 缾熙切

艸木多益 說文段注詩小雅兄也永歎毛曰兄茲也戴先生毛鄭詩考正曰茲今通用滋說文茲字說云艸木多益滋字說云益也韋注國語云兄益也詩之辭意言不能如兄弟相救空滋之長歎而已來大雅職兄斯引傳亦云兄茲也

茲益也 漢書五行志下之下集注揚雄傳下集注匈奴傳上傳下集注

茲滋也 素問五藏生成論故色見青如艸茲者死注

茲猶斯也 王尚書經傳釋詞云茲猶斯也書酒語朝夕曰祀茲酒言朝夕戒之曰惟祭祀斯用酒也故下文曰飲惟祭祀

茲此也 爾雅釋詁又書金縢又茲攸俟鄭注呂刑越茲麗刑鄭注又考工記栗氏茲器維則注又儀禮士昏禮記以茲初昏使某將注士喪禮度茲幽宅兆基注又論語子罕文不在茲乎集解引孔注又皇疏又孟子萬章上惟茲臣庶注又離騷委厥美而歷茲注天問交賜茲醢注惜誦媒茲媾以私處兮注悼亂伊余兮念茲注

茲今也 廣雅釋言

茲年也 呂覽任地今茲美禾注○萱按孟子今茲未能亦合訓年與以待來年相俯仰

茲者蓐席也 爾雅釋器蓐謂之茲注○史記周本紀衛康叔封布茲集解引徐廣云茲者藉艸之

名又荀子正論狼籍龍茲華覲以為寶注引徐廣云茲者藉席之名或曰龍茲即今龍鬚席茲與鬚同萱按此謂茲為借字

茲白一名駮 周書王會茲白者注

茲其鉏也 周禮薙氏注以茲其斫其生者釋文○疏云漢時茲其即今之鋤也○萱按鉏鋤正俗字也長短經漢書與鄭傳鉏作茲基張晏云茲基鉏也

鎡基田器耒耜之屬 孟子公孫丑上雖有鎡基注○廣雅釋器云鎡錤鉏也○萱按此段鎡為茲也乃龕之俗體

茲飛即佽飛也 後漢書馬融傳注

茲免與滋勉同 管子小問南面而立茲免注○萱按茲滋古通用不甚分吟城又魏孔羨碑咨可謂命世大聖此段咨為茲也茲或作慈作茲或作此作已皆音近通借

茲者承上起下之詞 王

滋

○俗有滋蕃

益也一曰滋水出牛飲山白陘谷東入呼沱 說文段注茲下曰艸木多益也此字从水茲為水益也凡經傳增益之義多用此字亦有用茲者如常棣召旻傳云兄茲也桑柔傳云兄滋也衹是一義地理志常山郡南行唐牛飲山白陘谷滋水所出東至新市入虖池水南行行唐故城在今直隸正定府

行唐縣縣治新市故城在今正定府治西北四十里之一統志曰滋河源出山西五臺縣畍東南流逕正定府靈壽縣北行唐縣南又東歷正定藁城二縣北無極縣南又東北入定州深澤縣畍古與滹沱合流今折而東死與滹沱二水合不入滹沱矣○左氏隱元年傳無使滋蔓服注襄八年傳事滋無成昭注元年傳其虐滋甚注昭三年傳宮室滋修注昭十六年傳為罪滋大注昭廿六年傳吾滋不從也注又小爾雅廣詁又國語周語故能保世以滋大注其抑下滋甚注魯語其雖不滋大乎注晉語我皁滋益注從樂伯之言可以滋注鄭語其秋也滋迷注越語民乃蕃滋注又漢書高后紀集注律曆志集注禮樂志集注刑法志集注吳王濞傳集注田蚡傳集注膠西于王端傳集注吾丘壽王傳集注儒林傳贊集注循吏傳集注朝鮮王傳集注外戚傳下集注又呂覽懷寵行地滋遠注又文選東京賦鳥獸阜滋薛注云滋益也

滋亦益也 漢書吳王濞傳徵求滋多注酷吏咸宣傳盜賊滋起注○公羊宣六年傳靈公聞之怒滋欲殺之甚注云滋猶益也

滋者言萬物滋於下也 史記律書

滋長也 國語齊語道滋民注又後漢書史鄉傳注○呂覽明理艸木庳小不滋注云滋亦長

滋毓也 文選思玄賦滋令德於正中兮舊注

滋茂也

後漢書張衡傳注

滋蒔也 離騷余既滋蘭之九畹兮注

滋潤也 華嚴經音義上引韻圃

滋熙潤悅皃 文選洞簫賦吹至精之滋熙兮注○萱按堯廟碑云滋滋汲汲此段借字也或作孜孜或作孳孳皆可

孳

繇 福○平去兩讀

孳孳役役生也 說文段注孜下曰孜孜汲汲也此云孳孳役役生孜孳二字古多通用堯典鳥獸孳尾某氏傳曰乳化曰孳然則蕃生之義當用孳故从茲無息之意當用孜故从支

孳尾牝牡相生也 列子黃帝孳尾成羣釋文

乳化曰孳 同上

孳息也 列子湯問其民孳阜亡數釋文

孳蕃也 文選蕪城賦孳貨盈田注引聲類

孳孿也 廣雅釋詁三○萱按後出有孖為雙生子之專字孳則借也

孳孳不怠也 萱按此義詳孜下

嗞

嗟也 說文段注嗟言部作詧云善嗞也與此為互訓今本言部作咨也淺人妄改其謀事曰咨音義皆殊戰國策秦策五平原令見諸公必為言之曰嗞嗟乎司空馬詩綢繆子兮子兮如此梁人何毛傳子兮者嗟茲也茲當作嗞古書善嗞今人作嗟咨非也廣韻嗞嗟憂聲也

嗞笑也 廣雅釋詁一

詩言子兮猶曰嗟子乎

嗟嗞也故傳以子兮爲嗟茲經傳釋詞

鼒

鎡俗鼎之圜掩上者詩曰鼐鼎及鼒說文段注周頌鼐鼎及鼒釋器曰圜弇上謂之鼒手部曰掩斂也小上曰掩艸部曰弇蓋也然則此依許作掩爲正字○蓋按史記武帝紀封禪書並云鼐鼎及鼒段哉爲鼒也鼒哉同部又雙聲也

鼒子鼎也爾雅釋器鼐注○廣雅釋器云鼒鼎也小鼎謂之鼒詩絲衣傳

孜

孜孜汲汲也周書曰孜孜無怠說文段注案汲汲與彶彶同急行也孜孜無怠大誓篇文見詩文王正義引又見史記周本紀字作孳孳說文此及指下矣下所引皆古文大誓也許作孜史記作孳蓋亦古文今文之異也○蓋按書咎繇謨予思日孜孜文選景福殿賦聖上猶孜孜靡咸皆用孜正字也他家多作孳矣

孜孜言不怠也漢書蕭何傳注貢禹傳注

孜孜不怠之意漢書成帝紀韋公孜孜注

孳孳不怠也漢書孔光傳孳孳而已注谷永傳宜夙夜孳孳注

孳孳不怠之意也漢書王莽傳上

孳孳不已者注又後漢書魯恭傳注○史記夏本紀云予思日孳孳又漢書蕭何傳尚儉孳孳得民和東方朔傳云此士所以日夜孳孳王吉傳云孳孳於民俗之所寡又冀州從事郭君碑云亦世孳孳蓋按此皆作孳不作孜直謂孜孳同字矣又孟子孳孳爲善者孔叢子作滋滋亦是同音通用字也然滋之本義訓益與孜孳異

孜孜劇也廣雅釋訓

仔

克也說文段注周頌曰佛時仔肩毛傳曰仔肩克也箋云仔肩任也案克勝也勝與任義似異而同許云仔克也釋詁云肩克也許云克肩也然則仔肩象言之耳○蓋按仔與孜音義皆同故說苑君道作佛時孜肩

絲 想基切

蠶所吐也說文

絲衣祭服也詩絲衣絲衣其紑傳

絲爲弦禮記月令疏引易通卦驗注○文選鮑明遠樂府白頭吟直如朱絲繩注云朱絲朱絃也

絲琴瑟也周禮大師金石土革絲木匏竹注又太乎扰擊石彈絲注○禮記樂記云金石絲竹樂之器也又文選月賦於是絲桐練響注云絲桐琴也

絲也者以爲固也考工記弓人○荀子禮論無帽絲蠶緌翣其箱注云絲蠶未詳蓋亦表車之飾也絲請爲緌蓋按雖破字亦不憐

思

容也說文段注睿也各本作容也或以伏生尚書思心曰容說之今正皃曰恭言曰從視曰明聽曰聰思心曰容謂五者之德非可以恭釋皃以從釋言以明聰釋視聽也谷部曰容深通川也引容畎澮距川引申之凡深通皆曰容思與容雙聲此亦門捫也戶護也髮拔也之例謂之思者以其能深通也至若尚書大傳次五事曰思心思心之不容是謂不聖劉向董仲舒班固皆以寬釋容以古文尚書作五曰思思曰睿爲異本詳于所述尚書撰異

思慮也荀子解蔽仁者之思也恭注又漢書王莽傳上集注○五行志中之上注引應劭云思慮又書洪範疏云思是心之所慮又云思者心慮所行使行得中也又毛詩指說引梁肅文說云發慮在心謂之思

思計慮也禮記曲禮上儼若思疏

思念也孟子公孫丑上思與鄉人立注○禮記玉藻書思對命注云思所思念

思顧也詩文王思皇多士箋又後漢書徐穉傳注

思悲也文選勵志詩吉士思秋注

凡言相憐哀江濱謂之思方言十

思司也凡有所司捕必靜思忖亦然也釋名釋言語

坤爲思易象上傳君子以教思无窮虞注

坎爲思易咸朋從爾思虞注象下傳君子以思不出其位虞注繫辭上

傳履信思乎順虞注

宮爲思漢書律曆志上

思屬土書洪範五曰思鄭注又正義引洪範五行傳○山海經大荒東經云司幽生思士不妻思女不夫

道德純一曰思外內思索曰思大省兆民曰思追悔前過曰思並周書諡法○書堯典馬注云道德純備謂之思

敏謂之思書堯典欽明文思安安鄭注○後漢書安思閻皇后紀注云謀慮不愆曰思

思辭也詩漢廣不可休思傳文王思皇多士傳又周禮司市上旌于思次思畏注又漢書孔光傳集注○蓋按漢廣休思韓作休息轉寫者迭遞毛傳於不可求思下其繆鑑有如此者

思語辭也漢書王褒傳注○左氏僖廿二年傳天維顯思注宣十二年傳鋪時繹思注竝云思猶辭也又疏云思是語之辭不爲義也

思皆聲之助禮記中庸神之格思不可度思矧可射思注

思所以知遠也素問陰陽應象大論在志爲思注

思⿰齒思也廣雅釋言

思次若今市亭也周禮司市上旌于思次注注又云思當爲司字聲之誤也○蓋按詩思樂泮水言歸思復不思舊姻思皆既借字也禮記禮器疏作斯樂泮水唐石經作言歸斯復白虎通作不惟舊因司斯思音同惟

思義同故通用

思發語詞也 王氏經傳釋詞云思發語詞也思孌季女逝兮思皇多士思齊大任思媚思周姜思輯用光思文后稷思皇多祜思媚其婦思樂泮水思字皆發語詞句中語助也寤寐思服旨酒思柔無思不服豳序思不忘思皆句中語助

思句中語助也 經傳釋詞云思

緦

[illegible] 古文 **十五升抽其半布也一曰兩麻一絲布也** 說文段注緦者布名猶大功小功皆布名也禮經緦麻三月者注云緦麻布衰裳而麻緦帶也今本注內刪下緦字則不可通矣傳曰緦者十五升抽其半有事其縷無事其布曰緦凡布幅廣二尺二寸禮經布八十縷為升郎許之八十縷為稷也斬衰三升三升有半齊衰四升繐衰小功之縷四升有半大功八升若九升小功十升若十一升緦布朝服之縷七升有半升數各不同而皆合二尺二尺之度以成布十五升去半者十五升朝服之升數也去其半則為七升有半朝服用十五升其布密緦用其半其布疏謂之緦者鄭曰治其縷細如絲也傳所謂有事其縷也繐衰用小功之縷而升數不及半緦用朝服之縷而升數祇取半皆聖人用宜適變之精意後義兩麻一絲其說非也鄭注喪服曰或曰有緦朝服用布何衰用絲乎○

周禮典枲掌布緦縷紵之麻草之物注云緦十五升去布抽其半者又司服為諸侯緦衰司農注云緦亦十五升去其半有事其縷無事其布 **三月曰緦麻緦絲也績麻細如絲也** 釋名釋喪制○萱按麻細如絲非真絲也儀禮疏乃云緦則絲也古緦絲字通用其說蓋非是 **緦者五服最下** 穀梁莊三年傳緦舉下注 **外親之服皆緦也** 儀禮喪服傳○萱按外親以緦為斷服之正也母之父母姊妹服不止於緦蓋加隆焉爾 **緦聚也** 廣雅釋詁三

司

平去兩讀○俗有伺覗覗 **臣司事於外者** 說文段注外對君而言君在內也臣宣力四方在外故从反君惟反后乃歸后矣鄭風邦之司直傳曰司主也凡必其事必伺察恐後故古別無伺字司即伺字見部曰覹司也覗司人也人部曰伏司也候司望也頁部曰[illegible]司人也犬部曰[illegible]司也豸下曰欲有所司殺皆即今之伺字周禮師氏媒氏注皆云司猶察也俗又作覗凡司其事者皆得曰有司 **掌事曰司** 左氏春秋序魯史記之名也疏 **司主也** 禮記文王世子樂正司業注又左氏僖廿一年傳實司大皞與有濟之祀注襄廿七年傳注又國語晉語不能事疆埸之司注

楚語乃命南正重司天以屬神注又廣雅釋詁三又小爾雅廣言又呂覽自知湯有司過之士注又淮南時則太皞句芒之所司者萬二千里注又文選東京賦司儀辨等司鐸受征司執遺鬼三辟注射雉賦司其雌雄徐注咨窮戲對向司藉注引項岱○山海經大荒南經黃鳥于巫山司此元蛇注云司言主之也 **司主守也** 鬼谷子捭闔而守司其門戶注 **凡言司者總其領也** 周禮司關司貨賄之出入者疏又禮記曲禮下疏引周禮干注 **有司臣也** 廣雅釋詁一○周禮泉府與其有司辨而授之注云有司其所屬吏也又儀禮士冠禮注云有司羣吏有事者謂主人之吏所自辟除府史以下也今時卒史及假吏皆是也又禮記玉藻注云有司府史之屬也又襍記上注云有司卜人也 **袞司三公也** 文選褚淵碑文雖秩粹於袞司注 **九司九卿也** 文選景福殿賦三事九司注 **司州司隸校尉所主也** 釋名釋州國○後漢書光武紀上注云以掌徒隸而巡察故曰司隸人魯恭傳注云司隸校尉董領京師及三輔三河弘農 **司門若今城門校尉主王城十二門也** 後漢書班彪傳上注 **司猶察也** 周禮師氏居虎門之左司王朝注媒氏司男女之無夫家

者而會之注禁殺戮掌司斬殺戮者注○山海經大荒西經有人名曰石夷處西北隅以司日月之長短注云司日月之長短言察日月晷度之節 **司察猶篤察也** 後漢書陳元傳注 **司者察視之** 漢書高五王傳以為物而司之得勃然注 **伺候也察也** 一切經音義二引字林 **伺候也** 晉書音義上 **伺候其罪** 荀子富國有掎絜伺詐注 **伺視也** 方言十 **覗視也** 廣雅釋詁一○方言十云覗自江而北或謂之覗 **[illegible][illegible]覗也** 廣韻

獄

司空也後說獄司空 說文段注司空此空字衍司者今伺之字以司釋獄以疊韻為訓也許書無伺字以司為之玉篇獄注云察也今作伺覗案希馮直以獄為伺覗之古字葢用許說也其字从犬葢謂兩犬吠守伺察之義也周禮司救役諸司空注如漢法城旦舂鬼薪白粲之類意後說上有奪字某復者姓名也某復說獄司空曰獄別一儒林列傳太后怒曰安得司空城旦書乎徐廣曰司空掌刑徒之官也如淳說都司司空注罪人應劭漢官儀曰綏和元元年罷御史大夫官法周制初置司空議者又以縣道官有獄司空故覆加大為大司空是則漢時有都司空有獄司空

皆主罪人皆有治獄之責以其辭獄也故从犾犾者獄之省

品熙切

丕 或作丕平 **大也** 說文段注丕與不音同故古多用不爲丕如不顯即丕顯之類於六書爲段借凡段借必同部同音丕隸書中直引長故云丕之字不十漢石經作丕可證非與丕殊字也○爾雅釋詁又書古泰誓丕天之大律鄭注又左氏僖廿八年傳奉揚天子之丕顯休命注昭三年傳昧旦丕顯注又周書嘗典敬位丕哉注皇門遠士丕承注又孟子滕文公下丕顯哉注又文從東京賦薛注又漢書司馬相如傳下王者之丕業注竝云丕大也又王莽傳上竝單平作注云丕亦大也○萱按書三苗丕敘史記夏紀直三作苗大序 **丕丕大也** 爾雅釋訓 **丕奉也** 漢書郊祀志下集注 **丕莊也** 小爾雅廣言 **丕大邛山**

伾 或作伓 **有力也詩曰吕車伾伾** 說文段注本謂人有力引申謂馬俟下引詩伾伾俟俟○引詩駉以車伾伾傳云伾伾有力也 **伾伾衆也** 廣雅釋訓 **山一成爲伾** 萱按此段伾爲坏也坏之異體字有坯岯阫

邳奚仲之後湯左相仲虺所封國在魯 句 **薛縣是也** 說文段注左傳定元年薛宰曰薛之皇祖奚仲居薛以爲夏車正奚仲遷於邳仲虺居薛以爲湯左相譜云薛任姓黃帝之苗裔奚仲封爲薛侯今魯薛縣是也奚仲遷於邳仲虺居薛以爲湯左丞相武王復以其冑爲薛侯齊桓黜爲伯小國無記世不可知亦不知爲誰所滅案杜亦云仲虺奚仲之後與許合邳者所封國名如寇鄭郜邑邳邑邢邑鄭鄧鄒鄣等字之例左傳昭元年云虞有三苗夏有觀扈商有姺邳周有徐奄皆國名也杜云姺邳二國商諸侯案蓋謂仲虺之後爲亂者也云在魯者謂商之邳國在今漢之魯國魯國薛縣是其地也魯國薛二志同前志云夏車奚仲所封國後遷於邳湯相仲虺居之合班許所云蓋奚仲所遷之邳距薛密邇如邾遷於繹之北遷於邳則國名邳仲虺所居薛而邳名不改姺邳與觀扈徐奄同則國書滅矣周後封其後於邳爲薛侯也應劭注東海下邳曰邳在薛其後徙此故曰下邳臣瓚曰有上邳故曰下邳按呂台三年封楚元王子郢客爲上邳侯上邳即薛也然則昭元年定元杜年注皆云邳下邳縣非是下邳在今江蘇徐州府之邳州薛縣在今山東兗州府滕縣南四十里有故薛城 **邳下邳也** 禮記曲禮注邳郯之東釋文○萱按

邳郯似亦不當以下邳釋之

秠 或作秛 **稃也詩曰誕降嘉穀惟秬惟秠黑黍一稃二米天賜后稷之嘉穀也** 說文段注詩生民惟秬惟秠爾雅釋艸曰秬黑黍秠一稃二米毛傳正同蓋黑黍一稃二米曰秠言秬而一稃二米已見穀文以惟秬足句見黑黍之稃有異不比下文惟虋惟芑畫然二物故釋訓者以黑黍象秬以一稃二系米秠分爲之鄭志張逸問云鬯人職注曰秬如黑黍一秠二米箋爾雅秠一稃二米未知二者同異答曰秠即其皮稃亦皮也爾雅重言以曉人更無異備也據此知秠即稃凡稃皆曰秠非必二米一稃也許於鬯部秬下云黑黍也一稃二米是可見一稃二米者謂一秠非謂凡秠也此必偁經文惟秬惟秠而後總釋之曰黑黍一稃二米則爾雅毛傳訓詁之意明矣秠之本義與稃同故必先之曰稃也而後引詩則知經與義字義無不合矣今鬯人注如黑黍一稃二米詩正義作引一秠二米蓋正義所引是鄭作一秠爾雅作一稃鄭意秠即稃故參則云爾○詩大田傳謂孚甲始生疏云秠者一孚二米言一皮之內有兩米也萱按孚者稃之省借字

駓 或作駍駓 **黃白襍毛也** 說文段注古作丕字中直貫下或作平是以論曾魏者曰丕之字不十也詩釋文此字本作駓字林乃作駓○爾雅釋畜云黃白襍毛駓又詩駉有騅有駓傳云黃白襍毛曰駓 **駓走也** 詩駉釋文引字林 **駓駓走兒** 楚辭招魂逐人駓駓些注○廣雅釋訓云駓駓走也

魾 **大鱯也其小者名鮡** 說文段注丕訓大此會意兼形聲也爾雅魴魾亦謂魴之大者爲魾○爾雅釋魚云魾大鱯 **魾黧也** 爾雅釋魚釋文引廣雅○萱按黧當作鯬釋文引埤蒼云鯬鯠魾也

髬 或作䯱 **短須髮兒** 說文段注西京賦說猛獸髬髵薛曰髬髵作毛鬣也䯱即髬字須髮短則植猛獸毛鬣植

紑 **白鮮衣兒詩曰素衣其紑** 說文段注鱻各本作鮮今正許例新鮮字如此作也詩曰云云周頌作絲衣其紑絲衣乃篇名素恐譌字此謂士齋之弁衣纁裳非白衣也本義謂白鮮引申之爲凡新衣之偁 **紑絜鮮兒** 詩絲衣傳

儉怡切

其 兩詩箋異 **詞也** 廣雅釋詁四○王尚書伯申經傳釋詞云其指事之詞也常語也 **其狀事之詞也**

經傳釋詞云其狀事之詞也有先言事而後言其狀者若擊鼓其鏜雨雪其雱零雨其濛之屬是也有先言其狀而後言其事者若灼灼其華殷其雷凄其以風之屬是也 **其擬議之詞也** 經傳釋詞云其擬議之詞也易困彖傳曰困而不失其所亨其惟君子乎乾文言曰其唯聖人乎聘禮曰君其賜乎以隱十一年左傳曰天其以禮悔禍于許 **其更端之詞也** 經傳釋詞云其更端之詞也易无妄彖辭曰无妄元亨利貞其匪正有眚書無逸曰其在高宗其在祖甲 **其諸辭也** 公羊桓六年傳其諸以病桓與注○王氏經傳釋詞云其諸亦擬議之詞也論語學而曰其諸異乎人之求之與 **其發聲也** 書大傳禹其跳注又史記孝文紀諸天下何其安之索隱○高祖紀其以沛為朕湯沐邑集解引風俗通云其者楚言也沛人語初發聲皆言其 **其然猶必爾也** 左氏襄廿三年傳其然注 **其語助也** 經傳釋詞云其語助也易小畜初九曰復自道何其咎書康誥曰未其有若女封之心召誥曰不其延洛誥曰敘弗其絕呂刑曰其今爾何懲棐誓曰馬牛其風詩曷其有佸曷其有所云何其憂終其永懷于何其臻左傳秦不其然音語不其集亾其字皆為語助無意義也 **其猶殆也** 經傳釋詞云其猶殆也易曰後其見

天地之心乎知變化之道者其知神之所為乎易之興也其於中古乎作易者其有憂患乎書金縢公曰體王其罔害禮記檀弓吾今日其庶幾乎將軍文氏之子其庶幾乎隱六年左傳其陳桓公之謂乎周語王室其將卑乎○又曰其與殆同意故又以其殆連文繫辭傳曰顏氏之子其殆庶幾乎是也 **其猶將也** 經傳釋詞云其猶將也易否其亡其亡書皋陶謨天工人其代之湯誓予其大賚女盤庚天其永我命於茲新邑微子今殷其淪喪牧誓稱爾戈比爾干立爾矛予其誓金縢惟朕小子其新逆康誥爽惟天其罰殛我酒誥盡執拘以歸于周予其殺召誥今天其命哲命吉凶命歷年洛誥茲予其明農哉詩蟋蟀日月其除七月其始播百穀隱十一年左傳吾子孫其覆亡之不暇周語其與能幾何論語為政其何以行之哉 **其猶尚也庶幾也** 經傳釋詞云其猶尚也庶幾也書皋陶謨帝其念哉盤庚其克從先王之烈金縢我其為王穆卜康誥其尚顯聞于天其亦尚也古人自有復語耳酒誥其藝黍稷召誥上下勤恤其曰我受天命洛誥女其敬識百辟享無逸嗣王其監于茲君奭君肆其監于茲立政我其克灼知厥若文侯之命惟祖惟父其伊恤朕躬詩伯兮其雨其雨隱三年左傳吾子其無廢先君之功周語王其祗祓監饗不易 **其猶若也**

經傳釋詞云禮記文王世子曰公族有其死罪則磬于甸人其刑罪則纖剸亦告于甸人襄卅一年左傳曰其輸之則君之府實也非薦陳之不敢輸也其暴露之則恐燥溼之不時而朽蠹以重敝邑之罪 **其猶乃也** 經傳釋詞云其猶乃也書堯典下民其咨皋陶謨庶績其凝天其申命用休禹貢濰淄其道淮沂其乂蒙羽其藝洪範是之謂大同身其康彊子孫其逢金縢爾之許我我其以璧與珪歸俟爾命爾不許我我乃屏璧與珪其亦乃也康誥時乃大明服惟民其敕懋和若有疾惟民其畢棄咎若保赤子惟民其康乂周語自今至于初吉陽氣俱蒸土膏其動弗震弗渝脈其滿眚穀乃不殖○又曰其乃同意故又以乃其連文康誥乃其乂民乃其速由文王作罰女乃其速由茲義率殺君奭乃其墜命多方我乃其大罰殛之此猶曷何同意而召誥言曷其奈何弗敬克堪同意而多方言克堪用德維伊同意而詩頍弁言實維伊可也 **其猶之也** 經傳釋詞云其猶之也書盤庚不其或稽自怨易豫康誥朕其弟小子封詩魚麗物其多矣維其嘉矣上其猶之也下其則指物之詞桓六年左傳諸侯之大夫戍齊齊人饋之餼使魯為其班成十五年公羊傳為人後者為之子又曰為人後者為為其子其與之同義故其可訓為之之亦可訓為其互見之字下 **其猶**

寧也 經傳釋詞云其猶寧也易繫辭傳妻其可得見耶書盤庚若火之燎于原不可嚮邇其猶可撲滅僖五年左傳一之謂甚其可再乎十年傳欲加之罪其無辭乎

期

冋 古文 **會也** 說文段注會者合也期者要約之意所以為會合也段借為期年期月字其本字作稘期行而稘廢矣周禮質人士虞禮古文期年字作基○廣雅釋詁四又國語周語期於司里注又荀子正名散名之加於萬物者則從諸夏之成俗曲期注命不喻然後期注又淮南天文星辰者天之期也注又離騷指西海以為期注天問孰期去斯注又文選長笛賦馳趣期而赴節注並云期會也 **期物之所會也** 荀子正論故凡言議期命是非以聖王為師注 **期謂委曲為名以會物也** 荀子正名期命也者辨說之用也注 **期要也** 漢書武帝紀集注引李奇○禮記曲禮上百年曰期頤注云期猶要也 **期度也** 呂覽懷寵徵斂無期注 **期必也** 左氏哀十六年傳期死非勇也注○漢書路溫舒傳集注云期猶必也 **期待也** 莊子寓言年先矣而無經緯本末以期年耆者是非先也注○周禮司市凡萬民之期于市者注云期謂欲賣買期決于市也又後漢書銚期傳注

云武帝將出必與北地良家子期於殿門故曰期門期猶常也史記萬石君張叔傳期爲不絜清正義期時也禮記曲禮梁曰香萁釋文又廣雅釋言荀子不苟四時不言而百姓期爲注云期謂知其時候期將事之日也國語周語及其命於武宮注〇周禮大宰前期十日注云前期前所諏之日也從旦至暮爲期左氏昭廿三年傳期爲注〇儀禮少牢饋食禮爲期于廟門之外注云爲期肅諸官而皆至定祭早晏之期期辭也詩頍弁實維何期箋期當也晚出書大禹謨期于予治傳坎月離日爲期易歸妹歸妹愆期虞注坤爲喪期易繫辭下傳喪期无數虞注期頤老也廣雅釋詁一〇釋名長幼云百年曰期頤八達謂之崇期也爾雅釋宮〇萱按期有作其者省借字或作綦作旗聲同也或作勤變聲也

祺

禥禧吉也說文段注古其基通用如尚書王丕基伏生作平平其是也〇爾雅釋言又詩行葦壽考維祺傳疏云祺吉也祺祥也爾雅釋言又詩維清維周之祺釋文又儀禮士冠禮注又荀子成相請牧祺明有基注〇萱按詩維清祺亦作禎兩通祺祥也吉也荀子非十二子祺然注〇爾雅釋言注云祺祥吉之先見

祺福也漢書禮樂志集注引如淳

旗

熊旗五游以象伐星士卒以爲期周禮曰率都建旗說文段注五鄭本攷工記作六熊旗六游以象伐也司常職曰熊虎爲旗注曰畫熊虎者鄉遂出軍賦象其守猛莫敢犯也伐屬白虎宿與參連體而六星案記不言虎者舉熊以包虎期旗疊韵釋名曰熊虎爲旗軍將所建象其猛如虎與眾期之於下也率都建旗司常職文今周禮率作師師者帥之誤樂師注曰故書師爲率然則許率都者故書都作帥都者今書也聘禮注曰古文帥皆作率毛詩率時農夫韓詩作帥見文選注大司馬職仲秋教治兵軍吏戴旗〇考工記輈人注云熊虎爲旗帥都之所建熊虎爲旗周禮司常又國語國語戴白旗注又呂覽季夏以爲旗章注〇廣雅釋天又淮南時則建青旗注建青旗注疏云熊與虎曰旗旗期也釋名釋兵〇周禮大司馬司馬以旗致民注云以旗者立旗期民於其下也又史記高祖紀索隱引字林云熊旗五游謂與士卒爲期于其下故曰旗也旗所以立兵也所以利兵也所以偃兵也管子兵法旗軍械也呂覽慎大釁鼓旗甲兵注〇公

羊莊卅一年傳旗獲而過我云注云旗軍幟名各有色與金鼓俱舉使士卒望而爲陳者旗章旌旗及章識也禮記月令以爲旗章注〇公羊宣十二年傳莊王親自手旌注云加文章曰旗又禮稽命徵天子之旗九仞注云旗者旌旗也所以則尊卑序貴賤也旗表也左氏閔二年傳佩衷之旗也注又漢書五行志中之下集注旗覆也呂覽論大肯辭欲旗古今而不能注旗亭市樓也文選西京賦旗亭五重薛注東北曲十二星曰旗後漢書章帝紀注萱按此謂參旗也詳天官書〇荀子富國壽旗翼注云旗讀爲箕萱按此不可曉以星況壽本劉劭論且何不言壽星之角亢獨於廿八宿中錯舉箕翼乎翼至箕福天度之一象限錯舉殊屬無理鑾旗者編羽毛列繫橦旁俗人名之曰雞翹車非也獨斷下〇萱按此與熊虎之旗迥異益皮傳段借之名也〇古微書引河圖括地記云東方法青龍曰旗萱按此旂爲旗也司常交龍爲旂〇史記仲尼弟子傳巫馬施字子旗萱按名施者當字旗家語作字子期非是或作葸與〇平去兩讀

萁

豆莖也說文段注當云尗而曰豆從漢時語也或後人改之楊惲傳種一頃豆落而爲

萁孫子兵法曰惹秆一石當吾二十石曹操注惹音忌豆稭也案惹即萁字潘岳馬汧督誄曰萁稈空庭用惹秆字〇漢書楊惲傳注云萁豆莖也〇萱按淮南時則爨萁燧火注云萁讀荄備之荄也未知高誘之意萁指豆稭言也若指豆稭則無庸改讀萁艸似荻而細漢書五行志下之上檿弧萁服注〇萱按萁艸與豆萁之萁明係各物萁辭也禮記曲禮下梁曰萁注〇釋文云萁語辭也又云萁本作萁〇萱按周禮大祝注引梁曰香萁然則鄭所據禮記本是其字其爲辭者多矣故訓爲辭萁則非辭也

鯕騏

魚名說文段注案其訓當依玉篇云鮁鯕也廣韻七之又單出鯕字云鯿魚〇俗有騏馬青驪文如綦也說文段注如綦各本作如博綦不通今依李善七發注玄應書卷二卷四卷八正凡爲言色者如騏深黑色騏淺黑色全體之色也其言綦這黑綦處白發白色發赤色一爲之色也言雜毛者謂其毛異色相錯非比異色成片段者也其曰文者猶此而已謂異色成枝絛相交如文之錯畫然下文青驪馬爲騏謂全體青黑色此云青驪文如綦謂白馬而有青黑紋路相交如綦也綦糸部作綥白蒼文也綦者青而進黑秦風曹風傳曰騏

綦文也魯頌傳曰蒼騏曰騏蒼騏即蒼綦謂蒼文如綦也魯風其弁伊騏傳曰騏騏文也正義作綦文顧命騏弁鄭注曰青黑曰騏本作綦弁古多段騏為綦

馬之青黑色者謂之騏詩鴇鳩疏○荀子性惡驊騮騹驥注云騏績為騏謂青驪文如博綦萱按如傳綦語與段本說文同皆不容幷通者**騏駁馬也**莊子秋水騏驥驊騮釋文引李注○離騷乘騏驥以馳騁兮注云騏驥駁馬也又文選吳都賦四騏龍驤對注云騏馬名**騏不角者騏**爾雅釋獸○周書王會俞人騅馬注云不角者曰騏

麒

麒麟仁獸也麇身牛尾一角說文段注公羊傳曰麟者仁獸也何注狀如麕一角而戴肉設武備而不為害所以為仁也麟者木精毛詩傳曰麟信而應禮左傳服虔注麟中央土獸土為信信禮之子修其母致其子視明禮修而麟至思信立而白虎擾言從人成而神龜在沼聽聰知正而名川出龍貌恭性仁則鳳皇來儀此左氏毛詩說與公羊說不同也五經異義許慎謹案禮運云麟鳳龜龍謂之四靈龍東方也虎西方也鳳南方也龜北方也麟中央也是異義謂麟為信獸從左氏說矣而此云仁獸何也異義早成說文解字晚定此云仁獸用公羊說以其角端戴

肉不能生蟲不折生艸也鄭駁異義曰五事言作從從作乂言於五事屬金孔子作春秋故應以金獸性仁之瑞鄭說與奉德侯陳欽說略同鄭云金獸性仁許云仁獸與鄭駁無異但鄭君箋駟事解箋毛詩信而信禮乃依毛說與駁異義相違是知學問與年而徙矣麇身牛尾一角爾雅釋獸文

麒似麟而無角漢書司馬相如傳上麒麟角端注引郭璞○注引張揖云雄曰麒雌曰麟**麒麟者糸楞之次陰之精也**鶡冠子度萬**騏驎獸之聖者也**論衡講瑞○萱按二字皆作馬旁段借也

畁

平去兩讀異義**舉也杜林呂為麒麟字**說文段注謂杜伯山謂卉為麒字也廣韵七志曰卉說文音其是也蓋蒼頡訓纂蒼頡故二篇中語卉可作綦則麒可作卉其理一也○萱按訓舉者卉之本義祥去聲

綥

綦或○或作綨綥**帛蒼艾色也詩曰縞衣綥巾未嫁女所服一曰不借綥**說文段注蒼者艸色也艾者冰臺也蒼艾色謂蒼然如艾色是為綥毛傳曰綦巾蒼艾色許所本也鄭箋則云綦綦文也綦文者文錯畫也象交文今作紋是也不純綦而紋路蒼畫為十字相交是為綦文魯風其弁伊騏傳曰

騏騏文也秦風傳曰騏綦文也魯頌傳蒼騏曰騏顧命騏弁鄭注曰青黑色曰騏王逸綦組紋注曰綦文綦色也皆謂蒼文也詩曰云云鄭風出其東門文傳曰縞衣白色男服也綦巾蒼艾色女服也箋云縞衣綦巾所為作者之妻服也鄭與毛異許用毛說而以未嫁二字中毛義不借亦作薄借薄音博禮喪服傳曰繩屨者繩菲也注云繩菲今時不借也急就篇作不借釋名作博腊同耳周禮弁師注曰璂讀如薄借綦之綦不借綦若今云艸類傳也士喪禮綦結于踵注云綦屨係也所以拘止屨也讀如馬絆綦之綦內則屨著綦注云綦亦屨係也然許不云一曰屨系而舉不借耕者以俗語易曉也如今小兒鞋帶許書本無綦字大徐所補

色之青黑者名為綦詩小戎疏○出其東門疏云綦者青色之小別又云綦是文章文色○萱按書顧命王注云綦赤黑色其說該也綦不得兼言赤**綦履下飾也**漢書揚雄傳上履欃槍以為綦注外戚傳下思君兮履綦注**鞮履也其緣謂之無繰其紟謂之綦**廣雅釋器○後漢書劉盆子傳注云綦履文也又漢書揚雄傳注引晉灼云綦履跡也萱按履跡義恐未諦**綦繰也**廣雅釋器**綦蹇也**廣雅釋詁三○穀梁昭廿年傳云兩足不能相過齊謂之綦**綦連**

併也穀梁昭廿年傳釋文引劉兆注**綦極也**荀子王霸目欲綦色耳欲綦聲注正論鼻臭味注肯生若不可尚賢以綦之注○萱按此謂綦為極之段借也二字同部極即綦之入聲**綦謂窮極之時**荀子王霸又其綦也注○非十二子忍情性綦谿利跂注云綦谿蓋與跂義同利與離同離跂違俗自絜之兒謂離於物而跂足也**綦結也皮弁之縫中每貫結五采玉十二以為飾謂之綦**周禮弁師會五采玉璂注○萱按此破璂為綦也與司農說異**綦玉名**萱按此段綦為璂也**車下鐵陳宋淮楚之閒謂之畢大者謂之綦**方言九

璂

璂或○或作琪**弁飾也往往冒玉也**說文段注弁師曰王之皮弁會五采玉琪鄭司農云故書會作膾膾讀如馬會之會謂以五采束髮也琪讀如綦車轂之綦案許謂以玉飾弁曰琪與司農說同後鄭則易琪為綦綦結也皮弁之縫中每貫結五采玉以為飾謂之綦蓋後鄭謂經琪字乃玉名故易為綦字曹風其弁伊騏箋亦云

騏當作綦自用其周禮說也許同先鄭說往往歷歷也鄭云濼濼而處是也○周禮弁師釋文鄭云璂本作琪玗琪屬也穆天子傳四玗琪注○萱按爾雅釋地東北之美者有醫無閭之珣玗琪焉說文珣下作珣玗璂璂玉名周書王會王元繅之璧綦十二注○萱按綦乃璂之省借字

藄

或作綦土夫也說文段注各本作藄月爾也今依爾雅音義改今本釋艸芏夫王郭云芏艸生海邊綦月爾郭云即紫藄也似蕨可食陸德明曰藄字亦作藄紫藄菜也說文云藄土夫也其所據說文必與爾雅殊異而僞之不則何容僞也今本說文恐是據爾雅郭本改者但許君爾雅之讀今不可知矣藄月爾爾雅釋艸○萱按後漢書馬融傳注引藄月爾豈章懷所據爾雅本異歟抑省借歟

棊

或作棋櫀碁簙棊說文段注竹部曰簙局戲也六箸十二棊○方言五云簙或謂之棊又山海經中山經休與之山其上有石焉名曰帝臺之棋注云棋謂博棋也行棊謂大博也淮南泰族故行棊者注棊列如棊之布列者後漢書宦者傳注棊美箭所出地名也淮南原道彎棊衛之箭注○萱

按綦箭二名一物同産綦而地交名而義在物而不在地也綦者箭之狀史記日者傳旋式正綦索隱圍棊弈也廣雅釋言○萱按簙名棊弈名圍棊二字本不清澗也後世簙廢而弈或單評棊棊之名弈遂專之矣左傳襄廿五年注云弈圍棋疏云棋者所執之子後漢書張衡傳注同

淇

或作濝淇水出河內共北山東入河或曰出隆慮西山說文段注韵會引作東至黎陽入河此用漢書增三字也說文之例舉所出之郡縣不舉入河入江之郡縣所出之地不變者多下流古今多變故略之也河內郡共二志同共音恭今河南衛輝府輝縣治古共城也前志共下曰北山淇水所出東至黎陽入河北山今輝縣西北蘇門山共山別卑曰共山是也詩曰毖彼泉水亦流於淇又曰泉源在左淇水在右泉謂淇之源也曰又今淇水自彰德府林縣流入衛輝府淇縣境入衛河而入海與古入河者迴異隆慮漢殤帝改曰林慮此不改者書成於和帝永元十二年已前也前志河內郡隆慮後志作林慮音閭今河南彰德府林縣是其地西山者今林縣西北二十五里隆慮山是也水經曰淇水出河內隆慮縣西大號山東北入於海山海經注亦曰今淇水出汲郡隆慮縣大號山東過河

內縣南爲白溝山海經作濝淇水名也詩泉水傳桑中傳○竹竿傳云淇水大水也○萱按張公神碑云運置綦陽又云綦水湯湯揚清波竝段綦爲淇也

裘

或作裘求古文求在三部加衣爲裘則在一部本一字而分二音二義也終古不容後合皮衣也从衣象形與衰同意說文段注裘之制毛在外故象毛文與衰同意皆从衣而象其形也求本古文裘字後加衣爲裘而求專爲干請之用亦猶加艸爲蓑而衰專爲等衰之用也求之加衣蓋不待小篆矣○禮記學記不學爲裘疏云裘謂衣裘也裘所以佐女功助溫也白虎通衣裳○呂覽孟冬天子始裘注云裘溫服裘葛者御寒暑之美服公羊桓八年傳則冬不裘夏不葛注裘狐之屬也淮南汜論世以爲裘者注大裘黑羔裘服以祀天示質周禮司裘掌爲大裘以共王祀天之服司農注○節服氏郊祀裘冕注云裘大裘也裘儒服也莊子列禦寇呻吟裘氏之地釋文引崔注裘溲猶婁數毛相離之言也釋名釋牀帳

隱淇切

頤

𦣝古文象形𩠐籒顄也說文段注頁部曰顄頤也二篆爲轉注𦣝者古文頤也鄭易注曰頤中句口車輔之名也震動於下艮止於上口車動而上因輔嚼物以養人故謂之頤頤養也案鄭意謂口下爲車口上爲輔合口車輔三者爲頤左氏云輔車相依車部云輔人頰車也序卦傳曰頤者養也古名頤字眞音枚頤字仲眞李頤字景眞枚頤或作梅賾說古文象形當橫視之橫視之則口上口下口中之形俱見矣○釋名釋形體云頤或曰輔車或曰牙車或曰頰車或曰鼸車凡繫於車皆取在下載上物也又云頤或曰鼸車鼸鼠之食積於頰人食似之故取名也又春秋元命苞后稷岐頤自求宋注云頤有土象也頤而爲下部下部爲地乃地利也頤頷也方言十又廣雅釋親○漢書東方朔傳推項頤注云頤頷下也又後漢書周燮傳注云頤頷也○萱按說文顄頤也頷面黃也然則頤訓頷者頷皆頷之譌耳而習譌成是久矣頤養也爾雅釋詁又廣雅釋詁一又蓋頤自求口實鄭注又禮記曲禮上百年曰期頤注又文選幽通賦皓頤志而弗頤注引項岱奘引做胡頊而不頤注○易象上傳頤貞言宋衷注云頤者所由飲食

句養也又序卦傳云頤者養也又彖卦傳云頤養正也

頤養亦享也文選魏都賦觀頤養賓注○釋名釋形體云頤養也動於下止於上上下咀物以養人也又釋長幼云百年曰期頤頤養也老終不復知服味善惡孝子期於盡養道而已也

柔頤者嚼也易頤頤注

柔頤指謂舉頤指麾也莊子天地手指頤指

釋文頤者助聲之辯史記陳涉世家夥頤涉之爲王沈沈者索隱引服虔

頤或爲遺也禮記玉藻端行頤霤如矢注○萱按遺隱也追表二音

頤輅蟲名莊子至樂頤輅生乎食醯釋文引司馬注○列子天瑞頤輅黃軦釋文云頤輅蟲也

胎養也汝潁梁宋之閒曰胎方言一○萱按此段胎爲頤也

巸

或作⿰𦣞欠

戺古文巸从戶○巸平上四讀異義或書作尼

廣頤也說文段注廣頤曰頤引申爲凡廣之倫周頌昊天有成命傳曰緝明也熙廣也熙乃巸之段借字也熙从火其義訓燥亦訓廣也毛傳於文王曰緝熙光明也與昊天有成命傳不同而敬之傳曰光廣也然則光即廣二傳義本同不得如鄭箋云廣爲光字之誤周內史說周易曰

韻史 卷一 第一部平聲該韻

一一五

光遠而自他有耀者也然則光即廣可知大戴禮積厚者流光即流光也釋詁緝熙光也周語說叔向所云緝明熙廣也毛公兼取之爲傳學者宜觀其會通凡詁訓有析之至細者有通之甚寬者非好學深思心知其意不能盡其理也熙訓廣而熙乃巸之段借然則古經熙字可作巸者多矣○段又云文王毛傳曰緝熙光明也此條釋詁而必兼言明者欲與叔向之語不相遠也昊天有成命傳直用叔向語者以叔向周釋此詩也敬之緝熙于光明傳曰光廣也者以緝熙既訓光明則光明于光明文理難通故此光必訓廣也然則文王敬之熙訓光昊天有成命熙訓廣未嘗不析之甚細矣

巸長也方言十二又廣雅釋詁二

巸美也集韻引廣雅

喜湘潭之閒曰紛怡或曰巸已方言十○萱按此段巸嫛也

⿰王𦣞

或作珆

石之佀玉者說文段注玉篇作次似

⿰王𦣞五色之石也玉篇引蒼頡

宧

養也室之東北隅食所居說文段注宧養也以雙聲爲訓周易頤卦亦訓爲養釋詁曰頤養也邵氏晉涵云君子之居恆當戶戶在東南則東北隅爲當戶飲食之處在焉此許意也○爾雅釋宮東北隅謂之宧李注

韻史 卷一 第一部平聲該韻

一一六

云東北者陽氣始起育養萬物故曰宧宧養也舍人注略同又釋名釋宮室云東北隅曰宧宧養也東北陽氣始出布養物也

宧日側之明也爾雅釋宮孫注○萱按此義不甚可憭

圯

東楚謂橋說文段注大史公曰彭城以東東海吳廣陵此東楚也史漢張良嘗閒從容步游下邳圯上服虔曰汜音頤楚人謂橋爲汜案字當作圯史漢段汜爲之故服子慎讀如頤也或云姚察見史記本有从土旁者應劭曰汜水之上謂窮瀆無水之上也則應說从水作汜爲合與从土訓橋異詳汜下○史記留侯世家集解引徐廣云圯橋也東楚謂之圯

尤

異也說文又廣雅釋言又左氏昭廿八年傳夫有尤物注又漢書司馬相如傳下集注

尤怪也小爾雅廣言

尤殊絕也管子修靡然有知強弱之所尤注

尤甚也左氏襄廿六年傳而觀之尤服注又史記屈原賈生傳索隱又素問六節藏象論徇蒙招尤注

尤過也詩載馳許人尤之傳四月莫知其尤箋又左傳襄廿六年注又論語爲政則寡尤集解引苞注又皇疏又孟子梁惠王下君無尤焉注又淮南俶眞不以曲故是非相尤注說

韻史 卷一 第一部平聲該韻

一一七

山物之尤必有所感注又離騷忍尤而攘詬注惜誦紛逢尤以離謗兮注怨重患而離尤注抽思覽民尤以自鎮注逢尤彼詖僭兮虛獲尤注○孟子梁惠王下嘉君何尤注云何尤者無過也

尤責也論語憲問皇疏○萱按訓過訓責皆尤引申段借之義也訧其正字也

尤非也尤謂怨咎也萱按竝詳訧下

訧

辠也周書曰報以庶訧說文段注邶風毛傳訧過也亦作郵釋言郵過也亦作尤孟子引詩畜君何尤○萱按呂刑本作報以庶尤用借字也說文作庶訧正字也

訧辠也訧惡也竝廣雅釋詁三

訧過也詩綠衣俾無訧兮傳○釋文云訧本或作尤

尤過也尤責也萱按尤此意義交適故多用尤爲訧也注已詳尤下

尤責過也左氏襄十五年傳慮其室注○禮記中庸下不尤人疏云尤過也責也

尤非也論語憲問不尤人鄭注又文選文賦練世情之常尤注盧子諒贈劉琨詩注引韓詩章句

尤謂怨咎也史記屈原賈生傳般紛紛其離此尤兮索隱○爾雅釋言舍人注云尤怨人也

郵怨也荀子議兵罪人

韻史 卷一 第一部平聲該韻

一一八

不郵其上注

郵過也 爾雅釋言又禮記王制郵罰麗於事注又國語晉語言無郵注不為郵矣注殺郵非義也注楚語夫貨馬郵則闕於民注又列子楊朱篇情之郵釋文又文選長笛賦注而為督郵無罰事注○漢書成帝紀以顧朕郵注五行志下之下當有失節之郵注谷永傳答徵著郵注叙傳下正諫舉郵注疏云郵與尤同謂過也○萱按詩賓之初筵不知其郵箋云郵過也段氏因定收做郵為一韻以郵為詭之借字以收當讀疑為合音也愚謂此詩郵僕僕嘉僕五字皆當在十七部當為一韻福德為一韻首四語則無韻也郵不當含織僕而精韻做又强收為合音也且查聲字皆在十七部段字分郵入一部者以說文郵下但云从邑查不云查聲也無郵入一部終為不洽收與疑非變聲讀疑赤匪通精之正也

肬

黕 籒○俗有疣鈂

贅肬也 說文段注贅同綴書傳多贅綴通用故此直作贅綴膚也膚於皮上如地之有丘也

肬贅結肉 荀子宥坐今學曾未如肬贅注○一切經音義十五引通俗文云體肉曰肬贅又文選為袁紹檄豫州操贅閹遺醜注云肬贅餘肉也

疣贅也 山海經北山經滑水其中多滑魚食之已疣注

肬腫也

廣雅釋詁二

肬丘也出皮上聚高如地之有丘也 釋名釋疾病

沋

沋水也 說文段注廣韻曰在高密案蓋即左傳尤水說文之治水也

沋沋漫漫魚鼈顛倒之皃也 文選七發注

台

兩讀異義

說也 說文段注台說者今之怡悅字說文怡訓和無悅字今文尚書舜讓于德不台見漢書王莽傳班固典引而五帝本紀本之作舜讓于德不台懌自序曰唐堯遜位虞舜不台惠之早霣諸呂不台皆謂不為百姓所悅也古文禹貢祗台德先鄭注敬悅天子之德說先案湯誓高宗肜日西伯戡黎皆云如台殷本紀皆作奈何釋詁台序同訓我此皆以雙聲為用何予台三字雙聲也

台悅也 史記太史公自序索隱

台怡懌也 史記太史公自序集解

台我也 爾雅釋詁又書湯誓非台小子馬注文漢書敘傳下集注引如淳又後漢書班彪傳下注張衡傳注

台予也 爾雅釋詁○萱按書湯誓肆台小子呈子象受下作惟予小子復

台懌也 廣雅釋詁二

台失也 同上○方言六云台失也宋魯之間曰台

台食也台猶頤也 並按此台皆貽之省借字

台猶何也如台猶奈何也 王伯申經傳釋詞○又云漢時說尚書皆者以如台為奈何自孔氏傳訓台為我而其義遂不可通文選典引今其如台而獨闕也言今其奈何而獨闕也桑邑郭有遺碑文今其如何而闕斯稅司法本此

怡

繇也 說文段注繇者調也玉篇曰怡者悅也樂也古多叚台字為禹貢祗台德先鄭注云敬和

怡懌也 史記五帝紀集解引徐廣太史公自序集解引徐廣

怡樂也 爾雅釋詁○舊注云怡心之樂也

怡喜也 廣雅釋詁一

怡說也 國語周語有慮未寧不怡注晉語王色不怡注

台悅也 書金縢公乃為詩以怡王鄭注又禮記內則下氣怡色注

怡蕩怡悅放蕩也 文選舞賦序餘日怡蕩注

怡怡和順之皃也 論語子路切切偲偲怡怡如也集解引馬注○皇疏云怡怡和從之皃也

怡怡謙順皃 論語子路鄭注

飴

𩞁 籒○俗有做、

米櫱煎者也 說文段注米部曰櫱芽米也火部曰煎熬也以芽米熬之為飴今俗用大麥釋名曰餳洋也煑米消爛洋洋然也飴小弱於餳形怡怡然也內則曰飴蜜以甘之○萱按饑小米為餳非併大

麥芽同煎則不成餳之用麥芽猶煎鹽之用皁角皆物性之自然也其實餳出於小米非麥之精華所疑也稷米亦為餳

飴餳也 禮記內則棗栗飴蜜釋文又後漢書明德馬皇后紀注又呂覽異用仁人之得飴注又廣雅釋器

飴蜜即甘也 周禮疾醫注五味醯酒飴蜜薑鹽之此屬疵○後漢書馬融傳注云飴亦甘也

飴美食也 太玄干干于上飴注

飴鹽鹽之恬者今戎鹽有焉 周禮鹽人王之膳羞共飴鹽注○萱按恬甜正俗字

台猶頤也 方言一注○萱按此叚台為飴也

台養也 漢書地理志上集注○方言一云台養也晉衛燕魏曰台

飴遺也 漢書劉向傳集注○萱按此叚飴為詒也

詒

或作貽○平上兩讀異義

相欺詒也一曰遺也 說文段注釋言毛傳皆曰詒遺也俗多叚貽為之案今音前義徒亥切○詩雄雉自詒伊阻傳谷風既詒我肄箋天保詒爾多福傳小明自詒伊戚箋思文詒我來牟箋有驗詒孫于愛又考工記梓人詒女曾孫注又禮記表記詒厥孫謀注又左氏莊卅一年傳無不瀆詒也疏又離騷相下女之可詒注惜誦固煩言不可結而詒兮注疏云詒遺也

貽遺也 爾雅釋言又詩斯干無父毋貽罹釋文又禮記內則

思貽父母令名注又國語周語欲以詒女注又後漢書朱浮傳注班彪傳下注又楚辭天問玄鳥致詒注又文選幽通賦終保己而詒則分曹注

詒遺也漢書劉向傳詒我釐麰集注○篁按此段貽為詒也

詒猶傳也詩文王有聲詒厥孫謀箋

詒寄也詩子衿子寧不嗣音韓詩說

詒詑猶假寄穀梁定元年傳大精者非可詒訖而往也注

誒詒解倦皃莊子達生公反誒詒為病釋文引司馬注○又引李注云誒詒失魄皃也

瓵

甌瓿謂之瓵說文段注貨殖史記傳蘖麴鹽豉千合徐廣曰或作台器名有瓵孫叔然云瓵瓦器受斗六升台當為瓵音貽集今史記譌舛為正之如此所引孫叔然者爾雅注也

瓿甊小甖長沙謂之瓵爾雅釋器甌瓿謂之瓵注

鮐四讀注在後○俗有鮐

亮怡切

慈楚潁之閒謂憂曰慈說文

𠭹引也說文

斄微畫文也說文段注文各本奪今補此謂微畫之文曰斄也凡今人用豪釐當作此字經解曰差若豪氂繆以

千里乃是段借字知為微畫之文者以从𠩺知之𠩺者坼也微之意也○篁按斄在文部文下曰錯畫也則斄云微畫也文已包其中矣許似本無此字可弗補也段氏蓋恐其淆於畫之弗耳

釐

○俗有犛犛

家福也說文段注家福者家居獲祐也易曰積善之家必有餘慶漢孝文帝紀詔曰今吾聞祠官祝釐皆歸福於朕躬如淳曰釐福也賈誼傳受釐宣室是也如說最合應劭注釐為祭餘肉失之師古直謂釐為禧之段借字禧與釐雖同在古音弟一部然義各有當釐字从里里者家居也故許釋為家福與禧訓禮吉不同春秋三經僖公史記皆作釐公段借字耳有段釐為釐者經解云差若毫釐或作釐是也有段釐為賚者大雅釐爾女士傳曰釐予也釐爾圭瓚傳曰釐賜也有段釐為理者堯典允釐百工是也

釐福也文選甘泉賦逆釐三神者注引服虔○史記屈原賈生傳方受釐集解引徐廣云釐祭祀福胙也又文選宋郊祀歌注引漢書臣瓚注云釐謂祭祀餘胙也○篁按福作者福之一端非釐之全義也薛瓚言胙不言福賜流則而念味其瀆

釐賜也理也書序帝釐下土方馬注○儀禮少牢饋食禮來女孝孫注云釐賜也

釐予也詩既醉傳

釐賚也方言十三又廣雅釋詁三

釐孷

也廣雅釋詁三○方言三云陳楚之閒凡人獸乳而雙產謂之釐孷○篁按孿釐雙聲疑釐亦孿之借也字集韻作孷孷俗所製嫌字也引方言云雙產謂之孷孿

釐僖也史記齊世家魯又更正釐公集解引徐廣○篁按周書謚法質淵受諫曰釐有過而選而選曰釐皆段釐為僖

釐理也詩臣工王釐爾成箋又國語周語釐改制量注又漢書外戚傳上集注又後漢書皇后紀注張曾鄭傳贊釐我國祭注○篁按釐引中之義可訓理訓飭政不必破字也

釐治也書堯典允釐百工晚出傳○篁按釐當訓飭書允釐百工釐降二女史記作信飭百官釐飭下二女於嬀汭皆用訓詁字為正字也

釐猶改也後漢書梁統傳注

釐蔓華爾雅釋艸○篁按說文作萊蔓華正字也或名萊蒸俗呼藋灰者是作釐乃段借也

釐麰麥也漢書劉向傳詒我釐麰注注又云釐讀與來同○周禮遂人注謂廣人釐所田之野釋文云釐本亦作萊○篁按釐與來萊同部雙聲故皆借用釐

剺

剺剝也一曰劃也說文段注方言劃解也劃與剺雙聲義近劃也剝一義當言一曰棊亦恩書引三蒼云剺剝也文部曰斄微畫也音同義近

犛

犛西南夷長髦牛也說文段注今四川雅州府清谿縣大相公嶺之外有地名旄牛產旄牛而清谿縣南抵寧遠府西抵打箭鑪古西南夷之地皆產旄牛如郭璞注山海經所云背厀及胡尾皆有長毛者小角其體純黑土俗用為犛其尾腊之可為拂子云長髦者謂背厀胡尾皆有長毛下文氂字乃專謂尾也此牛名犛牛音如貍楚語巴浦之犀犛上林賦旄貘犛以其長髦也故史記西南夷傳謂之髦牛以其尾名犛也故周禮樂師注謂之犛牛以犛可飾也故經注爾雅注北山經上林賦注漢書西南夷傳皆謂之旄牛犛髦旄三字音同因之讀犛如毛非也據上林賦則旄之犛異物中山經荊山多犛牛郭曰旄牛屬

犛犛牛也國語楚語注

犛牛黑色出西南徼外漢書司馬相如傳上注引張揖人後漢書班彪傳上注

犛牛即今之貓牛者漢書司馬相如傳上注

斄旄牛莊子逍遙遊今夫斄牛釋文引司馬注應帝王執斄之狗釋文引李注○篁按此段斄為犛

氂

一部二部四韻

氂牛尾也說文段注凡經云干旄建旄設旄右秉白旄羽旄齒革干戚羽旄今字或有誤作毛者古注皆云旄牛尾也旄牛即犛牛犛牛之尾名旄以旄為幢曰旄因之呼犛為旄凡云注旄干旄皆是也呼犛牛為旄

牛凡云犛牛尾者是也案周禮樂師音義氂舊音毛但許云从犛省从毛不言毛亦聲而左傳晏氂外傳作晏萊後漢書魏郡輿人歌岑熙狗吠不驚足下生氂與災時茲三字韵則是犛省亦聲在弟一部也○萱按犛省仍是犛聲段以氂隸弟一部是也就牛與牛尾言則曰犛曰氂音在一部就憧言則曰斄音在二部即以憧之名名其牛與牛尾則氂與斄音義皆同而犛亦爲斄之段借字氂毛也一切經音義九引三蒼氂長毛也後漢書岑彭傳注犛毛曰氂小爾雅廣訓氂罽也爾雅釋言○注云毛氂所以爲罽人舍人注云氂毛罽也邊人續羊毛而作氂馬尾也淮南說山馬氂截玉注十豪爲氂漢書律麻志工不失豪氂注引孟康○賈子六術云十髮爲氂

貍

○俗有狸伏獸佀貙說文段注伏獸謂善伏之獸鄭注大射云狸首逸詩狸之言不來也其詩有射諸侯首不朝者之言因以名篇皇侃以爲舊解云狸之取物則伏下其頭然後必得言射亦必中如狸之取物矣上文貆下云似貍此云貍似貆言二物相似即俗所謂野貓○爾雅釋獸釋文引字林云貍伏獸似貆貔關西謂之貍方言

八貍貓也廣雅釋獸貍步謂一舉足爲一步于今爲半步周禮射人則以貍步張三侯司裘注○後鄭云貍善搏者也行則止而擬度爲其發必獲是以量侯道灋之也又儀禮大射儀司馬命量人量侯道與所設乏以貍步注云貍之伺物毋舉足者止視遠近爲發必中也是以量侯道取象焉貍猶毅也文選狀中尚書自明注引宋均論語讖注貍一名不來史記封禪書貍首者諸侯之不來者集解引徐廣○禮記射義以貍首爲節釋文云貍之言不來也貍首詩篇名也禮記投壺請奏貍首注○儀禮大射儀注云貍首逸詩曾孫也貍頭瓜屬也廣雅釋艸貍物亦謂鱙刀含漿之屬貍蟲盧肌求之屬萱按此周禮鼈人注亦先氏注也皆段貍爲貍

菫

艸也說文段注下文之苗也本艸經曰羊蹄小雅謂之蓫遂即苗字亦作蓄菜廣韵菫在一屋同菫蓄同物而誤讀菫同遂也菫羊蹏也廣雅釋艸菫艸名似冬藍蒸食之酢齊民要術十引字林菫一名蓫似冬藍食之醋也玉篇

持

寵怡切握也說文持執也後漢書蘇章傳注又翻譯名義九引音義指歸○素問皮部論名曰樞持注云持謂執持又六元正紀大論徐者爲病持注云持謂相執持也又左傳昭元年疏云持謂執持之也執而不釋謂之持詩兔罝序能持盈守成疏○管子小問則人持莫之試也危哉注云持謂見劫執也持制也荀子正名猶引繩墨以持曲直注持守也國語越語有持盈注○呂覽慎大持之其難者也注云持猶守持跱也跱之於手中也釋名釋姿容持扶也文選東京賦而朝顯覆而莫持薛注○荀子禮論文飾聲樂恬愉所以持平奉吉也注云持扶持也又漢書劉向傳及丞相御史所持注云持謂扶持佐助也持扶翼也荀子解蔽故能持管仲而名利福祿與管仲齊注持猶得也呂覽至忠將以忠於君王之身而持千歲之壽也注持謂不失德也老子持而盈之王注持之言無所取與左氏昭元年傳子與子家持之注○疏云弈棋謂不能相害爲持持重謂守正也後漢書任光傳注持滿不發也後漢書第五倫傳注持久者知止足也後漢書列女傳持養保養也荀子榮辱以相持養注

持方受命者名也文選南都賦注引春秋攷異郵注持虎謂以虎皮爲弓衣武士執持者也荀子正論持虎注

峙

平上兩讀異義○俗有峙跱踞也說文段注足部曰踞者峙踞不前也峙踞爲雙聲字此以踞釋峙若雙聲互訓也心部曰蔫箸足部曰蹢躅毛詩踟躕廣雅曰躊躇跦珠皆雙聲疊韵而同義案段借以峙爲偫以躇爲儲費誓峙乃糗糧峙而跱廢止爲山如岐作岐廢山爲止非眞有从山之峙从止之跱也峙踞之峙平聲峙具峻峙之峙亦作跱上聲

治

治水出東萊曲城陽丘山南入海說文段注城當作成治之誤也東萊郡曲城二志同今山東萊州府掖縣東北六十里有曲成故城前志曲成下曰陽丘山治水所出南至沂入海案沂字疑誤一本作至臨沂尤誤當作計斤二字今琅縣東南三十里有陽邨山亦名馬鞍山今治水名小沽河自掖縣馬鞍山南流至平度川東南與出登州府黃縣之大沽河合流逕即墨至膠州之麻灣口入海一統志曰左傳昭二十年姑尤以西杜注姑水尤水皆在城陽郡東南入海齊乘姑即大沽河尤即小沽河玉裁謂尤古音讀如貽與治同在弟一部齊乘之言可信也案今

字訓理蓋由借治為理治理也國語齊語教不善則政治注又漢書河閒獻王德傳集注○儀禮喪服故名者人治之大者注也云治猶理也少而理曰治荀子脩身治已理之義也孟子離婁上治人不治音義引張音治謂修之義也孟子離婁上治人不治音義引丁音○周禮司約治人之約為上注云治者理其相抵冒上下之差也治謂修治也禮記禮運以治政也疏○豈按俗分治讀平去二聲治國則平聲家齊國治則去聲奧扁人自脩也治猶簡習也周禮大宗伯治其大禮注治謂共辨周禮宰夫掌小官之戒令帥執事而治之注○宰夫帥有司而治之疏云治之亦謂共辨之君師者治之本也大戴記禮三本治古古之治世也荀子正論治古無肉刑而有象刑注治所以綱紀天下周禮大宰疏治安言治理而且安寧也漢書文帝紀注治整也呂覽振亂欲民之治也注治化也素問五常政大論治而善下注治主也素問太陰陽明論脾者土也治中央注治猶正也禮記大傳上治祖禰注○異姓主名治際會疏云治正也治飭也呂覽貴當治物者不

於物於人注治謂正道也荀子解蔽是以與治雖走而是已不輟也注治者去瑕穢養菁華也禮記禮運以治人情注禮義之謂治荀子不苟乾為治易繫辭下傳垂衣裳而天下治虞注上古結繩而治虞注百官以治虞注說卦傳為明而治虞注人之大倫曰治太玄玄文動無非我之謂治莊子庚桑楚治者亂之先也說苑說叢治為也淮南原道治在道不在聖注治猶作也淮南主術能多者無不治也注治猶相也國策秦策據之治秦也注庚治值也釋名釋言語治故也爾雅釋詁治謂監督其事周禮鄉師注治謂當敵也今人猶云對治漢書韓安國傳公壽足與治乎注治功狀也周禮小宰二曰以敘進其治注治謂有所求乞也周禮旅師凡新甿之治皆聽之注治求得也墨子經上治繲浣衣也莊子人間世挫鍼治繲釋文引司馬注治頓也廣雅釋室治為治處也漢書陳餘傳治信都注治謂都之也漢書高帝紀下又治秦中注田儋傳注江都易王非傳注治者王也

素問逆調論而陽獨治注徵四失論注

漦

順流也一曰水名說文段注順流者順下之流也釋言曰漦蓋也盪同漉酒之漉國語史記龍漦韋昭曰漦龍所吐沫按沫必徐徐漉下故亦謂之漦水名未詳漦沫也詩白華箋釋文又漢書五行志下之上又集注引應劭敘傳上集注引應劭○國語鄭語卜請其漦而藏之吉注云漦龍所吐沫龍之精氣也漦盪也廣雅釋詁二漦血也漢書五行志下之上

荘

○俗有荘艸皃濟北有荘平縣說文段注地理志泰山郡荘縣應劭曰荘山在東北音滔東郡荘平縣應劭曰在荘山之平地者也司馬彪郡國志荘平屬濟北國注曰本屬東郡○水經河水注云荘平城世謂之時平城蓋荘時音相近耳荘艸亦盛也漢書尹齊傳音義引字林荘山名也水經河水注

擾怡切

而

須也象也周禮曰作其鱗之而說文段注須也象也各本作頰毛也象毛之形今正頰毛

者須部所謂須須之類耳禮運正義引說文曰而須也謂須頤下之毛象形字也如唐初本須篆下頤毛也而篆下云須也二篆相為轉注其象則首形畫象鼻耑治象人中次象口工之鬚次象承漿及頤下者蓋而為口上口下之總名分之則口上為頾口下為須須本頤下之專偁覓與承漿與頰渠皆得偁須是以而之訓曰須也象形引申段借之為語詞或在發端或在句中或在句末或可釋為然或可釋為如或可釋為汝或釋為能者古音能與而同段而為能亦段耐為能周禮云云考工記梓人作其鱗之而鄭云之而頰頷也戴先生云鱗屬頰側上出者曰之下垂者曰而此以人體之偁於物也而言也廣雅釋詁四○萱按詩著俟我於著乎而疑乎而即兮字之合聲與單用而字者不偉也左傳不其餘而周書不其亂而論語偏其反而已而已而單用而為語苟也宜建虔而不寧釋文又太平失卒而而辭也從而注劇庶而半而注○淺漢書左周黃傳論注云而語辭也而者句絕之辭漢書韋賢傳心具好而注而語助也左氏宣四年傳不其餒而注○荀子王霸既能當一人則身有何勞而為注云而為皆助語也而緩辭也穀梁宣八年傳言而者外而淺也公羊宣八年傳也為或言而注而者何難也

公羊宣四年傳

而乃也 書大傳是用知不畏而神之怒注○禮記檀弓下而曰然注云而猶乃也○王尚書伯申經傳釋詞云乃與而對言之則異散言之則同○堯典試可乃已史記五帝紀作誂不可用而已禮記曲禮卒哭乃諱襍記乃作而僖廿八年左傳數之以其不用僖負羈而乘軒者三百人也史記曹世家而作乃史記淮陰侯傳相君之背貴乃不可言漢書蒯通傳乃作而論語泰伯而今而後吾知免夫言乃今而後也襄七年左傳吾乃今而後知有卜筮

而后猶然後也 儀禮聘禮記君還而后退注○經傳釋詞云而猶也書啟呱呱而泣言呱呱然泣也詩舒而脫脫兮箋曰脫脫然舒突而弁箋曰突爾加冠為成人爾亦然也宣十二年左傳曰及楚殺子玉公喜而後可知也

而往猶已上也 荀子彊國故自四五萬而往者注

而若也 管子山權數賜若大夫之服以終而身注○周禮蔽師而用之注云而讀為若聲之誤也○經傳釋詞云若與如古同聲故而訓為如亦訓為若大戴記而商也與論語若由也同義襄廿九年左傳且先君而有知也與上文先君若有知也同義而與若同義故二字可以互用詩猗嗟頎而長兮抑若揚兮昭廿六年左傳後世若少惰陳氏而亡不則國其國也已皆以而若互用

而如也 易象下傳用晦而明

廣注又國策齊策而此者三注又史記屈原賈生傳化變而嬗索隱引韋昭又孟子滕文公上九一而助注又荀子仲尼財利至則言善而不及也注○文選報任少卿書而用流俗人之言注引蘇林云而猶如也又荀子議兵和傳而一注云而一如一也又左氏昭四年傳牛謂叔孫見仲而何注云而何如何也又詩君子偕老胡然而天也胡然而帝也傳云尊之如天審諦如帝○經傳釋詞云而與如同義故二字可以互用詩都人士曰彼都人士垂帶而厲彼君子女卷髮如蠆大戴記衛將軍文子曰滿而不滿實如虛過之如不及孟子離婁曰文王視民如傷望道而未之見荀子彊國曰黭然而雷擊之如牆厭之說苑奉使曰意而安之願假冠以見意如不安願無變國俗皆以如而互用

而女也 左氏宣十五年傳余而所嫁婦人之父也注襄十四年傳是而子殺余之弟也注昭十八年傳乃毀于而鄉注昭廿年傳余知而無罪也注定七年傳而必死注定八年傳而先疏○詩桑柔余豈不知而作箋又儀禮聘禮而不善乎注又禮記月令以周而閒注專而農民注疏云而猶女也又中庸抑而强與注云而之言女也

而汝也 易解解而拇疏又周書大開武今而言維格注又小爾雅廣詁又國語魯語料易而次注吾萬而朝夕脩我注魯語曩而言戲乎注合定而齊秩注楚語

今而敢來何也注吳語余一人兼受而介福注又周策齊策制而類注又史記趙世家我令而父霸索隱齊悼惠王世家頗而父知田耳索隱張儀傳我不盜而璧索隱○大戴記保傅而還屍於北堂注曾子天圓而閒之云乎注竝云而猶汝矣又漢書五行志中之上昔而高祖注蒯通傳我今令而家追女矣注竝云而亦汝

而能也 呂覽去私其雖可而為之注不承施而治農夫者也注士容柔而虛堅而實注又淮南原道行柔而剛用弱而強注○易屯宜建侯而不寧釋文云鄭讀而曰能

而猶則也 經傳釋詞云而猶則也易曰君子見幾而作不俟終日言見幾則作也僖十五年左傳曰何為而可言何為則可也襄十八年傳曰若可君而繼之言君則繼之也莊卅二年公羊傳曰君親無將將而誅焉言將則誅也而與則同義故二字可以互用喪服傳曰何如而可為之後同宗則可為之後禮記喪服小記曰士妾有子而為之總無子則已墨子明鬼篇曰非父則母非兄而姒也史記樂布傳曰與楚則漢破與漢而楚破皆以而則互用故喪服小記有五世而遷之宗大傳而作則樂記喜則天下和之怒則天暴亂者畏之荀子樂論篇則竝作而孟子公孫丑篇可以仕則仕可以止則止可以久則久可以速則速萬章篇則竝作而秦策物至而反致至而危史記春申君傳

而竝作則

而猶以也 經傳釋詞云家大人曰而猶以也顧命眇眇予末小子其能而亂四方言其能以治四方也墨子尚賢曰使天下之為善者可而勸也為暴者可而沮也又曰上可而利天中可而利鬼下可而利人凡言可而者皆謂可以也而與以同義故二字可以互用宣十五年左傳曰敝邑易子而食析骸以爨墨子尚同曰上用之天子可以治天下矣中用之諸侯可而治其國矣下用之家君可而治其家矣皆以而以互用

而猶與也及也 經傳釋詞云而猶與也及也論語不有祝鮀之佞而有宋朝之美難乎免於今之世矣言有祝鮀之佞與有宋朝之美也皇侃疏言人若不有祝鮀佞及有宋朝美則難免今之患難也及亦與也墨子尚同曰聞善而不善皆以告其上言善與不善也

而夫謂凡夫也 莊子列禦寇如而夫者注

耏

耐 或○耐平去四讀異義

辠不至髡也或从寸諸法度字从寸 說文段注高帝紀令郎中有罪耐以上請之應劭曰輕罪不至於髡完其耏鬢故曰耏古耏字从彡髮膚之意也杜林以為法度之字皆从寸後改如是言耐罪以上皆當先請也耐音若能案耐之罪輕於髡髡者鬄髮也不鬄其鬢僅去須鬢是曰耐亦

曰完謂之完者言完其髮也刑法志曰當髡者完謂城旦舂王粲詩許歷為完士一言猶敗秦江遂曰漢命謂完而不髡曰耐然則應仲遠言完其耏鬢正謂去髡鬢而完其鬢耳耐為罪名法度之類故或从寸也應仲遠高帝紀注意謂耏即而鬢字用為耏罪字至杜林以後乃改从寸作耐許說不如是耐漢人叚為能字本如之切後變音奴代切古音能讀如而今音耐能皆奴代切二歲刑以上為耐漢書文帝紀注引蘇林○又云耐能任其罪也耐者輕刑之名後漢書光武紀下注陳寵傳注耏謂頰旁毛也漢書高帝紀下注○西域傳上而有桃拔師子犛牛注云耏亦頰旁毛也耏多須皃後漢書章帝紀注多髮曰耏史記高祖功臣侯者年表索隱引字林耏水名左氏襄三年傳乃盟于耏外注○水經鄃子水注云耏如聲相近

洏

洝也一曰煑孰也說文段注胹爛也然則洏與胹同也內則作濡蓋字之譌注曰凡濡謂烹之以汁和也○萱按說文洝下云渜水也渜下云湯也湯下云熱水也

胹

○俗有腸胹焖爛也說文段注爛火部作爛火孰也左傳宰夫胹熊蹯不孰謂火孰之而未孰也胹熟也廣雅釋詁三方言七云胹熟也自關而西秦晉之郊曰胹過熟曰胹左傳宣二年疏引字書胹煑也左傳宣二年釋文

鮞

魚子也一曰魚之美者東海之鮞說文段注魚子謂成魚者上文鮞下曰魚子已生者謂初出卵此云魚子則成細魚矣凡細者偁子魯語曰魚禁鯤鮞韋注云鯤魚子也鮞未成魚也本意鯤是卵未乳者鮞是已孚而尚未成魚者許則乳已孚又別為鯑二形之棄爾雅曰鯤魚子也鯤小魚也為卵所本許無鯤字以卄包之據內則之卵也許有鮞無鯤者鯤从魚首聲之與蒸合音最近鯤者鮞之俗字也爾雅鄭注皆云鯤魚子爾雅意魚子即魚卵今人俗語偁如是若西京賦摷鯤鮞薛注鯤魚子也鮞細魚族類也此語鄭內則注鯤魚子也字謂出卵者為魚子失爾雅本義若莊子許鯤大之魚為鯤此則齊物之寓言所謂汪洋自恣以適己者一曰云云別一義見呂覽本味篇伊尹語高注曰鮞魚名也○萱按鯤與鮞形異義同無是雙聲字非正俗字也不容彊為牽合

輀

或作輀喪車也說文段注从車而者蓋喪車多飾如喪大記所載飾為輀轉而者須也多飾如須之下垂故从重而亦以而為聲也○漢書王莽傳下此似輀車注云輀車載喪車萱按輀乃輀之譌字輀柳車也廣雅釋器○釋名釋喪制云輿棺之車曰輀輀耳也縣於左右前後銅魚搖絞之屬耳耳然也

栭

屋枅上標也爾雅曰栭謂之楶說文段注標靈光殿賦王命論二注皆作梁今本作標為長標者表也高也辥注西京賦曰栭斗也張載注靈光曰栭方小木為之栭在枅之上枅者柱上方木斗又小於枅亦方木也然後乃抗梁而靈光永據曲枅之下曰芝栭攢羅棼福蘭栭積重之下曰櫼櫨各落此可證栭與枅非一物釋宮云栭謂之楶合二事渾言之許則析言之也諸家數爾雅者皆少分別許後偁爾雅者欲見渾言析言兩不相背也○禮記禮器山節藻梲注云栭謂之節栭今欂櫨也爾雅釋宮李注江淮之間呼小栗為栭爾雅釋木栵栭舍人注○釋文云檽字又作栭又禮記內則釋文云栭本作檽萱按檽字者之譌與輀為輭等也而聲在一部需在四部耎在十四部畛域分明不容牽溷栭軟棗也禮記內則疏引賀氏無華葉而生

者曰芝栭禮記內則芝栭疏引庾蔚○又引王肅云無華而實者名栭皆芝屬也

荋

艸多葉皃沛城父有楊荋亭說文段注荋之言之而也如鮞屬之之而沛城父見地理志

時 哂怡切

旹古文四時也說文段注本春秋冬夏之偁引申之為凡歲月日刻之用釋詁曰時是也此時之本義言則時無有不足者也廣雅曰時間也此引申之義如不能辰夜逮備辰告偁皆云辰時也是也漢欲亦有用者○周禮宮正以時比宮中之官府次舍之衆寡注鄭師以時數其衆庶注又禮記祭法埋少牢於泰昭祭時也注又公羊隱六年傳首時過則書注又左氏昭七年傳歲時日月星辰伏振注又素問天元紀大論篇闡五運之主時也注又呂覽誠廉時紀盡歌注並云時四時也又易象上傳應乎天而時行虞注又太平御覽時盛地營注並云時謂四時四時者天之吏也陰陽之專精為四時疏淮南天文○公羊隱元年傳注云時朝者順四時而朝也又左氏襄廿六年傳將歸時事于宰旅注云時事四時貢賦又周禮牧人凡時祀之牲必用牷物注云時祀四時所常

記謂山川以下至四方百物人儀禮聘禮注四時珍美新物也疏云時賜謂四時珍異以賜諸賓客三時者成歲之要時孟子萬叙○左氏桓六年傳謂其三時不害注又管子問毋於三時注又後漢書明帝紀注並云三時謂春夏秋又魯恭傳注云三時夏秋冬也又易象下傳二簋應有時虞注云時謂春秋也又損剛益柔有時虞注云時謂冬夏也時天時也國語越語時將有反注又太玄玄瑩革之匪時注○孟子公孫丑下天時不如地利注云天時謂時日支干五行王相孤虛之屬也時者所以記歲也管子山權數○左氏襄十八年傳南師不時注云不時謂觸歲月時所以記啟閉也漢書律麻志上時寒溫也考工記總目天有時注六氣謂之時素問六節藏象論欬論五藏各以其時受病注時者期也陰陽消息之期也白虎通四時○釋名釋天云時期也物之生死各應節期而止也時令謂月令也後漢書明帝紀注陳寵傳注○明帝紀注又云時律者即月令孟春律中太簇仲春律中夾鐘之類也大時者咸池也小時者月建也淮南天文時亦世也文選北征賦故時會之變化兮注時謂

旦中夕也太玄玄數時數辭遞注星時數說注○儀禮既夕記禪時從而酌注云時朔夕也時漏盡也周禮閽人以時啟閉注○小宗伯告時于王注云時薦陳之早晚時謂得時荀子大略不時宜不敬注○詩文王帝命不時傳云不時時也當其可之謂時禮記學記○管子七法注云時者名有所當也又說苑建本云因其可之曰時時會也文選北征賦注引爾雅時事之微也左氏閔二年傳時行禮記玉藻時行注時見者言無常期也周禮大宗伯時見曰會注○韓詩外傳七又說苑雜言並云過不遇者時也有時言有數也禮記檀弓下日月有時將葬矣注應順天常不愆時候謂之時雨素問六元正紀大論而逝時降注艮爲時易彖下傳與時偕行虞注繫辭下傳待時而動虞注○象上傳先王以茂對時虞注云艮爲對時時是也詩駟驖奉時辰牡傳十月之交豈曰不時傳文王帝命不時傳緜曰止曰時箋生民時維姜嫄傳公劉于時處處于時廬旅于時言言于時語語箋江漢時靡有爭箋我將于時保之箋訪落率時昭考傳敬之佛時仔肩箋又考工記㮚氏

時文思索注又儀禮士昏禮孝有時格注又禮記內則共帥時注又論語鄉黨時哉時哉皇疏引虞氏贊○大戴記保傳此時務也注云時猶是也時善也詩頍弁爾殽既時傳又廣雅釋詁一時節也呂覽盡數食能以時注時調也太玄玄測都序而百穀時雍注時謂有常荀子王制政令時注○周書皇門維時及胥學于非彝注云時有時伺也廣雅釋言○莊子齊物論見卵而求時夜釋文引司馬注云時夜司夜謂雞也萱按古無伺字作司時難也周語鄭語時至而求用注時中者也詩賓之初筵以奏爾時傳○箋云時謂心所尊者帝之囿時天帝苑囿之時節也山海經西山經崑崙之丘神陸吾司天之九部及帝之囿時注時主家大戴記易本命時序謂各依其方而祭之後漢書班彪傳下注時揖平推手也周禮司儀時揖異姓注時女猶處女也莊子逍遙遊猶時女也釋文室中謂之時爾雅釋宮時出般陽周禮職方氏其浸菑時注○萱按晚出字加水作淄見左傳昭十二年釋文說文所不錄時善乘領爾雅釋獸○萱按注祇云好登山峰而不能詳其物時英梅爾雅釋木

○郝氏爾雅正義云時一名英梅說文云楳梅也○萱按注云雀梅本艸別錄云一名千金

塒

雞棲於垣爲塒說文段注釋宮鑿垣而棲爲塒王風傳同案許意與古異連雞棲於庳垣不必鑿穴也寒鄉鑿牆爲雞作棲曰塒爾雅釋宮李注○萱按君子于役云雞棲于時時乃省借字也

⿱㞢羽

○俗有蹋羽盛皃也說文⿱㞢羽⿱㞢羽羽翼盛集韻

慈　淺怡切

㤅也說文段注心部曰㤅惠也叀部曰惠仁也人部曰仁親也慈愛也國語周語惠文之慈也注慈保庶民注晉語甚寬惠而慈於民注又漢書武帝紀棐注引文穎慈者愛出於心恩被於物也左氏文十八年傳宣慈和惠疏○莊廿七年傳夫禮樂慈愛疏云慈謂愛之深也又昭廿八年傳慈和徧服曰順服注云上愛下曰慈又禮記曲禮上備其慈也疏云慈者篤愛之名又內則慈以旨甘注云慈愛敬進之又周禮大司徒一曰慈幼注云慈幼謂愛幼少也親愛利子謂之慈惻隱憐人謂之慈竝賈子道術慈字也字愛物也釋名釋言語慈者孜孜孝經若夫慈愛恭敬疏引皇侃慈謂恩慈儀禮

喪服傳注必求其寬裕慈惠溫良恭儉疏○人禮記內則其次為慈母注云慈母知其嗜欲者慈柔淮南本經家給人足父慈注慈者父母之高行也管子形勢解慈烏烏也廣雅釋鳥

鷀

或書作鷀鸕鷀也說文鸕鷀似鶂而黑文選南都賦注引蒼頡鷩鷀爾雅釋鳥○萱按說文鸕下云鷀也與此為時注

疑 御怡切

惑也說文○國策秦策而三人疑之注云疑猶惑也人荀子堯問得疑者存注云疑謂博聞達識可決疑惑者疑猶豫不果也周書王佩時至而疑注疑謂是非不決禮記坊記所以章疑別微疏○太玄玄衝云格好也是而疑惑也非疑怪也淮南氾論有立武者見疑注疑猶恐也禮記襍記皆為疑死注疑之言擬也周禮司服為大夫士疑衰注○禮記燕義疏云疑擬也疑度之儀禮士相見禮不疑君注疑似也漢書司馬相如傳下集注疑者事之役也後漢書馮衍傳疑者事之

害也史記淮陰侯傳疑自下上至之嘗也禮記燕義不以公卿為賓而以大夫為賓為疑也注獻疑猶致難也列子湯問其妻獻疑曰釋文疑者不知神之來否禮記問喪其反也如疑注坎為疑易豫勿疑虞注象下傳需疑止也虞注三則疑也虞注无所疑也虞注行疑也虞注震為疑易象下傳行末疑也虞注前曰疑禮記文王世子正義引書大傳疑續疑儗也儗於吉也釋名釋喪制○周禮司服為大夫士疑衰司農注云疑衰十四升衰疑止謂有所不為荀子解蔽注○萱按此疑乃疑之破字也疑戾也疑定也疑止也有矜莊之色萱按此皆疑之義也而字多譌為疑皆非成是久矣凡在十五部當一一疑正不容踵譌襲蹈也

嶷

平入四讀異義九嶷也舜所葬在零陵營道說文段注海內經南方蒼梧之丘蒼梧之淵其中有九嶷山舜之所葬在長沙零陵界中郭云山今在零陵營道縣南其山九溪皆相似故云九疑古者總名其地為蒼梧也山在今湖南永州府寧遠縣南六十里桂陽州藍山縣西南五十里案諸書多作九疑惟山海經作嶷音疑而郭注

亦作九疑羅巖九舉異嶺同勢遊者疑焉故曰九疑山水經湘水注

牛

事也理也象角頭三封尾之形也說文段注事也者謂能事其事也牛任耕理也者謂其文理可分析也庖丁解牛依乎天理批大郤道大窾牛事理三字同在古音弟一部此與羊祥也馬怒也武也一例自淺人不知此義乃改之云大牲也牛件也件事理也與異字下匕增之曰姓也亦郡也同一紕繆角頭三者謂上三歧者象兩角與頭為三也牛角與頭而三馬足與尾而五封者謂中畫象封也封者肩甲墳起之處字亦作犎尾者謂直盡下垂像尾也古音讀如疑牛者冒也史記律書牛犂牛也淮南說山兕牛之動以抵觸注牛上畜也禮記月令食與牛注又太玄犢或牽之牛注庚東南射兕注牛大畜祭天尊物也漢書五行志中之上牛者中央之牲也賈子胎教牛者土也易象上傳是以畜牝牛吉也荀注○周禮庖人凡用禽獸注云牛屬司徒上也人大司徒奉牛牲注云牛能任載地類也牛祭之賊者也易既濟東鄰殺牛注○公羊僖卅一年傳云傷者曰牛又穀梁傳卅一年傳曰全曰牲傷曰牛牛曰太牢大戴記曾

子天圓牛曰一元大武禮記曲禮下人獨斷上牛者稼穡之資也易无妄注疏注○史記律書云牛者耕植種萬物也牛畜之任重者屬思洪範五行傳時則有牛禍注○隋書五行志下引洪範五行傳云牛事思宮室之象者也坤為牛易說卦傳又无妄或繫之牛虞注大畜童牛之告虞注睽其牛觢虞注革用大牲虞注旅喪牛于易虞注繫辭下傳服牛乘馬虞注○離畜牝牛吉虞注云坤為牝牛又遯執之用黃牛之革虞注云坤為黃牛又說卦傳曰坤為子母牛離為牛禮記坊記東鄰殺牛注○易象下傳執用黃牛虞注云離為黃牛又革鞏用黃牛之革干注云離為牝牛又左氏昭五年傳云純離為牛毋為牛禮記月令出土牛以送寒氣注○漢書梁孝王武傳有獻牛足出背上注引張晏云牛者丑之畜牛田者以養公家之牛周禮載師以官田牛田賞田牧田任遠郊之地司農注○後鄭云牛田牧田畜牧者之家所受田也星紀斗牽牛也爾雅釋天何鼓謂之牽牛同上

祠 想怡切

春祭曰祠品物少多文辭也仲春之月祠不用犧牲用圭璧

及皮幣說文段注辭與祠疊韻周禮以祠春享先王公羊傳曰春曰祠注祠猶食也猶繼嗣也春物始生孝子思親繼嗣而食之故曰祠許與何異仲春云云引月令證品物少多文辭也禮記祠作禴呂覽同淮南作祭及禮記呂覽淮南皆作更鄭曰更猶易也高誘曰更代也以圭璧皮幣代犧牲也江沅曰言用不用代義已曉或更字即及字義許據本作乏也鄭訓易高訓代寘圭璧皮幣中間似未妥○爾雅釋天又穀梁桓八年經注又說苑修文云春祭曰祠又爾雅釋詁釋文云祠春祭名又禮記祭義春禘秋嘗注云周以禘為殷祭更名春祭曰祠春曰祠詩天保傳又公羊桓六年傳又禮記王制注○白虎通宗廟云春曰祠祠者物微故祠名之又春秋繁露四祭云春曰祠祠者以正月始食韭也祠祭也爾雅釋詁又公羊莊八年祠兵釋文又國策齊策楚有祠者注始生故曰祠善其司也春秋繁露祭義祠食也爾雅釋天孫注○郭云祠之言食祠飲食也漢書景帝紀而禮祠明注引應劭得求曰祠周禮小宗伯大烖及執事禱祠于上下神示注○禮記曲禮禱祠祭祀釋文云求得曰祠祠報福也周禮女祝凡內禱祠之事注○小祝將事侯禳禱祠之祀號疏云求福謂之禱報賽謂之祠又喪祝

以祭祝禱祠焉疏云祈請求福曰禱得福報賽曰祠祠謂薦牲與日也周禮墓人七日巫祠注○蓋按經借巫為筮然則注當出巫字并釋之祠位壇場辟攝之位也淮南則時隋除祠位注師出曰祠兵又曰振旅祠者祠五兵矛戟劍楯弓矢周禮肆師注引其義公羊說祠神祠也漢書陳勝傳又間令廣之次所旁叢祠中注祠者交接之辭周禮大祝一曰祠注○司農注云祠當為辭○蓋按此段祠為辭也又堯廟碑云將辭帝堯既辭為祠也二字互借通用

詞

或書作詞意內而言外也說文段注有是意於內因有是言於外謂之詞此語謂全書之凡例全書有言意者如歡言意此無腸意歡悲意然顯意之類是也有言詞者如吹詮詞也者別事詞也皆俱詞也曷詞也魯鈍詞也斯識詞也曾詞之舒也乃詞之難也介詞之必然也矣語已詞也殹兒詞也㝵驚詞也碣芇惡驚詞也魁芇鬼驚詞也梟眾與詞也之類是也意即意內詞即言外言意而詞見言詞而意見意者文字之義也言者文字之聲也詞者文字形聲之合凡許之說字義皆意內也凡許之說形說聲皆言外也之有義而後有聲有聲而後有形造字之本也形在而聲在焉

形聲在而義在焉六藝之學也詞與辛部之辭其義迥別辭者說也从𤔔辛𤔔辛猶理辜謂文辭足以排難解紛也然則辭謂篇章也詞者意內而言外从司言此謂摹繪物狀及發聲助語之文字也積文字而為篇章積詞而為辭孟子曰不以文害辭不以詞害辭也孔子曰言以足志詞之謂也文以足言辭之謂也大行人故書汁詞命鄭司農云詞當為辭此二家之不可棍一也詞嗣也令擬善言相續嗣也釋名釋典藝詞告也禮記曾子問其詞于賓曰釋文辭猶告也禮記檀弓上使人辭於狐突注當事而至則辭焉注○蓋按此類皆段辭為詞也辭請也國語魯語魯大夫辭而復之注晉語大夫辭之注辭所以通情也禮記表記無辭不相接也注辭謂言辭文選報任少卿書其次不辱辭令注○禮記曲禮上安定辭疏云辭言語也又不辭費釋文云言而不行為辭費又云辭本作詞辭交辭也易繫辭上傳辨吉凶者存乎辭注鼓天下之動者存乎辭注○釋文云辭本作詞

辭

𤔲藏○俗有詞說也說文人易繫辭釋文○禮記表記故仁者易辭也注云辭猶解說也又荀子正名辭

也者兼異實之名以論一意也注云辭者說事之言辭成文為辭荀子正名辭合於說注○易文言傳脩辭立其誠疏云辭謂文辭辭猶書也穀梁定十四年傳其辭石尚士也注辭詩人所歌詠之孟子萬章上不以文害辭注辭辭氣謂政教也詩板辭之輯矣箋辭察猶今案牘也後漢書周紆傳注辭布辭訟泉物者也周禮司市辟布者司農注叩之其音清搏純而不殺辭也管子水地

辤

辝籀不受也說文段注聘禮辭曰非禮也敢注曰辭不受也棄經傳凡辤讓皆作辭說字周屬段借而學者乃罕知有辤讀本字或又用辭為辭說而愈惑矣禮經一書多言辭曰謂其文辭如是也聘禮之辭曰非禮也敢則於辭為通謂辤則其辭如是也故鄭特注之以別於他處之言辭曰者哀六年左傳五辭而後許釋文曰辭本又作辤也說新語蔡邕題曹娥碑黃絹幼婦外孫虀臼解之曰虀臼辭所以受辛辤字也案此正當作辭可證漢人辤辭不別耳不受也國語周語王勞之以地辭注晉語趙簡子賓之辭注○呂覽高義雖與之必辭注云辭不敢受也又論語

雍也與之粟九百辭集解引孔注云辭讓不受也**辭讓也**公羊隱元年傳隱於是焉而辭立注又禮記哀公問固臣敢無辭而對注○聘義注三讓而後傳命疏云辭之與讓其義亦通也又坊記無辭而行情則民爭注云辭辭讓也又儀禮鄉飲酒禮主人坐奠爵于階前辭注云事同曰讓事異曰辭又左氏襄十年傳荀偃辭注云辭讓之**辭不見**左氏僖廿四年傳且辭焉注**辭謝也**呂覽觀世晏可以辭而無棄乎注**辭去也**呂覽行論願辭不為臣注**辭者別也**呂覽士節過北郭騷之門而辭注**辭遣也**呂覽士容曰驕驕之畢而辭之注○左氏襄廿二年傳辭八人者注云辭遣之**辭責讓之**左氏昭元年傳辭于晉注**禮辭辭不敢也**儀禮燕禮賓少進禮辭注○士冠禮賓禮辭許注云禮辭一辭而許也再辭而許曰固辭三辭曰終辭不許也**辭猶不從**公羊哀三年傳以王父命辭父命注○萱按司辭本字僅見此餘皆不爾

面怡切

謀 **⿱母口**古文 **⿱母言**古文 **慮難曰謀**說文段注左傳叔孫豹說皇皇者華曰訪問於善為咨咨難為謀魯語作咨事為謀常曰事當為難吳語大夫種曰夫謀必素見成事焉而後發之口部曰圖畫計難也圖與謀同義士冠禮

古文某為謀蓋古文禮某作⿱母口也○詩皇皇者華周爰咨謀傳云咨事之難易為謀**心思為謀**論衡超奇○爾雅釋言云謀心也**謀圖也**漢書王莽傳中集注引應劭○論語衛靈公君子謀道不謀食皇疏云謀猶圖也**謀議也**廣雅釋詁四○周禮大卜四曰謀司農注云謀謂謀議也**謀察也**文選思玄賦時克謀而從諸舊注**未發為謀**詩譜序疏引春秋說題辭○淮南說林難與為謀注云謀或作陳○萱按書晚出大禹謨弗詢之謀勿庸疏云謀謂豫計前事語較究**聰作謀**書洪範○太玄玄數事聽用聰搞謀注云謀謨以佐聽也**坎為謀**易象上傳君子以作事謀始虞注繫辭下傳人謀鬼謀虞注**乾為大謀**易繫辭下傳知下而謀大虞注**謀者謀政事也**詩訪落序嗣王謀於廟也箋○春秋繁露五行五事云謀者謀事也**謀兵謀也**詩采芑克壯其猶箋**廟謀廟算也**文選後光武紀贊明明廟謀注**小謀小臣之謀也**禮記緇衣毋以小謀敗大作注**任謀謂權變也**周書成開任謀生非注

范怡切

⿱罒否隸作罘**兔罟也**說文又廣雅釋器**罘麛鹿罟**淮南時則畢代罝罘注○呂覽季春注云罘射鹿罟也**罘置也**史記司馬相如傳罘罔猵山集解引郭璞○禮記月令田獵罝罘羅網畢翳餧獸之藥毋出九門注云獸罟曰罝罘**罘罔也**文選東京賦解罘放麟薛注**罘覆車也即今轓車罔也**漢書司馬相如傳上注○揚雄傳上張竟壄之罘注云罘轓車罔也○萱按諸家謂罘與罦同字其實不聲在一部孚聲在三部罘罦乃一聲之轉互借通用而非一字**罘罳在門外罘復也罳思也臣將入請事於此復重思之也**釋名釋宮室**罘罳連闕曲閣也**後漢書靈帝紀注○漢書文帝紀未央宮東闕罘罳災注云罘罳謂連闕曲閣也以覆重刻垣墉之處其形罘罳然**罘罳屏也**漢書文帝紀注○五行志上注云罘罳闕之屏也

芣華盛一曰芣苢說文段注詩言江漢浮浮雨雪浮浮皆盛皃芣與浮聲相近**芣苢馬舄**爾雅

釋艸○芣苢詩傳云芣苢馬舄馬舄車前也宜懷妊焉又釋文引韓詩云芣苢直曰車前瞿曰芣苢又引艸木疏云芣苢幽州人謂之牛舌又名當道其子治婦人生難**芣苢澤瀉也**文選辯命論注引韓詩章句○萱按此說蓋誤車前澤瀉劃然二物**芣騩山名**國語鄭語主芣騩而食溱洧注

韻史卷二

泰興何萱石閭譔集　子度校字
上海顧錫麒竹泉覆審
武進李兆洛申耆鑑定

第一部上聲

改韻

開口呼

改艮乃切改更也說文又廣雅釋詁三又詩緇衣敝予又改爲兮傳又儀禮鄉射禮改取一个挾之注大射儀注少牢饋食禮改饌豆簉于房中注又國語襍記下反改成踊疏又公羊莊三年傳蓋改葬也註又國語晉語乃改館晉君注又淮南主術無微而不改又注離騷何不改乎此度也注來違棄而改求注改謂改更懲止易象下傳過則改疏有改造更選擇也荀子議兵改造則不易周也注改易也國語魯語執政未改注又楚辭懷沙前圖未改注又文選東京

賦春秋改節薛注改改行以救災左氏昭元年傳而無改焉注改居謂自變動也儀禮士相見禮改居則請退可也注改猶如也詩文王序疏引易乾鑿度注

絠网讀在彼注

冐口乃切冐古文隸作肯。骨閒肉冐冐箸也一曰骨無肉也說文段注冐冐附箸難解之皃莊子說庖丁解牛曰技經肯綮之未嘗肯崔引此解釋之綮音磬司馬云猶結處也綮冐之言可也故心所關曰冐得其竅郤曰中冐引申之義也一曰云云別一義。莊子養生主釋文云肯骨無肉也又引字林云冐口乃反箸骨肉也肯可也爾雅釋言又詩終風惠然肯來箋有杕之杜噬肯適我箋。國策齊策客肯爲靖郭君來寡人乎注云肯猶可也不肯者可以肯也穀梁宣三年傳

佁紫海切佁癡皃說文段注大人賦沛艾赳螑仡以佁儗兮張揖曰佁儗不前也此癡意也呂氏春秋出輿入輦命曰佁蹷之機高誘曰佁至也此別一義也佁儗寬容之皃文選長笛賦佁儗寬容注

挨有。挨俗擊背也說文挨擊也廣雅釋詁三挨推也列子拯挨抌注揬

絠重見彈彄也說文段注彈者開弓也彄者弓弩耑弦所居也弦與弓弩於發矢時相離是名絠。廣雅釋器云彄謂之絠絠解繩也廣韻

海漢乃切海天池也吕納百川者說文段注天池見莊子消搖遊爾雅九夷八狄七戎六蠻謂之四海此引申之義也凡地大物博者皆得謂之海海水之委也禮記鄉飲酒義祖天地之左海也注海是水之大神左傳昭廿年疏。楚辭遠遊若舞馮夷注云海若神名也令齊有海隅爾雅釋地海邦近海之國也詩閟宮至于海邦箋海陘魯隘道左氏襄十六年傳遂塞海陘而還注速陽海山即陽朔山也水經湘水注海表蠻夷戎狄書立政至于海表既出傳四海四夷周書太子晉善至于四海曰天子注。周禮調人凡和難父之讎辟諸海外注云九夷八蠻六戎五狄謂之四海堂據惟九夷與釋地合餘皆異未審鄭所據也四海猶四方也周禮校人凡將事于四海山川注海者晦也廣雅釋水無者又詩

蓼蕭序釋文又禮記曲禮下雖大曰子疏。史記張儀傳利盡西海正義云海之爲言晦也又老子澹兮其若海釋文云海本作晦海晦也主承穢濁其色黑而晦也釋名釋水。孝經疏引爾雅孫注云海者晦晴無知也瑴古微書引書考靈曜云海之言昏晦無所睹也又荀子王制北海則有走馬吠犬焉注云海爲荒晦絕遠之地

亥𠀅古文。或作𠀅荄也十月微昜起接盛侌春秋傳曰亥有二首六身亥爲豕與豕同亥而生子復從一起說文段注荄根也陽氣根于下也十月於卦爲坤微陽從地中起接盛陰即壬下所云陰極陽生故易曰龍戰於野戰者接也左傳襄三十年正義曰二畫爲首六畫爲身案今篆法身亦有五畫蓋周時首二畫下作六畫與𠀅豕法不同也亥爲豕猶巳下云巳爲蛇也與豕同謂二篆之古文實一字也三豕涉河已亥渡河也亥爲生子復從一起言始一終亥終則復始爲一也一下以韻語起此以韻語終。廣雅釋言云亥荄也又左氏襄卅年傳云亥有二首六身下二如身亥者該也禮記月令注觀斗所建疏又史記律法書亥者閡也淮南天文。漢書律麻志下云該閡於亥亥者侅也白虎通五行亥核也收藏百物

核取其好惡眞僞也亦言物成皆堅核也釋名釋天亥水也其禽豕也論衡物勢。左氏昭卅年傳云亥水也漢書外戚傳下集注引張晏云亥爲水又太歲在亥曰大淵獻爾雅釋天亥爲娵訾左氏昭卅年傳注娵訾營室東壁疏戌亥之間爲天門後漢書郎顗傳注丁亥者吉日也大戴記夏小正丁亥萬用入學傳

駭或作駴驚也說文又廣雅釋詁一又莊子在宥而天下大駭矣釋文又呂覽重言鳴將駭人注當賞夫人間之大駭注又文選甘泉賦注引蒼頡篇魯靈光殿賦吁可畏乎其駭人也張注馬驚謂之駭則駭者躁疾之言詩漸漸之石疏。漢書枚乘傳方駭鼓而驚之注云駴亦驚也馬駭韁言驚懼也後漢書班彪傳上注驚也文選辨亡論注引蒼頡駭動也漢書揚雄傳上集注駭起也爾雅釋言駭亂也國策宋策而國人大駭注駭擾也呂覽審應去駭從不駭注駭政不安上之政也荀子王制庶人駭政注四蹄皆白曰駭詩漸漸之石箋。螢按此段駭爲豥也又左傳無駭豰誤作侯又莊子大宗師彼有駭形而無

損心崔本駭作陔亦音借字也若德充符又以恐駭天下崔本駭作駴此則用異體字爾

醢𨡕籀肉醬也說文段注周禮醢人掌醓醢麋臡鹿臡麇臡蠃醢蚳醢魚醢兔醢鴈醢凡醢皆肉也郭云作醢及臡者必先膊乾其肉乃後莝之雜以粱麴及鹽漬以美酒塗置甀中百日則成矣此臡乃从肉从之以恉也許訓醢云血醢訓凡醢曰肉醬就字形別之耳篆文从自謂醢也从壴猶从壴之聲也。文以曲禮上毋歠醢之疏又曲禮上母歠醢注又呂覽過理殺梅伯而遺文王其醢注氏莊十一年傳宋人醢之注醢又梅伯疏云醢其肉也又楚辭離騷后辛之菹醢兮注云醢肉醬也又左傳昭廿年傳水火醢鹽注謂之醢以肉作醬曰醢爾雅釋器又楚辭招魂注云醢肉醬也廣雅釋器以骨爲醢注醢是醢肉爲之儀禮聘禮疏醢肉醬也周禮天官醢人注又儀禮聘禮醢肉陰也周禮醢人注云醢醬在碑西陽也醢。儀禮聘禮醢有骨爲臡無骨爲醢周禮醢人注又禮記祭統注云。呂覽本味鱣鮪之醢注云醢之屬以蚳醢又周禮醢人注昌本麋臡注又陸虞之醢蜃蚳蝝之屬醢注三臡亦醢也又周禮醢人以五齊七醢七菹三臡實之又云醢豆實也周禮

切到乃

天官序官醢人注醢晦也晦冥也封塗使密冥乃成也釋名釋飲食釋醢之者示欲啗食以怖衆禮記檀弓上使者曰醢之矣注

等齊簡也說文段注齊簡者疊簡冊齊之如今人整齊書籍也引申爲凡齊之偁凡物齊則高下歷歷可見故曰等級周禮大宗伯以等邦國注云等猶齊等也家語釋詁四又國語齊語而以等爲民等注云等謂之等級故等齊也廣雅釋詁又史記律書故一等。史記禮書等也賈疏等類也易繫辭下傳等同也漢書郊祀志上集注又淮南主術言等齊等云等衆等也又史記樂書注云淮南同等等也又易繫辭下傳等輩類也禮記樂記文王世子等輩也廣雅釋詁四又周禮司勳以等其功注云等猶差等也禮記樂記然後立之等注又周書周祝等差也荀子正論稱遠邇而等貢獻注又淮南本經制有等注等威儀有差等也後漢書東平王蒼傳注○左氏文十五年傳注示有等威謂威儀有差等也周禮掌次注之等等差也周禮司勳以等其功注云等猶差等也又周書常訓和意無等注云等謂差等也等九品之差數周禮掌邦國之籍注

等賦以差等制賦荀子富國注。王制王者之等賦府庫者貨賄之流也等威等級之差注云等威儀之注云等賦所以爲等賦賦稅有周等姓路尊卑之差周禮小宗伯掌五禮之禁令與其用等注等階級也禮記樂記注。禮義立則貴賤等矣周禮司兵各辨其物與其等注謂功沽上下其等等也階級也又呂覽召類士階三等注云等散者亦事等位等級之位也荀子王制位不遺等注等道猶今言何勿語也後漢書禰衡傳注

切坦乃

待竢也說文段注五部曰竢待也又易需卦注待須也史記天官書正義不待告待備也國語晉語厚戒箴國以待之注云待猶備也周禮其何以待之注又周語待恃也呂覽無義不待注待猶給也周禮大府關市之賦以待王之膳服注外府以待祭祀賓客注云待者有事則共之又遺人以待凶荒注云待猶共也國語齊語何以待之注○小宗伯以待邦國所當流謂出也待猶擬也管子大匡君不能待也注云待猶待也國語晉語其何能待之注待猶儗也國語楚語其爲力也難以待之注

待逼也廣雅釋詁二待畱之也穆天子傳曰乃命邢侯待攻玉者注良爲待易繫辭下傳以待風
雨虞注待時而動虞注
怠慢也說文又國語鄭語怠民怠皆其君而未及周德注怠懈慢也周禮宮正去其淫怠與其奇衺之民
注怠懈也國語晉語喜亂必怠德注怠偷甚矣注又史記商君傳及怠而貪者索隱又呂覽節喪孝子之重之不怠
注達營壯而怠則失時注又文選東京賦薛注思玄賦敬怠違而舍勤兮注怠解也左氏文十五年傳君罰不可以
怠注襄廿八年傳無怠於德注又公羊桓八年注傳疏則怠注又淮南主術群臣務勤而不怠注怠倦也漢書司馬相如
傳上集注引郭璞怠惰也禮記檀弓上吉事雖止不怠注又少儀怠則張而相之注襍記三日不怠注又後漢書張衡傳
傳注怠懈墮不能行也周書王佩見善而怠注○大戴記子張問入官云怠墮者時之所以後也
易怠猶輕惰也公羊文十二年傳俾君子易怠注○易襍卦傳云謙輕而易怠也僶勉就善謂
之慎反慎爲怠賈子道術怠嬾也爾雅釋言嬾怠也集注又廣雅釋詁二怠緩也國語周語

可先而不倦謂之怠注怠壞也方言六怠荒放散身體也禮記曲禮下毋怠荒注
殆危也說文段注危者在高而懼也引申之凡將然之詞言皆曰殆曰危與緣天之未陰雨音義同又豳風殆及公子同歸
傳曰殆始也此謂殆爲始之段借也○爾雅釋詁又禮記大學亦曰殆哉注又大戴記曾子立事殆於以身近之也注曾子大
孝不敢以先父母之遺體行殆也注曾子制言中仁者殆注又左氏昭四年傳晉有三不殆注又公羊襄廿七年傳殆諸侯也又
注又穀梁襄廿九年傳數君者殆其往注又論語爲政多見闕殆集解引苞注又皇疏並云殆危也又漢書王嘉傳殆其甚焉
注云殆亦危也殆謂危亡也荀子議兵殆于垂沙注殆危害也淮南說山毋德不報而身見於殆注
殆壞也廣雅釋詁一殆敗也一切經音義十五引廣雅殆疲困之謂莊子養生主以有涯隨無
涯殆矣引向注釋文志操精果謂之誠反誠謂殆賈子道術殆怠也老子周行而不
殆釋文○論語爲政思而不學則殆釋文云殆本作怠殆猶畏也淮南說林而殆於蝍蛆注殆猶必
也呂覽自知座高在於門注殆僅也漢書趙充國傳集注殆庶幾也荀子彊國雖高之築明堂於塞

外而朝諸侯殆可以注殆幾也禮記檀弓上夫子殆將病也注檀弓下不殆於用殉乎哉注○王氏引之經傳釋詞
云殆者近也幾也將然之詞也書顧命曰殆弗興弗寤殆近也易繫辭下傳其殆庶幾乎虞注又詩節南山無小人
殆箋又周禮冢人注不殆於用生子疏又禮記檀弓下殆不可依也疏又周書命訓注又周語周語殆不可矣注鄭語殆於必
弊者注又呂覽高義殆未能也注士容殆才非士也注○史記留侯世家沛公殆天授索隱云殆訓近也
殆疑疑獻子晉齊人語公羊襄五年傳往殆乎晉也注故相與

紿

絲勞即紿說文段注而當爲則古書即則多互端絲勞敝則爲紿紿之言怠也如人之券怠然古多段爲紿字言部
曰詒者相欺詒也紿緩也廣雅釋詁二紿纏也廣雅釋詁四紿至也淮南汜論出
百死而紿一生注紿欺也紿誑也蓋按此數皆段紿爲詒也

詒

平上兩讀義異相欺詒也一曰遺也說文段注金縢公乃爲詩以詒王名之曰鴟鴞鄭曰詒說也周公恐
其屬黨將死恐其刺讒又破其家而不敢正言故作鴟鴞之詩以詒王案尚書字本作詒鄭注說字當讀輸芮切正義改作怡悅字

誤矣周公善辭以誘王故史臣目之曰詒此鄭意也史漢多段紿爲之○蓋按後人分前義讀上聲多段紿作之而本字罕用
欺義讀平聲字又作貽亦罕用本字詒欺也廣雅釋詁二又列子仲尼吾笑龍之詒孔穿注又釋文○方言三注
云汝南呼欺爲讀亦曰詒又列子黃帝既而狎侮欺詒釋文詒本作紿紿欺也史記樊酈滕灌傳紿呂祿索隱又漢書高
帝紀上集注引應劭項籍傳集注引文穎又後漢書朱暉傳注又列子周穆王子昔紿若釋文○穀梁僖元年傳惡公子之紿注云
紿欺紿也紿欺負也史記高祖紀索隱引劉氏紿誑也漢書呂后紀集注吳王濞傳集注高五王傳集注韓
延壽傳集注外戚傳集注○後漢書光武紀上注云紿言欺誑也紿詐也史記高祖紀索隱引韋昭樊酈滕灌傳索隱又漢
書韓信傳集注匈奴傳上集注紿疑也史記高祖紀索隱引何休

駘

平上兩讀注在彼

乃 曩海切

乃𠄎古文乃𢎨籀作乃○繇曳詞之難也象气之出難也說文段注曳有嫡拂之意
曳其言而轉之若而若乃皆是也乃則其曳之難者也春秋宣
八年日中而克葬定十五年日下昃乃克葬公羊傳曰而者何

難也乃者何難也曷爲或言而或言乃乃難乎而也何注言乃內而深言而者外而淺者乃然而或汝若一語之轉故乃而又訓汝也气出而不能直遂象形○公羊昭二年傳其言至河乃復何注云乃難辭也

乃者緩辭也詩大田疏又周禮大宰乃縣治之法於象魏注又儀禮大射儀疏燕禮注乃猶而也疏云轉乃爲而者乃是緩辭○

乃急辭也穀梁定十五年傳○大戴記夏小正乃瓜傳云乃者急瓜之辭也○蓋按緩辭急辭義相反而相成皆叟司言之難者也趙匡春秋知其一耳

乃者更申敕之周禮大宰乃施典于邦國注

乃者猶言冣者漢書曹參傳乃者我使諫君也注

乃往也廣雅釋詁

乃乃是歲也公羊昭十二年傳我乃知之矣注

乃猶哉也呂覽義賞天下勝者衆矣而霸者乃五注○王伯申尚書經傳釋詞云乃猶方也哉也莊十年穀梁傳乃深其怒於齊又退侵宋以衆其敵謂方深其怒於齊也大戴記保傅太子乃生固舉之禮罰子乃作初呂覽義賞注云乃猶哉也義並同

乃者言之助也禮記檀弓下祝稱卜葬虞夫曰乃疏○經傳釋詞云乃發聲也檀弓記夫曰乃鄭注云乃其卜葬其妻某氏

乃異之之詞也經傳釋詞云乃異之之詞也書盤庚女不憂朕心之攸困乃咸大不宣乃心詩山有

扶蘇不見子都乃見狂且是也○又云乃轉語詞也書康誥乃有厥罪小乃不可不殺是也○又云乃如亦轉語詞也詩日月乃如之人兮蝃蝀乃如之人也○又云乃若亦轉語詞也孟子離婁乃若所憂則有之○又云乃若發語詞也孟子告子乃若其情則可以爲善矣

乃猶於是也經傳釋詞云乃猶於是也書堯典乃命羲和是也○又云乃猶然後也書禹貢作十有三載乃同是也

乃猶是也經傳釋詞云乃猶是也咸二年左傳子以衆退我此乃止言我於此是止也莊子德充符子無乃稱猶曰子無稱是言也

乃猶若也經傳釋詞云乃猶若也書盤庚女萬民乃不生生洛誥女乃是不蘉孟子公孫丑乃所願則學孔子也乃字並與若同義

乃猶而也儀禮燕禮大夫不拜乃飲注大射儀同○經傳釋詞云乃與而對言之則異禮記文王世子云文王九十七乃終武王九十三然是也散言之則通大戴記夏小正匽之興五日翕望乃伏傳曰而伏云者不知其死也故謂之伏而伏即乃伏也襄七年左傳曰吾乃今而後知有卜筮乃今而後即而今而後也○蓋按莊子之而後乃今義亦同此

乃猶則也經傳釋詞云乃猶則也易繫辭見乃謂之象形乃謂之器詩生民鳥乃去矣隱三年左傳將立州吁乃定之矣皆是也又戒以明乃連文書立政則乃宅人是也

乃猶其也經傳釋詞

云乃猶其也書多士曰爾乃尚有爾土爾乃尚寧幹止爾乃爾其也乃與其同義故或以乃其連文康誥乃其又民多方我乃其大罰殛之

乃猶寧也經傳釋詞云乃猶寧也寧乃一聲之轉故乃訓爲寧寧亦訓爲乃家大人曰乃寧曾其義一也日月之寧不我顧小弁之寧莫之知四月之胡寧忍予並曰寧猶曾也孟子公孫丑爾何曾比予於管仲趙曰何曾猶何乃是也桑柔倬彼昊天寧不我矜箋曰昊天乃倬然明大而不務哀下民是寧亦訓寧爲乃也

乃猶且也經傳釋詞云乃猶其也書大誥曰若考作室既底法厥子乃弗肯堂矧肯構厥父菑厥子乃弗肯播矧肯穫乃字並與且同義

乃者亡乎人之辭也穀梁僖卅一年傳

乃汝也廣雅釋言又小爾雅廣詁又周書祭公允乃劭畢桓于黎民般注芮良夫偷乃獨亂注又史記淮南衡山傳謂乃公勇者索隱又周禮大司徒脩乃事疏○職方氏各脩乎乃子注云乃猶汝也又漢書外戚傳上乃欲倚女子邦注云乃亦汝又後漢書南匈奴傳注云乃公即汝公也

乃女也左氏僖十二年傳於嘉乃勲○周禮小宰各脩乃職改乃鑾侍乃事注又儀禮覲禮歸寧乃邦注又禮記祭統乃祖莊叔注並云乃猶女也又若纂乃祖服注云若乃猶女也又書洪範謀及乃心史記宋世家作謀及女心

乃情猶媽情

也後漢書袁安傳注

迺隸作廼俗有迺○字凡三見一部上六部平義同又十三部平義異

逌古文驚聲也或曰迺逌往也

讀若仍注詳六部○蓋按蘭義見十三部讀若瞯

茝秩海切○俗有茝

蘺也說文○虈下云楚謂之蘺晉謂之䕡齊謂之茝段注云茝本艸經謂之白茝茝芷同字匠聲止聲同在一部也○蓋按集韵茝凡三收一音茝而不知茝茝同字

茝香艸蘭之類山海經北山經其祠之皆用一藻茝瘞之注○史記禮書側載臭茝索隱引劉氏又列子周穆王禮茝若以滿之注並云茝香艸也又荀子勸學云蘭槐之根是爲茝又禮記內則佩帨茝蘭釋文云茝本作茝

茝而今白芷漢書禮樂志茝蘭芳注○司馬相如傳上衛蘭芷若注引張揖又後漢書馮衍傳下注並云芷白芷也○史記司馬相如傳索隱引本艸云芷一名茝又引埤蒼云齊曰茝晉曰虈

山茝藁本也廣雅釋艸

茝蘪蕪別名廣韵引字林

宰辠人在屋下執事者說文段注此宰之本義也引申爲宰制

宰制也白虎通諫諍又廣雅釋言

○白虎通壽云宰者制也又儀禮聘禮宰書幣注云宰掌制國之用宰主也周禮天官序官乃立天官冢宰注又呂覽精通萬民之宰也注審分全乎萬物而不宰注又淮南原道成化像而不宰注宰治也小爾雅廣詁又呂覽季秋注又淮南時則注○公羊傳十九年傳宰周公注云宰猶治也宰濟其清濁和其剛柔而納之中和曰宰周禮天官序官釋文○天官目錄疏云宰者調和膳羞之名又序官宰夫疏云宰者調和之名宰謂執君之政者也管子度地此宰之地任則臣之義也注○儀禮大射儀宰戒百官有事於射者注云宰於天子冢宰治官卿也作大事則掌以君命戒於百官又聘禮宰命司馬戒衆介注云宰上卿貳君事者也諸侯謂司徒爲宰又公食大夫禮宰右執鐙注云宰謂大宰宰夫之長也又禮記表記宰正百官注云宰冢宰也又襍記上宰朝服即喪屨疏云宰謂上卿也又穀梁僖九年傳天子之宰注云宰天官冢宰兼爲三公者又國語齊語使鮑叔爲宰注云宰太宰也宰官也左氏隱元年傳天王使宰咺來歸惠公仲子之賵注桓四年傳天王使宰渠伯糾來聘注傳九年經公會宰周公注○公羊隱元年傳云宰者何官也又周禮目錄云宰者官也又名相官曰宰春秋繁露三代改制質文○禮記月令乃命宰

祝注云宰祝太宰太祝主祭祀之官宰夫主膳食之官也禮記燕禮使宰夫爲獻主注○儀禮燕禮主人亦升自西階注云宰夫太宰之屬掌賓客之飲食者也又聘禮注云宰夫又主酒食者也又少牢饋食禮注云宰夫掌飲食之事者又大射儀注云宰夫冢宰之屬掌百官之徵令者宰謂膳宰荀子王制注又呂覽不苟與良宰遺之注○儀禮燕禮膳宰具官饌于寢東注膳宰天子曰膳夫掌君飲食膳羞者也又大戴記保傅太宰持斗而御戶右注云太宰膳夫也宮宰守宮官也禮記祭統宮宰宿夫人注宰謂屬吏也禮記內則宰辯告諸男名注○儀禮公食大夫禮注云宰宰夫之屬也宰夫冢宰之屬也左氏哀三年傳命宰人出禮書注宰旅冢宰之下士左氏襄廿六年傳將歸時事於宰旅注宰胥宰官之吏也儀禮大射儀宰胥薦脯醢注宰有司主政教者也儀禮士冠禮宰自右少退注○特牲饋食禮宰自主人之左贊命注云宰宰史之長宰家臣也左氏襄十年傳王叔之宰注又論語公冶長可使爲之宰也集解引孔注宰士也公羊隱元年傳宰邑士也禮記曲禮下有宰食力注宰治邑吏也禮記禮器子路爲季氏宰注○左氏莊十二年傳注

故蕭大夫名疏云卿大夫采邑之長則謂之宰又襄卅年傳問其大夫疏云公邑偁大夫私邑則偁宰里長謂之宰左氏襄九年傳注里宰疏也宰猶邑也左氏襄廿八年傳在外不得宰吾一邑疏宰謂屠殺也漢書宣帝紀損膳省宰注宰冢也公羊桓十三年傳宰上之木拱矣注又小爾雅廣名又荀子大略望其壙皋如也注宰如言如冢也列子天瑞宰如也釋文○荀子大略注云宰如高皃

⿱艹宰○俗有宷羹菜也說文段注謂取菜羹之也集韻有宷字烹也即此字

嗟亥切采○俗有採棌彩綵埰捋取也說文段注大雅曰捋采其劉周南芣苢傳曰采取也又曰捋取也是采捋同訓也詩又多言采采卷耳傳曰采采事采之也此謂上采訓事下采訓取而芣苢傳曰采采非一辭也曹風采采衣服傳曰采采衆多也秦風蒹葭采采傳曰采采猶萋萋也此三傳義畧同皆謂可采者衆也凡文采之義本此俗字手采作採五采作彩皆非古也釋詁曰采事也此言叚借采事同在一部也采从木从爪與采同意采之訓曰禾成秀人所收也則采亦可云木成文人所取也此采爲五采字而毛詩裒言采采與采取也廣雅釋詁一又漢書終軍傳集注人太守劇父母采餞若注采撮

取也漢書魏相傳又數表采易陰陽注采者謂采取金之處漢書地理志上注采者取菜之名詩泮水傳言水則采取其芹疏○萱按菜亦采聲故二字互相叚借釋菜字周禮作舍采此叚采爲菜也又帝堯碑眉口八菜孔眈神祠碑躬菜蓤薦此叚菜爲采也采略也小爾雅廣詁采擇也儀禮士昏禮納采用鴈釋文又禮記昏義釋文又後漢書桓帝鄧皇后紀下注又文選皇后紀論注引風俗通○禮記坊記諸侯不下漁色注云昏禮納采謂采擇其可者也采者始往之辭詩芣苢序疏採謂採去其穢荀子王制僭采注清采猶蔓也後漢書王符傳注采官也書堯典疇咨若予采馬注又史記司馬相如傳以展采錯事集解引漢書音義○漢書刑法志此卿大夫采地之大者也注云采官也因官食地故曰采地又公羊襄十五年傳以邑氏也注云所謂采者不得有其土地人民采取其租税賦而又左氏莊元年經注單伯采地疏云采人君賜臣以邑令取賦税謂之采地又詩緇衣傳受采祿疏云采謂田邑采取賦税又韓詩外傳八云天子爲諸侯受封謂之采地采事也書咎繇謨亮采有邦馬注禹貢百里采馬注又周書克殷呂公奭贊采注又家語五帝德率采之辭注又漢書地理志上集注○萱按書載采采史

記夏本紀作始事事采服采畿蓋按周書職方周禮職方氏大行人並云采服惟大司馬作采畿在王圻二千里之外二千五百里之內服與畿一也九服九畿其謂侯甸男采衛蠻夷鎮藩千里之外曰采曰流禮記王制采食稅也法言重黎采雅訓注西九采九州之牧典貢職者也禮記明堂位九彩之國注采五色也禮記月令命婦官染采注又文選西京賦采飾纖縟薛注○山海經西山經騩山淒水其中多采石其之毛采注云采石石有采色者毛采言周雉色雜也○瑩按爾雅釋鳥素質五采青質五采周禮內司服注作素質五色青質五色彩猶色也華嚴經音義上引顧野王采章采色文章也國語周語亦惟是死生之服物采章注○左傳文六年注旌旗衣服疏云彩物謂彩章服色又宣十四年傳於是有容兒采章注云采章車服文章也注帛之有色者曰采漢書貨殖傳文采千匹注染繒布帛名之曰采論衡量知采幣也史記周本紀乃公贊采正義注采衣纁之衣禮記襍記麻不加於采注云長大記非列采禮將冠者采衣注云采衣未冠者所服采飾也漢書嚴安傳集注引如淳○禮記樂記云文采節奏聲之飾也性曰采書咎繇謨以五采彰施於

五色鄭注○禮記月令正義引書鄭注未用謂之采○瑩按未用則曰采已用則曰色此析言也渾言之則通采者文過其實也漢書嚴安傳禮失而采注采文采也楚辭懷沙不知余之異采注○禮記樂記注云文采樂之成儀也綵文綵也文選思玄賦昭綵藻與琱琭兮舊注正俗六云文采之字多或作寀○瑩按綵俗字借宋疑聲故同采聲綵繳其文理密也後漢書班固傳注綵綷吹也文選江文通雜體詩注震彩金之彩也文選南都賦金彩玉瓚注則棌柞木也漢書揚雄傳上唐廣棌椽注又後漢書司馬遷傳注○漢書藝文志屋采椽集注云采柞木也字作棌本从木茅采木名即今之櫟木也史記李斯傳采椽不斲○太史公自序采椽不刮索隱引韋昭云采棌木棌也采采盛兒也文選鸚鵡賦注引韓詩章句肆夏采薺樂章也○周禮大馭樂師行以肆夏趨以采薺司農注云肆夏采薺皆樂名或曰皆逸詩埰冢也廣雅釋丘○方言十三冢秦晉之間或謂之埰云埰古者卿大夫有采地死葬之因名也方言十三注

悷䵷○職俗有姦也說文悷悷也廣雅釋詁四職視也廣雅釋詁二悷恨也職䀹也血廣韻䵷䀹也玉篇

許合口 審悔切

䵷青黃色也說文段注青色微而黃也痏疻痏也一曰痏瘢也說文段注疻下云毆傷也此但云疻痏也而義已足或曰疻依應仲遠則疻痏異事何爲合之也曰應析言之許渾言之許曰毆傷則固兼無創瘢有創瘢者言之文選西京賦注引倉頡篇曰痏毆傷也與許正令痏瘢也析言之與應劭引律令痏瘡也素問繆刺論去爪如韭葉各一痏注又漢書薛宣朱博傳音義引三蒼痏疻痏也呂覽至忠王疾痏注齊痏聲曰痏一切經音義十五引通俗文

洧洧水出潁川陽城山東南入潁說文段注前志陽城下曰陽城山洧水所出東南至長平入潁過郡三行五百里過郡三者潁川南陽汝南也案據前志則陽城縣有陽城山許不復言陽城如河南縣弘農縣之例水經曰洧水出河南密縣西南馬領山東南至習城西折入潁郡曰亦言出陽城山蓋馬領之統目馬習城西折入潁即地理志至長平縣入

潁者也方輿紀要曰今洧水出登封縣陽城山經密縣至禹州新鄭縣合水爲雙洎河又經長葛縣洧川縣鄢陵縣扶溝縣至西華縣入潁大致東南流也一統志曰洧水本至西華入潁宋時導至自扶溝入蔡左傳襄十一年濟隧九年陰坂廿六年涉於樂氏說者云皆謂洧津也○詩褰裳涉洧傳云洧水名也又溱洧傳云溱洧鄭兩水也又水經洧水注云洧陽故城俗謂之復陽蓋洧復字類音讀變洧盤水名也離騷朝濯髮乎洧盤注

鮪鮥也周禮春獻王鮪說文段注陸璣疏曰鮪魚形似鱣而青黑頭小而尖似鐵兜鍪口亦在頷下其甲可以摩薑大者不過七八尺益州人謂之魱鱣大者爲王鮪小者爲鮛鮪一名鮥肉色白味不如鱣也郭氏山海經傳曰鮪即鱏也似鱣而長鼻體無鱗甲即今之鱏魚也春獻王鮪天官漁人注曰王鮪鮪之大者引月令季春薦鮪于寢廟西京賦曰王鮪岫居薛綜陸璣李奇酈道元皆言鮪是南方江中來至河南鞏穴又入河度龍門薦古事如此不然鮪出江中何以西周能薦鮪也○詩碩人鱣鮪發發傳潛有鱣有鮪箋云鮪鮥也鮪江淮間曰叔伊洛曰鮪海濱曰鮥詩碩人釋文引光注鮪即鱏山海經東山經注○中山經渠豬之水多豪魚狀如鱣鮪注云鮪似鱣也又爾雅釋

魚注云鮪鱣屬也又釋文云鮪即鱣魚也又詩陸璣疏云鮪即鱣○董按爾雅鯉鱣為類鮥鮪為類兩不涉也陸郭牽合鱣鮪為一類治未然矣姑存異說可耳鮪魚似鯉而小呂覽季春注○淮南時則注云鮪魚似鯉而大○董按兩注疑出高誘而意相反何歟且鮪不似鯉鮪者魚之先至者也大戴記夏小正傳○禮記禮運魚鮪不淰釋文云鮪魚名

悔 消后切

恨也說文廣雅釋詁四又詩雲漢宜無悔怒傳又論語為政則寡悔皇疏又國策秦此謂之悔也注又呂覽慎勢離悔無聽戮也注又淮南氾論而悔不殺湯於夏臺注又離騷雖九死其猶未悔注悔相道之不察兮注○易繫辭上傳釋文悔謂恨悔者凶也賈子容經悔咎也公羊襄廿九年傳尚速有悔於身注悔吝小疵也法言修身悔吝不至注悔慢也廣雅釋詁四悔惡也後漢書張衡傳注坎心為悔易繫辭上傳慢藏悔盜注虞外卦曰悔悔之言晦也晦猶終也書洪範曰悔鄭注○董按此段悔為剋也

賄 ○俗有賄

財也說文又爾雅釋言又詩氓以我賄遷傳又儀禮聘禮記賄在聘於賄注又左氏文十八年傳竊賄為盜注禮

又國語晉語以賄滅親注鄭語寄孥與賄焉注○聘禮賄用束紡注云賄予人財之言也賄貨也左氏昭十六年傳爾有利市寶賄釋文○董按釋文又云賄或作貨金玉曰貨布帛曰賄周禮大宰六曰商賈阜通貨賄注○一切經音義四引通俗文云財帛曰賄又文選吳都賦縢賄紛紜劉注引扶南傳云縢貨布帛曰賄賄贈送也左氏文十二年傳厚賄之注送去曰贈賄左氏卅三年傳自郊勞至于贈賄注○穆天子傳賄用周室之璧注云賄贈賄古文賄皆作悔儀禮聘禮記注○董按有聲每聲同部相通借也若左傳賄賂並行國語使各以方賄來貢漢書作貨賂並行各以方物來貢其義得並通也

齊齒 許 竟喜切

己

王古文中宮也象萬物辟藏詘形也己承戊象人腹說文段注戊己皆中宮故中央土其日戊己注曰己之言起也律麻志曰理紀於己釋名曰己皆有定形可紀識也引中之義為人己言己以別於人者己在中人在外可紀識也論語克己復禮為仁克己言自勝也辟藏者盤辟收斂字像其詘詘之形也此與己止字絕不同宋已前分別自明以來書籍間大亂如論語莫己知也斯已而已矣唐石經不誤宋儒乃不能了○漢書外戚傳下云已猶戊也

太歲在己曰屠維爾雅釋天○又云月在己曰則己韓淮南天文○又云己亥韓也又云己卯己酉魏也己者抑屈起白虎通五行○太弁弁數日戊己注云己之言起也己理也禮記月令疏己紀也廣雅釋言又釋名釋天

紀

別絲也說文段注別絲者一絲必有其首別之是為紀眾絲皆得其首是為統統與紀義互相足也故許不析言之禮器曰眾之紀也紀散而眾亂注曰紀者絲縷之數有紀也此紀之本義也引申之為凡經理之偁詩綱紀四方箋云以罔罟喻為政張之為綱理之為紀洪範九疇四五紀斗牽牛為星紀史記五帝本紀謂李其事而分別紀之也詩滔滔江漢南國之紀毛傳曰其神足以綱紀一方箋云南國之大川紀理眾水使不壅滯○詩棫樸疏又左氏傳僖廿四年疏加云紀者別理絲縷紀緒也方言十紀經也國語晉語注紀綱紀也禮記禮運禮義以為紀以日星為紀疏又後漢書鄧禹傳注又文選文賦通塞之紀注○素問六節藏象論所以紀化生之用也注云紀謂綱紀又陰陽類論一陽為紀注云紀所以綱紀形氣言其平也紀總要之名也禮記樂記中和之紀注○管子禁藏得人之心

而為紀注云紀所以總之也執德之謂紀莊子天地紀基也詩終南有紀有堂傳又小爾雅廣言紀者理也國語晉語禮以紀政註又漢書高帝紀集注賈誼傳上集注王莽傳上集注又白虎通三綱六紀有者紀猶綜理也國語周語農協功注紀者治理也穀梁莊廿二年傳紀法也書帝命驗白日顓紀宋注○國語楚語四時以為紀注云紀猶法也紀道也呂覽孟春無亂人之紀注季冬月窮于紀注又淮南時則月窮于紀注通而有紀注發紀數也呂覽孟冬飭喪紀注淮南時則飭喪紀注又紀猶節也呂覽本味火為之紀注紀猶貫因也呂覽孝行而萬事之紀也注紀猶事也禮記文王世子喪紀以服之輕重為序注紀通也淮南原道經紀山川注紀會也禮記月令月窮于紀注紀謂星紀日月五星合聚之處周禮占夢疏○文選思玄賦察二紀五緯之綢繆遹皇舊注又後漢書張衡傳注故云二紀日月也又呂覽季冬注云月遇日相會為紀書晚出允征俶擾天紀傳云紀謂時日也又紀年也後漢書郅惲傳注○國語周語若已國不過十年數之紀也注云數起於一終於十十則更故曰紀十二年曰紀後漢書袁紹傳注○

國語晉語蓄力一紀注云十年歲星一周爲一紀又文選魏都賦維鈐稽紀劉注云一紀十二年紀世也文選幽通賦皇十紀而鴻淛兮注引應劭紀即元也樂叶圖徵以四千五百六十爲紀注六紀者爲三綱之紀者也白虎通三綱六紀。又云六紀者諸父兄弟族人諸舅師長朋友也謂紀錄也文選東京賦成周紀宗存主前注。悖亡詩注引國語賈注。紀猶錄也紀識也廣雅釋詁二紀記也漢書公孫弘卜式兒寬傳集注終軍傳集注叙傳上集注又文選東京賦紀彌蕭然之功薛注。釋名釋言語云紀記也記識之也又史記五帝紀索隱云紀者記也又紀理也統理而帝王書稱紀者言爲後代之綱紀也有紀紀本紀也文選劇秦美新咸稽之於秦紀注。遊天台山賦名標於奇紀注云奇紀即內經山記畏紀即畏荒也周禮大府山澤之賦以待畏紀注。危人共畏紀之庶羞注云畏紀畏事之紀謂處附也又閣胥注云畏紀大畏之事也

邛

邛南郡縣也說文段注南郡邛二志同後志谷本誤作邛水經曰禹貢三澨注沱在南郡邛縣北今湖北襄陽府宜城縣縣北五十里有故邛城

改女字也說文。玉篇云姒改王

妏或書作奴女字也說文

久從後灸之也象人兩脛後有距也周禮曰久諸牆以觀其橈說文段注久灸疊韻火部曰灸灼也灼灸也灸有迫箸之義故以灸釋久士喪禮鬲冪用疏布久之鄭曰久讀爲灸謂以蓋塞鬲口也既夕苞筲甕甒皆木桁久之鄭曰久讀爲灸謂以蓋案塞其口此經二灸字本不必改讀鄭曰久本義訓爲從後歫之以柱中工則凡歫塞皆曰久鄭以久多訓長久故易爲灸以柱兩牆之間其義記灸諸牆以觀其橈之均鄭曰灸猶柱也以推匠字之意爲遲許所偁作久與禮經同字正同許蓋同經義以推造字之意曰遲久字之意以久爲灸義無不合也相引申爲遲久字在本義行而本義廢矣此別一義部亦作距止易傳各本作陕在距三部改三字在此卷依王段又曰詩久字久謂行遲也史記天官書索隱久彌異時也墨子經上久留也孟子可以久則久公孫丑上注爲久稽留而至之辭公羊傳莊八年久滯也文選歸田賦久遊都邑以永久注久固也漢書禮樂志集注引晉灼

久舊也文選答賓戲時暗而久章者注引項岱要不忘平生之言集解引孔注久要舊約也論語憲問久老也莊子至樂黃帝生乎九竅釋文引李注久長也呂覽知賢不能久注漢書禮樂志集注云久猶長也久遠也素問天元紀大論注久而不絕注地爲久周書周祝精神者天之久乾爲久易象上傳何可久也下傳能久中也虞注列子天瑞云久天不久列子天瑞文云久本作有釋道終乎本無始進乎本不久列子天瑞當爲有注

灸灼也說文段注今以艾灼體曰灸是其一端也引申凡柱塞皆曰灸爐人灸諸牆注云灸猶柱也以柱兩牆之間輓而歫之曰灸本末勝負可知也古文灸作久許引周禮久諸牆以觀其橈之注云久當爲灸也久灸文謂以蓋案塞其口案諸久謂以箸相歫塞之意凡附箸相歫曰久用火則曰灸鄭用方言許說造字本意灸藝也廣雅釋詁二火艾燒灼謂之灸焫素問異法方宜論其治宜灸焫注

玖石之次玉黑色者詩曰貽我佩玖說文段注詩丘中有麻傳曰玖石次玉木瓜傳曰玖玉石次玉

者異不應同物異訓蓋木瓜傳本作玉石漢書西域傳于闐國多玉石注曰玉石石之似玉者也楊雄蜀都賦亦言玉石轉寫誤名耳玖音近黝故訓黑色也注玖是佩玉之名有詩丘中麻疏。詩木瓜釋文引字書云玖玉黑色

屺山無艸木也詩曰陟彼屺兮說文。釋名釋山云山無所生曰屺屺圮也無所出也

屺或作岐

切儉喜

多艸木岵無艸木峐爾雅釋山山有艸木曰屺。詩陟岵毛傳與爾雅許說按陟彼屺兮傳疑毛劉相反

杞枸杞也說文段注枸杞枸檵也郭注爾雅云今枸杞也是則枸檵枸杞爲古名枸杞雖見本艸經而爲今名許所云杞枸檵也乃合今古名云杞枸也又云杞即今之枸杞也注又云杞木也爾雅釋杞枸檵我有杞圖生今之枸杞又曰所謂枸杞也集于苞杞四牡傳又杞之山其下多杞注云杞苟杞也月詩集傳又杞枸檵也山海經南山經中山經杞也又易姤釋文引劉注云杞杞檵也小雅四牡集傳釋木杞一名苦杞一名地骨詩四牡陸疏。董按方書枸檵以之名地骨者枸杞一名地骨皮

根名其樹與名杞其樹如檟一名狗骨詩南山有臺釋文引艸木疏萱按狗骨與枸檵劃然異物不。
得同也骨狗同一骨字遂相牽涸也幾與德明乃不詳加辨別
二陸均疏矣今目驗狗骨葉略似冬青葉木白而經人不之實
杞木名也詩將仲子無折我樹杞傳。陸疏云杞柳屬也又易姤以杞包瓜注云杞之為物生於肥地者也又釋文
引馬注云杞大木也又引鄭注云杞柳也杞柳柜柳也孟子告子上性猶杞柳也注釋。易姤虞注云杞柳木名也又
文引薛注云杞柳柔韌木也杞柳蓋楊柳之屬別也可拙曲。萱按杞即梗木也以文選西京賦樗杞薛注。樹
國語楚語若杞梓皮革焉注云杞梓良材也。萱按江南北未聞梗木未知此是何等杞也若枸檵狗骨柜柳皆不足當良材之目
異為杞易姤虞注杞夏餘也左氏襄廿九年傳芑枸檵也禮記表記豐水有芑注。疏引尔雅孫注
云芑則今枸杞。萱按此謂芑為杞之借字也孟子左傳杞梁文選洞簫賦注作芑梁
芑萁有蘋秠。俗白苗句嘉穀也詩曰維糜維芑說文段注管子其稷穋祀字从禾。詩生
民維糜維芑傳又爾雅釋艸芑云芑白苗也又郭注云芑今之白粱粟芑菜也詩采芑傳。陸疏云芑菜似苦

菜也青州謂之芑芑艸也詩文王有聲豐水有芑傳芑枸檵也萱按此段芑為杞
起迟古文能立也說文段注五經文字云从辰巳之巳是字鑑从戊己之己非也起本發步之偁引申之訓為立又引
之為凡始事興作之偁起立也廣雅釋詁四起發也左氏昭廿六年傳王起師子滑注又論語八佾起予
商也皇疏又漢書張騫傳集注管子山權數君請十乘之使注起猶行也禮記孔子閒氣志既起注居起走
也呂覽論威則知所免起危舉注起飛也文選謝玄暉和伏武昌登孫權故城詩注引莊子司馬注起作也
禮記禮運可以義起也疏起興也呂覽直諫邪悉起注百起動也易姤包无魚起凶疏又史記樂書粗屬猶
正義起起猶與也國策秦策起子於其國注樗里起居猶與事動作禮記儒行起居竟信
其志注。家語儒行難危起居註云起居猶動靜也又素聞上古天真論起居有常注云起居者動止之細紀起啟也
啟一舉體也釋名釋言語起若今樞衣前請也禮記曲禮上諸業則起注起猶更
也禮記內則執起孝注起起扶持也國語晉語相起也注世起伏即倚伏也文選顏延年登

巴陵城樓詩代勞起伏注百起謂毛起豎也素問皮部論然起毫毛注泝起謂價高於市
素問五常政大論白起金用注
㠱長居也說文段注居各本作踞俗字也尸部曰居者蹲也長居居謂箕其股而坐許云㠱居者即他書之踞其也王正
篇云㠱即跽字長跪也非許意許於跽下云長跪也與㠱別也集韻㠱古國名衛宋說與杞同藁衛以㠱為杞宋之杞不之可信
跽或作䠙長跽也說文段注長跽各本作長跪今正案係於拜曰跪不係於拜曰跽范雎傳四言秦王跽而後乃云秦
王拜是也長跽乃古語長俗作跽人安坐則形弛敬則小跪聳體若加長焉故曰長跽方言東齊海岱北燕之郊跪謂之跽
聳郭曰今東郡人亦呼長跽為跽釋名跽忌也見所敬不敢自安也徐廣注滑稽春韉鞠跽曰跽其紀反與跽同謂小跪
也廣雅跽發跪拜也此統言之許跪跽析言之跽者長跪兩膝枝地史記范雎蔡澤傳索隱

隱起切

己以隸作用也賈侍中說己意已實也象形也說文段注用者可施行凡己字皆此訓已者

戒也意者志也己意已實謂人意已堅實見諸施行也凡人之意
不實則不見諸施行吾意已堅實則或自行之或用人行之是
以春秋傳曰能左右之曰以謂或大或惟吾指麾也賈與許
無二義云象形者已篆上實下虛己篆上虛下實由虛而實指
事亦象形也一說象己字之上而實其下。易象下傳文王以
之處注又書梓材以厥庶民疏又詩谷風不我屑以箋大東不
以服襄箋戴芟庶禮庶以傳又周禮鄉大夫退而以鄉射之禮
五物詢衆庶注又儀禮士喪禮以清筍注又禮記曾子問有不庶
子祭者以此注又論語為政稱其所以集解引又皇疏子路雍不
我以皇疏繳子不使大臣怨乎不以集解引孔注又皇疏又周
書禹良夫教思陰德注又書中侯黑鳥以雄注又月辭算經下
立二十八宿以周天麻注度之法注又素問經脈別論揆度以為
常也注又左氏成八年傳霸主將德是以注襄十年傳彼則以
之注昭四年傳死生以之注又國語魯語注吳語注又漢書高
帝紀上注集注引文穎杜欽傳集注又有以漢書張衡傳注又管
水地注又老子以正治國注衆人皆有以王注其無以易之王
注又孟子盡心下仁者以其所愛注又荀子王制注富國注注強
國注正名注大略注又呂覽修樂注去尤注審已注審分注知
度注觀表注求人注當賞注務大注又淮南原道注又假真注脩
務注又太平字中無所以也注止然不可以也注又廣雅釋詁

四又小令雅廣詁又楚詞涉江忠必用兮賢不必以注茲云以用也不吕由也漢書劉向傳集注董按此及高帝紀

杜欽傳東方朔傳字作吕與詩何人斯吕極反側同王氏引之經傳釋詞云大戴禮子張問入官篇曰忿數者獄之所由生也

距諫者慮之所以塞也以亦由也以猶爲也○左氏定十年傳封疆社稷是以老子衆人皆有以注云以有爲也注以

爲也玉篇剸也凡經傳言何以若此者皆謂何爲若此也經傳釋詞云詩瞻卬天何以刺言天何爲以猶謂也

王尚書經傳釋詞云以猶謂也禮記檀弓曰昔者吾有斯子也吾以將爲賢人也言吾謂將爲賢人也齊策曰臣之妻私臣

妾畏臣臣之客欲有求於臣皆以美於徐公言皆謂臣美於徐公也以猶使也國策秦策向欲以齊事王注以使也

射禮疏云以謂使前人之俳以者何行其意也公羊桓十四年傳凡師能左右之曰以

以左氏僖廿六年傳春秋之義能東西之曰以詩箋○國語魯語魯人以莒人先濟注同

字下六以者自己於彼之辭詩旄丘疏以者不以者也穀梁桓十四年傳僖廿二年傳

昭五年傳昭廿一年傳昭廿二年傳○桓十四年注云不以者謂本非所得制令得以之以予也廣雅釋詁三

以猶與也詩江有汜不我以箋擊鼓不我以歸箋桑柔不胥以穀箋又儀禮鄉射禮主人以賓揖注各以其耦進注以

大射儀揖以耦左還注○經傳釋詞云廣雅曰以與也禮記檀弓曰吾未嘗以就公室注曰未嘗與到公室觀其行也郊特牲

賓入大門而奏肆夏示易以敬也言示易與敬也襄廿年左傳曰賦常棣之七章以卒言賦七章與卒章也廿九年曰樂氏其

之也詩江有汜云不我以不我與往上曰何其處也必有與也

何其久也必有以也以亦與也古人自有複語耳皆子形勢曰不可與

慮化舉始而可以樂成功皆用與以互文以及也易傳釋詞云以猶及也易小畜富以其鄰廣注○泰初九王氏經拔足以猶

茅茹以彙彙言及其彙也否初六同剝初六同剝牀以足六二剝牀以辨言六四剝牀以膚言及足及辨及膚也注以

而也不經傳釋詞云以猶而也易疾而速不行而至也禮記樂記曰治世之音安以樂

不如死之速朽之愈也以忠恕以思以哀以思亦以蘩音晉語曰以鄭而同亂患以言有謀以懷怨而用之如子贛以爲

明以健中正而應乾象曰以柔以而德方以知禮記文忠貞以德又易彖傳以文明

聘儀溫潤而澤仁也縝密以栗知也昭十一年左傳有馀以喪其國紂克東夷而隕其身以亦而也互文耳

也老子以正治國注以爲者設事辭而言之公羊莊廿四年傳爲難遇紀侯之殯注以以謂

開民令時儺賔也詩載芟箋以侯彊以已吕也

苢 荣苢一名馬舄其實如李令人宜子周書說苢作苯苢說文段注其實如李

徐鍇謂其子亦似李但徐鍇所引李作苡其實李似但小耳案韻會所引李作似其實不如馬鍇謂未知其何據也所以康民以桴苡以將其實者王會篇曰康民以桴苡桴苡者其實如李

謂治婦人產難也周書王會篇之貢獻古者殊方之貢獻

必知中國所無而後則苯苢無二

苢 曰車前瞿曰苯苢詩苯苢釋文引韓詩

有不宜有也春秋傳曰日月有食之說文段注本是不宜有而有之之辭衍字

之傳凡春秋書有者皆有字之本義也日不當有而有食之也月有食之故字从月公羊傳注曰不言月食

之者孰食之月食之不言月食之者其形不可得而觀也

也食之者故言日有食之注有者非所有也爾雅釋月令章注引蔡邕

一無曰有○穀梁莊廿八年傳昭十七年傳昭廿五年傳管子員不無有三分注云不無有即有也有猶保

也禮記哀公問注不有猶專也禮記坊記父母在不敢有其身注有猶往也淮南

物莫不生於有也注有猶富也列子說符注執著爲有漢書西有藏之

也詩芣苢傳言有藏之之傳○有取也廣雅釋詁一有所也廣雅釋詁三有所

謂有地也左氏昭廿一年傳有土地貨財也荀子王霸注不有大

有衆也易大有卦傳○象上傳注大有豐富之世也易大有注○其

有傳云歲有豐年也其九有九州也詩文選烈祖注引薛君章句傳又撫有其地謂

之九有荀子解蔽此其所以有九國語魯語有共工氏有識

有也詩蓼莪箋亦莫我有所傷痛○隨小事小雅有所爲也廣訓有相親有左氏昭廿年傳是不

也有注寡君有又也詩終風不日有曀箋又有做箋又文王有儀禮殷士自天箋既見禮辭

子有㝵注又管子宙合宙合有臺天地注○王尚書伯申經傳釋詞云有猶又也孟子梁惠王上貽有甚焉言猶又甚也縢文公上聖人有憂之言聖人又憂之也文字承上文憂洪水而言有又古同聲故又通作有有亦通作又詩臣工亦又何求言亦有何求也儀禮鄉射禮記唯君有射於國中古文有作作又石鼓文潙又小魚詛楚文又秦詞王並以又爲有

有猶爲也王氏經傳釋詞云家大人曰有猶爲也孟子滕文公篇云人之有道也飽食煖衣逸居而無教則近於禽獸言人之爲道如此也若言民之爲道也有恒產者有恒心無恒產者無恒心矣爲有一聲之轉故爲可訓爲有有亦可訓爲

有猶或也經傳釋詞云有猶或也易姤有隕自天言或隕自天也書盤庚乃有不吉不迪乃有乃或也多士朕不敢有後孟子引書天下曷敢有越厥志敢有教或也詩載馳曰大夫君子無我有尤言無我或尤

有狀物之詞也經傳釋詞云有狀物之詞也若詩桃天有蕡其實是也他皆倣此

有語助也經傳釋詞云有語助也一字不成詞則加有字以配之若虞夏殷周皆國名而曰有虞有夏有殷有周是也推之他類亦多有此故邦曰有邦家曰有家室曰有室廟曰有廟居曰有居方曰有方頁曰有夏濟曰有濟北曰有北界曰有界帝曰有帝王曰有王

司曰有司正曰有正憭曰有僚民曰有民罘曰有眾曰有罘幼有昀政曰有政事曰有事功曰有功比曰有比梅曰有梅的曰有的三宅曰三有宅三俊曰三有俊三事曰三有事說經者未聞屬詞之例往往訓爲有無之有失之矣

盍

盍或**小甌也**說文段注歐小盆也廣韻盍杅水器也

友

𦥑古文**𦣻**古文**同志爲友**說文又詩關雎琴瑟友之箋又禮記坊記則勿友也又儀禮士冠禮疏士喪禮疏論語學而無友不如已者皇疏斐詞習隸鹿鳴求其友注**同志曰友**易兌君子以朋友講習疏又周禮大司徒五曰聯朋友注又論語學與朋友交鄭注又皇疏又白虎通三綱六紀引禮記○公羊定四年傳朋友相衛注又同門曰朋同志曰友

友者同志之名詩伐木序燕朋友故舊也疏既醉箋朋友謂羣臣同志好者也疏又公羊哀十四年傳注德合者相友疏**智可以砥行可以爲輔弼者人友也**韓外傳五**有知焉謂之友**大戴記曾子制言上**兄爲友**易損則得其友虞注象下傳君子以朋友講習虞注**友有也相保有也**釋名釋言語○白虎通三綱六紀云友者有也又荀子大略云友者所以相有也又注云友與有同義○萱挴盬鐵論殊

路引春秋傳季友作季有**友親也**廣雅釋詁三又後漢書史弼傳注○詩關雎疏云友者親之如友**友愛也**漢書王莽傳下集注**友順也**書洪範彊弗友剛克晚出傳**善於兄弟爲**或作曰**友**爾雅釋訓又詩六月張仲孝友傳皇矣因心則友傳又周禮大司徒孝友睦姻任恤注多於中和祗庸孝友注又儀禮士冠禮孝友時格注又禮記內則不友注又論語爲政友于兄弟皇疏又漢書王莽傳下集注又後漢書班彪傳下注○賈子道術云敬兄愛弟謂之友**兩壻相謂曰亞又曰友壻言相親友也**釋名釋親屬**友謂同井相合耦耡作者**周禮大宰八曰友以任得民注**獸三曰羣二曰友**詩吉日或羣或友傳

巳

兩讀注在後

攺

毅改逗**大剛卯呂逐鬼魅也**說文

矣

語巳詞也說文段注巳矣巳疊韻巳止也其意止其言曰矣是爲意內言外論語或單言矣或言巳矣如學而子張篇皆云可謂好學也巳矣公冶長篇不可得而聞也巳矣巳矣乎吾未見能見其過而內自訟者也俗本句末刪矣者非淮南書說矣與

也二字不同○王伯申經傳釋詞云矣語已詞也亦有在中者若書牧誓邁矣西土之人詩雄雉展矣君子之屬是也○王又云矣在句末有爲起下之詞者若詩漢廣曰漢之廣矣不可泳思江之永矣不可方思矣字皆起下之詞斯干曰如竹苞矣如松茂矣兄及弟矣式相好矣無相猶矣第三矣字爲起下之詞角弓曰爾之遠矣民胥然矣爾之教矣民胥傚矣第一第三矣字爲起下之詞他皆放此**矣止也**廣雅釋詁三**矣猶乎也**經傳釋詞云矣猶乎也易師象傳言又何答矣无妄象傳无妄之往何之矣詩中谷有蓷何嗟及矣六月屬雜在矣正月令茲之正胡然厲矣禮記文王世子女何夢矣隱十一年左傳邾而詛之將何益矣論語季氏則將爲用彼相矣是也**矣猶也也**經傳釋詞云矣猶也也詩車攻允矣君子禮記緇衣引作允也君子長發曰允也天子論語里仁其爲仁矣即其爲仁也也矣一聲之轉故也可訓爲矣矣亦可訓爲也**矣猶耳也**經傳釋詞云矣猶耳也趙策曰則連有赴東海而死矣吾不忍爲之民也燕策曰齊者故寡人之所砍伐也直患國難力不足矣矣字並興耳同義○萱桉史記魯仲連傳云則連有蹈東海而死耳已以耳易矣

向起切

喜

歖古文**樂也**說文又介雅釋詁又詩彤弓中心喜之傳菁菁者莪我心則喜傳**喜所以和樂也**素問

陰陽應象大論在志爲喜注五運行大論注云喜悅樂也。喜悅也荀子賦嫫母力父是之喜也注又鬼谷子摩喜好也史記扁鵲倉公傳閒中庶子喜方者索隱滑稽傳齊威王之時喜隱索隱又漢書郊祀志上集注田叔傳集注酈食其傳集注竇嬰傳集注田蚡傳集注昌邑哀王髆傳集注王褒傳集注睢陽憲王欽傳集注。易蹇內喜之也釋文云喜猶好也又後漢書廣陵思王荊傳注云喜事猶好事也喜愛也史記扁鵲倉公傳索隱喜謂愛好也漢書黃霸傳喜爲吏注。游俠陳遵傳遵大喜之注云喜好愛也喜者外竟會心之謂也禮記檀弓下人喜則斯陶疏肺虛而心精并之則爲喜素問宣明五氣篇精氣并於心則喜注喜者陽氣淮南原道大喜墜陽注喜氣爲暖而當春春秋繁露陽尊陰卑喜春之荅也春秋繁露爲人者天喜者宣散而無要也鬼谷子權震爲喜笑易彖下傳民說无疆虞注喜猶福也國語魯語固慶其福而弔其憂注咽口銜士爲喜。古微書引春秋元命苞萱按此蓋說字形也凡釋書說字形多不合六書之恉古亦叚憙爲喜劉寬碑陰云河東聞憙韓仁銘云聞憙長是也又詩七月甫田大田皆云

田畯至喜據箋則叚喜爲饎也又文選劇秦美新云麻鍇咸喜叚喜爲熙也

里亮喜切

尻也說文段注周禮載師廛里鄭云廛里者若今云邑居矣里居也縣師郊里鄭云郊里郊所居也遺人鄉里鄭云鄉里鄉所居也毛詩亦借里爲悝悝病也。廣雅釋詁二云里尻也里居也詩將仲子無踰我里傳十月之交箋又周禮載師注量人注又禮記郊特牲單出里疏又小爾雅廣言又孟子公孫丑上廛無夫里之布注里仁爲美注離婁下然後收其田里注又文選西京賦秦里其朔薛注蜀都賦河洛爲王者之里劉注。詩將仲子疏云里者人所居之名又論語里仁鄭注里者民之所居也里居宅之地禮記禮運以立田里疏。文選思玄賦匪仁里其焉宅兮舊注又後漢書張衡傳注竝云里宅皆居也里居處也莊子則陽靈公奪而里之釋文。文選幽通賦里上仁之所廬曹注云里廬皆居處名也里者止也御覽百五十七引風俗通里邑也爾雅釋言又詩韓奕于蹶之里傳。公羊宣十五年傳什一行而頌聲作矣注又漢書食貨志上竝云在邑曰里又爾雅李注云里居之邑也里閭也呂覽懷寵以里聽者祿之以里注里廛也國語晉語賦里以入注。家語正論注云里廛里里卽坊也後漢書楊震傳注里猶

鄰也論語里仁釋文五鄰爲里周禮遂人又禮記問喪注又論語雍也以與爾鄰里鄉黨乎集解引鄭注衛靈雖州里行乎哉鄭注又莊子則陽何謂丘里之言釋文引李注又淮南時則注。釋名釋州國云五鄰爲里居方一里之中也二十五家爲里詩將仲子傳又禮記郊特牲注三朋爲里禮記禮器正義引書大傳又廣雅釋地。華嚴經音義引書大傳云三閭爲里又古微書引論語撰考文云古者七十二家爲里又公羊傳宣十五年注云一里八十戶又管子度地云百戶爲里里一尹又國語齊語云十軌爲里又鶡冠子王鈇云五家爲伍十伍爲里。萱按說各乖異國自爲政不守舊章也遂人五家爲鄰五家爲里乃定說古者三百步爲里穀梁宣十五傳又公羊傳定十二年疏又家語王言。韓外傳四云廣三百步長三百步爲一里鄰里酇鄙縣遂猶郊內比閭族黨州鄉也周禮遂人注。地官序官遂大夫注云縣鄙酇里鄰遂之屬別也不滿術者謂之里管子度地里謂計其道里也穆天子傳乃里西土之數注里蠻之別號後漢書南蠻西南夷傳注里裏也素問刺腰痛篇內里之脉注里病也里憂也詩雲漢云如何里傳及箋。萱按經本作瘇箋

本作悝而者借作里也悝瘇同字又十月之交悠悠我里釋文云本作瘇今爾雅釋詁注作悠悠我悝

理

治玉也說文段注戰國策鄭人謂玉之未理者爲璞是理爲剖析也玉雖至堅而治之得其鰓理以成器不難謂之理凡天下一事一物必推其情至於無憾而後卽安是之謂天理是之謂善治此引伸之義也戴先生孟子字義疏證曰理者察之而幾微必區以別之名也是故謂之分理在物之質曰肌理曰腠理曰文理得其分則有條而不紊謂之條理鄭注樂記曰理者分也許叔重曰知分理之可相別異也古人之言天理何謂也曰理也者情之不爽失也未有情不得而理得者也天理云者言乎自然之分理也自然之分理以我之情人之情而無不得其平是也理治也廣雅釋詁三又國策秦策不可勝理注又呂覽勸學則天下理焉注又淮南原道夫能理三苗注理正也左氏成二年傳先王疆理天下注又後漢書馮衍傳下注史弼傳注理分也禮記樂記樂者通倫理者也注。離騷吾令蹇脩以爲理分注云理分理也又詩信南山我疆我理傳云理分地理也別交正分之謂理管子君臣上。韓非子解老云凡理者方圓短長麤靡堅脆之分也又云短長大小方圓堅脆輕重白黑之謂理理離狀也賈子道德說理法也漢書武帝紀集注親用之謂理

大戴記禮三本文荀子禮論理者所以紀名也鶡冠子泰錄理也者是非之宗也
呂覽離謂理者成物之文也韓非子解老○禮記禮器云義理禮之文也又樂記理發諸外注云理容見之
進止也又文選舞賦今容乃理注云理謂裝飾也理文理也荀子正名形體色理以目異注○而禮義文理七爲
注云文理謂節文條理也理肌膚之文理荀子解蔽則足以見鬚眉而察理矣注○素問舉痛論寒則腠理閉
注云理謂文理逢會之中理有條理也荀子儒效井井兮其有理也注王制理道之遠近而致貢注正名道也者
治之經理也注少有理道也廣雅釋詁三又漢書司馬相如傳下集注引張揖又呂覽長攻不脩遵理注慎行則可與
言理矣又淮南原道是故一之理注本經專怒剛暴不離其理注主者而理無不通注說林不如脩其理者其當注脩務殊體
而合于理注記論家之所以亡者理塞也注○文選王元長曲水詩序設神理以景俗注云神理猶神道也理謂道
理也禮記仲尼燕居禮也者理也疏有謂又呂覽察傳必驗之以理注又文選報任少卿書其次不辱理色注理篇
道之精微荀子正名志輕理而不重物者無之有也注理謂不失其道荀子仲尼福事至則和而

理注理者得道之理孟子告子上心之所同然者何也謂理也義也注○戴先生東原孟子字義疏證云凡事
至而心應之其斷於心輒曰理如是古聖賢未嘗以為理也不惟古聖賢未嘗以為理昔之人異於今之人一啟口而曰理其
亦不以為理也昔人知在己之意見不可以理名而今人輕言之夫以為如有物焉得於天而具於心未有不以意見當之也
今使人任其意見則謬使人自求其情則得子曰其恕乎己所不欲勿施於人大學言所惡於上毋以使下曰所欲曰所惡不
過人之常情不言理而理盡於此惟以情絜情故其於事也非心出一意見以處之苟舍情求理其所謂理無非意見也未有
任其意見而不禍斯民者○戴又云凡人行一事有當於理義其心氣必暢然自得悖於理義其心氣必沮喪自失以此見心
之於理義一同乎血氣之於嗜欲皆性使然耳耳目口鼻之官臣道也心之官君道也臣效其能而君正其可否理義非他可
否之而當是謂理義然又非心出一意以可否之也若心出一意以可否之何異強制之乎是故就事物而言非事物之外別有
義理也有物必有則以其則正其物如是而已矣就人心言非別有理以予之而具於心也心之神明於事物咸足以知其不
易之則譬有光皆能照而中理者乃其光盛其照不謬也人之血氣心知本乎陰陽五行者性也如血氣資飲食以養其化也

即為我之血氣非復所飲食之物矣心知之資於學問其自得之也亦然以血氣言昔者弱而今者強是血氣之得其養也以
心知言昔者狹小而今也廣大昔者闇昧而今也明察是心知之得其養也故曰雖愚必明人之血氣心知其天定者往往不齊
得養不得養遂至大異苟知問學猶飲食則貴其化不貴其不化記問之學入而不化者也自得之則居之安資之深取之左
右逢其原我之心知極而至乎聖人之神明矣神明者猶然心也非心自心而所得者藏於中之謂也心自心而所得者藏於
中以之言學尚為物而不化之學況以之言性乎○焦氏循孟子正義云易說卦傳云和順於道德而理於義窮理盡性以至
於命孔子言道德性命指出理字此孟子所本也道者行也凡路之可通者為道則凡事之可通行者為道得乎道為德對夫
道而書也道有理也理有義也理者分也義者宜也其不可通行者非道矣可行矣乃道之達於四方者各有分焉即各有宜
焉趨燕者行乎南趨齊者行乎西行焉而弗宜矣弗宜即為失道趨燕者雖行乎北而或違乎趨趨齊者雖行乎東而或止乎
魯行焉而仍弗宜矣弗宜則非義即非理故道之分有理理之得有義理於義若分而得於義也惟分故有宜有不宜理分於道
即命分於道故窮理盡性以至於命孟子以理義明性即孔子以理與義明道也趙氏以得道之理明之得道之理即和順於

道德而理於義也後儒言理或不得乎孔孟之指故戴氏詳為闡說是也說者或血理而斥言之則亦芒乎未聞道矣○萱按
後儒誤解理字其甚巨其禍斯民甚烈故戴氏作孟子字義疏證以拯之噫哉言乎儒術之砥柱矣略摘數則載於斯編好學
者當觀其全也理通也淮南時則理闕市注理達也淮南時則生氣乃理注理順也廣雅釋詁一
理謂合宜荀子禮論注理義也禮記喪服四制又四制知者可以觀其理焉注又呂覽懷寵必中理然後
說注士節當理不避其難注○荀子賦夫是之謂箴理注理義理也又管子心術云理也者明分以諭義之意也注云理
忠恕周書諡法剛彊理直曰武注理謂言行也禮記祭義理發乎外注有謂又史記樂書理發乎外集解
引孫炎理猶事也禮記樂記禮也者理之不可易者也注○淮南注言唯能勝理注云理事理情欲也理猶
性也禮記樂記天理滅矣注理士官也國語晉語生子輿為理注理獄官也史記循吏傳晉文公
之理也正義又管子小匡弦子旗為理注又呂覽孟秋命理瞻傷察創注大理治獄官呂覽勿躬請置以為大理
注○禮記月令命理瞻傷注云理治獄官也有虞氏曰士夏曰大理周曰大司寇理吏也國語周語行理以節逆之

注理媒也廣雅釋言坤為理易文言傳君子黃中通理虞注。繫辭上傳俯以察於地理疏云地有山川原隰各有條理故稱理也西方為理淮南天文理實脈理閉結也呂覽重己燀熱則理實注理裏也萓按此破理為裏字也理賴也孟子盡心下注。萓按此段理為俚也。

俚賴也說文段注方言俚聊也語之轉字之段借耳漢書曰其畫無俚之至無俚即今所謂無賴亦語之轉古段理為之孟子稽大大理於口趙注理賴也大不賴人之口。廣雅釋言又漢書季布欒布田叔傳贊集注引蘇林並云俚賴也俚聊也方言三又廣雅釋言俚鄙也漢書司馬遷傳集注引劉德又文選魏都賦非鄙俚之言所能具劉注國之下邑曰俚一切經音義廿三引蒼頡

裏裏衣內也說文段注引申為凡在內之偁裏腹膺之內也素問至真要大論裏急暴痛注經脈為裏素問調經論無中其大經注引鍼經裏指為母也詩小弁不罹于裏疏理裏也素問陰陽類論冬三月之病在理注。萓按此謂理而裏之借字也二字互相段借荀子解蔽制割大理而宇宙裏矣注云裏當為理

鄍俗有。俚南陽西鄂亭說文段注南陽郡西鄂二志同今河南南陽府北五十里故西鄂城是也鄍者漢時亭名國之下邑曰鄍一切經音義廿五引蒼頡。萓按玄應書四引此語一作俚一作鄍音疑為俚亭名玉篇

鯉鱣也說文段注此見釋魚毛傳於鱣云鯉於鯉不云鱣者鯉者俗通行之語不待注也舍人鯉一名鱣毛云鱣鯉也尒雅古說如此自陸璣說鱣身形似龍銳頭口在頷下背上腹上皆有甲縱廣四五尺今於孟津東石磧上釣取之大者千餘斤而郭注乃分鯉鱣為二云鱣魚似鱓而短鼻口在頷下體有邪形甲無鱗肉黃大者長二三丈此即今江中及關東之黃魚也如其言則鱣純非鯉也周頌有鱣有鮪鯀鮪鯉鯉鱣鯉鼓言似非一物而箋云鱣大鯉也然則凡鯉曰鯉大鯉曰鱣猶小鮪曰鮥大鮪曰鮪謂鱣無鯉鮥與鮪不必同形而要各為類也許意當亦如是案他家說鱣鮪同類而有短鼻長鼻同黃而白之分爾雅毛鄭許則短鼻長鼻肉黃肉白者鯇以鮪鮥包之而惟三十六鱗之魚謂之鯉亦謂之鱣古人多云鱣鮪出鞏穴渡龍門為龍今俗語云鯉魚跳龍門蓋牽合為一兼一曰矣鯉今赤鯉魚爾雅釋魚注

李杍古文李果也說文段注古李理同音通用故行李與行理並見大李與大理不分尚書音義曰梓材音子本亦作杍馬云古作梓字治木器曰梓正義曰此古杍字今文作梓喜正義本經作杍音義本經作梓據二家說蓋壁中古文作杍而馬季長易為梓匠之梓也如馬說是壁中文段借杍為梓匠字也李嶧也廣雅釋詁四。萓按鄭萓按頌行理咨嗟此李理通用也若左傳晉里克呂覽先己注作李克又史記魏世家李克韓外傳作里克此則音同互譌也

李獄官也李理同管子大匡國子為李注五行后土辨乎北方故使為李注。漢書胡建傳注引蘇林云李獄官名也又管子法法皋陶為李注云古治獄之官作此李字李者法官之號也漢書胡建傳黃帝李法曰注。史記天官書左角李索隱云李即理法官也李者徵漢書王莽傳下李耳虎也廣雅釋獸。方言八云虎陳魏宋楚之間或謂之李父江淮南楚之間謂之李耳又御覽八百九十一引又風俗通亦云呼虎為李耳

止軫起切或作趾下基也象艸木出有阯故以止為足說文段注止下基也與丌同部同義止象艸木生有阯屮象艸木初生形出象艸過屮枝莖益大出象艸木益滋上出達也以止為足此引申段借之法凡以韋為皮韋

以朋為朋黨以來為行來之來以西為東西之西以子為人之偁皆是也以止為人足之偁與以子為人之偁正同許書無趾字止即趾也詩禮注云古文止為趾許同鄭从今文故不錄趾字如从今文名不錄古文銘字止處也孟子公孫丑上可以止則止注止猶自處也禮記大學在止於至善注止猶居也詩玄鳥維民所止箋止猶還也國策齊策孟嘗君乃止注止所止息也詩相鼠人而無止傳。家語鄉政注此息也又荀子正論注云止謂息其說也止謂飛行所止託也詩緜蠻止于丘阿箋止至也詩抑淑慎爾止傳泮水箋戾戾止傳又史記越世家事有所止正義引鄭玄止休也呂覽下賢亦可以止矣注止亦定也爾雅釋詁尼定也注止平穩不動也禮記閒傳大功兒若疏。萓按注云止謂不動於喜樂之事止不行大玄玄衝。晚出書大甲欽厥止傳云止謂行所安止止待也爾雅釋詁。注云止亦相待止立俟時事也禮記檀弓上吉事雖止不怠注。墨子經上云止以久也止畱也國語鄭語與止之注又呂覽當桀思公止之注。漢書五行志下之上夏帝卜殺之去之止之注云止謂拘畱也止制也楚詞靈懷暮去次而敢止注。荀子不苟法云止謂不放

縱也止禁也國策齊策網不能止注又呂覽仲春止獄訟注貴生害於生則止注又淮南時則止獄訟注○呂覽知士注云止禁止也止逼也廣雅釋詁二止滅也廣雅釋詁四止獲也左氏莊九年傳是以皆止注傳十五年傳將止之注又國語會語掎止晏萊馬注晉語遂止於秦注將止不而責注君之止注內諱執言止左氏傳十七年傳齊人以為討而止公注○哀十二年傳故將止之注云止執止猶去也淮南說山念慮注止止猶殺也周禮倉人若殺不足則止餘灋用注止除也呂覽制樂疾乃止注止愈也呂覽愛士病則止注止已也素問舉痛論得炅則痛立止注又文選東京賦神具醉子薛注止欲驚太玄系鄭止容止也詩相鼠人而無止抑淑慎爾止箋○周書大戒膚止生鄭注云止容也○董按齋高止字子容見左傳襄廿九年注止節也詩相鼠釋文引韓詩止禮也詩小旻國雖靡止箋又廣雅釋言又漢書紀傳上集注引應劭又荀子不苟注大略注又文選思玄賦娩余身而相止兮舊注趾禮也文選幽通賦姜本支乎三趾注董按趾訓禮者君子非禮勿履也書曰安汝止禮曰人有禮則安無禮則危注止足也儀禮士昏禮北止注又山海經海內經韓流擢止注又漢書禮

樂志哀五止注劉法志當新產止注五行志中之上喜止高注又太元增木以止漸增注趾足也爾雅釋言又易噬嗑屨校滅趾虞注[illegible]趾虞注又詩麟之趾傳又禮記曲禮上請祗何趾疏曲禮下雉曰疏趾疏內則春席請何趾釋文又左氏桓十三年傳舉趾高注昭七年傳又穀梁哀十四年傳疏又國語吳語天王親趨玉趾注又呂覽簡選利趾者三千人注○易賁賁其趾王注云趾在下故稱趾又御覽百四十六引易易鄭注云趾足也無事曰趾陳設曰足又禮記王制雕題交趾足相鄉然又左氏宣十一年傳略基趾注云趾城足艮為止易屯乘馬班如虞注旡妄或繫之牛虞注坎險且枕虞注坎不盈虞注眄瞍為匄遝虞注艮艮其輔虞注不拯其隨虞注豐日中見斗虞注象下傳見險而能止虞注止而孕虞注象下傳止諸稱也虞注用過乎險虞注○蠱不事王侯虞注云體艮為止又賁文明以止虞注象上傳能止健正大也虞注並云止艮也震為趾易夬壯于前趾虞注艮艮其趾虞注○大壯壯于趾虞注云震足為趾趾止也言一進一止也釋名釋形體○董按訓詁即用本字漢人原有此例然按之劉成國之意似不謂止趾為一字首趾猶始終莊子天地凡有首趾無心無耳者衆玄趾山名也楚辭天問黑水玄趾注○董按西京賦黑水玄趾字从自通借

字也交趾武作交阯亦擊柷之椎名為止爾雅釋樂所以鼓柷謂之止李注○書皋陶謨合止柷敔鄭注云所以止鼓謂之止止衕治洞下也山海經北山經梁渠之山有鳥焉名曰巢可以止衕注止辭也詩艸蟲亦既見止亦既觀止傳抑告爾舊止箋又禮記大學於緝熙敬止疏又左氏昭廿年傳民亦勞止疏○詩車舝高山仰止禮記表記高山仰止兩釋文竝云止作之董按止之通用之亦語辭也本止語助也史記扁鵲倉公傳不可曲止索隱又漢書元帝紀民亦勞止注

阯

址或基也說文段注止下曰下基也阯與止音義皆同艸木之基也趾者城阜之基也左傳略基址止者阯足也謂基也太玄大豐嵇峭阯注阯者山之基足漢書郊祀志上禪泰山下阯注水出其前曰阯丘阯基阯也言所出然釋名釋丘小渚曰阯文選西京賦黑水玄阯薛注○董按賦用天問赤水玄趾趾阯得通用也薛用爾雅小渚曰沚沚阯不得通用也且與賦意齟齬

沚

小渚曰沚詩曰于沼于沚說文段注召南傳曰沚渚也此渾言之秦風傳爾雅釋水曰小渚曰沚此

析言之也○詩谷風湜湜其沚箋蒹葭宛在水中沚傳亦云小渚曰沚又左氏隱三年傳澗溪沼沚之毛注云沚小渚也又釋名釋水云小渚曰沚沚止也小可以止息其上也洔小渚也穆天子傳一以飲於枝洔之中注又文選海賦爾其枝峙潭淪涯○爾雅釋水釋文沚本作洔小陼曰沚尒雅釋水○董按段渚猶之段洔為沚也陼為沚者水渚也太玄玄數九地三為沚崖注○詩關雎疏云沚渚大小異名耳○文選潘安仁河陽縣詩注引韓詩章句云大渚曰沚董按韓與諸家說相反何耶疑本作大渚曰沚轉寫者倒耳京沚者即高洲也楚辭陶望海低佪兮京沚注水出其右曰沚丘沚止也西方義氣有所制止也釋名釋丘沚質也廣雅釋詁三

畤

天地五帝所基止祭地也右扶風雝有五畤好畤鄜畤皆黃帝畤築或云秦文公立說文段注止下基也以基釋畤以疊韻為訓也所基止祭地謂祭天地五帝者立基止於此而祭之之地也時不見於經泰人因周制兆五帝於四加依附為之坻字音韻遂襲時字耳考封禪書秦襄公居西垂

作西時祠白帝其後文公都汧作鄜時郊祭白帝其後德公居雍宣公作密時於渭南祭青帝靈公作吳陽上時祭黃帝作下時祭炎帝獻公作畦時櫟陽祀白帝漢高祖立黑帝祠命曰北時業密上下三時及鄜時及北時謂之雍五時祭青黃赤白黑五帝之地也先言天地者泰時謂五帝即天地故曰唯雍四時上帝為等慕之郊見即祭時也地理志右扶風雍下曰有五時業雍祇有四時密時吳陽上時下時北時也史記雍五時漢志右扶風有五時益廣鄜縣之鄜時祀白帝而言鄜雖屬左馮翊而馮翊扶風故皆內史地故得紀備之史記於高祖未立北時前曰雍四時益亦謂密上下鄜四時是以四時上親郊見西西時時時上不親往別白言之也封禪書曰自未作鄜時也而雍穿故有吳陽武時雍東有好時自古以雍州積高神明之隩故雍立時郊上帝蓋黃帝時常用事雖晚周亦郊焉其語不經見縉紳者不道業史公作吳陽武時而許作鄜時與史漢不合傳聞之異也或云云云秦文公立鄜時火漢皆云介而樂為疑辭且若好時亦文公立者皆傳聞之異也**時神靈之所止也**漢書高帝紀上戰好時注引孟康。後漢書章帝紀注云時神靈之居止者入馮衍傳下注云時者止也神靈之所止也**時埒也**史記封禪書索隱引三蒼

徵 嶶古文。一部上六部平兩讀義異 **徵謂之迭**爾雅釋樂 **徵者祉也事也**爾雅釋樂劉注。漢書律麻志上云徵祉也又風俗通聲音引劉歆鐘律書云徵者祉也物盛大而繁止也 **徵為事**禮記樂記又漢書律麻志上。禮記玉藻右徵角左宮羽注云徵角在右事也民也可以勞 **徵止也陽度極也**白虎通五行。禮樂云徵者止也陽氣止 **徵為禮**漢書律麻志上 **徵火也**漢書王莽傳下又淮南天文注時則注。左傳昭廿年疏云火為徵 **徵南方火**淮南說山必先徵羽樂風注。呂覽孟夏其音徵注云徵者火也其位屬於南方也 **徵火音屬夏**列子湯問及冬而叩徵弦以激蕤賓注。禮記樂記疏引崔氏云徵屬于夏 **徵火聲也**素問金匱真言論注 **徵謂大音和而美也**素問陰陽應象大論注 **林鐘為徵**淮南天文

數 **剌也**說文段注剌七亦切。萱按數與觜異部而音義大同觜見十五部

垒 **胏食所遺也易曰噬乾垒**說文段注馬融陸績皆曰肉有骨謂之胏說文字林作垒訓為食所遺益孟本孟說與胏益訓纂篇中字如此作爲鄭易同楊鄭云胏箸也益謂胏為第之段倩其說未聞。易噬嗑釋文引字林

云垒含食所遺也一曰脯也 **胏脯也**廣雅釋器。易噬嗑釋文云胏子夏傳作脯

滓 **澱也**說文段注釋名曰緇滓也泥之黑者曰滓此色然也廣雅曰澱謂之滓案古亦段滓爲緇

齒麗起切 **𠚕**古文 **口齗骨也象口齒之形**說文段注鄭注周禮曰人生齒而體備男八月而生齒女七月而生齒 **齒為骨餘**素問上古天眞論髮墮齒槁注 **齒即牙也**周禮冥氏則獻其皮革齒須備疏。內用凡四方之幣獻之全玉齒革疏云齒謂若象牙之類又荀子王制南海則有羽翮齒革曾青丹干高注云齒象齒 **齒季也**廣雅釋詁一 **齒年也**禮記坊記民猶犯齒注又左氏文元年傳君之齒未也注又論語憲問沒齒無怨言集解引孔注又皇疏又國語吳語夫危事不齒注又後漢書崔駰傳注清河孝王慶傳注。禮記中庸所以序齒也注云齒亦年也又文選王文憲集序至若齒危髮秀之老注云齒危謂高年也 **齒年壽也**國語晉語非義不盡齒注 **齒人壽之數也**禮記文王世子古者謂年齡齒亦齡也注 **齒數也**華嚴經音義上引莊子司馬注。禮記曲禮上齒路馬有誅注云齒年數也又漢書賈誼傳禮不敢齒君之路馬注云齒謂審其齒歲也 **齒猶錄也**禮記王制身不齒注終 **齒**

列也左氏十一年傳不敢與諸任齒注又呂覽直諫不殺免衣襪褓而齒於諸侯注 **齒始少長之別始乎此也以齒食多者長也食少者幼也**釋名釋形體 **齒者謂以年齒立若坐也**禮記祭義壹命齒于鄉里注 **不齒者特為位不在父兄行列中**禮記文王世子雖有三命注。萱按貴之賤之皆可言不齒美惡不嫌同名 **不齒者不與相長稚**詩蝃蝀序國人不齒也箋。周禮大司寇不齒三年注云不齒者不得以年次列於平民 **齒類也**管子弟子職同嗛以齒注 **齒謂當之也**漢書枚乘傳注 **齒猶齺也**文選上書重諫吳王齒內之齒利劍注 **瓊四面為眼亦名為齒**列子說符釋文引古博經

祉 **福也**說文又爾雅釋詁又易泰以祉元吉虞注否嚌離祉九家注又詩六月既多受祉傳巧言君子如祉傳皇矣既受帝祉箋江漢用錫爾祉釋文又左傳宣十七年注又國語周語謂其能以嘉祉殷富生物也注又漢書楊雄傳上集注又後漢書章帝紀注班彪傳下注周舉傳注。明帝紀注云祉亦福也 **祉福胙也**漢書王莽傳下維祉冠存己注 **祉謂**

福慶後漢書宋弘傳注 祉祿也左氏哀九年傳

士

事也說文段注士事疊韵引申之凡能事其事者偁士白虎通曰士者事也任事之偁也故傳曰通古今辯然不謂之士○褰裳豈無他士傳園有桃謂我士也驕箋東山勿士行枚傳祈父予王之爪士傳敬之陟降厥士傳桓保有厥士傳又廣雅釋詁三又管子君臣官謀士注形勢右士經注加云士事也又禮記叅純作卒慶士注云士之言事也 士者事也 言能理庶事也左氏昭七年傳大夫臣士疏○荀子脩身好法而行士也注云士事也謂能治其事也又詩嘉樂百辟卿士箋云卿士卿之有事也 士者修立之名也荀子大略君子聽律習容而後士注子道注哀公注○儒效彼學者行之曰士也注云士者脩立之偁又敬解繆是而務士也注云士者脩飾之名也 士者知義理之名論語子張士見危致命皇疏 守道者謂之士賈子道術○國語齊語注云士講學道藝者也又說苑脩文云辯然否通古今之道謂之士 以才智用者謂之士後漢書仲長統傳 德能居位曰士公羊成元年傳識始巳使也注○漢書食貨志上云學以居位曰士 士謂朝廷之臣也詩清廟疏

○書秦誓嗟我士疏云士者男子之大號故羣臣通偁之又荀子堯問知如士不與士爭知注云士謂臣下掌事者又非十二子古之所謂士仕者注云士仕謂士之入仕又詩北山偕偕士子傳云士子有王事者也又褰裳疏云其以堪任于事謂之爲士又墨子尚賢上云故士者所以爲輔相承嗣也 三命以下於天子爲士禮記曲禮下列國之大夫入天子之國曰某士注○射義所以擇士也注云士謂諸侯朝者諸臣及所貢士也又左氏襄廿六年傳晉士起韓起注云禮諸侯入天子國偁士 春秋傳謂士爲微禮記王制其有中士下士者注○詩女曰雞鳴序箋謂士大夫寄客有德者疏云士大夫君子之總辭未必爵爲卿大夫也 士帥士也詩棫樸髦士攸宜箋又儀禮奉璋公士大夫之家臣爲其君注○書洪範謀及卿士鄭注云卿士六卿掌事者 冑子成人能治上官謂之士周書太子晉○詩載芟有依其士傳云士子弟也又周禮宮伯掌王宮之士庶子注云士謂王宮中諸吏之適子也又酒正凡饔士庶子疏云士適子又禮記雜記上士爲其父母兄弟之爲大夫者之喪服注云士謂大夫庶子爲士者也 士爲學士周禮太宰之職祿位以敍其士司農注○禮記文王世子凡學世子及學士必時注云學士謂司徒論俊選所升於學者

士賢士也荀子議兵好士者強注○禮記少儀士依於德疏云士謂進士有德行者又詩北門序刺仕不得志也疏云言士者德行之偁 有名士不仕者禮記月令聘名士注○儀禮士喪禮注偁友羣士也疏云羣士即師友也又詩褰裳豈無他士箋云他士猶他人也 士者男子行成之大偁詩鄭人士箋鄭人之有士行者疏○干旄疏碩人疏蚳云士者男子之大偁又瓶疏棫樸疏姐云士者男子之大號又文王疏云士者男子成名大號又女曰雞鳴疏云士者男子之美偁 士通謂丈夫也論語泰伯士不可以不弘毅皇疏顏淵子張聞士皇疏○荀子非相處女莫不願得以爲士注云士者未娶妻之偁 男偁士左傳僖十五年疏 震爲士易歸妹士刲羊虞注 士謂主斷刑之官周禮大司徒其附於刑者歸於士注○媒氏歸之於士注云士司察之屬 士亦理官漢書東方朔傳皋陶爲大理注○禮記王制疏引書傳略說云士爲少師又獨斷上云唐虞曰士官 士獄官之長書堯典汝作士馬注又漢書百官公卿表上咎繇作士注引應劭○孟子告子下舉於士注云士獄官也又公孫丑下而請士師注云士師治獄官也又梁惠王下士師不能治士注云士師獄官吏也左氏僖廿八年傳士榮爲大士注云大士治獄官也 又 士師掌

五禁之法者列子周穆王之士師釋文 師 士察也爾雅釋詁又書堯典汝作士鄭注立政疏又周禮秋官序官都宗人上士二人疏○秋官序官士師下大夫四人注云士察也主察獄訟之事 士師官主聽察爾雅釋詁注 士謂邑宰也儀禮喪服傳公卿大夫室老士貴臣注又禮𧝓記上士次於公館注 士州長黨正也禮記鄉飲酒義鄉人士君子尊於房戶之閒注 士士介也儀禮聘禮士執庭實注○士訝士注云士衆介也 士亦大夫之貴臣儀禮聘禮宰士牽羊以致之注○禮記喪大記衆士疏食水飲注云衆士所謂衆臣 士亦胥徒之長儀禮既夕士受羊如受馬注○禮記祭法庶士庶人無廟注云庶士府史之屬 士謂里尉管子八觀里典士舍注 士軍士也詩采芑傳箋○說苑指武云士者將之肱體也 在車曰士呂覽簡選銳卒千人注又淮南覽冥質壯輕足者爲甲卒注本經武王甲卒三千注修務不過一卒之才注 士卒伍也荀子王霸霸者富士注○文選東京賦我士介而揭徽薜注云士士卒也 士卒之帥也老子善爲士者王注 士郎門卒後漢書郭泰傳注 般士般矦也○詩文王殷士膚敏傳亶按士與仕義相

貫通故二字互借通用禹江碑仕丧儀宗帝堯碑魚師衛仕皆段仕爲士也又周禮載師以宅田士田禮記曲禮上前有士師皆段士爲仕也

仕 學也 說文段注訓仕爲入官此今義也古義宦訓仕仕訓學故毛傳五言士事也而文王有聲傳亦言仕事也是仕與士皆事其事之謂學者覺悟也事其事則日就於覺悟也若論語子張篇子夏曰仕而優則學學而優則仕公冶長篇子使漆雕開仕孔注云仕仕於朝也以仕分出處起於此時矣許說故訓 學 仕事也 詩四月盡瘁以仕笺文王有聲武王豈不仕傳。萱按禮記表記武王豈不仕注云仕之言事也又晏子春秋諫上作武王豈不事又荀子大略移而從所仕注云仕與事同 仕察也 詩節南山弗問弗仕箋

竢 記 或 侍也 說文段注彳部曰侍竢也是爲轉注經傳多段俟爲之俟行而竢廢矣俟大也介雅釋詁又左氏哀元年傳曰可竢也釋文又漢書楊雄傳上集注並云竢侍也 俟待也 詩靜女俟我於城隅傳相鼠不死何俟傳著俟我於著乎而傳又儀禮士昏禮俟于門外注纚笄宵衣以俟見注鄉射禮負俟而俟注聘禮上介及眾介俟于使者之門外注有司徹俏禮

出俟于廟門之外注又論語憲問原壤夷俟集解引馬注又皇疏又漢書賈誼傳竢罪長沙注蕭望之傳竢見二子注又孟子萬章下不俟駕而行注又文選東京賦俟閶風而西遐薛注幽通賦詝盤桓而且俟曹注舞賦褰次而俟注。禮記樵記下敕不旋須以俟命疏云俟亦侍也 俟候也 文選幽通賦俟艸木之區別兮曹注 俟命聽天任命也 禮記中庸君子居易以俟命注 俟俟行也 詩吉日儦儦俟俟釋文。傳云行則俟俟 竢待也 爾雅釋訓不竢不來 也釋文。萱按段竢爲竢猶之段俟也此本字鵠始謂段借云爾

竢 俟 或 詩曰不竢不來 說文段注毛詩無此語釋訓曰不竢不來也介雅多釋詩書益江有汜之詩不我以古作不我竢竢者來之也不我竢者不來我也許益兼偁詩介雅當云詩曰不我竢不竢不來也轉寫譌奪不可讀耳竢與以不同者蓋許兼偁三家詩也今韵書字書以竢俟同俟訓待非也

俟 大也詩曰伾伾俟俟 說文段注此俟之本義也自經傳段爲竢字而俟之本義廢矣立部曰竢待也廢竢而用俟則竢俟爲古今字矣小雅吉日今毛詩作儦儦俟俟傳曰趨則儦儦行則俟俟東西京賦李善注馬融傳太子賢注皆引韓詩駓

駓騃騃善引薛君韓詩章句曰趨曰駓行曰騃疑今毛傳非舊武用韓改毛也駓傳曰伾伾有力也許從之當是吉日傳有俟俟大也之文而許從之 俟待也俟候也俟俟行也 萱按已許竢下

騃 馬行仡仡也 說文段注人部曰仡勇壯也吉日篇儦儦俟俟人部作伾伾俟俟韓詩作駓駓騃騃李善注馬融傳引韓詩駓駓騃騃武聲友李善注西京賦引韓詩章句曰趨曰駓行曰騃菉毛傳亦曰趨則伾伾行則俟俟毛用段借字韓乃正字也騃與俟音義同俟大也皆鉏里切方言曰癡騃也乃讀五駭切俗語借用之字耳。萱按騃本狀馬行引申之亦目凡騃故西京賦云羣獸駓騃

涘 水厓也周書曰王作涘 說文段注周頌思文箋曰武王渡孟津白魚躍入于舟出涘以燎正義引大誓云惟四月太子發上祭于畢下至于孟津之上太子發升舟中流白魚入于王舟王跪取出涘以燎之案今文尚書古文尚書時有大誓非枚頤本之大誓也 涘厓也 詩蒹葭在水之涘傳大明在渭之涘傳又廣雅釋丘 涘一名厓謂水邊也 爾雅釋丘涘爲厓李注 涘水涯 公羊傳九年傳自南涘注 涘涯也 詩葛藟在河之涘傳又書

大傳王跪取出涘注又莊子秋水兩涘渚厓之閒郭注又文選西京賦薛注

滍 滍水出南陽堯山東北入汝 說文段注前志魯陽下曰魯山滍水所出東北至定陵入汝水經曰滍水出南陽魯陽縣西之堯山東北過潁川定陵縣西北東入於汝今沙河源出魯山縣西境之堯山東經寶豐縣葉縣舞縣汝水西北自襄城來會俗曰沙河即古滍水也左傳僖三十三年楚人與晉師夾泜水而軍杜云泜水出魯陽縣東經襄城定陵入汝杜謂泜即滍也又襄十八年楚伐鄭涉于魚齒之下杜鄭皆謂所涉即滍水也

洔 水暫益且止未減也 說文段注此義未見蓋與畤侍峙字義相近介雅釋水亦借爲沚字 洔小渚也 萱按已許沚下

峙 平上兩讀異義。俗有峙跱 躇也 說文段注峙躇之峙平聲峙具峙之峙亦作跱上聲 峙具也 介雅釋詁 又書粊誓峙乃糗糧疏 跱具也 後漢書章帝紀注陳忠傳注 跱猶置也 文選西京賦跱遊極於浮柱薛注 跱踞也 後漢書張衡傳注引字書 跱止也 廣雅釋詁三 峙止也 後漢書秦傳注 鄭峙住

也文選西京賦通天訬以竦峙薛注峙立也後漢書河間孝王開傳注又文選射雉賦摎身竦峙徐注跱蹠言其聲跱立如有所蹠躡也文選長笛賦跱蹠以狼戾注作水中有土曰峙文選西京賦聚似京峙薛注

偫

○俗有峙待也說文段注以疊韻爲訓謂儲物以待用也偫經典或作峙或作庤周頌臣工傳曰庤具也庤儲置屋下也義本同若峙高以峙其糗粢誓峙乃糗糧果氏傳云儲峙則段偫峙蹋不前字爲之俗乃改从止爲从山作峙訓云山立以謂合之矣釋詁云供峙具具也峙在說文爲偫偫儲偫也漢書外戚傳上主見所偫美人注偫具也國語周語偫而畚梮注又漢書平帝紀集注又文選曹子建贈丁翼詩君子義休偫注偫具事也爾雅釋詁峙具也舍人注又文選羽獵賦儲積其偫注

庤

儲置屋下也說文段注庤與偫音義同云置屋下者以其字从广也庤具也詩臣工庤乃錢鎛傳○堂按考工記總目注作偫乃錢鎛偫庤得通用也

痔

後病也說文又文選登徒子好色賦又疥且痔注○廣雅釋詁一云痔病也痔隱創也莊子人間世與人有痔病者釋文引司馬注○堂按創瘡古今字腸澼爲痔素問生氣通天論痔食也蟲食之也釋名釋疾病

恥

辱也說文又廣雅釋詁三又呂覽順民越王苦會稽之恥注恥辱者辱之決也說苑說叢爲恥心易繫辭下傳不恥不仁虞注有恥者有所不爲論語子路行己有恥集解引孔注無恥不知臧否穀梁襄廿九年傳君不使無恥注

卮

或書作巵○平上四聲義別古文卮从戶說文段注顧命夾兩階卮某氏云堂廉曰卮廣雅云卮切也此因堂邊圻堮衆人下領之廣闊故箇以爲名而讀脈史切落時謂之卮爾雅釋宮卮砌也爾雅釋宮○堂按切砌正俗字

耳

攘起切

主聽者也象形說文段注凡語云而已者急言之曰耳在古音一部凡云如此者急言之曰爾在古音十五部

如世說云駢復爾耳謂且如此而已是也二字音義絕不容相混而唐人至今譌亂至不可言于古經傳亦任意填寫數多難諸而如論語一經言云爾者謂如此也言謹爾率爾然爾者猶然也言無隱乎爾一日長乎爾爾猶汝也言汝得人焉爾乎言得人于此否也公羊傳三年問焉爾皆訓於此也全經惟有前言箴之耳乃而已之訓今俗剏作汝得人焉耳此乎乃極爲可笑曹操曰俗語云生女耳耳是不足之辭此古說之存者也音轉讀爲仍如耳孫亦曰仍孫是也耳目者視聽之官也管子心術上○素問陰陽應象大論在竅爲耳注云耳所以司聽五音耳目者所以聞見也管子心術上○漢書外戚傳上又耳囊者所夢日符注云耳常聽聞而記之也耳目謂令采察也後漢書朱浮傳注耳目者日月也淮南精神耳目者心思之助鬼谷子權耳者心之候古微書引春秋元命苞耳者腎之候白虎通情性耳耏也耳有一體屬著兩邊耏耏然也釋名釋形體坎爲耳易噬嗑何校滅耳鄭注咸咸其輔頰舌虞注夬聞言不信虞注鼎鼎耳革虞注鼎黃耳金鉉虞注象下傳未達虞注說卦傳云聖人南面而聽天下虞注聽也耳在旁可舉也

考工記梟氏其耳三寸注耳耳然至盛也詩閟宮六轡耳耳傳耳語辭漢書東方朔傳至則靡耳注耳是助句之辭禮記玉藻斯耳也蹶句耳猶而已也王伯申經傳釋詞云耳猶而已也論語前言戲之耳是也孟子曰人之易其言也無責耳矣耳矣者而已矣也齊策曰豈特攖其腓而噬之耳哉皆而已哉也耳矣猶已矣也經傳釋詞云耳矣猶已矣也已與矣皆詞之終而連言之則曰已矣論語始可與言詩已矣是也耳與矣亦皆詞之終而連言之則曰耳矣禮記檀弓曰勿之有悔焉耳矣祭義曰夫銘者壹稱而上下皆得焉耳矣是也耳與已聲相近或言已矣或言耳矣其義一也

始

西喜切

女之初也說文段注釋詁曰初始也此與爲互訓初哉皆長之始也基者牆之始也凡言之者皆分別之暑有段始爲始者七月毛傳云始始也是也果凡始事有急緩之殊不得云有二義今人乃爲之二音殽者諸去聲月令紀節物用始字十餘而蟬始鳴獨市志反其亦庸人自擾也矣始初也國策秦策令日韓說與始強注又史記禮書凡禮始乎脫索隱又素問骨空論余聞風者百病之始也注六節藏象論立端於始注又呂覽本生注有始注○禮記祭義教民反古復始疏

云始謂初始又易略例注云和爲始始首也論語泰伯師摯之始皇疏又莊子天下樓萬物以剔宥爲始釋文又呂覽衆成
民不可與慮化舉始注無義故義者百事之始也注〇論語泰伯集解引鄭注云始猶首也又老子此四者同出而異名注云在首
則謂之始始先也國語晉語安始而可注又淮南脩務虛始於楚注〇呂覽孟冬天子始裘注云始猶先也先動爲始
國語越語人事不起弗爲之始注始者道本也老子無名天地之始注始制有名注云始道也始者從
下本上之辭詩黍離疏〇荀子王制天地者生之始也注云始猶本也始本根也國語晉語大堅樹在始注
〇禮記昏義夫禮始於冠禮注云始猶根也始朔也太玄玄瑩凡十有二始注始猶朝也漢書鮑宣傳集注
始猶生也禮記檀弓下君子念始之者也注始息也言滋息也釋名釋言語始謂其
微時也禮記經解君子慎始注墨子經上云始當時也〇始者謂王道興衰之所由文選
毛詩序是謂四始注乾爲始易彖上傳終則有始虞注彖下傳始求深也虞注〇繫辭上傳乾知大始九家注云始謂
乾陽爲始太玄玄瑩六始爲律注〇鬼谷子捭闔云諸言法陽之類者皆曰始太始者形之始也

廣雅釋天又列子天瑞又白虎通天地引乾鑿度殆始也詩七月殆及公子同歸傳〇箋按此謂殆爲始之借字也
恃〇俗有恃賴也說文又公羊桓三年傳恃有年也注恃負也詩蓼莪無母何恃釋文引韓詩恃怙也離騷
余以蘭爲可恃兮注惜誦君可思而不可恃注恃待也老子萬物恃之而生注〇呂覽審時辟米不得恃注云恃或作待又
莊子徐无鬼恃源而往者也釋文云恃本亦作持又老子爲而不恃釋文云恃河上本作侍蓋按此恐可兩通者也抑或同聲段借
數字皆寺聲故
市買賣所之也說文段注釋詁曰之往也古史考曰神農作市李數習說也世本曰祝融作市〇廣雅釋詁三云市
買也市貿易也史記項羽紀以市於齊集解引張晏市交易之處漢書貨殖傳商相與語財利于市井
注〇周禮司市國君過市注云市者人之所交利行刑之處市襍聚之處周禮司市大市日昃而市注〇呂覽
仲夏關市無索注又淮南時則注亦云市人聚也市商也國語齊語市立三鄉注市取也國語齊語市賤
鬻貴注市求也國策秦策王不如齊之以市地注〇齊策以市其下東國注云市猶求也市利也國語越語又身

與之市注市猶要也史記項羽紀索隱引劉氏市者貨之準也管子乘馬〇侈靡云市也者勸
也市也者天地之財具也而萬人之所和而利也管子問市恃
也養贍老少恃以不匱也詩陳風正義引風俗通市典市者禮記王制命市納賈注
市師司市也周禮司市市師涖焉注市師師賈師而從注〇地官序官司市注云司市市官之長市朝謂
市之行位有如朝列因言市朝耳史記孟嘗君傳過市朝者索隱因井田以爲
市故俗語曰市井公羊傳宣十五年注旗星中四星名曰天市後漢書桓帝紀注〇
堂按天市與紫微太微爲天之三垣垣中星坐甚多此言四星者舉其一節耳
史
記事者也說文段注玉藻動則左史書之言則右史書之不云記言者以記事包之也〇爾雅釋文釋文引或說云太史
者史官記事之處又穀梁宣二年傳史狐書賊注云史國史掌書記事史掌記左事故謂之左史左氏
春秋序諸侯亦各有國史疏史者掌書之官也論語衛靈公吾猶及史之闕文也皇疏〇雍也皇疏云史

記書史也又左氏春秋序魯史記之名也疏云掌書曰史史官主書周禮小史掌邦國之志注〇天官序官史十有
二人注云史掌書者疏云史主造文書也史謂國史也禮記曲禮上史載筆疏有謂又呂覽士容唐尚敵年爲史
注〇詩關雎序國史明乎得失之迹疏云國史者周官大史小史外史御史之等皆是也史太史也左氏莊卅二年
傳虢公使祝應宗區史嚚注又國語周語瞽史教誨注魯語故二史書世注楚語臨事有瞽史之道注又國策宋策使史占之
注史官即大史掌天文之官也後漢書明帝紀注〇周禮太史注云大史日官也又司農注云
大史主天道又書立政大史尹伯晚出傳云大史下大夫大史小史主禮事者周禮條狼氏誓邦之大史
曰殺誓小史曰墨注〇大行人屬瞽史注云史大史小史也公史君之典禮書者儀禮既夕公史自序
東西注〇國語周語史獻書注云史外史也又穆天子傳六內史執策注云內史主冊命者又書酒誥矧太史友內史友鄭注
云太史內史掌記言記行史者祝史也後漢書隗囂傳注臧洪傳注〇易巽用史巫紛若疏云史謂祝史又儀禮
聘禮記辭多則史注云史謂策祝史者筮人也左氏哀廿五年傳史皆曰吉疏〇儀禮少牢饋食禮史朝服注

云史家臣主筮事者凡府史皆其官長所自辟除周禮天官序官中府六人注。禮記王制史以
獄成告於正注云史司寇吏也又後漢書楊震傳注云史謂府史也又杜詩傳注云史吏謂初爲郡功曹也史者文
多而質少論語雍也文勝質則史集解引包注史以書勳易巽用巫荀注史所以謂之史
何明王者使爲之也白虎通諫諍。漢書杜延年傳集注云史使一也武作使字而表遂誤爲使耳史
書者周宣太史籀所作之書也後漢書安帝紀注。萱按說文引史籀所作書僞爲史篇

使武学作令也說文段注大徐令作伶誤令者發號也釋詁使從也其引申之義也案許書無駛駛字左傳史走問諸朝
本作使走問諸朝古注使速疾之意也又毛部設烈也讀若迅蓋此二字即令之駛駛字乎水部溲水吏也吏同使謂水疾
使役也荀子解蔽況于使者乎注使之則謀注又呂覽知化傳其民不得使注音律而置民無有所使注。禮記檀弓
下使之雖病也注云使謂時備役使吏所使役之吏也荀子王霸官人使吏之事也注。富國使民見不究
賜注云使民謂役使民也使舉也大戴記衛將軍文子有眾使也注使謂政墨子經上治民克盡

曰使周書諡法大使使命也呂覽孟秋出大使注使酒謂因酒縱性謂之使酒
即酗酒也史記季布欒布傳使酒難近索隱。漢書灌夫傳夫爲人剛直使酒注云使酒因酒而使氣也使謂
使之聘問師役之屬也禮記表記故君使其臣注。曲禮下使臣自稱曰某注云使謂使人於諸侯也
又曲禮上使從俗疏云使謂臣爲君出使聘之法使者諸侯之臣使來者也周禮小行人以待四
方之使者注。萱按字書音書分將命之使讀去聲鍛析磧屑乃强作解事也不可與道古

顗喜切
子学古文𢀈籀十一月易气動萬物滋人吕爲偁象形說文段注律書子者滋也
言萬物滋於下也律厤志曰孳萌於子凡言以爲者皆許君發明六書段借之法子本陽气動萬物滋之偁萬物莫靈於人故
因段借以爲人之偁與以朋爲朋攩以韋爲皮韋以烏爲烏呼以來爲行來以西爲東西一例象形者象物滋生之形亦象人
首與手足之形也。古微書引詩推度災云子者滋也又太玄玄數辰子亥注云子取其滋蓄也子者兹兹益
大也史記三代世表。淮南又文云子者兹也子兹也禮記月令疏又大戴記本命又廣雅釋言又白虎通五行

又史記老莊申韓傳老子者正義引張君相子者孳也孳孳無已也白虎通爵又三綱六紀。釋名釋天
云子孳也陽氣始萌孳生於下也又釋親屬云子孳也相生蕃孳也太歲在子曰困敦爾雅釋天素問脈解篇。
太陰子也注云太陰始於子故云子也又白虎通姓名云子丑者枝也子孜廣雅釋親子愛也周策秦策子元元注
也。禮記中庸子庶民注云子猶愛也愛子孫曰子書金縢是有丕子之責于天疏引鄭志。呂覽知接注云
子所愛也子諒愛信也史記樂書則易直子諒之心集解引王肅。禮記樂記祭義則易直子諒之心油然生矣
注云子諒如不子之子萱按不子即不愛也鄭釋其義非破其字也訓愛是子之正義豈待改讀哉徐贊將庚反殊爲自擾或
讀平聲者破爲慈字也愈贅矣此當用王肅義子本字自通不煩改讀子謂子愛下民禮記表記子民如父
母疏樂記疏。漢書嚴安傳非所以子民也注云子謂養之如子也子者字也言字愛於小人也
孝經而況於公侯伯子男乎疏引舊解子似也廣雅釋言子也者親之後也禮記哀公問又大戴
記哀公問於孔子又家語大婚子者親之本也說苑建本子者父之陰也漢書杜欽傳子

者父之合春秋繁露基義。左氏僖九年傳凡在喪公侯曰子注云子者繼父之詞又疏云子者對父之名又文十
八年經冬十月子卒疏云子者葬前在喪之偁也又穀梁昭十一年傳此子也注云諸侯在喪偁子子者嗣君之
稱公羊昭十三年傳注但不成其子疏。春秋繁露精華云未踰年之君稱子又禮記曾子問不侯子注云子嗣君也又禮
記上子拜稽顙注云子孤子也又曲禮上云天子未除喪曰予小子子者丈夫之通偁也白虎通爵。孟
子梁惠王下樂正子入見注又呂覽精通鍾子期夜聞擊磬者而悲注又淮南脩務昔者謝子見於秦惠王注又文選褚淵碑
文注引孟子劉注亦云子通偁又書古太誓勉哉夫子鄭注云夫子丈夫之偁子者男子通偁也論語學而
子曰集解引孔注又詩氓送子涉淇箋又禮記檀弓下使子叔敬叔弔疏又左氏昭十二年傳從我者子乎注又論語學而子
曰集解引孔注又孟題辭告子上注盡心下萬子曰一鄉皆稱原人爲注又楚詞遠遊注又文選登徒子好色賦注子男
子美偁也儀禮士冠禮顧吾子之敎之也注又禮記雜記下吾子不見大饗乎疏又左氏閔元年經齊高子來盟注
昭十二年傳疏又穀梁閔元年傳其曰季子注又孝經曾子侍釋文。史記魯仲連鄒陽傳索隱子正義又漢書賈誼傳董仲

舒傳稱集注引服虔注云子者男子美號又武帝紀云子者人之嘉稱又穀梁宣十年傳其曰子尊之也注云子者人之貴稱
詩大車畏子不敢箋云子者稱所尊敬之辭又儀禮鄉射注字不若子疏云子是尊稱又子者有德之稱詩疏
疏丘中有麻疏又禮記曲禮下於外曰子注。論詩學而皇疏云子是有德之稱古者稱師為子也古者稱師曰
子也儀禮士冠禮疏又論語公冶長篇閒子之志皇疏又孝經孔子曰釋文。荀子非相子弓短注云言子者著其為師
也古者士大夫通曰子公羊宣六年傳子大夫也注。公雅釋訓云之子者是子也又荀子王霸誰子
之與也注云雅子猶離八也又後漢書茬朝傳注先子謂先人子君也廣雅釋詁一。詩究上箋于者序衰公也疏云
諸侯之臣亦叶君曰子天子者爵稱也爵所以稱天子者何王者父天母
地為天之子也白虎通爵。公羊成八年傳其稱天子何注云天子者爵稱也聖人受命皆天所生故謂之天
子又獨斷上云天子夷狄之所稱父天母地故稱天子又漢書匈奴傳上云匈奴謂天為撐犁謂子為孤塗子爵也
書洪範王訪於箕子為注。禮記王制注合伯子男以為一疏云春秋之時伯亦得稱子子亦得稱伯異義內謂

之子禮記王制天子之大夫視子男注子者滋也奉天子之恩德其地方五十
里獨斷上。古微書引春秋元命苞云子者奉宣恩德又云子者孳恩宣德子猶牧也禮記曲禮下其在東夷北
狄西戎南蠻雖大曰子注。穆天子傳五注云表狀有德者稱子子太子也呂覽慎行己為我子矣注子者
王子也公羊宣十五年傳王札子者何注子眾子也國語楚語師其子姓注儀禮喪服經大夫為世父。
母叔父母子注云子謂庶子又禮記喪大記子皆杖不以即位注云子謂凡庶子也又公羊隱元年傳立子以長不以貴注云
子謂左右媵及姪娣之子諸侯之子稱公子公羊隱元年傳公子益師卒注。儀禮喪服記公子為其母注
云公子君之庶子也又禮記大傳注云公子謂先君之子今君昆弟又穀梁隱五年傳使公子主其祭也注云公子者長子之君
弟及妾之子君子子者大夫及公子之嫡妻子儀禮喪服君子子注。傳云君子子者貴
人之子也凡王之子弟謂之國子國語周語宣王欲得國子之能導引諸侯者注。賈注云國子諸侯
之嗣子又周禮大司樂而合國之子弟焉注云國之子弟公卿大夫之子弟當學者謂之國子餘子卿大夫之

子當守於王宮者也周禮小司徒故致餘子注大小子門人也論語先進小子集解引鄭
注陽貨小子集解引苞注。禮記少儀小子走而不趨注云小子弟子也小子謂百姓也太斗府小子在
淵注小子主祭祀之小事周禮春官序官小子注若子者謂所為後之親如
親子儀禮喪服傳昆弟之子若子注子即孳也詩常棣傳孳子也疏子姓謂孫也禮記喪大記疏
子子孫也荀子正論聖王之子也注。爾雅釋訓云子子孫孫引無極也言子者通男女禮記曲禮
下子於父母注又左傳莊廿八年疏。儀禮喪傳故子生三月注云凡言子者可以兼男女子女也左氏莊廿八年
傳小戎子注成二年傳必以蕭同叔子為質注儀禮喪服經女子子在室為父注云子女也別於男子也又詩大明長子維行
傳云長子長子長女也又孟子告子下而樓其處子注子文選射雉賦東若處子徐注並云處子處女也震為子易隨
官有渝九家注。說卦傳又師長子帥師虞注晁得妾以其子虞注並云震為長子艮為子易蠱有子虞注家人子子
虞注中學其子和之虞注序卦傳然後有父子虞注。漸小子厲有言虞注云艮為小子又革君子豹變虞注云艮為君子

乾為君子易剝君子德車虞注遯君子吉虞注象上傳君子尚消息盈虛虞注襍卦傳君子道長虞陽為君
子易明夷君子于行荀注數辭下傳君子藏器于身荀注子水位也左氏哀九年傳。漢書王莽傳上集注引服虔
云子水也又論衡談日云子之性水也又物數云子水也其禽鼠也子宋姓左氏隱元年傳惠公元妃孟子注。公羊隱元
年傳仲子者何注云子姓又論衡奇怪云契母亦燕卵而生契故殷姓曰子子婿也儀禮士昏禮記醮子注。壹按此文
來釋字義也言所醮子即此日親迎之婿之子謂所獲民臣禮記檀弓歸而子注下靈子巫也
廣雅釋詁四。楚詞雲中君靈連蜷兮既留一本靈下有子字注云靈子巫也楚人名巫為靈子按東皇太一云靈偃蹇兮
妏服單同靈字然則靈與靈子亦同爾又曰靈氣離騷命靈氣為余占之是也子萬物也老子既得其母以知其子
注。漢書叙太子傳云子猶萬物也子謂利息也史記貨殖傳子貸金錢千貫隱。國語周語於是乎有母權
子而行注云重曰母輕曰子子輕也漢書食貨志下集注引應劭。又引孟康云為子子餘也小余稚廣
雅子小稱也釋名釋形體。後漢書王符傳注云子稱也又穀梁哀十三年傳云子卑稱也細子宋也

老子王注以知其子一也。老子注：其子復知。子周淮南天文子爲閒上同子卯桀紂
以日凶事不辟吉事闕焉儀禮士喪禮不辟子卯注子午長安正南山名後漢
書順帝紀注子駒盧郭門左氏文十一年傳埋其首于子駒之門注子雛也廣雅釋鳥子歸鳥
名也文選蜀都賦爲生杜宇之魂劉注

耔

有。耔俗雔禾本也說文段注雔俗作耔小雅或耘或耔毛曰耘除艸耔難李也食貨志后稷始甽田以二耜爲耦廣
尺深尺曰甽長終畝一畝三甽一夫三百甽而播種於甽中苗
生葉三以上稍耨隴艸因壝其土以附苗根故其詩曰或芸或
芓黍稷儗儗芸除艸也芓附根也言苗稍壯每耨輒附根比盛
暑隴盡而根深能風與旱故儗儗而盛也案班所據詩作芓古
文段借字說文作耔小篆字詩言耘耔毛傳云藨
衮衮者甽也隤壟艸壅於甽中也耔蓑皆俗字耔壅本也文選
東京賦咸懋力以耘耔薛注耔壅禾根也詩甫田釋文耔附根也左傳昭元年疏

梓

梓或楸也說文又一切經音義十三引字林。詩小弁維桑與梓釋文云梓木名又定之方中椅桐梓漆陸疏云楸

之疏理白色而生子者爲梓梓山楸也山海經南山經虖勺之山其上多梓柟注梓一名椅爾雅釋木
舍人注梓如栗而小文選西京賦梓棫楩楓薛注梓楨屬也考工記總目輪輿弓廬匠車梓注
梓漆也禮記曲禮上疏引何允梓者子道也說苑建本文選王文憲集序注引書大傳。漢書五行志
中之下云梓猶子也梓滋生也淮南本經林無柘梓注治木器曰梓書梓材若作梓材馬注又文選
琨都賦校全横於梓匠劉注。梓材序釋文云梓令文作杍箋按此段杍爲梓也。杍乃李之古也梓匠木工也
孟子滕文公下則梓匠輪與注。儀禮大射儀工人士與梓人升自北階注云工人士梓人皆司空之屬能正方圜者也梓
是杯杅之屬禮記曲禮上瓶爲陶梓之器疏。曲禮下疏云梓謂杯勺爲笥簋之屬也梓宮以梓
木爲棺後漢書明帝紀注梓澤地名也水經瀍水注

儗 仰喜切

儗僭也一曰相疑說文段注以下僭上此僭之本義如史記說卓王孫田池射獵之樂儗於人君是也與手部擬
訓度不同曲禮儗人必於其倫注猶比也此引申之義也漢書食貨志段疑爲儗又段儗爲黍稷薿薿一曰云云別一義。漢

書食貨志上遠方之能疑者集注云儗僭也儗比也漢書溝洫志集注淮南王傳集注梁孝王集注鄒陽傳集注谷
永傳集注龔遂傳集注韓嫣傳集注。箋按訓比似擬爲正字而班書擬儗錯出蓋二字互借通用久也儗引也文選
舞賦經營切儗注儗不前也史記司馬相如傳沛艾赳螑仡以佁儗兮集解引漢書音義。索隱引張揖云佁礙
不前也儗儗盛皃箋按此薿之段義擬疑也漢書公孫弘傳集注楊雄傳上傳也集注。食貨志下疑於南
負注何武王嘉師丹傳贊疑於親戚注並云疑讀曰儗。箋按儗段疑段擬皆聲同故也擬儗又互段

擬

擬度也說文又廣雅釋詁一又易鼎君子以正位凝命釋文引翟注。周禮射人注行則止而擬度焉釋文云擬本作儗又
禮記緇衣注度謂所儗射也釋文云儗本作擬箋按此皆擬爲正字儗爲借字擬謂比象也漢書楊雄傳上常擬
之以爲式注。何武王嘉師丹傳贊集注云擬比也自上議下偁擬易繫辭上傳而擬諸形容虞注擬則
也楚辭怨上擬斯分二蹤注擬向也一切經音義十六引字書擬疑也箋按此詳儗下

薿

有。俗擬茂也詩曰黍稷薿薿說文段注小雅文箋云薿薿然而茂盛薿薿茂也廣雅釋訓

薿薿茂盛也詩甫田釋文儗儗盛皃漢書食貨志上黍稷儗儗集注。箋按此段儗爲薿也又白帖
八十一作黍稷薿薿亦同聲段借字也儗禾盛廣韵儗然黍稷盛皃玉篇

佀 想起切

隸作似像也說文段注像下曰佀也與此互訓是爲轉注廣雅曰似類也又曰似象也又曰似若也皆似之本義也詩
斯干裳裳者華卷阿江漢傳皆曰似嗣也此謂似爲嗣之段借也斯干似續妣祖箋云似讀爲已午之已已若妣祖者謂已成
其宮廟也此謂似爲已之段借字也似類也似爲也似若也廣雅釋詁三釋詁四釋言似謂容貌
似其父母也禮記襍記下見似目瞿注。墨子經上云似有以相攖有不相攖也無似猶言不肖
禮記哀公問寡人雖無似也注。襍記下畀之子不肖注云不言不如人也以似爲發考工記梓人且其匪色必
似鳴矣司農注似續也似嗣也箋按此詳去聲嗣下

梠

梩或臿也一曰徙土輂齊人語也說文段注周禮注引司馬法曰輂一斧一斤一鑿一梩踐云梩
或解謂臿或解謂鍬鍬臿亦不殊孟子蓋歸反虆梩而掩之趙曰虆梩籠臿之屬可以取土者也虆蔂即欙之段借字可以舁

土者梩同耜可以臿地掘土者趙以籠屬釋蘽以臿屬釋梩也一曰云云此則一義謂耜即欘孫奭孟子音義云梩土舉也李此廣韵曰梩里之切徙土舉出六韶○廣雅釋器云梩臿也又方言五云臿東齊謂之梩○蕢极臿及從土舉分二義不分二音也廣韵讀里之切者謂梩爲欘之借即從欘之音也然梩自訓徙土舉政無煩破字改讀耳

枱

鈶或辝有籀耜○俗耒耑也說文段注耒下曰耕曲木也此云耒耑也與京房耜耒下釘也耜耒上句也相合曲木考工記所謂上句者二尺有二寸也耒耑所謂庛長尺有一寸也許意上曰耒下曰耜咨謂木材錯於庛之金是曰耕曰釋鄭注周禮則云耒爲木枱爲金故云古者耜一金兩人併癹之又云庛讀爲刺刺耒下前曲接耜又注月令於孟春云耒耜之上曲也於季冬云耒耜之金也說與許異鄭李匠人耜廣五寸而云許則謂記文枱辭不分渾言之記云耜廣五寸者謂釋也故於耦下注易之云耕廣五寸枱今俗作耜鉏李乃以訓臿訓徙土舉之耜注云今作耜則大誤矣玉篇同誤後人所改也○漢書食貨志上斲木爲耜注云耜耒端木所以施金也又周禮山虞注云服與耜宜雅材萱按用雅材則爲木矣此鄭參用京許義與注禮不同也耜者耒之金也禮記月令脩耒耜注又晉書音義中○考工記匠人注云今之耜岐

頭兩金象古之耦也又匠人疏車人之事疏並云耜謂耒頭金又莊子天下釋文引三蒼云耜耒頭鐵也耜田器也詩良耜序釋文入土曰耜國語周語民無懸耜注耜齒也似齒斷物也釋名釋用器耜止所踰因名曰耜易繫辭下傳斲木爲耜虞注耜臿屬淮南氾論古者剡耜而耕注○萱按耜非臿之屬高誘注耜於始也其巳在鍤希馮徐鼎臣之先矣誤于是始脩耒耜也詩七月三之日于耜傳耜之以耜側凍土剡之周禮薙氏冬日至而耜之注耜插也莊子天下禹親自操橐耜釋文引崔注耜盛水器也莊子天下釋文引司馬注及司馬四注皆字義之別說○萱按崔

枲

[illegible]有籀枲○俗麻也說文段注鍇本作麻子也非玉篇云有子曰苴無子曰枲廣韵互易之誤也喪服傳曰苴麻之有蕡者也牡麻者枲麻也艸部曰萉枲實也萉者黂之本字枲既無實之牡麻何以言枲實也枲亦爲母麻牡麻之大名猶麻之爲大名也莩者毋麻一曰莩即枲也是苴可呼枲之證也周禮但言枲以晐麻艸之物九穀攷曰閒傳曰苴惡兒也斷衰兒若苴齊衰兒若枲以今日北方種麻事目驗之牡麻俗呼花麻夏至開花所謂縈而不實謂之英者花落即拔而漚之剝

剝取其皮是爲夏麻夏麻之色白苴麻俗呼子麻夏至不作花花而放勃勃即麻實所謂不縈而實謂之秀者八九月閒子熟則剝落搭而取之子盡乃刈漚其皮而剝之是爲秋麻青色而色黯不絜白間傳所云若苴若枲殆以兒與○爾雅釋艸又書經禹貢纻賦絲枲疏又詩采蘋序箋執麻枲疏又周禮天官序官典枲疏並云枲麻也又漢書地理志上注云枲麻屬也枲麻謂雄麻也周禮人疏蓬枲乃牡麻無實考工記弓人疏枲胡枲也列子楊朱甘枲莖釋文●釋文引蒼頡云葈葍耳也一名蒼耳胡枲枲耳也常枲枲耳也廣雅釋艸葈耳惡艸名也楚辭哀歲葈耳今兗唐注○淮南覽冥位睒尚葈注云葈者葈耳菜名也幽冀謂之檀菜雒下謂之胡葈

巳

讀四巳也四月昜气已出侌气已藏今字藏萬物見句成彣彰故巳爲它象形說文段注律書云巳者言萬物巳盡也律麻志曰巳盛于巳淮南天文訓曰巳則生巳定也釋名曰巳畢布巳也長巳之巳既久用爲巳然巳止之巳故即以巳然之巳釋之序卦傳蠱者蠱也此者比也剝者剝也毛詩傳曰虛虛也自古訓故有此例即用本字不叚異字也小雅斯干箋云似讀爲巳午之巳巳續妣祖者謂巳成其宮廟也此可見漢巳午與

巳然無二音其義則異而同也廣雅釋言巳已也乃淺人所改已不可象也故以蛇象之蛇長而宛曲垂尾其字像蛇則象陽巳出陰巳藏矣此六字一句讀此近十二屬之說而與論衡物勢篇義各不同○禮記月令疏云巳已也又太玄玄數辰巳午注云巳取其巳盛巳大也其禽蛇也論衡物勢○後漢書鄭玄傳注又論衡言毒螫云巳爲蛇太歲在巳曰大荒落爾雅釋天巳者祉也邪疾巳去祈分祉也風俗通祀典巳者物必起白虎通五行巳衛淮南天文巳似也廣雅釋詁巳爲平淮南天文丁巳者取其命名自丁寧自變改皆爲敬謹儀禮少牢饋食禮日用丁巳注○萱按巳午興巳然本無二音篇韵皆強分耳今稽釋一處而用圖圖隔之其分合可得稽矣巳成也廣雅釋詁三墨子經上云巳成也巳訖也廣雅釋詁四巳竟也易損巳事遄往疏又呂覽知分則今是巳注○左氏昭十三年傳且曰吾巳注云巳猶狀竟巳畢也國語齊語有司巳于事而竣注又國策齊策言未巳注又漢書藝文志集注又管子度地其積旂也以事之巳注又文選詠懷詩注引蒼頡○公羊僖元年傳此異斯之聲也諧巳注云諧巳皆自畢語巳止也

詩風雨雞鳴不已又南山有臺德音不已傳又禮記檀弓下我其已夫注曾子問不知其已之遲數注祝畢獻而已疏引皇氏
又左氏襄廿六年傳若不已注昭六年傳今則已矣注昭廿年傳而不如其已注昭廿八年傳姑已若何注哀元年傳不可食
已注又公羊傳三十三年傳通可以已也注又穀梁桓九年傳尸子曰夫已多乎道注傳卅一年傳猶者可以已之辭也注又
論語公冶長已矣乎皇疏泰伯死而後已皇疏子罕吾已矣夫皇疏顏淵必不得已而去皇疏陽貨末之也已皇疏為之猶賢
子已皇疏又國語晉語庶可以已乎注無則已注晉語稱而無已注屬厥而已注楚語注兵語注人國策齊策臣諱三言而已
矣注素問著至教論說意而已注又一切經音義七引廣雅又史記周本紀索隱何可紀集解引應劭又漢書紀志傳各集注
又後漢書章帝紀注中唐剛傳注又孟子梁惠王下毀諸已乎注又呂覽論威注離俗注又淮南原道注精神注說林注修務
注又文選東京賦薛注謝靈運還路憶山中詩注引莊子司馬注○儀禮喪服記師則已注又禮記檀弓下注哀公問注鍇云
已觸止也而無已不徒止耳考工記廬人而無已又以害人注○詩蒹葭白露未已傳云未已猶未止也又
北山或不已于行傳云不已猶不止也又禮記孔子閒居今閒不已注云不已不俟止也已謂黜止也論語公冶

長三已之皇疏已退也史記五帝紀試不可用而已正義○禮記梁記注古者仕為已者疏云已猶退也已猶
了也禮記檀弓上吾得正而斃焉斯已矣疏已謂瘉也漢書郊祀志上病已注引孟康○廣雅釋詁一云
云已也也瘉已謂病愈也漢書酷吏義縱傳已而未起章甘泉注○呂覽至忠王之疾必不可已也注云已猶
云愈又疾乃遂已又注云已除愈也已猶去也詩墓門知而不已箋○孟子梁惠王下王曰已之注云已之者去之
謂也注已棄也孟子盡心上於可已而已者注不已謂不許也禮記表記孝有已怠注又荀子王霸
劉判賁云鍇注已已過也荀子議兵暮三年注已已甚也詩蟋蟀無已大康傳又公羊莊卅年傳蓋以操
掾之為已毆兵注又漢書谷永傳集注而南更四馬朝鮮傳賢集集注又復漢書馬融傳上注○禮記檀弓下毋乃已疏乎注
禮藏不出則已愚注故云已猶甚也又詩巧言異已感又異天泰臟管云已泰皆言甚也已猶太也禮記檀弓
上於野則已疏注玉藻若祭為已係卑注哀公問不已重乎注又左氏成八年傳城已息釋文又管子戒好善而惡惡已甚注
○考工記輪曰輪已崇注云已大也甚也已必也漢書嚴傳集注夫已此也爾雅釋詁已辭也禮記

檀弓下生事畢而鬼事始已注又引盧植注又漢書楊雄傳上集注通典云已也皆語助之辭也
史記太史公自序發憤之原云以世索隱○又云以字當作已世當作也並誤耳已發端歎辭也書大誥已
予惟小子既出傳已語終之辭也史記燕召公世家尚薦益已索隱引或曰太史公自序皆失其本已索隱
又漢書宣帝紀其德弗可及已注禮樂志其流不可聞已注藝文志皆股肱之材已注張良傳即我已注晁錯傳皆天下之選
已注已乎決絕之辭左氏昭十二年傳已乎已乎注○離騷已矣哉國無人莫我知兮注云已矣哉絕望之
也已猶耳漢書馮唐傳上曰何已注已㠯也廣雅釋言又素問陰陽類論在理已盡注○又擬已與以義本不
同而可段借通用帝堯碑以章聖德已嘉瑞數我已德屬我已仁並段已為以也報似讀為巳午之巳已
續妣祖者謂已成其宮廟也詩斯干似續妣祖箋○按鄭破似為已與毛傳異

祀

禩或祭無已也說文段注釋詁曰祀祭也析言則祭無已曰祀以已而釋為無已此如治曰亂徂曰存終則有
始之義也周禮大宗伯小祝小子注皆云故書祀作禩案禩字見於故書是古文也篆隸有祀無禩是以漢儒杜子春鄭司農

不識但云當為祀讀為祀不敢直言古文祀蓋其慎也至許乃定為一字至魏時乃入三體石經○文選東京賦元祀惟稱薛
注云祀祭也又公羊定八年傳定公綜祀注云言祀者無已長久之辭祀謂祭祀也易損祀事遄往虞注祀祭
又漢書郊祀志上集注○禮記祭法不在祀典注祀貢注並云祀典謂祭祀又書洪範三曰祀鄭注云祀掌祭祀之官若宗伯
者也祀者所以昭孝事祖通神明也漢書郊祀志上○文選郊祀顏注云祀者報祭神明也又
書洪範疏云三曰祀敘民使敬鬼神也祀國之大事也左氏文二年傳祀神位有屋樹者
禮記檀弓下新祀屬注過祀則下疏殷曰清祀獨斷上祀天夏正郊天也周禮典瑞以祀
天旅上帝注天神偁祀周禮鼓人以雷鼓鼓神祀疏祭地曰祀文選郊祀題注○爾雅釋詁合人注
祀地祭也五祀宮中之神禮記王制疏引鄭志○周禮大宗伯以血祭祭社稷五祀五嶽司農注云五祀五色
之帝於王者宮中曰五祀又家語帝別傳五祀注云五祀上宮之神五祀戶竈中霤門行也禮記
曲禮下祭五祀注○月令臘先祖五祀注云五祀門戶中霤竈行也五祀者何謂也謂門戶井竈

中霤也白虎通五祀○呂覽孟冬饗先祖五祀注云木正句芒其祀戶火正祝融其祀竈土正后土其祀中霤金正蓐收其祀門水正玄冥其祀井又左傳襄九年疏云五行之官每歲五時祭之謂之五祀五祀謂司命也中霤也門也行也厲也禮記王制大夫祭五祀疏士二祀曰門曰行儀禮既夕記乃行禱於五祀注方祀者各祭其方之官而已禮記曲禮下諸侯方祀注百祀畿內百縣之祀也禮記檀弓下虞人致百祀之木注羣小祀林澤墳衍四方百物之屬周禮司服祭羣小祀則玄冕注祀軷封土象山於路側以芻棘柏爲神主祭之以車轢軷而去後漢書吳祐傳注祀年也左氏宣三年傳載祀六百賈注又書大傳維元祀巡守注維王后元祀注又漢書五行志上集注敘傳上集注引李奇○左傳宣三年賈注又獨斷上竝云商曰祀殷曰祀祀巳也新氣升故氣已也釋名釋天○爾雅釋天商曰祀注云祀取四時一終又孫注云祀取四時祭祀一訖也祀侵也廣雅釋言祀姑幡名麾旗之屬也文選吳都賦建祀姑劉注

汜

水衍別復入水也詩曰江有汜一曰汜窮瀆也說文段注上水字衍文召南傳曰決復入水也謂既決而復入之水也自其水出而不復入者釋水自河出爲灉已下是也決而復入者汜是也釋名曰汜已也如出有所爲畢已而復入也案古以無已釋已如祀之解曰祭無已是也故汜之字从已一曰云云別一義釋上曰窮瀆汜郭云水無通者漢書張良閒從容步游下邳汜上服虔讀爲圯音頤楚人謂橋曰圯此漢人易字之例也應劭曰汜水之上此不易字謂窮瀆無水之上也下文直墮其履汜下良下取履其爲無水之瀆了然史記本亦作汜小司馬云姚察見史記有作土旁者云有○則知史記不皆作土旁也義本易悔諸家說皆不察○水經注七引字林云汜水決復入爲汜汜江水之別也漢書敘傳上注○詩江有汜釋文云汜江水名汜厓也廣雅釋丘○漢書敘傳上半殭大於南汜注引應劭云汜崖也汜水厓也淮南道應而航在一汜注汜涯也淮南道應猶有汶沃之汜注又文選幽通賦半殭大於南汜曹注汜水涯也楚辭天問次于蒙汜注

洍

洍水也詩曰江有洍說文段注此蓋三家詩汜下引江有汜則毛詩也云汜水別復入水也而證以江有

汜此言轉注也云洍水名而證以江有洍此言段借也引書作玫莫席皆此例

厞

石利也說文段注謂石鈍也漢書馮奉世傳器不厞利如淳曰今俗刀兵利爲厞後漢張衡傳厞舟注同業石之利如砮砥厎厲皆是也厞與廙雙聲段借石利之義引申之凡利皆曰廙宋本漢書厞作厞

諰

或作鰓愢思之意說文段注廣韻曰言且思之疑古本作言且思之意也方言而又思之故其字从言思意者言下意內言外之意荀卿曰諰諰然常恐天下之一合而軋己也漢書諰作鰓蘇林曰請如顏而無禮則葸之葸鰓懼兒也案又作諰又作鰓皆訓懼與思訓義近諰懼也荀子彊國雖然則有其諰矣注葸葸懼兒文選魯靈光殿賦心諰諰而發悸注引漢書蘇林注○萱按蘇破諰爲葸也葸與諰同義而異字諰諰則同字矣李善云諰與葸同魏都賦雖勁捷而無諰注同不云諰諰同字者人罕識諰故也鰓難也太平寰小鰓大君在注

虛喜切

啚

啚古文嗇也說文段注嗇濇愛也濇不滑也凡鄙吝字當作此鄙行而啚廢矣論語鄙夫周書鄙我周邦皆當作此鄙狄也孟子盡心下鄙夫寬注○萱按此類皆段鄙爲啚也說文敘曰云俗儒鄙夫許自用正字鄙小也廣雅

釋詁二又呂覽尊師魯之鄙家也注鄙數注鄙人小人也呂覽君守魯鄙人遺宋元王問注又淮南脩務鄙人有得玉瓊者注

鄙

五鄙爲鄙說文段注周禮都鄙王子弟公卿大夫采地其畍曰都鄙所居也案大司徒以邦國都鄙對言鄙注以邦之之所居曰國都之所居曰鄙對言春秋經傳鄙字多訓爲邊者蓋周禮都鄙距國五百里在王畿之邊故都可釋爲邊又引申爲輕蔑之偁而鄙夫字古作啚取目云俗儒鄙夫說其所習可諡今則鄙而啚廢矣○周禮遂人又淮南時則制百縣注血云五鄙爲鄙萱按呂覽季秋注引周禮五攢爲鄙段攢爲鄙也鄙五百家也呂覽孟夏命司徒循行縣鄙注○周禮遂人注云五百家爲鄙鄙郊以外也國語齊語參其國而伍其鄙注鄙界上邑禮記月令四鄙入保注○周禮職方辨其邦國都鄙注云邑曰鄙鄙邊邑也書文侯之命簡恤爾都鄙注又左氏莊十九年經齊人宋人陳人伐我西鄙注莊廿六年傳孝公子皆鄙注又國語吳語都鄙爲鐵注○方言一燕之外鄙注云鄙邊邑名公羊莊十廣雅釋詁四○萱按鄙者邊垂之辭九年紀注鄙國也當謂畿內邊垂之國亦鄙四

鄙國語周語注八鄙四方與四角也文選東京賦震八鄙薛注旁鄙否也小邑不能遠通也釋名釋州國鄙謂不通也漢書董仲舒傳或仁或鄙注鄙固陋不惠文選東京賦鄙者予也注引廣雅鄙者陋也史記樂書又文選長笛賦是以尊卑都鄙注鄙野也左氏僖廿四年傳鄙在鄭地汜注○荀子非相楚之孫叔敖期思之鄙人也注云鄙人郊野之人也鄙俚也文選嵇叔夜幽憤詩對答鄙訊注鄙猶今言俗語然也大戴記保傅鄙語曰不習為吏注鄙氣鄙論衡初稟鄙似若不逮也老子我獨頑似鄙注鄙猥也一切經音義廿五引廣雅鄙賤也左氏昭十六年傳夫猶鄙我注鄙恥也廣雅釋詁四又史記屈原賈生傳正義又楚辭懷沙君子所鄙注○釋名釋衣服云汗衣或曰鄙袒或曰羞袒作之用六尺裁覆足覆胸背言羞鄙於袒而衣此耳鄙騃獸奮迅皃也後漢書馬融傳注鄙狹也鄙小也鄙人小人也萱按皆段鄙爲啚也

娝不肖也說文○萱按本字罕用多用否作之凡否譜鄙者皆此字之段借也淺人不知有娝而於否添一鄙音殊爲倩

情娝人姓也玉篇引篆文否惡也易師否臧凶釋文又小人否釋文鼎利出否釋文又詩抑未知臧否釋文烝民邦國若否釋文又莊子漁父不擇善否釋文否謂理有所惡穀梁序臧否不同疏否不善也漢書刑法志有司無仲山甫將明之材注又太平椅冥稍否注○易鼎利出否注云否謂不善之物也執事順成爲臧逆爲否左宣十二年傳否鄙也鄙者不能有所堪成也釋名釋言語○萱按娝鄙以同音爲訓也娝之義與鄙引申之義略同故亦直用鄙字也書堯典否德忝帝位史記五帝紀作鄙德忝帝位論語雍也子所否者論衡問孔作子所鄙者莊子大宗師不善少而否者釋文否本作鄙

品起切

圮

䣃或毀也虞書曰方命圮族說文段注䣃蓋即戶部之嶏嶏字其音義皆略同也○爾雅釋詁又書序祖乙圮于耿馬注又文選幽通賦將圮絕而罔階曹注思賦睎有黍之圮墳注又一切經音義六引字林故云圮毀也萱按堯典方命圮族史記五帝紀作負命毀族圮岸毀也爾雅釋詁釋文○書序祖乙圮于耿晚出傳云河水所毀曰圮圮覆也爾雅釋言圮絕也文選東京賦故宗緒中圮薛注

否

四譜義分不通也易象上傳否之匪人崔憬注又詩何人斯否難知也箋又太平恩非則否注○匡謬正俗八云否者蔽固不通之偁否否不通也史記太史公自序唯唯否否集解引晉灼否隔不通也文選舞賦啟泰貞之否隔兮注否隔也廣雅釋詁一否塞也易否釋文遯小人否釋文引王肅注又禮記月令疏又列子天瑞聖有所否釋文否閉也○易否釋文又漢書薛宣傳集注劉向傳云否者閉而亂也天地不交曰否國語周語遇乾之否注否者消卦也易否休否九家注否泰反其類也易襍卦傳否不也萱按詳范起切否下否惡也萱按此等皆段爲娝之字也

痞

○俗有痛扁也說文○廣韻云痞腹內結痛痞否也氣否結也釋名釋疾病

嚭

或作嚭大也春秋傳吳有大宰嚭說文○集韻引字林云嚭大也○萱按史記伯嚭論衡作帛喜文選注作帛否漢書古今人表作太宰嚭

面起切

母

牧也从女象褱子形一曰象乳子也說文段注母牧也以疊韻爲訓牧者養牛人也

以譬人之乳子引申之凡能生之以啟後者皆曰母褱者裹也象兩手褱子也廣韻引倉頡篇云其中有兩點者象人乳形豎通者即音無菓此就隸書釋之也○廣雅釋親云母牧也母取含養也御覽卅六引易說卦傳故偁子母陸績注○素問陰陽類論陰爲母注云母所以育養諸子言滋生也母冒也含生已也釋名釋親屬母者處內而成德者也易晉受茲介福于其王母注生曰父曰母禮記曲禮下○爾雅釋親云父之妻爲庶母父之從父晜弟之妻爲從祖母父之從祖晜弟之妻爲族祖母父之從父晜弟之母爲從祖王母父之從祖晜弟之母爲族祖王母母陰位之尊易咸咸其母釋文引荀本坤爲母易蠱幹母之蠱虞注咸咸其母虞注晉受茲介福于其王母虞注解解而母虞注小過過其祖遇其妣虞注繫辭下傳如臨父母虞注說卦傳○繫辭上傳則柔者立本者也虞注云坤地俤母地爲母後漢書隗囂傳○漢書戾太子傳云母者猶地也在終則謂之母老子此兩者同出而異名王注母造化也老子以爲天下母注母道也老子而貴食母注有國之母注母本也老子以爲天下母注又淮南俶眞雖遇母而能化已注母重也漢書食貨志下集注引應劭○又引孟康云重爲母

拇或作踇胟將指也說文段注將指謂手中指也大射禮右巨指鉤弦注云右巨指右手大擘也又設決朱極三注云三者食指將指無名指小指短不用左傳定十四年闔門傷將指取其一屨注云其足大指見斬遂失屨易咸初六咸其拇馬鄭薛虞皆云拇足大指也合三經而言之手以中指爲將指爲拇足以大指爲將指爲拇此手足不同偁也許謂手中指易拇荀作母○萱按作母者借字也子夏傳作踇廣韵有胟皆後出之字

拇手拇指也楚辭招魂敦脄血拇注拇大指也國語楚語至於手拇毛脈注○易解解而拇釋文引王肅注云拇手大指○萱按鏊言拇爲手大指俗諱也廣韵拇大拇指也不言手是拇足大指也易解解而疏又釋文引陸績注又詩生民釋文又莊子駢拇駢拇枝指釋文拇迹大指處也爾雅釋訓注又搡注敏拇敏拇也萱按此段敏爲拇也詳敏下

䳇

鸚䳇也說文段注曲禮釋文嬰本或作鸚母本或作鵡同音武諸葛恪茂后反槃裴松之引江表傳曰恪呼殿前鳥爲白頭翁張昭欲使恪復求白頭母恪亦已鳥名鸚䳇未有鸚父相難此陸氏所謂茂后反也據此知彼時作母作䳇不作武至唐武后時狄仁傑對

曰鵡者陛下之姓起二子則兩翼振矣其字其音皆與三國時不同此古今語言文字變移之證也釋文書云母本或作鵡古茂后反今作鵡音武乃合李善注文選云鵡一作䳇莫口反較明析大徐用唐韻文甫切亦鵡音非䳇音也古音母在一部○萱按字林鵡作䳇見段公路北戶錄而禮釋文遺䳇字疏矣䳇樹見五部與䳇異字異音

苺

○俗有苺馬苺也說文段萱按說文蕣下云山苺也爾雅亦云蕣山苺也莓前一字當是馬苺之屬而別者

毎

平上兩讀注在敏

姆

或作娒女師也說文段注士昏禮注曰姆婦人年五十無子出而不復嫁能以婦道教人者左傳宋大災宋伯姬卒待姆也何注公羊曰禮后夫人必有傅母所以輔正其行衛其身也選老大夫爲傅選老大夫妻爲母集母即姆也

敏

○俗有勄疾也說文又爾雅釋樂釋文又廣雅釋詁又周書謚法又鄭諜不敏殆哉注又詩甫田農夫克敏傳文王殷士膚敏傳生民履帝武敏傳江漢肇敏戎功傳又禮記樂記敏遲務時敏注又左氏哀十一年傳子羽銳敏注又論語學而敏於事集解引孔注又皇疏陽貨恭寬信敏惠皇疏又列子湯問子何其敏也注又莊子徐無鬼王射之敏給注○論語公冶長敏

而好學孔注云敏者識之疾也敏速也荀子性惡篇給使敏而無類注○臣道聽而敏注云敏謂承令而速行敏疾速也論語里仁君子欲訥於言而敏於行皇疏公冶長皇疏述而好古敏以求之者也皇疏○禮記學記疏云敏猶疾速也敏速疾也漢書史丹傳注○景帝紀朕既不敏注云敏材智速疾也又詩生民疏心識速疾謂敏敏謂材識捷疾也漢書文帝紀以不敏不明注趙廣漢傳以廉絜通敏下士爲名注○疏廣傳敏而有辭注云敏謂所見疾利

敏亟也廣雅釋言敏勉也漢書東方朔傳集注禮記中庸人道敏政注云敏猶勉也敏達也雅介釋樂釋文又左氏成五年傳尊君敏也注哀十四年傳有臣不敏注又論語顏淵回雖不敏皇疏又孝經參不敏注又國語晉語且晉公子敏而有文注寡知不敏注知羊舌職之聰敏肅給也注又孟子離婁上殷士膚敏注又素問上古天真論長而敦敏注又左傳文七年疏云不敏猶不達也敏審也爾雅釋樂釋文又公羊僖四年傳故敏則有功疏○左氏傳廿三年傳辟不敏也注云敏猶審也敏審當於事左氏傳卅年傳禮成而加之以敏注敏材也呂覽士容辭令遜敏注○國語齊語盡其四支之敏注云敏猶云材也敏閔也進敘無否滯之言也故汝潁

言敏如閔也釋名釋言語敏德仁義順時者也周禮師氏二曰敏德注商謂之敏爾雅釋樂敏拇也爾雅釋訓又詩生民履帝武敏箋○萱按此謂敏爲拇之同音段借字

畮

畝或○俗有畝畝畒六尺爲步步百爲畮秦田二百四十步爲畮說文段注六尺爲步步百爲畮司馬法如是王制曰方一里者爲田九百畮謂方里而井二百四十步爲畮秦孝公之制也商鞅開阡陌封疆別鄭展曰古百步爲畮漢時二百四十步爲畮集漢田秦制也今惟周禮作畮○韓外傳四云廣一步長百步爲畮畝廣百步長百步爲百畝又考工記匠人田首倍之注云百畝方百步地又呂覽任地所以成畝也注云廣六尺爲畝萱按傳言長狄身橫九畝畝謂廣六尺也○離騷又樹蕙之百畮注悲回風故荼薔不同畮兮注逸云二百四十步爲畮又鹽鐵論未通云制田二百四十步而一畝壟上曰畝莊子讓王居於畎畝之中釋文引司馬注○國語周語或在畎畝注云下曰畎高曰畝畝畝壟上畝壟也書序異畝同穎晚出傳○萱按史記魯世家作異母同穎段母爲畝也畝丘丘釋名釋丘○爾雅釋丘如畝畝丘孫注云畝體滿一畝之地也丘方百步也又詩巷伯猗于畝丘傳云畝

上上 名

某

槑古文。平上四讀酸果也說文段注此是今梅子正字說見梅下某義訓酸而从甘甘者酸之母也凡食甘多易作酸味水土合而生木之驗也古文从口者甘之省也网之者兒其酸酢酸。萱按自借梅爲某而人遂不知其本字本音矣惜哉本無其字終古段借者用某爲某人是也本有其字而段借者用梅爲酸果字是也酸果字亦讀上聲而世人罕知之也梅杏

類也詩摽有梅陸疏又齊民要術四引義疏。詩釋文云梅木名也又大戴記夏小正煑梅傳云煑梅爲豆實也梅果實

似杏而醋左氏昭廿年傳水火醯醢鹽梅疏又山海經中山經靈山其木多桃李梅杏注。腌梅出書說命下爾惟鹽梅傳云梅酢又釋文云梅亦作槑又詩摽有梅釋文云梅韓詩作槑。萱按槑者梅之或體由糅轉槑形取近也酸果之字遂遠變而屬於梅矣

時英梅爾雅釋木。萱按釋木梅枏爲楠木之正字此時英梅明酸果之借字也郭氏不以酸果隸此條而轉隸于梅枏下何憒憒至此耶後人沿襲郭義具重性肥塑亦久矣

某者字也儀禮鄉射禮某酬某之子注某甫且

字也禮記曲禮下曰有天下某甫注。儀禮士喪禮爲其父某甫筮宅注云某云某甫且字也若言山甫孔甫矣又士

虞禮記適爾皇祖某甫注云某甫皇祖字也若言尼甫又特牲饋食禮適其皇祖某子注云某子者祖字也又少牢饋食禮用薦歲事于皇祖伯某注云伯某且字也大夫或因字爲謚

某者是氏禮記曲禮下疏。儀禮鄉射禮疏云某子者氏

某名也廣雅釋詁三又禮記曲禮使者自稱曰某注少儀某固願聞名於將命者疏云某客名也又書金縢惟爾元孫某晚出傳云某名臣諱君故曰某

某者本有姓氏記傳者失之又某時者記傳者失之公羊宣六年傳使勇士某者注又某時所食活我于暴桑下者也注。儀禮士冠禮某有子某注云古文某爲謀又穀梁桓二年注鄭ム地釋文云ム本又作某。萱按此又段謀ム爲某也本無其字而用某作之則某即爲正字如來子爲朋西爲韋之例也謀ム則純乎段借矣

惈

或書作惎惈憮也說文段注惈乃復字未刪者憮各本作憮今正憮怎也怎與偽同義惈愛也爾雅釋詁。注云惈韓鄭語今江東通呼爲憐惈憐也方言六惎愛也玉篇

冂

重覆也說文段注下一覆也上是又加冂是爲重覆

苑起切

否

同讀義分不也說文段注不者事之不然也否者說事之不然也故音義皆同孟子萬章曰然則舜偽喜者與孟子曰否注孟子言舜不詐喜也又咸丘蒙問舜南面而立瞽瞍亦北面而朝之孟子曰否注言不然也又萬章曰堯以天下與舜有諸孟子曰否注堯不與之又萬章問曰人有言伊尹以割烹要湯孟子曰否然也萬章又問孔子於衛主癰疽孟子曰否然也萬章又問百里奚自鬻於秦養牲者孟子曰否然注皆曰否不也不如是也注以不如是釋否然今本正文皆誤作否不然語贅而意不可通矣否字引申之義訓爲不通如易之泰否堯典之否德小雅之否難知也論語之子所否者皆殊其音讀蒲鄙切要之古音則同在第一部。易象上傳大人否亨虞注又書堯典否德忝帝位釋文又詩烝民邦國若否釋文又禮記哀公問君曰否疏大學其本亂而末治者否矣疏又左氏宣十二年傳師出以律否臧凶注又公羊隱四年傳隱从曰否注又論語雍也予所否者釋文引繆播又國語晉語今晉侯不量齊德之豐否注又法言學行否則殺注孝至否則介鱗易我衣裳注又太本周何德之傳否注乡釋況其否者手注又廣雅釋詁四四妵云否不也。萱按有網謂皆可訓不義本通貫故也

否不可也左氏昭廿年傳君所謂可而有否焉注

否謂非己志也禮記表記否則孰慮而從之注

悠時爲否素問六微旨大論否則逆注

婦

服也說文段注婦服以疊韵爲訓婦主服事人者也大戴禮本命曰女子者言如男子之教而長其義禮者也故謂之婦人婦人伏於人也是故無專制之義有三從之道曲禮曰士之妃曰婦人析言之也。禮記曲禮下有世婦疏又廣雅釋親妣

云婦服也又獨斷婦服也明其服事於人也。後漢書皇后紀注釋名釋屬云婦

上云婦之言服也

服也服家事也又白虎通三綱六紀云婦者服也以禮屈服也又嫁娶云婦者服也服于家事事人者也又儀禮喪服傳疏云婦者事人之偁

婦者配己而成德者也易蒙納婦吉注疏云婦謂配也。女子謂之婦廣雅釋親。公羊隱二年傳云女在其國偁女在塗偁婦又儀禮喪服爲夫之昆弟之婦人子適人者注云婦人子者女子子也不言女子子者因出見恩疏

士曰婦人禮記曲禮下又獨斷上。儀禮特牲饋食主婦纚笄宵衣注云主婦主人之妻又周禮內宰凡喪事佐后使治外內命婦注云士妻亦爲命婦

有舅姑曰婦詩氓三歲爲婦箋。顏氏家訓書證云婦是對舅姑之偁

偁婦有姑之辭也左氏文四年經注宣元年經注又公羊傳廿五年傳宣元年傳又穀

梁文三年傳。僖廿五年傳宣元年傳竝云其曰婦何也緣姑言之之辭也。又左氏傳廿五年經宋蕩伯姬來逆婦注云稱婦姑存之辭。又疏云婦者對姑之文婦養姑者也後漢書董卓傳注夫婦化之始也大戴記保傅傳。詩關雎注之婦人謂妻妾子姓也儀禮士喪禮婦人俠牀東面注婦子之妻爲婦又長婦爲嫡婦眾婦爲庶婦竝爾雅釋親。禮記喪服小記婦之喪虞卒哭注云婦謂凡適婦世婦也。又儀禮喪服注云婦適子之妻適女子謂弟之妻爲婦爾雅釋親。儀禮喪服傳注云謂弟之妻爲婦者卑遠之故謂之婦世婦後宮官也周禮春官序官世婦注。酒人以役世婦注云世婦謂宮卿之官掌女宮之宿戒又與婦功以嬪婦注云嬪婦九嬪世婦授世婦爲內命婦卿大夫之妻爲外命婦禮記喪大記內命婦姑姊妹子姓立於西方外命婦率外宗哭于堂上北面注。又君撫大夫撫內命婦注云內命婦君世婦婦所以職其蠶織管子權修婦言人事注。考工記總目云治絲麻以成之。謂之婦功又後漢書安帝紀注云婦使謂組紃之事巽爲婦易蒙納婦吉虞注。小畜婦貞厲虞注。大過老婦得其

士夫虞注。恆婦人吉虞注。漸婦人不育婦三歲不孕虞注。象上傳同人於野虞注。象下傳婦婦虞注。毀辭上傳二人同心注。序卦傳然後有夫婦虞注離爲婦易既濟婦喪其髴虞注

負。俗有偩恃也一曰受貸不償說文段注。左傳曰昔秦人負恃其眾貪于土地逐戎諸戎。孟子曰虎負嵎莫之敢攖。樂記禮樂偩天地之情。史記栗姬偩貴皆作偩俗字也。凡以背任物曰負。因之凡背德忘恩曰負。詩小宛螟蠃負之傳。又國語吳語德負晉眾。庶注。又國策秦策趙固負其眾注。王若負人徒之眾注。又史記游俠傳負解之勢。索隱。又管子兵法五教各習而士負以勇矣注。又文選東京賦秦負阻於二關薛注。又一切經音義六引廣雅竝云負恃也。又周禮大司馬負固不服則侵之注負猶恃也。又後漢書竇融傳注云負亦恃也自偩自恃也淮南詮言自偩而辭助注負依也左氏襄十八年傳負其眾庶注偩猶依象也禮記樂記注負猶被也管子法禁廣上之法制者以負以恥注又史記黥布傳負之不義之名索隱。漢書武帝紀士或有負俗之累而立功名注引晉灼云負俗謂被世譏論也負加也漢書黥布傳集注負抱也淮南說林負子而登牆注。禮記內則三日始負子注云負之謂抱之而使鄉前

負擔也。禮記曲禮下果有負薪之憂疏。禮運注猶負載也釋文。易繫辭上傳負也者疏云負者擔負於物也負謂擔揭也論語鄉黨式負版者皇疏。史記張儀傳而廁徒負養在其中矣索隱云養謂負擔以給養公家亦賤人也負後也廣雅釋詁四負偝也漢書兩粵傳集注負謂背也國策秦策魏必負之注又荀子彊國負西海而固常山注又淮南氾論負扆而朝諸侯注又漢書陳平傳家迺負郭窮巷注有謂。後漢盧芳傳注又列子仲尼其負類反倫注竝云負猶背也。又禮記明堂位天子負斧依注云負之言背也背曰負國語齊語負任擔何注又楚辭哀時命負擔荷以丈尺兮注。禮記曲禮上負劍辟咡詔之注云負謂置之於背又儀禮喪服記負廣出於適寸注云負在背上者也又釋名釋車云負在背上之言也又釋姿容云負背也置項背也負背也枕也史記蘇秦傳負郭田索隱負繩背之縫也禮記深衣負繩及踝以應直疏負廣出於適寸適博四寸出於衰衰長六寸博四寸儀禮喪服傳記。注云適辟領也前有衰後有負板左右有辟領孝子哀戚無所不在負重也荀子宥坐百仞之山任負車登焉注負程也淮南兵略便國不負兵注負

畱也史記趙世家負遺俗之累正義負倍也易解負且乘虞注負違也史記五帝紀負命毀族正義負猶累也文選上秦始皇書客何負於秦哉注負猶不勝也禮記檀弓上注爲負而蘇君命疏負猶失也後漢書馮衍傳注。御覽七百卅引白虎通云諸侯疾偁負子負子者諸侯子民今不復子之也負欠也後漢書左雄傳注。樊儵傳注云負謂欠負負敗也法言重黎自屈者負注負愧也後漢書張步傳注負猶憂也後漢書章帝紀注。和帝紀注竝云負亦憂也非而曲者爲負論衡物勢負也者小人之事也易繫辭上傳又後漢書明帝紀注崔琦傳注負薪喻賤人也後漢書東平憲王蒼傳注班彪傳下注袁紹傳注負婦人老稱之偁史記陳丞相世家張負索隱。漢書高帝紀上常從王媼武負貰酒集注云老母爲負又注引如淳云俗謂老大母爲阿負丘背有丘爲負丘尒雅釋丘負冰云者言解蟄也大戴記夏小正魚陟負冰傳凡以驢馬駝駝載物者謂之負佗方言七。尒雅釋鳥鶬負雀釋文云負或作婦鶬又釋蟲蟠鼠負釋文云負本作婦又作婦

萱按鴟婦嫣字也今字也古所恭有稱借身若婦作之耳是爲古今字

蕡王萯也 說文段注夏小正四月王萯秀月令四月王瓜生注云今月令云王負秀鴟鳳四月秀萋薆萋即王萯管子地員有萯有大萯細萯 萯艸名 管子地員大萯小萯注ㄱ水經河水注云呂氏春秋夏后氏孔甲田于東陽萯山帝王世紀以爲即東首陽山也 茅萯 穆天子傳二。注云萯今菩字音倍。萱按注謂萯爲菩之叚借字也

韻史卷三

第一部去聲

戒韻

泰興何萱石閣譔集　子庋校字
上海顧錫麒竹泉覆審
武進李光洛申耆鑑定

開口評

戒 艮岱切

警也 說文段注言部曰警戒也。儀禮士冠禮主人戒賓注鄉飲酒禮注竝云戒警也告也又鄉射礼注云戒猶警也語也 戒警擎事也 詩采薇豈不日戒箋 戒儆也 國語吳語息民不戒注 戒備也 左氏襄三年傳不虞之不戒注襄十三年傳又易戒而不戒注哀元年傳恭澆能戒之注又國語晉語注又孟子梁惠王下大戒於國注又荀子儒效勝敵而愈戒注又淮南精神且人有戒形而無損於心注又方言十二又廣雅釋詁二。礼記曾子問以三年之戒注云戒猶備也又孟子公孫丑下予有戒心辭曰聞戒有戒備不虞之心也 防患曰戒 易繫辭上傳聖人以此齊戒注 思惡勿道謂之戒 賈子道術 戒猶命也 儀礼聘礼戒上介亦

如之注 戒謂令語之也 左傳莊廿九年注戒民以土功事疏 戒猶告也 儀礼公食大夫礼使大夫戒注覲礼注有司徹宗人戒侑注又文選東京賦注先期戒節注 戒至也 詩烈祖既戒既平傳 戒謂散齊也 礼記礼器七日戒注坊記注。周礼大史戒及宿之日疏云戒謂散齊七日又儀礼公食大夫礼記疏云散齊七日爲戒 戒勅令也 萱按此詳誡下戒者誡之叚借字

誡

敕也 說文段注攴部曰敕誡也 誡敕也 荀子彊國發誡布令而敗退注 譏惡爲誡 越絕書篇敍外傳記 戒勅令也 左氏宣十二年傳軍政不戒而備注。獨斷上云戒書戒敕刺史及三邊營官被敕文曰有詔敕某官是爲戒敕也。萱按誡戒同聲故叚戒爲誡也

欬 口岱切

。俗有𢦏 屰气也 說文段注疾醫冬時有嗽上氣疾注曰嗽欬也上氣逆喘也案欬本亦作欬欬者含吸也含吸之欬其下而氣乃逆上是曰欬許書以欬包嗽口部無嗽俗又作嗽 齊部曰謂欬曰欬 一切經音義十引蒼頡 欬瘷也 一切經音義二引字林 欬謂欬嗽所以利咽喉也

素問陰陽應象大論在變動為欬注 欬聲欬也 礼記曲礼上車上不廣欬疏○一切經音義二十云欬蠢
蹶訓詁作欬息聲也○蛍按史記仲尼弟子傳魯樂欬字子聲字與名相應也

奚岱切

噫

或作餒○平去兩讀 飽出息也 說文段注息鼻息也內則在父母舅姑之所不敢噦噫莊子大塊噫氣其名曰
風窫框經曰五藏氣心主噫字亦作餒以見廣雅高注淮南書曰玆讀如人飲食大多以思下玆之玆
乃以息上餒之餒誤高注多言心中滿說亦謂此也論語子曰噫天喪予鄭氏毛詩噫此皇父噫厥哲婦皆為有所痛傷
之聲○文選長門賦注引字林云噫飽出息也 心氣為噫 素問至真要大論書噫注 噫者發聲之
辭易繫辭下傳噫亦要存亡吉凶○礼記曾子問注噫歎聲神也疏云古人發聲多用噫○疏王伯申經傳釋詞
云詩噫嘻釋文噫作意高注淮南繆稱噫悉而不戴云意悉聲又詩十月抑比皇父寰云抑之言噫是皇文兵而呼之時卬
縣痰哲婦蟄云懿有所痛傷之聲 噫辭也 易震噫噫辭下傳釋文
也噫意懿柳注字異而義同 注 噫歎聲也
○玉篇注又莊子大宗師釋文引崔注 噫歎聲也 易繫辭下傳噫亦要存亡
書金縢信噫晚出傳云噫恨辭

書函崔注又莊子大宗師許由曰噫釋文引李注又漢書董仲舒傳贊注公孫劉田王楊蔡陳鄭傳贊注○詩噫嘻傳
云噫歎也又疏云噫嘻是歎聲又漢書溝洫志噫乎河以御水注云噫乎歎辭 噫痛傷之聲也 語辭
先進噫天喪予集解引苞注又皇疏○後漢書安傳未嘗不噫嗚流涕注云噫嗚歎傷之聲兒也 意為恚怒
聲 漢書韓信傳項王意烏猝嗟注引晉灼曰○禮記檀弓云噫文莊子大宗師釋文本作噫又書金縢記釋文云噫
烏本作懿○蛍按段猶段意也又或用抑懿 意不平聲也 噫心
不平之聲也 書金縢信噫公命疏又語子路噫斗筲之人集解引鄭注子張噫言游過矣集解引孔注又
皇疏又史記魯仲連傳噫嘻亦太甚矣索隱楊 噫不瘖之聲 礼記檀弓注曰注噫弗果從注
噫憶也憶念之故發此聲噫之也 釋名釋言語 噫嘻有所多大之
聲也 詩噫嘻箋 噫嘻謂呼意而名也 莊子大宗師釋文 噫唑嗟兒 公羊哀十四年傳子
曰噫注 億辭也 易震億喪貝注○廣注云億惜辭也干注云億數辭也又釋文云億本作噫蓋按噫正字億借

字 發語為億 礼記文王世子疏○又云億是從語 之聲又釋文云億本作噫

漢岱切

欸 恔 劾 械

平去兩讀 注在段
文 苦也 說文又廣雅釋詁四○蛍按段者引廣雅恔痛也所據本異 恚怒曰恔 一切經音義十二引通俗
去入兩讀注在段○俗有劾
桎梏也一曰械 通 器之總名一曰械 通 治也一曰有所盛曰
器無所盛曰械 說文段注孟子曰械器之總名礼記音義引郭璞三蒼解詁同棠器部曰器皿也河注公
羊云攻守之器曰械大傳異器械注云器械之盛及兵甲也王制器械異制注云謂作務之用皆可為有盛無盛之器○
漢書婁敬傳械繫敬廣武注公孫賀傳不足為械遷報任少卿書淮陰王也受械於陳注云械謂桎梏也又
呂覽孟秋具桎梏注云桎梏謂械左傳六年疏云桎梏俱名為械
拘罪人曰桁械謂穿木

加足曰械大械曰桁 一切經音義一引通俗文○漢書吳祐傳注云在手曰械 後 械器也
史記孟子荀卿傳為雲梯之械索隱注又荀子王制械用注呂覽貴因注愛類注又淮南脩務注又法言君子君子不械
注○漢書宣帝紀贊工匠器械注賢注云械之器也械音器之總名也又莊子天地釋文引李注云械器也
械器用也 淮南本經人械不足注械○荀子王霸祭械用皆有等宜注云械用器用也 械即兵器
也 考工記總目注造宮室車服器械疏又礼記少儀不度民械注云械謂為械注云械兵器總名也又漢書
騶傳注數注云械謂器械兵甲之屬又周礼司書以知民財器械
注云有攻守之器曰械 械戒也所以警戒使為善也 御覽六百四十四引風俗通 外
成曰械 史記秦始皇紀器械一量正義律書兵械尤所重義○漢書宣帝紀贊注云有盛為械無盛為器又後
漢書述傳注云外盛曰械○段懋堂曰六書故云武說內盛為器外盛為械外盛未毋當作外戒

到岱切

戴

戴 箱 分物得增益曰戴 說文段注釋訓曰蓁蓁ヒ戴毛傳云蓁ヒ盛兒蓁ヒ盛飾是也

皆謂加多也引中之凡加於上皆於曰戴於如土山戴石曰崔嵬石山戴土曰砠是也又與戴通用言其上曰戴言其下曰載也釋山或本石戴土謂之崔嵬土戴為地謂石戴於土上戴於石則與毛傳不異也周頌戴弁俅俅月令戴春青旗皆同戴

戴載也載之於頭也釋名釋姿容在上曰戴孝經援神契曰抱戴注○漢書天文志抱珥虹蜺注引如淳云凡氣在日上為冠為戴戴覆也小爾雅廣詁戴奉也國語周語欣戴武王注況非元后何戴注晉語然而民不能戴其匹久矣注又文選東京賦注引國語賈注戴欣戴也國語晉語民實戴之注戴心所感也淮南繆稱凡行戴情注戴值也周禮經人注君纏戴六疏又爾雅釋地北戴斗極為空桐注禮記喪大記皆戴綏注云戴之言值也愛民好治曰戴周書諡法典禮不愆曰戴同上戴嗟也淮南繆稱意而不戴注戴白父老也後漢書鄧禹傳注戴眼謂睛不轉而仰視也素問診要經終論戴眼反折瘛瘲注戴故國在陳留左傳隱十年釋文引字林途出其前戴北爾雅釋北戴勝織紝之鳥禮記月令戴勝降于桑注

坦切戴

代

○淮南時則注云戴鵀戴勝鳥也戴紝戴勝也戴鳻戴勝也故廣雅釋鳥○方言八云鳲鳩自關而東謂之戴鵀東齊海岱之間謂之戴南南猶鵀也或謂之戴鳻或謂之戴南

更也說文段注更者改也凡以此易彼謂之代次第相易謂之遞代凡以異語相易謂之代語段代字為世字起於唐人避諱世與代義不同也唐諱言世故有代宗明既有世宗又有代宗斯失之矣○儀礼士喪礼乃代哭注又礼記喪大記注又左氏昭十二年傳與君代興注又國語魯語自是齊楚代討於魯注晉語國家代有注使子父代處注鄭語代相干也注又淮南俶真二者代謝舛馳注墬形燕鴈代飛注又離騷春與秋其代序注礼魂傳芭兮代舞注逸云代更也又周禮挈壺氏縣壺以代哭者注云代亦更也代易也漢書食貨志上集注○方言十皆而楚江湘之間代語也注云凡以異語相易謂之代也代迭也漢書刑法志集注代遞也漢書地理志下集注代謝也文選東京賦四時迭代薛注代止也素問脈要精微論數動一代者注三部九候論其脈代而鉤者注代世也後漢書竇武何進傳注五代謂唐虞夏殷周也後漢書王符傳注○鄧騭傳注云三

代夏殷周也九代馬名山海經海外西經大樂之野夏后啟于此儛九代注

貸

施也說文段注謂我施入曰貸也貸施與也莊子天運不貸無出也釋文引司馬注貸予也廣雅釋詁三○釋名釋姿容也云貸駭貸者言以物貸予駭者言必去之不復得也不相量事者之偁也貸假與也漢書食貨志下貰貸責買注○貨殖宣曲任氏傳唯毋鹽氏出捐千金貸注云貸假與之貸假也漢書元帝紀集注○王莽傳集注云貸猶假也貸借也廣雅釋詁二○周礼泉府凡民之貸者司農注貸者謂從官借本賈也貸者即今之舉物生利周禮泉府疏以財投長曰貸大戴記千乘貸盈也廣雅釋詁一貸借也廣雅釋詁二○壹揆此用貸為貣貣之假借字也月令毋有差貸亦然

岱

大山也說文段注大作太者俗改也域中最大之山故曰大山作太作泰皆俗釋山曰泰山為東嶽毛傳曰東嶽

岱堯典至于岱宗禹貢職方皆曰岱在今山東泰安府泰安縣北○方言一東齊海岱之間曰晴注云岱大山岱泰山也漢書酈食其傳負海岱注又文選東京賦登岱勒封薛注東興迎中岱嶽薛注岱岱宗泰山也爾雅釋山注又公羊桓十六年傳越在岱陰齊注又漢書郊祀志上又後漢書光武紀下注河東岱爾雅釋山○李注云岱東嶽泰山也又後漢書皇甫規傳注云東岱謂泰山又白虎通巡狩云東方為岱宗者言萬物更相代於東方也岱宗東岳禮記王制東巡守至于岱宗注○後漢書安帝紀注云太山王者告代之處為五嶽之宗攷曰岱宗又御覽引崔靈恩禮記義宗云東岳謂之岱者代謝之義陽春用事除故生新萬物更生相代之義岱山在博周禮職方氏其山鎮曰岱山注○書禹貢海岱惟青州鄭注云東岳曰岱山岱者始也風俗通山澤

黱

○俗有黛畫眉墨也說文段注黱者婦人畫眉之黑物也服虔劉熙字皆作黛不與許同漢人用字不同之識也黛者黱之俗楚辭國哀遂無作黱者黛代也滅眉毛去之以此畫代其處也釋名釋首飾染青石謂之點黛御覽七百十九引通俗文

態

能或意態也說文段注意態者有是意因有是狀故曰意態猶詈者意內而言外有是意因有是言也意者識也態姿也○楚辭招魂容態好比注大招滂心綽態注文選舞賦姁媮致態注云態謂姿態也態巧也文選西京賦盡變態乎其中薛注態嬌媚意也文選西京賦要紹修態薛注

隸

○俗有迨及也詩曰隸天之未陰雨說文段注此與歺部殆音義皆同也殆危也猶及也豳風

迨

今作迨俗字也迨及也爾雅釋言又詩摽有梅迨其吉兮箋匏有苦葉箋迨冰未泮傳鴟鴞傳伐木迨我暇矣箋又公羊僖廿二年傳請迨其未畢濟而擊之又文選幽通賦盍孟晉以迨羣兮曹注思玄賦迨我暇以翱翔舊注○方言三云迨及也東齊曰迨迨願也詩摽有梅釋文引韓詩

酨

酢漿也說文段注水部漿下曰酢漿也酢漿謂酨也酨漿二篆為轉注鄭注內則曰漿酢酨也許書漿下當是酢酨也後人改之耳周禮四飲曰漿今之酨漿也酢漿也曰酨漿○漢書食貨志下及醋酨灰炭注云酨也粢言之酨漿也廣雅釋器酨之言載來汁相載漢時名為酨漿周禮酒正疏○儀禮公食大夫

韻史 卷三第一部去聲戒韻

二九一

禮疏云酨之言載以其汁滓相載故云酨漢法有此名故也

曩岱切

耐

平去用讀異義忍也一切經音義一引蒼頡音義廿二引三蒼又荀子仲尼能耐任之則慎行此道也注○壹按耐與能二字古互借通用漢書食貨志上能風與旱注鼂錯傳其性能寒注趙充國傳漢馬不能冬注竝云能讀曰耐耐謂堪任其事荀子正名能有所合謂之能注○壹按荀能注耐其實一也耐猶任也漢書高帝紀下果注引如淳

⿱能日

埃⿱能日迭疊韻字日無光也說文段注埃⿱能日猶靉靆也通俗文雲覆日謂之靉靆

鼐

鼎之絕大者魯詩說鼐小鼎說文段注釋器曰鼎絕大謂之鼐周頌傳曰大鼎謂之鼐小鼎謂之鼒傳與爾雅說鼒異說鼐則同絕大謂乃牛之鼎也九家易曰牛鼎受一斛羊鼎五斗豕鼎三斗乃者言之羅也故从乃為大才者艸木之初也故从才為小魯詩說說傳魯申公之學者也惠氏棟云說苑曰詩自堂徂基自羊徂牛言自內及外以小及大也魯詩者劉向家學故說鼐小鼐大鼎絕大者謂之鼐漢書郊祀志上鼐鼎

韻史 卷三第一部去聲戒韻

二九二

及鼒注鼐鼎也廣雅釋器

朗岱切

⿰內見

內視也說文段注史記趙良曰內視之謂明於从來取意內視曰睞一切經音義六引蒼頡○壹按此段睞為視也从見从目義本交通

睞

目童子不正也說文段注目精注人故从來屈賦所謂目成也睞旁視也文選洛神賦明眸善睞注睞視也廣雅釋詁一又文選射雉賦睞悍目以旁睞徐注內視曰睞壹按此詳⿰內見下借字也

勑

○俗有徠勞也說文段注此當云勞勑也淺人刪之一字耳此勞依今法讀去聲孟子放勲曰勞之來之詩序曰萬民離散不安其居宣王能勞來還定安集之來皆勑之省俗誤用為救字來勤也爾雅釋詁又詩大東職勞不來傳下武箋文王有聲箋江漢箋○壹按此段來為勑也訓勤撟訓勞來懃也一切經音義廿二引廣雅來強事也爾雅釋詁舍人注徠者以恩招徠也漢書平當傳勞徠有意者注○壹按段徠

韻史 卷三第一部去聲戒韻

二九三

猶段來也徠與徠祓差一畫

賚

賜也周書曰賚爾秬鬯說文段注大雅傳云釐賜也釐者來之段借也周書云云文侯之命文○爾雅釋詁又詩烈祖賚我思成傳又論語堯曰周有大賚集解又皇疏又文選東京賦賚皇寮薛注並云賚賜也賚予也爾雅釋詁又詩楚茨徂賚孝孫傳○賚序云賚予也言所以錫予善人也賚與也詩賚序釋文

贊岱切

再

一舉而二也說文段注凡言二者對偶之詞凡言再者重複之詞一而又有加也再二也廣雅釋詁四○壹按周禮司刺再刺再宥再赦漢書刑法志作二刺二宥二赦又孟子告子下再不朝初學記作二不朝再猶重也禮記玉藻酒肉之賜弗再拜疏不再猶不更也禮記儒行過言不再注再失為復失也周書大開武無再失注

洅

雷震洅洅也說文

𩚁

○俗有𩚁𩚁設飪也說文段注古用為發語之載也如石鼓詩載作𩚁○壹按石鼓文云𩚁西𩚁北𩚁設

韻史 卷三第一部去聲戒韻

二九四

也廣雅釋言飢始也玉篇飢詞也廣雅釋詁四〇萓按今本作飢詞也錢步詹事審定飢爲飢之譌然別飢與飢音義皆同

戴

故國在陳留說文段注春秋經隱十五年宋人蔡人衛人伐戴三經皆作戴惟穀梁音義曰戴本或作戴而前志作戴古戴戴同音通用耳許作戴左氏音義引字林戴亦作戴呂李許許所據从邑也前志云梁國留故戴國後志云陳留郡考城故菑注引陳留志云古戴國今河南衛輝府考城縣〻東南五里有考城故城漢之留縣古之戴國也留與戠古同音戴古字留洪字許云在陳留者章帝改名考城蜀陳留也水經注汳水篇曰陳留風俗傳曰泰之穀縣後遣漢兵起邑多哭年故改曰萬縣王名吏名嘉穀章帝東處諾曰萬縣名不善其改曰考城案恭章帝不遣同音諂字之𠊱委故不能正爲戴字而風俗傳云秦之穀縣則更無稽之言耳〇萓按果恭己更名嘉戲其名姦矣章帝無庸後改且不言現在之縣名而轉援己改之縣名尤不可信也

載

用諸義分粢也說文段注粢者覆也上覆之則下載之故其義相成引申之謂所載之物曰載如詩載輸爾載下載音才再反是也引申爲凡載物之偁如詩汎汎楊舟載沈載浮中庸天地之無不持載是也又段借之爲始才之段借也才者艸木之物初也夏曰載亦謂四時終始也又段借爲事詩上天之載毛傳曰載事也是也又段借爲語詞詩載馳載驅毛傳曰載事辭也春日載陽箋云載之言則也〇廣雅釋詁四又漢書敘傳上集注姑云載乘也又曾參傳集注云載來也又董仲舒傳身寵而而載高位注云載亦來也載猶戴也詩絲衣載弁俅俅箋〇釋名釋姿容云載薰也也戴在其上也又管子問師車之載戴何來注云載謂其車蓋載猶任也荀子富國以國載之注載猶處也老子載營魄王注載職也後漢書楊賜傳注載重也後漢書張衡鄭傳注楊震傳注傅毅傳注載安也老子武武禁注載載成也小爾雅廣詁又國語周語奕世載德注天地之所載也注晉語君若求置晉君而載之注音庚日載其怨注載跂也廣雅釋詁二載者置也史記礼書側載臭茝索隱載祖載也穆天子傳六大哭殤祀而載注載即登牲體於俎也周礼御僕注乃匕載

疏〇儀礼士冠礼載合升注云於鑊曰亨在鼎曰升在俎曰載又載者統於執設者統於席儀礼士喪礼設文右莅注載設也詩旱麓清酒既載薛君章句又法言先知載使子艸律注載施也國語晉語重耳若獲集德而歸載注載予也廣雅釋詁三載與也同上載飾也淮南兵略載以銀錫注載爲也周礼大宗伯大賓客則攝而載果注載行也書堯典有能奮庸熙帝之載鄭注又左氏昭十年傳陳錫載周注又國語周語登年以載注又史記五帝紀載時以象天索隱又小爾雅廣言又管子形勢虎豹得幽而威可載也注修靡載蔡明盟注又淮南俶眞日月無所載注〇荀子榮辱使人載其事而各得其宜注云載行也任之也載者運行之義書皋陶謨載采采疏云〇大選帝魏武帝文運神適以載德注云載猶行也〇蓋樓講書才再切載字注云載運也與作代切載字不同其賓乃强生分別耳皋謨載訓運行而釋文於載采米不爲音可知瑣昚飢析古人卒不爾也載生也管子修靡地重人載注又文選琴賦披重壞以斑載分〇釋名釋天云載生物也又音紀總論然懷帝如載注云載猶生也載言也爾雅釋詁載辭也詩載馳載馳黃驅傳又左氏定

三年傳載祀六百注又賈注又孟子離婁上載胥及溺注又文選陸士衡贈從兄車騎詩注引鍾會老子注〇萓按用載爲語詞本無正字終古段借也其段載爲才爲事則有正字事字而用借字也載則也國語周語載戢干戈注又文選高唐賦注引廣雅載之言則也詩載馳箋七月春日載陽箋湛露在宗載考箋沔水載飛載止箋小宛載飛載鳴箋楚茨皇尸載起箋江漢王心載寧箋時邁箋有駜在公載燕箋〇王伯申經傳釋詞云載猶則也有句中疊用之者若載脂載舝是也有數句疊用之者若載寢之牀載衣之裳載弄之璋是也載記也國語晉語子犯授公子載璧注〇詩大明文王初載傳云載識又禮記中庸疏云載容明義亦得爲識亦得爲殖載載於書也禹貢釋文〇左氏春秋序朝覽載籍疏云載亦書也又僖二十六年傳載在盟府注云載載書也又襄九年傳晉士莊子爲載書注云載書盟書載盟辭也後漢書隗囂傳注〇周礼司盟掌盟載之濟注云載盟辭也盟者書其辭於策殺牲取血坎其牲加書於上而埋之謂之載書載僞也爾雅釋詁〇注云載者言而不信十選謂之載御覽七百五十引風俗通道出其前曰載北在前故載也釋名釋北載

歲也夏曰歲商曰祀周曰年唐虞曰載爾雅釋天○孫注云載取萬物終而復始又獨斷上云唐虞曰載載歲也言一歲莫不覆載故曰載四也又法言孝至孝載曰功注云載歲也載年也書堯典九載績用弗成晚出傳又文選東京賦歷載三六薛注○白虎通四時云載之言成也二帝言載三王言年○萱按廣韻以下於訓年訓歲之皆兼讀工肇其自慢有如此者載始也萱按此段載為才也載之言事也萱按此謂載即事之借字也

聚氏切

載

重見義分運也類韻○集韻云載舟車運物也萱按運疑奪所字廣韻亦然○詩正月載輸爾載不輸爾載釋文爾載音才再反萱按載與所載之物義分動靜故陸氏作此音而韻書沿之其義則一義之引申耳何庸瑣瑣然析乎臬閒談載采采不讀才再反而九沖遠釋載為運行亦其一證矣

栽

築牆長版也春秋傳曰楚圍蔡里而栽說文段注古築牆先引繩營其廣輪方制之正詩曰俾立室家其繩則直是也繩直則豎楨榦題曰楨植於兩頭之長杙也旁曰榦植於兩旁之長杙也植之謂之栽栽之言立也而後橫施版於兩邊榦內以繩束榦實土用築築之一版竣則層累而上詩曰束版以載捄之陾陾度之薨薨築之登登是也然則栽者合楨榦與版而言許云築牆長版為栽者以版該楨榦也中庸故栽者培之鄭云栽猶植也今時人名艸木之殖曰栽築牆立版曰栽鄭同許說春秋云云左傳哀公元年文栽今分平去二聲古無是也中庸注互證○左氏莊廿九年傳水昏正而栽注云栽樹版榦又定元年城成周庚寅栽注云栽設板築又哀元年傳注云栽設版築為圍壘疏云築牆立版謂之栽又云栽者豎木以約版也栽者樹立之語左傳莊廿九年疏栽植也禮記中庸故栽者培之梓文○工天之栽注云栽殖曰栽謂生物也凡時艸謂之栽文選潘安仁在懷縣詩緇栽肅芊芊注出土為栽桑論衡骨相栽閣也廣雅釋室

在

○俗有我存也說文段注存恤問也釋詁徂在存也在存察也案虞夏書在訓察謂在與伺音同即存問之義也在之義古訓為存問今義但訓為存亡之存○儀禮聘禮記子以君命為存君注又左氏僖九年傳其在亂子注又國語周語目不在體注又淮南原道則無所不在注益云在存也又大戴記曾子立事存往者在來者注云在猶存也在存問之左氏襄廿六年傳吾子獨不在寡人注在尻廣雅釋詁二在察也詩文王在帝左右箋文王記文王世子必在視寒煖之節注又周書大聚王親在之注又漢書郊祀志上覺舁在璇璣玉衡集注司馬相如傳下集注○爾雅釋詁舍人注云在見物之察也在終也爾雅釋詁不在在也法言學行不在仲尼乎注○萱按州輔碑我貴不濡我與在同漢人用其時俗字也

菜

艸之可食者說文○廣雅釋艸云菜艸也菜即蘋蘇之屬周禮大胥舍菜注○禮記學記皮弁祭菜注云菜謂芹藻之屬五菜謂葵藿薤蔥韭素問藏氣法時論五菜為充注五菜者

世所謂五辛之菜也穀梁宣十五年注以種五菜疏傳祭菜禮先聖先師禮記學記注○儀禮士昏禮乃奠菜注云奠菜者以蘋蘩菜也蓋用菫菜謂采地菜之言采也孟子音義下引丁音○萱按此謂菜為采之段借字也周禮夏采本作菜亦爾采即菜也又周禮大胥司農注舍采疏○萱按此段采為菜也二字互借通用矣又荀子大略為幡菜敝而不反其常此段菜為菑也

徵岱切

閡

外閉也說文段注有外閉則為礙○漢書律曆志工集注引晉灼云外閉曰閡亥者核也正義引孟康閡限也小爾雅廣言閡與礙同陂漢書廣翊傳不令有所拘閡而已注○閡藏塞也史記律書萱按閡礙音義當同不言段借閡亦陔也萱按此謂閡即陔之借字

礙

○俗有碍壞止也說文又廣雅釋詁三礙距也廣雅釋言限至曰礙一切經音義四引通俗文○莊法言問道礙諸以禮樂注云礙限也又廣雅釋詁一云礙至也礙挂也淮南繆稱洞同復礙我而

譺

無所礙注 礙閡也 廣雅釋言○莖按楊君石門 閡遺弓弗前段弓為蹤也 歐食垂咽曰儀 莊子
盍路後溺于溺氣釋文○ 豈按此謂後為礙之借字
駭也 說文段注駭為行汽汽也此駭之本義也方言癡駭也 駭吾駭反此駭之別義也廣雅駭調也謂相嘲調適俗
文大調曰譺墨大相 嘲調者如癡駭然也 譺欺調也 一切經音義 引字林

儗

或書作懸 駭也一曰惶也 說文段注駭本訓馬行汽汽引申為疑 立之戕又引申之則方言曰汽汽癡駭也懲
駭師方言之癡駭 疒部曰癡不慧也 懸惶也病也駭也 玉篇

徵岱切

塞

隔也 說文段注昌部偏下云塞也是為轉注俗用為塞屖字 而塞之義屖之形俠屏矣廣韻曰邊塞也明堂位四塞
世告至注云四塞謂夷服鎮服蕃服在四方為蔽塞者鄭 注所謂天子守在四夷也戰國衰齊有長城巨防足以為塞
呂氏春秋天下有九塞所指守在四竟也鄭風庸風塞者以 傳曰塞塞也塞充實也皆謂塞為塞之段借字也

鄣塞為名 漢書佞幸鄧通傳盜出徼外鑄 錢注○呂覽李春云無有障塞 東北謂之塞西南
謂之徼 同上 險阻曰塞 呂覽有始 有九塞注 山 塞隨處也 國衰秦衰而世 主不敢交陽庚
之注 塞 築城守道謂之塞 書秦誓 序疏 塞掩也 荀子大略故 而避所短注塞 塞猶
蔽也 禮記郊特牲 而旅樹注 臺 塞紫塞也 文選赭白馬賦 簡偉塞門注 要塞邊城要
害處也 禮記月令注 完禮要塞 塞外境外也 荀子彊國築 堂於塞外注 明 塞謂報神恩
也 文選為鄭沖勸晉王牋西塞江源注○後漢書曹節傳注 云塞祠也字當為賽通用○豈按古未有賽字祇用塞
此無字而段借也又莊子駢拇則 塞以游此李有塞字而省借也傳

簺

行簺相塞謂之簺 說文段注格五見吾上壽王傳劉德曰格 五簺行塞法曰簺自秉五至五格不得行
故云格五莊子作博塞○後漢書 梁冀傳注云行簺相塞謂之簺 塞博之類也 莊子駢拇則 博塞以遊釋
文 璏有五采刻為一畫者謂之塞 後漢書梁 冀傳注

保岱切

背

○俗有資 脊也 說文段注華部曰脊背呂也然則脊者背之一端 背不止於脊如髀者股外股不止於髀也云背脊
也投髀也文法正同 易艮其背不獲其身 周 背俞也 素問長 刺節論 背為胃中之府 素問 藏氣
法時論肩背痛注金匱真言論俞在肩背 注氣交變大論肩背熱注脈要精微論 艮為背 易睽見豕 負塗虞注
解負且乘虞注艮利其背 服牛乘馬引重致遠虞注
背為陽腹為陰 周禮典瑞注云璧在背 上金匱真言論背為陽
家有獻牛足出背上 引張晏云背者陰也 背者无見之物也 易艮 其背注
在後浮也 釋名釋形體○楚辭招魂工祝招君背行先些注云背倍也 背北也 廣雅釋北也規又○號詩伯兮云背北堂也
無背無則時釋文選高唐賦注 背遅也 楚辭惜誦以背衆兮忘保注 背負也 廣雅釋詁四 背棄

去也 荀子解蔽背而走注○漢書高帝紀上項羽追北注引 韋昭云背去而走也又後漢書班彪傳下注云背偽去
離飾 也 背戾也 呂覽尊師聽從不 盡力命之同背注 內臣外鄉茲謂背 漢書五行 志下之下
引京房易傳○賈誼傳下無倍畔之心注云倍讀曰背○蓋 按小顏號贊矣倍李義訓反何轉破為背手尋背倍二字字
異而義同倍四部背一部其音亦畧相近也然背非一字貴 韻十八隊背又讀蒲昧切見謬背倍同音而倍之俗體亦从
背作偕矣豈 非逕事爭 背形如背宇也 漢書天文志軍適背穴注引孟 康○注引如淳云在蜀如李環
向日為抱 而外為背 背竄雚也 廣雅釋馬○水經渠榆 河注云為路謂背為九

邶

○俗 有鄁 故商邑自河內朝歌已北是也 說文段注商畿內之 地也邑國也商頌曰
商邑翼翼河內朝歌二志同前志曰朝歌紂所都詩譜曰邶 庸衛者商紂畿內方千里之地武王伐紂以其京師封紂子
武庚為殷後三分其地置三監使管叔蔡叔霍叔尹而教之 自紂而北謂之邶南謂之庸東謂之衛殷三監導武庚叛成

王敎武庚伐三監更於北三國建諸侯封康叔於衛使為之長後世子孫稍并彼二國混而名之從其國本而異之為邶鄘衛之詩為故邶城在今河南衛輝府府東北通典曰故鄘城在新鄉縣西南三十二里○詩邶釋文云自紂城而北曰邶又云邶本作鄁

佩 抱岱切

○俗有珮大帶佩也說文段注大帶佩者謂佩必系於大帶也古者有大帶有革帶佩系於革帶不在大帶何以言大帶佩也革帶統於大帶也許於系部之紳革部之鞶皆曰大帶賈則紳為大帶鞶為革帶佩者內則左右佩用是佩佩玉也詩子衿青青子佩傳又左氏定三年傳蔡昭侯為兩佩注○初學記引蔡談疑字義云佩者玉器之名又周禮玉府共王之服玉佩玉珠玉注云佩玉者王之所帶者佩瓊琚之屬也楚辭湘君遺余佩兮澧浦注○釋名釋衣服云佩倍也言其非一物有倍貳也有珠有玉有容刀有帨巾有觿之屬也雜佩者珩璜琚瑀衡牙之類詩女曰雞鳴襍佩以贈之傳佩刀在佩旁之刀也釋名釋兵○又云刀或曰容刀佩佩者服用之偁初學記引蔡談疑字義佩飾也離騷紉秋蘭以

為佩兮注佩帶也文選東京賦佩玉璽薛注○漢書五行志下之工解惟組結佩之注云佩帶之又山海經南山經杻陽之山有獸名鹿蜀佩之宜子孫注云佩謂帶其皮毛珮為行容文選東京賦以飾容薛注珮佩所以章德服之表也續漢書輿服志下佩所以表中心漢書五行志中之上佩衷之旗也注○左氏閔二年傳云佩衷之旗也

憊

𤺊或○俗有憊懯也說文○萱接懯下云𤺊也新謂轉注憊疲也列子天瑞知老之憊釋文黃帝單憊於戲笑釋文○一切經音義七引通俗文云疲極曰憊憊困也易蹇釋文引鄭注又蔔子賦注來悟憊通于大神注憊羸困也礼記檀弓注盧憊之聲釋文憊劣弱也易既濟憊也釋文引鄭注憊困劣也易既濟釋文引陸注憊極也廣雅釋詁一憊力極也漢書樊噲傳又何憊也注憊疲極也後漢書西光傳注

合口 許

怪 古壞切

異也說文又書禹貢鉛松怪石晚出傳又周書大戒六出觀好怪注又莊子逍遙遊齊諧者志怪者也釋文齊物論恢恑譎怪釋文引李注徐無鬼不與之為怪注怪異也論語述而怪力亂神集解引王肅注怪人皇疏詭異為怪淮南主術珍怪奇物注○論衡自犯云說於眾而笑出曰怪怪者疑也風俗通怪神怪戴也淮南說林知者不怪注怪民狂易周礼閽人奇服怪民不入宮注其怪物慶雲之屬也礼記祭法見怪物注怪錯奇怪襍錯也文選江賦爾其水物怪錯注怪石怪異好石似玉者後漢書馬融傳注○山海經中山經苟牀之山多怪石注云怪石似玉也又書禹貢釋文云怪石珷玞之屬怪鴟茅鴟爾雅釋鳥凡言怪者皆謂皃狀倔奇不常也山經猨翼之山多怪獸多怪魚注○中山經江水其中多怪蛇注云怪蛇鉤蛇又呼馬絆蛇

槶

或作槶[illegible]匿當也說文段注匿當今俗有此語謂物之腔子槶亦作匫亦作匫士極礼注云滕薛名匫為墳

釋名釋首飾曰簂恢也恢廓覆髮上也魯人曰頍齊人曰幗案鄭劉所說幗之一耑耳簂婦人首飾也後漢書烏桓鮮卑傳注幗婦人首飾晉書音義上幗婦人喪冠廣韻

誨 戶怪切

曉教也說文段注曉教者明曉而教之也訓以柔克誨以剛克周書無逸胥訓告胥教誨是也曉之以破其晦是曰誨誨教也易繫辭慢藏誨盜釋又詩鶴鳴序誨宣王也箋又周礼大宰疏文礼記檀弓夫子誨之注又左氏襄十四年傳使曹師誨之琴注又論語為政誨汝知之乎皇疏述而誨人不倦皇疏憲問忠焉能勿誨乎皇疏又孟子告子上大匠誨人注又廣雅釋詁四○論語為政孔注云誨猶教也又詩鶴鳴序疏云誨謂教所未知誨示也華嚴經音義上引易劉瓛注

𠧞

易卦之上體也商書曰曰貞曰𠧞說文段注今商書左傳皆作悔疑𠧞是壁中古文孔安國以今文讀之易為悔也商書謂洪範也案左傳三引洪範說文五引皆云商書馬鄭本皆不如是蓋今文尚書說與今文家以微子系周書以洪範系商書微子歸周故周之箕子不臣故商之與春秋時卿大夫所習洪範皆商書則今

文家說乃古說文外卦曰悔悔之言晦也晦猶終也書洪範曰貞曰悔鄭注○左氏僖十五年傳蠱之貞風也其悔山也注云外卦為悔○蓋按𠧪悔同从每聲古多借悔經典遂無𠧪微說文則外卦之正字隱矣

晦

月盡也說文段注朔者月一日始蘇望者月滿與日相望似朔望字皆从月月盡之字獨从日者明月盡而日如故也日如故則月盡而不盡也引申為凡光盡之偁僖十五年傳春秋經晦震夷伯之廟公羊曰晦晝冥也穀梁曰晦冥也杜注左傳云與凡書晦同爾雅曰霧謂之晦○釋名釋天云晦月盡之名晦灰也火死為灰月光盡似之也

月終陰之盡盡左氏成十七年傳陳不違晦注○素問陰陽類論一陰至絕作朔晦注云陰盡為晦又穆天子傳一鶡語晦注云月終為晦入書洪範鄭注云晦猶終也

晦朔者日月之會也左氏桓十年經十月朔注○論衡四諱云三十日日月合宿謂之晦○蓋據古曆法疏未知定朔有晦朔同日者故王杜作比解杜猶晦朔並言王以合宿屬朔屬晦并矣

坤為晦易象上傳君子以嚮晦入宴息虞注彖下傳晦其明

也虞注象下傳用晦而明虞注

晦冥也爾雅釋言又穀梁僖十五年傳又國語周魯語晦而休注又莊子逍遙遊朝菌不知晦朔釋文引楚辭靈懷聲阿容以晦光兮注○公羊僖十五年傳成十六年傳並云晦者何冥也

晦暝也漢書五行志下之上集注又淮南時則窮夏晦之極注

晦昧也詩酌遵養時晦傳又左傳宣十二年注須暗昧者疏

晦暗也素問徵四失論受以明為晦注○漢書高帝紀上是時雷電晦冥注云晦冥皆謂暗也

晦昏也詩風雨風雨如晦傳

晦夜也左氏昭元年傳晦淫惑疾注○疏云晦是夜也

晦日晉太玄玄錯

晦尚休太玄玄衝

晦宴也易象上傳君子以嚮晦入宴息鄭注○翟玄注注晦者冥也

晦亦微也左氏成十四年傳志而晦注

晦比幾也文選幽通賦鮮生民之晦在書注又漢書敘傳上注引應劭

晦盲言人莫之識也荀子賦闇乎天下之晦盲也注

凡艸木華實榮茂枝葉彫傷謂之晦文選江文通襍體王微君詩寂歷百卉晦

注

齊齒呼

記 竟異切

疋也說文段注疋今字作疏謂分疏而識之也廣雅曰註記疏記學槩志識也案晉唐人作註記字註从言不从水不與傳注字同

記識也○廣雅釋詁二又呂覽任數弟子記之禮記內則記有成注云記猶識也注

記紀也紀識之也釋名釋典藝

記書也廣雅釋詁四又漢書張敞傳受記考事注又後漢書班彪傳上注獨行陳重傳前後十餘通記注○漢書揚雄傳上因江潭而淮記兮注云記書記也

記書名也莊子天地記曰釋文○漢書何武傳出記問墾田頃畝注云記謂數命之書

記史記也公羊僖二年傳宮之奇果諫記曰注

記文符也後漢書鍾離意傳

記問謂豫誦襍難襍記禮記學記記問之學注○王引之經傳釋詞云其語助也或作記或作忌或作己或作迈義竝同也詩揚之水彼其之子箋曰其或作記或作己讀聲相似又族人彼其之子表記作記

迈

古之遒人以木鐸記詩言讀與記同說文段注左傳襄十四年師曠引夏書曰遒人

以木鐸徇于路官師相規工執藝事以諫正月孟春於是乎有之杜云木鐸徇于路采歌謠之言也何注公羊曰五穀畢入民皆居宅男女同巷相從夜績從十月盡正月止男女有有所怨恨相從而歌飢者歌其食勞者歌其事男年六十女年五十無子者官衣食之使之民間求詩鄉移於邑邑移於國國以聞於天子故王者不出牖戶盡知天下食貨志曰孟春之月行人振木鐸徇於路以采詩獻之大師比其音律以聞於天子故曰王者不窺牖戶而知天下遒人即班之行人以木鐸徇於路使民間出男女歌詠記之簡牘遞達於天子故其字从辵丌辵者行也丌者薦也記與丌疊韵也為尚書襄左傳而不言振木鐸者何所事

迈己也己辭也詩崧高往迈王舅傳及箋箋○段懋堂曰大雅往迈王舅段借為語辭也傳曰迈己也箋申之曰己辭也讀如彼記之子之記王風彼其之子箋云其或作記或作己鄭風箋云忌讀為彼己之子之己是則己忌記其迈五字通用一部也大雅作近者誤近十三部也○王伯申曰毛居正六經正誤以近為迈之譌

㝌

或作疚

貧病也詩曰煢煢在㝌說文段注貧病者貧之病也周頌今作嬛嬛在疚左傳亦曰煢

癹余在疚○萱按詩雲漢閔予小子网釋文鉉云疚本作宄**宄窮也**廣雅釋詁四**疚病也**爾雅釋詁又易履履帝位而不疚釋文引馬注又詩采薇憂心孔疚傳杕杜箋大東使我心疚箋雲漢疚哉冢宰箋江漢匪疚匪棘箋閔予小子傳又禮記中庸行前定則不疚注內省不疚又左氏昭廿年傳不爲利疚於回注昭卅一年傳不爲義疚注注哀十六年傳注又論語顏淵內省不疚集解引苞注又皇疏又文選東京賦恤民事之勞疚薛注**在體中也**釋名釋疾病**疚患也**國語齊語設之以國家之患而不疚注**凡人喪曰疚**文選寡婦賦自仲秋而在疚兮注**疚山名也**莊子徐無鬼將見黃帝于具茨之山釋文引司馬注

冀

北方州也說文段注周禮曰河內曰冀州爾雅曰兩河閒曰冀州按許說是北方名冀而因以名其州也段借爲望也幸也蓋以冀同覬也覬者欲幸也**兩河閒曰冀州**說苑辨物又楚辭雲中君覽冀州兮有餘注○爾雅釋地李注云兩河閒其氣清厥性相近故曰冀冀近也又釋名釋州國云冀州亦取地以爲名也其地有險有易帝

王所都亂則冀治弱則冀彊荒則冀豐也**中國爲冀**家語正論在此冀方注○山海經大荒北經黃帝乃令應龍攻之冀州之野注云冀州名中土也**冀邑大也**淮南墬形正中冀州曰中土注**冀晉邑**國語晉語曰李使舍於冀野注**冀闕即魏闕也**史記商君傳築冀州曰隱**冀記也**同上○秦本紀正義引劉伯莊云冀猶記事**冀及也**禮記文王世子注州里馘于邑釋文**冀望也**國語魯語吾冀而朝夕修我注又史記孝武紀冀至殊庭焉索隱○索隱又云冀漢書作幾**冀幸也**離騷冀枝葉之峻茂兮注悲回風吾怨往昔之所冀兮○文選登樓賦冀王道之一平兮注云冀與覬同**冀謂心有所希求也**華嚴經音義上引珠叢○萱按冀覬同音而異部驥與覬同覬從幾皆十五部字也段借用冀

驥

○俗有蒞**千里馬也孫陽所相者天水有驥縣**說文段注孫陽字伯樂秦穆公時人具所與有九方皐即九方歅戰國策汗明說春申君是伯樂相驥事累小徐說伯樂即王良即郵無恤大繆地理志天水郡冀縣郡國志漢陽郡冀縣漢陽即天水也故城在今陝西鞏昌府伏羌縣東史皆作冀不作驥左傳冀之北土馬之所

生許萱按此說字形从冀馬會意許本作冀縣謂此即左傳生馬之地淺人改之○莊子馬蹄注篤驥名適于身而足釋文云驥千里善馬也**驥古之善馬也**論語憲問驥不稱其力釋文**驥駿馬也**莊子秋水騏驥驊騮釋文引李注○穆天子傳四右驂赤蘢注云蘢古驥字

[illegible]記

諅

忌也周書曰上不諅于凶德說文段注多方文上今書作爾尚二字諅今書作忌**諅謹也諅志也**竝廣韻

惎

毒也周書曰來就惎惎說文段注左傳用此字有用其本義者如定四年惎間王室哀元年惎澆能戒之注竝云惎毒也此用其本義也宣十二年楚人惎之脫扃注云惎教也此段惎爲記也記識也來就惎惎今尚書無此文○左氏哀廿七年傳由是惎智伯注云惎毒也**惎忌也**小爾雅廣言**惎意也**廣雅釋詁二

萁

或作惎娸○平去兩讀注在彼

𢍁

平去兩讀異義**舉也春秋傳曰晉人或以廣隊楚人𢍁之黃顥說廣車陷楚人爲舉之**說文段注此許偁古本古說杜本作惎云惎教也○萱按春秋云云宣十二年左氏傳也杜所據與許異

亟

去入兩讀**敏疾也**說文段注支部曰敏者疾也疾者本無其字依聲託事之字也後人以捷當之今人亟分入聲去聲入之訓急也去之訓數也古無是分別數亦急也非有二義詩亟其乘屋箋云亟急也詩多段棘爲亟如棘人欒欒兮傳曰悈急也我是用棘非棘其欲皆同禮記作匪革其猶革不亟之段借字也釋言曰悈急也亦作悈皆亟字之異者耳**亟疾也**爾雅釋詁又詩何人斯爾之亟行箋又禮記少儀小飯而亟之注又左氏昭廿一年傳亟言之注又公羊宣九年傳諱亟也注又國語象語而亟於前之人注晉語子盍亟索士注楚語經始勿亟注又呂覽音作以亟以故注又淮南原道火逝無而消適急注又文選思玄賦舊注○淮南兵略隧道亟注云亟言治軍隧道疾也**亟速也**爾雅釋詁又國策齊策可以令楚王亟入下東國注宋策欲霸之亟成注**亟急也**

詩北風既亟只且傳七月箋靈臺箋又左氏隱十一年傳乃亟去之釋文成九年傳勿亟遣使詣晉釋文哀廿四年傳公孫之亟也注昭五年傳習儀以亟釋文定五年傳以周王矜偲齊注又廣雅釋詁一又史記陳涉世家趙入關索隱司馬相如傳亟下縣道索隱又荀子大略君子壹教教子弟一學亟成注○素問通評虛實論春亟治經絡注又史記老莊申韓傳子亟去索隱越云亟猶急也又秦楚之云亟若是之急也索隱云亟訓急也

亟極也

淮南主術雖馳傳騖置不若此其亟注○書微子亟行暴虐禮記少儀注賦稅亟也莊子盜跖亟去走歸三釋文故云亟李作極又易傳說卦為亟心釋文云亟荀李作極

亟數也

禮記少儀亟見曰朝夕注又大戴記曾子立事亟達而無守注又公羊桓八年傳譏亟也注又穀梁文十二年傳秦魯之戰已亟注又論語陽貨好從事而亟失時皇疏又孟子盡心上見且猶不得亟注又素問生氣通天論陰者藏精而起亟也注腹中論勿動亟奪注○爾雅釋言宴暱亟也注云亟亦數也

亟數亦疾也

漢書廣陵厲王胥傳出入無悰為樂亟注引韋昭

亟屢也

漢書刑法志師旅亟動注地理志下男女亟聚會注人集注

亟敬也

廣雅釋詁一○方言一云亟愛也東齊海岱之間曰亟自關而西

秦晉之間凡相敬愛謂之亟

亟愛也

列子仲尼先亟犇佚釋文

舊

鵂 或○一部去三部平兩讀 鶹舊 逗 舊留也

說文段注釋鳥怪鴟舍人曰謂鵂鶹也南陽名鉤鵅一名忌欺窠今字為新字舊又案毛詩舊在一部音轉入三部乃別製鵂字音許流切矣角部但云鵅舊○萑按角部觜下云鴟舊頭上角觜也

舊久也

書無逸舊勞于外疏又詩抑告爾舊止箋又小尒雅廣詁又漢書禮樂志集注雋不疑傳集注又後漢書趙壹傳注○萑按無逸舊勞于外舊為小人史記魯世家引無逸作久勞于外久為小人

舊猶久也 書無逸鄭注

舊故也

公羊莊廿九年傳脩舊也注○荀子王制械用則凡非舊器者舉毀注云舊謂三代故事

舊貫者常居也

漢書元帝紀不足以充入舊貫之居注引應劭○淮南氾論注云舊常也

舊言平生之言

荀子宥坐卒遇故人曾無舊言注

乾為舊

易象下傳舊井无禽廣注

舊

是昔酒也

周禮司尊彝注猶明清與醆酒於舊澤之酒也疏

忌

憎惡也 說文 忌惡也

國語晉語而忌處者注越語不忌不具不群子注○大戴記衛將軍文子不免不忌注云忌有惡於人也又詩螽斯序不妬忌則子孫衆多也箋云忌有所諱惡於人

以行曰忌

詩小星序夫人無妬忌之行箋

忌謂妬賢

荀子致仕隱忌雍蔽之人注

忌畏也

禮記中庸無所忌憚也釋文又左氏昭元年傳幼而不忌注昭十四年傳殺人不忌為賊注○斐辭誅諫忌犯忌而干諱注云所畏為忌

忌憚也

家語正論注

忌恐也

廣雅釋詁四

忌怨也

詩瞻卬維予胥忌傳又禮記檀弓下為懟伯之忌不入注又左氏昭三年傳遇懟伯之忌注又國語晉語有君不忌注小人忌而不思注又管子大匡諸侯加忌於君注

忌難也

國語晉語好專利而不忌注

忌禁也

易象下傳居德則忌注又淮南天文虹蜺彗星者天之忌也注

忌諱者防禁也

老子天下多忌諱注

忌之言戒也

禮記表記敬忌而罔有擇言在躬注

忌敬也

左氏昭元年傳非羈何忌注

忌日謂死日

禮記檀弓上故忌日不樂注喪大記朔月忌日則歸哭于宗室注○祭義忌日之謂也注云忌日親亡之日又王制注忌日若子卯疏云忌日謂先王之亡日又周禮小史明

詔王之忌諱司農注云先王死日為忌名為諱

忌辭也

詩大叔于田叔善射忌傳○箋云忌讀如彼己之子之己○萑按忌其近己記五字皆為辭可通用可通諸記

誋

誡也

說文又淮南繆傳而不可以昭誋注

誋告也

廣雅釋詁三

惎教也

左傳宣十二年傳楚人惎之概局注又小爾雅廣言又文選西京賦人惎之誺辭注○萑按此段惎為誋也

隱記切

异

舉也虞書曰嶽曰异哉

說文段注堯典釋文云鄭音異於其音求其義謂四嶽聞堯言驚愕而曰异哉也謂异為異之段借也○列子手陽朱何以异哉釋文云异古異字

异異也

文選魏都賦异乎交益之士劉注

异已也退也

書堯典晚出傳

異

分也

說文段注分之則有彼此之異○廣雅釋詁一云異分也

異猶他也

呂覽上農賈不敢為異事注

異謂別貴賤也

禮記樂記禮者為異注

異別五方器用不同也

禮記王制事為異別注

異名所施不可同也

老子此兩者同出而異名王注

異時猶前時也

史記

平準書異時算軺車索隱○荀子解蔽云異也者同時兼知之**異日猶言往日也**漢書高帝紀下異日秦民注○食貨志下注云異時言往時也**辨異異尊卑也**禮記樂記禮辨異注○周禮鄉士注云辨異謂殊其文焉也**異類謂別姓**周禮地官序官胥師疏○論衡自紀云物無類而安生曰異又墨子經上云異二體不分不類**異者異於常也**釋名釋天○詩正月疏云反常謂之異又引鄭駁異義云非常曰異又左氏經莊七年疏云非常為異又禮記曲禮下不有異事必有異感疏云異事非常之異事類非常之感也**有不常之變者謂之異異者天之威也**春秋繁露必仁且知**異怪也**孟子梁惠王上王無異於百姓之以王為愛也注又國策秦策此無異故注燕秦所以不相期者無異故注○左氏昭廿六年傳然據有異焉晉注又史記魯周公世家有異焉集解引服虔注云異猶怪也**異者非常可怪先事而至者**公羊隱三年傳記異也○白虎通災變引春秋潛潭巴云異之言怪也先發感動之也**異為水火金木土不比和者**素問至真要大論異者從之注○後漢書應劭傳云秋一木華亦為異又徐防傳云秋一物華亦為

異**異大乎災也**公羊定元年傳**不害物為異**公羊傳襄九年疏引洪範五行傳

⿱艹異 芋也說文○蕢按芋下云麻母也一曰芋即枲也

忧 心動也說文○廣韻云忧動也**忧頭不正也**一切經音義十一引蒼頡

頄 疣戒○依段當作頄疢**顫也**說文段注集玄應書兩引說文皆作頄是其字从見又聲今本說文作疣尤聲非古也篇韻皆沿俗本之誤耳玄應引說文云謂掉動不足也蓋演記文語通俗文曰四支寒動謂之顫聚疣叢亦當作疢據玄應書及廣韻可證玄應曰今作疣知淺人以今體改古體耳○蒼按此段氏說則疒部疢字不煩別出矣疣則肬之俗體已見平聲肬下

疢 顫也說文

又 手也象形三指者手之列多略不過三也說文段注此即今之右字不言又手

者本兼ナ又而言以ナ別之而又專謂右又作右而又為更端之辭穀梁傳曰又有繼之辭也三歧象三指以指記數者或全用或用三略者言其大略○ナ下段注云俗以左右為ナ又字乃以佐佑為左右字**右尊也**漢書灌夫傳集注東方朔傳集注○淮南氾論右鬼非命注云右猶尊也又漢書藝文志是以右鬼注云右猶尊尚也**右上也**漢書霍光傳集注辛慶忌傳集注蕭望之傳集注董賢傳集注○公孫弘傳遭遇右武注云右亦上也又尹翁歸傳集注云右猶上也**右陰也**○禮記內則凡女拜尚右手注少儀卒尚右注檀弓上拱而尚右二三子皆尚右注云喪尚右右陰也**右者入者也**管子白心**右西學也**禮記樂記右射騶虞注**又者亞前之辭**詩菁莪疏○卷耳序又當輔佐君子疏云言又者繫前之辭**又有繼之詞也**穀梁成三年傳昭廿五年傳○禮記文王世子以待又語注云又語為後復論說也**又復也**詩南有嘉魚嘉賓式燕又思箋小宛天命不又傳賓之初筵室人入又箋期敢多又箋又儀禮燕禮注大射儀注聘禮記注既夕注士虞禮記又朞而大祥注少牢饋食禮注又禮記檀弓上又多乎哉注文王世子及日中又至注有司又曰注又穀梁僖廿二年傳又之注又呂覽

察微又厄戎鄭注又離駁又中之以攬莅注**十盈則更始以奇從盈數故言有也**左氏隱十一年經疏引干寶○蒼按此段有為又也易繫辭上又以尚賢也釋文云又鄭李作有

右

○俗有佑**助也**說文又易大有自天右之虞注象上傳天命不右虞注象上傳以左右民疏又詩大明保右命爾傳箋樂保右命之釋文時邁實右序有周釋文雝既右烈考釋文又禮記祭統啟右獻公注中庸保右命之注又左氏襄十年傳王右侑與注又漢書谷永傳集注元后傳集注○易繫辭上傳云右者助也又周禮士師以左右判罰注云左右助也**佑助也**易大有天命不佑釋文引鄭注又詩假樂疏又廣雅釋詁二又國語晉語天命不佑注又漢書蕭何等傳集注又後漢書張衡傳注○段懋堂曰今人以左右為ナ又字則又製佐佑為左右字**右勸也**詩彤弓一朝右之傳又周禮大祝以享右祭祀釋文**右比也**廣雅釋詁三

祐

○俗有閒**助也**說文又易繫辭可與祐神釋文又漢書李尋傳集注又文選思玄賦用棐忱而祐仁舊注○一切經音義一引字林云祐者助也又漢書李尋傳集注云祐猶助也**祐福也**漢書楊雄傳下集注又楚辭天問驚女氣

祓亮何祐注　祐配也易繫辭可與祐神釋文　祐亂也方言十三

宥

寬也說文又書堯典流宥五刑馬注又詩昊天有成命夙夜基命宥命傳又周禮大司寇則宥而舍之注小司寇聽民之所刺宥注司刺掌三刺三宥三赦之灋注又禮記王制王三又注文王世子公曰宥之注又左氏成十八年傳宥罪戾注又國語周語又齊語一再則宥注吳語而又以宥赦之注又莊子在宥聞在宥天下釋文○易象下傳君子以赦過宥罪疏云謂寬宥　宥　侑寬也管子法法文有三侑注○萱按此段侑為宥也二字互相段借三侑即三宥　宥教也左氏莊廿二年傳幸若獲宥注成三年傳以相宥也注又公羊隱元年傳注公曰宥之釋文又國語齊語若宥而反之注宥閒罪注又廣雅釋言○段懋堂曰宥為寬故赦罪曰宥周禮大司樂段宥為侑王制段又為宥　祐也漢書禮樂志集注　宥利也呂覽去宥為此有所宥也注○注又云宥為　宥之也者恐天下之遷其德也莊子在宥

婧

侑或○俗有酭　耦也說文段注耕有耦者取相助也故引申之凡相助曰耦婧之義取乎此周禮宮正以

樂侑食鄭曰侑訓勸也槩勸即助左傳王享醴命晉侯宥杜云既饗又命晉侯助以來帛以助歡宥古經多段宥為侑毛詩則段右為之傳曰右勸也令通用侑○廣雅釋詁四云侑耦也　侑勸也詩楚茨以妥以侑傳又儀禮少牢饋食禮獨侑不拜注特牲饋食禮祝侑主人拜注又禮記曾子問不侑疏禮器詔侑武方疏又荀子有坐此蓋宥坐之器注○周禮膳夫以樂侑食注又儀禮公食大夫禮公受宰夫束帛以侑注竝云侑猶勸也　宥猶勸也周禮大司樂王大食三宥注○儀禮聘禮注有司徹注又爾雅釋詁釋文禮記禮器釋文竝云古文侑作宥又禮器注云詔侑或為詔囿萱按段囿猶段宥宥也侑與宥囿皆同音　侑報也爾雅釋詁　侑四輔也禮記禮運卜筮瞽侑注　侑危欹器也荀子宥坐注○注引文子云三王有勸戒之器名侑危○萱按欹器當作敧器說詳十六部敧下

趙

走也說文段注篇韻皆作走皃

囿

圝籀　苑有垣也一曰所以養禽獸曰囿說文段注高注淮南曰有牆曰苑無

牆曰囿與許互異蓋有無互誦耳魏都賦曰繚垣開囿繚垣西京賦作繚亙繚亙綿聯即西都賦之繚以周牆也周禮注曰囿令之苑槩古今異名許析言之鄭渾言之也引申之凡淵與處曰囿夏小正正月囿有見韭囿也者囿之燕者也四月囿有見杏囿也者山之燕者也人引申之凡分別邑域曰囿常道狩引落書曰人皇始出入理九州為九囿九囿即毛詩之九有韓詩之九域也域同或古或與有與囿通用大雅靈臺傳曰囿所以域養禽獸也域養域而養之周禮囿人掌囿游之獸禁收百獸○漢書高紀帝上故秦苑囿園池注云苑有垣曰囿又詩騶驖序園囿之樂馬疏云有牆曰囿○萱按類孔皆用許義也一切經音義十九引云無墻曰囿呂忱同高誘義並別有據與　字林　囿苑也左氏莊十九年傳取蔿國之圃以為囿注僖三年傳齊侯與蔡姬乘舟於囿注昭九年傳築郎囿釋文又穀梁成十八年傳築鹿囿釋文昭九年傳釋文又國語周語囿有林池注又楚辭愍命熊羆羣而逸囿注又文選東京賦鳴諸靈囿薛注○周禮天官序官閽人囿游亦如之注云囿御苑也又地官序官囿人疏也古謂之囿漢家謂之苑　囿域也國語楚語王在靈囿注　囿者域養禽獸之處詩騶驖疏○一切經音義十二引三蒼云養禽獸處曰囿又左傳僖

卅三年注原圃具囿疏云囿者所以養禽獸又後漢書班彪傳下注云囿所以域養禽獸也　囿者畜魚鼈之處也　囿猶有也御覽百九十六引風俗通　囿有林池曰囿國策西周策周君反見梁囿而樂之也注　小曰囿呂覽重己昔先聖王之為苑囿園池也注慎小鴻集于囿注○公羊成十八年傳有囿矣又為也注云天子囿方百里公侯十里伯七里子男五里皆取一也又御覽百九十六引白虎通云囿天子百里大國四十里次國三十里小國二十里　諸侯曰囿左傳僖卅三年疏　囿笠澤也國語越語是故敗吳於囿注

蘭

或作蘭　艸也說文

意

去入网讀注在彼

憙

向記切　說也說文段注說者今之悅字樂者無所著之司言悅者有所著之司言口部嗜下曰意欲之然則憙與嗜義同與喜樂異淺人不能分別認為一字喜行而憙廢矣喜部古曰喜下施心是好憙之憙音虛記切　憙好也漢書

吏 亮記切

賈誼傳集注心喜者爲意古徵書引春秋元命苞。萱按有段意爲喜者韓仁碑聞意長是

治人者也說文吏者治也左傳襄廿五年注五吏文職疏又續漢書百官志五注引太公陰符又藝文類聚五十四引風俗通。漢書惠帝紀云吏所以爲治也吏之爲言理也。賈子大政下漢書百官公卿表上是爲長吏注云吏理也又王莽傳下云夫吏者理也吏者民之師也漢書景帝紀吏者民之所懸命也管子明法據法守職而不敢爲非者人吏也韓外傳五命曰天吏明天所使也孟子公孫丑上尊賢使能章指。天吏也注云天吏者天使也又公孫丑下爲天吏注云天吏天所使謂王者得天意者也三吏三公也左氏成三年傳王使委於三吏注。周書大臣注云三吏三卿也吏謂卿大夫士之總號周禮宮伯注王宮中諸吏之適子也疏。戴師疏云吏即卿大夫等百吏百官也國語周語百吏庶民注吏史亦一也儀禮士冠禮注羣吏有司者疏吏邑吏也呂覽具備吏皆笑宓子注吏田畯也穀梁宣十五年傳私田稼不善則非吏注

委吏主委積倉廩之吏也孟子萬章下孔子嘗爲委吏矣注吏者繹也大戴記盛德又家語執轡。詩靜女傳必有女史彤管之法疏云定本集注女吏皆作女史萱按此傳自作女史周禮女酒等其女吏與

志 軫記切

意也說文段注按此篆小徐本作大徐以意下曰志也補此爲十九文之一意者志也志者心所志也意與志志與識占皆通用心之所存謂之意所謂知識者此也大學誠其意即實其識也古文有志無識小篆乃有識字保章氏注曰志古文識識記也哀公問注曰志讀爲識識知也今之識字志韻與職韻分二解而古不分二音則二解義亦相通故文作志則志者記也知也惠定字曰論語賢者識其大者蔡邕石經作志多見而識之白虎通作志左傳曰以志吾過又曰且曰志之又曰歲職以志業又曰吾志其目也尚書曰若射之有志士表禮志矢注云志猶擬也今人分志向一字識記一字知識一字古祇有一字一音又旗幟亦即用識字則亦可用志字詩序曰詩者志之所之也在心爲志發言爲詩志之所之不能無言故識从言哀公問注云志讀爲識者漢時志識亦已殊字也許心部無志者蓋以其即古文識而識下

史載也。禮記檀弓上子蓋言子之志於公乎注又荀子王霸樂義志也注又廣雅釋詁三並云志意也志意所擬度也儀禮大射儀不以樂志也志謂思意也禮記孔子閒居志之所至注。少儀義與志與注云志私意也志謂心知列子湯問汝志強而氣弱注。禮記哀公問子志之心也注又疏云志知也又緇衣爲下可述而志注云志猶知也爲志謂心志素問血氣形志形樂志苦注。陰陽類論上空志心注云志心謂小心也在心爲志左氏昭九年傳志以定言注又漢書禮樂志注集注藝文志集注又荀子解蔽志也者藏也注以正志行察論則萬物官矣注。詩關雎序在心爲志疏云藏蘊在心謂之爲志思慮爲志詩譜序然則詩之道疏引春秋說題辭志念也史記屈原賈生傳索隱又楚辭懷沙章畫志墨兮注。儀禮聘禮將授志趨注云志猶念也志心所念慮也孟子公孫丑上夫志氣之帥也注情動爲志左氏昭廿五年傳以制六志疏。詩關雎序疏云感物而動乃吁爲志六情徧具在心未見爲志禮記曲禮上志不可滿疏志慕也論語述而志於道集解志者在心向慕之謂也論語述而志於

道皇疏。禮記學記一年視離經辨志注云辨志謂別其心意所趣向也志望也左氏哀十八年傳過於其志注志者欲之使也鬼谷子陰符。孟子萬章上不以辭害志注云志詩人志所欲之事氣爲志大戴記四代志者心之府也大戴記子張問入官貫乎心藏乎志注。論語學而父在觀其志皇疏云志謂在心未行也又爲政而志於學皇疏云志者在心之謂也志德義之府也國語晉語。呂覽遇合太上以志注云志德也又孟子滕文公下志士不忘在溝壑注云志士守義者也所居而安爲志莊子大宗師若然者其心志注君子以守道不同爲志孟子公孫丑下孟子將朝王章指存其精神以補其中謂之志韓外傳五水之精爲志素問解精微論志者骨之主同上志微意細也禮記樂記是故志微噍殺之音作注坎爲志易彖上傳惟君子爲能通天下之志虞注象下傳內難而能正其志虞注其志不同行虞注而其志通也虞注志行也虞注其志不相得虞注象上傳定民志虞注志未平也虞注上得志也虞注君子以多志前言往行虞注上合志也虞注象下傳志上行也虞注

以益志也虞注其志亂也虞注君子以致命遂志虞注信以發志也虞注志窮也虞注信志也虞注志謂識古文禮記禮運而有志焉注骨鏃不翦羽謂之志爾雅釋器○儀禮既夕記云志矢一乘識亦記漢書匈奴傳上以計識其人衆畜牧注○萱按識志同字非尋常段借之比識猶表識史記孝武紀索隱

置

○俗有罷赦也說文段注攴部曰赦置也二字互訓置之本義爲貰遣轉之爲建立所謂變則通也周禮廢置以馭其吏與廢對文古借爲植字如攷工記置而搖之即植而搖之論語植其杖即置其杖也罷置也廣雅釋詁四○萱按同字相訓者以人所易知通其所難知也置捨也華嚴經音義上引廣雅置猶廢也國語周語是以小怨置大德也注置猶委也呂覽執一今日置質爲臣注荀子大略注云置質猶言委質也○置放也漢書尹賞傳集注○常惠傳集注云置猶放也置放釋也史記吳王濞傳無有所置正義置釋也解也漢書郅都傳集注置措也荀子大略其置顏色出辭氣效注○禮記祭義夫孝置之而塞乎天地疏○

云置謂措置置設也呂覽異用湯見祝網者置四面注置立也國語晉語置之者不殆注置茅蕝注又國策西周策欲何置注又呂覽當務而不可置妾之子注侍君莫如置天子也注置小置表於南門之外注孝行父母置之子弗敢廢注又廣雅釋詁四○禮記襍記無子則爲之置後注又大戴記曾子大孝注並云置猶立也○獨斷上云大夫以下成羣立社曰置社置猶封也考工記盧人置而搖之注○萱按說者謂阮置爲植也然以置訓立衛之刖道不必破字亦自通矣凡置鼓字同此置鼓擊之以儛山海經中山經青山其祠干儛置鼓注○詩那置我鞉鼓箋云置讀曰植置著也華嚴經音義上引廣雅置留也漢書高帝紀上集注外戚傳上集注置者不去也公羊宣八年傳廢其無聲者注置驛也廣雅釋詁四又史記孝文紀餘皆給以置傳集解引廣雅又後漢書西域傳注○漢書曹參傳東取狐父郝善置注云置若今之驛也又劉屈氂傳乘疾置以聞注云置謂所置驛也又後漢書郭泰傳云置亦驛也

胾

大臠也說文段注案鄉射禮古文樴爲胾胾聲聲同也脯脡字本作挺从木从手从肉皆誤也挺一枚也樴猶挺也樴作胾明同聲而不同義○禮記禮器左殽右胾釋文又史記絳侯周勃世家獨置大胾集解引韋昭又穆天子傳六胾臠注玆云胾大臠胾臠也廣雅釋器又荀子非相君子啜其羹食其胾注胾肉也詩閟宮毛炰胾羹傳胾切肉也儀禮士虞禮胾四豆注又禮記曲禮上注○曲禮疏云純肉切之曰胾又周禮內饔注胾燔之賈疏云胾謂切肉又儀禮公食大夫禮疏云殽爲正殽胾爲切肉胾謂肉而細切管子弟子職羹胾中別注

値 寵記切

持也一曰逢遇也說文段注陳風値其鷺羽傳曰値持也引申爲當也凡彼此相遇相當曰値亦持之意也史漢多用直爲之姚察云古字例以直爲値是也價値本是相當意値者當也史記匈奴傳直上谷索隱引姚氏又儀禮喪服記注欲其文相値疏又文選皇太子釋奠會詩規周矩値注値待也史記高帝紀殺民索隱値立也漢書地理志下集注値猶乃也史記春申君傳索隱

眙

直視也說文段注方言眙逗也西秦謂之眙郭曰眙謂住視也案眙瞪古今字敎吏文瞪古今音廣韻七志作眙四十七證作瞪別爲二字矣而瞪下云陸本作眙攷玄應引通俗文云直視曰瞪是知眙之音自一部轉入六部因改書作瞪陸法言同知是一字也○史記滑稽傳目眙不禁集解引徐廣云眙直視兒愕視曰眙文選魯靈光殿賦序覿斯而眙張注佇眙立視也今市聚人謂之立眙文選吳都賦士女佇眙劉注眙鶩兒也後漢書班彪傳猶愕眙而不能階注引字林眙逗也廣雅釋詁二○萱按語云南人不識盩厔北人不識盱眙眙音怡今安徽省泗州之盱眙縣也廣韵七之眙下云盱眙地名在楚州此本無正字段借用眙而變其音耳以音求之似段台字是近

事

○俗有傳判肆叓古文職也說文段注事職疊韻職記微也古段借爲士字鄭風曰子不我思豈無他事毛傳曰事士也今本依傳改經又依經改傳而此傳不可通矣○禮記曲禮上大夫七十而致事疏云致事致職於君事職事也國語魯語卿大夫佐之受事焉注人呂覽高義子復事矣注事謂職守荀子大略臣道

知事注 事謂供國之職役也管子入國三車然後事之注 事政事也國策宋策則君
不奪太后之事矣注○左氏昭廿五年傳政事庸力行務注云在君為政在臣為事為 事政令左氏昭九年傳
禮以行事注 事治也國策秦策而詳事下吏注令子聽吾計事注又呂覽先己所事者也注論人事心予自
然之塗注尊師事五穀注順人事列黔首注又淮南原道聖人又何事焉注似與事其神者神去之注夫人之事其神而
嬈其精注精神已越於外而事復返之注精欲生而不事注主術非有事焉注○儀禮喪服傳注不治其縗疏云事猶
治也 事為也韓非諭老又呂覽諭大故務在事注○禮記樂記事蚤濟也注云事猶為也 事行也荀子
致任定其當而當然後士其刑賞而還與之注 事用也老子治人事天注 事任也荀子王霸事至佚而
功注好以權謀傾覆之才斷事其外注解蔽故羣臣去忠而事私注○性惡不可學不可事注云事為也任也 事任
使也荀子正名不事自然謂之性注而 事使也國語魯語備承事也注 事役也國策秦策歷山
之事注○荀子大略暴不事注云事謂力役 事謂役使之也漢書高高帝紀下皆復其及戶勿事注引如淳

宣帝紀且毋收事注而吏緣事注有之漢逾志亦可以事諸浮食無産業民注高惠高后文功臣表信武肅侯靳歙子亭
里事國人過律注有之又史記傳所荊成傳索隱引劉氏 事業也周書周祝加諸事則萬物服注又荀子性惡夫
工匠農賈未嘗不可以相為事也注又文選東京賦事無事薛注○史記淮陰侯傳無所事信集解引文穎云事猶業也
事謂作業荀子儒效百姓好之則亂事注○議兵時其事注○非十二子勞苦事業之中注云事業謂作業也
事業謂勞役之事荀子富國事業所惡注 所營謂之事易文言傳發於事業疏 事
所能也荀子大略移而從所任注 事猶立也禮記郊特牲信事人也注○仲尼燕居雖在畎畝之中事
之聖人已注事之立置於位也 傳猶立也周禮大宰注任猶傳也釋文○釋名釋言語云事傳也傳立也
青徐人言立曰傳 東方人以物臿地中為事漢書蒯通傳集注引李奇○集注云事字孛作
傳○薑槩字林廣韵當根合事傳為一字矣愚意判傳鋒乃别一俗字非果事之異體也似宜分見為洽 事尚作
太玄玄衝 事自竭太玄玄瑩 事功力之事周禮鄉師凡邦事令作秩叙注○禮記月令凡舉大事注

云事謂興土功又王制興事任力注云事謂築邑廬宿市也 事人事也國語越語事將有間注 通變
之謂事易繫辭上傳 正利而為謂之事荀子正名 匿而不可不為者事
也莊子在宥 事親養親也孟子離婁上事親為大注 嘉事嘉禮也禮記冠義嘉事之重者也
注 坤為事易坤或從王事虞注訟不永所事虞注蠱幹父之蠱虞注不事王虞虞注損已事遄往虞注弗益之
凶虞注小過可小虞事虞注象下傳其事同也虞注象上傳君子以作事謀始虞注習教事虞注象下傳不可大事也虞
注以申命行事虞注繫辭上傳幾事不密虞注小人之卑也虞注繫辭下傳其事肆而隱虞注 徵為事禮記樂記
形 接為事列子周穆王 事謂事事一一用意之事詩卷耳傳采采事采之也疏引
鄭志 正德利用厚生謂之三事左氏文七年傳 三事三公也文選景福殿賦三事
九司注 五事五經也管子五政 九事謂九式周禮司書九正九事注 百官之屬
謂之事周禮大司馬百官各象其事注○大戴記小辨云官治物則曰知事 事謂祭祀之事易震

億无喪有事虞注又書大傳天子有事注○周禮宮正凡邦之事詳注云事祭祀也又禮記禮器故作大事必順天時疏
云大事祭祀也 有事者巡守祭天告至之禮也公羊桓八年傳天子有事于泰山注○穀
梁隱十一年傳天子無事注云事謂巡守崩葬兵革之事 事兵戎事也呂覽音律無或作事以害羣生
注○禮記樂記恐不逮事也注云事戎也又大傳大夫士有大事省于其君注云大事寇戎之事也又周禮大司徒凡國
之大事致民注云大事謂戎事也 事戎祀也國語楚語臨事有瞽史之道注 事謂征伐禮記王制
天子無事與諸侯相見曰朝注 大事謂喪戎周禮合人凡國之大事注 事謂大小斂之屬
禮記雜記下於士既事成踊注○少儀喪發事本猶事注云事朝夕哭時 事酒今之醳酒皆新
成也禮記郊特牲注 戴事也詩文王上天之載傳又周書謚法又小尒雅廣詁又孟子萬章上祗載見瞽瞍
注○書禹貢冀州既載鄭注又周禮地官序官載師注兹云載言之事也蓋按此謂載為事之段借字

熾

戴古文 咸也說文又爾雅釋言又詩六月徽抗孔幟傳十月也之文釋文戴𢦔釋文又太玄應幟承于天注○戴

叏箋云俶載當作熾菑蓋熾俶菑載字以雙聲通段按**熾赤也**書禹貢厥土赤埴墳鄭注○蓋按此破埴為熾猶破俶為熾也**熾炊也**考工記鍾氏三月而熾之注○蓋按月令湛熾必絜呂覽作湛饎必潔熾饎異字而皆有炊義故通用也

饎

𩚄或**糦**有或**𩞁**○俗**酒食也詩曰可以饙饎**說文段注案酒食者可喜之物也故其字从食喜高頌大糦是承傳曰糦黍稷也周禮饎人大鄭注云饎人主炊官也特牲饋食禮注曰炊黍稷曰饎皆依文為訓由黍稷而炊之為酒為食其事相貫饎本酒食之偁因之名黍稷曰饎引申之義也方言糦熟食也氣熟曰糦據毛詩箋則古文以喜為饎○詩采蘩箋饎爨之事釋文七月田畯至喜箋甫田箋大田箋天保吉蠲為饎傳泂酌可以餴饎傳之爾雅釋訓疏云饎酒食也○蓋按釋訓饎字今人率作喜**饎熟也**廣雅釋詁三○爾雅釋訓釋文引字林云饎熟食也**炊黍稷曰饎**儀禮士虞禮饎爨在壁西面注特牲饋食禮主婦視饎爨于西堂下注**饎炊也**儀禮特牲饋食禮記饎爨在西壁注又呂覽仲冬湛饎必潔注**糦大祭也**詩玄鳥釋文引韓詩

廁

○依有廁**清也**說文段注溷圊古今字釋名曰廁言人雜廁在上非一也或曰溷言溷濁也或曰圊言至穢之處宜常陟治使絜清也案凡云雜廁者猶云溷雜急就篇說文叙皆曰分別部居不雜廁是也古多段廁為側如史記張釋之傳北臨廁漢書汲黯傳上踞廁視之是也**廁行清**漢書萬石君傳中帬廁牏注引孟康○注云廁牏者近身之小衫若今汗衫也**廁溷也**漢書汲黯傳集注引如淳○史記萬石張叔傳集解引徐廣云廁牏謂廁溷垣竇**廁牏也**一切經音義二引蒼頡又釋名釋宮室又漢書樂志上集注**廁閒也**廣雅釋言**廁次也**文選秋興賦注引蒼頡**廁竇除穢惡之穴也**史記萬石張叔傳集解**廁養豕圂也**漢書燕刺王旦傳廁中豕羣出注**廁邊也**側蓋按此類皆詳入聲側下

佴

擾記切

佽也說文段注此篆从之遞訓書司馬遷傳曰僕又佴之蠶室如淳曰佴佽也若人相次也一本佴作茸蘇林云茸次也若人相俾次蘇以諧音當作佴耳佴之蠶室猶云副貳之以蠶室也小顏乃欲讀為推云推致蠶室中殊非文義**佴次也**廣雅釋詁三**佴貳也**爾雅釋言**佴自作也**墨子經上**佴所謂然也**同上

娟

女字也說文

珥

瑱也說文又史記李斯傳宛珠之簪傅璣之珥索隱○列子周穆王設笄珥釋文云珥瑱也箋上垂玉以塞耳也**珥珠在耳也**文選七發注引蒼頡○漢書東方朔傳去簪珥注云珥珠玉飾耳者也○又續漢書輿服志下云珥耳垂珠也**珥插也**文選左太冲詠史詩七葉珥漢貂注○秋興賦珥蟬冕而襲紈綺之士注云珥猶插也**珥筆戴筆也**文選求通親親表執鞾珥筆注**珥日旁之危氣也兩旁內向為珥**呂覽明理有暈珥注○漢書天文志抱珥虹蜺注引如淳云凡氣在日上為冠為戴在旁直對為珥**珥形點黑也**漢書天文志注引孟康**玉珥謂劍鐔也**楚辭東皇太一撫長劍兮玉珥注**珥者取禽左耳以效功也**周禮山虞致禽而珥焉司農注○蓋按此段珥為衈也犬人凡幾珥沈辜注云珥當為衈刉衈者釁禮之事

刵

斷耳也說文段注刵見康誥呂刑五刑之外有刵軍戰則不服者殺而馘其左耳曰馘周禮田獵取禽左耳以效

功曰珥○書呂刑爰始淫為劓刵椓黥鄭注又一切經音義二引字林疏云刵斷耳也**刵斷也**廣雅釋詁一**刵截也**廣雅釋詁四○書康誥劓刵人晚出傳云刵截耳

𨠕

一部去九部平兩見○俗有𨠕**重釀酒也**說文段注此篆各本作𨠕解云酒也廣韵玉篇皆有𨠕無𨠕解云重釀也玉篇列字正與說文次弟相合然則古本說文作𨠕可知矣廣雅亦云𨠕汝更切今據以更正又案艸部之茸亦耳聲也則𨠕可而容切**𨠕重釀也**集韵引字林**𨠕酘也**廣雅釋器

䰞

餌或**粉餅也**說文段注周禮糗餌粉餈食部曰餈稻餅也此曰鬻粉餅也蓋餈者不粉之稻米為餅餌者稻米粉之為餅文互相足經云糗餌者為熬米麥傅於餌粉餈者謂以他穀粉傅於餈此許意與先後鄭說異小徐云許說最精**餌餅也**後漢書樊噲傳注○考工記弓人魚膠餌注云餌色如餌**合蒸曰餌餅之曰餈**周禮籩人注**餌而也相黏而也兗豫曰溏浹就形名之也**釋名釋飲食**餌食也**廣雅釋詁三○一切經音義九引蒼頡云餌食也案凡所食之物皆曰餌也**餌魚食也**文選傳長

廣韻何劭王濟詩臨川庶芳餌注○漢書賈誼傳適足以餌大國耳注云餌謂為其所各食

餌魚餌也莊子胠篋鉤餌網罟罾笱之知釋文鉤魚曰餌也一切經音義二引服虔○後漢書鄭興傳是以親為餌注云餌由鉤魚也餌猶筌也文選盧子諒贈劉琨詩亦忠厭餌注餌謂壽祿周書大戒庿鷹口以餌上注餌美也老子樂與餌注餌猶善也國策秦策我以宜陽餌王注餌筋腱也禮記內則為皺也釋文云餌本作歆

[食吏]

洒記切

○佽駛駛有列也說文段注列當从玉篇作烈字之誤也烈火猛也引申為凡猛之偁穀謂酒氣酷烈左傳嘉栗旨酒栗讀為烈說引申為迅疾之義今俗用駛疾字當作字駛疾也廣雅釋詁一駛速疾也華嚴經音義上引蒼頡○詩二子乘舟傳云汎汎然駛疾又晨風傳云將人注之駛疾○萱按有借駛為使者一切經音義二引三蒼云古文使字或作駛

侍

承也說文段注承者奉也受也凡言侍者皆敬恭承奉之意○廣雅釋言云侍承也侍從也華嚴經音義下引蒼頡侍使也廣雅釋詁一侍近也廣雅釋詁三侍猶臨也禮記喪大記大昏侍之注○疏引庄云侍者臨檢之也侍亦養也呂覽異用以養疾侍老也注侍時也尊者不言常於時供所當進者也釋名釋言語卑者在尊者之側曰侍孝經曾子侍郭注又釋文又論語公冶長顏淵季路侍皇疏先進閔子侍側皇疏○注孝經注云侍謂侍坐又荀子正論注云侍侍立也又呂覽振亂注云侍侍見也侍中有左右曹入侍天子故曰侍中後漢書郎顗傳注○獻帝紀注云侍中左蟬右貂本秦丞相史往來殿中故謂之侍中○朱穆傳注云中常侍秦官也寺近也詩瞻卬匪教匪誨時維婦寺傳○萱按此段寺為侍也寺郎侍也詩瞻卬疏寺掌內人之禁令也禮記內則闈寺守之注○詩車鄰寺人之令傳巷伯序寺人傷於讒箋竝云寺人內小臣也又儀禮喪服傳釋文云寺內臣又匡謬正俗四云寺人者內小臣在壺闈是寺之中謂閽人耳艮為閽寺易說卦傳○左氏成十七

年傳寺人孟張注襄廿七年傳寺人御而出注竝云寺人奄士又僖二年傳齊寺人貂注云寺人內奄官又漢書律厤志下注云寺人奄人也

蒔

更別種說文段注堯典播時百穀鄭讀時為蒔今江蘇人移秧插田中曰蒔秧○文選秋興賦注引字林云蒔更別種蒔更也方言十二蒔種也廣雅地又旨書音義中蒔立也方言十二又廣雅釋詁四

試

用也虞書曰明試以功說文試用也爾雅釋言又易无妄釋文又書盤庚中今予將試以女遷晚出傳又詩采芑師干之試傳又禮記樂記兵革不試鄭注緇衣刑不試而民咸服注又論語子罕吾不能集解引鄭注又皇疏又國語鄭語而妖試幸措注又管子形勢上無事則民自試注又漢書五行志下之上集注下之下集注又荀子議兵故國不待試而詘注宥坐是以威厲而不試注又呂覽謹聽堯惡得賢天下而試舜注用民闔廬試其民於五湖注試補也漢書酷吏王溫舒傳已而試縣亭長注試驗也易无妄不可試也釋文試嘗也廣雅釋詁三試猶嘗也視也國策秦策臣請試之注文名高而帖落者時謂

試時封氏聞見記○萱按有借弒為殺音石經公羊殘碑何隱爾試也是

弒

臣殺君也易曰臣殺其君說文段注殺弒二字轉寫既多譌亂音家又或拗泥中無定見多有殺讀弒者案述其實則曰殺君正其名弒則曰弒君春秋正名之書也故言殺弒不言殺三傳述實以釋經之書也故或言殺或言弒不必傳無殺君字也許釋弒曰臣弒君此可以證矣殺在古音十五部弒在一部本不相通也弒漢石經公羊作試二字同式聲也○公羊隱傳與弒公也注云弒者殺也臣殺君之亂凡自虐其君曰弒左氏宣十八年傳○注云弒戕皆殺也所以別外內之名君父言弒積漸之名也公羊隱四年經衛州吁弒其君完釋文○穀梁昭十三年經弒其君虔釋文云君父曰弒取積漸之名下殺上曰弒弒伺也伺閒而後得施也釋名釋喪制○白虎通誅伐云弒者弒也欲言臣子殺其君父不敢卒候閒伺事可稍稍試之

字

疾記切

乳也說文段注人及鳥生子曰乳獸曰產引申之為撫字亦引申之為文字○廣雅釋言云字乳也又古微書引孝

經援神契云字者言孳乳浸多也○蒦按說文序云倉頡之初作書蓋依類象形故謂之文其後形聲相益卽謂之字字者言孳乳而浸多也

字妊娠也易屯女子貞不字虞注

字生也廣雅釋詁一又山海經中山服之不字注又漢書嚴安傳集注

字養也左氏昭十一年傳使字敬叔注昭十六年傳非不能事大字小之難服注

字愛也詩生民牛羊腓字之傳又周禮大司族小國貢輕字之也疏又左氏成四年傳其肯字于注成十一年傳又不能字人之孤而殺之注昭元年傳樂王鮒字而敬注

古曰名今曰字周禮外史掌達書名于四方注○封氏聞見記云形聲相益明謂之字

字者滋也文選鵩鳥賦注○周禮外史疏云字者滋也滋益而名故更偁曰字

字以表德顏氏家訓風操○白虎通姓名云人所以有字何所以冠德明功敬成人也

冠而字之敬其名也禮記郊特牲○考工記輈人注饒魚字疏云字猶名也

字所以相尊也禮記冠義已冠而字之注○公羊僖九年傳字而笄之注云字者尊而不泄所以遠別也

芓

○俗有芓

麻母也一曰芓卽枲說文段注麻母見釋艸又爾雅作芓案釋艸云蕡枲實枲實猶言麻實耳儀禮傳云牡麻者枲麻也然則枲無實芓乃有實統言則皆偁枲析言則有實者偁芓無實者偁枲麻母言麻子之母喪服所謂苴斬衰皃若苴齊衰皃若枲苴麤於枲矣詩九月叔苴則又詩麻子為苴一曰云云此字義之別說也芓枲不分故云枲蕡

芓苴麻盛子者爾雅釋艸芓母注又齊民要術二引爾雅孫注

芓隄也廣雅釋室

⿱艹孳

字注有

蛓

○俗有[illegible]蝛蜩螺蚝

毛蟲也說文段注釋蟲云螺蛅蟴郭云蛓屬也今人呼蛓爲蛅蟴孫叔然云八角螫蟲失之業今俗云刺毛也者足也食木葉體有棱角有毛采色毛能螫人叔然說不誤也其老而成蛹則外有殼如雀卵然本艸經謂之雀甕或出成蛾放子如蠶子或卽卵青於殼中故本艸云雀甕蛅蟴房也本艸作蛅音同○蒦按蛓非一類食杏葉青黃而八角飲大抵黑色

蛓今俗訐為毛蛓有毒螫人爾雅釋蟲釋文

寺 想記切

○俗有閒

廷也有法度者也說文段注廴部曰廷朝中也漢書注曰凡府廷所在皆謂之寺釋名寺嗣也治事者相嗣續於其內廣韵云寺者司也官之所止有九寺案經典叚寺為侍詩瞻卬傳曰寺近也周禮注云寺之言侍也凡禮詩左傳言寺人皆同若漢西域白馬駝經來初止於鴻臚寺遂取寺名初置白馬寺此名之不正者也○

寺司也諸官府所止皆曰寺後漢書光武紀注引風俗通○左傳隱七年注諸公府御寺疏云九卿所居謂之寺又漢書何並傳今騎奴還至門注云今諸官曹之所通呼為寺又文選吳都賦注引風俗通云今尚書御史謁者所止皆曰寺

寺嗣者也理事之吏嗣續於中也後漢書和帝紀注引風俗通

寺治也一切經音義十四引廣雅

治官也廣雅釋室

寺官舍也一切經音義十四引三蒼又後漢書和帝紀注○馬援傳注云寺舍官舍也

寺館舍也華嚴經音義下引三蒼

寺郞侍也艮

為閹寺蒦按皆詳侍下

司

平去兩讀注在彼○俗有伺眮覗

嗣

孠古文

諸侯嗣國也說文段引申為凡繼嗣之偁○國語魯語荀姓實嗣注云嗣世也又左氏昭七年傳今又不禮于衛之嗣注云嗣新君也

承嗣謂冢子也大戴記曾子立事使弟猶使承嗣也注○儀禮特牲饋食禮嗣舉奠注云嗣主人將為後者

嗣繼也爾雅釋詁文國語鄭語文之非盡武其嗣子注又荀子哀公若天之嗣其事不可識注又楚辭思古閔先嗣之中絕兮注

嗣續也詩子衿子寧不嗣音箋杕杜繼嗣我日箋又左氏襄十九年傳所不嗣事於齊者注襄廿五年傳其弟嗣書注襄卅年傳誰其嗣之注○管子服法遠近高下各得其嗣注又呂覽樂成其使誰嗣之注○左氏襄三年傳晉侯問嗣焉注云嗣續其職者

嗣者繼續之言詩生民傳嗣歲繼往歲也疏

嗣歲今新歲也詩生民以興嗣歲箋

嗣習也詩子衿傳

似嗣也詩斯干似續妣祖傳裳裳者華傳卷阿似先公酋矣傳江漢召公是似傳○蒦按此謂似卽嗣之叚借字也毛他處不破字此引如鄭之破字矣又爾雅釋詁注引卷阿作嗣先公爾遒矣

似續也詩裳裳者華是以似之箋又廣雅釋詁二○荀子賦性得之是雅似者與注云似謂似續

笥

飯及衣之器也說文段注禮記曲禮注曰圓曰簞方曰笥禮
經士冠禮注曰隋方曰篋許曰簞笥也又匚
部曰匴笥也許渾言之鄭別言之也曲禮注曰簞笥盛飯食
者此飯器之證禮記引兑命曰維衣裳在笥此衣器之證大
射儀曰小樂正奏洪拾以笥注笥萑葦器業此盈笥之小者
也大者以竹爲之○文選思玄賦竊蕭艾於重笥兮注云葦
笥竝盛衣器員曰簞方曰笥業盛衣亦曰笥笥篋也後漢書劉盆子傳注張衡傳注圓曰簞方
曰笥公羊昭廿五年傳高子執簞食注笥竹器也後漢書樊曄傳注○漢書音尚傳輸物不過十笥注
云笥盛衣竹器

食

夫入兩讀義分亼米也說文段注亼集也集衆米而成食也引申之人用供口腹亦謂之食此其相生之名義也
周禮膳夫職注曰食飯也曲禮食居人之左注食飯屬也凡
令人食分去入二聲飯分上去二聲古皆不如此分別○萓
撰本無二音而今不容不分者此類是也食謂飯也易坎釋文又禮記曲禮上執食與辭疏內則注羹食食之
主也疏煎醢加于黍食上疏內則釋文玉藻子卯稷食菜羹
疏喪大記疏食飲水疏又左氏桓二年傳粢食不鑿釋文又

漢書司馬遷傳糲梁之食注而城傳下以肉爲食分酪爲漿
注首貨殖傳而顏淵簞食瓢飲注○禮記曲禮上釋文又
論語述而釋文竝云食飯屬也又論語桓二年疏云飯謂之食六食六穀之飯周禮[illegible]入其王及后之六
食注○儀禮喪服傳注謂服平生時食也疏云食亦米飯也又少牢饋食禮尸又食注云或言食或言飯食大名小數曰
飯殽食曰食淮南主術疏食注秋食養也左氏文十八年傳功以食民注又淮南說山幸善食
之而勿若注○禮記郊特牲凡食養陰氣也食者其庶羞可食者也周禮掌客食四十注
○禮記禮器疏云食豆謂之數天子朝食疏云食豆謂之無羞也食猶和齊藥之類周禮天官序官食醫注
食謂乳也通左氏桓六年傳注爲乳母疏見於具子食母者注有謂又莊于蒺充符
食反虞之祭禮記檀弓下既葬而食之注○釋文云食謂虞祭也饋食薦孰也周禮籩人饋食
之籩注飲食燕饗也周禮宰夫掌其宰禮長積膳獻飲食賓賜之饔注○漢書叙傳下集注云食猶饗
也饗食君親爲主尊賓也儀禮聘禮記燕則上介爲賓注

飤

○俗有飼糧也說文段注案以食食人物其字本作食俗作飤或作飼經典無飤許云餘食馬穀也不作飤馬此象
淺人所增釋爲糧也又非○爾雅釋木釋文引字林云飤糧也
飤一切經音義十飤哺也一一切經音義飤飽也謂以食與人曰飤
四引蒼頡訓詁引聲類
釋文○又云飤飯也爾雅釋木注葉新可飤牛
本作飯又作飼飼己曰食他曰飼也素問論以甘至饑之要注大牧飤謂
故飤牛馬也方言十二牧飤也注

品異切

葡

○俗有葡具也說文段注具共置也人部曰備慎也然則防備字當作備全具字當作葡義同而略有區別今則專
用備而葡廢矣備具也儀禮特牲饋食禮宗人舉獸尾告備注備具也又
疏釋詁三又國語周語財以備器注又廣雅釋詁三又國語楚語備物以將告形注吳語注又
判戰以爲具不腐者注又莊子庚桑楚備物以將形釋文又
呂覽當務注又淮南主術注又文選東京賦是謂告備薛注又
○三國志杜瓊傳注引備謂餼具周禮小宗伯注備咸也十二
宸陽記云備具訓具也

僃

又廣雅釋言僃畢盡也華嚴經音義上引儀禮劉兆注○儀禮特牲饋食禮主人備答拜焉注尸備答拜焉
注禮記檀弓上士備入注備猶盡也國語楚語一獻
今恣弗備注禮記月令又國語楚語注四備封
必荀子禮論故雖備家備滿也不備一同注備
踰月然後能備注家猶用足也○荀子王制使備
足也○荀子王制使備用注天
下備猶用也注云

僃古文備○俗慎也說文段注心部曰慎謹也言部曰謹慎也然則備也用也得其知古音之前則具也今字作備而具之義行也知古音之三字訓此方言慎也言之義行而今字備猶古敬也
未盡而僃不備○
之書所以作訓古具形古知古音古訓之所
此具之義也存又曰葳牧戒僃義也此方言慎
知僃小大戴記僃謂預早爲之也華嚴經音義引下
度漢書叙傳注僃者國之重也墨子七患至而設之
當先其簡事戒不虞曰○周語注云簡國之
也僃循於道之謂僃莊子天地僃者大順之總名
荀子脩身注○疏引書洪範云國語且夫
記祭統

統云備者百順之名也無所不順者爲之備又云上則順於鬼神外則順於君長內則以孝於親如此之爲備

備者成也書大傳有者人廣雅釋詁三○儀禮燕禮正歌備注云正歌者升歌及笙各三終閒歌三終合樂三終爲一備備亦成也

備究也廣雅釋詁四

備收藏也國語周語艸木節解而備藏注

備猶副也左氏哀十五年傳寡君使蓋備使注

備四人餕也儀禮少牢饋食禮賓長二人備注

備謂搖也周禮冥氏則獻其皮革齒須備司農注

備後垣也淮南齊俗訓箕踰備之森注

登備之山卽登葆山山海經大荒南經又有登備之山注

備具也萱按此期守群前下

糒

乾飯也說文段注釋名曰干飯飯而暴乾之也周禮廩人注曰行道曰糧謂糒也止居曰食謂米也案干飯今多爲之者○書費誓疏又漢書李廣傳持糒醪遺廣注李廣利傳及載糒給貳師注匈奴傳下又蛙遺殺末糒注王莽傳中大官齎糒乾肉注又後漢書明帝紀注隗囂傳注和熹鄧皇后紀注竝云糒乾飯也

糒糗也後漢書張禹傳注

絥

茷或鞴或○俗有軾鞴軾絥車絥也說文段注郊祀志雍五時路車各一乘駕被具西時畦時禺車各一乘禺馬四匹駕被具師古曰駕車被馬之飾皆具案駕車之飾此所謂絥也被馬之飾革部所謂鞁也

軷軾也鞁車軾也軾車軾也鞁車鞁竝玉篇鞁車具五音集韻鞴叙矢藏也萱按此段鞴爲步也

奰

隸作奰○俗有羆贔悉奰壯大也从大三目二目爲䀠三目爲奰益大也一曰迫也詩曰不醉而怒謂之奰說文段注張衡左思賦皆用奰屓字而鶚作贔屓俗書之不正如此屓見尸部臥息也部許器反一曰云云別一義

奰者怒而自作氣之皃詩箋疏

奰屓用力壯皃文選吳都賦巨鼇贔屓劉注○西京賦巨靈贔屓薛注云贔屓作力之皃也○萱按張左賦薛劉注字體本如此俗本作贔屓作贔屓皆誤也并引詩亦譌爲內贔於中國矣今悉更正毋俾迷誤終古

奰煩腸黃理也奰近鼻也淮南墜形食木者多力而贔注○萱按贔亦譌體也說文从三目安得改爲从四子

范記切

富

備也一曰厚也說文○禮記曲禮下不饒富注表記后稷之祀易富也注竝云富之言備也

富福也詩瞻卬何人不富傳忌是維告之富不如時箋○禮記郊特牲云富也者福也

富盛也論語顏淵富哉言乎集解引孔注又皇疏

有萬不同之謂富莊子天地

臣能世祿曰富禮記祭義殷人貴富而尚齒注○易小畜富以其鄰虞注云五貴係富又家人富家大吉疏云富謂祿位昌成也

積蓄財曰曰富論語學而富而無驕皇疏○書洪範疏云二曰富家豐財貨也

富謂藪中財物周禮大宰九曰藪以富得民注

富歲豐年也孟子告子上富歲子弟多賴注

富富於容皃國語楚語使富都那豎贊焉注

畗

畐也說文

韻史卷四

第一部入聲

泰興何萱石閭譔集　子度校字
上海顧錫麒竹泉覆審
武進李兆洛申耆鑑定

革韻

革 開口許艮德切 革 古文○俗有𢫦 獸皮治去其毛曰革革更也 說文段注皮與革二字對文則分別如秋斂皮冬斂革是也散文則通用如司裘之皮車即革路詩羔羊傳革猶皮也是也治去其毛是更革之義故引申為凡更新之用○詩載驅疏云獸皮治去毛曰革又左傳隱五年疏云去毛為革又周禮巾車疏云皮去毛曰革又冥氏疏云皮謂無文章若去毛而獻之○詩皇矣不長夏以革傳又左氏襄十四年傳失則革之注又公羊成二年傳革取清者注又國語周語工協革注屬始革興注又管子山權數革禁室注又楚辭天問何后益作革注革孳夏民注又太玄玄攡因循無革天下之理注玄數形革注埴云革更也

革 皮也 後漢書西羌傳注又管子修靡是枕傳革注又素問調經論我將深之適入必革注○五常政大論火見燔炳革金且耗注云革謂皮革亦謂革易也又管子水地所生革注

云革皮膚也又禮記禮運膚革充盈疏云革是膚內之厚皮革也

執曰韋生曰革 漢書鄭崇注每見曳革履注○東方朔傳足履革舄注云革生皮也

革 犀兕也 國語楚語皮革羽毛注

革 謂甲冑之屬以皮革為之 詩出其東門序兵革不息疏○後漢書西羌傳注云革甲也又國策秦策兵革大強注云革猶甲也又禮記樂記而貫革之射息注云貫革射穿甲革也又疏云革甲鎧也又公羊閔二年傳桓公使高子將南陽之甲注云甲革皆鎧冑也

革 謂干盾 考工記弓人利射革與質注○一切經音義一引國語貫注云三革甲冑盾三也

革 猶兵也 三國志彭羕傳注

轡首謂之革 爾雅釋器○詩蓼蕭鞗革沖沖傳云革轡首也又疏云馬轡所靶之外有餘而垂者謂之革

革車 韔也 荀子禮論金革轡靷而不入注

革車 兵車也 禮記明堂位革車千乘注又孟子盡心下革車三百兩注又國策秦策革車百乘注齊策乃具革車三十乘注又淮南本經乃以革車三百乘注

革路 木路之卑者 左傳襄十九年疏

革 驁鼓也 周禮大師金石土鼓絲木匏竹注○國語周語革木一聲注云革鼗鼓也又太玄玄擬革木土金注云革鼓也又禮記月令疏

引易通卦驗注云革為鼓

𢫦 更也 太玄玄數𢫦繫其名注○萱按注又云手有所更改故字從手也語涉蛇足

革 改也 易革鄭注又周禮司刑革輿服制度疏又漢書表志傳各集注又後漢書紀傳各注又呂覽執一天地陰陽不革而成注又淮南精神注又文選東京賦湯武誰革而用師哉薛注○易雜卦傳云革去故也又象下傳云二女同居其志不相得曰革

革 變也 漢書異姓諸侯王表集注

革 者改變之名也 易疏

革 革老也 方言十

革 急也 禮記檀弓上夫子之病革矣注子之病革矣注檀弓下若疾革注禮器匪革其猶又爾雅釋天錯革鳥曰旟孫注

革 翼也 詩斯干如鳥斯革傳○萱按此段革為翱也

革 戒也 文選三國名臣序贊注引蒼頡

諽 兩讀義分○俗有悍 飭也一曰更也 說文段注飭也諽與械音義同更也諽與革音義同

悍 變也 荀子禮論悍詭悒悛而不能無時至也注○一切經音義十四云古文革悍諽三刑同

翱 翅也 說文段注小雅如鳥斯革毛云革翼也韓詩作翱云翅也毛用古文段借字韓用正字而訓正同廣雅翱翍翼

也魏都賦雲雀踶甍而矯首壯翼摛鏤於青霄注踶則舉翮翮用勢若將飛而尚住此如鳥斯翱之謂

克 口德切 合弓 古文 占氺 古文○俗有声 肩也象屋下刻木之形 說文段注周頌傳曰仔肩克也人部曰仔克也此曰克肩也然則周頌仔肩絫言之毛謂二字皆訓克也肩謂任任事以肩故任謂之肩亦謂之克釋詁云肩克也又曰肩勝也鄭箋云仔肩任也許云勝也任也任保也保當也凡物壓於上謂之克今蘇常俗語如是釋言曰克能也其引申之義左傳曰凡師得儁曰克於鄭伯克段于鄭曰如二君故曰克即得儁之說也殺果曰克者何能也何能也能殺也此釋言之說也公羊曰克之者何殺之也此以相勝為義大雅毛傳云掊克自伐而好勝人也上象屋下象刻木彔彔形木堅而安居屋下架刻之能事之意也相勝之意也○萱按繁陽令楊君碑声壓帝心即克厭帝心也

克 刻也刻物有定處人所克念有常心也 釋名釋言語

克 能也 書洪範二曰剛克三曰柔克鄭注又詩南山匪斧不克傳伐柯箋生民克禋克祀箋蕩鮮有終箋思文克配彼天箋泮水克明其德箋又考工記輈人既克其登注又禮記表記疏坊記注緇衣注大學注又左傳莊二十年傳二十八年注成二年克遂有

功於齊注又國語周語克厭帝心注將殺單子末克而奔注吳語夫差克有成事注又漢書劉向傳集注又後漢書梁統傳注東海恭王殭傳注又太玄礥注差注居注大注常注逃注又法言修身注問神注又家語好生注大本注又一切經音義廿二引字林又文選思玄賦疇克謀而從諸舊注神女賦執者克讓注○淮南繆稱力優而克不能及也注云克猶能也克勝也書洪範馬注又詩小宛飲酒溫克傳桑柔如云不克箋又禮記曲禮下執輕如不克注禮器我戰則克注坊記予克紂注又左氏昭十二年傳不能自克注昭廿三年傳作事威克厥愛注昭廿五年疏又公羊文十四年傳大其弗克納也注又論語憲問皇疏○荀子大略然而能使其欲利不克其好義也注云克亦勝也又法言問神云勝之私謂之克克謂勝伏管子七臣七主數出重法而不克其罪注克好克人也大戴記衛將軍文子不克不忌注文王官人獨而不克注又論語憲問克伐怨欲集解引馬注克者戰勝獲賊之名左傳隱元年疏得儁曰克左氏莊十一年傳克堪也太玄中時不克也注克成也左氏宣八年經日中而克葬注克責也論語顏淵克己復禮為仁皇疏引范甯克殺也書牧誓弗禦克奔以役西土鄭

注○公羊隱元年傳已殺之注云克者詁為殺亦為能愛民在刑曰克周書謚法克者如穀氣之色相犯也書洪範曰克鄭注○王注云克者兆相侵入又疏云曰克兆相交也

勊○俗有剋尅尤勰也說文段注勰大徐作極小徐作剋今正勉又勰之尤者也勉者以力制勝之謂故其事為尤勞許書勉褒克義不同克者肩也肩者任也以春秋所書言之如辛巳雨不克葬戊午日下昃乃克葬如晉人納捷菑于郛弗克納此克之義也如鄭伯克段于鄢傳曰得儁曰克此勉之義也勉之字譌而从刀作勉猶勰之譌而从刀也經典有克無剋百家之書克剋不分而勉乃廢矣尅勝也爾雅釋詁又後漢書郅惲傳注張衡傳注又老子則無不剋注尅戴也淮南說山至伐大木非斧不尅也注尅猶約也論語顏淵尅己復禮為仁皇疏○萱按皇本雖用俗字而詁訓不誤克己與由己同一己字故馬注云克己約身也身能反禮則為仁矣剋能也後漢書鄭與傳注又一切音義廿五引字林弱而受形謂之剋御覽刑法部十八引書大傳

刻剛古文鏤也說文段注金部曰鏤剛鐵可以刻鏤也釋器曰金謂之鏤木謂之刻此析言之統言之則刻亦

鏤也引申為刻覈刻薄之刻○左氏莊二十四年經刻桓宮桷注又楚辭招魂刻方連些注並云刻鏤也木曰刻周禮大宰五曰百工飭化八材司農注○荀子富國故為之雕琢刻鏤注云木謂之刻刻謂器上所銘記漢書郊祀志上己而棄其刻注刻著五藏謂銘之於心也後漢書第五倫傳注刻肌謂墨劓臏刖後漢書梁統傳注刻識也詩雲漢后稷不克箋○萱按箋以克為刻之段借字刻畫也廣雅釋詁四○文選上林賦靚粧刻飾郭注云刻刻畫翦鬢也刻削也莊子刻意刻意尚行釋文引司馬注○後漢書黨錮傳注云刻意刻削其意不得自恣也刻到也廣雅釋詁四刻分也廣雅釋詁一刻損減也荀子禮論刻死而附生謂之墨刻生而附死謂之惑注刻貧也廣雅釋詁四刻畫也呂覽達鬱人主賢則人臣之言刻注刻侵刻也書微子我舊云刻子馬注○晚出傳云刻猶病也刻者傷害之義書微子疏刻猶責也後漢書申屠剛傳注刻急也國策秦策然深刻寡恩注○呂覽處方其辭甚刻注云刻亦急也刻漏刻也漢書鮑宣傳顧賜數刻之間注又太玄玄攤故推之以刻

注又文選謝靈運擬鄴中集陳琳詩飲讌遺景刻注劉越石荅盧諶詩序求數刻之暫歡注○詩東方未明序箋挈壺氏掌漏刻者疏云刻謂置箭壺內刻以為節而浮之水上令水漏而刻下以記晝夜昏明之度數也又華嚴經音義下引文字集略云漏刻謂以筒水刻節晝夜百刻也又漢書宣帝紀十有餘刻注云刻者以漏言時也刻刻漏詩含神霧刻曰王英生注刻陗升高也文選西京賦下刻陗其若削薛注豕其跡刻爾雅釋獸漢則注

黑北方色也火所熏之色也說文○考工記畫繢之事云北方謂之黑又禮記玉藻衣正色疏云黑是北方正黑晦也如晦冥時色也釋名釋采帛黑瞖色也素問風論其色黑注黑氣水氣也素問氣交言大論黑氣乃辱注周禮保章氏司農注云黑為水○赤雲為陽黑雲為陰周禮眂祲注祲陰陽氣相侵也疏坤為黑易說卦傳黑水亦出崑崙山西北隅而東南流穆天子傳二至于黑水注黑首謂民也禮記祭義以為黔首則釋文黑子今所謂黶字也漢書賈誼傳廛如黑子之著面注黑齒齒如漆也山海經大荒東

經有黑齒之國注
黑熬黍
儀禮有司徹婦贊者執白黑以授主婦注
又左氏僖三十年傳白黑形鹽注○周禮
籩人其實麷蕡白黑
司農注云黍曰曰黑
黑羊豕也
詩大田以
其騂黑傳

嫖
○俗
有墨
惄兒
說文段注五篇莫勤切奴也奴者惄之誤
○薑按廣韻墨惄也集韻墨墨二形惄也

劾
去入兩讀
○俗有劾
灋有辠也
說文段注法者謂以法施
之廣韻曰劾推窮罪人也
舉罪曰劾
漢
書
敘傳上音義引石曹又文選幽通
賦批聆吟而劾石分注引項岱
案罪曰劾
後漢書周黃徐
姜申屠傳注
漢世間罪謂之鞫斷獄謂之劾
書呂
刑疏
劾實也
周禮鄉士注
如今劾矣疏

到克切
悳
古文
內得於己外得於人也
說文段注內得於己謂身心
所自得也外得於人謂惠澤
使人得之也俗字段德為之
德者升也古字或段得為之
德也者得於身也
禮記鄉飲酒
義○詩關睢
序后妃之德也疏云德者得也自得於身人行之總名又韓
非子解老云德者得身也又云神不淫于外則身全身全之
謂
德
德者得也
禮記樂記有者五藻立容德疏又釋文又廣雅
釋詁三又管子心術又老子上德不德王注又

列子天瑞德之微也張注○太玄玄攡云
得之謂德又周禮大卜疏云德亦為得義
所得以生謂之德
賈子道德說○韓非子解老
云德也者人之所以建生也
德者全生之本
莊子駢拇而修
于德王注○禮
記大學云
德者本也
德者性之端也
禮記樂記又說苑修文○淮南
繆稱云德者性之所扶也又左
氏成十六年傳民生厚而
德正疏云德謂人之性行
得其天性謂之德
後漢書朱穆傳
又淮南齊俗○
朱穆傳注云不失天性是謂德又論語為政
導之以德皇疏引郭象云德者得其性者也
在心為德
通典
引周
禮師氏馬注又左氏桓二年傳昭德塞違疏○文十八年傳
則以觀德疏云德者得也自得於心又周禮師氏以三德教
國子注云德行內外之
稱在心為德施之為行
在身為德
周禮大宗伯以
地產作陽德疏
德能躬行者
周禮大司樂凡有道者有德者注○易文言傳君子進德
脩業疏云德謂德行又孝經非先王之德行不敢行注云
德行謂道德之行又禮記王
制疏云德行謂孝友之徒
實行為德
論衡書說○禮記曲
禮上道德仁義疏云
德謂善行又易繫辭上傳盛德大
業疏云於行謂之德於事謂之業
施行得理謂之德
賈子道術
○孝經德

義可尊疏引劉炫云德者得於理也
又禮記曲禮上疏云德者得理之稱
德者變及物理之所出
也
賈子道德說○鬼谷子本
經注云順理有成謂之德
德者得人及物之謂也
太玄玄
攡因循
無革天下之理得之為德也注○鶡冠子環流云所謂德者
能得人者也又老子貴德王注云德者物之所得也又左傳
桓二年疏云德者得也
謂內得於心外得於物
德得也得事宜也
釋名釋言語○事
子德充符注云莊
得以成物得以
和謂之德也
揆度於內與措得中謂德
左傳僖二十七年
疏○桓二年疏云
德是行之未發者也又詩車舝疏云德者
在內未見之言又韓非子解老云德者內也
德者道由以成
者也
管子法法通德者王注○心術上德者道之舍又
云舍之之謂德又注云道之所舍之謂德也
德者
道之用人之生也
素問寶命全形論天地合氣注又老子釋
文○韓非子解老云德者道之功又賈子
道德說云德者道之澤又大戴記王言云德者所以尊道也
又論語為政集解引包注云德謂道德也又禮記文王世子
或以德進疏云
德謂有道德者
至精而妙乎天地之間者德也
韓外傳五○
莊子天地云

通於天地
者德也
德者神人迹也
莊子天地此謂德人之容注○
駢拇釋文引崔注云德猶容也
德
者離無而之有
賈子道德說○管子兵法云卒乎無窮
者德也又心術云化育萬物謂之德
德一
也
老子德
畜之注
德者人之網要
莊子天地執
德之謂紀注
中而不可不為者德
也
莊子
在宥
動以不得已之謂德
莊子庚桑楚○大宗師以德
為循注云德者自彼所循
無
為言之之謂德
莊子
天地
精神不亂之謂有德
韓非子
解老
日新之謂
盛德
易繫辭
上傳
在己為德施行為應
詩皇矣疏引左氏昭二十
八年傳德正應和曰莫服
注
德義者行之美者也
管子
形勢
讓之為懿德
左氏昭
十年傳
德謂賢者
周禮司士以德詔爵注○管子四時德出賢
人注云德者賢人所修為故能生賢也
德謂孝悌也
禮
記
禮運天子以
德為車疏
德者政之始也
大戴記子張問入官又家語入
官○賈子數寧云始治天下為
德又左氏襄二十四年傳云德國家之基也
又漢書董仲舒傳云德者君之所以養也
德也者萬民之

宰也呂覽精通○左氏襄七年傳云恤民為德愛民無私曰德管子政○又云愛之生之養之成之利民不德天下親之曰德德恩也國策秦策西德於秦注必不德王注是不敢倍德畔施注齊策必德王注○呂覽報恩張儀所德于天下者注云德猶恩也又左氏僖二十四年傳王狄人疏云荷其恩者謂之德又成三年傳然則德我乎疏云德加於彼彼荷其恩故謂荷恩為德德有所施與之名也禮記玉藻疏引賀氏○論語憲問何以報德鄭謂恩施也又集解云德恩惠之德也慶賞之謂德後漢書荀悅傳注又韓非子二柄○禮記哀公問百姓之德也疏云德恩德謂福慶之事大德福之基也國語晉語○禮記哀公問注云德猶福也德猶利也國語周語下非地德注○左氏僖二十七年傳云德義利之本也德謂善教也禮記月令命相布德和令注○內則降德于衆兆民注云德猶教也又荀子富國不以德為政注云德謂教化使知分義也善善為德國語晉語德義之樂則未也注○說苑政理云德者養善而進闕者也能篤民過者德也周書本典諫爭不威曰德周書謚法禮以體長幼曰德禮記鄉飲酒義忠

和純淑曰德後漢書明德馬皇后紀注○莊子繕性云德和也又德充符云德者成和之脩也知徹為德莊子外物○大戴記小辨云外內參惠曰知德乾為德易剝君子德車虞注益有孚惠我德虞注象上傳君子以懿文德虞注君子以振民育德虞注君子以常德行虞注象下傳君子以自昭明德虞注居德則忌虞注議德行虞注文言傳君子進德修業虞注繫辭上傳有功而不德虞注繫辭下傳德之基也虞注德之制也虞注乾為盛德易繫辭上傳德言盛虞注繫辭下傳德之盛也虞注○訟食舊德虞注云乾為舊德又象下傳君子以居賢德善俗虞注云乾為賢德陽為德易象上傳君子以厚德載物虞注○大戴記四代云陽曰德太陰所居曰德淮南天文○又曰冬至為德注云德始生也陰陽交通謂之德易繫辭下傳通神明之德九家注秋物成實故貴德大戴記保傳上賢而貴德注地以厚為德白虎通封禪○太戴記盛德司徒之官以成德注云地理含藏故主德又淮南俶真食于地德注云地德五穀山為積德大戴記易本命○注云山積陽陽為德德以監位大戴記四代○老子上德不德下德不失德注云上德謂

太古無名號之君下德謂號謚之君能得德法者為有德大戴記盛德○又云德法者御民之本也又云德法者御民之銜勒也德音先王道德之教也詩鹿鳴德音孔昭箋○鶡冠子博選云德音者所謂聲也未聞音出而響過其聲者也德煇明惠也史記樂書德煇動乎內集解引孫炎德猷令德嶽猷也文選褚淵碑文嶽猷靡嗣注婦德謂貞順周禮九嬪婦德婦言婦容婦功注立容德如有子也禮記玉藻注德三德也禮記樂記德成而上注○少儀士依於德注云德三德也一曰至德二曰敏德三曰孝德又大戴記四代云有天德有地德有人德此謂三德又衛將軍文子孝德之始注云天道曰至德地道曰敏德人道曰孝德又云動而樂施者天德也安而待化者地德也自餘禮義忠信以下皆為人德三德剛柔正直後漢書陳寵傳注○書洪範云次六曰又用三德又云六三德一曰正直二曰剛克三曰柔克三德三老也大戴記曾子立事任善不敢臣三德注五德五行也後漢書班彪傳下注六德知仁聖義中和周禮大司徒○大司寇德糾孝注云德六德也上九德九夷

所極故以名郡水經溫水注引林邑記德星歲星也後漢書襄楷傳注德車亦乘車禮記曲禮上德車結旌注鳳鳥首文曰德山海經海內經○山南經云五采而文名曰鳳皇首文曰德德者調良之謂論語憲問驥不偁其力偁其德也集解引鄭注

德

升也說文段注升當作登德訓登者何公羊傳公曷為遠而觀魚登來之也何曰登讀言得得來之者齊人語齊人名求得為得來作登來者其言大而急由口授也唐人詩千水千山得得來得即德也登德雙聲一部與六部合韻又最近今俗謂用力從前曰德古語也○萱按經典所用德字無慮皆悳之段借也詳見悳下齊人謂登來為得來也聲有緩急得為登禮記大學注登庚之疏

㝵

或作㝵○兩見⿱貝寸取也說文段注案彳部㝵為古文得此為小篆義不同者古今字之說也在古文則同得在小篆則訓取也得猶取也呂覽報更臣弗得也注○萱按古文得㝵同字渾言也小篆㝵又別見嫥訓取析言也呂覽在小篆前字作得而訓取是不分也取與得相因似本不必分

得

〇俗有尋古文〇罦得得尋兩見行有所尋也說文段注尋取也行而有所取是曰得也凡獲器用曰得左氏定九年傳得猶足也禮記王制必參相得也注得貪得也論語季氏戒之在得集解引孔注又皇疏〇後漢書陳蕃傳注云得貪也得貪嗇也後漢書明德馬皇后紀注得者生於失也莊子秋水至德不得注得少也老子亻者同於亻王注得者時也莊子大宗師〇注云當所遇之時世謂之得得謂陽易文言傳知得而不知喪荀注得謂得事之宜也禮記大學慮而后能得注〇管子心術云得也者其謂所得以然也得序各當其任荀子議兵百官得序注得猶便也呂覽淫辭子豈不得哉注得猶出也呂覽出公平得于公注得猶知也呂覽先己故心得而聽得注義賞武王得之矣注君守此則姦邪之情得注上德變容改俗而莫得所受之注審為審所以為而輕重得矣注又淮南說山覓曰吾聞得之矣注〇呂覽任數則得之矣注云得知得謂曉其義禮記樂記禮得其報則樂注得猶制御也後漢書郅惲傳注得政為政也國語晉語不得政何以逞

怒注得相視說也左氏哀二十四年傳得太子適郢注樂全之謂得志莊子繕性不自得坐忘之謂也莊子天運蕩蕩默默乃不自得注得者外也韓非子解老得謂倨句鑿內相應考工記輪人身得則無槃而固注陟之言得也周禮大卜三曰咸陟注〇萱按注謂陟為得之借字也故又云陟讀如德齊人名求得為得來萱按此段得為德也德來與登來登庚宵變聲同義

坦德切
忒

〇俗有忒更也說文段注左部曰差者忒也參差不相值也不相值即更改之意凡人有過失改常謂之忒本無忒字各本有忒篆注云失常也蓋淺人妄增如貝部貣外沾貣虫部蟘改為蟘皆其類忒之引申為已甚俗語用之忒之段借或作貣忒差也易豫而四時不忒釋文引鄭注象上傳觀天之神道而四時不忒虞注又詩抑昊天不忒釋文又左氏文二年傳享祀不忒注又孝經其儀不忒注又鄭注又家語六本其命不忒注又廣雅釋詁四又管子內業然而不及此生之忒注又老子常德不忒王注又釋文又莊子大宗師終古不忒釋文又呂覽孟春宿離不忒注忒差

迭也易象上傳故日月不過而四時不忒虞注忒爽也老子釋文引河上公注〇萱按爾雅爽忒也與此互訓忒變也詩瞻卬鞫人忮忒傳閟宮享祀不忒箋忒變襍不一爾雅釋言爽忒也孫注忒疑也詩鳲鳩其儀不忒傳忒惡也書洪範民用僭忒馬注〇萱按漢書王嘉傳作民用僭慝又洪範衍忒史記宋世家作衍貣又易豫釋文云忒京本作貣又禮記緇記緇衣釋文云忒本作貳又張表碑紆剔荷忒皆發文也貸僭也廣雅釋詁二〇萱按此段貸為忒也差貸謂失誤有善有惡也禮記月令母有差貸注

貣

從人求物也說文段注從人猶向人也謂向人求物曰貣也業代弋同聲古無去入之別求人施人古無貳貣之分由貣字或作貸因分其義又分其聲如求人曰乞給人之求亦曰乞今分去訖去既二音又如段借二字皆為求者予者之通名唐人亦有求讀上入予讀兩去之說古音未必有是貣別為貸又以改竄許書尤為異耳經史內貣貸錯出恐皆俗增人旁蟘字經典釋文五經文字皆作蟘俗作蟘亦其證也周禮泉府凡民之貣者注云貣者謂從官借本賈

也廣韻云貣謂從官借本賈也其所據周禮正作貣而周禮注中借者予者同用一字釋文分別其音亦可知本無二字臭案古多段貣為差忒字行貣行乞也荀子儒效行貣而食注〇萱按荀此字未經俗改他家皆作貸而讀去聲矣如孟子又稱貸而盍之是也乞者今之乞字

蟘

〇俗有蟘蚤蟲食苗葉者吏乞貣則生蟘詩曰去其螟蟘說文段注乞貣皆求也左傳曰妖由人興也人無釁焉妖不自作故螟蟘蟲之害皆由吏鄭箋大田云明君以正己而去之正己可去則不正可指李巡孫炎皆謂由政所致也段螣字為之一部與六部合聲也蟘食禾葉者言段貣無厭故曰蟘爾雅釋蟲食葉蟘李注螣食苗葉之蟲禮記月令釋文又漢書五行志中之下謂螟螣之類注有之〇詩大田去其螟螣傳云食葉曰螣又晉書音義下云螣食艸葉蝗食葉曰螣今兖州謂蝗為螣呂覽不屈蝗螣農夫得而殺之注〇詩大田陸疏云螣蝗也又禮記月令百螣時起注云螣蝗之屬又淮南時則注云百螣動股蝗屬也又呂覽仲夏注云百螣動股之屬也〇萱按孫叔敖碑野無螟螣二皆譌俗體

俗體也檢字書悉無之

特

或作犆 特牛也 說文段注特本訓牡陽數奇引申之為凡單獨之偁一與一為耦故實雖我特求爾新特毛云特匹也○禮記王制用特注云特特牛也又書堯典用特疏云特一牛 特雄也 廣雅釋獸 特獨也 廣雅釋詁三又國策秦策我特以三國城從之注又呂覽論人懼之以驗其特注又文選子虛賦益特其小小者耳郭注○儀禮大射儀特升飲注又禮記禮器祭天特牲疏並云特猶獨也 犆獨也 穀梁隱十一年傳猶言釋文 特一也 禮記禮器疏又國語晉語子為我特羊之饗注楚語諸侯舉以特牛注○儀禮士昏禮其實特豚注特猶一也又士冠禮若殺則特豚注云特豚一豚也又尒雅釋水士特舟李注云一舟曰特舟又周禮司士孤卿特揖注云特揖一一揖之 犆猶一也 禮記王制天子特祠注 物無耦曰特 方言六○禮記禮器疏云特謂不用他物犯之也 特意謂人人殊意 荀子大略天下之人惟各特意哉注 猶言謂別言也 穀梁隱十一年傳 特徒也 漢書賈誼傳集注 特但也 漢書高帝紀上集注引蘇林禮樂志集注韓信傳集

注叔孫通傳集注灌夫傳集注霍光傳集注匈奴傳上集注又家語賢君豈特一身者哉注又呂覽適音非特以欺耳目注君守夫國豈特為車哉注 特猶直也 呂覽志廉特王子慶忌為之賜而不殺耳注分職豈特宮室哉注又荀子正論先王明之豈特无之耳哉注○勸學安特將學雜識志順詩書而已耳注云特猶言直也 特辭也 莊子齊物論而特不得其朕釋文引崔注何其无特操與釋文引崔注 犆縣縣於東方或於階閒而已 周禮小胥王宮縣諸侯軒縣卿大夫判縣士犆縣注○司農注云宮縣四面縣軒縣去其一面判縣又去其一面犆縣又去其一面 豕生一特 爾雅釋獸○國語楚語大夫舉以特牲注云特牲豕也 獸三歲曰特 詩伐檀胡瞻爾庭有縣特兮傳○周禮大司馬大獸公之小禽私之司農注云三歲為特 獸四歲為特 廣雅釋獸

肋 朗克切

膂骨也 說文段注亦謂之鯑鯑者鯑也如羽鯑然也 鯑謂之肋 廣雅釋親 肋勒也所以檢勒五臟也 釋名釋形體 勒分翼張 文選景福殿賦○萱按此肋勒為正借字也注云勒與肋

古字通

仂

材十人也 說文段注十倍於人也十人為仂千人為俊王制祭用數之仂注仂什一也宲一當十為仂故十取一亦為仂益仂木作仂也

扐

或作仂 易筮再扐而後卦 說文段注易繫辭傳文也卦今易作掛釋文云京作卦云再扐而後布卦蓋許同京也大衍之數五十其用四十有九分而為二以象兩掛一以象三揲之以四以象四時歸奇於扐以象閏五歲再閏故再扐而後掛虞翻曰奇所掛一策扐所揲之餘不一則二不三則四取奇以歸扐扐并合掛左手之小指為一扐則似閏月定四時成歲故歸奇於扐以象閏者已指扐復分掛如初揲歸奇於扐并掛左手次小指間為再扐則再閏也又分扐揲之如初而掛左手三指間成一變則布卦之一文謂已二扐又加一為三并重合前二扐為五歲故五歲再閏再扐而後掛據虞則字作掛者謂再分為二掛一或作卦者謂於此起卦交皆可通也凡數之餘曰扐王制祭用數之仂表用三年之仂鄭皆以為數之什一仂扐蓋同字考工記云以其圍之阞捎其藪段阞為之鄭以為三分之

一然則揲度多少中其節謂之扐無定數也 扐指間也 易繫辭釋文引馬注 扐別也 易繫辭釋文引荀注 仂勤也 廣雅釋詁四又一切經音義七引字書 艻猶成也 太玄玄數并餘於艻注○萱按此段艻為扐也艻乃後出字

朸

木之理也平原有扐縣 說文段注考工記曰陽木稹理而堅陰木疏理而柔毛詩傳曰析薪必隨其理毛詩如矢斯棘韓詩棘作朸毛曰棘棱廉也韓曰朸隅也學者皆不解及觀抑詩維德之隅毛曰隅廉也箋申之云如宮室之制内有繩直則外有廉隅然後知斯干詩謂如矢之正直而外有廉隅也韓朸為正字毛棘為段借字如矢之直則得其理而廉隅整飭矣毛韓辭異而義一也朸縣見地理志○五篇引韓詩云朸木理也 朸隅也 段巳引

阞

地理也 說文段注考工記曰凡溝逆地阞謂之不行注云溝謂造溝阞謂脈理案力者筋也筋有脈絡可尋故凡有理之字皆从力阞者地理也朸者木理也泐者水理也 阞三分之一也 考工記輪人注○萱按此段阞為扐

泐水之理也周禮曰石有時而泐說文段注防地理也朸木之理也水理如地理木理可尋其字皆从力力者人身之理也石隨其理而解散石之理如水之理故借用泐字水理猶地理故泐以防會意泐謂石解散也考工記總目石有時以泐司農注

勒馬頭落銜也說文段注落絡古今字糸部繯下云落也知許之不作絡矣釋名勒絡也絡其頭而引之案网部羈馬落頭也金部銜馬勒口中此云落其銜者謂落其頭而銜其口可控制也引申之為抑勒之義又為物勒工名之義廣韵云石虎諱勒呼馬勒為轡此名之不正也尒雅轡首謂之革革即勒之省馬絡頭者轡所係也故曰轡首毛詩鋚革皆當依古金石作攸勒鋚勒毛傳曰攸轡首飾也革轡首也自來上句奪首飾二字而莫得其解勒馬銜也後漢書烏桓鮮卑傳注○杜篤傳注云勒謂銜勒也勒馬鑣銜也一切經音義十六引字書勒馬轡也漢書匈奴傳下案勒一具注又後漢書崔寔傳注○萱按徑以轡釋勒此段大令所譏議者矣貝勒貝飾勒儀禮既夕記繆轡貝勒注勒面謂以如王龍勒之韋周禮巾車勒面績總注勒猶

勞也穆天子傳三勒七萃之士注勒刻也刻識之也釋名釋言語○禮記月令物勒工名注云勒刻也勒姐羌號也後漢書桓帝紀注勒與肋古字通文選景福殿賦勒分翼張注○萱按此段勒為肋也音同也

墊或作玏功玲墊也說文珹玏石之次玉者漢書司馬相如傳珹玏玄厲注引應劭又文選子虛賦注○史記相如傳集解引徐廣云珹玏皆次玉者

持諍克切或作持悳縋也說文段注持即方言之植月令具曲植鄭曰植槌也呂覽作具挾曲高曰挾讀曰朕三輔謂之挾關東謂之得准南書作具撲曲高曰薄持也三輔謂之撲案一高注持即持之誤得即持之段借字也篇韵皆云持一作得一作檍朕本謂橫者高注蓋統言之耳○廣雅釋器云持槌也又方言五云植齊部謂之持持木名廣韵○萱按此後出之蔿也

則贊德切則古文𠟭亦古文○俗有剔𠟭籒等畫物也說文段注等畫物者定其差等而各為介畫也

今俗云科則是也介畫之故從刀引伸之為法則段借之為語詞古文重貝者定其等差之意籒文則从鼎鼎部曰籒文以鼎為貝故員作鼎損作敹賓作鼏則作副則法也爾雅釋詁又易象下傳後有則也虞注又晚出書五子之歌有典有則傳又詩伐柯其則不遠箋六月閑之維則傳卷阿四方為則箋烝民有物有則傳抑維民之則箋泮水箋又左氏僖九年傳順帝之則注昭六年傳聖作則注文十八年傳則以觀德注又禮記曲禮上必則古昔疏禮運故聖作則疏祭義明命鬼神以為黔首則注哀公問過動則民作則注中庸其則不遠注又大戴記夏小正將背諸則傳又論語泰伯唯堯則之集解引孔注又皇疏又周髀算經下未如其則注又國語周語昭明物則以訓之注又威儀有則注則順而建德注魯語注楚語注晉語略則行志注又史記禮書小人不能則也正義又漢書紀志傳各集注又家語觀周考明堂之則注又莊子人間世願以所聞思其則釋文引崔李注又呂覽上農是謂背本反則注應同注又淮南時則律中夷則注又太玄玄數大呂生夷則注又白虎通五行又離騷名余曰正則兮注願依彭咸之遺則注大招容則秀雅注又文選東京賦辨方位而正則薛注則謂法則也素問移精變氣論治之大則注則者瀗也周禮大宗伯司

農注有者大司馬均守平則注○大史掌建邦之大典以逆邦國之治掌瀗以逆官府之治掌則以逆都鄙之治注云典則亦瀗也則亦瀗也典瀗則所用異異其名也周禮太宰二曰瀗則以馭其官注○注又云瀗則其官之制度則效也漢書五行志上集注又後漢書楊賜傳注則常也爾雅釋詁則准下也約也素問八正神明論必有法則焉注坎為則易象下傳後有則也虞注則地未成國之名周禮大宗伯五命賜則注○管子七法云根天地之氣寒暑之和水土之性人民鳥獸艸木之生物雖不甚多皆均有焉而未嘗變也謂之則不則言則也周書祭公我不則寅哉寅哉注則即也廣雅釋言○萱按詩終風願言則嚏一切經音義十五作願言即嚏○王伯申經傳釋詞云禹貢西戎即敘即與則同敘順也言西戎則皆順從也上言三苗丕敘此言西戎即敘即與丕皆詞耳某氏傳曰羌第之屬皆就次敘訓即為就敘為次敘失其音矣大戴記曾子立事篇三十四十之間而無藝即無藝矣五十而不以善聞則無聞矣即亦則也是每事言則者設瀗也周禮職方氏封公以方五百里則四公注則者陳下事左氏春秋序然則春秋疏

○經傳釋詞云則者承上起下之詞**則盡其辭也**大戴記夏下則正鷹則為鳩傳**則猶其也**王氏經傳釋詞云則猶其也檀弓人之綱斯師也則謂之何言其謂之何也左傳淫刑以逞誰則無罪言誰其無罪也**則猶而也**王氏經傳釋詞云則猶而也左傳勇則害上不登於明堂言勇而害上也逸周書大匡作勇如害上如即而字**則猶乃也**王氏經傳釋詞云則猶乃也書金縢禾則盡起言禾乃盡起也詩艸蟲我心則降言我心乃降也雲漢昊天上帝則不我遺羣公先正則不我助言乃不我遺乃不我助也**則猶若也**王氏經傳釋詞云家大人曰則猶若也書洪範女則有大疑言汝若有大疑也史記項羽紀謹守成皋則漢欲挑戰慎勿與戰漢書項籍傳作即漢欲挑戰即與則古字通而同訓為若故史記高祖紀作若漢挑戰也**則猶或也**經傳釋詞云則猶或也或與若義相近史記陳丞相世家曰則恐後悔言或恐後悔也**何則何也**經傳釋詞云何則何也墨子尚賢曰何則皆以明小物而不明大物也荀子宥生曰何則陵遲故也何則義並與何也同秦策曰此何也史記春申君傳作何作

賊粲克切　隸作賊**敗也**說文段注敗者毀也毀者缺也左傳周公作誓命曰毀則為賊又叔向曰殺人不忌為賊○淮南主術若欲飾之乃是敗之注云賊敗也**賊敗也害也**淮南說林人生事反自賊注**賊害也**漢書趙幽王友傳集注又呂覽不屈不上而治賊注又淮南說林賊心出注又楚辭招魂恐自遺賊些注多賊姦些注○論語先進賊夫人之子皇疏又漢書司馬相如傳下集注並云賊猶害也又素問刺要論反為大賊注云賊謂私害又荀子脩身云害良曰賊**賊謂賊害也**論語憲問老而不死是為賊集解○荀子宥生注云賊賊害人也又左傳昭元年注云賊害人也**賊傷害也**左氏僖九年傳不僭不賊注**賊謂損刼**素問寶命全形論百姓聞之以為殘賊注○荀子正論賊不剌注云刼殺謂之賊又大戴記千秉云飭五兵及木石曰賊**賊殺也**國語晉語使鉏麑賊之注又呂覽過理沮彝見之不忍賊注又後漢書朱穆傳注**殺人不忌為賊**左氏昭十四年傳又家語正論○書堯典冦賊姦宄鄭注呂刑周不冦賊疏又後漢書李固傳注並云殺人曰賊又漢書刑法志注云賊謂殺人又大戴記曾子立事云殺人而不威焉賊也**刑殺不正謂之賊**列女傳辯通○荀子禮論云殺生而

送死謂之賊**不教有過謂之賊**御覽刑法部一引書大傳**慢令致期謂之賊**論語堯曰○荀子宥生云慢令謹誅賊也**傷民故謂之賊也**孟子告子下古之所謂民賊也注**毀則者為賊**國語魯語**賊仁者謂之賊**孟子梁惠王下**攻禮者為賊**老子指武**姦勇為賊**國語周語○荀子解蔽云有勇非以持是則謂之賊**保利非義謂之至賊**荀子脩身**析交離親謂之賊**莊子漁父**偁人之惡謂之賊**春秋緐露仁義法**從下制上謂之賊**史記李斯傳**量其君之所不能為賊**後漢書郅惲傳○荀子臣道云不卹君之榮祿不卹國之臧否偷合苟容以持祿養交而已耳謂之國賊**誣君不諫故謂之賊**孟子離婁上吾君不能謂之賊章指**賊器盜賊之任器**周禮閽人潛服賊器不入宮注**賊曹主盜賊之事**後漢書銚期傳注王昌傳注**賊星妖星也**淮南原道星不行注**賊食節曰賊**詩大田及其蟊賊傳桑柔降此蟊賊箋又後漢書明帝紀注○爾雅釋蟲食節賊李注云食禾節者言貪狠故曰賊也

鰂

鯽或○俗有鰂**烏鰂魚也**說文段注四字句陶貞白云是鷞烏所化其口腹猶相似腹中有黑能吸波溪墨令水溷黑自衛劉淵林云腹中有藥謂其背骨海鰾鮹是也吳都賦作賊他書作鰂鯽乃俗鰂字今人用為鰿魚字○周書王會口鰂之醬注云鰂魚名**烏鰂以其懷板含墨故號小史魚也**一切經音義十七引臨海記○音義七十七引埤蒼云鰞鰂魚腹中有背出南郡背有一骨闊二寸許有鬐甚長口中有墨瞋則潠人

窫散克切　隸作实**窒也**說文段注穴部曰窒窫也此與土部塞音同義異與心部𡫳音同義近塞隔也隔塞也與窫窒訓別𡫳實也實富也與釋窒訓近凡填塞字皆當作釋自塞行而釋𡫳皆廢矣**实充窒**儀禮既夕記填实耳注○豈按經典凡釋𡫳字相沿用塞今悉改正毋俾迷誤終古**实過也**呂覽論人不可实也注**实補也**漢書東方朔傳集注楊惲傳集注于定國傳集注○淮陽憲王欽傳集注云实猶補也**实當也**漢書項籍傳集注公孫弘傳集注張湯傳集注王褒傳集注外戚傳下集注王莽傳中傳下集注○○刑法志集注云实猶當也又京房傳母使臣

寔涌水之異注云寔亦當也

寔荅也漢書終軍傳集注

寔閉也淮南主術公道通而私道寔矣注○又治道之所以寔注云寔猶閉也

寔謂不通也漢書刑法志疑寔治遺注又後漢書烏桓鮮卑傳注○荀子王霸涂蕆則寔注云寔謂行不通也

寔不行也漢書爰盎傳其後語寔注又呂覽權勲則安丸繇之說寔矣注

寔止也漢書刑法志集注金安上傳集注又管子君臣下愚而易寔注

寔斷也國策秦策寔轘緱氏之口注又呂覽誣徒則邪辟之道寔矣注

寔絕也國語晉語自背其信而寔其忠也注又漢書杜欽傳集注○呂覽季春無有障塞注云塞絕也萱按障塞之塞當訓隔讀去聲不當訓絕讀入聲也

寔謂杜絕也文選曹子建襍詩國讎亮不寔注

寔亦控也管子度地涵則寔注

寔匿陰忌周書大戒寔匿勿行注

下情不上通謂之寔管子明法○又云下情不上通謂之寔

忠臣不用謂之寔管子明法

寔寔不安也廣雅釋訓○方言十云迹迹屑屑不安也秦晉或謂之寔寔

城郭牆壍謂之寔左氏僖二十年傳凡啟寔從時注

㥶隸作寋 實也虞書曰剛而㥶說文段注邶風其心塞淵毛傳塞瘞也在集注本作實也今以許書繩之作實為是矣詩秉心塞淵王肅允塞皆同鄭箋云塞充實也今文尚書文塞晏晏鄭注考靈曜云道德純備謂之塞道德純備充實之意也咎繇謨剛而塞夏本紀作剛而實宋㠭部曰𡨄窒也穴部曰窒𡨄也寘𡨄也𡨄廣而俗多用塞塞隔也非其義也至若燕燕定之方中堯典咎繇謨諸塞字又皆當作㥶即曰段借亦當段𡨄而不當段㥶也

㥶實也漢書敘傳下傳集注○書皋陶謨疏云㥶訓實也又禮記中庸不變㥶焉注云㥶猶實

㥶滿也禮記孔子閒居志氣㥶乎天地注又淮南原道故植之而㥶于天地注說林亾夫而淵㥶注又漢書禮樂志集注齊悼惠王肥傳集注汲黯傳集注兒寬傳集注嚴助傳集注王褒傳集注鮑宣傳集注劉輔傳集注蕭望之傳集注元后傳集注

㥶猶充也荀子富國必將芻豢稻梁五味芬芳以㥶其口注

㥶充滿也禮記祭儀致禮樂之道而天下㥶焉注又詩定之方中秉心㥶淵箋

道德純備謂之㥶後漢書鄧壽傳注

㥶安也方言六又廣雅釋詁一○萱按惟廣雅本是㥶字不誤餘皆用塞作之矣今一一誤正不敢仍譌襲舛也

外邪不入謂之

㥶淮南主術

不保德切 鳥飛上翔不下來也象形說文段注凡云不然者皆於此義引申段借其音古在一部讀如德韻之北音轉入尤有韻讀甫鳩切與弗字音義皆殊音之殊則弗在十五部也義之殊則不輕弗重如嘉肴弗食不知其旨至道弗學不知其善之類可見公羊傳曰弗者不之深也俗韵書謂不同弗非是又詩鄂不韡韡箋云不當作柎柎鄂足也古聲不柎同

不非也禮記中庸苟不至德疏○萱按後漢書和帝紀注云不急謂非要又袁譚傳注云不世猶言非常也○王氏引之經傳擇詞云不否非也呂刑曰何擇非人何敬非刑何度非及墨子尚賢篇引作女何擇否人何敬不刑何度不及是不也否也皆非也故非敢謂之不敢士相見禮菜不敢為儀今文不為非是也苟非謂之苟不中庸苟不固聰明聖知達天德者其孰能知之是也豈非謂之豈不莊子讓王豈不命邪是也不與非同義故有時互用大戴記王言篇畢弋田獵之得不以盈宮室也徵數於百姓非以充府庫也不亦非也

否不也不忝無也書堯典否德忝帝位晚出傳○經傳擇詞云不否無也堯典否德忝帝位言無德也詩君子于役曰不日不月言無

一定之日月序所謂行役無期度也左傳人無釁焉妖不自作自由也言妖無由作也疏謂妖孽不能自作失之論語人不閒於其父母昆弟之言言人無有非其父母昆弟之言也故洪範無偏無黨無黨無偏史記張釋之馮唐傳贊引作不偏不黨不黨不偏呂刑鰥寡無蓋墨子尚賢引作鰥寡不蓋

不毋也勿也王氏經傳釋詞云不毋也勿也詩板無敢戲豫無敢馳驅昭三十二年左傳引作不敢戲豫不敢馳驅無與毋通不亦毋也孟子滕文公上我且往見夷子不來言我將往見夷子夷子勿來也

不發聲爾雅釋言夷上洒下不滑注○王氏經傳釋詞云五篇曰不詞也經傳所用或作丕或作否其實一也有發聲者有承上文者其發聲者書西伯戡黎曰我生不有命在天不有有也與丕處不訓為弗者不同不有命在天下不須如史記加手字以足之孟子引書丕顯哉文王謨丕承哉武王烈顯哉承哉贊美之詞丕則發聲也字通作不清廟不顯不承傳云顯於天矣見承於人矣則不為發聲可知車攻徒御不警大庖不盈傳云不警警也不盈盈也則不為語詞與訓弗者不同不必增字以足之何人斯否難知也否語詞否難知難知也言其心孔艱不可測也桑扈不戢不難受福不那傳云戢聚也不戢戢也不難難也那多也不多多也則不為語詞莀那有

菀者柳不尚息焉棄不語詞不尚尚也是正言非反言故句末用焉字文王世之不顯不語詞世之不顯世之顯也若作不顯之字文義不相承矣以是明之又曰其麗不億不語詞不億億也尚之孫子其麗不億猶曰子孫千億耳皆發聲也其承上文者禹貢三苗丕叙丕乃承上之詞猶言三苗乃叙也盤庚丕乃敢大言女有積德丕乃猶言於是也皆承上之詞也凡此皆古人屬詞之常例後世鮮經者但知不之訓弗否之訓不丕之訓大而不知其又爲語詞於是强爲注釋而經文多不可通矣三危既宅三苗丕叙厥既命庶殷庶殷丕作既誕否則侮厥父母皆先言既而後言丕其爲承上之詞顯然明白不周西北方山也後漢書張衡傳注○黃瓊傳注云西北風曰不周風不死之山卽員山也山海經海內經注履麻作之者謂之不借方言四服不服不服之獸者周禮夏官序官服不氏注

北乖也說文段注乖者戾也此於其形得其義也軍奔曰北其引申之義也謂背而走也韋昭注國語曰北者古之背字又引申之爲北方尚書大傳白虎通漢律麻志皆云北方伏方也陽氣在下萬物伏藏亦乖之義也北者乖

背之名故以敗走爲北也荀子議兵遇敵處戰則必北注北走也左氏桓九年傳以戰而北注又呂覽決勝怯則北注忠廉將衆則不必撓北矣注首時追北千里注擅熱卒北注離俗亦必不北矣注軍走曰北書甘誓釋文又左氏文十六年傳七遇皆北注又後漢書南匈奴傳注○淮南泰族子囊北而全楚注云北走逐北猶退也後漢書張衡傳注○國策宋策將出而還與北同注云北退走也北謂敗退漢書鼂錯傳凡民守戰至死而不降北者注○高帝紀上項羽追北注云北幽陰之處故謂退敗奔走者爲北北奔北史記淮陰侯傳折北不救集解引張晏○漢書蒯通傳集注云北奔也軍敗曰北史記天官書戰敗爲北軍正義又莊子則陽逐北旬有五日釋文○國語吳語吳師大北注云軍敗奔走曰北又漢書高帝紀上集注引服虔云師敗曰北又史記樂書云北者敗也又後漢書藏宮傳注云北者敗也人喜陽而惡陰北方幽陰之地故軍敗者皆謂之北北伏也廣雅釋詁三又漢書律麻志上又王莽傳中集注引晉灼○御覽時序十一引書大傳云北方者何也伏方也伏方者萬物伏藏之方也又素問異法方宜論云北方者天地閉藏之域也北方者天

之所終始也陰陽之所合別也春秋繁露陰陽終始○爾雅釋訓朔北方也注云萬物盡於北方蘇而生故言北方復北方寒涼而不毛詩巷伯投畀有北傳北風寒涼之風詩北風傳北爲陰漢書天文志集注引孟康○梁孝王武傳集注引張晏云北者陰也北陰位也國語楚語命北正藜司地以屬民注○論衡說日云北方陰也又白虎通五行云北方者陰氣在黃泉之下北面謂臣也後漢書班彪傳下注坎爲北易豊日中見斗虞注北方水也其星玄武也論衡物勢○周禮大宗伯以玄璜禮北方注云禮北方以立冬謂黑精之帝而顓頊玄冥食焉北行向水位也山海經大荒北經魃日亾之所欲逐之者令日神北行注○白虎通五行云北方水萬物所幽藏也北者高也古微書引春秋元命苞北極兩府也素問六元正紀大論雲朝北極注北斗第一天樞第二琁第三機也後漢書明德馬皇后紀注北落星名也文選思玄賦觀壁壘於北落兮注○萱按羽林軍數十星其中一星最明大者北落師門也屬壘壁陣丹元子步天歌云壘壁兩頭大似井一顆珍珠北

落門北至夏至也後漢書明帝紀注日北謂立表處大北遠日也周禮大司徒日北則景長多寒司農注○後鄭云景長於土圭謂之日北是地於日近北也北堂神主所在也荀子宥坐子貢觀於魯廟之北堂注背北堂也詩伯兮言樹之北傳○疏引儀禮注云北堂房半以北爲北堂疏云堂者總名房外內皆名爲堂也北宮后之六宮周禮內宰憲禁令于王之北宮注○注又云謂之北宮者繫於王言之明王之禁令令之入疏云欲見王有六寢后有六宮各自不同必繫王而言者后雖自有六宮必資王之令禁北寺獄名屬黃門署後漢書千乘貞王伉傳注北海海在其北也釋名釋州國北假地名也水經河水注北林林名也詩晨風鬱彼北林傳北叟塞上叟也後漢書蔡邕傳注北猶別也書堯典分北三苗鄭注○萱按此非必其鄭注也蓋後人沿虞仲翔之說耳三國志虞翻傳注引翻別傳云北古別字

抱德切

匐○俗有趴伏地也說文段注匐伏疊韵釋名曰匍匐小兒時也匐猶匍也指索可執取之言也匐伏也伏地行也

人雖長大及其求事盡力之勤猶亦稱之詩曰凡民有喪匍匐救之是也衆二條可合用可析言○一切經音義十二引字林云劃代也

蹶崩也 文選吳都賦蔥䖃氣㦐而自踼跌者注引漢書音義○萱按此崩字與孟子若崩厥角義略同

⿰耒畐 ○俗有插

治泰禾豆下潰葉也 說文段注潰葉於瘞恐其傷穀故必治之治之者當以杷以鉏此農人所當知

菔 ○俗有蒟

蘆菔似蕪菁實如小尗者 說文段注今之蘿蔔也釋艸葖蘆萉郭云萉當為菔蘆菔蕪菁屬紫花大根一名葖俗呼雹葖案置實根駭人故呼突或加艸耳蕪菁即蔓菁○萱按二物廻殊惟其葉略相似耳蕪菁花黃人食其苗葉乃菘之類也蘆菔花紫非菘之類人食其根後漢劉盆子傳云掘庭中蘆菔根

僰

楗為蠻夷也 說文段注楗各本作犍今依漢碑从木司馬相如傳曰唐蒙使略通夜郎西僰中文穎曰夜郎僰中皆西南夷後以為牂柯楗為二郡案楗為郡有僰道縣即今四川敘州府治也其人民曰僰王制屏之遠方西方曰

僰東方曰寄鄭注僰當為棘棘之言逼使之逼寄於夷戎衆記文僰字鄭不以為西南夷故易為棘經傳之棘多訓亟也故曰棘之言逼使與寄字一例釋文曰棘又作僰於此知記本作僰鄭易為棘也唐初本已誤

僰道縣 縣本

僰人居之 水經江水注○注又引地理風俗記云僰夷中最仁有仁道故字从人

僰人野人 呂覽恃君

僰偪也 禮記月令釋文○萱按此依鄭義謂僰為棘之借字

墨 莫克切

書墨也 說文段注聿下曰所以書也楚謂之聿吳謂之不律燕謂之弗秦謂之筆此云書墨也蓋筆墨自古有之不始於蒙恬也著於竹帛謂之書竹木以泰帛必以墨用帛亦必不起於秦漢也周人用璽書印章必施於帛而不可施於竹木然則古不專用竹木信矣引申之為晉於是始墨肉食者無墨為貪以敗官為墨

墨黑也 孟子滕文公上面深墨注又廣雅釋器

墨晦也言似物晦黑也 釋名釋書契○御覽六百四引白虎通云墨取法火之勝金也金得火亦變而為墨也

墨黑氣也 國語吳語注○左氏哀十三年傳肉食者無墨注云墨氣色下

墨謂蔽寔也 荀子解蔽墨以為明注

墨謙也 太玄盛盛不墨注

刻死而附

生謂之墨 荀子禮論

墨不絜之稱 左氏昭十四年傳貪以敗官為墨注

墨杘江淮之閒謂之无賴 列子力命墨杘釋文○萱按此嘿之義也

墨者墨其額也 白虎通五刑○左傳昭五年疏云墨是刑之輕者又禮記文王世子疏云墨刑刻其面又孝經釋文云墨刻其額而涅之又國語周語有斧鉞刀墨之民注云刀墨謂以刀刻其額而墨窒之

墨黥世俗以為古之重罪以墨涅其上而已 荀子正論墨黥注○周禮司刑墨罪五百注云墨黥也先刻其面以墨窒之又漢書武帝紀注云墨謂以墨黥其面也又刑法志注云墨黥也鑿其面以墨涅之又百官公卿表上注云墨黥其額而涅以墨也

墨象斗華 古微書引書刑德放

五尺為墨 國語周語墨丈尋常之間注○小爾雅廣度云五尺謂之墨又華嚴經音義下引纂要云五尺曰墨

墨謂繩墨也 太玄法物仰其墨注

墨視兆坼也 禮記玉藻史定墨注○周禮占人史占墨注云墨兆廣也又師致其墨注云致其墨者熟灼之明其光

墨燒田也 文選七發徼墨廣傳注

墨綬謂令長 後漢書左雄傳注○安帝紀注云墨綬謂令長之屬也

墨車漆之

正黑無文飾大夫所乘也 釋名釋車○儀禮士昏禮乘墨車注云墨車漆車又覲禮乘墨車注云墨車大夫制也

墨陽劍也 廣雅釋器

墨墨家流也 文選思玄賦敺儒墨以為禽注

墨無聲也 史記屈原賈生傳孔靜幽墨正義○萱按此義蓋無正字用默差近之墨則借矣○萱按此段默為墨也二字互相段借

默猶冒也苟貪不畏罪 家語正論貪以略官為默注○萱按左傳作墨是正字此默字必王肅所私定矣肅取庸妄凡其所更張率皆無事而自擾

默 ○俗有嘿嚜

犬暫逐人也 說文段注段借為人靜穆之偁

默寂也 楚辭惜賢默順風以偃仰兮注

默無也 列子力命默之成之注○莊子在宥至道之精窈窈冥冥至道之極昏昏默默注云窈冥昏默皆了無也

嘿靜也 華嚴經音義下引漢書音義

默默不得意也 漢書賈誼傳吁嗟默默注引應劭○史記屈原賈生傳吁嗟嘿嘿集解引應劭云嘿嘿不自得意

坤為默 易繫辭上傳或默或語虞注

默諒闇也 國語楚語於是乎三年默以思道注

默黑也默猶冒也 萱按此皆段默為墨也

墨無聲

也史記屈原賈生傳孔静幽墨正義○萱按此段墨為默也嚜欺也廣雅釋詁二嚜杘儈也凡小兒多詐而儈或謂之嚜杘方言十嚜杘潛潛狡也方言十注墨杘江淮之間謂之无賴列子力命墨杘釋文嚜詐言也玉篇

纆

○俗有纆索也說文段注易係用徽纆劉表曰三股曰徽兩股曰纆字林曰兩合曰糾三合曰纆纆索也廣雅釋器又史記屈原賈生傳何異糾纆集解引臣瓚又後漢書西羌傳注纆徽也史記屈原賈生傳索隱引韋昭徽纆索也易坎係用徽纆馬注○虞注云徽纆黑索也纆繩名也穀梁傳宣三年注繼用徽纆釋文又華嚴経音義下引珠叢二糾繩曰纆穀梁宣三年疏引易坎釋文纆三股索文選征西官屬送於陟陽候詩吉凶如糾纆注○長笛賦注引漢書張晏注云三股謂之纆

麥

芒穀秋種厚薶故謂之麥麥金也金王而生火王而死說文段注芒穀有芒束之穀也稻亦有芒不偁芒穀者麥以周初二麥一鐘著也鄭注大誓引禮記曰武王赤烏芒穀應許本禮說

薶麥疊韻夏小正九月樹麥月令仲秋之月乃勸種麥毋或失時麥以秋種尚書大傳淮南子說苑皆曰虛昏中可以種麥漢書武帝紀謂之宿麥程氏瑤田曰素問云升明之紀其類火其藏心其穀麥鄭注月令云麥實有孚甲屬木許以時鄭以形而素問以功性故不同耳○古微書引春秋說題辭云麥之為言殖也寖生觸凍而不息精射剌直故麥含芒事且立也麥金穀也淮南時則食麥與羊注○墜形麥秋生春死注云麥金也麥者接絶續乏之穀禮記月令乃勸種麥注麥實者五穀之先見者大戴記夏小正祈麥實傳○管子輕重戊云麥者穀之始也五穀之長者麥素問金匱真言論其穀麥注麥薶也廣雅釋言大麥麰也小麥麳也廣雅釋艸○萱按古未有如此分別者說自稚讓始薛君趙岐亦祇言麰大麥蟬其小者謂之麥蚻方言十一

坶

或作梅朝歌南七十里地周書曰武王與紂戰于坶野說文段注此書序文也今書序紂作受坶作牧詩大明矢于牧野正義引鄭書序注云牧野紂南郊地名禮記及詩作梅野古字耳此鄭

所見詩禮作梅書序祇作牧也許所據序則作坶蓋所傳有不同坶作梅者字之增改也每亦毋聲也○萱按水經注九引詩坶野洋洋鄺所見猶詩古本也

牧

養牛人也詩曰牧人乃夢說文段注左傳曰馬有圉牛有牧引申為牧民之牧養牛曰牧左氏僖二十年傳誰扞牧圉釋文昭七年傳注○僖二十八年傳注又淮南覽冥廁徒馬圉注並云牛曰牧牧養也爾雅釋地郊外謂之牧釋文又廣雅釋詁一又一切経音義二引三蒼又易象上傳卑以自牧也注又鄭注又周禮大宗伯疏又禮記曲禮下入天子之國曰牧疏又莊子天運使天下無失其牧乎釋文引司馬注○周禮地官序官注云牧人養牲於野田者又列子黄帝周宣王之牧正釋文云牧正養禽獸之長也牧飤也方言十二○華嚴経音義下引三蒼云牧養飤也牧即藪牧周禮遂人注分其農牧衡虞之職疏牧牧地孟子公孫丑下則必為之求牧與芻矣注○國語周語國有郊牧注云牧放牧之地牧牧田在遠郊畜牧之地周禮大宰四曰藪牧養蕃鳥獸注○載師以官田牛田賞田牧田任遠郊之地注云牛田牧田畜牧者之家所受田也又

司農注云牧田者牧六畜之田牧使也廣雅釋詁一牧司也方言十二牧事也左氏昭三十一年傳此二牧者注牧臨也小爾雅廣言牧察也方言十二牧治也荀子成相請牧基賢者思注牧謂法也周書周祝為天下者用牧注牧謂牧御天下之政教周書職方王設其牧注牧臣也廣雅釋詁一牧田官也詩静女自牧歸荑傳牧州牧也周禮大司馬建牧立監注又國語魯語師尹惟旅牧相注又漢書百官公卿表上十有二牧注引應劭○書立政宅乃牧鄭注又禮記王制千里之外設方伯注並云殷之州牧曰伯虞夏及周皆曰牧又曲禮下云九州之長入天子之國曰牧又詩譜序下撫方伯疏云周之州長自名為牧又周禮大宰一曰牧以地得民注云牧州長也又而建其牧注云以侯伯有功應者加命作州長謂之牧八命作牧周禮大宗伯侯為牧也詩旄丘序衛不能修方伯連率之職茇○白虎通封公侯云唐虞謂之牧者何尚質使大夫述來牧視諸侯故謂之牧九牧猶九州也文選論盛孝章書九牧之人所共偁歎注○荀子解蔽此其所以喪九牧之地注云養其民則謂之九牧經牧制田界

與井也周禮遂師經牧其田野注隰皋之地九夫為牧左氏襄二十五年傳牧隰皋賈注○周禮小司徒乃經土地而井牧其田野注云隰皋之地九夫為牧二牧而當一井又司農注云井牧者春秋傳所謂井衍沃牧隰皋者也

牧艸名也楚辭天問中央共牧后何怒注黑腹牧爾雅釋畜牛屬牧野紂南

郊地名書牧誓序鄭注○董按古作坶野坶牧為古今字詩大明箋坶野乃誓釋文云本又作牧

聝 古蔑切 合口 詩

馘或有我○俗軍戰斷耳也春秋傳曰呂為俘聝說文聝截耳詩皇矣釋文引字林聝截耳也詩泮水釋文又禮記王制釋文又家語致思搴旗執聝注○又左氏僖二十二年傳楚子使師示之俘聝注云聝所截耳又漢書律厤志下集注云截耳曰聝聝所格者之左耳詩泮水在泮獻聝○周禮環人注云折聝執俘而還疏云死者取左耳又獸人疏云折取其左耳謂之聝又後漢書聝獲也矣爾雅釋詁安○疏詩云皇者殺其人截取其左耳又曹劌傳注云聝謂所殺者之左耳聝獲也不服者殺而獻其左耳曰聝聝戰所獲釋詁注云今以獲賊耳為聝爾雅左傳僖二十二年釋文○安傳云

聝馘首詩皇矣釋文引字林戜割耳也玉篇

國

囗壄域○俗有囯邦也說文段注邑部曰邦國也案邦國互訓渾言之也周禮大宰注曰大曰邦小曰國邦之所居亦曰國析言之也戈部曰或邦也古或國同用邦封同用○廣雅釋言云國邦也國都也呂覽明理有狼入于國注國都也國聽者注懷寵以在國謂都邑也孟子萬章下在國曰市井之臣注國謂都邑也國為邑國謂城易謙○虞注國邑注征國者郊以內也國語齊語參其國而伍其鄙注國中謂郊內也周禮天官序官體國經野疏云國中城中也禮記曲禮上入國而問俗疏云國城中也又儀禮鄉射禮記君國中射注國中城中也又周禮司士掌國中之士治注國中自七尺以及六十又禮記祭法曰國門謂城門也注云國中九緯注云國門謂城門也周禮司門注云國門凡任國家屋也國宅城中宅也周禮載師國宅無征注云國宅凡官所有宮室吏所治者也國家屋也列女傳國諸侯也論語季氏辯通

聞有國有家者桀解引孔注又大戴記文王官人使是治國家而長百姓注○詩節南山疏云言國者諸侯之辟又禮記禮運疏云國謂諸侯又孟子離婁上注云國謂公侯之國又注云國諸侯之國又漢書百官公卿表上云列侯所食縣曰國又後漢書光武紀上注云國謂諸侯王國也國天子諸侯所理也周禮大宰釋文引干注○詛祝以叙國之信用以質邦國之劑信注云國謂王之國邦國諸侯國也又疏云周禮體例單言國者皆據王國邦國○

國謂天子所都國禮記學記有學疏云中國京師也此中國注荀子致仕○惠連邦

據諸侯國周禮大司馬云國畿四國天下象也方千里曰國公羊傳八年傳注九州之外曰國傳重譯來朝坤為四國易師上傳注○者六國注下傳照四國國猶軍也易象上傳先王以建萬國觀國之光萬國又象云坤為衆國兩國策秦策注○也侯注云坤為衆國國策注廣雅釋詁方

四國是風化之旿詩國風疏國華謂懷道隱逸之士也後漢書注方術傳注

國子者是公卿大夫之副貳周禮諸子掌國子之倅注○司農注云國子謂諸侯卿大夫士

之子又師氏以三德教國子注云國子公卿大夫之子弟又大司樂而合國之子弟焉注云國之子弟公卿大夫之子弟當學者謂之國子又禮記燕義則率國子而致於天子注云國子諸子也又漢書禮樂志云國子者卿大夫之子弟也又詩簡兮傳教國子弟疏云國子謂諸侯大夫士之適子也國語周語宣王欲得國子賈注云國子諸侯之子又唐尚書注云國子謂諸侯能治國子養百姓者

國馬謂種馬戎馬齊馬道馬考工記輈人國馬之輈注

國貉蟲蠁爾雅釋蟲

蟈 网讀注在前

圣 苦骨切

汝潁之間謂致力於地曰圣說文段注此方俗殊語也致力必以手故字从又从土會意

或 戶骸切

用讀義分有也易恆或承之羞釋文又廣雅釋詁一又小尒雅廣言又孟子公孫丑下夫既或治之注又呂覽貴公無或作好注又淮南本經若或通焉注說林人之從事或時相似注○禮記祭義疏或饗之注云或猶有也或之言有也易象上傳以訟受服疏又詩天保無不爾或承箋又論語為政或謂孔子曰鄭注又太玄文或曰昆侖

菊薄幽注。易損或益之疏云或者言有也域有也詩玄鳥正域彼四方傳。萱按或域古同字今韵則判若鴻溝矣毛此傳乃餘羊也王伯申云或字古讀若域有字古讀若以二㮚栒近故曰或之言有也聲義相通則字亦相通玄鳥傳曰域有也域之訓為有猶或之訓為有也或之通作有猶玄鳥之奄有九有韓詩作九域也又荀子禮論篇人有是士君子也外是民也史記禮書有作域

或常也易恆釋文又論語子路或承之羞皇疏又老子或不盈注

或他人也左氏昭二十八年傳或賜二小人酒注人不顯其名而略偁為或論語為政鄭注。左氏定四年傳明日或旆以會注云或賤者也

言或者道異說也詩周南召南譜或謂之房中之樂者疏。公羊莊二十五年傳或曰脅之注云或曰者或人辭其義各異也

或外辭也穀梁隱三年傳

或者不定之辭禮記檀弓下注君或於是乎焉疏又書微子殷其弗或亂正四方疏。易小過從或戕之疏云或者不必之辭也又管子白心云夫或者何若然者也又墨子小取云或也者不盡然也

或語助也王氏引之經傳釋辭云或語助也詩天保如松柏之茂無不爾承也或語助耳更曰或之言有也亦謂語助之有無意義也

或猶又也經傳釋詞云或猶又也詩賓之初筵既立之監或佐之史言又佐之史也禮記檀弓父死之謂何或敢有他志晉語或作又哀元年左傳或將豐之史記吳世家作又將寬之

或疑也易乾或躍在淵疏。文言傳云或之者疑之也又史記老莊申韓傳或言二百餘歲正義云或疑辭也

或怪也或迷也或猶惑也萱按此皆段或為惑也

惑亂也說文段注亂者治也疑則當治之古多段或為惑。廣雅釋詁三又國策秦策聽無夫本末者難惑注並云惑亂也

惑謂惑亂素問移精變氣論用之不惑注。荀子禮論刻生而附死謂之惑注云惑謂惑亂過禮也

惑眩也呂覽本生其於聲色滋味也多惑者注論人不惑也注又淮南主術不惑於詳注。呂覽謹聽今夫惑者非知反性命之情注云惑眩惑也

惑誤也呂覽不屈察而以飾非惑愚注

惑迷也漢書李廣傳集注。禮記曲禮上注憾億怙惑疏云迷於事為惑又詩碩人序莊公惑於嬖妾疏云惑者謂心所嬖愛使情迷惑。

惑疑也國策秦策諸侯亂惑注又呂覽離謂賢主猶惑之也注。論語為政四十而不惑皇疏先進赤也惑皇疏並云惑疑

惑也又鬼谷子決終無惑偏注云愼疑曰惑

惑怪也呂覽審為世必惑之注。論語述而門人惑皇疏云惑猶嫌怪也

惑疑怪也國語魯語吾惑之注

惑煩惱也文選頭陀寺碑文理勝則惑己注

惑動也呂覽知分有所達則物弗能惑注

惑悖也呂覽誣徒惑于嗜欲注安允以為大惑注

喜怒異慮惑也大戴記曾子立事

知惡而不改謂之惑賈子大政上

棄正作溢茲謂惑漢書五行志下之上

貪奸者惑也說苑反責

從外制中謂之惑史記李斯傳

責人以備謂之惑春秋繁露仁義法

太惑者終身不解莊子天地

或猶惑也大戴記曾子制言貧賤吾恐其或失也。萱按此通正借字也論語顏淵崇德脩慝辨惑釋文云惑本作或

或迷也漢書霍去病傳集注

或怪也孟子告子上無或乎王之不智也注

掝掝惛也荀子不苟其誰能以己之潐潐受人之掝掝者哉注。萱按此段掝為惑也掝乃晚出字廣雅云裂也

𣢧。俗有㖪

吹气也說文

㖪聲也方言十三

㖪大笑皃廣韻

韻史

第一部入聲

革韻

棘 齊齒訐竟力切

棘小棗叢生者 說文段注小棗樹叢生今亦還在有之未成則為棘而不實已成則為棗魏風園有棘其實之食唐風肅肅鴇翼集于苞棘小雅有捄棘匕毛傳曰棘棗也此謂統言不別也邶風吹彼棘心吹彼棘薪左傳除翦其荊棘此則主謂未成者古多段棘為亟字如棘人欒欒兮我是用棘匪棘其欲皆是棘亟同音皆謂急也○楚辭愍命樹枳棘與薪柴注云小棗為棘又淮南兵略伐棘棗而為矜注云棘棗酸棗也 棘赤心也 詩大東傳又太玄禮乃貫以棘注○獨斷上云左九棘孤卿大夫位也羣士在其後右九棘公侯伯子男位羣吏在其後又周禮朝士注云樹棘以為位者取其赤心而外刺象以赤心三刺也 棘者西方之草也秋木也 賈子胎教 坎為

棘 易渙渙奔其机虞注○坎寘于叢棘九家注云坎為叢棘虞注云坎多心故叢棘 凡草木刺人江湘之閒謂之棘 方言三○楚辭橘頌曾枝剡棘注云棘橘枝刺若棘也又儀禮士喪禮決用正王棘注云世俗為王棘矺鼠堂按棘亦可飲饕介蜼有林萠 棘箴也 廣雅釋詁二○左氏昭四年傳桃弧棘矢以除其災疏云棘矢者棘赤有箴取其名也又文選東京賦桃弧棘矢薛注云棘矢箭也 棘棱廉也 詩斯干傳○太糸糸挸棘不為杼注云棘康也 棘羸瘠也 呂覽任地棘者欲肥肥者欲棘注 棘狹小也 莊子逍遙遊湯之問棘也是已釋文引簡文注已 棘偪也 禮記王制西方曰棘釋文 棘急也 詩素冠傳采薇玁狁孔棘箋出車維其又矣箋雨無正孔棘且殆箋文王有聲箋江漢匪疚匪棘箋之漢書匈奴傳上集注○萱按此引申之義也或謂棘為亟之段字亦得 棘戟也 詩斯干箋又禮記明位越棘天子之戎器也注又左氏隱十一年傳子都拔棘以逐之注又小爾雅廣器又史記陳涉世家鉏櫌棘矜索隱平津侯主父傳奮棘矜索隱又漢書主父偃傳注○詩斯干疏云古者謂棘為戟又周禮掌舍為壇壝宮棘門司農注云棘門以戟為門 棘陳也 廣雅釋詁二又楚辭天問

啟棘賓商注 棘楚也 國語吳語乃匍匐將入棘闈注 棘津猶孟津也 水經河水注○清水注云棘水自新野縣東南流入于清水謂之力口棘力聲相近當為棘口也○萱按斯干如矢斯棘韓詩作如矢斯朸段借同此矣又或段戒段棫段革皆與棘同部音近得通用也 棘扈氏農正掌人百果獨斷上 棘人當為棘棘之言逼使之逼寄於夷戎 禮記王制屏之遠方西方曰棘人注○釋文云棘人通也萱按棘棘人正借字

襋 或作祉 衣領也詩曰要之襋之 說文段注領者頸項也因以為衣在頸之名魏風毛傳曰要褸也襋領也裳裳之上曰要衣之上曰領皆以人體名之也士喪禮云縫者左執領右執要○萱按白帖十二引要之棘之用借字

茍 蕎 古文 自急敕也 說文段注急與茍雙聲敕與茍疊韻急者褊也敕者誡也此字不見經典惟釋詁亟駿肅亟遄速也釋文云亟字又作茍同居力切經典亦作棘同是其證可謂一字千金矣或欲易禮經之苟敬為茍則又膠

悈 飭也司馬灋曰有虞氏悈於中國 說文段注力部曰飭致堅也悈與戒義同警也釋言曰悈褊急也許言部詳下曰飭也讀若悈蓋悈音紀力反與茍戒棘亟音義皆同而方言曰悈鰓老也此又因挐斂之義而引申之也中國國中也今司馬法天子之義為作有虞氏成於國中 悈懂也 廣雅釋詁四 悈鰓老也 方言十 悈鰓老者皮色枯瘁之形也 方言十注

諽 兩讀義分 飭也 說文

棱 一部入六部平兩讀 去也 說文

亟 去入兩讀注在彼

極 急性也一曰謹重皃 說文段注極與急雙聲同義極字不見於經有或段亟段戒段棘段革為之者一曰謹重皃此義之相反而相成者也急則易遲列于讓極變許注極吃也 極吃也 列于力命讓極注引字林○釋文云極急也吃也讓極語急而吃又訥溢兒又疾也又急性相青也或作殛極 極發也 廣雅釋詁一

鞕怒也 說文段注鞕急雙聲此亦鼓革琴禁之倒廣韵鞕皮鞕皃案鞕鞭二字相屬疑此本作鞭急也轉寫奪鞭

殛殊也虞書曰殛鯀于羽山 說文段注殊謂死也虞書云云此引經言假借殛本殊殺之名堯典殛鯀則為極之假借非殊殺也左傳曰流四方凶族投諸四裔劉向曰舜有四放之罰屈原曰永遏在羽山夫何三年不施王注言堯長放鯀於羽山絕在不毛之地三年不舍其罪也鄭志荅趙志云鯀非誅死鯀放居東裔至死不得反於朝禹乃其子也以有聖功故堯與之尋此諸說可得其實矣

殛誅死也 後漢書張衡傳注○萱按誅死者殛本義誅責者殛叚借之義

殛誅也 爾雅釋言又書堯典殛鯀于羽山馬注又左氏僖二十八年傳明神殛之注僖三十三年傳鯀殛而禹興釋文成二年傳明神亟之注襄十一年傳注又國語周語注魯語注晉語注越語乃可以致天地之殛注○書堯典疏云殛者誅責之稱又後漢書傅燮傳注云殛亦誅也

殛窮也 漢書禮樂志集注○萱按此亦叚殛為極也

渠力切

極棟也 說文段注李奇注五行志薛綜注西京賦皆曰三輔名梁為極案此正名棟為極耳今俗語皆呼棟為梁也搜

神記漢蔡茂夢坐大殿極上有禾三穗主簿郭賀曰極而有禾人臣之上祿也此則似謂梁案喪大記注曰危棟上也引申之義凡至高至遠皆謂之極○莊子則陽有夫妻臣妾登極釋文引司馬注云極屋棟也又漢書天文志後流星下燕萬載宮極東去注引李奇云極棟也三輔閒名棟為極又云極屋梁也三輔閒名為極又枚乘傳單極之統斷幹注引孟康云西方人名屋梁為極又後漢書蔡茂傳注云極殿梁也萱按名棟為梁名之不正者也注家弟弗深考耳

極中也 易象下傳失時極也虞注亦不知極也集解說卦為亟心釋文引荀注又詩氓士也罔極傳圖有挑傳楚辭永錫爾極箋民勞箋江漢王國來極箋思文傳殷武四方之極箋又周禮天官序官以為民極注考工記㮚氏允臻其極注匡人疏又左氏文六年傳陳之藝極注又洪範五行傳皇之不極注又廣雅釋言又續漢書五行志五文選晉紀總論注引書考靈曜宋注云皇極大中也

極中也本也 荀子正名辭足以見極注

極正也 漢書兒寬傳集注○周書武順云正及神人曰極

極是中正 左傳文六年疏

極至也 爾雅釋詁又易繫辭釋文引陸注又詩載馳誰因誰極傳南山曷又極止傳菀柳後予極焉傳餘箋畏不能極箋崧高駿極于天傳又禮記樂記其極一也注

及夫禮樂之極乎天而蟠地地注祭義樂和極和禮極順注表記明友以極之注又國語魯語齊朝駕則夕極於魯國注晉語使知其極注而極于此注越語無過天極注又周髀算經下凡日月運行四極之道注欲知北極樞璿周四極注又史記樂書正義又漢書高帝紀下集注武帝紀集注引李斐敘傳下集引張晏又管子形勢注又呂覽謹聽注又淮南敘真注主術注又楚辭天問有華受極注○易文言傳注處一禮之極疏云極即至也又淮南原道注說林注並云極亦至也又繆稱注云極治化之至也

極致也 文選東京賦是扉是極注○後漢書王充王符仲長統傳注云極猶致也

極盡也 漢書董仲舒傳集注翟義傳集注又呂覽先識與極言之士注直諫言極則怒注又淮南精神游無極之野注精神濤然無極注又文選東京賦馬足未極薛注○禮記表記祭極敬注大學是故君子無所不用其極注並云極猶盡也

極謂盡其本原 管子弟子職所受是極注

極窮也 漢書溝洫志集注又呂覽論人注大樂注又離騷相觀民之計極注大司命老冉冉兮既極注○禮記樂記是故樂之隆非極音也注云極猶窮也又儒行流言不極注云極謂窮極也

極者窮盡之義 詩瞻卬箋屆極也疏

極終也 易乾注卦處下體之極疏

又後漢書儒林傳注又周髀算經上至晝夜長短之所極注算經下七首為一極注○呂覽制樂眾人焉知其極注云極猶終

極止也 詩南山曷又極止傳又漢書成帝紀集注賈誼傳集注司馬遷傳集注貨殖傳集注

極已也 詩鴇羽曷其有極箋又禮記檀弓以為極亡釋文又廣雅釋詁四又後漢書梁竦傳注又楚辭湘君揚靈兮未極注○詩青蠅讒人罔極箋云極猶已也

極竟也 穆天子傳一以極西土注又楚辭謬諫又何路之能極注

極謂限極 左氏昭十三年傳貢獻無極注

極者藏也 公羊昭十七年疏引春秋說又古微書引春秋元命苞

極出也 太玄玄圖催極萬物注○禮記儒行流言不極注云不極不問所從出也

極高也 廣雅釋詁四

極遠也 廣雅釋詁一又楚辭湘君望涔陽兮極浦注又文選吳都賦行乎東極之外注

極倸之也 漢書匈奴傳下注

極急也 淮南精神隋其天貲而安之不極注

極吃也 廣雅釋詁一○方言十云極吃也楚語也

極困也 漢書匈奴傳上集注○孟子離婁下又極之於其所往注云極者惡而困之也

極病也 呂覽適音以危聽清則耳谿極注

極戟苦戰也 荀子富國與之遠舉極戰則不可注

物極謂之變 素問

天元紀大論○注云氣之散易故曰極

極猶放也所以韜指利放弦也 儀禮大射儀朱極三注○士喪禮纊極三注云極猶放弦也以沓指放弦令不挈指也

極平頭屋也 莊子則陽釋文引司馬注

極崖也 文選辯命論注引莊子司馬注

極北極也 大玄玄瑩極植中央注又文選西京賦譬眾星之環極薛注又後漢書梁冀傳注○杜篤傳注云極北極北星也又御覽時序部十四引書大傳云旋機謂之北極

極謂之北辰 爾雅釋天○考工記匠人夜考之極星謂北辰又楚辭怨思引日月以指極兮注云謂北辰星也又呂覽有始極星與天俱游而天極不移注云極星辰星也

北極兩府也 又 南極兩府也 素問六元正紀大論雲朝北極注又雲奔南極注

極天也 文選求通親親表注引書考靈曜宋注

太極天也 易繫辭上傳釋文

太極太一也 易繫辭上傳是故易有太極虞注○韓康伯注云太極者无偶之偶

三極三才也 易繫辭上傳三極之道也注○釋文引馬注云三極三統也

四和者謂之極 周髀算經下天地四極四和注○爾雅釋地云東至於泰遠西至於邠國南至於濮鈆北至於祝栗謂之四極

宇

中六指謂之極 荀子儒效

八極八方之極也 淮南墬形九州八極注精神離爲八極注

十載謂之極 御覽七百五十引風俗通

弋 隱力切

橜也象折木衺銳者形丿象物挂之也 說文段注水部橜下曰弋也二篆爲轉注案俗用杙爲弋顧用弋爲隿射字其誤久矣杙者劉劉杙也不爲橜弋字弋象形故不从木也折木之衺銳者爲橜故上體象其衺銳凡用橜者爲有所表識所謂楬櫫也故物挂之又若舟之牂牁亦是所以系舟也故用丿爲合體之象形○爾雅釋宮雞棲於弋爲榤疏引李注云弋橜也

弋皁也 漢書文帝紀贊注引如淳○注云弋黑色也○

弋厚也 後漢書王符傳注

杙謂之橜也 爾雅釋宮樴謂之杙李注○萱按弋杙正借字也詩兔罝傳椓杙聲釋文云杙本作弋

杙者繫牲者也 書大傳椓杙者有數注○周禮牛人注云樴謂之杙可以繫牛

弋緻也 萱按此類皆叚弋爲隿

弋姓也 萱按此叚弋爲姒也

酖

酒色也 說文

杙

劉劉杙 說文段注見釋木當讀劉劉爲句郭云劉子生山中實如棃酢甜核堅未知許意然否也今人以杙爲橜弋字乃以橜弋爲隿射字

樴謂之杙 萱按詳弋下

隿

○俗有翔

繳射飛鳥也 說文段注經傳多叚弋爲之

翎繳也 太玄逃雉翎其繩注

弋繳也 淮南修務銜蘆而翔以備矰弋注

弋射也 易小過公弋取彼在穴注又書多士敢弋殷命疏又楚辭惜誦矰弋機而在上兮注又大玄疑弋太之烏注唐七役三飛注

弋繳射也 詩女曰雞鳴弋鳧與鴈箋盧令序襄公好田獵畢弋箋又考工記弓人利射侯與弋注又左氏哀七年傳好田弋釋文又國語齊語注又論語述而弋不射宿集解引孔注又漢書賈山傳馳騁弋獵之娛注貨殖傳矰弋不施於佚隧注又文選吳都賦弋磻放注○莊子胠篋釋文引李注云繳射曰弋又呂覽功名善弋者下鳥於百仞之上注云弋繳射之也又季春注云弋繳射飛也

弋矰繳射 易小過虞注○淮南俶真矰繳機而在上注云矰弋射身短矢也

弋獵也 呂覽處方韓昭釐侯出弋注

弋取也 管子侈靡觀危國過君而弋其能者注

弋也者禽也 大戴記夏小正十有二月鳴弋傳

妋

婦官也 說文段注廣韻曰漢有鉤弋夫人居鉤弋宮漢書末作弋玉裁案如淳曰姬音怡衆妾之總偁也引漢官

姬

妾數百贊曰漢祿秩令及茂陵書姬內官也位次婕妤下贊說淳音皆是也婦官字當作妋漢隸借姬爲之音怡如姒姓本作以春秋亦用弋爲之皆一聲之轉然也音怡而用爲衆妾之偁則又方俗語言如是

啇

快也 說文段注快喜也

蔏

或作薏

蔏苢一曰蔏英 說文段注本草經草部上品有薏苡人陶隱居云生交阯者子取大彼土人呼爲蘚珠馬援大取將還讒以爲珍珠也一曰云云未詳

荷其中的的中薏 爾雅釋艸○李注云薏中心苦者也

樀

或作檍

梓屬大者可爲棺椁小者可爲弓材 說文段注案樀檍古今字考工記取幹之道七柘爲上檍次之此即所謂小者可爲弓材也唐風濕有杻釋木毛傳皆曰杻檍也許無杻字豈其正字作紐俗作杻與大鄭云檍讀如億萬之億陸璣云今官園種之正名曰萬歲取名於億萬共汲山下人或謂之牛筋或謂之檍材

可為弓弩榦也。萱按檍與億同音或即用億為之介雅釋文云檍本作億是也花有紫白二色俗訏丁香

澺

或作遺

澺水出汝南上蔡黑閭澗入汝 說文段注汝南上蔡縣二志同今河南汝寧府上蔡縣縣·西南十里故蔡城是水經注汝水篇曰汝水又東南逕新蔡縣故城南又東南左會澺水水上承汝水別流於奇雉城北為黃陂東流於上蔡岡東為蔡塘又東逕平輿縣故城南為澺水又東南左迆為葛陂又東出為鮦水俗謂之三犬陂陂東注為富水澺水正流自葛陂東南逕新蔡故城東而東南流注於汝方輿紀要曰澺水在汝寧府東四十里俗名淇河源出西平縣水道提綱曰南汝水至新蔡縣之東南有淇河自西北來會淇河出舞陽縣東南之華史山經西平縣上蔡縣汝陽縣至新蔡縣南入汝大致東南流也校於古水道不改

意

意籀 滿也一曰十萬曰意 說文段注方言曰腜滿也廣雅曰腜滿也漢蔣君碑餘碑鴻億皆意之段借字也詩楚茨傳萬萬曰億豐年傳數萬至萬曰億鄭箋云十萬曰億注王制云億今十萬韋昭注鄭語楚語曰賈唐說皆以萬萬為億今數也後鄭十萬為億古數也經傳皆作億無作意者段借字也 愊臆氣滿之也 方言

十三臆滿也注 億數也 孟子離婁上其麗不億注。禮記王制疏云或以十萬為億或以萬萬為億或以一萬為億又周髀算經上注云夫言億者十萬曰億也。萱按魯峻碑永傳意齡張納功德敘光乎意載孔宙碑意載揚聲皆段意為意也與段億同

億

或作億

安也 說文段注此億之本義也今則本義廢矣或段為萬意字諸經所用皆是也或段為意字如論語不億不信億則屢中是也億則屢中漢書貨殖傳作意毋意毋必諸家偁作億必是可譏矣 億安也 左氏隱十一年傳不能共億注昭二十一年傳心億則樂注昭三十年傳我盍姑億吾鬼神注又國語晉語億寧百神注楚語億其上下注吳語億負晉眾庶注又漢書禮樂志集注 億度也億億必也 萱按此段億為意也 億是發語之聲億惜辭也億歎辭也 萱按此段億為噫若抑也憶億同聲抑異部而同音 億數也十萬曰億 萱按此段億為意。

意

俗有憶

志也 說文段注志即識也心所識也意之訓為測度為記訓測者如論語毋意毋必不逆詐不億不信億

則屢中其字俗作億訓記者如今人云記憶是也其字俗作憶大學曰欲正其心者先誠其意識謂實其心之所識也如惡惡臭如好好色此之謂自謙鄭云謙讀為慊慊之所厭也案厭當為猒猒足也。廣雅釋言又國語周語臣行意注又呂覽長見善持養吾意注並云意志也又素問鍼解篇深淺在志注云志一為意 意志意也 國語周語有不祭則修意注心之所之謂之意春秋繁露循天之道。孟子萬章上以意逆志注云意學者之心意也 意心所無慮也 禮記禮運非意之也注。疏云意心所無慮者謂於無形之處用心思慮無慮即慮無也左傳前茅慮無足備慮無形之處 意思念也 禮記王制意論輕重之序注 意疑之也 漢書梁孝王武傳集注朝鮮王傳集注鼂傳臣竊意其冬來南也注有之又文選長楊賦注引廣雅。王伯申經傳釋詞云或言意者者亦疑詞也莊子天運曰意者其有機緘而不得己耶意者其運轉而不能自止邪意者或作抑者漢書敘傳曰其抑者從橫之事復起於今乎是也意者之言或者也故易乾文言曰或之者疑之也 憶意也恆在意中也 釋名釋言語。萱按成國似謂意憶同字無實不容分也 不

憶

憶度也 論語先進憶則屢中皇疏

引王弼 億度也 左氏傳二十五年傳不可億逞注又論語先進億則屢中釋文。荀子賦暴至殺傷而不億忌者與注云億謂以意度之 億度之言無限也 文選四子講德論今子執分寸而罔億度注億謂有所擬度公羊傳昭十二年疏 億億必也 論語憲問不億不信皇疏

肊

臆 或。又有體骸骸 匈骨也 說文段注骨俗本作肉非也此如脊為兩肪餘為骨骨正名百物不可柰也 肊匈也 廣雅釋親 臆匈也 同上 臆胸臆也 漢書敘傳上儀遺識以臆對注引應劭 臆臂也 文選射雉賦丹臆蘭綷徐注 臆猶抑也抑氣所塞也 釋名釋形體 臆滿也臆滿也 方言十三廣雅釋詁一。萱按意訓滿臆則借也又周禮酒正注漿水臆澄段臆為臆也說文無醷鄭所據內則本作臆

廙

行屋也 說文段注行屋所謂幄也許書巾部無幄幕周禮帷幕幄帟注云四合象宮室曰幄王所居之帳也疏引顏延之纂要四合象宮曰幄巾部曰帳張也木部曰橦者帳柱也帳有梁柱可移徙如今之蒙古包之類廙之本義如是

魏晉後用為翼字如魏丁廙字敬禮是用為小心翼翼字也篇韵皆曰廙敬也

匱
〇俗有匱回器也說文匱大鼎也玉篇匱大鼎廣韵

淇
淇水出河南密縣大隗山南入潁說文段注河南郡密二志同今河南開封府密縣縣東南三十里有故密城大騩山即具茨山在今新鄭縣縣西南四十里益山與密接晰前志密下曰有大騩山淇水所出南至臨潁入潁水經曰曰淇水出河南密縣大騩山東南入於潁今淇水自新鄭大騩山南流經許州長葛縣流入許州北二里又南經許州臨潁縣而合於潁一名魯固河又名清流河是也

瀷
瀷水出河南密縣東入潁說文段注案此瀷之異體後人收入如瀷汨之實一字也淮南書曰澤受瀷而無源許慎云瀷湊漏之流也見文選注但造說文不收瀷字瀷湊漏之流也管子宙合泉踰瀷而不盡注瀷雨潰疾流者淮南覽冥澤受瀷而無源高注〇本經云渦漩瀷減

翼
糞籓有秕〇俗翄也說文段注羽部曰翄者翼也二篆為轉注翼必兩相輔故引申為輔翼卷阿傳曰道可馮

依以為輔翼也行韋鄭箋云在前曰引在旁曰翼又凡敬者必如兩翼之整齊故毛傳曰翼敬也鄭箋云小心翼翼恭慎皃

翼羽翼也呂覽本味其狀若鯉而有翼注〇史記律書云翼者言萬物皆有羽翼也翼疾皃文選琴賦駢馳翼驅注翼放縱皃文選神女賦翼放縱而綽寬注翼亦為驅也詩騶虞傳虞人翼五豝旐翼左右旐也文選七命縱輕翼於中荒注翼輔也廣雅釋詁四又國語楚語來賢良以翼之注又後漢書竇憲傳注翼佐也左氏昭九年傳翼戴天子注又漢書東平思王宇傳集注又呂覽右樂去殷三塗而異文王注又淮南修務故立三公九卿以輔翼之注翼助也詩卷阿有馮有翼箋又禮記文王世子慎其身以輔翼之疏表記疏又漢書律厤志上集注鼂傳傳集注董仲舒傳集注王商傳集注王莽傳上集注翼佐助也漢書韋賢傳以翼大商注翼猶承也文選遊天台山賦彤雲斐亹以翼櫺注翼送也小爾雅廣言翼進也漢書董賢傳集注翼取也書多士非我小國敢翼殷命馬注又王注翼成也國語魯語鳥翼鷇卵注又左氏文三年傳以燕翼子注〇疏云翼者贊成之義翼法也文選典引降承龍翼注

翼

美也廣雅釋詁一翼明也後漢書紹傳注表思慮深遠曰翼剛克為伐曰翼並周書謚法翼翼飛皃也後漢書張衡傳注又文選贈蔡子篤詩翼翼飛鸞注〇廣雅釋訓云翼翼飛也翼翼壯健皃詩采芑四騏翼翼翼翼眾皃漢書禮樂志集注翼翼盛也廣雅釋訓〇文選東京賦京邑翼翼薛注云翼翼禮儀盛皃翼翼元氣也廣雅釋訓翼翼明也同上翼翼和皃離騷高翱翔之翼翼注〇廣雅釋訓云翼翼和也翼翼閑也詩采芑四牡翼翼傳〇信南山疏云翼翼是閒暇之名翼翼讓畔也詩信南山疆埸翼翼傳翼屋之四阿也後漢書班彪傳上注千翼謂舟也文選顏延年侍遊曲阿後湖詩注翼晉別都也國語周語晉厲殺於翼東門注有別又文選西征賦升曲沃而惆悵注翼南方宿也後漢書郎顗傳注〇邦僻傳注云翼軫者南方鶉尾之宿又鴻範五行傳注云翼軫者主天倡翼魚腮邊兩鬣也文選高唐賦振鱗奮翼注翼鳴發皇屬考工記梓人以翼鳴者注伏翼蜮蠌也廣雅釋鳥翼如言尚正也

翼敬也翼翼恭也曾按此詳趩下

趩
〇俗有趩趩進趩如也說文〇曾按論語今作翼如也據許說則翼為趩之段借字翼如言尚正也論語鄉黨集解引孔注又皇疏翼敬也爾雅釋詁又詩六月傳文王有聲傳行葦傳卷阿傳又周書程典慎下必翼上注又國語周語翼其上也注又後漢書鄭興傳注班彪傳上注又離騷鳳皇翼其承旂兮注翼翼敬也詩常武縣縣翼翼傳又廣雅釋訓〇後漢書安帝紀注云翼翼敬慎也翼翼恭也爾雅釋訓〇左氏昭二十六年傳小心翼翼注云翼翼共也翼翼恭敬也詩文王厥猶翼翼又漢書禮樂志其鄴翼翼注翼翼恭肅皃漢書董仲舒傳集注

盡 向力切
平入兩讀注在彼

匿 念刀切
亡也說文〇廣韵云匿藏也微也亡也陰姦也匿藏也左氏襄二十五年傳而知匿其暱注又論語公冶長長匿怨而友其人皇疏又廣雅釋詁四又漢書婁敬傳集注卜式傳集注又呂覽重言桓公管仲雖善匿注又淮南說山

無內無外不匿瑕穢注。左氏宣十五年傳瑾瑜匿瑕注云匿亦藏也

匿　隱也　廣雅釋詁四又國語周語文不可匿注又管子立政注障塞匿注又漢書季布傳注。荀子天論匿則大惑注云匿謂隱匿其情

匿　徵也　爾雅釋詁。各人注云匿藏之微也

匿　縮也　廣雅釋詁三

匿　避也　漢書灌夫傳集注

匿　猶伏也　呂覽論人不可匿也注。後漢書李固傳注云匿犀伏犀也

匿　猶逃也　淮南說林清則見物之形弗能匿也

注竹器邊緣曰匿　御覽七百五十六引通俗文

慝

懇。俗有駁駒　慙也　說文又方言六又廣雅釋詁一又一切經音義十九引三倉又後漢書張衡傳注　懇怩

慙也　廣雅釋詁一。當按懇本作諱作懇　聽慙也　玉篇引埤蒼　聽慙也　大尔畔駵于中注　心

慙　曰恖　小爾雅廣義　恖愧也　漢書司馬相如傳下集注敘傳集注王莽傳上集注鄭　心愧為

恖　方言六山之東西自愧曰恖注　懇憂皃　文選洞簫賦注引蒼頡

壹弋切

力　筋也象人筋之形治功曰力能禦大災　說文段注筋下曰肉之力也二篆為轉注

筋者其體力者其用也非有二物引申之凡精神所勝任皆曰力象形象具條理也人之理曰力木之理曰朸地之理曰防水之理曰防

內血為力　左氏僖十五年傳外彊中乾疏

力　筋骸強者也　禮記禮運其行之以貨力注

力　彊力也　漢書灌嬰傳戰疾力注

力　盡力也　漢書南越王傳樓船力攻燒敵注

力　謂竭力　漢書匈奴傳上集注

力　勉力　漢書王莽傳上力周公正先天下注

力　力行也　荀子勸學真積力久則入注

力行　謂盡力行善道也　後漢書馮衍傳注杜密傳注

力　猶務也　禮記坊記食時不力珍注

力　勤也　漢書司馬遷傳集注王莽傳下集注。詩烝民威儀是力箋云力猶勤也又周禮大司馬上功糾力注云力勤力

力　謂勤作之也　漢書食貨志上力農數耘注

力田　勤勞也　後漢書章帝紀注。明帝紀注云力田為生之本也

力　功也　國語晉語與力而不務德注子之力也夫注吾君將伐知而多力注務施與力注。周禮司勳又左氏昭二十五年傳為政事庸力行務注並云治功曰力

力　甚也　漢書溝洫志今病力注又後漢書寇榮傳注

力者　可以重任也　老子樸雖小天下莫能臣也王

注

力者　德之役也　荀子富國　力役民負荷厮養之役也　孟子盡心下力役之征注

力　謂徭役　國語魯語任力以夫注。周禮大司徒四曰弛力司農注云弛力息徭役也

力　苦戰也　後漢書銚期傳注

力術　疆兵之術　荀子富國力術止注

力　刑之所以奮也　墨子經上

戎事齊力　爾雅釋畜

紾弋切

夨　傾頭也从大象形　說文段注象頭不直也人部曰傾者夨也夨象頭傾因以為凡傾之偁

仄　庂　籀。或作庂

側傾也　說文段注古與側昃字相叚借

仄　陋也　廣雅釋詁一

仄　行蟹屬　考工記梓人卻行仄行注

仄　跌也　朔而月見東方謂之仄慝　董按此叚仄為反

側　傾也　詩賓之初筵側弁之俄箋。董按此頗皆叚側為仄也

側　傾側也　書洪範無反無側馬注

側　反側也　禮記曲禮上側龜於君前有誅　臣人使無敢反側注云反側轉背違注。周禮

側者　詩雲漢序側身修行既褒莊子列禦寇醉之以酒而觀其側釋文云側謂凡為

不正之言謂反側也

不正也又後漢書章帝紀注云側席謂不正坐

昃

隸作昗　日在西方時側也易曰日昃之離　說文段注日在西方則景側也易曰日中則昃孟氏易作稷穀梁春秋經戊午日下稷古文段借字。周禮司市疏云昃者日傾側之義

日昳中也

周禮司市大市日昃而市注。國語楚語　書文王至于日中昃注云日昳

昃　日西也　下昃蓋晡時　公羊定十五年經日下昃注　日昃日覆也　書中候摘洛戒

昗　跌也　既夕禮注云日側也朝至於日中也

昗　日跌也　周禮司市注云日昳。易釋文昳也

昗　跌也　廣雅釋言日跌也鄭言而下書無逸自朝至于日中昃

仄　跌也　周書無逸周書朝至於日中昗

仄慝　謂朔而月見東方　漢書五行志下之下○周書志引京房易傳云朔而月見東方謂之仄慝

側變之見也　謂將過中之時

察乎夊夊告聖人之朕側匿之

變注側匿猶縮縮行遲皃洪範五行傳朔而月見東方謂之側慝注○周禮保章氏釋文云朔而月
見東方曰側匿亦名朒側慝行遲也漢書孔光傳謂朓側慝注引孟康○蓋按側慝猶側匿也聲同者義
亦同故或作匿或作慝也廼本訓日側引申之言月側書同也段仄若側者三字音義皆同也稷昃也穀梁定十
五年經日下稷注稷側也書中倏舜至於下稷來注○堂按稷側皆廼之段借字也注不破為廼而破為側者
二字通用也孝經鉤命訣日稷而赤光起注又太々應名子應以大稷注並云稷讀日側下之側

側

旁也說文段注不正曰仄不中曰側二義有別而經傳多通閑如仄側當為反仄仄者未前反也○廣雅釋言又楚
辭思右傾家幸而侍側注並云側旁也又詩緜蠻止于丘側箋云丘側上旁也又禮記襍記升自側階注云側階亦旁階
也側邊也史記平準書鑄鐘赤側索隱引韋昭側邊側又云側持也史記禮書側載臭茝
索隱引劉氏側近也儀禮公食大夫禮側其故處疏側猶在左右也呂覽達鬱又況乎在簡子
之側哉注不在朝廷謂之側書舜典序舜側微疏虞側謂迫側亦充滿之義

荀子解蔽處一危之其榮滿側注側偪也釋名釋姿容側縮也廣雅釋詁三側伏也淮南
原道側谿谷之閒注側瘞埋之左氏襄二十五年傳崔氏側葬莊公注側猶厓也詩伐檀寘之河
之側兮傳側猶獨也儀禮聘禮公側襲注又禮記曲禮上有憂者側席而坐疏側猶特也書顧命立
于側階疏又禮記曲禮上注又國語吳語側席而坐注又後漢書逸民傳注○儀禮鄉飲酒禮疏云側者特也又士冠禮
側尊注云側者無名酒側猶特也無偶曰側又疏云無偶特一為側側酌者言無為之薦者儀禮
十冠禮側酌醴注乃士皆禮側尊甒醴于房中注云側尊示言無尒酒側殺殺一牲也儀禮特牲饋食
禮視側殺注側室謂夾之室次燕寢也禮記內則居側室側側脩多長有
國也周書大聚天民側側注

萴

烏喙也說文段注廣雅釋奚毒附子也一歲為前子二歲為烏喙三歲為附子四歲為烏頭五歲為天雄案本艸
經有附子烏頭天雄三條云烏頭一名奚毒一名即子一名烏喙即子即萴子猶側卿一字也名醫別錄又出側子一條

誤矣

戠

闕說文段注其義其音皆蓋闕矣致周易用盍簪虞翻本簪作戠云戠聚會也舊讀作撍作宗釋文云荀作撍京作宗陰
宏道云張揖字詁建撍同字宗北戠書以音為聲故與簪聲建聲為伍然尚書厥土赤埴古文作赤戠是戠固在古音弟
一部也一部內音亦从音音未必非聲蓋七部與一部合韵之理○說文戠下段注云按禹貢戠字鬲本作戠而讀為熾
熾赤皃也見禹貢音義及蜀都賦丹沙赩熾李注又太平御覽三十七引東音會播鄭沈古文尚書注徐州土赤戠墳戠
音志又禹貢正義曰戠埴音義同埴為黏土故黏土曰戠基孔本本亦作戠值孔釋戠為黏土鄭易戠為戠釋為赤皃見
經文赤戠連讀為異耳據釋文則韋昭所注漢地理志亦作戠而今漢書作埴晉書成公綏天地賦云海岱赤戠華采青
黎何超音義熾尺志反此又戠之加土旁者也戠戠鑿皆埴之異字戠蓋合也易豫朋盍簪釋文引虞注○集
解引虞注云盍合也戠聚會也○俗有戠

職

記微也說文段注記猶識也織微必記識是曰職周禮大宰之職大司徒之職皆謂其所司凡言司者謂

其善伺也凡言職者謂其善隱也職記微也廣韵引字林職主也爾雅釋詁又詩蟋蟋蟀職思其
居傳十月之交職競由人傳巧言職為亂階箋大車職勞不來箋桑柔職涼善背箋抑亦職維疾傳召旻職兄斯引箋又
禮亨人職外內饔之爨亨煮注春官序官職喪注夏官序官職方氏注秋官序官職金注又禮記曲禮下注燕義注又左
氏傳二十六年傳太師職之注襄八年傳職競作羅注襄十四年傳則職女之由注又國語楚語非子職之其誰乎注又
史記張丞相傳為職志索隱又漢書郊祀志下集注地理志上集注朱博傳集注又後漢書張升傳注又管子心術世人
之所職者精也注又列子天瑞故天職生覆注又呂覽應同天降災布祥並有其職注又太乖劇厥德迫也注○周禮天
官序官各有所職疏云職謂主也又禮記曲禮下疏引干寶云凡言職者主其索也又左氏昭二十一年傳天子之職也
注云職所主也又漢書季布傳臣各為其主用職耳注云職主掌其事也職常也爾雅釋詁又漢書景帝紀集注
武帝紀集注宣帝紀集注成帝紀集注季布傳集注又後漢書廣陵思王荆傳注○光武紀下注云職猶常也職同
也周書大聚立人以職孔注勤職業也廣雅釋詁四○荀子富國職業無分注云職業謂官職及四人之業

也職事也廣雅釋詁三又淮南俶真大夫安其職注。穆天子傳六執職之人倍之注云執職猶執事也。又周禮大司寇上能糾職注云職職事修理又內宰以婦職之灋教九御注云婦職謂織紝組紃縫線之事職謂守與任周禮宰固民皆有職焉注。大司徒以作民職注云民職民九職也又小司徒施其職而平其政注云職謂九職也地職農圃之屬周禮均人均地職注職謂賦稅也周禮大司馬施貢分職注職貢也淮南原道四夷納職注諸侯朝於天子曰述職述職者述所職也孟子梁惠王下。告子下同上九字襃職謂三公也文選陳太丘碑文每在襃職注職職繇德皃莊子至樂萬物職職釋文引李注職職猶祝祝也莊子至樂釋文引司馬注。萱按職祝以雙聲得義也或有段識為職者修華嶽碑周禮識方氏是也又有段職為識者周禮肆師頒于職人牛人以授職人而芻之是也

織

絨樂浪挈令織从糸从式。俗有絨作布帛之總名也說文段注布者麻縷所成帛者絲所成作之皆謂之織經與緯相成曰織古段為識字如詩之織文織識也樂浪漢幽州郡名也挈令者漢張湯傳有廷尉挈令章

昭曰在板挈也後漢書應劭傳作廷尉板令史記又作挈令漢燕王旦傳又有光祿挈令挈當作栔栔刻也樂浪郡栔於板之令也其織字如此織細紵書禹貢厥篚織貝晚出傳織謂細布也漢書地理志上厥篚織貝注織紝織繒布也。後漢書班彪傳下注扈參傳注崔寔傳注云織紝織布者治絲曰織織繒也小爾雅廣服織染絲織之禮記玉藻士不衣織注織文錦綺之屬書禹貢厥篚織文晚出傳。萱按詩織文鳥章段織為識也俗字作幟與禹貢織文異文織畫及繡錦周禮玉府兵器文織注織絡猶經緯往來也後漢書張衡傳注織室所以奉宗廟衣服漢書五行志上織女星名也大戴記夏小正織女正北鄉傳織皮謂西戎之國也水經桓水注引書鄭注織皮謂罽也漢書地理志上熊羆狐貍織皮注。書禹貢熊羆狐貍織皮晚出傳云織金罽又織皮毼帉析支渠搜晚出傳云織皮毛布織徽織也萱按此段織為幟也幟見副編[illegible]內

樴

弋也說文段注釋宮曰樴謂之杙弋杙古今字樴周禮作職牛人曰祭祀共其享牛以投職人而芻之注云職讀為

樴樴謂之杙可以繫牛引申凡物一枚曰一樴鄉射禮記薦脯五樴注云樴猶梃也為記者異耳鄉飲酒禮記薦脯五梃注云梃猶樴也樴可以繫牲者周禮肆師頒于職人注。萱按經用借字注用正字樴脯如版然者或謂之梃皆取直皃焉儀禮聘禮記薦脯五樴注。萱按此職謂樴也樴乃殖之異體字

陟

隲古文登也說文段注釋詁曰陟陞也毛傳曰陟升也陞者升之俗字升者登之段借禮喪服注曰今文禮皆登為升俗誤已行久矣據鄭說則古文禮皆作登也許此作登不作升者許書說解不用段借字也。詩車舝陟彼高岡箋皇矣箋又左氏昭七年傳叔父陟恪注並云陟登也陟升也詩卷耳陟彼崔嵬傳公劉陟則在巘箋又大戴記夏小正魚陟負冰傳陟升鳥蛰傳又文選吳都賦鳥聞梁岷有陟方之館注。東京賦者幽明以黜方薛云陟昇也陟降上下也詩閔予小子陟降庭止山三襲陟爾雅釋山陟之言得也周禮大卜注。萱按此謂陟為得之段借字隲升也升猶舉也舉猶生也書洪範惟天陰隲下民馬注。

尒雅釋詁云隲陞也。萱按此段隲為陟也二字互段通用

隲

牡馬也說文段注釋獸曰牡曰隲牝曰騇郭云今江東呼駁馬為隲隶隲古段陟為之小正四月執陟攻駒陟隲古今字謂之隲者陟升也牡能乘牝月令所謂累牛乘馬皆乘匹之名月令三月遊牝小正四月執騭事實相因也若釋詁曰隲陞也郭注引方言魯衛之間曰隲洪範惟天陰隲下民馬融曰隲升也升猶舉也舉猶生也漢五行志引經服虔曰隲音陟應劭曰隲升也此等隲字皆登陟字之段借爾雅以釋詩書者也故陟隲並列而統曰陞也方言躡郅跂洛躋踚登也魯衛曰郅郭注尒雅引之郅作隲郭當日所見不誤後人或用其音改其本字耳方言與尒雅同義自偽孔安國解尚書云騭定也意謂為質之段借而陸德明乃曰之進反師古乃音質隲雄也廣雅釋獸隲定也漢書五行志上集注。萱按此沿偽孔之義史記今本宋世家徑作惟天陰定下民矣

直 寵力切

㮚古文正見也說文段注左傳曰正直為正正曲為直其引伸之義也見之審則必能矯其枉故曰正曲為直直正也禮記曲禮上直而勿有注鄭特牲直祭祀于主注又呂覽必己勿敢直視注又廣雅釋詁一。尒雅釋水

瀊泉正出注又詩碩鼠爰得我直箋又禮記郊特牲告之以直信注並云直猶正也直謂正直禮記樂記則易直子諒之心猶然生矣注○書皋陶謨直而溫鄭注云直謂身行正直能正人之曲曰直詩小明正直是與傳○左氏莊三十二年傳聰明正直而壹者也注云直者能正人曲直剛正也易繫辭上傳其動也直注骨直謂彊毅考工記弓人骨直以立注是謂是非謂非曰直荀子修身直義也廣雅釋詁二○韓非子解老云所謂直者義必公正正心不偏黨也直謂繩墨得中也禮記月令先定準直疏未能圓通直無曲也周書諡法剛彊理直曰武注○左氏昭十四年傳注直以傷義疏云直者雖無阿曲直指無屈撓也後漢書孔融傳注頭容直不傾顧也禮記玉藻頭容直注直其身謂中立而不倚無回邪也荀子性惡天下有中敢直其身注直謂不邪也禮記樂記其聲直以廉疏又史記樂書回邪曲直正義○易文言傳則不疑其所行也疏云直則不邪直其道也淮南氾論小枉而大直注乾為直易說卦釋文荀爽又集解引巽為繩直易說

卦傳肇敏行成曰直周書諡法直者文之素也太玄玄文○又云直東方也春也質而未有文也○萱按注云直之言殖也此則謂直為殖之省借字也直訓生亦介直柄也禮記明堂位注雕刻飾其直疏又釋文直參也墨子經上直當也儀禮士冠禮直東序疏又禮記投壺馬各直其算疏長大記直君北疏又釋文又史記天官書前列直斗口三星索隱引劉氏○樗里子甘茂傳武庫正直其墓索隱又管子輕重乙注並云直猶當也又漢書刑法志不可以直秦之銳士注地理志下報仇過直注元后傳正直地注並云直亦當也直相當值也詩柏舟實維我特釋文引韓詩○文選魏都賦直事所錄注云直事若今之當直也又國策齊策直使送之注云直當日直使也直值也史記封禪書遂因其直北集解引孟康○萱按直值二字互借通用匈奴傳直上谷即值上谷也又張平子碑豈值取足於身中此當作直直猶特也但也直但也荀子禮論直無由進之耳注直猶但也漢書司馬遷傳集注又淮南精神非直夏后氏之璜注直雕琢其性注直安迫性閑欲注○王伯申經傳釋詞云直猶特也但也禮記參直養者也安能為孝乎穀梁傳不言帥師而言敗何也直敗一人之辭也

孟子直不百步耳是亦走也直特古同聲故詩柏舟實為我特韓詩特作直史記叔孫通傳吾直戲耳漢書直作特呂覽忠廉分職二篇注並云特猶直也直猶故也史記留侯世家直墮其履氾下索隱引崔浩又漢書張良傳集注○經傳釋詞云直猶特也專也韓詩外傳姑乃直使人追去婦還之言特使人追還去婦也史記留侯世家直墮其履氾下言特墮其履於橋下使良取之也史漢注解直字皆誤辯見讀書雜志今本史漢氾作圯皆後人所改劉敞宋祁已辯之直語發聲也史記龜策傳骨直空枯正義直謂聲音放直禮記樂記使其曲直繁瘠廉肉節奏疏○注云曲直歌之曲折也直目目從也山海經大荒北經有神人直目正乘是謂燭龍注直來者無事而來也左氏莊廿七年傳直來曰來注又公羊莊廿七年傳注直祭謂薦孰時也禮記郊特牲注直謂緣也禮記玉藻君羔幦虎犆注祖飾謂之直衿方言四○釋名釋衣服云直領邪直而交下亦如丈夫服袍方也直直波也詩伐檀河水清且直猗傳○爾雅釋水云大波為瀾小波為淪直波為徑直泉涌泉也廣雅釋水○公羊昭五年傳云濆泉者何直泉也直泉者何涌

泉也

湞 湞水也說文段注集韻類篇曰出潁川湞灌茵芝也爾雅釋艸釋文引聲類○萱按呂用爾雅原文增一也字謂為同物郭則云湞灌未詳不謂與茵芝一物

食 去入兩讀義分食謂農殖嘉穀可食之物漢書食貨志上○史記貨殖傳食太陰在卯穰索隱云食謂穀也食糧也國策西周策而藉兵乞食於西周注止居曰食謂米也周禮廩人則治其糧與其食注又書大傳居而無食謂之困注食謂祿也周禮醫師以制其食注又禮記坊記君子與其使食浮於人也注又國語晉語君食之注嗛嗛之食注○周禮小宰四曰以敘制其食注云食祿之多少又醫師疏食即月條故以祿解食食謂祿稟荀子禮論君者既能食之矣又善教誨之者也注食稍食也周禮司士以久奠食注○宮正均其稍食注云稍食祿廩食者民之本也淮南主術○北堂書鈔酒食部一引書大傳云食者萬物之始人之所本也又老子而貴食母王注云食母生之本也食者人之天也管子牧民

守在倉廩注食者國之寶也墨子七患。後漢書劉陶傳云食者乃有國之所寶生民之至貴也食謂掌民食之官若后稷者也書洪範鄭注飲食為陰故在右大戴記保傅太宰持升而御戶右云飲食為陰故在右注食飲者充虛之滋味素問上古天真論食飲有節注。大戴記千乘云太古之民秀長以壽者食也食所以肥體也管子形勢食殖也所以自生殖也釋名釋飲食釋食謂啟之左氏莊六年傳不食吾餘疏食猶飧也禮記禮器天子食疏一食食粥也禮記喪服四制三日而食注又大戴記本命三日而食注食時謂食四時之膳也禮記坊記食時不力珍注時食四時祭也禮記中庸其時食注薦空食猶素餐文選顏延年侍遊蒜山詩空食疲廊肆注不食謂不墾耕禮記檀弓上我死則擇不食之地而葬我焉注食猶受納也漢書谷永傳不食膚受之愬注食用也易象下傳井泥不食虞注又國策衛策始君之所行於世者食高麗也注又老子而貴食母注食千歷之也漢書鄒陽傳太白食昴注引蘇林

食消也左氏僖十五年傳我食吾言注哀元年傳不可食已注。書湯誓朕不食言晚出傳云食盡虧毀曰食漢書天文志集注引韋昭。釋名釋天云日月虧曰食稍稍虧如蟲食艸葉也又禮記昏義日為之食注云食者見道有虧傷也又周書周祝月之望也食注云食謂毀明而生魄也日月之食陰陽相勝之變也周禮庭氏則以救日之弓與救月之矢射之注。萱按虧毀之義食蝕兩通故諸家用字或不同食謂吉兆文選東京賦惟洛食薛注卜食僞也爾雅釋詁又國語晉語注又法言重黎注又後漢書張衡傳注又文選思玄賦疾防風之食言舊注。爾雅釋詁孫注云食言之僞也食閻勸也廣雅釋詁一。方言十云食閻勸也南楚凡己不欲喜而旁人說之不欲怂而旁人怂之謂之食閻斯彌為食醯莊子至樂。列子天瑞食醯頤輅釋文云食醯苦酒上蠛蠓也亦曰醯。萱按苦蓋若字之譌莊子司馬注作若酒上

蝕

敗創也說文段注敗者毀也創者傷也毀壞之傷有蟲食之故字从虫春秋經曰鼷鼠食郊牛角又曰日有食之字或作蝕虧毀為蝕史記天官書日月薄蝕集注引韋昭蝕者陽不克也續漢書五行志六

日月激會相掩名曰薄蝕呂覽明理其月有薄蝕注蝕醯者若酒上蠛蠓也莊子至樂斯彌為食醯釋文引司馬注。萱按莊列皆作食醯惟司馬作蝕醯二字音義皆同得通用也

飭

致臤也說文段注臤者堅也致者送詣也致之於堅是之謂飭考工記曰審曲面勢以飭五材謂五材皆必堅緻也又曰飭力以長地材謂整頓其人力也凡人物皆得云飭飭人而筋骸束矣飭物而器用精良矣其字形與飾相似故古書多有互譌者飾在外飭在內其義不同竊謂許書工下云巧飾也當作巧也飭也飭即所謂飭五材辨民器謂之百工不徒修飾其外而已凡經傳子史之譌實可以意正之飭與敕義略相近敕誡也飭治也國語吳語周軍飭壘注。禮記月令飭鐘磬柷敔注云飭者治其器物習其事之言飭整也漢書高后紀集注文帝紀集注武帝紀集注宣帝紀集注成帝紀集注藝文志集注劉向傳集注枚乘傳集注燕剌王旦傳集注趙充國傳集注文翁傳集注敘傳下集注飭整治也易雜卦傳蠱則飭也注又釋文。禮記月令疏云飭者整頓器物家語五刑簠簋不飭注。執轡亂冢宰注云飭謂整齊之也飭謂正也詩六月戎車既飭傳又禮記月令具飭

飭衣裳注有謂又呂覽音律修法飭刑注季秋祇敬必飭注達鬱令樂而蓋飭注飭備也廣雅釋詁一飭謹也漢書高惠高后孝文功臣表集注鮑宣傳集注翟方進傳集注。匡謬正俗八云飭者謹也敬也飭勤也周禮天官序官飭紀八材疏考工記序飭力以長地財疏飭敕也國語齊語以飭其子弟注

敕

或作勅誡也一曰臿地曰敕說文段注言部曰誡敕也二字互訓小雅毛傳曰敕固也此謂敕即飭之段借飭致堅也一曰云云別一義臿者今之插字漢人祇作臿敕整也漢書郊祀志下集注息夫躬傳集注谷永傳集注佞幸傳集注元后傳集注王莽傳上集注又文選思玄賦懼余身之未敕舊注勅整也易噬嗑勅法釋文又後漢書張衡傳注又文選東京賦亭侯修勅薛注敕正也小爾雅廣言又文選典引豈茂清廟惲敕天命也蔡注勅正也後漢書班彪傳下注敕備也方言十三又漢書王莽傳上集注敕固也詩楚茨既匡既敕傳。萱按敕引申諸義悉與飭同是二字音義皆同也不必言執正執借敕謹也廣雅釋言敕謹敬之皃漢書禮樂志敕身齊戒注引應劭敕飭也使自警飭不敢廢

慢也釋名釋書契敎進也廣雅釋詁一敎語也同上勅勞也爾雅釋詁敎猶箸也淮南脩務敎蹻趹注

伏

○俗有忕惕也春秋國語曰於其心伏然是也說文段注吳語申胥曰夫越王之不忘敗吳於其心也戚然服士以司吾間韋注曰戚猶惕也按韋本蓋亦作伏轉寫譌之耳許云惕韋云猶惕者韋擬此字本義不訓傷也伏憤也廣雅釋言○王氏念孫曰廣雅曰伏愼憤也玉篇曰憤心動也廣韻云伏意愼伏也義與惕並相近

趯

行聲也一曰不行兒說文段注石鼓詩其來趯趯

畟

○俗有稷剗治稼畟畟進也詩曰畟畟良耜說文段注釋訓曰畟畟耜也周頌毛傳曰畟畟猶測測也箋云農人測測以利善之耜熾菑是南畝也按畟畟古語測測今語毛以今語釋古語故曰猶周禮雉氏注曰耜之者以耜測凍土剗之然則畟測皆進意畟畟耜入地之兒爾雅釋訓舍人注

測

深所至也說文段注深所至謂之測度其深所至亦謂之測猶不淺曰深度深亦曰深也今則引申之義行而本義隱矣呂覽昏乎其深而不測高云測盡也此本義也考工記桼欲測鄭云測猶清也此引申之義也○淮南本經贏縮卷舒注入爾雅釋言潛深測也注並云測亦水深之別名測盡也淮南主術深不可測注○原道注云測猶度也一曰盡也測盡極也呂覽論人注測意度也禮記少儀毋測未至注○廣雅釋詁一云測度也又周禮大司徒測土深注云測猶度也不知廣深故曰測測知也禮記樂記窮高極遠而測深厚疏又太玄玄測都序夜則測陰注○呂覽觀表淵深難測注云測猶知也又太玄玄猊云測所以知其情

惻

或書作恖痛也說文又漢書文帝紀集注狂陽蹇王欽傳集注○鮑宣傳豈有肯加惻隱於細民注云惻隱皆痛也恖痛也廣雅釋詁二●詩呧箋言其恖惻款識釋文云本亦作恖惻痛心也太玄翕翕繳惻惻注惻慽傷痛也文選洞簫賦悲愴怳以惻慽兮注惻傷悼也易象下傳行惻也干注惻悲也廣雅釋詁三惻惻懇切也後漢書張酺傳注側爾酸辛平輿令薛君碑○萱按此段側為惻也

⿰土則道遮也說文

式 哂力切

法也說文又廣雅釋詁一又詩楚茨式禮莫愆箋如幾如式傳下武下土之式傳蕩不義從式箋崧高南國是式箋烝民古訓是式箋江漢式辟四方箋又禮記緇衣注又孟子公孫丑下皆有所矜式注又老子是以聖人抱一為天下式注又荀子儒效注又楚辭天問天式從橫注式是法式禮記文王世子注庶幾陳式之疏○周禮大司徒以九式均節財用疏云式謂依常多少用財法式也又筮人三曰巫式注云式謂筮制作灋式也式模則也老子為天下式王注○河上公注云式猶則之也又周禮典婦功事婦式之灋注云婦式婦人事之模範式表也漢書百官公卿表上集注東方朔傳集注揚雄傳上集注○張良傳式箕子門注云式亦表也式用也爾雅釋言又詩式微傳南有嘉魚嘉賓式燕以樂箋節南山式夷式己傳式月斯生箋小宛式穀似之箋小明箋車舝箋賓之初筵式勿從謂釋文角弓式居婁驕箋思齊不聞亦式箋民勞式遏寇虐箋而式弘大箋蕩寇攘式內箋桑柔作為式穀箋崧高式遏其行箋瞻卬式救爾後箋泮水式固爾猶箋長發帝命式于九圍箋又儀禮大射儀疏又禮記孔子閒居注表記注又

左氏成二年傳不式王命注襄廿九年傳注昭十二年傳注昭廿年傳注昭廿六年傳注又周書成開式皇敬哉注又國語齊語式權以相應注吳語先王之鐘鼓實式靈之注又漢書董仲舒傳集注又後漢書章帝紀注張衡傳注左雄傳注鄭玄傳注又管子輕重丁注又莊子應帝王式義度人釋文引崔注又法言重黎注又文選東京賦薛注劇秦美新注○國策秦策式於政不式於勇式於廊廟之內不式於四境之外注云式皆用也式度也荀子儒效禮者人主之所以為羣臣寸尺尋丈檢式也注○周禮大宰以九式均節財用注云式謂用財之節度式謂載也禮記仲尼燕居車得其式注式發聲也詩式微箋○爾雅釋訓云式微式微者微乎微者也式軾也式敬也萱按此段式為軾也式即拭也萱按此段式為拭拭者飾之俗體也○又按賓之初筵式勿從謂箋破式為慝釋文不之從

軾

車前也說文段注戴先生曰軾與較皆車闌上之木周於輿外非橫在輿中較有兩在兩旁軾有三面故說文槀言之曰車前軾卑於較者以便車前謂射御執兵亦因之伏以式敬玉裁謂輿四圍旁謂之輢前謂之軾軾卑於較二尺二

寸經傳多作式者古文段借也。漢書酈食其傳馮軾下齊七十餘城注云軾車前橫板隆起者也又史記淮陰侯傳且酈生一士伏軾集解引韋昭云軾今小車中隆起者又後漢書張湛傳注云軾車前橫木也又穀梁文十一年傳君見於軾注云兵車之軾高三尺三寸

䡅謂之軾廣雅釋器。左氏莊十年傳登軾而望之疏云名之曰軾得使人立於其後依倚之時

軾謂撫軾漢書石奮傳集注。後漢書張湛傳注云軾謂小俛也又高獲傳注云軾所以禮之又淮南脩務魏文侯過其閭而軾之注云軾伏軾敬有德

軾式也所伏以式敬者也釋名釋車。詩韓奕疏云軾者兩較之間有橫木可憑者也又文選魏都賦憑軾捶馬劉注云軾車橫覆膝人所憑也

式軾也論語鄉黨凶服者式之皇疏。萱按此謂式為軾之段借字也

式敬也後漢書明帝紀注。儀禮士喪禮君式之注云式謂小俛以禮主人也又禮記曲禮上尸必式疏云式謂俯下頭也又漢書李廣傳注引服虔云式撫車之式以禮敬人也

識常也一曰知也說文段注常當為意字之誤也艸書常意相似大朝以艸寫書迨艸變真譌誤往往如此

意者志也志者心所之也意與志志與識古皆通用心之所存謂之意所謂知謂識者此也大學誠其意即實其識也矢部曰知識詞也按凡知識記識標識今人分入去二聲古無入去分別三者實一義也

識知也詩瞻卬君子是識箋又禮記哀公問子志之心也注又國語魯語祖識地德注又呂覽長見子不識注上德而民不識注適威煩為數而過不識注長利則未之識注又淮南本經可以矩表識也注。史記魏世家識亾不聽索隱云識猶知也又後漢書王昌傳注云識命謂知天命者

識審也周禮司刺壹宥曰不識注

識性也後漢書馬融傳注

識心之別名湛然不動謂之心分別是非謂之識文選五君詠識密鑒亦洞注

識謂記識禮記喪大記注若今殺識矣疏。易大畜君子以多識前言往行釋文云識劉作志又漢書溝洫志贊多聞而志之注云志字亦作識

識猶表識史記孝武紀文鏤無款識索隱。萱按記識表識今音與知識字異讀矣悉備錄於此者存古也又附見志下者亦漢讀也去聲內不特出識字者漢雖分識志為二實則同字也

識幟也有章幟可按視也釋名釋言語。左傳昭廿一年注徽識也釋文云識本作幟。萱按此義亦見

幟下幟專字也俗字也古祇作識

識猶適也經傳釋詞云識猶適也家大人曰成十六年左傳識見不穀而趨無乃傷乎言適見不穀而趨也晉語作屬見不穀而下注云屬適也。俗有拭幟

飾㕞也一曰襐飾說文段注又部曰㕞飾也二篆為轉注飾拭古今字凡物去其塵垢即所以增其光釆故㕞者飾之本義而凡踵事增華皆謂之飾則其引申之義也管子輕重一曰桓公使八使者式璧而聘之式者飾之段借一曰云云別一義衣部襐下曰襐飾也急就篇曰襐飾刻畫無等雙漢平帝后傳曰令孫建世子襐飾將醫往問疾顏注襐飾盛飾也一曰首飾在兩耳後刻鏤而為之廣韵曰襐未笄冠者之首飾也

飾謂㕞治潔清之也周禮封人飾其牛牲注

飾治也淮南本經飾曲岈之際注時則飾喪紀注

飾拭也物穢者拭其上使明由他物而後明猶加文於質上也釋名釋言語。萱按劉不謂飾拭同字然漢人自有以今字釋古字之例此亦宜然也

飾著也廣雅釋詁三

飾情之章表也禮記三年問所以為至痛飾也注

飾謂容飾也禮記月令疏

飾謂文飾也

史記秦始皇紀飾省宣義正義

遠而有光者飾也大戴記勸學又說苑建本。書大傳云夫遠而光者飾也

飾巧也國策秦策文士並飭注又淮南本經其事素而不飾注

飾好也淮南主術若欲飾之乃是賊之注

飾自好太玄玄錯

飾衰也太玄玄衝

飾虛也呂覽知度情者不飾注

飾覆也禮記曲禮上飾羔鴈者以繢疏

飾謂純緣也論語鄉黨君子不以紺緅飾鄭注。皇疏云飾者衣之領袖緣也

袖謂之飾管子揆度卿大夫豹飾注。禮記玉藻豹飾注云飾猶褻也

飾謂車服荀子王制上以飾賢良注

飾排衛也謂加飾於馬鑣也莊子馬蹄前有橛飾之患釋文引司馬注

飾漆之書大傳然後得乘飾車駢馬注

飾城者修守備穀梁襄廿五年傳小邑必飾城而請罪注

拭清也爾雅釋詁又周禮世婦注概拭也釋文又儀禮聘禮賈人北面坐拭圭注。釋詁注云拭拭所以為潔清

拭静也禮記雜記雍人拭羊注

拭挩也大戴記諸侯釁廟雍人拭羊注。周禮司尊彝注涚酌者挩飾勺而酌也釋文云飾本或作拭

式即拭也史記日者傳旋式正棊索隱。萱按此通正借字也荀子禮論

奭
不浴則濡巾三式而止注云式與拭同
或作奭奭古文○一部五部网讀注在彼

色
鬱古文顏气也說文段注顏者网眉之間也心達於气气達於眉間是之謂色引申之為凡有形可見之偁
色顏色也文選報任少卿書其次不辱理色注○素問五藏生成篇五色微診注云色謂顏色
色是形之兒左傳昭廿五年疏
色者神之旗素問三部九候論其色必夭注
形色天性也孟子盡心上
色美色也淮南時則去聲色注○孟子盡心上注云色謂埽人妖麗之容又詩關雎序不淫其色疏云通謂女人為色
色溫潤也詩泮水載色載笑傳
色然驚駭兒公羊哀六年傳皆色然而駭注
色五色也荀子正名形體色理以目異注
五色面兒青赤黃白黑也周禮疾醫以五聲五氣五色眡其死生注
五色五行之方色也太玄玄測都序五色淳光注○家語禮運五色六章十二衣注云五色青赤白黑黃又文選別賦注引環濟要略云間色有五紺紅縹紫流黃也
有物有文

曰色文選物色題注
施曰色禮記月令疏引書鄭注
已用謂之色書皋陶謨以五采彰施於五色鄭注
色兆氣也周禮占人大夫占色注
色縫也廣雅釋詁二

嗇
嗇古文
愛濇也說文段注嗇濇疊韻廣韵引作澀澀與濇皆不滑也大雅云好是家嗇力民代嗇箋云但好任用是居家之吝嗇於聚斂作力之人令代賢者處位食祿又云家嗇維寶代食維好箋云言王不尚賢但貴吝嗇之人與愛食者而已老子曰若人事天莫若嗇詩序云其君儉嗇褊急古嗇牆互相段借如稼穡多作稼嗇左傳小國為蕝大國省牆而用之即省嗇也
嗇愛也家語冠頌嗇於時注又呂覽情欲論早定則早知嗇注先已嗇其大寶注
嗇
愛惜也後漢書周箸傳注
嗇吝也史記貨殖傳愈於纖嗇正義○管子五輔纖嗇省用以備飢饉注云嗇恡也
嗇愛吝也漢書貨殖宛孔氏傳瘉於纖嗇注
嗇貪恡也史記五宗世家晚節嗇正義
嗇貪也左氏襄廿六年傳嗇於禍注又老子莫若嗇注又廣雅釋詁二○方言十云嗇貪也荆汝江湘之郊凡貪而不施或謂之嗇
嗇者省也續漢書百官志注引風俗通
少費謂之嗇韓非子解老

嗇積也方言十二又廣雅釋詁一
嗇收也大戴記少閒順天嗇地注
嗇合也方言十二
坤為吝嗇易說卦傳又象下傳用過乎儉虞注
嗇農夫老子治人事天莫若嗇王注
嗇夫官名也後漢書韋彪傳注○蓋延傳注云嗇夫主知廟事又儀禮覲禮書夫承命注云嗇夫蓋司空之屬也
穡愛也左傳襄九年疏昭元年注
穡儉也左氏僖二十一年傳務穡注

濇
不滑也說文段注止部曰翌不滑也然則二字雙聲同義七發邪氣襲逆中若結轄此段轄為濇也
往來
不利是謂濇也素問至眞要大論短而濇注

穡
穀可收曰穡說文段注毛傳曰斂之曰穡許不云斂之云可可收者許主謂在野成孰不言禾言穀者賤百穀言之不獨謂禾也右多段嗇為穡○詩桑柔好是稼穡釋文引王注云穡謂收穡也
收曰穡一切經音義二十三引字林又文選東京賦云勸稼穡於原陸薛注○左氏襄九年傳其庶人力於農穡注云種曰稼收曰穡又齊民要術一引揚泉物理論云穡猶收也
收聚曰穡漢書五行志上集注
收斂曰穡詩桑柔稼穡卒痒箋又周

禮地官序官司稼疏又齊民要術一引楊泉物理論
收斂曰嗇儀禮少牢饋食禮宰夫以籩受嗇黍注○堂按書湯誓舍我穡事盤庚上服田力穡史記殷本紀作舍我嗇事漢書成帝紀作服男穡皆借字
斂之曰穡詩伐檀不稼不穡傳又周禮大司徒疏又左氏莊七年經疏又家語在厄良農能稼不必能穡注又史記周本紀宜穀者稼穡焉正義又文選補亡詩參參其穡注○禮記郊特牲疏明堂位疏竝云種曰稼斂曰穡又周禮遂師巡其稼穡而務用其民疏云春種曰稼秋斂曰穡
斂稅曰穡詩信南山曾孫之穡箋
穡斂也管子國蓄是人君非發號令收穡而戶籍也注○書盤庚上若農服田力穡晚出傳云穡耕稼也堂按傳義非是疏足正之矣疏云斂之曰穡是秋收之名
嗇者農力之成功儀禮特牲饋食禮主人出寫嗇于房注
穡愛也穡儉也
堂按此段穡為嗇也二字互相借通用
穡鉤也管子度地上相穡著者所以為因也注

蕎
薔穡薔虞句蓼也說文段注蓼下云嗇虞也故此云嗇虞蓼也句絕與郭樸異
薔逗虞蓼
爾雅釋艸○堂按許郭各有所受不必論甘而忌辛
虞蓼澤蓼爾雅釋艸注

轖

。俗有⿰革嗇**車箱交革也**說文段注毛大東傳曰服牝服也箱大車之箱也鄭曰大車平地任載之車竹部曰箱大車牝服也按箱本謂大車之輿凡引申之而凡車之輿皆得名箱此箱不謂大車也夾革者交猶遮也謂以去毛獸皮鞔其外攷工記棧車欲弇注曰為其無革鞔不堅易坼壞也餙車欲修注曰飾車革鞔輿也大夫以上革鞔輿巾車藏士乘棧車注曰棧車不革鞔而漆之王之玉路金路象路皆以革鞔而有玉金象之飾因有玉金象之名革路鞔之以革而漆之無他飾故偁革路木路不鞔以革漆之而已故偁木路凡革鞔謂之轖故急就篇曰革轖髤漆油黑蒼髤漆油黑著又在革轖之外巾車言孤鄉夏大夫墨是也許所云約剃者蓋在未鞔革之前約以罔之鞔之則格空遮蔽故曰轖轖之言嗇也引申之為結実之偁故救乘七法曰邪氣襲逆中若結轖也。萱按轖瀹義通結轖猶結潞也

歔

悲意說文段注意內言外之意合諸書致之歔下當言小怖也从欠舍聲引公羊傳歔然而駭又出歔篆下當云悲意从欠鼻聲今本外奪故廣韻集韵仍之歔注悲意火弔切非也類篇歔注聲叫切悲意是也**小怖曰歔**一切經音義五引通俗文。萱按音義又引公羊歔然而駭今公羊作色然注云色然驚駭皃**歔恐懼也**一切經音

義五引埤蒼

殖

或作膉膩**脂膏久曰殖也**說文段注久下當有曰字國語舊音引說文殖脂膏久殖也考工記故書昵或作樴注云樴讀為脂膏膩敗之膩按膩即殖字字林云膩膏敗也亦作膩廣雅云膩臭也玉篇廣韵皆云膱油敗也其字常膱切亦作示音膱今俗語謂膏油久不可用正讀膱之平聲也脂膏以久而敗財用以多藏而厚亾故多積者謂之殖貨引伸段借之義也**膩亦黏也**考工記弓人凡昵之類不能方注。疏云若今人頭髮有脂膏者則謂之膩**殖積也**廣雅釋詁一**殖蕃也**國語晉語攀聲即利而舍注惡不殖也注**殖生也**左氏襄三十傳子產殖之注又管子小匡則民殖矣注**殖長也**左氏昭元年傳宿敢不封殖注昭二年傳宿敢不封殖此樹注又國語周語豐殖九藪注財蕃殖注樂以殖財注夫旱麓之榛楛殖注生何以殖注魯語所以生殖也注鄭語周棄能播殖百穀疏注楚語生乃不殖注又呂覽孟春五穀所殖注又太玄增曰亶而殖注**殖生長也**左氏昭十八年傳夫學殖也注。漢書敘傳上集注云殖生也長也**殖立也**廣雅釋詁四又國語周語上得民心以殖義方注吳

語今天王既封殖越國注**殖種也**文選閑居賦注引蒼頡**種藝曰殖**論語先進賜不受命而貨殖焉皇疏**殖謂壞田可播殖者也**管子地圖名邑廢邑困殖之地注。地員云壯土之次曰五殖五殖之狀甚浮以疏離析以曜塉**殖貨殖**列子楊朱子貢殖於衛注。萱按西狹頌民呂貸殖此段殖為殖也**殖殖言平正也**詩斯干殖殖其庭傳**直之言殖也**太玄玄文直東方也春也注。萱按此謂直為為殖段借**之直生也**太玄玄文醕相勅注直**膱脯如版然者**萱按此段膱為樴也疑轉寫致誤

埴

或作⿰土戠⿱戠土**黏土也**說文又史記夏本紀集解引徐廣又漢書地理志土注又考工記總目搏埴之工二注又老子埏埴以為器釋文引杜注又荀子性惡故陶人埏埴而為器注。萱按書禹貢厥土赤埴墳鄭本埴作戠云戠黏土也是鄭謂埴戠同字也許所據不必同鄭故戠下云闕今亦不容牽合也**埴壚黏疏者**周禮艸人埴壚用豕注**土黃而細密曰埴埴膱也黏昵如脂之膱也**釋名釋器**埴土也**廣雅

釋地又老子注又莊子馬蹄我善治埴者釋文引崔注。老子釋文引司馬注云埴土可以為器又文選長笛賦注引淮南許注云埴土為也**埴泥也**淮南齊俗若璽之抑埴注。萱按若璽抑埴所謂如印印泥**埴猶植**後漢書黨錮傳注。萱按此段埴為植也又考工記總目司農注云埴書或為植此段植為埴也二字相互段借

植

⿰木置或**戶植也**說文段注釋宮曰植謂之傳傳謂之突郭曰特戶鎖植也見埤蒼邵氏晉涵曰墨子爭門閔決植淮南云縣聯房植高曰植戶植也植當為直立之木徐錯以為橫鍵非也按今暨臬而以鐵了烏閔之可以加鎖故曰特鎖植植之引伸為凡植物植立之植**植柱也**文選西京賦植鍛懸敲薛注。考工記匠人注於四角立植而縣疏云植即柱也**植築城楨也**周禮大司馬屬其植注**植謂材也**淮南覽冥井植生梓而不甕溝植生條而不容舟注釋文**植即棱也**周禮大宗伯注雙植謂之桓疏**植槌也**禮記月令具曲植籧筐注。方言五云槌宋魏注。方言五云植宋魏陳楚江淮之閒謂之植**植物根生之屬**周禮大司徒其植物宜阜物司農注**植**

物艸木文選西京賦植物斯生薛注植種也廣雅釋地又文選景福殿賦注引蒼頡○東京賦植華平於春園注云植猶種也植樹也周禮田僕令獲者植旌注○山虞植虞旗於中注又後漢書馬融傳注並云植猶樹也植立也左氏定十年傳皆至而立如植釋文又周書周祝地之生也國有植注又荀子非相傳說之狀身如植鰭注又呂覽知度相與植法則也注又淮南原道故植之而塞於天地注假貞艸木無所植注又方言十二○漢書韓延壽傳植羽葆注云植亦立也植爲樹立左氏襄三十年傳其君弱植疏植建也漢書賈誼傳集注植倚也論語微子植其杖而芸集解引孔注植置也書金滕植璧秉圭晚出傳○萱按植置義相近古蓋通用金滕鄭注云植古置字又莊子外物草木之側植者釋文云植本作置又漢石經論語置其杖而耘商頌置我鞉鼓皆以置爲植植長也呂覽樂成而子產植之注又淮南主術五穀蕃植注植多也廣雅釋詁三植志也管子法法上無固植注又楚辭招魂弱顏固植注植立志也晉書音義中植謂部曲將吏周禮大司馬司農注植謂剛而專己禮記檀弓下行并植於晉國注○萱按據注植或爲

特義得蛭通植耳蝀耳而聽也淮南人閒諸麦必植耳注植睹杜尾也淮南人閒使狐瞋目植睹注植猶植後漢書賈鋪傳注○萱按此段值爲植也二字益互借通用

稙

早種也詩曰稙稚尗麥說文段注此謂凡穀皆有早種者魯頌傳曰先種曰稙謂先種先孰也釋名曰青徐人謂長婦曰稙長禾苗先生者曰稙取名於此也稙早也廣雅釋言稙長稼也詩閟宮稙穉菽麥釋文引韓詩○西狹頌民呂貸稙萱按此稙乃殖之借字

甑弋切
稷

䄶古文○有魏稷俗粢也五穀之長說文段注程氏瑤田九穀攷曰稷粢大名也粘者爲秫北方謂之高粱通謂之秫秫又謂之蜀黍高大似蘆月令首種不入鄭云首種謂稷今以北方諸穀播種先後攷之高粱最先管子書日至七十日陰凍釋而蓺稷百日不蓺稷日至七十日今之正月也今南北皆以正月蓺高粱是也凡經言疏食者稷食也稷形大故得疏偁按程氏九穀攷互爲精斷學者必讀此而後能正名其言漢人皆曰目粱爲稷而稷爲秫秫鄰人能通其語者士大夫不能舉其字直可謂撥雲霧而觀青天矣古段稷爲即小雅既齊既稷毛云稷疾是也亦段爲畟

字如穀粱曰畟作曰稷是也○禮記月令食稷與牛注郊特牲疏引異義又周禮大司徒疏又後漢書光武紀上注又續漢書祭祀志下引孝經援神契又白虎通五祀又風俗通祀典並云稷者五穀之長也又獨斷上云稷五穀之長也因以稷名其神也又孝經疏引皇侃云稷五穀之長亦爲土神稷者百穀之主漢書郊祀志下○左傳桓二年疏云稷是諸穀之長稷土穀也素問五常政大論注○淮南時則食稷與牛注云稷牛皆屬土也稷秋夏乃熟歷四時備陰陽穀之貴者續漢書祭祀志下引月令章句○白虎通社稷云稷者得陰陽中和之氣而用尤多稷粟也稷粱也萱按以粟與粱釋稷並誤也見禮記孔疏尒雅孫注舍人注國語韋注愚謂稷與粟其物顯殊頒不難辨而諸家鹵莽說之漫不加察遂沿譌至今稷百穀之神鄉覽成伯璵禮記說又荀子禮論稷祭稷也注○書召誥疏引孝經說云稷謂穀神又風俗通祀典云未之神爲稷稷者原隰之神周禮大宗伯疏引孝經援神契○禮記郊特牲疏云稷乃原隰所生故以稷爲原隰之神社稷土穀之神有德者配食焉周禮大宗伯注○大司徒設其社稷之壝注云社稷后土及田正之

神又封人注稷社之細也云稷神蓋厲山氏之子柱也獨斷上稷澤后稷神所馮因名云山海經西山經峚山丹水出焉西流注于稷澤注○書堯典讓于稷契暨臯陶鄭注云稷棄也艮爲社稷易彖下傳出可以守宗廟社稷虞注稷官也國語周語昔我先世后稷注○左氏昭二十九年傳稷田正也疏云稷是田官之長又呂覽季冬注云稷是田官之神稷地名左傳昭十年戰于稷釋文○周書王會注云稷慎肅慎也又國語晉語注云稷桑臯落翟地稷合也大糸常終不稷注稷不見之也呂覽權勳齊桓公見小臣稷注○萱按義不條稷稷嗟其已應素問寶命全形論見其稷稷注稷之言即也詩楚茨箋○萱按詳十二部即下稷畟也稷側也萱按皆段稷爲昃也昃下詳之

稷

細理木也說文段注稷見西山經南都賦郭曰稷似松有刺細理劉淵林注蜀都賦曰楔似松有刺按蜀都楔字蓋稷之譌厓陽之山其木多稷山海經西山經

卬弋切
嶷

小兒有知也詩曰克岐克嶷說文段注大雅克岐克嶷毛曰岐知意也嶷識也按此由俗人

不巫識疑字蒙上岐字改从山旁耳高注淮南曰軫軋之軫讀如克岐克嶷之嶷太本作凝釋文凝牛力切又音擬擬然有所識別也

嶷

嶷然有所識也後漢書杜彬傳岐嶷也注嶷嶷德高也史記五帝紀其德嶷嶷索隱平入兩讀異義嶷崱山峯皃華嚴經音義上引字指。莹按音字指嶷崱作崱嶷崱嶷餘不異嶷識也詩生民克岐克嶷傳。莹按此義疑為正字則訓嶷為乃疑之段借字可也史記嶷嶷范史嶷然亦爾

暱

昵或。俗有昵日近也春秋傳曰私降暱燕說文段注日謂日日也皆日之引申之義也釋詁小雅傳皆云暱近也左傳不義不暱非其私暱誰敢任之私降暱燕昭二十五年左傳文今本作昵考工記凡昵之類不能方故書昵或作樴或為翻杜子春讀為不義不昵之昵按古文段尼為昵古文尚書典祀無豐於尼釋詁云即尼也孫炎曰即猶今也尼近也郭璞引尸子悅尼而來遠釋文引尸子不避遠尼自衛包改尚書作昵宋開寶開又改釋文而古文之讀不應尒雅矣暱近也左氏閔元年傳諸夏親暱注又國語齊語野處而不暱注晉語大其私暱

注夫正國者不可以暱於權注昵近也書高宗彤日釋文又左氏昭十六年傳皆昵燕好也注昭二十五年傳私降燕昵注又釋名釋典藝又文選雪賦頗低帷以昵枕注暱親也左氏隱元年傳不義不暱釋文傳二十四年傳暱近尊賢注成十三年傳暱就寡人注襄二十五年傳而知蔑其暱注又國語魯語諸侯其誰暱之注暱親近也爾雅釋詁暱近也注。孫注云暱親之近也合人注云暱戚之近也暱亟也爾雅釋言昵考也謂禰廟也書高宗彤日馬注暱嫟私恨列子湯問以暱嫟殺上鄗章注

想力切

息

息喘也說文段注口部曰喘疾息也喘為息之疾者析言之此云息者喘也渾言之人之氣急曰喘舒曰息引申為休息之偁又引申為生長之偁引申之義行而鼻息之義不廢矣詩曰使我不能息兮傳曰憂不能息也黍離傳曰噎憂不能能息也此息之本義也其他詩息字皆引申之義也。詩桑柔箋如卻疾風不能息也疏云息謂喘息又漢書司馬遷傳視徒隸則心惕息注云息喘息也息出入氣也漢書揚雄傳下尚不敢惕息注。蘇武傳半日復息注云息謂出氣也息亦氣也論語鄉黨屛氣似不息者皇疏。山海經海外北經山海之神名曰燭陰息為風注

云息氣息又後漢書任延傳注云累息累氣息嘆息也文選長門賦舒息悒而增欷兮注史記張耳陳餘傳閒不容息索隱息勞也儀禮鄉飲酒禮乃息司正注。鄉射禮注云息猶勞也息止也詩殷其靁莫敢遑息傳葛生誰與獨息傳蜉蝣於我歸息傳民勞汔可小息傳又史記周本紀不以善息索隱又嘗子七發縱左書而右息之注又文選東京賦乃安斯息薛注息安也廣雅釋詁一又後漢書朱穆傳注又呂覽遹感而不得息注。禮記檀弓上細人之愛人也以姑息注云息猶安也息寧靜也左氏昭八年傳臣必致死禮以息楚國注息謂處也詩小明無恆安息傳。周禮野廬氏宿息井樹注云宿息廬之屬賓客所宿及晝息者也又說云宿息謂賓客晝止之處動息猶出處也文選謝玄暉觀朝雨詩動息無兼遂注息返也廣雅釋言息歸也方言十三又廣雅釋詁二息消也淮南覽冥水浩洋而不息注息猶銷也禮記樂記使其文足論而不息注息猶弃史記周本紀百發盡息索隱息休也廣雅釋言又國策秦策戰次不息注又文選西京賦息行夫息注。荀子大略願息事君注云息休息又考工記梓人則王以息燕注云

息者休農息老物也息猶休止也禮記樂記著不息者天也注。學記息焉游焉注云息謂作勞休止之處兌為休息易隨上傳君子以嚮晦入宴息矣之果注乾者陽生為息史記麻書起消息正義引皇侃。易升利於不息之貞荀注云陽用事為息息生也史記高帝紀臣有息女正義孔子世家自大賢之息索隱又管子版法戒客四時以別息注又文選七發消息陽陰注。易象下傳水火相息注云息者生變之謂也息長也易象下傳虞注又孟子告子上其日夜之所息注又素問五運行大論在氣為息注。漢書宣帝紀剌者不可息注云息謂生長也息實也言物滋息實滿也釋名釋言語息謂蕃滋也漢書五行志下之下不能則災息而禍生注息鯀育也荀子大略有國之君不息牛羊注息猶利也史記孟嘗君傳貸錢者不能與其息索隱息二也廣雅釋詁四息壤者言土自長息無限山海經海內經鯀竊帝之息壤以堙洪水注息土謂衍沃之田大戴記易本命息土之人美注。書禹貢疏引九章算術云五壤為息土息耗猶言善惡也後漢書章德竇皇后紀注蕭慎

或謂之息慎東北夷書序肅慎來賀馬注鄭注南陵息慎爾雅釋地息姬姓之

國蕫按此段息為鄎也

息頂也死肉也蕫按此段為瘜也

息滅也蕫按此段為熄也

熄

熄畜火也亦曰滅火說文段注畜當從艸積也熄取滋息之意滅與蓄義似相反而實相成止息即滋息也孟子曰王者之迹熄而詩亡詩亡然後春秋作也○蕫按孟子安居而天下熄意林作息

熄滅也呂覽本味則名號必廢熄注

息滅也易革水火相息馬注又釋文又呂覽論人不可息也注懷寵侵奪之術息也注書分姦偽邪辟之塗可以息注○禮記中庸則其政息注云息猶滅也○蕫按息熄音義皆同得通用也

瘜

○俗有腺寄肉也說文段注肉部腥下曰星見食豕令肉中生小息肉也息肉即瘜肉

瘜惡肉也一切經音義二引三蒼

膞腺謂息肉也方言十三膞腺也注

息頂也死肉也素問病能夫癰氣之息者宜以鍼開除去之注○蕫按息者瘜之省借也

鄎

鄎姬姓之國在淮北今汝南新息是也說文段注左傳隱十一年鄭息有違言杜曰鄎

國汝南新息縣按此經作息注作鄎國也釋文云鄎音息一本作息此為注作音也自墨書朱字不分而學者惑矣左傳用古文假借字杜解用說文本字不與經同此鄭氏注經之例也左正義引世本曰息國姬姓許云姬姓之國本世本也息侯伐鄭君子謂其不親親以其同姓也左傳云息嬀者謂息所娶之陳嬀也今河南光州息縣淮水在縣南五里故息城在縣北三十里汝南郎新息二志同按漢字作息與左氏合

息姬姓之國國語周語息由陳嬀注○蕫按左國兩漢志皆作息嬀隋書列女傳作鄎嬀

熄

熄木也說文段注未詳玉篇不載

皕 貶弋切

皕二百也說文段注即形為義不言从二百

畐

畐○俗有偪逼滿也說文段注方言愊偪滿也凡以器盛而滿謂之愊注言涌出也腹滿曰偪注言勑偪也按廣雅愊愊滿也本此而玉篇云腹滿謂之涌腸滿謂之畐與今本方言異玄應書畐字注曰普逼切引方言畐滿也是則希馮玄應所據方言皆作畐也許書無偪逼字大徐附逼於辵部今乃知逼仄偪迫字當作畐偪逼行而畐廢矣荀卿子亢盈

大宇而不宨入郤穴而不偪淮南兵略訓入小而不偪處大而不宨凡云不偪者皆謂不實淮南俶眞訓處小隘而不實要略訓置之尋常而不實汜論訓內之尋常而不實齊俗訓大則實而不入小則宨而不周偪與實義同畐偪正俗字也釋言曰逼迫也本又作偪二皆畐之俗字

逼近也小尒雅廣詁

逼奪其權勢左氏襄二年傳以逼子重子辛注

偪偪上也國語楚語則懼偪注憾

偪迫也國語周語不可偪也注又淮南兵略注又後漢書張衡傳又文選思玄賦舊注引國語賈注

偪側相迫也文選上林賦偪側泌瀄注引司馬彪○漢書司馬相如傳上注云偪側相逼也

偪行縢禮記內則注○蕫按此段偪為幅也

幅滿也廣雅釋詁一○蕫按此段幅為畐也二字互相段

楅

楅以木有所畐束也詩曰夏而楅衡說文段注云以木有所畐束則不專謂施於牛者引詩特其一證耳鄭射禮命弟子設楅注楅猶幅也所以承笴齊矢者按記云楅髤橫而奉之南面坐而奠之南北當洗是以木有所畐束也周禮封人疏

楅者相迫楅之義楅衡設牛角以楅之也

詩閟宮夏而楅衡傳○周禮封人設其楅衡注云楅設於角衡設於鼻如椵狀也又司農注云楅衡所以楅持牛也又杜注云楅衡所以持牛令不得抵觸人又文選東京賦薛注云橫木於牲角端以備抵觸謂之楅衡

楅逼也詩閟宮釋文

楅猶幅也儀禮鄉射禮注○疏云訓楅為幅者義取若布帛有邊幅整齊之義

楅承矢器儀禮大射儀總衆弓矢楅注○鄉射禮記云楅長如笴博三寸厚寸有半龍首其中蛇交韋當又禮記少儀疏云楅者兩頭為龍頸中央共一身而倚箭於楅身上

楅榔也廣雅釋器

鮑者于楅室中糗乾之出於江淮也周禮籩人注○蕫按此段楅為煏也

愊 品力切

愊悃愊也說文○蕫按悃下云悃愊至誠也

愊織密也漢書劉向傳發憤悃愊注引張晏愊謂

愊怛也禮記儒行釋文

愊怛謂急促之意禮記儒行疏

愊憶猶鬱結也後漢書馮衍傳注

愊憶憤怒之皃也漢書陳湯傳策慮愊億注

副

副疈籀判也周禮曰副辜祭說文段注毛詩大雅曰不坼不副曲禮曰為天子削瓜者副之匡謬

正俗曰副貳之字本為褔從衣畐聲俗呼一襲為一褔衣是也書史假借遂以副字代之副本音並力反義訓剖劈學者不知有褔字以副貳為正體詩不坼不副乃以朱點發副字按顏說未盡然也副之則一物成二因仍謂之副因之凡分而合者皆謂之副訓詁中如此者致多流俗語音如付由一部入三部故韻書在宥韵俗語又轉入遇韵也沿襲既久其義其音遂皆志其本始褔字雖見於竈篆傳東京賦然恐此字因副而製耳鄭仲師注周禮云貳副也貝部貳下因之史記曰藏之名山副在京師漢書曰藏諸宗廟副在有司周人言貳漢人言副古今語也豈容廣副用褔鄭注周禮作疈云疈疈牲胸也疈而磔之謂磔禳及蜡祭許所據作副盩副者古文小篆所同也鄭所據用籀文。詩生民釋文引字林云副判也

副謂破羊骨磔之以祭也 山海經中山經其祠泰逢熏池武羅皆一牡羊副注

副析也 禮記曲禮上副之注。釋文云副四析也

副貳也 漢書高惠高后孝文功臣表集注。後漢書景丹傳

副 注云副貳屬令也

副助也 素問疏五過論為萬民副注引靈樞經

副稱也 漢書禮樂志集注

副審也 爾雅釋詁

副覆也 禮記玉藻疏引鄭志。周禮追師為副編次追衡笄注云副之言覆所以覆首為之

飾其遺象若今步搖矣又釋名釋首飾云王后首飾曰副副覆也以覆首亦言副貳也兼用眾物成其飾也

副者后夫人之首飾編髮為之 詩君子偕老副笄六珈傳。疏云副者祭服之首飾

副者婦人之首服 周禮追師司農注。後漢書東平憲王蒼傳注云副婦人首服三輔謂之假紒又和熹鄧皇后紀注云王后首服為副所以副首為飾若今步搖也

婦人有副禕盛飾 詩葛覃傳。疏云副者首服之尊又釋文云副婦人首飾之上又禮記祭義夫人副禕立於東房疏云副后之上服又明堂位夫人副禕立於房中注云副首飾也今之步搖是也

副謂後乘也 漢書張良傳誤中副車注。獨斷下云法駕有五色安車五色立車各一皆駕四馬是謂五時副車俗人名之曰五帝車非也

注酒于尊中為副 周禮酒正注三貳三益副之也疏。萱按尹宙碑位不福德謂段福為副亦得然本字自通

偪

片也 說文段注副者判也偪則判木也廣韻曰偪版出通俗文

塩

凷也 說文段注猝言凷塩也郭引枕王以塩塩即墣之異文禮運蕢桴注曰蕢讀為凷聲之誤也凷塩也

塩土

塊也 爾雅釋言塊塩也孫注。萱按凷塊古今字

⿱稫火

稫 稫。俗有㷭稫⿱畐火

㠯火乾肉也 說文段注周禮籩人注曰鮑者於福室中糗乾之出於江淮也此當作㷭室中糗乾之漢書貨殖傳注引作於福室乾之可證福即㷭字小顏不解糗字故刪之耳糗者熬米麥也引申為凡熬之偁語亦可通㷭室漢時有此制賈公彥云福土為室非也㷭方言作㷭凡以火而乾五穀之類自山而東齊楚以往謂之熬關西隴冀以往謂之㷭秦晉之間或謂之焣省作㷭又或作焙而異其音玉篇作㷭無㷭

㷭乾也 廣雅釋詁二

㷭火乾也 方言七

范弋切

福

備也 說文段注祭統曰賢者之祭也必受其福非世所謂福也福者備也備者百順之名也無所不順者之謂備案福備古音皆在第一部疊韵也。廣雅釋詁二云福備也又書洪範九五福鄭注云福者備也又禮記郊特牲富也者福也注云福也者備也又禮運是謂承天之福注云福之言備也

福謂福祚也 方言十三禔福也注

福者大慶之辭 詩瞻彼洛矣疏。周禮大祝注言祝祀祈福祥也疏云福祥是吉慶之事

順其類者謂

之福 荀子天論。禮記祭統必受其福注云世所謂福者謂受鬼神之祐助也賢者之所謂福者謂受大順之顯名也

安利之謂福 賈子道術說

福盈也 廣雅釋詁一

福富也 釋名釋言語。易謙福謙釋文云福京作富。子度云劉修碑鬼神富謙用京易也按

全壽富貴之謂福 韓非子解老。太玄玄文在福則冲注云福謂富貴之位

爵命為福 詩瞻彼洛矣福祿如茨箋

福謂水物之利 文選西征賦良無要於後福注

福胙肉也 國語晉語必速祠而歸福注

為人祭曰致福 禮記少儀。周禮膳夫凡祭祀之致福者注云致福諸臣祭祀進其餘肉歸胙于王

乾為福 易象上傳鬼神害盈而福謙虞繫辭下傳此小人之福也虞注。晉受茲介福虞注云乾為介福

陽偁福 易象下傳恐致福也虞注

得非己力故謂之福 論衡累害

福者禍之門也 說苑說叢

作福專爵賞也 書洪範惟辟福鄭注

幅 。俗有⿰糸畐

廣也 說文段注凡布帛廣二尺二寸其邊曰幅左傳曰夫富如布帛之有幅焉為之制度使無遷也引申

為邪幅。小雅邪幅在下傳曰幅偪也所以自偪束也。詩長發幅隕既長傳云幅廣也 布帛廣二尺二寸為幅 漢書食貨志下。儀禮士喪禮亡則以緇長半幅赬末長終幅注云半幅一尺終幅二尺。萱按注當有一寸二寸字疑轉寫奪去 幅者所以正曲枉也 列女母儀 傳屬幅者謂邊幅 儀禮喪服記注屬猶連疏 邊幅猶有邊緣以自矜持 後漢書公孫述傳注。符融傳注云幅巾者以一幅為之也 邪幅如今行縢也 詩采菽箋。釋名釋衣服云幅所以自偪束今謂之行縢言可以裹脚可以跳騰輕便也又左氏桓二年傳帶裳幅舄注云幅若今之行縢者又疏云幅與行縢今古之異名邪纏束故名邪幅 偪行縢。禮記內則偪屨著綦注萱按此段偪為幅也 幅滿也 萱按此段幅為畐也畐與偪同字畐正偪俗也畐幅二字互相段借

輻

輻轑也 說文。周髀算經下車輻引繩就中央之正以為轂注云以圓度為輻 輻檀輻也 詩伐檀傳 輻也者以為直指也 考工記輪人。萱按輻輹二字經典有互譌者輹車下縛也與輻兩不相涉音

亦各別 輻湊言如車輻之歸於轂也 漢書劉向傳眾輻湊於前注。後漢書班彪傳下注云輻湊如輻之湊於轂也

蝙

蝙蝠也 說文。後漢書崔琦傳注云蝠即蝙蝠也 蝙蝠服翼 爾雅釋鳥。方言八云蝙蝠自關而東謂之服翼自關而西秦隴之間謂之蝙蝠

葍

。俗有藟 蓄也 說文段注見釋艸郭云大葉白華根如指正白可唉棄邶風箋云葑菲二菜蔓菁與葍之類也皆上下可食此根可唉之證也郭又云葍華有赤者為藑藑葍一種耳亦猶蔑苕華黃白異名陸機云葍有兩種一種莖葉細而香一種莖赤有臭氣按毛公云葍惡菜殆因有臭氣與。詩我行其野言采其葍箋云葍蓄也 葍一名葍 幽州人謂燕葍 詩陸璣疏。齊氏要術引詩義疏云璣河東關內謂之葍幽兗謂之燕葍 葍蔓茅 爾雅釋艸

伏

司也 說文段注司者臣司事於外者也司今之伺字凡有所司者必專守之伏伺即服事也引申之為俯伏又引申

之為隱伏 伏服也 易毄辭下傳古者包犧氏之王天下也釋文引孟京 伏覆也 禮記曲禮上寢毋伏注又釋名釋姿容 伏猶憑也 文選西京賦伏櫺檻而頫聽聲注 倚者立身也伏下身也 史記屈原賈生傳禍兮福所倚福兮禍所伏索隱又云此老子之言以言禍福遞來猶如倚伏也。 伏者別也變也 風俗通皇霸引禮含文嘉 伏去也 國語晉語宵靜女德以伏蠱慝注 伏謂不為之用 周書史記其臣忠良皆伏注 伏猶處也 左氏定四年傳未獲所伏注 伏藏也 廣雅釋詁四又國語晉語物莫伏於蠱注又呂覽孟夏無伏于都注。後漢書明帝紀注又文選閒居賦注引厤忌釋伏云伏者何也金氣伏藏之日也 伏隱也 素問五常政大論其動彰伏變易注又國語晉語龍尾伏辰注將伏也注。史記秦本紀二年初伏正義云伏者隱伏避盛暑也 伏不見也 漢書天文志是為奠而伏注引晉灼。大戴記夏小正望乃伏傳辰則伏傳並云伏也者入而不見也又三月參則伏傳也伏者非止之辭也星無時而不見我有不見之時故曰伏云又左氏僖五年傳龍尾伏辰疏云伏宿不見為伏 兵為伏 易同人伏戎于莽虞注 兵為退伏

毄辭上傳吉凶與民同患虞注 坎為隱伏 易困臀困于株木于注艮不見其人虞注毄辭下傳將叛者其辭慙 虞注說卦傳 伏術伏膺於術 荀子性惡伏術為學注 伏車軾也漢書伏作憑也 史記酷吏傳未嘗敢均茵伏索隱。萱按索隱似當疊伏字漢書作均茵憑亦謂憑軾也軾者人所憑伏故即以憑伏言軾此即引申之義也綴文之法也注家訓釋則宜有分別不容徑者其辭謂軾即伏也 伏謂伏犬以王車轢之 周禮犬人伏瘞亦如之司農注 節假直日謂之伏豹 封氏聞見記。又云伏豹者言眾官皆出己獨留如藏伏之豹伺候待搏故云伏豹 屐又曰伏兔在軸上似之也 釋名釋車 伏豬木禾也 廣雅釋艸 伏靈者千歲松根也 史記龜筴傳。萱按方書作茯苓俗 伏翼蜮螻也 廣雅釋鳥。萱按皆蝙蝠之異名也爾雅方言作服翼

𠬝

治也 說文

服

舨 古文 用也一曰車右騑所㠯舟旋 說文段注馬部曰騑驂也旁馬也古者夾轅曰服馬

其蜀曰騑馬此析言之許意謂渾言皆得名服馬也獨言右騑者謂將右旋則必策辰右之馬先向右又左旋亦同舉右以晐左也舟當作𦨖○管子正服信以聽注又荀子賦忠臣危君讒人服矣注又莊子寓言直服人之口而已矣注並云服用也又後漢書梁竦傳注云服猶用也

服者所以便用也國策趙策○荀子大略大夫服笏注云御服皆器用之名尊者謂之御卑者謂之服

服事也爾雅釋詁又詩關雎寤寐思服箋六月共武之服箋下武昭哉嗣服箋板我言維服箋噫嘻亦服爾耕箋又禮記曲禮上孝子不服闇注服官政疏祭統纂乃祖服注又素問八正神明論用鍼之服注又楚辭天問舜服厥弟注讒蹈是服注

服服事也離騷孰非善而可服注惜誦戒六神與嚮服注又文選拜陵廟詩早服身義重注○思玄賦固終始之所服注舊注云服所以服事也又詩蕩曾是在服傳云服服政事也又周禮職方氏其外方五百里曰侯服注云服服事天子也又周禮書職方為侯服注云服言服於王事也

服行也左氏文十八年傳服讒蒐慝注昭八年傳康叔所以服閟大也注又管子牧民上服度則六親固注權修上身服以先之注幼官服忠用信則王注法法先民服也注四稱君若有憂則臣服之注侈靡強使服事注白心何道之近而莫之與能

服也注任法百官服事者離法而治則不祥注又荀子省生上先服之注又呂覽貴生服是也辱是也注

服從也左傳文十八年疏又史記曆書三苗服九黎之德正義又呂覽先己期年而有扈氏服注

服謂為之任使荀子王制賢良服注．服不司馬之屬掌養猛獸而教擾之者儀禮大射儀獻服不注

服猶畏也淮南說林鳥力勝日而服於鵻注

服思之也詩關雎寤寐思服傳○莊子田子方吾服女也甚忘注云服者思存之謂也

服習也楚辭橘頌橘徠服兮注○禮記孔子閒居君子之服之也注云服猶習也

服整也爾雅釋言又詩葛覃服之無斁箋葛屨好人服之

服執也國語吳語夜中乃令服兵擐甲注

服謂執持也論語為政有事弟子服其勞皇疏

服得也老子是謂早服注

服便也管子七法存乎服習而服習無敵注

服慊也國策秦策勝而不驕故能服世注

服退也呂覽不廣莎隨賁服注

服敗也周書謚法

服降也呂覽論威敵己服矣注

服約謂屈服隱約也管子任法賤人以服約卑敬悲色告愬其主注

服者身之表也孝經非先王之法服不敢服注

○國策趙策云利身之謂服

服心之文也國語魯語

服皃之飾也洪範五行傳時則有服妖注

服飾也楚辭東皇太一靈偃蹇兮姣服注雲中君龍駕兮帝服注

服容行之謂也莊子天道吾服也恆服注

服法服也呂覽樂成都鄗有服注

服章服也文選陸士衡荅賈長淵詩報升義綢注

命服爵命之服也文選安陸昭王碑文軍麾命服之序注

服器服也山海經西山經是司帝之百服注

服服色也漢書郊祀志上怠於改正服鬼神之事注○禮記大傳易服色注云服色車馬也

服佩也呂覽孟春服青玉注又淮南時則服蒼玉注說山君子服之注

服謂鞶帶易象上傳以訟受服虞注○呂覽順民服劍臂刀注云服帶

服戎服也○詩六月載是常服傳箋云服韋弁服也

吉服服玄冕也儀禮士喪禮及宗人吉服注○士虞禮記尸服卒者之上服注云上服如特牲士玄冕也

朝服十五升布衣而素裳也儀禮士冠禮朝服注○鄉飲酒禮鄉朝服注云朝服冠玄端緇帶素韠白屨又燕禮燕朝服于寢注云朝服者諸侯與其羣臣日視朝之服也又既夕道車載朝服注云朝日視朝之服也玄衣素

裳

祭服爵弁服皮弁服皆從君助祭之服儀禮士喪禮祭服祿衣次注○以爵弁服注云爵弁服純衣纁裳也禮以冠名服又既夕載皮弁服注云皮弁服者視朔之服又周禮司服眡朝則皮弁服注云皮弁之服服五升白布衣積素以為裳

服謂冠弁衣裳也詩都人士序周人刺衣服無常也箋○周禮司服共王之服玉佩玉珠玉司農注云服玉冠飾十二玉

服弁喪冠也其服斬衰齊衰周禮司服凡凶事服弁服注

服物玄纁綪纊也○周禮大行人其貢服物注大宰七曰服貢注云服貢絺紵也

服謂衣服及宮室車旗周禮都宗人正都禮與其服注

服服杖也是喪服之數故呼杖為服禮記檀弓下天子崩三日祝先服疏

五服斬衰至緦麻之親禮記學記師無當于五服注

五服十二也九也七也五也三也書皋陶謨五服五章哉鄭注○後漢書張敏傳注云五服謂天子諸侯大夫士之服也

五服甸侯綏要荒也後漢書邊讓傳注○左傳桓二年注諸侯而在甸服者疏云邦畿方千里其外每五百里謂之一服又國語周語邦內甸

服注云服服其職業也服九服也後漢書董卓傳注上服劓墨也下服宮刑也周禮小司寇以施上服下服之刑注司刺而施上服下服之罪注不服不應罰也書呂刑五罰不服晚出傳服駕也後漢書張衡傳注服服轅也文選思玄賦執雕虎以服襄舊注○楚辭謬諫服罷牛而驂驥注云在轅曰服又國策衛策拊驂笞服注云轅中曰服者文選陽給事誄配服驂衛注○詩叔于田巷無服馬箋云服馬猶乘馬也又疏云轅兩馬謂之服馬又後漢書章帝紀注云夾轅者為服馬又淮南泰族服欲步注云服馬中央馬也又呂覽愛士右服失而埜人取之注云兩馬在中為服又續漢書輿服志上在左騑馬軛上注引徐廣云馬在中曰服服車服事者之車周禮巾車服車五乘注服牝服也詩大東不以服箱傳○周禮山虞凡服耜注云服牝服車之材服車箱儀禮既夕禮賓奠幣于棧左服注○周禮太宰四曰羞服之式釋文引干注云服車服也又考工記車人牝服二柯有參分柯之二司農注云牝服謂車箱又云牝服長八尺謂較也服黑色鳴自呼史記屈原賈生傳楚人名鵩曰服索隱引

吳錄○萱錄○萱按賈子本傳字作鵩今字也又文選陸士衡詩誰謂伏事淺此段伏為服也鶝鳩自關而西謂之服鶝方言八蝙蝠自關而東謂之服翼同上

箙弩矢箙也周禮仲秋獻矢箙說文段注司弓矢曰中秋獻矢箙注曰箙盛矢器也以獸皮為之棄本以竹木為之故字从竹國語檿弧萁服韋昭曰萁木名服房也小雅象弭魚服皆段服為箙箙盛弩箭器也方言九所以藏箭弩謂之箙注箙今謂之步叉續漢書輿服志上注引周禮干注小箙刀劍短兵之衣周禮巾車服皆疏注小服矢服也詩采薇箋又國語齊語服無矢注服矢房也國語鄭語注矢室名曰服史記司馬相如傳右夏服之勁箭集解引韋昭服盛箭器也漢書司馬相傳上注引伏儼又文選子虛賦注引張揖○蜀都賦服魚文劉注云服箭服步叉謂之服史記司馬相如傳集解引呂靜○文選七發右夏服之勁箭注云服即今步叉也又漢書五行志下之上注云服盛箭者即今之步叉也魚服魚皮也詩采薇傳○釋名釋兵云其受矢之器以皮曰服柔服之義也

⿲王車王○俗有⿲王車王車笭間皮匧也古者使奉玉所吕盛之說文段注東京賦司馬彪輿服志皆曰⿲王車王弩李善曰⿲王車王車闌閒皮篋案此皮匧漢時輕車以藏弩輕車古之戰車也其制沿於古者人臣出使奉圭璧璋琮諸王車笭間皮匧所用藏之此其字之所由从車玨會意也聘禮圭藏於櫝然則櫝藏於皮匧⿲王車王皮篋盛弩也漢書張安世傳送以輕車介士注置弩於⿲王車王曰⿲王車王弩文選東京賦⿲王車王弩重旃薛注

犕易曰犕牛乘馬說文段注此蓋與革部之鞁同義鞁車駕具也故五篇云犕服也以鞍裝馬也繫辭今作服古音𠬝聲葡聲同在第一部以車駕牛之字當作犕作服者段借耳左傳王使伯服如鄭請滑史記鄭世家作伯犕後漢書皇甫嵩傳義真犕未乎北史魏收嘲陽休之義真服未正作服字此皆通用之證也犕牛具齒也初學記廿九引字林

韻史

第一部入聲

革韻

或 撮口 詩羽域切

或兩讀異義域祇一讀 域 或○俗有戚賊 邦也 說文段注邑部曰邦者國也蓋或國在周時為古今字古文祇有或字既乃復製國字以凡人各有所守皆得謂之或各守其守不能不相疑故孔子曰或之者疑之也而封建日廣以為凡人所守之或字未足盡之乃又加囗而為國又加心為惑以為疑惑當別於或此孳乳寖多之理也既有國字則國訓邦而或但訓有漢人多以有釋或毛公之傳詩商頌也曰域有也傳大雅也曰國所以域養禽獸也域即或攷工記梓人注或有也小雅天保箋鄭論語注皆云或之言有也高誘注淮南學言或有也毛詩九有韓詩作九域緯書作九圍蓋有古音如以或古音同域廣韵分域切兩逼或切胡國非也周禮小司徒乃分地域而辨其守注云故書域為邦杜子春

云當為域 域國也 廣雅釋詁四 域謂封邑也 漢書韋玄成傳以保爾域注 域界也 漢書禮樂志集注 域界局也 漢書賈誼傳故其在大譴大何之域者注 域居也 史記禮書人域是域索隱○孟子公孫丑下域民不以封疆之界注云域民居民也 域營域也 詩葛生蘞蔓于域傳○周禮典祀皆有域注云域兆表之塋域 域葬地也 廣雅釋丘 域謂身也 文選豪士賦序存夫我者陸殺止矛其域注 九域九州也 文選冊魏公九錫文注引韓詩章句○萱按孫根碑九成囗囗成即城字 大域猶章較也 家語入官大域之中而公治之注無僻不可得而名曰域也 老子域中有四大注又玉注

閾

閾古文門梱也論語曰行不履閾 說文段注木部曰梱者門限也相合為一義釋宮曰梱謂之闑柣郭千結反即柣字也禮古文閾作戚此皆段借字也閾從洫聲此猶大雅毛詩築城伊淢淢即洫之古文韓詩正作洫 閾門限也 爾雅釋宮柣謂之閾注又孫注又儀禮士冠禮釋文又禮記曲禮上不踐閾注玉藻不履閾注

又左氏僖十二年傳見兄弟不踰閾注又釋文襄二十七年傳牀第之言不踰閾注又論語鄉黨行不履閾集解引孔注又國語魯語皆不踰閾注又後漢書和熹鄧皇后紀注班超傳注○論語鄉黨皇疏云閾限也 閾門梱也 漢書王莽傳上思不出乎門閾注○萱按此釋甚疏梱與限難甚疏梱與限難同在一處梱即閾也奈何謂闑為閾予 閾 閾也 儀禮士冠禮闑西閾外注○士冠禮注聘禮記注士喪禮注特牲饋食禮注○並云古文閾為蹙

黬

或作緎緎 羔裘之縫也 說文段注召南羔羊之革素絲五緎傳曰革猶皮也緎縫也許所據詩作黬○爾雅釋訓云緎羔裘之縫也 緎縫之界域 爾雅釋訓孫注○王氏引之經義述聞云紀緎總皆數也五絲為紀四紀為緎四緎為總西京襍記載鄒長倩遺公孫弘書曰五絲為編倍編為升倍升為緎倍緎為紀倍紀為緵倍緵為襚然則緎者二十絲總者八十絲也

𦉜

瓦器也 說文

棫

白桵也 說文又爾雅釋木又詩緜柞棫拔矣箋棫樸芃芃棫樸傳又山海經西山經翰次之山其上多棫橿注

棫白桵也 文選西京賦梓棫楩楓薛注 棫即柞也 詩緜釋文引三蒼

蜮

蟈 蜮又從國蟈同讀 短弧也佀鼈三足吕气䠶害人 說文段注左傳釋文曰短弧又作狐按此因其以氣射害人故謂之短弧作狐非也其氣為矢則其體為弧陸疏云人在岸上影見水中投人引則殺之師古曰短弧即射工也亦呼水弩陸氏佃羅氏願皆曰口中有橫物如角弩聞人聲以氣為矢用水勢以射人隨所箸發射中影亦病也國聲亦亦聲也周禮蜮氏鄭司農云蜮讀為蟈蟈蜮蟆也月令曰螻蟈鳴故曰掌去鼃黽鼃黽蝦蟆屬周禮經注本如此今本經作蟈氏注曰蟈當為蜮此譎謬倒易不可通之本從鄭依引遷易字故注曰蟈今御所食蛙也字从虫國聲蜮乃短弧與所以申明先鄭易字之恉之許不從先鄭說者也故謂蟈即蜮字之異者蜮氏去蟈即去短弧也蓋周禮故書作蜮亦或作蟈先鄭從或本許則謂蟈與蜮無二義也○詩何人斯為鬼為蜮傳又楚辭大招蜮傷躬只注又山海經大荒南經注並云蜮短弧也又左氏莊十八年經秋有蜮注云蜮短弧也蓋以含沙射人為災又穀梁莊十八年傳又藝文類聚災異部引洪範五行傳並云蜮射人者也又後漢書明帝紀注云蜮一名短弧今之水弩含沙射人者

馬融傳注云蜮射人生於南越謂之短弧

蜮謂之射工左傳莊十八年釋文。服注云短弧南方盛暑所生其狀如鼈古無今有含射沙射人入皮肉中其瘡如疥徧身濩濩蜮蜮又詩何人斯釋文云蜮狀如鼈三足一名射工俗呼之水弩在水中含沙射人。堂按漢書劉向傳有蜮蜚注云蜮短尾狐也帳諸家多尾字弧又作狐皆非也五行志注蜮短弧不誤

蜮猶惑也公羊傳莊十八年疏引洪範五行傳又漢書五行志下之上。公羊注云蜮之猶言惑也

蜮魅也漢書東方朔傳人主之大蜮注

蜮也者長股也或曰屈造之屬也大戴記夏小正鳴蜮傳。堂按長股也三字今本在上商庚者下此從莊氏寶琛所畱定也莊云倉庚不鳴長股或曰二字亦與蜮也者不相聯屬長股也三字當在蜮也者之下或曰之上蜮與蟈同蟈鼃也廣雅鼃蟈長股也本此其商庚者三字則後人以意加之耳王氏引之經義述聞云莊說是也名醫別錄曰鼃一名長股急就篇注曰鼃一名螻蟈色青小形而長股是其證

蟈蛙也禮記月令釋文。周禮蟈氏注云齊魯之閒謂鼃為蟈

蟈蝦蟇也淮南時則螻蟈鳴注。堂按廣韵以下用二鄭之說皆分蜮蟈為二螻而蟈讀如國矣其實異物同字者致多不改讀何傷乎

蟈螻蛞也廣雅釋蟲。禮記月令注云螻蟈蛙也又呂覽孟夏注云螻蟈蝦蟇也

淢

疾流也說文段注急疾之流也江賦測淢濫湏是其義也毛詩築城伊淢假借淢為洫也。文選笙賦愀愴惻淢注云淢與惏同堂按謂段借也惏懼與或澗字之尤俗者矣說文無之集韵云惏痛心也

淢怒水也淮南本經抑淢怒瀨以揚激波注。本經又云淌游瀷淢

瀷淢濫湏參差相次也文選江賦注

淢城溝也詩文王有聲傳。堂按毛用借字也韓詩築城伊洫用正字

𡿧

隸作彧

水流皃說文段注江賦淈淢濫湏李云參差相次也淢即𡿧詩黍稷彧彧彧者𡿧之變段𡿧為戫也。堂按水流有文而盛大故𡿧引申之義為文為茂盛

彧文也廣雅釋詁三

彧長皃言萬物之滋曼彧然也書大傳夏伯之樂舞謾彧注

彧彧茂盛皃詩信南山黍稷彧彧傳

彧彧容也廣雅釋訓

戫

○俗有戫

有彣彰也說文段注戫古多段彧字為之彧者𡿧之隸變今本論語郁郁乎文哉古多作彧彧是以

荀彧字文若宋書王彧字景文大戴公冠篇遵並大道邠彧邠彧即彬彧謂彬彬彧彧也小雅黍稷彧彧傳云彧彧茂盛皃即有彣彰之義之引申也。堂按如段說則𡿧下諸義皆戫義之引申也然亦皆彧引申之義也戫从彧聲形聲中有會意故二字義相通也

戫疾皃也後漢書張衡傳戫汩飂戾沛以罔象兮注。文選思玄賦注云戫汩飂戾皆疾皃

郁郁文章皃漢書哀帝紀集注禮樂志集注王莽傳上集注。荀子賦郁郁乎其遇時之不祥也注云郁郁有文章皃

郁郁文章明著也論語八佾皇疏。漢書儒林傳郁郁乎文哉注云郁郁文章盛皃

郁

右扶風郁夷也說文段注見地理志班引詩周道郁夷師古曰毛詩周道倭遲韓詩作郁夷字言使臣乘馬行於此道按古假借為戫字如論語郁郁乎文哉是也戫有文章也其始借彧為戫其後又借郁為彧今陝西鳳翔府隴州州西五十里有故郁夷城後漢建武二年鄧禹遣兵擊赤眉於郁或在此處也

郁郅縣名也山海經海內東經涇水出長城北山注

郁捋口循孔皃文選笙賦郁捋劫悟注

物實無中核者

謂之郁論衡量知

郁毓盛多也文選蜀都賦竇房郁毓被其阜注

郁郁香氣也後漢書馮衍傳注。文選洛神賦踐椒塗之郁烈注云郁烈香氣之甚

郁郁猶穆穆也史記五帝紀其色郁郁索隱

郁郁文章盛皃堂按此段郁為戫也詳戫下。又按文選閒居賦郁棣注云郁今之郁李此段郁為楉也楉乃後出字又廣絕交論敘溫郁則寒谷成暄段郁為燠也本雙聲字又左傳杞伯郁釐公羊作鬱釐古韵郁鬱異部而同音皆讀若域

訓閱切

⿸疒或頭痛也說文

韻史卷五

第一部平聲副編

該韻

泰興何萱石間譔集　子愿校字

上海顧錫麒竹泉覆審

武進李兆洛申耆鑑定

開口呼

艮哉切

姟 大數也 一切經音義九引字林 姟備也數極於姟萬萬曰姟 國語鄭語行姟極注 十萬曰姟 廣韻○集韻云十兆曰經十經曰姟

⿰糹亥 束也 廣雅釋詁三 ⿰糹亥桂也 廣韻○又云⿰糹亥大絲

⿰飠亥 餳也 廣雅釋器 飴謂之⿰飠亥 方言十三

⿰虫亥 蟲名 玉篇

豥 四蹢皆白豥 爾雅釋獸○萱按此詳豕之種類也釋畜之末又分言六畜以足之乃祗有馬屬等五條獨少

豕屬一條疑釋獸豕生三豵二十三字係彼處豕屬之文轉寫者追置此條處豕子豬十字下意非不善就彼處竟有闕文矣似宜取豕生廿三字補豕屬二字置彼處狗屬之後以遂舊觀亦雖之附美者乎學人詳之

口該切

⿰多亥 多也 廣雅釋詁三

漢該切

輆 車鞕也 玉篇

⿸疒咅 病也 廣韻

欱 飲也 集韻

剴該切

⿰黑來 ⿰黑來⿰黑臺大黑之皃 廣韻

⿱髟台 ⿱髟台⿱髟茍婦人偽髻 廣韻

坦哉切

珆 玉名 玉篇

⿰虫台 黑貝也 爾雅釋魚釋文引字林

諄該切

⿰齒來 齧也 廣雅釋

精哉切

梩 枯木根 廣韻

崽 江湖閒凡言是子謂之崽自高而侮人也 方言○集韻云崽稚子也一曰呼

彼侮

賛該切

⿰貝戠 財也貨也 玉篇五音集韻篇海

𢧵 𢧵詩也 廣韻○萱按正字作栽讀去聲俗乃製𢧵字并栽亦入平聲內其自撰有如此者

散哉切

鬆 鬆鬆多須皃 集韻 思白頭皃 左氏宣二年傳于思于思賈注○萱按此以思為鬆也

⿰思頁 領也 集韻

揌 動也 廣雅釋詁一

⿰米思 ○俗有粞 碎米 廣韻

⿰氵思 漉米 玉篇

毸 ○俗有毸 毰毸鳥羽張皃 集韻 毰毸鳳舞 廣韻

⿰思鳥 鳥名 廣韻

⿸疒思 癥結痛也 玉篇

⿰舌思 舌也 玉篇

⿰丕頁 大面 玉篇

抷 手掬物也 玉篇○廣韻云披抷

⿰魚丕 魚名一曰魚鱲未成鮭 集韻

擡 動也 廣雅釋詁一 舉振謂之擡 一切經音義十七引通俗文

韻史 卷五第一部平聲副編詼韻

儓 臣也廣雅釋詁一儓當也廣雅釋詁三儓醜也廣雅釋詁二儓農夫之醜偁也 南楚凡罵庸賤謂之田儓方言三。注云儓駑鈍皃或曰僕臣儓亦至賤之號也

⿰言臺 諟也集韻

⿰口臺 咍⿰口臺語不正集韻

檯 木名廣韻

薹 芸薹菜名集韻。萱按釋草臺夫須字不作薹集韻以夫須係薹下非是薹乃菜名之專字不容與臺牽溷

籉 笠也可以禦雨集韻。籉笠按籉即詩無羊都人士之笠也蓋本析箋為之故字从竹今縣用艸作之矣若都人士之臺則無羊之何蓑也尒雅謂之臺夫須與从竹之籉無涉

旲 一部平十部上附兒 日光玉篇

⿰臺欠 款也玉篇

五一五

韻史 卷五第一部平聲副編詼韻

跆 登躡也漢書天文志兵相跆藉注引蘇林跆踏也後漢書馮衍傳上吏相駘藉注。萱按傳作駘叚借字注用跆正字

⿰鳥台 鳥名玉篇

桑來切 ⿸疒台 病也廣韻

⿰氵能 水玉篇

朗材切 ⿰黑來 ⿰黑來⿰黑臺大黑皃廣韻

⿸疒來 惡病廣韻⿸疒來久疾也集韻

庲 舍也廣雅釋室

睞 舊場也休不耕者集韻

崍 崍山邛崍山也水經江水注邛郲山名也在蜀郡嚴道縣漢書王尊傳行

五一六

韻史 卷五第一部平聲副編詼韻

部至邛郲山注。萱按此叚郲為崍也

⿰阝來 陏⿰阝來也玉篇。集韻云⿰阝來陏也一曰⿰阝來陏長皃

郲 滎陽縣東有郲城鄭地也左傳隱十一年公會鄭伯于時來注。萱按邛郲山名也此借為崍字

⿰耒來 耕也玉篇

棶 椋也尒雅釋木棶即來釋文引埤蒼又引字林

⿱竹來 竹名玉篇集韻

⿰豸來 或作猍貔陳楚江淮之間謂之⿰豸來方言八⿰豸來貍也玉篇

鶆 鶆鳩鷹也尒雅釋鳥鷹鶆鳩釋文引字林又廣韻引埤蒼。尒雅注云鶆當為鷞字之誤耳左傳作鷞鳩是也。

鯠 魚名鯠也集韻鯬鯠尒雅釋魚

秋來切 ⿰來寸 山在平林也玉篇

五一七

韻史 卷五第一部平聲副編詼韻

⿱艹才 艸名玉篇⿱艹才蔽也廣雅釋。廣韻云⿱艹才蔽前草菜

徵材切 溨 水名廣韻。萱按溨疑是溨字譌之譌故集韻雜去

抱材切 ⿸疒𢦏 。俗有⿸疒𢦏癡疾也玉篇。集韻云疾病也癡也

莫來切 吥 吸吥也玉篇。萱按集韻但云吸也

呅 咹呅也玉篇

⿰口母 ⿰口母慮也玉篇。集韻但云慮也

珻 玉名玉篇

⿰巾某 女人衣布玉篇

⿱某心 慧也廣韻

⿰忄母 愛也玉篇

五一八

合口讀

胡悝切

焨 光也集韻

齊齒讀

竟熙切

朞 後也玉篇

錤 鎡錤大鉏廣韻○萱按鎡乃鎡之或體錤則晚出字也古祇作鎡基漢書樊酈滕灌傅靳周傳贊雖有鎡基注引張晏云鎡基鉏也長短經亦作鎡基而孟子作鎡錤

儉基切

𥳑 竹名玉篇

牞 牛大力玉篇

㚼 多也廣韻廣雅引

䶞 ○俗有錡齧也廣雅釋詁三

鶀 或作鶀鵅鵋鶀爾雅釋鳥鶀小鴈也史記楚世家小臣之好射鶀鴈羅鸗索隱

豾 獸名玉篇

蚯 蚯蚓玉篇

𣲑 水也玉篇

𠯟 聲也玉篇

嬑 或作嬑女字玉篇集韻

隱基切

譩 譩譆欠也素問骨空論大風汗出灸譩譆注譩不平之聲也恨辭也玉篇譩念念也廣韻譩傷也集韻

向基切

𪁺 鳥鳴也玉篇

䵣 䵣然赤黑皃也方言十三黳黑色也

黔基切

淄 黑也太玄奕化白于泥淄注又後漢書皇后紀注濰淄兩水名書禹貢濰淄既道鄭注○萱按濰水名本作菑職方氏其浸菑時武班碑齊國臨菑是也地理志引書惟菑其道班與鄭所見禹貢已不同也漢淄水出

寵熙切

𤿲 𦛐 䅔 鄑 鶅　鯔 䬵 颸

泰山萊蕪縣原山水經淄水合注云淄水澠○呂覽精諭淄澠之齊之二水名也

有○俗𤿲𤿲手足膚黑集韻𤿲手足生堅皮也廣韻

腊𦛐也玉篇

禾死也玉篇

鄉名廣韻

或作鶅鶅爾雅釋鳥東方曰鶅雉摶埴之工也左傳昭十七年傳五雉為五工正賈注又爾雅釋鳥東方曰鶅樊注○萱按周禮染人注引爾雅作甾者借字也

魚名廣韻

䬵風也玉篇合颸䬵為一字○萱按集韻亦是

疾風也後漢書馬融傳注又文選吳都賦翼颸風之颸颸劉注颸風也廣雅釋詁四颸疾也

韻史　卷五第一部平聲副編該韻

五二三

飄熙切

媸 𥈤 𨼌 𤢖 孖 𧝋 𥝢 嵫

文選吳都賦劉注引班固

媸侮也癡也集韻媸輕侮廣韻媸妍同上○萱按媸嫚皆自蚩出祇是一字耳廣韻分為二似不必

目汁凝廣韻○萱按𥈤蓋眵當在之俗耳眵當在十七部俗乃製从目蚩聲之字并眵亦闕入支韻自擾也夫

地名玉篇

狩也玉篇獶𤢖犬也集韻

咽基切

䳩 鳥名玉篇

孳生子也廣韻

衣袂也玉篇五音集韻

𥝢益也玉篇○萱按三字由𥝢與茲滋義大同𥝢禾生兒一曰蒔也集韻

崦嵫山名日所入處廣韻

韻史　卷五第一部平聲副編該韻

五二四

想基切

鰦 禗 罳　鍶 𩣡 楒 葸 蕬 𧄼

鮂黑鰦爾雅釋魚

神不安欲去意廣韻○萱按玉篇無神字安下意下皆有也字

罘罳在門外罘復也罳思也臣將入請事於此復重思之也釋名釋宮室○漢書王莽傳云遣使壞渭陵延陵園門罘罳曰無使民復思也罘罳謂之屏集韻引廣雅

鐵器也玉篇五言集韻

馬名玉篇集韻

相楒木名廣韻

竹名有毒傷人即死生海畔有毛玉篇○萱按名字依集韻增

女蘿菟絲廣韻引爾雅○

艸名玉篇

韻史　卷五第一部平聲副編該韻

五二五

匙基切　品熙切

泀 𨗨 怌 抷 鉟

范基切

苤 𦯊 𧺈

水名玉篇集韻

繩墨也玉篇

怌怌恐也玉篇○集韻云怌恐惧也柔則怌法言

披也玉篇

或作鉟長鉟長刃兵也為刀而劍形漢書高惠高后文功臣表隆慮克侯周竈以長鉟都尉擊項籍注

靈姑鉟旗名左氏昭十年傳公卜使王黑以靈姑鉟率吉注

花盛玉篇

華盛也玉篇

到也玉篇

韻史　卷五第一部平聲副編該韻

五二六

僛怡切

踑 跡也廣韻

䑴 或作艐䑴䑳舟也廣雅釋水

蜝 或作蜞書蟛蜝似蟹而小廣韻蜞蟲名水蛭也集韻〇萱按本草云水蛭大者馬蜝又酉陽雜組云雷蜝大如蚓雷蜞盖即馬蜝也集韻謂乃分蜝蜞為二字何與

攱 杈也玉篇

隱洪切

坸 坸土壁玉篇

𠥻 陽氣也玉篇

𠥾 然也玉篇

弬 弓名廣韻

瓯 𤭛也廣雅釋室

韻史 卷五第一部平聲副編該韻　五二七

向淇切

柩 戽斗謂之柩廣雅釋器柩船戽斗玉篇

胚 豕息肉也又

豿 豕也玉篇

駄 馬名玉篇

蝱 蜘蛛也玉篇

羌怡切

枕 木名玉篇

沶 水名玉篇

吠 犬吠也玉篇

嫠 寡婦也左氏昭廿四年傳嫠不恤其緯注又後漢書盧植傳〇左氏襄廿五年傳嫠也何害注又昭十九年傳已為嫠婦注又後漢書列女傳注又小爾雅廣詁並云寡婦曰嫠釐婦寡婦也依字作嫠詩巷伯傳

韻史 卷五第一部平聲副編該韻　五二八

作嫠之嫠婦釋文〇爾雅釋器嫠婦之笱謂之罶釋文云嫠本作釐〇萱按家語好生又後漢書劉瑚傳西羌傳並段釐為嫠

𩬳 鬏鬒法髮起皃廣韻

䑳 䑴䑳舟也廣雅釋水

𧌒 蟲名玉篇

緾 文玉篇緾紕絹集韻五音

窯怡切

臂 或作氂理也玉篇〇萱按與治音義皆同即捉合為一未嘗不可也

䓼 艸玉篇

懷怡切

髵 多毛皃玉篇〇萱按古祇用耏作之从髟猶从彡也髵耏古今字也然不須併合

𡛷 𡛷媚也玉篇〇萱按三字句𡛷女字集韻

韻史 卷五第一部平聲副編該韻　五二九

聏 或作聏和也莊子天下以聏合驩釋文聏色厚皃集韻

㧋 擊也玉篇

侕 衆多皃集韻

衻 裝也集韻

陑 或作隭陑在河曲之南書湯誓序升自陑晚出傳〇集韻云陑地名湯伐桀所升〇萱按說文陾字當在六部與陑音義各別此當分見不容捉合

哂怡切

峏 山名廣韻

鴯 或作鷾鴯燕也莊子山木鳥莫知於鷾鴯注

榯 直竪皃文選高唐賦今若松榯注

溡 水名在齊集韻〇萱按溡有作時者省借也

韻史 卷五第一部平聲副編該韻　五三〇

鰣 魚名似魴肥美江東四月有之也廣韻○釋魚云鮥當魱萱按鰣今名乃本俗

鼭 俗有○鼭鼠爾雅釋獸○廣韻鼭下云鼠名

眱 眴也廣韻○萱按矢聲夷聲異部集韻併眱眱為一蓋非是也眱見十五部入聲

磁 滲怡切 或作礠 磁石可引針也廣韻

濨 澗水名也廣韻○集韻云濨水名在定州旱則竭

䈘 或作𥳑 竹名玉篇

𦟍 御怡切 肥𦟍也玉篇 𦞤肥也集韻

寲 便也難也玉篇五音集韻

𩟗 平入附讀注在彼

汼 水名玉篇

芊 芊草玉篇○芊艸名一曰芊膝藥艸集韻○萱按方書作牛膝俗加草頭

𧳜 獸似豕玉篇

𩵽 或作鯢 魚名玉篇

𩲸 鬼也玉篇

絧 想怡切 補也廣雅釋詁四

柌 柄也廣雅釋器○廣韻云柌鐮柄

𤙖 品怡切 使牛聲玉篇

豾 或作狉貔 貔也集韻○方言云貔北燕朝鮮謂之貔貍子曰豾廣韻

𩿥 鵧也廣韻○山海經云鍾山欽䲹化為大鶚狀如鵰音如晨鵠又圖贊云欽䲹及鼓是殺祖江帝乃戮之崑崙之東

蚽 蟲名玉篇

𧈡 似蟹二足玉篇

跽

醂 面怡切 醢也集韻

煤 炱灰集屋者集韻○炱煤煙塵也玉篇

䊈 或作酶 酒母廣韻

鰵 魚名廣韻

鴀 范怡切 鴀鳩也玉篇○佳其鳺鴀爾雅釋鳥

韻史

第一部上聲副編

改韻

開口呼

輆 口乃切 輆軩不平也廣雅釋訓○集韻云輆一曰礙也

䤤 案海切 器名玉篇

胲 俗有胲肥也廣韻

核 漢乃切 動也廣雅釋詁 核擋也廣雅釋詁三

垓 豎垓神人也廣韻

翗 飛兒玉篇

榼 或作醠盍 酒榼也玉篇 榼酒器集韻

解 到乃切 不倦玉篇五音集韻

觫 坦乃切 角心也玉篇

噫 怠切 言不正廣韻

軩 或作軩 輆軩不平也廣雅釋訓○蓋按廣韻作輆軩

疠 曩改切 病也廣雅釋詁三

能 多言也玉篇

唻 朗改切 歌聲也玉篇 唻唱歌聲廣韻 囉唻歌聲同上

縡 贊乃切 事也廣雅釋詁三又廣韻引字林又漢書揚雄傳上集注又文選甘泉上天之載注○蓋按縡亦訓載載亦訓事二字互訓

馬襍驄色玉篇集韻

宷 官也介雅釋詁又文選封禪文以展宷錯事注引漢書音義 官地為宷介雅釋地注○蓋按古多作采

鬃 地案字後出 鬃也廣雅釋詁四 鬃亦結也方言四注 幘巾或謂之覆鬃方言四 鬃帶幧頭也廣雅釋器○方言四云幧頭其偏者或謂之幧帶

婇 散改切 或作粄 婇女也玉篇

郲 地名玉篇

警 言疾玉篇

箓 竹名玉篇

恃 保乃切 恃也玉篇

倍 抱乃切 不肯也 誑妄也玉篇○蓋按本無上聲字愚用廣韻增之廣韻云倍不肯也集韻云倍不可也

酸 起也玉篇

梅 莫乃切 或作挴梅 慙也廣雅釋詁一 梅愧也晉曰梅方言二 梅貪也方言十三又廣雅釋詁二 又楚辭天問穆王巧梅注

穤 或作黣 黑也廣雅釋器○列子黃帝肌膚肝黣釋文云黣埤蒼作穤謂木傷雨而生黑班點也 穤敗也廣雅釋詁三

合口許

譮 戶淯切 呼人也玉篇

㷆 狀悔切 北方也玉篇

齊齒許

㕯 竟喜切 說也玉篇 㕯言也平也集韻

鴖 鳥名玉篇

奞

玘 儉喜切 珮玉也廣韻

笆 箄也玉篇

欪 隱起切 𣢾欪玉篇

鼓 戲也玉篇五音集韻

嶦 山也玉篇

笶 生筍也玉篇○集韻無生字

芺 向起切 芺○芺俗有蒿也廣韻

着 艸名廣韻

鶬 鳥名似雉廣韻 白鶬即白鵫也山海經北山經縣雍之山其鳥多白鶬注

蟢 蟢子蟲名蠨蛸也集韻

娌 彰起切 耦也方言十二 娌二也廣雅釋詁二 妯娌弟姒婦也集韻

訨 訴也玉篇 訨訐也集韻

砋 礪石玉篇 砋擣繒石太乍較于砋石集韻

笓 竹名玉篇

蔹 寵起切 艸名紫芳也玉篇集韻

時 時或作畤 畜財也玉篇五音集韻

獿起切　哂喜切

秲　廃　㹞　綮　䋙　洱　駬　䶍　鈌　砄

秲 稻名秲稻玉篇 廣韻六稻必秲稻五音集韻

廃 待也玉篇

㹞 牛玉篇牛一歲謂之㹞集韻

綮 俗有○索繩履玉篇索繩履五音集韻

䋙 䋙緝纏盛兒集韻六䋙○萱按此義古祇用耳音耳是也俗乃製䋙字

洱 水名在罷谷集韻引山海經

駬 騄駬周穆二馬名廣韻

䶍 䶍鼭鼠屬一說鼠形如猷集韻

鈌 鐶玉篇鈌刺也五音集韻

砄 石名玉篇

甑喜切

峡　晪　狭　茹　玗　矷　釨　阡　屸　虸

峡 山也玉篇

晪 明也玉篇

狭 或作𤟹獸名似犬玉篇集韻

茹 艸名玉篇集韻

玗 玉名玉篇

矷 石名玉篇

釨 或作鋅剛也玉篇鋅金兒同上

阡 地名玉篇

屸 山也玉篇

虸 虸蚄蟲名害稼集韻

鈰

鈰 劒名玉篇

淺起切　仰起切　想起切

葬　䰻　逘　繺　㠖　葸

葬 或作䔬即菜耳玉篇

䰻 魚也玉篇

逘 進也玉篇

繺 帶也玉篇

㠖 巾也玉篇

葸 慎也廣雅釋詁　葸馬不悅懌之兒大戴記曾子立事人言善而色葸焉注　葸慤質兒論語集解○論語泰伯皇疏云　泰伯慎而無禮則葸鄭注○言葸質慤兒也後漢書班彪傳下注云葸畏懼過甚也　葸畏懼之兒也　葸葸懼兒萱按此以葸為認也凡訓懼者正當作諰俗多借用異體字作𢝗鰓意

腗

腗 或作胹肉腗䐉益也玉篇

姒

姒 姓也詩正月褒姒威之傳故○論衡奇怪云禹母吞薏苡而生禹故夏姓曰姒　姒猶祉也國語周語姓曰姒　姒婦長也儀禮喪服傳○萱按傳以弟長釋姒婦者以兄弟之妻相名也又禮記內則注云姒婦猶兄弟也不友無姒也　鄭注云娣姒婦以弟長言其先來已所當法似也釋名釋親屬○女子同出謂先生為姒後生為娣爾雅釋親云長婦謂少婦曰娣婦謂長婦曰姒　昆弟之妻相謂為姒左氏成十一年傳吾不以妾為姒又昭廿八年傳長叔姒生男注　弋姓也詩桑中美孟弋矣傳○萱按此弋經夫人姒氏公羊作弋氏又儀禮特牲饋食記注舉解於其姒婦釋文云如字本作似按姒作弋與似者似姒同音弋如音轉也

䃌　釲　䴫

䃌 石墮聲玉篇

釲 或作鈶金子也玉篇釲鈶鋌也集韻引廣雅

䴫 鹿一歲曰麛二歲曰䴫玉篇

貶喜切 面起切

屬 壓屬也臂也玉篇

碔 雲碔藥石也玉篇

牳 牛也玉篇

䅼 豕也玉篇

狢 狐牳獸名廣韻

踇 行皃集韻

犂 獸似牛青黑出黄山玉篇

鰵 魚名玉篇

罞 或作𦋼罞罔也玉篇

苺 莓名玉篇集韻苺艸名五音集韻

品起切

翻 飛也玉篇五音集韻

芘起切

霁 霧霁玉篇五音集韻霁雨不止也同上

嫐 好皃玉篇

鴊 鴊别名也廣韻云鴊雀。集韻鴊也

蝜 或作蟓 蝜蝂蟲名集韻〇萱按蟓蝜或作鼠婦實一物也廣韻分蝜婦爲二字非是蝜或作婦若負皆借字

蟡 鼠蟡也玉篇

䓿 艸也玉篇五音集韻

稀喜切

蛑 蛑二同音蝉也玉篇廣韻〇萱按顔不言其義即音亦恐非以下皆不收此字未得其審

韻史

第一部去聲副編

戒韻

開口呼

良岱切 口岱切 漢岱切

忇 恃也仰也玉篇

㳖 水名廣韻

烗 或作烕炌 熾也〇一切經音義七引廣雅。集韻云烗烗熾也

㖴 訶也八一切經音義引集韻

跢 急行玉篇

逘 走也玉篇

㶴戴切

酨 或作䤞 䤞或作戭 酒色也甘也玉篇 戭甘也廣雅釋器。〇萱按戈聲在一部从戈則非聲矣疑廣韻推字本作䤞轉寫者誤从戈耳

𢎀 〇俗有𢎀𧀄廣韻

玳 俗以瑇瑁作玳玉篇

蚮 蝳宋魏之閒謂之蚮方言十一

誺 誤也廣雅釋詁三

𩓾 類蒙也玉篇

寨 〇俗有砦 䈾落也集韻〇萱按或借柴字作之如輞川鹿柴是也 蓋寨本柴之俗體耳俗又别製砦字

砦 山居以木柵集韻寨羊栖宿處同上

戴 染也廣韻

棐岱切
䐂
大腹也

瀸
測也廣雅釋言

徵岱切
厚
張幕也又石名玉篇

散岱切
賽
賽謂報神福也史記封禪書賽禱祀索隱冬塞謂報其所祈也漢書郊祀志上冬塞禱祀注。萱按此段塞為賽也

僿
塞也大戴記曾子立事偷而好僿者注僿無悃誠皃集韻。史記高祖紀贊小人以僿釋文云鄭音先代反鄭本作薄此語本出子思子見今禮表記作薄故鄭注云文尊卑之差也薄訓習文法不悃誠也蓋僿猶薄之義也。萱按悃誠者忠也故史記又云救僿莫若以忠

茊
山𩑔也廣韻。萱按釋艸茢山𩑔本間又名茊也

把岱切
鞴
或作橐俗有韛誹。鍛家用吹火令熾者也。一切經音義十四引埤蒼。萱按鞴或作排作韛皆

段借字並見埤蒼排橐即今𧞽袋也後漢書楊旋傳以排橐盛石炭於車上注。杜詩傳遂作水排注云排當作橐古通用字也

莫岱切
痗
病也尒雅釋詁又詩伯兮使我心痗傳十月之交亦孔之痗傳。萱按古亦借用悔十月之交釋文云痗本作悔

合口呼

古誨切
戴
病皃玉篇

筷
篷䈬也廣雅釋器。萱按篷䈬二字一名也車上蔽水雨者車枸簍宋魏陳楚之間謂之筷方言九今言車子弓為筷方言九注

硂
石次玉玉篇。萱按廣韻次作似五音集韻云硂怪石似玉

泾
水名玉篇

韻史

第一部去聲副編

戒韻

齊齒 許

亮異切

懻 北方名強直為懻又懻忮也玉篇○漢書地理志注引臣瓚云今北中名讙直為懻中 懻堅也漢書地理志下民俗懻忮集注

倹記切

帺 或作祺褀巾也集韻 帺繫也廣韻

唭 唭嶷無聞見也廣韻○集韻云唭嶷無聞見也一曰給也

⿰口忌 喫⿰口忌玉篇 ⿰口忌食也集韻

⿰忄忌 敬也玉篇

⿰女忌 怒也集韻

韻史 卷五第一部去聲副編戒韻 五五五

隱記切

亮記切

⿰山忌 山高皃玉篇○萓按集韻增山字是

⿰糸忌 針也廣韻○五音集韻云⿰糸忌連針 鉥⿰糸忌鍼也一曰秤紼集韻廣雅引

鵋 鵋鵋鶀尒雅釋鳥○廣韻云鵋鶀鵂鶹鳥今之角鴟

梞 梞柎也廣韻 梞趺定綆紐之物集韻

⿱竹忌 竹名廣韻

⿱艹記 艸名集韻

鷾 或作離 鷾鴯燕也莊子山木鳥莫知於鷾鴯注又釋文

迶 行也玉篇

⿱穴有 空也玉篇

⿰忄吏 憂也玉篇

犹 獸名玉篇五音集韻

韻史 卷五第一部去聲副編戒韻 五五六

哩 楚人謂欺為哩屎誃五音集韻○萓按據此所云乃是嘿之字非哩之本訓也故音目耳玉篇但云哩力忌切出陀羅尼而不詳其義元人詞曲借為語助未嘗合於本恉

軫記切

誌 記也一切經音義十六引字詁又史記高帝紀左股有七十二黑子正義○漢書高帝紀上集注云誌者記也 志記也左氏成十四年傳志而晦注又國語周語是昔明神之志也注晋語志德義之府也注夫成子道前志注楚語必誦志而納之注吳語此志也豈遽忘於諸侯之耳乎注又漢書律麻志上集注五行志中之上集注講洫志贊集注劉歆傳集注賈誼傳集注引李奇叙傳下集注又後漢書章帝紀注又孟子滕文公上且志曰注滕文公下且志曰注又莊子道逸游齊諂者志怯者也釋文又荀子王霸則舉義志也注臣道必謹志注大略聘礼志曰注○周礼小史掌邦國之志疏又左氏文二年傳周志有之疏並云志者記也又孟子音義上引丁音云志記也謂志記之言也又周礼外史掌四方之志注云志記也謂若魯之春秋晋之乘楚之檮杌又小史司晨注云志謂記也

韻史 卷五第一部去聲副編戒韻 五五七

春秋傳所謂周志國語所謂鄭書之屬是也 志記之也列子湯問夷堅聞而志之釋文 志古記也呂覽貴當志曰驕愁之屬是也 志古書左氏襄廿五年傳志有之注○家語正論注云志古之書也 志識也左氏昭四年傳且曰志之注昭十三年傳歲聘以志業注又論語子張博學而篤志皇疏又大戴記武王踐阼作無懟弗志注又廣雅釋詁二又國語魯語弟子志之注晋語志道者勿忘注發志而用命注而主弗志注二三子志之注能志善也注又漢書劉歆傳集注又荀子修身有法而無志注○周礼保章氏掌天星以志星辰日月之變動注云志古文識又誦訓掌道方志疏云今之識也又一切經音義十六引字詁云誌今作識志即 志謂記識也左氏春秋序志其典礼疏有謂又荀子天論所志於天者注哀公志古之道注 識記也周禮保章氏注又漢書郊祀志上集注郊祀志下集注張安世傳集注霍光傳集注黃霸傳集注外戚傳上集注元后傳集注又後漢書崔駰傳注傳樊傳注禰衡傳注○萱按訓記之字古用志與識作之古志識本同字故任用不分別也誌乃黶子正字俗用為記識字又別製痣賤以代誌遂使記識失其本字而誌亦昧其本義矣惜

韻史 卷五第一部去聲副編戒韻 五五八

痣 夫識猶表識史記孝武紀文鏤無款識索隱或胑作痣吳楚謂之誌史記高帝紀左股有七十二黑子正義誌者記也今中國通呼為黶子吳楚俗謂之誌漢書高帝紀注○萱按此誌之本義也及注痣字既出俗乃遂誤為志識字矣

覟 審視也玉篇集韻

⿰忄志 忘也玉篇○萱按五音集韻作⿰忄志志也志乃忘之譌

娡 有莘氏之女鯀娶之謂女娡廣韻○萱按大戴記帝繫祇作女志吳越春秋則作女嬉之譌

⿱艹志 遠⿱艹志藥艸廣韻○爾雅釋艸遠志釋文云字又作⿱艹志○萱按本艸作遠志故晉人有處為遠志出為小艸

⿱竹志 竹名玉篇

⿰志鳥 鳥名玉篇

⿰魚志 魚名玉篇

幟 ○俗⿰忄志幟有旗也漢書李陵傳以黃與白為幟注幟旌旗之屬漢書韓信傳人持一赤幟注○高帝紀上旗幟皆赤注云旗旂之屬幟即總稱焉幟幡也廣雅釋器又後漢書光武紀上注公孫述傳注幟標也漢書高帝紀上注幟標也史記高祖紀索隱引字詁長丈五尺廣半幅曰幟一切經音義五引墨子○史記高祖紀索隱引墨翟云幟布長丈五廣半幅幟記也後漢書廣訓傳注私記曰幟一切經引音義三引通俗文○萱按訓記之字多用誌字作之幟殆其借字與但旗幟引申之義非不可訓記則不謂之既借亦得志旗幟也史記張丞相傳周昌為幟志索隱○劉敬叔孫通傳張旗志集解引徐廣云志一作幟又漢書周昌傳注叔孫通傳注並云志與幟同○萱按此既志為幟也志謂章識礼記檀弓上公西赤為志焉公明儀為志焉注識幟也有章幟可按視也釋名釋言語○左氏昭廿一年傳注徽識也釋文云識本作幟幟或作識或作志史記高祖紀旗幟皆赤索隱○萱按幟之既識猶之既志也識讀與幟同漢書王莽傳下記無文號旌旗表識注織徽織也詩六月織文鳥章箋○疏云幟與織字雖異音實同也又公羊傳莊卅一年注軍幟也釋文云幟本作織又漢書食貨志下旗織加其上注云織讀曰幟○萱按此既織為幟也

寵記切

徝 施也玉篇

⿰木事 木名玉篇

⿰食夌 ⿰食事嗜食也玉篇廣韻

⿰食戠 酒食多玉篇

植 投也廣韻

⿱戈直 或也廣韻○萱按此蓋不成字集韻無之

擾記切

⿺鬼台 癘鬼玉篇

誀 誘也廣雅釋詁三

咡 ○俗有咡口旁曰咡礼記曲礼上負劍辟咡詔之注少儀則辟咡而對注○曲礼釋文云口耳之閒曰咡咡口也管子弟子職循咡覆手注老蠶上下絲於口故曰咡絲淮南覽冥蠶咡而商絃注○注又云咡或作珥蠶老時絲在身中正黃達見於外如咡也○萱按作咡者既借字咶吻也集韻

暗 聽音不敢言也廣韻○萱按集韻少不敢言三字

⿰目耳 耳目不相信也玉篇○方言十云揚之郊凡人相侮以為無知謂之⿰目耳⿰目耳耳目不相信也

⿰月耳 腱也集韻⿰月耳筋健廣韻○萱按健當作腱腱者筋頭

衈 衈謂將刲割牲以釁先滅耳旁毛薦之礼記襍記下其衈皆於屋下注○穀梁傳十九年傳叩其鼻以衈社也注云衈者釁也取鼻血以祭社社器則衈者釁禮之事也

聃 耗 鉺

用毛牲曰刉羽牲曰衈周礼小子掌珥于社稷祈于五祀注○肆師及其祈珥注云珥
當為衈疏云毛牲曰刉羽牲曰衈又珥者取禽左耳以効功也周礼
山虞致禽而珥焉司農注○士師凡刉珥則奉犬牲注云珥讀為衈○萱按珥當為衈
司約則珥而辟盟注云珥當為衈刉衈者釁礼之殳珥猶刉之作祈作機作幾
也杜子春讀珥當為餌似為未合故鄭不用
以血塗祭為聃也山海經東山經注祈神用魚以牲告神欲神聽之曰
聃玉篇
耗以羽毛為飾後漢書單超傳注云耗結毛為飾也南蠻西南夷傳注○毛飾曰耗稍
上垂毛亦曰耗也一切經音義二引通俗文耗罽也廣雅釋器耗與茸皆艸
花也文選江賦揚鶴耗擢紫茸注
鉤也玉篇

鼰 呬記切 宊 浂 豼 牸 淺記切 魕 仰記切 鬐 [illegible]

阜也集韻鼰山阜突也廣韻○萱按突下疑有奪字
穴也廣韻
或作泆水名在河南廣韻
或作𧳜豼也廣雅釋獸○文引字林云豼介雅釋獸謂之豼今江東呼為貉為豼
豼貀子貊介雅釋獸注
雌也廣雅釋獸牸牝牛也廣韻吳羊其牝一歲曰牸羝三歲曰牂
廣雅釋獸
懼也廣雅釋詁二魕恐也廣雅釋詁四
舩也廣雅釋器鬐覨也東齊海岱之間謂之鬐方言五
山也玉篇

𢜪 想記切 杫 品異切 彌 牖 㭯 穙 西記切 髻 福 范記切

有○俗切肉几也玉篇○萱按庖人所用砧板即盖
以筋帖弓廣韻彌以絲被弓也集韻
牖也樸也一曰牀橫栿集
木名出蜀八月中吐穗如鹽狀可食味酸美也玉篇橐山多
㭯木山海經
散種也集韻穙稻也黏也廣韻○萱按集韻云穙稻上也疑黏者
或作髻假結謂之髻廣雅釋器○萱按結即今之髻字
藏也史記龜策傳福重寶集解福猶同也○文選西京賦仰福帝居薛注
去聲與副之讀入聲不同俗讀副為福則非也副而變讀
而音與副引申之義訓貳訓稱與福之訓同相因也魏大

𢜪 艢

聚碑以福海內欣戴之望即稱福衣一稱集韻福衣一福廣韻
之義矣尹宙碑位不福德亦介
怒也玉篇
或作艢舟也玉篇艢艦大舟五音集韻

韻史

第一部入聲副編

革韻

開口評

良德切

⿰衤戒　衣裾也。集韻

⿰車戒　⿰車戒䩐艸生。廣韻○萱按集韻作⿰車戒䩐，當有捝也，說在䩐字下。

口德切

⿰木革　⿰壴戈也。玉篇　或作⿰革棘　勒也。玉篇　⿰革棘　勒也。廣雅釋器

漢則切

⿰女戒　或作⿰女虎　老女卑賤謂之⿰女戒。集韻

⿰黑欠　⿰亥欠也。集韻　⿰黑欠　唾聲。廣韻

潶　水名，在雍州。廣韻○萱按經典皆作黑水，何以潶為。

釛　金也。玉篇

⿰火革　燒也。玉篇

到克切

⿰足得　⿰足得⿰足得行皃。玉篇○萱按⿰足得⿰足得二字依集韻增。

⿸疒得　病也。玉篇

⿰耒得　弱皃。玉篇

⿰豸隻　約也。廣韻

⿰耳取　取也。廣韻

⿰氵得　水皃。玉篇　廣韻○萱按集韻多一曰水名四字。

坦德切

聽　聽⿱黑肉　目欲臥皃。廣韻

⿰忄得　快也。廣韻

⿰扌得　擊也。廣雅釋詁三

⿰金得　鈍也。廣韻○萱按集韻以得為特之異體字，未知然否。

⿰鳥得　鴨屬。集韻

畟克切

⿰禾得　穀得。廣韻引齊民要術○萱按廣韻作⿰車戒䩐，殆非。⿰車戒䩐，艸生皃也。集韻○萱按玉篇䩐訓⿰禾得字，不收⿰禾得字也。玉篇䩐訓翦皃。

⿰耒得　穀⿰禾得也。集韻○萱按廣韻不收⿰禾得字，引齊民要術⿰禾得字，⿰禾得下引⿰穀得義亦不了，偶奪去⿰禾得字而遂其注于⿰禾得下人。今本齊民要術⿰禾得竝收，集韻⿰禾得字為⿰禾得，誤始于此，訛亦作穀⿰禾得，誰始誤耶。

朗克切

⿱髟肯　細毛。玉篇

⿰魚力　蝨也。廣雅釋蟲　⿰魚力　似蝨而小，班色，齧人。玉篇

⿰忄力　功大也。玉篇

泐　泉聲也。玉篇

䇃　竹根。廣韻

艻　蘿艻，艸。廣韻　蘿艻，菜名也，胡荽屬。集韻

⿰犬力　獸走皃。玉篇

蔵德切

⿱艹賊　木⿱艹賊，艸名。集韻　祇作木賊。○萱按方書俗加艸。

⿱虫賊　或作⿰虫則　食禾節蟲。廣韻○萱按古用賊，之詩云：及其蟊賊。

⿰糸革　⿰巾革　絥也，織緯也。玉篇

⿱賊虫　蟲似蜥，四足。廣韻

⿱罒艮　或作⿰酉鬼　醜也。廣雅釋詁二○方言三云：⿱罒艮，農夫之醜偁也。南楚凡罵庸賤謂之田⿱罒艮，或謂之⿱罒艮。注：⿱罒艮，丁健皃也。方言

莫允切

抶垘　瞖黷螺　爅茯

擊也廣韻　塡塞不通也漢書天文志川塞谿垘注引如淳　土雍曰垘史記天官書集解引徐廣　垘崩也史記天官書集解引孟康○漢書天文志注引孟康云垘音羅蘺謂○谿垘崩也　垘流也史記天官書集解引蘇林○萱按此義恐非確詁與如淳徐廣義正相反

聴瞖目欲卧皃一曰驚也集韻

火皃玉篇

或作螺　蛅蟴尒雅釋蟲○注云蛓屬也今江東人呼蛓為蛅蟴　蟙螺蟲即蝙蝠○廣韻萱按蟙螺蛓螺服翼諸家用字不同依是一物

黑皃也玉篇

茯蓿廣韻引尒雅注○萱按釋艸注葉似茯蓿釋文云本亦作苜蓿

韻史　卷五第一部入聲副編革韻　五七一

万

或作寯　万俟讀若淇　虜複姓集韻○廣韻云北齊特進万俟普○萱按其字其音當即起于北朝義不可曉而俗借為千萬之萬其紛紜有如此者俟字亦與說文之俟無涉方言万又作寯

韻史　卷五第一部入聲副編革韻　五七二

合口　許　古惑切

慖嘓膕　摑　漍䘸

悖也廣韻

嘓嘓語煩集韻

或作膕　曲脚也廣雅釋親○荀子富國詘要橈膕注云膕曲脚中　膕謂膝解之後曲脚之中委中穴素問骨空論膝痛痛及拇指治其膕注○至德真要大論膕如結注云膕謂膝後曲脚之中也　輔上為膕素問骨空論　關下為膕素問骨空論注

或作擳　打也廣韻　摑批也集韻　擳掌耳也玉篇○又云擳或作膕　擳延也○廣韻萱按挻訓長訓取皆與擳不涉也挻之俗字作掮訓批也廣韻豈取此歟

水也廣韻

犬血也廣韻

韻史　卷五第一部入聲副編革韻　五七三

苦馘切　蘊馘切　戶馘切

硋䬉勫　礖惐𥇍幗窢

擊石也集韻○廣韻云硋破

䬉䬉赤氣熱風之怪也廣韻

勫也一切經音義一引廣雅　勫力作也一切經音義一引埤蒼　勫仂也廣雅釋詁四○萱按仂亦有勤義

石硬聲玉篇

痛心也玉篇○萱按惐與慽同體而義不相涉　悈惐傷痛也五音集韻

睡目也廣韻

或書作幗　巾帛從風聲廣韻　幗巾被風也玉篇

窢然逆風所動之聲莊子天下其風窢然注○釋文云字亦作窢作閾引向注云窢逆風聲○萱按作罭閾者同或聲相通借也

韻史　卷五第一部入聲副編革韻　五七四

杜戠切

掝⿰羽或⿰黑或慝

裂也廣雅釋詁二 掝掝愕也荀子不苟其誰能以己之潐潐受人之掝掝者哉 竝按義略近惑
或書作⿰羽或 飛聲廣韻或羽 羽聲上同 ⿰羽或飛也集韻
耳聲廣韻 ⿰黑或地名一曰地名耳黴集韻引坤蒼○玉篇引坤蒼云⿰黑或春秋地也
惡也晚出書大禹謨負罪引慝傳晚出畢命旌別淑慝疏又詩民勞無俾作慝傳瞻卬伊胡為慝箋又周禮胥師察其詐偽飾行價慝者注小行人其悖逆暴亂作慝猶犯令者為一書注又禮記曾子問注與日而慝作釋文樂記世亂則禮慝而樂淫疏又左傳莊廿五年疏僖廿八年傳紏逖王慝釋文文十八年傳服讒蒐慝注昭十七年傳慝未作疏又穀梁隱九年釋文又論語顏淵敢問崇德修慝集解引孔注又皇疏又周書寶典安上無慝注又廣雅釋詁三又國語周語觀其苛慝注有過慝之度注魯語民旁有慝注下無姦慝注晉語內無苛慝注偏躬無慝注以歸則國家多慝注又史記五帝紀好行凶慝正義又漢書禮樂志集注翟義傳集注王嘉傳集注又後漢書孝和孝殤帝紀注順烈梁皇后紀注班彪傳下注莊子讓王仁義之慝注釋文又呂覽貴因讒慝勝良注又淮南泰族離羣慝之紛注又文選東京

賦忿奸慝之干命薛注○左傳僖十五年疏云慝訓惡也又周禮大行人殷順以除邦國之慝注云慝猶惡也
慝姦偽之惡也周礼匡人匡邦國而觀其慝注○管子君臣下則國平而民無慝矣注云慝姦惡者也又左氏昭廿五年傳日入慝作注云慝奸惡也竝按此奸當作姦
慝邪也詩柏舟之死矢靡慝傳○竝按邪當作衺
慝䵵也禮記樂記則礼慝注
慝態也有姦態也釋名釋天○竝按慝態疊韻人双聲
慝陰氣也左氏莊廿五年傳慝未作注昭十七年傳同又後漢書馬融傳注○左傳昭十七年疏云人情愛陽而惡陰故謂陰為慝
慝陰姦也周礼環人察軍慝注
慝言隱匿其情以飾非介雅釋訓崇讒慝也釋文
稱譽詐偽以敗惡人謂之慝莊子漁父
方慝四方言語所惡也周禮誦訓掌道方慝注
地慝若障蠱然也周禮土訓道地慝注○司農注云地慝地所生惡物害人者若虺蝮之屬
式讀曰慝詩賓之初筵式勿從謂箋○竝按鄭破為慝謂醉者有過惡與毛異義

齊齒 詩

竟力切

⿰王棘 蕀

垂⿰王棘地名出美玉玉篇引埤蒼○竝按春秋傳作垂棘俗加偏旁
蕀苑遠志也其上謂之小艸廣雅釋艸 蕀蒬葽繞今遠志也玉篇
○尒雅釋艸云葽繞蕀蒬

隱力切

⿱棘力⿰言亟⿰目亟⿰山亟⿰羊亟⿸疒悳

力也集韻 趙魏之閒謂棘曰⿱棘力廣韻引方言
訥言也玉篇
張目也集韻
山名玉篇
羊名玉篇集韻
病也廣韻

⿰革意 繶

履頭也廣韻引韻略
或作繶 緐也廣雅釋器 繶束也廣雅釋詁三 繶縫中紃也儀禮士冠禮青絇繶純注又周禮屨人赤繶黃繶注○屨人注絇屨有絇有繶有純者飾也疏云繶謂牙底相接之綴條於其中又儀禮士冠禮疏云繶謂牙底相接之縫中有條紃也又喪服傳吉屨無絇也疏云牙底接處中有條又士喪禮緇絇繶純疏云繶謂條在牙底相接之縫中
繶亦謂以采絲礫其下周禮屨人司農注引禮家說○司農注云赤繶者王黑舄之飾黃繶者王后玄舄之飾又云赤繶黃繶以赤黃之絲為下緣
繶爵爵口足之間有篆又彌飾儀禮士虞禮賓長洗繶爵三獻注

醷

梅漿也禮記內則漿水醷濫注○釋文云醷本作臆○竝按醷字後出古借臆耳
醷釀醴酏為漿也集韻

螠

或作⿱意䖵 ⿰虫慝螠也集韻引廣雅 螠小蜂廣韻

韻史 卷五第一部入聲副編革韻 五七九

㤢忕代肻衼黓庂甙釴

心動也玉篇
心動也玉篇〇萱按有聲在一部古蓋代情同字尒音情讀于六切轉入三部顧氏亦不察而二字分見矣
行也玉篇
或作戩鈌盆骨也廣韻
黑衣也集韻衼衫也玉篇
黑也廣雅釋器太歲在壬曰玄黓尒雅釋天
屋頭玉篇
瓦坏也集韻
鼎耳在表也尒雅釋器附耳外謂之釴注〇邵氏晉涵尒雅正義云釴即易所謂鉉也鉉為鼎耳故可鈰以金玉耳附於外故說文以鉉為扛鼎之具

消 肥澤也集韻

韻史 卷五第一部入聲副編革韻 五八〇

芅麧赿鳶熼

萇楚銚芅尒雅釋艸〇釋文云芅本作弋萱按芅乃正字後出者芅篆玉篇
或作麦麧麥殸破碎者玉篇麧麥麴也集韻〇萱按麴即稍字麥莖也秄穀或秄玉篇
梁時四公子名玉篇
鴟類也玉篇〇萱按鳶即弋之俗體夏小正鳴弋是也詩四月匪鶉匪鳶孔疏不誤陸氏釋文本作匪鳶一誤也鳶讀與專反再誤也承譌襲舛十載不寤惜哉可尋小正之弋無其字而段借弋字也鳶字既出作鳴鳶可也鳶讀與職切不容重悮貽繆也詩四月當依孔疏及說文所引作匪蔦俗字作鷄與鳶無涉玉篇之與專切固淺人所改然鳶蔦同字亦顧之誤
火光也廣韻

韻史 卷五第一部入聲副編革韻 五八一

向力切

𦔶𧎳𤺄蘻䅪赩𪒠𩦔

耕也廣雅釋地
蟲名玉篇
病也集韻痒瘼淫瘼廣韻
蘻翹也廣韻〇萱按集韻謂或省作蘻督說也蘻者麻母見說文
或作穓䅪莕蕪玉篇〇集韻䅪下云莕蕪兒
色也廣雅釋詁二赩赤也廣雅釋器赩赤兒也一切經音義十九引字林又文選蜀都賦注引詩毛傳〇楚辭大招北有寒山連龍赩只注云赩赤色無艸木兒赩赫赤色兒文選射雉賦摛朱冠之赩赫徐注青黑曰赩一切經音義十九引通俗文
色也廣雅釋詁二𪒠赤兒廣韻青黑色曰𪒠集韻〇萱按赩𪒠音義皆同似可捉合
馬走玉篇

韻史 卷五第一部入聲副編革韻 五八二

典弋切　念力切　亮弋切

毴得䁥㥾媢鰧他屴

毛少也集韻〇廣韻云毛少毴毴
淂滴水少廣韻
小目也玉篇
慙也廣雅釋詁一㥾愧也晉或曰㥾秦晉之間凡愧而見上謂之赧梁曰㥾方言三敕㥾亦慙兒也方言三注
或作媢密也文選神女賦澹幽靜其情媢注引蒼頡媢女字集韻〇列女傳云梁有婦人媢
或作蟚匽蟚蟲也廣雅釋蟲匽蟲食也玉篇蠹小蟲也同上
魚名似鮸而小集韻
或書作㐌行脛相交也廣韻
屴崱山連兒集韻

軫切 弋

犳 或作遼東犬名廣韻 犳犬爭皃玉篇○萱按集韻犳犳各字

鳨 似鳧而小廣韻○集韻云鳨一曰鳩別名

仂 理也玉篇

扐 或作扐打也廣韻

稄 有○俗稄禾束也集韻 稫稄禾密滿也廣韻

泐 湢泐水勢廣韻 湢泐水流皃集韻云

蘵 或作蘵薉作 蘵艸葉似酸漿玉篇 蘵黄蒢介雅釋艸○注云蘵艸葉似酸漿華小而白中心黄 江東以作菹食○萱按顏氏家訓謂苦菜即蘵黄蒢 唐本艸注謂苦蘵即龍葵也俗亦名苦菜非荼也

寵切 力

蟙 或作蟙 蝙蝠北燕謂之蟙蠌方言八

慗 慗慗誠也廣雅釋訓

遫 張也方言十二又廣雅釋詁一

敕 形也淮南俶真熏九數注

嵮 山直廣韻○集韻直作皃

嵲 或作㞜 嵲嶷山峻皃集韻

崱 崱崱嶷然文選魯靈光殿賦繒綾而龍鱗張注 崱嶷山峯皃也華嚴經音義下引字指

稠 禂稠也玉篇

赳 趍也玉篇

揤 擊也玉篇

溭 溭減奔湍也集韻○廣韻云溭減水勢

耩 耕也廣韻引字統

栻 楬也廣雅釋器 式即栻也史記日者傳旋式正棊索隱○萱按此段式為栻也 栻所以占時日天文即今之用栻者也漢書王莽傳下天文郎按栻於前注○萱按此段栻為栻也

咽切 力

鳶 或作鷘 溪鳶也玉篇 鸂鷘水鳥毛有五色集韻

畟 ○俗有畟田器也玉篇

愊 恨也集韻○廣韻云愊悲恨

劏 助也廣韻

頔 頰也廣韻

緮 合也廣雅釋詁二 緮縫也同上

媍 女字集韻

薔 飾也集韻 薔飾薔玉

䗶 蟲名集韻

烒 火皃廣韻

鉽 鼎屬集韻○萱按介雅鼎附耳外謂之鉽不聞鉽也豈即具形近之譌與

謖 起也介雅釋言又詩楚茨釋文又儀禮特牲饋食禮尸謖 祝前主人降注少牢饋食禮注士虞禮釋文又禮記曾子問疏又釋文祭統釋文又列子黃帝而 謖採之者也注又晉書音義上引字林 謖起皃玉篇 謖

然 翁歛之皃後漢書蔡邕傳注

䀸 䀸䀸目皃玉篇

植 柱杖曰植集韻

襫 襏襫蓑衣也集韻 襏襫雨衣廣韻

蘵 苦蘵艸名即苦參集韻

⿰牜畟 飄弋切 牛名犤也集韻

⿰犭畟 犬生三子玉篇○萱按釋畜本作犬生三豵始則形譌繼則音譌不當野王何亦憒憒收之

觺 仰弋切 平入兩讀 獸角皃廣韻 觺觺猶岳岳也玉篇○楚詞招魂云土伯九約其角觺觺些

餩 想力切 長也廣雅釋詁四 餩息也集韻引廣雅○方言二云餩息也周鄭宋沛之間曰餩自關而西秦晉之間曰餩或

⿰氵息 水皃集韻

⿰息鳥 鳥食也廣韻

⿱⺮息 箕⿱⺮息竹器集韻

蒠 菲蒠菜尒雅釋艸 蒠菜似蕪菁玉篇

湢 貶弋切 浴室也禮記內則不共湢浴注 湢測相迫也史記司馬相如傳湢測泌瀄索隱引司馬彪 湢汲水驚起勢也廣韻○集韻云湢汲水驚涌兒

⿺風畐 駞⿰馬畐玉篇 ⿰馬畐駇馬走集韻

鰏 魚名玉篇

⿰畐畐 品力切 多也密也廣韻

揊 或作⿰畐攴 繫也廣雅釋詁三○萱按繫疑當作擊 揊擊聲廣韻 ⿰畐攴⿰皀攴上同

腷 腷臆意不泄也廣韻

踾 踾地聲文選長笛賦注引埤蒼 踾踧迫蹙皃文選長笛賦踾踧攢仄注

⿰飠畐 飽皃廣韻

稫 稫稜禾密皃集韻○萱按密皃廣韻作密湢也三字

⿰阝畐 范弋切 或作陝 地裂也廣韻

⿰羽畐 飛也玉篇

鶝 鶝鵐戴勝廣雅釋鳥○方言八云鳲鳩燕之東北朝鮮洌水之間謂之鶝鵐○萱按大與鶝異部而雙聲故尒雅作大不傷張作鶝鵐也鵖鴔疊韻字 鸛鷒鶝鶔尒雅釋鳥○萱按據說文引作鸛專畐蹤畐鶝為古今字

⿱⺮畐 織⿱⺮畐也玉篇 ⿱⺮畐織具一曰竹名集韻

葍 艸名玉篇

鵩 楚名鴞曰鵩賈子本傳○萱按本用服字後乃加偏及漢書賈誼傳注云服似鴞不祥鳥也

棴 木出昆侖山廣韻

栿 梁也集韻

洑 回流也廣韻 洑伏流也集韻

⿰馬伏 馬名玉篇

撮口評 𠜱戚切

𢦔 方也廣雅釋詁一 𢦔大力兒廣韻引字林

䤈 衰也玉篇

罭 緵罟謂之九罭九罭魚網也爾雅釋器○孫注云九罭謂魚之所入有九囊也 九罭 御覽引韓詩章句 罭緵罟小魚之網也詩九罭之魚鱒魴傳 九罭取鰕蛖也 句○文選西京賦云布九罭設罜麗

䒗 艸木叢生集韻

𥮉 竹叢生玉篇集韻

魊 小兒鬼廣韻 鬼𩴊旋風同上○集韻云鬼𩴊回風一說鬼回風伺人也○萱按魊𩴊同或作𩴊 體當本一字而自廣韻以下皆分其義分其音其不堪檢覈如此

騀 馬走廣韻 騙騀馬走兒集韻

䳀 䳀鶝戴勝也廣雅釋鳥○方言八云戴鵀燕之東北朝鮮洌水之間謂之鶝

鳶 鳶尾射干也玉篇○萱按鳶讀悅宣切者由鳶讀與專反隨之而誤也今審定鳶當音弋斯鳶當音閾 矣庶幾不迷誤終古

訓閾切

䄎 絳似雀頭色玉篇 䄎赭色也廣韻

稶 黍稷盛兒廣韻○萱按詩黍稷彧彧俗加偏旁耳

鋮 溫器

喊 ○俗有郁喊聲廣韻

唷 吐也廣雅釋詁四

䰵 兒也玉篇○萱按此字从鬼殆誤也右旁疑當从兒耳玉篇收䰵於鬼部無乃未之察與

栯 ○俗有郁 栯李也廣韻○集韻引山海經云泰室之山有木名栯葉如梨而赤理服者不妒

韻史

何萱撰著

第三册

商務印書館發行

韻史

何萱撰著

第三册

商務印書館發行

韻史卷六

泰興何萱石閣譔集　子度校字

上海顧錫麒竹泉覆審

武進李兆洛申耆鑑定

第二部平聲

高韻

開口呼

高 攷刀切 崇也說文段注山部曰崇嵬高也 高上也廣雅釋詁一又文選古詩何不策高足注○爾雅釋親注云高者言最在上 高皐也最在上皐韜諸下也釋名釋親屬 高穹高也書大傳五分內以一為高注 高大也國策秦策高其知注齊策志高而揚注夫枝趙高義也注 高遠也廣雅釋詁一 高者尊也詩生民疏續漢禮儀志上注並引月令章句文禮記月令疏引蔡氏○漢書禮樂志壽何以不若高宗注云有德可尊故曰高宗 居明顯之處故謂之高續漢禮儀志上引盧植禮記注 高貴也國策秦策張子必高子注又呂覽離俗天下愈高之注○淮南說山豈足高乎注云高猶貴也 高者禮之隆也荀子禮論 高敬也廣雅釋詁一 高養也同上 巽為高易說卦傳蒙利禦寇虞注

同人升其高陵虞注蠱高尚其事虞注升貞吉升階虞注漸利用禦寇虞注旅鳥焚其巢虞注中孚翰音登于天虞注象上傳天文也虞注象下傳積小以成高大虞注 乾為高易繫辭下傳上棟下宇虞注 陽在於上為高易說卦傳艮為山疏 高遠三辰也禮記樂記窮高極遠而測深厚注 高明猶元爽也左氏文五年傳高明柔克注○書洪範高明柔克晚出傳云高明謂天 高明謂樓觀也禮記月令可以居高明注 高明顯寵者書洪範無虐煢獨而畏高明馬注 高第者謂才優而品第高也史記禮書門人之高第索隱 高蹈猶遠行也左氏哀廿一年傳使我高蹈注 高車其益高立乘載之車也釋名釋車 高高起臺榭也國語吳語高下下注 高度高下曰高周禮凌人注釋文 高下猶屈伸也御覽引左氏宣十五年傳高下在心舊注 高下原隰也荀子王制相高下注 卑高謂山澤也禮記樂記高已陳注 卑高山陵也國語周語而聚於高注○淮南脩務肥墝高下注云高陵也 高山四嶽也詩般陟其高山傳○天作高山箋云

高山謂岐山也今廪丘東北有故高魚城俗謂之交魚城水經注廿四引京相播說日至于虞淵是謂高春淮南天文高膏也素問生氣通天論高梁之變注通評虛實論肥貴人則高梁之疾也注腹中論注○蓋按此高乃膏之省借字平去兩讀姑从俗分

膏

肥也說文段注按肥當作脂○國語晉語不能爲膏注云膏肥也又夫膏梁之性難正也注云膏肉之肥者又文選陸士衡樂府君子有所思行注引國語賈注云膏肉之肥也有膏者神之液也古微書引春秋元命苞○莊子則陽內熱溲膏釋人文引司馬注云膏謂虛勞人尿上生肥白沫也凝者爲脂釋者爲膏禮記內則脂膏以膏之疏○左氏成十年傳疏云雖凝者爲脂釋者爲膏其實凝者亦曰膏脂之澤者爲膏左氏春秋序膏澤之潤疏膏澤也廣雅釋言○易屯屯其膏疏云膏謂膏澤恩惠之類膏潤澤也太玄馴嫗其膏注釋者曰膏禮記內則膏用薤注○大戴記易本命注云凝者爲膏心下爲膏左氏成十年傳膏之下注又賈注又後漢鄭玄傳注坎爲膏易鼎雉膏不食虞注坎雨稱

膏易屯屯膏虞注其無角無齒者膏家語執轡○大戴記易本命云無角者膏又一切經音義十六引三蒼云無而曰高膏膏豕屬考工記梓人膏者注又家語執轡注○淮南墬形無角者膏而無前注云膏豕也能猨之屬膏臊豕膏也周禮庖人夏行腒鱐膳膏臊司農注○杜注云膏臊犬膏膏饡消膏而加菹其中亦以消酒也釋名釋飲食膏梁細梁如膏者也孟子告子上所以不願人之膏梁之味也注膏猶甘也禮記禮運故天降膏露注玉膏涌出之皃也山海經西山經是有玉膏注○穆天子傳一黃金之膏注云金膏亦猶玉膏皆其精汋也膏土潤也國語周語上膏動注其膏肭土地肥沃也文選蜀都賦內函要害於膏腴劉注○漢書田蚡傳田園極膏腴注云膏腴謂肥膚之處膏夏大木也其理密白如膏淮南俶眞膏夏紫芝注膏物謂楊柳之屬理致且白如膏周禮大司徒其植物宜膏物司農注○後鄭云膏當爲櫜字之誤也蓮芡之實有櫜韜豈破膏爲櫜義似較優按高膏也素問生氣通天論高梁之變注通評虛實論肥貴人則高

梁之疾也注腹中論今禁高梁注注○蓋按此謂高即膏之段借字

羔

羊子也說文段注虞氏注說卦傳云爲羊作爲羔云女使也妾與羔皆取位賤鄭本作陽云讀爲養无家女行賃炊爨今時有之賤於妾也二說字異義同武進臧鏞堂曰羔音養之誤也○楚辭招魂臑鼈炮羔注云羔羊子也又禮記曲禮上飾羔鴈者以繢疏云羔也又說苑修文云羔者羊也羊羔小羊也周禮羊人凡祭祀飾羔注○詩羔羊傳云小曰羔又後漢王渙傳注引韓詩章句云小者曰羔羔者烏羊也論語鄉黨緇衣羔裘皇疏羔小羊取其羣而不失其類周禮大宗伯卿執羔注○白虎通瑞贄云卿以羔爲贄取其羣而不黨又儀禮士相見禮上大夫相見以羔注云羔取其從帥羣而不黨也又穀梁莊廿四年傳男子之贄羔鴈雉腒注云上大夫用羔取其從羣師而不黨也卿執羔者取其跪乳有禮也藝文類聚卅九引白虎通○白虎通衣裳云羔取其跪乳遜順也又公羊莊廿四年傳腶脩云乎注云卿用羔羔取其執之不鳴殺之不號乳必跪而受之類死義知禮者也兌爲羔易說卦傳羔羊腹時也大戴記夏小正初俊羔助厥母粥傳○豈

按禮記檀弓下季子皐葬其妻論語史記作子羔異部同音通借也

蒿 海高切

蒿藩蔽也說文又爾雅釋艸又詩鹿鳴食野之蒿傳○萱按說文蓬蒿也廣韻蒿蓬也二字相轉注其蒿青蘘也廣雅釋艸蒿青蒿也同上○詩鹿鳴陸疏云蒿青蒿也荊豫之間汝南汝陰皆云菣也蒿秏也國語晉語使民蒿焉忘其安樂注蒿亂也莊子駢拇蒿目而憂世之患釋文引司馬注蒿目快性之皃莊子駢拇釋文引李注蒿謂氣蒸出皃也禮記祭義焄蒿悽愴注○注又云蒿或爲蕉蒿按此引申段借之義也李無正字蒿蕉皆段借

刀 帶高切

○俗有刅刀兵也象形也說文段注刀者兵之衛風段借爲舠字一刀到也以斬伐到其所乃擊之也釋名釋兵離爲刀易歸妹士刲羊虞注鸞刀宗廟割切之刀環有和鋒有鸞公羊宣十二年傳右執鸞刀注刀割刑漢書刑法志中刑用刀鋸注引韋昭○國語晉今吾司寇之刀鋸日敝注云刀鋸小人之刑者也刀墨謂以刀刻其額而墨窒之

國語周語有斧鉞刀墨之民注刀鑴小刀及鑴鏨也禮記內則刀鑴注刀所以削書札漢書賈誼傳在於刀筆筐篋注○蕭何曹參傳贊皆起秦刀筆吏注云刀所以削書也又酷吏郅都傳臨江王欲得刀筆注云刀所以削治書也又後漢劉盆子傳注云今古者記事書於簡冊謬誤者以刀削而除之故曰刀筆刀錢也荀子榮辱然而食不敢有酒肉餘刀布注○漢書食貨志上及金刀龜貝注云刀謂錢幣也又文選魏都賦刀布貿而無算劉注云刀布錢刀之謂刀取其利荀子榮辱餘刀布注○漢書食貨志下利於刀注引如淳云名錢為刀者以其利於民也刀斗小鈴如宮中傳夜鈴也史記李將軍傳不擊刀斗以自衛索隱引荀悅○漢書李廣傳注引蘇林云刀斗形如鋗無緣又引孟康云刀斗以銅作鐎受一斗晝炊飯食夜擊持行夜名曰刀斗無升謂之刁斗方言十三○注云刀斗謂小鈴也萱按刀斗即鐎斗之段借作刁斗者字譌也注不誤調調刀刀皆動搖皃莊子齊物論而獨不見之調調乎之刁刁乎釋文引向注○萱按郭本作刁刁刁乎乎注同刀即貂也後漢宦者傳序則豎刁亂齊注○萱按此段刀為貂也淺人不知為段借別製

刁字而讀貂并姓氏亦改為刁怪甚矣俗言短尾者為刁自是貂字義

坦刀切

饕

○俗有飽叨俗饕饞貪也說文○廣雅釋詁二云饕貪也又後漢盧植傳注云叨貪也貪財為饕書多方疏引左傳說又後漢袁紹傳注○左氏文十八年傳謂之饕餮注又賈服注並云貪財曰饕貪財曰叨後漢順烈梁皇后紀注書多方疏云饕即叨也○貪甚曰饕漢書禮樂志注饕餮三苗也左氏昭九年傳注畧舉四凶之一疏叨食也一切經音義十四引埤蒼叨殘也方言二叨忝也華嚴經序音義引韻圃好經大事變更易常以往功名謂之叨莊子漁父叨叨誠也廣雅釋訓

本

進趣也說文段注趣者疾也○說文又云从大十大十者猶兼十人也

洮

洮水出隴西臨洮東北入河說文段注隴西郡臨洮二志同前志臨洮下曰洮水出西羌中北至枹罕東入西枹罕縣金城郡東入西西字誤當依水經注作東入河水經曰河水又東入塞過敦煌酒泉張掖郡南

又東過隴西河關縣北洮水從東南來流注之鄭注引段國沙州記曰洮水與墊江水俱至彊臺山山南即墊江源山東即洮水源按彊臺山即西項山也墊江即入西漢水之白水也今甘肅蘭州府狄道州州西南二百二十里有臨洮城漢縣也今洮河出洮州衛西南邊外之西傾山東麓東北流經狄道州南至蘭州府西境入河曰洮口行八百餘里又按洮為地名水名極多又為洮頮又為洮汰洮來皆用此字汾洮二水名水經沫水注引左傳賈注洮曹地左氏僖八年經盟于洮注洮魯地左氏莊廿七年經公會杞伯姬于洮注○萱按釋文洮本或作桃洮洮髮也書顧命王乃洮頮水馬注洮頮為濯澣衣成事書顧命鄭注洮盥手也漢書律麻志下王乃洮沐水注洮猶漸也爾雅釋訓注洮米聲釋文漸米謂之洮汏一切經音義七引通俗文洮汏猶洗濯也後漢陳元傳注

剖高切

捎

平入四讀義分自關以西凡取物之上者為撟捎說文段注取物之上謂取物之顛也捎之言捎也方言曰撟捎選也自關而西秦晉之間凡取物之上謂之撟捎按今俗語云捎帶是也西京賦注曰揣者捎

取之考工記捎其藪捎溝注曰捎除也其引申之義捎動也廣雅釋詁一捎擇也同上捎掆舁也集韻引字林捎拂也文選羽獵賦曳捎星之旂注引韋昭○漢雄傳上注云捎猶拂地又左氏襄廿九年傳注象箾舞所執疏云箾亦拂之類今人謂拂為拂捎捎擊也漢書揚雄傳上注又文選風賦注引漢書韋昭注捎殺也文選東京賦捎魑魅薛注蒲捎良馬也廣韻捎搖動也亦芟也廣韻揣抁搖捎也集韻引廣雅捎謂水漱齧之溝考工記匠人捎溝三十里而廣倍司農注捎雲山名文選吳都賦捎雲無以踰注○萱按古籍捎字多有譌作捎者

梢

梢木也說文段注末詳廣韻曰梢船舵尾也又枝梢也此今義也釋木曰梢梢櫂郭云梢音朔按梢櫂字本从手作捎梢柴也廣雅釋木梢小柴也淮南兵略曳梢肆柴注梢竿也漢書禮樂志飾玉梢以舞歌注梢盡也方言十二梢尾之垂者文選赭白馬賦注○萱按此段梢為髾也又漢書揚雄傳被雲梢段梢為捎也髾捎字皆後出捎除也考工記輪人捎其藪注○萱按匠人捎溝義當同而字从木吾疑焉

𥳓

或作筲𥳓飯筥也受五升秦謂筥曰𥳓說文段注方言曰簇南楚謂之筲郭曰盛餅筥也按簇即筥字筲即𥳓字也論語斗筲之人鄭曰筲竹器容斗二升與許說受五升異○漢書敘傳上音義引字林云筲飯筥也受五升筲簇也廣雅釋器○方言十三簇南楚謂之筲注云今建平人呼筲筲竹筥也受一斗文選王命論注引音義○漢書車千秋傳注云筲竹器也容一斗筲竹器也禮記襍記上筲衡釋文又論語子路皇疏又漢書谷永傳注筲畚種類也其容蓋與簋同一穀也儀禮既夕苞二筲三注筲筩也廣雅釋器○堂按此義當作𥳓蓋𥳓𥳓互叚通用

𥰭

陳畱謂飯帚曰𥰭一曰飯器容五升一曰宋魏謂箸筩爲𥰭說文段注飯帚者所以埽肉餘之飯一曰飯器云云此說謂𥰭與𥳓同字也箸筩者所以盛飯穀之筩也方言曰箸筩陳楚宋魏之閒謂之筲或謂之籝自關而西謂之桶檧按筲即𥰭字郭云音鞭鞘○漢書敘上音義云𥰭或作筲又文選長笛賦纖末奮𥰭注云𥰭與捎同堂按𥳓𥰭筲通用馬賦捎𥰭爲正借字筲筩也廣雅釋器

槷高切

莦

惡艸皃說莦艸根也集韻

操

或作殺○平去兩讀義分把持也說文段注把者握也操重讀之曰節操曰琴操皆去聲操謂操持也方言十二賦與操也注○禮記玉藻食中棄所操疏云操謂手所持者操持也禮記曲禮操右契釋文喪服四制注資猶操也釋文引皇注又公羊成二年傳操飲而至釋文又廣雅釋詁三又漢書紀志傳各注又荀子不苟操之則得之注操執也禮記禮運注器所以操事疏又史記酷吏傳操下如束涇涇薪索隱又漢書劉向傳注董仲舒傳注操執持也禮記曲禮上必操几杖以從之疏又素問平人氣象論如操帶鉤注又漢書刑法志射操文墨注董仲舒傳操可致之勢注司馬遷傳指約而易操注嚴助傳操殺生之柄注酷吏傳甯成傳爲人上操下急如束涇注操鈔也手出其下之言也釋名釋姿容操迫也公羊莊三十年傳益以操之爲己鑿矣注○詩見羔箋有所操鑿也釋文一本作懆今作躁又江漢箋來可以兵操切之也釋之一本兵按作恐躁堂按操懆躁義雖皆得通操爲優矣又按遵大路傳摻擥也疏云摻訓爲斂也操訓爲奉也二字義皆小異操縵襍

弄禮記學記不學操縵注○堂按襍弄專釋縵字故操讀平聲與琴操字異周禮磬師注云縵謂雜聲之和樂者也操猶曲也操志也操謂所執持之志行也堂按此皆操讀去聲之義也比執持專言志行與平聲內操訓執持小異

散刀切

繅

○俗有繅繰繹繭爲絲也說文段注俗作繰繰乃帛如紺色之字○堂按俗又作繆尤誤繆乃旌旗之正幅繅者以取繭緒廣雅釋艸注○釋文引字林云繅繹繭也繅襍文之名也繅所以藉圭也堂按凡此皆叚繅爲璪也彼注已詳

橾

車轂中空也讀若藪說文段注考工記以轂圍之阞捎其藪注曰捎除也阞三分之一也鄭司農云捎讀桑螵蛸之蛸藪讀如蜂藪之藪謂轂空壺中也尒謂此藪徑三寸九分寸之五壺中當輻菑者也藪音猶言趨也蜂藪者眾輻之所趨也舊本經注多誤字今按正之如是按記文蓋本作捎其橾大鄭乃易爲藪故云讀爲後人直用大鄭說段記文耳程氏瑤田通藝錄曰阞與王制祭用數之仂同十分之一也轂謂鑿深梢之以待置幅也記曰六分其輪崇

以其一爲之牙圍參分其牙圍而漆其二椁其漆內而中詘之以爲轂長是則轂長當三尺二寸五分四鑿一豪六絲六不盡由是以轂長爲圍以圍之十一爲鑿深十一當三十二分五鑿四豪一絲六忽六不盡用其成數得三寸輻廣亦三十也車人大車輻廣三寸柏車羊車不見輻廣亦三寸可知致下文云凡輻量其鑿深以爲輻廣先鄭言蜂藪後鄭言眾輻所超則藪之名義當起於輻鑿也按先後鄭說直以轂空壺中與眾輻之孔相接故云壺中當輻菑者也合二者以爲一以釋經而未知輻孔不通壺中壺中以受軸操以受輻劃然二事鄭不若程代之精雅也許字作操以从巢巢鳥羣鳴也亦與眾超之義合其云車轂中空也亦未該大鄭云讀爲藪音易操爲藪也注經之去也許云讀若藪音擬其音也字書之體也山樞切古音當在二部讀如膘急執爲有轢字操藪粱讐聲宜分別壺中曰橾輻孔曰橾曰藪○堂按依先鄭之義則藪爲正字操爲叚借如許說則採藪但同音耳藪訓大澤李義與操無涉也然許不以輻鑿釋操義猶有滲涌山樞切之音亦斷不可用

臊

○俗有臉豕膏臭也說文段注庖人內則曰夏行腒鱐膳膏臊杜子春云膏臊犬膏大鄭云膏臊豕膏後鄭從

杜說許同大鄭猳臭曰臊一切經音義引通俗文臊謂臊臭禮記內則狗赤股而躁臊跡○周禮
內饔云犬赤股而躁臊凡氣因木變則為臊素問金匱眞言論其臭臊注
鮏臭也周禮曰膳膏鱢說文段注按此六字當作讀若周禮曰膳膏臊八字蓋臊从肉見肉部豕
膏臭也與先鄭說同然則先許所據周禮不作膳膏鱢與鮏同義○萱按鮏者魚臭也俗作鯹鱢臭也廣雅釋器

鱢

勢 海毛切

健也說文段注健者伉也此豪傑眞字自叚豪為之而勢廢矣豪豕鬣如筆管者德千人者謂之
豪鶡冠子博選能天○楚辭大招豪傑執政注云千人才曰豪材倍百人曰豪呂覽制樂幣帛以禮
豪士注○誠廉豪士之自行者注云倍百人為豪又功名人主賢則豪桀歸之注云才過百人曰豪百人為豪
呂覽知分此天下之豪英注又淮南氾論天下雄儁豪英注○泰族云百人者謂之豪十人者曰豪春秋
緐露爵國豪豪桀也漢書趙廣漢傳中貴人豪長者注豪酋豪也書旅獒序西旅獻獒馬注豪
帥長也漢書趙充國傳先零豪注引孟康○史記韓長孺傳雁門馬邑豪桀解引張晏云豪猶帥也鄉豪

里之貴者列子楊朱對鄉豪稱之注豪右大家也後漢明帝紀注豪謂輕侮之也
漢書食貨志下不得豪奪吾民矣注○注又云字本作勢蓋通用耳又一切經音義六云豪古文勢同

豪

隸作豪○俗有毫𧰲古文𧰲豕鬣如筆管者出南郡說文段注𧰲豕豕名
西山經之豪彘長楊賦之豪豬也西山經曰竹山有獸焉其狀如豚而白毛大如笄而黑端郭云貆豬也能以脊上豪射
物按本是豕名因其鬣如筆管遂以名其鬣凡言豪俊豪毛又本引伸之義也俗乃別豪俊字从豕豪毛字从毛南郡漢
郡名領江陵等縣十有八今荊州府北至襄陽府境是其地○山海經西山經鹿臺之山其獸多白豪注云豪貆豬也
豪毛也後漢岑彭傳注毫毛也文選答賓戲銳思於毫芒之內注引項岱豪長毛也文選西京
賦注引聲類毛之長者曰毫素問刺要論病有在毫毛腠理者注銳毛為毫楚辭沈江秋毫
微哉而變容注[illegible]謂之毫廣雅釋器毫謂筆毫也文選月賦抽毫進牘注文賦或含毫而邈然注
○又唯毫素之所擬注云毫筆也豪芒纖微也後漢班彪傳下注豪兎豪也漢書律麻志上

不失毫氂注引孟康豪猶髦也髦馬如馬足四節皆有毛穆天子傳四豪馬豪牛注
豪羊似髦牛穆天子傳四豪羊注豪徼道也文選魏都賦豪徼互經劉注○史記太史公自序悼
豪之旅索隱云豪即崤之異音豪豪傑也萱按此類皆勢豪為正借字又莊子秋水遊于豪梁之上叚豪為濠也說文無濠

号

痛聲也說文段注号嘑也凡嘑號字古作号口部曰嘑号也今字則號行而号廢矣號哭也左氏宣十
二年傳號而出之注○山海經中山經昆吾之山有獸焉其音如號名曰蠪蚳注云如人號哭號謂哭而
且言也漢書劉向傳而號曰注○顏氏家訓風操云禮以哭有言者為號號咷哭也漢書王莽傳下
注○太平樂號咷倚丘注云號咷憂聲也號咷唬呼也易同人同人先號咷而後笑釋文○後漢崔駰傳注
云號咷哀呼也又楚辭離世孽子之號咷兮注云號咷讙呼也萱按冀州從事郭君碑卜商唬咷此叚唬為号也與叚號
同又禮記檀弓下亡無唬號徐本作號唬

[illegible]

南陽淯陽鄉說文段注淯二志作育南陽郡育陽二志同今河南南陽府東育陽故城是也[illegible]者漢時鄉名

號

平去兩讀義分嘑也說文段注嘑各本作呼今正呼外息也與嘑義別口部曰嘑號也此二字互訓之證也釋言曰
號謼也魏風傳曰號呼也以說文律之謼呼皆叚借字號嘑者如今云高叫也引伸為名號為號令號呼也左氏
宣十二年傳號申叔展釋文又國語晉語公號慶鄭注越語乃號令於三軍注又後漢張衡傳注又淮南原道射者扞烏
號之弓注又楚辭天問萍號起雨注何號於市注又文選思玄賦號馮夷俾清津兮舊注號呼也以其善
惡呼名之也釋名釋言語號鳴也廣雅釋詁二號嗷號呼讙嗷也詩賓之初
筵載號載呶傳○萱按鄭固碑仰唬馬告此叚唬為號也又又荀子哀公君號然也此叚號為胡矣胡號唬皆雙聲也家
語好生篇作君胡然焉號召也號告也號令也萱按凡此等義皆讀去聲亦後人强分今姑从
之號哭也號咷唬呼也萱按此叚號為号也号下詳之

諕

○俗有諕號也說文段注此與号部號音義皆同口部唬从口虎亦讀若高凡嘑號之聲虎為取猛故皆從虎會意

號咷 坦豪切

○俗有梳號木也說文段注未詳

楚謂兒泣不止曰噭咷說文段注方言楚謂之噭咷○蓋按此用噭字後一義也噭下云口也一曰噭呼也古弔切

咷鳴也廣雅釋詁二哭爲號咷易同人同人先號咷而後笑虞注旅旅人先笑後號咷虞注

逃

○俗有逃亡也說文段注亡逃互訓○蓋按史記漢王逃漢書作漢王跳此可兩通即謂逃跳爲正借字亦得集韻徑以跳爲逃之重文是惑也

逃竄也楚辭大招無逃只注竄

逃去也禮記曲禮下三諫而不聽則逃之注又國語晉語不如逃之注又淮南精神龍乃弭耳揮尾而逃注○孟子盡心下逃墨必歸於楊注云逃者去也

逃避也廣雅釋詁三

逃謂隱匿其情也荀子榮辱陶誕突盜注國陶誕比周以爭與注彊

逃義曰逃穀梁莊十七年傳○左氏莊十七年經疏引疏引陸希聲春秋通例云凡言逃者皆謂義當畱而竊去者也凡民逃其上曰潰在上曰逃左氏文三年傳爲將而獨奔故曰逃

軍穀梁文七年傳以是爲逃軍也注

桃

桃果也三字句說文

桃金果也素問五常政大論其果栗桃注

桃有華之盛者詩桃夭桃之夭夭傳釋文云桃木名

○桃也者杝桃也大戴記夏小正煮桃傳

桃桃枝也禮記玉藻膳於君有葷桃茢疏○蓋按此與爾雅文選桃枝不同此謂桃果之枝彼桃枝二字爲一物之名

桃枝竹屬也文選蜀都賦靈壽桃枝劉注室○爾雅釋艸云桃枝四寸有節

桃所以逃凶也左氏昭四年傳桃弧棘矢瓠注

桃鬼所畏也周禮戎右贊牛耳桃茢注○禮記檀弓下以巫祝桃茢執戈注云桃者鬼所惡又周禮喪祝疏同

桃厲黍苞穰也周禮喪祝釋文

桃林秦晉之塞也呂覽慎大稅牛於桃林注○晚出書武城放牛于桃林之野傳云桃林在華山東

中國亦呼杠爲桃牀方言五牀其杠南楚之閒謂之趙注○蓋按桃趙正借字此皆方俗語

桃蟲鷦也爾雅釋鳥少也字又詩小毖肇允彼桃蟲傳○文選鷦鷯賦題注引毛詩義疏云鴟蟲今鷦鷯微小黃雀也

鞀鞉或鼗或書作鼗○或磬籀

遼也說文段注此門聞也戶護也鼓郭也琴禁也之例以疊韵說其義也遼者謂遼遠必聞其音也周禮注曰鞀如鼓而小持其柄搖之旁耳還自擊○段又注云磬周禮以爲韶字

鞉導也所以導樂作也釋名釋樂器

鼗所以節樂儀禮大射儀疏○禮記王制則以鼗將之注云柷鼗皆所以節樂又呂覽仲夏修鞀鞞注云鞀鞞所以節樂也

鞉鼓樂之所成也詩那置我鞉鼓傳

鞉者震之氣也白虎通禮樂

鞀鞀鼓也論語微子播鞉鞉武皇疏云鞉則鼓之小者

小鼓也詩有瞽鞉磬柷圉傳那釋文又漢書楊雄傳下鳴鞀磬之和注又文選東京賦鼗鼓路鼗薛注○詩那疏

鼗如小鼓長柄旁有耳搖之使自擊禮記王制疏引漢禮器制度○儀禮大射儀鼗侍于頌磬西紘注云鼗如鼓而小有柄

大鼗謂之麻爾雅釋樂

勞 朗豪切

平去兩讀義分○俗有僭鬻

勞古文勱也說文段注勱各本从力作劇今訂从力文選北征賦注引說文劇甚也恐是許書本作劇用力甚也後因以爲凡甚之詞又譎具字从刀耳以俟明者定之劇務也務者趣也用力尤甚

音

勞動而不已也國語越語勞不私其功注而勞力極也爾雅釋詁含人注

勞勤也爾雅釋詁

勞罷勞也文選東京賦徒不勞薛注

與勞苦也文選東京賦爲之者勞薛注猶謂

勞勞苦也論語爲政有事弟子服其勞皇疏

勞嬾也廣雅釋詁二

勞病也淮南精神好憎者使人之心勞注

勞憂也漢書谷永傳注又淮南精神竭而勞注民注氾論以勞天下之民注○氾論注又云勞讀勞勑之勞蓋按勞勑音勞引申之義也古音李不別讀後世强分之故勞有平去兩音讀也實則無事自擾耳

勞勉也呂覽孟夏勞農勸民注

勞服也莊子秋水任土之所勞釋文引李注

勞功也國語周語平桓莊惠皆受鄭勞注吳語是天王之無成勞也注乃使王孫苟告勞於周注又後漢應劭傳注○左氏昭十三年傳注廣功也疏云勞亦功也

勞猶功也詩民勞無棄爾勞箋又禮記祭義孝用勞注又大戴記曾子大孝注中

勞猶事也禮記儒行先勞而後祿注

事功曰勞周禮司勳又禮記明堂位成王以周公爲有勳勞於天下注祭統功烈勳勞慶賞聲名注又呂覽情欲盡傳其境內之勞注愛類勤苦爲民注求人至勞也注

庸庸勞

勞謂稱其功勞以報有功勞者荀子大略庸庸勞勞注以言曰勞史記高祖功臣侯年表坎爲勞易象下傳民忘其勞虞注象下傳憊也虞注毄辭上傳勞而不代虞注○易謙勞謙荀注云體坎爲勞過用謂之勞管子小匡犧牲不勞則牛馬育注勞事勞褻之事周禮宮人凡勞事注

澇

澇水出右扶風鄠北入渭說文段注右扶風鄠見邑部上林賦曰終始灞滻出入涇渭酆鎬潦潏紆餘委蛇經營乎其內蕩蕩乎八川分流相背而異態潘岳關中記曰涇渭灞滻酆鎬潦潏所謂八川李善曰潦即澇水也水經曰渭水又東過槐里縣南又東澇水從南來注之今陝西西安府鄠縣縣西三里澇水出南山澇谷北流經故萯陽宮西入長安縣畍入渭故曰北入渭水道提綱曰渭水東經鄠縣北境咸陽縣城東南又東北有豐水自西來合諸水北流注之諸水者澇水高水潏水○萱按封禪書作澇水正字也史漢文選作潦水既借字也其早澇字似當借潦不當用澇澇洒也廣雅釋詁二澇大波也文選海賦飛澇相磓注○萱按訓洒訓大波皆與潦義較

近益澇亦潦之借如旱潦之作澇也

巢 茞毛切

○俗有⿱艹巢鳥在木上曰巢在穴曰窠說文段注穴部曰穴中曰窠樹上曰巢巢之言高也窠之言空也在穴之鳥如鵂鶹之屬今江蘇語言通名禽獸所止曰窠○家語問禮夏則居橧巢注云在樹曰巢鳥之所乳謂之巢小爾雅廣獸鳥居謂之巢詩鵲鳩箋室猶巢也疏○一切經音義八引通俗文云鳥居曰巢巢居也漢書敘傳上注引應劭巢蔟也呂覽求人周唯巢於林注巢健也廣雅釋詁二巢高也小爾雅廣詁○爾雅釋樂釋文云巢鳥也言其聲高又舍人注云巢大笙音聲眾而且高也巢高大也爾雅釋樂孫注大笙謂之巢爾雅釋樂○萱按笙諸管叢聚略似鳥巢故大笙叚借巢名李無異字異音也風俗通聲音篇作大笙謂之⿱艹巢俗加艸頭耳或又叚讀爲莊交切皆無事而自擾巢伯殷之諸侯書序巢伯來朝鄭注○國語魯語桀奔南巢注云南巢揚州地巢伯之國也今廬江居巢縣是也巢車車上爲櫓左氏成十六年傳注○萱按此叚巢爲轈也

樔

澤中守艸樓說文段注謂澤中守望之艸樓也艸樓益以艸覆之藝文類聚艸譌作竹左傳成十六年正義引此文樔譌爲櫓樔者今之撩罟也詩南有嘉魚烝然汕汕箋○傳云汕汕樔也萱按毛鄭叚樔爲罺也說文無罺益專字之後出者樔絕也漢書外戚傳上注○萱按此叚樔爲剿也說文剿字即經典中所用劉字

轈

兵車高如巢以望敵也春秋傳曰楚子乘轈車說文段注左傳正義引兵高車加巢以望敵與釋文及今本不同今本爲長篇韻皆云若巢亦今本也今左傳作巢車杜曰巢車車上爲櫓此正言櫓似巢不得言加巢宣十五年傳晉使解揚如宋楚子登諸樓車服虔曰樓車所以窺望敵軍兵法所謂雲梯者杜曰樓車車上望櫓春秋云云成十六年左傳文○萱按作巢車者省借字左釋文引字林與說文同呂本許也

鄛

南陽棘陽鄉說文段注棘各本作棗誤今依後漢書宦者傳注及玉篇正南陽棘陽二志同今河南南陽府新野縣東北七十里有棘陽城是也鄛其鄉名也○漢書項籍傳居鄛人范增注云鄛字亦作巢萱按此古之南巢今之

巢縣也與棘陽鄉不相涉疑傳寫班書者誤增邑耳

敖 我豪切

○俗有遨出游也說文段注游本旗游字叚借爲出游字邶風曰以敖以游敖游同義也經傳叚借爲倨傲字敖遊也詩君子陽陽右招我由房釋文鹿鳴嘉賓式燕以敖傳又後漢張衡傳注○楚辭疾世從盧遨兮棲遲注云遨遊也敖遨遊也禮記曲禮上敖不可長釋文引王肅○萱按肅以遨釋敖者此以今字釋古字也漢人有此例敖謂逸游也漢書食貨志上邑亡敖民注敖戲也廣雅釋詁三敖謂游戲也漢書廣川惠王越傳注丙言傳不得令晨夜去皇孫敖遊注敖調弄也史記天官書其爲敖客曰口舌索隱引宋均敖喧噪也荀子彊國百姓讙敖注○萱按此叚敖爲嗸也又富國天下敖然若燒若焦此叚敖爲熬也敖傲也爾雅釋言仇仇敖敖傲傲也爾雅釋訓慢而不恭曰敖管子宙合若敖之在堯也注○萱按訓倨慢者傲之本義亦敖之引中之義也二字義本通故釋言釋訓皆以傲釋敖非全屬叚借矣不成君無謚號者皆謂之敖左氏昭十三年傳實訾敖注敖敖長皃詩碩人碩

人敖敖傳○箋云敖敖猶頎頎也敖地名詩車攻搏獸于敖傳○箋云敖鄭地今近滎陽又文選東京賦薛注云敖鄭地今之河南滎陽也

警

警放也警高邁於俗也警志遠皃董按此蓋皆段警為敖也詳見警下敖鄗二山在滎陽縣西北董按此蓋段敖為敖也魯有具敖二山亦同

或書作𢿣俗有慗慠聱○不省人言也一曰哭不止悲聲警警說文段注省各本作省今正言字依韻會補詩板我即爾謀聽我嚻嚻傳曰嚻嚻猶警警也箋云女聽我言警警然不肯受玉篇聱字下引廣雅不入人語也聱即警之俗廣韻六豪曰警不省人也聱言字五音曰警不肖也則依誤李說文而又少二字東方朔傳聲警警亦正謂其不省人言日此條得詛鈕非石又按釋訓曰嚻嚻傲也嚻嚻即警警之段借一曰云云此亦用朔傳為說一說聲警警者詆其不勝痛呼暴也當許時朔傳已有二解矣警警不聽話言而妄語也楚辭怨上令尹兮警警注警警眾口毀人之皃爾雅釋訓警警傲也釋文引舍人注○董按郭作敖敖所引據本異也傲義皆合於警放也○莊子德充符警乎大哉釋文引簡文注釋文云警今取遨遊義也董按此等

似皆敖警為正借字警志遠皃莊子大宗師警乎其未可制也釋文引司馬注○又引王注云警高邁於俗也警警眾口愁聲也漢書食貨志上注○董按此段警為警也聱不聽也玉篇引埤蒼聱耴眾聲也文選吳都賦魚鳥聱耴注○詩正月箋其禮待我警警然釋文云警本又作慗董按慗聱不錄於說文皆晚出俗體也又莊子天地警然不顧司馬本警作警此則形近之譌謸戲虐也荀子禮論歌謠謸笑注○董按此段謸為傲也

嗸

或書作嗷眾口愁也詩曰哀鳴嗸嗸說文段注董仲舒傳嗸嗸苦不足食貨志天下嗸嗸陳湯傳熬熬若之皆同音段借字也嗷謂叫呼之聲嗷嗷然也荀子彊國百姓讙敖注○董按荀段敖為嗷故注云敖嚾噪也又嗸嗸聲也詩鴻雁哀鳴嗸嗸釋文嗸嗸呼聲也楚辭惜賢聲嗸嗸以寂寥兮注嗸嗸眾聲也漢書劉向傳讒口嗸嗸注嗸嗸眾怨愁聲也漢書董仲舒傳注警警眾口愁聲也漢書食貨志上注○董按此段警為嗸也又荀子勸學不問而告謂之傲此段

傲為嗸也楊倞云嗷與傲通

潡

潡水出南陽魯陽入父城說文段注南陽郡魯陽二志同今河南汝州魯山縣有魯陽故城是父城大徐作城父誤潁川郡父城二志同今河南汝州郟縣西四十里有父城故城是也潡父入父城與水經注所引合則鄦非城父也汝水篇注曰汝水又逕郟縣故城南潡水注之水出魯陽縣之將孤山至父城與出魯陽北山之桓水會亂流東北至郟縣入汝按今汝水由嵩縣天息山東經伊陽縣汝州寶豐縣郟縣襄城縣而沙河來會尚與古水道不殊潡水入汝亦必同古水道○水經注卅九引字林云潡水在魯陽

熬

𤎅或有鷔○俗乾煎也說文段注方言七熬火乾也凡以火而乾五穀之類自山而東齊楚以往謂之熬𤎅乾也廣雅釋詁二熬亦煎也禮記內則淳熬注又楚辭怨上我心兮煎熬注熬於火上為之也今之火脯似矣禮記內則為熬注熬者煎穀也禮記喪大記熬熬四種八筐注○周禮小祝跋云熬謂熬穀熬所以惑蚍蜉令不至棺旁也儀禮士喪禮熬

黍稷各二筐注○周禮小祝設熬注云熬者棺既蓋設於其旁所以惑蚍蜉也又舍人喪紀共飯米熬穀注云熬穀者錯于棺旁所以惑蚍蜉也熬謂重也周禮小祝杜注熬熬眾愁聲漢書陳湯傳熬熬苦之注○董按此段熬為嗸也

獒

犬知人心可使者春秋傳曰公嗾夫獒說文段注知一作如公羊傳曰靈公有周狗謂之獒何注周狗可以比周之狗所指如意者按周狗爾雅注及博物志或譌作害狗不可為據也○爾雅釋嘼釋文引字林云獒犬知人心可使者狗四尺為獒爾雅釋嘼○公羊宣六年傳注云犬四尺曰獒又書旅獒晚出傳云犬高四尺曰獒獒猛犬也左氏宣六年傳公嗾夫獒焉注○服注云獒犬名又書旅獒序西旅獻獒疏云獒是犬名董按書序鄭注云獒讀曰豪謂獒為段借字也與諸家不同

毛 莫豪切

眉髮之屬及獸毛也象形說文段注眉者目上毛也髮者首上毛也而首須也須者而也臣下之毛也須釋者頰須也𩑶口上須也及獸毛者貴人賤畜也毛謂須髮也周禮大行人王燕則諸侯毛釋文又

國語楚語至於手拇毛脈注齊語班序顚毛注云毛髮也〇老者二毛故曰毛周禮司儀王燕則諸侯毛司農注〇禮記檀弓下不獲二毛注云二毛鬢髮斑白又穀梁文十一年傳不禽二毛注云鬢髮白爲二毛又淮南氾論注云二毛有白髮者毛兒也冒也在表所以別形兒且以自覆冒也釋名釋形體毛輕也廣雅釋詁三皮毛者肺之合也素問欬論毛秋脈金氣也素問平人氣象論而有毛曰秋病注胃鼓一陰曰毛素問陰陽別論凡地之所生謂之毛穀梁定元年傳毛澤未盡注毛謂嘉苗管子七臣七主欲土地之毛注而墝埆不生五穀曰不毛公羊宣十二年傳錫之不毛之地注毛即菜也左氏隱三年傳疏毛艸也隱三年傳澗溪沼沚之毛注昭七年傳食土之毛注又廣雅釋艸又後漢馮衍傳注楊終傳注馬融傳注又莊子逍遙遊窮髮之下釋文地毛沙隋也廣雅釋艸毛物貂狐貒貉之屬緌毛者也周禮大司徒其動物宜毛物注毛蟲虎狼之屬呂覽觀表羽裸鱗注毛毛旄牛也書禹貢齒革羽

毛晚出傳毛羣獸屬也文選吳都賦毛羣以齒角爲刀鋏劉注蜀都賦毛羣陸離劉注云毛言擇牲取其毛色也〇山海經南山經凡雝山之首其祠之禮毛注周禮小宗伯毛六牲注云毛擇毛也又校人毛馬而頒之注云毛馬齊其色也毛以告純也詩信南山以啓其毛〇公羊文十三年傳羣公不毛注云不毛不純色毛炰豚也詩閟宮毛炰胾羹傳毛倒牲埋之也山海經中山經永山帝也其祠太牢之具羞瘞倒毛注燕語呼毛爲毋〇水經灅水注引地理風俗記萱按秏與毛同音秏與無同義秏有省作毛者或呼毛爲無亦或呼無爲毛也其實正當作秏耳毛無皆段借字說詳秏下毛字古或作髦作旄作毦皆同音通用也

髦

髦髮也說文段注三字句各本刪髦字作髮也二字此如巂下之刪巂作周燕也離下之刪離作偃下之刪偃江河等下之刪江河等字皆不可通今補玄應佛書音義卷二引說文髦髮也謂髮中之髦也卷五引說文髦髮也髮中豪者也下句乃古注語上句亦奪一髦字不可讀髮中之秀出者謂之髦髮漢書謂之壯髮馬鬣偁髦亦其意也詩三言髦士

爾雅毛傳皆曰髦俊也釋文云毛中之長豪曰髦士之俊傑者借髦爲名此引伸之義也古亦假髦爲毛字旣夕禮注曰今文髦爲毛是今文禮段毛爲髦也髦毛也廣雅釋器〇萱按此渾言也析言之則有辨髦選也髦俊也髦士官也竝爾雅釋言〇詩甫田烝我髦士傳棫樸髦士攸宜傳思齊譽髦斯士釋文又儀禮士冠禮注竝云髦俊也髦馬不鬏落也禮記曲禮下乘髦馬注前高曰髦丘如馬舉頭垂髦也釋名釋丘〇萱按據此則詩爾雅之旄丘乃段借字螳蜋謂之髦方言十一髦柔英爾雅釋木髦顚蕀爾雅釋艸髦謂童子垂髦左傳昭九年疏〇萱按此義正字作鬏髻經典用髦作之乃段借字也詩萱髦亦然詳見三部鬏下眊好也廣雅釋詁一〇萱按此段眊爲髦與髦選髦俊同

旄

幢也說文段注劉熙曰幢童也其兒童童也廣雅曰幢謂之翿爾雅曰翢纛也毛傳曰翿者纛也翳也羽部曰翳者翳也所以舞也人部曰儔者翳也按或用羽或用犛牛尾或兼用二者則儔翿實一字纛俗作纛亦即翳字爾雅毛傳皆以今字釋古耳幢亦即翳字古壽聲周聲與童聲轉移如詩以調韻同漢縣鮦陽讀如紂之比其始有翳字繼乃有纛繼

乃有幢皆後出故許書不列纛幢二篆此釋旄必云幢不云翳者翳嫌舞者所持旄是旄旗之名漢之羽葆幢以犛牛尾爲之如斗在乘輿左騑馬頭上用此知古以犛牛尾注竿首如斗童童然故詩言干旄言建旄言設旄有旄則亦有羽羽或全或析言旄不言羽者舉一以賅二其字从㫃从毛亦舉一以賅二也以犛牛尾注旗竿故謂此旗爲旄因而謂犛牛尾曰旄謂犛牛曰旌牛名之相因者也禹貢网网言羽旌周禮旄人旄舞皆謂犛牛尾曰旄也旄葆也史記司馬相如傳總光燿之采旄索隱漢漢書音義旄旌也淮南原道傳旄象注旄干旄詩出車建彼旄矣傳〇干旄孑孑干旄傳云注旄于干首大夫之旃也又後漢東平憲王蒼傳設羽旄注云旄謂注旄於竿首旄旄牛尾也禮記樂記及干戚羽旄謂之樂注又國語晉語羽旄齒革注〇左氏襄十年傳注騂旄赤牛也疏云旄謂尾也共旌旗之用故其字從旌旗者旌旗行而從風偃也又書牧誓右秉白旄馬注云白旄旄牛尾又文選東京賦朱旄青尾薛注云朱旄旄牛尾赤色者也旄旄牛尾舞者所持以指麾周禮春官序官旄人注〇樂師有旄舞司農注云旄舞者犛牛之尾旄尾也禮記月令釋文旄者所以誓勤兵士管子小匡糞除

其顛旄注旄鐘之旄也漢書禮樂志庶旄翠旌注引張晏旄旄牛也呂覽本味旄象之約注又漢書司馬相如傳上庸旄貘犛注引張揖○顏注云旄牛即今所謂偏牛者也又山海經北山經云潘侯之山有獸焉其狀如牛而四節生毛名曰旄牛旄毛獵長爾雅釋獸麠大麃旄毛狗足注旄騎旄頭之騎也後漢公孫述傳注旄澤栭爾雅釋木旄冬桃爾雅釋木○萱按此段旄為楙也字林作楸乃形近之誤楙者木瓜也非冬桃前高旄丘爾雅釋丘又詩旄丘傳云前高後下曰旄丘○萱按釋名作髦丘同音通用也如成國所說似髦為正字矣林作登亦云登丘異部段借也以雙聲為用八十九十曰旄禮記射義旄期稱道不亂者釋文○萱按此段旄為耄也耄說文作薹毛飾曰旄稍上垂毛亦曰旄也一切經音義二引通俗文○萱按此段眊為旄也纖微皆審謂之察反察為旄賈子道術○萱按此段旄為眊也

秏

又去聲莫到切○作耗者形譌讀呼到切音音誤皆不可從俗又有托稻屬伊尹曰飯之美者

元山之禾南海之秏說文段注漢書曰訖於孝武後元之年靡有孑遺秏矣孟康曰秏音毛無有秏米在者也秏米米名即所謂稻屬也今本作毛米誤孟意若今言無有一粒存者水經注曰燕人謂無為毛故有用毛為無者又有用秏者初讀莫報切又讀呼到切段禾旁為耒旁罕知其本音本義本形矣大雅秏戰下土秏者壬無之謂故韓詩云惡也呂氏春秋本味篇伊尹曰南海之秬高注南海南方之海秬黑黍也許所據伊尹書不同伊尹書見漢藝文志秏消也文選七啓注引蒼頡○萱按凡舊譌秏者今悉段正不容重性貽誤秏減也考工記㮚氏為量改煎金錫則不秏疏又廣雅釋詁二又漢書志傳各注秏零落也淮南時則秋行冬令秏注秏損也漢書紀志傳各注又莊子達生未嘗敢以秏氣也釋文引司馬注秏虛也漢書董仲舒傳注王莽傳下注○爾雅釋天玄枵虛也孫注云秏虛之意也郭注云秏亦虛意秏虛竭也荀子脩身多而亂曰秏注○王霸勞苦秏顇莫甚焉注云秏謂精神竭秏秏空也太玄玄祝鬼神秏荒注秏貧無也史記天官書其虛則秏正義凡物多而易盡曰秏荀子脩身注輕用曰秏素問上古天真論以秏散其真注○

五常政大論草人且秏注云秏謂費用也秏亂也漢書食貨志下注酷吏傳贊注○淮南精神帯疾去則志氣日秏注云秏猶亂也秏土謂疏薄之地大戴記易本命秏土之人醜注○萱按家語執轡作托土破字也俗陋與秏同今俗語猶謂無為秏音毛漢書高惠高后文功臣表秏矣注○後漢馮衍傳注云毛字作無今俗語猶然者或古亦通萱按秏毛同音故秏或省作毛矣疑無字古可讀重脣音如模與毛秏雙聲通借也秏不明也漢書景帝紀注董仲舒傳注○萱按此借秏為眊也

覒

平去兩讀擇也說文段注玉篇引詩左右覒之按毛詩作芼擇也葢三家詩有作覒者廣韻邪視也覒覗也廣雅釋詁一

合口呼　古敲切

交

交脛也从大象交形說文段注交脛謂之交引申之為凡交之偁故叉下曰交也校下曰交木然也殺下曰交灼木也楷下曰木參交以枝炊薁者也衿下曰交衽也凡兩者相合曰交皆此義之引申段借耳楚茨傳東西曰交邪行曰逪这逪字之段借也小雅交交桑扈箋云交交猶佼佼飛往來皃而黃鳥小宛傳皆曰交交小皃則與本義不同葢方語有謂小交交者从大云云謂从大而象其交脛之形也交手也史記樂書四暢交於中正義交互互體也素問六元正紀大論上下交互注交謂交通也素問方盛衰論陰陽并交注左右交見是謂交素問五運行大論陰陽交者死注交或往或來者也周禮大行人歸脈以交諸侯之福注○司儀凡諸侯之交疏云兩國一往一來謂之交交更也小爾雅廣詁又呂覽務大交相為贊注○禮記坊記交相為廟注云交猶更也交報也小爾雅廣言交易也小爾雅廣詁交易猶往來也公羊宣十二年傳臣交易為言注交錯猶言東西儀禮特牲饋食禮眾賓及眾兄

弟交錯以辨注交接也呂覽知士靜郭君之交注○荀子哀公止交不知所定注云交謂接待於物交接連結也荀子王制諸侯莫不懷交接怨而不忘其敵注○易大有厥孚交如疏云交謂交接也又荀子儒效注云交謂上下相交接也交合也廣雅釋詁二又楚辭思美人備以爲交佩注○素問評熱病論交者死也注云交謂交合又禮記月令虎始交注云交猶合也董按淮南虎始交注云交讀將校之校高義與鄭義迥殊交夬也國語晉語士魴張老交止之注齊楚又交輔之注交齊也國策秦策必割地以交於王矣注交俱也書禹貢庶土交正晚出傳又小爾雅廣言又國語晉語苟交利而得寵注越語君臣上下交得其志注又國策齊策與秦交而舍注又孟子梁惠王上上下交征利注又莊子庚桑相與交食乎地釋文引崔注又呂覽貴當皆交爭証諫注又淮南俶眞交被天和注○史記魯仲連鄒陽傳今楚魏交還于齊索隱云交者俱也交共也莊子庚桑楚釋文引李注又文選射雉賦注引國語賈注交止也淮南說林交畫不暢注交定也廣雅釋詁四交友也楚辭湘君交不忠兮怨長注○太玄玄錯云交多友又禮記曲禮上交遊之讎不同國注云交遊謂爲朋友交黨

與也文選陽給事誄周衛是交注交猶好也史記晉世家鄭得爲東道交索隱交猶和也法言吾子或問交五聲十二律也李注震爲交易睽交孚虞注彖上傳剛柔際也虞注彖下傳交相愛也虞注繫辭下傳无交而求虞注巽爲交易漸或得其桷虞注交爵謂相獻酢禮記坊記禮非祭男女不交爵注交酬相酬之幣也國語周語交酬好貨皆厚注交韔交二弓於韔中也詩小戎交韔二弓箋交鼓對擊鼓也楚辭東君緪瑟兮交鼓注交鍛謂交加而設兵器也文選東京賦虎戟交鍛薛注交臂反縛也莊子天地交臂歷指釋文引司馬注衿謂之交方言四直不受襜謂之交爾雅釋宮所用庌岸旁曰交一人前一人還相交錯也釋名釋船交讓木名也兩樹生一樹枯則一樹生文選蜀都賦交讓所植劉注交阯地名楚辭大招南交阯只注交晦朔交會董按此義詳迒下迒者會也由此推之交當作迒者夥矣二字義相通貫故相承用交不用迒無庸一一段歸迒下也

迒

會也說文段注東西正相値爲迒今人借交脛之交爲迒會字交晦朔交會左氏僖五年傳其九月十月之交乎注○國語晉語注云交晦朔之閒也東西爲交邪行爲錯詩楚茨獻酬交錯傳○箋云至旅而爵交錯以徧又儀禮特牲饋食禮注云交錯猶言東西董按迒相承用交借字行而正字廢矣然二字交互相引申故交下諸義無慮皆可作迒耳學者宜觀其會通也

佼

交也說文段注佼見管子明法解曰羣臣皆忘主而趨私佼又曰養所與佼而不以官爲務又曰小臣持祿養佼不以官爲事具訓皆交也而韵會引小徐本作好也錯引史記後有長佼美人按小徐本女部佼好也引史記長佼美人韵會移入此甚誤○廣雅釋言云佼交也佼猶行也史記趙世家宜爲上佼索隱佼謂佷詐也管子七臣七主好佼友而行私請注佼謂形容佼好禮記月令養壯佼注○後漢劉盆子傳注云佼好皃也又荀子成相注云佼亦好也又家語入官注云佼猶好也董按此皆段佼爲姣也韵會不明正借故誤耳詩碩人箋長麗佼好貌傳昌佼好皃猗嗟同月出佼人僚兮釋文並云佼本作姣

郊

距國百里爲郊說文段注杜子春注周禮曰五十里爲近郊百里爲遠郊王藻說郊祭曰於郊故謂之郊按周禮故書作蒿段借字○周禮大宰注司會注並云四郊去國百里又士師注云去國百里爲郊又載師司農注引司馬法云王國百里爲郊又方士疏云郊外據百里郊遠郊也儀禮聘禮及郊注又周禮質人郊二句注郊近郊也儀禮聘禮使者歸及郊請反命注又國語齊語桓公親迎之于郊注○儀禮覲禮至于郊注云郊謂近郊去王城五十里郊者外之極也易同人同人于郊注邑外謂之郊爾雅釋地又漢書郊祀志上注公孫弘傳麟鳳在郊藪注又孟子告子上以其郊於大國也注又文選上林賦悉爲農郊注引張揖○左氏昭九年傳入我郊句注又御覽五百廿八引月令章句又史記魯世家魯人三郊三遂集解引王肅書注又後漢班彪傳注又呂覽制樂不出國郊注行論遂含于郊注並云邑外爲郊爲式作曰又淮南覽冥麒麟遊於郊注云郊邑外也國外曰郊國語周語國有郊牧注郛外曰郊詩碩鼠適彼樂郊箋又左氏襄八年傳楚我郊保注廿一年傳罪重於郊甸注又文選郊祀題注郭外曰郊易坤龍戰于野于注○國語吴語又郊敗之注云郊郭外也

郊鄉界之外也禮記王制不變移之郊注郊畛謂郊界也文選東京賦旆已反手郊畛薛
注郊境也國策齊策軍於邯鄲之郊注又呂覽士節及之國郊注○易需需于郊注云郊者是境上之地
郊尹治郊竟大夫左氏昭十三年傳而使爲郊尹注○周禮大司馬郊野藏旐注云郊謂鄉遂之州長
縣正以下也郊田也文選上林賦注引張揖郊謂郊道衝要之處也漢書汲黯傳楚
地之郊也注○鄭當時傳常置驛馬長安諸郊注引如淳云郊交道四通處也郊乾坎之際也易需需于
郊干注乾爲郊易同人同人于郊虞注小畜自我西郊廣注小過同郊謂祀天周禮內宰疏又呂覽
季夏以給郊廟祭祀之服注○左氏桓五年傳啓蟄而郊注云郊祀天祈農事郊謂圜丘配天也孝經
周公郊祀后稷以配天注○禮記郊特牲疏引聖證論云郊即圜丘郊祭天也禮記禮器郊血大饗腥注又注
敢蟄而郊疏又後漢楊賜傳注又呂覽季春以供郊廟之服注又淮南人閒郊望禘嘗注郊者所以祭天
也公羊傳卅一年傳天子祭天注書金縢疏云郊是祭天之處也○郊謂祭五天帝於四郊

周禮司裘疏○禮記祭法注又國語魯語注竝云祭上帝於南郊曰郊又漢書郊祀志上云古者天子夏親郊祀上帝於
郊故曰郊又禮記郊特牲疏云郊謂於南郊祭感生之帝祭天曰郊郊者言神交接也文選
郊祀題注○穀梁僖卅一年經四卜郊郊注又公羊傳卅一年傳書郊非禮也注竝云謂之郊者天人相與交接之意也
又禮記郊特牲云郊所以明天道也郊之祭大報天而主日配以月○禮記祭義郊特牲
云郊之祭也迎長日之至也郊者拜百王於上天而祭祀之也荀子禮論郊亦
稱禘禮記郊特牲疏○祭法有虞氏禘黃帝而郊嚳注云禘郊祖宗謂祭祀以配食也郊之祭也大
報本反始也禮記郊特牲郊享道也穀梁哀元年傳郊春事也穀梁僖卅一年傳夏
四月不時也注成十七年經九月辛丑用郊注○詩玄鳥傳祈于郊禖釋文云本亦作高禖又呂覽仲春以大牢祀于高
禖注云郊與高音相近故或言高禖萱按段高爲郊猶段蒿爲郊也交聲高聲同部也周禮載師以宅田士田賈田任近
郊之地注云故書郊或爲蒿

鵁

或作鵁鶄鵁鶄也三字句一曰鵁鸕也說文段注釋鳥鳽鵁鶄職方氏揚州其畜宜鳥獸鄭云孔
雀鸞鵁鶄犀象之屬史記上林賦鵁鶄漢書作交精爾雅音義曰本亦作交精一曰云云此謂鵁鶄一名鵁鸕玄應書作
一名鵁鸕按上林賦既云交精旋目又云箴疵鵁盧史記盧作顱張揖郭璞注皆鵁鸕爲二物與此不同鵁鸗鳥
也似鳧文選吳都賦畱鵁鶄劉注○山海經南山經有鳥狀如鵁名曰瞿如注云鵁似鳧而小鵁魚鵁
也史記司馬相如傳鱵蝺鵁鸕集解引郭璞○爾雅釋鳥鳲頭鵁注云頭鵁似鳧腳近尾畧不能行江東謂之魚鵁又
邵氏晉涵爾雅正義云鵁一名頭鵁孫炎云鳥鵁也玉篇云白鵁羣飛尾如雌雉頭鵁爲水鳥而不利於行亦謂之蟂獺
史記賈誼傳云偭蟂獺以隱處索隱以爲即魚鵁矣鵁鶄頭鳥也漢書司馬相如傳上箴疵鵁盧注引張揖
○萱按爾雅句讀張郭不同說文所引郭亦每與乖盭也

蛟

龍屬無角曰蛟池魚滿三千六百蛟來爲之長能遂魚而飛
置笱水中即蛟去說文段注龍者鱗蟲之長蛟其屬無角則屬而別也郭氏山海經傳曰似蛇四腳細

頸頸有白嬰大者數圍卵生子如一二斛甕能吞人按蛟或作鮫然鮫者魚名其字不相代也達者先導也曲竹捕魚曰
笱○楚辭守志乘六龍兮蜿蟬注云龍無角曰蛟又山海經南山經泿水其中有虎蛟注云蛟似蛇四足龍屬又淮南道
應兩蛟俠繞其船注云蛟龍屬也魚滿二千五百斤蛟來爲之主也又呂覽論大注知分注竝云魚滿二千斤爲蛟萱按
高誘兩注自相乖違亦俱不可通疑必語有譌奪也又按此兩注皆鮫之義高移以釋蛟而又不明言其爲段借宜其窒
礙矣蛟龍類也楚辭湘夫人蛟何爲兮水裔注又太乎迎蛟潛於淵注又文選西京賦憚蛟蛇薛注母龍
曰蛟一切經音義五引抱樸子小曰蛟離騷麾蛟龍以梁津兮注蛟龍水蟲之神者也
管子形勢解有鱗曰蛟龍楚辭天問應龍何畫注萱按龍必有鱗此何獨以有鱗爲異其說殆不然○淮
南墜形介鱗生蛟龍注云蛟龍有鱗甲之龍也又泰族蛟龍伏寢于淵注云蛟龍鼈屬也乳於陵而伏於淵其卵自孕
蛟蟜龍子也文選吳都賦蛟蟜與對注○蜀都賦或藏蛟蟜劉注云有鱗曰蛟蟜蛟蟜水神也一曰雌龍也
一曰龍子也蛟魚屬萱按此當作从魚之鮫而借用蛟字也注家多牽溷矣

鮫

海魚也皮可飾刀說文段注今所謂沙魚所謂沙魚皮也許有鯊字云从沙省蓋即此魚陳藏器曰沙魚狀皃非一皆皮上有沙堪揩木如木賊蘇頌曰其皮可飾刀靶按其皮可磨錯故通謂之鯌魚音措各切有鐇鯌有橫骨在鼻前如斤斧形者也有出入鯌子朝出求食暮還入母腹中者也淮南子鮫革犀兕為甲胄中山經有鮫魚郭云即此魚中庸黿鼉鮫龍本又作蛟○左氏昭二十年傳疏云鮫是大魚之名鮫鮒魚類也山海經中山經漳水多鮫魚注鮫文魚也周書王會鮫瞂利劍為獻注鮫函鮫魚甲可為鎧文選吳都賦扈帶鮫函劉注○淮南說山一淵不兩鮫注云鮫魚之其皮有珠令世以為刀劍之口一說魚二千斤為鮫長蛟水蛟其皮有珠世人以為刀劍之口淮南道應蛟龍水居注○蓋按凡蛟龍聯文皆謂龍屬之蛟非指海魚之鮫二字容可互叚抑式互譌注家宜加辨析若望文生說則淵淆甚矣呂覽淮南書中往往本文不誤而注與相乘剌者益高於字之正借本不憭然於蛟鮫二字之別尤不憭也魚滿二千斤為蛟呂覽諭大水大則有蛟龍注知分有兩蛟夾繞其船注○蓋按注所說是鮫義與李文實不相應也淮南說山注云一說魚二

韻史 卷六第二部平聲高韻

六四一

千斤為鮫彼注不誤則此注之誤明矣注出高誘一人手何不相檢照如此蛟魚屬呂覽季夏命漁師伐蛟注又淮南時則乃命漁人伐蛟注說林蛟在其下注○蓋按蛟非恆有之物安得歲歲而伐之疑月令伐蛟字當作鮫高誘不明破字然釋為魚屬其非龍屬之蛟決矣蛟韅蓋象蛟形荀子禮論蛟韅注○注引徐廣云蛟韅以蛟魚皮為之蓋按荀卿蛟韅與吳都賦鮫函正是一類

茭

平上兩讀○俗有蔽芰乾芻一曰牛蘄艸說文段注一曰云云此別一義見釋艸蘄音祈○書粊誓峙乃芻茭鄭注又漢書趙充國傳茭稾二十五萬二百八十六石注又御覽七百六十七引聲類竝云茭乾芻也茭乾艸也史記河渠書民茭牧其中耳索隱漢書溝洫志注又後漢諒輔傳注又茭艸也茭竿也竝漢書溝洫志搴長茭兮湛美玉注引如淳○蓋按此條當如薛瓚顏籀說从竹作茭為是如淳用茭之本義釋為艸未合也訓竿非茭之義又茭今馬蘄爾雅釋艸茭牛蘄注葯茭爾雅釋艸○注云今江東呼藕紹緒如指空中可啖者為茭茭釋文云茭字又作蔽又蔽根也廣雅釋艸○集韻云蔽藕根也又引廣雅云茭芰根也

韻史 卷六第二部平聲高韻

六四二

茭謂弓檠也考工記弓人今夫茭解中有變焉司農注茭解謂接中也考工記弓人注○臺按先鄭茭讀為激後鄭茭讀如骹未知孰是今姑从釋文平上兩讀茭媞欺謾之語也方言十○注云茭媞中國相輕易蚩弄之言也茭者交易陰陽代興也風俗通祀典○蓋按此蓋引申叚借之義

較

武作較○平入兩讀注在後

斈

平去兩讀放也說文段注放各本譌作效今依宋刻及集韻正放仿古通用許曰放逐也仿效相似也斈訓放者謂隨之依之也今人則專用仿矣敎字學字皆以斈會意敎者與人以可放也學者放而像之也放分兩切

骹

苦交切

○俗有骹踦蹻脛也說文段注郄下也凡物之脛皆曰骹釋畜馬四骹皆白驓薛注西京曰青骹膺青脛者方言曰矛骹細如鶴脛者謂之鶴郄考工記說輻材曰參分其股圍去一以為骹圍大鄭云方言股以喻其豐故言骹以喻其細禮多假校為之士喪禮記綴足用燕几校在南注校脛也祭統夫人薦豆執校注校豆中央直者也此皆假校為骹也○文選射雉賦奮勁骹以角槎徐注云骹脛也又考工記輪人司農注云人脛近足者細於股謂之骹羊脛細者亦謂骹

韻史 卷六第二部平聲高韻

六四三

跤脛也爾雅釋引字書畜骹膝下也爾雅釋畜注骹骨也廣雅釋器骹謂近牙者也考工記輪人司農注鳴箭曰骹唐六典十六注引通俗文

敲

○俗有擊魌搞橫擿也說文段注擿今之擲字橫擿橫投之也左傳奪之杖以敲之釋文曰說文作毃此謂左字當作敲也橫投不必以杖又按公羊傳以斗擊而殺之何云擊猶擊也擊謂旁擊頭項擊即敲字擊即毃字其字義異故云猶擿或作擿誤○左氏定二年傳釋文云敲橫擿也擊擊也廣雅釋詁三敫擊也廣韻引蒼頡篇○一切經音義九引蒼頡篇云敲作敫下擊也敲擊聲也左氏定二年傳釋文敲毃相擊也一切經音義五引三蒼楚凡揮棄物或謂之敲方言十○注云敲今汝潁閒語亦然或云擲也敲短杖也漢書項籍傳注引鄧展○文選過秦論云執敲朴以鞭笞天下注引臣瓚云短曰敲

磽

或作磝磐石也說文段注與土部之墽音義同墽下曰磽也孟子地有肥磽趙曰磽薄也磽确也國語楚語齊磽之地注磽謂磽确齊薄也漢書景帝紀注○食貨志上注云磽确也謂磽薄之田也又賈

韻史 卷六第二部平聲高韻

六四四

山傳地之磽者注云磽埆瘠薄也又一切經音義廿四引孟子注云磽埆磽确薄地也物堅硬謂之磽确一切經音義引通俗文磽猶惡也後漢竇武傳注

墽 或作墝○有墽墧嶠俗磽也說文段注石部曰磽者磐石也磐者堅也墽之義同磽則兼謂土石堅鞕耳其字亦作墝何注公羊云墝埆不生五穀曰不毛○萱按詩丘中有麻傳墝埆之處也釋文又禮記王制注肥墝有五等釋文竝云墝本作墽此外罕見用墽字者墝薄田也荀子儒效視墝肥注墝埆也淮南脩務墝高下注肥墝埆謂地之瘠薄者也詩丘中有麻疏○後漢杜篤傳注云墝埆薄地又丁鴻傳注云墝埆瘠薄之地墝埆謂險要之地後漢南匈奴傳注墽棄也廣雅釋詁一

鈔 狀交切 ○俗有抄叉取也說文段注叉者手指相錯也手指突入其閒而取之是之謂叉鈔字从金者容以金鐵諸器刺取之矣曲禮曰毋剿說剿即鈔之段借也今謂竊取人文字曰鈔俗作抄鈔掠也廣雅釋言又後漢王渙傳注抄掠也一切經音義二引字書遮取謂之抄掠一切經音義二引通俗文鈔強也方言

十二又廣雅釋詁一抄強取物也左氏僖二年傳釋文○方言十二注云虜鈔皆強取物也摷取也廣雅釋詁一○萱按段摷勦剿為鈔者音同也浮取曰摷一切經音義四引通俗文勦取也廣雅釋詁一勦擊取也禮記曲禮上毋勦說釋文○注云勦猶擊也又云勦謂取人之說以為己說○萱按字皆本作剿云而从刀者誤為从力重紕貽繆久矣學者所宜諟正也鈔末也管子版法敎行於鈔注注又云鈔深遠也○萱按萱段鈔為抄也

訬 平上兩讀義分擾也一曰訬獪說文段注手部曰擾煩也今俗語云炒吏者當作此字○萱按後義讀上聲與前義微有別然實亦相因

摷 平上兩讀○俗有摷拘擊也說文段注拘止而擊之也集韵類篇作擊也拘也非是又謂此即鈔之別體亦非許意也漢書命摷絕而不長段摷為剿也摷擊也廣雅釋詁三摷動也廣雅釋詁一摷取也浮取曰摷萱按此段摷為鈔

勦 平去兩讀勞也春秋傳曰安用勦民說文段注昭九年左傳叔孫昭子曰詩云經始勿亟庶民子來焉用速成其以勦民也許槩栝其辭按刀部剿字亦作勦剿禮記毋剿說與此从力字絕不同俗多淆之○左氏宣十六年傳無及於鄭而勦民注昭元年傳注又廣雅釋詁一竝云勦勞也勦盡也文選東京賦今公子苟好勦民以愉樂薛注勦猶擊也勦擊取萱按訓擊訓取皆鈔之義李段周剿字而俗誤作勦又勦絕也勦截也乃勦之李善从刀音誤从力耳剿正字作剿

嘮 嘮呶讙也說文

⿺鬼堯 鬼捷皃說文段注各本無此篆考希麟應書五引說文⿺鬼堯字助交切訓捷健也又引廣雅⿺鬼堯捷也聲類⿺鬼堯疾也益後人以勦代⿺鬼堯而說文⿺鬼堯字亡矣玉篇曰⿺鬼堯剿輕為害之鬼也說文訓當云鬼捷皃⿺鬼堯健也廣雅釋詁二疾也捷也一切經音義十二引聲類○廣韵云⿺鬼堯疾皃又云⿺鬼堯黠也

摽 普交切 或作敹○平上兩讀擊也一曰挈闟牡也說文段注左傳長木之斃無不勦摽也杜云摽擊也柏舟

傳曰摽拊心皃闟牡一物也見門部挈者提而启之也葉鈔本闟作門○廣雅釋詁三云摽擊也摽辟也公羊莊十三年傳曹子摽劍而去之注又文選曹子建樂府白馬篇注引公羊傳劉兆注做摽麾也孟子萬章上摽使者出諸大門之外注摽高舉皃管子侈靡摽然若秋雲之遠注摽拊心皃詩柏舟寤辟有摽傳摽拂敹也淮南脩務攫援摽拂注○注又云摽讀刀摽之摽萱按刀摽字當作鏢與摽音至近此等無庸段讀也摽刀削末銅也萱按此段摽為鏢也詳在彼摽落也爾雅釋詁又詩摽有梅傳○萱按此段摽為受也受作荽莩者皆非

爻 户鏡切 交也象易六爻頭交也說文段注爻交疊韵毄辭爻也者效天下之動者也曰爻易爻也文選魏都賦思重爻劉注六畫稱爻易毄辭下傳爻在其中矣虞注爻效也廣雅釋詁三又易略例云爻者效也○毄辭下傳云爻室下也者效此者也又釋文云爻法李作放爻放也易毄辭爻法之謂坤釋文引馬注○萱按訓效訓放謂爻即效之段借字也爻者言乎變者也易毄辭上傳○易略例云爻者

適時之變者也道有變動故曰爻易繫辭下傳諸侯稱文周書王會外臺之四陽張赤帝為諸侯欲息者皆息焉命之曰文閣注○董按孔霓碑易建八卦揆肴繫辭段肴為文也

肴

或作餚啖也說文段注析俎謂之肴見左傳國語豆實謂之肴見毛傳凡非穀而食曰肴見鄭箋皆可啖者也按許當云啖肉也謂熟饋可啖之肉今本有奪字又按今經傳皆作殽非古經之舊也肴肉也○廣雅釋器文選典引肴覈仁義之林藪蔡注云肉曰肴又云肴覈食也魚肉為肴楚辭招魂肴羞未通注蕙肴用蕙艸以蒸肉也楚辭東皇太一肴蒸兮蘭藉注蕙肴膳也文選西京賦膳夫馳騎注肴俎也一切經音義六引國語賈注肴俎實也國語晉語飲而無肴注殽謂胾炙膾也禮記曲禮上殽之序注○董按凡肴作殽者姑謂之段借可司又孔霓碑撥肴繫辭段肴為文也殽謂牲體也詩既醉爾殽既將箋殽骨體也禮記曲禮上左殽右胾注切肉為殽左氏宣十六年傳疏凡骨有肉曰殽儀禮特牲饋食禮記若有公有司私臣皆殽脀注○禮記曲禮上左殽右胾疏云熟肉帶骨而臠曰殽又

釋文云熟肉有骨曰殽凡非穀而食之曰殽一切經音義六引國語賈注○董按詩賓之初筵殽殽核維旅箋注同鄭李賈也又傳云殽豆實也羊殽體解節折也周禮小子羞羊肆羊殽豆司肉豆司農注

殽

○俗有清相襍錯也說文段注食貨志鑄錢之情非殽襍為巧則不可得贏按殽謂襍以鉛鐵也董仲舒傳賢不肖混殽經典借為肴字禮記借為效字殽襍也廣雅釋詁一又國語國語重之以不殽注又漢書藝文志注賈誼傳注殽亂也廣雅釋詁三○後漢劉盆子傳注云殽亦亂也殽謂亂襍也漢書食貨志下注淆混也後漢黃憲傳注殽效也殽法也董按以效釋殽者謂殽即效之段借字也殽法同凡非穀而食之為曰殽董按此類皆段殽為肴也又按說文無崤古亦用殽作之殽傳曰晉人御禦師必於殽

倄

刺也一曰毒之說文段注刺者戾也盧達切毒之者錯曰謂疾害也顏氏家訓曰蒼頡篇有倄字訓詁云

痛而謼也羽罷反今北人痛則呼之聲類于來反今南人痛或呼之○段又注按玄應佛書音義曰痛痛諸書作倄通俗文于罷反痛聲曰痛此條合之字義俗語皆無不合其云諸書作倄蓋蒼頡訓詁亦在其中借倄為痛音有聲也顏氏家訓之倄當倄之誤不必與說文牽合大徐說文改毒之為痛聲恐是竊取黃門語又搜神記卷十四云閩呷吟之聲曰咱咱宜死咱亦痛之俗字○董按羽罷羽來兩音其為有聲之字無疑有之古音在一部也肴从爻聲倄从肴聲安得闕入一部乎移痛義為倄義是牛頭馬脯矣

佼

或作佼○平上兩讀憭也說文段注佼憭也疊韵互訓按方言佼快也東齊海岱之閒曰佼孟子於人心獨無佼乎趙注佼快也快即憭義之引申凡明憭者必快於心也佼快也廣雅釋詁二○方言三注云佼即狡狡戲亦快事也

洨

平去兩讀洨水出常山石邑井陘東南入于字衍泜郁國有洨縣說文段注常山郡石邑見前志井陘謂石邑之井陘山也今直隸正定府獲鹿縣縣西南有石邑城戰國時趙邑也前志石邑

下曰井陘山在西洨水所出東南至廮陶入泜井陘縣下應劭注曰井陘山在南然則井陘縣在石邑之西井陘山在石邑西南井陘縣南也井陘縣之東南則石邑地也今洨河出獲鹿縣南東流逕欒城縣西又南入趙州畔舊志云下流至寧晉縣注於胡盧河上源四泉交合故謂之洨也沛國洨見後志前志作沛郡洨凡言有者皆別於上文之義應劭曰云洨縣洨水所出南入淮是別一洨水也○蓋按石邑之洨師古音效又音文沛國之洨師古音肴愚謂此等瑣屑分別實無肅也兩洨水皆可讀兼平去

筊

或作笅竹索也說文段注謂用析竹皮為繩索也今之竹纜也漢溝洫志曰搴長筊兮湛美玉如淳曰筊艸也一曰竿也臣瓚曰竹索縆謂之筊所以引置土石也師古曰瓚說是也筊字宜从竹風俗通後漢禮儀志皆言葦筊謂葦索也筊索也廣雅釋器筊竹箄縆也史記河渠書索隱○董按筊之作筊葦之作箄皆由轉寫變易非必段借也大簫謂之言小者謂之筊爾雅釋樂○李注云小者聲揚而小故曰筊小也又釋文云筊李作笅

譊（煥交切）恚嘑也（說文）譊鳴也（廣雅釋詁二）譊訟聲也（一切經音義二十引蒼頡篇）譊譊語也（廣雅釋訓）譊譊喧也（後漢儒林傳論注○詩民勞箋怓猶讙譊也釋文云譊本作譁又爾雅釋言注言訩譊釋文云譊即諠字峯按喧譊諠譁訩五字義皆相通）

鐃 小鉦也軍灋卒長執鐃（說文段注鉦鐃一物而鐃較小渾言不別析言則有辨也周禮言鐃不言鉦詩言鉦不言鐃不得以大小別之大司馬仲冬大閱乃鼓退鳴鐃且卻左傳陳子曰吾聞鼓不聞金亦謂聞鼓進聞鐃退也卒長執鐃見大司馬職五人為伍五伍為兩五兩為卒）鐃鈴也（廣雅釋器）鐃鐲鐸也（史記樂書復亂以飾歸正義○峯按鉦鐃鈴鐸形略相同）鐃聲鐃鐃也（釋名釋樂器）鐃如鈴無舌有秉執而鳴之以止擊鼓（周禮鼓人以金鐃止鼓注○大司馬注云鐃所以止鼓）

嶅（臥交切）（或作嶅磝）山多小石也（說文段注釋山曰多小石磝許所據字从山也魯有具敖二山晉師在敖鄗二山之閒敖蓋即嶅字以多小石得名）山多小石曰磝磝磽也每石磽磽獨處而出

見也（釋名釋山）磝多礓礫（爾雅釋山注○釋文云磝本作磽峯按嶅正字磽借字）敖鄗二山在滎陽縣西北（左氏宣十二年傳注○峯按嶅省作敖段借之常）

麃（普交切）（○俗有麞）麞屬（說文段注鉉本作麞屬錯本作麋屬今依韵會本麃者麞屬也麞者麋屬也韋昭曰楚人謂麋為麃蓋麃似麞而無角陸璣詩疏曰四足之美有麃兩足之美有鷚詩鄭風駟介麃麃傳云武兒蓋儦儦之段借字也）麃即麞也（爾雅釋獸麞大麃注又釋文引張揖）麃麞屬（爾雅釋獸釋文引字林）麃鹿屬也形似麞牛尾一角（漢書郊祀志上獲一角獸若麃然注）麃者若鹿迅走（周書王會）麃麃盛也（峯按此段為儦也）麃麃亦和擾也（峯按此皆段為儦也）麃即莓也（峯按此段為藨也）麃耘也（峯按此段為穮也）

猫（眛交切）（或作偹）目裏好也（說文段注目裏好者謂好在匡之裏也凡方言言順言矊言鑠言盱言揚皆謂目之好外見也惟猫狀目裏方言曰好好也按此謂纖細之好也）猫好也（廣雅釋詁一○方言一注云今關西人呼好為

媌）偹好兒（集韵引廣雅）秦晉之間凡好而輕者謂之娥自關而東河濟之間謂之媌（方言一）容麗曰媌（御覽三百八十一引通俗文）

驕（齊齒呼　凡囂切）（○俗嬌憍有）馬高六尺為驕詩曰我馬維驕一曰野馬（說文段注漢廣言秣其馬言秣其駒傳曰六尺以上為馬五尺以上為駒按此駒字釋文不為音陳風乘我乘駒傳曰大夫乘駒箋云馬六尺以下曰駒此駒字釋文作驕引沈重云或作駒後人改之皇皇者華篇內同小雅我馬維駒釋文云本亦作驕據陳風小

雅則知周南本亦作驕也蓋六尺以下五尺以上謂之驕與駒義迥別三詩義皆當作驕而俗人多改作駒者以駒與萋株濡諏為韵驕則非韵知驕具本字音在二部於四部合韵不必易字就韵而乘義乎陸氏於三詩無定說彼此互異由不知古義也毛云大夫乘驕以此推之當是天子乘龍諸侯乘騋卿乘馬一曰云云凡驕恣之義當是由此引申旁義行而本義廢矣女部曰嬌驕也心部曰驕也皆旁義也俗製嬌憍字○峯按漢廣等三詩段駒為驕恒未為不可但孔陸未與分明明殊覺用駒義短耳段借居六書之一可弗講乎）驕泰也（呂覽貴生多以富貴驕得道之人注）驕寵也（國策秦策故驕張儀以五國注）驕者至恩之辭（詩谷風傳疏）無禮為驕（孝經在上不驕注又鄭注）驕慢也（國策秦策王兵勝而不驕注○呂覽期賢吾安敢驕之注云驕慢之也）驕謂恃己凌物（左氏隱三年傳驕奢淫佚疏○禮記少儀空諫而無驕注云驕謂言行謀從恃知而慢也）驕欺也（老子果而不驕注）倨簡曰驕（離騷保厥美以驕敖兮注）陵上慢下曰驕（論語學而富而無驕皇疏○韓非子八說云人臣輕上曰驕又新序雜事二云居上位而不恤其下驕也）驕驁縱恣也（史記

司馬相如傳低卬夭蟜以驕驁兮索隱引張揖驕忿謂若傲很明德忿類無期之類也書大傳禦兒於喬忿注驕壯兒詩碩人四牡有驕傳驕謂不習也周書皇門譬若畋犬驕用逐禽注驕謂士卒不肅也國語周語師輕而驕注恃衆憑彊謂之驕兵後漢袁紹傳○漢書魏相傳云恃國家之大矜民人之眾欲見威於敵者謂之驕兵平逢之山有神焉其狀如人而二首名曰驕蟲山海經中山經憍惕也廣雅釋詁三憍高也莊子達生方虛憍而恃氣釋文引李注○又引司馬注云憍高仰頭也憍憐也忞也廣韻憍逸也矜也集韻嬌女字亦態廣韻○集韻云嬌女字禹娶塗山之女謂之女嬌馬五尺以上曰駒詩白駒序釋文○萱按此同漢廣毛傳正驕之段借也駋淮南修務注馬五尺以下為駒則二歲曰駒之引申駒形驎色與驕異良馬八尺以下曰駒也淮南時則執騰駒注○萱按此說當為驕義牛角後漢班彪傳上注○萱按驕一曰野馬與此義合古又段喬為驕詩維莠驕驕揚子脩身作莠喬喬禮記中庸

居上不驕釋文驕本亦作喬是也亦段驕為驕詩爾雅載獫歇驕是也姣侮也廣雅釋言○萱按此段姣為驕

鷮

長尾雉走且鳴乘輿尾為防釳著馬頭上說文段注隹部雉十四種有鷮雉小雅有集維鷮毛曰鷮鷮雉也釋鳥鷮雉陸疏云鷮微小於翟走而且鳴曰鷮鷮薛綜曰雉之健者為鷮尾長六尺按韓詩鄭風二矛重鷮謂以鷮羽飾矛乘輿云云防釳詳金部按金部云酉以翟尾此云以鷮尾者鷮翟屬也陸疏云似翟而小是也廣韻玉篇皆音嬌雉聲如是鷮似雉而長尾走且鳴山海經中山經女几之山其鳥多白鷮注○文選西京賦云游鷮高翬

儉驕切

趫

善緣木之士也說文段注吳都賦曰趫材悍壯此馬比盧成公綏洛禊賦曰趫十逸態習水善浮按張注列子說符篇異伎云僑人郭注山海經長股國言有喬國今伎家僑人象此僑人今俗謂之蹻僑僑即趫字去嚣切○萱按緣木則高矣喬僑皆訓高故皆為趫之段借趫壯也呂覽悔過皆以其氣之趫注○萱按趫與蹻形音義皆相

近文選西京賦云趫悍虘豁赭白馬賦云軍䮂趫迅而已七啓云蹻捷若飛不甚分眕域矣趫趫行也廣雅釋訓

隱驕切

夭

平上网讀屈也从大象形說文段注象首夭屈之形也隰有萇楚傳曰夭少也桃夭傳曰夭夭桃之少壯也凱風傳曰夭夭盛皃也月令注曰少長曰夭此咢謂物初長可觀也物初長者尚屈也而未申段令不成遂則終於夭而已矣政也左傳國語注曰短折曰夭國語注又曰不終曰夭又曰夭折也孟康注五行志曰用人不以次第為夭皆其引申之義也論語子之燕居申申如也夭夭如也上句謂其申下句謂其屈不屈不申之閒其斯為聖人之容乎於兆切按亦於喬切古平上無異義後人乃別之○萱按夭兼二讀可也無庸瑣屑鋠析夭折也廣雅釋詁一又國語晉語君子失心鮮不夭昏注又莊子逍遙游而莫之夭閼者釋文引司馬注短折為夭左氏昭四年傳民不夭札注昭十九年傳札瘥夭昏注又賈注又國語周語無夭昏札瘥之憂注又後漢周舉傳注夭札謂人死左傳昭四年疏蚤死曰夭○離騷終然夭乎羽之野注大招察篤夭隱注禮記月令毋殺孩蟲胎夭飛鳥疏云夭謂

生而死者即少壯而死曰夭如取物中夭折也釋名釋喪制○文選補亡詩人無道夭注云年未三十而死曰夭又國語魯語其夭夭札也注云不終曰夭唐云未名曰夭失之矣夭過是瘞塞之義左氏宣十二年傳注水遇夭塞疏夭矯自縱恣皃也文選思玄賦偃蹇夭矯娩以連卷兮注○江賦汲翠霞而夭矯注云夭矯自得之皃夭蟜欒栱長壯之皃文選景福殿賦欒栱夭蟜而交詩注○萱按夭蟜即夭蟜也蟜蟜正清字夭蟜亦木枝曲也漢書揚雄傳上蹻夭蟜注○文選上林賦夭蟜支格郭注云夭蟜頻申也夭幼少也史記周本紀所棄妖子集解引徐廣○詩隰有萇楚夭之沃沃傳云夭少也夭長也書禹貢厥艸惟夭馬注少長曰夭書禹貢晚出傳又漢書禮樂志注又禮記王制不殀夭注○月令則胎夭多傷注云夭少長也夭夭少長也文選高唐賦聯延夭夭注夭夭其少壯也詩桃夭傳艸木未成曰夭國語魯語澤不伐夭注○漢書食貨志注云夭謂艸木之方長未成者夭盛皃也漢書地理志中夭木喬注上夭夭美盛皃禮記大學桃之夭夭注○詩凱風棘

枖　祆

心夭夭傳云夭夭盛皃夭夭者皃舒也論語述而皇疏○集解引馬注云申申夭夭和舒之皃也夭夭容也廣雅釋訓夭拔也廣雅釋詁三夭芺也詩正月天夭是椓釋文夭殺也後漢蔡邕傳夭夭是加注引毛詩箋夭謂死色異常之候也素問三部九候論五藏巳敗其色必夭注夭謂不明而惡素問玉機眞藏論色夭不澤注夭鳥惡鳴之鳥周禮哲蔟氏掌覆夭鳥之巢注麇子曰夭呂覽孟春注又淮南時則毋覆巢殺胎夭注主衍不取麛夭注○李經刳胎殺夭注云夭麇子也萱按此義專字作麇俗所製耳古祇用夭木少盛皃詩曰棘心夭夭說文段注周南桃之夭夭毛曰桃有華之盛者夭夭其少壯也邶風棘心夭夭毛曰夭夭盛皃按夭下曰屈也屈者大之反然屈者大之兆也故枖字從夭詩曰云云枖從木夭會意故偁棘心夭夭說從木夭之意○俗有祆訞地反物爲祆也說文段注左氏宣十五年傳伯宗曰天反時爲災地反物爲妖民反德爲

亂亂則妖災生釋例曰此傳地反物惟言妖耳洪範五行傳則妖孽禍痾眚祥六書以積漸爲義按虫部云衣服歌謠艸木之怪謂之祆禽獸蟲蝗之怪謂之孽此蓋統言皆謂之祆析言則祆孽異也祆省作祆經傳通作妖○萱按漢書文帝紀今法有誹謗訞言之罪揚悍傳爲訞惡言谷永傳訞辭曰又荀子非十二子則可謂訞怪狡猾之人矣又曹景完碑訞賊張角字皆作訞乃祆之異體字也與作妖作天絶乎既祆借者不同流俗轉認妖爲正字故小顏每云訞與妖同殀也廣雅釋言○萱按爾雅釋詁注世以祆言爲謠人漢書藝文志請除祆祥十九卷又禮記禮運注妖孽之疾釋文妖又作祆此皆省作祆而祆字不行妖殀也殀害物也釋名釋天妖芺亦通言耳左氏宣十五年傳疏妖孽者上天降災之名詩十月之交疏○說苑敬慎云妖孽者天所以警天子諸侯也妖者禍之先者也呂覽制樂凶之先見謂之妖左氏僖十六年傳疏不常有而忽見曰妖論衡自紀妖怪也呂覽慎大若國有妖乎注察賢疾病妖屬去矣注又楚辭天問妖夫曳衒注言其怪異謂之妖左氏宣十五年傳疏子女專曰妖大戴千乘記

妖猶傷也禮記中庸必有妖孽疏衣服歌謠艸木之怪爲妖同上○白虎通災變云枖者何謂也衣服乍大作小言語非常妖猶夭胎言尚微也左氏宣十五年傳疏○漢書五行志中之上云凡艸木之類謂之妖妖猶夭胎言尚微妖惡也國語晉語辨妖祥於謠注妖祥善惡之徵周禮眡祲以觀妖祥注妖亦戲也後漢張衡傳注

妖　●何驕切　囂

○俗有妖巧也詩曰桃之妖妖女子笑皃說文段注此與祆各字今用妖爲祆非也木部己偁桃之枖枖矣此作妖妖蓋三家詩也釋爲女子笑皃以明妖之別一義○廣雅釋詁三又文選上林賦注引字書竝云妖巧也妖姸也一切經音義引三蒼妖異也莊子大宗師美妖善老釋文引簡文注○萱按妖又作夭崔李作狡皆段借字妖妖容也廣雅釋訓妖妖茂也同上妖蠱淑豔也文選舞賦皃嬈妙以妖蠱兮注妖冶美好也漢書司馬相如傳上妖冶閑都注或書作囂囂或聲也气出頭上說文段注左傳湫隘囂塵杜曰囂聲也廣韵曰喧也欠部曰歊

歊气上出皃歊與囂音同義近孟子人知之亦囂囂人不知亦囂囂言人自得無欲如气上出悠閒也囂讙也周禮司虣禁其鬭囂者注囂喧嘩也左氏成十六年傳在陳而囂注囂譁也國語楚語而以金石匏竹之昌大囂庶爲樂注囂衆也淮南脩務莫囂大心注囂閑也爾雅釋言○注云囂然閑暇皃萱按閑當作閒囂囂然自得之志無欲之皃也孟子萬章上囂囂然曰注○盡心上注云囂囂自得無欲之皃囂囂憂世之皃莊子駢拇天下何其囂囂也釋文引崔注囂囂者是不聽之狀詩板疏囂囂虛也廣雅釋訓○萱按此則囂與枵音義皆同囂然飢意也文選養生論則囂與然思食注

囂　虈

炊气皃說文段注㗊部曰囂聲也气出頭上從㗊頁炊气亦上出故從囂

或書作虈楚謂之蘺晉謂之虈齊謂之茝說文段注此一物而方俗異名也茝本艸經謂之白芷茝芷同字臣聲止聲同在一部也內則曰佩帨茝蘭掌禹錫曰范子計然云白芷出齊郡王逸九思曰芳虈兮挫

枯埤蒼曰齊茝一曰𦶑按屈原賦有茝有芷又有葯王注曰葯白芷也廣雅曰白芷其葉謂之葯說文無葯字囂聲約聲同在二部疑𦶑葯同字耳但又曰楚謂之蘺下即系以蘺篆云江蘺蘪蕪以茝江蘺蘪蕪為一物殊不可曉離騷曰扈江蘺與辟芷兮非一物明矣○萱按史記司馬相如傳索隱引埤蒼云齊曰芷晉曰𦶑而不言楚曰蘺疑說文楚謂之蘺四字為後人所增故說解相乘剌耳𦶑香艸名也楚辭怨上注

歊

或作欽歊歊鋑重錯否气上出兒說文段注上字依李善兩都賦注補楊雄解嘲曰泰山之高不嶕嶢則不能浮滃雲而散歊烝亦作歊漢書叙傳曲陽歊歊師古曰氣盛也按今李作款非祭義段蒿字為之鄭曰蒿謂氣烝出兒也歊氣上出兒文選勵志詩注引張揖字詁○後漢班彪傳下注云歊氣出兒歊烝氣上出也漢書楊雄傳下注歊霧水霧之氣文選吳都賦歊霧漨浡劉注

藃

○俗有橈艸兒周禮曰轂獘不藃說文段注攷工記文獘字誤當依李書作敝鄭眾云藃當為秏康成云藃藃暴陰柔後必橈減幬革暴起按此荀卿及漢人所謂槁暴也橈減為槁木之槁與草之暴相因而致木歊則

韻史 卷六第二部平聲高韻

六六五

草盈旅人注云暴者墳起也先鄭謂藃當是秏字之誤後鄭謂藃為槁之段其義則通不言藃讀為槁者從先鄭作秏亦得也凡許君引經傳有證本義者如薇蔽山川是有證段借者如轂敝不藃非關艸兒也

枵

木兒春秋傳曰歲在玄枵枵虛也說文段注木兒大徐本作木根非也枵大木兒莊子所云呺然大也木大則多空穴莊子曰大木百圍之竅穴似枅似圈似臼似洼者似污者左氏襄廿八年傳云玄枵虛中也枵秏名也許隱栝其辭耳爾雅曰玄枵虛也孫炎云枵之言秏秏虛之意也許亦以虛正釋枵字玄枵以虛得名如天駟以房得名天根以氏得名左氏云虛中猶然言虛之之區域耳不必泥於杜注玄枵三宿虛星在其中之說枵之言秏秏亦虛意爾雅釋天注○左傳襄廿八年疏云枵聲近秏枵然大兒文選謝靈運永初三年詩注引莊子司馬注

獢

猲獢也說文獥獢短喙田犬也詩駟鐵釋文○萱按詩又作驕段借字也漢書地理志注文選西京賦注竝作獢

韻史 卷六第二部平聲高韻

六六六

掌囂切

昭

○俗有佋記日明也說文段注引伸為凡明之偁廟有昭穆昭取陽明穆取幽陰皆本無正字段此二字為之自晉避司馬昭諱不敢正讀一切讀上饒反而陸氏乃以入經典釋文陋矣又别製佋字注云廟昭穆父為佋南面子為穆北面从人召聲此冣為不通昭穆乃鬼神之偁其字當从而而从人何也無識者又取以竄入說文人部中其亂名段作有如此者今人部刪佋○萱按集韻又出佋字佋記昭三同不與訓明之昭同紐所謂重牲貽謀昭明也書文侯之命昭升于上馬注又詩鹿鳴德音孔昭箋大明昭事上帝箋下武序能昭先人之功焉箋抑昊天孔昭箋訪落率時昭考箋又儀禮士冠禮昭告爾字注又禮記祭法埋少牢於泰昭注孔子間居昭假遲遲注仲尼燕居昭然若發矇釋文中廣亦孔之昭注表記注又左氏宣二年傳戎昭果毅疏宣十四年傳鄭昭宋聾注昭十二年傳式昭德音注又廣雅釋詁四又國語周語昭其大也注魯語夫祀昭孝也注鄭語惟荊實有昭德注晉語昭舊族注是昭余讎也注昭考靈公注敢昭告於皇祖文王注又史記范雎蔡澤傳無以昭姦正義又漢書紀志傳各注又後漢馮異傳注張衡傳注又續漢祭祀志下注引決疑要注又呂覽任數目之見也糈於昭注又太玄疑疑難昭注又離騷唯昭質其猶未虧注大招白日昭

韻史 卷六第二部平聲高韻

六六七

只注傳時惟昊天兮昭靈注又文選東京賦昭誠心以遠喻薛注文德既昭薛注○左氏昭十三年傳疏又漢書匡衡傳昭無欲之路注竝云昭亦明也昭顯也左氏定四年傳以昭周公之明德注又國語周語昭神能孝注晉語私必昭注楚語而為之昭明德注又後漢郅惲傳注昭光也爾雅釋詁又詩既醉介爾昭明箋雲漢昭同于天箋昭見也爾雅釋詁又詩文王於昭于天傳時邁明昭有周箋○釋詁注云昭明見也昭曉也禮記樂記蟄蟲昭蘇注○左氏宣二年傳疏云昭謂明曉比理昭道也淮南繆稱可以消澤而不可以昭誋注明者為昭國語魯語○公羊文二年傳陳於大祖注云昭取其鄉明父為昭穀梁文二年傳祫祭者毀廟之主注又國語魯語宗有司也非昭穆也注又漢書韋玄成傳又續漢祭祀志下○周禮小宗伯辨廟祧之昭穆注又公羊文二年傳注竝云父曰昭昭穆者所以別父子遠近長幼親疏之序而無亂也禮記祭統○賈子六術云上室為昭中室為穆下室為孫嗣今子昭穆猶特牲少牢饋食之禮眾兄弟也禮記祭統凡賜昭為一穆為一注昭德有勞曰昭容儀恭美曰

韻史 卷六第二部平聲高韻

六六八

昭聖聞周達曰昭竝周書謚法聲聞宣遠曰昭獨斷下昭昭明也楚辭
雲中君爛昭昭兮未央注昭昭猶耿耿小明也禮記中庸斯昭昭之多注昭昭明顯之
兒荀子非十二子昭昭然注昭昭明且達也老子俗人昭昭注昭昭謂陽明之上
素問陰陽類論上合昭昭注昭昭狹小之兒禮記中庸疏太歲在癸曰昭陽爾雅
釋天○淮南天文云子在癸曰昭陽注昭儀後宮官也文選西京賦是時後宮嬖人昭儀之倫薛注
昭華玉名淮南泰族贈以昭華之玉注昭余祁在鄗周禮職方氏其澤藪曰昭餘祁注又爾雅
釋地云燕有昭餘祁招明也左氏昭十二年傳祭公謀父作祈招之詩賈注又文選東京賦招有道於側陋薛注
萱按此段招為昭也○郃令景君闕銘遠近照聞劉熊碑誕生照明孫叔敖碑處幽暗而照明嚴訢碑去斯照照富春丞
張君碑刊照啟勳又讖斂碑盛德熠明萱按此段照熠為昭也荀子賦幽晦瑩昭則段昭為照又史記李斯傳昭廣武象
者段昭為韶也又爾雅釋詁注引逸書釗我周王段釗為昭其音同也周禮小史辨昭穆釋文昭或作卲集韻之收卲

招

字本此
手評也說文段注評各本作呼今正呼者外息也評者召也不以口而以手是手評也匏有苦葉傳曰招招號召
之兒按許書召者評也號者嘷也是用手用口通得云招也招呼也廣雅釋詁二又漢書息夫躬傳注引張晏
○萱按呼當作評俗不辨而亂道久矣招召也楚辭惜誦有招禍之道也注○文選郭有道碑文幾行其招注
云招猶召也又楚辭招魂序云招者召也以手曰招招招聲也詩匏有苦葉釋文引韓詩招求也漢書
刑法志注引孟康季布傳注同招來也廣雅釋言招至也呂覽本生命之曰招蹷之機注招舉也
國語周語好盡言以招人過注又漢書五行志中之上注引蘇林陳涉項籍傳贊注同又淮南主術操其觚招其末注○
後漢班彪傳上注云招猶舉也萱按招之引申訓舉翹之引申亦訓舉後人於招舉字別讀翹謂為翹之段借也其實本
字自通不須破字招謂掉也素問六節藏象論御蒙招尤注招揺跳踃也漢書司馬相如傳下
又猗扼以招揺注引張揖招揺翱翔也史記孔子世家招揺市過之集解引徐廣○文選甘泉賦徘徊招揺

注云招揺猶傍徨也招揺申動之兒漢書禮樂志體招揺若永望注招揺星在北斗杓
端主指者禮記曲禮上招揺在上注又釋文云招揺北斗第七星○楚辭靈懷撫招揺以質正注云招揺北斗
杓星也又淮南兵略雖順招揺注云招揺斗杓也又時則孟春之月招揺指寅注云招揺斗建招揺攝提星
名也後漢張衡傳注○馬融傳注云招揺矛戈天狼並星名也招指取物也列子湯問汝何蕢而三招
注招指指麾也楚辭遠逝建虹采以招指注招麾指揮也荀子成相呂尚指麾注招
延謂引致之也荀子議兵招延募選注招招福也周禮司巫春招弭以除疾病注招復
謂招魂復魄也後漢趙咨傳注招罥也孟子盡心下又從而招之注招埻藝也呂覽
盡數反脩于招注別類射招者欲其中小也注○本生共射其一招注云招埻的也招明也萱按此段招為昭也
昭下詳之招樂名也招為賓客招繼也招繼堯也萱按此皆段招為韶也韶下詳
之

柖

樹揺兒說文段注各本作搖今正柖之言招也樹高大則如能招風者然漢志郊祀歌體招揺若永望注招揺申
動之兒按此柖揺與招揺同柖浴牀謂之柖廣雅釋器

鉊

大鎌也鎌或謂之鉊張徹說說文○萱按鎌之大者為鉊張徹則謂鎌即是鉊無大小之異
廣雅同鉊鎌也廣雅釋器刈鉤江淮陳楚之閒謂之鉊方言五

釗

刓也周康王名說文段注釗刓也未聞从刀金者金有芒角摩弄泯之釋詁曰釗勉也其引申之義也又
曰釗見也此段借釗為昭也孟子引書昭我周王郭引逸書釗我周王釗勉也秦晉曰釗自關
而東周鄭之閒曰勔釗方言一釗遠也廣雅釋詁一○方言七云釗遠也燕之北郊曰
釗

輖

隸作朝○本韻兩見義分旦也說文段注旦者朝也以形聲會意分別廣風崇朝其雨傳云崇終也從旦至食時為
終朝此謂至食時乃終其朝其實朝之義主謂日出地時也周禮春見曰朝注曰朝猶朝也欲其來之早毛詩段輖為朝

周南惄如輖飢傳云輖朝也此謂段借也按舟聲在三部而
與二部合音冣近毛詩以周聲之調輖爲朝則朝非不可讀
如舟也○禮記奔喪注明日之朝夕釋文又莊子大宗師而
後能朝徹釋文並云朝旦也又禮記文王世子朝夕至于大寢
之門外釋文云旦曰朝詁朝平旦左氏僖廿八年傳詁朝相見注終朝自旦及食時也
左氏僖廿七年傳終朝而畢注朝早也爾雅釋詁朝者早旦之名詩蝃蝀疏朝即昧爽
也詩柏舟箋禮子昧爽而朝疏朝謂日出時也禮記祭義周人祭日以朝及闇注又周禮司儀不朝
不夕疏日在甲上稱朝易訟終朝三褫之虞注將晨爲朝洪範五行傳○傳又曰星辰莫
同注云初昏爲朝蓳按初昏爲朝義可通而費辭三朝歲月日朝文選東京賦夏正三朝薛注○東都
賦春王三朝注云三朝歲首朔日也又洪範五行傳歲之朝月之朝日之朝注云自正月盡四月爲歲之朝上旬爲月之
朝平旦至食時爲日之朝日言朝何日晝見夜藏有朝夕故言朝也白虎通四
時○考工記匠人建國以正朝夕疏云言朝夕即東西也景朝謂日未中而景中立表處

大西遠日也周禮大司徒日西則景朝多陰司農注○疏云景朝謂日未中而景中者亦於晝漏半西表日
未中而中表景乃中也又後鄭云西於土圭謂之日西是地於日爲近西也朝陽旦即見日爾雅釋山
注○孫注云朝陽朝先見日又後漢張衡傳注云朝陽日也山東曰朝陽爾雅釋山又詩卷阿于彼朝陽
傳○釋山李注云山東朝乃見日故曰朝陽平旦爲朝霞莊子逍遙遊而御六氣之辨釋文引李注朝
露言易盡也後漢王符傳注朝事謂清朝未食先進寒具口實之籩
周禮籩人朝事之籩司農注○後鄭云朝事謂祭宗廟薦血腥之事月朝月初也荀子禮論月朝卜日注
東夷之樂曰朝離白虎通禮樂○又云朝離者萬物微離地而生朝生木蓳也國策秦策
而不壽於朝生注朝菌朝生暮死之蟲也生水上狀似蠶淮南道應朝菌不知
晦朔注朝歌者歌不時也水經淇水注○國語晉語伐取朝歌注云朝歌晉邑鼂旦也楚辭
哀郢甲之鼂吾以行注○蕢按此段鼂爲朝也左傳王子朝史朝古今人表作子鼂史鼂又文選羽獵賦於是天子乃以

陽晁晁皆段借也又左氏昭十五年經蔡朝吳出奔鄭公羊作昭吳亦音同通用也

鼂

𪓰古文○俗有𪓰晁匽鼂也楊雄說匽鼂蟲名杜林以爲朝旦非
是說文段注匽鼂蟲名蓋見揚雄倉頡訓纂廣韻亦引倉頡爲云蟲名按爲何蟲許亦不憭也夏夏小正言匽之興不
得按以證匽鼂杜林以爲云云此以爲乃說段借之例杜林
用鼂爲朝旦字蓋見杜林倉頡故攷屈原賦甲之鼂吾以行
王逸曰鼂旦也左傳衛大夫史朝風俗通作史鼂之後爲鼂
姓漢書鼂姓又作晁是古段鼂爲朝本無不合許云非是未
審他彪亦未見此例也若木部構下杜林以爲椽稱字斗部
幹下杜林以爲軺車輪幹亦未辨其非是矣蓋段借之學明
其爲借字非貟字而貟字存不明其爲借字直指爲貟字而
貟字借字之義皆廢矣伯山蓋謂鼂夕爲貟字故言以防之
也鼂采玉名文選上林賦鼂采琬琰注引司馬彪○長笛賦壄雉鼂雉注又漢書景帝紀注五行志上注爰
盎鼂錯傳注司馬相如傳上注嚴助傳注並云鼂古朝字蓋
按小顏於段借本不憭直以鼂朝爲古今字矣蓋杜林貽之
谷耶又按列子段鼂爲嫺黃
帝篇見痾癢者亦鼂是也

盉 齒驕切

○俗有盉器也說文

弨

弓反也詩曰彤弓弨兮說文段注小雅彤弓弨兮傳曰弨弛皃按詩正義引說文有謂弛之而弓
反六字蓋出廣韻說弛者弓解也弓反者詩所所云翩其反也弓反爲弨之本義弛之則亦反矣

超

跳也說文段注跳一曰躍也躍迅也也迅疾也然則超與趣同義超速也漢書楊雄傳上注引應劭超越
也楚辭抽思超回志度注傳時超五嶺兮嶢峨注超卓也舉腳有所卓越也釋名釋姿容
超過也後漢馮衍傳注超渡也廣雅釋詁二超高也華嚴經音義上引韻圃超遠也
廣雅釋詁一○方言七云超遠也東齊曰超超然遠避而不處也老子雖有榮觀燕處超然超。
距猶跳躍也史記白起王翦傳方投石超距索隱超乘巨踊車上也呂覽悔過超乘者五
百乘注超搖不安也楚辭謬諫蹇超搖而無冀注

辵

偏旁作辶平入兩讀○作行乍止也春秋傳曰辵階而走說文段注辵从彳止彳者

乍行止者乍止古音益讀如超春秋傳者公羊宣二年文今公羊作躇何休曰躇猶超遽不暇以次不拾級而下曰辵儀禮公食大夫禮賓栗階升不拜注○段大令曰鄭意不拾級而上曰栗階亦曰歷階不拾級下曰辵階也辵奔也廣雅釋室

燒 始蕉切

爇也說文又廣雅釋詁二死於火者曰燒燒燋也釋名釋喪制燒煙於火中也禮記內則雜燒注燒焫猶滅壞國策秦策則秦且燒焫獲君之國注燒虜即燒羌也後漢馬援傳注○萱按燒羌亦作燒當羌

儦 丙驕切

○作儦者破字也俗有儦行兒詩曰行人儦儦說文段注齊風載驅曰行人儦儦傳曰儦儦衆兒許曰行兒者義得互相足也廣雅亦曰儦儦行也玉篇曰儦儦盛兒也儦儦趨也詩吉日儦儦俟俟釋文○釋文又云儦本作麃又作爊萱按麃爊皆段借字也韓詩作駓駓騃騃說文引伾伾俟俟則所見異辭也麃麃武兒詩清人駟介麃麃傳麃麃盛也漢書劉向傳注麃麃亦和擾也周書太子晉志氣麃麃注

瀌

瀌瀌雨雪兒說文瀌瀌雪也廣雅釋訓雨雪之盛瀌瀌然詩角弓雨雪瀌瀌見晛曰消箋○疏及釋文竝云瀌瀌雪盛兒萱按韓外傳作雨雪麃麃用段借字

穮

或作穮槈鉏田也春秋傳曰是穮是蓘說文段注槈鉏田也各本作耕禾閒也今正周頌釋文引說文穮槈鉏田也表嬌反字林穮耕禾閒也方遝反然則今本說文淺人用字林改之穮音秸也非耕也周頌緜緜其麃毛傳曰麃耘也釋訓曰緜緜麃也孫炎云緜緜言詳容也郭樸云芸不息也左傳是穮是蓘杜云穮耘也許云槈鉏田者槈薅器也鉏主薅所也薅者披田艸也或槈其田或鉏其田皆曰穮今吳下俗語說用鉏曰暴即此字也春秋云云左傳昭元年文衮之言眏也謂壅禾本也○萱按穮作麃蓘作衮皆段借字麃耘也爾雅釋訓釋文○又云麃字書作穮⿰耒麃耕也廣雅釋地○萱按此字林所本非了義也或作蔍耕也是段借字

犥

牛黃白色說文段注黃馬發白色曰驃票麃同聲然則犥者黃牛發白色也內則鳥皫色亦謂發白色

鑣

⿰角麃或馬銜也說文段注馬銜橫毋口中其兩耑外出者系以鑾鈴又巾部曰幩馬纏鑣扇汗也益扇汗

亦繞於兩耑鑣或从角者益古或以角之至堅者爲之○詩碩人釋文云鑣馬銜外鐵也一名扇汗又曰排沫鑣勒也楚辭靈懷斷鑣銜以馳騖兮注鑣馬勒旁鐵也續漢輿服志上注引爾雅注又文選舞賦揚鑣飛沫注鑣謂之钀爾雅釋器鑣苞也在旁苞斂其口也釋名釋車○儀禮既夕禮木鑣注云古文鑣爲苞萱按以說解字代本字亦段借也史記每如此鑣鑣盛也廣雅釋訓○詩碩人朱幩鑣鑣傳云鑣鑣盛兒萱按儦儦亦盛兒也則二字義通

鏢 品驕切

或作⿰金剽刀削末銅也說文段注削者刀鞞也私妙切俗作鞘刀室之末以銅飾之曰鏢鞞用革故其末飾銅耳而高誘注天文訓云標讀如刀末爲鏢通俗文曰刀鋒爲⿰金剽皆自刀言不自刀室言與許說異矣○萱按削末刀末判然不同豈鏢⿰金剽本分二字二義歟然今本續漢輿服志注引通俗文作刀鋒曰鏢字不作⿰金剽摽刀削末銅也漢書王莽傳及至青戎摽末之功音義引字林○萱按此段摽爲鏢也

喬 倹苗切

高而曲也說文段注爾雅釋詁詩伐木時邁傳皆曰喬高也釋木曰上句曰喬句如羽喬漢廣傳曰喬上竦也

按喬不專謂木淺人以說木則作橋如鄭風山有橋松是也以說山則作嶠釋山銳而高嶠是也皆俗字耳許云高而曲即爾雅之上句如羽木有如是者他物亦有如是者○爾雅釋木舊注又列子湯問周以喬陟釋文竝云喬高曲也喬高也書禹貢厥木惟喬晚出傳又詩般隨山喬嶽箋又孟子梁惠王下篇謂有喬木之謂也注又廣雅釋詁四喬上竦也漢書地理志上中天木喬注○詩漢廣釋文云喬木枝上竦也又淮南原道喬木之下注云喬木上竦少陰之木也小枝繚上爲喬爾雅釋木如木楸曰喬同上槐棘醜喬同上喬山之重巃也列子湯問注○釋名釋山云山銳而高曰喬形似橋也喬矛矜也近上及室題所以縣毛羽詩清人二矛重喬箋注重喬累荷也詩清人二矛重喬傳○萱按重喬韓詩作鷮謂以雉尾飾矛也毛韓字異而義竝通又禮記樂記儆辟喬志坊記富斯喬皆段喬爲驕也喬詰意不平也莊子在宥天下始喬詰卓鷙釋文引崔注喬桀俊逸也文選射雉賦何調翰之喬桀徐注

僑

高也說文段注僑與喬義略同喬者高而曲也自用爲⿱宀喬寓字而僑之本義廢矣字林始有⿱宀喬字云寄客爲⿱宀喬按春

秋有叔孫僑如有公孫僑字子產皆取高之義也

僑才也一切經音義四引廣雅僑蹻謂動作也太玄玄告天健而僑蹻注僑寄也列子說符釋文○萱按此段僑爲寄也詳副編寄下

鐈

似鼎而長足說文鐈釜也廣雅釋器

橋

平去兩讀義異○俗有墧水梁也說文段注水梁者水中之梁也梁者宮室所以關梁南北者也然其字本從水則橋梁其本義而棟梁其段借也凡獨木者曰杠駢木者曰橋大而爲陂陀者曰橋古者挈皋曰井橋曲禮奉席如橋衡讀若居廟反高舉之義也取橋高也詩山有扶蘇釋文引王注又大戴記衛將軍子文子其橋大人也注○莊子則陽欲惡去就於是橋起釋文引王云橋起高勁言所起之勁疾也橋者父道也文選王文憲集序注引書大傳又說苑建本橋泄者人之殃也荀子榮辱○按橋泄謂嫚萱橋所以庋笄其制未聞儀禮士昏禮記笄加于橋注爲機重其前輕其後命曰橋萱按此挈槹上衡也詳去聲○又按荀子儒效橋飾其性情漢書武帝紀陳湯橋發兵斬郅支皆段橋爲矯也又史記河渠書山行

即橋徐廣注云橋一作撟則撟橋亦正借字此異部相通段

鴞

隱喬切

鴟鴞適寧鴂也說文段注鴟當作雖雖雖也鴟鴞則爲寧鴂雖舊則爲舊畱不得舉一雖字謂爲同物又不得因鴞與梟音近謂爲一物又不得因雖鴞與鴟鵂音近謂爲一物也雖舊不可單言雖雖鴞不可單言鴞凡物以兩字爲名者不可因一字與他物同謂爲一物釋鳥鴟鴞寧鴂豳風毛傳同方言曰桑飛有工爵過鸁女匠鴂鳩懱爵諸名陸璣曰鴟鴞似黃雀而小取茅秀爲窠以麻紩之如刺襪然或謂之襪爵按郭氏因一雖字謂寧鴂必雖屬後人深信之者謂此鳥呼既取我子之鳥而告之耳不知鳥名多自許閑端一句正是鳥聲鴞小鳥也楚辭守志今其集兮惟鴞注○莊子齊物論見彈而求鴞炙釋文引司馬相如鴞小鳩也萱按莊子驗所言與鴟鴞合而單言鴞者渾言也說文釋字之本義必析言之鴞似鳩而青色山海經西山經白于之山其鳥多鴞注○莊子齊物論釋文引詩艸木疏云鴞大如班鳩綠色其味甚美鴞惡聲之鳥也詩墓門有鴞萃止傳泮水翩彼飛鴞傳又漢書賈誼傳注○詩泮水陸疏云鴞惡聲之鳥也賈誼所賦鵩鳥是也萱按惡聲之鴞益非雖鴞

朝

隸作朝○本韵兩見義分朝猶朝也欲其來之早周禮大宗伯注○藝文類聚卅九引白虎通云五年一朝備文德而明禮義也因用朝時見故謂之朝又呂覽貴因朝要甲子之期注云朝早朝也旦見君謂之朝左氏成十二年傳朝而不夕疏朝者見也白虎通朝聘又呂覽淫辭孔穿朝注○漢書韓信傳稱疾不朝從注云朝朝見也春見曰朝周禮大宗伯又禮記經解注○詩沔水箋云諸侯春見天子曰朝又禮記曲禮下注云諸侯春見曰朝諸侯春朝天子曰朝史記魏其武安侯傳不得入朝請集解引律又漢書宣帝紀注引如淳又後漢和帝紀注明德馬皇后紀注竝引漢律○公羊隱十一年傳桓九年傳又春秋繁露王道竝云諸侯來曰朝又詩漸漸之石疏云朝者謂諸侯見王之辭又儀禮聘禮記問諸侯注云於天子曰朝天子當宁而立諸公東面諸侯西面曰朝禮記曲禮下○王制云天子無事與諸侯相見曰朝諸侯相見曰朝穀梁桓九年傳僖五年傳朝召也楚辭遠遊朝四靈於九濱注朝者召而問之也春秋繁露諸侯朝猶會也禮記王制者老皆朝於庠注朝正也呂覽直諫春年

不聽朝注朝謂聽朝也荀子宥坐朝七日而誅少正卯注陪位爲朝爾雅釋言陪朝也注朝者義之理也管子乘馬朝聘之禮所以明義也大戴記盛德○朝事云朝聘之禮者所以正君臣之義也朝享謂受朝政於廟周禮周禮司尊彝凡四時之間祀追享朝享注以朝旦拜日爲朝漢書郊祀志上朝朝日注○禮記王制玄端而朝日於東門之外注云朝日春分之時也小水入大水曰朝文選古意酬到長史溉登瑯邪城詩金溝朝灞滻注○詩沔水朝宗于海疏云朝宗者本諸侯於天子之禮朝謂君臣謀政事之處也禮記曲禮下在朝言朝注朝朝廷也禮記曲禮上班朝治軍疏○詩東方未明序朝廷興居無節疏云朝廷是君臣之總辭又後漢北海靖王興傳注王充傳注竝云朝廷謂天子也朝宮室也老子朝甚除注○萱按此注未諦朝惟無室故雨霑服失容則罷朝王之外朝也禮記王制王大司寇聽之棘木之下注○儀禮公食大夫禮賓朝服拜賜于朝注云朝謂大門外萱按大門謂雉門即天子應門也其外爲外朝朝大寢門外禮記月令賞公卿諸侯大夫於朝注○萱

按大寢門謂天子諸侯路門也其外曰治朝

治朝在路門之外 周禮宰夫之職掌治朝之灋注○大宰王眡治朝注云治朝在路門外羣臣治事之朝

中朝內朝也 文選魏都賦左則中朝有赩劉注○儀禮經傳通解引書大傳云應門內曰內朝蓋按中朝即治朝也對應門外曰外朝故言應門內曰內朝矣非路寢廷之內朝也

內朝路寢廷 禮記文王世子公族朝於內朝注○周禮大僕王眡燕朝則正位掌擯相注云朝于路寢之廷蓋按此內朝謂燕朝也與槀人及玉藻及書大傳之內朝不同彼謂治朝也○戴先生東原三朝三門考曰斷獄蔽訟及詢非常之朝謂之外朝在中門外庭小司寇掌其政朝士掌其灋一君臣日見之朝謂之內朝或謂之治朝或謂之正朝在路門外廷司士正其位記或謂之外朝與路寢廷之朝連文爲外內也二以燕以射及圖宗人嘉事之朝謂之燕朝在路寢庭大僕正其位若射則射人掌其位三○焦氏循羣經宮室圖曰顧命康王出路門之應門內諸侯入應門則應門內路門外有朝無疑路門內爲燕朝此應門內爲治朝而皋門內應門外爲外朝亦無疑周禮闕人掌中門之禁中門天子應門諸侯雉門爾雅云正門謂之應門以夾于皋路之中謂之中以自此之內爲人君所居謂之正故闕人守之

禁之也皋門得通出入應門不得通出入兩闕在應門之外外朝之北縣政令于此手訟獄于此正門之內蓋容百姓至哉明堂位云雉門天子應門庫門天子皋門是天子無庫雉諸侯無皋應也

東朝東宮也 文選顏延年應詔讌曲水詩君彼東朝注

朝家猶國家也 後漢應劭傳注

朝侯諸侯有功德者天子特命爲朝侯 獨斷上

朝物謂朝儀文物也 後漢明帝紀贊注

朝服言服 禮記襍記上寧朝服疏○書大傳釋朝服注云朝服展衣

朝儛山名也又言朝水名也 孟子梁惠王下吾欲觀於轉附朝儛注

淖 隸作潮○俗有濤別見三部副編

水朝宗于海也 說文段注禹貢荊州江漢朝宗于海鄭以周禮春見曰朝夏見曰宗釋之古說則謂潮也論衡書虛篇辨子胥驅水爲濤事曰天地之性上古有之經江漢朝宗于海唐虞之前也又曰濤之起也隨月盛衰小大滿損不齊同虞翻注易習坎有孚曰水行往來朝宗于海不失其時如月行天注行險而不失其信曰水性有常消思與月相應皆與許說合朝宗于海者謂彼此相迎受浲水之時江漢不順軌不與海通

海淖不上至禹治之江漢始與海通於楊州曰三江既入謂江漢之入海也於荆州曰江漢朝宗于海謂海淖上達直至荆州也江漢之水下赴海淖上迎呼吸相通思禮相受二州之文相爲表裏古說如是朝宗于海謂海水來朝見尊禮也按說文無濤箋益濤即淖之異體濤古當音稠淖者翰聲即舟聲文選注引蒼頡篇濤大波也益淖者古文濤者秦字枚乘七發觀濤即爲觀淖

潮者據朝來也 文選江賦注引抱朴子

中女爲江潮江潮者所以閑神潤化故其氣滿急 古微書引春秋元命苞

忍喬切

饒 飽也 說文段注饒者甚飽之譽也引申爲凡甚之偁漢謠曰今年尚可後年饒謂後年更甚也近人索饒討饒之語皆謂已甚而求已也

饒多也 廣雅釋詁三小爾雅廣詁

又饒益也 廣雅釋詁一○後漢張霸傳注云饒猶益也

饒逸也 淮南脩務沃地之民多不才者饒也注

蟯 腹中短蟲也 說文○史記扁鵲倉公傳診其病曰蟯瘕正義云蟯人腹中短蟲也

又蟯微小之蟲也 淮南原道澤及蚑蟯注○原道蚑蟯貞蟲注脩務蚑行蟯動之蟲注竝云蟯讀饒多之饒

橈 平去兩讀義異○俗有橈

剌船櫂也 淮南主術夫七尺之橈而制船之左右者以水爲資注

楫謂之橈 方言九又小爾雅廣器

橈船小楫也 楚辭湘君蓀橈兮蘭旌注○後漢岑彭傳注云橈小櫂也

橈短櫂也 後漢吳漢傳注

輯謂櫂之短者也今吳越之人呼爲橈 漢書元后傳輯濯越歌注○萱按楫與輯櫂與濯皆正借字

蕘 艸薪也 說文段注大雅詢于芻蕘毛曰芻蕘薪采者按說文謂物詩義謂人○漢書賈山傳芻蕘採薪之人注楊雄傳上麋鹿芻蕘注竝云蕘艸薪也又左氏昭十三年傳淫芻蕘者釋文云艸薪曰蕘

大曰薪小曰艸 管子輕重中則是農夫得居裝而賣其薪蕘注

蕘者供燃火之艸也 詩板疏又左氏昭十三年傳疏

蕘蕪菁也 廣雅釋艸○方言三云蕘蕪菁也魯齊之郊謂之蕘

始喬切

韶 舜樂也虞書曰簫韶九成鳳皇來儀 說文段注樂記曰韶繼也公羊疏引宋均注樂說云簫之言蕭舜時民樂其肅敬而紹堯道故謂之簫韶按韶字蓋舜時始製或作招周禮作磬皆段借簫韶云云咎繇

謨文○論語八佾子謂韶孔注又後漢班彪傳下注又莊子○至樂奏九韶以爲樂釋文竝云韶舜樂名韶者紹也論語八佾皇疏又古微書引春秋元命苞○禮記樂記注又漢書禮樂志注竝云韶之言紹也又左氏襄廿九年傳注見韶舞濩者疏云韶亦紹也韶繼也廣雅釋詁四○風俗通聲音云韶繼堯也韶者昭也春秋緐露楚莊王舜曰大韶一曰大招獨斷上蓋按言韶正招借異字而同物○周禮大司樂九磬之舞注云九磬當爲大磬字之誤也大磬舜樂也言其德能紹堯之道也周禮大司樂舞雲門大卷大咸大磬大夏大濩大武注○蓋按磬者鞀之籥文李義訓小說借爲韶字耳廣韻於韶下出磬字而鞀下轉無磬領矣平去兩讀

劭

勉也讀若舜樂韶說文段注劭勉也釋詁同漢成帝詔曰先帝劭農蘇林曰劭音翹精異之意也晉灼曰劭勸勉也按卩部邵高也邵與劭相似轉寫容有互譌者如應仲遠之名當是邵字此蘇林所說當亦是邵農爾雅方言皆曰釗勉也釗當是劭之段借字爾雅釋文云劭或上遙反用許讀也今皆實照切劭美也爾雅

釋詁舊注○蓋按此義當作邵而譌爲劭也

苗 面喬切

艸生於田者說文段注按苗之故訓禾也禾者今之小米詩誕降嘉穀維秬維秠維虋維芑爾雅毛傳說文皆曰虋赤苗芑白苗魏風無食我苗毛曰苗嘉穀也此李生民詩首章言黍二章言麥三章則言禾春秋經莊七年秋大水無麥苗廿八年冬大無麥禾麥苗即麥禾秋言苗冬言禾何休曰苗者禾也生曰苗秀曰禾倉頡篇曰苗者禾之未秀者也孔子曰惡莠恐其亂苗魏文侯曰幽莠似禾明禾與苗同物苗本禾未秀之名因以爲凡艸木初生之名詩言稷之苗稷之穗稷之實是也說文立文當以苗字次虋字之前云禾也嘉穀也則虋爲赤苗籀文芑爲白苗言之有序艸生於田皮傳字形爲說而已○段又注古或假苗爲茅如士相見禮古文艸茅作艸苗洛陽伽藍記所云魏時苗茨之碑實即茅茨取堯舜茅茨不翦也苗謂禾未秀詩黍離箋稷則尚苗疏生爲苗古微書引春秋運斗樞苗謂早夭後漢章帝八王傳贊或秀或苗疏苗稼也淮南本經長苗秀注春曰苗公羊桓四年傳○春秋緐露深察名號云春苗夏曰苗禮記王制則歲三田注又穀梁桓四年傳夏田爲苗周禮

大司馬遂以苗田注○爾雅釋天孫注云夏田爲苗擇取不孕任者若治苗去不秀實者又白虎通田獵云夏謂之苗何擇去其懷任者也夏獵曰苗詩車攻之子于苗傳又文選魏都賦既苗既狩劉注○爾雅釋天云夏獵爲苗苗爲苗除害也左氏隱五年傳夏苗注又漢書刑法志夏拔舍以苗注○爾雅釋天注云苗爲苗稼除害又穀梁桓四年傳注云因爲苗除害曰苗苗毛也公羊桓四年傳注○說苑修文云苗者毛取之又引春秋傳云苗者毛也苗衆也廣雅釋詁三苗末也廣雅釋詁一苗胥也離騷帝高陽之苗裔兮注苗傷也廣雅釋詁三三苗國名書堯典竄三苗于三危晚出傳○蓋按三苗山海經作三毛音近通借也又左傳苗賁皇說苑善說作虋盆黃三字皆異此段虋爲苗而脫去艸頭也苗虋雙聲苗民謂九黎之君也書呂刑苗民弗用靈鄭注

緢

氂絲也周書曰惟緢有稽說文段注氂各本作旄俗所改也氂者犛牛尾也凡羽旄古當作羽氂氂絲者犛牛尾之絲至細者也故次於纖細二篆後賈子容經跘旋之容旋如濯絲旋同緢言細如濯絲也周書云云

甫刑文今本緢作貌僞孔傳云惟察其貌按許所據壁中文蓋謂惟豪氂是審也

撮口呼
舉宵切

澆

澆漅或作渼也說文段注沃為澆之大澆為沃之細故不類廁凡醲者澆之則薄故其引申之義為薄漢書循吏傳澆淳散樸○荁按莊子繕性作澆淳散朴又文選陸士衡招隱詩安事澆彈棋注永明九年策秀才文白紙俗澆施注頭陁寺碑文澆風下贖注竝云澆漓同澆濤也廣雅釋詁一回波為澆文選南都賦注引王逸楚辭注澆薄也後漢蔡邕傳贊注又淮南齊俗澆天下之淳注人文選陸士衡招隱詩注引淮南許注澆古多力者也楚辭天問惟澆在戶注

驍

驍良馬也詩曰驍驍牡馬說文段注周禮良馬與駑馬為對文良馬兼上文周禮種馬戎馬齊馬道馬田馬言也周易曰良馬逐逐左傳云以其良馬二亦精駿之偁按上文云駿馬之良材者此云良馬即蒙上文而言也魯頌傳曰駉駉良馬腹幹肥張也引伸為勇捷之偁詩曰云云陸氏德明所見說文如此詩釋文曰駉說文作驍按堯聲同聲

之類相去甚遠無由相涉大雅崧高四牡蹻蹻傳云蹻蹻壯皃魯頌泮水傳云蹻蹻言彊盛也葢古本說文有詩曰四牡驍驍六字乃崧高之異文或轉寫譌作驍驍牡馬而陸氏乃有駉說文作驍之語矣驍健也廣雅釋詁二又史記韓長孺傳驍騎將軍集解引應劭驍勇也史記韓長孺傳集解引張晏憢勇急也淮南兵略憢悍遂過注○荁按此段憢為驍也平入兩讀注在彼○俗有轎

僑

徼

徼循也說文段注百官表曰中尉掌徼循京師如淳曰所謂游徼循禁備盜賊也按引申為徼求為邊徼今人分平去古無是也徼巡也後漢董卓傳注又荀子富國其候徼支繚注徼道徼巡之道後漢班彪傳上注徼謂巡察也漢書趙敬肅王彭祖傳行徼邯鄲中注徼遮也廣雅釋詁二又史記司馬相如傳徼麋鹿之怪獸集解引漢書音義又文選封禪文注引同○漢書佞幸鄧通傳盜出徼外鑄錢注云徼者取徼遮之義也徼謂遮繞也漢書百官公卿表上掌徼循京師注東方朔傳徼循長楊以東注徼謂徼繞

不明也史記龜策傳之徼也索隱龜徼抄也論語陽貨惡徼以為智者集解引孔注徼邀也後漢荀彧傳注○荀子儒效人徼其所惡注云徼與邀同小徼要也左氏傳四年傳君惠徼福於敝邑之社稷釋文文二年傳寡君願徼福於周公魯公注宣十二年傳而徼怨於楚注成元年劉康公徼戎釋文成十年傳豈敢徼亂注襄十六年傳孟孺子速徼之注昭三年傳徼福於大公丁公注又國語晉語以徼天禍注吳語吾欲與之徼天之衷注又史記匈奴傳徼極而取之索隱又漢書各傳注又後漢王霸傳注吳祐傳注○左氏昭廿三年傳請遂伐吳以徼之注云徼要其勝負徼要求也呂覽順民願一與吳徼天下之衷注士容非徼而矜其名也注○史記匈奴傳共徼一時權索隱云徼者求也徼要求也漢書嚴安傳民離本而徼末矣注徼者歸也列子天瑞德之徼也注又老子常有欲以觀其徼注○老子王注云徼歸終也徼徼妙也老子釋文徼小道也同上徼邊也同上徼謂邊境亭鄣史記黥布傳徼乘塞索隱守徼亦卒求盜之屬也史記平準書或千里亭徼集解引如淳無徼是郊外之路史記五宗世家行徼索隱徼謂

以木石水為界者也漢書司馬相如傳下南至牂柯為徼注引張揖徼塞也史記平準書集解引晉灼又漢書食貨志下注引晉灼○佞幸鄧通傳注又後漢光武紀下注竝云徼猶塞也又史記司馬相如傳索隱引張揖云徼塞下以木柵水為蠻夷界徼塞之道也後漢馬融傳注東北謂之塞西南謂之徼漢書佞幸鄧通傳注

憿

○俗有徼㚔也說文段注㚔者吉而免凶也引申之曰欲幸亦曰憿幸俗作僥倖徼倖徼倖皆非也凡傳言徼福者皆當作憿福為正憿謂憿倖也漢書五行志中之上注僥猶求也後漢吳漢傳注僥倖求利不止之皃莊子在宥此以人之國僥倖也釋文徼幸者伐性之斧也說苑敬慎○荁按段僥徼為憿音憿徼音同僥亦音近也徼本訓循引申為要求再引申為徼幸與僥之純乎段借者不同又漢書揚雄傳注敘傳上注竝云憿或作激此葢因形近而譌耳

𥄉

𥄉到首也賈侍中說此斷首到縣𥄉字說文段注到者今之倒字此亦以形為義之例

廣韻引漢書曰三族令先黥劓斬左右趾県首菹其骨按今漢書判法志作梟益非孫愐所見之舊矣県首字當用此用梟於義無當不言从到首者形見於義如狂下不言从二王也

県磔也釋廣言雅梟懸也後漢張衡傳注

梟

梟謂斬其首而懸之也漢書陳湯傳梟後禽敵之臣注○董按史記秦始皇紀二十人皆梟首集解高祖紀梟故塞王欣頭櫟陽市索隱又後漢桓帝紀注又文選闕中詩注語旨略同○俗有梟梟

不孝鳥也故日至捕梟磔之說文段注漢儀夏至賜百官梟羹漢書音義孟康曰梟鳥名食母破鏡獸名食父黃帝欲絕其類使百吏祠皆用之如淳曰漢使東郡送梟五月五日作梟羹以賜百官以其惡鳥故食之也○漢書司馬相如傳上射游梟注引張揖云梟惡鳥又郊祀志上用一梟破鏡注張引張晏云梟惡逆之鳥又一切經音義二十引毛詩艸木疏云梟流離鳥也自關而西謂梟爲流離其子適大還食其母堂按陸以梟與流離鳥爲一義益未諦又以梟與鶹鵂爲一尤疏字林

梟不祥之鳥也漢書郊祀志上鵰梟草翔注

梟鴟爾雅釋鳥○詩瞻卬爲梟爲鴟箋云梟鴟惡聲之鳥又後漢朱浮傳注云梟鴟即鴟梟也其子適大還食其母

董按北海相景君銘鴟梟不鳴其字作梟尤俗者矣

梟土梟也漢書郊祀志上注

梟梟羊也漢書司馬相如傳上注引郭璞

梟陽山神名即狒狒也楚辭哀時命使梟陽先導兮注○淮南氾論山出梟陽注云梟陽山精也人形長大面黑色身有毛足反踵見人而笑

梟即驍也後漢劉焉傳注○董按此用驍引申之義也驍本良馬之偁引申之訓健訓勇與梟引申之義大同

梟雄也淮南原道爲天下梟注

梟健也漢書高祖紀上注引應劭

梟謂最勇健也漢書張良傳注

梟勇也若六博之梟漢書高祖紀上注引張晏

梟猶勝也猶六博得梟則勝後漢張衡傳注

梟猶顛也管子地員其山之梟注○董按此於字之李義在離合之間山頂偁椒亦若是矣梟椒異部而音近

梟縣首於木上曰梟史記秦始皇紀集解○董按此県之段借字也又荀子非十二子以梟亂天下此段梟爲澆也

嘄

或作嘂○俗有嘄嘄乎去网讀

聲嘄嘄也說文段注周禮大祝注祈嘄也謂爲哭變號呼告神以求福嘄陸音

叫按玉篇有嘂無嘄嘂古弔反也此以倒首之県爲聲即嘄字也

聲嘄呱號咷皆憂聲也太乎樂嘄呱啞作號咷倚戶注

蚴蟉江東人呼嘄蟉方言十蚴蛥注一

嘄陽即狒狒也文選羽獵賦羆嘄陽注○董按楚辭注謂嘄揚即狒狒也梟與嘄果孰爲正字耶

繑 蹻

去宵切

絝紐也說文段注繑者系也脛衣上有系系於幃帶曰繑○董按絝者脛衣也今所謂套褲也繑其紐

平上入三讀○俗有蹺

舉足小高也詩曰小子蹻蹻說文段注蹻疊韻各本作行高晉灼注漢書高帝紀作小高乎應引文穎曰蹻猶翹也又引三蒼解詁云蹻舉足也丘消切按今俗語猶然詩者大雅文毛曰蹻蹻驕皃此引伸之義○文選長楊賦莫不蹻足抗首注引服虔云蹻舉足也又一切經音義十七引蒼頡解詁云蹻舉足行高也董按莊蹻字企足行見呂覽異用注

蹻謂捷舉手足素問異法方宜論其治宜導引按蹻注○全慶眞言論冬不按蹻注云蹻謂如蹻捷者之舉動手足

蹻謂舉也素問鍼解巨虛者蹻足注又漢書揚雄傳下注

蹻健也廣雅釋詁一

蹻履也淮南修務敫蹻趹注

蹻跙也廣雅釋詁三○方言七云蹻跙

也山之東西或曰蹻

卻蹻燥跙皃方言七注

蹻謂乘蹻之蹻蹻然謂其流行疾速不堅固也呂覽情欲云蹻然不固注○漢書高帝紀注引如淳云蹻音如今作樂蹻行之蹻

蹻蹻憍也爾雅釋訓○孫注云蹻蹻謂驕慢之皃

蹻蹻壯皃詩崧高四牡蹻蹻傳

蹻蹻武皃詩酌蹻蹻王之造傳

其馬蹻蹻言彊盛也詩泮水傳

蹻即今之鞋也蹻艸屨也董按此段蹻爲蹻也

嶠舉步皃也漢書揚雄傳上嶠高舉而大興注○董按此段嶠爲蹻也

趬

行輕皃一曰趬舉足也說文段注今俗語輕趬當用此字一曰云今俗謂舉足正如此○董按說文趬下云趬趬行也此雙聲聯綿字趬下當作趬遺行輕皃後義與蹻同疑

趬行疾皃史記衛將軍驃騎傳誅趬悍索隱○董按趬趬正借字漢書霍去病傳誅趬悍注云趬健行輕皃也趬或作趬

敫

鬻田也說文段注應書卷六曰三蒼敫相擊也卷十三曰敫蒼頡訓詁作敫同苦交切下擊也說文橫楇也擊頭也據此則說文本無敫字後人增之其訓益本作擊也擊者旁擊也一謌爲鶩再謌又行田莫能通矣李仁甫本尙

無田字 敹擊也玉篇廣韵

顤 大頭也說文顤頭大也玉篇引蒼頡篇顤大也廣雅釋詁一

鄡 或作鄡鄡 鉅鹿縣也說文段注二志同前志作鄡県與梟一字但前志鉅鹿鄡縣豫章鄡陽縣玉篇廣韵皆鄡與鄡陽二縣字別然則許書此字作鄡及後志二縣字皆作鄡半是許書當是淺人改之如県首之改爲梟首也盧氏文弨云仲尼弟子列傳鄡單鄡當作鄡鄡單益即檀弓縣亶縣乃字之誤按漢鉅鹿縣城即今直隸順德府平鄉縣城唐通典曰漢鄡城在深州鹿城縣東篆文當作鄡○董按史記鄡單集解引徐廣曰一作鄡此乃字誤非關段借也

羽霄切

幺 小也象子初生之形說文段注子初生甚小也俗謂一爲幺亦謂晚生子爲幺皆謂其小也○漢書食貨志下注云幺小也 幺麼皆微小之稱也漢書敘傳上注 不長曰幺細小曰麼文選王命論注引通俗文 幺幼爾雅釋獸 最後生者俗呼爲幺豚爾雅釋獸注○釋文引字林云幺小豚

𦥔 平去兩讀義分

𡢡 古文○隸變爲要俗又有曹腰爲身中專字 身中也象人𦥔自臼之形从人臼說文段注漢地理志北地大𦥔縣注一遙反上黨沾縣大𦥔谷清漳水所出說文水經注作大要谷今志誤爲黽字矣上象人首下象人足中象人膂而自臼持之故從臼必從臼者象形猶未顯人多護借其膂故也按今人變爲要以爲要約簡要字於消於笑切○漢書地理志下注云𦥔古要字蓋按此用篆體而奪首一筆則象人形未全 腰者腎之府也素問脉要精微論在肺當膂痛注全匱眞言論俞在腰股注 腰者身之大關節所以司屈伸素問論注 廮坄爲要易艮艮其限虞注○董按荀子富國詘要橈膕注云要讀爲腰又馮緄碑云一要金紫 要約也在體之中約結而小也釋名釋形體 腰經猶帶經也孔子世家孔子腰經索隱 要衣要也漢書張騫傳竟不能得月支要領注 要領要契也漢書張騫傳注引李奇 要襋也詩葛屨要之襋之傳 要謂裳之上畔禮記玉藻縫齊倍要疏○深衣要縫半下注云要或爲優董按要優雙聲相段借 要襦形如襦其要上翹下

齊要也釋名釋衣服 裙束要際曰小要其要約小也釋名釋喪制 要謂禁要素問脉要精微論門戶之不要也注 是要者約束之義書禹貢五百里要服疏○公羊莊十三年傳要盟可犯注云臣約束君曰要又後漢章帝紀注云要者言可要束以文教 要約也廣雅釋言又荀子王霸臣下曉然皆知其可要也注又呂覽審應而人主之所執其要矣注○董按今音約信之要讀平約簡之要讀去其實二義相通貫 要亦約也漢書高帝紀上待諸侯至而定要束耳注 要約置也呂覽順民此取民之要也注 久要舊約也論語憲問久要不忘平生之言集解引孔注○文選歎逝賦顧舊要於遺存注云舊要猶久要也 要節自要約以節義謂立節也荀子禮論執知夫出死要節之所以養生也注 要結也國語晉語以要晉國之成注○魯語夫盟信之要也注云要猶結也又周語蠻夷要服注云要者要結好信而服從之 要要辭左氏襄十年傳與伯輿合要注○周禮鄉士異其死刑之罪而要之注云要之爲其罪讞之要辭 要猶會也禮記樂記要其節奏注 要邀也荀子儒效行禮要節而安之注 要徼

也呂覽悔過要門而闚之注要類非以要利也注○文選西京賦徼行要屈薛注云要或爲徼 要屈也文選洛神賦解玉佩以要之注 要謂遮止之也管子君臣要淫泆注漢書趙充國傳注云要止也 要劫也漢書文帝紀注引文穎 要求也孟子告子上以要人爵注又呂覽勸學以要不可必注直諫將以要利矣注○漢書地理志上五百里要服注云要求之也 要取也國策秦策要絕天下注又淮南原道以要飛鳥注 要得也呂覽貴生所要輕也注 要成也詩擇兮倡予要汝傳又呂覽簡選以要甲子之事於牧野注又小爾雅廣詁 要正也淮南墜形要之以太歲注 要中也大尒達不要止洫注 要時趨時也荀子富國傳然要時務民注 要眇好皃楚辭湘君美要眇兮宜修注○董按要眇要嫽似亦可讀去聲與要紹等耳 要嫽舞容也楚辭傷時音晏衍兮要嫽注 要服蠻服也周禮大行人注○周書王會云方二千里之內爲要服

葽 艸也詩曰四月秀葽劉向說此味苦苦葽也說文段注四月秀葽豳風文毛

曰葽者葽艸也箋云夏小正四月王萯秀葽其是乎物成自秀葽始王栽按小正四月秀幽幽葽一語之轉必是一物似鄭不當援王萯也劉向說此味苦苦葽也苦葽當是漢人有此語漢時曰驗今則不識其味苦則應更令也小徐按字書云狗尾艸夫狗尾即莠莠四月未秀非莠明矣○萱按廣雅釋艸云葽莠也穆天子傳注云葽莠屬字書沿此而誤

葽繞蕀蔸爾雅釋艸葽繞今遠志也爾雅釋艸注葽盛皃也漢書禮樂志注引孟康

許葽切

敫 嘵

平入兩讀光景流皃說文段注謂光景流行煜燿昭箸

或作憢懼聲也詩曰予維音之嘵嘵說文憢懼也爾雅釋訓文引字林嘵嘵懼也詩鴟鴞予維音嘵嘵傳憢憢懼也爾雅釋訓憢勇急也淮南兵略注○萱按此驍之叚借字

膮

豕肉羹也說文段注公食大夫禮膷以南臐膮牛炙注曰膷臐膮今時臛也牛曰膷羊曰臐豕曰膮皆香美之

名也古文膷作香臐作薰按許無膷臐二字從古文不從今文也內則同今文作膷臐又按此庶羞豆實也其謂之羹何羹有實於鼎者牛藿羊苦豕薇是也有實於豆者膷臐膮是也鄭云膗也許云膗肉羹也說正同膗亦謂之羹而較乾於鉶羹且鉶羹有菜芼膗不云用菜芼也○禮記內則釋文引字林云膮豕羹也

膮豕膗也儀禮聘禮釋文又禮記內則釋文膮香也廣雅釋器

的葽切

瞗 ⿰衤鳥

目孰視也說文段注熟正俗字孰瞗視也廣雅釋詁一

○俗有⿰衤隹⿰矢召短衣也說文段注釋名曰三百斛曰䑿䑿⿰矢召也⿰矢召短也今俗語尚呼短尾曰⿰矢召尾許書無⿰矢召當作⿰衤鳥以短衣之義引申也⿰矢召短也廣雅釋詁三

⿰衤弔

或書作裏棺中縑裏也說文段注喪大記曰君裏棺用朱綠用襍金鐕大夫裏棺用玄綠用牛骨鐕士不綠正義云君用朱繒貼四面綠繒貼四角大夫四面玄四角綠士不綠悉用玄按如其說則當云士玄不當云不綠也且顏師古定李綠皆作琢謂鐕琢繒則著於棺則士不琢尤為不辭盜綠與琢皆字之誤古李三綠皆正作⿰衤弔以縑裏棺曰⿰衤弔

縑并絲繒也君朱⿰衤弔以三色金鐕琢著之大夫玄⿰衤弔以牛骨鐕琢著之士賤不⿰衤弔則不用鐕士喪禮纖悉必畢載而不言裏棺可鐕也鄭曰鐕所以琢著裏金部曰鐕所以綴著物者與鄭合鐕與⿰衤弔皆據喪大記而言

貂

○俗有鼦⿰鼠刀鼠屬大而黃黑出胡丁零國說文段注郭氏山海經注曰今扶餘國即濊貊故地在長城北去玄菟千里出名馬赤玉大珠如酸棗也○爾雅釋獸注今鼦似鼦萱按字林謂鼦即貂字是也又左傳寺人貂漢表序作豎貂管子則作豎刀後漢宦者傳序亦云豎刀亂齊此叚刀為貂也俗乃別製刀字陋矣

貂鼲並鼠屬後漢烏桓鮮卑傳注貂席連貂皮以為席也釋名釋牀帳貂矬也釋名釋船○萱按訓短乃貂之義叚借作貂據段所引作貂短也則貂直字譌耳

蛁

○俗有虭蟲也說文段注謂蟲名也按玉篇以蛁蟉釋之非也蛁自蟲名下文蛈下蛁蟟別一蟲名凡單字為名者不得與雙字為名者相亂混蛁蟉即蛁蟟不得以釋蛁也蛁蟬也太玄飾蛁鳴喝喝注蛥蚗自關而東謂之虭蟧方言十一

統宵切

佻

○俗有佻恌挑愉也詩曰視民不佻說文段注古李皆作愉汲古閣作偷誤也心部曰愉薄也小雅鹿鳴曰視民不恌許所據作佻是毛傳曰恌愉也按釋言佻偷也偷者愉之俗字今人曰偷薄曰偷盜皆从人作偷他侯切而愉字訓為愉悅羊朱切此今義今音今形非古義古音古形也古無从人之偷愉訓薄音他侯切愉愉者和氣之薄發於色也盜者澆薄之至也偷盜字古只作愉也凡古字之末流鍊析類如是矣周禮曰以俗教安則民不愉注曰愉謂朝不謀夕服注左傳視民不佻云示民不愉薄唐風他人是愉傳曰愉樂也箋云愉讀曰偷猶取也此同字而各舉一義釋之愉讀曰偷如注周禮主以利得民云讀如上思利民之利耳然可見漢末已有从人之偷許不之取又按佻訓苟且苟且必輕故離騷注曰佻輕也方言曰佻疾也左傳楚師輕窕窕正佻之叚借字

佻偷也爾雅釋言又左氏昭十年傳注又國語周語而郤至佻天以為己力注○爾雅釋言李注云佻薄之偷也

佻佚也一切經音義五引廣雅

佻輕也一切經音義五引字書離騷余猶惡其佻巧注又佻疾謂輕疾也方言十二佻疾也注

佻縣也方言七又廣雅釋詁四趙魏之間曰佻燕趙之郊縣物於臺

挑

之上謂之佻方言七了佻縣物皃方言七注姦仁爲佻國語周語佻佻契契愈急也爾雅釋訓佻佻獨行皃詩大東佻佻公子傳○萱按釋文佻本或作佻又引韓詩作嬥嬥又文選魏都賦注引爾雅嬥嬥契契又楚辭注十六引詩苕苕公子皆叚借字也兆聲翟聲召聲竝同部佻緩也荀子王霸佻其期日注○萱按此亦佻引申之義高注謂佻與偄同然偄之訓緩祇在離合之閒耳恌理也方言十三挑偷也荀子彊國其脈不挑注○萱按此叚挑爲佻也○俗有搋撓也一曰擽爭也國語曰郤至挑天說文段注下文云撓者擾也擾者煩也挑者謂撥動之左傳云挑戰是也擽者拘擊也小徐擽下有爭國語云云周語單襄公語韋本作佻天注云佻偷也今按佻天之功以爲己力與左傳天實置之而二三子以爲己力語意正同然則許意爲一曰擽爭作證撓挑宛轉循環皃莊子大宗師登游霧撓挑無極注萱按釋文挑又作兆叚借也後人又用挑爲誂誘之誂挑嬈也史記司馬相如傳而以琴心挑之索隱引張揖又文選七發注引漢書張晏注挑抉也一切經音義

朓

引聲類挑穿也廣雅釋詁三挑猶取也後漢陳龜傳注挑謂招呼也列子楊朱釋文引蒼頡篇挑達往來相見皃詩子衿挑兮達兮傳○萱按說文作叏兮達兮附通挑俠也廣雅釋詁二挑疾也廣雅釋詁一挑戰擿撓敵求戰也古謂之致師漢書高帝紀上即漢王欲挑戰注引臣瓚○文選報任少卿書注引臣瓚云挑挑敵求戰也又引李奇云挑身獨戰不須衆又後漢光武紀上注云挑戰挺身獨戰也古謂之致師搋高也廣雅釋詁四挑偷也荀子彊國注○萱按此佻之叚借字也挑謂之歃儀禮有司徹二手執挑匕柄注○萱按此叚挑爲抭也抭在三部即舀字或作祧𥜥朓祭也說文段注祭名也○廣雅釋天云祧祭也又云祧祭先祖也祧祭遷祖周禮守祧其祧則守祧黝堊之注○注又云故書祧作濯萱按朓祧古今字祧濯正借字晚出有𥜥亦翟聲也翟聲兆聲同部遷主所在曰祧儀禮聘禮不腆先君之祧注○周禮守祧掌守先王先公之廟祧注云遷主所藏曰祧又小宗伯辨廟祧之昭穆注云祧遷主所藏之廟祧之言超也超上去意也禮記祭法遠廟爲祧注○

庣

御覽五百廿九引許愼五經異義云將祧石去之故曰祧又周禮春官序官疏引國語孔注云去廟爲祧祧遠意親盡爲祧家語廟制注○哀公問政注云祧遠廟也又周禮春官守祧注云遠廟曰祧又獨斷上云周祧文武爲祧四時祭之而己遠祖廟爲祧左氏襄廿三年傳先守宗祧注○昭元年傳其敢愛豐氏之祧注云祧遠祖廟又漢書韋玄成傳二祧則時享注云祧是遠祖也又王莽傳中定祧廟注云遠祖曰祧祧者五世六世之祖宋書五十五引禮記祭法有二祧王肅注○左氏襄九年傳以先君之祧處之注云諸侯以始祖之廟爲祧又服注云曾祖之廟曰祧萱按服義大可商○俗有庣厮胸斛旁有庣也一曰突也一曰庣利也爾雅曰庣謂之疀古田器也說文段注斛旁有庣也各本作斛今正斛旁有庣謂斛中有寬於方尺之處若作有斛是斛外有物名斛矣漢律厤志曰量者龠合升斗斛也其法用銅方尺而圜其外旁有庣馬鄭氏曰庣過也算方一尺所受一斛過九釐五豪然後成斛劉歆注九章算術曰晉武庫中所作銅斛其篆書字題斛旁云律嘉量斛方一尺而圜其外庣旁

九釐五豪冪一百六十二寸深一尺積一千六百二十寸容十斗及斛底律嘉量斗方尺而圜其外庣旁九釐五豪冪一百六十二寸深一寸積一百六十二寸容一斗升居斛旁合龠在斛耳上與律厤志同按庣旁者謂方一尺而又寬九釐五豪也不寬九釐五豪則不容十斗故製字从斗庣會意庣字不見於許書今按即窕之異體穴部曰窕深肆極也釋言曰窕肆也又曰窕閒也毛傳曰窕窈窕幽閒也此以幽釋窈以閒釋窕窕訓肆則爲過手方尺訓閒則爲方尺又寬九釐五豪从广與从穴同也今篆體去其首筆則非是爾雅釋文玉篇廣韵皆作斛一曰突也此即鄭氏過也之意也一曰庣利也此又一義爾雅云云庣者金部銚之叚借字銚者田器此云古田器者所以明六書之叚借也詳銚下庣穿也廣雅釋詁臿燕之東北朝鮮洌水之間謂之庣方言五○萱按銚下詳之

佼宵切

佳焦

焦或雥○俗有膲僬火所傷也說文○萱按廣韵焦爲正體雥爲籀文其義較優焦燥也呂覽應言少泊之則焦而不熟注焦烈也太玄玄數臭焦注焦臭也廣雅釋器焦火香焦淮南時則注凡氣因火變則爲焦素問金匱眞言論其臭焦注三焦者決瀆之

官水道出焉素問靈蘭秘典論三焦者包絡府也水穀之道路氣之所終始也白虎通性情○素問四氣調神大論肺氣焦滿注云焦謂上焦也三膲無形之府集韻○萱按韻書多以膲爲三焦之專字然淮南天文月死而蠃蟣膲注云膲讀若物醮炒之醮也則三焦無煩作膲明矣

焦僥短人長三尺者荀子正論以焦僥而戴泰山也注冨國是猶烏獲與焦僥搏也注○山海經海外南經焦僥國注云焦僥民長三尺短之至也又淮南墜形西南方曰焦僥國注云焦僥短人之國也長不滿三尺又列子湯問釋文云僬僥短人國名也西南蠻之別名也萱按焦僥作僬非古也古祇用焦廣韻云僬僥國名人長一尺五寸

沃焦海所漏源水注處也一切經音義引江賦郭注

一焦穫地名詩六月整居焦穫傳○爾雅釋地云周有焦穫

焦石名也文選思玄賦跕焦原而跟趾舊注

焦明水鳥樂稽耀嘉焦明至爲雨備注

冐焦螟蛸也廣雅釋蟲

蕉黑也廣雅釋器萱按此焦蕉爲正借字○又按周禮鬱人注以煑之鐎中此段焦爲鐎也又禮記內則濡炙之舉焦段焦爲燋也又淮南主術擒之焦門注云焦或作巢

僬僬行容止之皃也禮記曲禮下庶人僬僬注○疏云僬僬者卑盡之皃也

燋

所㠯持然火也周禮曰㠯明火爇燋也說文段注持火者人所持之火也少儀執燭抱燋凡執之曰燭未爇曰燋燋即燭也士喪禮注曰燎大燋大燋即大燭也大燭樹於地燭則執於手人所持之火以燋然之燋者苣爲之卜之用燋其一尚也士喪禮楚焞置於燋在龜東注云楚荊也荊焞所以鑽灼龜者燋炬也所以然火者也周禮菙氏凡卜以明火爇燋遂吹其焌契以授卜師杜子春云明火以陽燧取火於日也按以苣然契契即楚焞以楚焞灼龜而作其兆是卜之次第也○莊子逍遙遊釋文引字林云燋所以然持火者

燋火謂小火也莊子逍遙遊日月出矣而爝火不息釋文引司馬注○萱按燋爝音義同

燋謂炬其存火周禮菙氏掌其燋契以待卜事注

燋即蒸儀禮既夕注燭用蒸疏○周禮菙氏杜注云燋讀爲細目燋之燋或曰如薪樵之樵謂所爇灼龜之木也

燋悴也淮南氾論燋而不謳注○一切經音義八引三蒼云燋悴作顣顇萱按此段燋爲醮也俗有顦顇等字讀若燋賁皆醮之異體也總當讀若焦

醮

或作顦憔嫶癄

面焦枯小也說文段注玉篇引楚辭云顏色醮顇希焉所據古本也漢外戚傳嫶姸太息歎稚子兮晉灼曰三輔謂幽愁面省瘦曰嫶冥嫶姸猶嫶冥也按嫶即醮字省同瘤

醮憂也廣雅釋詁一

憔悴憂皃也楚辭離世身憔悴而考旦注

憔悴瘦病也國語吳語而日以憔悴注

癄縮也廣雅釋詁三

癄瘁謂減縮也漢書禮樂志是以纖微癄瘁之音作注

蕉萃陋賤之人左氏成九年傳無棄蕉萃注○萱按此段借字也後漢應劭傳注云蕉萃憔悴古通字

三輔謂憂愁而省瘦曰嫶冥漢書外戚傳上嫶姸太息注

嫶冥猶嫶姸也同上○俗有纖纖

蕉

生枲也說文段注枲麻也生枲謂未漚治者今俗以此爲芭蕉字楚今引吳都賦蕉葛竹越按本艸圖經云閩人灰理芭蕉皮令錫滑緝以爲布如古之錫衰爲左賦之蕉正芭蕉非生枲也○萱按江南北芭蕉皮脆甚不能緝爲布也蓋出閩中者獨可灰治耳

蕉艸莽也莊子人閒世死者以國量乎澤若蕉釋文引向注

蕉芟刈也莊子人閒世釋文引崔注○萱按此謂蕉爲刈之段借也然則字晚出集韻引廣雅六刈斷也刈也廣韻

云劁刈艸

蕉萃陋賤之人萱按此癄之段借字

纖生枲也廣韻○萱按廣韻蕉纖各字既以生枲專屬纖自然以芭蕉釋蕉矣此昧其源流也集韻釋纖爲布屬

鷦

或作鷦𨿊

鷦鷯逗桃蟲也說文段注桃蟲見周頌釋鳥曰桃蟲鷦其雌鴱毛傳亦云桃蟲鷦也鳥之始小終大者笺云鷦之所爲鳥題肩也或曰鴞按單呼曰鷦絫呼曰鷦鷯鷦鷯謂其小也取義於焦眇也桃蟲之桃亦取兆聲謂其小列子盜驪之馬廣雅作駣騑荀卿戰國策作纖離郭注穆天子傳云爲馬細頸此桃訓小之證也郭注爾雅云俗呼爲巧婦注方言云桑飛即鷦鷯也今亦名爲巧婦按許意巧婦者其所謂鴟鴞鸋鴂也鷦鷯者其所謂鷦鷯也許二之郭一之陸璣疏分別與許合○爾雅釋鳥注云鷦䳕桃雀也又舍人注云桃蟲名鷦又詩小毖釋文云鷦鳥始小後大者也

鷦禽也廣雅釋鳥

鷦䳕工雀也同上

鷦䳕小鳥也文選鷦鷯賦序又莊子逍遙遊鷦鷯巢于深林釋文引李注○方言八八桑飛注云桑飛即鷦鷯也又名鷦䳕

鷦鵬鳥也文選吳都賦𥡴鷦鵬劉注

鷦朋俊鳥楚辭遠逝從玄鶴與鷦朋注

鷦明鳳皇屬也廣雅釋鳥○史記司馬相如傳

按鶡明集解云鶡明似鳳又文選難蜀父老注引樂緯云鶡鴨狀如鳳皇

鶡明西方之鳥也史記司馬相如傳索隱引張揖○又引樂汁圖徵宋衷注云鶡明水鳥也

鐎

鐎斗也說文段注斗即刀斗也孟康曰以銅作鐎器受一斗晝炊飯食夜擊持行夜名曰刀斗荀悅曰刀斗小鈴如宮中傳夜鈴也蘇林曰形如鋗以銅作之無緣受一斗故云刀斗鐎即鈴也廣韻溫器三足而有柄鐎溫器也有柄即刀斗也一切經音義十五引聲類○又引韵集云鐎溫器也三足有柄鐎容一斗似銚無緣也一切經音義十五引字林○史記李將軍傳索隱引埤蒼云鐎溫器有柄斗似銚無緣音焦萱按鐎音焦是也漢書注音鐎非無升謂之刀斗方言十三○注云刀斗謂小銚也萱按鐎斗正字也刀斗借字也本無音貂之刁字今本方言作刁斗淺人所敗耳刁斗當作鐎刀姓當作刁短尾之刁當作貂不審刁字將何所用之乎

爵 鬮

古文○平入兩讀注在彼

噍 翠宵切

平去入三讀嚼或○有噍俗齧也說文段注少儀侍食於君子小飯而亟之數噍按數噍句絕所謂亟之也古讀平聲如嚼復嚼今年尚可復年就是也古焦爵同部同音韵唐韵乃分噍切才笑嚼切才爵矣今北音去聲南音入聲嚼咀也爾雅釋獸注復出嚼之釋文引字書又一切經音義十六引字林咀齧曰嚼一切經音義六引通俗文噍嚼也荀子榮辱亦呥呥而噍注○萱按此以或體字釋正字也通其古今而義條矣噍咀嚼也一切經音義一引蒼頡篇噍食也史記高祖紀無類集解引徐廣遺噍茹也廣雅釋言嚼削也稍削也釋名釋言語嚼飲酒相強之辭也後漢竇武傳注○續漢五行志一云後嚼者京都飲酒相強之辭也數噍謂數數嚼之禮記少儀數噍毋為口容疏青州俗呼無子遺為噍類漢書高帝紀上襄城無噍類注引如淳噍踧也禮記樂記其聲噍以殺注噍謂急也禮記樂記釋文噍踧急也史記樂疏書其聲噍以殺正義○萱按樂記志微噍殺之音作說苑修文作感激憔悴之音作此所見異辭非關段借也又文選羽獵賦噍噍昆鳴此段噍為秋異部雙聲也

銚

或作鍬鍫○銚平去兩讀義分盄器也一曰田器說文段注盄器也者今煑物瓦器謂之銚子讀徒弔切是也一曰云云周頌序乃錢鎛傳曰錢銚也許下文錢下亦曰銚也臿田器銚釋器方言皆作斛釋器曰斛謂之疀郭云即古鍫臿字方言曰臿燕之東北朝鮮洌水之間謂之斛趙魏之間謂之喿銚斛喿三字同即今鍫字也七遙反亦湯料反今人俗語正切七遙銚芸苗器也國策秦策無把銚推耨之勢注銚刈物之器也詩臣工疏銚刈也詩臣工疏引世本宋仲子注銚削也能有所穿削也莊子外物銚鎒於是乎始修釋文大鉏謂之銚管子海王耕者必有一耒一耜一銚注長銚長手也呂覽簡選可以勝人之長銚利兵注銚盂也盌謂之盂或謂之銚銳鐍甂甌鋗謂之銚萱按此皆銚之前一義去聲內詳之銚弋羊桃也廣雅釋艸○萱按此引申段借之義也讀若姚益李無正字俗乃加艸作⿱艹銚

宵 選蕘切

○俗有睄夜也說文段注釋言毛傳皆曰宵夜也周禮司寤禁宵行夜游者鄭云宵定昏也按此因經文以宵別於

夜為言若渾言則宵即夜也有假宵為小者學記之宵雅是也有假宵為肖者漢志人宵天地之皃是也○爾雅釋言又釋天釋文又詩小星肅肅宵征傳七月宵爾索綯傳又儀禮燕禮注大射儀注士喪禮注既夕記注又左氏桓九年傳鄭人宵濱注又穀梁襄卅年傳宵不下堂注又家語困誓注又漢書張敞傳注孝武李夫人傳注又淮南要略書怨與晝宵寒暑並明注又楚辭怨思霧宵晦以紛闇注兹云宵夜也又漢書中山靖王勝傳注云宵亦夜也宵是昏之末周禮司寤氏疏宵陽氣消也爾雅釋言舍人注太宵長夜之中也淮南精神甘暝太宵之宅注睄霏幽冥也楚辭疾世閒睄霏兮靡睹注宵扈嗜嗜夜為農驅獸者也爾雅釋鳥舍人注又樊注又左氏昭十七年傳九扈為九農正賈注○獨斷上云宵扈氏農正為民驅獸不由明坦之塗者謂之宵人莊子列禦寇宵人之離外刑者金木訊之注宵綺屬也儀禮特牲饋食禮注萱按此段宵為綃也○宵小也禮記樂記宵雅肄三釋文○萱按此段宵為小宵物侶也宵類也宵化也宵使也萱按此益皆段宵為肖也霄夜也呂覽明理有霄見注

霄

○萱按霄者宵之叚借字霄冥也文選魯靈光殿賦霄靄靄而晻曖張注○俗有霸氣雨霰為霄齊語也說文段注雨猶霰也釋天曰雨霓為霄雪此霄字本義若淮南書上游於霄霓之野高讀如紺綃之綃此則別為一義乃今義行而古義罕用矣霄亦叚消霓冰雪襍下者謂之霄雪爾雅釋天注霄摩天赤氣也後漢仲長統傳注霄日旁氣也漢書楊雄傳注霄雲也後漢張衡傳注又文選補亡詩奕奕玄霄注○謝宣遠張子房詩慶霄薄汾陽注云慶霄即慶雲也霄微雲也文選思玄賦涉清霄而升遐兮舊注霄霓高峻皃也淮南原道注霄盡蕩也墨子經說上霄夜也霄冥也萱按此皆叚霄為宵也

消

消盡也說文段注未盡而將盡也消滅也廣雅釋詁四又文選七發消息陽陰注消削也言減削也釋名釋言語消弱也如見割削筋力弱也釋名釋疾病消爍也素問皮部論熱多則筋弛骨消注消散也文選西京賦消霧埃於中宸薛注○素問脈要精微論當消環自已注云

消謂消散闕為消太玄文月闕其摶注陰用事為消易象下傳消不富也荀注坤者陰死為消史記麻書起消息正義引皇侃消不見也文選東京賦以須消散明薛注不足為消素問脈要精微論消謂內消素問通評虛實論凡治消癉仆擊偏枯痿厥氣滿發逆注癉成為消中素問脈要精微論○後漢李通傳注云消消中之疾也多食數溲謂之消中素問腹中論夫子數言熱中消中不可服高梁芳艸石藥注消激激竭也腎氣不周於胷胃中津潤消渴故欲得水也釋名釋疾病消搖猶觀望也後漢馮衍傳注○文選上林賦消搖乎襄羊注引司馬彪云消搖逍遙也又禮記檀弓消搖于門釋文云本又作逍遙萱按逍乃後出字消河上地也詩清人清人在消傳

銷

○俗有焇鑠金也說文銷猶散也文選恨賦銷落湮沈注銷弃謂散壞也管子五行驅婦不銷弃注銷小也莊子則陽其聲銷釋文引司馬注焇乾也廣雅釋詁二銷生鐵也

文選七命注引淮南許注鍤或曰銷銷削也能有所穿削也釋名釋用器

痟

○俗有痟酸痟逗頭痛也周禮曰春時有痟首疾說文段注周禮疾醫春時有痟首疾注云痟酸削也首疾頭痛也疏曰春時陽氣將盛惟金沴木故有痟首之疾痟病也廣雅釋詁一痟亦頭病也文選蜀都賦味蠲瘍痟劉注痟首疾也管子地員終無痟酲注痟酸削也疼痛也列子黃帝指擿無痟癢釋文痟癢謂疼癢也同上痟猶衰微也史記太史公自序中呂肖矣集解引徐廣

綃

綃生絲也說文段注韻會作生絲繒也今按言繒名則非其次依鄭君則實繒名當云生絲也一曰繒名生絲未湅之絲也已湅之繒曰練未湅之絲曰綃以生絲之繒為衣則曰綃衣古經多作宵作繡特牲禮主婦纚笄宵衣注曰宵衣染之以黑其繒本名曰綃詩有素衣朱綃記有玄綃衣凡婦人助祭者同服也少牢禮注曰大夫妻尊亦衣綃衣而侈其袂玉藻曰君子狐青裘豹褎玄綃衣以裼之注曰綃綺屬也郊特牲繡黼丹朱中衣注曰繡讀為綃綃繒名也引詩素衣

朱綃合此數條知宵繡皆叚借字以此生絲織繒曰綃仍從絲得名也故或云繒名或云綺屬綺即文繒也生絲繒曰綃一切經音義十五引通俗文綃是繒綺別名詩楊之水疏○御覽八百十六引劉芳毛詩義疏云綃綺也又儀禮士昏禮姆纚笄宵衣在其右注引魯詩云綃綺屬也綃輕縠也文選洛神賦曳霧綃之輕裾注輕綃今之輕紗也漢書元帝紀齊三服官注綃頭綃鈔也鈔髮使上從也釋名釋首飾綃今之帆綱也以長木為之所以挂帆也文選海賦維長綃注綃者竹孚俞也文選吳都賦泉室潛織而卷綃劉注○禮記檀弓上綃幕魯也釋文綃又作綃萱按此叚綃為綃也集韻綃綃同字誤矣廣雅有䌰字讀所罵切緘也綃䌰當是一字

蛸

螶蛸逗堂蜋子說文段注月令仲夏之月螳蜋生注云螳蜋螵蛸母也鄭志王瓚問曰爾雅莫貉螳蜋同類物也今沛魯以南謂之蟷蠰三河之域謂之螳蜋燕趙之際謂之食肬齊濟以東謂之馬敫然其名其子則同云螵蛸之是以注云螵蛸母也按堂蜋卵附於木堅勁不可動至小暑而子羣生焉蠨蛸長踦也爾雅釋蟲又詩東山

蠨蛸在户傳○太平御覽引劉禎毛詩義問云蠨蛸長脚蜘蛛也○俗有⿰⻊票

⿺走票 福宵切

輕行也說文

熛

火飛也說文段注亦應引三蒼云熛迸火也呂氏春秋云突泄一熛焚宮燒積班固荅賓戲借焱爲之○文選思玄賦揚芷熛而綷天兮注云熛火飛也又嘯賦注引字林云熛飛火也又漢書敘傳下注云飛火曰熛　熛火燗也文選吳都賦火烈熛林劉注　熛光也後漢班彪傳下注　熛風疾也史記禮書卒如熛風注○萱按凡言風者飄爲正字熛爲段借　熛風熾也文選思玄賦舊注　熛怒如熛之聲文選風賦激颺熛怒注

幖

幖識也說文段注亦三字一句各本作幟也二字今正通俗文曰微号曰幖私記曰幟周禮肆師表齍盛告絜鄭注故書表爲剽剽表皆謂徽識也按剽表皆叚借字幖其本字也凡物之幖識亦曰徽識今字多作標牓標行而幖廢矣　幖幡也廣雅釋器

標

木杪末也說文段注杪末謂末之細者也古謂本末曰本標如素問有標本病傳論是也亦作本剽如莊子云有長而無本剽者是也標在取上故引伸之義曰標舉肆師表齍盛告絜注云故書表爲剽剽表皆謂徽識也按表剽皆同標　標末也廣雅釋詁一又素問六微旨大論此所謂氣之標注又管子霸言大本而小標注又淮南要略標舉終始之壇也注又文選西京賦鳳騫翥於甍標薛注　標書也廣雅釋詁四　標之也文選王文憲集序黃琥之早標聰察注　標猶表識也文選江賦標之以翠翰注　建標立物以爲之表識也文選遊天台山賦赤城霞起而見建標注　標謂上首也素問天元紀大論少陰所謂標也注　標者病之始素問六微旨大論本標不同注　標株柱類淮南本經株欂櫨注　標　標榜猶相稱揚也後漢黨錮傳注

杓

枓柄也說文段注枓柄者勺柄也勺謂之枓勺柄謂之杓小雅言西柄之揭大雅傳曰大斗長三尺張儀傳曰令工人作爲金斗長其尾令可以擊人天官書天文志皆云杓攜龍角魁枕參首北斗一至四爲魁象羹枓五至七爲杓象

枓柄也　杓即柄後漢崔駰傳注○萱按枓柄就勺言因爲凡柄之偁其義博斗柄就星言其義專實則無異也集韻杓有两音以枓柄斗柄分系馬鈲析瑣屑乃尒　杓斗柄也○漢書天文志注引孟康律厤志上王衡杓建注引如淳云杓斗端星也又淮南天文斗杓爲小歲注云斗第五至第七爲杓又傲眞攙搶衡杓之氣注云杓北斗柄第七星　用昏建者杓漢書天文志　杓末也廣雅釋詁一○禮記檀弓上不爲魁注云魁爲首杓爲末　杓引也淮南道應孔子勁杓北門之闕注　杓所擊也淮南兵略爲人杓者死注

𤐫 汁宵切

䅘作票或作㮽○平去兩讀

火飛也說文段注此與熛音義皆同玉篇廣韻亦然引申爲凡輕銳之偁周禮艸人輕𤐫用犬注謂地之輕脆者也漢有票姚校尉票騎將軍票姚荀悅漢紀作票鷂服虔音飄搖小顏二字皆去聲非古也平聲者古音去聲者今音耳今俗閒信劵曰票亦尚存古義凡从票爲聲者多取會意　票飛光也太玄沈見票如累明注　票猶飄颻也後漢張衡傳注○漢書楊雄傳下票昆侖注云票猶言搖動也　票然輕舉意也漢書禮樂志票然逝注　票疾也漢書王商傳注　票禽輕疾之禽也文選長楊

賦校武票禽注又漢書楊雄傳下注　票鷂勁疾之皃也史記衛將軍驃騎傳剽姚校尉索隱萱按票剽正借字○漢書霍去病傳爲票姚校尉注云票姚勁疾之皃也　輕𤐫輕脆者周禮艸人輕𤐫用犬注○萱按票飄義相出入古亦叚票爲飄

飄

回風也說文段注回者般旋而起之風莊子所謂羊角司馬云風曲上行若羊角也釋天云迴風爲飄匪風毛傳同按何人斯傳曰飄風暴起之風依文爲義故不云回風○詩卷阿票風自南釋文本亦作飄又蓼莪飄風發發釋文飄本又作票萱按飄正字票借字　迴風爲飄爾雅釋天又離騷飄風屯其相離兮注大司命令飄風兮先驅注逢尤飄風起兮揚塵埃注○詩匪風匪風飄兮傳云迴風曰飄又卷阿傳云飄迴風迴風也　飄風皃楚辭山鬼東風飄飄兮神霊雨注　飄風旋轉風也素問六元正紀大論少陽所至爲飄風注　飄風無常之風離騷注　飄風疾風也詩何人斯釋文又老子飄風不終朝注又莊子齊物論飄風則大和釋文引司馬注　飄疾也呂覽觀表聖人則不可以飄矣注　飄忽如風之疾也文選舞賦雲轉飄曶注

飄落也莊子達生雖有忮心者不怨飄瓦釋文引李注飄飄飛皃文選秋興賦雁飄飄而南飛注飄雨雪皃文選西京賦雨雪飄飄薛注飄眇聲清長皃文選嘯賦洌飄眇而清昶注

旚

。俗有旚旌旗旚繇也說文段注繇今之搖字小徐作搖旚今字作飄飄搖行而旚繇廢矣廣成頌曰羽旌紛其影馳影馳即旚繇之段借字也

漂

平去兩讀。俗有瀏浮也說文段注謂浮於水也鄭風風其漂女毛曰漂猶吹也按上章言吹因吹而浮故曰猶吹凡言猶之例視此漂漱水中擊絮也莊子曰洴澼之。漢書陳勝項籍傳贊注敘傳上注又文選思玄賦漂通用之磷磷舊注竝云漂浮也漂猶流也文選文賦辭浮漂而不歸注漂動也漢書中山靖王勝傳注漂搖蕩之也文選長楊賦漂崐崘注。萱按漢書楊雄傳作票昆侖票漂義略同漂輕皃文選魯靈光殿賦漂嶢嶢而枝柱注土白曰漂漂輕飛散也釋名釋地漂凌謂漂蕩凌駕也文選長笛賦漂凌絲簧注漂撆謂摩近之也後漢杜篤傳注漂然高遠意漢書楊惲傳漂然皆

有節緊注漂疾也文選洞簫賦迅漂巧兮注漂漱也廣雅釋言以水擊絮曰漂漢書韓信傳注引韋昭漂撆餘響少騰相擊之皃文選洞簫賦聯緜漂撆注

嘌

疾也詩曰匪車嘌兮說文段注檜風匪車嘌兮毛曰嘌嘌無節度也按無節度者即上章所云疾驅非有道之車也平上兩讀注在彼

慓僄

平去兩讀輕也說文段注方言曰佻僄輕也楚凡相輕薄或謂之佻或謂之僄也班固賦曰雅輕迅與僄狡按古或段剽爲之僄亦作嫖霍嫖姚是也。廣雅釋詁三又後漢班彪傳上注袁紹傳注又荀子修身急慢僄弃注竝云僄輕也又荀子議兵輕利僄遬注云僄亦輕也僄狡獸之輕捷者後漢班彪傳上注僄狡勇捷也後漢馬融傳注僄疾也漢書谷永傳注

嫖

輕也說文段注與人部僄音義皆同漢霍去病票姚校尉票姚讀如飄搖謂輕疾也荀悅漢紀作票鷂音亦同耳古

多平聲後代乃多改爲去聲師古讀頻妙平召二切殊失古意證以杜子詩益可見矣嫖驍勇也荀子議兵輕利僄遬注。萱按荀作僄注作標高意僄嫖同字也故也故集韻挹合之然義同字異說文分見二部末容併也

剽

平去兩讀義異砭刺也一曰剽劫也說文段注砭刺也謂砭之刺之皆曰剽也砭者以石刺病也剌者直傷也砭刺必用其器之末因之凡末謂之剽莊子謂李末爲本剽素問有標本病傳論標亦末也一曰剽劫云云按此義當去聲剽削也廣雅釋詁三又後漢傳注崔寔傳剽賣田宅注剽末也荀子賦長其尾而銳其剽者邪注又莊子庚桑楚剽有所出釋文引崔注大鐘謂之鏞其中謂之剽爾雅釋樂。李注云其中微小故曰剽剽小也萱按李以小釋剽讀平聲也又孫注云剽音聲輕疾則讀剽爲去聲矣

翹　去姚切

尾長毛也說文段注班固白雉詩發皓羽兮奮翹英射雉賦斑尾揚翹按尾長毛必高舉故凡高舉曰翹詩曰翹翹錯薪高則危詩曰予室翹翹翹尾也廣雅釋言又後漢班彪傳下注又文選江賦蟜蝤森衰以垂翹注翹羽也楚辭招魂砥室翠翹注翹舉也廣雅釋詁一又漢書刑法志注引蘇林又淮南脩務翹尾而走注

注翹起發也禮記儒行麤而翹之疏翹猶懸也文選曹子建襍詩翹思慕遠人注翹茂盛皃文選歎逝賦春翹而有思注翹翹衆也廣雅釋訓翹翹高皃詩漢廣疏翹翹遠皃左氏莊二年傳翹翹車乘注又服注翹翹薪皃詩漢廣傳翹翹危也爾雅釋訓又詩鴟鴞傳翹遙輕舉皃文選南都賦翹遙遷延注雞翹綵也廣雅釋器。急就章春艸雞翹鳧翁濯預注云雞翹雞尾之曲垂也若今染家言鴨頭綠翠毛碧云連異翹爾雅釋艸。萱按釋文亦作翹乃專字之晚出者古祇用翹

嗸　羽翹切

或作謠。二部三部兩見徒歌說文段注釋樂曰徒歌曰謠魏風毛傳曰曲合樂曰歌徒歌曰謠又大雅傳曰歌者比於琴瑟也徒歌曰謠徒擊鼓曰咢今本或妄刪之。段又注謠从言肉聲肉聲則在弟三部故繇即由字音轉入弟二部故繇䍃傜皆讀如遙䍃謠古今字也謠行而䍃廢矣凡經傳多經改竄僅有存者如漢五行志女童䍃曰厭弧萁服篇韻皆曰䍃與周切從也此古音古義。萱按凡从䍃聲之字分見弟二弟三兩部則䍃當以古音轉音兼載兩部非止訓

從之書讀由也學者詳之徒歌曰謠詩園有桃我歌且謠傳又周禮大司樂疏又穆天子傳三西王母爲天子謠注又列之周穆王注又國語晉語童謠有之注又漢書五行志中之上注敘傳上考遵愍以行謠注○爾雅釋樂又書大傳其歌聲比余謠注竝云徒歌謂之謠行歌曰謠國語晉語辨妖祥於謠注有章句曰歌無章曲曰謠初學記十五引韓詩章句謠謂無絲竹之類獨歌之爾雅釋樂舊注謠聲消搖也爾雅釋樂孫注○左氏僖五年傳童謠云疏云徒歌謂之謠言無樂而空歌其聲逍遙然也謠謂毀也離騷謠諑謂余以善淫注謠言謂聽百姓風謠善惡而黜陟之也後漢劉陶傳注二部三部兩讀

五

缶

瓦器也說文缶瓶也廣雅釋器缶甖也淮汝之閒謂之缶方言

偺

或作偺喜也自關已西物大小不同謂之偺說文段注喜下曰樂也王風君子陶

陶傳曰陶陶和樂皃也陶陶即偺偺之假借也凡言遙遙歟歟皆疊字則知可知偺偺矣釋詁曰繇喜也繇亦即偺郭注以檀弓咏斯猶釋繇殊誤鄭云猶當謂搖謂身動搖也凡偺役字即此字之繇變自關以西云云此方言殊語也方言六曰陂偺衰也陳楚荆揚曰陂自山而西凡物細大不純者謂之偺郭注言俄偺也○董按禮記王制注不袷其偺役釋文偺本又作繇此用段借字與爾雅繇喜也同偺役也漢書蕭何傳注偺緩也謂不迫速也荀子王霸佻其期日注

嗂

喜也說文段注此字與偺義相近○董按偺嗂義同不但音同也

𣢾

或作歈歈歈气出皃說文段注按詩君子陶陶傳曰陶陶和樂皃疑正字當作歈又繇陶字亦當作此

䟻

跳也說文又廣雅釋詁一○方言一云䟻跳也陳鄭之閒曰䟻曲肩行皃說文段注九思音案衍兮要媱舞容也廣韻云媱美好

媱

媱遊也江沅之閒謂戲爲媱方言十媱戲也廣雅釋詁三媱婬也廣雅釋詁一

榣

樹動也說文段注榣之言搖也今俗語謂煽惑人爲招榣當用此从木二字謂能招致而搖動之也○董按搖言凡動搖專言樹動義相通貫也說文招下云樹搖皃乃招搖行而招榣廢矣榣木大木也國語晉語注○董按此用榣爲繇也繇在三部以雙聲通借

搖

動也說文又廣雅釋詁一又史記屈原賈生傳搖增翮逝而去之正義蘇秦傳二日而莫不盡繇索隱又莊子則陽復命搖作釋文又淮南原道扶搖抮抱羊角而上注又楚辭招魂鏗鍾搖簴注又文選長笛賦有所搖衍注○素問骨空論能使揄臂脊肘注云搖謂搖動也又禮記檀弓下咏斯猶注云搖謂身動搖也董按揄猶皆搖之借搖作也爾雅釋詁搖上也方言十二又廣雅釋詁一搖治也廣雅釋詁三搖疾也廣雅釋詁一搖扇疾也燕之外鄙朝鮮洌水之閒曰搖扇方言二搖者不定管子心術上心搖搖不安之皃漢書五行志中之上注搖搖無所託大戴記武王踐作若風將至必先搖搖注搖搖憂無所愬詩黍離中心搖搖傳○疏云搖搖是心憂無所附著之意搖漾

飛皃也文選沈休文詠湖中雁詩刷羽同搖漾注搖刖危皃也文選七命搖刖嶢挺注搖光則招搖也禮記曲禮上注又畫招搖星於旌旗上疏搖翟畫搖雉之文於衣也江淮而南青質五色皆備成章曰搖釋名釋衣服○董按此段爲鷂字也聲同則相通借矣搖字古又作遙作颻作愮作慆作繇皆段借字

瑤

石之美者詩曰報之以瓊瑤說文段注各本石譌玉今依詩音義正衛風報之以瓊瑤傳曰瑤美石正義不誤王肅某氏注尚書劉逵注吳都賦皆曰瑤琨皆美石也大雅曰維玉及瑤云及則瑤璣於王周禮享先王大宰贊王王爵內宰贊后瑤爵禮記尸飲五君洗玉爵獻卿尸飲七以瑤爵獻大夫是玉與瑤等差明證九歌注云瑤石之次玉者凡謂瑤爲玉者非是石次玉名曰瑤離騷望瑤臺之偃蹇兮注○東皇太一瑤席兮玉瑱注云瑤石之次玉者也瑤石而似玉者也漢書禮樂志眺瑤臺注引應劭又淮南本經紂爲琁室瑤臺注○左氏昭七年傳疏云瑤之爲物在玉石之間與玉小別故或以爲石或以爲玉瑤瓊也後漢張衡傳注

瑤玉也瑤是玉之別名瑕瑤亦玉名瑤華玉華也蓋按見楚辭注穆天
子傳注詩周禮禮記疏皆謂瑤爲玉也要非確詁瑤爵所以亞王酬賓也周禮內宰注〇又云
瑤爵謂尸卒食王既酳尸后亞獻之其爵以瑤爲飾瑤光謂北斗杓第七星也淮南本經瑤光
者資糧萬物者也注瑤光和氣之見者也同上〇蓋按瑤光曲禮疏作搖光義亦兩通耳又別賦瑤
艸注謂瑤與䔄同然說文無䔄瑤谿瑤岸也後漢張衡傳注瑤言有美德也詩公劉疏

珧

蜃甲也所以飾物也禮記曰佩刀天子玉琫而珧珌說文段注介物
之殼曰甲釋器曰以蜃者謂之珧按爾雅蜃小者珧東山經嶧皋之水多蜃珧傳曰蜃蚌屬珧玉珧亦蚌屬然則蜃珧二
物也許云一物者據爾雅言之凡物統言不分析言有別蜃飾謂之珧猶金飾謂之銑玉飾謂之珪金不必皆銑玉不必
皆珪也禮記云云見毛傳按天子玉琫珧珌備物也諸侯璗琫璆珌讓於天子也璆美玉也天子玉上諸侯玉下故曰讓
於天子也大夫鐐琫璆珌銀上金下也士璗琫珧珌珧有玉珧之價貴於璗自諸侯至士皆下美於上惟天子上美於下

毛詩集注定本釋文皆作諸侯璆珌惟正義作諸侯鏐珌又集注定本釋文皆作大夫鏐珌惟正義作大夫鐐珧又說文
作士珧珌正義作士瑒珧與說文異珧玉珧即小蚌爾雅釋魚注以蜃者謂之珧爾雅
釋器又詩瞻彼洛矣釋文珧蜯屬也以蜯飾弓弭爾雅釋器釋文珧弓名也楚辭天問
馮珧利決注

姚

虞舜居姚虛因以爲姓或爲姚嬈也史篇以爲姚易也說文段注
帝王世紀云舜母名握登生舜於姚墟因姓姚氏也世本舜姓姚氏嬈音苛也王莽傳徵天下史篇文字孟康曰史籀所
作十五篇也許三偁史篇皆說史篇者之辭易益治也廣雅姚悅皆好也荀卿子美麗姚冶楊注引說文姚美好皃今說
文無此語〇山海經大荒南經帝俊妻娥皇生此三身之國姚姓注云姚舜姓也姚好也方言十三又廣雅釋
詁一姚冶妖美也荀子禮論其立文飾也不至於窕注姚僄姚言飛揚也漢書禮樂志雅
聲遠姚注〇蓋按此既借之義如霍僄姚矣又荀子榮辱其功盛姚遠矣注云姚與遙同姚莖涂薺爾雅釋艸

籲

平入兩讀注在彼

軺

〇俗有輶小車也說文又漢書食貨志下異時算軺車注〇平帝紀立軺併馬注引服虔曰立軺立乘小車也又
史記貨殖傳其軺車百乘注云軺車輕小之車也軺車也廣雅釋器軺馬車也國語齊語服牛軺馬
注又史記貨殖傳注引徐廣軺遙也遙遠也四向遠望之車也釋名釋車〇蓋按平
紀所在爲駕一封軺傳遣詣京師注云以一馬軺車而乘傳又廣韵云軺使車

窯

〇俗有窯燒瓦窯竈也說文段注窯似竈故曰窯竈韵會本作燒瓦窯也無竈字大徐本作燒瓦竈也非是
緜詩鄭箋云復穴皆如陶然是謂經之陶即窯字之段借也緜正義引說文陶瓦器竈也益其所據乃缶部匋下語匋窯
益古今字窯燒瓦竈也一切經音義十一引蒼頡篇十五引字林〇音義廿二引通俗文云瓦竈曰窯
陶竈曰窯一切經音義一引通俗文

跳

統姚切

〇俗有踈蹷也一曰躍也說文蓋按說文蹷僵也一曰跳也躍迅也〇列子湯問跳往助之釋文又番書

音義中引字林拉云跳躍也跳躍也謂足絕地而高舉也左氏襄廿五年傳注特跳此者
蹏〇爾雅釋言窕閒也舍人注云跳者躍之閒跳謂疾去也史記荊燕世家遂跳驅至長安索隱超踊
爲跳史記高祖紀索隱引通俗文跳上也廣雅釋詁一跳條也如屮木枝條務
上行也釋名釋姿容跳謂走也漢書高帝紀上漢王跳注引如淳又史記高紀索隱引無謂字跳
輕身而獨出也漢書項籍傳注〇高帝紀上注引晉灼云跳獨出意也跳脫獨去也史記
荊燕世家索隱其跳者踦也御覽人事部四引書大傳踏䠥𨁲跳也自關而西秦
晉之間曰跳方言一

趒

雀行也說文段注今人概用跳字趒越也一切經音義九引韵集

芀

〇俗有芀葦華也說文段注釋艸曰葦醜芀穎注漢書云藂錐者是也取其脫穎秀出故曰芀方言錐謂之鍣音
苕因此凡言芀秀者多借苕字爲之韓詩葦蔄字作蔄釋艸藁蔘茶菼薍芀皆謂艸之秀豳風傳曰茶萑苕也夏小正傳

曰荼蘳華之秀是與芋秀同名荼矣華華大於蘳華故蘟亦一名華○蘳按芳正字苕蔺旹叚借字爾雅蕺蔑芳釋文云芳字或作苕

苕

苕華之秀也荀子勸學繫之葦苕注○文選檄吳將校部曲云鷂鷦之鳥巢於葦蔺

苕籀艸也說文○又詩防有鵲巢邛有旨苕傳○苕之華釋文云苕艸名苕艸之苕也文選文賦或苕發穎豎注苕陵苕爾雅釋艸又詩苕之華傳苕一名陵時爾雅釋艸注引本艸又詩苕之華陸疏苕苕饒也幽州人謂之翹饒詩防有鵲巢陸疏○齊民要術十引詩義疏云苕饒也幽州謂之翹饒○董按左氏成十六年傳舍之于苕丘公羊作招丘招苕同召聲相通借也苕華之秀也荀子勸學注○董按此段苕爲芳也

撩 呂翹切

理之也說文段注之字依玄應書卷十五補下云謂撩捋整理也今多作料量之料通俗文云理亂謂之撩理○廣雅釋詁二云撩理也撩取也爾雅釋器注今之撩罟釋文又廣雅釋詁一

嫽

女字也說文段注廣韵相嫽戲也此今義也按毛詩傳及許人部曰僚好皃益亦可用此字方言釗嫽好也也

嫽好也廣雅釋詁一○方言二云好青徐海岱之間曰釥或謂之嫽注云今通呼小姣潔喜好者爲嫽釥嫽嬈戲弄也一切經音義八引纂文嫽嬈也嫽戲也並廣雅釋詁二嫽者慧也董按此段嫽爲僚也

遼

○俗有遼遼適遠也說文段注小雅山川悠遠維其勞矣箋云其道里長遠邦域又勞勞廣闊勞者遼之段借也○廣雅釋詁一云遼遠也說文遠遼也此之謂轉注董按遼遼遠也廣雅釋訓○楚辭憂苦山修遠其遼遼兮注云遼遼遠皃遼假緩之公羊桓十一年少遼緩之注遼巢彭濞蘊積皃也淮南俶眞遼巢蘊積而爲雨注○董按漢碑多段遼爲寮而又譌作遼適遠

寮

○俗有寮穿也論語有公伯寮說文段注倉頡篇曰寮小空也西京賦曰交綺豁以疏寮薛曰疏刺穿之也善曰倉頡篇云寮小窗魏都賦曰皦日籠光於綺寮按大雅及爾同寮左傳曰同官爲寮毛傳曰寮官也箋云與汝同官俱爲卿士益同官者同居一域如俗云同學一處爲同窗也亦假僚字爲之左傳泉丘人女奔孟僖子其僚從之杜

注部女爲僚友寮俗省作寮寮空也廣雅釋詁三寮官也爾雅釋詁又國語晉語勿寮勿從注又漢書哀帝紀注同官爲寮穀梁莊十六年傳內寮一疑之也注外同官曰寮國語魯語今吾子之教官寮注僚官也詩板傳又法言重黎今何僚也注又後漢崔駰傳注○董按寮寮同字僚則叚借也僚力小切好也此本義也自借爲寮而訓官而本義隱矣俗人不辨正借直謂僚寮同字陋矣夫同官爲僚儀禮士冠禮主人之僚友疏士喪禮疏又爾雅釋詁注僚友同官者禮記曲禮上僚友稱其弟也注僚工皆官也書皋陶謨百僚師師百工惟時晚出傳○高彪碑遼叢黨感慟揚統碑百遼數傷李翊碑顯名遼疇董按此段遼爲寮也又謁者景君墓表百遼失氣又夏湛碑官遺臨予又揚君石門頌百遼咸從董按遼適遼皆遼之俗體即皆寮之叚借矣又祝睦碑寮屬欽熙魏元丕碑訓咨羣寮董謂此段寮爲寮而又譌作寮矣僚勞也共勞事也左氏昭七年傳隸臣僚服注

璙

玉也說文段注謂玉名也如毛傳皃山也繹山也之例不言山名也古傳注不多不言名

鐐

白金也說文段注爾雅別之曰其美者許別也毛詩傳曰大夫鐐琫而鐐珌不白金謂之銀其美者謂之鐐爾雅釋器○釋文引字林云鐐美金也

簝

宗廟盛肉竹器也周禮供盆簝以待事說文段注牛人共盆簝以待事注盆所以盛血簝受肉籠也供當依周禮作共簝籠也廣雅釋器

膫

膋或牛腸脂也詩曰取其血膫說文段注小雅信南山文膟下云一曰膟腸閒肥也一名膫然則膫一名膟矣今按膟益即膋字之異書膫同訓腸間脂與郊特牲注合今毛詩禮記皆作膋膟膋脂也廣雅釋器膋腸閒脂也禮記內則肝膋注又漢書禮樂志㸌膋蕭注引李奇膋是牛腸閒脂也禮記祭義釋文引字林膟膋腸閒脂也禮記郊特牲取膟膋燔燎升首注○祭義取膟膋乃退注云膟膋血與腸閒脂也膋脂膏也膋以升臭詩信南山箋○楚茨釋釋文云膋脂膏也明也詩含神霧男儒弱女高瞭注○董按此段膫爲瞭若瞭也疑形近而譌耳瞭明也瞭目明也字皆說文所所無

鳭

〇俗刀鷯遛剖葦句〇說文段注釋鳥鴂鷯剖葦鴂者刀之有雌俗字郭云好剖葦皮食其中蟲因名云按爾雅說文之剖葦自是刀鷯之別名今本說文食其中蟲云四字淺人用郭注羼入也能剖葦故名刀鷯與剖義相應改刀爲鳭讀丁堯切非也玉篇云鷯亦作鳭鴂其說尤誤鷯鷯爲小鳥刀鷯則不甚小觀郭云似雀青班長尾則大於鷯鷯可知也 鳭鷯江東呼蘆虎爾雅注 鴜鷯爾雅釋鳥

㪉

擇也周書曰㪉乃甲冑說文段注棐誓某氏注言當善簡汝甲冑與許說合 㪉謂穿徹之書棐誓鄭注〇萱按史記魯世家作陳爾甲冑豈㪉亦訓陳歟

料療

平去兩讀注在彼 平去兩讀義分

量也說文段注量者稱輕重也稱其輕重曰量稱其多少曰料其義一也知其多少斯知其輕重矣如稻重一秳爲粟二十斗是也引申之凡所量度豫備之物曰料讀去聲〇漢書韓信傳注蒯通傳注賈誼傳注郭陽傳注司馬遷傳注趙充國傳注馮奉世傳注又文選褚白馬賦注引字林竝云料量也 料度也文選吳都賦下料物

韻史 卷六第二部平聲高韻

七四五

土劉料理也廣雅釋詁二料數也國語楚語宣王料民於太原注楚語楚師可料也注又國策秦策王之料天下過矣注以上容料之注勝教者彷料也之注料謂㪉擇也鬼谷子揣闔捭之者料其情敵制體而不工者料也注料虎頭編虎須注莊子盜跖料將也料矣蒙料數料大小而謂之麻小者謂之料聲清而不亂爾雅釋樂注料者賦表料 徐注料庆小而徹也文選射雉賦徹鑒 〇俗有料釋爾雅以樂

切㮂桃

樵

藮〇俗散木也說文段注小雅詩無將大車傳楊雄傳柎上樵采樵蒸者以樵爨之注又公羊桓左氏桓十七年傳注〇漢書杜篤傳注引字林又木 桑樵薪也爾雅釋木釋文引字林又七年傳注云樵薪木柎桓公羊 廣雅釋木〇字又作藮爾雅釋木樵薪蒸也淮南上注論語棋木樵取薪也史記淮陰侯傳又文樵蘇集解引漢書音義而南沮注之樵之者何雄傳注庾文選魏都賦注引漢書晉灼注 以火攻也公羊桓七年傳以樵燒之故因謂之樵之樵之齊人語

韻史 卷六第二部平聲高韻

七四六

切馭翹

落芍 𡍮 堯

桓七年傳焚之者何樵之也注〇漢書趙充國傳注云樵與譙同謂爲高樓以望敵也萱按此段樵爲譙耳 芍芍有蓨〇俗艸也說文〇萱按晚出有落字疑是落之譌體 說文段注依廣韻會名也 土高皃說文段注與廣韻會合 土高也說文段注土三人古文高也堯從垚在兀上高遠也 山部之言皇也堯之爲言至高也以比聖人至高之稱也 尚書言堯舜禹湯之名非諡也 古文尚書說堯舜非諡大韻誤以四聲乃誤以古今不同之人 汗簡汲古閣本作堯 傳堯亦美諡也論衡須頌等〇書序 皇也翼善傳聖曰堯又書堯典〇國策白虎通諡法 表注引張晏又獨斷傳聖〇逸周書諡法 引禮諡法云翼善傳聖曰堯 或書堯焦嶢山高皃不能文字段注又淮南子 作堯焦嶢

峣

山高皃也說文〇左思魏都賦作峣嶢而堯高遠也文選西京賦注引字林嶢山高皃 嶢嶢 土在其上亦高也言至高之兒 之焦嶢 山高皃白虎通日 堯者高也饒也 俗通皇覇引也 大下徐生 李時說文 蔡邕 典引 堯之爲言嶢也 鴻雅之容 諡法 又稽古帝堯 漢書古今人表注 雲揚雄傳而散歇蒸嶕嶢古作焦嶢則不嶕山之高祇作焦〇漢

韻史 卷六第二部平聲高韻

七四七

僥

書楊雄傳下注又文選陶潛挽歌詩注引字林嶢高也方言云嶕嶢山皃又後漢班固傳上注西京賦注表嶢嶢闕也 嶢嶢高皃漢書 釋詁又廣雅四 峣者言高遠也於閻西薛綜注 揚雄傳注 上 嶢嶢危也 廣雅釋詁 文選魏都賦注張衡西京賦薛綜注 嵬嶢高峻之皃也 文選旗亭之魏都賦注杌嶢嶢峥嶸高嶢嶢山之闕也 陸雲後漢書杜篤傳注 峣崝 高峻之皃也 嵬嶢六注嵬嶢注杌崝山 嶢嶢峻嶢山之闕 後漢張衡傳注 嶢崝 崟皆高峻之皃也 文選方言之 堯持也廣雅釋詁三 南方有焦僥人長三尺短之極也說文段注 焦僥以是當作民魯語作民是人非民 作一民作一 魯語作焦僥人 之則从人引國語之 經國曰焦僥氏 爾雅別名 經典民非一 也 南蠻小人名 曰焦僥之國 日有人名曰 焦僥 山海經大荒南經 列子湯問從中州以東四十萬里得焦僥國 山海經南方國 之國 三方 蓋首 東 海外南經 經 西 正語 短人國名也〇萱按言四十萬里者緣木求知地理之僥故國其注 焦僥 魯語 山海經

韻史 卷六第二部平聲高韻

七四八

汴𪏭切

瓢

數落也廓僥猶求也僥倖求利不止之皃萱按此段僥爲懒也或作䰟鬭蠡也說文段注蠡者蓋也豆部曰蓋者蠡也以一以一瓢劙爲二曰瓢亦曰蠡亦曰蓋蠡一作鑑見九數方言一作蠡見皇象書急就碑李其作蠡者見周禮鬯人注漢書東方朔傳詳豆部○方言五云鑑陳楚宋魏之閒或謂之瓢瓢瓠也論語雍也一瓢注瓢謂瓠蠡也歐集解引孔注周禮鬯人注齋杜注○萱按故書瓢作劙段借字也瓢瓠片也論語皇疏瓢瓠勺也江南曰瓢檅蜀人言一切經音義十八引三蒼○漢書食貨志檅蠡而顏淵簞食瓢飲注云瓢瓠勺也

韻史卷七

泰興何萱石閭譔集　子庋校字
上海顧錫麒竹泉覆審
武進李兆洛申耆鑑定

第二部上聲

杲韻

開口評
攷鳥切

杲 明也說文段注衛風杲杲出日毛曰杲杲然日復出矣○廣雅釋詁四云杲明也又管子內業杲乎如登于天注云杲明皃杲信也廣雅釋詁杲杲白也廣雅釋訓

縞 鮮卮也說文段注各本作鮮色今正漢地理志師古注縞鮮支也司馬相如傳正同顏語多李說文彼時未誤益支亦作卮因謂毛色也廣雅縠總鮮支也縠縞也許謂縞即鮮支鄭風縞衣綦巾毛曰縞衣白色男服也王逸曰縞素也任氏大椿釋繒曰縞素也左氏襄廿九年傳縞細繒也淮南曰縞帛廣雅生帛曰縞執帛縞繒也與之縞帶釋文兵略雅有縞之嶁注引又文選子縞是薄繒東門詩出其縞皓素也繒之虛賦揄紵縞注引司馬彪上履絲曳縞注○後漢順帝紀注云精白者也漢書食貨志上之精白者曰縞又小爾雅廣服云繒之精白者也縞皓也繒也

之精者曰縞又書禹貢厥篚織縞晚出傳云縞白繒疏布也縞白色生絹子禮記王制注深衣縠尚白而縞衣裳疏○曾縞白色如素問六節藏象論注小爾雅廣詁又漢書韓安國傳縞祥冠而縞以縞素黃不能入魯縞注○禮記檀弓上武縞冠素紕注云縞也云縞白素也縞兵皆縞素帝紀上縞謂之紨釋器廣雅縞練也同上○萱按此渾言也漢書高縞冠也禮記雜記注○說苑委武夭冠而縞縞析言之則縞生練孰也○大戴記小正縞也者莎隨也萱按此夏小正繢縞爲緩縞也傳爲縞也縞冠武書作稾稈也說文段借爲矢幹之稾左傳注皆云稾秆○俗有稾稈也一切經音義十七引蒼頡又廣雅之稾屬平云之稾也稾禾稈也持稾注蕭何傳毋收稾爲獸食注書五行志下之上民驚走萬二百八十六石注注箭幹謂之稾漢書五行志下之上民驚走貢禹傳又出稾稅注注箭幹謂之稾周禮夏官序官稾人司農注所作起艸爲稾文選魏公九錫文注引漢書如淳注○後漢馬援傳注云稾艸也稾勞也書稾飫序稾晚出傳

猶散也儀禮既夕記槀車載蓑笠注○注又云今文槀爲潦萱按此益潦槀爲正借字也謂槀用再引申之義亦略可通槀車潦車也爲雨而設詩無羊傳蓑所以備雨疏稿乾也國語魯語注○萱按此段稿爲薨也然義遠疑本段槁而轉寫誤耳

槀 口島切

或書作槁○俗有菜槁鎬鶮木枯也說文段注枯槀禾槀字古皆高在上今字高在右非也凡潤其枯槀曰槀如慰其勞若曰勞以膏潤物曰膏尚書稿飫周禮槀人小行人若國師役則令槀禮之義皆如是鄭司農以漢字通之於槀人曰槀讀爲槁師之槁主宄食者故謂之槁於小行人曰槀當爲槁謂槁師也蓋漢時盛行槁字故大鄭以今字易古字此漢人釋經之法也左傳國語皆有槁字左傳服注曰以師枯槀故饋之飲食韋注國語曰槁勞也計左國皆本作槀今本作槁者亦漢人所改如牛人軍事共其槁牛此必後鄭從大鄭所易也小行人經文從大鄭易爲槁而注之曰故書槁作槀今本則譌外難讀矣何注公羊曰牛酒曰槁高注淮南曰酒肉曰餉牛羊曰槁漢庳彰長碑又作勞醻許不錄槁醻字者許以槀爲正字不取俗字也鄭箋詩讀槁爲槀○一切經音義五引字林云槀木枯也槁枯也荀子勸學

韻史 卷七第二部上聲杲韻

七五三

雖有槁暴注禮論注又楚辭怨思艸木搖落時槁悴兮注○素問四氣調神大論則菀槁不榮注云槁謂枯槁也槁乾枯也孟子梁惠王上則苗槁矣注槁枯葉也荀子王霸若振槁然注議兵注槁乾葉也史記禮書舉若振槁索隱槁謂木葉落也詩蘀兮箋○文選吳都賦魔城若振槁注云槁葉落離爲科上槁易說卦傳槁就也考工記輪人爲輪注揉謂以火槁之疏死灰槁木又取其寂寞無情耳莊子齊物論形固可使如槁木而心可使如死灰乎注固槁項羸瘦兒莊子列禦寇槁項黃馘者釋文○釋文又云槁本作矯萱按槁矯蓋形近而譌耳非關段借也又說卦傳科上槁干本槁作犒此可兩通又文選潘安仁河陽縣詩頹如槁石火注云槁與考古字通此段槁爲考耳槁骨貝也荀子禮論含以槁骨注藁枯艸也國語齊語擊藁除田注犒勞也廣雅釋詁一又左氏僖廿六年傳公展喜犒師釋文昭五年傳蹶由犒師注又公羊莊四年傳釋文僖卅三年傳犒以鄭伯之命而犒師馬注又國語魯語展禽使乙喜以膏沐犒師注又後漢馬融傳注○序彰長田君碑云史見勞鶮芳馨馥芬犒者以酒食餉饋軍師

韻史 卷七第二部上聲杲韻

七五四

之名也左氏僖廿六年傳疏牛酒曰犒公羊莊四年經注牛羊曰犒共其枯槁也淮南氾論犒以十二牛注槀乾也萱按此段槁爲薨

薨

死人里也說文段注樂府相和曲有薤露蒿里之歌譙周崔豹皆云起於田橫自殺從者爲作悲歌崔云謂人命奄忽如薤上之露易晞滅亦謂人死魂魄歸於蒿里蒿里辭曰蒿里誰家地聚斂魂魄無賢愚然則蒿里者謂盛葬之間也且其字作蒿此獨云薨死人里則字不作薨而義亦殊蓋有一里人盡死者因目爲薨里許所聞不同譙崔也按周禮乾無謂之薨內則堇荁枌榆免薨注免新生者薨乾也然則凡死而枯槁謂之薨不必如許所說薨乾也周禮獻人辨魚物爲鱻薨注○禮記曲禮下槀魚疏云槀乾也又國語魯語矠魚鼈以爲夏槁注云槁乾也萱按薨正字槀稿皆段借字槀本有乾義槁則否疑稿又槁之譌也薨謂乾肉周禮庖人凡其死生鱻薨之物司農注槀魚曰商祭禮記曲禮下又獨斷上○曲禮釋文云槀魚乾魚

芺 挨島切

艸也味若江南食之以下气說文段注名醫別錄云苦芺主柰瘡不云可下气漢人謂稼章

韻史 卷七第二部上聲杲韻

七五五

長沙爲江南芺薊其實荂爾雅釋艸

鶮

○俗有鶮雉鶮鳥也說文段注三字句疑即釋鳥之鶮頭

鎬 海杲切

盄器也武王所都在長安西上林苑中字亦如此說文段注此於例不當載而特詳之者說段借之例也武王都鎬本無正字偶用鎬字爲之耳一本有其字之段借一本無其字之段借也鎬京或書鄗乃淺人所爲不知漢常山有鄗縣○詩文王有聲云宅是鎬京又書洪範釋文云鎬武王所都也又荀子王霸湯以薄武王以滈注云鎬武王所都京也萱按薄滈皆段借字滈水字亦借滈鎬也方也皆北方地名詩六月侵鎬及方箋○萱按此別一鎬地非西京也鄗鄗京也國語周語杜伯射王於鄗注○萱按文選西都賦遂繞酆鄗水經注十九引宅是鄗京皆用此字姑謂之段借可耳此光武即位處去西都遠甚雖同高聲頗嫌牽強矣鎬也者莎隨也大戴記夏小正提鎬傳○萱按此義滈爲正字而說文不錄

滈

久雨也說文段注引申爲水兒上林賦翯乎滈滈吳都賦滈汗六州之域借爲京兆鎬水字○萱按鎬京亦借用

韻史 卷七第二部上聲杲韻

七五六

滈孫鄉去武王以滈滈滈水白光皃史記司馬相如傳索隱引郭璞

鰝 鰕 大鰕也說文段注見釋魚郭云鰕大者出海中長二三丈鬚長數丈今青州呼鰕魚大者爲鰝鰕吳都賦曰罩鰝

顥 鶮鶮○俗有 白皃从景頁楚詞曰天白顥顥南山四顥顥逗白首人也說文段注漢郊祀歌曰西顥沆碭西都賦曰鮮顥氣之清英顥與臭音義略同景者日光也日光白从景頁言白首也按上文當云白首皃李善注文選引陳類顥白首皃聲類益李許書今許書乃爲淺人刪首字耳郊祀歌西都賦及楚辭則皆引申段借也天白顥顥見大招王逸曰顥顥光皃按楚詞七字當廁白首人也之下寫者亂之耳南四八目廣韵作商皇甫士安高士傳曰四皓皆河內軹人或在汲一曰東園公二曰甪里先先生三曰綺里季四曰夏黃公秦始皇時退入藍田山作歌風乃共入商雒隱地肺山漢高徵之不至深自匿終南山不能屈已按曰藍田山曰商雒地肺山曰終南山東西相接八百里實一山也許傳曰終南周之名山中南也左傳作中南史漢謂之南山楊雄解嘲曰四皓采

榮於南山說文作南山不誤張良傳注商山四皓宋時淅本作南山顥白云云以是爲白首之證他書作四皓者通段字也○漢書音義引字林又後漢班彪傳上注竝云顥白皃也西方曰顥天呂覽有始○注云全色白故曰顥天顥大也漢書叙傳上注引孟康顥言氣顥汗也漢書司馬相如傳下肇自顥穹生民注灝溔皆水無涯際也史記司馬相如傳灝溔潢漾正義引郭云○萱按此段灝爲顥也

帶果切

灝 豆汁也說文段注豆書亦也灝溔皆水無涯際也萱按此義於顥爲近則顥灝爲正借字

島 或作隝○俗有島隝隖隯嶹海中往往有山可依止曰島說文段注禹貢島夷皮服某氏傳讀爲島與馬鄭注如字不同衛包經改經爲島字非也○漢書揚雄傳下勃解之島注又文選吳都賦島嶼迴劉注竝云島海中山也又書禹貢疏云島是海中之山又史記田儋傳入海居島中集解引韋照云海中山曰島萱按漢書儋傳韋注字竝作隝海曲謂之島書禹貢晚出傳海中可居曰島島到也人所奔到也亦言鳥也人物所趣如鳥之下也釋名釋水水中山曰島

史記司馬相如傳隯陵別島正義○漢書相如傳皁陵別隯注引郭璞云隯水中山也水中之洲曰隯文選西京賦長風激於別隯薛注隝渠山即荀渠山也荀渠蓋熊耳之殊稱水經洛水注

朗果切

潦 雨水也說文段注各本作雨水大皃今訂雨水謂雨下之水也左傳曰水潦將降召南于彼行潦傳曰行潦流潦也按傳以流釋行服注左傳乃云道路之水趙注孟子乃云道旁流潦以道釋行似非潦水流而聚焉故曰行潦不必在道旁也俗借潦水字爲之○禮記曲禮上水潦降釋文又左氏隱三年傳疏竝云雨水謂之潦又詩洞酌疏云潦者雨水也又文選南都賦潢潦獨臻注云潦雨水潦行潦也漢書五行志上蓄水潦注司馬相如傳上注引張揖潦流也漢書司馬相如傳上鄗鎬潦潏注引應劭○文選上林賦注云潦即澇水也萱按李善以潦爲澇之段借與應劭異李爲優矣禮所謂潦車謂葢車與考工記輪人上尊而宇卑則吐水疾而霤遠注澇洒也澇大波也萱按此於潦義差近澇葢潦之段借也二字互相段澇下巳詳

轑 車葢弓也一曰輻也說文段注輪人爲葢葢弓二十有八以象恆星也鄭注曰弓者葢橑也葢弓曰轑亦曰橑橑者椽也形略相似也重棼亦偁重轑張敞傳殿屋重轑是也釋名曰轑葢叉也叉者今爪字非叉字玉部瑵下曰車葢玉瑵以玉爲爪也詳彼注一曰云云輻三十湊轑轂亦如椽然故亦得轑名其物皆系於車者也故皆从車葢叉也如屋構轑也釋名釋車轑椽也漢書張敞傳注引蘇林轑轢也漢書楚元王傳注○萱按此謂轑爲轢之段借也轢即轑之入聲橑葢弓也大戴記保傅二十八橑以象列星注○萱按轑橑二字互相通借故橑亦名轑漢世名葢弓爲橑子考工記輪人疏

橑 椽也說文段注九歌曰桂棟兮蘭橑王云以木蘭爲橑也按西都賦列棼橑以布翼下云裁金壁以飾當複西京賦結棼橑以相接下又云飾華榱與璧當魏都賦棼橑複結下又云朱桷森布而支離榱必與棼連言而別於橑桷則橑桷爲屋椽橑爲複屋之椽可知屋霤在複屋故廣韵曰屋橑簷前木此橑橑二篆相屬亦此意也當是本作橑橑椽也謂屬於橑之椽○廣雅釋室又漢書司馬相如傳仰攀橑而捫天注又後漢班彪傳注竝云橑椽也又淮南本經橑檐榱題注

云橑椽橑也屋加椽曰橑御覽一百八十引通俗文橑薪也管子侈靡雕橑然後爨之注

橑益弓也萱按此段橑為橑轑椽也萱按此段轑為橑潦或乾梅之屬周禮曰饋食之籩其實乾橑後漢長沙王始煮艸為橑說文段注鄭注周禮籩人云乾橑乾梅也有桃諸梅諸是其乾者按鄭意周禮上文桃是濡者此着乾以別之後漢云云謂周禮之後至漢長沙王始煮艸為橑不同梅桃也

澡宰杲切洒手也說文段注皿部曰盥澡手也儒行篇曰澡身而浴德其引申之義按或段繰為澡如禮記緦冠繰纓是是荀卿入作懮纓澡洒也廣雅釋詁二澡洗手也文選長笛賦澡雪垢滓矣注澡盥也華嚴經音義上引蒼頡澡浴也詩采蘋箋藻之言澡也疏澡治也廣雅釋詁三又儀禮士虞禮澡葛經帶注○喪服傳澡麻經帶注云澡者治去莩垢澡纓謂澡濯其币為纓荀子正論懮嬰注○注又云澡或讀為草慎子作草屨萱按懮草皆借字也比等段借珠無意義又禮記喪服小記帶澡麻釋文澡本作藻藻亦借

字也澡身謂能澡絜其身不染濁也禮記儒行疏

繅帛如紺色或曰深繒說文段注如紺色者如紺而別於紺也廣雅系諸青類益比紺色之青更深矣禮記用為澡治字他書用為繅絲字深繒紕有謂緋繒不得書深也○萱按禮記襍記緦冠繅纓段為澡也禮器朱繅繅段為澡也又爾雅釋艸注繅者以取繭緒釋文云繅李亦作練此段繰為繅也繅青也廣雅釋器

璪玉飾如水藻之文虞書曰璪火粉米說文段注璪玉飾云云謂彫飾玉之文璪藻疊韻虞書云云古文尚書咎繇謨文按虞書璪字衣之文也當从衣而从玉者假借也衣文玉文皆如水藻聲義皆同故相假借非衣上為玉文凡說文有引經言假借者例此禮經文采之訓古文多用繅字今文多用璪藻字其實三字皆段借○萱按玉文衣文一義通貫虞書璪火正玉飾引中之義與藻繅之段借不偁矣璪由水藻得義段藻為璪取合繅者繹論為絲也段借亦不甚遠藻玉玉有符彩者山海經西山經其中多藻玉注藻玉玉有五彩者也或曰所以盛玉藻藉也山海經南山經嬰用一藻玉注其祠襍采曰

藻禮記玉藻天子玉藻注藻薦玉者也禮記襍記下藻三采六等注○疏云藻謂以韋衣板以藉玉者○藻率以韋為之所以藉玉也左氏桓二年傳藻率鞞鞛注疏云藻率正是藻之複名繅○繅襍文之名也合五采絲為之繩垂於延之前后各十二所謂邃延也周禮弁師五采繅十有二注襍采曰繅以韋衣木版飾以三色再就所以薦玉重慎也儀禮聘禮記繅三采六等朱白蒼注○周禮典瑞繅藉五采五就注云繅有五采文所以薦玉木為中幹用韋衣而畫之繅藉也考工記玉人琬圭九寸而繅注○儀禮聘禮垂繅注云繅所以藉圭也繅所以縕藉玉儀禮聘禮記凡執玉無藉者襲注○覜禮乃朝以瑞玉有繅注云繅所以藉玉以韋衣木畫襄各各如玉之大小以朱白蒼為六色繅藉以五采韋衣板若奠玉則以藉之周禮大行人繅藉九寸注繅有組繫也儀禮聘禮取圭垂繅注繅席削蒲蒻展之編以五采若今合歡矣周禮司几筵加繅席畫純注○萱按今文作璪見聘禮覲

禮注飾多作繅若藻矣亦段繅為之禮器天子朱綠繅是

藻薻籀藻或○俗有繅轍水艸也詩曰于以采藻說文段注今水中莖大如釵股葉蒉苒深綠色莖十許有節者是左氏謂之蘊藻禮經華采之字古文用繅今文用藻璪○詩魚藻魚在在藻箋泮水言采其藻釋文又左氏昭廿五年傳為九文注竝云藻水艸也藻水艸蒼色周禮巾車藻車藻蔽注○注又云故書藻作轍杜子春讀為華藻之藻直謂華藻也萱按禮記曲禮下注藉藻也釋文藻本作藻此則璪之段借也凡藻藉藻率藻玉玉藻竝同藻水艸有文者也論語公冶長山節藻棁釋文又文選答賓戲摛藻如春華注○周禮典瑞疏云藻是水艸之文藻聚藻也詩采蘋傳又左氏隱三年傳蘋蘩蘊藻之菜注又山海經北山經皆用一藻茝瘞之注又漢書司馬相如傳上嗟嘆善藻注○采蘋陸疏云藻水艸也生水底有二種其一種謂之聚藻扶風人謂之藻聚為發聲也藻節亦水菜詩泮水疏浮者曰藻詩采蘋序釋文引韓詩藻之言藻也詩采蘋箋藻猶飾也後漢郭符許傳注藻文藻也後漢班彪傳下注

藻文辭也漢書敘傳上摛藻如春華注藻文采也文選七啓華藻緐縟注藻華藻也文選思玄賦昭綵藻與琱瑑兮舊注華藻華文也淮南俶真華藻鏄鮮注藻景華景也文選陸士衡樂府日出東南隅行清川含藻景注藻翰翰有華藻也文選射雉賦敷藻翰之陪鰓注藻詠文藻頌詠也文選魏都賦綽以藻詠注藻梲畫梁柱也周書作雒藻梲注藻舟畫舟也文選顏延年侍遊曲阿後湖詩天儀降藻舟注藻玉玉有符彩者樸采曰藻萱按此等皆璪藻爲正借字詳彼注

璪 石之似玉者說文璪璪小也文選東京賦既璅璅焉薛注〇萱按此璅譌爲璪也平子不容有此蓋轉寫者所亂耳貟聲巢聲本不相涉意誤會巢下从果故致此譌件貟郢書燕說矣離騷靈瑣漢書青瑣亦或作璪皆沿誤也

懆 粲果切 愁不安也詩曰念子懆懆說文段注愁不安也當依韵會本作懆懆愁也懆訓愁慘訓毒音義

皆殊而寫者多亂之白華作懆見於許書月出正月抑皆作懆入韻且毛傳曰懆懆憂不樂也懆懆猶戚戚也正爲許說所本而陸氏三者皆云七感反其憒亂有如此者懆憂皃詩月出勞心懆兮釋文懆懆者憂惱憔悴之皃詩抑我心懆懆疏慘慘憂戚之皃漢書武帝紀注〇萱按此懆譌爲慘也詩正月憂心懆懆傳云懆懆猶戚戚也此正用毛義懆貪也廣雅釋詁二

合口呼

姣 古撓切 〇俗有妟好也說文段注姣謂容體壯大之好也史記長姣美人按古多借佼爲姣如月令養壯佼陳風澤陂箋佼人大皆姣字也小雅白華箋云姣大之人陳風佼人字又作姣方言云自關而東河沛之閒凡好謂之姣〇廣雅釋詁一又後漢張衡傳注又史記司馬相如傳之姣冶嫺都索引郭璞又荀子非相古者桀紂長巨姣美天下之傑也注又列子楊朱又鄉有處子之娥姣者釋文又楚辭東皇太一靈偃蹇兮姣服注大招姣麗施只注竝云姣好也娥嬈好也或

謂之姣方言一〇注云姣言姣潔也姣麗皆好皃呂覽達鬱公姣且麗注姣美麗也漢書東方朔傳左右言其姣好注姣淫之別名左氏襄九年傳棄位而姣注〇萱按服注破姣爲效似不合姣侮也廣雅釋言〇萱按此叚姣爲驕也驕橋同字一切經音義九云姣古文憍同佼好皃也後漢劉盆子傳注〇荀子成相篇君子由之佼以好注云佼佼亦好也又家語入官量之無佼民之辭注云佼猶好也佼謂形容佼好也禮記月令注〇詩碩人釋文選傳昌佼好皃釋訓文猗嗟釋文月出釋文竝云佼本作姣

絞 縊也說文段注糸部縊下曰縊絞也二篆爲轉注古曰絞曰縊者謂兩繩相交非獨謂經死禮喪服絞帶者繩帶也兩繩相交而緊曰謂之絞論語直而無禮則絞好直不好學其蔽也絞馬融曰絞刺也鄭云急也刺盧達切乖刺也與鄭義無異急則無不乖刺音也皇侃陸德明乃讀爲譏刺七賜反甚其繆甚矣〇左氏哀二年傳絞縊以戮注云絞所以縊人物絞經也呂覽愼行崔杼歸無歸因而自絞也注兩股相交則謂之絞禮記襍記上小

敘環經疏絞絞刺也論語泰伯集解引馬注○論語筆解引王說又泰伯皇疏云絞刺也又陽貨皇疏云絞猶刺也絞急也後漢鍾離宋寒傳注杜根傳注○管子伋羆至言往至絞注云絞謂急絞切也左氏昭元年傳叔孫而絞而婉注又釋文絞直也後漢李雲傳注絞帶絞麻總爲帶也釋名釋喪制○儀禮喪服注云絞帶冢華帶絞衾尸之飾禮記檀弓下制絞衾注○萱按此義絞讀平聲說者謂絞之賤借字也然與絞亦在即雜之間耳絞見副編平聲緉縗絞也絞通語也方言四○注云絞謂覆中絞也

狡

少犬也匈奴地有狡犬巨口而黑身說文段注少犬之犬各本作狗今依急就篇注事類賦注作犬淮南俶眞訓狡狗之死也割之有濡高注狡少也引申爲狂也猾也疾也健也周書王會解匈奴以狡犬狡犬者巨身四尺果離頹注急就篇曰狡犬匈奴中大犬也鉅口而赤身狡猾也後漢寇恂傳注又呂覽尊師方之鉅狡也注○山海經東山經見則其國多狡家注云狡狡猾也又史記淮陰侯傳狡兔死烹隱云狡猾也集解引

張華云狡猶猾也狡獪也廣雅釋詁四小兒戲謂之狡獪一切經音義十八引通俗文狡戲亦快事也方言三恔快也注狡童有兒而無實詩山有扶蘇箋○疏引孫毓云此狡狡好之狡謂有兒而無實者也董仲訓好當作姣孫意詩用借字也然有兒無實不得不謂好狡謂猾也管子形勢爲爲之狡雖不善不親注狡健也廣雅釋詁二狡疾也後漢班彪傳上注狡急也文選洞簫賦時奏狡弄注狡交也與物交錯也釋名釋言語○禮記樂記血氣狡憤釋文云狡本作交狡戾也左氏僖十五年傳亂氣狡憤注狡害也大戴記子張問入官量之無狡民之辭注○蓋按家語亦有此語而字作佼訓好與此相乖違恐子雖未是也狡蟲蟲之狡害者呂覽侍君覽服狡蟲注

茭

平上兩讀注在後○俗有藪芠

烄

交木然也說文段注交烄疊韵玉篇曰交木然之以尞柴天也

敽

○俗有敹交灼木也說文段注按玉篇廣韵皆曰敹同燎必本諸說文不知今本說文何以析爲二交灼之語本不可通

撓 燠絞切

擾也一曰捄也說文段注撓擾也此與女部嬈字音義皆同一曰捄也捄篆下曰一曰擾也是撓擾捄三字義同○一切經音義十四引字林又國語吳語撓亂百度注又漢書韋王莽傳上撓亂國家注鼓云撓擾也萱按擾擾古今字撓攪也一切經音義十二引聲類又漢書息夫躬傳注鼂錯傳注匈奴傳下注王莽傳注又後漢隗囂傳注又荀子議兵以指撓沸注撓亂也廣雅釋詁三撓和也漢書匈奴傳下以徑路刀金留犂撓酒注引應劭撓動也莊子天地手撓顧指釋文引司馬注撓撓自動也莊子在宥挈汝適復之撓撓注撓謂指麾四方也莊子天地釋文撓弱也撓曲也撓屈也撓亦減也萱按此類皆段撓爲撓也去聲撓下詳之

擽 狀絞切

平上兩讀注在後○俗有藪

齩 臥絞切

○俗有齩齧骨也說文段注俗以爲鳴之咬爲齩齧齩齧也漢書食貨志上注齩齧也廣雅釋詁三齩齒嚙也御覽三百六十八引字林

齊齒呼

撟 凡抄切

舉手也一曰撟擅也說文段注撟舉手也引申之凡舉皆曰撟古多段矯爲之陶淵明日時矯首而遐觀王逸注楚辭曰矯舉也一曰云云擅專也凡矯詔當用此字撟舉也史記扁鵲倉公傳舌撟然而不下索隱又漢書揚雄傳上仰撟首以高視兮注撟取也廣雅釋詁一又淮南要略覽取之撥注撟擇也廣雅釋詁一撟猶揉也楚詞惜誦撟木蘭以撟蕙兮注撟正也漢書燕刺王旦傳注又文選長笛賦注引蒼頡正曲曰撟漢書公孫劉田王楊蔡陳鄭傳贊撟當世反諸正注撟謂屈其性也荀子臣道事暴君者有補削無撟拂注○率君臣百吏而相與彊君撟君注云撟與矯同屈也撟彊兒荀子臣道撟然剛折

端志注橋託也漢書齊悼惠王肥傳注橋戾也呂覽離謂其與橋言無擇注橋卽詐也周禮士師注稱詐以有爲者疏○漢書武帝紀注引韋昭云稱詐爲橋人曰橋○爾雅釋獸須屬注云頻伸夭橋又邵氏晉涵爾雅正義云曲禮君子欠伸孔疏以爲體疲則伸也趙岐孟子注云折枝按摩折手節解罷枝是氣體所須之麴也橋引謂爲按摩之法夭矯引身如熊顧鳥伸也史記扁鵲倉公傳鑱石橋引索隱橋捎選也自關而西秦晉之閒凡取物之上謂之橋捎方言二橋虔謂撓擾書呂刑奪攘矯虔鄭注○漢書武帝紀橋虔吏元帝紀橋發戊己校尉諸侯王表可謂橋枉過其正矣燕刺王旦傳欲橋邪防非劉屈氂傳太子亦遣使者橋制楊雄傳仰橋首以高視兮匈奴傳上詐橋單于令各注竝云橋與矯同萱按矯字引申諸義略同故橋矯可云正借字漢書中橋字自其本義不煩以矯通之也緣後世習用矯轉認矯爲正字故師古云介其實二字義相通貫不待言叚借也光光橋橋平都相蔣君碑○萱按與詩矯矯虎臣同釋訓矯矯勇也驕正也楚辭惜誓衆枉聚而驕直注○萱按此段驕爲橋若矯也

矯

揉箭箝也說文段注揉當作柔許無揉有柔煣也箭者矢竹所爲矢也不言矢言箭者矯施於等不施於鏑羽也箝箭也柔箭之箝曰矯引伸之爲凡矯枉之偁凡云矯詔者本不然而云然也○萱按許氏說解中亦間用俗字則揉似不必改柔非其事而居之矯也大戴記曾子立事○墨子非命下云彼用無爲有故謂矯行非先王之法曰矯華嚴經音義上引國語賈注擅偁君命曰矯呂覽悔過乃矯鄭伯之命以勞之注矯偽也漢書嚴安傳注又管子君臣上是以上及下之事謂之矯注矯詐也漢書高后紀注陳勝傳注○公羊傳卅三年傳矯以鄭伯之命而犒師馬注云詐偁曰矯又國語周語其刑矯誣注云以詐用法曰矯矯託也漢書高帝紀上注武帝紀注元帝紀注汲黯傳注戾太子傳注終軍傳注韋玄成傳注匈奴傳上注坎爲矯輮易說卦傳又渙奔其機虞注○說卦釋文云本作橋萱按古用橋矯二字不甚分畛域故多錯出互見一用本義一用引申之義也矯拂也淮南脩務賢人之所以矯世俗者注矯飛也廣雅釋詁三矯舉也楚辭惜誦矯茲媚以私處兮注又文選嘯賦中矯厲而慨懷注矯立也文選郭有道碑文注引蒼

頡又法言重黎問義帝初矯注武矯厲也莊子天下以繩墨自矯注矯正也淮南本經矯枉以爲直注又楚辭大招衆枉聚而矯直注又文選長笛賦注引蒼頡又漢書紀傳各注又後漢紀傳各注矯正曲使直也漢書嚴安傳矯箭控弦注○諸侯王表注楊王孫傳注貢禹傳注竝云正曲曰矯又易說卦傳宋注云曲者更直爲矯矯直也廣雅釋詁三又離騷矯菌桂以紉蕙兮注○荀子性惡故枸木必將待檃括烝矯然後直注云矯謂矯之使直也矯強兒禮記中庸強哉矯注○疏云矯是壯大之形所云強兒也矯彊抑也荀子性惡以矯飾人之情性之而正之注矯矯勇也爾雅釋訓○舍人注云矯矯得勝之勇也矯矯壯勇之兒爾雅釋訓注矯矯武兒詩泮水矯矯虎臣箋○廣雅釋訓云矯矯武也矯輕舉之兒也文選東方朔畫贊矯矯先生注○漢書叙傳下注云矯矯高舉之兒矯槊也莊子在宥不爲桀跖嚆矢也釋文○萱按此段矯爲嗃也嗃矢矢之鳴音衆桀即今之槊字夭蟜頻伸也漢書司馬相如傳夭蟜支格注○萱按此段蟜爲矯也夭矯龍兒集韵夭蟜槊棋長壯之兒夭蟜亦木枝

曲也萱按竝詳夭下

蹻

平上入三讀注具平聲○俗有蹻

敽

○俗有敽繫連也周書曰敽乃干說文段注繫當作系棐誓某氏注云施汝盾紛王云敽盾當有紛繫持之鄭云敽猶繫也按鄭云猶者鄭意是敽是矯拂之偁矯之而後繫之非一事也敽不訓繫故云猶許云繫連者謂繫而連之秦風龍盾之合毛云合而載之左傳齊子淵捷從泄聲子射之中盾无鍒朐汰轉七入者三寸詳傳文盾正敽車前必聯合之以爲車蔽故云繫連凡字有專釋經者戴敽是也

蟜

蟲也說文段注謂蟲名楱上蛁下戴同類也則蟜當亦蛁戴之類耳○萱按七發云蚊蟜蟥蟻聞之桂喙而不能前又廣韵云蟭蟜蟜也蟜毒蟲也漢書薛宣朱博傳音義引呂靖蟜野人身有獸文廣韵引山海經○萱按獸文集韵作虎文有蟜古諸侯集韵○國語晉語少典娶於有蟜氏夭蟜頻伸也萱按此段蟜爲矯

隱杪切矯利切

天 平上兩讀注在彼

憭 慧也說文段注方言愈或謂之慧或謂之憭郭云慧憭皆意精明按廣韻曰了者慧也益今字段了為憭故郭注方言己云慧了他書皆云了了若論字之本義則了為惢也惢者行腔相交也○廣雅釋詁一云憭慧也憭快也一切經音義二十引廣雅了快也秦曰了方言二了照察也爾雅序其所易了釋文○釋文又云了本作憭又釋丘注嫌人不了釋文云了本作僚蓋按僚益憭之謔了訖也廣雅釋詁四嫽者慧也漢書西域傳下注○蓋按此段嫽為憭也

僚 好兒說文段注陳風皎人僚兮傳曰僚好兒此僚之本義也自借為同寮字而本義廢矣○蓋按詩月出釋文僚本作嫽二字義略同也嫽見平聲女字也亦訓好也僚勞也共勞事也僚官也同官曰僚蓋按平聲寮下詳矣寮正字僚借字

繚 纏也說文又廣雅釋詁四繚繞也禮記玉藻再繚四寸疏又楚辭怨思腸紛紘以繚轉兮注○文選西都賦

繚以周牆注又後漢班彪傳下注竝云繚猶繞也繚謂繚繞言委曲也荀子議兵矜紂收繚之屬注繚繞袖長兒文選南都賦修袖繚繞而滿庭注繚互猶繞了也文選西京賦繚互綿聯薛注繚祭以手從持肺本循之至於末乃絕以祭也周禮大祝八曰繚祭司農注繚猶紾也儀禮鄉飲酒禮弗繚注繚縛束也楚辭湘夫人繚之兮杜蘅注繚理也莊子盜跖繚意絕體而爭此釋文繚綾經綵廣韻引字林

墽 周垣也說文段注周各本作周今正周帀也周密也義異周垣謂垣之圍帀者也西都賦曰繚以周牆四百餘里西京賦曰繚互繚綿聯薛注繚互猶繞了也按覩部賦亦曰繚互開閩今本皆譌作繚垣非也墽院也廣雅釋室

燎 放火也說文段注此與燎義別盤庚曰若火之燎於原大雅曰瑟彼柞棫民所燎矣箋云人爐燎除其旁艸小雅燎之方揚箋云火田曰燎乎應引說文有火田為燎王制曰昆蟲未蟄不以火田○詩旱麓釋文又釋文引字林竝云

燎放火也燎燒也廣雅釋言○文選西京賦燎京薪薛注云燎謂燒之燎大燋也儀禮士喪禮宵為燎于中庭注燎地燭也周禮閽人設門燎注○儀禮燕禮注燭燎也疏云但在地曰燎又士喪禮燭俟于饌東注云火在地曰燎執之曰燭燎大燭儀禮既夕為哭者為明疏燎庭燎也國語周語火師監燎注晉語與鮮牟守燎注○周禮司烜氏疏云庭燎所作依慕容所為以葦為中心以布纏之飴蜜灌之若今之蠟燭樹於門外曰大燭於門內曰庭燎周禮司烜氏共墳燭庭燎注○國語周語設庭燎注云設大燭於庭謂之庭燎又詩庭燎傳云庭燎大燭蓋按司烜氏燭燎竝言故鄭以門外門內分之其實則一物耳燎所以為明漢書食貨志上所以省費燎火注燎即是概之事左氏襄廿五年傳注干概疏燎乾也一切經音義八引廣雅燎炙也後漢馮異傳注○漢書王莽傳下疑以火自燎注云燎謂炙令臊也蓋按比既燎為燎也爨見去聲燎祭天也蓋按比祭之義也祭燎義不同而互相通借古亦借檦檦為燎一切經音義廿一云燎古文燎同又漢書杜欽傳欲以重燎天下注云燎讀曰燎假借用字

掌矯也

沼 池也說文段注眾經音義兩引作小池也按沼之言招也招外水豬之○詩采蘋于沼于沚傳正月魚在于沼傳靈臺王在靈沼傳又禮記禮運龜龍在宮沼注又釋文又左氏隱三年傳澗溪沼沚之毛注哀元年傳吳其為沼乎釋文又廣雅釋池又一切經音義十八引蒼頡解詁又穆天子傳五浮于大沼注又漢書公孫弘傳贊龜龍遊於沼注又孟子梁惠王上王立於沼上注又淮南原道射沼濱之高鳥注又楚辭招魂倚沼畔畦瀛兮遙望博注思古沼水深兮注竝云沼池也沼者池之別名左氏隱三年傳疏

⿰阝⿱召土 耕以臿浚出下壚土也一曰耕休田也說文段注耕謂耕者也臿當依十二篇臿部作疀古田器斗部引爾雅斛謂之疀是也郭璞曰斛疀古鍫鍤字浚者杅也杅者攪也壚者黑土剛土也耕者用鍪杅取地下黑剛土謂之⿰阝⿱召土釋名曰鍤插地起土也或曰銷或曰鏵其板曰葉鏵即木部之采宋音兩刃臿也一曰休耕田也者謂爰田多耕者⿰阝⿱召土隄也廣雅釋室

齒杪切

肁 始開也說文段注引申為凡始之偁凡經傳言肇始者皆肁之段借肇行而肁廢矣釋詁毛詩傳皆曰肇始也戈

部曰肇擊也聿於語詞亦有始義故从聿**肇始也**爾雅釋詁又書堯典肇十有二州晚出傳又周書諡法協時肇享曰孝注又詩生民以歸肇祀傳維清肇禋迄用有成傳小毖肇允彼桃蟲箋又大戴記夏小正狸子肇肆傳又素問天元紀大論肇基元化注又漢書禮樂志注司馬相如傳下注又後漢班彪傳上注王充王符仲長統傳注又太玄玄棿惟天肇降生民注又離騷肇錫予以嘉名注**肇長也**詩江漢釋文引韓詩**肇謀也肇敏也肇正也**蓋按義皆與肇近亦可謂爲肇之段借也詳彼注

肇

肇○俗有肇**上諱**說文段注上諱者漢和帝諱也按古有肇無肇从戈之肇漢碑或从殳俗乃从文作肇而淺人以竄入許書支部中玉篇曰肇俗肇字五經文字戈部曰肇作肇譌○蓋按伏無忌古今注言和帝諱肇而許云諱肇故聿懷疑之段氏謂漢人肇字不行祇用肇字外閒所諱者肇也故許云諱肇此伏許不同之由蓋謂許此書上進詎有不諱本字但云外閒所肄者乎終屬可疑**肇擊也**李舟切韵○段大令曰李舟云云其字从戈肇聲形音義皆合許諱其字故不爲之解今經典肇字俗譌从文不可不正文部妄竄之肇今已芟去○蓋按集韵肇肇各字肇下云謀也

始也肇下云擊也其歧誤有此者皆惑於增竄之說文也如**肇正也**國語齊語諱本肇末注**肇敏也**爾雅釋言**肇謀也**爾雅釋詁又詩江漢肇敏戎公傳又後漢宋弘傳注周舉傳注**肇始也肇長也**蓋按皆詳肇下段借字也**肇郊之神位也**詩生民以歸肇祀箋○蓋按鄭謂肇爲兆之段借也與毛異疏云肇宜作兆又烈祖肇域彼四海箋云肇當作兆又生民民后稷肇祀禮記表記作后稷兆祀此等兆字皆宜用兆

兆

隸作公兆○兆在八部**𠧞𠧞**古文○二篆在卜部**分也从重八孝經說曰故上下有別**說文八部段注兆即今之兆字也兆从重八者分之甚也遞兆其一也孝經說者孝經緯也此引緯說字形重八之意也上別下別則二八矣集韵改爲上下有公非也**𠧞灼龜坼也**說文卜部段注周禮大卜掌三兆之法注曰兆者灼龜發於火其形可占者其象似玉瓦原之璺罅是用名之爲按凡曰朕兆者朕者如舟之縫兆者如龜之坼皆引申段借也又按古文祇爲象形之字小篆加卜非古文減卜也廣韵曰兆灼龜坼出文字指歸兆沒小切引說文分也分也之訓見八部公下兆出說文則不得云出文字指歸益古李說文卜部無兆兆字八部公字即龜坼字今

公書兵列切卜部兆中多一筆以殊於兆皆非古也玉篇卜部之外別爲兆部云兆事先見也形也兆同上假今顧氏所據說早同今李何爲作爲紛更乎是必說文無兆而增此一部晚然據篇韵以正說文可無疑矣尋此字之原委益由廣訓讀尚書分兆三苗爲兆云兆古別字由是信之者讀說文八部之兆爲兵列切又增竄八亦聲於解中而說文乃無龜兆字矣說文無龜兆字梁顧氏作玉篇乃增兆部於卜部之後隨曹憲作文字指歸乃又改兆爲龜兆字而改竄說文者乃於卜部增兆爲篆文兆爲古文又恐其形之淆於八部也乃加增一筆以殊之紕繆之由歷歷可見**兆契龜之兆也**淮南本經不占卦兆注書洪範疏云灼龜爲兆○**兆者龜之璺坼**詩小旻疏○文選劇秦美新神卦靈兆注又漢書文帝紀竝注竝云龜曰兆又荀子王霸占祲兆注云兆謂龜兆**占兆龜之繇文也**禮記月令命太史釁龜筴占兆注**兆卜也**左氏襄八年傳兆云注○孝經釋文云兆卦也**兆信也**淮南本經蓍龜兆注**兆萌兆**荀子王制注**兆形也**國語晉語君之明兆於衰矣注**兆見也**國語晉語其魄兆於民矣注吳語天占既兆注**兆見也形也**一切經音義九引國語賈注**兆朕形**

怪也淮南俶眞注**兆始也**左氏哀元年傳而兆其謀注又周書大戒朕聞維時兆厥工注又孟子萬章下爲之兆也注○文選魏都賦漢高祖功臣頌伐謀先兆注云兆爲謀始**兆先也**素問天元紀大論陰陽之徵兆也注**兆猶幾事之先見者也**文選魏都賦是以兆朕振古注**兆避也**廣雅釋詁三**兆大數**淮南時則振鐸以令於兆民注○呂覽孟冬注云兆大數也天子曰兆民**兆者眾數**漢書百官公卿表上更名京兆尹注**兆亦眾也百萬爲兆**楚辭惜誦又眾兆之所讎也注○蓋按甄鸞五經算術曰下數十十變之中數萬萬變之上數數窮則變叔師所說下數也下數也十萬爲億十億爲兆十億則百萬矣**十億曰兆**孝經兆民賴之注又國語周語百姓兆民注鄭語計億事材兆民注又漢書百官公卿表上注引張晏○禮記內則疏云十億爲兆又御覽七百五十引風俗通云十億謂之兆**萬億曰兆**左氏成二年傳太誓所謂爲兆民離注昭二十年傳豈能勝億兆人之詛注○禮記內則降德于眾兆民注云萬億曰兆天子曰兆民諸侯日萬民**億萬曰兆**五經算術引孝經鄭注○蓋按萬億億萬其實一也甄鸞所謂中數**兆在億秭之**

閒禮記內則疏○董按五經算術黃帝爲法數有十等億兆京垓秭壤溝澗正載是也然則疏當云兆在京億京之閒兆人也文選幽通賦斯衆兆之所惑曹注天子曰兆民左氏閔元年傳又史記晉世家又風俗通皇霸又五經算術引孝經鄭注○文選東京賦兆選東京賦兆民勸於疆埸薛注云兆民謂百姓也大歲在丙曰柔兆爾雅釋天兆域也兆塋也兆四郊之祭處也董按此皆段爲垗字也爾雅釋言兆域也釋文云本又作垗孝經卜其宅兆釋文云兆字書作垗○又按戚伯著碑京兆府丞作泉皋府丞兆變爲罳漢時俗字耳亦段鼂之異體晁字也又莊子天下兆于變化釋文云兆本作逃

垗

○俗有眺畔也爲四畔畍祭其中周禮曰兆五帝於四郊說文段注畔者田畍也畍者竟也四畔之畔各本譌時集韻類篇又譌時今正四畔謂四面有埒也周禮小宗伯兆五帝於四郊鄭曰兆爲壇之塋域然則四面爲垠埒也引申爲孝經之宅兆樂記之綴兆垗古段肇爲之尚書大傳兆十有二州鄭云兆域也爲塋域以祭十二州之分星也而古文堯典作肇大雅以歸肇祀鄭云肇郊之神位也是讀爲兆也商頌肇域彼四海箋

韻史　卷七第二部上聲果韻

云肇當作兆畍祭其中畍當作介介畫也周禮云云今周禮作兆許作垗者蓋故書今書之不同也垗葬地也廣雅釋丘兆域也爾雅釋言又儀禮士喪禮主人皆往兆南北面注又禮記樂記行其綴兆注又左氏文十八年傳其器則姦兆也注○釋言釋文云兆本又作垗兆墓域也孝經注○左氏哀二年傳無入于兆注云兆葬域兆塋也文選西征賦兆惟奉明注兆塋域也孝經卜其宅兆疏引孔注又鄭注○周禮小宗伯卜葬兆注云兆墓塋域又肆師掌兆中廟中之禁令注云兆壇塋域兆其外營域也禮記樂記綴兆舒疾注○儀禮士喪禮注居兆域之始疏云兆爲營域之處又漢書郊祀志下兆五帝于四郊注云兆謂爲壇之營域也兆四郊之祭處也禮記表記后稷兆祀注肇郊之神位也詩生民箋○疏云肇宜作兆董按兆者垗之省作兆即作垗也

旐

龜蛇四游吕象營室攸攸而長也周禮曰縣鄙建旐說文段注龜蛇云云攷工記文也司常掌九旗之物名龜蛇爲旐鄭云畫龜蛇者象其扞難避害也爾雅曰緇廣充幅長尋曰旐是則九

韻史　卷七第二部上聲果韻

旗之帛皆用絳惟旐用緇攷工記注曰營室玄武宿與東辟連體而四星故旐四游營室一名水左傳云水昏正而栽是一名定詩定之方中是也古悠長字皆作攸攸攸而長故謂之旐攸旐音近以疊韵釋之也旐何以著其長以有緇旐之旆故也孫炎云帛續旐末亦長尋二尋則長丈六尺故獨長也周禮云云司常職文大司馬職仲秋教治兵郊野載旐○考工記輈人龜蛇四斿以象營室也注云龜蛇爲旐縣鄙之所建龜蛇曰旐詩出車設此旐矣傳采芑旂旐央央箋桑柔旟旐有翩傳又國語周語注○釋名釋兵云龜蛇爲旐旐兆也龜知氣兆之吉凶建之於後察度事宜之形兆也繒廣充幅長尋曰旐公羊宣十二年傳莊王親自手旌注○禮記檀弓下上設旐夏也注云長尋曰旐又家語終記綢練注設旐注云旌之旒緇布廣充幅長尋曰旐又左氏莊二十八年傳闕梧耿之不比爲旆注云緇廣充幅長尋曰旐旐是旂身左氏定四年傳注綪茷大赤疏旐喪柩之旌也文選寡婦賦飛旐翩以啓路注旐旟所以聚眾也詩無羊旐維旟矣傳

絩

綺絲之數也漢律曰綺絲數謂之絩布謂之總綬組謂之首

韻史　卷七第二部上聲果韻

說文段注絩綺絲之數也言綺以見凡繒也綺者繒繒也文繒絲尚有數則餘繒可知其若干絲爲一絩未聞漢律云云禮經布八十縷爲升禾部曰布八十縷爲稯漢王莽傳一月之祿十綬布二匹孟康曰綬八十縷也今揔總即稯也稯即綬也綬即升也皆謂八十縷召南羔羊五總傳曰總數也綬組謂之首者司馬紹統輿服志乘輿黃赤綬五百首諸侯王赤綬三百首相國綠綬二百四十首公侯將軍紫綬百八十首九卿中二千石二千石青綬百二十首千石六百石黑綬八十首四百石三百石二百石黃綬六十首凡先合單紡爲一系四系爲一扶五扶爲一首五首爲一文文采淳爲一圭首多者系細首少者系麤

䍮

羊未卒歲也或曰羠羊百斤ナ又爲䍮說文段注廣雅吳羊牡一歲曰牡䍮三歲曰羝其牝一歲曰牸䍮三歲曰牂羠各本作夷小徐釋以殷紂時夷羊非也今依急就篇顏注正羠羊易胞故有重百斤左右者○董按ナ又即今之左右字也許自用正字

鮡

魚名說文魾大鱯小者鮡爾雅釋魚○注云鱯似鮎而大白色董按陳藏器云鮡即鮠魚生海中作

韻史　卷七第二部上聲果韻

鱠如雪

趙

趍趙也說文○萱按趍趙夊也夊行遲曳夊夊也趍趙與峙躡篡箸蹋蹋字皆為雙聲轉語趍切又楚危切

趙趍也廣韻引字林○萱按同義固可互訓式呂氏之意以趍趙為聯緜字則此之趙趍即說文趍趙矣

趙猶超騰也穆天子傳二天子北征趙行注趙及也廣雅釋言趙召也同上趙小也方言二十趙刺也詩良耜其鎛斯傳○萱按考工記記總目注作其鎛斯捫叚借字也牀杠南楚之間謂之趙方言五○注云趙當為桃聲之轉也中國亦呼杠為桃牀萱按此方俗語蓋本無其字依聲託事也又荀子賦頭銛達而尾趙繞繞者耶此叚趙為揮也趙朝也本小邑朝事於大國也釋名釋州國

繞 忍矯切

繞纏也說文又廣雅釋詁四繞繚繞繆纏山海經海外西經其丘方四蛇相繞注繞謂曲也文選舞賦眉連娟以增繞兮注繞裹也文選西京賦繞黃山而款牛首薛注繞領帶也廣雅釋器

少 始矯切

上去兩讀義分不多也說文段注不多則小故古少小互訓通用○易繫辭下傳陽卦多陰注云夫少者多之所宗又易略夫例云夫少者多之所貴也少謂舉其要荀子修身少而理曰治注少者不足之詞史記曹相國世家豈少朕與索隱少猶裁也國語周語而少光主室注少微也太玄玄衡少半猶劣薄也管子海王大男食鹽五升少半注少進差在前也儀禮鄉射禮賓少進注少選須臾呂覽音初少選發而視之注蕩兵未嘗少選不用注執一少選曰與子注淫辭少選辭而出注○又本味少選之間注云少選須臾之間也又晉書音義中云少選須臾之頃也

邺 地名說文

卧 卜問也說文段注疑此即後人杯珓字後人所增卧卜也集韻引廣雅

紹 𦁒古文○或書作絮繼也一曰紹緊糾也說文段注緊者纏絲急也糾者三合繩也○爾雅釋詁又釋艸瓞瓝其紹瓞舍人注又詩抑弗念厥紹傳常武匪紹匪遊釋文訪落紹庭上下箋又儀禮聘禮士為紹賓

注又周禮司儀疏又禮記聘義疏又穆天子傳五乃紹宴樂注又國語晉語使寡君之紹續昆裔注則紹其同位注吳語明紹享余一人注又後漢班彪傳下注崔駰傳注又文選劇秦美新紹唐廣之絕風注又華嚴經音義上引切韻並云紹繼也又史記魯仲連鄒陽傳勝請為紹介索隱云紹者繼也紹繼道也爾雅釋詁舊注疏遠繼位曰紹周書諡法紹續也呂覽誠廉以此紹殷注紹嗣也後漢桓帝懿獻梁皇后紀注紹承也漢書翟義傳注紹緩也詩常武箋紹介相佑助者也史記魯仲連鄒陽傳集解引郭璞○索隱云紹介猶媒介也紹者瓜蔓緒亦著子但小如瓞爾雅釋艸瓞瓝其紹瓞注

袑

絝上也說文段注漢朱博傳功曹官屬多褒衣大袑不中節度絝上對上絝踦言股所居也大之則寬緩○漢書薛宣朱博傳注云大袑謂大絝也又音義引韋昭云絝上曰袑袑絝也文選潘安仁河陽縣詩朱博糾舒慢注袑幝也廣雅釋器襗謂之絝其褌謂之袑同上

表 丙矯切

隸作表○俗有依裱𧝾古文上衣也古者衣裘故㠯毛為表說文段注上衣者衣

之在外者也論語當暑袗絺綌必表而出之孔曰加上衣也皇云若在家則裘葛之上亦無別加衣若出行接賓客皆加上衣當暑絺綌可單若出不可單則必加上衣也嫌暑熱不加故特明之玉藻表裘不入公門鄭曰表裘外裘也今本作外衣裼襌絺綌外裘二者形且褻皆當表之乃出引伸為凡外箸之偁古者云云說从衣毛之意也古者衣裘謂未有麻絲衣皮也衣皮時毛在外故裘之制毛在外以衣毛製為表字示不忘古表外也一切經音義二引三蒼又漢書敘傳注引[illegible]張晏又文選歎逝賦忽在世表注○謝玄暉休沐重還道中詩林表吳岫微注云表猶之外也表標也後漢蓋勳傳注又荀子儒效行有防表注又文選西都賦表以大華終南之山注七命表以百常之闕注○籍田賦表朱光於離坎注又後漢馬援傳注並云表猶標也表標準也荀子天論水行者表深注○後漢劉詁傳注云表猶標準也表標志也荀子大略水行者表深注表謂標明也漢書魏相傳又數表采易陰陽注○翟方進傳建表本高大六尺注云表者所以標明也又文選表題注云表者明也標也表明也荀子富國掩地表畝注又史記三代世表正義又漢書杜欽傳注敘傳下注又後漢班彪傳下注郅惲傳注又文選舞賦

明詩表指注○禮記檀弓下君子表微注內則而不表○禮馬注竝云表猶明也表顯也左氏春秋序必表年以首事疏襄十四年傳以表東海注又漢書禮樂志注又後漢方術傳注表旌顯也○後漢卓茂傳注荀子大略武王始入殷表商容之閭注云表築旌之表謂顯異之漢書張良傳表商容閭注表異也呂覽觀表先知必審徵表注表章也太玄玄瑩君子所以亶表也注表彰示也素問六節藏象論表正於中注表立見也淮南繆稱弗甘弗樂而能為表者注表者錄其事而見之史記三代世表索隱引應劭陳事曰表文選表題注○釋名釋書契云下言於下言為上曰表思之於內表施於外也表謂表陳其狀也素問四氣調神大論交通不表注表書也廣雅釋詁四表猶首也漢書馮奉世傳注表特也廣雅釋言又楚辭山鬼表獨立兮山之上注表正也後漢張湛傳注又淮南本經抱表懷繩注主術先自為檢式儀表注表儀也文選劇秦美新真天子之表也注○禮記表記天下之表也疏云表謂儀表表儀猶威儀左氏文六年傳引之表儀注表撥儀度呂覽不屈或操表掇以善

韻史　卷七第二部上聲杲韻　七九三

晞望注表柱也呂覽慎小夜日置表南門之外注○漢書淮南厲王長傳樹表其上曰注云表者豎木為之若柱形也表謂以木為標有所告示也管子君臣上猶揭表而令之止也注表影表淮南本經可以矩表識也注○續漢律麻志上以比日表注云表即晷景表門表也文選東京賦次和樹表薛注○史記齊太公世家表商容之閭索隱引崔浩云表者標榜其里門表所以識正行列也周禮大司馬之職為表注又後漢班彪傳上注劉表皆謂徽識也周禮肆師表齍盛告潔注○董按故書表為剽同音假借字也又堯廟碑依著惲各其字作俵漢時俗字也表旌旗也國語晉語無退表注車表弓衣背也儀禮鄉射禮注以左手在弓表疏淳鹵之地九夫為表左氏襄廿五年傳表淳鹵賈注

品嬌切

麃或作蕉鹿藿也一曰蔽之屬說文段注前茲篆訓麃藿之實此麃訓鹿藿則當類處徐鍇曰釋艸蔨鹿藿藨麃二者各物疑字形之誤以藨麃為鹿藿也玉裁按蓋麃誤為鹿淺人因妄增藿字耳一曰云云此字義別說

韻史　卷七第二部上聲杲韻　七九四

也南賦都其艸則藨苧蘋莞廣韻曰可為席或作𦽔苞○廣雅釋艸云藨鹿藿也董按似稚讓所見說文已同今本矣董鹿藿亦太名藨與藨麃爾雅釋艸○董按此通古今字也古作藨用正字今作麃用假字爾雅云云謂藨即今名麃者也凡同字而相訓釋古人有此例與麃本義本音無涉藨即莓子似覆盆華紫俗名藨莓可食爾雅釋艸藨注○郭云藨即莓也今江東呼為藨莓子似覆盆而大赤酢甜可啖藨是艸名儀禮喪服傳疏屨者藨蒯之菲也疏通典引陳銓儀禮喪服注云藨蒯艸名○藨即今所用作席者也漢書司馬相如傳葴析苞荔注傳葴析○董按長卿既苞為藨菼藨芀爾雅釋艸○注云皆芀荼之別名董按菼也藨也芀也異名而同實藨耕也廣雅釋地○董按此段藨為穮也然穮當訓耘不當訓耕惟字林云穮耕禾閒也與張說合

𠬪

○俗有受孚物落也上下相付也从爪又說文段注上也字依韻會補艸曰苓木曰落引仲之凡物皆曰落付与也从爪又者以覆手与之以手受之象上下相付凡物落皆如是觀周南毛傳曰摽落也按摽擊

韻史　卷七第二部上聲杲韻　七九五

也毛詩摽字正𠬪之段借孟子野有餓莩趙曰餓死者曰莩詩曰莩有梅莩零落也丁公著云莩有梅韓詩也食貨志作野有⿱艹𠬪餓⿱艹𠬪鄭氏⿱艹𠬪音⿱艹𠬪有梅之⿱艹𠬪孟子作莩者⿱艹𠬪之字誤漢志作⿱艹𠬪者又𠬪之俗字韓詩作𠬪是正字毛詩作摽是假借字鄭德作蔈亦假借也鄭風風其漂女女毛同猶漂猶吹也毛意漂亦𠬪之假借⿱艹𠬪零落也漢書食貨志贊注引鄭氏○孟子梁惠王上注云⿱艹𠬪零落也落也餓死者曰莩後漢仲長統傳注○董按莩在三部自有本義本音孟子字譌非關段借借范沿孟子章懷注用趙氏

面嬌切

眇或作妙眇小目也說文段注各本作一目小也誤今依易釋文正履六三眇能視廣韻一曰離目不正允為小故眇而視方言曰眇小也淮南說山訓小馬大目不可為大馬大馬之目眇謂之眇馬物有似然而似不然者按眇訓小目引申為凡小之偁又引申為微妙之義說文無妙字眇即妙也史論記戶說以眇論即妙論也周易眇萬物而為言陸機賦眇衆慮而為言皆今之妙字也目匡陷急曰眇眇小也釋名釋疾病○方言十三又廣雅釋詁二竝云眇小也眇盲也易履眇能視釋文引字書眇眺也楚辭招魂竢先眇視注眇視也文選

韻史　卷七第二部上聲杲韻　七九六

東京賦眇天末以遠期薛注眇睎視兒文選海賦眇睎冶萋注眇縣遠視法言先知忽眇縣作
晒注眇細覸也漢書叙傳上離婁眇目於毫分注○萱按規乃規覸字此疑視之誤耳眇細也漢書
律厤志上注藝文志注張敞傳注○外戚傳下蓋經細微眇之漸注云眇亦細也眇細小也漢書賈誼傳而
起教於微眇注眇細末也漢書武帝紀朕以眇身承至尊注○文帝紀以眇眇之身注云眇眇猶言細末也
眇微細也漢書武帝紀注眇眇細微也漢書叙傳上咨孤矇之眇眇兮注眇微也漢書
昭帝紀注又後漢馮衍傳注又太玄少眇于譾注玄攡而眇其根注又文選幽通賦書注眇眇猶微微也
後漢明帝紀注眇陋也莊子德充符眇乎小哉釋文引簡文注眇莫也廣雅釋言眇盡也荀子
王制仁眇天下義眇天下威眇天下注眇成也易說卦眇萬物而為言者也釋文引董注○萱按王肅本亦作
眇萬物諸家作妙眇遠也楚辭哀郢眇不知其所蹠注又後漢班彪傳下注眇眇遠也廣雅釋訓
○文選思玄賦風眇眇兮震余旗舊注云眇眇遠兒眇默遠兒也文選褚淵碑文哀清嘽之眇默注眇

眇高遠兒文選文賦志眇眇而臨雲注眇然高遠之意也漢書王襃傳眇然絕俗離世哉
注眇眇好兒也楚辭湘夫人目眇兮愁余注○漢書律厤志上究其微眇注藝文志樂尤微眇注楊雄傳
下閑意眇指注是以聲之眇者注儒林張山拊傳嚴然總五經之眇論注並云眇讀曰妙萱按眇妙古今字也說文有紗
無妙紗急戾也廣雅紗小也本非妙字師古不知眇妙同字輒以妙通眇後人書妙作妙形與紗相涉同讀去聲類說遂
牢不可破矣愚謂眇妙同讀上聲勿泥小顏之陋說又後漢班彪傳下妙古昔而論功注云妙或作眇又鄭固碑清眇冠
乎羣倫孔褒碑幼眇皆用正字表良碑朕以妙身役作妙矣然可證眇妙為同字妙好也廣雅釋詁一妙
猶美也後漢班彪傳注下注妙善也莊子寓言九年而大妙注妙美善也太玄格幽貞妙也注
妙勤精妙功勤也文選魯靈光殿賦咨用力之妙勤注妙要也老子以觀其妙注妙者
徽之極也老子王注○呂覽審分所知者妙矣注云妙微又文選盧子諒贈劉琨詩妙哉蔓舊注云妙猶微也
妙謂微妙也易繫辭上疏○史記律書雖妙必効情正義云妙謂微妙之性也藐小也廣雅釋詁

二又後漢張衡傳注○太玄失藐德靈徽失注云藐小兒藐漸也方言十三藐好也文選西京賦路藐流
眄薛注藐藐美也爾雅釋詁又詩瞻仰箋○崧高既成藐藐傳云藐藐美兒藐藐盛也廣雅釋訓
藐藐美盛之兒爾雅釋詁注藐廣也方言十三又廣雅釋詁二藐藐大兒詩瞻仰藐
藐昊天傳藐決並廣大兒也後漢馬融傳注藐遠也漢書嚴助傳注韋賢傳注引應劭又莊子
逍遙遊藐姑射之山釋文引簡文注○後漢馬融傳注注云藐遠也又文選思玄賦藐以迭過注云藐遠兒藐者
縣遠之言左氏傳九年傳注與諸子縣藐疏藐藐曠遠兒方言十三注藐盼窈藐
顧盼也文選車為幸京○詩藐盼覼青崖注藐藐然不入也詩抑聽我藐藐傳藐之
藐然輕易之兒孟子盡心下音義引丁音藐陵藐也漢盡書韋賢傳既藐下臣注引臣瓚○萱
按己上皆段藐為眇也藐藐同子李義茈屮也讀入聲⿱貌心陵也後漢馮衍傳注○萱按段⿱貌心猶段藐也

篎

小管謂之篎說文段注釋樂大管謂之篟其中謂之篟小者謂之篎許無篟箠字者所許所據不从竹篎

者聲音清妙也太平御覽五百八十引爾雅釋樂含人注

⿰鳥眇

武書作驚鷦⿰鳥眇也說文○萱按已詳鷯下⿱眇鳥澤雀爾雅釋鳥釋文引字林

訬

平上兩讀義分提也一曰訬獪說文段注大都猶狡獪也漢書曰江都輕訬吳都賦曰輕訬之客高注淮
南司訬輕利急切也李善音眇○萱按舊分前義讀平聲具覽祇徵有分耳即拉讀上聲似無不合訬獪也廣雅
釋詁四訬謂輕狡也漢書叙傳下注○音義引蘇林云訬音少年輕薄毀鈔息憲之鈔萱按毀鈔即擾也
則此義亦可讀平聲訬輕捷也後漢馬融傳注○淮南脩務越人有重遲者而人謂之訬注云訬讀越人言趮
採善趣者謂之訬同也萱按重運與輕輕捷正相又此方俗語言與他處從異五訬捷也晉書音義中訬
高也文選西京賦通天訬以竦峙薛注訬婧細腰兒文選思玄賦舒訬婧之孅懊兮舊注

杪

木標末也說文段注方言曰杪小也木細枝謂之杪郭注言杪梢也按引仲之凡杪末皆曰杪王制言歲之杪是
也○後漢馬融傳注云杪標並木末也杪末也禮記王制必於歲之杪注又廣雅釋詁一又漢書王莽傳上注

秒

杪小也方言十二十三又廣雅釋詁二樹細枝為杪方言十二心杪小也注樹鋒曰杪一切經音義十二引通俗文杪木芒表也史記太史公自序閒不容翻忽正義杪猶表也文選西京賦杪木末薛注杪顛枝上端也漢書司馬相如傳上偃蹇杪顛薛注釥末也管子版法敎行於鈔注○當按此段鈔為杪也鈔深遠也管子版法注或作標禾芒也說文段注稱下云禾有秒秋分而秒定淮南書秒作蔈亦作標按艸部云蔈末也禾芒曰秒猶木末曰秒九穀攷曰粟之孚甲無芒芒生於粟采粟粱之莖○漢書叙傳下造計秒忽注引劉德云秒禾芒也

韻史 卷七第二部上聲杲韻 八〇一

韻史 卷七第二部上聲杲韻 八〇二

撮口評
舉小切

恔

或作恔○手上兩讀注在彼

皎

○俗有皎月之白也詩曰月出皎兮說文段注皎月之白也者上文白下云物色白不一其物則不一其白故皆為分別之詞詩者陳風月出文傳曰皎月光也箋云喻婦人有美色之白皙皎白也廣雅釋器○穆天子傳五有皎者駱注云皎白皃皎皎白皃也後漢楊終傳注皎潔白也詩白駒皎皎白駒釋文皎明也廣雅釋詁四皎皎明也廣雅釋訓

皦

○俗有皦曒王石之白也說文段注王風有如皦日傳曰皦白也按此段皦為曉也論語皦如也何曰言樂樂之音節分明也此其引伸之義也皦者明白之皃詩大車疏○大車月出兩釋文竝云皦李作皎又文選寡婦賦注引韓詩有如皎日又華嚴經音義上引聲類云皦作皎又後漢樂恢傳恢獨皦然不污於法注云皦從白作皎當按皎皦義大同故通用矣不待言叚借皦明也方言十二又後漢樂恢傳注皦明也淨也一切經音義四引埤蒼皦其音節明也後漢班彪傳下注○論語八佾釋文云皦其音節奏分明也皦如使清別之皃論語八佾皦如也鄭注皦是日光之名耳詩月出疏○當按此亦可謂皦之叚借皦日之白也

璬

玉佩說文段注古者襍佩謂之佩玉見周禮玉府大戴禮保傅篇禮記玉藻亦謂之玉佩見詩秦風璬之言皦也玉石之白曰皦

繳

或書作繳○上入兩讀義異纏也廣雅釋詁四繳繞猶纏繞也漢書司馬遷傳名家苛察繳繞注引如淳繳紛謂繳繞紛亂史記平原君虞卿傳注繳紛索隱繳謂煩也史記太史公自序集解引服虔

羽皎切

皀

望遠合也說文段注合者望遠則其形不分其色不分其小大高小不分是也與杳字義略相近○說文又云

韻史 卷七第二部上聲杲韻 八〇三

韻史 卷七第二部上聲杲韻 八〇四

从日匕匕适合也段注匕何以訓合比之省也猶會下云會曾益也曾何以訓益增之省也是亦許書言叚借之一也皀何以省比有皀字在也

窅

或作窔窔戶樞聲也室之東南隅說文段注二句一義古者戶東牖西故以戶樞聲名東南之隅也釋名宮曰東南隅謂之窔按釋名曰窔幽也非許意許窅窔義殊爾雅釋文引說文窅深皃誤以窔為窅也

窅

冥也說文○當按冥者窈也窈者窔遠也窔下云窅窔遠窔也

杳

冥也說文段注冥窈也莫為日且冥杳則全冥矣由莫而行地下而至於榑桑之下也引伸為凡不見之偁冥謂遠而出冥也文選舞賦獨馳思乎杳冥注杳杳深冥皃也楚辭懷沙眴兮杳杳注杳高遠也漢書楊雄傳下上杳旭卉兮注杳深遠也文選甘泉賦注杳旭卉兮注杳渺深[illegible]司馬相如傳紅杳渺湣索隱引晉灼杳眇視遠皃漢書司馬相如傳上順杳眇而無見注

窅深目皃說文段注皃字依玉篇正靈樞經按其腹窅而不起漢禮樂志窅窊桂華蘇林曰窅音窅胅之窅按窅胅即今坳突字々應云倉頡篇作窅突上烏交切墊下也下徒結切突也葛洪字苑上作凹陷也下徒作凸起也容突凹凸許皆不收然則許用窅胅也孟康云窅出窊入對窊言之則訓窅為出如徂之為存苦之為快益

窅遠望也文選謝朓游敬亭山詩注引聲類

窅然猶悵然莊子逍遙游窅然喪其天下焉釋文引李注

旚旗屬說文

皛顯也通白曰皛說文段注顯當作㬎顯頭明飾也㬎眾明也顯行而㬎廢矣許云古文以㬎為顯則小篆以顯為㬎久矣倉頡篇曰皛明也按蜀都賦皛貙氓於葽艸貙氓人也江漢有貙人能化為虎然則皛者謂顯其形也李善云當為拍誤〇文選陶淵明赴假還江陵夜行塗口詩皛皛川上平注引通俗文云通白曰皛

皛明也文選關中詩注引倉頡陶淵明赴假還江陵詩注

皛白也廣雅釋器

皛溔深白之皃文選江賦流瀁皛溔注

許皎切

皢日之白也說文段注先月後日者月陰日陽月之白其正色也〇萱按許書皎皢相次皎月之白也

皢白也廣雅釋器

曉明也說文段注此亦謂旦也俗云天曉是也引申為凡明之偁方言黨曉哲知也楚謂之黨或曰曉齊宋之間謂之哲〇方言十三又廣雅釋詁又小爾雅廣詁又淮南俶真冥之中獨見曉焉注修務精神曉泠注並云曉明也

曉者謂曉解當職之物周禮天官序官酒人疏

曉智也廣雅釋詁三

曉慧也廣雅釋詁一

曉喻也後漢馬援傳注杜篤傳注

曉然明喻之皃荀子臣道曉然以至道注

曉謂喻告之漢書趙廣漢傳叩堂戶曉賊注〇司馬遷傳以曉左右注云曉告喻也

曉者告白意指也漢書酷吏田延年傳曉大司農通往就獄注〇元后傳注云曉猶白也

曉說也廣雅釋詁二

曉快也同上〇方言三云曉快也自關以東或曰曉

曉過也曉贏也方言十三〇廣雅釋詁三云曉過也

蟄蟲以發出為曉禮記樂記蟄蟲昭蘇注

鐃鐵文也說文段注謂鐵之文理也

芍上入兩讀義異

鳧茈也說文段注見釋艸今人謂之葧臍即鳧茈之轉語郭璞云苗似龍須根可食黑色是也廣雅云葃姑水芋烏芋也名醫別錄云烏芋一名藉姑一名水萍藉與葃同音萍必芋之誤此別專謂茨菰不必因烏字牽合鳧茈也茈徂咨切

旳小切

扚疾擊也說文段注疾速擊之也史記天官書杓雲索隱曰劉氏音時酌反說文音丁了反許慎注淮南云杓引也按杓雲从手今本譌从木

杓擊也廣雅釋詁三〇俗有乚丝

杓禾危采也說文段注危采謂穎欲斷落也齊民要術云刈晚則穗折遇風則收減玉篇云杓亦懸物也則杓同方言之乚方言曰乚縣也趙魏之閒曰乚燕趙之郊縣物於臺之上謂之乚郭璞曰了乚縣物皃丁小反按系乡應書及集韻所引方言皆如是今本方言作佻妄人所敗耳王延壽王孫賦乚爪懸而瓠垂乚者象形字杓者諸諧聲字

杓引也史記天官官書杓雲如繩者索引隱引淮南許注〇萱按今本杓作杓字之譌也許丁了反必

杓字矣

鳥長尾禽總名也象形鳥之足佀匕从匕說文段注釋鳥音義引長尾羽衆禽總名也按厹部云禽走獸總名此不同者此依釋鳥二足而羽謂之禽也短尾名隹長尾名鳥析言則然渾言則不別也烏之足云云鳥足以一該二能麃足以二該四

鳥者羽蟲之大名詩文王序疏

有翼者為鳥大戴記夏小正丹鳥羞白鳥傳〇禮記月令羣鳥養羞注云丹鳥也者謂丹良也白鳥也者謂閩蚋也

飛者為鳥楚辭自悲鳥獸驚而失羣兮注

鳥微物也文選鷦鷯賦注引韓詩章句

鳥者陽也御覽九百十四引白虎通

離為鳥易漸其羽可用為儀虞注旅旅焚其巢虞注小過非鳥飛鳥遺之音虞注公弋取彼在穴虞注飛鳥離之虞注下傳其義焚也虞注

象離為飛鳥易漸鴻漸于陸集解

離為日為鳥左氏昭五年傳日之謙當鳥注

鳴鳥謂鳳皇也書君奭我則鳴鳥不聞馬注〇萱按鄭少皇字以捷解鳥亦謂捷疾者也周禮司常注鳥隼象其勇捷也疏

星鳥鶉火之方書堯典日中星

鳥鄭注○晚出傳云鳥南方朱鳥七宿鳥爲大火成數七生數二周禮小師疏引易通卦驗注朱鳥朱雀也淮南天文獸朱鳥注其朱鳥燕別名也法言問明朱鳥翺翔注𠂔鳥者燕也大戴記夏小正陟玄鳥蟄傳鳥語謂語聲似鳥也後漢度尚傳注鳥策鳥書於策也文選吳都賦鳥策篆素注鳥章錯革鳥爲章者也詩六月織文鳥章傳○文選吳都賦劉注云鳥章染絲織鳥畫爲文章置於旌旗也雞彝爲彝謂刻而畫之爲雞鳳皇之形周禮司尊彝裸用雞彝鳥彝注鳥獸筍簴也書皋陶暮鳥獸蹌蹌馬注鳥鼠山同穴之枝榦也水經渭水注引地說鳥氏即鳥夷也山海經海內經有人焉鳥首名曰鳥氏注○萱按禹貢鳥夷皮服馬鄭鳥如字今本作島者衛包从僞傳改鳥洟螵蛸也廣雅釋蟲

蔦

樢或寄生屮也詩曰蔦與女蘿說文段注小雅頍弁傳曰蔦寄生也陸璣曰蔦一名寄生葉似當盧子如覆盆子李艸經桑上寄生一名寓木一名宛童見按寓木宛童見釋木○萱按貴鳳別碑作樢與

女蘿廣雅釋木亦作樢蔦寄生也爾雅釋木釋文引字林

統皎切

朓

晦而月見西方謂之朓說文段注朓朒皆言月之變也尚書五行傳曰晦而月見西方謂之朓朓則侯王其荼音舒注云朓條也條達行疾兒荼緩也日君象也月臣象也君政急則曰行疾月行徐臣遂遁不進也荼邑曰元首寬則望舒朓侯王肅則月側匿○萱按晦猶未合伏月未感見由月行疾遲及日而階之故曰將入而月見於其東巳在合朋後矣斯之謂朓疾王者君也臣疾由君緩故曰侯王其荼君政急已下十六字反覆言之也言若日疾月徐又爲臣逡遁不進也逡遁不進即縮朒側匿之謂此及朒字下所引鄭五行傳注段君謂其謙奪今爲釋之如此若逡君政急十六字於朒下而逡夜君政緩則日行徐月行疾臣放恣也十四字於此則文從字順矣疑淺人逡易致此晦曲耳又按古人未知有定朔故言月有朓朒厤法日精而定朔之術出終無朓朒矣朓見也晦而月見西方爲朓朓變之見也太玄玄告聖人察手朓側匿之變注○周禮保章氏釋文又漢書匿張孔馬傳音義引字書竝云朓晦而月見西方也文五行志下之下云晦而月見西方謂之朓朓者月行速在日

前故早見後漢盧植傳晦而月見謂之朓注○萱按漢書孔光傳注引孟康云朓行遲也具說非朓疾也廣雅釋詁一○漢書五行志下之下云朓者疾也朓相覞也日晦食爲朓漢書五行志下之下三月晦朓魯衛分注引服虔○萱按此別爲一義要亦不確之說

窕

或作庣○俗有窕窕肆極也說文段注窕與窕爲反對之辭釋言曰窕肆也大戴禮王言七者布諸天下而不窕內諸尋常之室而不塞淮南俶真訓處小隘而不塞橫扃天地之間而不窕要略訓置之尋常而不塞布之天下而不窕氾論訓訐之天下而不窕內之天下尋常而不塞齊俗訓大則塞而不入小則窕而不周兵略訓入小而不偪處大而不窕墨子尚賢中此道也大用之天下則不窕小用之則不困尚同下大用之治天下不窕小用之治一國一家而不橫荀卿子曰充盈大宇而不窕入郤穴而不逼管子寅宙合曰夫成蚰之多也其處大也不窕其入小也不塞司馬法曰凡戰之道位欲嚴政欲栗力欲窕氣欲閑又曰擊其勞倦避其閑窕凡此皆可謹窕之訓寬肆凡言在小不塞在大不窕者謂置之小處而小處不見充塞無餘地置之大處而大處不見空曠多餘地高誘曰不窕在大能大也今本管子墨子

窕誤作究非是毛詩傳曰窈窕幽閒也幽訓窈閒訓窕方言美狀爲窕言外之寬裨也美心爲窈窈言中之幽靜也左傳泠州鳩論樂曰小者不窕大者不槬則和於物此可以諸子釋之小者不窕大謂雖小而處大不使多空廓之處也大者不槬謂雖大而處小不使偪塞莫能容也莊周書云瓠落無所容以注槬字甚合郭注爾雅云輕窕者多放肆負憤憤之說也左傳曰楚師輕窕此窕義之引申寬然無患謂之輕窕書石經左傳諺作窕从穴釋言窕肆也窕閒也其字其義皆同而唐石經亦於肆也作窕从穴與閒也作窕从穴別異皆字之偶誤耳而或擾以爲說分別訓詁攷之許書本無从穴之字窕肆也爾雅釋言窕閒也爾雅釋言○萱按舍人本窕作跳段借字也或兩通窕緩也淮南要略注窕寬也廣雅釋詁三窕不滿密也呂覽適音不詹則窕注○左氏昭廿一年傳注云窕細不滿庣不滿之處也漢書律厤志上旁有窕焉注庣過也漢書律厤志上注引鄭氏窕輕小也漢書五行志下之上注窕好也廣雅釋詁一美狀爲窕方言二○又云窕美也陳楚周南之閒曰窕自關而西秦晉之閒或謂之窕善容曰窕詩序哀窈窕釋文引王肅窕言閑

都也方言二注窈窕幽閒也詩關雎傳○蕫按此以閒釋窕義本爾雅窈窕冶容方言十窕淫也注窕婬也廣雅釋詁一ㄩ方言十云窕淫也沅湘之閒謂之窕○蕫按荀子賦充盈大字而不窕此用本義也不必破爲篠又禮論故具主之飾也不至於窕冶此用中之義也不必破爲姚又文選七發目窕心與此段窕爲誂不當破爲桃

誂

○俗有窕相詃誘也說文段注戰國策楚人有兩妻人誂其長者長者詈之誂其少者少者許之史記吳王濞傳使中大夫應高誂膠西王按後人多用挑字○蕫按誂挑亦正借字挑之義博誂之義專誂誘也廣雅釋詁一誂嬈也廣雅釋詁二誂戲也同上

嬥

直好皃一曰嬈也說文段注直好直而好也嬥之言擢也詩佻佻公子魏都賦注云佻或作嬥廣韵曰嬥嬥往來皃韓詩云嬥歌巴人歌也按韓詩云三字當在擢之上其下六字乃張載注左語也此皆別義一曰云云下文嬈下云一曰擢也二篆爲轉注嬥好也廣雅釋詁一嬥嬥好也廣雅釋訓嬥細胥皃

嬈 女皎切

廣韵引聲類○俗有嬲嫐娚嬲苛也一曰擾也戲弄也一曰嬥也說文段注苛者小艸也引申爲瑣碎之偁玄應曰苛煩也擾也嬈亦惱也苛音何可切玄應引三蒼嬲乃了切弄也惱也按嬲乃嬈之俗字故許不錄嵇康與山巨源書足下若嬲之不置李善云嬲擿嬈也音義與嬈同奴了切近孫氏星衍云嬲即嫋字艸書之譌然嵇康艸蹟作嬲玄應四引三倉故有嬲字則未可輕譏一曰嬥也者上文嬥下曰嬈也二篆爲轉注亦考考之例然擢之訓嬈即謂苛也擾也不當此有一曰擢也四字嬈苛也廣雅釋言二嬈擾也華嚴經音義上引三倉又一切經音義八引字林嬈戲也廣雅釋詁二嬈弄也一切經音義四引三倉嫽嬈戲弄也一切經音義八引纂文嬈煩也亦惱也同上ㄱ音義四義引三倉又淮南假眞夫人之事其神而嬈其精注竝云嬈煩也嬈煩嬈也淮南原道其神不嬈注○俶眞傷死者其鬼嬈注云嬈煩嬈也善行病祟人嬈煩繞也漢書鼂錯傳除苛解嬈注引文穎嬈弱也嬈嬈柔弱也蕫按此段嬈爲嫋

嫋

○俗作有縣縣姌也說文段注九歌嫋嫋兮秋風王曰嫋嫋秋風搖木皃按楚詞讀上聲上林賦讀入聲一實無二義也○蕫按嫋入聲之讀可省凡若此者愚祇定以一處以袪煩惑說文姌下云弱長皃上林賦嫖嫺姌嫋郭璞云姌嫋細弱也師古云嫋骨體嫋嫋美也文選吳都賦注引埤蒼嫋嫋弱也廣雅釋訓嬈弱也廣雅釋詁一○蕫按嫋正借字嬈借字嬈嬈柔弱也文選洞簫賦優嬈嬈以婆娑注長幼镺長而不勁玉篇裊裊風搖木皃文選謝靈運鄴中集平原侯植詩白楊信裊裊注○蕫按此段裊爲嫋也裊褭正俗字

褭

或書作嬝○俗有裊褭㠯組帶馬也說文段注百官志注曰秦爵二十等三曰簪褭御駟馬者按於本意引伸之因以爲馬名要褭古之駿馬也飛兔要褭呂覽離俗○淮南原道云馳要褭以組帶馬曰褭漢書百官公卿表上注○蕫按此褭褭遰變也古無从鳥之褭況褭耶裊裊風搖木皃蕫按此段裊爲嫋也

了 呂皎切

尦也从子無臂象形說文段注尦行脛相交也牛行腳相交爲尦凡物二股或一股結糾紾縛不直伸者曰了戾方言軫戾也郭注相了戾也淮南原道訓注楊倞荀卿注王冰素問注段成式酉陽雜組及諸書皆有了戾字而或妄改之方言曰佻縣也郭注了佻縣物皃丁小反按也書引皆作了ㄣ亦即許之了尦也段借爲憭悟字象形者象其足了戾之形○蕫按尦隸作尥力弔切了說也了照察也了快也秦曰了蕫按此皆段了爲憭也爾雅序釋文云了本作憭又釋丘注憭人不子了釋文云了本作憭愚謂作憭者用正字僚則憭之譌體耳

灑 俊小切

釃酒也一曰浚也說文段注釃下酒也即今之漉酒也以蓮曰釃一曰云云此亦同瀝漉之義可兩兼灑盪也廣雅釋詁二

剿

○俗有剿戓搗剿絕也周夏之誤書曰天用剿絕其命說文段注夏書甘誓天用剿絕其命天寶己前本如是釋文曰剿子六反玉篇子小反馬本作剿宋開寶己前本如是今玉篇剿子小切絕也剿同上此

顧帝渴之舊也自衛包改劋爲勦以刀部訓絕之字改爲力部訓勞之字於是五經文字力部曰勦見禮記又見夏書而刀部反無劋字開寶中改釋文劋爲勦劋爲巢羣經音辨集韻等皆云劋也重慳賧繆莫能讜正益勦能衛包當日改劋爲從刀之劋猶說也改爲從力之勦則不可說矣王莽傳郭欽封劋胡子又詔曰將遣大司空征伐劋絕之矣此用夏書也外戚傳命㑺絕而不長此叚借字也說文水部㶑讀若夏書天用勦絕此必淺人以衛包本改之也曲禮母勦說字从刀不从力

劋絕也〇漢書西域傳下注注又云劋本作劋寫誤耳蓋桉喿聲之字必不容作參聲劋之譌劋如懆之譌慘矣

勦絕也〇後漢竇憲傳注何敞傳論勦犇回之偁注蓋桉敞傳作勦者誤本也竇憲傳不誤

樔絕也漢書外戚傳上注

劋夭也廣雅釋言

劋截也漢書王莽傳下注

勦截也書甘誓晚出傳又小爾雅廣言

劋是斬斷之義書甘誓疏

劋獪也秦晉之間曰獪楚謂之劋方言二

朴

槄也說文段注槄各本作相高二字今正玉篇曰朴木忽高也以槄字之解解之是朴訓槄也朴者言其杪末之高

〇蓋桉槄隸作槄訓冒高兒今之倏忽字許作倏冒

悄 翠皎切

〇俗有怀

悤也詩曰憂心悄悄說文段注按也當作兒釋訓曰悄悄憂也邶柏舟毛傳曰悄悄憂兒

〇詩月出勞心悄兮傳云悄憂也

悄悄憂兒漢書劉向傳注又後漢張衡傳注又荀子宥坐注

悄切

憂兒文選笙賦訣爲悄切注

悄悄愠也爾雅釋訓

悄猶慘也楚辭逢尤憂心悄兮志勤劬注

〇蓋桉張納功德敍哨然愁悼叚哨爲悄也

小 選皎切

物之微也說文

小細也漢書西域傳上注又淮南主術而枹鼓爲小注〇周禮醢人注小切之疏云小

切之者細切之

小者不大也論語八佾管仲之器小哉皇疏〇荀子議兵小齊則治鄰敵注云小謂未能大

倩

小者大之源後漢陳忠傳

小謂所施狹近也禮記表記有長短大小疏

小少

也爾雅釋木小而散榎舍入注又左氏傳哀二年疏引爾雅樊注

小謂陽息易象傳積小以高大廣注

小爲陰氣不足素問大奇論腎脈小搏注

小謂陰也易象上傳小往大來蜀才注

陰稱

小易需小有言廣注睽小事吉廣注象下傳遯小利貞荀注小過荀注〇否大往小來疏云陰主消耗故稱陰小

陰

稱小人易師小人勿用廣注遯小人否廣注革小人革而繫辭上傳小人之事也廣注

坤爲小

人易既濟小人勿用廣注象下傳君子以遠小人廣注繫辭下傳比小人之福也雜卦傳小人道消也廣注

艮爲

小易繫辭下傳小懲而大戒廣注

兌爲小易履眇而視廣注

小君者夫人之別號左氏

傳隱三年疏

小臣臣之微者書君奭小臣屛侯甸王注〇韓詩外傳五云小臣國之賤臣也

小事

者臣事也易象下傳是以小事吉荀注

細巧入人爲小言莊子列禦寇彼所小言盡人毒也注

小量幼少之目也論語季氏夫人自稱曰小童皇疏

小子弟子也禮記少儀小子

走而不趨注〇詩思齊疏云小子是後生未成之名又祇疏云小子是幼弱無知之稱之稱

小寢燕寢也禮記玉藻然後適小寢注

小呂一名中呂周禮大司樂歌小呂注〇蓋按他書多作仲呂中仲古今字

五月曰小功精細之功小有飾也釋名釋喪制

小車駕馬輕小之

車也駕馬宜輕使之局小也釋名釋車

覞 沬小切

目有察省見也說文段注目偶有所見也伺者有意覞者無心今俗語尚云覞與目部之瞟音義皆同

覞目有所察廣韻引字林

瞟

〇俗有瞯

睽也說文段注今江蘇俗謂以目伺察曰瞟〇蓋按瞭者察也戚細切

瞟明察也一切經音義十八引埤蒼

瞟一目病也廣韻引埤蒼

瞟眇視不明之兒文選魯靈光殿賦忽瞟眇以響像注

慓

平上兩讀

疾也說文段注弓人曰於挺臂中有柎焉故剽注云剽疾也此謂剽即慓之叚借也〇漢書高帝紀上注

注又素問陰陽應象大論其慓悍者按而收之注腹中論慓悍夫熱氣慓悍注並云慓悍疾也

慓急也廣雅釋詁一

摽

或作敷〇平上四讀注在彼

膘牛脅後髀前合革肉也說文段注合革肉者他處革與肉可分剝獨此處不可分剝也七發所謂物牛之腴今俗謂牲肥者曰膘壯音如標膘小腹兩邊肉也詩車攻傳自左膘射之釋文引三蒼

縹帛白青色也說文段注白青各本作青白今正此金尅木之色所尅當在下也縹禮記正義謂之碧釋名曰縹猶漂漂淺青色也有碧縹有天縹有骨縹各以其色所象言之也縹青也廣雅釋器縹青白色也爾雅釋艸釋文引字林又後漢襄楷傳注縹綠色而微白也文選七啓乃有春清縹酒注縹縹舉輕皃漢書賈誼傳注○萱按此義用票遯飄皆合縹眇遠視之皃文選海賦羣仙縹眇注○萱按靈光殿賦作膘眇似尤合

蘗苕之華黃華也一曰末也說文段注釋艸苕陵苕黃華蘗白華茇郭云苕華色異名亦不同玉裁按許君茇字下云一曰艸之白華爲茇不云苕之白華則蘗字下亦當云艸之黃華不當如郭說也今本苕字恐是後人用郭說改之許於苕下云艸也亦不云陵苕一曰云云金部之鏢木部之標皆訓末蘗當訓艸末禾部曰秒禾芒也秋

分而秒定按淮南天文訓作秋分蘗定此蘗爲末之證也黃華名蘗爾雅釋艸舍人注蘗莕荼爾雅○注云蘗即芀蘗禾穗粟孚甲之芒也淮南天文秋分蘗定注蘗流也無根水中艸淮南墬形容華生蔈注○萱按此說蘗爲藻也說文無藻

韻史卷八

泰興何萱石閭譔集　子度校字

第二部去聲

上海顧錫麒竹泉覆審

膏韻

武進李兆洛申耆鑑定

開口呼

膏改到切平去兩讀義分潤也集韻又廣韻云膏車○萱按詩下泉陰雨膏之禮內則脂膏以膏之釋文於兩膏之皆音古報反比等强生分別始於葛洪字苑而陸德明因之後人韻書因之緐猥甚矣愚悉爲併合用還古音之舊姑錄膏等以著其凡焉

號海到切平去兩讀義分名位也國語楚語而能知山川之號注號名者徽識所以相別也周禮大司馬辨號名之用注○禮記大傳殊徽號注云徽號旌旗之名也號所以書之於綏通典引萱指禮記注家之屬謂之號周禮大司馬家以號名注號謂爵號漢書司馬相如傳下注號謂諡號周禮職喪詔其號司農注號神號幣號周禮小宗伯則奉玉帛以號司農注號謂尊其

名更爲美稱焉周禮大祝辨六號注號者所以尊神顯物也禮記禮運其祝號注號者功之表也周書諡法又古微書引春秋說題辭又文選典引厥有氏號蔡注○白虎通號云號者功之表也所以表功明德號令臣下者也號法天也法日也日未出而明白虎通諡○又云號者始而也諭而效天地謂之號號之爲言諭而效也春秋繁露深察名號○又云號凡而略號令也文選東京賦注引易鄭注又呂覽懷寵先發聲出號注號號令也易彖下傳孚號有厲疏又莊子田子方何不號於中國曰釋文又文選上林賦出德號郭注○漢書王莽傳下注云號謂號令巽爲號令易夬无號虞注○又孚號有厲虞注萃若號虞注竝云巽爲號號令猶召呼也詩東方未明序號令不時挈號號令所以警衆也禮記樂記以立號注鏗號令之軍法重者書古太誓號曰鄭注號告也廣雅釋詁三號召也詩北山或不知叫號傳又左氏襄十九年傳號之乃下釋文

瓐 石之佀王者說文

𧆨 帶燥切

或作鍪瑬 土鍪也說文段注金部曰鍪鍑屬也鍑釜大口者廣雅鍑鍪鍪鬴也鍪即𧆨字鍪金爲之𧆨則土爲之鄭注周禮所謂黃堥也堥即鍪之甬部曰秦名土釜曰鬴

到

至也說文又爾雅釋詁又國策齊棠雖隆薛之城到於天注 到欺也史記韓世家不如出兵以到之索隱 ○萱按古無倒字祇用到 到耳逆聞也太玄事到耳順止注 鋤拔反之更生者曰到 植 莊子外物艸木之到植者釋文引司馬注

菿

○作者譌 艸大也說文段注毛詩倬彼甫田韓詩作菿彼圃田釋故曰大也也卓聲到聲古同在弟二部寀各本篆作菿訓同玉篇廣韻皆無菿字菿之誤也後人檢菿字不得則於艸部末綴菿篆訓曰艸木倒語不可通今更正爾雅釋文廣韻四覺皆引說文菿艸大也

罩

○俗有羅 罿爲令不得飛走也說文段注网部有罩捕魚器也此與罩不獨魚鳥異用亦且罝非网

网罟之類謂家禽及生獲之禽慮其飛走而籠罝之故其字不入网部今則罩行而罝廢矣

悼 坦到切

懼也陳楚謂懼曰悼說文段注方言悽憮矜悼憐哀也齊魯之間曰悼趙魏燕代之間曰悽自楚之北郊曰憮秦晉之間或曰矜或曰悼按方言甚明了許易哀爲懼未詳方言又曰悼傷也秦謂之悼皆不訓懼檜風中心是悼傳曰悼動也於懼義相合小雅上帝甚蹈傳曰蹈動也謂蹈即悼之段借也故鄭中之云蹈讀曰悼○國語晉語隱悼播越注云悼懼也 悼傷也詩祇躬自悼矣傳又淮南脩務墨子閒而悼之注又文選西京賦悵悼而聲繞薛注 悼傷也廣雅釋詁二 悼哀也廣雅釋詁一 悼猶哀傷也詩羔羊裘箋○漢書平帝紀注云悼者未成爲人於其死亾可哀悼也 悼病也詩苑柳釋文 悼憐愛也禮記曲禮上七年曰悼注○釋文云悼謂可憐愛也 七年曰悼悼逃也知有廉恥隱逃其情也言是時而死可傷悼也釋名釋長幼○禮記曲禮上又通典引劉智儀禮釋疑又漢書平帝紀全貞信及旣悼之人注竝云七年曰悼 中身早折曰悼獨斷下 年中早夭曰悼肆行勞

祀曰悼恐懼從處曰悼逸周書諡法

盜

厶利物也說文段注周公曰竊賄爲盜盜器爲姦米部曰盜自中出爲竊 盜謂私之漢書直不疑傳然特毋彖其善盜嫂何也注○萱按說文用厶他處用私厶私古今字也 盜猶私也漢書陳平傳注 盜竊也荀子王霸汙漫突盜以先之注又史記秦李紀溫驪索隱引劉氏○後漢馬援傳注云盜猶竊也 竊貨曰盜荀子脩身○詩巧言疏云盜又者竊物之名又左氏文十八年傳疏云竊人財賄謂之爲盜又大戴記千乘云作於財賄六畜五穀曰盜 私竊謂之盜荀子正論故盜不竊注 盜竊者私取之謂也莊子山木君子不爲盜賢人不爲竊注 盜謂盜取人物周禮朝士疏 非其所取而取之謂之盜穀梁定八年傳哀四年傳 取人之言而棄其身盜也新序襍事一 盜賊也禮記表記盜言孔甘注○荀子哀公文公用其盜注云盜亦賊也 盜者寇賊之名左氏襄十年經注以盜爲文疏 盜者賤人有罪之稱左氏春秋序書齊豹盜疏○定八年經注盜謂陽貨也疏云盜

者賤人之稱也又公羊定八年傳疏云盜是卑賤之稱 盜謂小人也詩巧言君子信盜箋 盜逃也詩巧言傳○漢書惠帝紀注引如淳云盜者逃也 坎爲盜易說卦傳貢當位疑也集解既濟歸喪其鬻虞注濡有衣袽終日戒虞注象上傳艾在外也虞注繫辭上傳易者其知道乎虞注盜思奪之矣虞注繫辭下傳盜取諸豫虞注以待暴客鄭注 微殺大夫謂之盜穀梁哀四年傳 辟中國之正道以襲利謂之盜同上

樂 朗到切

俗有懆○萱按入聲內樂兩讀異義本無齊讀去聲也去聲之有樂淺人妄分耳今姑遇而存之而定讀朗到切即入聲朗鶴切之義也詳在彼注舊讀五敎切歧中之歧不足言矣

勞

平去兩讀義分○俗有傍鶩 𤯍古文 勞勞來猶言佑助詩旱麓神所勞矣傳○禮記孔子間居奉三無私以勞天下注云勞勞來 勞來勤也爾雅釋詁○萱按勤有動靜二義也然勤不分明讀何勞字獨分敷是知瑣屑鋪析皆後人爲之柰古音本然矣 勞來謂勸勉也漢書平帝當傳勞徠有意者注循吏

龔遂傳勞來循行注○成帝紀致勞來之注云勞來勸勉之又宣帝紀勞來不急注云勞來者言慰勉而招延之也勞來不急也亦約勑也一切經音義七引漢書音義勞慰勞也禮記曲禮下君若勞之疏○漢皇后紀持節勞章注云勞慰問之又谷永傳勞二千石注云勞慰勉也又元帝紀勞農勸民注云勞農謂勞勉慰勉之勞謂苦倦之也周禮大行人三問三勞注勞者叙其勤以勞之左氏隱十年傳以勞王爵注○漢書平當傳注云勞者恤其勤勞也勞者陳其功勞詩采薇序出車以勞還帥勞之勞其道勞也儀禮覲禮王勞之注○周禮司儀再勞三辭注云行道則勞勞郊勞也穆天子傳一勞用束帛加璧注○左氏僖卅三年傳自郊勞至於贈賄注云迎來曰郊勞又隱十年傳注云勞者叙其勤以荅之諸侯相朝逆之以饗餼謂之郊勞勞謂問遺之漢書淮陽憲王欽傳勞博博不受注○左氏僖廿六年傳服注云以師枯槁故饋之飲食勞苦謂之勞也勞謂勞賚易象下傳君子以勞民勸相疏勞賜也管子山權數勞者以百金注

韻史　卷八第二部去聲青韻　八二九

癆

趮　窜到切

癆平去兩讀朝鮮謂藥毒曰癆說文○方言三云凡飲藥傅藥而毒北燕朝鮮之閒謂之癆癆痛也廣雅釋詁二癆痢皆辛螫也方言三注

趮或作躁○踐俗有趮疾也說文又廣雅釋詁一趮旁掉也考工記矢人羽豐則遲羽殺則趮注趮者不靜管子心術上躁不安靜也論語季氏言未及之而言謂之躁集解引鄭注躁暴急之人也荀子富國躁者皆化而愨注○禮記內則狗赤股而躁疏云躁謂舉動急躁躁速也素問奇病論人迎躁盛注躁謂煩躁素問平人氣象論脈三動而躁注躁狡也淮南原道蹇不躁注其離位之謂躁韓非子解老躁擾也廣雅釋詁三躁動也淮南主術人主靜漠而不躁注○禮記月令怠必掩身毋躁注云躁猶動也躁擾也亦動也一切經音義十四引國語賈注躁燥也物燥乃動而飛揚也釋名釋言語好變動民曰躁周書謚法巽為躁卦易說卦傳震為決躁易說卦傳繫辭上傳躁人之辭多廣注○萱按古今人表奈遽躁公史記索隱作趮此桑謚為

韻史　卷八第二部去聲青韻　八三〇

參如慘慘之比凡參聲字皆不當在二部

操　粲到切

鑿

傲　眼到切

操或作敹○平去兩讀義分志也楚辭謬諫夫何執操之不固注操謂所執持之志行也漢書張湯傳雖賈人有賢操注操猶曲也後漢書褒傳注○風俗通聲音云其遇閉塞憂愁而作者命其曲曰操操者言遇菑遭害困厄窮迫雖怨恨失意猶守禮義不懼不懾樂道而不失其正者也

鑿去入兩讀義分○俗有鑿鑿竅也五鑿謂耳目鼻口及心之竅荀子哀公五鑿為正注○萱按鑿之為器所以穿木也故訓穿也開也皆讀入聲引申之則既穿之孔亦名鑿讀去聲九辯云圜鑿而方枘兮考工記云量其鑿深以為輻廣鑿謂所穿冢藏者漢書劉向傳羊入其鑿注○集韻云鑿穴也

傲倨也說文段注古多段敖為傲女部又出嫯字侮傷也○文選江賦傲自足於一嘔注云傲倨也又廣雅釋言云傲倨也萱按篆體衣作傲傲倨見傷也一切經音義九引字林傲傷也廣雅釋詁三○萱按此亦可云嫯之段借傲輕也呂覽士容傲小物而志屬於大注又一切經音義十一引廣雅傲慢也爾雅釋言

韻史　卷八第二部去聲青韻　八三一

敖慎傲也注又國語晉語小國敖注傲不敬也左氏文九年傳執幣傲注傲戲謔也荀子禮論歌謠傲笑注傲揮庠高大之皃莊子天下圈傲乎救世之士哉注傲睨自寬縱不正之皃文選江賦冰夷倚浪以傲睨注傲喧噪也荀子勸學注言不及而言者傲也鹽鐵論孝養不問而告謂之傲荀子勸學未可與言而言謂之傲同上弟敬愛兄謂之悌反悌為傲賈子道術思惡勿道謂之戒反戒為傲同上諸侯貢士再不適謂之傲說苑修文○禮記射義正義引書大傳云再不適謂之傲敖倨也史記游俠傳敖而無足數者集解引徐廣敖慢也禮記投壺毋敖注漢書郊祀志上注又敖者矜慢在心之名禮記曲禮上敖不可長疏慢而不恭曰敖管子宙合若敖之在堯也注○禮記祭義敖也疏云敖也者言傲其親不恭敬敖戲也廣雅釋詁三敖戲謔也爾雅釋詁敖亦戲傲也荀子勸學注敖調弄也史記天官書箕為敖客曰舌隱索隱引宋均敖喧噪也

韻史　卷八第二部去聲青韻　八三二

荀子彊國百姓讙敖注敖意舒也爾雅釋詁謔浪笑敖戲謔也舍人注敖妄也敖慢也並廣雅釋言○壹按傲或作敖傲敖鷔皆同音通用也或作悖義近也又左氏襄廿年傳大夫敖服本作放此破字耳生而貴者傲後漢崔駰傳鶩妄也莊子庚桑楚釋文引廣雅鶩亦輕也漢書田蚡傳注王吉傳注東平思王宇傳注匈奴傳注壹按詳鶩下

嫯

或書作傚侮傷也說文段注傷各本作易非是前文曰嫚侮傷也字與慢別此云嫯侮傷也字與傲別今則傲行也而嫯廢矣○壹按傲嫯傲別義實相通貫也亦借用嫯敖耳傲傷也廣雅釋詁三侮慢曰敖離騷保厥美以驕敖兮注

贅

或書作贅顤高也說文段注當云頭高也廣韻云頭長顤高也廣雅釋詁四

驁

或書作驁○俗有驁駿馬句以壬申日死乘馬忌之說文段注駿馬句絕謂駿馬之名也大射儀公入驁注曰驁夏亦樂章也以鐘鼓奏之按驁夏蓋取翱翔之意凡奇士儁豪俊者可作驁俊如尚書敖可為酋

豪字也乘馬忌之者忌此日也驁千里馬名也王者乘之遊驁因曰驥驁也呂覽察今良馬不期乎驥驁注驁大也廣雅釋詁一驁亦輕也呂覽下賢士驁祿爵者則輕其主注○壹按驁訓大者引申之義也訓輕訓妄者傲之段借也漢書田蚡傳諸公稍自引而怠驁注王吉傳率多驕驁注匈奴傳上甚驁無道注倨驁其辭注傳贊其桀驁尚如是注東平思王宇傳注驁忽臣下注竝云驁與傲同又莊子外物而驁萬世之患此驁亦當訓輕釋文李作驁者形近字譌耳驁妄也莊子庚桑楚釋文引廣雅

喿 散到切

譟

○俗有噪喙鳥群鳴也說文段注此與喿同憲俗作噪方言假喿為鍬臿字擾也說文譟群呼煩擾也一切經音義廿二引聲類群呼曰譟穀梁定十年傳齊人鼓譟而起注又史記周本紀譟而譟之集解引唐固又漢書五行志下之上注引應劭○王莽傳下騎馬譟注云譟群呼也譟讙呼也國語鄭語王使婦人不幃而譟之注○周禮大司馬車徒皆譟注云譟讙也噪叫也呂覽倡樂為絲竹歌舞之聲則若譟注譟鳴也一切經音義二十引廣雅噪音也方言十二雷鼓曰

譟家語相魯齊使萊萊兵以鼓相譟注

燥

○俗有鐰燥慘乾也說文又廣雅釋詁二又晉書音義上又素問氣交變大論西方生燥注五常政大論其令燥注又淮南脩務相土地宜燥溼注燥乾枯也素問氣交變大論有燥注乾者純陽故曰燥也易文言傳水流溼火就燥荀注燥謂陽炎呂覽重己足以辟燥溼而已矣注陽明為燥素問天元紀大論寒暑燥溼風火注燥高敞也漢書丙吉傳置閒燥處注燥金氣也素問氣交變大論燥乃大行注○陰陽應象大論燥勝風注云燥為金氣燥焦也釋名釋言語楚人名火曰燥詩汝墳王室如燬釋文○壹按鄭閒頌從朝陽之平慘其字作慘凡喿聲字改從參聲皆諧體也鐰乾也廣雅釋詁二鐰燥也廣雅釋言○壹按此以古字釋今字謂今之鐰即古之燥字也

暴 倍到切

隸作暴或作虣䖘○三部暴字隸亦作暴殊混疾有所趣也說文段注趣當作趨引申為凡疾之偁按此與㬥二篆形義皆殊而今隸不別此篆主謂疾故為夲之屬㬥主謂日晞故為日之屬㬥疾也詩終風且終風且暴

傳又一切經音義十一引廣雅暴卒疾也大戴記保傳秦無道之暴注暴猝也廣雅釋詁一暴卒也呂覽察今澭水暴溢注又淮南俶真暴行越智於天下注○素問厥論或令人暴不知人注云暴猶卒也暴卒起之皃荀子富國暴暴如丘水注暴卒怒曰暴楚辭沈江紂暴虐以失位兮注暴者卒也急也史記平津侯主父傳故倒行暴施之索隱緩令急誅暴也○新序雜事一易蠱先甲三日馬注云不令而誅謂之暴又孝經鄭注云不令而伐謂之暴不戒視成謂之暴論語堯曰○馬注云不宿戒而責目前成為視成也暴惡也孟子告子上凶歲子弟多暴注暴虐也淮南天文故誅暴則多飄風注又後後漢崔琦傳注暴亂也孟子公孫丑上無暴其氣注滕文公下暴君代作注暴虐亂也淮南主術其次賁賢而罰暴注暴是亂下之稱左氏昭十四年傳注三惡暴虐頗也疏暴殘暴穀梁宣二年傳而暴彈之注暴戾謂兇暴而惡戾也史記伯夷傳暴戾戾恣睢索隱坎為暴易繫辭上傳上慢下暴虞注言非禮義謂之自暴也孟子離婁上窮民力

財力謂之暴列女傳辯通人主輕下曰暴韓非子八說下陵其上謂之暴呂覽至忠何其暴而不敬也注暴戲暴也穀梁宣二年傳釋文暴察謂暴急嚴察也荀子彊國有暴察之威者注暴傪謂暴磔惡事方言七暴傪爲膊言相注暴虎徒搏也爾雅釋訓又論語述而集解引孔注○詩小旻不敢暴虎傳云徒搏曰暴虎又淮南本經注云無兵搏虎曰暴虎又呂覽安死注云無兵搏虎曰暴暴虎空手以搏之詩大叔于田襢裼暴虎傳○爾雅釋訓舍人注云暴虎無兵空手搏之又論語述而皇疏云空手搏虎爲暴虎日出而風爲暴爾雅釋天暴陰雲不興而大風暴起爾雅釋天孫注喪祭用不足曰暴禮記王制○注云暴猶耗也暴墳起不堅致也考工記瓬人髻墾薜暴不入市注○萱按先鄭暴讀爲剝其實本字自通暴室署名主中婦人疾病也後漢清河孝王慶傳注方六里命之曰暴管子乘馬五連而暴同上○易繫辭下以待暴客釋文鄭作虣萱按虣見周禮字非不古矣集韵又出虣字明係譌體不當甄錄

司虣禁暴亂周禮地官序官胥師司虣注○文選吳都賦虣魁虣虣注云虣與暴同又蕪城賦注引字書云虣魁

瀑

古文暴字作瀑疾雨也詩曰終風且瀑一曰沫也一曰瀑霣也說文段注暴疾有所趣也故从水从暴爲疾雨毛詩終風且暴傳曰暴疾也即指風言許所據益三家詩沫一作沫誤馬融長笛賦亦曰山水猥至濤瀑噴沫噴沫水跳沫也濤瀑噴沫兕蜀都賦亦曰龍池濤瀑濆其隈濆當作噴江賦曰㴱㳅瀑沫雨部曰霣雨也齊人謂霤爲霣水濆起曰瀑一切經音義十八引蒼頡篇○萱按濆借字噴正字

蕫 莫到切

或作耄○俗有蕫蕫覔耄年九十曰蕫說文段注从蕫省者取蕫曰之意今作耄从老省毛聲耗今音讀蕫去聲蓋蒿聲毛聲古可通用也曲禮八十九十曰耄注云老惛忘引左傳老將知而耄及之按其字亦作眊亦作旄○萱按作眊旄者皆段借字耄亂也九十曰耄楚辭怨世心悼怵而耄思注八十九十曰耄禮記曲禮上又家語觀鄉射耄期稱道而不亂者注○禮記射義旄期稱道不亂者釋文云八十九十曰旄

八十曰耄詩行葦箋耄勤稱道不亂者釋文板匪我言耄傳又左氏隱五年傳老夫耄矣注又國語楚語老耄而舍我注八十曰眊漢書平帝紀金全與信及眊悼之人注七十曰耄頭白耋耋然也釋名釋長幼○鹽鐵論孝養云七十曰耄耄老也詩抑亦聿既耄傳又楚辭逢紛精越裂而衰耄注○漢書武帝紀哀夫老眊孤寡鰥獨注平帝紀注竝云眊者老稱也又彭宣傳年齒老眊注刑法志二曰老眊注竝云眊與耄同耄亂也左氏昭元年傳注又漢書五行志中之上注耄昏亂也書微子吾家耄遜于荒鄭注○釋文云耄本作旄萱按周禮司刺再赦曰老耄釋文詩行葦箋耄勤釋文竝云耄本作旄又書呂刑耄荒釋文云本亦作薹又一切經音義一云古文薹耄二形今作耄耄昏惑也國語周語爾老耄矣注耄僻謬也禮記曲禮上疏守義不進茲謂耄漢書五行志下之上旄老耄也孟子梁惠王下反其旄倪注旄倪老也孟子梁惠王下音義引丁音

眊

○俗有毷目少精也虞書耄字从此說文段注孟子胸中不正則眸子眊焉趙曰眊者蒙蒙目

不明之皃廣雅眊眊思也謂思勞而目少精也或作毣毣按虞書無耄字僞大禹謨有之非許所知也惟商書微子周書呂刑皆有耄呂刑耄荒周禮注引作耗荒漢刑法志作眊荒漢書多以眊爲耄蓋許所據書作眊與當云尚書耄字如此此爲段借○續漢書五行志注引字林云目少精曰眊眊目闇也漢書息夫躬傳憒眊不知所爲注眊不明也漢書五行志下之上夫在眊傳注董仲舒傳天下眊亂注故政有眊而不行注又續漢五行志五○漢書武帝紀注云眊不明之皃耗不明也漢書景帝紀不事官職耗亂者注董仲舒傳耗矣哀哉注○萱按眊正字耗借字景紀作耗又耗之譌體也今正眊亂也續漢五行志五厥咎眊注纖微皆審謂之察反察爲旄賈子道術○萱按此段旄爲眊也二字蓋互借通用毛飾曰眊稍上垂毛亦曰眊也一切經音義二引通俗文○萱按此段眊爲旄眊好也萱按此段眊爲髦眊者老稱萱按此段眊爲蕫平去兩讀注在彼

覒

耗 平去兩讀注在彼○俗有托耗

芼 ○俗有搉 艸覆蔓也詩曰左右芼之說文段注艸覆蔓者謂覆地蔓延也詩者周南文毛鄭詩考正曰芼菜之烹於肉湆者也禮羹芼菹醢凡四物肉謂之羹菜謂之芼肉謂之醢菜謂之菹菹醢生爲之是爲醢人豆實芼則湆烹之與羹相從實諸鉶儀禮鉶芼牛藿羊苦豕薇牲用魚芼之以蘋藻內則雉兔皆有芼是也孔冲遠疑四豆之實無荇不知詩明言芼非菹也玉裁按芼字本義是艸覆蔓故从艸毛會意因之爾雅曰搴也毛公曰擇也皆於从毛得解搴之而擇之而以爲菜釀義實相成詩禮本無不合 芼菜也儀禮特牲饋食禮及兩鉶鉶設于豆南注少牢饋食禮皆芼注又禮記內則芼羹注 芼謂菜釀也禮記內則雉兔皆有芼注 芼菜者菜是地之毛儀禮少牢饋食疏 芼取也廣雅釋詁一 芼搴也爾雅釋言 芼擇也詩關雎傳 芼搴皆擇菜也爾雅釋言注

治而廣之人放效之是曰教又釋名釋言語云教效也下所法效也又白虎通三教云教者效也上爲之下效之又翻譯名義引元命苞云教之爲言傚也上爲之下傚之萱按效傚正俗字 教效也廣雅釋詁一又漢書儒林傳注又呂覽誣徒教人則不精注 教誨也效也一切經音義二引三蒼 教習也國策秦策兵法之教注又呂覽簡選欲其教也注 教猶告也呂覽貴公顧仲父之教寡人也注 教語也廣雅釋詁一 諸侯言曰教文選教題注引蔡邕獨斷 教大議也呂覽用衆 教令也淮南主術而行不言之教注 教謂戒令荀子大略以其教出必行注 教謂殷勤誨示詩關雎序風也教也疏 教者訓誘以感心管子侈靡政與教孰急注 教謂教學禮記燕義與其教治疏 教之者使識舊事也周禮師氏以教國子弟注 便事之謂教國策趙策 修道之謂教禮記中庸 自誠明謂之教同上 以善先人者謂之教荀子修身 與爲教令易象上傳習教事虞注 教詩書典籍教訓也通典引盧植禮記注 教者教以禮樂孟子

滕文公上校者教也注○禮記樂記教者民之寒暑也注云教謂樂也 教謂禮義禮記王制脩其教注 十教即十義也荀子大略明十教注 五教謂父義母慈兄友弟恭子孝也後漢章帝紀注○周禮地官序官使帥其屬而掌邦教注云教所以親百姓訓五品有虞氏五而周十有二焉 七教者治民之本也大戴記王言 教者政之本也賈子大政下人春秋緐露精華 教文之施也國語周語 教也者長善而救其失者也禮記學記 教者所以追補敗政靡弊溷濁謂之治也白虎通三教 教士謂先教習之士管子小匡君有此教士三萬人注

鷮 ○俗有鷮鷸 解鷹屬也說文段注蓋亦神獸按廣韻作鷮玉篇作鷮皆从孝○萱按孝在二部孝在三部凡孝聲之字俗多用孝作之實譌體也如教之譌作教是

戶教切

效 或作傚○俗有劾傚 象也說文段注象當作像人部曰像似也毛詩君子是則是傚又民胥傚矣皆效法字之或體

左傳引詩民胥效矣是也彼行之而此效之故俗云報效云效力云效驗廣韵云俗字作効今俗分別效力作効效法效驗作效尤爲鄙俚效法之字亦作爻繫辭爻法之謂坤是亦作殽禮運殽以降命是亦作傚儀禮注引詩君子是則是傚是皆假借也效放也荀子大略其行效其立效其坐效其置顏色出辭氣效注○萱按放即今之仿字古祇作放讀分兩切效者爲之法也墨子小取效明也荀子正論故桀紂無天下而湯武不弒君由此效之也注效白也荀子儒效鄉也效門室之辨注效呈也史記燕召公世家而效之子之索隱引鄭彳效見也史記天官書其時宜效正義○律書雖妙必效情正義越世家亦效所重集解引徐廣竝云效猶見也效猶呈見禮記曲禮上效馬效羊者右牽之注又儀禮聘禮疏○史記蘇秦傳使臣效愚計索隱云效猶呈也見也效功也荀子儒效儒效注又淮南脩務效亦大矣注又法言先知而望其效注效驗也荀子議兵臣請遂道王者諸侯彊弱存亡之效注隆禮效功上也注又淮南脩務哭者悲之效也注又文選閒居賦注引廣雅○後漢殤帝紀注班超傳注竝云效猶驗也效徵驗也漢書外戚傳下欲陷我效也注是效猶實驗

也禮記禮運注此言兼氣性之效也疏效授也左氏昭廿六年傳宣王有志而後效官注效數也史記淮陰侯傳索隱引晉灼效文也方言十二效考也廣雅釋言效獻也漢書元后傳注效致也左氏襄廿七年傳使諸侯僞效爲餘之封者注昭廿二年傳而效諸劉子注又國策西周策而吾得無效也注齊策顧效之王注秦策效上洛於秦注又史記淮陰侯傳效首虜索隱又漢書各傳注又後漢竇融傳注又荀子王霸歲終奉其成功以效於君注又呂覽季春分繭稱絲效功注又淮南主術所以效善也注以效其功注○史記魏世家韓必效之索隱又左氏文八年傳效節于府人注竝云猶致也又昭廿六年傳疏云效者致與之義效具也廣雅釋詁三傚漸也孝經則而傚之鄭注効見也淮南天文斗牽牛注効効驗也廣雅釋言又文選長笛賦致誠効志注爻效也廣雅釋詁三○易略例云爻者效也萱按此謂爻即效之段借字也爻也者效此者也易繫辭下傳○又云爻也者效天下之動者也爻放也易繫辭爻法之謂坤釋文引馬注○釋文云爻法李作效殽效也太玄密三日不覺殽注殽法也禮記禮運殽于地釋文○萱按爻聲交聲

古多通用段殽猶段爻也莊子又段校見列禦寇釋文

校

武作技木囚也說文段注囚繫也木囚者以木羈之也易曰屨校滅趾何校滅耳屨校若今軍流犯人新到著木辨何校若今犯人帶枷也周禮校人注曰校之言校也主馬者必仍校視之校人馬官之長校此引伸假借之義也陸德明曰比校字當從手唐張參五經文字手部曰校經典及釋文或以爲比校字業字書無文張語字正謂說文無從手之校也故唐石經考校字皆從木用張說也但訂以周禮鄭注則漢時固有從手之挍矣比校從木字古益無正文較權等皆可用校者以木夾足止行也易繫辭下傳屨校滅趾侯注校謂所施之械也易噬嗑屨校滅趾疏屨校貫械也易噬嗑干注校者以木絞校者也即械也易噬嗑虞注坎爲校同上校柴也廣雅釋木校謂以木自貫穿爲闌校耳漢書成帝紀從胡客大校獵注○注又云校獵者大爲闌校以遮禽獸而獵取也又司馬相如傳上天子校獵注云校獵者以木相貫穿總爲欄校遮止禽獸而獵取之又後漢明帝紀注略同校號也將帥號令之所在

也釋名釋兵校者營壘之稱漢書衛青傳常護軍傳校獲王注五校軍營也國策中山策乃使五校大夫注校者軍之諸部校也漢書胡建傳護軍諸校注與五百人謂之校史記衛將軍驃騎傳傳校獲王索隱引顏秘監縣道邑及侯國曰校後漢班彪傳下注六廄成校周禮校人校正主馬官左氏成十八年傳校正屬馬注校人掌養馬之官也荀子哀公三月而校來謁曰注○左氏哀二年傳校人乘馬注云校人掌馬校人主池沼小吏也孟子萬章上校人烹之注校計也漢書嚴助傳注又荀子王霸故憂患不可勝校也注彊國注校計量也漢書楊雄傳下校武票禽注校謂計數也漢書食貨志上貫朽而不可校注○貫捐之傳注計數作數計校數也史記平準書貫朽而不校集解引如淳○周禮鄰長以時校登其夫家注校猶數也校考也文選長楊賦校武票禽注引國語貫注校考舍也國語齊語比校民之有道者注校猶亢也國策秦策足以校於秦矣注校報也左氏僖廿三年傳有人而校注又禮記中庸釋文又論語泰伯犯而不校

集解引芑注又皇疏又小爾雅廣言又後漢卓茂傳注劉寬傳注杜篤傳注爲桓鮮卑傳注○史記春申君傳索隱云校者報也 校交也 小爾雅廣言○列子周穆王幡校四時釋文云校讀作交萱按此段校爲交匪直義同也 校教也 史記儒林傳夏曰挍正義○孟子滕文公上云校者教也 校學也 左氏襄卅一年傳鄭人遊于鄉校釋文又後漢明帝紀注任延傳注○漢書韓延壽傳於是命文學校官諸生注又後漢李忠傳注竝云校亦學也 夏爲學校校之言教也 孟子滕文公上又漢書儒林傳序又後漢章帝紀注又獨斷上竝云夏曰校 鄭國謂學爲校言可以校正道藝 詩子衿序刺學校廢也箋○左氏襄卅一年傳釋文云鄭人謂學爲校 校官也 廣雅釋室 校疾也 考工記廬人細則校注引人釋之則不校注今夫炎解中有變焉故校注○萱按司農注云校讀爲絞而婉之絞此破字也絞切也急也故校訓疾 校謂馨烈之氣 管子地員五臭所校注 校脛也 儀禮既夕記校在南注 校几足也 儀禮士昏禮主人拂几授校注○士昏注既夕注竝云古

韻史　卷八第二部去聲肴韻

八四九

文校爲枝又莊子天地上如標校釋文校李作枝萱按此校枝形近互譌非關段借也儀禮當作校漆園當作枝 校豆中央直者也 禮記祭統夫人薦豆執校注 校柄也 禮記祭統釋文 校槌也 廣雅釋器 㯟亦名校 方言五槌其橫關西曰㯟注 夅 校 大戴記夏小正○傳云校也者綵色然婦人未嫁者衣之 校度也 廣雅釋詁一 校教也 廣雅釋詁四○莊子說劍王乃校劍士釋文校李作敎萱按此二字通用也又按周禮校人注云校之爲言校也似漢人校校各字矣然實不必分也 平去兩讀注在被

嫂豹切

洨 淖

泥也 說文段注左傳曰有淖於前乃皆左右相違於淖杜注同倉頡篇云淖深泥也字林云濡甚曰淖按泥淖以土與水合和爲之故淖引伸之義訓和儀禮嘉普淖注曰普淖黍稷也普大淖和也德能大和乃有黍稷也劉歆述張禹之義曰仲者中也尼者和也言孔子有中和之德故曰仲尼蓋漢人尼與泥通用故漢碑仲尼字或作泥文按許泥爲水名不著埜泥之解於此補見是與深同例也魏晉以後和泥曰泥淖字作埜○漢書韋玄成傳天雨淖注云淖泥也

韻史　卷八第二部去聲肴韻

八五〇

淖一切經音義十一引通俗文 淖濡甚也 爾雅釋言釋文引字林又漢書郊祀志下堅冰淖溺注 淖溼也 廣雅釋詁一 淖濕也 素問經絡論注淖澤則黃赤注○萱按溼濕正借字 淖濁也 廣雅釋詁三 淖溺也 楚辭怨世世沈淖而難論兮注 淖弱也 漢書文帝紀當受鬻者注 淖和也 管子水地夫水淖弱以清而好灑人之惡注 淖淖衆也 廣雅釋訓 淖汋潤也 管子內業淖乎如在於海注 淖約好兒淖約柔弱兒 竝莊子逍遙游釋文萱按此段淖爲綽也荀子宥坐淖約同又漢書江都易王非傳美人淖姬鄭氏音卓然則披香博士淖方成亦姓卓歟又秦策淖齒或作卓作踔作悼同卓聲也豈亦卓爲正字歟

橈

平去兩讀義異 曲木也 說文段注引伸爲凡曲之偁見周易考工記月令左傳古本無从手橈字後人肊造之以别於橈非也○萱按撓在說文手部擾也一曰捄也與橈異義非後人所肊造也段偶失檢諸家橈有作撓者是段借字○列子湯問竿木橈釋文云橈曲木也 橈曲也 左氏成二年傳師徒橈敗注又廣雅釋詁一又荀子富國詘要

韻史　卷八第二部去聲肴韻

八五一

橈膕注又漢書各傳注又後漢鄧張徐張胡傳注杜喬傳注○漢書蓋諸葛劉鄭孫毋將何傳贊孫寶橈於定陵注云橈亦曲也 橈通曲也 漢書司馬相如傳上柔橈嬛嬛注 橈屈也 漢書劉向傳注蕭何傳注賈山傳注又後漢明帝紀注 橈亦屈曲也 漢書酷吏周陽由傳所愛者橈法活之注 橈弱也 漢書高帝紀上注引服虔張良傳注佞幸傳贊注 橈屈弱也 史記韓長孺傳廷尉當恢逗橈索隱又漢書韓安國傳注 橈曲也弱也 漢書鼂錯傳注 橈折也 後漢儒林傳注 橈曲折也 易大過棟橈釋文 違彊爲橈 呂覽春秋或枉橈注 無橈亂也 詩長發箋師徒橈敗釋文 橈謂有理不中應重乃輕應輕更重 禮記月令毋或枉橈疏 橈顧望也 漢書韓安國傳注引應劭又史記韓長孺傳索隱○集解引漢書音義云橈顧望軍法語也 橈搦其幹 考工記矢人橈之以眡其鴻殺之稱也注 橈挑猶宛轉也 莊子大宗師橈挑無極釋文引李注○引簡文注云橈挑循環之名 橈時榮也 法言重黎分無安之橈注 橈屈也 史記蕭相國世家上已橈功臣集解引應劭又後漢酷吏傳注 橈曲也 後漢

韻史　卷八第二部去聲肴韻

八五二

孔融傳注撓弱也淮南時則無或枉撓注修務口曾撓注撓撓弱曲也淮南主術直立而不撓注撓散也

罩 壯豹切

○俗有罩䓣捕魚器也說文又詩南有嘉魚釋文引字林䈇謂之罩爾雅釋器○董按說文竹部云䈇罩魚者也罩䈇也編竹籠魚者也文選吳都賦罩兩魪劉注罩罩䈇也詩南有嘉魚傳罩掩網也家語王言田獵罩弋注可驚之事爲罩匡謬正俗七○又云太原俗呼謂事不安帖有可驚嗟爲渴罩

鯙

烝然鯙鯙說文段注按詩烝然罩罩傳曰罩䈇也此稱詩作鯙鯙不言其義篇韻皆不載其字惟集韻覺韻有此字訓曰魚名蓋其可疑如此

踔 狀豹切

去入兩讀踶也說文段注踔踶也許意踔踏義同廣韻丑教切蝬跳也漢書上林賦趠希閒史記作趠希閒是也又莊子一足踸踔而行謂鄰長短也數甚數角切踔跳也後漢馬融傳注踔走也漢書楊雄傳上注踔

踰也文選羽獵賦注引三蒼訓詁踔猶越也後漢蔡邕傳注踔縣蹢也史記司馬相如傳集解引郭璞踔遠騰皃也史記貨殖傳地踔遠索隱○董按踔連趠三字義多交通从足从走从辵一也踔高遠也漢書孔光傳非有踔絕之能注平去兩讀注在彼

勦 娋 爽豹切

小小侵也說文段注侵者漸進也凡用稍稍字謂出物有漸凡用娋娋字謂以漸侵物也方言娋姊也方俗語也娋侵也廣雅釋言娋姊也方言十二又廣雅釋親

稍

出物有漸也說文段注漸依許當作趣漸行而趣廢矣稍之言小也少也凡古言稍稍者皆漸進之謂周禮稍食祿稟也云稍者謂祿之小者也稍漸也漢書郊祀志上注溝洫志注稍稍小也廣雅釋訓盡也廣雅釋詁三稍禮非飧饔之禮留閒王稍所結賓客者周禮稾人共賓客之稍禮注稍事有小事而飲酒周禮膳夫凡王之稍事注○司農注云稍事爲非日中大

舉時而閒食謂之稍事稍稟食也儀禮聘禮唯稍受之注聘禮記旬而稍注○周禮宮正均其稍食注廩人朙賜稍食注掌固注竝云稍食祿稟又宰注云稍食吏祿稟也董按稟或作廩內稍人稟也周禮掌客惟務稍之受注○考工記玉人以致稍餼注云致稍餼造賓客納稟食也以其稍稍給之故謂米稟爲稍儀禮聘禮疏稍則稍稍與之則月俸是也周禮宮正疏稍秝即芻秝也謂之稍稍用之物也周禮大府四郊之賦以待稍秝注距王城三百里曰稍周禮地官序官稍人注○司會注云稍三百里又地官序官縣師疏云三百里曰稍又大宰四月家削之賦注云四郊去國百里邦甸二百里家削三百里○董按稍作削者同肖聲段借也載師以家邑之田任稍地注云故書稍或作削又太宰釋文云削本亦作䣂是則就地遠近言當作䣂就其取義言則作稍通借則用䣂

䣂

國甸此下補之外曰家䣂五字大夫稍稍所食邑周禮曰任䣂地在天子三百里之內說文段注載師注曰故書稍或作削按削當是䣂之誤許所據正故書或本也大宰家削之賦

當作家䣂釋文曰家削本又作䣂是也按國甸之下疑有奪文大宰曰三曰邦甸之賦四曰家䣂之賦載師曰以公邑之田任甸地以家邑之田任䣂地此云國甸卽經之邦甸也邦甸去國二百里家䣂三百里此當云國甸之外曰家䣂大夫稍稍所食邑鄭曰家邑大夫之采地也稍與䣂疊韻

豹 布皃切

佀虎圜文說文段注豹文圜易曰君子豹變其文蔚也豹一名程○爾雅釋獸釋文引字林云豹似虎貝文豹虎之屬易象下傳干注豹虎類而小者也易革君子豹變陸注猛豹似熊而小山海經西山經南山獸多猛豹注艮爲豹易革虞注兌之險爻稱豹易革陸注豹飾緣以豹皮也詩羔裘羔裘豹飾傳

皃 莫豹切

頦或○俗有貌頦皃貌籀頌儀也說文段注頁部曰頌皃也此曰皃頌儀也是爲轉注頌者今之容字必言儀者謂頌之儀度可皃象也凡容言其內皃言其外引伸之凡得其狀曰皃析言則容皃各有當如叔向曰貌不道容是也彖言則曰容皃如動容皃斯遠暴慢是也今字皆用籀文皃容也廣雅釋詁四動容

謂之皃論語季氏皃思恭皇疏皃者言其動有容儀也書洪範疏○疏又云皃是容儀舉身之大名皃謂威儀荀子大略文皃情用相爲内外表裏注顏色爲皃楚辭惜頌情與皃其不變注○孟子告子下禮皃未衰注云皃者顏色和順有禮賢之容皃姿體也穀梁桓十四年傳察其皃而不察其形注皃象也荀子禮論三月之葬其皃以生設飾死者也注䫉像也今謂畫物爲皃荀子禮論而不功注䫉皃形也同上皃見也廣雅釋詁三夫皃情之華也國語晉語皃猶意也荀子禮論故壙壠其䫉象室屋也注皃恭敬也荀子禮論情皃之盡也注○說苑修文云皃若男子之所以恭敬婦人之所以姣好也皃屬木書洪範一曰皃鄭注又疏引洪範五行傳清濁爲皃後漢郎顗傳注皃謂無實周書周祝故時之還也無私皃注○芮良夫王皃受之注云皃謂外相悅而無實也皃巧也廣雅釋詁三皃治也同上皃廟也荀子禮論疏房檖䫉越席牀第几筵所以養體也注○注又云皃讀爲邈萱按此破字似屬無庸皃廟也廟皃也二家相轉注又老子銘眇然老旄之皃也嚴訢碑棠棠

容䫉按䫉䫉皆貌之譌俗字

齊齒呼

几廟切

橋 平去兩讀義異○俗有墧爲機重其前輕其後命曰橋說苑文質橋井上桴槹

禮記曲禮上奉席如橋衡注橋桔槹上衡也淮南本經橋直植立而不動注

剃廟切

尞 ○俗有燎柴祭天也說文段注示部柴下曰燒柴尞祭天也是柴尞二篆爲轉注也燒柴而祭謂之柴亦謂之尞亦謂之梄木部曰梄柴祭天神周禮梄燎字當作梄尞凡柴祭作柴燎者皆誤字○詩旱麓民所燎矣釋文云燎柴祭天也又引字林云燓祭天也又漢司馬相如傳下休之以燎注云燎祭天也天也祭天曰燎柴後漢光武紀上注○公羊僖卅一年傳天子秩而祭之注云燎者取俎上七體與其珪寶在辨中置於柴上燒之又呂覽季冬及百祀之薪燎注云燎者積聚柴薪置璧與牲於上而燎之升其禋煙氣燎祭天報之義也白虎通封禪○萱按祭燎義別俗通用燎而尞廢矣說文尞本作褻从火昚昚古文慎字祭天所㠯慎也昚見心部

燎 ○俗有爒炙也說文又一切經音義十二引字林燎炙也後漢書馮異傳注○萱按此段燎爲獠也燎謂炙令膜也漢書王莽傳下注

獠 或作獠獵也說文段注許渾言之釋天析言之曰宵田爲獠管子四稱篇獠獵畢弋○言史記司馬相如傳獠於

蕙圃集解引郭璞又文選蜀都賦將饗獠者劉注竝云獠獵也又詩伐檀箋宵田曰獵疏云獠為獵之別名○釋天 獠夜獵也 爾雅釋天文當按釋文獠或作燎段借字也○注云今江東亦呼獵為獠或曰即今夜獵載鑪照也 宵獵為獠 漢書司馬相如傳上注引文穎 獠西南夷名 廣韻

𤻲

療或 治也 說文段注詩陳風泌之洋洋可以樂飢傳云可以樂道忘飢箋云可飲以𤻲飢是以鄭讀樂為𤻲也經文本作樂唐石經依鄭改為𤻲誤矣○當按列女傳賢明可以療飢又文選永明十一年策秀才文豈非療飢不期於鼎食皆改用正字同鄭箋也○左氏襄廿六年傳不可救療注又方言十又廣雅釋詁三竝云療治也 療治病也 一切經音義六引三蒼 療病消療也 一切經音義五引三蒼 止病曰療 周禮瘍醫凡療瘍以五毒攻之注 療愈也 文選思玄賦羞玉芝以療飢舊注 愮又憂也或曰療 方言十 𤻲病也 廣雅釋詁一

掌廟切

照 或作炤○俗有曌 曌朙也 說文段注與昭音義同 炤明也 廣雅釋詁四 炤炤明也 廣雅釋訓

炤炤明見之皃 荀子儒效炤炤兮其用知之明也注 照曉也 淮南繆稱照惑者以東為西注 照知也 楚辭靈懷指日月使延照兮注 照燿燀煌光澤色皃 淮南本經照燿燀煌注○晉書音義下云炤燿與照燿同當按荀子脩身炤之以禍災天論日月遞炤禮記禮器注金炤物竝用炤字又詩大明箋徵應照皙見于天釋文照本作炤此炤遞變也形近而義略同

齒廟切

召評也 說文○當按言部評召也是為轉注古段召為邵若邵 召呼也 廣雅釋詁二○當按呼即評之段借字 以言曰召 楚辭招魂序 召致也 呂覽重己惑召之也注應同人或召之也注君守此之謂以陽召陰注知度凡朝也者相與召理義也注適威是以罪召罪也注召類類同相召注有必召冠注○淮南兵略獸不可以虛氣召也注云召猶致也 召請也 漢書司馬相如傳上注又呂覽分職令召客者酒酣注○淮南脩務楚人有烹猴而召其鄰注云召猶請也 召靚也 廣雅釋言 召者高也 水經潁水注引闕駰說○當按此段召為邵也說文卲高也 召地名也 詩序繫之召公釋文○周南召南譜疏云召是周內之別名也 召召公

所食也 儀禮鄉飲酒禮乃合樂注燕禮遂歌鄉樂注○當按召公召虎召忽召平召信臣等字本不作邵亦無庸改讀邵

始廟切

邵晉邑也 說文段注左傳襄二十三年齊侯伐衛遂伐晉入孟門登大行張武軍於熒庭戍郫邵杜曰取晉邑而守之杜不言郫邵二邑名據許則當是二邑也文六年賈季召公子樂於陳趙孟使殺諸郫此單言郫也後志河東垣縣有邵亭注引博物記縣東九十里有郫邵之阸趙孟殺公子樂於郫邵當張華所見左傳有異歟按今山西絳州垣曲縣東有邵城後魏之邵郡後周之邵州皆此也依許則經典獨此字从邑召凡周召字作邵者俗也後儒或謂垣曲邵城為周召分陝之所其說不經 雍水又東逕邵亭南世謂之樹亭川蓋邵樹聲相近 水經渭水注

卲

高也 說文又廣雅釋詁四又法言脩身公儀子董仲舒之才之卲也注 卲美也 小爾雅廣詁又法言重黎賢皆不足卲也注 召者高也 水經潁水注引闕駰說○當按召者卲之省借字 劭美也 爾雅釋詁

劭勉也舊注○當按經與注不相應舊注蓋不知訓美者字當作卲也

劭 平去兩讀注在彼

少 上去兩讀讀義分

小也 國語晉語少溲於豕牢而得文王注又國策齊策寡人少注又史記秦始皇紀少近官索隱又漢書百官公卿表上注引應劭又呂覽當務甚少矣注長利寬少者勿識也注○文選蜀都賦亞以少城注云少城小城也又左氏定十四年傳從而朝少君釋文云少本作小當按詩車舝箋孌然美好之少女釋文少本作季是少小季三字義同得通用不關段借也 少猶小也 禮記少儀目錄又釋文○左氏僖廿八年傳少長有禮注云少長猶言大小又方言一少兒泣而不止曰喧注云少兒猶言小兒 少幼也 漢書吳王濞傳注 少稺也 國語晉語年之少也注 少謂幼稚 禮記曲禮上少者賤者不敢辭疏 少謂年少也 左氏昭卅年傳敝邑之少卿也注又漢書賈誼傳注○孟子萬章上人少則慕父母注云人少年少也又終後漢南蠻西南夷傳注云少年未多年也 少者未成人之辭 左氏隱元年傳疏 少謂三十以前也 論語

季氏少時皇疏之兒爲少易隨係小子廣注大過老婦得其士夫廣注三少皆上大夫也曰少保少傅少師大戴記保傅少府掌山海池澤之稅後漢樊準傳注○岑彭傳注云少府掌中服御諸物衣服寶貨珍膳之屬少昊金天氏帝摯之號也山海經西山經長留之山其神白帝少昊居之注大荒東經少昊之國注少室之山俗名泰室山海經中中山經注少腹齊下也素問骨空論引少腹而痛脹注○釋名釋形體云自臍以下曰水腹又曰少腹少小也比於臍以上爲小也少帛襍帛也左氏定四年傳以大路少帛注又貫注少牢羊豕國語楚語卿舉以少牢注少辛細辛也廣雅釋艸

廟面眂切

庿古文尊先祖皃也說文段注尊其先祖而以是儀皃之故曰宗廟諸書皆曰廟皃也祭法注云廟之言皃也宗廟者先祖之尊皃也古者廟以祀先祖凡神不爲廟也爲神立廟者始三代以後古文見禮經十七篇皆作庿注皆作廟○古文从苗爲形聲小篆从广朝謂居之與朝廷同尊者爲會意○釋名釋宮室云廟皃也先祖

形皃所在也又古微書引孝經援神契云廟者所以尊祖也又左氏宣十二年傳疏云象其尊皃則謂之爲廟廟皃也孝經爲之宗廟以鬼享之鄭注又廣雅釋言○白虎通宗廟云廟者皃也又藝文類聚禮部廟引書大傳云廟者皃也其以皃言之也廟之爲言皃也思想儀皃而事之公羊桓二年傳納于大廟注○詩清廟序箋云廟之言皃也死者精神不可得而見但以生時之居立宮室象皃爲之耳又於穆清廟箋云廟之言皃也取其宗祀之清皃則曰清廟蔡邕明堂論清廟者祭有清明之德者之宮也詩清廟序箋又釋○禮記仲尼燕居升歌清廟示德也注云清廟頌文王之德廟者宮室尊嚴之名荀子禮論情皃之盡也注○禮記月令疏云廟是接神之處其處尊廟者先祖所居也楚辭逢紛所結言於廟室兮注廟者鬼神所居左氏隱五年經考仲子之宮疏○一切經音義十四引韓詩云鬼神所居曰廟鬼神所在則曰廟尊言之儀禮士虞禮側亨于廟門外之右東面注○士喪禮巫止于廟門外注云凡宮有皃神曰廟廟謂殯宮鬼神所在謂之廟左氏僖八

年傳不殯於廟服注○大戴記諸侯遷廟從至于廟注又禮記喪服小記無事不辟廟門注竝云廟殯宮又雜記上注云廟所殯宮廟受命祖之廟也周禮大行人廟中將幣三享注廟謂大祖之廟及三昭三穆周禮守祧掌守先王先公之廟祧注小廟高祖以下也始祖曰太廟周禮祭僕復于小廟注○後漢申屠剛傳注云廟太廟也大廟天子明堂禮記明堂位○詩靈臺疏引禮記明堂位盧注云明堂即太廟也可以序昭穆故謂之太廟周公曰大廟禮記明堂位以禘禮祀周公於大廟注又穀梁文十三年傳太廟中央室呂覽仲春天子居青陽太廟注仲夏天子居明堂太廟注○季夏天子居太廟太室注云南向中央室曰太廟室有東西廂曰廟爾雅釋宮又公羊宣十六年傳宣公之榭也注又漢書賈誼傳別寢戶之廉注○蓋按顏注廂作箱凡廟前曰廟後曰寢禮記月令寢廟必備注又周禮隸僕掌五寢之埽除糞洒之事注又淮南時則薦鮪於寢廟注蓋按惟月令注有凡廟二字○呂覽季春注云廟前曰自官師以上有廟有寢工商則寢而已儀禮聘禮記卿館於大夫大夫

館於士士館於工商注復廟重屋也禮記明堂位復廟重檐注民爲廟易象下傳先王以享于帝立廟廣注民爲宗廟易益王用享于帝廣注萃王假有廟廣注渙廣注○象下傳出可以守宗廟社稷廣注云民爲宗廟社稷廟在中門之外周禮閽人蹕宮門廟門注廟中者竟內之象也禮記祭統古者謀事必就祖故言廟策也後漢班勇傳注廟祭先祖也廣雅釋天○呂覽季夏注云廟祀祖廟主也荀子彊國負三王之廟而辟於陳蔡之閒注天廟營室也國語周語日月底於天廟注與鬼謂之天廟廣雅釋天○蓋按營室北宮星與鬼南宮星韋昭張揖明說不同未審孰是庿古廟字儀禮士冠禮筮于庿門釋文○一切經音義六云廟古文庿又詩清廟序釋文云本又作庿又臣工疏云定本集注庿字作廟

撮口呼

歊 舉竅切

去入兩讀 所歌也 說文段注廣韻無所字所歌也當作歊楚歌也四字上林賦注激楚結風郭璞曰激楚歌曲也文穎曰楚地風氣本自漂疾歌樂者猶復依激結之急風爲節其樂促迅哀切也按激楚古蓋作歊楚楚作所者聲之誤淺人又刪去歊字耳

謷

痛嘑也 說文段注嘑作呼誤謷與嗷義略同痛嘑者若顏氏家訓所云北人呼羽罪反之音南人呼于來反之音

也 謷許也 漢書藝文志注引晉灼

噭

o俗有躈 口也一曰噭呼也 說文段注口俗本譌吼今正史漢貨殖傳皆云馬蹄躈千徐廣曰躈馬八髎也小顏云躈口也躈與口共千則爲馬二百也按以口釋躈此必本說文說文以口建首下噭噣喙吻字皆與口字轉注相接此全書之例也通俗文埤倉皆曰尻骨謂之八髎惟史記躈字從口故徐以八髎釋之尻亦得謂之口也各本史記作躈乃誤字耳噭與竅音義相同俗本說文作吼者蓋式識孔字於口字之旁因誤併爲一字一曰云云此別一義呼

當作嘑字之誤也嘑號也曲禮毋噭應鄭曰噭號也呼之聲也呼亦當作嘑俗寫通用耳昭廿五年公羊傳曰昭公於是噭然而哭注噭然哭聲皃

噭鳴也 廣雅釋詁二

噭嚓也 廣雅釋言

噭不正之聲也 太玄蠹雖噭不毀注

噭誂清暢皃也 楚辭傷時聲噭誂兮清和注o方言一云平原謂啼极無聲謂之嘵喉楚謂之噭咷萱按噭咷即噭誂也漢書韓延壽傳云噭咷楚歌

躈謂九竅通四蹄爲十三而成一馬 史記貨殖傳索隱引顧脩o萱按謂馬七十七匹弱也顧義與徐廣異然以竅釋之則字从口不从足

嘄

或作噭俗有嘄嘄o平去兩讀注在彼

竅 去肖切

空也 說文段注空孔古今字老子常有欲以觀其竅o文選魏都賦注引方言云竅空也

竅孔也 禮記禮運竅於山川注又廣雅釋言又漢書律歷志上注引應劭又莊子庚桑楚入無竅釋文o鬼谷子李經陰符知類在竅注云竅謂孔竅也

竅通也 淮南俶眞竅領天地注

竅陑也 方言十三

竅鑯穴也 列子仲尼設合發于餘竅釋文

竅陰穴名在足小指次指之閒 素問陰陽離合論少陽根起于竅陰注

竅之變謂開閉非常陽竅七陰竅二 周禮疾醫兩之以九竅之變注o素問陰陽應象大論清陽出上竅濁陰出下竅注云上竅謂耳目鼻口下竅謂前陰後陰

九竅者內屬於藏外設爲官 素問生氣通天論九竅不通而胎生注

九竅人及獸屬 家語執轡鼺者九竅鼺

八竅鳥屬 家語執轡齕吞者八竅而卵生注o萱按莊子齊物論大木百圍之竅穴段竅爲竅也釋文云竅本作竅

撽

或書作撽 旁擊也 說文段注公羊傳曰公怒以斗擊而殺之撽猶擊也撽謂旁擊頭項莊子撽以馬捶注 撽 擊也 廣雅釋詁三又公羊宣六年傳釋文

要 羽肖切

平去兩讀義分 要 古文o隸作要 以一管衆爲要 孝經先王有至德要道疏引殷仲文 要樞紐也 素問天元紀大論至數之要注 要謂要最 禮記王制注死刑之罪而要之釋文 大要大歸也 漢書陳咸傳大要敎咸謂也注 要當也 荀子禮論以隆穀爲要注 要約也 廣雅釋言又呂覽本味聖王之道要矣注審應而人主之所執其要矣注察賢要在得賢注又淮南原道而柔弱者道之要也注本經德之所總要注主

術此治之要也注o萱按平聲要字亦訓約謂約結約束也荀子王霸臣下曉然皆知其可要也注云要約也公羊注云臣約束君曰要

要道禮樂也 孝經釋文引鄭注

要謂百吏之目也 管子君臣上南面而受要注

要凡數也 周禮職金入其要注

要者簿書也 周禮大司馬受其要司農注又淮南時則舉五穀之要注o周禮小司徒則受邦國之比要司農注云要謂其簿

要約最簿書 呂覽具備五歲而言其要注

要謂大計要也 周禮宰夫疏

治要若歲計也 周禮宰夫一曰正掌官褒以治要注

要會謂計最之簿書月計曰要歲計曰會 周禮小宰八曰聽出入以要會司農注o後鄭注云要主每月之小計又小宰疏司會疏竝云月計曰要

役要所遣民徒之數 周禮鄉師旣役則受州里之役要注

要害地險隘也 文選蜀都賦內函要害於膏腴劉注o漢書西南夷傳豫調穀也積要害處注云要害者在我爲要於敵爲害也

要紹曲皃 文選魯靈光殿賦曲枅要紹而環句注

要紹謂娟嬋作姿容也 文選西京賦要紹修態薛注o萱按楚辭湘君注要眇好皃傷時注要嬬

舞容也似亦可讀去聲而舊皆讀平要褭馬名日行萬里○淮南原道馳要褭注庠彰長田君斷碑君究屬道奧萱按奧用篆體而減省首一點於象形未全蓋非也漢書地理志下亦作奧

窔

○俗突实有宦窔逗突也說文段注也爾雅音義作兒上林賦曰巖窔洞房窔也亦作实郭樸曰於巖穴底爲室潛通臺上也按郭以通釋洞小顏改实爲突於注巖穴底爲室之下輒增如竈突然四字其亦安矣郭東南隅謂之窔爾雅釋宮又荀子非十二子奧窔之閒注○儀禮既夕記聚諸窔注云室東南隅謂之窔東南隅曰窔窔幽也亦取幽冥也釋名釋宮室○爾雅釋宮注云窔亦隱闇实東南隅鶉火地莊子徐无鬼鶉生於实釋文○釋文引司馬注云实東北隅也萱按此北字可疑爾雅以下皆窔爲東南隅实奧室中之二隅也漢書敘傳上守实奧之熒燭注突複室也楚辭招魂冬有突夏注突好也廣雅釋詁一

覦

○俗睔矖有視誤也說文

燿

或作曜炅燿照也說文又廣雅釋詁三又左氏昭三年傳熀燿寡人之望服注燿明也國語鄭語以淳燿惇大注楚語明齊肅以燿之臨注又廣雅釋詁四又淮南原道化育元燿注說山燿蟬者務在明其火注又文選長門賦注引國語賈注燿眩也淮南脩務察於辭者不可燿以名注○後漢班彪傳下注云燿眩燿也燿爚也廣雅釋詁二燿熀光也後漢馬融傳注燿靈日也後漢張衡傳注燿有也淮南覽冥星燿而元運注○萱按考工記梓人大胥燿後此段借字也注云燿讀爲哨後漢馬融傳注同燿明也國語周語先王燿德不觀兵注晉語以燿德於廣遠也注中燿天王也後漢襄楷傳○萱按心之中星是爲天王是日明堂曜光也文選西京賦流景曜之韡曄薛注曜明也後漢蓋曜傳注又太玄玄數曜曾越卓注曜燿也光明照燿也釋名釋天○萱按以燿釋曜者成國不謂燿曜同字也然漢人囿有用今字釋古字之例此則轉用古字釋今字也以其所知通其所不知而義懍矣北辰謂之曜魄寶北堂書鈔天部二引書大傳靈曜謂天也文選陳太丘碑文苞靈曜之純注曜靈日也廣雅釋天又楚辭天

問曜靈安藏注又文選思玄賦曜靈忽其西藏舊注晞曜向日也文選江賦瑛蚌晞曜以瑩珠注七曜謂日月五星素問天元紀大論七曜周旋注又穀梁序七曜爲之盈縮釋○穀梁序疏云日月五星俱照天下故謂之七燿萱按釋文云本又作曜曜示也國語楚語而曜之以大利注曜威謂治兵也文選東京賦曜威中原薛注

饇

隸作飫燕食也詩曰歆酒之饇說文段注燕同宴安也安食者無事之食也無事食則充腹而已故語曰獻飫釋言曰飫私也私即安食之謂此非周語房烝立成之飫亦非毛傳脫履升堂之飫其字下與飽餉饒餘相屬則其義略同也詩曰云云此引常棣六章說段借也餕韓詩作醞說曰跣而上坐謂之宴能者飲不能者已謂之醞毛詩段餕爲醞故傳曰餕燕私也今本脫燕字脫履升堂謂之餕令檢句首句不字毛韓義一也故曰許引此詩說醞之段借也此猶引作玻爲作引莞席爲篾席也說詳酉部好禮之立成者曰飫國語周語王公立飫注○萱按原公曰禘郊之事則有全烝王公立飫則有房烝親戚燕饗則有穀烝夫王公諸侯之有飫也將以講事成章

建大德昭大物也故立成禮烝而已飫以顯物燕以合好歲飫不倦時宴不淫據此則飫之禮大於宴醞矣又周語虎僎曰夫禮之立成者爲飫昭明大節而已少曲與焉是以爲之日惕其欲教民戒也此兩條皆言飫之本義非常棣詩言飫之謂也醞下段大令注云飫主於敬宴醞主於和飫必立成宴醞必坐飫在晝宴在夜飫必履而升堂宴醞必跣飫以建大德昭大物公之至者不得云私宴醞主飲酒以親親故曰宴私且周語分別其禮曰王公立飫則有房烝親戚饗宴則有穀烝是則王公立飫同異姓皆在焉不專親戚宴醞則惟同姓而已故常棣湛露楚茨之燕私皆同姓也然則常棣當作醞不當作了然可見矣飫不脫履而即序者謂之飫初學記引韓詩說○說曰夫飲之禮不脫履而即序者謂之禮段云禮當作飲跣而上坐者謂之宴能飲者飲不能飲者已謂之醞齊顏色均衆寡謂之沈閒門不出客謂之洒君子可以宴可以醞不可以沈不可以洒萱按此條亦飫之本義也辨別飫醞取分曉飫即謂饗也禮記王制夏后氏以饗禮疏飫賜也書序稟飫晚出傳饇半體國語周語余一人敢設飫禘焉注飫宴安私飲也昭謂立曰飫坐曰要國語晉語繹不盡飫則退注○萱按

韋此注在離合之間謂立曰飫是也謂宴安私飲則涉飴之義矣飫饜也宴食曰飫萱按此類皆叚飫爲餾也四部餾下詳之

𡯂 隸作𡯂行不正也說文𡯂腫也廣雅釋詁二

鷂 鷙鳥也說文段注釋鳥鷣負雀郭曰鷣鷂也江東呼之為鷣按鷣古音淫見釋文今音燿見廣韻語之轉也說文鷂即鷣以其善捉雀故亦為鷙鳥○爾雅釋鳥釋文引字林云鷂鷙鳥鷂雉爾雅釋鳥○又云江淮而南五彩皆備成章曰鷂萱按周禮內司服注染人注並引作搖○俗有鮒

釣 的肖切 鉤魚也說文段注鉤者曲金也以曲金取魚謂之釣○莊子刻意注鮒魚閒處萱按鮒即釣之異體字也釣鉤也廣雅釋器釣取也漢書公孫弘傳注又淮南主術而晉獻以璧馬釣之注

窵 窵窅逗窔也說文段注窅見目部深目也杜詩動影窵窕沖融閒

弔 去入兩讀○俗有㣍吊問終也从人弓古之葬者厚衣之㠯薪故人持

弓會歐禽也一曰弓蓋往復弔問之義說文段注問終也謂有死喪而問之也襍記曰弔者東面致命曰寡君聞君之喪寡君使某如何不淑曲禮知死者傷鄭注曰說者有弔辭曰皇天降災子遭罹之如何不淑曾子問父喪稱父母喪稱母鄭注云若父使人弔之辭云某子聞某之喪某子使某如何不淑母則云宋蕩伯姬聞姜氏之喪伯姬使某如何不淑此皆問終之辭淑善也如何不善者欲其善也故引伸之謂善為弔魯莊公使人弔宋大水云若之何不弔即如何不淑也左傳哀公誄孔子昊天不弔先鄭注周禮大祝引作昊天不淑此弔淑通用之徵應邵王肅皆訓弔為善棐誓無敢不弔即無敢不善也凡書大誥多士君奭詩節南山瞻卬逸周書祭公解左傳莊十一年襄十三年十四年二十三年昭二十六年哀十六年漢書翟義傳所云不弔者皆謂不善大誥君奭之弗弔天三字連讀多士之弗弔昊天四字連讀皆猶小雅之不弔昊天鄭云不善乎昊天也蓋弔之為善今失其傳矣以上王氏引之說玉裁按辵部𨑩至也凡經文無𨑩但有弔弔或訓至如天保傳弔至也節南山傳云弔至也箋云至猶善也棐誓無敢不弔鄭云弔猶善也至與善義本相近古非必作𨑩而後訓至也𨑩者小篆分別之字古之云云此偁易繫辭說人持弓會

毆禽之故吳越春秋陳音謂越王曰弩生於弓弓生於彈彈起於古之孝子古者人民樸質飢食鳥獸渴飲霧露死則裹以白茅投於中野孝子不忍見父母為禽獸所食故作彈以守之故歌曰斷竹續竹飛土逐肉按孝子歐禽故人持弓助之此釋弔从人弓之意也倉頡造字當黃帝時既易之以棺槨矣而葬文猶取衣薪弔文猶依逐肉反始不忘本也禮也者反具所自生弓蓋云云別一說也左傳有相問以弓者故云然弔死曰弔北堂書鈔引上季彬禮統○萱按夏堪碑官遵臨吊張壽碑頤天不㣍加口加心皆俗體也又出𨑩後矣弔死國曰弔公羊昭廿五年傳齊矦唁公于野井注問凶曰弔史記宋微子世家魯使臧文仲往弔失集解引賈逵弔恤也左氏襄十四年傳有君不弔注弔傷也詩匪風中心弔兮傳常棣序疏又左氏僖廿四年傳昔周公弔二叔之不咸注弔傷俱是悼往之辭左氏僖廿四年傳疏弔傷皆謂致命辭也禮記曲禮上知生者弔注致禮亦名為弔周禮世婦疏弔善也家語終記注弔至也爾雅釋詁又書盤庚弔由靈傳又詩天保神之弔矣傳節南山傳瞻卬箋又左氏昭廿六年傳率羣不弔之人注哀十六年傳注又周書祭公

不弔天注又漢書司馬相如傳下注引文穎又莊子齊物論其名為弔詭釋文弔至也猶善也詩節南山箋弔至猶善也書棐誓鄭注

𨑩 去入兩讀至也說文段注小雅盤庚皆作弔釋詁毛傳皆云弔至也至者弔中引伸之義加辵乃後人為之許蓋本無此字

覜 統肖切 諸矦三年大相聘曰覜覜視也說文段注王制曰諸矦之於天子也比年一小聘三年一大聘五年一朝鄭曰此大聘與朝晉文霸時所制也異義云公羊說諸矦比年一小聘三年一大聘五年一朝天子左氏說十二年之閒八聘四朝再會一盟許慎謹案公羊說夏制左氏說周禮傳曰三代不同物明古今異說鄭駁之云三年聘五年朝文襄之霸制周禮大行人各以服數來朝其諸矦歲聘閒朝之屬說無所出晉文公強威諸矦耳非所謂三代異物也按大宗伯時聘曰問殷覜曰視鄭注殷覜謂一服朝之歲以朝者少諸矦乃使卿以大禮眾聘焉一服朝在元年七年十一年鄭說殷覜不用三年大聘之說許則以周禮之覜卽三年大聘故大行人曰王之所以撫邦國諸矦者歲徧

存三歲徧覜五歲徧省省與覜同間歲而舉所謂三年大聘下於上上於下皆得曰覜故曰相許說與周禮不相違也覜覜也釋詁文覜訓視故从見小行人曰存覜省聘問臣之禮也按五者皆得訓視〇考工記玉人以覜聘注又國語齊語以騋聘覜於諸侯注竝云覜視也萱按殷覜字有謁作覜見類仰字者由形近致誤非段借也斷宜誤正類音勉也左氏昭五年傳享覜有璋注又管子小匡以極聘覜于諸侯注衆來曰覜特來曰聘考工記玉人注〇周禮典瑞注云大夫衆來曰覜存覜省者王使臣於諸侯之禮所謂間問也周禮大行人注

眺

目不正也說文段注按釋詁說文皆云覜視也然則覜望字不得作眺月令可以遠眺望系段借小徐注引射雉賦目不步體邪眺旁剔徐爰曰視瞻不正常驚惕也此眺字本義〇萱按覜訓視訓見眺之引申之義亦同非純乎段借者比眺疾也廣雅釋詁一眺避也廣雅釋詁三眺望也漢書禮樂志注引應劭眺視也文選思玄賦流目眺夫衡阿兮舊注眺見也家語辨樂有所睪然高望而遠眺注

銚

平去兩讀義分〇俗有鑃鑮盄器也說文段注今燒物瓦器謂之銚子讀徒弔切是也〇萱按說文又云銚一曰田器比義讀平聲卯今所用鋻字銚盂也廣雅釋器盌謂之盂或謂之銚銳方言五〇方言十三云盂謂之銚銳鐈鬲鬷鋗謂之銚廣雅釋器

掉

搖也春秋傳曰尾大不掉說文段注掉者搖之過搖者掉之不及也許渾言之春秋者左傳昭十一年文〇文選長楊賦掉八列之舞注引國語賈注又一切經音義二引字林又漢書蒯通傳注司馬相如傳上注楊雄傳下注竝云掉搖也掉動也廣雅釋詁一又文選射雉賦瞻挺鋋之傾掉徐注掉搖動也素問五常政大論其動掉眩巔疾注〇至眞要大論筋骨掉眩注云掉謂肉中動也掉作也國語楚語大能掉小注掉正也左氏宣十二年傳掉鞅而還注又服注掉懸擿也文選上林賦掉希閒郭注掉擭振訊也廣雅釋訓掉繚長皃荀子賦銛達而尾趙繚者耶注掉磬者齊人謂之差許禮記內則注不敢掉磬疏引庾氏〇釋文引隱義云齊人以相紋許爲掉磬又引崔注云北海人以相激事爲掉磬

糴

去入兩讀〇俗有糴穀也說文段注糴者穀也故糴字从入糴會意楊雄蜀都賦糴米肥腊言食穀米之肥腊也轉寫作糴米誤矣〇廣雅釋言云糴穀也

糶

出穀也說文段注米部曰糶穀也出穀之字从出糶市穀之字从入糶〇史記貨殖傳販穀糶千鍾集解引徐廣云糶出穀也糶賣也廣雅釋詁三糶者出賣之名史記平準書物踊騰糶索隱

藋

〇俗有穛穛菫艸也一曰拜商藋說文段注鍇本菫作釐依集韻類篇李仁甫本作菫廣雅菫藋也名醫別錄蒴藋一名菫艸一名茇按下篇文內有菫字云根如蒴葉如細柳未知是一否凡物有異名同實者釋艸曰茇菫艸陸德明謂即本艸之蒴藋按郭釋以鳥頭鳥頭名菫見國語而茇名無見陸說爲長拜商藋云云釋艸商作蒿說文言一曰者有二例一是策採別說一是同物二名比一曰未詳何屬疑菫艸爲蒴藋拜商藋爲今之灰藋也灰藋似藜左傳斲之蓬蒿藜藋李蕭李商作薔宋麻沙大徐本亦作薔蓋許所據爾雅不同今本〇萱按莊子徐无鬼藜藋釋文云藋本或作權

女肖切

屎

或作尿尾〇俗有尿人小便也說文段注古書多段溺爲之〇一切出經音義十七引字林云尿小便也脬曰屎一切經音義十七引通俗文屎溲也廣雅釋言溺卽溲也史記范睢蔡澤傳醉更溺睢索隱〇正義云溺古屎字萱按漢書鄖食其傳周仁傳韓安國傳竝用溺字莊子云道在矢溺

呂肖切

料

平去兩讀義分〇萱按說文料量也謂量度物之多少輕重也此就處物言料引之李義當讀平聲引申之則所量之物即料也目物爲料引申之義也此讀去聲杜詩山色供詩料李林甫傳立伏馬食三品料一鳴輒庠去

尥

隸作尥行脛相交也說文段注行而脛相交則行不便利高注淮南郭注方言王注素問皆曰了戾謂纏繞不適集韵五爻曰尥牛行足外出也是其義也今俗語有此牛行腳相交爲尥萱按說文各本有此七字段曰小徐本無乃讀者箋記語耳

俊肖切

醮

醮冠娶禮祭也說文段注士冠禮若不醴則醮用酒三加凡三醮鄭曰酌而無酬酢曰醮士昏禮父醮子命之迎婦嫡婦則酌之以醴廢婦使人醮之酌之以酒鄭曰酒不酬酢曰醮依鄭說非謂祭也而許云冠娶禮祭事

屬可疑詳經文不言祭也蓋古本作冠要妻禮也一曰祭也轉寫有奪與祭者別一義不蒙冠昏宋玉高唐賦醮諸神禮太一此後世醮祀之始見也按依重文醮或从示則有祭義審矣酌酒爲醮禮記曾子問於斯乎有冠醮疏酌而無獻酬曰醮禮記曾子問釋文○昏義注云酌而無酬酢曰醮酌始冠曰醮禮記少儀醮者注醮祭也廣雅釋天又文選高唐賦注醮盡也爾雅釋水水醮曰厬釋文又荀子禮論利爵之不醮也注○萱按釋文字本作潐則潐醮正借字也凡焦聲之字亦多有盡義醮者醮盡之義禮記冠義疏

潐

盡也說文段注荀卿書其誰能以己之潐潐受人之掝掝者哉楊倞曰潐盡也潐謂窮盡明於事猶楚辭之察察○萱按掝掝惛也亦倞云潐潐明察之皃荀子不苟注

㰐

○俗有飲盡酒也說文段注此與酉部釂音義皆同

釂

㱃酒盡也說文段注酒當作爵此形聲包會意字也曲禮注曰盡爵曰釂按欠部㰐酒盡也與此音義同而本

部醮釂則各義水部曰潐盡也謂水也○史記游俠傳與人飲使之釂集解徐廣云釂盡酒也釂盡爵也儀禮士相見禮注若欲其釂然也釋文○漢書郭解傳上注云盡爵曰釂釂盡也禮記曲禮上釋文又廣雅釋一又淮南道應文侯受觴而飲釂注

爝

○俗有爟苣火祓也呂不韋曰湯得伊尹爝㠯爟火釁㠯犧豭說文段注苣束葦燒之也祓除惡之祭也呂覽本味篇湯得伊尹祓之於廟爝以爟火贊能篇桓公迎管仲祓以爟火高誘曰以牲血塗之曰釁爝炬火也莊子山木釋文引字林又淮南道應爝火甚盛注爝人所然火也莊子逍遥遊日月出矣而爝火不息釋文引向注○引司馬注云爝然也萱按爝燋二字通用音義大同也莊釋文云爝本作燋

翠肖切

噍

嚼或○俗有嗺○平去入三讀注具平聲

譙

誚古文嬈譊也古文譙从肖周書曰亦未敢誚公說文段注嬈擾戲弄

也譊恚嘑也方言譙讓也齊楚宋衛荆陳之閒曰譙自關而西秦晉之閒凡言相責讓曰譙周書者金縢文漢人作譙壁中作誚實一字也譙呵也亦嬈也一切經音義二十引蒼頡○廣雅釋言云譙呵也又史記萬石張叔傳不譙呵綰索隱云譙呵者責讓也言不嗔責綰也萱按亦作唯呵也段借字也索隱誰何二音誰何猶借訪也蓋謂此音非也其義亦疏譙責也漢書樊噲傳注誚責也史記樊酈滕灌傳誚讓項羽索隱黥布傳使者誚讓集解引漢書音義又漢書司馬相如傳下注又後漢馮衍傳注譙讓也史記魯周公世家索隱又呂覽疑似酒醒而誚其子注又文選思玄賦又誚余之行遲舊注譙責讓也管子立政里尉以譙于游宗注又漢書朝鮮王傳漢使涉何譙諭右渠注譙讓以辭相責也漢書高帝紀上注○英布傳注云譙讓責之也又史記萬石張叔傳索隱云譙譙責讓也譙詬猶禍惡也呂覽誣徒不可譙詬遇之注譙譙殺也詩鴟鴞予羽譙譙傳○釋文云譙本或作燋同萱按此謂譙爲燋之段借也愚謂正字似當作焦爲得譙敏碑云其先故國師譙贛漢書作焦贛是漢人焦譙通漢書陳勝傳注○又云譙譙亦呼爲巢門謂門上爲高樓以望者

耳樓一名譙故謂美麗之樓爲麗譙又云譙巢聲相近○萱按此段譙爲嶢也莊子徐無鬼君亦必無盛鶴列於麗譙之閒釋文譙本亦作嶢萱又按譙誚同字本祇去聲借爲焦若嶢則从正字之音非本音當讀平也廣韵收譙於蕭韵而讀同樵其岐誤久矣

哨

不容也說文段注鄭注考工記曰哨頃小也記投壺曰某有枉矢哨壺○考工記梓人大胷燿後注云哨頃小也又疏云哨與頃皆是少小之義萱按今本頃誤爲頃後漢馬融傳引大胷哨後改从正字也又大戴記投壺作哨壺段借同音之字哨小也後漢馬融傳注哨衺也廣雅釋詁二○晉書音義上云哨卜也見考工記哨邪也見廣雅哨枉哨不正皃禮記投壺枉矢哨壺注○疏云哨謂哨峻不正又釋文引王肅注云哨不正也秦晉之西鄙自冀隴而西使犬曰哨方言六

陗

或作峭陖也說文段注凡斗直者曰陗李斯列傳曰樓季也而難五丈之限跛牂也而易百仞之高陗塹之勢異也塹當爲漸陂陀者曰漸斗直者曰陗閒出者曰甬陗斗俗作陡古書皆作斗凡陗峻也史記袁盎鼂錯傳集

解引臣瓚又文選西征賦注引淮南許注峭峻也後漢第五倫傳注又晉書音義下又太乡大豐糖峭阯注銳陵崢岸陁注峭峻阪曰峭一切經音義九引通俗文峭謂峻陋也漢書鼂錯傳錯爲人陗直刻深注陗高也廣雅釋詁四峭峻也高也史記李斯傳索隱峭山高山也淮南脩務上峭山注術高岸曰峭史記袁盎鼂錯傳集解引章昭陗急也廣雅釋詁一峭嚴謂其性峻急好窮覆事情後漢第五倫傳注〇萱按司馬相如傳刻削崢嶸文選四子講德論宰相刻削皆段削爲陗也峭儁鮮明皃文選左太沖招隱詩峭儁青蔥竹柏得其眞注

顤 駁肖切

高長頭說文段注玉篇下有皃字靈光殿賦巘顤顡而睽睢李注巘顤顡大首深目之皃〇萱按廣韵顡顤長頭皃不言高而高在其中顤高也廣雅釋詁四

獟

狦犬也說文〇萱按狦者獟犬也一曰逐虎犬也是獟狦互訓而逐虎專屬狦也然獟必健悍者獟狂也廣雅釋詁四獟健行輕皃也漢書霍去病傳誅獟悍注〇萱按此段獟爲趬也注云獟或作趬

韻史　卷八第二部去聲肖韻　八八九

肖 選竅切

骨肉相佀也不佀其先故曰不肖也說文段注骨肉相似者謂此人骨肉與彼人骨肉狀皃略同也故字从肉漢刑法假宵列子假俏不似云云釋經傳之言不肖此肖義之引申也肖似也書大傳堯知丹朱之不肖注又漢書武帝紀注又後漢來歙傳注又莊子人間世悅賢而惡不肖釋文又列子楊朱人俏天地之類注〇方言七凡言相類亦謂之肖注云肖者似也不肖者不似也小爾雅廣訓又論衡自然〇禮記襍記下某之子不肖注云肖似也不似言不如人又漢書刑法志夫人宵天地之額注云庸妄之人謂之不肖言其狀額無所象似也又吳王濞傳注云凡言不肖者謂其鄙陋無所象似也不肖謂擁造不法素問解精微論有賢不肖未必能十全注〇賈子修政語下云行者惡則謂之不肖矣肖象也淮南墜形肖形而蓄注〇廣雅釋詁四云肖爲也肖象似也淮南汜論嫌疑肖象者注肖類也廣雅釋詁三又法言學行七十子之肖仲尼注肖瀸也廣雅釋詁一〇方言七云肖法也西楚梁益之閒曰肖西南梁益之閒凡言相類者亦謂之肖肖善也老子若肖夊矣注肖謂微弱而省少史記太史公自序申呂肖矣索隱肖

韻史　卷八第二部去聲肖韻　八九〇

小也方言十二又廣雅釋詁二肖失散也莊子列禦寇達於知者肖注肖翹植物也莊子胠篋肖翹之物釋文引崔注肖翹翾飛之屬也莊子胠篋釋文引李注

削

去入兩讀義異鞞也一曰析也說文段注革部曰鞞刀室也少儀曰削授拊史漢貨殖傳曰洒削方言劒削自河而北燕趙之閒謂之室自關而東或謂之廓或謂之削自關而西謂之鞞廓郎郭鞞郎鞞木部曰析破木也析從斤削從刀皆訓破木凡侵削削弱皆其引伸之義也今音息約切〇萱按讀息約切者後義訓析者也削謂刀劒室也漢書貨殖傳質氏以洒削而鼎食注刀其室曰削削陗也其形陗殺褱刀體也釋名釋兵〇一切經音義十二引蒼頡云鞘作削思請反盛刀者也又左氏桓二年傳注削上飾疏云削是刀之類

笑

〇俗有笑咲咲关喜也說文段注徐鼎臣說孫愐唐韵引說文云笑喜也从竹从犬而不述其義攷孫愐唐韵序云仍篆隸石經勒存正體幸不識煩蓋唐韵每字皆勒說文篆體此字之从竹从犬孫親見其然是以唐人無不从犬作

韻史　卷八第二部去聲肖韻　八九一

者干祿字書云咲通笑正五經文字力尊說文者也亦作笑喜也从竹下犬玉篇竹部亦作笑廣韵因唐韵之舊亦作笑此本無可疑者自唐乡度九經字樣始先笑後笑引楊承慶字統異說云从竹从犬竹爲樂器君子樂然後笑字統每與說文乘異見乡應書蓋楊氏求从犬之故不得是用改夭形聲唐氏從之李陽冰遂云竹得風其體夭屈如人之笑自後徐楚金鈌此篆鼎臣竟改說文笑作笑而集韵類篇乃有笑無笑宋以後經籍無笑字矣今以顧野王孫愐顏元孫張參爲據復其正始或問曰从犬可得其說乎曰从竹之義且不敢妄言況从犬乎聞疑截疑可也假云必不宜从犬則哭又何以从犬乎哭之獄省聲乃亦强作解事者爲之也〇一切經音義二引字林云笑喜也萱按愚凡所徵引笑字皆改作笑不敢重怪肶繆也漢書薛宣傳谷永傳敘傳上字竝作关史丹傳外戚傳下字竝作咲又詩終風釋文笑本作咲此皆俗體不煩諟正笑喜聲也素問陰陽應象大論在聲爲笑注笑喜弄也一切經音義廿五引蒼頡笑心樂也爾雅釋詁舍人注謔浪笑敖戲謔也爾雅釋詁笑侮之也詩終風顧我則笑傳笑鈔也頰皮上鈔者也釋名釋姿容笑者懦劣之皃也易萃一握

韻史　卷八第二部去聲肖韻　八九二

爲笑注震爲笑易萃虞注旅先笑後號咷虞注震爲喜笑易彖下傳民說無疆虞注說之大民勸矣
哉虞注震爲笑言易夬莧陸夬夬虞注繫辭下傳上交不諂虞注震爲大笑易說卦傳兌說也虞
注震爲後笑易同人先號咷而後笑虞注

沐肖切

㶾 僄 漂 剽

㶾 隸作票或作熛○平去兩讀注在彼
僄 平去兩讀注在彼
漂 平去兩讀注在彼○俗有剽
剽 平去兩讀義異砭刺也一曰剽劫也說文段注史記貨殖傳攻剽椎埋劫人作姦漢賈誼傳白晝大都之中剽吏而奪之金○史記酷吏傳索隱又漢書志傳各注又後漢劉盆子傳注竝云剽劫也○萱按說文前義讀平聲剽劫奪也後漢王渙傳注○袁紹傳注云勡劫財物也又晉書音義下云剽劫人也剽猶攻擊也史記老莊申韓傳用儒墨剽剝正義剽截也一切經音義十引蒼頡篇剽悍也後漢史弼傳注剽

汚肖切

勡 驃 紗

疾也後漢千乘貞王位傳注又考工記弓人則其爲獸必剽剽注○弓人於挺臂中有柎焉故剽注云剽亦疾也
遬疾也史記禮書輕利剽遬正義剽急疾也後漢杜篤傳注剽急也輕也漢書地理志下
注○陳湯傳注云剽輕也剽堅也管子地員五沃之狀剽疾注

勡 ○俗有剽劫也說文段注以力脅止人而取其物也賈誼傳曰盜去白晝大都之中勡吏而奪之金貨殖傳曰攻剽椎埋按此篆諸書多从刀而許刀部剽下曰一曰剽劫人也是在許時固从力从刀竝行二形不必有是非矣

驃 黃馬發白色一曰白髦尾也說文段注發白色者起白點斑駁也釋嘼曰黃白曰騜毛詩祇作皇然則皇卽驃與牛部犥下曰牛黃白色犥音正同也一曰云云謂黃馬而白髦尾也

紗 或作紗急戾也說文段注陸機賦弦幺徽急疑當作弦紗按類篇曰紗彌笑切精微也則爲今之妙字妙或作鈔是也○萱按說文眇小目也於紗差近紗急戾也於紗較遠妙之訓解無慮皆眇引申之義也故紗鈔爲眇之異體字當讀上聲不得與紗同字讀去聲也六朝以來誤讀久矣段氏說亦千慮之一失紗小也廣雅釋詁二○萱按廣雅

釋詁一云妙好也是雅讀不謂紗妙同字

韻史卷九

泰興何萱石閣撰集　子度校字

第二部入聲

上海顧錫麒竹泉覆審

較韻

武進李兆洛申耆鑑定

開口詩

較 改鶴切 或作較平入兩讀。車輢上曲鉤也 說文段注各本作車騎上曲銅也今依李善西京賦七啓二注正改考工記車人以其廣之半爲之式崇以其隧之半爲之較崇高五尺五寸高於軾者二尺二寸也戴先生曰左右兩較故衛風曰猗重較兮毛傳重較卿士之車以詩辭傳會耳非禮制也玉裁按較之制蓋漢與周異周時較高於軾高處正方有隅故謂之較較之言角也至漢乃圖之如半月然故許云車上曲鉤曲鉤言句中鉤也圖之則亦謂之車耳其飾則崔豹云文官青耳武官赤耳西京賦云戴翠幘倚金較荀卿及史記禮書云彌龍以養威彌許書作聲解云乘輿金耳也皆謂軙爲龍形而飾以金司馬氏輿服志乘輿金薄繆龍爲輿倚較是其義也下文公列矦安車倚鹿然則較辨尊卑自周已然故劉熙曰軙在箱上爲輂較也重較其較重卿所乘也也毛公謂重較卿士之車必有所受之矣惟較可辜推尊卑

故其引申爲計較之較亦作校俗作校凡言校雠可用較字史籍計較字亦周覺古音讀如交在二部今字作較周禮故書較作推 較謂車輿兩箱今人謂之平鬲也 考工記輿人疏。續漢輿服志引通俗文云車箱曰較 較兩輢上出式者 考工記輿人注詩淇奧釋文云較車兩旁上出軾者 較直也 爾雅釋詁又儀禮大射儀注又周禮司裘注。書大傳較兮注云較兮謂直道者也 較專也 一切經音義二十引漢書音義 較見也 一切經音義十一引廣雅 較明也 廣雅釋詁四又史記伯夷傳此其尤大彰明較著者也。索隱平津矦主父傳較然著明索隱又後漢明德馬皇后紀注何敞傳注 較明見也 漢書張安世傳注谷永傳注王莽傳上注 大較大法也 史記律書闊於大較索隱 大較猶大略也 史記貨殖傳此其大較也索隱又文選景福殿賦注。後漢延篤傳注云較猶略也 獵較者田獵相較奪禽獸 孟子萬章上魯人獵較注 較者校量也 史記田完世家大車不較索隱。老子長短相較釋文云較校量深淺也。蓋按較與校引申之義皆訓校量故二字通用非闕段借也。較讀入讀平皆得不必讀去聲也去聲自有校

在

榷

水上橫木句所目渡者 說文段注釋宮曰石杠謂之倚孟子歲十月徒杠成古本如是趙岐釋爲步度郭釋云步渡行然則石杠者謂兩頭聚石以木橫架之可行非石橋也凡直者曰杠橫者亦曰杠杠與榷雙聲孝武紀曰榷酒酤韋曰以木渡水曰榷謂禁民酤釀獨官開置如道路設木爲榷獨取利也凡言大榷揚榷辜榷當作此字不當從手。漢書武帝紀注云榷者步渡橋爾雅謂之石杠今之略行是也 榷獨梁也 廣雅釋室 榷者獨也 史記汲鄭傳索隱 榷專也 漢書翟義傳注敘傳上注又後漢靈帝紀注烏桓鮮卑傳注。敘傳上音義引韋昭云榷猶專也 榷謂專其利使入官也 漢書車千秋傳自以爲國家興榷莞之利注 榷競也 漢書敘傳上注 榷引也 漢書敘傳下注 榷效也 漢書敘傳上音義引劉氏敘傳下同 榷見也盡也 漢書敘傳上音義引晉灼敘傳下同 榷楊榷略也 文選魏都賦注引淮南許注 榷麤略也 文選吳都賦商榷萬俗劉注。萱按榷有作榷者形近之誤

口鶴切

淮

灌也 說文段注淮與漢義同 灌潰也 集韵

榷

敲擊也 說文段注敲橫楹也楹即棨之錄變推與敲疊韻又雙聲也廣雅曰揚榷都凡也別一義。漢書五行志中之上權其眼以爲人彘注云權謂敲擊去其精也 榷擊也 廣雅釋詁三 榷敲也 莊子徐無鬼釋文引三蒼。萱按訓敲疑亦爲權之義

毃

擊頭也 說文段注淮南書曰以年之少爲閭丈人說事救敲不給何道之能明也高注老人敲其頭自救不暇按敲當作敲呂氏春秋曰死而操金椎以葬曰下見六王五伯將敲其頭矣按敲今本謂穀。左氏定二年傳奪之杖以敲之釋文引字林云敲擊頭也萱按釋文云敲橫摘也似誤認爲敲字豈左氏有異文歟抑陸氏敲敲不辨歟 敲擊也 呂覧當務注 敲橫也 淮南脩務救敲不給注

塙

。俗有歡 堅不可拔也 說文段注堅者剛土也拔者擢也不可拔者不可擢而起之也易文言曰確乎其不可拔潛龍也虞翻曰確剛皃也鄭曰堅高之皃按今易皆作確攷釋文曰說文云高至繫辭夫乾確然示人易矣釋文曰

說文云高至皆不言說文作寉是則陸所據易二皆作寉而今李俗誤也許意寉訓高至塙訓堅不可板文言字作寉而義从塙轂辭乃義如其字今俗字作確乃确字之變耳○萱按确確字在三部

箹 挨鶴切

小籟也說文○萱按龠三孔者名籥小者謂之箹爾雅釋樂又風俗通聲音○釋樂舍人注云小者聲音細小曰箹也

鶴 海推切

○俗有鷂鶴鳴九皐聲聞于天說文段注鶴字今補此見詩小雅毛曰皐澤也言身隱而名著也爾雅無鶴故偁詩後人鶴與鵲相亂鶴者善鳴之鳥詩鶴鳴鳴疏陽鳥也文選舞鶴賦注引鶴經鶴水鳥也春秋說題辭鶴知夜半注鶴白鳥也楚辭遠逝騰白玄鶴於瑤光注鶴俊鳥也楚辭憂苦聽玄鶴之晨鳴兮注離為鶴易中孚鳴鶴在陰虞注鶴列陳兵也莊子徐無鬼盛鶴列於麗譙之閒注○釋文引司馬注云鶴列鍾鼓也矛骹細如雁脛者謂之鶴厀方言九○文選吳都賦家有鶴膝劉注云膝矛也矛骹如鶴脛上大下小謂之鶴膝鶴鋤齊人謂柄曰

橿頭曰鶴似鶴頭也釋名釋用器

騅

苑名也一曰馬白頟也說文段注騅苑蓋漢苑三十六所之一也一曰云云與駒音義皆同鳥之白曰皠白牛曰犨

臛

○俗有臛肉羹也說文段注鬻部曰鬻五味盉鬻也釋器曰肉謂之羹羹有二實於鉶者用菜芼之謂之羹實於庶羞之豆者不用芼亦謂之羹禮經牛膷羊臐豕膮鄭云今時臛也是今謂之臛古謂之羹臛字不見於古經而見於招魂王逸曰有菜曰羹無菜曰臛王說與禮合許不云羹也而云肉羹也者亦無菜之謂匡謬正俗駁叔師說其言甚謬○楚辭招魂云露雞臛蠵臛蒿也香氣蒿蒿也釋名釋飲食

皠

○俗有皠鳥之白也說文段注景福殿賦曰皠皠白鳥李善曰皠與鴽音義同皠白也廣雅釋器皠皠白也廣雅釋訓白而不純謂之皠太玄內皠頭內其稚婦注

鴽

鳥白肥澤皃詩曰白鳥鴽鴽說文段注大雅白鳥鴽鴽毛傳曰鴽鴽肥澤也釋文引字林亦

云鳥白肥澤曰鴽毛則言肥澤而白在其中也白部曰皠鳥之白也何晏賦皠皠白鳥鴽與皠音義皆同賈誼書作嗃鶮孟子作鶴鶴趙注與毛傳合○後漢馬融傳注云鴽肥澤皃也鴽白也廣雅釋器

熇

火勢也詩曰多將熇熇說文段注大雅板傳曰熇熇然熾盛也易家人嗃嗃鄭云苦熱之意是嗃即熇字也釋文曰劉作熇熇熇熱皃也文選魏都賦注引埤蒼熇熇盛熱也素問瘧論無刺熇熇之熱注○刺瘧篇先寒後熱熇熇暍暍然注云熇熇甚熱狀又詩板疏云熇熇是氣熱之盛嗃嗃嚴也易家人釋文引馬注

鄗

○俗有隔鄭常山縣也世祖所即位今為高邑說文段注前志曰常山郡鄗世祖即位更名高邑後志曰常山國高邑故鄗光武更名按今直隸趙州栢鄉縣北二十里有故鄗城是也春秋時晉邑左傳哀四年齊國夏伐晉取鄗杜曰鄗即高邑縣○國語周語杜伯射王於鄗注云鄗鄗京也萱按鄗京即鎬京之段假字荀子王霸蕩武王以鎬亦介又按公羊桓十五年經公會齊侯于鄗此非常山之鄗也穀梁作蕎左氏作艾然則鄗乃蕎

之借

覈

覈或實也攷事西笮邀遮其辭得實曰覈說文段注覈實也者凡有骨之偁也骨下曰肉之覈也蔡邕注典引曰有骨曰覈周禮其植物曰覈物謂梅李之屬按詩小雅有覈維旅典引及注不誤蜀都賦作楅段借字也今本作核傳譌也周禮經作覈注作核益漢人已用核爲覈矣攷事云云西者反覆之笮者迫之徵者巡也避者過也言攷事者定於一是必使其上下四方之辭皆不得避而後得其實是謂覈此所謂咨於故實也所謂實事求是也○文選東京賦研覈是非薛注又後漢賈逵傳注盧植傳注竝云覈實也又郭泰傳注云覈猶實也覈考實事也後漢和帝紀注覈驗也文選西京賦何以覈諸薛注覈骨也雅釋器覈麥糠中不破者也漢書陳平傳亦食糠覈耳注引孟康肴覈食也肉曰肴骨曰覈文選典引有覈仁義之林藪蔡注覈亦核也後漢班彪傳下注○萱按覈核正借字也久段不歸昧其源流正字轉藉借字以通矣核在一部平聲核研核也史記律書核其華道者正義核究其實也

漢書刑法志其當核之注 核堅實也 漢書司馬遷傳贊其事核注 核中堅者 素問五常政大論其實濡核注 桃李醜核 爾雅釋木○文選蜀都賦看楇四陳注云核桃梅之屬也 核加籩也 詩賓之初筵傳

樂 朗鶴切

字凡三見此與去聲同義乃淺人強分也入聲兩讀異義○俗有懽 歡也 莊子至樂天下有至樂無有哉釋文○萱按此樂讀入聲舊 樂者貪樂之稱也 樂懽也 論語雍也知者樂水仁者樂山皇疏○萱按此樂舊讀去聲 樂樂也使人好樂之也 釋名釋言語○萱按此樂舊讀入聲 樂好也 禮記禮運玩其所樂釋文○萱按此樂舊讀去聲合上四條通觀之無庸分兩讀決矣凡飫析瑣屑皆庸人自擾大雅何必介乎必欲兩讀當從安樂轉為去聲朗到切差可耳俗音魚教切者則岐之中又有岐馬 樂喜也 一切經音義二引蒼頡 樂安也 史記樂書而民康樂正義○太乎乎錯云樂佚過又乎衛云樂上揚 樂願也 呂覽務大然後皆得其所樂注 樂亦和也 左氏文十八年傳注愷樂也疏 樂適會也 易繫辭所樂而玩者釋文

○晚出書大禹謨罔淫于樂疏云樂謂適心又國語越語今吳王淫於樂而忘其百姓注云樂聲色也 樂謂性與天道無所不適 荀子解蔽聖人之思也樂注 天機不張而五官皆備此之謂天樂 莊子天運○天道云與人和者謂之人樂與天和者謂之天樂 樂易言志度宏簡忻樂而和易也 左氏傳十二年傳注言樂為君子疏○荀子樂辱安利者常樂易注云樂易歡樂平易也又云樂易詩所謂愷悌者也 志樂謂悅懌忘憂也 素問血氣形志篇形樂志樂注 無患曰樂 大戴記小辨○鶡冠子學問云所謂樂者無菑者也 自外曰樂 論語學而不亦樂乎釋文引譙注 人事曰樂 大戴記虞戴德○語志云人曰作樂又云接則樂 震為樂 易象上傳君子以飲酒燕樂虞注 好物樂也 左氏昭廿五年傳 樂生也 淮南本經地載以樂注 樂氣為太陽而當夏 春秋繁露陽尊陰卑○為人者天云樂夏之荅也 樂歲豐年 孟子滕文公上樂歲粒米狼戾注 長樂少府掌皇太后宮 後漢光武郭皇后紀注○萱按左傳古而無死則古之樂也孟子今之樂猶古

之樂也兩處語同音必同矣莊暴一章自兩鼓樂外皆喜樂字也而趙岐樂讀為岳其說甚疏○又按詩衡門可以樂飢釋文樂本作癈韓詩作療則樂乃段借字又斯干箋安燕為歡以樂之據釋文樂本作落又釋詁毗劉暴樂據釋文樂本作爍皆借也

轢

車所踐也 說文段注踐者履也軷下曰轢牲而行是也 車所加為轢 文選西京賦值輪被轢薛注 轢謂陵踐也 漢書酷吏傳序刻轢宗室注 轢輾也 史記司馬相如傳觀徒車之所轔轢正義 又文選上林賦徒車之所轔轢轢郭注又一切經音義四引蒼頡篇

觻

角也張掖有觻得縣 說文段注按尋立文之例角下當奪一字廣韻集韻錫韻皆曰觻角鋒也張掖云云二志同廣韻德韻曰觻惪縣名漢書作得

鱳

鱳魚也出樂浪潘國 說文

糳 宰推切

糳米一斛舂為八斗曰糳 說文段注此糳米亦兼粟米稻米言也詩生民召旻音義左傳桓二

年音義皆引字林糳子沃反糲米一斛舂為八斗也與九章筭術毛詩鄭箋皆合然則許在張蒼之後鄭呂之前斷無乘異各本八斗誤九斗繆誤顯然經傳多段鑿為糳○萱按九章筭術云糲米率三十粺米二十七糳米二十四御米二十一又詩鄭箋云米之率糲十粺九糳八侍御七粺者毀也說文各本毀下作八斗糳下作九斗是互譌也今依段訂 糳舂也 廣雅釋詁四 糳小也 廣雅釋詁二 糳精米也今江南謂師米為糳 一切經音義十八引三蒼 鑿精米也 詩生民箋趣于鑿也釋文又左氏桓二年傳粢食不鑿釋文 毀細也 淮南主術粢食不毀注○萱按段毀為鑿猶之段鑿矣鑿聲近毀形近也毀音毀在十五部鑿从毀掌聲 鑿鑿鮮明兒 詩揚之水白石鑿鑿傳

鑿 桀鶴切

去入兩讀義分○俗有鑿 所以穿木也 說文段注所以二字二補穿木之器曰鑿因之既穿之孔亦曰鑿矣 考工記曰量其鑿深以為輻廣九辨圜鑿而方枘音家讀曹報反 鑿有所穿鑿也 釋名釋用器 鑿穿也 廣雅釋詁三又淮南氾論喉中有病無害於息不可鑿也注 鑿開也 漢書張騫傳注引蘇林 鑿

空開通也（史記大宛傳張騫鑿空集解引蘇林）鑿之爲縣簪孔也（儀禮士喪禮重木刊鑿之注）鑿猶更造之意（公羊成十三年傳公鑿行也注○釋文云鑿造意也）鑿黥刑也（漢書刑法志其次用鑽鑿注引韋昭）鑿即灼也（周禮大卜司農注作龜鑿龜令可爇也疏）鑿齒亦人也齒如鑿（山海經海外南經鑿齒持盾注○淮南本經猰貐鑿齒注云鑿齒獸名齒長三尺其狀如鑿下徹頷下而持戈）盾鑿精米也鑿鑿鮮明皃（萱按此皆段鑿爲糳也字凡三見此爲一義彼二處爲一義）

樂（我鶴切）

五聲八音總名象鼓鞞（句）木（逗謂从木）虡也（說文段注樂記曰感於物而動故形於聲聲相應故生變變成方謂之音比音而樂之及干戚羽旄謂之樂音下曰宮商角徵羽聲也絲竹金石匏土革木音也樂之引伸爲哀樂之樂鞞當作鼙俗人所改也象鼓鼙謂𢆶也鼓大鼙小中象鼓兩旁象鼙也樂器多矣獨像此者鼓者春分之音易曰雷出地奮豫先王以作樂崇德是其意也虍部曰虡鐘鼓之柎也○禮記樂記惟君子爲能知樂注云八音並作克諧曰樂）樂者音之所由生也（禮記樂記又說苑修文○）

（樂記云德音之謂樂）應律乃爲樂（禮記樂記夫樂者與音相近而不同注）樂器鐘磬之屬（後漢光武紀下注）伶倫作樂（一切經音義五引世本）樂六樂之歌舞（周禮大司徒禮樂射御書數注○保氏注云六樂雲門大咸大韶大夏大濩大武也又大司徒以六樂防萬民之情司農注云六樂謂雲門咸池大招大夏大濩大武）樂者樂也（禮記樂記又白虎通禮樂又荀子樂論又說苑修文○貫予道德說云樂者此之樂者也又荀子樂論云故樂者所以道樂也）樂也者聖人之所樂也（禮記樂記又漢書禮樂志又荀子樂論又說苑修文○禮記仲尼燕居云行而樂之樂也）樂也者樂其所自成（禮記樂記）（○又云夫樂者象成者也又家語辯樂解同）樂樂其所生（禮記檀弓上樂記○莊子大宗師回忘禮樂矣）（注云樂者樂生之具）樂生也（淮南本經地載以樂注○萱按此義亦讀哀樂）夫樂者先王之所以飾喜也（禮記樂記又荀子樂論又白虎通禮樂）樂者欣喜歡娛事合於愛（左氏僖廿七年傳禮樂德之則也疏）樂者異文合愛者也（禮記樂記）樂爲同也（禮記樂記而樂

興焉注○樂記又云樂統同）樂者天地之和也（禮記樂記○荀子臣道云調和樂也又儒效云樂言是其和也又樂論云樂者和之不變者也）樂也者動於內者也（禮記樂記祭義○樂記又說苑修文竝云樂者心之動也又禮記文王世子云樂所以修內也）樂也者動於外者也（禮記祭義○春秋繁露楚莊王云樂者盈於內而動發於外者也）樂也者情之不可變者也（禮記樂記○白虎通禮樂云故樂者天地之命中和之紀人情之所不能免焉也又孝經莫善於樂鄭注云樂感人情者也又莊子繕性云中純實而反予情樂也）樂也者施也（禮記樂記）樂也者節也（禮記仲尼燕居又家語論禮○白虎通禮樂云故樂者所以崇和順比物飾節）樂者通倫理者也（禮記樂記）樂所以蕩正民之情思使其心應和也（周禮大司徒以六禮防萬民之情而教之和注○白虎通禮樂云樂所以蕩滌反其邪惡也）樂所以聽耳（左氏昭九年傳文爲君耳注）樂言法天也（禮記樂記樂由天作注○大戴記送樂序注云樂應天也）樂者調暢陰陽（禮記樂記樂者天地之和也疏）樂爲陽

故在左（大戴記保傅大師持銅而御戶左注○白虎通禮樂云樂者陽也又禮記郊特牲云樂陽氣也又云樂由陽來者也）樂者德之華也（禮記樂記又說苑修文○修文又云樂者德之風）至樂至德之樂（淮南原道無不樂則至極樂矣注○禮記樂記云樂者所以象德也又白虎通禮樂云樂者所以象德表功而殊名也）樂所以移風易俗也（淮南時則擇下句吉日大合樂注）樂正樂官之長掌國子之教（禮記王制樂正崇四術注）樂池即元池也（穆天子傳六天子南葬盛姬于樂池之南注）

⿰牜隺（保鶴切）　箹　駁

（或作⿰牜翟○俗有㲉別一義○俗有驤）

⿰牜隺：白牛也（說文段注白部曰皠鳥之白也此同聲同義）

箹：肑或手足指節鳴也（說文段注其聲膊膊然按廣雅曰肑謂之腴篇韵皆云肑腹下肉此）

駁：馬色不純（說文段注純同醇崔觀曰不襍曰純釋畧曰駵白駁邠風毛傳同謂駵馬發白色也許說）

不同者許意馬異色成片段者皆得曰駁引伸之爲凡色不純之偁與駁各字○爾雅釋畜釋文引字林云駁馬色不純
也又一切經音義十七引字林云班駁色不純也又引蒼頡云駁不純色也驊白色名曰駁也爾雅
釋畜舍人注黃白襍謂之駁犖一切經音義十七引通俗文駁不純也太玄睟冥駁冒
睟注○萱按駁駮音同義異諸家多叚駮爲駁者爻聲交聲通用也駁雜也詩有客萋故言亦駁以美之釋文又
後漢袁術傳注又荀子王霸駁而霸注駁色雜不同也文選魏都賦注引莊子司馬注白黑襍
合謂之駁漢書梅福傳形白襍毛曰駁文選赭白馬賦注引劉芳毛詩義證駁犖采
點也史記司馬相如傳赤瑕駁犖索隱引司馬彪又文選上林賦郭注駁不周晉也漢書谷永傳解
偏駁之愛注駁者執意不同漢書薛宣傳兄弟相駁不可注駁乖舛也後漢馬援傳注推
覆平論有異事進之曰駁文選表題注○獨斷上云其有疑事公卿百官會議若臺閣有所正
處而獨執異議者曰駁議駁赤李爾雅釋木

駮

駮獸如馬倨牙食虎豹說文段注云如馬則非眞馬也如馬倨牙食虎豹釋嘼毛傳同秦風言六
駮者據所見而言也駮多力獸爾雅釋嘼舍人注○詩晨風隰有六駮釋文云駮獸名茲白一名
駮周書王會義渠以茲白注駮馬木名梓榆也詩晨風釋文引屮木疏駮一名九葉
爾雅釋屮的九葉釋文引樊注○萱按此的較爲正借字的說文作皎

㬥

隸作暴頸連也說文段注頸當作領玉篇作領連是也謂聯領於衣也衣部曰襮黼領也毛傳曰襮領也領謂
之襮連領謂之暴玉篇以爲同字也

暴 倍鶴切

隸作暴與暴疾字溷疾夲作暴○俗有曝暴㬥古文晞也說文段注攷工記晝暴諸日孟子一日暴之引伸爲
表暴暴露之義與夲部暴義別凡暴疾暴虐暴虎皆夲部字也而今隸一之經典皆作暴難於諟正○萱按暴暴以从米
从夲而分夲不从水也俗以其難書而皆作暴非也思意變爲暴若暴則不溷矣未敢專輒姑識於此暴曬也
小爾雅廣言暴乾也荀子勸學雖有槁暴注暴偃卧日中也史記司馬相如傳暴於南榮索

隱暴露也穀梁隱五年傳注暴師經年釋文又漢書馮奉世傳注又後漢竇融傳注馮衍傳注暴猶章
也漢書李陵傳注暴謂章露也漢書王嘉傳宜暴賢等夲奏語言注西域傳上前親逆節惡暴西域注
暴謂章顯也漢書淮陽憲王欽傳過惡暴列注暴謂顯揚也漢書西域傳上因暴兵威注
暴謂披布之漢書中山靖王勝傳數奏暴其過惡注暴布白布也管子乘馬暴布百兩當一
鎰注暴暴卒起之皃荀子富國暴暴如丘水注襮表也廣雅釋詁四又呂覽忠廉臣請爲襮注又
漢書叙傳上注又文選幽通賦張修襮而內逼曹注○萱按此襮字皆暴之叚借

謈

隸作謈○俗有譟大嘑自冤也說文段注冤各夲作勉今依廣韻正東方朔傳舍人不勝痛呼謈鄧展曰謈音瓜瓝
之瓝按自冤者自稱已冤枉也田蚡疾一身盡痛若有擊者謼服謝罪晉灼曰服音瓝關西俗謂得杖呼及小兒啼呼爲
呼瓝然則謈亦作服作瓝也朔傳呼字亦音驍蚡傳謼字亦音火交反皆與下一字疊韵廣韵曰嗃謈大呼也是也○漢
書東方朔傳注云謈自冤痛之聲也今人痛甚則稱阿謈漢書東方朔傳注

襮

隸作襮黼領也詩曰素衣朱襮說文段注白與黑相次文謂之黼黼領刺黼文於領也唐風素
衣朱襮釋器曰黼領謂之襮毛傳曰襮領也諸侯繡黼丹朱中衣箋云繡當爲綃綃黼丹朱中衣中衣以綃黼爲領丹朱
爲純也按或借爲表暴字云表襮○禮記郊特牲注云襮黼領也又儀禮士昏禮疏云黼謂刺之在領爲黼文名爲襮
襮爲領之別名也詩揚之水疏襮黼衿也漢書敘傳上音義引字林襮表也萱按
此叚襮爲暴

爆

隸作爆○俗有爆皺灼也說文段注謂火飛所炙也廣韻北教切火裂也爆爇也廣雅釋詁二爆熿
起也一切經音義二引聲類木枝葉稀疏不均爲爆爍爾雅釋詁毗劉暴樂也舍人注劉
○詩桑柔箋則葉爆爍而疏釋文云爆本又作暴○萱按二字音同義近故通用

鸔

隸作鶪鶪烏鸔也說文○萱按二字名也單名鴾爾雅釋鳥鴾烏鸔注云水鳥也

濼

齊魯閒水也春秋傳曰公會齊侯于濼說文段注春秋桓十八年公會齊侯于濼

三經三傳皆同杜曰濼水在濟南歷城縣西北入濟水經注濟水篇曰濟水又逕盧縣故城北又逕什城北又東北右會玉水又東北濼水入焉水出歷城縣故城西南春秋桓公十八年公會齊侯于濼是也俗謂之娥英水合大明湖歷水北流注於濟齊乘曰小清河之在歷城者即古濼水按今山東濟南府歷城縣小清河源出縣西東經章邱鄒平長山新城入青州府高苑縣至博興縣合時水入海而章邱以下於塞濼水東北入大清河乎應曰凡陂池山東名爲濼匹博切鄒東有鶴鵲濼是也幽州呼爲淀音殿按濼泊古今字如梁山泊是也

濼水出沘陽文選南都賦注引字書

淫濼謂似酸痛而無力也素問骨空論淫濼脛痠不能久立注

濼貫衆爾雅釋草

瓝

或作瓝小瓜也說文段注謂有一種小瓜名瓞一名瓞爾雅毛詩傳皆作瓝交聲勺聲同在二部也隋書瓝稍今之金瓜椎也宋人字作爆稍遂爲牛形因字譌而附會有如此者見文昌襍錄

瓝小瓜也詩緜傳瓞瓝也釋文又爾雅釋艸釋文引字林

瓝九葉爾雅釋艸○萱按樊本瓝作較段借字也

關西俗謂得杖呼及小兒啼呼爲呼瓝漢書灌夫傳注引晉灼○萱按此段瓝爲蠱也音同也

冒鶴切

⿱䫉心

或作懋美也說文⿱䫉心陵也後漢馮衍傳注○萱按義與韋賢傳注藐陵藐也同藐⿱䫉心皆眇之段借字也上聲內已詳

䫉

或作藐茈艸也說文段注古多借用爲眇字如說大人則藐之及凡言藐藐者皆是○爾雅釋艸云藐茈艸

藐小也藐漸也藐遠也藐陵藐也萱按皆眇之義也詳在彼

合口詞

鬱濯切

渼

隸作沃溉灌也說文段注自上澆下曰沃故下文云澆者沃也周禮左傳皆言沃盥是也水沃則土肥故云沃土水沃則有光澤故毛傳云沃沃壯佼也又云沃柔也○一切經音義四引通俗文云溉灌曰沃又漢書張良傳沃野千里注云沃者溉灌也又文選登樓賦注引漢書孟康注云沃灌溉也

有溉曰沃左氏襄廿五年傳井衍沃服注又國語周語猶其有原隰衍沃也注又史記周本紀集解引唐固○左氏成六年傳沃澆而近盬服注云土平有溉曰沃又漢書地理志下注云沃即溉也

沃水之所沃灌也漢書貨殖傳丘陵衍沃傳○素問痺論若沃以湯注云沃猶灌也

沃謂澆水也左氏僖廿三年傳奉匜沃盥注

沃瀆也廣雅釋詁二

沃沫也素問五常政大論其動漂泄沃涌注至眞要大論傳爲赤沃注

沃溼也美也一切經音義十三引廣雅

沃泉縣出縣出下出也爾雅釋水○注云沃從上霤下又李注云沃水泉從上淄下出又列子黃帝沃水之潘爲淵釋文云沃水泉從上淄下也又釋名釋水云縣出曰沃泉水從上下有所灌沃也

淳沃稍注之儀禮特牲饋食禮淳沃注

有沃之國言其土沃饒也山海經大荒西經有沃之國沃民是處注○列女傳母儀云沃土之民不材淫也

沃肥也文選西京賦地沃野豐注

沃美也國語晉語雖獲沃田注

沃肥美也國語魯語注

沃盛也淮南墜形正南次州曰沃土注

沃柔也詩隰桑其葉有沃傳

沃低也廣雅釋詁四

沃猶白也西方白故曰沃野淮南墜形西方曰沃野注

沃若猶沃沃然詩氓其葉沃若傳

沃沃壯佼也詩隰有萇楚夭之沃沃傳

沃曲沃也詩揚之水從子于沃傳○揚之水序分國以封沃釋文云沃邑名

鋈

白金也說文又詩小戎陰靷鋈續傳○萱按小戎又云鋈以觼軜而說文車部作渼以觼軜故段氏疑鋈字非許書所本有也

白銅謂之鋈廣雅釋器

鋈沃也冶白金以鋈灌靷環也釋名釋車

戶濯切

隺

○俗有猷高至也易曰夫乾隺然說文段注見數辭今易作確按釋文云確苦角反馬韓云剛見說文云高至按陸不云說文作隺蓋釋文固作隺然淺人改爲從石耳許書有确無確○萱按數辭用隺之本義文言隺

乎其不可拔則毁雀爲墕也俗皆皆作確非是歊至也高也廣韵○萱按歊蓋雀之譌體也殆不成字

爟

灼也說文

嚛

食辛嚛也說文段注嚛謂辛甚火部引周書味辛而不熮呂覽本味辛而不烈嚛與熮烈同義玉篇云伊尹

曰酸而不嚛此古伊尹書之僅存者酸疑當作辛辛而不嚛即本味之辛而不烈也

擱（㥦濯切）

○俗有殺按也說文段注按者抑也考工記矢人橈之以眡其鴻殺之稱注曰橈擱其幹謂按下之合曲則强弱見

矣玄應書曰擱猶捉也此今義非古義也古義擱同橈○漢書敘傳上注云擱按也擱摩也文選苔賓戲擱朽摩

鈍注引韋昭擱捉也後漢臧洪傳注又文選江賦舟子於是擱棹注

觲

或作解調弓也說文段注手部云擱按也鄭注矢人云橈擱其榦亦是調意弓人曰和弓穀摩注和猶調也將

用弓必先調之拂之摩之引大射儀大射正以袂順左右隈上再下一小雅觲觲角弓毛傳曰觲觲調利也世說新語曰

輕在角觲中爲人作議論角觲方俗語言也觲出也廣雅釋詁一

犖（路濯切）

駁牛也說文段注馬色不純曰駁駁犖同部疊韵廣雅牛屬郭糾丁犖桓譚新論作郭椒丁櫟糾椒犖櫟皆同韻

也天官書此其犖犖大者謂參參甚少者也又卓犖超絕也黃白襍謂之駁犖一切經音義十七引

通俗文犖犖事之分明也史記天官書索隱卓犖殊絕也後漢班彪傳下注○文選

魏都賦魏都之卓犖詠史詩卓犖觀羣書李善云卓犖與卓踔音義同萱按薦禰衡表注云卓踔絕異也

卓（莊濯切）

卓古文○俗有桌高也說文段注論語如有所立卓爾凡言卓犖謂殊絕也亦作卓踔按稽部犖特止也疋

部違遠也人部倬著大也皆一義之引伸覲禮匹馬卓上九馬隨之注卓讀如卓王孫之卓卓猶昀也以素昀一馬爲上

素昀一馬謂白馬也鄭意白馬出衆故謂之卓史記多段淳爲卓漢隸及今隸从卜用古文而小篆廢矣○後漢祭遵傳

注云卓高也卓遠也史記衛將軍驃騎傳違行殊遠索隱又法言先知其不膠者卓矣注楚辭逢尤又世既

卓兮遠眇眇注○漢書霍去病傳卓行殊遠注云卓亦遠意萱按史記作違行義同通用也卓高遠皃也

論語子罕如有所立卓爾皇疏又漢書劉輔傳必有卓詭切至注少皃字卓然高遠之皃也漢書成帝

紀使卓然可觀注卓爾高遠皃也漢書淮南淮陽憲王欽傳卓爾非世俗之所知注又後漢安帝紀注

○詩天作箋卓爾與天合其德疏云卓爾爲高遠之稱卓爾絕望之辭論語子罕鄭注卓明也

廣雅釋詁四卓者獨化之謂也莊子大宗師而況其卓乎注卓躒絕異也文選薦禰

衡表英才卓躒注卓犖殊絕也後漢班彪傳下注卓鶩行不平也莊子在宥天下始喬

詰卓鶩釋文引崔注十日卜爲卓續漢五行志一萱按此說字形與說文異姑備一義而錄之○莊子秋水

吾以一足跉卓而行釋文云卓本亦作踔萱按此踔卓爲正借字也卓亦段倬違悼淖皆同卓聲也

倬

箸大也詩曰倬彼雲漢說文段注箸大者箸明之大也小雅倬彼甫田傳曰倬明皃大雅棫樸倬

彼雲漢傳曰倬大也許兼取之曰著大韓詩菿彼甫田音義同也段菿爲倬也倬著也詩雲漢釋文倬明

皃詩韓奕有倬其道釋文○萱按韓詩作有晫其道字異義同也倬明大皃詩桑柔倬彼昊天箋倬絕

也文選魏都賦注引廣雅倬然天河水氣也詩雲漢倬彼雲漢箋

稦

特止也說文段注鍇曰特止卓立也按如有所立卓爾當用此字

穛

或作穛稱早取穀也一曰小說文段注內則稰穛注云孰穫曰稰生穫曰穛正義曰穛是歛縮之名明

以生穫故其物縮歛也按穛郎糕字亦作稱古爵與焦同音通周也大招七發皆云穛麥王逸云擇麥中先孰者也大招

以爲飯七發以飫馬吳都賦云稱秀莅穗廣韵云稱者稻處種麥皆與早取之義合凡早取穀皆得名稱不獨麥也一曰

小者謂穀之小者也取擎歛之意稱擇也擇麥中先熟者楚辭招魂稻粢稱麥注

濯（狀卓切）

瀚也說文段注崧高傳曰濯濯光明也靈臺傳曰濯濯娛遊也皆引伸之義也有假洮爲濯者如鄭注顧命之洮爲

漸衣成事是也周禮故書以濯爲祧爾雅以濯爲洮史漢以輯濯爲楫擢皆古文假借○後漢周磬傳注云濯衣浣衣也

濯洗也國語周語王乃淳濯饗醴注濯洒也廣雅釋詁二濯滌也詩洞酌可以濯曑傳○疏

云濯滌俱是洗浣之名濯溉也儀禮特牲饋食禮視壺濯及豆邊注濯滌溉也儀禮士喪禮新盆槃

瓶廢敦重鬲皆濯注○禮記喪服小記觫笠曰笠戶視濯注云濯謂溉祭器也又周禮大宰及職事眡滌濯注云滌濯謂溉

祭器及甗甗之屬洮頮爲濯三國志虞翻傳注引翻別傳己將沐浴謂之爲濯儀禮士喪禮注沐浴餘瀋水疏濯謂不淨之汁也禮記喪大記濡濯棄于坎疏引皇氏濯滌也廣雅釋器濯大也爾雅釋詁又詩文王有聲王公伊濯傳常武濯征徐國傳○方言一云濯大也剃吳揚頤之郊曰濯濯美也詩文王有聲釋文引韓詩濯濯肥也廣雅釋訓又漢書司馬相如傳下注引文穎嬉遊也史記司馬相如傳濯濯之麟索隱濯濯無草木之皃孟子告子上是以若彼濯濯也注○萱按江漢以濯之丁音濯作淪此濯淪爲正借字也又周禮守祧掌守先王先公之廟祧司農注云濯讀爲祧此祧濯爲正借字也濯龍園名也後漢明德馬皇后紀注

擢

引也說文段注毛傳曰楫所以擢舟也擢舟謂引舟也○廣雅釋詁一又文選陸士衡爲顧彥先贈婦詩注引淮南許注七啟注又華嚴經音義上引淮南徐重注竝云擢引也擢抽也爾雅釋木釋文引司蒼頡篇擢拔也廣雅釋詁三又莊子駢拇擢德塞性以收名聲釋文引司馬注○方言三云擢拔也自關而西或曰拔或曰擢拔

根曰擢小爾雅廣物擢取也淮南俶眞擢德捲性注擢出也廣雅釋詁一擢獨出皃也文選西京賦經百常而莖擢薛注擢去也謂徹也禮記少儀不擢馬注擢本高聳皃文選吳都賦擢本千尋劉注擢首長咽山海經海內經韓流擢首注擢對貯水器也淮南說山涔則具擢對注

蠷

禺屬說文段注亦與母猴屬而別也按爾雅釋獸自麀鹿至闕泄目爲寓屬此對下篇釋畜言之畜者人所養也寓屬者皆寄在於野不爲人養者而淺者謂即說文所謂禺屬何其誤哉猱蝯獲父可謂禺屬豈其他亦可謂禺屬乎上林賦蛭蜩蠷蝚榛息乎其閒郭樸云蠷猱似獮猴而黃蠷猱二物郭併言之非也惟史記作蠷漢書誤作獲司馬貞曰西山經皋塗之山有獸名蠷是此字放其所說之狀非蝯猴類其字今譌作獲依郭注則當作獲未可取爲證也司馬貞曰字林音狄○萱按字林此音不足泥凡若此等無屬紛紛改讀也

踔

去入兩讀注在彼

趠

遠也說文段注之部曰逴遠也音義同上林賦捷垂條逴希閒乎應引如是史記作踔郭璞曰踔懸擿也吳都賦狁貉猓然騰趠飛超按許云遠者騰擲所到遠也趠絕也廣雅釋詁四趠走也晉書音義下引字林趠謂懸擲也一切經音義一引上林賦郭注○俗有逌

逴

遠也一曰蹇也說文段注哀時命曰處逴逴而日遠九章曰道逴遠而日忘一日云云此別一義寋滤也莊子夔謂蚿曰吾以一足踸踔而行謂腳長短也踔即逴字今莊子作跉卓○廣雅釋詁一云逴遠也逴者謂超踰不依次第匡謬正俗六逴躒猶超絕也文選西都賦逴躒諸夏注○萱按後漢書作逴犖章懷注同逴犖即卓犖卓躒也逴卓並通不言段借亦得逴蹇也廣雅釋詁三○方言六云逴蹇也秦楚晉曰逴逴行路逴也方言六逴蹇也注○方言二云逴驚也自關而西秦晉之間凡蹇者或謂之逴體而偏長短亦謂之逴僊蹇也方言六又廣雅釋詁三僊跛者行跣踔也方言六注逴驚也廣雅釋詁一逴龍山名楚辭大招北有寒山逴龍艳只注

濤

水之小聲也說文段注古書多瀺濤連文瀺士湛反濤士卓反雙聲字高唐賦巨石溺溺之瀺濤注引埤蒼瀺濤水流聲皃上林賦瀺濤霄隊司馬貞引說文水之小聲也李善引字林瀺濤小水聲也疑說文本有二篆上云水之小聲也从水瀺聲下云瀺濤也从水壽聲全書之例如此單用濤字者江賦淵渚燊濤謂大波相激之聲瀺濤出沒皃文選西征賦瀺濤驚波注閒居賦遊鱗瀺濤注○高唐賦注云瀺濤水在石中出沒之皃濤謂漆考工記輪人良輪環濤注不濤不瞧目也山海經北山經小侯之山有鳥焉名曰鴟鵑食之不濤注注又云武作睛○萱按此段濤爲睛也說文不錄睛

箾 爽濯切

㠯竿擊人也虞舜樂曰箾韶說文段注西京賦曰飛罕瀟箾薛曰瀟箾罕形也按罕者网之以竿爲柄者也左傳舞象箾南籥杜曰象箾舞所執南籥以籥舞也箾不知何等器豈以竿舞與虞舜云云按音部引書蕭韶九成知臯陶謨字作蕭此云箾韶蓋據左傳左云見舞部箾者此作箾部見書與左一也孔疏云箾即蕭字釋文箾音蕭與上文象箾音朔異今按同爲樂名不當異義異音疏引賈逵釋象箾云箾舞曲名言天下樂削去無道於箾部又

不引貫注○萓按箾者舞之器非樂之名也舞象者曰象箾舞韶者曰韶箾義同音亦同也與書之簫韶義異音亦異也舜樂自名韶以音言曰簫韶以舞言曰箾韶則箾非舜樂之正名也觀左氏兩箾皆連舞言本自憭然人不察耳孔陸認箾爲簫重悂貤繆久矣今審定箾當專讀入聲

箾舞曲也史記吳太伯世家見舞象箾南籥者集解引賈逵

韶箾有虞氏之樂大韶也史記吳世家見舞韶箾者集解引左傳賈注

揱

人臂皃周禮曰輻欲其揱尒說文段注考工記輪人曰望其幅欲其揱爾而纖也注云揱纖殺小皃也鄭司農讀爲紛容揱參之揱玄謂如桑螵蛸之蛸按紛容揱參出上林賦周禮云云大徐無尒字非也今記作爾許所見作尒尒者本字習之必然也爾者段借字也爾行而尒廢矣平入兩讀異義○俗有梨箾蒻

捎

梢櫂木無枝柯長而殺者集韻○萓按廣韻入聲不收此字集韻四覺内收之而字作梢今依段氏說改作梢說文木部梢下段注云釋木曰梢梢櫂郭云梢音朔按梢櫂字蓋本從手作捎捎捎櫂爾雅釋木○注云謂木無枝柯梢櫂長而殺者○萓按集韻承用爾雅經注字皆从木櫂義不如从手

之愈矣或郭前已誤或後人誤改郭李也今錄原文於此俟明者定焉櫂之當从手尤不待言

梨木上小也廣韻○集韻云梨剡木殺上也

齊齒呼

几約切

屩

平入兩讀○俗有蹻屨也說文段注屨大徐作屐非也今依小徐史記孟嘗君傳躡屩虞卿傳及漢書王褒傳作蹻假借字也釋名曰屩蹻也出行著之蹻蹻輕便因以爲名應劭曰木蹻臣瓚曰以繩爲屩徐廣曰蹻艸屨也按屩蓋輕便可遠行之屩非法服之屨也臣瓚徐廣說是屩鞋類也莊子天下以跂蹻爲服釋文屩以藉鞋下也同上麻曰屩莊子天下釋文引李注屩艸屨也釋名釋衣服蹻即今之鞋也南方謂之蹻漢書卜式傳布衣屮蹻而牧羊注

儉約切

蹻

平上入三讀注在平聲○俗有蹻

隱謔切

藥

治病艸說文段注玉篇引作治疾病之艸總名五藥艸木蟲石穀也周禮疾醫以五味五穀五藥養其病注○素問藏氣法時論毒藥攻邪注云藥謂金玉土石艸木菜果蟲魚鳥獸之類皆可以祛邪養正者也巽爲木艮爲石故稱藥易无妄勿藥有喜虞注藥者酖毒也公羊莊卅二年傳季子和藥而飲之注藥療也家語正論不如吾聞而藥之注藥猶醫也荀子富國彼得之不足以藥傷補敗注藥熱皃也後漢張衡傳注

纅

絲色也說文段注謂絲之色光采灼然也考工記曰絲欲沈注云如在水中時色今人謂之漂亮

約

纏束也說文段注束者縛也引申爲儉約○考工記弓人注不皆爲約纏之纖疏云約謂以絲膠橫纏之今之弓猶然約束也詩斯干約之閣閣傳又論語雍也約之以禮皇疏又廣雅釋詁三又漢書胡建傳注○陳遵傳注云約猶束也約約束之也釋名釋書契○周禮秋官序官司約注云約言語之約束約結也國策秦策彼若以齊約韓魏注臣請爲王約從注齊策今君約天下之兵注又荀子非十二子閒約而無解注約具也國策

秦策請爲子約車注王其爲臣約車并幣注約繩也儀禮既夕記約綏約轡注又左氏哀十一年傳人尋約注約縮也考工記匠人凡任索約注詩斯干箋云約謂縮板也○約屈也楚辭招魂土伯九約注又漢書司馬遷傳注朱邑傳注約縛也廣雅釋詁一約卑也國語吳語卑辭行成注故婉約其辭注約弱也荀子宥坐淖約微達似察注約衰也國語楚語不爲豐約舉注約猶窮也禮記坊記小人窮斯約注○論語里仁不可以久處約皇疏云約猶貧困也約儉也廣雅釋言又文選笙賦始泰終約注又後漢趙典傳注陳忠傳注約儉嗇也荀子榮辱約者有筐篋之藏注約省也漢書文帝紀注四陰小故約易坎納約自牖處注約少也廣雅釋詁三又荀子不苟故操彌約而事彌大注又漢書河間獻王德傳注朱博傳注匈奴傳下注約要也淮南主術事鮮者約所持也注約要也少也淮南主術所守甚約注約要也漢書高帝紀上注公孫弘傳注○萓按要有平去之不同約兼二義若禮樂志注約讀曰要要此則可省約訓要耳耳不必讀約要也約要約荀子正名是謹於守名約之功也注約謀約也國策秦策

以幣帛約乎諸侯注約盟也呂覽淫辭秦趙相與約注約謂言契也漢書江都易王非傳約有急相助注約謂期要也禮記學記大信不約疏文約謂文書要約也後漢南蠻西南夷傳注約劑要盟之載辭及券書也周禮大史凡邦國都鄙及萬民之有約劑者藏焉注○士師正之以傳別約劑注云約劑各所持券也地約謂經界所至田萊之比也周禮司約治地之約次之注準依其事曰約晚出書孔序約史記疏約飾也一曰約美也呂覽本味旄象之約注約好也廣雅釋詁一奔星爲彴約爾雅釋天○萱按或借約爲彴同勺聲也文選七發注引字書云約亦旳約字也

勳

白勳逗縞也說文段注縞者鮮支也急就篇有白勳顏注曰謂白素之精者其光勳勳然也勳練也廣雅釋器名勳自稱爲獨顏氏家訓音辭

礿

或作禴夏祭也說文段注周禮以禴夏享先王公羊傳曰夏曰礿注始熟可汋故曰礿釋天曰春祭曰祠夏祭曰

曰礿秋祭曰嘗冬祭曰蒸孫炎曰祠之言食礿新菜可汋嘗嘗新穀蒸進品物也汋與礿疊韻汋卽說文鬻字王制春曰礿夏曰禘與周禮異○禮記明堂位云夏礿又王制天子犆礿注云周改夏祭曰礿又周禮大司馬獻禽以享礿注云礿宗廟之夏祭也禴夏祭也易萃孚乃利用禴虞注升虞注旣濟不如西鄰之禴祭虞注○穀梁桓八年經注又說苑修文竝云夏祭曰禴又詩天保傳云夏曰禴又爾雅釋詁禴祭也釋文云禴夏祭名礿者麥始熟可汋也穀梁桓八年傳疏○春秋緐露四祭云夏曰礿礿者以四月麥始食麥也夏曰禴者麥熟進之白虎通宗廟夏約故曰礿貴所初礿也春秋緐露祭義礿祭之薄者易旣濟釋文○禮記王制疏引皇氏云礿薄也又後漢明帝紀注云夏祭曰礿礿薄也禴祭之薄者也易旣濟注○爾雅釋天孫注云禴薄也夏時百穀未登可薦者薄也礿禘陽義也禮記祭統非時而祭曰禴易萃干注升干注春祭曰礿禮記祭統○王制云春曰礿禴殷春祭之名易旣濟廣注又疏又萃釋文○萃注云禴殷春祭名也四時祭之省者也

鬻

内肉及菜湯中薄出之說文段注內今之納字薄音博迫也納肉及菜於鬻湯中而迫出之今俗所謂煠也玄應曰江東謂瀹爲煠煠音助甲切鬻今字作瀹亦作汋通俗文曰以湯煑物曰瀹廣雅曰瀹湯也孫炎說夏礿之義曰新菜可汋瀹煑也爾雅釋艸釋文引字林瀹祭謂瀹煑新菜以祭漢書郊祀志下不如西鄰之瀹祭注汋燂菜也爾雅釋天注新菜可汋釋文○萱按瀹汋各有本義而皆爲鬻之借卽皆可謂爲礿之借矣

趯

○俗有趯躍也說文又後漢班彪傳下注趯驚也廣雅釋詁一趯跳躍之皃荀子非十二子狄狄然注趯趯躍也詩艸蟲趯趯阜螽傳○萱按巧言躍躍毚兔史記春申君傳作趯趯毚兔二字本通用也又漢書李尋傳涌趯邪陰注云趯字與躍同趯趯跳也廣雅釋訓趯趯往來皃史記春申君傳集解引韓嬰章句

躍

迅也說文段注迅疾也躍者暫起之言易乾或躍在淵干注躍進也廣雅釋詁二躍

上也廣雅釋詁一躍是舉身向上之言左氏僖廿八年傳距躍三百疏○禮記喪大記魚躍拂池疏云躍是鄉上之名躍跳也易乾疏又廣雅釋詁二又山海經北山經灌題之山有鳥焉見人則躍注又孟子告子上搏而躍之注又文選西京賦鋋不苟躍薛注東京賦渚戲躍魚薛注○素問脈解所謂甚則躍者注云躍謂跳躍也躍躍跳走也國策秦策躍毚兔注躍躍迅也爾雅釋訓○萱按樊本作濯借字也躍躍盛疾之皃爾雅釋訓注

藋

藋蓨艸也說文段注爾雅藋山韭郭注謂山中多有此菜如人家所種者故許不謂之菜與

屵

○俗有屵屵岸上見也讀若躍說文段注岸者厓陵而高也岸上見故从广屮會意上見者望之而見於上也弓部發下曰中坐飾與鼓同意皆以中象上見者而豈下曰陳樂立而上見也从中尤爲明證岸上見故以中象之

龠

樂之竹管三孔㠯和衆聲也說文段注此與竹部籥異義今經傳多用籥字非也孔同空按

周禮笙師禮記少儀明堂位鄭注爾雅郭注應氏風俗通皆云三孔惟毛傳云六孔廣雅云七孔和衆聲謂奏樂時也萬舞時祇用侖以節樂無他聲**籥躍也氣躍出也**釋名釋樂器○萓按侖與闈俗多作籥蓋轉寫所改耳姑謂之段借可也**籥樂籥也**老子其猶橐籥乎王注○禮記明堂位云葦籥伊耆氏之樂也**籥樂器**詩鼓鐘以籥不借釋文○風俗通聲音云籥樂之器**籥管也**詩賓之初筵籥舞笙鼓箋又左氏宣八年傳萬入去籥注文穀梁宣八年傳注**籥笛也**禮記文王世子秋冬學羽籥疏少儀英籥疏**籥如笛三孔**禮記明堂位葦籥注少儀英籥注又務天子傳六竽籥注○周禮笙師注云籥如遂三空**籥簫或曰籥若笛短而有三孔**孟子梁惠王下管籥之音注○爾雅釋天釋文云籥三孔也**籥如笛六孔**後漢郎顗傳注邊讓傳注○詩簡兮左手執籥傳云籥六孔**大侖謂之產**爾雅釋樂○詩簡兮釋文云籥以竹爲之長三尺執之以舞**籥舞者所吹**周禮春官序官籥師注○公羊宣八年傳注云籥所吹以節舞也吹籥而舞文樂之長**籥者何籥舞也**公羊宣八年傳○禮記檀引下萬入去籥注云籥籥舞也**夏籥**

韻史　卷九第二部入聲較韻　九三七

文舞也禮記仲尼燕居夏籥序興注○詩鼓鐘箋云籥舞文舞也**籥章吹籥以爲詩章**周禮春官序官籥章注**侖黃鍾律之實也躍微動氣而生物也**漢書律厤志上**一侖容千二百黍重十二銖**同上○說苑辨物云千二百銖爲一侖**粒百爲銖是爲一侖**國語周語律度量衡注○萓按此注誤也是爲一侖四字當蒙上文容秬黍千二百粒言不得蒙銖爲言也粒百爲銖四字明係舛錯

趨

或作踰踰踰**趠趨也**說文段注三字一句趠趨疊韻字廣韵趠趨行皃方言踰行也踰即趨字**踰登也**方言一**踰履也**廣雅釋詁一**踰拔也**廣雅釋詁三**踰拔也出火爲踰**方言十三

爚

火光也一曰蓺也說文段注光各本作飛今依文選琴賦景福殿賦注玄應書卷九正西都賦震震爚爚雷奔電激震震謂雷爚爚謂電也李善引字指曰條爚電光也按此字或借爲燿字或借爲鑠字或作爍者俗體也一曰蓺也又一義○萓按爍者鑠之異體字而借爲爚非即爚字也燿爍字異而義略同亦不須言段借○文選景福殿賦

韻史　卷九第二部入聲較韻　九三八

光明熠爚注云爚火光也又莊子肱篋釋文引三蒼云爚火光也銷也**爚炎也**史記屈原賈生傳彌融爚正義引顧野王**震震爚爚光明皃也**文選西都賦注**爚散也**莊子肱篋而以爚亂天下者也引司馬崔注**鑰言光明也**方言二臟曈之子宋衛韓鄭之閒曰鑠注○萓按此段鑠爲爚也

瀹

或作瀹**瀆也**說文段主此蓋謂納於汚濁也故崩於此說文溉淤滓淤淤相次孟子瀹濟潔言浚治其污濁也瀹與鬻同音而義近故皆段瀹爲鬻今人曰爍助甲切古人曰瀹亦作汋詳鬻部**瀹治也**孟子滕文公上瀹濟漯注**瀹漬也**莊子知北遊汝齋戒疏瀹而心釋文○萓按瀹無潰義漬蓋漬字之謂**瀹賁也以湯賁物曰瀹**萓按皆詳鬻下

關

或作鑰**關下牡也**說文段注關者橫物即今之門櫝關下牡者謂以直木上貫關下楯地是與關有牝牡之別漢書所謂牡飛牡亡者謂此也月令曰脩鍵閉慎管籥注曰鍵牡閉北也管籥搏鍵器也然則關下牡謂之鍵亦謂之籥籥即闔之段借字析言之則鍵與闔有二渾言之則一物也金縢啟籥見書亦謂關閉兆書者古無鎖鑰字蓋古祇用

韻史　卷九第二部入聲較韻　九三九

木爲不用金鐵故說文鍵下祇云鉉不云門牡**投謂之闔**廣雅釋室**戶鑰自關而東謂之鍵自關而西謂之鑰**方言五○孝經注閤人閤閤釋文云閤本作鑰又一切經音義二云閤古文鑰同**籥鑰匙也**史記魯仲連鄒陽傳魯人投其籥正義○萓按以鑰釋籥者以李字通借字也侖與閤皆借用籥同聲通用也**鍵謂之籥**小爾雅廣服**管籥搏鍵器也**禮記月令慎管籥注**齊魯之閒名門戶及藏器之管曰籥**文選鮑明遠樂府注引易鄭注○書金縢啟籥見書馬注云籥藏卜兆書管又鄭注云籥開藏之管也又王注云籥閤藏占兆書管也又史記魯世家周公喜開籥集解引王肅云籥藏占兆書管也

蘥

爵麥也說文段注見釋艸爵當依今釋艸作雀許君從所據耳郭云卽燕麥也生故墟野林下苗實俱似麥或云爵麥卽稱麥誤也招龜七發皆云稱麥稱卽糕字之異者古爵焦聲同在弟二部許云糕早取穀也招龜王注云擇麥中先熟者也義正同

韻史　卷九第二部入聲較韻　九四〇

籥

書僮竹笘也說文段注笘下曰潁川人名小兒所書寫爲笘按笘謂之籥亦謂之觚蓋以白墡染之可拭去再書者其拭觚之布曰幡按管龠字與此別○一切經音義二引字林云籥書僮笘也

籥觚也廣雅釋器○萱按觚籀古今字

關西以書篇爲書籥一切經音義二引纂文

籥樂之器萱按此類皆段籥爲龠也

鍵謂之籥萱按此類皆段籥爲闕也

籲

平入兩讀

呼也讀與籥同商書曰率籲衆戚說文段注呼當作評言部曰評者召也口部曰召者評也周書乃有室大競籲俊尊上帝某氏曰招呼賢俊與共尊事上天商書率籲衆戚出矢言某氏曰籲和也率和衆憂之人出正直之言按和之訓未知何出蓋謂籲同龠龠以和衆聲也夫下文自我王來至底綏四方皆民不欲從之言姚氏籲之說是也籲衆戚出矢言正謂不欲徙之民相評急出誓言爲盤庚斅民命衆張本注疏殊繆古音在二部讀如姚商書云云見盤庚上戚今本作感俗字也衛包所改○書召誥以哀籲天釋文云籲呼也

籲和也小爾雅廣言

謔 向約切

戲也詩曰善戲謔兮說文○爾雅釋詁謔浪笑敖戲謔也舍人注云謔戲也又漢書地理志下伊其相謔注云謔戲言也

謔笑之皃也爾雅釋詁舍人注

謔謔然喜樂詩板無然謔謔傳

謔謔謞謞崇讒慝也爾雅釋訓

謔謔盛烈皃爾雅釋訓舍人注

酌 掌約切

盛酒行觴也說文段注盛酒於解中以飲人曰行觴投壺云命酌曰請行觴解實曰觴詩曰我姑酌彼金罍取行觴之意曰泂酌彼行潦取盛酒之意

酌斟酌也禮記曲禮下酒曰清酌疏祭統而酌之祭器疏○郊特牲縮酌用茅注云酌猶斟也

酌挹也公羊傳八年傳蓋酌之也注

酌益也廣雅釋詁一

酌取也易損酌損之虞注又漢書禮樂志注○禮記坊記上酌民言注云酌猶取也又呂覽情欲非徒萬物酌之也注云酌取之也

酌行也國語周語而行後王斟酌焉注又一切經音義十四引國語賈注

酌猶予也淮南本經酌焉而不竭注○儀禮有司徹尸升生取爵酌注云酌者將酢主人

酌漱也潠也廣雅釋言

清酌酒也廣雅釋器

酌告成大武也言能酌先祖之道以養天下也詩酌序

周公之樂曰酌白虎通禮樂○又云周公曰酌者言周公輔成王能斟酌文武之道而成之也

勺頌篇告成大武之樂章也儀禮燕禮記若舞則勺注○周禮樂師注十三舞勺疏云勺即周頌酌又漢書禮樂志簫勺羣慝注引晉灼云勺周樂也又董仲舒傳於周莫盛於勺注云勺讀與酌同○萱按此皆段勺爲酌也又或段汋段約

勺樂周公樂也斟酌文武之道廣雅釋樂曹憲音○漢書禮樂志云勺言能勺先祖之道也又風俗通聲音云勺言能斟勺先祖之道也

勺籥也禮記內則舞勺疏引熊氏

酌酒斗也楚辭招魂注○萱按此段爲勺也勺酌互相段借酒斗亦曰尊斗亦曰酌器詳勺下

武汋桓皆周頌篇名荀子禮論韶夏護武汋桓箾簡象注引賈逵○萱按此段汋爲酌也

妁

酌也斟酌二姓者也說文段注斟者酌也酌者盛酒行觴也斟酌二姓者如挹彼注茲欲其調適也孟子曰不待父母之命媒妁之言○廣雅釋詁四云妁酌也又孟子音義上引丁音云媒妁謂媒氏酌二姓之可否故謂之媒妁也

䶂

胡地風鼠說文段注郭注爾雅鼫鼠云形大如鼠頭似兔尾有毛青黃色好在田中食粟豆關西呼爲䶂鼠見廣雅音雀按廣雅云䶂鼠鼫鼠與景純皆合䶂鼫爲一物以說文正之䶂與鼫迥非一物也蓋俗語有移易其名者耳

䶂鼠出塞地爾雅釋獸釋文引字林

䶂犬者露犬也能飛食虎豹周書王會

灼

炙也說文段注炙各本作灸誤今正此與上炙篆爲轉注炙謂炮肉灼謂凡物以火附著之如以楚焞柱龜曰灼龜其一耑也七諫注曰點污也灼炙也猶身有病人點灸之醫書以艾灸體謂之壯壯者灼之語轉也淮南注曰然也廣雅曰爇也素問注曰燒也其義皆相近凡訓灼爲明者皆由經傳段灼爲焯桃夭傳曰灼灼華之盛也謂灼爲焯之段借字也周書焯見三有俊心今本作灼見○楚辭怨世唐虞點灼而毀議注云灼炙也又漢書江充傳注云灼炙也萱按江充傳蓋段灼爲炙也敢注與七諫注不同要之炙亦非不可言灼也

灼燃也淮南汜論不可灼也注

灼爇也廣雅釋詁二

灼謂燔也史記龜策傳徵絲灼之索隱

灼炙燒也詩節南山箋皆憂心如火灼爛之矣疏○素問五常政大論其用燔灼注云灼燒也

灼驚也方言十三

灼盛皃也

灼灼明

白皃 萱按此類皆段灼爲焯也

焯 明也周書曰焯見三有俊心 說文段注立政文今尚書作灼古義焯灼不同 焯爍光皃 漢書揚雄傳上焯爍其陂注 焯爇也 廣雅釋詁二。萱按雅讓灼焯皆訓爇直謂二字同義也段灼爲焯則自古已然 灼盛皃也 文選射雉賦灼繡頸而衮背徐注 灼灼華之盛也 詩桃夭灼灼其華傳 灼灼明也 廣雅釋訓 灼灼明白皃 漢書外戚傳下注 灼爍艷色也 文選蜀都賦暉麗灼爍劉注。萱按太沖用借字羽獵賦焯爍其陂用正字義一也

繳 或書作繳。上入兩讀異義 生絲縷也謂縷系矰矢而㠯隿䠶也 說文段注生絲縷也者生絲爲縷也凡蠶者爲絲麻者爲縷絲細縷麤故糾合之絲得偁縷謂縷系云云李善文賦注所引有此十字今按有此乃全當作生絲縷系矰矢而㠯隿䠶也共十一字矢部曰矰者隿䠶矢也隹部曰隿者繳䠶飛鳥也散者繳散也。易避正義引字林又漢書司馬相如傳上纖繳施注蘇武傳武能網紡繳注竝云繳生絲縷也 繳弋射也 史記

畱矦世家雖有矰繳集解引韋昭又漢書張良傳注。詩女曰雞鳴箋盧令序箋竝云弋繳射也 繳弋綸也 文選吳都賦精衛銜石而遇繳劉注。淮南說山好弋者先具繳與矰注云繳大綸 繳繫箭線也 文選鸚鵡賦然皆負矰纓繳注。後漢班彪傳上注云繳以繫箭也 繳以縷係箭而射者也 後漢趙壹傳注 繳射謂以繩繫矢而射也 詩女曰雞鳴疏。盧令序疏云出縋繫矢而射鳥謂之繳射也 繳纏也 廣雅釋詁四。萱按此等義皆讀上聲

䅵 或作䅵 禾皮也 說文段注禾皮者禾稿之皮也呂氏春秋曰得時之秦溥䅵而赤色本謂稿皮因以評稍皮羔聲勺聲古音同在二部故䅵音灼下文曰禾若秧穰秧注曰把取禾若䅵注若郎䅵今音相近又改其字耳按春秋經有䅵字齊地名今釋文五經文字皆作禚从示惟玉篇禾部䅵部下曰又齊地名而示部禚字在部末孫強等所沾然則希馮所據春秋字从禾。萱按或由形近禾譌示耳 禾稭謂之苦䅵 一切經音義十四引通俗文 䅵地名 詩南山箋會齊矦於禚釋文。春秋莊二年經冬夫人姜氏會齊矦于禚莊四年公及齊人狩于禚萱按公羊禚作

郜論衡書序亦作會齊矦于郜所傳聞異辭也

齒約切

繛 綽 或繛也 說文 綽緩也 詩淇奧寬兮綽兮傳。漢書禮樂志克綽永福注云綽緩也亦謂延長也 綽綽緩也 爾雅釋訓 綽寬也 孟子公孫丑下豈不綽綽然有餘裕哉注又文選洛神賦柔情綽態注 綽綽寬也 詩角弓綽綽有裕傳 綽綽寬大也 詩角弓釋文 綽綽寬裕皃也 禮記坊記注 綽猶多也 楚辭大招滂心綽態注 綽兮謂仁於施舍 詩淇奧箋 綽約善容止也 漢書揚雄傳上閭中容競綽約兮注。文選羽獵賦綽約閒靡注云綽約美皃 綽約柔弱也 荀子宥坐淖約微達似察注。文選上林賦便嬛綽約郭注云綽約婉約也 綽人人名 山海經大荒北經修谿殺綽人注 淖約好皃 莊子逍遙遊淖約若處子釋文引司馬注又引李注云淖約柔弱皃。莊子大宗師綽乎其殺也崔李綽作淖萱按段淖爲綽與荀子淖約同古亦借卓爲之也 沟約好皃 楚辭哀郢注。萱按沟約亦綽約之借

婥 女病也 說文段注廣韻曰婥約美皃此今字今義也 婥好也 廣雅釋詁一

辵 偏旁作辶。平入兩讀注在彼

㲋 。俗有㲋 [illegible] 貓 㲋獸也 三字句 似兔青色而大象形頭與兔同足鹿同 說文段注中山經綸山其獸多閭麈䴥㲋郭注㲋似兔而鹿腳青色音綽按㲋乃㲋之俗體耳集韻别爲兩字非也象形云云合二形爲一形也

忍約切

弱 隸作弱 橈也 說文段注橈者曲木也引伸爲凡曲之偁直者多强曲者多弱易曰棟橈本末弱也弱與橈疊韻 弱柔也 淮南原道志弱而事强注 愚懦不壯毅曰弱 書洪範六曰弱鄭注又洪範五行傳厥極弱注 弱劣也 離騷理弱而媒拙兮注 弱尫劣 書洪範晚出傳。疏云六曰弱志力尫劣也 力少爲弱 晚出書仲虺之誥兼弱攻昧疏 兩爭曰弱 周書武順 衆散爲弱 左氏哀十二年傳 弱敗也 左氏襄廿六年傳頡遇王子弱焉注 弱衄也又言委也 釋名釋言語 弱侵易之

左氏襄十七年傳華臣弱臯比之室注弱少也後漢丁鴻傳注弱小也國策秦策是其所以弱也注又呂覽辨土苗其弱也欲孤注弱猶稺也國語周語王而弱之注弱謂幼弱時也史記五帝紀弱而能言索隱弱年少也左氏文十二年傳有寵而弱注二十曰弱言柔弱也釋名釋長幼○禮記曲禮上云二十曰弱又後漢張衡傳注云二十曰弱冠也又國語楚語昔莊王方弱注云方弱未二十順亡所制茲謂弱漢書五行志下之下引京房易傳弱者道之用老子弱者仁之助也後漢臧宮傳弱緆細布也淮南齊俗弱緆羅紈注弱蒻也今人謂蒲本在水中者為弱是其類也考工記輪人以為之弱注○萱按蒲本之弱正字當作蒻弱水其水不勝鴻毛萱按此段弱為溺也

溺

溺水自張掖刪丹西至酒泉合黎餘波入于流沙桑欽所說說文段注禹貢曰弱水既西又曰道弱水至于合黎餘波入于流沙張掖郡刪丹二志同前志刪丹下曰桑欽以為道弱

水自此西至酒泉合黎又張掖郡居延下曰居延澤在東北古文以為流沙水經曰合離山在酒泉會水縣東北流沙地在張掖居延縣東北今甘肅舊山丹衛即刪丹廢縣舊甘州衛西北千二百里有故居延城故居延城東北有居延海西北四十里有合黎山衛西有弱水胡氏渭禹貢錐指曰溺水正流入居延海其餘波則入流沙流沙非居延也按今人用為休沒字溺行而休廢矣又用為人小便之屎字而水名則皆作弱地理志偁桑欽說五水部引桑欽說三桑經典釋文作乘弱水其水不勝鴻毛山海經大荒西經崑侖之上其下有弱水之淵環之注溺沒也萱按此詳休下類溺即湮也萱按此詳去聲屬下

腝

肉表革裏也說文段注考工記注曰今人謂蒲本在水中者為弱按蒻在莖之下根之上肉表革裏名腝亦猶是也腝膜也廣雅釋器腝肉也同上

蒻

蒲子句可㠯為平席世謂蒲蒻說文段注蒲子者蒲之少者也凡物之少小者謂之子或謂之女周書蔑席首部曰纖蒻席也馬融同王肅曰纖蒻苹席也某氏尚書傳曰底席蒻苹也鄭注間傳曰苄今之蒲苹

也釋名曰蒲苹以蒲作之其體平也苹者席安隱之偁此用蒲之少者為之較蒲席為細考工記注曰今人謂蒲本在水中者為弱弱即蒻蒻必嬛故蒲子謂之蒻非謂取水中之本為席也世謂蒲蒻太平御覽有此四字蒻艸也其根名蒻文選蜀都賦蒻蒻茱萸劉注蒻蒻席楚辭招魂阿拂壁注蒻蒻細也淮南主術匡牀蒻席注

始約切

勺

料也所以挹取也象形中有實與包同意說文段注料也二字依玄應書卷四補木部料下云勺也此云勺料也是為轉注考老之例也考工記勺一升注曰勺尊斗也斗同料謂挹以注於尊之料也士冠禮注亦云尊斗所以斛酒也今皆謂尊升不可通矣詩酌以大斗毛云長三尺謂其柄所以二字依息夫躬傳顏注補顏之訓詁多取諸許也挹者抒也勺是器名挹取者其用也刪所以則體用涵矣象形云云外象其哆口有柄之形中一象有所盛也與包同意謂包象人褒子勺象器盛酒斝其意一也李陽冰曰勺从勹裹之勹失之勺象張口豈同弁口哉○萱按詩禮借勺為酌故勺讀酌其李音不當介也大徐通讀之若切殊誤勺謂酒尊中勺也考工

記玉人黃金勺杜注○三禮圖十三引舊圖云勺五升口徑六寸曲中博三寸長三寸柄長二尺四寸漆赤中柄末亦丹若勺似酒勺形山海經中山經支離之山有鳥其名曰嬰勺其尾若勺注鳥杓所以抒挹也漢書息夫躬傳將行於杯杓注○萱按此段杓為勺也勺料也杓料柄也務料柄之偁以名料段借由於引申也杓本音同標酌酒斗也楚辭招魂華酌既陳注萱按此段酌為勺也○周禮酒正皆有酌數注云酌器所用注尊中者萱按酌者挹取也挹取之器則勺也故以酌器目勺此非段酌為勺也勺沾也楚辭招魂瑤漿蜜勺注勺水出陽城山水經注廿二引字林勺藥香艸詩溱洧贈之以勺藥傳○釋文引韓詩云勺藥離艸也言將離別贈此艸也勺藥藥艸名漢書司馬相如傳上勺藥之和注○注引伏儼云勺藥以蘭桂調食勺藥五味也史記司馬相如傳集解引郭璞勺藻藝見文選思玄賦心勺藻其若湯舊注○萱按勺藻疑當作灼爍勺周樂也萱按此類皆段勺為酌也勺即周頌酌

汋

激水聲也井一有水一無水謂之瀱汋說文段注釋名曰汋澤也有潤澤也自臍

以下曰水腹水汋所聚也胞主以虛承汋也蓋皆借爲液字又楚辭汋約即莊子淖約井一云云見釋水劉氏釋名說其義曰蜀竭也汋有水聲汋汋也然則濁謂一無水汋謂一有水汋取也莊子田子方夫水之于汋也釋文○萓按訓取與酌同故周頌之酌荀卿作汋武汋桓皆周頌篇名荀子禮論注汋熛菜也爾雅釋天注新菜可汋釋文○萓按此段汋爲鬻也汋約好皃楚辭哀郢外承歡之汋約兮注○萓按荀子莊子作淖約騷作汋約漢書楊雄傳文選舞賦作綽約蓋綽爲正字

芍

上入兩讀異義芍藥一名辛怡亦香艸屬山海經北山經繡山其艸多芍藥注○萓按香艸之字詩溱洧上林賦皆作勺藥靈光殿賦注引伏儼云芍藥以蘭桂調食據相如傳注伏語亦是勺藥則知作芍者淺人加艸頭耳乃芍藥行而勺藥轉隱矣○後漢王景傳廬江郡界有楚相孫叔敖所起芍陂稻田注云陂在今壽州安豐縣東芍七削切又按蓮芍縣名在馮州蓮芍音輦酌萓謂此或由段借或由方音非古義古音也姑存其說可耳不煩別見

鑠

或作爍銷金也說文○萓按銷下云鑠金也二字互訓鑠銷也漢書叔孫通傳注又楚辭惜誦故衆

口其鑠金注招魂流金鑠石些注又文選江文通褸體謝法曹詩注引國語賈注鑠消也國語周語注又史記魯仲連鄒陽傳索隱引賈逵鑠消鑠也國策秦策秦先得齊宋則韓氏鑠注火與水合爲淬與金合爲鑠漢書天文志鑠磨也廣雅釋詁三鑠摩也方言七鑠美也爾雅釋詁又詩酌於鑠王師傳又左氏宣十二年傳注又漢書楊雄傳上注傳下注引張晏傳又後漢竇憲傳注班彪傳下注又太乎斷乃後有鑠注爍言消也素問逆調論是人當內爍也注○莊子胠篋下爍山川之精釋文引崔注云爍消也莊子胠篋絕竽瑟釋文引崔注爍崩竭也莊子胠篋下爍山川之精釋文引司馬注爍亦熱也文選七發熚爍熱暑注鑠言光明也方言二注○萓按此段鑠爲爚也燿與鑰同謂削也漢書藝文志燿金爲刃注○萓按鑰燿正借字

雀 紫約切

○俗有嵩依人小鳥也說文段注今俗云麻雀者是也其色褐其鳴節節足足禮器象之曰爵爵與雀同音後人因書小鳥之字爲爵矣月令鴻鴈來賓爵入大水爲蛤高注呂覽曰賓爵老爵也棲宿於人堂宇有似賓客故謂之

賓爵又有似雀而色純黃者曰黃雀戰國策云俛啄白粒仰棲茂樹詩所謂黃鳥也雀鳥之通稱文選高唐賦衆雀嗷嗷注赤雀鳳皇之雛詩文王序疏龍雀飛廉也文選東京賦龍雀蟠蜿薛注雀目蔽當也廣雅釋器雀黑多赤少之色韋也周禮巾車軒襖雀飾注○書顧命二人雀弁執惠鄭注云赤黑曰雀雀者賞也古微書引春秋考異郵○萓按此段雀爲爵也二字互借通用金爵卽銅鳳也文選西都賦上觚棱而棲金爵注○萓按此段爵爲雀也爵釵釵頭施爵也釋名釋首飾梠上入曰爵頭形似爵頭也釋名釋宮室○釋船云其上屋曰廬其上重屋曰飛廬又在其上曰爵室於中候望之如鳥爵之警視也爵弁者冕之次其色赤而微黑如爵頭然或謂之緅其布三十升儀禮士冠禮爵弁服注○白虎通紼冕云爵弁者何謂也其色如爵頭周人宗廟士之冠也以爵韋爲之謂之爵弁釋名釋首飾○儀禮士冠禮爵弁注云爵弁者制如冕黑色但無纔耳

爵

隸作爵○平入兩讀爵古文象形禮器也爵象雀之形中有鬯酒又持之也所以飲器象雀者取其節節足足也說文段注古說皆云爵一升韓詩說爵觴解角散總名曰爵其實曰觴古文全象爵形卽象雀形也小篆改古文嫸之首象其正形下象其側形也又手也祭統尸酢夫人執柄夫人受尸執足柄者尾也節節足足雀音如是廣雅曰鳳皇雄鳴卽卽雌鳴足足宋書符瑞志因之皮傳之說耳爵引仲爲爵秩字假借爲雀字韓詩說曰爵盡也足也白虎通說爵祿曰爵者盡也所以盡人材古爵音同焦醮進字皆取盡意古文象形首尾喙翼足具見程氏瑤田通藝錄曰前有流喙也腦與項也胡也後有柄尾也容酒之量其口左右傍出者翅也近前二柱聳於翅將飛皃也其量腹也腹下卓爾鼎立者其足也古爵之存於今者驗之兩柱拄眉而酒盡古經立之容不能昂其首也不昂首而實盡取節於兩柱之柱眉梓人所謂鄉衡者如是爵飲酒器也左氏桓二年傳舍爵策勳焉注莊廿一年傳王予之爵注○呂覽孟春反執爵于太寢注云爵飲爵爵酒器之大名詩行葦傳斝爵也疏○賓之初筵以祈爾爵箋云爵射爵也又禮記明堂位爵用玉琖仍雕注云爵君所進於

師也又周禮大宰贊玉幣爵之事注云爵所以獻齊酒又贊玉幣玉獻玉几玉爵注云玉爵王禮諸侯之酢爵周曰
爵詩行葦洗爵奠斝傳○禮記明堂位云爵殷以斝周以爵對文一升曰爵二升曰觚散
文即通觚亦稱爵儀禮燕禮疏○特牲饋食禮實二爵二觚四觶也一角一散注引舊說云爵一升觚
二升觶三升角四升散五升離爲爵爵位也易中孚我有好爵虞注爵者祿位漢書高帝
紀上賜民爵注引臣瓚○儀禮士冠禮疏云爵者位次高下之稱也爵秩次也禮記王制王者之制祿爵注○
又任事然後爵之注云爵謂正其秩次爵主掌也荀子王制宰爵知賓客祭祀饗食犧牲之牢數注爵
者醮也所以醮盡其材也左氏隱元年傳未王命故不書爵服注○禮記王制疏云爵者盡也
爵者尊號也白虎通攷黜爵謂天子諸侯卿大夫士也無爵謂庶
人也儀禮喪服傳杖者何爵也無爵而杖者何擔主也注○萱按士相見禮注士喪禮注又周禮大宰注春官序官
内宗注司儀注又禮記中庸注說皆大同檀弓上士之有誄注云殷大夫以上爲爵又雀者賞也古微書引

此約切　仰約切

燋噍虐

春秋考異郵○萱按北段崔爲爵也燕爵與鷰雀同荀子禮論小者是燕爵注○萱按此段爵爲雀也禮
記三年問自作崔又孟子離婁上云爲叢驅爵者又莊子在宥云方將拊脾爵躍而遊皆用借字
平入明讀注在彼
○俗有嗺嚼或○平去入三讀注具平聲
隸作虐虐古文殘也說文段注歹部曰殘賊也賊善曰虐楚辭沈江紂暴虐以失位兮注虐
暴也書金滕遺厲虐疾曉出傳○疏云虐訓爲暴虐害也淮南覽冥天而不天於人虐也注氾論刑推則
虐注脩務虐始於楚注○萱按洪範無虐覺獨馬本作匕侮史記宋世家作無侮鰥寡是虐訓侮也虐惡也廣雅
釋詁三○論衡譴告云威虐皆惡也虐是殺害之名左氏昭十四年傳注三惡暴虐顏也疏○萱按呂刑
惟作五虐之刑曰法墨子尚同中作惟作五殺之刑曰法不教而殺謂之虐論語堯曰又荀子王制注
○漢書五行志中之下引京房易傳云不教而誅茲謂虐又周禮大司徒疏云不令而誅謂之虐兄愛弟敬

瘧

謂之友反友爲虐賈子道術虐士死者左氏哀十五年傳無譏虐士注
寒熱休作病說文段注謂寒與熱一休一作相代也釋名曰瘧酷虐也凡疾或寒或熱耳而此疾先寒後熱
兩疾似酷者周禮曰秋時有瘧寒疾○左傳昭十九年許悼公瘧釋文云瘧病也瘧者風寒之氣不
常也素問瘧論瘧者陰陽更勝也同上瘧疾寒熱所爲也禮記月令民多瘧疾
注

想約切

削

去入兩讀異義鞞也一曰析也說文段注木部曰析破木也析从斤削从刀皆訓破木凡侵削削弱皆其
引申之義也○萱按前義去聲削分也國策秦策夫齊削地而封田嬰注削減也廣雅釋詁二削
小也呂覽長利是故地日削注削殺也禮記喪服小記削杖疏又淮南本經衣無隅差之削注○儀禮喪服
記外削幅注云削猶殺也削弱也呂覽觀表魏國從此削矣注削平也一切經音義四引蒼頡削
刊也禮記曲禮上爲天子削瓜者疏削刻也呂覽孟冬無或敵侵削衆庶兆民注削衣刻除兒

也漢書司馬相如傳上揚衪戍削注引張揖削謂削去華嚴經音義上引漢書衛青傳音義削謂除
去其惡荀子臣道事暴君者有補削無撟拂注削者謂有所刪去以刀削簡牘
也漢書禮樂志削則削注削雕削毀其雕巧之具也管子五輔刻鏤削注削偃曲
却刃考工記築氏爲削馬注削兩刃句刃也淮南本經無所錯其剞劂削鋸注削書刀
也禮記曲禮下金工疏削謂簡也一曰削書刀也後漢蘇竟傳注削則札也後漢
書楊田傳注○顏氏家訓書證云或即謂札爲削削杖桐也儀禮喪服傳又禮記喪服小記削成今山
形上大下小峭峻也山海經西山經太華之山削成而四方注○萱按削與峭義相因峭有即用削
者文選四子講德論宰相刻削注云削與峭同削格所以施羅網也莊子胠篋削格羅落罝罘之知
釋文引李注削然反琴聲莊子讓王削然反琴而弦歌釋文引李注名過其實者削說苑
政理酸削則酸嘶也周禮疾醫注痟酸削也疏

撮口許

激 梟撽切

水礙衺疾波也一曰半遮也說文段注水礙云云當依衆經音義作水流礙邪急曰激也水流不礙則不衺行不衺行則不疾急孟子激而行之可使在山賈子曰水激則旱兮矢激則遠一曰云云此亦有礙之意與徼遝音義略同流急曰激一切經音義十四引莊子司馬注激者如水急也莊子齊物論釋文激急動也漢書王莽傳上敢爲激發之行注激衝激急風也史記司馬相如傳激楚結風索隱引文穎激揚也後漢班彪傳下注○詩揚之水傳揚激揚也疏云激揚謂水急激而飛揚波流疾之意也激發也漢書楊雄傳上注敘傳上注又呂覽恃君所以激君人者之行注激感也楚辭招魂激楚之結注又文選東京賦諠方激而遻鷩薛注激感發也漢書高五王傳贊激秦孫立亾藩輔注激明也莊子盜跖脣如激丹釋文引司馬注激清也方言十二激清聲也楚辭招魂發激楚些注激

羽激切　許激切

檄敫⿰敫欠

者聲若激噭也莊子齊物論激者謞者釋文引司馬注激嚁清淚兒文選嘯賦聲激嚁而清厲注激楚歌曲也漢書司馬相如傳上激楚結風注引郭璞○後漢邊讓傳注云激楚曲名也激卬怒也文選解嘲激卬萬乘之主注○萱接樊安碑萬乘之主注懍慨磯憤又童子逢盛碑感懷三成皆用萬俗字也磯未見玉篇云憝疾也亦書作懨激矛激戟也可以激戟敵陳之矛也釋名釋兵去入兩讀⿰敫欠楚歌也說文平入兩讀光景流兒說文尺二書說文段注作尺二書各本作二尺書小徐繫傳已佚見韻會者蓋古本也李賢注光武紀曰說文以木簡爲書長尺二寸謂之撽以徼召也與前書高紀注同此蓋出演說文故語加詳云尺二寸與錯本合但漢人多言尺一未知其分別之詳後漢書水經注皆曰李雲上書孔子言帝者諦也今尺一拜用不經御省是帝欲不諦乎又後漢書儒林傳云詔曰乞楊生師即尺一出外文選注引蕭子良古今篆隸文體曰鶴頭書傴波書俱詔板所用在漢時則謂之尺

觷

一簡獨斷曰策書長二尺以命諸侯王三公三公以罪免亦賜策以尺一木○廣雅釋詁四云撽書也又漢書韓信傳注撽撽謂云書撽板書後漢陳寔傳注○漢書申屠嘉傳嘉爲撽召通注云撽木書也長二尺撽軍書也若今之露布也後漢鮑昱傳注若有急即插以雞羽謂之羽撽後漢光武紀上注引魏武奏事撽長也廣雅釋詁二長撽猶今長牒也後漢安帝紀注撽召也後漢劉召淳于江劉周趙傳注撽激也下官所以激迎其上之書文也釋名釋書契撽躍疾兒文選笙賦劇撽鏦以奔邀注無杖爲撽爾雅釋木撽擢直上爾雅釋木無枝爲撽注○黃按無枝爲微與捎捎擢同義杖耑角也說文段注杖耑謂杖首也司馬彪禮儀志仲秋之月民始七十者授之以玉杖餔之糜粥八十九十有加賜玉杖長尺端以鵠鳥爲飾謂玉長尺飾杖首玉之頤復爲鵠形也屬韻曰觷以角飾杖策頭小徐謂飾拄地處誤

旳 釣撽切

○俗有的弓明也易曰爲旳顙說文段注旳者白之明也故俗字作的漢魯峻碑曰永傳晉齡曉矣旳旳引仲爲敫旳詩發彼有勻段勻爲旳字易曰云云說卦傳文旳頟白顯也馬部又有駒纂云馬白頟也引易爲駒頟疑駒後出非古○廣雅釋詁四云旳明也的白也爾雅釋畜舍人注又廣雅釋器○易說卦傳九家注虞注竝云的白頟頟也的者明白之言詩賓之初楚疏的皪明兒文選思乎賦顏的皪以遺光舊注○後漢張衡傳注云的礰明也的皪光明也文選魏都賦丹藕凌波而的皪注的皪照也史記司馬相如傳的皪江靡索隱引郭璞○漢書相如傳注云的皪光見也以丹注面白旳旳灼也釋名釋首飾○又云此本天子諸侯搴妾當以次進御其有月事者止而不御重以口說故注此丹於面灼然爲識女史見之則不書其名於第錄也的實也家語觀鄉射注的質也詩賓之初楚發彼有的傳○文選樂府白馬篇控弦破左的注云的射質也又賓楚疏云的者謂熊侯白質者也的謂所射之準臯也漢書量錯傳矢道同的謂注○禮記射義注云的謂所射之識也又淮南兵略射儀度不得則格的不中注的射準也又原道先

者則後者之弓矢質的也注云質的射者之準'也**的正鵠也**荀子勸學是故質的張而弓矢至焉注埻

中木曰的一切經音義十三引通俗文**的琴徽也**文選七發九寡之珥以爲約注○萱按枚段約

爲的也**的的獲也**淮南說林旳旳者獲注

馰

馬白額也一曰駿也易也爲馰顙說文段注秦風有馬白顛傳曰白顛旳顙也釋嘼曰旳顙白顛郭云戴星馬也說卦傳曰爲旳顙虞翻曰旳白顙額也按旳顙之馬謂之馰易釋文云旳說文作馰一曰云云駁馬之良材者○萱按日部引爲旳顙馬部引爲馰顙許所據非一本也馰專署也旳通署也字異而實同

馰馬白顙也爾雅釋畜釋文引字林

玓

玓瓅逗明珠光也說文段注光各本作色今依李善所引史記司馬相如傳曰明月珠子玓瓅江靡應劭曰靡邐也○文選上林賦注云玓瓅與的皪音義同

炟

望見火兒說文段注依篇韻補見字炟然猶旳然也旦見日部部音旳望遠合也旦聲與勺聲同古音同在二部

玉篇廣韻集韻類篇作炟皆誤○萱按旦音逼音香與旦迥別

弔　逷　仢

統激切

去入兩讀注在彼○俗有怖吊

去入兩讀注在彼

約也說文段注疊韻爲訓釋天曰奔星爲仢約舊作仢約佩觿辨證曰字从人不从彳或云許本作仢約也三字爲句○萱按仢字不見說文釋宮石杠謂之徛注云聚石水中以爲步渡仢也釋天作仢約者當由涉及彼注而誤二字音形皆不同

翟

○俗有鸐**山雉也尾長**說文段注釋鳥翟山雉郭曰長尾者按郭翰翟二注蓋取諸說文邶風右手秉翟毛曰翟翟羽也鄘風其之翟也毛曰翟褕翟闕翟翟羽飾衣也周禮王后五路重翟厭翟郭曰重翟重翟雉之羽厭翟次其羽使相迫按翟羽經傳多假狄爲之狄人字傳多假翟爲之尾長故从羽不入隹部者隹爲短爲鳥總名又此鳥以尾長爲異也古音在二部鄘風韵於十六部合韻也○詩何彼襛矣釋文云翟雉也又周禮内司服注云翟雉名又山海經西

山經女牀之山有鳥其狀如翟注云翟似雉而大長尾**南方曰翟雉**左氏昭十七年傳五雉爲五工正注○詩簡兮疏云翟翟羽謂雉之羽也又引爾雅說云翟鳥名雉屬也**翟翟車也夫人以翟羽飾車**詩碩人翟茀以朝傳**翟謂敎羽舞者也**禮記祭統注**翟者樂吏之賤者也**禮記祭統○喪大記狄人設階注云狄人樂吏之賤者○萱按翟狄異部而同音故互借通用也狄在十六部**翟鮮虞也翟道在隴西**萱按俱詳狄下**狄羽也**廣雅釋器又禮記樂記干戚旄狄以舞之疏○玉藻君命屈狄疏云狄亦翟也

糶　糴

去入兩讀注在彼○俗有糴

○俗有粜**市穀也**說文段注米部曰糴穀也故市穀从入糴糴亦聲左傳晉大夫有糴茷○國語魯語君盍以名器請糴於齊注云市穀曰糴**糴買也**廣雅釋詁三**買穀曰糴**公羊莊廿八年傳告糴者何注糴**糴也**穀梁莊廿八年傳○萱按凡訓釋即用本字者如易之卦名與字之本義不盡同其用本字釋卦名謂卦名取

本義者也若他處亦用此例則義爲贅設且滋惑矣雖古多有之恐不可爲典要也學者詳之**凡斬不市惠者曰夜糴**御覽四百九十引風俗通

愵　氼

女激切

或書作惄○俗有衄飢**𢝊兒**說文段注毛詩惄如輖訊韓詩作愵如方言愵憂也自關而西秦晉之閒或曰惄蓋古惄愵通用**衄憂兒**文選洞簫賦注引蒼頡

沒也說文段注此沈溺之本字也今人多用溺水水名字爲之古今異字耳玉篇引孔子曰君子休於口小人休於水顧希馮所見禮記尚作休**溺沒也**禮記樂記宋音燕女溺志疏又廣雅釋詁一又文選述祖德詩拯溺由道情注**溺溺沒也**文選高唐賦巨石溺溺之濺濟兮注**溺瀆也**廣雅釋詁二**溺謂覆沒不能自理出也**禮記繆衣小人溺於水注○左氏昭元年傳溫溺惑亂之所生也注云沒水謂之溺**死於水者曰溺溺弱也不能自勝之言也**釋名釋疾病○禮記檀弓上死而不弔者畏厭溺疏云溺謂不乘橋船而入水死者**不溺言體浮輕也沙棠爲木不可得沈**海山

經西山經崑侖之山有木焉名曰沙棠食之使人不溺注○萱按用溺爲休因用弱爲溺借字久行而正字皆廢矣然學者豈可不究其源流乎

趯 呂激切

或作躒動也說文段注篇韵皆云躒同大戴禮曰騏驥一躒不能千步春秋傳有輔趯見襄廿四年今傳作躒又有荀躒○萱按左傳荀躒公穀作荀櫟史記作荀濼同樂聲通用也

瓅

玓瓅也說文段注古音在二部二字疊韻

礫

○俗有磔小石也說文段注釋名小石曰礫礫料也小石相枝柱其間料料然出內氣也○文選贈五官中郎將詩涼風吹沙礫注又漢書霍去病傳沙礫擊面注又後漢黨錮傳注竝云礫小石也小石爲礫楚辭惜誓相與貴夫礫石注沈江懷沙礫而自沈兮注石細者曰礫文選西京賦爛若磧礫薛注丹礫丹沙也文選江賦其下則金礦丹礫注

櫟

櫟木也說文段注秦風隱有苞櫟傳曰櫟木也陸機曰苞櫟秦人謂柞櫟爲櫟河內人謂木蓼爲櫟椒樕之屬其

子房生爲梂木蓼子亦房生故說者或曰作櫟或曰木蓼機以爲此秦詩也宜從其方土之言作櫟是也按陸意謂秦詩當是柞櫟今觀許櫟梂二篆連屬正與陸所云木蓼子房生爲梂者合然則許意謂木蓼也艸部云草斗櫟實也一曰樣斗木部栩下云柔也其草一曰樣此則謂草斗爲櫟實正陸所謂秦人謂柞櫟爲櫟又云栩今柞櫟也草下櫟實字非木部之櫟許意栩采樣草爲一物是名柞櫟亦名櫟而非柞也亦非子梂生之櫟也柞與棫爲類櫟似椒樕鄭箋大雅云作櫟也則以柞與柞櫟合爲一耳○莊子人閒世見櫟社樹釋文引司馬注云櫟木名櫟采也莊子人閒世釋文櫟采木也漢書司馬相如傳上沙棠櫟櫧注引應劭櫟蓋木蓼也漢書司馬相如傳上注○注引張揖云櫟果名也櫟其實梂爾雅釋木○疏引孫注云櫟實橡也櫟即柞山海經西山經白於之山下多櫟檀注○齊民要術十引周處風土記云吳越之閒名作爲櫟櫟梢也漢書司馬相如傳上集注引張揖櫟鄭之大都水經穎水注○穆天子傳五西虞曰櫟上注云櫟今河南陽翟縣櫟謂超踰之也史記萬石張叔傳注櫟機轄索隱○萱按此義與趯近櫟蓋趯之借櫟擊搏也文選射雉賦櫟雌妬異徐

注○萱按廣雅櫟擊也似櫟櫟爲正借字而說文不收櫟櫟謂以杓歷釜旁使爲聲史記楚元王世家嫂詳爲羹盡櫟釜索隱○萱按漢書作轢釜轢櫟皆段借字也正字蓋當用轢乃轢引申之義也

梟 汴激切

木葉陊也說文段注陊落也小徐云此亦蘀字按此與蘀義同音不必同相爲轉注非一字也玉篇云梟同梚則合兔聲㲋聲爲一共誤甚矣

韻史卷十　泰興何萱石閣譔集　子度校字

第二部平聲副編　上海顧錫麒竹泉覆審

高韻　武進李兆洛申耆鑑定

開口誶

橋 改刀切 或作篙所以刺船謂之橋方言九 篙謂刺船竹長二丈以鐵為鏃者也一切經音義十五引淮南許注

餻 挨高切 或作糕鎬餌也廣雅釋器○方言十三云餌謂之餻

恈 ○俗有悍局知也集韻○萱按廣韻作知也局也似誤

⿱高馬 馬行皃玉篇

忉 帶高切 憂也晉書音義中 忉忉憂也爾雅釋訓又詩防有鵲巢心焉忉忉釋文 忉忉憂勞也詩甫田勞心忉忉傳

杒 木心曰杒一曰木名集韻○廣韻云杒木心也

魛 魚名飲而不食集韻○萱按古祇用刀字作之象其形也爾雅云鮤鱴刀 刀魚飲而不食爾雅釋魚鮤鱴刀釋文引字林○萱按注云今之鮆魚也亦呼為魛魚是呂用古字郭用今字也郭釋經多不用說文

舠 坦刀切 舟也廣雅釋水

⿰耳巢 諍刀切 耳鳴也玉篇○廣韻云⿰耳巢耳中聲也 ⿰耳巢⿰耳巢聲擾耳集韻

罺 以箈罺魚曰罺爾雅釋器罺謂之汕舍人注 罺今之撩罟爾雅釋器注又孫注 罺抑魚之器也文選吳都賦罺鰝鮫劉注

⿰火巢 或作⿱巢火然也集韻

⿰言巢 苣刀切 代人說也玉篇

⿺走巢 起也玉篇○集韻云⿺走巢競走也

⿺風刀 熱風廣韻 ⿺風刀⿺風高吹皃玉篇

⿰衤肖 訕刀切 祮也玉篇

⿰衤肖 袑也玉篇○萱按說文袑絝上也廣雅襪謂之絝其襠謂之袑 ⿰衤肖褖也集韻○又云褖衣游縫也萱按劉孝標樂府云褌襠雙心共一袜袹腹兩邊作八褖然則⿰衤肖蓋謂絝上之游縫 ⿰衤肖衣袵也廣韻 ⿰衤肖祮袵謂之褸衩集韻廣雅引

髾 髾髾也史記司馬相如傳蜚纖垂髾集解引郭璞 髾髾後垂也漢書司馬相如傳注引張揖 髾燕尾也文選子虛賦蜚纖垂髾注引司馬彪又漢書司馬相如傳下曳彗星而為髾注引張揖 髾謂燕尾之屬皆衣上假飾非髾垂也漢書司馬相如傳集注○萱按髾與旓皆訓燕尾二字引申之義略近也 馬融傳段髾為旓

旓 旓者旌旗之流漢書揚雄傳上被雲旓注○文選甘泉賦注引埤蒼云旓旌旗旒也 旓旗之旒

也一曰燕尾漢書揚雄傳集注 髾即旌旗所垂之羽毛也後漢書馬融傳注○萱按此段髾為旓也 二字義本相近

鞘 兵車玉篇○集韻云鞘兵車以鹿皮為飾

弰 弓末也集韻 謂弓頭為鞘鞘簫之言亦相似也禮記曲禮上右手執簫疏○萱按弰正字之後出者簫弰皆段借字 弰弓使箭也玉篇○萱按與弓末義齟齬語亦不憭

鞘 或作鞘⿰肖攴 鞽謂之鞘廣雅釋器○萱按玉篇云鞽韋邊飾馬尾曰鞘御覽三百五十九引通俗文 鞘馬鞭頭也晉書音義下 謂弓頭為鞘萱按此段鞘為弰也二字皆晚出古祇用簫

鮹 海魚形如鞭鞘廣韻

⿱⿰肖攵女 孟娋也廣雅釋親○廣韻云⿱⿰肖攵女齊人呼姊萱按⿱⿰肖攵女或作娋段借字也說文娋小小侵也

⿵風毛 倍高切 輕皃廣韻○集韻云⿵風毛風輕

毴 或作毴毛起皃一曰輕也集韻○廣韻祇前異

⿱竹麃 竹名集韻

海毛切
隞 或作壕隞城下道曰隞隞翱也言都邑之地人所翺翔祖駕之處也釋名釋道隞城下道玉篇壕城下池集韻隍壍也廣韻

濠 水名也莊子秋水遊于濠梁之上釋文引司馬注○萱按水經注濠水出莫耶山東北之溪莊惠未必涉此集韻云濠水名在鍾離亦州名濠城濠又土名廣韻○萱按廣輿記江南鳳陽府秦屬九江郡東漢爲鍾離侯國隋唐宋曰濠州

⿰山豪 山名玉篇

朗豪切
撈 取也方言十三又廣雅釋詁一○方言注云撈謂鉤撈也沈取曰撈一切經音義五引通俗文

憥 或書作憦心力乏也疾也玉篇憥苦心皃廣韻懊憦悔也集韻

⿰足勞 ⿰足勞躈長皃

⿰勞少 ⿰勞少⿰丵少物未精集韻

嶗 山名玉篇

⿰王勞 玉名廣韻

䔲 或作藔野豆謂之䔲豆一切經音義十七引通俗文○萱按古今注䔲豆一名治豆葉似葛而實長尺餘可蒸食一名䔲萩又本艸綱目云䔲一名鹿豆

簩 簩竹有毒夷人取爲觚刺獸中之則必死文選吳都賦簝簩有叢注引異物志○萱按簩即戴譜筋竹也別名爲簝亦曰簩竹又名百葉竹一枝百葉因以爲名劉淵林云夷人以百葉竹爲矛篾簩竹名皮利可爲刀集韻

蟧 蟬其大者謂之蟧方言十一○又蝭蚞自關而東謂之虭蟧或謂之蝭蟧注云江東人呼爲蟂蟧

馬蜩也廣雅釋蟲螖蠌小者蟧爾雅釋魚虰蛵負蟧爾雅釋蟲

茝毛切
轈 或作轈蒜東玉篇○萱按廣韻作蒜辣蓋字之誤轈東也集韻

⿰足巢 行捷也集韻

⿱山巢 高也廣雅釋詁四⿱山寮⿱山巢山高皃集韻

漅 漅湖在居巢文選江賦朱滻丹漅注

⿰土巢 ⿰土巢陽地名在東昌聊城集韻

鷎 高足也玉篇○廣韻無足字

槃毛切
⿰長敖 長大皃玉篇○集韻無大

眼毫切
髝 髮皃集韻

⿰敖戈 或作⿰毛戈戟鋒也廣韻⿰敖戈戈戟也其鋒謂之⿰敖戈廣雅釋器

璈 樂器集韻○萱按俗評爲雲鑼者即璈矣

⿱敖舟 或作⿱敖木船接頭木廣韻

⿱敖日 日光集韻

⿱敖風 風聲集韻

隞 地名集韻

蔜 蔜𧄀蔞爾雅釋艸○注云今蘩蔞也或曰雞腸艸萱按邵氏晉涵爾雅正義云蔜一名𧄀蔞即下文所謂蘩蔜也葉似荇葉而小夏秋閒生小白黃花其莖梗斷之中有細縷又細而中空似雞腸因得此名也眯蔜爾雅釋艸○邵氏正義云按玉篇蔜名蘇子菜而𧄀蔞亦名滋菜是一物也

鼇 俗鼇有巨鼃也列子湯問使巨鼇十五釋文又文選吳都賦注引𠂭中記鼇大鼃也後漢張衡傳注又淮南覽冥斷鼇足以立四極注又楚辭天問鼇戴山抃注何殻於市注○一切經音義十九引字林云鼇海中大鼃也

鼇 力負蓬瀛壺三山鼇古之大獸也論衡論天又云鼇獸也〇鰲魚也廣韻或書作蝦車鼇也玉篇〇本艸說車蝦云其殼色紫璀璨如玉斑黠如花海人以火炙之則殼開取肉食之萱按今目驗海人生劈車鼇而貨其肉不用火炙鰲蟹首上如鉞者萱按此段鰲爲鼇也鰲蟹屬廣韻〇萱按皆介物也車鼇差小而爲蠏之屬言屬而別見矣

贅 或作鼇蟹鈐玉篇〇廣韻云贅蟹大腳也鰲蟹首上如鉞者荀子勸學蟹六跪而二螯注〇萱按此段鰲爲贅也本係二字而集韻掍合爲一昧於段借之恉矣

獓 三危之山有獸焉其狀牛身四角豪如被蓑名曰獓狠是食人集韻引山海經

倍毛切

嚻 鳴也玉篇

莫豪切

酕 酕醄醉也廣韻〇集韻云酕醄極醉皃

軞 公車也集韻軞車戎車之倅左氏宣二年傳趙盾爲軞車之族服注〇詩汾沮洳箋主君之軞車釋文云軞本亦作旄萱按旄軞古今字軞正借字音同義近得通用也又按玉篇軞下秖用一車字釋之殊爲疏略軞豈他車所得偁耶

⿰馬毛 車翣以禦風塵一曰馬長毛集韻

牦 俗有牦牛名今所謂偏牛者集韻引顏師古說〇萱按顏說見司馬相如傳注而字作旄集韻牦字未審所據偏牛亦作犏牛

⿰氵旄 水名廣韻

合口評

古敲切

詨 或作誇謞今吳人謂呼爲詨山海經北山經其名曰鵁其鳴自詨注詨大嘷也呼也喚也玉篇〇廣韻云詨誇語也又云詨叫詨敫也廣雅釋詁三〇萱按儀禮鄉飲酒禮大射儀注竝云可則

詨也此段詨爲效故从效音非本音讀去聲也

粀 粀糲米餅廣韻〇集韻云粀糲粉餌

鉸 樂器墳類集韻鉸樂器以土爲之雙相黏爲鉸也廣韻〇玉篇云鉸吹器也

苦交切

轂 或作轂囊也廣韻〇玉篇轂下云囊轂

頝 頝顤頭不媚也廣韻〇玉篇云頝薄不媚也萱按薄字恐誤集韻頝贅不媚也

⿰石交 ⿰石交磝城名廣韻〇萱按⿰石交磝或云濟州是或云戊名

褻交切

咬 淫聲也文選舞賦吐哇咬則發皓齒注笙賦哇咬嘲哳注〇東京賦咸池不齊度於蠹咬注云咬亦不正之聲也咬者聲哀切咬咬然莊子齊物論宎者咬者釋文引司馬注咬咬鳥鳴也文選鵁鶄賦注引韻略

⿰口夭 婬聲玉篇⿰口夭咋多聲廣韻〇萱按集韻多上有犬字未知是否

梎 梎〇作梎梎皆譌梎桐鑪柄廣韻〇玉篇云梎相也又云桐鑪柄也木柯曰梎集韻〇萱按皀音香見說文與音香之皀迥殊凡皀聲之字諸家譌从皀集韻譌从皀今悉仍之

⿱穴儿 深目皃玉篇

戶交切

⿺風高 風⿺風高⿺風高也廣韻颮⿺風高吹皃玉篇〇集韻云⿺風高颮熱風

髇 或作嗃髇鳴鏑也集韻〇玉篇云髇箭也嗃矢矢之猛者莊子在宥焉知曾史之不爲桀跖嗃矢也注〇釋文引向注云嗃矢矢之鳴者萱按郭改鳴爲猛向爲優矣嗃大評也莊子在宥釋文引字林〇萱按此謂嗃與嗃同義也或呂所據莊子本是嗃字

灱 乾也廣雅釋詁二灱乾也暴也熱也玉篇

髐 箭也玉篇白骨皃

婋 忞俊慧也玉篇

鳭 壯交切

或作鵰雅○俗有鳭 鳭鷯黃鳥也 玉篇廣韻○萱按此與鳭鷯各物爾雅鳭鷯說文作刀鷯古今字也然則此亦當作刀鷯矣玉篇作鳭尤爲俗體

抛 普交切

或作抛○俗有抛抛 擊也 廣雅釋詁三又一切經音義三引埤蒼音義十六引字林○萱按說文允部尥行脛相交也力鈎切抛輿施从尥聲甚明而徐鼎臣新附字中改爲从力其誤甚矣俗又改从尤爲从九尤謬 抛擲也 廣韻○後漢袁紹傳霹靂車注云即今抛車也又唐書高麗傳李勣列抛車飛大石所當輒潰萱按字有譌體必當諟正者抛之類是也

胶 戶鐃切

聲也 廣韻

酸

或作酸 沽也 廣韻

絞

綠色也嫁者衣也 玉篇○廣韻云絞黃色集韻云絞蒼黃色 絞蒼黃之色也 後漢禰衡傳注又禮記玉藻絞衣以裼之注○襍記上絞屬于池下注云采青黃之間曰絞○萱按絞字後出而不行古祇用絞作

之絞衾非絞之義亦非紋之義蓋在二字離合之間而音同紋耳 絞衾尸之飾 禮記檀弓下制絞衾注 絞既斂所用束堅之者 禮記喪大記小布絞束者一注 斂絞所以收束衣服爲堅急者也以布爲之 儀禮士喪禮絞横三縮一注 已衣所以束之曰絞 衿絞交也交結之也衿禁也禁繫之也 釋名釋喪制

砊

石名 廣韻○萱按玉篇砊下無義集韻無砊礙砊砊當同字也

崤

或作都 崤東西崤也 文選蜀都賦崤函有帝王之宅劉注 崤山名一名嶔岑山在今洛州永寧縣西北 後漢光武紀注 崤晉要塞也 書序晉襄帥師敗諸崤晚出傳 殽晉地在今弘農 國語周語秦師還晉人敗諸殽注○萱按此叚殽爲崤也亦叚肴公羊釋文云殽本作肴左傳釋文云殽本作崤

蔱

黃茅根也煎取汁治消渴 玉篇

鵁 烄文切

鳭鷯黃鳥 玉篇

嶤

崒也 廣雅雅 嶤山高皃

洶

或作洶洶礦也 洶沙藥名 廣韻○集韻洶沙藥石萱按此物石之類則作石亦得字體句向不同未審孰爲當

秫 狀文切

稻也 玉篇 秫禾穭生也 廣韻○萱按穭同稆自生稻也

皰 卧文切

皮堅也 集韻

䰘

鬼也 海篇

齊齒呼

穚 几囂切

禾秀也 廣韻

簥

大管謂之簥 爾雅釋樂○注云長尺四寸併漆之有底賈氏以爲如箎六孔 大管聲高大故曰簥簥者高也 爾雅釋樂舍人注○萱按李巡注略同

嶠 倚驕切 諫也 廣雅釋言○萱按諫且知切廣雅云誤也又方言云沅湘之閒凡相問而不知答曰諫 嶠不知是誰也 玉篇五引埤蒼

僑 行皃 玉篇 或作蹻○又見十五部去聲副編

橇 形如箕擿行泥上 史記夏本紀泥行乘橇集解引孟康○正義云橇形如船而短小兩頭微起人曲一腳泥上擿進用拾泥土之物 橇音茅蕝之蕝謂以板置其泥上以通行路也 史記夏本紀集解引如淳○又引徐廣云橇他書或為蕝○萱按橇聲在十五部字或作蹻喬聲在二部蕝則段借字也亦在十五部又或借橋若橇作之

鴁 隱驕切 鴁鵂鳥名三首六目六翼六足 集韻

餮 向驕切 餳也 集韻

呺 或作号誇 呺然虛大皃 廣韻集韻○萱按虛字依集韻增莊子逍遙遊說大瓠云非不呺然大也吾為其無

用而掊之此虛大之義齊物論大塊噫氣其名為風是惟無作作則萬竅怒呺此借呺為號也故釋文呼刀反徐邀又讀若吼則雙聲段借也

儌 傲也 玉篇

獢 犬黃白色 玉篇

阞 典驕切 山穴 玉篇

昒 體驕切 日晦也 萱按玉篇有音無義此注用篇海

鍣 掌嚚切 錐也 廣雅釋器○萱按鍣與鉊異說文鉊大鎌也 錐謂之鍣 方言十三

妱 女字 集韻

駋 馬名 集韻

怊 齒驕切 悵也 莊子天地怊乎若嬰兒之失其母釋文引字林 怊悵恨皃也 楚辭謬諫然怊悵而自悲注

歊 健也 廣韻 歊歊氣上烝一曰健皃 集韻

𠰘 鳴也 廣韻 𠰘嗅鳴 玉篇五引埤蒼

颾 凉風 廣韻 清風曰颾 集韻

帊 細絲 廣韻 帊杪細絲 集韻

鳭 鳥聲 集韻

幧 淺驕切 ○俗有帨帞頭自河以北趙魏之閒曰幧頭 方言四○萱按古樂府脫帽着幧頭廣雅云絡頭幧頭也廣韻云斂髮謂之幧頭 綃頭綃鈔也鈔髮使上從也或曰帞頭齊人謂之幓 釋名釋○後漢書向詡傳云好被髮著絳綃頭又儀禮喪服傳注云如著幓頭馬又晉書五行志云太元中人不復著帩頭萱按綃帩幧幓皆幧之借字也參聲不同部段幓殊遠

𪎭 或作𪎭 生麻 廣韻 𪎭麻苦雨生壞也 集韻

槀 匕也 集韻○廣韻云槀抄飯匙

臕 丙驕切 脂肥皃 集韻○萱案廣韻脂下有臕字衍也

嶠 儉苗切 或書作嵩○平去兩讀 山銳而高曰嶠 史記五帝紀正義○爾雅釋山云銳而高嶠又列子湯問員嶠釋文云嶠山銳而高也 嶠山銳而長也 爾雅釋文引字林 嶠嶺嶠也 後漢馬援傳嶠南悉平注○樊宏傳注云嶠嶺也 嶠曲名也 周書太子晉王子歌嶠注 嶠舉步皃也 漢書揚雄傳上注○萱按此蹻之段借字

翹 或書作翹 飛也 方言十三○萱按廣韻也作皃集韻云翹高飛

𡫍 寄客為𡫍 一切經音義四引字林 𡫍客也 廣雅釋詁四 𡫍寄也 一切經音義一引字林

僑 寄也 列子說符昔有異技干僑人者釋文○萱按𡫍僑正借字

𥗬 大磬謂之𥗬 爾雅釋樂○注云𥗬形似犂錧以玉石為之 𥗬喬也喬高也謂其聲高

也爾雅釋樂注大磬聲清燥故曰毊毊燥也爾雅釋樂李注

𥂔 椀謂之𥂔方言十三𥂔盂也廣雅釋器

蕎 蕎今藥艸大戟也爾雅釋艸蕎邛鉅注○萱按蕎也邛鉅也大戟也一物而三名本艸云其根辛苦戟人咽喉故名蕎蕎麥玉篇廣韻○萱按蕎麥二字爲名與大戟單名蕎異矣無容強二音也本艸云蕎麥莖弱而翹然易長易收磨麪如麥

忍喬切

襓 夫襓劍衣也禮記少儀加夫襓與劍焉注○廣雅釋器云袂襓劍衣也萱按廣韻襓劍衣也然則劍衣可單言襓豈亦可單言袂與

始喬切

玿 美玉廣韻

𤖼 牀別名廣韻

紹 繫也廣韻

品喬切

鄡 地名玉篇

面喬切

描 畫也廣韻集韻○萱按畫繢摹畫事異而意同皆得謂之描 描打也描擲也並集韻○萱按集韻打義音茅擲義音貌釿析瑣屑皆無事自擾也

貓 ○俗有猫虎竊毛謂之虦貓爾雅釋獸○萱按竊毛即淺毛也淺竊雙聲 貓似虎淺毛者也詩韓奕有貓有虎傳迎貓爲其食田鼠也禮記郊特牲○萱按此與家生之貓別而屬者也或曰爲食鼠貍或詩爲貍奴詩雅之貓自與虎爲類

𩴾 蠱鬼集韻

鍿 器玉篇○萱按注太疏略難通疑有奪字

撮口呼

舉宵切

寫 寫寥空也廣韻

塢 伏土爲卵也玉篇

蟂 蟂獺水蟲害魚者也漢書賈誼傳偭蟂獺以隱處兮注引應劭蟂蚗江東人呼蟂蟧方言十一注

去宵切

𡚁 大也集韻引廣雅○廣韻云𡚁長大皃 大醜曰𡚁御覽三百八十二引通俗文

僬 僬偽多智集韻

撬 舉也集韻

𢄐 袴𢄐也玉篇

𢏳 引弓也集韻

燆 火行集韻

羽宵切

邀 要也莊子在宥此以人之國僥倖也釋文寓言老聃西遊於秦邀於郊釋文又文選琴賦邀隙趨危注邀求也文選廣絕交論注引國語賈注邀招也荀子儒效小人則日徼其所惡注邀遮也文選西京賦不

邀自遇注邀抄也遨也列子黃帝釋文邀遇也莊子徐無鬼吾與之邀樂於天邀食於地注寓言釋文○萱按說文無邀以徼字包之也亦借用僥

喓 喓喓鳴也廣雅釋訓喓喓聲也詩艸蟲傳喓喓艸蟲

⿰衤要 或作⿰糸要⿰衤要襻玉篇廣韻○集韻云⿰衤要衣襻也萱按詩葛屨要之襋之傳云要⿰衤要也謂要爲⿰衤要之段借字

⿰要鳥 或作⿰要隹鳥名廣韻○山海經扈山有鳥如山雞長尾赤如丹火青喙名曰⿰要鳥鶉其鳴自詨服之不眯

⿰虫要 青⿰虫要蛇名集韻○玉篇云⿰虫要毒蛇也

楆 棗名子如罶集韻邊要棗爾雅釋木○釋文云要字或作楆萱按要楆古今字楆要正借字

⿰幺頁 頭小兒集韻

吆 吆吆聲也集韻

⿰耳幺 ⿰耳翏⿰耳幺耳鳴集韻○萱按⿰幺頁吆字尤後出不見於玉篇廣韻

許蔞切

犳 隄山有獸狀如狗而文首名曰犳集韻引山海經犳獸豹文玉篇

⿰召羽 或作鳭⿰召毛⿰召羽⿰召羽毛兒廣韻⿰召毛⿰能毛鳥尾翹毛集韻⿰召毛⿰能毛羽惡兒又云毛茂謂之⿰召毛一切經音義十四引通俗文

昫蔞切

⿰刀刂 或作⿰弓刂俗有⿰刀刂○斲也廣雅釋詁一○萱按俗本廣雅作⿰刀刂淺人改也集韻引廣雅⿰刀刂斲也从刀不从刀

⿰犭召

弴 犬之短尾者集韻○萱按此令字令義也然用刀則尤繆矣

聎 耳病也一曰耳鳴集韻

統宵切

⿰兆刂 剔也集韻

駣 二歲曰駒三歲曰駣周禮校人司農注廋人司農注三歲爲駣教駣始乘習之也周禮廋人特教駣攻駒注○萱按玉篇駣馬四歲也蓋所聞異辭

俊宵切

魹 兜鍪上毛飾廣韻○集韻云胄頂毛曰魹

⿵門焦 ⿵門焦木生水中色黑而光其堅若鐵周書王會夷用⿵門焦木注○崔豹古今注堅木出交州色黑有文亦謂之烏文木也萱按省言之曰烏木堅當作黳⿵門焦木黳木烏文木一物三名

蟭 蟳蟭螵蛸也廣雅釋蟲○廣韻云蟳蟭蟷蜋卵也江淮之閒生麽蟲其名曰焦螟列子湯問○萱按此段焦爲蟭

翠宵切

⿰耳焦 耳鳴玉篇

撨 拭也廣雅釋詁二撨擇也廣雅釋詁一○集韻云撨擇取也

⿰彳肖 行兒玉篇

選蔞切

逍 逍遙儴羊也廣雅釋訓逍遙遊也文選南都賦注引韓詩外傳注逍遙相羊皆遊也離騷聊逍遙以相羊注逍遙遊戲也楚詞湘君聊逍遙兮容與注逍遙須臾也楚詞

踃 跳也文選舞賦注引埤蒼

守志陟玉壘分逍遙注逍遙猶勤勤公羊成八年傳注逍遙術疏○萱按詩清人河上乎逍遙莊子逍遙遊皆本作消通借字也

⿰犭肖 狂病玉篇○廣韻云⿰犭肖狂也

魈 或作⿰犭肖山魈出汀州獨足鬼廣韻○萱按抱朴子登陟篇山精形如小兒獨足向後夜喜犯人名曰⿰犭肖呼其名則不能犯也玉篇豸部⿰犭肖山⿰犭肖也一則是豸類非果鬼也

⿰能毛 或作⿰肖羽毛兒也一切經音義十四引字林⿰肖羽鳥毛羽也廣韻⿰肖羽羽翼敝兒玉篇⿰召毛⿰能毛鳥尾翹毛也集韻⿰喬毛⿰能毛⿰翟毛⿰缶毛上同

⿰肖鳥 鳥名玉篇

⿰鹵肖 鹽也廣雅釋器○廣韻云⿰鹵肖煎鹽也

硝 石堅兒韻砋硝藥名廣韻○萱按方書硝有七種朴硝芒硝英硝馬牙硝硝石風化硝玄明粉字或

作消段借也

焴 曝也爍也集韻○萱按廣韻以焴爲銷之異體字亦無不合

颵 風聲玉篇○集韻云颵颵風聲

翲 羽也萱按玉篇翲有音無義篇海釋爲羽或當然也

褊宵切

謤 言有所止集韻謤言輕也同上

驃 體壯也集韻

瘭 癰成爲瘭一切經音義四引廣蒼 瘭疽病也一切經音義十一引字林○音義十八引埤蒼云瘭疽也 瘭疽謂病瘡膿出也莊子則陽漂疽疥癰釋文○萱按漂者瘭之借莊用借字陸用正字

穮 稻正秀出者集韻

篻 竹名也文選吳都賦篻簩有叢劉注 篻竹大如戟穫實中勁强文選吳都賦注引異

物志

墂 封土爲識集韻

⿲山票刂 或作⿰山票⿰石票山峯廣韻 ⿲山票刂山峯出皃集韻

汴宵切

⿸麃風 ⿸麃風⿸麃風風吹皃廣韻

影 畫飾也集韻○玉篇曰影畫也 影影長組之皃廣韻 影搖輕便也集韻○萱按文選袁陽傚曹子建樂府白馬篇影節去函谷此段影爲標也

翲 翲者輕也史記太史公自序閉不容影忽索隱 翲翲飛也廣雅釋訓

⿰票鳥 鳥飛廣韻 鶣⿰票鳥飛輕皃集韻○萱按⿰票鳥與翲疑本一字鶣與翩當亦尒 ⿰票鳥鳥變玉篇

螵

薸 或作蔈 水中浮萍江東謂之薸爾雅釋艸萍蓱注 蔈蓱也廣雅釋艸 蔈流也

無根水中艸淮南地形容華生蔈注○萱按此段蔈爲藻也

去姚切

⿱艹翹 蓮⿱艹翹艸也玉篇廣韻○萱按古祇用翹後加艸頭耳爾雅連異翹注云一名連苕又名連艸圖經本艸亦名旱蓮

⿰爿彡 組几也廣雅釋○玉篇云⿰爿彡几也

䁏 明也集韻

羽翹切

䁏 美目也集韻

遙 或作遥 遠也廣雅釋詁一又釋名釋車又漢書禮樂志注引如淳司馬相如傳下登閬風而遙集兮注引張揖又楚辭招䰟倚沼畦瀛兮遙望博注又文選弔屈原文遙增擊而去之注引李奇○方言六云遙遠也梁楚曰遙 遙遠也漢書郊祀志下注引如淳 遙遙遠也廣雅釋訓 遙長也莊子秋水故遙疾行遙而不悶注 也南楚之外或曰遙方言六 遙猶漂遙放流貌也楚辭大招無遠遙只注

遙言心遙蕩也方言十九注 遙淫也九疑荊楚之鄙謂淫曰遙方言十○萱按遙搖義略同故詩清人河上乎逍遙本作搖莊子逍遙遊同又漢書陳湯傳踰集都賴注云踰讀曰遙此遙踰爲正借字以雙聲爲用也

愮 悖也方言十二 愮亂也廣雅釋詁三 愮俗云厭愮病方言十注 愮療治也江湘郊會謂醫治之曰愮愮又憂也方言十 懽懽愮愮憂無告也爾雅釋訓○釋文云愮又作搖挅本作遙又作挑萱案三皆段借字

飖 上行風也集韻 飖飄飖也文選幽通賦飖颻風而蟬蛻兮曹注○萱按恨賦搖風忽起段搖爲飖也

鰩 雚水之魚名曰鰩其狀若鯉而有翼呂覽○萱按山海經泰極之山灌水出焉是多文鰩魚狀如鯉魚魚身而鳥翼蒼文而白首赤喙以夜飛其音如鸞又神異經東南海中有溫湖中有鰩魚長八尺

猺 獸名也又獇猺狗種也廣韻

搖 牛名集韻

萕 或作薳蒲葉也玉篇〇萱按山海經姑媱之山女尸化爲萕艸此別一物

姚 光也淮南要略挾日月而不姚注

銚 銚弋羊桃葉似桃子如小麥集韻〇萱按此物蓋木類而最微云艸名者非也古作姚弋或作銚弋本無正字也俗乃製銚芅萇楚今羊桃也廣韻

統姚切

髫 髦也後漢伏湛傳注引埤蒼髫髮也後漢周燮傳注又文選七命注引埤蒼髫髮謂童子垂髮也後漢伏湛傳注髫翦髮也後漢邊讓傳注〇萱按髫韶異事而目幼少則同七命注云髫與韶古字通也

齠 毀齒也集韻〇文選七命云乎齠巷歌

迢 迢遞遠皃文選吳都賦曠瞻迢遞劉注迢遞遠望懸絕也一切經音義二十引吳都賦劉注迢嶢高皃也萱按此借字見岧下

岧 或書作岹岧嶤山高皃廣韻迢嶢高皃也文選魯靈光殿賦迢嶢倜儻注〇萱按此段迢爲岧也

祒 人名莊子有巫咸祒集韻

呂翹切

⿰骨條 髐骨名廣韻

⿺走條 腳長皃玉篇

⿰舟條 船也玉篇

⿰月條 漢侯國名在南陽集韻

⿰言條 ⿰言條誕巧言集韻

颾 風也廣雅釋詁四颾颾風也廣雅釋訓微風曰颾初學記一引風俗通

蟟 馬蜩也集韻〇萱按蝒馬蜩見釋蟲凡物大者多言馬蛁蟟⿰虫帝蟧也廣雅釋蟲〇廣韻云馬蟧大蟬萱按蟟蟧音近故蟬呼蟟亦呼蟧

嶚 或作嶚嶛高也廣雅釋詁四嶚山高而相戾也文選南都賦嵣峣嶚刺注嶚巢山皃廣韻〇集韻云嶚巢山高皃

⿱艹遼 艸木疏莖廣韻〇集韻云艸稀曰⿱艹遼

蓧

翠姚切

劁 斷也廣雅釋詁一劁刈也廣雅釋言劁刟也同上

嶕 或書作嶣高也廣雅釋詁四嶕嶢山峻皃集韻

⿰焦阝 縣名廣韻〇玉篇縣作地

汴魈切

魒 星玉篇

沔姚切

帎 細綢也廣韻帎細絲也玉篇

⿰虫少 蟯初生也玉篇

韻史

第二部上聲副編

杲韻

開口呼

暠 改島切 或書作皜 白也 文選懷舊賦 皜皜言堅貞如白玉也 後漢孔融傳注○漢書司馬相如傳下注引埤蒼云暠或作翯 薑按暠翯音義皆相近然恐為音義之訛

瘍 瘍㾜疥病 集韻

裛 薑按玉篇裛有音而無義韻書皆不收

碨 女碨石名燕珉也 集韻○廣韻云女碨石似玉

頢 口島切 大也 廣雅釋詁一○廣韻云頢頂大頭

殦 乾也 廣雅釋詁二 䏲殦暴也 集韻引廣雅

熇 熇也 玉篇熇火乾 廣韻

䟡 挨島切 長也

怏 怏怔之皃 廣韻○薑按怔字依類篇然語殊不慊廣韻作正蓋字之誤 怏恨也 集韻○薑按怏與愌音義同而異部異字不必如集韻捉合為一也

帺 帺怔巾也 集韻

䴠 䴠子曰䴠 國語魯語獸長麑䴠注又文選西京賦殺獲麑䴠韋注○爾雅釋獸麋牡麔牝麎其子䴠 子也一曰少長曰䴠 爾雅釋文䴠子曰夭注○淮南主術不取麛夭 薑按䴠正夭借

媼

媪

薃 海杲切 薃侯莎 爾雅釋艸○注云即莎別名又羅願爾雅翼云莎葉似三稜根周帀多毛謂之香附子一名雀頭香 廣雅

地毛莎隋也 薑按三稜正名芧見說文莎芧二物酷肖而巨細迥殊

㟉 山名 集韻

倒 帶杲切 上去兩讀義異 仆也 廣韻

窵 窵窅深皃 集韻

䃨 磟䃨縣石皃 集韻

套 坦杲切 ○俗有套 長大也 集韻○廣韻無大

𩬊 鬌長 集韻

䠷 長也 廣雅釋詁四

鱳 魚名雞足也 集韻○薑按山海經滚澤之水東北流注于泰澤其中多鱳魚狀如鯉而雞足

𡗜 眼杲切 小皃 玉篇

𩑶 顱𩑶大頭 廣韻○

合口呼

𧃒 瓜蔓苗頭也 廣韻○集

䀊 古撓切 䀛䀊邪視 集韻○薑按䀛音寅卯

鉸 交刀刀也 集韻○薑按鉸蓋翦之屬而別者 鉸裝飾也 文選褚白馬賦寶鉸星纏注

挍 ○俗有挍有挍字也 挍接物也 廣韻 挍接物也一曰戾也 集韻○薑按集韻字作挍乃形之譌非果

篍 尸絞切 或作䉰 竹筍 廣韻

僺 壯絞切 長皃 集韻 僺僺長皃 廣韻

䎂 普絞切 耕也 集韻引廣雅 䎂亩也 廣韻

齊齒呼

譑 八杪切 發人罪也荀子富國則必有貪利糾譑之名注譑糾也一曰多言

鄐 國名廣韻

敿

觲 角長廣韻觲角高皃集韻○萱按太玄云郭其目觲其角又淮南齊俗云角觲不厭薄

鱎 白魚別名廣韻○萱按說苑云投綸錯餌迎而吸之者陽鱎也肉薄而不美

驕 儉杪切 驝驕長皃廣韻

留

仸 隱杪切 枉弱謂之仸一曰仸僑不伸集韻○萱按仸殀之義天字內包之矣淺人鈄析瑣屑遂製多

韻史 卷十第二部上聲副編杲韻 一〇一三

字

殀 斷殺也禮記王制不殀夭注殀殁也短折曰殀壽之反也玉篇○萱按已詳夭下古祇用夭也孟子殀壽不貳與月令同用俗字

溔 浩溔水無際也玉篇○萱按上林賦云灝溔潢漾江賦云沆瀁皛溔

闄 遼也廣雅釋詁二闄隔也廣韻

骻 或作脅骨集韻○萱按廣韻釋髇謂水䐁也詩車攻傳達于右髇釋文○釋髇爲肩骨肩蓋脅之訛又公羊桓四年釋文又云髇一本作骻或作膘文云髇一本作胵音賢萱按膘胵皆叚借字

勼

歊 向嬌切 出氣也玉篇

敿 利嬌切 長皃廣韻

韻史 卷十第二部上聲副編杲韻 一〇一四

醥 醥醥面白也廣韻

篎 掌嬌切 竹緣廣韻○集韻云篎竹名

昭 齒杪切 弄人昭目也廣韻以目玩人謂之昭集韻

㸖 人姓玉篇

狣 犬絶有力狣爾雅釋畜

嶕 山皃集韻嶕嶢意氣息皃廣韻

𪌾 或作麨

掏 或作趙 刺也詩其鎛斯掏集韻○萱按詩自作趙古字也借字也趙蓋正字掏其別體矣

遶 忍嬌切 圍也集韻引字林○萱按說文繞字足以包之

隢 地名玉篇

韻史 卷十第二部上聲副編杲韻 一〇一五

覞 始嬌切 見也召也集韻○廣韻無後義

𦬕 艸名廣韻

褾 丙嬌切 或作裱杪 袂也廣雅釋器○集韻云褾袖端 褾被巾也廣雅釋器○廣韻云褾領巾也

嘌 山巔也文選江賦梢雲冠其嘌注

皫 品嬌切 或作皫 鳥毛變色集韻○廣韻引蒼頡云麃鳥毛變色又周禮內饔鳥皫色而沙鳴釋文云皫本又作皫萱按麃皫皆叚借字 皫失色不澤美也周禮內饔注 麃色毛變色也禮記內則鳥麃色而沙鳴注

㯹 落也玉篇○萱按說文受訓落叚借用標詩標有梅是也俗又製㯹

𩣡 人姓也玉篇○萱按玉篇𩣡眦兩切當在十部然部迴隔雖以雙聲爲用不合音理

没 水玉篇

韻史 卷十第二部上聲副編杲韻 一〇一六

淼而矯切 水皃文選吳都賦滇沔淼漫注

渺 渺渺微遠皃管子內業渺渺乎如窮無極注渺瀰淡漫曠遠之皃文選海賦注渺㵐水皃廣韻○集韻㵐作淼

𢓭 微也集韻

䒚 艸細莖也玉篇○集韻也作者

䏚 䏚者季脇之下俠脊兩傍空輭處也素問玉機真藏論注腎外當䏚同上○王冰云邪客入於太陰之絡令人腰痛引小腹控䏚不可以養息

吵 聲也廣韻吵雞鳴集韻

仯 僬仯驚慄皃一曰小兒集韻

撮口呼

虠舉小切 虎聲玉篇

䘨 小袴謂之䘨衫方言四䘨衫今𧝏袴也方言四○萱按方言大袴謂之倒頓注云今雹袴也皆漢時方俗語後世無此等名通謂之褌

𢄎 脛行縢也玉篇○廣韻云行縢𢄎脛布也萱按𢄎取義於繳繞行縢即采菽詩所謂邪幅也脛裹之則行步便

𤾏 白色玉篇

𥑮去皎切 山田也廣韻

踛 行也玉篇○萱按此疑跬之譌後人羼入顏書耳踛翹跬也力足切

髜 高也集韻

䁏羽皎切 䁏眇蟬蜎煙豔飛騰之皃文選海賦注○集韻云䁏眇遠視

偠 或作婹 偠偠嫽好皃廣韻婹嫽細弱同上○萱按二義相因集韻併偠婹爲一是也

騕 或作駃鵝 騕褭良馬爾雅釋畜釋文引字林又淮南齊俗夫待騕褭飛兔而駕之注○廣韻云騕褭神馬也日行千里

岆 山名集韻

㵐 渺㵐水遠也一曰㵐漾水深白皃集韻○廣韻云渺㵐水皃

蔦 艸名玉篇

帩 縚頭也玉篇帩絹頭也廣韻

𢄛 絹𢄛也玉篇

䑠 䑠舤船長皃集韻

釕 釕鈌帶頭飾廣韻

𨈆統皎切 身長皃廣韻

𤖹 版也廣雅釋器○集韻云𤖹牀板廣韻云𤖹牀子𤖹扛也廣雅釋器

𥏫 矢也玉篇

眺 田畍集韻眺瞭田中穴廣韻

𥔲 石名玉篇○集韻云磽𥔲石名

敹 女皎切 摸也集韻

儴 或作嬝 美也集韻 㜵儴好皃 嫈嬝細弱並廣韻

擾 摘也廣韻。集韻摘作擿

穰 衡不舉也集韻

榱 木長弱皃集韻

隁 偃低皃集韻

磙 山曲謂之磙 一曰硗石集韻

巙 峻巙山皃集韻

鳥鷍 鳥名玉篇

瞭 呂皎切 明也周禮春官釋文引字林又孟子離婁上則眸子瞭焉注 瞭目明者周禮春官序官眡瞭注○詩有

瞽矇有視瞭者相之釋文云視瞭有目人也 瞭者目文瞭也論衡

⿰馬尞 或作鬆 驕也廣雅釋言 驍驕長皃廣韻 鬆細長也集韻引埤蒼

⿰酉尞 酒清也玉篇

⿰衤了 小袴謂之校衤了方言四。急就篇注云袴謂脛毛也大者謂之倒頓小者謂之校衤了萱按顏語悉用方言

⿰舟了 小船也玉篇 ⿰舟鳥⿰舟了船長皃集韻

⿰魚了 魚名廣韻

⿰巾焦 俊小切 或作⿰衤焦 拭也廣韻

進 走皃玉篇

「漅 水名在廬江」

⿰耳巢 耳鳴玉篇

蓧 似薺菜玉篇。集韻云蓧艸名山薺也

釥 罕皎切 好也廣雅釋詁一。方言二云釥好也青徐海岱之閒曰釥 釥淨也廣韻 釥微也 釥利也並集韻 釥美金也玉篇

⿰米肖 粉也集韻

⿰月鳥 脅⿰月鳥玉篇

獟 馭皎切 獸名玉篇

⿱艹小 ⿱艹小艸遠志也玉篇。萱按本艸遠志苗名小艸小⿱艹小古今字也世說新語云處爲遠志出爲小艸

⿰魚小 魚名廣韻

⿰言褭 褊皎切 讚也集韻

顥 汴皎切 或作鬃 髮白皃廣韻 顥髮亂皃集韻 鬃鬃髮亂皃同上

醥 酒清也玉篇

鰾 魚鰾可爲膠廣韻

撫 撫猶攬也文選海賦大明撫轡於金樞之穴注

韻史

第二部去聲副編

膏韻

開口呼

慉 改到切 煩也集韻

蝺

槁 木名大苦也集

𨃩 到切

扷 挨到切 疊也集韻

㹻 海到切 犬聲集韻

倒 帶燥切 上去兩讀異義 倒顛倒也 禮記曲禮下倒筴側龜於君前有誅注 倒側倒逆也 呂覽明理知交相倒注似

順事多似倒而順注○至忠倒於心注云倒亦逆也 君有過而不改謂之倒 管子君臣 喪己於物失性於俗者謂之倒置之民 莊子繕性 大袴謂之倒頓 方言四○注云倒頓今竈袴也 艸木首地而生故曰倒生 淮南原道生推傷注 倒 倒縣鵝鳴也 廣雅釋鳥○方言八云鴟鳴自關而東或謂之倒掛 倒縣猶困苦也 後漢荀或傳注 倒殺也 呂覽用民倒而投之鸂水注

纙 坦到切 綠也玉篇 色青黃謂之纙 集韻○廣韻云纙不青不黃

𦪈 朗到切

𧬰 𧬰譟高皃 玉篇廣雅○萱按集韻多一曰性麤急五字義亦相因也

僗 僗伴也集韻

𧬰 聲多也集韻

磱 谷空皃集韻

橯 或作橯 摩田器 集韻○萱按摩田器詳齊民要術字多用勞

鐒 釜大者 鐒集韻○廣韻云鐒麻莖大也 鐒拕絞於鎘 玉篇○又扶善切屨底鎘下云

𡢃 嫥也玉篇

襙 宰到切 衣也玉篇

鄵 粲到切 鄵地名 廣韻○春秋經鄭伯卒于鄵

擻 眼到切 動也集韻

鏊 餅鏊廣韻

嶅 山高皃集韻

𣀓 動搖皃漢書天地稠𣀓集韻

譟 散到切 𧬰譟高皃玉篇

懆 情性疏皃 廣韻○集韻云懆性疏也

𨂐 倍到切 行皃集韻

𨢍 一宿酒也集韻

𥾠 莫到切 刺也 玉篇○急就篇錦繡縵𥾠離雲爵注云𥾠謂刺也又廣韻云𥾠刺也繒帛縷起如刺也又集韻云𥾠繒帛有毛刺者

髦 氉氉也 玉篇○氉下云毛也

𣭴 鳥輕毛也廣韻

合口評

餃 古豹切 餡也集韻

珓 杯珓巫以占吉凶器也集韻○廣韻云杯珓古者以玉爲之

漖 水也集韻○萱按當是水名豈即浚若涍之俗體與

磝 磽磝也玉篇

𣣿 窯豹切 欲欲犬吠集韻

市人 㶣豹切 ○俗有鬧市人猥也猥衆也一切經音義三引市人不靜又猥也擾也廣韻

鵫 鵫雉白雉也廣韻

𧳜 豸也玉篇

𣈶 或作劉罽具集韻

櫂 狀豹切 或作𦪇棹楫也楚辭湘君桂櫂兮蘭枻注又後漢班彪傳上注○文選六代論注引通俗文云櫂謂楫也又方言九云楫或謂之櫂櫂櫼也後漢張衡傳注櫂今棹也文選上林賦櫂鷁牛首注引韋昭○萱按此通古今字也在旁撥水曰櫂櫂濯也濯於水中也且言使舟櫂進也釋名釋船○文選江文通雜體袁太尉詩朱櫂麗寒渚注云朱櫂以朱漆飾櫂也短曰楫長曰濯漢書劉屈氂傳又發輯濯士注○萱按楫與輯櫂與濯皆正借字也又元后傳云輯濯越歌濯者所以刺船也漢書司馬相如傳上濯鷁牛首注○佞幸鄧通傳呂濯船爲黃頭郎注云濯船能持櫂行船也𦪇𦪇船玉篇櫂

盂也廣雅釋器○方言五云盌謂之櫂萱按此引申叚借之義方俗語言也

𤒉 燔木餘集韻

𦶜 或作爟火急煎皃廣韻○集韻云熾火急然謂之𦶜又云𦶜爨急也

𨌺 車弓也玉篇○萱按考工記謂之蓋弓

𦑟 毛多也玉篇

𤚩 以角挑物集韻

𨣧 醉𨣧也玉篇

仯 僬仯驚悚皃一曰小皃集韻 仯仯小子廣韻

𦨖 船不安也廣韻

觘 角匕也玉篇○集韻云觘角上皃萱按匕上形近二字蓋有一譌 觘角上浪也廣韻

耖 重耕田也廣韻○集韻云云𧆓耕曰耖

𨭊 鍫也集韻

𠛉 刺也玉篇

睄 爽豹切 小視集韻 睄者目不明也太平晦睄提明德注○萱按此蓋睄譌爲睄也

䏴 或作臞凡物之殺銳曰䏴集韻○萱按太平䏴提明德疑係睄之字誤 臞是細小之義周禮屋人疏○萱按此疑是臞訛爲臞也詳五部臞下

䚯 或作𤛓角銳上集韻

艄 舟名集韻

𦓵 種也廣雅釋地 𦓵耰種田廣韻○萱按漢書食貨志注云縵田謂不爲甽者縵即耰之段借字

潲 滲也廣雅釋器 潲豕食又雨濺也廣韻○集韻云潲水激也一曰汎潘以食豕

趵布兒切跳躍也集韻趵足擊也廣韻

⿰口豹誇也集韻

⿰彳暴或作⿰亻暴⿰亻暴直吏官廣韻○集韻云⿰彳暴越也漢制新到官府併上者謂之⿰彳暴今俗謂程外課作者爲⿰彳暴工

⿺走暴

⿰口駮普豹切大聲集韻

礮或作⿰石豹砲機石也集韻○廣韻云石也礮石今之拋石也文選閒居賦礮石雷

軳飛石車集韻

⿰卓勺起也集韻

⿰巾皃莫豹切幗也廣韻簂謂之⿰巾皃廣雅釋器簂齊人曰⿰巾皃飾形皃也釋名釋首飾○萱按幗簂古今字

覒絲襍文也廣韻○萱按集韻絲作帛似優

⿰食皃或作⿰皃包飽懣也集韻

⿰車皃軥謂之⿰車皃廣雅釋器○集韻云⿰車皃一曰車鉤心⿰車皃引也廣雅釋詁一⿰車皃引車也集韻引廣雅

⿰氵皃大水皃集韻

⿰禾苗穛⿰禾苗禾虛皃集韻

齊齒呼

嶠儉照切或書作嶠○平去兩讀注在彼

⿸广喬高屋玉篇

轎軺也廣雅釋訓三○萱按玉篇軺下云轎軺是二字互訓可罩許可累許也其製則無徵矣陵絕水曰

轎漢書嚴助傳輿轎而隃領注引項昭轎謂隘道輿車也漢書嚴助傳集注引服虔轎今竹輿車也江表作竹輿以行是也漢書嚴助傳集注引臣瓚轎今車也一曰竹輿集韻○萱按俗名肩輿爲轎其事更起於後

⿰高九⿰高九不安也廣韻

⿰堯九高也廣韻○萱按說文堯高也⿰林九古文堯然則⿰堯九乃⿰林九之俗體而音隋形變矣

詔掌廟切告也周禮大卜注大僕注鄉師疏保章疏司儀疏又儀禮大射儀注又禮記曲禮下注又疏檀弓下注禮器疏郊特牲疏學記疏又左氏成二年傳注又一切經音義二引蒼頡音義六引字林又國策齊策注又漢書高帝紀下注引如淳又後漢光武紀上注和熹鄧皇后紀注又莊子人閒世釋文又列子天瑞釋文又呂覽應言注○周禮職幣疏云詔猶告也獨斷上同○說文言部誥告也段注按以言告人古用此字今則用告字以此誥爲上告下之字又秦造詔字惟天子獨偁之文選注卅五引獨斷曰詔猶告也三代無其文秦漢有也據此可證秦已前無詔字至倉頡篇乃有幼子承詔之

語故許書不錄詔字鉉補之非也○萱按古書中詔字蓋本作誥而漢人以詔代之謂詔爲告之通偁也不墨守秦人天子獨偁詔之義詔誥也離騷詔西皇使涉予注又後漢班彪傳下注詔告也助也周禮大宰以八柄詔王馭羣臣注詔言也莊子人閒世釋文詔謂語之穆天子傳二以詔後世注詔道也爾雅釋詁詔勵也同上詔書也廣雅釋詁四詔教也莊子盜跖爲人父者必能詔其子釋文又呂覽審分問而不詔注○審分多其教詔注云詔亦教詔召也後漢馮衍傳注詔致也呂覽重已惑招之也注詔書者詔誥也有三品獨斷上○後漢光武紀上注云詔書者詔告也詔書詔照也人暗不見事宜則有所犯以此照示之使知所由也釋名釋典藝詔辭謂為君傳辭也禮記少儀詔辭自右疏詔王告王以禮事周禮大史執書以詔王注○司儀以詔儀容辭令揖讓之節注云以詔者以禮堂詔相左右教告之也周禮大行人則詔相諸侯之禮注○卜師以授命龜者而詔相之注云詔相告以其辭及威儀詔其位告客以其

位次也周禮掌訝詔其位司農注擯詔者道賓主者也禮記禮器故禮有擯詔注○注又云詔或爲紹萱按此詔紹兩通也又莊子人閒世若唯無詔萑本詔作詻此形近字譌也詔謂告其神以辭也周禮司勳司勳詔之注○司盟北面詔明神注云詔之者讀其載書以告之也詔祝告事於尸也禮記祭統詔祝於室注

餡姑廟切 小食廣韻

昀 倒懸鉤也廣韻

䖵眼照切 䖵䖵不安也廣韻

俵丙照切 或作挔散也廣韻挔分與也集韻

皫 白色玉篇

瞟品照切 置風日中令乾玉篇○集韻云瞟曬也 瞟曝也廣雅釋詁二 晞曬皆北方通

語或云瞟方言十晞曬乾物也注

𦗏 或作𦗏聴裁聞也玉篇引廣雅又廣韻引字林裁作纔 𦗏聴也廣雅釋詁四 𦗏行聴也玉篇

𨇤 行輕也集韻

瘭 瘭疽病瘍膿潰也集韻

撮口呼

𨏔攣竅切 䡓也廣雅釋器

獥 狼其子獥爾雅釋獸

趬

䞦羽肖切 䞦䞦行也廣雅釋獸

𨄮 跳也集韻引廣雅

論 誤也廣雅釋詁三○廣韻云論誤言皃

筄 屋上薄謂之筄爾雅釋宮 筄屋笮也爾雅釋宮注

艞 或作艞對艞江中大船廣韻○萱按船首用長版接登岸俗名之曰艞音掉此本無正字借艞而異其音耳 艞舸舟也廣雅釋水

妻

訋的肖切 拏也廣雅釋詁三 訋聲也集韻

瘹 狂也廣雅釋詁四

葯 艸名集韻

伄 伄儅不當皃廣韻○集韻皃作也

鋽（縹肖切） 鐵未鍊集韻 鋽燒器也玉篇

竨 竨嶢高危也集韻

嬥 牛羊死也集韻

嘹（呂肖切） 嘹鳴也廣雅釋詁三

瞭 明也集韻

顟 顟顤長頭廣韻

嫽 敗也集韻

罺 魚網廣韻

獠 老獠玉篇

蘸（準肖切）

獕 獸名集韻玉篇

皭（俊肖切） ○去入兩讀 ○俗有皭白也廣雅釋器 皭白色也廣韻引埤蒼 皭皭白也廣雅釋訓 皭疏静之皃史記屈原賈生傳皭然泥而不滓集解引徐廣

⿰目爵 去入兩讀 瞑目也一曰目冥集韻○廣韻云瞧目冥 不灂不瞧目也山海經北山經鵁鶄食之不灂注○萱按此段灂爲瞧也

⿰忄爵 急性也玉篇

灂 冰裂也集韻

趭（翠肖切） 走也文選吳都賦狂趭獷猤劉注又漢書揚雄傳上注○史司馬相如傳集解引漢書音義云趭走皃萱按史漢作趭字之譌也非關段借也令不从之 趭犇也集韻引廣雅 趭奔走也漢書司如傳下騰而狂趭注引張揖

俏 似也列子力命俏成也注○萱按楊意謂俏與肖義同又列子楊朱人俏天地之皃釋文云俏本或作肖 俏措 好皃廣韻

帩 縛也廣韻

⿰黑肖 ⿰黑肖⿰黑罷面點廣韻

消 或作消 消洱峻波也文選海賦消洱潔而爲魁注○萱按峻波集韻作浚波非

剽（駁肖切） 削也玉篇

韻史

第二部入聲副編

較韻

開口呼

傕 吱鶴切 姓也集韻○又云人名後漢有李傕萱按錫姓錫名未有無其義者皆不傳

燩 口鶴切 乾也廣雅釋詁二○廣韻引廣雅云燩火乾物燩曝也集韻引廣雅

囩 鞁聲廣韻

葹 按鶴切 艸名蒻也集韻○廣韻云葹英弱

軥

龏 慤也集韻龏燭敬廣韻

瀥 海搉切 或作滈瀥瀑水沸之聲也文選蜀都賦龍池瀥瀑濆其隈注滈瀑沸湧皃文選長笛

賦瀥瀑噴沫注

謔謔謞謞崇讒慝也爾雅釋訓謞謞盛烈皃爾雅釋訓舍人注○萱按謞與熇義同音近詩板傳熇熇然熾盛也

謞 謞去而聲疾也莊子齊物論激者謞者注○管子侈靡鳴然若謞之靜注云雖有謞躁之人亦皆恬靜

嗃 鳴也廣雅釋詁二嗃大呼也文選長笛賦錚鐄營嗃注引埤蒼嗃管聲也莊子則陽夫吹莞也猶有嗃也釋文○萱按嗃嗃悅樂自得皃易家人家人嗃嗃馬注○管聲正當作嘐雙聲段借也萱按易段嗃爲熇故鄭訓苦熱戾果訓嚴皆熇義也馬不謂爲段借然於嗃本恉亦祇在離合之閒

吒 怒聲廣韻吒譖恚呼皃集韻

睢 望也廣雅釋詁一睢目明皃廣韻○萱按睢與矐音義皆異集韻以去目睛釋睢是誤以睢爲矐矣

醂 酢也集韻引廣雅○廣韻云醂醋味○萱按酢醋二字後人互易之廣雅用古字廣韻用今字實同一物也其味酸

謋 朗鶴切 謋詤狂言廣韻○萱按詤戶光切說文詤夢言也廣雅詤忽也

鸈 鸈似鶚山海經西山經三危之山有鳥焉其狀如鸈其名曰鴟注○廣韻云鸈似雕黑文赤頭鷹赤首曰鸈集韻

鏑 莫鶴切 鉼鏑也玉篇

箹 車枸簍其上約謂之箹方言九箹即篷帶也方言九注又廣雅釋器○萱按廣雅少即字

芍 艸名集韻

𢔊 𢔊菜味辛南人食之去冷氣北戶錄引字林○萱按菜名不當用从彳之字豈𢔊即葯與

𪍿 宰搉切 麥屑麥蒸之也集韻

𪎊 油麻一榨曰𪎊集韻

謦 樂鶴切 詈也集韻

錐 眼鶴切 齊人謂大椎曰錐集韻

䯊 保鶴切 骨耑集韻

𦢊 𦢊犖亂襍玉篇

嚗 或作嚗吻怒聲玉篇嚗然放杖聲也莊子知北遊嚗然放杖而笑釋文引李注

𦡶 或作𦡶被肉脹起廣韻○萱按脹即俗所用凸字也二字義同而形異脹見說文𦡶謂皮皺起也山海經西山經松果之山有鳥名曰螐渠可以已𦡶注暴謂墳起不堅致也考工記瓬人注○萱按暴者𦡶之段借字也

懪 倍鶴切 或作懪懪心懣集韻懪懪邈邈悶也爾雅釋訓○萱按釋文懪本又作㦜段借也廣韻云懪煩悶也

犦 或作犦犦牛爾雅釋畜○萱按骲稍即金瓜推也見隋書宋人改爲犦稍而作牛形何其陋與犦即犎

也爾雅釋畜注○又云領上肉𦢇胅起高二尺許狀如橐駝肉鞍一邊犦即今之腫領牛爾雅釋畜

犦 釋文 犦槊唐衛仗名集韵○萱按犦槊即隋㕧稍也字一變爲犦再變爲爆而稍爲牛形矣○子度問犦从㕧變似可附見㕧下何煩特出乎余謂瓜與仗異物㕧之俗字不得作犦也無庸捃合

礐 石聲集韵

貌 飛也玉篇

勛 勤也集韵

擨 擊也集韵○廣韵云擨打也

邈 冒鶴切 或作𨘢遠也文選幽通賦黄神邈而靡質兮注引應劭邈遠絶之意漢書武帝紀邈而無紀注○萱按邈與藐音同與眇義同故邈藐皆可讀眇然藐自有本義讀眇者眇之借 邈緜邈也文選左太冲詠史詩

韻史 卷十第二部入聲副編較韻 一〇四九

注引漢書臣瓚注 邈凌邈也文選謝平原内史表注引漢書臣瓚注

𩂻 鳥澤羽集韵

毣 思皃也三國志張裔傳注引字林 毣好也方言十三 毣毣小好皃方言十三注 毣毣猶蒙蒙也漢書鮑宣傳極竭毣毣之思注 毣毣謹愿之皃漢書鮑宣傳集注引如淳

韻史 卷十第二部入聲副編較韻 一〇五〇

合口評

𧤸 倰濯切 握也廣韵

榒 木名玉篇

嘩 路濯切 啅嘩辯捷也集韵○廣韵云啅嘩有才辯萱按啅嘩即卓犖俗加口耳

礐 石相叩謂之礐集韵○廣韵云礐確石相叩也

啅 壯濯切 衆口廣韵○萱按集韵下多皃字 啅衆聲集韵

諄 闕人名晋有韓諄集韵

韻史 卷十第二部入聲副編較韻 一〇五一

晫 或作脝明也廣雅釋詁四又晉書音義中 脝明也廣韵

䁣 目明也集韵

騲 馬馳也集韵 騲騖馬行不前也同上

篧 魚罩廣韵 篧罩也廣雅釋器

蕉 或作藮蕉附子也廣雅釋艸○集韵引廣雅云蕉蒵毒附子也

㔟 健也集韵

𣪫 狀卓切 築也舂也廣韵 𣪫授也刺也同上 𣪫敊痛至也集韵○萱按廣韵少至字敊丑六反

𩅰 大雨也玉篇 𩅰𩅰大雨廣韵

籊 竹名玉篇

藋 蒴藋藥艸廣韵

韻史 卷十第二部入聲副編較韻 一〇五二

爽濯切

擢 似獼猴而黃[玉篇] 擢獸名似鹿白尾[集韻]

猈 猛犬[玉篇]○萱按玉篇猈字重出一云猈狩盖俗人所彝也集韻云猈犬猛噬

稍 槊鎙○俗有矛也[廣雅釋器]矛長丈八尺曰稍馬上所持言其稍稍便殺也[釋名釋兵]○一切經音義二引埤蒼云稍長一丈八尺又藝文類聚六十引通俗文云矛長丈八者謂之稍

⿰木朔 柵謂之⿰木朔[廣雅釋室]

⿱制糸 紩也[廣雅釋器]○萱按武書或作⿰糸制以⿰糸制爲⿱制糸之重文者非

⿱制金 鐶也[集韻]

⿱罒削 橚⿱罒削罦罕形[集韻]○萱按廣韻無形疑奪字

消 澩消水聲[集韻]

齊齒呼

儉約切

⿰樂阝 地名[玉篇]

隱謔切

⿰女樂 媚容茂曰⿰女樂[御覽三百八十一引通俗文○萱按魯峻碑令德孔⿰女樂郭究碑於⿰女樂我君皆段⿰女樂爲爍也]

濼 濼水出泚陽[文選南都賦注引字林○水經注廿九引字林云濼在泚陽] 跳踔湛濼波前卻之皃[文選海賦注] 勺濼熱皃[文選思玄賦心勺藥其若湯注○萱按此段勺濼爲灼爍也]

⿰食勺 食節也[集韻]

葯 白芷也[楚辭湘夫人辛夷楣兮葯房注○淮南脩務身身若秋葯被風注云葯白芷香艸也] 白芷其葉

謂之葯[廣雅釋艸] 葯即虈[山海經中山經崍山其艸多葯注○西山經號山其艸多葯虈芎藭注云葯白芷別名虈香艸也] 葯蒻也[廣雅釋艸] 葯薄也[方言十三○萱按葯从約聲故即借爲約字也] 葯猶纆也[方言十三注]

⿸疒翟 瘑⿸疒翟病也[廣韻]

龡 仰也[廣韻] 或作龡

⿺辶龠 違也[玉篇]

⿰糸龠 絲也[玉篇]

⿰巾龠 幕⿰巾龠屋也[廣韻引新字林] 幕屋謂之⿰巾龠[集韻]

鸙 鸐天鸙[爾雅釋鳥○釋文鸙作龠萱按鸙龠正借字] 天鸙鳥名形如鷃色似鶉[集韻]

⿰虫龠 ⿰虫習⿰虫龠螢火別名[廣韻]

掌約切

⿰忄勺 驚也[廣雅釋詁一] ⿰忄勺痛也[廣雅釋詁○玉篇云⿰忄勺憂也⿰忄勺痛也]

彴 橫木渡水曰彴[廣韻] 彴獨梁也[廣雅釋室○萱按說文有彴無彴二字異也爾約奔星爲彴約]

⿰衤勺 襌衣[玉篇] ⿰衤勺襢謂之襌[方言○注云又呼爲涼衣也]

豹 縞謂之豹[集韻引廣雅]

⿰黑勺 婦人以點飾[集韻]

圴 土跡[集韻]

⿰火芍 ⿰火芍爍艸木華色盛皃[集韻]

始約切

⿰目樂 美目[廣韻]

⿰樂殳 ⿰夋攴⿰樂殳不定皃[集韻]

紫約切

擣 擇也[廣雅釋詁一] 擣捎也 ⿰扌罔也[集韻]

疇 去入兩讀注在彼

疇 去入兩讀注在彼○俗有疇

鼬 鼠也玉篇

想約切 鸐 鳥名集韻

擉口許 掔擻切 瞉 目不瞬集韻

鸄 鸄鶅鶅爾雅釋名郭云似烏蒼白色○酉陽襍俎鸄色黃一變爲青鶃又一變爲白鶃亦曰白唐唐者黑色也謂班上有黑色萱按或云阿濫堆驪山烏也鶅鶅即阿濫堆明皇采其聲爲曲

獥 狼其子獥爾雅釋獸

𥨊 回阨集韻

去擻切 矜 矜○俗有矜殺矛也玉篇○吳都賦云長矜短兵 殺矛也廣雅釋器矛屬長殺謂之矜盧○集韻云殺矛長矛也玉篇

許激切 敫 的敫爾雅釋艸○廣韻云菂敫蓮實也

鈞擻切 菂 芙蕖中子集韻○萱按魯靈光殿賦綠房紫菂惟荷其中的此用本字餘多叚的作之又謁从白爾雅釋艸○注云的蓮中子也又李注的即蓮實云菂蓮實也又釋文云的本作菂爾雅釋艸的薂注

靮 紖也禮記檀弓下執羈靮以從注靮馬韁也義下晉書音靮馬韁鞚也控制之

義也初學記廿三引埤蒼緤紖靮皆所以繫制之者禮記少儀執靮注則執靮注馬

馰 繫也玉篇馰猶繫也文選西征賦貫鰓馰尾注

𠚥 斷也集韻

蚐 鼠也玉篇

統激切 籊 竹竿皃廣韻籊籊長而殺也

女激切 𪍑 粉餌熟曰𪍑集韻

𨺅 水土相和也集韻

呂激切 皪 ○俗有皪的皪光明也文選魏都賦丹藕凌波而的皪注○萱按的皪與玓瓅通上林賦明月珠子玓瓅江靡的皪白狀

擽 ○俗有擊也廣雅釋詁三擽謂超踰之也史記萬石張叔傳擽機輯索隱擽石皃 掜擽

也荀子王霸擽然扶持心國注導或曰擽鬢以事名之也釋名釋首飾○首飾導一名介

幘六朝有擽揹也廣韻玉介導

櫟 檪也廣雅釋詁一檪檪糅食也玉篇○廣韻也作名

仲激切 歠 痛也玉篇

韻史卷十一

泰興何萱石閣譔集　子度校字

上海顧錫麒竹泉覆審

第三部平聲

武進李兆洛申耆鑒定

鳩韻

齊齒呼

鳩 凡休切

○俗有雉鶻鳩也說文段注按今本說文奪譌鳩與雉雇皆本左傳鳩為五鳩之總名猶雉為十四雉之總名雇為九雇之總名也當先出鳩篆釋云五鳩鳩民者也乃後云鷗鳩鶻鳩也騅祝鳩也桔鵴尸鳩也雎王雎雎鳩也雎鳩鷙鳥故別為類廟之而雍為爽鳩已見於隹部矣度說文古本當如是今本以鳩名專乘諸鶻鳩則不可通矣毛詩召南傳曰鳩尸鳩桔鵴也衛風傳曰鳩鶻鳩也月令注曰鳩搏穀也經文皆單言鳩傳注乃別為某鳩此可證鳩為五鳩之總名經傳多段鳩為逑為勹辵部曰逑斂聚也勹部曰勹聚也○詩小宛宛彼鳴鳩傳云鳴鳩鶻鵰鳩蓋布穀鳥呂覽仲春鷹化為鳩注○淮南時則注云鳩謂布穀也又天文雉鳩長鳴注云雉鳩布穀也尸鳩布穀類也山海經西山經南山鳥多尸鳩注。方言八云○方言八云自關而東周鄭之郊韓魏之都其鵖鳩謂

之鸊鳩者不噎之鳥也續漢禮儀志中始鳩國名或曰鳥名也山海經海內東經始鳩在海中轅厲南注○水經濟水注引廣雅○楚鳩一名嗥啁鳩方二人湯之賢臣書序乃遇汝鳩汝方晚出傳鳩聚也鳩安也鳩集也九夫為鳩萱按皆詳勹下勹之本義而鳩引申段借之義也

匀

○俗有揩聚也說文段注釋詁曰鳩聚也左傳作鳩古文尚書作逑辵部曰逑斂聚也莊子作九今字則鳩行而勹廢矣○萱按莊子天下禹親自操橐耜而九雜天下之川九者勹之省借也鳩聚也爾雅釋詁又左氏襄廿五年傳鳩藪澤注昭十七年傳五鳩鳩民者也注又後漢馬融傳注又莊子天下釋文又文選東京賦鳩者靈圉薛注○書堯典共工方鳩僝功史記作旁聚布功說文辵部作旁逑孱功人部作旁救僝功萱按勹逑同義鳩救皆同音段借字聚則訓釋字也又左傳宣十七年庶有鳩乎鳩本作務亦皆借也鳩集也左氏隱八年傳以鳩其民注襄十六年傳敢使魯無鳩乎注鳩安也國語晉語可以鑑而鳩趙宗乎注鳩安集也左氏定四年傳若鳩楚竟

注藪澤之地九夫為鳩八鳩而當一井也左氏襄廿五年傳鳩藪澤賈注

捄

盛土於梩中也一曰捊也詩曰捄之陑陑說文段注木部曰梩者徙土輂也或作梩大雅捄之陑陑傳曰捄蘽之陑陑罧也箋云築牆者捊聚壤土盛之以蘽而投諸版中孟子蘽梩蚯言趙曰蘽梩籠臿之屬可以取土者也許說專為釋大雅而言捊各本作擭今依韻會本正捊者引取土也於前義相近捊之乃後盛之詩者大雅縣文陑音而亦作隅各本作陝誤今依玉篇○詩縣箋云捄捊也捄濾也廣雅釋詁一捄長兒詩大東有捄棘匕傳捄畢兒詩大東有捄天畢傳捄角兒詩良耜有捄其角箋

臾

目衰也說文段注奭與爽爽同意爽之明大奭之盛大爽之目衰淫視者大故皆從大會意斞字从此以小雅仇讀為斞求之古音在三四部○萱按集韻云爽一曰矢長六指未詳所據

斞

○俗有斞挹也說文段注挹亦捊也詩箋禮注皆用斞皆謂挹酒於尊中也如鄭說則實籩之仇乃此字之段借斞古音蓋在三部故鄭得以易仇字○儀禮士冠禮注尊升所以斞酒也釋文又文選思玄賦注引毛詩傳竝云斞挹也

斞抒也廣雅釋詁二斞酌也廣雅釋詁四•又文選思玄賦斞白水為槃舊注又後漢張衡傳注云斞謂酌也萱按或作斞者譌體也今悉正之斞水斗也禮記喪大記釋文斞容四升也禮記喪大記釋文又禮部韻略一引何胤毛詩隱義○萱按斞挹者器之用也引申之斞即為器名

馗 儉休切

○俗有訧迫也說文段注今俗謂逼迫人有所為曰馗音正同丘○廣雅釋詁三云馗迫也萱按廣韻別有訧釋曰安也謀也集韻謂馗訧同字

𢝊 漢休切

○俗有慢愁也說文段注上文云愁𢝊也此云𢝊愁也二篆互訓不知何時淺人盡易許書𢝊字許於夊部曰憂和之行从夊𢝊聲非和行則不得以夊矣又引詩布政憂憂於此知許所據詩惟作憂其他訓愁者皆作𢝊自段憂代𢝊則不得段優代憂而商頌乃作布政優優優者饒也一曰倡也憂思也爾雅釋詁又素問五運行大論其志為憂注憂慮也素問五運行大論注憂深慮也素問陰陽應象大論在志為憂注憂患也論語子罕仁者不憂皇疏憂懼也呂覽知分余何憂於龍焉注○素問徵四失論不問其始憂患注云憂謂憂懼也

憂

憂勞也禮記曲禮下某有負薪之憂疏憂阨也呂覽開春君子在憂注憂病也孟子公孫丑下有采薪之憂注懮病皃也楚辭抽思傷余心之懮懮注∩萱按惪懮同字憂則段借也而不泄也鬼谷子權憂悲者德之失也淮南原道坎為憂易泰勿恤其孚虞注夫有戎勿恤虞注豐勿憂虞注巽頻巽虞注○說卦傳云坎為加憂懮舒皃萱按此又段懮為憂○俗有優和之行也詩曰布政憂憂說文段注商頌文今詩作優優毛傳曰優優和也廣雅釋訓憂憂行也行之狀多而憂憂為緜之行和當作緜憂今字作懮以憂為惪愁字懮舒皃詩月出舒懮受兮釋文○萱按懮即惪字此段惪為憂也二字互借通用優優和也爾雅釋言○萱按訓和者憂為正字由和行引申為凡和憂思也憂慮也憂患也憂懼也憂病也憂勞也憂阨也憂者閉塞而不泄也萱按皆段憂為惪也

優

饒也一曰倡也說文段注饒下曰飽也引伸之凡有餘皆曰饒詩瞻卬傳曰優渥也箋云寬也周語注曰

優饒也晉語注曰優裕也其義一也引伸之為優游為優柔為俳優商頌布政憂憂小雅既優既渥今本皆段優為之倡者樂也謂作妓者即所謂俳優也左傳陳氏鮑氏之圉人為優晉語公之優曰施○淮南俶真而萬物大優注又文選西京賦邪嬴優而足恃薛注並云優饒也優渥也廣雅釋言優多也小爾雅廣詁優寬也家語入宮優而柔之注優優寬裕之皃禮記中庸優優大哉疏優猶寬泰也荀子正論聖王之生民也皆使當學優猶知足而不得以有餘過度注優猶寬閑也論語憲問為趙魏老則優皇疏優柔也淮南原道其德優天地而和陰陽注○禮記儒行優柔之法疏云優柔者和柔也又左氏春秋序優而柔之疏云優柔俱訓為安寬舒之意也優謂優游也文選典引雒云優慎蔡注○後漢宋浮傳注云優游謂優柔也又淮南本經與一世而優游注云優游猶委從也優繇謂寬容也漢書敘傳下優繇亮直注○敘傳上近者陸子優繇注引鄭氏云優繇不仕也優簡寬舒之皃淮南時則優優簡簡注優謂逶隨不斷管子小匡人君惟優不可注優樂也文選上林賦注引三蒼優俳也左氏襄廿

八年傳注又穀梁定十五年傳齊人使優施注又國語晉語注○越語信饒喜優注云優謂俳優也優者倡優也禮記中庸優優大哉釋文又史記滑稽傳優孟者索隱○國語齊語優笑在前注云優笑倡俳也優諧戲者也漢書灌夫傳所愛倡優巧匠之屬注○左氏襄六年傳長相優注云優謂戲也又襄廿八年傳疏云優者戲名也優優和也爾雅釋言又詩長發傳又後漢陳寵傳注○萱按此段優為憂也又度尚碑持重瀀於營平段瀀為優也

瀀

澤多也詩曰既瀀既渥說文段注與優義近瞻卬傳曰優渥也優即瀀之段借矣詩者小雅信南山文今詩作優瀀瀆也廣雅釋詁二瀀饒也廣雅釋詁四○萱按此謂瀀優同義也漢修堯廟碑嘉樹優占優即瀀也又楚相孫叔敖碑優游作瀀嗚瀀禱也廣雅釋器

嚘

或作歎語未定皃說文段注東方朔傳曰伊憂亞者辭未定也集韻云憂或作嚘又老子終日號而不嚘玉篇作不嚘云嚘氣逆也大乎柔兄于號三日不嚘傅奕校定老子作歎歎同嚘嚘欭也集韻引蒼頡嚘憂

慕之聲也太玄夷三日不嚘注嚘嗚歎也太玄疑貞厲嚘鳴注歐歔嘅也一曰气逆集韻○廣韻云歐憂歎色

櫌

或作耰摩田器也論語曰櫌而不輟說文段注漢石經論語耰不輟五經文字曰經典及釋文皆作耰鄭曰耰覆種也與許合許以物言鄭以人用物言齊語深耕而疾耰之以待時雨韋曰耰摩平也齊民要術曰耕荒畢以鐵齒鎒耧再遍杷之漫擲黍稀勞亦再遍按先云再遍杷之即國語所謂疾耰待時雨也後云勞亦再遍即鄭所謂覆種也許云摩田當兼此二者賈又曰春耕尋手勞秋耕待白背勞古曰耰今曰勞勞郎到切集韻作撈若高誘云耰推之如淳云椎塊椎也服虔孟康云耰鉏柄也椎塊尚近之鉏柄之說未可信矣○漢書陳勝項籍傳贊鉏耰棘矜注賈誼傳借父耰鉏注吾丘壽王傳民以耰鉏箠挺相梃擊注又莊子則陽釋文引字林竝云耰摩田器也又史記秦始皇紀集解引徐廣云耰田器○萱按論語耰不輟漢石經無而字是也說文引有而字淺人所增也耰覆種也論語微子鄭注又皇疏又史記甑蒙傳耕之耰之正義又呂覽長利協而耰遂不顧注○文選長楊賦使農不輟耰注云

耰所以覆種又管子小匡深耕均種疾耰注云耰謂復種蓋按復者覆之省耰墾苗根也孟子告子上種而耰之音義引丁音櫌椎也廣雅釋器又呂覽簡選鋤櫌白梃注○漢書陳勝項籍傳注引晉灼云櫌椎塊椎也以耒椎塊曰耰文選長楊賦注引晉灼○淮南氾論後世為之耒耜耰鉏注云耰讀曰優椓塊椎也三輔謂之櫌所以覆種也耰鋤也莊子則陽深其耕而熟耰之釋文引司馬注

鄾

鄧國地也春秋傳曰鄧南鄙鄾人攻之說文段注左傳桓九年楚子使道朔將巴客以聘於鄧鄧南鄙鄾人攻而奪之幣杜曰鄾在今鄧縣南沔水之北後志曰鄧有鄾聚水經注云清水又南經鄧塞東又徑鄧城東古鄾子國也蓋鄧之南鄙也

休 向鳩切

庥或息止也說文段注釋詁曰休戾也又曰庇庥廕也此可證休庥同字○詩民勞箋云休止息也休息也爾雅釋詁又詩瞻卬休其蠶織傳又左氏襄廿八年傳吾乃休吾民矣注昭廿七年傳休公徒之怒注又國語晉語休以擇利注吳語以休君憂注又史記高帝紀欲止宮休舍正義又漢書賈誼傳注李陵傳抵受降城休士注

又荀子王霸故君人勞於索之而休於使之注又莊子寓言故曰聖人休休焉釋文至樂黃帝之所休釋文又列子天瑞體特休焉注又呂覽情欲日夜不休注圜道注貴因請休之注○穆天子傳云休厙玉之山注云休游息也又書酒誥服休鄭注云服休燕息之近臣休止也呂覽觀表未嘗休也注上農非老不休注休駐也穆天子傳六注休定也詩民勞汔可小休傳休解也左氏昭五年傳茲敝邑休息注休假也後漢彭脩傳注又文選謝玄暉休沐重還道中詩注休暇也後漢蔡邕傳注休養也禮記玉藻盛氣顛實揚休疏休者休然壯盛詩載見休有烈光箋休者休休然詩菁菁者我我心則休箋休休樂道之心詩蟋蟀良士休休傳○書秦誓疏引王肅云休休好善之皃瞿瞿休休儉也爾雅釋訓○李注云休休良士顯禮義之儉也休休寬容皃書秦誓其心休休焉鄭注○公羊文十二年傳其心休休注云休休美大皃休美也爾雅釋詁又易否休否疏大有順天休命釋文又詩破斧亦孔之休傳菁菁者我我心則休釋文民勞以為王休傳江漢對揚王休箋長發何天之休箋又周禮占夢注若休慶之云爾疏又禮記月令釋文又左氏僖

廿八年傳奉揚天子之丕顯休命注昭三年傳而或燠休之貫注昭八年傳俾躬處休釋文哀十六年傳方天之休釋文又書大傳受命休令注又書中候天休地通注休氣四塞注中候考河命榮光休至注又國語周語襲於休祥注齊語有功休德注又漢書紀志傳各注又列子湯問有輒休之國文釋○漢書禮樂志美若休德注匡衡傳○休烈盛美注竝云休亦美也休嘉也國語楚語以休懼其動注○萓按此望文為說也據周禮瞽矇司農注引作以怵懼其動休福祿也左氏襄廿八年傳以禮承天之休注休慶也爾雅釋言又國語周語以承天休注楚語無不受休注休喜也廣雅釋詁一又國語周語為晉休戚注休徵敘美行之驗後漢班彪傳下注引書洪範休徵傳烋善也廣雅釋詁一○萓按此段烋為休也茠依止也爾雅釋言庥廕也舍人注○萓按此段茠為休也茠者薅之異體字又考工記弓人蔵於刲而休於氣段休為煦也左傳燠休亦介貫注則不謂段借休無實李爾雅釋木休蔭也漢書外戚傳下注○爾雅釋言庥蔭也注云今俗語呼樹之蔭為庥也茠蔭也三輔人為休華樹下為茠也淮南精神得茠越下注休庇廕也

漢書王莽傳上誠上休陛下餘光注

舊

鵂或○一部去三部平吻讀注在彼

傌

馬名說文

髹

或作髤髹桼也說文段注韋昭曰㕞桼曰髹師古曰以桼桼物謂之髹今關東俗謂之捎桼捎即髹聲之轉耳髹或作髹按以桼桼物皆謂之髹不限何色也鄉射禮記曰福髹注云赤黑桼也巾車注云髹謂赤多黑少之色韋也漢書中庭彤朱殿上髹桼西都賦謂之彤庭乎撣然則或赤或黑或赤黑參或赤多黑少皆得云髹○史記貨殖傳木器髹者千枚注引徐廣云髹漆也萓按桼漆正借字又巾車然榠髹飾注云故書髹為軟此用字不同不關段借

琱 典鳩切

治玉也一曰石似玉說文段注釋器玉謂之雕按琱瑑同部雙聲相轉注詩周禮之追大雅之敦弓皆與琱雙聲也經傳以雕彫為琱一曰石似玉此字義之別說琱謂刻鏤也漢書酷吏傳斲琱而為樸注○郊祀志下鞼散琱戈注云琱戈刲鏤之戈也琱畫也漢書東方朔傳陰奉琱瑑封鏤之好以納其心注○貢禹

彫

傳云搗塗而不琱王苓傳下云飾以金琱天萓搜
訓畫訓飾皆彫之義也琱彫義相成故二字通用
彫琢治飾
玉也
孟子梁惠王下必使玉人彫琢之注○詩有客疏
云彫琢皆治玉之名萓桉南部賦云琢琱抑獵
玉謂
之雕
荀子富國敌爲之雕琢刻鏤注○萓
桉琱彫之作雕既傳也戴亦用鋼
○俗有刪
琢文也
說文段注琢者治玉也玉部有琱亦治玉也大
雅追琢其章傳曰追彫也金曰彫玉曰琢毛傳
字當作琱凡琱琢之成文曰彫故字从彡今則彫雕行而琱
廢矣○論語公冶長朽木不可彫也集解引包注云彫彫琢
刻畫也又皇疏云
彫彫鏤刻畫也
彫畫也
左氏宣二年傳厚歛以彫牆注彫又
廣雅釋詁四又史記晉世家集解
引賈逵又漢書司馬相如傳上注引郭璞貢禹傳注又文選
西京賦天子乃駕彫軨薛注○荀子大略天子彫弓注云彫
謂彫畫爲文飾又文選東京賦彫弓斯毀薛注云彫弓謂有
刻畫也又莊子達生乎彫組之上釋文云彫組畫飾之組
也
彫飾也
一切經音義二引三蒼○史記禮
書敹其彫敹索隱云彫謂彫飾也
彫斲也
後漢文
苑傳贊
注
彫鏤也
廣雅釋言○後漢皇后
紀注云彫謂刻鏤也
彫啄鳥食皃
文選吳都賦
彫啄蔓藻劉

一〇七三

注
彫胡菰米也
漢書司馬相如傳上
東薔彫胡注引張揖
雕謂有雕飾也
文選東
京賦下
雕輦於東
兩薛注
雕雕謂雕飾文采也
荀子法行故雖有珉之雕注
○禮記明堂位爵用玉琖仍
雕注云雕刻
飾其直者也
雕刻鏤也
書顧命雕玉仍几脫出傳又禮記王
制雕題交趾釋文○郊特牲丹漆雕
幾之美疏云雕謂刻鏤又國語晉語秦穆公衡又劉寬碑云
劉寬碑云疾雕飾雕戈出見使者注云雕鏤也
其肌以丹青涅之
禮記王制被髮文身雕題交趾注文後漢
南蠻西南夷傳注○張衡傳注云雕虎有
文
雕俗謂浮僞之俗
管子七法一體之治者
去奇說禁雕俗也注
雕雕章明之皃
也
荀子議兵雕雕焉縣貴爵重賞於
○又云雕雕猶昭昭也

凋

其前注說文段注傷創也半傷木全傷也○吳仲山碑云約
半傷也
身刪已張表碑云凋芝華兮殲彥良萓桉凋益凋之
乎刪刖彫
凋傷也
廣雅釋
凋落也
文選思各賦卉既
凋
異體比借爲凋
詁四
凋而已育萬注
之俗史記酷吏傳索隱引晉灼○萓桉國策秦策爲具
斃也凋榮也史記作剳榮後語作害榮皆字異而義同
彫
傷

一〇七四

雕

也
左氏昭八年傳民力彫盡注又荀子王道故勞苦彫華而
能無失其敬注○萓桉借彫爲凋猶是彫引申之義用雕
則純乎
段傳
雕傷也
國語周語民
力雕盡注
雕不賓也
呂覽辯土
寒則雕注
鵰
籀
鷻也
說文段注鳥部曰鷻雕也假借爲
琢凋零字考工記故書雕或爲舟琱
雕鵰也
史記
李將
軍傳是必射雕者也索隱引咏
度○又引書昭云雕一名鵰
鵰鷚鷙鳥也
後漢張
○漢書衡傳注
注引文穎云鵰鳥也又集注云鵰大鷙鳥也又書古李廣傳
流之爲鵰焉注云鵰鷙鳥也萓桉泰搴字當作鵰郭泰搴
雕
鳶貪殘之鳥也
詩四月匪
鵰匪鳶傳
雕
山海經南山經具注云
似鷹狀如雕而有角注
鵰眡如
鵰之視也
文選魯靈光殿賦
佗取總以鵰賦注

鯛 掌休切

骨耑脃也
說文段注如具義則當與鰱
纂相鷹篇韻皆曰魚名何也

舟

船也古者共鼓貨狄刳木爲舟剡木爲楫以濟不通象形
說文
段注邶風方之舟之傳曰舟船也古人言舟漢人言船毛以
今語釋古故云舟即今之船也不傳於柏舟而傳於此者以

一〇七五

見方之爲湘而非船也郭注山海經曰世李云共鼓貨狄作
舟易繫辭曰刳木爲舟剡木爲楫舟楫之利以濟不通致遠
以利天下蓋取諸渙其鼓貨狄黃帝堯舜問人貨狄疑即化
蓋化益即伯益也考工記故書舟作周○論語憲問奡盪舟
皇疏又廣雅釋水又淮南主術大者以爲舟航柱棟注又楚
辭湘君沛吾乘兮桂舟注天問釋舟陵行注覆舟斟弃注哀
郢將運舟而下浮
兮注拉云舟船也
船又曰舟言周流也
釋名釋舩○方言九
云舟自關而西謂之
船自關而東或謂之舟又詩谷
舟是行水之器
左氏昭二十
風疏云舟者古名也今名船
乎傳舟戲疏
○考工記總目云作舟以行水
柏舟箋又後
又墨子節用工云舟以行川谷
舟載渡物者詩
漢張衡傳注云
舟載度物者也○
詩谷風疏引
易乘木舟處注
云舟謂集
舟
板如今自空大木
爲之曰處郎
古又名曰虛魏
名皆曰舟
子舟人主濟渡者
詩匏有苦葉
招招舟子傳○
大東
舟牧主
舟人之子傳
云舟人舟揖之
人
舟之官也
禮記
月令乃命舟牧
震舟注又呂覽
李吞
舟尊下
注又
淮南時則注又
京賦薛注
臺若今時承槳
周禮司尊彝皆
文選而詩公劉何
有舟司農注
舟帶也
以舟之傳

一〇七六

侜

有廱蔽也詩曰誰侜予美說文段注廱今之壅字陳風防有鵲巢曰誰侜予美爾雅及傳曰侜張誑也誑亦壅蔽之意耳許不用毛傳者許以侜張乃尚書譸張之假借字非侜之本意故易之○爾雅釋訓侜張誑也釋文云侜本或作惆萱按舟聲周聲字多通用故譸段侜亦段倜也又作輈張

輈

輚輈蕕轅也說文又詩小戎疏又儀禮既夕薦車直東榮北輈注又禮記雜記注又後漢張衡傳注蔡邕傳注○廣雅釋器又小爾雅廣器竝云轅謂之輈又方言九云轅楚衛之閒謂之輈又儀禮既夕疏云輈亦謂之轅輈車轅也詩匏有苦葉釋文又考工記輈人爲輈注又儀禮聘禮釋文又後漢皇后紀上注崔寔傳注又楚辭東君駕龍輈兮乘雷注又文選東京賦龍輈華轙薛注思玄賦馬倚輈而徘徊舊注○公羊僖元年傳於是抗輈經而死注云輈小車轅冀州以北名之云爾輈句也轅上句也釋名釋車○詩小戎傳云梁輈輈上句衡也輈車轘也左氏隱十一年傳潁考叔挾舟以走注宣四年傳伯棼射王汰輈注昭廿八年傳繇朐汰輈注輈當伏兔者也考工記輈人十分其輈之長注輈輿也小爾雅廣言○萱按義寬而疏輈張猶彊

梁也輈張驚懼之皃也萱按輈張亦譸張之段借字

匔

○俗有週帀徧也說文段注徧衍文當刪而下曰匔也與此爲轉注帀則無不徧者不待言徧也匔與周義别口部曰周者密也周自其中之密言之匔自其外之極復言之凡圜周方周周而復始其字當作匔謂其極而復也凡圜冪方冪冪積謂之周謂其至密無疏漏也左傳以周疏對文是其義今字周行而匔廢桑用周字或又作週殊爲乖舛各當王者也有帀而不密者有密而不帀者故其字宜辨也當者舟與所極復匔與窗音義皆相近易曰周流六虛蓋自古既周爲匔矣周帀也禮記檀弓上四者皆周注又國語晉語三周華不注之山注又周髀算經其周上十一萬四千里注又小爾雅廣言周繞也周語吳語周軍飭壘注○山海經海外西經女子國兩女子居水居之注云周猶繞也周環也後漢班彪傳上注周旋也廣雅釋言又太玄玄錯又楚辭湘君水周兮堂下注○左氏僖廿三年傳以與君相周旋注云周旋相追逐也又國語周語周旋序順注云周旋客止也又後漢鄭興傳奉以周旋注云周旋由遵奉也又禮記樂記周還象風雨注云周旋謂舞者周還反行也宜圜禮記玉藻周還

中規注周復也太玄周陽氣周神而反乎始注○玄衝云周復乎德周猶終無竟也左氏昭廿年傳以周事子注周徧也周易釋文又詩崧高周邦咸喜箋又左氏隱十一年傳周麾而呼注襄十五年傳寘彼周行注昭十三年傳使周走而呼注又周書職方以周知天下注又廣雅釋詁二又國語齊語以周四方注又淮南天文十二歲而周注○論語爲政皇疏云周是博遍之法又鬼谷子符言人主不可不周注云周謂徧知物理周猶徧也周禮司會注大司徒注小司徒注司祿注大祝四曰周祭注司險注○大祝司農注云周祭四面爲坐也周謂周天之度素問天元紀大論論上蠅周旋注周謂周行地位素問天元紀大論五歲爲一周注周謂周徧而游行漢書食貨志上可以周海內注周章謂章皇周流也文選吳都賦周章夷猶劉注周流周帀流行也文選羽獵賦章皇周流注○上林賦步櫚周流注云周流周遍流行也又甘泉賦據軨軒而周流兮注云周流流行周遍也又漢書禮樂志周流常羊思所并注云周流猶周行也又楊雄傳注云周流周視也又禮記仲尼燕居使女以禮周流無不徧也疏云周流謂周旋流轉乾爲不

周風太玄玄掜掜擬之八風注○白虎通八風云不周者不交也言陰陽未合也不周今此山缺壞不周帀也山海經大荒西經西北海之外大荒之隅有山而不合名曰不周負子注○西山經不周之山東望泑澤河水所潛也注云不周之山此山形有缺不周帀處因名云西北不周風自此山出

周

○俗有賙周古文密也說文段注密山部曰山如堂者引伸訓爲周緻也左傳晏子曰清濁小大短長疾徐哀樂剛柔遲速高下出入周疏以相濟也以周與疏反對又襄二十七年春晉梁使諸衆邑者具車徒以受地必周周密也梅忠信爲周謂忠信之人無不周密者○左氏文十八年傳是與比周注昭四年傳其藏之也周注又國語楚語周而不淑注又漢書司馬遷傳注又荀子正論主道利周注賦有物於此居則周靜致下注竝云周密也周密致也考工記函人橐之而約則周也注○管子入國人主不可不周注云周謂謹密也又淮南俶眞譽若周雲之龍從遷棠澎濞而爲雨注云周實密雨雲也又漢書司馬遷傳出入周衛之中注云周衛謂宿衛周密也又荀子儒效其知慮多當矣而未周密也注云周密褭吾也周至也周易釋文又詩鹿鳴示我周行又周書謚法又廣雅釋詁一又漢書

敘傳上注引劉德又後漢章帝紀注又文選幽通賦豐冥黙而不周曹注論衛正說云周者家也周備也周易釋文又左氏文三年傳舉人之周也注又史記秦紀繆公之與人周也集解引服虔注又華嚴經音義下引國語賈注周者不出於口不見於色一龍一蛇一日五化之謂周管子樞言周固也左氏襄十二年傳盟所以周信也注忠信爲周國語魯語又鄭語周訓而能用注晉語天周以與義注又詩皇皇者華周爰咨諏傳又儀禮鄉飲酒禮注又禮記緇衣自周有終注行歸于周注又左氏襄四年傳必諮於周注又論語爲政君子周而不比集解引孔注又後漢劉梁傳注又呂覽知分推彼天符不周而周注○詩都人士行歸于周傳又周書王佩謀成在周長注又禮記緇衣疏妬云周忠信也周信也穀梁成十七年傳公不周乎伐鄭也注周內也淮南兵略周鐘鏧而爲刃注周曲也詩有杕之杜生于道周釋文周右也詩有杕之杜釋文引韓詩周合也離騷雖不周於今之人兮注競周容以爲度注哀時命衆比周以肩迫兮注周輩也廣雅釋詁一周親也左氏哀十六年傳仁之謂信注周調也廣雅釋詁四又淮南原道貴其周於數而合於時也注周救也詩雲漢靡

韻史 卷十一 第三部 平聲 鳩韻

一〇八一

人不周傳周賜也呂覽季春周天下注周給也後漢荀悅傳注○禮記月令周天下注云周謂給不足也周者謂周急廩貧民之常料也孟子萬章下周之則受注○後漢王丹傳注云周急謂周濟周急也賙救也詩言日萎欲令賙籠之釋文○鴻雁焚欲人之賙雖之疏云賙謂與之財賙贍也一切經音義八引字林賙稟其囍阤周禮司稼而賙其急注賙者謂禮物不備相給足也周禮大司徒使之相賙注周代名也周易釋文又詩周南釋文○白虎通號云夏殷周者有天下之大號也周者至也密也道德周密無所不至也又新序善謀九云周天下之宗室也周地在岐山之南其山四周也釋名釋州國蓋按取義於山四周則與自相涉登代名亦可作目與我未之閒也○詩江漢于周受命箋云周岐周也又四牡周道倭遲傳云周道岐周之道又小弁踧踧周道傳云周道周室之通道周鎬京也書召誥王朝步自周馬注○晚出畢命王朝步自宗周傳云宗周鎬京周洛謂東都也後漢隗囂傳注○水經洛水注引摯仲治云古之周南今之洛陽又穀水注云考王封周桓公于是爲西周及其孫惠公封少子于

韻史 卷十一 第三部 平聲 鳩韻

一〇八二

鞏爲東周故有東西之名矣周饒國其爲人短小一曰焦僥國山海經海外南經周币也周旋也周復也周徧也蓋桉此類皆既周爲舟也自下詳之○又桉漢脩堯廟碑委曲舟亟韓勒後碑舟口播城皆既舟爲周也又雯漢婁云周當作賙此語似可省賙乃周之俗體傳周禮者用之耳又緇衣劃中作周田大載記唐雎作周服皆鴉字劃唐周三字形近也

婤

女字也說文○左氏昭七年傳衛襄公夫人姜氏無子嬖人婤姶生孟縶

輖

重也說文段注謂車重也小雅我車旣安如輊如軒毛曰輊摯也考工記大車之轅摯鄭曰摯輖也士喪禮斬輖中鄭曰輖摯也摯擊輊同字輖嬖聲許書有輖摯而已摯者依聲記事字也軒言車輕輖言車重引申爲凡物之輊重故禮經以之言矢周南旣輖爲輸字故毛傳曰輖輸也式說詩者或以本義釋之輖重也一曰輦也儀禮旣夕志矢一乘軒輖中亦短衛釋文引字林○釋文云輖摯也蓋桉輕摯義别摯旅也非輖之義呂忱陸德明似誤何摯輊同字矣集韻沿誤而合輊摯爲一于此當依鄭訟鋻若摯輖低也廣雅釋詁四調朝也詩汝墳惄

韻史 卷十一 第三部 平聲 鳩韻

一〇八三

如調飢傳○釋文云調又作輖蓋桉依他家則輖正字調段陷休毛則皆朝之借字也重飢朝飢義亦兩通

椆

椆木也說文段注中山經虎首之山多苴椆椐郭曰椆未詳也○莊子讓王乃自投椆水而死釋文云又作裯椆洞

州

○俗有洲削州古文水中可尻者曰州水匌繞其旁从重川昔堯遭洪水民尻水中高土故曰九州詩曰在河之州一曰州疇也各疇其土而生也說文段注周南在河之州釋水毛傳皆曰水中可居者曰州舟者币也會意州本州渚字引申之乃爲九州俗乃别製洲字而小大分係矣引關雎文證州之本義也州疇也以疊韻爲訓疇耕治之田也人各耕治以爲生此說州之别一義其實前義内可包○周書王會白州比閭注又漢書地理志工天下分絶爲十二州注地理志下北地郡靈州注又淮南墬形宿明燭光在河州注益云水中可居者曰州水中可居者爲洲詩鼓鐘疏又左傳文十年釋文哀廿二年釋文方言十二又國語楚語又有藪曰雲連徒洲注又漢書賈捐之傳注

韻史 卷十一 第三部 平聲 鳩韻

一〇八四

又後漢馮衍傳注又淮南墜形弱水之洲注又離騷夕攬洲之宿莽注湘君蹇誰留兮中洲注陶塹淹欣佃分京沚注又文選吳都賦洲渚馮隆劉注○山海經海外北經范林洲環其下注云洲水中可居者又爾雅釋水孫注云洲水有平地可居者也又釋文引郭閣云水中自然可居者爲洲水中可居者曰洲洲聚也人及鳥獸所聚息之處也釋名釋水○詩鼓鍾傳云三洲淮上地州居也廣雅釋水九州謂冀兗青徐揚荊豫梁雍也素問生氣通天論其氣九州九竅五藏十二節皆通乎天氣注六節藏象論注又公羊莊十年傳州名也注云州謂九州冀兗青徐揚荊豫梁雍○周禮大司徒周知九州之地域廣輪之數注云九州揚荊豫青兗雍幽冀并也賈按此釋周制故主職方不主禹貢州浮也廣雅釋言州殊也廣雅釋言○書禹貢序釋文引春秋說題辭云州之言殊也州周也州有長使之相周足也御覽百五十七引風俗通州注也郡國所注仰也釋名釋州國州聚也國語齊語羣萃而州處注○禮記王制二百一十國以爲州州有伯注云州猶聚也州官也廣雅釋室州國也廣雅釋詁

四或謂二百里爲州周禮載師以小都之田任縣地注又司農注引司馬法州鄉屬也左氏宣十一年傳謂之夏州注廿二年傳師九州之戎注○禮記鄉飲酒義注云州黨鄉之屬也又周禮地官序官鄉老注云州黨族閭此鄉之屬別五黨爲州周禮大司徒又禮記內則其一獻諸州史注又左氏傳十五年傳晉於是乎作州兵注又莊子胠篋治邑里州閭鄉者釋文州二千五百家也周禮大司徒注○當按州長注禮記內則注左傳僖十五年注國語鄭語謝西之九州注晉語注莊子胠篋注並略同惟論語雖州里行乎哉集解引鄭注云萬二千五百家爲州此疑衍萬字也鄭不得有此說州凡四十三萬二千家書大傳州十有二師爲注○當按此所指不知何等州也司馬法二百里爲州亦不容此數里十爲州術十爲州拉管子度地七卒爲州公羊桓二年州注○當按七卒州郡王制二百一十國爲州也爲許州向申姜姓也炎帝後水經陰溝水注引世本州臀也廣雅釋親○爾雅釋畜白州驠注云州竅淮南有州黎上爾雅釋工○封氏聞見記二云苗謂州爲朱當按州朱一聲之轉又左氏衛州吁殼

梁作祝吁晉厲公州蒲史記作壽曼公羊邾州左史作郤犨按州犨壽祝皆同部相通借醜謂鼈竅也禮記內則鼈去醜注○當按此段醜爲州也爾雅白州驠用正字

譸

○俗有諸譸詶也周書曰無或譸張爲幻說文段注按詶詛也則譸亦詛也釋訓曰侜張誑也毛詩作侜張他書或作侏張或作輈張皆本無正字以變聲爲形容語此侜譸張訓誑不訓詶是亦假借之理也譸張誑也書無逸晚出傳又漢書敘傳下注引應劭侜張誑也書無逸釋文又詩防有鵲巢誰侜予美傳○箋按說文譸下引無逸侜下不引詩雅是許以譸張爲正字侜張爲段借字也爾雅侜或作倜古舟聲周聲字多通用輈張猶彊粱也後漢孝仁皇后紀注箋輈張驚懼之皃也文選劉越石答盧諶詩序自頃輈張注

盭

盩作盭引擊也扶風有盭屋縣說文段注引擊者引而擊之也盭屋縣說者曰山曲曰盭水曲曰屋挾郿周旋折旋字之段借也在今陝西安府盭屋縣東三十里地名終南鎮元和郡縣志終南縣城即漢盭屋故也

至俗作座非○盭按呂覽節喪涉血盭肝以求之此段盭爲抽也

㨨 齒鴆切

抽或搊或引也說文段注鄭風左旋右抽傳曰左旋講紬史記石室金匱之書紬讀籀也籀之言抽也○莊子天地挈水若抽釋文引李注云抽引也㨨者以手平物之名詩斯干箋柝抽謂㨨土也疏抽擢也左氏宣十年傳抽矢菆注抽拔也廣雅釋詁二抽出也太玄玄攡抽不之緒注○詩牆有茨不可讀也箋云抽猶出也抽讀也方言十三抽理也太玄玄瑩抽搖也淮南齊俗抽箕蹄滿之茲注抽裂也左氏昭六年傳不抽屨服注抽除也詩楚茨言抽其棘傳抽猶去也儀禮喪服傳抽其半注抽猶收也太玄玄瑩倫抽緒注韋搊縮也廣雅釋詁三○當按呂覽段盭爲抽節喪涉血盭肝以求之是也之是也

妯

平人凋詩義異動也說文又爾雅釋詁又詩鼓鍾憂心且妯傳○當按說文心部引憂心且妯二字義略同也音分平去耳妯慯也廣雅釋詁三○方言六云妯擾也人不靜曰妯齊宋曰妯妯之言悼也詩鼓鍾箋

韻史 卷十一第三部平聲鳩韻

惆 失意也說文 惆悵也廣雅釋詁三 惆然悵然也荀子禮論案屈然己則其於至意之情者惆然不嗛注 惆痛也文選歎逝賦心惆然而自傷注引廣雅

瘳 疾瘉也說文○廣雅釋詁一云瘳瘉也萱按瘉瘉愈字異而義同說文瘳與瘳互訓 瘳愈也詩風雨云胡不瘳傳瞻卬靡有夷瘳傳又國語楚語厥疾不瘳注又後漢張衡傳注又莊子人閒世庶幾其國有瘳乎釋文又文選思玄賦斯與彼其何瘳舊注○方言三云愈或謂之瘳 瘳差也禮記文王世子注閒猶瘳也釋文祭義夫子之足瘳矣釋文又左氏文十六年傳釋文昭十三年傳其河瘳于晉注又國語晉語備為之瘳注又漢書季布傳注灌夫傳注王嘉傳注元后傳注又後漢杜篤傳注○書金縢王翼曰乃瘳疏云瘳訓差亦訓愈病除之名也 瘳是疾減

⿱攸目 揖也禮記文王世子疏○國語魯語於己何瘳注云瘳猶揖也 ⿰目丩或眣也說文段注唐人小說術士相裴夫人目眣而緩主注俗誤脩長之脩○萱按說文眣下云目不從正也許有眣無⿰目丩段大令疑眣為正字

一〇八九

韻史 卷十一第三部平聲鳩韻

犨 ○俗有犨 牛息聲一曰牛名說文段注心部曰息喘也按今本皆作犨而經典釋文唐石經作犨玉篇廣韻皆作犨云犨同五經文字且云犨作犨譌蓋唐以前所據說文無不从言者凡形聲多兼會意讎从言故牛息聲之字从之踏鉢李皆誤也今正一曰牛名別一義廣韻手鑑皆云白色牛晉大夫卻犨不知取何義也和學記名作鳴 犨猶出也呂覽召類犨於前而不直注 犨邑名史記越世家復讎龐長沙索隱○萱按晉卻犨世本作州潛夫論作犨皆段借字

收 始鳩切

捕也說文段注捕者取也 收取也左氏襄廿七年傳我其收之注又國語鄭語收以奔襲注又廣雅釋詁一○史記韓世家其言收盡索隱引劉氏云收即取之義也 收聚也爾雅釋詁又詩維天之命我其收之傳 收斂也小爾雅廣言又素問至真要大論諸寒收引注○禮記玉藥勁者有事則收之疏云收謂斂持在手又史記扁鵲倉公傳至今日收平集解云收謂樞斂 收謂收斂整齊之禮記學記夏楚二物收其威也注○素問四氣調神大論逆秋氣則太陰不收注與痛論氣不行故氣收矣注竝云收謂收劍 收謂收斂積聚也

一〇九〇

韻史 卷十一第三部平聲鳩韻

禮記郊特牲既蜡而收注○詩維天之命疏云收者斂聚之義 收藏財物也荀子議兵處舍收藏欲周以固注 收謂租賦也漢書宣帝紀且毋收事注 收守也呂覽論人不可收也注 收還也國語吳語王其無方收也注 收振也廣雅釋言○萱按禮記中庸注振收也與此為轉注 收拘收也詩瞻卬女反收之傳 收謂掠美者也荀子議兵矜糾收繚之屬注 收司謂相糾發也史記商君傳而相收司連坐索隱 收族序以昭穆也禮記大傳敬宗故收族注 亥為收淮南天文 收夏后氏冠名也言收斂髮也釋名釋首飾○廣雅釋器云收冠也又獨斷下云夏曰收又史記五帝紀集解徐廣引太古冠冕圖云夏名冕曰收又儀禮士冠禮記夏收注云收言所以收斂髮也 收軫也詩小戎小戎俴收傳 收謂以轆轤收繘也易井井收勿幕虞注 收汲也易井釋文引馬注 收井幹也易井釋文引陸注

⿱雔灬 紫休切

⿱雔灬或揫 或作揫○ ⿱雔灬 收束也說文段注漢律曆志曰秋⿱雔灬也物⿱雔灬斂乃成孰鄉飲酒義曰西

一〇九一

韻史 卷十一第三部平聲鳩韻

方者秋秋之為言揫也○說文手部又特出揫字解云束也詩曰百祿是揫萱按此淺人檢揫不得而誤羼入者不知揫李重文已見韋部矣詩者商頌長發文今詩作遒毛曰遒聚也聚興束義相成 揫聚也爾雅釋詁文後漢馬融傳工注 揫斂也爾雅釋詁注又禮記鄉飲酒義注 揫細也斂物而細謂之揫方言二 揫小也揫固也竝廣雅釋詁二

啾 小兒聲也說文段注倉頡篇啾衆聲也三年問啁噍之頃此叚噍為啾也○萱按羽獵賦噍噍昆鳴亦介 啾聲也文選射雉賦注引三蒼 啾衆聲也文選長笛賦注引蒼頡洞簫賦啾咇喞而將吟兮注 啾啾衆聲也文選羽獵賦啾啾蹌蹌注引三蒼郭解 啾口吟也文選答賓戲夫啾發投曲感耳之聲注引韋昭 聊啾耳鳴也楚辭怨思耳聊啾而戃慌注○萱按此義聊為正字而其字後出

湫 平上兩讀 隘下也一曰有湫水在周地春秋傳曰晏子之宅湫隘 安定朝那有湫淵說文段注隘下也當作湫隘湫下也此舉左傳湫隘字而釋湫如毛傳六文苟文尻

一〇九二

戾也之例杜預亦云湫不隘小下文塏訓高燥爲湫之反昭三年左傳服注湫著也十二年杜注湫愁隘也皆引伸之義周地湫水未聞安定郡朝那二志同朝進揄切朝那故城在今甘肅平涼府附郭平涼縣西北前志云有湫淵祠蘇林云淵方四十里停不流冬夏不增減不生艸木一統志曰朝那湫今在平涼府固原州西南湫昰湫隘左氏昭十二年傳子攸子疏湫下也左氏昭三年傳湫隘囂塵注文選吳都賦邦有湫阸而蹊跼劉注湫集也左氏昭元年傳注湫箸也左氏昭元年傳勿使有所壅閉湫底服注湫謂氣聚左氏昭元年傳疏湫盡也廣雅釋詁一湫大也湫猶大實呂覽審分此之謂定性於大湫注湫兮涼皃文選楚辭思古雲吸高唐賦湫兮如風注吸以湫戾注湫漻清靜也淮南原道漻寂寞注湫戾猶卷戾也湫者悲憂之狀也春秋繁露陽尊陰卑

揂

聚也說文段注商頌百祿是遒傳曰遒聚也按傳謂凡遒爲揂之借字詩長發傳遒斂也詩破斧箋遒皆同聲得相通借矣○揫揂與黄相通

酋聚也注太平遒聚也

竈

或作𤒿書灼龜不兆也春秋傳曰卜戰龜竈不兆說文段注左傳哀二年卜戰龜焦無不兆二字按許所據蓋有不兆與下文以故兆詢相貫而焦作𤒿則淺人所改也焦者火所傷也龜焦曰竈許引傳說龜火會意如引豐其屋艸木璺子地同古音在三部詩如擎故竈以爲聲

茮

或作椒梂茮莍也說文段注此三字句茮茮蓋古語猶詩之椒聊也許曰茮莍許曰茮莍茮聊唐風椒聊之實毛曰椒聊椒也釋木曰椒樧醜莍椒大椒神農本艸經有蜀椒又有秦椒爾雅萃艸陸疏皆入木類今驗實木也而說文正從艸此沿自古蓋者凡析言有艸木之分統言則艸亦木也故造字有不拘爾椒是木名詩椒聊序釋文戟芟疏椒即食椒樹也漢書司馬相如傳工桂椒木蘭注○山海經中山經琴鼓之山其木多穀柞椒栝注云椒爲樹下而叢生下有艸木則蘖死椒香木也離騷雜申椒與菌桂兮注○懷椒糈而要之注云椒香物所以降神也椒芬芳之物詩載芟釋文引唐風云椒聊王注○東門之枌貽我握椒傳椒芬香也又漢書王莽傳下自前殿南下椒除注云椒除取谷晉之名也椒猶餓也家之光有椒馨胡考

之寧傳○後漢遼讓傳椒屋郎椒房也後漢皇后紀贊注○注云椒酒置椒酒中也其蓄實之義也獻帝伏皇后紀引漢官儀云皇后以房取其實又第五倫傳又李固傳注云椒房書皇后所多椒椒泥塗也文選月賦注云后妃以椒塗壁取其繁行房上山椒山項也菊散芳於山椒注又文選謝惠連土高四隤曰椒上且馬止息注又椒其聲沈約郊居賦作椒詩有聘椒或作莪敗借字越于作湫湫鳴予服湫當段借字也

烁

此鳩切

作鸛作籀或作龜禾穀熟也說文段注禾穀熟也賣於禾從秋省聲鸛秋作穊秋是成熟之時禮記鄉飲酒義秋之爲言愁也秋者秋成熟之時故春爲生秋爲成漢書禮樂志秋爲收成秋爲實之終也秋爲白藏秋者以其日穀熟之時春秋繁露秋者其鴆致秋阿重后紀注天爲少陰其氣爲收獨斷秋者萬物成熟之初也後漢書明德馬皇后紀注秋少陰其氣收斂工秋爲成實之終大素問論生元紀更名大長秋○漢書百官公卿表之時工秋就也言萬物就成也文選

秋興賦注引釋名秋緧也緧迫品物使時成也釋名釋天秋者遒也周禮目錄秋揫也漢書律麻志上○太卒數注云秋擊也三秋之言揫緧之意陰氣出地始殺萬物御覽引崔寔四民月令秋之爲言愁也禮記鄉飲酒義秋之爲言愁也時禮義宗熟○菅子四時秋其時曰五注引云秋者愁也春秋繁露陰陽尊卑秋萬物序部而九入引也書秋蒐也周禮記大傳四云秋者愁也又御覽引言猶湫湫也詁四云秋者天下之平也春秋繁露陰陽出入者萬物之所以成也秋陰也說文秋陰也○禮記王制注者天下之平也陰之先又成春秋繁露也陰陽始說下云注禮記周王秋陰中也管子四時禮記月令孟秋○解序又云陰氣養始說下故秋○記也書兌爲秋易說卦金主秋漢書注云秋金爲五行之秋引秋選白虎通行注云秋也○或易萬物陰禮制秋史秋深祭秋○禮記月令注秋爲陰中秋時四行天時而不記禮爲樂秋釋白藏秋爲陰中白虎通言秋金也金主秋又傳選也露陰道官氣養始說也時制月初陰之先又云○素問注金季秋注云秋金爲五行之春水之白虎罰恒陽注○或金春秋注王郡正應素問金匱真言論秋勝春注云母秋也適五行云○呂覽季秋紀注云秋金之秋金氣水之母也西爲秋疏左氏昭三年秋傳禮記鄉飲酒義

洒義云西方書秋秋之爲言揫也又文選東京賦屯神滉於秋方薛注云秋方西方也秋怒氣也故敹

春秋繁露陰陽義○天辨在人云秋嚴志也又四時之副云罰爲秋秋飛皃也漢書禮樂志飛龍秋游上天注

引蘇林秋秋猶蹌蹌謂舞也荀子解蔽鳳皇秋秋注○漢書楊雄傳上注云秋秋蹌蹌騰驤之皃

秋猶時也後漢班彪傳上注又文選七啟比當子商歌之秋注秋引商聲也文選月賦聽朔管之

秋引注秋扈氏農正趣民收斂獨斷上秋駕御法也呂覽博志夜夢受秋駕於

其師注○文選魏都賦注引莊子司馬注云秋駕法駕也秋豪喻微細之物漢書韓信傳秋豪亡無害

注○後漢岑彭傳注云秋毫喻細也長秋宮名後漢桓帝細注○順帝紀注云長秋皇后呂

楸

或作橘梓也說文段注左傳史漢以萩爲楸如秦周代雍門之萩淮北當山巴南河濟之閒千樹萩是也左傳萩

一作秋○山海經中山經陽華之山多苦辛其狀如橘注云橘郢楸字也大而皵楸爾雅釋木○云老乃皮麤

皵書爲楸又孫注云老乃皮麤皵爲楸又舍人注云老而麤楷爲楸長楸大梓楚辭哀郢望長楸而太息兮注

楸梓皆櫝之小別左氏襄二年傳疏萩梓木也可以爲轅者史記貨殖傳山

居千章之材橐隱引樂產○漢書食貨志山居千章之萩注東方朔傳又有萩竹藉田注竝云萩即楸樹字也萱按楸之

毀萩左氏先之矣

萩

蕭也說文段注古多以萩爲楸如左氏傳伐雍門之萩史漢河濟之澗千樹萩其人與千戶侯等是也○爾雅釋艸

蕭萩注云即蒿又陸璣詩疏云今人所謂萩蒿也或云牛尾蒿也似白蒿白葉莖麤科生多者數十莖可作燭有香氣故

祭祀以脂爇之爲香萱按蒿類甚多艾萩皆是也皆可焫以辟毒气萩又蒿之香者故郊特牲注云蕭薌蒿也萩室

熯造管子禁藏○注云楸木鬱臭以辟毒氣故熯之於新造之室以穰祓也萱按房破萩爲楸始未確此如重五日

焫艾耳則萩室正指蕭言萩梓木也可以爲轅者萱按比毀萩爲楸也

篍

平去兩讀吹筩也說文段注吹鞭蓋筱爲之吹筩蓋竹爲之風俗通曰漢書注萩筩也言其聲音萩萩名自定也

○急就章箴萩起居課後先注云起居謂晨起夜卧及休食時晉作之司吹鞭及竹筩爲之節度

鶖

鶖或作鶩○隸禿鶖也說文段注小雅毛傳鶖禿鶖也張尚對鶖鵠曰鳥之大者有禿鶖古今注曰扶

老禿鶖也大者頭高八尺李時珍說其形甚詳云頭項皆無毛此其偁禿之攷乎○楚辭大招鶬鶖鶴只注云鶖鶴頹鶖

也又詩白華有鶖在梁釋文云鶖鳥名

趥

或作蹌行皃說文鰌籍也荀子議兵鰌之以刑罰注又莊子秋水鰌我亦勝我釋文引李注○萱按比毀

鰌爲趥也莊荀本音作趥鰌蹴也籍也荀子彊國大燕鰌吾後注

緧

或作鰌鰍鰍鰻馬紂也說文段注考工記必緧其牛後注云緧讀爲緧閒東謂紂爲緧按亦作鞦高王紂古文尚

書作受○萱按緧乃晚出字先鄭釋爲魚字是也考工旣借爲緧車紂自關而東周洛韓鄭

汝潁而東謂之鰍方言九鰍夾尾閒也文選射雉賦青鞦莎靡徐注鰌遒也

在後遒迫便不得郤縮也釋名釋車

鰌

或作鰍鰼也說文○萱按鰌泥鰌也見爾雅釋魚注鰌似鱧短小也爾雅釋魚釋文引字林

鰌魚名莊子齊物論鰌然乎哉釋文引司馬注鰌籍也鰌蹴也萱按比毀鰌爲趥也泥鰌之性

踩動不息故用爲趥行字

修 想鳩切

○俗有脩飾也說文段注巾部曰飾者㕞也又部曰㕞者飾也二篆爲轉注飾即今之拭字拂拭之則發其光采故

引伸爲文飾女部曰妝者飾也用飾引伸之義比云修飾也者合本義引仰義而兼擧之不去具塵循不可謂之修不加

以脩采不可謂之修修之从彡者洒㕞之也藻輪之也脩者治也引伸爲凡治之偁臣衡曰治性之道必害已之所有餘

而強具所不足經典多假肉部之脩○楚辭湘君美要眇兮貭修注云修飾也又禮記禮運義之修而禮之藏注云修猶

飾也修設也呂覽先己鍾鼓不修注修備也國語周語修具置蓋注修治也禮記中庸修道

之謂教注又廣雅釋詁三又國語晉語釋具閒修注又太本量修具本鰲注又呂覽孟春皆修封彊注音初庋道以修德

注又文選東京賦亭僕修勅薛注○禮記檀弓上古不修墓注云修猶治也治故曰修論語堯曰修廢官皇

疏修習也禮記學記藏焉修焉注修爲也文選西京賦紹修態薛注要修善也文選思本

賦伊中情之信修兮舊注 **修長也** 爾雅釋宮陝而修曲曰樓注又廣雅釋詁二又國策齊策鄒忌修八尺有餘注
又史記司馬相如傳馳游道而修降正義又漢書相如傳下注又注引張揖楊雄傳上注外戚傳上注又淮南墬形有修
股民注又太卒童修侏侏注又離騷路曼曼其修遠兮注懷沙修路幽蔽注天問其修孰多注而絲疾修盈注招魂姱容
修態注離榭修幕注大招姱修滂浩注又文選東京賦修竹冬青薛注○史記秦始皇紀德惠修長索隱云修亦長也
修遠也 離騷又重之以修能注夫惟靈修之故也注 **前修謂前賢也** 文選魏都賦本前修以作
系劉注又後漢劉愷傳注○馮衍傳注云前修猶前賢也○萱按婁壽碑曾祖父攸春秋又不攸廉隅又張表碑令德攸
兮皆叚攸爲修也 **修墊也** 國語吳語地之不墊注 **修謂埽糞也** 禮記中庸修其宗廟注○晚出
書泰誓下郊社不修疏云不修謂不埽治也 **修南北之深也** 考工記匠人堂修二七注 **月在丙**
曰修 爾雅釋天 **修飾也** 荀子解蔽多能非以修蕩是則謂之知注 **修設也** 淮南本經修禮樂注 **修**
治也 易象下傳修井也虞注又論語顏淵敢問崇德修慝辨惑集解引孔注又皇疏又荀子禮論非順孰修爲之注

又列子黃帝脩汝所以注又淮南脩務脩彭蠡之防注 **脩者治其器物習其事之言** 禮記
月令命樂師脩鞀鞞鼓注○疏云脩者脩理舊物又左氏春秋序疏云脩者治舊之名 **溫故曰脩** 國策衛策
秦魏交而不脩之日久矣注 **脩習也** 禮記禮運講信脩睦疏○禮記大學自脩也疏夫初習謂之學重習謂之
脩又禮器反本脩古疏云脩古謂脩習於古 **脩勉也** 淮南脩務注 **脩行也** 國語晉語不行天罰注又
家語禮運注 **脩敬也** 國語魯語吾冀而朝夕脩我注 **脩謂自脩爲善也** 後漢張衡傳注 **脩**
士士之進脩者謂工士也 荀子禮論蠱脩士注 **脩脩整齊之皃** 荀子儒效脩脩
兮其用統類之行也注 **脩然整飭皃** 荀子脩身見善脩然注 **脩猶久也** 考工記弓人則及其
大脩也注 **脩大也** 淮南脩務吳爲封豨脩蛇注○本經封豨脩蛇注云脩蛇大蛇吞象三年而出其骨之類 **脩**
長也 詩六月四牡脩廣傳韓奕孔脩且張傳又禮記投壺頸脩七寸注又周書周祝舉其脩則有理注又小爾雅廣
言又後漢張衡傳注又周髀算經上陰陽之脩注又呂覽辨土熱則脩注又淮南說林蘭芝欲脩而秋風敗之注脩務不

若愚者之所脩注○方言一云脩長也陳楚之間曰脩又淮南說山朱儒問徑天高於脩人注云脩人長人也 **應方**
之而從者謂之脩股亦脩脩長也 周髀算經上股脩四注 **舞脩舞徑也**
考工記鳧氏以其鼓閒爲之舞脩注 **脩埽除糞洒** 周禮大宰與其具脩注○禮記祭義宮室既脩注云脩設
謂埽除及黝堊 **脩除治道路場壇** 周禮山虞則爲主而脩除注○典祀則帥其屬而脩除注云脩除芟
埽之 **脩酌者以水洗勺而酌也** 周禮司尊彝凡酒脩酌司農注○後鄭云脩如滌濯之滌萱按
先鄭不破字耳義則同

脩

脯也 說文段注膳夫大鄭注曰脩脯也按此統言之析言之則薄析曰脯棰而施薑桂曰段脩後鄭注內饔云脩鍛
脯也是也曲禮疏云脯訓始始作即成也脩訓治治之乃成脩治之謂棰而施薑桂經傳多假脩爲修治字○周禮掌客
三問皆脩注又左氏莊廿四年傳女贄不過榛栗棗脩注又廣雅釋器又穀梁隱元年傳注又廣雅釋器又後漢第五倫
傳注皇云脩脯也又禮記曲禮上疏少儀束脩一犬疏皇云束脩十脡脯也 **脯又曰脩脩縮也乾**

燥而縮也 釋名釋飲食 **鍛而加薑桂曰脩** 公羊莊廿四年傳腶脩云乎釋文又穀梁莊廿
四年傳棗栗鍛脩釋文○周禮膳夫疏云加薑桂鍛治者謂之脩又內饔疏云脩謂加薑桂鍛治之又禮記曲禮下疏云
脩取肉鍛治而加薑桂乾之如脯者又云脩治也萱按此兼言脯則脩治乃本字 **腶脩擣肉之脯** 儀禮
有司徹入于房取糗與腶脩注○周禮腊人凡田獸之脯腊膴胖之事注云棰之而施薑桂曰鍛脩又掌客疏云脩是段
脩加薑桂棰之者又禮記昏義棗栗段脩釋文云脩脯也加薑桂曰段脩 **脩取其自脩也** 左氏莊廿四年
傳疏 **脩且乾也** 詩中谷有蓷暵其脩矣傳 **脩門郢城門也** 楚辭招魂脩門些注 **龍脩龍**
須也 山海經中山經賈超之山其中多龍脩注 **脩漆尊也** 周禮鬯人廟用脩注○萱按此既脩爲卣也又
司尊彝凡酒脩酌後鄭謂脩爲滫之借其用脩爲修字者已具脩下

滫

或作檯○平工网讀 **久泔也** 說文段注荀卿子蘭槐之根是爲芷其漸之滫君子不不近庶人不服其質非不美
也所漸者然也大戴禮同謂久泔臭蔵也內則滫瀡注秦人溲曰滫此則別是湯浟之類與久泔異齊同名秦人方言也

滫者淅米汁也史記三王世家漸之滫中集解引徐廣滫臭汁也淮南人閒注滫謂滫瀡周禮司烜氏注明齍謂以明水滫滌粢盛黍稷疏糔溲亦博異語也禮記內則滫瀡以滑之注○釋文云滫溲也又史記三王世家索隱云滫如禮滫溲之滫滫溺也荀子勸學注

羞

○俗有饈膳脩進獻也說文段注宗廟犬名羹獻犬肥者獻之犬羊一也故从羊引申之凡進皆曰羞今文尚書次二曰羞用五事羞進也羞進也爾雅釋詁又周禮膳夫羞用百有二十品司農注庖人共祭祀之好羞注大司徒羞其肆司農注牛其其膳羞之牛注小子羞羊肆羊殽肉豆司農注司士羞俎豆注又儀禮鄉飲酒禮乃羞注鄉射禮注大射儀注公食大夫禮注少牢饋食禮主人羞肵俎注賓長羞牢肵注又禮記曲禮上使果羞注又左氏隱三年傳可羞於王公注又十六年傳時加羞珍異注又國語魯語羞鼈焉小注晉語有武德以羞為正鄉注楚語以羞子文注不羞珍異注又周書皇門羞于王所注又漢書五行志工注孔光傳工又後漢張衡傳注又呂覽仲夏羞以含桃注又淮南時則注又楚辭招魂肴羞未通注又文選思玄賦羞玉芝以療飢舊注○左氏昭廿七年傳羞者獻體改服於門外注云羞

韻史 卷十一第三部平聲鳩韻

一一〇五

進食也又大戴記夏小正丹鳥羞白鳥傳云羞也者進也不盡食也羞飲食之物也周禮大宰四曰羞服之食注○釋文引干注云羞飲食也又禮記月令羣鳥養羞注云羞謂所食也薦羞皆進也未食未飲曰薦既飲曰羞周禮籩人凡祭祀共其籩薦羞之實注○庖人與其薦羞之物注云備品物曰薦致滋味乃為羞羞有滋味者周禮膳夫掌王之食飲膳羞注又文選補亡詩絜爾晨羞注羞亦膳羞也禮記少儀羞首者進喙祭耳疏羞脯也離騷折瓊枝以為羞兮注羞殽羞也禮記少儀來步齊不當羞流羞糗也廣雅釋詁三○方言十二羞熟也注云熟食為羞羞謂禽羞雁鶩之屬成熟煎和也儀禮聘禮燕與羞俶獻無常數注○聘禮記為羞俶獻比注云禽羞謂成熟有齊和者羞四時之珍異儀禮既夕記燕養饋羞湯沐之饌注○漢書百官公卿表工術羞注云羞者珍羞所出羞庶羞也禮記燕義俎豆牲體為羞注又儀禮特牲饋食禮注又周禮內饔注○膳夫羞用百有二十品注云羞出於牲及禽獸以備滋味謂之庶羞羞庶羞內羞周禮宰夫以式灋掌祭祀之戒具與其薦羞注○周

韻史 卷十一第三部平聲鳩韻

一一〇六

禮籩人云羞籩之實糗餌粉餈又醢人云羞豆之實酏食糝食又儀禮有司徹房中之羞庶羞注云房中之羞其籩則糗餌粉餈其豆則酏食糝食庶羞羊臐豕膳皆有胾醢房中之羞內羞也內羞在右陰也庶羞在左陽也羞鼎則陪鼎也以其實言之則曰羞以其陳言之則曰陪儀禮聘禮羞鼎三注羞恥也左氏襄十八年傳無作神羞注又國語周語注又廣雅釋詁四羞辱也廣雅釋詁三又漢書淮南厲王長傳司馬遷傳注匈奴傳下注○禮記緇衣惟口啓羞注或承之羞注竝云羞猶辱也羞謂忝辱也漢書文帝紀以羞先帝之道德注景帝紀唯恐羞先帝聖德注姦禮為羞國語周語羞繹紛毋言既廣又大也東甌之閒或謂之羞繹紛毋方言二○漢書注云羞為聲相近莤按羞宿雙聲肅進也爾雅釋詁又詩桑柔民有肅心莛又儀禮特牲饋食禮乃宿尸注少牢饋食禮宿注又禮記曲禮上注人肅客而入注○賓揖羞肅相為平入此段肅為羞也肅宿則同音通用

蕭

艾蒿也說文段注大雅取蕭祭脂郊特牲焫蕭合馨香故毛公曰蕭所以共祭祀鄭君曰蕭蒿也陸璣曰今人

韻史 卷十一第三部平聲鳩韻

一一〇七

所謂萩蒿也或云牛尾蒿許慎以為艾蒿非也按陸語非是此物蒿類而似艾一名艾蒿許非謂艾為蕭也齊高帝云蕭即艾也乃為誤耳又按曹風傳曰蕭蒿也此統言之諸家云薌蒿艾蒿者析言之古音在三部音修亦與蕭同音通用甸師共蕭茅杜子春讀肅為蕭蕭播蕭斧皆訓肅蕭萩爾雅釋艸○注云蕭即蒿又李注云萩一名蕭又莊子列禦寇恃緯蕭而食者釋文云蕭萩蒿也蕭蒿也詩下泉浸彼苞蕭傳蓼蕭蓼彼蕭斯傳又山海經中山經橐山多蕭注又漢書鼂錯傳萑葦竹蕭注又後漢張衡傳注又文選陶徵士誄注引莊子司馬注蕭香蒿也詩生氏疏又周禮甸師大夫注又漢書禮樂志注引李奇○詩蓼蕭箋云蕭香物之微者蕭蕭也論語季氏而在蕭牆之內也是疏又釋名釋宮室又漢書五行志下之下注又後漢唐檀傳注○論語季氏集解引鄭注云蕭之言肅也蕭衰也廣雅釋詁二蕭然猶騷然勞動之皃漢書食貨志下蕭然煩費兵注○張湯傳北邊蕭然苦兵注云蕭然猶騷然擾動之皃也蕭蕭風聲也文選荊軻歌風蕭蕭兮易水寒注蕭颸風聲也素問五常政大論其德霧露蕭颸注○文選吳都賦篠簹蕭瑟注云蕭瑟聲也蕭晨言秋晨

韻史 卷十一第三部平聲鳩韻

一一〇八

簫

秋晨蕭瑟文選南州桓公九井詩哲匠感蕭晨注蕭曼蕭條曼延言高遠也文選

景福殿賦旻雲征注蕭蕭條深靜也淮南齊俗故蕭條者形之君注蕭牆謂門屏也漢書

五行志下之下注又論語李氏集解引鄭注少門字○釋名釋宮室云蕭牆在門內蕭肅也臣將入於此自肅敬之處也

○俗有鵝參差管樂象鳳之翼說文段注言皆樂之列管參差者竽笙列管難多而不參差也周禮

小師注簫編小竹管如今賣飴餳所吹者周頌簧同廣雅云大者二十三管小者十六管王逸注楚辭云參差洞簫也

簫樂器編管爲之國語魯語令伶簫詠歌及鹿鳴之三注簫編竹有底宋書引蔡邕月

令章句○呂覽仲夏均琴瑟管簫注云簫今之歌竹簫也又淮南時則注略同又初學記十六引五經通義云簫編竹爲

之長尺有五寸洞簫長簫無底也文選蜀都賦吹洞簫劉注○漢書元帝紀贊注引如淳云洞簫簫之

無底者蓋按後世所言簫皆洞簫也而排簫絕響久矣簫籟也淮南齊俗若風之過簫注○廣雅釋樂云籟謂

之簫簫韶舜所制樂書皋陶謨簫韶九成鄭注又漢書禮樂志簫勺章悳注引晉灼云簫舜樂也○史記

吳世家見舞象箾南籥者集解引賈逵云箾舞曲也蓋按此謂箾即簫字也其說不足據依舞可言見曲豈可言見乎說

文箾音朔以竿擊人也自來說左傳者多歧誤而韻書沿之說詳二部入聲箾下簫肅也其聲肅肅

然清也釋名釋樂器○公羊傳哀十四年疏引樂說宋注云簫之言蕭簫者中呂之氣也萬

物生於無聲見於無形勠也肅也白虎通禮樂簫箾也廣雅釋艸○蓋按文

選長笛賦林簫蔓荊此股簫爲篠也簫邪也禮記曲禮上右手執簫注簫弭頭也禮記曲禮上注○疏

文簫弓頭又考工記疏云簫謂兩頭簫弓末也儀禮鄉射禮右執簫注大射儀注○釋名釋兵云弓其末曰簫

言簫梢也

潚

平入兩讀○俗有瀟深清也說文段注謂深而清也中山經曰澧沅之風交潚湘之潚水經注湘水篇曰二水出

入潚湘之浦潚者水清深也湘中記云湘川清照五六丈下見底石如樗蒲矢五色鮮明是納潚湘之名矣樗善長說則

潚湘者猶云清湘其字讀如肅亦讀如蕭自景純注中山經云潚水今所在未詳始別潚湘爲二水俗又改潚爲瀟其謬

曰甚矣詩鄭風風雨潚潚毛云暴疾也羽獵賦風廉雲師吸嘯潚率二京賦飛罕潚箾思玄賦迅猋潚其勝我義皆與毛

傳同水之清者多馭方言云清急也是則說文毛傳二義相同○文選思玄賦注引字林云潚深清也潚清也

廣雅釋詁一潚疾也後漢張衡傳注○文選思玄賦舊注云潚疾皃潚率吸嘯之皃文選羽獵

賦注潚率聚斂也漢書楊雄傳上注潚箾罕形也文選西京賦薛注

彪 丙鴣切

長髮猋猋也一曰白黑髮襍而彪說文段注猋與彪疊韻猋猋當依玉篇作彪彪通俗

文曰髮垂曰彪潘岳秋興賦班鬢彪以承弁按馬融長笛賦特麚昏彪注彪長髮廣成頌曰羽旋紛其彪融蕤錄之假借

字也彡猶毛也會意五經文字必由反在古音三部泰部鬟从比爲聲可得此字之正音矣音轉乃爲必凋切匠妙切其

云所衙切者大謬誤認爲彡聲也而似當作曰○文選秋興賦注引說文白黑髮襍而彪字林亦同彪羽旋飛

楊皃也後漢馬融傳注○蓋按此宜在二部蕤下蕤彪雙聲相通借

猋

犬走皃說文段注引伸爲凡走之偁九歌猋遠舉兮雲中王注猋去疾皃爾雅扶搖謂之猋作此字○蓋按凡猋

指風言者皆飆之段借字猋遠逝也文選封禪文武節猋逝注猋藨芀爾雅釋艸○注云皆芀荼之別

名人邵氏爾雅正義云芀者葦類之秀又謂之猋又謂之蔫

飆

或書作颮○俗有颮颮古文扶搖風也說文段注司馬注莊子云上行風謂之扶搖釋天曰扶搖謂之猋郭

云暴風從下上按爾雅月令用古字陸云字林作颮不言說文此莩舉一以包二耳班固西都賦颮紛紛李善李賢注皆

引颮古颮字○廣雅釋詁四又後漢張衡傳注竝云颮風也蓋按廣雅今作颮論飆回亂也後漢光武紀贊

注猋風也文選思玄賦乘猋忽兮馳虛無注引服虔甘泉賦注猋上也風從下升也文選

魏都賦丹肆臨猋劉注○爾雅釋天李注云扶搖暴風從下升上故曰猋猋上也猋疾風也漢書刑法志猋

起雲合注五行志下之上厥風大猋發屋注息夫躬傳贈若浮猋注韓安國傳至如猋風注楊雄傳下猋騰波流注敘傳

上具餘猋飛景附注○司馬相如傳上雷動猋至注云猋謂疾風從下而上也回風爲猋禮記月令猋風暴雨

總至注○爾雅釋天孫注云迴颮從下上曰猋○蓋按文選長笛賦感迴颮而將頹長楊賦猋騰波流曹子建贈徐幹詩

流猋激摽軒雜詩何意迴飈舉鮑明遠樂府放歌行素帶曳長飈各注竝云猋與飈古字通也若朱蘊砰武氣颯騰則俗體譌謬耳

旞 旌旗飛揚皃 說文段注扶搖風曰飈義略相近

芳無切

孚 孚古文卵即孚也一曰信也 說文段注即字依玄應書補通俗文卵化曰孚音方赴反廣雅孚生也謂子出於卵也方言雞卵伏而未孚於此可得孚之解矣卵因伏而孚學者因即呼伏爲孚凡伏卵曰抱房奧反亦曰匿央富反徐鍇曰鳥裒恆以爪反覆其卵也妝反覆其卵者恐然嫗之不均一曰信也者即卵即孚引伸之義也雞卵之必爲雞鳧卵之必爲鳧人言之信如是矣○易需有孚光孚釋文泰勿恤其孚廣注大有厥孚交如廣注觀有孚焉注中孚有孚攣如廣注又釋文序卦傳故受之以中孚注又詩文王萬邦作孚傳下武成王之孚箋又禮記緇衣注又左氏襄十三年傳注昭六年傳注又公羊僖十五年傳季氏之孚也又周書皇門訖亦有孚以助厥辟注又國語周語制義康孚以行之注又漢書志傳各注又後漢各傳注又太平文冥文有孚注親孚其同注竈孚無害注禮孚無成注唫孚乾

萃注聚乃後有孚注疑過貞孚注卒數假太卒孚貞注竝云孚信也 中孚信也 易雜卦傳○中孚疏云信發於中謂之中孚 孚大信也 左氏莊十年傳小信未孚注又後漢酷吏傳注○易革已日乃孚干注云乃孚大信著也 孚誠信也 後漢魯恭傳注 孚信也亦生也 一切經音義七引字林 孚猶務躁也 易始注 坎爲孚 易隨孚于嘉廣注大壯征凶有孚廣注晉罔孚裕廣注家人有孚威如廣注睽交孚廣注解朋至斯孚廣注姤羸豕孚蹢躅廣注井勿幕有孚廣注革已日乃孚廣注豐有孚發若廣注中孚廣注未濟君子之光有孚吉廣注有孚于飲酒廣注 孚尹玉皃 家語問玉孚尹旁達信也注 孚覆也 國語周語信文之孚也注 孚浮也浮者在外之名 禮記聘義孚尹旁達疏○萱按此謂孚即浮之叚借字也鄭義也與王肅異而皆得通 孚尹玉皃 家語問玉孚尹旁達信也注 孚瑜言美色也 一切經音義十三十九竝引纂文 孵卵化也陸績曰自孵而鷇 集韻

芳無切

俘 軍所獲也春秋傳曰吕爲俘馘 說文段注春秋左氏經齊人來歸衛俘傳作衛寶公羊穀

梁經傳皆作衛寶杜曰疑左氏經誤按非誤也俘孚聲寶缶聲古音同在尤幽部經用假借字傳用正字又如經曰莒人弒其君密州左氏傳云書莒人弒其買朱鉏買即密如渭水即汨水朱鉏即州如郛婁即鄆亦是字異同不得謂傳誤以爲俘職成三年左傳文○國語晉語今晉寡德而妄俘韋注云軍獲曰俘 死者取左耳曰馘 生者曰俘 周禮環人注所馘執俘而還疏 俘囚也 詩常武箋而俘虜其士衆釋文又左氏莊六年經注釋文○傳廿二年傳楚子使師縉示之俘馘宣十二年傳其俘詁江南注云俘所得楚因又爾雅釋詁李注云因敵曰俘 俘取也 爾雅釋詁又書序俘厥寶玉晚出傳又左氏定十五年傳胡子盡俘楚邑之近胡者注○一切經音義十三引國語賈注云伐國取人曰俘 俘罰也 小爾雅廣言

郛

○俗有埒埒 覃也 說文段注覃各本作郭今正公羊傳入其郭注郭恢郭也城外大郭也 郛郭也 左氏隱五年傳伐宋入其郭注傳十二年傳諸侯城衛楚丘之郭注文十五年經注成十四年傳注襄十五年傳於是乎城成郭注定八年傳攻廩丘之郛注又公羊文十五年經釋文昭廿九年傳郛之也注又穀梁文十五年經注又周書作雒郛

方七十里注又國語吳語以樊其北郛焉注入其郛注又後漢東平憲王蒼傳注 郭亦謂之郛郛者亦大也 初學記廿四引風俗通 精小之微也埒大之脫也 莊子秋水 山上有水曰埒埒脫也脫而下流也 釋名釋

稃

粰 或○俗有稃稍 穭也 說文段注甫田箋曰方房也謂孚甲始生而未合時也古借孚爲稃○萱按稃穅也穅殼之皮也或省作康 稃麤穅也 詩生民傳秠一稃二米也釋之引字書○萱按釋艸米一稃二米稃李作秠秠皆叚借字 孚者米外之粟皮 詩大田疏○萱按箋疏同用借字 稃饘也 廣雅釋器 粰糒 饊也 同上

莩

艸也 說文 莩葭裏之白皮也 漢書中山靖王勝傳非有葭莩之親注○後漢章帝紀注云莩葉裡白皮也栫注 莩孰也 法言修身精莩曠況注 莩如葭莩之莩曰精之表也 法言修身

筡

莛也說文段注莛筦筡三名一物也方言曰維車趙魏之閒謂之轣轆車東齊海岱之閒謂之道軌按自其轉旋言
之謂之曆鹿亦謂之道軌亦謂之鹿車自其箸絲之莛言之謂之縺車亦謂之筡車實即今之籆車也受緯曰
筡御覽八百二十引通俗文

求 儉由切

○俗有宋古文裘說文段注此本古文裘字後加衣爲裘而求專爲干請之用亦猶加艸爲裘而裘爲箸差之用
也求之加衣益不待小篆矣○箋擾裘求本一字而裘在一部求在三部古人分用劃然則二字之判已久求索
也國策齊策欲有求於我也注又淮南俶真以求鑿枘於世注○禮記檀弓上瞿瞿如有求而弗得注云求猶索物
求猶覓也禮記檀弓上如有求而弗疏求謂招來也禮記學記求善良注求者請也
穀梁宣元年傳○書呂刑惟求馬注云求有求請賊也求者取也孟子公孫丑上勿求於心注求猶
務也禮記曲禮上君子行禮不求變俗注求猶得也淮南說山若爲土龍以求雨注○穀梁隱三年傳云
求之爲言得不得未可知之辭也求猶閒也呂覽貴公上志而下求注求責也易艮疏又禮記中庸

反求諸其身疏又論語衛靈君子求諸己集解○公羊莊廿五年傳求乎陰之道也注云求責求也求貪也論語
子罕不忮不求皇疏求備謂每事徵求皆令備足禮記表記不求備疏求終也爾雅
釋詁又詩下武世德作求箋文王有聲遹求厥寧箋又周禮牛人凡祭祀共其享牛求牛注○牛人司農注云求牛禱於
鬼神所求福之牛也艮爲求易蒙童蒙求我虞注隨有求得虞注頤自求口實虞注繫辭下傳定其交而後求虞
注求遹亦竹類也箋子員皆宜竹箭求黿猶橦注○箋按司禮大司徒故書既救爲求又赤友氏注肌
求之屬求者蠤之省借字

絿

或作紈急也詩曰不觩不絿說文段注商頌長發文毛傳曰絿急也左傳杜注從之後儒好異乃
以緩釋絿字義於字音不洽矣絿之言糾也絿求也廣雅釋詁三紈牛者牛之小者也
周書王會

逑

或作紈斂聚也虞書曰旁逑孱功又曰怨匹曰逑說文段注逑斂聚也與勹

部曰勼聚也音義略同旁逑孱功今堯典之方鳩僝功也人
部僝下作旁救僝功凡儀禮古文作旁今文作方凡尚書古
文作方今文作旁然則此所偁者今文尚書也今堯典逑作
鳩說者亦云鳩聚又曰與一曰同別一義也桓二年左傳曰
嘉耦曰妃怨耦曰仇古之命也謂古者命名之法如是逑仇
古多通用關雎君子好逑亦作仇兔罝云好仇毛傳逑匹也
釋詁仇匹孫炎曰相逑之匹則孫李釋詁亦作逑可知逑爲
怨匹而詩多以爲美司言者取匹不取怨也渾言則不別爾
雅仇妃匹也是也析言則別左氏嘉耦怨耦異名是也許所
據左氏爾雅作逑太平方言之紈邱述孛○爾雅釋訓雖逑
鞠也釋文引字林云逑斂聚也箋桉爾雅釋文逑本作求踐借字也逑匹也後漢皇后紀下注人文逑甘泉賦迺
楼逑索偶注逑合也詩民勞以爲民逑傳紈正也太乔內譙于娶紈注紈仇也集韵引方言

脙

○俗有牲齊人謂臞脙也說文段注臞齊人曰脙雙聲之轉也脙癬也爾雅釋言○注云齊人謂
癬爲脙又玉篇云齊人謂癬腹爲脙

俅

或作頼冠飾皃詩曰戴弁俅俅說文段注周頌絲衣曰戴弁俅俅釋訓曰俅俅服也傳曰俅俅

恭順皃按許以上文紑屬衣言之則俅俅亦當屬冠言之故此用爾雅易傳義而紑下不易傳也毛詩戴作戴鄭箋云戴
猶戴也按戴戴古書多互譌者俅戴也爾雅釋言頼戴也廣韻引廣蒼○箋桉玉篇引詩戴弁頼頼用此
字又爾雅釋訓俅亦作絿跂借字也俅俅恭慎皃詩絲衣釋文又玉篇

球

璆或玉也說文段注球本玉磬也非爾雅釋器曰璆美玉也禹貢禮器鄭注同商頌小球大球傳曰球玉
也按磬以球爲之故名球非球之本訓爲玉磬○荀子臣道注云球玉也又漢書地理志上注云球琳皆玉名球美
玉也書禹貢厥貢惟球琳琅玕鄭注又詩長發釋文又禮記玉藻笏天子以球玉注箋按儀禮士喪禮注作天子以
璆玉○淮南墬形西北方之美者有昆侖之球琳琅玕焉注云球琳琅玕皆美玉也天球雍州所貢之
玉色如天者書顧命天球鄭注○王注云天球玉磬也鳴球即玉磬也書皐陶謨夏擊鳴球
鄭注○顧命馬注又後漢馬融傳注瑤云球玉磬也璆玉也詩瞻彼洛矣傳諸侯璗琫皆玉名也又山海經中山
經熊山所璆冕舞注云璆祭用玉美玉曰璆山海經中山經注○漢書地理志上厥貢璆鐵銀鏤砮磬注云

璆美玉也又禮樂志鏐磬金鼓注云璆美玉名又爾雅釋器
西北之美者有崑崙虛之璆琳琅玕焉注云璆琳美玉名
璆玉磬也 國語晉語蓀蒙璆注蘧 璆然龍 史記禮書金薄璆龍索隱引劉氏○蓋按此段璆爲螺也

賕

呂財物枉法相謝也一曰載質也 說文段注枉法者違法也法當有罪而以財求免是
曰賕受之者亦曰賕呂刑五過之疵惟來馬本作惟求云有
請賕也按上文惟貨者今之不枉法賕也惟求者今之枉法
賕也一曰載質也者謂載質而性求人俑貢也以質謂以物相
贅○漢書王子侯表上恐猲受賕注云賕枉法以財相謝又
薛宣朱博傳音義引字林云以財枉法相謝
曰賕又引韋昭云行貨財以有求於人曰賕
以財相貨曰賕
後漢第五倫傳注 賕謝也 廣雅釋詁四 載請曰賕 一切經音義廿一引蒼頡 郯地名 說文
○玉篇云郯鄉在陳留○俗有鋉

梂

櫟實一曰鑿首 說文段注此櫟實與草下櫟實不同草下當云草斗柞櫟實損柞字耳釋木曰
櫟其實梂陸璣云椒樧之屬其子房生爲梂木蓼子亦房生
然則許何爲以梂字專系諸木蓼也曰艸部以莍系諸茱樧

韻史 卷十一第三部平聲鳩韻 一一一

矣則以梂系諸櫟也莍興梂皆謂聚生成房椽斗不介也梂
興莍古通用椒聊箋云一梂之實蕃衍滿升非其常也此段
梂爲莍也今俗語謂絲多叢聚曰一梂椒子每梂數十百類
詩人言其盛則曰每梂將盈升不識正義何以不解也木蓼
唐本艸謂之木天蓼蘇頌云木高二三丈三四月開花似柘
花五月梂子子作梂一曰鑿首者豳風毛傳曰鑿屬曰錡木
屬曰梂釋文曰錡韓詩云木屬銶韓詩云鑿屬也按許用韓
說也鑿所以穿木也鑿首謂鑿柄鑿柄必以木爲之今木工
尚然矣故子從木金部無銶許所據詩然
也○爾雅釋木舍人注云櫟實名梂也
銶鑿屬也 管子輕重乙一
車必有一斤一鋸一釭一鑽一鑿一銶注 銶今之獨頭斧 詩破斧又缺我錡釋文 梂衬也 廣雅釋器

莍

樧莍實裏如裘也 說文段注依爾雅音義正誤裘莍同音也 郭云莍萸子聚生成房皃詩[illegible]作梂實木
櫟其實梂皆即莍字也○爾雅釋木云椒樧醜莍
莍茱萸 御覽引三蒼 莍實也 爾雅釋木疏引李注

蛷

蛷 或○或書作蛷 多足蟲也 說文段注周禮赤犮氏凡隙屋除其貍蟲鄭曰貍蟲䗪肌求之屬按䗪見

韻史 卷十一第三部平聲鳩韻 一一二

本艸經一名地蠶今俗所謂地蠶蟲也似鼠婦肌求本或作
蛷多足之蟲今俗所謂蓑衣蟲也通俗文曰務求謂之蛷廣
雅曰蛷螋蚴蛷也本應曰關西呼婁溲爲蚑蛷蚑蛷
即鄭所謂肌蛷也陶隱居陳藏器作蠷螋音劬蘇

弅

持弩柎 說文段注凡弓刀把處皆曰柎今考工記弓人作柎 从木○說文又曰从廾肉聲讀如遠段注遠古音同
仇足部跗頁部頯皆讀如仇也 跗柎也 廣雅釋器○萱按跗者弅之跂借字

跻

脛肉也一曰曲脛也 說文○廣韻云跻五脛曲也 跻跭也 廣雅釋言 跻歷跳也
文選江賦注引埤蒼 跻柎也 萱按此段跗爲弅也

頯

或作頄 權也 說文段注權者今之顴字戰國策局目準頰權衡
犀角偃月其字正作權易夬九三壯于頄王云面
權也習云而顴頰閒骨也鄭作頯頯夬面也王與許說同同
策謂之權衡者象其平也權太平說夾四頯須姝爲韻今本
頯作頯誤肉部曰肫者面頯也儀讀釋文引說文肫章兗反
漢高祖隆準準與肫音同按應劭曰隆高也準頰權準也入
聲音粃則字又作蛹○莊子大宗飾釋文引李注云頯權也
萱樝釋文頯本作魅作顴眥眨借字又易夬頄蜀才本作仇

韻史 卷十一第三部平聲鳩韻 一一三

同音通用也 頄顴也 易夬釋文 頄面顴也 素問氣府論頄骨下各一注 頄面也首之
前頯頄頰閒也 易夬瞿注 頄頄也 廣雅釋親 頯厚也 廣雅釋詁三 頯大朴之
皃 莊子大宗師其顙頯注○釋文引王注云頯頯朴無飾也 頯者中央廣兩頭銳 爾雅釋魚蚆博而頯注

馗

逵 或作馗 九逵道也 佀龜背故謂之馗 馗高也 說文段注釋宮曰九逵謂
之馗韓詩施于中馗龜背中高而四下馗之四面無不可通
似之龜古音如姬如鳩馗古音如求以壘音爲剡也○太本
爭爭于逵注云逵九逵道也又詩兔置施于中逵傳云逵九
逵之道釋文同又淮南說林楊子見逵路而奕之注云道九
逵曰逵又釋名釋道云九逵曰逵
齋魯謂道多爲逵師北形然也
九交道曰逵 文選思本賦神逵昧其難
覆分舊注○燕城賦注引韓詩
章句云中馗馗中九交之道也
逵道方九軌也 左氏隱十一年傳及大逵
注柾十四年傳入及大逵注○宣十二
年傳至於逵路注云塗方九軌曰逵
逵道也 後漢張衡傳注 逵水

韻史 卷十一第三部平聲鳩韻 一一四

中之穴道交通者山海經中山經合水多騰魚居遠注又文選江賦濤逵傍通注馗隱也爾雅釋宮釋文引字林中馗菌爾雅釋艸○釋文云馗李作頍舍人李作鳩萱按比頍鳩皆馗之段借字九聲同也

仇

讎也說文段注讎猶應也左傳曰嘉偶曰妃怨偶曰仇按仇與逑古通用辵部怨匹曰逑即怨偶曰仇也仇為怨匹亦為嘉偶如亂之為治苦之為快也周南君子好逑與公侯好仇義同○禮記檀弓父母之仇釋文又漢書高帝紀上注又文選東京賦忘民怨之為仇也薛注竝云仇讎也又史記晉世家云仇者讎也仇怨讎也漢書蓋寬饒傳多仇少與注○周禮典瑞注難仇讎疏云仇為怨讎為報仇怨也孟子滕文公下葛伯仇餉注又太乎斷爾仇不闈注怨耦曰仇易鼎我仇有疾釋文引鄭注又詩闕睢箋兔置箋無衣與子同仇箋皇矣詢爾仇方箋又一切經音義一引三蒼又楚辭惜誦羌衆人之所仇也注仇惡也廣雅釋詁一仇合也爾雅釋詁仇匹也爾雅釋詁又易鼎釋文又詩無衣傳皇矣傳賓之初筵賓載手仇釋文又禮記緇衣注又漢書匡衡傳又後漢伏湛傳注邊睞傳注○爾雅釋詁孫注云仇相求之匹也李注云仇讎怨之匹也又書文侯之命父義和鄭注云義仇皆訓匹

也故名仇字儀簡功棄大者仇也新序雜事二仇仇猶謷謷詩正月執我仇仇傳○爾雅釋訓云仇仇敖敖傲也仇仇無倫之皃爾雅釋訓舍人注又李注仇矛仇讎也所伐則平如討仇讎也釋名釋用器○釋兵云仇矛頭有三叉言可以討仇敵之矛也萱按此引申段借之名蓋本無正字秦風作咎矛其音同也戎國特望文生說耳仇謂挹取猶詩賓之初筵釋文○萱按此依箋義謂仇即剌之段借字或書作吼

咎

高气也臨淮有咎猶縣說文段注詩咎矛是此咎字臨淮云云見地理志按韓子智伯伐仇猶非此縣地咎三隅矛也詩小戎咎矛鍪鏄傳○當按釋名作仇矛同音通用俗作厹矛者非厹乃獸逐咎由狄國或作仇首也國策雨周萊注

鼽

○谷有鼽病寒鼻窒也說文○萱按窒者寒也月令民多鼽嚏呂覽淮南作鼽窒鼻窒曰鼽鼽久也涕久不通遂至窒窒也釋名釋疾病鼽鼽鼻呂覽盡數處鼻則為鼽為窒注

鼽謂鼻中水出也素問金匱眞言論春不鼽衄注氣交變大論不成欬而鼽注鼽病也廣雅釋詁一鼽頄也頄面顴也素問氣府論注○萱按此謂即頄之段借字也頄與頯同鼽

肒

孰肉醬也說文段注用孰肉為醬孰廣韻作乾疑孰是脡下云生肉醬者鮮旬醬也

艽

遠荒也詩曰至于艽野說文段注艽之言究也窮也○廣韻一引埤蒼云艽遠荒艽野遠荒之地詩小明地

莍

蚍虾也說文段注釋艸曰莍蚍虾東門之枌視爾如莍毛傳曰莍芘芣也與說文皆字異音同陸璣曰一名荊葵似蕪菁華紫綠色可食微苦蚍虾音毗浮○爾雅釋艸舍人注云莍一名蚍虾莍今荊葵也爾雅釋艸注莍小艸多花少葉葉又翹起爾雅釋艸注引謝氏

猶 羕求切

或書作猷○俗有貓攫屬一曰隴西謂犬子為猶說文段注釋獸曰猶如麂善登木許所云攫屬謂此也曲禮曰使民決嫌疑定猶豫正義云說文猶攫屬豫象屬此二獸皆進退多疑人多疑惑者似之故謂之猶豫

按古有以聲不以義者如猶豫雙聲亦作猶與亦作冘豫皆逕疑之皃老子豫兮如冬涉川猶兮若畏四鄰離騷心猶豫而狐疑以猶豫二字目具狐疑耳李善注洛神賦乃以猶獸多豫狐獸多疑對說王逸注離騷絕不如此禮記正義則又以猶與豫二獸對說皆郢書燕說也如九歌君不行兮夷猶王逸即以猶豫解之要亦是雙聲字春秋經猶三望猶朝于廟猶釋今謂可已而不已者曰猶即猶豫夷猶之意也釋詁曰猷謀也釋言曰猷圖也召南傳曰猶若也說文圖者畫計難也謀者慮難也圖謀必酷肖其事而後有齊故圖也謀也若也為一義周禮以猶鬼神示之居猶者圖畫也是則皆從遠疑鄭重之意引伸之魏風毛傳猷可也可之義與庶幾相近度幾與今語猶者相近也釋詁又曰猷道也以與由音同秩秩大猷漢書作大繇可證釋詁又曰猷已也謂已然之詞言亦即猶三望之類也今字分猷謀字犬在右語助字犬在左經與絕無此例隴西云云此別一義蓋證从犬之意○漢書高后紀計猶與注云猶獸名也又云隴西俗謂犬子為猶又御覽九百廿五引纂文云隴西以犬為猷又爾雅釋獸釋文云猶隴西人謂犬子也又引尸子云猶五尺大犬也萱按顏氏家訓書證云猶獸名也既聞人聲乃豫緣木如此上下故稱猶豫選注禮疏皆沿其說其實非也猶遠類

也卬鼻長尾性多疑史記呂后紀索隱○蓋按如所說豈猶即雎與猶猶豫也荀子非十二子世俗之溝猶瞀儒注○易豫由豫釋文引馬注云猶豫疑也猶與不決也漢書霍光傳不忍猶與注猷詐也方言十三○注云猷者言故為詐猶欺也廣雅釋詁二猶笑皃莊子逍遙遊宋榮子猶然笑之釋文引崔李注猶猶疾舒之中禮記檀弓上君子蓋猶猶爾注猶然舒遲皃荀子非十二子猶然而材劇志大注哀公猶然如將可及者君子也注猶若舒和之皃荀子子道蓋猶若也注猶是言如故穀梁傳二年傳壁則猶是也注○儀禮鄉射禮司射猶挾乘矢注司射猶挾一個注拉云猶有故之辭又大射儀注云猶守故之辭猶困也文選封禪文猶兼正列具義注引孟康猶謀也詩采芑克壯其猶箋巧言為猶將多箋文王厥猶翼異箋板為猶不遠箋桑柔秉心宣猶箋常武王猶允塞傳泮水式固爾猶箋猷訓為謀書君爽告君乃猷裕疏猶圖也詩小旻不敢告猶箋白華箋板猶之末遠傳椰遠猶辰告箋訪落繼猶泮奐箋般允猶翕河箋又周禮凡以神仕者注小行人行人其悖逆暴亂作慝猶犯令者為一書注又

禮記儒行猶將不忘百姓之病也注又左氏成八年傳注猶圖也後漢班彪傳下注猶若也詩小星寔命不猶傳數鍾其德不猶傳又禮記郊特杜注內則弟子猶歸器注又國語周語民之有口也猶土之有山川也注○王尚書引之經傳釋詞云猶為若似之若又為若或之若○王云猶猶均也物相若則均故猶又有均義左傳襄十猶將退也謂均將退論語猶之與人也謂均之與人燕策猶且點乎謂均將點猷若也爾稚釋言猶如也呂覽慎行且自以為猶宋也注猶尚也詩常式王猶允塞箋又禮記檀弓上期而猶哭注檀弓下君之三臣猶設之注又國策中山策猶且聽也注又呂覽士節以養其母猶不是注燙類猶伏之乎注務李而己猶有惠注適威吳之亡猶曉注又準南精神猶未足為也注猶可也詩陟岵猶來無止傳白華之子不猶傳猷可也爾雅釋言猷順也廣雅釋詁一猶者可止之辭左氏僖廿一年經猶三望注文五年經閏月不告月猶朝於廟注宜八年經壬午猶釋注猶者何通可以已也公羊僖廿一年傳文六年傳宣六年傳○般梁僖廿一年傳宣六年傳莚云猶者可以己之辭也又文六年傳云猶之為言可以己也猶蟲名也莊子至樂黃軌

生於九猷釋文引李注又列子天瑞九猷生于瞀芮釋文猶用也猶道也猷言也猷者道道亦言也蓋按此借猶猷為由子也祥在彼○古又段為猶為搖為繇為欲皆一聲之轉也猶良犬也集韻

輶

輕車也詩曰輶車鑾鑣說文段注輶車郎輕車也本是車名引中為凡輕之循大雅德輶如毛箋云輶輕也此引中之義也詩者秦凡四鹹文傳曰輶輕也此本義也輶輕也爾雅釋言又禮記中廣注表記注又漢書歛傳上注又荀子彊國注又文選吳都賦輶軒蓼櫓劉注赫白馬賦飛輶軒以戒道注蟲通賦乃輶德而無累曹注

楢

柔木也工官呂為奐輶說文段注大鄭引鄉子書秋取作楢之火工官若周之輪人漢之考工室也奐輪者安車之輪也郭注山海經云楢剛木中車材剛木郎柔木蓋此木堅翹故柔剛異循而同貴耳○山海經中山經云峪山其木多楢○萱按械樸之薪燎大宋尚之栳燎熱字式作楢皆段借也

蕕

水邊艸也說文段注漢書子虛賦音義四軒于蕕艸也生水中栳州有之釋艸荀蔓于荀郎蕕蔓于軒于○萱

按蕕作荀者字之省借也說文荀音義皆同綃與此無涉荀一名軒子江東呼荀爾雅釋艸注蕕臭艸也左氏僖四年傳一薰一蕕注又後漢黨錮傳注又太年聚鼎血之蕕注○萱按禮記內則注作一薰一病此可网通也廣者朽木臭蕕臭也家語致思回聞薰蕕不同器而藏注

游

或作游廷○俗有避旒旒流旅或遊古文旌旗之流也說文段注流宋刊本皆同集韻類篇乃作旒俗字耳旗之游如水之流故得循流也大常十有二游旂九游旟七游旗六游旒四游周禮王建大常十有二游上公建旂九游矦伯七游子男五游孤鄉建旛大夫士建物其游各視其命之數禮韓舍文嘉云天子之旗九仍十二旒曳地諸矦七仍九旒齊軨鄉大夫五仍七旒齊軾士三仍五旒齊首皆不言其命數未可信旗之正幅為縿游則為焉節脈氏六人維王之大常注王网旌十二旒网以棣緻連旁三人特之然則旗之制游屬於网旁十二游者一旁六游九游則网旁一四一五已下可知也黽地齊軨皆謂游其正幅之長爾雜曰旒長存餘末聞游亦曰旟楊桃賦有此字大人賦作常游周禮旒省作存引仲為凡垂流之循如弁飾說冕弁之游是又引仲為出游嬉游俗作遊○蓋按游省作游俗乃製旒而

讀若流不知流乃此字之義非此字之音韻書不達此指而二字判若鴻溝具誤久矣又樓說文旒字別見益淺人所亂

也今依段氏說并合之集韻既合旒於游矣又於宵韻出旐識不定也游旌旗之游左氏桓二年傳鞶厲

游纓傳○疏云游是旋之垂者施之別名旂旌旗之流隨風動搖也漢書五行志下之下君若

贅旒注引應劭○匡謬正俗四云旂者旌旗之旂旒旌旗之垂者也詩長發為下國綴旒箋○漢書

楊雄傳上泰華為旒注又文選車駕幸旌口詩祥颺被縣旒注逗云旒旌旗之旒也旒旂旒也公羊襄十六年

傳君若贅旒然注又漢書張衡傳君若綴旒注旒謂縿末之垂者詩干旄箋以縫紈旌旗之旒縿旒

旒旛也文選羽獵賦泰華為旒注引張晏旒章也詩長發傳○謹按綴旒郊特牲注作暇鄭玉萬田部

作暇流宵段借也流亦訓釋字游猶流也漢書匈奴傳下注引服虔○韋玄成傳德盛而游廣注引如淳云游

亦流也又項籍傳必居上游注云游即流也又引文穎云水之流上曰游游浮也後漢馬援傳注禮記緇衣故大

人不倡游言注云游猶浮也又疏云游言謂浮游虛漫之言又易繫辭下傳其辭游疏云游浮游浮水曰游

列子黃帝能游者可敎也釋文○方言十潛又遊也注云潛行水中亦為遊也順流而下曰泝游爾雅

釋水○詩蒹葭遡游從之傳云順流而涉曰遡遊遊不係也莊子外物心有天遊注游渡也淮南

脩務游川水注游行也詩板及爾游行傳又淮南原道游微霧注循天者與道游者也注覽冥麟麟游於郊注精

神是故真人之所游注○素問陰陽游謂游陽為游部注云游謂游行遊行也禮記曲禮上遊毋倨疏又國策

秦策王資臣萬金而遊注遊遨也文選封禪文麻壞可游注游出也淮南原道以之游注麟遊觀

也詩有杕之杜噬肯來遊傳遊謂出入上觀禮記王制騰飲食從於遊可也注遊戲也廣雅

釋詁三遊俠也廣雅釋詁二遊仕也國策秦策王獨不閒吳人之遊楚者乎注遊謂閒暇

無事之遊禮記學記息焉遊焉注○周禮諸子注遊倅倅之未仕者疏云遊是遊暇遊謂遊逸書無

逸文王不敢盤于遊田疏游亦豫也孟子梁惠王下吾王不游注○易繫辭下傳其辭游荀注云游豫之屬也

游樂也呂覽貴直在人之游注淫樂為游塵穀梁傳序數芳風扇游塵疏引舊解以春出

原農事之不本者謂之游管子戒不足據依故曰游論語述而游於藝集

解○皇疏云游者履歷之辭也遊無官司者周禮師氏凡國之貴遊子弟學焉注游卒未仕者

也禮記燕義國子存游卒注○周禮諸子國子存遊倅注云遊倅倅之未仕者游食謂不勤於事

素淪游手也荀子成相篇下職莫游食注○後漢明帝紀注云游食謂浮食者游龍猶放縱

也詩山有扶蘇隰有游龍箋遊蕩言其遊散也易繫辭上傳遊魂為變注游謂化而去

也荀子賦食桑而吐絲注游女謂漢神也詩漢廣漢有游女韓詩游儀亦表也周辭

算經下即以一游儀希望乘牛中央星注游環靷環也游在背上所以禦出也詩小

戎游環脅驅傳○釋名釋車云游環在服馬背上驂馬之外轡貫之游移前後無定處也遠遊冠諸侯王

所服展筩無山獨斷下旒謂冕前後所垂玉也後漢蔡茂傳注○謹按此段旐

為流王也斿貢燕好珠璣琅玕也周禮大宰八曰斿貢注游離宮也周禮天官序官

閽人囿游亦如之注○囿人掌囿游之獸禁注云囿游囿之離宮小苑觀處也遊樹浮柱也文選長門賦羅

丰茸之遊樹兮注游冬苦菜也廣雅釋艸陵遊龍膳也同上游雉媒名江淮

閒謂之游游者言可與游也文選射雉賦恐吾游之晏起徐注○謹按詠懷詩素質游商聲

段遊為由也又或借為猶亦同音通用字

攸

○俗有淑懋汥秦刻石嶧山句石文攸字如此行水也說文段注戴侗曰唐本作水行攸攸也其中從泝擬

當作行水攸攸也行水順其性剛安流攸攸而入於海衛風傳淑淑流皃是也作淑者俗變也左傳說火曰鬱攸從之蒙

葺公屋火之行如水之行故曰鬱攸大雅曰為韓姑相攸釋言攸所也水之安行為攸故凡可安為攸又借為適字適乞

行皃水行之攸乞行之適皆主和緩故或用攸或用適汝字人省水不省嶧山石文史記不載其文曰登于嶧山彝臣從

者咸思攸長令作脩者傳刻失真也又史記載會稽石文曰皇帝休烈平一海內德惠脩長小司馬云王劭按張徽所錄

會稽南山秦始皇碑文脩作攸蓋其字亦作淑也用此知小雅大雅毛傳皆云脩長也經文脩字皆攸之假借本作攸後

改爾釋詁永悠迴遠遐也悠當作攸攸然迅走水趨深處也孟子萬章上攸然而逝注攸懸
危之皃左氏昭十二年傳湫乎攸乎注攸攸遠皃漢書叙傳下注攸所也易坤君子有攸往釋
文又書多方馬注又詩蓼蕭萬福攸同箋旱麓福祿攸降箋皇矣攸馘安安傳靈臺麀鹿攸伏箋韓奕箋泮水淮夷攸服
箋又周禮大司徒注各有攸字疏又儀禮士冠禮髦士攸宜注又禮記緇衣朋友攸攝注又左氏成二年傳民之攸塈注
襄十一年傳注襄卅一年傳注昭廿六年傳未有攸底注哀五年傳注又國語晉語注楚語注又素問至眞要大論隨其
攸利注又漢書五行志上注引應劭五行志中之上注地理志注司馬相如傳下注韋賢傳注敘傳下注又後漢班彪傳
上注張衡傳注袁諱傳注又孟子滕文公下有攸不爲匡注又太玄藉若子攸行注無攸性注疆無攸用注書于人攸資
注又文選東京賦宓妃攸館薛注思玄賦非是時之攸珍舊注○漢書叙傳上梟取弔于通吉兮注云攸亦所也攸
笑皃也漢書敘傳上注○蓋按此既攸爲適也二字多亙借通用不勝指屈既爲鋼漢範五行傳槩聽於怵攸注
云攸讀爲風雨所潦鋼之鋼又既爲逐易頤其欲逐逐釋文引志林云攸當爲逐浟浟流皃也楚辭大招

弱水浟浟只注○謹按此用詩竹竿傳也詩本作滺滺五經文字作淇水攸攸浟渙流行之皃文選海賦
則乃浟湙瀲灩注浟浟欲利之皃漢書敘傳下注悠悠行皃詩黍苗悠悠南行傳又漢書韋
賢傳注又文選吳都賦常沛沛以悠悠劉注○楚辭大招蟜龍竝流上下悠悠只注云悠攸蟜龍行皃也謹按此既悠爲
攸悠悠流皃文選吳都賦悠悠旆旌者劉注悠長也禮記中庸微則悠遠疏又國語吳語今吾道路
悠遠注又一切經音義九引國語賈注悠悠長也文選盧子諒時興詩注引國語賈注悠遐也爾雅
釋詁悠遠也爾雅釋詁又詩訪落於乎悠哉傳又漢書敘傳下音義引應劭又文選補亡詩武功外悠注○爾雅
釋詁舍人注云悠行之遠也悠悠遠皃詩載馳驅馬悠悠傳又文選高唐賦悠悠注○詩黍離悠悠蒼天傳
云悠悠遠意悠悠多也後漢朱穆傳注○崔駰傳注云悠悠衆多也悠遠放散皃也史記
司馬相如傳悠遠長懷正義悠闇遠視不分辨之皃荀子議兵善用兵者感忽悠闇注悠
陽曰入皃文選秋興賦日悠陽而浸微注悠忽游蕩輕物也淮南脩務我誕讀而悠忽注

悠

悠從風皃文選東京賦紛焱焱以容裔薛注攸猶用也攸猶所以也攸語助
也謹按攸見經傳釋詞蓋王尚書推闡而出者洵足爲治經之助不得以古訓未有而疑之詳在本書
憂也說文段注釋訓曰悠悠洋洋思也小雅悠悠我里傳曰悠悠憂也按此傳乃悠之本義渭陽悠悠我思無傳益
同釋訓若黍離悠悠蒼天傳曰悠悠遠意此謂悠同攸攸同脩古多叚攸爲脩長也遠也悠悠憂皃楚辭初敘
悠悠蒼天兮注悠思也爾雅釋詁又廣雅釋詁二又詩關雎悠哉悠哉傳悠感思也爾雅釋詁注
悠悠思也詩巧言悠悠昊天箋○謹按悠訓憂訓思外無慮蓋攸之叚借也彼注具矣

鋚

或作鋚鐵也一曰轡首銅也說文段注後說別一義小雅鋚革沖沖毛傳曰鋚轡也革轡首也按
鋚轡也當作鋚轡首飾也轉寫奪去二字耳下文云沖沖垂飾皃正承轡首飾而言許釋鋚爲轡首銅鋚即鋚字詩本作
攸轉寫誤作鋚攸革蓋古文叚借字也古金石文字作攸勒或作鋚勒轡首銅者以銅飾轡首也革部勒下云馬頭絡銜
也即毛傳所謂轡首也周頌載見箋云鞗謂金飾正興轡首銅之判合大雅韓奕轉以爲鞠淺以爲鞗鋚以飾勒金以飾

軛四事文意一例鋚勒謂以銅飾轡之近馬弱處垂之沖沖然也鋚革轡首垂也詩采芑鉤鋚革箋○
韓奕鋚革金厄箋云鋚革謂轡也又載見鋚革有鶬箋云鋚革轡首也

油

油水出武陵孱陵西東南入江說文段注武陵郡孱陵二志同今湖北荊州府公安縣縣
西二十五里有孱陵故城是也水經曰油水出武陵孱陵縣西畔東過其縣北又東北入於江注云遷公安縣西北流注
於大江然則許云東南入江南當作北明矣江水篇經云江水又東南當華容縣涌水入焉又東南油水從西南來注之
之注云右合油口油水東有景口景口東有淪口淪水南與景水合又東通澧水及諸陵湖按今荊州府虎渡口北江之
南岸有支津南通公安諸湖水古油水必在其閒江表傳曰劉備爲荊州收立營油口五代梁開平四年馬殷遣將僂荊
南單於油口今公安縣北舊有油口巡司是其水今雖湮沒非無可考也按經史曰油然作雲曰雲之油油曰禾黍油油
曰油油以退玉藻注曰油油悅敬皃俗用爲油膏字油然物始生好美皃禮記祭義則易直子諒之
心油然生矣注○樂記注又大戴記文王官人喜色由然以生注竝云油然新生好皃也謹按盧又云由當爲油以油由

甹

爲正借字也然此皆引申叚借之義本無正字作由亦可通矣玉藻禮記三爵而油油以退釋文云油油本亦作由

油然謂無所給惜也莊子知北遊油然不形而神釋文

油然不進之皃也家語五儀解油然若將可越而不可及者注

油然興雲之皃孟子梁惠王上天油然作雲注〇華嚴經音義下引毛詩音義云油雲春雲也

油油雲行皃史記司馬相如傳集解引漢書音義

油油者禾黍之苗光悅皃史記宋世家索隱

油油麻肥也文選魏都賦注引聲類

油油流也廣雅釋訓〇楚辭惜賢油油湘江長流汩兮注云油油流皃也

油油浩浩之皃孟子公孫丑上故油油然與之偕注

柰油檮柰實和以塗繒上燥而發之形似油也杏油亦如之釋名釋飲食

罨謂之油爾雅釋器

〇俗有柚柚

木生條也商書曰若顛木之有甹枿古文言由枿說文段注條者小枝也商書云云般庚上篇文今書作由蘗許木部作甹㰀枿即櫱蘗之異體也甹者生也左傳史趙曰陳顓

繇

項之族也歲在鶉火是卒滅陳將如之今在析木之津猶將復由此以生滅對言由即甹之既借詩序曰由儀萬物之生各得其宜也此以生釋由以宜釋儀由亦甹之叚借下云古文言由枿則作甹者伏生歐陽夏侯之書也許於書偁孔氏而不廢伏生於此可見矣古文謂孔氏壁中書也伏作甹爲正字孔作由爲叚借字偁伏又偁孔者明叚借也不曰古文甹作由云古文言由枿者此偁經非說字也嫌其無別也故別之孟康注漢書黎民祖飢曰祖古文言阻

〇俗有繇

由或〇說文由字逸从叚本補

隨從也說文段注辵部曰從隨行也隨從也繇與隨從三篆爲轉注从糸者謂引之而性也爾雅釋故曰繇道也詩書繇作猷叚借字小雅匪大猶是經大雅遠猶辰告傳皆曰猶道也書大誥猷爾多邦猷亦道也道路及導引古同作道皆隨從之義也繇之譌體作繇亦用爲傜役字傜役者隨從而爲之者也古繇由通用一字也各本無由篆全書由聲之字皆無枆枨今補枨詩書論語及他經傳皆用此字其象形會意今不知或當从田有路可入也韓詩橫由其畝傳曰東西曰橫南北曰由毛詩由作從〇書晚出孔序臯陶謨釋文陶本又作繇萤楳繇陶正借字也陶當从繇音不當讀若偽也是爲音理

繇自也爾雅釋水繇滕以下爲揭注

繇用

也呂覽貴當必繇其道注

繇於也爾雅釋詁〇注云繇辭語之韻總

繇過也左氏昭廿六年傳繇朐汏輈注

繇喜也爾雅釋詁

繇道也爾雅釋詁又漢書敘傳上注又文選上林賦則仁者不繇也郭注典引孔繇先命聖孚也蔡注

繇即由也左氏昭廿六年傳又後漢班彪傳下注〇詩抑疏云由與繇音義同萬接漢書用繇字特多小顏云繇與由同

由自也爾雅釋詁又禮記內則由衣服飲食注由從士以下注又文選思卒賦不識嘆之所由舊注

由自從也易豫由豫虞注頤由頤眞注

由從也易豫釋文又詩君子陽陽右招我由房箋賓之初筵匪由勿語箋又禮記由禮工由客之左注奮衣由右止疏表大記由外來者在而方疏經解夫禮禁亂之所由生疏仲尼燕居皆由此塗出也疏三年問由九月以下疏又國語周語由是第之注魯語注晉語由是始之注必長者之由語又論語泰伯民可使由之鄭注又漢書志傳各注又後漢張敞傳注方術傳注又荀子禮論注解蔽注哀公行不務多務審其所由注又呂覽貴公注又文選補亡詩由庚萬物得由其道也注

由從也周也漢書魏相傳注

由從也周也漢書食貨志上注五行志上注杜周傳注杜欽傳由周公之謙懼注匈奴傳上

朕與單于俱由此道注

由用也書大誥爽邦由哲疏呂刑罔不由慰日勤疏又詩君子陽陽箋小弁無易由言箋又禮記郊特牲有由辟焉注學記使人不由其誠注雜記由文矣哉注禮運亦由此其選也注故飲食有由也注禮器民共由之注緇衣亦不克由聖注又大戴記少閒由君居之成於純注又左氏文六年傳由質要注宣十五年傳由商紂由之注襄卅年傳不能由吾子注昭八年傳猶將復由注又論語泰伯民可使由之集解又皇疏又廣雅釋詁四又爾雅廣詁又漢書志傳各注又後漢章帝紀注又孟子離婁下由君子觀之注盡心上終身由之注又荀子不苟見由則恭而止注議兵注正論注又呂覽務本注處方注情欲注又淮南說山注又楚辭天問何由并投注

由式也方言十三

由行也又廣雅釋詁四禮記經解是故隆禮由禮疏又廣雅釋詁一

由衍行皃文選長笛賦由衍識道注

由經也論語爲攷觀其所由集解〇皇疏云由者經歷也

由在也禮記襍記下容自下由路西疏

由於也詩抑無易由言箋

由若也考工記梓人而由其虛鳴司農注

由助也廣雅釋詁二

由輔也燕之北鄙曰由訪六

由正也方言六注〇又云由迪正也東齊青徐之閒相

相正謂之由迪**由由悅也**管子小問由由乎茲免何其君子也注○大戴記文王官人喜色由然以生注云由當爲油萱按由油同聲故其義有相同者釋詁繇自訓喜奚必由然破爲油乎**由由猶豫也**楚辭惜賢尚由由而進之注**猶用也**老子悠兮其貴言釋文○萱按此借猶爲由也猷郎猶字孟子由反手也我由未免爲鄉人也則叚由爲猶同音互相借也左氏莊十四年傳猶有妖乎疏云古者由猶二字義得通用**猶道也**詩采芑克壯其猶傳斯干無相猶矣傳小旻謀猶回遹箋不我告猶傳匪大猶是經傳板爲猶不遠傳抑遠猶辰告傳訪落繼猶泮渙傳又禮記禮器匪革其猶注緇衣注又漢書嚴助傳注○雜記猶是附於王父也注則猶是與祭也注攷云猶當爲由又爾雅釋詁鬱陶繇喜也注云禮記曰人喜則斯陶陶斯詠詠斯猶猶即繇也**猷道也**爾雅釋宮又書大誥王若曰釋文多方猷告爾四國多士疏又詩巧言秩秩大猷箋角弓君子有徽猷箋又禮記坊記爾有嘉謀嘉猷注又後漢傅毅傳注又文選幽通賦謨先聖之大猷兮曹注補亡詩顯猷翼翼注○方言三云猷道也東齊或曰猷又幽通賦注云猷武作繇**猷言也**爾雅釋詁○注云猷者道道亦言也**繇役也繇憂也**萱按此叚繇爲係也韓劾

碑復顏氏并官氏邑中繇發以尊孔心正是係義而繇字正體獨不誤**繇柚也繇悅茂也**萱按此叚繇爲蘇也**繇搖也繇搖動也**萱按此謂繇字即搖之叚借字也**繇卦兆之辭也**萱按此叚繇爲籀也籀之俗體作繇正自繇字轉變○又按漢書李壽傳人民繇俗叚爲謠也**鼯鼠夷由**爾雅釋鳥○萱按由或作鼬晚出字也又養由基作游基顏讎由作顏濁鄒異贓融孟子由由然不忍去也韓詩作愉愉然不去皆叚借也由融愉雙聲

䍃

二部三部兩讀注在彼

䚻

或作謠○二部三部兩讀**徒歌**說文○萱按二部䍃聲三部䚻聲互相通轉故䚻變爲謠而讀如遙第二部詳之**䚻從也**廣韻○萱按此古義也與繇略同

邎

○俗有邎**行邎徑也**說文段注玉篇邎疾行也按此當作行徑也或作行由徑也

[弓+繇]

○俗有[弓+繇][弓+繇]**弓便利也**說文段注繇之言由也所謂自由自使也

[門+繇]

○俗有[門+繇]**開閉門利也一曰縷十紘也**說文段注今俗語云自由由便當作此字按紘字有譌紘者冠卷非其義疑當作總漢律曰綺絲數謂之絩布謂之總總者謂布縷之數八十縷爲一總即禾部之稯禮之升也縷者麻縷也

[囗+繇]

○俗有[囗+繇]**囮也**說文段注囮[囗+繇]本二字一化聲一繇聲其義則同廣雅釋言曰囮[囗+繇]也是可證爲二字轉注矣潘岳射雉賦恐吾游之晏起又良游呃喔引之規裏徐爰注雉媒江淮閒謂之游唐呂溫有由鹿賦游與由皆即[囗+繇]字也音由三部徐鉉云訛由二音誤也○萱按說文囮[囗+繇]爲一字益後人誤合之也今依段氏訂正[囗+繇]之不得在十七部猶囮之不得在此部也許云率鳥者繫生鳥以來之名曰囮潘賦云瞰而習媒翳之事萱謂[囗+繇]囮媒異名而同實[囗+繇]由游同音而相叚**[囗+繇]言由今獄師有[囗+繇]也**北戶錄引字林

蘨

○俗有蘨**艸盛皃夏書厥艸爲繇**說文段注依鍇本及宋本作繇他書凡繇皆作繇蘨作蘨馬融注尚書曰繇抽也故合艸繇爲蘨此許君引禹貢明從艸繇會意之恉引經說字形之例始見於此詳後蘨下**繇悅**

茂也漢書地理志上中繇木條注○書禹貢晚出傳云繇茂也萱按蘨繇爲正借字繇蘨爲古今字繇則俗體也

䌛

○俗有䌛**瓜也**說文段注有瓜名繇也

櫾

疑當作櫾**昆侖山河隅之長木也**說文段注西山經曰槐江之山西望其大澤其陰多榣木郭曰榣木大木引國語榣木不生危按榣即櫾字韋注晉語亦云櫾木大木也晉語一本作拱木非許謂櫾爲長木榣爲樹動他書則櫾爲橘柚櫾爲長木用字之不同也穆天子傳曰天子釣于河以觀繇之木郭云姑繇大木姑繇亦即櫾也○萱按說文無繇不當獨有从木之櫾疑本作櫾而轉寫致誤**櫾似橘而大也**山海經中山經注○萱按此叚櫾爲柚也

卣

繇作卣**卣𠧪**籀○此與上聲義同與本義體求切異**卣中尊也卣器也**竝爾雅釋器上聲內詳之王莽傳注尊作樽**逌寬舒顏色之皃也**文選荅賓戲主人逌爾而笑曰注引項岱**逌然自得皃**列子力命終身逌然釋文

覞

或作覞 下視突也 說文段注曲禮曰凡視下於帶則憂左傳曰單子視下言徐按云下視深者謂下視深窈

之處

蒏

或作蒏 蕢藉艸也 說文

壂

或作壂 遺玉也 說文段注謂贈遺之玉也蒙上琀送死言之何休曰知死者贈襚襚猶遺也大宰典瑞皆言大

喪賵玉注云蓋壂也錯說以山海經遺玉僕是玉名則當廟於療己下十六字間此字蓋在禮古經及記則

舀

平工兩讀 抌或𦥷抌或抒臼也詩曰或簸或舀 說文段注生民詩曰或舂或揄或簸或蹂

毛云揄抒臼也然則揄者舀之段借字也抒抱也既舂之乃於臼中抱出之今人凡爾彼注此皆曰舀其引申之語也詩

四云云此偁或舂或揄也簸字系一時筆誤耳舀揄不同則或許所據毛詩作舀或許奄取諸三家詩如毛作革韓作鞠之

比皆不可定周禮舂人奄二人女舂抌二人奚五人鄭曰抌抒臼也引詩或舂或抌禮有司徹篇執桃匕柄以抱滔注於

疏匕鄭云桃請如或舂或抌之抌按鄭君注禮多用韓詩然則韓詩作抌郎舀也○段又注以滔切今語也古音讀如由

釋文引說文弋紐切音陰己如此 抌推也 方言十 抌刺也 廣雅釋詁一 抌擊背也 列子

黃帝櫝枇族抌注引方言○萱按釋文抌一本作抗此形近之為非若榆為借字也

調 體求切

龢也 說文段注龢各本作和今正龠部曰龢調也與比互訓和本係唱和字故許云相應也今則和行而龢廢矣

調和也 廣雅釋詁三又呂覽長見皆以為調矣注察今一鼎之調注又淮南假真耳分八風之調注天文故黃鐘

之律九寸而宮音調注又雜餘擊皆縣而能調注謬諫恐操行之不調注○周禮士均疏云土均主調郎是和義又荀子

臣道調和樂也注云調和不爭競也 調者調和音曲 禮記月令疏○荀子正名聲音清濁調竽奇聲以耳

異注云調竽謂調和竽生之聲也 調謂和平之 漢書張良傳注 調平均也 漢書食貨志下白調

盛虛注 調猶和合也 周禮地官序官調人注○莊子知北遊調而應之德也偶而應之道也注云調偶和

合之謂也 合得密周謂之調 貫子道術 調適也 淮南說林注不同味而皆調於口○素問上古

天真論調於四時注云調謂調適又漢書張湯傳調護之尤序注云調和適之令得其所也

調謂弓強弱

與矢輕重相得 詩車攻弓矢既調箋 調者治其器物習其事之言 禮記月令

調竽笙竾簧注 調護營護也 史記留侯世家煩公幸卒調護太子集解引如淳 調悅者情之

道也 大戴記子張問入宮 調調刁刁動搖皃也 莊子齊物論而獨不見之調調之刁刁乎注

調欺也 廣雅釋詁二 調譀也 廣雅釋言 調啁也 同上

蜩

螪 或 蟬也詩曰五月鳴蜩 說文段注豳風傳曰蜩螗也大雅如蜩如螗傳曰蜩蟬也螗蝘也小

雅鳴蜩嘒嘒傳曰蜩蟬也不同者或渾言或析言蟬之類不同也夏小正傳曰唐蜩者匽爾雅曰蜩蜋蜩螗蜩許書無螗

字螗蓋蟬之大者也當依小正作唐○考工記梓人注旁鳴蜩蜺屬釋文又禮記內則爵鷃蜩范注又漢五行志中之上

注司馬相如傳上蝘蜩蠆蛛注張揖又莊子逍遙遊蜩與學鳩笑之曰釋文引司馬注達生見痀僂者承蜩釋文又列子

黃帝注註云蜩蟬也又方言十一云蟬楚謂之蜩宋衛之閑謂之螗蜩陳鄭之閉謂之蜋蜩又詩七月疏云蜩蟬一物方

俗異名耳又蕩陸疏云鳴蜩蟬也宋衛謂之蜩陳鄭云蜋海岱之閒謂之蟬蟬通語也

蜩宮中小青蟬

也 爾雅釋蟲條注 三輔以西為蜩梁宋以東謂蜩為蝘 爾雅釋蟲舍人注 蜩

螗多聲之蟲 詩蕩疏 閭蜩蟪也 廣雅釋蟲○方言十一云蟪謂之寒蜩寒蜩瘖蜩也 寒蜩

螢也 方言十一注○禮記月令寒蟬鳴注云寒蜩謂蜺也 蜩甲蟬蛻皮也 莊子寓言予蜩甲也釋文

引司馬注 蜩蟧掉頭也 漢書司馬相如傳下蜩蟧偃蹇注引張揖

卣

隸作卣 卣䑓 籀○平上凡三見此李也與漾求漾九二詩異義 艸木實垂卣卣然象形讀

若調 說文段注卣卣垂皃莊子曰之調調之刀刀之比也調調謂長者刀刀調短者調調郎卣卣也卣之隸變為卣

周書雒誥曰秬鬯二卣大雅江漢曰秬鬯一卣毛云卣器也鄭注周禮廟用修云修讀曰卣卣中尊尊凡彝為上尊卣為中

尊罍為下尊中尊調獻象之屬按如許說則木實垂者其本義殷借為中尊字也中尊之義羊九反又音由

𠤟

○俗有𠤟 田器也 說文段注艸部曰莜莜田器也𠤟與筱音義皆同蓧一物也 𠤟畚也 廣雅釋器

條

○俗有條 小枝也 說文段注毛傳曰枝曰條渾言之也條為枝之小者析言之也○廣雅釋言云條枝也又詩汝

賓疏云條亦木名也桑柳醜條爾雅釋木條桑落采其葉也詩七月蠶月條桑箋○萱桉此義釋文別讀他彫反所謂無事自檍條槄也爾雅釋木槄山榎孫注又詩終南有條有梅傳○陸疏云條槄也今山楸也條長也書禹貢厥木惟條晚出傳又詩椒聊遠條且傳條遠也禮記樂記感條暢之氣疏又太玄玄圖條暢乎四注條暢也漢書地理志上上中錄木條注條暢條直通暢也文選文賦洞條暢而罕節兮注條達也漢書律麻志工注禮樂志注條者生也白虎通八風條者達生也古徽書引春秋考異郵條分也暢也漢書禮樂志注條謂分條之也漢書外戚傳下其條判史大長秋白之注○丙吉傳分條中都官注云條謂疏錄之條直也理也素問五常攷大論其令條舒注○文選四子講德論進者樂其條暢注云條猶理也條書也廣雅釋詁四○萱按書即書字條事條也後漢章帝紀注條條智也爾雅釋訓○注云條條智思深長條條亂也廣雅釋訓○萱桉此予有亂十人之亂條條然獻也詩中谷有蓷條其獻矣傳條風鳴條言其迅也

淮南俶眞猶條風之時麗也注東北風為條風山海經南山經條風自是出注○禮記月令東風解凍疏云條風卽東風也艮為條風淮南墬形諸稽橋條風之所生也注又太平平脫柷檄之八風注○淮南天文距日冬至四十五日條風至注云條風艮卦之風一名融條風震氣所生也一曰明庶風淮南墬形注條鳴條也楚辭天問何條放致謂注○萱按周禮條狼氏既條為滌也又蔡湛碑蕭滌而雲消既滌為條也二子古益相為平入故五借通用矣又周禮巾車條纓五就既條為條也又爾雅條條舍人本作攸攸又張平子碑都封樹之蕭蓧既攸與條為條也諸字皆同攸聲也條俗體作樧見詩爾雅釋文又史記周亞夫封條侯作蓧侯蓋蓧條為正借字

蓨

苗也說文段注釋艸曰苗蓨也管子黑埴其艸宜苹蓨桉苹蓧二艸名○萱按蓨苗互訓二字亦相為平入也釋艸又有蓧蓨卽此物也苗正字蓧既借蓨說也集韻○萱按此既借之義也侯亦作蓨侯疑條為既借字

流 亮由切

或作沵㳅古籀水行也說文又文選長笛賦注引字林流行也書古太誓流之為鳴馬注又廣

雅釋詁一又荀子議兵刑罰省而威流注又呂覽蕃分譽流乎無止注又淮南原道疑結而不流注時則流而不滯注說山地平則水不流注○禮記郊特牲而流示之禽注云流猶行也流流行無城郭常居史記夏本紀二百里流集解引書馬注流沙沙流而行也離騷忽吾行此流沙兮注招魂流沙千里注○呂覽本味流沙之西注云流沙沙自流行故曰流沙流星星轉行如流水也釋名釋天流流而去也詩角弓見晛曰流傳流者不復返荀子非十二子多少無法而流湎然雖辨小人也注○孟子梁惠王下從流下而忘反謂之流云浮水而下樂而忘反謂之流流者無根源之謂荀子致仕凡流言流說流事流謀流譽流愬注○大略流言滅之注云流言謂流傳之言不定者也又詩七月序箋管蔡流言疏云流謂水流造作虛語使人傳之如水之流然故謂之流言又呂覽知度不好淫學流說注云邪說謂之流說流演也廣雅釋言又文選典引以流其占蔡注流覃也爾雅釋言流大也國語晉語流志而行注流灌也國策秦策以流魏氏注流順也太玄玄攡知陽者流注流歸也周書文傳四方流之注流至

也穀梁昭八年傳流旁握注引徐邈說流求也廣雅釋詁○漢書東方朔傳欲聞流議者注云流末流也流下也詩七月七月流火傳流亡也廣雅釋詁三流釋也淮南原道金火相守而流注流擇也爾雅釋詁流求也爾雅釋言又詩關雎左右流之傳流移也書禹貢二百里流晚出傳又漢書禮樂志注又管子侈靡則民不流矣注○考工記弓人寒奠體則張不流注又禮記中庸故君子和而不流注竝流猶移也又書堯典舜流共工于幽州放驩兜于宗山疏云流者移其居處若水流然又云流謂徙之遠方放使生活流放也書堯典流宥五刑馬注又禮記王制不從者君流注又國語周語乃流王於彘注余一人其流辟於裔土注流之若何注晉語有直質而無流心注流志而行注又漢書昭帝紀注又莊子盜跖舜流毋弟釋文又呂覽離謂范義子晉以此流注適戚注達響注又淮南李經皆在流道注說山流言雪汙注又文選典論論文注引國語晉注○書金滕乃流言于國疏云流卽放也又禮記射義夫君臣習禮樂而以流亡者注云流猶放也又後漢蔡邕傳論流極之運注云流極皆放也流謂湯散管子宙合君失音則風律必流注○漢書司馬相如傳下曼衍流爛注云流爛布散也又文選

上林賦流離輕禽注引張揖云流離放散也流猶變也書古太誓鄭注流猶偏也後漢班彪傳下注流猶待也後漢馬援傳注流猶枝也文選西都賦注引春秋漢含孳宋注流猶過也失也家語觀周夫說者流於辨注流猶失禮也禮記鄉飲酒義知其能和樂而不流也注○射義不從流俗注云流俗失俗也流猶淫放也禮記樂記使其聲足樂而不流注○樂勝則流注云流謂合行不敬也流邪移也荀子君子貴賤有等則令行而不流注○彊國其聲樂不流汙注云流邪淫也流辟謂君志流移不靜禮記樂記流辟邪散狄齊顏色均眾寡謂之流文選七命注引韓詩章句○魏都賦注引韓詩章句云均眾謂之流閒門不出容謂之洒流光迹相連也漢書天文志彗孛飛流流引孟康流謂部分大戴記曾子立事觀說之流注流謂等列也漢書外戚傳下記長信之未流注九流謂儒家道家陰陽家法家名家墨家縱橫家雜家農家後漢張衡傳注中流言如水之清濁相混也荀子禮論是禮之中流也注○

又云中流禮之中道也流潦水之薄者也詩泂酌箋流澌解氷也楚辭河伯流澌紛兮將來下注流匜吐水口也儀禮士虞禮匜水錯于槃中南流注○旣夕南流注云流匜口也流歠孟子盡心上放飯流歠注流眄轉眼皃也文選西京賦眳藐流眄薛注○淮南脩務目流眺注云流眺睛眄也又後漢馬融傳注云流覽謂周流徧覽也流亡謂流遁亾去也後漢張衡傳注○淮南要略樺流遁之觀注云流遁披散也流連猶瀰漫失其職業也淮南本經愚夫惷婦皆有流連之心注流謂流離以就食也後漢來歙傳注○漢書劉向傳物故流離注云流離謂亾其居匿也又司馬相如傳上流離輕禽注云流離困苦之也流離津液流皃文選文賦於流離於濡翰注○長門賦涕流離而從橫注云流離涕垂皃流離光彩皃也後漢蔡邕傳注流漫采色相參和也淮南本經流漫陸離注流蘇五采毛雜之以爲馬飾而垂之文選東京賦飛流蘇之騷殺薛注○吳都賦構流蘇劉注云流蘇謂翦緝緌垂於邪文之樓也飛矢曰流矢後漢

竇武傳注流黃土精也文選吳都賦紫貝流黃劉注○淮南本經流黃出注云流黃黃玉也千里之外曰采曰流禮記王制○水經溫水注云馬文淵立兩銅柱于林邑岸北有遺兵十餘家不反悉姓馬交州以其流寓號曰馬流○萱按荀子榮辱其㳅長矣公羊桓八年注㳅血尤深又竟廟碑永㳅無窮韓勅碑以注水㳅史晨後碑雨㳅里外皆用㳅字而說文不收又莊子德充符人莫鑑於流水崔李流作沬疑沬乃㳅之譌也又禮記樂記龍旂九流公羊襄十四年注君若綴流然皆叚流爲游也流當从遊音而遊字俗體有旒轄从流音顛倒眞矣冕旒則流金之之叚借字耳又左氏昭廿年傳出入周疏或作周流者字譌也又詩旄丘流離本作鷂作雷淺人改作流舟陸疏云流離梟也誤

瑬

○俗有瑬垂玉也冕飾說文段注弁師掌王之五冕五采繅十有二就皆五采玉十有二諸侯之繅斿九就珉玉三采繅斿皆就注繅雜文之名合五采絲爲之繩垂於延之前後就成也繅之每一帀而貫五采玉十二斿則十二玉也繅不言皆有不皆者袞衣之冕十二斿則用玉二百八十八鷩衣之冕繅九斿用玉二百十六毳衣之冕七斿用玉

百六十八希衣之冕五斿用玉百二十玄衣冕三斿用玉七十二侯當爲公字之誤也三采朱白蒼也繅斿皆就三采也每繅九成則九玉也公之冕用玉百六十二按弁師作斿玉藻从俗字作旒皆瑬之假借字○萱按江氏慎修據前旒蔽明之說疑冕無後旒凡鄭所言垂玉之數皆當減半其說似可用也旒謂冕前後所垂玉也後漢蔡茂傳注

珋

○俗有瑠琉石之有光者璧珋也出西胡中說文段注者字依李善江賦注補此當作璧珋石之有光者也恐亦後人倒之璧珋即璧流離也地理志曰入海市明珠璧流離西域傳曰罽賓國出璧流離璧流離三字爲名胡語也猶珣玗琪之爲夷語漢武梁祠堂畫有璧流離曰王者不隱過則至吳國山碑紀符瑞亦有璧流離梵書言吠瑠璃吠與璧音相近西域傳注孟康曰璧流離青色如玉今本漢書注無璧字讀者誤認正文璧與流離爲二物矣今人省言之曰流離改其字爲瑠璃古人省言之曰璧珋珋與流瑠音同楊雄羽獵賦椎夜光之流離是古亦省作流離也西胡西域也班固曰西域三十六國皆在匈奴之西故說文謂之西胡凡三見魏略云大秦國出赤白黑黃青綠

繚紺紅紫十種流離飾古曰此蓋自然之物采澤光潤踰於衆玉其色不怪今俗所用皆銷冶石汁加以衆藥灌而為之尤虛脆不貞實玉戴按古音卯丣二聲同在三部為疊韻而畱珊菲騶騶聊劉等字皆與丣又疊韻中雙聲帛貿茆等字與卯疊韻中雙聲部分以疊韻為重字音以變聲為重許若丣丣畫分而從丣之字俗多改為從卯自漢已然卯金刀為劉之說緯書荒繆正屈中止句馬頭人人持十之類許所不信也凡俗字丣變卯者今皆更定學者勿持漢人繆字以疑之

聊

○俗有聹㗅聊
耳鳴也
說文段注楚辭曰耳聊啾而憹慌王注云聊啾耳鳴也此聊之本義故字從耳若詩泉水傳云聊願也箋云聊且略之辭也方言曰俚又也戰國策民無所聊此等義相近皆叚聊為憀者憀賴也聊詩傳椒聊椒也不言聊為語詞益罩許曰椒㮤許曰椒聊楚詞亦云懷椒聊之蔎蔎爾雅曰朻者聊朻即萊椒椒賓成萊橐聊古音在三部讀如劉
聊辭也
詩椒聊釋文○荁按此與毛義異毛㒼矣
聊懷恐懼之皃
文選七發聊兮悷兮注
聊且也聊賴也聊樂也聊浪放蕩也
荁按皆詳悷下同音通借也

駵

○俗有騮
赤馬黑髦尾也
說文段注髦者髦鬉也鬉之長者偁髦周之馬鬣曰髦魯頌傳曰赤身黑鬣曰駵○荁按爾雅釋畜注又詩小戎小戎騏駵是中箋又釋文又駠釋文引字林又禮記檀弓釋文又史記秦紀乃用駵駒引徐廣又漢書郊祀志其牲用駵駒黃牛牴羊注又皆書音義上又呂覽孟夏駕赤駵注說皆與說文大同赤或作駵
駵赤色也
爾雅釋畜駠馬白腹騮條注
驑駿馬也
莊子秋水騏騮駵驊釋文引李注

㽞

○俗有鼬㽞
竹鼠也如犬
說文段注後世所謂竹鼬也莊子作畱又作㽞
㽞竹鼠也
莊子天地執㽞之拘成思釋文

畱

○俗有遛
止也
說文又國策秦策令之畱於醆栗注又漢書韓安國傳注又楚辭雲中君靈連蜷兮既畱注○素問瘧論風氣畱其處故常在注云畱謂畱止
畱者言陽氣之稽畱也
史記律書○荁按說文稽下云稽畱止也
畱滯也
呂覽圓道一不欲畱注
畱遲也
周書武順以佐肅敬而無畱注○漢書霍去病傳注畱謂遲畱
畱徐也
國語吳語一日惕一日畱注
畱待也
楚辭湘君蹇誰畱兮中洲注
畱久也

爾雅釋詁又禮記儒行悉數之乃畱更僕未可終也注又家語儒行注
畱盡也
周書大匡哭不畱日注
畱不至也
儀禮大射儀以矢行告于公下曰畱上曰揚左右曰方注
畱謂守常不變
管子正世不慕古不畱今注
畱之謂宿畱而視之也
列子黃帝怪而畱之釋文
畱居滯守之謂
莊子山木無畱居注
畱幕冀州所名大褶下至膝者也畱牢也幕絡也言牢絡在衣表也
釋名釋衣服
畱犁飯匕也
漢書匈奴傳上單于以經路刀金畱犁撓酒注引應劭又後漢隗囂傳注
畱大夫氏
詩丘中有麻彼畱子嗟傳
畱鄭邑也後為陳所并故曰陳畱矣
水經渠水注引孟康說
畱即昴也
史記律書北至于畱索隱○荁按昴一名畱同實異名也昴从丣畱从丣雖同部而諧聲各別或謂昴當諸丣聲者非也古借畱為流為鷚皆同音故
逗遛不進也
廣韻○荁按文選魏都賦林藪石畱而蕪穢既畱為濡也

瘤

○俗有瘤
腫也
說文○一切經音義一引三蒼云瘤小腫也
瘤流也血流聚而生瘤腫

也
釋名釋疾病
肉脹曰瘤
一切經音義一引通俗文○音義十八引通俗文云肉凸曰瘤荁按脹凸正俗字竝音迭
瘤息肉也
一切經音義七引聲類
瘤病也
廣雅釋詁一

鶹

鳥少美長醜為鶹離
說文段注邶風瑣兮尾兮畱流之子毛云畱離鳥也少好長醜釋鳥曰鳥少美長醜為鶹鷅鶹與畱鶹與離皆同也詩字李作畱爾雅注及音義可證詩音義則淺人改易之按此詩以少好長醜比衛臣始有小善終無成功陸疏乃謂流離梟也其子長大還食其母純非爾雅毛鄭許諸君意也○爾雅釋鳥注云鶹鷅猶畱離詩所謂畱離之子
鶹鵂鶹也
山海經北山經錞山其鳥多鶹注○荁按鶹與鶹離各鳥陸璣疏合為一耳

鐂

或書作劉○俗有鐂劉
殺也
說文段注般庚重我民無盡劉君奭咸劉厥敵左傳成十三年虔劉我邊垂釋詁劉殺也書孔傳左杜注同此字丣聲非丣聲絕無可疑者二徐因皆不與東漢一代持卯金刀之說謂東卯西金從東方王於西也此乃讖緯鄙言正馬頭人人持十屈中止句一例所謂不合孔氏古文謬於史籀之野言許之所以造說文者正

爲此等矯而殊之隊而楷之使六書大明以視何休之恃此說經其相去何如也○詩武勝殷遏劉傳又周禮射人注今立秋有鷙劉云疏又漢書武帝紀注引伏儼律麻志下注又文選思玄賦予祖江之見劉舊注尅云劉殺也又方言一云劉殺也秦晉宋衛之閒謂殺曰劉晉之北鄙亦曰劉

劉克也
爾雅釋詁○周書世俘則咸劉商王紂注云劉魁也

劉陳也
爾雅釋詁

劉刀也
廣雅釋器○書顧命一人冕執劉鄭注云劉蓋今鑱斧又晚出傳云劉鉞屬

劉暴樂也
爾雅釋詁○詩桑柔捋采其劉傳云劉爆爍而希也

劉劉杙
爾雅釋木

劉者何邑也
公羊襄十五年傳

劉覽回觀也
淮南原道劉覽偏照注○萱按此䟦劉爲流也高誘劉讀畱亦通又爾雅釋鳥鶬劉疾釋文劉或作畱○詩月出佼人劉兮釋文劉作懰埤蒼作嬼萱謂懰嬼二字說文所無然劉自是段借字

䉧
○俗有劃
竹聲也
說文段注小徐曰猶言劉然聲清也

懰
懰然也
說文段注三字句懰然猶了然也類篇曰力求切顂也且也按聊者懰之段借字方言俚聊也漢書

其畫無俚之至耳戰國策民無所聊凡聊賴可作懰賴

懰且也
文選笙賦注引聲類

懰賴也
淮南兵略吏民不相懰注

懰亮聲清也
文選笙賦勃慷慨以懰亮注○琴賦新聲懰亮注云懰亮聲清徹皃亦與聊字義同

聊且也
廣雅釋詁三又離騷聊逍遙以相羊注雲中君聊遨遊兮周章注○詩素冠聊與子同歸兮箋云聊猶且也

俚聊謂苟且也
方言三

聊且略之辭也
詩泉水聊與之謀箋園有桃聊以行國箋○經傳釋詞云泉水箋云云聲類作懰義與箋同見文選笙賦注

聊賴也
國策秦策百姓不聊生注又漢書賈誼傳注廣川惠王傳注又荀子子道衣與繆與不女聊注又文選思玄賦懟轡悒其難聊注引賈逵

聊願也
詩泉水傳

聊樂也
楚辭逢尤心煩情兮意無聊注

聊浪放曠皃
文選吳都相與聊浪乎昧莫之坰劉注○羽獵賦聊浪乎宇內注云聊浪放蕩也又漢書楊雄傳工注云聊浪言游放也

勠
○俗有勠
勠力并也也
說文段注勠力二字依後漢劉廣傳注引補文賦注引賈逵國語解詁曰勠力并力也許所李也并者相從也并者竝也并并古通用矣左傳國語或云勠力同心或云勠力一心皆謂數人共致力僞尚書

傳訓云陳力斯失之古書多有誤作戮者尚書音義引說文力周反按文賦匪予力之所勠與流求爲韻此相傳古音也今音力竹切字林音遼○漢書高帝紀工勠力攻秦注云勠力并力也萱按凡勠譌戮者今悉正之不敢沿誤

勠力勉力也其字從力
國策中山策勠力同憂注○晚出書湯詁與之勠疏云勠力猶勉力也

勠并也
國語齊語注晉語注吳語勠力同德注又後漢竇融傳注又文選文賦非余力之所勠注

漻
清深也
說文段注謂清而深也南都賦曰漻泬淢汩按李善引韓詩內傳漻清皃也蓋鄭風毛作瀏韓作漻許謂二字義別今文選注內字譌外

漻清也
廣雅釋詁一

漻流也
呂覽古樂降通漻水以道河注

漻瀞小水別
文選西京賦摘漻瀞薛注

熮
火皃逸周書曰味辛而不熮
說文段注逸字衍當刪九經字楳引無逸字可證周書蓋七十一篇之周書今本未見有此句呂覽本味篇曰辛而不烈周書作不熮字異義同方言注曰瘮痢皆辛螫也按此等字皆雙聲同義而瘮爲尤近

飂
○俗有飂
高風也
說文段注呂氏春秋有始覽曰西方曰飂風

飂風也
廣雅釋詁四

飂飂風也
廣雅釋訓

飂風兌氣所生也
淮南墬形西方曰飂風注○呂覽有始注云飂風兌氣所生一曰閶闔風

飂空疏無窮也
老子寂兮寥兮釋文引鍾會注○萱按老子飂兮若無止釋文飂梁作飄河上作淵用字不同而義皆通

飂古國也
左氏昭廿九年傳昔有飂叔安注○萱按古今人表作廖叔安廖飂蓋正借字小顏誤作戮

廖叔安也
漢書古今人表○萱按左傳作飂叔安古字也班書作廖俗字也後人尠知飂廖同字矣

䦘
經繆殺也
說文段注手部曰繆縛殺也按縛殺若今以一繩勒死經繆殺若今絞罪以二繩絞死故從門又按此恐即繆之或體俗增之

䦘絞也
廣雅釋詁四

𤲙
燒種也漢律曰𤲙田茠艸也
說文段注篇韻皆云田不耕火種謂焚其艸木而下種蓋治山田之法爲然史記曰楚越之地或火耕杜甫夔府詩燒畲度地偏漢律云云二書皆農事茠或薅字

通溝溉田
爲𤲙音書音義下

豂 廫

空谷也說文段注虛廫之谷也大雅曰大風有隧有空大谷豂空也廣雅釋詁三豂深也同上或作寥廫空虛也說文段注此今之寥字古音在三部○萓按莊子大宗師乃入于寥天一釋文廫本亦作廫此省借字也寥者空無形老子寂兮寥兮注寥深也廣雅釋詁三寥藏也廣雅釋詁四寥廓虛靜皃文選甘泉賦閌閬閬其寥廓兮注○漢書揚雄傳上注云寥廓宏遠也寥廓高遠也文選上林賦歷五帝之寥廓注○漢書傳注云寥廓空曠也寥廓遠大之度也漢書鄒陽傳今欲使天下寥廓之士注寥廓天上寬廣之處漢書司馬相如傳下焦明已翔乎寥廓注廓廣遠也漢書司馬相如傳下上嵺廓而無天注○萓按寥嵺正借字寥朗謂心虛目明也文選遊天台山賦恣心目之寥朗注寥落星稀之皃也文選謝元暉京路夜發詩曉星正寥落注寥狼猶擘擾也後漢杜篤傳注

紬 直由切

大絲繒也說文段注大絲較常絲為大也左傳衛文公大帛之冠大帛謂大絲繒後漢書大練亦謂大絲練也

獨斷說飛軨以緹油廣八尺長柱地今繒帛通呼為紬不必大絲也段借為抽字史記紬石室金匱之書徐廣音抽師古漢書音胄皆是也音胄謂同籀也籀者讀書也釋名曰紬抽也抽引絲端出細緒也與許說迥異○萓按釋名即以段借之義釋本字故與許異紬引也紬業也紬謂綴集之也紬繹者引其端緒也紬績女工紬緝之意萓按皆己詳播下

綢

繆也說文段注謂枲之十絜一曰綢繆二義皆與繆同也今人綢繆字不分用然詩都人士單用綢字曰綢直如髮毛傳以密直釋之則綢即稠之段借也○萓按繆下云枲之十絜也一曰綢繆也繆有二義而綢同之然後義行前義行不綢纏也廣雅釋詁四綢縛束也楚辭湘君薜荔柏兮蕙綢注綢韜也史記司馬相如傳靡屈虹以為綢集解引漢書音義又一切經音義二十引廣雅綢密也詩彼都人士釋文○萓按此稠之本義亦綢引申之義也綢繆纏綿也廣雅釋訓又文選盧子諒贈劉琨詩綢繆之音注綢繆猶纏綿也文選思玄賦繫二紀五緯之綢繆遹皇注綢繆相次之皃也後漢張衡傳注綢繆花

采密皃文選吳都賦綢繆綪纚注綢繆深奧也莊子則陽釋文綢韜也萓按此謂綢為韜之段借字也韜下詳之

稠

多也說文段注本謂禾也引伸為凡多之偁小雅綢直如髮段綢為稠也○國策秦策書策稠濁注又漢書劉向傳注灌夫傳注竝云稠多也稠穊也文選束晳補亡詩注引廣雅○萓按說文穊稠也二字為轉注稠眾也文選補亡詩注引蒼頡稠數也書微子用乂稠斂馬注稠密也禮記文王世子注歌者稠注綢密也詩彼都人士釋文○萓按綢者稠之借又莊子天下可謂稠適而上遂矣此稠乃調之借檮蓍即藂蓍史記龜策傳檮有檮蓍索隱○萓按此段檮為稠也稠數動搖皃漢書楊雄傳上天地稠數注引服虔○萓按此引申段借之義也集韻此義讀去聲無廣

⿱髟周

○俗有⿱髟周髮多也說文段注彡部曰今者稠髮也稠髮當作⿱髟周此則說⿱髟周之義小雅曰彼君子女綢直如髮傳曰密直如髮也是則綢乃⿱髟周之假借字○萓按稠字義廣⿱髟周字義專說竝得通

⿰田𠃬

隸作疇𠃬或耕治之田也𠃬象耕田溝詰詘也說文段注耕者蕬也疇其田而治之其田曰疇有謂麻田曰疇者劉向說苑蔡邕月令章句韋昭國語注如淳漢書注同此別為一說非許義也有謂疇為畛埒小畔際者劉逵蜀都注張載魏都注之說亦非許義許謂耕治必有耦且必非一耦故賈逵注國語曰一井為疇杜預注左傳曰並畔為疇並畔則二井也引申之高注國策韋注漢書疇等也如淳曰家業世世相傳為疇攷國語人與人相疇家與家相疇戰國策曰夫物各有疇漢書曰疇人子弟疇其爵邑王粲賦顯敞寡疇曹植賦命疇嘯侶益自唐以前無不用从田之疇絕無用从人之儔訓類者比古今之變不可不知也楊倞注荀卿乃云疇當為儔矣耕田溝謂畎也不必正直故曰詰詘疇耕地也一切經音義一引蒼頡美田曰疇漢書蕭望之傳修農圃之疇注又後漢安帝紀注疇一井也孟子盡心上易其田疇注○一切經音義一引國語賈注云一井為疇九夫為一井疇畝也呂覽傾大農不去疇注疇隴也管子地員五臭疇生注疇雍也淮南俶真疇以肥瘦注疇者界也埒畔際也文選魏都賦均田畫疇劉注○蜀都賦瓜疇芋區劉注云疇者

界埒小畔際也**田並畔曰疇**左氏襄卅年傳取我田疇而伍之注又後漢張綱傳注○萓按杜無田字**麻地為疇**國語周語田疇荒蕪注齊語田疇均則民不憾注○萓按史記天官書視封疆田疇之正治集解大同又說苑辨物云疇也者何也所以為麻也**疇匹也**國語齊語注又楚辭疾世居嵺廓兮斟疇注○易否疇離祉疏云疇謂疇匹**疇類也**書洪範不畀洪範九疇晚出傳又國策齊策注又史記禮書郊疇乎天子索隱麻書索隱引韋昭又漢書五行志上注韓信傳注又後漢質帝紀注謝夷吾傳注○易否九家注云疇者類也又書洪範疏云疇是輩類之名**疇者等也**漢書宣帝紀注霍光傳注又後漢祭遵傳注荀或傳注○萓按宋世家兩言鴻範九等**疇猶酬也**文選西征賦注○萓按賦既疇為酬也晉書音義中云疇一作訓一作講一作爾皆音近通用又荀子正論至賢疇四海則既疇為萋矣**摯疇二國任姓奚仲仲虺之後大任之家也**國語周語昔摯疇之國也由大任注**儔類也**荀子勸學艸木疇生注又鬼谷子中經傳善博惠注又華嚴經音義上引珠叢○萓按既儔為疇未為失也荀本作疇而高破為儔則正借不分矣北海相景君碑英彥央疇議郎元賓

碑明疇宗親督郵班碑與此為疇祇作疇字**儔匹也**太玄劇陽無介儔注又文選思玄賦竟憮惆而無儔舊注**儔等也**文選魏都賦引漢書張晏注嵇叔夜幽憤詩曾莫能儔注**醜類也**爾雅釋艸蘩之醜注又廣雅釋詁三又易離獲匪其醜虞注又禮記哀公問節醜其衣服注又孟子公孫丑今天下地醜德齊注又國語周語況爾小醜注楚語宦有十醜為億醜注又漢書陳湯傳注又後漢張敏傳注又管子大匡吾主無醜也注內業其徵不醜注又太玄銳銳于醜注從明從爾醜注乎挩遵天之醜注五行該醜注○萓按既醜為疇猶既儔為疇也**醜等也**後漢南匈奴傳注**醜同也**廣雅釋詁四○方言三云醜同也東齊曰醜**醜眾也**爾雅釋詁又詩出車執訊獲醜箋吉日從其羣醜箋緜戎醜攸行傳民勞以謹醜厲傳常武仍執醜虜箋泮水屈比羣醜傳又禮記曲禮上在醜夷不爭注又孝經在醜不爭注又疏引魏注又左氏定四年傳將其類醜注又史記衛將軍驃騎傳正義又漢書王莽傳上注引晉灼又後漢馮緄傳注**醜猶比也**禮記學記比物醜類注○注又云醜或為計萓按此字異而義略同也

𠷎

誰增**𠷎也廣書曰帝曰𠷎咨**說文段注凡毛傳之例云辭也如采芑之薄漢廣之思艸蟲之

止載馳之載大叔于田之忌山有扶蘇之且皆是說文之例云某詞自部外欥為詮詞矣為語已詞矤為況詞曶為出气詞各為異詞咢為驚詞尒詞之必然也曾詞之舒也皆是然則書也二字非例當作誰詞也三字堯典言疇若予者二皆訓誰則言疇咨若者二亦必同疇咨當先咨後疇語急故尒壁中古文字作𠷎古字也爾雅疇孰誰也字作疇今字也許以疇為假借字𠷎為正字故口部曰𠷎誰也則又𠷎疇為古今字說文之例敘篆文合以古籀𠷎者古文非小篆也何以廁此也凡書禮古文往往依其部居錄之不必皆先小篆後古文亦不必如上部之例先古文必系以小篆所以尊經也尚書作疇不作𠷎者蓋孔安國以今文字讀之易之同爾雅也

𠷎

○作者誤**𠷎誰也**說文段注按𠷎篆疑有誤白部曰𠷎詞也从白𠷎聲引唐書帝曰𠷎咨與此音義大同但其字从口𠷎聲足矣不當兼从又聲又在一部非聲也老部舊丙部鷗巾部幬皆从𠷎聲竹部舊火部舊言部讀邑部舊皆从舊聲絕無从𠷎聲之字可知此正當作𠷎為舊之聲**儔誰也**法言修身儔克爾注○萓按疇儔皆借為𠷎字疇音同儔聲同疇近而儔遠**疇誰也**爾雅釋詁又書堯典疇咨若時登庸晚出傳又史記司馬相如傳疇逆失而能

存集解引韋昭又漢書武帝紀注司馬相如傳下注引應劭敘傳下注又後漢班彪傳下注張衡傳注禰衡傳注又文選蜀都賦疇能是恤劉注思玄賦疇可與乎比伉舊注**疇發聲也**禮記檀弓上予疇昔之夜注**疇昔猶前日也**左氏宣二年傳疇昔之羊注○萓按疇誰一聲之轉故疇昔一作誰昔詩曰知而不已誰昔然矣**𠷎古疇字**詩祈父箋若𠷎祈父釋文又穆天子傳二𠷎口之人注○萓按𠷎𠷎蓋本一字𠷎為小篆𠷎則壁中古文也疇者嚋之變亦既為𠷎字觀其从田知本不从𠷎出矣𠷎為譸體無疑但𠷎之俗字作壽其下從寸即是𠷎下之又字則譸𠷎亦久矣古文先有𠷎字俗書先有壽字王光祿西莊序壽字俗陋今人無以下筆蓋謂壽聲之字自有正體可用

幬

○俗有幬幗**襌帳也**說文段注襌不重也古樂府紅羅複斗帳則帳多襌者召南抱衾與裯傳襌被也箋云裯牀帳也按鄭謂裯為幬之假借也不言襌者統辭也釋訓曰幬謂之帳引伸為覆幬見左傳及中庸中庸注曰幬或作燾○文選寡婦賦注引纂要云單帳曰幬**幬帳也**後漢馬融傳注又廣雅釋器○爾雅釋訓幬謂之帳注云今江東亦謂帳為幬萓按荀子禮論以象菲帷幬尉也注幬讀為幬帳其實義同者不煩破字**幬幢謂之幬**後漢班固

韻史 卷十一第三部平聲鳩韻

籌

傳上撫鴻悻注引廣雅幬覆也幬覆也幬縵轂之革也萱按此旣幬爲燾也祥去聲

或書作籌○俗有籌壺矢也說文段注禮記投壺篇曰籌室中五扶堂上七扶庭中九扶注曰籌矢也按引伸爲泛偁又謂計算爲籌度籌算也儀禮鄉射禮箭籌八寸注大射儀賓之弓矢與中籌豐皆正于西堂下注籌所以紀數漢書五行志下之上籌謂計度也荀子正論至賢疇四海注○萱按荀作疇者旣借也

䈞

○俗有䈞䈞箸也說文段注按箸必是諡字不可解疑當作足部之躇䈞躇猶今人所用躊躇也皆裵回不決之皃故从心

裯

平上同讀注在彼騉或○或作騉俗有騎

鯈

或作鮍鮋○俗有鰷鯈魚也說文段注周頌箋云鰷白鰷也爾雅鮂黑鰦郭云即白鯈魚江東呼爲鮂莊子鯈魚出游從容按白鯈即今白鰺條山海經北山篇彭水鯈魚其狀如雞而赤毛三尾六足四首其音如鵲此異物非常有者也晉水鯈魚其狀如鯈鯈者白鯈魚也玉篇合二物爲一疏矣鯈白魚也莊子秋水釋文引李注鯈魚

一一七七

韻史 卷十一第三部平聲鳩韻

小魚也淮南覽冥若觀鯈魚注○山海經北山經晉水注云小魚曰鯈鯈鱧者浮陽之魚也荀子榮辱鰌似鱓文選江賦鯖鰊鯵鮋注引舊說○萱按此則鮋白爲一魚非白鯈也

脜 忍由切

○俗有脜面和也說文段注和當作龢龢調也咊相應也許書方別畫然今人淆之抑詩輯柔爾顏傳曰輯和也泮水載色載笑傳曰色溫潤也玉篇曰野王按柔色以溫之是以今爲柔字按今字柔行而脜廢矣

柔

木曲直也說文段注洪範曰木曰曲直凡木曲者可直直者可曲曰柔考工記多言揉許作煣云屈申木也必木有可曲可直之性而後以火屈之申之此柔與煣之分別次弟也詩荏染柔木則謂生木柔之引申爲凡耎弱之偁凡撫安之偁柔弱也廣雅釋詁一又文選洛神賦柔情綽態注○淮南原道云柔弱者道之要也又說苑敬慎云柔弱者生之徒也柔軟也禮記樂記其聲和以柔疏又史記樂書正義○司馬相如傳索隱云柔橈骨體耎弱長斷皃柔脆也國語周語無亦擇其柔嘉注晉語無亦晉之柔嘉注柔濡也淮南說山厲利劒者必以柔砥注柔猶濡毳也詩烝民柔則茹之箋柔潤也國語鄭語以生柔嘉材者也注柔和也後漢

一一七八

韻史 卷十一第三部平聲鳩韻

明帝紀注又太本夷柔嬰兒于號注又家語入官優而柔之注又管子四時然則柔風甘雨乃至注○書皐陶謨柔而立鄭注云柔謂性行和柔又禮記經解溫柔敦厚疏云柔謂情性和柔又樂記柔而正疏云柔謂和柔又內則柔其內疏云柔之爲汁和也柔順也公羊昭廿五年傳而柔馬注柔仁也國語晉語柔惠小物注後漢臧宮傳云柔者德也柔安也爾雅釋詁又詩民勞柔遠能邇傳抑無不柔嘉箋輯柔爾顏箋時邁懷柔百神傳絲衣旨酒思柔柔篡又左氏文七年傳服而不柔注昭廿年傳注又國語周語以懷柔之注所以優柔容民注齊語寬惠柔民注晉語柔和萬民注又漢書表志傳各注又文選東京賦化不柔薛注坤爲柔易象下傳損剛益柔有時虞注陰曰柔素問陰陽應象大論審其陰陽以別柔剛注柔日陰取其靜儀禮士虞禮記始虞用柔日注太歲在丙曰柔兆爾雅釋天○淮南天文云辰在丙曰柔兆按史記曆書作游兆所據異也音略相近萱柔兆萬物柔婉有條兆也一切經音義十七引爾雅孫注○又引李注云萬物皆垂枝布葉故曰柔兆也柔始生也詩采薇薇亦柔止傳柔謂脆脕之時詩采薇箋柔桑穉桑也

一一七九

韻史 卷十一第三部平聲鳩韻

詩七月箋柔剛地道也素問天元紀大論曰柔曰剛注○北海田景君銘賁漆賁剛魏元丕碑訛磨漆德晉鄭班碑漆遠而邇按此殷漆爲柔也萱柔利國一云雷利之國山海經海外北經

𦟌

嘉善肉也說文段注謂肥美小徐云晉語曰若克有成無亦晉之柔嘉是以甘食偃之肉腥臊將馬用之𦟌盛也廣雅釋詁二

鞣

○俗有鞣韖耎也說文段注耎同便弱也鞣柔皮也鞣韌也韖集韻○萱按从革从韋一也分二字二聲者非

鍒

鐵之耎也說文段注耎猶便也便者弱也鍒正爲鉅之反

睬

睬田也鄭有睬地名也說文段注考工記車人爲耒堅地欲直庇柔地欲句庇地官艸人墳壤用家鄭曰墳壤潤解也曰柔地曰潤解皆睬田之謂對剛土而言鄭語史伯對桓公曰若克二邑鄢蔽補丹依睬歷華君之土也韋注言克虢鄶則此八邑皆可得也睬土也廣雅釋地

一一八〇

蝚

蛭蝚逗至掌也說文段注釋蟲文郭云未詳本艸經水蛭味鹹一名至掌是名醫謂即水蛭也蝚蛖螻爾雅釋蟲○漢書司馬相如傳上注云蛛即今所謂戎皮戎柔聲之轉耳

瓇

或作珠玉也說文瑈玉名也廣韻引聲類

始由切

殼

○俗有穀縣物毄擊也說文段注此與手部揭音義同揭手椎也○萓按毄齒音揭古音毄平揭上義同音不同也

敄

○俗有敄毷棄也周書以爲討詩曰無我敄兮說文段注鄭風毛傳曰敄棄也許本毛也鄭乃讀爲醜周書以爲討此言假借也今尚書周書中無討字惟虞書咎繇謨云天討有罪疑周當作虞討古音在三部魗亦惡也詩遵大路無我魗兮傳○釋文云魗本作敄萓按疏謂魗與醜古今字依鄭破字也要亦旣借用非即醜也

醻

○俗有醻酬或獻醻主人進客也說文段注楚茨箋曰始主人酌賓爲獻賓旣酌主人主人又自酌

飲酌賓曰醻至旅而爵交錯以徧彤弓傳曰醻報也謂報客之酢也鄭箋曰醻道飲也謂主人必自飲如今俗之勸酒也○萓按彤弓箋左傳莊十八年疏竝與楚茨箋略同又文選魏都賦益亦明靈之所酬酢劉注云賓主俱飲主人先舉名曰酬又一切經音義十八引蒼頡云主荅客曰酬客報主人曰酢酬之言周儀禮鄉飲酒禮主人賓解酬賓注醻猶厚也勸也詩彤弓箋○國語周語注云酬勸也酬勸酒也儀禮鄉射禮注鄉飲酒禮酬報也爾雅釋詁又國語周語酬幣宴貨注賢語自到於客前以酬客注又呂覽頃行已周以爲酬注○左氏昭廿七年傳吾無以酬之注云酬報獻又詩彤弓疏引王肅云醻報功醻旅醻也詩小弁如或醻之箋交酬相酬之幣也國語周語交酬好貨皆厚注○儀禮士冠禮主人酬賓注云飲賓客而從之以財貨曰酬所以申暢厚意也陽往爲酬易繫辭上傳可與酬酢九家注酬酢猶應對也易繫辭上傳注○萓按古或借訓爲酬

鄯

或書作鄯○俗有鄯蜀江原地說文段注蜀郡江原二志同故城當在今灌縣竟華陽國志曰縣在郡西渡大

江濱文井江去郡一百二十里是也鄭注梁州之沱曰江原有鄯江首出江南至犍爲武陽又入江豈沱之類與前志曰鄯水首受江南至武陽入江水經注亦云江原縣鄯江水出焉蓋有鄯地而以名江也今則無鄯地鄯江之備矣

雔

雙鳥也說文段注按釋詁仇讎敵妃知儀匹也比讎字作讎則義尤切近若應也當也醻物價也怨也寇也此等義則當作讎度古書必有用讎者今則讎行而讎癈矣由樗繭爾雅釋蟲○釋文云讎本今作讎萓按讐从讎聲兼會意矣故其義類交通而人亦多作讎也○俗有悬憂周恩

讎

猶讐也說文段注心部曰應當也讎者以言對之詩云無言不讎是也引伸之爲物價之讎詩賈用不讎高祖飲酒讎數倍是也又引申之爲讎怨詩不我能慉反以我爲讎周禮父之讎兄弟之讎是也人部曰仇讎也仇讎本皆兼善惡言之後乃專謂怨爲讎矣物價之讎後人妄易其字作售讀承臭切竟以改易毛詩賈用不讎此惡俗不可從也讎當也漢書灌夫傳注引晉灼王莽傳上注○律厤志工未能讎也注云讎相當讎應當也漢書郊祀志上其方書多不讎注讎對也一切經音義一引三蒼又史記魏其武安侯傳頗不讎正義又

漢書王莽傳上注又後漢和熹鄧皇后紀注○左氏傳五年傳憂必讎焉注云讎猶對也又詩抑疏云相對謂之讎讎猶荅也禮記表記注讎謂報也周禮調人疏○典瑞注難仇讎疏云仇爲怨讎爲報讎等也漢書灌光傳注引晉灼讎匹也爾雅釋詁又漢書地理志注讎仇也國策秦策皆張儀之讎注齊策衍也吾讎注讎猶儔也爾雅釋詁注○萓按疇類字正當作疇而俗借用儔讎輩也廣雅釋詁一讎類也法言重黎夫欲讎偽者必假真注○方言二云予賴讎也秦晉曰讎怨耦曰讎一切經音義一引三蒼○楚辭惜誦又衆兆之所讎注云大怨曰讎又詩谷風反以我爲讎疏云讎者至怨之稱又左氏襄三年傳疏云讎者相負挾怨之名讎比校也史記厤書未能參也索隱引韋昭萓按律厤志作未能讎也○文選魏都賦注引劉向別錄云讎校一人讀書校其上下得繆誤爲校一人將本一人讀書若怨家相對爲讎讎用也詩抑無言不讎傳人漢書王莽傳注人呂覽義賞民之讎之若性注讎即售也史記厤書索隱○高祖紀集解引如淳云讎亦售讎謂物價也詩抑箋物善則其釋文讎夷熟視不言皃淮南道應盩缺

繼以𩟂夷注○廣雅
釋訓云𩟂䏁直䚕也
亦同鄗也古又借禂
酬訓爲𩟂音皆相近
雔由樗𩞯爾雅釋蟲○萱按雔由亦可
作雔由顔雔由史記作顔濁

酋 此由切

○俗有繹酒也禮有大酋掌酒官也說文段注繹之言昔也
舊醂昔久也多下云从重夕
夕者相繹也故重夕爲多然則繹酒謂曰久之酒對喬爲疾
孰酒醴酤爲一宿酒言之繹俗作醳周禮酒人三酒注曰事
酒酌有事者之酒其酒則今醳酒也昔酒今之酋久白酒所
謂舊醳者也清酒今中山冬釀棲夏而成郊特牲舊澤之酒
注曰澤讀爲醳舊醳之酒謂昔酒也王栽棲許云繹酒益兼
事酒昔酒言之事酒謂繹酒昔酒謂舊繹之酒也酋之義引
申之凡久告曰酋久則有終大雅似先公酋矣傳曰酋終也
禮謂明堂月令仲冬乃命大酋注曰酒孰曰酋大酋者酒官
之長也○呂覽仲冬注云大酋主酒官也酋醞未麴使之化
熟故謂之酋於周禮爲酒正又淮南時則注酋云酋主酤酒官
也酋者久遠之稱周禮酒正疏○又云酋亦久遠之義酋孰也漢書敘傳上音義引鄭氏酋
聚也太玄玄圖陰酋西北注咸酋貞注○萱按太玄酋字義多與挐相出入亦可謂爲挐之叚借也諸酋就

也太玄中酋酋大魁頤注庚引
其背酋貞注爭不酋貞注
酋西方也太玄釋動而無名酋注○玄文云酋
西方也秋也物皆成象而就也又注云酋之言聚也
酋殺也太玄玄文直酋相勳注
酋者生之府
也太玄玄文酋者魁帥之稱漢書宣帝紀楊玉酋非首注引文穎○又云卷胡名大帥爲酋如中國言
魁也酋渠皆豪帥也文選吳都賦黑齒之酋劉注僚曰酋雄也漢書敘傳上注引應劭○張敞
傳俞盜酋長數人引應劭云酋長師注
酋發聲詩伯兮釋文又考工記總日酋矛常有四天司農注
酋夷
長短名酋之言迺也酋近夷長矣考工記廬人酋矛常有四尺夷矛三尋注○疏云酋
爲短故合口促聲而言之也萱按酋迺就音同
通用史記魯考公酋系本作就鄒誕本作迺

迺

迺迫也說文段注大雅似先公酋矣正義酋作迺按酋者
迺之叚借字釋詁毛傳皆曰酋終也終與迫義相
成迺與挐義略同也○廣雅釋詁三云迺迫也又爇辭拍葸
道相迫些注云迺亦迫也又文選上林賦迺迺孔鸞促鵝鵝郭
注云迺促皆迫逌皃迺急也廣雅釋詁一迺近也廣雅釋詁三迺固也詩破斧四國是迺傳

○疏云迺訓爲聚亦堅固之義迺斂也詩破斧箋迺聚也詩長發百祿是迺傳又左傳成二年注昭廿年
注又家語正論注迺好也文選答賓戲說難既迺注引應劭迺人行令之官也左氏襄十
四年傳迺人以木鐸徇于路注○萱按行令書晚出傳作宣令

䲡 蝤

雉射收繫具說文○萱按說文鰌𩼪相次說解同
段氏疑其物名𩼪鰌乃二字各也
蝤蠐也說文段注詩衛風領如蝤蠐傳曰蝤蠐蝎蟲也爾雅
同按下文云蝎蝤蠐也然則二者爲轉注○爾雅釋
蟲條注云關東謂之蝤
蠐梁益之閒謂之蝸

囚 相由切

繫也說文囚迺也言辭窮情得以罪誅迺也初學記二十引風俗通囚拘
也爾雅釋言又廣雅釋言又詩泮水在泮獻囚傳又周禮秋
官序官掌囚注又周書作雜乃囚蔡叔于郭凌注又國語
魯語獻子囚之七日注○周禮掌囚凡囚者
注云凡囚者謂非盜賊自有他罪拘者也囚謂禁錮也史記
秦始皇紀斯辛囚正義○晚出書
蔡仲之命傳云囚謂制其出入囚所虜獲者詩泮水箋囚錄也

小爾雅
廣言

汓 慒 浮 范求切

泅或浮行水上也說文段注若今人能划水者是也列子曰
習於水勇於泅○說文又曰古文或以汓
爲没字段注云此古文小篆之別也其義其音其形皆別
矣接善水者或没或浮皆無不可則不妨同字同音也
○俗慮也說文段注藏宗切今音也廣韻又似由切古音也
有悩宜三部爾雅音義曰字書作慒然說文慒慒竝出
○爾雅釋言
云慒慮也
汎也說文段注各本汎作汜今正木華海賦浮天無岸李注
引說文浮汎也按上云汎浮也是汎二字互訓與汜濫
二字互
訓義別浮淏也廣雅釋言○萱按說文浮輕也之樂以陵其
漂浮也是亦二字互訓氣交變大論少陽之國語楚語敎
稜而鎮其浮注
州九井詩注引又文選南浮高也素問而浮注至貞要大論
注𣻆○文選甘泉賦浮蠛蠓而在上曰浮禮記坊記君子與其
天注引服虔云浮高皃也使食浮於人也注表
記恥名之浮
於行也注
浮孚也孚甲在上稱也釋名釋言語浮者在外之名

禮記聘義孚尹旁達疏浮謂浮起素問六元正紀大論寒勝則浮注浮過也晚出書泰誓中惟受罪浮于桀傳○疏云物在水上謂之浮浮者高之意故爲過也浮以舟渡也漢書地理志上浮于漯注○書禹貢浮于濟漯晚出傳云順流曰浮又楚辭哀郢過夏首而西浮兮注云船獨流爲浮浮游也廣雅釋言浮行也書盤庚中鮮以不浮于天時晚出傳浮浮行也廣雅釋訓○楚辭抽思何回極之浮浮注云浮浮行皃浮浮猶瀌瀌也詩角弓雨雪浮浮傳浮浮氣也詩生民烝之浮浮傳○萓按此義本字有蜉然作浮亦自通矣浮浮衆彊皃詩江漢江漢浮浮傳浮游謂周流也後漢班彪傳上注浮揚猶翺翔也淮南俶眞而浮揚乎無畛崖之際注浮騰跳躍也文選武賦騰累跪注浮得報曰浮管子侈靡沈浮示輕時也注浮罰也禮記投壺若是者浮釋文又小爾雅廣言又淮南原道應請浮君注又文選閒居賦注引廣雅○禮記投壺注云常爵常所以罰人之爵也浮亦謂是也又疏云浮亦罰也浮脈者浮於手下也素問陰陽應象大論觀浮沈滑濇而知病所生以治注六節藏象論夫脈之小

大滑濇浮沈注浮謂浮息也素問皮論視其部中有浮絡者注浮瓠也淮南說山百人抗浮注浮筠謂玉采色也禮記聘義孚尹旁達注○萓按浮孚正借字浮磬在泗水中石可以爲磬也後漢馬融傳注祭川曰浮沈爾雅釋天浮光山亦曰扶光山即弋陽也水經淮水注○沂水注云浮來之山即公來山也在邳鄉田浮陽謂此魚好浮於水上就陽也荀子榮辱儵鯉者浮陽之魚也注○又云浮陽勃海縣名也萓按縣以魚名矣浮游者渠略也朝生而莫死大戴記夏小正浮游有殷傳○萓按荀子大略不飲不食者浮蝣也注淮南詮言浮游不過三日注說竝大同或作蜉蝣蜉蝣者通借字曹風曰浮游之蜏浮屠佛也後漢楚王英傳注引袁閎漢紀○襄楷傳注云浮屠即佛陀但聲轉耳竝謂佛也○萓按左傳盟于浮來穀梁作包來同部既借也又考工記匠人注角浮思既爲罘罳也浮罘一聲之轉蜉蝣甲蟲也漢書王褒傳蜉蝣出以陰注○注引孟康云蜉蝣渠略也蜉蝣秦晉之閒謂之蟝蟼方言十二烰烝也詩曰烝之烰

烰說文段注詩生民烝之浮浮釋訓曰烰烰烝也毛傳曰浮浮氣也按爾雅不偁詩全句故曰烝也而已毛釋詩全句故曰浮浮氣也許於此當合二古訓爲解曰烰烰烝皃謂火氣上行之皃也或轉寫者刪之耳○萓按雅烰詩浮正借字也烰烰炊之氣也爾雅釋訓孫注烰猶庖也呂覽本味令烰人養之注

蠹

蜉或蠹也說文段注蟲部蠡蠹大螘也此不言大螘者義見於上一字全書之例如是也蚍蜉大螘釋蟲文郭云俗呼爲馬蚍蜉按馬之言大也○禮記內則注蚍蜉子也釋文云蜉本又作蚍萓按蚍通借字也蜉蜉雙聲蜉蝣甲蟲也蜉蝣秦晉之閒謂之蟝蟼萓按此蜉爲浮叚

桴

㮰棟也說文段注釋宮棟謂之桴許云㮰棟者爾雅渾言之許析言之鄭注鄉射禮記曰五架之屋正中曰棟次曰㮰前曰庪注鄉飲酒禮曰㮰前梁也許之㮰棟即禮經之㮰也許广部之庪即禮經之庪也許以屋椽聯曰㮰則棟前曰㮰棟謂棟之近前若㮰者也豈許所椽經㮰作㮰與張載注靈光殿賦亦云㮰梁禮桴極也棟也爾釋宮釋文引字林○文選景福殿賦重桴乃飾注云重桴雅重棟也萓按梩棟一物以之釋桴疏矣雜渾言亦不容爾桴

謂木表之麤皮也詩角弓箋附木桴也疏○萓按此蓋叚桴爲柎也桴者編竹木也大曰茷小曰桴論語公冶長皇疏○萓按此叚桴爲泭也齊語注小泭曰桴强生分別耳桴與桴泭異部而雙聲桴謂擊鼓之物萓按此叚桴爲枹也桴思小樓也萓按此叚桴爲罘也桴嫗伏也萓按此叚桴爲孚也

枹

擊鼓柄也說文段注柄各本作杖今依文選注辛應書正左傳音義引字林亦作柄左傳右援桴而鼓禮運明堂位皆云凶桴土鼓弁應云衛宏詔定古文官書枹桴二字同禮音扶鴿扣鼓椎也按桴本訓棟借爲鼓枹字耳○漢書地理志下金城郡抱罕注云抱讀曰膚本枹鼓字也萓按讀膚者流變之音耳枹擊鼓槌管子小匡介曹執枹立於單門注○漢書李尋傳猶枹鼓之相應也注云枹擊鼓之椎也又麗陸朱劉叔孫傳贊含枹鼓而立一王之儀注云枹者鼓椎所以擊鼓也枹謂鼓梃也史記司馬穰苴傳援枹鼓之急正義○後漢董宣傳注云枹鼓擊鼓杖也桴謂擊鼓之物禮記禮運疏引皇氏○周書周祝下不善故有桴注云桴所以擊鼓也桴鼓

梔也禮記禮運釋文又左氏成二年傳釋文又素問天元紀大論如鼓之應桴注○後漢西羌傳注云桴擊鼓梔也

桴擊鼓杖也後漢第五倫傳注樸枹者枹適木枹霍首楊枹薊赤枹

薊萱按皆叚枹爲苞也

撮口詩

罦

罦或覆車也詩曰雉離于罦說文○爾雅釋器又詩兔爰雉離于罦傳竝云罦覆車也罬謂之罦爾雅釋器罦雉網也後漢馬融傳注罦覆也太平迍罦于犕屋注

學幽切

丩

○俗有劉弓相糾繚也一曰瓜瓠結丩起象形說文段注丩糾疊韻糾繚亦疊韻字也毛傳曰糾糾猶繚繚也繚纏也一曰云云謂瓜瓠之縢繚物纏結而上如詩言南有樛木甘瓠纍之象形者象交結之形眞語一卷爲一弓弓當郎是弓字一丩猶言一縛丩卷雙聲故爲卷爲丩也

茻

或作芇○俗有茻艽艸之相丩者說文段注艸相糾繚故从茻丩不專謂秦丩也○萱按廣韻十八尤丩下云秦丩藥名二十幽茻下云艸根糾繚一字誤分爲二下又譌作三丩而不知其本从茻也醫家直以九作秦艽益譌矣

韻史　卷十一第三部平聲鳩韻

一一九三

芃與芀音義皆殊

朻

或作樛高木下曲也从木丩丩亦聲說文段注此韻會所據小徐本也今二徐本皆分樛朻爲二篆樛訓下曲朻訓高木乃張次立以鉉改鍇而然鍇云詩作樛爾雅作朻依詩爲正鍇意許書作朻未是也今考釋木曰下句曰朻南有樛木毛傳曰木下曲曰樛下曲郎下句也樛即朻也一字而形聲不同許則從丩聲者容許當日毛詩亦作朻也玉篇分引詩爾雅而云二同甚爲明晳丩者相糾繚也凡高木下句垂枝必相糾繚故曰从木下丩亦聲○陳潮曰按陸釋文引說文以朻爲木高毛傳作木下曲曰樛二徐益涉此而誤○萱按樛木序馬融韓詩作朻爾雅朻本又作樛竝見釋文朻樛同字明矣朻枝枝曲下垂也文選高唐賦朻枝還會注朻者聊爾雅釋木木下句曰樛詩序樛木釋文樛木下垂之木也漢書敘傳上葛緜緜於樛木兮注樛流曲折皃也文選北征賦遠紆回以樛流注○甘泉賦覽樛流於高光兮注云樛流高曲之皃也又漢書楊雄傳上注云樛流屈折也樛流猶周流也漢書楊雄傳上望昆侖以樛流注○文選甘泉賦注

韻史　卷十一第三部平聲鳩韻

一一九四

引晉灼云樛流猶繚繞樛求也樛謂兩股相交也萱按此樛譌爲樛也非關叚借

樛

或作朻縛殺也說文段注縛殺者以束縛殺之也凡縣死者曰縊亦曰雉經凡以繩帛等物殺人者曰縛殺亦曰樛亦曰絞廣韻曰樛者絞縛殺也多絞字爲長今之絞罪郎古所謂樛也引申之凡繩帛等物二股互交皆得曰樛曰絞亦曰糾喪服曰絞帶又曰殤之經不樛垂注云不絞其帶之垂者周禮襍記注皆云環經者一股纏而不糾丩部曰糾三合繩也檀弓作樛經樛即樛之叚借故注云樛讀爲不樛垂之樛也喪服及檀弓注樛垂字今本譌爲樛木之樛逐不可通矣惟玉篇不誤樛束也廣雅釋詁三又一切經音義二十引蒼頡樛猶糾也文選江賦注引太玄宋注樛繞也漢書五行志中之下大兩艸而葉相樛結注樛謂相繞也太玄玄攡死生相樛注樛交入也管子大匡朋友不得相合樛注樛揫也廣雅釋言樛求也後漢張衡傳注又文選思玄賦樛天道其焉如舊注○選及注作樛者字譌也樛謂兩股相交也禮記檀弓下疏繆自萱按縊也漢書外戚傳下即自繆死注引鄭氏○萱按此叚樛爲樛也繆絞也漢書外戚傳下注

韻史　卷十一第三部平聲鳩韻

一一九五

鬮

鬥取也說文段注舊作鬮今正廣韻作鬮取按力取是此字本義今人以爲拈鬮字殆古藏弨之譌荆楚歲時記注曰藏弨之戲辛氏三秦記以爲鉤弋夫人所起周處成公緷竝作弨字藝經庚鬮則作鉤字其事同也

羽朻切

丝

微也从二幺說文段注微當作散人部曰散眇也小之又小則曰散二幺者幺之甚也

幽

隱也說文段注皀部曰隱蔽也小雅隰桑葉有幽毛曰幽黑色也此謂幽爲黝之叚借玉藻幽衡鄭云幽讀爲黝毛不易字鄭則易之周禮牧人陰祀用幽牲守祧幽堊之鄭司農皆幽讀爲黝引爾雅地謂之黝今本幽黝字互譌○易說卦傳荀注又荀子正論上幽險則下漸詐矣注又呂覽貴生我適有幽隱之病注又太玄中昆侖膏薄幽注竝云幽隱也幽微也爾雅釋詁又太玄玄闇律呂孔幽注幽潛也國策秦策南樂之弊幽注幽深也爾雅釋言又廣雅釋詁三又易說卦傳幽贊于神明而生蓍注又釋文又詩伐木出自幽谷傳又禮記郊特牲幽陰之義也注又漢書兒寬傳注又荀子王制無幽閒隱僻之國注又淮南主術雖幽野險塗注又太玄玄攡幽攡萬類注又文選思玄賦纗幽蘭之秋華兮舊注幽內也史記樂書幽則有鬼神正義又太玄劇內幽注幽闇也禮記禮運是謂幽國

韻史　卷十一第三部平聲鳩韻

一一九六

注祭法幽宗疏又國語楚語爲之昭明德而廢幽昏焉注又文選東京賦省幽明以黜陟薛注○荀子解蔽此言上幽而下險也注云幽暗也幽冥也楚辭懷沙玄文處幽注又小爾雅廣詁又太玄玄攡而幽其所以然者也注幽冥猶暗昧也漢書劉歆傳則幽冥而莫知其原注幽謂陰也易繫辭上傳无有遠近幽深虞注又史記五帝紀幽明之占正義又太玄玄瑩終始幽明注○素問至眞要大論云兩陰交盡故曰幽又淮南脩務北撫幽都注云陰氣所聚故曰幽都幽猶夜也文選景福殿賦若幽星之纏連也注幽閉也後漢張衡傳注幽因也荀子王霸公侯失禮則幽注又呂覽驕恣胡而幽之注幽思也太玄遇幽遇神注幽心也太玄覓載幽貳注壅過不通曰幽周書謚法又獨鄰下呂覽審分幽厲之臣不獨辟注云壅過不達曰注幽動祭亂常曰幽蚤孤鋪位曰幽疏周書謚法幽幽深遠也詩斯干幽幽南山傳幽迴遐遠也文選遊天台山賦其路幽迴注幽奧謂深邃也後漢馮衍傳注幽明者有形无形之象易繫辭上傳知幽明之故注○禮記祭義以別幽明注云幽明謂日照晝月照

夜幽明者雌雄也史記厤書○大戴記誥志云明幽雌雄也幽居謂獨處時也禮記儒行幽居而不淫注謂道也幽昧人所未見也易說卦傳于注○文選遊天台山賦必契誠於幽昧注云幽昧言幽者不明之辭也易困入于幽谷注○離騷路幽昧以險隘注云幽昧不明也又惜誓方世俗之幽昏兮注云幽昏不明也幽辟暗昧也楚辭靈懷皇輿覆以幽辟注○荀子天論權謀傾覆幽險而盡亡矣注云幽險謂隱匿其情而凶虛難測也幽藹猶晻藹也漢書楊雄傳上既亾鸞車之幽藹兮注幽轕車聲也文選羽獵賦皇車幽轕注又漢書楊雄傳上注幽幼也大戴記誥志○史記厤書云幽者幼也幽亦薶也爾雅釋言瘞幽也注幽謂血也禮記郊特牲毛血告幽全之物也注在坎中故稱幽人易歸妹利幽人之貞虞注○禮記樂記極幽而不隱注云極幽謂歌者也幽者含氣者也淮南天文○大戴記曾子天圓云幽者含氣者也是故內景幽者神所居也太玄晦明降于幽注月為幽禮記祭義疏幽禜亦謂星壇也星以昏始見禮記祭法幽宗

祭星也注西方曰幽天呂覽有始○淮南天文注云西北方曰幽天幽陰也西方季秋將即於陰故曰幽天方曰幽大戴記曾子天圓東北曰幽州周禮職方氏○釋名釋州國云幽州在北幽昧之地也又爾雅釋地釋文云幽州北方太陰故以幽冥為號又古微書引春秋元命苞云幽之為言窈也言風春入窈冥敵動易曉故其氣蹀急燕曰幽州爾雅釋地又說苑辨物○釋地李注云燕其氣深要厥性剽疾故曰幽幽要也幽州北裔也書堯典流共工于幽州馬注又鄭注○後漢馮勤傳注云幽都北裔也幽都地下后土所治也地下幽冥故稱幽都楚辭招魂君無下此幽都些注○淮南墬形西北方曰幽都之門注云幽闇也都聚也玄冥將始用事順陰而聚故曰幽都之門幽陵猶幽州也楚辭大招北至幽陵注幽荒九州外謂四夷也文選東京賦澤泊幽荒薛注六幽謂上下四方也文選典引光被六幽蔡注○後漢章帝紀注云六幽謂六合幽隱之處也又班彪傳下注云六幽六合幽遠之地幽黑也萱按許上聲黝下

⿰虫幽

或作蚴⿰虫幽蟉也說文段注三字句疊韻也司馬相如大人賦驂赤螭青虯之⿰虫幽蟉蜿蜒謂宛轉之皃也按篇韻皆曰龍皃依賦文為訓耳非許有龍皃二字也漢書作蚴蚴蟉蜿蟺皆行動之皃也史記司馬相如傳青虯蚴蟉於東箱正義引顏云○文選上林賦郭注云蚴蟉龍行皃也蚴蛻蠮螉也廣雅釋蟲○方言十一云蠭其小者謂之蠮螉或謂之蚴蛻

麀

麀幽或牝鹿也說文段注釋獸曰鹿牝麀小雅吉日傳曰鹿牝曰麀按引伸為凡牝之偁大雅靈臺傳曰麀牝也左傳思其麀牡曲禮父子聚麀皆謂即牝字也詩一言騋牝三言麀鹿皆取生息蓄多之意○周禮大司馬釋文又國語楚語注又漢書霍去病傳鏖皋蘭下注竝云麀牝鹿也麀鹿牝詩靈臺麀鹿濯濯釋文又左氏襄四年傳釋文○禮記曲禮上注又文選西京賦麀鹿麌麌薛注竝云鹿牝曰麀麀鹿牸鹿也孟子梁惠王上注

呦

○俗有⿰幼欠⿰幼欠或○黝平兩讀黑義上鹿鳴聲也說文呦呦鳴也廣雅釋訓○詩鹿鳴云呦呦鹿鳴萱按玉篇口部作⿰幼欠⿰幼欠俗體也說文黝字兩見疑呦下重文衍

怮 憂皃 說文 怮憂也 廣雅釋詁一 怮怮憂也 廣雅釋器

褊幽切 驫 兩見 眾馬也 說文 驫眾行也 御覽引字林 驫䬙飍矞眾馬走皃 文選吳都賦注 驫驫走也 廣雅釋訓 驫驫水疾高瀉浪觸流響世人因聲以納稱 水經沁水注

驫 兩見 眾盛也逸周書曰驫疑沮事 說文段注猋部曰猋盛皃驫與桑同意三馬三犬皆 盛意也周書文酌解七事三眾疑沮事聚古讀如驫與驫音近驫疑沮事猶云蓄疑敗謀也

彪 虎文也 說文段注此與彪雙聲同義虎皮詩謂之虎如虎虥是也亦謂之文如文蔄是也分別言之謂之淺如淺 帨是也說文曰走曰彪曰彪皆狀其文也班彪字叔皮此取虎文之義也 彪文也 易蒙包蒙釋文引鄭注又法言君子以其彌中而彪外也注又廣雅釋詁三 彪怒皃 文選琴賦鬱怒彪休注○蓋棲休疑當作休

甫幽切 驫 兩見注在前

驫 兩見注在前

去鏐切 觓 ○俗觩捄 角皃詩曰有觓其角 說文段注周頌有捄其角傳云社稷之牛角尻箋云捄捄角皃捄者觓之假借字也小雅桑扈兕觥其觓俗作觩 觓球球然角皃 穀梁成七年傳展觓角而知傷注 角弓觩然言持弦急也 詩泮水角弓其觩箋 觩弛皃 詩泮水傳 觩陳設之皃 左氏成十四年傳兕觵其觩注

蚪 ○俗蘁虬 有龍無角者 說文段注各本作龍子有角者今依韻會所據正然韻會尚謬多子字李善注甘泉賦引說文蚪龍無角者他家所引作有角皆誤也王逸注離騷天問兩言有角曰龍無角曰蚪高誘注淮南同張揖上林賦注後漢書馮衍傳注玉篇廣韻皆曰無角曰蚪絕無龍子有角之說惟廣雅云有角曰蘁龍蚪字無角曰蛇龍螭子其說乖異恐傳寫之謬不寫典要○蓋按離騷駟玉虬以乘鸞兮天問焉有虬龍淮南覽冥騶書虬字皆作虬俗所改也 虬龍屬也 史記司馬相如傳六玉蚪集解引郭璞○文選七命陰蚪負椎注云蚪龍也 蚪龍黑身

無鱗甲也 一切經音義十九引熊氏瑞應圖○音義五引抱樸子云毌龍曰蛟子曰蚪其狀魚身如蛇尾皮有珠 蚪神獸 楚辭涉江駕青蚪兮驂白螭注 蚪蟠謂樹如龍蛇之盤屈相糾也 文選吳都賦輪囷蚪蟠注

呂蚪切 蟉 平上兩讀 蚴蟉也 說文 蟉蚪曲皃 文選魯靈光殿賦騰地蟉蚪而遶棣注 璆然龍皃 史記禮書金薄璆龍索隱引劉氏○蓋按此段璆爲蟉也薄猶飾也

鏐 平上兩讀 弩眉也一曰黃金之美者 說文段注見爾雅釋器鄭李尚書厥貢鏐鐵注同漢地理志亦作鏐韋昭云紫磨金○爾雅釋器云黃金謂之璗其美者謂之鏐又書禹貢鄭注云黃金之美者謂之鏐 鏐即紫磨金 爾雅釋器注

汗鏐切 滮 淲作滮 水流皃詩曰滮池北流 說文段注池宋本作沱非是 滮流皃 詩白華滮池北流傳又文選蜀都賦滮滮池而爲淩澤劉注 滮滮流也 廣雅釋訓

沔蚪切 繆 枲之十絜也一曰綢繆也 說文段注枲即麻也十絜猶十束也亦段爲謬誤字亦段爲論法之穆唐風綢繆束薪傳曰綢繆猶纏繇也鴟鶚鄭箋同皆謂束縛重疊○荀子子道衣與繆與不女聯注又莊子庚桑楚釋文引崔向注又史記太史公自序集解茲云繆綢繆也 繆纏也 廣雅釋詁四 繆結也 莊子庚桑楚內楗者不可繆釋文 繆繞相纏結也 漢書司馬相如傳下繆繞玉綏注 繆紾相纏結也 淮南本經以相繆紾注 繆錯也猶云纏結也 史記太史公自序權繆于幽集解引徐廣 繆交錯之形也 續漢書輿服志上金薄繆龍爲輿倚較注引徐廣繆 繆形形不同也 文選魯靈光殿賦事各繆形注 繆刺者刺絡脈左取右右取左也 素問三部九候論則繆刺之注 繆絞也繆自縊也 蓋按此段繆爲摎也並見漢書外戚傳注又檀弓衣衰而繆絰亦摎之借 繆繆肬肬 荀子哀公○注云繆當爲膠相加之皃蓋按跂繆爲膠同聲也 繆紕也繆違也繆妄也 繆詐也繆誤也 蓋按此皆段繆爲謬也去聲內詳之 繆然深思皃名與實爽曰

開口呼 稍襃切

搜

縿萱按此段縿爲縿也入聲內詳之

或作捜衆意也一曰求也詩曰束矢其捜說文段注其意爲衆其言爲捜也魯頌泮水曰束矢其捜傳曰五十矢爲束捜衆意也此古義也與考工記注之藪略同鄭司農云藪讀爲蜂藪之藪後鄭云蜂藪者衆輜之所趨也捜衆也廣雅釋詁二入室求曰捜顏氏家訓音辭引通俗文○方言二云捜求也秦晉之閒曰捜就室曰捜捜索也莊子秋水捜于國中釋文○萱按說文寀下云入家捜也是謂轉注捜擇也文選甘泉賦迺捜逑索偶注引臯注捜具也小雅雅廣詁捜捜動皃莊子寓言捜捜也寔也釋文引向注束矢捜然言勁疾也詩泮水箋○疏云捜爲矢行之聲捜索往來皃文選洞簫賦夲猿悲嘯捜索乎其閒注○萱按捜或段慶若宊作之見鄭特牲釋文莊子秋水寓言釋文又左傳注捜被廬段爲蒐也見昭廿九年

㮴

或作捜般船總名說文○漢書溝洫志河決館陶發河南以東漕船五百捜徙民避水注云舟船爲一捜萱按字

鄋

或作捜借也或作艘俗也蜀都賦渾萬船而既同王粲從軍詩連舫踰萬艘

或作鄋北方長狄國也在夏爲防風氏在殷爲汪芒氏春秋傳曰鄋瞞侵齊說文段注春秋文公十一年左傳鄋瞞侵齊遂伐我叔孫得臣獲長狄僑如穀梁傳曰身横九畝○萱按史記魯世家鄋作瘦段借字叟者蜀夷之別名書牧誓疏叟兵即蜀兵也漢代謂蜀爲叟後漢董卓傳注劉馬傳注○萱按此蓋本無正字段叟作之而讀若鄋也與長秋不相涉

獀

或作獀南越名犬獿獀也說文段注獿獀疊韻字南越人名犬如是今江浙尚有此語春獵爲獀禮記祭義而弟達乎獀狩矣注○國語齊語春以獀振旅注云春田曰獀夏曰獀御覽八百卅一引韓詩內傳○萱按田獵字作獀亦作蒐李無正字依聲託事也義取於獀故亦用獀作之獀擇也呂覽季秋獀爲注○魏大饗碑云周成岐陽之獀

溲

或作溲○平上兩讀義別浂汏也說文○萱按此義上聲溲便也國語晉語少溲於豕牢而得文王注

溲小便也素問奇病論有癃者一日數十溲注經論坐溲不利注又後漢張湛傳注謂溲謂溺也素問瘧論則心下崩數溲血也注又史記酈生陸賈傳溲溺其中索隱云溲卽溺也○莊子則陽內熱溲膏釋文溲李或作廋萱按此段廋爲溲也又儀禮士虞禮記明齊溲酒注云今文溲爲醜此醜溲爲正借字也說文無醜

鱐

或作鱐乾魚尾肅肅也周禮有腒鱐說文段注肅肅各本作鱐鱐今正肅肅乾皃今俗尚有乾肅肅之語風俗通說夏禹桿尾肅肅古言也庖人內則注曰鱐乾魚籩人注曰鱐者析乾之出東海○萱按禮記內則夏宜腒鱐周禮庖人夏行腒鱐籩人無鮑魚鱐內饔骨鱐字皆作鱐鱐脯也廣雅釋訓骨鱐謂骨有肉者周禮內饔凡掌共羞脩刑膴胖骨鱐以待共膳司農注鱐魚腊也廣韻○集韻云鱐魚名鮀母也

蒐

茅蒐逗茹藘人血所生可㠯染絳說文段注藘音閭鉉本作藘鄭風茹在阪釋艸毛傳皆云茹藘茅蒐也陸璣云茹藘茅蒐蒨艸也一名地血齊人謂之茜徐州人謂之牛蔓今圃人或作畦種蒔故貨殖傳云

卮茜千石亦比千乘之家按本艸經有茜根蜀本圖經蘇頌圖經言其狀甚悉徐廣注史記云茜一名紅藍其花染繒赤黃此卽今之紅花張騫得者西域者非茜也陳藏器云茜與葉荷皆周禮攻蠱嘉艸之最云人血所生者也釋此字所以从兔也茅古音矛茅蒐茹藘皆疊韻也經傳多以爲春獵字○山海經中山經鱉山其陰多蒐注云蒐茅蒐今之蒨艸也蒐聚也爾雅釋詁○注云蒐者以其聚人衆而田也又漢書五行志中之上注云蒐謂聚衆而田獵也蒐數也左氏襄廿四年傳蒐軍實服注蒐閱也左氏成十六年傳蒐乘補卒注襄廿六年傳簡兵蒐乘注哀十一年傳退而蒐乘注○宣十四年傳蒐焉而還注云蒐簡閱車馬蒐者何簡車徒也公年昭八年傳○昭十一年傳云大蒐者何簡車徒也又桓六年傳注云比年簡徒謂之蒐三年簡車謂之大閱五年大簡車徒謂之大蒐獵爲蒐爾雅釋天又詩騶虞序蒐田以時釋文○說苑修文引傳云春日蒐春以田曰蒐管子小匡○周禮大司馬遂以蒐田注云春田爲蒐秋曰蒐公羊穀梁桓四年傳○國語周語蒐於農隙注云春田曰蒐蒐擇也禽獸懷妊未著秋乃取之也又白虎通田獵云秋謂之蒐何蒐索肥者也蒐索也左氏文十八年傳疏又漢

書百官公卿表上注引服虔○主父偃傳注云蒐蒐索也取不孚者又左氏隱五年傳注云蒐索擇取不孚者蒐擇
也禮記王制疏○穀梁桓四年傳注云蒐擇之又公羊桓四年傳注云蒐蒐擇也蒐隱也左氏文十八年傳服
讒蒐慝注又服注蒐搜也周禮大司馬之職疏○又云蒐搜是田獮之名又說苑修文云蒐者搜索之搜
搜擇不任孚者漢書刑法志春振旅以搜注又爾雅釋天注云搜索取不任者○蒐搪搜之意博蒐之義
專二字互借通用文選辯亡論云上蒐三王之樂正當作搜矣左傳蒐慝亦介

褎 博搜切

或作褎褎褎衣博褡說文段注博褡謂大其褎囊也漢書褎衣大褡謂大其衣袴之謂工也引伸之爲凡大之偁
爲褒美○漢書雋不疑傳褎衣博帶注云褒大裾也褎明長襦也方言四褎明謂之袍注又廣雅釋器褎
衣謂方興之衣如今吏人之左衣也淮南氾論豈必褎衣博帶句襟委章甫哉注
褎衣天子褎錫之衣禮記襍記上注得升屋招用褎衣也疏○注褎猶進也疏云褎衣朝覲見加賜
之衣褎大也淮南主術一人被之而不褎注褎崇高之稱也禮記禮器注之言褎也疏葆褎

猶進也禮記樂記故禮有而樂有反注襍記上復諸侯以褎衣冕服爵弁服注有土嘉之曰褎
公羊隱元年傳褎之也注褎賞者錫賚之名詩崧高褎賞申伯馬疏○進橋碑云一以褎賢君褎
國也詩正月褎姒滅之傳○國語晉語周幽王伐有褎注云褎姒姓之國褎斜漢中谷名南谷
名褎北谷名斜首尾七百里後漢順帝紀注褎拜今時持節拜是也
周禮大祝八曰褎拜司農注褎聚也褎取也褎集也褎衆也褎多也萱扱皆段
褎爲捊也許在彼

愁 茝牟切

讎作愁慁也說文段注或借爲揫字鄉飲酒義曰秋之爲言愁也是○廣雅釋詁一云愁憂也愁愁憂
也廣雅釋訓愁悲也廣雅釋詁三愁變色皃易晉晉如愁如釋文引鄭注愁眉者細
而曲折後漢梁冀傳注

矛 莫愁切

○俗有鉾𢦏古文酋矛也建於兵車長二丈象形說文段注酋矛云云見考工記記有

酋矛夷矛酋矛常有四尺夷矛三尋鄭注酋夷長短酋之言遒也酋近夷長矣柲許不言夷矛者兵車所不建不常用也
魯頌箋云兵車之法左人持弓右人持矛中人御象形者考工記謂之刺兵其刃當直而字形曲其首未聞直者象其柲
左右蓋象其英鄭風傳云重英矛有英飾也魯頌傳云朱英矛飾也搖矛飾蓋縣毛羽櫨鄭箋則毛傳云重喬累荷也者
所以縣毛羽也○詩清人箋云二矛酋矛夷矛也又無衣修我戈矛傳云矛長二丈矛冒也刃下冒矜
也釋名釋兵矛兵器也禮記曲禮上進矛戟者釋文○呂覽離俗云矛亦兵也矛戈矛也詩節
南山相爾矛矣釋文○太平爭矛及矛鞘注云矛戈也又周書王會櫟弓執矛注太矛戟也萱櫟徑以戈戟釋矛正名百
物之謂何雖渾言亦不容介

茅

菅也可縮酒爲藉說文段注按統言則茅菅是一析言則菅與茅殊許菅茅互訓此從統言也陸璣曰
菅似茅而滑澤無毛根下當作上五寸中有白粉者柔韌宜爲索漚乃尤善矣此析言也縮酒見左傳爲藉見周易○周
禮甸師祭祀共蕭茅注云茅以共祭之苴亦以縮酒又穀梁僖四年傳菁茅之貢不至注云菁茅香艸所以縮酒又左氏

僖四年傳爾貢包茅不入注云菁茅也又書禹貢云包匭菁茅茅艸有三脊也漢書郊祀志上江淮
閒一茅三脊注引服虔○穀梁文三年傳茅茨盡矣釋文云茅艸也茅穗也廣雅釋艸茅謂靈茅也
漢書郊祀志上注引張晏茅絜白之物也詩靜女自牧歸荑荑荑爲茅易泰拔茅連茹虞注○大
過藉用白茅虞注云巽柔白爲又姤包有魚虞注云巽爲白茅茅茅明也爾雅釋言又左氏宣十二年傳前茅
慮無注○釋言舍人注云茅味之明也茅靡遯伏也列子黃帝曰以爲茅靡釋文茅蒲簦笠
也國語齊語首戴茅蒲注茅蒐一名蒨可以染絳爾雅釋艸孫注又李注茅鴟[illegible]
也爾雅釋鳥釋文引廣雅○釋文云茅本作鶨茅蜩爾雅釋蟲○釋文云茅或作蠽萱梅鵜若蠽皆當字之晚
出者茅字或用苗用莠用萌用貿用節皆一聲之轉也惟列子茅靡注謂當爲穎靡則音形遠隔何以既借茅字耶

髳

髳或○俗有野髮至眉也詩曰紞彼兩髳漢令有髳長說文段注庸風
髧彼兩髦傳曰髧兩髦之皃髦者髮至眉子事父母之飾許所本也內則拂髦注云髦用髮爲之象幼時鬌其制未聞既

夕禮曰旣殯主人脫髦注云兒生三月之翦髮爲鬌男角女羈否則男左女右長大猶爲之飾存之謂之髦所以順父母幼小之心至此尸柩不見喪無飾可以去之髦之形象未聞玉藻親沒不髦注云去爲子之飾按鄭旣言髦之用而云其制未聞者謂其狀不可詳也毛云髦至眉蓋以髮兩紒下垂至眉像嬰兒夾囟之角髮下垂父母在不失其嬰兒之素也依禮經曰脫髦依內則注曰拂髦振去塵著之是假他髮爲之許引毛詩作髮今則詩禮皆作髦或由音近假借髮與髦義古畫然不同今詩紞作髧釋文云李又作优按紞冕冠塞耳者髮蓋似之也髳即髮字而髧髳字祇从矛牧誓庸蜀羌髳微盧彭濮小雅如蠻如髦傳曰蠻南蠻也髦夷髦也箋云髦西羌別名按詩髦即書髳髳長見漢令蠻如趙佗自稱蠻夷大長亦謂其尙豪也○萱按淮南道應又叚皆爲髮皆秋聲也

髳微在巴蜀書牧誓晚出傳髳幼時翦髮爲之禮記喪大記說髦疏髦冒也冒覆頭頸也釋名釋形體○左傳昭九年豈如弁髦疏云髦謂童子垂髮萱按叚髦爲髮詩禮先之矣

鍪

或書作鍪鍑屬說文鍪鬴也廣雅釋器鍪之言蒙也冒也所以冒首荀子禮論

薦器則冠有鍪而無縰注鍪冠捲如兜鍪也同上鍪頭著兜鍪帽言未知冠制也淮南氾論古者有鍪注鍪放髮也同上兜鍪首甲也古謂之冑急就章注○萱按說文兜篆下云兜鍪首鎧也齊人呼土釜爲牟禮記內則釋文○萱萱按此叚牟爲鍪

蟊

○俗有兩蠿蟊也說文段注此字與蟊部食艸根者絕異○萱按蠿側八切蠿下云蠿蟊逗作网鼄蟊也又爾雅釋蟲孫注云蟊蠿蟊也次蟗鼅鼄鼅鼄鼄蟊也爾雅釋蟲○萱按蟿蝥蟊蟊食根曰𧕴說文分置三部𧕴然不紊他家或併爲一字矣今悉還其舊

𧕴

或作蟊蝥或○虫部蝥字讀入聲異義蛑古文𧕴食艸根者吏抵冒取民財則生說文段注艸當作苗小雅去其螟螣及其蟊賊釋蟲食苗根蟊毛傳食根曰蟊螟蛉已見虫部螣是介屬螟蟊是蠃屬今人則蟊叚爲之矣抵當作柢觸也冒者冢而前也吏不卹其民彊樂而取民則生此抵冒亦見董仲舒傳冒古音茂以疊韻爲訓竹邑相張君碑蝥賊不起凡漢人言侵牟皆蝥之叚借○詩桑柔降此蟊賊箋云蟊食苗根曰蟊食

其根者言其稅取萬民財貨故曰蟊也爾雅釋蟲李注蝥賊食禾稼左氏成十三年傳帥我蝥賊注又後漢岑彭傳注馮衍傳注蟊螻蛄詩大田疏引陸疏莫貈蟷蠰蛑爾雅釋蟲○釋文引字林云蛑螳蜋也牟食苗根蟊也漢書景帝紀侵牟萬民注引李奇牟多也淮南時則毋或侵牟注○東海廟碑云收責侵侔

牟

牟牛鳴也說文段注韓愈詩曰椎肥牛呼牟柳宗元賦曰牟然而鳴黃鍾滿脰牟倍也廣雅釋言○楚辭招魂成梟而牟注云倍勝爲牟牟過也一切經音義二引廣雅牟猶大也呂覽謹聽牟而難知注牟多也淮南時則毋或侵牟注○萱按此與倍訓大等耳不謂爲蛑之叚借亦得訓牟牟進也廣雅釋訓牟取也漢書食貨志下注引如淳牟愛也廣雅釋詁一○方言一云牟愛也宋魯之閒曰牟牟首閭道有室者也文選魏都賦長塗牟首劉注牟追牟冒也言其形冒髮追追然也釋名釋首飾○萱按此義與髮近敦牟黍稷器也禮記內敦牟卮匜注○釋文云

齊人呼土釜爲牟萱按此謂牟爲鍪之叚借字鍪鍑屬矣牟等也萱按此侔之省文也古又叚牟爲髦爲務皆音近也荀子舉牟光即務光矣左傳王孫牟也旄諸作髦童子或曰牟子牟冒也相裹冒也釋名釋形體○萱按眸字後出古祇用牟荀子非相云堯舜參牟子

侔

侔齊等也說文又史記孝文紀德厚侔天地集解引李奇又文選魯靈光殿賦注引字林侔齊也廣雅釋詁四又列子黃帝侔于朝釋文侔等也考工記輪人權之以眡其輕重之侔也注弓人角與幹權筋之侔釋文又國策中山策何侔名於我注又漢書紀志傳各注又後漢各傳注又淮南兵略勢侔則有數者禽無數注○考工記弓人筋三侔注云侔猶等也又輪人行山者欲侔注云侔工下等侔等也亦從也莊子大宗師畸于人而侔于天釋文引司馬注侔猶均也考工記工人疏數必侔注侔也者比辭而俱行也墨子小取侔取也管子宙合靜默以侔免注侔莫強也北燕之外郊凡勞而相勉若言努力者謂之侔莫方言七牟等也漢書司馬相如傳下注○萱按此叚牟爲侔也

又楊淮碑元弟功德牟盛曹景完碑咸牟諸夏竝同又高彪碑肙昔雝壇旣貿爲侔也同部同音也又考工弓人釋文侔本作枓作枓亦借字也字皆後出

麰

或作麰革或來麰逗麥也說文○詩思文貽我來牟傳云牟麥又後漢班彪傳下注云黃麰麥也按詩作牟者省借之常麰大麥也詩思文釋文引廣雅○孟子告子工今夫麰麥注云麰麥大麥也麰大麥也詩思文釋文引孟子又文選典引注引韓詩章句麰麴也廣雅釋器○方言十三麰麴也齊右河濟或曰麰注云麰大麥麴

開口謌二

皋 良滔切

或作皐俗有睪○气皋白之進也禮句祝曰皋登謌曰奏故皋奏皆从夲周禮曰詔來鼓皋無說文段注气皋曰之進也當作皋气白之進也皋者禎舉字之未刪者也皋謂气白之進故其字从白本气白之進者謂進之見於白气滔然者也皋與臭同音臭訓大白日部暭訓晧旰晧听者白皃也暭晧字俗鳥多从白頁部顏訓白皃皋有訓澤者小雅鶴鳴傳曰皋澤也澤與皋所言則二統言則一如左

傳鳩藪澤牧隰皋並舉析言也鶴鳴傳則皋即澤澤藪之地極望數百沆瀁皛溔皆白气也故曰皋又引申爲凡進之偁則如禮祝曰皋是也或段皋爲櫜如服注左傳皋比即樂記之建櫜或段爲高如明堂位皋門注云皋之言高也禮謂禮經也士喪禮復者一人升自前東榮中屋北面招以衣曰皋某復三注曰皋長聲也禮運亦云皋某復按聲長必緩故左傳魯人之皋注云緩也呂覽皋皋釋訓曰剌素食也毛曰頌不知道也皆緩之意也謌或歌字也也登歌堂上歌也也禮經或言歌我言樂或言奏賓皆奏也祝也登歌也皆有進意說皋奏二纂从本之憲周禮云云樂師職文今周禮作來瞽洗鄭云鼓或作瞽皋當爲告後鄭云皋之之言號大祝職云來瞽令皋舞後鄭曰皋讀爲卒嗥呼之嗥來嗥者皆謂呼之入漢書高祖告歸之田服虔曰告音如嗥東觀漢記田邑傳作號歸藩古告上皋嗥號四字音義皆同

皋澤也楚辭招魂皋蘭被徑兮注又文選上林賦亭皋千里注引服虔洛神賦爾迺稅駕乎衡皋注○西京賦寔爲地之奧區神皋薛注云神皋按神之皋

澤曲曰皋離騷步余馬於蘭皋兮注湘君朝騁騖兮江皋注○詩鶴鳴釋文引韓詩云九皋九折之澤

皋澤中水溢出所爲坎詩鶴鳴箋○史記孝武紀聞者河溢皋陸正義引顏師古云皋

水旁地又漢書司馬相如傳下注平皋之廣衍注云皋水邊地也又貫山傳江皋河濟注引李奇云皋水邊淤地也又文選秋興賦耕東皋之沃壤兮注云水田曰皋

皋池也廣雅釋地

皋局也廣雅釋言

皋引聲之言禮記禮運疏○王氏引之云皋發語之長聲也

五月爲皋爾雅釋天

北辰爲皋宗通典引書禋于六宗說

皋禬天神也淮南墜形皋禬闔闔風之所生也注

皋皋不治之皃爾雅釋訓皋皋琄琄舍人注○詩召旻云皋皋訿訿曾不知其玷

皋牢猶牢籠也後漢馬融傳注

睪陰丸也素問繆刺論令人卒疝暴痛注

皋絜皋也文選甘泉賦注皋搖泰一注引如淳○萱按當字有槹而後出

皋陶鼓木也考工記韗人爲皋陶司農注

王之郭門曰皋門詩緜乃立皋門傳○箋云外門曰皋門萱按據禮運注高皋爲正借字要亦皋再引申之義

皋雞似鳧冀州謂之澤特也周書王會文翰者若皋雞注

皋比虎皮左氏莊十年傳注○萱按許櫜下

皋尒澤片顏氏家訓書證○萱按皋諞爲睾故黃門云介水經潁水注云皋澤字相近正謂比若荀子解蔽望其壙皋如也注云皋當爲

睪是不知其同字誤以睪爲正矣皋或作咎作瞽作浩作旲作睎皆同部通借也

睪高皃家語困誓則睪如也注○萱按皋變爲睾又譌而爲睪形音義皆如牛頭馬腩矣

蓂

或作蓂蒿屬也白華說文段注南山經其名曰白蓉廣雅曰蓂蘇白蓉也按未知即此物與否

鼛

大鼓也詩曰鼛鼓不勝說文段注周禮作皋古音同在三部也鼓人以皋鼓鼓役事鼛人爲皋鼓長尋有四尺倨句磬折毛傳鼛大鼓也長一丈二尺○詩鼓鐘鼓鐘伐鼛傳云鼛大鼓也又周禮鼓人注云鼛鼓長丈二尺

鼛鼓王者之食樂也淮南主術鼛鼓而食注○詩鼓鐘疏云鼛即皋也古今字異耳萱按鼛皋爲正借字則當云皋即鼛

咎鼓大鼓也後漢馬融傳注○萱按咎乃鼛之省借字

櫜

或作韔車上大櫜詩曰載櫜弓矢說文段注云車上大櫜者謂可藏任器載之於車也樂記注曰兵甲之衣曰櫜鍵櫜言閉藏兵甲也小雅周頌毛傳曰櫜韜也齊語垂櫜而入韋曰櫜囊也引伸之義凡韜於外者皆爲櫜周禮齊物注云齊當爲櫜蓮炎之賓有櫜韜○詩時邁載櫜弓矢鹽鐵論論菑作載櫜弓矢又儀禮士喪禮設冒

櫜之注云今文櫜為櫜萱按櫜者大名故通用耳若周禮翦氏掌除蠹物注故書蠹為櫜釋文本或作櫜此則櫜櫜皆譌體矣 **櫜弢也** 國語齊語注○周禮巾車注又以其尾為戈戟之弢疏云櫜則弢也 **櫜韜也** 詩彤弓傳時邁傳又左氏莊十年傳疏宣十二年傳注又國語周語注又史記周紀集解引唐固又漢書五行志上注又後漢隗囂傳注杜詩傳注 **韗韜也** 管子兵法舉韗章則載食而駕注 **櫜韜盛物者取事名焉** 儀禮士喪禮注○疏云櫜是韜盛之名 **櫜兵鎧之櫜也** 禮記樂記疏○少儀則袒櫜奉胄注云櫜弢鎧衣也 **兵甲之衣曰櫜** 禮記樂記注○檀弓下赴車不載櫜韔注少儀釋文竝云櫜甲衣也 **弓矢所藏俱名櫜** 左氏僖廿三年傳疏○宣十二年疏云櫜一名韜盛弓矢之衣也 **櫜弓藏也** 廣雅釋器○後漢馬融傳注櫜以藏弓又謝該傳注云櫜所以盛弓 **櫜受弓器** 左氏僖廿三年傳右屬櫜鞬釋文○昭元年傳釋文云櫜弓衣也又詩時邁疏云櫜者弓衣一名韜 **櫜矢房** 國語晉語注○左氏僖廿三年傳注云櫜以受箭 **皋比虎皮** 左氏莊十年傳蒙皋比而先犯之注○萱按櫜皐正借字

尻 侃滔切

○俗有尻脽 **髀也** 說文段注按釋名以尻與臀別為二漢書結股脚連脽尻毎句皆合二物也尻今俗云溝子是也髀今俗云尻股是也析言是二統言是一故許云尻髀也通俗文埤蒼皆云尻骨謂之八髎釋名曰尻廖也所在廖牢深也○廣雅釋親又一切經音義五引聲類竝云尻也萱按髀臀同字皆尻之異體別有脽字義亦同脾 **臀尻髖也** 一切經音義十四引三蒼 **⿰月尻後竅也** 呂覽觀表許鄙相尻注○萱按內則兔去尻莊子達生加汝尻雕俎之上皆謂脊骨盡處楚辭天問崑崙懸圃其尻安在亦指山託根所而洪氏注直作居字釋之誤也蓋尻居通譌矣戴先生屈原賦注云尻猶尾也脊椎之末節曰尻骨亦曰尾閭

鏖 燠滔切

或作𤎌○俗有鏖鐎熝 **𥁕器也一曰金器** 說文段注廣韻曰鏖銅瓮也今江東尚有鏖熟之語與火部以徵大溫肉之哀義同或作熄或作鏖集韻曰盡死殺人曰鏖糟漢霍去病合短兵鏖皋蘭下是也一曰金器盡則非炊人物器○萱按鏖从鏖聲从鏖从麃皆轉寫譌耳鏖又與鏖犯 **鏖鏕也** 廣雅釋器 **熝爐也** 廣雅釋詁四 **打擊之甚者曰鏖** 漢書霍去病傳注○又云鏖謂苦擊而多殺也 **世俗謂盡死殺人**

為鏖糟 漢書霍去病傳注引晉灼

薅 海臯切

○俗有林鎒搞 **薅或茠披田艸也詩曰既茠荼蓼** 說文段注披者迫地削去之也木部曰槈薅器也詩周頌文今詩作以薅者 **薅耘去艸也** 漢書王莽傳中毎縣則薅注 **茠拔田艸也** 國語晉語冀缺耨注 **林除也** 廣雅釋詁三

裯 帶臯切

衣袂祇裯 說文段注依全書之例此當云祇裯也衣袂二字蓋誤衍召南抱衾與裯毛曰裯襌被也祇裯雙聲字也○萱按祇下云祇裯短衣也 **汗襦或謂之祇裯** 方言四 **裯牀帳也** 詩小星箋○疏云漢世名帳為裯又引鄭志云今人名帳為裯

⿰舟周

或作鵃○俗有船 **小船也** 說文段注各本無此字衛風曾不容刀釋文云說文作鵃小船也正義曰說文作舠小船也今據補 **⿰舟周舟也** 廣雅釋水 **⿰舟周吳船也** 初學記二十五引埤蒼 **三百斛曰⿰舟周⿰舟周貂也貂短也江南所名短而廣安不傾危者也** 釋名釋船 **小船曰**

刀 詩河廣箋○釋文云刀小船也萱按舠刀正借字也或用舠者非是舠音兀見說文亦書作舠

滔 代臯切

水漫漫大皃 說文段注堯典浩浩滔天按漫漫當作曼曼許書無漫字 **滔漫也** 書堯典象恭滔天晚出傳又詩蕩釋文又廣雅釋言又漢書萬石君傳注引晉灼王尊傳注王莽傳贊注敘傳上注又後漢董卓傳注又山海經海內經洪水滔天注又文選幽通賦巨滔天而泯夏兮曹注 **滔者漫浸之名** 書堯典疏 **滔蕩也** 淮南本經共工振滔洪水注 **滔大皃** 淮南精神滔乎莫知其所止息注○墬形注云滔大也 **滔謂充也** 管子君臣下心道進退而刑道滔赶注 **滔聚也** 莊子田子方滔乎前而不知所以然 **滔曼長也** 淮南詮言自死而天下無窮爾滔矣注 **滔廣大皃** 詩江漢武夫滔滔傳○箋云使循流而下滔滔然疏云滔滔武夫之皃 **滔滔大水皃** 詩四月滔滔江漢傳 **滔滔流皃** 詩載驅汶水滔滔傳 **滔滔行皃** 楚辭謬諫年滔滔而日遠兮 **滔滔者周流之皃也** 論語微子滔滔者天下皆是也集解孔孔注○皇疏云滔滔者猶周流也 **滔滔往來皃也** 太玄常滔滔往來注 **滔蕩廣大**

皃也楚辭怨思鴻溶溢而滔蕩注滔宂不滿密也淮南本經小而行大則滔宂而不親注滔洄如水之滔漫或竭洄也文選嘯賦橫鬱鳴而滔洄注東方曰滔風呂覽有始○注云滔風震氣所生一曰清明風西南戎州曰滔土淮南墜形又後漢張衡傳注引河圖滔慢也滔滔亂皃當按此段滔爲慆也

慆

說也說文段注說今之悅字尚書大傳師乃慆注曰慆喜也可證許說悉蟀傳曰慆過也東山傳曰慆慆言久也皆引申之義也古與滔互旣借慆慢也詩蕩天降慆德傳又左氏昭三年傳以樂慆憂疏引劉炫說又國語周語無即慆淫注必有慆淫之心閔之注魯語使無慆淫注慆淫也離騷椒專佞以慢慆兮注慆疑也左氏昭廿七年傳天命不慆久矣注慆藏也左氏昭三年傳以樂慆憂注慆慆亂皃文選幽通賦安慆慆而不悗兮曹注滔慢也詩蕩傳又左氏昭廿六年傳宮不滔注滔滔亂皃漢書敘傳上注引鄧展

搯

或作掏捾也周書曰師乃搯搯者擂兵刃以習擊刺也詩曰左

旋右擂說文段注魯語公父文伯母戒文伯之婁曰無洵涕無搯膺韋注搯叩也膺胷也按韋注即俗所謂椎心喪禮有擗拊心也則叩胷亦未爲失此正謂哀之甚如欲挑出心肝者然韋攸言其大致而已今人俗語亦云搯出文選長笛賦搯膺擗摽李善引國語及韋注而云苦洽反昧擬若洽切當是搯字从臼聲爪剌也下引魏書程昱傳昱於韜武前忿爭聲氣忿高邊人搯之乃止是則从爲之搯於搯膺豪不相涉也韓子文搯攖胷臀亦是用搯膺字通俗文搯出曰掏爪按曰掐掏即搯也許不錄搯周書云尚書大誓文漢大誓有今文古文之別於伏生二十八篇者後得之大誓今文也馬鄭所注者孔壁之大誓古文也尚書大傳師乃慆鄭云慆喜也此今文大誓也許所傳作師乃搯此古文大誓也如古文流爲雕今文作流爲鳥之此許古文尚書撰異搯者云云釋大誓搯字之義以明與訓搯之搯不同也凡說文既說字義而引經又釋其義者以明說經與說字不同搯本訓搯而大誓之搯訓抽兵刃以習擊剌搯與抽同於六書爲段借故必著之詩曰云云此引詩鄭風清人文爲抽兵刃之證也毛曰右抽者抽矢以射箋云御者習旋車車右抽刃引之證軍中有此儀武王西午逑師尚來渡孟津故抽兵刃習擊剌搯叩也國語魯語注搯抒也廣雅釋詁

騊　⿴囗匋　韜

二掏抒也同上或書作韜馬行皃說文段注此當曰騊騊馬行皃漢人刪之也牛徐行曰牧牧馬徐行曰騊騊今人俗語如是矣或作匱古器也說文或作縚韜劍衣也說文段注少儀曰劍則啟櫝蓋襲之加夫襓與劍焉注曰夫襓劍衣也夫或爲煩皆襆聲按許書無襓字襓與韜音相近襓即韜也曹憲廣雅袂襓袜劍衣也袜音陳律反按熊氏安生義疏引廣雅夫襓木劍衣也木蓋本作朮熊認爲艸木字夫朮曹本乃作袂袜知今本廣雅多增益偏旁而不古矣引伸爲凡包藏之偁从韋者以韋爲之也熊云木劍衣非是檮飯木爲之矣韜藏也後漢姜肱傳注又莊子天地釋文引廣雅韜寬也廣雅釋詁三韜緩也廣雅釋詁二縚索也小爾雅廣器○萱按後出字有掏爲此義常字韜弓藏也廣雅釋器○詩彤弓傳櫜韜也釋文云韜弓衣也萱按弓衣正字作弢而櫜韜引中之義皆訓弓衣三字義大同矣若韜之用叏用周翻則純乎段借綢韜也禮記檀弓綢練設旃釋文又廣雅釋文又廣雅釋言○萱按此謂綢即韜

之段借字也注綢練以練綢旌之杠此旌葢乘車所建也家語終記綢練設旌

絛

或作慆扁緒也說文段注廣雅作綸緒漢書及賈生新書作偏諸葢上字作綸下字作諸爲是諸者謂合衆采也賈誼傳曰今民賣僮者爲之繡衣絲履偏諸緣服虔曰偏諸如牙條以作履緣又白縠之表薄紈之裏緁以偏諸晉灼曰以偏諸緁著衣然則偏諸之爲條明矣襍記注曰紃若今時條也毛詩左傳正義曰王后親織玄紞即今之條繩必用襍米線織之相紱絨葢其闊者絛其植者紃其圜者○萱按襍記釋文絛本又作絛段借字也幍綸幘也晉書音義中

叏

滑也詩云叏兮達兮一曰取也說文段注今鄭風挑兮達兮走部引亦作挑毛云挑達往來相見皃按往來相見即滑泰之意達同泰水部泰滑也一曰取也別一義○萱按儀禮士昏禮注纚韜髮釋文韜本作叏又禮記喪大記注所以韜尸重形也釋文韜又作叏此皆以同音段用叏字也

弢

弓衣也說文段注左傳多言弢詩言韔秦風傳曰韔弓室也鄭風作韔傳曰韔弓弢弓也然則弢與韔韣同物故許皆以弓衣釋之月令曰帶以弓韣少儀曰弓則以左手屈韣執拊是又名韣而可屈則以韋為之也革部又曰鞬所以戢弓矢方言曰弓謂之鞬或謂之韇丸廣雅鞬弓藏也韇丸矢藏也合三書言之鞬韇丸乃藏弓矢所通偁也○左氏文十六年傳中項伏弢注哀二年傳伏弢嗁血注又國語齊語弢無弓注晉語吾伏弢略血注又管子小匡注又莊子知北遊釋文引字林竝云弢弓衣也弢弓謂藏之也詩大叔于田疏矢服謂之弢小爾雅廣器弢是盛旌之橐也左氏成十六年傳內旌於弢中疏○萱按漢書藝文志周史六弢六篇又莊子徐無鬼則以金版六弢或作六韜二字音義皆同也又文選漢高祖功臣頌弢迹匿光注云弢與韜古字通也按亦通用橐

牧

牛徐行也說文段注俗謂舒遲曰牧牧

宰皋切

遭

遇也一曰邐行說文段注一曰邐行者俗云遇遭是也○爾雅釋詁又國語鄭語未既亂而遭之注又後漢耿純傳注馮衍傳注又素問痺論病氣勝陽遭陰注又文選幽通賦致遭罹而蠱縮注引項岱竝云遭遇也遭逢也禮記曲禮上遭先生於道疏又後漢張元傳注又史記孝武紀遭聖則興正義○絳侯周勃世家索隱云遭者逢也

糟

醩籀○或作書醩蕕酒滓也說文段注內則曰重醴稻醴清糟黍醴清糟粱醴清糟注云重陪也糟醇也清泲也致飲有醇者有泲者陪飲之也周禮酒正共后之致飲於賓客之禮醫酏糟注云糟醫酏不泲者泲曰清不泲曰糟按今之酒但用泲者直謂己漉之粕為糟古則未泲帶滓之酒謂之糟泛齊醴齊滓浮尤濁盎齊緹齊沈齊差清莊子音義夫應書皆引許君淮南注曰粕己漉粗糟也然糟謂未涜皆大鄭周禮注引內則清糟字皆作滴云糟音聲與酒相似記之者各異耳按滴蠡从酒艸聲亦糟字也○莊子天道古人之糟魄已夫釋文引李注又淮南道應是直聖人之糟粕耳注又一切經音義三引淮南許注竝云糟酒滓也又文選文賦注引莊子李預注云酒滓曰糟泲者曰清不泲者曰糟禮記少儀疏○周禮漿人疏云醫酏糟者謂醫酏不泲者萱按後人所言糟即古之粕亦叚用晚古糟與粕對言後人併為一耳楚辭何不餔其糟而啜其醨貨殖傳原憲不厭糟糠食貨志糟截灰炭皆目粕也

遷逸之放此奐名糟莩曠沈法言重黎○萱按此叚借字也柳注云糟當為精滴酒液也韻集引廣雅○萱按滴或作酒叚借字也

熸

雋也說文段注今俗語謂燒壞曰熸凡物壞亦曰熸○一切經音義十一引字林云熸燒木焦也熸燒木餘也一切經音義九引蒼頡熸灺也廣雅釋詁四

艒

鶻艒也說文段注按鶻音骨艒郭音嘲釋文音涉交反凡鳥名多取其聲為之郭云今江東亦呼為鶻艒正謂江東皆呼骨嘲而定此音也鶻鵃鶻艒爾雅釋鳥○注云似山鵲而小短尾青黑色多聲萱按左傳鶻鵃氏司事者也注云春來冬去詩宛彼鳴鳩傳鳴鳩鶻鵰釋文引字林云鶻鵃小種鳥也按鶻鵰乃鶻鵃之駁文陸璣以為班鳩邵氏爾雅正義辨其非班鳩四時有之非春來冬去也具鳴云鉤輈格磔自呼也見本艸

散皋切

慅

動也一曰起也說文段注月出勞心慅兮常武徐方驛騷傳曰騷動也此謂騷即慅之叚借字也二字義相近騷行而除廢矣一曰起也別一義萱按二義無大異下四字恐後人所增○慅愁也廣雅釋詁四慅

憂也詩月出釋文慅慅憂也廣雅釋訓庯庯慅慅勞也爾雅釋訓○萱按荀子正論墨黥慅嬰此叚慅為澡也

慅

慅此複舉字之未刪者段云騷也說文段注馬高六尺為騷借為倨傲之偁

搔

或作搔樣瘙瘙刮也說文段注刮各本作掐今正掐者絜也非其義刮者掐杷也掐杷正搔之訓也內則疾痛苛養而敬抑搔之注曰抑按搔摩也摩馬曰騷其聲同也又部瘍搔瘍也瘍之需手搔者謂之搔瘍俗作瘙瘍釋文正義已如此搔謂抓也漢書枚乘傳注搔勞也淮南汜論文搔法法獻攫搔搏也集韻○莊子徐元鬼委蛇攫搔釋文云本又作搔徐本作搔司馬本作條疥瘙創也集韻引廣雅

騷

摩馬也說文段注各本摩馬上有搔也一曰四字淺人所增也今刪正人曰搔馬曰騷其意一也摩馬如今人之刷馬引伸之義為騷動大雅常武傳曰騷動也是也檀弓注曰騷騷爾大疾若屈原列傳曰離騷者猶離憂也此於騷古音與憂同部得之騷本不訓憂而搔動則生憂也故曰猶騷動也爾雅釋詁又詩常武徐方驛騷傳韓奕箋王室

始騷釋文○爾雅注云騷搖動皃又漢書賈誼傳注云憂動曰騷又後漢李通傳注云騷亦動也騷擾也國語

鄭語王室方騷又廣雅釋詁二騷急疾皃禮記檀弓上故騷騷爾則野釋文騷愁也國語

晉語通者騷離注又楚辭離騷序騷憂也史記屈原賈生傳索隱引應劭又漢書馮奉世傳贊注○萱按屈賈

傳索隱騷作慅此改用帚字也慅愁也說文不收騷蹇也廣雅釋詁三○方言六云云騷蹇也吳楚偏蹇曰騷

騷臭也山海經北山經晉水其中多鯊魚食之不騷注騷騷風勁皃文選思玄賦拂穹岫之騷騷注

騷屑風聲皃楚辭思古風騷屑以搖木兮注騷殺垂皃文選東京賦飛流蘇之騷殺注

海陶切

嗥

獋譚長說嗥从犬○或作獋咆也說文段注廣韻嗥熊虎聲左傳曰狐貍所居豺狼所嗥公年春秋經趙盾

弒其君夷獋獋鳴也廣雅釋詁二來嗥者皆謂呼之入周禮大祝來瞽令皋舞注○萱

按經皋注嗥者古皋嗥號義大同也莊子庚桑楚兒子終日嗥釋文嗥本又作號烏嗥良弓之名家語

好生亡烏嗥之弓注

代袍切

匋

作瓦器也古者昆吾作匋案史篇讀與缶同說文段注上作字各本無今依

玉篇補大雅陶復陶穴箋云復穴皆如陶然正義引說文匋瓦器竈也按穴部云窯燒瓦竈也瓦部云甄匋也然則依玉

篇為長作瓦器者穀之燒皆是其事故匋之字次於穀今字作陶陶行而匋廢矣陶見阜部再成丘也呂覽昆吾作陶

高云昆吾顓頊之後吳回黎夏之陸終之子己姓也為夏伯制作陶冶埏埴為器尸子云夏桀臣昆吾作陶以舜匋河濱

而有虞工匋斷之則高說是而他說失之也史篇者史籀所作大篆十五篇也詳皕部讀與缶同者謂史篇以匋為缶古

文叚借也匋與缶古音同在三部故得相叚借匋窯也廣雅釋宮匋化也廣雅釋詁三治土器

曰陶書梓材馬注○一切經音義十八引世本云陶夏臣昆吾更增加也陶作瓦器呂覽慎人注○禮記

喪大記陶人出重鬲疏又淮南精神譬猶陶人之埏埴也注竝云陶人作瓦器之官也又荀子性惡故陶人埏埴而為器

注云陶人瓦工也又一切經音義十四引蒼頡篇云陶作瓦家也舜始為陶于河濱陶燒瓦之竈史記魯仲

連鄒陽傳獨化於陶鈞之上索隱引韋昭陶謂窯也莊子馬蹄陶者曰我善治埴釋文陶瓦器也

禮記郊特牲諸侯膳用犢疏器用陶匏疏又漢書郊祀志下注又後漢班彪傳下注○呂覽仲冬陶器必良注又淮南時

則注竝云陶器瓦器也又禮記曲禮上注溉謂陶梓之器疏云陶是瓦瓬之屬陶治也史記魯連鄒陽傳索隱引

張晏○後漢黨錮傳注云陶謂陶治以成之萱按以冶釋陶者其事類也孟子陶治竝言莊子陶鑄竝言陶化也

太玄玄告而天地彌陶之謂神明不窮注陶變也一切經音義五引詩上帝甚陶注陶除也廣雅釋詁

三

陶

再成丘也在濟陰夏書曰東至于陶丘陶丘有堯城堯嘗所

凥故堯號陶唐氏說文段注釋丘曰一成為敦丘再成為陶丘禹貢曰道流水東流為濟入于河泆為

漢東出于陶丘北地理志曰濟陰郡定陶縣禹貢陶丘在西南按定陶故城在今山東曹州府定陶縣西南古陶丘在焉

陶丘云云謂堯始居於陶丘後為唐侯故曰陶唐氏也○書禹貢鄭注云陶丘在濟陰定陶西北又晚出傳云陶丘丘再

成又釋名釋丘云再成曰陶丘於高山丘一重作之如陶竈然也又山海經海內經有九丘名曰陶唐之丘注云陶唐堯

號又左氏昭廿九年傳有陶唐氏注云陶唐堯所治地又晚出書五子之歌傳云陶唐帝堯氏又疏云陶唐皆國名猶湯

稱殷商也又方言一宋衛邠陶之閒曰憮注云陶唐晉都處陶丘形如累而盂爾雅釋丘孫注陶

發聲也漢書高帝紀下陶唐氏既衰注引荀悅陶養也方言十三又廣雅釋詁一又太玄玄攡資陶虛

無注○方言一云陶養也秦或曰陶陶暢也文選七發注引魯詩章句陶喜也文選謝靈運酬從弟惠連

詩共陶暮春時注陶喜也憂也廣雅釋言陶鬱陶也禮記檀弓下人喜則斯陶注○疏云鬱陶

者心初悅而未暢之意也又疏引何脩云陶懷喜未暢意也陶陶和樂皃詩君子陽陽君子陶陶傳○箋

云陶陶猶陽陽也陶陶長皃楚辭哀歲冬夜兮陶陶注陶陶盛陽皃也楚辭懷沙陶陶孟夏

兮注○後漢張衡傳注云陶猶炎熾也陶陶驅馳之皃詩清人駟介陶陶傳陶陶遂遂相

隨行之皃禮記祭義及祭之後陶陶遂遂注陶遨心無所繫楚辭守志遊陶遨兮養神注

蒲陶有白黑黃三種一切經音義六引廣雅○萱按說文萄卅也未嘗尚指蒲萄則作陶亦得又萄

詾 駒

子榮辱陶誕突盜注彊國陶誕比周以相與注逗云陶當爲檮又云陶當爲逃按三字異部而同音音同得相段借故逃亦借陶
陶作丸器也陶冶也萱按此皆段陶爲匋也詳在被又莊子逍遙遊是其塵垢粃糠猶將
陶鑄堯舜者也釋文陶李亦作鈞按陶變也陶化也與陶鑄皆匋之引申者也集韻鈞剸鑄後世字耳又堯典臯陶說文自作
咎繇書大傳同此段陶爲繇也由同音則此陶當音由不當音傜也自央多誤讀
○俗有哅詾或往來言也一曰小兒未能正言也一曰祝也說文
駒駼逗北野之良馬也說文段注釋畜曰駒駼馬野馬如淳漢書注曰駒駼野馬也師古曰駒駼
出北海中其狀如馬非野馬也楊雄傳前番禺後陶塗師古曰國名出駒駼如淳引爾雅爲訓顏氏駮之誤矣駒駼爲北
野之良馬故謂之野馬○注南主術騎騵馬而服駒駼注又爾雅釋畜釋文逗云駒駼野馬也又釋文引字林云駒駼北
方良馬也一曰野馬也駒駼似馬而青史記匈奴傳駒駼驒騱集解引徐廣○周書王會禺氏駒駼注
云駒駼馬屬駒駼幽隱之獸也爾雅釋畜釋文引瑞應圖

萄 檮

萄藷艸也說文段注今人爲蒲萄字西域出蒲萄一切經音義九引通俗文○後漢西域傳栗弋
國出蒲萄衆果其土水美故蒲萄酒特有名馬蒲陶有白黑黃三種一切經音義六引廣雅○萱按
史記大宛傳相如上林賦俱作蒲陶則陶萄亦古今字也
○俗有檮檮柮逗斷木也春秋傳曰檮柮說文段注檮柮謂斷木之榦梱頭可憎者春秋
云云左傳無檮柮惟文十六年有檮杌杜預曰檮杌凶頑無疇匹之皃趙注孟子曰檮杌嚚凶之類按蓋取斷木之可憎
爲惡人名也出聲九聲同部許所據與今異檮檮杌也爾雅序不揆檮昧釋文○後漢班彪傳工注云檮杌
者凶頑之類檮杌謂惡獸周禮外史疏○孟子離婁下楚之檮杌音義引丁音云檮杌惡獸名也楚謂春
獸爲檮杌者在記惡而興善也又左氏文十六年傳服注引神異經云檮杌狀似虎毫長二尺人面虎足豬牙尾長丈八
尺能鬥不退檮杌鯀也左氏昭九年傳疏又國語周語檮杌次於丕山注檮頑嚚之皃荀子
榮辱陶誕突盜注彊國陶誕比周注○萱按荀段陶爲檮也又左傳檮戭潛夫論作檮戭此轉寫者取便耳非借也檮

㹗 [illegible] 錭　夒 桼陶切

棺也廣雅釋器檮刺也集韻引廣雅
○俗有檮牛羊無子也說文
平去兩讀注在彼○作[illegible][illegible][illegible]○俗有[illegible]或
○俗有錭鈍也說文段注今俗謂挫抑人爲錭鈍讀如刀萱按錭鈍今人直作刀字形與音愈變也○錭銚
也廣雅釋詁三○萱按此引申段借之義也又荀子富國必將錭琢刻鏤黼黻文章以塞其目此段錭爲彫錭鑄
也集韻○萱按莊子逍遙遊陶鑄字釋文陶本亦作鋾
或作猱獿貪獸也一曰毋猴說文段注謂夒一名毋猴犬部曰猴夒也玃大毋猴也由部曰禺毋猴屬
爪部曰爲毋猴也單許猴象詩毋猴其實一也毋猴與沐猴獮猴一語之轉毋非父母字詩小雅作猱毛曰猱猨屬樂記
作獿猱之夒鄭曰獶獮猴也○爾雅釋獸猱蝯善猱猱注云猱毋猴也猱獮猴也楚人謂之沐
猴詩角弓毋教猱升木陸疏又初學記引毛詩艸蟲經○廣雅釋獸云猱狙獮猴也獶獮猴也禮記樂記

獿 峱

及優侏儒獶襍子女注○爾雅釋獸蒙猱狀注云猱亦獼猴之類又釋文云猱本或作獶猱是獶之輩屬
非猨也詩角弓疏○文選曹子建樂府白馬篇仰手接飛猱注云猱獶屬也又吳都賦射猱挺劉注云猱似猨
獶逗此禃爨字之未删者段云獿也說文段注夂部夒今作獶作猱獶則別一字別一義○萱獶下云犬獶獶
咴吠也是謂轉注獶獶也廣雅釋詁四○萱按獶乃擾之譌字也夒獶異義雅讓不得以毋猴釋獶明矣又楊
雄傳慶人亡具字从古文始字讀乃昆切與獶形音義皆異今本漢書或作獶尤巨誤也不可不辨獶獪也廣雅
釋詁四
或作嶩㺒峱山也三字句在齊地詩曰遭我于峱之閒兮說文段注齊風還曰
遭我乎峱之閒兮傳曰峱峱山也理志引作嶩師古云亦作嶩音皆乃高反○萱按御覽九百九引詩峱作猱音同段借
也水經注廿六引作猛形近而譌也嶩山名也漢書地理志注○詩還釋文云峱本作嶩萱按狙與農一聲之
轉故峱亦作嶩

醪朗陶切

汁滓酒也說文段注米部曰糟酒滓也許意此爲汁滓相將之酒醴爲一宿孰之酒與鄭異○漢書文帝紀爲酒醪以糜穀者多注李廣傳持糟醪遺廣注竝云醪汁滓酒也又爰盎傳買二石醇醪注云醪汁滓合之酒也又後漢樊儵傳注云醪醇酒汁滓相將也醪謂有滓酒也一切經音義二引三蒼音義十七引蒼頡篇醪酒也廣雅釋器萱在此渾言也○詩七月傳春酒東醪也疏云醪是酒之別名醪醴謂酒之屬也素問湯液醪醴論爲五穀湯液及醪醴注醪藥謂酒藥也素問血氣形志論治之以按摩醪藥注

牢

○俗有罕奥閑也養牛馬圈也說文段注充人注曰牢閑也必有閑者防禽獸觸齧牲繫於牢故牲謂之牢如宗誓呼牛馬爲牲禮呼牲爲牢也引伸之爲牢不可破○後漢東夷傳注又列子仲尼長幼羣聚而爲牢藉釋文竝云牢圈也繫養者曰牢詩瓠葉序雖有牲牢饔餼筴○儀禮少牢饋食禮釋文云養牲所曰牢又左氏桓六年傳疏云牢者養牲之處牢謂牲牢也列子仲尼釋文○國語晉語子爲我具特羊之饗注云凡牲一爲特二爲牢牢豕室也莊子達生玄端以臨牢筴釋文引李注○國語晉語云少溲於豕牢而得文云牢

羊豕也儀禮少牢饋食禮佐食利升牢心舌注佐食取牢一切肺于俎注有司徹以具牢與腊臂而七疏○儀禮目錄云羊豕曰少牢又山海經西山經注云羊豬爲少牢也三牲牛羊豕具爲一牢周禮宰夫以牢禮之灋注○疏云牛一羊一豕一稱牢又大行人禮九牢注云三牲備爲一牢○國語周語饋九牢注云牛羊豕爲一牢又齊語環山於有牢注云牢牛羊豕也牛羊豕凡三牲曰大牢羊豕凡二牲曰少牢公羊桓八年傳冬曰蒸注○呂覽仲夏以太牢祀于高禖注又淮南脩務如饗太牢注竝云三牲具曰太牢又山海經西山經注云牛羊豕爲太牢牢牲禮也穆天子傳二不受其牢注○周禮牛人注云牢禮飧饔也又宰夫之職疏云牢禮謂饔餼之禮牢稟食也史記平準書官與牢盆集解引如淳又後漢應劭傳注○漢書食貨志下注引如淳云牢稟食也古者名稟曰牢牢價值也今世人言顧手牢漢書食貨志下官與牢盆注引蘇林言牢見其牢固周禮充人疏牢堅也廣雅釋詁一牢堅也漢書師丹傳注外戚傳上注獄又謂之牢言所在堅牢也釋名釋宮室牢聊也

漢書揚雄傳上注引李奇○萱按此引申段借之義牢落猶遼落也文選魏都賦臨菑牢落注上林賦牢落陸離注文賦心牢落而無偶注琴賦牢落淩厲注牢剌牢落乖剌也文選長笛賦牢剌轢戾注牢濾也後漢王琴傳謂之校牢注○萱按義與擽若轢較近益同音段借也荀子王霸睪牢天下而制之若制子孫注云牢與漢書上嫂轢釜之轢義同皋牢猶牢籠也後漢馬融傳注○淮南本經牢籠天地注云牢讀屋霤楚人謂牢爲霤又儀禮士喪禮握手廣五寸牢中旁寸注云牢讀爲樓樓謂削約握之中央以安手也又疏云讀從樓者義取纏斂陋少之意云削約者謂削之使約少也又後漢應劭傳多其牢賞注云牢或作勞萱按牢勞同音霤樓亦一聲之轉故皆借用牢矣又左傳襄廿三年牢成釋文一作牢成牢牢二字形近必有一誤

𣗥粲陶切

二東𣍘从此闕說文段注二東謂其形也𣍘以會意闕謂義與音皆闕也○萱按𣍘本無音姑从曹讀之可耳廣韻不載此等字殊爲畧集韻不收於曹前而收於槽後亦置非其所且注曰出明是蛇足也

𣍘

隸作曹獄㒳曹也說文段注㒳曹今俗所謂原告被告也曹猶類也史記曰遣吏分曹逐捕古文尚書㒳造

具備史記㒳造一作㒳遭㒳遭㒳造即㒳曹古字多假借也曹之引伸爲輩也羣也曹輩也史記平準書索隱引如淳黥布傳率其曹偶索隱又漢書志傳各注又後漢紀傳各注○詩公劉疏云曹者輩類之言曹偶也小爾雅廣言又楚辭招魂分曹竝進注○史記扁鵲倉公傳曹偶可人索隱云曹偶猶等輩也曹羣也詩公劉乃造其曹傳又左氏昭十五年傳使曹逃注又國語周語民所曹好注曹者衆也三國杜瓊傳注又呂覽知度貪得僞作之曹遠矣注○淮南說林曹氏之裂布蛷者貴之注云楚人名布爲曹今俗閒以始織布繫著其旁謂之曹布燒以傳蛸蛷瘡則愈

傮

○俗有殘終也說文段注大雅似先公酋矣釋詁毛詩傳皆曰酋終也酋即遒字正義作遒遒訓迫亦訓終如亂亦訓治也傮之古音與遒同亦訓終益古遒傮通用○萱按魏都賦傮響起既傮爲嘈也然本義亦可通傮然盡人力皃荀子富國傮然要時務民注

褿

幭也說文段注巾部曰幭帬也一曰被也一曰婦人脅衣褿褅也廣雅釋器褿好也廣雅釋詁一○

萱按此益常謂衣好从亦之醬廣雅亦云好也則通辭

槽

嘼之食器 說文段注嘼各本作畜獸二字今正嘼六畜也馬櫪曰槽方言櫪梁宋齊楚北燕之閒謂之槅皁皁 與槽音義同也按大雅乃造其曹曹蓋槽之段借謂造於飤豕之處也 槽飤豕器也 一切經音義十八引 聲類 槽柔木矛也 淮南氾論槽矛無擊注萱按此引申段借之義○

蓸

蓸篇文艸也說文

蠤

或作螬 齎蠤也 說文○莊子至樂云烏足之根為蠐螬 螬蟲名也 孟子滕文公下螬食實者過半矣注○劉注云螬蠤也見文選張景陽詩注 蝤螬蚰蜒也 廣雅釋詁○方言十一云蟦螬自關而東謂之蛒蟦萱按爾雅蟦蠐螬在糞土中者也蝤蠐蝎在木中者莊子司馬注云螬蠐蝎也恐未然又按蟦蠐聲近疑本一字 蠐螬亦呼當齊或呼地蠶或呼蟦蝗 方言十一注

翺 服陶切

或作翺 翺 此被舉字之未刪者段云 翔也 說文段注釋名翺敖也言敖遊也翔佯也言彷徉也按彷徉徘徊也

左傳作方羊蒲郎切○漢書恩從祥風翺注云翺翔也

翼一工一下曰翺 淮南覽冥翺翔四海之外注○俶真雉欲翺翔其勢為得注云翺翔鳥之高飛翼工下曰翺直刺不動曰翔 翺翔猶傾仰也 淮南原道與化翺翔注○詩載驅齊子翺翔傳云翺翔猶彷佯也又羔裘羔裘翺翔箋云翺翔猶逍遙也 翺翔浮游也 廣雅釋訓 翺翔將遠逝也 後漢張衡傳注

袍 倍陶切

或作褒 襺也論語曰衣敝縕袍 說文段注秦風與子同袍釋言毛傳皆曰袍襺也玉藻曰纊為繭縕為袍注曰衣有著同著之異名也記文袍襺有別析言之渾言不別也古者袍必有表後代為外衣之稱○釋名釋衣服云袍丈夫著下至跗者也袍苞也苞內衣也婦人以絳作衣裳上下連四起施緣亦曰袍義亦然也 襍用舊絮名為袍 詩無衣疏 袍褻衣 禮記喪大記袍必有表注○續漢輿服志下云袍者或曰周公抱成王宴居故施袍 楚人謂袍為裋褐大布 淮南齊俗裋褐不完者注 袍長襦也 廣雅釋器 褒明謂之袍 方言四 袍衣前襟也 公羊哀十四年傳涕沾袍注

捊 倍陶切

○俗有抔抱或 引堅也詩曰原隰捊矣 說文段注堅各本作取今正詩釋文作堅今李誦為取土二字非也堅義同聚引堅者引使聚也玉篇正引聚也大雅捄之陾陾傳曰捄虆也陾陾衆也箋云捄捊也度投也築牆者捊聚壞土盛之以虆而投諸版中此引聚之正義箋與傳互相足賓逑之仇鄭讀為奭此捄鄭釋為捊皆於其音之相近得具義也常棣原隰裒矣傳云裒聚也此重聚不重引故不言引但言聚也裒者捊之俗易君子以裒多益寡鄭荀重蜀才作捊云取也此重引故但言取也古者孚聲包聲同在三部後人用抱為裒裒字蓋古今字之不同如此○萱按裒裒正俗字也而捊多借用裒者故裒亦可謂捊之俗 捊謂以手捊聚 禮記禮運注田人所捊治也疏 捊取也 廣雅釋詁一又易象上傳裒注又釋文 抔謂手掬之也 漢書張釋之傳假令愚民取長陵一抔土注○禮記禮運汙尊而抔飲注云抔飲手掬之也 裒取也 小爾雅廣詁又漢書食貨志贊注 裒聚也 爾雅釋詁又易象上傳虞注又詩般裒時之對傳殷武裒荊之旅傳 裒集也 詩常棣 裒多也 爾雅釋詁又小爾雅廣詁 裒衆也 詩般箋

嵍 莫陶切

或作嵍○平去明讀注在彼

楙

○俗有杧 冬桃 說文段注釋木曰旄冬桃郭云子冬熟作旄者字之假借二部三部合韻取近也釋文曰字林作楙今本譌為字林作楙按釋文及篇韻皆音毛鼎臣益檢唐韻無此字同以楙字當之故音茂也○萱按說文楙讀若髦集韻兼收於去聲者沿徐鉉之誤

詨 合口

膠 古包切

昵也作之己皮 說文段注弓人說膠曰凡昵之類不能方注故書昵或作樴杜子春云樴讀為不義不昵之昵或為翻黏也季謂樴脂膏膩敗之膩膩亦黏也按此經杜作昵又作翻後鄭作作膩其意則同也許從杜作昵日部曰暱日近也或作昵是則昵亦訓黏也一說此昵也及周禮注不義不昵之昵三昵字皆當作黏考工記鹿膠青白馬膠赤白牛膠火赤鼠膠黑魚膠餌犀膠黃注云皆謂煮用其皮或用角按皮近肉故字从肉 膠黏也 莊子逍遙遊置杯焉則膠釋文引李注○引在注云膠著地也 膠固也 爾雅釋詁又詩隰桑德音孔膠傳○後漢鄭太傳注云膠亦固也 膠也者以為和也 考工記弓人 膠膠和也 莊子天道釋文引司馬注○詩風雨

雞鳴膠膠傳云膠膠猶喈喈也萱按葛覃傳云喈喈和聲之遠聞也玉篇引詩雞鳴嘐嘐義得兩通膠相加之皃荀子哀公繆繆肫肫注○萱按荀段繆為膠也注用正字膠之言糾也禮記王制周人養國老於東膠注○注又云膠或作絿萱按絿亦訓糾故用字或不同膠加戾也楚辭九辯何況一國之事兮亦多端而交加注膠盭邪曲也文選上林賦宛潬膠盭注引司馬彪○史記司馬相如傳蜿蟺膠戾索隱引司馬彪云膠戾邪曲也膠膠動亂之皃莊子天道釋文膠轕猶交加也漢書司馬相如傳下雜遝膠轕以方馳注○楊雄傳上其相膠葛兮注云膠葛猶言膠加也膠葛驅馳也史記司馬相如傳索隱引廣雅膠葛大也漢書楊雄傳下音義引如淳膠葛長遠皃文選吳都賦東西膠葛注膠葛上清之氣也漢書楊雄傳注東膠宮也廣雅釋室○禮記樂記食三老五更于大學注云周名大學曰東膠膠欺也廣雅釋詁二○方言三云膠詐也萱按欺詐乃謬之義亦或用繆作之繆膠皆段借字也又文選魏都賦注引李克書云言語辨聽而不度於義者謂之膠言此示謬之義

嘐

誇語也說文段注孟子何以謂之狂也曰其志嘐嘐然曰古之人古之人夷考其行而不掩焉者也嘐嘐志大言大者也孟子盡心下注

哮 戶苞切

平入兩讀○俗有豿豧豨豕驚聲也說文段注按哮亦作豿許角切吳都賦曰封豨豧李云豧豨聲呼學切亦即哮字但字形有謞耳虎聲謂之哮唬一切經音義二引通俗文文選七啟哮闞之獸注云哮與唬同也萱按哮唬義略同耳然非一字風俗通闞如哮虎段借與七啟同哮嚇大怒聲也一切經音義二引埤蒼

唬

或作猇○又五部去聲虎聲也說文段注鍇本不誤鍇本改為唬聲誤甚通俗文曰虎聲謂之哮唬當讀呼去聲亦讀如謼字从虎口虎亦聲也許讀若謞玉篇呼交切○萱按在此部者依許顧音也許意是會意字矣然不得如集韻徑謂唬猇同字也在五部者謂為諧字也亦無不合○又按漢書王子侯表上猇節侯起注引晉灼云猇音內言鴞

猇

虎鳴也一曰師子說文段注大雅闞如猇虎毛曰猇虎虎之自怒猇然按自怒猶盛怒也別義謂師子

名號也師獅正俗字釋獸曰狻麑如猇貓食虎豹郭曰卽獅子也出西域按鹿部云狻麑獸也不云師子然則許意不同郭也東觀記曰順帝時疏勒王遣使文時詣闕獻獅子似虎正黃有顏斫尾端茸毛其大如斗○萱按風俗通正失引詩闞如哮虎猇哮通用也二字義大同猇虎怒聲也後漢馮緄傳注○太卒眾虎猇振厭注云猇怒聲也萱按正文有虎故注可省字猇虎怒皃也詩常武釋文又後漢龐參傳注○卓茂傳論注云猇虎怒也猇暴虖呂覽必己船人怒而以楫猇其頭注○萱按此段借字也正當作歔音口卓切擊頭也

獿

○俗有獶猵犬獿獿咳吠也說文獿擾也廣雅釋詁三獿獪也廣雅釋詁四○方言十獪江淮之間或謂之無賴或謂之獿注云獿価佩多智也獿猥也方言嬲獿眾相交錯之皃文選吳都賦儸嚚樂獿注○列子力命獿悈情露謇極凌誶四人相與遊於世注云皆反誶訥澀辯給之皃獿悈伏態皃列子力命釋文

啁 壯膠切

○俗有嘲謿啁此複舉字未删者段云嘐也說文段注楚語鶤雞啁哳而悲鳴啁大聲哳山聲也倉頡篇啁

調也謂相戲調也今人啁作嘲○漢書東方朔傳詼啁而已注云啁與嘲同萱按謿嘲同字說文皆無之漢人猶多用啁也周與朝異部而雙聲故周聲之啁變為朝聲之嘲嘲矣別見二部副編不須啁調也廣雅釋詁四又一切經音義廿二引三蒼啁噍聲禮記三年問猶有啁噍之頃焉釋文啁噍小鳥也呂覽求人啁噍巢於林注○萱按啁噍本指小鳥聲而逸以日小鳥啁哳聲繁細皃楚辭九辯洪補注○文選笙賦哇咬嘲喈注云淫聲也嘲亦啁也文選任彥昇哭范僕射詩注引字書○萱按此通古今字也謿話譃言也一切經音義七引聲類○萱按譃本作訛字之誤也今正

勹 布膠切

裹也象人曲形有所包裹說文段注包當作勹淺人改也包裹也詩野有死廧白茅包之傳又廣雅釋詁四又文選吳都賦職貢納具包匭劉注萱按此段包為勹也包行而勹廢矣○書禹貢艸木漸包馬注五包相包裹也包裹束也左氏傳四年傳爾貢包茅不入注○賈注云包茅菁茅包匭之也包裹取之漢書匈奴傳工善為誘兵以包敵注苞裹也詩野有死麕釋文又禮記曲禮上釋文○萱按段苞猶段包也

包

妊也象人褱妊巳在中象子未成形也元气起於子子人所生也男左行三十女右行二十俱立於巳爲夫婦褱妊於巳巳衍一巳字爲子十月而生男起巳至寅女起巳至申故男年始寅女年始申也說文段注女部曰妊者孕也子部曰孕者褱子也引伸之爲凡外裹之偁亦作苞皆假借字凡經傳言苞苴者褱之曰苞藉之曰苴勹象褱其中巳字象未成之子也子下曰十一月陽气動萬物滋人以爲偁男自子左數次丑次寅次卯爲左行順行凡三十得巳女自子右數次亥次戌次酉爲右行逆行凡二十亦得巳至此會合故周禮令男三十而娶女二十而嫁是爲夫婦也巳部曰巳者巳也四月陽气巳出陰气巳藏萬物見成文章故夫婦會合而褱妊是爲子也十月上當有子字易本命曰天一地二人三三三而九九九八十一一主日日數十故人十月而生淮南氾論曰禮三十而取高云三十而娶者陰陽未分時俱生於子男從子數左行三十年立於巳女從子數右行二十年亦立於巳合夫婦故聖人因是制禮使男三十而娶女二十而嫁其男子自巳數左行十得寅故人十月而生於寅男子數

從申起高說與許說同神仙傳王綱云陽生立於寅純木之精陰生立於申純金之精夫以木投金無往不傷是以金不爲木屈而木常畏於金按今日者卜命男命起寅女命起申此古法也自元气至此又詳說从巳之意包含也漢書禮樂志注○易蒙包蒙吉疏云包謂包含包藏也漢書外戚傳工注引晉灼又後漢蘇竟傳注○周書周祝維彼幽心是生包注云包謂包藏陰謀包取也漢書賈誼傳注引晉灼敘傳下注引劉德又太玄中水包貞注包猶兼也周禮大祝三曰炮祭注在中稱包易泰包荒虞注姤包有魚虞注坤爲包易蒙包蒙吉虞注包者乾坤相包也易否繫于包桑荀注包裹也萱按此勹之叚借字也他義亦有可作勹者例此包本也包叢生也萱按此苞之叚借字也○又按易姤包有魚荀作胞包犧氏或作炮作炮皆同包聲通用也左傳申包胥鶡冠子作麃胥包麃異部而變聲苞苴饋遺也後漢第五種傳注○荀子大略苞苴行與注貨賄必以物苞裹故總謂之苞苴萱按後世以包代勹故勹包爲古今字包之作苞則借也二字亦互相叚借苞苴有苞裹也莊子列禦寇不離苞苴竿贖釋文引司馬注○禮記曲禮上凡以弓

劒苞苴簞笥問人者注云苞苴裹魚肉者也或以葦或以茅又少儀注云苞苴謂編束萑葦以裹魚肉也又周禮天宮序宮庖人疏云裹肉曰苞苴苞筍冬筍也文選吳都賦苞筍抽節劉注

胞

兒生裹也說文段注包謂母腹胞謂胎衣小雅不屬于毛不離于裹箋云今我獨不得父皮膚之氣乎獨不處母之胞胎乎釋文胞音包今俗語同胞是也其借爲脬字則讀匹交切脬者旁光也腹中水府也胞謂胞胎也太玄卒抱天地神胞注○莊子外物胞有重闔釋文云胎腹中胎又漢書東外戚傳下善藏我兒胞注云胞謂胎之衣也又東方朔傳同胞之徒注引蘇林云胞音胞胎之胞也胞者肉吏之賤者也禮記祭統○萱按此叚胞爲庖也又莊子庚桑楚湯以胞人籠伊尹又列子楊朱胞廚之下兩釋文云胞本作庖

郇

地名說文

苞

艸也南陽以爲蔍麤履說文段注曲禮苞履不入公門注苞藨也齊衰藨蒯之菲也子虛賦葴析苞荔張揖曰苞藨也玉裁按當是藨是正字苞是叚借故喪服作藨蒯之菲曲禮作苞履南都賦說艸有藨即子虛之苞

也斯干生民傳曰苞本也此苞字之本義凡詩云苞櫟苞棣書云艸木漸苞者皆此字叚借爲包裹凡詩言白茅苞之書言厥苞橘柚禮言苞苴易言苞蒙苞荒苞承苞羞苞桑苞芷春秋傳言苞茅不入皆用此字近時經典凡訓包裹者皆徑改爲包字郭忠恕之說誤之也許君立文當云苞本也从艸包聲若不謂爲叚借則當云苞藨也下文即云藨蒯屬使讀者知曲禮之苞即喪服之藨蓋艸木既難多識文字古今屢變雖曰至精豈能無誤善學古者不泥於古可也麤各本不從艸誤麤艸履也按曲禮音義曰苞白表反爲欲讀同藨○禮記曲禮下疏云苞履謂藨蒯之艸爲齊衰喪屨又釋文云苞艸也苞本也易否繫于苞桑疏又詩下泉浸彼苞稂傳斯干如竹苞矣傳生民實方實苞傳常武如山之苞傳長發苞有三蘖傳又小爾雅廣言苞植也文選六代論注引易鄭注苞稹也爾雅釋言又詩鴇羽集于苞栩傳○孫注云物叢生曰苞齊人名曰稹苞茂也詩行葦方苞方體箋苞豐也爾雅釋詁又詩長發箋苞叢生也書禹貢艸木漸苞釋文○爾雅釋詁注云苞叢苞幷叢生也文選高唐賦橘車苞幷注如竹箭曰苞爾雅釋木苞藨也禮記曲禮下釋文○萱按苞藨異名同實若曰爲叚借則苞爲

蔍之借字當從蔍讀上聲苞稃也廣雅釋艸蕢爲苞易姤以杞苞瓜虞注苞山春秋謂之

夫椒山水經沔水注包本也易否繫于包桑陸注又後漢臧宮傳注○萱按此叚包爲苞也二字互借通用

包叢生也書禹貢晚出傳又釋文又後漢馬融傳注苞裹也萱按此叚苞爲勹也勹裹也

苴有苞裹也萱按此叚苞爲包也本勹字之義後人以勹太古多用包不用勹也苞則純乎叚借矣張遷碑南苞八蠻魏孔羨碑廣大苞於無方皆同○又按詩山有苞櫟釋木注作枹櫟叚借也枹乃鼓椎耳又易苞蒙鄭注云苞當作彪此謂苞爲彪之借亦自成一義

彪樸屬叢生者爲枹爾雅釋木樸枹者注又孫注○萱按釋艸釋木中枹字無意皆苞之叚借字

枹適木魁瘣爾雅釋木○注云謂樹木叢生根枝節目盤結磈磊楊

枹薊又赤枹薊又枹霍首竝爾雅釋艸○霍首未詳

㯻

㯻囊張大皃說文段注石鼓文其魚隹可隹鱮隹鯉可以㯻之隹楊及柳㯻讀如苞苴之苞蘇軾詩作貫非也○萱按隹可即維何叚借字也東坡詩其魚維鯉貫之柳

普膠切

脬

脬旁光也說文段注各本作膀非羽膀謂膂也今正白虎通曰旁光者肺之府也肺者斷決膀胱亦常張有勢故先決難也素問曰旁光者州都之官津液藏焉按此所引白虎通本小徐與御覽所引元命苞合脬俗作胞旁光俗皆从肉○史記扁鵲倉公傳云風癉客脬正義云膀胱也又廣雅釋親云膀胱謂之脬

脬䩙也䩙空虛之言也主以虛承水汋也釋名釋形體

脬盛尿者也一切經音義三引蒼頡○音義四引三蒼云盛尿處曰脬又音義十五引通俗文云尿本曰脬

脬赳也夏月赳疾作之久則臭也釋名釋飲食○畢氏釋名疏證云淮南說林訓曰旁光不升俎今人亦不以孚光饕餮茲以列飲食篇嘗古人但不以加于俎介來始無食之乎○萱按市井守用脬滿盛他肉禁緊費穀猥人多食之者成國所言式指此胞爲

受納之司素問氣厥論胞移熱於膀胱注○萱按此叚胞爲脬也脬即旁光而此以爲二何與

泡

泡水出山陽平樂東北入泗說文段注山陽郡平樂見前志志云侯國泡水東北至沛入泗水經注泗水篇曰黃溝又東逕平樂縣又東右合泡水即豐水之上源也水本承大薺陂東逕貰城北又東逕己氏縣故

城南又東逕卯城縣故城南又東逕單父縣故城南又東逕平樂縣右合泡水自下豐泡竝得通稱故地理志曰平樂泡水所出又東逕豐縣故城南又東逕沛縣故城南於城東南注泗地理志曰泡水自平樂東北至沛入泗者也按今泡河自今山東單縣流逕江蘇豐縣北又東逕沛縣畊循城東南至泗亭驛而合於泗按今俗曰包河古音在三部又流皃也或曰浮漚也

泡盛也方言二又廣雅釋詁二○方言二注云泡肥洪張皃

泡水上浮漚也漢書藝文志注○方言二云江淮之閒曰泡

泡泡流也廣雅釋訓

渾渾泡泡水濆涌之聲也山海經西山經其源渾渾泡泡注

泡溲戜多皃文選洞簫賦泡溲汎湒注○俗有嘑嚝

普顟切

咆

嗥也說文又淮南覽冥襲穴而不敢咆注○萱按說文嗥下云咆也二字互訓廣韻云咆唬熊虎聲

咆鳴也一切經音義廿三引廣雅

咆勃怒皃也文選西征賦何猛氣之咆勃注

咆烋猶咆哮也自矜健之皃文選魏都賦吞滅咆烋劉注○萱按義本詩炰烋鄭箋然則咆烋爲正借字

庖

庖廚也說文又廣雅釋室又公羊桓四年傳三曰充君之庖注又國語魯語以實廟庖注○禮記王制三爲充君之庖

注云庖今之廚也又周禮天官序官庖人疏云庖者今之廚

庖之言苞也裹肉曰苞苴周禮天官序官庖人注

庖取也易繫辭下包犧氏釋文引鄭注

庖宰也淮南說林治祭者庖注

庖正宰膳羞之官左氏哀元年傳爲之庖正注

庖人主飲食者穆天子傳五命庖人熟之注

胞人掌宰割者也漢書百官公卿表上胞人都水均官三長丞注○萱按此叚胞爲庖也東方朔傳館陶公主胞人臣偃又莊子庚桑楚湯以胞人籠伊尹又列子楊朱胞庖之下竝同又莊子養生主庖丁爲文惠君解牛釋文云庖本作胞

胞者肉吏之賤者也禮記祭統

炮

毛炙肉也說文段注炙肉者貫之加於火毛炙肉謂肉不去毛炙之也詩言炮者四瓠葉閟宮是也言炰者二六月韓奕是也多以爲偏旁小異而不知本有二字瓠葉有兔斯首炮之燔之傳曰毛曰炮說文炮毛炙肉也鄭注禮記曰裹燒曰炮禮運以炮以燔以亨以炙內則炮者取豚若牂刲之刳之實棗於其腹中編萑以苴之涂之以堇涂炮之涂皆乾擘之蒸炮必連毛故閟宮曰毛炮傳曰毛炮豚也今詩閟宮作炰乃誤字也炰乃蒸煮之名其異體作炰服虔通俗

文曰爍炙曰炙六月韓奕旹言炰鱉炰毛非可炮者於烝炙
宜鄭注禮經大射儀言炰鱉膾鯉宋嚴州本不誤宋本單行
儀禮疏不誤內則言濡鱉濡同腼腼燗也鱉斷不可言炮毛
詩作炰興炮異體蓋古本相傳如此乃炰之古字也羔之語
如今言熤俗語如烏炮字火在旁故炰火在下以別之說文
有炮無炰蓋本兼有二字如裹袍蠡哦橐稤東果杳之俐而
刪其一炰或變為炰又變為烁包聲缶聲古音同在尤幽部
集韻四十四有炰炰二形同俯九切蓋於韓奕正義得之廣
韻集韻五交炮炰二形同腩交切誤也經典釋文炰字不作
音亦誤說文衰下云炮炙也以微火溫肉此炮必炰之誤炰
炙者以炰法為炙非炮也炮下云毛炙者連毛燒之以為炙
非燒內之炙也炙下云炮肉者炮肉非炮毛也自說文失去
炰篆認炮炰一字而其義脯久矣肉加於火工曰燔貫肉加
於大曰炙生民作烈炙之鑊曰烹凡炮燔炙燔燎不用鑊炰
羹烹烝用鑊○陳燠曰大射儀羞庶羞注有炮鱉膾鯉炷兔
鷄駕釋文炮濤交反或作烁炰同音缶此陸本作炮而附烁
羔字也膏正義曰知有炰鱉膾鯉者按六月詩云言甫撫喜
飤多受祉又云飲御諸友炰鱉膾鯉故知有此也此貫本作
煏而釋以六月之炰也貫疏單行宋本今現存黃氏丕烈所
今注疏則烁譌炮炰亦譌炮矣六月字作炰正義不言炰同

無而韓奕炰鱉鮮魚正義曰按字書炰毛燒肉也炰非炮也
此句誤無烝也服虔通俗文曰爍炙曰無然則炰與無別此
句誤而此及六月云炰鱉者音旹作缶然則炰與燕以火孰
之謂烝炙之也據此疏則炰別於炮而音缶無同字實云
音皆作缶者必據漢魏六朝相傳舊音而言陸氏於二詩不
云炰音缶於禮別炰無為二字疏矣孔正義引字書炮毛燒
肉也炰癸也所謂字書郎說文蓋說文本有無字而今佚之
○薑按漢書楊惲傳亨羔炰羔注云炰毛炙肉也郎令所謂
燒也此注誤奐毛炙肉乃炮之義炰羔與炰鱉當同仍不容以
炮之訓釋釋炰也又家語問禮注云毛曰炮此仍瓠葉傳義

炮裹燒之也禮記禮運注**炮者以塗燒之為名也**禮記內則注**炮燔也**

左氏昭廿七年傳令尹炮之釋文**炮祭燔柴也**周禮大祝三曰炮祭司農注○薑按後鄭破炮為包則謂

炮為叚借字**炮土之鼓瓦鼓也**周禮壺涿氏以炮土之鼓甌之注○薑按故書炮作泡叚借字也又

虙犧羲氏或作包作庖漢書律麻志下作炮犧字異而義竝通

匏

○俗有瓟**瓠也**說文段注瓠下曰匏也與此為轉注匏判之曰蠡曰瓢曰㔶豳風傳曰匏謂之瓠謂異名同實也

風傳曰壺瓠也此謂壺郎瓠之假借字也○詩匏有苦葉釋
文又論語陽貨吾豈匏瓜也哉集解又廣雅釋艸又漢書律

麻志注郊祀志下注又後漢班彪傳注竝云匏瓠也**瓟瓠也**楚辭愍命瓟蠡蠹於筐簏注**匏笙也**周禮

大師金石土革絲木匏竹注又禮記禮器匏竹在下注又國語周語匏竹利制注楚語而以金石匏竹之呂大蘺底為樂

注○釋名釋樂器云笙以匏為之故曰匏也**匏竹簏笛也**禮記郊特牲匏竹在下釋文**匏之為言施也牙也**白虎通禮樂**匏居臺名**國語楚語先君莊語為匏居之臺注○薑按周禮壺涿氏注引詩作苞有苦葉此叚苞為匏也

泰州文獻

第四輯

鳳凰出版社

目録

韻史（四）

（清）何萱 撰

商務印書館發行	韻 史 第十二册	何萱撰著

韻史

何萱撰著

第十二册

商務印書館發行

韻史卷六十六

泰興何萱石閣譔集　子度校字

第十五部上聲　上海顧錫麒竹泉覆審

武進李兆洛申耆鑑定

几韻

齊齒詩 竟禮切

几　尻几也象形周禮五几玉几彫几彤几鬃几素几說文段注尻各本作踞今正尻几者謂人所尻之几也尻処也処止也古之尻今悉改為居乃改云居几既又改為踞踞俗字古人坐而凭几今蹲則未有倚几者也几俗作机左傳設机而不倚周易渙奔其机皆俗字象形者象其高而上平可倚下有足周禮者司几筵職文鬃几今周禮作漆几盩許所據不同鬃者桼也○儀禮覲禮左右几注云玉几也又周禮大宰贊玉几玉爵注云玉几所以依神天子左右玉几又禮記檀弓下有司以几筵舍奠於墓左疏云几依神也　几所以安體儀禮士昏禮注乘以几者疏○有司徹受宰几注云几所以坐安體又覲禮授几注云几者安賓所以崇優厚也　几杖所以扶助衰也白虎通致仕○禮記曲禮上必操几杖以從之疏云几可以扶己　几庋也

所以庋物也釋名釋牀帳　几俎也長七尺文選東京賦度室以几薛注○史記項羽紀為高俎索隱云几猶俎也　机承物者也易渙渙奔其机注○萱按机者木名此以聲同段為几也是謂俗字　机者人君出令所依大戴記武王踐作机之銘注　几几偕也太牟親飲食几几注　几　几盛也廣雅釋詁　几几絇皃詩狼跋赤舄几几傳

机

或作榿○平上兩讀　机木也說文段注山海經單狐之山多机木族荀之山多松柏机桓郭曰机木似榆可燒以糞田音飢榿益即榿木也今成都榿木樹讀若豈平聲楊雄蜀都賦曰春机楊柳机榿古今字榿見杜詩王安石詩以榿瀕移為韻韻會音邱其切與蜀語合　机柏一名栝樓也山海經中山經秩筒之山其上多机柏注

屼

屼山也或曰溺水之所出說文段注屼山也三字句各本無屼字淺人所刪乃使文理不完許書之例以說解釋文字若屼篆為文字屼山也為說解淺人往往氾謂複字而刪之玉篇廣韻皆曰女屼山名按中山經

曰中次九經岷山之首曰女几之山凡岷山之首自女几之山至于賈超之山凡十六山許立文餘几系聯之與山經合显古本作女汎山與水部曰溺水自張掖刪丹西至酒泉合黎餘波入于流沙桑欽說不云出女汎山也此云或曰者廣異聞按集韻類篇引說文山名一曰女汎山弱水所出與今本異恐未可從

𨚕

或作汎 地名 說文段注按西伯戡黎周本紀作者徐廣曰一作汎汎蓋即𨚕字

麔

麂几或大麇也 說文段注釋獸曰麔大麔狗足郭云旄毛者獿長也 旄毛麂似獐而大

獿毛狗腳 山海經中山經女几之山多閭麋麢麂注

幾

平上兩讀義分。俗有幾 數也 左氏昭十六年傳之笑而不陵我釋文幾為 幾何言無多時也 漢書五行志中之上民生幾何注

蟣

蝨子也一曰齊謂蛭曰蟣 說文段注蝨齧人蟲也子其卵也戰國策作幾瑟段借字釋魚蛭蟣 注曰今江東呼水中蛭蟲入人肉者為蟣。爾雅釋魚釋文引字林云蟣齊人名蛭也

巹

謹身有所承也讀若詩云赤舄几几 說文段注承者本也受也按禮記借為巹字許 讀同几今居隱切十五部十三部之轉也

启

康禮切

開也 說文段注按後人用啟字訓開乃廢启不行矣啟也玉篇引堯典胤子朱启明釋天明星謂之启明 敎

啟 開也 廣雅釋詁三又小爾雅廣詁又釋名釋姿容又左氏隱元年傳夫人將啟之注僖廿三年傳臣開天之所啟注襄廿五年傳啟敝邑心注昭十三年傳以先啟行注定四年傳皆啟以商政注又國語周語若啟先王之訓注晉語則啟戎心注鄭語是天啟之也注楚語啟乃心注又論語述而不憤不啟皇疏秦伯啟子足集解引鄭注又皇疏又素問氣交變大論其政疏啟注又淮南詮言不違啟處注太玄闓陰陽啟皆注又文選西京賦豈啟度於往舊辭注東京賦武又大啟土宇薛注啟南端之特闓蔽注。詩大東傳謂明星為啟明疏云啟開也言闓導日之明啟謂明星為啟明又周禮喪祝及辟令啟司農注云令啟謂喪祝主命役人開之也

啟闓也 國語晉語天將啟之注

啟開坼也

啟

素問六元正紀大論為豐啟注 啟發也 儀禮士昏禮贊啟會注。大戴記夏小正正月啟蟄傳云啟蟄言始發蟄

也 啟立春立夏 左氏傳五年傳凡分至啟閉注。昭十七年傳青鳥氏司啟者也疏云立春立夏謂之啟

門戶道橋謂之啟 左氏傳廿年傳凡啟塞從時注。襄廿五年傳若啟之注云啟開門也

。俗有啓 教也論語曰不憤不啟 說文。華嚴經音義上引說文云啟開也教也 啟者別也陶而疏之也 大戴記夏小正啟灌藍蓼傳 啟詣也以啟語官司所至詣也 釋名釋書契。豈按此蓋段啟為棨也滌段大令棨下注則釋名本作棨詣也 官信曰啟 御覽五百九十五引俗文 通啟跽也 廣雅釋詁三 啟跪也 爾雅釋言又詩四牡不遑啟處傳采薇不遑啟居箋又左氏襄八年傳注襄廿九年傳注又國語晉語注又後漢書桓帝紀注又淮南脩務注 啟小跪也 爾雅釋言李注

左翼曰啟 左氏襄廿三年傳啟牢成御襄罷師狼蘧疏為右注 軍在前曰啟在後曰殿 周禮鄉師疏。後漢書岑彭傳注云凡軍在前曰啟 馬前足皆白啟 爾雅釋畜 啟服馬名 左氏

昭廿九年傳衛侯來獻其乘馬曰啟服注 啟開也啟發也立春立夏謂之啟門戶道橋謂之啟 豈按此皆段啟為启也詳启下又按禮古今文啟皆作開他經典亦多作開者此用訓釋字代正字也說文開也乃正字启

晵

雨而晝姓也 說文段注晵之言開也姓者雨而夜除星見也雨而書除見日則謂之晵晵亦謂之姓按集韻 又經旬切語之轉也今蘇州俗語云晵書不是好晴正作此音

棨

傳信也 說文段注若今之文書也漢孝文紀除關無用傳張晏曰傳信也若今過所也如淳曰兩行書繒帛分持其一出入關合之乃得過謂之傳也李奇曰傳棨也師古曰古者或用棨或用繒帛棨者刻木為合符也按用繒帛謂之繻終軍傳曰關吏予軍繻是也用木謂之棨此云傳信也是也傳讀張戀反釋名曰棨詣也以啟語官司所至詣也當謂此今本誤外不可讀為之如此今字棨釋為兵闌正 棨戟也 漢書韓延壽傳建幢棨注引李奇又文選謝[illegible]暉始出尚書省詩注引漢書韋昭注 棨有衣之戟也 漢書韓延壽傳注又後漢書竇武傳注。鄧躬傳注

南匈奴傳注竝云有衣之戟曰棨棨戟前驅之器也後漢書杜詩傳注○廣書匈奴傳下注云棨戟有衣之棨也棨條也廣雅釋木

綮

致繒也一曰徽識信也有齒說文段注致送詣也凡細屬曰致今之繳字也漢人多用致不作繳致繒曰綮未聞其證各本識作幟俗字也今正巾部曰徽者徽識也徽識信蓋謂棨戟棨綮通用也漢匈奴傳曰棨戟十師古曰棨戟有衣之戟也以赤黑繒為之古今注曰棨戟殳之遺象以木為之後世滋僞無複輿荆以赤細韜之亦謂之紬戟亦謂之棨戟王公以下通用之以前驅按用赤黑繒故曰綮其用同徽識故曰徽識信綮猶結處也莊子養生主技經肯綮之未嘗釋文引司馬注

䭫

頁古文䭫首字如此䭫首也說文段注三字句頓首䭫首為周禮九拜之二大常在漢末時上書言事者必分別其辭則二者形狀之不同所用行禮之分別許時人人知之故小雅大雅稽首毛皆無傳許亦但曰此篆謂䭫首此篆謂頓首而已周禮䭫首字又作稽許沖上書前作稽首後作䭫首恐今之經典轉寫譌亂者多矣鄭曰䭫首句拜

頭至地也頓首拜頭叩地也蓋䭫首者拱手至地頭亦至於地而顙不必觸地與頓首之必以顙叩地異矣䭫首者稽遲其首也頓首亦曰稽顙䭫顙者稽遲其顙也此言凶之大辨也今人作名剌必曰頓首拜是以凶禮施於賓禮嘉禮且頓首而拜非即喪禮之稽顙而後拜手亦議禮者所當知矣古者言賓嘉皆䭫首無言頓首者喪則稽顙無言䭫首者以是知稽顙即頓首也諸侯於天子䭫首大夫士於諸侯䭫首大夫士於鄰國之君䭫首家臣於大夫不䭫首以避君也君之於臣拜手君於臣䭫首者重其臣也洛誥云成王拜手稽首是也○萱按說文別出頁部為部首說解云頁頭也从百从儿古文䭫首如此段注曰按此十二字蓋後人所改竄非許氏原文原文當云頁古文䭫首字如此从百从儿共十一字小篆百古文作首小篆䭫古文作頁今隸則百用古文䭫用稽字而百頁䭫皆不行矣从百儿為頁會意字本與䭫同音康禮切今音轉為胡結切䭫低也廣雅釋詁四稽首首至地左氏僖廿八年傳重耳敢再拜稽首注襄三年傳公稽首注又穆天子傳再拜稽首注又史記晉世家然後稽首受之集解引左傳賈注又漢書諸侯王表厥角稽首注引應劭○孟子盡心下若崩厥角稽首注云稽首拜命亦以首至地也又後漢書竇融傳注云稽首拜天子

禮也又禮記郊特牲云稽首服之甚也頭至地曰稽首公羊宣六年傳北面再拜稽首注○周書祭公注云稽首頭俯地又一切經音義廿三引白虎通云所以稽首何稽至也首頭也言頭著地又周禮大祝一曰稽首注云稽首拜頭至地也又疏云頭至地多時則為稽首又左氏傳五年傳士為稽首疏云稽首頭至地頭下緩至地也稽首拜頭至手書中候伯禹稽首注○萱按手先至地而後下具首頭至手即頭至地矣若一切經音義八引蒼頡云稽首頓首也此則溷稽首頓首為一其說非是至地曰稽顙下衡曰稽首荀子大略○萱按稽首非止下衡也此義未諦稽顙頭至觸地儀禮士喪禮拜稽顙注稽顙者觸地無容禮記檀弓上拜而後稽顙釋文少者檀弓下稽顙隱之甚也注稽止也後漢書文苑杜篤傳莫不祖跣稽顙注○萱按稽本義訓畱止䭫首䭫顙亦稽遲之意故多用稽為䭫

豈

還師振旅樂也一曰欲登也說文段注公羊傳曰出曰祠兵入曰振旅周禮大師樂曰王師大獻則令奏愷樂注曰大獻獻捷於祖愷樂獻功之樂鄭司農說以春秋晉文公敗楚於城濮傳曰振旅愷以入於晉按

經傳豈皆作愷欲登者欲引而上也凡言豈者豈皆庶幾之辭言幾至於此也故曰欲登曾子問周公曰豈不可注言是豈於禮不可按此謂於禮近於不可也漢書丙吉傳豈宜褒顯猶言蓋庶幾宜褒顯也周漢文字用豈同此者甚多與二事足以明矣欠部有𣢟字幸也文王世子注孔廟禮器碑有驗字意皆與豈相近驗即豈之變也豈本重難之辭故引伸以為疑辭如召南傳曰豈不言有是也後人文字言豈者其意若今俚語之難道是與曾子問丙吉傳二豈字似若相反然其徘徊審顧之意一也豈詞也廣雅釋詁四○國語周語豈繫多寵注云豈辭也豈詞之安也焉也曾也見廣韻常語也字或作幾王尚書伯申經傳釋詞○又引莊子人間世云且幾有翦乎荀子榮辱云幾不甚善矣哉大睡云幾為知計哉韓子姦劫云幾不亦難哉幾皆讀為豈豈猶其也經傳釋詞云豈猶其也禮記曾子問云周公曰豈不可吳語云大王豈辱裁之孟子滕文公云豈以為非是而不貴也莊子外物云君豈有升斗之水而活我哉燕策云將軍豈有意乎史記魏公子傳云我豈有所失哉李斯傳云丞相豈少我哉豈國我哉字或作幾莊子徐無鬼云非我與我與吾子之罪幾天與之也史記黥布傳云人相我當刑而王幾是

乎徐廣云幾一作豈 豈冀也 文選湖風詩注引蒼頡 豈非也 文選東京賦豈徒蹐高天踏厚地而已

注 豈希言不遠也 孟子告子上具好惡與人相近也者幾希注

豈

菜之美者雲夢之豈 說文段注呂氏春秋伊尹對湯曰菜之美者雲夢之芹高注雲夢楚澤芹生水 涯許作豈蓋般微二韵轉移最近許君采自伊尹書與呂覽字異音義則同廣韵曰豈菜似蔽生水中說者謂豈水有芑即此○御覽九百八十引字林云豈美菜生雲夢

扆 隱禮切

戶牖之間謂之扆 說文段注釋宮曰牖戶之間謂之扆凡室戶東牖西戶牖之中間是曰扆詩禮多段依為之○儀禮士虞禮負依南面注云戶牖之間謂之依又荀子儒效注又淮南齊俗注並云戶牖之間謂之扆又詩公劉贊公劉既登堂負扆而立疏云扆則戶牖之間地耳又揄衡書虛云戶牖之間曰扆南面之坐依也又爾雅釋宮注云扆窗東戶西也又李注云 扆倚也在後所依倚也 釋名釋牀帳 扆 藏也 廣雅釋詁四○一切經音義十四引通俗文云奥內曰扆○豈按扆似不得言藏也言奥內尤非 扆晝

韻史 卷六十六第十五部上聲几韻

六五五三

斧文於其上今之屏風也 魏書引鄭玄三禮圖○周禮司几筵王位設黼依注云依其製如屏風然又儀禮覲禮天子設斧依于戶牖之間注云依如今綈素屏風也有繡斧文所以示威也又禮記曲禮下天子當依而立疏云依狀如屏風以絳為質高八尺東西當戶牖之閒繡為斧文也亦曰斧依又釋文云扆狀如屏風畫為黼文

天子施扆於戶牖以為障蔽也 華嚴經音義七引珠叢○文選東京賦負斧扆薛注云扆屏風樹之坐後也○奏彈王源陛下所以負斧扆興言注云扆與依同豈按此因借依既久人多識斧依故轉以依通扆其實扆是正字無庸通釋也又石經尚書殘碑有黼衣字并借用衣矣

悠

○俗有依 痛聲也孝經曰哭不悠 說文段注閒傳斬衰之哭若往而不反齊衰之哭若往而反大功之哭三曲而悠注曰一舉聲而三折也悠聲餘從容也孝經哭不悠鄭注云氣唱而息聲不委曲按音義皆云說文作悠然則許云痛聲者委曲自見其痛於聲非痛之至者也孝經曰哭不依悠此許所學孔氏古文也作悠者俗字

雅

网見義分 南陽郡雅縣 漢書地理志 江夏郡下雅縣 同上○豈按雅本音當如此讀惟縣

韻史 卷六十六第十五部上聲几韻

六五五四

名未移變耳

唏 向禮切

笑也一曰哀痛不泣曰唏 說文段注廣雅唏唏笑也方言唏痛也凡哀而不泣曰唏於方則楚言哀曰唏十二諸侯年表曰紂為象箸而箕子唏○廣雅釋詁一云唏笑也又釋訓云唏唏笑也○文選思玄賦慨含唏而增欷注云哀而不泣曰唏 唏聲也 方言十三 唏悲也 廣雅釋詁三又文選思玄賦注

豨

○俗有豨 豕走豨豨也古有封豨脩蛇之害 說文段注豨豨走兒以其走名之曰豨方言豬北燕朝鮮之閒謂之豭關東西謂之彘或謂之豕南楚謂之豨許說其本義方言說其引伸之義也下文言封豨則亦引伸之義封豨脩蛇上古有此害也左傳申包胥曰吳為封豕長蛇以荐食上國淮南說封豨脩蛇即封豕長蛇也○漢書食貨志下名曰豬突豨勇注云豨豕走也 東海人名豬曰豨 漢書高帝紀下代相國陳豨反注引鄧展○楊雄傳音義引字林云東方名豕曰豨又淮南本經注云楚人謂豕為豨又列子黃帝食豨如食人釋文云

韻史 卷六十六第十五部上聲几韻

六五五五

楚人呼豬作豨又後漢書馬融傳上注云豨豬也又廣雅釋獸云豨豕也 豨大豕也 莊子知北遊正獲之問於監市履豨也每下愈況注又釋文引李注 封豨神獸也 楚辭天問封豨自縣注○淮南本經注云封豨大豕 豨豕足也 爾雅釋獸釋文 豨膏豬脂也 史記田完世家豨膏棘軸索隱

詆 典禮切

訶也 說文 詆呵也 廣雅釋言 詆訐也 史記老莊申韓傳詆訿孔子索隱 詆諻也 廣雅釋詁二 詆毀也 漢書枚乘傳集注杜欽傳集注王尊傳集注蓋寬饒傳集注匡衡傳集注薛宣傳集注翟方進傳集注敘傳上集注 詆謂毀訾也 漢書息夫躬傳歷詆公卿大臣注○楊雄傳下大氐詆訾聖人注云詆訾毀也 詆毀辱也 漢書汲黯傳專深文巧詆注東方朔傳朔擅詆欺天子從官注○劉向傳集注云詆毀也辱也 詆誣也 漢書哀帝紀集注張禹傳集注杜周傳集注杜延年傳集注杜欽傳集注咸宣傳集注又後漢書朱浮傳注○漢書刑法志詆欺文致注云詆謂誣也 詆欺也 一切經音義十一引廣雅○後漢書樊準傳注云詆亦欺

韻史 卷六十六第十五部上聲几韻

六五五六

呧　**遈**　**趆**　**抵**

也又杜林傳注云詆欺謂飾非成罪非其本罪詆猶判辟也漢書枚乘傳故其賦有詆娸東方朔注引如淳詆事要也淮南兵略兵有三詆注○萱按此段詆為抵也

呧 苛也說文段注訶者之段借字漢人多用荷為訶亦用苛為訶按言部有詆字云訶也口部呧似複出集韻詆呧為一字○萱按一切經音義十一云呧古文詆同呧欺也一切經音義十二引蒼頡

遈 怒不進也一曰鷙也說文段注馬部曰鷙馬重兒艸部曰蓻鷙不行也

趆 趨也說文段注玉篇走兒廣韻趆走兒

抵 擠也說文段注排而相距也抵推也廣雅釋詁三○大戴記夏小正抵蚳傳云抵猶推也抵距也漢書梁懷王揖傳集注抵拒諱也漢書酷吏田延年傳延年抵曰注抵欺也後漢書劉隆傳注抵刺也方言十一又廣雅釋詁一○方言注云抵秘皆矛戟之穫抵擊實也鬼谷子抵巇注抵櫛也後漢書獻穆曹皇后紀下注禰衡傳注抵解也後漢書臧宮傳注抵忤也漢書禮樂志集注

韻史　卷六十六第十五部上聲几韻　六五五七

抵觸也廣雅釋言又山海經海外北經相柳之所抵注又漢書董仲舒傳集注○司馬遷傳集注吾上壽王傳集注楊惲傳集注匡衡傳集注○史記李斯傳方作轂抵優排之戲集解引應劭又漢書武帝紀作角抵戲注引應劭並云抵者相抵觸也抵當也小尒雅廣言又史記高帝紀傷人及盜抵罪集解引應劭索隱引韋昭又管子小問寡人之抵罪也久矣注又吕覽必已宋桓司馬有寶珠出亡注分臧而抵誅者無怨矣注○漢書武帝紀注禮樂志集注並云抵者當也抵至也廣雅釋詁一又史記秦始皇紀抵九原正義項羽紀抵櫟陽獄掾司馬欣集解引韋昭高帝紀集解引應劭禮書大抵皆襲秦故集解引應劭天官書抵營室正義樊酈滕灌傳抵剕南索隱大宛傳抵康居索隱又文選喻巴蜀檄或亡逃抵誅注○漢書高帝紀上集注李陵傳抵山谷中集注並云抵至也當也又文帝紀無知抵死注云抵觸也亦至也抵歸也史記項羽紀索隱引服虔禮書集解引臣瓚平準書天下大抵無慮皆鑄金錢矣索隱張耳陳餘傳去抵父客集解引如淳又漢書食貨志下集注李陵傳集注杜周傳集注尹翁歸傳集注貨殖宣曲任氏傳大抵盡諸田注又後漢書彭寵傳注孔融傳注抵主也呂覽無義公孫興注抵抵屬也史記天官書抵

韻史　卷六十六第十五部上聲几韻　六五五八

柢

營室索隱抵相憑託也史記項羽紀索隱引劉伯莊抵相歸抵也漢書項籍傳注劭周陽由傳大抵大歸也漢書杜周傳其治大抵吏治類多成由矣注大氐大歸也漢書楊雄傳下大氐詆訾聖人注酷吏王溫舒傳大氐盡靡爛獄中注○萱按此段氐為詆也又杜周傳云大氐盡詆以不道以上又禮樂志云大氐皆因秦舊事焉又集注云氐歸也大氐猶言大凡也漢書食貨志下注大抵猶大都也史記酷吏傳索隱大抵猶大略也史記禮書索隱平準書索隱引劉氏老莊申韓傳大抵率寓言也索隱又漢書賈誼傳大抵皆冠注氐猶略也史記秦始皇紀大氐盡畔秦吏正義抵本也抵故賈也萱按此段抵為抵

柢 木根也說文段注道德經深其根固其柢長生久視之道韓非解老曰樹木有曼根有直根直根者書之所謂柢也柢也者木之所以建生也曼根者木之所以持生也按直者曰直根橫者曰橫根或借蒂字為之又借氐字為之節南山傳曰氐本也是氐木根也太平堅固其氐也注柢本也爾雅釋言又周禮泉府買者各從其柢注

韻史　卷六十六第十五部上聲几韻　六五五九

牴　**軧**　**底**

又儀禮士喪禮進柢注士虞禮記載猶進柢注又漢書司馬相如傳下集注引服虔敘傳上集注又文選幽通賦形氣發於根柢兮注引韋昭柢本也史記司馬相如傳蟠麼解其柢之翳集解引漢書音義○儀禮士喪禮注士虞禮記注並云今文柢皆為胝又老子是謂深根固柢釋文云柢亦作蒂萱按蒂柢胝皆段借字邸謂之柢尔雅釋器○注云根柢皆物之邸又考工記玉人兩有邸以祀地注云邸謂之柢有邸僢其本也圭柢碓衡也集韵引字林柢故賈也周禮泉府買者各從其抵司農注○萱按抵貫即柢價也省借字

牴 或作觝觸也說文○萱按與角觝部觸牴也為轉注角至也文選琴賦嵇觝隈注觸觝合也太卆糸圖外觝亢貞注牴狠難移之物易夬注○俗有軝

軧 大車後也說文段注大車以載任器牝長八尺謂之軝也其後必崇其闌與三面等非若小車之後也故曰軝軝之言底也

底 山尻也一曰下也說文段注山當作止字之誤也字从广故曰止尻玉篇云底止也下也廣韻云底下

韻史　卷六十六第十五部上聲几韻　六五六〇

阺

也止也皆本說文釋詁曰底止也又曰底止俟待也晉語戾久將底注止也左傳昭元年勿使有所壅閉湫底服注底止也杜注底滯也楚語夫民氣縱則底底則滯注曰底箸也按底訓止與厂部底訓柔石引伸之訓致也至也迴別俗書多亂之小雅伊于胡底箋云底至也俗本多作胡底下為底上為蓋今俗語如是與前一義相足高唐賦曰不見其底虛聞松聲列子無底之谷名曰歸墟按釋詁替戾底底尼定曷遏止也釋文及唐石經不誤郭注底義見詩傳謂靡所底止伊于胡底傳曰底至也郭又引戾久將底此為底字作注也釋文底音丁禮反底音之氐反底謂氣止左傳昭元年疏。釋文引服注云底止也底極下也淮南脩務則言黃泉之底注底伏猶滯伏也後漢書馬融傳颺洞底伏注。淮南原道云非謂其底滯而不發底阪也萱按此當作阺轉寫者誤耳或作坻秦謂陵阪曰阺說文段注大𠂤曰陵坡曰阪秦人方言皆曰阺也漢書楊雄解嘲曰響若坻隤應劭云天水有大坂名曰隴坻其山堆旁箸崩落作聲聞數百里故曰坻隤按仲遠誤也依說文則巴蜀名山岸脅之旁箸欲落墮者曰氏氏崩聲聞數百里秦謂陵阪曰阺其字則氏與阺不同其語言則秦與巴蜀不同且氏主謂石故崩聲

韻史　卷六十六第十五部上聲几韻

六五六一

聞遠阺主謂土陵阪皆土阜也氐或譌作坻五年昭音若是理之是不誤阺字或作坻音丁兮丁禮二反高唐賦臨太阺之福水是其正字也自仲遠合而一之古音十六十五部之別亦淆矣凡氏聲在十六部凡氐聲在十五部坻坂也玉篇土部引埤蒼又後漢書隗囂傳注底阪也萱按底蓋阺之字誤也非關譌

邸

屬國舍也說文段注文帝紀曰入代邸顏注曰郡國朝宿之舍在京師者率名邸邸至也言所歸至也按今俗之謂旅舍為邸經典段借邸為柢如典瑞四圭有邸是也釋器邸謂之柢當作柢謂之邸釋言曰柢本也鄭司農引作邸本也可證尒雅皆釋經之辭。漢書盧綰傳舍燕邸注云諸侯王諸郡朝宿之館在京師者謂之邸邸舍也後漢書安帝紀注引蒼頡又楚辭涉江邸余車兮方林注。文選陸士衡樂府飲馬長城窟行注引漢書晉灼注云邸謂傳舍也儲邸猶府藏也文選王元長曲水詩序盈衍儲邸注邸即屏風為黼文周禮典絲疏邸後版也周禮掌次設皇邸司農注邸下柢也以象骨為之周禮弁師象邸玉笄

韻史　卷六十六第十五部上聲几韻

六五六二

注有邸僻其本也考工記玉人邸以祀地注有四圭有邸有四角也周禮典瑞四圭有邸司農注引或說◦通典四十二引崔靈恩三禮義宗云四圭有邸象四方物之初生以璧為邸者取其初生之圖而也邸歸也漢書張耳傳集注◦萱按訓歸訓至皆段邸為柢也文選風賦邸華葉而直振氣亦然邸至也史記河渠書自中山西邸瓠口為渠正義又漢書文帝紀集注溝洫志集注匈奴傳上集注

體 眺禮切

◦俗有體總十二屬也說文段注十二屬許未詳言今以人體及許書數之首之屬有三曰頂曰面曰頤身之屬三曰肩曰脊曰尻手之屬三曰厷曰臂曰手足之屬三曰股曰脛曰足合說文全書求之以十二者統之皆此十二者所分屬也體支體也詩相鼠人而無體傳◦易文言傳正位居體虞注又國語周語貳若體焉注並云體四支也四體身之四肢孟子離婁上不保四體注◦公孫丑上皆有聖人之一體注云體四肢肢股肱也一體者得一支也又則具體而微注云具體者四肢皆具又劉注云體者四支股腳也又儀禮喪服傳昆弟四體也疏云四體謂二手二足體謂形質之稱易繫辭上傳故神无方而易无體疏◦詩行葦方苞方體箋云體成

韻史　卷六十六第十五部上聲几韻

六五六三

形也又周禮天官體國經野釋文引千注云體謂形體體第也骨肉毛血表裏大小相次第也釋名釋形體體身也廣雅釋親體性也呂覽情欲其情一體也注又文選王文憲集序爾雅之體注體生也禮記中庸體物而不可遺注又文選陸士衡贈顧交阯公真詩注引周易鄭注統之於心名為體禮記曲禮疏體著者著體而生也文選吳都賦皆體著而應卒劉注體行猶躬行也後漢書班彪傳下注體行也呂覽誣徒若此則師徒同體注又淮南氾論故聖人以身體之注脩務殊體而合于理注體猶親也禮記學記就賢體遠注體猶依也管子君臣上則君體法而立矣注體猶連結也禮記文王世子體異姓也注體猶接納也禮記中庸體羣臣也注體兒謂加禮容而敬之漢書賈誼傳所以體大臣而厲其節也注兒國體謂為君股肱穀梁莊廿四年傳大夫國體也注◦昭十五年傳曰君之卿佐是謂股肱故曰國體◦禮記喪大記加新衣體一人注又國語周語夫君子目以定體注並云體手足也又太玄玄數九體注云股後為體也正體

韻史　卷六十六第十五部上聲几韻

六五六四

太子也文選顔延年曲水詩序正體毓德於少陽注○儀禮喪服傳正體于上馬注云體嫡嫡相承也體政體也後漢書梁統傳注○孔融傳注云體謂國家之大體也體尊卑異而合同禮記仲尼燕居官得其體注體法也淮南本經帝者體太一注○文選長楊賦大哉體乎注云體猶法也體裁制也文選宋書謝靈運傳論延年之體裁明密注體謂不離道也荀子解蔽知道察知道行體道者也注體猶分也周禮天官序官注○墨子經上云體分於兼也又經說上云體若二之一尺之端也體兆象也周禮占人君占體注○詩氓體無咎言傳云體兆卦之體又禮記玉藻君定體注云體視兆所得也體謂牲與腊也儀禮公食大夫禮載體進奏注○家語同禮體其犬豕牛羊注云體解其牲體而爲之又周禮內饔辨體名肉物注云體名脊脅肩臂臑之屬又國語周語則有體薦注云體委與之也體根莖也詩谷風無以下體傳○禮記坊記注云下體謂其根也

娣

同夫之女弟也說文段注同夫者女子同事一夫也釋親曰女子同出謂先生爲姒後生爲娣孫郭皆云

同出謂俱嫁事一夫王度記曰諸侯娶一國則二國往媵之公羊傳白虎通皆曰諸侯娶一國則二國往媵之以姪娣從姪者何兄之子也娣者何女弟也大雅韓奕傳曰諸侯一娶九女二國媵之諸娣衆妾也按女子謂女兄弟曰姊妹與男子同而惟媵已之妹則謂之娣蓋別於在母家之稱以明同心事一君之義也禮喪服經皆言妹無言娣者今大徐本作女弟也非是小徐本又妹娣二篆互譌而娣下曰女弟也妹下曰夫之女弟也楚金以班昭女誡嫂妹之倆注之夫夫之娣呼女姒夫之妹女叔見鄭氏昏義注夫之妹呼女叔猶夫之弟呼叔也呼妹則名不正矣今本爾雅轉寫女叔誤為女妹不可不正或問俱嫁一夫謂先生為姒古未聞以姊媵者何以有先生者也曰二國往媵容有小國容有年稍長者又問娣異名以別於妹矣何姪不為異名乎曰姪之名以別於男子之謂猶子早為異名矣不煩更異也曰釋親又言長婦謂稚婦為娣婦娣婦謂長婦為姒婦見於傳者姒為妯娌之倆何也曰此所謂名之可以段借通倆者也如兄弟之倆同姓異姓皆得倆之也妯娌倆長者曰姒少者曰娣與坐以夫齒之禮並行不悖娣女弟也詩鵲巢釋文又儀禮士昏禮媵御餕○穀梁傳隱二年釋文云女弟曰娣又公羊莊十九年傳云娣者何弟也又漢書杜欽傳娣姪雖缺不復

補注云已之女弟則謂之娣又詩韓奕諸娣從之釋文云妻之女弟為娣○萱按釋文妻字屬詞未善疑若丈夫可名妻之女弟為娣者不如小顏言已之女弟為是也娣少女之倆也易歸妹歸妹以娣注○國語晉語其娣生卓子注云女子同生謂後生為娣於男則言妹也○萱按惟同夫乃有娣之名祇云同生義猶未密若同生不同夫正當言妹耳娣姒先後也廣雅釋親○釋名釋親屬云長婦謂少婦曰娣娣弟也已後來也或曰先後以來先後弟之也娣姒猶兄弟也禮記內則不友無禮于介婦注○儀禮喪服傳娣姒婦者弟長也注云娣姒婦者兄弟之妻相名也又疏云二婦互稱謂年小者為娣

涕

泣也說文段注按泣也二字當作目液也三字轉寫之誤也毛傳皆云自目出曰涕篇韻皆云目出泣非其義自眼出曰涕文選長門賦涕流離而從橫注自目曰涕易萃齎咨涕洟虞注又釋文引鄭注又詩澤陂涕泗滂沱傳又禮記檀弓垂涕洟釋文○易萃疏云自目出曰涕涕目汁也列子湯問悲愁垂涕釋文腦

滲為涕素問解精微論涕洟也廣雅釋言○一切經音義二引字林云涕泣也無聲而洟曰泣無聲涕出為洵涕也國語晉語無洵涕注坎為涕洟易象下傳喪過乎哀虞注

⿱髟爾　⿵門爾　念殹切

十五部十六部兩讀注在彼十五部上聲一見十六部去聲入聲兩見凡三讀○俗有苶智少力劣也說文段注莊子苶然疲役而不知其所歸郭云疲困苶然釋文乃結反按苶者⿵門爾之變也⿵門爾諸韵書皆於薾韵作⿵門爾屑怗韵作苶是不知為一字矣弱也廣雅釋詁一苶極皃也文選謝靈運過始寧墅詩注引莊子司馬注苶然忘皃莊子齊物論苶然疲役釋文引崔注

瀰

或作瀰洋○十五部十六部兩讀水滿也說文段注邶風曰河水瀰瀰毛云瀰瀰盛皃玉篇曰洋亦瀰字按盧氏文弨曰漢地理志邶詩云河水洋洋字从芈姓為聲謂新臺也俗誤為洋洋師古謂邶無此句瀰深水也詩匏有苦葉有瀰濟盈傳瀰瀰水盛也詩新臺釋文瀰瀰衆也詩載驅垂轡瀰瀰傳

檷

或作鑈。十五部十六部兩讀絡絲柎也易曰繫于金檷也說文段注柎咢足絡絲柎者若今絡絲架子姤初六繫于金柅九家易曰絲繫於柅猶女子繫於男故以喻初宜繫二也張絲曰柅御覽八百廿五引通俗文。萱按檷與柅異物而均為絡絲之具故昔人多用柅為檷矣柅制動之主易姤繫于金柅注。萱按王肅作柅柅之俗體也見釋文又柅者在車之下所以止輪令不動也易姤馬注

⿸尸禾

柅或。萱按說文柅字兩見疑此處非許所本有也昔人多段柅為檷緣檷⿸尸禾物異而事同或遂羼入⿸尸禾下籆柄也說文段注竹部曰籆所以收絲者也方言籆榬也兗豫河濟之間謂之榬郭云所以絡絲也絡謂之格郭云所以轉籆絡車也按注籆字蓋衍籆即絡車也所以轉絡車者即⿸尸禾也此與檷異物中山經注曰檷音絡柅之柅易姤初六繫于金柅釋文曰柅說文作檷按昔人謂檷柅同字依許則柅者今時籆車之柄檷者今時箍絲於上之架子以受籆者也故曰絡絲柎⿸尸禾柄也廣雅釋言釋器⿸尸禾欺也廣雅釋詁三柅制動之主又張絲

曰柅萱按竝詳檷下

柅

兩讀異義。俗有柅柅木也實如梨說文段注今字以為檷字。萱按柅木未審段借義已詳檷若泥下

泥

平上去三讀義各異。俗有泥泥泥露也廣雅釋訓泥泥沾濡也詩蓼蕭零露泥泥傳葉初生泥泥詩行葦維葉泥泥傳柅柅茶茶盛茂皃也文選蜀都賦劉注。萱按此段柅為泥也選注引行葦亦作維葉柅柅

亮啟切

㸚

十五部十六部兩見注在彼

履

⿱頁足古文。或作履足所依也象履形說文段注履依疊韻古曰屨今曰履古曰履今曰鞵名之隨時不同者也引伸之訓踐如君子所履是也又引伸之訓祿詩福履綏之毛傳曰履祿也又引伸之訓禮序卦傳詩長發傳是也履禮為疊韻履祿為雙聲在足謂之履小爾雅廣服。釋名釋姿容云履以足履之因以名之也絲作之者謂之履方言四。左傳僖四年共其資糧扉屨其可也疏云絲作之曰履單下曰

履尚書引儀禮圖履猶履也漢書鮑宣傳衣緻履空注履踐也詩生民履帝武敏歆傳又禮記玉藻履蒯席疏又論語鄉黨行不履閾皇疏又後漢書朱穆傳注又莊子知北遊正獲之問於監市履豨也釋文引李注。易彖上傳柔履剛也疏云履謂履踐又禮記祭義禮者履此者也疏云履踐履也又漢書揚雄傳上履般首注云履謂踐履之也又左氏傳僖四年傳賜我先君履注云履所踐履之界履蹈地也禮記文王世子行不能正履注。大戴記四代云地道以履履步也國語晉語下貳代履注又左氏文元年傳履端於始疏履行也國語吳語而後履之注又呂覽孝行注。周禮春官序官疏又禮記疏引鄭序竝云踐而行之名曰履又表記處其位而不履其事注云履猶行也履福也爾雅釋詁履祿也尒雅釋言又詩樛木傳履幸也詩[illegible]釋文引韓詩履具也小爾雅廣詁履禮也爾雅釋言又易履釋文歸妹跂而履虞注序卦傳故受之以履崔注又詩東方之日履我即兮傳長發率履不越傳又禮記坊記履無咎言注又漢書敘傳下集注。易序卦傳云履者禮也又釋名釋衣服云履禮也飾足所以為禮也履德之基也易繫辭下傳。雜卦傳云履不處也又象上傳

云履柔履剛也履湯名也大戴記少閒商履代興注又白虎通姓名。左傳登臺而履薪焉又莊子讓王縰履杖藜而應門又列子黃帝脫履戶外三釋文竝云履本作屨又韓詩又漢書宣帝紀蕭望之傳竝引詩率禮不越即率履不越也又韓詩履無咎言段為體也說苑履舞僊僊段為屢也。萱按此皆音義相近得通用矣又莊子達生沈有履司馬本履作漏按漏亦雙聲字

豊

行禮之器也象形說文段注上象其形也林罕字源云上从冊郭氏忠恕非之按說文之例成字者則从曰从某假令上作冊則不曰象形

禮

𠃞古文履也所吕事神致福也說文段注履足所依也引伸之凡所依皆曰履此假借之法。履履也禮履也履同而義不同。左氏成十六年傳禮以順時疏云禮者履也又白虎通情性云禮者履也履道成文也又禮樂云禮者人當履而行之禮之為言履也又禮記祭義云禮者履此者也又仲尼燕居云言而履之禮也又家語問玉云言而可履禮也又荀子大略云禮者人之所履也又尒雅釋言履禮也注云禮可以履行禮體也得

其事體也法言問道又釋名釋言語釋典藝○禮記喪服四制凡禮之大體注又太玄玄數性禮注竝云禮之言體也又廣雅釋言云禮體也禮者體也禮記疏引鄭序又禮運疏又淮南齊俗○禮記禮器又家語曲禮子貢問竝云禮也者猶體也又大戴記曾子大孝云動有文體謂之禮又論語學而恭近於禮皇疏云禮是體別又為政齊之以禮皇疏云禮者體其情也又淮南齊俗云禮是體情制文者也又莊子大宗師回忘禮樂矣注云禮者形體之用又管子心術云登降揖讓貴賤有等親疏之體謂之禮禮也者理也禮記仲尼燕居○管子心術云故禮者謂有理也禮也者理之不可易者也禮記樂記又荀子樂論○禮記正義云禮者經天地理人倫又云禮者理也禮義者有分理白虎通情性奉義順則謂之禮國語周語○風俗通十反云夫奉義順之謂禮又禮記禮運云故禮也者義之實也昭明物則禮也國語周語○左氏傳廿七年傳云禮樂德之則也禮謂威儀也禮記內則禮帥初疏○莊子繕性云信行容體而順乎文禮也禮敬也墨子經上又呂覽下賢注○禮記樂記云禮者殊事合敬者也又鄉飲酒義云聖立而將之以敬曰禮又

左傳僖廿七年疏云禮者謙卑恭謹行歸于敬致愛恭謹謂之禮韓外傳四禮者人道之極也史記禮書又荀子禮論○周書武順云人道曰禮禮人之幹也左氏昭七年傳又家語正論禮身之幹也左氏成十三年傳○荀子脩身云禮者所以正身也禮國之幹也左氏僖十一年傳襄三十年傳○昭五年傳云禮所以守其國行其政令無失其民者也又昭三十年傳云禮也者小事大大字小之謂又昭元年傳宋左師簡而禮注云共事大國故曰禮夫禮國之紀也國語晉語禮者君之大柄也禮記禮運○荀子儒效云禮者人主之所以為群臣寸尺尋丈檢式也又左氏昭十五年傳云禮王之大經也凡禮之大體體天地法四時則陰陽順人情故謂之禮禮記喪服四制○左氏昭廿五年傳云夫禮天之經也地之義也民之行也又云禮上下之紀天地之經緯也民之所以生也禮政之輿也左氏襄廿一年傳○荀子大略云禮者政之輓也又大戴記哀公問於孔子篇云禮者政之本與禮者法之大分群類之綱紀也荀子勸學○後漢書荀爽傳注云禮者尊卑之差上下之制也

又北堂書鈔引六藝論云禮序尊卑之制崇敬讓之節也夫禮所以制中也禮記仲尼燕居○周禮大司徒以五禮防萬民之偽而教之中注云禮所以節正民之侈偽使其行得中定人之謂禮左氏僖廿八年傳○莊廿三年傳云夫禮所以整民也又說苑修文云禮書者所以御民也又賈子禮云故禮者自行之義養民之道也夫禮者所以章疑別微以為民防者也禮記坊記○又云禮者因人之情而為之節文以為民防者也又白虎通禮樂云禮所以防淫佚節其侈靡也禮節也荀子大略○致仕云禮者節之準也又韓非子解老云禮者外節之所以諭內也又白虎通禮樂云禮者盛不足節有餘又莊子在宥云節而不可不積者禮也禮者體德理而為之節文成人事賈子道德說○管子心術云禮者因人之情緣義之理而為之節文者也進退有度尊卑有分謂之禮漢書公孫弘傳○大戴記盛德云禮度德法也禮者禁將然之前大戴記禮察○顏氏家訓歸心云禮者不邪之禁也又鶡冠子學問云所謂禮者不犯者也又左氏僖七年傳云子父不奸之謂禮又宣二年傳云戎昭果毅以聽之之謂禮禮者所以

救淫也淮南本經○禮記樂記云禮者所以綴淫也禮也者物之致也禮記禮器禮是交接會通之道易文言傳足以合禮何妥注○序卦傳物畜然後有禮注云禮所以適時用也禮人之所勤也禮記樂記禮粗則偏矣注本其心謂之禮左氏昭廿五年傳是儀也非禮也疏○禮記檀弓上云禮不忘其本禮也者報也禮記樂記○又云禮反其所自始又禮記禮器云禮也者反其所自生禮者所以便事也國策趙策又新序善謀○禮記仲尼燕居云禮者何也即事之治也又周禮大宰以統百官疏云禮所以統敘萬事又以諧萬民疏云禮所以諧和禮服也法言脩身禮謂人所服行也禮記中庸不議禮注○王制疏云禮也者行事之法禮樂者行化之大者也說苑修文禮者世之所以自行耳莊子大宗師以禮為翼注○外物儒以詩禮發冢注云詩禮者先王之陳迹也又漁父云禮者世俗之所為也○蓋摟漆園以禮為陳迹漁父偽篇直謂禮為世俗所為矣變本加厲有如此者立言可不慎諸禮所以修外也禮記文王世子○樂記祭義竝云禮也者動於外者也禮者所

韻史　卷六十六第十五部上聲几韻

以飾皃管子大匡好適而訓於禮注○韓非子解老云禮者所以情皃也羣義之文章也君臣父子之交也貴賤賢不肖之所以別也禮者實之文也淮南齊俗○韓非子解老云禮者義之文也禮也都太玄玄錯○大戴記禮三本云凡禮始於脫成於文終於匪禮方也太玄玄衡禮門也孟子萬章下禮甲也廣雅釋詁四禮者養也荀子禮論史記禮書又禮義者恩之主也大戴記本命禮者天地之序也禮記樂記則禮者天地之別也同上○禮器云禮也者合於天時設於地財順於鬼神合於人心理萬物者也又白虎通禮樂云夫禮者陰陽之際也百事之會也所以尊天地儐鬼神序上下正人道也夫禮大之由也不與小之自也大戴記曾子事父母日為禮周書小開武三日以紀德注火神則禮禮記中庸天命之謂性注夏為禮禮記鄉飲酒義假之仁也疏陽德出禮大戴記四代陰稱禮易繫辭下傳謙以制禮虞注○禮記郊特牲云禮由陰作者也又鄉飲酒義是以禮有三讓注云言禮者陰也又白虎通禮樂云禮者陰也又云禮法陰也坤為禮易繫

六五七七

韻史　卷六十六第十五部上聲几韻

辭上傳禮言恭虞注禮言法地也禮記樂記禮以地制注南方為禮太玄玄棿尊為禮注尊三禮天神地祇人鬼之禮書堯典有能典朕三禮馬注○鄭注云三禮天事地事人事之禮也五禮吉凶軍賓嘉也書堯典修五禮馬注又周禮小宗伯掌五禮之禁令司農注○大司徒司農注保氏注疏云五禮謂吉凶賓軍嘉又春官序官而掌邦禮注云禮謂曲禮五吉凶賓軍嘉具別三十有六又大司徒禮樂射御書數注云禮五禮之義五禮公侯伯子男朝聘之禮矣書堯典修五禮鄭注○皋陶謨天秩有禮鄭注云五禮天子也諸侯也卿大夫也士也庶民也冠婚朝聘喪祭賓主鄉飲酒軍旅此之謂九禮也大戴記本命禮謂三千三百也大戴記盛德注禮者謹於治生死者也荀子禮論○禮記襍記下執事不與禮注云禮饋奠也又周禮司約注器約謂禮樂吉凶車服疏云禮器籩豆俎簋之屬吉禮禮之終也大戴記保傅禮之冠婚注○禮記禮運云君子大牢而祭謂之禮又儀禮覲禮禮日于南門外禮月與四瀆于北門外禮山川丘陵于西門外注云變拜言禮者客

六五七八

韻史　卷六十六第十五部上聲几韻

祀也禮賓禮也周禮大宰以禮待賓客之治注○司儀賓亦如之注云上於下曰禮又儀禮聘禮醴玉注云禮禮聘君也又呂覽察賢禮段干木注云禮式其閭也禮謂摯也禮記表記無禮不相見也注○疏云禮謂摯幣也禮辭一辭儀禮士昏禮賓禮辭注聘禮公禮辭許注○士冠禮賓禮辭許注云禮辭一辭而許也又士相見禮則禮辭其贄注云禮辭一辭其贄而許也聘禮禮請受注云禮請受者一請受而聽之也又禮以醴禮客周禮司儀及禮私面私獻注○其禮亦如之注云禮謂以鬱鬯裸之也禮謂饗餼饗食儀禮聘禮主人畢歸禮注○覲禮饗禮乃歸注云禮謂食燕也又周禮大行人禮九牢注云禮大禮饔餼也禮酒王所致酒也周禮酒正共后之致飲于賓客之禮醫酏糟注○酒人共賓客之禮酒飲酒而奉之注云禮酒饗燕之酒禮官奉常也後漢書班虛儁注禮者禮經也漢書河間獻王德傳周官尚書禮禮記注○萱按有借醴為禮者儀禮聘禮士冠今文禮作醴是也經典又借用醴同豊聲也

醴

酒一宿孰也說文段注周禮酒正注日醴猶體也成而汁滓相將如今恬酒矣按汁滓相將蓋如今江東人

六五七九

韻史　卷六十六第十五部上聲几韻

家之白酒滓即糟也滓多故酌醴者用柶醴甘故曰如今恬酒恬即醩也許云一宿孰則此酒易成與禮經以醴敬賓曰醴賓注多段為禮賓○釋名釋飲食云醴齊醴禮也釀之一宿而成禮有酒味而已也再宿為醴楚辭大招吳醴白糵注醴者稻醴也禮記襍記醴醴酒也家語問禮以為醴酪注又楚辭怨思欲酌醴以娛意兮注醴甜而不泲也文選南都賦注引韓詩釀粥為醴禮記內則或以酏為醴注醴酪粢釀之也禮記禮運以為醴酪注醴醴清也周禮漿人水漿醴涼醫酏注○廣雅釋器云清醴酒也醴體也周禮酒正二曰醴齊疏○呂覽重己其為飲食酏醴也注云醴者以糵與黍相體不以麴也濁而甜耳醴盎齊也家語問禮醴醆在戶注醴甘酒也漢書楚元王傳常為穆生設醴注匡衡傳禮之用醴注醴甘也書中候醴泉出山注○介雅釋天云甘雨時降萬物以嘉謂之醴泉又論衡是應云醴泉乃謂甘露也今儒者說之謂泉從地中出其味甘若醴故曰醴泉嘉醴醴泉也文選劇秦美新甘露嘉醴注○上林賦醴泉涌於清室注云醴泉瑞水也又白虎通封禪云醴泉者美泉也狀如醴酒可以養老也六醴盎

六五八〇

六氣也後漢書馮衍傳注醴水名書禹貢又東至于澧馬注•萱按禹貢醴水出武陵入洞庭說文澧水出雉衡山入汝二水本不相涉自衛包改經二水乃常溷矣段氏玉裁曰禹貢江又東至於醴衛包始改為澧鄭注醴為陵云今長沙有醴陵縣馬融王肅醴為水名夏紀地理志皆作醴尚書正義史記索隱引楚辭遺余佩兮醴浦正作醴水經注出雉衡山者從酉出武陵者從水正是互譌也醴陵名書禹貢鄭注○萱按儀禮士昏禮醴婦醴賓禮記內則宰醴負之昏義贊醴婦醴字蓋皆不誤無庸從鄭破為禮矣又禮運地出醴泉醴誤澧也設釋文云澧本作醴

澧

澧水出南陽雉衡山東入汝說文段注南陽郡雉二志同雉音弋爾反今河南南陽府治南陽縣府北八十里有故雉城漢縣也前志雉下曰衡山澧水所出東至郾入汝郾顏本譌作郾云音屋非也水經注曰汝水又東南逕郾縣故城北又東得醴水口醴水出南陽雉縣衡山即山海經中山經之衡山馬融廣成頌曰面據衡陰在雉縣畍故世謂之雉衡山東南流逕葉縣故城北又東注葉陵又東逕郾縣故城南左入汝按馬融傳注引中山經又東三十里曰雉山澧水出焉又東五十里曰宣山又東四十五里曰衡山然則分之為雉衡二山合之則單許衡山李賢曰

衡山在今鄧州向城縣北杜佑曰北重山在向城縣北即是三鴉之第一又北分嶺山嶺北即三鴉之第二鴉也其第三鴉入臨汝郡魯山縣畍杜之三鴉蓋即古衡山也今澧水未詳此條衡山非南岳澧水非入洞庭之澧水入洞庭之水水經別為篇其字本作醴水經注醴澧互譌澧澧波聲也楚辭靈懷波澧澧而揚澆兮注

鱧

鱯也說文段注釋魚毛傳鱧鯇為一許鱧鱯為一各有所受之也○萱按鱧即今俗名回魚者是回鱯一聲之轉鱧鯉也一切經音義十九引字林○萱按說文鱓下云鱧也是為轉注鱧鯇也詩魚麗陸疏○爾雅釋魚疏引舍人注云鱧一名鯇○萱按鯇今名鱓子者是鱓乃鯇之俗字形變而音亦異鱧鮦也爾雅釋魚注又詩魚麗魴鱧傳●萱按說文鮦鱺為一物頭有七星者也一名烏鱧與鱧本不同物而郭璞誤合之毛傳本作鱧鯇也後人用郭改毛月

旨

掌啟切

𣅀古文○或作言美也說文又廣雅釋詁一又小尒雅廣詁又詩谷風我有旨蓄傳頍弁爾酒既旨箋又儀

禮士冠禮旨酒令芳注鄉飲酒禮告旨注鄉射禮燕禮大射儀特牲饋食禮有司徹注同又禮記學記雖有嘉肴弗食不知其旨也注又左氏襄十一年傳樂只君子疏襄廿四年疏又論語陽貨食旨不甘集注引孔注又孝經注又漢書禮樂志集注食貨志上志下集注又太玄居几家不旨注又法言學行或人蹤角曰旨哉注○孟子離婁下禹惡旨酒注云旨酒美酒也旨者意也公羊隱元年經傳解詁疏●萱按此段旨為恉也衛方碑樂只君子又借為只若荀子大略物其指矣則借指為旨

恉

意也說文段注今字或作旨或作指皆非本字也許序曰曉學者達神恉○廣雅釋詁三云恉意也萱按公羊隱元年經傳解詁疏云旨者意也用借字恉志也一切經音義八引廣雅○萱按呂覽行論注云指猶志也此段指為恉也指意也管子侈靡注又漢書各傳集注○禮記王制有指無簡不聽注云有指有其意○萱按借字指若旨行而恉幾廢矣旨者意也公羊隱元年疏

指

手指也說文段注手非指不為用大指曰巨指曰巨擘次曰食指曰嚏鹽指中曰將指次曰無名指次曰小指段

借為恉心部曰恉意也○公羊文十四年傳子以其指注云指手指又儀禮大射儀右巨指鉤弦注云右巨指右手大擘又孟子告子上今有無名之指注云無名之指手之第四指也指謂義之所趨若人以手指物也漢書河間獻王德傳文約指明注指所之也指湊猶言行止也淮南原道然而趨舍指湊注指指歸也荀子王霸明一指注●萱按書大誥有指疆土漢書翟方進傳作有旨疆土段旨為指也荀子大略引詩魚麗物其指矣段指為旨也二字互相段借指示也爾雅釋言指庠也廣雅釋言指語也廣雅釋詁一又離騷指九天以為正兮注指書也淮南脩務據書明指以示之注指直也呂覽必己曰裂鬢指注艮為指易說卦傳又咸咸其拇虞注剝剝林以辨虞注解解而母虞注指意也指猶志也萱按此段指為恉

批

十五部十六部兩見注在彼

夂

從後至也象人兩脛後有致之者說文段注至當作致致送詣也

⿰臣言許也說文段注許或作許誤臣聲而讀若指十二十五部合音也

底砥或○俗有匠柔石也說文段注柔石石之精細者鄭注禹貢曰厲磨刀刃石也精者曰砥尚書大傳其桷天子斲其材而礱之加密石焉注曰礱厲之也密石砥之也按底者砥之正字後人乃謂砥為正字底與砥異用張為分別之遇也底之引伸之義為致也至也平也有假借者字為之者如周頌耆定爾功傳曰耆致也是也毛詩大東周道如砥孟子作底○漢書枚乘傳磨礱底厲注云底柔石也

底細石也漢書梅福傳天下之底石注

砥卓石也淮南墬形黑水宜砥注○楚辭招魂砥室翠翹注云砥石名也砥以細密為名書禹貢礪砥砮丹疏○廣雅釋器注云砥細於礪又山海經西山經苦水其中多砥礪注云砥礪磨石也精為砥粗為礪也

砥礪也廣雅釋器又史記五帝紀莫不砥厲索隱又從漢書順帝紀注沖帝紀注質帝紀注莊駟傳注

砥厲石也淮南脩務劍待砥而後能利注

砥厲也淮南道應文王砥德修政注

砥厲謂磨淬也荀子彊國不剝脫不砥厲注

砥磨也廣雅釋詁三

砥平也國語魯語藉田以力而砥其遠邇注又史

記五帝紀集解引王肅砥石地名或曰即砥柱也荀子成相居於砥石遷於商注○淮南覽冥飲砥柱之湍瀨注云砥柱河之溢也

砥績山名也後漢書王景傳注

底礪也文選上書吳王聖王底節脩德注

底厲也漢書鄒陽傳集注

底蹷也山海經南山經可以為底注

底平也左氏桓十七年傳日官居卿以底日注又漢書律曆志上集注又孟子萬章下周道如底注

底阪也後漢書光武紀上注

底蒻苹書顧命敷重底席晚出傳○馬注云底青蒲也又王注云底席青蒲席也

底致也爾雅釋言又書禹貢震澤底定釋文顧命鄭注又左氏宣三年傳有所底至注襄九年傳無所底告注昭元年傳底祿以德注昭十三年傳盟以底信注昭卅年傳明底其情注又國語周語底紂之多辠注又孟子離婁上而瞽瞍底豫注又文選報孫會宗書文質無所底注○詩武耆定爾功傳又左氏宣十二年傳耆昧也注又國語晉語耆其股肱注延云耆者致也○蓋按段者為底音本近也

底至也詩祈父靡所底止傳小旻伊于胡底箋又左氏成十六年傳人恤所底注襄十年傳其能來東底乎注昭廿六年傳未有攸底注又語周語日月底於天廟注又楚辭天問南土爰底注圍

底置

也後漢書章帝紀注

底定也書堯典乃言底可績馬注

底止也文選秋興賦引爾雅郭注

黹箴縷所紩衣也說文段注箴當作鍼箴所以緻衣鍼所也紩縫也縷綫也絲亦可為綫矣以鍼紩衣曰黹釋言曰黹紩也臯陶謨曰絺繡鄭本作希注讀為絺黹紩也周禮司服希冕鄭注引書希繡又云希黹或作縍字之誤也今本周禮注疏傳寫倒亂今俗語黹是此字按許多云希聲而無希篆疑希者古文黹也上象繡形

黹紩也周禮司服疏○書臯陶謨絺繡鄭注云黹紩以為繡也又爾雅釋言注云今人呼縫為黹

⿰衤黹或作綴紩衣也說文段注糸部曰紩者縫也縫者以鍼紩方言曰襤褕其敝者謂之緻注云緻縫納之名丁履反按緻即⿰衤黹字黹為鍼刺⿰衤黹為縫敝衣與補字義略同○隋書十二引三禮舊圖云⿰衤黹冕天子五旒百二十孤卿服以助祭四旒用玉三十二萱按比段⿰衤黹為黹也⿰衤黹冕即經之絺冕

痱瑕也說文段注古本皆作瑕惟小徐及毛本及集韵作瘕恐是譌字耳痱之言痱也痱病也廣雅釋詁一

第簀也說文段注周易噬乾胏鄭曰胏簀也此言假胏為第也士喪禮古文第為茨○周禮玉府衽席牀第凡褻器注又儀禮士喪禮牀第夷衾注又國語晉語牀第之不安邪注竝云第簀也又爾雅釋器又左氏襄廿六年傳牀第之言不踰閾服注竝云簀謂之第

第牀簀也禮記喪大記注牀謂所設牀第當牖者也疏又儀禮士喪禮釋文又楚辭悉世逢父親人御於牀第分注又後漢書安帝紀注

襢第袒簀也禮記喪大記設牀襢第注

第牀棧也荀子禮論疏房逸貌越席牀第几筵所以養體也注爾雅釋器孫注○方言五云牀陳楚之閒或謂之第

第杠也廣雅釋器

雉寵攸切𨾊古文○兩讀義分有十四種盧諸雉鷮雉卜雉鷩雉秩秩海雉翟山雉翰雉卓雉伊雒而南曰翬江淮而南曰搖南方曰罵東方曰甾北方曰稀西方曰蹲說文段注張揖上林賦注曰盧白雉也按上林自謂水鳥

然張語必爾雅古說鵠本各本作蚤㕡鳥部曰鷸走鳴長尾雉也卜各本作鳩誤鳥部無鳩釋鳥作鳩郭云黃色鳴自呼鳥部曰鷩赤雉也又曰鵔鸃鷩也秩秩海雉郭云如雉而黑在海中山上陸曰秩秩本又作失失鶾雉郭與鵗雉為一許為二陸云翰字又作翰卓今爾雅作鵫郭云今白鵫也江東呼白翰亦名白雉雗各本作洛誤釋鳥曰伊洛而南素質五彩皆備成章曰翬江淮而南青質五彩皆備成章鷂夫人揄狄鄭云謂衣畫搖者揄衣部作褕云翟羽飾衣也義同毛傳賈逵杜預注左傳曷作翟按曷與翟韻部相近但上文已有翟則作曷為得也今爾雅作曷當稀蹲今爾雅作鷂鷂鷂巳上十四雉皆見釋鳥按雉古音同夷周禮雉氏掌殺艸故書作夷氏大鄭从夷後鄭从雉而讀如鬀今本周禮作薙音俗製也左傳五雉為五工正夷民者也楊雄賦辛雉即辛夷漢地理志南陽雉縣葛音弋爾反江夏下雉縣如淳音羊氏反皆古音也雉者野鳥後漢書郎顗傳注引書大傳大雉翟雉也穀梁隱五年傳舞夏注雉曰疏趾禮記曲禮下又猶斷上雉耿介之鳥也文選射雉賦注引韓詩章句○周禮大宗伯士執雉注云雉取其守介而死不失其節又禮記曲禮下凡摯子雉疏云雉取性耿介唯敵是赴又儀禮士相見禮贄冬用

韻史 卷六十六第十五部上聲几韻 六五八九

雉注云士贄用雉者取其耿介交有時別有倫也必用死者為其不可生服也○萱按穀梁莊廿四年傳羔鴈雉腒注范甯全沿儀禮鄭注雉者聽察先聞雷聲故月令以紀氣漢書五行志中之下離爲雉易說卦傳又大畜田獲三品虞注鼎雉膏不食虞注旅射雉一矢亡千注雉鳥耗也素問五常政大論其主飛蠹蛆雉注雉亦人君之類也初學記天部上引洪範五行傳屈頸閉氣曰雉經如雉之爲也釋名釋喪制雉牛鼻繩也禮記檀弓上注乃雉經疏雉者夷也爾雅釋詁樊注又左氏昭十七年傳服注有者○古微書引春秋感精符云雉之為言弟也萱按篆體夷弟二字極相似此弟疑夷之訛矣雉陳也爾雅釋詁雉理也方言六又廣雅釋詁二雉度名也高一丈長三丈爲雉禮記坊記都城不過百雉注○詩瞻卬正義引書大傳築宮有三尺注又初學記居處部引書大傳天子之堂高九雉注又左氏隱元年傳賈注竝云雉長三丈又考工記匠人王宮門阿之制五雉注云雉長三丈高一丈三堵曰雉左氏隱元年傳都城過百雉注又家語相魯邑無雉之城注○後漢書班彪傳上注云三

韻史 卷六十六第十五部上聲几韻 六五九〇

堵爲雉五堵爲雉禮記儒行環堵之室注又詩鴻鴈百堵皆作疏引韓詩說○公羊定十二年傳五堵而雉百雉而城注云天子千雉蓋受百雉之城十伯七十雉子男五十雉雉門天子應門禮記明堂位○周禮閽人掌王宮之中門之禁注云雉門三門也○萱按鄭謂天子五門故以雉門為三門其實天子亦三門有應而無雉矣國雉門當天子應門明堂位所言是也戴先生三朝三門弢說之詳矣

撲啟切

尒柿

○俗有柿赤實果說文段注言果又言實者實謂其中也赤中與外同色惟柿內則曰棗栗榛柿俗作柿非十五部十六部兩讀詞之必然也說文段注尒之言如此也後世多以爾字為之凡曰果爾不爾云爾莞爾鏗爾卓爾鼎鼎爾猶猶爾聊復爾耳故人心尚爾皆訓如此亦有單訓此者如公羊馬爾之為於此孟子然而無乎爾則亦有乎爾是也語助有用耳者與爾絕珠三國志云生女耳是也耳之言而已也近人爾耳不分如論語女得人焉爾乎唐石經譌為焉耳詩陳風箋梅之樹善惡自爾宋本譌為善惡自耳皆是也古書尒字淺人多改為爾如手部引論語鍾尒考工記擘尒小徐本不誤是也尒謂言相然也華嚴經音義上引珠叢爾猶然也王氏

韻史 卷六十六第十五部上聲几韻 六五九一

引之經傳釋詞云爾猶然也若論語卓爾率爾鏗爾莞爾之屬是也爾猶如此也經傳釋詞云爾猶如此也禮記曰有君命焉爾也焉猶乃也爾如此也言有君命乃如此也孟子曰非天之降才爾殊也言非天之降才如此其異也凡後人言不爾乃爾果爾聊復爾耳者竝與此同義爾猶此也經傳釋詞云爾猶此也隱二年公羊傳曰託始焉爾何注焉爾猶於是也是亦此也僖廿一年傳公與為爾也公與議爾也言公與為此公與議此也爾語助也禮記檀弓上毋從從爾注爾爾辭也孟子萬章上鬱陶思君爾注又文選謝玄暉和王主簿怨情詩注引字書爾詞之終也文選古詩故人心尚爾注引字書爾猶焉也王氏經傳釋詞云爾猶焉也隱元年公羊傳然則何言爾二年傳何譏爾三年傳何危爾僖五年穀梁傳何尊焉何重焉爾字竝與焉同義又禮記檀弓曰夫子何善爾也孟子滕文公篇曰彼有取爾也離婁篇曰所惡勿施爾也爾字亦與焉同義爾猶矣也經傳釋詞云爾猶矣也宣十五年公羊傳曰莊王圍宋軍有七日之糧爾盡此不勝將去而歸爾爾字與矣同義

韻史 卷六十六第十五部上聲几韻 六五九二

爾十五部十六部兩讀○豈按凡爾聲字蓋可兼入此二部

麗爾逗猶靡麗也說文段注麗爾古語靡麗漢人語以今語釋古語故云猶毛傳云糾糾猶繚繚也摻摻猶纖纖也是此例也後人以其與汝雙聲假為爾汝字又凡訓如此訓此者皆當作尒乃漢時皆用爾爾行而尒廢矣周時在十五部漢時在十六部爾汝也詩雄雉百爾君子箋載馳視爾不臧箋氓爾卜爾筮箋羔裘豈不爾思箋七月晝爾于茅宵爾索綯箋天保天保定爾箋無羊誰謂爾無羊箋車舝好爾無射箋角弓爾之遠矣箋既醉爾殽既將箋又儀禮士冠禮棄爾幼志順爾成德注士虞禮記適爾皇祖某甫注又公羊隱三年傳先君之不爾逐注莊十二年傳爾虜焉故注又孝經民具爾瞻疏引孔注又小爾雅廣詁又離騷爾何懷乎故宇注橘頌嗟爾幼志注爾我對談之辭詩皇矣疏爾辭也爾語助也豈按此類皆叚爾為尒也爾近也爾移也爾昵也爾謂進之也豈按此皆叚爾為邇也

爾華盛兒詩采薇彼爾維何傳○豈按據說文薾下引彼薾惟何則以爾為叚借字

邇

迩古文○十五部十六部兩讀近也說文又爾雅釋詁又釋名釋宮室又詩汝墳父母孔邇傳谷風不遠

伊邇箋東門之墠其室則邇傳杕杜征夫邇止傳民勞柔遠能邇箋又儀禮士虞禮祝命佐食邇敦注又禮記郊特牲節遠邇之期也注中庸舜好問而好察邇言注辟如行遠必自邇注表記邇臣守和注緇衣大臣不治而邇臣比矣注是故邇者不惑注又論語陽貨邇之事父集解引孔注又皇疏又孟子離婁上道在邇而求諸遠注離婁下武王不泄邇注又史記三王世家文章邇雅索隱司馬相如傳率邇者踵武集解引徐廣邇陜游原集解引漢書音義○穀梁莊十八年傳不使戎邇於我也注云邇猶近也邇境內也國語楚語則邇者騷離注坤為邇易繫辭上傳行發乎邇注虞

爾近也儀禮特牲饋食禮祝命爾敦注又大戴記小辨爾雅以觀於古注又漢書藝文志集注引張晏梁孝王武傳集注又孟子離婁上所惡勿施爾也注又荀子大論具說甚爾注○周禮肆長實相近者相爾也注云爾亦近也爾移也儀禮士昏禮贊爾黍注爾近也移也揖而移之近之也儀禮燕禮南鄉爾卿注○少牢饋食禮上佐食爾上敦黍于筵上注云爾近也或曰移也爾昵也釋名釋典藝爾謂進之也詩行葦箋○楊統碑云曰民假爾又厈彰長田君斷碑云紘獲邇尒○豈按以上皆借爾為邇也或作尒者轉

寫移變也又穀梁莊十八年傳不使戎邇於我也莊十九年傳不以難邇我國也兩釋文竝云邇本作介此由尒再變而成介矣

薾十五部十六部兩讀華盛詩曰彼薾惟何說文段注小雅文今作爾惟今作維○豈按疑采薇字本作薾故許君偁用毛傳華盛之訓爾華盛兒詩采薇彼爾維何傳○疏云爾是華兒

矢哂禮切

古文有矣俗體有矢屎○豈按矣見七部說注而矢篆下失載弓弩矢也古者夷牟初作矢說文段注弓弩所用謂之矢也矢之制詳於考工記矢人山海經曰少皞生般般是始為弓矢郭曰世本云牟夷作矢揮作弓弓矢一器作之兩人於義有疑此言般之作是按弦木為弧剡木為矢繫辭傳系諸黃帝堯舜之下蓋不妨有同時合成之者夷牟郭作牟夷孫卿作浮游○豈按淮南脩務蒙矢石注云矢弩也注義恐未完矢箭也廣雅釋器又禮記玉藻端行頤霤如矢疏少儀侍射則約矢疏又孟子公孫丑上矢人豈不仁於函人哉注又呂覽貴直而五於矢石之所及注又淮南人間一斂民被甲括矢注說林繩之與矢注○禮記曲禮下以嬰拾矢可也疏云矢猶箭也又方言九云

箭自關而東謂之矢又一切經音義十八引三蒼云矢箭也古者夷牟初作矢兵而飛者矢也太玄唐弋彼三飛注○左傳閔二年注云矢示以繫難矢所以投者也禮記投壺注○少儀疏云矢謂投壺箭也又大戴記投壺云矢以柘若棘無去其皮大七分錐矢小矢國策齊策疾如錐矢注離為矢易晉矢得勿恤釋文引馬注王注睽先張之弧虞注張射雉一矢亡虞注繫辭下傳弧矢之利虞注弓矢者器也虞注○噬嗑得金矢陸績注云離為兵矢矢指也言其有所指向迅疾也釋名釋兵矢猶當也詩皇矣無矢我陵箋矢直也易噬嗑得金矢注解得黃矢注又孟子萬章下其直如矢注又太玄疑矢貞矢注沈失貞矢注又廣雅釋詁三○後漢書張衡傳注云矢亦直也矢正也廣雅釋詁一又太玄羨得矢夫注又法言五百聖人矢口而成言注矢乖也太玄戾殺生相矢注矢誓也爾雅釋言又詩柏舟之死矢靡它傳考槃永矢弗諼箋又論語雍也夫子矢之集解引孔注又釋文引鄭注又皇疏又周書鄧穀三矢無聲注矢陳也爾雅釋詁又詩大明矢于牧野傳皇矣傳卷阿以矢其音傳矢詩不多箋又論語雍也釋文引蔡謨又禮記孔子閒

韻史　卷六十六第十五部上聲几韻

居弛其文德疏又後漢書班彪傳下注又太平禮乃矢施之注又文選典引靡號帥矢敦畜鵠之容蔡注○左氏隱五年傳公矢魚于棠注又後漢書馬融傳注竝云矢亦陳也 戻陳也 廣雅釋詁二○書序皐陶矢厥謨釋文云矢本又作矢○萓按戻矢皆矢之俗體也俗又段矢為菌字 矢施也 詩江漢矢其文德傳 矢弛也 爾雅釋詁 矢去也 莊子田子方發之適矢復沓注

芺

菜也 說文

菌

糞也 說文段注左氏傳史記假借矢字為之○萓按莊子知北遊在屎溺段屎為菌也屎者叩之異體字詩板云民之方殿屎

豕

豕 古文 彘也竭其尾故謂之豕象毛足而後有尾 說文段注彑部彘豕也是二篆為轉注小雅傳曰豕豬也毛渾言之許分別言名豕名彘名豬之故竭其尾故謂之豕與後蹏廢故謂之彘相對成文於其音求其義也彑部曰竭者負舉也豕怒而豎其尾則謂之豕毛當作頭四二字轉寫之誤馬篆下曰象馬頭

六五九七

韻史　卷六十六第十五部上聲几韻

髦尾四足之形象篆下曰象耳牙四足之形羊篆下曰从屮象象四足尾之形豕首畫象其頭次象其四足末象其尾古文與亥同字說詳亥部○小爾雅廣獸云豕彘也 豕豬也 又詩漸漸之石有豕白蹢傳楚辭大招豕首縱目注○方言八云豬關東西或謂之豕又文選上林賦射封豕郭注云封豕大豬也 豕爲水畜 禮記月令注麥實有孚甲疏○洪範五行傳時則有豕禍注云豕畜之居閒衛而聽者屬聽 坎爲豕 易說卦傳又大畜豶豕之牙虞注睽見豕負塗虞注姤羸豕孚蹢躅虞注升孚乃利用禴干注巽田獲三品虞注中孚豚魚吉虞注又禮記坊記東鄰殺牛注 豕曰剛鬣 儀禮士虞禮敢用絜牲剛鬣注少牢饋食禮敢用柔毛剛鬣注又禮記曲禮下又獨繇上 豕 曰饋食 大戴記曾子天圓 司空主豕 周禮小宗伯辨其名物而頒之于五官司農注 豕囊一名豬苓根似豬卵 莊子徐无鬼豕零也釋文引司馬注

巿 飢禮切

止也 說文○萓按偏旁作巿作市者皆譌體也

姊

女兄也 說文段注釋親曰男子謂先生為姊後生為妹邶詩問我諸姑遂及伯姊傳曰父之姊妹稱姑先生曰姊

六五九八

韻史　卷六十六第十五部上聲几韻

○萓按爾雅釋親又云夫之姊為女公又云從母之女子子為從母姊妹此引伸之義也而不言姑之女子子舅之女子子者推類可知 姊積也猶日始出積時多而明也 釋名釋親屬 姊咨也 廣雅釋親○白虎通三綱六紀云姊者咨也又云女子先生為姊 秭亦姊也 後漢書和帝紀注○萓按此謂姊秭為正借字也

秭

五稯為秭一曰數億至萬曰秭 說文段注五稯為秭禾二百秉也周禮掌客注有秅秭厤咨之文秅秭連文則非許之秭也謂五稯也周頌网言萬億及秭毛曰數萬至萬曰億數億至萬曰秭定本集注釋文皆作數億至萬釋文所記別本及正義及前此甄鸞五經筭術皆作數億至億許書多襲毛傳此云數憶至萬曰秭似當出於毛然心部云十萬曰億不從毛之萬萬曰億而從古數則說秭亦不必同毛蓋毛作數億至億曰秭許別有所受作數億至萬與秭不見他經惟見周頌鄭內則注萬億曰兆依許說則秭即他經之兆與五經筭術曰黃帝為法數有十等億光兆京垓秭壤溝澗正載是也上中下三等下數十十變之中數萬萬變之上數數窮則變以中數言之毛

六五九九

韻史　卷六十六第十五部上聲几韻

傳應云數垓至億曰秭而言數億至億曰秭有所未詳玉裁按十等之說起於漢末取周頌云秭國語云經姟者演之三等之說取鄭云今數古數者演之許鄭所不言未可盡信數億至萬亦不為不多矣不必從毛之數億至億也秭之言積也韓詩云陳穀曰秭亦取積義如第養之為一物其例也釋詁云歷秭算數也郭云今以十億為秭 億億曰秭 禮記內則疏○萓按以說文衡之此為別一說與豐年傳釋文數億至億曰秭同 十垓謂之秭 御覽七百五十引風俗通 陳穀曰秭也 詩豐年釋文引韓詩 秭積也 廣雅釋詁一 秭亦姊也 萓按此詳姊下段借字也

沛

沇也東入于海 說文段注按沇沛二篆之解文體與漾漢浪三篆同皆用禹貢文也禹貢曰道沇水東流為濟入于河泆為熒東出於陶丘北又東至于菏又東北會于汶又北東入于海今沛水不特入河以後經文所謂不可致詳考郡國志曰東垣有王屋山兗水出河內溫濟水所出王莽時大旱遂枯絕水經注曰濟水故瀆在溫當王莽之世川瀆枯竭其後水流徑通津渠勢改尋梁脈水不與昔同是在西漢已後所謂東流為濟入于河者已非禹蹟之舊矣許

六六〇〇

韻史　卷六十六第十五部上聲几韻　六六〇一

云東入于海此謂禹時故道獨行達海故謂之瀆今之大清河小清河非無泲水在其閒而混清莫辨漢水之源今與經絕殊泲水之流軼出地中而為巨川今又與經絕殊也按四瀆之泲字如此作而尚書周禮春秋三傳爾雅史記風俗通釋名皆作濟毛詩邶風有泲字而傳云地名則非水也惟地理志引禹貢職方作泲而泰山郡下云當水入泲禹貢汶水入泲齊郡下云如水入泲河南郡下云狼湯渠首受泲東郡臨邑下云有泲廟然以濟南濟陰名郡志及漢碑皆作濟則知漢人皆用濟班志許書僅存古字耳風俗通說四瀆曰濟出常山房子贊皇山東入泜酈氏讖其誤亦可證泲字之久不行矣○壹按漢書地理志泲河惟兗州浮于泲漯達于泲東流為泲又郊祀志上曰泲曰淮班所見諸泲字尚未經改竄者也泉出王屋山名為沇流去乃為泲也漢書地理志上注泉源為沇流去為濟水經濟水注引孔安國濟者四瀆之別名公羊隱五年傳濟上之邑也注○後漢書順帝紀注云濟水四瀆之一至河南溢為滎澤濟漯兩水名書禹貢浮于濟漯晚出傳濟宋水也國語吳語西屬之濟注○左氏莊三十年經遇于魯濟注云濟水歷齊魯所在齊所為齊濟在魯所為魯濟

韻史　卷六十六第十五部上聲几韻　六六〇二

濟

濟為澂爾雅釋水濟者齊齊其度量也風俗通山澤引書大傳○古微書引春秋說題辭云濟之為言齊也齊者度也度者圖也濟郡名也書序濟南釋文泲地名詩泉水出宿于泲傳泲謂泲滻也禮記郊特牲醆酒涚于清疏○壹按此泲為醫字也說文無醫益以擠字包之段上去兩讀義異濟水出常山房子贊皇山東入泜說文段注常山郡房子見前志後志云常山國房子今直隸正定府贊皇縣是其地前志房子下曰贊皇山石濟水所出東至廮陶入泜後志曰贊皇山在縣西南六十里濟水所出按此水名與四瀆之泲字各不同而經傳皆作濟風俗通遂誤以常山房子之水列入四瀆而云廟在東郡臨邑縣豈知班志臨邑下云有泲廟字固作泲予今李前志石濟水石字疑衍以說文風俗通從志正之皆不當有石字一統志曰舊志云槐水出黃沙嶺流經贊皇縣西北十里入元氏縣所合泜水又東南歷高邑柏鄉達寧晉縣入胡盧河即古大陸澤玉裁謂槐水即古濟水也贊皇山在今贊皇縣西南今字以為濟瀆字濟濟也廣雅釋水○釋名釋水云濟濟也源出河北濟河而南也言濟濟難也詩載芟載穫濟濟傳濟濟盛兒國語

韻史　卷六十六第十五部上聲几韻　六六〇三

周語榛楛濟濟注又漢書王襃傳集注○劉向傳集注云濟濟盛也濟濟眾多也詩旱麓榛楛濟濟傳○荀子大略朝廷之美濟濟鎗鎗注云濟濟多士兒濟濟敬也廣雅釋訓濟濟莊敬兒也禮記玉藻朝廷濟濟翔翔注疏云濟濟有威儀矜莊也濟濟者誠莊事斷也管子形勢解濟濟徐行有節禮記曲禮下大夫濟濟疏濟濟止也爾雅釋訓○孫注云濟濟多士之容止也濟濟者容也遠也禮記祭義又家語曲禮子夏問○詩楚茨傳云濟濟蹌蹌言有容也又釋文云濟濟大夫之容也濟濟多威儀也詩文王濟濟多士傳又漢書賈山傳注又後漢書班彪傳下注●禮記玉藻釋文云濟濟有威儀也又少儀疏云濟濟翔翔謂威儀厚重寬舒之兒濟濟美兒詩載驅駟驪濟濟傳

訾

戒書作訿訾訾逗不思稱意也詩曰翕翕訿訿說文段注釋訓云翕翕訿訿莫供職也毛傳云潝潝然患其上訿訿然不思稱其上不思稱其上者謂不思報稱其上之思也大雅傳云訿訿疵不供事也二

韻史　卷六十六第十五部上聲几韻　六六〇四

傳辭異義同意者意內言外之意按禮記少儀注訾思也凡二見此別一義按呰毀字古用呰與訾別後人混用○爾雅釋訓李注云訿訿君闇蔽臣子莫親其職又釋文引字林云訿不思稱乎上之意又詩小旻疏云訿訿者自營之狀又釋文引韓詩云訿訿不善之兒訾柔弱之兒荀子非十二子訾然注訾嗟歎之辭也漢書禮樂志訾黃其何不徠下注○周書大子晉四荒至莫有怨訾注云訾歎恨也訾惡也管子形勢訾食者不肥體注訾思也禮記少儀不訾重器注母訾衣服成器注訾何也方言十○下云湘潭之原荆之南郚謂何為曹或謂之訾若中夏言何為也訾限也管子君臣上吏畜夫盡有訾程事律注七臣七主貨富之不訾注訾相也呂覽知度訾功文而知人數注娵訾兮武窳也爾雅釋天娵訾之口李注訾量也財也壹按此段訾為貨也訾毀也訾訬也壹按此段訾為呰也

呰

苛也說文段注苛當作訶兮應引作訶凡言呰毀當作呰喪服四制呰者是不知禮之所由生也鄭云口毀曰呰兮

應引如此今禮記作呰呰此也爾雅釋詁○釋文云呰謂語餘聲也呰弱也史記貨殖傳以故呰窳集解引應劭○集解引徐廣云呰窳苟且墮嬾之謂也呰病也漢書翟義傳知我國有呰災集注又文選西征賦注引漢書韋昭注訾訿也廣雅釋詁二訾毀也禮記曲禮不苟訾釋文喪服四制釋文又莊子人間世外合而內不訾釋文又荀子非十二子注又呂覽審應公子沓訾之注舉難魯國以訾注又淮南氾論訾行者不容於衆注說林訾我貨者欲與我市注○喪服四制注云口毀曰訾又漢書地理志下集注云呂言相毀曰訾毀訾賢者謂之訾管子形勢○又訾讆之人勿與任大注云訾毀賢○萱按段訾為呰訾行而呰隱矣訾之本義亦隱矣

呰

窳也說文呰弱也漢書地理志下呰窳媮生而無積聚集注引應劭○萱按漢人呰呰二字似不分故訓弱訓病皆同史記呰窳班書作呰窳也呰病也漢書地理志下集注引晉灼○敘傳下闔尹之呰注云呰與疵同萱按疵亦病也呰短也漢書地理志下集注○方言十云呰短也江湘之會謂之呰

紫

帛青赤色也說文段注青當作黑顏容春秋釋例曰火畏於水以赤入於黑故北方閒色紫也論語皇疏玉藻正義略同○孟子盡心下惡紫恐其亂朱也注云紫色似朱赤也紫是北方閒禮記玉藻裳閒色疏○周禮司士注姦色亂正色疏云紫紫北方姦色紫閒色之好者也論語陽貨集解引孔注又漢書杜欽傳注○王莽傳贊紫色䵷聲注引應劭又法言吾子或問蒼蠅紅紫注竝云紫閒色紫疵也非正色五色之疵瑕以惑人者也釋名釋采帛紫之言此也文選西都賦注引春秋元命苞紫謂綬也後漢書馮衍傳注紫紫貝也荀子王制東海則有紫紶魚鹽焉注紫紫菜也文選吳都賦綸組紫絳劉注紫脫北方之物上值紫宮文選王元長曲水詩序紫脫華朱英秀注紫宮者太一之居也淮南天文○後漢書張衡傳注云紫宮太微並星名也紫極星名文選西征賦原紫極之閣敞注

茈

茈艸也說文段注三字句周禮注云染艸茅蒐橐盧豕首紫茢之屬按紫茢即紫莀也紫莀即茈艸也廣雅云茈

莀茈艸也古列莀同音茈紫同音本艸經云紫艸一名紫丹一名紫芙也陶隱居云即是今染紫者說文云莀艸可染留黃謂之紫莀者以染紫之莀別於染騂黃之莀也西山經曰勞山多茈艸司馬彪注上林賦曰茈薑紫之薑郭注南山經曰茈蠃紫色蠃故知古紫茈通用茈薑子薑也文選上林賦茈薑襄荷注引張揖○史記司馬相如傳索隱引四民月令云生薑謂之茈薑又漢書相如傳注引如淳云茈薑薑上齊也茈蓁蕨也廣雅釋艸茈葳蓫麥也同上茈虒不齊也文選上林賦柴池茈虒注引張揖○漢書揚雄傳上注云此虒參差不齊兒也

卯

平上兩讀注在彼○段大令云玉篇子兮切取尸字尸聲讀之廣韻子禮切取尸○上聲讀之蓋其音必有所受之矣十五部十六部兩讀○萱按凡此聲字蓋皆可兼兩讀

此　淺禮切

止也說文段注釋詁曰已此也正互相發明於物為止之處於文為止之𦍌此今也老子吾何以知衆甫之狀哉以此注吾何以知其然哉以此注以此此物也呂覽貴生彼且奚以此之也注此身也荀子儒效必將誠此然後就也注

𧺝

淺渡也說文

玼

或作瑳新玉色鮮也詩曰新臺有玼說文段注玼本新玉色引伸為凡新色如詩玼兮玼兮言衣之鮮盛新臺有玼言臺之鮮明韻會引作玉色鮮絜也玼之或體作瑳楚景瑳以為名詩君子偕老二章三章皆曰玼兮玼兮是以二章毛鄭有注三章無注或兩章皆作瑳內司服注引瑳兮瑳兮其之翟也又引瑳兮瑳兮其之展也可證自淺人別玼屬二章瑳屬三章盡為二字二義又於說文增瑳為訓釋今刪詩邶風今本作泚韓詩作濯云鮮兒即今璀璨字也玼鮮盛兒詩君子偕老傳○釋文引字林云玼鮮也又引王肅注云玼顏色衣服鮮明兒明兒詩新臺有泚傳○萱按玼泚同音通借字

泚

清也說文段注此本義也今詩新臺有泚毛曰泚鮮明兒此段泚為玼也泚測也廣雅釋言泚度也廣雅釋詁一泚汗出泚泚然也孟子滕文公上其顙有泚注○萱按先鄭注車人作其顙有疵用借字

䮞

馬名說文

鮆 有。俗鱴刀魚也飲而不食九江有之說文段注刀魚今人語尚如此以其形像刀也俗字作鮤尚書大傳有魚刀蓋即此飲而不食故其形纖削而味清雋春出江中人多食之九江謂岷江東至於醴以下也漢書音義云楚人言薺魚。爾雅釋魚釋文引字林又漢書食貨志鮐鮆千斤注竝云鮆刀魚又山海經南山經苕水注於具區其中多鮆魚注云鮆魚一名刀魚狹薄而長頭大者尺餘太湖中今饒之鮆短也廣雅釋詁二凡物生而不長大亦謂之鮆方言十鮆鯊也廣雅釋器

平上兩讀注在彼

薺顗螘 仰啟切

謹莊皃說文段注莊者壯盛字之假借也釋詁曰顗靜也義相足蠶蠹也說文段注俗作蚍蜉非是今正䖵部曰蠶蠹大螘也析言之也渾言之則凡螘皆曰蠶蠹爾雅蚍蜉大螘小者螘亦是析言。史記五帝紀淳化鳥獸蟲蛾正義云螘蚍蜉也又爾雅釋蟲蚍蜉小者螘舍人注云蚍蜉即大螘也小者即名螘也又楚辭招魂赤螘若象注云螘蚍蜉也小者為螘大者為蚍蜉也又詩東山傳垤螘冢也疏云螘是小蚍

蜉也齊人呼螘爲蜉爾雅釋蟲注螘動喻衆後漢書馮衍傳注蛾螘也廣雅釋蟲。豈按螘與蛾同物而異形異音蟻則蛾之別體也經與率以雙聲通用不甚分別故螘蛾蟻三字注大同

死 想禮切

𠒁古文澌也人所離也說文段注水部曰澌水索也方言澌索也盡也是澌為凡盡之偁。人盡曰死死澌異部疊韵形體與鬼魄相歸故其字從歺人。廣雅釋言云死澌也又風俗通怪神云死者澌也又禮記檀弓上注云死之言澌也又曲禮下注云死之言澌也精神澌盡也又白虎通崩薨云死之為言澌精氣窮也又釋名釋喪制云人始氣絕曰死死澌也就消澌也死猶澌也言精氣皆澌也素問熱論五藏不通則死矣注。豈按澌者澌之異體字化窮數盡謂之死大戴記本命。廣雅釋詁四云死窮也生盡之謂死韓非子解老。荀子大略惡言死焉注云死猶盡也人身與志不相有曰死素問逆調論死民之卒事也禮記坊記死者人之終也列子天瑞又荀子禮論又後漢書班彪傳下注又說苑襍言人作民。易繫辭上傳故知死生之說注云死生者。終始之數也故者爲死莊子胠篋聖人

已死釋文引向注死亾也孟子告子下而死於安樂也注死歸也淮南精神死命也呂覽知分懷寵以救民之死注死惡物也左氏昭廿五年傳下者爲死大戴記易本命。周禮疾醫死終則各書其所以注云少者曰死老者曰終又禮記檀弓上云小人曰死又曲禮下云庶人曰死又白虎通崩薨云庶人曰死魂魄去亡死尸也漢書陳湯傳注廣川惠王越傳注。酷吏尸賞傳安所求子死注注云死謂尸也死殺也國語越語死生因天地之刑注。易離死如鄭注云死如殺人之刑坤爲死易豫恆不死虞注象下傳民忘其死虞注象下傳君子以議獄緩死虞注。復終有大敗虞注象上傳邑人災也虞注竝云坤爲死喪反坤爲死易觀觀我生進退虞注死謂不棄之而奔亡也。荀子議兵將死鼓注黃氏日抄十六引禮記月令飭死事皇疏云死逃亡謂之死者言其蟄無所知如死耳山海經南山經其名曰鯥冬死而夏生注死生猶晝夜耳莊子大宗師彼近吾死而我不聽我則悍矣注。至樂云死生為晝夜死生猶寤寐耳莊子大宗師避無怛化注吪死生猶隱顯也管子勢死死生

生因天地之形注。莊子田子方有待也而死注云待隱謂之死死灰槁木取其寂寞無情耳莊子齊物論形固可使如槁木心固可使如死灰乎注死也者德之徼也列子天瑞附下而罔上者死說苑臣術引泰誓死士欲以死報恩者史記吳世家越使死士挑戰集解引鄭衆左氏章句死公罵言也後漢書禰衡傳注

𤉡

兕古文。或作先兕如野牛青色其皮堅厚可制鎧象形𤉡頭與禽离頭同說文段注釋獸曰兕似牛許云如野牛者其義一也野牛即今水牛與黃牛別古謂之野牛爾雅云似牛者似此也郭注山海經曰犀似水牛豬頭痺腳兕亦似水牛青色一角重三千斤考工記函人為甲犀甲七屬兕甲六屬犀甲壽百年兕甲壽二百年今字兕行而𤉡不行。國語晉語昔我先君唐叔射兕於徒林注云兕似牛而青善觸人又後漢書馬融傳注云兕似野牛而青色又一切經音義十九引南州異物志云兕角長二尺餘形似馬鞭柄其皮堅

可為鎧甲又引廣志云兕角班似瑇瑁尺有十爪也兕水牛類也文選西京賦感憍兕虎薛注兕野獸也詩何艸不黃匪兕匪虎傳○桑扈兕觥其觩釋文又淮南本經寢兕伏虎注說山兕牛之動以觵觸注竝云兕獸名又文選吳都賦犀兕之黨劉注云兕獸也似牛又儀禮鄉射禮記大夫兕中注云兕獸名似牛一角蒼兕主舟楫官名書古太誓蒼兕馬注○論衡是應云倉兕者水中之獸也善覆人船兕觵罰酒之爵左氏成四年傳以兕角為觵○昭元年傳舉兕爵注云兕爵所以罰不敬

璽

璽蕭○十五部十六部兩讀王者之印也說文段注印者執政所持信也王者所執則曰璽按周禮貨賄用璽節注云璽節主以通貨賄璽節者今之印章也左傳季武子璽書追而與公冶皆非謂王者蓋古者尊卑通偁至秦漢而從為至尊之偁故始皇本紀乃為六璽書賜公子扶蘇中車府令高行符璽事蔡邕獨斷曰皇帝六璽皆玉螭虎紐許此語舉漢制也○史記高祖紀封皇帝璽符節索隱引韋昭云天子印稱璽又文選西京賦懷璽藏紱薛注云天子

印曰璽又東京賦佩玉璽薛注云玉璽天子印也又左氏襄廿九年傳疏引衛宏說云自秦以來惟天子之印獨稱璽又以玉羣臣莫敢用也璽者印也周禮職金楬而璽之司農注又左傳襄廿九年注又淮南齊俗若璽之印埴注○廣雅釋器云印謂之璽又獨斷上云印曰璽又禮記王制疏云周時稱印曰璽又國語魯語注云古者大夫之印亦稱璽又華嚴經音義下引蔡邕月令章句云秦以前諸侯卿大夫皆璽璽信也漢書高帝紀上集注引應劭○百官公卿表上集注云璽之言信也璽徙也封物使可轉徙而不可發也釋名釋書契璽節印章如今斗檢封矣周禮司市以璽節出入之注封璽印封也淮南時則固封璽注璽書璽封書也國語魯語注

彌　獮

弛弓也說文段注弛弓者璽之義璽非弛字也玉篇以為今之彌字廣韻以為玉名皆非是

禰或作彌○或秋田也从犬璽聲又禰下云獮或从示宗廟之田也故从豕示說文段注釋天曰秋獵為獮鄭君韋昭薛綜杜預皆曰獮殺也釋獮為殺者以疊韻為訓古音獮與

璽同也若明堂位段省為獮取其雙聲耳禰下云云比篆文及解疑有譌不能遽定姑仍其舊秋以田曰獮治兵管子小匡○周禮肆師獮之日涖卜來歲之戒注大司馬遂以獮田注竝云秋田為獮又國語齊語秋以獮治兵又周語獮於烝注云秋田曰獮獮殺也又禮記明堂位秋省注玉藻惟君有黼裘以誓省注竝云獮秋田名也又明堂位疏云省獮聲相近秋獵也禮記玉藻疏又釋文○周禮司裘疏云獮是仲秋田獵之名獮殺也爾雅釋詁又周禮大司馬注又文選西京賦已獮其什七八薛注○左氏隱五年傳秋獮注云獮殺也以殺為名順秋氣也獮應殺氣也漢書刑法志秋治兵以獮注主父偃傳春蒐秋獮注○爾雅釋詁注云秋獵曰獮應殺氣也秋曰獮後漢書馬融傳注又說苑修文引傳夏獮春秋繁露深察名號

羠

騬羊也說文段注夏羊犗曰羯吳羊犗曰羠也爾雅說文皆無吳羊之名單言羊則謂白羊也馬部曰騬犗馬也貨殖傳其民羯羠不均謂很如羊也

丙禮切

匕

○俗有朼相與比敘也匕亦所以比取飯一名柶說文段注比者密也敘者次弟

也以妣篇作妣祉或作祉枇或作秕等求之則比亦可作匕也比與字之本義今則取飯器之義行而本義廢矣呂者用匕也比當作匕漢人曰匕黍稷匕牲體凡用匕日匕也匕即今之飯匙也少牢饋食禮注所謂飯橾也少牢饋食禮廩人摡甑甗匕與敦注曰匕所以匕黍稷者也此亦當即以飯匙禮經匕有二匕飯匕黍稷之匕蓋小經不多見其所以別出牲匙之匕十七篇中屢見喪用桑為之祭用棘為之又有名疏名挑之別蓋大於飯匙其形製略如飯匙故亦名匕鄭所云有淺斗狀如飯橾者也以之別出牲體謂之匕載猶取黍稷謂之匕黍稷也匕牲之匕易詩亦皆作匕大東傳震卦王注皆云匕所以載鼎實是也禮記雜記乃作朼本亦作匕鄭注特牲引之而曰朼畢同材曰朼載蓋古經作匕漢人或作朼非器名作匕匕載作朼以此分別也若士喪士虞特牲有司篇匕載字皆作朼乃是淺人竄改所為鄭注易亦云匕牲體為豈未嘗作朼牲體也注中容有木旁之朼經中必無劉昌宗分別非是木部曰禮有柶柶匕也所以取飯匕所以別出牲體也儀禮士昏禮匕俎從設注匕者匕載也儀禮士喪禮釋文○禮記雜記上朼以桑注云朼所以載牲體者又釋文云本亦作朼○萱按匕正體朼俗體朼又朼之段借字也匕者所以

載鼎實管子弟子職右執挾匕注匕者棘匕撓鼎之器易震不喪匕鬯疏引陸績○太牢禮析其匕注云匕所以撓鼎坎爲棘匕易震虞注匕器名儀禮士昏禮釋文引劉注匕矢鏃也左氏昭廿六年傳匕入者三寸注匕首者劍首如匕匙左傳昭廿七年注全魚炙疏匕首短劍也史記吳世家使專諸置匕首於炙魚之中索隱引劉氏○漢書鄒陽傳以信荊軻而匕首竊發注云匕首短劍也其首類匕便於用也又文選鄒陽獄中上書注引通俗文云匕首劍屬其頭類匕故曰匕首短而便用也

疕

頭瘍也說文○周禮醫師凡邦之有疾病者疕瘍者造焉則使醫分而治之注云疕頭瘍亦謂禿也疕痂也廣雅釋言

⿰巾比

或作幓裂也說文段注謂殘帛裂也急就篇曰⿰巾比㡀囊橐直錢方言器破而未離南楚之閒謂之㡀聲同義近亦作⿰巾比

比　妣

[illegible]　⿰女匕

古文○上去兩讀注在彼籀殁母也說文段注殁正作殁終也曲禮曰生曰父曰母曰妻死曰考曰妣曰嬪析言之也釋親曰父曰考母曰妣渾言之也○易小過過其妣虞注云母死稱妣又釋名釋喪制云母死曰妣又國語周語則我皇妣大姜之姪注云生曰母死曰妣又公羊隱元年傳桓之母也注云生稱母死稱妣先妣詩斯干似續妣祖箋○周禮大司樂以享先妣注云先妣姜嫄也姜嫄履大人迹感神靈而生后稷是周之先母也妣母也廣雅釋親又太祢祝陽成妣注○易小過疏云妣者母之稱又書堯典百姓如喪考妣釋文云母曰妣又方言六南楚瀑淮之閒謂婦妣曰母婚稱父考曰父婚注云古者適以考妣為生存之稱妣之言媲也媲於考也禮記曲禮下王母曰皇祖妣注○釋名釋喪制云妣比也比之於父亦然也○萱按詩豐年烝畀祖妣文選注一作烝畀祖比即用訓釋字比代正字妣者居內履中而正者也易小過注

祀

或作祀以豚祠司命也漢律曰祠祀司命說文段注鄭注周禮曰求福曰禱得求曰

祠此祠與春祭之祠異祭法注曰司命小神居人之閒司察小過作謹告者主督察三命今時民家或春秋祀司命風俗通義曰周禮司命文昌也今民間祀司命刻木長尺二寸為人像行者擔篋中居者別作小屋齋地大尊重之汝南餘郡亦多有皆祠以膳率以春秋之月楼膳同豬許所謂豚也應說司命為文昌鄭說人閒小神未知許意何居也許君竈字下說周禮以竈祀祝融用貴远句芒祀於戶說融祀炎竈籀收祀於門外冥祀於井后土祀於中霤之說鄭則云先婦之祭報先炊之義鑿非祀融然則許不必同鄭也高帝時蕭何擄搟黍法取其宜於時者作律九章孝武時律令凡三百五十九章

秕

○俗有秕別讀入聲癟癟不成粟也說文段注按不成粟之字从禾惡米之字从米而皆比聲此其別也左傳若其不具用秕稗也杜云秕穀不成者倘古文云若粟之有秕名覽云凡米之患不俱生而俱死是以先生者美米後生者多秕是故其稀也長其兄而去其弟按今俗訝穀之不充者日癟補結切即秕之俗音俗字也引伸之凡敗者曰秕漢書日秕我王度○呂覽辯土注云秕不成粟也又後漢書廬植傳注云秕粟不成萱按二書字或作秕者轉寫之誤

也秕穀不成也後漢書安帝紀注儒林傳下注

紕

平上兩讀義別○俗有縰宅氏人縓也說文段注氐人所織毛布也周書伊尹為四方獻令正西以紕罽為獻後漢書西南夷傳冄駹夷能作宅駹宅即紕字華陽國志同禮記用紕為紕繆字○廣韻引新字林云繡芓一紕萱按語意不憭紕氏罽也後漢書南蠻西南夷傳注引纂文

牝

品禮切

蓄母也易曰蓄牝牛吉說文段注離卦辭也牝為凡畜母之偁而牝牛取吉故其字从牛也

仳

平上兩讀別也詩曰有女仳離說文○詩中谷有蓷有女仳離傳云仳別也仳催古之醜女淮南脩務嫫母仳催也注○萱按說文催下云仳催醜面

陛

○俗有埊升高陛也說文段注升登古今字古段升為登也自卑而可以登高者謂之陛書謂日陛九級上康遠地則堂高陛無級庳近地則堂卑獨斷曰羣臣與至尊言不敢指斥故呼在陛下者而告之陛階也所由

升堂也獨斷上○漢書高帝紀下大王陛下注引應劭云陛者升堂之陛陛階次也楚辭大招舉傑壓陛注○後漢書光武紀下注云陛階陛也與天子言不敢指斥故云陛下天子自稱曰朕臣民稱之曰陛下獨斷上陛者謂執兵列於陛側漢書五行志中之下殿中郎吏陛者皆闕馬注○釋名釋宮室云陛卑也有高卑也天子殿謂之納陛言所以納人言之階陛也

⿱山肥

○俗有肥⿱山肥崩也說文段注列子黃帝篇目所偏視晉國爵之口所偏肥晉國黜之殷敬順釋文云肥皮美反說文字林皆作⿱山肥又作圮皆毀也按古肥與非通口所偏肥猶云口所偏非耳不必援此口⿱山肥與圮亦非一字○萱按說文⿱山肥後有⿱山肥篆解曰⿱山肥聲音蒲沒切段彼注云此蓋即⿱山肥之或體耳玉篇有⿱山肥無⿱山肥可證⿱山肥毀也列子黃帝注引字林○萱按段氏所引字體與此不同或有異本也

米 面禮切

粟實也象禾黍之形說文段注鹵部曰粟嘉穀實也嘉穀者禾黍也實當作人粟與連秠者言之米

則秠中之人如果實之有人也果人之字古書皆作人金刻本艸尚無作仁者至明刻乃盡改為仁鄭注冢宰職凡穀不言粟注倉人掌粟入之藏云凡穀盡藏焉以粟為主粟正謂禾黍也禾者民食之大同黍者食之所貴故皆曰嘉穀其去秠存人曰米因以為凡穀人之名是故禾黍曰米稻稷麥菽亦曰米舍人注所謂六米也六米即膳夫食醫之食用六穀也賓客之車米筥米喪紀之飯米不外黍粱稻稷四者凡穀必中有人而後謂之秀故秀从禾人米謂禾黍故字象二者之形四點者聚米也十其間者四米之分也○古微書引春秋說題辭云米出甲謂磑之為糲米也舂之則粺米也粺之則糳米也甞之則毇米也又稟擇之湯隨之則為晶米米廩有虞氏之庠也禮記明堂位米鹽細碎也史記天官書凌襍米鹽正義○漢書循吏黃霸傳米鹽麻密注云米鹽謂襍而且細又酷吏咸宣傳其治米鹽注云米鹽細雜也

⿰糸米

○俗有⿰米米繡文如聚細米也說文段注繡謂畫也⿰糸米疊韵今皆肉讀作粉米許所見壁中古文作黺⿰糸米黹部曰黺畫粉也此云⿰糸米繡文如聚細米也皆古文尚書說也此不言虞書者經文已見於七篇矣畫粉為衛宏說此

蓋亦衛說與○書咎陶謨粉米釋文云說文作黺粉徐本作⿰糸米又孝經注粉米釋文云米字或作⿰糸米萱按說文不錄黺字

眯

艸入目中也說文段注莊子簸糠眯目字林云眯物入眼為病然則非獨艸也眯芥入目也淮南繆稱故若眯而撫注眯安也萱按此段眯為敉也○又按左傳提彌明史記晉世家作示眯明眯即彌之上聲字眯厭也萱按此段眯為⿱宀⿰爿米也

⿱宀⿰爿米

隸作寐寐而厭也說文段注鉉本作未厭誤甚廣雅曰寐氣厭也按厭魘正俗字大徐於鬼部妄增魘字云夢驚也由不解此處厭字故且倉頡篇曰伏合人心曰厭字苑曰厭眠內不祥也皆見玄應書廣韵五十琰厭注厭魅二十九葉厭注惡夢可見魘字之晚出取俗矣西山經翼望之山鳥名鵸鵌服之使人不厭此用厭字之取古者⿱宀⿰爿米古多段借眯為之郭注山海經引周書服之不眯為不厭之證莊子天運彼不得夢必且數眯焉司馬彪曰眯厭也通鑑劉曄曰臣得與聞大議常恐眯夢涌泄以益臣罪語本裴松之引傳子胡母之引說文寐字解之眯厭也莊子天運釋文引司馬注

敉

侎或撫也周書曰亦未克敉公功說文○爾雅釋言云敉撫也敉安也書雒誥亦未克敉公功鄭注又周禮小祝彌烖兵注男巫春招弭以除疾病注侎安也眯安也⿱宀⿰爿米安也竝廣雅釋詁一○萱按侎異體字眯⿱宀⿰爿米竝段借字也玉篇云寐不覺曰⿱宀⿰爿米廣韵云⿱宀⿰爿米孰寐也

美

或作媺甘也美與善同意說文段注甘部曰美也甘者五味之一而五味之美皆曰甘引伸之凡好皆謂之美美羕美美皆同意○詩防有鵲巢誰侜予美釋文云美韓詩作娓萱按此段借字也娓本訓順媺美也周禮師氏掌以媺詔王疏○萱按此謂媺即美字也以人所易知通其所不知充實之謂美孟子盡心下美者堪合當時之稱論語八佾美矣皇疏盡美謂使人服之而無厭也詩關雎序美教化疏美茂也太玄養美厭靈根注美成也呂覽至忠而欲其美也注美善也周禮大司徒一曰媺宮室注又儀禮士喪禮美者在中注又國語晉語彼將惡始而美終注天人美於中注又淮南脩務君子脩美

注美福慶也周禮行夫嫐惡而無禮者注美謂服飾盛也國語魯語楚公子甚美注美
謂襃寵荀子富國故使或美或惡注美者人心之所進樂也老子美之為美王注○荀
子致仕美意進年注云美意樂意也美惡猶喜怒也老子天下皆知美之為美斯惡已王注美惡
說之是非也禮記樂記君子知至學之難易而知其美惡注美大多得利之辭也公羊
隱五年傳美大之之辭也注坎為美易節甘節虞注既濟婦喪其髴虞注陽稱美易文言傳美在其中
虞注美謂甘露醴泉之類也管子五行然後天地之美生注美丹甘艸也廣雅釋艸

媄

美麗好也好色曰美當按此設詳嫐下
色好也說文段注按凡美惡字可作此周禮作嫐蓋其古文好色曰美淮南精神獻公豔驪姬之美注
美者言具形皃美左氏桓元年傳美而豔疏美好也公羊莊十二年傳魯侯之美也注又國策
齊策我孰與城北徐公美注又呂覽慎行王為建取妻於齊而美注○呂覽盡數甘水所多好與美人注云美亦好也

韻史　卷六十六第十五部上聲几韻　　六六二五

美麗好也國語晉語知襄子為室美注息土之人美大戴記易本命○釋名釋天云虹又曰美
人陰陽不和婚姻錯亂淫風流行男美於女女美於
男互相奔隨之時則此氣盛故以其盛時名之也

撮口呼

舉唯切

癸

𤼮 籒 冬時水土平可揆度也象水從四方流入地中之形
𤼮 承壬象人足說文段注揆癸疊韻律書曰癸之為言揆也言萬物可揆度律厤志曰陳揆於癸桊本古
文小篆因之不改癸揆也禮記月令注因以為月名焉疏又御覽引崔靈恩禮記義宗又廣雅釋言○月令其
日壬癸注云癸之言揆也又太玄數注云癸取其揆然向萌芽也癸者揆度也白虎通五行○釋名釋天
云癸揆也揆度而生乃出土也癸謂壬癸北方水干名也素問上古天真論二七而天癸至注
○左氏哀十三年傳庚癸乎注云癸北方之水太歲在癸曰昭陽爾雅釋天月在癸曰
極同上坤主癸易象下傳天地之大義也虞注

韻史　卷六十六第十五部上聲几韻　　六六二六

揆

去唯切

度也說文段注各本作癸也今依六書故所據唐本正度者法制也因以為揆度之度今音分去入古無二也小雅
天子葵之傳曰葵揆也謂段葵為揆也○爾雅釋言又廣雅釋詁一又易繫辭初釋率其辭而揆其方釋文又詩定之方
中揆之以日傳又左氏文十八年傳以揆百事注昭二十年七音疏又國語周語南北之揆七同也注又孟子離婁下其
揆一也注又離騷皇覽揆余於初度兮注天問而交吾揆之注同親揆癸注又文選射雉賦揆懸刀注又漢書劉向傳集
注貢禹傳集注王莽傳上集注又後漢書馬融傳上注竝云揆度也又周髀算經下皆以漏揆之注云揆亦度也揆
商度也爾雅釋言孫注○萱按堯典百揆時敘史記五帝紀作百官時序蓋必能揆度庶事而後可以服官故百
官曰百揆揆度者切度之也素問病能論○又云所謂揆者方切求之也葵揆也爾雅釋言
又詩采菽天子葵之傳板則莫我敢葵○萱按以揆釋葵者破其字也釋言注引詩作天子揆之

楑

楑木也一曰度也說文段注楑木也未詳度也與手部揆音義皆同揆專行而楑廢矣

湀

湀辟逗流水處也說文湀闢流川爾雅釋水

韻史　卷六十六第十五部上聲几韻　　六六二七

唯

以揆切

諾也說文段注此渾言之玉藻曰父命呼唯而不諾析言之也唯譍也廣雅釋詁一唯應辭也
禮記曲禮必慎唯諾釋文又漢書韓信傳信再拜賀曰唯注○論語里仁曾子唯皇疏云唯猶今應爾也唯吟也
禮記曲禮上必慎唯諾疏唯而起疏○左氏昭四年傳號之曰牛曰唯釋文云唯應辭猶吟也直曉不問曰
唯也華嚴經音義下引書孔傳應辭唯恭於諾禮記曲禮上唯而起注唯唯恭應之
辭也漢書司馬相如傳上對曰唯唯注兩龔傳勝曰唯唯注○東方朔傳伏而唯唯注云唯唯恭應也唯唯
謙應也史記太史公自序唯唯否否集解引晉灼唯唯聽從皃荀子大略惟惟而亡者誹也注唯
唯行相隨順之皃詩敝笱箋唯唯出入不制詩敝笱其魚唯唯傳○萱按釋文引韓詩
云遺遺言不能制也此段遺為唯也

鷕

雌雉鳴也詩曰有鷕雉鳴說文段注詩釋文引說文以水反字林于水反皆古音也其云以小
反者字之譌亦聲之譌也○詩匏有苦葉傳云鷕雌雉聲也又文選射雉賦雉鷕鷕而朝雊徐注云鷕鷕雌雉聲也

韻史　卷六十六第十五部上聲几韻　　六六二八

蓷 菜也 說文段注齊民要術曰蓷菜音唯似烏韭而黃

贙 許撥切 分別也 說文段注魏都賦蔉葭贙謂蒹葭茂密若爭地而生也釋獸之贙獸名也 贙有力 爾雅釋獸

觜 發撥切 平上兩讀注在彼○俗有蟕

開口呼

愷 沆嬾切 ○俗有凱颽颽 康也樂也 說文段注愷康雙聲釋詁曰康安也毛傳釋豈弟曰豈樂也弟易也按奏豈經傳多作愷愷樂毛詩亦作豈是二字互相段借也詩又作凱俗字也邶風傳曰凱風謂之南風樂夏之長養凱亦訓樂即愷字也○豈按說文愷字兩見豈部愷訓康也訓康心部愷訓樂訓康者許所本有也訓樂者非許所本有也而求者於心部檢不得而羼入之耳 愷樂也 爾雅釋詁又詩旱麓釋文又孝經愷悌君子注又左傳僖十二年注僖廿八年振旅愷以入于晉注成八年釋文又國語周語注又莊子天道中心勿愷釋文又漢書戾太子傳集注張禹傳集注史丹傳集注又後漢書章帝紀注賈逵傳注班彪傳上注 凱樂也 禮記表記凱弟君子注凱以强教之疏又文選吳都賦沈可休

而凱歸劉注 豈亦樂也 詩魚藻豈樂飲酒箋○蓼蕭孔燕豈弟傳云豈樂 闓樂也 漢書司馬相如傳下集注○豈按此段闓爲愷也又廣雅釋詁一云闓欲也亦似作愷爲近 愷和也 左氏文十八年傳謂之八愷注又賈注○疏云愷和也言具和十物也 兵樂曰愷 周禮大司馬愷樂獻于社注○大司樂則令奏愷樂疏注云愷樂獻功之樂又眡瞭鼜獻愷疏云愷獻謂戰勝獻俘之時作愷樂 愷悌發也 爾雅釋言○詩載驅齊子豈弟箋云豈弟猶言發夕也又云豈讀當爲闓 豈弟樂易也 詩青蠅箋 凱弟樂易也 禮記孔子閒居注○萱按漢樊毅修華嶽碑云凱悌維風又劉寬碑云洪裕凱弟 凱大也 廣雅釋詁一 凱南風也 漢書敘傳上繇凱風而蟬蛻兮注引應劭又山海經南山經猗山有谷曰育遺凱風自是出注○楚辭遠遊順凱風以從遊兮注云南風曰凱風又爾雅釋天南風謂之凱風李注云南風長養萬物喜樂故曰凱風凱樂也 南風曰颽風 文選幽通賦颽颽風而蟬蛻兮曹江東名盂 注○玉篇云颹南風也颽同上

爲凱 方言十三盂謂之銚銳注

闓 開也 說文段注本義爲開門引申爲凡啟導之偁心部曰忻者闓也○詩載驅疏又廣雅釋詁三詁云闓開也又方言六闓苦開也楚謂之闓注云闓亦開字也又詩大東箋喻王闓置百官釋文云闓本作闓愷發也注又舍人注李注孫注又廣雅釋詁四一 闓樂也 漢書司馬相如傳下集注引文穎○萱按訓敘訓樂蓋旨段闓爲愷也 闓亦爲行之義也 詩載驅疏 闓欲也 廣雅釋詁 闓明也 爾雅釋言

塏 高燥也 說文○左氏昭三年傳請更諸爽塏者注云爽明也塏燥也又疏云塏高地

鎧 甲也 說文段注甲本十干之首从木戴孚甲之象因引申爲甲胄字古曰甲漢人曰鎧故漢人以鎧釋甲○後漢書蔡邕傳下注云鎧甲也、 甲亦曰鎧 釋名釋兵又漢書酷吏尹賞傳被鎧幷持刀兵者注 鎧猶塏也 塏堅重之言也 御覽引釋名釋兵

鍇 九江謂鐵曰鍇 說文○史記高祖功臣侯表索隱引三蒼云九江人名鐵曰鍇 鍇鐵也 廣雅釋器 鍇金屬也 文選吳都賦銅鍇之垠劉注 鍇堅也 廣雅釋詁一○方言二云鍇堅也自關而西秦晉之

閒曰鍇

楷 木也孔子冢蓋樹之者 說文段注皇覽云冢塋中樹以百數皆異種傳言弟子各持其方樹來種之按楷亦方樹之一也儒行曰今世行之後世以爲楷楷法式也楷之言稽我稽古而後世又於此焉稽也 濬也 廣雅釋詁一 楷式也 廣雅釋詁四○萱按武梁祠堂畫象云後世凱式此段凱爲楷也

嬾 老愷切 ○俗有懶孄 懈也一曰謷也 說文段注懈者怠也集韻類篇作懈也怠也非是臥部曰楚謂小嬾曰謷○廣雅釋言云嬾懶也又後漢書王丹傳注云嫡與嬾同

朏 抱愷切 或書作胡○本韻兩見注在彼

合口呼

鬼 古卉切 䰟 古文 人所歸爲鬼 說文段注以疊韻爲訓左傳子產曰鬼有所歸乃不爲厲禮運曰魂氣歸於天

形魄歸於地。禮記祭義眾生必死死必歸土此之謂鬼疏又列子天瑞又太牟聚羣鬼之門注竝云鬼歸也又論衡論死云鬼者歸也又尸子云鬼歸也故古人以死人為歸人者**鬼之爲言歸也**爾雅釋訓又左傳文六年疏又漢書楊王孫傳又說苑反質。禮記祭法注云鬼之言歸也**鬼者精魂所歸也**禮記禮運列子鬼神注。風俗通怪神云鬼者歸也精氣消越骨肉歸于土也又論衡論死云陰氣逆物而歸故謂之鬼**游魂謂之鬼物終所歸**易繫辭上傳游魂為變鄭注。是故知鬼神之情狀虞注云游魂謂之鬼**賢知之精氣謂之鬼**禮記樂記幽則有鬼神注。史記五帝紀明鬼神而敬事之正義云賢人之精氣謂之鬼又水經湘水注云賢人之精氣為鬼**鬼者死人之精也**論衡譏日**人死曰鬼**禮記祭法。淮南墬形云人死為鬼**鬼是人之別體**禮記禮器鬼神之祭疏。禮運鬼神之會疏云鬼謂形體**人神曰鬼**論語為政非其鬼而祭之集解引鄭注又史記五帝紀正義又翻譯名義五引尸子又呂覽順民使上帝鬼神傷民之命注又淮南時則禱鬼神注精神役使鬼神注。禮記祭法云庶士庶人無廟死曰鬼

去墠曰鬼禮記祭法又獨斷上**體魄下降於地為鬼**大戴記曾子天圓陰之精氣曰靈注。左氏昭七年傳既生魄陽曰魂疏云存亡既異別為作名改生之魂曰神改生之魄曰鬼**在地為鬼**易繫辭上傳此所以成變化而行鬼神也虞注。文言傳況於鬼神乎荀注云鬼謂地也**坤為鬼**易睽載鬼一車虞注既濟高宗伐鬼方虞注彖上傳鬼神害盈而福謙虞注彖下傳況於鬼神乎虞注繫辭下傳人謀鬼神虞注**鬼者大陽之妖也**論衡言毒**物神謂之鬼**廣雅釋天**鬼者老物之精也**論衡訂鬼**鬼號若曰皇祖伯某也**獨斷上。水經河水注云彼羌日鬼曰唐述**鬼祭先祖也**廣雅釋天**鬼享享宗廟也**周禮鼓人以路鼓鼓鬼享注。穀梁序鬼神為之疵厲疏云鬼神即宗廟是也又後漢書楊綸傳注云鬼薪取薪以給廟宗廟三歲刑也**鬼謂四時祭祀所以訓民事君也**禮記表記命之于民也親而不尊鬼尊而不親注。疏云鬼謂鬼神**鬼神百神也**大戴記曾子天圓為鬼神注。禮記曲禮下臨祭祀盻於鬼神注云鬼神謂百辟卿士也**鬼神為先聖先賢也**禮記樂記樂者

敦和率神而從天禮者別宜居鬼而從地注**鬼神陰陽也**禮記郊特牲**鬼神謂山川也**禮記禮運鬼神以為徒注**鬼為天尸**禮記月令季春行夏令注**鬼慧也**廣雅釋詁一**鬼言鬼衇也**方言一虔儇慧也或謂之鬼注。方言十衇又慧也注云今謂黠為鬼衇**鬼北也**易既濟高宗伐鬼方干注。虞注云鬼方國名又後漢書烏桓鮮卑傳注云鬼方小蠻夷也**鬼方遠方也**詩蕩覃及鬼方傳又易既濟釋文引蒼頡又後漢書章帝紀注西羌傳注。班彪傳下注云鬼區遠方也**鬼谷之名隱者通號也**文選郭景純遊仙詩云是鬼谷子注。萱按鬼臾區見素問岐伯俞拊之倫也**鬼葥神葥也鬼桃羊桃也**並廣雅釋艸。禮記明堂位鬼侯史記殷本紀作九侯又莊子天地門无鬼釋文云司馬本鬼作畏。萱按鬼九一聲之轉故異部相假也鬼畏同部然恐是形近之譌

苦卉切

顝

頭不正也說文**顝大也**廣雅釋詁一**顝然大樸皃**莊子大宗師其顡顡釋文引向注

夔卉切

偉

或作瑋**奇也**說文**偉異也**文選思玄賦偉關雎之戒女舊注。後漢書班彪傳下注云偉猶異也**偉大也**文選漢武帝賢良詔猗歟偉歟注引如淳又漢書武帝紀集注又華嚴經音義上引珠叢**偉盛也**史記荊燕世家不為偉乎索隱**偉美也**後漢書張衡傳注又莊子大宗師偉哉夫造物者釋文引向注。淮南精神偉哉造化者注云偉哉猶美哉也**瑋美也**文選吳都賦瑋其區域劉注。後漢書李膺傳注云瑋猶美也**瑋重也**廣雅釋詁三

韙

愇籀**是也春秋傳曰犯五不韙**說文段注古文尚書曰時五者來備今文尚書作五是來備李賢於李雲荀爽傳皆引史記五是來備可證凡史記多用今文尚書也荀爽對策曰五韙咸備韙與是義同六書之轉注也李雲之上書曰五氏來備氏與是音同在十六部也六書之叚借也玉篇云愇怨恨也廣韵引字書愇恨也皆不云同韙。廣雅釋言又小爾雅廣言又左氏隱十一年傳犯五不韙注又正義引蒼頡昭廿年傳君子韙之注又莊子天下其所謂道非道而所言之韙不免於非注又釋文又漢書敘傳上集注敘傳下集注引張晏又後漢書荀爽傳注

竝云題是也又蔡邕傳下注云題亦是也。題善也文選東京賦用有不題薛注愇淺也廣雅釋言愇恨也廣雅釋詁四。文選幽通賦違世業之可懷曹注云違恨也逞或作愇亦恨也。萱按漢書作愇敘傳上愇世業之可懷注云愇字與題同

韡

。俗有韡盛也詩曰咢不韡韡說文段注咢各本作咢俗字也今詩作鄂亦非也毛云咢猶咢咢然言外發也鄭云承華者曰咢皆取咢布之意韡盛也廣雅釋詁二韡光明也詩常棣鄂不韡韡傳。疏云韡韡華之皃韡暟言明盛也文選西京賦流景曜之韡暟薛注。琴賦翕韡暟而龢豬注云韡暟盛皃韡四髻焜燿暖皃也方言十一焜髻暖也注

煒

。俗有暉盛明皃也詩曰彤管有煒說文段注詩靜女傳曰煒赤皃此毛就彤訓之盛明之一耑也王莽傳青煒登平赤煒頌平白煒象平玄煒和平服虔曰煒音暉如淳曰青煒青氣之光煇也。萱按煒音暉者謂

韻　史　卷六十六第十五部上聲几韻　六六三七

煒與輝同音通用也漢時暉聲字多闌入此部故也煒光華也一切經音義二引三蒼煒煒盛也廣雅釋訓

椲

椲木也可屈為杅者說文段注屈當作詘語詘紆曲也糸部云紆曲也是也杅當作盂飲器也玉篇曰椲木皮如韋可屈以為盂

葦

葦籀大葭也說文段注夏小正曰未秀則不為雈葦秀然後為雈葦毛傳曰八月薍為雈葭為葦許云大葭猶言葭之已秀者。漢書鼂錯傳雈葦竹蕭注云葦葭也又詩七月疏云初生為葭長大為蘆成則為葦葦蘆也易說卦為雈葦釋文又莊子則陽釋文。儀禮公食大夫注雈細葦也疏云葦一名蘆一名薍一名雈一名萑葦醜芀爾雅釋艸。詩行葦序釋文云葦艸也震為萑葦易說卦傳震為竹葦易大壯羝羊觸藩虞注葦以閑壙周禮澤虞共其葦蒲之事之事注。稻人喪紀共其葦事注云葦以閑壙禦溼之物葦笥郡國識篋也後漢書靈帝紀注言一葦者謂一束也詩河廣箋一葦

韻　史　卷六十六第十五部上聲几韻　六六三八

加之疏葦然變動之皃也漢書王莽傳中葦然閔漢氏之終不可濟注盛作碨碨鍡鑸疊韻字不平也說文段注莊子有畏壘之山史記作畏累虛玉篇云鍡鑸亦作碨礧。廣雅釋訓云鍡鑸不平也

鍡　䚲　猥

角曲中也說文段注考工記曰夫角之中恆當弓之畏畏也者必橈杜子春讀畏為威謂弓淵鄭讀之畏如秦師入隈之隈按大射儀弓淵字作隈鄭讀從之也弓之中曰畏角之中曰䚲皆其居處而弓人必以䚲傳於畏故曰恆當大吠聲說文段注此本義也廣韻曰鄙也今義也猥多也漢書溝洫志集注王尊傳集注又文選長笛賦注引廣雅。後漢書仲長統傳注云猥猶多也猥多也厚也漢書王莽傳中集注猥衆也後漢書馮異傳注又管子八覩以人猥計其野注又文選魏都賦注引廣雅又一切經音義三引韵集音義四引字林猥盛也漢書賈山傳集注猥積也漢書五行志上兼受其猥注董仲舒傳集注猥頓也廣雅釋言猥凡也文選潘安仁河陽縣詩注引淮南許注猥曲也漢書律麻志上集注梁孝王武傳集注朱雲傳

韻　史　卷六十六第十五部上聲几韻　六六三九

集注王尊傳集注匡衡傳集注又後漢書鄧騭傳注孔融傳注又文選六代論猥用鼂錯之計注。出師表猥自枉屈注上責躬應詔詩表不圖聖詔猥垂齒召注讓開府表而猥超然降發中之詔注報孫會宗書猥隨俗之毀譽也注又漢書元后傳集注竝云猥猶曲也

卉　戶偉切

艸之總名也說文段注方言曰卉艸也東越揚州之閒曰卉。後漢書馮衍傳下注又太玄玄圖百卉權輿注竝云卉艸也卉百艸總名爾雅釋艸卉艸注。舍人注云凡百艸一名卉又詩都人士疏云卉者是艸之總名又文選吳都賦卉木獻蔓劉注云卉百艸總名楚人語也卉艸木凡名也文選思玄賦卉既凋而已育舊注卉衆也廣雅釋詁赤卉艸木萌芽也太玄奧赤卉方銳注卉汩疾意也漢書禮樂志卉汩臚注芔然猶欻然也史記司馬相如傳喟然索隱。漢書相如傳上蓟莅芔歘注又文選上林賦注竝云芔古卉字。萱按篆芔隸卉非有二也

韻　史　卷六十六第十五部上聲几韻　六六四〇

匯

器也說文段注謂有器名匯也禹貢曰東匯澤爲彭蠡又曰北會于匯蓋說匯者回也此匯之別一義依許圜莫塗之例此亦可偁禹貢而釋之匯也曰匯回也今按匯言圍也大澤外必有陂圍之如器之圍物古人說淮水曰淮圍也匯从淮則亦圍也尚書東匯澤爲彭蠡謂東有圍受衆水之彭蠡非謂漢水回而成澤也東爲北江謂漢水合水又東合彭蠡爲北江也匯大也廣雅釋詁一匯迴也漢書地理志上集注匯水迴也一切經音義三引蒼頡

火

燬也南方之行炎而上象形說文○漢書五行志上云火南方揚光輝爲明者也又南齊書五行志引洪範五行傳云火方揚光輝出炎焔爲明者也南方火火主熛怒周禮大師疏○萱按火神曰赤熛怒離爲火易說卦傳又同人鄭注旅斯其所取災陸生馬焚其巢虞注象下傳水火相息虞注○禮記郊特牲注婦孕不育疏云離爲火腹孕之象也又左傳昭九年服注云火離也丙丁火也素問藏氣法時論其日丙丁注刺熱篇丙丁注平人氣象論肺見丙丁死注○左傳昭七年注火畏水疏云丙丁火也丙丁巳

韻史　卷六十六第十五部上聲几韻　　六六四一

午火也淮南天文火生於寅鹽鐵論論菑○後漢書荀爽傳注云火木之子火水配也漢書司馬遷傳集注引張晏○左氏昭九年傳云火水妃也少陰爲火素問天元紀大論寒暑燥溼風火注○白虎通五行云火者陰在內火者陽之精也續漢書五行志二注引春秋考異郵又古微書引春秋感精符○風俗通皇霸云火陽也又引書大傳云火太陽也又白虎通五行云火者陽也又云火者盛陽又大戴記曾子天圓火日外景注云火陽氣也又素問脈要精微論陽盛則夢大火燔灼注云陽爲火火日氣也論衡詰術火日之變也論衡言毒火日外景淮南天文火外光故視屬火書洪範疏○洪範五行傳厥罰常燠注云視曰火火曰升明素問五常政大論○禮記明堂位殷火注云火取其明也火所以爲溫也○漢書食貨志上所以省費燎火注淮南天文云積陽之熱氣生火火化也消化物也釋名釋天○白虎通五行云火之爲言化也陽氣用事萬物變化也又素問五運行大論熱生火注云火者盛陽之生化也火言毀也物入中皆毀壞也釋名釋天火之爲言委隨也言萬

韻史　卷六十六第十五部上聲几韻　　六六四二

物布施白虎通五行○古微書引春秋元命苞云火之爲言委隨也故其字人散二者爲火也火所以祓除不祥也呂覽贊能祓以爟火注火赤色周禮司服疏○禮記玉藻疏云火赤徵爲火漢書律曆志上○白虎通禮樂云火謂徵火爲禮漢書魏相傳集注引張晏○禮記樂記疏云火性禮又王制疏引孝經說云火性則禮又引庾蔚云火神禮人火曰火天火曰災左氏宣十六年傳○國語周語火無災燀注云天曰災人曰火大者曰災小者曰火公羊襄九年傳國曰災邑曰火穀梁昭九年傳火大火也詩七月七月流火傳又文選謝靈運永初三年詩火旻團朝露注○左氏昭三年傳服注云火大火星也又太玄去火蟣縣注云火謂大火又淮南主術大火中則種黍菽注云大火東方蒼龍之宿又爾雅釋天大火謂之大辰李注又考工記輈人以象大火也注疏云大火蒼龍宿之心又書堯典日永星火鄭注云星火大火之屬火心星也左氏宣二年傳譬如火焉注昭三年傳火中寒暑乃退注昭九年傳今火出而火陳注哀十二年傳火伏而後蟄者畢注又國語周語火朝覿矣注○周禮宿宮正注火星以春出以秋入疏云火星心星也又爾雅釋

韻史　卷六十六第十五部上聲几韻　　六六四三

天注又孫注並云大火心也又左氏莊廿九年傳火見而致用注昭六年傳火見鄭其火乎注昭十八年傳火始昏見注又家語辨物注並云火大火心星也火陽君之象也白虎通五行○又云太火太陽精微人君之象火者司馬也春秋繁露五行相勝○左氏昭十七年傳故爲火師而火名服注云炎帝以火名官春官爲大火夏官爲鶉火秋官爲西火冬官爲北火中官爲中火火爲口腹之象論衡言毒五火謂五藏之厥陽也素問解精微論一水不勝五火注火畫火也左氏桓二年傳火龍黼黻注昭廿五年傳爲九文注○萱按訓畫火是也書藻火傳曉出傳云火爲火字其說殆迂矣火井鹽井也文選蜀都賦火井沈熒於幽泉劉注火山其山以火從地中出故亦名熒臺水經濛水注○山海經大荒西經云崑崙之丘其外有炎火之山投物輒然火齊玫瑰珠也文選西京賦翡翠火齊薛注○後漢書班彪傳上注引韻集云火齊珠也火毳即火浣布也後漢書南蠻西南夷傳注○萱按郭璞山海經注云火山雖霖雨常燃火中白鼠人捕得之以毛作布名之火浣布火鼠猶火鼠耳

韻史　卷六十六第十五部上聲几韻　　六六四四

爾雅釋魚十曰火龜注○俗有燬煋煤烜

娓

火也詩曰王室如娓說文段注周南汝墳文今詩作燬毛傳燬火也按爾雅亦作燬釋言曰燬火也詩釋文曰齊人謂火曰燬火書作娓說文同方言曰煤火也楚轉語也猶齊言娓也燬娓實一字方言齊曰娓即爾雅郭注之齊曰燬也俗乃強分為二字二音且肌造齊人曰燬吳人曰娓之語又於說文別增燬篆陸德明所據不如此○爾雅釋言李注云燬一名火又孫注云方言有輕重故謂火為燬也又郭注云燬齊人語萱按火字漢已閑入十七部讀呼果切故云方言有輕重不知古音娓火同耳又按說文燬火也春秋傳曰衛侯燬段注云此篆所許所本無當刪

燬烈火也後漢書周磐傳注引韓詩燬火之別名也周禮秋官序官司烜氏疏○司烜氏注云故書燬為垣○萱按明火明水既非常物且兼掌水火故不從曰司火也

虫

一名蝮博三寸首大如擘指象其臥形物之微細或行或飛或毛或蠃或介或鱗以虫為象說文段注爾雅釋魚蝮云今本虫作虺郭云此自一種蛇

韻史　卷六十六第十五部上聲几韻　六六四五

自名為蝮虺今蝮蛇細頸大頭焦尾色如艾綬文文間有毛似豬鬣鼻上有鍼大者長七八尺一名反鼻非虺之類此足以明此自一種蛇按此注見斯干正義乃小顏田儋傳注郭意爾雅之蝮今無此物今之蝮蛇非爾雅之蝮蛇也按以為象言以為象形也从虫之字多左形右聲左皆用虫為象形也月令春其蟲鱗夏其蟲羽中央其蟲倮虎豹恒淺毛也秋其蟲毛冬其蟲介許云或飛者羽也古虫蟲不分故以蟲諧聲之字多省作虫如融赨是也鱗介以虫為形如螭虯盒蚌是也飛者以虫為形如蝙蝠是也毛蠃以蟲為形如蝯蜼是也○爾雅釋蝮虺李注云蝮一名虺江淮以南曰蝮江淮以北曰虺又釋文引字林云虫一名蝮博三寸首大如擘又山海經南山經猨翼之山多蝮虫注云蝮虫一名反鼻萱按此與爾雅注同郭自用其說也

虺蛇別名也楚辭天問雄虺九首注○爾雅釋蟲釋文虺蛇類也又云虺大蛇也又楚辭大招王虺鶩只注云王虺大虺也又國語吳語為虺弗摧注云虺小蛇大也又後漢書楊賜傳注云虺蛇穴居陰之類又謝弼傳注云虺蛇穴處陰之祥也

虺蝰也廣雅釋魚○萱按本州青蝰為竹根蛇則虺亦虫之叚借字也集韻訓蝰為蠶則虺又蝮之借

韻史　卷六十六第十五部上聲几韻　六六四六

或書作虬

虺

以注鳴者詩曰胡為虺蜥說文段注注者咮字之叚借許用考工記文也梓人職云以注鳴者鄭云精列與許不同也雖下云似蜥易蜥下云蜥易則虺為蜥易屬可知矣今爾雅以為虫蝮字○明正月胡為虺陸疏云虺蜥一名蠑螈水蜴也或謂之號蜥或謂之蛇醫萱按蜴者蜥之異體字

虺蝰也廣雅釋魚○萱按集韻謂蝰為蠶蛹則虺為螝之借字本州謂青蝰即竹根蛇則虺為虫之借字螝虺虫當同音

虺虺聲也廣雅釋訓○詩終風虺虺其雷傳云暴若震雷之聲虺虺然

虺隤病也○詩卷耳我馬虺隤傳疏云虺隤者病之狀

虺穨病也爾雅釋詁注云虺頹人病之通名孫注云虺隤馬罷不能升高之病又

仲虺作誥書序○書疏云仲虺居薛以為湯左相○萱按大戴記虞戴德作仲傀史記殷本紀作仲鸓荀子堯問作中歸潛夫論志氏姓作仲虺虮

螝

蛹也說文段注見釋蟲顏氏家訓曰莊子螝二首螝即古虺字見古今字詁按字詁原文必曰古螝今虺以許書律之古字叚借也

螝即是雄蛹即是雌爾雅釋蟲螝蛹孫注○郭注云即蠶所變者一名螝一名蛹

韻史　卷六十六第十五部上聲几韻　六六四七

蝰蠶蛹也集韻○萱按此段蝰為螝也廣雅虺蝰也疑亦同此義

瘣

○俗有瘣

病也詩曰譬彼壞木一曰腫旁出也說文段注今小雅小弁作譬彼壞木傳曰壞瘣也謂傷病也箋云猶內傷病之內有疾故無枝也按疑今毛傳壞瘣二字互譌許及樊光所引皆作瘣木為是腫旁出也此別一義釋木瘣木苻婁郭云謂木病尪傴癭腫無枝條攷工記凡揉牙外不廉而內不挫旁不腫注腫瘣也

瘣木瘤腫也詩小弁釋文

瘣腫旁出也同上

苻婁一名瘣木無枝木也爾雅釋木李注

瘕病也爾雅釋詁釋文引字林○萱按瘕蓋瘣之異體字且廣韻釋為馬病集韻遂以瘣虺為同字矣恐未然

陮　萱僓切

陮隗逗高也說文段注陮隗猶崔巍亦猶絫𡏭疊韻字也

埻

磊埻重聚也說文段注磊埻疊韻字今俗語猶有之

韻史　卷六十六第十五部上聲几韻　六六四八

價 洞偉切

嫺也一曰長皃說文段注嫺者雅也廣韻曰價長好皃價長也廣雅釋詁二

誄 路偉切

諡也說文段注當云所以爲諡也曾子問注曰誄累也累列生時行迹讀之以作諡○禮記檀弓遂誄之釋文云誄累列長諡也又曾子問幼不誄賤不誄貴注誄累也累列生時行迹讀之以作諡誄謂誄其行狀以爲諡也其荀子禮論云誄累也又禮記曾子問疏云誄者累也累列其事而稱之也又大史大喪遣之日讀誄注云誄謂積累生時德行以賜之命主爲其辭也世傳名也注云誄累也釋藝文云誄累列其行而讀之又周禮大祝六曰誄司農注云誄謂積累生時德行以錫之命又漢書景帝紀大鴻臚奏諡誄策注云誄者累列生時行迹讀之以作諡漢書又王嘉傳誄之以行注云誄者述其德行之文又多作累皆俗○萱按累字舊作誄今正問云誄者道死人之志也誄以陳哀疏○論語述而孔注文選賦謂誄者謂如今行狀也誄禱篇名也魯子墨述皇策累誄淒愴注誄纏綿而悽愴○萱按此誄借爲讄字也又詩定之方中傳喪紀能偏字本作讄此皆借爲誄字也

讄 或作謉。禱也象功德曰求福也論語云讄曰禱介于上

韻史 卷六十六第十五部上聲儿韻　六六四九

下神祇說文段注讄累雙聲讄施於生者以求福誄施於死者以作諡論語之讄曰字當从畾毛傳曰喪紀能誄字當从耒周禮六辭鄭司農注二字已不分矣誄禱篇名也論語述而誄曰集解引孔注○釋文云誄禱功德以求福也○萱按說文所據論語讄曰乃正字釋文云或作讄平上兩讀注在彼

儡鸓

鸓 鼺 蝙蝠○鸓或作鸓 鼠形飛走且乳之鳥也說文段注走字疑衍釋鳥鼯鼠夷由鼯或作鵯由或作螭郭云狀如小狐似蝙蝠肉翅飛且乳其飛善從高集下劉淵林陶隱居說略同其物見本艸經上林西京南都吳都諸賦亦名飛生飛而生子故也亦名飛鸓亦名鼯鼠其字惟史記作鸓本艸經作鸓在獸部賦家或作鸓或作云以其似鳥似獸似蟲似鼠也諸家皆云以肉翼飛而張揖鸓狀如兔而鼠首以其顏飛此本北山經有數狀如兔而鼠首以其背飛名曰飛鼠惟張所據背作顏耳不若劉郭說可信也今雲南有之蠝鼯鼠也文選上林賦蛆獲飛蠝郭注○李注云蠝飛鼠也又南都賦騰猿飛蠝棲其閑注云蠝與鸓同

韻史 卷六十六第十五部上聲儿韻　六六五〇

藟

有○俗作蘽 艸也詩曰莫莫葛藟一曰秬鬯說文段注一詩七言葛藟似燕薁亦延蔓生葉如艾白色其子赤可食陸璣云藟一名巨荒似燕薁亦延蔓生葉及圖經皆謂即千歲蘽也酢而不美幽州謂之推藟閒實本艸字系之木則有蘽字具實一也按凡藤者謂之藟系之艸則有藟字系之藤爾雅山蘽虎蘽山海經卒山多先生詩之藟猶言葛藟也鄭君箋云葛也藟似葛之屬分爲二物與許合山多桑皆詩補注說周南樛木箋云葛藟猶能庶具本合葛與葛藟是也生故詩多類舉之左氏亦云也藟名莫莫根葛藤與古藟皆藤也山海經日蘽一名秬鬯之一酒名鬱鬯而後凡字大藤作巨荒謂用絨藤也傳曰蘽上林賦云隱後鬯字祇有一可曰秬鬯字義別說也傳云枸山林芋鬱鬱秬鬯之意是以神名也早薑文雅秬有積之意是其從艸名者爲之也得者皆有鬱名藟者義在乎是從艸醜鬱也

藟 葛屬也漢書敘傳上攝葛藟而餘分注云藟葛屬也楊王孫傳葛藟爲緘注云葛藟葛類也又葛藟似葛之艸易困于葛藟釋文又詩樛木疏云藟與葛異亦藟之類也又葛藟蘽之釋文也○樛木疏分注云藟藤也廣雅釋艸又後漢書崔駰傳注桂樹分注云藟葛類也又楚辭憂若葛藟序釋文於

韻史 卷六十六第十五部上聲儿韻　六六五一

蘽

藟 藟作蘽。或蘽木也說文段注釋木諸慮山蘽今江東呼蘽爲藤似葛而麤大郭曰今虎豆纏蔓林樹而生中山經畢山其上多蘽郭曰今虎豆貍豆之屬蘽一名縢按蘽者藟之物在艸木之閒近於艸者則爲艸部之藟也近於木者則爲木部之蘽其實一也古字謂之藤今詩字按蘽有借用藟者音義皆同也二字藟木音○萱按蘽字義皆同也

壘

軍壁也說文段注壘與坌音義皆同之壘曰培又鄭云軍壁曰壘禮記曲禮四郊多壘注壘軍壁也又周禮夏官量人營軍之壘舍注云壘坌也晉語趙鞅使尹鐸爲晉陽壘注云壘壁也又張法疏云壘盟之壘者深墊是軍壁也○周禮注又左氏昭二十五年傳疏云壘壁二年疏云壘謂之壘二左傳文十二年傳疏文十二年壘壁又國語楚語四境盈壘注又司弓矢注攻城軍壘釋名文云壘壘也壘門與古和門同大壘中壘也軍營所處築城自衛謂之爲壘傳十年疏又漢時因軍壘而爲門名日壘門文選思玄賦觀壁壘於北落師門壁壘星名在壘壁陣內注又文選西征賦注○萱按北落分蓋北落師門星距壘營也華文蓋於秋注

韻史 卷六十六第十五部上聲儿韻　六六五二

壘壼也廣雅釋詁四壘積也廣雅釋詁一壘壘塚相次之皃文選張孟陽七哀詩北芒何壘壘注○蓋按此引伸之義也塚有塋域如軍之有壘壁

鑸　或作鐳　盎未是

鍡鑸也說文○蓋按鍡下云鍡鑸不平也莊子庚桑楚以北居畏壘之山即鍡鑸之省也崔本壘作纍

灅　或作灅

灅水出右北平俊靡東南入庚說文段注右北平俊靡二志同今直隸遵化州州西北有俊靡故城是前志右北平無終下曰浭水西至雍奴入海俊靡下曰灅水南至無終東入庚浭與庚一字也水經注鮑丘水篇曰鮑丘水北還雍奴縣東又東庚水注之水出右北平徐無縣北塞中南南流得黑牛谷水又西南流灅水注之水出右北平俊靡縣東南流與溫泉水合又東南逕石門峽又東南流謂之北黃水又屈而南為南黃水又西南逕無終山藍水注之又西南入於庚水庚水又南逕北平城西而南入鮑丘水鮑丘水又東巨梁水注之鮑丘水至雍奴縣北屆東入海歙程氏猛田通藝錄曰今灅水自遵化州西北四十五里鮎魚石關外入口東經溫泉酈所謂與溫泉水

韻史　卷六十六第十五部上聲几韻　六六五三

合也又東逕南十五里曰水門口酈所謂石門峽也又西南入黎河黎河即庚水也庚水既得灅水又稍西而淋河南入之淋河酈所謂藍水也鮑丘水今之潮河也潮河合洵水庚水東流有還鄉河西南入之酈所謂巨梁水也流俗多誤以古正之如此灅黎一聲之轉灅水俗呼黎河因使所入之庚水冒偁黎河而巨梁河冒偁庚水

蜼

如母猴卬鼻長尾說文段注如母猴猶言禺屬也禺者母猴屬許書多言母猴母猴獮猴沐虔一聲之轉周禮蜼彝鄭曰蜼禺屬卬者望欲有所庋及也張揖注上林曰蜼似母猴卬鼻而長尾郭注爾雅山海經皆曰似獮猴尾長數尺有岐鼻露向上雨即自縣樹以尾塞鼻按吳都賦劉注引異物志說狖與郭說蜼同○爾雅釋獸又後漢書馬融傳注又周禮司尊彝祼用虎彝蜼彝注又山海經中山經鬲山多猨蜼注海外南經狖道爰有蜼豹注西山經崦嵫之山有鳥焉蜼身注並與說文義大同蜼似獮猴而大黑色江東養之捕鼠為物健捷一切經音義八引字林蜼狖也文選江賦迅蜼臨虛以騁巧注○萱按狖說文作貁字當在三部與蜼形聲皆殊不當牽涵為一物

韻史　卷六十六第十五部上聲几韻　六六五四

沝　壯偉切　準

二水也說文段注即形而義在焉○俗有準章

平也說文段注謂水之平也天下莫平於水水平謂之準因之製平物之器亦謂之準漢志繩繩直生準準者所以揆平取正是也因之凡平均皆謂之準考工記準之然後量之易繫辭易與天地準是也考工記故書準作水○廣雅釋詁三又考工記輈人疏又呂覽目知則必準繩注又文選南州桓公九井詩注引字書竝云準平也必又禮記祭義推而放諸東海而準注又大戴記曾子大孝注竝云準猶平也準平也五經文字引字林準中也平也易繫辭上易與天地準釋文引鄭注○漢書律厤志上云準者所以揆平取正也又禮記月令先定準直疏云準準謂輕重平均又考工記㮚氏疏云準擊平正之又管子宙合云準壞險以為平準法也淮南本經故謹於權衡準繩注○時則云準者所以準萬物也准法呂覽君守有准不以平注準平法也漢書東方朔傳以仁義為準注○書立政準人晚出傳云準人平法謂市官準等也易繫辭上傳釋文引京注準同也易繫辭上傳虞注準望也淮南覽冥羣臣準上意而懷當注準也者五量之宗也管子

韻史　卷六十六第十五部上聲几韻　六六五五

水地准節律度量也管子君臣丈尺一綧制注注又云綧古准字○萱按準作綧者俗字也作淳段借字也周禮云出其度量淳制祭之以陰禮準繩也後漢書崔駰傳注準直謂封疆經遂也禮記月令先定準直注準斤凡事也論語摘輔象力墨受準斤注準鼻也史記秦始皇紀秦王為人蜂準正義高祖紀隆準而龍顏集解引文穎又漢書高帝紀上注引李斐○後漢書光武紀上隆準日角注引許負云鼻頭為準又史記高祖紀集解引應劭云準頰權準也○萱此義舊讀入聲謂準為頗之段借字也然鼻之名準以其應乎法度中而直者莫鼻若矣則上入兩讀皆通

揣　狀偉切

十四部去十五部上兩讀○俗有敲量也度高曰揣一曰捶之說文段注量者稱輕重也稱者銓也銓者衡也按方言常絹反是此字古音也木部有椯字箠也一曰度也一曰剟也聲義皆與此篆同而讀兜果切又今人語言用敁敠字上丁兼切下丁括切知輕重也亦揣之或體其音為耑之雙聲按國語竱本肇末即孟子揣其本之

韻史　卷六十六第十五部上聲几韻　六六五六

韻史 卷六十六第十五部上聲几韻

揣其義同也捶者以杖擊也揣訓箠揣訓揣其義一也。史記屈原賈生傳何足以控摶索隱云揣者量也又淮南人閒規慮揣度注云揣商量高下也又左氏昭卅二年傳揣卑注云度高曰揣度深曰仞又方言十二云度高為揣揣度也廣雅釋詁一又史記酈生陸賈傳生揣我何念集解引孟康又漢書黥布傳集注引文穎。鬼谷子摩內符者揣之主也注云揣者所以度其情慕揣試也方言十三又廣雅釋言揣謂探求之漢書翟方進傳方進揣知其指注。論衡逢遇云准主調說以取尊賢是名為揣揣持也漢書賈誼傳集注引孟康揣治也老子揣而銳之注又釋文引顏注揣定也國策秦策簡練以為揣摩注揣動也廣雅釋詁一揣除也廣雅釋詁三

𣯛 閒卉切

或作氄。十三部十五部用讀毛盛也虞書鳥獸𣯛髦說文段注髦毛古毛同用今書𣯛作氄氄溫柔皃書堯典鳥獸氄毛馬注

水 奭偉切

準也北方之行象衆水竝流中有微陽之氣也說文段注準古音追上聲

六六五七

韻史 卷六十六第十五部上聲几韻

此以疊韵為訓如戶護尾微之例釋名曰水準也準平也天下莫平於水故近人建國必水地火外陽內陰水外陰內陽中畫象其陽云微陽者陽在內也微猶隱也水之文與坎卦略同。廣雅釋言云水準也又釋名釋天云水準也準平物也水之為言准也養物平均有准則也白虎通五行水北方終藏萬物者也漢書五行志上。南齊書五行志引洪範五行傳云水北方冬藏萬物氣至陰也水者陰也素問熱病論又白虎通五行又情性又論衡順鼓。素問陰陽應象大論又漢書司馬遷傳集注引張晏竝云水為陰又後漢書董卓傳注又素問脈要精微論是知陰盛則夢涉大水恐懼注竝云陰為水又刺要論云水者陰氣也又准南天文云陰氣為水又云積陰之寒氣為水又鹽鐵論論蓄云水生於陰又續漢書五行志三引讖云水者純陰之精也又白虎通五行云水太陰也又云水者盛陰者也水火者陰陽之徵兆也素問天元紀大論陰陽應象大論。左氏昭十七年傳云水火之牡也又鹽鐵論申韓云水者火之備水者地之血氣如筋脈之流通者也管子水地。素問逆調論云水者猶精液而流也又白虎通五行云水盛氣也水者

六六五八

韻史 卷六十六第十五部上聲几韻

五行之首後漢書桓帝紀注。文選江賦注引春秋元命苞云水者五行始焉元氣之湊液也又古微書引春秋元命苞云水者天地之包幕五行之始焉萬物之所繇生元氣之津液也又云水之為言演也陰化淳濡流施潛行也故其立字兩人交一以中出者為水一者數之始兩人譬男女言陰陽以交物以一起也水五行之終也春秋繁露五行之義水曰清滌禮記曲禮下又獨斷上水者雨之象後漢書李膺傳注高下有水災曰大水穀梁桓元年傳莊七年傳莊十一年莊廿五年傳。左氏桓元年傳云凡平原出水為大水大水海也禮記月令爵入大水為蛤注大水淮也禮記月令雉入大水為蜃注又呂覽孟冬注又淮南時則注坎為水易說卦傳又象上傳盥而不薦廣注井井谷射鮒鄭注又後漢書魯恭傳注蘇竟傳注郎顗傳注朱暉傳注。左氏昭九年傳火水妃也服注國語晉語車上水下必伯注竝云水坎也又後漢書李膺傳注云坎為險為水兌為水易象下傳水火相息虞注壬癸為水素問藏氣法時論其日壬癸注辰癸亥子水也淮南天文。又云水生于申壯于子死于辰三辰皆水也聽曰水洪範五行傳厥

六六五九

韻史 卷六十六第十五部上聲几韻

罰恒寒注。書洪範疏云水內明聽屬水又淮南天文云水日內景故水為智漢書魏相傳集注引張晏水殷德也易井干寶注水陰臣之義也白虎通五行。後漢書張衡傳注云水衡官名主水官也執法者水也春秋緐露五行相勝。又云水者司寇也水宿謂北方七宿斗牛女虛危室壁後漢書崔駰傳注水居者川禽魚鼈之屬呂覽本味水居者腥注。爾雅釋魚云九曰水龜水衣治也廣雅釋艸。文選吳都賦石帆水松劉注云水松藥州生水中博法分為十二道兩頭當中名為水列子說符擊博樓上注引古博經

罪 措偉切

捕魚竹网秦㠯為辠字說文段注竹字益衍文字音義云始皇以辠字似皇乃改為罪按經典多出秦後故皆作罪罪之本義少見於竹帛小雅畏此罪罟古大雅天降罪罟亦辠罟也

辠

犯灋也秦㠯辠佀皇字改為罪說文段注此志改字之始也古有叚借而無改字罪本訓捕魚竹网从网非聲始皇易形聲為會意而漢後經典多從之非古也。爾雅釋詁辜辟戾辠也釋文云辠古罪字又禮

六六六〇

辠　滜　漼

記服問罪多而刑五釋文云本或作辠辠犯禁也墨子經上辠諟也廣雅釋詁二罪罰也呂覽仲秋行罪無疑注罪殃也呂覽至忠故伏具罪而死注罪謂誤失易象下傳君子以赦過宥罪疏無其功有其意謂之罪漢書宣帝紀戾大子孫也臣瓚注引董仲舒書以貧苦民爲罪賈子大政上坎爲罪易象下傳君子以赦過宥罪虞注○俗有辠蘗辠也說文段注西京賦上林岑以壘嵬按壘辠即蘗辠也○萱按說文蘗下訓釋云蘗崒辠山兒也嶵隗高兒文選甘泉賦峻嶵隗于其相嬰注○漢書揚雄傳上注云嶵隗猶崔巍也○俗有滜新也說文段注謂水色新也如玉色鮮曰泚廣韻曰新水狀也深也詩曰有漼者淵說文○萱按詩者小升文也傳云漼深兒漼鮮兒詩新臺釋文引韓詩○萱按韓詩作新臺有漼與毛作酒異漼水即桂水也水經鍾水注漼涖沸垂兒文選弔魏武帝文指李約而淮爲注漼猶摧落也後漢書崔駰傳細漼以陵遲注王漼亦壞兒文選

趡　隗五偉切**　斐**奉偉切

西征賦名山節漼以陵落注漼折兒文選舞賦漼似摧折注動也春秋傳曰盟于趡說文段注揚雄河東賦曰神騰鬼趡師古子笑才笑二反按說文有趡無趡廣雅釋室騰趡奔也曹音子肖今發趡恐誤字子肖恐誤音耳然大人賦曰騰而狂趡師古音醜吳都賦狂趡獷揆李子呂反則古非無趡字盟于趡見桓十七年○漢書楊雄傳上音義云趡或作䠥○萱按趡蹏同字焦聲在二部佳聲在十五部趡趡不容猩合也諸家有峇兩岐者要當分別蘶之陮隗也說文○萱按陮下云陮隗高也○山海經大荒南經又有隗山注云隗音如隗嶌之隗嵲隗猶崔巍也漢書楊雄傳上峻嵲隗庳其相嬰注分別文也易曰君子豹變其文斐也說文段注分別文也謂分別之文曰斐衛風有斐君子傳曰斐文章兒小雅萋兮斐兮傳曰萋斐文章相錯也考工記注曰匪采兒也皆不言分別許云分別者渾言之則為文析言之則為分別之文以字从非知之也非違也凡从非之屬甚別也靠相遺也易云云革上九象傳文今易作

⿱非己　誹　餥　棐

蔚虞日蔚旣也許所據蓋孟易斐文兒爾雅釋訓注○詩卷伯疏云斐為文章之兒又禮記大學注云斐有文章兒也又論語公治長斐然成章皇琉云斐然文章兒也斐亹文兒文選遊天台山賦彤雲斐亹以翼檼注斐邠文盛兒也太玄文斐如邠如注斐韡明兒文選琴賦斐韡奐爛注斐斐輕兒文選泛湖歸出樓中翫月詩斐斐氣羃岫注匪文章兒詩淇澳有匪君子傳○萱按考工記梓人且其匪色必似鴆矣用字與淇澳同別也說文段注別者分解从非己己猶身非己猶言不為我用會意謗也說文又呂覽決勝賢者誹注又後漢書黨繫傳注○淮南本經經誹譽注云誹怨餱也陳楚之間相謁而食麥飯曰餥說文段注釋言曰餥餱食也方言曰餥食也陳楚之內相謂而食麥館謂之餥餥食也廣雅釋詁二輔也說文又書酒誥我西土棐徂邦君疏又漢書孔光傳集注敘傳上集注引應劭又後漢書張衡傳注又文選幽

⿱非丰　菲

通賦實棐諶而相訓曹注思玄賦用棐諶而詁仁舊注棐俌也爾雅釋詁棐薄也漢書燕剌王旦傳集注引服虔○萱按此於菲義近棐益借字棐竹器也所以盛方曰筐隋曰棐漢書食貨志上賦入貢棐注引應劭○萱按竹器用从木之字假借恐未密古祇作匪若蓮也段大令曰按棐盎引棨類兩壁耕也一曰覆耕種也說文段注壁當作辟辟是旁側之語莊卄一年左傳鄭伯享王於闕西辟服虔云西辟西偏也兩辟耕謂一田中兩牛耕一從東往一從西耒也此耕字自人牛言之與木部六又犁自器言之不同覆耕種也別一義未聞菲藟芴也說文又爾雅釋艸又詩谷風采葑采菲傳菲葍類也禮記坊記采葑采菲注○爾雅釋艸注云菲葍類也菲蒠菜爾雅釋艸○詩谷風陸疏云菲幽州人謂之芴爾雅又謂之蒠菜今河內人謂之宿菜○萱按今江南北有菜馬及秋而生葉圓而有毛本年不中唉直至春初發蘇葉尖而花葉焯去苦汁兩焯之味清以芳他蔬無及者其花閒至五六月乃盡盡則新者已茅矣俗無正名人咸以諸葛采呼之然諸葛采當非此物也萱謂菲

之形色及名息之宿音與此物合

菲癈也史記三王世家索隱引蘇林菲帳也方言十二菲禣也廣雅釋詁一菲薄也禮記坊記故君子不以菲廢禮疏又釋文又論語泰伯菲飲食集解引馬注又皇疏又者言十三又小爾雅廣言又史記三王世家毋俷德索隱引孔文祥又後漢書殤帝紀注○漢書武帝紀惟德菲薄注云菲亦薄也○萱按有段柔為菲者服虔注燕剌王旦傳云柔薄寔菲者屨之別名左氏襄十七年傳杖菅屨疏○漢書刑法志菲屨赭衣而不純注云菲艸屨也又荀子正論菲對屨注云菲艸屨也繩菲今時不借也儀禮喪服傳繩菲也注菲艸衣蓋如蓑然或當時喪者有服此也荀子禮論資麤衰絰菲繐菅屨注○禮論無帾絲歶縷翣其貌以象菲帷幬尉也注云菲謂編艸為蔽蓋古人所用障蔽門戶者今貧者猶然又云菲當為屝○萱按屝訓隱讀平聲菲則艸名也艸屨艸衣之作菲作屝皆段借用字耳蓋本無正字菲菲雜也太玄昆白黑菲菲注菲菲香也菲菲芳皃菲菲花美皃也菲菲猶勃勃萱按此皆段菲為緋菲菲高下不定之皃也萱按此段菲為霏也

韻史 卷六十六第十五部上聲八韻　六六六五

匪

器似竹匧逸周書曰實玄黃于匪說文段注小徐祇云如匧小雅承筐是將傳曰筐篚屬所以行幣帛也按此筐與飯器之筐異名同實故毛訓之曰匪屬也小雅言匡為貢禮記言匪應劭漢書注曰漢書作棐棐竹器也方曰箱隋曰棐隋者方而長也他果反古盛幣帛必以匪匪筐古今字有借匪為斐者如詩有匪君子是也有借為分者周禮匪頒鄭司農云匪分也是也有借匪為非者如詩我心匪鑒我心匪石是也有借為彼者如左傳引詩如匪行邁謀杜云匪彼也荀子引匪交匪舒即詩彼交匪舒是也實玄黃于匪按此句今惟見孟子滕文公篇引書其上文云綏厥士女篚厥玄黃昭我周王見休惟臣附于大邑周似必為周書趙氏亦云從有攸以下道武王伐紂時皆商書逸篇之文也匪不也國語周語莫匪爾極注又太玄斂瘦我匪貞注○萱按匪之訓不與訓非略同亦涉段借也借義行而匪之本義轉代以篚字矣匪采皃也匪分也匪彼也匪非也萱按采皃義詳斐下訓分者詳分下訓彼詳彼下訓非詳非下皆段借也篚竹器筐屬也漢書地理志上注○後漢書孔融傳注云篚竹器如筐也又三禮圖十二引舊圖云篚以竹為之長三尺廣一尺深六寸足高三寸如今小車笭篚以

韻史 卷六十六第十五部上聲八韻　六六六六

盛贄幣孟子滕文公下篚厥玄黃音義引丁音○儀禮禮洗有篚在西注云篚亦以盛勺觶陳於洗西禮設膳篚在其北注云膳篚者君象觚所饌也又士虞禮佐食受肺脊實于篚注云篚猶吉祭之有所俎

篚

車笭也說文段注釋器曰輿革前謂之鞎後謂之茀竹前禦後謂之蔽按此對文則別之散文則不別詩茀毛曰簟方文席也茀車之蔽也周禮巾車蒲蔽棼蔽即茀也故鄭引翟茀以朝作翟蔽以朝竹前竹後許所笭也廣雅曰簟謂之笰又曰陽門簾簟雀目蔽簟也皆笭笭之言襦也言其吟矓也茀詩碩人从艸載驅从竹者誤也茀之言蔽也篚是正字茀是段借字如儀禮令屝古文作茀屝茀同字按依許匡匪之匪不从竹在匚竹者專謂車笭篚竹器如笭者儀禮士冠禮有篚注○萱按此車非必謂車上物也且言如笭謂笭也此篚引申之義耳又按書禹貢厥篚織文厥篚縞厥篚織纊漢書地理志皆作厥斐此同音段借也又士喪禮受用篚士虞禮實于篚一人衰絰奉篚據釋文作篚此同義通用也此類篚字本皆當作匪為正也篚竹器筐屬也又篚以盛贄幣萱按皆詳匪下匪正字篚借字

韻史 卷六十六第十五部上聲八韻　六六六七

朏

或書作蛆本韻所見○月未盛之明也周書曰丙午朏說文段注律麻志曰召誥曰惟三月丙午朏周公七年復子明辟之歲三月甲辰朔之三日也畢命豐刑曰惟十有二年六月庚午朏王命作策豐刑康王十二年六月戊辰朔之三日也志引古文月采篇曰三日曰朏按尚書正義曰周書月令云三日粵朏疑即取諸漢志而月采作月令未知孰是逸周書月令弟五十三據本弘傳蔡邕王肅時已亡孟堅時未亡也小顏漢書米字當從孔沖遠作令小顏讀孟注而不察且○釋名釋天云朏月未成明也又楚辭疾世時朏朏其旦旦注云日月始出光明未盛為朏朏月出也漢書律麻志下注引孟康朏月未成光文選月賦蛆示沖注朏蛆明也廣雅釋詁四朏明將明也淮南天文日登于扶桑爰始將行是謂朏明注

晚弃切

尾

微也古人或飾系尾西南夷皆然說文段注微當作𢼸𢼸細也此以疊韻為訓如門捫

韻史 卷六十六第十五部上聲八韻　六六六八

韻史　卷六十六第十五部上聲儿韻

也产護也之倒方言曰尾盡也尾梢也引伸訓為後如音語嬴之二七其靡有微兮古亦段微為尾古人或飾条尾未聞

鄭說韍曰古者佃漁而食之衣其皮先知蔽前後知蔽後後王易之以布帛而獨存其蔽前者不忘本也按蔽後即或飾

糸尾之說也後漢書西南夷列傳曰槃瓠之後好五色衣服製裁皆有尾形○釋名釋形體云尾微也承脊之末稍微殺

也○蒼按書堯典鳥獸孳尾史記五帝紀作鳥獸字微又莊子盜跖尾生與女子期于梁釋文云尾本作微又漢書古今

人表尾生晦集注云即微生高也皆用訓釋字代正字尾終也太玄狩全狩秦其首尾注糸文故首尾可以為

膚也注尾後也廣雅釋詁又國策秦策王若能為此尾注○易遯遯尾注云尾之為物嚴在體後者也又穆天

子傳天子南征陽行之東尾法云尾山後也尾猶末也史記張儀傳獻恆山之尾五域棠隱尾猶底

也爾雅釋水羹大出尾下注尾猶尋也後漢書西羌傳注○岑彰注云尾謂尋其後而擊之傳艮為

尾易履虎尾遯注未濟濡其尾虞注象下傳遯之厲虞注尾為陰漢書天文志集注引孟康尾是辰

後之星也左傳昭卅一年注日在辰尾疏○爾雅釋天云大辰房心尾也又考工記軸人以象大大也注云大

六六六九

韻史　卷六十六第十五部上聲儿韻

火蒼龍宿之心其屬有尾尾九星又淮南時則旦尾中注云尾東方蒼龍之宿也尾者在百川之

下故稱尾文選養生論而泄之以尾閭注引莊子司馬注○莊子秋水尾閭泄之釋文引司馬注云尾閭泄海

水出外者也又引崔注云尾閭海東川名

詩旄丘瑣兮尾兮傳○疏云尾者好皃

交接曰尾列子黃帝孳尾成羣釋文瑣尾少好之兒

娓

順也說文段注順者理也尾主於順故其字从尾按此篆不見於經傳詩易用文亹亹字學者每不解其何以會意

形聲徐鉉等乃妄云當作娓而近者惠定宇氏從之校李氏易集解及自為周易述皆用娓娓抑恩毛鄭釋詩皆云勉勉

康成注易亦言亹沒沒亹之古音讀如門勉沒皆疊韵字㲻則亹為亹之諸亹亹為勉之段借古音古義於今未泯不當以

無知妄說擅改宣聖大經○廣雅釋詁一云娓順也娓美也詩防有鵲巢誰侜予美釋文引韓詩○萱按毛

美韓娓義同音近得通用巳衣韓則作娭尤合

六六七〇

韻史卷六十七

泰興何萱石閭譔集　子度校字

第十五部去聲　上海顧錫麒竹泉覆審

既韻　武進李兆洛申耆鑒定

齊齒詩

既見器切

小食也論語曰不使勝食既說文段注小食也與口部嘰音義皆同玉藻少儀作機段借字也引

仲之義為盡也已也如春秋日有日之既周本紀東西周皆入於秦周既不祀正與小食相反如亂訓治徂訓存既者終也終

則有始小食則心盡盡則復生不使勝食既鄉黨為文此引經說假借也論語以既為气如商書以助為好詩以乃為姑之類

今論語作氣气氣古今字作氣蓋魯論也許僃蓋古文論語也或云謂不使肉勝於食但小卜食之說固可通無古人之文云

不使勝則已足不必贊此字既盡也易既濟釋文引鄭注又周書文酌二既用蒞戔注又詩北風既亟只且疏載馳

既不我嘉簝巧吉僭始既涖簝大束既往既來簝鳧鷖既樂于宗簝又儀禮鄉射禮不拜既爵無禮注大射儀注有司微注又

禮記坊記既醉以酒疏鄉飲酒義拜既疏又左氏桓二年傳日有食之既注宣十二年傳董澤之蒲可勝既年注又穀祭桓十

韻史　卷六十七上第十五部去聲既韻

六六七一

韻史　卷六十七上第十五部去聲既韻

七年傳既朔也注襄六年傳國有既滅又國語周語藪澤肆既注既喪則國從之注鄭語未既歔而遭之注又論語子罕既

竭吾才皇疏又廣雅釋詁一又管子小稱在於既善所以感之也注又老子名亦有既注又莊子應帝王既其文未既其實釋

文引李注又淮南原道富澮天下不既注布施而不既注精神精神何能久馳騁而不既乎注倣眞時既者其神注又文

選報孫會宗書有時而既注○公羊桓三年傳云既者何盡也又穀梁桓三年傳云既者盡也有繼之辭也又注云盡而復生

謂之既又漢書諸侯王表既於王赦注云既亦盡也又詩既醉傳云既者盡其禮終其事日食盡為既漢書

五行志下之下已亥而既其占重注引孟康○京房傳必有星亡之異注引孟康云畫食為既既者皆盡之稱

易彖下傳既濟疏○既濟注云既濟既者以皆濟為義也卒也儀禮鄉飲酒禮不拜既爵注既

定也方言六既失也方言六又廣雅釋詁二既猶畢也禮記雜記下既事成踊疏○玉藻君既食

又飯飧疏云既猶畢竟也既而猶既畢也論語憲問既而曰皇疏○公羊宣元年傳

既而曰注云既事畢既已也易小畜既雨既處虞注又釋文引鄭注又詩汝墳既見君子傳溱洧士曰既且簝又周禮

六六七二

鄉師既役則受周禮鄉師既役則受周禮之役要注司干既舞注又儀禮聘禮既圖事注聘禮記賓既將公事注士喪禮既井椁注既夕既夕哭注又禮記檀弓下我則既言矣疏玉藻君既徹疏又爾雅釋言卒既也注又廣雅釋詁四又國語周語既榮公為鄉士注晉語既里不一死注又孟子公孫丑下夫既或治之注又楚辭雲中君靈連蜷兮既留注又淮南原道而功既成矣注又太玄內萬物之既注又文選東京賦文德既昭辭注○萱按禹貢沱潛既道荊岐既旅史記夏本紀作沱潛已道荊岐已旅此用訓釋字代正字也又五帝紀溉執中而偏天下此段溉為既也又周禮閭胥既比則讀灋注云故書既為暨又禮記中庸既廩稱事注云既讀為餼此皆既為借字

蔇 艸多皃 說文段注禾部穊稠也音義同 蔇至也 左氏隱六年傳猶懼不蔇注○萱按此蔇引申之義與暨同矣 莊九年公及齊大夫盟于蔇穀梁蔇作暨也

穊 稠也 說文段注漢書劉章言耕田曰深耕穊種立苗欲疏非其種者鉏而去之引伸為凡稠之偁○漢書齊悼惠王肥傳集注云穊稠云

⿰禾乞 稽也 說文○萱按稽下云舂粟不潰也言舂之輕粟不外散

⿰乞欠 乔也一曰口不便言 說文段注乔者高而曲也覬下曰⿰乞欠乔也⿰乞欠與覬音義皆同今字作冀古音不同 一曰口不便言此謂與吃同也口部曰吃言蹇難也 ⿰乞欠予也 廣雅釋詁三 或作覬

⿰乞欠 乔也 說文段注古多作幾漢人或作覬於从豈取意豈下曰欲也亦作冀

覬 幸也 漢書游俠傳序而下無覬覦注 覬望也 小爾雅廣言又後漢書盧芳傳臣非敢有所貪覬注又文選登樓賦注引國語賈注

⿰馬豈 企也 廣雅釋言

計 會也筭也○說文段注會合也筭當作算數也舊書多假筭為算○呂覽季冬命司農計耦耕事注云計會 計算也 國語鄭語計億事注○漢書東方朔傳教書計注云計謂用算也 計算術也 後漢書馮勤傳注○周禮宰夫之職乘猶計也疏云計者算法乘除之名 計數計算也 荀子富國其於貨財取與計數也注○管子七法云計數剛柔也輕重也大小也實也虛也遠近也多少也謂之計數 計校也 廣雅釋言 計謀也

廣雅釋詁四又一切經音義十四引國語賈注又離騷相觀民之計極注

計 慮也 國語吳語以能遂疑計惡注 計者所以定事也 韓非子存韓○國策秦策云計者事之本也 計者存亡之機也 漢書蒯通傳○史記淮陰侯傳云計者事之機也 計謂出入之數也 漢書循吏黃霸傳使領郡錢穀計注○國策齊策五官之計注云計簿書也 計若今之諸州計帳也 漢書武帝紀光郡國計注後漢書光武紀下注云計謂人庶民籍若今計帳 計上計也 管子立政州長以計于鄉師注○漢書武帝紀令與計偕注云計者上計簿使也 漢時考吏謂之計吏 周禮大司徒注致事上其計簿疏○春秋繁露考功名云前後三考而絀陟命之曰計

罽 魚网也 說文 罽魚罔也 御覽引廣雅 罽罔也 廣雅釋器 織毛曰罽 通俗文○萱按此類皆段罽為⿰糸罽也

⿰糸罽 ○俗有疵 西胡毳布也 說文段注毳者獸細毛也用織為布是曰⿰糸罽亦段罽為之 毛氂為罽 爾雅釋言

氂罽也孫注○一切經音義一引通俗文云織毛曰罽又漢書高帝紀下賈人毋得衣錦繡綺縠絺紵罽注云罽毛若今氍毹及氍毹之類也又東方朔傳狗馬被繢罽注云罽織毛也即氍毹之屬

罽 毛布也 後漢書杜篤傳注○李恂傳注云罽織毛為布者

瀱 ○俗有瀱 井一有水一無水謂之瀱汋也 說文○爾雅釋水云井一有水一無水為瀱汋又釋名釋宮室云井一有水一無水曰瀱汋瀱竭也汋有水聲汋汋也

繼 㡭 或○俗有繼 續也繼或作㡭反𢇍為㡭 說文段注反之而成字者如反已為呂反人為匕反正為乏之是也莊列皆云得水為𢇍此篆見古書者惟此而莊謫作𢇍○萱按𢇍者古文絕字也故許云反繼為𢇍○呂覽上德而繼其責者也注又離騷折瓊枝以繼佩注並云繼續也 繼謂不絕也 易象上傳大人以繼明照于四方注 繼統也 易繫辭上傳繼之者善也虞注 繼主君者儐主君也 周禮司儀賓繼主君 注 密肌繼英 爾雅釋蟲○釋文云繼本作蠶○萱按蠶字後出此之从蠶則是

檖构构也一曰堅木也說文段注四牡四月傳曰杞枸檵也他杞
字無傳讀詩者有三杞之說焉堅木也別
一義謂堅木偁檖堅檖聲如薊與筋也○萱按檵从鐖會意
檖从鐖諧聲偏旁本異
垍堅土也說文段注堅者剛也堅土周禮所謂彊檃鄭云彊堅者
按檃一作墍管子繶土之次曰五墍五墍之狀芬
然若穰以是肥也
說與鄭異
薊芺也說文段注釋艸曰芺薊其實荂郭云芺似薊許以芺釋
薊則爲一物○萱按多借薊爲鄭鄭者而本義微矣
鄭周封黃帝之後於鄭也上谷有鄭縣說文段注樂記曰武王
克殷及商未及下車而
封黃帝之後於薊按鄭薊古今字也薊行而鄭廢矣漢地理志
郡國志皆作薊則其字假借久矣陸德明曰薊今涿郡薊縣是
也即燕國之都也孔安國司馬遷及鄭皆云燕召公與周同姓
案黃帝姓姬君奭蓋其後也或黃帝之後封薊者滅絕而更封
燕召公子疑不能明也而皇甫謐以召公爲文王之庶子記傳
廣陽國薊燕召分所封然則班意謂封黃帝之後即召公也而
周本紀以封堯後於薊封召公奭於燕竝言張守節疑薊爲燕
所弁未知其審今京師順天府附郭大興縣治即古燕都又

按上谷有鄭縣五字當作今上谷薊縣是也七字鄭者許所見
古字也薊者漢時字也○水經㶟水注云薊縣今城內西北隅
有薊丘因丘以名邑也猶魯之曲
阜齊之營丘矣
彑豕之頭象其銳而上見也說文段注彙類今義也篇韻曰
器儉利切皿也說文段注皿部曰皿飯食之用器也然則皿專謂食器
器乃凡器統偁器下云皿也者散文則不別也木部曰有
所盛曰器無所盛曰械陸成形曰器易繫辭上傳形乃謂之器
德明本如是注○老子天下神器王注
云器令內成曰器史記秦始皇紀器械一量正義律書其於兵
成也械尤所重正義○後漢書公孫述傳注云內
盛曰凡虛中而受物者皆謂之器素問寶命全形論其氣令之
器津泄注○漢書宣帝紀贊工
匠器械注云無盛器用器役器也儀禮既夕藏器于旁注○周
爲器禮典瑞掌玉瑞玉器之藏注
云禮神曰器又牢三四器貢注云器貢銀鐵石磬丹漆也又司
農注云器貢宗廟之器又大行人其貢器物注云器物尊彝之
爵又禮記禮記下凡宗廟之器注云宗廟名器謂尊彝之屬人
禮運山出器車注云器謂若銀甕丹甑也又文選獄中上書自

明而爲萬東器者注云器械禮樂之器及兵甲也禮記大傳異
器謂服玩之屬器械注又後
漢書魯恭傳注惟兵甲作甲兵○國語周語器謂車服也左氏成二
而利其器用注云器兵甲也
年傳惟器與名注昭三十二年傳慎器與名注又後
漢書來歙傳注鄭興傳注張綱傳注荀爽傳注器約謂禮
吉凶車服所得用也周禮司約治器之約次之注器者各周其用論語爲政君子不器
集解引包注○皇疏云器者給用之物也又
周書寶典物周爲器注云周者用爲器器猶用也左氏成十六年
傳戰之器也注○文十八年傳盜器爲姦注云器國用也又國
語楚語而爲之姓器時服注云器所當用也又禮記學記大道
不器疏云器器謂所操以作事者也禮記經解霸王之器也注
爲物以堪用者○禮運天下神器義以爲器注云
器所以器物也左氏僖廿二年傳戎事不通女器注又老子天
操事下神器注○淮南原道故天下神器注云器物
用也又文選頭陀寺碑文涉坤爲器易繫上傳盥而不薦廣注
器干名注云器謂品物也後說之壹廣注象下傳
君子以除戎器廣注數辭上傳君子之器也廣注立成器以爲
天下利廣注數辭下傳弓矢者器也廣注象事知器廣注君子

藏器于器能也禮記王制各以其器食之注○論語子路器重
身廣注及其使人也器之皇疏云器猶能也
也後漢書陳寵傳器猶性也淮南說山此全器猶迹耳莊子胠
朝廷器之注器也注注又其天性者注易繫辭上傳形而下者謂
篋彼聖
人者執下之利
云可同而用曰器形乃謂之器
之器上士能言道而弗能行者謂之器賈子大政下先自治而後治
人之謂大大器法言先知利器者權也
老子民多利器注○國多利
器注云利器權道也又新序
暨日頗見也說文段注頗頭偏也頭偏則不能全見其面故謂事
之略然者曰頗日頗見者見而不全也釋言曰暨不
及也此其引伸之義永部曰泉者家與詞也引唐書泉答錄泉
之段借多作洎作暨公羊傳曰會及暨皆與也暨猶暨暨也按
暨暨猶幾幾爾暨及也禮記表記塗不暨于棺注又小爾雅廣
雅所謂不及也言又史記秦始皇紀東至海暨朝鮮正
義又漢書貫損之傳集注又後漢書竇憲傳注又文選與魏文
帝牋暨其清激悲吟注○西京賦左暨河華薛注云暨言及也

韻史 卷六十七上第十五部去聲既韻

又華嚴經音義上引珠叢云暨謂及預也引 暨至也 國語周語上求不暨注又後漢書班彪傳下注又列子黃帝暨乎門 釋文○一切經音義七引字林云暨及也亦至也 暨與也 爾雅釋詁又書梓材暨厥臣疏人左氏昭六年經暨齊平注定十年經宋公之弟辰及仲佗石彄出奔陳注人楚辭悲回風暨志介而不忘注 暨猶暨暨 蕫按暨有不暨 也暨者不得已也以內及外曰暨 爲穀梁昭七年傳表○記記塗不暨 注 于棺是也釋文云 暨暨武也 廣雅釋訓暨暨果毅皃也 禮記玉藻戎容暨暨注○ 暨本作暨 劉之暨果毅 疏云暨皃 強是 剛

塈

印涂也說文段注印涂者涂之郢人施廣領大袖以仰塗而涂之 周書梓材曰既勤垣墉惟其塗塈茨按以屮蓋屋 曰茨 塈茨者涂其茨 是也 漢書揚雄傳下 人有梅傳塈取也 假借字○之 下涂 ○ 塈皆段借字 凡涂之仰屋也又 谷永傳 塈塗也 廣雅釋室 塈塗注云塈 如今之仰泥也 匠石斵 也 樂傳 塈塗注云 塈仰泥屋也 而不敢妄 出年不敢 塈色也 書梓材塈飾也 後漢書禮樂志 周不肸飾注引蘇林又 馬注 漢書西域傳皆 塈之注

六六八一

韻史 卷六十七上第十五部去聲既韻

塈猶熠熠細澤皃也 釋名釋宮室 塈息也 小爾雅廣言 又詩谷風伊余來塈傳 假樂民之攸塈 傳洞酌傳○蕫按訓息者段塈爲呬也 其摽梅頃筐塈之 塈訓取蓋槩之段借歟

臮 衆與詞也 虞書曰臮咎繇 說文段注 衆與者多與也 所與非一人也 言者意內言外之謂 古文 如鄭詩誰侜與之如何與也 會及暨皆與也 亦假暨爲之 與 或假洎爲之 公羊傳 及者何 及也 暨也 釋詁曰暨 與 所謂猶暨暨也 泉咎繇 暨也按不及及 暨 也 即公羊 暨 與也 珠泉魚泉及也 漢書地理志上 堯典文今 書作 臮與也 史記夏本紀 淮夷蠙 索隱 注 王莽傳中集注 集注

㵖 㵖水也 說文 說文

洎 灌釜也 說文段注 灌者沃也 沃今江蘇俗云 熯 烏到切 廣韻之三十七號云熯 釜以水添釜也○史記封禪書 水而洎之 集解引徐廣云灌 洎謂增其沃汁 周禮士師 注 洎汁也 後漢書文 水於釜中曰洎 以其鑊水 注 釋文又 史記 范 邊讓傳 注 洎肉汁也 左氏襄廿八年傳而以 泊 ○ 呂覽 應言 多洎之 則武 紀水而洎之集解引徐廣

六六八二

韻史 卷六十七上第十五部去聲既韻

洎 殭也 管子 水地 泆而不可食 注云汁曰洎 又左傳襄廿八年疏云 洎者添釜之名 添水以爲肉汁 遂名肉汁爲洎 越之水 濁重 泊及也 莊子寓言 後仕三千鍾不洎 注 又 文選東 而洎 注 京賦 于斯 胥洎 注 澤 泊 幽荒 注 又 漢書韋 賢傳集注 韋孟成傳 集注 王莽傳 下 集注 ○ 王莽傳中左洎前 七部注云 洎 亦泉字也 蕫按暨洎泉皆訓及 訓與 惟泉是正字

洎與也 小書無逸 人 爰 鄭 注 洎

气

去 入 兩讀 㕚作雲气也 象形 說文段注 气氣古今字 以氣爲雲 气 ○ 俗有 吃 粊 凡 气之偁 借 爲 气 字 乃又作 餼 又省作 气 ○ 矣 气字 蕫按 雲气 引伸爲 凡气之偁 假 爲 气字 終 古 段借 爲 气 字 乃 又作 气 字 气 假 無 正 字 終 古 段借

氣者生之母 素問 寶命全形論 天地合氣 注 ○ 刺禁論 氣也者 禮記 祭義 上 高 肯之 中 有 父 母 注云 氣者 生之原 神之盛也 謂 噓吸出入者也 氣也者 虛而待物者也 莊子人閒 世 氣 愾 也 愾 然有聲而無形也 釋名釋天 氣 所以充滿形體爲喜怒 也 孟子公孫丑上 氣 體之充也 注 ○ 管子心術 云 氣者 身之充也 又淮南原道 云 氣者生之充也 氣謂脈

韻史 卷六十七上第十五部去聲既韻 六六八三

韻史 卷六十七上第十五部去聲既韻

氣 素問刺志論注 又 周禮獸醫 以動其氣 注 氣謂榮氣也 素問調經論 餘則寫其經 隧 氣有 注

氣 素問舉痛論注 三候謂之氣 素問六節藏象論 五氣謂風熱溫燥寒 素問天元紀大論注 故在天爲氣 注 ○ 周禮疾醫 以五氣 五聲五色眡其生 注 五氣五藏所出氣也 肺氣熱 心氣次之 肝氣涼 脾氣溫 腎氣寒 云 六氣曰陰陽風雨晦明 後漢書劉 瑜傳 注 氣 門乃閉 注 氣 門謂元府也 素問 生氣通天論 淮南天 寒 論

氣志氣也 國語楚語 夫民氣縱則底 注 ○ 精神氣志者五藏之使候也 大戴記 四代 氣 彊 而 新氣 注 ○ 書洪範 疏 湯 問 汝 形 云 子 性天 也 列子 衛 五 湯 問 汝 形 云 子 論 氣謂質性 氣 剛 柔 也 氣 謂 行 勾 也 地 考 工 記 總 目 氣 力 也 呂覽 審時 注 云 立之謂氣 淮南時則 注 氣 理 環流 乃 生 氣 謂 行 勾 也 氣之 䫉也 氣乃理 注則 生 气 謂 气 也 一 切 經 音 義 二 引 蒼 頡 云 臭 之 氣 乃 其 注 氣 與 左 氏 昭 十 六 年 傳 毋 曰 其 章 句 義 奪 云 乞 與 之 乞 一 字 也 取 則 入 聲 ○ 有 與 則 則 去 六 朝 人 也 選 事 按 傳 頌 或 二 義 皆 气 乃 之 也 其 分 去 入 二 聲 讀 則 則 聲 去 入 人 之 則 與 令 从 俗 乞 再 引 申 之 義 而 其 請 與 也 八 穀 年 梁 傳 乞 重 辭 也 傳 殺 五 梁 而 今 注 備 於 此 竝 乞 截 乞 者 處 其 所 而 請 與 也 八 穀 梁 傳 乞 重 辭 也

六六八四

年傳僖廿六年傳
乞不保得之辭注左氏傳廿六年經公子遂如楚乞師注○疏云乞者執謙之意不保必得之辭又疏引釋例云凡乞者深求過理之辭執謙以通成其計

愒

○俗有憩 息也說文段注此休息之息上文息篆訓喘息其本義凡訓休息者引申之義也釋詁及甘棠傳皆曰憩息也偈者憩之俗體民勞傳又曰愒息也非有二字也又吉曰愒貪也此愒字乃激之段借如左傳翫歲而愒日許引作杭歲而激日公羊傳不及時而葬曰愒愒息亦卽激字也○詩菀柳不尚愒焉傳民勞汔可小愒傳竝云愒息也

憩息也詩甘棠召伯所憩傳又文選西京賦旋憩乎昆明之池注又後漢書張衡傳注又華嚴經音義引珠叢○爾雅釋詁舊注云憩止之息也又舍人注云憩臥之息也 偈息也選 ○萱按憩憩皆俗體又或譌作憩甘泉賦度三巒兮偈棠梨注引韋昭○萱按偈亦愒之段借也其字偈晚出釋典每借用之 愒貪也書高宗肜日疏○左氏昭元年傳翫歲而愒日注云翫愒皆貪也

揭

去入兩讀俗有揭撳○高舉也說文揭舉也廣雅釋詁一又管子君臣上猶揭表而令之止也注又淮南精

韻史 卷六十七上第十五部去聲既韻 六六八五

鏃者揭鑊注齊俗爲行者相揭以高注又後漢書馬融傳注○文選過秦論注引埤蒼云揭立舉也又上林賦涉水揭河注引司馬彪云揭舉衣也 揭者揭衣也爾雅釋水○論語憲問淺則揭集解引包注云揭揭衣 繇膝以下爲揭爾雅釋水 揭褰衣也詩匏有苦葉傳又史記司馬相如傳集解引郭璞又漢書相如傳上注又後漢書張衡傳注○詩釋文又爾雅釋水釋文竝云揭褰衣渡水也又論語憲問皇疏云褰衣涉水曰揭又漢書相如傳下北揭石瀨注云揭褰衣而渡也 揭褰衣裳也爾雅釋水孫注 揭持也後漢書馮衍傳注

揭擔也小爾雅廣言又一切經音義三引廣雅又文選安陸昭王碑文注引莊子司馬注 揭謂負也後漢書馮衍傳注 揭舉也儋也負也莊子胠篋釋文引三蒼 揭謂擔之也漢書陳勝項籍傳贊揭竿爲旗注 揭猶表也文選東京賦揭以熊耳薛注○江賦峨嵋爲泉陽之揭注云揭標皆表也

揭卬兒文選思玄賦脩劍揭以低昂注 揭低昂兒後漢書張衡傳注 揭蹶兒詩蕩箋

揭兒根兒詩蕩顛沛之揭傳 揭揭長也詩碩人葭菼揭揭傳 揭揭高兒也楚辭遠逝兒揭

韻史 卷六十七上第十五部去聲既韻 六六八六

揭以巍巍注 揭揭疾驅兒漢書王吉傳集注 揭揭欲拔也淮南兵略撟其揭揭注

揭孽高兒文選魯靈光殿賦飛陛揭孽注 揭驕志意肆也文選射雉賦眄箱籠以揭驕徐注○萱按揭有去入二音其義實相因也何足屑屑分別

契

大約也易曰後世聖人易之以書契說文段注約取纏束之義周禮有司約大約劑書於宗彝小宰聽取予以書契大鄭云書契符書也後鄭云書契謂出予受入之凡要凡簿書之最目獄訟之要辭皆曰契春秋傳曰王叔氏不能舉其契按令人但目於買賣之要契段契爲契又如爰契我龜傳曰契開也又契要曲禮獻粟者執右契注契券要也憂苦閱勤注勤苦也上人獻粟者皆曰契執之右契質人掌稽市之書契注兩書一札同而別之其側刻之合之曰契無管子輕重乙使予市書契傳易之以書契鄭注云書契 下書傳序責注云象其鑿文易券之象上德廣注君子以書契廣數辭以書木還吉其事刻于木謂之書契

書謂薄書契

韻史 卷六十七上第十五部去聲既韻 六六八七

其最凡也周禮司會凡在書契版圖者之貳注 契闊約束也詩擊鼓死生契闊釋文引韓詩○萱按楚辭注韓

以契爲正字與毛意異 契闊謂辛苦也後漢書傳燮傳注○萱按爾雅挈閱也契與挈音義同契閱勤苦也挈聖官碑云挈闊此云契闊又用閱挈辭注韓

契 挈也契爲挈也契刻也易 契絕也契缺也契開也契取也之萱按孝經授神契皆借契字皆段借字也栔此云契 契 一

角 仰也萱按此釋文引子夏傳說文段注契爲刻也 ○去入兩讀有大雅爰契我龜毛傳契開也契所以刻也 字也俗作栔 爰契我龜 注云契所以刻也大戴禮作挈

栔 刻也說文段注古唐韵引作契郭云栔所以刻物也周禮栔 絕也按左傳多作契借邑人借字 劃也晉漢書作契 契缺也廣雅釋言 栔 刻也 契 刻也王劉云 栔刻也 契 刻識其數也易釋名釋書契 鍥 刻也漢書揚雄傳 荀子勸學鍥而舍之注 劉陶傳注又後漢書

韻史 卷六十七上第十五部去聲既韻 六六八八

韻史　卷六十七上第十五部去聲既韻　六六八九

又漢書枚乘傳單極之紘斷幹集注竝云契刻也又顏注云鍥
契皆刻也又古今人表注云契謂刻木以記事又列子湯問剋
臂以誓釋文引淮南許注云契臂剋臂出血也又契絕也爾雅釋詁又
後漢書張衡傳注云契猶刻也漢書母將隆傳注引晉灼
契缺也漢書匈咸器注引李奇契刻也
契開也詩縣契謂契龜之鑿也周禮華氏注
楚辭惜誓孰契契而委棟挈刻也漢書敘傳上曰
兮注云契契憂兒也注○
挈我龜又詩縣釋文偏雅釋詁
氏挈共焦挈絕也漢書士喪禮注作挈共焦
聲也同挈勁挈絕也傳集注引司馬相如
也說文實安也
有○俗省視也說文段注如
凥也說文○按畫姓之明也
居啓
凥也廣雅居訓臀似凥爲近之
居臀也　集韻引廣雅

韻史　卷六十七上第十五部去聲既韻　六六九〇

古文棄
棄有㚔〇俗捐也說文又廣雅釋言
棄去也國策秦策故子弃家人
儀兮棄廢也左氏昭廿九年傳水官棄矣注又離騷不撫壯而棄
注又國語周語棄稷弗務注弃
棄衣而走者注云無○又莊子天道而棄棄忘也十三年傳其○左氏明陽
姝不仁也注云無近思故日棄
子注云棄弃自弃也云荀子不苟窮則弃而偃注○自孟子離婁上棄
猶忘也
棄謂張棄也漢書外戚傳下武皆表奏狀弃謂投四裔之比也
荀子王制不安職則弃注○周禮掌不得埋曰棄謂棄之於野
戰疏引易鄭注云棄如流宥之制
也史釋名釋市死曰棄市市衆所聚與衆人共棄之也釋名釋喪
高祖紀偶語者棄市棄隱云今律謂絞刑爲棄市○北海相史記
君銘云棄臣子兮郟令景君闕銘云績毋棄之吳仲山碑云不景
幸棄世萱按棄
皆漢時俗字
或作
嫕或作嫕說文段注靜當作婧亭安也此篆
嫕靜也
嫕見後漢書傳寫誤爲嫕
瘱深邃也文選洞簫賦清
瘱
𨻰
切

韻史　卷六十七上第十五部去聲既韻　六六九一

靜厭瘱注引曹大家列女傳注又女史箴注
傳兮注又女史箴注
瘱審也廣雅集韻引
瘱密也文選神女賦瘱清靜
瘱悅也文選韓詩章句女賦注
引蒼頡注瘱淑善也文選神女賦注
傳下瘱靜也漢書外戚傳
集注瘱猶協也太乡夀按此段氣應而念之注
瘞
幽薶也說文段注○萱按此段云應爲瘞之注
說文段注○艸部曰薶瘞也瘞者疾也薶二也
下埋山之大者隱之而部曰薶者瘞也則爲轉注
經凡其大也戴記曾子天圓言列之又瘞曰瘞注
引鄭瘞注集注禮用也一寰列則注瘞山海經南
集注山又後漢書祠之禮子天瘞注薶漢注南山
無注字注云後傳又之湯傳用玉瘞瘞注經
注引瘞云瘞埋杜張篇注集注圜璋注漢山海
祭地瘞者祭月也薶也儀禮觀禮注祭地曰瘞瘞薶也
注揚雄傳上將瘞后土注又後漢書班彪傳祀下注○瘞天地
傳奏於郊宮注云瘞祭地也
祭土曰瘞呂覽任地注有埋牲曰瘞禮記禮運瘞繒注○周禮
年瘞土注
韻史

韻史　卷六十七上第十五部去聲既韻　六六九二

祇有埋牲五者也又犬人伏瘞亦如之司農注云瘞謂
埋祭也又爾雅釋天李注云祭地以玉埋地中瘞亦埋也
翳也既祭翳藏地中也爾雅注云釋天祭注○家語禮運瘞繒
瘞培謂壙中埋藏處深培也管子侈靡巨瘞培所以使貧民
隱也慭也太乡瘁中自應也注○萱按此類皆段應爲瘞也
應猶協也太乡廊
医
医藏弓弩矢器也春秋國語曰兵不解医
隱藏兵器也兵不解医齊語文今國語作翳說文段注云
以蔽兵也按古翳隱翳字皆當於医義引申不借依段而
也翳行兵而也翳隱翳字皆當於医義引申不借字廣韻
医翳矣医矢藏也廣雅釋器
殹
擊中聲也說文段注此字本義未見
詛楚文禮使介老將殹之病聲也此與擊中聲義近從殹
遠殹石鼓文汧殹沔沔權以自救殹蘇尚功所見秦泰殹
皆作殹然則周秦人以殹爲銘殹字琅邪臺刻石及秦
詩者或用也爲之三字通用也可信詩之今字偏他
王育說殹
人借
秦權
秦銘其
爲語詞
久

翳華蓋也　說文段注：司馬相如傳曰：泰山梁父設壇場望華蓋。劉歆遂初賦：奉華蓋於帝側。西京賦：華蓋承辰。薛綜曰：華蓋星覆北斗，王者法而作之。蔡邕曰：凡乘輿車皆羽蓋金華爪。張衡賦曰：羽蓋葳蕤，葩瑵曲莖。又曰：樹翠羽之高蓋。薛綜云：羽蓋以翠羽覆車蓋也。按：以羽故其字从羽。翳之言蔽也，引伸為凡蔽之偁。在上、在旁皆曰翳。翳羽葆幢也。山海經海外西經：夏后啟左手操翳。注：翳舞者所持，謂翳舞也。詩君子陽陽：左執翿。箋。

翳蔽也　離騷：百神翳其備降兮。注：以翳日。注又漢書揚雄傳上集注。怨思：石嵾嵯。翳隱也　文選甘泉賦：迤而翳諫。登夫鳳皇兮而翳華芝。注引韋昭。翳掩也　方言十三。翳障也　國語楚語：縱過而翳諫。注又廣雅釋詁二。翳覆也　文選西京賦：翳雲芝。薛注。翳薆也　方言六。一云：翳，薆也。廣雅釋詁。翳猶屏也　一曰滅也　國語周語：是去其藏而翳其人也。注。翳所以蔽兵也　國語齊語：兵不解翳。注。管子小匡：兵不解翳。注云：翳所以蔽兵，謂脅盾之屬。翳者所隱以射者也　注。文選射雉賦序徐注。禮記月令畢翳。注云：翳者所以自隱也。翳目障也　華嚴經音義上引文字集略。一切經音義十四引三蒼郭注云：翳，目翳病也。

韻　史　卷六十七上第十五部去聲既韻　　六六九三

又音義一引韵集云：翳作瞖，同，於計反，目病也。蓋按：作翳義已憭，不必从目也，俗乃製瞖字。

墆翳　陰翳皃。楚辭怨思：舉霓旌之墆翳兮。注。○蔽者翳　爾雅釋木：自斃，神。詩皇矣：其菑其翳。傳云：自斃為翳。釋文：翳，於計反。廣雅釋訓云：墆翳，障蔽也。文選秦(?)韓詩作殪。又詩譜：景王時有伯翳者。疏云：伯翳，翳即伯益也。按：文字異，蓋古字通用，故皆得通。又陽雜詩：伯翳結鼻。與翳，一聲之轉。

翳鳥　鳳皇屬也。廣雅釋鳥：翳鳥有皇又山海經海內經名曰翳鳥。注。翳鷗也　一名水鴞。文詩序釋文。

勩勞也　詩曰：莫知我勩。說文段注：按凡物久用而勞敝曰勩。明楊慎說文字中管閻謂是也。蘇州謂衣久著勩。字今人謂物消磨曰勩，牛解也。按當用鋊字，今非也。當用勩字。○詩雨無正：莫知我勩。傳云：勩，勞也。曰勩著。○廣雅釋詁四。

勩苦

泄水受九江博安洵波北入氐　說文段注：前志九江郡博安。或作泄，注云：博安與洵水、泄水合。水經曰：泄水出博安縣北，過芍陂西北入於淮。注：此水當作沘水，博安縣地理志之博鄉縣也。沘水西北與沘水合，又北至芍陂。泄水自

韻　史　卷六十七上第十五部去聲既韻　　六六九四

縣上承沘水於麻步川西北出歷濡谿，謂之濡水，自濡谿逕安豐縣北流注於渒水，亦謂之濡須口。按：渒即受泄也，字當作沘水，芍陂水經謂之過泄水者，四字則非所作受也。濡水篇注：沘水北入六安，九江洵字見也。又鄭云：此泄亦為詘也。洵考疑作芍陂。又詩：左傳曰泄泄，猶沓沓也。此泄亦謂泄也。按：泄者不合，詘也。泄泄猶沓沓，謂閩疑載疑，而已詩大雅。

泄去也　詩民勞：俾民憂泄。傳：泄，去也。泄猶出也、發也　詩民勞箋。

泄和樂也　左傳：隱元年：其樂也泄泄。注：泄泄，和樂也。文選思玄賦：展泄泄以彤彤。注：泄泄，形皃。

洩洩舒散也　文選左氏傳：甚分。

多人之皃　詩：十畝之間：桑者泄泄兮。傳。杜注：泄泄，淫淫也。

泄慢也　荀子榮辱注。○蓋按：此

賦注云：洩洩，飛翔之皃。

憲憲泄泄制灋則也　爾雅釋訓：泄泄。飛而鼓其翼泄泄然　詩雄雉：泄泄其羽。傳。○文選海

詍多言也　詩曰：無然詍詍。說文段注：與口部呭音義皆同，蓋四家之別也。○偁詩作呭。段注：詍，詍也。荀子解蔽：辨利非以言，是則謂之詍。注云：詍，多言也。

韻　史　卷六十七上第十五部去聲既韻　　六六九五

呭　○俗多言也　詩曰：無然呭呭。說文段注：大雅今作泄泄。孟子、毛傳皆曰：泄泄猶沓沓也。曰：部云：有呭多語沓沓也。○俗呭多沓。

枻　○俗有揲也。說文段注：厂下曰：枻也。曳下曰：束縛捽枻也。枻與曳音義皆同。楫，弓負手曳杖也。○俗刻誤也。从木，枻。蘭同。謂王逸曰：枻，楫也。釋文：曳，作枻。俗毛詩傳三非也。九歌：桂櫂兮蘭枻。注引劉逸曰：枻，船旁板也。楫謂之枻，所以櫂舟也。故曰：櫂楫為櫂。櫂者，船旁板也。按於水中故謂作櫂也。捺字廣雅作枻，非是也。○蓋按：捺，音徒說文捺臥之引也俗。

枻　牽引也。荀子非相：接人則用枻。注：枻，數也。廣雅釋詁四。枻，泄也，發泄出之也。釋名釋言語。

栧船舷也　文選楊賦。○蓋按：子虛賦注引郭璞：栧，旌所謂船旁板也。○枻，櫂也。准南道應：楫，船也。非相：荀子謂枻者，船也。又文選西京賦。曰：枻，權也。注。史記司馬相如傳注引揚桂：以櫂舟解船也。集解：齊女注：枻，枻也。楫，進船也。漢書注引韋昭云：言如桂也。漢書司馬相如傳注引張揖：上枻者，葉枻也。書注云：枻，梅也。楊施枻，荀子非相注：正弓弩之器也。

韻　史　卷六十七上第十五部去聲既韻　　六六九六

曳臾曳也說文段注臾曳雙聲猶牽引也引之則長故衣長曳引
曰曳地○萱按臾下云束縛捽抴為臾曳
也楚辭怨思曳彗星之皓旰兮注曳栧也禮記曲禮下曳亦踰
也又一切經音義十九引廣雅車輪曳踵疏
文選洞簫賦曳猶頓也後漢書馮衍傳注坎為曳易說卦傳履跛而
超騰踰曳注廣注其行次且廣注漸跛能履廣注歸妹跛能履廣注有睽見輿曳
未濟曳其輪廣注○儀禮士相見禮武舉前曳踵注云古文
曳作抴又文選洞簫賦注云曳或為跐萱按抴曳
音義同跐亦音義近通借字
跩石之似玉者說文段注按玉篇廣韻皆兼有跩
跩字訓釋同跩音曳又有一誤
帣帣籀文帣古文○俗有脩豪獸一曰河內名豕也說文段注毛詩六月
韓奕傳曰脩長也周秦之一攸訓為長其後乃段脩為攸而
訓為長矣豪豕鬣如筆管者因之凡髦鬣皆曰豪釋獸脩豪
帣者正字肆者俗字或作肆者段借字也按此言獸與下文高
帣豕非一物顏氏注漢書曰豪豬一名帣帣非也河內名豕下謂河
內評豕為帣帣猶上谷之評豭也河內漢郡名領懷縣等十有
八縣今懷慶衛輝以及彰德府南境是其地○萱按爾雅釋獸貍

韻史 卷六十七上第十五部去聲既韻

六六九七

子隸注云今或呼貍狸貍又隸肆脩豪注云豪毛長郭不言隸
肆為一字然古書从隶从聿往往不分實一字矣帣本獸之為脩
豪者總偁而貍子與河內隸嗤也廣雅釋言○萱按此段隸
名豕又為專偁也帣也隸即肆之篆體又儀禮
隸肆古文肆籀文肆作肆○隸習也說文又周禮小宗伯肆儀為位注又禮
大夫與士肆注內則請肆簡諒入境注又國語魯語記三記曲禮下又
四年傳國語注以肆為三肆業則又學肆注肆禮儀之注禮左氏君命
又三年傳肆射以肆為三蒼又及之肆子也注儀禮注曲位左
孟冬肆射注注引淮南又時則叔孫通傳史記劉釋廣注又釋下文
今肆臣注習隱淮南漢書則疏注與國語記肆之又雅又釋話二
射人注習射注又云肆儀謂肆疏云通御尼又注廣又釋釋周遭覽之
年傳云肆治肆業也肆閱也之書孫射仲注立疏注肆刘釋三十二禮
云肆謂習貫肆謂肆也漢注義縱肆傳則注云記等肆左氏二十
十六年傳肆莫知我肆肆注也三十年傳奇傳習肆等也又肆詩左氏又肆二周傳昭我
為三師以肆馬注云肆注猶○也昭引李若肆肆也又肆詩左氏禮記曲禮氏詁
及帶注又左氏襄廿九年傳勞而夏肆是隸注又小爾雅廣漢肆
詩汝墳伐其條肆傳云肆餘也斬而復生曰肆
肆枿也廣雅釋詁二釋木肆餘也方言
云烈枿餘也秦晉之間曰肆一
肆水蓋溱水之別名也

韻史 卷六十七上第十五部去聲既韻

六六九八

水經溱水注○萱按曲禮內則學記三釋文並云肆本作肆又
玉藻肆束及帶注云肆讀為肆又周禮小宗伯注云杜子春讀
肆當為肆
隸爲肆
殔瘞也說文段注士喪禮掘肂注曰肂埋棺之坎也棺在肂
埋柩謂之殔中歛尼爲所謂殯也肂者所以殯故其字次於殯
又小爾雅廣名殔小爾雅肂謂穿地為坎禮記檀弓下注士掘肂見
釋文云肂埋棺之坎也○肂檀弓釋文云肂棺坎也
禮記注欽見殯之坎○肂在西階上士喪禮
視入門左注以殯肂之坎○肂肂周書作雝注肂衣之者
名也塗以肂字於道側曰肂肂岐周作雝注周釋名釋喪制○萱按肂者
葬於假肂肂瘞也疏殯○之名釋喪制不容肂通爲肂之者
○俗假借肂訓爲陳儀禮士喪禮記檀弓釋文云肂本作段肂爲肂者
乃觀作縛不成遂急疾也說文段注釋文不成遂者不作肂
緆 謂體也就也因之急疾是曰緆
窦 靖也說文窦安也 玉篇引
衣 蒼頡 平去兩讀義分著也詩君子偕老釋文又漢書孝敬傳集注○外戚恩
澤侯表注李布傳注並云衣謂著之也又禮記曲

韻史 卷六十七上第十五部去聲既韻

六六九九

禮上童子不衣裘裳疏又論語子罕衣
敝縕袍皇疏並云衣猶著也
反之儀禮士喪禮升自阼階以衣尸注 衣尸
亦可為主釋文云衣河上本作愛萱按衣○老子衣養萬物而不
通也兩 衣愛雙聲得相通借義 者覆之若得蒐
裔 衣 古文○俗 有裔 衣裾也說文段注裾各本及篇韻皆作裾今正
衣裾也 說文裔衣裾也以
子孫為裔者取下垂義也按此應書卷十四曰說文云裔衣裾也
裘故方言苗裔皆曰垂義也末也按日衣裾曰下裔衣裾也
方言又曰裔離騷苗裔也郭之云方言又裾也上裔謂此
衣裾為言曰國語晉語三又使寡君之釋詁又雅又通之下其裔謂
以衣裾則大國語之言十二 釋此為裔衣按在左傳衛疾謂下
高陽之苗裔 何國 裔言 邊 末也 地言又曰裔祖也 騷言若裔遠
之支與流 裔注○漢書藝文志亦六經 裔邊也 廣雅釋言又帝又言曰也
雖游于江流 裔注云 裔衣末也 淮南原道 故
流而方 潯海注 裔注云 冥注 喙江 裔注○左氏哀十七年傳 衛
於焉 華裔焉注 裔水邊 萱按傳蓋以裔為大國 杜句 傳 侯 誤
讀斷字 裔餘也中太 乎裔注其裔遠也注左氏襄十四年傳是四 裔 之 裔

韻史 卷六十七上第十五部去聲既韻

六七〇〇

胄也注昭元年傳昔金天氏有裔子曰昧注昭廿九年傳有裔子曰董父注定十年傳而裔夷之俘注又後漢書章帝紀要荒四裔注又廣雅釋詁一裔表也廣雅釋詁四裔外也小爾雅廣言裔出也一廣雅釋詁裔相也方言十三裔習也方言十二又廣雅釋角二糸孫之後稱苗裔太糸積至子苗裔注○左傳昭廿九年裔荒裔也國語晉語以實裔土注云糸孫之後為裔地為裔四裔謂四海也注○方言十二赤夷狄之總名又注云邊遠四裔通以為號也文選東京賦薛注迯裔亦四裔迯迯八裔注云八方也海賦迯迯八裔猶八極也裔裔行也廣雅釋訓○文選神女賦步裔裔兮集解裔裔兮曜殿堂注云裔行兒又史記司馬相如傳班裔裔飛兒也文選台山賦遊天行兒又郭璞云裔裔行兒也漢書禮樂志容裔高低之兒文選東京賦紛翩引翩鸞之裔裔注○漢書禮樂志容裔高低之兒文選東京賦以容裔集注云裔裔飛流之兒張納功德敘云枝裔滋布陳球碑云蘇注○張壽碑云盛德之裔張納功德敘云枝裔滋布陳球碑云有虞氏之裔又一切經音義六云裔古文裔同按漢碑多用裔則裔之裔必漢時俗字也但列子篇不二字泰漢已前與此不同要之是特寫者用俗字改正字不必果出于漢內音

韻史 卷六十七上第十五部去聲既韻 六七〇一

氣向器切 槩或餼或鐀 客之芻米也春秋傳曰齊人來氣諸侯注說文段注聘禮
敘曰饔生曰餼餼有牛羊豕黍梁稻稷米薪芻等不言牛羊豕者以其字从米也言芻米不言禾者舉黍米可以該禾也經典謂生物曰餼論語告朔之餼羊今字段氣為雲气字而氣乃無作氣者諸侯事見左傳桓六年十年傳也餼曰齊人餼諸侯許所據作氣左明述春秋傳大年十年字而言禮記曰既日如其所據作氣之數左傳桓六年十年傳也事注云既讀為餼餼賓客之事生曰即既讀為餼聘禮注云既讀為餼按鐀字氣出俗字在後三大戴朝事篇古文作餼中庸篇於此可見為氣之字氣假借小爾雅廣言又私覿致既戴而先生曰既聘引字餼猶廩也餼鐀也音義十三引埤蒼一切从食气聲蓋既曉七經書廩也給也儀禮聘禮注云餼之以其禮注○餼餉也一切經音義七皆王制禮記致稍餼造賓客納稟食也考工記玉人以致稍餼注○餼猶遺也儀禮聘禮文鐀餼也國語越語公與之餼注云餼禀稍食也廩之詩鴻雁箋謂賜之食也餼秫也

韻史 卷六十七上第十五部去聲既韻 六七〇二

國語魯語馬餼不過稂莠注又儀禮聘禮餼饒也方言十三生曰餼禾米也又左氏哀十二年傳注云生曰餼○國語問生死事也又左傳哀何如地注云主生歸餼生四年注○寡其餼十年注云欲去曰饔食曰餼注○漢書論世之衰八年傳注執孰生生曰饔之也又注也云以牲生曰餼引疏云書律注傳生禮牲禮注漢也云又餼餼過云鐀語之八注子上注生禮漢也左傳注禮注又餼
牲生曰餼餼語論又八佾注生儀云欲注其生禮注云漢也
牲曰餼詩集解云注儀禮注牲胡漢凡左羊
腥曰餼鄭注曰無孔注疏聘禮云賜傳集
三年釋文腥曰又云文雞無正解引之云致人隱解
文云牲禮腥文家詩又禮疏牲禮生歸雲鐀禮疏
死曰餼疏禮記聘禮義左傳八牲左又傳桓云
大禮曰饔餼 …

韻史 卷六十七上第十五部去聲既韻 六七〇三

餼 用氣者僅見考工記玉人以致稍餼或作氣注云餼司農注云
愾 怒戰也春秋傳曰諸侯敵王所愾說文段注怒則有氣戰則用兵故其字从金氣者气之段借字也春秋文公四年左傳王所愾文王杜注曰愾恨怒也猶當王所怒也敵王也心部曰愾大息也从心氣是則敵王所愾當作愾怒故此引以證用金之會意之指
愾 大息兒詩曰愾我寤歎說文段注大各本作太今正古無太字凡言大而以為太之也也口部嘆下曰太息也漢書作大息也大息者呼吸之大者也大息者謂寤而嘆息之聲嘆息者呼吸者譽云息也凡有聲嘆者嘆聲曰大戶者意若兒者呼嘆息之也聽然必有所嘆息禮記是云公若兒者戶而云愾愾嘆息外之也此有意聞許息○記云至哀之公問哀公疏云愾則也慨祭作義數義曰下入誤大太也逢文太兒各本作之也皆為說文段注義問也或作義曰者之之大下矣注云愾愾至也此段聞愾乎云息也
忾 ○說文段注息息是也聲者不慧也注
忾 有癡不慧也說文段注
忾 俗字 訓釋忾 書忾 忾
忾 静也爾雅釋詁 忾息也廣雅釋詁 忾忾喜也 忾喜也廣雅釋詁 訓釋忾忾喜也○忾喜也書廣雅釋詁 忾皆讀入聲○按忾與忾蓋一字忾即忾之異體耳而字書分為二字何歟

韻史 卷六十七上第十五部去聲既韻 六七〇四

韻史 卷六十七上第十五部去聲既韻

忔者風痺忔然不得動也史記扁鵲倉公傳數忔食飲索隱疙癡也廣雅釋詁三小

癡曰疙一切經音義十六引通文

頪 司人也一曰恐也說文段注曰者今之伺字

呬 東夷謂息爲呬詩曰犬夷呬矣說文段注方言呬息也東齊曰呬釋詁郭注亦云今東齊謂息爲呬許襲方言東夷當作東齊字之誤也按大雅民之攸塈毛曰塈息也塈不訓息此正謂塈即呬之段借爾雅呬息也氏引詩民之攸呬蓋三家詩作呬毛詩作塈說文尸部有眉字鼻部有𩑶字皆臥息也亦皆作器切凡古休息與鼻息同義大雅混夷駾矣維其喙矣合二句爲一句與日部引東方昌矣相似混作大喙作呬蓋亦用三家詩馬部引昆夷駾矣則毛詩也毛云喙困也方言餽喙呬息也按人之安寧與困極皆……諸息云故假樂也縣之呬不嬉異義同也後漢書張衡傳注呬氣息皃也釋詁注

眉

眉屭○俗有臥息也作力之皃也說文段注西京賦吳都賦皆用屭眉字說者謂屭見大部俗譌眉俗譌眉又譌

六七〇五

韻史 卷六十七上第十五部去聲既韻

屓今學者罕知其本字矣眉之本義爲臥息鼻部所謂鼾也用力者必數其息故引伸之爲作力之皃呬息也音義略同

齂网見 臥息也說文段注與眉音義並同篇韻皆秖云鼻息釋詁云齂息也齂氣

息皃爾雅釋詁齂息也注

𩃼 見雨而比息說文段注比下曰密也密息者謂鼻息數速也道迷遇雨急行則息必頻喘矣各本比作止爲韻同或又作上似不若宋刊業抄二本作比爲長

櫘 櫘木也說文

韢 櫜紐也一曰盛虜頭櫜也說文段注櫜車上大櫜也紐系也一曰結而可解也呂覽北郭騷告其友曰盛吾頭於笥中奉以託以白晏子也退而自刎其友因奉以託按託者櫜之假借字云虜頭者如丞梁君臣之首之類

濾 濾水出廬江入淮說文段注出鼓當作在漢廬江郡今安徽廬州府廬江縣之境是其地濾水今未詳

揣 揣撮也○俗有揣 揣取也揣雨手急持人也說文段注有司徹乃摭于魚腊取之揣撮取也謂撮而

切異器

六七〇六

韻史 卷六十七上第十五部去聲既韻

俎俎釋三个具餘皆取之古文擴爲攜儀禮宋本嘉靖本單行疏本釋文宋本皆如是俗本作今文摭爲攜者非也凡言攜者皆謂少取禮經依古文爲是西京賦攜龍亦謂今撮取薛解云指取之也文賦徘徊而不能攜攜當是攜之誤俗語云指帶者當作攜揣雨手急持人也其義有攜取也廣雅釋詁一別廣韻不云二形一字

蔕 瓜當也說文段注曲禮削瓜士疐之釋木曰棗李曰疐之者蔕之段借字聲類曰蔕果鼻也瓜當果鼻正同類老子深根固柢柢亦作蔕西京賦蔕倒茄於藻井皆假借爲柢字蔕花本也大選吳都賦劉注

螮 螮蝀虹也說文爾雅釋天螮蝀謂之虹禮記月令注白虹○詩蝃蝀毛傳云蝃蝀虹也鄭箋云蝃蝀有螮德也○太平御覽引蜺亦日充氣詩蝃蝀鄭箋方疏按螮蝀雙聲方言十一注江東呼蝃蝥音掇蝥

弟 有古文○俗 韋東之次弟也說文段注以韋東物如輈五束衡三束之類東之不一則有次弟也引伸之爲凡次弟之弟爲凡弟之弟爲豈弟之弟詩正義引說文有弟字弟弟也相次弟而生

切䑑器

六七〇七

韻史 卷六十七上第十五部去聲既韻

也釋名釋親屬弟第也儀禮喪服傳注弟次也呂覽原亂注引史記爲娣妹在室疏注弟深考集解引又徐漢廣書晉陳亂必弟但也五帝紀隱紀顏弟漢書實傳上注大人弟漢世勝有集弟去注會稽紀集諸家之不能外戚但解之母又之家傳君相如捐傳如但集注又孫所引注傳也也舍漢陳懷家傳注司注云相弟但集傳君弟使但傳弟也漢舍勝君母之馬…

弟 人傳司馬注稱云相史但弟如但也記者但傳君紀之有則緩如從隱紀…

後 生爲弟 爾雅釋親先生爲兄後生爲弟○白虎通三綱六紀弟者悌也心順行篤也…

六七〇八

○左氏宣七年傳云凡太子之母弟公在曰公子不在曰弟凡稱弟皆母弟也

昆弟四體也儀禮喪服傳

小功以下爲兄弟儀禮喪服傳○既夕兄弟出主人拜送注云兄弟小功以下也萱按儀禮之例稱兄弟與稱昆弟有別同宗者祇稱昆弟

兄弟昏姻嫁娶也周禮大司徒三曰聯兄弟注○儀禮士冠禮兄弟畢袗玄注云兄弟主人親戚也又既夕兄弟賵奠可也注云兄弟有服親者○喪服記於兄弟降一等注云兄弟猶言族親也又聘禮記若兄弟之國注云兄弟謂同姓若婚姻甥舅有親者萱按此兩兄弟注皆兼同姓言恐傳寫偶誤也曲禮明言嫂叔無服故儀禮大之所爲兄弟服妻降一等自指小功以上爲弟易下不涉昆弟害也閻百詩戴東原兩家辨之詳矣

能以事兄謂之弟荀子王制○禮記曲禮上……疏云弟者事長次弟……

弟敬愛兄謂之悌賈子道術○廣雅釋親云弟悌也今字釋古字也於義皆無不協

弟者悌也心順行篤也白虎通三綱六紀○萱按君君臣臣父父子子兄兄弟弟夫夫婦婦字皆一動一靜君臣等字未聞有兩讀也俗乃於弟字獨分上去二音何歟又如脩身身脩齊家家齊治國國治平天下天下平字皆一

動一靜脩齊平未聞有兩讀也俗乃於治字獨分平去二音何歟此陸象先所謂天下本無事庸人自擾之也陋亦甚矣愚於此等皆審定一音用之復項昏鈹析肥誤方來

不弟者言能以順道事其兄也漢書惠帝紀舉民孝弟力田者注○荀子修身云端愨順弟

弟順也漢書蕭望之傳集注引蘇林○呂覽不屈云弟者長也

悌順也廣雅釋詁一又孟子滕文公下出則悌注告子下徐行後長者謂之悌注○周書謚法逮而不悌曰丁注

弟德之序也大戴記衛將軍文子又家語弟子行……史丹傳集注……

弟易也……爾雅釋詁……悌易也詩蓼蕭……孝經……

豈弟樂易也詩青蠅豈弟君子箋

凱弟樂易也禮記孔子閒居凱弟君子注……

第次也說文段注此見毛詩正義卷一之一引說文其在弟部抑竹部今不可知要孔沖遠所據有此篆無疑○廣雅釋詁三又小爾雅廣詁又國語周語由是第之注又周禮天官目錄疏云第次也又左氏春秋經傳集解疏引字書云第訓次也

第次第也左傳哀十六年楚國第釋文又史記陳涉世家集解引服虔……漢書高帝紀下賜大第……

書稱題亦言第因其……

第次也釋名釋書契有甲乙次第故曰第……

第且也……

第使也……

第館也……

睇小衺視也南楚謂眄睇說文段注小衺視者……

又文選幽通賦養流睇而猿號兮曹注○方言睇視也二云睇眄也又陳楚之間南楚之外曰睇小爾雅廣言又後漢書張衡傳注

睇傾視也禮記內則不敢睇視注……

顧視曰睇……楚辭山鬼既含睇兮又宜笑注……

睇眄也……史記屈原賈生傳正義……睇微眄兒也……

○俗有剃字

鬄影也大人曰髡小兒曰鬄盡及身毛曰鬄說文段注……周禮雉氏注曰雉讀如鬀小兒頭之鬀……不鬀髮則腹痛……

涕鼻液也說文段注易萃齎咨涕洟鄭注自目曰涕自鼻曰洟……

滯渙易象下傳喪過乎哀廣注

㦿

㦿。俗有㦿狄高也一曰極也一曰困劣也說文段注極也別一義困劣也又一義樂記則無怙
㦿之音㦿即㦿之訛俗用㦿字廣韵曰極困也亦即㦿之俗㦿極也廣雅釋詁一禮記樂記釋㦿敗也史記樂書則無
又禮記樂記釋文怙㦿敝敗不和皃記注樂

遰

遰去也說文遰去也而春秋運斗樞黃龍五采負圖出置舜前遰入水去注。臺按此段遰爲遰也
遰往也大戴記夏小正遰鴻鴈傳遰也遰刀鞞也禮記內則右佩玦捍管遰注

鈇

鈇。俗有鈇鐵鉗也說文段注鐵鉗也狀如跟衣箸足下重六斤以代刖左趾鈇踏腳鉗
鈇足鉗也後漢書武紀下注鈇鈦也廣雅釋器

軑

軑。俗有軑車輨也說文段注輨非也玉篇廣韵皆云車輨轄皆輨之說也。車
臺按方言云關之東西曰輨南楚曰軑趙魏之閒曰鍊鏥音
東又說文輨下云轂耑錔也段氏彼注云錔者以金有所冒也
離騷曰齊玉軑而並馳王逸釋爲車

韻史 卷六十七上第十五部去聲既韻

六七一三

數孔之外以金表之曰輨

杕

杕。俗有柂舵樹也詩曰有杕之杜說文段注樹當作特字之誤也在毛曰杕特皃許所本也引伸爲舟舵顏黃門時已誤矣唐風有杕之杜
注淮南說林南心曰杕舟尾也柂也舟舵皆俗字高柂船尾也後漢書仲長統傳注。
南林云杕所說毀舟爲柂可以正船也名釋船云其尾曰柁後漢書趙壹傳注。釋
杕注云杕舟尾也柂
柂也在後見柂也且彌正
船使順流不使他戾也

棣

白棣也說文段注小雅傳曰常棣棣也秦風傳曰棣唐棣也常
云與唐同字可證矣渾言之則白棣亦詩唐棣也𨙸風傳
林云鬱棣屬。爾雅釋木云常棣棣又集韵引字棣今之山櫻桃
漢書司馬相如傳上注。陳雷酸棗縣西南有棣城郭注云棣實
似櫻桃也又閑居賦梅杏郁棣之屬文選上林賦隱夫薁棣櫻桃也
棣棣富也容貫經子棣棣富而閑習也詩柏舟威儀棣棣傳。左傳
閑也又漢書韋孟傳集注棣富而閑習也襄三十一年漢書注云棣棣
云棣棣閑習之皃成傳集注棣謂通意也萬物遝通律麻志注上

韻史 卷六十七上第十五部去聲既韻

六七一四

薙

薙除艸也明堂月令曰季夏燒薙說文段注案周禮薙氏掌殺
鄭云字從類類謂聲類也大鄭從夷艸雉或作夷古雉音同夷故
者乃俗字猶稻人芟夷字俗作芟薙也後鄭從雉而讀爲鬀作薙
雉許君說文本與薙字俗作芟薙也月令燒薙蓋亦本作燒
字淺人所羼入也薙謂迫地芟艸也禮記月令燒薙行水注

膩 念利切

膩上肥也說文段注謂在上者釋器曰冰脂也郭云莊子肌膚若
冰雪冰雪脂膏也按此所謂上肥也冰凝古今字毛詩
廣如凝脂同也膩滑也楚辭招魂靡顏膩理注

泥

泥平上去三讀滯也漢書藝文志集注
義各異
傳注又後漢書蔡邕傳注泥謂滯陷不通論語子張鄭注。
竝云泥謂陷滯不通也泥泥難不通也集解引包注。皇疏
泥謂泥者泥溺於水不能自拔漢書五行志中之上泥少才
云泥難也
力爾雅釋獸威夷尼止也蜀才注又孟子梁惠王下止或尼之
長脊而泥注爾雅釋詁又易姤繫于金柅釋文引
注又山海經大荒北經相繇食于九土其所歐
所尼即爲源澤注。臺按此皆段尼爲泥也

韻史 卷六十七上第十五部去聲既韻

六七一五

利 堯氐切

利銛也說文段注銛者臿屬引伸爲銛利字銛利引伸爲凡利害之利利和也易乾元亨利
廣雅釋詁三。易文言傳又論語子罕集解又法言問明其傳又
利者義之和也又左氏襄九年傳左注少者字貞
竝云利者義之和也左氏襄九年傳左注少者字
利于所利注云利猶使也漢書薛宣傳集注。國語
魯語唯子所利注云利猶使也漢書薛宣傳集注。國語
利使也國策西周策西周君利也又荀子王制利以和義
云利謂利於用田宅注紀下利者裁成也易文言傳以言利
使謂便好也與漢書高帝紀下利者裁成也物是以和義
何利者道之本也春秋繁露信載義而行之爲利五年傳十以
注作事業曰利周禮天官太宰以九兩繫邦國之民其利注。周書文
饒也蜀國策秦策西周策利不容其利注云福業利仁也四年雅釋詁利
羊繢傳注云益之利於人曰利又益也禮記月令以治利則以殺注艸。疏又漢書子
魏徵說云益萬物爲利利又易海樂辱記以情利則以殺注。國語後又荀子
于我利祿賞也禮記表記事君大言入則望大利注。事君大言入則
注利祿賞也禮記表記事君大言入則望大利
利成注特牲饋食禮又西儀禮士虞禮
曾子問不告成疏。禮記春秋繁露身之成利云利少牢饋食禮
子成注特牲饋食禮。禮記祀東注。春秋繁露

韻史 卷六十七上第十五部去聲既韻

六七一六

也又儀禮特牲饋食禮利洗散獻于尸淮南說山不
注云利佐食也又疏云利即養也利猶取也慣人之利之
也易繫辭下傳情僞相感而利害易繫辭上傳
注乾爲利生虞注說卦傳爲近利虞注異爲利其利斷金虞
注數辭下傳不見利不動虞利物也老子故有之以爲利注○
注○說卦傳云奚爲近利周禮藏方氏周知其利害
注云利金錫竹箭廣雅釋詁二○禮記坊記先財而後
之屬利貪也禮則民利注云利猶貪也又準南精
神其餘其無足矣注云利猶貪利又禮記中厲式利而行之注
云利謂貪業名也又表記事君三違而不去則利祿也注云利
祿書爲貪利謂悅愛之也荀子正名不利傳辟者之辭注○墨
祿雷也子經上云利所得而喜也
利者求也鬼谷子摩○荀子王霸絜國散利貸種食也周利大
以呼功利注云利貪求之也司徒一
日散利巧利用之善也老子絕巧地利險阻地池之固也孟子
司農注棄利王注公孫
丑下天時不老子國之利器注○民多利器注云
如地利注利器權適也利器者權也
後漢書劉陶傳注○丁鴻傳注云利器謂國之
利器謂威權也權勢又瞿酺傳注云利器謂權道也

淮南墜形輕
利疾也土多利注
例比也說文段注此篆蓋晚出漢人少言例者杜氏說左傳乃云
發凡言例例之言迾也迾者遮迾以爲禁經皆作列作厲
不作迾周禮司隸注厲遮例也釋文例本
作列蓋古比例字祇作列疑許本無此
厲列或書作副說文段注次弟成行
○俗有隸次弟馳也列之馳也故从列
厲或○俗有旱石也說文段注旱石者剛于柔石者也禹貢厲
厲礪砥砮丹大雅取厲取鍛引仲之義爲作也
見釋詁又危也見大雅氏勞傳廣凡周易又烈也見招鬼王注
俗以義異異其形大凡砥厲字作礪傳勸勉字作勵惟嚴厲字作
厲而古引伸假借之法隱矣凡經傳中有訓爲惡訓爲病訓爲
鬼者謂厲即厲之假借也爲遮列者謂厲即迾之假借也周
禮之厲禁是也有訓爲涉水者謂厲即濿之假借如詩深則厲
是也有訓爲帶之垂者如都人士垂帶而厲傳謂厲即烈之假
也烈多餘也漢人厲阜石也漢書枚乘傳厲砥石也史記高祖功
隸多作厲臣侯年表恭
山若厲集解引應劭○漢書磨龍底厲注呂覽上農是請
厲賢材焉注云厲砥厲也書儒林傳以厲摩也厲禍注又文選

蕪城賦飢厲磨也荀子性惡鈍金必將待礱厲然後利注又史
鷹厲吻注記扁鵲倉公傳厲鍼砥石注又漢書地理志
上集礪也廣雅釋詁三○山海經中山經陰山多礪石注云
注磨磨礪石石中磨者又西山經苕水其中多砥礪注云
砥礪磨也精爲砥祖爲礪也又禮記內則礪所以致刃也說苑
刀礪注云刀礪小刀及礪礱也國策秦策綴厲熟也建本
○詩公劉箋取鍛厲斧斤之石厲利也甲兵注方言
疏云礪者磨刀劍之名厲兵注附也言
十厲歎也廣雅釋
二礪詁三厲令也方言十二厲近也雅釋附也文選西
引韓詩厲合也雅釋厲方也廣雅釋厲作也爾雅釋詁又都賦注
詁二釋詁一廣雅三厲皋陶謨庶明厲
翼翩厲爲也廣雅釋詁二○方言勉也後漢杜注勵勉也鬼谷
注六云厲爲也吳日厲厲詩傳注子決
厲子一言注又小爾雅廣言又後漢厲謂勸勉之也漢書董仲
書劉庚公孫瓚陶諫傳注舒傳士素
不厲也注雅釋詁一又
儒林傳注勵勸也小爾雅廣詁勵者勖己之稱文選勸厲獎
題注
周書和寤王乃厲厲奮也管子牧民兵弱而士不厲注
翼子尸氏八士注又漢書楊雄傳上集注

起也文選高唐賦沫潼潼而高厲注
厲踊起也管子地員栗焉如肩塵厲注
厲謂抗舉荀子議兵
咸厲而不誠注○省坐注云厲抗也
厲上也廣雅釋詁一
厲高也廣雅釋詁四又呂覽李冬征鳥厲疾注侍
君而厲人主之御也注
厲危也易乾夕惕若厲釋文厲頤注王肅噬嗑得黃金貞厲虞注豚有疾厲虞注
震來厲虞注良厲熏心虞注又詩民勞以謹醜厲傳又穀梁定
元年傳注又後漢書明德馬皇后紀注又廣雅釋詁一又太矛
閑非石如石厲注疑蚤虱之挺厲注格格竊緝厲夷夷其角
厲注唐勿作厲注常女貞厲注減厲不至注內表其繩袍厲注
劃及其心腹厲注將元厲注
厲言行不隨俗也左氏春秋序疏危行言孫
厲急也文選洛神賦聲
哀厲而彌長注
厲疾也史記樂書發揚蹈厲之已蚕集解引王肅又漢書嚴安傳集注又莊子人開世以爲不知
已者詬厲引司馬注也釋文
厲疾兒也文選曹子建贈白馬王彪詩屬知厲翊翼注盧子諒贈崔溫詩中原
厲迅飛注
厲疾飛也漢書息夫躬傳厲隼橫厲注厲
厲鶩疾鶩也荀子禮論馳騁厲鶩不外
是矣注
厲嚴也禮記玉藻色容厲肅疏又論語述而子溫而厲皇疏又史記樂書粗厲猶起正義○文選陸士衡樂

府長安有俠邪行烈心厲
勁秋注云厲嚴皃也
謂威容
嚴厲
厲嚴厲也
易頤厲吉釋文○後漢書
崔駰傳尚父之厲注云厲
厲謂嚴顏色
禮記表記不厲而威注○史記律書正義
云厲顏色勃然如戰色也
厲嚴正也
論語子張聽其言也厲集解引鄭注又皇疏○皇疏
又云厲清正之謂也又陽貨色厲而內荏皇疏云厲
於正
也
厲嚴整也
文選射雉賦厲耿介之專心兮徐注冊魏公九
錫文注引論語鄭注
厲嚴猛
禮記月令征鳥厲疾疏○左氏定十二年傳與其素厲
注云厲猛也
厲陵厲也
後漢書張
衡傳注
厲剛烈也
荀子王制威嚴猛厲注○楚辭
招魂厲而不爽些注云厲烈也
厲主殺罰
禮記祭法
曰泰厲注
殺戮不辜曰厲
國語楚語請為靈若厲
注又呂覽審分幽厲之
臣不獨辟注○左傳襄十三年注云戮殺不辜
曰厲又周書謚法云殺戮無辜曰厲暴虐無親曰厲
獨斷
犯政為惡曰厲
下
素問陰陽離合論陽
明根起於厲兌注
周禮秋官序
官司厲注
厲兌穴名在大指次指之端
厲風乾氣所生一曰不周風
呂覽有始
西北曰厲

風注○莊子齊物論厲風濟則萬竅為虛釋文引司馬注云厲
風大風又引向注云厲風悲風○萱按厲砅同音瀨烈迾與厲
雙聲皆同部字也故多用
厲作之注詳各字下
巁
有○嵱谷
巍高也
說文段注玉篇廣
韻作嵱云巍也
砅
濿或
履石渡水也詩曰深則砅
說文段注謂若今有水汪甃輒
石而過水之至小至淺者也此
偁卿風言假借也毛詩曰深則厲釋水曰以衣涉水為厲又曰
縣帶以上為厲此竝存二說也毛傳依之定李改云以衣涉水
為厲謂由帶以上也合為一說纓矣履石渡水乃水之至淺曰
無待寸揭衣者其與深則厲純然二事明矣厲砅二字同音故
為容有作砅者許偁以明假借如尚書以作斑為作好以莫席
詩蕨席之比經與釋文引韓詩至心曰厲玉篇作水深至心曰
砅至心即由帶以上之說也蓋韓詩作深則砅許偁之與戴先
生乃以橋梁說砅如其說許書徑云石柔不當云履石淩水矣
詩言深則厲淺則揭踰因特之宜尚深待石梁則有不能渡者
矣為貢厲砥名應引作砅砥偁說命用汝作厲宋厲國語補音
引詩作砅汗簡云砅古文碼此可見古假砅為厲非處矣引仲
之為凡渡水之偁如大人賦橫厲飛泉以正東是也字多作厲

厲涉水也
列子說符方將厲之注○論語憲問
鄭注云由膝以上為厲
厲渡也
史記司
馬相如
傳正義又漢書相如傳下集注○詩有狐在彼淇厲傳云厲深
可厲之常又楚辭靈懷櫂舟杭以橫厲兮注云厲渡也由膝以
上為厲又文選上林賦越堅厲水郭注云厲以衣厲度也漢書
渡水又爾雅釋水李注云不解衣而渡水曰厲楊雄
傳上音義引鄭辰陳湯傳集注○水經河水注引段國
沙州記云吐谷渾于河上作橋謂之河厲
蠣
○俗
有蠣
蚌厲似蠊嶔大出海中今民食之
說文段注蠊即上文長
寸而白者據本艸經牡
蠣條注則此物有絕大者不得云似蠊嶔大也且蛤下作厲云
春謂之牡厲似蛤厲有厲蚌厲有蠣其字不必同不煩以本艸
帝合也許所聞或與後人
不盡合讀書不貴盡信
蠣蛤燕雀所化也秦曰牡蠣
一切經
音義十
六引
字林
竦
○俗
莅涖
所敖
類此
有臨也
說文段注臨者監也道德經釋文云古典莅字說
文作竦按莅行而竦廢矣凡有正字而為假借字
者莅臨也
儀禮士冠禮吾子將莅之注又禮記文王世子
不能莅阼釋文又大戴記曹子本孝死則哀以

莅馬注又左氏隱四年傳莅殺州吁于濮釋文傳三年經公子
友如齊莅盟注昭五年傳其在莅事争注又論語衛靈公不莊
以莅之皇疏又國策秦策莅政有頃注又孟子梁惠王上莅中
圖注又呂覽孝行莅官不敬注又文選魏都賦察五德之所莅
劉注又後漢書
班超傳下注
涖臨也
詩采芑方叔涖止傳又周禮州長皆涖
其事注熏正以歲時涖校比注小宗佝
及執事涖大祭小祭注大司樂涖敎樂器注大司馬涖大卜注
大司寇涖其盟書注又儀禮士喪禮族長涖卜注特牲饋食禮
吾子將涖之注又禮記曲禮上涖官行法注曲禮下涖牲曰盟
注檀弓下荀無禮義忠信誠懿之心以涖注祭統必身親涖之
注坊記故君子信讓以涖百姓注緇衣恭以涖之注又左氏隱
七年傳陳五父如鄭涖盟注昭廿四年傳涖問周故注又國語
周語則皆官正涖事注考中度衷以涖之注晉語使箕齊涖事
注无又不敢涖喪注又漢書杜欽傳涖官不敬注○周禮世婦
涖陳女官之具注云涖者臨也又左傳昭六年疏云涖亦涖視
臨也又云臨謂平常之時涖謂當事之時涖
也爾雅釋詁又周禮司市市師涖焉司農注大宗伯涖玉芑注
又禮記文王世子成王幼不能涖阼注
涖謂臨視也
周禮鄉師及窆執斧以涖
匠師司農注大宗伯疏
莅謂監視也
漢書刑法
志莅之以

疆注施之於事爲涖左氏昭六年傳涖之以彊注涖者位也○穀梁傳三年傳文七年傳云涖位也又昭七年傳云涖位也涖祿也廣雅釋言涖盡也廣雅釋詁一內之前定之辭謂之涖涖涖聲也史記司馬相如傳涖涖下瀨索隱引司馬彪涖颯飛相及也漢書司馬相如傳下涖颯卉歙注引張揖郭璞注云涖涖聲也○蕾按漢書作莅涖

𨽾隸古作隸○或附著也說文段注附當是本作坿淺人改也周禮注隸給勞辱之役者漢始置司隸亦使將從治遺溝渠之役後稍等之使主官府及近郊人孔融有十等與臣隸按隸又漢書儀義同皆訓坿著故從隸屬也後漢書左傳注傳注云隸附著也又漢書貨殖傳隸屬也左氏昭七年傳服注云隸集注云隸之言著也漢書匈奴傳下易隸猶羣輩也列子仲尼注云隸隸以屬于吏也又漢書注云隸謂附屬也隸人小隸以惡注云隸謂附屬也隸臣也廣雅釋詁一○左氏定四年傳社稷之常隸也注生隸人之隸注云臣也又文選上林賦以贍蔭隸注引司馬彪云隸臣也國語晉語其猶隸農也注○儀禮既夕記隸人涅廁注云隸人罪人也今之徒作役者也

隸役也國語晉語其猶隸農也注○儀禮既夕記隸人涅隸役也廁注云隸人罪人也今之徒作役者也國語周語皆隸圍注子孫爲隸注魯語子隸賤也漢書食太之隸也注晉語其誰非君之屬隸臣也注左氏成隸奴也子傳集注○敘傳上夫鐵鑕流隸注云隸賤隸又左氏成隸奴也賤也役十六年傳魯之常隸也注云隸賤官一切經音義廿五引奚隸女奴男奴也周禮禁暴氏凡奚隸也周禮司厲鄭衆注聚而出入者則司牧隸之隸閱也史記酷吏傳關東吏隸郡國史記劉敬叔孫通注隸亦習也傳集解引漢書音義隸亦習也傳羣臣習隸○蕾按此隸當集解用隸人之省謂之隸書或言隸者篆捷也隸書隸字之誤也作隸隸　水經穀水注謂之篗其屎謂之隸廣雅釋器

𣚔𣚔木也說文

劦同力也山海經曰惟號之山其風若劦說文段注同力者䬅也劦○俗有䬅力也郭傳䬅急也䬅風風如䬅郭傳䬅急也䬅風如　見調也北山經曰毋逢之山望雞號之山其風如䬅郭江賦用䬅字音戾武云䬅風也按郭李與許所據不同郭江賦用䬅字

許意蓋謂其風如許力而起也

珕蜃屬禮記曰佩刀士珕琫而珧珌說文段注蜃屬謂蜃之類其甲亦可飾物也藝文志曰記百三十一篇七十子後學者所記也詩正義作珕琫而珕珌

荔荔艸也似蒲而小根可作刷說文段注月令十一月荔挺出鄭云荔挺馬薤也淮南時則以荔挺爲艸名蘩蓾章句云荔似蒲而小根可作刷出○高注呂覽云荔馬荔以荔挺以下屬爲之程氏瑤田曰荔北方東傳其根以刮鍋李時珍以茢爲之誤也○史記司馬相如傳集解引徐廣云荔薪荔馬荔則有相通之又云荔艸也後漢書張揖司馬相如注家荔馬荔薤注引蔡邕章句又月令○漢書司馬相如傳上荔馬荔荔艸也又呂覽注又漢書訓艸傳注云荔馬荔引注又荔十二漢書陳寵傳注引蔡邕章句月令七漢書注又後漢書集解引蔡邕章句又月令○俗

山海經西山經小華之山其艸有萆荔注萆荔香艸也

𨁸有○俗𨁸犬出戶下而身曲戾其意略近故以戾釋𨁸也說文段注按此乖戾正字今則戾行而𨁸廢矣戾史

記漢書多用𨁸字○史記司馬相如傳𨁸夫爲之垂涕索隱引張揖云𨁸古戾字又文選上林賦宛潬膠𨁸注同

𨁸曲也廣雅釋詁一𨁸偝也廣雅釋詁二𨁸胝也呂覽𨁸遇注令長

𨁸綟也漢書百官公卿表上金璽𨁸綬注引如淳○注又引晉灼注云𨁸艸名也似艾可染綟因以爲綬名也又後漢書南匈奴傳注云𨁸艸名以戾戾皆染綟因以爲名蕾按艸名正當作莀

有○俗𨁸曲也說文段注釋詁毛傳戾又訓爲至訓爲來訓爲止訓爲待訓爲罪皆其義之引伸也爲定釋言曰疑休戾也毛傳皆曰戾至也一切經音義四引訓爲其引伸之訓是字林云戾了戾也○素問五常政大論必有所至故其引伸訓

引字林云戾曲也

戾轉也文選射雉賦注又國語注至又音義十四如

戾違也漢書張耳陳餘傳贊集注二引字林曰戾乖也詩節南山降此大戾箋又戾注云戾戾綮徐

注戾乖也左傳昭廿五年傳注皇甫規傳注○後漢一切經音義二引字林云戾乖也左傳昭廿五年傳注疏○○荀

林云戾乖戾也淮南覽冥苦子蒼天注孟子注○又戾相背也

戾反也淮南原道淮南錯云戾相反又戾太衡云戾內反戾內反得宏周謂之調反

調爲戾賈子道術愛人謂之仁反仁爲戾○又云心兼戾佷也廣雅釋詁三釋佷很戾也一切經音
義九引三蒼佷怨也廣雅釋詁三釋戾暴也荀子儒效虐戾國而天下不稱
不爲戾戾虐也詩頍弁序暴戾無親箋戾忿惡也○荀子脩身勇膽猛戾注
釋文戾注云不悔前過曰戾周書謚法有其功無其意謂之戾漢書食貨志下天降
戾惡氣也莊子天道戾萬物而不爲戾
紀戾太子孫也臣瓚戾之言利也禮記大學一人貪戾戾貪也漢書宣帝
注引董仲舒書戾自辠也爾雅釋詁戾罪也周書大匡刑罰之戾注又詩
國策秦策蟲虎注戾罪也國語魯語職戾傳又左氏文四年
者戾其敢干大典以自取戾注又國語晉語戾至也
年傳不共而獲戾注○後漢書度尚傳注云戾亦罪也
之爾雅釋詁又詩采芑其飛戾天傳小宛翰飛戾天傳四月
蔽亦是戾矣又國語周語古者天降戾於下注
注又漢書食貨志下集注又後漢書魯語戾
張衡傳注又文選東京賦韋賢傳集注又後漢書班彪傳
戾兮戾來也詩泮水魯后秀戾薛注思玄賦紛翼翼以徐
舊注戾止也傳戾止也釋言爾雅釋詁又釋詁戾待也注又詩采菽箋

韻史 卷六十七上第十五部去聲既韻 六七二九

又文選典引乃戾定也詩桑柔民之未戾傳雲漢以戾庶正傳
降戾爰茲蔡注正靡所止戾傳又左氏襄廿九年傳
傳乃猶可以戾注昭十六年傳注又國語晉語可以戾也戾勁
注又廣雅釋詁四
疾之皃風文選秋興賦勁戾乾也禮記祭義風戾燥也詩膽卬釋文
祭義戾帥也國語晉語夫以戾善也廣雅釋詁一戾破也淮南主術
釋文戾果戾順行注孟子滕文公上樂歲粒米狼戾注
無所擊狼戾猶狼藉也
戾注注戾草名也漢書匈奴傳下注○
萱按此段
戾爲莀
莀艸也可以染留黃說文段注糸部綟下曰帛莀艸染色也留
黃一作流黃皇侃禮記義疏作駵
黃土出水故中央駵黃色黃黑也漢諸侯王盭綬晉灼曰盭
名出琅邪平昌縣似艾可染黃因以爲綬名王玉裁按盭音似綠
借字也漢制盭綬在紫綬之上其色黃而近綠故徐廣云似綠
或云似紫綬名緺綬者非也緺紫青色與綟不同
戾艸名也漢書匈奴傳下綟艸名也人續漢書輿服志下注引徐廣
黃金璽盭綬注下綟艸名也人相國皆綠綬注下諸國貴

韻史 卷六十七上第十五部去聲既韻 六七三〇

盭艸名也似艾可染綠因以爲綬名也漢書百官公卿表上金
漢書光武紀上注○萱按戾綟盭釋爲艸璽盭綬注引晉灼又後
借字也但綬名正字當作綟已在用莀艸染色之後謂爲莀之
爲艸名矣
綟帛莀艸染色也說文段注莀艸可以染留黃染成是爲綟
黃皇侃作黃蓋即莀與雷雙聲留黃或作流黃或作駵
表諸侯王金璽盭綬如淳曰盭音戾其色黃而黃漢百官公卿
盭艸名也似艾可染綠因以爲綬名綟綠近也以爲質而晉灼
故曰駵黃也中央之間色何承天纂文云綬綠也漢制綟制黑
在紫綬之上紫綬一名緺綟綠綟也廣雅釋器○非綠也爲質
獨斷上云青紫緺綠綟色也萱按纂文又云紫綟綠綟
似綟則上云貴人緺綟綟艸名也續漢書之說本紫制綬
此段綟綟爲一金印綟注引漢書輿服志下又
爲莀也矣
蜧戾盭○十五部去聲 蝓
十三部平聲兩見 它屬也黑色潛於神淵之中能興雲致雨

韻史 卷六十七上第十五部去聲既韻 六七三一

說文段注它者虫也象宛曲垂尾形蝓即其屬也淮南書曰犧牛
粹毛宜於廟牲其於以致雨不若黑蜧高云黑蜧神蛇能興雲
雨○萱按淮南許注與
高同見文選江賦注
制 掌罽切 𠠾古文制○裁也一曰止也說文段注衣部曰裁製衣也製裁
之引伸之義古作制假借字也此云制裁之本義此云製衣也製
論言可以制獄爲制衣也衣此裁之本義此云製衣也制
又呂刑制以刑制作羽呂刑墨子引作折則裁也制
制百物注折民惟刑以制中以泉臺制或爲折魯
制注因民以制八目引作制不制故能治事以
立也云言制四人家注又淮南主術國語晉語之制治木也注
裁禮記天下記之表記注制者疏義記樂記
也禮記王制凡制五刑注 又制也制謂裁斷禮記 治
淮南汜論行與制注主人觀制折也陽廣雅釋詁一月令引漢書李奇
注禮記郊特牲注爲主疏云制其肝謂裁割○月令制禁也廣雅注
制劃也禮記及心肝注心肝爲主疏云制其肝以制御也國策秦策
四又淮南注脩務制縛束也鐵選注引服虔以制御也國策秦策注
人不能制南注脩務制縛束也鐵文選解嘲制度國而制之
制者主也呂覽告兵制者塞注以制專制也之國語晉語二三子制謂擅之

韻史 卷六十七上第十五部去聲既韻 六七三二

也莊子庚桑楚而鯢鰌為之制釋文引王注制猶禽也淮南主術是皆以利見制於人也注制猶從

也淮南氾論聖人作法而萬物制焉良止為制○易節象下傳君子以制數度虞注云制良手稱制

制作也○孟子梁惠王上可使制梃注又楚辭招魂○周書大匡服敕不制注云不制

制法也國語越語君行制注又呂覽節喪以軍制立之注此聖人之制也注又楚辭招魂盛鬋不同制注

制度也國語越語必有以知天地之恒制注○素問八正神明論星辰者所以制日月之行也注云制謂制度

制謂準度素問六節藏象論天度者所以制日月之行也注制法度也禮記曲禮上必告之以其制注

人荀子解蔽王也者盡制者也注制亦謂差等也荀子王制注國有制處制職分三霸荀子注以其制注

士大夫莫不敬節制制書也後漢書丹傳注制書者帝者制度之命

凡制者天子也注後漢書光武紀上注制度之命王者也禮記曲禮下士死制

上云制書者制度之命○獨斷制謂君教命所使為之

注○獨斷上云制者王者之制作國之典也後漢書蔡邕傳

言必為法度也費用約

儉謂之制節孝經制節謹度注又鄭注制誓也廣雅釋言制術數也呂覽去宥威王好制注

毋勝子曰制淮南天文制謂匹長也周禮內宰出其度量淳制杜注質人壹其淳制杜注○內宰注

云純制天子巡守禮所云制幣丈八尺純四只與又儀禮既夕贈用制幣注云丈八尺曰制○萱按匹長幅廣

可以賦二也惟禮記王制布帛精粗不中數幅廣狹不中量

事鄭注備舉之制布帛幅廣狹也考工記弓度量數制注○

有六寸謂之上制上士服之弓長六尺有三寸

中制中士服之弓長六尺謂之下制下士服之謂之五離為一

制東管子馬

製裁衣也說文○漢書叔孫通傳服短衣製楚製注云製謂裁衣之形製又離騷注製芰荷以為衣兮又賦○文選思玄賦注性行以製佩兮舊注製裁也左氏襄三十一年傳不使人學製焉注又製裹也左氏昭二十五年傳子家子曰衣夫製注製猶裁也

䩡盞杠系也說文段注蓋杠考工記謂之程製裡衣也成十七年傳注又釋文係也係結束也結束者圜而束之謂如程之讀如楹系

迣或作迾也晉灼曰迣說文段注鮑宣傳部落鼓鳴男女遮迣此其義也禮樂志體容與迣萬里孟康迣音

逝此段借也迣遮也廣雅釋詁二迣超踰也漢書禮樂志注引孟康

埶至也周書曰大命不埶一曰虞書雒埶說文段注周當作商字之訛也此西伯戡

黎文陸氏釋文云摯本又作埶是陸氏所見尚有作埶者某氏傳云至也與許說同也一曰虞書雒埶此別一義謂埶即今贄

字引堯典一死贄以明之鄭康成曰贄之言至所以自致是其義相近埶埶喜也廣雅釋訓

鏊或作錣羊箠也耑有鐵說文段注箠者所以擊馬也因之擊羊者謂之羊箠其耑有鐵故字从金淮南

道應訓曰白公罷朝而立倒杖策錣上貫頤有針以刺馬謂之錣倒杖策故錣貫頤

亦頭有箴按錣即許之鏊字所謂箠也又馬箠汜論注云

錣杖末鋒注列子說符錣上貫頤注又高注錣策端有鐵釋文引淮南許注

國蓄且君引錣量馬策端有利鋒所以刺不前也許錣箠也管子

用耕田發艸注

鷙○俗有駤馬重兒也說文段注晉世家惠公馬鷙不行即左傳晉戎馬還濘而止今本史記作騺鷙字也而秦本紀

作馬鷙不誤兆部曰樊鷙不刺行也今本亦从鳥鷙而集韻篇不闡

梔馬鷙曼崔云梔頓遲也今其音釋義一也廣雅駤止也類篇駤即

誤車之前重曰鷙馬重曰鷙謂馬重而陷之於泥

鷙○史記晉世家索隱云鷙鷙曼旁出也文引司馬注

鷙抵也曼莊子馬蹄闉扼鷙曼釋文引李注

理不通達者淮南修務人謂之駤有知利

輊○俗車抵也說文段注如軒之高者也小徐引潘岳賦

有輊如軒令按車前重曰輊通俗文輊抵也廣雅釋詁四不前重曰輊

輊不作輊也輊低也御覽七百七十三引

蟄車轅兩尾引初學記五輊輊也詩大月如輊如軒傳

摯或作贄握持也說文段注握持者搤持也周禮六贄字許

摰也爾雅釋詁摯至也鳥部鷙字皆或作摯為之劉德○書

也釋詁西伯戡黎疏云又漢書敘傳上集注引

摯至也爾雅摯至同音故摯為至也

韻史　卷六十七上第十五部去聲旣韻　六七三七

摯之言至也詩關雎箋又禮記曲禮下凡摯注〇穀梁莊廿四
年傳男子之贄注云贄所以至者也又儀禮士相
見禮士相見之禮贄注云贄所執以至者
君子見於所尊敬必執贄以將其厚意也
摯之言致也考工記函人凡
甲鍛不摯則不注弓人以斲摯必中注〇周禮大宗伯以禽作
六摯注云摯之言至所執以自致又書堯典二生一死贄鄭注云
云贄之言至所以自致也
摯謂質也考工記函人司農注〇白虎通瑞贄云
贄者質也質己之誠致己之悃愊也
質贄也國語晉語臣委質於翟之鼓注〇後漢書南蠻西南夷
傳則君子不饗其質注云質亦贄也〇萱按此謂質即
令之贊字也質贄一聲之轉故相通借
質信也國語魯語質之以犧牲注
摯執也史記五帝紀爲摯正
義〇漢書郊祀志注又家語六本衣禮而提贄注竝云贄者所
執以爲禮也〇孟子滕文公下出彊必載質注云質臣所執以
見君者也又音義引張音
云質義與贄同
贄禮也文選東京賦琛執贄薛注
獻贄幣也左氏
成十年傳交贄往來注〇禮記曲禮上注摯約謂玉帛鳥獸相
非敝也疏云贄謂羔鴈錦玉之屬
與往來也周禮司約治摯之約次之注
摯六摯也國語周語爲摯幣瑞節以鎮之注
摯禽摯

韻史　卷六十七上第十五部去聲旣韻　六七三八

禮記檀弓下哀公
也執摯請見之注
摯雉也
儀禮士冠禮尊摯見于君注士昏
禮記尊摯注〇孟子萬章下庶人
不傳質爲臣注云見君
之質執雉之屬也
摯鴈也
儀禮士昏禮記贄不用死注〇
禮記郊特牲執摯以相見注云
摯所尊摯極也漢書竇田灌韓傳
佩也廣雅釋摯解也集注引李奇
摯輖也大車考工記輈人注
引也詁廣雅一釋摯摘物字林韵引贄不動兒莊子在宥贄
摯國名大詩大明摯仲氏任注云摯國任姓〇國語周語昔摯疇之國也由
摯傷析也摯擊也
摯殺鳥也說文段注古字多段借
或作鷙
鷙者聲此注正義云鷙鳥始
墊者
士喪禮注云輖墊也
也鄭注少言字體此言考工記
侵韵而非音理故云摯之
鮮易明也摯殺鳥故言者
小正傳曰鷙殺鳥言摯謂然能則摯摯者執也

韻史　卷六十七上第十五部去聲旣韻　六七三九

鷙擊也後漢書杜
摯擊也詩常武傳摯如翰疏又文選西京賦
傳注
霜大摯釋文引蔡氏章句云摯傷
青骹摯於韝下薛注〇禮記月令雪
贄不動兒莊子在宥贄立
釋文引李注〇萱
折〇萱按此段摯爲鷙也
按不動者如將飛而翼
斂將搏而爪蹈
鷙執也廣雅釋言又後漢書吳漢傳注
蓋鷙傳注又離騷鷙鳥之不羣
兮鷙佷也漢書匈奴傳下注
鷙佷也廣雅釋詁三
釋鷙疑也管子五輔下愈注小獲
問來者欣懔可安謂之煴反煴爲鷙
鷙距注安鷙蟲猛鳥猛獸也〇禮記儒行鷙蟲攫搏不程勇者注
後漢書紀注
帝紀注云凡鳥之勇銳猛悍者皆名鷙也
執下著鳥蓋按孔沖遠說泥鷙摯疏云正借字耳從
傳注云
後漢書吳漢書著手鳥鷙從
鷙鳥謂鷹鸇之類也賈子道術
猘〇俗有猘狂犬也春秋傳曰猘大入華臣氏之門
瘈狗瘈狗狂也杜云瘈狂也按今左傳作瘈說文段注左
國狗之瘈無不噬也杜云國人逐瘈狗入于華臣氏傳哀十二年
見二作猘襄十七年左傳曰左傳襄十七年非古也許所
門字漢五行志作猘〇左傳云猘狂犬也
又一切經音義二十引篆文此云猘狂也

韻史　卷六十七上第十五部去聲旣韻　六七四〇

廣雅釋詁四又漢書五行志
中之上宋國人逐猘狗注
以己
瘌注
瘌疑病也
山海經北山經單張之
山有鳥焉名曰白鵺可
墊忿戾也周書曰有夏氏之民叨墊
說文段注尚書多方文今本
無氏字墊作懫按墊作懫者
天寶閒衛包改也釋文墊作懫宋閒寶開改也釋文曰懫勅二
反說文之二反不云說文作作知其大字本不作懫
學心有所懥以忿懥注云懥非懫見或作墊即墊作懫按懥懫不見懫矣禮記大
許書衛包以意改經云懫即墊曰懫也
〇俗致有緻是也其說文段借字
致送詣也
致至也〇也
必本致緻有上諸送致
注云致乃爲送
注俗工致爲
者送竝云至
又論語子張致
畫下可子而致
子相相文之致
外物則墊之致黃泉釋文又楚辭惜誦以致甕
注注也送也
注又泥掌禮書致聘
遂注恐據儀漢精段也引注
禮又皇致聘文漢
又周論相羈疏諸禮帝人仲言
楚離算君地鄉紀祇爲部
辭而經子疏致丞作召曰
惜致下學中館若致致詣也
論隆引以廣注尉糸之侯
惜之繩致致又致部致至
論不致其中禮注緻又也
以亦也遺和記武字爲送
致可而皇疏五帝徐精詣
愍乎識疏其藻紀鉉致者
兮注之又次君存所之送
注又注孟致賜問增致而
莊又子曲稽致凡月必
子荀離注胥賜鄭令至

韻史　卷六十七上第十五部去聲既韻

致至也廣雅釋詁一致猶至也又論語子張喪致乎哀而止皇疏又後漢書班超傳注荀彧傳注致之
言至也禮記祭義致反始也注禮器其致一也注致謂引而至也漢書
公孫弘傳注致利除害注○聖人之極致中和也注云致
又樂記云致樂以治心注云致謂膝膚致密也地八
所致蕃注左傳注云蕃之致至也切經音義周禮大卜一曰致夢
曲禮上夏后氏不作致馬言蕃致至也到音又又詁八禮
君能致其身注云致其身猶致也學
食不致味五十致仕注皇疏又論語學而事
學色從而致後注又上注王致之致志也疏解又語
致脩德行方致可漢書子張人禮器有有地之引劉國語荀子語
注致富國隆學智漢疏致其上注以自有至命致其三注德論語
生則天下一致頗順注道明之傳未至也注皇也積重注正論天者
則無它事隆儒王治窮注注不也遂者致志貴之劉注致榮辱之意
飾注又子致注柔其長禮隆高君也上致致好之忠注正荀子勸
脩身以致其注貴注君者也誠管上注致注不荀子
盡也極也實於兩階上注云致實謂盡酒也
韻史　卷六十七上第十五部去聲既韻　六七四一

董仲舒傳君宜少撓周之文致注又荀子仲尼非致隆高也注
○禮記禮器禮也者物之致也注云致之言至也極也
致謂致極也大禮記文王世子合德音哀之致疏○至喪極也漢書
酷吏嚴延年傳注疏云致毀謂禮器之物致
皆文致不可得反注致水漆經記極致注云○致至也
致者不宜致者也穀梁傳九年八年傳不又公羊傳八年古中都成也○
致者運轉之辭詩皇矣傳傳者致公羊年傳年城精微注
致者運轉之辭其蒼云社稷神疏致致者傳也三十二年穀梁
致歸也國語魯語晉注云○又論語子之四書
禮記王制致仕云七十年致政歸於周公注政也
切經音義二引三又淮南汜論注國語晉語余將致政於周國年傳吾
致到也也注云云諸將子致馬致○不一
又禮記禮記○注王公注王子致注政致注云○禮而易之
也主心明堂位七年致政○政成王周公注政致注云
致政還君事禮記明堂位注云致事致仕注云致位於君又左傳襄公二十八年傳叔孫以道致其事注致
而致事還君注云致位又職於人其政○不出一
年致其事注云致事還公子注左氏襄公
無傳受而稍遲致其事老而傳致之
注車致誠也○致老之注其致猶深審也禮記樂記樂以治心注致猶勝也
致猶深審也
致猶勝也
致老數子故車南衛主淮
韻史　卷六十七上第十五部去聲既韻　六七四二

何以致之注致猶會也周禮遂人凡治野以下劑致甿注云致猶會也周禮大司馬致萬民聚眾
致謂聚眾也周禮大司馬注云致萬民以會其眾也左氏哀
致謂達之於敵左氏宣十二年傳致謂累也漢書外戚傳
賁傳致命之辭為鄭注云致謂積累之也
致謂成容稱其服也禮記三年注上
為致易經下傳君子以致命遂志廣雅釋詁四
練也廣雅釋器禮記喪服禮記三年注上坤
繳也廣雅釋器禮記喪服四
敝者謂之繳方言四○又云鉄衣謂之襪裱
緻也方言注○縠之繳纖致禮記之鉄非孝緻補也
人士箋其情性密緻又手其○致三鳥耳之緻所字去始其
作緻又假樂箋密致詩箋注曰致命以遂志
亂故致錯出而無所禮詩記云注本作緻
能辨別其正俗也不失記聘義注堅致也
韻史　卷六十七上第十五部去聲既韻
撽刺也一曰刺之財至也說文段注刺者直傷也方言曰撽到也廣雅曰撽至也財今字甘泉賦
六七四三

曰洪臺崛其獨出兮撽北極之嶟嶟
○集韻引廣雅云撽刺也
稺或作穉○幼禾也說文段注魯頌閟宮傳曰後種曰穉
俗有稺雅也先種而中有遲者後種者故先種曰稺
亦稺也無害我田稺有長不稺也先種後生晚者曰穉
之小稺也書云詩稺閟宮彼遲者亦稺於毛傳
為凡幼穉之偁○詩稺稑不雜稺麥毛傳不雜
釋文引韓詩考幼稼植也長稺不雜種先種謂
廣雅釋詁三○書云稺言不雜而植○稺幼釋也者楚辭
雅注云晚熟日稺雅靈曜百穀稺小也稺年小也方注言
其名稺也注晚熟日稺雅稺幼稺未晚
云稺蜂也稺少也廣雅釋詁三○淮南注天言
妻稺小謂也稺少也子質赤少女也儀禮喪服傳之子
未謂稺五十年稺驕也子質亦少也又儀禮喪服傳
滿稺稺十年也○稺稺稺釋少也
遲追或遲
稺有分○俗刻鏤相稺也合而工女
說文有分別俗古有似不分○注皆在
雅釋詁又三廣
穉當也
稺稺雅三注管
遲說文又
切龍器
平去兩讀
示天垂象見吉凶所以示人也觀乎天文以察時變示
古文
韻史　卷六十七上第十五部去聲既韻　六七四四

韻史　卷六十七上第十五部去聲既韻　六七四五

神事也說文段注言天縣象著明以示人聖人因以神道設教中庸小雅以示爲寘人示也釋名釋書契示也華嚴經音義引説文示語也國策秦策示現也上蒼頡篇文選東京賦薛綜注趙充國傳勑視諸示之病注又楚辭懷沙窮不得所示注斬牲○漢書周禮朝士注示于叢注云示語之也○萱按詩鹿鳴示我周行周禮大宰祀棘荀子大略示諸侯之示皆寘之字借又按之禮大凡祀大神亦大宗伯掌建邦之天神人鬼地示之禮祀大禮祀示亦者鬼神祇所以示人也漢書江充傳崇在王肆享如祭之示也

述說文段注云當作迹遂也引之誤漢書田畮與分跙萬里馳容與跙蹄竹栢獵裝

襪秘相引說文湼注曰跙跙字謂超踰也字林云跙述也萱按述者借與

跇度也又○如漢書揚雄傳注○○○世按世述字與

字說文同

趩有○俗超特也漢書揚雄傳上集注引鄭云跙也作述作世字

○俗跙作吳都賦跙也文選洞簫賦注鄭德○

跙書跙超踰也跙跙踰竹栢李善引如淳曰世迸也部有跙字隨史記樂志體容與迣萬世迣也於義隔

恥曳切超踰也跙音義同

韻史　卷六十七上第十五部去聲既韻　六七四六

瘳○俗有摩引縱曰瘳說文段注爾雅釋文作引而縱之曰瘳引遠而引之使近宜近而縱之使遠皆爲瘳瘳也一曰舍也按引縱者謂宜摨爾雅曰曳今瘳字作瘳作扯聲形皆異矣不合如釋文所

摚開也廣雅釋詁三○萱按瘳字俗字之非在此部而瘳變爲瘳

理也又變爲摚扯其來固有自也俗字之在此部而瘳變爲瘳

如此瘳開也釋名釋瘳瘳也注文選西征賦瘳瘳也非但以詩抑篓

手提瘳之釋文○詩衣服釋瘳瘳也注引字書摚拽也詩抑篓協音

釋訓釋文云瘳本作板篓女攜摩民釋文云摩本作瘳又爾雅

釋文云瘳本作瘳○萱按二皆瘳之俗體耳又易睽其牛瘳

瘳者觜之異體字按瘳制也制頓之使順已也姿容釋名釋瘳瘳洩

洩任風之兒文選海賦或瘳瘳洩

洩於裸人之國注

瘛○俗有小兒瘛瘲病也說文段注急就篇亦云瘛瘲師古云即今癇病按今小兒驚病也瘛之言瘳也

瘲之言縱也○漢書藝文志金創瘛瘲也廣雅釋言瘛筋脈相引

瘲瘛方三十卷注云瘛小兒病也

而急病名曰瘛素問玉機眞藏論

韻史　卷六十七上第十五部去聲既韻　六七四七

觠或作一角仰也易曰其牛觠說文段注一當作二釋畧曰角一

觠也蒙上文一俯一仰故曰皆觠謂二角皆

二角俗譌爲一則與觭無異易音許一俯一仰之云在下文故云

之觠當筆誤耳睽六三其牛觠鄭作觢云以角一俯一仰系

爾雅說文同子夏作契荀作觭虞作觢引說文以角一皆踊曰觢與

許鄭不同也觠者如有觢皆以一俯一仰爲訓與

當同荀作觭李氏鼎祚正文作觢當郮展而乃聳直也廣本

茵呂艸補缺一曰約空也說文段注一曰約空也此別一義約空未聞茵補也廣雅釋詁四

滯○俗凝也說文段注周禮廛人凡珍異之有滯者鄭司農云貨

有遰爲杜子春云滯讀爲沈滯之滯物於廛中不決泉府之滯民用者故書

爲濐當爲滯水楚辭涉江淹回滯也淮南天運地道滯是

摩則流而滯止也能滯注

時當注滯留也國語晉語底著滯淫注楚語底則爲滯注○

不滯時已然滯也國語晉語底著滯注晚近段底爲滯注○

謂爾時滯廢也門頌云遰易數前下傳注晚近段底則爲滯字不石

遰者滯之俗也滯謂滯也則愈滯乎形疏注滯積也國語周語不

注於是滯陰氣滯久也積以紓執事注國語魯語敢告滯積久也九丈

與滯陰注積以紓執事注滯積久也九丈錫文選冊魏公引

韻史　卷六十七上第十五部去聲既韻　六七四八

滯蟄蟲也國語周語震雷出滯注

漢書韋昭注滯沛水灑散兒史記司馬相如傳

引郭璞注滯沛奔揚之兒文選上林賦滯沛奔揚滯沛注滯停也史記平準書踏財隱

音義○萱按踏謂貯也史記平準書蹛財無所食索隱引漢書

此段爲滯也踏謂積也貨殖傳集解引同上

○漢書食貨志下集注引孟康蹛貯也文選蜀都賦韋昭

也管子五輔此段蹛爲滯也蹛貯也劉注貫蹛停

蹛積注輸蹛久積也無管子法財注貯積

也後蹄廢謂之彘說文段注彘豕也與豕下彘也爲轉

彘豕也後蹄廢謂之彘注廢鈍置也彘豕之言滯也豪下彘也

仲後足行步蹇劣故謂之彘○廣雅釋獸又言豪前足僅屈

其畜彘注金匱眞言論注之云彘豕之也漢書素問五常政大論

狗豕之別名又爾雅釋文引字林云豕後蹄廢謂之彘凡言彘雞者豚

皆彘豕也小爾雅廣獸○方言八云彘

彘豬也豬關東西謂之彘或謂之豕南楚謂之豨吳楚呼爲鷄豬

山海經西山經竹山有獸焉名曰豪彘注豪彘水畜也以彘禮記月令食麥與彘注彘

有獸焉名曰豪彘注毫彘猪貆也吳楚呼爲鷄豬禮記月令食麥與彘注又淮南時則天子○万

呂覽孟夏注云䖒水畜夏所宜食䖒者北方之牲也○賈子胎敎
也又孟冬注云䖒水屬也○莊子達
生以臨牢䇲說
釋文云䖒本作豕
䖒晉地漢爲䖒縣屬河東今曰䖒安
國語周語乃流
王於䖒注

瑑

有○俗劍鼻玉也
說文段注王莽傳美玉可以滅瘢欲獻其瑑蘇
林曰劍鼻玉也俗本脫玉字初學記藝文類聚
引字林劍鼻玉謂之瑑亦脫玉字○漢書王莽傳集注云瑑
字本作璏从玉彘聲後傳寫者譌也

擐器切

一

一弍古文地之數也
說文段注易曰天一地二惟初大始道立於
一有一而後有二元气初分輕清易爲天重
濁金爲地兩畫當均長令上短下長使是古文上字三篆亦
三畫均長○說苑辨物云二人者陰陽之數也又周禮媒氏令男
三十而娶女二十而嫁注云二三者二謂乾與坤也易數二以
天地相承覆之數也後漢書楊二謂異端傳因二以下
濟民行二爲陰爻震傳注荀子儒效弃一而不二注二事謂
事不專一也後漢書傳敎傳注二尊而衹也儀禮少牢饋食禮乃啟二尊之蓋冪注二

韻史　卷六十七上第十五部去聲既韻　六七四九

青黃也呂覽順民色禁二注二疑也呂覽應言令二輕民也注○蓋按此蓋叚二爲貳

貳

有○俗副益也
說文段注當云副也益也周禮注副貳也貳副也易坎貳用缶虞注又詩完上疏引易鄭注受
又周禮小宰之事邦之六典八灋八則之貳司農夕注大司寇皆受
其貳而禮藏之上注大行人制貳車九乘注又儀禮既夕記大夫有貳車注又
禮記曲禮爲之取貳注王制七十貳膳注又國語魯語貳車注
車注誰爲之貳注晉語君之貳也注又荀子賦篇革貳兵
左氏傳十年傳七十貳即副也注又周禮大僕掌其貳車
之政令注云貳亦副又大史疏云以貳六官注司勳大功司藏其貳
貳副也注云貳謂副貳也漢書禮記坊記唯卜之日稱二君
栖副也後車之倅車也疏云貳倅皆副也又左傳長統傳注云貳猶副也○後
繇寥鬱朝祀之副曰貳又周禮馭夫掌貳車從車使車注云貳車廣
式注云路之副也又左氏襄廿三年傳注云貳副也又儀禮少儀詩則
貳車象孟子萬章下帝館甥于貳室注云貳室副宮也注云貳車
副車又廣雅釋詁一○管子弟子職周還而貳注云貳謂再益
貳益也又周禮酒正大祭三貳司農注云三貳三益副之也
貳爲兼重也文選西京賦祭祀重屋注云貳謂重爲之也又谷永傳禮記曲禮上
行出飲之過注云貳廉空注○漢書貳之微

韻史　卷六十七上第十五部去聲既韻　六七五〇

貳不辭注云貳再也家語弟子行
謂重有膳也
貳以濟民行上疏又國語楚語行不過貳注
又孟子盡心上妖壽不貳注又不楚辭惜誦事君不貳今注又
選荅賓戲道不可以貳也注○禮記王儀篇不貳是也
制喪事不貳注云貳之言二也注之貳心也國語晉語百
語從君而貳注何貳有二心也以鼓敎吾遇鄙也姓攜貳注晉
貳也楚語懼子孫之貳有之也我以
縕衣長民者衣服不貳有者注也是貳不壹也左氏昭十三年
注傳子其忒注云貳不注漢書書戎不一也記禮
貳謂不一也命也西成
貳兩屬也左氏隱元年傳鄭伯乃九年注
北鄙貳於己注
別也國語晉語子盍蚤自
貳離也
貳即倍也荀子天論注貳之不
倍也左氏襄廿四年傳則諸侯貳注
貳離異也後漢
書光武紀上貳代也左氏傳十五年傳其
貳變也國語周語不貳注
卜貳圍也注
易無常謂之貳詩都人士序箋
貳違命也左氏昭二十年傳不貳不
差貳也文選思玄賦恭夙夜而不貳兮舊注
貳疑也爾雅釋詁注又國語晉語不可以貳無成命注

韻史　卷六十七上第十五部去聲既韻　六七五一

又列子仲尼而不貳也釋文○蓋按呂覽
應言注云二疑也此蓋用二爲貳
注貳業也太玄戴熱內注
貳敵也左氏哀七年傳君之貳也
貳然也廣雅釋言
貳汙也
貳卿佐也左氏
襄十四年傳有君而爲之貳注○周禮大宰立其貳注
云貳謂小宰小司徒小宗伯小司馬小司寇小司空也內史
謂若今御史所寫下本奏王所可者書之其貳周禮司書受其
貳令者

西利切

樲

酸棗也說文段注釋木曰樲酸棗孟子曰舍其梧檟養其樲棘
趙曰樲棗小棗所謂酸棗也按孟子本作樲今之宋刻本作
雅單行疏及玉篇廣韻集韻皆云樲酸棗改作樲酸
非是主樲之副也唐本草四圖經曰酸棗本
酸乎心言寒熱結氣聚四肢酸疼溼痹可證刻酸棗
痺煩心不得眠諸家皆云似棗而味酸故
此俗有心不得眠○說文段注三十年爲一世按
夜○有三十年爲一世孔曰三十年曰世如有王者必世而後仁

世

引仲之義也○論語子路皇疏云三十年爲一世又子論衡宣曰世其
漢云一世三十年也又後漢書祭彤傳注云三十年爲一世世時
也呂覽恃君世三十年刑罰世輕世重後漢書霸應劭傳作刑罰時輕時重注云
世歲也萬世物

韻史　卷六十七上第十五部去聲既韻　六七五二

韻史　卷六十七上第十五部去聲既韻

以歲為世禮記曲記去國三世釋文引盧王注終一人之身為世呂覽用民古昔多由布衣定一
世者矣注○國策秦策負芻必以魏殁世事秦注云
世身又淮南脩務後世魚名注云世猶身也沒世為世
呂覽觀世以世後世也國策以策澤世猶身也詩世次先後也故國語魯語
終其世注國語晉語可德遺秦策注世裘者華序絶工功史
書世世嗣也不及世注非世謂纏也之世裘疏子彊國臣史
有夫下者之世也注○國語吳語父子相纏曰世國語周語昔我
語吳國猶世注云世纏世也先世后稷注又
史記周本紀集解引唐國○國策秦策取世監門子注又呂覽
國道皆欲世勿失矣注竝云父死子纏曰世又公羊隱三年傳
讖世卿注云世鄉者父死子纏也又周禮大行人世相朝注云
父死子立曰世又禮記曲禮下大夫不名世臣姪娣注云世臣
父時世及謂父子相纏也後漢書朱景王杜馬劉傅堅馬傳注
老臣○禮記禮運大人世及以為禮疏云
父子曰世又國語晉語世父之兄曰世父言為嫡統纏世也釋
及武子注云父子為世名
釋親屬○爾雅釋親云父之曰弟弟先生為世父又云父之兄
妻為世毋又云父之世父為從祖祖父父之世毋為從祖祖毋

六七五三

韻史　卷六十七上第十五部去聲既韻

世子猶世世子也穀梁傳五年傳○又云天子世子世天下也
矣之適子也又喪又曲禮下不敢與世子同名疏云世子謂諸
毋注云世子天子服小記世子不降妻之父本萬物曰世周書
○禮記曲禮下不諸侯之適子也本典
年經注故使其子敢與世子同名注云世武為大又左氏桓九
世叔儀一作大叔來朝疏云古者世之與大字義通也蕫按衛
子太叔一作世叔鄭世室者不毀之名也禮記明堂位文世室
年傳云世室猶世室也世世不毀也又左也注○公羊文十三
氏成六年經注云世室吉其世世不毀世事謂士農工商之
事周禮大司徒一曰以世事穀能注○文選難數逝賦世閔人
名而為世注云夫世之得名緣於君上人之父子相纏亦取其
云故以一代之人通呼為世○唐扶頌云壺後衣兮又耿勲碑
字衣有令名又富春碑云各復早世○蕫按衣世皆漢時俗體

六七五四

貰

貸也說文段注泉府以凡賒者與凡民之貸者竝言然則賒與
貸有別賒貰也若令人云賒是也貸借也若令人云借是
也其事相類故許渾言之曰貰貸也高祖本紀常從武負王媪
貰酒韋昭曰貰賒也按賒皆紓緩之詞○周禮司市注則賒貰

韻史　卷六十七上第十五部去聲既韻

而子之釋文云貰貸也又匡
謬正俗七云貰字訓貸
頃注○後漢書魯恭傳注云
貰寬貸
貰貸假取之也
漢書酷吏甯成傳
迺貰貸陂田千餘
貰賒也
史記高祖紀索隱
引廣雅蕭相國世
也○蕫按貣貸古同字
家賒貰貸以自污正義汲鄭傳從民貰馬索隱酷吏傳乃貰貸
索隱又漢書高帝紀上集注食貨志下集注蕭何傳集注
貰寬也漢書蘇武傳集注又後漢書岑彭傳注張敏傳注○
赦貰注趙云漢書梁平王襄傳得見貰赦注游俠原涉傳責以皐惡
貰謂寬其罪貰寬緩也漢書車千秋傳
貰緩也
漢書張敞傳
集注○東平思王宇傳集注良久乃貰之注
又貰赦也
集注尹齊傳
劉向傳逐貰寬注云貰謂緩如其罪猶緩也
國語吳語不貰不忍
注又後漢書廉范傳注延傳注周紆
傳注○蔡邕傳注貰猶赦也

嗜

○俗有喜欲之也說文段注喜當作憙憙悅也經傳多段耆
為嗜○禮記樂義思其所嗜注云所嗜素
餚醋所欲飲食也又荀子非十二子無廉恥而耆飲食注云耆嗜欲
與嗜同○蕫按段者為嗜者漢書尤多
者性之累也淮南原道○又除其嗜
欲注云嗜欲情欲也
嗜貪也
禮記檀弓上二三子之嗜學也

六七五五

韻史　卷六十七上第十五部去聲既韻

注又廣雅釋詁二又國語楚語
嗜愛也
後漢書黨錮傳
嗜
必用嘉人而嗜其疾味注
贊視惡從形注
猶好也後漢書黨嗜猶甘也孟子梁惠王上
王者有錮傳注不嗜殺人者注嗜猶樂也徒然則
義也注嗜手禮呂覽誣

視
眡

古古文○瞻也說文段注目部曰瞻臨視也視不必皆
文眡武作眡臨別瞻與視小別矣混言不別也引伸
之義凡我所為使人見之亦曰視士昏禮視諸衿聲注曰視示
正字令文作示俗誤行之曲禮童子常視毋誑注曰視令之漢
字小雅視民不非箋云視古示字也按此三注一也古作視○
人作示是為古令字眡見周禮此氏聲與目部眡氏聲迴別伯
莊子徐元鬼中之質若視日釋文視猶見也史記晉世家河洪
文引司馬注云視日瞻遠也視之素隱○書論
範云視是目之所見又詩械僕疏云視者以目視直視也語
觀物從目生名又太乎乎錯云視也見
為政視其所管子四時令有時典時則必視
以皇疏視謂觀而察之注○書洪範疏云視者言其觀
正不觀視是也察其是非也釋名釋視猶相察也國語晉
邪也姿容語叔魚

六七五六

生其母視之注 視瞭也 洪範五行傳次三事曰視注視明也 廣雅釋詁四 視流不端諦

左氏成六年傳視流而行速注淫視睇眄也○禮記曲禮上毋淫視注淫視睇眄也 又火為視羊亦視 周禮大司馬 屬 視 屬大 洪書

律志上厤視五行視傳注 漢書

又管子問比也廣雅釋言又小爾雅廣言 注君

禮記王制其視也 又視君之妻者 又漢書 侯

帶緣各之視公宜之與不借 故傳 下記 禮下視 視

祖皇后 冠者疾 注而 子叔 漢書 侯

人君之 莽法注 疏注 云又襍記 猶天 比子 也傳 六毋 姑姊 妹後 注漢書 周禮儀 食 春時 饋 疏 凡 食傳○注

眂父疏 視效也 廣雅釋言 視納也 ○禮記坊記 眂猶比也 則不 齊 眂 禮 其 活也 疏 覽呂

語也 詁 廣雅釋詁三 釋眂 視也 同上○萱按以小篆不記古視文猶者不眂其內 也

重已莫三 不欲長生久視以上 注人 ○所 萱易知 通 其所難知 古文猶 活 也 呂覽

按此堂 文生 說也 ○萱按 籌策曰視 淮南 得 失 務 籌 視 股 瓶 曰

宗周禮大 常事曰視 親穀梁隱五年傳 淮南原道 不可勝觀 也 注 又 呂覽仲春注

視

○萱按韻書視字強分上去二聲殊為遥事

視肉 聚肉有眼 山海經大荒東經東北海外爰有視肉注海外南經爰有視肉注云視肉聚肉形如牛肝有兩目也

視 示之也 莊子應帝王嘗試與來以予視之釋文引崔注○萱按讀曰示者

又之訓非謂視示同字也漢書多用示字小顏每云視讀曰示

漢云漢書多以視為示古通用字其實正字借字 禮 注

曲以後用示視為古字耳何致士喪禮注 小顏

禮上幼子常視毋誑疏云古者 不於物 以物 視 手 ○ 則 皆

作示傍著見後世已來觀示於物作示傍著見以物示人單作

字示

㤄

○俗有㤄慄也說文段注此篆各本作㤄今正詩四月正義釋

世慄習也文皆引說文㤄習也字林篆作㤄又作㤄之實一字字犬

部狃下曰犬性㤄也故有㤄字 又見於經傳不與

可枚舉○左傳桓十三年注狃㤄也疏云㤄狃習也 史記漢

以來諸侯年表狃㤄邪 禮記表記注以本 史記

臣索隱云㤄訓習 㤄串也 習也 于鬼神 虛無之事 疏 㤄狃㤄

過度 爾雅釋詁 貫㤄也 釋文注 貫㤄 察也 為管子小匡 曹孫 宿之 注 而 㤄 明也 廣雅

釋詁四○詩四月傳廢忕也釋文云一本作廢大也○萱按此大忕為正借字

㥏 殘帛也 說文段注廣韻曰㥏縷桃花類篇曰今時剪繪為華者按與碎音義略相近

㥏 餘也 廣雅釋詁三

誓 ○俗有斯斷 約束也 說文段注周禮五戒一曰誓用之於軍旅按凡自表不食言之辭皆曰誓亦約束之意也

約信曰誓 禮記曲禮下○易象下傳失得勿恤廣注云誓信也 又左氏文十八年傳作誓命曰 注云誓要信也又楚辭

借誓也 誓 制也 廣雅釋言○釋名釋言語誓制也以拘制之也 十二 誓 勅也 大戴記曾子問 張 注

者信也 云誓 注云誓 約 束 ○誓 勅 也 疏 記 也 云

入實故儀禮不作玉藻則民失誓 注○詩衣縉 疏云誓 十 者 告 又 勅

教又禮記多勅 謠唯 君有 誓 以 誓 省 爾 雅 釋 言 告 皆 禮 記 文 ○萱 王

按疏 皆 殊 不 容 混 字 也 勅 與 誓 謹 也 世 子 曲 藝 誓 之 注 謂

勅孔義 周書 世俘 用小牲羊犬豕于百神水土于 誓 社 注 儀

誓 告也 禮大射儀 司射西面誓之 日 注云 誓猶告也 ○

誓 猶命也 周禮天子與 注命 誓軍旅曰誓 書甘誓 與 引 語 予誓 告汝 注 焉 ○文 選 誓 所 不 及 已 蔡 注

云式事曰誓

逝 往也 說文 又爾雅釋詁 又詩二子乘舟汎汎其逝 傳 逝往也 去 女 兮 東 門 之 枌 穀 旦 于 逝 箋 逝 往 杜 期 可 不 逝 傳

也 季 子 去 逝 公 劉 彼 百 皇 柳 秋 不 者 夫 將 逝 又 論 語

夜也 君 解 可 鄭 箋 解 彼 注 鳴 疏 言 罕 可 如 斯 夫 又 車 思

皆 集 注 引 又 注 疑 似 雄 鴣 注 又 子 注 思 夫 如 箋 堅 傳 碩 鼠

逝 兮 舊 注 又 呂 漢 書 高 帝 紀 逝 之 集 又 賈 文 逝 湘 集 不 將 夫 騰 雲 而 將

龍 傳 注 ○ 言 云 呂 覽 驕 逝 之 之 注 晉 語 上 逝 論 注 逝 又 馮 歸 將 皇 不 翩 書

辭 往 也 去 之 方 又 也 止 竟 鳥 上 也 秦 注 又 語 之 傳 選 而 以 逝 集 人 賦 注 漢 書 疏 陳 也

文 也 云 乃 去 注 言 一 也 傳 之 賦 也 詩 蓁 秦 疏 語 注 罕 賈 不 以 注 又 子 後 漢 皇 猶 蘇 人

注 行 也 逝 去 也 無 常 ○ 詩 之 桑 柔 逝 不 以 堅 逝 又 如 逝 湯 罕 漢 書 何 傳 雪 杜 陳

逝 逝 速 也 廣 雅 釋 詁 逝 逝 去 也 猶 雷 逝 ○ 去 也 常 逝 又 兮 逝 與 我 梁 谷 疏 文

逝 逝 速 也 乃 逝 日 注 又 月 又 大 家 語 日 逝 國 逝 注 孔 子 斯 小 胡 我 陽 肯 有 適 秋 我 日 疏 之 傳

詩 逝 選 謝 者 宣 詠 之 可 逝 之 張 作 注 子 房 曲 子 析 逝 曰 逝 釋 莊 文 子 引 山 木 司 馬 注 逝 逝 猶 飛 逝 逝 速 謂 死 也

也 詩 文 逝 選 者 如 可 作 注 房 曲 折 曰 逝 釋 文 引 司 馬 注 不 逝 逝 猶 飛

韻史　卷六十七上第十五部去聲既韻

也一曰圖也淮南覽冥還至其曾逝萬乘之上注
輂車樘結也一曰銅生五色也說文段注木部曰樘衺柱也古音堂今音丑庚切考工記注曰讀
如輂距之輂車輂之輂然則車樘漢人語也急就篇釋名作霥劉熙曰霥蹼也在車四旁蹼憾使不得御也今按其結曰鏊其
制未聞蓋可以系車憾者一曰銅生五色也也如古銅器朱翬之色
筮易卦用蓍也說文段注曲禮曰龜為卜策為筮策者蓍也周禮簭人注云問蓍曰筮其占易艸部曰蓍易以為數
九簭之名巫更巫咸巫式巫目巫易巫比巫祠巫參巫環字皆作巫○儀禮士冠禮筮于廣門注云筮者以蓍問日吉凶於易
也又筮與席注云筮所以問吉凶謂蓍也蓍曰筮詩衛爾卜爾筮傳又禮記冠義筮曰筮賓釋文又公羊莊
四年傳筮之注又左氏莊廿二年傳陳厲使筮之注又太牟童
錯于靈蓍注又漢書藝文志集注
筴為筮禮記曲禮上○國語晉語之以卜筮注云筴曰策決筮數也左氏僖十五年傳○僖四年傳筮短
龜長注云筮數筮問也易蒙初筮告釋文引鄭注又周禮春官序官大卜注大卜卜官之長疏又禮記曲禮上疏引劉

六七六一

韻史　卷六十七上第十五部去聲既韻

氏表記易曰初筮告疏○儀禮特牲饋食禮筮人取子西塾注云筮問也取其所用問神明者謂蓍也
筮卜問也蓍曰筮楚辭招魂魂魄離散汝筮予之注筮決也禮記曲禮上疏引師說又易蒙釋
文○蒙初筮告注云筮者決疑之物也筮也者信也見其卦也白虎通蓍龜○禮記雜記上如筮注
云筮者筮宅也筮人官名也儀禮特牲饋食禮注
簭或作噬進啗也喙也說文段注喙上當有一曰二字各本作噬今正周禮簭人攫稧棱簭正作簭又周禮卜筮字皆
作簭此則段借也按詩噬肯適我毛曰噬逮也此謂噬為逮之假借也釋言作筮也方言亦作噬○一切經音義一引字林云噬
啗也噬齧也易噬嗑釋文又左氏成十二年傳為搏噬之用疏哀十二年傳國狗之瘈無不噬也注又廣雅釋詁三又
文選西京賦韓盧噬於緤薛注西征賦履虎尾而不噬注○詩駟驖箋謂違其搏噬疏云噬謂齧也又易噬嗑噬膚滅鼻注云
噬齧也齧者刑克之謂也又厥宗噬膚注云噬膚齧柔也噬嚙推折也後漢書班彪傳上注
噬嗑也一切經音義一引三蒼又後漢書班彪傳上捉猛噬注周磐傳注噬食也易噬嗑虞注又方言十二

六七六二

韻史　卷六十七上第十五部去聲既韻

又廣雅釋詁二又漢書董賢傳集注引孟康又文選思玄賦雖逢昆其必噬舊注○易雜卦傳云噬嗑食也噬憂
也方言十二又廣雅釋詁一噬嗑合也易繫辭下傳蓋取諸噬嗑注○彖上傳云頤中有物曰噬嗑噬逮
也北燕曰噬方言七○萱按義李有秋之杜傳
澨埤增水邊土人所止者夏書曰過三澨說文段注土部曰埤增也增益也鄭善長曰左
傳文十六年楚軍次於句澨定四年左司馬戌敗吳師於雍澨昭二十三年司馬薳越縊於薳澨服虔或謂之邑又謂之地京
相璠杜預亦云水際及邊地名也今南陽淯陽二縣之間淯水之濱有南澨北澨矣過三澨禹貢文水經曰三澨地在南郡邔
縣北沱鄭注云地說曰洒水東行過三漾合流觸大別山阪故馬融鄭玄王肅孔安國等或以為三漾水名也惟許慎說異按
水經釋為地與許合水經者或謂桑欽所作然則許正用孔氏古文尚書說也澨水涯也左氏成十五年
傳明汶雖漢注又楚辭湘夫人夕濟兮西澨注
祭甑器切祭祀也說文段注統言則祭祀不別也典鄭字多用祭作之者借字也○萱按經祭者薦也

六七六三

韻史　卷六十七上第十五部去聲既韻

廣雅釋言典者又御覽禮儀部三引書大傳○穀梁成十七年
傳云祭者薦其時也薦其敬也薦其美也非享味也又桓八年
經己卯烝注云無牲而祭曰薦薦而加牲曰祭祭之為言索也說苑權謀祭之為言察也
藝文類聚禮部上引書大傳○春秋繁露祭義云祭者察也以善逮鬼神之謂也善乃逮不可聞見者故謂之察祭際
也廣雅釋言○春秋繁露祭義云祭之為言際也與察也祭者所以追養繼孝也禮記祭統
祭者澤之大者也上同祭者教之本也上同喪祭之禮所以教人愛
也大戴記盛德大祭天地中祭宗廟小祭五祀周禮酒正大祭三貳中祭再貳小祭壹貳
司農注○後鄭注云大祭者王服大裘袞冕所祭也中祭者王服鷩冕毳冕所祭也小祭者王服希冕玄冕所祭也
祭謂報賽也周禮都宗人既祭反命於國注○疏云凡所福禱至於得福則曰祭祭祭先也禮記
曲禮上主人延客祭注○儀禮特牲饋食禮祭酒注云祭酒穀味之芬芳者齊齊敬共之又後漢書隗囂傳注云禮飲酒必祭
示有先也故稱祭酒又班超傳注云座所尊則先祭酒今稱祭酒相尊敬之詞也祭者盛主人之饌

六七六四

也禮記玉藻客祭主人辭曰不足祭也注祭祭肺也儀禮鄉射禮記皆有祭注祭謂刌肺脊
也周禮膳夫膳夫授祭注○儀禮特牲饋食禮佐食取黍稷肺祭授尸注云肺祭刌肺也震爲祭易象下傳
先王以享于帝立廟廣注人祭器者簠簋鼎俎之屬注○周禮鄉師閭共祭器禮記檀弓上云
祭器也祭門廟門也穀梁桓三年傳毋不出祭門注○大戴記夏小正獺獸祭魚傳云祭也者得多也善
其祭食之而後

際

○有養瘵瘵瘵俗壁會也說文段注兩牆相合之縫也引申之凡兩合皆曰際際取壁之兩合猶間取門之兩合也詩菀柳鄭
此謂際會也際廣雅釋詁四際○列子力命俏之際合也
段廣雅釋詁云際會也際眛然注云際猶會也又左氏
精廣雅釋詁二又淮南際接也儀禮喪服傳注會治也際注會小疏
言神雅遺爲章際又注下敢問交際何昭四年傳有爾未可際之注仕又爾雅
又太與萬下注際也注乎浮心也注傳注可際之注
小爾乎子圖長幼際也注乎告以際注乎上注際界也
廣雅釋詁際至也又呂覽知度奇怪之所際注際捷也釋詁際機也又淮南原道高不可際注

　

淮南原道一之際方也廣雅釋詁四五際卯酉午戌亥也後漢書郎
解際天地注
顗傳注○
蓋按孔耽神祠碑此新之際爲際際乃際之俗體也又
張遷碑正段注此謂泰之不黏者也
說文段注此謂泰山之不黏者也
秋飯之美者九穀攷曰據說文注云關西謂之䵚者䵚也呂氏春
䵚也說文䵚䵚也
廣雅釋䵚對文則不黏之飯也䵚者稷也黃黍也冀州謂之不黏
黏者䵚黃異散文則通偁也泰內則禾之黏者爲黃粱而不黏者
注黍者黍者許䵚也說文注云泰之黏者謂之䵚
緣之屬不黏者許䵚也黏者稷黍者稷粗醲酒及白黍黃粱鄭
黍九子之黍黍對䵚也黏者許䵚之黏醲黍爲餌餈皆泰
始子䵚䵚為稷與䵚黏故得黏黍名乃自今唐北方之謂稷
穄九攷䵚不黏者許䵚與稷雙聲以故俗誤乃為穄又稷其名異其謬矣
穄大黍也似黍而不黏關西謂之䵚
頡一切經音義十五引蒼
○穄天子傳一穄麥
百穀注云穄似
黍而不黏

穧

說文段注左傳知穧子溝壑矣杜云穧也隧
排也排而墜之也商書微子作穧穧者跌穧字之謂
俗○荀子仲尼文柳有功而穧有作罪賦注又引莊子人亦作穧之
穧之釋文引蘭文注又文選長門賦注又引字林並云穧排也
而之

　

穧排穧也史記項羽紀漢軍部爲穧推也廣雅釋詁三穧隧也漢書
傳集注杜欽傳集注引臣瓚穧陷也莊子人閒世穧墮也杜周
傳集注蘇室傳集注穧之穧莊子文引司馬注穧毒也上同
穧推折屈也爲楚辭穧者國上語魁晉語穧二推帝令用常師相以相穧○注云有穧段
穧爲

濟

上去兩讀義異其度也易既濟釋文引鄭注又左氏昭廿九年遂濟窮桑
語○又濟語
廣雅京濟賦其可也注又國語齊語洛神賦濟河洛川汝踰方城注晉
東水注濟有罪深涉以注陵又君文選濟還濟度也濟渡也釋雅
釋於河注公羊傳三十又二年注云有若濟謂傳注又語而禮記檀弓下西
諸侯代及莫注濟楚年傳苦藥傳曰又水史來注又國語西
語西正秦淮穧神高注語有濟於楚人成子江注注又法言記樂書魯
濟義又又南湘以南楚二詩濟濟乎江吾注將又淮南子白寡見浩河
海注離騷精濟沅湘南省語傳註齊余征方濟湘朝江注浙濟懷水流浩濟
之人濟兮西小濟濟水注旦南方濟江泝注江遵漢書湘流兮浩注
湘夕濟木濟狐沅涉濟沅之洒湘○沅涉江以濟湘
南又又濟易云濟者濟渡之名注云濟乎濟濟淵深曰濟傳集注霍去病引張
又極注○易云濟濟渡之名注云濟乎注濟湘深曰濟傳集注霍去病引張
渡又既濟疏云濟濟者濟渡之名

　

是濟入也呂覽離俗君子濟通也淮南原道強濟遂也周書皇
濟人子惠注濟天下注門乃而
子注子濟成也爾雅釋言又易未濟又周書小明武濟用金
濟志也注又左氏文十八年傳世濟其美注注濟成也又二年傳義者所以
濟同欲也注又左氏文十八年傳世濟其美注成祭統二年德者所以而
濟有而濟馬注裏廿七年傳彼不臣而濟其言注又國語周語若
能釋也注所以不濟時也注不言注濟若
百姓之注施而不濟可濟也令陽晉語小事注又國語周語可以不濟
濟注以濟注其注齊注○楚語君若是可以而不濟
漢書鄭興傳注荀悅漢紀傳注語又以注楚辭懷沙又見史記濟不注濟注楚語索隱又後
漢書郭興傳注荀悅漢紀傳注又以楚辭懷沙陷滯而不濟注索隱
未濟者未成也易窮也未濟又大戴記保傅注易之○乾卦注云未濟男之之
終也
既濟定也易雜卦傳濟益也爾雅釋言王注又注左氏世七十一年傳濟師請注
又漢書禮樂志集注董仲舒傳集注又昭世七年傳以濟師注
又漢書之以寬注注又老子濟其事注又後漢書陳寵傳濟止也又
必宜濟注集注又莊子濟物論注一時屬則風三濟則萬竅爲虛注
詩載馳不能旋濟傳又大風濟則萬竅爲虛注注
釋文引向注又淮南天文注
濟監也後漢書陳寵傳注
濟夏也廣雅釋詁一○方言
憂也陳楚或曰溼或曰濟云
濟滅也

　

方言十三如人曰濟管子白心

霽　雨止也說文段注釋天雨濟謂之霽濟古多訓止者如厲風濟則衆竅爲虛是也許云雨止者以訓詁字易其本字也凡止曰濟雨止則有霽字洪範曰雨曰濟今古文皆如是是尚書用濟爲霽也。爾雅釋天釋文引字林又後漢書安帝紀注王允傳注竝云霽雨止也又漢書溝洫志旬日不霽注又一切經音義八引通俗文竝云雨止曰霽又爾雅釋天注云今南陽人呼雨止爲霽　霽止也漢書魏相傳集注引臣瓚又淮南本經霜雪不霽注。後漢書陳忠傳注云霽亦止也又書中侯臨壇止霽注云霽亦止也　濟者如雨止之雲氣在上者也書洪範曰霽鄭注。萱按鄭作曰濟與史遷見史記集解鄭又云霽之光明如雨之雲氣在上

恣　縱也說文段注縱者緩也一曰捨也。呂覽重己而羊恣所以之注云恣從也　恣放恣也淮南所以禁民使不得自恣也注又呂覽禁塞而無道之恣行注云恣放　恣置也廣雅釋詁四　恣代也方言三　恣慙也廣雅釋詁一　恣謂狡狄淫戲不以禮也詩隰有萇楚序

韻史　卷六十七上第十五部去聲既韻　六七六九

疾恣也箋　恣睢縱心肆志也晉書音義中。史記李斯傳有天下而不恣睢索隱云恣睢猶放縱也又伯夷傳暴戾恣睢索隱引劉氏云恣睢謂恣行爲睢惡之皃也恣睢矜夸也荀子解蔽無正而恣睢注。又非十二子縱情性安恣睢禽獸之行注云恣睢矜放之皃又史記禮書暴慢恣睢索隱云恣睢猶毀訾也　恣睢自用之皃也後漢書崔駰傳注。董卓傳注云恣睢自任用之皃　恣睢自得皃莊子大宗師遙蕩恣睢釋文引李王注　恣睢肆怒之皃也後漢書西羌傳注荀彧傳注　恣睢自恣　意怒皃也漢書五行志上恣睢者衆注

〔死次〕　戰句見血曰傷句亂或爲惛句死而復生爲〔死次〕說文段注周禮曰凡傷人見血而不以告者注傷人見血見血乃爲傷人耳此見血曰傷謂戰者見血受傷也或惑古今字心部曰惛不憭也此謂戰傷殙瞀者重於見血也死而復生爲〔死次〕此謂戰傷又重於惛也謂〔死次〕者次于死也三言皆謂戰蓋出司馬法等書　〔死次〕病也廣雅釋詁一

韻史　卷六十七上第十五部去聲既韻　六七七〇

滂利切

自　古文鼻也象鼻形說文段注今義從也己也自然也皆引伸之義　白此亦自字也省自者司言之气从鼻出與口相助說文段注司言者意內而言外也言从口出而气从鼻出與口相助故其字上从自者下从口而讀同自　自從也詩關雎序言化自北而南也箋羔羊退食自公箋日月出自東方箋北門箋東方未明自公召之箋出事自天子所箋正月不自我先不自我後箋好言自口莠言自口箋小宛自何能穀箋又考工記總目必自載于地者始也注又儀禮士喪禮疏又禮記曲禮上客自前跪注王制自諸侯來從家注中庸辟如行遠必自邇注又左氏昭五年傳不敢自也注又國語晉語來駟自下注反自稷梁注又孟子滕文公上什一使自賦注萬章上天視自我民視注又廣雅釋詁一。論語學而有朋自遠方來皇疏又廣雅釋詁注又禮記祭義夫祭者非物自外至者也疏竝云自猶從也又中庸知風之自注云自謂所從來也　自由也易象上傳自我致寇疏又詩文王有聲自西自東自南自北箋召旻不云自頻箋又周禮道右自車上注大敔王自左敔注又禮記禮器禮也者反其所自生注玉藻無自入也注大傳王者禘其祖之所自出注少儀贊幣自左注樂記樂其所自生注禖記雍人舉平升屋自中注祭義衆之服自

韻史　卷六十七上第十五部去聲既韻　六七七一

此注中庸自誠明注緇衣君陳曰出入自爾師虞注。經解猶防止水之所自來也注云自亦由也　自率也禮記曲禮下客使自下由路西注　自用也書召誥自服于土中鄭注又詩羔裘自我人居居傳緜自土沮漆傳江漢自召祖命箋又禮記禮運注自稱率而上至于祖疏。大傳自仁率親注云自猶用也　自盈也方言十二　自然者不資於外也列子黃帝自然而已注。文選東京賦淳化通於自然薛注云自然通神明也又老子道法自然王注云自然者無稱之言窮極之辭也　自若言自如故也漢書禮樂志湛沔自若注　自者何有力焉者也公羊僖廿八年傳　坤爲自易大有自天祐之虞注頤自求口實虞注睽勿逐自復虞注大吉自邑虞注晉象下傳君子以自昭明德虞注

睽　察也說文段注魏都賦有睽呂梁睽察疊韻。文選琴賦明嫿睽惠注云睽察也　睽覾也廣雅釋詁一

覾　覾覷道闚覾也覾爲闚說文段注覾覷雙聲字也闚者閃也閃者闚頭于門中也易觀六二曰闚觀利女貞虞翻曰竊

韻史　卷六十七上第十五部去聲既韻　六七七二

韻史　卷六十七上第十五部去聲既韻　六七七三

妻平去同讀義分以女適人曰妻詩有女同車序齊侯請妻之釋文○漢書吳芮傳黥布歸芮芮妻之注云妻嫁女與之也

次

蔵古文不前不精也說文段注前當作歬不歬不精皆居次之意也○易夬其行次且釋文引馬注云次卻行不前也

次中也莊子田子方喜怒哀樂不入于胷次釋文引李注

次近也廣雅釋詁三

次第也楚辭思古宋鬼神之無次注

次比也文選東京賦次和樹表薛注

次列也呂覽季冬次諸侯之列注

次行列也國語晉語失次犯令注

次猶貳也儀禮特牲饋食禮亞獻尸注楚元王傳元王亦次之詩傳注

次無閒而不櫻櫻也墨子經上

次止也穀梁莊三年傳莊八年傳莊十年傳莊三十年傳僖三年傳傳十五年傳昭廿七年傳又僖元年言次非救也注襄廿三年言救後次注又後漢書班彪傳下注又文選典引寤寐次於聖心注○穆天子傳六五里而次注云次猶止也又周禮掌次疏云言次謂止息

次舍也易師師左次荀注旅旅即次荀注又禮記檀弓上反哭于爾次注月令日窮于次注又左氏襄廿三年傳恪居

韻史　卷六十七上第十五部去聲既韻　六七七四

官次注襄廿六年傳師陳焚次注哀廿一年傳爲僕人之未次注又國語魯語今命臣更次於外注次於雖俞注楚語殺子般於注趙語君其次也注又廣雅釋詁四又離騷夕歸次于窮石兮注湘君鳥次兮屋上注守志饒曲阿兮北次注天問次子紫汜注又文選思玄賦熒惑次于他晨舊注○周禮宰次疏云次則舍也又宮伯授八次八舍之職事司農注云在內爲次在外爲舍又儀禮士冠禮賓就次疏云次者舍之名又公羊莊三年經公次于郎注云次者兵舍止之名又左傳莊三年疏云次亦止舍之名

次舍息止之處也漢書吳王濞傳治次舍須大王注○山海經南山經漆吳之山望丘山其光載出載入是惟日次注云日次是日景之所次舍

過信爲次穆天子傳五注又漢書文帝紀集注引臣瓚又後漢書光武紀下注又離注湘君注○左氏莊三年傳云凡師一宿爲舍再宿爲信過信爲次又哀元年傳宿有臺榭陂池

馬注云過再宿曰次又國語周語檮杌次于丕山注云過信曰次

次處也國語魯語五刑三次注

次自修止之處周禮天官序官掌次注

次者可以安行旅之地也易旅旅即次注

次廬也禮記雜記下既冠于次注

次倚廬也禮記奔喪相者告就次注又儀禮既夕乃就次

韻史　卷六十七上第十五部去聲既韻　六七七五

注○士喪禮主人揖就次注云次謂斬衰倚廬齊衰堊室也大功有帷帳小功緦麻有牀第可也又左氏僖九年傳里克殺奚齊于次注云次喪寢

次如令官府門外更衣處周禮掌訝次于舍門外注○儀禮士冠禮賓就次注云次門外更衣處也必帷幕篳席爲之又大射儀司射適次注云次若令時更衣處帳帷席爲之又聘禮賓入于次注云次在大門外之西以帷爲之

次謂幄帳也又次者謂以繒爲幄帳並周禮掌次祀五帝則張大次小次疏○注云次謂幄也大幄初往所止居也小幄謂接祭退俟之處又諸侯朝覲會同則張大次小次注云大次亦初往所止居小次即宮待事之處

尸次祭祀之尸所居更衣帳周禮掌次張尸次司農注

次諸吏直宿若令部署諸廬者周禮宮正以時比宮中之官府次舍之眾寡注○司市以次敘分地而經市注云次謂吏所治舍思次介次也若今市亭也又司農注云次市中候樓也又胥師賈師涖于介次注云介次市亭之屬别小者也

次宿也呂覽季冬日窮于次注○左氏昭二十年傳七音疏云天宿以右旋爲次又周禮占夢疏云次謂曰辰所在

次謂水旁也左傳僖十九年注水次有妖神疏

次次第髮也釋名釋首飾○

韻史　卷六十七上第十五部去聲既韻　六七七六

周禮追師爲副編次追衡笄注云次次第髮長短爲之所謂髲髢服之以見王又儀禮士昏禮女次注云次首飾也令時髲也又禮記內則注次而褖衣也疏云次者首飾次第髮爲之則少牢禮髲鬄是也

次車副車穆天子傳四次車之乘注○書顧命次路在右塾之前鄭注云次路象路之貳

次席虎皮爲席周禮司几筵加次席黼純司農注○後鄭注云次席桃枝席有次列成文章又文選東京賦次席紛純薛注云次席竹席也

次浮謂棺槨龍塋墓之外遊飾也管子侈靡故有次浮也注

次蟗鼅鼄爾雅釋蟲

⿱髟次用梳比也說文段注比者今之篦字古祇作比用梳比謂之⿱髟次者次第施之也凡理髮先用梳梳之言疏也次用比比之言密也周禮追師爲副編次注注云次者次第髮長短爲之疑次即⿱髟次

佽便利也詩曰決拾既佽一曰遞也說文段注小雅車攻決拾既佽傳曰佽利也按百官公卿表更名左弋爲佽飛蓋取便之意一曰遞也此與次音義同

佽謂手指相次比也詩車攻箋

佽助也詩杕杜胡不佽焉傳云何不相推次而助之○箋佽代也廣雅釋詁三

絘　績所未緝者說文段注各本作績所緝也令依廣韻正兩縷相接而後爲緝未撚接之前豫撚纖微諸縷以備緝之是爲絘令其次第可絘布列肆之稅布周禮廛人掌斂市絘布總布質布罰布廛布司農注用之引申之周禮有絘布

剤　齊也說文段注釋言剤翦齊也按周禮或言質剤或言約剤鄭訓剤爲券書大鄭曰質剤謂市中平價今時月平是也鄭云長券曰質短券曰剤是剤所以齊物也周禮又多用字乃周禮之齊字假字人注齊多少之量此與剤義不同令人藥劑字也

剤翦絕也太平命剤也注其齊和也禮記少儀凡羞有齊和分也呂覽本味其齊甚微注齊分限也文選長笛賦各得其齊注云齊限也百年壽之大齊注○列子楊朱

齊謂分齊也詩楚茨既齊既稷釋文○漢書郊祀志上而事化丹沙諸藥齊爲黃金矣注云齊藥之分齊也○萱按剤和分剤諸義古多用齊後世多作剤在剤齊多少之量爲引申之義齊則段借字

韻史　卷六十七上第十五部去聲既韻　六七七

周禮亨人以給水火之齊注○酒正辨五齊之名注云齊者每有祭祀以度量節作之

火齊腥熟之謂也禮記月令火齊五齊也禮記郊特牲祭齊加明水注○儀禮士虞禮記明齊溲酒注云明齊新水也言以新水溲齊謂食羹醬飲醆此酒也或曰當爲明視令文曰明粢

有齊和者也禮記少儀凡齊執之以右居之於左注○曲禮上齊事鄉醬以待戒令注齊微飯齊以授相者注云齊醬屬也又周禮醢人凡齊五味之事云和五味之事

嚌嘗也周書曰大保受同祭嚌說文段注齊之以味注左氏昭二十年傳齊鹽也嚌說文段注儀禮多言嚌酒據周書則酒亦云嚌肺啐也○廣雅釋詁三又儀禮士冠禮嚌之注云嚌嘗也又鄉射尚左手嚌之注云嚌嘗也又士冠禮釋文鄉飲酒禮之嚌

嚌至齒也書顧命大保受同祭嚌既出傳又荀子禮論祭齊大羹而飽庶羞注○儀禮士冠禮疏云嚌謂至齒之嘗之

又禮記雜記下主人之酢也嚌之衆賓兄弟則皆啐之注云嚌啐皆嘗也嚌至齒啐入口

嚌肺離肺也儀禮有司徹嚌肺一注○禮記祭統君執鸞刀羞嚌注云嚌嚌肺祭肺之屬也嚌嚌衆

韻史　卷六十七上第十五部去聲既韻　六七七八

聲也文選北征賦鵾鷄鳴以嚌嚌注○萱按此段借之義

嚌嚌憂悲也太玄樂營弦嚌注恐遲炊之疾速

齎炊餔疾也說文段注餔日加申時食也晚飯恐遲炊之疾速故字从火引伸爲凡疾之用離騷云反信讒而齎怒王注云疾怒

穧穫刈也一曰撮也說文段注穫刈謂穫而芟之也刈同乂芟艸也刈而遺於田不斂也必齊故从齊小雅曰此有不斂穧謂刈者已刈而遺於田未斂者也上文不穫稺謂幼禾未刈者也釋詁曰穧穫也鄭注周禮云四秉曰筥謂一穧也一曰兩指撮也然則穧之別義謂少也說文一曰撮者爾雅釋詁圭也一曰兩指撮也然則穧之別義謂少也說文穧穫禾爲穧爾雅

既有穧字以禾在上禾在旁別其義

釋詁注○詩大田彼有不斂穧大田穧者禾之鋪而未束者詩大田疏

釋文云穧穫也

欪　十五部十六部兩見欭也說文

㧛　十五部十六部兩見積也詩曰助我舉㧛一曰搣頰旁也說文段注小雅車攻曰助我舉㧛許所據作柴傳曰柴積也箋云雖不中必助中者舉積禽也柴即㧛也此㧛下云搣頰旁也是二篆爲㧛而積也即釋車攻下云㧛

韻史　卷六十七上第十五部去聲既韻　六七七九

韓注本考老之例搣頰旁可以休老見莊子莊子亦作眥搣段借字○萱按㧛與觜義別觜機也捽也見上聲

眥　或書作眥○十五部十六部兩見

目匡也說文段注謂目之匡當也○漢書杜欽傳眥木部曰櫃匡當也眥目匡也

眥目際也列子湯問揚眉而望之釋文○素問氣交變大論目赤痛眥瘍注云眥謂四際

眥目崖也如漢書揚雄傳音義引字林眥即眥司馬相如傳上中必決眥注云眥目眥

也素問解精微論夫一水不勝五火故目眥盲注○萱按此引伸段借之義也視與盲皆不係於眥

之襟爾雅釋器衣領之襟○李注云衣眥謂衣眥謂

詣候至也說文段注候至者節候所至也致下云送詣也凡謹畏精微深造以道而至曰詣所至之詣中記建中宮有駁姿駘盪承光四殿西京西都賦皆詣闕中又文選洞簫賦注引蒼頡

詣進也廣詁小爾雅

作衿詣俗作稽詣誤

衿詣

忍怒也說文段注从心刀謂心中含怒如懷刃也李陽冰云當从刃省聲非是本部固有忍篆矣

豙　豕怒毛豎也一曰殘艾也　說文段注艾當作乂乂或作刈芟艸也殘艾者刪夷之也

毅　妄怒也一曰毅有決也　說文段注堂下曰妄生也凡氣盛為妄曰致 中庸曰發強剛毅左傳曰殺敵為果致果為毅 論語子路剛毅木訥集解引王肅曰剛無欲毅果敢 果為毅苞注論語曰毅果敢也王肅○國語楚語撫而毅之而不勇 強而能決斷也又書皋陶謨擾而毅鄭注 注云毅果也又太平御覽引尚書大傳注云致果為毅 毅敢又乎錯云毅○左氏宣二年傳又國語周語故果敢 曰剛注又後漢書吳漢傳注並云致果為毅 戎以果毅注又後漢書高彪傳 盧植傳注 周語 毅謂能強果斷也論語泰伯皇疏○左傳宣 毅謂強決 晚出書泰誓疏 毅勝也爾雅釋詁○注毅得勝也 云毅強也 廣雅釋詁 毅困也

蘱　或作藙　煎茱萸漢律會稽獻蘱一斗　說文段注內則三牲用藙鄭云藙煎茱萸也漢律會稽獻焉爾雅謂之椒○五穀謂之藙許君云蓺似茱萸出淮南則與鄭異皇侃義疏曰煎茱萸今蜀郡作之九月九日取茱萸折其枝連其實廣長四五寸一升實可和十升膏名之藙也本艸圖經曰食茱萸蜀人呼其子為艾子按艾即藙字

埶　或作藝　種也詩曰我埶黍稷　說文段注齊風毛傳曰埶猶樹也樹 藝說見經典釋文然埶藝皆種義同唐人樹埶字作藝六藝字作埶蓋亦作 埶儒者之於禮樂射御書數猶農者之樹埶也又說文周時六藝字作 蓋古用埶為之如禮運在埶者去是○按埶亦作樹 也○廣雅釋地云埶種也禮記坊記又說文云埶無如 六年傳不來藝注又史記五帝紀埶之說文所以 藝五種索隱藝猶種也禮記坊記又左氏昭 記五帝紀集解○禮記坊記五帝紀蓺猶樹也周禮大司徒之鴇羽笺生 注云藝猶樹也廣雅釋詁三蓺治也埶樹也詩南山傳又史 田若藝注蓺治也○藝樹也 禮樂春秋易詩蓺皆蓺極也國語魯語周語 書為六藝 蓺藝也漢書司馬遷傳注以稽遺補注 所射準的為藝 後漢書章帝紀注 皋之段借字 藝播種也○荀子儒效藝之注公孫弘傳注又 後漢書崔 藝理 駰傳注 家語禮運協於分藝注藝者理也 剩取他經以臆 按王肅之學 云藝猶才也 一典經肅而成據禮記本作義 手遂致轇轕紛紜不可致詰矣 漢儒遠甚家語分仁之節皆肅也 蓋其肅也

好與鄭為難故其無理取鬧如此 蚍蜉撼大樹王肅之謂歟

藝　極也一曰常也　左氏昭十三年傳貢之無藝鄭服注○蓋按藝與臬雙聲故臬多用藝用埶

藝　謂禮樂射御書數　周禮宮正會其什伍而教之道藝司農注春官序官以其藝為之貴賤之等注又禮記學記不興其藝注○少儀問道藝注云藝六藝又游於藝注云藝六藝也一曰五禮二曰六樂三曰五射四曰五御五曰六書六曰九數又周禮大司徒又文選上林賦游乎六藝之囿郭注並云六藝禮樂射御書數又後漢書伏湛傳注云藝謂書數射御

藝　六經也　文選上林賦注 魯靈光殿賦序觀藝于魯注○公孫弘傳贊亦講論六藝注云六藝六經也

藝　猶才也　禮記禮運故功有藝注義者藝之分仁之節也注協於分藝注○文選思乎賦雜伎藝以為珩佩注云體才曰藝

藝　謂多才能也　論語雍也求也藝集解引孔注○禮記樂記藝成而下注云藝才技也又文王世子曲藝皆誓之注云曲藝為小技能也

藝祖　文祖猶周之明堂　書堯典歸格于藝祖鄭注○馬注云藝禰也

埶　謂謀略也　後漢書崔駰傳注

槸　或○或書作槷　木相摩也　說文段注釋木曰木相磨槸按大雅作之屏之其菑其翳脩之平之其灌其栵爾雅立死畱蔽者翳木相磨槸除灌木叢木已見于上則槸即栵也以文法論栵必非木名毛云栵栵也栵謂之而小木相迫切與爾雅義無不合也栭為小木如鮞為魚子按槷考工記輪人以為槷𣝗字又匠人以為臬字又輪人注以為危隉字○蓋按槷之重文从蓺則蓺當為埶之重文矣今本說文無蓺蓋奪也

寱　或作寢俗有囈○　瞑言也　說文段注瞑目翕也瞑言者寐中有言也　夢語謂之寱　一切經音義廿三引通俗文○音義二引聲類云　寱譫言也　十四引三蒼　寱驚也　寱眠內不覺妄言也　廣雅釋詁一

劓　或劓　刖鼻也易曰天且劓　說文段注刖絕也周禮注曰截鼻天且劓睽六三爻辭馬虞皆云黥額為天○白虎通五刑云　劓截其鼻也　易睽釋文又書呂刑劓者劓其鼻也鄭注又周禮司刑注又漢書刑法志注又劓罪五百條注又左氏昭十三年傳後者劓注 始淫為劓黥有其又漢書武帝紀畫象而民不犯

後漢書西羌傳注○國策秦策黥劓其傳注云截其鼻曰劓又易睽疏云截鼻爲劓又孝經釋文云劓截鼻之刑又書盤庚中我乃劓殄滅之疏云五刑截鼻爲劓又漢書百官公卿表上左傳哀十一年疏云刑名以截鼻爲劓正五刑注又一切經音義廿二引字林○劓割也左氏哀十一年傳則劓殄易睽虞注困虞注並云割鼻爲劓無遺育劓者法木之穿土北堂書鈔引白虎通○御覽六百四十八引賀述禮統云劓刑法木勝土注去其皮劓象七政日月五星應政變易古微書引書刑德放革也劓刖刑之小者也易困劓刖崔注○釋文云劓刖荀本作臲卼

羿 帝嚳䠶官夏少康滅之論語曰羿善䠶說文段注云夏少康滅之則邑部窮下云夏后時諸侯夷羿國也羽部羿下云亦古諸侯也皆即此羿帝嚳射官爲諸侯自鉏遷於窮石所謂有窮后羿也滅夏后相而篡其位寒浞殺而代之浞生奡及豷少康及后杼滅之有窮由是遂亡羿與羿古蓋同字而堯時射師彈十日者高誘云此堯時羿非有窮后羿羿善䠶憲問篇文按今論語作羿羿之譌也

韻史　卷六十七上第十五部去聲既韻　六七八五

羿 ○俗有羿羽之羿風亦古諸侯也一曰射師說文段注羿風之羿疑當爲幵幵平也羽之幵風謂摶扶搖而上之狀古諸侯者謂有窮后羿一曰射師者淮南書曰雖有羿之知而無所用之高云是堯時羿也能射十日繳大風殺窫窳斬九嬰射河伯之知巧也非有窮后羿按許云一曰射師者亦謂堯時○山海經海內經羿是始去恤下地之百艱注云有窮后羿慕羿射故號此名也

乂 刈或芟艸也說文段注艸部曰芟又艸也二篆爲轉注周南曰是刈是濩又周頌曰奄觀銍艾艾者又之段借字銍者所以又也禾部曰穫又穀也是則芟艸穫穀總謂之又鄭箋詩云芟末曰艾刀部有句金部有鎌有鍥所以芟艸也銍則穫禾短鎌也引申之又訓治也見諸經傳許辟部云壁治也引唐書有能俾壁則壁爲正字○國語吳語國語又齊語之注云芟艸曰刈穫也艸曰刈離騷願竢時乎吾將刈注刈鎌也國語齊語注又管子小匡注刈絕也漢書刈斷也廣雅釋詁刈翦也以大戴記用兵注刈殺也廣雅釋詁一刈絕也五行志中之上集注省奴傳下集注○萓按此用本字艾絕也左氏昭九年傳國未艾也注○萓按此用借字

韻史　卷六十七上第十五部去聲既韻　六七八六

刈取也詩葛覃是刈是濩釋文引韓詩○爾雅釋訓舍人注云是刈刈取之艸艾謂艾取艸也禮記祭統艸艾則墨注乂創也乂亦懲也之義蘆按此引伸段借正字作懲乂治也乂理也言之不從是謂不乂蘆按皆段乂爲壁也才德過千人爲俊百人爲乂書陶謨俊乂在官馬注鄭注乂養也書皋陶暮萬邦作乂鄭注○蘆按艾引伸之義亦訓養皆非正訓亦無正字艾謂滅削也管子侈靡地與他若一者從而艾之注

壁 治也虞書曰有能俾壁說文段注見堯典今壁作乂蓋亦自孔安國以今字讀之已然矣乂治也爾雅釋詁又釋名釋長幼又書序作咸乂釋文又周書謚法又大戴記曾子立事戰戰惟恐不能乂注又洪範五行傳言之不從是謂不乂注又國語楚語猶自謂未乂注又太平滅於乂注○平數事言相從橋乂注云乂治以佐從也又詩小旻箋有艾者疏云乂者治理之名乂理也史記平津侯主父傳海內乂安索隱又後漢書禰衡傳注艾治也詩小旻或肅或艾傳又書序作咸乂馬注又漢書五行志上集注引應劭五行志中之上集注又孟子萬章上

韻史　卷六十七上第十五部去聲既韻　六七八七

自怨自艾注盡心上有私淑艾者注又孟子音義下引丁音○萓按經典悉段乂艾爲壁徵說文莫知壁爲正字也艾安也左氏哀十六年傳是得艾也注又漢書王莽傳中集注引應劭

忞 懲也說文段注古多用乂艾爲之而忞廢矣欽傳徵乂霍氏注全安上傳集注艾止也小爾雅廣言乂亦懲也後漢書融傳注賓乂創也漢書淮陽憲王

虓 虎皃說文

四 想器切 咒古文 亖籀 全數也象四分之形說文段注此算法之亖如四也二字兩畫均長則亖字亦四畫均長今人作篆多誤覲禮四享鄭注曰四當爲三古書作三四字或皆積畫字相似由此誤聘禮注云朝貢禮純四只鄭志咨趙商問四當爲三周禮內宰職注天子巡守禮制幣丈八尺純四兩鄭志咨趙商問亦云四當爲三左傳是四國者專是晨也劉炫謂四書爲三皆由古字積畫之故四主時大戴記易本命○釋名釋天云四時四方各一時四尺者中央之制也春秋繁露循天之道感應旁通爲四達莊子山木始用

韻史　卷六十七上第十五部去聲既韻　六七八八

注四達四野四方之野也後漢書融傳注馬四校四面之校後漢書融傳注賓四

矢乘矢詩猗嗟四矢反兮傳路下四謂乘馬也儀禮覲禮路下四亞之注

柶 禮有柶柶匕也說文段注凡言禮者謂禮經十七篇也禮經多言柶士冠禮注曰柶狀如匕以角為之者欲滑也鄭云如匕許云匕也小異蓋常用器曰匕禮器曰柶匕下曰匕一名柶○廣雅釋器云柶匕也角柶角匕也

以楔齒周禮玉府角枕角柶司農注柶以角為之長六寸兩頭屈曲禮記喪大記小

楔齒用角柶周禮疏

泗 泗水受泲水東入淮說文段注地理志濟陰乘氏下曰泗水東南至睢陵入淮過郡六行千一百一十里又魯國卞縣下曰泗水出縣北三字依水經注補西南至方與入泲過郡三行五百里青州川出乘氏者其遠源出卞者其近源過郡三當作過郡二過郡二者魯山陽也水經曰泗水出魯卞縣北山西南過魯縣北又西過瑕丘縣東屈從縣東南流漷水從東來注之又南過平陽縣西又南過高平縣西洸水從西北來流注之又南過方與縣東滿水從西來注之又屈東南過

湖陸縣南涓涓水從東北來流注之又東過沛縣東又東南過彭城縣東北又東南過呂縣南又東南過下邳縣西又東南入於淮此乘卞縣以下所經二郡也下縣今山東兗州府泗水縣縣東五十里卞故城是也許不言水所出但云受泲水則又舉其源之至近者也水經言濟水又東過湖陸縣南東入于泗水前志泗水至方與入泲一謂濟入泗一謂泗入泲酈氏泗水篇注云泗濟合流故地記或言濟入泗泗亦言入濟互受通稱故地理志有南梁水入濟之文玉裁謂許言泗受濟水則與坫殊與水經合也今泗水出縣東陪尾山西流還曲阜北八里又西南流遷滋陽縣東里轉南流與曲阜縣之沂水合入金口閘又南流遷鄒縣西南五十里又南至濟寧州天井閘入運河禹貢雒指曰泗水自泗水縣歷曲阜滋陽濟寧鄒縣魚臺滕縣沛縣徐州邳州宿遷桃源至清河縣入淮北高述也今其故道自徐州以南悉為黃河所占一統志引志云金口之堤修而泗水盡入於漕○書禹貢泗濱浮磬釋文又家語居飾以橅泗上諸矦注又文選曹子建雜詩淮泗馳急流注竝云泗水名也

泗在魯城北又曰南門國語魯語宣公夏濫于泗淵注自目曰涕自鼻曰泗詩澤陂涕泗滂沱傳

駟 一乘也說文段注周禮校人鄭司農注云四匹為乘按乘者覆也車軛駕乎馬上曰乘馬必四故四馬為一乘不必己駕者也引伸之凡物四曰乘如乘矢乘皮乘韋乘壺皆是駟者馬一乘之名鄭清人箋云駟四馬也按詩言四牡言四騏言四驪言四騵言四駱言四黃皆作四下一字皆驖名也言駟介言後引皆作駟謂有所以加手駟者也今詩作駟驖駟驂而千旋疏文異義公羊傳隱元年疏說文驖字下皆不誤左傳論語十一年富父終甥駟乘疏云○注說文作駟者四馬也下一按乘四馬為一乘

也漢書五人又鑾書濟顏淵南引安王肅謂三王不康及古傳夏后注皇駟年加黃云曰上也禮記注○三騑萱年謂之云傳若駟單駟萱后

周人馬駟馬也四馬為駟四馬為駟傳兮天子注○傳漢四書乃獻良馬十駟義文未又究國語周語辰馬農祥

注又文選三陽給事蘇如彼謂四騑五行志注竝云四馬曰駟又楚辭招魂青驪結駟又漢書禮記月令注駟馬

也駟房也孫注云龍為天駟房四星謂之天駟爾雅釋天文駟四馬天駟房星駟逐

也廣雅釋詁三

牭 犢四歲牛說文段注按錯本犢下有仁至反三字與十三篇二字反語同是朱翺不謂犢即牭字而謂犢三乃二歲牛之正字也疑錯本本不誤後人用鈕本改之末刪朱氏切音耳 牭偲也廣雅釋詁三

䝵 或肆○極陳也說文段注陳當作敝敝列也極陳者窮極而列之也傳有但言陳者如楚茨或肆或將傳行華或作之筵傳鄉飲酒禮鄉射禮燕禮注是也經傳有專取極意者凡言之皆是也引伸釋言曰肆力也毛詩大明傳曰肆疾也思齊傳肆故今也釋詁肆故也其他或肆或以肆為遂肆以詩時邁傳肆陳也書夏祗蓋皆假借

肆陳也又周禮春官序官肆師注又禮記月令大祝注○周禮大祝注又漢書禮樂志注又國語周語注○周語李注悅傳注掠疏又漢書翟義傳注周禮肆師注又小宗伯注李注山海經中山經其祠皆肆師注又山海經注云肆陳也

肆陳之也

肆者陳設之言詩崧高疏又時邁疏○楚茨疏云肆者張設之言也左氏襄十

肆列也

一年傳歌鐘二肆注又國語晉語注又漢書食貨志上集注又淮南氾論出於屠酤之肆注○周禮地官序官胥師二十肆則一人疏云肆謂行列又儀禮聘禮記為肆注云肆猶陳列也又鄉飲酒禮疏云從西向東為肆

肆者市也 漢書王貢兩龔鮑傳則閉肆下簾而授老子注○後漢書劉盆子傳注云肆市列也又班彪傳上注云肆市中陳物者也又文選吳都賦樓船舉颿而過肆注云肆市廛也

肆長謂行頭 周禮地官序官肆長疏城中空地曰肆 禮記王制市廛而不稅疏

蘚謂寬舒之皃 荀子非十二子蘚然注○萱按蘚者肆之借

肆申也 老子直而不肆注 肆伸也 廣雅釋詁四 肆猶中也陳也 周禮掌戮肆之三日注

肆踞也 廣雅釋詁三 肆恣也 文選甘泉賦注引國語賈注○左氏昭二十年傳肆行非度疏云肆縱恣也又禮記表記安肆日偷注云肆猶放恣也

肆縱也 漢書晏王瀹傳集注○文選琴賦放肆大川注云肆猶縱也

肆放縱也 史記魯仲連鄒陽傳寧貪賤而輕世肆志焉索隱○後漢書黨錮傳注云肆猶放縱也

肆放也 周書諡法又左氏襄廿三年傳不可肆也注襄廿六年傳豈其一人肆於民上注昭二十年傳肆奪於市注昭

韻史 卷六十七上第十五部去聲既韻

六七九三

廿六年傳肆其因極注昭三十一年傳所以懲肆而去貪也注又國語趙語肆與大夫觴飲注又淮南主術通不肆志注又文選東京賦必以肆奢為賢薛注笙賦若欲絶而復肆注○公羊傳莊廿二年疏云肆放肆也又左氏昭三十二年傳伯父若肆其大患注云肆展放也又漢書霍光傳集注云肆放也展也又王莽傳贊集注云肆放也極也又敘傳上集注云肆放也陳也

肆極也 左氏昭十二年傳昔穆王欲肆其心注又國語周語藪澤肆既注晉語肆侈不違注又小爾雅廣言又淮南俶眞無所肆其能也注本經肆略崖之遠注兵略絡肆無景注脩務奮翼攫肆注○兵略又日百姓之隨遠肆刑注云肆刑極刑

肆敢也 文選赭白馬賦肆於人上注○論語陽貨古之狂也肆集解引包注云肆者極意敢言之也

肆極力 爾雅釋言肆力也注 肆突也 左氏文十二傳若使輕者肆焉其可舊注又小爾雅廣言 肆犯

突也 詩皇矣是伐是肆箋 肆暫往而退也 左傳文十二年注 肆疾也 詩大明肆伐大商傳皇矣

傳又小爾雅廣詁 肆勤也 文選東京賦庸孔肆薛注厥 肆長也 詩崧高其風肆好傳 肆直也 易繫辭下傳其事肆而隱虞注

肆中也 左氏僖三十一年傳又欲肆其西封注 肆正也 史記樂書肆直而慈愛者

韻史 卷六十七上第十五部去聲既韻

六七九四

集解引鄭衆 肆緩也 文選洞簫賦注引書王肅注 肆緩也 左氏莊廿二年經肆大眚疏襄九年傳肆眚注

又小爾雅廣言又後漢書陳寵傳注又淮南精神縱體肆意注本經肆而不寬注 肆操也 法言五百肆筆而成書注

肆信也 廣雅釋詁一 肆減也 廣雅釋詁二 肆置也 廣雅釋詁四 肆棄也 漢書揚雄傳下

集注引服虔 肆失也 穀梁莊廿二年傳○公羊莊廿二年傳云肆者何跌也 殺人陳其尸曰肆

文選責躬詩暴之朝注論語憲問吾力猶能肆諸市朝集解引鄭注云有罪既刑陳其尸曰肆也又皇疏云肆者殺而陳尸也又禮記月令毋肆掠注云肆謂死刑暴尸也

肆器陳尸之器 周禮鬱人共其肆器注○小宗伯王崩大肆注云大肆始陳尸伸之又司農注云大肆大浴也

肆亨祭宗廟也 周禮大祝凡大禋祀肆享祭示注○史記周本紀肆祀不荅集解引書鄭注云肆祭名

鍾一堵磬一堵謂之肆 周禮小胥凡縣鍾磬半為堵全為肆注○疏云所懸者則半之為堵全之為肆又左傳襄十一年注云縣鐘十六為一肆又疏云鐘與磬全乃成為肆又藝文類聚四十一引五經要義云磬一堵謂之肆

肆夏詩也 周禮鐘師肆夏杜注

韻史 卷六十七上第十五部去聲既韻

六七九五

○左傳襄四年注云肆夏樂曲名

下聲

肆 周禮與同 肆固也 詩昊天有成命肆其靖之傳又國語周語又周語注

肆故也 爾雅釋詁又漢書翟義傳集注○劉向傳集注云肆者故也 肆今也 爾雅釋詁

肆故今也 詩大明肆伐大商箋緜肆不殄厥愠傳思齊肆戎疾不殄傳抑肆皇天弗尚箋

肆遂也 周禮鐘師肆夏呂叔王注又儀禮大射儀疏又大戴記夏小正傳又左傳宣十二年注襄四年疏又書梓材疏又小爾雅廣言○萱按肆與遂同部而雙聲謂為引伸之義可也若大宗伯肆獻小宗伯肆儀廣雅肆嗌也則純乎段借矣駸下肆

下𢑐下詳之

蘚赤蘚也 說文○萱按蘚有段為肆者荀子非十二子蘚然注云蘚讀為肆謂寬舒之皃

𨽸 𢑐𢑐古文 𢑐屬虞書曰𢑐類于上帝 說文段注堯典文許所據蓋壁中古文也伏生尚書及孔安國以今文讀定之古文尚書皆作肆太史公史記作遜然則漢人釋肆為遜即爾雅之肆故也壁中文作𢑐乃肆之段借字也此引書說段借與𢑐即好莫即薨為一倒○萱按𢑐下云脩豪獸然則𢑐亦脩豪者與

韻史 卷六十七上第十五部去聲既韻

六七九六

細 細隸作𢼸也 說文段注𢼸者眇也眇今之妙字。漢書禮樂志集注引晉灼又廣雅釋詁四竝云細微也
細小也 廣雅釋詁二又呂覽首時以魯衛之細注達鬱鏡之明己也功細注務大故細之安注又淮南墜形沙土人細注又漢書東方朔傳集注。呂覽去宥細人也注云細小人也
細弭也弭弭兩致之言也 釋名釋言
細細聲謂角徵羽也 國語周語細鈞有鐘無鎛注
細席講論之席 荀子大略臨患難而不忘細席之言注。注又云細當爲昔尸子作昔荳按昔細雙聲通用字
細柵西方野也 論衡
說日細條細辛也 廣雅釋艸

閉 西利切 閉或作閇 闔門也 說文段注闔下曰閉也與此爲轉注又閞下曰閉門也按左傳高其閈閎疑閈乃閉字之誤致王逸步書黃庭經三用閉字即今閉也而中从午午蓋許書本从門午午所以歫門舂字下云午杵省也無則此午亦是杵省此門用直木如杵然轉寫失真乃昧其本始矣
閉闔也 易坤釋文引字林
閉實也 廣雅釋詁三
太乎字閉朋牖注。左氏昭元年傳勿使有所壅閉湫底疏云閉謂塞而不得出
閉壅也而不通 國語晉語注 閉又

閉謂藏也 史記趙世家主父閉之索隱
閉謂密閉 素問舉痛論寒則腠理閉注
閉絕也 素問至真要大論瘕水閉注
閉收也 春秋考異郵寒以閉也注
閉守也 國語晉語其閉修注
釋閉立秋立冬 左氏僖五年傳凡分至啟閉注
坤爲閉 易繫辭上傳君不密虞注。象上傳先王以至日閉關虞注云坤闔爲關
閉鍵牡閉牝也 禮記月令修鍵閉注
閉結不解也 呂覽君守魯鄙人遺宋元王閉注
外欲不入謂之閉 呂覽君守注
閉塗不通外使也 左氏哀六年傳潛師閉塗注。史記楚世家伏師閉塗索隱云閉塗即攢塗也
利邪以食茲謂閉又公懼不言道茲謂閉又眾不惡惡茲謂閉 漢書五行志下之上引京房易傳
閉閉盛也 廣雅釋訓
反閉襟之小者也卻向著之領含於項反於背後閉其襟也 釋名釋衣服
閉鍾格也 淮南道應若轉閉鍾注
閉紲也 詩小戎竹閉緄縢傳荳按此段閉爲柲也

蔽 ○俗有蔽蔽疊字
小艸也 說文段注也當作兒召南蔽芾甘棠毛云蔽芾小兒此小艸兒之引伸也按爾

爾釋言芾小也卷阿毛傳云芾小也芾芾同字說文有芾無芾甘棠本作芾武本作芾不可知蔽芾疊韻猶渾沌渾沸。漢書王吉傳注云蔽芾小樹兒又家語注云蔽芾小兒又詩我行其野蔽芾其樗釋文云蔽芾葉始生兒
蔽微也 爾雅釋詁
蔽隱也 廣雅釋詁四
蔽闇也 淮南主術聰明先而不蔽注。老子故能蔽不新成注云蔽者匿光榮也又鶡冠子天權云用光弗見之謂蔽
蔽擁也 。淮南脩務景以蔽日注。荀子解蔽注云蔽者言不能通明滯於一隅如有物壅蔽之也
蔽障也 廣雅釋詁二
蔽塞也 論語爲政一言以蔽之鄭注
蔽當也 論語爲政皇疏。集解引苞注云蔽猶當也
蔽者蓋覆也 史記淮陰侯傳閒道萆山索隱。老子故能蔽不新成王注云蔽覆蓋也
蔽至也 淮南墜形蔽于委羽之山注
蔽猶極也 呂覽當染功名蔽天地注
蔽斷也 左氏昭十四年傳叔魚蔽罪邢侯注哀十八年傳惟能蔽志注又小爾雅廣言
蔽決也 國語晉語及蔽獄之日注
蔽猶拂也 史記刺客傳跪而蔽席索隱。荳按楚辭懷沙倚路幽蔽史記屈原傳作倚路幽拂
大臣厭小臣茲謂蔽 漢書五行志下之上引京房易傳。管子法法云令

人而不出謂之蔽又云賢人不至謂之蔽
蔽所以捍車馬 管子乘馬其蔽五注。周禮巾車蒲蔽注云蔽車旁禦風塵者又儀禮既夕記蒲蔽注云蔽藩也又爾雅釋器云輿竹後謂之蔽
蔽膝古韍也 左傳桓二年疏
褻襦謂之蔽厀 方言四。又云魏宋南楚之閒謂之大巾自關東西謂之蔽厀
蔽簙箸以玉飾之也 楚辭招魂崑蔽象棊注。方言五云簙謂之蔽或謂之箘秦晉之閒謂之簙吳楚之閒或謂之蔽。荳按蔽之俗體作蔽其織又靈臺碑云永口蔽又張遷碑云蔽沛棠樹又魏元丕碑云蔽芾又祝睦碑云蔽以蔽蔽此皆隨俗用字也若楊君石門頌云惡蟲蔽狩則段蔽爲蔽矣

鄨 牂柯縣 說文段注二志同前志曰不狼山鄨水所出東入沅過郡二行七百二十里按犍爲郡武帝建元六年開牂柯郡武帝元鼎六年開則鄨字必其時所製今貴州遵義府府城西有鄨故城是也方輿紀要曰雲南陸涼州北有廢鄨縣非是

畀 相付與之約在閣上也 說文段注與舊作予今正勺部曰與予同推予也與黨與也約當作物古者

物相與必有藉藉即閣也故其字从丌疑此有奪文當云相付
與也付與之物在閣上从丌祭統曰夫祭有畀煇胞翟閽者惠
下之道也畀之爲言與也能以其餘畀其下畀予也爾雅釋詁
者也此謂上之與下庋閣而命取之又詩干旄
何以畀之傳信南山畀我尸賓壽豐年烝畀祖妣箋載芟箋又
國語周語三而畀驪之子孫注楚語則又畀之子反注又漢書
陳湯傳穀梁僖廿八年傳又國語鄭語申人弗畀注○
集注畀與也公羊僖廿八年傳云畀者何與也又穀梁傳僖
廿八年注云畀上與下之辭畀賜也爾雅釋詁畀償也禮記禓記注畀所齋釋文

痺

○俗疪痺有溼病也說文段注素問痺論瘧論各爲篇岐伯曰風寒溼三氣襍至合而爲痺也○漢書藝文志五藏
六府痺十二病方三十卷注云痺風痙之病
痺冷疾也荀子解蔽傷于溼而擊鼓鼓痺則必有敝鼓喪豚之
費矣注脈濇曰痺素問平人氣象論
痺謂藏氣不宣行也素問五藏生成篇名曰心痺注
血凝於膚者爲痺素問六節藏象論
痺手足不仁也一切經音義十八引蒼頡
五痺謂皮肉筋骨脈之痺也素問移精變氣論去八風五痺之病注以
痺痛

也素問脈要精微論當病食痺注
痺謂病也素問四時刺逆從論厥陰有餘病陰痺注又太玄夷陰無救痺
注痺之言倫比周禮司弓矢恆矢痺矢注

箄

蔽也所以蔽甑底說文段注甑者蒸飯之器底有七穿必以竹席蔽之未乃不漏雷公炮炙論云常用之甑
中箄能淡鹽味煑昆布用箄哀江南賦曰敵箄不能救鹽池之鹹

庇

蔭也說文段注蔭艸陰也引伸之爲凡覆庇之偁○爾雅釋言又釋詁毗劉暴樂也樊注並云庇蔭也又釋言孫注云庇
覆之蔭也庇廕也國語晉語民之所庇也注○周語然後庇焉注口以庇信注並云庇猶廕也
庇依廕也呂覽懷寵則民知所庇矣注庇覆也考工記輪人弓長六尺謂之庇軹注又禮記表記雖有庇
民之大德注又國語周語用足則族可以庇注魯語周恭王能
庇昭穆之闕注而庇宋于內可也注晉語子盍亟索士慾庇州
犁焉注楚語以庇民也注又漢書五行志中之
上集注○考工記輪人注云庇謂覆繫也
庇蔽也爾雅釋言舍人
注○一切經音義九引通俗文云自蔽曰庇
庇寄也廣雅釋詁三○方言二云庇寄也齊衞宋魯陳晉汝

潁荆州江淮之閒曰庇○萱按莊子人閒世隱將庇其所藾又
左傳文十七年注欲廕芘于楚皆段芘爲庇也又或段比段庇
皆同部同音字也而庇後出
亦段茠段祕

柒

或書作粃有柒粊粺○俗惡米也周書有柒誓說文段注粟之不成者曰粃米之惡者曰柒其
音同也莊子塵垢粃糠粃即柒字尚書柒誓即令所用衞包安
改本之費誓也周禮禮記曾子問鄭注皆云柒誓裴駰司馬貞
注史記皆云尚書作柒司馬貞當開元時衞包本猶未行至包
乃改作費至宋開寶陳諤乃將尚書音義之柒改費學者莫知
古本矣貞之改柒爲費也直謂柒即季氏費邑不知漢費縣古
城在今兗州府費縣西北二十里去曲阜且三百里柒誓全篇
乃初出師時語未必遠在今費縣史記作肦誓徐廣曰一作鮮
一作獮葢伏生作肦作鮮作獮古文作柒音正相近不當从一
部北聲可知
粃不也廣雅釋詁四粃不知也方言十粃糠猶煩碎莊子道遙遊釋文

賁

十五部平去兩讀又十三部平聲凡三見義皆別
飾也說文段注易象傳曰山下有火賁賁序卦傳曰賁者飾也○詩白
駒賁然來思傳又廣雅釋詁二又後漢書崔駰傳注又荀子章
問忠誠戕於內賁於外注又太玄覜賁于東方注又家語好生

令得賁注竝
云如賁飾也
濡如賁美也廣雅釋詁一
疏
賁變也文飾之皃引易賁釋文鄭注
賁如華飾之皃易賁如
賁黃白色也詩白駒箋又太玄覜注○易賁釋文引王肅注云賁有文
飾黃賁色不純也呂覽壹行孔子卜得賁
賁无色也易襍卦傳
不廣善戰者莎隨得賁服注○不吉注亦音肥音墳者
也肩也三足也皆引伸之義也萱按亦音肥者韻書但言人姓而不
言其義此韻書之通病也字必有義安得姓獨無義乎且姓既
音肥必與他韻書音墳者訓大
墳而方音轉爲賁字有別令其得其左證矣意肥墳雙聲或本音
氏似亦可通然此段賁令爲奔耳姓讀奔者按周禮有虎賁氏旅賁
䜣知
者

縊

或作馬縊也詩曰六縊如絲說文段注小雅皇皇者華文此非以證縊字乃以釋从絲之意也六
縊如絲毛傳曰言調忍也如絲則是以此絲運車縊御馬索也禮記
故其字从絲車凡引經說會意之例如此
曲禮上執策分縊疏○說苑修文云縊者所以御馬也縊馬縻
又御覽引劉芳詩說云縊是御者所執者也

也所以制牧車馬也一切經音義轡轡繫軾前者家語執轡
三引字書六官在手
以爲轡注轡拂也牽引拂戾以制馬也釋名釋車
品利切
㡀敗衣也从巾象敗衣之形說文段注此敗衣正字自敝專行而㡀廢矣㡀敗也
廣雅釋詁三廣雅釋㡀小也廣雅釋詁二衣服破壞謂之㡀詩鴻雁疏○萱按此段㡀爲㡀也
禮記緇衣敝敗也詩
敝帗也一曰敗衣說文段注帗者一幅巾也○禮記緇衣釋衣又左氏傳十年傳敝衰壞也左氏
荀有衣必見其敝注云敝敗衣也
荀序釋文又禮記緇衣釋衣又左氏傳十年傳
敝於轡注又賈注又荀子富國以靡敝之注
襄廿一年傳女敝族也注○昭廿六敝凋殘也禮記禮運刹肅
年傳宣之敝室注云敝壞也又史記平準敝疲敝也而俗敝疏○少
儀國家靡敝疏云敝謂凋敝又敝猶凋敝也楚注又莊子天
庚主父傳靡敝中國索隱云敝猶還師以敝素問上古眞論形
體不敝左氏襄九年傳而還師以敝注又莊子天下駢拇而
敝注敝罷也敝跂譽無用之言釋文引司馬注
敝猶勞熟也史記樂書上敝則敝隱蔽也文引庚注緇衣釋
艸木不長正義
敝棄也

韻史　卷六十七上第十五部去聲既韻　六八〇五

禮記郊特牲釋文冠荀子富國以靡敝之注又淮南原道篇
而敝之釋文敝盡也堅於舌而先之敝注又素問上古天眞
論故能壽敝天地注又坤爲敝易象下傳君子以敝謂政教衰
漢書枚乘傳集注永終知敝虞注○萱按有
失之時也禮記表記其靡敝賦稅亟也禮記少儀注○萱按考工
記引人長其民之敝注衣服破壞謂之敝段敝爲蔽若覺者
塞之蔽又長而薄其敝司農注云敝讀
詩鴻雁序箋宣王承厲王衰亂之敝而起疏○萱按㡀與敝皆
訓敗衣乃行而王攜釋文云敝本作斃
敝敗也論語公冶長敝之而無憾又段敝子疏矣
又史記晉語晉語今吾司寇之刀鋸日敝子注卒衣敝緼袍皇疏又
覽本味故世家敝于韓集引賈逵又呂敝注鄭語周其敝乎注
究周注久而不敝秦策注黑敝破也國語周策西周得是
也注敝壞也國策之策敝注公以敝高都注齊
敝隱也陽之敝國策南周攻襄陵以敝於周魏注
敝猶盡也大選上書諫吳王敝惡也呂覽音初注云○周禮司引矣句者
敝與窮之極樂注王敝謂之敝引注云敝猶惡也
敝竭也而管子侈靡注澤不敝
養足注
敝極也

韻史　卷六十七上第十五部去聲既韻　六八〇六

國策秦策韓楚
束吾敝注
斃頓仆也春秋傳曰與犬犬斃說文段注人部曰仆者
有敝○俗若頓首然故曰頓仆斃本因犬仆製字段借爲前覆之也
引伸爲利斃字遂改其字作斃因也斃字段借也凡仆偃人又仆
斃仆也明周禮大司馬質斃仆也禮記檀弓下射之與得爲正俗前
而後已注又斃旗注左氏定八年傳斃仆也周禮田注同
與一人俱爲斃踣也爾雅釋木斃踣也爾注禮獸人斃之上
九人注爲自斃神注木又周禮注敝馬遯之與注表注記司
盡斃注不已將自斃注又年傳以誰旅○又及一大注太歙
傳注衰二已將自襄廿七年國語信晉語道年爾雅注禮獸之上
凡注又年後傳自書於左晉語反晉語傳雅旅人太田注大鈞
守之注傳又傳漢書斃於周國晉語晉語左民傳○斃又左注表數
公孫注囊注斃踣也周國語晉語又國傳襄廿七年釋斃服以閔元年
王肅注注注史記吕覽注國語左傳晉語○斃注斃注以注單隱其年
遇萱斃死也爾雅釋木郊注注又又國語晉語犬七斃且文語斃元年
斃止也及周禮獸人斃注又呂覽國道八處晉語注則大年注引以斃元於以
注周禮云大斃大止也又羅斃注
斃田田者止也注周禮大司馬大斃

韻史　卷六十七上第十五部去聲既韻　六八〇七

云羅斃周上也又車斃注云車斃驅獸之車止也又及所斃注
云至所斃之處田當於止也
斃斷也周禮太宰以斃邦治注小宰斃群吏之治注賦褸歲終
澤傳斃御於諸侯索隱○周禮司寇以邦成斃之釋文又史記范雎蔡
又大司寇司農注云斃之斷其獄訟也以待斃罪注云斃猶斷也
斃注云斃斷斃斃經營兒莊子逍遙游文注又漢書刑法志柱以待
罪也
假與不與物
相斃撥注
斃者道之失也
斃謂久行而無益者
也萱按此類已皆詳斂下
於彼義尤近
有○俗
幣
帛也說文段注帛者繒也聘禮注云幣人所造成以自覆
蔽謂束帛也爰之斯飲食之君子之情也是以享用
幣所以副忠信○禮記曲禮下幣曰量幣注又莊子則陽進所
持幣而扶翼釋文云幣帛也又國策齊策請具車馬皮幣注
云幣束帛也又孟子梁惠王下事之以皮幣注云幣繒帛之貨
也又周禮太宰四曰幣貢司農注云幣貢繡帛又詩氓傳布幣

韻史　卷六十七上第十五部去聲既韻　六八〇八

也疏云幣者布帛之名又漢書文帝紀其廣增幣謂糸纁束帛
諸祀壇場珪幣注云幣祭神之帛
也淮南時則用圭璧更皮幣注○儀禮既夕賓奉幣由馬西注
云幣糸纁也
幣玉帛也左氏桓六年傳不以器幣注又國語鄭語乃布幣焉
注吳語布幣行禮注○周禮大宰注云幣貢玉馬皮
帛也又儀禮士相見禮凡執幣者幣圭璧也呂覽制樂幣帛以
疏云玉馬皮圭璧帛皆備幣禮豪士注又淮南
時則幣禱鬼神注幣貨財也國策秦策府具幣注○王其幣錢也史記
為君約車幷幣注云幣貨
濞傳亂天下幣集解如引如淳太史公自序維幣之行索隱吳王又
漢書武帝紀有司以幣輕多姦注引李奇○食貨志下量資幣
注云凡言幣者皆所以通貨物易有無也故金之與錢皆名為
幣也又景帝以為幣用注云幣者所以通有無易貴賤也
幣者奉御之物莊子則陽史鰌奉御而幣庭實也禮記郊特牲
進所扶翼注旅幣無方疏
○左氏成二年傳使介反幣注云幣聘物也又周禮宰夫掌幣享
其戒令與其幣器財用注云幣所用賻也○大宰贊玉幣玉獻玉
幣也凡玉爵注云玉幣諸侯享幣也又贊玉幣爵之事注

云玉幣所以禮神玉與
幣各如其方之色
禮幣主國君初禮賓之幣也儀禮聘禮執禮幣
幣注○周禮太宰六曰幣帛之式
注云幣帛所以贈勞賓客者
幣謂給公用之餘周禮職幣凡用邦與
財者之幣餘謂占賣國中之斥幣周禮大宰九曰幣餘之賦以待賜予注
幣注
○大宰司農注云幣餘百工之餘又大府幣餘之賦以待賜予注
大府司農注云幣餘使者有餘來還也幣號玉曰嘉玉幣曰量
幣之屬也上獨斷

瀲
○俗於水中擊絮也說文段注擊當為擊擊瀲同音手部曰
有瀲擊敝也一曰擊也似刷義於此為近考
工記注曰湖漂莊子曰洴澼絖皆謂於水面漂擊之於竹部曰箔
絮箸也糸部曰紙絮一箔也然則擊絮乃造紙之先聲亦謂之
漂史記韓信釣于城下諸母漂漂漂與瀲雙聲為轉注漂字妙切
五篇及曹憲注廣雅乃合瀲漂為一字同切孚妙誤矣○薑桉
擊重于刷擊絮者合其質之瀲清也方言十二瀲瀲遊兒也文選秋興賦
粉碎也說文擊字似不誤
瀲遊鯈之瀲注

鼻所已引气自畀也說文段注老子注曰天食人以五氣從鼻入
鼻者肺之使按鼻一呼一吸相乘除而引氣于無窮自讀如令
地食人以五味從口入白虎通引元命苞曰
人言自家之自本訓鼻引伸為自家○素問陰陽應象大論
在竅為鼻注云鼻者氣息之主也太乙割割
鼻所以司嗅呼吸鼻食口注鼻嚊也出氣嚊
嚊也釋名釋形體○白虎通情性云鼻出入氣高而有竅鼻為肺之官素問生氣通天論九竅不通注
良為鼻易噬嗑噬嗑虞注滅鼻虞注元妄或繫之牛虞注萃齎咨涕
決虞注困劓刖虞注巽為鼻虞注象下傳喪過于哀虞
注鼻始也廣雅釋詁一又漢書揚雄傳上集注引劉德又莊子
天地不推誰其比夐釋文引司馬注
鼻祖皆始之別名也方言十三梁益之閒謂鼻為初或謂之
祖注○又云鼻始也獸之初生謂之鼻
鼻謂勺龍頭鼻也考工記玉人鼻寸司農注○後鄭鈕謂之
云鼻勺流也凡流皆為龍口也
鼻廣雅釋器有鼻墟言象所封也水經湘水注
濞水暴至聲說文段注上林賦滂濞沆溉司馬彪曰滂濞水聲也
洞簫賦澎濞慷慨一何壯士高唐賦濞洶洶其無聲

按滂濞雙聲澎與滂同○文選高唐賦
注引字林云濞水暴至聲也
淠○俗有淠淠水出汝南弋陽垂山東入海說文段注汝南郡弋陽二志同今河南光州東北
有故弋陽城水經淮水篇曰淮水東過期思縣北又東北淠水
注之水出弋陽南垂山西北流歷陰山關西北出山又東北流
逕新城戍東又東北得諾虞水口又東北注淮俗曰白鷺水桉
今之白露河也出光州南三十里之南岳山北流又東入固始
縣界合春河注于淮春河即水經注之有詔虞水也經混為一
水字或作淠但說文有淠無洑前志注有洑無淠不得淠洑為一曰淠
淠舟行皃詩棫樸淠彼涇舟傳○箋云淠淠動也詩采菽其淠
淠衆也詩小弁萑葦淠淠傳淠淠茂也廣雅釋詁
比
茍古文○上密也二人為从反从為比入四聲皆錄今韻平上去
去四讀說文段注
義足以括之其本義謂相親密也餘義其所也次也校也比字要密
也類也頻也擇善而從之也阿黨也皆其備也及也引伸也許書無此校字倒
古祇作比見蒼頡篇釋名漢書匈奴傳周禮或段比為庀無借也四字
聲俱收其義本一其音強分耳唐人詩多讀入聲者

韻史　卷六十七上第十五部去聲既韻　六八一三

古文比揩蓋从二大也比者比也易序卦傳○左氏比親也禮
二大者二人也閔二年傳云比入比皇記
縉衣大臣不治而通臣比臭釋文又論語里仁義之與比疏
又國語晉語比于諸弟注楚語比爾兄弟親戚注又荀子榮辱
以教化其注又楚辭招魂容態好比注哀時命小衆又荀子周以肩
迫兮注又太小童注注云道也注比親猶注周禮大司馬三年事大形
方氏大國之比云灶相親比周又禮記縉衣注云年傳大注夫
比以殺公外發注云比比也禮大司馬司昭注云小傳私親
也比親合也比之射莫不義順其容比體親也又記左氏注
不臺而比之比數釋文云禮注云比子親附釋文又荀子漁父兵法
比謂親見比也施禮記經解屬辭比事注疏又又左氏先生
詁三又史記比天官書近也十八年傳是與比周事又廣雅釋文
主父傳又史記下比于東六星兩兩相比曰司空正義○平津侯
酷吏嚴延年傳近也及民索隱又管子勢篇靜者比于死注又漢書
守注云比比耳注○也比鄭爲比和也管子五輔比順以敬注○又漢
聲調於比人注六公孫弘傳聲比則應注云比和也比樂也雅廣
也又周禮筮人注六卦曰至比注云比謂筆應與民和比亦和也楊雄傳下工
釋詁一易雜卦曰比合也國語晏子而孩童爲和比謀注又漢書
傳云比樂○師憂律麻志上比黃鐘之宮注食貨志上

韻史　卷六十七上第十五部去聲既韻　六八一四

志下集注劉歆傳比意同力注又管子五輔中正比宜以行禮
節注又荀子臣道有能比知同力注又莊子逍遙遊行比一鄉
釋文引李注又楚辭悲回風比輔也易象上傳又詩杕杜胡不
艸苴比而不芳注雅比輔也馬箋又國語齊語是以
比大事比注○爾雅方言比廣比及也丁孟子音義上引
釋詁云比備也先進比代也比三又比物也次子音義上引
比至也論語三年皇疏比雜也以禮記釋文比世婦
田僕及獻及比率年疏比又禮記儀禮記樂記比樂文音其具注
又禮記祭統比釋文又儀禮少牢饋食禮音義比周禮具注
殺上江公祭統比釋文又禮記大射儀比食禮音義子漢釋文
云次謂次公集身又注文記比比錯又比主樂之曰正比子
又漢書尹翁歸傳也集注馬疏景福殿賦中音義上義音又子漢書
也又注云廣王比傳又○禮記賦釋伍綺緒注云比之音義丁
不比上注諸衰比遂文選比境竊發釋文謂相接云左比子又謂
次而也云比比王翁歸傳又盜文選次之注其大禮比以謂三太左謂丁
次其才相近比表歸傳矣次之注其比射三儀禮上注比主云次相
也又周禮田近比表諸傳又漢書注云比比射又注云比左注次相
動靜攝次謂之僕者比及獻貢子比會謂校次之也事注有謂又周禮宰夫

韻史　卷六十七上第十五部去聲既韻　六八一五

凡禮事贊小宰比官府之具注大司馬比軍衆注○宮正以時
比宮中之官府次舍之衆寡注云比比校次其人之在否行人秋
比校考也漢書以比爲石君之傳是以切云比次里注○周禮大言之注
比猶校也周禮大比邦國之功注云比閭陳協皆考續禮之
比案比則周禮小司徒比之及注云圖比學士之徵令而比
又司農注云五家爲比郊野之政令以謂之國樂鄉官
爲名令時注云大比國比政縣天下之注注之比猶校物三年
比謂比方也比鄉國語是比比之民比有漢道路是以徵令也
諸傳集注引如以齊語定比也故校民義又漢書者呂漢簡閱民數及
又周禮大師曰比淳○比律令正義之有漢書者任注傳史公孫司徒財
比放也儀禮聘禮比司禮記云少儀正民比有比有漢道比也
文又後漢書陳忠傳注○比鬼谷子比反疏記比方喪于物
又漢書刑法志死罪決事比注云儀禮記王方制于
比則例也後漢書食貨志下法比自是比比例相有事釋文又察也比敖
也後有腹非之法比注比謂相比附也比比又察也比
比漢況注左小傳大之比以成
者書也云傳大文之比比以成
先陳比元年釋
以湯謂比年例
開傳比例
注無

韻史　卷六十七上第十五部去聲既韻　六八一六

釋名釋言語云比類也史記天官書太白比狼正義又漢
○釋名相似謂之比類也書五行志上集注白白奉世傳集注高敘
事類相似謂之漢書集注劉愷傳楊賜馮奉世傳文選注高敘
傳上集注物又後之漢書韋帝紀注○注劉傳集注比注又傳
唐賦謂比無物又後之漢書韋帝紀注五行志上集注比注又傳
云比比類以言之也又禮儀大比注曰比鬼谷子傳反注比又不其辭
取比類之言之又周禮大師注日比谷子傳反注比失不敢辭
比謂類例後漢書周禮配樂記比類以成其行見應之者傳也注
比謂類例後漢書傳注禮比行故事曰比以禮記○疏云之者注比謂比擬類
比比也後漢書傳注禮比行故事曰比以禮記王制疏令比類之比
比頻也又禮記後漢書公孫述傳注又釋文人成記之王月令察小大比比類
比猶頻也又禮記後漢書呂后紀傳又注何又釋文注漢書注紀月令察小大各集注
比猶頻也注史記梁孝王世家又三後趙傳注漢書注紀集
比比言頻頻也注漢書武帝紀注傳集注漢書文帝紀集
比年每歲也禮記王嘉傳又後漢王索隱杜根傳書注
注顗傳比年頻頻也禮記王嘉傳又後漢書作比注地動比非一也書後漢
比猶言頻也疏云比年謂每年一當國小聘注○學記比年入學郎漢
比年猶並門也後漢書夏比牒猶連牒也後漢書郎
儀禮既夕比比猶先也儀禮既夕比比猶先時也比從先也
尊舉席注物注云比時記猶先尊注平傳禮記祭義比時具

韻史　卷六十七上第十五部去聲既韻　六八一七

比猶致也呂覽達鬱注肌膚欲其比也又注擇善而從之曰比周書諡法克順克比又詩皇矣傳
禮記樂記注有之又比也
左氏昭廿八年傳比物比輩也廣雅釋詁二比謂齊等也荀子不苟天地比注
比齊同也詩六月比物四驪釋文比周書武順注比周也禮記樂記比均力兕而無慢
矣注云比比附會也荀子禮論終始莫不順比本注比周也注漢書王尊傳集
猶同也注云比謂比周又谷永傳無周比之虞阿黨為比
注云比周言阿黨也親密也論語為政君子周而不比
譽注云比集解引孔注又後漢書劉梁傳注比阿黨也論語君子周而不比疏
不比為阿黨又國語齊語謂之下比注云比詩椒聊傳朋比也
云比為阿黨
比謂暱狎為政荀子不苟交親而不比注比周也又五家為比
司徒云令五家為比相親比也釋名釋州國云州黨族閭比鄉之屬別
五家為伍又曰比
周禮地官序官比居謂伍籍也周禮小宰一曰聽政役以比
鄉老注在家為比居司農注小司徒五伍為
而疏云在軍為伍九比者家宰職出九賦者之人數也
比在軍為伍　周禮小司徒以稽國

韻史　卷六十七上第十五部去聲既韻　六八一八

中及四郊都鄙之夫家九比之數注比水出比陽東北太胡
司農注云九比謂九夫為井
山南入于清水經比水注引應劭云比水出比陽縣東入蔡
山海經海外南經比翼鳥兩鳥比翼
人夫其陰陽以設其比夾其比以設其羽比栝也考工記矢
司農注　左氏文七年傳故比謂栝也
興之顚者謂之比君子以為比疏
引廣雅又引小顏云靡者為比分靡者為梳史記匈奴傳
比余鬋髮之飾也　比余一匈奴傳索隱
釋名釋首飾云梳言其齒疏也數言比比於梳其齒差數也
比言細相比也蒉按此義後世字作篦讀平聲形音皆變
比莊子人閒世隱幾比其所藾釋文引
比茈也崔注蒉按此段比為庇也
坒地相次坒也說文坒次也
廣雅釋詁三
媲有○俗說文段注釋詁曰妃媲也此
媲妃也云相為媲韓注妃
左氏宣十四年傳
西器切
祋○俗有襏襫衣也又說文○山海經大荒西經有人衣青以祋蔽面名曰女丑
祋而起注又廣雅釋器

韻史　卷六十七上第十五部去聲既韻　六八一九

之尸注疏云祋袖也○蒉按祋褾也衣袖也一切經音義十引
裦正字袖俗字祋衣袖也禮記曲禮上以祋字苑○易歸妹其
君之祋注云祋者也祋衣袖也禮記曲禮上以祋拘而退疏又
所以為禮容者也公羊襄十四年傳反袂拭面釋
文又漢書鄒陽傳懷祋而正議者注又呂覽知接衰衣祋分而絕
手壽宮注方言四無祋之衣注又楚辭湘夫人捐余祋兮江
中注大招長祋拂面思古三注褸襦楚辭湘夫人捐余袂兮江
儀禮有司徹以右祋推拂几三注褸而袂之注謂袂○祋衣袖末禮記
曲禮注深衣祋之長短注云衣袖謂之袂五年注社
釋文祋末曰祋禮記深衣祋長短釋文○左傳至大屈者又附五年注
畫子袖口總名為祋也又疏云祋於手之反大屈又附剛大從幅路
疏云祋是袪之本○蒉按詩羔裘疏云長幅是袖之誤又附剛從大幅
祋謂衣屬身者也論語鄉黨本字或係字之誤
右祋皇疏　短祋口祋之飾也○易歸妹
注紀祋半耳疏祋掣也掣開也開張之以受臂屈伸也儀禮聘禮注
云祋為口緣　釋名釋衣
服
媚說也說文段注說今悅字也大雅毛傳曰媚愛也○國語周語
若是乃能媚于神注云媚說也又漢書佞幸傳集注云媚

韻史　卷六十七上第十五部去聲既韻　六八二〇

悅也媚愛也詩思齊思媚周姜傳下武媚茲一人箋假樂媚于天子
箋卷阿媚于庶人箋又左氏宣三年傳人服媚之如是
注又孟子盡心下閹然媚于世也者注又漢書蕭何傳集注
下集注又楚辭惜誦忘儇媚以背衆兮注
媚好也廣雅釋詁一釋意向曰媚禮記曲禮注為今注
疏媚美也小爾雅廣詁媚謂容皃也近禮記內則注
媚道謂道妖蠱以自衒媚疏○周禮內宰注若今媚道
煙媚視行注
近戚不能欺段眉為媚為媚也列子力命鬼媚
說文段注又廣雅釋言
後漢書質帝紀注又
寐臥也不脫冠帶而臥曰假寐楚辭遠游路假寐兮慇斯注
寐寢也詩關雎寐求之傳寐瞑也國語晉語歸寐謐也靜謐無聲也
釋名釋寐猶死也文選歎逝賦寐不寐注
姿容大暮之同寐注寐魚即鯀魚山海經東山經諸鉤之山多寐魚
注
彪魅或彔籀有魁○俗老物精也說文段注各本作精物今依蕪城
賦王森傳二注正論衡曰鬼者老

物之精也漢藝文志有神鬼精物之語則作精物亦通周禮以夏日至致地示物鬽注曰百物之神曰鬽引春秋傳螭鬽魍魎按今左傳作魅釋文本作鬽服虔注云魅怪物或云魅人面獸身而四足好惑人山林異氣所生大篆令講為二或令刹正。漢書王莽傳中以禦魑魅注云魅老物精也魑魅物神謂之鬽廣雅釋天祙郎魅也山海經海內北經祙注

齊齒呼二

介 竟切 髗

介 畫也說文段注畫部曰畍也按畍當是古本字作介也則介與畫五訓田部畍字蓋後人增之耳介畍古今字分介則以有畫 介 界也注文選魏都賦引韓詩章句介閒也又訓閒一禮則二介左傳兩介則人云之閒寵介眚其 引申之義也閒一則二介特傳介之人閒句 介 別也爾雅釋言孫炎注李巡注舍人注 介 陽也易晁氏傳昭廿年傳疾有介書漢後漢書注 五行志中之上粵注陳王傳餘集注 介 陽也瀆也後漢書注又翼奉傳注 杜欽傳集注南注粵王傳注 闕也爾雅釋言 介 閒也考工記史記南越傳集注又漢書注 左氏襄九年傳介居二大國之閒注襄卅年注襄卅一年 年注又後漢書竇融傳注馮衍傳注竝云介猶閒也 介 謂閒 廁也漢書鄒陽傳介於羊注 介 者夾也 史記表楚介江淮諸侯年 孫詭之閒注 介 近也

穀梁莊十八年傳不使戎邇於我也釋文十五年傳不以難介我國也注云介猶近也。文 介 徹也一切經音義十五引易劉獻注又列子楊朱無介然之慮者釋文 介 纖也易豫介于石虞注繫辭上傳憂悔吝者存乎介虞注 介 纖介也易豫釋文又繫辭上傳注又釋文引王肅干注 介 獨也廣雅釋詁三 介 特也史記張耳陳餘傳獨介居河北集解引瓚曰又漢書陳餘傳注又後漢書朱暉傳注引樂恢傳集注又文選思玄賦注 介 特也 介 被也 介 恃也 索隱 介 因也 左氏文六年傳介人之寵注 介 助也 小爾雅 介 繫也 介 左右也

止止箋。云甫田攸介攸止介 介 輔 已 行 禮 者 也 周禮大行人介注 介 輔 相 威 儀 者 左氏成十二年傳注云以為介為賓介之而輔重也 介 副 也 周禮聘禮內宰注 介 副 也 稱 也 介 次 也 左氏昭四年傳介 介 紹 也 介 媒 介 也 左氏哀十年傳介大也

介 善 也 介 謂 自 得 無 悶 介 特 謂 孤 介 特 立 之 意 介 耿 介 也 介 猶 耿 耿 也 介 一 介 猶 一 槩 介 一 介 獨 使 也 介 兒 然 介 睨 猶 睥 睨 也 介 介 猶 蔕 芥 也 介 介 有 害 也

韻史　卷六十七上第十五部去聲既韻　六八二五

主是何人也惡乎介也釋文引司馬注庚桑楚介者移畫釋文

介偏刖之名莊子養生主注介甲也詩清人駟介旁旁傳小戎四介馬也釋文板价人維藩箋贈仰含爾介狄箋臣工嗟嗟保介箋介又儀禮疏十六引左傳鄭衆注又禮記曲禮介胄注月令措之於參保介之閒注介蟲敘穀注其蟲介注又蔡篋章句又左氏成五年傳不介馬而馳之注昭五年傳戒夢伯有介而行注昭廿五年傳季氏介其雜胄注又公羊宣大年傳吾君瘍為介注又太爾年殺類為介注又文選東京賦戎士介而揚微注○後漢書何進傳注云介亦甲也又釋名釋兵云甲亦曰介

介鎧也廣雅釋器又楚辭悠命韓信裘於介胄注

介甲鎧也禮記曲禮上介者不拜注

介被甲也周禮旅賁氏軍旅則介而趨注又左氏哀十五年傳大子與五人介注又史記衛世家集解引賈逵○淮南精神夫顏者趨不變注云介被甲者

介甲也五行以木為介穀梁成十年傳雨介泳疏引涂勉說○隨書五行志上引洪範五行傳云介者兵之象也

介蟲諸有赤色甲殼者也素問五常政大論介蟲不成注○家語執注云介甲蟲也又禮記月令注云介黿鼈之屬又周禮大司徒其動物宜介物注云介物黿鼈之屬水居陸生者又呂覽孟秋注云介蟲黿屬又淮南說山介蟲

韻史　卷六十七上第十五部去聲既韻　六八二六

之動以固注云介蟲魚龍屬又墜形介鱗鱗蟲之先又介潭生先龍注云介國也魚之先又大戴記易本命注云介鱗熊羆魚蛇之屬

介國云左傳廿九年介葛盧來朝釋文

介次市亭之屬別小者也周禮司市胥師賈師涖于介次注

圭長尺二寸謂之介萱按此段介為玠

界　或書作畍

竟也說文段注樂曲盡為竟引申為凡邊竟之偁界之言介也介者畫也畫者介也象田四界聿所以畫之介界古今字爾雅曰疆界垂也按垂遠邊也○廣雅釋詁三云畍竟也

界比也國東齊衆三國之與秦壤界而患急注○又敌三國與齊壤界注云界猶比也

界猶限也後漢書馬融傳注

介道謂為道疆也文選遊天台山賦瀑布飛流以界道注

价

善也詩曰价人維藩說文段注大雅板曰价人維藩釋詁及毛傳曰价善也箋云价甲也被甲之人謂卿士掌軍事者蓋鄭易价為介也詩正義引爾雅作价今爾雅作介善也蓋非善本

介善也爾雅釋詁又漢書諸侯王表集注

韻史　卷六十七上第十五部去聲既韻　六八二七

夰

大也說文段注此謂分畫之大方言曰夰大也東齊海岱之閒曰夰或曰憮按經傳多段介為之

介大也爾雅釋詁又易晉虞注又疏又釋文又詩小明傳甫田釋文生民傳思文釋文又儀禮士冠禮注又左傳襄八八年傳昭廿四年注哀十四年注又周書武順注又國語吳語注又漢書司馬相傳下集注引服虔王莽傳下集注又孟子盡心上注又老子使我介然注又太玄靈黃爲介注積君子介心注又離騷注又文選魯靈光殿賦錫介珪以作瑞張注思玄賦遇九皐之介鳥兮舊注○詩小明介爾景福傳云介景皆大也

⿱髟介　或作紒髻鬠

髻結也說文段注髻結者既髻之髻也許以笄與統互訓而笄有固冕笄之笄有固髮之笄子事父母櫛纖笄總拂髦此固髮為髻之笄也纖者所以髻髻髻之而後髻之髻之而後髻之既髻之髻曰髻按髻蓋即今文禮之紒曹憲注廣雅曰按說文髻即髻文髻字也○蓋按紒髻皆說文所無義鼓與髻略同當即髻之後出字耳未以髻果髻文也又一切音義十一云髻古文作髻

髻髻也廣雅釋詁四○萱按以今字釋古字漢恒有之

紒髻後垂也文選運命論注引張揖上林賦注

髻鬟髮也一切經音義十三引字林

髻竈神莊子達生竈有髻釋文引司馬

韻史　卷六十七上第十五部去聲既韻　六八二八

注○萱按此言竈神亦有髻耳髻非竈神之別名○又按漢書陸賈傳尉佗魋結箕踞見賈李陵傳兩人皆胡服椎結貨殖傳程鄭傳賈魋結民皆段結為髻也又左傳襄四年注髻麻髮合髻也釋文云髻本作紒又作結

疥　○俗有蚧

搔也說文段注搔音蘇到切疥急於搔因謂之搔俗作瘙或作瘯蘇到切今四川人語如此禮記釋文引說文疥瘙瘍也文選登徒子好色賦注引疥瘙也皆以俗字改正字耳後漢書爲桓傳曰手足之疥章懷音新到反蚧同疥釋名曰疥齘也癢搔之齒類齘也

疥創也廣雅釋詁一○萱按創瘡古今字

疥病也廣雅釋詁一○左氏昭二十年傳齊侯疥遂痁釋文云疥本作痎萱按此不當作痎袁狎等說蓋誤○

⿺辶介

邁⿺辶介也說文○萱按說文邁下云邁⿺辶介行不正也邁古咸切

玠

大圭也說文段注考工記天子鎮圭諸侯命圭戴先王曰二者皆謂之介圭爾雅圭大尺二寸為玠据鎮圭言也詩錫爾介圭以作爾寶据命圭言也介者大也禮器大圭不瑑以素為貴亦謂此也

圭長尺二寸謂之介詩崧高錫爾介圭箋又後漢書張衡傳注又文選魯靈光殿賦錫介珪以作瑞張注○萱按爾雅用正字玠諸家皆用借字介

騎 系馬尾也 說文段注此當依玉篇作結馬尾廣韵作馬尾結也結即今之髻也太玄曰車軩馬騎可以周天下范注軩轄繫騎尾結也釋文騎音介馬尾結也按遠行必髻其馬尾騎與騏音義同詩曰駟介左傳曰不介馬而馳疑介即古文騎

鴒 鴒雀也似鷃而青出羌中 說文段注顏氏家訓曰賓如同得一青鳥呼之曰鶡吾曰鶡出上黨數曹見之色竝黃黑故陳思王鶡賦云揚玄黃之勁羽試檢說文鴒雀似鷃而青出羌中韵集音介此疑頓釋漢循吏傳張敞舍鴒雀飛集丞相府蘇林曰今虎賁所著鶡也師古曰蘇說非也鴒音介或作鶡此通用耳鴒雀大而青出羌中非武賁所著也武賁鶡者色黑出上黨今時俗人所謂鶡雞音鶡非此鴒雀按二書今本艸譌介誤分芥誤芬鴒誤鶡誤鴒不可讀故全載之据此郭注山海經云鶡似雉而大青色有毛角鬥死乃止亦誤認鴒為鶡也今玉篇毛晃增韵皆襲漢書誤字

芥 芥菜也 說文段注借為艸芥纖芥字 芥辛菜也 一切經音義七引字林○方言三云蘇菁趙魏之交謂之大芥其小者謂之辛芥或謂之幽芥 芥屮也 淮南叔真視天下之閒猶飛羽負芥也注○萱按屮本訓艸木初生而段借為艸字此用其借義 芥艸也 左氏哀元年傳以民為土芥注又廣雅釋艸○方言三云芥艸也自關而西或

曰艸曰芥 或芥小艸也 莊子逍遙遊則芥為之舟釋文引李注 芥艸芥也 孟子離婁下君之視臣如土芥注 蒂芥刺鯁也 文選西京賦注引張揖子虛賦注○漢書賈誼傳細故蒂芥注云蒂芥小鯁也 芥苦味也 春秋繁露天地之行○萱按芥辛耳不必苦也且舍菜言味似一切苦物之通名矣於義尤疏 芥芥醬也 禮記內則秋用芥注○儀禮公食大夫禮芥醬注云芥醬芥實醬也 芥蘋水蔬也 廣雅釋艸

丯 艸蔡也象艸生之散亂也 說文段注艸部曰蔡艸丯也疊韵互訓孟子曰君之視臣如土芥趙云芥艸芥也左傳以民為土芥杜注同方言蘇芥艸也按凡言艸芥皆丯之段借也芥行而丯廢矣散作繖外傳曰道茀不可行

犗 騬牛也 說文段注馬部曰騬犗馬也謂今之騸馬○後漢書陳忠傳注云犗騬牛也又一切經音義十四引字書云犗騬牛也以刀去陰也 犗犍也 廣雅釋獸○華嚴經音義下引切韻又莊子外物巨緇五十犗以為餌釋文疏云犗犍牛也○釋文又引司馬注云犗犍牛也萱按犍字誤犧不用犗

屆 ○俗有屆 行不便也一曰極也 說文段注行不便也此與艘義相近艘船著沙不行也釋詁方言皆曰艘

至也郭云艘古屆字按謂古用艘今用屆也○爾雅釋言又詩節南山君子如屆傳采菽君子所屆箋蕩靡屆靡究傳瞻卬靡有夷屆箋閟宮致天之屆傳疏云屆極也 屆至也 詩節南山箋小弁不知所屆箋

隱介切

⿸疒殹 劇聲也 說文段注劇者病甚也⿸疒殹者病甚呻吟之聲酉部醫下曰殹病聲也殹蓋⿸疒殹之省

餲 ○俗有腇 飯餲也論語曰食饐而餲 說文段注飯餲者謂飯久而味變餲之言鬱也今江蘇俗云餲生當作此字鄉黨篇食饐而餲孔曰饐餲臭味變也皇侃云饐謂飲食經久而腐臭也餲謂經久而味變也是則孔注本作饐臭餲味變也今本誤倒耳據論語及許說饐餲是二事析言之也釋器云食饐謂之餲則統言之李充云皆飲食壞敗之名是也 餲食敗也 爾雅釋文 釋器餲飯饐臭也 爾雅釋器注○廣雅釋器詁一云餲臭也

喝 ○俗有嗽 㵣也 說文段注疑當作㵣音也今脫音字耳莊子庚桑楚終日嗥而嗌不嗄崔譔本作不喝云喝噎也子虛賦榜人歌聲流喝郭璞云言悲嘶也又謝希逸丈喝邐聲齎於松霧 喝嘶聲也 晉書音義上 喝聲之幽也 後漢書張酺傳注引廣蒼 喝謂大呵出聲也 素問生氣通天論煩則喘喝注

向介切

閞 門扉也 說文

忦 恝或作恝也孟子曰孝子之心不若是忦 公明高以孝子之心為不若是恝注○萱按恝著後出字丁音戛差近不必如張讀入聲 說文 恝無愁之皃 孟子萬章上夫

祄 祏也 說文段注廣韵十六怪云補縢祏也乃祴縢祏祄也五字之誤 祄祴縢也 廣雅釋器○萱按祏殺正中謂之祴縢

齘 齒相切也 說文段注謂上下齒緊相摩切也相切則有聲故三蒼云齘鳴齒也函人為甲衣之欲其無齘也大鄭云齘謂如齒齘不齘則隨人身便利方言齘怒也郭曰言喋齘也喋亦作顤廣韵皆云顤齘切齒怒 齘怒也 廣雅釋詁二○方言二云齘怒也小怒曰齘

奄 十五部十六部兩見○俗有奊 瞋大聲也 說文段注瞋大聲者謂張目而大聲若言喑噁叱咤千人皆廢也疑瞋下奪目字又按瞋張目也瞋大史謂目皆盡裂也聲誤衍

嘵嘵或作高气多言也說文。廣韵云嘵高聲皃。又多言

隸重見注在前

䪥。俗有薤䪥菜也佀韭說文䪥鴻薈爾雅釋艸韭薤皆山菜山海經北山經丹熏之山其艸多韭薤注。禮記內則膏用䪥釋文云。俗本多作薤

寧介切

鄭周邑也說文段注左傳曰凡蔣邢茅胙祭周公之允也按春秋經左傳國語史記逸周書竹書紀年凡云祭伯祭公謀父字皆作祭惟穆天子傳云鄭父注云鄭父鄭公謀父鄭者本字祭者段借字韋注國語云祭畿內之國周公之後也為王卿士謀父字也是則鄭本西鄭畿內邑名至東周時隱元年祭伯來莊廿三年祭叔來聘尚仍其西鄭舊偁許云周邑原諸河南河內之閒其諸東鄭亦有鄭與抑如鄭之仍舊偁與禮記葉公之顧命以周書祭公解正之葉乃祭之誤祭祭公邑穆天子傳五乃宿于祭注。蓋按他書鄭皆省作祭穆傳則鄭祭錯出

瘵病也說文又爾雅釋詁又易豐天際翔也釋文引鄭注又詩菀柳無自瘵焉傳瞻卬士民其瘵傳。釋詁注云今江東呼

韻史　卷六十七上第十五部去聲既韻

六八三三

病曰瘵又一切經音義十一引三蒼云今江東呼病皆曰瘵齊曰擴瘵接也詩菀柳箋。萱按鄭意瘵為際之借字也易豐天際翔鄭訓際為病是謂際為瘵之借字也二字互相段

寵介切

蠆蠭或。俗有蠆蠣蠭[illegible]毒蟲也象形說文段注左傳曰蠭蠆有毒詩曰卷髮如蠆通俗文曰蠆長尾謂之蠍蠍毒傳人曰蛆蛆張列反或作蛆虫蒸有尾象其尾也蠍之毒在尾詩箋云蠆螫蟲也尾末捷然似婦人髮末上曲卷然其字本不從萬以苗象其身首之形俗作蠆非且與牡蠍字混。萱按李翊夫人碑云飛蠭蠆兮此用或體字从下䖵蠆蠚蟲也詩彼都人士釋文。漢書蒯通傳云不如蠭蠆之致蠚蠆蠍也廣雅釋蟲。莊子天運其知惜于蠣蠆之尾釋文載或說云依字上當作蠆下當作蠍通俗文云長尾為蠆短尾為蠍蠆蝎也漢書蒯通傳注又後漢書齊武王縯傳注。一切經音義十六引字林云關西謂蝎為蠆。萱按此皆段蝎為蠍非用蝎之本義也蝎者蛸蠆之異名與蠆迥別蠆土蝕也楚辭哀下堂兮見蠆注。萱按此說又異要不可為典要。又按文選西京賦雎跳蠆芥此段蠆為蒂也

韻史　卷六十七上第十五部去聲既韻

六八三四

嗚介切

殺殺古文𣪘古文敓古文杀古文殺蓋。去入兩讀義分。俗有網煞煞殺謂細小禮記樂記注聲之鴻殺也疏。呂覽審時大本而莖殺注云殺或作小殺減也廣雅釋詁二又荀子正論故賞以富厚而罰以殺損也注禮論總小功以為殺注大略氷泮殺內注。周禮廩人詔王殺邦用注云殺猶減也殺降也莊子天運堯之治天下也使民心親民有為其親其殺而民不非也注又釋文殺殺謂減降也漢書杜欽傳陰義殺也注又荀子禮論以隆殺為要注殺衰也注。儀禮士冠禮記德之衰也注云殺猶衰漢書楊雄傳下集注又呂覽長利子孫彌也殺衰小之也考工記輪人參分其輻之長而殺其一注殺差也禮記文王世子親親之殺也注殺差等也荀子大略仁之殺也注殺漸也禮記祭統此之謂親疏之殺也。漢書韋玄成傳親疏之殺注殺漸降也殺省也公羊傳廿二年傳春秋詞而不殺者正也注殺謂親益疏者禮記喪服小記上殺下殺旁殺注殺猶薄也史記禮書以隆殺為要索隱殺猶抒也禮記玉藻其殺大分而去一注殺謂穀不孰也禮記禮器是故年雖大殺注殺謂縫之也論語鄉黨非帷裳必殺之皇疏殺冒

韻史　卷六十七上第十五部去聲既韻

六八三五

之下帬䋻足上行者也禮記喪大記君錦冒黼殺注又疏云上者曰質下者曰殺。儀禮士喪禮冒緇質長與手齊頸殺掩足注云上曰質下曰殺質正也其用之先以殺䋻足而上後以質䋻首而下齊手上乎下纏象天地也。萱按殺本音入聲引伸之而讀去聲實殊耳古不必爾通最之知非有為清之判矣分

鎩或作䊸。去入兩讀鈹有鐔也說文段注鐔劍鼻也云鈹有鐔者則知鈹有不為鼻者兵如刀裝之鈹不為鼻者也賈誼曰鉏櫌棘矜非銛於鉤戟長鎩張衛曰植鎩縣鏃用戒不處曰長曰植則鎩有柄有柄故不為鼻薛綵解一曰鋌似兩又刀鋌謂其上出之鋒也淮南書飛鳥鎩羽許注曰鎩殘也左思賦赤曰鳥鎩翮此等鎩字乃引申之義鎩可殘羽故凡殘見殘者曰鎩公羊作摋宋萬臂仇牧碎其首何云側手擊曰摋漢書陳勝項籍傳贊不敵於鉤戟長鎩也注云鎩鈹也。鎩張翼也一切經音義引字林。淮南覽冥飛鳥鎩翼注云鎩翼從翼也摋手擊也公羊傳莊十二年釋文。萱按淮南原道云不與物相弊鎩此義略近殺

仰介切

忦恖也說文段注此與上介下心之字義別忦憂也廣雅釋詁一忦懂也廣雅釋詁四忦懼也

韻史　卷六十七上第十五部去聲既韻

六八三六

廣雅釋詁二忭恨也方言十二又廣雅釋詁四

撮口呼

季 東萃切

或作孶少偁也說文段注叔季皆謂少者而季又少於叔季少也詩采蘋有齊季女傳又禮記月令季春之月注又廣雅釋詁三季少子也詩陟岵母予季傳又國語晉語武子之季注。詩候人季女斯飢傳云季人之少子也季小也儀禮特牲饋食禮挂于季指注。少牢饋食禮注云季猶小也季者幼也白虎通姓名。儀禮士冠禮曰伯某甫仲叔季唯其所當注云伯仲叔季長幼之偁又左傳宣十二年注焱季疏云季是幼弟之辭又云論其常偁謂之子論其字謂之季季猶稚也周禮山虞凡服耜斬季材注季末也國語晉語雖當三季之王注會其季年注又楚辭天問該秉季德注恒季德注。文選天監三年策秀才文齊季斯甚注云季謂末年叔父之弟曰季父季癸也甲乙之次癸最在下季亦然也釋名釋親屬。後漢書西域傳注云季母叔母也季者有中之辭也穀梁昭廿五年傳季絹細絹也管子乘馬季絹三十三制當一鎰注。又云三等其下者曰絹

悸 去遂切

心動也說文段注衛風垂帶悸兮傳曰垂其紳帶悸悸然有節度也此未知何字之段借凡若此類思而未得者可姑置之但心知其必是段借斯可矣。漢書酷吏田延年傳使我至今病悸注又一切經音義一引字林茲云悸心動也又音義十引字林又漢書王莽傳中集注茲云心動曰悸又素問氣交變大論頫心蹀悸厥陰注云悸心跳動也悸懼也楚辭悼亂惶悸兮失氣注悸怒也廣雅釋詁二。詩芃蘭釋文引韓詩悸作萃又文選魯靈光殿心猳猳而猱悸注云悸或為欷萱按悸與萃欷同部通用未審孰為正字

瘁 气不足也說文段注悸心動也義相近玉篇云瘁亦作悸瘁病也廣雅釋詁一

𥨙 孰寐也說文。萱按孰熟古同字

⿰亻癸 左右兩視說文段注目部曰睽目不相聽也⿰亻癸即睽之或字耳

叡 羽遂切

睿古壡籀。或文叡作睿睿突明也說文段注鉉本此下有通也二字雖合古訓無恐俗增為注尚書鄭注尚書大傳皆曰睿通也許則於叡曰深明也於聖曰通也叡從目故曰明聖從耳故曰通此許意也周書謚法解曰叡聖也鄭風毛傳

曰聖叡也古文尚書睿作聖故周書毛傳叡聖互訓楚語謂之睿聖武公韋曰睿明也按韋但曰明許曰深明者許主解字為其字之从𣦼也按叡睿从叡省从叡者兒具能容也能容而後能明古文尚書思曰叡今文尚書思心曰容義齊相成也叡深也通也漢書河閒獻王德傳集注。五行志中之上集注引應劭云容通也又書洪範鄭注云睿通于政事睿明也呂覽審時心意容智注叡哲也文選南都賦宏懿明叡注叡哲也廣雅釋詁三。史記五帝紀幼而衜齊索隱云叡慧皆智也又大戴記五帝德云幼而叡齊睿聖也廣雅釋言又文選東京賦睿哲元贍薛注。洪範五行傳云思心之不容是謂不聖容寬也漢書五行志中之下引洪範五行傳。春秋繇露五行五事云思曰睿睿者言無不容

鋭

本韻兩讀義分劂籀。俗有鋭劂矛屬周書曰一人冕執鋭此義譎充一曰芒也說文段注芒者艸尚也艸尚必纖故引申為芒甬字今俗用鋒鋩字古祇用夆芒鋭細小也左氏昭廿六年傳不亦鋭手注。漢書天文志下有三星鋭曰罰注引孟康云上小下大故曰鋭鋭利也廣雅釋詁二又國策秦策使輕車鋭

騎衛雍門注又漢書宣帝紀集注禮樂志集注鋭勇利漢書刑法志秦昭以鋭士勝注又准南時則鋭而不挫注鋭折也左傳昭十六年服注鋭猶疾也文選五等論夫進取之情鋭注進也老子挫其鋭注又大糸粟赤亦方鋭注。莊子天下鋭則挫矣注云進蹤無崖為鋭鋭精也左氏哀十一年傳子羽鋭敏注鋭精鋭國策齊策約而出鋭師注鋭執一太玄玄衡鋭鑽鑽太玄玄錯鋭自言也老子莫兌釋文其鋭孟也廣雅釋詁劂傷也廣雅釋詁四又集韵引字林劂禿也集韵引廣雅

遺 平去兩讀注在彼

惠 許萃切

𢡟古文仁也說文段注人部曰仁親也經傳或段惠為慧。廣雅釋詁四云惠仁也惠愛也爾雅釋詁又周書謚法又詩北風惠而好我傳褰裳子惠思我傳小弁君子不惠箋民勞惠此中國箋瞻印則不我惠箋烈文惠我無碣箋又論語惠閻惠人也集解引孔注又國語周語書惠必及餘注精潔惠和注寬肅宣惠注晉語而不惠於其君手注而惠惠二蔡注柔惠小物注又後漢書順帝紀注左稚傳注又呂覽懷亹下不惠民注。儀禮喪服傳注必求其寬裕慈惠疏云惠謂惠愛

愛民好與曰惠周書謚法又獨斷上柔質慈民曰惠周書謚法○國語又周語云惠所和民也又云惠文之慈也惠順也爾雅釋詁又書文侯之命惠康小民疏又周書大戒惠威咸注又詩燕燕終溫且惠傳終風惠然肯來箋楚茨孔惠孔時箋思齊惠于宗公箋抑惠于朋友箋桑柔惟此惠君箋又國語晉語若惠于父母注惠于宗公注而室惠于教也注又漢書藝文志集注又管子度地天下之人皆歸其德而惠其義注又荀子非十二子甚察而不惠注辨不惠而察注惠猶善也禮記表記節以壹惠注○孟子離婁下可以取章章指云惠人之高行也惠恩也文選東京賦惠風廣被薛注惠恩惠也論語里仁小人懷惠集解引苞注又荀子王制庶人駭政則莫惠之注○里仁皇疏云惠恩惠利人也惠賜也廣雅釋言○荀子大略賤者惠焉注云惠亦賜也施惠賙卹之周禮司救而以王命施惠注○旅師施其惠注云以賙衣食曰惠心省恤人謂之惠賈子道術○禮記月令行慶施惠注云惠謂恤其不足也分人以財謂之惠孟子滕文公上惠謂私惠穀梁隱元年傳春秋貴義而不貴惠注惠猶飾也方言也山海經中山經祠嬰用圭璧十五五彩惠之注惠伊皆發

聲左氏襄廿六年傳寺人惠牆伊戾服注惠狀蓋斜刀宜芟刈書顧命二人雀弁執惠鄭注○惠出傳云惠三隅矛惠蛄寒蟬也一名蜓蟧莊子逍遙遊惠蛄不知春秋釋文引司馬注○釋文引崔注云惠蛄山蟬又云惠蛄蛁蟧也蓋按晚出字作蟪俗加蟲耳

慧

儇也說文段注人部曰儇慧也二篆爲轉注慧古多段惠爲之慧智也史記五帝紀幼而徇齊索隱○方言三云知或謂之慧小慧謂小小之才知論語衛靈公好行小慧集解引鄭注慧憭皆意精明方言三注○方言一虔儇慧也注云慧謂慧了又國語齊語聰慧質仁注云慧解瞭也蓋按了瞭皆當作憭說文憭慧也亟見窕察謂之慧賈子道術慧然謂清爽也素問八正神明論慧然獨悟○左氏成十八年傳周子有兄而無慧注云不慧蓋世所謂白癡慧癒也廣雅釋詁一○方言三云愈或謂之慧或謂之憭柔質受諫曰慧周書謚法慧乾也廣雅釋詁二

嘒

嚖或小聲也詩曰嘒彼小星說文嘒微皃詩小星傳嘒眾星皃詩雲漢有嘒其

星傳嘒嘒聲也詩小弁鳴蜩嘒嘒傳嘒嘒中節也詩采菽鸞聲嘒嘒傳嘒嘒然和也詩那嘒嘒管聲傳儵儵嘒嘒罹禍毒也爾雅釋訓

睢平去兩讀注在彼○俗有灘

俊遂切

醉卒也卒其度量不至於亂也一曰酒潰也說文段注醉卒也以疊韵爲訓一曰酒潰也此別一義潰當爲潰之誤若今醉辦醉鼓之類○左傳昭十二年注去其醞過溫之心疏云酒卒其量謂之醉醉言悴也大戴記文王官人乞言勞醉注○蓋按公羊傳段爲檇字醉李即檇李矣十三部十五部兩讀

檇

呂木有所檇也春秋傳曰越敗吳於檇李說文段注以木有所擣也宋永嘉戴侗曰今人猶有此語公羊傳作醉李越敗吳定公十四年事檇李地名杜預曰吳郡嘉興縣醉李城是○蓋按漢書地理志下敗之雋李段雋爲檇也檇本音在十三部故段雋音轉入十五部故段醉矣

緣遂切

憖謹也說文

悴

悳也說文段注方言悴傷也傷即傷字悴憂也廣雅釋詁一○蓋按悳憂古今字瘁憂也文選歎逝賦注引蒼頡○蓋按此段瘁爲悴也二字義本相因是三字相轉注或作瘁

顇

顇也說文段注許書無顇篆大徐增之非也錢氏大昕曰向部之醮當是正字小雅或盡瘁事國傳云盡力勞病以從國事左傳引詩曰雖有姬姜無棄蕉萃杜曰蕉萃殆戕之人楚辭漁父顏色憔悴王曰皯黴黑也班固答賓戲朝而榮華夕而焦瘁其字各不同今人多用憔悴字許書無憔篆悴則訓憂也○荀子王覇勞苦耗顇莫甚焉注云顇顚也顇即愁顇也文選洞蕭偏以頻顇注○蓋按荀子富國云勞苦頓萃而愈無功又禮論云說豫娩澤憂戚萃惡又子道云勞苦彫萃而能無失其敬此皆段萃爲顇者也顇純也太玄劇貞顇注顇病也爾雅釋詁又漢書王莽傳上邦國殄顇集注瘁病也詩雨無正憯憯日瘁傳維躬是瘁蓼莪生我勞瘁箋四月盡瘁以仕傳瞻卬邦國殄瘁傳又左傳文六年釋文襄廿六年注又大戴記用兵六畜餘皆注又後漢書王允傳注又呂覽下賢注卑爲布衣而不瘁攝注

又文選高唐賦使人心瘁注之積瘁注瘁憂也文選歎逝賦注引蒼頡○萱按此用瘁爲悴也二字本義有別而音同義近得相通借矣若大戴記之醉肯則義本逮隅當係字之誤也瘁瘁病也莊子達生使天下瘁瘁焉釋文瘁猶毀也文選歎逝賦悼堂構

萃

艸皃說文段注易傳曰聚也此引申之義萃萃聚也左傳桓五年既而萃於王卒注宣十二年若萃於我注又穆天子傳行萃百人注又論語泰伯集解處羣萃而不自異釋文又孟子公孫丑上拔乎其萃注又莊子徐無鬼禍之長也茲萃注又楚辭湘夫人鳥何萃兮蘋中注又廣雅釋詁三○易序卦傳云萃者聚也又漢書賈誼傳異物來崒注引孟康云萃聚集也萱按子虛賦萬端鱗崒段崒爲與賈傳同又按荀子書多段萃爲顇萃集也詩墓門有鴞萃止傳又左傳成十六年而三軍萃於王卒注宣十二年釋文襄廿九年晉國其萃於三族手釋文昭七年萃淵數注又國語齊語羣萃而州處注楚語則三萃以攻其王族注又漢書司馬相如傳上集注楊雄傳下集注引晉灼又管子中匡非一朝之萃注又方言三方言十三又小爾雅廣言又楚辭天問執使萃之注又文選鵩鳥賦異物來萃兮注長門賦注○穆天子傳賜七萃之士戰注云

萃集也聚也萃止也楚辭天問北至回水萃何喜注萃猶至也文選西京賦悵懷萃薛注萃亦處也文選謝平原內史表注引國語賈注萃待也方言十二萃垂皃詩芃蘭垂帶悸兮引釋文引韓詩○萱按毛傳韓萃豈韓爲正字與萃蔡衣有聲也文選子虛賦翕呷萃蔡注引張揖○史記司馬相如傳集解引漢書音義云萃蔡衣聲也萃蔡猶璀璨也史記司馬相如傳索隱引郭璞

翠

青羽雀也出鬱林說文段注釋鳥翠鷸郭曰似燕紺色按鳥部鷸下不云翠鳥也○爾雅釋鳥樊注云翠青羽又周書王會倉吾翡翠注云翠羽其色青而有黃也又淮南人間翡翠珠璣注云翠青雀又廣韻引字林云翠青羽雀又山海經大荒南經有翠山注云翠山言此山有翠鳥也○萱按翠在在有之不必鬱林也但廣南產者獨巨大小視鳩他產則大小視燕如郭璞所云也翠翡翠也文選高唐賦蜺爲旌翠爲翠注○蜀都賦孔翠羣翔劉注云翠翠鳥也雎曰翠漢書賈山傳飾以翡翠注引應劭又楚辭招魂翡翠珠被注○文選西都賦注引上林賦張注云雌青曰翠翠似燕而紺色也山海經西山經其鳥多鸓其狀如翠注○後漢書班彪傳上注云翠鳥形如鸞赤而雌曰翠青

而雌曰翠又賈琮傳注云翠鳥形似燕翡赤而翠青其羽可以爲飾翠尾肉也禮記內則舒雁翠注翠厲也呂覽本味雋觾之翠注翠微山氣之輕縹也文選蜀都賦鬱盎蓋以翠微劉注○爾雅釋山云未及上翠微翠粲衣聲也文選琴賦注引張揖子虛賦注○萱按此巧爲形容之語本無正字故長卿作萃蔡叔夜作翠粲用字不同訓釋則一

濢

小溼也說文段注小盂下之誤篇韻皆云下濕從古本也按篇韻皆云且遂切下濕也遵誄切汁漬

毳

獸細毛也說文○廣雅釋器云毳毛也又漢書鼂錯傳鳥獸毳毛注云毳細毛也又一切音義二引三蒼云毳羊細毛也又音義十四引字林云毳細羊毛也毳毛毛細縟者周禮掌皮毳爲氊注共其鳥之縟細者爲毳後漢書烏桓鮮卑傳注毳謂毛別聚結者周禮內饔羊泠毛而毳疏○禮記內則注云泠毛毳毛別聚於不解者又疏云毳謂毛頭毳結也毳罽衣也周禮司服祀四望山川則毳司農注○詩大車毳衣如菼傳云毳衣大夫之服毳冕名詩大車釋文○釋名釋首飾云毳冕毳芮也畫水艸於衣象水艸之毳芮溫暖而濡

也毳畫虎雉謂宗彝也周禮司服注毳幕氈帳也文選答蘇武書韋韝毳幕注北毳撣舡之屬文選恩倖傳論南金北毳注素毳白虎也文選顏延年曲水詩序赬莖素毳并柯共穗之瑞注毳形如箕擿行泥上漢書溝洫志泥行乘毳注引孟康○又引如淳云毳謂以板置泥上以通行路也萱按禹乘四載各家用字不同毳則段借也詳十三部輴下○又按詩蒸民箋云柔謂濡毳也荀子議兵云是事小敵毳則偷可用也漢書丙吉傳云數奏甘毳食物此皆段毳爲脃也

⿱毳示

數祭也說文段注數讀數罟之數雙聲也⿱毳示祭也廣雅釋天⿱毳示謝也廣雅釋詁

竁

穿地也一曰小鼠聲周禮曰大喪甫竁說文段注周禮小宗伯冢人皆曰甫竁注曰甫始也鄭大夫讀竁皆爲穿杜子春讀竁如毳皆謂葬穿壙也今南陽名穿地爲竁聲如腐脃之脃按此注讀竁爲穿者易其字也讀竁如毳音擬其音也下文鄭申子春之說以南陽語讀子春說之不誤一曰小鼠聲謂鼠聲之小者也竁入聲如猝於鼠聲相似○周禮遂師注復土也疏云竁謂穿地竁竁穿也廣雅釋詁三竁穿壙之名周禮量人疏

竁壙中也周禮司烜氏則爲明竁焉注。量人掌喪祭奠竁之俎實疏云竁謂壙內又小爾雅。廣名云壙謂之竁

臑耎易破也說文段注耎七發注作腝腝者醢有骨者也七發曰飲食則溫淳甘膬腥醲肥厚按腝臑蓋本一字異體二字皆可入可去分劇祭薛古音理不然也。周禮小宗伯釋文云臑者耎易破

脆。俗有脆脺小耎易斷也說文段注七發曰甘脆肥膿貌郁賦稟質蓮脆作脃者誤也。萱按有臑復有脆者說文之脆蓋淺人所羼也今不敢遽刪併要之實是一事亦無庸兼讀入聲脆弱也廣雅釋詁一脆薄猶輕薄也後漢書許荊傳注

選萃切 歲木星也越歷二十八宿宣徧陰陽十二月一次律麻書名五星爲五步說文段注五星水曰辰星金曰太白火曰熒惑木曰歲星土曰塡星歲越疊韵宣歲雙聲此二句謂十二歲而周十二次也釋天云載歲也夏曰歲商曰祀周曰年孫炎云歲星行一次也賈公彥引星備云歲星一日行十二分度之一十二歲而周天漢書律麻志云五步。廣雅釋天曹憲音云歲星木宿也

歲歲星也左傳襄廿八年歲在星紀注昭

十八年歲在顓頊之虛注又國語周語歲在鶉火注晉語歲在壽星注。左傳昭七年歲明日月歲辰服注云歲星之神也左行於地十二歲而一周又山海經海內經噎鳴生歲十有二注云生歲十有二生十二子皆以歲名名之歲謂大歲也穀梁序歲次大梁疏。周禮保章氏以十有二歲之相注馮相氏掌十有二歲注疏云歲謂大歲歲星與日同次之月斗所建之辰也日復星爲一歲周髀算經下。注云冬至日出在牽牛從牽牛周牽牛則爲一歲也又書洪範疏云從冬至以及明年冬至爲一歲又周禮硩蔟氏十有二歲之號注云歲謂從攝提格至赤奮若四時謂之歲素問六節藏象論。周書小開武九歲以紀終注云四時終則成歲旦暮積謂之歲荀子儒效。素問至真要大論主歲者紀歲注云歲百六日四分日之一三歲越也越故限也釋名釋天歲遂也廣雅釋言又白虎通四時。古衛書春秋元命苞云歲之爲言遂也引乾爲歲易同人三歲不興虞注坎三歲不得虞注坎爲歲易漸婦三歲不孕虞注豐三歲不覿虞注夏曰歲一曰稔也獨斷上中數曰歲朔數曰年周禮大史正歲年以序事注。詩雲漢傳凶年穀不登疏云歲之與年異名而同實

歲正歲夏

正月朔日周禮大司徒正歲注。小宰正歲注云正月得四時之正以出教令者審也正歲謂夏之歲者總號其成功之稱公羊隱元年傳歲之始也注歲年穀也左氏哀十六年傳國人望君如望歲焉注。桓三年傳有年疏云謂歲爲年者取其歲穀一熟之義又孟子滕文公上樂歲粒米狼戾注云樂歲豐年又告子上富歲子弟多賴注云富歲豐年也士祭曰歲事儀禮特牲饋食禮諏此歲事注

采 穗俗禾成秀人所收者也說文段注采與秀古互訓如令注黍秀舒散即謂黍采也月采禾也廣雅釋艸穗秀也詩黍離傳共穗嘉禾也文選顏延年曲水詩序并柯共穗之瑞注

總 細疏布也說文段注禮經曰總衰裳牡麻經既葬除之者傳曰總衰者何以小功之繐也注云治其縷如小功而成布四升半細其繐者以恩輕也升數少者以服至尊也凡布細而疏者謂之總今南陽有鄧總按小功十升若十一升成布而此用小功之繐四升半成布是爲繐細而布疏其名曰總者布本有一種細而疏者曰總但不者總衰之大疏而總衰之名總實同其意故鄭擧凡布以之劉氏釋名說總衰亦曰細而疏如總也許云細疏布亦謂凡布不主總衰與錫本爲細布名而

錫衰之錫取以爲名故皆不引禮傳。荀子禮論菲總注云凡布細而粗者謂之總又禮記檀弓上給衰總裳疏云總布疏者漢南陽鄧縣能作之又釋文云布細而疏曰總又左氏襄廿七年傳如稅服終身疏云總者縷細而布疏也繐不灰治曰總儀禮士冠禮不屨總屨疏總惠也齊人謂涼爲惠言服之輕細涼惠也釋名釋采帛總總衰也荀子禮論注。禮記檀弓下請總衰而環經注云總衰小功之繐而四升半之衰總屨喪屨也儀禮士冠禮注

維 箸絲於筝車也說文段注竹部曰筝筳也筳維絲筦也筝車亦曰維車方言曰維車趙魏之間謂之轣轆東齊海岱之間謂之道軌箸絲于筳謂之維

彗 篲或簪古文。俗有篲埽竹也說文彗帚也史記孟子荀卿傳擁彗先驅索隱又漢書王褒傳忽若彗氾畫塗注。禮記曲禮上國中以彗卹勿驅注云彗竹帚策彗埽也後漢書班彪傳下戈鋋彗雲注。漢書高帝紀下太公擁彗注云彗者所以埽也彗埽箒也左傳昭十七年疏篲

勤也爾雅釋詁彗即孛也左傳昭廿六年疏○爾雅釋天彗星為欃槍注云彗亦謂之孛言其形孛孛似掃彗

若彗如彗星粲山海經海外南經三株樹其為樹若彗注慧妖星也四曰慧一切經音義二

引爾雅孫注○彗正字慧借字莹按慧星允梢似慧也釋名釋天彗星者天之旗

古微書引河圖帝通紀○文選羽獵賦注引河圖云慧星者天地之旗也莹按地字似衍文天之有彗以除

穢也新序雜事四○御覽引洪範五行傳云彗去布新者也又公羊昭八年傳記異也注云彗者邪亂之氣埽故置新

之象彗星者所以除舊布新也○漢書天文志又後漢書杜篤傳注左氏昭十七年傳云慧所以除

舊史新也又公羊傳襄十四年注彗金精埽旦疏云彗者埽除之象

繐蜀細布也說文段注左思蜀都賦黃潤比筒注黃潤謂筒中細布也楊雄蜀都賦曰筒中黃潤一端數金

槥有○俗棺槥也說文段注棺槥即槥也棺之小者故謂之棺槥急就篇槥櫝應劭曰小棺也今謂之槥高帝紀令士卒從軍死者為槥傳歸所居縣賜以衣棺臣瓚引金布令曰不幸死死所為

槥棺也廣雅釋器槥櫝謂小棺漢書成帝紀給槥櫝葬埋注○韓安國傳中國槥車相望注云槥小棺也

祟㝵籀神禍也說文段注釋玄應眾經音義曰謂鬼神作災禍也讀于鬼神則致祟故籀文从𩠐省○莊子天地其鬼不祟釋文引李注云祟禍也又太玄子君子以解祟也注云祟猶禍也祟謂禍咎之徵也漢書江充傳祟在巫蠱注

㒸从意也說文段注从相聽也㒸者聽从之意司部曰詞者意內而言外也凡全書說解或言詞或言意義或錯見言从意則知㒸者从詞也言詞之必然則知介者尤然意也隨从字當作㒸後世皆以遂為遂矣

㥞有○俗㥞深也說文段注㥞與邃音義皆同从穴者為室之深从心者為意思之深㥞智也廣雅釋詁三

㯟檖或作㯟羅也詩曰隰有樹㯟說文段注今詩爾雅作檖釋木檖蘿秦風毛傳曰檖赤羅

也陸璣郭璞皆云今之楊檖也實似梨而小酢可食按蘿者羅之誤也檖邃也廣雅釋詁三檖順也淮南齊俗披斷㩳檖注○莹按此段檖為遂也詩晨風釋文云檖本作遂是則二字互借通用矣又荀子禮論云疏房檖須則遂之段借字

遂𨖲古文亡也說文段注廣韻達也進也成也安也止也往也從志也按皆引伸之義也遂往也廣雅釋詁

一又楚辭天問遂古之初注遂進也易大壯虞注○禮記月令遂賢良注云遂猶進也遂謂進往大易

壯疏不能遂直遂也遂行也不能遂注大遂雅釋詁一又書大傳晉語無

遂通也十年穀梁傳襄注精神而不知遂遂達也注又國語三

王遂愆注罰欲措直遂也淮南何往而不能遂注賢良注又管子君臣下禮還孝

州注又呂覽圜道遂于四方注主孟夏遂賢遂注又漢書司馬相如傳下集注○張釋之傳集注並云遂猶達也

弟注又漢書禮記月令慶賜遂行注以仁遂集注偃傳集注又漢書景帝紀集注緇衣百姓遂成也達也儒林胡毋生傳弟子○

馬注並云遂猶達也周書史記遂事騖予注又國語晉語

名遂之者達者謂遂成也吾必遂矣注置而不遂注又荀子禮位成

論動而遂所以遂敵也注又呂覽去私而萬物得遂長焉注孝

行五行不遂注下賢文王造之而未遂注樂成顧王之使他人

遂之也注貴信士不肥則長遂不精注知分有充實達遂注傳

志用志褊者與遂功注又淮南時則百事乃遂注汜論管仲輔

公子糾而不能遂注皆不能前遂斬首之功注脩務故五穀得

遂長注○禮記月令百事乃遂注樂記氣衰則生物不遂注祭

義五者不遂注表記遂其辭遂成也申也漢書傳喜遂申也國

注並云遂猶成也語

晉語是遂戚而遂欌注又漢書武帝紀集注王陵傳遂生也後漢

集注○禮記鄉飲酒義節文終遂焉疏云遂謂申也

書杜篤傳注○公羊桓八年遂出也春秋元命苞歲之為言遂

傳云遂者何生事也也注

遂者言皆生出也漢書禮樂志根荄以遂注遂育也國語齊語遂滋民注又廣雅釋言

遂長也國語齊語犧牲不略則牛羊遂注○呂覽遂決也吳語國語

審時注云遂長又振亂注云遂猶長也

以能遂疑遂者竟也周髀算經下二十蔀為一遂注有者又

計惡注廣雅釋詁三又漢書灌夫集注○五行

志中之上集注陳平傳集注實允傳遂終也而周書太子晉逌

集注並云遂俗竟也退其不遂注廻

韻史 卷六十七上第十五部去聲既韻 六八五七

遂盡也素問六節藏象論請遂聞之注六元正紀大論請遂言之注遂徧也漢書宣帝紀集注引文穎蕭望
之傳集注○詩長發遂視既發箋云遂猶徧也遂安也詩雨無正戎成不遂注遂安也飢成不遂遂瑞也注
兮遂兮芃蘭
箕云遂猶久也傳詆言太玄交遂兮遂猶可也漢書外戚傳注遂猶究也漢書藝文志
志集注遂猶延也又遂猶順也國語周語而不遂注遂猶順也周書常訓以遂八政曰風
注遂從意也文選閒居賦注引國語○與山巨源書注遂者從始
遂從也文選絕交書注引聲類○秦離之序遂從政也遂者因上事生
宋之言也詩蟋蟀傳疏云遂遂者也疏上○泰離之序從政也
微弱疏云遂者從上因下之稱
下事之辭左氏經襄十年疏遂因也儀禮聘禮注禮稱遂因循也荀子王制小事
殆于遂注因事曰遂士周禮冢人遂為之尸疏華氏遂役之疏又儀禮
疏遂士喪禮士昏禮遂拜鄉飲酒禮遂拜降盥疏遂發酒
拜賓疏遂繼事也穀梁傳四年遂氏傳十五年傳
宣十八年傳襄十二年傳昭五年傳廿八年傳桓八年傳七年傳十五年傳元年傳
年傳云遂繼事之辭也 遂兩事之辭左氏

韻史 卷六十七上第十五部去聲既韻 六八五八

僖三年經遂伐楚注云兩事故曰遂○定七年經遂侵衛遂者專事之辭公羊
襄十二年傳大夫無遂事疏遂之謂不時除也荀子禮論若騶之過隙而遂之則是無窮也注陳之
遂遂作也爾雅釋訓陶陶遂遂相隨行之兒禮記祭義後陶陶遂遂及注遂也
遂以入因道之以儀禮聘禮入竟注遂者道也史記蘇秦傳千地遂注又文選遂人漢高祖
功臣頌注引春秋五縣為遂周禮遂人○王國百里外官序遂人又遂大司農
演孔圖宋注云鄭鄙縣遂謂王國之外曰遂不禮記又遂人以
土地之圖經田野注云都里鄙遂周禮稱人以遂均變王制之移
遂猶郊內比閭族黨州鄉也端也徑術注○周禮稱人以遂均水注之
遂遂小溝也禮記月令審端徑術注
云遂田首受水小溝也又遂人凡治野注云遂廣深各二尺又遂溝洫澮皆所以
通水于川也遂者廣二尺深二尺又考工記匠人廣二尺深二尺謂
之隧注云遂大開小溝又旬子大略記不問遂注云遂古文祇用隧
水中可涉之徑○荀子廣雅滯開小溝經典每見隨字而溺者不問蓋古文禮儀
遂字也 以遂射韝也以朱韋為之著左臂所以遂弦也射儀禮大射儀
色遂字

韻史 卷六十七上第十五部去聲既韻 六八五九

決遂 注
邃 突遠也說文邃深也禮記玉藻釋文又漢書任敖傳集注
兮注招竟高臺遂古遠古也文選釋詁三又小爾雅廣詁又離騷
邃字注漢書與服志下前後邃延注古也文選典引考自邃古猶遠邃垂也又廣雅邃遠
續漢書輿服志下前後邃延者言皆出冕前後而垂也禮記玉藻注
云前後邃延者言皆出冕前後而垂也
旞 旞或作旗○俗有導車所載全羽以為允允進也說文段注司常職曰
道車載旞注云道車象路也王以朝夕燕出入按道
車載旞旞旗注云道車象路也王以朝夕燕出入
導字異旗注同全九旗之帥都建旗州里建旗縣鄙建旐道車載旞旗建大常諸侯建旗孤卿建旜大夫士建物師都建旗州里建旟縣鄙建旐道車載旞斿車載旌
御車旂謂旜大常建以朝燕建旗師都建旗赤以為也張謂所建
無車羽建旞士大夫所建旜以為旞如旞之皆以雜帛為物
斿車所旞大夫士所用以旞夏晝為旞畫旞也異物
屬旞四郊為其時來物
於四郊為事也
常所有事以當旞畫說文車以朝大常
死子道以旞者明其緣復天子以大夫士諸侯以斿孤卿以旞大夫士以
言其旞者明異物天子以大常諸侯以旂孤卿以旜大夫士以

韻史 卷六十七上第十五部去聲既韻 六八六〇

物鄭君謂去其旒異之于生失之矣大司馬仲秋教治兵王載
大常諸侯載旂軍吏載旗師都載旜鄉遂載物郊野載旐百官載
載旗此指師田所用者凡七旗即謂斿車載旌者司馬辨旗物之旟治
兵司常贊于大閱此也司馬所頒旗物與司常互異禮家相
變載旞者設旗宜從司常之序載旌者設旗宜從司馬之序司
常王建大常以下文與下經皆畫其象為緣起而與上贊司
領旗物建文不相屬全羽以為允允旞亦雙聲疊韻也詩仲允馬
膳夫古今人表作膳夫中術術允與遂古同音通用允古音如戈
盾之盾是以漢之大子中盾後世僃大子中允允盾允
音近御覽改此文云全羽允而進也珠為昧昧允進術遂此四字
允即易翫之段借字部曰翫進全羽為旞旞猶滑也順滑之兒
也引易翫弁大吉○周禮司常云全羽為旞析羽
也釋名釋兵云全羽曰旞
為旞又廣雅釋天云全羽曰旞
襚
衣死人也春秋傳曰楚使公親襚說文段注士喪禮君使人
日車馬曰賵貨財曰賻衣被曰襚注襚之言遺也公羊傳
知生者賻賵知死者贈襚襚猶遺也遺是助死之禮
使襄公親襚楚使公親襚襄廿九年左傳文楚欲
臨喪之禮視以衣報之也故下文魯行君襚送死衣人來歸文九年經秦
襄公公凡人○左氏文九年經秦人來歸僖公成風

韻史　卷六十七上第十五部去聲既韻　六八六一

之禭注昭九年傳且致閻田與禭注○禮記曲禮下注書賵於方疏云送死者衣服曰禭又少儀敵者曰禭疏云以衣送敵者死曰禭禭者彼生時之意也又襍記上禭衣也左氏定十年諸侯以禭禭疏云禭謂以物送死用也傳公三禭之言

注禭即襲也周禮喪祝疏禭遺也廣雅釋詁三又古微書引春秋說題辭○白虎通崩薨云禭之為言遺也禭送也廣雅釋詁衣服曰禭詩頍人說子農郊襲又禮記文王世子至子賵賻承含疏又釋文人左傳隱元年疏引釋例文九年經注昭九年傳注又史記魯仲達鄭陽傳死則不得賻禭正義又漢書景帝紀弔禭祠賵注引應劭五行志中之禭贈喪之衣服公羊傳文九年釋文○上注又荀子大略小爾雅廣名云衣服謂之禭衣被曰禭周禮職喪注有事謂含禭贈賵之屬疏又儀禮士喪禮注又公羊隱元年傳又白虎通崩薨○古微書引春秋說題辭云衣衾曰禭穀梁隱元年傳又後漢書趙咎傳注被曰禭養死具也衣物曰禭以褖或禭賵注天子傳六車馬亦曰禭禮記襍記上君使某賵疏寡

禭

䙗或禾采之皃詩曰禾穎禭禭說文段注大雅生民曰禾役禭禭釋訓曰禭禭苗也

韻史　卷六十七上第十五部去聲既韻　六八六二

毛傳曰禭禭苗美好也按公羊傳注生曰苗秀曰禾苗禾一也釋訓毛傳與許說一也許以經言禾穎則禭禭指采言成就之皃按古音支清二部互傳役在支部即穎之入聲蓋即穎之段借字許此句蓋用三家詩如鳥斯翽為正字毛詩作革為段借字禭禭言茂好也爾雅釋訓注挺禭艸菼也之傾掉文選射雉賦徐注贉挺禭

鏦

或作陽鏦也說文段注按此字疑後人因上說方諸而增之周禮秋官本作遂○華嚴經音義上引淮南許注云陽燧五石之銅精仰日則得火○董按燧乃燧之俗體而後世多段燧為鏦字近代以水晶等物為火鏡未知即銅精否也又或削久令圓承以燧火鏡艾日射之亦然則禮記內則釋文金燧可取火於日禮記內則小觿金燧注鑒燧取水火於日月之器也考工記之鑒燧之齊注謂木燧鑽火也禮記內則大觿木燧注董按此與陽鏦迴燧取火者左氏文十年傳命夙駕載燧注○釋文云燧取火具別益同名而異物者也

𨼆

𨼆簫○俗𨼆燧有塞上亭守𤏳火者也說文段注注見火部𤏳下彼云𤏳隧候表也總釋此

韻史　卷六十七上第十五部去聲既韻　六八六三

二篆此云塞上亭守𤏳火者謂邊塞之上守燧烽也後漢書西望𤏳火之亭故其字从𨸏在阬陷之間也羌傳注燧正燧火也文選西京賦升燧觴舉燧薛注燧炬火也史記周本紀幽王為燧傳下注義○漢書司馬相如傳下注𤏳舉燧燔注引孟康云燧積薪有寇則燔然之也又後漢書光武紀下注云多積薪寇至即燔之望其煙曰燧燧火燧左氏定四年傳王使執燧象以奔吳師注

𨼆

𨼆兩𨸏之閒也說文段注按此字不得其音大徐依廣韻玉篇扶救切又依𨸏音讀依𨼆讀也

粹

粹不襍也說文段注劉逵引班固云不變曰醇不襍曰粹按粹本是精米之偁引伸為凡純美之偁○文選吳都賦非醇粹之方壯劉注思玄賦何道真之淳粹兮舊○粹純也又廣雅釋言注又後漢書張衡傳注引云不襍曰粹誼傳集注引蘇林注又呂覽用眾天下無粹白之狐注又淮南原道注說山注說林注○時則視肥臞全粹注云粹毛色也漢書刑法志集注又文選粹全也荀子王霸粹之純也七發注引漢書應劭注而王注正名粹所欲未嘗粹而離騷昔三后之純粹兮注來也注粹同也廣雅釋詁四齊同曰粹

韻史　卷六十七上第十五部去聲既韻　六八六四

粹專一也荀子非相粹而能容雜注不變曰粹易文言傳純粹精也崔注粹孰所著論甚精孰也荀子性惡析速粹孰而不急注

誶

有○俗譏讓也國語曰誶申胥說文段注云讓也釋詁毛傳皆云誶告也許也誶申胥吳語文韋曰誶告讓也令國語毛詩爾雅之誶專言之及他書誶皆譌訊皆由轉寫形近而誤釋詁毛傳言之誶責讓也漢書賈誼傳立而誶語注引詩爾雅釋文張晏又列子力命誶之皃列子力命誶注誶猶罵也漢書賈誼傳服虔注誶納澀辨給也又漢書集注引張晏注漢書集注引李奇注誶猶宣也史記屈原賈生傳索隱誶告也又爾雅釋詁又釋文又離騷注上集注又後漢書張衡傳注誶諫也廣雅釋詁四又離騷夕替注誶問也莊子徐无鬼察士無凌誶之事釋文引廣雅誶問之也莊子山木虞人逐而誶之○釋文云誶問也董按卒聲孔聲異部訓告訓讓者誶之義也故歌以誶止本作訊鄭詩考正段大令六書音均表於墓門非定為之經義述聞則先生毛詩正莫肯用誶也王尚書引之訊為誶于不顧而無定為韻於古音未嘗不協也董謂誶云訊古亦讀若誶墓門華訊

許亦一聲之轉故異部得相通借可如王氏說耳
其本義本音各别不容溷則戴段說諦矣

韻史卷六十七下

泰興何萱石閣譔集　子度校字
上海蔡錫麒竹泉覆審
武進李兆洛申耆鑒定

第十五部去聲

既韻二

開口呼

漑艮泰切 漑水出東海桑瀆覆甑山東北入海一曰灌注也說文段注東當作北瀆當作犢皆字之誤也北海郡桑犢見前志今山東萊州府濰縣有桑犢故城水經注之桑犢亭也前志桑犢下云覆甑山漑水所出東北至都昌入海今濰縣東南四十里漑源山即覆甑山也水經注亦謂之塔山今寰宇記曰天寶六載勅改為漑源山今漑水自漑源山北流至昌邑縣境入海即東廣河也溉亦曰東丹河按多借為灌概字一曰灌注也注下曰灌也沃下曰漑灌也洞簫賦迴江流川而溉其山李注引說文漑猶灌也與今本異 漑灌也漢書溝洫志集注又淮南詮言日月廋而無溉於志注 漑滌 漑清也 漑洗器之名萱按皆概之義也而字率譌漑姑謂之段借可耳又史記司馬相如傳彭濞流漑段漑為灌也

摡○俗有澯 滌也詩曰摡之釜鬵說文段注滌者洒也洒先禮切詩匪風文摡之釜鬵傳曰摡滌也今本詩作溉者非凡周禮禮經摡字本皆从手釋文不誤而俗本多譌○禮記曲禮上器之摡者不寫注云摡謂陶梓之器不概謂筐竹之器也又疏云摡滌也○萱按陳明府修孔子廟碑云槩之釜鬵槩乃摡之俗字也又文選長笛賦溉盥汙濊溉當作摡 摡拭也周禮世婦帥女宮而濯摡注○大宗伯疏云摡即拭也 摡洗器之名詩匪風疏○泂酌疏云摡亦是洗名 摡清也詩洞酌可以濯摡傳○萱按匪風洞酌刪疏摡皆訓洗知孔作疏時字未誤也凡摡誤溉者當依此刪疏正之

槩或者作概 所吕杚斗斛也說文段注月令正權槩鄭高皆云槩平斗斛者槩本器名因之平斗斛亦曰槩許鄭高皆云其器也平物曰杚所以杚斗斛曰槩引申之義為節槩感槩便槩○荀子宥坐盈不求概似正注又一切經音義十七引蒼頡止云槩平斗斛之木也又音義九引字林云槩謂平斗斛者 槩平也楚辭惜誓同攜槩而就斛注又一切經音義九引廣雅○韓非子外儲說云槩者平量者也又漢書律曆志上以升水準其槩注云槩所以槩平斗

射之者也上槩量也禮記曲禮上食饗不為槩注又一切經音義九引廣雅○文選謝宣遠答靈運詩翻飛各

異槩注云異槩謂量也凡槩以平量槩度量也漢書楊惲傳謂然皆有節槩注概者横槩之義

周禮人疏曾概猶格也史記老莊申韓傳則無以其難概之索隱槩猶操也文選逸民傳論或垢

俗以動其槩注槩節也度漢書周黃徐姜申屠傳注李固杜喬傳注○文選長笛賦若莊之槩也注云槩猶節也

槩志節也文選江文通雜體詩郎常慕先達槩注中概是梗概謂略也史記伯夷傳不

少槩索隱見一槩者一端許載馳傳進一槩之義疏取槩猶骨也後漢書衍傳注馮槩

感兒莊子至樂我獨何能槩然釋文引司馬注無槩哀亂兒同上概尊以朱帶者周禮

邑人廟用脩凡山川四方用蜃凡祼事用概凡疈事用散注○注又云脩壘概散皆漆尊也又司農注云脩謨概散皆器

名○萱按史記范睢蔡澤傳而不概於王心邪文選七發於是滌槩胃中皆反槩為拭也又曹子建贈丁儀王粲詩承露

槩槩清此槩與杙通用也

韻　史　卷六十七下第十五部去聲既韻　六八六九

韻　史　卷六十七下第十五部去聲既韻　六八七〇

杚

隸作杚○俗有杚○去入兩讀平也說文段注按許書有杚無杚廣韻去入聲皆作杚從手皆從木之誤耳集韻代

没二韻皆於杚字之外別出杚字則由未知廣韻之為字誤也杚者平物之謂平之必摩之故廣雅曰杚摩也廣韻摩之

訓本此古杚與槩二字通用班固終南山賦槩青宮觸紫宸書植贈丁儀王粲詩員闕出浮雲承露槩泰清李善注云西

都賦杚仙掌與承露廣雅杚摩也槩杚同古字通今書籍此等杚字皆譌作杚而今文選後漢書抗仙掌以承露又與李

善所引迴異凡學古者當優焉游焉以求其是顏黃門下觀天下書来徧不可妄下雌黃是也杚與刉劃磯音義皆相近

杚摩也漢書禮樂志集注引孟康又文選吳都賦注引廣雅○萱按今廣雅摩作磨譌字也杚拭也淮南

要略濡給杚注不杚奮舞兒莊子讓王杚然執而舞釋文引李注干杚喜兒莊子讓王釋文引司

馬注

刉

隸作刉○平去兩讀劃傷也一曰斷也兩義皆平聲一曰刀不利於瓦石上

刉之說文段注又刉一義刉與磨不同屬者屬於磨石刉者一切用瓦石礦之而已與槩杚劃音義略同

剴平去兩讀注在彼

⿰豈殳突堅意也說文段注凡言意者司言下意內言外之意其意為深堅其言曰⿰豈殳也⿰豈殳耦也廣雅釋詁

四

盇

○俗盇盍有苦也說文段注引申之為發端語辭又不知者不言論語謂之盇闔漢書謂之上盇○左氏襄十四

年傳戍苦盇注云盇是苦之別名白盇茅苦也爾雅釋器孫注盇覆也左氏莊卅一年傳能投盇

于稷門注戍二年傳所盇多矣注又小爾雅廣詁又孟子萬章上讓盇都君咸我續注又史記楚世家還盇長城以為防

索隱又淮南精神衣足以盇形注又楚辭悲回風萬變其情豈可盇兮注○爾雅釋言弇盇也揜注云盇亦覆之意又荀

子大略言之信者在乎區盇之閒注云盇所以覆物者盇戴覆也後漢書班彪傳上注○左氏襄十七年傳

不如盇之服注云盇覆盇之名釋車云盇在上覆盇人也又釋盇掩也左氏昭二十年傳其盇失數美注又

國語周語恐其盇人也注楚語以謀盇人注○漢五行志中之上不如盇之注云盇謂覆掩其事也書盇覆蔽

韻　史　卷六十七下第十五部去聲既韻　六八七一

韻　史　卷六十七下第十五部去聲既韻　六八七二

也漢書鄒陽傳以為衆不可盇注○淮南說林日月欲明而浮雲盇之注云盇猶蔽也盇加也加物上

也釋名釋言語盇猶尚也國語吳語夫固知君之盇戢以好勝也注王盇合也史記司馬相如

傳盇號況紫索隱引文穎盇薰也廣雅釋言盇欲也史記司馬相如傳索隱引文穎盇猶皆也荀子禮論皈蓋

詩秦苗盇云歸栽燹盇裂也爾雅釋言盇張帛也廣韻引通俗文盇車盇也

斷象拂也注○獨斷下云三盇車名耕根車一名芝車親耕趦田來之盇步盇也淮南氾論粗踦贏盇注

盇謂舍宇禮記制疏王盇猶是也公羊宣元年傳子盇善之也疏孔盇猶略也孝經

盇天子之孝也注又疏引摂注盇者辜較之辭孝經疏引孔傳○又引獄云盇者不終盡之辭劉盇

者讓辭孝經鄭注盇者疑辭也史記秦始皇紀盇得聖人之威正義盇者謙為疑辭

禮記禮運盇歎魯也疏深衣盇有劇度疏○檀弓上有子盇既祥而縓屨組纓疏又易文言傳盇言順也疏又詩閒睢序

箋哀盇字之也疏並略同誤盇者疑辭亦為發端詩泰當疏盇者發語之辭也

漢書郊祀志上蓋若獸為符注儒林傳疑者丘蓋不言注司馬相如傳蓋號以況榮注又文選封禪文注引漢書音義○漢書禮樂志志神夕奄履蓋孔享注云蓋語辭也又郊祀志上集注引晉灼云蓋辭也

匄

去入兩讀○俗有丐气也亡人為匄逯安說說文段注气者雲气也用其聲段借為气求气與字俗以气求為入聲以气與為去聲匄訓气亦分二義二音西域傳气匄亡所得此气求之義也當去聲又曰我匄若馬此气與之義也當入聲要質強為分別耳左傳公子棄疾不強匄又子產曰世有盟誓毋或匄奪質言气求也通俗文曰求願曰匄則是求之曰气匄因而與之亦曰气匄也今人以物與人曰給其當用匄字俗作丐與丐不同廣韵曰二字同非是偶逯安說以說字形會意人有所無丐求諸人故字从亡从人○左傳昭六年傳釋文云亡人為匄又一切經音義二引蒼頡云匄乞謂行匄也从人从亡言人亡財物則行求匄也匄乞也左氏昭六年傳不強匄嚴注昭十六年傳毋或匄奪釋文又史記外戚世家丐沐我索隱又漢書文帝紀匄以啟告朕注陳湯傳集注西域傳上乞匄無得注又後漢書兔榮傳注班超傳注蔡邕傳注○衷紹傳注云匄亦乞也匄求也廣雅釋詁三匄予也○並同上

韻史 卷六十七下第十五部去聲既韻 六八七三

按或作匄予由止謁止耳也匄乞與也漢書西域傳下我匄若馬注匄乞遺之也漢書廣川惠王越傳盡取善繒匄諸宮人注

慨 侃泰切

忼慨也說文段注忼慨㤩聲也他書亦段㥹為之作忼㥹○文選秋興賦注引字林云慨壯士不得志也蓋按說文忼下云忼慨壯士不得志於心也即呂忱所本而語教完○又按忐重文作慇下形上聲與慨左形右聲別慨㥹皃禮記檀弓下慨焉如不及注慨太息也文選思玄賦慨含唏而增悲注慨歎息也文選東京賦慨長思而懷古薛注慨慨歎也楚辭怨思注○蓋按訓歎者慨為專字則慨似借字要之二字義本近

嘅

歎也詩曰嘅其嘆矣說文慨慨歎也楚辭怨思情慨慨而長懷兮注○蓋按此蓋段慨為嘅

礚

或作磕俗有礚○石聲也說文段注高唐賦曰礫磥磥而相摩兮巆震天之礚礚子虛賦曰磥石相擊硠硠礚礚甘泉賦曰登長平兮雷鼓礚今俗用為礚破磕瞳字讀苦盍切按玉篇磕與硠相屬云硠礚石聲廣韵硠磕石聲是胥

韻史 卷六十七下第十五部去聲既韻 六八七四

硠嗑之說也礚聲也廣雅釋詁四○後漢書馬融傳注云磕訇並聲也磕大聲也文選洞簫賦注引字林甘泉賦注引字指磕擊鼓聲也漢書揚雄傳上注

𥍯

矛屬說文𥍯也廣雅釋器

㤅 案帝切

㤅古文惠也說文段注㤅部曰惠仁也仁者親也許君惠㤅字作此㤅為行兒乃自㤅行而㤅廢轉寫許書者遂盡改㤅為愛全非許㤅二義相聯之意隱者古文㤅唐人乃用為伊余來塈民之攸塈之塈其肔繆有如此者詩之塈乃咽之段借息也

愛

○俗有㤅愛行兒也說文段注心部曰㤅惠也今字假愛為惠而㤅廢矣㤅僾也廣雅釋言愛隱也詩烝民愛莫助之傳愛惜也詩烝民箋又管子白心大明之明非愛人不予也注又呂覽達鬱注又漢書東平思王宇傳集注○禮記表記㤅莫助之注又史記魏其武安侯傳豈以臣為有㤅索隱又漢書竇嬰傳集注並云愛猶惜也又呂覽長利注云㤅亦惜也愛者隱惜而結於內孝經疏引劉炫親至結心為

韻史 卷六十七下第十五部去聲既韻 六八七五

愛孝經愛親者不敢愛於人疏引沈宏慈觀之愛其子也注云愛心不能忘也○呂覽節喪積思為愛說苑修文乾為愛易彖下傳交相愛也虞注繫辭下傳愛惡相攻虞注愛仁也禮記大傳五曰存愛疏又廣雅釋詁四○法言君子云自愛仁之至也又說苑說叢者愛施者仁之端也愛惠也左氏昭廿年傳古之遺愛也賈注愛慕也論語憲問愛之能勿勞乎皇疏愛即好也詩烝民疏愛猶通也國策齊策有與君之夫人相愛者注愛謂貪愛禮記禮運故人皆愛其死而患其生疏愛謂已所親幸禮記曲禮上愛而知其惡疏愛者憎之始也管子樞言愛吝也國語魯語人其以子為注愛嗇也孟子梁惠王上百姓皆以王為愛也注○周書諡法云嗇於賜與曰愛

僾

仿佛也詩曰僾而不見說文段注祭義曰祭之日入室僾然必有見乎其位正義云僾髣髴見也見如見親之在神位也按僾與爾雅之薆隱也烝民傳之愛隱也竹部之㤅蔽不見也義相近若大雅亦孔之僾釋言及傳云僾唈也此謂僾為旡之假借字旡㱃食屰气不得息也僾而不見邶風城隅文今詩作愛非古也僾而猶隱然離騷

韻史 卷六十七下第十五部去聲既韻 六八七六

之薆無也 僾微皃 皃禮記祭義釋文 僾心唈也 爾雅釋言孫注

有○俗薆 蔽不見也 說文段注爾雅薆隱也方言揜翳薆也其字當从竹竹箸藏九歌曰余處幽篁兮終不見天是也大雅薆莫助之毛曰薆隱也假借字也邦風薆而不見郭注方言作薆而 薆障也 廣雅釋詁二 釋薆

隱也 爾雅釋言○史記司馬相如傳衆樹之增薆索隱云薆謂隱也 覶薆蔽也 漢書律麻志上集注又華嚴經音義上引珠叢○文選上林賦晻薆咇茀注云翳與薆音義同壹按薆翳音同注以晻薆為香氣故謂薆為翳之借妟實薆本義自通

譪

臣盡力之美 詩曰譪譪王多吉士 說文段注釋訓曰譪譪萋萋臣盡力也大雅毛傳曰萋萋譪譪猶濟濟也濟濟多威儀也 譪譪賢士之皃 爾雅釋訓舍人注 譪譪止也 爾雅釋訓 譪譪盛也 廣雅釋訓○萱按文選吳都賦注補亡詩注譪譪皆訓盛謂譪即濁也又長門賦注譪譪光微闇之皃皆子傍靡注譪油潤皃無靄皆濁之叚借字

韻史　卷六十七下第十五部去聲既韻　六八七七

譪

靄○俗靄有 盍也 說文段注今文人靄字當用此 靄雲狀 霄 亦霄也 文選雪賦注引文字

集略 譪油潤皃 管子侈靡譪然若夏之黔雲注○萱按濁矣字霽霄霄俗字譪則叚借字也乃譪若霽行 而真字罕用矣 譪譪月光微闇之皃 文選長門賦望中庭之譪譪兮注 譪譪盛也 廣雅釋訓○文選吳都賦譪譪翠幄注云譪譪盛皃又補亡詩其林譪譪注云譪譪茂盛皃又楚辭逵紛譪譪夫譪譪而曼著兮注云譪譪蓋多皃

漢帶切

害

傷也 說文段注人部曰傷創也刀部曰創傷也詩書多假害為昌故周南毛傳曰害何也俗本改為昌何也非是今人分別害去昌入古無去入之分也○國語楚語於倚相何害注又君子慶而不劌釋文又漢書蕭何傳集注並云害傷也 害割也 廣雅釋言○釋名釋天云害割也割削物也 害患也 淮南脩務時多疾病毒傷之害注○ 周禮山師典其利害注云害毒物及蟄噬之蟲獸方氏周知其利害注云害神姦鑄鼎所象百物也 又職 害厄也 國策秦策而無伐楚之害注 害殺氣也 素問皮部論名曰害蜚注 坤為害 易大有支害廣注

韻史　卷六十七下第十五部去聲既韻　六八七八

象上傳鬼神害盈而福謙虞注彖下傳不害民虞注彖下傳耒感害也虞注遠害也虞注數辭下傳損以遠害虞情偽相感而利害生虞注害之偽且杏廣注 或 害猶妨也 漢書董仲舒傳集注 害者利之反也 韓非子大反○荀子臣道云門怒害又墨子經上云害所得而惡也 害勝也 漢書蕭何傳集注引蘇林 害大也 孟子梁惠王上時日害傷注 害何也 萱按詳在昌下借字也

夆

相遮要害也南陽新野有夆亭 說文段注要害猶遮也

逢

無逢也 說文段注廾部曰𠦪車軸耑鍵也兩相背从廾逢从歺而口無逢猶祀从己而曰祭無已也

妎

有○俗妎 妬也 說文段注字林亦云疾妎妬也按楚語㺯其百苛殄妎讒慝韋注曰㺯止也殄妎也明道本不誤謂解除之也今本譌作妎臭讒慝文理不可通○廣雅釋詁一云妎妬也

餀

有○俗餲 食臭也爾雅曰餀謂之喙 說文段注食臭謂殠而食之也儀禮音義引孟子餀殠今爾雅喙作餘按許作喙李巡及集韵類篇皆同 二徐 餀餘皆穢臭也 爾雅釋器餀謂之餘李注

韻史　卷六十七下第十五部去聲既韻　六八七九

到泰切

帶

有○俗帶 紳也男子鞶帶婦人帶絲象繫佩之形佩必有巾从重巾 說文段注內則曰男鞶帶女鞶絲革部鞶下云大帶也男子帶鞶婦人帶絲按古有大帶有革帶革帶以繫佩韍而後加之大帶則革帶統於大帶故許於紳於鞶皆曰大帶實則內則之鞶專謂革帶此偁內則者謂鞶統於紳佩繫於鞶也 帶衣帶也 漢書高惠高后文功臣表使黃河如帶注引應劭 其帶伊緌謂大帶也 詩鳲鳩 左帶左衽也 文選辨命論左帶沸脣注 帶帶也著於衣如物之繫帶也 釋名釋衣服 帶所以持身也 禮記喪服小記齊衰帶惡笄以終表注○儀禮士喪禮記不說帶注 云帶下體之上也 帶束也 廣雅釋詁三○詩有狐之子無帶傳云帶所以申束衣又禮記少儀葛絰而麻帶注云帶所以自結束也又文選蜀都賦冠帶混并注云帶大帶所以束身也 帶行也 方言十三又廣雅釋詁一 帶猶飾也 文選洞簫賦帶以象牙注 㢶為要帶 易訟或錫鞶帶虞注 之厲謂之帶 方言四 帶所以介其名也 考工記鳧氏帶謂之篆注 鍾帶蛇也 莊子齊物論蝍且甘帶釋文引崔注

韻史　卷六十七下第十五部去聲既韻　六八八〇

○引司馬注云帶小蚑也

踶

戲作踶說文段注按踶即帶足字漢臺臺書臺悍作臺踶林作踶

踶林地名也　史記匈奴傳大會踶林素隱引鄭氏○漢書匈奴傳上注云踶者繞林木而祭也萱按以繞林木說踶義亦略近然踶中不得衆有祭義舍祭言繞林木又無當也仍似鄭氏義確

踶傳也　踶謂貯也　踶謂積也　萱按此皆段踶為滯

遷

去也　春秋運斗樞黃龍五采負圖出置舜前遷入水而前去注○萱按此段遷為還也說文遷去也

坦帶切

隶

及也　說文段注此與逮音義皆同逮專行而隶廢矣

逮

唐逮及也　說文段注唐逮雙聲蓋古語也釋言曰遏遾逮也方言曰東齊曰蝎北燕曰噬逮通語也

逮

及也　爾雅釋言又廣雅釋詁一又詩桑柔箋云不逮箋又儀禮鄉飲酒禮可以逮下也疏又禮記曲禮上逮事父母注王制恤孤獨以逮不足注禮運注樂記恐不逮事也注大學菑必逮夫身注又公羊隱十六年傳僅逮是月也釋文又孝經釋文又國語晉語乃逮於讒注非以死逮之注逮繇寡注又役漢書魯恭傳逮捕一人注梁商傳以杜逮捕之循注張

韻史　卷六十七下第十五部去聲既韻

六八八一

皓傳悔之何逮注又文選東京賦逮至顏宗注逮與萱薛注甘泉賦鬼魁不能自逮分注薛

逮遝也　爾雅釋言○石經公羊殘碑徂之所逮聞又州輔碑逮事和熹后孝安帝劉寬碑未逮誅討陳球碑逮完徂齊○萱按逮遝異部而雙聲其義密近故通用

逮捕也　漢書常山寇王舜傳集注○王莽傳下逮治黨與注云逮捕之也又淮南厲王長傳逮諸縣傳雅南王不發封餽侍者注云逮追捕之也

逮與也　爾雅釋詁

逮逮安和之皃也　禮記孔子閒居威儀逮逮注○萱按詩作棣棣是正字

夳

古文○或作泰夳

滑也　說文段注周易泰通也否實也左傳決輔及鼓拊著于丁寧決輔以貫笠轂皆滑之義也滑則寬裕自如故引伸為縱泰如論語泰而不驕是也又引伸為泰侈如左傳之汏侈西京賦之心參體泰是也汏即泰之辭省辭變而與淅米之汏同形俗作汰者誤字後世凡言大而以為形容未盡則作太如大宰俗作太宰大子俗作太子周大王俗作太王是也謂太即說文夳字夳即泰則又用泰為太辰辨地繆莫能謎正

泰通也　易泰釋文引鄭注又禮記月令天氣下降地氣上騰疏又廣雅釋詁一又華嚴經音義下引珠叢○易序卦傳云泰者通也又漢

韻史　卷六十七下第十五部去聲既韻

六八八二

書劉向傳云泰者通而治也

泰者陰陽交通之時也　易泰帝乙歸妹注又後漢書荀爽傳注

泰大通也　易泰釋文○象上傳泰注云泰者物大通之時也

泰大也　易泰釋文引馬注又左氏哀九年傳遇泰之需疏○禮記曲禮上假爾泰龜有常疏云泰大中之大也又晚出書泰誓疏引顧氏說云泰者大之極也

泰者善大之稱也　論語泰伯皇疏又史記吳泰伯世家索隱引論語范甯注

泰甚也　孟子滕文公下不以泰乎注○詩巧言昊天泰憮箋云泰言甚也

飢而不損茲謂泰　漢谷永傳○後漢書樊準傳飢而不損茲曰太注云太猶甚也

泰謂不吝賞也　荀子議兵用財欲泰注

泰驕泰也　論語子罕今拜乎上泰也皇疏

泰謂太極也　太乎乎圖泰柄雲行注

泰初氣之始也　莊子天地泰初有無釋大引易說

西風謂之泰風　爾雅釋天○詩桑柔大風有隧箋云西風謂之大風

泰元天也　漢書禮樂志惟泰元尊注

五泰五帝也　荀子賦揣占之五注

諸侯爭美於上茲謂泰　漢書五行志下之下引京房易傳

泰山山之尊者　風俗通山澤○廣雅釋山云岱

韻史　卷六十七下第十五部去聲既韻

六八八三

宗謂之泰山

右陵泰丘　爾雅釋丘

泰臺高臺也　管子山權數之龜為無賓而藏諸泰臺注○老子去泰注云泰謂宮室臺榭

泰韝也　廣雅釋器

泰有虞氏之尊也　禮記明堂位○周禮司尊彝其朝踐用兩大尊司農注云大尊大古之瓦尊

汏過也　左氏宣四年傳伯棼射王汏輈注又釋文○昭廿六年傳繇朐汏輈注又釋文並云汏天激也○萱按汏或讀作汰盧抱釋文本不誤

汏汏侈也　荀子仲尼般樂奢汏注

汏驕也　左氏昭三年傳伯石之汏也注

汏自矜大　禮記檀弓汏哉叔氏釋文

夏志隱行謂之潔反潔為汏　賈子道術○萱按以上皆段汏為泰者與汏之本義殊科

大

古文亣籀○俗有太○去入兩讀

天大地大人亦大焉象人形籀文亦象人形　說文段注老子曰道大天大地大人亦大人法地地法天天法道按天之文从一大則先造大字也几儿之文但象臂脛大文則首手足皆具而可以參天地是為大古文籀文是一字而凡字偏旁或从古或从籀不一許為字書乃不得不析為二部而大徐云大徒蓋切亣他達切分別殊誤古去入不分凡今去聲之字古皆入聲大讀入聲者今惟有會稽大末

韻史　卷六十七下第十五部去聲既韻

六八八四

類獨存古語耳實則凡大皆可入非古文去猶文入之謂大巨也漢書劉向傳集注大長也呂覽慎大江河之大也注大猶廣也詩泮水大賂南金箋○閟宮箋大東極東疏云大者廣遠之言又禮記少儀不顧于家注云大富之廣也謂大猶徧也禮記郊特牲大報天而主日也注大猶衆也管子法法故仁者知者有道者不奏大慮始注大者文也說苑修文大重也荀子性惡大齊信焉而輕貨財注○禮記王制必察小大之比以戎之注云小大猶輕重大肥也太乍乍衡○乍錯云大也外大通也呂覽勿躬神合乎大一注○萱按訓通者泰為正宇然大則無不通者二篆自相閡通也大者象地虛縱也大戴記易本命注大謂德美廣博也詩椒聊碩大無朋箋得其盛位謂之大易象下傳尚大也姚注○穆天子傳六奏廣樂注云大謂盛作之也大有包容豐富之象易大釋文有大壯威盛強猛之名易大釋文壯大過超過也易大過釋文廣大猶博厚也禮記中庸致大而盡精微廣不同同之之謂大莊子天地充實而有光輝

之謂大孟子盡心下光華萬物為大易象上傳含弘光大往注乾為大易同人大師克相遇廣注益利用為大作廣注□辭下傳小微而大戒廣注知小而謀大廣注○草大人虎變九家注數辭下傳通神明之德九家注並云乾為大人其道甚大廣注云大謂乾道又陽稱大易草大人虎變宋注渙渙汗其大號廣注象上傳大哉乾元九家注大者過也廣注象下傳是以不可大事也廣注○坤直方大荀注云大者陽也又泰小壯大來蜀才注云大謂陽也又象上傳大人以繼明照于四方注云陽氣稱大又否大往小來疏云陽主生息故稱大廣大猶初也禮記文王世子大昕鼓徵疏大半過半也淮南覽冥彈盡大半注大者老也爾雅釋木大而散楸疏引樊注又舍人注大者有顧之辭也穀梁莊廿八年傳大謂誇大禮記表記不自大其事疏大道天道也周書周祝雒彼大道注大氣謂造化之氣任持太虛者也素問五運行大論大氣衆之也注大時謂天時也禮記學記大時不齊疏大人即聖人論語季氏畏大人集解聖人在位謂之大人史記索隱廿六引易乾向

秀注○論語季氏鄭注云大人謂天子諸侯為政教者又曾子幼官則大人從注云大人謂天子三公四輔也又左氏昭十八年傳而後及其大人敗云大人謂公卿大夫也大人長老之稱良漢書蘇竟傳輔號為大人注三大化者皆化也荀子議兵是之謂大化至一夫注大廟始祖廟也禮記祭統然後會於大廟注○左氏僖八年注大歲周公廟疏云大廟廟之大者大美謂豐盛之美也莊子知北遊天地有大美而不言釋文而大巧謂多才術也老子大巧若拙注大寢路寢也周禮大僕建路鼓于大寢之門外注又禮記月令反執爵于大寢注大路玉路書顧命大路在賓階面鄭注殷路也禮記月令象大路注明堂位注大侯君侯也詩賓之初筵大侯既抗傳大弓者武王之戎弓也穀梁定八年傳往體來體若一曰唐大周禮司弓矢唐弓大弓注大布麤布也莊子山木莊子衣大布而補之釋文引司馬注大野在鉅野周禮職方氏其澤藪曰大野注大原地名國語周語乃料民於大原注大者高而無上羅而無外無不

包容故曰大也老子強為之名曰大注○萱按設世變大為太此義賊矣故大太為正俗字太大也廣雅釋詁一○萱按漢魏人直分大太為二字假以大釋太風俗通云大者太也白虎通五行云太亦大也然古豈別有太字手惟泰或省為太故泰太亦正俗字按泰之古文作夳夲非太字也為太極天地始形之時也淮南覽冥引額於太極之上注太極者无稱之稱易繫辭上傳易有太極注○釋文云太極無也太清謂天也後漢書蔡邕傳注○班彪傳上注云泰清無為之化也太陰北方極陰之地也後漢書張衡傳注太上德之最上者大戴記曾子立事太上業善注○老子釋文引領注云太上上德之人也太上至尊之號荀子君子莫敢犯太上之禁注○漢書高帝紀集注云太上極尊之稱又淮南厲王長傳望於太上注引如淳云太上天子也天子之子稱太子白虎通爵太史史官之長也後漢書光武紀注太古遠古也後漢書班彪傳下注太學者中學明堂之位也續漢書祭祀志中注引魏文侯孝經傳太室明堂之中央室也

書大傳尚考太室之義注○書洛誥王入太室祼王注云太室清廟中夫之室太室嵩高也漢書郊祀志上
○左氏昭四年傳周幽王為太室之盟注云太室中嶽大華山也後漢書班彪傳上注太阿劒也
廣雅釋器太博名禮記禮運注甒太也釋文○萱按司尊奐作大尊是也明堂位廣雅作泰太宰宰之
大者左傳桓大年閔

汏

○俗有汏淅灡也說文段注淅字膳文選王元長秀才文注引與淅字可證士喪禮祝淅米于堂注淅汏也釋
詁曰汏壂也汏之則碟去矣故曰壂也九章齊吴榜以擊汏吴大也榜檝也言齊同用大檝擊水而行汏酒於水中也
凡舟子之用檣振力擊之乃徐拕之如汏然今蘇州人謂搖曳洒之曰汏音如俗語之大在爲韵按凡沙汏淘汏用淅米
之義引伸之或寫作汏多點者誤也若左傳汏侈汏輈字皆即泰字之假借寫作汏者本誤汏洒也廣雅釋詁
二汏水波也楚辭涉江注○廣雅釋水云汏波也汏過也汏矢激也汏侈也汏
驕也反潔為汏萱按此皆段汏為泰

韻史 卷六十七下第十五部去聲既韻

六八八九

戾輜車旁推戶也說文段注輜車者衣車前後有蔽旁有可閉之戶也
奈囊帶切○俗有奈傺柰果也說文段注叚借為柰何字見尚書左傳俗作柰非柰郁也廣雅釋言柰何
猶言如何也禮記曲禮下柰何去社稷也疏○老子柰何萬衆之主注云柰何者疾時主傷痛之辭
渿渿沛也說文段注未聞按渿沛當作瀎沛之字誤又佚沛蔑耳瀎郎計切沛都計切今俗語多如此
賴洛帶切賴贏也說文段注高帝紀始大人常呂臣七賴應曰賴者恃也晉曰許慎云賴利也無利入於家也或曰誰淮之間謂
小兒多詐狡獪為亡賴接今人云無賴者謂其無衣食致耳方言云賴獪也南楚之外曰賴賴取也○小爾雅廣言又然
國語齊語相示以賴注晉記乙賴其地注並云賴嬴也賴恃也左氏襄十四年傳舅伯父是賴注又國語齊語
必足賴也注楚語賴子之善善之也注賴君之用也注又漢書食貨志下集注又後漢書明帝紀注又廣雅釋詁三賴
利也國語周語先王豈有賴焉注晉語君得其賴注匡何賴於戲注又國策衛策為秦則不賴矣注又史記樗里子
甘茂傳索隱又漢書食貨志下集注揚雄傳上集注叙傳下集注又太卜秦志在賴也注賴善也廣雅釋詁一又

韻史 卷六十七下第十五部去聲既韻

六八九〇

孟子告子上富歲子弟多賴注○呂覽離俗則必之注云賴利也一曰善也賴取也方言十三又廣雅釋詁一又賴
得也漢書揚雄傳上集注引孟康賴蒙也國語魯語實永饗而賴之注晉語至於今是賴注賴亦
惡也名方言二注○方言十云央亡嚜屎婚獪也江湘之間或謂之無賴賴惡瘡疾病也史記
刺客傳漆身為厲索隱○萱按此癘為正字厲賴皆段借

籟

三孔龠也大者謂之笙其中謂之籟小者謂之箹說文段注龠部曰龠
管樂大孔以和衆聲按毛詩傳曰龠大孔許龠下從之此云三孔龠者謂龠之三孔者則名籟也鄭注笙師少儀明堂位
皆云龠如笛三孔鄭專謂龠耳今本說文龠下為淺人所亂然於此可以正彼莊子人籟地籟天籟引仲義也笙釋樂作
產甚中謂之籟釋樂作謂之仲蓋誤三句見釋樂大者蓋六孔者也中者三孔籟三孔籥也呂覽遇合有客
以吹籥見越王者注又淮南說山視籟與竽注又風俗通聲音籟籥也史記司馬相如傳吹鳴籟集解引漢書音
義又莊子齊物論女聞人籟而未聞地籟注又釋文地籟則衆竅是已人籟則比竹是

韻史 卷六十七下第十五部去聲既韻

六八九一

已莊子齊物論

瀨

水流沙上也說文段注九歌石瀨兮淺淺伍子胥書有下瀨船漢有下瀨將軍應劭漢書注曰瀨水流沙上
也臣瓚曰瀨湍也吴越謂之瀨中國謂之磧按瀨之言瀨也水在沙上沛滌而下也浚也埤蒼云沛滌漉也○一切經音
義十二引字林云瀨水流沙上也瀨湍也楚辭湘君注又文選洛神賦注引漢書注○吴都賦混濤并瀨劉注
云瀨急湍也又魏都賦石瀨湍湍劉注云石瀨湍也瀨急流也淮南本經抑減怒瀨注又漢書揚雄傳上何必
湘淵與濤瀨注○司馬相如傳上浴淴下瀨注云瀨疾流也瀨水大波文選吴都賦直衝濞而上瀨劉注
石而淺水曰瀨漢書司馬相如傳下北揭石瀨注

䲚

䲚魚也說文

癩

隸作癘○俗有癩病惡疾也說文段注按古義謂惡病包內外言之今義別製癘字訓為惡瘡訓癘為疫古多
借厲為癘公羊傳作病何注云病者民疾疫也大戴禮及公羊何注說七出皆云惡疾出何休曰惡疾棄者不可以奉宗

韻史 卷六十七下第十五部去聲既韻

六八九二

牖也論語伯牛有疾苞氏曰牛有惡疾不欲見人故孔子從牖執其手也韓詩曰芣苢傷夫有惡疾也薛君曰芣苢澤瀉
也臭惡之艸詩人傷其君子有惡疾人道不通求已不得發憤而作以事興芣苢雖臭惡乎我猶采采而不已者以興君
子雖有惡疾我猶守而不離去也○莊南精神云夫癩者趋不變

糲 或作糲 粟重一秙為十六斗大半斗舂為米一斛曰糲 說文段注不言
禾黍者粟本禾黍實之名猶許粟則偕辭也粟十六斗大半斗為米十斗即九章算術粟斗之法粟率五十糲米三十也
張晏曰一斛粟七斗米為糲與九章算術率異今皆作糲从屬古从萬聲與牡糲字正同漢書司馬遷傳糲梁之食與許
蓋體合○萱按張晏率非也今目驗之黍十斗得米大斗強粲十斗得米六斗弱猶十斗得米四斗強故九章言粟率而
不言猶詩鄭箋言糲十即九章之糲率三十也是不易之詁矣 糲粗米也 漢書外戚傳下妾誇布衣糲食注引
孟康司馬遷傳注引服虔 糲䊪也 史記太史公自序集解引韋昭 五斗粟三斗米為糲 史記
太史公自序集解引臣瓚 糲者麤粟飯也 史記李斯傳粱糲之食索隱

韻史 卷六十七下第十五部去聲既韻 六八九三

犡 牛白脊也 說文

蔡 發帶切 ○俗有薗 艸丯也 說文段注丯讀若介丯字本無今補四篇曰丯艸蔡也此曰蔡艸丯也是為轉注艸生之散亂
也丯蔡疊韻猶箏箏 蔡莽也 文選魏都賦注引楚辭王注 蔡法也 書禹貢二百里蔡馬注又漢書地理
志上集注又小爾雅廣詁 蔡之言殺減殺其賦 書禹貢蔡蒙旅平晚出傳 蔡猶衰也 書大
傳秋伯之樂舞蔡俶注 蔡蒙二山名 書禹貢蔡蒙旅平晚出傳 蔡國名 晚出書蔡仲之命傳 蔡
國君之守龜也出蔡地因以為名焉 論語公冶長臧文仲居蔡集解引苞注○文選
七命注引論語鄭注云蔡謂國君之守龜也 蔡龜名也 左氏襄廿三年傳子以大蔡納請釋文○家語好生
云臧氏有守龜焉名曰蔡 蔡大龜也 論語公冶長皇侃又楚辭臣機著蔡兮踊躍注 元龜為蔡 漢書
食貨志下○注引臣瓚也蔡是大龜之名也 蔡倫劍也 廣雅釋器

艾 徵帶切 仌臺也 說文段注張華博物志曰削冰令圓舉以向日以艾於後承其影則得火古多借為乂字治也又訓養也

韻史 卷六十七下第十五部去聲既韻 六八九四

○爾雅釋艸云艾冰臺又離騷戶服艾以盈要兮注云艾白蒿也一名冰臺 艾所以療疾 詩采葛彼采艾
兮傳 艾謂青而微白 詩出其東門傳蒼艾色疏○荀子正論共艾單注云艾蒼白色又後漢書馮衍傳注
云艾盭綠色也又張奐傳注云以艾艸染之故曰艾 艾老也 禮記曲禮上注又左氏定十四年傳盡歸吾艾豭注
又廣雅釋詁一又小爾雅廣言○禮記曲禮釋文云艾老也謂蒼艾色也又方言六云艾長老也東齊魯衛之閒凡尊老
或謂之艾 五十曰艾 禮記曲禮上又後漢書韋彪傳注又荀子致仕者艾而信可以為師注○釋名釋長幼云
五十曰艾艾乂也又治也治事能斷割芟刈無所疑也又鹽鐵論未通云五十已上曰艾老又云五十以上血脈溢剛曰
艾壯 七十曰艾 中候準讖皆注又禮記曲禮上疏引中候運衡注又周書謚法保民耆艾曰胡注 艾久
也 詩庭燎末艾傳 夜艾長也 爾雅釋詁又楚辭少司命姝長劬兮擁艾注 艾大也 小爾雅廣詁
艾歷也 爾雅釋詁 艾至也 廣雅釋詁一 艾數也 詩故落賦末有艾箋 艾相也 爾雅釋詁
艾報也 國語周語艾人必豐注晉語必有艾注 艾養也 爾雅釋詁又詩鴛鴦福祿艾之傳南山有臺保

韻史 卷六十七下第十五部去聲既韻 六八九五

艾爾後傳又孟子音義下引張音○方言一云台胎淘鞠養也汝穎梁宋之閒曰胎或曰艾 艾息也 左氏襄九
年傳大勞未艾注 艾美好也 孟子萬章上則慕少艾注○文選東京賦將騰驤而沛艾薛注云沛艾作姿容
色也 艾絕也 艾謂減削也 芟末曰艾 萱按皆段艾為又刈字也 艾治也 艾安
也 萱按此段艾為嬖也 艾止也 萱按此段艾為忿也

貝 博帶切 海介蟲也居陸名猋在水名蜬象形古者貨貝而寶龜周而
有泉至秦廢貝行錢 說文段注介蟲之生於海者釋魚猋作賦俗字也蜬亦當作函涵入加之偏旁
耳出部曰蜬毛蠹也則非貝名象形象其背穹陸而腹下岐古者貨貝而寶龜謂以其介為貨也小雅既見君子錫我百
朋箋云古者貨貝五貝為朋周易亦言十朋之龜故許以貝與龜類言之食貨志王莽貝貨五品大貝壯貝幺貝小貝皆
二枚為一朋不成貝不得為朋龜貨四品元龜當大貝十朋公龜當壯貝十朋侯龜當幺貝十朋子龜當小貝十朋此自
莽法鄭箋詩云古者五貝為朋注易以爾雅之十龜未嘗用款莽范也周禮外府掌邦布之入出以共百物而待邦之用

韻史 卷六十七下第十五部去聲既韻 六八九六

泉府掌以市之征布斂市之不售貨之滯於民用者注云布泉也讀為宣布之布其藏曰泉其行曰布取名於水泉其流
行無不徧泉始蓋一品周景王鑄大泉而有二品按許謂周㧞有泉而不廢貝也秦始廢貝專用錢變泉言錢者周曰泉
秦曰錢在周秦為古今字也金部錢下錯本曰一曰貨也檀弓注曰古者謂錢為泉布則知秦漢曰錢周曰泉也周禮泉
府注云鄭司農云故書泉或作錢蓋周人或用假借字秦乃以為正字〇許叔伯陸疏云貝水中介蟲也龜鼈之屬大者
為蚢小者為蠙又漢書司馬相如傳上鈞紫貝注云貝水中介蟲古以為貨也又山海經西山經潒水其水多黃貝注云
貝甲蟲 貝水中蟲也 爾雅釋魚舍人注又漢書地理志上厥棐織貝注〇楚辭逢紛紫貝闕而玉堂注云
紫貝蟲名 水貝水物 易震千注又周禮巾車注貝面貝錦飾勒之當面也疏又儀禮既夕記注貝勒疏〇士喪
禮貝三實于笄注云貝水物古者以為貨江水出焉 貝貨也 廣雅釋詁四〇書大傳大貝注云貝古以為貨 貝
寶貨也 易震億喪貝于之注〇云貝資貨糧用之屬也 震注 貝錦錦文也 詩巷伯成是貝錦傳
又文選蜀都賦貝錦斐成劉注〇書為貢鄭注云貝錦名 貝冑貝飾也 詩閟宮貝冑朱綅傳 貝海螺

韻史 卷六十七下第十五部去聲既韻

六八九七

韻史 卷六十七下第十五部去聲既韻

其色白 文選登徒子好色賦齒如含貝注〇詩閟宮疏云貝者水蟲甲有文章也 大貝如車渠 書顧
命大貝晚出傳〇易損十朋之崔憬注云大貝龜之最神者也 龜貝父藥寶也 廣雅釋艸

⿰⻊貝 步行獵跋也 說文段注獵今之躐字踐也毛傳曰跋躐也老狼進則躐其胡獵跋猶踐踏也 狼⿰⻊貝顛
⿰⻊貝也 一切經音義十五引聲類

㸬 二歲牛 說文段注㸬字見爾雅釋畜牛體長色許君則曰二歲牛按犙字从參效為三歲牛牭字从四聲為四歲
牛則犙从貳當為二歲牛矣而謂犙為牭文㸬字二四既不同數且四之牭文作三則㸬之牭文當作㸬凡此乖判當
由轉寫脫繆如鼎部鼐鼐馬部騖驚衣部衫袀今皆奪其一其明證也宜易之曰㸬牛體長也犙二歲牛犙三歲牛牭四
歲牛牲犕文㸬則可讀矣而非可無徵專輒也

⿰魚巿 ⿰魚巿魚也出樂浪潘國 說文〇廣韻云⿰魚巿魚名食之殺人

⿰巿阝 沛國也 說文段注按本作沛郡鍇本作沛國郡按當作沛國沛郡也謂後漢之沛國前漢之沛郡皆此⿰巿阝也不言

六八九八

沛縣者言郡而縣可知矣二志字皆作沛郱沛古字今如郡息鄭穆郱表之比今江蘇徐州府漢沛郡地

沛 抱帶切 〇俗有霈 沛水出遼東番汗塞外西南入海 說文段注番音盤汗音寒遼東郡番汗二
志同今奉天府遼陽州漢遼東郡治也番汗未聞前志番汗下曰沛水出塞外西南入海沛水亦未聞今字為顛沛跋之
假也大雅蕩傳曰沛拔也是也拔當作跋 沛大澤也 管子揆度焚沛澤注 水所生曰沛 禮記王制
注謂萊沛釋文〇釋名釋水云水拔河出雍沛言在河岸限內時見雍出則沛然也 曰水艸兼處曰沛
管子揆度注又後漢書騶傳注 沛水艸相半 孟子滕文公下沛澤多而禽獸至劉注〇又園囿汙池
沛澤多注云沛者艸木之所生也又風俗通山澤云沛者艸木之藪茂禽獸之所藪匿也又公羊傳四年傳大崩于沛澤
之中注云艸棘曰沛 沛滂沛也 易豐釋文引姚注 沛流也 莊子天地釋文引字林〇一切經音義十
九引三蒼云沛水波流也 沛沛流也 廣雅釋訓 沛行皃 楚辭湘君沛吾乘兮桂舟注〇文選吳都賦常
沛沛以悠悠劉注云沛沛行皃 沛疾皃 漢書禮樂志神哉沛注 沛者忽遽離本之言 詩蕩

韻史 卷六十七下第十五部去聲既韻

六八九九

韻史 卷六十七下第十五部去聲既韻

顛沛之揭疏 沛然感動之意也 漢書司馬相如傳下沛然改容注 沛然自次縱皃
也 後漢書袁術傳沛然俱起注 沛然泛皃也 漢書禮樂志沛施祐注 沛然寬廣之意
後漢書固傳注季 沛大也 廣雅釋詁一 沛多皃 文選洞簫賦沛為蔬盜注 沛有餘優饒
皃 後漢書馭純傳注〇公羊文十四年傳力沛若有餘注云沛有餘皃又宣十二年傳是以使君王沛為注云沛為者
怒有餘之皃 沛雨皃 文選思玄賦凍雨沛其潺落注又後漢書張衡傳注 墜 日在雲下稱沛
沛不明也 易豐豐其沛虞注〇萱按雲下疑當作雲上日輪天為第大重雲似不能出其上 小闇謂之
沛 易略例〇豐九家注云太暗謂之沛 沛艾駊騀也 漢書司馬相如傳下沛艾趙蛺注引張揖 沛幡
慢所以禦盛光也 萱按此謂沛為旆之段借字

旆 繼旐之旗也沛然而垂 說文段注旗者旌旗之總名爾雅繼旐曰旆郭曰帛續旐末為燕尾者何
休注公羊云繼旐如燕尾曰旆釋名云旆以帛繼旐末也小雅帛旆央央毛曰帛旆繼旐者也按帛蓋用絳沛旆疊韻引

六九〇〇

伸為凡垂之稱出車傳曰旆旆旒垂皃左傳昭十三年曰八月辛未治兵建而不旆壬申復旆之杜云建立旌旗不曳其
旆旆游也按不旆者卷而不垂旆之者垂之也定四年晉人假羽旄於鄭鄭人與之明日或旆以會亦是垂旒之義大旌
旌蔽旆旆傳曰旆旆狀也沛然而垂則長故毛云爾也又旆為旟織之總名如左傳狐毛設二旆而退之晉七大旆之左
旆是也又假茷為旆如左傳綪茷即舊旆詩帛茷央央即帛旆是也亦有與末通用者士喪禮書銘於末曰某氏某之柩
曰今文銘皆為名末為旆○爾雅釋天孫注云旆帛續旐末亦長尋又文選沈休文鍾山詩羽旆臨崇基注云旆旌旗之
垂者跨旗以翔為飾故云翔旆 白旆殷旌也釋名釋兵 旆大旟也左傳僖廿八年設二旆注宣十
二年拔旆投衡注○詩長發武王載旆傳云旆旗也 旆謂旟尾 左傳昭十三年注不曳其旆疏○定四年疏云
旆是旟尾 旆先驅車也左氏哀二年傳以兵車旆之注 旆前軍也文選東京賦旆已反予郊吵薛
注○左氏宣十二年傳令尹南轅反旆注云旆軍前大旟 旆謂幡幔也易豐豐其沛釋文沛幡幔
所以禦盛光也易豐注○苣按經本用假借字惟釋文用正字

韻史 卷六十七下第十五部去聲既韻 六九〇一

韻史 卷六十七下第十五部去聲既韻 六九〇二

合口評

古快切

禬 會福祭也周禮曰禬之祝號說文段注周禮詛祝文 禬為會合之義周禮
凡以者疏 禬是除去之義周禮大祝疏○凡以神仕者以禮國之凶荒杜注庶氏以攻說禬之司農
注並云禬除也 除災害曰禬禬猶刮去也周禮女祝掌以時招梗禬禳之事注 禬禁也
廣雅釋天○周禮大祝一曰類二曰造三曰禬四曰禜五曰攻六曰說司農注云類造禬禜攻說皆祭名也 禬
禁告之以時有災變也周禮大祝注

禬 帶所結也春秋傳曰衣有禬說文段注昭十一年左傳叔向曰衣有禬帶有結視不過結禬
之中所以道容皃也杜注禬領會結帶結也玉藻曲禮深衣皆謂交領曰袷禬即袷會合同義且叔向視不過結禬之中
印曲禮視天子不上於袷不下於帶玉藻侍君視帶以及袷也然則杜注得之許合禬結二者為一似誤杜注當仍賈服
之舊 禬領之交會也漢書五行志中之上衣有禬注

䯤 或作鬠 骨擿之可會髮者詩曰䯤弁如星說文段注䯤會疊韵鄘風象之揥也毛曰

揥所以摘髮揥本又作擿禬所以會髮與揥所以擿髮訓釋正同禬與揥一物而少異釋名曰揥擿也所以擿髮也導所
以尋擽鬢髮使入巾幘之裹也或曰櫟實以事名之也然則揥一名擿鄘風所云也導一名擽鬢漢魏已後多云玉導贊
今人之抵導詩禮之禬也周禮弁師會五采玉璂注曰故書會作禬先鄭云讀如馬會之會謂以五采束髮也士喪禮禬
用組乃笄禬讀與膾同書之異耳說曰以組束髮乃著笄謂之禬沛國人謂反紒為禬按先鄭說云爾者蓋由會髮之器
謂之禬因之束髮謂之禬與儀禮之禬同今士喪禮字作髻注云古文鬠皆為括骨擿猶象揥也必云骨者為其字從骨
禬弁如星衛風文今作會弁毛傳曰弁皮弁所以會髮按此傳極可疑蓋淺人改竄也皮弁者諸侯所以視朔及與諸侯
相朝聘非為會之用也云所以會髮殊不辭矣說文多沿毛傳其云可會髮者必本毛傳此文蓋毛詩本作禬弁傳本云
禬所以會髮弁皮弁正同周禮故書皮弁禬五采謂先束髮而後戴弁其光耀如星也自鄭贊毛詩乃易禬為會釋為弁
之縫中與注周禮從今書不從故書正同後人據贊改傳致有此不通耳毛許先鄭說詩禮皆無後鄭不同其義則後鄭
為長 鬠笄用桑長四寸纋中儀禮士喪禮

韻史 卷六十七下第十五部去聲既韻 六九〇三

韻史 卷六十七下第十五部去聲既韻 六九〇四

旝 旌旗也詩曰其旝如林春秋傳曰旝動而鼓一曰以下別一義 建
大木置石其上發呂機呂槌敵說文段注旌旗有名旝者所偁詩及左傳皆是也其旝如
林大雅大明文今毛詩作會鄭箋以盍合其兵眾釋之然則毛作會三家詩作旝許偁毛而不廢三家也馬融廣成頌曰
旃旝摻其如林李長所偁同許而旝為旂之類則說亦同許也飛石起於范蠡兵法左傳云親受矢石尚非飛石旝動而
鼓桓五年左氏傳文杜曰旝旃也與馬許合蓋左傳旝說多如此惟賈侍中獨為異說也左傳疏云賈侍中以旝為發石一
曰飛石引范蠡兵法作飛石之事然則許之別義正用賈說○左傳桓五年疏云旝字從㫃則旌旗之類 旝亦旃
也後漢書馬融傳注○左傳桓五年注云旝旃也通帛為之若今大將之麾也 旝發石之車也御覽
三百卅七引春秋舊說○晉書音義中云旝建大木置石其上發以擊敵也

嬒 女黑色也詩曰嬒兮蔚兮說文段注曹風候人文今詩作薈毛傳曰薈蔚雲興皃按艸部既偁
薈兮蔚兮矣此或為三家詩或本作讀若詩曰薈兮蔚兮今有作嬒者皆未可定也 可惡曰嬒御覽百八十二

韻史　卷六十七下第十五部去聲既韻　六九〇五

二引通俗文

劊 斷也說文段注易困九五劓刖困于赤紱京房本作劓劊按刖絕劊斷義正相同今俗云劊子手○廣雅釋詁一云劊斷也

獪 或作狘○俗有狢狨 狡獪也說文段注方言剸獗獪也秦晉之間曰獪楚謂之剸或曰獗鄭曰爲或曰姡又曰央亡嚜杘皆獪也又曰猾惟獪也郭云獪古狡狡字 獪摱也廣雅釋詁三釋詁四

膾 ○俗有膾 細切肉也說文段注所謂先藿葉切之復報切之也報者俗語云急報凡細切者必疾速下刀少儀注云報讀爲赴疾之赴拔赴皆疾也○禮記內則云肉腥細者爲膾又釋名釋飲食云膾會也細切肉令散分其赤白異切之已乃會合和之也 生肉爲膾漢書東方朔傳 膾細切句 細切豬羊馬肉使如膾也釋名釋飲食○畢氏沅釋名疏證云膾已見上此則名膾細切或膾字爲衍下文云一分膾二分細切則細切之爲名審矣 膾割也廣雅釋詁二 宗膾國名莊子齊物論欲伐宗膾胥敖釋文引司馬注

韻史　卷六十七下第十五部去聲既韻　六九〇六

薈 翳叢之臧也說文段注天官書其南眾星曰薈積如淳漢書注曰翳叢積爲薈也史記正義曰薈翳青大星在天苑西主積叢艸者○史記趙世家即鄭薈燒宗隱云薈薈積翳叢之處又度漢書蘇不韋傳注云薈翳叢藏 薈倉也廣雅釋室 薈廐之名史記趙世家集解引徐廣

鄶 祝融之後妘姓所封潧洧之間鄭滅之說文段注鄭詩譜曰檜者古高辛氏火正祝融之墟檜國在禹貢豫州外方之北滎播之南居溱洧之閒祝融氏名黎其後八姓惟妘姓檜者處其地焉後爲鄭桓公之子武公所滅按鄭在外方之東非外方之北方也滎播依小顏地理志注引作播鄭語云祝融其後八姓妘姓鄖鄶路偪陽也鄶以祝融之後仍封祝之墟左傳裴爲祝融大戴禮世本皆云祝融之弟吳回吳回生陸終陸終第四子萊言是爲妘鄶人即鄶之祖也案亦作求妘亦作云鄶亦作會今河南許州密縣古鄶地按檜者假借字也左傳国語作鄶詩釋文曰檜本又作鄶○國語周語鄶由叔妘注鄶妘姓之国又鄭語是其子男之国虢鄶爲大注云鄶妘姓也鄶 今新鄭也国語鄭語注

韻史　卷六十七下第十五部去聲既韻　六九〇七

檜 柏葉松身說文段注釋木衛風毛傳皆曰檜柏葉松身禹貢作栝○詩竹竿檜楫松舟釋文云檜木名又云檜本作鄶○壹按鄶檜二字互相段借故木名或作鄶而國名或作檜 柏葉松身曰栝書禹貢杶榦栝柏鄭注○文選西京賦木則樅栝椶栟薛注云栝柏葉松身 栝白栝也書禹貢馬注○萱按栝檜贊族檜多風栝 栝柏也廣雅釋木 檜上飾左氏成二年傳棺有翰檜注○漢書霍光傳樅木外藏椁十五具注云檜字亦作栝

會 佮古文○俗有市肖○本韻兩見注詳後

澮 澮水出河東彘霍山西南入汾說文段注前志河東郡彘後志曰永安故彘前志彘下曰霍大山在東冀州山今山西霍州州東南霍山禹貢之大岳也水經曰澮水出河東絳縣東澮交東高山西至王澤注于汾水不言出霍山者水經舉其近源許舉遠源也水道提綱曰澮河源出翼城縣東南山西流經中衛鎮又西稍北至城南又西經曲沃縣南又西至絳州南入汾按今文尚書以畎澮爲ㄑ巜見巜下又曰水流澮澮也澮澮即活活

韻史　卷六十七下第十五部去聲既韻　六九〇八

巜 水流澮澮也方百里爲巜廣二尋深二仞說文段注澮澮當作活活毛傳曰活活流也水部曰活活水流聲也古昏聲會聲多通用水流涓涓然曰ㄑ活活然則曰巜巜大於ㄑ矣此字之本義也因以名井田之制方百里云云考工記匠人文尋仞依許寸部人部說皆八尺今周禮作澮許所據作巜後人以水名易之也○考工記匠人云同閒廣二尋深二仞謂之澮 澮田閒通水者也周禮雍氏掌溝瀆澮池之禁注澮 小溝也荀子解蔽辟者趨百步溝以爲蹞步之澮也注 之注溝曰澮澮會也小溝之所聚會也釋名釋水○爾雅釋水云注溝曰澮 澮所以通水于川也書咎繇謨濬畎澮距川鄭注○壹按說文巜部引書作濬ㄑ巜距川谷部引書作容畎澮距川 澮田尾去水大溝稍周人禮以澮水注 寫 澮峽嶰壑深平之皃文選長笛賦嶰壑澮峗注

夬 分決也說文段注易彖傳曰夬決也剛決柔也 夬決也易彖下傳雜卦傳夬下貞厲干注又釋文象下 傳于注數辭下傳蓋取諸夬注人呂覽辯士夬心中夬注○易序卦傳云夬者決也又釋名釋言語云夬決也有所破壞

決裂之終始也於夬者明法而決斷之象也易象傳注下夬與刲反者也
易夬注

快苦邁切○俗有駃喜也說文段注引伸之義為疾速俗字作駃○方言三云逞曉恔苦快也自關而西曰快又方言二逞苦了快也注云今江東人呼快為愜快樂也國策秦策文信侯去而不快注快一也一切經音義十四引字林

嚕咽也一曰嚕嚵也說文段注嚕者嚕也聲氣所嚕也一曰嚕嚵別一義嚕亦複舉字也俗本作嚵嚕也非集韻作一曰嚵也○一切經音義十四引字林云嚕咽也嚕嚕猶快快也詩其斷正千變嚕○盧氏文昭曰淮南精神訓嚕然得臥宋書樂志吳鏗吹曲我皇多嚕事皆與快同○萱按一切經音義五引三蒼音義引蒼頡並云嚕亦快字也是二字古通大又淮南微眞妓行嚕息民嚕為緣也

獪獪也說文○一切經音義引字書云獪麗獪○萱按獪獪正俗字米皮曰獪一切經音義二引通俗文

鄗汝南安陽鄉說文段注汝南郡安陽二志同今河南汝寧府真陽縣縣東故安陽城是也有鄉名鄗濱書鄗成庚周綵服度音菅蔽之蔽則服作鄗成庚

蔽○俗有蔽艸也說文段注左傳引詩曰雖有綵麻無棄菅蔽李善引聲類曰蔽艸中為索若怪切史記馮驩有一劍蔽緱裴駰曰蔽茅之類可為繩其劍把無物可裝以小繩纏之也持說文無蔽字而有雅有之釋詁曰蔽息也音義曰蔽苦怪反蔽字遑詩與華厲為韵省在十五部也不知何時蔽段作蔽從明從刀殊不可曉玉篇引無棄菅蔽不作蔽○儀禮喪服傳蔗蔽之菲也釋文云蔽艸也又史記孟嘗君傳索隱云蔽艸名又文選鵠鳥賦細故帶芥兮注云絜蔽與帶芥古字通

黵鬠快切渼黑色也說文段注渼引申之義為肥美渼黑者光潤之黑也女部曰嬗女黑色也按渼黑玉篇廣韵皆作渼黑疑渼字誤渼字長○萱按黯下云渼黑也正與渼黑對黵黑也廣雅釋器

薈艸多皃詩曰薈兮蔚兮說文段注引伸為凡物會華之義曹風毛傳曰薈蔚雲與皃謂南山朝隮

如艸木荄茸也薈翳也廣雅釋詁一薈障也廣雅釋詁二薈蔚雲霧霑潤也文選海賦薈雲霧注

蔚潛薈水少茂盛也文選江賦薈蔥蘢注潛

會戶快切古文○俗有常為○本韵用見合也說文段注器之蓋曰會為其卡相合也凡曰會計者謂合計之也官非異義也○爾雅釋詁又書禹貢會于渭汭流又詩杕杜會言逝止笑大明會朝清明笑又儀禮聘禮會諸其幣注士廣注禮命佐食武會注又洪範五行傳則會抵之大泠注又覽季秋以會天地之藏注並云會合也會謂合其數管子問出入死生之會注○方言十湘沉之會注云會兩水合處也會遇也合也素問五運行大論左右周天餘而復會也注○詩小雅頍弁集會也疏云會謂逢遇之也會猶合也皆也禮記樂記守拊鼓注會成也周禮食醫凡膳食之宜注會集也漢書周勃傳集注○書洪範會其有極疏云會謂會集又後漢書默奔傳會猶集也注云會猶聚也禮記月令以會天地之藏注衆記盜以立會注○廣雅釋詁三云會聚會謂集聚也漢書蘇武傳單名會武官屬注于會猶最也公羊隱元年公反邾儀父盟于

味傳會猶趣也禮記月令疏會猶期也禮記哀公問不廢其會節疏○公羊桓十年傳云會者何朝也辭會謂盟也禮記禮弓下周人作會而民始疑注○周禮大祝四曰會注云會謂同盟誓之辭又司農注云會謂王官之伯命事於會會朝會也文選應詩會皇都注○周禮小行人云朝覲宗遇會同君之禮也又左傳哀廿一云會朝禮之經也年時見曰會詩車攻會同有繹傳巧言君子展盟笑又周禮大宗伯又大華大朝覲會同注又後漢書班彪傳下注○論語先進如會同集解引鄭同注云諸侯時見曰會又周禮大行人時會以發四方之禁注云時會即時見也又禮記曲禮下云相會見於邾也日會又穀梁隱九年傳云會者外為主焉除也後漢書章傳注周會至也廣雅釋詁一會對也爾雅釋詁會甲也詩大明會朝清明傳會節會也大琴賦激譽以赴會注清會及暨皆與也○公羊隱元年傳左傳宣七年傳云凡師出與謀及不與集曰會曰言會明非一人之辭穀梁文元年傳晝日會注○周禮宮正會其什五注云會之者使之章作單學相勸帥且寄宿衛之令除會昏禮交接之會也禮記大傳

異姓主名治宗會注會飯黍稷也儀禮公食大夫禮賓卒食會飯注會蓋也儀禮士喪禮敦啟會
注○士虞禮命佐食啟會注云會謂敦蓋也公食大夫禮宰夫東面坐啟簋會注云會簋蓋也又禮記曲禮上毋放飯
疏同會四會之道文選舞鶴賦指會規翔注遊流曰會漢書地理志上注一會即一
辰也禮記月令疏○太乎乎圖章會統元注云會者日月交會一終也○萱按如周禮左傳義日月辰會處謂之辰
則此當辰會為正字會為借字○萱按以下諸義舊皆讀古伏切定乃強分耳苟觀其會通則無庸鍬析矣故革錄於此
俾學者梲核為會計也周禮大司徒以士會之法注鄉大夫皆會政致事注泉府歲終則會其出入注又大戴記
盛德司會均入以為納注又國語周語月會注○淮南本經財用簿於書賦注云會計計人口數責其稅斂也又後漢書
靈思何皇后紀注云會計謂總其事而算會大計也周禮大宰歲終則令百官府各正其治受其會注○天官
序官司會注云會大計也司會主天下之計計官之長若今尚書歲計曰會周禮小宰贊冢宰受歲會疏宰
夫則令羣吏正歲會疏司會以歲會攷歲成疏○小宰八日聽出入以要會司農注云要會謂計最之簿書月計曰要歲

韻史 卷六十七下第十五部去聲既韻　　六九一三

計曰會會稽者會計也史記夏本紀○國語魯語塗山會稽注云會稽山名又周禮職方氏其山鎮曰會
稽注云會稽在山陰會謂弁之縫中詩淇澳會弁如星○周禮弁師會五采玉璂注云會縫中也會
謂上領縫也禮記襍記下會去上五寸注○疏云會謂辟之領縫也又云辟上緣謂之會會撮髻
也莊子人間世會撮指天釋文引司馬注○引崔注云撮頂推也又引向注云會撮兩肩脊而上會撮然也會
及五味也廣雅釋艸

[illegible]

日月合宿為[illegible]說文段注左傳晉侯謂伯瑕曰何謂六物對曰歲時日月星辰是謂也公曰多語寡人辰
而莫同何謂辰對曰日月之會是謂辰故以配日按辰以配日者謂以從子至亥配從甲至癸也十日十二辰見周禮馮
相氏保章氏注云日謂從甲至癸辰謂從子至亥從子至亥者日月一歲十二會所會之處謂之十二次星紀之次為丑
玄枵之次一名天黿為子豕韋之次一名娵訾為亥降婁之次為戌大梁之次為酉實沈之次為申鶉首之次為未鶉火之
次為午鶉尾之次為巳壽星之次為辰大火之次為卯析木之次為寅是也據說文則日月之合宿謂之辰據周禮左

韻史 卷六十七下第十五部去聲既韻　　六九一四

傳昭日月[illegible]處謂之辰也[illegible]者即左傳之[illegible]字非左傳之辰字也會者日月交會一終也太乎乎圖
章會統元注○禮記月令因其會而分之疏云一會即一辰也○萱按用會為[illegible]與左傳正同[illegible]與辰相因而名故一
會即一辰而玉篇[illegible]讀時真切則誤會也

繪

○俗有禱會五采繡也虞書曰山龍華蟲作繪論語曰繪事後素
說文段注會繪疊今人分別繪繡為二事古者二事不分統謂之設色之工而已古者繢訓畫繪訓繡說見繢下○
萱按繢繪二字古互借通用然本義各別也又咎繇謨繪字今作會用借字雜彩曰繪小爾雅廣訓繢
繡也繪五綵而為之漢書食貨志下緣以繢注○東方朔傳狗馬被繢罽注云繢五綵也又王莽傳
中赤繢方領注云繢者會五采也又文選神女賦注引蒼頡云繢似繡色赤○萱按此皆段繢為繪繪畫也畫
之成文謂之為繪也論語八佾繪事後素皇疏○萱按繪訓畫者繢之借字二字互假也周禮鄭司
農注引繢事後素

韻史 卷六十七下第十五部去聲既韻　　六九一五

話

譮籀○或作話諧會合善言也春秋傳曰箸之話言說文○萱按春秋字箸字依段
氏所訂語臺文六年左氏傳其衰二年告之話言或作話者字之譌也抑詩本作告之話言話善也左氏文六年傳
箸之話言注文十八年傳知話言注又小爾雅廣言不話言也爾雅釋詁又廣雅釋詁四話善言也
詩板出話不然傳抑慎爾出話傳又禮記緇衣注○爾雅釋詁箋注云話善人之言也又合人注云話政之善言也話
告也言也書盤庚中乃話民之弗率馬注話調也廣雅釋詁四話恥也同上話治也
小爾雅廣言話訛言也一切經音義七引聲類

壞

𣀔籀𡐦古文敗也說文段注按毀壞字皆謂自毀自壞而人毀之人壞之其義同也不必有二音○爾雅釋
詁釋文引字林云壞自敗也又論陽貨皇疏云壞是斷敗之名壞毀也爾雅釋詁又漢書濬洫志集注𣀔
毀也書序釋文引字林毀坼也史記秦始皇紀墮壞城郭正義自頹曰壞同上禮失則
壞大戴記虞戴德○論語陽貨禮必壞皇疏云禮是形化形化故言壞壞瘣也謂傷病也詩小

韻史 卷六十七下第十五部去聲既韻　　六九一六

升彎彼墺木傳

䜟 聲也詩曰有䜟其聲說文段注毛詩雲漢有嘒其星毛曰嘒眾星兒此有䜟其聲蓋三家詩也如史所云赤氣亙天砰隱有聲是也或曰聲當是星之誤有䜟其星如天官書天狀有音天狗有聲之類也○詩泮水鸞聲噦噦傳云噦噦言其聲也萱按此凡噦噦為䜟噦噦和鳴聲文選東京賦聲噦噦薛注鑾噦噦徐行有節也詩庭燎鸞聲噦噦傳○萱按言節而聲在其中此傳與泮水傳義相成噦噦猶嘒嘒也詩斯干噦噦其冥箋

翽 飛聲也詩曰鳳皇于飛翽翽其羽說文段注詩釋文引說文羽聲也字林飛聲也此說俗以字林改說文之證毛傳云翽翽眾多也此謂鳳飛羣鳥從以萬數毛此傳下文多吉士多吉人為說許說其字義故不從同也翽翽飛也廣雅釋訓翽翽羽聲也詩卷阿箋

鐬 疑當作鐬若鉞車鑾聲也詩曰鑾聲鐬鐬說文段注徐鉉等曰今俗作鐬以鉞作斧戉之戉非

韻史 卷六十七下第十五部去聲既韻 六九一七

是玉裁按詩采菽鸞聲嘒嘒傳曰中節也泮水鸞聲噦噦傳曰言其聲也釋文不言有作鐬者鼎臣何以云今作鐬與攷玉篇廣韵皆有鐬字注呼會切鈴聲也而泮水噦噦呼會反鑾聲即鈴聲然則古本毛詩非無作鐬者故篇韵猶存其說文為正字采菽嘒嘒呼惠反沿假借字許訓噦為气啎見於內則詩不得以状鑾聲或段借可也以戉聲之噦字状鸞聲尤殊不類鐬從歲聲歲从戌聲戌聲歲聲則與鑾聲相似詩言和鑾雝雝宮聲也車緩行舒徐聲也八鑾鎗鏘鑾聲鉞鉞鳴玉鑾之秋秋商聲也車將止古與鈴相摩聲也疑古毛詩泮水本作鉞鉞後乃變為鐬字許所隸作鉞戉聲辛律切變為鐬呼會切當鼎臣兄弟時說文鉞篆譌鉞而鼎臣兄弟乃仍以呼會切之蓋昧其還移原委矣鉞字之存於今者為鍇聲為鍇鉞鐬鐬盛也廣雅釋訓

祋 董伏切 殳也或說城郭市里高縣羊皮有不當入而欲入者暫下吕驚牛馬曰祋詩曰荷戈與祋說文段注或說別一義祋與咄義同荷戈與祋曹風文此證前一義○詩候人何戈與祋傳云祋殳也又後漢書馬融傳注云祋亦殳也

韻史 卷六十七下第十五部去聲既韻 六九一八

兌 洞伏切 說也說文段注說者今之悅字其義見易大雅行道兌矣傳曰兌成蹊也松柏斯兌傳曰兌易直也此引伸之義老子塞其兌閉其門借為閱字閱同穴○易下傳說卦傳又廣雅釋詁三並云兌說也又易序卦傳云兌者說也兌為和說禮記緇衣疏○釋名釋天云兌說也物得備足皆喜說也兌悅也管子七臣七主重賦斂多兌道以為上注又荀子脩身佞兌而不曲注見由則兌而注又莊子德充符使通而不失於兌釋文引李注倍兌見易雜卦傳兌見也老子塞其兌注兌言也老子塞釋文引荀文注西方兌兌為口禮記禮運疏引異義○淮南道應民於兌注云兌耳目鼻口也則塞兌正狀也易說卦傳○象下傳天地節而四時成虞注云兌秋兌為澤左傳襄九年注震下兌上疏襄廿五年疏又易說卦傳○象上傳澤滅木集解云兌澤也兌猶聚也荀子議兵退則莫邪之利鋒注若情或曰兌上小下大兌兌然也釋名釋首飾釋生瀹蔥薤曰兌言其柔滑兌兌然也釋名釋飲食

娧 好也說文段注南舒而脫脫兮傳曰脫脫舒兒按脫蓋即娧之段借此謂舒徐之好也○方言十三又廣雅釋詁

韻史 卷六十七下第十五部去聲既韻 六九一九

一並云娧好也脫舒也淮南精神得莊趙則脫然而喜矣注下脫脫舒遲之兒詩野有死麕疏左氏昭元年傳子皮賦野有死麕之卒章注○萱按文選神女賦媠被服悅薄裝段悅為娧也與段脫脫安舒脫同意而說文不收悅

駾 馬行疾來兒也詩曰昆夷駾矣說文段注大雅緜曰混夷駾矣傳曰駾突也箋曰混夷惶怖驚走突入柞棫之中按昆恐是誤字孟子亦作混○萱按文選魯靈光殿賦張載注引昆夷突矣突即用訓釋字也又孟子梁惠王下注作昆夷兌矣兌乃用省借字

銳 劂也鐫○俗有銳劂本韵兩見義分○矛屬周書曰一人冕執銳一曰芒也說文○萱按此依段氏所訂定也一曰芒也詳羽逐切下○書顧命鄭注云銳矛屬也

酹 路伏切 ○俗有醊餟祭也說文段注食部餟下曰酹祭也與此為轉注史記其下四方地為餟食蓋餟酹皆於地為餟謂肉故漢書作啜謂酒故从酉酹以酒祭地也文選上林賦注引漢書因辟李禮○太傳贊類外戚傳下啟

韻史 卷六十七下第十五部去聲既韻 六九二〇

飲酒酹地注云酹以酒沃地也又後漢書張奐傳注云以酒沃地謂之酹瀨以酒祭地篇五

最纂快切 ○俗有冣犯而取也說文段注按最之字訓犯而取二字義猶殊而前亦殊之顏氏家訓積本此下多又曰會三字係後人增之韻會與之是也最俗作訓謂冣為古聚字手部撮字从最為音義皆可證也今以徐冣大朝如此作莊子秋水鴟鵂夜撮蚤察毫末晝出瞋目而不見丘山釋文作撮崔本作最此可證撮最古音同蚤謂齧人跳蚤也最聚也最凡也最要也最善也萱按冣最為段皆詳見四部

啐措快切 驚也說文段注儀禮今文以為啐酒字啐呼也○孟子音義下引丁音萱按此義蓋未諦啐害也

啐歠也啐入口也萱按段注啐為入聲詳之內

竄匿也說文段注周易遯竄左氏無所伏竄之是也堯典竄三苗子三危與言流言放言延一例謂放之令自匿故孟子○作左氏定四年傳而君又竄之注又國語周語自竄於戎翟殺三苗即左傳㩴蔡叔之㩴為正字竄殺為同音假借之閒注又荀子正名百家無所竄注並云竄匿也竄藏也廣雅釋詁四又莊子騈拇竄心遊心釋文又呂覽首

時分竄注匿竄隱也國語晉語○棄寵求廣土而竄伏焉注不通可以竄惡注荀子儒效不敢竄其察注云竄也隱匿竄容也荀子大略有所竄其手注云竄猶容○呂覽分職所賓其姦矣注竄其寶者竄走也竄逃也易訟釋文又左傳略引字林竄走也釋詁又國語晉語注能竄謀竄走也後漢書班彪傳唐竄者投棄之名三苗堯典疏竄謂放著也上注又文選高唐賦注揚雄伏竄注竄謂之竄鼠漢書王莽傳上章注因竄句謂邪說隱微穿鑿文句也莊子騈拇釋文引司馬注自竄姓名

竄塞也說文段注廣雅竄塞也本此陸氏閒中事狀偽有賊臣盜竄

嵗州也說文

外吴快切 外古文遠也說文外表也廣雅釋詁四又淮南覽冥注四海之外○考工記匠人外有九室注云外內也路門之外為表也又爾雅釋水注外由表也外疏也禮記大學注外本末外嬰猶疏外後漢書霍光傳外謂已前也荀子非相注外我家注云外謂疏賢疏之也又荀子王霸注云外賢也五帝入注外

上也易繫辭下傳吉凶見乎外注又易繫辭下傳盡之言也○左氏傳十五年注內外上下之道出乾爲外易繫辭下傳注外始也以下為內上爲外內為外棄也呂覽有度又禮記中庸合外內之道也注云外猶上下也則貪汙之利外矣又淮南外遺也管子明法動無非法者欲真達則嗜欲之心外矣注外猶除也精神外矣注此其內恕○莊子大宗師參日而後外天下注云外猶遺也外度曰知外小辨大戴記外威儀也言外法也修身注其為外卿大夫也周禮內饔掌內外之通令凡小事注外兄弟異姓有服者也儀禮士喪禮注○外屬兄雅釋親云母之考為外王父母之妣為外王母王父之考為外曾王父母之妣為外曾王母又云妻之父為外舅妻之母為外姑外皋門內曰外朝書大傳國語又曰外傳春秋以魯為內以諸國為外外國所傳之事也釋名典藝釋外骨竈屬外骨考工記梓人注外骨內骨又

頪頭蔽頪也說文段注蔽頪疊韻字蓋古語也集韻曰謂此蔽癡錢氏大所曰春秋戰國人名有蒯聵者疑即

頪字

顡○俗有顡癡顡逗不聰明也說文段注廣韻顡惡也此今義也顡曰

聵聵或作𦖋有聵○俗聾也說文段注國語晉語曰聾聵不可使聽韋注曰耳不別五聲之和曰聾生而聾曰聵○又一切經音義引廣雅釋詁三云聵聾也云生聾曰聵聵陽不屬周書周官良夫注乃聵禍戕

拜布快切 𢷎古文拜 楊雄說拜从兩手下 拜首至手也說文段注正首至地謂各本作首拜中之首至地也一不今可謂之九拜拜之名生於空首該九拜鄭注曰空首拜頭至手所謂拜手也周禮注何空首公羊傳曰頭至手曰拜手某氏注尚書大甲名諧曰拜手稽首者何也以頭至手所謂拜也而跪拜而拱手而至手也頭俯不至於手與心平是之謂空首周禮謂之頭至手荀卿子曰平衡曰拜之是頭箸地言也詳言曰拜手稽首曰拜手稽首頓首首者拜本專為空首之偁引申之則稽首頓首肅拜皆曰拜稽首何也拜頭至地也既跪而拱手下至于地而頭亦下至于地荀卿所謂下衡曰稽首白虎通鄭注周禮何注公羊某氏注尚書名諧趙注孟子

沓曰拜頭至地曰稽首是也頓首者拜頭叩地也既而拱手下至手地而頭不徒下至地且叩觸其頓是之謂頓首荀御所謂至地曰稽顙也周禮之頓首即他經之稽顙故周禮注云稽首頭叩地士表禮㯨予稽顙注云頭觸地叩觸一也凡言拜手稽首言拜稽首者先空首首而後拜稽首也言拜而後稽顙者先空首而後頓首也言稽顙而後拜者先頓首而後空首也言稽顙而不拜者徒頓首而不空首也空首稽首頓首三拜為經振動吉拜凶拜奇拜褒拜肅拜為肆振動者戰栗變動之拜有不必為此三拜而後為此三拜者也吉拜者拜之常也當拜而拜當稽首而稽首是也凡稽首末有用於凶者也凶拜者何也拜而後稽顙而後拜皆是也凡頓首未有不用於凶拜者也奇拜者一稽拜也一稽首一頓首亦是也荀少之司言也褒拜者拜不止於再也稽首頓首不止於再者亦是也多大之司言也齋拜者婦人之拜不低頭者也懇計之曰九拜凡云拜手者頭至手故其字从手作操摔舉見本部疾也徐錯日从槃者言進趨之疾按釋名曰拜於丈夫為跌跌然屈折下就也 拜之言服也 白虎通姓名○郊特牲云拜服也禮記 拜之言拔也 詩甘棠勿翦勿拜箋○萱按唐施士丐勿翦勿拜云拜言人心之拜小低屈也 說 拜謝也 呂覽分鷸明日

不拜樂己若注 拜萬瞿 爾雅釋艸

浿 普快切

浿水出樂浪鏤方東入海一曰出浿水縣 說文段注樂浪音洛郎樂浪郡鏤方二志同鏤方未聞前志樂浪郡浿水縣下曰浿水西至增地入海水經曰浿水出樂浪鏤方東南過臨浿縣東入於海按漢志是說文及水經非也酈云其水西流逕故樂浪朝鮮縣即樂浪郡治而西北流故地理志曰浿水西至增地縣入海浿水今朝鮮國之大通江在平壤城北平壤城即古王險城漢之朝鮮縣也隋書曰平壤城南臨浿水一曰云云此即前志說也浿水縣未聞

敗

斁猶毀也 說文呂覽尊師能全天之所生而勿敗之注又淮南說林若晉之與齒堅柔相摩而不相敗注 敗壞也 詩民勞無俾正敗箋又廣雅釋詁一 敗覆也 爾雅釋言 敗潰也 釋名釋言語釋敗破也 呂覽義賞敗楚人於城濮注 敗傷也 呂覽君守深思應之務敗矣注 敗害也 國策秦策紛繮欸敗之注 敗猶沒也 淮南子說林歷愈敗注 愈敗謂氣終盡而敗壞也 素問要經終論此

十二經之所敗也注 敗謂禍裁也 禮記孔子閒居四方有敗注 居 敗滅亡也 呂覽情欲故每動為亡敗注 凡臨陀曰敗 公羊隱十年傳公敗宋師于菅釋文 大崩曰敗績 書序典寶夏師敗績 晚出傳 敗謂凶年 穀梁莊廿八年傳豐年補敗注 寒暑移易其處謂之敗歲 春秋繁露陽尊陰卑 四體偏斷曰敗 穀梁成十年傳大 肉謂之敗 爾雅釋器 多知為敗 莊子在宥 陳楚名司寇為司敗 左氏文十年傳臣歸死於司敗也注○經典釋文條例云及夫自敗 敗他之殊自壞壞撤之異此等或近代始分或古已為別按項骨綠所周非無事自援今於此等皆備列全義于一處 淳學者觀其會通此事自有庚莊大道也

退

退數也周書曰我興受其退 說文段注微子文云周書者蓋許所援不系於商書也戈部曰敷毀 也退與敗音義同

邁 慢快切

邁或遠行也 說文 邁行也 爾雅釋言又詩黍離行邁靡靡傳蟋蟀日月其邁傳東門之枌越以鬷邁

傳小宛我日斯邁箋堯卿後予邁烏都人士言從之邁箋枝樸周王于邁箋嵩崧高申伯信邁時邁時邁其邦傳泮 水從公于邁箋又漢書地理志下集注司馬相如傳下集注又後漢書張衡傳注傳穀傳注又太子沈利征邁也注子告 而日月逾邁注又文選思玄賦㫚詠邁而種德分嗇注○爾雅釋言注云邁亦行 皇甫規傳注 邁勉也 左氏莊八年傳皐陶邁種德注 長邁不回之意 文選吳都賦敘參長邁刹 注 邁邁不說也 詩白華視我邁邁傳○萱按此謂邁為怖之段借字也釋詩作怖怖云很怒也

勱

勱力也周書曰用勱相我邦家 說文段注立政文今書邦作國勉者勞也○萱按邁亦訓 勉二字音義同 勱強也勉也勤也 一切經音義引埤蒼

譪

譪識也 說文○萱按識註也誕譪誕也

合口評二

貴 古對切

隸作貴 貴物不賤也 說文 貴重也 國語晉語貴貨而賤土注又老子何為貴釋文 貴尊也 廣雅釋言 貴尚也 呂覽尊師養心為貴注 貴者隆之稱也 老子不貴難得之貨王注 貴歸也

物所歸仰也釋名釋詁語貴畏也老子貴大患若身注貴猶愛也荀子正論下安則貴上注貴謂生也太玄今文尚書今文時則貴注貴謂陽也易象上傳以貴下賤象下傳以從貴也疏疏貴謂燕賜有加於諸臣也禮記祭義有虞氏貴德而尚齒注貴貴妨也孟子萬章下不次貴注○儀禮喪服貴臣貴妾注云貴臣室老士也貴妾姪娣也又周禮師氏凡國之貴遊子弟學焉注云貴遊子弟王公之子弟貴秩異者禮記坊記民猶犯貴注○呂覽重己世之人主貴人注云貴人謂公卿大夫也又周禮小司徒以辨其貴賤老幼癈疾注云貴謂為卿大夫又卿大夫其舍者國中貴者司農注云貴者謂若今宗室及關內庶又後漢書應劭注云貴若今墨綬傳貴貴尊尊義之大者也大戴記本命注云貴貴謂為○大夫君又禮記祭義云貴貴為其近于君也又孟子萬章下云用下敬上謂之貴貴

媿

愧或○俗媿魄騩有慙也說文又爾雅釋言又國策秦策狀有色注又呂覽誣徒歸則愧於父母兄弟注媿恥也廣雅釋詁四愧辱也漢書龔遂傳集注○後漢書馬援傳注云愧猶辱也病愧謂罪

韻史　卷六十七下第十五部去聲既韻　六九二九

韻史　卷六十七下第十五部去聲既韻　六九三〇

咎之禮記表記是故君子不以其所能者為人不以人之所不能者愧人注如戚如愧如有所畏禮記儒行大則如威小則如愧注○萱按文云愧或作軆也魂魄亦然莊子騈拇在宥兩釋文云愧崔本作愧俗作魄

騩

馬淺黑色說文段注漢舊儀有天地大變出府丞相上病使者叢書駕騩騎馬即時布衣步出府免為庶人使者相奉有他使者奉策書駕騩騎馬即時步出府乘傳車北馬歸按朿騩者取色之意

鱖

鱖魚也說文段注篇韻皆曰大口細鱗云小有班文即今人所食之鱖大魚也而釋魚鱖鯞一名鱖細鱗魚也似鱖子而黑俗呼為魚婢江東呼為妾魚羅端良以今俗之彭皮謂鱖歸音同婦鱖音近鯞婦音近鱖音之鬼即今俗謂之當妾子五裁是也非別有細魚歸音章百反非

劌

利傷也說文段注義之康而不劌義也注云劌傷也按五部作康而不伎聘毛公曰伎害也是其義同也利傷者以芒刃傷物云○劌利也二廣雅釋言又荀子榮辱劌也釋詁劌傷也文引字林云○禮記聘義釋劌利傷也不見者劌也注云○行也注老子康而不劌廉王注不劌劌傷也釋詁廣雅二劌者傷割

韻史　卷六十七下第十五部去聲既韻　六九三一

人名方言三凡艸木刺人自關而東謂之劌注○家語劌之問五廉而不劌義也注云劌割也有廉隅而不割傷也言會也太玄今各告日月相劌注

喟 苦對切

喟或大息也說文段注論語兩云喟然歎曰謂大息也而吟歎也何晏云喟然歎聲也殊非是喟息也喟歎息也漢書揚雄傳上喟然之嘆兒○楚辭懷沙永歎喟兮注云喟然而歎猶歎息也喟憑心而行嘆息憂歎喟兮注○後漢書班彪傳下注云喟然歎之形兒也又禮記禮運注喟歎息也漢書高帝紀上喟然大息曰注○萱按藝文志劉向傳喟然歎曰兒而偁日注儒林傳然後喟然興於學注劉向傳喟然上歎喟然歎喟歎聲後漢書杜篤傳注司馬遷傳延喟然而歎曰注大同宣傳注喟然動眾心注並與高帝紀注大同

凷

塊也說文國語晉語野人舉塊以與之注俗又有○墣也凷土凷也一切經音義七引三蒼凷墣也謂搏土為桴也禮記禮運蕢桴而土鼓注蕢塊墣也爾雅釋言又儀禮既夕記役土用塊注塊土也儀禮喪服傳寢苫枕塊注又禮記問喪釋文塊大塊謂地也文選張茂先荅

韻史　卷六十七下第十五部去聲既韻　六九三二

何大塊劬勞我以形生注大塊天地也淮南子俶真訓注云大塊大朴之兒莊子齊物論引司馬注大塊自然也莊子大宗師注引文選江賦注大塊謂天地釋文云塊或以為無又云大塊者造物也又云大塊或以為元氣又云大塊為大塊以無為塊年穀也塊然安然也梁傳五塊然獨處兒楚辭初放塊獨兮當天地之間而苗鬼然受諸庚之說引欵塊獨立○萱按居之塊然居方也又漢書陳湯傳塊然獨居無徒也塊然即塊然之意注云塊然不畏云塊然

段借字

餽

吳人謂祭曰餽說文段注方言三十三欲食鋪餽高注也三字皆謂祭鬼為餽古通用饋同餽與祭鬼者之本義不同以餽可為饋古借也饋高許同之今本高注淺人增之謂饋不從饋○萱按漢書飢頗不能辨別其正借多通用餽餅也饋後漢書注云饋祭名也光祿文選注又引蒼頡云○萱按此當為正字饋食祭執也周禮記遺人又禮記禮運引釋文云○餽遺也此當為正字

注祭祀自孰始曰饋食儀禮特牲注饋獻牲禮也荀子禮論饋薦注四殺不收謂之餽墨子七患○萱按此假餽爲匱也

饋

餉也說文段注饋之言歸也故饋多假歸爲之論語詠而饋饋孔子豚齊人饋女樂古文皆作饋魯皆作歸鄭皆从饋古文聘禮歸饔餼五牢鄭云今文歸或爲饋饋今本集解陽貨微子篇作歸依集解引孔安國語則當作饋也按今字以餽爲饋此乃假借其義本不相通也○禮記檀弓下君有饋焉曰獻疏又左傳僖卅年野饋曰饁釋文昭四年釋文人論語鄭箋康子饋藥皇疏又列子黃帝釋文並云饋餉也饋遺也禮記檀弓上顏淵之喪饋祥肉注坊記故君子於有饋饋者弗能見注又左氏桓六年傳齊人饋之餼釋文傳廿三年僖乃饋盤飧釋文昭廿五年傳注饋之馬注又廣釋詁三又後漢書第五倫傳注又家語致思如受大牢之饋注人莊子列禦寇釋文○萱按檀弓君有餽焉曰獻言釋文云餽遺也此段餽爲饋饋猶歸也儀禮士虞禮特豕饋食注禮與人物曰饋左氏文十六年傳無不饋詒也疏○又云饋詒皆是與人物之名也古者致物於人尊之則曰獻通行曰饋

周禮玉府凡王之獻金玉注疏云上於下曰饋下於上曰獻○進物於尊者曰饋周禮膳夫凡王之饋注饋進食也荀子正論受而饋注又淮南詮言流而後饋注○漢書貢禹傳集注云進食曰饋饋謂進餕也禮記曲禮上主人親饋疏饋謂送具其食管子弟子職弟子餕饋注饋饋酒食也論語先進詠而饋鄭注○後漢王符傳注云中饋酒食也饋者食也易家人在中饋釋文又漢書谷永傳集注又後漢書楊震傳注○淮南汜論一饋而十起注云饋者食也饋朝夕食也儀禮既夕記燕養饋羞湯沐之餕注饋祭名也文選顏光祿文注引蒼頡○萱按以說文衛之則祭訓祭者正字作餽而饋爲段借凡饋食饋薦例此矣周禮籩人注云饋食薦孰也又儀禮特牲饋食禮注云祭祀自孰始曰饋食饋食者食道也文荀子禮論饋薦注云饋獻牲體也並當作餽

䯣

郄䏶閒骨也說文段注骨空論云骸下爲輔輔上爲膕膕上爲關是也郄解爲骸關言外也膕上爲關言內也

鞼

鞼○鞼俗有革繡也說文段注齊語管子曰輕罪罰以鞼盾一戟韋曰鞼者綴革有文如繢也後漢烏桓傳曰婦人能刺韋作文繡鞼强也廣雅釋詁一釋詁四鞼折也淮南原道堅强而不鞼注本經剛而不鞼注

樻

椐也說文樻節中腫以扶老今之靈壽是也詩皇矣傳椐樻也釋文○萱按爾雅釋文引詩艸木疏同惟以扶老作似扶老義皆得通孟康云扶老杖也

蕢

臾古文○俗有蕢蔶蕢艸器也古文蕢象形論語曰有荷臾而過孔氏之門說文段注此古文論語也憲問篇○論語憲問集解又孟子告子上我知其不爲蕢也注並云蕢艸器也蕢織艸爲器可貯物也論語憲問皇疏蕢織艸爲器所以盛土也漢書何武王嘉師丹傳蕢以一蕢障江河注○論語子罕未成一蕢笣注云蕢土籠也又鄭注云蕢盛土籠也○萱按蕢蕢雖从艸从竹不同其宜是一匱者織艸爲器所以盛土也漢書禮樂志未成一匱注王莽傳上或在一匱注○又漢書班彪傳下注云匱盛土籠也○萱按此段匱爲蕢蕢赤莧爾雅釋艸○呂覽達鬱艸

鬱則爲蕢云蕢織又禮記明堂位蕢桴疏云蕢者艸名○萱按莧老則莖堅如木容可削治爲桴累用木何獨有取於莧歟蕢桴以土塊爲桴禮記明堂位疏○萱按明堂位蕢桴注禮運蕢桴而土鼓注並云蕢當爲凷聲之誤也是鄭以凷爲正字不謂蕢訓土塊也

匱

或作鐀櫃匣也說文段注匱之義引申爲竭大雅孝子不匱永錫爾類傳曰匱竭也凡物深藏之則有若無實若虛故匱之引伸爲竭爲之竭水竭也乏反其正也○楚辭謬諫玉與石而同匱分注命藏瑨石于金匱分注並云匱匣也又漢書司馬遷傳石室金匱饋之書注云饋與匱同櫝也莊子胠篋將爲胠篋探囊發匱之盜釋文匱加也廣雅釋詁二匱盡也漢書杜欽傳集注匱竭也管子兵法進退若雷電而無所疑匱注又漢書陳餘傳集注又後漢書齊北惠王壽傳注匱空也漢書昭帝紀集注成帝紀集注食貨志下集注匱空乏也華嚴經音義下引漢書音義匱乏也詩谷風箋恐至長老窮匱釋文又禮記樂記其財匱疏又釋文又發義可謂不匱矣疏坊記注又左氏成二年傳匱盟也注又漢書郊祀志上集注又後漢書和帝紀注李膺傳注又袁閎天元紀

大論猶而不匱注又肇嚴經音義上引廣雅又淮南主術勤財匱注要畧應感而不匱者也注又文選西京賦求者不事
匱薛注○禮記月令則財不匱注云匱亦乏也言不副見為匱匱乏也國語晉語其言匱注
鬱貴切
畏古文惡也說文又釋詁三廣雅畏難也廣雅釋詁三釋畏懼也廣雅釋詁二又史記晉世
家索隱○素問宣明五氣精氣并于脾則畏注云畏謂畏懼也畏恐也廣雅釋詁四○山海經南山經佩之不畏
注云不畏不知恐畏畏敬也廣雅釋訓云畏畏敬也○釋心服曰畏禮記曲禮上畏而愛之注
畏威也廣雅釋言又列子黄帝不畏不怒注畏法猶嚴法也後漢書祭形傳注腎虛而
脾氣并之則畏素問宣明五氣篇注乾為畏易繫辭下傳虞注不畏辠也廣雅釋詁三
畏者兵死也白虎通喪服○通典引盧植禮記注云畏兵刃所傷又引王肅禮記注云犯法獄死
謂之畏畏猶死也呂覽勸學乃畏耶注無畏舟慢也風俗通過譽○萱按楚申無畏字子舟名
與字相應也見左傳文十年畏佳山阜皃莊子齊物論山林之畏佳釋文引李注○萱按古畏與威通用

韻史 卷六十七下第十五部去聲既韻　六九三七

韻史 卷六十七下第十五部去聲既韻

書皋陶謨天明畏馬本作明威呂刑德威惟畏墨子尚賢下作德威惟威是也又考工記弓人恒當弓之畏段畏爲隈也
故書畏作威
旡古文隸作旡○㱃食屰气不得息曰旡說文段注不得息者咽中息不利毛傳與王肅皆曰
憂不得息是也屰气或从反欠旡之字經傳無徵大雅桑柔曰如彼遡風亦孔之僾傳曰僾唈也釋言同箋云使人唈然如
鄉疾風不能息也今觀許書則知旡乃正字僾乃假借字凡云不得息者如欷字愛字噫字唈字皆嘆聲像意然則
旡必讀於未切也僾之訓仿佛見也毛鄭何從知其訓唈然不能息則以有旡字在也僾从愛聲愛从㤅聲㤅从旡聲可
得其同音假借之理矣凡古文字之可攷者如此爾雅釋言毛傳唈字當作何字曰即旡字也於唈古多作邑如史記商
君傳漢書杜鄴師丹傳可證古音七八部與十五部之閒通相假之理也毛謂僾旡也此即壹鬱也之例謂壹即鬱之假
借也今隸旡作先从古文而小誤
㷉隸作尉俗有熨○从上按下也說文段注按者抑也百官公卿表應劭注曰自上安下曰尉武官悉以為

六九三八

偁張釋之傳曰廷尉天下之平也車千秋傳尉安黎庶師古曰慰安之字本無心後俗所加○說文又云从尸又持火所
以申繒也○萱按此說製字會意之指故通俗文風俗通並云火斗曰尉也淺人不知尉字本从火又製熨字其誤由於元
命苞示戴尸首之說誤為下从示也尉平也後漢書光武紀上注尉者尉民心撫其實也
古微書引春秋元命苞尉者自上安之也漢書胡建傳所以尉薦走卒注○韓安國傳以尉士大
夫心注云古尉安之字正如此○萱按訓安者慰之本義訓按訓平者尉之本義引伸假借則尉亦訓安與慰同矣非
古無字也慰尉亦薦藉也萱按此製之借字也○又按荀子禮論段尉為罻高云罻網也尉官
名也文選思玄賦尉龐眉而郎潛兮舊注○淮南時則八月官尉注云尉或官又左氏閔二年傳注羊舌大夫為尉
注云尉軍尉大尉卿官御覽二百七引蔡邕月令章句○後漢書光武紀上注云廷尉秦官也聽獄必質於
朝廷與衆共之尉平也故偁廷尉尉氏討姦之官左氏襄廿一年傳將歸死于尉氏注古獄官
曰尉氏漢書地理志上陳留郡尉氏注引應劭○水經渠水注云尉氏鄭國之東鄙獄官名也鄭大夫尉氏之

韻史 卷六十七下第十五部去聲既韻　六九三九

韻史 卷六十七下第十五部去聲既韻

邑
慰安也一曰恚怒也說文段注恚怒也別一義恚恨也小雅以慰我心毛曰慰怨也韓詩作以慍我心慍
恚也○書呂刑罔不由慰日勤疏又詩凱風莫慰母心傳緜迺慰迺止傳又廣雅釋詁一又後漢書隗囂傳注並云慰安
也慰尻也廣雅釋詁二○方言三云慰尻也江淮青徐之間曰慰慰怨也詩車舝釋文○又云王中
為怨恨之意本或作慰安也是馬融義慰鬱也莊子外物慰暋沈屯釋文引李注
褽衽也說文段注此衽當訓衽席左傳歸國子之元寘之新篋褽之以帛纏加組帶為衽曰褽薦也與許云衽也義同
褽斷也廣雅釋器尉亦薦藉也漢書趙廣漢傳其尉薦待遇吏注引如淳○萱按此義當熨為正
子尉為叚借字
螱或作蟁飛螘說文○爾雅釋蟲云螱飛螘
罻捕鳥网也說文○楚辭惜誦罻羅張而在下注云罻羅鳥網也罻小網也禮記王制然後設罻羅注

六九四〇

罻羅也獸網也文選蜀都賦羅絡幕劉注罻尉網也荀子禮論以象菲帷幬愍也注〇豈按尉者罻
之省借字
蔚牡蒿也說文段注小雅匪莪伊蔚釋艸毛傳皆云牡蔽按牡蔽猶牡蒿也郭云無子者陸璣云牡蒿七月華八月
角一名馬蔚蒿與郭異名醫別錄有牡蒿一除唐人注曰齊頭蒿也古多借蔚為茂蔚字蔚蔇也易象下傳其文
蔚也廣注〇豈按蔇艸多兒此蔚引伸借之義與薈同也蔚薈亦一聲之轉薉翳也廣雅釋詁一蔚
蔚數也廣雅釋詁三蔚謂艸木薈蔚禮記大學注知鳥擇岑蔚安閒而止處之月疏艸木
緐盛曰蔚淮南兵略設蔚施伏注〇文選西都賦注引蒼頡云蔚艸木盛兒也蔚蔚茂也廣雅
釋訓蔚文兒文選魯靈光殿賦蔥翠紫蔚注陸士衡答賈長淵詩蔚彼高藻注蔚文縟盛也漢書敘
傳下蔚為辭宗注蔚炳之次也易象下傳其文蔚也干注蔚病也淮南俶真五藏無胃氣注

胃〇俗有腸穀府也說文段注白虎通曰胃者脾之府也脾主稟氣胃者穀之委也故脾稟氣于胃也素問脾胃之

倉廩之官五味出焉〇後漢書馬融傳注云胃者五穀之府也又古微書引春秋元命苞云胃者穀之委胃為水
穀之海素問陰陽平論胃脘之陽也注五機真藏論五藏若皆稟氣于胃注氣厥論大腸移熱于胃注痿論五藏
六府之海注刺禁論血出不止注病能論當候胃脈注〇五藏別論云胃者水穀之海六府之大源也胃者大
府之海素問通論胃者五藏之本也素問玉機真藏論胃圜也圜受食物
也釋名釋形體胃者平人之常氣也素問平人氣象論胃供養之官也續漢
書五行志大胃者土也素問陽明脈解論胃為天倉史記天官書天胃者言陽氣
就藏皆胃胃也史記律書胃靈蠵也考工記梓人以胃鳴者釋文〇豈按此胃達義也胄胄作
謂以胃鳴者為靈蠵也又禮記內則鹿胃釋文云胃本作腸按胃既从肉矣何又益以肉也乎

謂報也說文段注幸部曰報當罪人也蓋刑與罪相當謂之報引伸凡論人論事得其實謂之報謂者論人論事得其
實也如論語謂韶謂武子謂子賤子謂仲弓其斯之謂與大學此謂身不修不可以齊其家是也亦有借為曰字者如左

傳王謂叔父即魯頌之王曰叔父也亦有訓為勤者亦以合音取近也謂告也漢書江都易王非傳集注又文
選辨亡論注引國語賈注〇禮記表記瑕不謂矣注云謂猶告也謂者告語也漢書霍光傳人以謂霍氏
注文丹傳上以責謂丹注謂說也廣雅釋詁二〇楚辭懷沙世溷濁吾知心不可謂兮注云謂猶說也不謂
言也荀子大略子謂子家駒注〇國策秦策比乃公孫行之所謂也注云謂猶言也謂者與之言漢書
陸賈傳臣嘗欲謂太尉絳侯注謂非必對言也論語雍也子謂弓皇疏引范甯仲謂指也廣雅
釋言謂者指趣也華嚴經音義下引漢書音義〇列子說符唯知言者之謂乎注云謂者所以發言之指趣
謂者名稱也亦指趣也漢書楊王孫傳指財於七謂注不謂者評論之辭也
論語八佾孔子謂季氏皇疏謂猶奈何也國策齊策吾獨謂先王何乎注謂何猶云何也
詩節南山乎謂何箋不謂使也廣雅釋詁一謂勤也爾雅釋詁又詩摽有梅迨其謂之箋北門謂之
何哉箋隰桑遐不謂矣箋又禮記表記疏彙勤也易泰釋文引鄭注〇豈按鄭以彙為謂之假借謂猶謂

也猶得救不自安謂謂然也釋名釋書契〇畢氏沅釋名疏證云廣韵云佛悁不安也此猶
謂也謂謂然似當作悁然說文無悁字爾雅云謂勤也勤則有不敢自安之義然此條究不甚明曉〇豈按墨子經上
云謂移擧加此亦不甚可解

緭繪也說文緭綮也廣雅釋器

渭渭水出隴西首陽渭首亭南谷東南入河杜林說夏書五字句
㠯出鳥鼠山雝州浸說文段注隴西郡首陽二志同首陽縣今甘肅蘭州府渭源縣當是其地為首
曰道渭自鳥鼠同穴入于河前志首陽下曰禹貢鳥鼠同穴山在西南渭水所出東至船司空入河過郡四行千八百七十
里雍州浸過郡四者天水扶風京兆馮翊也水經曰渭水出隴西首陽縣渭谷亭南鳥鼠山注曰渭水出隴西首陽縣首
陽山渭首亭南谷山在鳥鼠山西北縣有高城嶺嶺上有城號渭源城渭水出焉東北流逕首陽縣西與別源合別源出
鳥鼠山渭水谷禹貢所謂出鳥鼠者也按鄭注蓋本說文鞅文多首陽山三字疑今說文奪去鄦依說文故以首陽山南

谷與鳥鼠山為二以今地志言之皆在渭源縣西相距甚近今渭水出此經鞏昌府及寧遠縣伏羌縣秦安縣秦州清水
縣寶雞縣岐山縣扶風縣武功縣盩厔縣鄠縣咸陽縣西安縣臨潼縣高陵縣渭南縣朝邑縣至華陰縣北入於河古所
謂渭汭左傳閔二年虢公敗犬戎於渭隧服虔曰隧謂汭也杜預本作渭汭後漢書杜林傳曰林於西州得漆書古文尚
書一卷雖遭艱困握持不離出以示衛宏徐巡等宏巡益重之於是古文遂行此云杜林說夏書謂杜林說古文尚書禹貢
也云以為鳥鼠山者承上省文謂杜云渭水出隴西首陽縣之鳥鼠山鳥鼠山者與首陽山南谷同縣而異地故別為異
說也職方氏鄭注曰浸可以為陂灌溉者　渭水名也　詩渭陽曰至渭陽贊人明在渭之漢傳渠名又左氏傳廿
四年傳以田渭賓釋文　渭清水也　詩谷風涇以渭濁釋文涇　渭水秦大川也　水經水注
渭戲地名　山海經海內東經水北入渭戲北注涇　渭之言布也渭渭流行皃　古微
書引春秋說題辭　渭偶也　廣雅釋水○萱按未得其審說文不錄偶字　沸渭不安皃　文選洞簫
賦注引埤蒼

媦楚人謂女弟曰媦春秋公羊傳曰楚王之妻媦　說文　媦妹也　公羊
桓二年傳若楚王之妻媦注又廣雅釋親○爾雅釋親注云猶今謂兄為男妹為媦
寘　或作寘　艸木寘孛之皃　說文段注當作寘孛艸木之皃周易拔茅茹以其彙征吉釋文云彙古文作寘
按寘即寘字之異者彙則假借字也寘孛疊韻　彙者莖也　爾雅釋木謂釆薪舍人注　櫬彙盛也　漢書
敘傳上集注　彙茂皃　詩名曼艸不清茂箋　彙美也　易泰以其彙釋文
彙　或作蝟有猬○俗　彙蟲也似豪豬而小　說文段注周易拔茅茹以其彙鄭云勤也以為謂之段借
也王弼云類也以為會之段借也　彙毛刺　爾雅釋獸○漢書賈誼傳反者如蝟毛而起注云蝟彙名也其毛
刺為　彙似鼠　山海經北山經梁渠之山其獸多居暨其狀如彙注○爾雅釋獸注云今蝟狀似鼠　彙茂
皃彙盛也彙美也彙者莖也　萱按皆段彙為寘也　彙者類也　詳下　會彙勤
也　詳下蝟

緯織衡絲也　說文段注云織衡絲者對經下織從絲為言故言絲以見緯經在軸緯在杼木部曰杼機之持緯者
也引伸為凡交會之偁漢左右六經之書謂之秘緯又　緯織也　莊子列禦寇恃緯蕭而食者釋文○文選思
玄賦廣織路於四裔分舊注曰云織曰緯　緯橫也　廣雅釋言○萱按古作衡後人改用緯橫莫辨其正借
之矣分　東西為緯　周禮匠人疏又周髀算經下正晉經緯注又漢書五行志下之上集注又後漢書班彪傳
上注又太乎乎則注郝序緯則有西有東注悉次一從一橫注乎祝祝祝擬之經緯注○淮南墬形云凡物形東西為緯又
考工記匠人疏云東西之道謂之緯　卯酉為緯　呂覽有始東西八萬八千里注又淮南墬形東西二萬八千里
注　緯謂塗也　考工記匠人國中九經九緯注　緯五緯也　文選顏延曲水詩序善緯昭應注東方朔
萱贊陰陽圖緯之學注　五緯五星也　文選西京賦五緯相汁注思玄賦注宋二紀五緯之綱繆適皇舊注○
王元長曲水詩序按以哉基注云緯星也景　五星右旋為緯　周禮大宗伯疏○萱拱五緯加日月謂之
七緯一曰七政書堯典在璿璣玉衡以齊七政　緯七經緯也　後漢書方術傳注○文選郭有道碑文探綜圖

緯注云六經及孝經皆有緯也　緯圍也反覆圍繞以成經也　釋名釋典藝　緯束也
大戴記夏小正農傳又廣雅釋詁三　緯厥耒　緯張弦也　楚辭悲命挾人箏而淬緯注　緯纏垂
戾也　離騷忽緯繣其難遷注

位

列中庭之左右　當作广又　謂之位　說文段注庭當作廷字之誤也廴部曰廷朝中也釋宮曰中廷
之左右謂之位郭云羣臣之列位也周語注亦曰中廷之左右曰位按中廷猶言廷中古者朝不屋無堂階故謂之朝廷
朝士掌外朝之位左九棘孤卿大夫位焉右九棘公侯伯子男位焉面三槐三公位焉司士掌治朝之位王南鄉三公北
面東上孤東面北上卿大夫西面北上王族故士虎士在路門之右南面東上大僕大右大僕從者在路門之左傳云有
位于朝是也引伸之凡人所處皆曰位按小宗伯掌神位故書位作立古文春秋公即位為公即位古者立位同字蓋古
音十五部與八部多合韻○國語周語上大夫士日恪位著注楚語位者有官師之典注並云中廷之左右謂之位
朝位也　禮記坊記朝廷有位注疏義正其位注　位壇位也　周禮小宗伯成葬而祭墓為位注　位

處也周禮大僕掌正王之服位注子心術云位者謂其所立也○管位所生處也左氏傳成十七年傳以戈殺駒伯苦成叔於其位注反位反席也儀禮燕禮大射儀賓反位注位爵次也周禮大宰四曰位以馭其士注祿聖人之大寶曰位易繫辭下傳○大戴記四代云德以監位位以充局局以觀功功以養民位祿也廣雅釋言位謂齒列也禮記大傳族人不得以其戚戚君位也注位猶正也禮記中庸地位焉注位蒞也孝經疏引廣雅交之所處曰位易繫辭上傳是故列貴賤者存乎位注○易略例明爻通變云位者爻所處之象也

衛

○俗有衛宿衛也說文段注宮正夕擊柝而比之注莫行夜以比直宿者宮伯掌王宮之士庶子凡在版者大鄭云庶子宿衛之官後鄭云衛王宮者必居四角四中於徼候便也漢有衛尉掌宮門衛屯兵○文選報任少卿書出入周衛之中注云言宿周密也周衛衛扞也呂覽恃君乎不足以自守衛注○周書職方氏又其外方五百里為衛服注云衛為王扞衛也衛蔽扞也國語齊語以衛諸夏之地注○釋名釋州國云衛衛也既滅殺立武庚為

韻史　卷六十七下第十五部去聲旣韻　六九四九

殷後三監守衛之也以衛護也易大畜曰閑輿衛注衛猶護利也呂覽懷寵衛人之難者注衛利也淮南原道警棊衛之蔫注衛嘉也爾雅釋詁衛營也國語魯語有以衛身也注貨衛從兵也左氏文七年傳文公之入也無衛服注震為驚衛易大畜虞注衛坐也爾雅釋詁四衛四方諸侯守衛者蠻服以內周禮巾車以封四衛注○呂覽審時四衛變彊注云四衛四枝也衛衛圻也國語周語侯衛賓服注○萱按周禮作衛畿大司馬九畿侯甸男采衛蠻夷鎮藩也即職方氏及周書職方之九服也衛在王畿二千五百里外至三千里衛者水穀之悍氣也素問痺論衛羽也列子仲尼秦衛之箭釋文○釋名釋名矢其秀曰羽齊人曰衛所以導衛矢也衛鉤鼻也漢書匈奴傳下玉具鉤注○萱按此段衛為嬈也疏鉤鼻玉也注脫玉字耳

⿱衛心

○俗有⿱衛心寱言不慧也說文段注哀二十四年左傳曰是⿱衛心也釋文曰字林作⿱衛心夢言意不慧也按左傳作衛是借字段⿱衛心寱也廣雅釋言

韻史　卷六十七下第十五部去聲旣韻　六九五〇

躛

衛也說文段注按此必有脫誤當云躛蹏也牛部躛下云牛蹏躛也然則躛躛義略同

⿱衛牛

牛蹏⿱衛牛也說文段注廣韻曰蹏⿱衛牛牛展足按展足二字乃躛字之誤躛同跡足部曰蹏者躛也⿱衛牛與躛互訓蹏躛猶蹏蹏也

⿱衛豚

○俗有⿱衛豕豚屬說文

饖

飯傷熱也說文段注周禮記官言食齊視春時鄭注曰飯宜溫按溫者不寒不熱之謂也曲禮曰毋揚飯注云昧欲疾也按傷飯熱則或揚之失爾雅音義引省殞為饖食臭敗也廣韻本之要許臭玉篇無饖饖臭也廣雅釋器

薉

○俗薉穢有蕪也說文○萱按考工記總目注云粵地塗泥多艸薉又荀子王霸云涂薉則塞天論云耘耨失薉大略云國之薉孽也字皆作薉不作穢又度尚碑云薉貊率轉薉者薉之俗體碑借為濊貊之濊穢蕪也文選西都賦並昭潛穢注引字書○後漢書班彪傳上注云穢謂稀蕪之林虎兕之所居也穢不潔清也文選

韻史　卷六十七下第十五部去聲旣韻　六九五一

東都賦於是百姓滌瑕盪穢而鏡至清注引字書○萱按漢書李尋傳以盪滌濁濊蕩埋之傳以行汙濊不進揚雄傳濊南巢之坎坷兮又修華嶽碑荒洿滕濊此皆叚濊為薉也穢韓穢東夷別種周書王會注○萱按此又叚濊為濊也漢人濊穢多通用

軎

轊○或作軎轊轊車軸耑也說文段注耑者物初生之題也因以為凡頭之偁車軸之末見於轂外者曰軎軎之言迭也出也轊車軸頭也穀梁傳昭八年注謂車兩轊頭釋文又方言九車轊注又史記田單傳以轊折車敗集解引徐廣萬石張叔傳注轢機轊索隱又後漢書馬融傳注轊車軸頭也文選子虛賦轊陶駼郭注○漢書司馬相如傳上注云轊謂軸頭衝而殺之也轊軏也廣雅釋器○方言九車轊齊謂之轊注云轄又名轊即轂末周禮大馭注軹謂兩轊也疏○禮記少儀疏云轊須車轂小頭也○萱按轂末軸末同故軸耑之名遂為轂末之偁矣又文選陽給事誄路無歸轊段轊為槥字也

鏏

鼎也說文又廣雅釋器鏏小鼎淮南說林水火相憎在其間五味以和注鏏鼎無耳為鏏

韻史　卷六十七下第十五部去聲旣韻　六九五二

上同

熭 ○俗有熭 暴乾也 說文段注乾音干賈誼傳曰日中必熭顏之推云此語出太公六韜言日中時必須暴曬不爾者失其時也暴與暴疾字異○漢書賈誼傳注云熭謂暴曬之也又廣雅釋詁二云熭乾也

𦎧 十五部十七部兩讀 羊相𦎧積也 說文段注𦎧積疊韵字𦎧委積也見小正三月緯羊傳曰羊有相還之時其類𦎧然其𦎧積之謂與

繢 戶對切 織餘也一曰畫也 說文段注此亦兼布帛言之也上文綜下機縷為機頭此織餘為機尾繢之言遺也故訓為織餘織餘今亦吁為機頭可用系物及飾物急就篇紫繢總為一類是也顏王注表綈今別此義廢矣一曰畫也四字失韵會補畫者介也今謂之畔畫繢畫變臂考工記曰設色之工畫繢鍾筐㡛人曰畫繢之事雜五色皋陶謨日月星辰山龍華蟲作繪鄭注曰繪讀曰繢讀曰猶讀為易其字也以為訓畫之字當作繢也繪訓五采繡故必易繪為繢鄭司農注周禮引論語繢事後素○禮記曲禮上飾黑爲皆以繢注又周禮司服疏又法言革至袚飛純繢注並云繢畫

也又詩大車疏云繢謂畫之也又禮記禮運注畫繢事也疏云繢猶畫也 繢畫文也 周禮巾車勒面繢總注司几筵蒲筵繢純注又禮記深衣衣純以繢注○禮運疏云初畫曰畫成文曰繢 繪畫文也 詩何彼襛矣斐勒面 繪總釋文又論語八佾集解引鄭注又文選射雉賦身㧞繡繢從注○萱按此皆段繪為繢也皆錄漢或作會者文繪之省 繢繡也繪五采而為之 漢書食貨志下純以繢注○文選神女賦注引蒼頡云繢似蓄色赤

○萱按此皆段繢為繪也二字互相段借而本義各不容溷

潰 漏也 說文段注漏當作屚屋穿水下也左傳凡民逃其上曰潰此引伸之義小雅大雅毛傳皆曰潰遂也此皆謂假潰為遂○萱按詩卌不潰茂毛鄭皆以潰借字而解精異依鄭當用𧗟而轉寫作彙為 潰土崩潰也 素問五運行大論其眚潰注 潰決也 漢書廣川惠王越傳川隄注 潰橫決也 漢書溝洫志東潰金隄注 潰旁決也 後漢書班彪傳上注又文選西都賦注引蒼頡長笛賦注引字林○漢書文帝紀大水潰出注云旁決曰潰又賈山傳天下已潰而之告也注云水旁決曰潰 莫不遵其道曰降亦曰潰 水經河水注○

文選高唐賦潰淡淡而流入注云潰水相交過也又吳都賦劉注云潰渱泮汗謂直望無涯也 潰亂流也 文選海賦沸潰渝溢注 潰亂也 詩召旻無不潰止箋又呂覽首時制狗之潰注○召旻潰潰曰遂傳云潰潰亂也

潰壞散也 荀子議兵當之者潰注○左氏文三年注云潰眾散流移若積水之潰自壞之象也又疏云潰者眾散流遁之辭也 凡民逃其上曰潰 左氏文三年傳又荀子彊國如是下比周賁潰以離上矣注○史記齊世家蔡潰集解引服虔云民逃其上曰潰也又漢書食貨志上集注云下逃其上曰潰 潰之為言上下不相得也 穀梁傳四年傳昭廿九年傳文三年傳沈繢注○周書作雒殷大震潰注云下叛其上曰潰又公羊僖四年傳云潰者何下叛上也國曰潰邑曰叛又左氏文十三年傳貫注云舉國曰潰一邑曰叛 潰潰怒也 詩谷風傳 有洸有潰潰潰不善之兒 詩谷風釋文引韓詩 潰者深辭 公羊傳四年疏

殨 爛也 說文段注今殨爛字作潰而殨廢矣○後漢書朝陶傳注又素問五常政大論分潰癰膿注並云潰爛也○萱按殨正字潰借字素問注云潰爛泥也亦引伸之義也 潰瘍癰而含膿血者 周禮瘍醫掌腫瘍潰

瘍金瘍折瘍之祝藥注

憒 亂也 說文又廣雅釋詁三又莊子大宗師釋文引蒼頡又楚辭逢尤心煩憒兮意無聊注○漢書息夫躬傳憒眊不知所為注云憒心亂也 憒憒亂也 廣雅釋訓又後漢書何進傳注○萱按憒訓亂者本義憒訓亂則引伸假借之義 憒眊不明也 漢書王莽傳中憒眊不明注

闠 市外門也 說文段薛綜西京賦注曰闠市營也闠中隔門也劉逵蜀都賦注曰闠市巷也闠市外內門也崔豹古今注曰市牆曰闠市門曰闠李善引倉頡篇闠市門也按諸家皆有闠字而許不錄益以還環包之市之營域曰環其外門曰闠 闠道也 廣雅釋室○萱按西京賦云通闠帶闠蜀賦云闠之裏不言道而道自見

讀 中止也司馬法曰師多則民讀讀止也 說文段注中止者自中而止猶云內亂貌都賦李注引說文讀列中止也此依賦文衍列字賦云齊武嘆而結戈襲偏衆以讀列非中之訓也司馬法云此以止與中止義別也凡偁經傳皆而又釋其義皆必其義與字本義不言 讀呼喟歎也 廣雅釋訓 讀譆調

歎也同上○萱按兩條義是一耳讀呼讀諜皆雙聲

詯

膽气滿聲在人上說文段注盎即元曲所用咱字

諱

忌也說文○周禮小史則詔王之忌諱司農注云先王死日為忌名為諱○萱按忌諱對言者別渾言不別說文忌

下云忌也憎諱畏也史記范雎蔡澤傳擊斷無諱集解傳諱避也廣雅釋詁三又漢書宣帝紀集注引

李奇諱辟也禮記曲禮上卒哭乃諱注○玉藻有公諱注云公諱若言語所辟先君之名又國策秦策不諱強大

注云諱由辟也所隱為諱楚辭謬諫恐忌而干諱注犯諱國諱大戴記曾子立事不稱其諱注○禮

記王制奉諱惡注云諱先王名又曲禮上入門而問諱疏云諱主人祖先君名人檀弓下舍故而諱新疏云諱稱神名也諱

言謂拒諫也後漢書劉陶傳注外意外身謂之諱韓外傳大

喙

○俗喙喙有口也說文段注說卦傳為黔喙左傳深目而豭喙段借為困極之義廣引昆夷喙矣今詩作喙矣郭

注方言引外傳今病喙矣今外傳作余病喙郭云江東呼極為喙亦作喙○禮記少儀蓋首者提喙瘵耳疏又左傳昭四

韻史　卷六十七下第十五部去聲既韻　六九五七

四年釋文又爾雅釋獸黑喙騧釋文又廣雅釋親又漢書匈奴傳下以推鐵炕之喙注並云喙口也良為黔喙

之屬易說卦傳○詩候人傳喙也釋文云喙也又一切經音義七引通俗文云獸曰喙鳥口喙主尚

食洪範五行傳逆功臣注喙息也廣雅釋詁二又莊子徐無鬼上顧有喙三尺釋文引司馬注○古言二云

喙息也自關而西秦晉之間或曰喙又漢書公孫卯傳跂行喙息跂行行喙息注云喙謂有口能息者也又匈奴傳上跂行喙息蟯

動之類注云喙息凡以口出氣也喙短氣也兒國語晉語余病喙注喙困也詩緜維喙矣傳其瘵

極也方言十三瘃極也廣雅釋詁一○方言十注云今江東呼極為瘃二瘃傣也方言十二

沬

頮古文○或作䫜○俗有頮洒面也說文段注律歷志引顏命王乃洸沬水師古曰沬洗面也禮樂志靈赤汗

沬流緒音灼曰沬古醴字禮弓瓦不成味鄭云味當作沬沬鑐也按此沬謂瓦器之釉如洗面之光澤也頮各本篆作須

今正尚書王乃洸頮水釋文曰說文作沬云古文作頮文遲瓶血飲泣李注曰頮古文作沬內則作醴盎漢人多用醴字

○禮記檀弓釋文玉藻沬稷而醴梁疏又玉篇引聲類並云醴洗面也又漢書司馬遷傳沬血飲泣注云頮洒面也又書

韻史　卷六十七下第十五部去聲既韻　六九五八

顧命鄭注云頮頮面也沬醴也荀子禮論注○萱按此以今字釋古字沬者言被面如頮

也漢書禮樂志注沬洒也廣雅釋詁二○萱按此引伸為凡洒之偁漢書外戚傳上云滲沬悵兮淮南厲王長

傳云沬風雨○書顧命鄭注洗云洗颒為澀瀚淬衣成事沬微昧之光也易豐日中見沬釋文○萱按此

假沬為昧也

淐

繇作淐青黑皃說文

對 董貴切

對或譍無方也對或从士漢文帝呂為責對而面言多非誠

對故去其口呂從士也說文段注聘禮注曰對答問也按對答古通用云譍無方者所謂善待問

者如撞鐘叩以大者則大鳴叩以小者則小鳴也無方故從丵口皆曰士事也取實也趙氏明誠曰攈古鐘鼎皆作對

是漢文亦從早非肌更也古對應也儀禮士冠禮冠省對注又禮記仲尼燕居子貢越席而對注漢書王莽傳

中集注云對謂應對對荅也詩皇矣箋江漢箋桑柔聽言則對箋又儀禮鄉射禮賓對注燕禮注燕禮記相者對

韻史　卷六十七下第十五部去聲既韻　六九五九

曰注大射儀注鄉飲酒禮注又禮記文王世子及三宥不對走出注又文選典引對越天地者祭注○廣雅釋言云對畬

也對荅問也儀禮故注聘禮對曰非禮也對當也易象上傳先王以茂對育萬物

疏又廣雅釋詁三對等也呂覽審時本大而並業恪對注對配也易无妄茂對時釋文又詩皇矣帝作

邦作對傳清廟對越在天駿奔走時之對箋又管子宙合物三而對形注又漢書揚雄傳上集注引李奇對偶也

後漢書司貴善申屠傳注浛對嚮也廣雅釋詁四對揚也同上對遂也爾雅釋言又詩皇矣

以對于天下傳荡流言以對傳江漢對揚休傳又禮記祭統對揚以辭之勤大命注王對治也廣雅釋詁三

對譍婦譍也儀禮士昏禮設對譍于東注

[illegible]

市也說文段注盎即今之兌㡇字也

碓

所以舂也說文段注舂者擣粟也杵臼所以舂本斷木掘地為之師其意者又皆以石為之不用手而用足謂

之碓桓譚新論宓論儀制杵臼之利後世加巧借身之踐雅按甚又巧者則水碓水碓夫聖人勞甚民而生甚善心之意矣

韻史　卷六十七下第十五部去聲既韻　六九六〇

碓機椎也方言五碓機注周禮鼓人注圍如碓頭釋文云卜又作推○賁㨖推字通段借

洞對切

𢓴衲或退古文○綠作退卻也一曰行遲說文○國語晉語誰能退敵注云退卻也又賈子道術云
功迹自謂之退卻退讓退也國語楚語跪位則退位夫子少退少遷適也儀禮鄉附禮賓
少退注○聘禮退負右房而立注云退謂大序遼適又賓三退負序注云三退三遠適也夫退謂退避大易
壯不能退疏○左氏哀三年傳康子請退注云退避位也又儀禮鄉飲酒禮主人少退注云少退少辟又鄉射禮注云少
退猶辟也少退謂旁側也禮記玉藻侍則必退席注坐退反位也儀禮聘禮君不許乃退注
○左氏宣十二年傳退思補過疏云退謂還私藏也退還也禮記曲禮上以秋拘而退疏○退讓以明禮藏云應
進而曰退還退去也禮記檀弓下君退注又雉發退將復修合初服注○儀禮鄉飲酒禮注云退猶去也又左
氏昭二十五年傳退之注云退使去公退去也歸也儀禮士冠主人退注禮退歸也廣雅釋詁
二退緩也方言十二又廣雅釋詁二退減也廣雅釋詁二○詩羔羊退食自公羹又後漢書衆卯傳注

韻史　卷六十七下第十五部去聲既韻

六九六一

韻史　卷六十七下第十五部去聲既韻

楊求傳注並云退食謂減損也退改悔也國語晉語秋有退注雖退止也呂覽仲夏退嗜慾注退
罷也詩碩人大夫風退釋文引韓詩退墜也釋名言語釋朝廷曰退禮記少儀又論語鄉黨退
朝皇疏○子路冉子退朝皇疏云朝廷云退也消卦為退易繫辭上傳進退之象也荀注與為進退
易說卦傳又觀我生進退虞注避難注大壯不能遂虞注與進退利武人之貞虞注○周禮小司寇以圖國用而進退之
注云進退猶損益也退柔和皃禮記檀弓下文子其中退然如不勝衣注○注又云退或為安
十三部十五部兩讀下上通也引而上行讀若囟引而下行讀若退說文
段注可上可下故曰下上通囟之言進也竹部篆引不書也几字之直有引而上引而下之不同若至字當引而下引不字當
奇讀各義異○堂按下上通說篆書也篆有引而上行者隸引而上文若才屮木生字皆當引而上之類是也分用之則
則否

碌

陊也說文段注陊者落也碌與隊音義同隊者從高隊也廣韵曰碌碌物墜也碌亦墜也漢書天文志星

六九六二

碌至地則石也注引如淳○收傳下云淳姬碌魏

鐆鏊也說文鐆萑也廣雅釋器○萑按萑今本作萑淹薙曰鐆御覽八百五十五引通俗文

懟○俗有斷怨也說文段注今與懟音義皆同謂為一字許不介者敦聲古在十三部○爾雅釋言又左傳傳廿四年
以死誰懟釋文又穀梁莊卅一年力盡則懟釋文又後漢書孫程傳注又列子黃帝尹生懟而請辭又文選數逝賦注引
字林並云懟怨也又記內則注云遠懟怨禮懟怨怒也漢書竇嬰傳祇加懟自明注外戚傳下懟以手自指
楊震傳注又後漢書懟恨也廣雅釋詁四懟恚恨也穀梁傳莊卅一年注懟謂狼戾
詩蕩箋反任彊禦衆懟為惡者疏○賁按狠戾疑當作狠戾懟病也淮南原道不為懟捽怨懟注

煗對切

內入也說文段注今人謂所入之處為內乃以其引伸之義為本義也互易之故分別讀奴荅切又多假納為之矣周
禮注云藏內主入也內府主良貨賄藏在內者然則職內之內是本義內府之內是引伸之義○一切經音義七引字書
又漢書霍光傳集注並云內入也又史記范雎蔡澤傳惡內諸侯客索隱云內猶入也又禮記月令無不務內注云內謂

韻史　卷六十七下第十五部去聲既韻

六九六三

韻史　卷六十七下第十五部去聲既韻

收斂之也入入坤為內易繫辭下傳外內使知懼虞注○儀禮大射儀皆內遠注云上以為內下以陰為大
內因其宜可也內者對外立名莊子逍遙遊內篇第一釋文○文選東京賦車中內顧薛注云內顧謂不還
外視臣之私也下內猶後也論語鄉黨不內顧皇疏○按內不妨訓後但此經本作車中內顧俗行字
耳內初也易繫辭下傳文象動乎內虞注內裏也廣雅釋言○爾雅釋丘厓內為輿孫注云內曲裏也
內中也漢書文帝紀集注引臣瓚○上不盡夜居於內注云內正禮記檀弓寢之中內親也禮記大學
外本內末疏○漢書劉向傳集注引如淳云內猶親也內心也文選射雉賦內無固守徐注○禮記禮器無節
於內者疏服記下兄弟之夷內除疏並云內猶心也內謂情實鬼谷子飛箝內外之辭注見內在席
太玄玄錯內女懷也太玄玄衝內路寢之裏也考工記匠人內有九室注內謂諸夏
也詩魚麗序文王以天保以上治內采○釋名釋州國云河內河水河水從岐山而南從雷首而東從渾首而北郡在
其也內內學謂圖讖之書也後漢書方術傳注內治婦學之法也禮記昏義

六九六四

以隱天下之内治注内實寶物妻妾也左傳襄廿八年注內人謂婦女周禮宮正疏○內御女御也儀禮既夕注云內御女御也內子大夫適妻也禮記曾子問注○襍記注云內子卿之適妻也又喪大記注云內子卿之妻也又釋名釋親屬云卿之妃曰內子女子也在閨門之內治家也內命男朝廷卿大夫士也內命女王之三夫人以下周禮肆師禁外內命男女之衰不中法者注○閽人注云內命夫卿大夫士之在宮中者又內宰注云內命婦謂九嬪世婦女御內兄弟內賓宗婦也儀禮特牲饋食禮注○有司徹注云內賓姑姊妹及宗婦內宰宮中官之長周禮天官序官內宰注○內司服注云內司服王宮中裁縫官之長內史中大夫也掌爵祿廢置殺生予奪之法詩十月之交聚子內史箋○儀禮燕禮注大射儀注並云內小臣奄人掌君陰事陰令后夫人之官也內朝在路門內周禮朝士掌建邦外朝之灋司農注○槁人掌共外內朝冗食者之食注云內朝路門外之朝也內署掌內府衣物後漢書殤帝紀注內者署名後漢書梁冀傳注內

祭祀大宮之中竈門戶周禮女祝掌后之內祭祀內羞謂房中之羞周禮世婦注又詩楚茨釋文內骨鼈屬考工記梓人外骨內骨注內虛黃芩也廣雅釋艸○納內也詩七月十月納禾稼箋又儀禮鄉射禮命弟子納射器注大射儀注又禮記曲禮上術而納賓注入漢書王莽傳上集注引孟康○萱按內也猶云入也此以正字釋借字也納本無入義故必以正字通之而叚借之借乃顯凡叚借字當隨正字之音讀之則納當讀內明矣廣韻納下不載借義若不知納有本義者集韻反以內字附納下傎矣皆顏師古輩詒之謬也經典借納為內者至多禹貢納總納銍納秸漢書地理志作內總內銍內秸班知納為借字也師古乃云內讀曰納重從地謬繇歷千載今當定納當从內讀去聲內不得从納讀入聲也入聲納下自有本義在稱納者內難之辭左氏宣十一年經納公孫寧儀行父于陳賈注成十八年傳諸侯納之曰歸賈注納者內不受也穀梁昭十二年傳哀二年傳納入也書禹貢九江納錫大龜馬注又周禮泉府歲終則會其出入而納其餘注又禮記少儀納句於有司疏又廣雅釋詁三○儀禮少牢饋食禮納諸內注云納入道也納者何入

辭也公羊桓二年傳納於大廟注莊九年傳文十四年傳○傳儀禮小臣納卿大夫注云納者以公命引而入也又聘禮擯者又納士介注云納者出道入也納者進名詩采蘋序箋納酒祭逢豆菹醢疏納歸也國語魯語則請納祿與車服而違署注○左傳襄廿九年子違納邑與政注云納歸諸公納謂薦時也書大傳納以考成注○大戴記夏小正納卵蒜傳云納者何納者納之君也納謂聽下言傳於上後漢書劉愷傳注○光武紀上注云納言虞官也掌出納王命納女猶致女也禮記曲禮下納女於天子注納藏也文選琴賦夕納景于虞淵兮注漢書段熲傳集注云納猶藏也○納取也國語晉語納其室以分婦人注納收餘也儀禮既夕記廄外納注納猶著也禮記玉藻生左納右疏

耒路對切耕曲木也古者垂作耒枱以振民也說文段注謂犁之曲木也下文云耕犁也禮記音義引字林亦云耕曲木攷工記車人為耒庇長尺有一寸中直者三尺有三寸上句者二尺有二寸自其庇緣其外以至於首以弦其內六尺有六寸注云庇讀為棘刺之刺刺耒下前曲接耜緣外六尺有六內弦六尺應一步之尺數按

經多云耒耜振鄭說耒以木耜以金者於耒剡京房云耜耒下打也耒耜上句木也許木部作枱耒端也耕犁也許說與東同與鄭晏鄭本匠人謂犁為耜統言之也許分別金謂之犁木謂之枱析言之也枱今之耜字也各本作耜從耜而也垂作耒枱出世本世本有作篇報樂教也○漢書食貨志上揉木為耒注鄭食其傳農夫釋耒注孟云耒手耕田木也又王莽傳中必躬載耒注云耒耕田木也又易繫辭釋文引字林云耒耜曲木垂所作耒耜之上曲者也禮記月令天子親載耒耜注又後漢書列女傳注○考工記車人司農注云耒謂耕耒耒犂也莊子胠篋耒耨之所刺釋文引李注耒耜農器也耒其柄耜其刃後漢書章帝紀注○國語周語民無懸耜注云耜柄曰耒又莊子胠篋釋文引李注云耒耜柄也耒耜杼器也易繫辭下傳斲木為耜揉木為耒度注○呂覽孟春注云耒耜耕器也耒來也亦推也釋名釋用器耒水出桂陽郴縣南山水經耒水

莱耕多艸說文

郲 今桂陽耒陽縣 說文段注許謂郲即今之耒陽縣如言鄎即今之新息鄎即今之褒縣也其字既異其地則一故言分以說之桂陽即耒陽二志同今湖南衡州府耒陽縣東四十五里有耒陽廢城耒陽以耒水得名

頛 去入用諧 頭不正也 說文段注釋魚左倪不類周禮頛作龘蓋音頛之假借字也

頪 難曉也一曰鮮白皃 說文段注難曉也謂相似難分別也頪頪類古今字類本專謂犬相佀乃類行而頪廢矣鮮潁新也

頪 疾也 廣雅釋詁

纇 絲節也 說文段注節者竹約也引伸為凡約節結之偁絲之約結不解者曰纇引伸之凡人之愆尤皆曰纇左傳之忿纇無期是也亦段類為之昭十六年傳曰刜之纇纇服虔讀為纇解云纇不平也

纇 節也 廣雅釋言 多節曰纇 一切經音義十二引通俗文 纇磐若絲之結纇也 淮南氾論明月之珠不能無纇注

纇 疵也 老子夷道若纇釋文引簡文注

纇 坳也 老子王注○萱按釋名云坳深也靜也義與纇不協疑坳本類之訓耳釋文云纇河上本作類

纇 戾也 左傳昭廿八年忿纇無期注

纇 戾也 周書史記復纇無觀

韻史 卷六十七下第十五部去聲既韻 六九六九

韻史 卷六十七下第十五部去聲既韻 六九七〇

注

類 種類相佀唯犬為甚 說文段注說从犬之意也類本謂犬相佀引伸段借為凡相佀之偁釋詁毛傳皆曰類善也釋類為善猶釋不肖為不善也左傳刜之纇纇段纇為類

類 似也 國語吳語類有大蠹注又漢書張安世傳集注

類 象也 廣雅釋詁四又呂覽序意梁下類有人注○禮記曲禮下諸侯見天子曰類見注云類猶象也又國語周語比類百則注云類亦象也又通典一百四引禮記王肅注云類謂類象其行言於天子以求盈也

類 形象也 淮南俶真又況未有類也注

類 猶皃也 楚辭橘頌類可任兮注○家語致思不飭無類注無類失貌注云類宜為皃萱按類自訓皃不煩破字

類 種也 荀子禮論先祖者類之本也注又呂覽恃君以盡其類注

類 謂種類也 詩皇皇者華序懷賢者之類疏有謂又史記禮書正義又荀子非相以類度類注○臣道倫類以為理注云類物之種類

類 族類也 國語周語其類雖何注

類 物類也 淮南本經優柔委從以養羣類注

品物相遂曰類 禮記月令必比類既

類 等夷也 詩桑柔貪人敗類箋

類 例也 史記屈原賈生傳吾將以為類正義

類 謂比類 荀子非十二子壹統類注王制無法者以類舉注

類 謂比式 禮記緇衣無類也注

行知類知事義之比也 禮記學記九年知類通達注○荀子禮論類之盡之注云類之謂觸類而長文勸學彙類之綱紀也注云類謂禮法所無觸類而長者猶律條之比附

類 謂知統類 荀子不苟知則明通而類注○性惡多言則文而類注云類謂其統類不謬也又齊給便敏而無類注云無類首尾乖戾

類 猶率也 漢書尹翁歸傳集注

類 猶皆也 後漢書郅壽傳注

類 猶和也 國語鄭語王將棄是類而與剸同注

類 同也 列子仲尼其負類反倫注

類 謂同類 素問解精微論其行類也注

類 衆也 淮南要略想育類注

浸類 事也 孟子告子上此之謂不知類也注又呂覽達鬱不知類耳注○淮南說林以類而取之注云類施事也

類 謂事類也 易繫辭下傳於循其類疏有謂又左傳昭十六年釋文

類 法也 楚辭懷沙吾將以為類兮注又太玄殺鳴不類注迎夫之類也注又方言十三又廣雅釋詁一○方七云類法也齊曰類

類 善也 爾雅釋詁又詩皇矣克明克類娄既醉永錫爾類傳

韻史 卷六十七下第十五部去聲既韻 六九七一

韻史 卷六十七下第十五部去聲既韻 六九七二

蕩而秉義類箋秉秉貪人敗類傳曉仰威儀不類傳又周書苟良夫后作類注又左氏傳廿四年傳各務公忍周德之不類注又國語晉語正名育類注楚語恐余德之不類注心類德音注又荀子儒效其言有類注

通之謂類 鶡冠子環流

類也者不忝前哲之謂也 國語周語

勤施無私曰類 詩皇矣箋又禮記樂記注又周書謚法又左氏昭廿八年傳

言謚曰類 禮記曲禮下

坤為類 易咲其十觸虞注象下傳而其事類也廣注象上傳君子以類族辨物虞注

寔炙之獸自孕而生曰類 列子天瑞

寵 左倪不類 爾雅釋魚

類 戾也 周書史記注○萱佮此段類為類

類 宜造皆祭名 禮記王制注○萱按此段類為禷也

禷

以事類祭天神 說文段注五經異義曰今尚書夏侯歐陽說禷祭天名也以禷祭天者以事類祭之以事類祭之何天位在南方就南郊祭之是也古尚書說非時祭天謂之禷言以事類告也肆類于上帝時舜告攝非常祭也許君謹案周禮郊天無言禷者知禷非常祭從古尚書說玉裁按郊天不言禷而肆師類造上帝王制天子將出類於上

韻史　卷六十七下第十五部去聲既韻

帝皆主軍旅言凡經傳言禷者皆謂因事為兆因郊禮而為之說文亦小古尚書說禮以類為禷○漢書郊祀志上先類
祠泰一注云禷謂以事類而祭之又淮南本經類其社注云祭社曰類以事類祭之也類祭天也後漢書和
帝紀注○周禮大祝一曰類司農注云類祭于上帝又禮記王制疏云類本上帝者非常祭古天也又詩文王序疏云類者
祭天之名非時祭天謂之類史記五帝紀正義引五經異義非常而祭曰類周禮大祝
疏類者依其正禮而為之周禮小宗伯社稷宗廟注類於內曰類詩皇矣是類是
禡傳禷師祭也爾雅釋天類師祭也詩皇矣箋桓序講武類禡也箋類造禬禜攻說
皆祭名也周禮大祝司農注○禮記王制注云類宜造皆祭名四類三皇五帝九皇六
十四氏咸祀之周禮小宗伯四望四類亦如之司農注○後鄭云四類日月星辰運行無常以氣類為之
位兆日於東郊月與風師於西郊兆司中司命於南郊兆雨師於北郊

勵

○俗有猶推也說文段注推依今音他回切勵者以物磊磊目高推下也古用安下碥石李陵傳作壘石晁錯傳具

六九七三

韻史　卷六十七下第十五部去聲既韻

礧石如淳注曰城上雷石周禮注亦作雷唐書李光弼傳擂石車又作擂其資用勵為正字也故許書之字可用而不用
者多矣子虛賦曰礧石相擊硍硍磕磕亦當作勵

贅　壯貴切

以物質錢說文段注若今人之抵押也漢嚴助傳賣爵贅子以接衣食如淳曰淮南俗賣子與人作奴婢名為
贅子三年不能贖遂為奴婢按大雅傳曰贅屬也謂贅為綴之假借也孟子屬其耆老大傳作贅其耆老公羊傳云君若
贅旒史漢云贅壻此為聯屬之偁人莊子云附贅縣疣老子云餘食贅行此為餘贅之偁皆綴字之假借贅質也
漢書賈誼傳集注嚴助傳集注贅具也廣雅釋詁三贅得也同上贅定也廣雅釋詁四贅
會也漢書武帝紀集注引如淳贅聚也廣雅釋詁三又漢書王莽傳中集注贅次也書顧命贅路在
阼階面鄭注○堂按書今作綴輅誤也輅字大謬鄭周禮巾車注與路注所引贅作贅路為是越職行恩曰贅
管子法禁則大臣之贅下而射人心者必多矣注贅猶綴也三國志武帝紀注又文選西都賦注引公羊傳
劉越石勸進表注諸渊解文注○詩桑柔疏云贅猶綴也謂戲綴而屬之○萱按贅義近綴而非綴也故言猶以連之斷

六九七四

韻史　卷六十七下第十五部去聲既韻

上佐公明贅屬也贅貪也贅肬也萱按皆段贅為綴也綴下詳之

綴

合箸也說文段注乡廉書作合今著也皆直略切古多嵗贅為綴綴連合也禮記大傳綴之以食
釋文綴連也廣雅釋詁四又國語齊語比綴以度注又國策秦祭綴甲屬兵注又後漢書班彪傳下注又文選西
京賦綴以二華注引圖詁貫注綴謂連綴也禮記月令注作樂於大寢以綴恩也疏又後漢書馮異傳
注綴綴然不幸離之皃謂相連綴也荀子非十二子綴綴然注綴言不絕
也漢書高帝紀下綴之以紀注綴繫也楚楚辭遠逝綴鬼谷於北辰注綴緣也楚辭招魂網戶
朱綴注綴飾也大戴記盛德赤綴戶也注綴猶拘也儀禮士喪禮綴足用燕几注綴亦流
也文選羽獵賦熊耳為綴注○注又引張晏云綴旌也又漢書揚雄傳下注云綴所以懸旌也○堂按李析言之張渾
言之皆是顧言懸旌則非也旌之正幅為縿繞屬於縿者也安得綴言懸旌乎綴宅貝也淮南精神有綴
宅而無耗精注贅衣主衣之官贅綴也後漢書班彪傳上注○書立政晚出傳云綴衣掌衣服又

六九七五

韻史　卷六十七下第十五部去聲既韻

顧命晚出傳云綴衣幄帳贅屬也詩桑柔具贅卒荒傳又廣雅釋言又小爾雅廣言贅繫屬之辭
若今俗名就壻為贅壻矣公羊傳襄十六年傳君若贅旒然注○史記秦始皇紀贅壻賈人集
解引臣瓚云贅謂居窮有子使就其婦家為贅壻贅謂假相連屬也文選為袁紹檄豫州振進閣遺
[illegible]注贅屬也橫生一肉屬著體也釋名釋疾病○廣雅釋言云贅肬也又老子釋文云贅肬
贅也又莊子駢拇附贅懸疣釋文云贅瘤結也贅肬過也楚辭惜誦反離羣而贅肬注贅從嫁也
淮南本經贅妻鬻子注贅行之無當為贅後漢書皇后紀上注引老子河上公注贅貪也老子
餘食贅行注贅猶惡也後漢書馮衍傳注綴猶聯也綴猶結也綴謂聯列
也綴表也綴止也萱按此皆叚綴為綴也許入聲叚下
或作醊綴祭酹也說文段注百部曰酹綴祭也史記孝武帝紀其下四方地為為綴食封禪書作醊食漢郊祀志

餟

作醊○後漢書黨錮何顒傳以頭醊其墓注云醊祭酹也餟以酒沃地祭也一切經音義十一引字林

六九七六

○音義十五引字林云賦謂以酒洗地祭也餟餽也方言十二醊祭酹也後漢書盧植傳注膢

謂聯續而祭也漢書郊祀志上為臘食羣神從者注○黃帳此假臘為餟也

轛

有○轛俗車橫軨也說文段注謂車閣也木部橫下曰閣木也考工記曰參分軹圍去一以為轛圍注兵車之

轛圍二寸八十一分寸之十四轛式之植者衡者也輢司農云謂車與軨立者也注許云橫軨也橫訓圍則直者轛者皆

在內矣漢人從衡字祇衡不作橫橫者枕也作立者為轛橫者為軹考工記輿人司農注轛

者以其鄉人為名考工記輿人注

數

楚人謂卜問吉凶曰數說文段注與祝雙聲

笍

羊車騶箠也箸箴其耑長半分說文段注金部曰鑿羊箠也羊車見考工記鄭曰羊善也

羊車若今定張車釋名曰羊祥也祥善也羊車善飾之車今犢車是也馬部曰騶廄御也月令注曰七騶謂趣馬主為諸

官駕說者也左傳程鄭為乘馬御六騶屬焉使訓羣騶知禮接騶即御騶箠者御車之馬箠也箸箴其耑長半分箴當作

韻史 卷六十七下第十五部去聲既韻 六九七七

韻史 卷六十七下第十五部去聲既韻 六九七八

鍼所謂耑有鐵可以御勿而椓刺之書飾之車駕之以貴她鍜不擇鞭策推用箴刺而促之準南道應訓字作鍛高曰策

馬捶端有鐵以刺馬謂鍛之鍛鍛與耑音義皆同錣橋頭箴也准南氾論是猶無鎘銜槷策錣注○壹捶錣鑿

同字與笍音義皆雙聲通用許鑿下

梍

臥對切

關東謂之梍關西謂之持說文段注方言梍宋魏陳楚江淮之閒謂之植自關而西謂之梓捘

捘持與植蓋一字古音同在一部也依方言當作閒西謂之梓閑東謂之持客許所據不同耳梍縣蠶薄柱

也方言五注

縋

呂繩有所縣也春秋傳曰夜縋納師說文段注縣者系也以繩系物垂之是為縋

之言垂也今應引縣下有鎮夜縋納師見左傳襄十九年縣鎮曰縋一切經音義十六引通俗文縋縣

城而下左傳僖卅年夜縋而出注○縋漢注衛傳注云縋縣繩於城而下也書縋索也廣雅釋器

墜

○俗有墜從高隊也說文段注隊墜正俗字古書多作隊今則墜行而隊廢矣釋詁隊落也釋文从墜而以隊

附見偏矣左傳曰以成一隊杜注百人為隊蓋古語一隊猶言一堆物墜於地則聚因之名隊為行列之偁後人以墜入

至韻以隊入隊韻而墓測其原委矣隊隕也左傳僖廿八年傳隊其師注又漢書翟義傳集注又准南天文丙子

至于壬子星墜注墜隕也呂覽異用從天墜者注又准南天文貴星墜而勃海決注兵略至其頭而墜注隊

落也考工記輪人段說而兇不隊注墜落也楚辭國殤天時墜分威靈怒注隊失也左傳成十二年

注又國語楚語注書章賢傳集注又漢墜失也廣雅釋詁二又文選諷諫詩宗周以墜注引應劭○漢書

鄒陽傳集注引林云墜猶失也錄隊亦墜也漢書西域傳上書隊表半阬谷盍靡碎注墜墮也廣雅

釋詁二又漢書五行志中之上集注又荀子禮論入焉而墜注又雄發朝飲木蘭之墜露兮注國殤矢交墜兮士爭先注

○公羊文二年傳死墜也注云墜墜地也而墜墮也淮南說林有時而隧注○壹按此說隧為隊也隨字亦古

矣而說文不收許蓋以闕若遂包之○又按石經論語殞碑表遂於地西狀煩數有顛覆賈隧之惠皆借用隧隧陷

淮南說山萬人之愈於一人之隧注隋隊謂谷中險阻道也穆天子傳一于是得絕鈃山之隊注

韻史 卷六十七下第十五部去聲既韻 六九七九

韻史 卷六十七下第十五部去聲既韻 六九八〇

隊部也左傳文十六年分為二部注又服注又漢書李陵傳集注司馬相如傳上集注句奴傳上集注○揚雄傳

上曲隊壁重注云隊亦步也人左傳襄廿三年為二隊注云二隊分兵為二部○壹按隊訓部訓隊皆義之引伸也後人

轉以此為本義讀徒對切何與而隊陳也廣雅釋詁二百人為隊後漢書班彪傳下注隊軍

二百人為一隊淮南齊俗文子疏隊而擊之注隊謂汭也左傳閔二年虢公敗犬戎於渭汭服

注又水經渭水注○壹按此謂隊即汭之異借字

齔

有○齓俗毀齒也男八月生齒八歲而齔女七月生齒七歲而齔

說文段注各本篆作齔云从齒从七初忍初覲二音殆傳會七聲為之今按其字从齒匕匕變也今音呼跡切古音如貨

本命曰陰以陽化陽以陰變故男以八月生齒八歲而毀女以七月生齒七歲而毀化義同昔近今應書卷五亂舊

音差貲切自誤从七實予應云初忍切孫愐云初董切廣韻乃初覲切集韻乃初問恥問二切其形唐宋人又誤亂从乚

絕不可通矣今當依舊音差貲切古音蓋在十七部○周禮朝士注釋文又左傳僖五年注童齔之年釋文並云齓從齒

也又國語鄭語府之童妾未既齔而遭之注云毀齒曰齔又用禮司屬無未齔者注云齔毀齒也男八歲女七歲而毀齒又列子湯問有遺男始齔釋文云男女七歲毀齒謂之齔

汭 閏對切

水相入皃說文段注水相入皃者汭之本義也周禮職方之汭即漢志右扶風汧縣之芮水名也大雅之汭亦作芮毛云水厓也鄭云汭之言內也尚書嬀汭渭汭某氏釋爲水北雒汭某氏釋爲雒入河處左傳漢汭渭汭雒汭濟汭杜氏或云水內也或云水之隈曲曰汭大意與大雅鄭箋相近鄭箋之言云者謂汭即內也凡云某之言某皆在隱注假借閏○水經注十九引字林云汭者水相入也又渭水注引王肅云汭入也又書竟與馬注云水所入曰汭又水經注四引竟與馬注云水所出曰汭出入字雖異要旨言異相入也萱按汭內也左氏昭四年傳且請爲會於漢汭而還注○書竟與釋文云汭水之內也又名若攻位於洛汭疏云水內曰汭又左氏閔二年傳疏云汭即隩也而汭字以內爲聲則是水之隈曲之內也又禹貢涇屬渭汭釋文云汭本作內又漢書濟漁志及盟津雒內注云內讀曰汭

汭水涯穆天子傳四斷多之汭注○萱按詩公劉芮鞫之即改芮爲汭也又文選海賦雲錦散文於沙汭之

徐注云奧汭通芮

汭水口也方言一荊吳淮汭之間注

水曲曰汭左傳莊四年釋文又漢會律歷志下處虞之嬀汭注元后傳降起嬀汭注左傳昭廿四年於豫章之汭注云汭水曲○

汭隈曲中也書名詁鄭注○左傳閔元年釋文云水之隈曲曰汭又昭元年正云水曲流爲汭又書竟與馬注云嬀汭嬀水之曲

水北曰汭漢書地理志上注又後漢書明帝紀注○小爾雅廣器云水之北謂之汭

汭在豳地萱按此段汭爲水名之芮也

芮

芮芮疊字艸生皃說文段注芮芮與茂茙雙聲柔細之狀○潘岳西征賦云蓑芮于城隅者又百不處一○萱按蔑芮亦迭韻字也與芮芮將無同

芮水名漢書地理志○萱按周禮職方氏雍州其川涇汭汭即芮水之借字也鄭君注云汭在豳地

芮國名詩桑柔序芮伯刺厲王也釋文又左傳桓三年芮伯萬之母釋文○書序芮伯作旅巢命鄭注云芮伯周同姓

芮賀也呂覽必己不又芮温注

芮謂髮楯之紛縿也史記蘇秦傳革抉㕮芮無不畢具索隱

瞀芮生乎腐蠸莊子至樂又列子天瑞○萱按此芮蓋蜹之省

借字

蜹

○俗有蚋

秦晉謂之蜹楚謂之蟁說文段注蟁作蚊俗介正○爾雅釋蟲注小蟲似蚋釋文又通鑑威烈王紀音注引字林並云秦人謂蚊爲蜹

蜹小蚊也華嚴經音義上引字林○一切經音義三引通俗文云小蚊曰蚋

蜹蚊屬也漢書枚乘傳譬猶蠅蜹之附羣牛注○後漢書崔駰傳注云蜹小蟲蚊之類又列子湯問有蚊蚋者注云蜹謂蚊蚋小飛蟲也

瞀芮小蟲也列子天瑞瞀芮生乎腐蠸釋文○萱按此瞀芮爲蜹也

蘮

○俗有蘮

艸之小者說文

蘮蒘竊衣爾雅釋艸

瑞 英對切

以玉爲信也說文段注典瑞掌玉瑞玉器之藏注云人執以見曰瑞禮神曰器又云瑞節信也說文卩下云瑞信也是瑞卩二字爲轉注禮神之器亦瑞也瑞爲圭璧璋琮之總偁自璧至瑁十五字皆瑞也故總言之引伸爲祥瑞者亦謂感名若符節也

瑞信也書堯典輯五瑞釋文又周禮小行人成六瑞注又禮記禮器以圭爲瑞注又文

選魯靈光殿賦錫介珪以作瑞張注○管子君臣瑞以稽之注云瑞君所與臣爲信圭璧之屬也又儀禮覲禮乃朝以瑞

五注云瑞玉謂公桓圭侯信主伯躬圭子穀璧男蒲璧

瑞節信也與瑞若今符璽周禮春官序官典瑞注○周禮調人弗辟則與之瑞節而以執之注云瑞節五節之剡圭也

瑞謂所執之圭詩崧高傳寶瑞也疏○禮記聘義疏云器言之謂之圭執以行禮謂之瑞

以瑞也者屬也禮書五十二引書大

傳瑞符也左傳襄九年信者言之瑞也注又廣雅釋言○周禮與瑞注云瑞符信也又左傳哀十四年司馬請瑞焉注云瑞符節以發兵

瑞應也信也一切經音義廿五引蒼頡○文選東京賦總集瑞命辭注云瑞應也

異物見則謂之瑞論衡指瑞

瑞祝逆時雨寧風旱也周禮大祝五曰瑞祝司農注又獨斷上

帨

○俗有帨

禮巾也說文段注今不見經典恐求悅之或體帨廣雅已收載悅帨失

稅

贈終者衣被曰稅說文段注按此字蓋後之或字淺人所增非許書所本有也○漢書朱建傳延奉百

稅金稅注云禮終者之衣稅曰稅又鮑宣傳稅以衣衾注云贈費衣服曰稅又史記酈主陸賈傳乃奉百金往稅襚解引聿
裕云衣服曰稅又云稅當為襚

稅
租也說文〇史記張釋之馮唐傳軍市之租索隱云稅即租也又漢書刑法志有稅有賦注云稅者田租也又周禮
閭師引鄭志云田稅如今租矣稅賦也穀梁宣十五年傳初稅畝釋文稅稅謂斂其田入也後漢
書食貨志上有稅有賦注稅斂也文選東京賦征稅盡注引毛詩傳稅十取一大戴記主言〇漢書
食貨志上云稅謂公田什一及工商衡虞之入也稅釋也呂覽慎大稅牛於桃林注稅舍也爾雅釋詁
又漢書敘傳下集注又文選西征賦注引法言李注〇方言七稅舍車也趙宋陳魏之間謂之稅注云稅猶脫也
稅駕猶解駕言休息也史記李斯傳索隱〇文選陸士衡招隱詩稅駕從所欲注云脫與稅古字通
說舍也左傳宣十二年日中而說注又禮記表記於我歸說疏〇萱按此段說為稅也入史記高祖功臣侯者年
表柏至靖侯許溫索隱云說稅也稅衛謂單行初令之時止為衛也
稅謂遺於人禮記檀弓上未仕者不敢

稅人注〇釋文云稅謂以物遺人也稅亦變易也禮記服問以有本為稅注日月已過乃聞
喪而服曰稅禮記檀弓上小功不稅注稅即總也左傳襄廿七年如稅服終身注〇疏云稅即繐
也當是聲相近而字改易耳又釋文云稅讀曰總

䬽
〇搭挖鏽有小鐵也說文鐫鎞也方言稅祭也廣雅釋言

涗
財盥水也周禮曰呂涗漚其絲說文段注考工記日以涗水漚其絲注云故書涗作湄鄭
司農云湄水溫水也今謂涗水以灰所泲水也五栽挾謂當作湅漿的云湅或作湄是也大鄭從湅故釋之以溫水鄭從
涗伩依禮記涗齊貴新之涗釋為以灰所泲水其說殊矣許則子從涗而釋從大鄭依許說則內則祭統涗字不可解〇
萱按郊特牲曰凡涗新之也此之足說而說文註會先鄭意也涗涗謂新亦謂泲之也周禮司尊
彝注醆酒涗于清疏〇禮記郊特牲醆酒涗于清疏云涗泲也涗猶清也禮記郊特牲明水涗齊注涗盎
齊也禮記祭統夫人薦涗水注〇疏云涗水是明水涗酌者挩拭勺而酌也周禮司尊彝盎

盎齊涗酌司農注〇萱按據此知先鄭釋涗本未誤㡆氏注自解湅字而人誤會其意耳

蛻
它蟬所解皮也說文〇後漢書張衡傳注〇一切經音義十三引李林云蛻蟬皮也蛻去皮也
史記屈原賈生傳蟬蛻於濁穢正義

綷 祭對切
或作綷綷綷會五采繒也說文段注五采謂五采帛也大人賦綷雲蓋如淳云蓋有五色也異都賦孔在
綷羽以翱翔按綷皆或綷字〇萱按江眩瑤珠怪石綷其表綷亦綷之異體字雜采曰綷文選射雉賦注引小
爾雅班綷猶襍也文選景福殿賦許以紫條注綷會也漢書景帝紀集注綷合也漢書司馬
相如傳下集注綷同也宋衛之間曰綷方言三綷縩衣聲也漢書外戚傳下紛辭
綷兮紈赤聲注

淬 指對切
滅火器也說文段注滅火器者蓋以器盛水濡火使滅其器謂之淬奐火部之義略相近故焠通作淬〇萱按
淬與焠本義有別其引伸之義則皆訓染故子盂賦將割埒淬史記作淬而漢書文選作焠淬染也史記司馬

相如傳將割輪淬集解引郭璞〇儀禮士禮注辭易翦者姝淬浮釋文淬木作染昏淬寘也方言十三又廣
雅釋詁四淬猶淨也方言三注十淬浴也淮南修務淬霜露注身火與水合為淬
漢書天文志

焠
堅刀刃也說文段注王褒傳清水焠其鋒郭璞三蒼解詁曰焠作刀鑿也師古云焠謂燒而內水中以堅之也
按大而堅之曰焠與水部淬為別文選謂作淬非也火與水合曰焠史記官書天焠鑿也廣雅
釋言焠灼也荀子解蔽有子惡臥而焠掌注焠鍼火鍼也素問調經論焠鍼藥熨注焠染
也史記刺客傳燊焠之索隱以焠亦揾染之義耳漢書司馬相加傳上注

磑 歐對切
磑也古者公輸班作磑說文段注語必出世本作扁美班與般亦通是以檀弓作般孟子注作班
〇一切經音義十四引世本云輸班作磑磑堅也方言十二磑磐也廣雅釋詁一文遝思手賦行績水文
之磑磑兮注引方言磑磑崇積也漢書禮樂志美芳磑即即注引孟康磑磑磑高皃文選魯靈

碎 蘇對切 光殿賦曰碓硾以碓擣注高唐賦振陕碓硾注 䃀也說文段注䃀各本作礦其義迥殊矣礦所以碎物而非碎也今正米部曰䃀碎也二篆為轉注䃀各書假䃀為之孟子假糠為之碎者破也䃀者破之甚也義少別而可互訓 碎散也廣雅釋詁三 一 碎壞也廣雅釋詁

𤭢 破也說文段注破上當有瓦字破下曰石碎也此曰瓦破也是二篆為轉注而形各有所从碎者䃀也𤭢則破而已 不必䃀也今則碎行而𤭢廢矣

輩 布對切 ○俗有輩 若軍發車百兩為輩說文段注蓋用司馬灋故言哉以若發聲今司馬灋存者尟矣引申之為什伍同等之稱加鄭注官正云使之輩作輩學相勸帥也 輩類也後漢書韋彪傳注循史傳注又太子子雜 位各殊輩注 輩比也一切經音義大引蒼頡○詩桑柔箋其處相輩耦行釋文云輩本作𨊠

妃 芳對切 平去兩讀注在彼○俗有娶

韻史 卷六十七下第十五部去聲既韻 六九八九

配 酒色也說文段注本義如是後人借妃字而本義廢矣妃者匹也 為配藙拔離也漢書揚雄傳上 配藙四施注引張晏 配林林名 禮記禮器必先有事於配林注 配配食也公羊宣三年傳王者必以 其祖配注 合食曰配 儀禮少牢饋食禮以某妃配某氏注 配成夫婦也左傳隱八年先配而後祖 賈注○箋按配之義有在引申段借之閒者配食之類是也有純乎段借者先配配匹之類是也詳妃下 配媲也配匹也配當也配對也箋按皆詳平聲妃下

崴 崩聲說文段注按此蓋即崴之或體耳○箋按崴見上聲內訓崩也

孛 𣎵孛也人色也故从子論語曰色孛如也說文段注有星孛入于北斗穀梁曰孛之為言猶𣎵也𣎵者多艸凡物盛則易亂故星孛為𣎵孛引伸之義詩浡字从孛色孛如也鄉黨篇文今作勃此詮人色之說也艸木之盛如人色盛故从子作孛而艸木奥人色當用此字○箋按說文𣎵下云𣎵孛艸木之見 孛者 何彗星也公羊文十四年傳昭十七年傳哀十三年傳○左傳文十四年注云孛彗也 孛彗類也

韻史 卷六十七下第十五部去聲既韻 六九九〇

是謂妖星所以除舊布新也漢書高帝紀上有星孛于大角注引李奇○公羊傳文十四年注云孛者邪亂之氣篲者掃故置新之象也 孛星星旁氣孛孛然也釋名釋天○漢書五行志 下之下云孛者惡氣之所生也謂之孛者言其孛孛有所妨蔽闇亂不明之貌也 孛之為言猶𣎵也穀梁文十四年傳又文選劇秦美新大茀經實注注又云彗不星也○漢書息夫躬傳又角星茀於河鼓注孛彗傳則狀不見而為彗茀注並云茀與孛同○箋按孛茀正借字非同借字也小類於大書不深攷誤認為一字槩的沿其誤孛下逐茀為重文矣韵學之紛紜大朝人職其咎

瞀 目不明也說文段注按此疑即眛之或字

怖 蒲怖作 恨怒也詩曰視我怖怖說文段注小雅白華念子懆懆視我邁邁毛傳曰邁邁不悅也釋文云韓詩及說文皆作怖怖韓詩云意不悅好也許云恨怒也今說文作恨似宜依恨邁怖之段借非有韓許則毛詩不可通矣許宗毛而不廢三家詩 怖怒也廣雅釋詁二

韻史 卷六十七下第十五部去聲既韻 六九九一

犻 發作拂 過弗取也說文段注此篆疑字五篇但云犬過廣韵但云拂取疑當合之曰犬過拂取

妹 莫對切 女弟也說文段注按釋名曰妹猶也妹昧也字當从未白虎通曰妹者皆也妹者末也又似从未○詩大明箋專之如天之有女弟疏云妹卯女弟又爾雅釋親云夫之女弟為女妹 女子後生曰妹詩碩人東宮之妹傳 爾雅釋親云男子謂女子後生為妹又公羊莊三年注云○男謂女先生為姊後生為妹○箋按左傳襄十二年疏云古人謂姑為姑姊妹者又之姊為姑姊父之妹為姑妹此說恐未諦 妹媦也爾雅釋親文引纂文○箋按廣雅媦妹也與此為稱注 妹者少女之稱易歸妹注又釋文又後漢書皇后紀注 兌為妹易泰帝乙 歸妹廣注歸妹征凶廣注序卦傳故受之以歸妹廣注○象下傳云歸妹天地之大義也又云歸妹人之終始也又干注云歸妹喪之女之卦也又雜卦傳云歸妹女之終也 妹昧也猶日始人歷時少尚昧也釋名釋親屬 妹者末也廣雅釋親○箋按晉語妹喜荀子及新序雜事皆作末喜則妹可从末末一字證也

沬邦紂之都所處也書酒誥明大命于妹邦鄭注○馬注云妹邦即牧養之地

韻史 卷六十七下第十五部去聲既韻 六九九二

眛

目不明也。說文段注今音眛在末韵眛在旅韵故从末之字見於公穀二傳及吳都賦从未之字末之見其訓昔日目不明何不類居而畫分二处且玉篇帳瞷二字之間云眛莫達切目不明蓋依說文舊次則知說文原書从末之眛當此在此後人改為从末則又增从末之眛於前也

昧

昧爽，旦明也。一曰闇也。說文段注各本作旦今正旦明者將明未全明也牧誓時甲子昧爽王朝至于商郊牧野言昧爽起行朝旦至牧野左傳晏子讒鼎之銘曰昧旦丕顯偽商書演其辭曰昧爽丕顯坐以待旦郊祀志十一月辛巳朔旦冬至昒爽封禪書昒作昧紀書旦又言昧爽者以辛巳朔旦冬至合前文貫帝己酉朔旦冬至為書明冬至均在朔之旦也經云昧爽天子始郊拜泰一明未旦時即郊拜泰一也內則咸人皆朶初鳴適父母舅姑之所未冠笄者昧爽而朝後成人也昧智古多通用而許分別之直以昧遠爽為早昧者未明也爽者明也合為將旦之偁闇者閉門也閉門則光不明明闇字用此不用暗暗者日無光也義界司馬相如傳阻深闇昧得燿乎光明口文選天監三年策秀才文注引易鄭注云昧昧爽也又荀子哀公君昧爽而衛冠注云昧爽謂初曉尚暗之時 昧未旦

韻史 卷六十七下第十五部去聲既韻　六九九三

也。書牧誓馬注○文選吳都賦昧旦永日剡注云昧旦清晨也 昧爽早旦也。書牧誓釋文 昧早也。文選東京賦辟注○左傳昭三年注云昧旦早也 昧冥也。楚辭懷沙日昧昧其將暮注人廣雅釋詁四又小爾雅廣詁又草昧經音義上引蒼頡○易象上傳天造草昧疏云昧謂冥昧 昧暝也。後漢書延篤傳注 昧 闇也。荀子哀公注 昧暗也。漢書中山靖王勝傳集注嚴助傳集注又後漢書蘇竟傳注○素問至要大論平野昧注云昧謂暗也 昧昧暗也。廣雅言一 釋 昧不明也。淮南原道神非其所宜而行之則注 昧昧欲明而未也。淮南俶真注始昧昧知 乃昧日中而昏也。易豐釋文引服虔 昧昏亂。左傳宣十二年注東攻弱昧 昧遠也。太玄聚注作昧 狂昧貪也。漢書匈奴傳贊集注叙傳上集注 昧猶貪冒。左傳襄廿一年注是故昧於一來 王叔公者謂之昧。荀子大略 目不別五色之章為昧。左氏四年傳傳廿 昧者萬物衰老取晦昧之義也。白虎通禮樂 昧微物也。易象上傳疏引重遇天造章句艸昧者物生

韻史 卷六十七下第十五部去聲既韻　六九九四

根也。詩鼓鍾疏 坤冥為昧。易象上傳虞注 兑為暗昧。易困鄭注 昧星之小者。易豐日中見沬釋文引子夏傳○釋文云沬鄭作昧引字林云昧斗杓後星又引辟注云昧輔星也 又明微故見 昧。易略例沬微昧之光也。易豐日中見沬釋文○按此謂沬即昧之段借字也又義海撮要大引易豐陸希聲傳云沬斗蓋謂斗之輔星 沬者不昧不忘也。周書王會注今人不昧佩之 昧莫廣 大見。文選吳都賦相與聊浪子昧爽之涧劉注 昧昧純厚也。淮南敘真其道注昧昧芒芒然 昧劉 也。公羊襄廿七年注推徵視 昧東夷之樂也 又北夷之樂曰昧。並堂按此段昧 為也 株

韎

韎或作 茅蒐染韋也。一入曰韎。說文段注小雅毛傳曰韎韐者茅蒐染韋也一入曰韎句所以代韠也士冠禮注云韎韐縕韍也此鄭以韎釋韎以韍釋給五葉一今濕故注云縕赤黃之間色所謂韎也格赤黃之間色曰縓系部曰縓赤黃色是也爾雅一染謂之縓者敘借字一入曰韎即一入曰縓也三君注國語云一染曰縓

韻史 卷六十七下第十五部去聲既韻　六九九五

詩箋云韎茅蒐染也茅蒐韎聲也給發服之韠合韋為之人駁異義云齊魯之間言韎聲如茅蒐字當作韎陳留人謂之儕卑注國語云茅蒐今絳艸也急疾呼茅蒐成韎此旨為詩之所謂茅蒐韎聲也士冠禮給注云士染以茅蒐因以名焉今齊人名蒨為韎句韐之制似韠已上諸文今本為外特甚忝為正之○萱按說文韎从末諸家莫介切之音由此也鄭君从未作韎其說為長不必讀莫介切也惟說文篆體非可執改作仍以韎為正體而韎從卅見傳學者有攻為 韎

即赤色。儀禮聘禮韎韋之弁疏又左氏成十六年傳有韎韋之跗注君子也 東夷之樂曰韎。詩鼓鍾以籥不僭傳又周禮旄人疏引孝經鉤命決○鞮鞻氏注云四夷之樂東方曰韎又文選魏都賦韎昧任禁之曲注云韎昧音東夷之樂○萱按鼓鐘釋文云韎本又作昧據周禮有韎師掌教韎樂則東即韎之借字而左賦李注韎昧二字正借並象又東都賦倈兜離又用佅為韎也 佅 昧東夷之樂也。禮記明堂位 北夷之樂曰昧。公羊昭廿五年傳以舞大夏注○萱按寃樂韎為正字昧則同聲段借也推公羊言北夷皆家當作東夷

曶

戴書作昒○去入网讀注在彼

韻史 卷六十七下第十五部去聲既韻　六九九六

眴目冥遠視也一曰久遠也說文段注冥當作瞑目雖合而能遠視也眴眴視也廣雅釋文

顧味前也說文段注前當作䓛味當作眛於當寿論語所謂正牆面而立也

胇本付切胇俗有作胇肺。金藏也說文段注按各本不完當云火藏也博士說以為金藏下文脾下文當云木藏也博士說以土藏肝下當云金藏也博士說以為木藏乃與心字下土藏也博士說以為火藏一例分慮書用引說文肺火藏也具所撮當是完本○禮記月令疏引異義古尚書說云肺火也今文尚書歐陽說云肺者金也又淮南時則祭先肺注云肺金也祭祀之肉先用所勝也一曰肺火自用具藏也又呂覽孟春注略同又淮南精神注云肺火也故為氣○萱按許奥高誘皆采存古今二說惟康成專主歐陽而五藏所偽之數定肺象金王於秋素問四氣調神大論遂之則傷肺注判集論肺藏於右注肺者金之精制割立斷古微書引春秋元命苞○白虎通情性云肺者金之又云肺義肺者氣之主也儀禮士虞禮舉肺脊二注特特牲饋食禮舉肺脊以授尸注

有尸徽疏○淮南精神云肺為氣又素問六節藏象論云肺者氣之本魄之處也其華在毛其充在皮肺者藏之蓋也素問病能論○痿論云肺者藏之長也為心之蓋也肺者相傳之官治節出焉素問靈蘭秘典論肺者太陰也素問水熱穴論肺勃也言其氣勃鬱也釋名釋形體肺之言敷也太乎藏肺注肺之為言費也白虎通情性○廣雅釋親云肺費也肺石赤石也周禮大司寇以肺石達窮民注肺肺猶胇胇也詩東門之楊其葉肺肺傳○上傳云胇然盎見胇削曰肺太乎親肺附乾餘注○萱按此段肺為柿也後漢書楊田傳風吹削肺亦言不柿也肺腑言如肝肺之相附史記親其武安侯傳蚡以肺腑索隱○漢書劉向傳臣得託肺附注引舊解云肺腑謂肝肺相附著猶言心膂也又田蚡傳注引晉解云肺附如肝肺之相附著也○萱按各傳本無肝字官系注家添設由不知肺為柿之借字而望文生說也且肺在心上肝在心下何以言相附著乎

柹

柿發作削木朴也陳楚謂之札柹說文段注朴者木皮也今慮曰江南名柹中國曰札山東

曰朴豆廣韵柹注曰斫木札然則札非簡牒之札乃柹之一名耳小雅伐木許許說文作所所毛云許許柹見送謂伐木所所之皮許云削木柹所木也傳氏家訓必云削札牘之柹又廣為之鹽恐非許意晉書王濬造船木柹蔽江而下柹之證也是書中山靖王劉向田蚡傳多言肺附謂斫木之柹札也已於帝空觀近猶柹札附於大木材也此柹之假借字也後漢楊由傳風吹削肺屑肺之柹之假借也一誤為肺再誤為嘯釋之者曰削嘯是屑肺之名絕無證據柹札柹言之為謂札牘之柹漢書注柹札字亦正用此也此箸語所出卉大篇柹肺沭字皆從之誤變作柹殊誤而柹之誤作佚果肺之說作乾肺沛之作米水其誤又不勝改也柹札也一切經音義十三引蒼頡○音義廿三引三蒼為云閣也謂江南謂斫削木云柹札中今之札或曰柹札片柹木札也史記惠景間侯者年表諸侯子弟若肺腑索隱○親其武安侯傳索隱云柹木札附木皮也柹謂斫木之柹札也漢書劉向傳注○田蚡傳注云柹斫木札也○萱按柹用肺者漢書為多者以肺本字釋之斯誤矣

萉

膹或○膹十三部十五部內見或書作蕡枲實也說文段注枲麻也枲實麻子也釋草作蕡周禮遺人草人

作晉喪服傳云苴絰苴麻之有蕡者也按麻實名萉因之麻亦名蕡草人用蕡說文菽下云萉之總名皆是蕡麻之有實者淮南說山見蕡而求成布注說林廣不類布而可以為布注○列子楊朱注引韓詩外傳云縕蕡異色之衣也萱按色赤黃故曰異縕蕡麻子也爾雅釋草蕡枲實孫注又淮南齊俗大胡人見蕡注麻藏也列子揚朱常衣縕蕡注○萱按釋草之漢書紋傳集注引鄧展云萉避也此段萉為腓

穳

稓也蕡莖不粘者也說文

費

散財用也說文段注論語君子惠而不費曰費猶惠也禮記緇衣費而煩注口費損也廣雅釋言又呂覽禁塞費神偃也注費耗也廣雅釋言費辭費也禮記表記費辭流費財也呂覽安死非愛其貴也注○萱按貴本謂散財引伸之財亦偁費費光見也楚辭招魂白日些注費

拂佹也禮記中庸君子之道費而隱注○萱按此假費為拂也道拂則隱道不拂則仕故注又云言可隱之節也

樻

木也說文

濭 溶也 說文段注水部曰溶濭也今俗字溶作涫濭作沸非也上林賦曰湁潗鼎濭嚴夫子哀時命曰氣溶濭其若湯 沸水聲也 文選上林賦沸乎暴怒郭注○萱按沸本音濭入聲而此為濭之省借字 沸渭不安也 文選洞簫賦悷𢜩以沸渭注引埤蒼

⿱非土 塺也 說文段注塺玉篇作塺⿱非土之言沸也

⿰足非 或作剕⿰足非 跀也 說文○爾雅釋言云跳刖也○萱按跀刖正借字也刖專行而跀廢矣 剕去臏骨也 漢書百官公卿表上正五刖注剕刖是斷絕之名斬足之罪左傳莊十六年注斷足曰刖疏 ○玉篇引字書云⿰足非亦跳字

屝 屨屬也 說文段注屨者屨也足所依也云屬者屨之麤者曰屝方言曰屝麤屨也釋名曰齊人謂艸屨曰屝按表服 傳管屨者菅菲也杜注左傳曰屝艸屨也菲者屝之假借字○廣雅釋器云屝屨也又方言四曰屝屨麤也徐兗之郊謂之 屝人禮記曾子問 不屝艸屨也 禮記曲禮釋文又左傳僖四菲釋文云菲艸屨年共其資糧屝屨又注又漢等

韻史 卷六十七下第十五部去聲既韻 七〇〇一

韻史 卷六十七下第十五部去聲既韻

武帝紀注○禮記曾子閻疏云菲謂麤屨也 麻作之曰屝 左傳僖四年疏 屝隱也 禮記喪大記釋文○萱按此叚屝為屝也

翡 赤羽雀也出鬱林 說文○淮南人閒注云翡赤雀 雄曰翡 楚辭招魂翡翠注又漢書賈山傳飾以翡翠注引應劭 雄赤曰翡 文選西都賦翡翠火齊注引張揖上林賦注○後漢書班彪傳上注云赤而雌曰翡 翡翠鳥名也 文選東京賦翡翠不裂薛注○一切經音義十大引字指云翡翠南方取之因其生子獑下其巢項可取子皆取其羽也又引南方異物志云翡大于鷰小于烏腰身通黑唯胷前背上翼後有赤毛翠通身青黃唯大翮上毛長寸餘其飛即羽鳴翠翡翡因以名為○萱按此即爾雅之翠鷸郭注所謂似燕紺色者也

⿱非蟲 蜚 或○段日今春秋經皆如此作古書多反為飛字 臭蟲負蠜也 說文段注按臭蟲下有蜚字甫云臭蟲也一曰負蠜也晝然二說如米部蠓下之並載三說也春秋莊二十九年秋有蜚左氏傳曰為災也公羊傳曰記異也穀梁傳曰一有一亡曰有漢五行志劉歆以為負蠜也性不食穀食穀為災按子駿益演左氏說也劉向以為蜚色青近

韻史 卷六十七下第十五部去聲既韻 七〇〇二

青眚非中國所有南越盛暑男女同川澤淫風所生為蟲臭惡是時嚴公娶齊淫女為夫人既入淫於兩叔故蜚至悖子政益演歆采之說而何休范甯皆從之也許列臭蟲於先而負蠜次之許意子政說長也負蠜與蠜畫然二物釋蟲曰臭蟲蠜也毛傳同許同此一物也釋蟲曰艸蟲負蠜也毛傳則云艸蟲常羊也常羊即負蠜鄭箋云艸蟲鳴則阜螽躍而從之是以謂之負蠜也劉子駿及許之負蠜即艸蟲也即常羊也左氏之所以釋蜚也至于臭蟲生南越而有于中國子政之說則然亦如有蜮有鸜鵒來巢皆本非所有公穀之所以釋蜚也釋蟲曰蜚蠦蜚郭云臭蟲負盤也故本艸經蜚蠊注艸經蜚蠊注家云辛辣而臭漢中人食之一名盧蜰一名負盤郭注亦謂此而許虫部蠦下但言蠦蜰不言蜚也似許不以蠦蜰與臭蟲為一物也本艸之蜚蠊非必淫氣所生劉向所以說經者又未必蜚蠊也故所云蠦蜰者蓋本艸之蜚蠊此云臭蟲者未必為本艸之蜚蠊也盤蠜二字尤不當牽混○公羊公羊莊廿九年經有蜚釋文云蜚臭蟲也又爾雅釋蟲疏引洪範五行傳云蜚負蠜 蜚屬蟲也 左傳隱元年疏引本艸 蜚負盤也 山海經中山經瑤碧之山有鳥焉恆食蜚名曰鴆注○東山經云有獸焉其名曰蜚

韻史 卷六十七下第十五部去聲既韻 七〇〇三

韻史 卷六十七下第十五部去聲既韻

廢 屋頓也 說文段注頓之言鈍謂鈍置無居之者也引申之謂凡鈍置皆曰廢淮南覽冥訓四極廢高注廢頓也古存之為置棄之為棄廢亦謂存之為廢棄之為置公羊傳曰去其有聲者廢其無聲者鄭曰廢置也于去聲者為廢謂廢畱不去也左傳廢六關王肅家語作置六關一淮南子齊俗倍不變其高注不煩市井之所廢莊子曰廢一於堂廢一於室仲尼弟子列傳子貢好廢居與時轉貨貲貨殖列傳作廢著鬻財徐廣曰著猶居也讀如貯廢之為置如阻之為存若之為快亂之去之為藏 為治

廢 置也 周禮春官序官籥師疏引鄭志又廣雅釋詁四又小爾雅廣言又莊子徐无鬼釋文又列子黃帝皆不廢棄于注○公羊宣八年注云廢置也置者不去也 廢舍也 爾雅釋詁 廢棄也 莊子讓王左手之則右手廢注 攫 廢去也 詩楚茨廢徹不遲箋又禮記檀弓下三臣者廢廢輒而設撥注喪大記廢床徹褻衣加新衣注○禮器諸侯之尊廢集注云廢猶去也 天子廢不收也 史記淮陰侯傳千人皆廢集解引晉灼 不用曰廢 楚辭台於退夫注廢 周 廢猶放也 周禮大宰七曰廢以叙其罪注曰 廢猶退也 周禮大宰三曰置以叙其吏注曰廢 廢休也 淮南原道車車而無廢注 廢止也 爾雅

韻史 卷六十七下第十五部去聲既韻 七〇〇四

韻史 卷六十七下第十五部去聲既韻 七〇〇五

釋詁又管子內業注廢猶罷止也禮記中庸半塗而廢注又疏○表記中道而廢注云廢喻力極罷頓不能復行止也則廢猶除也禮記曾子問廢喪疏廢伏也史記淮陰侯傳索隱引孟康○又引張晏云廢僵也廢弛也禮記學記教之所由廢也注廢失也呂覽誣徒道術之廢也注廢惰也左傳定三年廢於鑪炭注○董按隋廢者墮之省借字廢壞也漢書臨江閔王榮傳集注又呂覽堂行王者行之廢注○禮記少儀廢則而更張之廢敗毀壞亂無可因也注云廢病也莊子讓王釋文引司馬注○董按周禮廢疾字則廢之段借也廢虐毀殘也列子揚朱廢虐之主釋文不順不恕為廢家語顏回作不恒而施不恕也夫注心有四佐不和曰廢周書武順廢狀也詩四月廢為殘賊傳廢大也爾雅釋詁又詩四月釋文又列子楊朱○董按此蓋謂廢為發之借也大也注廢謂物貴而賣之史記仲尼弟子傳子貢好廢舉與時轉貨○索隱引王肅云廢舉謂買賤賣貴也又平準書廢居居邑索隱引劉氏云廢出賣也廢居者貯畜之名也史記平準書集解引徐廣廢舉謂佇貯也史記仲尼弟子

韻史 卷六十七下第十五部去聲既韻 七〇〇六

傳集解凡物無足稱廢儀禮士喪禮注廢敦無足者所以承米也疏○士虞禮主人洗廢爵注云爵無足廢爵曰廢腳跛蹇也淮南覽冥注○董按此廢之段借

癈

固病也說文段注按此當云癈固病也癈固為逞淺人刪癈字耳下文痼為久病瘖固則經傳所云癈疾也其義不同皆本作痼疾也則尤誤矣癈猶癈固猶痼如瘖聾跛躃斷者依儒皆是癈為正字癈為段借字亦有段癈疾字為與癈字者按廢癈可入發代可去南人作韵書分別遂若約定俗廢矣古無去入之別○萱按周禮之廢疾淮南之廢腳即許所謂癈也

繳

雉射收繳具也說文段注以角為之蓋

吠

○俗有吠吠伐犬鳴也說文段注从口犬者動口之犬也字林作吠則為形聲字太令曰鴟鳴在林吠從犬經文選注引戰國策作吠亦是形聲字吠鳴也廣雅釋詁二

鬻

○俗有狒鬻鬻鬻周成王時州靡國獻鬻鬻人身反踵自笑即上脣

韻史 卷六十七下第十五部去聲既韻 七〇〇七

董按上脣疑作脣上掩其目食人北方謂之土螻爾雅曰鬻鬻如人被髮一名梟陽从厶象形說文段注踵足跟也作蹉者誤食人已上見周書王會篇郭璞云亦見尚書大傳北方謂之土螻傳異名西山經說土螻狀如羊而四角不同此許作梟陽他書多作梟羊者鬻鬻梟羊也文選吳都賦寓寓笑而被格劉注○董按寓乃寓之古文俗誤用為寓字非段借之正也太沖不應有此或淺人校改耳爾雅狒字蓋亦俗改狒狒梟羊也爾雅釋獸狒狒如很髮迅走食人注人狒狒俗呼之曰山都爾雅釋獸注

未 晚對切

味也六月滋味也五行木老於未象木重枝葉也說文段注律書曰未者言萬物皆成有滋味也淮南天文訓曰未者味也律歷志曰昧薆於未釋名曰未昧也日中則昃向幽也廣雅釋言曰未味也許說與史記同天文訓曰木生於亥壯於卯死于未此即昧薆之說也木老則枝葉重疊故其字象之○白虎通五行未味也云未取其冥昧者也太[illegible]數辰辰戌丑未注日昳為未書無逸疏

韻史 卷六十七下第十五部去聲既韻 七〇〇八

未為執淮南天文未坤之位周禮大司樂函鐘為宮注太歲在未曰協洽爾雅釋天歲未土也其禽羊也論衡物勢未猶不也儀禮鄉射禮眾賓未拾取矢注未无也名國衆秦衆而能復徵也注未未謂將來宥子正論且徵其來也注未續也廣雅釋詁二○方言一云未續也或曰未及也

味

滋味也說文段注滋言多也食為味大戴記四代味者所以守民口也管子按度○禮記月令疏云左口者謂之味味者氣之父母也鶡冠子泰錄味謂五藏之味也素問陰陽應象大論補之以味注五味醯酒飴蜜薑鹽之屬周禮疾醫以五味五穀五藥養其病注○禮記仲尼燕居味得其時注云味酸苦之屬也又家語禮運五味六和十二食注云五味酸苦鹹辛甘五味事也鶡冠子夜行味之為言味也白虎通禮樂○又云西方之象曰味○董按此段味為昧也民不成味禮記檀弓上○董按此段味為沫

菽莖藉也說文段注見釋文艸部云五味也菽莖箸爾雅釋木○釋文云菽本作味○萱按即釋州之莖
藉也以其延蔓於木故又在釋木也本从味形聲不妨徑用味字矣

𩯁屈髮也說文段注當依廣韵屈上有髻字屈者無尾也引伸爲凡短之稱方言絡頭帞頭也紗繢髻帶𩯁帶帑幓
幧頭也自關而西秦晉之交曰絡頭南楚江湘之間曰帞頭自河以北趙魏之間曰幧頭或謂之帑或謂之幓其偏者謂
之髻帶或謂之𩯁帶按髻者髻短髮之偁方言之髻帶謂帞頭帶於髻上也帞頭之制自項中而前交於額卻繞髻

𩯁髻也廣雅釋詁四 𩯁帶幧頭也廣雅釋器 𩯁帶今之偏疊幧頭也方言注四

韻史卷六十八

泰興何萱石閭譔集 子度校字

第十五部入聲 上海顧錫麒竹泉覆審

訖韵上 武進李兆洛申耆鑑定

𪘲齕訖竟𣒊切

訖止也說文又尔雅釋詁又礼記緇衣說其青欲釋文又穀梁傳九年羅注又洪範五行傳鄭言于訖衆注又漢書訖傳集注谷永傳集注○礼記緇衣注云訖猶止也○漢書王莽傳訖竟也漢書西域傳上集注又後漢書和帝紀注伏湛傳注○王莽傳訖猶竟也中集注又後漢書疏又漢紀注下集注云訖猶竟也書秦誓民訖自是多盤傳集注○訖盡也書地理志上集注張敞傳集注○訖

既也周書呈門訖訖無所省録之兒書秦誓佗佗勇夫爲注○訖亦有注訖無所省察存說也義盍按馬本作訖勇夫謂其侍男無知不能有所省察存說也義數佗佗爲害又訖勇夫謂爲責声教訖于四海漢書作声教迄于四海此兩通

吃言蹇難也說文○方言十謰極吃也楚語注云謰極吃亦北方通語也 吃言之難也漢書周昌傳昌爲人吃 吃重言也一切經音義吃一引声類

乞檢𣒊切 气隸作乞去入兩讀○俗有吃乞一 雲气也象形說文○萱按本雲气字省作乞而用爲行乞之字又分兩讀詳見去

乞謂行匄也一切經音義二引蒼頡 乞者處其所而請與也穀梁傳五年傳八年穀梁傳

重辭也穀梁傳廿六年傳 乞者執謙之意不保必得之辭左氏傳廿六年經疏○昭十六年傳母或匄奪疏云乞之與乞一字也取則入声與則去声也萱按此之分別幾若約定俗成矣然古人政必

汔問𣒊切 汔水涸也或曰泣下詩曰汔可小康說文段注大雅民勞傳曰汔危也汔至亦未編井小狐汔濟廣韻曰汔幾也皆引神之義水涸爲將盡之時故引伸之汔義曰危曰幾也或曰泣下別一義○易未濟干注云汔涸也 汔幾也詩民勞箋釋文 又汔近也○尔雅釋詁云汔猶相摩近注孫注云汔盡也釋詁廣雅

汔其也○左傳昭廿年注又後漢書班超傳注 汔盡也萱按元帝紀迄可小康用迄爲汔

釳𦩅與馬頭上防釳插以翟尾鐵翮句象角句 所以防兩轤釳去 尔 木

之說文段注乘輿天子之車防古多作方方釳者其名下言其制司馬彪注輿服志曰乘輿金根安車立車皆方釳插翟尾劉注引顏延之幼誥曰釳乘輿馬頭上防釳角所以防網羅釳以翟尾鐵翮象之也○萱按得顏語而後象之義明翮者羽莖也蔡邕獨斷曰方釳鐵也廣數寸在馬騣後有三孔插翟尾其中薛解西京賦曰方釳謂轅旁以五寸鐵鏤錫此字有誤中央低兩頭高如山形而貫中以翟尾結箸之轅兩邊恐馬相突也蔡云在馬鬣後薛云在兩邊馬鬣之後正貫轅處也與許云在馬頭上者不同依西京賦既言錢又言方釳蔡邕曰金錢者馬冠也高廣各五寸上如玉華形在馬鬣前則馬頭上有金錢方釳下在馬頭也錢取叉字之義叉者揣蓋也然許云以防网羅里磯則應在馬頭上許意頭馬無金叉有方釳○萱按東京賦方釳左纛薛注云云段作西京賦筆誤也

尼 念泥切

平入兩讀 後從近之 說文○許平声 尼者近也 尔雅釋詁即尼也注又孫注○小尔雅廣詁云尼近 尼安也 廣雅釋詁一 尼定也 尔雅釋詁○注尼者私之定也 毋 尼止也 尔雅釋詁又孟子梁惠王下止或尼之注○萱按此段尼為泥渟字也去声泥下詳之矣○又按高宗肜日典祀無丰于尼釋文尼女乙反尸子云不避遠尼

尼近也今書及釋文尼悉作昵衛包筆所改耳

颲 亮泥切

颲颲疊韵逗 風雨暴疾也 說文

豑 鼂泥切

爵之次弟也虞書曰平豑東作 說文段注爵者行礼之器故从豊有次弟故从弟爵之次弟若士虞礼主人獻爵主婦足爵賓長繶爵祭統王爵獻卿瑤爵獻大夫散爵獻士及羣有司是也凡酒器皆曰爵則如礼運云宗廟之爵貴者獻以爵賤者獻以散尊者舉觶卑者舉角梓人云獻以爵而酬以觶是也平豑東作尭典文今尚書作平秩史記作便程周礼鄭注作書作辯秩許作平豑豑盖壁中古文之字如此孔氏安國乃讀為秩而古文冢從之許存壁中之字如鄭注礼經存古文之字注周礼存故書之字也

仡 仰泥切

勇壯也周書曰仡仡勇夫 說文段注秦誓曰仡仡勇夫某氏曰仡仡壯勇之夫公羊傳趙盾之車右祁彌明者國之力士也仡然從乎趙盾而入何云仡然壯勇兒若詩崇墉仡仡毛曰高大也引伸之義也士部引作圪圪 仡勇也 廣雅釋詁二 仡舉頭也 史記司馬相如傳仡以佁儗索隱引張揖又文選魯靈光殿賦仡奮豐而軒磬

注 仡仡武也 廣雅釋訓 仡仡壯健也 漢書李尋傳任仡仡之勇注 仡仡勇健狀 漢書揚雄傳上金人仡仡其承鍾虡兮注 仡仡強狀 書秦誓釋文 仡仡搖也 詩皇矣釋文 仡仡猶言言也 詩皇矣傳

𧺝

直行也 說文

圪

牆高兒也詩曰崇墉圪圪 說文段注大雅皇矣曰崇墉言言傳曰言言高大也又曰崇墉仡仡傳曰仡仡猶言言也依說文本作圪圪○萱按張載注靈光殿賦作崇墉屹屹亦段借仡字也說文無屹 圪圪高也 廣雅釋訓

虓

或書作虓 虎兒 說文

𠤕

平入兩讀 未定也 說文段注按未衍字也大雅靡所止疑傳云疑定也箋云止息礼十七篇多云疑立鄭于士昏礼云疑止句絕作正者誤立自定之兒于鄉飲酒礼云疑讀如作為者誤仡然从于趙盾之仡疑止句立自定之兒于鄉射礼云疑

止也有矜莊之色釋言疑休戾也郭云戾止也疑者亦止按已上疑字即說文之𠤕字非說文訓惑之疑也疑𠤕字相似學者識疑不識𠤕于是經典無𠤕于許書定也之上增之未字矣𠤕从矢声疑字在古音十五部故桑柔以與資維階為韵鄭注礼讀如仡若疑字古音在一部其字从子从止从𠤕省會意非矢声也

筆 丙泥切

○俗有岂 秦謂之筆 說文○萱按聿部之聿下云所以書也楚謂之聿吳謂之不律燕謂之弗此蒙聿而言故不更云所以書也 不律謂之筆 尔雅釋詁○注云蜀人呼筆為不律也語之變轉 筆謂書具之屬 礼記曲礼上史載筆注 筆述也述事而書之也 釋名釋書契○釋名釋天云筆星星氣有一技工本銳似筆也 筆謂增益也 華嚴經序音首義引漢書音義○漢書礼樂志筆則筆注云筆者謂有所增益以筆就而書也○萱按有漢碑岂字乃筆之異體字也戚伯著碑云岂墨敏疾又嚴訢碑云錢憤投声

觱

○俗有觱 羌人所吹角屠觱句以驚馬也 說文段注羌人西戎也屠觱羌人所吹器名以角為之以驚中國馬後乃以竹為管以蘆為首觱篥不載或云本出羌胡以驚中國之馬也按仌部滭冹今詩作觱

韻史　卷六十八第十五部入聲乾韻　七〇一七

發水部畢沸今詩作觱沸皆假借字也
觱沸泉出皃
詩采菽觱沸檻泉傳○瞻仰箋云觱沸出皃
觱發
風寒也
詩七月一之日觱發傳○萲按角觱屠之名自皂于後代而戴字蓋前已有故畢淺畢沸皆段借用焉

邮 品沱切
輔信也虞書曰邮成五服
說文段注輔信也相輔之信也信者卩也从比故以輔釋之周礼掌節掌守邦節而辨其用以輔王命邮成五服皐陶謨文今尚書作弼

弼
弻古文弜古文弗弓弼戉弼○勞俗有
輔也
說文段注輔者車之輔也引申為凡左右之偁釋詁曰弼俌也人部曰俌輔也俌輔音義皆同也詩曰交韔二弓竹閉緄縢傳云交韔交二弓于韔中也閉紲緄繩縢約也小雅騂騂角弓翩其反矣傳曰騂騂調利之皃不善紲檠巧用則翩然而反也士夾礼注曰秘弓檠弛則縛之于弓裏備損傷以竹為之詩所謂竹秘緄縢木部曰榜所以輔弓弩檠榜也然則曰檠曰榜曰秘曰閉者竹木為之曰注曰縢者縛之于弛弓以定其體也弓必有輔而後正人亦然故輔謂之弼
弼所以輔正弓弩者也
荀子臣道揹之拂注○萱按荀用段借字注改正字也又漢書東方朔傳云工以拂主之邪蓋寬饒傳云甄豐為大阿右拂又孝經注云左輔右拂又孟子告子下云入則法

韻史　卷六十八第十五部入聲乾韻　七〇一八

家拂士皆段拂為之
佛輔也
詩敬之佛時仔肩箋○萱按此段佛為弼
佛輔也
廣雅釋詁四
拂扶也
一切經音義十四引声類
右曰弼
礼記文王世子正義引書大傳○說苑臣術云有能亢君之命反君之事竊君之重以安國之危除主之辱攻伐足以成國之大利謂之弼○萱按語有語病
康潔而切直謂之弼
華嚴經音
義下引書大傳○大戴記保傳云潔康而切直匡過而諫邪者謂之弼
矯過為弼
國語越語帽輔遠弼注○大戴
弼者拂天子之過者也
弼戾也
漢書韋賢傳集注○五行志下之上君臣故弼茲謂悖注云○弼猶相戾弼重
也
尔雅釋詁
弼高也
廣雅釋詁四又方言十二
弼上也
廣雅釋詁一
弢擊也
廣雅釋詁三

𢍏
或書作賁猷
大也
說文段注此謂矯佛之大周頌佛時仔肩傳曰佛大也此謂佛即希之段借也小雅廢爲殘賊毛傳一本廢大也釋詁云發大也此謂發即希之段借字也○萱按四月廢大也是王肅義列子楊朱注同

齋齒詩 竟設切
二
訐
訐面相斥罪告訐也
說文○文選三都賦序莫不詆訐其研精注又漢書王商傳父子相訐音義引字林孟云訐面相訴罪也王商傳又云訐告斥其罪也又賈誼傳所上者告訐也注云訐謂相斥罪也又趙廣漢傳吏民相告訐注云面

韻史　卷六十八第十五部入聲乾韻　七〇一九

相斥曰訐文集注云兩相斥曰訐
訐謂發揚人之惡
後漢書袁安傳注○又論語陽惡訐以為直者集解引苞注云訐謂攻發人之陰私也又皇疏云訐謂面發人之陰私也
訐謂橫議是非也
後漢書申屠蟠傳注
訐攻也
後漢書王符傳注
訐正也
後漢書李雲傳注

揭
去入兩讀注在役○俗有揭擛

趨
趍趨也
說文○萱按趍趨双声字趍下云趍趨怒走也

穭
禾舉出苗也
說文段注何休曰生曰苗秀曰禾禾秉初擬出于苗是曰穭既成則屈而下生夾周頌曰驛驛其達有厭其傑毛云達射也有厭其傑言苗厭然特美也毛鄭釋詩皆謂苗訐云禾舉出苗則謂采手部揭者高舉也音義略同
穊謂之穭
廣雅釋器○萱按此義絕殊故旧同揭然義異耳音不異

羯
羊羖犗也
說文段注羖當作羖羊廣雅曰羖羊犗曰羯牛部曰犗者騬牛也按小雅傳出童羖鄭云羖羊之牲牝牡有角則鄭羖羊羖者有牡牝與訐說殊疑鄭說卽郭所云今人便以牂羖名白黑羊也黑羊則名羖牝牡皆角故童羖為難白

韻史　卷六十八第十五部入聲乾韻　七〇二〇

羊則名牂牝者多無角故訐別言牂羊生角者
羯犍也
廣雅釋獸○一切經音義五引徐廣云羯羠益犍羊也

孑
○俗有釨
無右臂也
說文段注引申之凡特立為孑詩曰孑孑干旄又曰靡有孑遺方言曰戟而無刃秦晉之間謂之釨釨即孑字左傳正作孑○尔雅釋魚釋文引字林云孑無右臂
孑餘也
廣雅釋詁三○方言二云孑餘也周鄭之間或曰孑青徐楚之間曰孑
孑短也
廣雅釋詁二
孑俊也
方言二
孑然全體之皃
國語周語胡有孑然其效戎翟也注
孑然獨立皃
漢書高惠高后文功臣表注
孑然遺失也
詩雲漢箋
孑蜎延首之皃
文選魯靈光殿賦鹿子蜺以蟜儀注
孑孓蜎也
廣雅釋虫
孑戟也
廣雅釋器
釨戟也
同上
孑或謂之釨
方言九
釨取名於鉤釨也
方言九注
狹而短者曰孑盾車上所持者也孑小稱也
釋名釋兵

剚
剚楚人謂治魚也
說文段注楚語也薊以為声
剚劃也
廣雅釋詁二

趣
走意
說文○廣雅意作皃

絜

〇俗有娶潔潔麻一耑也說文段注一耑猶一束也耑頭也束之必齊其首故曰耑人部係下云絜束也是知絜為束也束之必圍之故引申之圍一度曰絜束之則不纖曼故又引申為潔淨俗作潔經典作絜〇一切經音義十六引字林云絜麻一耑也絜約也荀子非相注絜約束也〇莊子人間世絜之百圍釋文引文選過秦論注引莊子司馬注絜繞也漢書高帝紀上集注絜圍度也管子版法大舉而絜謂圍束之也漢書陳勝項籍傳贊與陳涉度長絜大注絜猶結也挈也礼記大學是以君子有絜矩之道也絜者言陽氣布暢萬物訖止始絜修整也荀子不苟君子絜其辯而同焉者合矣注定疾續漢書禮儀志上絜水多約絜尔雅釋水簡絜注又孫注云絜言河水多山石治之苦絜〇李注絜絜罵矢也周礼矧矢枉矢絜矢釋文絜淨也礼記曲礼上疏不汚曰潔楚辭朕幼清以廉潔兮注絜靜也廣雅釋言絜鮮靜也文選補亡詩鮮絜尔晨餐注管子水地云鮮而下垢潔也〇絜猶清也礼記鄉飲酒義主人之所以自絜而以事賓也〇後漢書列女傳注云潔猶清也絜明也史記五帝

紀直哉維靜絜正義潔白也廣雅釋器潔者飾也詩谷風傳屑潔也疏潔確也確然不羣兒也釋名釋言語厚志隱行謂之潔賈子道術潔廉謂不營於貨色大戴記文官人潔廉而果敢者也注〇萱按校官碑陷公儀之桐柏碑稱絜沈祭夏承碑忠絜清肅白石神君碑絜其粢盛此皆作絜未嘗用俗字也又國語周語姑洗所以修絜百物也儀礼大射儀注作姑洗所以修潔百物絜清也玉篇

鷊

或書作鵔鷊鶃逗鶂屬說文段注南都賦其鳥則有鶃鷊鸍鶃李引說文曰鶃鶃則鶂屬按鶃皆鶃之誤故李音雅机反與集韻牛韓切同若鶃則五歷切在今錫韻不相誅也

竭　儉列切

員舉也說文段注凡手不能舉者負而舉之礼運五行之動迭相竭也注竭負戴也承部曰竭其尾李九翰林論云木氏海賦壯則壯奕然而首尾也狀若文章亦將由未成而然也竭負擔也竭敗也宣十二年傳且律竭也注竭亡也呂覽權勳而醢寒注竭滅也淮南主術竭注竭盡也竭涸也仆猶言匍匐也注荀子儒效注云竭蹶顛倒也

此皆假竭為渴之詳在彼

渴

盡也說文段注渴竭古今字古水竭字多用渴今則用漱為渴字矣〇廣雅釋詁一云渴盡也竭盡也礼記大傳人道竭矣注又左氏傳十五年傳外彊中乾疏又周書周用道者終不竭注又國語周語其竭也無日矣注晉語竭力以從事注又漢書成帝紀集注又語管子入竭觀則國之情偽竭辭則不在敬注國矣注又荀子王霸而百地之地是以竭戾之原注之精偽竭歷神腹滿呂覽精河下謂天之地竭注本竭之法地上騎竭悉以竭力矣則說林江水之源淵泉不能竭注修務其力竭勞功注竭躬為竭也下竭注淮南沮注又文選思玄賦〇萱按不竭雅竭是水涸之名二年傳宣十不竭不洛竭而夏已注與此為轉注釋詁涸渴也窮也荀子修身而不竭注齊渴澤故水處也周礼草人渴澤用鹿注渴澤漏澤也淮南本經竭澤而漁注

揭

去也說文段注按古文人章多言揭來猶來也〇廣雅釋詁二又後漢書張衡傳注又文選蜀都賦殆而揭來相與刈

注思玄賦同志竭來從下元隷舊注亟云竭去也竭去意也漢書司馬相如傳十竭輕舉而遠遷注竭武兒詩伯兮伯兮竭兮注竭武壯兒詩碩人庶士有竭傳

碣

口曹古尸三文特立之也東海有碣石山說文段注碣之言偈也碣石山見禹貢地理志右北平郡驪城县大碣石山在县西南非東海郡也東海字疑誤〇漢書武帝紀至碣石注云碣然特立之兒也碣碑之類封氏聞見記〇又云碣其字从石木后人以后為墓碣因變為碣

楬

楬櫫也春秋傳曰楬而書之說文段注楬櫫三字句楬櫫見周礼職金注楬而璽之注云楬書其斂量以著其物也今時之書有所表識謂之楬櫫曰楬櫫代也廣韵曰偈櫫有大表識楬櫫漢人語許以漢人常語為訓故出櫫字于說文所表號也此小徐本而語以不完古也漢書揭代說文曰椓代子瘞痕而書死者名也師古代也之云蓋本說文代字當作弋今字揭而行楬廢矣春秋傳曰楬而書之末見疑是引周礼楬而璽之〇周礼蜡氏則令埋而置楬焉司農注云楬欲令

其識取之今時楬櫫者也物有標榜皆謂之楬封氏聞見記云楬即今之板書周禮職金
注既楬書揃其數量又以印封之疏楬著其物也周禮泉府物楬而書之司農注楬之若今時爲
書以著其幣周禮執幣以書楬之司農注府別各爲一牌書知善惡價數多
少謂之楬周禮職幣疏

𦶇

𦶇氏作𦶇車逗芼輿也說文段注𦶇芼車輿皆疊韵離騷上林賦皆作楬車廣志曰黃葉白華○董按𦶇作
𦶇者揭且輿訓予之舊澗

芼芼輿也說文三字句

挈縣持也說文段注縣者系也下文云提挈也則提與挈皆謂縣而持之也今俗語云挈帶古段借爲契絜字如爰挈我龜傳曰挈開也又如挈持也荀子議兵持挈司詐注又莊子在宥釋文引廣雅賦字下云樂浪挈令挈提也
廣雅釋詁四○公羊襄廿七年傳挈其妻子注云挈扶提也挈猶提挈也公羊桓十一年傳挈子祭仲也注

挈謂執提也漢書韓信傳信挈其手注挈提舉也荀子王霸結固以呼禮義而無以害之注挈舉
也荀子勸學若挈裘領注又淮南俶真提挈天地注○荀子富國有持挈伺詐注云挈舉其過董按伺詐議兵篇作司詐疑史記
伺字挈猶傳也或以挈爲舉穀梁宣十一年傳挈國之辭也注挈猶言垂也
誤司馬相如傳挈三辰集解引徐廣挈結也結束也束持之也釋名釋姿容挈要也
之讙莊子大宗師以挈天地釋文引司馬注○漢挈持也秦曰挈方言
書張湯傳廷尉挈令注云挈獄訟之要也挈知也莊子庚桑楚其
六挈獨也廣雅釋詁二挈成也莊子釋文引崔注挈然釋文
引向挈壺者懸繫之名詩東方未明序箋挈壺氏掌漏刻者疏挈猶言持挈也
注荀子議兵持挈司詐注挈刻也挈缺也挈絕也董按此皆段挈爲契
挈司詐注廣雅釋訓○董按契契憂兒也楚辭聲下詳之而委棟
憂也此段契爲挈也契契憂兒也兮注○借費執契爲挈
桃也又爾雅釋訓云桃契契愈遐急也契闊勤苦也詩擊鼓死生契闊傳云契闊勤苦也○大東契契寤歎傳云契契憂苦也

挈

○董按此亦挈之義也古挈契互相借校官碑云衆爲挈聖受禪表云書挈所錄史晨奏銘云孝經援神挈皆段挈爲契魏

鍥

去入兩讀注在俗有鍥說文段注方言曰刈鉤江淮陳楚之間謂之鉊或謂之鐹自關而西或謂之鍥刀部曰䂭鐹也
即方言云之鍥刈鉤也○廣鍥刻也荀子勸學鍥而舍之注○董按
雅釋器云鍥鐹也此段鍥爲契也左傳契其軸今
本作鍥其軸契

桀

○俗皆借字也說文段注裴駰引謚法曰賊人多殺曰桀故引伸爲桀
有桀俗作磔說文段注毛詩雞棲于杙爲桀其引伸之義釋宮作桀俗字
也左傳桀石以投人此殘義損善曰桀呂覽功名桀紂貴爲天
段桀爲揭也揭高舉也子注○獨斷下云殘人
多壘桀健也詩碩人庶士有桀堅也漢書趙充國傳集注桀去也
曰桀釋文引韓詩二○董按義桀擔也左傳成二年桀石以投人注○
廣雅釋詁士有揭互假桀桀猶驕驕也董按不如段義謂假桀爲揭也
同揭與庶亦雅釋宮釋詩甫田維莠桀桀注
桀杙也文引字林

桀五桀之狀甚醎以苦地管子桀特立也董按此段桀爲傑也乃
傑

傑執也材過萬人也說文段注傑執也以疊韵爲訓執也李
引伸爲執力字傑者言其執傑然也衛種
傳曰傑特立也○左傳宣十五年注後絕異也疏引辨名記云萬人曰傑又曰聖人毛字
萬人曰傑又曰虎通聖人引別名記云萬人曰傑楚辭大招豪傑又聖兒風執
孟子公孫丑上俊傑在位又呂覽孟夏命者太尉贊傑偶注云千人曰傑
執政注云萬人才曰傑又呂氏春秋聽言者注○國策齊策注小國英
爲俊萬人倍萬人曰傑荀子非相注傑勝數萬人曰國策注千人曰傑又英
人爲傑注云才過千人爲傑注云才過萬人曰傑又春秋繁露爵英千人曰傑又
淮南時則注云才過千人爲傑又春秋繁露爵
國云百人者曰傑董按此皆所聞異辭小有異千人曰俊萬人
曰桀史記屈原賈生傳誹俊疑桀索隱引尹文子○呂覽孟秋
豪桀簡練桀俊注云才過萬人曰桀又曰俊又功名人主賢則
千人曰歸之注云才過百人曰豪桀曰英桀言賢也之詩伯兮傳
千人曰桀○董按此皆假桀爲傑桀兮伯兮桀兮人邦之桀特
立也詩伯兮傳○呂覽下賢桀乎傑謂其中特美者詩載注艾傳
然特其必不渝移也注云桀特也傑謂其中特美者
美也桀言桀然特出也三漢書高帝紀下注一國高者爲傑言桀苗楚辭非俊
沃楚辭懷厭

疑俊兮注大拓舉俊歷陛注賤爵祿不撓上者謂之傑韓非子說使傑者俊秀之
名疏詩伯兮傑俊能者也礼記月令注云傑俊謂多才。疏埶傑先長者詩載芟有厭其傑箋

謁 隱列切

白也說文段注廣韵曰白告也按謁者若後人書刺自言爵里姓名並列所白事。小爾雅廣言又國策秦策臣請謁其
故注經云謁白也又漢書百官公卿表集注引應劭云謁請也白也謁請也爾雅釋言又方言卷一相謁而餐注又詩
耳序而無險詖私謁之心箋又禮記曲禮下能典謁矣注又左
傳昭十六年宣子謁諸鄭伯又國語越語臣國謁之注又史記
吳大伯世家而謁王僚欲隱又荀子大略婦謁盛與注又列
子天瑞弟子故有所謁釋文○隱山海經大荒北經有章尾山有
神人風雨是謁是謂燭龍注謁告也爾雅釋詁又儀禮聘禮乃
云風雨是謁言能請致風雨注謁告也謁閽人注覲禮擯者謁諸
天子注又禮記月令大史謁之天子注又左傳隱十一年唯我
鄭國之有請謁焉注襄廿七年使驛謁諸王注又周書世俘謁
戎殷于牧野注又國語魯語又何謁焉注晉語謂謁者曰注不
謁而歸注又國策秦策請謁事情注齊策使太子謁之君注又
列子說符使遽人謁之注○儀禮覲禮注云謁猶告也謁詣也詣
也又管子小稱故臣且謁之注云謁謂有所告之也

告也書其姓名於上以告所至詣者也釋名釋書契謁見也左傳昭四年入
帝謁注謁舍今之客舍也漢書食貨志下坐肆列里肆謁舍注

竭

壁間隙也說文段注隙者壁際也壁際若壁之釁也亦曰竭此古義也今義擴也讀同壘邊後人所用俗字也

暍

傷暑也說文又大戴記保傅暑而暍注又荀子富國之曰使民夏不死暍注。段大令云今俗語謂鬱蒸之暍本無其字暍中熱也北山經
有○俗暍即此字○當按鬱蒸之暍而變矣
聲如遏借之字也音亦隨俗之已而暍北山經
而假借山有鳥名鸞鶝食之已暍注云暍死中熱死
北鬣之武帝紀民多暍死注○
漢書

扁

屋迫也說文段注扁之言遏也

饁

或作餉田也詩曰饁彼南畝釋文段注釋詁云饁饋也又禮記曲禮大宗伯若大甸則帥有司而饁獸于郊注又左傳僖三十三年其妻饁之傳注又國語
後漢書馮饁饋也周禮小宗伯及郊祀饁若大甸則師有司而饁獸于郊注又漢書食貨志工其注
衍傳注詩七月釋文又左傳僖野饋曰饁又左傳饁之傳注州三年
饁野饋也州三年釋文引字林

晉語注

饁饋饟也詩載芟有嗿其饁注饁饟饋也詩甫田箋

婁 向列切

婁姎也說文段注婁當是嫪舉字婁喜也廣雅釋詁一

歇

息也一曰气越泄說文段注息者鼻息也息之義引伸為休息故歇之義引伸為止歇泄當作渫此別一義
越渫扰瀰溢也七發曰精神越渫百病咸生李引高注呂氏春秋曰越散也引鄭今毛詩箋曰渫發也文選顏延年和謝監靈
運詩芬被歌蘭若注云歌氣越泄也歌泄也廣雅釋詁二歌洞也方言十二歌竭也廣雅釋詁
盡也注左傳宣十二年憂未歌注襄廿九年難未歌注
歌前者無壁也今廳是也左傳宣十
六年注謂屋歌前注疏

獨

有○俗獵獨獢短喙犬也詩曰載獫獨獢爾雅曰短喙犬謂之獨獢
說文段注獨獢双聲字也○毛詩作獵爾雅又作獵今爾雅獵歇
釋文作獵乃轉寫譌字也○爾雅釋畜云犬短喙獵獢
騎田犬也長喙曰獫短喙曰歇田犬也詩駟驖傳○釋文云獵獢短喙
歇皆借字按獵與獢

俗

篇 念設切

十五部十六部兩見注
在彼○俗有鈥鉏鑷

㕣 亮設切

隸作巜偏旁作歺水流巜巜也

列

○俗有剝烈分解也說文段注列引伸為列之本義為分解也列也列之義古假借列字从刀𡿪聲
具烈也與列同蓋行列之列亦分也與管子法禁故下列如鄭風之
發五火列也是也列羽之列亦分也○周禮列法禁注故下列決之也大叔
管子輔列也與呂覽孝行注云列等也注○
大注列也列之列文選注遇文智章注注云○列別也又管子記礼
四月令諸侯之列注列別也小爾雅廣詁別集也注列次也又礼記
時戩爵列○疏文選東京賦注云列次謂義也又
礼記遷列可注也○漢書薛宣傳列集注又
注礼云作故有事第列次也太清道又漢書宣傳列蔡
注云與淳作有次序也後注○木平列高帝紀下宜通之
注如淳云列者即見序也列言漢書光武帝紀列位也左傳
紀上列列即徹見也又後漢書光武帝紀列位也左傳
入而注注爰注三年也以列注又國語晉語君入而十五年
注在末定列昭十三年又輕重列吕覽務列注近又國列持諫注
者定云淳與遷爵彥注輔大列解
歇列列云作故列之列烈也也
詩注爰列有事注列別亦是從說
使昭即者次可○疏也與也列文
勿十徹見第列文又上呂列羽引段
凭三度序也選小此覽同糵伸注
注年也列列東爾列孝賦為列文說
又輕稱也序京雅士行列行之
呂重列又也賦廣之列亦列本
覽以者後注太清詁遇文分之義
務列言漢○本道又智章也義為
列注見書漢平蔡漢注注與管古故
近又序光書攤列書云○宮子假其
刺國列武高列薛薛列周列法借字
持語也帝帝敵注宣就郊法禁列从
諫晉列紀度云傳別算注故為刀
注君位下宜列集也經下列函
國入也通之就注列列如分
語而十左度謂次又次決鄭骨
周末五傳謂義也管也之風之
語成年僖將也又子記礼也大叔

夫翟無列于王室注云列位次也又荀子王霸相者論列百官之長注云列置于列位也列等比也禮記服問上附
下附列也注○說苑臣術云列士者所以參大夫也列行也周禮縫人疏又禮記喪大記大三列疏列謂行
列左傳昭廿九年寔列受氏姓疏又荀子議兵散則成列注列整也漢揚雄傳上集注列布也廣雅釋詁
三列陳也漢書司馬遷傳集注又廣雅釋詁二又小爾雅廣言列業也管子法禁家富于其列注列治
也廣雅釋詁三列者若今市中賣物行也漢書食貨志小者坐列販賣注列肆也漢書
劉向傳不改其列注引晉灼列隴也漢書劉向傳注引如淳列田之畦畤也周禮稻人以列舍水
注列埒不平均也淮南原道終身運枯形于連嶁列埒之門注列陽屬燕山海經海內北經○
又云列姑射在海河州中注云列姑射山名也莊子所謂藐姑射之山也列亦水名也今在帶方
帶方有列口縣山海經海內北經注列國謂大國也左傳莊十一年疏列星有列
位者二十八宿也荀子天論列星隨旋注列缺天門也漢書司馬相如傳下貫列缺之倒景

韻史　卷六十八第十五部入聲記韻　七〇三三

兮注○文選思玄賦列缺曄其昭夜舊注云列缺電也八列八佾也文選長楊賦八列之舞注抑列采
正服禮記玉藻非列采不入公門注列韞韋也大戴記曾子天圓割牲穰瘞注列割也文選射雉賦前
列前膺除注賦列生毳注坐內列蕃營之在內者也周禮師氏朝在野外則守內列注列之
言迾遮也萱按此謂列即迾之假借也禮記玉藻山澤列而不賦注
迾
遮也說文段注周禮假厲為之山虞澤虞卄人迹人厲禁大鄭云遮列守之是也禮記假列為之玉藻山澤列而不賦鄭
云列之言遮列也是也漢書假迣為之禮樂志鮑宣傳晉灼云迣古迾字是也西京賦迾卒清侯李引禮記注迾遮也此可證
玉藻注本作列之言迾遮也今本誤○萱按昌邑哀王髆傳集注亦引迾遮也
裂
或書作褻繪餘也說文段注巾部曰帗悕裂也幓殘帛也幓繪端裂也內則曰衣裳綻裂方言曰南楚凡人貧衣被醜
敝或謂之綫裂皆繪餘之意引伸為分凡分散殘餘之稱或假烈為之方言曰烈餘也晉衛之間曰烈齊語戎車待游車之烈
韋注云烈殘也古作褻通作列裂衣壞皃方言三注裂裁也廣雅釋詁二裂分也廣雅釋詁一又釋

韻史　卷六十八第十五部入聲記韻　七〇三四

淮南覽冥九州裂注又楚辭逆紛精越裂而衰耄注裂分離也莊子天下道術將為天下裂注裂死
也後漢書楊倫傳注裂眦瞋目皃後漢書竇憲傳注
烈
大猛也說文段注大雅曰載燔載烈傳曰傅火曰燔貫之加于火曰烈商頌曰如火烈烈引伸為光也業也又方言曰
餘也按烈訓餘者盛則必盡盡則必有所餘也又鄭風烈具舉傳曰烈列也此謂烈即列之假借字列者古迾字也○漢書鼂
錯傳集注云猛火曰烈烈熾也孟子滕文公上益烈山澤而焚之注烈猛也漢書五行志下之上集注敘傳
下集注烈藝也詩生民箋○大叔于田疏云爛然謂之烈烈暴也方言十三烈曝也廣雅釋詁二
烈酷也漢書敘傳下集注又文選幽上林賦吐方揚烈注○漢書司馬相如傳注云烈酷烈烈慘也後漢書馮
衍傳注烈烈猶栗栗也詩四月冬日烈烈箋烈威也書越語幾乃光烈武王鄭注又國語周語覲武
無烈注能定武烈者也注烈猛威也漢書刑法志其使民也酷烈注烈烈威也尒雅釋詩詩長發相土烈
烈傳又漢書宣帝紀集注引文穎蕭望之傳集注烈烈威武皃詩黍苗烈烈征師箋長發傳烈烈盛

韻史　卷六十八第十五部入聲記韻　七〇三五

也文斧將日失烈烈注烈光也爾雅釋詁又詩烈文傳雝既右烈考箋又孟子滕文公下武王烈注烈明也
國語晉語君有烈名注又淮南高注烈顯也左傳哀二年烈祖康叔注又國語晉語注烈美也詩賓之初筵烝
衍烈祖箋又史記秦始皇正義烈功也國語晉語君驕泰而有烈注又淮南要略此鴻烈之泰族也注修務烈藏廟堂
注烈業也尒雅釋詁又詩思齊烈假不瑕傳執競無競維烈傳武傳同又禮記祭法此皆有功烈于民者也注祭統
功烈勳勞慶賞聲名烈于天下注表記后稷天下之為烈也注又書大傳歌先人之功烈德澤也注又左傳宣十二年傳又國
語晉語唯無德而功烈多注又後漢書袁安傳論可謂王之烈注又淮南修務功烈不成注又文選赭白馬賦盛烈光乎重葉
注荅賓戲烈炳乎後人注引項岱秉德尊業曰烈周書謚法○後漢書光烈陰皇后紀注云執德遵業曰烈
有功安民曰烈周書謚法烈謂餘烈漢書異姓諸侯王表集注○尒雅釋詁云烈餘也烈憂
也廣雅釋訓烈烈憂皃詩采薇憂心烈烈箋烈烈然至難也詩蓼莪南山烈烈傳○萱按唐公房
碑厲蠱不遐即思齊烈假不瑕也烈厲一聲之轉

韻史　卷六十八第十五部入聲記韻　七〇三六

洌
水清也易曰井洌寒泉食說文段注井九五文辭干一云絜也崔憬云清且絜也皆無許合經云洌
寒故崔云既寒且絜絜許書有洌洌二義毛詩有洌無洌
洌清也廣雅釋詁一洌挈也易井釋文洌清
文選東京賦泉洌清薛注
澄兒
洌
○俗二潔洌也說文段注各本篆作瀨今正按瀨字即廣韻玉
有瀨皆引說文篇皆無之而孔沖遠大通正義李善注高唐賦
嘯賦皆引說文字林洌字是今本洌為瀨顯然也古罕用洌
字者如詩洌彼下泉有洌氿泉今本問曰謁為瀨寒冰洌○說文瀨下
云瀨洌寒兒詩曰二泉之有洌日瀨借字洌寒也泉詩傳下洌寒兒文選長笛
詩今作洌以東風用釋文本段借字
賦洌注引字林洌寒意也東詩大洌寒風也注文引字林
嘯賦注引字林洌寒風也
風兒漢書王褒傳注洌風
颲
颲颲也說文段注各本作烈風也今正詩二之日烈東說文作
颲颲蓋由部作瀨洌今本洌為瀨陸氏音義偁穴部而曰說文作
韵颲下曰颲颲暴風颲下曰風雨暴至亦可為證按凡烈風當
颲颲疊韻音同而誤也然可以證古本之颲颲餘辨實廣

栵
栭也詩曰其灌其栵說文段注大雅其灌其栵毛曰栵栭也許云栵栭也者字之本義非木名謂小木也
作此字其為別風
猛風曰颲風御覽九引風俗通
縱繳也許云栵栭也者為類
又加于栭以次而小故名之之本義取小枏加于桂枏加于曲栭也
許說為木本義毛傳為引假借之栭毛義栭○
爾雅釋木又詩皇矣陸疏並云栵栭
或書作栵詩云桑穰也
○俗有作穢注云荊荏菅也
㲋
梨
執戈鄭注荊棘荏也
詩說其本義也詩生民傳云荊
亦得謂荊桑菅穢也周禮不秋殘
之梨也略同禮折衷祀吉之釋文
荊穰也略同祀釋文則列
荊則皆得傳荊故經典多言
荊管言梨菅者刀之俗言
荊
芀也不說文段注檀弓君臨臣喪以巫祝桃茢執戈注
芀也不詳玉藻注膳于君有葷桃茢以巫祝荊
美荏者此統言不別也芀帚一帚苑退荊注荊荏茢苕帚所以埽不祥
用帚為之芀一名荊故帚一名荊荊苕帚所以埽不祥古周禮戎右贊牛

扣掌
設
蛚
耳荊注○表祝釋文云荊桑荏穰也○荏荊葉之蕈荊荊注引李巡云
按二物之為帚同故桑穰亦得以荊○蕈按本艸
荊一名荊
石共一名荊蕭豕首爾雅釋艸○蕈豕首
或書作蚓蛚說文段注天名精一名蟛蛚李巡陸璣郭璞玉篇廣韻皆云
以為一物與鄭注考工記蜻蛚一名蟛蛚但許書不與上文螿蠆為伍蓋不
記曰以注鳴者蜻列屬
蛚蟋蟀也文引字林爾雅釋蟲釋文
十四部去聲入聲
丙讀注在彼○十五部
斲
斷也說文段注易賁无敢折獄釋文引鄭注豊君子以
記說作斲子云折獄者必中刑不寀國策秦策剖腹折頤注又史記禮
又漢書貢禹傳集注師古注子夫集注引隱求均折斷分之也
以儀禮以九年左傳六藝折中
白腸折九箭注膚折
注折截也漢書揚傳折耳古文入傳宣十二年折截注周書克大殽
注折斷耳
集注引鄧揚傳折猶分也楚辭借誦令五首折縣諸漢書通
傳集注引蕪林傳折猶分也帝以折中分注折挫也蒯漢書
注荀子修身良賈不折下也詁一雅釋折難也季後漢書
為折閱不市注廣雅釋折難也育漢書傳

注折猶堅也呂覽審時斬木不折言傷害也詩將仲子無折
不折必穗注萬物折殂敗也史記淮南衡山列傳折我樹杞注兒為
敗之言也禮記祭法注○折瘍跛跌者不敢集解引張晏折兆注禳
折其右肱曰折蕭注禮記曲禮周金瘍醫之學視藥劀殺
易豐九三折其右肱釋文引鄭注云折口也漢書五行志下
之注齊說卦傳云兒為毀折漢書敘傳下折夭也懷短折注洪範五行傳
折謂夭也未婚曰折未三十短折禮記曲禮洪範注懸仁父衰子
曰折志下之上行未婚曰折洪範五行傳注鄭注又史折
口杜口也家語賢君忠傷草木曰折漢書五行志上為長者上折○
注云折口也士禮集解引書洪範五行傳上長者折枝孟
音義引陸注云折枝折艸樹木曰折凡節解者皆曰折
枝為肢之借字也折詁雖是枝解○按經典則此子梁惠王折枝
儀禮特牲饋食禮設折組其組是非可知也
組牲體也特牲饋食禮設折俎注云折者擇取牢正
體餘骨分用也又以牢特牲饋食禮其以為主婦之俎
婦以下俎也體盡人多折骨以為記之又左傳昭公二十七年司馬置
折組注云折俎體解節折升之於俎也禮記檀弓上疏注折屈
解節折升之于俎體折即是正除之義古禮記手折堅

也
國策西周策則周必折而入于韓注 **折曲也** 漢書郊祀志集注又後漢書董卓傳注又廣雅釋詁一又淮南覽冥
河九折注于海注○後漢書周燮傳注云折亦曲也 **折縈曲也** 荀子宥坐其萬折也必東似志注 **折還曲**
行也宜方 礼記玉藻注云折還中矩注○後漢書梁冀傳注云折腰步者足不任體 **折枝按摩折手節**
罷枝也 ○孟子梁惠王為長者折枝注云折枝若今之按摩也 **折猶屐也** 礼記抗木注抗禦也 **折縈也**
○荀子所以繫土折所以承之抗席也釋禮記雜記如形而后縮者入五無貫之空事
猶屐也方鑿連木為之所以承抗席也 **折承席也**
折封土謂祭處也折昭晢也 秦礼記祭法瘞埋于泰折祭地也注 **于東方曰折** 釋山海經大荒東經 **壇**
荒東折 折明兒子如在于側 注折斷而猶連也 義舊韻○蓋此
經如鼎折足手折其右引仲仍舊音古強
分耳此音也然實一義之引伸仍讀本音何傳乎傳不鉄則折
皆用此折音割曲礼鬐折之音逝檀弓折折不音頭又如西部
奏成力折音劃曲礼鬐折音逝
此等瓠析瑣屑疑皆後人所凝譏而非古音也

浙江水東至會稽山陰為浙江 說文段注會稽郡山陰二志同今浙江首紹興府山陰縣是其地今
俗皆謂錢唐江為浙江不知錢唐江地理志水經皆謂之江江
至會稽山陰古曰浙江說文浙漸二篆分劃然後人乃以折
昌漸蓋由二水相合如吴越春秋越王至浙水之工史記楚鹵
王盡取故吴地至浙江始皇至錢唐臨浙江皆謂是也今則江
故道不可考矣歟全氏楊私鑿曰班志南江在會稽吴县南東
入海揚州川北江在毗陵北東入海揚州川中江出丹陽燕湖
西南東至陽慧入海揚州川毗陵之北江下今大江其燕湖之中
江湖县之南江遷流湮廣注班志石城下云分江水首受江東
至餘姚入海過郡二行千二百里說文浙江水至江會稽山陰為浙
江闕駰十三州志曰江水至會稽與石文浙江合灼亦云水經江
水又東至石城县分為二其一東北流過毗陵县北為北江其
一又東至會稽餘姚县東入于海鄞注汙水篇曰江水自石城
東出為南江又東遷宣城之臨城县南又東遷安吴县又東遷
宰國县南又東遷故鄞县南安吉县北又東北為長瀆歷湖口
又歷烏程县南通餘杭县則興浙江合又東遷餘姚县故城南
又東注于海所謂地理志江水自石城東出遷吴同南為南江
者也楊謂分江水合三江吉之為南江抗岷江合言之為北江
班氏備列南江中江北江以應職方揚州其川三江其于石城

著南江源委猶于湔氐道著北江源委故志于中江言出蕪湖
西南東至陽羨入海至南江北江但云東入海以入海之地已
互見于石城湔氐道也是分江水為南江即志
文考之蓋明鄭注能說南江而不說中江耳
惁敬也 說文段注口部哲下曰知也惁与哲義殊口部云哲或从心作惁蓋淺人妄增之因古書聖哲字或从心而合之也
惁惁憂也 廣雅釋訓 **惁明也惁智也** 蓋按此哲假惁為哲也
嚞 古文○俗 **知也** 說文段注釋言曰哲智也方言曰哲知也古有喆字
為哲有是段借○詩下武注哲知也
傳又左傳襄二十年注其惟哲人並云哲知也哲婦頃城
齊宋之閒 **哲智也** 太平御覽引尚書大傳鄭注哲知也
謂之哲 **哲大智也** 情事數聽用明哲法言先知
文選魯靈光殿賦注 **哲智也** 廣雅釋言 **哲謂多**
濟哲欽明詩仰箋 **惁智也** 書呂刑哲民惟刑馬注又爾雅釋言 漢書王莽傳中
謀慮也 漢書刑法志集注五行志中之下谷永傳集注 **惁明也** 漢書五行志中之上集注引應
惁知也 注五行志中之下谷永傳集注
漢書五行志中 上集注引應劭

哲
勁○蔓殺洪範明作哲鄭本用哲為之段借
与哲同意又鄭旻碑既明且哲則用俗体字
我作晰喇 **昭哲運明也禮曰哲明行事** 說文段注周易王弼本明辨哲也陳風明星哲哲傳曰哲
哲猶煌煌也洪範明作哲鄭曰君視明則臣視哲按昭哲皆从
日本謂日之光引伸之為人之明哲口部曰哲知也礼謂十七
舊也士冠礼宰告曰質明行事鄭云質正也今文許所據作哲明以
戴記礼器禮義內吉曰質明推之戴記馮多从今文則知質明今文
哲明古文者略也鄭不 **哲明也** 後漢書馮衍傳注哲明也 大戴記文王官人注
又後漢書張衡傳注 **哲大光明也** 文選東京賦注
鞄 俗古有文斯○ **柔革也** 說文段注此注云柔當作柔謂蘇革上之柔云柔革者皮也御覽三
百五十八引埤
蒼云鞄柔革也
徹 古文○ **通也** 說文段注孟子曰徹者徹也詩徹彼桑土傳曰裂也徹通
徹俗有徹 我牆屋曰徹天命不徹我徹田為糧徹我疆土曰徹治也各本作徹今正
斛之而通字可以括古有徹無徹○論語顏淵盍徹乎集解引

鄭注又國語楚語攝而不徵注又廣雅釋詁一又小爾雅廣言
又莊子愍帝王物徵疏明釋又引司馬注並云徵通也又穀梁
哀十二年疏又後漢書陸康傳並云徵者通也徵達也左傳二年昭徵命于執事注又國語周語其何事不徵注魯語
焚煙徵于上注吾語果無不徵注又楚語之注越語不敢徵吾聲闢言天王注又小爾雅能徵徵道也
月之注又大小宗師義賈注孟子公孫丑上注云徵取也
道也又莊子不敢徵取也
田傳崧高徵即傳徵明也
申伯土田傳徵云疏○剝脫之義注云丰徵与彈扰除○徵壞也鄭注射礼何廣雅釋詁徵彼岐一又人上注楚辭取○毋業有徵問也文
徵去也傳宣十二年上天物滕
注三弁○徵儀礼士冠礼樂也射徵注又文選長笛賦食舉上
注宮○徵之大夫射儀礼注大儀注又席注云徵去也徵也擁
司宮注○大夫無故不徵注曲礼下徵去也
緣注○徵大之注大射儀注又席疏礼記曲礼下徵亦去也
徵稅也○廣雅釋詁二礼儀礼詩公劉箋
徵猶去也徵衛不徵席注射儀又儀礼大傳
徵除也剝也詩鴟鴞田之亦十詩語又梁言

云什一而稅謂之徵又孝經疏引孟子刺徵司人之過也老子
熙注云徵家耕百畝徵取十畝以為賦也無德
司徵王注○萱按徵列也東齊曰徵方言三○蜀斷上云徵庚
司即分之同字羣臣異姓有功封者稱曰
徵庚避武帝諱改
曰通庚或曰列冊入謂之徵徵緊也說說然緊也釋名釋宮室
儀礼士喪礼徵帷注
帷居之
○俗有徵說文段注徵通也
徵撤皆當作徵徵發也引伸為凡發去之偁徵与徹義別
義或作屋徵撤乃當作徵之俗不訓謂除去若礼之有司徹客徹重席詩之徹
也廣雅釋撤去也論語也通撤取也廣雅釋詁一撤滅也廣雅釋詁二撤治
也詁三撤除也食集解引孔注撤蓋撤除也論語鄉黨皇疏○
撤同者在徵為撤去也華嚴經音義
引伸假借之義撤除也去也下引字書
軍法以矢貫耳也司馬灋曰小辠聅之中辠刖之大辠剄之說文
聅
屮或作艸木初生也象丨出形有枝莖也古文或㠯為艸字說文段注

丨讀若囟引而上行也或之言有也不盡爾也凡云古文以為
某字者此明六書之段借以用也本非某字古文用之為某字
也古時字少依聲託事至于古文以屮為艸字以正為足字以
丂為亏字以為訓字以為澤字此則非屬依聲或因形近
相借無容後人數尤者也
人
舌
舌在口所㠯言別味者也說文段注言下各本有也字口下曰
人所以言食也口舌去別味各依
文為義舌后字有互譌者如左傳古庸舌言也黃太吊舌吐
譌后庸周書后美女破后譌者舌是也說文段注白虎通
也舒泄所當言也形體釋名
舌能知味亦能出音聲滋液
舌所以司辨五味也素問陰陽應象大論注在竅為舌心舌知食味者
礼記心舌宜去本末注○必牢饋食礼特牲饋食礼
佐食上利升牢心舌注云心舌知滋味
胥之官也人體委与國語周語而注使舌
釋薛兌為口舌易說卦傳
注舌為口舌賓注又說其輔頰舌
重舌謂曉夷狄語者文選東京賦注
舌重舌之人九上同
舌者機也說苑說叢
舌者兵也

舌維持庚者考工記梓人出舌个或謂之舌者取其出而左右
也考工記梓人上兩个与其身三注○儀礼鄉射礼記離舌香
倍躬以為左右舌注云居兩旁謂之个右出謂之舌
是艸萎可合香箋翻譯名義六引南洲異物志
盬也說文段注許意溫為火名凡盬煖字皆當作盬盬仁也从
四飼四引伸之則為盬煖毛詩傳曰薀薀而暑爔爔而熱
積溫為熱論素問至真要大論注熱爇也如火所燒爇也釋名釋天陽為大
氣故為熱五常素問要精微論皆在陽則熱注云熱為火熱注○熱復氣也素問
六元正紀大論熱者生之源老子靜熱中心中恐懼也孟子萬章上則
其運風清熱注熱勝
熱中注○素問腹中論夫子數言熱中
消中注云多飲數溲謂之熱中
切
熭列
蓺
切
哂例
設
設施陳也說文段注設施雙聲部曰施旗旖施也有布列之義
邑部曰徹列也然則凡言陳設者徹之假借字陳行而
儀礼士冠礼三設纚注又公羊桓十一年權之設注而
又廣雅釋詁三又呂覽重言胡不設不穀矣注又
設施也
敕
展
矣

淮南俶真設于無垓坫之宇注本經設樹險阻既修務設以攻宋注又楚辭大招設菰粱只注又文選東京賦設業設簴薛注

設陳也禮記月令整設于門外注又廣雅釋詁二

陳設謂彈畫也禮記經解規矩誠設不可欺以方員

注

設置也國策秦策張儀設飲注又漢書文帝紀故高帝設之以撫海內

設謂置設禮記經解疏〇荀子臣道正義之臣設注云設謂置于列位

設謂制置荀子議兵設何道何行而可注

漢書趙充國傳設以子女紹裳注

設安也不苟荀子踰黍大法略注設永

設大也不設疏四十引易

設合也廣雅釋詁二

郭稍大之也疏云設者脫〇史記魏其武安侯傳集注云設猶脫也

後鄭志訓設為大設重黎設奏

設假也

說文人如何注設

香艸也

說文段注香艸當作艸艸香刊向九數椒傻

馥馥香也廣雅

馥香艸也說文段注椒聊香艸也馥馥香兒

雅訓

揲

閱持也說文段注閱者具數也更迭數之也匹下四丈也从儿已八揲一匹按八揲一匹則五五數之也五五有由一

五二五數之至于八五則四丈皃毀辭傳曰揲之以四以衷四時謂四四數之也四四者由一四二四數之至若千四則得其

餘皃凡傳云三三兩兩十十五五者皆放凡閱持者既傳其數而持之故其宇从手

揲猶數也易繫辭上傳釋文

揲取也易繫辭上傳釋文引鄭注

揲積也廣雅釋詁一

甑刊切

榕

或書作篆

欂櫨也說文段注明堂位注曰山節刻欂櫨為山也栱楷論語禮器明堂位尔雅舊李皆作節〇尔雅釋宮

釋文引字林云楶欂櫨也又法言學行若斧藻其楶者也注云楶櫨也

楶即欂櫨所謂栟也漢書叙傳

上文棁之材注〇尔雅釋宮李注云傳櫨一名節皆謂斗拱也又文選魯靈光殿賦雲楶藻棁注云楶與節同〇

同音異部非一字也節郎声十二部咨声十五部

楶栭也文選吳都賦〇尔雅釋宮云栭謂之楶

㢟

火也說文段注方言曰㢟忪也孟子力不能勝非㢟雖猶注為小無方言同孫奭公音義得之作匹者方影部曰髮

髮㢟小也廣韵十六肩曰磯㢟小也方言饑爵注言饑戳也饑戳即礮㢟

㢟小也雅釋言十二又廣雅釋詁二

蟬有文者謂之蜻蜻其雌蜻謂之㢟方言十一

鬖

東髮㢟小也說文段注㢟與鬊豐約面小亦謂之䰇㢟通俗文曰露髻曰䰈露髻者士喪禮婦人髽于室注云既

去纚而以髮為大紒如今婦人露紒其象也注喪服亦云髽露紒也然則露紒漢人語謂不用纚髮之總露髮為髽也今乃婦

人無不露髻者又二京賦解訓䰇亦云露頭髻按鄭云大髻辟云㢟小者其辟異其為粗率之意一也

鶴

鸆鳥也說文段注鸆之言小也小鳥名也篇韵皆云小鸆

蠽

或作蚻蠽

小蟬蜩也說文段注謂蟬之小者也釋虫曰蠽茅蜩郭云江東呼為茅蠽似蟬而小青色方言曰蟬其小

者謂之麥蚻郭云如蟬而小青色今關西呼麥蠽按茅參取夛蠽蚻同字郭云蠽音蠹藏之蠹

蛍

蜻蜻尔雅釋虫〇萤按此蟬有文而雄者雌蜻曰㢟

淺設切

戳

〇俗有戳

斷也說文段注斤部曰斷者戳也二篆為轉注商頌九有戳箋云九州齊一戳然大雅戳彼淮浦傳云戳治也

廣雅釋詁一云戳斷也又詩長發疏云戳者斬斷之義

戳齊也漢書蕭望之傳集注

戳整齊也詩長發海

外有戳箋

戳直度也文選江賦迫張戳洄注

旁出為戳国語晋語不如戳而行注

戳猶阻也

穆天子傳四戳春山以北注

戳謂疲屬周礼大宗伯以荒礼哀凶札注

戳戳辭語

戳削省要

竊

盜自中出曰竊說文段注小徐曰所謂自中出也

無益而孚受祿竊也

竊著也

竊淺也

竊取也

青色又左傳昭十七年疏云竊丹淺赤也

竊竊猶察察也子

齊物論竊竊然知之釋文引司馬注○萱按竊察一声之轉故
以竊察釋也若荀子哀公竊其有益與其無益則假竊為察矣
竊竊計校之兒莊子庚桑楚竊竊乎又何足以濟世哉釋文○釋文又云竊竊作崔本察察竊竊細
語也莊子庚桑楚釋文引司馬注竊轡齧轡也莊子馬蹄詭銜竊轡釋文
臬　射墫的也說文段注墫的各本作準的今正土部曰墫射臬也
二字互訓日部曰的明也墫準的皆古今字李善
東京賦注引作墫可證古本不俗作字矣臬古假藝為之上林
賦弦矢分藝注引文穎曰所射準的為藝左傳陳之藝極皆是也
臬之引伸為凡標準法度之偁釋宮曰樴謂之杙在牆者謂之
臬康誥曰陳時臬事考工記匠人置槷郭曰賈侍中說臬法
度也皆臬之假借字也　臬即謂槷也　漢書鼂錯傳矢道同的注○司馬相如傳上熱殪仆注云藝謂射的○即今
之埰工槷也又穀梁昭八年注槷門中臬釋文云臬槷也○萱
按埶熱執同字漢書作藝文選作藝假為臬字不同也臬之訓
槷乃引伸之義惟門槷　臬即表也　考工記匠人注中　臬為準
則闑為專字臬為通借　夾樹八尺之中注
之義書康誥疏　臬極也廣雅釋詁一　又臬極也小爾雅廣言
語疏　臬瀌也小爾雅廣詁　藝極也周語　魯語

貪無藝注晉語貪欲無藝注
蓺質也詩行葦舍矢既均注
蓺射的也國語越語用人無藝注
射準的曰蓺史記司馬相如傳集解引徐廣
蓺極也一曰常也左傳昭十三年貢之無藝服注
也左傳昭十六年共之藝注
藝法制也左昭廿年布常無藝注
藝準也左傳文六年注○疏云
藝是準限
藝謂準法考工記匠人稅民無藝疏
正中者謂之槷槷方六寸小爾雅廣
器
槷亦謂柱也考工記匠人疏置槷以縣
槷搬也蜀人言搬曰槷考工記輪人牙得則
無槷而固

闑
司農注
槷或作
門梱也說文段注木部曰梱門橛也相合為一義釋宮橛
謂之閫古者門有二闑二闑之間謂之中門惟君
行中門主由闑外賈公彥聘禮疏所言是也禮古文闑作槷○
甚氏涌宮室圖曰爾雅釋宮云棖謂之闑閬謂之闑古文闑作
礼注云闑橜也闑梱也二者迴避盖闑為橫木東扃古合根門士冠
樞所附也闑則非門之所用康誥傳泉為法制之義古止一門下
必分三處故以兩闑限之中為中門東為闑東西為闑西此門
以謂之門闑也臬立而相臥豎然門物鄭氏注曲礼梱為門限所

武文訓闑為門梱訓閾為門橛與異鄭為是也賈氏云二闑其
說曰當而孔穎達則以為一闑而以倀之間為中門按根臬之
間大夫所行卿則近闑是近闑處尊于倀之闑之閒謂根闑之
間為中門可乎且賓不中門大夫中棖臬之間岂大夫轉中門
子以為中斷無此理且齊氏云君入必中門上介夾臬言君与
夾臬之左右若止一臬是介與君並行矣孔氏非也
闑朱也文廣雅釋室臬○萱按朱為一者因君之古文此則假為門限不
類齊漢矣凡臬門皆有梱梱史記為一物闑鄭君里以門限為也儀礼士冠礼
高其臬相是也臬門為君有門出非相教明注矣使以相門梱為門限也儀礼士
門中臬西注也凡臬門之君有曲礼臬相右注王闑門槷也說文布又漢于
書五行志下之工明記禮非臬右傳臬玉藻介拂臬注○士冠礼
疏云臬一之工礼記曲礼注王藻介拂臬注○釋文
名橛也　門中橛為臬釋文云
以蔑蔑賁以臬為注○
槷門橛也又云臬橛也
甈　或康瓠也句破罌也說文段注按康瓠下當有謂之甈三字康
已破矣無所用之空也瓠之言壺也空壺謂之甈破罌也罌
無用也法言曰甈陶天下者其在和乎剛則甈柔則甈之言滯而
已破矣無所用之空之而已釋器曰康瓠謂之甈之言滯而已此引伸

之義也　甈甊也廣雅釋器　甈裂也廣雅釋詁二　甈㛹也法言先知剛則甈注

峉　危高也說文　峉山高兒廣韻　嵽嵲山高集韻　巀山兒廣韻

孽　或作嵲嶭俗作櫱○
庶子也說文段注玉藻公子曰臣孽鄭注孽當作枿声之
謑也玉裁按此記文本作枿注曰枿當作孽後人
因注改經又因經改注師古匡謬正俗未之知也凡木萌旁出
皆曰孽人之子曰孽其義略同故古或通用固不必指為声
何注公羊曰庶孽象賤子猶孽也漢書劉向傳集注淮南王
樹之有孽生假其義矣　孽庶也　漢書劉向傳集注常悪
王舜傳集注○韓王信傳故韓襄王孽孫也注
耳又吳濞傳故孽子悼惠王注云孽亦庶子也
庶孽注匡謬正俗三○文選洞簫賦非嫡正之子曰孽
注引字林云孽子庶子也　孽史記呂不韋傳子楚
秦諸庶孽　孽之庶也　傳孽代其宗注云孽支子也○書大孽
隱　孽賤子也
後漢書杜喬傳注　孽庶賤者　漢書賈誼傳庶人孽妾注○萱按
有子王符傳注　詩白華序以孽代宗疏孽庶女也薛女乃孽之俗
者櫱也樹木斬而復生謂之櫱　詩疏　孺子為孽　漢書韓王信傳集注引張晏

韻史　卷六十八第十五部入聲諾韻　七〇五七

子愛利親謂之孝反孝爲孽賈子道術孽病也呂覽遇合賢聖之後反以孽爲注孽疑也漢書鼂錯傳梟注引如淳孽憂也楚辭天問孽夏民注華孽孽戴也廣雅釋訓孽孽盛飾詩碩人庶姜孽孽傳○萱按韓詩作庶姜蠍蠍然孽其蠍借字與孽災也漢書董仲舒傳注○萱按此段孽爲蠱也

糵○俗有蘖牙米也說文段注牙同芽芽米者生芽之米也凡黍稷稻粱米已于蘖者不牙麥豆亦得云米本無蘖故能芽芽米者謂之糵犹伐木餘謂之蘖蘖庶子謂之孽也按許云芽米蓋容穀言之散文則粟得係米用今乃命大酋秫稻必齊麹糵必時注云古者獲稻而漬米麴至春而爲酒按漬米麴是二事漬米即大酋之糵也此米不必有芽以凡穀漬之則有芽故名漬米曰糵糵缺也漬麥覆之使生芽開缺也釋名釋飲食糵米麴也楚辭大招吴醴白糵注糵麴也漢書李廣傳隨而媒糵其短注引孟康○萱按司馬遷傳媒孽

鷿或書作鸊鷞鷿也說文○萱按鷞下云鷞鷿鳥屬

韻史　卷六十八第十五部入聲諾韻　七〇五八

蠥○俗有孽衣服歌謠艸木之怪謂之祅禽獸蟲蝗之怪謂之蠥說文段注怪者異也地反物爲祅漢五行志曰凡艸物謂之妖妖猶夭胎言尚微虫豸之類謂之孽孽則牙孽矣及六畜謂之旤言其著也及人謂之痾痾病皃言寖深也甚則異物生謂之眚自外來謂之祥祥猶禎也氣相傷謂之沴沴猶臨莅不和意也許所說較異蓋所傳有不同矣禽獸虫蝗之字皆得从虫故蠥从虫諸書多用孽俗作孽○白虎通災變云孽者何謂也曰介虫生爲非常蠥孽也遇之如物見孽孽也釋名釋天蠥憂也楚辭天問卒然離蠥注孽謂妖孽荀子議兵莫不毒孽注大略國之孽也注孽妖孽謂相爲災害也詩十月之交下民之孽箋孽妖害也左傳昭十年蘊利生孽注孽災也漢書司馬遷傳集注孽災也荀子成相注又漢書董仲舒傳注○孽謂爲生其罪釁也漢書司馬遷傳隨而媒孽其短注班彪傳下注云孽亦災也注引臣瓚○萱按此作媒孽李廣傳作媒孽用字不同其義一也傷甚曰孽禮記中庸必有妖孽疏孽邪氣也漢書息夫躬傳杳冥兮未開注虹蜺覆日月光明謂之孽漢書息夫躬傳注引如淳

韻史　卷六十八第十五部入聲諾韻　七〇五九

齾嗑也說文段注口部曰嗑陷也釋名曰鳥曰啄獸曰齧齧齾也所臨則禿齾○萱按左傳哀十二年注嗑齾也與此齾嗑也爲轉注齾缺也淮南人閒有所劫之折必有齾注齾嚙嚙巷嚙也齾嗑齾也語說巷嚙與人相持齾也釋名釋姿容安柔不苛謂之良反良爲齾賈子道術

齾彫蓬尔雅釋艸齾苦堇工同齾齒艾尔雅釋鳥

讞或作讞議辠也說文段注文王世子有獄成有司讞于公其死罪則曰某之罪在大辟其刑罪則曰某之罪在小辟注鄭曰成平也讞言白也按今本注作讞之言言白也白也之字衍以迎云言也与正義云言白也正之當是作讞之言成也正義者以一除徒大司馬大司空以百官之成質于天子也字耳言与正讞双声叠韵王制之成百官各以其成質于天子以成質于天子其字从水之平而以戒質于三官大司寇之詞也以其水之工更其議之如水之平而獄蓋下下于工也所質既不當而工議之亦爲之議不平于天子公猶大司寇之詞又轉爲受質不平所謂不當之漢書云獄疑也釋言廣雅讞疑也後漢書諸獄疑于人心不獄者輒讞之是景帝紀當讞之注讞疑也王書襃稽傳讞平議也漢書定國傳冬月治請讞注于讞言也子禮記釋文文王世

韻史　卷六十八第十五部入聲諾韻　七〇六〇

讞白也謂諮白疑辨之事周禮訝氏注讞疑辨事疏讞請也後漢書申屠蟠傳注孔融傳注

隉或作隉危也徐巡曰爲隉凶也賈侍中說隉灋度也班固說不安也周書曰邦之阢隉說文段注危者在高而懼也秦誓曰邦之阢隉易鯢卼許出部之槷魁不安也皆字異而音義同隉与臬双声臬者射埻的也有法度之意尚書立政篇臬訓法左傳陳之藝極藝亦臬之假借法度謂隉爲臬之假借故云法度也此條可以證六書假借之假借當是轉寫之誤是本作杌或作卼未可定也今尚書作杌隉阢者石山戴土也易困非此之用○廣雅釋詁一云隉危也鯢隉危也廣雅釋訓鯢卼動搖不安之皃于鯢卼困注云鯢卼不安皃釋文引荀王肅槷刖危皃文選長笛賦巘根時之槷刖兮注

藾去入兩讀注在彼

薛怒列切或作薛艸也說文段注子虛賦高燥生薛莎揖曰薛藾蒿也按藾蒿蓋即藾蕭○史記司馬相如傳薛莎青薠集解引

漢書音義云薛類蒿也
薛妘姓國語鄭語滕薛鄒注○詩閟宮箋在薛之旁釋文云薛或作薛
薛皋也說文段注此字古書內罕見
嶭斷也說文
暬日押習相嫚也說文段注嫚者侮易也暬与褻音同義異今則褻行而暬廢矣暬近也國語楚語居寢有暬御之箴注暬御侍御也詩雨無正曾我暬御注暬押也廣雅釋言暬慢也禮記曲禮注不執人褻之釋文○漢書五行志下之上集注引韋云褻言褻慢褻嫚也禮記檀弓下君之褻臣也注褻謂數相見也論語鄉黨雖褻必以貌集解引周生烈注褻謂無親而卑數者也論語鄉黨皇疏
嫚也荀子榮辱橋泄者人之殃也注○董按此段注為暬
褻私服詩曰是褻袢也說文段注私褻疊韵論語曰紅紫不以為褻服引申為凡昵押之偁段借為媟字是
褻袢也鄘風君子偕老文今詩褻作紲按毛傳云是當暑袢延之服當暑二字釋褻也褻服私居非公會

韻史　卷六十八第十五部入聲𦬼韻　七〇六一

之服者也○論語鄉黨集解引王肅注孔注云褻服私居服也褻衣衣也引漢書傳音義引字林注褻衣親身之衣也荀子注論注孔褻衣袍襗也詩無衣疏引論語鄉黨鄭注引衣破壞之餘曰褻漢書叙傳上思有短褐之褻之衣也○董按王命論本作短褐之褻集注○師古云褻謂親身之衣今文選注引說文褻重衣也解之今文選字譌褻史漢書又譌為褻故文選注引說文褻重衣也解之衣猶褻雖不譌而非史文之宴也重衣曰褻古逐釋為親身之衣猶褻字譌褻為褻師古云褻謂親身褻衣一物經音義十五引通俗文重褻謂之衣之字據說文人當用褻此作褻非也褻謂親相見也褻押也褻褻也褻慢也董按此皆段注之義也依此段褻為褻器清器虎子之屬
媟
紲衣堅也論語曰紲衣長短右袂說文段注衣堅者今燕州人所謂勸箸也今論語紲衣作褻裘衣部曰褻私服也然則論語自訓私服而作紲者同音假借也許偁之者說六書之假借也
媟嬻也說文段注媟与日部暬義似同而冥異宋人合為一字非也方言曰媟押也漢枚乘傳曰以故得媟黷貴幸今人以

韻史　卷六十八第十五部入聲𦬼韻　七〇六二

褻衣字為之褻行而媟廢矣○廣雅釋言云媟嬻也媟押也漢書叙傳又一切經音義十四引通俗文云相押習謂之媟嬻媟押也漢書叙傳上集注引張晏注○董按媟与媟皆媟之借注漢押也汙也王褒傳集注引孟子離婁下武王不泄邇注云媟押漢書王襃傳注又方言十三之媟押也汙也漢書王褒傳集注引賈子道術篇尊卑不別謂之媟夫妻不相押謂之媟夫妻不字按遇慎容謂之恭反恭為媟道術尊卑不別謂之媟夫妻不嚴茲謂媟漢書五行志下之上褻器振節類沐之器周礼內豎執褻器以從遣車注○董按此段褻為褻器清器虎子之屬褻器周礼玉府凡媟也
渫除去也說文段注井九三曰井渫不食荀爽曰渫去穢濁清潔之意也按凡言渫漏者即此義之引伸變其字為泄耳○董按古去入不甚分故泄多作渫不停污之謂也易井泄亦作洩皆本去聲字也注易井渫治泄若洩亦作洩皆本去聲字也易井釋文引黃注○易井疏云渫治去穢污之名又史記屈原賈生傳集解引易井向秀注云渫者浚治去泥濁也也渫散也漢書食貨志上集注渫散也徹也漢書王莽傳中集注渫散也管子山至數而天下不吾

韻史　卷六十八第十五部入聲𦬼韻　七〇六三

泄洩也廣雅釋言泄漏也左氏襄卅二年傳洩命吾注泄去也詩民勞釋文又廣雅釋言泄減也左昭廿五年傳若死釋文泄失也君精泄注春秋潛潭巴泄臣不及死泄其吐也漢書嚴助傳注泄溢也八一切經音義引廣雅也左氏昭廿年傳泄注泄洩其泄也漢書集注引司馬注又一切經音義泄發也廿五引廣雅○物之泄也釋文引司馬注泄也一切經音義泄謂出也論素問士以客發泄歇也泄息也楚揚謂之泄十方言泄謂出也論素問為腦痛脈急注○又選魏都賦窮岫泄雲注云泄發泄出也又詩民勞箋云泄猶出也素問六元正紀大論金鬱之發泄泄元正紀大論為陰泄注○史記扁鵲傳注泄謂泄猶通也精經注泄謂利也素問至真要大論不泄大論陰重不泄集泄利也泄泄而利也疾病釋名解引韋昭泄利言其出漏泄而利也疾病○董按泄猶雜也後漢書郭注泄押也汙也漢書為媟此段泄猶通也淮南本注于目泄猶雜也後漢書郭注泄押也汙也漢書為媟此段注戍○俗
紲
緤有粗線犬系也春秋傳曰臣負羈紲說文段注緤中則執紲火儀犬則執絏馬則執靮

韻史　卷六十八第十五部入聲𦬼韻　七〇六四

韻史　卷六十八第十五部入聲乾韻　七〇六五

注云緣糾約皆所以縶制之者挽緤李犬系引申之馬亦曰紲故繮下曰馬紲也臣負羈紲左氏僖廿四年左傳文服虔注曰

一曰犬繮曰紲古者行則有犬拱如服則紲之李義也如社說紲馬繮則紲引伸之義也服云犬繮許云馬紲文意正同○固

語晉語从者爲羈紲之僕注云犬曰紲　紲犬繩牽也　禮記少儀疏　紲繮也　後漢書長統傳注　緤

馬繮也　後漢書張衡傳注　紲馬絆也　文選思玄賦羈余緤于不周注　紲馬縶也　離騷登閬風而

紲馬注　紲縶也　後漢書馬融傳注　紲縶也　後漢書皇后紀上注　紲縶也　史記管晏傳在縲紲中正

義又漢書王莽傳下集注又後漢書蓋勳傳注○文選東京賦紲子嬰于軹塗薛注紲縶　紲係也　廣雅釋詁二○左氏

傳廿三年疏紲是係之別名係馬紲駒皆稱紲　纏攣也　論語公冶長雖在縲紲之中集解引孔注又皇疏○文選兩京

賦韓盧噬于緤末薛注云緤事也　紲長繩也　漢書司馬遷傳紲于纍紲注○賈誼傳係緤之注云緤謂以長繩係

之也　紲索也　廣雅釋器　紲制也　牽制之也　釋名釋車　緤緒也　寸言十　紲即緄縢

也　詩角弓傳不善紲檠巧用則翩然而反疏　紲弓韔也　詩角弓釋文又考工記弓人譬如終紲注○萱按紲者所

韻史　卷六十八第十五部入聲乾韻　七〇六六

以約軟也涅謂紲爲軟義之再引伸　樛而紾之爲紌　小爾雅廣言　紌繑謂連續也　管子輕重

戊純繑而經相隨注

齥
○俗有齥　羊振也　說文又爾雅釋獸釋文引埤蒼　牛曰齝羊曰齥　爾雅釋獸○注云今江東呼齝爲齥

禼
禼　古文　蟲名也　說文又廣韻又引字林多名○書堯典契字史記司馬相如傳漢書古今人表並作禼萱按今文用

契古文用禼皆偰之假借字

偰
高辛氏之子爲堯司徒殷之先也　說文段注左氏曰高辛氏有才子八人伯奮仲堪叔獻季

仲伯虎仲熊叔豹季貍舜臣堯舉八元使布五教于四方父義母慈兄友弟恭子孝內平外成偰即八元之一人也毛詩傳曰

玄王契也經傳多作契古亦假禼爲之來郭曰禼古文偰言古文假借字也○萱按不釋字義但言人名後代韵書中多沿陷

說文偰字亦爾着其義未聞故从蓋闕○詩玄鳥箋始合祭于契之廟釋文云契本又作偰同又作禼古字也萱按經典多用

契若禼借字行而真字偰廢矣

韻史　卷六十八第十五部入聲乾韻　七〇六七

楔
櫼也　說文段注今俗語楔子先結切工考記曰牙則偁槷無而同注曰鄭司農云槷檄也蜀人言楔曰槷乎謂槷讀如涅

从木槷省声按槷檄皆假借字檄即楔之假借也釋木楔荊桃爲木名南都蜀都二賦皆有按　楔柱也　礼記檀弓上從

楔齒綴足疏喪大記小臣楔齒用角柶疏　楔皃如輗上兩末　儀禮既夕記　棖謂之楔　爾雅釋宮

楔似松有刺也　文選蜀都賦楔材楔樅刈注　楔鼓也　楚辭招魂楔梓瑟些注○萱按此段楔爲爰

剮　丙烖切
隸作別　分解也　說文段注分別離別皆是也今人分別則彼列切離別則憑列切古無是也　剮分也　廣雅

釋詁一疏　別分也　漢書東方朔傳集注張禹傳集注　別宜謂分別其所宜　礼記樂記礼者別宜

別謂生育與毋分別也　荀子王制黿鼉魚鼈鰌鱣孕別之時注富國黿鼉魚鼈鰌鱣以時別注

別謂分系緒也　漢書揚雄傳工不知伯僑周何別也注　別謂形體異也　禮記樂記序故群物

皆別注　無別亂同也　周書成開七荒樂無別注　別不相連也　爾雅釋山小山別大山孫注　遠

曰別　離騷余既不難夫離別兮注　別猶辨也　大戴記小辨大夫學德別義注又列子楊朱我又欲与若別之

韻史　卷六十八第十五部入聲乾韻　七〇六八

注○周禮小宰司農注云傳別故書作傳辨又士師注云故爲別爲辨又易繫辭注以別貴賤釋文云別李亦作辨別猶

識也　穀梁襄六年傳由別之而不別也注　別猶明也　禮記鄉飲酒義貴賤之義別矣注　別猶決也

荀子肯生三月不別注　別治也　才言三　別券謂分契也　管子問問人之貸粟米有別券幾何家注

傳別中別手書也　周禮士師正之以傅別約劑注○小宰四曰聽稱責以傅別注云傅別謂爲大手書于一

札中字別之又司農注云傅別謂券書也聽訟責者以券書決之傅傅著約束于文書別別爲兩兩家各得一也萱按責債古

今字

蕠
絮緒也一曰帑要　俗作齊　鉤帶　說文○萱按絮下云敝緒也是絮与敝異名而同物

鷩
○俗有鷩　赤雉也周禮曰孤服鷩冕　說文段注隹部雉十四種有鷩雉釋鳥鷩雉樊光曰丹雉也左

氏丹鳥氏司閉也杜曰丹鳥鷩雉也以立秋來立冬去入大水爲鷩周禮鷩冕注曰鷩畫以雉謂華虫也華虫五色之虫繢人

職曰鳥獸蛇雜四時五色以章之謂是也考工記鳥獸蛇注曰虫之毛鱗有文采者也按鄭意鷩爲雉五色不云赤雉也許云

韻史　卷六十八第十五部入聲記韻　七〇六九

赤雉與樊光合司服曰侯伯之服自鷩冕而下如公之服此云孤服鷩冕者蓋以天子之孤當侯伯○山海經中山經牡山鳥
多赤鷩注云赤鷩即赤雉也又西山經小華之山鳥多赤鷩注云赤鷩山雞之屬蟖蛺鳥名也如今之
所謂山雞又選蜀都賦蛹蛺山棲劉注○廣雅釋地云南方有鳥焉三首六目六足三翼其名曰鷩鵂鷩禅
衣也周禮司服享先公饗射則鷩冕司農注釋名釋首飾云鷩憋也性急憋不可生服必自殺故畫其形于衣以象人執
耿介之節

鼈品列切
○俗鼈有蟲魚也說文段注考工記注外骨龜屬內骨鼈屬按鼈骨穀龜稍內耳寔介蟲也故周易鼈蟹蠃蚌龜
屬為一鼈為鼈易說卦傳三足鼈名能山海經中山經從水多三足鼈注鼈蟒嵦也廣雅
釋器輿棺之車其蓋曰柳亦曰鼈甲似鼈甲然也釋名
又戾也象引之形說文段注又有各本作右今正戾者曲也自左而曲于左也故左其字象自左方
引之音ノ義略同古戾者自右而曲于左也
八法謂之掠

韻史　卷六十八第十五部入聲記韻　七〇七〇

撆或書作撇飾也一曰擊也說文段注文選洞簫賦注引撆飾也飾者
蔡邕篆勢曰揚波振撆文選撇字與拂義略同
𠻘而蔽席皆謂拭席皆撇之異體也一曰擊也
別一義○廣雅釋詁三又晉書撇拂也文選甘泉賦注引張揖
晉義中引字林並云撆擊也三蒼注○漢書揚雄傳
上林賦注云撇拂也
瞥過目也又目翳也一曰財見也說文段注過目也倏忽之意莊
子作覕目翳也障蔽之意財今
之纔字此以前義足以包之○文選思舊賦遊墨外而瞥天兮
旧注云瞥然見也瞥視也後漢書張衡傳注馬融傳
注
嫳易怒使也說文嫳怒也廣雅釋詁二嫳輕薄之兒廣韻
憋或書作憋惡也一曰惙也說文段注集韻作憋云反足蹩也莊子馬蹄蹩躠為仁亦足蹩躠
彆○俗有𢏽弓戾也說文段注弓戾者謂弓很戾不調鄭箋詩象弭云弓反末彆者以象骨為之意與小異彆弓

韻史　卷六十八第十五部入聲記韻　七〇七一

亦反戾也文詩引采薇釋
鼈河內謂臿頭金也說文江東又呼鍫刃為鼈方言五注
苜面𦈢切
苜目不正也說文段注廾者外向之象故為不正
莫火不明也周書曰布重莫席纖蒻席也說文段注按火當作目淺人所改也
火易照故从火布重莫席顧命文今作敷重蔑席蔑衛包又改為蔑俗字也馬融云蔑纖蒻王肅云蔑席纖蒻華席蔑纖與蔑皆改
細也蔑者蔑之假借馬王謂底席為青蒲席則為蔑席為纖蒻
席許當同之艸部曰蒻蒲子可以為華席也蒲子蒲之幼稚者
細于蒲故謂之纖蒻鄭注四席皆謂竹席與馬許
不同莫蓋壁中古文蔑蓋孔安国以今字讀之
蔑勞目無精也說文段注目勞則精光茫然通作眜如左氏公
及鄭儀父盟于蔑晉先蔑公穀皆作眜如是也引伸
之義為細如木細枝謂之蔑是也又引伸之為無如亾之命矣
夫亦作蔑之命矣夫是也左傳蔑字然明此以相反為名字
也蔑末也爾雅廣言蔑小也書君奭文王蔑德鄭注又蔑小也小謂

韻史　卷六十八第十五部入聲記韻　七〇七二

精微也書君奭疏小江淮陳楚之內謂之蔑方言二蔑輕也又蔑輕慢
按此蓋儀為正字蔑為借字也蔑與儀引伸
之義大同故二字但義亦多互相出入者矣
足蔑貞凶注○蔑猶削也易剝以
疏云蔑削也○蔑猶甚極之辭也易剝疏云剝蔑以辨蔑貞凶注○
也蔑猶滅也国語周語而蔑殺其民人注蔑謂微蔑物之見削則
上傳以滅下也又左傳注云滅蔑易象
蔑無也易剝釋文引馬注又詩板喪乱蔑資傳又左氏傳十
從之蔑不濟矣注成十六年蔑從晉矣注又国語晉語吾蔑蔑無也易剝釋文引馬注成十六年
書楚辞王逸傳天命注蔑不欲矣注又漢国語周語不
欺也先王之官也注集注又小尔雅廣詁又漢書揚雄傳上蔑蔑民功注
言其蔑蒙飛揚也史記司馬相如傳集注蔑蒙○
蔑蒙也凫注淮南修務手若蔑蒙注引晉灼
蔑蒙疾也漢書音義也注注云蔑蒙
也蔑棄也
蔑蒙氣也後漢書張衡傳
蔑或作𥈝
瞡目眵也說文段注宋玉風賦中脣為胗得目為蔑
按蔑者假借瞡音或體目蒭為瞡高注瞡眵也
𥈝見部作覕云目蔽垢

目背傷亦曰瞡瞡末也劌在目末兩

一三三一

韻史 卷六十八第十五部入聲乾韻 七〇七三

末也 疾病

㦰 輕易也 尚書曰呂相陵㦰

㦰 輕也 㦰 小也 㦰 末也 㦰 㦰 滅也

蔑 輕 蔑 輕也

蠛 汚血也 蠛 血也 蠛 謂汚血也

幭 蓋幭也 一曰禪被 謂塗染也

韻史 卷六十八第十五部入聲乾韻 七〇七四

即帕幭也 幭 所以覆軨也 覆首而絶 襪謂之幭

穖 禾也

䉕 粽 纖 粽 鍇也

滅 盡也 滅 絶也 滅 没也 滅 掩没也 滅 除也 滅 消也 滅 亡也

韻史 卷六十八第十五部入聲乾韻 七〇七五

滅 用大 師焉曰滅 取其國曰滅 之國雖存君死曰滅 曰滅 出謂之滅 不見也 莽滅裂 輕脱末略不盡其分

搣 㩢也

韻史 卷六十八第十五部入聲乾韻 七〇七六

泰韻舒三

戛 戟也 戛 常也 戛 猶 戛 也 戛 常也

抏 刮也

聲

戛𢧢𢧢注○董按訓楔訓敔皆段戛為揩也訓戛敔也形如伏獸背上有二十七刻以木長尺楔之所以止樂後漢書馬融傳注○董按敔者所止之物也再引伸之斯但以敔釋戛史揩楔也文選長揚賦注引韋昭敔段揩為揩與段戛同意○董揩隔擊考也漢書楊雄傳下揩隔鳴球注揩隔擊鼓也同上

契斷契逗齧刮也一曰契逗畫堅也說文段注刮者揩杷也畫當作劃劃堅曰契契括也集韻廣雅引契戳也廣雅釋詁三

稭或作𥡴稭蕪不彙去其皮祭天以為席也說文段注禮器曰莞簟之安而稾鞂之設鄭注穗去實曰鞂引禹貢三百里納鞂服禹貢釋文稭本或作楷然則稭鞂稭三形同又或作𥡴亦同謂禾莖既刈之上去其穗外去其皮存其淨莖是曰稭鄭穗去實猶云穎去穗也穎謂莖之近穗者鄭注禹貢云銍謂刈穗斷去稾也稭又其去穎也是謂下穗戴為稾近穗為穎故三百里納秸者不惟去稾又去穎也而納穗其注禮器云穗去實者正謂去穗用近穗之穎與許云稾去皮

者火異許云稾者兼穎而言書稾得兼穎言穎不兼稾也○史記封禪書席用苴稭集解引應劭云稭禾稾也又漢書郊祀志上注云稭稾本也稭稾也廣雅釋艸戛稾也漢書地理志上三百里納戛服注○董按段戛為稭一聲之轉也秸去其穎也書禹貢三百里納秸服馬注又鄭注

儉戛切

韧巧韧也說文段注韧蓋漢人語巧

擖刮也一曰撻也說文段注擖刮與扴音義略同也擖搔也廣雅釋詁二擖折也廣雅釋詁

一

隱察切

乞䲦或燕燕也齊魯謂之乞取其鳴自謼象形也說文段注謼者評也號也山海經說鳥獸多云其鳴自號燕之鳴如云乞燕乞雙聲莊子謂之鷾鴯鷾亦雙聲也既得其聲而像其形則為乞燕篆其口布枝尾全體之形乞篆象其于飛之形故二篆皆曰像形也乞象翅開首竦橫看之乃得本與甲乙字異俗人恐與甲乙乱加鳥旁為鳦則贅矣按鳦蓋非古字今尔雅毛傳皆如此作○董按燕下云燕燕玄鳥也此篆祗言燕燕也已足或有乎鳥字者

俗所增耳

闠○俗有闠門聲也說文段注按駱駝鳴聲闠字當作闠

向戛切

齘齧骨聲說文段注曲禮曰毋齧骨鄭云為有聲響不敬

掌戛切

蠽蠽蠿逗作兩蠿蠽也說文段注𧈧部曰蠿蠽蠿蠽也一物三名釋虫次蠿蠽蠿按次蠽即許之蠿蠽蠿蠽即許之蠿蠽也次古音同漆故與蠽音近蠽縛牟切故與蠽音近尔雅字誤蠿而釋文云或作蟄郭音秋蓋誤甚矣或曰蠽从出聲即郭注之蝃字集韻之蚰字尔雅之次蠽即許之蠽字是說近之然陸氏音義未能言之也作兩蠿蟄謂即今能作罔之蛛蝥也

寵戛切

詧言微親察也說文

察覆審也說文段注襾部曰覈實也覈从襾敫聲實也考事而笮邀遮其辭得實曰覈然則察與覈同意釋訓曰明明斤斤察也察審也尔雅釋詁又周禮鄉士察其辭注又左氏莊十年雖不能察注又國語楚語而以察清濁為聰也注

又離騷悔相道之不察兮注○書大傳寬之術歸于察注云察猶審也㦰微皆審謂之察賈子道術察視所為審諦尔雅釋詁注察視也離騷覽察艸木其猶未得兮注察微視也漢書食貨志下吏益修名而法令察注察見也呂覽離俗人之所不能察注又淮南俶真而不能察方圓注修務可得而察注○文選西京賦察貳廉空薛注云察廉皆視也察觀也禮記禮器五患察注入漢書谷永傳集注又呂覽審分察乘物之理注又淮南主術而審察其寔法令察而不苛注修務察分秋毫注又楚辭離去去青亂猶未察注○禮記玉藻而色洒如也釋文引王肅注云察明見也察清也廣雅釋詁一察至也尔雅釋言察理也國語吳語今君王不察注又大戴記曾子圓注察深也察猶別也禮記禮器注別察猶分辨也察苛也呂覽貴小察注察識也文選東京賦目察區陬薛注引漢書武帝紀集注察省孟子離婁下察於人倫注又莊子徐无鬼察士無凌誶之事釋文引李注察知也注呂覽慎勢注審應注

又楚辭懷沙執察其撰正注○禮記喪服四制皆傳而察爲注又呂覽功名注分職注又淮南修務注並云察猶知也察舉也後漢書班彪傳工注察猶選之也史記刺客傳察舉吾弟索隱乃察聰察荀子不苟說不察謂心懷忖測之也又察沈吟用心忖度之也並論語爲政察其所爲也賈注察察皇察猶察嚴殺之皃也禮記鄉飲酒義愁以時察守義者也安疏注察察著也廣雅釋詁上下察也○禮記中庸言其上下察也注云察猶著也其引書大傳云察之爲言察察急且疾也老子察察也人注察俗察

殺　殺古文𣫔古文𢼛古文𣪩○俗有兩讀義糴分○去入兩讀然弑殺古文𢿅說文段注考工記檷字不識阿何以从閔今擳攴部古文作𣪠皆作殳求殺死也之知罔誤爲閔損釋此疑後穀部糴而長之可也楚辭國殤嚴殺學者類類罪五百注又漢書刑法盡兮棄原埜注殺刑死刑也周禮司刑殺罪五百十三年經殺其君虔于乾溪釋文云殺罪人曰殺殺竄也埋竄之不復見也釋名釋喪制自外則皆曰殺

治也又吳越曰殺並引初學記廿八引風俗通殺戮也詁三廣雅釋殺克也爾雅釋訓殺猶亡也莊子大宗師殺生者殺謂以藥食其惡肉周禮瘍醫劀殺之齊注不死釋文引李注淮南天殺生斬伐制荀子王殺氣陰氣呂覽仲秋殺氣浸盛注○其殺注云殺民殺生時則艸文地氣不藏乃收其殺注云殺木殖注殺矢用諸田獵之矢也考工記冶氏殺矢注殺死也爲殺青者以火炙簡令汗取其青易復不蠹謂之殺青後漢書吳祐傳注○武梁祠陰爲戚宼所然皆書作煞○薑按作煞堂碑孫叔敖碑殺弑二字誤亂說在一部弑下○又按作煞者漢時俗字也又經典去声者引伸之義也古本部殺讀入声者本義也讀不分兩音而後去強分之式作擹去入

內讀注在攸○俗作𣪩

有𣫔佀茱萸出淮南說文段注釋木茱樧醜菉郭云菉萸子聚生成房皃樧似茱萸而小赤色內則注曰𣫔煎茱萸也漢律會稽獻爲尔雅謂之樧按鄭云藙即樧許于艸部有茱萸有藙此云似与鄭說小異本艸經木部云吳茱萸一名藙是則一物異名亦不待煎成始爲藙也茱萸字在艸部樧字在木部故許不云一物然茱萸在本艸經木部李云樧似茱萸而尔雅釋木則从艸从木一也○尔雅釋文引字林云樧似茱萸出淮南又禮記內則釋文云樧茱萸而實赤小李注樧離騷又樧又欲充夫佩幃注○尔雅釋木郭注引李注云樧菉萸注雅釋木並云樧茱萸也蜀部茱萸也文選南部蔵蘇字書○云樧茱萸也注一名樧也及說文注云茱萸切非也○薑按八切十五部

減濊減也讀若撖樧之樧大水兒說文治切段注○音所八切十五部大徐云今之武字減減廣雅釋訓減減大水兒集韻注云○引郭璞江賦減漬淢漬減淢說詳濊下上声十漸注云皆水勢相激涌之兒

㡚五十四部入声兩見十帬也一曰㡚也一曰婦人脅衣讀若𣫔殺之殺說文段注蒂也者衣部禮下曰㡚也㡚者帗也帗一幅巾也脅衣者釋名所謂心衣小徐作賫巾末殺也亦兒漢書谷永傳服虔注左氏作𣫔𣫔皆即水部之濊減拭滅兒也今京師有此語所八切古音十四十五部合韻

韻史卷六十九

泰興何萱石閣譔集　子度校字
上海顧錫麒竹泉覆審
武進李兆洛申耆鑑定

第十五部入聲

詑韻中

攫口訐

劂 舉物切 俗有劂。剞劂也 說文。萱按剞下云敧劂劂曲刀也二字雙聲 劂錏尺 淮南本經無所錯其剞劂削鋸注。萱按曲刀鋸尺異名同實 劂者規度刺畫墨邊箋也 淮南俶真鏤之以剞劂注 劂刀也 廣雅釋器 劂曲鑿也 漢書揚雄傳上般倕弃其剞劂兮注引應劭

鴟 鴟鳩鶻鵃也 說文段注鶻鵃二字依爾雅補釋鳥曰鴟鳩鶻鵃小雅宛彼鳴鳩毛曰鳴鳩鶻鵃也衛風于嗟鳩兮無食桑葚毛曰鳩鶻鳩也食桑葚過則醉而傷其性鶻鳩食桑葚毛蓋目驗而知鶻與鵃音同郭云今江東亦呼為鶻鵃似山鵲而小短尾青黑色多聲即是此也舊說及廣雅皆云班鳩非也按此郭注見左正義今本不完左傳鶻鳩氏司事也鶻鳩春來冬去而多聲故詩小宛謂之鳴鳩若陳風魯頌之鵻毛皆謂愨聲之鳥則必鵓鵻之類而非司事之鳥矣。萱按爾雅釋鳥

舍人注云鶻鳩今之班鳩也郭所不取

屈 去物切 隸作屈 無尾也 說文段注韓非子曰鳥有翢翢者重首而屈尾高注淮南云屈讀如秋雞無尾屈之屈郭注方言隆屈云屈尾淮南詮言聖人無屈奇之服許注云屈短也奇長也凡短尾曰屈玉篇巨律切乎應書廣韵瞿勿切今俗語尚如是引伸為凡短之偁山短高曰崛其類也今人屈伸字古作詘申不用屈字此古今字之異也鈍筆曰掘筆短頭船曰撅頭皆字之假借也俗分屈屈為二字不知屈乃屈之隸變。萱按廣韻屈自分二音屈又別為一音其紛紜有如此者細審之當通為一諸地名入姓亦同此音 屈短也 集韻引廣雅 屈聚也 爾雅釋詁 屈收也 詩泮水傳又釋文引韓詩 屈繅者斂之 儀禮聘禮屈繅注 屈縈也 儀禮士喪禮不說綪屈之注 屈猶錯也 儀禮聘禮其南醢醢屈注 屈者句而陳之 儀禮聘禮注釧鬊爲也疏 屈闕也 禮記玉藻君命屈狄疏。注云屈周禮作闕又周禮內司服司農注云屈者音聲與闕相似 屈廢也 淮南氾論何小節伸而大略屈注 屈竭也 管子心術虛則不屈注又老子虛而不屈釋文又荀子榮辱俄則屈安窮矣注王制注禮論注又呂覽慎勢注又淮南原道怳

兮忽兮用不屈兮注 屈絕也 漢書司馬相如傳上集注引應劭 屈窮也 管子國蓄出二孔者其兵不詘注又法言先知屈人孫注 屈盡也 漢書食貨志上集注五行志下之下集注韓信傳集注伍被傳集注鄭當時傳集注司馬相如傳下集注匈奴傳上集注又呂覽安死智巧窮屈注又法言重黎漢屈羣策注又太玄達迥迥不屈注 屈然空然也 荀子禮論屈然已注 素 屈竊也 老子大直若屈釋文 屈容也 國策秦策寡人屈於內注 屈治也 詩泮水屈此羣醜箋 屈挫其志也 孟子滕文公下威武不能屈注 屈謂退屈也 素問調經論大氣乃屈注 屈抑退也 史記大宛傳皆詘其學集解引徐廣。文選長楊賦迺展人之所詘注云詘古屈字又莊子駢拇屈折禮樂釋文知北遊問乎狂屈釋文竝云崔李作詘。萱按詘屈古通用從人則多用屈罕用詘矣 屈節謂臣事也 後漢書蘇竟傳注 屈潭即汨羅淵也 水經湘水注 屈居盧茹也 廣雅釋艸 屈龍游龍鴻也 淮南墬形海閭生屈龍注 屈起猶勃起 屈奇奇異也 屈強謂不柔服也 屈橋言壯捷皃 萱按此皆段屈為崛也

詘 誳或 詰詘也一曰屈襞 說文段注詰詘二字雙聲屈曲之意一曰屈襞此謂衣襞櫝屈 詘屈也 廣雅釋詁一 詘折也 同上 詘折曲委也 漢書司馬相如傳下詘折隆窮注引張揖 詘曲懾也 漢書高帝紀上無所詘注 詘枉也 呂覽壅塞宋王怒而詘殺之注 四 詘服也 國策秦策詘敵國注又荀子議兵敵國不待試而詘注 詘還也 文選江文通雜體謝臨川詩注引春秋元命苞宋注 詘反也 國策秦策詘令韓挫歸帝重於秦注 往者詘 周髀算經下。又云從夏至南往日益短故曰日詘 詘盡也 史記司馬相如傳徵欲受詘集解引郭璞又漢書司馬相如傳上集注 詘絕止皃也 禮記聘義其終詘然注。家語問玉其終則詘然樂矣注云詘斷絕皃 詘充詘形容喜皃也 禮記祭義其立之也敬以詘注

崛 或作崫屈 山短而高也 說文段注短高者不長而高也不長故从屈屈者無尾也無尾之物則短張揖上林賦注曰崛崎斗絕也 崛高皃 文選西京賦神明崛其特起薛注 崫特立也 一切經音義九引埤蒼 崛特皃也 漢書揚雄傳上洪臺崛其獨出兮注引應劭 崛特起也 文選西京賦注引埤蒼 崛崎皆隆

屈𡾊折皃史記司馬相如傳崔崣崛崎索隱引郭璞○正義引張云崔嵬碨不平也
屈奇奇異也漢書廣川惠王越傳𢮊屈奇起自絶注
屈起特起也漢書叙傳上而得屈起在此位者也注○後漢書朱景王杜馬劉傳堅馬傳注云屈起猶勃起也
屈橋言壯捷皃漢書揚雄傳上驀騎屈橋注
屈强謂不柔服也漢書陸賈傳屈强於此注
倔强謂强梁也後漢書王劉張李彭盧傳注○萱按倔益崛之後出字體而音義皆同也其用屈為崛者義以相反而相成

掘

搰也說文段注搰掘二篆疊韻轉注按九字書韻書謂掘亦作闕者似是而非也左傳闕地及泉闕地下氷而牀焉國語闕為深溝通於商魯之閒韋云闕穿也九云闕者皆謂空之與掘義别
掘猶平也淮南墜形掘昆侖虛以下地注
掘猶竭也老子虛而不掘釋文引顧注
掘猶窮也淮南說林土中有水弗掘無泉注
掘盡也太玄文掘變極注○萱按訓竭訓盡與屈大同在掘為引伸之義
掘閱容閱也又掘閱掘地解閱詩蜉蝣傳及箋○萱按此掘字譌為掘也掘下𨽥之矣

韻史 卷六十九第十五部入聲訖韻 七〇八九

崫㕞也說文段注㕞當作㓰字之誤也㕞拭也㓰㓰杷也崫之言掘也與揺杷義近今人謂以鈍帚去穢物曰崫正是此字
崫謂之㓰廣雅釋器
趉或作䟴走也說文段注玉篇曰卒起走也按今俗語有之
䟴律䟴多力皃方言六二○方言六云䟴也東齊曰䟴方言六注
趉衝也廣雅釋言
䟴力也廣雅釋詁
蚍或作䖸蛣蚍也說文○爾雅釋蟲蝎蛣蚍注云木中蠹蟲
鬱物切芳艸也十葉為貫百廿貫築以煑之為鬱一曰鬱鬯百艸之華遠方鬱人所貢芳艸合釀之以降神鬱今鬱林郡也說文段注十當作十百字下曰十百為一貫是也周禮注作十亦誤廿者古文二十也周禮注作二十鬱人注鄭司農云鬱艸名十葉為貫百二十貫築以煑之鐎中停於祭前按許說同此今本注百二十貫之下衍為字貫公彥誤連築為句矣築鬱二字見肆師職注云築鬱艸煑之鬱人注云鬱金香艸宜以和鬯酒又云鬱者鬱金香艸宜以和鬯是則鄭

韻史 卷六十九第十五部入聲訖韻 七〇九〇

意謂築之煑之以和秬黍所釀之鬯酒乃用於祼也九以鬱和鬯謂之鬱鬯如鬱人云和鬱鬯以實彝是不和鬱者但謂之秬鬯如鬯人掌共秬鬯而飾之是也許意與鄭略同後義謂九言鬱鬯者用中國百艸之華及遠方鬱人所貢芳艸二者合而釀之芬芳條暢可用降神是曰鬱鬯此别一義也前說芳艸築煑為鬱合秬為鬯此說謂合釀艸華及遠國芳艸為鬱鬯不必合秬酒而後為鬯也肆師職大鄭注亦謂築煑香艸為鬯水經注溫水篇引應仲遠地理風俗記語乃仲遠櫽栝許書而為之者或說正以鬱釋鬱許意古書云鬱人所貢即今鬱林郡地之人也水經溫水至鬱林廣鬱縣為鬱水地理志武帝元鼎六年更名桂林為鬱林
鬱是艸名今之鬱金煑以和酒者也○詩江漢疏引禮記郊特牲疏云鬱鬯金艸也又國語周語鬱人鬯注云鬱鬱金香艸宜以和鬯酒也
鬱尊鬱鬯之器也禮記明堂位鬱尊用黃目注○疏云鬱謂鬱鬯酒
鬱郁香也文選廣絶交論注鬱郁於蘭茝注
鬱金彩也廣雅釋器
○萱按此用鬱本字亦非本義他皆借用鬱

鬱

鬱○俗有木叢者說文段注秦風鬱彼北林毛曰鬱積也鄭司農注考工記曰宛讀如宛彼北林之宛宛柳傳曰

韻史 卷六十九第十五部入聲訖韻 七〇九一

菀茂林也桑柔傳曰菀茂皃按菀菀皆即鬱字○萱按鬱於菀菀為一聲之轉故相通借用
鬱聚也漢書揚雄傳上集注
鬱積也漢書路溫舒傳集注
鬱盛也素問五運行大言其令鬱蒸注○云鬱文選海賦鬱沏迭而隆頹注云鬱盛皃
鬱鬱茂盛也文選古詩鬱鬱園中柳注
鬱長也方言十二又廣雅釋詁二
鬱化也太平御覽
鬱於泉注
鬱氣也爾雅釋言○注云鬱然氣出入李注云鬱盛氣也
鬱謂抑鬱抑天氣之甚也素問六元正紀大論土鬱之發注
鬱攸火氣也左傳定二年鬱攸從之注
鬱熱氣也漢書王褒傳不苦盛暑之鬱燠注○萱按此類鬱字皆從鬱釀義引伸字當作鬱而人槩用鬱
鬱燠不舒暢素問五常政大論其氣鬱注○後漢書竟寔傳注云鬱伊不申之皃
鬱幽也廣雅釋詁
鬱滯也左傳昭廿九年鬱湮不育注又曾注○呂覽達鬱精氣鬱也注云鬱滯不通也又用書成閼二發鬱注云鬱謂穀帛滯積者也
鬱湮也淮南氾論濁之則鬱注而無鬱注
鬱不通也漢書宣帝紀鬱於大道注引孟康○帝紀深惟鬱悼注云鬱不通之意也元鬱
塞也管子君臣下千鬱令而注不出者幽其君者也注
鬱濁謂穢塞不潔清者也管子中匡鬱濁

韻史 卷六十九第十五部入聲訖韻 七〇九二

因滯皆法度不止注鬱臭也廣雅釋器鬱腐艸也禮記內則鳥皫色而沙鳴鬱注。周禮內饔鳥皫色而沙
鳴貍疏又荀子正名香臭芬鬱腥臊洒酸奇臭以鼻異注並云鬱謂腐臭也鬱怨也廣雅釋詁二。方言一云鬱悠思也
晉宋衛魯之間謂之鬱悠鬱愁也楚辭憂苦志紆鬱其難釋注鬱邑愁皃也楚辭惜誦心鬱邑余侘傺
兮注鬱邑憂也離騷曾歔欷余鬱邑兮注鬱悒不通也文選報任少卿書是以獨鬱悒而誰與語注
鬱怨也呂覽侈樂故樂愈侈而民愈鬱注鬱暴怒也文選射雉賦鬱軒翥以餘怒注鬱怒氣
遝雷不發也文選舞賦或有宛足鬱怒注鬱搖喜悅也樂播爛嘉酌酒鬱搖注鬱陶喜
也爾雅釋詁。蒀按晚出書五子之歌鬱陶乎予心僞傳云鬱陶言哀思也釋文云鬱陶憂思也與雅訓乖遠矣鬱謂
奔迫也素問至眞要大論諸氣膹鬱注鬱結隆高之皃也文選上發中鬱結之輪菌注鬱
鬱孰皃莊子庚桑楚汝自灑濯孰哉鬱鬱乎釋文引崔注鬱泱雲起皃後漢書李固傳注鬱
律煙上皃文選江賦時鬱律其如煙注鬱律雷聲也漢書揚雄傳上雷鬱律而巖突兮注鬱律

韻史　卷六十九第十五部入聲訖韻　七〇九三

小聲也文選甘泉賦雷鬱律於巖窔兮注弇聲鬱周禮與同鬱水即夜郎豚水也水經
溫水注鬱棣屬詩七月六月食鬱及薁傳鬱車下李也史記司馬相如傳隱夫鬱棣集解引郭璞。
詩七月疏云車下李即鬱鬱栖糞壤也列子天瑞陵舃得鬱栖釋文又莊子至樂釋文鬱栖蟲名莊子
至樂釋文引司馬注

甫物切
弗

○俗有弜矯也說文段注矯各本作撟今正撟者舉手也引申為高舉之用矯者揉箭箝也引申為矯拂之用今人不能
辯者久矣弗之訓矯也今人矯弗皆作拂而用弗為不其誤蓋亦久矣公羊傳曰弗者不之深也固是矯義凡經傳言不者其
文直言弗者其文曲如春秋公孫敖如京師不至而復晉人納捷菑于邾弗克納弗與不之異也禮記雖有嘉肴弗食不知其
旨也雖有至道弗學不知其善也弗與不不可互易弗內辭也穀梁桓十年傳弗者不之深也
公羊桓十年傳其言弗遇何注僖廿六年傳仍也注弗不也周禮諸子司馬弗正注禮記燕義同又論語公冶長弗如
也皇疏又廣雅釋詁四○蒀按此謂弗不義同矣蓋散言則通弗去也詩生民以弗無子傳○箋云弗之言祓也○蒀

韻史　卷六十九第十五部入聲訖韻　七〇九四

按箋鄭以弗為祓之借毛鄭義兩通弗輔弼也易頤拂經于丘頤釋文引子夏傳作弗注弗弗猶發
發也詩蓼莪飄風弗弗傳弗鬱憂不樂也漢書溝洫志魚弗鬱兮柏冬日注。蒀按此段弗為怫也弜
古弗字漢書韋賢傳集注○蒀按此兩己相背之說而不知弜本非字蓋曲折以成文章也十二章皆取象於物弜語
詁之形則無物之物也如果古有此字叔重當取為畫文奚弜之半非己字也而云兩己乎哉

拂

過擊也說文段注徐鍇曰擊而過之也刀部曰制擊也與拂義同○離騷折若木以拂日兮注云拂擊也一云蔽也又
淮南天文拂于扶桑注云拂猶過一曰至拂也者拂也大戴記夏小正拂桐芭傳蒀按凡即用本字為訓釋者○
非善之善者也如易蒙者蒙也之類上是卦名自有專義下是字之本訓則通義也惟卦名取諸本訓故即以本字釋之他処
似不當援為例○夏小正傳又云或曰言桐芭始生皃拂拂然也拂放也淮南齊俗拂於四達之衢注拂至
也文選東京賦雲旗拂霓薛注拂褰也國語晉語拂衣從之注拂拔也方言三又廣雅釋詁三拂
搏也廣雅釋言○埤雅引蔡邕月令章句云拂猶搏也拂薄也楚辭招魂蒻阿拂壁注拂之摩之

韻史　卷六十九第十五部入聲訖韻　七〇九五

考工記弓人和弓轂摩注拂汩鼓動之皃文選甘泉賦帷弸彋其拂汩兮注○漢書揚雄傳上注云拂汩亦風
動皃拂絕也國語吳語而無拂吾慮注拂違也易頤顛頤拂經于丘頤釋文又詩皇矣四方以無拂釋文引王
注又漢書王莽傳上拂世矯俗注拂戾也大戴記易本命食木者多力而拂注又淮南本經曲拂遵目注主術豈能
拂道理之數注拂違戾也漢書東方朔傳拂於耳注欲諫言之則拂心逆指注杜拂猶佹也詩皇矣箋
又禮記大學是謂拂人之性注拂除也廣雅釋詁三又太玄攡而拂其所有餘注拂拭也儀禮士昏禮主人拂
几授校注又楚辭大招長袂拂面注拂仿猶言拂拭儀記飲久注為有所拂仿也疏拂去也廣雅釋詁
二又太玄從拂其惡注拂去塵也儀禮既夕商祝拂柩用功布注○大射儀一小射正授弓拂弓注云拂弓去塵
推拂去塵示新儀禮有司徹以右袂推拂几三注○禮記內則拂髦注云拂髦振去塵土著之拂扶也
一切經音義十四引聲類拂輔也廣雅釋詁四○賈子保傅云潔廉而切直匡過而諫邪者謂之拂拂者拂天子之過
者也○蒀按此皆段拂為弼也說文弼輔也拂弗也詩生民茀厥豐艸釋文引韓詩拂即弗也荀子禮論

韻史　卷六十九第十五部入聲訖韻　七〇九六

棺椁其頸象版蓋斯象篆也注

刜

擊也說文又國語齊語刜令支斬孫竹而南歸注刜斫也廣雅釋言又楚辭離世執組以拂逆注刜斷也廣雅釋詁一。左傳昭廿六年云苑子刜林雍斷其足刜去也楚辭愍命刜讒賊於中廇兮注

怫

或書作怫鬱也說文段注鬱各本作鬱誤鬱者芳艸築以煑之引申為凡抑鬱之偁飾子歌曰鬯鬯鬱兮柏冬日鬯鬯者怫之借字怫鬱也後漢書來歷傳注引字林。黃按凡怫鬱字當依段氏用鬱。黃按怫鬱心不安也一切經音義二十引字林。文選笙賦注引埤蒼云怫鬱不安皃。黃按佛鬱即怫鬱之段借字怫鬱蘊積也漢書鄒陽傳則大后怫鬱注引注怫恚也素問刺腰痛篇怫然注怫悖也史記大史公自序五家之文怫異索隱怫詭也家語三恕陳道而弗怫注怫悅難出之皃文選文賦於是沈亂怫悅注佛。胇似有若侶也說文段注侶者像也若侶者象言之髴與人部仿佛之佛義同許無髴字後人因髴製髴

髴

髴謂相似見不諦也一切經音義二引聲類。漢書睦兩夏侯京翼李傳贊仿弗一端注云佛與髴同。

韻史　卷六十九第十五部入聲託韻　七〇九七

髴髮謂鬢髮也一名婦人之首飾黃按或作髴與悲亦同音段借也或作肪胇俗字也又俗說髴為婦人蔽膝之茀非也易既濟婦喪其茀虞注

佛

彷佛也說文段注髴若似也即佛之或字佛不審也文選寡婦賦注引字林。黃按說文仿下云仿佛相似不視不諟也即字林不審之謂矣佛違也法言寡見佛乎正注又文選非有先生論注引字書。黃按訓違戾謂佛即佛之借字佛戾也禮記曲禮上獻鳥者佛其首注學記其求之也佛疏又後漢書呂強傳注。曲禮上疏云佛謂取首戾轉之忍其喙害人也佛大也佛輔也詩敬之佛時仔肩傳及箋。黃按毛以佛為弗大之段借鄭以佛為弼之段借也佛鬱不安皃黃按此佛為怫段

咈

違也周書曰咈其耇長說文段注違與韋同相背也按說文引微子咈其耇長我興受其退皆系周書引予顛隮則曰商書末知孰為誤字洪範一篇商周說異微子則亦是商書也玉篇引易咈經于上今易作拂蓋誤。史記老莊申韓傳正義曰咈違也咈者相乖詭之意書堯典咈哉疏咈忿戾也書堯典釋文咈盭

韻史　卷六十九第十五部入聲託韻　七〇九八

也廣雅釋詁四

⿰足弗

或作跳也說文又方言一又廣雅釋詁二⿰足弗急行皃玉篇⿰足弗急行皃同上

⿺走弗

或作趙走也說文段注篇韻皆作趙云走皃

岪

或書作岪山脅道也說文段注脅者兩膀也山如人體其兩旁曰脅水經注曰江水又東逕赤岬城引淮南子修程於山岬之旁注云岬山脅也楚辭招隱士云坱兮軋山曲岪王注云盤結屈也結屈昇書作詰詘山脅之道然也岪鬱山皃文選吳都賦注引埤蒼岪蔚特起皃文選魯靈光殿賦下岪蔚以璀錯注岪岪興起皃管子白心美哉岪岪注

紼

或作綍亂枲也說文段注亂枲者亂麻也可以裝衣可以然也可以繩之為索故采菽毛傳曰紼縴也言用紼為索也紼縴也廣雅釋水又詩采菽紼纚維之傳紼大索也禮記緇衣其出如紼釋文。左傳昭卅年疏云紼是縴也大紼輓索也左氏昭卅年傳先君有所助執紼矣注。疏云紼為葬之所用是輓索也紼引車

韻史　卷六十九第十五部入聲託韻　七〇九九

索禮記曲禮上助葬必執紼注。王制為越紼而行事注云紼輴車索紼引棺索也禮記檀弓下疏緇衣注又呂覽哀引紼者左右萬人以行之注。白虎通崩薨云云紼者所以牽持棺者也又禮記曲禮下釋文云紼棺索紼所以引柩左氏宣八年傳始用葛紼注。疏云茀字或作紼或作綍之別名也又釋之云茀引棺索也。黃按茀者借字也之或借紘借牽紼是撥擧之義禮記檀弓下若從柩及壙皆執紼注疏周禮遂人及葬帥而屬六紼注云紼擧棺索也從前引之曰紼紼發也發車使前也釋名釋喪制。儀禮既夕禮屬引注云引所以引柩車在軸輴曰紼又漢書郊祀志下注云紼引車索也又注引李奇云引棺車謂之紼擄在棺則曰紼擄在道則曰引周禮遂人疏。禮記檀弓下注云在棺曰紼又喪大記君葬用輴四紼二碑注云在棺曰紼至壙將窆又曰紼又雜記諸侯執紼五百人注云廟中曰紼

茀

道多艸不可行說文艸穢塞路為茀國語周語火朝覿矣道茀不可行也注茀茀茂也廣雅釋訓茀茀彊盛詩皇矣臨衝茀茀傳茀白雲逶蛇若蛇者也楚辭天問白蜺嬰茀

韻史　卷六十九第十五部入聲託韻　七一〇〇

注茀離即彌離彌離猶蒙蘢耳爾雅釋詁覭髳茀離也注茀之言蔽也詩采芑簟茀魚服箋。蕢按周禮巾車注翟蔽以朝即詩碩人翟茀以朝也傳云茀蔽也車之蔽曰茀詩載驅簟茀朱鞹傳。韓奕簟茀錯衡箋云簟茀漆簟以為車蔽今之藩也又疏云茀者車之蔽也碩人疏同茀飾也易既濟婦喪其茀釋文茀首飾也易既濟注茀治也詩生民茀厥豐艸傳。蕢按韓詩作拂厥豐艸。又按漢書古今人表茀佾即茀佾也茀拂佛三字同音相通借茀矢弩所用也周禮司弓矢注。釋文云矰矢茀弩矢茀之言劃也周禮司弓矢注。考工記矢人茀矢三分注云茀當為殺蕢按謂茀即殺之借字也故訓為劃茀馬鬃也易既濟釋文引干注。爾雅釋畜云馬回毛在鞍茀方茀小也詩卷阿茀祿爾康矣傳。蕢按爾雅釋詁注祓祿爾康矣祓當作跋謂茀即跋之借字也采芑朱茀斯皇釋文云茀本又作茀或作紱又既濟婦喪其茀荀作紱之文選責躬詩要我朱紱注云茀與紱同

拂擊禾連枷也說文段注方言曰僉宋魏之間謂之欇殳或謂之度音量度自關而西謂之棓滿頊反或謂之拂音

拂齊楚江淮之間謂之柍音快柍亦音車鞅或謂之桲音勃齊語耒耜枷芟韋玉枷拂也所以擊艸也艸當作禾王莽傳必躬戴拂釋名曰枷加也加杖於柄頭以撾穗而出其穀也或曰羅枷三杖而用之也或曰了了杖轉於頭故以名之也戴先生曰羅連語之轉今連枷之制與古同。荀子性惡則兄弟相拂奪矣注云自關而西謂之拂今之農器連枷也又漢書王莽傳中注云拂所以擊治禾者也今謂之連枷拂擊也擊使聚也釋名釋用器拂打之別名也方言五注

沸或作賁浡畢沸逗濫泉也說文段注畢一本从水作滭上林賦滭弗蘇林曰滭音畢則古非無滭字也泉下小涂有也按也當作皃詩小雅大雅皆有觱沸檻泉之語傳云觱沸泉出皃檻泉正出釋水曰濫泉正出正出涌出也司馬彪注上林賦曰滭弗盛皃也按畢沸疊韵字也毛詩觱檻皆假借字今俗以沸為沸而字上林賦滭弗一本作浡沸涌出也漢書劉向傳百川沸騰注。詩十月之交傳云沸出沸沸流也廣雅釋訓。山海經西山經丹水是有玉膏其源沸沸湯湯注云沸沸湯湯玉膏流出之皃也沸水聲也文選上林賦沸乎暴怒郭注。蕢按此蓋沸乎之義也又

洞簫賦注引伸埤蒼云沸渭不安也此又渭濁引伸之義矣

㶀火皃說文段注按此當是爕之或體

爕。爕俗有熚爕也說文段注玉篇云火盛皃廣韻云爆火

乀𠂇戾也說文段注自左而曲於右故其字象自右方引之乀音義略同拂書家八法謂之磔

甶鬼頭也象形說文

韍市古文紱俗。祓袚芾又有韠也上古衣蔽前而已市以象之天子朱市諸侯赤市卿大夫赤市蔥衡說文段注韋部曰韠韍也二字相轉注鄭曰韠之言蔽也韍之言亦蔽也祭服偁韍其端服偁韠鄭注禮曰古者佃漁而食之衣其皮先知蔽前後知蔽後後王易之以布帛而獨存其蔽前者不忘本也卿大夫下當有赤市二字奪文也斯干箋云芾天子純朱諸侯黃朱采芑傳曰芾黃朱芾也鄭注易云朱深於赤則黃朱為赤也乾鑿度曰困九五文王為紂三公故言困于赤紱至於九二周將王故言朱紱方來引孔子曰天子三公九卿朱紱

諸侯赤紱玉藻曰一命緼韍幽衡再命赤韍幽衡三命赤韍蔥衡鄭注緼赤黃之間也所謂韎也衡佩玉之衡也幽讀為黝黑謂之黝青謂之蔥周禮公侯伯之卿三命其大夫再命其士一命子男之卿再命其大夫一命其士不命據云赤市蔥衡者以別於再命之赤市也按經傳或借黻為韍如明堂位注曰韍或作黻是也或借芾為之如詩候人斯干采菽是也或借沛為之如易豐其沛一作芾鄭云韍郭是也芾與沛蓋本用古文作芾市而後人改之或借茀為之如詩釋文所載及李善所引詩皆是也或作紱如今周易乾鑿度朱紱赤紱是也會韻篇曰紱綬也韍佩縢而序其緣經泰乃以采組連結於璲光明章表轉相結受故謂之璲亦謂之紱糸部曰綬韍維也然則韍廢而璲乃出璲字廢而紱字乃出。釋名釋衣服云韍韠也又禮記明堂位有虞氏服韍注云韍冕服之韠也又漢書王莽傳上受綠韍袞冕衣裳注云韍韠韍又云韍謂蔽膝也又左傳桓二年疏引徐廣車服儀制云古者韍如今蔽膝又續漢輿服志下注引徐廣同。易困集解云朱紱宗廟之服又崔憬注云赤紱天子祭服之飾又疏云紱祭服也又後漢書東平憲王蒼傳注云赤紱大夫之服也韍所以執事禮之共也續漢輿服志下韍舜始作之以尊祭服禮記明堂位有虞氏服韍注坤為紱易困虞注

紱綬也（廣雅釋器又後漢書杜篤傳注引蒼頡篇又文選西京賦懷璽藏紱薛注紱與韍注引字林）韍璽之組也（漢書諸侯王表奉上璽韍注○翟義傳摔黃金印赤韍縌注云韍所以繫印也又匈奴傳下校單于印紱注云紱者印之組也又王莽傳上韍如相國注云韍亦謂組也）綿繫印之組也（漢書丙吉傳上注時○使人加綿而封之注○當按此段綿為韍也又堯廟碑云印綿相承亦然）綿者蔽也（白虎通綿冕○又云綿者行以蔽前者爾有事因以別尊彰有德也天子朱綿又云綿上廣一尺下廣二尺法天一地二也長三尺法天地人也○禮記玉藻頸五寸肩革帶博二寸注云頸五寸亦謂廣也頸中央肩兩角皆上接革帶以繫之肩與革帶廣同）芾是當服之衣（左傳桓二年疏○詩采菽赤芾在股箋云芾太古蔽膝之象也又云冕服謂之芾又候人三百赤芾傳云芾韠也又釋文云祭服謂之芾又車攻云赤芾金舄又斯干朱芾斯皇）又韍韠以蔽膝也（左氏桓二年傳袞冕韍珽注○當按此經用韍正字注用韍疏用芾皆段借字也又文選探已樂昇韍朱韍咸髦士當裝信解韍皆借韍為韍也又後漢書班固傳上注引蒼頡云韍紱也亦此意）

黻

黑與青相次文（說文○淮南說林黼黻之美注云青與赤為黻當按黻未聞言赤也赤蓋字之誤）黑與青謂之黻（考工記畫繢之事又周禮縫人注黻三列疏又禮記月令命婦官染采疏又書皋陶謨釋文又詩終南黻衣繡裳傳又左氏桓二年傳大龍黼黻文章注黻注昭廿五年傳六采疏又荀子富國注求相美於黼黻文章注又呂覽季夏注○爾雅釋言黼黻彰也釋文云青與黑曰黻又淮南時則注云青與黑為黻）黻冕黻紱也畫黻紱文采於衣也（釋名釋首飾○文選思玄賦襲溫恭之黻衣兮舊注云黻黼黻也○當按以黼釋黻散文則通也然於詁訓為疏）黻祭服之衣（論語泰伯而致美乎黻冕鄭注○荀子哀公問黼衣黻裳注云黻裳祭服也）黻文如兩已相背（爾雅釋言注○孫注云黻謂刺繡為己字相背以青黑線繡又後漢書蔡茂傳注云黻若兩已相背○左傳桓二年注昭廿五年爲九文注並云黻若兩已相戾○當按兩已相背者謂黻作亞也其說始於孫叔然而杜郭等沿之實非確論也亞以曲折象文章而無音姑以已之音擬之耳何兩已之謂乎又周禮司服疏云兩已相背取臣民背惡向善說亦迂謬）黻戾也（爾雅釋言釋文○左傳昭廿五年疏云黻之言戾）

翇

（或作帗）樂舞執全羽呂祀社稷也（說文段注樂師有帗舞有羽舞注故書帗作翇皇作翌鄭司農云翇舞者全羽羽舞者析羽社稷以翇乎謂帗析五采繒今靈星舞子持之是也按今本脫帗作翇三字又持大析鄭注翇改帗非也舞師注亦有脫大鄭及許皆從故書作翇以字从羽故知為全羽後鄭從今書作帗以字从巾故知析五采繒也）列五采繒為之有秉皆舞者所執（周禮鼓人注舞帗舞者注）兵帗繙謂物之扞蔽也（方言二帗縷毳也陳宋鄭衛之間謂之帗縷注）帗韠也天子赤帗（穆天子傳一帗帶注）

𣴎　祓

準𣴎也（說文○準下云準𣴎風寒也詩曰一之日當按今詩作觱發段借也觱又䚯𤿮）除惡祭也（說文○漢書五行志中之上三月祓霸上注云祓除惡之祭也又左氏僖六年傳受其璧而祓之注祓除凶之禮又昭十八年傳祓禳於四方疏云其祓禳皆除凶之祭人管子小匡鮑叔祓而浴之注云祓謂除其凶邪之氣）祭也（廣雅釋天）祓除也（左傳襄廿五年疏祝祓社注又漢書司馬如傳下集注外戚傳下集注引孟康○荀子議兵若祓不祥注云祓除之也）祓齋戒祓除也（國語周語王其祓監農不注○周禮女巫掌歲時祓除）

（浴注云歲時祓除如今三月上巳如水上之類）祓除猶埽除也（國語周語共祓除注）祓猶拂也（國語周語敬祓除其心注又史記司馬相如傳拔鬋祓之集解引徐廣）祓潔也（小爾雅廣詁）祓福也（釋詁○孫注云祓除之福）茀福也（詩卷阿茀祿爾康矣箋○當按此謂茀為祓之段借字）

勿　㫚（門弗切）

（或）州里所建旗象其柄有三游襍帛（句）幅半異所呂趣民故遽偁勿勿（說文段注九旗之一也州里當作大夫士周禮司常大夫士建物帥都建旗州里建旟許於旟下既偁州里建旟矣則此偁大夫士建物也鄉遂亦一時筆誤耳大司馬鄉家載物注云鄉家鄉大夫也鄉射禮注各以其物注襍為物大夫之所建也經傳多作物蓋物之譌也而段借為字亦有皆為沒字音禮記勿勿乎其欲饗之勿勿即沒沒猶勉勉也象其柄為右筆也有三游謂三游也三游列於旂九游大旟七旗六游旐四游司常曰通帛為旟襍帛為物注云通帛謂大赤從周正色無飾襍帛皆以帛素飾其側白殷之正色凡九旗之帛皆用絳按許云幅半異謂正幅半赤半白鄭則云以飾側釋名則云以襍色綴其邊為翅尾殊各不同似許為長者疾也色純則緩色駁則急故襍帛所以促民遽韻會作究遽）

二字凡究遷稱勿勿此引伸假借。顏氏家訓勉學云故愚遠者僞為勿勿**勿元也**易象下傳又淂勿恤廣注又國

萊蔡萊顧王之勿易也注**勿無也**易豐勿憂宜日中疏又詩東山勿士行枚冥又小爾雅廣詁又呂覽季夏勿敢詐僞

注精論勿言之而不成注又淮南修務寡人敢勿式予注。易益立心勿恒疏之人詩賓之初筵式勿從謂姿又儀禮少牢饋食

禮勿替引之注云勿猶無也**勿非也**廣雅釋詁四。詩靈臺經始勿亟箋云度始靈臺之基趾非有急成之意**勿備不也**禮記檀弓下雖欲勿殤也疏曾子問非弗能勿除也疏又論語雍也雖欲勿用皇疏又文選東京賦薛注。荀

子禮論禮之中焉能勿易謂之能固注云**勿猶莫也**論語學而過則易不變也又貫于容經云勿用者不可也

勿皇疏攺**勿者禁止之辭**詩節南山疏。王氏引之經傳釋詞云勿語助也詩曰弗問弗仕勿罔君子勿同罔也言弗問而察之則下民欺罔其上矣傳曰勿罔上而行也則與弗問弗仕之文不相承箋曰勿當作末傳不問而察之則下民末罔其上矣亦未安傳十五年左傳曰史蘇是占勿從何益勿從從也言雖從史蘇之言亦無益也與他處訓無者不同杜注曰雖復不從史蘇不能益禍失之**勿述無所逆誤之皃**文選洞簫賦趣從容其勿述兮注**勿**

憂者勸勉之言也易豐干注**勿勿猶勉勉也**大戴記曾子立事君子終身守此勿勿也注又禮記禮器注。祭義注云勿勿猶勉勉也。愁愛之皃。易井井收勿幕釋文云勿干本作网。蓋按此義同通用字也**穉**

帛為物將帥所建象物雜色釋名釋兵。蓋按段物為殇自周禮司帛始物行而殇廢矣人罕識其正字矣。書立政時則勿有間之，論衡譴告作時則物有間之，亦爾

物

萬物也牛為大物天地之數起於牽牛故从牛說文段注戴先生原象曰周人以斗牽牛為紀首命曰星紀自周而上日月之行不起於牽牛也按許說物从牛之故又廣其義如此。漢書律厤志上建氣物分數注引孟康又荀子賦皇天隆物注又文選幽通賦渾元運物曹注注云物萬物也又淮南天文云四時之散精為萬物又易象上傳天地養萬物羅乎注云萬物衆陰也**物也者大其名也**荀子正名。春秋繁露天地陰陽云物也者洪名也**造物謂道也**文選宣德皇后令注引莊子司馬注云大司馬記室牋注石闕銘注齊故安陸昭王碑文注**乾為物**易象上傳稱物平施褒注較辭上傳備物致用虞注**物謂坤**易繫辭上傳坤成物荀注**物**

事也易象下傳君子以言有物疏數辭下傳遂知來物疏唯其時物也注又詩烝民有物有則傳又周禮大宰注統所以合率以等物也疏鄉大夫退而以鄉射之禮五物詢衆庶疏又禮記學記比物醜類疏又左氏宣十五年傳謂此物也夫注襄二年傳建一官而三物成注昭十一年傳物以無親注昭十四年傳任良物官注昭廿一年傳是何物也注昭廿五年傳禮之善物也注昭卅一年傳此二物者注哀元年傳不失舊物注國語周語昭明物則以訓之注物得其常注若能類善物注齊語不見異物而遷焉注魯語官方足物注物備矣注知右行牽之能以數宣物之功也注能勤小物注鄭語而講以多物佐制物子前代者注楚語數之令使訪物官注以叙百物注又孟子離婁上是絕物也注離婁下此物奐宜至哉注告于上而藏於物注告子下儀不及物注盡心上萬物皆備於我矣注堯舜之知而不偏物注又小爾雅廣詁又文選文賦雖茲物之在我注。周禮大司徒以鄉三物教萬民而賓興之注又儀禮鄉射禮記物長如笴注注又禮記月令兼用六物注文王世子行一物而三善皆得者注內則方物出謀發慮注大傳五者一物紕繆注祭義致物用以立民紀也注表公問物注民足以振之注仁人不過乎物注儒行遠數之不能終其物注大學致知在格物注班云物猶事也又中庸誠者物之終始注云物萬物也亦事

也物謂事物禮記祭統夫祭之為物大矣疏。哀公問則庶物從之矣注云庶物猶衆事也又緇衣言有物而行有格注云物謂事驗也**物類也**易繫辭下傳又有變故曰物疏又左氏桓六年傳與吾同物注又國語魯語如卅木之產也咎以其物注又漢書五行志中之上集注。左氏宣十二年傳百官象物而動注昭元年傳言以知物注昭九年傳事有其物注疏云物猶類也又文十八年疏云物亦類也**物質也**老子復歸於無物注**物識也**左氏哀元年傳不失舊物馬注**物名也**國語楚語不可方物注**物器也**呂覽孟冬物勒工名注曰莊子在宥云賤而不可不任者物也**物禮物也**文選東京賦物有其容薛注五等諭損益有物注。禮記祭統注云為物猶為禮也**物者外境也**禮記樂記其本在人心之感於物也疏又史記樂書物使之然也正義**物象也**易略例物无妄注。列女傳母儀云物者所以治蕪與莫也**物謂鬼神也**漢書郊祀志上有物曰蛇注又集注云物謂鬼物。武帝紀解江淮物注引如淳云物猶神也又東平思王宇傳或明鬼神信物怪注云物亦鬼**精氣為物**易繫辭上傳**物色也**周禮保章氏以五雲之物注犬人用牷物司裳注小宗伯辨其名物疏龜人各有名物疏各以其物疏又國語

楚語毛以示色注。周禮牧人注物馬齊其力疏云物即是色又後漢書明帝紀注。云物謂氣色災變也又寇朝傳注云物色謂形狀也物謂毛色也周禮雞人辨其物注又穆天子傳三收皮效物注。詩六月比物四驪傳云物毛物也又呂覽仲秋察毛色注云物毛也物物色之以知其所宜之事周禮載師以物地事注。艸人掌土化之法以物地注云物地占其形色又北人則物其地圖而授之注云物地占其形色知鹹淡也物識也左氏定十年傳叔孫氏之甲有物注物相也左氏昭廿二年傳物土方注。儀禮既夕記冢人物土注云物猶相也又周禮遂師物之可以封邑者注云物之謂相其土地可以居民立邑物謂地所有也周禮縣師辨其物注。禮記樂記物以羣分注云物謂殖生者也又孟子盡心上篇上君子之於物也注云物謂凡物可以養人者也物家中之財周禮小司徒辨其物以歲時入其數注。司隸辨其物而掌其政令注云物衣服兵器之屬物者材也周禮酒正辨三酒之物疏。左傳隱五年云取材以彰物采謂之物物權勢左傳昭七年用物精多注物故謂死也漢書司馬相如傳下士卒多物故注劉向傳物故流離注物謂衰經之制禮記檀弓下有以故興物者注物謂

射時所立處也儀禮鄉射禮記物長如笴注。禮記投壺注閒相去如射物疏云物謂射者所立之處物長三尺闊一尺二寸物謂牢鼎之實周禮膳夫鼎十有二物皆有俎注物牲謂祭祀之牲物文選東京賦物牲辨省薛注物謂禽獸也文選東京賦不殫物以昭仁薛注。周禮宰夫凡失財用物辟名者注云物禽獸也海物海魚也書禹貢海物惟錯鄭注物貢雜物魚鹽橘柚周禮大宰九日物貢注。司農注云物貢九州之外各以其所貴為摯肅慎氏貢楛矢之屬是也名物者十等之名與所生之物周禮大司徒辨其山林川澤丘陵墳衍原隰之名物注五物五地之物也周禮大司徒辨五物九等注六物秫稻麴蘗水火也呂覽仲冬兼用六物注物謂精怪及藥物也史記留侯世家然言有物索隱物無也史記張丞相傳集解引高堂隆又後漢書馬廖傳注。萱按物引伸之義訓無亦借物字作之雜帛為物周禮司常又釋名釋兵又儀禮鄉射禮記注士喪禮注。萱按九旗之物正字當作勿若芴因芴物形近而譌作物譌體行而芴廢矣

芴葬[illegible]菲也說文。萱按爾雅說文註云菲芴也是爲轉注

撮口呼二

橘舉律切橘果出江南說文段注禹貢荊州厥包橘柚考工記曰橘踰淮而北為枳屈原賦曰受命不遷生南國兮許言出江南者即考工屈賦所云也王逸注云言橘受天命生於江南小曰橘大曰柚史記司馬相如傳橘柚芬芳正義。文選蜀都賦戶有橘柚之園劉注云小曰橘

⿰酉矞醑也說文又廣雅釋器

憰權詐也說文段注此與言部譎音義皆同益彼以言此以心憰乖也莊子齊物論恢恑憰怪釋文引李注

譎權詐也益梁曰謬欺天下曰譎說文段注方言膠譎詐也涼州西南之間曰膠自關而東西或曰譎或曰膠詐通語也按廣雅及爾雅釋文引方言皆有謬字此數天下曰譎不可通當為關東西曰譎。詩關雎序箋譎諫詠歌依違不直諫疏云譎者權詐之名託之樂歌依違而諫亦權詐之義故謂之譎諫譎詐也易睽注恢詭譎怪釋文又

詩關雎序主文而譎諫釋文又論語憲問晉文公譎而不正集解引鄭注又後漢書吳漢傳注鄭均傳注馮衍傳注荀彧傳注王逸傳注。袁安傳注云譎亦詐也譎詭詐也論語憲問皇疏又荀子非十二子而宇嵬瑣注。廣雅釋言云譎恑也譎觚非常周禮宮正注。疏云譎觚之人謂譎詐傑出觚角非常譎欺也廣雅釋詁二譎乖也易睽注釋文譎異也文選舞賦瑰姿譎起注譎美也廣雅釋言譎變也文選東京賦合二九而成譎薛注譎詭變化也文選東京賦瑰異譎詭薛注奉姑昧者謂之交譎荀子大略譎決也莊子天下而倚譎不同釋文引崔注。萱按此謂譎即決之段借字日旁五色氣在兩邊外向為譎淮南覽冥注。萱按此段譎為矞也譎決譎矞皆同韻也

潏涌出也一曰水中坻人所為為潏一曰潏水名在京兆杜陵說文段注上林賦潏潏淈淈李善皆引說文證之應劭晉灼注上林賦云潏涌出聲也江賦潏湟淴泱南都賦況消濊潏滑瀘洞出京兆尹杜陵二志同故城在陝西西安府咸寧縣東南潘岳關中記曰涇渭灞滻豐鎬潦潏上林賦所謂八川分流也師古上

（林賦注曰地理志鄠縣有滈水北過上林苑入渭而今之鄠縣則無此水許慎云滈水在京北杜陵此即今所謂沇水從皇子陂北流經昆明池入渭者也蓋為字或從水旁穴與沇字相似俗人因名沇水予按水經注渭水又東北逕渭城南有沇水自南注之亦謂是水為滈水也故呂忱曰滈水出杜陵縣亦曰高都水王氏五侯壞決高都是也是則當酈時已名沇水小顏推求其故始因滈之聲誤為沇沇之字誤為沇由俗人不識沇字遂名之沇水沿譌積習往往如此小顏之說甚矣而戴先生校水經注乃盡改沇水為沇水則又無以證古今之異名同一實且使小顏之前固作沇水則小顏何不顯證之而作疑辭乎疏走今滈水在西安府長安縣南源出南山自寧縣界流入又西北入渭水按酈注沇水沇水蓋沇字之誤李善注上林賦曰滈水出杜林今名沇水自南山黃子陂西北流經至昆明池入渭司馬貞又注上林語全同亦作今名沇水沇從允聲余準切滈滈聲食津切二字相為雙聲疊韻唐初呼沇水字異而音實同耳小顏與李善同時其注漢書蓋亦李作今沇所謂沇水轉寫作沇字由俗書沇字似沇也惟小顏不知滈沇同聲而指為泬字之誤是為無稽之談集韻沇庾準切水名謂滈水也若沇水東流為沛則讀以轉切矣山海經大荒東經云有滈水又中山經云㳅水西流注于滈水）滈水即巢山之水

也（水經汾水注）滈泉皃（文選封禪文沕潏曼羨注引服虔）滈滈水微轉細涌之皃（史記司馬相如傳索隱引郭璞）人所為之曰滈滈術也偃水使鬱術也魚梁水碓之謂也（釋名釋水○爾雅釋水小沚曰坻人所為為潏舍人注云滈人力所為居止又釋文引郭圖云人亦於水中作洲而小不可止住者名滈水中地也）

觼　鐍（或有觼○俗）環之有舌者（說文段注秦風以觼軜爾雅環謂之捐捐者觼之假借字詩容有作捐者通俗文曰缺環曰鐍許與服不同服謂如玦許謂環中有中橫者以圍糸接通俗文直謂鐍為玦字○莊子胠篋固扃鐍釋文引崔注云鐍環舌也）鐍紐也（莊子胠篋釋文引李注）有氣刺日為鐍鐍抉傷也（漢書天文志暈適背穴注引如淳注引孟康云穴多作鐍其形如玉鐍也）

趨（十四走部去聲十五部入聲兩讀）走意也（說文）

矞（○俗有霱）㠯錐有所穿也一曰滿有所出也（說文段注一曰云云矞雲蓋取此義）

穿也（廣雅釋詁三）矞出也（廣雅釋詁一）矞矞物長春風之聲皃也（太玄交矞矞皇皇注）矞雲者外赤內青也（文選魏都賦矞雲翔龍劉注）矞日旁五色氣在兩邊外向為譎（淮南覽冥君臣乖心則背譎見於天注○董按此段譎為矞也○又按禮記禮器故鳥不矞用矞為橘也周禮大司樂注亦然釋文云又作橘亦作譎偏旁皆後加耳）

繘（古文）𦄮（籀）綆也（說文段注易井卦汔至亦未繘井羸其瓶鄭云繘綆也方言繘自關而東周洛韓魏之間謂之綆或謂之絡關西謂之繘○儀禮士喪禮不說繘釋文又廣雅釋文竝云繘綆也又禮記喪大記釋文云繘汲水綆也）繘汲水瓶索也（禮記喪大記疏○方言五注云繘汲水索也）繘者綆汲之具也（易象下傳荀注）繘者所以出水通井道也（同上）巽繩為繘（易井虞注）

鷸　鷸（或作鷸○）亦知天將雨鳥也禮記曰知天文者冠鷸（說文段注釋鳥翠鷸李巡樊光郭璞皆云一鳥許於羽部曰翠青羽雀也合此條知其讀不同各為一鳥引禮記者漢志百三十一篇中語也左傳鄭子

臧出奔宋好聚鷸冠鄭伯聞而惡之使盜殺之君子曰服之不衷身之災也詩曰彼其之子不稱其服子臧之服不稱也夫云不稱者正謂子臧不知天文而冠聚鷸也獨斷曰建華冠形製似縷鹿記曰知天文者服之鄭子臧聚鷸冠前圓此則是也司馬彪與服志引記曰知天者冠述知地者履絇莊子鷸一作鷸然則述者鷸之省毛傳適述也古音同也說苑知天道者冠鉥知地道者履蹻又餟鉥蹻字為鷸絇字小顏注禮之衣服圖謂為術士冠亦以古音同耳○左傳廿四年注又莊子天地皮弁鷸冠釋文竝云鷸鳥名也又匡謬正俗四云鷸水鳥天將雨即鳴古人以其知天時乃為冠象此鳥之形使掌天文者冠之）鷸子鷸也（廣雅釋鳥○漢書五行志中之上注云鷸大鳥即戰國策所云啄蚌者也）鷸一名翠似燕（莊子天地釋文○史記索隱引蒼頡篇云鷸翠別名也又漢書五行志中之上注引韋昭云鷸今翠鳥也又爾雅釋鳥李注云鷸一名為翡翠其羽可以飾物也）鷸疾皃（文選海賦鷸如驚鳧之失侶注○董按此義正字蓋當作遹苦）

蟜　蟜蟥蛢也（說文○爾雅釋蟲蛂蟥蛢注云甲蟲也大如虎豆綠色今江東呼黃蛢○董按考工記以翼鳴者鄭謂發

皇之蠡也發皇蛈蟥蟜蠑一也特字異耳江東呼黃蛢其句度不同

危也說文又爾雅釋詁嗃事之危也爾雅釋詁舊注

嗃 趫 遹

狂走也說文段注東京賦捎魑魅斮獝狂薛曰獝狂惡戾之鬼按獝當作趫

回辟也說文段注小雅謀猶回遹毛曰回邪遹辟也按辟或作僻古今字大雅兩言回遹箋皆云回邪韓詩遹作穴或作泬或作鴥皆段借字也遹古多假爲述字釋言云遹述也言段借也釋詁云遹遵率循釋訓云不遹不蹟也皆謂遹即述字也言轉注也不遹者今邶風之報我不述也

遹皇往來皃也文選思玄賦察二紀五緯之綢繆遹皇注○後漢書張衡傳注云遹皇行皃也

遹自也爾雅釋詁○注云自猶從也又疏云遹遵率三者又爲循行

遹循也同上

遹述也萱按詳述下

聿

所已書也楚謂之聿吳謂之不律燕謂之弗說文段注以用也聿者所用書之物也凡言所以者視此釋器曰不聿謂之筆郭云蜀人呼筆爲不律也語之變轉按郭云蜀語與許異郭注爾雅方言皆不備說

韻史 卷六十九第十五部入聲託韻 七一二

文弗同拭之佛

聿述也詩文王聿修厥德傳大明聿懷多福箋又禮記禮器聿追來孝注表記注又左傳昭廿三年注又孝經注又漢書匡衡傳集注又後漢書班彪傳下注又文李國傳注宦者呂強傳述脩厥德注又太子飾古柑黃聿注又文選射雉賦聿采毛之英麗兮徐注○萱按聿引仲諸義與述同古多段通爲述故通聿亦通用

聿循也後漢書敘傳

注聿自也詩緜聿來胥宇箋

聿遂也詩蟋蟀歲聿其莫傳又後漢書蔡邕傳注○書晚出湯語聿求元聖疏云聿訓遂也述前所以中遂故聿爲遂也

聿辭也漢書劉向傳集注又後漢書傳敘傳注又文選江賦注引薛君韓詩章句

聿曰也漢書食貨志上集注敘集注○穆天子傳聿將六師注云聿猶曰也○萱按正字當作吹古多用聿若遹

聿惟也左傳昭廿六年聿懷多福注又文選幽通賦注聿中𢿘爲庶幾兮曹注

聿皇疾皃漢書揚雄傳上武騎聿皇注又文選長笛賦聿皇求索注

聿皇輕疾皃文選羽獵賦注

聿越豹走皃文選吳都賦聿越巉險劉注

吹

詮詈也詩曰吹求厥寧說文段注詮具也淮南詮言訓高注曰詮就也就萬物之指以言其徵事之所

韻史 卷六十九第十五部入聲託韻 七一三

謂遹之所依也詮詈者凡詮解以爲詈如吹求厥寧吹中和爲庶幾是也釋言遹述也毛詩悉蟋傳曰聿遂也文王傳曰聿述也古聿遹同字述遂同字爾雅言述而遂在其中毛公或言遹或言述因文分別也毛詩多言聿獨文王有聲四言遹而毛無傳毛意遹即聿聿訓遂故鄭箋以述別之遂者因事之詞亦專詈韓詩及曹大家注幽通賦及杜注左傳皆云聿惟也此事詈也吹其正字聿遹曰皆其假借字也因詈專詈詮詈也今大雅吹作遹班固幽通賦吹中𢿘爲庶幾兮文選作聿詩曰喪服國見晛曰見晛曰流韓詩皆作聿

吹詞也廣雅釋詁四

曶

或書作昌

水流也說文段注此與水部汩義異汩治水也上林賦曰汩乎混流又曰汩急漂疾方言汩疾行也注云汩汩急皃于筆切此用汩非曶也廣韵合爲一

曶曶流也廣雅釋訓曶曶○楚辭懷沙分流汩兮注云汩流也又華嚴經音義下引珠叢云汩流皃也又爾雅釋水注云汩激沙壤釋文云汩流水也又文選長笛賦繳槊汩湟注云汩湟水流皃

汩急流也方言六注○爾雅釋文引字林云汩水聲急也又文選上林賦注引司馬彪云汩急水聲也又史記司馬相如傳索隱引郭璞云汩急轉皃也

汩去皃疾若水流也離騷汩余若將弗及兮注

滵汩

韻史 卷六十九第十五部入聲託韻 七一三

去疾皃文選琴賦滵汩澎湃注○長笛賦汩活澎湃注云汩活疾皃

滵汩水流疾也文選

滵汩潑注

潏汩淢疾皃也史記司馬相如傳汩淢噏習索隱又漢書司馬相如傳下汩淢歙以永逝兮注○文選上林賦汩乎混流注云汩疾皃也

汩疾也廣雅釋詁一又列子湯問以汩流之中注釋文又文選吳都賦汩乘流以砰宕劉注

汩涌波也列子黃帝與齊俱入與汩俱出釋文

回伏而湧出者汩也莊子達生注

汩深水也文選束廣微補亡詩注引字林

汩行皃楚辭懷沙汩徂南上注又後漢書馮衍傳注

汩往意也漢書揚雄傳上汩低回而不能去兮注

汩淨皃文選魯靈光殿賦汩礭磊以璀璨注

汩越光明皃文選景福殿賦羅疏柱之汩越注

汩

治水也說文段注天問不任汩鴻師何以尚之王云汩治也鴻大水也引伸之凡治皆謂汩書序汩作汩治也汩李訓亂如亂之訓治故洪範汩陳其五行汩亂也上大溫訓滿而釋詁云汩治也郭景純云汩汩古俗音古忽切訓汩汲汩亂○萱按古忽切自有汩正字汩無屬岐入此音也

汩亂也漢書五行志上集注引應劭又莊子徐無鬼遊于天地釋文引

韻史 卷六十九第十五部入聲託韻 七一四

引書大傳又小爾雅廣言司馬注又華嚴經音義下汩通也國語周語決汩九川注汩滆波也莊子達生
與汩皆出釋文引司馬注汩流也汩行兒汩涌波也萱接此類皆段汩為最也
𩗗許橘切
有○俗颳小風也說文段注也玉篇作兒廣韻之颳即此字也颳風也廣雅釋詁四颳颳風也
集韻
窟
有○俗盜空兒說文段注孔之兒也
律呂橘切
均布也說文段注均律雙聲均古音同句也易曰師出以律尚書正日同律度量衡爾雅坎律銓也律者所以范天下
之不一而歸於一故曰均布也律法也爾雅釋詁又易師師出以律疏又書堯典同律度量衡馬注又禮記王制加地
進律注月令疏又左氏哀十六年傳無自律注又周書太子晉立義治律注又漢書郊祀志下集注又後漢書王劉張李彭盧
傳注班彪傳下注又荀子非十二子勞知而不律注又太平圖以律七百二十九贊注又楚辭憂苦律魁放乎山間注○漢
書刑志上云律法坎為法律易師九家注坎九家也莫不敢法焉注象下傳九家注律度也淮南覽冥

以治日月之行律律銓也爾雅釋言○注云律所以銓量輕重律亦平也爾雅釋言樊注律者所
以定分止爭也管子七臣七主○釋名釋典藝云律累也篇注云質律質劑也可累人心使不得放肆也
夫律之者為法之也賈子六術○荀子王霸質律禁止而不偏注云質律質劑也可使為法故言質律也
律常也爾雅釋詁律始也方言十二律率也廣雅釋言又御覽月令章句○古微書引春秋元命
苞云律之為言率也所以率氣令達也又白虎通五行云律之言率所以率氣令生也律述也爾雅釋言又禮記中
庸上律天時注又史記律書索隱引釋名律述氣者也以銅為之周禮典同掌六律六同之和注
○禮記月令律中大蔟注云律候氣之管以銅為之又呂覽察傳變於是正六律注云六律六氣之律陽為律陰為呂合十二
也截竹為管謂之律○北堂書鈔引蔡邕月令章句淮南時則注云律管音也律五聲陰陽
之法也國語周語注律者清濁之律法也續漢書律歷志上注引月令章句○大戴記曾子天
圓云截十二管以象八音之上下清濁謂之律也律居陰而治陽又後漢書明帝紀注云聖人截十二管察八音之清濁謂之

律呂律籥也文選吳都賦鳴條律暢注律謂之分爾雅釋器六始為律太平御覽陽曰律
禮記禮運五聲六律十二管注○左傳昭廿五年注云陽聲為律又太平平攤律則成物注云陽為律律六律也
禮記樂記律大小之稱注又漢書郊祀志上注又文選劇秦美新注律量注○後漢書桓譚傳注云律謂六律又孟子離
婁上不以六律注云六律陽律大蔟姑洗蕤賓夷則無射黃鍾又周禮大司樂以六律六同五聲八音六律大合樂注云六律
合陽聲者也律謂六律六呂也國語周語律所以立均出度也注律十二律也文選思玄
威考治亂於律均今舊注又後漢書張衡傳注○法言吾子或問交五聲十二律也注云十二律者十二月之律也八風
從律應節至也禮記樂記八風從律而不姦注律鍾律也國語周語問律於伶州鳩注律主
禽鹿大戴記易本命○注云慶麃角長短大小似律律理髮也荀子禮論不沐則濡櫛三律而止注律律
猶烈烈也詩蓼莪南山律律傳律律悉兒莊子庚桑楚津津乎有悉也釋文引崔注
葎
艸也說文段注唐本艸曰葛葎蔓宋本艸曰葛勒蔓似葛有刺

寽
五指寽也說文段注捋寽與捋各字捋毛曰取也許曰取易也寽許曰五指寽也凡今俗用五指持物引取之曰寽
廣韻曰今寽术是也芣苢薄言捋之說者謂取其子假令謂取其子則當作寽
䏿
膟或血祭肉也說文段注郊特牲曰取膟膋燔燎升首報陽也鄭云膟膋腸間脂也朝事時取牲膟膋燔於爐
炭至薦孰之時又取膟膋與蕭合燒之按此注謂膟膋腸間脂二字一物祭義注云膟膋血與腸間脂也則以血釋膟以腸間
脂釋膋略同許說小雅執其鸞刀以啟其毛取其血膋正與祭義毛牛尚耳鸞刀以封取膟膋乃退語相合毛云毛以告純也
膋脂膏也血以告殺膋以升臭合之黍稷實之於蕭合馨香也葢禮家以膟當詩之血故詩云血祭鄭注祭義同考之郊特牲
血祭與燔膟膋各事膟膋自是一物郊特牲注為長也許云血祭肉者肉是衍字血祭不容有肉祭義疏引說文字林膟血祭
與肉字釁下亦云血祭入今毛傳禮記皆作膟
䪻蒼橘切
頭頡䪻也說文段注頭䪻疊韻古語頭蠢兒若高祖隆準服虔準音拙應劭曰頞權準也師古曰䪻權䪻字豈當
借準為之按許服但云準音拙耳權䪻之名又出漢後也

泏 水皃 說文段注廣韻曰文出皃文子曰原泉泏泏沖而不盈 泏 水定也 集韻引字林

出 仲橘切 進也象艸木益滋上出達也 說文段注本謂艸木引伸為凡生長之稱又凡言外出為內入之反 茲艸木多益也艸木由才而屮而出而出日益大矣 出推也推而前也 釋名釋言語 出生也 易說卦傳萬物出乎震虞注又管子四時其德嬴而發出節注又莊子庚桑楚出無本釋文又呂覽大樂太一生兩儀音初流辟又詠越恰澀之音出注又後漢書竇融傳注 出猶生也 國策齊策無所出其計矣注又史記秦紀爾後嗣將大出索隱又樂書樂由中出正義又呂覽大樂安由出哉注又淮南墜形乘麻魚鹽出焉注 向上謂之出 考工記玉人注射判出者也疏郎射判而出也疏 上湧曰出 漢書文帝紀大水潰出注 始之謂出 韓非子解老 震為出 易小畜血去惕出虞注離王用出征虞注節不出戶庭虞注象上傳注血達如虞注上下出泉虞注象下傳君子以思不出其位虞注繫辭上傳出其言善虞注言出乎身虞注 出猶作也 禮記月令出土牛以送寒氣注又淮南脩務訓鄭有出新曲者注 出猶成也 史記趙世家而功有所出集解 出猶外也 荀子出忘其儺注○孟子

韻史 卷六十九第十五部入聲託韻 七一二九

告子下出則無敵國外患者注云外出謂國外也 出猶捐也 呂覽上農不出真注 出謂有所之適 禮記檀弓上二三子皆經而出注○管子大臣出欲通注云出謂欲適他國 出行也 荀子儒效注又莊子應帝王釋文引司馬注 出去也 荀子大略注又呂覽知分注開春注貴直注又史記韓長孺傳而出於忠序索隱○禮記內則父母不說出疏云出謂出去也 出猶去也 書大傳不辭而出注又呂覽忠廉殺身出生以徇其君注殺身出生以徇之注驕恣而出注 出歸也 國策西周策秦王出楚王以為和注 出罷也 呂覽達鬱君可以出矣 出降也 國語晉語乃出陽人注 出遜也 左氏文十八年傳遜出武穆之族賈注 出謂逃亡 周禮大司寇其不能改而出圜土者殺注 出謂受上言宣於下 後漢書劉愷傳注○又云出納謂尚書喉舌之官也 出謂所當給為 禮記王制量入以為出注 出入猶去來也 左氏僖廿八年傳出入三覲注○成十三年傳余雖與晉出入注云出入猶往來 出入謂喘息也 素問六微大論出入廢則神機化滅注 婦人大歸曰出 國策秦策薛公入魏而出齊女注○左氏莊廿七年傳出曰來歸疏云出曰來歸疏云出者謂犯七出而

韻史 卷六十九第十五部入聲託韻 七一三〇

見絕者也 姊妹之子曰出 左傳莊廿二年陳厲蔡出也注僖七年鄭申侯申出也注又穀梁文十四年貜且齊出也注又漢書五行志上子鼂楚之出也注五行志下之下注○爾雅釋親云男子謂姊妹之子為出又釋名釋親屬云姊妹之子曰出出嫁於異姓而生之也 出外孫也 公羊傳文十四年注○萱按劭公獨以出為外孫不審其何所據矣劭氏晉涵爾雅正義亦非之 出居謂與父母判居者 後漢書何敞傳注 出死猶處死也 史記禮書孰知夫士出死要節正義 出瑱狀如凝膏在水上 書大傳出瑱注 出隧蘧蔬 爾雅釋艸

黜 貶下也 說文段注玉篇云貶也下也按當作貶也下色也五字貶也者黜陟之義也下色也者為从黑張本也古或假詘為之 黜貶也 楚辭逢紛后聽虛而黜賓兮注慭命祭女黜而出帷芳注 黜貶退也 書序周公相成王將黜殷命注 黜退也 論語微子三黜皇疏又左傳襄六年何以黜朱於朝注又一切經音義九引書范甯集解又國語晉語注又漢書郊祀志上集注又莊子徐無鬼君將黜嗜欲釋文又文選東京賦省幽明以黜陟薛注 黜猶出遜 公羊

韻史 卷六十九第十五部入聲託韻 七一三一

襄廿七年傳黜公者非吾意也注 黜猶放也 左傳襄廿八年使無黜嫚注 黜廢也 國語周語王黜翟后注晉語公將黜太子申生注又漢書司馬遷傳集注 黜絕也 書序將黜殷命晚出傳 黜去也 左傳昭廿六年咸黜不端注又國語周語以揚沈伏而黜散越也注又廣雅釋詁二 黜滅也 廣雅釋詁二 黜減損 左傳襄十年而黜其事注 黜色易服色也 後漢書班彪傳下注 絀退也 禮記王制注君絀爵釋文又漢書申屠嘉傳集注 絀抑退也 史記大宛傳皆絀其勞集解引徐廣○萱按詩有客箋成王既絀殷命左傳注廣絀播伯穀梁注時王所絀也皆段絀為黜又堯典三考黜陟幽明史記五帝紀作三考絀陟遠近亦然也若莊子黜嗜欲司馬本作世作出亦是同出聲字

絀 絳也 說文段注此絀之本義不行矣韻會絳作縫非也古多段絀為黜 絀亦縫紩之別名也 史記趙世家卻冠秫絀集解引徐廣 絀抑退也 萱按此段絀為黜

齜 䶩齒也 說文段注謂䶩物而外露之齒也故從齒出 齜 齧也 廣雅釋詁三

韻史 卷六十九第十五部入聲託韻 七一三二

咄欸逗無慙一曰無腸意說文段注咄欸疊韻古語也無腸猶無心也按廣韻云詞也蓋謂同咄

秫朮或稷之粘者說文段注九穀攷曰稷北方謂之高粱或謂之紅粱其粘者黃白二種所謂秫也秫為粘稷而不粘者亦通評為秫秫而他穀之黏者亦假借通稱之曰秫陶淵明使公田二頃五十畝種秫稻之粘者也崔豹古今注所謂秫為黏稻是也。爾雅釋艸釋文引字林云秫粘稷秫謂黏粟也爾雅釋艸衆秫注又孫注。廣雅釋艸云秫稬也。當按稬者稻也以稻目秫名實相佹已在陶潛崔豹之先矣丹秫赤粟也考工記鍾氏染羽以朱湛丹秫司農注

苿山薊也說文又爾雅釋艸又山海經中山經首山艸多苿芫注。中山經楠木其狀如苿注云苿似薊也又顏氏家訓書證云苿葉其體似薊。當按苿有作朮者誤也朮乃秫之重文

鉥綦鍼也說文段注綦疑當長管子一女必有一刀一錐一鉥房注鉥長鍼也玉篇亦曰長鍼。史記趙世家卻冠秫絀集解引徐廣云鉥者綦鍼也又廣雅釋器云鉥鍼也鉥導也國語晉語吾請為子鉥注。當按此蓋叚鉥為訹也訹鉥

引伸之義似亦得訓導

沭沭水出青州浸說文段注出下有奪文集韻類篇徑刪浸字非是當補琅玡東莞南入泗七字周禮青州其浸沂沭注云沭出東莞前志琅邪郡東莞術水南至下邳入泗過郡三行七百一十里青州浸東莞今山東沂州府沂水縣治西北東莞故城是也水經曰沭水出琅邪東莞縣西北大弁山東南過其縣東又東南過莒縣東又南過陽都縣東入於沂酈曰舊瀆入泗非入沂也今沭水出沂水縣北臨朐縣南之沂山東南流徑莒州東又西南流徑蘭山縣東又南徑郯城縣東又西南流入江南沭陽縣略分為二派下流入海迴非舊道矣前志作術云青州浸其所據職方當如是作

⿸疒朮或作怴狂走也說文段注春秋經甲戌己丑陳侯鮑卒公羊傳曰曷為以二日卒之怴也注曰怴者狂也齊人語甲戌之日亡己丑之日死而得君子疑焉故以二日卒之也按⿸疒朮怴蓋同字⿸疒朮狂也廣雅釋詁四怴怒也廣雅釋詁二怴怴亂也廣雅釋訓

怵或書作怷恐也說文又文選西京賦薛注怵悼慄而聳競薛注怵怵惕也漢書賈誼傳怵迫之徒注又家語六本怵

於徒祿注。淮南原道怵然若有所誘慕注云怵然猶惕然怵懼也廣雅釋詁二怵惕恐懼也廣雅釋訓又國語周語猶日怵惕懼怨之來也注。素問宣明五氣篇并於腎則恐注云怵惕驚懼也怵止也管子心術是以君子不怵乎好注怵感念親之皃也禮記祭統心怵而奉之以禮注怵攸者是不聽之判也洪範五行傳㮚聽於怵攸注。又云怵攸謂若老夫懼懼小子蹻蹻誨爾純純聽我眊眊之類怵奐奔走也史記司馬相如傳怵奐以梁倚集解引漢書音義怷窋也管子地員五沃之狀剽怷注。又云中土曰五怷五怷之狀廉馬如注怵者誘也又怵為利所誘怵也當按正字作訹此段借用怵字也又或皆借

術邑中道也說文段注邑國也引伸為技術。一切經音義十引字林音義引蒼頡云邑中道曰術又管子度地云州者之術謂術道也廣雅釋室又國語晉語皆是術也注晉語盡戒於術也注。意之術也注又史記樂書不接於心術正義又呂覽誣徒理義之術勝矣注又淮南主術注又文選蜀都賦當衢向術劉注魏都賦永巷壺術劉注。禮記樂記

不接心術注大傳服術有六注又穀梁宣十五年傳滅國者三術注並云術猶道也術道術也荀子非相不如擇術注術大道也漢書刑法志圓圜術路注引如淳又太卜更熟其術注術道徑也漢書禮樂志然後心術形焉注術道路也史記袁盎鼂錯傳德衛岸然高宗隱引或云又漢書鼂錯傳横術何廣廣兮注引臣瓚。禮記樂記姓術之變亂云術謂道路又後漢書馮衍傳注云術路也術所由也禮記樂記然後心術形焉注術者接物之隊賈子道術。又云術也者所從制物也動靜之數也又云道者所從接物也其末者謂之術術心術也大戴記曾子立事注術法也廣雅釋詁一又禮記文王世子不以犯有司正術也注又荀子修身術禮義而情愛人注致仕師術有四注禮論反生術矣注又文選廣絶交論注引薛君韓詩章句。禮記祭統惠術也注云術播法也術數也淮南本經用兵有術矣注術數謂法制治國之書也漢書晁錯傳以知術數也注引臣瓚。注引張晏云術數刑名之書也術猶藝也禮記鄉飲酒義古之學術道者注。後漢書伏湛傳注云術謂醫方卜筮術述也禮記祭義結諸心形諸色而術省之疏。注云術當為述聲之誤也又月令審端經術注

云術周禮作遂。萱按古述遂同字術則異矣禮家述遂字作術者段借也孔疏云術述也遂者亦謂段借漢修堯廟碑敬術功稱此類不一而足

述 遹籀

循也說文段注述或段借術為之如詩報我不述本亦作術是也古文多段借遹為之如書祗遹乃文考詩遹駿有聲遹追來孝釋言毛傳皆曰遹述也是也孫炎曰通古述字蓋古文多段以遹為述故孫云爾謂今人用述古人用遹也凡言古今字視此。詩日月報我不述傳又儀禮士喪禮不述命注少牢饋食禮遂述命曰注又漢書司馬相如傳上集注並云述循也述謂明辨其義而循行也漢書禮樂志述者之謂明注既受命而申言之述儀禮士喪禮注述命者循君之言重失誤儀禮聘禮既述命注述謂訓其義也禮記樂記識禮樂之文者能述注述者述其古事詩定之方中傳山川能說疏引鄭志。釋文引鄭云述者述敍事也其述者傳於舊章也論語述而不作皇疏述修也漢書藝文志集注又後漢書曹褒傳注述職者述其所職也文選上林賦注引書大傳又說苑修文。萱按孟子梁惠王下語同

惟少其字諸侯適天子曰述職左傳昭五年小有述職注術當為述聲之誤也禮記祭義結諸心形諸色而術省之注。萱按漢修堯廟碑歌術功稱又韓勑後碑共術韓君德政又張表碑方伯術職又樊敏碑臣子褒術又靈臺碑陰州里稱術誤音同此遹述也書康誥馬注又詩文王有聲箋。萱按謂遹即述之借字也遹循也爾雅釋詁遹自也同上。注云自猶從也

蒁

艸也說文段注陳藏器本艸蓬莪茂一名蓬茂二名蒁三名波殺徐鍇引之未知是否

驈

○俗有肆驪馬白跨也詩曰有驈有騜說文段注跨者兩股之間也有驈有騜魯頌駉文毛詩作皇許無騜字字林乃有之此騜後人所改耳爾雅作黃白騜亦是俗本。爾雅釋畜云驪馬白跨驈又詩駉傳云驪馬白跨曰驈

率 怨橘切

○俗有衛捕鳥畢也象絲网上下其竿柄也說文段注畢者田网也所以捕鳥亦名率按此篆本義不行凡衛訓將衛也達訓先導也皆不用本字而用率又或用帥如緜傳云率循也北山傳云率循也其字皆當作達

是也又詳帥下左傳藻率服虔曰禮有率巾即許書之帥也

繂 或作綷繂

素屬說文段注素當作索索見糸部繩索也采菽毛傳曰紼繂也謂麻繩也今說文譌作素屬乃不可通矣。萱按繂从索旋本索之一種引伸乃為索耳故廣雅釋詁亦云繂索也不然何與許所同誤繂索也爾雅釋水綍繂也注。孫注云繂大索也又李注云繂竹為索所以維持舟者繂即紼也禮記檀弓下注棺以繂縷疏。釋名釋喪制云懸下壙曰繂繂捋也徐徐捋下之也繂謂緶緝也禮記玉藻士練帶率下辟疏繂是縫緝之名同上率繂也禮記玉藻注雜記上率帶注。萱按此段率為繂也王制注三十年之繂附段繂為率也

達

先道也說文段注道今之導字達經典段率字為之周禮燕射帥射夫以弓矢舞故書帥率鄭司農云率當為帥大鄭以漢人帥領字通用帥與周時用率不同故也此所謂古今字毛詩率時農夫韓詩作帥時許引周禮率都建旗鄭周禮作帥鄭聘禮注曰古文帥皆為率是也又釋詁毛傳皆云率循也此引伸之義有先導之者乃有循而行者亦謂之達也率猶導也春秋元命苞律之為言率也注率領也荀子王霸若夫論一相以兼率之注率自也爾雅釋詁率

行也左傳哀十六年率義之謂勇注。昭十二年率事以信為共注又家語五儀必有率也注雖云率猶行也率用也詩思文帝命率育傳率循也爾雅釋詁又易繫辭下傳初率其辭疏又書君奭罔不率俾鄭注又詩吉日悉率左右箋沔水率彼中陵箋北山率土之濱傳采菽亦是率從箋緜率西水滸傳假樂率由舊章箋常武率彼淮浦箋思文箋訪落率昭考傳又禮記樂記率神而從天注祭統作率慶士注大傳自仁率親注中庸率性之謂道注表記過行弗率注又左傳襄廿六年其率相之功注又書大傳又史記諸侯之有不率正者注又大戴記夏小正農率均田傳又史記司馬相如傳率邇者踵武集解引徐廣又管子心術去如則奚率求矣注率遵也左傳宣十二年今鄭不率注率謂率順也周書大匡三州諸侯咸率注率勸也小爾雅廣詁率使也呂覽孟春天子親率三公九卿諸侯大夫注又雅南時邁注率斂也文選東京賦率百禽薛注率猶計也類也漢書外戚傳下集注。史記老莊申韓傳大抵率寓言也正義云率猶類也率計也漢書高帝紀下集注。宣帝紀率常在下杜注云率者總計之言也又詩賓之初筵箋率如此也疏云言率者非一之辭率校也廣雅釋言率

述也同上率修也易繫辭下傳初率其辭虞翻注率法也禮記祭義其率用此與疏又孟子盡心下變其
彀率陸注率然輕舉之皃文選非有先生論今先生率然高舉注。漢書東方朔傳注云率然猶颯然十
邑為率管子小匡率卽鍰也史記周紀其罰百率集解引徐廣。周禮職金疏引書歐陽夏侯說云古以六
兩為率又引古尚書說云一率十一銖二十五分銖之十三也又引古尚書鄭注云古之率多作鍰

衛

將衛也說文段注將如鳥將雛之將古不分平去也衛導也循也今之率字率行而衛廢矣率者捕鳥畢也將帥字古
祇作將衛帥行而衛又廢矣帥者佩巾也衛與辵部達音義同帥將也左傳宣十二年帥七覆于敖前注又呂覽權勳達
子又帥其餘卒注。周禮校人則帥驅逆之車注云帥猶將也帥行也謂將領行也一切經音義廿二引
字略。左氏襄廿五年傳五吏三十帥疏云帥者有所率領。臺捷帥舊分去入兩讀入聲目其事去聲目其人是一義引
伸也纏分畛域何自援如此帥道也儀禮士昏禮祝帥婦以入注聘禮帥大夫以入注。聘禮請帥尊幣注聘禮記
許帥之注又周禮九嬪大喪帥敘哭者亦如之注竝云帥猶道也帥猶先也論語顏淵子帥以正皇疏帥聚

也漢書揚雄傳上集注引晉灼帥正也易繫辭下傳初帥其辭虞注帥長也國語齊語五鄉之帥帥之
注。禮記王制屬有長注云帥亦長也又列子黃帝其國無帥長竝云帥長首主也帥軍帥左傳成十三年晉帥乘和注
。禮記月令賓軍帥武人於朝注云軍帥諸將也又周禮大司馬帥以門名注云帥謂軍將及師帥旅帥至伍長也三鄉
為帥管子小匡帥循也禮記王制簡不帥教者以告注曾子問奉帥天子注文王世子武王率而行之注內則共帥
帥時注欽有帥注又國語周語注魯語注楚語注又漢書五行志上集注揚雄傳集注王莽傳中集注又文選東京賦五精帥
而來權薛注帥導也漢書循吏傳集注帥率也呂覽辯土帥為泠風注

帥

帨或佩巾也說文段注此二篆今人久不知為一字矣召南毛傳曰帨佩巾也鄉飲酒禮鄉射禮燕禮大射儀公
食大夫禮有司徹皆言帨手注帨拭也帨手者於帨帨佩巾撒賈氏鄉飲公食二疏知經注皆作帨別無挩字內則盥卒授巾
注云巾以帨手節出禮巾帨手字也刷者拭也刷亦同刷左傳藻卒雜記服虔曰藻為盡藻卒為刷巾禮有刷巾許於刀部刷
下亦云禮有刷巾是則刷巾即左傳之率率與帥古多通用如周禮樂師故書帥為率聘禮古文帥皆作率韓詩帥時農夫毛

詩作率皆是佩巾本字作帥叚借皆作率也鄭曰今文帨古文作說是則帥率帨說叡刷六字古同音通用後世分文析字帨
訓巾帥訓帨導訓將帥而帥之本義廢矣率導將帥字在許書作達作術而不作帥與率大書惟同音叚借之用最廣。詩野
有死麕無感我帨兮傳又左傳昭九年子皮賦野有死麕之卒章注又周禮內司服注紛帨綴纏鞶袠之屬釋文又儀禮士昏
禮記毋施衿結帨注又曲禮記曲禮上尊卑垂帨注內則紛帨釋文又後漢書儒林傳注又法言寡見又從而繡其鞶帨注竝
云帨佩巾也又禮記內則女子設帨於門右注云帨事人之佩巾也帥巾也廣雅釋器帨巾也同上帨拭
手也禮記內則釋文帥弢也廣雅釋器

蟀

。俗有蟀悉蟀也說文段注唐風蟋蟀在堂傳曰蟋蟀蛬也按許書無蛬字今人段蛩為之又按蟋蟀皆俗字。御覽
九百四十九引劉芳詩義云蟋蟀今促織也一名蜻蛚楚謂之蟋蟀或謂之蛬南楚謂之王孫

猝 俊律切

大夫死曰猝說文段注曲禮天子死曰崩諸侯曰薨大夫曰卒士曰不祿庶人曰死白虎通曰大夫曰卒精燿終
也卒之為言終於國也字皆作卒於說文為假借。大戴記四代又公羊隱三年傳竝云大夫曰卒又釋名釋喪制云大夫曰

卒言卒竟也猝絕也廣雅釋詁四猝竟也廣雅釋詁三卒竟也詩漸漸之石維其卒矣傳又公
羊宣八年傳卒名也注又漢書鼂錯傳集注。禮記曲禮下疏云卒畢竟也卒死也爾雅釋詁。通典引石渠禮議
云孝子諱死曰卒卒終也爾雅釋詁又詩日月畜我不卒箋七月何以卒歲箋節南山卒勞百姓箋裘我獨不卒
箋又儀禮既夕記乃卒注又禮記曲禮下注雜記上疏引異義又左傳襄廿四年以待其卒注又襄卅一年卒與之注又昭十五年
賈忽無卒注哀八年卒三百人注哀十一年卒日注又孟子離婁下卒於鳴條注又太乎乎梲或以事之歲卒注又法言重黎
卒之屏營注又楚辭天問卒其異方注何卒官湯注又文選東京賦之卒屏閒項而沛薛注封釋文王者之卒業注。公羊隱三年
傳注云卒猶終也又漢書楊惲傳卒與禍會注云卒京終也又爾雅釋詁孫注云卒病之終也又左傳襄廿三年注故終於卒歿
疏云卒者人之終卒盡也爾雅釋詁又詩節南山國旣卒斬傳楚茨禮卒度笑語卒獲箋桑柔稼穡卒痒箋又儀禮
鄉飲酒禮卒爵注鄉射禮注又禮記坊記注緇衣注又公羊傳四年卒觶判注又國語魯語民黨幾卒注晉語史蘇卒爵注又
史記曆書索隱趙世家正義又漢書五行志中之上集注引應劭劉向傳集注翼奉傳卒其終始注又莊子秋水釋文引崔注

[illegible]橘切
崪

。呂覽慎大注云卒卒盡也又詩節南山亂云卒斬盡滅之稱卒已也爾雅釋詁又儀禮士昏禮卒盡注士昏禮卒食
注鄉射禮左右卒射如初注公食大夫禮賓卒食會飯注既夕卒命哭注特牲饋食禮卒載加匕于鼎注有司徹卒升注卒乃
羞于賓兄弟內賓及私人辯注又禮記投壺注云卒投注又公羊隱八年疏引書鄭注。爾雅釋詁李注云卒事之已也卒止
也釋名釋喪制。禮記奔喪日五哭卒注云卒猶止也三卒既也爾雅釋言卒斯也史記麻書難三號卒
明集解引徐廣卒後也孟子盡心下卒為善士注。儀禮燕禮卒受者以虛爵降尊手遂注云卒猶後也壽
考曰卒禮記曲禮下。通典引許慎五經通義云卒之為言絕於邪也卒哭三虞之後祭名儀禮
既夕卒哭注。又云始朝夕之閒哀至則哭至此祭止也朝夕哭而已。士虞禮記三虞卒哭注云虞為喪祭卒哭為吉祭
或書作峰危高也說文段注言危殆之高也釋山曰崒者厜㕒厜㕒亦作崒哉按小雅十月之交箋云崒者崔嵬是鄭
所據爾雅厜㕒作崔嵬也惟土山戴石故易崩漸漸之石曰漸漸之石維其卒矣箋云卒者崔嵬也謂山巔之末也是鄭謂
卒為卒之假借字子虛賦隆崇嵂崒崪高峻也文選蕪城賦峰若斷岸注崪高也廣雅釋詁四崪[illegible]

韻史 卷六十九第十五部入聲諧韻

七一四五

選橘切
烼 戌

也文選高唐賦崪中怒而特高兮注卒亦石之皃也詩漸漸之石疏。董槃山冢崒崩漢書劉向傳作山
冢崩卒十四部去聲十五部入聲兩見注在彼
烕也九月昜氣微萬物畢成昜下入地也五行土生於戊盛於
戌从戊一說文段注火部曰烕滅也本毛詩傳火死於戌陽氣至戌而盡故烕从火戌此以烕釋戌之恉也律書曰
戌者萬物盡滅淮南天文訓戌者滅也律麻志畢入於戌釋名戌恤也物當以啟於恤之也九月於卦為剝五陰方盛一陽將
盡陽入地故其字从土中含一戌一年合德天文訓曰土生於午壯於戌死於寅戊者中宮亦土也一者一陽也戌中含一會意
也戌者滅也白虎通五行戌畢也禮記月令疏。釋名釋天云戌恤也亦言。脫也落也戌為成
淮南天文戌鮮也漢書司馬相如傳上集注引張揖戌者溫氣也風俗通祀典戌土也其
禽犬也論衡物勢太歲在戌曰閹茂爾雅釋天。後漢書郎顗傳注云戌亥之間為天門戌削

韻史 卷六十九第十五部入聲諧韻

七一四六

裁制皃也文選子虛賦揚袘戌削注引張揖戌削言如刻畫作之史記司馬相如傳卹削易
以戌削集解引徐廣戌悉也說文口部戌下解

訹

誘也說文段注按晉語里克丕鄭吾公子重耳曰子盍入乎吾請為子鉥此假鉥為訹也販烏賊忸子廹之使兮戴趙西東
玉篇曰怵為利為誘怵然此假怵為訹也。廣雅釋詁一又漢書武帝紀訹於邪說集注韓安國傳集注並云訹誘也
怵者誘也史記屈原賈生傳索隱又漢書食貨志下集注引李奇而粵傳集注鉥導也國語晉語注

鷸

鳥也說文段注廣韻曰小鳥名

撮口呼三

舉玦切
決

。俗有決下流也廬江有決水出大別山說文段注下讀自上下下之下胡駕切決水之義引
伸為決斷地理志廬江郡雩婁決水北至蓼入淮又有灌水亦北至蓼入決水經注決水自安豐縣故城西北逕蓼縣故城東
又西北灌水注之又北入於淮決水即今史河詳灌字下按漢志六安國安豐縣下曰禹貢大別在西南許云決水出大別山

韻史 卷六十九第十五部入聲諧韻

七一四七

即安豐之大別山也漢安豐今為固始及霍丘決決流也廣雅釋訓決分泄也漢書溝洫志治水有決河
深川注決溢也淮南天文賁星墜而勃海決注決亦開也文選甘泉賦天閶兮地根開注決猶
闓也儀禮士喪禮用正王棘注決決壞也左氏成十五年傳則決睢澨注決傷也淮南說山故決指而
身死注決斷也淮南時則審決獄注。禮記曲禮上濡肉齒決注云決猶斷也又荀子仲尼是天下之大決也注云
大決謂斷決之大也決必也國策秦策寡人決讓矣注決理也太玄斷大履決脫注兌為決易旅射雉
一矢亡子注。說卦傳云兌為附決決者智之君也後漢書馮衍傳。管子七法云予奪也陰易也利害也難
易也開也閉也殺生也謂之決塞決疾皃莊子逍遙遊我決起而飛槍榆枋釋文引李注齋物論麋鹿見之決驟釋文引
李注。釋文引崔注云疾走不顧為決決曹主罪法事後漢書王霸傳注。黃昌傳注云決曹主罪決事
決用正王棘若擇棘組繫纊極三儀禮士喪禮。又曰設決麗于擊注云決以韋為之藉有
彄彄內端為紐外端有橫帶設之以紐擐大擘本也決鉤弦也詩車攻決拾既佽傳。又國語吳語百夫決拾注。儀

韻史 卷六十九第十五部入聲諧韻

七一四八

禮鄉射禮袒決遂注云決猶闓也以象骨為之著右手大擘指以鉤弦闓體也又大射儀袒決遂注同又文選東京賦薛注亦同決射韝也楚辭天問馮珧利決注又史記蘇秦傳芊抉索隱。董按決正字抉借字抉挾矢時所以持弦飾也周禮繕人抉拾注。司農注云抉謂引弦彄也又云抉者所以縱弦也

玦

玉佩也說文段注九歌注曰玦玉佩也先王所以先命臣之瑞故與環即逐與玦即去也白虎通曰君子能決斷則佩玦韋昭曰玦如環而缺半環曰玦漢書五行志中之上佩之金玦注。後漢書馮衍傳注云半環曰玦以飾帶也又荀子大略云絕人以玦又左傳閔二年金寒玦離注云玦如環而缺不連玦猶決也國語晉語而玦之以金銑者寒甚矣注有猶又後漢書齊武王縯傳注。左傳閔二年石祁子玦注云玦示以當決斷又漢書五行志中之上金玦不復注引應劭云金玦猶決云不反意也

眏

睊也說文段注按鍇作睊也鉉作涓目也皆誤假令訓睊則當與睊字類廁自旨而下皆系目病廣韻云眏目患可以得其解矣刀部曰剈一曰窒也此睊也當作剈目謂窒目也窒下也

韻史　卷六十九第十五部入聲訖韻　七一四九

肤

尻也說文段注蒙雅言則謂尻孔也俗謂之[illegible]董按肤篆廁脽股之中知為尻孔矣肤者缺也

疾

瘍也說文。董按瘍下云口咼也口咼謂口戾不正

趹

踶也說文段注足部曰踶躗衛足也按踶蹋也趹疾也廣雅釋詁一

趹

馬行皃說文段注戰國策史記云秦馬之良探前趹後蹄間三尋西都賦要趹追蹤廣雅趹奔也趹趣也淮南修務訓蹄趹注趹奔也後漢書班彪傳上注趹謂後足抶地史記張儀傳探前趹後索隱駃騬也廣雅釋室。董按駃者趹之段借也

駃

駃騠並馬父驘子也說文段注謂馬父之騾也言馬父者以別於驢父之騾也今人謂馬父驢母者為馬騾謂驢父馬母者為驢騾不言驢母者疑奪蓋當作馬父驢母驘也六字孟康曰駃騠生七日而超其母。史記鄒陽傳索隱引字林云駃騠馬父驘子北方之良馬駃騠駿馬也後漢書杜篤傳注駃騠北翟之良馬也淮南齊俗故六騏驥四駃騠注駃騬也董按此段駃為趹

韻史　卷六十九第十五部入聲訖韻　七一五〇

狊

狊獸也三字句似狌狌說文段注曲禮曰狌狌能言不離禽獸諸家說狌狌如狗聲如小兒啼其字亦作猩猩王篇廣韻皆曰狊似狸疑似狌狌三字當作似貍二字狊狹也廣雅釋獸

鴂

或書作鴃寧鴂也說文段注小正孟子借鴂為鵙離騷恐鶗鴂之先鳴揚雄作鷤鴂或釋為子規或釋為伯勞未得其審而廣韻乃合鷤鴂鵜鴂為一物凡物因一字相同而涵誤之類如此。方言八云桑飛自關而東謂之鸋鴂又文選陳孔璋吳將校部曲文注引字林云鸋鴂鵜也鸋鴂雀也廣雅釋鳥鴂今之巧婦鳥爾雅釋鳥鷦鷯鷦鴂也釋文。詩鴟鴞釋文云鷦鴂似黃雀而小俗呼之巧婦鴂者百鷯也大戴記夏小正鴂則鳴傳。孟子滕文公上注云鴂博勞也。董按博勞百鷯字異音同詳在十六部鵙下

闋　去決切

事已閉門也說文段注引伸為凡事已之偁闋訖也廣雅釋詁四又文選七命注引蒼頡篇闋息也詩節南山俾民心闋傳又後漢書張法滕馬度楊傳注。禮記樂記注闋作進止所應也疏云闋謂樂息又左氏莊元年經注然喪制未闋疏云樂息為闋闋止也儀禮大射儀樂闋注又禮記檀弓釋文郊特牲卒爵而樂闋釋文樂三闋

韻史　卷六十九第十五部入聲訖韻　七一五一

疏又後漢書馬融傳注闋終也禮記文王世子有司告以樂闋注又呂覽古樂投足以歌八闋注又文選東京賦王夏闋薛注。史記留侯世家歌數闋索隱云闋謂曲終也又漢書張良傳集注云曲終為闋闋盡也漢書張良傳集注王莽傳上傳中傳下集注闋空也莊子人間世瞻彼闋者釋文引司馬注。董按此謂闋為闋之借字回毛在背闋廣爾雅釋畜

𩫖

缺也古者城闕其南方謂之𩫖說文段注𩫖缺也以疊韻為訓闕之義同缺何氏公羊傳注曰天子周城諸侯軒城軒城者缺南面以受過也按毛詩傳曰闉曲城也闍城臺也城門上有臺謂之闍周官匠人詩靜女所謂城隅也無臺謂之𩫖詩子衿所謂城闕也三面有臺而南方無臺故謂之𩫖猶軒縣之缺南方泮水之缺北方不敢同天子也毛詩城闕當作𩫖闕其假借字非象闕之闕也詩曰在城闕兮傳曰乘城而見闕箋申之曰登高而見於城闕明非城隅不闕完如公羊疏所疑也本城𩫖之字故从𩫖引伸為凡缺之偁故先之曰缺也

缺

○俗有鈌器破也說文缺闕也漢書司馬相如傳下集注引應劭缺隙也小爾雅廣詁缺猶

韻史　卷六十九第十五部入聲訖韻　七一五二

廢也後漢書郎顗傳注。帝紀注云鈌亦廢也靈鈌去也廣雅釋詁二以鐵著足曰鈌也後漢書朱穆傳注鈌盆斧也廣雅釋親。史記扁鵲倉公傳入鈌盆死索隱云鈌盆人孔房上骨名也若鈌者滅名藏譽如毀鈌不備也老子大成若鈌注

切闕
閱

具數於門中也說文段注具者供置也數者計也計者會也筭也云於門中者以其字从門也周禮大閱注曰簡軍實也左氏春秋大閱傳曰簡車馬也引申為閱歷又引申為明其等曰閥積其功曰閱手部揲下曰閱持也易揲之以四謂以四更迭數之也古段閱為穴詩蜉蝣堀閱傳曰堀閱容閱也閱即穴宋玉賦空穴來風莊子作空閱來風司馬彪云門戶閱孔空風善從之道德經塞其兌閉其門兌即閱之省詩我躬不閱傳云閱容也言我躬不能見閱如無空穴以自處也閱具數也漢書朱博傳音義引字林閱具也小爾雅廣詁閱數也廣雅釋詁四。左氏襄九年傳商人閱其禍敗之釁注又文選顏延年應詔讌曲水詩仰閱豐施注竝云閱猶數也閱簡也太玄玄圖閱入原物注閱歷也漢書王商兩龔鮑傳集注。孔光傳集注云閱猶歷也閱猶更歷也漢書文帝紀閱天下之義

理多矣注閱經歷也漢書車千秋傳又無伐閱功勞注。朱博傳齋伐閱諸府注云閱所經歷也。萱按閥字後出古祇作伐閱閱總也淮南俶真此皆生一父母而閱一和也注閱稟也老子以閱眾甫注閱謂省視管子度地常以秋歲末之時閱其民注閱蒐也左氏昭七年傳有七蒐閱注閱為簡練穀梁傳桓六年注大閱講武也文選魏都賦大閱以義車劉注。穀梁桓六年云大閱者何閱兵車也又公羊桓六年大閱者何簡車徒也注云三年簡車謂之大閱又漢書刑法志冬大閱以狩注云大閱簡車馬也積日為閱曰閱史記高祖功臣年表。萱按後漢書章帝紀注章懷傳注竝云積其功曰閱閱容也詩谷風我躬不閱傳小弁釋文。萱按左傳襄廿五年我躬不說假說為閱也閱者悅懌之意詩蜉蝣疏閱賣也荀子脩身良賈不為折閱不市注稍直而遂謂之閱爾雅釋宮

說

兩讀義兮。俗有悅說釋也一曰談說說文段注說釋即悅懌說悅釋懌皆古今字許書無悅懌二字也說釋者開解之意故為喜悅采部曰釋解也一曰談說說此本無二義二音疑後增此四字別音商失爇切說喜也國語

吳語諸侯必說注又楚辭天問而黎伏大說注。周禮掌交達萬民之說注云說所喜也悅喜也廣雅釋詁一說樂也國語周語且其語說昊天有成命注晉語平公說新聲注又淮南俶真與其有天下也不若有說也注悅樂也爾雅釋詁又文選東京賦海內同悅注說謂愛樂之左傳僖廿七年說禮樂而敦詩書疏說服也詩草蟲我心則說傳悅服也爾雅釋詁說媠也國語楚語又能上下說乎鬼神注說好也國語周語廣王說榮夷公注仲孫蔑為介王孫說與之語說讓注說敬也國策秦策敝邑之王所說甚者注齊策孟嘗君有舍人而弗說注。呂覽不苟賢主之所說注云說猶敬也說兌也易象上傳說而順虞注象下傳悅以動虞注文明以說虞注象上傳說而麗乎乾虞注兌為說易蒙用說桎梏虞注夬莧陸夬夬虞注萃王假有廟鄭注困乃徐有說虞注繫辭下傳能說諸心虞注又左傳僖廿五年傳公用享于天子之卦注。萱按說引伸假借有多義亦有多音賈則說文說釋也一語足以包之矣無庸瑣屑瓣析其音也說易也淮南要略以為其禮煩擾而不說注說者情之導也家語入官調悅者情之道也大戴記子張問入官悅者懷抱欣暢之謂也論語

學而不亦悅乎皇疏。釋文云自內曰悅悅蘇也楚通語也方言十其利之之謂悅莊子天地悅播敎也莊子天下上悅下敎釋文

鴃[illegible]妜鈌抉

鴃鳥也說文鴃水鳥也玉篇

目突皃也說文

鼻目閒皃說文段注謂若眉睫目成然也

刺也說文又廣雅釋詁一鈌謂斧也史記仲尼弟子傳鈌屈盧之矛索隱

挑也說文段注抉者有所入以出之也。漢書薛宣傳集注又宋祁校本引字林又荀子正論若是則有何尤相人之墓抉人之口而求利已哉注竝云抉挑也抉亦決史記伍子胥傳而抉吾眼索隱抉擿也左傳襄十年鄅人紡抉之以出門者注又服注抉謂弦彄也又抉者所以縱弦也周禮繕人抉拾司農注。萱按此毆抉為決也抉穿也萱按此突之同音假借字

⿱穴抉 深抉也 說文段注抉之深故从穴

⿱穴夬 穿也 說文 抉穿也 廣雅釋詁三○按此段抉為⿱穴夬也 ⿱穴夬空也 廣雅釋詁三

⿵門夬 皀⿱穴夬也 說文段注⿱穴夬者穿也謂皀閒空闋處也

蚗 蛁蚗 蛁蟟也 說文段注按蛁蟟與蛥蚗皆雙聲疊韵 蚗蠪龍屬也 史記龜策傳

絕 傒缺切 蕝 或作蕞 說文 朝會束茅表位曰蕝 蠪伏之集解引徐廣 春秋國語曰致茅蕝表位 說文段注晉語昔成王盟諸侯於岐陽置茅蕝設望表與鮮卑守燎故不與盟司馬貞引賈逵云束茅以表位為蕝許用賈侍中說也史記漢書叔孫通傳字作蕞如淳曰蕞謂以茅翦樹也為纂位尊卑之次也何氏纂文云蕝今之纂字是也鄭江樂記作斷作蕝切今人騙纂之語本此○注云蕞與蕝同 蕝謂束茅而立之所以縮酒 國語注 傳為綿蕞野外 晉語注 立表為蕞 史記劉敬叔孫通傳索隱引韋昭 蕞聚皃也 文選西征賦 蕞小 注引字林

皃 左氏昭七年傳蕞爾國注

絕 緣決切 ⿰糸𢇍 古文○ 有㡭 俗 斷絲也 說文段注斷之則為二是曰絕引伸之凡橫越之曰絕如絕河而渡是也又絕則窮故引伸為極如言絕美絕妙是也許書㠯部云陘山絕坎也是中斷之義也極水部曰滎絕小水也是極至之義也劉氏百詩乃以絕河釋滎以禹貢不知禹貢滎澤自古作从三火之滎後人乃譌為滎 絕斷也 廣雅釋詁一又國策秦策必絕其謀注又史記秦始皇紀舉鼎絕臏正義之理注云絕猶斷也又素問舉手人氣臏象論盛○呂覽孟春無絕地數絕者注云絕謂皆斷絕也又奇病論胞之絡脈絕也注云絕謂脈斷絕而不通 絕截也 如割截也 釋名釋言語○穆天子傳一天子北征乃絕漳水注云絕猶截也 絕渡也 廣雅釋詁二又史記司馬相如傳集解引漢書音義 又漢書李廣傳集注云直渡曰絕又山海經海內東經濟水○高帝紀上集注云絕猶截渡也 絕度也 又漢書史記天官書後六星絕漢索隱李將軍傳南絕幕正義又衛青傳集注引如淳司馬相如傳下集注引張揖又文選西京賦橫西洫而絕金墉薛注○漢書成帝紀不敢絕馳道注云絕橫度也 直度曰絕 史記天官書正義 匈奴傳益北

絕幕集解引瓚曰又漢書武帝紀集注引臣瓚五行志中之下集注句奴傳上集注又後漢書竇憲傳注西域傳注○漢書張良傳橫絕四海注云絕過也 又後漢書郭泰傳注又荀子勸學而絕江湖注又呂覽異寶文人渡之絕而絕謂飛而直度也 絕過也 江湖注 後漢書郭泰傳注 又呂覽異寶 注知諸侯之地以襄國注又淮南時則自昆侖東絕兩恒山注○又絕淮南墬形絕流以沙南至南海注東流絕漢入海左還注主衛乘舟識者不能游而 絕遠也 淮南修務絕國殊俗僻遠注云絕猶過也 絕江海注絕蠶之域注遊絕域注 賦殊鄰絕黨之域注 又文選長楊賦 天台山賦邈彼絕域注 絕落也 楚辭九辯其何傷 又廣雅釋詁三 絕止也 呂覽 熱酒甘而不能絕於口注 後漢書吳良傳注 絕猶極也 絕猶盡也 文選鄒道中詩明遠絕目 盡年注 淮南本經江河山川絕而不流注 絕竭也 絕滅也 廣雅釋詁四 絕無也 論語子罕子絕 原注 管子法法 絕若三伐之末祚數盡也 呂覽振亂天子 四 皇出而不入謂之絕 疏 絕 諸侯外淫者絕 列女傳貞順 居而無食曰絕 呂覽李春振乏絕注 注 言棄也 左氏哀十五年傳絕世于良注 絕謂無允嗣也 漢書揚雄傳贊蓋誅絕之罪也注 絕世猶 絕緒

言無後也 後漢書張衡傳注 絕末學也 後漢書范升傳 絕席別也 後漢書梁冀傳注 席謂尊顯之也 後漢書王常傳注 絕祭不循其本直絕肺以祭也 周禮大祝 七曰絕祭 司農注

雪 選缺切 冰雨說物者也 說文段注冰各本作凝今正凝者冰之俗也釋名曰雪綏也水下遇寒氣而凝綏綏然下也故許謂之冰雨說今之悅字物無不喜雪者說與雪疊韵 陰陽摶為雪 春秋元命苞 古微書引 雪者陰之畜積甚也 南齊書五行志引洪範五行傳 寒凝為雪 文選雪賦注引五經通訓 陰氣勝則凝為霜雪 大戴記曾子天圓 平地尺為大雪 左氏隱九年傳 雪拭也 家語子路初見 又呂覽不苟故雪所以雪桃注又呂覽觀表吳起雪泣而應之注 雪除也 廣雅釋詁三又淮南說山流言雪汙注 雪 雪雨也 廣雅釋訓 殺之恥注

撮口呼四

瘚 舉髮切

瘚或有瘚。俗屰气也說文段注釋名曰厥逆氣從下蹷起上下行入心脅也高誘呂覽注曰蹷逆寒疾也厥

謂氣逆也素問生氣通天論使人煎厥注陰陽應象大論厥氣上行注脈要精微論厥為顛疾注。山海經中山經大𩇕之山有艸焉其名曰牛傷服之不厥注云厥逆氣病

厥謂逆行上衝也素問調經論不足則厥注

氣逆也淩上也倒行不順也素問五常政大論其病厥注

大凝於足者為厥素問六節藏象論又五藏生成篇。兩注竝云厥謂足逆冷也又陰陽別論及為痿厥腨痟注云厥足冷即氣逆也

蹷逆疾也呂覽盡數處足則為痿為蹷注。重已多陰則蹷注云蹷逆塞疾也。蓋按借蹷猶借厥也借字行而眞字廢矣或又謁為瘚

瘚病也廣雅釋詁一

欮穿也廣雅釋詁三

厥

發石也說文段注發石故从厂引申之凡有撅發皆曰厥山海經曰相柳之所抵厥郭云抵觸厥搖也孟子若崩厥角稽首趙云厥角者叩頭以額角犀厥地也晉灼注漢書曰厥猶豎也叩頭則額角豎按厥角者謂額角如有所發角部觸下云角有所觸發是也以上皆厥之本義若釋言曰厥其也此叚借也叚借盛行而本義廢矣

厥弛動搖皃漢書李奇

韻史　卷六十九第十五部入聲訖韻　七一六一

傳變或厥注引張晏弛

厥者頓也漢書諸侯王表厥角稽首集注引應劭

厥盡也素問陰陽離合論厥陰根起於大敦注。陰陽論一陰至注云厥猶盡也

顛

厥其也爾雅釋言又易大有厥孚交如疏又詩生民厥初生民箋鳴即讀厥如履又周禮大宰鄭大注考工記梟氏注又儀禮士冠禮注特牲饋食禮注又禮記曲禮上疏郊特牲疏學記注坊記厥辟不辟忝厥祖注緇衣注表記疏又孝經聿脩厥德注又書大傳為乃其辟厥德注又國語周語解照壹厥心注又翻驗又況又倉大書厥家注天問舜服厥弟注危害于厥凡注厥利惟何逢。蓋按高書厥宇史記皆作其又春秋次于厥路公羊作屈路左傳韓厥公羊作韓屈厥屈為一聲之轉

厥猶之也王尚書伯申經傳釋詁曰厥猶之也書無逸自時厥後亦罔或克壽皆謂自是之後也浞立王生則逸又曰自時厥後亦罔或克壽又曰此厥不聽人乃訓之又曰此厥不聽人乃或譸張為幻皆謂此之不聽也

厥語助也經傳釋詞云厥語助也書多士誕淫厥泆言文王惟克厥宅心詮淫泆也立政文王惟克厥宅心言文王惟克宅心也

厥石也荀子大略注。蓋按此段厥為蹷也

厥謂氣逆也蓋按此段厥為瘚

撅

以手有所把也說文段注把各本誤把今正把本訓收麥器引申之用手掊聚亦曰把通俗文曰手把曰掊手

韻史　卷六十九第十五部入聲訖韻　七一六二

把曰攫此把與把之別也由剛不涉不撅揚衣也撅之義與拙不同韻書淆之誤也

撅撅搔也廣雅釋詁二。方言十楚凡揮棄物或謂之敲注云敲今汝潁間語亦然或云撅也

撅投也廣雅釋詁三

撅猶繫也山海經大荒東經撅以雷獸之骨注。蓋按此段撅為撅也

蹷

蹶或作。或書作蹶僵也一曰跳也說文段注僵僨也方言跌蹶也左傳是謂蹷其本孟子今夫蹶者趨者是氣也而反動其心。淮南修務蹶沙石注云蹶僵。廣雅釋詁二云蹶跳也

蹶顛蹶呂覽貴直拯援而蹶起過之

注。淮南精神形勞而不休則蹶注云蹶顛

蹷顛覆也荀子成相國乃蹷注

蹷猶躓也後漢書皇甫嵩傳集注

蹷頓也文選羽獵賦浮麋注引應劭

蹷躓顛頓也呂覽慎小人之行不蹷于山注

蹷跌也廣雅釋言

蹷踏也文選羽獵賦蹷松柏注

蹷蹋也漢書司馬相如傳上林賦蹷石闕注引郭璞思玄賦蹷白門而東分注引韋昭漢書音義

蹷蹋也距也漢書敘傳上集注引李奇

蹷蹴也漢書楊雄傳上集注

蹷傾覂也漢書食貨志上何得不蹶注引應劭

蹷顛倒也荀子富國是之謂國蹷注

韻史　卷六十九第十五部入聲訖韻　七一六三

。左傳襄十九年疏云蹷者例也又詩蕩疏云蹶謂倒也

蹷蹈也呂覽知化子胥兩袪高蹶而出於廷注

蹶走也國語越語蹶而趨之注文選射雉賦注引賈逵又

蹷行遽之皃也後漢書張衡傳注

蹷起也史記酈生陸賈傳索隱引埤蒼。漢書陸賈傳於是佗乃蹶然起坐注云蹶然驚起之貌也又文選七命引司馬注云蹶疾起

皃

蹷猶蹙也史記孫子吳起傳蹶上將軍索隱

蹶猶挫也史記孫子吳起傳集解

蹷猶拔也左傳襄十九年是謂蹷其本注。漢書賈誼傳蹷六國注云蹷謂拔而取之

蹷敗也廣雅釋詁三

蹷短也漢書王莽傳中集注

蹶稽也楚或曰蹶方言二

蹶嘉也爾雅釋詁

材官之多力能腳踏彊弩張之故曰蹶張漢書申屠嘉傳以材官蹶張注引如淳。注云今之弩以手張者曰擘張以足踏者曰蹶張

蹷逆寒疾也蓋按此段蹷為瘚也

北方有獸其名曰蹷鼠前而兔後蓋按此段蹷為蹷

趣

。俗有趣蹶也說文段注趨跳起也足部曰楚人謂跳躍曰蹶

趏趣凶竪也亦跳起也一切經音

韻史　卷六十九第十五部入聲訖韻　七一六四

義十五引纂文

⿰角厥 或書作⿰角厥角有所觸發也說文段注厂部曰厥發石也此字從角厥謂獸以角有所觸發西都賦曰窮虎奔突狂兕觸蹷蹷者觼之段借孟子曰厥角稽首趙曰卬頭以額角犀撅地也按厥角二字皆段借之言

⿰骨厥 或書作臀尻骨也說文段注廣雅曰膞臀也膞者翠之俗內則所謂舒雁翠舒鳧翠是也呂覽雋觾之翠高注曰翠厥也此假厥為⿰骨厥也醫經曰尻骨曰脊骶曰尾骶曰尾屈曰撅骨曰窮骨

鷢 白鷢逗王雎也說文段注釋鳥曰楊鳥白鷢郭云似鷹尾上白按釋鳥云雎鳩王雎與楊鳥白鷢劃分二鳥許乃一之誤係轉寫譌誤非許書本然也當為正之曰鷢者白鷢揚也雎者雎鳩王雎也乃合毛詩正義曰陸璣疏云雎鳩大小如鴟深目目上骨露幽州人謂之鷲而揚雄許慎皆曰白鷢白鷹似鷹尾上白此是陸璣而非揚雄許慎也揚雄許慎已下孔沖遠語也所謂揚雄者今不見於方言未知其所本○瑩按爾雅釋文引字林云鷹王雎也呂蓋沿說文而未覺其誤白鷹鷹也初學記引廣雅

韻　史　卷六十九第十五部入聲訖韻　七一六五

蟨 或書作蟩鼠也一曰西方有獸前足短與蛩蛩巨虛比其名曰蟨說文段注鼠也當作蟨鼠也三字句鼠名此蓋用呂氏春秋蟨鼠前兔後之說謹按曰西方有比有獸焉與邛邛岠虛比為邛邛岠虛齧甘草即有難邛邛岠虛負而走其名謂之蟨按司馬相如賦曰蹵蛩蛩轔距虛張揖曰蛩蛩狀如馬距虛似贏而小說苑亦云二獸而郭璞云距虛即邛邛變文互言又引穆天子傳邛邛距虛日　五百里邛距虛聲似郭說長○韓外傳五云西方有獸名曰蟨又說苑復恩六北方有獸其名曰蟨北方有獸其名曰蟨蟨鼠前而兔後淮南道應注云鼠前足短兔後足長故謂之蟨○瑩按蟨乃蟨之借字

蕨 薛籒鼈也說文段注鼈俗從艸○詩艸蟲言采其蕨傳云蕨鼈也又爾雅釋艸蕨鼈舍人注云蕨一名鼈蕨山菜也文選謝靈運酬從弟惠連詩注引毛詩義疏○齊民要術九引詩義疏云秦曰蕨齊魯曰鼈亦謂蕨又詩艸蟲釋文引詩艸木疏云周秦曰蕨又爾雅釋艸注云蕨江西謂之鼈

孑 ○俗有孨無左臂也說文段注大荒西經有人名曰吳回奇左是無右臂郭注即奇肱也又大荒之山有人焉是顓

韻　史　卷六十九第十五部入聲訖韻　七一六六

頊之子三面一臂郭注無左臂也廣雅孑蜎也郭璞云井中小蛣蟩赤蟲也○爾雅釋魚釋文引字林云孑無左臂也

孑 短也廣雅釋詁二

卆 或作身木本也說文段注木部曰木下曰本本亦曰卆者言其蘗然大也古多用蘗弋宇為之列子曰吾處也若橛株駒株駒木根也殷敬順曰蘗說文作身按玉篇亦作身諫變也

乚 或作乙鈎識也說文段注鈎識者用鈎表識其處也褚先生補滑稽傳東方朔上書凡用三千奏牘人主從上方讀之止輒乙其處二月乃盡此非甲乙字乃正乚字也今人讀書有所鈎勒即此內則魚去乙鄭曰乙魚體中害人者名也今東海鰫魚有骨名乙在目狀如篆乙食之鯁人不可出此亦非甲乙字乃狀如篆乚也魚腸名乙早不當刪有乙也戊斧之字从乚為聲

亅 去髮切鈎逆者謂之亅象形說文段注鈎者曲金也司馬相如列傳猶時有銜橜之變集解引徐廣云鈎逆者謂之橜索隱引周遷輿服志云鈎逆上者為橜皆謂橜為亅之段借字也清道而行中路而馳斷無枯木朽株之難故知必為謂

韻　史　卷六十九第十五部入聲訖韻　七一六七

鈎也象形象鈎白下逆上之形橜謂車之鈎心也漢書司馬相如傳下注王吉傳其樂豈徒銜橛之閒哉注橛鑣也莊子馬蹄前有橛飾之患釋文橛銜也莊子馬蹄釋文引司馬注橜騑馬口中長銜也史記司馬相如傳索隱引張揖又文選西征賦注引莊子司馬注

橜 或書作橛弋也一曰門梱也說文段注橜弋也與氏部氒音同最相近莊列橜株駒上文云梱門橜也與此門相也為互訓此亦機弋之一端弭橜或借橜相或借田首子卿曰和之璧井里之厥也玉人瑑之為天子寶基子作井里之田橛杙也又橜朱也蛙廣雅釋室○瑩按來者梱之異體字橜謂之闑爾雅釋宮○禮記曲禮上注闑橛釋文云橛門中木厥豎也莊子達生若厥株駒釋文引李注又列子黃帝注○漢書諸侯王表集注引晉灼云厥猶豎也橛凡也廣雅釋器橛鑣也又橛銜也又鈎逆上者為橜瑩按此皆段橜為亅也橛猶撃也瑩按此段橛為撅

闕 門觀也說文段注釋宮曰觀謂之闕此觀上必加門者觀有不在門上者也凡觀與臺在於平地則四方而高者曰臺

韻　史　卷六十九第十五部入聲訖韻　七一六八

不必四方者曰觀其在門上者則中央闕然左右爲觀曰兩觀周禮之象魏春秋經之兩觀左傳僖五年之觀臺也若中央不闕則跨門爲臺禮器謂之臺門左傳謂之門臺是也此云闕門門觀也者謂門有兩觀者偁闕○後漢書班彪傳上注云闕門觀也 兩觀爲闕 漢書五行志上雉門及兩觀注○穀梁桓三年傳不出闕門注云闕兩觀也在祭門之外 闕即象魏也 左傳莊廿一年鄭伯享王于闕西辟注又史記秦本紀築冀闕正義引劉伯莊云即 闕闕也在門兩旁中央闕然爲道也 釋名釋宮室○文選顏延年曲水詩序方且排閶闔以高游注云建章圖闕臨北道銅鳳在上故號鳳闕 闕猶門也 淮南天文天阿者羣神之闕也注○詩子衿傳乘城而見闕疏云闕是人君宮門又水經穀水注引白虎通云門必有闕者門所以飾門別尊卑也又呂覽仲冬塗闕庭門閭注云闕門闕也於周禮爲象魏 艮爲門闕 易遯遯亨小利貞鄭注又說卦傳 闕缺也 國語周語單若有闕注魯語信抑闕矣注晉語闕從補之注聚必有闕注而俾諸侯之闕注又荀子性惡大公之闕注 闕隙也 小爾雅廣詁 闕宮也 左傳昭廿年以當其闕注 闕穿也 國語吳語闕爲石槨陵漢注闕爲深溝注○管子山權數北郭有掘闕而得龜者注云穿地至

韻史 卷六十九第十五部入聲訖韻　七一六九

泉曰闕 闕過也 左傳宣二年袞職有闕注襄元年謀事補闕注襄十四年命百官官箴王闕注 闕失也 左傳成二年其晉實有闕注○水經穀水注引潁容說云闕者上有所失下得書之於闕所以求論譽于人故謂之闕矣 闕謂過失也 左傳襄四年疏又漢書東平思王宇傳注 闕短也 呂覽君守故博聞之人彊識之士闕矣注任數其所以知識甚闕注 闕不共也 左傳襄四年闕而爲罪注 闕不合也 漢書王莽傳下圍城爲之闕注 闕猶毀也 呂覽孝行注 闕猶除也 周禮叢人注 闕去也 廣雅釋詁二又周禮大宰疏 闕亦謂減削之 漢書谷永傳闕史減賦注 闕謂月光虧損 禮記禮運三五而闕疏 闕車所用補闕之車也 周禮車僕闕車之萃注 闕翟剪闕繒爲翟雉形以綴衣也 釋名釋衣服○周禮內司服闕狄注云闕翟刻而不畫 闕洩多狃 爾雅釋獸

勥 俗有歷 彊力也 說文段注彊力各本作勢力非今依玉篇廣韻正俗語勥彊彊讀去聲 勥強也 廣雅釋詁

韻史 卷六十九第十五部入聲訖韻　七一七〇

戉 羽髮切 大斧也司馬灋曰夏執玄戉殷執白戚周左杖黃戉又把白髦 說文段注周書坶誓作秉白旄此作把白髦蓋司馬法之文有有不同也毛詩傳曰秉把也手部曰把把也髦者旄之段借字 戉斧也 廣雅釋器 戉豁也所向莫敢當前豁然破散也 釋名釋兵○並被大斧正字本無金旁而說文及釋名廣雅外無不作鉞者其實非也始謂之段借可耳 鉞斧也 後漢書李固傳注引蒼頡篇爲勤傳注公孫瓚傳注又小爾雅廣器又太斧斷乃後有鉞注 鉞斧鉞也 文選東京賦鉞四七薛注授 鉞大斧 書顧命一人冕執鉞鄭注○牧誓王左杖黃鉞晚出傳引六韜云大柯斧重八斤一名天斧 鉞王斧也 御覽三百四十一引字林 黃鉞以黃金飾之 文選東京賦戴金鉦而建黃鉞薛注又後漢書馮勤傳注

絾 采彰也一曰車馬帶 說文段注彰者彣彰也爲五采彣彰可以緣飾之物也一曰謂一名也帶各本作飾今正師古漢書注曰偏諸若今之織成以爲襈及褾領者也古謂之車馬帶其上爲乘車及騎從之象急就篇絾注曰絾纖采爲之一名車馬飾即今之織成也按二注皆用許爲訓顏意偏諸即絾也一作飾不同者後人改之耳

韻史 卷六十九第十五部入聲訖韻　七一七一

娍 輕也 說文又廣雅釋詁三 娍愚也 廣雅釋詁一

䟠 輕也 說文 䟠疾也 廣雅釋詁一

[辶戉] 踰也易曰襍而不[辶戉] 說文段注足部曰踰[辶戉]也踰與逾義小別○董按易繫辭今作雜而不越

越 度也 說文段注與乇部[辶戉]字音義同周頌對越在天箋云越於也此假借越爲粵也尚書有越無粵大誥文侯之命越字三體石經作粵說文引粵三日丁亥今召誥作越三日丁巳○楚辭天問巖何越馬注云越度也又廣雅釋詁二云越渡也 越踰也 禮記曲禮上戒勿越疏又漢書司馬相如傳下集注引文穎又文選顏延年五君詠注引國語賈注 越過也 漢書賈誼傳集注又家語五儀注 越過人也 荀子非相筋力越勁注 越歷也 呂覽長攻越十七阨注 越猶蹶也 禮記王制爲越紼而行事注 越謂非次也 後漢書桓帝紀注 離楚謂之越 方言六 越遠也 後漢書東平憲王蒼傳注宦者傳注 越迂也 國語周語聽聲越遠注魯語越哉臧孫之爲政也注 越遠也 書梓材越又厥獫土疏又左傳襄十四年而越在他境注又國語周語氣不沈滯而亦不散越注

韻史 卷六十九第十五部入聲訖韻　七一七二

晋語憺悍檣越注又廣雅釋詁一又小爾雅廣言又莊子徐無鬼子不聞夫越之流人乎釋文言越逾也後漢書袁術傳注越走也公羊桓十六年越在岱陰齊注越去也楚辭逢紛精越裂而衰耄注越之言蹷也禮記緇衣毋越厥命以自覆也注越墜也左傳成二年越于車下注又史記吳世家有顛越勿遺集解引服虔又楚辭惜誦行不羣以巔越兮注越失也國語齊語恐隕越於下注又呂覽士容而處義不越注又淮南精神嗜欲者使人之氣越注越散也左傳昭四年風不越而殺注又後漢書馬融傳注又淮南俶眞神越者其言華注精神已越於外注主術精神勞則越注越揚也廣雅釋言又國語周語汨越九原注以揚沈伏而黜散越也注晉語而越於民注又淮南俶眞暴行越智於天下注。禮記聘義叩之其聲清越以長注云越猶揚也越謂越揚也素問陰陽應象論因而越之注越越輕易之皃呂覽本味越越多業注越發闓也國語晉語使越於諸侯注越疾也廣雅釋詁一越治也廣雅釋詁三越夷蠻之國度越禮義無所拘也釋名釋州國。禮記明堂位越棘大弓注云越國名也又公羊定五年傳於越者何未能以其名通也越肯能以其

名通也注云越人自名於越君子名之曰越又文選吳都賦包括于越劉注云越今之蒼梧鬱林合浦交趾九眞南海日南皆越地越嘗遠國也孝經注越裳重譯釋文。文選東京賦南諧越裳薛注云越裳南蠻今九眞是也越戲方紂三邑也周書世俘呂他命伐越戲方注越王越地所獻玉也書顧命越玉五重馬注越猛虎也呂覽順民越雞荊雞也莊子庚桑楚越雞不能伏鵠卵釋文。釋文引司馬向注云越雞小雞也越椒茱萸也廣雅釋木越琴瑟兩頭也淮南泰族朱弦漏越注。萱按頭下似奪空字越者琴瑟底孔也又按此越字當別讀為活似亦可無庸越於也越于也越曰也萱按此皆叚越為粵也又列子湯問越日釋文云越一本作異按此又叚異為越也越異雙聲越猶惟也王氏經傳釋詞云越猶惟也書大誥越予小子言惟予小子也又曰越予沖人言惟予沖人也詩頌曰惟予小子金縢曰惟予沖人弗及知越與也經傳釋詞云廣雅曰越與也書大誥越爾御事越尹氏庶士御事越庶士御事御越爾多士尹氏御事是也越猶及也經傳釋詞云越猶及也書召誥惟四月既望越六日乙未言自既望及乙未六日也下文曰惟丙午朏越三日戊申亦謂自丙

午及戊申三日也後皆放此越若亦及也經傳釋詞云越若亦及也召誥曰越若來三月為句來至也言及至三月也下文曰若翼日乙卯又曰越翼日戊午是越與若皆及也連言之則曰越若矣亦越者承上起下之詞經傳釋詞云亦越者承上起下之詞書立政曰亦越成湯亦越文王武王是也

粵

粵亏也宷愼之詞也周書曰粵三日丁亥說文段注釋詁曰粵于爰曰也爰粵于也爰粵于那都繇於也粵與于雙聲而又从亏則亦象气舒于也詩書多假越為粵箋云越於也又假曰為粵宷愼之詞也此說從宷之意粵亏皆訓於而粵尤為宷度愼重之詞故从宷今召誥越三日丁亥當作巳。書盤庚越其罔有黍稷釋文云粵于也又史記周本紀粵瞻雒伊正義云粵者審愼之辭也又漢書翟方進傳集注云粵辭也粵發語辭也漢書翟義傳粵其聞日注。異姓諸侯王表集注云粵古越字又考工記序粵無鎛疏云粵即今之越字也粵於也漢書叙傳上集注引應劭粵厚也管子五行然則天為粵宛注越于也書微子越至于今馬注又大戴記夏小正越有小旱傳。王氏經傳釋詞云于猶今人言於是也詩東門之枌曰穀旦于逝越以鬷邁越亦于也互文耳越於也書呂

刑越茲麗刑鄭注又詩東門之枌箋清廟對越在天箋又周禮天府疏又周書世俘越若來注又後漢書班彪傳下注。孟子萬章下殺越人于貨注云越于皆於也越曰也漢書揚雄傳上集注。經傳釋詞云爾雅曰粵曰也曰與欥同字亦作聿聿聲越聲相近高宗肜日越有雊雉言聿有雊雉也夏小正越有小旱言聿有小旱也聿亦於是也聿曰古字通故爾雅訓粵為曰也曰於也詩園有桃子曰何其箋

曰

詞也說文段注詞者意內而言外也有是意而有是言亦謂之曰亦謂之云云曰雙聲也釋詁粵于爰曰也此謂詩書古文多有以曰為爰者故粵于爰曰四字可互相訓以雙聲疊韻相假借也。廣雅釋詁四云曰詞也又儀禮士虞禮記曰哀子某注又孟子梁惠王上王曰叟注又文選東京賦曰止曰時薛注並云曰辭也曰語辭也孝經孔子曰釋文。詩角弓見睍曰消疏云曰者人言之辭又緜曰止曰時疏云如蔓之言則上曰為辭下曰為於也曰者思謀之辭也易困曰動悔有悔疏曰者斷絕更生事之辭詩賓之初筵是曰旣醉疏曰言也廣雅釋詁四。易大畜曰閑輿衛釋文引劉注云曰猶言也曰猶云也論語子路始有曰苟合矣皇疏曰者謂也

論語八佾曰使民戰栗皇疏宰問曰今之成人者皇疏曰未仁乎皇疏。衛靈公不曰如之何皇疏云不曰猶不謂也曰

者發語之端也論語學而子曰皇疏。禮記襍記下贊大行曰疏云曰發語端也曰者大其義

書洪範曰皇極之敷言曉出傳。周禮職方氏正北曰并州其山鎮曰恆山其澤藪曰昭餘祁注云凡九州及山鎮澤藪言其

非一曰其大者耳曰猶為也謂之也王氏經傳釋詞云曰猶為也謂之也若書洪範一曰水二曰火三曰木四曰金五曰土之屬是也故桓四年穀梁傳一曰為乾豆二為賓客三為充君之庖公羊傳為作曰有一人之言

而自為問荅者則加曰以別之有非問荅而亦加曰字以別之

者語更端也說詳經傳釋詞曰於也詩園有桃箋云曰粵也。又按韓詩見魏書蓋按此段曰為聿漢書食貨志聿為孜歲曰皆作聿又周禮大祝注玉云嘉玉幣曰云量幣即曲禮玉曰嘉玉幣曰量幣也曰聿云三字

皆一聲之轉故通用

噦

气牾也說文段注牾逆也通俗文曰气逆曰噦內則曰不敢噦噫。靈樞經說六府氣胃為氣逆噦噦謂噦噫

韻史 卷六十九第十五部入聲記韻　七一七七

胃氣所生素問陰陽應象大論在變動為噦注噦謂聲濁惡也素問寶命全形論病深者其聲噦注

噦噦徐行有節也噦噦猶燴燴也噦噦言其聲也詩庭燎傳斯干箋泮水傳

。螢按此段噦為識也去聲讀下既詳矣

黫

或作黫。黫十四部十五部入聲兩讀黑有文也說文段注按周禮染人夏纁玄注云故書纁為作黫黫即黫也

唐宋人詩詞多用黫字如韋莊浣沙紅袖黫之類王氏念孫曰淮南時則訓天子衣宛黃春秋繁露民病心腹宛黃皆字異而義同黫黑也廣雅釋器

登

十四部去聲十五部入聲兩讀注在彼

旻 許發切

舉目使人也說文段注項羽紀梁眴籍曰可行矣籍遂拔劍斬守頭然則眴同旻也目部曰眴目搖也謂有目搖而不使人首。漢書戾太子傳集注云旻舉目使人也

吷

吷吷乃歠之重文而用為此讀也此義本無正字終古段借吷逗吷然如風過莊子則陽吷劒首者吷而

韻史 卷六十九第十五部入聲記韻　七一七八

已矣釋文引司馬注

烕

烕滅也詩曰赫赫宗周褒姒烕之說文。廣雅釋詁四又詩正月傳又漢書五行志下之上集注箋云烕滅也又谷永傳注云烕亦滅也烕齋人語也詩正月釋文

[illegible]

餅𥹷也說文

[illegible] 呂發切

。俗有悴弱也說文又廣雅釋詁一劣少也廣雅釋詁三。集韻云悴少也憂也劣滅也廣雅釋詁一

劣鄙也廣雅釋言

脟

脟肉也一曰脟腸間肥也一曰膫也說文段注脟者統言之脟其肉也肋其骨也子虛賦脟割輪焠假脟為臠也九數說流水龍印脟圜繚戾宛轉脟一作綸肥當作脂此別一義謂肴獸也下文云膫牛腸脂也腸脂謂之脟一名膫下一曰當作一名

鋝

十一銖二十五分銖之十三也周禮曰重三鋝北方呂二十兩

韻史 卷六十九第十五部入聲記韻　七一七九

為三鋝說文段注十一銖計黍千一百云二十五分銖之十三者此用命分之法百黍以四除之凡二十五而除盡命為二十五分二十五分之十三得五十二秦命為二十五分之十三合十一銖共為黍千一百五十二周禮曰重三十鋝考工記弓人文北方呂二十兩為三鋝三各本無戴仲達作一今依東原師補正師說曰無三字者誤也改為書偽孔傳及馬融王肅皆云鍰重六兩鄭康成云鍰重六兩大半兩鋝即鍰賈逵云俗儒以鋝重六兩此俗儒相傳訛失不能覈實說去大半兩言之說文多宗賈侍中故曰北方二十兩為三鋝正謂六兩大半兩為一鋝也按三鋝為黍四萬八千。螢按說文鍰下云鋝也鋝下備二解其數迥殊讀者疑焉據戴毁則鋝鍰不同其義二十兩為三鋝是鋝之正解計一鋝重百大十銖也其十一銖云乃鍰之解在此非也餘詳十四部鍰下。又書呂刑其罰百鍰馬注云鋝重十一銖二十五分銖之十三也又疏引考工記戈矛重三鋝馬注云鋝量名當與呂刑鍰同螢按許用馬說為鋝前一義鄭與叅差又考工記弓人疏云鋝與鍰為一物皆是六兩大半兩也。螢按此亦與鄭微差

鋝量名也考工記冶人司農注倍舉曰鋝小爾雅廣衡。螢按上云兩有半曰捷倍捷曰舉是謂鋝六兩也亦脫去大半兩言之

韻史 卷六十九第十五部入聲記韻　七一八〇

埒

。俗有浮埒 庳垣也 說文段注庳者中伏舍也引伸之為卑也按廣韻引孟康云等庳垣也加孟氏所據為長等者齊等也卑垣延長而齊等若一是之謂埒引伸之為涯際之偁如淮南道有形埒是也為回環之偁如爾雅水埒所還埒丘又馬埒是也又為相等之偁如史記富埒天子之類是也孟康語蓋出漢書音義今宜依以補寧字 埒隄也 廣雅釋室 埒厓也 廣雅釋丘 浮厓也 廣雅釋地 埒形也 淮南本經含氣化物以成埒類注 埒兆朕也 淮南要略而以明事埒事者也注形 埒兆朕也 淮南繆稱道之有篇章形埒者注。列子天瑞易无形畤釋文云形畤淮南子作形埒乾鑿度作形畤 山上有水曰埒 埒脫也脫而下流也 釋名 釋名 。列子湯問分為四埒注云山上水流曰埒又爾雅釋山山上有水埒釋文云埒本亦作浮 埒者際畔言鄰接相次也 史記平準書集解引徐廣。貨殖傳富埒卓氏索隱云埒者鄰畔言鄰相次 埒等也 漢書食貨志下集注猗頓傳集注程鄭傳集注又後漢書鄧寇傳注。史記佞倖傳埒如韓嫣也集解引徐廣云埒者齊等之名又漢書佞倖李延年傳其愛幸埒韓嫣注云埒等齊

⿰木寽

木也 說文

⿰牛寽

牛白脊也 說文段注牛惟脊白是亦駁屬廣⿰牛寽出字林不言出說文何也。廣韻引字林云⿰牛寽牛白脊也

蛶

商何也 說文段注釋蟲蛶蛶何郭云未詳陸云商失羊反字林之亦反按字林近古之亦反則字林本作蛶而許書當作商何矣

叕　翁發切

綴聯也象形 說文段注以綴釋叕猶以叕釋綴也聯者連也 叕短也 淮南人間愚人之思叕注

輟

兩讀義異 車小缺復合者也 說文段注此與辵部之連成反對之義連者負車也聯者連也連本訓輦而為聯合之偁其相屬也小缺而復合則謂之輟引申為凡作輟之偁凡言輟者取小缺之意也論語耰而不輟。當按兩部段輟為叕之重文義涉皮傳當刪彼祇存此 輟已也 爾雅釋詁 輟止也 穀梁文七年傳輟戰而奔秦注又論語微子耰而不輟集解引鄭注又皇疏又國語晉語亂兵不輟注又國策秦策齊王有輟志注齊策輟薛城注又荀子宥坐鄉者賜觀於太廟之北堂吾亦未輟注又莊子在宥拊髀雀躍不輟釋文引李注又淮南脩務輟不攻宋注說林累積不輟注又太玄

家農輟馬敘注唐社鬼輟笑注又法言學行否則輟注又文選東京賦饗祀不輟薛注底柱輟流薛注射雉賦亍亍中輟徐注。禮記曲禮下[illegible]西顯注云輟猶止也 啜止也 周禮大宗伯疏。莊子秋水匡人圍之數匝而弦歌不輟又文選魏都賦剞劂罔掇。當按啜惙[illegible]皆輟之同聲段借字也

惙

憂也詩曰憂心惙惙一曰意不定也 說文 惙憂也 易訟患至掇也釋文引鄭注又 一切經音義十九引字林 惙惙憂也 爾雅釋訓又詩艸蟲憂心惙惙傳又一切經音義四引聲類。淮南原道其為悲不惙惙注云惙惙為傷性也 惙怛憂也 後漢書梁鴻傳注 惙中也 方言十二 惙短氣皃也 一切經音義四引聲類。當按韓外傳掇其泣矣借為惙字也莊子秋水弦歌不惙借為輟字也

腏

挑取骨閒肉也 說文

剟

刊也 說文段注商子曰有敢剟定法令者死賈誼傳曰盜者剟寢戶之簾 剟削也 廣雅釋詁三又漢書王吉傳集注 剟謂割取之也 漢書賈誼傳注 剟疏殺也 淮南繆稱是故聖人制剟材無所不用矣注

畷

兩百閒道也百廣六尺 說文段注百者百夫洫上之涂也兩百夫之閒而有洫洫上有涂兩千夫之閒而有澮澮上有道所謂阡也洫橫則澮縱涂橫則道縱故道在中縱而左右各十涂皆橫是謂兩陌閒道是之謂畷鄭特牲饗農及郵表畷注云郵表畷謂田畯所以督約百姓於井閒之處引詩為下國畷郵。按畷之言綴也衆涂所綴也於此為田畯督約百姓之處若街彈室者然曰郵表畷鄭注周禮云徑容牛馬畛容大車涂容乘車一軌道容二軌路容三軌軌者轍也考工記曰徹廣六尺涂容一軌是陌容六尺也道容二軌是阡容丈二尺也許祇言陌之廣使徑畛道路之廣皆可意知 畷井田閒道 周禮大宗伯釋文。禮記郊特牲疏云謂井畔相連畷於此田畔相畷之所 畷止也 周禮大宗伯疏。當按此謂畷為綴之段借字

⿱叕車

車具也 說文

罬

輟 或。輟兩見義異 捕鳥覆車也 說文段注釋器曰繴謂之罿罿罬也罬謂之罦罦覆車也郭云今之翻車也有兩轅中施罥以捕鳥展轉相解廣異語按車部有輟篆義殊。當按輟義已具車部此處重文後人所羼

櫻

櫻木也益州有櫻縣說文段注櫻木未詳俗以為梁上楹之字櫻縣上當有毋地理郡國二志益州皆有毋櫻縣宋魯謂之梁其上楹謂之櫻爾雅釋宮○萱按此無正字用櫻者櫻引伸之義也用棁者又櫻假借之字也櫻儒梁上短柱也櫻儒猶侏儒短故以名之也釋名釋宮室棁者梁上楹也論語公冶長山節藻棁集解引苞注又左傳文三年疏引論語鄭注又文選魯靈光殿賦雲楶藻棁張注○禮記禮器注云梁上楹謂之棁棁柱也管子侈靡是棁傳華泣棁梁上短柱也爾雅釋宮李注又論語公冶長釋文棁侏儒柱也又爾雅釋宮注又漢書貨殖傳注又文選王命論棻悅之材注○爾雅釋宮孫注又禮記禮器釋文引云棁梁上侏儒柱也釋藻棁畫侏儒柱為藻文也禮記明堂位注○襍記注云棁侏儒柱畫之為藻文又家語曲禮子貢問注云棁梁上楹畫藻文也

拙

不巧也說文段注不能為技巧也拙鈍也廣雅釋詁三又離騷理弱而媒拙兮注拙屈也使物否屈不為用也釋名釋言語不利於人謂之拙墨子貴義○萱按說文火部引商書予拙

亦炪謀古文段炪為拙也盤庚今作予亦拙謀作乃逮

炪

火光也商書曰予亦炪謀說文段注火光也類篇作火不光集韻六術曰炪爦煙皃類篇同又九迄曰炪爦煙出也煙盛則光微此蓋與上文烈火為炪也作對語商書曰予亦炪謀盤庚上文壁中古文段炪為拙也今尚書作拙者蓋孔安國以今字讀之也

茁

艸初生出地皃詩曰彼茁者葭說文段注召南文毛曰茁出也挫也當為皃之譌茁生長皃也孟子萬章下牛羊茁壯長而已矣注茁出也廣雅釋詁一○萱按此引伸為凡出之偁

歠 仆髮切

吷吹兩讀異義歠也說文段注歠歠也二篆為轉注與口部吷義異○楚辭大招不歠役只注云歠飲也歠歠歠也禮記檀弓下歠主人主婦室老為其病也注

啜

○俗有噴嘗也一曰喙也說文段注孟子徒餔啜也喙也一義○廣雅釋詁三云啜嘗也啜茹也爾雅釋言啜食也廣雅釋詁二啜者拾食爾雅釋言注○舍人注云啜茹食也啜絕也乍啜

而絕於口也釋名釋飲食歠豆而食曰啜菽禮記檀弓啜菽飲水釋文○萱按荀子富國作啜菽飲水啜泣皃詩中谷有蓷啜其泣矣傳又後漢書張奐傳注啜惙也心有所念惙然發此聲也釋名釋言語○萱按韓外傳惙具注矣借惙為啜也

荃

十四部平聲十五部入聲兩見異義荃芥脃也說文段注艸部曰以芥為齏名曰芥荃云芥脃者謂芥齏脃可口也此字上下文則非楚詞荃字也○萱按說文菹荃蕰藏相次菹酢菜也齏韭鬱也蘯亦菹也蕺菹也則芥荃與荃蕰絕異矣

爇 汝髮切

○俗有焫燒也春秋傳曰爇僖負羈說文段注僖廿八年左傳曰爇僖負羈氏爇燒也詩生民傳克禋而後爇蕭合馨香也疏又左傳僖廿八年注昭廿七年傳遂令攻郤氏且爇之注又淮南兵略毋爇五穀注焫燒也禮記郊特牲焫蕭釋文又文選檄豫州注注引聲類又一切經音義十一引通俗文爇灼也史記張耳陳餘傳索隱爇燒然也一切經音義七引蒼頡然火曰焫一切經音義十一引通俗文火爇

燒灼謂之灸焫素問異方法宜論其治宜灸焫注燒焫猶滅壞國策秦策則秦且燒焫滅君之國注焫爇也廣雅釋詁二○萱按此通古今字也謂今之焫字即古爇字也

叡 媿髮切

飾也說文段注飾各本作拭今依五經文字正巾部曰飾㕞也按此互訓手部無拭字彡下云毛飾畫文也聿下云聿飾也皆即今之拭字獨於㕞下改拭與全書矛盾矣彡按拭圭雖見聘禮然必系俗改古者拂拭字只用飾以巾去其塵故二字皆從巾去塵而得光明故引伸為文飾之義司尊彝涗酌太鄭云涗拭勺而酌也拭釋文作飾叡亦通用㕞刀部云㕞禮有㕞巾即叡巾也叡飾也飾髮長短皆令上從也亦言瑟也叡髮令上瑟然也釋名釋首飾所以理髮謂之㕞文選養生論注引通俗文○萱按此段㕞為叡也㕞謂拭㕞漢書梁孝王武傳集注

㕞

㕞也禮有㕞巾說文段注㕞與叡別又部曰叡飾也巾部曰飾叡也飾今拭字拭用手用巾故從又巾㕞者拮把也拮把必用除穢之器如刀然故字從刀艸部曰蓋㕞也是也禮謂禮經十七篇也鄉飲酒禮鄉射禮燕禮大射

儀公食大夫禮有司徹皆言帨手注皆作帨拭也帨手者於帨帨佩巾儀賈氏鄉飲公食二疏知經注皆作帨純無帨字也帨之為巾見於士昏禮及內則內則盥卒授巾注云巾以帨手鄭即用禮經帨手字也此云刷中刷當作㕞蓋漢時禮經帨手有作刷手者假刷為㕞說禮家所定字不同也刷巾又見服氏左傳注左傳藻率鞞鞛服云藻為畫藻率為刷巾禮有刷巾服語正與許同巾部曰帥佩巾也帨帥或从兌字是帨與帥同字樂師故書帥為率聘禮古文帥皆作率毛詩時農夫毛詩作率是率與帥同音假借左氏傳之率節說文之帥而許服所見禮經皆作刷手鄭禮經今文作帨手古文作說手是則帥帨率說刷㕞六字以同音通用而陸德明本作捝手者為誤字○一切經音義九引廣雅云刷刮也**刷**削也爾雅釋詁釋文引廣雅**刷埽也**詩七月釋文引三蒼**刷除也**漢書武帝紀集注○貨殖傳刷會稽之恥注云刷謂拭除之也**刷清也**爾雅釋詁又周禮湊人秋刷注**箴謂之刷**廣雅釋器○萱按箴者箴之俗**刷猶飲也**文選魏都賦刷馬江洲注○劉注云刷小嘗也**刷謂拭刷**又**所以理髮謂之刷**萱按此皆段刷為㕞

說四見義分**說釋也一曰談說**說文○萱按本無二義二音而後人強分之今遂不得而混合矣**說解**

說也易遯箕之勝說釋文引王肅注又周禮司市釋文又大戴記曾子立事不說人之過注又漢書王莽傳中是欲以我為說於匈奴也注又荀子致仕誦說而不陵不犯注○左傳昭九年佐下軍以說焉注云說自解說又文選西京賦薛注云說猶分別解說也**說解也**詩猶可說也箋又左傳昭十八年注又國語越語句踐說於國人注又莊子說劍釋文又淮南道應以說於眾注○禮記檀弓下天下其孰能說之注云說猶解也**說數也**詩擊鼓與子成說傳**說以感動為先**文選文賦注**說述也宣述人意也**釋名釋言語**說謂所說之義也**漢書鼂錯傳不問書說也注**說者說其形勢也**詩定之方中傳山川能說釋文引鄭志**說所以明也**墨子經上**說言也**國策秦策注又淮南脩務注○呂覽某塞大上以說注云說說言也**言經為說**荀子正名合于心注**說論也**廣雅釋詁二○禮記少儀游於說疏云說謂論說**說適也**呂覽當務備注**說**　**說告也**國語吳語注**說猶今之疏也**後漢書孔奮傳注**說者謂諸子雜記也**史記伯夷傳而說音曰索隱**攻說祈名**周禮庶氏以攻說禬之○大卜一曰類二曰造三曰禬四曰禜

五曰攻六曰說司農注云類造禬禜攻說皆祭名也**攻說則以辭責之**周禮大祝五曰攻六曰說注

啐　**小歙也**說文段注士冠禮注曰古文啐為呼按呼與啐音義皆殊必是誤字當是古文啐為啐之誤如古文醋作酌今禮酌皆段酌也**啐歙也**廣雅釋言○萱按啐者啐之段借字**啐嘗也**廣雅釋詁三又儀士昏禮啐醴注又鄉射禮禮席末坐啐酒注○鄉飲酒禮注○鄉飲酒禮注云啐亦嘗也又禮記襍記下主人之酢也嚌之眾賓兄弟則皆啐之注云嚌啐皆嘗也嚌至齒啐入口

月魚厥切　**月闕也大侌之精象形**說文段注月闕疊韻名曰月缺也滿則缺也○廣雅釋言又周禮馮相氏春秋致月疏云月闕也又白虎通日月云月之為言闕也有滿有闕也**月者太侌之精**儀禮覲禮禮月與四瀆於北門外注祭地瘞注又周禮司盟疏又大戴記易本命蚌蛤龜珠與月盛虛注○風俗通十反云月者太陰**月者陰也**公羊桓十七年經五月丙午注又管子白心化物多者莫多於日月注○禮記禮器為朝夕於日月疏云月為陰又祭義祭月於西疏云月為陰在內又管子四時云月掌陰又鹽鐵論論菑云月者陰**月為陰精**左傳成十六年注晦

月終疏又顏氏家訓歸心○禮記月令疏云月是陰精又左傳莊廿五年注匡不空掩君疏云月者陰之精**月者陰精之宗**文選月賦注引張衡靈憲○淮南天文云月者陰之宗也是以月虛而魚腦減月死而蠃蛖膲**月者眾陰之長**漢書李尋傳○論衡順鼓云眾陰之精月也**月也者羣陰之本也**○呂覽精通白虎通三軍云月者羣陰之也**月者土地之精也**公羊莊廿五年傳朱絲縈社注○文選宋文皇帝元皇后哀策文注引春秋感精符云月者陰之精也地之理也**月者水之精也**易象上傳水流而不盈虞注又太平中月闕其傳注又論衡說日○淮南天文云水氣之精者為月**月者陰之精譬猶水光**同辭算精下故日兆月注○論衡說日亂龍鼓云云月水也**月者金之精**文選海賦注河圖帝覽嬉引**夜光謂之月**廣雅釋天○文選西都賦注引淮南許注云夜光之珠有似明月故曰明月也**月坎也**易數辭上傳日月運行虞注穀辭下傳日月之道貞明者也荀注**坎為月**易說卦傳又中孚月幾望虞注象上傳故日月不過而四時不忒虞注日月麗乎天虞注象下傳日月得天而能久照虞注**辰主月**大戴記易本命○家語執轡云辰為月**月臣象**

韻史　卷六十九第十五部入聲說韻　七一九三

也詩柏舟日居月諸傳又洪範五行傳側匿則侯王其肅注又太玄從月異體之注○從漢書丁鴻傳云月者陰精盈毀有常臣之表也月臣道也詩十月之交彼月而微傳又左傳莊廿五年疏月者大臣之體後漢書李固傳○注云月者衆陰之長妃后大臣諸侯之象也月者刑也騶冠子夜行又漢書天文志○王莽傳中集注引張晏云月為刑月掌罰管子四時月主馬大戴記易本命○注云月契天騶於上日月者天之使也淮南天文○管子形勢云日月照察萬物者也日者天之明月者地之理周禮九嬪注引孝經援神契月為從娵至荼周禮硩蔟氏十有二月之號注○周髀算經下云月與合為一月又大戴記公冠辭某年某月上日注云月正月也月者三日則成魄三月則成時禮記鄉飲酒義○孟子滕文公下孔子三月無君君則注云三月一時也月所以紀分至也漢書律厤志上

抈

折也說文段注晉語其為本也固矣故不可抈也韋云抈動也按依韋注是謂此抈為扤之段借字也其本義則訓折○廣雅釋詁一又太玄義其衡折注竝云抈折也

韻史　卷六十九第十五部入聲說韻　七一九四

明

墮耳也說文○方言六云秦晉中土謂墮耳者明也

跀

⿰𧾷兀或斷足也說文段注此與刀部刖異義刖絕也經傳多以刖為跀周禮司刑注云周改臏作刖按唐虞夏刑用髕去其厀頭骨也周用跀斷足也凡於周言臏者舉本名也莊子魯有兀者叔山無趾踵見仲尼崔譔云無趾故踵行然則跀刖即漢之斬趾無足趾故以足跟行也無足趾不能行故別為刖足者之踊以助其行左氏云踊貴屨賤是也髕則足廢不能行跀則用踊尚可行故跀輕於髕也跀一名跳跳一作剕鄭駁異義云皋陶改臏為剕呂刑有剕周改剕為刖此恐誤與司刑注不合莊子養生主注曰介偏刖之名崔李作兀又作跀云斷足也德充符申徒嘉兀者也李云刖足曰兀○周禮司刑刖罪五百注又書大傳其刖臏注又漢書百官公卿表上咎繇作士注刑法志注竝云刖斷足也又易困劓刖虞注又左傳莊十六年刖強鉏注又爾雅釋言跳刖也李注竝云斷足曰刖為跀跳跀謂器不正敧邪者也考工記輈人注[illegible]

刖

絕也說文段注凡絕皆斷刖叙曰下云刖鼻也刖足刖為跀周禮刖若使字周此是段刖為刖也困九五劓刖京房作劓

韻史　卷六十九第十五部入聲說韻　七一九五

劓說文劓與刖義同刖絕也書呂刑刖辟之屬五百釋文又左傳莊十六年刖強鉏疏○堂按此類刖字皆跀之段借而仍用刖李訓絕者以絕字內包有斷足之義故也故此二字當脈潛通李非判若鴻溝者也刖斷也廣雅釋詁一

軏

十四部去聲十五部入聲兩見○俗有軏車轅耑持衡者說文段注衡者橫木長六尺六寸以施軏駕馬頸者也持衡者曰軏則衡與轅為相接之關鍵也戴先生曰大車鬲以駕牛小車衡以駕馬轅端持鬲其關鍵名輗輈耑持衡其關鍵名軏轅轅所以引車必施輗軏然後行信之在人亦支援相持之關鍵故孔子以輗軏喻信○阮芸臺先生車制圖解云皇侃論語引鄭康成注曰軏穿轅耑著軏之軏因轅耑著之鄭氏說李不誤集解棄鄭取苞可謂無識揚雄太玄經曰閑次三關無鍵盜入門也拔我軏軏貴以信也此即子雲用論語之義其曰拔則為衡上之鍵可知且與上關鍵同一義也此皆輗軏為衡鬲鍵之證也○堂按軏所以鍵衡而軏非衡也且亦非轅也苞咸說小車無軏乃云軏者轅端上曲鉤衡是以轅為軏也說輗云轅端橫木以縛軛是以鬲衡為輗也苞蓋不知二者為持衡之物而即以轅衡當之也誤甚矣戴阮兩家說輗軏極精阮

韻史　卷六十九第十五部入聲說韻　七一九六

圖尤晰

髮

甫韈切

䯬或𩑔古文頭上毛也說文堂按此四字段氏所訂定髮猶毛也莊子逍遙遊窮髮之下釋文引李注髮額上毛也文選赭白馬賦垂精植髮注髮者腦之所養素問六節藏象論其華有髮注髮拔也拔擢而出也釋名釋形體束髮謂成童大戴記保傅束髮而就大學注○文選蘇子卿古詩結髮為夫妻注云結髮始成人也男年二十女年十五時取笄冠為義也髮秀猶秀眉也文選王文憲集序至若齒危髮秀之老注髮為寡髮易說卦傳○堂按釋文云寡又作宣黑白襍為宣髮十豪為髮賈子六術

瞂

或作[illegible]盾也說文段注秦風蒙伐有苑毛曰伐中干也周禮司兵掌五盾鄭曰五盾干櫓之屬其名未盡聞也按木部及韋昭曰大楯曰櫓則中干次之盾之大小略見於釋名毛云中干析言之方言及許統言之方言曰盾自關而東謂之瞂或謂之干關西謂之盾作瞂者或體也作伐者段借字蘇秦傳作㕮○周書王會鮫瞂利劍為獻注又山海經海內西經鳳皇鸞

馬皆戴戲注又廣雅釋器又小爾雅廣器頭云戲盾也○文選吳都賦云戲自關劉注云戲楯也又史記蘇秦傳吠茵索隱云吠與戲同謂楯也○萱按吠者吠之異體字與戲雙聲而相通段

伐

○俗有澍擊也一曰敗也亦斫也說文段注詩勿翦勿伐傳鉦人伐鼓傳皆曰伐擊也禮記郊特牲二伐一擊一剌曰伐駁何居鄭曰伐猶擊也尚書不愆于四伐五伐鄭曰一擊一剌曰伐詩是伐是肆實云伐謂擊剌之按此伐之本義也引伸之乃為征伐周禮九伐注云諸侯之於國如樹木之有根是以言伐云戈為句兵亦曰擊兵左傳擊之以戈如是也戍者守也故从人在戈下入戈部伐者外擊也故从人持戈入人部一曰敗也此謂引伸之義伐敗疊韻左傳凡師有鐘鼓曰伐穀梁傳曰斬樹木壞宮室曰伐攴部曰敗者毀也公羊傳曰春秋伐者為客伐者為主何云伐人者為客讀伐長言之見伐者為主讀伐短言之皆齊人語也按今人讀房越切此短言也劉昌宗周禮大司馬大行人輈人皆房廢切此長言也劉係北音周顒沈約韻書皆用南音去入多強為分別而不合於古矣伐人者有功故左傳諸侯言時記功大夫稱伐史記明其等曰伐積日曰閱又引伸之自功曰伐大徐無亦斫也三字為長○廣雅釋詁三又白虎通誅伐又文選東京賦伐鼉鼓薛注風賦覆石伐木注

韻史 卷六十九第十五部入聲詑韻 七一九七

思兮賦伐河鼓之磅硠舊注並云伐擊也又左傳文十五年伐鼓于社注云伐猶擊也○廣雅釋詁三云伐敗也又古微書引春秋說題辭云伐之為言敗之也又一切經音義六引白虎通云伐者何伐敗也欲敗去之○呂覽上農山不敢伐材下木注云伐斫也又禮記中庸伐柯伐柯疏云言伐柯伐柯斫也又管子形於是伐鐘磬之縣注云伐謂斫斸也一擊一剌為一伐禮記樂記天子夾振之而駟伐注又史記樂書集解引王肅○禮記疏四引書牧誓鄭注云伐謂擊剌也伐殺也廣雅釋詁一伐擊亦誅也荀子議兵注伐取也老子不自伐故有功注摘者曰侵精者曰伐公羊莊十年傳伐者加兵之名左氏襄十九年經公至自伐齊疏○禮記月令命漁師伐蛟注云伐者以其有兵衛也伐者討有罪之辭左氏桓十二年經伐宋注既書疏○春秋本義引陸希聲左傳通例云聲罪致討曰伐伐者敵國相征伐也孟子告子下天子討而不伐注○後漢書徐防傳注云伐謂自相攻伐也鳴鐘鼓以聲其過曰伐左傳莊廿九年凡師有鐘鼓曰伐疏引釋例○成三年疏云伐者聲其鐘鼓又詩殷武奮伐荊楚箋云有鐘鼓曰伐擊鼓斬木俱

韻史 卷六十九第十五部入聲詑韻 七一九八

名為伐左傳莊廿九年疏伐者武事白虎通三軍反義為僭太史斷勇徐之僭注伐功也周書諡法剛克為伐曰翼注又左傳莊廿八年注成十六年驕矜其伐注又國語周語吾有三伐注好自伐其功注齊語期而書伐注晉語且彊君伐注軍伐有賞注又管子小匡注○論衡謝短云吏上功曰伐伐功勞也漢書朱博傳齋伐閱府注詣積功曰伐漢書高帝紀上集注項籍傳集注引張晏劉屈氂傳又無伐閱功勞注云伐積功也○戰功曰伐管子問道功伐是以成周之大例注奮於行者伐也說苑雜言伐自伐其功也論語憲問克伐怨欲集解引馬注○皇疏云伐謂有功而自稱功遂自矜謂之退反退為伐賈子道術自稱其能為伐左傳襄十三年小人伐其技以馮君子注有善而自稱曰伐善也論語公冶長無伐善皇疏願伐美也小爾雅廣詁伐矜也漢書霍光傳集注○匈奴傳下武說伊陟此言自伐其功注云伐謂矜其功力伐矜尚也漢書五行志中之上叔迂李伐注○酷吏楊僕傳為其伐前勞注云伐謂矜持也又淮南脩務功成而自弗伐注云伐自矜大其善伐發也續漢書禮儀志上注引盧植禮記注田㐅

韻史 卷六十九第十五部入聲詑韻 七一九九

土曰伐伐之言發也考工記匠人一耦之伐注○萱按此義晚出有垡字古用伐伐為參伐也公羊昭十七年傳伐為大辰注○考工記輈人熊旗六斿以象伐也注云伐屬白虎宿與參連體而六星○萱按公羊之長言短言祇一隅之方音原無足泥伐人見伐乃一義引伸反覆耳他字類此者恆有之可盡分乎六朝人瑣屑鉏析取為無謂愚意此等當審定一音歸于淳雅可矣無為沿六代狂瀾迷誤終古

茷

艸葉多春秋傳曰晉羅茷說文段注詩白旆央央李又作茷詳泮水之其旂茷茷即出車之旟旆旆采菽之其旂淠淠也然則小弁萑葦淠淠亦當云萑葦茷茷本言艸葉之多而引伸之狀旌旗也晉羅茷見成十年左氏傳

罰

○俗有罰辠之小者从刀詈未以刀有所賊但持刀罵詈則應罰說文段注罪犯法也罰為犯法之小者刑為罰辠之重者五罰輕五刑从刀云云說從刀詈之意罰者但持刀而詈則法之然則刑者謂持刀有所賊則法之別其犯法之輕重也初學記云元命苞曰网言為詈刀守詈為罰罰之為言內也陷於害也注云詈以刀守之則不動矣今作罰用寸寸丈尺也言网以繩墨之事初學記又云元命苞曰刑刀守井也飲水之人入井

韻史 卷六十九第十五部入聲詑韻 七二〇〇

爭水陷於泉刀守之刑其情也注云井飲人則人樂之不已則自陷於泉故加刀謂之刑欲人畏懼以全命也此二條皆引春秋元命包說刑字與井同可以觀正矣云刀守井則刑罰不分輕重古五罰不用刀也故許說罰為刀詈犯法之小者刑判為井刀執法之大者一入刀部一入井部所以正鄉說也唐人諱淵作泉亦或作川

罰猶辠也國語周語吳有遠罰注。墨子經上云罰上下報下之罪也 **罰謂責罰其身**禮記王制郵罰麗於事 **罰謂撻擊之也**周禮司救三讓而罰注 **罰折也**廣雅釋詁一 **罰殺也**同上 **罰伐也**廣雅釋詁四 **罰刑也**楚辭惜誦忘何罪以遇罰兮注 **罰罰贖也**周禮職金掌受士之金罰貨罰注 **罰布者犯市令者之泉也**周禮廛人注 **憲罰播其肆也**周禮司市注小刑憲罰 **坎為罰**易象傳上則刑罰清而民服虞注 **月掌罰罰為寒**管子四時注 **為大罰**列女傳孽嬖傳 **刑罰者人之御轡**後漢書虞詡傳。注云 **刑罰者人之鞭策也** **賞罰者失得之報也**莊子天道是非已明而賞罰次之注 **罰者白虎其宿主兵**後漢書郎顗傳

韻史 卷六十九第十五部入聲託韻　七二〇一

發

䠶發也說文䠶注詩曰一發五豝引申為凡作起之偁。楚辭招魂君王親發兮憚青兕注云發射又禮記射義注云發猶射也又詩賓之初筵發彼有的箋云發發矢也又後漢書南匈奴傳矢四發注云發四矢四曰發又漢書匈奴傳下矢四發注引服虔云發十二矢也又云發猶今言箭一放兩放也今則以一矢為一放也。臺按禮記射義循聲而發注發而不失正鵠者注云發或為撥則是二字通用 **發開也**廣雅釋詁三又文選東京賦發京倉薛注。荅賓戲范蔡發注引音灼云發開也今諸本皆作發字 **發撥也撥使開也**釋名釋言語 **發猶見也**禮記月令雷乃發聲注 **發見也**左傳昭元年發為五色注又荀子禮論是吉凶憂愉之情發於色者也注。詩關雎序情發於聲箋又禮記禮器故君子樂其發也又文選毛詩序注云發猶見也 **又發起也**書微子我其發出狂鄭注又禮記中庸發強剛毅注又素問氣交變大論注又呂覽音律無發大事注又大學仁者以財發身注又國語周語王氣發注又淮南時則無發大注。禮記樂記發慮憲疏云發謂起發 **發舉也**廣雅釋詁一又文選東京賦發鯨魚薛注 **發動兒**論語欲子廢中權鄭注云。淮南原道未發而不發 **發作也**淮南本經動而成於文

韻史 卷六十九第十五部入聲託韻　七二〇二

注 **發猶揚也**禮記樂記其聲發以散注。史記樂書正義云發初也 **發生也**淮南主術是故艸木之發若蒸氣注 **發行也**又爾雅釋言懼洋發也孫注又詩東方之日履我發兮傳長發李注舍人注遂祝既發又漢書宣帝紀集注引文穎蕭望之傳集注又管子任法注又荀子彊國注又呂覽當賞注重言謀未發而聞於國注 **發發行也**廣雅釋言注 **發去也**廣雅釋詁二 **發猶致也**呂覽報更注酒於宣孟注 **發猶往也**周髀算經上日道發斂之所生也注。禮記檀弓下晉大夫發焉疏云發禮也皆非發之正釋乃指所發往賀成室之禮物 **發遣也**國策齊策王何不發將而擊之注又列子湯問注又呂覽具備注又淮南說林非弦不能發矢注 **發盡發也**詩生民實發實秀傳 **發發管時也**詩氓 **發泄也**楚辭大招春氣奮發注 **發謂機發也**禮記檀弓注 **發謂散發也**素問四氣調神大論氣交變大論不發注其變 **發謂汗之令其疏散也**素問六元正紀大論火鬱發之注振發 **大發謂攻其惡也**列子力命不相論發釋文 **發明也**詩長發釋文引韓詩又廣雅釋詁四 **發發明也**論語述而不悱不發皇疏

韻史 卷六十九第十五部入聲託韻　七二〇三

疏。為政亦足以發云發明義理也 **發亂也**詩谷風無發我笱釋文引韓詩 **發伐也**詩噫嘻駿發爾私箋 **發猶徵名也**漢書韓安國傳若是則北發月氏注 **發謂許民採取**荀子王制以時禁發注 **謂情欲既生也**禮記學記發然後禁疏 **剛克為發**周書諡法 **發旦也**詩載驅齊子發夕韓詩 **春夏為發**漢書律歷志上集注 **發東表**周書王會發人鹿注 **晨鳴曰發明**說苑辨物 **發駃走也**文選西京賦不得發蘇薛注 **歐發舍車也**東齊海岱之間謂之發方言七 **發氣舍氣也**儀禮聘禮記發氣怡焉注云發氣舍息也 **又發泄猶布散也**呂覽季春陽氣發泄注又淮南時則注 **發越氣傷射也**後漢書馮衍傳注 **發越疾兒也**漢書李尋傳太白發越犯注引張晏 **發發疾兒**詩蓼莪飄風發發傳四月箋 **發發飄風兒**漢書王吉傳集注。荀子議兵武王載發注云發讀為旆又莊子列禦寇曾不發藥乎釋文云發司馬李作廢。臺按段發為旆猶段伐為旆也 **發廢一聲之轉**

韻史 卷六十九第十五部入聲託韻　七二〇四

橃。俗有𦪇海中大船說文段注廣韵橃下曰木橃說文云海中大船謂說文所說者古義今義則同筏也漢人注經因云大者曰筏小者曰桴是漢人自用筏字後人以橃代筏非漢人意也𦪇舟也廣雅釋水

問發切 韈。襪韎妹俗有韈足衣也說文又左傳哀廿五年傳褚師聲子韈而登席釋文韈末也在腳末也釋名釋衣服

韻史 卷六十九第十五部入聲訖韻　七二〇五

韻史 卷六十九第十五部入聲訖韻　七二〇六

韻史

何萱撰著

第十三册

商務印書館發行

何萱撰著	韻史 第十三册	商務印書館發行

韻史卷七十　　泰興何萱石閭撰集　子庚校字

第十五部入聲　　上海顧錫麒竹泉覆審

訖韻下　　武進李兆洛申耆鑑定

開口訐　良達切

葛　絺綌艸也。說文段注。周南葛之覃兮，爲絺爲綌。詩采葛傳云：葛所以爲絺綌也。葛藟引蔓纏繞之。易困困于葛藟疏。蕉葛　葛之細者。文選吳都賦蕉葛升越劉注。蕉葛，越南方布名。書禹貢疏。葛　葛經。周禮掌葛注。紀則衰貴氏。葛屨夏屨也。詩大東糾糾葛屨箋。葛覃言后妃之職。儀禮鄉飲酒禮乃合樂注。燕禮遂歌鄉樂。

鄗　南陽陰鄉。說文段注。南陽郡陰二志同。師古曰：左傳所云遷陰於下陰者也。鄗者其鄉名。

駒　馬疾走也。說文

割　或作創。剥也。說文段注：割謂殘破之。釋言曰：蓋割裂也。尚書多假割爲害，古二字音同也。釋言舍人本蓋作害，明害

與割同也。鄒注緇衣曰：割之言蓋也。明蓋與割同也。按古字亦從勻聲，故宋次道王仲至家所傳古文尚書曰創申勸寧王之德。刀割爲割，會意字也。說文从刀害聲，則以害諧聲包會意。書堯典湯湯洪水方割疏。○按疏謂割爲割犯

血。太平御覽乃衛云割錯。○

割　斷也。廣雅釋詁一　割　裁也。廣雅釋詁二　割　戳也。廣雅釋詁四

割　絕也。後漢書注。割　分也。呂覽應言注。割　損也。漢書楊雄傳下集注。割　取也。國策多割齊人國注。欲割河東以講注：割猶分也。策天下割地於楚注。割　以割齊注。

割　掘徙之也。管子七臣七主注。割　牲也。大戴記曾子天圓。周禮司士注。公社其屬大割注：大割，割牲者。割　殺牲也。割肆

圜割也。又周禮內饔掌割亨之事注。呂覽孟冬大割祠于公社。注云：大割，割牲。煎和之事。割　者丈夫濫割

鮮　肉也。六言八桂林之中謂之割。古注宮書引尚書雖刑德放之。

其　毒也。經注做割釋文云或作犗字。孝

佩達切

激　欲　歡　歡　說文段注：渴者水盡也。音同竭。水渴字用渴，則欲水人字用激，而激渴爲飢渴字，今則用竭爲水渴字，用渴爲飢激字而激欲其意一也。

字廢矣。渴之本義廢矣。晉語忱日而激歲。韋昭曰：激，遲也。遲讀爲遲久之遲。急待之意也。心部引春秋忱渴喻歲而激日。

急也。公羊隱三年傳渴葬也注。○萱按：晉語激日用本字，餘皆段渴作之。日月未滿而葬曰渴，謂欲速葬無恩也。釋名釋喪制。

渴　爲曲筒以氣引水上也。後漢書張讓傳注。

棄達切

頞　或鴶　俗有　鼻莖也。說文段注：鼻莖謂之頞。鼻又言頞者，曷同遏，遏鼻言其內不通，而鴶則言在外。既言鼻莖也，鼻有中斷者。蔡澤諸葛恪之相是也。有憂愁而蹙縮者，孟子言蹙頞是也。有病而辛頞者，此言其內酸辛。周禮所云鼻是也。漢書楊雄傳音義引字林又後漢書周燮傳注：燮生而欽頤折頞，醜狀駭人。素問氣厥論辛頞鼻淵是也。熱則辛頞。

頞　謂鼻頞也。釋名。鞍頞也。偃仰如鞍也。釋形體。○萱按：頞猶頞也。廣雅釋親：頞頗也。相爲平入者也。頞頞之義本異，後世用當以頞頗釋頞也。又馮君開道碑頞字。頞頞之釋頞體。

遏　微止也。說文段注：微者細密之意。遏止也。爾雅釋詁。又易大有釋文。又書湯誓夏王率遏衆力注。又詩文王

與遏爾躬傳。民勞式遏寇虐箋。武勝殷遏劉箋。又周禮鍾師注。又肆夏呂叔玉注云：又左傳襄四年注。夏殷一名遏。疏。昭廿年注。又公羊莊卅二年季子之遏惡也。注。又孟子萬章上四海遏密八音注。荀子議兵則莫敢遏注。又上以遏惡揚善。止爲司遏又周禮禁殺戮者遏訟者注。逆遏注。誅之又禁遏天問云永遏在羽山注。注又遏一謂絕遏書堯典四海遏密八音。注云：遏楚辭天問云：永遏在羽山。

遏　遮也。又漢書王莽傳下引蒼頡篇。切經音義一集注。

遏　逮也。爾雅釋言。○臣進善君，不試茲謂遏。五行志下之上。

引京房易傳。

遏　病也。釋詩文王無遏爾躬。韓詩又周子功。按書遏密八音。春秋露爲遏也。段注作遏。說文公字子同也。又古書異字。○十四部平聲見十藕段春秋繁露爲遏也。說文遏作遏。按如字讀。五十四部入聲兩聲。萱按：銘勳遏陽密見十遏。

閼　也。爾雅歲在卯曰單閼。注：單閼之閼讀如字，又讀可嚩。據高誘注云：閼讀若遏。呂覽則閼讀遏。臣傳起水門提閼也。注：閼蕭子亦禮讀歲。據萱按：閼讀入聲，所以塞也。豕於是發蕃閼也，注云：閼謂門戶之塞。萱按：閼抑聲，閼者以閼塞也。閼所以壅水也。莊子逍遙遊而後乃今將圖南。史記漢書信循字異。

莫之天閼者釋文引李注又列子楊朱謂之閼聰注○楊朱勿壅勿閼釋文又呂覽古樂民氣鬱閼而滯著注竝云閼與遏同萱按左傳虞閼父史記作遏父遏客春秋繁露作閼客

閼止也爾雅釋天在卯曰單閼李注又尚書中候義明禮閼鄭注又莊子道遙遊釋文引司馬注又淮南天文單閼之歲注又漢書楊雄傳上集注○中山靖王勝傳集注云閼猶止也

大歲在甲曰閼逢爾雅釋天○李注云萬物鋒芒欲出擁遏未通故曰閼逢又淮南天文寅在甲曰閼逢注云言萬物鋒芒欲出擁遏未通故曰閼逢也

陽氣推萬物而起故曰單閼爾雅釋天在卯曰單閼李注

閼與容暇之皃也漢書楊雄傳上窮究閼與注○注引晉灼云閼與容皃也○萱按鄭公孫閼字子都義蓋取諸此

漢達切

曷

何也說文段注雙聲也詩有言曷者如曷不肅雝箋云曷何也有言害者如害澣害否傳云害何也害者曷之段借字詩書多以害為曷釋詁曷止也此以曷為遏釋言曰曷盍也此亦段借凡言何不者急言之但云曷也○易損曷之用二簋可用享崖注又詩雄雉曷云能來箋君子于役曷至哉箋鴇羽曷其有所箋有杕之杜曷飲食之箋漸之石曷其沒矣箋雲漢箋又

廣雅釋詁三又楚辭逢紛紛曷其不舒予情注竝云曷何也又詩四月曷云能穀箋云曷之言何也又書盤庚上汝曷勿告朕疏云曷何同音故曷為何也

曷害也詩菀柳曷予靖之傳長發則莫我敢曷傳○萱按以害釋曷猶以何釋害也害曷何三字互訓亦轉注也

害何也詩泉水不瑕有害箋又廣雅釋詁三又小爾雅廣言又後漢書蔡邕傳注

曷盍也爾雅釋言○注云盍何不也經傳釋詞云家大人曰書湯誓時日曷喪詩有杕之杜中心好之曷飲食之曷皆訓何不也學者竝訓為何失之○又曰盍為何不而又為何曷為何而又為何不聲近而義通也故爾雅曰曷盍也廣雅曰曷盍何也學者失其義久矣

曷辭也易彖下傳曷之用注

曷逮也詩四月傳

褐

有乚褐俗編枲韤一曰粗衣說文段注取未績之麻編之為足衣如今艸鞻之類趙注孟子曰褐以毳織之若今馬衣者也或曰枲衣也一曰粗布衣按趙云以毳與邪風鄭箋云毛布合馬即左傳定八年之馬褐也枲衣亦謂編枲為衣褐賤者之服也○史記秦始皇紀寒者利裋褐索隱云褐編衣也又漢書短褐不完注云褐編枲衣

褐大布

淮南齊俗裋褐不完者注

褐毛布也

詩七月無衣無褐箋又穀梁昭八年釋文又素問異法方宜論其民不衣而褐薦注

○文選王命論思有短褐之褻注引韋昭曰毛布曰褐

褐毛布之衣也漢書季布傳迺髡鉗布衣褐注貢禹傳注又家語三恕被褐而懷玉何如注○詩七月釋文云褐以毛為衣也又淮南覽冥注云褐毛布如今之馬衣也

褐賤者之所服今蜀亦用為之御覽百十六引韋耀光毛詩問○左傳哀十三年余與褐之父睨之注云褐寒賤之人又後漢書陳元傳注云褐織毛為布賤者之服也又趙與傳注云褐織毛布之衣貧者所服

褐寬博

獨夫被褐者孟子公孫丑上不受於褐寬博注○後漢書王望傳注引淮南許注云楚人謂袍為短褐又淮南覽冥注云短褐處器物之人也萱按凡短褐字皆裋褐之誤○

鶡

或作鶡

似雉出上黨說文段注後書輿服志虎賁羽林皆鶡冠鶡者勇雉也其鬥對一死乃止故武靈王以表武士加雙鶡尾竪左右為鶡冠徐廣曰鶡似黑雉出於上黨○文選東京賦虎夫戴鶡薛注云鶡鷙鳥也鬥至死乃止萱按鷙字或鷙之誤

鶡旦山鳥陽物也呂覽仲冬鶡旦不鳴注

鶡旦求旦之鳥也禮記月令曷旦不鳴注○釋文云曷旦鳥名曷本或作鶡又坊記相彼盍旦注云盍旦夜鳴求旦之鳥也萱按曷盍皆鶡之段借字

鶡

鴠鶡鴠也廣雅釋鳥○方言八云鳱鴠周魏齊宋楚之間或謂之鶡鴠又云自關而西秦隴之內謂之鶡鴠○萱按旱曷雖異部亦相為去入也鴠為一字猶顛鶡為一字也鴠

鶡鴠色似雞五色冬無毛赤倮

晝夜鳴方言八注

蝎

蝤蠐也說文段注釋蟲曰蝎桑蠹桑蠹也按上文許云蛣蚍蝎也不類廁於此者許意蛣蚍別為一物也蓋一類而種別者多矣○萱按蝤蠐與蠐螬皆名蝎而非一物方言十一云蠀螬梁益之間或謂之蝎此非蝤蠐也蝤蠐蠐螬也

蝎木蠹也爾雅釋蟲孫注李注又國語魯語雖蝎謂之注晉語雖蝎為避之注

蝎蛣蚍爾雅釋蟲○蝎桑蠹注又孫注竝云蝎即蛣蚍也萱按蛣蚍作蛣蚍狀其詰詘也蚍蝎正俗字

一

蝎逮也東齊曰蝎方言七

鼻謂鼻如蝎蟲也史記范雎蔡澤傳索隱○萱按索隱謂曷為蝎之段借也其實蔡澤鼻龜與蝎蟲無涉

盇

隸作盇

覆也說文段注皿中有血而上覆覆之覆必大於下故从大艸部之盇从盇會意訓苦覆之引申耳今則盇行而盇廢矣曷何也凡言何不者急言之亦曰何是以釋言云曷盇也鄭注論語云盇何不也盇古音在十五部故為曷之段借又

為蓋之諧聲今入七八部為閉口音非古也其形隸變作盍

揢 搕也說文○萱按搕下云㓾也揵盍用其前義㓾者揞杷也一曰揢搔也廣雅釋詁二

轄 或作鎋車聲也一曰轄逗鍵也說文段注車聲轂與軸相切聲也史記大人賦轄轄漢書轄作轄張揖曰蝎轄揺目吐舌兒則史記為謫字矣鍵下云鉉也一曰車轄此鍵轄二篆為轉注也韋下曰車軸耑鍵也然則韋轄二篆異字而同義同音○萱按轄後義與韋同然非一字也無庸猥合 轄害也車之禁害也釋名釋車 鎋

車轄也孟子題辭五經之鎋鎋音義引丁音○萱按詩節南山箋為周之桂鎋又祝綿後碑七政鎋鎋字皆作鎋又左傳哀三年巾車脂轄釋文云轄本又作鎋

韋 ○俗有韋車軸耑鍵也說文段注金部鍵一曰轄也車部轄一曰鍵然則許意謂韋轄同也以鐵豎貫軸頭而制轂如鍵閉然鄭風傳曰脂韋其車小雅傳曰閉閱設韋兒皆謂韋必行而後設也車軸耑謂之害害分字作轄大馭右祭兩軹軹故書作軒杜子春云軒謂兩轄也或讀軒為簪萱按鐵軸如笄貫弁然軸耑名軒者以鐵名之也子春易為軒非也貫

七二一五

韋車軸頭鐵也詩車舝序釋文 舝車軸頭金也詩泉水載脂載舝釋文○萱按左傳昭廿五年昭子賦車轄釋文云本又作舝又文選注廿四引載脂載轄

瑋 石之似玉者說文

蠹 蠰蛄也說文段注蠰蛄見虫部一名蠹

堅 囚突出也說文

到切
達

怛 悬或○十四部去聲十五部入聲兩見○俗有懃 憯也詩曰信誓悬悬說文段注衛風氓傳文按詩曰信誓旦旦傳曰信誓悬悬然謂旦即悬之段借字箋云言其懇惻誠是也詳備詩傳而云詩曰者此詩曰不辭而怒謂之要之例也悬悬當有然字下 悬痛也方言一又廣雅釋詁二又史記屈原賈生傳疾痛慘怛正義○詩匪風疏云怛者驚痛之言○萱按怛與憯皆訓痛三字義同 怛慘怛也詩匪風釋文 怛傷也詩匪風中心怛兮傳○漢書王吉傳中心懃兮集注云懃傷也 怛悼也漢書武帝紀集注元帝紀集注外戚傳上集注 怛恨也漢書文帝紀集

七二一六

注 怛方言十二○注云心怛懷亦惡難也 怛怛驚也廣雅釋詁一又莊子大宗師叱避無怛化釋文○禮記儒行不懾怛也釋文云怛驚怛也又列子黃帝怛然內熱釋文云怛然驚也 怛怛驚惋之兒莊子大宗師有旦宅而無情死文引李注 釋怛懼也文選魏都賦注引國語賈注 怛憂也廣雅釋詁一 怛怛憂也廣雅釋訓 怛怛猶忉忉也詩甫田勞心怛怛傳○忉忉傳云忉忉憂勞也 勞心怛驕也淮南繆稱矜怛生於不足注 克行遂節謂之必反必為怛賈子道術

坦 上諱說文段注漢章帝名也伏侯古今注云坦之字萱按許書本不書其篆但曰上諱後人補書之 曰坦爆也

玉篇 坦火起也廣韻

黖 白而有黑也五原有莫黖縣說文

笪 十四部去聲十五部入聲兩讀○俗有担 笞也說文段注笞者可以撻人之物 担擊也廣雅釋詁三

坦切
黎

𣥠 蹈也从反止說文

七二一七

獺 水狗也食魚說文○漢書郊祀志上豺獺有祭注云獺水居而食魚又楊雄傳上蹈獱獺注云獺如狗在水中食魚 獺獱也孟子離婁上故為淵毆魚者注又淮南主術獺未祭魚注 獺獱水禽也呂覽孟春獺祭魚注

羍 全或○偏旁作羍 小羊也說文段注羊當作羔字之誤也狩聲皆曰羔羍又小於羔是初生羔也薛綜荅韋昭云羊子初生名達小名羔未成羊曰狩大曰羊長幼之異名初學記引羍七月生羔也藝文類引七月生羊也與陸德明孔穎達所搖不同似未可信按生民誕彌厥月先生如達毛曰達生也姜嫄之子先生者也此不可通當是經文作羍傳云羍達也先生姜嫄之子先生者也達他達切即滑達字凡生子始生較難后稷為姜嫄始生子乃如達出之易故曰先生如達先釋達後釋先生者欲文法顯著文法與向華傳先釋媞後桑薪正同鄭箋如字訓為羊子云如羊子之生媒奐尊祖之詩似不應若是且戰類之生無不易者何獨取乎羊尋箋不云達讀為逢則知毛詩本作羍毛以達訓羍謂羍為達之段借也凡故訓傳之通例如此用毛說改經改傳改箋使文義皆不可通則淺人之過也○詩生民箋云達羊子也○萱按今本如是乃後改之箋耳箋自釋達非釋達也

羍 美也廣雅釋詁

七二一八

達

达或有達○俗行不相遇也詩曰挑兮達兮說文段注此與水部滑泰字音義皆同讀如撻

今俗語不相遇尚有此言乃古言也○訓通達者今言也挑兮達兮鄭風文挑當同又部作岁岁滑也○萱按御覽作挑兮撻兮

达滑也文選洞簫賦注引字林○萱按达與迭形近雙聲故說文又云达或曰迭字迭下云一曰达字是达迭互相通

借達通也周禮遂大夫以四達戒其事功疏又禮記郊特牲以達天地之氣也疏明堂位刮極達鄉疏又孟子盡心

上達之天下注又素問寶命全神論土得木而達又史記樂記達神明之德正義又法言問神昔仲尼潛心於文王矣達之注

又莊子達生釋文又呂覽重已理塞則氣不達注誣徒達師之數也注又況乎達師與道首述之言乎注遇合必達于五聲注

長利諸侯四面以達注知分又淮有充實達遜注又淮南修務貴其所欲達注逢通也廣雅釋詁一達

謂通達也儀禮士昏禮下達注又禮記禮器君子之人達疏有謂○樂記疏達而信疏云疏達謂疏朗通達

謂通於物理也論語雍也賜也達集解引孔注○太玄玄錯云達思通達者通顯之名也

禮記聘義孚尹旁達疏○論語顏淵何如斯可謂之達矣皇疏云達謂身命通達也又文選秋懷詩雖好相如達注云達謂通

達不拘禮也達通也出也行也素問五常政大論土疏泄蒼氣達注達猶出也史記樂書區萌

達正義○詩載芟賓云達出地也達進也後漢書范生傳注達生也詩生民傳達暢也莊子達生

釋文達具也禮記樂記非達禮也注達猶皆也禮記樂記君子達亹亹焉注達芒也方言十三

達射也詩載芟驛驛其達傳達穿也淮南修務雖達勝注達微也釋名釋言語達決也周禮

小宰小事則專達釋文引干注達致也國語吳語寡人其達王於甬句東注達至也國語晉語奔而易達注○

考工記匠人專達於川注云達猶至也達謂明達素問寶命全形論能達虛實之數者注○萱按高形醇敏達義

理逹者達之俗體也達謂曉達禮記禮運故禮達而分定疏達猶曉也論語顏淵樊遲未達皇疏子路

授之以政不達皇疏○鄉黨丘未達皇疏云達猶曉解也達謂聽至遠書堯典達四聰疏達者聞之

實論語顏淵非達也皇疏引繆協達者無滯於一方莊子齊物論唯達者知通為一注達謂迴

行通之使不陷絕也周禮野盧氏掌達國道路注○萱按禹貢達于河達于齊達于淮泗史漢皆作通即

用訓詁字也達官達也文選拜陵廟詩曉達生戒經注○周禮大宰七曰達吏注云達吏察舉勤勞之小吏也

不達不以禮事自通於君也禮記表記事君不下達注達者常行百王所不

變也禮記中庸天下之達道五注○三年問夫三年之喪天下之達喪也注云達謂自天子至於庶人達於道

之謂達呂覽慎人達日益類太玄玄衡達之吐之令其條達也素問六元正紀大論

木鬱之注達達謂其形微大也達則聲有餘若大放也周禮典同達聲贏注因

水入水曰達書禹貢達于河晚出傳四隅皆達言淵四角皆旁通也山海經大

荒南經四方四隅皆達注達夾室禮記內則左達五注八達謂室有八窗也文選東京賦八達九

房薛注履尊者曰達履小爾雅廣服達謂長於淵幹考工記弓人恆角而達注

撻

逹古文○俗有數鄉飲酒罰不敬撻其背周書曰逹巳記之說文段注周禮閽胥

凡事掌其比觵撻罰之事故書或言觵撻之罰事鄭云觵撻者失禮之罰觵用酒其爵以兕為之撻扑也按鄭但云失禮許以

系之鄉飲酒者禮與大於此惟此可登時行觵撻也周當作虞此皋陶謨文壁中古文作遂也撻扑也周禮閽胥注

撻猶扶也周禮小胥巡舞列而撻其怠慢者注撻擊也禮記文王世子成王有過則撻伯禽釋文內則而撻

之流血注又廣雅釋詁三撻打也列子黃帝所撻無傷痛釋文撻疾意也詩殷武撻彼殷武傳撻達

也詩殷武釋文引韓詩撻弣側矢道也以韋為之儀禮既夕記設依撻焉注○萱按御覽四百八

十九引挑兮撻兮段撻為達也

泰

隸作泰○去入兩讀注在彼

大

去入兩讀注在彼○俗有太○萱按惟會稽大末縣今尚讀入聲乃古音也凡大字皆可如此讀

曩達切

納

絲濕納納也說文段注納納濕意劉向九歎衣納納而掩露王逸注納納濡濕兒漢酷吏傳阿邑人主蘇林曰邑音人相悒納之悒按悒納當作浥納媕阿之狀於濡濕義近也古多段納為內字內者入也○萱按用納本義者祇楚辭逢紛耳借納為內者當從內之讀去聲內字下詳之

韻史 卷七十第十五部入聲託韻　七二二三

剌 老達切

剌 戾也 說文段注戾者違背之意凡言乖剌字如此○漢書杜欽傳集注云剌戾也 剌繆 剌 褢也 廣雅釋詁二

暴戾無親曰剌 漢書武五子傳注引周書諡法 愎很遂過曰剌 周書諡法 不思忘愛曰

剌 同上 剌 痛也 方言二○蓋按此段剌為剌也

瘌 楚人謂藥毒曰痛瘌 說文段注方言曰凡飲藥傅藥而毒南楚之外謂之瘌北燕朝鮮之閒謂之癆東齊海岱之閒謂之眠或謂之眩自關而西謂之毒瘌痛也郭云癆瘌皆辛螫也按瘌如洛語辛言辛辣 瘌 痛也 廣雅釋詁

二○方言二云剌痛也蓋按子盡用字近古張郭則皆作瘌矣 瘌 傷也 廣雅釋詁四

剌 剌也 說文段注剌當作拂字之誤也刀部曰剌上擊下也手部曰拔拂過擊也過擊者所過而擊著與拔之義近上下文皆言拔

○可證必當作拂矣玉篇注作拂也廣韻注作拂著○蓋按說文列字瞞剌幟飾相次上下皆言拔眼

琍 玉也 說文

楋 楋木也 說文

韻史 卷七十第十五部入聲託韻　七二二四

齧 或作齾書 齾 分骨聲 說文

巀 桀達切

巀 巀嶭山也 句 四字在左馮翊池陽 說文段注地理志左馮翊池陽惠帝四年置巀嶭山在北漢池陽故城在今陝西西安府三原縣西北二十里嵯峨山在西安府涇陽縣北四十里即巀嶭山也巀嶭嵯峨語音之轉山本謂山長兒因以為山名也揚雄傳注巀嶭而為弋揚雄賦

嶭 傲達切

嶭 巀嶭山也 說文○漢書揚雄傳注云巀嶭即所謂嵯峨山也○蓋按異部通轉多由雙聲故變巀嶭為嵯峨矣 有○俗

齾 缺齒也 說文段注引申凡缺皆曰齾左傳曰兩軍之士皆未慭也杜曰慭缺也釋文慭魚覲反又魚轄反按慭得有魚轄反者正因本或作齾陸氏失於不分別言之耳正義曰慭之人猶謂缺為慭所據本必作齾故如此云下文曰慭者一本作慭之語亦為淺人刪之矣

櫱 或不 古文 櫱 作古 枿文 櫱○或 伐木餘也 商書曰若顛木之有㽕櫱 說文

韻史 卷七十第十五部入聲託韻　七二二五

段注商頌傳曰櫱餘也周南傳曰肄餘也斬而復生曰肄按之肄者櫱之段借字也毛詩曰肄 昭曰以株生曰肄方言烈枿餘也陳鄭之閒曰枿晉衛之閒曰烈秦晉之閒曰肄或曰枿晉之閒曰蘗或曰烈枿者亦馬融云顛文若顛木之有㽕櫱今尚書作由櫱本又作枿木而肄生曰枿今經典用之櫱餘也爾雅釋詁又生又文又見漢書音義下注云枿伐之餘也又釋詁云櫱栽也是晉衛生之閒曰櫱山又禮記玉藻注云枿又生曰枿又文選注云枿斬伐而木復生之櫱東京賦山有櫱○蓋按櫱薜注云枿伐之櫱者○書殖傳書注引漢書貨殖傳云 櫱 伐木更生也 漢書貨殖傳注○文選延

段借字也○且夫蓋按山不茬櫱注櫱者語詩注引漢書音義云劉逵賦注飛櫱譙周字也段借字也猶山不茬櫱者 蓋按此段借 劉木斬而蘗生也又云櫱餘也 廣雅釋詁三○廣雅釋詁起於

云斬也剪剔皆與也 櫱 餘也

櫱栽古注也云字云同 櫱 始也 廣雅釋詁一 櫱 絕也 詩長發苞有三櫱○毛傳 櫱 萌也 廣雅釋言 櫱 摹也 ○廣雅釋詁 蓋按淮南三

典櫱 皆桙無 又云百 做真則 云心 餘桙用古文體 事之葉條 𡸫

㠯 鬣 高兒 說文段注詩衛風庶姜㜸㜸傳曰㜸㜸長兒魯詩作㜸㜸韓詩作𡸫𡸫車載高兒 呂覽來王作為藥臺高𡸫毛云摯藥孽為臺高𡸫謂曰萌藥當盛

韻史 卷七十第十五部入聲託韻　七二二六

作𡸫 為段借字 詩曰庶姜㜸㜸高長兒然則韓為本字毛為段借字爾雅㜸㜸摯戴也亦載高之意也 𡸫𡸫 高也 廣雅釋訓 巘巘 高兒 文選西京賦薛注 嶻巘

岸 五十部 四部 十 岸高也 說文段注廣韻岸高山之言巘狀 見十

歺 乃古文 作歺 ○ 劉骨之殘也 說文段注許訓殘刀部曰劉分解也 歺 歺同之 殘當作殘訓餘後人輒 五經文字九經字樣音轉 非

歺 極也 廣雅釋詁一

㖖 或作書 語相訶距也 說文段注距者今之拒字拒之言相訶距也 字說文段注

㯁 蔡散 㯁 散之也 說文段注上㯁字複舉字之刪者也散者今之拒也 而蔡叔釋文曰蔡散之義故為散蔡為之故書作散蔡隸字書音作㯁改為蔡據證之字而左傳昭元年字正曰蔡叔 者全賴散之字至有為一放蔡散之重作㯁蔡正義曰說文作㯁 放字以已反左傳說之字文昭者元衍 㯁本謂散蔡字引申凡為一放蔡字書𡿧字重讀失之者 年周公正 殺義復說殺義齊同識文管而民是寫㯁叔引

要術凡云殺米引至有為一放蔡散殺字書讀之作𡿧 孟子㯁放也而左傳昭元年注殺 三苗於三危即㯁三苗也 曰殺三苗 云殺米者皆㯁㯁放三米散字皆曰重蔡者耳亦省作殺齊民是𡿧蔡叔 蔡叔元年注正義云

莫達切

沫 沫水出蜀西南徼外東南入江 說文段注蜀謂蜀郡也不言何何縣者未審也沫水即淺水而 兩列之益許有未審按瀑下云一曰沫也沫謂水泡江賦說水爲云拂拂瀑沫 沫水高低皃 文選高唐賦沫 澹澹而高厲注○淮南說山人莫鑑於沫雨注云沫雨雨潦上覆瓮也沫雨或作流潦 沫口中汁也 列子天瑞注 乾餘胥之沫釋文又莊子至樂餘骨之沫爲斯彌釋文引李注 乾 沫血 水沫如血 後漢書杜篤傳注 者言汗流沫出也 字从水旁本末之末 漢書禮樂志沫流赭注○蕢按晉灼云沫古靧 字則从午未之未與小顏異而說可竝存 沫斗槩謂斗之輔星 易義海撮要引陸績注 沫巳也 廣雅釋詁四又離騷芬至今猶未沫注招魂身服義而未沫注

濊

○俗有抹 濊泧逗飾濊皃 說文段注飾各本各作拭今正又部曰㕞飾也巾部曰飾㕞也許書無拭字飾拭古 今字今本說文又部作拭而五經文字所引不誤拭滅音拂拭滅去其痕也濊泧今京師人語如此音如麻沙釋名曰摩娑猶 抹搬即濊泧也異字而同音義○蕢按末殺亦作末槃義皆同末殺也手上下之言也巾部幭字下曰讀如末殺之殺字林作

合口 評 古拔切

抹搬滅也 集韻引字林 末殺掃滅也 漢書谷永傳欲末殺災異注

氐 昏 古文○或作昏昏舌 塞口也 說文段注廣雅釋詁曰昏塞也易巛六 括囊死皆括即昏字也 變或作𠯑或作牙凡昏聲字隸變皆為舌如括刮之類 曰古文氏不省誤為从甘按汗簡古文四聲韻云昏 出古尚書昏即昏字不省者也 括塞也 廣雅釋詁三 括閉也 方言十二 括結也 易坤虞注 括囊 文繫辭動而不括注又釋文又易略例注又春秋公羊序故 隱括釋文又廣雅釋詁四又淮南齊俗𦗟人括頟注又漢書王 嘉傳集注又後漢書鄭玄傳論括囊大典注崔寔傳括囊守祿 注楊賜傳括囊避咎注○蕢按昏括本字罕用者經典段括作之

佸

隸作佸 會也 詩曰曷其有佸 一曰佸佸力皃 說文段注小徐本無此六字篇韵亦皆無 ○詩君子于役傳云佸會也 佸至也 詩君子于役釋文引韓詩

栝

隸作括 絜也 說文段注絜者麻一耑也引申為絜度之絜凡物圍度之曰絜賈子度長絜大是也束之亦曰絜凡經言栝髮者皆謂束髮也髟部曰髻者絜髮也㡀則束髮曰髻栝為凡物總會之僢毛詩傳曰栝至也其引申之義也易栝囊借為

昏也字 括猶量也 文選郭有道碑注引孟子劉注 文 括約束也 文選劉越石答盧諶詩注引韓詩章 句 括會也 詩車舝德音來括傳 太義訓馬就括注 又 括至也 詩君子于役羊牛下括傳又廣雅釋詁一 一○蕢按訓會訓四至皆括與括同義 括作也 易繫辭下傳動而不括廣注 修身具為外也肅括注 括謂簡括 公羊序隱括疏 故因就木枚曰括 周書文傳柱茅茨注 括謂矢末 晚出書太甲 作括則括乃之 括塞也括閉也括結也 段借字 括謂括髮也 莊子寓言釋文○蕢 此按括用為髮括矢括之括皆段借字○蕢按說文

髮

按此字當作髻或作鬠小篆作髻 絜髮也 說文段注髻者許人按士喪禮髻用麻布為之狀如今之著幓頭矣自項而前交於額上卻繞紒也 說文段注絜麻一耑也引伸為凡物之絜髮則絜髮為髻髻去纚而紒髮猶相等則云髻髻束髮也 喪服記士以上為小斂髻髮一束髮用麻布亦是士喪禮之主人髻髮袒衆主人免于房婦人髽于室 事髮以麻束之以布喪服傳曰出若紒經也士喪禮 組束髻即髮之深衣又喪服之錦以束髻 麻以麻束髮也布總錦總也喪服小記 總之喪禮 絜總括同 總以組 繡以布以一髻

素 禮文 用 寫同 云讀 適 隸 史記 魯 作来 注作 言 也 為 作 作南 宮 髮 括 引 作 向 謂 疾 仲 尼 鬠也是 儀禮 以括 ○ 刮 也 弟 子 古文作括禮之髻 髻者去笄纚而紒 髮也 儀禮士喪禮主人髻髮袒注曰古文髻作括謂之鬠 非出禮經 ○蕢按髻以組為之 市括髻為段借用字也 與莊子小戴先鄭 按而今也被人髮 為髻 禮 擯者 儀禮 鄭 讀 不 正 讀 為 紒 說 文 窻 語 說 子 容 傳 云 南 宮 适 按 書 君 奭 南 宮 括 本 作 适 亦 作 括 是 二 字 通 用 又 論 語 也

适

疾也 說文段注 南宮括 適作 史記仲尼弟子傳 南宮适 書君奭釋文云

聒

讙語也 說文段注讙者譁也 ○左傳襄廿六年 聒 讙語也 多聲亂耳為聒 切經音義廿一引字林 十二切經音義 鴝鵒廿引蒼頡 聒 ○ 聒今文注上云 聒 善自用之意 與聒 ○蕢按經傳聒 拒善 亂耳 孔云聒 耳聒聲 年之 鄭注云聒 如 謂 ○ 衛包 不達經 作聒 鄭注 聒書 聒 亂也 作 蕢按 改 經 字 為 本 聒 謂 拒 善 讀 疏 汝 擾 一

自用乃懸之義與聒何涉乎

骺 籀作骨耑也 說文段注骨當自骭之誤骨空論云骭解為骺骬 骭閱是也闕骺双声骺取機括之意也

也廣雅釋親

齰 籀作嗟聲說文

婚 籀作面靦也 說文段注各本作面醜今正醜者可惡也與愧恥義隔面靦者詩云有靦面目是也面部靦下曰面見人也面見人皆如今人言無面目相見其義彼此相成此例也詩云靦何人斯此云婚云靦亦尚有也毛詩○詩欲當為靦之誤陸釋文云許語面醜之謂轉注相成爾雅婚亦靦也 蓋按靦亦婚 婚 鄭

或曰婚 方言二○方言十云婚凡小兒多詐而獪或謂之婚也 方言十婚 黠婚也 注云婚言黠婚也方言十婚獪 方言注○

楚鄭婚也

𥛣 籀作𥙐也 注云建平人呼狡為婚 說文段注周禮注檜刮去之 乃檜字之或體也 疑麫

鶡 籀作鷻鶡也 說文○漢書司馬相如傳工雙劍下注云鶡鷐鶡鳳皇屬也 廣雅釋鳥 鶡又謂鴰捋鴰鹿鴰捋皆象其鳴声也

栝 或作栝 隸作筈 隶也一曰矢栝 逗 隶弦處 說文段注隶弦各本作檃弦不可通今正釋名曰矢其末曰栝栝會也與弦會也云隶弦處者弦可隶其閒也此亦隶栝之一耑耳而別書之者俗但知栝為矢栝字失其義不備故箸之也矢栝字經傳多用之括用括他書亦用筈之 括箭栝也○莊子齊物論其發若機栝注云栝箭也 國語魯語故銘其栝注云栝箭羽之閒 筈箭筈也 淮南兵略注 夫筈 ○蒼頡篇括結也 淮南洪衡注 括箭也 此段廣雅釋器 筈 拔箭也 一日拔括也 拔矢末也 詩驪駟載獫 拔括也 鐵箋 括 拔矢 則獲傳 括 箭也 矢 注 ○ 文選西京賦被甲括 末也 追 括 之 御 弦 者 括 矢 末 曰 括 括 于 度 則 釋 注 省 括 謂 檢 括 故 道 隱 尋 景 括 弦 之 御 弦 者 括 矢 末 曰 括 出 書 太 甲 姓 公 羊 序 括樓 一名地樓○爾雅釋艸釋文引本艸 相某松身曰栝 此段 括為檜也 括為苦檜括双声 蒼按此段栝為苦

苦 或作菩 苦蔞 逗 果蓏也 說文段注果蓏宋鉉本作果蓏依鉉本一曰苦蔞果蓏之實括樓也毛傳與詩合豳風果蓏之實亦施于宇釋艸一名地樓玉裁苦果蔞蓏皆要屖曰括樓子名也木艸經括樓故說文字從木从艸屬也樊光注爾雅釋艸釋艸括樓蔓生於木故今爾雅木艸亦作苦字从艸从木 ○爾雅釋艸孫注○釋

栝 籀作栝 春粟不潰也 說文段注水部曰潰漏也春粟不潰者謂用力少也

栝樓齊人謂之天瓜 爾雅文云栝木亦作苦

活 栝生也 說文段注水部曰潰漏也 春粟不潰者謂用力重則不潰也 用力無

絬 籀作絬 則不是曰不曰古切 今俗謂輕 栝生也 舂 也 廣雅釋詁一

銛 籀作 斷也 說文

銽 心銽耳 說文段注 古文作懸聲 歫善自用之意也 商書曰今女懸懸 說文段注般庚工篇文馬云括作懸 當善自用之意許同之鄭云難告之貌如陸氏釋文括其義略同其字作聒聒作之聒也 衛包以因鄭云讀如聒聒耳之聒改經文乃 有訓聒聒聒開石經成之學者取以改孔氏正義如是宋人為 心蓋由伏生尚書讀多言者聲蓋璧中文如是安國易从耳 鄭義而易其詞耳孔疏云聒聒拒善自用之意也此用馬義而 聒無知之兒此陰用

字皆作聒音衛包當職其咎矣學者不知有懸字而聒之義亦淆亂

刮 籀作括 把也 說文段注手部曰括把也 地如把麥然故言之曰括把 木部曰把收麥器凡括摩 之刮 考工記故書挖摩 刮工夫傳刮刮摩也 禮記明堂位刮楹達鄉注 刮 挖讀為刮

劀 刮去惡創肉也 周禮曰劀殺之齊 說文段注瘍醫掌腫瘍潰瘍金瘍折瘍之祝藥劀殺之齊 鄭云劀去膿血殺謂以藥食其惡肉 與許異 刮減也 廣雅釋詁二

闊 或作濶 疏也 說文段注疏通也闊之本義如是不闊稀也 若今義訓為廣也爾雅釋詁三云闊遠也 漢書溝洫志集注 闊 寬也 上漢書王莽傳下集注 闊猶闊也 漢書外戚傳下集注闊遠也 釋詁又一切經音義七引字林又太今斷爾雅 不闊注○列子黃帝綏步闊視釋文云闊遠廣也 史記司馬相如傳迴闊泳沫 濶 闊 廣也 詁二又 漢書音義又漢書揚如傳注引集解引孟康濶涂也 管子輕重戊右左伯受沐涂樹之枝 濶 大度也 後漢書馬武傳注 注濶達 苦拔切

韻史　卷七十第十五部入聲記韻　七二三五

[illegible]拔切

眓　搯目也　說文段注搯捾也吳語吳[illegible]皆云子胥以手扶目是也

瞀　短突目皃也　說文段注上文曰宵暗皆䁥深目此云短深者目匡短而目深室圓昏然如棺目也故从眓

瞀塞也　廣雅釋詁三

歇　咽中息不利也　說文段注亦應本作气息不利多气字咽者嗌也咽中息不利若歇而非歇也通俗文大咽曰歇咽讀去声與許義不合

捾　十四部去声十五部入声兩見○俗有剜　搯捾也一曰援也　說文段注捾乃複舉字誤義搯下耳義理與扶略同今人剜字當作此捾者引也○蓋按搯土刀切搯也與此捾搯也為轉注

揠　十四部去声十五部入声兩見○俗有揠　拔也　說文段注孟子宋人有閔其苗之不長而揠之者趙云揠挺拔之欲亟長也方言揠擢拂戎拔也自關而西或曰拔東齊海岱之閒曰揠○廣雅釋詁三云揠拔也

拔心曰揠　小尔雅廣物○方言三注云今呼拔心艸曰揠也

揠出也　廣雅釋詁一

韻史　卷七十第十五部入聲記韻　七二三六

窋　空也　說文段注鉉本作空大也非是今依小徐及玉篇今俗謂盜賊穴猶曰窋是也按此𥨸當是从乙鳥之乙非甲乙也

窋深也　廣雅釋詁三

戶拔切

䆪　或作豁　通谷也　說文段注通迴之谷也文選注曰華延洛陽記云城南五十里有大谷舊名通谷引申為凡疏達之偁

䆪達也　史記高祖紀意豁如也集解引服虔

豁達門通之皃　文選景福殿賦閒南端之豁達注

豁閒也　漢書揚雄傳上集注

豁然開大之皃　漢書高帝紀上注

豁深皃也　文選蜀都賦豁險呑若巨防劉注

䆪空也　廣雅釋詁三

䆪虛也　呂覽適音則耳䆪極注

䆪閒空虛也　史記司馬相如傳谽呀豁閜索隱引司馬彪○集解引郭璞云谽閜澗谷之形容也

眓　視高皃　說文段注眓目字當作此○莊子大宗師成然寐釋文云眓視高皃

眓眓視也　廣雅釋訓

𥨍　空大也　說文段注此謂空中之大與豁義略同篇韵云大目也

濊　○俗有鐵濊濊　礙流也詩曰施罟濊濊　說文段注礙流有礙之流也衛風施罛濊濊毛曰罛魚罟濊濊

韻史　卷七十第十五部入聲記韻　七二三七

施之水中按施罛而水仍流故曰礙流礙者言礙而不礙也韓詩云濊濊流皃與毛許一也濊又訓多水皃司馬相如傳湛恩汪濊罟當作罛濊濊今本作濊濊大繆

也　廣雅釋詁三○薑按此義近蕆故濊蕆多通狛段借字也周書王會注云獩韓獩東夷別種

濊濊大魚罔目大豁豁也　詩碩人釋文引司馬

濊濊

濊貊東夷號也　後漢書杜篤傳注○薑按漢書作蕆貊獩

活　𣸣　或○𣸣作活𣸣　流聲也　說文段注衛風北流活活毛傳曰活活流也按傳當作流皃其音戶括切衛風音義曰如字是也引申為凡不死之偁鄭風不我活今孟子民非水火不生活是也許書當亦本作流皃淺人妄改竄之耳

活生也　詩載芟寔函斯活箋又楚辭天問巫何活焉注

滑　利也　說文段注古多借為汩亂之汩

滑者往來流利　素問六節藏象論夫脈之小大滑濇浮沈注○周礼瘍醫以滑養竅注云凡諸滑物通利往來似竅

滑菫荁之屬　儀礼公食大夫記皆有滑注

滑澤也　廣雅釋言

滑美也　廣雅釋詁一

滑美皃也　文選石門新營詩注引埤蒼

滑姬姓小國　國語周語

韻史　卷七十第十五部入聲記韻　七二三八

鄭人代滑注

董拔切

掇　拾取也　說文又列子黃帝釋文

拾取也　廣雅釋詁一

掇拾也　詩芣苢薄言掇之傳又小爾雅廣雅又漢書賈誼傳贊集注又後漢書陳元傳注又莊子達生承蜩猶掇之也釋文又列子黃帝注又淮南要略覽取橋掇注

掇猶拾掇也　易訟患至掇也疏○薑按鄭本作惙段借字也

掇采拾也　漢書董仲舒傳掇其切當去施朝廷者注為剟之假借

掇猶短也　莊子秋水而不跂注

掇亦刺也　史記張耳傳刺掇身無可擊者索隱薑按此掇

洞拔切

奪　或作𡙇　手持佳失之也　說文段注引伸為凡失去物之偁凡手中遺落物當作此字今乃用脫為之而用奪為爭敚字相承久矣脫消肉臞也鄭康成說礼記曰編簡爛脫脫音奪

奪去也　素問腹中論勿動亟奪注奪謂精氣減少如奪去也　素問通評虛實論精氣奪則虛注

奪謂易其常分者也　後漢書盧植傳論末有不奪常者也注鄭泰傳注豚

奪猶亂也　礼記仲尼燕居給悉仁注○山海經西山經翼望之

山有獸焉名曰讙其音如奪百聲注云注云奪百言其能作百種物聲也或曰奪百物名也

奪誤也廣雅釋詁三 奪敓也同上 脫即奪也史記陳涉世家索隱○蕫按用脫既久凡遺失之義莫知其當作奪字矣 脫遺也廣雅釋言 脫失也後漢書隗囂傳注 脫易也左氏僖卅二年無禮則脫注 脫誤也荀子正名說故喜怒哀樂愛惡欲以心異注文選命論注引廣雅○荀子注又云脫故猶律文之敓誤 脫過去也莊子天道夫巧知神聖之人吾自以為脫焉注此是奪去也蕫按此類奪字段借也

敓

彊取也周書曰敓攘矯虔說文段注此是爭敓正字後人段奪為敓奪行而敓廢矣敓尚書作奪此唐天寶衛包所改凡尚書之字有古文有今文篇文今尚書作奪此唐天寶衛包所改者皆可分別考而知之詳見古文尚書撰異唐人尚用敓是也 敓取也廣雅釋詁一 奪取也呂覽慎行無字陸宣公集有敘敓是也 敓取也廣雅釋詁一 奪取也呂覽勸王奪注又淮南本經奪之與奪也注 奪謂臣有大罪沒入家財者周禮太宰六曰奪以馭其貪注 奪者不義之名荀子臣道奪然後義注 奪施奪施其劫奪之情也禮記大學爭民施奪

韻史 卷七十第十五部入聲託韻 七二三九

注

挩

解挩也說文段注今人多脫古則用挩是則古今字之異也今脫行而挩廢 挩猶脫耳方言十二解輸脫也

注 脫解也國語齊語脫衣就功注○家語辯樂虎賁之士脫劍注云脫者免于禍也 脫離也廣雅釋詁三

脫免也漢書高帝紀上集注又項籍等集注○枚乘傳百舉必脫注云脫免于禍也 脫出也管子霸言

脫簡也 脫舒也國語周語脫然而喜 淮南精神則脫然而喜矣注 脫易也禮記禮器 脫猶疏略也史記禮書索隱○蕫按左氏僖卅三年無禮則脫

脫粟纔脫穀而已言不精鑿也公羊昭十九年注 脫然疾 說其侮

除兒也 古脫字猶除也 易睽後說之壺 說猶還也 說敓也 說解也 儀禮鄉射禮說矢注說解也

人說服于房 文云說 易蒙用說桎梏釋文說本作脫 左下細而釋之注又太平御覽釋終 說虞注說 說本脫字 ○蕫按說與稅亦兑聲

韻史 卷七十第十五部入聲託韻 七二四〇

故皆段為挩猶之其用脫字也

脫猶免也禮記服問唯公門有稅齊衰注注又云古者說或作稅○儀禮士昏禮主人說服于房注鄉飲酒禮說屨注既夕記主人說髦注士虞禮記尸坐不說屨注丈夫說經帶于廟門外注並云今文說作挩又左氏定八年陽貨說甲釋文云說本作稅按挩字久廢不行而段借之中又有段借甚者也今俗謂瘦太甚者

脫

消肉臞也說文段注消肉之臞臞之甚者也今俗用者 曰脫形言其消肉之脫形也 當為分散之義當用奪 遺失之義當用挩

也列子天瑞其狀若脫釋文引皇氏云脫肉除其筋膜 脫解也 脫肉去其骨曰脫 爾雅釋器肉曰脫之 李注 脫離也 脫治擇之名也 禮記內則注○ 脫遺也 脫失也 蕫按凡此類詳挩下 詳奪下 凡此之類

瘍

馬脛瘍也 一曰將傷 說文段注瘍廣韻作傷將疑當作將 本作將 小除作持

梲

木杖也 說文段注木一本作大 穀梁傳宣十八年 邾人戕繒子于繒 戕猶殘也 梲殺也 梲殺謂杖殺之 今本注疏釋

韻史 卷七十第十五部入聲託韻 七二四一

文皆謬从手而唐石經初从木作梲後改从手唐乖度之紕繆也後漢禰衡傳手持三尺梲杖按經典用為梁工短柱之梲○穀梁宣十八年釋文引字林云梲木杖也

梲杖也廣雅釋器 梲大杖也後漢書禰衡傳注 梲摐打也穀梁宣十八年釋文○云梲謂摐打殘賊而殺注 梲者梁工楹也蕫按此段梲為書叕切之棳也注在

佼

㜷拔切

向

或書作㕯吶 言之訥也說文段注檀弓作吶同其言吶吶然如不出諸其口注吶吶舒小兒此與言部訥音義同 故以訥釋向○漢書李廣傳廣吶口少言注吶與訥同鈍宣傳臣宣吶於辭注茲云吶亦訥字又穀梁序釋文引字林云訥或作吶鈍

吶着言之疑韓非子八經

𧴀

或作鈉 𧴀獸無前足漢律能捕豺𧴀購錢百 說文段注爾雅郭注律捕虎一購錢三千其豹半之蓋沿漢律也購者以財有所求也○爾雅釋獸𧴀無前足釋文引字林云𧴀獸無前足似虎而黑𧴀亦作鈉

𧴀猳屬也後漢書烏桓鮮卑傳注 鈉豹也御覽引廣雅

韻史 卷七十第十五部入聲託韻 七二四二

路拔切

捋取易也說文段注按捋與寽之音義別寽見受部云五指寽也五指寽者如以指取禾采之穎是也捋則訓取易而義不同詩薄言捋之捋采其劉傳曰捋取也此捋之本義也若董迺詩話曰以指歷取也詩集傳曰捋取其子也此於今之俗語求其義而不知今之俗語許書自有本字凡訓詁之宜審慎如此又按寽下云五指寽也宋本云五指持也皆未是廣韵云術云寽捋取今寽禾是是則許當作五指捋以脚自摩爾雅釋蟲捋取也五指捋而取之於義乃合也搓擺捋注〇撩注李注云捋以口捋其翅

壯拔切

窋物在穴中皃說文段注靈光殿賦曰綠房紫菂窋咤垂珠謂蓮房之實窋咤然見於房外如垂珠上文云反植荷蕖故曰垂珠后稷之子不窋

窡穴中見也說文

𥨍口滿食說文

窶短面也說文段注淮南書曰聖人之思修愚人之思叕高注云叕短也方言黜短也注蹶黜短小短小皃窶窶蓋形聲

兼會意

娺疾悍也說文段注敏疾而勇也廣韵曰婠娺好皃娺怒也廣雅釋詁二

鵽鵽鳩也說文段注釋鳥鵽鳩郭連下文寇雉為一物釋鳥寇雉泆泆郭云即鵽鳩也據許不云寇雉也則許讀不同郭也郭云鵽大如鴿出北方沙漠地俗名突厥雀按南都賦歸雁鳴鵽黃稻鱻魚以為勺藥若莊子逸篇云青鵽愛子忘親此必別是一物也

狀拔切

𪑾十四部去聲十五部入聲兩見黃黑而白也一曰短黑說文段注後說別一義

揩拔切

撮四圭也亦二指撮也說文段注漢律麻志量多少者不失圭撮孟康曰六十四黍為圭按廣韻云圭下去孟子云六十四黍為一圭十圭為一合孟子即孟康經典釋文序錄有孟子注老子二卷或曰孟康也康字公休孫子算經六粟為一圭十圭為一撮十撮為一抄十抄為一勺十勺為一合說與孟異本艸序例曰凡散藥有云刀圭者十分方寸匕之一准如梧桐子大也一撮者四刀圭也十撮為一勺十勺為一合此蓋醫家用四圭為之說可發明亦二指撮也大徐作一曰兩

指撮也按許此別為一義而應仲遠注漢云圭自然之形陰陽之始四圭曰撮三指撮之也不說是二義三指所撮為四圭則四圭甚少始即孫子所謂六粟為圭手二十四粟三指可撮也小徐本作二指二疑三之誤大徐又改為兩耳圭者瑞玉上圜下方故應云自然之形陰陽之始易之數陰變於六故六粟曰圭撮手小取也一切經音義大引字林撮總取也漢書藝文志撮其旨意注司馬遷傳撮名法之要注撮聚也家語始誅其居處足以撮徒成兇注撮捽也暫捽取之也釋名釋姿容〇莊子秋水鴟鵂夜撮蚤釋文云撮崔本作最按最者撮之省借字也說文最訓犯取讀祖外切撮持也廣雅釋詁三又蕣袁紹傳注書後緇撮緇布冠也詩都人士臺笠緇撮傳

卧拔切

頢隸作額短面也說文〇廣韵云頢小頭皃

聉無知意也說文段注此意內言外之意無知者其意聉者其暑暑也方言曰聾之甚秦晉之間謂之聉注曰言聉無所聞知也疑方言之正文本作謂之聉今本譌

𦗭吳楚之外凡無耳者謂之𦗭言若斷耳為盟說文段注斷耳即盟耳盟當作明字之誤也方言六云聾之甚者秦晉之間謂之𦗭吳楚之外郊凡無耳者亦謂之𦗭其言𦗭者若秦晉中土謂墮耳者明也𦗭言聉無所聞知也方言六注𦗭聾也廣雅釋詁三

布拔切

迖或作跡趟〇俗有逹越行皃說文段注廣韻迖北末切急走也跡蒲撥切行皃趟上同此三字實一字二音實一音也許書言剌癶癶與迖音義同自下文遝譌為迖改此迖為迖而以蒲撥北末分隸之其誤久矣

𣥠隸作癶足剌𣥠也說文段注足剌𣥠疊韵字剌盧達切撥剌張弓皃也後漢書衡傳注張撥剌不正淮南修務琴或撥剌枉橈潤解漏越注〇萱按此段撥為以也撥弓不正之弓荀子正論不能以撥弓曲矢中注拔剌彎弓皃文選思玄賦彎威弧之拔剌兮舊注〇萱按此段注為以也

撥治也說文段注公羊傳撥亂世反諸正何注曰撥猶治也何言猶者何意撥之本意非治撥之所以為治也許則直云治〇詩長發玄王桓撥傳又廣雅釋詁三又楚辭懷沙孰察其撥正注惜賢撥諂諛而匡邪兮注茲云撥治也撥理也

公羊傳哀十四年撥亂世釋文又後漢書明帝紀注梁統傳注陳元傳注 撥析理也 淮南齊俗注斷撥極 披撥
任也 淮南本經注扶撥以為正法注 撥 撥發揚兒 禮記曲禮上衣毋撥注○釋文云撥發指撥 撥播也播
使移散也 釋名釋言語 撥除也 廣雅釋詁三 撥棄也 一切經音義十四引廣雅○當按考工記
弓人則於賦必撥爾而怒注云故書撥作廢 撥絕也 廣雅釋詁四○箋云撥猶絕也 詩蕩本實先撥○按列女傳七
作本先敗實 撥可撥引輔車所謂紼 禮記檀弓下注公欲設撥哀 撥刺張弓兒也
撥弓不正之弓 萱按此皆段撥為八也

拔 梧也 說文○萱按梧棒正俗字

祓 蠻夷衣一曰蔽膝 說文段注蠻夷衣左衽衣也○廣雅釋器云祓蔽膝也又方言四云蔽膝江淮之間謂之
褘或謂之祓 祓褘也 廣雅釋器

跋 蹎也 說文段注跋經傳多段借沛字為之大雅論語顛沛皆即蹎跋也毛傳曰顛仆也沛拔也拔同跋豳風狼跋亦或作

拔馬融語注曰顛沛僵仆也按豳風狼跋其胡謂纆也纆則仆矣引申為近人題跋字題者標其前跋其後也鄭風傳艸行曰
跋別一義 跋與躔皆是顛倒之類 詩狼跋疏 跋躐也 爾雅釋言詩狼跋傳又 跋躐也
漢書楊雄傳上跋犀犁集注引張晏 跋蹈也 文選羽獵賦注引韋昭 跋反戾也 漢書楊雄傳上注艸
行為跋 左傳成十三年跋履山川注昭十二年跋涉山林服注襄廿八年釋文又後漢書崔駰傳跋涉赴谷注○載馳
詩大夫跋涉傳云艸行曰跋又疏云跋本行艸之名 跋者山行之名也 詩載馳疏○萱按跋涉字或用軷取
犯軷義也 不由蹊遂而涉曰跋涉 詩載馳釋文引韓詩○淮南修務注云不從蹊遂曰跋涉 跋本
也 禮記曲禮燭不見跋注又小爾雅廣言 跋扈凶橫自恣之兒 詩皇矣箋畔援猶跋扈也疏○後漢
書崔駰傳注馮衍傳注梁冀傳注云跋扈猶緩梁也又朱浮傳注云跋扈猶暴橫也

鮁
或作鯵 鱣鮪鮁鮁 說文段注按毛詩作鱣鮪發發是作鮁者非義云鮮詩作鮁 傳曰發發盛兒音毛非韓不可信又
不言具義為韻皆鮁字其可疑如此 無發發魚著網尾發發然 詩碩人釋文引馬注○萱按古當用

發耳後加魚為鮁而韓詩用之許所据其齊魯乎 鰷鮇者浮陽之魚也 荀子榮辱○注云鮇字蓋當為
鮁鰷魚一名僚鮁

犮 普活切 犬走兒从犬而丿之曳其足則刺犮也 說文段注丿余制切拙也拙引也刺犮行兒刺
音跦犮音雖音義同雖下同足剌雖也 赤犮猶言拚拔也 周禮秋官序官赤犮氏注

茇 艸根也春艸根枯引之發土為撥故謂之茇一曰艸之白華為
茇 說文段注汜勝之書曰春土長冒橛陳根可拔耕者急發考工記曰土曰伐伐之言發也詩驟發爾私箋云發伐也周
語王耕一撥注一撥一耦之發也引之而發土者謂之藉陳根土易解散其耕澤澤也為撥之撥即考工記之伐國語之撥說
文土部之坺今韵書之垡實一字也其連根之土曰坺故艸根曰茇引申為詩禮艸舍之茇後義見釋艸郭連上文謂茇之白
華許氾言艸○詩甘棠疏云茇者艸也又廣雅釋艸云茇根也又方言三云茇杜根也東齊閒或曰茇 苕白華茇
爾雅釋艸○孫注云葉茇苕華色異名者又舍人注云黃華名葉白華名茇 橐茇香艸 山海經西山經皋塗之山

有艸焉其狀如槀茇名曰無條注 茇舍也 漢書王吉傳集注 茇艸舍也 詩甘棠召伯所茇傳又左傳定
凡注年 茇舍艸止之也軍有艸止之瀍 周禮大司馬夏教茇舍注 中拔舍止也
漢書禮樂志拔蘭堂注○刑法志不坊農也又左傳僖十五年晉大夫反首拔舍 夏茇以苗注云茇舍艸止從之
二○字萱按此段亦可謂為拔茇也茇之與借 茇 茇舍
注云茇讀如萊沛之沛茇艸根也艸止舍此 周禮三家詩字作 庾 舍也詩曰召伯所庾 說文段注
即茇耳之同音假借字故相因漢禮樂志拔蘭臺 郊之異周禮以其艸止為中夏教茇舍 毛傳舍也今字从广 許書
之段借 庾舍也 說文段注訓沛作茇 舍艸訓 艸法按舍

坺 坺土也一臿土謂之坺詩曰武王載坺一曰塵兒 說文段注
為墻壁凡初出於田為坺土稍治之乃為甴木部云下曰
臿詳見朵金二部一臿所起之土謂之坺今人云坺曰相頭是臿也
部曰耕廣五寸為伐二伐為耦與土考工記二伐即耜耦一耦之
廣尺深尺謂之畎稍不同鄭云畎土曰伐伐即坺為耦坺依考工記之伐
鄭為耦 來藝土 二伐

粗之土為伐許云一梠之土為伐即此云二禹土謂之坺也惟畚輿梠不同物耳武王載坺商頌長發文今詩作旆傳曰旆旗也訓坺為旗者謂坺即旆之同音段借也此與小宛訓題之為視謂題即眡之段借斯干訓革為翼謂革為鞠之段借若此之類許之引此則偁經說段借之例如引無有作政說敗即好引朕不可枚數淺學者少見多怪乃改坺為旆以合旗訓蓋亦久矣塗讒說說堲即疾一塵兒坺之言蓬勃也曰坺塵也廣雅釋詁三

軷

出將有事於道必先告其神立壇四通封茅以依神為軷既祭犯軷句轢牲而行為範軷詩曰取羝以軷說文段注出將有事云云言軷之義既祭犯軷云云言範軷之義周禮大馭犯軷注曰行山曰軷犯之者封土為山象以菩芻棘柏為神主既祭之以車轢之而去喻無險難也春秋傳曰跋涉山川故書軷作罰杜子春云罰當為軷軷讀為別異之別謂祖道轢軷磔犬也詩曰載謀載惟取蕭祭脂取羝以軷詩家說曰將出祖道犯軷之祭也聘禮曰乃舍軷飲酒於其側禮家說亦謂道祭玉裁按封立也各本作樹今正犯軷轢物而行大徐作軷轢於牲而行非也山行之神主曰軷因之山行曰軷鄭風毛傳曰艸行曰跋水行曰涉即此山行曰

軷也凡言跋涉皆字之同音段借鄭所引春秋傳本作軷履山川今人輒改之取羝以軷大雅生民文毛傳曰軷道祭也○儀禮聘禮記注云古文軷作祓又周禮大馭注云故書軷作罰萱按凡輕唇音古多讀重唇者祓罰重唇呼之與軷將毋同

軷祭也廣雅釋天軷道祭也詩泉水傳祖而舍軷釋文生民箋將行犯軷之祭也釋文○泉水疏引詩傳云軷道祭謂祭道路之神又生民釋文引字林云軷出必告道神為壇而祭為軷軷山行之名也儀禮聘禮記釋軷注又禮記曾子問疏又左傳昭十七年疏○詩泉水疏云軷者山行之名以祭道路之神求無險難故取名焉又周禮大馭及犯軷王自左馭注云行山曰軷軷者軷壤之名詩泉水疏

拔

擢也說文拔引也一切經音義三引蒼頡篇拔除也廣雅釋詁三拔謂出本素問五常政大論其變振拉摧拔注拔猝也後漢書寇恂傳注○賓融傳注云拔卒也又耿純傳注云拔猶卒也拔疾也史記黥布傳拔與之暴索隱又禮記樂記奮疾而不拔疏○少儀毋拔來毋赴往注云拔赴皆疾也又釋文云拔急疾也拔傾側也史記樂書而不拔也正義覆取之曰拔呂覽慎行圍朱方拔之注拔撥分散也文選

洞簫賦或拔撥以奮棄注拔龍葛爾雅釋艸○注云拔江東呼為龍尾亦謂之虎蔦拔矢末也拔括也萱按此類皆段拔為栝也拔舍止也拔艸也萱按此類皆段拔為犮也拔刺彎弓兒萱按此段拔為犮畔援猶拔扈也詩皇矣箋○萱按此段拔為跋也又漢耿勳碑經營拔沛段借亦同

炦

火气也說文

妭

美婦也說文段注廣韵引婦人美兒大徐作婦人美兒按廣韵曰妭鬼婦引文字指歸云女犮禿無髮所居之處天不雨此謂旱魃也魃在鬼部與此各字而略亂之

魃

旱鬼也周禮有赤魃氏除墻屋之物也詩曰旱魃為虐說文段注大雅雲漢曰旱魃為虐傳曰魃旱神也此言旱魃以字从鬼也神鬼統言之則一耳山海經曰大荒之中名有山名曰不句有黃帝女妭本天女也黃帝下之殺蚩尤不得復上所居不雨妭即魃也詩正義不引此而引神異經神異經不知何人段託東方朔者郭傳山海經不云妭即詩之旱魃而云音如旱魃之魃疏矣女部曰妭婦人美兒然則山海經為段借字周禮秋官之屬赤

犮氏掌除墻屋以蜃炭攻之以灰灑毒之鄭云赤犮猶言捇拔也主除蟲豸自埋者按許作赤魃蓋其所据本不與鄭同其云除墻屋之物物謂精物鬼物之物故敺之之官曰赤魃氏說義亦與鄭異蓋賈侍中之說與妭亦魃也後漢書張衡傳夫女魃北而應龍翔注○萱按此謂妭為魃之借字也疏范書本作女妭故注如此否則韋懷何為說妭耶

鬾

鬾鬼鳥也說文

𣎵

偏旁作市艸木盛𣎵𣎵然象形說文段注𣎵𣎵者枝葉茂盛因風舒散之兒小雅萑葦淠淠毛曰淠淠衆兒淠淠者𣎵𣎵之段借也小雅胡不旆旆毛曰旆旆旒垂兒旆旆亦𣎵𣎵之段借字非繼旐之旆也魯頌作伐伐按玉篇𣎵𣎵作市引毛傳蔽市小兒玉裁謂毛詩蔽市字恐是用蔽鄰之市字經傳載多作芾作芾可證也

酢

有○酡谷酒色也說文段注謂酒之顏色也酡酒氣也集韵引字林

抪

撻也說文段注今人用拂拭字當作此抪許作抪飾也抪者過擊也非其義○萱按撻飾也飾者刷也後人拭字在說文為飾

癹 有。俗蹙 呂足蹋夷艸春秋傳曰癹夷蘊崇之說文段注周禮夷氏掌殺艸一作薙氏春秋傳者隱六年左傳今癹作芟音衫又班固荅賓戲夷險發荒晉灼曰發開也今諸本多作芟按發亦癹之誤 癹戲蟠戾也文選上林賦崔錯癹觀注引郭璞

鏺 兩刃有木柄可以刈艸說文段注兩刃如叙然兩邊有刃又芟艸也字或作刈按癹字與此音同義近 鏺鎌也廣雅釋器 鏺殺也言殺艸也釋名釋用器

末 慢拔切 木上曰末說文段注六書故曰末木之窮也因之為末殺末略末又與蔑莫無聲義皆通記曰末之卜也語曰吾末如之何末由也已。易象上末猶上也傳志末也集解云 末端也淮南墬形末有十日其華照下地注 末緒也方言十。又云緒南楚皆曰緤或曰端或曰紀或曰末皆楚轉語也 末小也呂覽精諭淺智之所爭則末矣注 末遠也楚辭離世故伏於末度注 末薄也左傳昭十四年不為末減注 末者淺也公羊桓十五年傳末言爾注三年注云末者淺耳。傳 末之猶微哉禮記檀弓上末之卜也注 末猶勿也禮記

文王世子末有原注。王氏引之曰末猶勿也勿有所再進 末無也禮記檀弓下不忍一日末有所歸也注末吾禁也又公羊隱六年吾與鄭人末有成也注又論語子罕末由也已皇疏吾末如之何也已矣皇疏憲問末之難矣集解又末皇疏陽貨吾末之也已皇疏又小爾雅廣詁又法言吾子猶舟航而濟乎濟者末矣注以言之注云末猶無也 末衰也廣雅釋言 末猶老也禮記中庸武王末受命注又釋文云末王老末也 晚暮也漢書外戚傳下雖末有皇成德注末則有惟訓為終 末終也周書立政我則末惟成德之彥注念 末顛也注 末挂地頭也禮記曲禮執末者三十方言 末隨也十二 末垂也廣雅釋言 末謂禮節本末荀子大略注 末遲也廣雅釋言 末學謂詐之於末議荀子 末賈也後漢書班固傳下注 末謂末易下象傳注 末規猶下計也後漢書班彪傳下注 不經根本末學文選東京賦注所謂末學膚受薛綜注 末流猶下流也四末謂四支也素問繆刺論四末注四支又管子內業注云末流疏云左傳昭元年為末又

禮記樂記奮末動使四支之音注末猶肴也 末廣責之也 末猶脊也淮南墬形注 末僂謂背脊也莊子外物末僂而後耳 釋文引李注 肺離上為本下為末 儀禮鄉射禮注 取肺坐絕祭 末猶痛也 考工記弓人注 末應將興 李注

眜 目不明也說文段注吳都賦相與眜潛險之搜穴怪奇劉曰眜音莫 穴也字亦作眜眜又本作冒也 又公羊昭十年經盟于眜 左傳作蔑 眜之與蔑同聲 隱元年 經盟于子眜 眜亦以蔑暮 說文云 穀梁作昧

餘 食馬穀也說文段注謂以芻秣馬 秣馬同 周禮 按 秣之 秣 相傳 經 也 推之 秣 說文段注 作 秣 又 秣 馬 利 兵 食 馬 以 粟 又 云 秣 馬 粟 穀 秣 也 作 秣 引 漢 書 相 也 ○注周禮大宰芻秣之式注 詩 周 南 秣 馬 引 傳 秣 之 秣 以 粟 國 語 吳 語 秣 馬 食 士 注 ○ 牛 馬 不 常 禾 穀 秣 養 也 廣 言 詩 漢 書 下 傳 秣 馬 以 粟 積 注 云 秣 馬 以 粟 飯 馬 也 秣 養 也 廣 雅 釋 言 詩 漢 廣 秣 吾 馬 於 潁 濱 酤 酒 酒 積 注 云 秣 以 粟 馬 也 書 傳 相 傳 秣 秣 馬

秣其馬又漢書元帝紀集注禹貢傳集注 䴷或作末也說文段注凡麪粉之曰末麪麥部曰䴷麥末也是䴷專謂麥末自其䴷而言則統謂凡米之末廣雅䴷謂䴷也一耳䴷者皆是 此 之米粉䴷勃亦之今細䴷謂

合口呼二 骨 古忽切 肉之覈也說文段注西部曰覈實也肉中骨曰覈蔡邕注典引曰覈有殼曰覈周禮曰覈物宜植物也云核之屬 按梅李之屬今覈字作核古本豆 實覈中有實曰覈其 物注云梅李之核亦所據古今字故周禮有覈豆注 骨幹也 骨體也 骨有周禮內饔注胖骨即體也 骨者髓之府 素問脈要精微論 骨骼 骨為陽 易說卦傳 馬注 骨滑也 釋名釋形體 骨亦木之類也 管子四時 堅而滑也 骨所以鯁剌人也 國語晉語 韋注 骨以鯁骨注 骨正 後漢書 木 考工記 強 骨直也 骨直謂 強毅骨直以立 弓人注 骨濁也 此呂覽本生注 段骨為濁 按濁當也

縎結也說文又廣雅釋詁四縎者結不解玉篇

鶻鶻鵃也說文段注小宛釋文云鶻字林作鵃云骨鳩小種鳩也不云說文作鵃而係字林且字林作骨豈鶻鵃二褱說文本無而後人益之與方言八云鳩自關而西秦漢之間其小者或謂之鵃鵃又左傳昭十七年注鶻鳩鶻鵰也又爾雅釋鳥鶌鳩鶻鵃孫注云鶌鳩一名鳴鳩又廣雅釋鳥云鶻鵃鵃鳩也學鳩鶻雕也莊子逍遙遊蜩與學鳩笑之釋文引李注。爾雅釋文引詩艸木疏云鶻鵃班鵃也桂陽人謂之班隹

野鳧南楚之外大者謂之鶻蹏方言八

淈淈濁也一曰滒泥一曰水出皃說文段注今人汩亂字當作此按洪範汩陳其五行某氏曰汩亂也書序汩作汩治也屈賦汩鴻謂治洪水治亂正一義即釋詁之淈治也某氏注爾雅引詩淈此羣醜其勿反一曰滒泥者多汁成泥。文選上林賦滴淈滴淈淈注云淈水出皃淈亂也後漢書張衡傳注淈竭也荀子宥坐其洸洸乎不淈盡似道注淈水通皃文選江賦注引蒼頡篇淈淈泱流也又淈淈水微轉細涌

之皃史記司馬相如傳索隱引廣雅又引郭璞淈淈一國並亂也楚辭怨上哀哉兮淈淈注汩亂

也小爾雅廣言又華嚴經音義下引書大傳又漢書五行志上集注引應劭又莊子徐無鬼釋引司馬注。蓋按此段汩為淈也與段滑同用滑者尤多滑亂也小爾雅廣言又國語周語而滑夫二川之神注晉語則不如置不仁以滑其中注又史記樗里子甘茂傳滑稽多智索隱引鄒誕又荀子議兵滑然有離德者注解藏以相撓滑也注又莊子齊物論滑疑之耀釋文引司馬注置其滑涽釋文繕性滑欲於俗釋文又淮南精神何足以滑和注趣含滑心注。淮南繳真不足以滑其和注云滑滑亂、滑壞亂之名荀子正名疾養滄熱鈹輕重以形體異注滑滑治也莊子繕性釋文引崔注滑混也後漢書周燮傳注東紹傳注滑涽未定之謂莊子齊物論釋文引向注。萱按向本字作汩昏段借亦同耳相亂也骨濁也竝呂覽本生物者相之注。萱按呂作汩而注作骨皆淈之借字也淈濁也淈亂也

杌或作杌杌。平去兩讀注在彼

䯏苦骨切平入兩讀注在彼

頌禿也說文段注禿本訓無髮此則用其引申之義也考工記作其鱗之而注曰之而頰頌也按頰謂鱗屬之面旁頌謂鱗屬之顧顧圜潤光滑故謂之禿古諧如是㷊游泳以動其頹與顧所謂作其之而也玉篇頹者頻下也是其字可作頹而淺者謂為積字廣雅釋詁二云頌禿也白禿曰頌一切經音義六引通俗文。又引三蒼云頌頭禿無毛也。萱按義與說文同而異

堀窟。堀俗有突也詩曰蜉蝣堀閱說文段注突為犬從穴中暫出因謂穴中可居曰突亦曰堀俗字作窟古書中堀字多譌掘如秦國策窮巷堀門齊策堀穴窮巷今皆譌為掘鄒陽書伏死堀穴尚不誤也曹風蜉蝣堀閱此蓋自來古本如是毛云掘閱容閱也箋云堀地解閱謂其始生時也唐以後本書故為掘字遂謂許所据為異本矣陸璣云蜉蝣陰兩時從地中出郭璞云生糞土中然則未嘗掘地也堀閱容閱皆睽綿字也箋則云堀於地中解閱而出矣風賦堀堁揚塵謂突起之堁堀閱容閱也容閱如孟子之容悅。文選風賦注引廣雅云堀突也堀堁風動塵也文選風賦注

獸穴曰窟一切經音義八引通俗文兎之所息謂之窟小爾雅廣獸。萱按今本說文有堀堀二篆一云兎窟也誤矣篆屈蘇非二字兎窟與凡窟與二義屈

頣蹙骨切內頭水中也說文段注內者入也入頭水中故字从頁㕠與水部之没義同而別今㕠頣廢而没專行矣

嗢咽也說文段注咽當作噎聲之誤也欠部曰歠咽中息不利也與嗢音義同突云嗢嗉者嗢在喉中嗉在口也嗢突

也廣雅釋詁一㰷不勝謂之嗢嗉文選琴賦注引通俗文

䫻大風也說文䫻風也廣雅釋詁四

忽戶骨切。俗有惚忘也說文段注古多段呂為之呂俗作留。廣雅釋詁一又文選東京賦忽下敹而生憂也薛注又漢書王嘉傳忽於小過注杜欽傳集注竝云忽忘也又食貨志下奈何而忽注云忽忽忘也忽怠忘也漢書文帝紀不敢忽注五行志下之下忽而不戒注賈誼傳顧幸無忽注淮陽憲王欽傳注外戚傳下注王莽傳下注。楚元王傳集注云忽怠也忽遺忘也漢書東平思王宇傳忽於道德注忽忘也漢書陳湯傳集注忽滅也詩皇矣是絕是忽

韻史 卷七十第十五部入聲記韻　七二六三

忽傳忽盡也爾雅釋詁。注云忽然盡兒忽疾也廣雅釋詁一。離騷忽反顧以游目兮注云忽疾兒忽速兒左傳莊十一年其亡也忽焉注忽治也漢書王嘉傳集注忽然言易也荀子彊國盤盂刎牛馬忽然耳注忽然無根本兒荀子正名愚者之言忽然而粗注忽謂忽忽然而去也文選謝玄暉和伏武昌登孫權故城詩參差世祀忽忽忽迷兒文選高唐賦悠悠忽忽注忽忽不與也素問玉機真藏論忽眩冒而巔疾注忽勃皆無心而應之兒莊子天地忽然出勃然動注忽怳無形兒也淮南原道忽兮怳兮注。又驚怳忽注云怳忽無之象也忽喻無形也莊子應帝王北海之帝為忽釋文引李注。書大傳禦視於忽似注云忽似謂若亂於是非象龔滔天及不辨鹿馬之類也忽區忽怳無形之區旁也淮南精神而游於忽區之旁注忽亦數也素問靈蘭秘典論恍惚之數注似有似無為忽素問靈蘭秘典論注引算書。漢書律曆志上上無有忽微注云忽微若有若無細于髮者也忽揔文之微也史記太史公自序索隱忽一蠶口出絲也史記太史公自序間不容翻忽正義

韻史 卷七十第十五部入聲記韻　七二六四

忽蜘蛛網細者也漢書敘傳下造計秒忽注引劉德忽芒也方言十三忽輕也廣雅釋詁三。又後漢書齊武王縯傳注曶謂輕也漢書揚雄傳贊於時人皆曶之注。蓋按此段曶為忽颮颮。颮俗颮有疾風也說文段注廣雅作颮廣韵曰颮為颮之俗然則作颮者又颮之省也按古有颮字亦訓疾風楚飢切見楚辭及吳都賦颮風也廣雅釋詁四颮疾也廣雅釋詁一曶或書作昒。去入兩讀尚冥也說文段注冥者窈也幽也自日入至於此尚未日出也司馬相如傳曶爽闇昧得耀乎光明然則曶尚未明也按漢人曶昧通不分故幽通賦昒昕寤而仰思曹大家曰昒昕晨旦明也韋昭曰昒昧忽兩音郭璞注三蒼解詁云曶旦明也然則獨許分別曶為未明昧爽為且明以其時相際故說之者異。漢書郊祀志上冬至曶爽注云曶爽謂日未明蓋未明之時也。司馬相如傳下曶爽闇昧注云曶爽未明也昒昕早旦也漢書敘傳上注引孟康。史記司馬相如傳索隱引三蒼云曶爽早朝也曶囘籀。俗有曶芴出气詈也一曰佩曶也春秋傳曰鄭太子曶說文段注出氣

韻史 卷七十第十五部入聲記韻　七二六五

者其意也曶者其言也意內言外謂之詈此與心部忽音同義異忽忘也若羽獵賦蠻曶如神傳殺舞賦雲轉飄曶漢樊敏碑奄曶滅形皆出气之意候乘之兒本當用此字不當用忽忘字也揚雄傳於時人皆曶之則段曶為忽古今人表仲忽作中曶許云鄭太子曶則未識名字取何義也今則忽行而曶廢矣皆謬謨大律五聲八音在治忽漢書在治忽作七始訓史記作來始滑裘駟曰尚書滑字作曶音忽鄭曰曶者臣見君所秉書思對命者也君亦有焉據此則象芴字古作曶許竹部無芴曶霍疾兒文選甘泉賦翕赫曶霍注曶輕也蓋按此段曶為忽曶敘光采憶忽難視以形為名也荀子性惡莊君之曶注曶長三尺杼上椎頭一名珽亦謂之大圭穆天子傳一搢曶注。禮記玉藻云芴度二尺有六寸其博三寸其殺六分而去一又云芴畢用也因飾焉又左傳桓二年疏引徐廣車服儀制云古者貴賤皆執芴即今手板也芴佩玉也淮南齊俗無皮弁搢芴之服注。禮記玉藻云芴天子以球玉諸侯以象大夫以魚須文竹士竹本象可也又儀禮士喪禮竹芴注云今文芴作忽蓋按芴忽二字互相叚芴所以書思對者儀禮士喪禮注。北堂書鈔一百廿八引雷氏五經要義云芴者臣見於君以書思

韻史 卷七十第十五部入聲記韻　七二六六

對命芴所以記事也禮記內則注玉藻疏。穀梁僖三年傳搢芴而朝諸侯注云芴以記事者也芴忽也君有教命及所啟白則書其上備忽忘也釋名釋書契。隋書引雷氏五經要義云芴所以記事防忽忘榴曶高兒說文段注倏忽字今作忽許作曶曶高者忽然而高如棗殺一暮大拱西京賦神山崔巍倏從背見之類匫古器也說文段注單尚書沅傳曶昌豈其器即匫與曶冪冪。冪俗有豕屬說文桒疾也說文段注上林賦藰莅卉歙又卉然興道而遷義郭璞曰卉猶勃也西京賦翕集歸鳧沸卉軿訇薛綜曰翕迅聲也卉音桒之段借欻欻。欻俗有有所吹起說文段注此篆久譌从炎非聲蓋本從桒聲譌而為炎莫能諟正欻卒起也一切經音義六引蒼頡篇。文選西京賦欻從背見注云欻之言忽也亦忽也欻輕舉兒文選思玄賦欻

神化而蟬蛻兮舊注 歘疾皃也後漢書張衡傳注 歘吸疾皃文選江文通雜體王微君詩歘吹吸鶤雞悲注

髗或作髗 郲病也說文 髗骨差也玉篇聲類 髗露出也廣韻引字林

搰 掘也說文段注吳語夫諺曰狐埋之而狐搰之是以無成功韋注搰發也玉篇云左傳搰褚師定子之墓本亦或作掘

搰搰用力皃莊子天地搰搰然用力甚多而見功少釋文

摑 手推之也說文

紇 絲下也春秋傳有臧孫紇說文段注絲下也謂絲之下者也。左傳襄十年郰人紇疏云名紇字叔梁。萱按聖父臧孫外仍有季悼子。傳曰彌與紇吾皆愛之 京師人謂麤屑為紇頭漢書陳平傳亦食糠覈耳注引晉灼

麧 籺。籺俗 有堅麥也說文段注謂〻麥之堅者也史漢皆云亦食糠覈耳孟康曰覈麥糠中不破者也晉灼曰覈音

紇京師人謂麤屑為紇頭按廣韻引漢書食糠麧為是孟注晉音皆是麧字後人妄改漢書耳麧在沒韻覈在麥韻音不同也

孟注與許說合

齕 齧也說文又廣雅釋詁三又禮記曲禮上庶人齕之疏又漢書田儋傳集注 齕齩也漢書田儋傳則齧齕首用事者注引如淳 齕齒斷也莊子駢拇枝手者之則啼釋文記曲禮上庶人齕之注云齕不橫斷也。禮齕 吞馬屬也大戴記易本命齕者八竅而卵生注吞

𩞄 精𩞄也說文段注未聞玉篇廣韻云寢熟也 𩞄覺也廣雅釋詁四

寣 有。俗瘖 臥驚也一曰小兒號寣寣一曰河內相評說文段注廣雅曰寣覺也義相 近今江蘇俗語曰睡一寣小兒號寣寣別一義也寣寣若號聲河內相許又別一義也許者召也今字作呼相召曰寣如言咄 少卿良苦言嘆大姊之比河內人語如此

董忽切

咄 相謂也說文段注謂欲相語而先驚之之詈凡言咄嗟咄唶咄咄怪事者皆取猝作相驚之意蒼頡篇曰咄呼也說文

呼驚也李善注曹植贈龍詩引說文咄叱也 咄叱也孟子告子上嘑爾而與之注又音義引丁音又一切經音義二

引字書。漢書東方朔傳咄口無毛注云咄叱咄之聲 咄相呵也一切經音義廿四引字林 咄嗟猶歎

息公羊定十四年疏

洞骨切

㥽 肆也說文 㥽緩也廣雅釋詁二 㥽忘也同上

𠫓 㐬或 不順忽出也說文段注謂凡物之反其常凡事之屰其理突出至前者皆是也不專謂人子

突 揬。俗有㨻揬 宊犬從穴中暫出也一曰滑也說文段注前義引申為凡猝作之偁一曰滑也 義小別。易離釋文引字林云突暫出 突猝也廣雅釋詁二。方言十云江湘之間凡卒相見謂之藥相見或曰突

突唐突也文選魯靈光殿賦序盜賊奔突張注 突凌突不順也荀子榮辱陶誕突盜注。非相突充

長左注云謂短髮可凌突人者又王霸汗漫突盜以先之注云突凌觸又云突謂相凌犯也 突欺也廣雅釋詁二

突穿也左傳襄廿五年宵突陳城注。後漢書竇融傳注云突門穿城之門 突扤高皃文選海賦突扤孤游

注。呂覽子能任地以窒突乎注云突理出豐高也 為突騎言能衝突軍陣後漢書光武紀上注

植謂之傳傳謂之突爾雅釋宮。注云戶持鐻植也見埤蒼。邵氏晉涵爾雅正義曰按墨子非儒篇云爭門關扶植是植鍵門持鐻之木也 為突竈突也漢書敘傳上墨突不黔注又淮南人間百尋之屋以突隙之烟焚注。廣雅釋室云竈謂之竈其䆿謂之陘其窓謂之墺又易突如其來如荀注云火光宣揚故突如也 突惡焉

也漢書刑法志是猶以鞿而御駻突注引如淳 揬指也一切經音義五引字書

腯 或作䐁 牛羊曰肥豕曰腯說文段注按人曰肥獸曰腯此人物之大辨也又析言之則牛羊得偁肥豕獨偁腯曲禮豕曰剛鬣豚曰腯肥注云腯亦肥也春秋傳作腯腯充皃也按曲禮經注當如是今本經文作腯則不可通矣腞亦腯字也左傳奉牲以告曰博碩肥腯下文以謂民力溥存釋博以謂其畜之碩大蕃滋釋碩以謂其不疾瘯蠡釋肥以謂其備腯咸有釋腯曲禮專謂豚左氏統言之。左傳桓六年吾牲牷肥腯脈注云豕曰腯

注腯腯肥充也方言十三賦腯也注 腯盛也廣雅釋詁二 腯肥也文選吳都賦鳥獸腯膚劉

訥 內骨切

訥言難也 說文段注與訒義同與肉音義皆同。賈子道術云論物明辯謂之辯反辯為訥。訥忍於言也 後漢書吳漢傳注訥遲也 廣雅釋詁四又漢書萬石衛直周張傳集贊集注。穀梁序釋文引字詁云訥遲於言也 訥者鈍也 楚辭初放言語訥謾兮注訥遲鈍也論語里仁君子欲訥於言而敏於行集解引苞注又皇疏 又後漢書韋彪傳注。論語子路剛毅木訥近仁皇疏云訥者言語遲鈍

卒 臧忽切

卒隸人給事者為卒 說文段注俗本者下有衣字宋本及御覽韻會王篇皆無此謂人也非謂衣也方言楚東海之間亭父謂之亭公卒謂之弩父或謂之褚注曰卒者主擔幔弩導幨因名 步曰卒 呂覽簡選銳卒千人注又淮南本經武王甲卒三千注修務不過一卒才注。左傳隱元年釋文云卒步兵也 步曰卒車曰乘 左傳隱元年具卒乘注宣十二年而卒乘輯睦注。淮南覽冥質壯輕足者為甲兵注云在車曰士步曰卒 卒 卒伍 荀子議兵聚則賓 成注 卒百人為卒 周禮夏官序官諸子合其卒伍注鄉師疏虎賁氏掌先後王而趨以卒伍又左傳宣十二年傳廣有一卒服注成七年以兩之一卒適吳注三年卒列無長注又國語晉語上大夫一卒之田注又國策西周策君迎之以

韻史 卷七十第十五部入聲記韻 七二七一

卒注又漢書翟方進傳注又管子小匡。左傳隱十一年注宣十二年注成七年注疏云司馬法百人為卒又禮記燕義注云軍法百人為卒又周大司徒注云卒百人禮 四兩為卒 周禮小司徒白虎通三軍又 卒一族 周禮夏官序官注 卒眾也 莊子秋水釋文至樂釋文 伍兩卒旅師軍皆眾之名 周禮小司徒五人為五伍為兩四兩為卒五卒為旅五旅為師五師為軍。夏官序官凡制軍注軍師旅卒兩伍皆眾名也 注 卒猶聚也 禮記王制三國以為卒注 十三連為卒 公羊桓六年注 五五二十五曰元卒 周書武順。武順卒必力注云卒二十五人之師。萱按說與諸家不合 卒死也 卒終也 卒止也 萱按凡此皆段 卒為猝也 卒暴也 卒謂急也 卒言倉卒 萱按此類皆段卒為猝作也

猝 措忽切

猝犬从艸暴出逐人也 說文段注段借為凡猝之偁古多段卒字為之 猝暴也 漢書五行志中之下集注 猝謂急速也 方言十一朴猝也注 猝嗟暴猝嗟歎也 漢書韓信傳項王音烏猝嗟注引李奇云猝嗟猶咄嗟也又引。晉灼云猝嗟形發動也 卒謂暴也 漢書卒廣忌傳則亡以應卒注有謂

韻史 卷七十第十五部入聲記韻 七二七二

又史記司馬相如傳索隱引廣雅。漢書相如傳下卒然遇逸獸之獸注云卒謂暴疾也 卒謂急也 漢書成帝紀卒暴之作注杜欽傳集注引鄭氏。史記仲凡帝子傳不可以應卒索隱云卒謂急卒也 卒謂急遽也 後漢書馮衍傳注 卒言倉卒也 漢書司馬遷傳卒卒無須臾之間注引文穎有書食貨志下注 卒卒忽遽之兒也 漢書賈誼傳見雲家卒卒注。司馬遷傳注云卒卒促遽之意也。萱按漢人猝每省作卒 卒爾謂無禮儀也 論語先進子路卒爾而對皇疏

踤

踤觸也一曰駭也一曰倉踤 說文段注今人多用蒼猝古書多用倉卒 踤聚也 文選楊雄長楊賦單踤陸注引漢書音義 踤蹴蹋也 文選長楊賦注引方言 踤足蹴之也 漢書楊雄傳下注

捽

捽持頭髮也 說文段注金日磾傳日磾捽胡投何羅殿下孟康曰胡音互捽胡若今相僻臥輪之類也晉灼曰胡 捽其頭而投殿下也。漢書賈誼傳不使捽抑而刑之也注云捽持頭髮也 漢書昌邑哀王鶴傳即捽也 善屬衛士長行法注又子正論晉侮捽傳集注 荀 捽交對也 國語晉語注 戎 捽拔取也

韻史 卷七十第十五部入聲記韻 七二七三

貢禹傳捽中把土注

䕸

䕸葃也 說文段注䕸字乃被聚字之未刪者 䕸齧也 廣雅釋詁三

兀

兀高而上平也茂陵有兀桑里 說文段注凡取兀聲之字多取高之意地理志右扶風有茂陵郡國志同許多言鄉言亭此言理者益周秦舊名 兀無知之兒也 文選遊天台山賦同體於自然薛綜注 刖足曰兀 莊子德充符魯有兀者釋文引李注萱按此段兀為刖也

阢

阢石山戴土也 說文段注崔嵬小山也作崔嵬戴土謂之阢則不錄 萱按說文作隉阢一釋名山石曰阢也 阢高也 廣雅釋詁四 萱按說文作隉邦之阢隉許以說文阢包阢也 阢高也 廣雅釋訓 又如淳注 史記司馬相如傳 文選吳都賦

扤

扤動也 詩正月天之扤我傳 扤搖也 集解引郭璞 扤搖動兒 是考以二大記輪人注則偽謂之扤 賦扤白蒂劉張揖注苗長注引上林賦 扤方言九訓動。不安也 萱按段氏以此引伸扤為動之無刷言段借字似矣 不安者 動之引伸也 無扤屬言段借矣

韻史 卷七十第十五部入聲記韻 七二七四

扤動也國語晉語其為本也固矣故不可扤也注◦韋按此段相為扤也

刖

有◦俗航船行不安也說文段注方言說舟曰僞謂之扤扤不安也郭云僞音譌船動搖之皃也扤吾教反按

刖者正字扤者段借字也書阢隉易䡇䡇皆不安也

黜

或作䡇杌硊仉槷黜逌不安也易曰槷黜說文段注槷黜不安也此釋易也困上六于䡇硊釋文云䡇說文作剆硊說文作黜云黜不安也九五劓刖荀王作䡇䡇鄭云劓則當為倪仉則兩文辭義同矣許作槷黜蓋孟易也尚書邪之杌隉槷與隉䡇剆倪同黜與杌䡇桅仉同杌䡇硊仉皆兀聲以說文檮杌作檮杌㑥之則出聲兀聲同黜當是从臬出聲五忽切

硊硊危也廣雅釋訓杌隉不安書秦誓晚出傳

𣏶

檮𣏶也說文段注今人謂木頭為檮𣏶於古義未遠也

檮𣏶斷木也◦說文檮下解韋按考工記注木之近根者奴其檮𣏶之謂乎

疶◦俗有疣病也說文

韻史　卷七十第十五部入聲訖韻　七二七五

蘇骨切

窣或作窣從穴中卒出說文段注卒猝古今字子虛賦嫛婗教窣上乎金隄韋昭曰嫛婗教窣匍匐上也按

嫛婗謂徐行勃窣謂急行

普忽切

勃有◦俗教排也說文段注排者擠也今俗語謂以刀旋轉曰勃當用此字論語色孛如也許所引乃本字本義謂章孛盛皃

气也今論其悖段借勃

勃展也廣雅釋詁三勃仂也廣雅釋詁四勃盛皃

字涑夫其賦氣噴以布濩今注又後漢書勃勃盛也廣雅釋訓

也文選長笛陳蕃傳注云勃盛也

勃然興起皃荀子非十二子注◦韋按佛佛然者勃世之借俗勃大也淮南天文

勃海決注勃慭也廣雅釋言勃爭也莊子外物注引司馬云勃勃姑反也䜭婦谿勃谿釋文◦豐隆而不就

不擇于事曰勃也淮南說山注勃矣勃鬱煩冤風迴旋之皃文選風賦注

皃楚辭怨世嫫母勃屑而日侍注勃屑猶嫛婗膝行

者海旁曰勃亦皆然韋按此段勃為郣也勃旁跌也勃壞粉解

韻史　卷七十第十五部入聲訖韻　七二七六

郣有◦俗渤郣地一曰地之起者曰郣說文段注郣地者郣是複舉字之未刪者地謂有地名勃

也今天津河間二府地蓋春秋時齊地也漢書地理志勃海郡師古曰在勃海之濱因以為名

枝也水之別名東海之勃海也漢書子虛賦勃海之山勃海濱以為名

浮瑯琊勃海郡邪郡勃以勃地者勃海以東而遼海為隸勃

郡海瑯琊也勃境也郡皇即勃勃史記河渠書海相之謂勃海

之勃郡懷也粉而勃渤齊始者勃部勃渤海曰渤海謂之勃

謂之起者廬者粉解不渤者日字都賦所渤以記司馬相如

勃勃海也

勃旁跌也

勃海海岸曲崎頭也

云海橫在齊北故齊郡賦注

引南字流林注云于渤勃海注海◦漢別書名揚也雄傳音義

山海經山經丹南水出

誖悖或作𢡭

慹慹◦俗有亂也說文

慹亂也廣雅釋詁三

慹惛也楚揚

韻史　卷七十第十五部入聲訖韻　七二七七

或謂之慹方言十

誖癡也廣雅釋詁三

悖惑也淮南說山注

悖逆也廣雅釋詁一

也國語周語是以事行而不悖注

悖盛皃左傳莊十一年其興也悖馬注

為之悖戾注行者耳悖矣注

悖強也

𤐫

炊釜鬵溢也說文段注今江蘇俗謂火盛水鬵溢出為鋪

出𤐫之轉語也正當作𤐫字

艴

艴怒色也四字依段氏

論語曰色艴如也說文段注見鄉黨篇今論語作勃

盡又有古魯齊之別在其間矣或曰依語作勃木部引論語作字

怒者盛氣之偏不嫌同書孟子王勃然變乎色則非怒色也不知今鄉黨

辭艴然愠怒色也

艴然不悅孟子公孫丑上曾西

慢忽切

㝵或作㝵入水有所取也說文

沒湛也說文段注湛各本作沈淺人以今字改之也今正沒者全

入于水故引伸之義訓盡凡貪沒乾沒皆沈溺之引伸

沒溺也漢書匈奴傳集注

沒滅也小爾雅廣詁

沒沒沈滅之言左傳廿四年襄

韻史　卷七十第十五部入聲訖韻　七二七八

何沒沒沒也注○云沒沒沈溺也○釋文沒入也國語周語夫戎翟沒過也禮記坊記不以美沒禮疏沒盡也詩漸漸之石曷其沒矣傳又論語鄉黨沒階趨進集解引孔注又儀禮聘禮注又漢書其竟不止以小爾雅廣言又集傳沒猶盡也鄉黨沒猶竟也禮記檀弓沒其身又方進傳注云沒盡也國語晉語注後漢書注云皇疏云沒貪也為後也晉語下沒得利為沒利為乾沒注如引釋沒無也又史記酷吏傳乾沒集解始廣雅又漢書音義云解引如淳○沒正義云心內不合為沒

沒人謂能鷲沒於水底

沒滑瀎潏疾流之兒也文選南都賦注沒水世謂之禮水夫莊子達生若乃沒人海經注中山經大水東南

沒水注于沒地名國語晉語又趙語注沒敗之於沒殿 注沒終也萱按沒為段此說文殘注白起王翦列傳曰偷合取容以至

歿或作殁○俗終也說文殁身作徐廣音沒按今歿為段此字之分別也○水有所取曰殁又湛於水曰沒廣雅釋詁四日殁又後漢書周舉傳注云沒頭

坳埋也按殁死之字當作殁此許慎本段沒為之

殁盡也太平御覽所引注其沒沒終也注易又繫辭下傳又儀禮士虞禮注氏注又沒注

蛭云終也

禮記檀弓下注祭統注坊記注又論語憲問皇疏又小爾雅廣言又國語周語注魯語注晉語注吳語注又後漢書清河孝王慶傳注又太平太平御覽與月蝕俱沒注○萱按殁用沒既久人莫知其為段借字矣

玫

玫玉屬也說文段注玉篇引穆天子傳采石之山有玫琭凡言某屬者謂某之類

韻史卷卷七十一

泰興何萱石閣譔集　子度校字

第十五部平聲副編　上海顧錫麒竹泉覆審

幾韻　武進李兆洛申耆鑑定

齊齒詩 竟稀切

磯 磧也廣雅釋水○一切經音義十五引埤蒼云磯水中磧石也 激也孟子告子下是不可磯也注○晉書音義中云磯大石激水也

鞿 韁在口曰鞿離騷余雖好修姱以鞿羈兮注 以繩縛馬口謂之鞿漢書刑法志是猶以鞿而御駻突注引孟康

蘾 菹蘾艸玉篇

虮 盜虮蟲名廣韻 盜肌蠟英爾雅釋蟲○萱按肌變為虮猶蠟英之變蠟蟆也皆淺人為之

鐖 或作鐖 鑒也廣雅釋詁一 鐖鑒也吳揚江淮之閒曰鐖方言二

楷 木名如楓集韻

陸稀切

鑒 鑒也廣雅釋詁一 鑒然也南楚凡言然者或曰鑒方言十

鑒 或作鑒 美石黑色廣韻

禕 美也爾雅釋詁又文選東京賦度其禕而薛注 禕禕者心之美爾雅釋詁舍人注

郼 殷國名也廣韻○呂覽慎大夏民親郼如夏又慎勢湯其無郼武其無岐封也注云郼讀如衣今兗州人謂殷氏皆曰衣又云郼殷舊封國○萱按殷與衣由雙聲而轉燭重製字也不有房宇古未有郼安得舊封用此

向衣切

希 隸作希 罕也爾雅釋詁 希少也論語公冶長怨是用希皇疏季氏益十世希不失矣集解引孔注又老子知我者希 鮮也呂覽原亂禍不及身注 希遠也孟子盡心上其所以異於深山之野人者幾希注 希靜也老子釋文 無聲曰希老子聽之不聞名曰希注 希求也後漢書盧植傳注希

幕也後漢書趙壹傳注　希庶也文選西征賦注引廣雅　希望也後漢書黨錮傳注又莊子讓王天希世而行釋文引司馬注　希猶冀望也後漢書吳良傳注　希仰也周髀算經下希望北極中大星注　希覩相也漢書董仲舒傳希世用事注　希磨也廣雅釋詁三○方言七言云希摩也燕齊摩鋁之希謂　希亦聲餘萱按此段希為晞也　希乾也周禮地官序官澤虞疏○萱按此段希為晞　希刺粉米無畫也周禮司服祭社稷五祀則希冕注冕名背為正字經典多借絺借希○萱按　希疏也萱按此段希為稀也

悕　悲也公羊成十六年傳在招上悕矣注昭九年傳存陳悕矣釋文

俙　依俙猶言髣髴也一曰訟也面相是心相非集韻

趡　或作趡　走兒廣韻

烯　乾也小爾雅廣言○萱按烯蓋晞之俗體且烯火色集韻

桸典稀切　木名有汁可食廣韻

鵗　北方曰鵗爾雅釋鳥○左傳昭十七年注云北方曰鵗雉　北方曰希周禮酒正注引古而用省借字

餏　寄食也廣韻字林引　酪酥謂之餏餬一切經音義七引通俗文

眡　視也廣韻

低　○俗有低　又舍也廣雅釋詁四　低屯也楚辭招魂軒輬既低注　低距也史記平準書封君皆低首仰給集解引晉灼　低昂者乍貴下賤也史記平準書踊騰糶索隱物　低佪謂娳遊也華嚴經音義上引埤蒼　低佪猶徘佪也漢書司馬相如傳下低佪陰山注○揚雄傳上淚低佪回而不能去兮注云低回猶言排佪也　低回紆衍也漢書揚雄傳下大道低回注　低回瀏流回轉之兒後漢書張衡傳注

岻　縞岻山名在青州集韻

⿰足弟眺稀切　蹋也廣韻

⿰氵旨季稀切　水兒一曰水名集韻

秖　或作秖　陳留人謂舉田為秖漢書刑法志提封萬井注引蘇林　秖穀始孰也廣韻○集韻云禾始熟日秖一曰再種

瓻癡稀切　酒器玉篇○廣韻云酒器大者一石小者五斗瓻古之借書盛酒瓶

⿱⺮希　竹器廣韻

脪　䏏脪牛馬子腸廣韻

⿰魚氏　河⿰魚氏魠也集韻引廣雅

瑡哂衣切　玉名玉篇

篩　篩以竹筵為之漢書賈山傳篩土作阿房之宮注○廣韻云篩竹又竹器也集韻云篩竹名神異經曰長

百大南方以為船

蒒　艸名廣韻○集韻引博物志云生扶海洲上實如大麥一曰自然穀

獅　或作狮　犬生二子也廣雅釋又廣韻○萱按釋畜云犬生三獀二師一獅釋獸云豕生三豵二師一特是犬豕生二子皆名師不當偏舉也師獅古今字　師師子也後漢書班彪傳上注○順帝紀注云師子似虎正黃有顏彤尾端首毛大如斗

鰤　或作鰤　老魚一說出歷水食之殺人集韻

螄　蠡名螺也集韻

鳲　或作鳲雁　鳲鳩鴶鵴爾雅釋鳥又詩召南正義引埤蒼鵠鶻今梁宋之間謂布穀為鵠鵜一名擊穀一名桑鳩　鳲鳩秸鞠也詩鳲鳩傳○陸疏云鳲鳩　鳲鳩王鴡也左傳昭十七年鳲鳩氏注　戴勝也廣雅釋鳥　鳲鳩布穀類也太平御覽九百廿一引爾雅謝氏注○釋鳥鸞澤虞孫注云鳲

鴂或謂紡澤虞其別號也鴮梟郎鴝鷄也後漢書仇覽傳注。○萓按此謂鴮為鴟之借字也。○又按鴮或作尸有借也

麡 戰衣切 麡郎麡狼也後漢書南蠻西南夷傳注。○廣韻云麡狼似鹿而角前向入林則挂其角故常在戎州中逐入林則傳之

[illegible]肶 或作[illegible]短也廣雅釋詁二與背各字背乃肶之異體字讀去聲奥逼脾肶也禮記內則鴇奥注。○段氏懋堂曰既夕注云脾讀為雞脾肶之脾脾析百葉也按今儀禮注禮記釋文肶皆作肶誤甚肶與斯斯與析音近故釋脾析為脾肶雞鴇皆有脾肶謂胃也即許所謂鳥胵也鄭與許字異而音義同

帒 布名集韻引埤蒼

𠯆 谷名在西海廣韻集韻

韻史 卷七十一第十五部平聲副編幾韻 七二八七

[illegible] 蟲名似蟬也廣韻

[illegible] 菜名蕪菁也集韻

枇 淩稀切 或作梐梐無枇木一名榆廣韻。○爾雅釋木榆無疵注云榆梐屬似豫章又釋文引字林云無梐榆也。○萓按爾雅作疵用古字枇梐皆晚出者也

[illegible] 嗛食兒管子形勢嗛食者多所惡也注

覗 盜視也廣韻

屁 或作屖此也集韻引埤蒼屖痺也廣雅釋詁二

蠀 蟲名蝎化集韻。○萓按一名曰蝍蛆一名曰蝍蟧二名雙聲

凄 寒也左傳昭四年春無凄風注。○文選思舊賦寒風淒其永至今舊注云凄寒兒又後漢書寇榮傳注云凄風寒風也凄冷也文選思舊賦寒冰凄然注。○萓按說文無凄以凄字包之也凄引伸之義訓寒

韻史 卷七十一第十五部平聲副編幾韻 七二八八

[illegible] 想稀切 或作雞鶅鶹怪鳥屬也廣雅釋鳥

[illegible] 丙衣切 剺也廣韻

𧩓 或作悂性誤也廣雅釋詁三性用心并誤也文選魏都賦兼重性以聰繆注引廣蒼

[illegible] 慊也廣雅釋器。○集韻云幌一曰車帷

篦 刷也一切經音義十四引小學篇

鎞 或作鈚釵也廣韻霍葉曰鈚一切經音義十一引通俗文。○萓按鈚者簪之有鈚蓋謂報切之

鈚 箭也廣韻

笓 品衣切 或作箄篝笭謂之笓廣雅釋器。○集韻云笓取蝦具笓次也廣雅釋詁三

[illegible] 惡性也廣韻惃通也玉篇

跑 踦也集韻引廣雅

韻史 卷七十一第十五部平聲副編幾韻 七二八九

磇 或作砒磇霜石藥廣韻引道書砒礝石集韻

[illegible] 鵧鴇鳥名廣韻

[illegible] 儉黎切 畏也敬也廣韻慴敬也順也玉篇

諸 怒也廣雅釋詁二

覩 或作睹視也集韻引廣雅

鬐 鬣也儀禮公食大夫禮注疏引郭璞云鬐背上鬣也○文選魯靈光殿賦注引西京賦宛虹之長鬐薛注○萓按鬐鰭皆謂脊而鬐為通稱故魚亦言鬐鬐脊也

鰭 脊也儀禮士虞禮記又文選注儀禮少儀右鰭注○禮記少儀羞首進腴疏云鰭是脊鰭背上鬣也文選上林賦郭注鰭者魚背上鱣也史記司馬相如傳捷鰭擢尾正義○萓按鱣即左傳射麋麗龜之龜俗加偏旁耳

韻史 卷七十一第十五部平聲副編幾韻 七二九〇

稽 麥下種也廣韻

鍺 軸耑鐵也玉篇廣韻。集韻多耑字

𪗪 齒危也廣韻

饑 小食也玉篇

𩦺 馬也玉篇

隱黎切

恞 忼也爾雅釋言。萱按古祇用夷字詩既夷既懌云胡不夷

侇 息也禮記檀弓上釋文 侇之言移也禮記檀弓上釋文引隱義 侇之言尸也儀禮士喪禮侇于堂注既夕侇牀饌于階閒注

𡰪 或作跠 踞也廣雅釋詁三 跠踞也文選魯靈光殿賦卻負載而蹲跠張注又廣雅釋詁三 跠蹲也廣雅釋言

胰 夾脊肉也廣韻

䧅 隇䧅險也廣雅釋丘。萱按爾雅西陵威夷韓詩薛君章句云威夷險也古自用夷用威後人乃加𨸏為專字

峓 或作銕 嵎峓山名廣韻 嵎銕東表之地集韻

羠 犍也廣雅釋獸 羠騬羊也一切經音義十七引聲類。音義五云羯羠羖羊也

蛦 蛭蛦蟲名集韻 螔蛦山雞廣韻。文選蜀都賦蛸蛦山棲劉注云蛸蛦鳥名也如今之所謂山雞其雄色斑雌色黑出巴東

荑 荎荑蕛蘱爾雅釋艸。萱按夷與弟篆體切近經典所用荑字多弟之變轉者也惟荎荑與說文弟字不同弟下已詳

眺祁切

嵇 山名也廣韻。徐鉉曰奚氏避難特造此字非古

向祁切

霋 霋雲也廣韻引字林

銻 餌也衆餘謂之餹銻集韻

罤 兔網也廣韻

梯 或作洟 研米槌也廣韻。萱按集韻云梯槌也洟洟米濁也非一字然米濁未審其何說

念祁切

怩 或書作㤀 忸怩心慙也廣韻

呢 言不了呢喃也廣韻

訑 呼人也玉篇

𩛛 餌也廣韻

妮 女字集韻

抳 研也集韻

跜 蹝跜動皃文選魯靈光殿賦頷若動而蹝跜注

貎 獸名廣韻

蚭 蚰蜒也集韻引廣雅 北燕謂蚰蜒為蚰蚭廣韻引字林

狔 猗狔物从風皃集韻

旎 旖旎柔弱皃集韻

亮祁切

黧 黑也楚辭逢紛顏黴黧以沮敗兮注又一切經音義二十引字書 斑黑謂之黧黮也一切經音義七引通俗文 黧黃黑也一切經音義廿二引字林 黧黑而黃也晉書音義上。萱按此段黧為黧也 黎黑也廣雅釋器又史記衛將軍驃騎傳索隱引鄒氏。萱按此段黎為黧也 斑黑謂之黎 黮一切經音義六引通俗文

鯬 鯬鯠爾雅釋魚 鯬鯠鮤也爾雅釋文引埤蒼

䴸 麩䴸餅也廣韻。集韻麩作麱。萱按麱音弨糗也廣雅麩䴸謂之麱

棻 蒺棻木名坎為蒺棻 易困據于蒺藜虞注○萱按有叚棻為藜者孫叔敖碑菱荊棘口又云繼高陽 重棻五棻子文之統又觚 睦後碑君光自棻辛

蟍 或作蛦蟍蝍蛆蜈蚣 廣韻○集韻云蛦蟍蟲名似蝗大腹長 角食蛇腦○萱按莊子蝍且甘帶帶謂 蛍蚍

瞝 視也 廣韻

剺 剺也 廣雅釋言

郪 國名 廣韻玉篇

瓈 玻瓈玉名 集韻

驂 或作騑騑 馬屬 集韻引廣雅 駹驂獸名似馬 集韻

蜊 蛤蜊蟲名海蚌也 集韻

筣 或作蔾 竹名 廣韻 芘筣織竹為障也 集韻玉篇

莉 或作茢 艸名一曰芘莉織荊障 集韻○又云茢地名穆天子傳讀書於茢丘○又云𦰡莉國名 在 北 闪 奴

慉 欺也 廣雅釋詁二 慉惰欺慢也 廣雅釋言

刕 姓也蜀刀達之後避難改馬从三刀 集韻○萱按刕疑刕之譌字與刀之譌刀同

貾 寵 祁 切 餘貾黃白文 爾雅釋魚○李注云餘貾黃白文 貾蚳同甲黃為質白為文彩○萱按貾蚳正借字

瓷 或作甆 陶器之緻堅者 集韻 瓷白瓶長頸 文選生賦傾縹瓷以酌 醽 注引字林

溰 御 黎 切 或作溰 溰溰高白之皃也 文選七發 浩溰溰溰注 浩溰溰霜雪也 集韻引廣雅

躰 品 黎 切 躰躰軆柔 廣韻

阰 山名在楚地 史記劉敬叔孫通傳索隱引埤蒼○離騷朝搴阰之木蘭兮

齊齒呼二

釳 西 黎 切 犂錧別名也 廣韻

魮 文魮其狀如覆銚鳥首而魚尾是生珠玉 集韻引山海經

琵 琵琶胡樂胡人馬上所鼓 集韻○廣韻引釋名云推手為琵引手為琶取其鼓時以為之名

蜫 蟲名 廣韻

酯 醉也 玉篇

飀 疾風也 廣韻

甋 牡瓦也 廣韻

鸊 或作鸊 鸊鶊疾 爾雅釋鳥

蝔 蟲名猥狗也知雨則翳葉 集韻○廣韻云蝔蟲大如筆管長三寸代謂之猥狗天雨則於艸木下藏其身○萱按淮南云蝔知雨至

揩 僉 皆 切 摩也 文選西京賦注引字林○一切經音義十八引韻集云揩摩也 揩摩也○廣雅釋詁三○禮記明堂位注云揩擊謂柷敔 拊搏玉磬揩擊 揩聚也 廣雅釋詁三

偕 排偕行惡 廣韻

粭 米之別名 廣韻

擠 倉 濟 切 摩也 集韻引廣雅

撮口呼

娞 娞女也 玉篇 娃娞嫵媚皃 集韻

𥈠 舉 雖 切 目也 玉篇

睽 去 雖 切 耳不相聽也又私叶也 玉篇

𤷵 許 雖 切 姿𤷵也 廣韻

唯 俊雖切 撮口也 玉篇

⿰癸鳥 去雖切 ⿰癸鳥鳩鶪鳩也 廣雅釋鳥○方言八云鳩自關而西秦漢之間其小者或謂之⿰癸鳥鳩

⿰魚癸 魚名 廣韻

⿰虫癸 蟲名 廣韻

⿰癸瓜 瓠⿰癸瓜子 玉篇

瞶 羽癸切 目病也 廣韻

讉 怒也 廣雅釋詁二 汝南人呼欺為讉訰 方言三注

蟦 泰華山有蛇焉名曰肥蟦六足四翼見則天下旱 集韻引山海經○廣韻云肥蟦神蛇一首兩身○萱按郭璞云湯時此蛇見陽山下

開口評

⿱殹口 漢哀切 笑兒 玉篇

⿰豈瓦 秋哀切 磨也 廣雅釋詁三○廣韻云⿰豈瓦⿰豈瓦屑瓦洗器○萱按⿰豈瓦與方言之磑一字耳而俗分為二通俗文云麤磨曰磑詳去聲

榿 漢皚切 髑也 廣

⿰身豈 長身也 廣

⿰魚豈 鯢鱧雄蟹 廣

隑 敳柴切 立也 廣雅釋詁四○方言七云隑企立也東齊海岱北燕之郊委痿謂之隑企 隑企腳躄不能行也 方言七注 隑長也 廣雅釋詁二 隑陭也 廣雅釋言 又江南人呼梯為隑 方言十三注

嵦 崍嵦山兒 集韻

⿰豈欠 癡也一曰愷⿰豈欠失志兒 集韻

合口評

擓 苦嵬切 抾也 廣雅釋詁二 擓磨也 廣雅釋詁三

崴 兜柜切 崴褢不平也又重累兒 文選吳都賦注引埤蒼 崴嵬崔巍高兒 楚辭抽思注 崴嵬 注

磈 磈砢不平之兒 文選江賦注

溾 濁也 廣雅釋詁三 溾涹汙穢也 廣雅釋訓

⿰女褱 戶膗切 和也 廣韻 ⿰女褱安和也 集韻 ⿰女褱字中已○萱按其義懷備此為贅設

櫰 櫰槐大葉而黑 爾雅釋木○注云槐樹葉大色黑者名為櫰○漢書西域傳上櫰檀櫰梓竹漆注云櫰即槐

犪 似牛四角人面 廣韻 之類也 集韻 大而黑也

⿰酉褱 或作⿰酉褱 醞也 酉陽雜俎酒食引廣雅 醞⿰酉褱戎狄之醞 集韻

褢 崴褢不平也又重累兒 文選吳都賦注引埤蒼

頮 杜懷切 頭肰也 廣韻引聲類

⿰月累 路懷切 脯也 集韻 ⿰月累膗形惡 上同

膗 狀懷切 ⿰月累膗形兒惡也 廣韻

擺 捐也 集韻引方言

合口評二

璝 古徽切 玉也 玉篇

詼 苦歸切 調也 廣雅釋詁四 詼啁也 文選東方朔畫贊注引字書 詼謂嘲也 漢書公孫弘傳詼笑多聞注有謂枚乘傳集注引李奇 詼嘲戲也 漢書東方朔傳胡雖詼笑注

筬 篷也 廣雅釋器。方言九云車枸簍宋衛陳楚之間謂之筬
盞 鉢也 玉篇
蠶歸切 葳 葳蕤亂皃 史記司馬相如傳紛綸葳蕤索隱引張揖○索隱引胡廣云葳蕤委頓也 葳蕤羽飾皃 漢書司馬相如傳上錯翡翠之葳蕤注 葳蕤翠華皃 文選南都賦望翠華兮葳蕤注 葳蕤盛皃 文選文賦紛葳蕤以馺遝注 葳蕤盛皃 ○楚辭初放上葳蕤而防露兮注○當按蕤乃甤之字譌
隇 隇陝險也 廣雅釋丘 隇陝險丘也 玉篇○當按蓋指隴州隴阪言即爾雅西陵威夷
墄 決塘也 玉篇
鰄 魚名 廣韻
蝛 蛜蝛蟲名一曰鼠負 集韻
偎 愛也 列子黃帝不偎不愛釋文○山海經海內經天毒偎人愛人注云偎亦愛也 偎仿佛皃不審

韻史 卷七十一第十五部平聲副編微韻 七三〇三

也 列子黃帝釋文引字林
揋 掎也 廣韻
喂 恐也 玉篇
鰃 魚名 集韻
葨 山艸 廣韻
戶歸切 豗 ○俗有核 相豗相擊也 文選海賦磊匒匌而相豗注
蝝 或作豗豙 豙掘地也 廣韻
徽 或作鰴 魚有力者鰴 爾雅釋魚○文選吳都賦鰴鯨輩中於羣猎劉注云鰴鯨魚之有力者也
𩲡 𩲡亦魑魅之類也 山海經西山經剛山是多神𩲡注四
董歸切 䧞 坐皃 廣韻

韻史 卷七十一第十五部平聲副編微韻 七三〇四

酟 酟酟醜面 廣韻
頧 母頧夏冠名 廣韻○當按經典通用追。古時字少 無追冠也 廣雅釋器○白虎通紼冕云夏統十三月為正其飾服大哉曰母追 追冠名 周禮追師司農注○注又云追師掌冠冕之官故并主王后之首服 猶堆也 儀禮士冠禮記母追注○文選七發踰岸出追注云追亦堆字今為追古字段借之也
鴭 雀屬 廣韻
㾽 㾽腫也 玉篇
鎚 或作琟 治玉也 廣韻 追亦治玉也 詩棫樸箋○當按古多段追為鎚 追治玉石之名 周禮天官序官追師注又疏 追猶治也 周禮追師為副編次追衡笄注 追彫也金曰彫 詩棫樸追琢其章傳○當按荀子富國作彫琢其章 追鍾鈕也 孟子盡心下以追蠡注
搥 或作桘 擿也 廣雅釋詁四 搥及擿並擊鼓杖也 後漢書禰衡傳注

韻史 卷七十一第十五部平聲副編微韻 七三〇五

磓 或作碓 以石投下 集韻 磓猶激也 文選海賦五嶽鼓舞而相磓注
塠 或作墜 落也 集韻○當按義與广部雁略同疑即其異體字也
䭔 或作䭔 䭔膏䭔也 御覽八百五十一引埤蒼○廣韻云䭔餅也集韻云䭔丸餅也
洞歸切 𡳐 或作屦 履也 廣雅釋器○方言四云屦西南梁益之閒或謂之屦
䡅 或作輴 車盛皃 廣
煺 或作焞 煺毛也 廣韻引字林○集韻云煺以湯除毛
蘈 或作蓷 蘈牛蘈 爾雅釋艸○詩我行其野箋云蓫牛蘈也又釋文云蓫本作蓷○當按草部之曰蘈綮詩之曰牛蘈或分為二字者非也隋蘈形體小異實一字耳
杜歸切 靁 雷也 廣雅釋天
䴥 鹿一歲為䴥 廣韻

韻史 卷七十一第十五部平聲副編微韻 七三〇六

狀歸切　奚歸切　奉歸切

鼷（或書作䶅）鼠屬（集韻引廣雅）宛野謂鼠爲鼷（方言八）

奞　木名似桂（廣韻○萱韻）

趡　逼也（廣韻）

催　行息皃（廣韻作行急皃○集韻）

陮　陮隤崩也（廣韻）

脽　脽膭屋壞也（集韻）

嗺　嗟也（詩雲漢先祖于摧箋）嗺者咨嗟告困之辭（詩雲漢疏）

緋　絳色一曰赤練（集韻）

馡　馡馡香也（集韻引廣雅）菲菲香也（廣雅釋訓○萱按此段菲爲馡也）菲菲芳皃（楚辭東皇太一芳菲菲兮滿堂注）菲菲猶勃勃（離騷芳菲菲其彌章注）菲菲花美皃也（文選

吳都賦㖞兮菲菲劉注）

霏（或作䨽）雲飛皃（文選石壁精舍詩雲霞收夕霏注）霏甚皃（詩北風雨雪其霏傳）霏霏甚也（詩采薇雨雪霏霏傳）霏霏集皃（楚辭怨上宦霰兮霏霏注）霏霏雨也（廣雅釋訓）䨽䨽雲起皃（漢書揚雄傳上集注）菲菲高下不定之皃也（後漢書梁鴻傳注○萱按此段菲爲霏也）

苦回切

䨾　獸名如牛白首一目（廣韻）

䲋（或作鯡）魚名似鮒出潕水（集韻）

躨　躨跜動皃（文選魯靈光殿賦注○廣韻云躨跜虯龍動皃集韻云躨跜獸動皃）

犪　岷山其獸多犀象犪牛（山海經中山經○注云今蜀山中有大牛重數千斤名爲犪牛即爾雅犩牛是也○爾雅釋畜犩牛注云即犪牛也如牛而大肉數千斤出蜀中）

⿰亻歸　使也（方言十三）

戶雷切　洞雷切

睽　醜也（廣雅釋詁二○淮南脩務云唯睽哆噅）

奞（或作隻）頯也（廣雅釋言）

⿰馬回　馬名（廣韻）

茴　茴香艸名（廣韻○集韻云茴藥艸防風葉也一曰茴香）

⿰夗卩（或作卯）鄉名在睢陽（集韻）

蹪　蹎也（廣雅釋言）蹪躓也（淮南原道足蹪趎埳注說林人莫蹪於山注○說山篇人之蹪注云楚人謂躓爲蹪）（又滑務以一蹪之難注云蹪躓楚人謂躓也）

膭　脽膭屋壞皃（集韻）

⿸疒貴（或作⿸疒隹）陰病也（集韻引倉頡篇）

⿰亻遺（或作⿰木遺）⿺辶隹⿰木貴馬病（集韻）

烟回切　路回切

⿰亻夔　遁也（玉篇）

䣊　一䣊飯（廣韻引字林）

畾　田閒也（玉篇）

⿰畾阝　地名（玉篇）

⿱罒畾（或作罍）網百囊者（集韻）

轠　轚也（漢書陳遵傳集注）轠轤連屬皃（漢書揚雄傳上轠轤不絕注引孟康）轠轤環轉也（漢書揚雄傳上注○萱按轠轤轠一也皆雙聲字）

嫘　有○俗嫘祖黃帝妃（廣韻○集韻云黃帝娶於西陵氏之女是爲嫘祖嫘祖好遠遊死於道後人祀以爲行神）

⿰山纍（或作⿰山畾）⿰山畏⿰山纍山皃（集韻）

犪○俗有犪犪求子牛一曰騰犪也集韻犪牛特牛也淮南時則乃合犪牛騰馬注

甑 屋棟瓦也廣韻

鐳 瓶也壺也廣韻

誰 爽回切 就也廣雅釋詁三

饡 飯也玉篇

惟 楷回切 憂也廣雅釋詁一惟惟悲也廣雅釋訓

権 木名可作杖廣韻

漼 漼澧霜雪也廣雅釋訓

啡 音回切 唾聲也玉篇

徘 徘徊卽遲遲也文選南都賦注徘徊便旋也廣雅釋訓○萱按漢書高后紀能佪往來阺徘

韻史 卷七十一第十五部平聲副編幾韻 七三一一

爲排也說文徘字訓戲

輫 箱也廣雅釋器○方言九云箱謂之輫

堌 陛回切 屋也廣雅釋上

嵋 山形廣韻○集韻云嵋山名在蜀

鶡 鶡鵖鳥名集韻

着 改作菴蕾艸廣韻○集韻引廣雅云菴蕾黃文內虛菼

擵 水芝名也廣韻○廣雅釋艸藻蔹擵

箆 本回切 竹名廣韻

淝 水名出九江山一曰所出同所歸異曰淝泉集韻○萱按毛詩爾雅皆作肥泉又水經注引字林肥水出良餘山亦不作淝知淝字之出最後

韻史 卷七十一第十五部平聲副編幾韻 七三一二

癥 晚回切 足瘡也爾雅釋訓釋文引三蒼○萱按詩旣微且尰毛傳爾雅並云骭瘍爲微後人加疒耳

鑯 鉤也廣雅釋器○方言五云鉤或謂之鑯又廣韻引埤蒼云鑯縣物鉤

韻史 卷七十一第十五部平聲副編幾韻 七三一三

韻史 卷七十一第十五部平聲副編幾韻 七三一四

韻史卷七十一

第十五部上聲副編

几韻

齹齒詩

㞓 竟禮切 或作㞓。赤舄也。廣韻。○萱按：詩狼跋「赤舄几几」，傳云：几几，絇皃。豈人乃製㞓字訓赤舄，然則狼跋爲赤舄矣。可通乎？俗字之不根，有如此者。

㣥 行也。玉篇

㞕 獸名，兔喙，見則有蝗災。廣韻 蛇尾

膐 儉禮切 肥腸也。山海經：海外北無膐之國。注：膐，腨也。廣雅釋親：膐，腨腸。字林。廣韻引

閬 開門也。集韻。○萱按：埤蒼、玉篇皆閬與啟字同，非也。啟不訓開，然則閬乃启之引伸耳。启，開也。

㡯 隱禮切 或作㡯。翳也。一切經音義十四引字林：㡯，翳也。廣雅釋詁一：㡯，隱翳也。集韻引廣雅

䏿 𦢊也。玉篇

㹝 𤢪㹝也。玉篇

迡 迎迡，走也。玉篇。○萱按：迎迡二字，玉篇於忍、許忍二切，今音也。

䶊 臥息也。集韻

䨽 䨴䨽，雲皃。玉篇

㕧 隱也。廣雅釋言

㢮 彫弓也。天子曰彫弓。孟子萬章上：琴朕，弨朕。注。○廣韻引埤蒼云：弨，彝弓名。

㹜 犬名。玉篇。海篇

髫 鬀也。玉篇

底 齊也。玉

挮 比禮切 或作𢶇。去涕淚。玉篇

艕 船名。玉篇

纚 纚也。玉篇

軆 軟謂之軆。集韻。○廣韻云：軆，䡖，䡖皃。

䡖 念啟切 或作䡖。䡖也。集韻

䵒 黏也。玉篇

苨 薺苨也。廣韻。○萱按：薺二字爲一物之名，其根略似人蔘，俗呼三七參，馬集韻乃云苨薺，屬誤矣。

㥯 快性也。玉篇

𩋡 𩋡垂也。廣韻

禰 或作禰、㣥。禰，近也。於諸廟，父最爲近也。左氏襄十三年傳：所以從先君於禰廟者。疏。○公羊

隱元年傳：隱之考也。注云：生稱父，死稱考，入廟稱禰。禰字，示旁爾，言雖可入廟，是神，示猶自最親近於己，故曰禰。又疏云：禰，父廟也。周禮甸祝：司農注：入廟曰禰。又穀梁注：又儀禮士冠禮釋文，又禮記王制釋文。又漢書郊祀志上：鼎宜視宗禰廟。注：禰，父廟也。又漢書章帝紀注：又漢書廿年：釋文成三年釋文，又後漢傳：既去禰祖。注云：父廟曰禰。又家語郊問：作禰廟於禰宮。注云：禰，父廟也。又顏氏家訓：禰，謂行主遷主矣，而云禰親之風操云：禰是父之廟皃。○禮記曾子問：文王世子其在軍，則守於禰。注：禰，儀禮覲禮釋幣于禰。注。又公禰注云：公禰，行主也。又曾子問：從大祝而告于禰。疏云：于禰，謂父之主也。禰宮，傳。○

禰 地名。詩泉水：飲餞于禰。釋文云：韓詩作坭。

伱 竟啟切 或作你、伲。伱也。玉篇。○廣韻集韻並云：伱，汝也。伱，秦人呼傍人之偁。廣韻

㪫 敵也。玉篇

䇾 竹名。廣韻

韻史　卷七十一第十五部上聲副編几韻　七三一九

字啟切

葪 葪𦲸山卑長也 玉篇

蒧 或作蒧 蒧蒻艸名萍也 集韻○廣韻云蒧蒻小草

楄 枝楄也 玉篇○萱按義不悰他家不收楄

跡 或作逵違 迹足不前也 集韻

龍啟切

[illegible] 或作[illegible] [illegible]移蠡就寬也 廣韻 蠡析曰[illegible] 集韻

鈌 箭頭 玉篇

薙 芟艸也 廣韻 辛薙辛夷別名 同上○萱按薙言音夷別薙夷同音通用非別名也

擬啟切

[illegible] 應聲 廣韻

西禮切

閉 門也 玉篇

黖 黖黑也 廣韻○玉篇云黖不明 黖黖絕遠皃 文選吳都賦萬物蠢生芒芒黖黖注○又云黖黖不明皃

韻史　卷七十一第十五部上聲副編几韻　七三二〇

甑禮切

𪘧 𪘧齚齧也 玉篇

[illegible] 走也 玉篇

癠 病也 爾雅釋詁又禮記玉藻親癠注 癠短也 廣雅釋詁二 今依俗呼小為癠 方言十凡物生而不長大謂之薺又曰癠注

齍 盪也 廣雅釋詁二○廣韻云齍手撈酒

[illegible] 走皃 玉篇

跐 履也 廣雅釋詁一 跐蹋也 廣雅釋詁二 跐躡也 文選吳都賦注引廣雅 跐弭也 足踐之使弭服也 釋名釋姿容 跐偶也 淮南齊俗必有菅屩跐踦注 跐測也 莊子秋水 彼方跐黃泉而登大皇釋文引司馬注

泚 水名在長沙 集韻

韻史　卷七十一第十五部上聲副編几韻　七三二一

殘禮切

皉 白色也 廣韻

卸啟切

鴜 或書作鸄 鳥名 廣韻

內禮切

齜 𪘧齜齧也 玉篇

眦 明白也 廣韻

沘 沘水出廬江灊縣西南霍山東北東北過六縣界北入于淮 水經沘水○萱按淮水篇言期思縣北有淠水此篇言壽春縣西有沘水水之決會謂之沘口則淠與沘非一水明矣或 清之非也

匯 或作笸 籠也 玉篇

品禮切

[illegible] 劣也 玉篇

[illegible] 器破而未離南楚之間謂之[illegible] 方言六

韻史　卷七十一第十五部上聲副編几韻　七三二二

佌 佌傂閑腳行也 廣韻

[illegible] [illegible][illegible]牛馬行也 廣韻○萱按[illegible][illegible]集韻作牸[illegible]而字書絕無牸字其不堪檢覈如此

[illegible] [illegible]蠯 爾雅釋魚 [illegible]小蛤也 爾雅釋魚釋文引字林 [illegible][illegible]蒲盧也 廣雅釋魚

西禮切

[illegible] 眇目也 玉篇

[illegible] 蘇[illegible] 爾雅釋艸○廣韻云蘇子萊集韻云蘇[illegible]艸名

鮆 魚子 廣韻○集韻云鮆魚名

[illegible] 水名在茶陵 集韻

渼 水名在京兆一曰水波 集韻○類篇波下多文字 渼陂 廣韻○萱按長安志渼陂在鄠縣西五里

嵄 山也 玉篇

撮口呼

惾 東咄切 悸也方言十二惾惾悚悸也集韻

醆 去唯切 醾也玉篇。醾酒清也

𢷾 月按切 弃也玉篇

壝 壝也晉書音義中 壝謂壇及堳埒也周禮封人掌設王之社壝注有堳大司徒設其社稷之壝注 注 壝謂委土為墠壇所以祭也周禮鬯人社壝用大罍注

遺 遺遺魚行相隨皃一曰魚盛謂之遺一曰水流一曰膏液集韻 ●萱按詩敝笱其魚唯唯韓詩作遺遺段借也俗乃製遺字矣若江賦碧沙遺沲而往來以雙聲求之當作瀢沲

䲡 魚名玉篇

鰖 鰖或作䱢魚名玉篇

臇 汝揆切 瘡也玉篇

橤 綏唯切 木名玉篇

𤢗 蜼狢也玉篇

開口呼

暟 倪蛕切 明也玉篇

暟 美也照也玉篇又方言十三。廣雅釋詁一云暟美也釋詁三云暟照也 注 暟暟美德也方言十三

嬭 昊惴切 或作妳 母也廣雅釋親 嬭乳也廣韻

𧫦 儆佁切 謹也玉篇

啡 把悝切 唾聲也玉篇

合口呼

磈 苦弁切 磈磈石在山中之皃文選吳都賦磈磈劉注 磈礨大石皃或曰石名山海經北山經肥水其中多礨石注。爾雅釋木注云盤結磈磊 磈磥磈硊不平之皃文選江賦乎嶵磈磥而硊碨注 嵬磈皆高峻皃史記司馬相如傳嵬磈瘣正義

殨 殨殨多皃廣韻

巋 山小而眾巋爾雅釋山。釋文引字林云巋小山而眾也 巋然高峻皃爾雅釋文 巋然高大堅固皃也文選魯靈光殿賦序靈光巋然獨存張注 而巋然獨立自足之謂莊子天下巋然而有餘注

瀢 寬弁切 流皃玉篇

揋 逆追也廣韻

鍏 臿也廣雅釋器

颹 或書作颽 大風皃文選江賦長風颹以增扇注

䈨 竹名玉篇

𨗨 姓也玉篇

𡼊 山險也集韻

𤜁 牛也玉篇

䰻 魚也玉篇。字書或言鬼頭魚出廣東韶州府樂昌縈溪中味美狀獰惡故名俗加魚。萱按䰻魚俗名鬼婆子蓋此類

韻史 卷七十一 第十五部上聲副編凡韻 七三二七

魁 魁邦不平。廣韻。魁邦，墝埆也。集韻云

腲 腲腇，舒遲皃。文選洞簫賦：阿那腲腇而已。注 腲腇，肥皃。文選洞簫賦注引埤蒼

㛱 㛱姿好皃。廣韻

㱬 㱬矮不知人也。廣韻 㱬殘弱也。集韻。萱按：从委者轉而从安，猗从畏。者轉而从鬼也，皆南形近而字變

椳 或作瘣 𢸥椳風疾。集韻 𢸥椳行病。廣韻。𢸥椳病，瘴也。集韻云

嵔 或書作㟪 嵔瘣高峻皃。史記司馬相如傳 崴磈嵔瘣正義

𩃏 戶偉切 震雷也。廣韻。萱按：終風𩃏𩃏其雷，俗加雨

渨 或作流 流皃。玉篇 濟水波文也。廣韻 灌濟水皃。集韻

𢉩 辟也。集韻。山海經中山經云：又西十里曰𢉩山

韻史 卷七十一 第十五部上聲副編凡韻 七三二八

蒐 蒐懷羊。爾雅釋草

䉂 竹高節。玉篇

𨌭 轉也。玉篇

輠 車脂轂。玉篇 輠車轉之皃。廣韻。萱按：廣韻棍合輠輗為一字

膃 洞偉切 腽腲腫皃。廣韻。萱按：腽腲一作腲，腲腇腿本一字

胎 腲胎大腫皃。廣韻

郜 陳郜垂皃。廣韻。集韻云：陳郜木實垂皃

靁 雲皃。玉篇

腿 或作骽 腿脛也 骽股也。玉篇

漬 水汎沙動皃。集韻 遺灑硉矹沙石隨水之皃。文選江賦：碧沙遺灑而往來，巨石硉

韻史 卷七十一 第十五部上聲副編凡韻 七三二九

矹以前卻注。萱按：此段瀢為瀢也，瀢灑雙聲

萑 艸名。玉篇

𤬻 烦介切 傷熟瓜。玉篇

瘰 路偉切 痱瘰小腫也。一切經音義五引字略

𨘌 行急也。玉篇

蕾 蓓蕾始華也。集韻云 蓓蕾花綻。廣韻

膃 膃腲腫皃。廣韻

瓝 瓝瓝瓜中。集韻。玉篇云：傷熟瓜

邦 魁邦墝埆也。集韻云 魁邦不平。廣韻

𠿫 壯偉切 鳥啄，一曰鳥聲。集韻

韻史 卷七十一 第十五部上聲副編凡韻 七三三〇

𦢊 鳥尾上肉也。玉篇 𦢊膟也。廣雅釋親 𦢊肥皃。廣韻

𩭛 假髮髻也。廣韻

踓 狂走，一曰䟰也。集韻

䌤 細計也。廣韻

皠 伏偉切 白也。集韻。廣韻云：皠霜雪白狀

璀 璀錯衆盛皃。文選魯靈光殿賦：下𦽬蔚以璀錯。注 璀璨衆材飾皃。文選魯靈光殿賦：汨硙硙以璀璨。注 璀璨珠垂皃。文選遊天台山賦：琪樹璀璨而垂珠。注 璀璨衣聲。文選洛神賦：披羅衣之璀粲兮。注

鏙 鏙錯開雜之皃。文選江賦：鱗甲鏙錯。注

犨 牛名。玉篇

纂偉切 揩偉切 臥偉切 普偉切

[illegible] 北方也玉篇

[illegible] 火久也玉篇 集韻

嶊 山林叢積之皃玉篇 廣韻

嵟 嶊嵟材木之叢積皃也漢書揚雄傳上嶊嵟而成觀注引孟康

䊳 或作䊧 物粗也廣韻 稻赤米曰䊳集韻

磈 衆石皃廣韻

鍡 金鍡也玉篇

摩 手起物集韻○廣韻云摩起令虛

奜 大也玉篇

琲 或書作𤦹 琲貫也珠十貫爲一琲文選吳都賦珠琲闌干劉注 珠百枚曰𤦹廣韻

韻史 卷七十一第十五部上聲副編儿韻 七三三一

慢偉切 奉偉切

[illegible] 豆碎眞也玉篇 廣韻○又云珠五百枚也

悱 口悱悱也廣韻 語不悱○莹按本論語不悱不發鄭注悱心誦也文選嘯賦注引字書

斐 大也廣韻

悲 悵也廣雅釋詁三

棐 猝也廣雅釋詁二○方言十云棐卒也江湘之閒凡卒相見謂之棐相見

榧 榧木名子可食療白蟲出東陽諸郡集韻 廣韻

霏 雲皃玉篇

俷 敗也史記三王世家俷德索隱無俷德 俷背也俷薄也集韻

䐠 腓多滓也一切經音義十七䐠謂䐠滿素問生氣通天論注引三蒼○滓或作汁

韻史 卷七十一第十五部上聲副編儿韻 七三三二

晚丹切

蟦 蠐螬也集韻

樻 或作𦨣 丹邊釘集韻○○廣韻云樻船邊木也又云船樻 莹按廣韻似不謂樻𦨣同字

峗 山名玉篇 集韻

浘 浘浘盛皃詩新臺河水浼浼釋文引韓詩作浘○廣韻云浘水流皃又浘潤海水洩處素莊子作尾閭字不从水○ 莹按海水洩處即泉底水曲泉底滲入而周流於地中如人之血周流於一身

䊳 赤色集韻

餛 食餘也集韻 餛微也廣韻

䊳 或作𩜧 𩜧也廣雅釋器

篚 竹名玉篇

𦻎 艸名玉篇○集韻云𦻎艸盛皃

韻史 卷七十一第十五部上聲副編儿韻 七三三三

[illegible] 穗皃玉篇

[illegible] 或作𡐨○十三部平聲十五部上聲兩見義別後注詳之

韻史 卷七十一第十五部上聲副編儿韻 七三三四

韻史卷七十一

第十五部去聲副編

既韻

齊齒呼

艥 儉利切 舟也廣雅釋水 覣見也玉篇

醆 秫酒名玉篇廣韻

盬 器名集韻盬居歔似猬毛赤也廣韻○集韻云居盬歔名似猬

鱀 或作鱭鮆是鱁爾雅釋魚○注云鱀鯌屬也體似鱘魚尾如鮪魚鼻在額上能作聲少肉多膏胎生大者長丈餘

𣱛 或作旣 日氣也玉篇集韻

瞖 隱器切 目障病也一切經音義廿二引韻集有病又華嚴經音義下引文字集略 覽視皃玉篇

蘻 蘻艸之蘻薈也文選江賦標之以翠蘻注

𥘰 祭也玉篇

袣 或作䙝 褻也漢書司馬相如傳上曳獨繭之褕袣注引張揖 袣衣長皃也史記司馬相如傳索隱引埤蒼

韘 韋也集韻廣雅引 韘以馬贈亡人玉篇

靾 以韋贈亡人也玉篇

𨊻 車馬贈亡謂之靾或从車作𨊻集韻○蓋按凡世聲之字多通从曳則靾韘同字愚意靾韘䩢當祇一字而玉篇強析為三也集韻合䩢靾而未知韘靾是一亦疏

庴 倉也玉篇 庴廡也集韻

瘈 或作瘛 病也廣韻 瘛痸也玉篇○痸下云瀉痸也

䬓 或作䬛 䬓䬓飛也廣雅釋訓

鶊 鳥名飛生也玉篇集韻

䅢 或作䅛 白䅢稻名廣韻

箴 台板際玉篇 箴箄也集韻

㩇 刻也方言十三○廣韻云台板㩇縫

帣 裂也廣韻 帣帣也玉篇○帣音力制切帛餘也

黖 深黑也玉篇

濭 溶濭潪蕩動也文選高唐賦洪波淫淫之溶濭注

蘮 艸名似蘇而赤集韻

藻 俗有渫 蒸也又葱葉也廣韻 渫烝葱也禮記曲禮上葱渫處末注又釋文○蓋按此段渫為藻也俗改渫為渫而陸德明時尚未誤玉藻若祭為已渫卑俗改渫為渫與渫同爾

熂 燹艸燒之曰熂 詩早麓箋乃燎人熂燎釋文

瀱 水名玉篇 瀱鹽池一曰以甘水和鹹水為鹽曰瀱集韻引字林

靉 䨴靉雲狀廣韻

㥜 怒㥜也玉篇

犔 牛病玉篇

㹯 豕息也廣韻玉篇

騺 馬走玉篇○走下有皃廣韻

䀏 不明玉篇 䀏䀏不明皃文選吳都賦萬物蠢生芒芒䀏䀏注 䀏䀏絕遠皃文選吳都賦劉注 䀏黑也廣韻

稧 吳人謂秧稻曰稧集韻○廣韻云稧秧事換秧

禊 祭也廣雅釋天 禊者潔也風俗通祀典 三月上巳臨水祓除謂之禊史記外戚世家

武帝破覇上集解引徐廣

㕦肥大也玉篇引埤蒼　㕦盛也廣雅釋詁二　㕦㕦肥也廣雅釋訓

欪氣越名廣韻　欪欪笑意也玉篇

典器切　㒓或作㑭俀也玉篇

骶背謂之骶廣雅釋親　脊窮之謂骶素問刺熱論榮在骶也注

跜踢也廣雅釋詁二

甈或作𨍭補履下也廣韻

舭舭艏水戰船廣韻引字林

瓻瓻甇大瓮廣

眺器切　諦諟也廣雅釋詁三　諦審也秦晉曰諦方言六　謓諦審也吳越曰謓諦同上

墆障蔽也廣雅釋訓　長沙謂隄為墆一切經音義十三引埤蒼　墆高皃也爾雅釋宮注坫墆也釋文

墆霓高皃也文選西京賦直墆霓以高居薛注　墆停也　墆貯也　墆久積也　𧶜按此皆段墆為滯也

炥灼龜木也史記龜策傳卯炥黃索隱　梁炥焦也史記龜策傳正義

笰車飾也廣韻　笰車箆玉篇

怢怢寧怢心安也集韻引字林

袟補也廣韻

屜或作屟履中薦也廣韻

念利切　媂姥嫔也玉篇。姥者母也嫔即妳字妳妒也

亮器切　唎聲也玉

痢瀉痢也玉

浰倩浰疾也玉篇。子虛賦儵眒倩浰皆疾皃

悷㦬悷多惡又懍悷悲吟也廣韻。集韻云懍悷悲皃

唳鶴聲也。文選舞鶴賦唳清響於丹墀注。晉書音義中云唳鶴鳴也　嘍唳鳥聲廣韻。𧶜按此引伸為凡鳥之鳴

棙琵琶其撥曰棙集

栛小棟木名廣

颲急風玉

𢸪裂也玉篇

𣿅滯𣿅漉也廣韻引埤蒼　霝滴謂之𣿅滯一切經音義二引通俗文

𠗷冰也玉篇

𥶸䉬也廣雅釋器

䀹䀹視也凡相竊視或謂之䀹䀹中夏語也方言十。玉篇云瞟視也亦作瞟　䀹亦言瞟也方言十注

𣧑病也廣雅釋詁一

𢄍或作𢅧帛餘也玉篇又廣雅釋詁三

𨬆或作𨬆除利也玉篇　𨬆除艸器也玉篇集韻

㽞陷也玉篇

懘或作㦘驚也集

曞日光盛也玉篇集韻

賜或作賜貲也廣韻

䰡或作䰡無後鬼也廣韻。集韻云鬼哭曰䰡春秋傳鬼有所歸乃不為厲。薑按此未足據左氏自作厲

櫔木名實似栗集韻

䚏

䁻目明也玉篇

䮟或作䮟入意也一曰聞也玉篇

濿水名今之浙江廣韻

鱱魚醬玉篇

醨或作醨魚子醬也玉篇

鯯魚名可為醬廣韻 鯯鰶魚出東萊晉書音義中引字林

韻史 卷七十一第十五部去聲副編既韻 七三四三

𤿭皮不展也廣韻 𤿭皺皮不伸玉篇

䙰襦緆也玉篇。廣韻云䙰衣不展也

䍶置也玉篇

䞥賬也貝也廣韻

晣或作晣晢也玉篇 晢日光也廣韻

斸刀削也廣雅釋器

䂰矛也廣韻

籬席也廣雅釋器 簟自關而西或謂之籬方言五。注云今云籬篨也

蠇或作蠇蝗子也廣韻

𩟗臭也廣雅釋器。廣韻云𩟗臭敗之味

韻史 卷七十一第十五部去聲副編既韻 七三四四

癘或作䘍赤癘病也一切經音義二十一引字林 下重而赤白曰䘍言厲䘍而難也 釋名釋疾病 癘下病也一切經音義二引三蒼。薑按癘當作此字而方書多用帶帶行而癘廢矣

癘創也廣雅釋詁一

寵器切

儷會也集韻引字林。方言一會也凡會物謂之儷 一云儷

𥰭笑也廣韻

䉶或作䉶判履底也集韻引字林

鱱魚名廣韻

䲊魚名廣韻

𦆊或作𦆊紩也集韻。廣韻云刺縫針縫

譪或作譪險知也廣韻引字林。方言十云沅澧之間凡相問而不知答曰譪

韻史 卷七十一第十五部去聲副編既韻 七三四五

旡口口小也玉篇

踥跳也廣雅釋詁二。方言一云蹃踥跳也楚曰踥

傺楚人名住曰傺也楚辭九辯然

𦒎器切

㓥削也玉篇

哂利切

誂志也廣韻

𠟄制肉也集韻。廣韻制作劌

蠆器切

𩎟繂也集韻。廣韻云繂麻紵名

𦪷舟也玉篇

濿水涯也玉篇

鰶鯯逼鰶魚出東萊晉書音義下引字林。薑按鰶與鯯蓋本一字而俗判為二

韻史 卷七十一第十五部去聲副編既韻 七三四六

淺利切
懠或作懫四 怒也尔雅釋言又詩板天之方懠傳〇板釋文云懠疾怒也又尔雅舍人注云怒声 懠愁也廣雅釋詁
懠疑猶猜疑也集韻
䶩齧也玉篇 齧挩曰䶩一切經音義七引通俗文
䶒㱋也廣雅釋器
姰姡姰也玉篇
㼢甆也玉篇 集韻 㼢甌磨也廣雅釋〇廣韻云㼢一曰屑瓦㳺器
胔或作骴 集韻 周禮蜡氏掌除胔死人骨也玉篇 骴腐骨也聲類云此亦
胔字同工〇夕部云胔今作骴
庛 庛謂耒下歧考工記車人為耒庛長尺有一寸司農注〇後鄭云庛耒下前面接耜者 耒面謂之庛考工記匠人耜廣五寸疏車人疏〇疏又云庛者耜之面但耒狀若今之曲枕柄也

聯或作聊 聰也集韻
搽挑取也廣韻
祭山名玉篇
鵹鳥名似梟人面也山居所居國國必亡廣韻引山海經
蛓蟲名似蜘蛛廣韻
仰器切
齝䶒齝齧也玉篇
栺栙栺木名集韻 栙栺殿名廣韻〇萱按西都賦洞栙指以与天梁栙指為四殿之一 栺栭木名
亦栺栭柱廣韻
簎或作籮 竹名廣韻 簎竹節玉篇
汦水名廣韻

疚病也集韻
𢵫或作襆 複襦也廣韻引字林 襆複襦也晉書音義中 複襦江湘之閒或謂之
𥰡𢵫方言四
丙利切
鄪邑名在魯廣韻 費邑名論語雍也季氏使閔子騫為費宰釋文〇史記魯世家以汶陽鄪封季友索隱云鄪
今作費〇萱按費乃鄪之省借字也汶陽之鄪与尚書粊誓不
同字亦不同地自衛包妄改經文費行而粊廢并鄪字亦隱矣
若左氏殄滅我費滑
又下獨音有費也
妛女名集韻
棝木名廣韻
品利切
𦢊息也方言十三 𦢊盛也方言二又廣雅釋詁二 𦢊盛肥也玉篇 𦢊𦢊呬充壯也方言二注
嚊息喘聲也文選羽獵賦飛廉雲師吸嚊潚率注引埤蒼 吸嚊開張也漢書揚雄傳上注

䙐幝也廣雅釋器 無祠之袴謂之䙐方言四〇注云䙐袴無踦者即今犢鼻褌也
濞或作濞 敗兒又魚名廣韻 祇工二字〇玉篇 濞法敗兒集韻
瞔眥也玉篇
洎㴭也玉篇
混水聲廣韻
劓割也集韻
𣬉似豕玉篇
㿰或作屁 下出氣也字林 類篇引 㿰失氣也 屁泄氣也並玉篇 不㿰止失氣
也山海經東山經沘水多茈魚食之不㿰注
面器切
媢媢謂之媢廣雅釋器 媢早气集韻 媢熱也廣韻

蝐蝐似蝦寄生龜殼中食之益人顏色廣韻
箇竹名一尺數節葉大如扇集韻○萱按一尺數節者竹之常疑此或當作數尺一節
䉛篠屬玉篇山海經中山經求山多䉛注○云䉛竹長節深根筍冬生䉛籖也廣雅釋艸
謎隱語也廣韻○萱按左傳曰庾語國策曰隱後世曰謎

齊齒呼二

帢竟疑切幘也廣雅釋器
宊獨也廣雅集韻引
岕山名玉篇
庎到也廣韻
庎有○俗槅所以庋食器也集韻
魪比目魚名廣韻○文選吳都賦罩兩魪劉注云形如十字各長三寸方以魪左右魪一目所謂比目魚也

韻史　卷七十一第十五部去聲副編皖韻　七三五一

⿰衤害或作襘衣上羅也玉篇○萱按廣韻作衣工也集韻作上衣也皆無羅字
炌儉介切明火也玉篇
⿰亻進向介切或作⿱進皿陿也廣雅釋詁一⿰亻進俠也廣韻⿰亻進速也集韻⿱進皿摞猶果敢也廣韻
⿰忄進忖度也集韻驚傾心也果敢也玉篇驚恨也集韻引廣雅
⿰骨害骨也玉篇
䯟鯚䯟臭也集韻
鯚竊介切大臭又事露也廣韻
懘或作懘𢟮帶絜懘介𢿿刺也史記屈原賈生傳細故懘葪兮隱引張揖懘極也劣也廣韻懘懘
不自安也同上懘忦心不安也集韻
𧝪哂介切衣縫也廣韻○萱按𧝪即褺字今人用斜非古也𧝪衣削副也集韻

韻史　卷七十一第十五部去聲副編皖韻　七三五二

懘仰介切懘忦懘吝也集韻
蝝蟲名哂食艸木葉也廣韻
䑰品介切船後䑰木廣韻
楪木名廣韻
椋西介切木名廣韻
魪魪䑰䑭惡也廣韻

撮口呼

琗衆萃切玉也玉篇
映䕸也廣雅釋器
殀極也廣雅釋詁一
睍去遂切視也玉篇

韻史　卷七十一第十五部去聲副編皖韻　七三五三

踤足也玉篇
衸衣衿也玉篇集韻
猝壯勇兒廣韻
繀忘也廣雅釋詁三
䗑䗑也廣雅釋蟲大曰𧍪小曰䗑國語楚語𧍪䗑之既多注
蜼三部十五部兩見詳在三部正編去聲蜼下
憓許萃切或作譓順也史記司馬相如傳義征不憓集解引漢書音義又文選魏都賦荆南懷憓劉注譓順也漢書司馬相如傳注引文穎集
噫噫噫喝也廣雅釋訓○萱按噫與噫音義皆同疑是一字
繐鋭也又三隅矛廣韻

韻史　卷七十一第十五部去聲副編皖韻　七三五四

𦑝或作𦐉羽也廣雅釋器𦐉六翮之末也淮南人間則鳶翼揮𦐉注

蟪蟪蛄蛁蟟也廣雅釋器又家語子路初見蟪蛄之手猶在於耳注○萱按淮南道應蟪蛄不知春秋注亦同此惟

蛁作蚄蛈楚謂之蟪蛄方言十一○尒雅釋虫蜋蜩螗蜩舍人注云三輔以西為蜩梁宋以東謂蜩為蛁楚地謂之蟪蛄

蕙香艸也史記司馬相如傳蕙圃衡蘭索隱引司馬彪又山海經中山經升山其艸多蕙注又後漢書馮衍傳注○張衡傳注云蕙芷並香艸也又山海經西山經嶓冢之山有艸焉其葉如蕙名曰薰草注云蕙香艸蘭屬也或以為薰葉失之蕙

薰艸也漢書司馬相如工揖以綠蕙注引張揖○廣雅釋艸云菌薰也其葉謂之蕙○萱按郭景純不然此說郭偃突

譓辨察也國語晉語今陽子之情譓矣注

嚖或作嘒小星謂之嘒集韻○萱按詩嘒彼小星有嘒其星皆不作嚖

後遂切

㨹或作𢤴𢡟裂也廣雅釋詁二

綿遂切

崒侍也廣雅釋詁二崒止也廣韻

脺肥也廣雅釋言脺鳥尾上肉廣韻○萱按內則舒鴈翠舒鳧翠祇用翠字偏旁乃後加

𪔂小鼎廣韻

𢄳或作𢅟布巾廣韻盥巾謂之𢄳集韻

槥舂也廣雅釋詁四○萱按說文槥下云讀若舂麥為槥之槥則槥字亦古矣乃許氏但見之于說解中而不録其篆也

斳或作劃斳截也廣雅釋詁四

選萃切

禭祭名玉篇

繸或作綠𦃓綬也尒雅釋器○注云繸即佩玉之組所以連繫瑞玉者因通謂之繸

璲瑞也尒雅釋器又詩大東鞙鞙佩璲傳○釋器注云璲者玉瑞

𨍭𨎌𨍭柿車也廣雅集韻引

𣸣或作澻坑也廣雅釋水𣸣田間小溝也廣韻

隧或作燧道也詩桑柔大風有隧傳又禮記曲禮上出入不當門隧注又左傳文元年釋文襄十八年連大車以塞隧釋文哀十三年為二隧注又國語魯語具冊除隧注又莊子馬蹄山無蹊隧釋文引崔注天地鑿隧而入井釋文○桑柔疏云隧者道之別名隊遂也廣雅釋室○萱按此段隊為隧也隧道路也史記春申君傳而不知千隧之敗索隱隧出入道也左氏昭十七年盈其隧炭注隧潛道也素問調經論五藏之道皆出于經隧注是故守經隧焉注隧列肆道也後漢書班彪傳上注又文選西都賦注引西京賦薛注隧向市路文選吳都下闕賦輕典按以經隧注隧者依深險之處開通行道也漢書西域傳欲起亭隧注為弗地道路曰隧國語周語請隧焉注○左傳僖廿五年請隧注許注云闕地通路曰隧又後漢書陳蕃傳注云插地道隧羨道也周禮冢人以度為丘隧注隧延道也若禮記隧釋文又一切經音義廿一引聲類○左氏隱元年隧而相見注云隧若今之延道隧王之葬禮有國語晉語又二君注引晉語公請天子

○儀禮既夕注使羨道為位疏云天子曰隧塗士有負土為隧又後漢書趙咨傳注云隧為掘地延道王葬禮隧蹊徑也左氏文元年注○哀廿五年當隧者注云隧徑也廣二尺深一尺謂之隧考工記匠人隧謂車輿深也考工記輿人去一以為隧司農注○詩小戎疏云隧者深也于上之攠謂之隧考工記鳧氏○注云隧在鼓中窐而生光有似夫隧五縣為隧左氏襄八年令隧正納郊保注○萱按周禮作五縣為遂則遂隧古今字也故說文無隧郊外曰隧史記魯世家三郊三隧集解引王○國語周語注云隧六隧也掌供王之貢職隧同也莊子天地若石之隊釋文○萱按或謂此隊為隧之借字

𥴚或作𥳩籧篨也廣韻

瓗玉名玉篇瓗美兒廣韻上同

韢或作𦅹繐囊組名廣韻○集韻云韢囊組頭也一曰盛虎頭囊

蔧葥王蔧尒雅釋艸○注云王蔧帚也似藜其樹可用為埽彗江東呼之曰落帚

開口誶 艮泰切

睟面色潤也華嚴經音義上引孟子注睟然潤澤之皃也孟子盡心上睟然見于面注○文選魏都劉注引孟子趙注云睟潤澤皃也色純曰睟法言君子牛玄騂白睟而角注云睟純也又太玄將玄睟注云睟君道也又云睟文之道或淳或班

䟣貨也廣韻

啐顯也玉篇

慨假主也玉篇○廣韻少假字

鄁地名玉篇

熣火也玉篇

𤎩喉疾也玉篇

㪟伐也擊也玉篇㪟辱也廣雅釋詁三

㦛清謹也廣韻 業帶切

韻史 卷七十一第十五部去聲副編既韻 七三五九

隑梯也企立也不能行也玉篇 沉泰切

㬈日色也玉篇

搕塵也廣韻○文選西都賦𣝗𢲸搕之混濁注云搕與塕同○萱按搕正字搕借字

𣩐死也廣韻 或作殟

馤香也廣韻䛭馤香氣也集韻○文選上林賦晻薆咇茀注云馤與薆音義同萱按晻薆即晻馤之段借字

𪕭𪖹𪕗小鼠相銜而行玉篇○萱按集韻于銜下屬尾字殊非

噯氣也玉篇

曖目不明廣韻晻曖暗皃玉篇曖隱也同上 或作瞹

㬈淨也玉篇

靉靆雲皃玉篇○文選海賦靉靆暗皃雲覆日爲靉靆一切經音義六引通俗文

韻史 卷七十一第十五部去聲副編既韻 七三六〇

瓂珠瓂又美玉也廣韻○玉篇云瓂美玉 漢帶切

瀣沆瀣北方夜半氣也文選琴賦餐沆瀣兮帶朝霞注

疨病也廣韻 或作㾊

愒怯也集韻○萱按廣韻怯作快字之誤也

嗐大開口玉篇

𡖅今長沙人呼野蘇爲𡖅方言三注

鯣魚名廣韻

𨚬邪𨚬也玉篇○集韻云𨚬圣邪 到泰切

䑋艇長而薄者謂之䑋方言九 䑋舟也廣雅釋器

𣐿桅也廣雅釋器○方言五云桅宋魏陳楚江淮之間謂之𣐿

黖黑迹廣韻○集韻作黑甚 坦帶切

韻史 卷七十一第十五部去聲副編既韻 七三六一

吠嘗吠也玉篇

伏地名在海中廣韻

舦舟行也玉篇

䧍䧍出首陽山三目有耳集韻引玉篇云䧍鳥似鳥三目有耳音如豕瓷之已熱也引山海經

𡊸以土㙃水廣韻𡊸壅水也集韻 或作𪀃

靆靉靆昏闇皃文選海賦靉靆雲布注

黵黵亦黑也文選魏都賦注曖靆不明皃玉篇 或作𪑓

𤪌𤪌瑁也玉篇 或作蝳

毷獸毛密曰毷集韻𣯔毷多毛廣韻玉篇 囊帶切

鰶鰶鰶魚名集韻

韻史 卷七十一第十五部去聲副編既韻 七三六二

老帶切
攋 壞也 方言十三
瀨 隤也 廣雅釋言
㰁 毒也 玉篇○廣韻云㰁火之毒
藾 或作莉 蒚也 廣韻○尔雅釋艸云苹藾蕭 藾蔭也 莊子人間世隱將芘其所藾釋文引司注○蓋按此假藾為藾也
鷙 或作鵵 鳥名 玉篇
囒 或作嚹 聲也 玉篇
躐 跛躐行皃 廣韻
獵 狂也 玉篇
秩帶切
瘵 瘦也 玉篇○廣韻云瘵瘦也疾也

韻史 卷七十一第十五部去聲副編既韻　七三六三

聚帶切
繰 絹穀也 玉篇 綷繰紈素聲 廣韻
騾 馬名 玉篇 集韻
鵽 或作雞 鶬也 玉篇○集韻作鶬屬
徵帶切
毲 毲也 廣雅釋獸 毲三毛聚居者 左傳定十四年釋文引字林
鵽 或作鵽 桃蟲鷦其雌鵽 尔雅釋鳥
傳帶切
鋇 鋌也 廣雅釋器
狽 狼狽猶狼跋也 文選西征賦注引文字集略○蓋按說文有跟字声類云狼跟顛跟也則狽為跟之譌體乃狽行而跟憂吏集韻云狽狼屬也生子或欠一足二足者相附而行離則顛故猝遽謂之狼狽按此不經說
沛 行皃 廣韻
佈 顛佈仆也 廣韻○蓋按古多用沛為顛佈字

韻史 卷七十一第十五部去聲副編既韻　七三六四

𥄂 或作𥄂 不明也 集韻 𥄂𥄂目不明也 廣韻
𣭛 𣭛毲多毛 廣韻
霈 霈謂大雨也 華嚴經音義上引字林集略 霈然注雨皃 孟子梁惠王上霈然下雨劉注
抱帶切
合口評
古快切
儈 儈者合市也 史記貨殖傳節駔會索隱○一切經音義六引声類云儈合市人也 會亦是儈也 史記貨殖傳集解引漢書音義○蓋按古無儈以會字包之也 儈謂平會兩家買賣之價 後漢書逢萌傳注○漢書節駔儈注云儈者合會二家交易者也
擔 收也 廣雅釋詁三
癐 病也 玉篇
擓 毀也 玉篇
苦邁切
嘳 息也 尔雅釋詁○注云嘳氣息皃 嘳太息也 廣韻○蓋按說文蔽暨皆嘳声必本有嘳而今去故形音義俱

韻史 卷七十一第十五部去聲副編既韻　七三六五

莫詳其說廣韻云云 剴謂嘳與喟同也
㓹 斷也 廣雅釋詁二又玉篇
𥳍 箭也 廣雅釋艸
駃 馬行疾也 集韻
誓快切
懀 惡也 憎也 悶也 玉篇
瞺 眉目閒皃也 玉篇○蓋按本應引字書云懀眉目閒皃也懀字疑轉寫之誤也
𪖴 鼻息也 廣韻
戶快切
𧶠 貯𧶠也 玉篇
澮 水聲 玉篇 廣韻 濊澮水相激聲 集韻
𩅞 雨也 玉篇 小雲謂之𩅞 集韻

韻史 卷七十一第十五部去聲副編既韻　七三六六

璯 玉飾冠縫 集韵○萱按衛風會弁如星祇用會

唔 隸作唔唔 息也 廣雅釋詁二 唔息也 玉篇○萱按字吾變而為唔殆不成字

䛟 隸作䛟 䛟頑惡也 廣韵

蘬 蘬烏蓲 爾雅釋艸

樧 木名皮可牽船 廣韵

洞快切 統 紬也 廣雅釋器○廣韵云統細紬

䩵 補也 廣雅釋詁四

峗 澮峗嶭涇深平之皃 文選長笛賦㟴嶭澮浣注

颮 小風也 玉篇 集韵

刏 削也 廣韵

韻史 卷七十一第十五部去聲副編㕦韻 七三六七

吙邁切 砦 或作寨 籬落也山居以木柵 又壘也

纂快切 𧎚 蟲名 廣韵○玉篇名作也

措快切 𠿒 或作歠 今通謂細食物曰𠿒也 一切經音義十九 歠醊也 玉篇 廣韵

嘬 一舉盡臠 禮記曲禮毋嘬炙注 太牟翁翁食嘬嘬注 嘬攢共食之也 孟子滕文公上蠅蚋姑嘬之注 儕食之曰嘬 禮記曲禮上疏 嘬嘬食疾之皃也

躛 行皃 集韵

褽 衣游縫也 廣韵

䤸 或作䤸 醯也 廣雅釋器 𩞄醬也 集韵引廣雅○廣韵云䤸南方呼醬

𥟱 小舂也 集韵

𥳑 篧竹器 集韵

韻史 卷七十一第十五部去聲副編㕦韻 七三六八

刵 地也 玉篇

臥快切 䩣 人名 玉篇

巽快切 曬 流視也 集韵

瘵 瘦病 廣韵

磃 小石 廣韵

普快切 湃 澎湃波相戾也 文選上林賦洶涌澎湃○引司馬彪 萱按漢書相如傳上注云澎湃相戾也

撴 小堤也 集韵

唄 梵音 廣韵 西域謂誦曰唄 集韵○一切經音義引宣驗記云魏陳思王曹植曾登魚山忽聞巖岫有誦經聲清婉遒亮遠谷流響遂依擬其聲而製梵唄至今傳之 玉篇引

合口評二

古對切 瞶 極視也 蒼頡

韻史 卷七十一第十五部去聲副編㕦韻 七三六九

覞 視也 玉篇

㿉 或作膭 病也 廣雅釋詁一 䏲胃忽痛也 廣韵○集韵云胃要者忽轉動而跳

蹪 蹪注苦蘗 文尔雅釋木○萱按尔雅今作蹪注段借字也 釋文云蹪本亦作蹪○又按此与說文蘗字絕殊

苦對切 樻 或作𣚋 細也 集韵

繢 織餘也 廣韵

䩹 馬韁也 廣韵

聵貴切 慣 慣悍忼慷也 廣雅釋訓

燗 火光也 詩斯干釋文引呂忱 煟燗猶燗燗光也 廣雅釋訓

颶 風也 廣雅釋詁四

䑸 運船也 玉篇

韻史 卷七十一第十五部去聲副編㕦韻 七三七〇

渭　亂皃文選海賦渭濆淪而滀漯注
⿰魚胃　魚名似蛇四足廣韻
⿱雨對　雲起皃玉篇集韻
犚　牛黑耳犚爾雅釋畜
⿰魚對　魚名廣韻
⿰月韋　皮也玉篇
⿱竹衛　箭也集韻引廣雅○廣韻云⿱竹衛竹名
䮹⿰馬戴⿰馬覓　馬怒也廣韻
聿　異獸似鼠廣韻

戶對切
嬇　女字一曰女嬇陸終氏妻集韻

膭　月脁謂之膭集韻
膭　肥大皃廣韻
靧　面肥也廣韻
顡　頤下毛也莊子外物厭其顡釋文引司馬注
⿰金回　金⿰金回玉篇
餯　飲餯皆穢臭也爾雅釋器飲謂之餯李注○蒀按說文飲下引飲謂之餯則段喙為餯也
⿰氵彖　或作济

洞對切
⿱雨對　或作霧霴　征皃文選江賦⿱雨對如晨霞孤征注　黮⿱雨對雲狀廣韻
⿰氵對　潰也廣雅釋詁二　⿰氵對清也濡也廣韻
對　高皃也文選魏都賦對若崇山崫起以崔嵬注

嚉　嚉茂皃如嘾嘀也　⿰木寺直竪皃文選高唐賦嚉兮若松⿰木寺注
薱　薱薱茂也廣雅釋訓
憝　或作憞　惡也怨也玉篇
⿰耳頁　癡也玉篇
⿰骨彖　⿰骨鬼⿰骨彖愚皃集韻
⿰黑彖　黑雲行⿰黑彖⿰黑彖也玉篇

⿰火叏對切
⿰火內　十三部十五部兩見注在彼

路對切
蘱　似蒲而細爾雅釋艸蘱薡蕫注　蘱芽蔽也廣雅釋艸
頪　土塊也集韻　頪土塊土皃廣韻
⿰黑聿　墨色玉篇

⿰亻彖　亞也玉篇
⿰金彖　鑽也廣韻
鋑　平版具集韻○蒀按廣韻鋑与錄各字集韻混合為一
淚　或作涙　目液也集韻
擂　急擊鼓也集韻
檑　⿰木寺檑稍名廣韻
礌　或作礨　礌推石自高而下也集韻引埤蒼○一切經音義十七引集韻云礌謂以石投物也今守城者下石擊戭曰礌　礌石也後漢書杜篤傳注　礌石轉石也漢書司馬相如傳上礌石相擊注○文選馬汧督誄礌而又昇焉注云礌与礨並同

壯貴切
⿰示叕　重疾也廣韻○玉篇云⿰示叕祭名　繹祭謂之⿰示叕集韻

狀對切 膇或作尰 足尰也春秋傳重膇之疾集韻○玉篇云膇重膇病

閏對切 錞銳鐓玉篇

抐扤也玉篇

枘或作鈉 刻木端所以入鑿集韻 枘柱也廣雅釋詁四 枘柱頭枘也莊子在宥仁義之不為桎梏鑿枘也釋文引三蒼 鈉打鐵玉篇

納內也廣韻

叀對切 罙深也趙魏閒語廣韻引方言

㝟屋深也玉篇

𤸎病也廣韻 𤸎腫病集韻

祱祭也玉篇引廣雅

萃對切 錊鍊也玉篇

韻史 卷七十一第十五部去聲副編既韻 七三七五

祽祭也廣雅釋天○廣韻云祽月祭名也

祽覆祽禪衣也廣雅釋器

晬周年子也廣韻○集韻云晬子生一歲也一曰晬時者周時也

措對切 倅副也周礼戎僕掌王倅車之政注又礼記文王世子注掌國子之倅疏又釋文又周書糴匡餘子倅運注又漢書霍光傳集注趙充國傳集注○礼記少儀疏云戎車之副曰萃猶副也又周礼射人乘王之倅車注云倅車戎車之副也周礼車僕掌戎車之萃注○薑按此段萃為倅也古亦段卒作之如諸子掌國子之倅注云故書倅為卒鄭司農云卒讀如物有副倅之倅又礼記檀弓上注戎車之貳曰倅礼記燕義注云卒讀為倅車之貳曰佐疏 戎車之貳曰倅 倅盈也廣雅釋詁一

磈磓也玉篇 磈即磨也方言五磓或謂之磈注 䃗磨曰磈御覽七百六十二引通俗文

砮對切 晬暗也集韻 晬亦闇也文選吳都賦旭日晻晬注

韻史 卷七十一第十五部去聲副編既韻 七三七六

慢對切 佅或作休 東夷之樂曰佅○文選東都賦儚佅兜離注引孝經鉤命決○薑按東夷之樂古用韎用昧無專字也專字後出而从末从未不畫一音亦岐出并从韋之韎亦从末淸涸矣據鄭君芽茏韎声也之說則韎佅似當定从未声 佅莫介莫括二切同無庸尔 佅肥皃集韻○廣韻云佅健肥皃

奉對切 勃挨也廣雅釋詁四

誹言急也廣韻 誹多言也集韻

砩以石遏水曰砩廣韻

疿風瘾也素問生氣通天論乃生痤疿注○廣韻云疿熱生小瘡

昲曬也廣雅釋詁二 昲乾物也列子周穆王昲釋文又方言十

曊曊猶照也淮南墬形日之所曊注

靅𩅦靅雲布皃廣韻

韻史 卷七十一第十五部去聲副編既韻 七三七七

䰆髮也玉篇

攢擊仆也集韻

祓福祿謂之祓戩方言 切

𣪝或作𤼲 賦斂也玉篇 𢽦稅也廣雅釋詁二

𥥍或作𧃩 江東呼蘧篨為𥥍方言五箄其粗者謂之蘧篨注○一切經音義十八引方言注云江南謂蘧篨直文而粗者為𥥍笪斜文者為𥥍 𥥍廗也廣雅釋訓

𤟤或作獙 𤟤鼠如犬爾雅釋獸○山海經中山經倚帝之山有獸焉其狀如𤟤鼠名曰狛如○薑按此舉𤟤以況狛如而未明言𤟤之狀也廣韻云𤟤鼠名如犬吠也然則从犬者乃从吠省声

魼或作𩵋 魼魚名廣韻

鯡魚子廣韻

韻史 卷七十一第十五部去聲副編既韻 七三七八

晩對切
鮇或作𩸺魚名廣韵○集韵引山海經諸鉤山多𩸺魚
䀛見也玉篇䫙面俯前也集韵
郝地名玉篇
峍山名廣韵
沬水名廣韵

韻史卷七十一

第十五部入聲副編

訖韻

𪘏齒詩

竟齕切 ⿰魚乞魚游也廣韵
飲齕切 ⿰戠乞韱也玉篇引埤蒼絲部
向齕切 迄至也尓雅釋詁又詩生民以迄于今傳維清肇禋迄用有成傳臣工迄用康年箋又禮記表記注又國語周語迄于天下注又漢書元帝紀集注司馬相如傳下集注賈捐之傳集注楊雄傳音義引字林又後漢書班彪傳注又楚辭天問吳獲迄古注又選東京賦迄上林薛注○漢書王莽傳中迄于四表注云迄亦至也 迄竟也後漢書孔融傳注
諦大語也一切經音義十二引通俗文 諦諦語也廣雅釋訓
仰迄切 屹或作仡 屹猶孼也高大皃文選魯靈光殿賦屹山峙以紆鬱張注 屹屹崒高峻皃文選江賦

兀乎嵥豎以屹崒注 屹嶜斷絕之皃也文選南都賦嶻巀屹嶜注
⿰舟乞船行玉篇
丙迄切 ⿰足筆走也廣韵 潷盪也廣雅釋詁二 去汁曰潷一切經音義五引通俗文
⿰扌筆玉管集韵○廣韵云⿰扌筆青白玉筆天之所授
品迄切 ⿰必頁髮白皃玉篇

𪘏齒詩二

竟毀切 ⿰木絜或作桔 機汲謂之⿰木絜橰一切經音義十四引通俗文
鍻金鍻也廣韵○集韵云鍻金飾鼓名大駕鼓吹有金鍻
儉列切 搩強暴廣韵 搩擔也集韵
嵥特立皃文選江賦兀乎嵥豎以屹崒注

泬水激回旋也集韵○文選海賦消㳙泬而為魁泬特立也泬與㳄同海賦注引毛萇

櫼釘也廣雅釋器

㚣䶬㚣梁四公子名廣韵

偈健也廣雅釋詁二又一切經音義六引字林偈疾也集韵引廣雅偈桀侹也疾驅皃文選高唐賦序偈偈用力之皃莊子天道又何偈偈乎釋文偈偈乎輕舉之皃詩匪風偈偈注引韓詩偈偈疾驅疏偈息也萓按此段偈為偈也

㨶界也玉篇

頪顪䫌短皃廣韵

甈瓶也廣雅釋器○集韵云北燕謂瓶為甈甈瓶受一斗廣韵

䖿或作䗁蠅蟲又䖿蚼似蟬而小廣韵

韻史　卷七十一第十五部入聲副編詑韻　七三八三

隱列切

蠮或作螧蜙其小者謂之蠮螉方言十一蠮螉蟲名土蜂也集韵

毯多毛玉篇

向列切

䁘䁺䁘目赤廣韵

膝或作腴膜也廣雅釋器

㩸圍係也一切經音義十二引埤蒼㩸束也廣雅釋詁三束縛謂之㩸一切經音義十三引通俗文

禊禊襦廣韵

腡肝䏦也淮南精神腡下迫頤注

艥或作艥艥艎大船廣韵

蠍螫人蟲廣韵長尾為蠆短尾為蠍莊子天運釋文引通俗文

韻史　卷七十一第十五部入聲副編詑韻　七三八四

眦列切

奩見也廣韵韀急繫也玉篇

炔火氣廣韵

嵽嵲山高廣韵嵽嵲小而不安皃玉篇○萓按此段嵽為㟀也㟀不安也

亮設切

烈烈烈憂也集韵引廣雅

㛃美也廣雅釋詁一

㨂揲也廣韵引埤蒼

捌膝也廣韵

鴷鴷斲木爾雅釋鳥

鮤鮤鱴刀爾雅釋魚○注云鮤今之鮆魚也亦呼為魛魚

㨓拗也玉篇

韻史　卷七十一第十五部入聲副編詑韻　七三八五

掌設切

晢或作晣晢也玉篇晢目明也晣目光也並廣韵

晣脂也廣雅釋器

蜇或作蛆痛也列子楊朱蜇于口釋文螫也一切經音義十九引字林○音義十引字林云蛆蠚皆虫行毒也

蠍毒傷人曰蛆春秋傳廿二年正義引通俗文

寵設切

澈水澄也廣韵○詩揚之水傳鄰鄰清澈也釋文云澈本亦作徹○萓按徹訓通訓治与澄義略相近

轍或作迹跡也廣雅釋詁三蹤跡也列子說符絕塵弭轍注○萓按釋文一本作轍乃段借字也轍者勢之車跡曰轍漢書賈誼傳集注○老子善行無轍迹釋文俗引梁注云轍應車轍邊今作彳者古字少也

艥舟也玉篇艥船行也廣韵

橵橐也廣韵徹齊橐爾雅釋木○萓按徹撤古今字撤徹正借字

鞨或作治皮也廣韵

韻史　卷七十一第十五部入聲副編詑韻　七三八六

艞艞謂之舨 集韻引廣雅

閾城門中板也 廣韻

凱列切

瀎 或作𤻝 瀌也 廣雅釋詁二

㡛小衣 廣韻

瀎小灑 廣韻

吣鳴也 集韻云鳴吣○廣韻吣

抴摘去也 廣韻○集韻火去字

蚻蟦蚻蟲名 集韻

淺設切

餟食也 廣韻

趨傍出前也 廣韻○集韻傍作邪

蠘治也 廣雅釋詁三

仰列切

嵲 或作讞 小語也 廣韻 讞正言也亦作嵲 集韻

鐵馬勒旁鐵 廣韻

龘龘䶬聱上龘龘也 廣韻

想列切

揳塞也 淮南要略𢧵揳唲䶮之郗也注○萱按史 廣韻○集韻云櫼揳拭滅也 記賈誼傳揳鳴聚段揳為拚字拚剝也

櫼揳不方正也

躄 或作躠 蹩躠旋行皃 廣韻

濊注也 廣韻 泄泄多也 玉篇

西設切

詍言析理也 集韻

㟏大㟏山名 廣韻○萱按禹貢左傳祇作大別俗加山旁

荝種穊移蒔 廣韻 荝別也大書央中央中破別之也 釋名釋書契

劕分劕一云分契 廣韻○萱按周礼聽稱責以傅別祇用別字荝与劕蓋淺人為之也

㧊柲也 廣韻

𡗕 或作勛 大也 玉篇 廣韻 勛大也 玉篇 勛大力之皃 廣韻

褦袂也 廣雅釋器

鞘 或作玭 刀削飾也 廣韻○集韻多削

鴂蒦山有鳥名鴂鶹 集韻引山海經 鵏鴂鶹 廣韻

憋 或作㦠悏 惡也 方言十又廣雅釋詁二 憋憋急性也 列子力命釋文○方言十注云憋怤急性也

鼈鼈大阜在左馮翊池陽縣北 玉篇引字林

蟞蟞即今蕨菜也蕨初生蟞蔽因以名 尔雅釋艸蟞釋文○詩艸虫傳蕨蟞也釋文云蕨其

初生似鼈脚故名又引詩艸木疏云齊魯曰鼈○萱按古祇作鼈

𤻝不能飛也枯病也 玉篇 疾𤻝不正 廣韻

品列切

馝 或作馝 馝馝香也 廣雅釋訓 馝馝香也 廣韻同上○萱按或作馝者字之譌也

𩓐頫類短皃 廣韻 繁編繩也劍帶也 玉篇

撇拂也 史記孟子荀卿傳側行撇席索隱引張揖三蒼解詁○剌客傳跪而撇席索隱云撇猶拂

暼日落勢也 廣韻 𤌚飛皃 玉篇

蛂蛂蟥蟦 尔雅釋虫○廣韻下有甲虫也三字

西設切

櫼擊也 廣雅釋詁三 櫼揳不方正也 廣韻

𩦑𩦑小 逗小也 廣韻○萱按𩦑小連緜字疊韻 集韻小作少可笑也

儳儳也 集韻云儳儳多詐 廣韻

鑯錐也（集韻 廣雅）
鸃䳆（或作）鳥名工雀也一曰巧婦（集韻）
鱴鱴魩魚名鮆也（集韻○尒雅 云鮆鱴魩）
蠛蠛蠓蟲小於蚊（文選甘泉賦浮蔑蠓而撇天注引尒雅孫注○漢書揚雄傳上注引晉灼云蠛蠓蚊也薹按蠛正字也蔑皆借字）
篾（或作䈼）析竹皮也（一切經音義十七引埤蒼書顧命篾席鄭注云篾竹之次青者篾席也今蜀及關中皆謂竹篾為篾 一切經音義十引声類）篾席纖蒻苹席（書顧命王注）
桃枝竹（書顧命晚出傳）
瞯瞯頡（廣韻）
纖細纖也（玉篇）
務殺切

韻史　卷七十一第十五部入聲副編訖韻　七三九一

齾齧評三
莧察切
嘎嘎嘎鳥聲（廣韻○集韻鳥是鳴）
骱骨堅也（廣韻）髖骱小骨（集韻）
扴拞也（廣雅釋言）
砎砎謂磨砎也（易豫釋文引鄭注）砎堅也（晉書音義十引字林）礣砎雷大聲也（一切經音義十五引字指）
礂剥也（廣韻）碣礂勁怒皃（集韻）
鷞鷞鶒鳥（廣韻）
榤坺也（廣雅釋詁三）
鬜鬝（或作）秃也（廣雅釋詁二）
鶡鳴鳹也（玉篇 廣韻）
𢡅戛切

韻史　卷七十一第十五部入聲副編訖韻　七三九二

隱察切
矎目相戲皃（廣韻）
嫼㜸而怒也（集韻）
猰貐（或作猰貐）類貙虎爪食人迅走（爾雅釋獸○淮南本經猰貐鑿齒注云猰貐獸名也似狸善走而食人在西方也）
猰抗不仁（廣韻）
䝟䝟嶽國名（廣韻）
瞎（或作䀍）一目合之也（一切經音義九引字書○瞎迮也廣慕迮迫 薹按玉篇芠之字爲是）
也（釋名釋疾病）
鬠鬠（或作）秃也（廣雅釋詁二○廣韻云鬠鬜秃皃）
勓勓勓用力聲（集韻）
㵐影動（玉篇）
向戛切
念戛切

韻史　卷七十一第十五部入聲副編訖韻　七三九三

疙病也（廣雅釋詁一）疕瘡也（集韻）
㮣人奴衣（廣韻）
歾夭死也（左氏昭十九年傳釋文引字林）歾癘疾也（廣韻）
㥦好也（廣韻引證俗文）
賉貨也（廣韻）
唽嘲唽鳥鳴（廣韻）
齾齒利一曰殘也（集韻）
睽覼也（集韻引廣雅）
㯓（或作㯓）艸木動搖聲（五音篇引字林）㯓木名梓屬（集韻）
蔡州名有毒殺魚（集韻）
掌戛切
寵戛切

韻史　卷七十一第十五部入聲副編訖韻　七三九四

蠽 或作蠿 羅蠿鬼名 廣韻
鐁 斷艸刀也 集韻
呬戛切
瀎 寒也 集韻
鷙 鳥飛迅疾 集韻
丙戛切
犾 左神名 玉篇。或無左字 亦未審 萱按未審
面戛切
礣 堅硬不消曰礣砎 一切經音義十四引通俗文 礣砎小石 廣韻。礣砎雷大聲也 字指云
髖 骱髖小骨 廣韻

撮口評

舉物切
黷 黑也 廣韻
繘 翟衣一曰結也 集韻 繘狄衣也 玉篇
豩 或作𤜻 書 豕豩地 廣韻。集韻云 穴土也 𤜻豕也 玉篇

去物切
䄿 或作䄿 裋䄿也 玉篇。云襌衣也 裋下 襜褕其短者自關而西謂之裋䄿 方言四注 秦晉之間無緣之衣謂之裋䄿 同上 裋䄿俗名䄿掖 方言四注
䮝 㢈良馬 玉篇
羽物切
黦 黑皃 玉篇
爩 煙氣也 廣韻。玉篇氣作出 炪爩煙出也 集韻
灪 灪滃大水皃 廣韻
礨 礨䃶小石 廣韻 礨䃶高峻皃 文選海賦 滮滭灪䃶注。萱按疑賦本作礨 轉寫誤
曶 暫見也 集韻
搰 或作扻 搰擲也 廣韻
䠱 或作趙 行遠皃 集韻

許勿切
餽 或作饞 餐饞謂之餽 廣雅釋器 餽餄中箸豆屑也 北堂書鈔引蒼頡篇
嗽 有。俗嗽 訶嗽也 廣韻。集韻云嗽氣也 一曰呵嗽不明也
熨 或作熨 乾也 廣雅釋詁二 熨熅也 廣雅釋詁四 熨䁂也 煨也 集韻引廣雅
甫物切
祓 除殃祭也 玉篇
颰 小風謂之颰 一曰疾風 集韻
𩬊 𩬊髮也 廣韻
鉘 飾也 玉篇
坲 坲坲塵埃皃 楚辭怨思 飄風蓬龍埃坲坲兮 注
砩 石名 玉篇
鄅 姓也 漢有鄅修 廣韻。萱按此不言其義 具於弗字中也 諧聲兼會意

艴 大船也 玉篇
茀 輿革後謂之茀 爾雅釋器。李注云 茀車後戶名也 茀車蔽 詩載驅 簟茀朱韓釋文 茀蔽也
䰫 海魚 玉篇 廣雅釋器
犻 犬皃 玉篇
芾 小也 爾雅釋言 又易豐其沛釋文引子夏傳。釋言注云 芾者小皃 蔽芾小皃 詩甘棠釋文。甘棠蔽芾 張遷碑云 蔽沛棠樹 此萱按此段蔽為蔽 沛為芾也 蔽芾葉始生皃 詩我行其野釋文 芾芾茂也 廣雅釋訓。萱按古亦段芾作之 見詩 𢿎字
𢿎 理也 玉篇
髴 額前飾也 廣韻。集韻云髴首飾

問勿切

伆離也廣韻云伆離也○集韻

岉崛岉高皃廣韻

沕沒也文選封禪文沕潏曼羨注引徐廣沕潛藏也史記屈原賈生傳集解引徐廣又文選弔屈原文沕深潛以自珍注引張晏沕穆深微皃史記屈原傳沕穆無窮索隱又漢書賈誼傳注○文選鵩鳥賦注云沕穆不可分別也

撮口呼二

聚律切

繘袖也廣雅釋器

繘不祥也玉篇

矞月在乙曰矞一曰月見西方集韻○萱按尔雅在乙曰橘不作矞也選事者製此耳

蕎蕎子菜也廣雅釋艸○集韻引廣雅云蕎子生可食一曰馬芹

去橘切

僪或作獝狂也廣雅釋詁四僪日旁之危氣也在反上出為僪呂覽明理其日鬥蝕

韻史 卷七十一第十五部入聲副編訖韻 七三九九

育告獝注獝狂也玉篇獝狂惡戾之鬼名文選東京賦斮獝狂薛注○漢書揚雄傳上捎夔魖而抶獝狂注引孟康云獝狂亦惡鬼也又後漢書禮儀志中注引埤蒼云獝狂無頭鬼也獝驚飛也禮記禮運疏○萱按飛義翻正字獝借字

䞖貝也玉篇

䬄或作颵風也玉篇

魑無頭鬼玉篇

䎽出也廣韻

燏火光廣韻

颵或作颰風疾皃文選海賦蕩颰鳥潰注

翻或作翍飛皃玉篇○文選江賦鼓翅翻翸注云翻与獝同○萱按翻翸即禮運之獝狘也字有正借義則一○獝狘

羽橘切

韻史 卷七十一第十五部入聲副編訖韻 七四〇〇

禮記禮運疏飛走之皃也禮記禮運鳳以為畜故鳥不獝鱗以為畜故獸不狘注獝驚飛也狘驚走也

鱊鱊鮬小魚也俗呼為魚婢江東呼為妾魚尔雅釋魚鱊鮬鱖鯞注

𨗹行皃廣

繂長也廣

銉鍼也廣

葎蔾也廣雅釋艸

芛今俗呼艸木華初生者為芛尔雅釋艸蕍芛葟華榮注

許橘切

瞲或作眓暫視也文選江賦瞹瞯瞲睽空注瞲然驚視皃荀子榮辱則瞲然視之曰此何怪也注○文選魯靈光殿賦佗欺偲以鵰眓注云眓與瞲同又引声類云瞲驚視也

韻史 卷七十一第十五部入聲副編訖韻 七四〇一

䀲深目皃廣

䎗飛去皃廣

䬍風也玉

呂橘切

嵂鳴也廣

箻或作筆竹箻也廣韻箻竹管以射鳥集韻

華艸孚甲出也集韻華始也華出也丞廣雅釋詁一

義橘切

怵中也方言十二怵憂心也廣韻○心字集韻是怵字

䠇或作跙䠇短也方言十三又廣雅釋詁一䠇蹶短小皃方言十三

䫻面短皃廣

遹遹律出遲皃文選洞簫賦馳散渙以遹律注

韻史 卷七十一第十五部入聲副編訖韻 七四〇二

䳑雛出𣪊聲廣

仲橘切

鉥縄也玉

烼煙出廣韻烼烼也玉篇烼烼火熛同上

𧺝走也廣

跊或作跊獸跡又犾獸名並廣韻○萓按跊犾廣韻分二字集韻捉合之引山海經云流沙之東有獸左右有首名曰跊踢

鉥魚名玉篇集韻

淅水在琅邪任緒釣魚處玉篇

怒橘切

𠐉行皃廣

𧞣裾𧞣短衣廣韻裾謂之𧞣集韻

剩刴或作断也廣雅釋詁一 刴劃也廣雅釋詁二 剩割也断也廣韻引埤蒼

鮮𩸞也玉篇又集韻引廣雅○類篇云一曰鮪別名

選橘切

㖕口鳴㖕㖕廣韻

蛾海蟀也廣韻○集韻云蛾水虫名海蟀也

鉞鋸聲廣韻鋸鉞銷處也集韻○萓按或作屆戌皆借字也

珬珂屬廣韻○文選吳都賦致遠流離與珂珬劉注云珬老鵰化西海為珬已載劉若馬勒者謂之珂珬者珂之本璞也

球玉名一云珂球與珬同玉篇

浾浾浾水流皃集韻

鄢陳或作頿也集韻○廣韻云鄢頿下

𧺝不能行也廣韻

撮口許三

衆鈌切

訣別也史記孔子世家相訣而去索隱又後漢書第五倫傳注又華嚴經音義上引切韻注○決別也史記外戚與我決於傳中索隱又漢書蘇武傳與武決去注○文選別賦遲注共訣注鮑明遠樂府東門行將復還訣本亦作決○云訣與決同又詩谷風箋君子與已訣別釋文云訣本亦作決○萓按二字義本不同古未有訣字借決引申之義作之死者辭曰訣一切經音義七引通俗文十三引通俗文云死別曰訣○音義訣絕之也一切經音義九引字略

厲謂決斷清洌也文選笙賦注厲情切訣

映日食色玉篇

怏悦也玉篇

觖不滿也淮南繆稱自視觖猶冀也史記韓王信盧綰傳為羣臣觖望集解引韋昭又後漢書陰興傳注觖如也注後漢書李通傳注○陰興傳注觖望也興傳注云觖猶望之也觖望猶怨望也史記韓王信盧綰傳索隱○漢書盧綰傳集注云觖謂相觖又文選吳都賦注引漢書臣瓚注云觖謂相觖而怨望也

砄石也玉篇

狭獸走也玉篇集韻

柍盂也廣雅釋器

英或作英 英明羊角也廣雅釋艸○廣韻云英明莢花黃 蘇若英光爾雅釋艸

去決切

䓫䓫蓋艸也廣韻○萓按爾雅作茥缺盆後人加艸頭

闋或作闕 空也廣雅釋詁三 闋闕無門戶也廣韻

羽缺切

𦯀小也方言二又廣雅釋詁一 凡艸生而初達謂之𦯀方言二 𦯀鋒萌始出方言注二

蘮艸名似芹廣韻○集韻云蘮菜名葉似竹生水旁

許鈌切

閔闃閔無門戶也廣

紕決切
颰 風也玉
䫄 皮剝也玉
筏決切
隲 隔也玉
綠決切
䃉 石破也廣
䵦 皮斷也玉篇

撮口呼四

拳髮切
嶡 嶡之為言蹷也周禮謂之距（禮記明堂位俎夏后氏以嶡注）嶡為之距（禮記明堂位俎用梡嶡注○疏引皇氏云直有腳曰梡加腳中央橫木曰嶡又疏引禮圖云夏俎名嶡嶡亦如梡而橫柱四足中央如距也○釋文云嶡本又作橛蘆按嶡字後出古借橛作之也）
⿰石厥（或作磘）發石也（廣韻）礀石也（玉篇○蘆按玉篇有礀無礀疑是一字也）
⿰羊厥 羊也玉

鱖 鯞鯚鱖鯞（爾雅釋魚）
⿰亻厥（或作⿰亻厥）不顧倡⿰亻厥（洪敬碑○蘆按⿰亻厥字他處未見俗作倡撅撅字玉篇亦無）
⿰角厥 抵觸也（集韻○廣韻⿰角厥字作角）
⿺走厥 小跳廣
去髮切
鐝（或作鐅）磨齊曰鐝（一切經音義九引通俗文）鐝磨鐝也（一切經音義九引埤蒼）
⿰氵厥（或作瀾）⿰氵厥水在義陽（水經注卅一引字林）
⿰牛厥 牛也玉
⿺走厥 舉尾走也廣
羽髮切
⿰王戉 圢立也廣
⿰韋戉 斧衣也集

⿰鳥戉 鳥名集
蛂 蟔蛂（逗）蚌也（廣韻引魏書）
⿰木戉 木名廣
樾（或作樾）樹陰也（集韻 字林）樾下眾樹之虛也（淮南人間武王蔭暍人于樾下注）
蚏（或作⿰虫戉）蟿蚏似蟒而小（廣韻○蘆按蟿蚏蟿蜡異名同物）
許髮切
殈（或作殈）盡也（廣韻）殈盡也（廣雅釋詁一）
𡾾 山皃廣
狘 驚走也（禮記禮運故獸不狘疏）
䳗 飛走之皃（禮記禮運鳥不䳗注）䳗䳗飛皃（集韻）
翍 小鳥飛皃（集韻）

呂髮切
毟 毛色斑也（廣韻）馬毛雜斑謂之毟（集韻）毟鳥羽斑色（同上）
跀 蹶跀跳踉皃（廣韻引字統）
哷 雜鳴也廣韻
芻髮切
蹶（或作趨）跳也（廣雅釋詁三）
㵐 注也玉篇
駾 臼額馬玉
羖 病也（廣雅釋詁一）羊病謂之羖又羖羊躍而死（並集韻）
豽 豕也玉
蝃 蛪蝥也玉
中髮切
爕 爕爕燒起也玉

忽髮切 㕚或作鳥理毛也廣
叔髮切 軔車釭玉篇集韻
鍘兵器廣
玥神珠也廣
峭𡸖或作山名玉篇
甫蔑切 閥明其等曰閥積其功曰閱後漢書章帝紀注韋彪傳注○廣韻云閥閱自序集韻云閥閱功狀
醎酒一醎也廣韻謂釀一成曰醎集韻云俗
筏𥴧或作簰謂之筏方言竹曰筏尔雅釋言舫泭也注○廣韻云大曰筏小曰桴乘之渡水
垡墢或作撥耕起土也廣韻𤰝土曰伐伐之言發也考工記匠人一耦之伐注○蕫按垡字後出古用伐為垡續漢書儀礼志工注引礼記月令盧注云伐發也

泧寒也玉篇
沛春也廣雅釋詁四又一切經音義十五引廣雅 沛暘水也一切經音義十五引埤蒼音義十八引集韻○集韻又云今中國言沛江南言暘
蔳蓁莿尔雅釋艸
開口詠 良逹切 濊水名又滲濊波勢也廣韻
轄轄或作轄轄前郄也史記司馬相如傳踐轄轄索隱引張揖轄轄搖目吐舌也漢書司馬相如傳下踐轕轄注引張揖轇轕戟形又轇轕驅馳皃並廣雅 轇轕車馬喧雜
兒一曰室宇曠深集韻 轇轕長遠玉篇
駋騔或作馬行皃玉篇
獦獦狚獸名似狼赤首一切經音義十七引字林

佩逹切 𥯗𥯗簸桃支竹名也廣雅釋艸○廣韻多竹名二字
骹肩髆骨也玉篇○集韻多骨
癟病也廣雅釋詁一○廣韻云癟內熱病也
嵑𡾮或作嵑嶭山皃廣
業逹切 𤢺木虎止樂器亦名敔也廣韻○蕫按記段揭為柷𤢺字古時字火
嗾止也廣雅釋詁三 嗾小語也廣韻
𠼦大呼用力謂之𠼦廣韻
鶡鴶鶡鳥名似伯勞而小廣韻
瀾水名玉篇
漢逹切 顲頗顲健也廣韻 頗顲鼻面平也集韻 顤顲揚言也同上

髑脊也廣雅釋親 髑謂之骭集韻
喝臼也廣雅釋器
髭罽也廣雅釋器 髭臼也儀礼士喪礼髭豆兩注 髭頭生創也頭有創曰瘍髭亦
然也釋名釋疾病 髭雞似雉而大青色後漢書南蠻西南夷傳注
鞨鞨帞頭也帞頭幧頭也列子湯問鞨巾而裘釋文 鞨屨也廣雅釋器 鞨鞢北狄別
種集韻
猲犬臭也集韻
割用力也廣
𦃏束物也廣韻
餲食飽也廣韻

馤香氣廣韻引字林
鶷臼頭鳥謂之鶷鶡初學記卅引通俗文
螛螛螛搖目吐舌也漢書司馬相如傳下注引張揖
𣘼木轉兒廣韻
䓑蘇沅湘之間或謂之䓑方言三　䓑荏蘇也廣雅釋艸
䈄拾也廣韻

到達切
呾呾嗹語不正也一切經音義一引韻集
妲妲己有蘇氏女紂妃廣韻集韻
狚北號山有獸如狼赤首鼠目名曰獦狚集韻引山海經
荁艸名葷也集韻

韻史　卷七十一第十五部入聲副編訖韻　七四一五

担粲切
闥門內也詩東方之日在我闥兮傳　闥門屏也漢書樊噲傳噲迺排闥直入注○詩東方之日釋文引詩云門屏之間曰闥　闥謂之闥後漢書桓帝紀注　小闥謂之闥後漢書宦者傳注引爾雅○漢書王莽傳下斧法闥注云闥小門也　闥宮中門也後漢書張小傳即帶至宣德闥門注　闥宮中小門漢書高后紀質不出房闥注樊噲傳注○霍光傳出入禁闥注云宮中小門謂之闥文選西京賦重闥幽闥薛注云宮中之門小者曰飛闥突出方木也文選西京賦上飛闥而仰眺薛注
㒓或作㒓逃也方言十三　㒓逃也廣雅釋詁三
躂及地曰躂一切經音義十五引字書○廣韻云躂足跌
澾滑也集韻引字林
蟽蟲名玉篇
薘○俗有薘艸名馬舄也集韻○萱按萘萊一名蔦蓬見本艸

韻史　卷七十一第十五部入聲副編訖韻　七四一六

桑達切
攃攃搦捎也集韻引字林○廣韻云攃手按
瘵或作蛆痛也廣韻　蛆痛也蓋也玉篇

老達切
辣○俗有辣辛也廣雅釋言　辛甚曰辣一切經音義八引通俗文○韻會引聲類云江南曰辣中國曰辛
庲或作廁下屋也玉篇　庲庵也廣韻引廣雅　廁庵也廣雅釋宮又玉篇○萱按廣韻引廣雅庵下釋云舍也廁也是則庵廁二字為轉注
揧或作揧也廣雅釋言
喇喝喇言急也玉篇
䁢或作睞目不正也廣韻
颲風兒集韻
莿艸名蔦屬集韻

韻史　卷七十一第十五部入聲副編訖韻　七四一七

蝲蛪或作蝲蝲廣韻　蛪蟩也一切經音義九引廣雅
攋撥攋手披也廣韻
𤎋毒也玉篇

扶達切
刹柱也廣韻
莉莉艸玉篇　莉掃地惡艸廣韻

弱達切
䯾細毛也玉篇廣韻

贊達切
鬢鬢光澤也又多毛也玉篇　鬢鬢多文廣韻○萱按多大玉篇作鬢多毛
蹳蹙蹳行兒廣韻引新字林
撈遢撈也玉篇
㯼窄也集韻　㯼帘㯼也一切經音義二十引周成難字

韻史　卷七十一第十五部入聲副編訖韻　七四一八

澇或作瀎水濺也集
㓫剌㓫不淨也廣
桑達切
䌓穀屬廣韻○集韻穀作䅽㩮摩也集
㩮足動艸聲廣韻
䃺或作䃯䃺石也集
𢴤擊也廣雅釋詁三又玉篇
嘖或作𠲜嘈嘖聲也集韻引廣雅○文選文賦云務嘈嘖而妖冶
撒達切
𠯗或作啐聲也廣雅釋詁嘈啐聲兒文選懷舊賦注引埤蒼
㟃或作巀嵲㟃山兒玉篇巀山中絕兒廣
頊頭無髮頊頢玉篇𩕾頊大面同上

散達切
辢辛味也集韻俗云辢辣廣韻
㗂○俗有㗂聲變也集韻喝㗂聲散也同上
𦺗失也廣韻○薹拔𦺗薩字六書不知所屬其訓釋亦難言
薩唐六典有薩寶府掌胡神祠集韻
䉺篙䉺桃支也廣雅釋艸○集韻云篙䉺竹名
莫達切
𦾔不明也玉篇
倈倈𠌯事濟玉篇
妺妺喜桀妻也玉篇
䭾馬走兒玉篇
合口訐
古撥切
趏走兒廣韻

頢小頭兒廣韻
菭菭䕯舌爾雅釋艸○注云今䕯舌艸春生葉有似于舌
䓘芠䓘艸名也閻興芠蔎兮注文選甘泉賦攢并
苦撥切
踻𧾷也廣
蛞蛞螻螻姑也廣雅釋虫○方言十一云螻姑南楚或謂之蛞螻
䵻拔切
𦧇或作舐瓜𦧇玉篇
𣄦抒也二廣雅釋詁又玉篇
䀨目開兒廣韻
䀨小嫵媚也廣韻
烣煙起兒集

婠體德好也集
嗗飲聲謂之嗗廣韻
㵎聚也玉篇
戶撥切
䀸怒視兒廣韻引埤蒼
敀盡也集
䑢舟行玉篇
蛞蛞螶玉篇
瀕不淨也玉篇
㑻㑻㑻健也集韻
䬈帛細者集韻

趌走也廣韻
猾狡也史記劉敬叔孫通傳專言大猾何也索隱引類集又漢書武帝紀集注云又文選東京賦巨猾間亹薛注○荳按賜馮煥詔劉輕狡猾擖者猾之破字也 猾弄也國語晉語齒牙為猾注 婚或謂之猾十方言 猾黠惡也一切經音義一引三蒼○音義十二引字書云猾惡黠也 猾擾也廣雅釋詁四 猾亂也左氏僖廿二年釋文又漢刑法志集注匈奴傳贊集注叙傳下集注又後漢書安帝紀夷狄猾夏注馮緄傳注烏桓鮮卑傳書我猾夏注又廣雅釋詁三又一切經音義十二引書蠻夷猾夏集解○書堯典蠻夷猾夏鄭注云猾夏侵亂中國也
鰨餘如之澤多鰨魚鳥翼出入有光集韻引山海經
蝟蝟螺小者蟧爾雅釋魚○注云蝟螺蠃皃坪蒼或曰即彭蝟也 彭蝟似蟹而小廣韻
磆磆石藥名廣韻○荳按方書作滑石

菫拔切
蹴改蹴知輕重也廣韻 蹴聚食不速也集韻○廣韻云蹴數食不映目來

韻史 卷七十一第十五部入聲副編諧韻　七四二三

磤補也集韻○廣韻云補破衣
洞拔切
俔簡易也淮南本經其行俔而順情注 俔可也廣雅釋詁三○韻俔一曰輕也
覢皮剝也玉篇
鮵鮀小者鮵爾雅釋魚○注云今青州呼小鱧為鮀
芄蒰或作蘿南活芄爾雅釋艸○廣韻云活芄艸生江南

峨拔切
肭再生也一切經音義十引通俗文 膃肭肥皃廣韻
祋下衾襦名廣韻
甁瓫或作甁甁也廣韻
虓虎行皃玉篇
豩豕名玉篇集韻

韻史 卷七十一第十五部入聲副編諧韻　七四二四

路拔切
黥黑也玉
剕削也廣雅釋詁三
砎石也玉

狀拔切
頒強皃玉篇 頒頢強可皃廣韻○集韻云頳頢小頭也一曰面短皃
瀕瀕瀕不淨也玉篇集韻
黥黑也玉

寨拔切
縿黑也玉
縿結縿也玉
攃把也廣韻
檫木雉也玉

韻史 卷七十一第十五部入聲副編諧韻　七四二五

臥拔切
訶怒也廣雅釋詁三 訶訶也廣韻
俏地名玉
殂獸食殘皃廣韻
相去樹皮也又柮相柱頭木廣韻

市拔切
鬣髮鬚多鬣皃廣韻
襏三尺衣謂之襏一切經音義十五引通俗文 襏襫簑薛衣也國語齊語身衣襏襫注
襏襫謂麤堅之衣管子小匡身服襏襫注
驟馬怒也廣韻
盋或作鉢食器也廣韻引顏師古漢書注
紱糸也集

韻史 卷七十一第十五部入聲副編諧韻　七四二六

昏括切 𦫳𦫳艴無無無色廣
唆謏唆人言廣
酸或作酸𨡃酷酘酒廣韻酘謂之酸集韻
浚或作潑奔水也集韻
袚袂也廣雅釋器
羚牯羊名廣韻
胈膚毳皮史記李斯傳而股無胈集解胈膚中小毛也史記司馬相如傳躬胈
庛也莊子在宥股無胈釋文引崔注胈白肉也莊子在宥釋文引李注胈腫也史記司馬
相如傳集解引徐廣
䟦行急也玉篇海篇

颬雲氣也廣韻
颰疾風也集韻颰颰風疾皃同上
鈸鈴屬集韻
馛馞香也廣雅釋器馛馛香也廣雅釋訓
駊駊鶩馬名集韻○廣韻云駊鶩蕎中馬也
茷茷菝瑞艸也廣韻○萱按甘泉賦作茇菝茇菝蓋古今字
䫊䫊䫊健也廣
慢拔切 怽忘也廣雅釋詁三
昧日中不明也集韻
袜或作袜所以束衣也集韻○廣韻云袜肚

帓巾也玉篇帓帶也廣韻
艴艴艴色不深也廣
砞碎石也玉篇
韎韎鞨北狄別種集韻
妺妺嬉桀妻有施氏女廣韻集韻
抹壐也廣雅釋詁三
䳮𪇤也廣雅釋鳥
鮇魚名廣
箖捕鱠竹器廣
醆醬也集韻引字林

合口訏二

古忽切 愲結愲亂也漢書息夫躬傳心結愲兮傷肝注
䯏䯏䫋獸也出北海廣韻
㱻牛也玉篇
榾枸榾木名也一切經音義十五引埤蒼
蓇不實艸廣韻○山海經西山經云嶓冢之山有艸焉黑華而不實名曰蓇蓉
嗢憂也廣韻嗢嗢憂也廣雅釋訓
䶒出也廣韻
苦骨切 矹力作也一切經音義一引埤蒼矹仂也廣雅釋詁四矹勤也一切經音義一引埤蒼
矻或作矹石也集韻矻矻健作皃漢書王褒傳集韻引如淳矻矻勞極皃漢書王褒集注引應
劼或作矹勞極皃集韻

欪或作欻 欻欪不穩廣韻 欻欻不滑利也一曰欻欸不安集韻
㧾擊也廣雅釋詁三 南楚凡相推搏曰扢或曰㧾方言十
顝目突 顝廣韻○集韻云顝目出兒
朏或作腒 曲腳也廣雅釋親 朏臀也廣韻 朏也一曰肰出集韻
𦢊月𦢊月所生也集韻○漢書揚雄傳下西厭月𦢊
𣿭水深兒玉
堀堀地為室也玉
崛或作硹 屼崛玉篇○廣韻下增禿山兒三字
麤骨切 搰搰也廣雅釋言 搰手捺物兒廣
馧馧馞大香也廣

韻史 卷七十一第十五部入聲副編說韻 七四三一

膃膃肭肥也廣韻 膃脖病也集
搵搵桲果名似樝也廣
淴水出聲廣韻 淴決水流疾兒集
蟀蟲名玉篇海篇
戶骨切 迦遠也廣雅釋詁一
總微也廣雅釋詁四
㗇憂也玉
𩅞雨下玉
黷濁垢也集
聉耳聾廣韻 聉春秋地也玉篇引埤蒼

韻史 卷七十一第十五部入聲副編說韻 七四三二

聉耳聾玉
搰或作扢 果中寔集
抇發也呂覽安死不可不抇注 抇搰也廣雅釋言又荀子堯問深抇之而得甘泉焉注又家語因抇之深注○列
子說符俶而抇其谷注又呂覽節葬淺則狐 抇裂也廣雅釋詁二
埋抇之注云抇讀搰○萱按抇搰古蓋同字呂覽本生物
抇穿也廣雅釋詁三又荀子正論今厚葬飾棺故抇也注 抇亂也者抇之注
董忽切 乾急繫縛也集韻引埤蒼
䯰騔䯰獸也出北海廣韻
䍌䍌䍌羊名集韻
洞骨切 踧踧也廣韻 踧踧前不進也同上
㻌玉瑱也玉篇

韻史 卷七十一第十五部入聲副編說韻 七四三三

䘑褌無襠者謂之䘑廣雅釋器
䅣耕也廣雅釋地
䑽釣舟謂之䑽集韻○廣韻云𦨴䑽釣船
葖葖蘆葩爾雅釋草○注云葩宜為菔 蘆菔蕪菁屬紫華大根俗呼雹葖
鼵如人家鼠而短尾爾雅釋鳥 其鼠為鼵注○山海經西山經鳥鼠同穴之山注云鳥名曰鵌鼠名曰鼵
鶟鶦鳥爾雅釋鳥○廣韻云鶟鶦鳥名似雉青身白首
鍞或作鋑 搶也集韻
鈯鈍也廣雅釋詁三
凸凸起者也一切經音義十四引字苑 凸出兒廣韻○萱按凸形與音皆陋古自作肰讀若迭見十二部
叟入水又出兒廣韻

韻史 卷七十一第十五部入聲副編說韻 七四三四

焞骨切
抐擩也廣雅釋言
殁 怕或作殟殁心亂集韻 殟怕憂悶同上
𣅜日入色也玉篇 海篇
䀎視也玉
路骨切
踛 𨀐或作踛 踛踤前不進也廣
𡲢𡲢欻不穩又不利也廣
硉 硉或作𥒂 硉矹山崖也集
𢯼捽也捋也玉
𢾃 𢾃或作箻射之矢集韻
爽忽切
淬没也玉

韻史　卷七十一第十五部入聲副編訖韻　七四三五

措忽切
稡稊稡也廣韻○集韻云稊稡不秀不成聚向上皃
䚝挾也廣雅釋詁四 䚝始生也廣韻
𩨸小骨也廣韻
鬈鬈髻鬈卒也玉
捽柱頭衲也集韻引字林
臥骨切
矹硉矹山崖集
屼 岏或作𡾊屼禿山皃又五屼山名在犍為廣韻 岏禿山也文選吳都賦注引字指
𦨣播舟也玉篇
𪖩 𪖩或作𪖩以鼻搖一曰鼻仰也集

韻史　卷七十一第十五部入聲副編訖韻　七四三六

虮蛤屬集
芤艸名艾屬集
閄括也一曰婞佷也集
蘖骨切
𪖛鼻鳴廣韻
䳍 鶟或作鶟䳍鳥名廣韻
㲕毛短謂之㲕集韻 𣯷㲕毛皃廣韻
普忽切
浡作也爾雅釋詁○注云浡然興作皃○注浡盛也廣雅釋詁二○漢書揚雄傳下集注云浡滃盛也 浡滃也
淮南原道原流泉浡注云浡滃○文選海賦天網浡潏注云浡潏涌皃
㪍拔也廣雅釋詁三
㪍杖也廣雅釋器 僉齊楚江淮之間或謂之㪍方言五 㪍濃也廣雅釋詁一 榅

韻史　卷七十一第十五部入聲副編訖韻　七四三七

㪍果似樝廣韻
馞馞餑香也廣雅釋訓 馝馞香也集韻引廣雅
餑長也廣雅釋詁四
㪍強也方言十二 㪍懟也同上 㪍悖也廣雅釋詁四
脖胅臍廣韻 脖胦齊也集韻
誖 誖或作𢬃物聲廣韻
孛乳母字集韻
㶿 𤊧或作煙起皃廣韻
𧑔風皃玉篇
駮 駮頭之山多駮馬牛尾白身一角其音如呼集韻引山海經

韻史　卷七十一第十五部入聲副編訖韻　七四三八

毴毴毴毛短廣韻

鵴鵴鵴鳥名廣韻

葧或作葧蘚母蒡葧集韻引廣雅

秭稢或作秭稡禾秀集韻引字林秭稡禾重生廣韻

昢日出皃廣韻

茇艸也廣韻

慢忽切

韻史卷七十二

泰興何萱石閒譔集　子度校字

上海顧錫麒竹泉覆審

武進李兆洛申耆鑑定

第十六部平聲

街韻

開口訏　乂良切

街四通道也說文街謂道也廣雅釋室少謂宇又素問水熱穴論此腎之街也注街大道也文選西京賦街衢相經薛注街交道也一切經音義三引三蒼街者攜也離也四出之路攜離而別也御覽一百九十五引風俗通街攜也街猶陰陽多也管子五行六多所以街天地後漢書蘇竟傳注也注昴畢閒爲天街

佳善也說文段注廣韻曰佳善也又曰好也又曰大也老子佳兵者不祥淮南說林訓曰佳人不同體美人不同面而皆說於目○老子釋文又廣雅釋詁一佳大也又國策中山又楚辭大招佳麗以佳只注並云佳善也又廣雅釋詁一佳好也又淮南佳飾也老子夫佳兵者注所出也注佳麗人之佳好也修務形夸骨佳又淮南注佳美林注說佳俠皆美人之稱也如淳○漢書禮樂志佳俠上嘉夜注引外戚傳佳俠含光注引孟康云佳俠猶佳麗

娃萱街切圜深目皃也或曰吳楚之閒謂好娃說文○文選吳都賦幸館娃之宮劉注云吳俗謂好女爲娃又御覽三百八十一引通俗文云南楚以好爲娃方言二娃好也廣雅釋詁一娃笑也吳楚衡淮之閒曰娃吳有館娃之宮

哇諂聲也說文段注深哇也王莽傳又段注哇也文選七命哇咬也廣雅釋詁二哇邪也文選東京賦注哇哇展轉之皃也注引蒼頡口哇太平御覽引法言李軌注哇飾利哇嘔

也莊子大宗師其嗌言若哇釋文引簡文注哇結也莊子大宗師釋文引崔注趯不正之音也
漢書敘傳上蒸趯而不可聽者注引李奇趯者樂之淫聲非正曲也漢書王莽傳紫色趯聲贊注引應劭
注○匡謬正俗六云趯者非法之曲趯邪音也
不正之音非謂水中趯趯之聲也
趯咬淫聲也文選東京賦咸池不齊度於臺咬譆注

洼　深池也說文○漢書武帝紀注洼污也廣雅釋詁三洼洿也自闕而東或曰洼方言三云馬生渥洼水中注
淵洼皆洿池也方言三淵注洼者若洼曲莊子齊物論者似注釋文淮南覽冥注注水渟水無注水注

窪　清水也一曰窊也說文段注清水也未詳窪下穴部曰窊污衺下地也廣雅釋詁一窪洿也老子窪則盈釋文引顧注

楚佳切
叉　○俗有釵手指相錯也說文段注謂手指與物相錯也凡布指錯物間而取之曰叉因之凡岐頭皆曰叉是

以首笄曰叉今字作釵魚部鱷下云大如叉股鼎周異物志曰浩唆多大龜其甲可以卜其緣中叉似瑇瑁俗名曰靈叉
劉逵注蜀都賦常璩華陽國志郭璞注爾雅皆用其語緣叉
中叉謂緣可為叉也今爾雅注譌作緣中文似瑇瑁俗呼為靈緣
靈龜自賈公彥周禮疏所引已然矣
叉　括也廣雅釋詁○釋名釋兵云叉取魚矢括曰叉形似叉也
也提文選西征賦注引叉之象叉之形因名之也○釋名釋首飾云叉枝也當按此段又
分叉為二字矣然可謂之叉股枝也叉為杈
字也言敘今之叉字即古之叉字通古今
箙謂之步叉當按此段叉為箭

杈　杈枝也說文段注三字句杈枝也文選魯靈光殿賦注如手指相引方言云江東言樹杈枒參
差之皃文選魯靈光殿賦注叉股枝也此廣雅釋木○當按枝故從叉
杈枝也廣雅釋木

漢佳切
㦬　怨恨也說文㦬恨也廣雅釋詁四

鞵　○俗有鞋鞵生革鞮也說文鞵解也著時縮其上如履然解其上則

舒解也釋名釋衣服

膎　○俗有鮭脯也說文段注太平御覽引說文曰多膎肉也廣雅釋器孰食為膎太平御覽引莊子逃責
戎膎功注膎今名鮭魚山海經北山經其中多赤鮭注鮭鱉如小兒
達生倍阿鮭蠪釋文引司馬注○當按釋文鮭木作蛙二字不可確定也

景佳切
說　言相說司也說文段注說司之言惹也司說猶刺探也
說　言不正也廣韻詁說
言不正集韻引埤蒼

傲鞵切
崖　高邊也說文段注垂部曰垂遠邊也崖為高邊行垂之義也土部曰垂者遠邊也
者因名邊矣其字從屵也故崖岸也不前子勸學淵生珠而崖不枯注又太平數九
為高邊此與厓部之厓義別
地三為崖根也淮南本經注崖廣也漢書司馬相如傳集注
洪崖注崖之道引孟康○當按晚出有
涯字崖皆借用之左傳襄廿八年伯有廷勞於黃崖莊
子秋水兩涘渚崖之間兩釋文並云崖本作涯

崖然進翹不安之皃莊子天道而崖然注容崖然

厓　山邊也說文段注邊則曰崖高厓亦重之義也文選甘泉賦注厓方也廣雅釋詁一
詁四厓水邊也注○爾雅釋水滸水厓注釋文云厓本作涯又詩葛藟傳水涯釋丘望厓洒然而高岸
曰涯公劉傳芮水涯也釋文云涯本作涯水濱專字作厓○當按水邊
者山邊之引申也俗乃加水作涯為
之矣古多用崖若厓後人多用涯
其義仍崖厓之義耳徒與其煩
或作

莫鞵切
瞡　小視也說文段注太平崔注瞡音麻旗結羅于戈蛾蛾師孚嗑之瞻視之辭按太平與十七部合韻

合口呼

古懷切
𠙴　背吕也象脅肋形說文段注吕下曰脊骨也脊兼骨肉言之吕則其骨析言之如是渾言之則統曰背
吕猶俗云背脊也象脅肋也七字當作象形
字當作象形从象脅肋也此四字象形謂𠙴象背脊居中而直
一象人要从則象背
左右脅肋之形也

𠦬 或作乖 戾也 說文段注犬部曰戾曲也曲則不伸故為睽離乖从廾从北皆取分背之意 𠦬 借也 廣雅釋詁二 𠦬 離也 廣雅釋詁三 𠦬 戾也 廣雅釋詁二 𠦬 差也 廣雅釋詁四 乖 差也 楚辭怨世吾獨乖剌而無當兮注 剛柔得適謂之和反和為乖 賈子道術 乖 謂失於常度也 後漢書班固傳下注 乖舛不齊也 文選西征賦注

鼃 或作蛙 蝦蟆屬 說文段注蝦蟆與鼃而其形相似故言蝦蟆以別之鼃則別於小鼃諸書所謂鼃者也周禮秋官蟈氏注云蟈蝦蟆也故言鼃者兩周禮有蟈氏鄭注云今御所食蛙也又蟈蝦蟆屬月令螻蟈鳴 年鼃亦曰蛙蝦蟆黽是可知其別似蝦蟆而小也 水雞亦曰田雞周禮秋官蟈氏注云蟈蝦蟆也 蛙聲閣閣 蛙子正論坎井之鼃 莊子秋水 蝦蟆也 荀子鼃蝦 夫坎井之鼃 荀子正論 似蝦蟆井之鼃又引司馬注云鼃蝦蟆也 又禮記月令釋文鼃音蛙 晉書音義下引字林云鼃似蝦蟆 同階注又後漢書張衡傳注又國語晉語注 為螻蟈鳴 越語注 鼃蝦蟆也 廣雅釋魚 鼃 蟈 長股也 廣雅 釋文 鼃 黽屬 考工記梓人注 鼃黽 即蝦蟆也 疏云

釋魚 鼃 始也 方言十二又廣雅釋詁一 ○ 萱按段大令以此義為圭之段借字 詳圭下

𧴩 𧴩也 說文段注史記律書北至於𧴩𧴩者主毒螫萬物也𧴩而藏之九月也 ○ 萱按𧴩𧴩也俗字作𧴩非 一切經音義五引廣雅

合口呼二

𪓏 𪓏也

䫇 好視也 說文段注好視也 和 䫇 怒也 廣雅釋詁一 䫉切

倭 十六部十七部 讀若 順兒 詩曰周道倭遲 說文段注倭與委義略同委隨也 隨從也 廣韻倭遲歷遠之兒 時 讀所改 詩四牡傳曰倭遲歷遠之兒 ○ 萱按時詩四牡 小雅四牡 周道倭遲 傳曰倭遲 文選詩作倭遲 合二字成語 故釋訓不收 遲 段注云倭本作委 又曰倭 後漢書地理志作周道郁夷 山海經海內北經 ○ 廣韻 倭 國名 在東海中國也 ○ 萱按 說文 ○ 遲 倭 皆同聲 假借字 不合 又 委 帖 五作 倭 適 借 字

倭 屬 鮻 東海中國也 萱按 廣韻 餘 倭 雙聲字 委 近之 遲

逶 逶迤 疊韻 逶迤 去兒 說文段注云逶迤 也 逶迤 衺去兒 文選 長兒也 漸邪 也 逶迤 長兒 逶迤 曲兒 後漢書 楚辭 逶迤 長兒 賦注 逶 逶迤 而 修迥 兮 注 逶 逶迤 曲 江之 逶迤 懷 遵

逶蛇 長兒 楚辭怨思 帶 逶 逶蛇 注 漢書禮樂志 逶蛇 注 逶 逶迤 公 正兒 詩羔羊 委蛇委蛇 逶蛇 逶 旗兒也 欲 平兒 也 文選甘泉賦注 逶蛇 不周之逶蛇 逶迤 逶迤 引韓詩 委蛇 說文釋文 十九引 一切經音義 逶迤 自得之兒 爾雅釋訓注 逶迤 委蛇 委委佗佗 皆佳麗美豔之兒 美也 委委佗佗 寬容之兒 引詩 者 行可委曲蹤跡也 君子偕老 傳 委委者 行可委曲蹤跡也 釋訓 委委 佗佗 美也 引爾雅 李注 詩 君子偕老 疏 委委佗佗 委蛇 行可從迹也 詩羔羊 委蛇 傳 委蛇 委曲自得之兒 又 後漢書 逶 逶蛇 聲長兒 廣雅釋訓 ○ 萱按 此字說文段注 楊雄傳注 逶蛇 衰也 借 文選 蜀都賦 逶 蛇 衰長兒 文選 謂委蛇 莊子應帝王 委蛇 長兒 左氏 退食 逶 逶迤 蛇 順 逶迤 逶迤 蛇 蛇 委蛇 之 委 七 年 傳注 委蛇 至順之兒 序 而 委蛇 釋文 順從也 後漢書 委蛇 還 張衡 注 ○ 萬 儒林傳序注 順從也 委蛇 行兒也 後漢書 任李 劉 耿 傳 贊 憲傳注

云 委它 行兒也 釋文引 司馬注 ○ 又引 李注云 委蛇 大 蠆 泥 鰌 食 之 以 生

委佗 德之美兒也 一切經音義三 引韓詩

委蛇 泥 鰌 莊子達生 食之以委蛇

䠣 足跌也 說文段注 跌者 足 差 也 故 曰 䠣 蹉跌 足跌 差跌 其 常 之 故 曰 䠣 蹉跌 内部 曰 朕 骨 差 也 廣雅釋詁 䠣 折也 一切經音義 十三 引 說文 䠣 蹉跌 也 一 曰 跛 一 曰 䠣 十 切 ○ 䠣 傷

䠣 曰 䠣 說文 䠣 病也 段注 艸部 曰 蔫 菸 也 蔫 菸 古今字 菸 矮 也 一曰 矮 今 字 聲 廣 韻 曰 矮 枯 也 廣雅 釋詁 四 ○ 今 禮記 内則 注 曰 今 益州 有 鹿 内 則 疏 云 今 之

矮 病 也 廣雅 釋詁 四 ○ 矮 悴 也 鄭 以 今 益 州 之 有 鹿 䰓 謂 之 矮 將 鹿 肉 之 云 蔫

智 十六部 十四部 讀 若 委 說文段注 左傳 目 無 明 也 讀 若 委 水 若 目 無 明 左 傳 曰 智 井 讀 若 井 云 如 此 與 小 雅 谷 風 怨 也 智 井 無 水 也 釋 文 引 字 林 云 智 井 左 傳 宣 十 二 年 智 井 廢 井 也 二 年 釋文

碑 豎石也 說文段注聘禮鄭注曰宮必有碑所以識日景引陰陽也凡碑引物者宗廟則麗牲焉其材宮廟以石窆用木禮弓公室視豐碑三家視桓楹注曰豐碑斲大木爲之形如石碑於槨前後四角豎之穿中於閒爲鹿盧下棺以緯繞天子六緯四碑前後各重鹿盧也諸侯四緯二碑大夫二緯二碑士二緯無碑按此檀弓注即聘禮注所謂窆用木也凡非石而亦曰碑段借之辭也秦人但曰刻石不曰碑後此凡刻石皆曰碑矣始皇本紀上鄒嶧山立石上泰山立石下皆云刻所立石其書法之詳也凡刻石必先立石故知豎石者碑之本義宮廟識日影者是〇釋名釋典藝云碑被也此本葬時所設也施鹿盧以繩被其上引以下棺也臣子追述君父之功美以書其上後人因焉鼎故見於道陌之頭顯見之處名其文就謂之碑也 碑桓楹也 禮記喪大記四縿二碑注 方者謂之碑 後漢書竇憲傳注 碑以敘德 文選文賦碑披文以相質注 大封者表有德碑者頌有功 水經洼水

顰 〇俗省嚬 涉水顰戚也 說文段注戚古音同蹴迫也各本作蹙誤顰戚謂顰眉蹙頞也許必言涉水者爲其

字之从瀕也按从卑聲則古音在十六部易頻復本又作嚬王弼虞翻侯果皆以頻蹙釋之鄭作卑陸云音同按諸家作頻省下卑鄭作卑省上頻古字同音段借則鄭作卑爲是諸家作頻非顰本在支韻不在真韻也自各書省爲頻又或作嚬又莊子及通俗文段矉爲顰而古音不可復知乃又改易音義云鄭作顰晁氏以道古周易呂氏伯恭古易言訓所據音義皆作卑晁云卑古文也今文作顰攷古音者得此真一字千金矣 顰蹙憂愁不樂之狀 晉書音義下 嚬蹙憂皃 文選魯靈光殿賦憯嚬蹙而含悴注江賦江妃含嚬而矊眄注 嚬蹙謂人嚬蹙顰憂皃也 文選弔魏武帝文注引孟子 嚬〻省也 易復釋文〇嘗按俗製嚬字遺其卑聲義在而音已矣顰闕入真韻以此 嚬憂頻也 易復釋文引馬注 頻蹙也 易復虞注 頻〻蹙之皃 易復注 顰蹙不樂而窮不得已之謂也 易巽巽注 頻頻者頻蹙憂戚之容也 易巽疏〇嘗按虞注頻頻也語不完 蹙頞曰矉 莊子天運釋文引通俗文 矉蹙者愁皃 莊子至樂髑髏深矉頞曰釋文引李注〇嘗按頻矉皆不得段借之正由眛於音理也

顰 十四部十六部兩讀注在彼

危 魚爲切 〇俗有厃厃 在高而懼也 說文段注引伸爲凡可懼危謂不自安之偁喪大記注危棟上也 戒懼之謂也 荀子解蔽處一危之注〇國策西周羈爲君危之注云危不安也又管子治國民貧則危鄉輕家注云危謂不安其所君也又禮記樂記羽亂則危疏引崔氏云危者謂聲不安也 危高也 莊子盜跖去其危冠釋文引李注又文選七命注引論語鄭注 危猶高也 禮記緇衣則民言不危言注又論語憲問危言危行皇疏又後漢書馮衍傳注第五倫傳注〇鬼谷子決危而美名者注云危由高也 危亦高謂峻也 後漢書梁冀傳注 危高險也 國語晉語拱木不生危注 危險也 漢書外戚傳下集注 危傾險也 管子大匡承事不敬而違若治危注 危傾隕也 呂覽壹行張大行之危注 危敗也 呂覽驕恣不知化者舉自危注 危謂毀敗 管子禁藏吏不敢以長官威嚴危其命注〇禮記儒行有比黨而危之者注云危欲毀害之也 危垝也 史記律書 危阢也阢〻不固之言也 釋名釋言語 危殆也 孝經

高而不危鄭注又漢書東平思王傳集注引孟康 危疑也 呂覽明理日以相危注 危難也 呂覽本味犯危行苦注〇後漢黨錮傳注六危言謂不畏危難而直言也 危厲也 論語憲問危言危行集解引苞注又皇疏 危然獨正之皃 莊子繕性注 危止也 廣雅釋詁一 危亡也 國策秦策魏必危注又呂覽分職國家之所以亡注 危者言其近死猶有生者也 素問三部九候論少氣不足以息者危注 國危謂有兵寇之難 周禮小司徒日削國危注 一人民流散曰危 家語執轡 孤獨而晦謂之危 荀子君道 危足側足也 荀子榮辱危足無所履者其在言也注 危棟上也 禮記喪大記中屋履危注又史記魏世家痤因上屋騎危集解 危北方玄武之宿 淮南時則旦危中注昏危中注〇天文云西爲危 虛危爲宗廟 周禮大司樂黃鍾爲宮注 三危西方山也 楚辭遠遊馳六龍於三危分注〇嘗按危恑佹垝者聲同用也危有作危者破字也 有作恑獨立皃 莊子繕性危然處其所而反其性已釋文引司馬注〇嘗按莊用正字注用借字 垝然自持安固

巍

兒莊子駱性崔注○當按馬崔異字而同爲假借

○俗有巍高也說文段注高者必大故論語注曰巍巍高大之稱左傳卜偃曰萬盈數也巍大名也雉門外闕高巍巍然謂之象巍按本無二字後人省巍山作魏分別其義鄭音不古之甚○方言六云巍高也

巍巍高兒漢書儒林傳集注元后傳集注王莽傳上集注集注又文選思玄賦瞻崑崙之巍巍兮舊注巍巍大兒也楚辭遠逝說揭揭以巍巍注巍巍高大也文選劇秦美新今萬世常戴巍巍注○琴賦嵯巍巍而特秀注云巍巍

巍高魏喩巍巍高大也史記晋世家集解引服虔○當按此大兒已分爲二字矣禮記禮運疏魏魏也

亦魏者大也三國志杜夔傳○史記晋世家又白虎通皇霸諡云魏大名也魏好也廣雅釋詁一

爾魏能也方言十三克威捷行曰魏周書諡法克威惠禮曰魏上同象魏闕

也周禮太宰乃縣治象之灋於象魏司農注魏象闕也後漢書董卓傳注門闕高崇嵬嵬

然故曰魏闕淮南本經魏闕之高注○做神遊魏闕之下注云魏闕王者門外闕所以縣教象之書於象

韻史　卷七十二第十六部平聲街韻　七四五五

魏也魏魏高大故曰魏闕王者門外一曰心下巨闕神內守也又呂覽審爲心居乎魏闕之下注大同

魏晋邑也

榆州里名也水經洞過水注引服虔

韻史　卷七十二第十六部平聲街韻　七四五六

齊齒呼

羈

羈或○俗有羈羇羈羇羇馬落頭也說文段注落絡古今字許書必是古本必是作落引伸之爲羈旅○史記司馬相如傳羈縻勿絶索隱又漢書相如傳下注范云羈馬絡頭也又刑法志是猶以鞿而御駻突注郊祀志下天子猶羈縻不絶注疏云馬絡頭曰羈革絡頭曰羈離騷余雖好修姱以鞿羈兮注羈馬羈

左氏傳廿四年傳臣負羈紲注○國語晉語從者爲羈紲之僕注云馬曰羈又文選難蜀父老注引應劭漢官儀云馬曰

韻史　卷七十二第十六部平聲街韻　七四五七

羈牛曰縻羈縻繫聯之意漢書郊祀志下注羈勒也廣雅釋器羇音羈勒靷也

御覽三百五十八引埤蒼羇撿也所以撿持制之也釋名釋車羈係也後漢書杜篤傳注羈縻也呂覽決勝兩有以羈誘之也注誣徒羈神於世注云不羈言材質高遠不可羈繫也文選報任少卿書僕少負不羈之才注○獄中上書自明使不羈之士與牛驥同皁注云不羈謂才行高遠不可羈繫也

午達曰羈禮記內則男角女羈注羈者隻也禮記內則疏交午翦髮爲飾曰羈貫穀梁昭十九年傳羈貫成童釋文羈寄也廣雅釋詁三又史記陳杞世家羈旅之臣集解引賈逵又漢書陳餘傳集注引張晏東方曰羈呂覽慎勢不用象譯狄鞮注○張遷碑云西羈六戎

叶

○俗者現卜占以問疑也讀與稽同說文段注左傳曰卜以決疑不疑何卜問疑故從口俗作乩按小徐曰尚書曰明用叶疑令文借稽字徐鍇說龍耳尚書典作叶疑者即有之亦陸氏所謂穿鑿之徒務欲立異者也大徐乃於同下沾書云叶疑四字疑惑後生其亦妄矣

韻史　卷七十二第十六部平聲街韻　七四五八

雞

鷄篇知時畜也說文○周禮庖人疏云雞爲兒雞又知時象春故屬木雞者小畜主司時起居人漢書五行志中之上○周禮大宗伯工商執雞注云雞取其守時而動雞曰翰音中易孚翰音登於天虞注又禮記曲禮下又蜀雞上雞畜之有冠翼者洪範五行傳時雞則有雞禍注陳楚宋魏之閒謂之鶤鵔方言八雞爲木畜禮記月令食雞救雞與雞注又疏屬宗伯木也周禮庖人注○小宗伯辨其名物而頌之于五官司農注云宗伯主雞雞者東方之牲也貫子胎教又風俗通祀典巽爲雞易說卦傳中孚虞注又雞之爲言佳也春秋說題辭雞彝鳥彝謂刻而畫之爲雞鳳皇之形周禮司尊彝祼用雞彝鳥彝注○禮記明堂位云灌尊夏后氏以雞彝雞雝即雞頭也一名芡莊子徐无鬼雞雝也釋文引司馬注云雞頭水中芡幽州謂之雁頭○淮南說山雞頭已瘻注雞毒烏頭也淮南主術天下之物莫凶於雞毒注雞狗鷯哺公也廣雅釋艸雞駭文犀也楚辭離世棄雞駭於筐麗注○萱按雞所驚悚

也故有駭雞犀之目雞斯神馬也淮南道應得騶虞雞斯之乘注雞斯髻也廣雅釋詁四○萱按此與馬以雞斯爲名者異雞有冠故段爲笄田耳鄭君直謂之譔禮記問喪雞斯徒跣注云雞斯當笄纚聲之誤也雞水即桂水也雞桂聲相近水經鍾水注○萱按此之叚借但以聲爲用

敧　倚雞切

○俗有數都款敧行傴也說文段注今應所引云敧傴頫側不安也此乃以注家語入正文耳非是宮都齊傴下云敧也與此爲轉注廣韻云敧者不正也傴者傴齵不安兒俗用崎嶇字正此二字之隸變敧爲不正故箸之訓曰敧言敧衺之以入飯於口中也宥坐之器曰敧器衺則敧中則正滿則覆也令俗作敧又論歎去之遠矣周禮奇衺之民注曰奇衺譎觚非常周禮之奇正敧之假借字○萱按說文截訓持去與敧不涉截則本無其字因論成體耳五篇逾杈入久部云款歎數辭吏博以久而生說以箸取物曰敧一切經音義十五引通俗文○萱按敧作敧者令訂正其用奇者羞爲近理姑謂之段借云謝敧器傾敧易覆之器荀子宥坐孔子觀于魯桓公之廟有敧器焉注奇謂邪不正管子白心奇自名蔡注○周禮內宰葉其奇衺注云奇衺若令婦道又禮記曲

禮釋文云奇車奇邪不正之車奇說謂譎詭之言管子七法一體之治者去奇說注○萱按奇衺崎嶇皆與敧傴同類連綿字不標異部通借也然其本字亦自通矣敧傴不正玉篇

谿

或書作蹊○俗有漢蹊嵠嵠山瀆無所通者說文段注讀谷本作瀆今正自部曰瀆通溝也讀若洞古文作瀆釋山曰山瀆無所通谿然則許作瀆明矣無水曰谿呂覽察微者高山之與深谿注水注川曰谿爾雅釋水又國語晉語谿壑可盈是不可饜也注又文是蜀都賦令谿懷谷劉注○爾雅李注云水出於山入於川曰谿水注川切漢公羊僖一年傳桓公曰無障谷注又漢書司馬相如傳上振溪通谷注引張揖谿亦澗也左氏隱三年傳澗谿沼沚之毛注谿谷也史記天官書川塞谿垘集解引徐廣谿谷也廣雅釋山○水經沅水注云武陵有五溪謂雄溪樠溪無溪酉溪辰溪其一焉谿空也莊子外物則婦姑勃谿釋文谿虛也呂覽適音則耳谿極注肉之小會爲谿素問氣穴論○六節藏象論此四支八谿之朝夕也注云谿者肉之小會名也太谿脊脈氣也素問至真要論太谿絕注大谿子弩也

太平御覽引廣雅○淮南俶真谿子之弩注云谿子爲弩所出國名也或曰谿蠻夷也以柘桑爲弩因曰谿子揚鄭國善爲弩匠因以爲名也

繫

：縌也一曰惡絮說文段注一曰猶一名也繫縌讀若谿黎疊韻字音轉爲縌縌縌苦堅切廣韻十二齊一先皆曰縌縌惡絮是也釋名曰煮繭曰莫莫幕也貧者著衣可以幕絮也或謂之牽離煮熟爛牽引使離散如絮也按此與煮繭維頭不同微綿太平御覽者合而一之誤矣又按大徐古詣切非也此字之本音見周易釋文云直作數下糸者音卩奚反集韻齊兮切引釋說文繫縌令惡絮陸德明丁旻非不言之憭然也而六朝以後含系不用而段繫爲系遂使繫之本義湮蘊終古至沿以奉數校定此書亦經云古諸切何淺率如是尚自謂用唐韻不知唐韻窺韻內之繫非許書之繫縌也○萱按繫本義本音祇讀平聲其讀去聲者段借字也自有正字系若係在

厭　隱雞切

○俗有厭歡也說文

歡

○俗有歡撓歡揶人相笑相歡瘉說文段注後漢書王霸傳市人皆大笑擧手邪揄之李注說文曰歡

歋手相笑也歋音弋支反瘉音踰或音由按據此注似許書本有歋篆然許本無瘉則無从疒俞聲之字可知方言本無正字不妨下字作瘉瘉之或从从欠或作聲字或作揄或作歈擿之或作揄或作歋或作邪或作揶或作㧌耳此謂人相揄故字以擿又李注引手相笑恐是因正文而誤〇蕢按瘉相笑故字从欠歋字異體甚多惟邪揄用借字餘皆俗體〇拳手挃曰㩜切一經音義十五引通俗文

虐向雞切 古陶器也 說文段注陶當作匋書多通用匋作瓦器也按虐聲當在五部而虐戲轉入十六部十七部合音之理也

醯 〇俗有酸也 說文段注酉部曰酸酸酢也關東謂酢曰酸周禮醯人掌共醯物〇周禮疾醫注云醯則酸也〇禮記內則和用醯梅疏〇釋文又古作昭廿年傳醯醢鹽梅〇爾雅釋器云醯酢也〇論語公冶長或乞醯焉皇疏〇儀禮醯穀醬也醯內陰也禮儀禮疏云醯是釀穀為之酒之類〇聘禮醯醢百甕注〇周禮掌客注醯在醢東疏云醯殼陽也 醯醬以醯和醬 儀禮公食大夫禮宰夫自

東房授醯醬注〇士昏禮醯醬二豆注云醯醬者以醯和醬生人尚褻味 醯 危也 廣雅釋詁一

醯雞蠛蠓也 列子天瑞醯雞生乎酒釋文〇莊子田子方其猶醯雞與注云醯雞者甕中之蠛蠓又釋文引司馬注云醯雞若酒上蠛蠓也

鞮典奚切 〇俗靴 革履也 胡人履連脛謂之絡鞮 說文段注周禮鞮鞻氏注云鞮屨也 許慎曰鞮 革履也 禮記曲禮鞮屨四夷之舞者所屝也 王制西方曰狄鞮注鞮之言知也今冀部有言狄鞮者 釋名曰鞮本胡服趙武靈王所服 廣雅釋器鞮履也 三廣雅釋詁 引書鞮 四 相 言 鞮 譯 也 〇禮記 天制疏云鞮知也 知聲相近 又釋文云鞮 鞮 麤 鞮 鞮 索 合 都 奚 反 十一切 經音義〇鞮 即兜鍪也 漢書韓延壽傳被甲鞮鍪居馬上注揚雄傳下鞮鍪 鍪生鐵〇 蕢按此以雙聲為用

鞮 〻婁遝 四夷之舞名自有曲 說文段注鞮婁令周禮作鞮鞻鄭氏注云鞻讀為屨鞮屨四夷舞者屝也今時倡蹋鼓沓行者自有屝桉令說文革部鞮革履也無鞻字釋文引說文鞮屨也字林鞮革屨也鞻者幹屨是則字林乃有鞻字許鄭周禮所無鄭注當本作婁讀為屨革部之鞮是常用之屨是部之鞮婁乃四夷舞者之屨曲當作屨聲之誤也四夷之舞各自有鞻正與鄭注說同許意當安婁讀為屨

䚻 或作彼 不能行為人所引曰䚻䚻 說文段注唐韻正俗字作唐也與者與大提一唐〔者〕為人所引 蕢按唐之王其實〔鞮〕段訓說為〔又乃〕〔唐之〕〔池〕〔也〕

隄 唐也 得 說文段注為言也〔與〕隄相近 爾雅釋宮隄謂之梁 釋名 隄防也 障也 隄 堤 隄 積土為封限也

大曰隄小曰隄 隄 瓶 甒 高下安也 文選蜀都賦注 漢書周南淮

鷉 或作鶬 鸊鷉也 詮言瓶甈有堤注〇宣按有段提為隄者聲同也見月令完隄防釋文 說文〇段按南都賦注鸊鷉為鷉也 須鸁 爾雅釋鳥 鷉鷉 似鳧 方言八云野鳧其小而好沒水中者南楚之外謂之鸊鷉大者謂之鶻鷉 蕢按鸊鷉以雙聲為名

知 知識也 說文段注白部曰智識詞也从白从亏从知 按此知識字當作智上亦當有識字故獸部曰識也 知 知者以其智過物而能見之若見之出於口者疾如矢也 經知識也

知 同作故知 記大學故好而知其惡不知其美者天下鮮矣疏云知猶識也 荀子正名所以知之在人者謂之知 知有所合謂之智 荀子王制 禮記上知不知猶不識〇荀子王制木有生而無知〇 知謂性識 知能多能非以修蕩是則謂之 注知猶覺也〇呂覽情欲道而終不自知注 知猶解也又淮南原道注〇淮南修務注 公羊宣八年傳趙盾知之注云知猶覺也 由人曰知之〇史記淮南衡山傳 知猶別也 淮南覽冥注〇呂覽有始知以見其一日本月而畫夜知之且吳語國語注 又知猶聞也 淮南說林故以見其一本而萬物知注 又何知知及索隱

三三一

楚語不知其以道之也注○列子知猶見也呂覽自知ㄟ知
仲尼所斷知也注云知猶聞也　於顏色注
呂覽報更齊　禮記樂記知　呂覽
猶猴也王知顏色注知猶欲也誘於外注　知猶爲也長見
三年而知鄭　呂覽審應具在於　墨子經
因之政注知猶得也良而君芾知注知者接也上又莊
子庚所知通問相知也儀禮既多所知　爾雅釋詁又
桑楚　則瞷而不尊注知匹也詩隰有萇楚
樂子之知廣雅釋詁一○方言三云知　易象下
無知箋瘉也愈也南楚病愈者或謂之知乾爲知傳君子
以永終知
敝虞注

鬻

育○俗鬻酒也　說文鬻酒厚也　玉篇

鼅

鼄或○俗鼅鼄聲追要鼄蝥也　說文段注鼄蝥疊韻蛛部曰鼅
有鼅蜘鼄蝥作兩鼄蝥也此曰鼅鼄ㄟ蝥
也以見一物二名蜘下鼄下皆曰鼄也　方言鼅鼄
鼄ㄟ鼄也自關而西秦晉之間謂之鼄蝥自關而東趙魏
郊謂之鼄或謂之蠾蝓蠾蝓者侏儒語之轉也北燕朝
解之鼄洌水之間謂之蝳蜍按鼄即爾雅之次蠹音浮非

从出也鼅鼄同爾雅鼄蝥即爾雅之鼄蝥郭曰今江東呼蝃
蝥蝃音掇音時江東呼蝃蝥蝃即鼄從言之耳蝃或作蛛本
草亦作蛛章悅反　次蟗鼅鼄鼅鼄ㄟ鼄蝥土鼅鼄艸鼅鼄爾雅釋蟲
蝥音謀又音無

祇

平上兩讀義適也易義海撮要引陸績注又詩我行其野亦
異○俗有祇　祇以義傳何人斯祇攪我心箋無將大車
祇自塵兮箋又左氏傳十五年傳祇以成惡注寔廿七年傳
祇成惡名注寔廿九年傳多見疏也服注又論語顏淵亦祇
以異集解引鄭注又廣雅釋言又國語周語而祇以覿武注
晉語祇以解志注而祇取憂也注又漢書鄒陽傳集寶嬰傳
集注韓安國傳集注司馬遷傳集注司馬遷傳集注又莊子
列禦寇祇二年而緩爲儒注又文選東京賦祇以昭其愆尤
辭注思兮賦侯河　文選東京賦祇吾子　易復
之清祇懷憂舊注祇是也之不知言也辭注　祇辭也無祇
悔釋文坎　說文系部緹重文祇說辭○段注云古
祇毳平注焜或作祇氏與是同用故是聲亦从氏聲此篆與
衣部祇祠之祇大別其義則彼訓短衣其音則氐聲在十五
部氏聲在十六部也按唐石經周易祇既平詩祇擾我心亦
試以異左傳祇見疏也論語亦祇以異以及凡訓適之字皆
从衣氏盖有所受之矣張參五經文字經典字書之訛狂也

衣部曰祇止移切適也廣韵本孫緬唐韻曰祇章移切適也
王篇衣部亦曰祇之移切適也寫字相承刊可據如是至集則
云祇章移切適也亦然恐轉爲轉之然耳丕類篇之
祇祇二文皆訓適至韵會而从示之祇訓適矣此其遂鵝皆
原委之祇也古音同十六郎而得其義凡古語習傳
取諸祇音不取本義皆借之法也孜毛公救行其野九
曰祇也鄭何人斯箋注曰祇適也服度左傳裏廿日
年解適也字王錫注坎卦祇辭也顏師古實嬰傳注多
祇適也云古言之存者所宜自宋以求大版之書錄
不省說衣此字古者不少學者訂正錢氏千昕新耳
乃云祇文古今俗改從亦五經文字玉篇之誤未兒改應一失如
祇謂說文俗無祇作祇唐人詩文用讀如支今則取用只讀用
貿此古今雅字移之也者史記韓安國傳云褆義發耳此音
祇之同音字如周易平他家作褆異其神要是同
○段又云頻元孫于禄字石本祇祇注云上俗祇巨移
及下適祇章移及是則祇起於唐和蓋六朝俗字

支

蒂古下或作文隸○去竹之枝也　說文持也
載也爾雅釋言　支計也
後漢書竇憲傳注○大戴記保傅注支猶堪也
傳燕支地計衆注云支猶計也

國語越語皆知其資財　支猶拒也　國策西周策支柱也
不足以支長久也注云○當按支柱魏不能支注異而附
天之所支不可壞也注云諫當按支也楚柱支字支稱
通亦作支方言十世爭傳○又儀禮士昏禮記支子不祭則注疏
予也
子注云王子李麼百典也通作洽傳夫以
子荀子也支子昆子尤公正義引素陽閒小胡也
也惟荀子儒故作技龍會生辰子丑之等是支甲乙丙丁之
疏支者順節史記商藏者
之戟傍曲支布後漢書注
等是幹周禮御士注餘和合用支後人則善日專疏用支
光轂賦支按支幹枝注○莊子見又德開世充符閻聲
注云支離形分赴不全子言委曲延聲也
引司馬注云支離體支繚繞
支離偃者也　支繚分繚繞
鮮支縞絹也亦名縞也一切經音義廿一引纂文　四支謂股肱也　傳易文言注

○萱按此段支為肢也

枝

木別生條也說文段注艸部曰莖枝主也榦與莖為艸木之主而別生條謂之枝枝必岐出也故古枝岐通用○萱按支枝通用尤夥枝榦枝水支山之類皆是

枝子枝謂樹枝也易繫辭下傳中心疑者其辭枝疏○荀子解蔽心枝則無知注云枝旁引如樹枝也

枝謂莖也素問移精變氣論艸荄之枝注○萱按此渾言則通也對枝言則榦為莖對葉言則枝亦是莖

史記項羽紀集解引瓚曰小柱為枝

支柱言無根而倚立也文選魯靈光殿賦漂嶢峴而枝柱張注

枝柱也莊子齊物論師曠之枝策也釋文引司馬注○史記

枝柱言意相節卻不順從也漢書地理志下而枝棓猶枝捍葉中葉失枝柱注

史記項羽紀莫敢枝棓集解引如淳

枝指謂指有歧也莊子駢拇釋文引崔注○又引三蒼云枝指

有六枝也

枝子荀子儒效以枝代主注○萱按詩禮皆作支子其實由枝得義

之靈也廣雅釋天

十二辰為陰為枝公羊[illegible]五年傳注辰為臣寅卯為枝、月疏○續漢書律麻志上注引

月令章句云大撓探五行之情占斗剛所建於是始作甲乙以名日謂之榦作子丑以名月謂之枝

枝水別於他水入於大水及海者命曰枝水管子度地○水經江水注云江氾枝分東入大江縣治洲上故以枝江為稱萱按此段枝為肢平上兩讀

枝猶擬也史記魯仲連鄒陽傳枝桓公之心索隱

四枝手足周書武順注○

楱

楱楸逗多小意而止也一曰木也說文段注小意者意有未暢也謂有所妨凝令意未伸廣韻楱楸皆訓曲枝果楱楸字或作枳椇或作枳枸或作枳的或作枝枸皆上字在十六部下字在四部

皆語之轉不得伸之意明堂位俎殷以椇注椇之言枳椇也謂曲撓之也莊子山木篇騰蝯得柘棘枳枸之閒處勢不便未足以逞其能宋玉風賦枳句來巢空穴來風枳句空穴皆連綿字空穴而孔穴枳的來巢陸機詩疏作的曲來巢謂樹枝屈曲之處鳥用為巢此莊子作掆乳致巢乃謂字卉淮南書龍大檮熟枝枸亦屈曲盤旋之意其入聲則為逗曲楱與枳枝正楸與椇的枸枸曲皆疊韻也楱楸與逗曲皆雙字也急說篇酒酒醆醪桔的楸程王伯厚云楷亟極當作楱楸蓋訛

曲為酒經程寓止酒之義又按釋地枳首蛇枳亦或作楱此則借楱枳為岐字亦同郭假借也故郭釋以岐頭蛇一曰云

云一說楱是木名也

胑

肢或○俗有躳骸體四肢也說文段注荀子君道篇如四肢之從心淮南修務訓四肢不動孟子謂之四體孟子注肢作枝云體者四枝股肱也又云折枝按摩折手節解罷枝也

四枝謂手足也管子君臣下四肢六道注○孟子盡心下四肢之於安佚也注云四體謂之四肢

釋名釋形體股肱也

四支支謂四支也

四支者諸陽之本也素問陽明脈解

胑枝也似木之枝格也

各握五左右手各履五曰四枝周書武順四枝手足○又音義最近也

汶

水都也說文段注水都者水所聚也民所聚曰都汶之證未詳

駭

馬彊也說文駭強也言馬彊引申為凡強廣雅釋詁一○萱按本

強健曰駭御覽三百八十

六引通俗文戎作鵡

雄

雄鳥也一曰雄度說文段注漢武帝造鳷鵲觀在雲陽甘泉宮外一曰云云未聞或曰蓋如長三丈高一丈為雉度廣以廣度高以高

隸作卮

卮

圜器也一名觛所以節飲食象人卩在其下也易曰君子節飲食說文段注內則注曰卮匜酒漿器角部曰觛者小卮也急就篇亦卮觛並舉山澤言折言之要也項

利本紀項羽本紀項王曰賜之卮酒制蕭斗卮酒斗卮者卮之大若也與下文意有言生意同所已云云歎食在是篇飲

食亦在是也故從卩柔人云云謂上體似人字橫寫也尸以人尸與后从人口同意易曰云云斷象傳文僻此說从尸之意古多假

卮一名觶酒器也賦序劉注卮飲酒圖器也高帝

節為卩危一名觶酒器也王奉上下紀注注引危注危應勿○莊子瑚觴也文三遜月三休

金瓶汎羽危注危言謂文離無首尾言也出釋文引司馬注日寫言釋文成篇詩

卮鮮支也卮煙支也㽘按此段卮爲梔

梔黃木可染者說文段注各本篆文譌作梔今依韻會所據本正小徐云史記貨殖傳千畝卮茜又書記多言鮮支皆此是楷李固作梔字梔今之梔子樹實可染黃相如賦謂之鮮支史記假卮爲之釋木桑辨有甚梔此別一義

卮煙支也紫赤色也史記貨殖傳地饒卮集解引徐廣卮鮮支也史記貨殖傳千畝卮茜集解引徐廣〇㽘按卮茜連言別而屬者也猶一名梔子白鮮支則鮮支非目其黃然梔非紫赤色甚明徐說未審楠桃也廣雅釋木桑樹一半有甚半無甚名爲梔人爾雅釋木舍人樊注

篦 西雞切

𥳑或作篦竹器也可以取蟣去細說文段注俗云篦是也廣韻云篦箄也能使蟣者上存細者箸盞下篦筵古今字篩以竹筵爲之作漢書賈山傳篩土筵下也漢賈山傳作篩阿房之宮注集韻〇㽘按篦本音讀上聲段爲篦字而讀平止當物竹器附見篦下不煩別見也廣韻以下平聲內特出篦字昧於段借之恉矣

斯 息移切

〇俗有撕析斯析也詩曰斧以斯之說文段注斯析也以疊韻爲訓曰斯析也段借訓爲此亦疊韻陳風曰墓門有棘斧以斯之傳曰斯此也〇書酒誥有斯明享爾雅釋注云斯析也詩無斯分也廣雅釋詁一斯裂也廣雅釋詁二斯離也爾雅釋言斯離也注〇方言七云斯離也齊陳曰斯郭注云斯又爾雅孫注云斯析之離我表也斯沿注斯猶盡也斯盡也黃帝不知斯齊國無斯千里更斯食之注云斯盡也禮記檀弓下又鄭箋詩皇矣斯毀也斯盡之名禁切地無足者注儀禮鄉飲酒禮斯禁注記禁斯須也廣雅釋詁三斯須也淮南繆稱注儀禮鄉射禮斯須猶須臾也禮記祭義禮樂不可斯須去身注又漢書禮樂志斯須注禮斯白也今俗語斯白之字作鮮齊魯之間聲近斯有詩瓠葉首箋〇㽘按斯鮮一聲之轉此本無正字各借聲近之字箋注周斯之耳昔記之雜斯則有正字箄纚在禮記問喪雞斯徒跣云雞斯當爲箄纚聲之誤也斯彌蟲名子列子天瑞斯彌爲食醯釋文莊子至樂乾餘骨之沫爲斯彌釋文

引李斯此也爾雅釋詁又易繫辭上傳如斯而已何者也疏又注我人斯箋詩殷其靁何斯違斯傳斯彼路斯言之箋正月哀儀禮喪服君子至於斯已何斯以斯何以爲言斯彼哉箋又又左氏襄三年使臣斯服矣注又注又禮記中庸其斯之謂與沿長道斯馬取斯皇疏斯司馬可樂矣論語里仁斯仁人斯斯皇由斯伯也於皇疏述而疏不圖爲引孔之皇疏也學以皇疏至皇疏皇舍書泰夜問皇如盛集解路問注又疏雍也斯也皇疏何疏公注不矣奏憲若真斯進子已斯皇疏行於皇疏斯斯至何疏矣莫矣中侯何故斯而注又文選斯皇疏李氏其諸疏子學如仁至斯夫鶩鶬賦何言稱王氏注引見本則也猶其也斯諸皇疏斯斯事斯書語

猶維也斯猶是也釋詞詳王氏引之經傳釋詞斯猶則也斯猶乃也斯猶其也斯注〇經傳釋詞云斯與然皆言之經傳言詞〇鄭注又云斯言猶言耳也禮記玉藻二洒如此言言云斯猶如也形容之言爾雅斯猶耳然而言上言斯當作爾言斯猶然也爾雅言王藻斯語然也斯疑當作翔言猶言云斯色斯也爾雅斯傳論語鄉黨色斯舉矣翔而後集〻何注曰色斯鶩然而驚飛見色也義見斯之義也又曰云斯鶩駭皃也〇論語色斯舉矣皆二字連讀論衡曰色斯而舉元賓與公相近之見鶩見驚駭爾雅斯字義色以見色之斯斯書語漢張人壽多碑以斯君色

常懷色斯黃鳳碑色斯輕翔黃鳳別碑色斯高舉波鶖斯釋文又後漢書胡廣傳注也若思斯勤斯鬻子之閔斯詩爲斯羽鹿斯之奔有免斯爲斯鹿非鹿斯

斯語辭也禮記文王世子故父在斯爲子疏又詩小弁〻〇經傳釋詞云斯語已詞斯是也常語也〇又云斯語助也以字皆語助爲白首毛傳以爲語助斯首斯首非斯同聲多同義踏曰今凡斯同聲也

磬悲聲也說文段注斯廣雅釋詁爲嘶按嘶水聲澌索也鄭箋斯釋文云本或作磬

磬亦訓善爾雅釋詁斯善也書引字注段

澌 〇俗有嘶澌聲也說文段注方言嘶噎也楚曰嘶又曰嘶散也東齊聲散曰嘶秦晉聲變曰嘶器破而不殊其音亦謂之嘶按與斯字同義嘶謂咽痛也噎方言六嘶散也嘶聲破也注云

一切經音義嘶聲破也漢書王莽傳中嘶謂酸嘶注禮記內則十引埤蒼疏又云古之嘶字單作斯注沙嘶本作嘶猶嘶

也又大戴記文王官人其聲斯醜注耳又嘶釋文云嘶當爲斯

斯又作嘶

澌 平入兩讀

注在彼

澌　流仌也說文段注謂仌初結及巳釋時隨流而行也○晉書音義下引字林云澌流冰也冰流曰澌初學記七引風俗通

澌　○俗書水索也說文段注方言曰澌索也郭注云盡也按許澌僞字說其本義有揚說其引伸之義也索訓盡者之乃索之假借○入室披索音義十二意也引字林言文賜曲蜀老假借亦作假借並○一切濺晉書音義引字林又禮記曲禮注死父又死注引字書水也流水也下引澌盡也引大言禮記文澌者之廣云雅釋詁一索方言三又澌猶消盡也荀子注死文方言十三澌索也注三

䶆　小聲財聲也讀若斯

虒　析聲合食而解音列子析斯之也食音義同之纔文即段注財當作才四部而取引鄭康成之義以令字聲讀如始斯者也

虒　委虒虎之有角者也說文廣韻段注虒似虎有角能行水中○按虎有角故言以別於虎○按韻會引說文作委虒虎之有角者也其說非也今儕虎以為古之法以虎為虒非是

虒　虒輪也○按廣韻太平御覽車虒注虒祁地名在絳西

臨汾水廣韻

褫　福也說文又爾雅釋詁又後漢書張衡傳祈褫禳災注

榹　槃也說文段注急就篇槫榼椑榹∶當與許榹桃山桃爾雅釋木同釋木以為榹桃字夏小正作杝桃大戴記夏小正○當桉山無正字而用榹作之者也杝則異部展轉段借者也杝桃山桃也梅杏杝桃則華

傳梅傳費

虒　虒水出趙國襄國東入溿說文段注前志襄國下云又有蓼水東至廣平國朝平入溿水皆東入溿溿水之溈字按水當是虒水蓋虒二水之名不可別也廣平國南和下云列葭水東入溿溿水移徙不常故道今不可攷矣注序攷水經注序汔三篇佚今

䶃　䶃亂也說文段注小正九月句見

卑　賤也執事者从ナ甲說文段注古者尊又而卑ナ故从ナ在甲下甲象人頭○國語晉語何以卑我

切西谿

注又後漢書馮衍卑庳也廣雅卑下也禮記中庸必自卑
傳注跂云卑賤也釋之傳釋言毋甚高又國語間語晉庾
王卑注又史記哀辭下傳卑之以陳疏論注又一切經音
八引蒼頡○易數赴卑高語周語云卑謂地體卑下
管子水地云人皆微也國晉語令王室其將卑乎卑
高已獨赴下卑也卑注梁傳十周室將卑注
也左氏傳廿二年近也穀薄者流五年傳卑來弱也
神女賦序注卑謂具德德左氏宋大五年注卑者論也
卑心腸順鄭注卑卑才猶近也語地子貢夫注偃卑色失釋文兒卑
子偃顏色不自得也○莊子釋天引李注卑修身愧懼溼卑
摩荀子修同卑謙恭而無禮者重荀卑貪利注元卑
謙下身注卑溼謂過謙也左氏傳文元年遲子傳禮○之卑
亦謂遲緩也卑讓德之基也左氏傳云小讓禮記卑宗
尊之充也管子言卑謂子弟之屬禮記喪服小記卑高謂山
也高已陳注禮記樂記樞卑耳即齊語所謂辟耳者管子封禪之東馬懸山注卑

居雅爲周禮雍氏注爲謂卑鞔與稗冕同荀子禮論卑冕
卑居鶡之屬疏
此段卑爲稗也卑又與俾互相段借荀子散文纖注○壹
當作俾書無逸文王卑服馬本作俾此正省作卑氏不迷
用庳若垾詩正月謂山蓋卑釋文卑本作當作卑也卑亦
卑知崇禮卑网釋文卑本作塀又西狹頌庳易繫辭天尊
若漢書鄒陽傳敝度注云卑音卑予塀減高就塀亦然
之界此則形並之爲非關段借也塀卑也塀下也塀下

鵯　也

䴢　蘇作於桉安皆可謂段塀詳在彼也而裂也

鞞　辟別也說文引申之義與辟近依辭鞞鏑也廣雅釋詁二廣雅釋言

鞞　鍪鞞也說文細字音義相連之名器○壹按云桉別按別銛凡鞞箭鏃胡合方言高

具廣長之鞞而疊韻爲斧別一廣雅一釋名抑必取一物者爾雅與屬

鏟謂之鞞薄蒙謂之銛豈一段名注凡鏟假借別也者同部如同

祇　地祇提出萬物者也說文段注釋文云祇作祇辭也馬諸同音之是

此讀祇爲語辭適也五經文字廣韻又云王齋作禔時又文云鄭及

病也此讀祇爲疵與何人斯同也又云作祇祇者是也

切僕奚

云安也九家本作鼓音支韓伯祁支及云大也音讀皆在第
十六部通志堂刻作充祇臨則誤○獨斷上云祇號若曰后
土地
祇也
地曰祇
書徽子令殷民乃攘鷄神祇之犧牲雅用馬注
又釋文又論語述而禱爾於上下神祇皇疏○
國語魯語及百碑神祇注又呂覽季冬
天地之神祇注並云天曰神地曰祇
天神曰靈地神曰祇
翻譯名義五引尸子○漢書揚雄傳上登乎頌祇之堂注又
後漢書班彪傳下注莛云地神曰祇又詩鳧鷖序神祇祖考
疏云祇者地神又文選顏延年曲水
詩序皇祇發生之始注云祇地神也
地祇所祭於北郊謂神
州之神及社稷
周禮大司樂舞咸池以祭地示注○萱按周
禮借亦為祇而鄭自用正字訓詁之體宜今
土祇原隰及平地之神也
周禮大司樂及土示注○疏引獻
興義云土祇者五土之總神謂社
柔祇地也
文選月賦業
祇雪凝注
示者鬼神所以示人也
漢書江充傳
崇在巫蠱注
祇大也
易復无祇悔虞注繫辭下傳无祇悔注又後漢書郎
頤傳注○萱按大者祇引申之義也物莫大於地或
作氐聲之
祇者誤
祇安也
詩何人斯俾我祇也箋○萱按此謂祇為
禔之借字也虞翻注易坎祇既平亦然禔

者安也愚竊疑地祇引申之義
未嘗不可訓安也學者詳之
祇病也
詩何人斯傳○萱按
此謂祇為疧之借字

忯

○俗
有沂
忝也
說
文
忯〻愛也
爾雅
釋訓
忯〻和適之愛也
爾雅釋
訓李注

疧

病不翅也
說文段注翅同嘗曰部嘗下曰語時不嘗也倉頡
篇曰不嘗多也古語不嘗如楚人言野頤之類世
說新語云天文度弟阿至惡乃不翅晉來閒人尚作此語帝
聲支聲氏聲同在十六部故疧以病不翅釋之取疊韻為訓
也爾雅釋詁詩無將大車白華傳皆云疧病也何人斯段借
祇為疧故毛傳曰疧病也言段借也又按古書或言不嘗或
言奚嘗〻皆或作翅國語曰奚翅其閒之也韋注云奚何也
何嘗言所閒非一也孟子奚翅食重奚翅色重趙注翅辭也
若言何其重也令刻本
作何其不重也乃大誤
疧病也
爾雅釋詁又詩無將大車祇
自疧兮傳白華傳我底兮傳
疧者滯之病也
爾雅釋詁
疏引孫注
祇病也
易復无祇悔釋文引鄭注
又詩何人斯俾我祇也傳

軝

或作
軝
軝
或
長轂之軝也以朱約之詩曰約軝錯衡
說文段注
小雅采芑
傳曰軝長轂之軝也朱而約之長轂者小戎所謂暢轂也傳
曰暢轂長轂也大車轂長尺五寸兵車田車乘車轂長三尺

二寸五分三尺二寸六長一為賢得六寸四分三為軝得尺
九寸二分虛其一者留以置輻也參分三尺二寸之長二在
外一在內以置其輻二在外而三為軝者在是一在內而一
為賢者在是考工記此幬字叩毛詩之軝字軝者同音段借
字也取此尺九寸二分者以華約之而朱其華詩所謂約軝
也考工記詳之曰容轂必直陳篆必正施膠必厚施筋必數
輢必負輪既摩華色青白謂之轂之善說者曰容者治轂為
之形容也篆轂約也輢負幹者華轂相應無飭不足也說摩
華色青白者謂九套之乾而以石摩平之華色青白善之徹
也王裁按容如製甲必先為容之容先為容轂之范盛轂於
中以治之飾之陳篆者刻畫其文而以華纏若無嵌約之而
後施膠施筋而後輢之以渾華而丸黍之而摩之華色青白
而後朱畫之容轂以下渾轂所同也輢而朱之軝所獨也本
是輢而朱之毛云朱而約之許云以朱約之者說朱則似先
朱其華其意一也詩曰約軝錯衡皆謂文也錯衡文衡也文
衡者巾部曰帑車衡上衣也蓋為衣而畫之○段又軝即軝
說本歛程氏瑑田適藝錄其說最雅於古音
眾合而古無有言之者執謂令人不勝古人也
約軝轂飾也
詩
烈
祖約軝錯衡箋○方言九云輪韓楚之閒或謂之軝○萱按
輪者大名軝祇轂之一端而可目全輪半此寸俗語言不可

為與要若也又孔沖遠采芑疏云轂謂之軝烈祖疏
云軝者長轂之名義若膚寬軝併不能緊全戴也

蚔

或作
藥
素也
說文段注此篆與蜾子之蚔迴別孟子書
當是蚔書〻即書大夫以蚔畫為名也

郊

岐郊或从山支聲
○俗有岐坟
枝古
文
周文王所封在右扶風美陽中水鄉
因岐山以名之也
說文段注經典有岐無郊惟漢地理志曰
太王岐郊文王作鄧匈奴傳曰秦襄公伐
我至郊師古曰郊古岐字岐專行而郊麼美許所見豳郊作
郊猶所見蔚作鄉也地理志曰古扶風美陽為貢岐山在西
非中水鄉周大王所邑魯頌箋曰大王自豳徒居岐山之陽
按此云文王所封要其終而言皇矣詩曰度其辭原居岐之
陽箋云乃始穆若善原廣平之地亦在岐山之南也文王自
郊邕鄧非文王始閔郊也下云鄧周文王都則此當云大王
矣戴先生曰美陽令為陝西鳳翔府文王扶風二縣漢志美
陽岐山在西非令岐山縣東七十里岐山是郊或若郊之或
字謂岐郎郊邑之或體也又云因岐山召名之則又郊邑岐
山畫為二字矣考岐山見於夏書雅頌漢志郊邑因岐山以
名郊邑可作岐〻山不可作郊辟綵注西京賦引說文岐山
在長安西美陽縣界山有兩岐因以名焉此說文山部原文

也山有兩岐當作山有兩枝山有兩枝故名曰岐山疑後人
移入於此而删改之學者讀此可以删邑部之岐專入山部
矣又按漢書地理志郊祀志匈奴傳皆作郊ヽ周字也而岐
山字地理志皆作岐是可證郊岐之別○萱按附岐山后名
之也七字本在中水郟下文從字順郊岐可分可合矣後人
追此七字於岐篆从山支聲下語義遂致窒凝度許氏原文
不若是也至岐山不可作郊段語猶信
岐山名
詩序從岐周釋文○後漢書張衡傳注云岐阯山足也
水名也
水經渭水注引漢書音義
吳為岐
易升王用亨于岐山省注
岐知意也
詩生民克岐克嶷傳
歧嶷謂有識知也
文選吳都賦歧嶷繼體劉注
岐山名也
文選思玄賦即歧阯而臚
情舊注○萱按變山从止於義字之尤俗者也而自爾雅已用之
歧ヽ路也
文選舞鶴賦臨歧班步注
○爾雅釋宮二達謂之歧旁注又孫注疏云歧道旁出也又
釋名釋道云二達曰歧旁物兩為歧在邊曰旁此道並通出
似也
歧　行兒也
後漢書桓術術傳注
歧ヽ　飛行兒
文選笙賦翔ヽ歧歧注○注引字林
云歧ヽ行兒又引漢書音義云歧ヽ將行兒
歧　眾皆也以其分別故謂之歧
文選笙賦

光歧儀其階列注
歧舌國其人舌皆歧或云支舌也
山海經海外南經歧舌國注○
爾雅釋宮釋文云歧本作枝又華嚴經音義上云歧字書作
岐謂樹枝橫首也又孫叔敖碑云少見抜首蛇萱按技亦岐
之俗體也岐枝皆借字

歧

平去兩讀注在彼○俗有敝

趚

平去兩讀
緣大木也一曰行兒
說文段注趚緣大木也爾趚音義畧同一曰云ヽ此別一義小雅鹿
斯之奔維足伎ヽ玉篇作趚ヽ
趚ヽ行也
廣雅釋訓
趚ヽ鹿走也緣大木也行
兒也
玉篇

蚑

平去兩讀○谿有歧敀
徐行也凡生之類行皆曰蚑
說文段注依李善洞簫琴二賦注補
徐字及凡生以下八字凡蟲行曰蚑周書曰蚑行喘息小弁
曰鹿斯之奔維足枝伎本亦作跂毛傳曰舒兒箋云伎ヽ然
者當其嘗也按其字當作蚑ヽ毛傳鄭箋正與徐行說合也
洪書歧ヽ脈ヽ善緣碰其字亦當作蚑ヽ凡生之類者或行

或飛或毛或羸或介或鱗皆是也○文選洞簫賦蚑行喘息
注琴賦況蚑行之眾類注七發蚑蟠蟆蟣注七命于是民蚑
感惠注皆云凡生類之行云謂之蚑
蚑行
淮南原道蚑蟯貞蟲注○萱按修務云蚑行蟯動之蟲做眞云蚑行嗜息
又嚴許碑云蚑行蟯動蟠當作蛺淮南原道云蛺動蚑作按作亦行也
蚑ヽ行也
晉書音義中
跂ヽ
行也
淮南原道澤及跂蹺注○當按跂蹺即蚑蟻蟯之借字
也凡支聲字多訓行如蚑跂赴岐皆是不須言借也惟
生之類行蚑為專字
跂行凡有足而行者也
漢書禮樂志跂行畢逮注公孫弘傳跂行喙息注卣
奴傳上跂行㝈息蛺動之類注
務求謂之蚑蛛
一切經音九引通俗文○當乎應兩引聲類一云蚑蛛
多足蟲也一云跂蛛多足蟲也按
跂訓足多指似跂蛛當為正字據

乁　隱奚切

流也从反厂
說文

㥩

平上兩讀注在彼

奚

大腹也
說文段注豕部豯下曰豚生三月腹豯ヽ兒古奚豯
通用周禮職方氏豯養杜子春讀豯為奚許艸部作豯

奚養
奚何也
論語為政奚其為ヽ政皇疏八佾奚取於三家之
堂皇疏述而女奚不曰皇疏先進奚為於王之門
皇疏子路子將奚先皇疏亦奚以為皇疏憲閒奚而不宴皇
疏又國語魯語奚魯其閒之也注奚語大夫奚陵於越之又
國菜秦奚以遺言吧也注齊第奚以薛為注又漢書高帝紀
下集注文帝紀集注禮樂志集注徐樂傳集注又孟子萬章
上奚而不知也注又呂覽情欲尚將奚及注貴直水奚自至
注貴公注奚能言注誰聽奚自知其身之不遠也注過合雖
惡奚傷旦慎勢則奚以易旦注不苟技無罪奚請注分職必
任巧匠注故注又太乎美奚不遵也注又法言淵鶩將不仁
奚用為奚又小爾雅廣言又一切經音義八引眷頡又文遐
廣絶交注客奚此之問注○禮記禮了下吝欲綦往而奚若
注云奚為何如也若
奚毒附子也
廣雅釋草○又云一歲為萴子二歲為烏喙三歲為附子四歲為烏頭五
歲為天雄
奚女奴也奚豯女奴男奴也
賞按此段奚為媖也古又段僕僕為奚如右博和奚
大戴記作僕史記作僕是又百里奚亦或作僕若僕

㜎

女隸也
說文段注周禮作奚段借字也酒人女酒三十人奚
三百人鄭注古者從坐男女沒入縣官為奴其少才

知者以爲奚今之侍史官婢或曰奚宦女守祧女祧每廟二人奚四人鄭曰奚女奴也奚隸女奴男奴也周禮禁暴氏凡奚隸聚而出入者則司牧之注

豯 ○俗有豯生三月豚句腹奚〻兒也說文段注豚下當有一曰二字為別一義奚〻各本作豯〻令正大部曰奚大腹也以疊韵為訓方言曰豬其子或謂之豯豯幣也廣雅釋獸○方言八云脉或謂之豯 豯養在長廣周禮職方氏其澤藪曰豯養注○萱按韵書引作豯養俗字也

騱 騨騱也說文騨騱野馬屬○騨下云前足皆白騱爾雅釋畜

鼷 小鼠也說文段注何休公羊傳注云鼷鼠中之微者玉篇云有螫毒食人及鳥獸皆不痛今之甘口鼠也○爾雅釋獸鼷鼠釋文引字林又漢書中山靖王勝傳臣聞社鼷不灌注跂云鼷小鼠也又五行志中之上鼷鼠食郊牛角注云鼷鼠之取小者或以謂耳鼠所謂甘鼠者即令鼷鼠有螫毒如鼠狼爾雅釋獸鼷鼠注○孫 鼷即鼩鼩也 文爾雅引傳釋物獸志釋鼷 獸爾雅李注釋

雞 水蟲也蔵貉之名食之說文段注蓋猶中國之食鼃謂之水雞也

蟆 蟆鹿退蛤蟇也說文段注蟇舊作蟆許書無此字淺人增虫耳今正作蟇音聊釋蟲曰蜓蛛蟆蟯方言曰蛥蚗齊謂之螇螰楚謂之蟪蛄或謂之蛉蛄秦謂之蛥蚗自關而東謂之虭蟧或謂之蝭蟧或謂之蜓蚞西楚與秦通名也按蛥蚗即許之蚼蚗蛥當音伊切蟧音如䗃料即許之蚹蟇也蜆蛛音如是木許無蛛字蜓蟧夏小正作蜓蝶字宜支遼二音令江東俗語尚如此辭章家作遠了二字是也小正七月寒蟬鳴傳曰蜆蝶也與上文五月良蜩唐蜩為各物方言亦以蚼蚗與蟬為各物然則許之蜺蟆蟯與蜩蟬蓋亦有別矣 今俗呼似蜙蜙而細長飛翅作聲者為蟆蚸 爾雅釋蟲螢蠡蟆蚸注○萱按蚸音歷與蟯為一聲之轉

兮 語所稽也說文段注兮稽疊韻稽部曰需止也語於此少駐此與哉言之間也相似有假猗為兮者如詩河水清且違猗是也○萱按漢石經作河水清且違兮則用正字或借之與乎作兮詩甫田來幾見兮一本作未幾見之老子淵兮似萬物之宗河上本作淵乎見詩老子釋文兮詞也廣雅釋詁四兮語辭也史記樂書高祖

過沛詩三侯之章索隱○禮記大學斷斷兮疏云兮是語辭古文尚書兮為猗

題 眺奚切 頟也說文段注釋言毛傳曰定題也引伸為凡居前之偁○廣雅釋親又漢書揚雄傳上徒角搶題注又文選上林賦赤首圜題注引張揖距云題頟也 題頟也 爾雅釋言題題也注又山海經北山經不者之山有獸焉文題白月名曰益極注又史記司馬相如傳集解引郭璞又後漢書杜篇傳注南變西南定也小又太予視蝂其題頩注○禮記王制離題交趾云題謂頟也 題定也 注釋文又淮南本經棒搚猿題注又漢書揚雄傳上璇題玉英注引應劭又續漢書禮儀志下注引漢書音義又文選采孝武宣貴 題 馬頟上當顱如月形者也莊子馬蹄妣誄注引漢書章昭注商頌譜疏引 題識也 左氏襄十年傳舞師題以旌夏齊之以月題釋文引崔注 題名也 詩契握湯說契注引 題頭也 注題者表識之言人清書稱題題諦也審諦其名號也亦言 第因其次第也 書契 釋名釋 宋楚之間謂盆為題 後漢書置傳注 魄平題

鏑也廣雅釋器○方言九凡箭向者謂之平題注云平題今戲射箭頭題如羊頭也 題肩鷂也 春秋考異郵陰陽氣貪故題有多注 題視也 萱按此段題為題也 題之為言視睇也 萱按此謂題為睇之借字

趧 或作曉 顯也說文段注顯當作㬎〻顯古今字㬎者衆明也从日中見絲然則題之為言亦察及微杪也小雅題彼脊令傳曰題視也題者題之假借字毛云視許云㬎者此蓋轉寫脊字當云㬎視察及飛鳥是為明㬎之視鄭箋云題之為言睇也則謂題同睇非許意睇者小那視也與題音義皆不同 題視也 廣雅釋詁一 題視也 小爾雅廣言又詩小宛傳 平去兩讀

媞 諦也一曰妍點也一曰江淮之閒謂母為媞 說文段注諦者審也審者恚也詩好人提〻傳云提〻安諦也釋訓媞〻安也孫炎曰行步之安也櫝了言事欲其折〻爾注云安舒兒按折者提之諦提者媞之假借字也一曰云〻㜎者技也點者榮點也題之引申之義也江淮云〻方俗殊語也 媞安

也廣雅釋媞々好兒也楚辭怨世西施媞嫮侯姱其實媞爾
詁一小正緹媞而不得見兮注雅
釋○大戴記夏編傳云緹也者其提々安也雅南說
實也萱桉此無正字終市段借而用字不同林提々
者射注○萱按提舒緩則兮修身不由禮
段借與萬禮同也荀勅亂提優注
挈說文又國語吳語建旗提鼓注越語范蠡乃左提鼓沫
提
也又淮南要畧提名責實注○漢書陳餘傳況以而賢王
左提右挈注云提一手曰提淮南倣真提持也骨子輕重
挈言相扶持也挈天地注乙以是與
天子提衡爭秩於諸候注又家語六本衣褱而提贄注又太
斤盛提禍樿々注○周禮大司馬師々執提司農注云提讀
如欄提之提謂馬上鼓有曲木提地也碑垂所持近地也釋
提持鼓立馬鞶上故謂之提名
釋姿提舉也漢書刑法志集注引李奇英布傳集注欒布傳
容集注○周禮田僕王提馬而走注云提猶河也
提々謂有所揚舉也乎子白心為善提起也圖書帝命驗提
管毋提々注子提注
用也太斤事豎提裝也管子山權數提猶正也太斤斤權疑
子提壺注百金之提注者提之注

提謂提撕之漢書賈誼傳故提攜謂率將行禮記曲禮上長
洒孩提有識注周傳贊相者與之提攜注
提衡猶言相提攜也漢書杜注引如淳提撮凡也丈提遐西都
與漢提衡注○漢書地理志下提封也賦封五
萬注引提封凡也賈雅釋詁○大舉其封疆也提々
臣贊詩小弁歸飛提々注云提音義
兒與去聲翼者撇為近々提傳○釋文提々羣飛兒也平反
提柳也提弃也提猶絕也○萱按提從氏聲字當作堤
諦也萱按此段朱提縣名
衣孿提々為篇說文云提段借字也殊此義廣韻
駃騠也說文○韻文段注云衣服々也正媞也々兒○廣韻
○俗有啼號々也說文馬父駃騠也子下曰衣服媞々好兒安也
嗁啼嗁說文嗁號也注號與哭各本作號不同令正號下曰痛聲也
聲痛在內哀形於外此嗁聲哀有與哭之別也若也喪大記啼哭痛聲
兄弟哭婦人哭踊注悲哀有深淺也嬰兒中路失母能勿啼

啼乎按鄭用褆記語也嗁俗作啼士喪禮作諦古多假諦為
嗁○萱按褆記文啼本作諦莊子駢拇釋文諦崔作諦又
漢書嚴助傳王釋文呼也左氏莊八年傳
傳下嗁皆作號嗁也人立而嗁服注
記哀有號
言否疏甚
○俗蹄足也說文蹏足也廣雅釋獸○爾雅釋畜蹏
有蹄足也蹏猶地也集注書人注云枝蹄枝足也蹏底也足底也
釋名釋蹏猶也漢書外戚傳蹄馬甲也莊子以蹏霜雪釋足
形體蹏書注引孟康傳蹄馬甲也可以踐馬蹄馬釋足
文引司馬注○穀梁昭八年坤為蹄易說卦傳蹏研者謂其蹏
傳馬侯釋文云殼田馬八年上也蹏奔也淮南修務趨走
下平也漢書百官公卿表足也趨蹄跌躔而趨注其蹄躍
也蹄禮記月令注昆相蹏令丞注上也蹏走也罠子跌涼也係其脚
故曰蹄也釋莊子外物蹄者所以在兔鄧都賦注
有○俗蹄器也文說釋文○又云蹄兔罝也在劉
蹏

儷
○平去兩讀俗作儷也說文段注林部棽下曰木枝條棽儷也
杜云儷偶也士冠禮聘禮鄭云此但云棽儷也按左傳為仇儷
今穿離不貲鵩云離讀為儷之儷猶兩也古文儷之離月
不及其他於以人之意未合於偶儷許但取枝條一棽儷之訓
全書大例未符恐非許書舊儷也左氏成十年傳鳥
雅釋四儷偶也儀禮士昏禮注又東帛儷皮耦也獸猶不失儷又廣
話漢皇甫謐集傳注妃嬪又漢書揚雄釋文上又國語注其
後漢書張段倚傳注文注貴又儷配偶也名荀傳子音義語韋昭又
京福殿賦注引國語賈注○儷偶也注正儷齊也偶也
後漢朱景王杜馬劉傳堅注之萱儷倚也雅南精神之鳳
按儷之訓當作耦不當用偶而俗○聘禮注皇不能與之
注儷兩也儀禮士冠禮士昏禮釋文士兩也○公羊莊廿二年
傳注士受皮又士冠注云儷皮兩皮也本作儷
儷減人作麗儷猶離減之作者儷離也釋文云同聲儷 萱按
猶相次比也劉後漢書儒林傳注表綿儷夫也釋廣雅言儷偶也韻集
平上兩讀
注在彼
𩟗

驪 馬深黑色說文段注魯頌傳曰純黑曰驪按引伸為凡黑之偁亦段黎棃為之○詩駟驖釋文引字林云驪深黑色也
馬純黑為驪楚辭招魂青驪結駟兮注○禮記檀弓上戎乘驪注云馬黑色曰驪又釋文云驪純黑色
馬色黑而青曰驪後漢書李忠傳注盜驪為馬細頸驪黑色也
穆天子傳一盜驪注○列子周穆王左驂盜驪而右山子釋文云盜驪即荀子之纖離者也
驪黑也小爾雅廣詁○爾雅釋畜驪馬白跨驪注又懸注云驪黑驪猶羅列
黑色又莊子列禦寇驪龍頷○文選西京賦驪駕四鹿薛注云驪黑龍又後漢書寇恂傳注
駢駕之也云驪駕駢駕也○萱按羅驪雙聲此孟段驪為羅
驪馬騑馬也呂覽執一今御驪馬者注驪戎西戎之別在驪山者也國語
晉語獻公卜伐驪戎注○萱按驪姬戎作麗作驪蘄急書之
驪聲同通用也惟竹書作離姬異部而離聲
曰力支漢書地理志下集注○西域傳上西與犂軒條枝接
萱按犂在一部與驪異部而同音得相通借
讀與驪同又張騫傳集注云驪犂聲相近○北方畫驪○漢書匈奴傳上注云驪深黑

鱺 鱺ㆍ魚也說文段注此即今人謂鰻為鰻鱺之字也與鱧鱺鯉皆可同類篇云小鯛也此用郭注爾雅語

蘺 平去兩讀注在彼

縭 縏縭也一曰維也說文段注一曰云〻別一義謂縭亦訓維系○萱按繫音谿繫縭懸絜也

龍提切
䶵 篪或○俗有篪箎管樂也說文段注管猶箾也故龠䶵簫皆曰管樂鄭司農注司農注司禮云篪七空廣雅云八孔賈公彥引禮圖云九孔其言多轉寫錯亂疑不能明也世本云暴辛公作壎蘇成公作篪譙周云二人善壎善篪記者因以為作謬矣按許於壎䶵下皆不引世本於鐘磬笙簧琴瑟則引之其巨謬不在先南之前乎○楚辭東君鳴䶵兮吹竽注云䶵竹曰篪詩何人斯仲氏吹篪傳○萱按通典引竽樂器名也蔡邕月令章句云篪竹也六孔有距橫吹之又北堂書鈔一百十一引當氏五經要義云篪以竹為之六孔有底所說孔數又異篪嗁也聲從孔出如嬰兒啼聲也釋名釋樂器大篪謂之沂爾雅釋樂

遞 遞ㆍ隲進輕薄也說文段注遞隲周漢人語

褫 奪衣也說文段注奪當作敓許訓奪為遺失訓敓為彊取也此等恐非許原文後人以今字改古字耳周易訟上九或錫之鞶帶終朝三褫之矣果曰褫解也鄭本荀爽翟元皆作三扢之荀翟訓扢為奪淮南書曰秦牛缺遇盜扢其衣高注扢奪也扢者褫之假借字十七十六二部音最近也引伸為凡敓之術○文選雪賦念解佩而褫紳注云褫奪衣也
褫奪也文選吳都賦魂褫氣懾而自踢跌若注○後漢書綢傳序注云褫猶奪也
褫敓也一切經音義六引廣雅褫解也易訟釋文引王肅注又後漢書杜林傳注又荀子非相守法數之有司極禮而褫注

[illegible]奚切
兒 孺子也从儿象小兒頭囟未合說文段注子部曰孺乳子也乳子乳下子也○俗育兒之嬰兒女部謂之嬰娩兒孺雙聲引伸為凡幼小兒子記謂白者頭會腦蓋也小兒初生腦蓋未合故象其形之稱廣雅釋親男曰兒女曰嬰一切經音義弱故係其父漢書項籍傳○袁盎傳尚幼兒齒〻落更生細者也少也
兒 踵東根也廣雅釋艸

哂奚切
禔 安也易曰禔既平說文段注周易坎九五禔既平釋文曰祇
焦延壽延壽當從京作禔按許自序所偁易孟氏京房受易
鳳父歆皆治孟氏易孟喜問易虞翻自言臣高祖光曾祖成祖
易作禔訓安甚明翻本作祇謂祇注此文云祇安也然則詩
何人斯鄭箋正同氏是同在第十六部得相假借祇安也何人斯俾我祇也箋

徥 徥〻行兒也爾雅曰徥則也說文段注方言徥用行也郭曰行兒於往度皆二切爾雅云〻皆行兒度揩反集韻曰往徥
則也蓋古爾雅假徥為是也
[illegible]

匙

韻史　卷七十二第十六部平聲銜韻　七五〇三

挑氏注是也亦作鍉尒應曰方言作提地理志朱提縣讀如
此字○廣雅釋器云匙匕也又後漢書隗囂傳奉盤錯鍉注
云鍉即朱提縣名在犍爲漢書地理志○食貨志云朱提銀
是字重八兩爲一流○萱桉此之段借
義祇在離
合之間耳

篋

簣屬

說文段注今之鎖簣以張之篋以
歙之則其用與簣同非也

莡

艸也

說文段注芪今則以中下篋同笙以
萱文桉段注云莡己非此芪有一字

芪

母ゝ一母也

說說爾雅段注莡謂三字即芪母非許意也○不段與又芪云一名
知母文桉字注林芪矣其之母謂蕣一母前已艸此同未蒿所據也芪字爲伍蜺則

眡

或書皆同一名音
平上作网古氏
別眡知有用
氐聲字乃
氐文讀旨同知○郁同音名
之視不氐可聲通用者廣韻眡氏之役目也○萱桉周禮多
視兒也說文段注馬融長笛賦特麐旨彭李曰眡
十五部眡彭鬈也桉眡一字也以來與

韻史　卷七十二第十六部平聲銜韻　七五〇四

婗

嫛婗也一曰婦人惡兒說文段注嫛婗合二字爲名一曰云
云此則專謂婗字○釋名釋長幼云
人始生曰嬰兒或曰嫛婗嫛是也言
是人也婗其嘷聲也故因以名之也
婗子也釋覬倪弱小緊
○孟子梁惠王下反其旄倪趙注倪弱小緊倪者也萱桉倪卽婗之借字
嫛婗也莊子齊物論何謂和之以天倪不能無倪
霓際也萱桉此則和之以天倪何近是

倪

俾也說文段注倪之言題也倪爲題也端也從生也又
借倪爲晛之借莊子天下篇不知倪之端倪也
倪者也廣雅釋詁倪衰也正也世分
倪傲也萱桉莊子倪倪亦不能倪
李注文引崔注
釋文傲視之倪
借晛而意也○萱桉崔注用說文段注
有意視之借字也
釋文引崔注

齯

老人齒說文段注魯頌黃髮兒齒釋詁曰黃髮齯齒鮐背耇老壽也
名曰九十或曰齯齒大齒落盡更生細者如小兒齒
也桉毛詩作兒古文爾雅作齯
他書作齯今文也
齯齒ゝ墮更生細者齯齒亦壽
詁注釋

韻史　卷七十二第十六部平聲銜韻　七五〇五

徵
詩閟
宮箋

輗

軦或梘又大車轅端持衡者也
說文段注轅與衡相桉之關
鍵也墨子曰吾不如爲車輗
者巧也用咫尺之木不費一朝之事而引三十石之任此與
小車之軏同用而異名○論語爲政大車無輗集解引芭注
云輗者轅端橫木以縛杌者也萱桉轅端橫木即衡也輗者
持衡之物而芭即以衡當之取爲晉說戴先生考工記補注
阮尚書車制圖解
辨之極精詳矣
輗璇車也
晉書音義輗下○萱桉此語不懷
或是用輗爲軔也段借亦未洽

郳

齊地春秋傳曰齊高厚定郳田
說文段注左傳襄六年齊侯
滅萊遷萊子郳高厚崔杼定
其田杜云遷萊子於郳國正義云郳即小郳郳小郳附屬於齊
故滅萊而遷其子於小郳桉世本云郳顏肥郳於宋
仲子注郳者郳所封其於郳爲小郳曰顏郳鄭
郳小郳者郳別封子郳左傳曰郳附
縣有故郳城郳東南有地鄉不當在魯之爲齊
矣不又郳縣郳也許南其地鄭地且郳之小地卿於
實異不可怨故許爲鄭郳也許意是齊地非朱郳國凡名同
於卿高原崔杼定其田苗定其田蓋定其與萊也君之田以遷萊

韻史　卷七十二第十六部平聲銜韻　七五〇六

田與
之也
穀梁莊五年郳黎來ゝ朝釋文○萱桉公羊

郳國名

莊五年郳作倪莊十五年郳作兒皆段借字
平入
兩讀

霓

屈虹青赤或白色陰气也
說文段注或字陸德明作也
一曰三字非也韵會白下無
色字是也屈當作詘許書云詰詘者謂詘曲屈非義許意說
曲之虹多青弃或有白色者皆謂之霓釋天曰蝃蝀虹也霓
爲挈貳郳云嬰以色鮮盛者爲雄曰虹闇者爲雌曰霓標此
似青赤爲虹白色爲霓然析言有分渾言不別故趙注孟子
曰霓虹也虹見則雨楚辭有白霓從霧气六ゝ霓爲陰氣將雨
之兆故从雨一从虫作蜺猶虹从虫也五稽切如淳曰陰陽五結切
郭璞五挈切沈約郊居賦雌蜺連蜷深恐人讀爲平聲專萱
桉霓正字蜺借字霓有明讀而蜺以之非謂沈賦外皆圖讀
入聲
霓者氣也起在日側其色青赤白黃
古微書引河圖稽
耀鉤○後漢書崔
也騆衡注云霓天還氣也文選東京賦注雲霓惡氣也李懸
日傍之氣注○釋名釋天云霓霓薛注云雲陰陽文爲虹
霓而史御注
見於非時此災氣也傷害於物如有所食齧也
古微書引春秋元命苞
此雌曰霓文引郭音釋蜺雌虹也又爾雅釋天注後漢書張注

衡傳蜺旌而飛揚注 飄 雄曰虹雌曰蜺 漢書天文志抱珥虹蜺注引如淳又文選西京賦虹旃蜺旌薛
注蜺者斗之亂精也 後漢書楊賜傳注又續漢書日旁赤青 五行志五引演孔圖少亂字
者為蜺 古微書引尚書璇璣鈐○漢書蜺邪氣也後漢書揚賜傳注 五行志下之上蜺日旁氣也
蜺雲之有色似龍者也 楚辭天問白蜺嬰茀注○文選魏都髮若乎雲舒霓以高垂劉注云蜺
龍形而五色 有霓際也 當按此霓為蜺也段注
蜺○俗作貌 霓 獸也 說文霓如貌
麑 狻麑獸也 注釋獸曰狻猊如貓食虎豹 狻猊獅子亦食虎豹
穆天子傳一狻猊注○狻麑皆段注 當按論語素衣麑 麑為麑弭也
衮國語長麑
鯢
刺魚也 說文段注其如小兒能緣木切或作刺者誤刺魚者乎刺之魚
謂之鯢鄭云今鯢八九尺別名似鰕鮎 當按門此鯢前漢謂之者人魚釋魚曰鯢大者
謂長八九尺則似鮎余在雅州見書傳後者不似下數十如小兒
人不大之者鯢信少見別多怪也有剝字刺之俗 鯢鯨魚也應帝莊子
廣雅納鯢也亦謂此集韻

王蜺桓之審為淵 雄曰鯨雌曰鯢 雄猶鳳雌猶言皇也 文選吳都
釋文引簡文注劉注○左傳宣十二年疏引裴淵廣州記云
賦修鯢吐浪又一切經音義十九引異物志云鯨魚者雄
曰鯨雌曰鯢 之賤也 鯢呂覽貴直篇為鯤入淵而鯢注○鯨之子也 列子黃帝
也鯢大魚 之 鯢桓之潘為淵釋文云鯢大魚也 莊子應帝王釋文引
鯢 小魚也 鮒莊子外物李注鯢桓魚所處之方穴也 王釋文引
崔注
蜺
寒蜩也 說文段注方言小而黑者謂之蜺 又曰蟪謂之寒蜩
釋蟲曰蜺寒蜩瘖蜩也不言寒蜩與寒者蜺為一 許本爾雅為說
寒蜩謂蜺也郭璞月令七月寒蟬鳴節曰寒為蜺 禮記月令釋文
蟬黑而赤者謂之蜺 與方言十三○段為虹霓字蟬一蜺寒蟬 禮記月令
蟬 段所引小異寒蟬依盧校方言凡言本令釋文 蜺雌
虹也 當按此類 具霓下
胛 土藏也 說文段注文有脫誤當云木藏也博士說以為土藏 按古文以脾為木藏今文以胛為
土藏也 按古說當以脾為木藏也
品奚切
胛 土藏也 脾者土也 禮記月令

疏引異義今文尚書歐陽說又素問腹中論又白虎通 五脾
祀○引呂覽孟春祭先脾注○又淮南時則注莊云脾屬土通
者土之精也 白虎通情性○古微書引春秋元命苞云脾為
土之精上為北斗主變化者也○當按謂脾者
上斯為定詁其云脾屬木者古文脾者胃之主 秋元命苞引 春
文尚書說也異義中鄭既駁之矣 古微書引春秋
脾胃者倉廩之官五味出焉 素問靈蘭秘典論 臺 脾裨也 在胃下裨助
胃氣主化穀也 釋名釋形體 脾之為言併也 所以積精稟氣也 白虎
通情性 脾之為附著也 古微書引春秋元命苞 脾析百葉也 儀禮既夕
性臨人脾析蠶臨司農云脾析牛百葉也 脾為雷精神 淮南 脾信也 情性 白虎通 析注○周禮
注云脾析牛百葉也 脾為雷 脾卑也 廣雅
釋親 脾止也 方言十三 又
鞞
益也 說文段注鞞益古字今作鞞 禮記○注廣雅釋詁三
益也 鞞益古今字說文益鞞古今字 會部曰鞞增也
○俗字裨行而鞞廢矣 土部曰埤增也
有裨○按也益也說文段注行而裨益古今字 說文鞞益也 土部曰埤增也皆
裨 有裨按也益也字異而音義同觀禮侯氏裨冕注曰裨冕者

衣裨衣而冠冕也 裨之為言埤也 天子六服大裘為上其餘
為裨 按本謂衣引申為凡埤益之偁○國語鄭語若以同
裨同注又史記衛將軍驃騎傳得右賢裨王索隱引賈逵
云裨益也又文選西京賦裨販注云裨販買賤賣貴
以自裨 漢書項籍傳集注○夫婦辭禮云裨販
裨助也 漢書贊從者 事注一○儀禮觀禮
補也 國語晉語裨諸先君 補予也 廣雅釋詁二 裨埤陪之義取裨衣之屬也 為裨
樂記而裨冕搢笏注○曾子問大祝裨冕注云裨冕 公卿大夫之禮記
冕也又裨冕以朝注又視朝注 云 伯子男
藻裨冕之屬通謂之家語辨樂解 裨之言卑也 天子六服大裘為
注云衮冕以之屬通謂之禮論之 鷩毳又玉
上其餘為卑 荀子禮論注云 卑服之當按古裨冕
裨通用左傳卑讌 裨謂以繪繒飾其
古今人表作裨讌 裨 荀子禮論注 言卑褻也 以文織注○富國大夫裨冕
禮記玉藻 素 裨海小海也 史記孟荀傳 於是有裨海環之 索隱 裨王小玉也
側 帶 絳 裨 漢書衛青傳得右賢裨王十餘人注○晉書音義中云裨副將
若言裨將也 裨師偏師也 文選

韻史 卷七十二第十六部平聲街韻 七五一一

埤 增也

為袤齡徵蒙州殺以裨師注〇賞按
西狹頌緣崖傳閣段以傳為裨也
說文段注詩北門曰政事一埤益我傳曰埤厚也此與
辭裨音義皆同凡以曾之字皆取加高之意會部曰曾
者也是具意也凡从卑之字皆取自卑加高之意所謂天
道蔚盈益謙君子揆多益寡也凡形聲中有會意者例此

埤 厚也 爾雅釋詁又詩節南山天子是毗釋文引王肅

埤 益也 廣雅釋詁一

埤 予也 方言十三

埤 卑也 漢書五行志中之下

埤 下溼也

借為卑字必其本無卑字故省以增坐益與卑下相埤義可集注正益〇
俗埤注讀云為亦無不合下也是身不流下也相埤為理其卑義下也
劉注云傳集注又廉非間以後漢書謂終高誘注埤下裕引以中孔埤
〇向表傳埤與又後漢是是子故詁三釋又文詩多从凡間北段以
注禮記紛集注又玉藻注云埤亦下梁者詁增三又增坐益注云
邊也通借記鄭讀縞云埤赤下也累謂身其與卑也
素也紕裨乃辟素問借記鄭讀縞如素紕之〇賞按埤下溼也國語晉語注
紕乃辟素埤部故相假借為平紕紕謂入也縞紕焦益之〇賞按素備埤禮猶素帶紕柏生松
素埤之假借平紕謂縞紕以氏之〇素備禮記補疏云辟之讀為得紕緣
埤益之也埤禮記補疏云辟部同音為禪相紕緣

韻史 卷七十二第十六部平聲街韻 七五一二

陴 䧢籀 城上女牆俾倪也 說文段注土部曰壤城上女垣也凡
小者謂之女牆即女垣也俾倪可以疊
韵字或作䟆睨或作埤堄皆俗字城上為小牆即女牆也
韵外謂之俾倪左傳宣十二年杜注云埤堄城上小牆
俾名之城上垣曰俾倪言於其孔中俾倪非常也
倪釋云城上垣曰女牆亦云埤一女牆皆一物
禪也云城之高曰女垣又女牆
也又國言褅助城其牆上女垣短牆短垣女牆皆一
年疏云埤城晉語注云埤堄城上短牆
也陴城也左氏宣十二年注云陴城上小牆一二年
陴 城也 左傳宣十二年注 廣雅釋器 陴 屋也
也明理有貫有兇注十二又 埤 又云 廣雅 陴 音楊子雲
一名覽賁注云 牆謂之陴 小爾雅
毛之前理貫有兇注陴城上小女牆 小爾雅釋 陴
鄉 也說文段注〇二音書志云同令四川成字不可甚可曉
都說府文鄭縣注二志故鄭城是 陴 又云 音
蜀縣也 說文鄭縣〇方言五故同令四川成字不可甚可曉

郫 蜀縣也 說文段注 方言五 瓻 瓻也 廣雅釋器

瓻 罌謂之瓻 說文段注 漢書

瓻 說文段注 漢書 急就篇 及 廣雅 一 㼾

椑 圜榼也 說文段注 急就篇 及 廣雅 釋器 榼謂之椑
素隱云椑榼謂令之偏榼也又漢書張騫傳以其椑
珂為飲器注云椑榼即令之偏榼所以盛酒耳 史記大宛傳 椑即榼是
 廣雅釋器〇

韻史 卷七十二第十六部平聲街韻 七五一三

也 左氏襄二十年傳 椑 注椑隨棺也 疏考工記盧人注
則 閣也故以戈戟為兵先生曰
棹 上同 齊人謂柯斧柄為

鼙 〇俗 騎鼓也 說文段注 與大鼓為節鼓也 鼙先生曰
有鼓鼙騎鼓也 說文段注 鼙大鼓 儀禮有朔鼙
鼙鼓後世別鼓始故以鼙鼓為節 鼓側當作鼓者應鼙
應鼙應之世不別也鼓以鼙為節鼓鼙之堂下之圖鼙者
在西應鼙在東所以引鼓樂側之堂下之言樂先鼙鼙小
西鼙之北首鼙在東以引也故當又謂作之堂下之樂先也鼙鼙者
有鼙在西壇之南故大司馬云師帥執鼙注云鼙在東西方謂諸侯也
故有木大木提非大司馬師帥執鼙注云鼙提大射儀上東
鼓桉曲也故有提謂騎鼓馬師林縣東西鄭日諸馬
有曲謂提木之賦之詩馬提林上者旅則執鼙在其東
騎鼓之田賦謂之許縣東之者然則小東
故謂之鼙注又鼙以引縣田賦引許縣東方謂諸馬
注又箋云凡大鼓鼙之側注有引詩云
騰注賦 鼙 鼙也 禪助鼓
節 也 釋名 釋樂器 鼙裨也禪助鼓
或 鼙 以 鼙為鼙或作鼙 鼙 段注

蠡 〇或以鼙為鼙 〇俗有蟲書作螃 蟲蛸也 說文
解〇禮記月令螳蜋生 螳蜋子 說文
螵正俗字爾雅釋文音裨為是唐韻匹也 蟲部蛸下
螵〇賞按蠡切非也 蟲蛸堂蜋子 三字句段注

韻史 卷七十二第十六部平聲街韻 七五一四

麛 〇俗 有 鹿子也 說文又禮記曲禮又注又禮記月令
鹿雅音 說文又禮記內則秋
麝 鹿子 爾雅釋獸 宜云鹿子曰麛 釋文又漢書貨殖傳
卵注〇爾雅釋獸疏云鹿子亦得通名也麛
乃麑又儀禮士相見禮疏云孟春又呂覽又禮記曲禮上疏云麛曰麛
周禮人之儀禮士相見禮 又禮記曲禮上疏云鹿子曰麛
禮記禁之人麛卵者注云麛 麛麛名也 大者曰鹿小者曰麛
了論語鄉黨素衣麛裘 廣雅釋獸 麛孤之摯也 儀禮士相見禮注引五行不曰如麛
也國語魯語注〇賞按段注為麛如弭文又摯之子注同字也 麑鹿子曰
麑 傳注又文選西京賦效獲麑麌注又後漢書劉陶傳注 麑 鹿子曰

睨 〇俗 有 病人視也 說文

規 〇俗 有 規巨有法度也 說文段注 圓出於規方出於矩古規
規巨有分用者皆二字不分用後二字不分也凡規矩
䂓者刑也 儀有度者法制也 皆有意 非分用也 規矩方圓之不
商也 一曰夫曰 規正 度也凡有所圖度者 皆曰規 謂規正也 又左傳
陶淵明文欣然規往左傳曰大夫規誨詩序曰沔水規宣王
規求無度

韻　史　卷七十二第十六部平聲街韻　七五一五

也○萱按張表碑顏柴末合段顏爲規也規矩方員之至也孟子離婁上又史記禮書又荀子禮論○
管子法〻云規矩者方員之正也規者正圓之器也詩沔水序箋又荀子正論是規磨之說也注○管子
宙合多備規軸者注云規正圓器又漢書高帝紀下集注引韋昭云正圓之器曰規規者所以規圜器
械令得其類也漢書律麻志上○孟子云所以爲閣也又淮南時則規
員萬物也又修務其中規注云規員之也規圜也楚辭又大招而生曲眉規矩注規矩以規
思乎規賦注云規員也○史記禮書魯規曲中矩注規錯又宗注又所注
後漢書馬融傳注規矩○又漢禮樂志規注又呂覽又選太以注
自知淮南天文訓云規矩能員舊注又履繩而旋中規注錯又呂覽注
乎圖天道注說是云故規二也○退也又離騷規矩改錯又大注太
云規成一規竝是規進也
曰規書圖曰規十一切引通俗文義規二規謂圓形論素問陰陽應象大論
知病注十引大乎乎告規者天之形也權衡規矩
生注天像二生規神注神外規爲王衡也書史記天官
書大注語周語傳集注妣陳夢湯傳集注豎○以國語注周語漢書索隱引
傅注規畫也剌國王旦傳集注○國語注又規書方燕

韻　史　卷七十二第十六部平聲街韻　七五一六

千里以爲甸服注云規〻畫而有之規摹也文選東京賦遵王度薛注
淮南主術注規是故心知規而師傅諭導之規
溢辭規也諭淮南注又後漢書趙憙傳注規正也
同薛注規乎云序汚左氏昭十六年傳子寧以他規
盤又鵠鳴云諸正其宣王失也水序十六年傳箋云以思規我
流云規謂正王已規諫也國語楚語王也箋注以規爲正
氏襄十四年傳注規諫其君呂覽達鬱近臣盡規
又文選東京賦卒無規正國語楚語注云規諫規諫也
國語楚語在輿有規注云規其君疏云規謂諫注又
有旅賁之規注規之者思也太史令離規摹夏楚語
也者所以表裏素問陰陽應象大論注擬規猶有也規諫
當一井也左氏襄廿五年注規度也注規之地九夫爲規四規而
苟子非十二子儵〻然規〻然注規〻細小兒
注云規〻小兒之兒莊子秋水規〻然自失也
黍楚釋文引李注規〻然自失兒
云規〻失神兒注規〻亦戒也規周書王會規以

韻　史　卷七十二第十六部平聲街韻　七五一七

轉之度禮記曲禮上立視五巂注○疏云規聲相近又釋文云巂本又作巂規也車輪轉一周爲巂一周長九尺
八寸地○萱按此段作巂爲規也俗製巂及巂陋甚矣
規三足鬴也有柄喙於說文段注有柄可持有喙可爲物
巂三足鬴也廣雅釋器
巂爲巂鬴也
或書作規也秦晉謂細規
而西秦晉之間謂規小也說文段注云規者小也
細而有容曰規廣雅釋詁二方言規小成兒注言細也
廣雅釋詁一規孫怒也燕之外郊朝鮮洌水之間凡言呵叱者謂
之規盈也方言
或書作小頭規〻也說文段注規者細也
類楓廣雅釋詁四規之言類圖也廣雅釋詁三
也

韻　史　卷七十二第十六部平聲街韻　七五一八

圭珪古文瑞玉也上圜下方公執桓圭九寸侯執信圭伯執躬圭皆七寸子執穀璧男執蒲璧皆五寸以封諸侯从重土楚爵
有執圭
說文段注瑞者以玉爲信也圭之制上不正圜以
下方言陰陽之故曰上圜下方圭之法天地也故應
主自然之形陰陽之始也以圭上爲陽下爲陰陽之始六十四
圭四圭爲一合量以圭爲起焉言曰故十故
得其爲十圭从玉部聲始多言始也也多
始也謂〻圭〻圭之作爲以黍十圭爲一合
桓執謂桓以宮室之象〻此不改者依周禮鄭注
身〻圭皆象以人形爲璪飾九寸七執云謂〻文曰也
云〻二玉躬以象人之形爲瑑飾其長七寸
禮大宗伯典瑞以人天子琢飾五寸穀謂其封
山川故字从重土王者以五寸諸侯得其侯守
帝與也高注淮南曰楚爵土功土以封諸侯謂爵守
君古文从玉謂頒玉以命諸侯守土田培敦
紫皇疏云圭瑞玉也又禮記曲禮下執圭之器
也王圭瑞也執以行禮謂之瑞
禮記聘義以圭璋聘注○疏云以圭加璧
又儀禮聘禮束帛加璧

韻史 卷七十二第十六部平聲街韻

柴注云圭璋特達瑞也所以還瑞何也以爲圭信是瑞玉之成器

圭所執以爲瑞節也

儀禮聘禮記圭與繅皆九寸又注〇漢書白虎通瑞贄疏〇云劉珪

圭者玉也說苑修文禮記儒行傳注云圭璋玉也又後漢書崔駰傳注詩卷阿注贄

珪璋特達是瑞玉之器又禮記禮器注云圭上銳下方圭中也貴

宗伯以青圭禮東方注云上銳象春物初生

珪以朝

年傳注璋圭璧所用聘好之物

判白傳注致用圭瓚祼器也

四年傳司馬牛注圭蓋告廣雅釋圭之詁言三注公

其邑與珪馬注圭也周禮記圭潔也

乾爲圭之栢圭也又注廣雅

必有圭田注又廣雅云圭

匠人九夫爲井注

蘅之饗上注又禮

記曲禮疏又禮圭絜白也

月之景也周禮大司徒以圭

圭竇門旁竇也穿牆爲之如圭矣

七五一九

韻史 卷七十二第十六部平聲街韻

閨

禮記儒行篳門圭窬注圭窬門旁窬也

圭以玉者謂之珪爾雅釋器六十四黍爲圭漢書律志

又廣韻引孟康注引孟子保天下爲

蠲絜也漢書郊祀志注云上集注曰〇

不蠲其爲天子又國語周語傳注

衛傳注又小雅天保吉蠲爲饎

韓詩〇周禮宮人除不蠲

作吉圭作吉蠲

爲饎

傳蠲清明兒言蠲注雅釋蠲除也

注時而蠲注〇方言

三應注云蠲亦除也

蠲癒也

閨

特立之戶上圜下方有似圭

戶上銳下方狀如圭也釋文云閨本作

圭窬當按閨圭門通禮記儒行作圭窬

作宮中之門謂之闈其

七五二〇

韻史 卷七十二第十六部平聲街韻

小者謂之閨爾雅釋宮又公羊宣六年傳自閨而出者注〇

解蔽俯而出城門以爲中門閨之遂云閨謂之閨小門也又漢書荀子

馬相如傳上奔星更於閨中閨注云小門也

閨閤也楚辭九歎念靈閨中閤注云

閨閤也

金閨金馬門也說書文選注

〇辭俗有甑也

宮

窐即窳是也

窐又可以刻麥河內用之

卌又可以

令字作爪

器也謂之卌

甀

七五二一

韻史 卷七十二第十六部平聲街韻

絓云楴冀杷說文云數名此卌字之

言械廣韻則十部當有卌篆方言曰杷

或謂之渠疏釋名曰齊魯閒謂

齒杷爲擢然則河內謂之

隴西上邽也說文段注見地理志

縣之上邽縣故屬隴西地也

下邽今甘肅秦州

麋鹿屬說文

蠲

平去附見馬蠲也明堂月令曰腐艸爲蠲說文段注馬蠲亦名馬

蠲亦名馬蠲

七五二二

乃讀古懸切明堂云云許所據者古文古說圭下呂覽節師必𨶒絜注云𨶒讀曰圭也
𨶒除也𨶒潔也𨶒明也𨶒瘉也萱按皆詳

闚 郡規切
○俗有闚 閃也 說文段注此與窺義別窺小視也○萱桉閃下云闚頭門中也故竊觀俯闚 闚視也 史記刺客傳闚以重利索隱云闚視也○方言十凡相竊視南楚謂之闚 闚傾頭門內視也又小視 廣韵以下 文選神女賦注引字林○萱桉小視闚入窺義二字遂提合為一矣依說文則當分也易闚觀易觀闚公羊傳踊于路而闚客數梁序可得而闚也三釋竊觀稱闚觀易虞注闚離文趾云闚本作窺此可謂之段借爾 目為闚易豐闚其戶虞注古目而近戶闚之象也○集解 闚諫者視人君顏色而諫 後漢書李雲傳注 闚闚望尊位也 文選魏都賦跐遠闚以闚注○萱按吳仲山碑未嘗闚城闚即闚字由規與視纂體相近而論非舊有闚字也

窺
小視也 說文 窺視也 廣雅釋詁一 窺謂舉足而視也 左氏桓二年傳而下無覬覦

注 窺見也 呂覽君守莫得窺乎注○諭弗能窺矣注云窺猶見 ○精 窺覘伺人之私也 禮記少儀不窺密注闚小視易豐釋文引聲類○萱按此謂闚為窺之段借字又禮記禮運皆可俯而窺也釋文窺本作闚

奎
○俗有蹉 兩髀之閒 說文段注奎與胯雙聲奎宿十六星以像似髀而名 奎踽開足也 文選西京賦奎踽盤桓薛注○莊子徐无鬼奎踽曲隈釋文奎本作睽萱按奎睽異部同音通借近 奎為毒螫主庫兵 後漢書蘇竟傳 奎者主毒螫萬物也奎而藏之 史記律書

封
○俗有劃 剌也 易曰士刲羊 說文釋文○易歸妹士刲羊無血虞注又 承注距云刲剌也又後漢書又引易注又 國語楚語刲羊擊 馬融傳注云刲廣亦剌也 刲剌割也 左傳 年釋文刲屠也廣雅 三釋詁 刲刲也 刲謂殺之 儀禮少牢饋食禮司馬刲羊注刲取也 魏國之策注云東齊策刲野注刲 禮記內則封也 異語也

䏡 盾握也 說文段注人所握處也背脊隆處曰丸見左傳其注云
圭 缺盆也 說文○爾雅釋艸茥蕻盆注云覆盆也實似莓而小亦可食孫注云青州呼茥也○萱按說文有黊注若同䵷

黊 許規切
鮮明黃色 廣韵 二字玉篇 而皆分為三也乃備有之四字在十六部主聲之字在四部則分皆讀之黊讀為鮮矣今姑合淮南所見主聲之字云黊黊好色也 後漢書馬融傳 黊作黊之侯知者擇焉 黊黃也廣雅釋器黊黃也釋詁一黊疑是懷

蘳 黃華也 說文段注反與後漢書所據異 蘳 今本廣雅 說文音隨○萱按 曰說文蘳注或作蘳也

孈 恕規切
愚戇多態也 說文段注愚者戇也 愚戇多態

纗 綾也 說文段注纗謂之綾廣雅纗謂之纗系也 引伸凡綾之耑曰纗 玉篇云纗冠纓也 綾謂之纗

嶲 周燕也 一曰蜀王望帝婬其相妻 平上聲讀異義○俗嶲 有嶲嶲鷂鸛雉鵝

慚亡去為子嶲鳥故蜀人聞子嶲鳴皆起曰是望帝也 段注 各本無此讀不得其旨則複舉之字也周燕上出孫炎云嶲子嶲一名周燕文選注引李善曰子嶲鳥名以一命其名鳥乃以舊為嶲之字辭規苦字令本云三人所命名子嶲周純德異明誤讀說文而下規別鳴嶲字子字其讀陸之字也 水鳴常故字一 二

別名 禮記曲禮注引爾雅注云舊周嶲名○萱按段注嶲非舊字 視也 ○俗有又作巂 說文又作嶲 廣雅釋詁四 子規 蜀嶲人名 一名嶲鳥

嶲猶規也 謂輪周之度 禮記曲禮上立

攜
○俗有攜 提也 七年傳攜其妻 又天文志注云攜猶提也 公羊襄廿 攜引也 淮南覽冥 相攜於道 注 攜連也 集注引孟康 攜離也 萱按此段攜為攜也

攜有二心也說文段注古多段借攜為之攜離也廣雅釋詁三○國語晉語攜民國移心焉注楚語民
之精爽不攜貳者注攜離也左氏僖七年傳招攜以禮注僖
兹云攜或作攜離也廿八年傳不如私許復曹衛以
攜之注成十八年傳逞姦而攜服疏又周書武順均伯勤勞
而無攜注又國語周語百姓攜貳注節度不攜注民乃攜貳
注晉語亦曰太子以攜之注又後漢書張衡傳注攜謂離貳
袁紹傳注又文選思玄賦舊注精遠遊使心攜
者也漢書西南夷兩粵朝鮮傳贊豈古所謂招攜以禮注怠政外交曰攜獨斷下○周書謚法怠作
息

䙫䙫䙫也說文○䙫下云德不能行為人所引曰䙫䙫
纗○平去兩讀維綱中繩也說文段注綱者网之紘也又用繩
曰纗俗有纗維綱綱中繩也維之左右皆有繩而中繩是
曰纗思玄賦舊注云纗系也引申之為凡系之偁思玄賦
也纗幽蘭之秋華李善通俗文曰繫幃曰纗幃者今之香囊
纗者即係囊之繩也文選思玄賦注

觿佩角銳耑可以解結詩曰童子佩觿說文段注衛風傳曰觿所以解結成人之佩也
內則注曰小觿解小結也觿貌如錐以象骨為之周禮
十煇三曰觿鄭云觿讀如童子佩觿之觿謂日旁氣刺日也
按此注當云觿讀為童子佩觿之觿謂日旁氣刺日者
○曾子白心若有適觿解結觽
文云觿解觽解結錐禮記內則注云小觿所以解結也又詩芄蘭釋
結之器說文段注礼部曰觿與金鐩
觽也說文段注然則觿與鐩同物大
刺日也觿是錐類鑴是錐類
觽瓽也盆也然則觿當為鑴此段注鑴大鍾引廣川書跋鑴謂日旁氣
鄑東海之邑說文段注春秋經莊三年紀季以鄑入于齊前志
後志東安平屬北海國有鄑亭按前志云春秋之鄑今鄑亭是也
疑許云北海之邑鄑在今山東青州府臨淄縣東北
語曰正封疆地東至於鄑國今東州府臨淄縣後鄑之并齊地
鄑猶言紀郭謂故紀國之鄑鄑紀李之邑鄑語注
春秋本義引陳紀國之鄑也左氏傳廿八年傳楚師背鄑
春秋折衷論鄑在陵險阻者而舍注○萱按莊三年紀季鄑
兵

以鄑入於齊釋文鄑本作鄑
公羊作鄐傳廿六年
逆齊師至鄐公羊作鄐皆用段借字
司馬相如說蟕觜蟕大龜也可以卜所用者
䘆從蔦○俗有觿蟕觜蟕大龜也可以卜所用者說文段注觜蟕
大者爾雅釋魚二曰靈龜注曰涪陵郡出大龜甲可以卜緣中
中文即蟕似蠵蝟二蟕俗呼為靈又今大觜蟕也一名靈蟕能鳴
鳴吳都賦曰瑇瑁觜蟕鳴觜蟕與瑇瑁二物也云靈蟕
云攷工記梓人文鄭本作背鳴云觜屬買按䘆作蟕云靈
也按許得古學於賈侍中故亦作觜蟕體貫說文蟕從貫聲
賈在十四部合韻蓋凡將篇中所載異用○說文蟕從貫云
郭用異物志語也緣中又為鄱氏注作䘆之字
東山經注云甲有文采中以為證今又為字鄭說文云
背去聲注云蟕觜今之又鄱而可以為字文段
蠵蜀中容有蟕蟕綠又謂之緣中按今又蟕觜
多蟕蟕注云蟕大蟕蟕大龜也又漢書山海經
平注引晉灼云蟕觜大龜屬也又楚辭招魂注云東
蟕大注又文選東京賦蟕觜大龜似蝟也引
游龜蟕蟕薛注云蟕觜類也
似蝟二字疑即以蟕觜之龜屬也
書楊雄傳上林賦蟕觜音義引字林云蟕觜也

畦田五十畮曰畦說文段注離騷畦留夷與揭車注畦畦有瀛澤中也班固以為畦蜀都賦留夷與揭車王逸注
○是為俗畦天逸曰瀛今瀛浦謂畦田之畦也
有畦瀛注云畦音畦俗田五十畮曰畦史記注
釋畦畦畮也○徐廣以為五十畦也史記貨殖列傳
則曰以畦為小畦也畦五十畮也
畮十五畮音畦一畮為五十畦
二傳列子天地篇將畦也
殖列子天地篇引字林云畦
畦莊子音義○楚辭區也
志上經注云有畦區○畦畦一盖晴
辭梁注云畦猶區也說文畦之區也漢書食貨
○鬻俗有姓姓也
蜀鬻姓姜子孫以為姓說文段注按古許書女部姬
是以以蜀國○女部姜姓等十二字而外
或以邑姓姜姓也黃帝之子二十五
黃帝之子二十五宗其得姓者十四人為十二姓
十字許之邑雖亦可謂之字其姓以女為姓者祇有姬

而此罫篆解云姓也雖篆文亦屬僞羼盖必有妄人以許書無其姓爲耻而竄入之傳寫遂莫之察許果有此篆必釋其本義不徒云姓也小徐云張說梁四公子記有罫闕依廣韻梁四公子字作罫與罫各字○萱按竄書又有蜀嵐毒三字皆罫之異者其僻悴尤不致詰也廣韻玉篇以下無有字不釋本義而但云姓也者最爲陋謬豈說文而有是

痿　汝攜切

痺也　說文段注如淳曰痿音蹷踥弩病因足不能相過曰痿張揖曰痿不能行師古曰蹶踥弩名見晉今傾雜二音按古多痿痺聯言因痺而痿也素問曰有漸於濕肌肉濡潰痺而不仁發爲肉痿○爾雅釋艸釋文引字林云痿痺也又漢書哀帝紀贊即位痿痺注云痿亦痺病也

痿風痺疾也　漢書昌邑哀王髆傳疾痿行步不便注○韓王信傳如痿人不忘起注云痿風痺病也

痿謂痿弱無力以運動　素問痿論五藏使人痿何也注○陰陽別論及爲痿厥腨痛注云痿無力也又藏氣法時論善肌肉痿注云痿謂萎無力也又至真要大論少氣骨痿注云骨痿言骨弱而無力也

痿躄不能行也　呂覽重己多陽則痿注○盡數處足則爲痿爲躄注云痿不能行

痿病也　廣雅釋詁一

緌

系冠纓垂者　說文段注緌與纓無異材垂其餘則爲緌不垂則否於纓卷閒內則冠緌纓注曰緌者纓之飾也正義曰結纓頷下以固冠結之餘者散而下垂謂之緌按玉藻曰有事然後緌檀弓曰喪冠不緌結其餘也引申之爲旌旂之緌以旄牛尾爲之古字或作綏或段綏爲之

緌冠飾也　後漢書楊彪傳注○家語冠頌注云緌冠之飾也

緌纓飾　儀禮士冠禮記其緌也注

緌繫也　爾雅釋器縭緌也注釋水縭緌也注

緌繼也　爾雅釋詁

緌謂蜩喙長在腹下　禮記檀弓下范則冠而蟬有緌注

緌有虞氏之旌也注旄竿首其形藟藟然也　釋名釋兵○又云緌夏后氏之旌也其形衰衰也○萱按此沿明堂位之誤而又誤緌綏爲二也凡旌言綏者即緌之段借字不得緌綏分屬虞夏明矣明堂位夏后氏之綏鄭君已辨之

緌謂注旄牛尾於杠首所謂大麾　禮記明堂位注○疏云緌謂注旄竿首也

綏有虞氏之旌旗也綏當爲緌　禮記王制天子殺則下大綏諸侯殺則下小綏注○萱按說苑修文作則下大緌則下小緌

綏亦緌也綏謂旌旗之屬也　禮記雜記以其綏復注○明堂

位注云綏亦旌旗之綏也

綏大綏也　詩韓奕淑旂綏章傳

綏以旄牛尾爲之綴于橦上所謂注旄於干首者　周禮夏采以乘車建綏復于四郊注○釋文云綏本作緌○萱按緌綏形至近由轉寫變改者有之非盡關段借也

緌或爲蕤　禮記玉藻績緌注○萱按緌蕤音義皆同故禮家二字通周用

蕤綏也　文選甘泉賦鸞鳳紛其銜蕤注引晉灼○萱按蕤綏皆借字也冠緌多作蕤故旌緌亦作蕤矣

甤

艸木實甤〻也　說文段注甤與蕤音義皆同甤之言垂也

蕤

艸木華垂皃　說文段注引伸凡物之垂者皆曰蕤冠緌系於纓而垂者也禮家定爲蕤字夏采建綏王制大綏小綏明堂位夏后氏之綏襍記以其綏復鄭君皆改爲緌字謂旄牛尾之垂於杠者也讀如冠蕤〻實之蕤白虎通說蕤賓曰蕤者下也賓者敬也

艸木華曰蕤　文選文賦注引纂要

蕤纚也　漢書律麻志上又太[illegible][illegible]數應鍾生蕤賓注

四曰蕤賓所以安靖神人獻酬交酬酢也　國語周語○淮南天文云蕤賓音安而服也

蕤賓者言陰氣幼少故曰蕤痿陽不用事故

曰賓　史記律書

蕤委蕤柔皃也　國語周語注○呂覽仲夏律中蕤賓注云蕤賓陽律也是月陰氣萎蕤在下象主人陽氣在上象賓客又淮南天文音比蕤賓注大同

蕤賓午之氣也五月建焉而辰在鶉首　周禮大師注○又云蕤賓長六寸八十一分寸之二十六

蕤綏也　萱按此段蕤爲緌

惢　縲攜切

平上兩讀○俗有惢縈惢蘂蘂

心疑也从三心　說文段注今俗謂疑爲多心會意今花蘂字當作此蘂縈皆俗字也

惢聚也　文選籍田賦注引蒼頡

縈聚也　廣雅釋訓

蘂垂也謂垂下也　文選魏都賦神惢形茹注引字書○注云惢與縈同○萱按縈訓垂縈惢將母同

縈華也　廣雅釋訓

蘂實也　離騷貫薜荔之落蘂注

縈者或謂之華或謂之實一曰花鬚頭點也　文選蜀都賦敷蘂葳蕤劉注

惢艸木實節生　玉篇

韻史卷七十三

泰興何萱石閭譔集　子庚校字

第十六部上聲　上海顧錫麒竹泉覆審

解韻　武進李兆洛申耆鑑定

開口呼

解見蟹切上去兩讀○俗有解判也一曰解廌遈獸也說文段注按太平論衡觟觟解廌字之假借也四字皆在十六部解者分析之名禮記經解疏引皇氏解猶開也後漢書任李萬邳劉耿傳贊嚴城解故也管子五輔是故上必康注寬裕而有解舍注解散也廣雅釋詁三又莊子在宥苟能無解其五藏釋文又呂覽決勝民解落注又文選東京賦解罘放麟解注解謂離散其心也漢書陳餘傳恐天下解也注解謂骨解素問骨空論寒府在附膝外解營注解札裘敗解也淮南齊俗冬則羊裘解札注解謂拆呼文選蜀都賦百果甲宅注引周易鄭注○當按宅拆鰣呼皆同音通用解析伏也史記項羽紀業已講解索隱引服虔懸絕曰解文選吳都賦劉注引郭璞○劉注引莊子云有縈謂

韻史　卷七十三第十六部上聲解韻　七五三五

之懸無謂之解解支節也漢書賈誼傳皆眾理解也注解節解也史記呂后紀正義解緩也易雜卦傳○序卦傳注云解者緩也解釋也漢書公孫劉田王楊蔡陳鄭傳贊集注○儀禮大射儀解細注云解猶釋也解止也漢書五行志上歸獄不解集注文注引張晏解兕也漢書孔光傳集注解削也國語魯語晉文公解曹地以分諸侯注解去也莊子徐無鬼鴟目有所適鶴脛有所節解之也悲注又釋文引司馬注解落也呂覽古樂萬物散解注解墮也呂覽仲夏鹿角解注解梲也方言十二解脫也禮記曲禮上解屨不敢當階疏又漢書律曆志上集注引孟康解說也廣雅釋詁三又荀子非十二子閉約而無解注解謂解說也史記呂后紀君知其解乎正義○漢書外戚傳上君知其解未注云解猶解說其意解者辭之也若今言分疏矣漢書灌夫傳夫安敢以服為解注○淮南王安傳內史以出為解注云解者解說也者令言分疏矣又袁盎傳不以說為解注云解者若令言分疏矣解達也荀子正論今子宋子不能解人之惡侮而務說人以勿辱也注又淮南原道一之解際天地注悟心曰解

韻史　卷七十三第十六部上聲解韻　七五三六

文選頭陀寺碑文注引攀類天解天之解故也淮南原道此之謂天解注解者解也易解初六无咎注解震世也易彖下傳天地解而雷雨作荀注解構猶會合也淮南俶真孰肯解構人間之事乎注解構猶閑構也後漢書隗囂傳勿用傍人解構之言注解除猶謝過也後漢書蔡邕傳雖有解除注○淮南修務以身解於陽眄之阿注云解讀解除之解解垢詭曲之辭莊子胠篋解垢同異之變多釋文解垢隅角也莊子胠篋釋文引司馬注解果陋隘也荀子儒效解果其冠注解合也漢書五行志行志上也廣雅釋詁三○爾雅釋獸云麕其跡解解戟多之兒太平解何戟解解遺注解倦也禮記雜記三日不懈注○賞按此段解為懈也詩烝民夙夜匪解韓詩外傳作夙夜匪懈○又按一義引申斯有多義義多而音不異故古人一字異讀者甚少六朝音家治絲而棼務為多音實則碎義逃難何闕義類如解字其尤也愚於此等多所棍合解姑存兩讀而不墳脊飢析庶學者觀其會通而袪其煩惑也

韻史　卷七十三第十六部上聲解韻　七五三七

澥漢買切

勃澥海之別也一說澥卽澥谷也說文段注毛詩傳曰沱江之別者也海之別猶江之別勃澥屬於海而非大海猶沱屬於江而非大江也說文或言屬或言別言屬而別在其中言別而屬在其中此與稗下云禾別正同同禮注州黨族閑比者鄉之屬別則屬別站言也漢書子虛賦音義曰勃澥海別枝也齊都賦注曰海旁曰勃斷水曰澥潛上剖記令海自山東登州成山析而西逕寧海州福山蓬萊柏遠縣又西逕萊州拔縣昌邑灘縣又西逕青州壽光欒安諸城縣北界折而西北逕齊南利津霑化海豐縣又北逕直隸河閒鹽山滄北靜海縣東界又北至天津衛折而東逕順天實坻豐潤縣又東逕永平欒州欒亭盧龍昌黎縣又東出山海閑逕逕東寧遠廣寧衛南界折而南逕海蓋復金四衛西界又折而東逕金州南界有旅順口南與登州海口相對皆謂之勃海太史公多言勃海河渠書謂永平府之勃海也封禪書謂登萊兩府之勃海也薊泰列傳指天津衛之海言朝解列傳指海之在遼東者言勃海之水大矣非專謂近勃海郡者也玉載梓此於大海為別枝一說云此別一義也律麻志曰黃帝使泠綸自大夏之西昆侖之陰取竹之解谷孟康曰解脫也谷竹溝也取竹之脫無溝節者也一說昆侖之北谷名也按漢解谷說文作澥廣韻作澥

韻史　卷七十三第十六部上聲解韻　七五三八

斷水曰澥 史記司馬相如傳浮渤 海索隱引齊都賦注

澥

水衡官谷也一曰小谿 說文段注前義未詳水衡官見漢書 百官公卿表又天文志解谷晉灼曰

谷名蓋非此一曰云云此別一義兩官閒小谿曰澥 如小山別大山曰嶰也谿者山瀆之無所通者也

或書澥 或作蟹

蟹

有二敖八足旁行非它鮮之穴無所庇 說文段注

作聱廣韵曰聱蟹大腳也聱蟹屬然則俗作聱尤誤俗作敖出

游也故其大腳曰敖今本大戴禮作聱非它云云非庇者攷工記拌

人仄行郎旁行也鄭亦云蟹屬非它者蔭也解者令

之解字解者魚之似蛇者也常演切又作云云大戴禮作鮑

或䱇組荀子作蟺許書古本多作鮮又作鮑今段大戴

之字爲之本無正字也𠂤應曰解作益漢人多形同𧈢○國

記勸學篇曰蟹二螯八足非蛇蟺又作鱓鮮二形大

蛇䱇之穴而無所寄者用心躁也 蟹蛇也其雄曰鯢鰈其雌曰

博帶 廣雅釋魚離爲蟹易說卦傳蟹螺蚌蠃高地也 荀子儒效解果注菅按解果見解也冠

高誘因說異○山海經海內北經大

蟹在海中注云大蟹蓋千里之蟹也

薢薢茩也 說文段注王注離騷曰芰蔆也秦人曰薢茩按薢茩 薢與芰同在十六部徐言之則云薢茩

芵芵 爾雅釋艸○釋文云 秦人名蔆爲薢茩

豸 扶蠏切

豸○俗獸長脊行豸豸然欲有所司殺形 說文段注總言其義 其形故不更言象形

有或曰此下當有象形二字司令之伺字許書無伺凡獸欲

也所伺殺則行步詳窣其脊若加長之字然長書兒文則止其形

有射人以行步詳窣其脊若加長之字許書無凡獸

也周禮𤆼必獲以量張法云貍善搏者也長兒文則止而形

變馬其發有足是謂之云之也善許者然凡欲

獸也釋蟲曰有足謂之豸無足謂之豸也凡者則物象

長如蛇之蚓類正長脊之義引申也按凡殺之凝

子虛賦之罷池陂陀長脊之義無道上林賦曰豸謂即

躧之長以豸謂𨚗陁西京賦曰增嫭娟以此多之

解豸之長以二字古音之長亦皆曰長義之引伸也古多段豸爲

方言曰廌解也左傳庶有豸乎廌與解古音同部是以廌

義作豸引方言豸解也今本文釋文作廌引方言爲解也訓

本方言廌誤爲廌音胡計切蓋古書之難讀如此今正解爲

無足謂之豸漢書五行志中之上豸解也 左氏宣十七年

蟲豸之類謂之孽注 傳庶有豸乎注

廌

觟○俗有解廌獸也 四字佀牛一角古者決訟令觸不直者象

形从豸省 說文段注一句異經曰東北荒中有獸見人門則觸

一角之羊性識有罪皋陶治獄不正名曰獬豸者以今羊論衡曰人門

神獸非必皋陶之罪人則咋不名曰解今羊作之觸

作獬豸陸作擲有罪者字林作解獬按古廌有是

音通用廌解也能作正以陸法也廣韻曰豸字林作擲

杜注廌解也釋文不直故謂法言切韵云羊作之

言云豸解也以方言文本作廌陸宣廌也字與解者同雅此

字既誤從乃及胡計耳今方言釋作解一豸傳左豸同

說正象形云云謂其頭角也左傳下文卷十二豸七廌平有

云廌獸一名又漢書司馬相如傳上下當大書作解年之訓見方

似鹿而一角人君刑罰得中則生於朝廷解有豸廌應讀爲正之誤

廌灋也 廣雅釋詁一

角又太玄難角解豸獬豸神羊能別曲直 續漢書輿服志

終注云解豸直獸也 解豸冠也

冠今以爲章補服內而三法司 借字行而正字不行古正以豸爲

外而按察司無論官大小通服之 廣雅釋器○當按古正字蓋借一獨

灑 稍蠏切

灑汛也 說文段注凡埽者先灑水於地而後埽之灑與汛以

選演連珠注引淮南許注云灑猶汛也引神爲凡散之稱○文

時堂上則播灑室中經手是也引申爲凡散之偁○文及

云洒汛也 菅按二汛字今皆作灑汛轉寫之誤也灑無汛義洒則

灑之借字也經典多作洒與洒汛同義洒則

二字相轉 文選劇秦美新注云灑汛同以水檢塵曰灑

一切經音義 文選曲禮詩五寢之有埽除帚○菅按僕事

二引通俗文 漢書云新注云周禮隸僕注又

國語晉語注 灑散也五寢山有樞弗灑弗埽傳又以灑之

也韋注又 漢書禮樂志集注云灑謂灑 灑也

而埽之鄭注 灑散也 文周書灑 灑分也

灑是散水之名 又詩山有樞疏云灑地

漢書司馬相如傳下集注引漢書音義上林賦曰灑灑

注又文選南都賦注引漢書音義 集灑亦枚也

文選江賦注 灑文選西征賦注

灑皆釣名也 灑連鋒注 大瑟謂之灑 爾雅釋樂 灑淅寒兒也

素問調經論灑淅起於毫毛注 灑灑寒兒 素問診要經終論今人灑灑然時驚注

素問風論腠理開則灑然寒注 寒 注疏五過論灑灑然時

捭 保買切

○俗有擺 兩手擊也 說文段注謂左右兩手横闢字擊也引申之為鬼谷子之捭闔捭之者開也闔之者閉也 禮記燔黍捭豚假捭為擘字○文選吳都賦拉捭摧藏注云捭兩手擊施也 捭擊也 廣雅釋詁三 捭開也 同上 擺開也 後漢書馬融傳注○注引字書云擺亦捭字也 捭撥動也 鬼谷子捭闔捭之者開也 注 闔門謂之捭 一切經音義四引易說○當按說與鬼谷子相反而義與異 情也 鬼谷子捭闔 擺謂破礫懸之 文選西京賦置互擺牲薛注○當按此益謂假擺為擘與捭豚 同也近人語言謂擺為陳列於賦語亦無不合

䇑 抱買切

○俗有矲 短人立䇑䇑兒 說文段注䇑䇑短兒䇑之字或作罷周禮典同注陂讀為人短罷之罷可了矣 庳矢注鄭司農讀為人罷短之罷矲雉也或作矲方言曰䂊矲短也 桂林之中謂短矲郭注言矲雉也今本方言雉為矮作矲短也 廣雅釋詁二 桂林之閒謂人短 猎雉字也典同釋文雉為作○當按雉字苦買反从矢佳聲非 為矲雉不見字書然自非从佳也

韻史 卷七十三第十六部上聲解韻 七五四三

猈 短脛犬 說文段注猈之言卑也言矲猎也

買 莫蟹切 市也 說文段注市者買物之所因之買物亦言市論語沽酒市脯 買 鬻易也 墨子經賤安說上 取之曰買 禮記檀弓上請儼廣第之母注

合口評

買 賣解切 上入兩讀與汨變聲同字注在彼

丫 十六部十七部兩讀注在彼

觟 戶丫切 牝羊角者也 說文段注羊部曰牂牝羊也然則此云牝羊者牂也羖夏羊牡之偁羖羊無角者故小雅云俾出童羖傳云童羊之無角者也而角自用也箋也大雅云彼童而角 傳云童羊正謂牂羊○淮南俶真於是萬民乃始觿觟離跂注云觟讀僕從之僕也萱按此謂觟為僕之云童羊謂皇后也 慄觟虎者一角之羊也 論衡是應○萱按段借字而其義不別名故觿或作觟觟虎當是觿為之

合口評二

詭 虞毀切 有○俗詭 責也 說文段注漢書趙充國傳詭責也試單于於令人為詭詐字○漢書趙充國傳說文段注漢書兇自詭誠賊孔融表云昔賈誼求

韻史 卷七十三第十六部上聲解韻 七五四四

國傳集注陳湯傳集注京房傳集注尹賞傳集注王莽傳中傳下莽注又後漢書尹賞傳注陳重傳注竝云詭責也

詭 毀也 後漢書班固傳下注 詭 欺也 當按此類竝辭悅下

悅

變也 說文段注今此義多用詭非也詭訓責 悅 反也 廣雅釋言 悅 戾也 莊子齊物論釋文引李注

悅獨立兒 莊子譎性釋文悅為危也○萱按此段悅

邑哀王髆傳集注云詭猶及也 容服有義謂之儀 反儀為詭

詭 戾乖違兒 文選長笛賦注 詭 違也 詭 異也

甲詭釋文又荀子禮論悍詭咆傻而不莊子齊物論其名為 遜西京賦貴不詭蔑薛注海賦詭色殊能無時丞馬注又文

下注云又後漢書班彪傳上注○漢書輔傳必有卓詭切至注云詭異於衆也劉 音注又漢書揚雄傳 詭 文奇異之文也

淮南本經詭大回波注 詭 不同也 淮南說林尺寸雖齊安有詭注 詭 欺也 一切經音義十四引廣雅

韻史 卷七十三第十六部上聲解韻 七五四五

詭 誑也 一切經音義廿三引廣雅釋言 詭 譎也 一切經音義十四引三蒼○當按廣雅釋言 詭 詐也 後漢書第五倫傳注 詭 諦也 當按詭猶奇怪也 一切經音義十四引廣雅釋言 詭 隨也 後漢書皇甫嵩傳注又音義合文選鵬鳥賦注論語子路鍾離宋寒傳注 詭 言 詭 猶 詐 也 禮記 詭 云則求利之 詭 德一曰射 詭 禁 爲轉注植傳注又晉書分之蓋大也注音○義中遝以洞簫賦注 後漢書孟子正論 詭 禁 所以禁詭常也管子禁不修初注 後漢書小惡傳注云 詭 隨非 詭 隨 緩而犯分之蓋大也 意一曰射數即攤戲也 後漢書詭遇傳注 詭 遇 非 禮 射 也 後漢書班固傳下注 ○孟子滕文公下為之詭遇注又劉注竝云橫而射 詭 衛 之曰詭遇又音義引陸注 說文過詭計以要禽也 詭 衛 出衛也 莊子馬蹄釋文詭 與 悅 同 ○當按辦凡此論上古今詭 衛 字者例此其 本義微矣

姽 開體行姽姽也 說文段注開者幽閑也神女賦志解泰而體 閑姽 姽嫿於幽靜李引說文曰姽靖好兒 五累切與今本異 姽 好也 廣雅釋詁一

韻史 卷七十三第十六部上聲解韻 七五四六

祪

祔祪祖也說文段注見釋詁祔謂新廟祪謂毀廟皆祖也說文併祔字連引之故次之以祔祪毀廟主也爾雅釋詁注

⿰金危

臿金也一曰⿰金危瑩鐵也說文段注瑩當作鎣猶明也

垝

陒或毀垣也詩曰乘彼垝垣說文段注毀垣也當曰垝垣毀也衛風氓傳曰垝毀也下文云毀壞也垝毀也爾雅釋詁又後漢書崔駰傳注陒毀也漢書杜周傳贊集注垝敗牆也荀子霸形東山之西水深減垝注垝最高危限之處也文選謝玄暉和伏武昌登孫權故城詩注引莊子司馬注垝謂之坫爾雅釋文○萱按釋文垝本作度則垝為度之借垝然自持安固皃莊子繕性危然去其所而反其性已釋文引崔注○萱按司馬作恑崔作垝所據不同而同謂為危之借

洈

洈水出南郡高城洈山東入繇說文段注城前志作成水經注作城南郡高成下曰洈山洈水所出東入繇繇水南至華容入江過郡二行五百里水經江水篇曰又東南當華容縣南涌水入焉又東南油水從

西南來注之油水篇曰油水出武陵孱陵縣西畍東過其縣北又東北入於江油水即說文下文之油水非漢志之繇水也漢志洈入繇繇入江此在江北而南入南郡高城華容在江北也油水入江在江南而北入孱陵在江南也然則繇油同音而絶不相涉酈注油水篇乃云孱陵縣白石山油水所出東逕其縣西與洈水合洈出高城縣洈山東逕其縣下東至孱陵縣入油水殊為襲志語而謬誤蓋江北之洈水繇水不可攷乃以江南之油水當之也山海經曰宜諸之山洈水出焉南流注於漳

觤

○俗有觤羊角不齊也說文段注釋嘼曰角不齊觤郭云一短一長按此依尒雅系之羊上文觢觭不系之牛者意以觢觭可凡獸通偁也觤觤則專謂羊

蛫

蟹也說文○廣雅釋魚云蜅蟹蛫也其雄曰蜋䱏其雌曰博帶

蕊切

跪

○俗有趨拜也說文段注手部曰捄首至手也按跪與拜二事不當一之疑當云所以拜也後人不達此書所以字往往刪之○廣雅釋詁三云跪捄也又切經音義六引字林云跪拜也跪危也兩膝隱地體危

陒也釋名釋姿容○禮記曲禮授立不跪釋文跪本又作危萱按此用訓釋字代正字也跪跽也文選月賦注引聲類○萱按析言之跪與跽別渾言則通跪足也荀子勸學蟹六跪而二螯注○萱按六當常作八螯當作教皆轉寫之誤也

緊蕊切

委

委逶隨也說文段注辵部曰隨從也毛詩羔羊傳曰委蛇者行可從迹也君子偕老傳曰委委者行可委曲從迹也按隨其所如曰委委之則聚故曰委輸曰委積所輸之處亦偁委故曰原委十六十七部合音取近故讀於詭切也詩之委蛇即委隨皆疊韵也委隨猶順從也後漢書竇憲傳注○萱按委上聲逶平聲委隨與逶迆同義則委則讀逶平上不足況也凡委蛇委佗委委諸義皆詳逶下委曲也楚辭遠逝委冋館於成唐注又史記司馬相如傳委委瑣握齱索隱引孔文祥語委閃也廣雅釋言委萎也萎蕤就之也釋名委然俯就之皃荀子仲尼委然成文以示之天下注委付也國策齊策願委之於子注委屬也左氏成二年傳王使委于三吏注又文選思玄賦後委衡乎玄冥舊注委任也左氏文六年傳

委之常秩注又文選西征賦注引蒼頡委歸也國語越語請委管籥注委制於吳注○吳語觀委重罪注云委猶歸也委謂輸也禮記月令疏引皇氏○後漢書千乘貞王伉傳注云委謂委輸也委輸轉運也後漢書袁紹傳注委積也廣雅釋詁一又公羊桓十四年傳粢盛委之所藏也注又漢書食貨志下集注引李奇揚雄傳上集注又續漢書百官志三注引小學漢官篇胡廣注又管子國蓄計本量委注又莊子知北遊是天地之委形也釋文引司馬注又文選甘泉賦瑞穰穰兮委如山注○蕪城賦委骨窮城注云委猶積也又劇秦美新委心積意注云委亦積也委謂所委積之物也管子國蓄彼人君守其本委謹注又禮記月令疏○明堂位疏云委謂委積又孟子萬章下孔子嘗為委吏矣注云委吏主委積倉廩之吏也周禮大司徒令野脩道委積注少曰委多曰積皆所以給賓客字○宰夫注云委積謂牢米薪芻給賓客者遺人注有上大三十里言委五十里言積周禮遺人疏○管子大匡三十里置遽委焉注云委謂當有備擬以供過者委蓄也管子山至數則必積委幣注委累也文選赭白馬賦注引廣雅委流所聚

韻史 卷七十三第十六部上聲解韻

也禮記學記或委也注委結懷恨也後漢書梁鴻傳注委質猶屈膝也後漢書馮衍傳
注委棄也廣雅釋詁一又淮南精神委萬物而不利注又離騷委厭是以從容兮注又後漢書竇融傳注○光
武帝紀下注云委守謂棄其所守也委頓也家語終紀解哲人其委注委猶悴也文選謝平暉畫使下
都詩時菊委嚴霜注委情懈惓也楚辭哀時命欲愁悴而委惰兮注委兒冠也廣雅釋器○家
語好生注云委委兒又淮南氾論豈必襃衣博帶句襟委章
甫哉注云委委兒冠又穀梁僖三年傳桓公委端云委委兒
之冠也或謂委兒為平冠委猶安也言所以安正容兒儀禮士冠禮記禮
注○禮記郊特牲注云或謂委兒為平冠也委兒周道也儀禮士冠禮記又禮記郊特牲○荀子哀公紳委章
甫注云委委兒周之冠也又白虎通紼冕云委兒者何謂也周朝廷理政事行道德之冠名委兒冠形委
曲之兒上小下大也釋名釋首飾○白虎通紼冕兒云委兒者言委曲有兒也委武冠卷也
泰人曰委齊東曰武禮記襍記上委武玄縞而后蕤注文德之衣尚褒長故

七五五一

韻史 卷七十三第十六部上聲解韻

曰委左氏昭元年傳吾與子弁冕端委服注委黍鼠婦也詩東山傳伊威委黍也釋文
骫
骨耑骫奊也說文段注矢部奊下曰頭衺骫奊態也招隱士曰林木茷骫王注枝條盤紆也枚皋傳其文骫
骳曲隨其事皆得其意師古曰骫骳猶言屈曲也然則骫其
者謂屈曲之狀骫字俞於此者統人及禽獸之骨言○列子
黃帝骫骨无髓釋文又史記司馬相如傳雀錯登骫集解又
文長楊賦骫屬而還注並云骫古委字當按本骫音義皆
一同然非骫曲也廣雅釋詁一云骫曲也舞賦注引蒼頡○呂覽必已直則骫注骫又漢書淮南厲王長傳皇帝
骫天下正法注骫委曲也事之骫卒或以
云骫謂曲也大雅下容
漢書司馬相如傳下容骫靡曲柔也楚辭憫上骫靡兮成俗注
以骫麗兮注引張揖骫麗左右相隨也
鴞
鷙鳥食已吐其皮毛如丸說文段注玉裁昔窣巫山縣觀見鴞鳥所吐皮毛如丸
嚭切
穀
糳○穀俗有糲米一斛舂為九斗也說文段注九章算術曰糲米率三十粺米二十七糳米二
十四御米二十一毛詩鄭箋米之率糲十粺九糳八侍御七
米部曰粺穀也是則穀與粺皆一斛舂為九斗明甚穀見粲

七五五二

韻史 卷七十三第十六部上聲解韻

下謂稌米也稻米之始亦得云糯此云糯米者蕪糯米粟米
言也○詩生民釋文引字林云穀米一斛舂為九斗也萱按
說文字林九斗皆謂八斗說文九字段所審定字林九字今更也穀細也淮南主術食不穀注粢穀饘
也廣雅釋器○萱按此毀之別一義也
毀
毀古文缺也說文段注缺者器破也因為凡破之偁毀破也孝經釋文引蒼頡毀敗也國策
秦策臺注氏之咸毀毀衛也廣雅釋言毀壞也小爾雅廣言○左氏文十六年經毀泉臺注云毀壞
之也又注十八年傳毀則為賊疏云毀短也漢書翟方進傳集注毀謗也國策齊每言
為賊疏云文十八年傳毀則壞法也孟子題辭題毀謗也策毀悴將
未當不禮記月令毀益譖毀之義音倉毀謂憔悴
嘗君也禮也孟子自毀其家注云毀身毀謂毀謗也
滅性危毀注滅○音左氏引丁賦○音毀謂韶辜傒穰毀
除殃咎之屬周禮牧人注凡外毀毀廟謂親過高祖毀其主於太
廟中毀廟之主公羊文二年傳注兕為毀折易卦傳說坱象毀壞易叢用說桂棤虞注

七五五三

韻史 卷七十三第十六部上聲解韻

嫢惡也一曰人兒也說文段注許意蓋謂毀物為毀〻人為嫢
擊傷擊也說文段注傷擊者擊之而傷之故其字从手毀之
路詭切
磊○俗眾石兒說文段注石三為磊楚辭石磊磊兮葛蔓蔓
有磲引字林云磊磊眾石也又高唐賦礫磊磊家石也
呵眾多兒文選吳都賦注云磲磲壯大之兒
賦云磊砢相扶文選海賦注磊砢魁礧兒
賦跟水磲珞玉注磊大兒落磊砢兒文選魯靈光殿賦
云磲躁路注大兒文選林賦磊落實兒
呵郭注磊朱碨不平兒相磊文選上林賦
其側注○磊本作漓碑云磊萱按說文磊皆同釋木注盤結魂
磊釋文磊偏音義皆介雅故異部通借
絫
坺土為牆壁象形說文段注絫者今之壘字土部曰一
方盤不散令里俗云坺頭是也坺謂之令之墼取田土間為牆壁者像
外牢壁多如是民家亦如是矣單壁則謂之光壘象形者

七五五四

土積壘之形玉篇云厽尚書以爲參字按此謂西伯龕黎乃罪多參在上或作厽也○萱按參省爲厽與尋常段借者有辨

垒 墼也 說文段注墼者令適未燒者也已燒者爲令適令俗謂之塼古作專未燒者謂之墼令俗謂之土墼城土則又未成墼者積坺土爲牆曰厽積墼爲牆曰垒此音同義異之字也土部曰墼曰壘此又音義皆異之字也垒此玉篇之注甚誤故辨之禮喪服翦屛柱楣注曰於中門之外垒墼爲之令本垒皆爲壘急就篇墼壘亦當作垒蓋俗字厽畾之不分者多矣 垒墼也 廣韵引字林

絫 ○俗有累 增也一曰絫十黍之重也 說文段注增者益也凡增益謂之積絫絫之隸變作累累行而絫廢古書時見絫字乃不識爲今之累字良偽切亦如是一曰云云十黍爲絫而五權從此起十絫爲一銖二十四銖爲兩十六兩爲斤三十斤爲鈞四鈞爲石石許作祏 絫輯重積也 上漢書司馬相如傳禩鬷絫輯注 纍纍重積也 漢書佞幸石顯傳印何纍纍注 萱按纍纍當作絫絫字之誤也 ○絫積也 荀子正名

其絫百年之欲易一時之嫌注又法言問明好大絫克注 累積也 穀梁傳十八年傳善累而後進之注又漢書公孫弘傳集注 累重也 周髀算經上若誠累思之注又漢書中山靖王勝傳集注又楚辭招魂層臺累榭注○國策秦策王既無重世之德於韓魏而有累世之怨焉注云累猶重也 累次也 公羊昭五年傳不以私邑累公邑也注累者無數非止一也 漢書食貨志上廢人之富者累鉅萬注○穀梁隱十一年傳累數皆至也注云累數總言之也 累累猶數數也 穀梁哀十三年傳累累致小國以會諸侯注 累息猶疊息也 後漢書廣陵思王荊傳劉祜傳注云累氣屛息也 外物揭竿累釋文 累跪進跪皃 文選舞賦騰累跪注 浮 累謂次足不得並足也 史記老莊申韓傳索隱 累隨也 累轉行皃也 史記老莊申韓傳蓋累而行正義 累謂從也 穀梁桓二年傳以知君之累之也注 累累從君而死齊人語也 公羊桓二年傳累也注及者何累也 累之累然有罪 呂覽審分 累繫也 禮記儒行不累長上注 累猶負也 呂覽觀世齊人累之名爲越石父注 無所避其累主

矣注又文選歎逝賦解心累於末迹注張景陽詠史詩多財爲累愚注謝靈運傳論此而蕪音累氣注 累恐也 淮南汜論故因太祖以累其心注 累憂也 國策秦策此國累也注 累憂也 荀子王制注累多而功少上 累屬也 國策齊策皆以國事累君注 累託也 漢書翟義傳集注外戚傳上集注又後漢書伏隆傳注 累荷謂兩手之飾相負荷也 詩者人傳重喬累荷也釋文 炊累若游塵之 自動 莊子在宥從容無爲而萬物炊累焉注 累倮也 禮記曲禮上爲大夫累之注○萱按此用累爲倮也

雙聲通借字有段纍爲累者冀州從事郭君碑纍爲台衡是也有段累爲纍者爾雅釋言諈諉累也釋文累本作纍是也

卧磊切

纍 ○俗有嵬嵬 逗 山皃也 說文段注西京賦曰上林岑以壘崇按壘嵬即纍嵬也

欙 ○俗有欙 木實也 說文段注從絫言其多也假借則扁榼謂之欙似盤中有隔也

顉 顉頭閑習也 說文段注閑當作嫺字之誤也引伸爲凡嫺習之偁釋詁曰顉靜也顉與女部之婉義略同

产 仰也一曰屋梠也秦謂之楣齊謂之产 說文段注楣各本作楄今依木部訂木部

曰楣者秦名屋㮼聯也謂屋㮼聯秦謂之楣也木部又曰齊謂之檐楚謂之梠此云齊謂之产者蓋齊人或云檐或云产也

齊齒評

頍 儉彼切 舉頭也詩曰有頍者弁 說文段注舉頭者頍之本義也故其字从頁士冠禮緇布冠缺項注缺讀為頍頍圍髮際結項中隅為四綴以固冠今未冠笄者箸冠卷頍象之所生也滕薛名蔮為頍如鄭說則頍所以支冠舉頭之義之引伸也小雅有頍者弁傳曰頍弁兒弁皮弁也頍惟舉頭曰頍故載亦曰頍義之相因而引伸者也 著弁兒 詩頍弁釋文〇儀禮士冠禮疏云頍者弁兒之意也 蔮魯人以頍 頍頍傾也著之 傾近前也 釋名釋首飾

技 巧也 說文段注曰工部曰巧者技也二篆為轉注古多段伎為技能字人部曰伎與也〇後漢書邊讓傳注云技巧也 技巧工匠之巧也 老子人多技巧注〇鬼谷子捭闔校其伎巧短長注云技巧謂百工之役

韻史　卷七十三第十六部上聲解韻　七五五九

技 工也 荀子富國故百技所成所以養一人也注 技藝也 莊子應帝王胥易技係勞形怵心者也釋文引簡文注〇禮記坊記尚技而賤車注云技猶藝也 技才能也 荀子勸學梧鼠五技而窮注 技材力也 史記貨殖傳 技擊也 荀子議兵齊人隆技擊注齊人以勇力擊斬敵者為技擊 技猶擬也 莊子天地能有所藝者技也 技萬物之末用也 後漢書桓譚傳注 技方伎醫方之家也 曾仲連鄒陽傳技桓公之心注〇萱按此引申段借之義 技奇巧異端也 禮記王制作異服奇技注〇公羊文十二年無他技注云他技異端之 技不端也 莊子在宥是相於技也釋文引崔注 手技曰伎 學無他技注引書秦誓文選思玄賦注云伎藝也 伎亦作技 說文法言君子 段借先注之〇萱按以為術舊 天地而不通人曰伎 技通

伎 與也詩曰鞫人伎忒 說文段注人部曰與黨與也此伎之本義也俗用為技巧之技 許所據作伎蓋毛詩叚伎為忮故傳與雅同毛傳曰忮害也說其假借也 技巧之技詩曰云大雅瞻卬文今詩作忮 毛詩叚伎為忮故傳云 毛傳 其忮

韻史　卷七十三第十六部上聲解韻　七五六〇

許說其本義也今則學者所竄易也 詩 通天地而不通人曰伎 萱按此類皆段伎為技也 伎

伎 舒兒 詩小弁傳〇萱按此蓋段為徥徥也 說文段注今俗用為女伎字

妓 婦人小物也 華嚴經音義上引切韵 俗 妓美女也 華嚴經音義上引埤蒼 妓女樂

憁 隱弭切 平上兩讀 憁憁不憂事也 說文〇萱按怟巨支切爾雅怟憁也 十六部十七部兩讀 注在彼〇萱按凡憁今字作憂 從也聲之字皆可兼入兩部也 同

匸 向弭切 衺徯有所夾藏也 說文段注衺者衺也衺相待有所竊也 徯者待也夾者盜竊褱物也 从匸上有一覆之會意 故其字从匸而上有一覆之 衺徯相待

䜨 待也 說文〇徐鍇曰此與徯字義相通

徯 待也 說文段注孟子引書徯我后趙曰徯待也 〇俗有蹊或 徯〇俗有蹊 左傳牽牛以蹊人之田孟子山徑之蹊月也

韻史　卷七十三第十六部上聲解韻　七五六一

今塞徯徑凡始行之以待後行之徑曰蹊引伸之義也今人書為二字音則上蹊平誤矣〇爾雅釋詁又書動至應志晚徯太也 蹊路也 文選思賦不識蹊之惟 徯陽氣有徯注小傳待也 徯 文選周暮 功勳銘云小徯注云又 路 蹊徑也 左氏所由十年〇注按 云岸泰天無路乃平又 蹊 注于宣鄭一注又莊引 李注又天分兩京賦人跡 于氏長寶山是以傳釋文 介無注注西京人道也注杜 馬蹄云賦足以隧注引

李注又云遂天兩路傳釋文 云相徯似於釋周禮 道 蹊謂徑道也

廣雅釋室〇〇釋名釋道也 用之故釋蹊 也步即與之云相 乃疾所形道似 也步即此所形云相步似於 蹊謂徑道也

蹊 隧徑道也 漢書成紀大下廣也李不言李道 也

弋不施於徯隧注〇萱按淮南 云解讀徯之徯注云按廣雅 本經徯人之徑子女徯注萱 子第也同音通段也注又云左傳

郝道曰徯 七一引切通經俗音文義 徯危也 詁廣雅一釋 徯醯危也 東齊寄物

韻史　卷七十三第十六部上聲解韻　七五六二

而危謂之傒醯方言六傒也弱太乎錯乎傒也出太乎衡乎
譔
譔或譔詁逅恥也說文段注漢書賈誼傳頑鈍節師古曰集詁謂無志分也○七恥萱按集詁本已
音入聲貫借譔恥也廣雅釋詁四譔譔訛不正皃莊子天下釋文譔
集爲譔也○俗有祇兩讀異義○祇平上
醍智
緹 眺弭切
帛丹黃色也說文段注云緹謂帛赤黃色鄭注丹黃色也
與赤不同者丹者如丹沙與赤異其分下云源帛赤黃而黃色也
赤緹緣色也者赤正齊四日緹齊緹下鄭注緹若艸人
酒矣按紅赤也酒白緹曰緹故紅赤黃色俗今
作醍見禮運○文選西京賦注引字林云緹之成帛丹黃緹赤
黃赤色也史記○滑稽傳張鋋帛丹黃色
贈王官中郎將○後漢書安帝紀注云緹赤黃色也緹丹色也
明月照緹幕注詩後漢書緹赤色晉書音緹厚繒也文選
滑稽傳正義又緹赤也義廣雅釋器云緹赤○緹
漢書宦者傳注後緹謂鮮明之衣緹赤色也後漢書記史
十重緹齊色赤如緹也緹繒也
注緹齊色赤如緹也釋名釋飲食醍酒也廣雅釋器又一傳緹應
音義引字書○周禮切緍經

媞
酒正注粢醍在堂釋文云醍本作緹
○萱按玉篇云醍酒紅色醑同上
平上兩讀
注在彼
邐 亮徙切
行邐邐也說文段注邐邐過也廣雅釋詁三
一直也邐迆說文以西京賦注東大薛注道邐迤一高一下一原
平上兩讀數也說文段注云數也注大雅其
又也兩而數也云四之云段注益數方言數是正麗不億毛曰麗假借字數也麗者麗作兩數
也廣雅釋詁四之也交云○數方言數字
嚴
二交也說文段注云交數也廣雅釋詁三交之者布也
說解○段注以形爲義故下不云从二交廣韻
效
效猶歷歷也注效爲介布明白象形也
效其孔效效 說文 爾下
蠡
蠡 古文蠡木中也說文段注此非蟲名乃謂蟲之食木曰蠡
之言猶也如刀之蠡也說宋儒注孟子曰蠡者齧木蟲則誤矣蠡
借爲瓢蠡字楚辭覽並圍之蠡蠡又借爲禾黍離離字孟子

曰以追蠡趙注曰追鐘紐也鈕擘齧處深矣蠡蠡欲絕之皃
此又以蠡同離同劉方言劉解也又曰蠡分也皆其義也下
知段借之恉乃云鐘鈕如蟲齧而欲絕是株守許書之辭而
未能通許書之意矣上體蠡象見上部讀若弛非通貫切之
象也此久蠡分也楚曰蠡方言六蠡猶羅也書考靈曜取六項
誤今正文選石闕銘序蠡蠡猶歷歷行列皃也加三旁蠡順餘之
注又引孝靈曜鄭注蠡蠡行列皃也賢注楚辭惜蠡臺亦
注水經注雕蠡瓢也漢書東方朔傳以蠡測海注引張
曰升臺水注蠡○萱按說文瓢○御覽七百六十二引通俗文
云瓠瓢爲蠡○萱按說文瓢下蠡下皆釋爲蠡也則瓢自
保蠡引申之義爾後雖有瓢蠡爲專字何妨異字同義乎
蠡蠡蝓也廣雅釋魚○萱按此段彭蠡澤在豫章彭澤西
貢彭蠡既豬鄭注○孫氏星衍云案彭澤故書爲
城在今江西都昌縣北澤即都陽湖在縣西
○俗說文段注所以不正也許以鱶鰂爲一魚皆作鱧字
有蠡鰂也按此名之正鰂爲鰂轉注陶貞白云今皆作鱧即今
俗所謂烏魚或曰烏也
鱺
鱧頭有七星之象也

欐
○俗有欐江中大船也說文段注越絕書曰欐溪城者闔東南丹
陽會稽之間謂艖爲欐方言九欐舟也廣雅釋水罣罣兒罯也其罯
謂之欐廣雅釋器
只 軫彼切
○俗有只語已詞也說文段注已止也已止皆語止之詞庸風母
只君子箋云只之言是也天只人只是也亦借爲是字小雅樂
已按以此釋之箋云只不諒人其只也且亦云其是樂只而
仍之讀如是也王氏引之經傳釋詞云只且爲祇字但也令人
師而英來爲只之小雅引之經典釋詞用字亦作祇字大宗
只詞也廣雅釋詁四只辭也禮記大學詩云樂只君子
經傳釋詞云只詞也○○只猶是也
書於此曰季孫所日日只用之
但不能行耳三所曰吾不能
是知天民則則已多矣
釋詞云只知中語助也亦與只同
一年廿四年昭十三年引詩並作樂只旨君子只且語助也

咫

詩北風既
亟只且疏
咫詞之則也
經傳釋詞云咫詞之則也貫子淮難
篇日咫跌似而弗用也咫批頗而以
行也咫淮南王罪人之身也是立咫泣拾拎卧咫泣交項單
上諸咫字丟與則同異義故連語篇讒薄咫亟壞讚薄咫亟
裂器讒咫亟毀酒讒咫亟酸新序襟事篇咫並作則○萱按
段借多取諸同音故咫軹旨皆用為尺字旨亦異部同音也
○俗有
中婦人手長八寸謂之咫周尺也
說文段注中婦之
欺咫云、、貫達章盼杜
預誠皆同桉咫之言猶近也周尺云、、通與引白宄通曰夏
法日、、數十也日無不盼尺所度無不極故以十寸為尺殷
法十二月言一歲之中無所不成故以十二寸為尺周據地
而生地者陰也以婦人為法婦人大奉奄八寸數以八寸為
尺桉奄字未詳是手之讓字上文曰十寸為尺此及夫字下
云周制八寸為尺別周制之異乎古也王制曰古者以周尺
八尺為步令以周尺六尺四寸為步鄭注曰周尺之數未詳
間棄禮制周猶以十尺寸為尺蓋六國時多變亂法度或言
周尺八寸以步更為八八八六十四寸鄭意八寸為尺周未
始有之與許說異然許亦曰諸戾力政分為七國田嘒異臨
車涂異軌律令異法則其說亦未嘗不合也古傳天咸不違
顏咫尺咫尺並言不云二尺也國語列子皆言其長尺有咫

韻史 卷七十三第十六部上聲解韻　七五六七

疻

亦不言其長二尺也是可
證周未嘗八寸為尺矣
八寸曰咫
左氏僖九年傳注又國
語魯語注齊語注又漢
書五行志下之上石弩長尺有咫注引張晏韓信傳奉咫尺
之書注又後漢書班梁傳注崔駰傳夫欲千里而咫尺未發
注又列子湯問其劍長尺有咫釋文又淮南道應絡日行不
離咫尺注又太乎乎瑩天元咫步注又華嚴總音義下引何
承天纂要又文選長揚賦且盲者不見咫尺注咫喻近周書
引國語貫注○周禮質人疏引鄭志云咫八寸太子
晉視道
咫尺言不以為遠也
後漢書班梁國語
傳集注晉語
咫咫尺間也
如咫注○王伯申尚書云只詞之耳也晉
吾不能行咫注同言吾但不能行耳韋注失之
語云、、咫與只天咫注○王伯申云萱按具
國語楚諸是知與只同韋注失之只下
咫詞之則也
咫言少也
楚語云、、咫亦說文段注漢書韓宣傳是尉引傳曰愚又不
疻痏逭毆傷也
以義而見疻者與痏之之罪鈞惡不直也應
勂曰以杖手毆擊人剃其皮膺起青黑而無創瘢者律謂疻
痏按此應注謌脫急就篇顏注云毆人皮膚腫起曰疻毆傷
日痏文遝益應注律謂疻下脊去六字當作其有瘢剣瘢者
謂痏文遝播康詩但若剣痏李善引說文痏瘢也正與應語

韻史 卷七十三第十六部上聲解韻　七五六八

合皆本漢律也疻輕痏重過人不以義而見疻罪與痏人等
是疻人者輕論見疻者重論故曰惡不直也創瘢謂皮破血
流

軹

車輪小穿也
說文段注輪當作轂輪之職曰五分其轂之長
去一以為賢去三以為軹鄭司農云賢大穿也
軹小穿也後鄭又改記文作去二為賢程氏
瑤田辨其非是詳見通藝錄許同先鄭
軹轂末也
考工
記總
日注輪人弓長六尺謂之庇軹注○周禮大行人上公
立當軹疏云軹謂轂末又禮記曾子問疏云軹即轂末軹害
也考工記總日軹崇三軹謂兩轄也周禮大馭布祭兩軹祭
傳尺有三寸也司農注按轄者書之軌杜注○後漢書張衡
軸注云軹兩轄也○萱軹義之相因重文轄其俗體也轂末
之末同處故軸末亦名考工記而引申者也書則軸尚
僑尚軹是軸頭處輪之中央總目注軹指也如指而見於轂
頭也
釋名
軹輢之植者衡者也與轂末同名考工記與人參
釋車
分較圜去一以
為軹圜注○段大令曰按轄軨之謂之軹之之言椄也枝也椄
楸多小意而止也以狀軹圜之小可說其意而轂末小穿取

韻史 卷七十三第十六部上聲解韻　七五六九

此名其
不可說
意立者為轍橫者為軹
考工記與人參分軹圍去一
以為轛圍司農注○萱按軹
一名而三物轂末先鄭即小穿一也軸末即隶二也轄之植者橫
者三也說文用先鄭輪人注而遺先鄭與人注始偏枯矣
軹辭也軹是也莊子大宗師而莢來為軹釋文引崔注及李
注○萱按崔李以軹為只之借字也只語已
詞
也

枳

○俗
枳木似橘
說文段注考工記橘踰淮而北為枳本艸經
有杜所謂枳實也枳可為離周書小開曰枳德枳離
大人○後漢書馮衍傳注引枳芬木也後漢書馮枳剌針也
晏子云江南為橘江北為枳衍傳注
山海經中山經浮山多所為壅塞也管子修靡然則貪
盼木枳葉而無傷注枳棘者動枳而得食矣注
後漢書夲小介雅
枳棘多榛梗以喻寇盜充斥也執彭傳注枳害也廣言枳
枝也
廣雅釋木○萱按此蓋段
枳為楱也枳首蛇亦然枳首謂蛇有兩頭枳或作積
爾雅釋地中有周書王會鬼
枳首蛇焉釋文枳已西戎之別名也覷枳己注

韻史 卷七十三第十六部上聲解韻　七五七〇

抧　開也說文

抵　側擊也說文段注戰國策抵掌而談東京賦抵璧於谷解嘲介涇陽抵穰侯按抵字今多譌作抵具音義皆殊國策夏無且以藥囊提荊軻史記薄太后以冒絮提文帝提皆抵之段借字也○後漢書隗囂傳注寇榮傳注吳蓋陳臧傳注方術傳注又晉書音義中引字林竝云抵側擊也　抵擊也漢書杜欽傳集注朱博傳集注又後漢書劉玄傳注桓譚傳注皇甫嵩傳注又太玄翁雖用抵族注　抵投也後漢書黃瓊傳注　抵擄也國策秦策抵掌而談注　抵當也國策中山策臣抵罪注又呂覽分職而抵罪者無怨矣注　抵至也呂覽無義抵公孫鞅注　抵會也雍梁之閒曰抵秦晉亦曰抵方言一　前有萬乘之國而後有千乘之國謂之抵國管子國蓄　提擲也漢書吳王濞傳集注周勃傳集注陳遵傳集注王莽傳下集注○萱按此類皆段提為抵　提猶擲也史記絳侯世家以冒絮提文帝索隱引蕭該　提猶絕也禮記少儀牛羊之肺離而不提心注　提弃也太玄臨脜提明德注

坻　箸也說文段注韻會作箸止也箸直略切者字之段借也行之既久乃不可變矣凡言者別事詞也有所箸之詞也故凡言箸皆者引申之義左傳昭廿九年物乃坻伏鬱湮不育杜注坻止也此坻字見於經者而閒或不經說作坻其義迴異楚金所見左傳故未誤尋其所由蓋唐初已有誤坻者故釋文曰坻音旨又音丁禮反後一音則已誤為坻凡字切丁禮者皆氏聲也今版本釋文及左傳及廣韻四紙皆作坻坻行而坻廢矣○萱按小沚曰坻見十五部平聲與坻音義皆殊何容摩𦈡　坻殿基也文選景福殿賦坻鄂之鏘ㄟ注肅　坻除也廣雅釋室　坻場也廣雅釋詁三　𪕮鼠之場謂之坻方言六　蚍蜉其場謂之坻方言十一

泜　箸止也說文段注箸直略切箸止有所箸而止也土部坻下曰箸也與此字皆从氏唐宋以來氏氐溷淆多矣大徐直尼切誤認為坻字耳

紙　○俗有帋　絮一箈也說文段注箈各本譌笘今正笘下曰潎絮簣也潎下曰於水中擊絮也後漢書曰蔡倫造意用樹膚麻頭及敝布魚網以為紙元興元年奏上之自是莫不從用焉天下咸稱蔡侯紙按造紙昉於漂絮其初絲

絮為之以笘荐而成之今用竹質木皮為紙亦有緻密竹簾荐之是也　方絮曰紙初學記廿一引通俗文

紙　砥也謂平滑如砥石也釋名釋書契

寵弭切

舓

舐　或○俗有舐咶𦧇舓醬狧呂舌取食也說文○一切經音義廿二引字詁云舐謂以舌取食也

舐　用舌食也漢書吳王濞傳狧糠及米注○荀子仲尼是猶云伏而咶天注云咶與舐同又莊子田子方舐筆和墨釋文云舐本作舐

觚　角傾也說文

象　承也說文段注蠡蕤象聲懞從心象聲古音皆在十六部今韻字形從象則誤

晒弭切

是　是　直也說文段注直部曰正見也十目燭隱則曰直以日為正則曰是從日正會意天下之物莫正於日也左傳曰正直為正正曲為直五經文字是入日部則唐本從日也恐非　是正也易未濟有孚失是虞注○禮記樂記而疑是精麤之體疏云是謂正也又荀子勸學使目非是無欲見也注云是謂正道也　是則也爾雅釋言　是

善也淮南脩務立是廢非注　是實也國策西周策是攻用兵注又淮南脩務則貴是而同今古注　是者非之尊也說苑說叢　是嗜也人嗜樂之也釋名釋言語　是謂可其意也荀子富國其所是焉誠美注　是猶孰也禮記喪大記大晉是飲注　是此也廣雅釋言又論語學

而夫子至於是邦曰皇疏子路夫如是皇疏又禮記玉藻徐

趨皆用是疏又荀子王制注○左傳昭十六年疏又論語季

氏是可思也皇疏衛靈公居是邦也皇疏又素間示從容論

是失吾過矣注又荀子禮論人育是士君子也注勸學注竝

云是猶此也又漢書昌邑哀　詩闕宮邦

王觱傳注云是謂此　是有猶常有也　國是有箋　是以

者承上生下之辭　詩鬪雎序是以一國之事疏○周南名南

譜是故二國之詩疏云是故者緜上事生

下藝古文是爲氏也儀禮覲禮太史是古注○萱按周禮射

之稱人注作大史氏古用古文也又禮記曲

禮下是職方注云是或爲氏又士皆禮帷是三族之不虞白

虎通宗族作帷氏三族之不虞又韓勸後碑於氏憤惱之思

皆用氏爲是也　是猶於是也　王尚書經傳釋詞云是猶於是也書禹貢桑土既蠶是降丘宅土言於是降丘

宅土也詩曾𦭘是刈是濩正義曰於是刈取之於是刈濩之

是猶寔也

經傳釋詞云是猶寔也詩閟宮是生后稷言姜嫄實生后稷也論語季氏篇求無乃爾是過與言爾實過也是訓為寔故實亦訓為是爾雅曰寔是也詩小星傳同穀梁傳曰寔來者是來也秦誓是能容之大學作寔

是猶之也

經傳釋詞云是猶之也詩氓反是不思言反之不思也襄十四年左傳曰晉國之命未有是也言未之有也

是猶祇也

經傳釋詞云是猶祇也論語今之孝者是謂能養言祇謂能養也是與祇同義故辭綜注東京賦曰祇是也

是猶則也

經傳釋詞云是猶則也大戴禮王言篇教定是正矣家語作正教定則本正矣

是猶夫也

經傳釋詞云是猶夫也禮記三年問曰今是大鳥獸荀子禮論篇今是作今夫荀子宥坐篇曰今夫世之陵遲亦久矣韓詩外傳今夫作今是

是理也

國語楚語王弗是注當按此段是為諟

諟

或作悝

理也

說文段注左傳君與大夫不善是也國語作王弗是韋曰是理也是者諟之段借字韋注與許合理猶今人言是正也注佢之行諦者王不能是正也大學引太甲顧諟天之明命注諟猶正也某氏偽太甲傳諟是也皆與許

合大學諟或為題

諟是也

廣雅釋言

諟亦審也

方言六諟諦諟也注

氏

○俗有坻

巴蜀名山岸脅之𠂤旁箸欲落墮者曰氏的氏崩聲聞數百里象形乁聲楊雄賦響若氏隤

說文段注巴蜀云、十六字為一句此謂巴蜀方語也𠂤小𠂤也箸直累切小𠂤之旁箸於山岸脅而狀欲落墮者曰氏坂氏亦作是見夏書禹貢曰西頃因桓是來鄭注云桓是隴阪名其道般桓旋曲而上故曰桓是今其下民謂阪為是可絕謂曲為桓也古經傳氏與是多通用大戴禮昆吾者衛氏也以下六氏字皆是之段借而漢書漢碑段氏為是不可故數故知姓氏之字本當作是段借氏字為之人第習而不察耳姓者統於上者也氏者別於下者也是者分別之書也其字本作是漢碑尚有云姓某是者今乃專為姓云氏字而氏之本義世許言之淺人以為新奇之說矣象形云ヽ謂氏匕象傍於山脅也氏之附於姓者類此乁讀若移○漢張遷碑云張是輔漢世載其德又楊君石門頌云高祖受命興於漢中道由子午出散入秦建定帝位以漢詆為當按張是即張氏也漢詆即漢氏也皆借字也然借詆為氏殊乎於音理

巴蜀人名山旁堆欲墮落

曰坻

漢書楊雄傳下鄉音若坻隤注○文選解嘲注引字書云巴蜀名山坻落曰坻○嘗按選作坻借字也班作坻

氏之要體也或作坻與坻轉寫譌也氏森聲在十五部𠂤部之坻訓陵阪不訓落牆

坻積嵋聲也

文選吳都賦坻頹於前注

氏者所以別子孫之所出也

史記五帝紀集解引鄭駁五經異義又翻譯名義一引西城記○白虎通姓名云所以有姓者何所以貴功德賤伎力或氏其官或氏其事聞其氏耶可知其德所以勉人為善也

氏猶家也

左氏隱八年傳胙之土而命之氏疏宣十一年傳將討於少西氏疏襄九年傳陶唐氏之火正閼伯疏襄廿六年傳君夫人氏疏昭二年傳觀書於太史氏疏

氏者位尊乃賜是臣之寵號

左氏宣元年傳注出入稱名氏疏

凡言氏者世其官也

禮記曲禮下引周禮千注疏凡

言氏者皆謂因之而立名

漢書地理志下遼東郡皆氏注○集注云古字氏是同

言姓

即在上言氏即在下矣

一切經音義六引世本

坻

封也

說文段注與峙偫雙聲義略同

坻封也謂立也積聚也

廣韻

釃

○俗有麗

下酒也一曰醇也

說文段注小雅曰釃酒有藇又曰有酒湑我傳曰以筐曰釃以藪曰湑、菑之也引申為分疏之義溝洫志云釃二渫以引河是也司馬相如傳借灑一曰云、不澆酒也按醇盝誤字當作淳水部淳者涤也涤者浚也其義與下酒同耳而分為二者言淳言涤則不專謂酒也淳見儀禮攷工記內則之統反○晉書音義中云釃酒濾也後漢書馬詩伐木釋文

釃下酒也融傳注釃謂以簏盞酒引葛洪

麗盞也

廣雅釋詁二

釃分也

漢書溝洫志集注引孟康

灑分也

漢書司馬相如傳下集注楊雄傳上集注

纚

或作縰

冠織也謂以緇布韜髮

說文段注冠織者為冠而設之織成也凡緇布不須翦裁而成者謂之織成內則注曰縰韜髮者也士冠禮曰纚廣終幅長六尺注曰纚今之幘終元也纚一幅長六尺足以韜髮而結之矣禮經贊者頁纚而後設纚賁正纚乃加冠是以纚韜髮而後冠也此纚蓋纖緇布帛廣二尺二寸長祇六尺不待剪裁故曰冠織漢制齊三服冠獻冠幘縰正是纖成者注云如方曰紗釋名纚以韜髮者也以纚為之因以為之名按劉語

似誤本為鬣髮之偁𩯭乃以為帛偁如劉語乃倒其先後矣
纚亦作縰同問喪雞斯即笄纚之段借也按引申之凡有姆
纚者薛綜曰纚網如箕形狹後廣前西京賦曰纚吳都賦曰纚鱐鮒
纚韜髮儀禮士昏禮纚笄宵衣在其
右注○禮記檀弓注去纚而紒釋文云纚黑縰韜髮者也記
繒韜又問喪雞斯徒跣疏云纚謂韜髮之繒
內則櫛縰注又漢書揚雄傳下戴縰垂纚而談者注又荀子
禮論為器則冠有鍪而毋縰注○內則釋文云縰黑繒韜髮
纚今之幘梁也儀禮士冠禮纚注
幘裏曰纚注引通俗文漢書輿服志纚笄首
服儀禮特牲饋食禮主婦纚笄宵衣注纚織絲為之即今方目紗是也漢書江充傳冠
禪纚步搖冠注○張敞傳且當以柱後惠文彈治之耳注云纚即今方目紗也
釋名釋纚纚縰也纚以承藻注又文纚
也米帛後漢書張衡傳纚朱鳥以承旗注引韓詩
纚繫也選宋文帝元皇后哀策文注引申之義
綾也纚笄也當按纚訓繫訓綾訓笄段為纚也皆引申諸義
義也詳十七部然纚之引申似亦合有此
纚相連之皃文選景福殿賦若纚屬連屬也道纚屬注引
幽星之纚連也注文選上林賦

馬彪○漢書司馬相如傳上注云纚屬文選海賦注相屬
纚纚索好皃離騷索胡繩之纚纚注
縰縰萃
萃衆多之皃文選高唐賦注
襂纚羽垂之皃文選海賦被羽翩之襂纚注
縰步也
縰履謂履無跟也縰當為纚按此段
躧或○俗有跿跿作跕躧舞履也說文段借為纚
一作跕履小舞履也史記貨殖傳趙女鄭姬揄長袂躡利屣注
履故屣不著跟曳之而行曰跕躧履而行履不著跟曰躧
也西京賦注舞履也廣四夷舞者躡
跿薛綜曰朱履赤絲履不納是
也文選引跕為躧漢書集注長門賦
注莊子頡頏跕躧行皃文選舞賦注躧
履起而頡頏跕躧漢書地理志下女子彈絃跕躧
注引蒼頡篇王纖履桂指為躧漢書集注引李斐注
跟也注莊子王纖履秋蔡跕躧跳也或作躧寫字誤
雜俗而跋○當按此借纚為躧履縰步也荀子非十二子
訾者也注跟曰屣又屣謂納履未正曳之而行詳當按

躧
○俗屣有屣屬說文屣屬也一切經音義十四引聲類
躧屬
文選長門賦注長屣屬也
廣雅釋器屣屨也孟子盡心篇屣者也
○當按屣屣屐也注云趿也
分字或作跿躧各本作躧通用不可劉熙注
趾鞮字漢書郊祀志上屣
甚故踐屣屣字下注引孟子
注屣小屣也漢書郊祀志上屣謂小履之無跟者也
莊子讓王釋文引通俗文曰屣謂納履曳之而行言怠遽也漢
文云履不著跟曰屣○當按
書崔駰傳注云屣謂納履也說文段注
字鄭玄傳注云屣履未正曳之而行
或作簁等韋作簁籮竹器也說文段注按簁
簁遙竹器也是其物之器而非可以上下之
也可以取麤去細之器皆字作簁簁不作麗取上去細之
下物竹器前曰簁簁籮也其器名以上下
从玉令俗作篩此皆用簁為簁簁麗器之簁例
字變非許意也小顏注急就篇誤

弛
○俗弛弛弛謂弛○淮南子說文段注
有云弛或弓解弦也說文段注字
落二弛弛解也引之本無下
漢年周宮之也解字說文引申
理○書趙傳集注云當按弛解也又張輔
城落弛說文漢書弛弛○注
張也也按弛國語云當弓解也又傳不記
弛
下也釋名釋弛
周禮大司樂注
公弛縱也
弛循縱也
弛易也
也弛捨也
弛文選舞賦注縱
弛弃
其禮記坊記○廣雅釋君子
弛猶棄忘也

韻史　卷七十三第十六部上聲解韻　七五八三

弛

禮記坊記君子弛其親之過而敬其美注弛廢也禮記樂記庶民弛政注弛廢也 傳乎各集注又後漢書吳良傳注又文選西京賦注漢書武帝紀注 漢書京城文帝紀注 昭注弛廢也漢書叙傳西京賦注 弛廢不遵禮度也漢書武帝紀 去其紂時苛政也 弛刑後漢書光武紀 弛力息繇役也周禮大司徒注 弛施也 施弛二字古通 曾語文公欲弛孟文子之宅 楚辭悲回風 弛張之信期 聯事弛之 生氣弛長 弛合也 殷也

切仲從

䟽

殷也全書文段注 說文殷注多按殷為淺人亂之 殷字當云殷也 韻皆連舉 殷殼字知為也

韻史　卷七十三第十六部上聲解韻　七五八四

䚡

韵無䚡殷擊聲也 廣韵云 䚡角䚡曲也西河有䚡氏縣 說文段注 前志西河有䚡氏縣 志氏作是 按是氏古多通用 禮記曲禮大史 是職方是或為氏 古文尚書曰時五者 備見於宋微子世家 後漢李雲上書作五是 道父後有非子至元孫氏為莊公師古曰氏與是同

齗

○俗斷有 說文段注 齗張口見齒也

䥅

○俗鉸有三足鍑也一曰滫米器也 說文段注 鍑如釜而大口 滫米猶淅米 一曰滫米器也

敲

得其也 甘 或作 廣雅釋器 敲釜也

徙

〇古文作 屎 說文 徙逸也 蘇林注 按遷徙字古本多借移 遷也 徙遷也 徙移也

徙

廣雅釋言又 華嚴經音義下引蒼頡 徙遷也 荀子成相注 徙移也 百里徙 衆徙道 生器 荀子禮論 具 徙避也 孟子滕文公上 死徙 廣雅釋詁三 徙謂爰土易居 平肥磽也

切想移

韻史　卷七十三第十六部上聲解韻　七五八五

㑩

無出鄉注 ○周禮比長 徙於國中及郊 注云 徙謂不從其居也 又 徙者 徙於他 謂出居異鄉 便國語吳語 也 徙化也 淮南原道 徙倚猶低徊也 楚辭哀時命 徉大舟注 徙倚猶汗漫 汗漫于淮南叙真訓 淮南注 字注 徙倚 徙靡言枝往來 靡靡然 文選 高唐賦注 徙 靡 潘淡注

俾

㑩

說文段注 小雅正月 曰㑩㑩彼有屋 說文 屋 傳 曰 㑩㑩小也 爾雅釋訓 㑩㑩形容小兒也 許所據作㑩㑩 或作 小兒詩曰㑩㑩 或作 鉴 鉴按 細字 或作 㑩 益 取 變 聲 亦㑩 俗 㑩 有 聲 廣雅 益也 一曰俾門侍人 說文 訓 益也 今文 段注 俾 引而伸之 裨與埤 綽 皆 俾 之 引 伸 之 異 義 爾雅釋詁 俾 從 也 卑 也 使 也 字 皆 以 益 為 訓 ○ 俾 使 也

俾 之 擁 俗 通 一 曰 俾 門 侍 人 ○ 俾 職 也 言 借 俾 為 界 陽 湖 莊 氏 曰 俾 正 可 謂 也 近 假 為 俾 倚 字 亦 古 也 或 持 之 正 用 釋 義 按 此 校 正 可 謂 渙 然 冰 釋 矣 按 述 云 俾 誤 是 人 閣 下 寺 之 古 也 誤 條 得 此 下 校 曰 按 說 門 閣 侍 人 曰 當 如 是 窺 部 夾 門 之 下 曰 內 之 豎 出 竟 晚 書 又 又 持 之 也 有 能 俾 典

切內弭

韻史　卷七十三第十六部上聲解韻　七五八六

俾

傳牧誓釋文無逸文王卑服馬注 君奭周不率俾 鄭注又詩 縣之綿傳曰日月俾也 可忘 箋天保 俾爾單厚 箋 傳 賓之 初筵 衣俾無 大怠 箋 俾 箋 白 華 俾 我 獨 兮 箋 傳 無 俾 立 室 家 箋 公 劉 俾 筵 俾 几 箋 卷 阿 之 宮 俾 爾 彌 爾 性 昌 箋 良 爾 勞 壽 而 無 俾 民 憂 箋 載 見 俾 緝 熙 於 純 嘏 不 箋 閟 宮 俾 爾 熾 而 昌 俾 爾 壽 而 臧 箋 又 禮 記 大 學 而 違 之 俾 不 通 注 又 左 氏 傳 廿 八 年 傳 其 師 注 文 元 年 傳 覆 俾 我 悖 注 成 十 二 年 注 哀 十 八 年 傳 執 事 實 圖 利 之 注 昭 六 年 傳 無 俾 城 壞 注 哀 十 一 年 傳 易 種 於 茲 邑 注 哀 十 六 年 傳 俾 屏 予 一 人 以 在 位 注 又 公 羊 文 十 二 年 傳 俾 君 子 易 怠 注 傳 俾 又 戴 記 步 開 以 懷 率 注 又 國 語 周 語 俾 莫 不 任 肅 恭 注 又 漢 書 叙 傳 晉 灼 注 音 表 志 傳 各 注 後 漢 書 各 傳 注 又 楚 辭 惜 誦 俾 山 川 以 備 御 注 又 書 音 中 思 賦 太 乎 遵 又 蜾 周 注 又 三 俾 國 志 魏 武 紀 注 又 文 選 疏 云 俾 使 也 寡 俾 清 津 兮 舊 注 ○ 左 氏 宣 十 二 年 傳 使 俾 使 號 馮 也 寅

俾倪者看視之名 ○ 當 按 詩 俾 滂 沱 矣 論 注 勿 使 俾 城 壞 上 疏 云 俾 使 亦 使 ○ 滂 沱 矣 詩 克 順 克 比 禮 記 樂 記 作 克 順 克 俾 衡 變 動 作 俾 倪 疏 ○ 職 異 部 同 音 互 借 通 用 也 樂 記 注 謂 為 聲 之 誤 比 俾 使 也 從 也 廣 韵 ○ 當 按 皆 介 以 釋 俾 字 者 也 又 所 以 擁 挾 持 也 韵 廣

髀 𨁈古文 股外也說文段注股外曰髀髀上曰髖肉部曰股髀也渾言之此曰髀股外也析言之其義相足大部曰奎兩髀之間也古文從足者足所恃以能行也鄭司農注周禮典同曰鍾形下當踔按其文義當是庳之假借庳也列女傳古者婦人身子寢不側坐不邊立不踔按其文義當是跛之假借今兩書皆為作踔○詩車攻傳射左髀釋文云髀謂股外當按此毛用借字陸用正字也公羊桓四年傳注自左髀射之釋文髀股外也此皆用借字儀禮士昏士喪既夕少牢有司徹古文髀皆作脾 髀股骨也漢書賈誼傳至於髖髀之所注○當按此渾言也不誤若士昏禮釋文引字林云髀骹骨也則誤矣骹下近跌髀上近髖 脛後為髀也太玄玄數九體三為臂脛注○莊子人間世云兩髀為脅○當按義皆不誤但稍貿耳 髀卑也在下稱也釋名釋形體 髀者表也周髀算經上 周髀長八尺上同

鞞 ○俗有琕 刀室也說文段注刀部曰削鞞也削鞘古今字音肖小雅大雅毛傳不同說詳玉部琫下玉裁按鞞之言鞞也刀室所以鞞護刀者漢人曰削俗作鞘 鞞者刀鞘之名詩公劉疏○瞻彼洛矣疏云古之言鞞猶

今之言鞘當按釋文云字又作琕 鞞容刀之鞞也琫上飾珌下飾詩瞻彼洛矣鞞琫有珌傳下曰鞞上曰琫詩公劉鞞琫容刀傳○當按琫為刀琕之飾珌為鞘末之飾琫與鞞分上下猶之琫與珌分上下也毛公兩傳實無異

稗 黍屬也說文段注禾之別為稗黍之屬為稗言別而屬見言屬而別亦見稗之於黍猶稗之於禾也九穀考曰今目驗之采與穀皆如黍農人謂之野稗亦曰水稗

箄 簁箄也說文段注彖許曰簁箄單評曰箄方言箄簍籅笿篆也篆小者自關而西秦晉之間謂之箄郭云今江東呼小籠為箄按許意簁箄與篆各物又按考工記注鄭司農云綆謂輪箄也今謂輪雖箄爪牙不正也箄劉昌宗蒲歷反李軌方四反箄謂偏僻漢人語也與箄字無異江氏慎修改為簡箄字亦千慮之一失也 箄篆也廣雅釋器

品從切 顊 傾首也說文段注首本應引作頭乎應引蒼頡篇云頭不正也又引淮南子左顊古倪按釋魚左倪右倪郭注行頭左俾古俾俾亦作庳皆非是其字正當作顊故釋文音計反也 顊衰也廣雅釋詁一

敤毀也說文 敤敤擊聲也廣韵

婢 女之卑者也說文段注內則父母有婢子鄭曰所通賤人之子是婢為賤人也而曲禮自世婦以下自偁曰婢子左傳秦穆姬言晉君朝以入則婢子夕以死是貴者以婢子自謙婢亦稱婢子晉與內則婢子不同也鄭注曲禮曰婢之言卑也 婢子婦人之卑稱左氏僖廿二年傳使婢子侍執巾櫛注又服注 婢子妾也禮記檀弓下使吾二婢子夾我注

庳 中伏舍一曰屋卑說文段注謂高其兩旁而中低伏之舍也一曰云云左傳曰宮室卑庳引伸之凡卑皆曰庳周禮其民豐肉而庳 庳下也史記司馬相如傳其庳溼索隱循吏傳楚民好庳車索隱又漢書劉向傳增埤為高注又晉書音義上又法言孝至庳則秦儀鞅斯亦忠嘉矣注其庳溼注 庳埤也漢書五行志中之下塞埤擁下注○當按庳埤正借字也文選射雉賦不高不埤注云埤與庳古字通 庳眾水之所湊也太玄增澤庳其容注 庳猶短也周禮大司徒其民豐肉而庳注

知佞厚之茲謂庳漢書五行志下之上引京房易傳

両從切 弭 㢽或 弓無緣可以解轡紛者說文段注釋器曰弓有緣者謂之弓無緣者謂之弭孫云緣謂繫束而漆之弭謂不以繫束骨飾兩頭者也小雅象弭魚服傳曰象弭弓反末也所以解紛者箋云弓反末彆者以象骨為之以助御者解轡紛宜骨也按紛猶亂今詩作紒亦通紒者今之結字許合爾雅毛詩為說也弭可以解紛故引申之訓止凡云弭兵弭亂者是也按古音當在一部而入韻在十六部者以或从兒聲也㢽蓋此篆之正體故亦作彌爾兒聲同故周禮彌災兵漢書瀰亂即㢽字也弭節亦作糜節郊特牲有由辟焉辟亦弭也○儀禮既夕禮有弭飾焉注又國語晉語注並云弓無緣者謂之弭又左氏傳廿三年傳其左執鞭弭注云弭弓末無緣者弓末曰簫又謂 之弭以骨為之滑弭弭也釋名釋兵○禮記曲禮注弭頭也釋文又文選吳都賦貝胄象弭劉注並云弭弓末也又藝文類聚引郭璞毛詩拾遺云弭弓反末弭者弓弰之名以象骨為之詩采薇疏○儀禮既夕記注云弭以骨角為飾又御覽引郭璞毛詩拾遺云弭弓之別名不以繫束

骨飾兩頭曰弭爾雅釋器李注○當按李沿孫注也俗奪器李二字誤甚今補弭今之角弓也爾雅釋器注弭止也詩沔水不可弭忘傳板釋文又左氏襄廿七年傳兵其少弭矣注又國語周語吾能弭謗矣注至於今未弭注晉語衆不可弭注楚語於是乎弭其百苛注又國策秦策子其弭口無言注又漢書王莽傳上集注又後漢書馮緄傳注又呂覽達鬱注又淮南主術鬱猶揭堺而弭塵注弭息也左氏成十六年傳若之何憂猶未弭注弭忘也文選江文通襍體潘黃門詩注引國語賈注弭安也周禮大祝注化祝弭災兵也疏又周書作雒內弭父兄注又漢書谷永傳集注弭按也離騷吾令羲和弭節兮注湘君夕弭節兮北渚注○後漢書東平憲王蒼傳注云弭節猶按節也弭猶服也後漢書吳漢傳注弭猶低也史記司馬相如傳弭節裴回索隱引司馬彪漢書相如傳上集注引郭璞文選子虛賦同又弭轍引迹疾也淮南道應絕鑾弭轍注弭末也謂金飾衡軛之末為龍首也荀子禮論寢兕持虎蛟韅絲末彌龍所以養威也注○當按文選羽獵賦望舒彌轡又漢書王莽傳彌射執平又云以彌亂發姦依注彌

皆讀弭又周禮男巫春招弭以除疾病杜子春讀弭如彌兵之彌當謂弭係正字杜注可省後鄭弭讀為敉敉亦燮聲也然皆無庸

㥝

十二部十六部附讀厲也一曰止也說文段注㥝厲也蓋淬厲之意一曰云云左傳弭兵之弭周禮彌災兵之彌如特牲有由辟焉之辟皆當作此字

渳

飲歃也說文段注周禮小宗伯王崩大肆以秬鬯渳杜子春讀渳為泯以秬鬯浴尸也按浴尸則釁尸口鼻與飲歃義相近渳飲也廣雅釋詁四渳謂浴尸周禮小祝贊渳注渳尸以鬯浴尸周禮大祝以肆鬯渳尸司農注

⿸麻車

十六部上十七部平附讀乘輿金耳也說文段注乘輿者天子之車也金耳者今飾車耳也西京賦戴翠帽倚金較薛注金較黃金以飾較也今崔豹古今注曰車耳重較也史記禮書彌龍徐廣曰乘輿車金薄繆龍為輿倚較繆者交錯之形車耳刻交錯之龍飾以金惟乘輿為然輿文虎伏軾龍首銜軛畫為三事史記之彌即許之⿸麻車〻者本字彌者

同音段借字淺人不得其解乃妄改而不可通矣○當按金耳今本作金飾馬耳或作金馬耳皆不可通

羋

○俗有咩羊鳴也說文段注各本中筆不直今依五經文字篆韻譜正乜出不徑直也羋羊聲也史記楚世家六曰季連羋姓索隱羋楚姓也國語魯語荀羋姓實副注羋即蟬也方言十一蛄蟚謂之強蝉注○當按此通古今字也古無蝉字衹用羋作之咩羊鳴也玉篇

擺口評
鑿鬯切
烓

○俗有㷷行竈也說文○爾雅釋言煁烓也注云今之三隅竈又詩白華樵彼桑薪卬烘于煁傳云煁烓竈也又箋云桑薪〻之善者不以炊爨養人及以燎於烓竈用照事物而已烓者無火之竈白華疏烓

溝以為蹞步之澮也注○荀子注又云蹞與跬同半步曰跬漢書鄒陽傳集注王莽傳上集注敘傳下集注○方言十二云半步為跬一舉足曰跬儀禮鄉射禮注與跬拥應釋文又禮記祭義故君子頃步而弗敢忘孝也釋文○鄉射禮記疏云一舉足謂之跬又詩小旻箋無雖子跬步釋文云舉足曰跬跬半步也言一舉足也漢書息夫躬傳來有能窺左足而先應者也注○文選謝宣遠於安城荅靈運詩注引漢書如淳注云以一足行為跬又小爾雅廣度云跬一舉足也跬猶咫尺也淮南說林故跬步不休注跬近也莊子駢拇而敖跬譽無用之言釋文引向注

⿸疒巂 永繫切

創裂也一曰疾⿸疒巂說文段注作一曰疾也玉篇⿸疒巂裂也廣雅釋詁二

靃

五部入聲十六部上聲附讀義別○俗有霍靃靡艸隨風皃玉篇艸弱皃○廣韻云靃靡○當按靃靡義出於王逸楚辭注招隱士曰青莎襍樹兮薠艸靃靡靃〻細皃集韻靃露也玉篇

嶲

平上兩讀異義○俗有巂嶲越嶲郡名也廣韻累集韻均注郡名○王君卿道碑云西與蜀郡青衣越巂通

不○萱按漢越嶲本借用嶲周字如碑作嶲集韵作嶲何㑷也曲禮立視五嶲乃段嶲為規尤不安有專字也俗亦㽙嫷以別之皆爲無事而自擾

絫汝嫣切 㤜也說文段注左傳曰佩玉絫兮余無所繫之旨酒一盛兮文選盧子諒時興詩注云絫然服飾備也按絫然垂意○文選魏都賦神㤜形㤜注引字書云絫垂也絫及也廣雅釋詁一絫垂也謂垂下也注引字書○萱按絫與㤜絫竝訓垂三字義相通也說文則絫正字㤜絫段借字○俗

紫俊絫切 有㗭識也一曰藏也說文段注藏今字也古作臧廣雅石鍼訓相近聲同紫口也廣雅釋詁謂之紫與識相近又紫聲也與藏文選射雉賦卷之卷紫鳥喙也一切經音義紫喙也紓裂膝破觜徐注○萱按此本無其字二引字書緇用觜皆借也初祇謂鳥口因以爲凡口用觜

㤜緣嫣切 平上网讀注在彼○俗有㤜絫蘂蘂

韻史卷七十四

泰興何萱石閭譔集 子度校字

第十六部去聲 上海顧錫麒竹泉覆審

武進李兆洛申耆鑒定

懈韻

開口諄

懈艮曠切 或作怠也說文又爾雅釋言又漢書董仲舒傳集注又後漢書傳穀傳注○萱按張納功德敘匪懈于職體小異毛詩漢書懈惰也孝經夙夜匪懈注又鄭注又淮南懈嬾耳多作解懈惰也脩務為民興利除害而不懈注廣雅釋詁二懈緩也上同懈解也骨節解緩也疾病釋名釋懈者極也

嫛口曠切 爾雅釋詁注舊言難也說文段注大東傳曰契契憂苦也擊鼓傳曰契闊勤苦也按契與嫛音近廣韵嫛音契

隘寨曠切 躝箱陋也說文段注皀部曰陋者陝也陝者塞也陝隘也然則四字相為轉注○禮記禮器君子以為隘矣注云隘陝也禮記禮器釋文隘陋也廣雅釋詁一釋隘窄也謂詩殷武箋隘猶陝陋也隘狹也器釋文隘陋也廣雅釋詁一釋隘窄也謂踰方城

之隘釋文隘小也左氏昭三年傳隘小也文選吳都賦邦有湫隘隘雙聲同義禮記禮器注湫隘漢書𡾰塵注多段阸阸者所以蓋也管子山萱按為阸釋文云隘本作阸東京賦不隘險也權數○萱按隘於荀子禮論不至隘險也文選害薛注注引孟子伯也漢書刑法志其荀子禮論釋生不至注情文選隘也漢書刑法志其刑窮

也俗民注也隘謂疾惡太甚無所容 文選注引孟子伯夷隘秦毋邃注

隨先上去㕦讀 注在彼○俗有

解漢懈切

曬猜懈切 𦏤曬也說文段注曬與䃣同意散其光也○方言七曬暴也一云曬暴也暴五穀之類秦晉之間謂之曬東齊北燕海岱之郊謂之暴 也廣雅釋詁二釋曬乾物也卜方言曬暴也舒也傳漢書中山靖王勝傳白日曬光幽隱皆照集注

合口諄

賣莫懈切 出物貨也說文段注周禮多言賣價謂賣買也○周禮賈師凡國之賣價注云故書賣為買漢書文帝紀注引應劭曰賣猶賣也文選劇秦美新注○萱按

卦廣派切 所以筮也說文筮曰卦集注引應劭著曰卦卦靈兆注○萱按

箸字無徵當即著之鵠體耳卦象也易說卦傳觀變於陰陽而立卦注卦挂也廣雅釋言○釋名釋姿容云卦賁卦挂也自挂於市而自賁之自可無黝色言此似之也云卦者掛也言懸掛物象以示於人故謂之卦易乾乾元亨利貞疏引易緯卦已也廣雅釋詁三卦者有司主畫地識爻者也儀禮士冠禮卦者在左注○士喪禮注云卦者識爻卦畫地者又特牲饋食禮注云卦者主畫地識爻爻備以方寫之又少牢饋食禮卦者在左坐注云卦者史之屬也所卦者所以畫地記爻儀禮士冠禮所卦者注卦以木儀禮少牢饋食禮○注云卦以木者每一爻畫地以識之六爻備書於板

挂

○俗有掛畫也說文段注畫或作宣六書故云唐本作縣特牲禮曰實于左袂挂于季指卒角鄭云挂祛以小指者便卒角也易繫辭傳分而為二以象兩掛一以象三孔疏云掛其一於小指閒皆於縣義合古本多作畫者此等皆有分別畫出之意陸德明云掛別也後人乃云懸挂俗製掛字耳許訓畫者古義疊韻為訓唐本訓縣非古也禮注云古文

掛作卦挂縣也漢書嚴安傳集注○楚辭招魂挂曲瓊些注云挂懸也挂止也廣雅釋詁三掛別也莊子漁父變更易常以掛功名釋文掛礙也穀梁昭八年注礙則不得入門釋文掛罣礙也○文選射雉賦屬剛罫以潛擬注云剛挂弩矢鏃也罫掛同甞按後出罣罫為一字訓礙潘賦玉篇借挂為罫也

詿

誤也說文段注詿謂有所挂牽而然也史記吳王濞傳註亂天下漢書景帝詔曰吳王濞為逆詿誤吏民○廣雅釋詁三云詿誤也詿亦誤也漢書文帝紀注又後漢書光武紀下注寇恂傳注詿欺也廣雅釋詁二

戶派切

絓

繭滓絓頭也一曰以囊絮湅也說文段注謂繅時繭緣成結有所絓礙工女蠶功畢後別理之為用也引申為挂礙之偁按集韵類篇皆作繭滓也一曰絓頭此古本也一曰絓頭者一名絓頭也以囊絮湅別一義謂以囊盛絲縣其中於水湅之也湅絮莊子所謂洴澼絖史記所謂漂考工記注所謂湅漂絮水部瀨下云於水中擊絮是也絓獨也廣雅釋詁三絓特也晉曰絓方言六絓掛也後漢書劉陶傳注

絓止也史記齊太公世家車絓于木而止正義絓縣也廣雅釋詁四○楚辭哀郢心絓結而不解兮注悲回風心結絓而不懈兮注竝云絓懸絓細也廣雅釋器細又絓謂之絓絓挂也挂於杖端張舉之也釋名釋采帛○漢書敘傳上不絓聖人之罔注云絓讀與挂同嘗按不但此也絓訓縣訓止義皆與挂同絓羅也太𤣥干何戟解解遺注絓羅猶流離也太𤣥𤣥瑩而禍福絓羅注

普卦切

𣏟

葩之總名也𣏟之為言微也微纖為功象形說文段注艸部曰葩枲實也𦬡或葩字也葩本謂麻實因以為苴麻之名此句疑尚有奪字當云治言枲之總名麻下云𣏟人所治也可證葩枲則合有實無實葩之也趙岐劉熙注孟子妻辟纑皆云緝績其麻曰辟按辟音劈今俗語緝麻析其絲曰劈即𣏟也𣏟微音相近春秋說題辭曰麻之為言微也𣏟麻古蓋同字絲起於糸麻縷起於𣏟按象形二字當作以二朮三字朮謂析其皮於莖𣏟謂取其皮而細析之也○嘗按象形亦通二朮即細析之形象者象此者也

𠂢

水之衺流別也說文段注流別者一水岐分之謂禹貢曰漾東流為漢沇東流為泲江東別為沱此言流

別之始釋水詳之自河出為灘濟為澂已下是也流別則其勢必衺行故日衺流別𠂢與水部派音義皆同派蓋後出耳衺流別則正流之長者較短而𡈼理同也故其字从反永○嘗按小篆雖已有派字古蓋祇用𠂢

派

別水也說文○文選吳都賦百川派別劉注引字說云水流別為派又江賦流九派乎潯陽注云水別流為派水自分出為派廣雅釋水○嘗按別水𢿫矣此舉一耑耳

𥿬

𢿫絲也說文段注𢿫分離也水之衺流別曰𠂢別水曰派血理之分曰衇𢿫絲曰𥿬廣韻曰𥿬未緝麻也

粺

○俗有隸毇也說文段注毇者糲米一斛舂為九斗也大雅彼疏斯稗傳云彼宜食疏今反食精稗箋云米之率糲十稗九鑿八侍御七按漢九章算術云糲米三十稗米二十七糳米二十四御米二十一即鄭說所本稗為禾黍米穀謂稻米而可五偁故以毇釋彼稗○嘗按七發芳菰精稗精彼正同毛傳而李善謂稗與稗古字通𥟇亂道矣

稗

禾別也琅邪有稗縣說文段注禾別也者謂禾類而別於禾也孟子曰苟為不熟不如荑稗左傳云用秕稗也杜云稗艸之似穀者稗有米似禾可食故亦種之如淳曰細米為稗故小說謂之稗官小販謂之稗販地理志

瑯邪郡稗縣郡國志無後漢省也稗當是本作稗莽曰識命益惡其名而易之今山東沂州府莒州州南有稗縣故城或曰本春秋時向國隱公二年莒人入向是也○爾雅釋艸釋文引字林云稗禾別名也又後漢書光武紀下注云稗艸之似穀者○萱按稗不美而猶可食故孟子以荑稗與五穀較憂紕說文稗訓禾別言別而屬自亦見矣後人田孔子庠秕稗遂倚稗於稂莠其賓稂莠坊穀稗則能佐穀種之耐風早食少不饑又常豐收兵可饉荒可賑曹昔曹孟德今典農種之有心人當如是矣竊意款歲時有善策益寡誠使通達稗治體者篤人以奇扐之田種稗儲為荒備庶幾其有虒乎

小也廣雅釋詁二 稗待也同上夫 偶語為稗漢書藝文志集注引如淳

合口呼二

潭○俗有渒 潭水在丹陽說文

錗寬儽切 羊相錗積也說文段注錗積疊韻字猶委積也夏小正三月𦍒羊傳曰羊有相還之時其類𦍒𦍒然其𦍒積之謂與

萎○俗有餧 食牛也說文段注萩下云以穀萎馬則牛馬通偁萎今字作餧見月令 餧食也廣雅釋詁三

韻史 卷七十四第十六部去聲懈韻 七六〇三

餧 飤也漢書陳餘傳如以肉餧虎注 萎痺也爾雅釋艸釋文引字林○萱按方書作痿後出專字也古祇用萎後漢書馬援傳而但萎腰咋舌注萎腰耎弱也

諉煩儽切 諈諉也說文○萱按諈下云諈諉絫也爾雅釋言諈諉累也注云以事相屬累為諈諉孫注云楚人曰諈秦人曰諉 諉累也漢書賈誼傳集注引孟康胡建傳集注○萱按絫累正俗字偁於尒雅 諉者託也漢書賈誼傳集注引蔡謨 諈諉鈍滯也又煩重也列子力命釋文

錗 側意說文段注司部曰𠕀者意內而言外也側意猶側𠕀錗即今之歪字唐人曰夭邪○萱按歪者竵之俗字在十七部與錗義同而音異

儽路萎切 ○俗有傫儽 垂兒一曰嬾懈說文段注老子曰儽儽兮若無所歸王弼陸希聲本同今按此儽儽之誤河上公本作乘乘儽從積絫之絫與乘義相近樂記纍纍乎端如貫珠音義云本又作累即絫字儽儽為乘兒則與絫絫

韻史 卷七十四第十六部去聲懈韻 七六〇四

義同也一曰云云廣雅曰儽儽疲也是其義今廣韻字尚從絫不誤史記纍纍若喪家之狗韓詩外傳作羸乎若喪家之狗然則正當作儽也集韻五寘病困謂之儽字體亦誤

儽勞也廣雅釋詁二○釋訓云儽儽疲也 儽儽敗也老子釋文 儽儽歎也同上

齊齒呼

翨竟儽切 或書作翅 鳥之彊羽猛者說文段注按當作猛鳥也彊羽翰寫誤耳周禮翨氏掌攻猛鳥以時獻其羽翮此釋周禮故云猛鳥也猛鳥羽必彊故其字从羽此與赤羽尾長皆从羽文法正同大鄭翨讀為翅翼之翅以是聲支聲皆在十六部翨當即是翅之奇字後鄭以經云獻羽翮則訓翨為鳥翮是聲兩聲亦同十六部也翮羽埜舉翮以該羽許與二鄭說異

檕 繘耑木也說文段注繘汲井綆也綆耑木者下耑有擊上耑有木以為磔繫之言系也釋木以為繫梅字○爾雅釋木杌繫梅釋文木亦作繫樊本作構萱按此益無正字惟毄聲兩聲同部耳邵氏爾雅正義引本艸云山樝一名杌子一名繫梅繫迷一名挐橀詩將仲子無折我樹檀陸疏

韻史 卷七十四第十六部去聲懈韻 七六〇五

蘻 狗毒也說文○爾雅釋艸蘻狗毒樊注云俗語苦如蘻

迟儉儽切 曲行也說文段注迟曲雙聲部曰迟曲隱蔽孟康注子虛賦曰文理弟𦪇迟曲軍法有逗留有迟橈光武注不拘以逗留法如淳曰軍法行而逗留畏愞者要斬此謂止而不進者史漢韓安國傳廷尉當恢迟橈當斬服虔曰迟音企應劭曰迟曲行避敵也橈顧望也軍法語也此謂有意回遠遲誤者淮南書云兩軍相當屈橈者要斬是也漢書一本作逗橈蘇林逗音豆小顏小司馬從之而敗服應之注作邊不可通矣迟通作枳明堂位注枳祖謂曲橈之莊子吾行郤曲郤曲即迟曲異部段偕也 迟曲也廣雅釋詁一

企 人足古文○俗有𨀕 舉踵也說文段注踵者跟也企或作跂衛風曰跂予望之檀弓曰先王之制禮也過之者俯而就之不至焉者跂而及之○尒雅釋鳥云鳧舉踵曰雁醜其踵企又文選歎逝賦注引字林云企舉踵也楚辭憂 企一切經音義十五引通俗文 舉跟曰𨀕一切經音義十二引通俗文 企立也苦登巑以長企兮注又文選笙賦如鳥斯企注引司馬彪 𨀕立也廣雅釋詁四 企望也文選傅長虞贈何邵

韻史 卷七十四第十六部去聲懈韻 七六〇六

王濟詩注引莊子司馬注企謂舉足而竦身漢書高帝紀注企啟也啟開也言自
言竦之時樞機皆開張也釋名釋姿容跂企也莊子德充符闉跂支離無脤釋文引跂
司馬注○當按此注通正借字也謂跂為企之段借跂登也梁燕之間或曰跂一方言跂
舉足也荀子勸學吾嘗跂而望之注跂起踵也史記韓王信盧綰傳其人隱為跂踵其人大兩足行
脚跟不著地也山海經大海外北經跂踵國其為人大兩足亦云
以五指行也跂踵民不至地也淮南隆形訓跂踵民注跂踵者
進也老子注跂者跂望也文選江賦注引司馬彪注廣雅釋詁一跂謂跂足
遂俗而恣其志意荀子非十二子注跂跂離俗也
跂躍猶齟齬不正之道也○淮南子亦謂跂為自高而警世
企伊佇注云跂與企同當按注竝云企與跂同又贈蔡子篤詩
歎逝賦望湯谷以企予注竝云文選江賦渠黃不能企其景注
跂陳贊設本用正字何為牽涉允注注

韻史　卷七十四第十六部去聲懈韻　七六〇七

借字
跂
耶平去兩讀足多指也說文段注莊子駢拇枝指字只作枝跂
○俗有散蓋俗體○當按跂多用為舉踵之企借
義行而廢跂蹀跂強羊皃莊子齊物論君乎跂乎釋文引崔注
本義廢駢拇而枝者不為跂釋文跂崔本
作枝又秋水撥而不跂釋文跂
作企當按莊用跂字皆非本義跂蛛多足蟲也一切經音
類○當按此用跂家合而諸家義九引聲
也蚑本廆別引聲類亦作蚑蛛跂隅皃○詩大東跂彼織女傳
○當按此陂跂為歧
歧
傾也詩曰歧彼織女說文段注頃者頭不正也小雅大東跂
傳曰跂隅皃按隅者陬隅不正
而角織女三星成三角言不正也許所據作
歧今本乃改為俗企字音同而義不同矣
趍
平去兩讀注在彼
蚑
平去兩讀注在彼○俗有歧注在跂

韻史　卷七十四第十六部去聲懈韻　七六〇八

魁
鬼服也一曰小兒鬼韓詩傳曰鄭交甫逢二女魁服說文段
日榮鬼衣也周禮大喪廞裘注曰廞興也若詩之興注衣部
而作之凡為神之偶衣物必沽而小耳東京賦八之靈謂象似
悄兒魅或與畢方薛解云魅小兒鬼也畢方父老神也當按震
文選南都賦注江賦七發注竝引韓詩鄭交甫事無魅服語
杜林說蔆也說文又國語楚語屈到嗜芰注○漢書楊雄
芰
芰从多傳上枍芰茄之綠衣兮注引應劭云芰陵也
又爾雅釋艸釋文引字芰蔆也秦人曰薢茩離騷製芰荷以
林云楚人名陵曰芰○廣雅為衣分芰荷招鬼
祺艾荷些注薢茩也芰菱角交苗也○淮南本經夫容芰注
釋艸云芰○當按交苗二字不曉
疑交乃荃之字
謫上奪荷
懸
憊也說文段注此與憊篆艸
注通俗文疲極曰憊懸極也廣雅釋詁一
繫
器中盡也說文繫盡也爾雅釋詁今江東呼厭極為繫爾雅釋詁注
切隱係
厂
抴也明也象抴引之形引說文段注抴者橫引之明也來閒當為行文
引者扵也扵者臥引也臥

韻史　卷七十四第十六部去聲懈韻　七六〇九

易
去入兩讀義分簡也論語八佾喪與其易也寧戚鄭注又國語晉語
不敢安易注○禮記檀弓下易則易疏六易是
注行簡易又左民襄二十六年傳樂範易行去頃苛考工記玉
以誘之注云易行謂簡易兵倫易人以易行
易猶省也公羊傳是之宣六年傳易也注云易
易治也注之乾易以知上易略易以長易知上疏傳左氏襄三
以易數辭知上注傳十詩注
國語其勤易晞田易管子雍注易所以不空之時知易道
又盡心上易雅注地釋易司險谷田傳天沃年一甫田謂易
子文選徐錯傳云若易也王者又易也注
漢書易傳注易辭下集解引管子注易
易錯傳易之數心辭
平易也諒之易
注又文選又發
國民富則田肥
中庸故君子居易以俟命注
易以俟命注
易悌易注○諒太乎易

韻史　卷七十四第十六部去聲懈韻　七六一〇

云易者夷平也易謂和易也禮記樂記則易直子諒之心油然生矣疏又論語八佾集解引苞注又皇疏
易和說也禮記郊特牲示易以敬也注○時何人斯我心易也傳云易說易樂也漢書楊雄傳上集注
引李奇易謂臣禮禮記檀弓下易則易于則于注易謂佼易也易大壯喪羊于易釋文引鄭注
易猶狄易也相親信無後患之辭公羊莊十三年傳何以不日易也注易輕也
左傳襄十五年傳易溪樂之曚釋文昭十八年傳上不可易注又國語晉語貴貨而易土注又國策秦策酾王勿易也注
又漢書高帝紀上集注陳餘傳集注兒寬傳集注李廣利傳集注引晉灼京房傳集注谷永傳集注濘于長傳集注又後
漢書賓融傳注又呂覽義賞為六軍則不可易注○左氏襄四年傳貴貨易土注云易猶輕也又漢書王嘉傳吏民慢易
之注云易亦輕也易謂輕易也禮記樂記易慢之心入之矣注又史記禮書能慮勿易家隱又莊子人間
世有為為之其易耶釋文引崔注應帝王是于世人也胥易釋文引崔云易相輕易也易猶輕速也史記
天官書易福溥集解引徐廣易慢易也易繫辭下傳易者使傾注○大戴記子張問入官云慢易者禮之所以

韻史　卷七十四第十六部去聲僻韻　七六一一

失也易者猶無守禦之備公羊僖三年傳易也注易野者無禮文也說苑脩文
○又云有質而無文謂之易野不易多難也左氏襄三年傳以歲之不易注○昭四年傳以歲之不易注云
不易言有難乾為易易大壯喪羊于易虞注象下傳君子旅喪牛于易虞注象下傳君子以立不易虞注數辭
下傳易其心而後語虞注○董按易字古無去入之分雨讀賓相引也伸也六朝韵家鉥析璠脅強分畛域今姑依而分之
然荀觀其會通則知此彊爾畛非古本然矣易喪牛于易立不易方讀若不同而虞注同亦通貫之一證
敡　侮也說文敡置也廣雅釋詁四
傷　○俗有屬輕也一曰交傷說文段注蒼頡篇曰傷慢也廣韵曰傷相輕慢也自易專行而傷廢矣禮記易
慢之心入之矣注傷輕易也國語貴貨而易土注易輕也國策注呂覽注漢書注皆同凡皆傷之假借字也周易數辭曰
交易而退經傳亦止作易公羊莊十三年冬公會齊侯盟于柯傳曰何以不日易也何云易猶狄易也相親信無後患之
辭按何用漢時俗語佼同交○廣雅釋詁三傷輕也傷慢也平也一切經音義二引蒼頡屬交屬

韻史　卷七十四第十六部去聲僻韻　七六一二

也廣韵易輕也易謂輕易也易慢易也易謂佼易也董按此當用湯字而
多省借作易其詳具易下二字宜通合觀之
伿　惰也說文段注惰者不敬也瞥經解伿之伿當作此字
縊　紋也春秋傳曰貴姜縊說文段注紋各本作經淺人所改也今正交部曰紋縊也與此為轉注紋
縊必兩股辮為之喪服傳曰喪之經不摎垂蓋不成也不摎垂謂不紋也經本訓從絲為一股縊死必兩股為之以其直
縣也故亦謂之經許解縊必不云經也左傳曰若其有罪紋縊以戮手部曰摎縛殺也○左氏昭元年傳縊而械之注又
廣雅釋詁四拉云縊紋也縊自縊也周書克殷乃適二女之所既縊注縊自經也左氏桓十三年
傳莫敖縊於荒谷注懸縋曰縊縊阨也阨其頸也釋名釋喪制
系（向金切）繫或絲猶縣也說文段注県部曰縣者系也引申為凡總持之偁故系與縣二篆為轉注系者垂統於上
而承於下也系與係可通用然經傳係多謂束縛故係下曰絜束也其義不同系之義引申為世系周禮瞽矇世帝繫小

韻史　卷七十四第十六部去聲僻韻　七六一三

史奠繫皆謂帝繫世本之屬其字借繫為之當作系大傳繫之以姓而弗別亦系之段借系繼也後漢書班彪傳
下注又文選東京賦系以隤牆填塹薛注雄系連也廣雅釋詁四又漢書叙傳上集注引應劭又文選幽通賦
系高頊之元胄兮鄠注系者脩也文選魏都賦本前脩以作系劉注系繫也文選思玄賦系曰舊
注又後漢書張衡傳注○光武紀上注云系猶繫也系繫也相聯繫也釋名釋衣服○董按系係二字
俗皆用繫作之故即以其借義釋系若係矣繫之本義則不可為系之訓也解人當知之系謂易繫辭也
後漢書班彪傳○董按觀此可知易本作系辭不作繫辭矣繫世謂其傳繫若今之譜牒也
荀子禮論其銘誄繫世敬傳其名也注繫系也易繫辭釋文○董按此謂繫為系之借字也易本當作系而借
用穀俗又改為繫繫之本義實不相涉故陸氏通而同之也凡兩字誤訓者即六書之轉注惟此與系繫也則非轉注之
謂也漢書司馬相如傳上集注云繫讀曰係
係　絜束也說文段注絜者麻一耑也絜束者圍而束之左傳係與人又以朱絲係玉二穀束之義也束之則縷與物

韻史　卷七十四第十六部去聲僻韻　七六一四

相連故凡相聯屬謂之係周易係遯係丈夫係小子釋詁曰係繼也按俗通用繫許謂繫𦃃即牽離惡絜之名考諸古經若周禮司門校人字皆作毄周易繫辭據釋文本作毄漢書景帝紀亦用毄蓋古假毄為係後人盡改為繫耳係縛也國語吳語係馬舌注係累猶縛結也孟子梁惠王下係累其子弟注係繼也爾雅釋詁○後漢書安帝紀注云係即繼也𡵓繩為係易遯係遯虞注係繫也國語越語係妻孥注又文選長揚賦注引國語賈注○萱按繫本義與係不涉此用其借義也凡以繫釋係與用繫為係皆繫之段借亦皆不出於古也繫屬也鬼谷子中經綴去者謂綴己之繫言注○易繫辭上疏云文取繫屬之義故字體從繫又音為係者取網係之義萱按係繫異部耳音非有異也斤斤分別殊為選事實亦無可分繫續也易繫辭釋文繫聯綴也周禮大宰以九兩繫邦國之民注繫者以上下綴上以未連本之辭左氏春秋序以事繫日疏繫因皆連接也周書作雒南繫于洛水北因于郟山注組繫為可結也儀禮士喪禮著組繫注○漢書張釋之傳釋之跪而結之注云結讀曰係萱按此注殊贅系聲吉聲不同部且結義自通何煩改讀

手

盻恨視也說文段注孟子引龍子曰為民父母使民盻盻然將終歲勤動不得以養其父母又稱貸而益之趙云盻盻勤苦不休息之兒按丁公著本盻盻作肸肸據趙注則肸近是作盻者譌字也

帝興係切帝古文諦也王天下之號說文帝者諦也古微書引孝經援神契又後漢書劉陶傳又三國志王肅傳○詩君子偕老胡然而帝也傳帝者任聽設刑云審諦如帝又疏引運斗樞云帝之言諦風俗通皇霸引書大傳以則象之言其能行天道舉措審諦○白虎通號云帝者諦也象可承也又獨斷上云帝者諦也能行天道事天審諦又書堯典序疏云帝者諦也言天蕩然無心忘於物我言公平通達與事審諦故謂之帝也帝諟也廣雅釋詁三帝也者天下之適也呂覽下言帝大也書洪範帝乃震悊鄭注又詩皇矣既受帝祉蔓又禮記文王世子夢帝與我九齡注祭義唯聖人為能饗帝注又周書鄭諱帝命不語注又國語晉語帝命曰使晉襲與於頭門注又漢書地理志下集注又呂覽音初帝命燕往視之

注帝尊號也春秋繁露三代改製質文皇帝至尊之稱獨斷上○又云漢天子正號曰皇帝帝后也左氏傳九年傳順帝之則注昭九年傳使以佐事上帝注帝君也爾雅釋詁又獨斷上皇帝君也獨斷上○禮記緇衣上帝板板注云上帝喻君也德配天地在正不在私稱之曰帝禮記曲禮上疏引坤靈圖白虎通號又離騷帝高陽之苗裔兮注垃云德合天地稱帝又周書謚法云德象天地曰帝又公羊成八年傳注云德合天者稱帝德合五帝坐星者稱帝禮記曲禮上疏引中候勅省圖鄭注明能見物高能致物物備咸至曰帝周書本典正及神人曰極世世能極曰帝周書武順措之廟立之主曰帝禮記曲禮下○大戴記誥志云卒葬曰帝五帝謂黃帝顓頊帝嚳帝堯帝舜也穀梁隱八年傳誥誓不及五帝注又呂覽先已五帝先道而後德注執一五帝以昭注孝行三皇五帝之本務注用衆此三皇五帝之所以立大功名也注帝五帝也呂覽仲夏大雩帝注○禮記王制類乎上帝注云帝謂五德之帝所祭於南郊者又家語五帝注云

五帝五行之神又周禮掌次朝日祀五帝司農注云五帝五色之帝又小宗伯兆五帝於四郊注云五帝蒼曰靈威仰大昊食馬赤曰赤熛怒赤帝食馬黃曰含樞紐黃帝食馬白曰白招拒少昊食馬黑曰汁光紀顓頊食馬黃帝亦於南郊又詩長發帝五子生商箋云帝黑帝也又禮記明堂位祀帝於郊注云帝謂蒼帝靈威仰也太一佐曰五帝後漢書班彪傳下注上帝五帝也周禮大宗伯則旅上帝及四望注典瑞以祀天旅上帝注○國語周語以供上帝山川百神之祀注云上帝天神五帝也上帝大微五帝禮記月令以共皇天上帝注○書君奭格于上帝鄭注云上帝太微中其所統也又公羊宣三年傳自外至者無不注云上帝五帝居天微之中送天神曰帝○禮記曲禮下立之主曰帝疏生子躲更主天下易益王用享荀子彊國百姓貴之如帝高之如天注云帝天神也震為帝而不疚虞注于帝虞法彖上傳履帝位象下傳先王彖下傳聖人享以享上帝虞注帝乙歸妹虞注者生物之主以享于帝立廟虞注○益王用享于帝注云帝易說卦傳帝興益之宗出震而齊選者也帝者天之王氣也乎震崔憬注出因其生育之功謂之帝

帝謂德稱也禮記郊特牲祭帝弗用也疏**帝者天號也**白虎通號謚又文選西京賦同天號於帝皇注引刑德放○禮記曲禮下疏引孟京說云帝天稱又孝經宗祀文王於明堂以配上帝鄭注云帝天之別名也又詩蕩疏云上帝者天之別名**帝天帝也**禮記孔子閒居帝命不違注又論語堯曰敢昭告于皇皇后帝集解引孔注又皇疏人老子象帝之先王注又荀子國百姓貴之如帝注又楚辭天問帝降夷羿注○呂覽孟春祈穀於上帝注云上帝天帝也**帝謂天也**穀梁定元年傳應上公疏又國語周謂語克厭帝心注又史記鄭世家夢帝謂己集解引賈逵又漢書禮樂志承帝之明注楊雄傳上迺上比於帝室紫宮又文選吳都賦亦猶帝之懸解劉注**帝亦天也**舊唐書引孝經孔傳○禮記表記昭事上帝注月令上帝其饗疏注云上帝天也又文選西京賦昔者大帝說秦繆公而覲之薛注云大帝天也又詩烈祖古帝命武湯箋云古帝天也又閟宮箋云皇皇后帝謂天也**上帝兮天也**周禮大宗伯以禋祀祀昊天上帝司農注典瑞以祀天旅上帝司農注○大宗伯注云昊天上帝冬至於圓丘所祀天皇大帝**上帝太乙之神在紫微宮天之最尊者**通鑑音注卅六引孝

經馬融傳○書堯典肆類于上帝馬注云上帝太乙神○萱按諸家釋帝上帝不畫一循省圖象太微垣五帝坐為五精之帝即靈威仰等也各主一氣猶非最尊班彪傳注太一佐曰五帝是也紫微垣帝坐古偁昊天上帝後世偁玉皇斯為最尊馬融謂為太一神是也然圖象中天一太一各有星與帝坐殊天事幽冥既不能明也要其為至最尊則無可疑**帝宮北辰也**後漢書蘇竟傳注○公羊宣三年傳帝牲不吉注云帝皇天大帝在北辰之中主總領天地五帝羣神也

諦○俗有諶**審也**說文段注毛傳曰審諦如帝**諟即諦也**文選甘泉賦猶彷彿其若夢注○魯靈光殿賦若鬼神之髣髴注云諟與諦同○萱按諦與諟音義皆相近然非一字

滴或作渧○去入兩讀注在彼

禘眺係切**諦祭也周禮曰**字衍**五歲一禘**說文段注言部曰諦者審也諦祭者祭之審諦者也何言乎審諦自來說者皆云審諦昭穆也禘有三有時禘有殷禘有大禘時禘者王制春曰礿夏曰禘秋曰嘗冬曰蒸是也夏商之

禮殷諦者周春祠夏禴秋嘗冬蒸以禘為殷祭殷者盛也禘與祫皆合羣廟之主祭於大祖廟也大禘者大傳小記皆曰王者禘其祖之所自出以其祖配之謂王者之先祖皆感大微五帝之精以生皆用正歲之正月郊祭之孝經郊祀后稷以配天配靈威仰也毛詩言禘者二曰雝禘太祖也大祖謂文王此言殷祭也曰長發大禘也此言商郊祭感生帝汁光紀以兮王配也云大禘者蓋謂其事大於宗廟之禘春秋經言諸侯之禮僖八年禘于太廟太廟謂周公廟魯之太祖也天子宗廟之禘亦以尊太祖此正禮也其他經言吉禘于莊公傳之禘於武公禘於襄公禘於僖公皆專祭一公僭用禘名非成王賜魯重祭周公得用禘禮之意也昭穆固有定曷為審諦而定之也禘必羣廟之主皆合食恐有如夏父弗忌之逆祀亂昭穆者則順祀之也天子諸侯之禮兄弟或相為後諸父諸子或相為後祖行孫行或相為後必後之者與所後者為昭穆所後者昭則後之者穆所後者穆則後之者昭而不與族人同昭穆以重器授受為昭穆不以世系蟬聯為昭穆也故曰宗廟之禮所以序昭穆也宗廟之禮謂禘祭也禘之說大亂於唐之陸淳趙匡後儒襲之不可以不正○後漢書章帝紀注張純傳竝云禘之為言諦諦定昭穆尊卑之義也又白虎通宗廟云禘之為言諦也序昭穆諦父子也又

論語八佾禘自既灌而往者皇疏云禘者諦也謂諦視昭穆也又左氏閔二年經疏云禘者諦也言使昭穆之次而審諦而不亂也又穀梁閔二年注云大祭以審昭穆謂之禘又公羊文二年傳五年而再殷祭注云禘猶諦也審諦無所遺失○萱按陸趙說禘之謬妄　國朝諸儒辨之既詳明矣惟禘祫之不同諸家來嘗議及如賈逵劉歆所說禘祫一祭二名禮無差降則周禮春秋何以皆判為二字乎謹按曾子問云祫祭與祖則祝迎四廟之主公羊傳云大祫者何合祭也毀廟之主陳於大祖未毀廟皆升之主皆升韓詩內傳云禘取毀之主皆升合食于大廟御覽引五經通義云禘者諦也取已遷廟主合食太祖廟中又鄭康成云魯禮三年喪畢而祫於太祖明年春禘於羣廟自此之後五年而再殷祭一祫一禘又說文祫下云大合祭先祖親疏遠近也合此六條觀之祫言迎四廟之主則禘不迎也祫言未毀廟之主皆升則禘不升也禘之合食者韓詩言毀廟主通義言遷廟主則未毀未遷者自各祭於其廟也鄭氏祫言於大祖禘言於羣廟許氏祫下言大合祭禘下言諦祭其知之矣益毀廟之主祫禘皆升合食者別無祭處也且世遠恐昭穆紊故須審諦四親廟昭穆分明亦不侍審諦也然則祫禘有合食有不合食之別故以會合審諦分別其名義匪止歲有三年五年之殊時有

夏秋之殊也惟祫為會合故祫大而禘小
三歲一祫五歲一禘四字舊奪此周禮也三舊譌五歲一禘疑先王之禮也初學記藝文類聚引五經異義○嘗按舊奪四字譌一字遂與
說文齟齬今依陳氏壽祺校定異義本禘諦也冊府元龜引禮記虞注文漢書韋玄成傳集注○說苑修文云
禘者諦其德而差優劣也禘諟也廣雅釋詁三禘者次第也禮記王制夏曰禘疏引皇氏禘
者遞也禮記王制祫禘疏引賈逵說在左氏閔二年經賈注云禘者遞也審禘昭穆遷主遞位孫居王父之處
春禘者夏殷禮也禮記祭義春禘秋嘗注○郊特牲饗禘有樂而食嘗無樂疏云禘謂春祭宗廟也又
淮南人閒郊望禘嘗注云禘嘗祭宗廟也禘者陽之盛也禮記祭統○又云礿禘陽義也○嘗按時禘之
名至周已歧緣諸儒襍述異代之禮故錯出焉當分別觀之禘殷祭也詩長發序大禘也釋文引王注○嘗
按周無時禘而大禘天子乃得行之惟殷祭為禘之本義祭義注云周以禘為殷祭是也長發之大禘自謂郊祭王肅乃
以殷祭當大禘此故與鄭為異耳其謬先於陸趙矣禘大祭也大於四時而小與祫詩雝

韻史　卷七十四第十六部去聲諧韻

七六二三

序禘大祖也箋○禮記明堂位以禘禮祀周公於大廟注學記未卜禘不視學注又論語八佾釋文竝云禘大祭也又左
氏穀梁僖八年經禘於大廟注云禘三年大祭之名又左疏云禘大祭也言其大於四時之祭又襄十年傳魯有禘樂注
云禘三年大祭又襄十六年傳以寡君之未禘祀注云禘祀三年喪畢之大祭禘大祭在于夏禮記學記
疏引皇氏○王制云夏曰禘祭統云夏祭曰禘又國語魯語嘗禘烝享注祭統大禘郊祭天也詩長發序
大禘也箋○長發疏云禘者郊天之名又禮記大傳不王不禘注云凡大祭曰禘禘謂郊祀天也又喪服小記王者禘其
祖之所自出注云禘大祭也禮不王不禘注云禘謂祭天疏云禘謂郊天又學記未卜禘疏引熊氏云禘謂夏正郊天
此禘謂祭昊天于圜丘也禮記祭法有虞氏禘黃帝而郊嚳注○國語魯語注云祭昊天于圜
丘曰禘禘郊謂祭天於南郊也文選東京賦供禘郊之粢盛薛注○嘗按殷禘大禘祖與天不
同也廟與郊不同也冬與夏不同也趙匡輩乃棍合為一何愚也禘祭名禘帝也事尊明
帝故曰禘舊唐書引禮記盧注○嘗按冊府元龜引盧注禘諦為優然義究不慊禘猶去也

韻史　卷七十四第十六部去聲諧韻

七六二四

文選文賦意徘徊而不能揥注○嘗按揥取也善意協韻或為禘然禘之訓去不無微意亦不相入
締結不解也說文段注解者判也下文曰紐結而可解也故結而不可解者曰締締結也廣雅釋詁
四又漢書陳勝項籍傳贊集注又文選吳都賦締交翩翻劉注締連結也文選過秦論合從締交注引張晏
締閉也小爾雅廣言
褅○俗有褅裲緥也詩曰載衣之褅說文段注小雅斯干載衣之禓傳曰衣之禓緥也此謂禓即褅
之假借字也易聲啻聲古音同在十六部故借但禓字為褅字釋文曰韓詩作褅褅集韻云或褅字韓詩用正字毛詩用假借字也緥者小兒衣也
禓示之方也詩斯干疏引侯苞韓詩翼要
睼迎視也說文段注小雅題彼脊兮毛詩云題視也按題者睼之借也睼視也文選思玄賦覿所睼而弗
識兮舊注
踶躛也說文踶蹋也漢書武帝紀集注食貨志上集注又晉書音義中又莊子馬蹄怒則分背相踶釋文引李

韻史　卷七十四第十六部去聲諧韻

七六二五

注又引廣雅小蹋謂之踶莊子馬蹄釋文引通俗文踶蹋也文選漢武帝詔注引聲類踶跂
促遽皃文選吳都賦踶跂乎紛中劉注
遞○俗有逓更易也說文遞更也小爾雅廣詁又國策齊策六國之遞甚也注又楚辭招魂二八侍宿射遞
代些注遞者更迭爾雅釋言李注遞迭也爾雅釋言又文選上林賦族居遞奏注引郭璞舞賦於是
合場遞進注遞代也廣雅釋詁三又呂覽先已詐術遞用注遞去也文選諸淵碑文注引春秋緯鄭
注遞繞也漢書王莽傳上集注遞著也管子入國聾盲喑啞跛躄偏枯握遞注
鬄髢或○俗有鬢髲也說文又詩君子偕老不屑髢也箋又禮記曲禮上斂髮毋髢注又左氏哀十七年傳衛莊
公見己氏之妻髮美使髡之以為呂姜髢注又莊子天地禿而施髢釋文引司馬注髢髮垂如髮禮記曲禮
釋文注髢髮也漢書楊雄傳上資娵娃之珍髢兮注引孟康○莊子天地釋文引李注云髢髢髮也鬄剔
髲以被首也詩采蘩被之僮僮疏

韻史　卷七十四第十六部去聲諧韻

七六二六

地十六部十七部兩讀注在彼墬籀○俗有墬埊埊 亮作切麗丽古文𠀅籀旅行也鹿之性見食急則必旅行禮麗皮納聘蓋鹿皮也說文段注旅行者麗之本義周禮注曰麗耦也禮之儷皮左傳之伉儷說文之驪駕皆其義也兩相附則為麗易曰離麗也日月麗乎天百穀草木麗乎土是其義也麗則有耦可觀效部曰麗爾猶靡麗也是其義也兩而介其間亦曰麗離卦之一陰麗二陽是也聘禮曰上介奉幣儷皮士冠禮主人酬賓束帛儷皮儷即麗之俗鄭注儷皮兩鹿也鄭意麗為兩許意麗為鹿其意實相通士冠注曰古文麗為離麗竝駕也漢書楊雄傳上麗鈎芒與騎彝收兮注麗耦也周禮夏官序官駕馬麗一人注校人麗馬一圍八麗一師注○當按奇耦字正當作耦俗用偶非是漢書楊雄傳集注云麗偶也又方言三注云偶物為麗皆用偶為耦謂之段借或可耳麗兩也小爾雅廣言○詩干旄疏引王肅云夏后氏駕兩謂之麗麗附也周禮大司寇而未麗於灋注小司寇以八辟麗邦灋注鄉士各麗其灋注寧戰凡罪之麗于灋者注疏又禮記王制郵罰麗於事注又論衡說曰又文選吳都賦注引爾雅麗著

也廣雅釋詁三人易離釋文又左氏宣十二年傳射麋麗龜服注又素問五運行大論五行麗地也注又漢書楊雄傳下集注又文選吳都賦安可以儷王公而著風烈也注魏都賦注引周易王注○易象上傳離麗也注云麗猶著也又周禮大司寇注云未麗於灋未著於灋也麗謂附著也易否疇離祉疏離離利貞疏麗歷也詩魚麗魚麗于罶傳麗過也淮南倣真猶條風之時麗也注麗施也書呂刑越茲麗刑鄭注又儀禮士喪禮設決麗于堅注又廣雅釋詁三麗繫也儀禮聘禮注宗廟則麗牲焉疏○禮記祭義既入廟門麗於碑注云麗猶繫也麗猶連也易象下傳麗澤兌注○釋文云麗連也麗離也易象下傳說而麗乎明褱注又廣雅釋言○釋名釋疾病云睞子明而不正日通視又謂之麗視麗離也言一目視天一目視地目明分離所視不同也○當按離麗與分離義相反而相成麗離也與離麗也為轉注離為麗易漸或得其桷褱注麗思也小爾雅廣言麗數也詩文王其麗不億傳又小爾雅廣言○孟子離婁上其麗不億注云麗數億數也麗靡也漢書司馬相如傳下集注引張揖麗華靡也漢書地理志下織作冰紈綺繡純麗之物注麗光

華也文選甘泉賦于胥德兮麗萬世注羽獵賦未遑苑囿之麗注麗美也冒葉衛葉姑君之所行於世者者食高麗也注中山葉佳麗人之所出也注又漢書司馬相如傳上集注東方朔傳集注楊雄傳上集注又淮南精神高臺眉榭人之所麗也又文選西京賦紛瑰麗以參麋薛注登徒子好色賦玉為人體皃閑麗注麗好也廣雅釋詁一又漢書地理志下集注云又又文選思玄賦既姱麗而鮮雙兮舊注麗美好也楚辭招魂麗而不奇些注麗風乾氣所生也一曰閶闔風淮南墬形西北曰麗風注麗屋穩也莊子人閭世求高名之麗者釋文引司馬注麗小船也同上麗譙高樓也莊子徐無鬼君亦必無陳鶴列於麗譙之間注○釋文引司馬注云麗譙樓觀名也驪駕駢駕也後漢書寇恂傳注○當按此蓋段驪為麗也二字互借通用謂滑陽序漢書匈奴傳竝段麗為驪

儷平去兩讀注在彼○俗有儷倚

觀或作矖求視也說文段注求視者求索之視也觀索視之皃文選吳都賦注引蒼頡矖視

也後漢書馬駛傳上注

癧癱也一曰瘦黑說文○廣雅釋詁二云麗癱也

麗平去兩讀艸木生著土著丈略切易曰百穀草木麗於地說文段注此引易象傳說從艸麗之意也凡引經傳有證字義者有證字形者有證字音者如艸木麗於地說從艸麗豊其屋說從豊皆論字形耳陸氏引易釋文乃云說文作蘸作豊不亦謬哉他如蘇字之引夏書刑字相字暨字和字葉字膚字云字之引易蠻字之引字詩有字之引春秋傳公字之引孝經說同字之引孟子易字之引祕書畜字之引淮南王公字之引韓非皆說字形會意之恉而學者多誤會

智軫係切隸作智○俗有智𥏼古文識詞也說文段注此與矢部知音義皆同故二字多通用智者知也獨見前聞不惑於事見微知著也白虎通情性○法言問道云智也者知也又釋名釋言語云智知也無所不知也又韓外傳七云知賢智也又呂覽當務云知時智也又淮南道應云知可否者智也智也

者所以知也墨子經說上○素問五運行大論道生智注云智正知也又老子使夫智者不敢為也王注云智者謂知為也又列子仲尼注云智者而自不知而自知者也又荀子正名云知有所合謂之智智獨也法言修身智者進止無所疑惑白虎通情性智性也韓非子顯學智者心之府也淮南儆真聖智才之善也老子絶聖棄智王注好學智也新序襍事四成物智也禮記中庸敬士愛民者謂之智賈子大政智者民之輔也管子山權數見人之謂智後漢書馬援傳注故夫言者善則謂之智矣賈子修政語下○修政語上云故言之者見謂智大戴記曾子制言中智猶治也老子故以智治國王註云智之諷諫者智也白虎通諫諍君子雖諫不受必忠曰智智者術之原也漢書公孫弘傳事能變曰智管子心術○四時云一事能變謂之智智故巧飾也淮南原道注覽冥道德上通而智故消滅也注云智故巧詐躁佻反覆謂之智韓非子詭使智者不深

韻史 卷七十四第十六部去聲儆韻 七六三一

之禁也顏氏家訓歸心○蔆按度尚碑智合淵藪校官碑親臥賓智皆用篆體孔龕碑陰傳陵齊智乃是俗體餘多作知二字古不甚別異也亦相轉注土人則知禮記中庸天命之謂性注知仁之實也大戴記四代知者時之動以莊子大宗師注以知為時知者決之斷也史記淮陰侯傳知材也墨子經上知文之興也國語周語言得謂之知管子宙合官人應實曰知周書謚法知謂明於事周禮大司徒注知仁聖義忠和注又後漢書馮衍傳注○禮記禮運注用知者之謀疏云知謂謀計能處事物為知國語周語言知必及事注周語注云能處文百事為建能知曉達前事是是非非謂之知荀子修身深知禍福謂之知賈子道術知也者爭之器也莊子人間世

恔

佷也說文段注佷者不聽从也雄雉瞻卬傳皆曰恔害也害即佷義之引申也或假佼為之佼之本義為與許人部佼下引詩蓊人佼或言假借也詩雄雉釋文引字書云恔佷也○恔佷也廣雅釋詁三○按佷字曉出當即

韻史 卷七十四第十六部去聲儆韻 七六三二

佷之俗體故雅讓用之集韻乃收佷之於蒸韻胡登切下誤矣恔健也莊子齊物論大勇不恔釋文引李注恔佷也漢書地理志下堅也漢書匡衡傳集注外厎傳集注云恔意堅也○酷吏周陽由傳汲黯為恔注詩雄雉不恔不求傳瞻卬鞫人恔忒疏恔害也論語子罕集解引馬注又釋文恔達生雖有恔心者不怨飄瓦釋文引司馬注又淮南齊俗恭敬而恔注恔天恔恐也呂覽慎行行恔之故也注恔弊也漢書匡張孔馬傳音義引如淳下不恔于衆釋文天下莊子注恔害逆也察之而殘者恔也荀子榮辱

解

觶或作觗○俗有觗禮經觗禮飲酒爵禮曰一人洗舉觶觶受四升說文段注鄉飲酒日一人洗升舉觶于賓鄉射禮曰一人洗舉三觶賓禮經言觶多矣略舉其一耳按駁異義從韓詩說觶受三升謂考工記觚三升觚為觚誤其注考工記同其注禮特牲篇云舊說爵一升觚二升觶三升角四升散五升謂韓詩說也士冠禮注亦云爵三升曰觶而許云觶受四升蓋從周禮不改字觚受三升則觶當受四升也觗禮經觶謂古文禮也

韻史 卷七十四第十六部去聲儆韻 七六三三

鄭駁異義云今禮角旁單古書或作角旁氏然則古文禮作觗或之云者改竄之後不盡一也觶爵名容三升詩卷耳疏引異義韓詩說升解詩行葦箋揚觶而語釋文三升曰觶觶適也飲當自適也三升曰觶禮記禮器尊者舉觶注又廣雅釋器

謚 寘係切

謚論○俗有謚行之迹也說文又周書謚法又禮記檀弓下其子戍請謚於君注樂記聞其謚註注表記先王謚以尊名注又春秋說題辭又漢書戾太子傳司馬相如傳下集注又論衡福虛須頌○白虎通謚云謚之為言引也引列行之迹也所以進勸成德使上務節也謚者列平生德行而為作美號曲禮下禮記註已孤暴貴不為父作謚疏○衛道虛云誅生時所以為之論謚謚所以成德也穀梁桓十七年傳傳文元年傳○桓十七年注云謚者行之迹所以表德又白虎通疏云謚者別尊卑彰有德也謚所以名功年傳閔元年以表德莊子徐無鬼注死無謚謚者行之成名不以義謚詩文王有聲箋謚之言列其所行身雖死名常存故謂謚也藝文類聚四十引五經通義○又云謚死後之稱謚法

韻史 卷七十四第十六部去聲儆韻 七六三四

地也法月也月已入有餘光也白虎通謚○萱按法地也三字行謚號也文選洞簫賦幸得謚為洞簫兮注○論巴蜀檄謚為至愚注云謚猶號也謚者累也累其行而號也書堯典序疏○禮記表記疏云謚猶謚號謚曳也物在後為曳言名之於人亦然也釋名釋典藝謚悉也生存之行終始悉錄之以為謚也詩文王箋崩謚曰文釋文謚慎也同上誣以旌德衡方碑○萱按謚者漢時俗字也字林乃有謚唐以後又有謚孳乳彌多其體彌俗

哂係切

敊 豉俗○俗又有嬰 配鹽幽尗也 說文段注廣雅說飲食曰寑醮鬱辟幽也幽與鬱同義以豆鬱之其味苦招魂曰大苦鹹酸辛甘行些王云大苦豉也辛謂椒薑也甘謂飴蜜言取豉汁調和以作薑鹹酢和以飴則辛甘之味皆發而行也按齊民要術說作豉必宲中溫煖所謂幽尗也云食經作豉法用鹽五升謂配鹽也 豉嗜也五味調和須之而成乃可甘嗜也故齊人謂豉聲如嗜也 釋名釋飲食

翍 隸作翄 翄或翼也 說文又廣雅釋器 翄翄飛皃也 文選魏都賦翄翄精衛注 翅辭也 孟子告子下奚翅食重注又音義下張音云翅與啻同古字通用○段氏玉裁曰古書或言不啻或言奚啻啻皆或作翅國語云奚翅其閒之也韋注云奚何也何啻言所閒非一也孟子奚翅色重趙注云翅辭也若言何其重也今刻本作何其不重也乃大誤○阮氏元曰翅辭也者翅是語辭即不啻也奚翅不啻猶史漢之言彩移頤或析翅字訓但誤矣注云若言何其重也正謂食色之重者後人添不字遂不可解矣 不翅猶過多也 文選王仲宣公讌詩見眷良不翅注

啻 ○偏旁作啇 語時不啻也一曰啻諟也 說文段注按不啻者多之詞也秦誓曰不啻若是其口出世說新語云王文度弟阿智惡乃不啻玉篇云買貴云不啻也可知也為市井常談矣不啻如楚人言夥頤啻亦作翅亦言部曰諟理也亦用諟為宋啻字 啇本也和也 廣韵入聲○萱按適敵箏字皆啻聲也隸變而偏旁作啇非別有啇字也廣韵云云其肌造有如此者 不啻多也 一切經音義三引蒼頡○王氏引之經傳釋詞

云說文啻語時不啻也蒼頡篇曰不啻多也書多士曰爾不啻不有爾土無逸曰不啻不敢含怒秦誓曰不啻如自其口出多士釋文曰啻徐本作翅孟子奚翅食重莊子曰陰陽於人不翅於父母翅竝與啻同字亦作適家大人曰說文適從辵啻聲適啻聲相近故古字或以適為啻秦策曰疑臣者不適三人不適與不啻同故高注請適為翅史記甘茂傳作疑臣者非特三人非特猶不啻也孟子曰飲食之人無有失也則口腹豈適為尺寸之膚哉適亦與啻同故趙注曰口腹豈但為肥長尺寸之膚邪但字正釋適字而孫宗古不為適字作音益已不知其為啻之借字矣莊子胠篋篇跖之徒問於跖曰盜亦有道乎跖曰何適而無有道邪夫妄意室中之藏聖也入先勇也出後義也知可否知也分均仁也案何適而無有道邪本作何適其有道邪適與啻同言豈但有道而已哉乃聖勇義知仁五者皆備也後人不知適與啻同而誤讀為適齊適楚之適因妄改之耳淮南作奚適其無道也無字亦後人所改呂氏春秋當務篇作奚適其有道也足正後人妄改之非曾語奚啻其閒之也句法正與此同

甑係切

積 羊相羵積也 說文段注羵積疊韵字猶委積也

淺係切

朿 木芒也象形 說文段注芒者艸耑也引申為凡鐵銳之偁今俗相鋒拕字古祇作朿今字作刺刺行而朿廢矣方言曰凡艸木刺人北燕朝鮮之閒謂之策或謂之壯自關而東或謂之楝或謂之劇自關而西謂之刺江湘之閒謂之辣

諫 數諫也 說文段注謂數其失而諫之凡譏刺字當用此 諫怨也 廣雅釋言 諫書也 廣雅釋詁四○萱按書書古今字此義多用刺作之釋名書稱刺是也竊意作諫九合

刺 去入兩請○俗有刔 君殺大夫曰刺刺直傷也 說文段注刺直傷也當為正義君殺大夫曰刺當為別一義禮經曰刺艸大雅之刺訓責史稱六經作王刺官稱刺史鍼薦曰刺繡用橋曰刺船盜取國家宏事為刺探尚書事皆其引伸之義也一曰君殺大夫曰刺者春秋傳二十八年公子買戍衛不卒戍刺之成十六年刺公子偃公羊傳曰刺之者何殺之也內諱殺大夫謂之刺之也考諸周禮司刺掌三刺之法壹刺曰訊羣臣再刺曰訊吏羣吏三刺曰訊萬民曰刺注刺殺也詳而有罪則殺之然則春秋於他國書殺其大夫於魯國則用書刺諱魯之專殺而謂之刺謂其當

罪合於周禮公羊內諱之說是矣此云君殺大夫曰刺春秋
於他國不云爾也七賜切按又七迹切古不分去入○刺左氏
成十六年經注云魯殺大夫皆曰刺 刺殺也 周禮秋官序官司刺注小司寇注司刺注又國語晉語刺注刺懷公於高注
梁注遂刺殺焉注又國策秦策無刺一虎之勢注 刺絕也 荀子富國注中殖殺注 刺猶刻除也
儀禮士相見禮庶人則曰刺艸之臣注 凡艸木刺人自關而西謂之刺 方言三 刺
鋒也 淮南氾論脩注戟無刺注 刺謂援也 考工記冶氏注重三鋝司農注 刺者著柲直
前如鎛者也 考工記冶氏注 刺謂矛刃胷也 考工記廬人去一以為刺圍司農注○刺兵欲
無蜎注云刺兵矛屬 刺耒下前曲接耜者 考工記車人為耒注 刺箴也 廣雅釋詁二 刺
者責其愆咎 詩擊鼓序怨州吁也疏瞻卬天河以刺傳云刺責○ 刺猶非也 淮南說林我行者欲與
我交 刺舉也 國策齊策面刺寡人之過者注 刺至也 史記酷吏傳刺行深次骨索隱按單行索隱作內
注深次骨次至 刺謂采取之也 史記封禪書刺六經中作王制 索隱引小顏又漢書郊祀志上
也與此本異

韻史 卷七十四第十六部去聲㑹韻　七六三九

注 刺謂探候之也 漢書丙吉傳至公車刺取注○後 刺謂書
之於刺板也 漢書外戚傳下其條注云刺探謂候伺也
之上也 釋名釋書契○又云下官刺曰長刺長書中央一刺 書稱刺書以筆刺紙簡
史即州牧也 行而下也又曰爵里刺書其官爵及郡縣鄉里也 使大長秋來白之注 刺
也 云後漢書朱浮傳注○光武紀上注引漢官典儀刺史行郡國省察政教黜陟能否斷理冤獄

薊 莿 茦也 說文○當按茦莿二篆相轉注謂艸芒也莿與刺音義皆同疑本祇有刺後人加艸分之
漬 漚也 說文段注謂浸漬也古多假為胔字公羊傳大瘠注引作大漬公羊傳漬者何漬也衆殺戍者也周禮蜡
氏掌除骴故書骴作脊鄭司農云脊讀為漬謂死人骨也漢
志國亡捐瘠孟康曰肉腐為瘠按骴漬脊瘠四字古同音通
用當是骴為正字也 漬謂相瀐汙而死也○禮記曲禮下四足曰漬注
為歟殘 ○當按此專指歐言說文骴
訓鳥獸殘 水浸曰漬 一切經音義十 漬 淹也 詩楚茨箋以為剡
骨同意 四引通俗文 淹漬以為剡

韻史 卷七十四第十六部去聲㑹韻　七六四〇

文 注 漬病
薑 釋 漬猶染也 考工記鍾氏淳而漬之注 漬亦病也 呂覽貴公漬甚注順
民以視孤寡老弱之

仰金切 睨 衺視也 說文 睨邪視也 漢書李廣傳睨其傍有一兒騎善馬注又莊
子山木雖羿蓬蒙不能眄睨也司馬相如傳上睨三部曲之進退注又
夫引李注又文選洞簫賦睨鳥噭釋文引三蒼睨不正視也 揚雄傳上
行睨陵下與彭 睨側視也 莊子天下睨注方中 顧視為睨惜楚辭
城注引應劭 睨視也 方睨釋文引李注之父睨之注又賢
睨玉石之 左氏哀十三年傳余與褐之知者之所不
嶮嵯注 廣雅釋詁一又莊子庚桑楚知者之所不
知猶睨也 釋文又離騷忽臨睨夫鄉睨睥睨也而禮記中庸睨
注又文選東京賦右睨舍圖薛注 睨而視之釋文睨
睨 明也 方言十三

想企切 埤 旁視也 說文 堄 埤堄俗有埤堄字
堄 埤堄 夫也 詩曰女也不爽士貳其行士者夫也 注說文段者夫

韻史 卷七十四第十六部去聲㑹韻　七六四一

文夫也然則壻為男子之美偁因以為 壻女之夫也 儀禮士
女夫之偁釋親曰女子子之夫為壻 昏禮注廣
寢壻之室也釋文又禮記昏義壻執雁入 釋同門謂之壻雅
文○後漢書馬援傳注云女子之夫為壻江東人呼同門為
釋親○爾雅釋親兩壻相謂為亞注云今江東人呼同門
僚壻○詩有女同車箋壻御輪三周釋文云壻本作壻儀禮
士昏禮釋文云壻本作埕禮記昏義釋文云壻本聟左氏文
八年傳釋文云壻本作壻又唐公房碑云期聟谷口山上螢
按皆用俗字也
而體各不同

賜 予也 說文段注釋詁賚貢錫畀予況賜也七字轉注凡經傳
云錫者賜之假借也公羊傳曰錫者何賜也賜者君子與之
通偁禹貢納錫大龜乃下與上之詞文玉藻言賜君子與
小人者別言之統言則不別也方言曰賜盡也此借賜為大
斯盡也賜之字俗作偈○當按賜予也即好用也周禮
用賜為斯由偈而省也段借有因 賜 府幣餘
之賦以待 賜猶惠也 禮記檀弓上則中生受賜而死注又左氏
賜予注 賜猶惠也 文七年傳服之嘗子相授賜注○國語晉語報
賜以力注 儀禮士喪禮君若有賜注○論語憲
云賜恩惠也 問民到於今受其賜皇疏云賜猶恩惠

韻史 卷七十四第十六部去聲㑹韻　七六四二

也拜賜謝恩惠也儀禮鄉射禮賓朝服以拜賜于門外注賜鄉飲酒禮賓服鄉服以拜賜注
者謂禮之橫加也孟子萬章下賜之則不受注賜猶命也周禮小宗伯賜卿大夫士爵則價注。禮記曲禮上三賜不及車馬注云三賜三命也。周禮玉府疏云君取以於臣曰取與於臣曰賜注
於畀者曰賜禮記少儀其以乘壺酒束脩一犬賜人注
賜舍猶致館也儀禮覲禮天子賜舍注
賜施欺讓之語也方言十。注云賜施中國相輕易嵗弄之言也
賜水即屬水也賜屬聲相近水經滲水注
錫賜也易訟釋文史釋文引荀翟注又左氏莊元年經王使榮叔來錫桓公命注宣十五年傳陳錫載周注又國語周語注又離騷肇錫余以嘉名注又後漢書周舉傳注。當按此本爾雅謂錫即賜之段借字也易師王三錫命釋文云鄭本作賜書序平王錫晉文侯釋文云馬本作賜又禹貢九江納錫大龜錫土姓夏本紀作九江入賜大龜賜土姓史遷用本字也儀禮燕禮注云古文賜作錫覲禮注云今文賜作錫古今文皆用借字也公羊莊元年傳文元年傳竝云錫者何賜也乃通其正借俾易憭也
錫與也周書謚法祭公大公之所錫武王特疆土

韻史　卷七十四第十六部去聲懈韻　七六四三

注又漢書楊雄傳上集注又後漢書荀彧傳注
錫謂王之錫命易訟或錫之鞶帶虞注
虉艸也說文
臂兩係切手上也說文段注又部曰厷臂上也此皆析言之亦下云人之臂亦渾言之也渾言則厷臂互偁。呂覽順民交臂而脩注云臂手手後為臂太乎乎數為臂脛注二肱謂之臂廣雅釋親肩臂臑肱
骨儀禮少牢饋食禮肩臂臑注。禮記少儀太牢則以牛左肩臂臑折九个疏云臂臑謂肩腳也臂謂膝上
膊下也禮記襍記上注包牲取下體疏。山海經北山經滑水其中多水馬其狀如馬文臂注云臂前腳也
臂左臂也儀禮有司徹臂一注腊臂注。特牲饋食禮記作俎臂注云臂左體臂
臂裨也釋名釋彤體
弩其柄曰柄似人臂也釋名釋兵。當按弓弩同類故仲尼弟子楚馯臂字子弓義取諸此臂或作辟省借也內則般臂螺臂或作擘亦借也从肉从手同意
嬖便嬖退恚也說文
嬖愛也漢書劉向傳集注外戚傳下集注又後漢書袁紹劉表傳注又楚辭懲命

韻史　卷七十四第十六部去聲懈韻　七六四四

庠讒夫與便嬖注
嬖謂愛幸也漢書項籍傳瑕丘申陽張耳嬖臣也也注。穆天子傳六注云嬖人所愛幸者又云嬖人王所愛幸者又孟子梁惠王下嬖人臧倉者注云嬖人愛幸小人也
嬖御士愛臣也
嬖御人愛妾也禮記緇衣毋以嬖御人疾莊后毋以嬖御士疾莊士大夫卿士注。釋文云嬖便嬖愛妾以
邪僻取愛曰嬖國語鄭語而嬖是女也注
賤而得愛曰嬖後漢書楊震傳注又一切經音義二十引謚法
賤而得幸曰嬖。禮記緇衣釋文又左傳隱三年釋文一切經音義二十引釋名云嬖卑也賤婢妾妒以色事人得幸者也
嬖幸也文選西京賦是時後宮嬖人昭儀之倫薛注
嬖親幸也左氏隱三年傳公子州吁嬖人之子也注
嬖親也廣雅釋詁三
嬖媟也詩綠衣序母嬖而州吁驕釋文
嬖卑也上同
無德而寵曰嬖後漢書皇甫規傳注
嬖御寵妾周書祭公汝無以嬖御疾莊后注
譬品係切諭也說文段注諭告也譬與諭非一事此亦統言之也
譬喻也廣雅釋言又國策齊策臣竊為公譬可也

韻史　卷七十四第十六部去聲懈韻　七六四五

注。禮記大學注又後漢書第五倫傳注竝云譬猶喻也
辟謂譬喻也禮記學記燕辟廢其學疏大學人之其所親愛而辟焉釋文。當按譬與辟正借字諭與喻正俗字
譬猶曉也後漢書鮑永傳注杜詩傳注。趙咨傳注云譬曉也
辟也者舉也物而以明之也墨子小取。詩小弁辟彼舟流釋文云譬本作辟又周禮宰夫注辟于治官釋文云辟本作譬。當按漢書禮樂志辟之琴瑟辟如為山藝文志辟猶水火相連滅王褒傳辟如女工有綺縠東方朔傳辟若鷃鴿貨殖傳辟猶戎翟之與于越皆段辟為譬
避回也說文段注上文通下回辟也之回訓袞賈之段借字也此回依本義訓轉俗借作迴是也然其義實相近經傳多段辟為避
避迴也漢書胡建傳集注引蘇林
避違也國語周語無乃賓有所避注
避去也
一切經音義九引蒼頡
避猶免也呂覽介立拜請以避死注
避席下席也呂覽直諫桓公避席
再拜注
避隱也史記袁盎鼂錯傳吾親索隱引張晏避
避地謂隱遯也後漢書悼傳注邵
注
辟遠也禮記曲禮上左右攘辟注。當按此段為避也凡如漢書五行志中之下宜齊戒辟寢庚太子傳辟署甘

韻史　卷七十四第十六部去聲懈韻　七六四六

泉官董仲舒傳舜知不可辟胡建傳辟報故不窮審賞捐之
傳狐疑辟難韋弁成傳士多夫多疑其欲讓爵辟兄者何武之
傳辭位辟丁傳辟皆避字也又詩葛屨宛避逡遁也儀禮士
然左辟亦同惟說文引作宛然左僻獨異
以几辟注大射儀賓辟
注公食大夫禮賓辟注辟位逡遁儀禮聘禮賓辟不答拜注賓以几辟注特牲饋食
禮記主人及賓皆辟位注○聘禮士介皆辟注云辟於其
東面位逡遁也又士喪禮主人不哭辟注辟逡遁辟位也隱
辟俛而逡遁儀禮士相見禮注隱辟而後屨注三
容辟逡巡不答拜也容三辟三
退負序也周禮司儀容辟三揖注又容三辟注○萱按諸家用逡巡逡循鄭用逡遁惟司儀注作逡巡耳遁遷
也逡遁遷延之意則作
遁為長遁古音同循
薛牡贊也說文○萱按贊俗加艸作贊爾雅釋草云薛牡贊
薛艸名莊子知北遊在茅釋文引李注○
萱按釋艸薛山蘄薛山麻薛庾艸漆闍芓薛薛破裂也考工
不知何屬也釋文云薛本作檗然則孰為字乎記旃
人醫暨薛畢不入市注○萱按此段薛為檗也故可從檗讀
入聲韻書於入聲內特出薛字則非是○人按漢書揚雄傳

上陋三王之阸薛此阸薛為
僻也僻與擘皆薛阸借之音

擬口許

桂（來恚切）江南木百藥之長 說文段注本艸曰桂生桂陽牡桂生南海山谷箘桂生交趾桂林山谷本艸經木部
上品首列牡桂箘桂桂味辛溫主百病養精神和顏色為
諸藥先聘通使故許云百藥之長種弓內則皆薑桂並言劉
逵引本草經正文曰箘桂圓如竹出交趾然則其樹正圓如
竹故名左思賦邛竹緣嶺箘桂臨崖正以竹之實中者與桂
之虛中者反對也○山海經大荒西經西北海外有桂山有
桂山注云桂山榣山此山多桂及榣木因名云耳又中山經
雲山有桂竹注云桂竹竹今桂陽縣出篁竹又交趾有簍竹
此類也○萱竹箽竹之竹今者今處處有之俗呼為䈉竹何以
湘桂之名乎由
桂赤色 漢書五行志中之上
桂支瓜屬也 廣雅釋艸
同音借字耳
平去兩讀
注在彼
○俗有

鶡

炅見也 說文段注按此篆義不可知廣韵作炅也似近之香炔二字从日火亦不可曉蓋後人羼入如西部有覀
之春炔廣韵十二霽曰後漢大尉陳球碑陰有城陽炅
被誅有四子一姓炅一姓香一姓桂一姓炔四字皆九畫漢集未

韵桂氏譜曰桂貞為秦博士始皇阬儒改姓香其孫改為炅
弟四子改為炔炅則有胑製炅為姓名恥其不古羼入許書
非無證也廣韵云四字皆九畫按桂字十畫其三字皆八畫
蓋六朝木旁多作才圭作五畫然則當云四字皆八畫也○
晉書音義下云炅炅見也廣雅釋炅熱也素問陰陽類論炅
香古有此姓詁三至以病皆死注

恚（永桂切）怒也 說文又廣雅釋詁二○詩賓之初筵箋云將恚怒也 恚者嗔也 史記絳侯世家索隱恚目
謂穀實恚開也管子地員其種楅葛𦼮莖黃秀恚目注

嬑不說也 說文段注說者今之悅字 嬑从恚聲形聲中有會意

纗（許恚切）平去兩讀注在彼○俗有纗

韵史卷七十五

泰興何萱石閣譔集　子度校字

第十六部入聲　上海顧錫麒竹泉覆審

斁韻　武進李兆洛申耆鑒定

開口訏

隔（艮策切）塞也（說文段注與土部塞隔也為轉注塞先代切廣韵亦曰塞也西京賦曰隴坻之隘隔閡華戎）上下皆蔽兹謂隔（漢書五行志中之上引京房易傳）隔謂隔遠（素問方盛衰論五部隔無徵注）隔并謂水旱不節也（後漢書陳忠傳隔并屢臻注）隔會水即深水之別名也（水經河水注）隔在脾上也（管子水地隔生鬲注○萱按古無隔字祇用隔若鬲為之入文選長楊賦拮隔鳴球則段為擊字也尚書古文作戛擊今文作戛隔）鬲謂隔絕於上○（荀子大略鬲如也注萱按漢書五行志鬲閉門戶楊王孫傳厚葬以鬲眞戾大子傳鬲塞而不通薛宣傳則陰陽否鬲西川鬲絕欲以鬲塞魏明云欲傳非莽鬲

韵史　卷七十五第十六部入聲斁韻　七六五一

絕衛氏南粵王傳鬲絕器物又楊君石門頌坆鬲尤艱凡皆隔者為鬲也故鬲以隔音後人併其字義亦讀隔則非矣鬲李音如歷）鬲咽謂食飲入而復出也（素問至眞要大論鬲咽不通注○萱按此即左氏所謂膏肓之疾）鬲津者水多阸狹可隔以為津而橫渡也（爾雅釋水九河孫注○李注云鬲津者河水狹小可隔以為津故曰鬲津又漢書溝洫志云有徙駭胡蘇鬲津）鬲縣名在平原（晉書音義中○萱按漢書地理志云平原郡鬲曹參傳王莽傳迹云漯陰平原鬲）鬲偃姓咎繇後（水經河水注引應劭○萱按韵書云膠鬲後疑未然）

槅

大車枙（說文段注枙當作軶隸省作軶車部曰軶轅前也大車者鄭云平地任載之車也通曰軶大車之轅曰槅釋名曰槅枙也所以枙牛頸也馬曰烏啄下向叉馬頸似烏開口向下啄物時也西京賦曰五都貨殖既遷既引商旅聯槅應展展此正謂大車也下大云冠帶交錯方轅接軫謂乘車也）槅大車軶（晉書音義中）鬲謂轅端厭牛領者（考工記車人鬲長六尺司農注○萱按此段鬲為槅段厭為壓也又文選蜀都賦有槅四

韵史　卷七十五第十六部入聲斁韻　七六五二

陳則段槅為義也）

虩（口策切）（或作鬩）虎聲也（說文）

礊　堅也（說文）

戹（紫策切）（○俗有戹）隘也（說文段注隘者陋也陋者阸陝也陝者隘也）戹困也（一切經音義十二引蒼頡）戹會也（漢書翟義傳集注引服虔）戹難勤苦之事也（詩谷風箋○釋文云戹本作阸○萱按此戹阸可网通矣又韓奕傳戹烏蠋也此段戹為軶又易闢注能濟其戹溺注不在戹劇據网捍文戹皆戹字形近之譌也然戹字亦自通）

餽呃軶

餽（○俗有餽）飢也（說文又廣雅釋詁四○廣韵也作兒）

呃（○俗有呃）喔也（說文段注呃喔雙聲射雉賦良遊呃喔引之規裏廣韵曰呃喔鳥聲）

軶（○俗有軶枙）轅耑也（說文段注轅前者謂衡也自其橫言之謂之衡自其扼制馬言之謂之軶隸省作軛毛詩

韵史　卷七十五第十六部入聲斁韻　七六五三

韓奕作戹士喪禮楔皃如軶今文作戹段借字也車人為大車作鬲亦段借字西京賦作槅木部曰槅大車枙也枙當作軶○荀子正論三公奉軶持內注云軶轅前也）軶謂車轅端橫木也（華嚴經音義上引珠叢）軶者戹馬領不得出也（考工記輈人注謂兩軶之閒也疏○後漢書列女傳注云軶謂轅端歷牛領者）搤又馬頸者也（莊子馬蹄夫加之以衡搤釋文○萱按此段搤為軶也音同也詩韓奕箋注往縛搤也亦段介）戹烏蠋也（詩韓奕鞗革金戹傳○萱按戹者軶之省借字）

阸

（○俗有阸）塞也（說文段注塞先代切與窒實字別塞者隔也阸之言扼也○漢書西域傳上集注云阸塞也）阻也（史記商君傳魏居嶺阸之西索隱）阸者狹也（漢書諸侯王表集注引應劭）阸謂迫隘（荀子議兵阸阸其下注）阸小也（文選吳都賦邦有湫阸而蹐跼劉注）阸僻陋小也（文選稠攢賦狹三王之阸僻注引鄭氏○左傳昭元年所遇又阸定四年直轅冥阸网釋文云阸李作隘又易大畜注不戹險阸釋文云阸李作戹○萱按阸隘戹三字同部同義）優賢不逮謂之寬反寬為阸（賈子道術）搤塞

韵史　卷七十五第十六部入聲斁韻　七六五四

也○管子度地因而搤之可也注黃拖此陀搤為正借字也

搹

扼或有扼○俗把也說文段注喪服苴絰大搹注曰盈手曰搹搹扼也中人之扼圍九寸此言中人滿手把之其圍九寸則其徑約計三寸也喪服傳朝一溢米夕一溢米王肅劉逵皆云滿手曰溢與鄭異按此謂溢為搹之段借字也然搹溢字見一章注數行云內不應異用則知鄭說為長許云扼者搹之或字而鄭注禮云搹扼也者漢時少用搹多用扼故以今字釋古字非於許有異也扼取也廣雅釋詁一搹持也廣雅釋詁三扼持也後漢書隗囂傳注扼謂捉持之也○漢書李陵傳力扼虎射命中注萱按漢人多用扼搤訓捉持搤扼義略同廣韻合為一字則非徑捉

搤

捉也說文段注婁敬傳曰不搤其亢拊其背楊雄傳曰搤熊羆拖豪豬搤其咽炕其氣皆謂捉持之師古云搤與扼同依許則搤扼音雖同而義迥別也○文選西都賦搤猛噬注又後漢書班彪傳上注並云搤捉也搤謂急持之漢書楊雄傳搤其咽注搤執持也史記孝武紀莫不搤腕集解引瓚曰搤持也廣雅釋詁

韻史 卷七十五第十六部入聲皶韻 七六五五

三人後漢書馬援傳注○萱按搤扼異字而亦相通故搤扼同訓持鬲搤也儀禮士喪禮注又疏云鬲足搤物○之稱即搤之借字也搤塞也萱按此段搤為陀

⿰鼠益或鼠屬說文

漢策切

翮

○俗有翮羽莖也說文段注莖枝柱也謂衆枝之柱翮亦謂一羽之柱莖翮雙聲唐風肅肅鴇行毛曰行翮也亦於雙聲求之上文云鴇羽鴇翼故不得以行列釋之也羽本曰翮周禮秋官序官王莽傳下又漢書注爾雅釋器云羽本謂之翮取大鳥翮為羽儀人拿以時徵兩翼之政于山澤之農注云羽翮音義下引珠叢云翮羽之本也翮大鳥羽翮謂翮管也其形類羽故曰翮也文選笙賦翮幽篁注織空足曰翮史記楚世家三翮六翼

碣

○俗有墑石地惡也說文段注此與厂部之碣音義略同疑同墑石地管子五墑碣謂堅

韻史 卷七十五第十六部入聲皶韻 七六五六

不相著管子地員沙土之次曰五墑注

囊策切

疒

楚謂小兒嬾⿱臤食說文段注玉篇作楚人謂小兒嬾曰⿱臤食此有兒衍字也⿱臤食嬾也廣雅釋詁三

隸作疒倚也人有疾痛也象倚箸之形說文段注橫者直者相距故曰象倚箸之形或謂即牀狀牆戕之左旁不知其音迴不相同也

諍策切

謫

○俗有謫罰也說文又從漢書光武紀下注罰罪曰謫史記酈生陸賈傳索隱引通俗文謫責也廣雅釋詁一又漢書王莽傳集注謫責也詩北門室人交徧謫我傳釋文又左氏桓十八年傳公謫之廣雅釋言又漢書五行志中之上集注又後漢書王符傳注謫責也史記蘇秦傳適燕者索隱又漢書文帝紀集注謫適者責也史記禮記學記習義適見于天注云適之言責也○萱按此段謫適為謫自然謫責罰也漢書食貨志下注故謫也詩禮已然左氏昭七年傳則自取謫于日月之災注又國語周語必皆無謫

韻史 卷七十五第十六部入聲皶韻 七六五七

謫謫責也左氏成十七年傳國子謫我注昭卅一年傳疏又謫譴責也老子善言無謫國語齊語桓公擇是寡功者而謫之注○後漢書和帝紀注云謫譴責也謫過責也經音義十引字林謫過也南楚以南凡相非議人謂之謫方言十四不相謫譴注云謫謂責其過也又周書大戒外姓無謫又詩殷武列子力命○文又周書大戒釋文引字林云謫又詩殷武勿予禍適傳○適數也○詩殷武萱按數諸上文謫過也人也注足與適也又廣雅釋詁二不為謫之也諸讀猶咎也國語周語有謫注秦詩謫讓也適者變咎徵也史記天官書日月薄蝕有謫注作日○萱按周禮占夢適讀變氣也左氏昭卅年傳日始有一漢書天文志畢適日之將食先有黑氣之變也適背穴注引孟康云集解引徐廣

責

○求也說文段注引伸為誅責責任周書小宰聽稱責以傅別注故書作傅別即今之債古無債字俗作債云俗有債○萱按周禮聽稱責以傅別釋文云本或作債亦不別為音也國策馮諼責字聲形皆異矣責債字皆已別責債釋文亦不別為音也國策馮諼收責於薛世年傳韓厥

韻史 卷七十五第十六部入聲皶韻 七六五八

妏為孟嘗君收責於薛漢書高帝紀歲竟兩家常折券棄責字大徐不攷此而收債字於新附讀側賣切何疏也責

責徽刺也左氏僖十五年傳西鄰責言不可償也注簿責簿問其辭情也史記絳侯世家吏簿責條侯注責謂許而不與而被責禮記表記君子與其有諾責也疏○萱按書君奭誕無我責詩旄丘序責衛伯也諾責責言皆誅責之義疊言責獻言之責諫爭之官也孟子有言責者注○萱按此責任之義責謂負人物也書金縢是有丕子之責于天疏○管子山至數某月某日苟從責者注輕重乙使無券契之責注竝云責謂為備又穆天子傳備車受載注云備猶借責謂假貸人財物未償者也漢書淮陽憲王欽傳博言負責數數百萬注稱責謂貸予周禮小宰司農注

婧

齊也說文段注謂整齊也○廣雅釋詁四云婧齊也婧好也廣雅釋詁一○方言十云婧婧鮮好也南楚之外通語也婧善也廣雅釋詁一

韻史 卷七十五第十六部入聲皵韻 七六五九

幘

髮有巾曰幘說文段注方言曰覆髻謂之幘巾或謂之承露或謂之覆髮猶斷曰幘古者卑賤執事不冠者之所服也漢以後服之其制曰詳詳見司馬氏輿服志幘巾覆結也廣雅釋器○後漢書劉盆子傳注云幘巾所以覆髻也幘者蹟也頭首嚴蹟也續漢書輿服志下幘蹟也下齊眉蹟然也釋名釋首飾幘或曰輓輓折其後也同上幘蹟齒上下相值左氏定九年傳晳幘而衣貍製注○萱按此齰謫為幘也說在齰下○俗有幘

箐

牀棧也說文段注衛風綠竹如箐毛曰箐積也此言段借也箐謂葦荻之薄也史記范雎蔡澤傳即卷以箐隱○淮南說山云死而棄其招箐箐謂牀第也禮記檀弓上大夫之簀與注又小尒雅廣服○後漢書袁術傳注云箐第也謂無莞席也箐牀版也方言五牀○齊魯之間謂之箐注○左傳襄廿七年疏云箐是牀版又云箐名亦得統牀箐杠也廣雅釋器箐積也文選西京賦芳艸如積注○注又引韓詩章句云箐緣箸盛如積也萱按毛韓所據竹簽字不同而同謂箐為積之段借

韻史 卷七十五第十六部入聲皵韻 七六六〇

猲犬張耳皃說文

莖隔切

冊笧冊古文○俗有冊閒笧箇符命也諸侯進受於王者也象其札一長一短中有二編之形說文段注尚書王命周公後作冊逸誥左傳王命尹氏及王子虎內史叔興父策命晉侯為侯伯王使劉定公賜齊侯命及三王世家策文皆是也後人多假策為之蔡邕獨斷曰策簡也其制長者一尺短者半之其次一長一短兩編下附札牒也亦曰簡編次簡也次簡者竹簡長短相閒排比之以繩橫聯之上下各一道一簡容字無多故必比次編之乃容多字聘禮記云百名以上書於策是也一簡可容書於簡每簡一行而已不及不名書於方則合若干行書之百名以上書於策方即牘也牘書版也簡冊竹為之牘木為之一冊不容則象冊為之國史冊書蓋如是鄭注禮云策簡也此渾言之不分別耳冊字五直象一長一短象其閒之若干未可肊定也蔡氏云長者一尺短者半之此漢法如是鄭氏鉤命決注云易詩書禮樂春秋策皆長二尺四寸孝經謙半之一尺二寸論語策八八寸尺二寸者三分居二又謙焉此古制也見於聘禮左傳序正義者乖異不同今訂之如是未知然否鄭注尚書云三

韻史 卷七十五第十六部入聲皵韻 七六六一

十字一簡之文服注左氏云古文篆書一簡八字漢志劉向以中古文校今文尚書古文簡有二十五字者有二十二字者是簡之長短不同而字數不同也左傳備物典筴釋文筴本又作冊亦作策或作冊按冊者正字也筴策者段借字也笧者冊之古文也左氏述春秋傳以古文然則笧其是歟漢制約敕封侯曰冊冊蹟也敕使整蹟不犯之也釋名釋書契冊書也廣雅釋詁四編連為策儀禮既夕書遣於策疏○左氏春秋序大事書之于策疏云單執一札謂之為簡連編諸簡乃名為策疏又云策或作冊象其編簡之形又後漢書光武紀上注云策書者編簡也策簡也儀禮聘禮記注疏夕又禮記中庸布在方策注○曲禮上先生書策琴瑟在前疏云策篇簡也又左傳僖廿三年注名書於所臣之策疏云策簡策也又獨斷上云策書策者簡也筴編簡也禮記曲礼釋文○國語魯語使書以為三筴注云筴簡書也又莊子駢拇則挾筴讀書釋文云筴竹簡也○萱按者冊之段借字策書敘令於上所以驅策諸下也釋名釋書契○周禮內史則策命之司農注云策謂以簡策書王令左氏昭三年傳授之以策注云策受令之書又玉策玉牒

韻史 卷七十五第十六部入聲皵韻 七六六二

也文選魏都賦闕玉策於縢劉注○荀子大略受天子一策注云策編竹為之後易之以玉焉也策蓋識策之辭史記屈原賈生傳策言其度索隱策祝遠罪疾也上獨斷○俗有𠕋

𠕋 柵

告也說文段注按下云从曰从冊會音則當作冊告也三字簡牘曰冊以簡告誡曰𠕋𠕋行而冊廢矣編豎木也說文又晉書音義上又音義上引字林○萱按豎豎立也柵躋也以木作之上平躋然也釋名釋宮室柵栈也廣雅釋室木垣曰柵一切經音義十四引通俗文柵木欄也列子仲尼釋文引莊子以臨牢柵李注筴木欄也莊子達生玄端以臨牢筴釋文引李注○萱按列子作柵莊子作筴正借字也李注祇是一條引之者隨李文用字耳

朿

莿也說文段注朿見釋艸刺不從艸方言曰凡艸木刺人北燕朝鮮之間謂之茦或謂之壯按木芒曰朿艸芒曰茦泛因木芒之字為義與聲也但許君上下文皆係艸名不當泛釋凡艸之刺或自有艸名茦一名莿與方言異義未可定也木細枝謂之杪燕之北鄙朝鮮洌水之閒謂之茦方言二○萱按此義

韻史　卷七十五第十六部入聲鼓韻　七六六三

當作朿若策耳策茦形近而譌

策

馬箠也說文段注馬箠曰策以策擊馬曰敕經傳多假策為冊又計謀曰籌策者策猶籌籌猶筭筭所以計厤數謀而得之猶用筭而得之也故曰籌筭曰籌曰策一也張良借箸為籌策箠也呂覽當為杖策曰又一策注而去注又淮南原道勁策利鍛注又楚辭謬諫駕蹇驢而無策兮注策𦆝策也呂覽執一使四人一策注○考工記轉人執而十尺而策丰之注曰策御者之策也○萱按說文箠下云所以擊馬也二字同物故同訓策所以擊馬也漢書王褒傳策而不進於行注策築也廣雅釋器策馬揭也左氏文十三年傳繞朝贈之以策注策馬揭策所以揭馬也漢書陳勝項籍傳古字揭令字撾振長策而馭宇內注策揭也萱按策揭本字策揭古今字馬策揭策也策杖也論語雍也晚之杖策也釋文引司馬注又莊子齊物論義也○淮南壓形師

韻史　卷七十五第十六部入聲鼓韻　七六六四

李父賁真策注○文選遊天台山賦振金策之鈴鈴注云金策錫杖也策馬杖也禮記曲禮上則僕執策立於馬前疏國中以策彗卹勿驅疏策謀也禮記仲尼燕居田獵戎事失其策注又國策秦策以順王與儀之策注又淮南主術策于廟堂之上注策謀術呂覽簡選此勝之一策也注策籤也廣雅釋詁二策數也史記五帝紀迎日推策集解引晉灼又漢書律厤志上集注引蘇林策蓍也國策秦策注範數策注尾上一星名曰天策一名傳說國語晉語天策焞焞注策小也方言二又廣雅釋詁二策簡也萱按此類皆冊字也

敕 𢿘 䶦

擊馬也說文段注所以擊馬者曰箠亦曰策以策擊馬而行而敕廢矣呂穀養馬置筴中說文段注以穀敕曰𢿘䶦相值也一曰齧也春秋傳曰晳䶦說文段注定九年文按今左傳作幘謂人色白與䶦二事下相值也按謂上下齒整齊相對詩所云如瓠犀也杜云一曰齧也上今左傳作幘為字古無情則述傳時無此字也

韻史　卷七十五第十六部入聲鼓韻　七六六五

別一義

嘖

嘖或作謮或大呼也說文段注呼當作嘑廣韵嘖叫也左傳定四年嘖有煩言百官公卿表典客太初元年更名大鴻臚應劭曰郊廟行禮讚九賓鴻聲臚傳之也今漢書譌讚○鄭固碑曰郎中鄭固碑嘖慼窮業式碑探嘖研機張平子碑嘖神通五行又荀子正名注嘖爭言也又荀子正名嘖然而不類注嘖噴嗚也廣雅釋詁二○爾雅釋訓嘖嘖爭言也易上傳聖人有以見天下之嘖索隱注嘖初也易繫辭上傳嘖情也嘖有陰陽所以抽嘖化在廣雅注嘖至也左氏定四年傳嘖有煩言注方言又嘖深也小爾雅廣詁又後漢書崔駰傳嘖深也廣詁四注正名注○漢書律厤志上探嘖索隱注又荀子正名注嘖深也又左傳定四年疏云嘖亦深也後漢書班固傳注○易上聖人有以見天下之嘖疏探嘖索隱嘖幽深也後漢書下注嘖謂幽深難見之理疏諺轉也廣雅釋詁四譁讓

韻史　卷七十五第十六部入聲鼓韻　七六六六

涑 捎隔切
擘 保策切

涑 也廣雅釋詁二○俗有漢霡 小雨霡兒說文段注涑涑亦雨聲

擘 或書作擗 擣也記文段注禮記檮泰擗掾釋文擗卜各反注作擗又作擘皆同按卑聲辟聲皆在十六部故記作擗注作擘今注亦作擗矣擘脈謂手裂脈肉也又周禮狐人注曰薜詩如藥黃檗之檗破裂也按薜乃擘之段借西京賦云部析囊簦擘肌分理善引周禮注作擘豈其所擭與今不同敷內則曰塗皆乾擘之喪大紀統一媯不所內則畜為碎雜皆段辟為擘也若孟子以仲子為巨擘巨擘謂手大指也凡大指主開骿四指主合數謂之巨擘今俗語謂裂之曰擘關其字如此 擘大指也儀禮鄉射禮注著古大擘指釋丈士表禮注擺大擘李也釋文又爾雅釋魚首大如擘釋文引三蒼郭注○漢書田蚡傳上文注云擘者入手大指也 手足大指俱名擘釋文又釋魚疏引蒼頡云足大指皆得名擘○漢書申屠嘉傳以材官蹶張注云今之弩以手張者曰擘張以足蹋者曰蹶張 擘破裂也文選西京賦注周禮鄭注

擘剖也廣雅釋言 擘分也淮南要略擘畫人事之始終者也注 擗分也一切經音義九引廣雅 擗折也楚辭湘夫人擗蕙兮既張注 擗拊心也爾雅釋訓又詩柏舟寤辟有摽傳又禮記檀弓下辟踊哭泣注泣注○萱按孝經作擗踊哭泣玉篇引詩作寤擗有摽 辟踊哀之至也禮記檀弓下○疏云撫心為辟釋文云辟撫心也○萱按孝經擗踊釋文云擗本作躃又費鳳別碑云號咷擗踊段若璧為擗也婦咸擗踊同也此

糪 炊米者謂之糪說文段注炊謂飯熟也下言炊糪之失故先之曰炊釋器曰米者謂之糪米者謂飯之米性米熟者也李巡云飯中小米半硬半腥半熟者曰糪腥先定反廣韻引新字林云粥豆中小硬者義相通曰糪

檗 ○俗有檗 黃木也說文段注本艸經之檗也一名檀桓俗加艸作蘗多誤為蘗字 檗黃檗也漢書司馬相如傳注如檗皮可染者文選子虛賦檗離宋楊注引張揖

檗謂之罿罿謂之罬罬謂之罦捕鳥覆車也爾雅釋○說文 罟云檗羂之罿 罼捕鳥罔集韻 織絲為帶謂之縩廣韻玉篇

合口呼
畫 戶脈切

畫 ○俗有畫畫 書古文 劃古文 介也說文段注介各本作畛此不識字義者所改今正八部曰介畫也从八从人人各有介引申為繪事畫之字○漢書地理志上畫埜分州注云畫謂為之界也 畫分也左氏襄四年傳畫為九州注○管子君臣上是故主畫之注畫謂分別其所授事 畫一言整齊也漢書曹參傳若畫一 注 畫劃直畫訓明顯史記若畫一相國世家索隱 畫言端直也文選蜀都賦畫方軌 畫止也論語今女畫 之廣注 塗畫者所以均不均服不服也列女傳 劉注 畫集解引孔安國注又皇疏又法 畫亡也列子天瑞注 言畫學行是恐失畫也注 畫是相過穀梁傳注 其極六年傳以 途出其右而還之畫丘爾雅釋丘云畫丘出其右○釋名釋丘曰畫丘人上

畫 尚書右文凡有指畫皆用右也 畫計也漢書鄒陽傳集注東方朔傳集注○史記屈原賈生傳索隱墨職索隱云惠畫計 列子天瑞注○釋文又漢書匈奴傳下石畫臣毋眾注○周昌傳集注云畫謂畫策 之畫猶 設也公羊傳廿九年疏 畫象者其衣服象五刑也 畫繪也 以五色繪物象也釋名釋書契○又云畫姓名於奏上曰畫刺作再拜起居字皆達其體使書畫邊徐 引筆畫之如畫者也 彩色為畫純書晚顏出命傳畫 畫所以飾容皃也莊子庚桑楚介者移畫外非譽也注○釋文引司馬注云畫飾容之具 畫形也爾雅釋言○注云畫者為形像

劃 ○俗有劃剋 錐刀畫曰劃說文段注謂錐刀之末所畫謂之劃也上文云劃劃傷也劃劃也皆是也○文選遊天台山賦注引字林云錐刀曰劃當按刀下畫奪畫字說文今今小爾

嫿 靜好也說文段注靜者審也廣韻曰嫿分明好皃神女賦曰既姽嫿於幽靜魏都賦曰風俗以韭果為嫿○荀子

切侵
劃

譪

嫿 好也 廣雅釋詁一
嫿 奔馳皃 後漢書馬融傳注

有○俗 嚆 言壯皃 一曰數相怒也 說文
嚆嚆 誇皃 廣韻
嚆 自是皃
譪 言疾皃 玉篇

眽

有○俗 目財視也 說文

韻史 卷七十五第十六部入聲毄韻

七六七一

衇

血理分衺行體中者 說文

神之用也
非譏人謂之遁 或謂之衇
衇 又慧也
眽蜴 中國相輕易 蚩弄之言也 方言
衇 摘 摘 如醫別人 知疾之意 見事者之稱也 釋名

霢

有○俗 霢霂 小雨也 說文
小雨謂之霢霂 爾雅

韻史 卷七十五第十六部入聲毄韻

七六七二

齊齒評

毄

切

毄 相擊中也 說文
擊

擊 支也 說文
椎之也
擊 動也
擊 打也
擊 治也 禮
擊 相當也
擊 戾 猶言了戾也

韻史 卷七十五第十六部入聲毄韻

七六七三

轚

轚 車轄相擊也 周禮曰 舟輿擊互者 說文
轚 閡狀如鮐魚 大五六尺
繫 絓也

墼

墼 令適也 一曰未燒者 說文

韻史 卷七十五第十六部入聲毄韻

七六七四

一曰云云燒謂入於甸甸瓦器竈也工文一義謂己燒之專曰墼此一義謂和水土入模范中而成者曰墼別於由而未經甸竈也喪服柱楣注屋下累墼爲之此必未燒者也枕由明未墼者也亾部坐下曰墼也盖亦謂未燒者今俗語謂未燒者曰土墼

蔎 艸也說文

⿰言裘 或作褔 裘裏也說文段注表其毛而爲之裏附於革也詩曰羔羊之皮素絲五紽皮言其表也羔羊之革素絲五緘革言其裏也羔羊之縫素絲五總合言其表裏也其裏之所用未詳 襡襩也廣雅釋詁一 襡擣也玉篇

說文段注按釋名釋衣服云屐搘也爲兩足搘以踐泥也又云屐不屩可踐泥也屐踐泥者也然則屐與屩有別○廣雅釋器云屐屩也

屐 儉篋切 屩也 木曰屐 莊子天下以跂躡爲服釋文引李注○一切經音義十四引三蒼云屐木屩也又引異苑云介子推抱樹燒死晉文公伐以制屐也 屐似人屐也 釋名釋車○蓋按此屐屐爲車下伏兔之

韻史 卷七十五第十六部入聲𣪊韻

七六七五

踐也古未有屐字

益 隱錫切

○俗有益 饒也 說文段注食部曰饒飽也凡有餘曰饒易象傳曰風雷益君子以見善則遷有過則改 益加也 廣雅釋詁二又周靜算紀下氣損益九寸九分六分分之一注○閣語周語而益之以三怨注云益猶加也

多也 國策齊策可以益割於楚注又漢書高帝紀上集注郊祀志上志下集注灌夫傳集注張湯傳集注李廣利傳集注文翁傳集注西城傳下集注○儀禮少牢饋食禮益多注云益多猶云猶多也 益富也 呂覽貴當其家必日益注 益助也 國語衆泰策於是出利金以益公賓注 益息也 呂覽審時如此者不益注 益漸也

禮記坊記敎亂益亡疏 益猶過也 國策齊策益一言臣請烹注○來東而貴不益爲王注云益亦過也 益大也 國策中山策中山雖益廢王注 益容裕也 易益釋文○繫辭下傳云益德之裕也又雜卦傳云損益盛衰之始也 益增長之名 易益釋文○益疏云益者增足之名又呂覽察今澭水暴益注云益長

韻史 卷七十五第十六部入聲𣪊韻

七六七六

以道相成曰益 鬼谷子捭闔益損去就倍反注○禮記曲禮上請益則起注云益謂受說不了欲師更明說之 益智龍眼也 廣雅釋木○釋艸云益光蔚也萱按此奪毋字充蔚非草名益也集韻云盖毋莞蔚也三字又俗體皆 益州益阬也所在之地險阬也 釋名釋州國○蓋按阬即隘夾也二字云 通用古微書引春秋元命苞云益也謂物鞠底決其氣急切決列矣 之爲言隘

溢

○俗有鎰 器滿也 說文段注禮經一溢米注二十兩曰溢按謂二十兩溢者謂滿於一斤十六兩之外也後人周製字𨥁 溢滿也 廣雅釋詁一又一切經音義十六引字林又後漢書張衡傳注又荀子不苟以驕溢人注 溢 盈也 爾雅釋詁○詩維天之命假以溢我箋云溢盈溢之言也 溢者言其有餘也 漢書東方朔傳溢于文辭注 溢出也 廣雅釋詁一又漢書陳寵傳注○ 溢流出也 史記封禪書銀自山溢集解引蘇林又漢書郊祀志注引蘇林○蕡按書禹貢溢爲滎史記夏本紀作泆爲滎漢書地理志作軼爲滎溢正字泆軼皆借字

韻史 卷七十五第十六部入聲𣪊韻

七六七七

溢盛也 廣雅釋詁二 溢沒也 小爾雅廣詁 溢過也 莊子人間世夫兩喜必多溢美之言注又文選東京賦奉騎遊薛注規 奢泰爲溢 孝經滿而不溢注 一手之盛謂之溢 小爾雅廣量○儀禮喪服傳釋文引王肅等注云滿手曰溢 二十兩曰溢爲米一升二十四分升之一 儀禮喪服傳朝一溢米夕一溢米注又釋文引謝慈注既夕記注又禮記喪大記注○閒傳釋文引劉注 云溢二十兩也又漢書食貨志下黃金以溢爲名注引孟康云二十兩爲溢又國策秦策黃金萬溢注云萬溢金也 二十兩爲鎰 穆天子傳黃金四十鎰注又史記平準書黃金以鎰名注又孟子梁惠王下雖萬鎰注公孫丑下餽七十鎰餽五十鎰注又呂覽異寶金千鎰注○漢書又良傳賜良金百鎰注云秦以鎰名金若漢之論斤也○萱按國語穆傳皆言鎰矣非自秦始 二十四兩爲鎰 國語晉語黃金四十鎰注文選詠懷詩十七首注引國語賈注又吳都賦金鎰磊砢劉注○萱按此別說也聊常一義不爲典要 溢靜也 爾雅釋詁○萱按此溢爲謐也詩假以溢我說文作誐以謐我是其例也益聲益聲音相近又左傳引何以恤我恤亦借字也 溢慎也 爾雅

韻史 卷七十五第十六部入聲𣪊韻

七六七八

嗌

𦐭 作𦐭。隸

咽也 說文段注凡言咽項頸亢胡者自外言之言嚨疾嗌反咽嗌者自內言之故皆從口 自口而入也嗌者扼也扼要之處也 嗌痛而推入注云江東名咽為嗌○莊子庚桑楚兒子終日嗥而嗌不嗄

咽又謂之嗌 氣所流通扼要之處也 釋名釋形體

嗌 喉也

之下接連胸中肺兩葉之間者也

嗌 咽喉也

嗌 謂喉

韻史 卷七十五第十六部入聲數韻　七六七九

溢 言若哇 釋文云嗌不能咽喉也

嗌 喉也

嗌 舌也

嗌 銷也 不楚

嗌 謂嗌也

嗌 嗌喔容媚之聲 楚辭

韻史 卷七十五第十六部入聲數韻　七六八〇

䶠

鹿麑糇 說文嗌也從口益聲

易

蜥易 蝘蜓守宮也 象形 祕書說曰日月為易 象会易

也一曰从勿 說文蜥蜴在艸曰蜥易在壁曰蝘蜓

之謂易

易 三畫也 易之名一言而函三義

易 變也 釋名釋典藝易易也言變易也

易 改也

韻史 卷七十五第十六部入聲數韻　七六八一

猶 違也

易 反也

易 猶 異也

易 猶 代也

易 種 類也

易 疆 易也

易 庵 也

易 官 名也

易 經名也

為之別稱也

韻史 卷七十五第十六部入聲數韻　七六八二

所以守凶吉成敗也管子山權數生生之謂易易繫辭上傳易者渾元
之始是曰大易大戴記易本命注太易者未見氣也大戴記易本命注引易說易
者陰陽之象天地之變化政教之所生禮記題疏引六藝論○易繫上傳乾坤成
列而易立乎其中矣疏云夫易者陰陽變化之謂易者揲蓍變易之數可占者也周禮
大卜掌三易之灋注○簭人五曰巫易注云易謂民衆不說筮所改易也又賈子道德說云易者此之謂占者也乾爲
易許見去聲易字古不分去入也易鄉回鄉回也荀子成相平易鄉注紂凡爵不相襲
者於尊者言更自敵以下言易更作新易有敵之辭也儀禮大射
儀易解興說注義禮易解說注鄭內謂之易周禮鄉師而辨其夫家人民田萊之數注易出敵安
周禮職方氏其浸涤易注○蓋按易與場治營亂子域富否國至觀於國疆之
有易水有易州不可復目爲浸矣
易而場已見吕君釋文易本注○蕢曰 按詩 傳
吟易也釋文易本作場又易大壯喪羊于易○釋文易鄭作場

韻史　卷七十五第十六部入聲敭韻　七六八三

瘍

○俗有痒脈瘍也說文段注脈瘍疊韻字脈瘍者善驚之病也方言曰脈瘍欺謾也又曰脈慧也郭注今言黠爲惠㥶皴又曰慧自關而東趙魏之間謂之黠或謂之鬼言鬼脈也潘岳賦靡聞而驚無見自脈徐爰注言鬼雅性鬼郭注驚者黠桉蜥蜴脂脈跂跂脈亦是此意漢書所云易病者當是瘍之段借王子侯表樂平侯訢病狂易瘍病也廣雅一釋詁瘍癡也廣雅釋詁三

向益切
鬩

恆訟也詩曰兄弟鬩于牆說文段注恆常也故以小兒善訟會意○左氏僖廿四年傳兄弟相闘于牆注云鬩很也爾雅釋言很鬩也○釋言疏孫炎注云相怨鬩爭訟也按詩常棣李巡傳作很很也國語周語注很戾也鬩猶鬩也禮記曲禮釋文注鬩很也○兄弟鬩懼於以恨氏矣追闘很之鬩鳴也上同今謂薄小物爲鬩踴漢書外戚傳下孫寶二枚蘩廣雅釋詁二

數

且唖聲一曰小笑說文段注且唖者聊唖也小笑與字林之笑合注引晉灼說音義同集韻類篇皆作小兒益李笑耳

㓶

字名之○蓋按字林㓶爲滋許之借字可也與易說文段注頭衺者頭不正之兒也左傳齊有慶㓶即慶繩蓋以其頭邪不正爲名㓶頭衺骫㓶態也以繩直爲字名字相應也賈誼傳㓶詬無節段㓶爲謑○蓋按此借㓶爲謑也廣雅釋詁二㓶顛也㓶謑㓶詬無志分也漢書賈誼傳注○蓋按同聲謑同字許上聲

覡

能齋肅事神明者在男曰覡在女曰巫說文段注楚語民之精爽不攜貳者而又能齊肅衷正其知能上下比義其聖能光遠宣朗其明能光照之其聰能聽徹之如是則明神降之在男曰覡在女曰巫是使制神之處位次主而爲之牲器時服韋注齊一也肅敬也巫覡見鬼者今說文齊作齋非國語神明作明神非也女巫此析言之耳統言則周禮男亦曰巫女非不可曰覡也詩譜陳大姬無子好巫覡禱祈鬼神歌舞之樂民俗化而爲之○國語楚語注又漢書郊祀志上男曰覡女曰巫又後漢書張衡傳注並云在男曰覡隱公四年

韻史　卷七十五第十六部入聲敭韻　七六八五

年傳於鍾巫之祭焉注又列子黃帝有神巫自齊來釋文○荀子王制出戶而巫覡有事注又呂覽侈樂作爲巫音注並云男曰覡覡巫也廣雅釋詁四神在男曰覡之淮南精神注鄭醫師在男曰覡之淮南說山注巫用精藉

與益切
嫡

嫡也說文段注按俗以此爲嫡庶字而許書不爾蓋嫡庶字古祇作適以適之言敵也正之正適也所以正之今經傳作嫡者蓋後人所改也廣雅一釋詁嫡正也四引切經音義引字書嫡謂正后也妻漢將有拉嫡相害必而適曰紂居天位而殷之正適也凡今經傳多作嫡者詩天位殷適段借字有一定也釋文云嫡本作適書不○按說文段注俗嫡當用適○婦敵也與匹相敵也左氏文公二年傳釋名夫人之子曰嫡詩大雅宗子惟城注嫡爲適又作嫡者衷能傳通也○釋文云嫡正也國語魯語注又以嫡爲適長注淵○釋文云如淳注引嫡注引詩疏明注疏○適子也漢書五行志中之上乎亂無聽○適夫人也之元年傳公羊隱元年注一適一夫人之子一尊無與適敵以長不以賢注引適夫人之後中子也適室正寢之室也儀禮士喪禮死于適室○管子君臣適無二主皇后宜帝紀注又云適諸侯之後世子也適承嗣者也漢書

韻史　卷七十五第十六部入聲敭韻　七六八六

注室

適

同讀異義主也詩伯兮誰適為容傳又漢書項籍傳集注張晏傳集注文呂覽下賢帝也者天下之適也注適猶從也後漢書荀爽傳注適單也周書寶典八心私慮適注適莫猶厚薄也論語里仁無適也無莫也釋文引范寧注又皇疏○蓋按鄭本適作敵其義同別分布稀疏得所為適歷也周禮遂師注弁謂磨者適歷疏

滴

或作渧去入門讀○俗有適水注也說文段注埤蒼有渧字讀書辭即滴字也○列子力命若何滴滴釋文云滴滴或作滂滂流蕩兒蓋按此所見異辭非閒叚借

鏑

○作鍉矢鏠也說文段注謂矢族之入物者古亦作鍉是聲啻聲同部也矢又謂之鏑鏑敵也言可以禦敵也釋名釋兵○廣雅釋器云鉀鏑鏑也鏑髐箭也史記匈奴傳作為鳴鏑索隱引應劭○集解引漢書音義云鏑箭也鏑矢鏃也文選射雉賦[illegible]馬中鏑徐注注○唐六典十六注引通俗

韻史　卷七十五第十六部入聲敵韻　七六八七

文云鐵鏃曰鏑鍉箭鏃也漢書陳勝項籍傳贊銷鋒鍉注引如淳鍉是杆頭鐵也文選過秦論鑄鋒鍉注引鄧展

樀

○俗有樀戶樀也爾雅曰檐謂之樀朝門說文段注按戶樀謂門檐郭注爾雅及篇韻皆云屋梠則不專謂門樀之言滴也與霤滴相近門部閣下云閣謂之樀樀廟門也許以此樀為朝門之樀彼樀為廟門之樀正謂此檐彼閣分朝廟形異而義隨之也蓋本萬說○蓋按檐閣雖異字樀不得有異也許望文生說後人不容強生分別○國語吳語王背檐而坐注云檐謂之樀樀亦檐也爾雅釋宮檐謂之樀霤注磨牀曰樀御覽七百六十二引通俗文

⿰啇鳥

雉屬戇鳥也說文段注戇憃也

跳盆切

敵

仇也說文段注仇讎也左傳曰怨耦曰仇仇者無好惡之詞相等為敵同之相角為敵古多假借適為敵雜記訃於適者史記適人開戶適不及拒荀卿子天子四海之內無客礼告無適也文子曰一也者無適之道也按後人取文子注

韻史　卷七十五第十六部入聲敵韻　七六八八

論語曰敬者主一無適之謂適讀如字夫主一則有適矣乃云無適子敬者持事振敬非謂主一也淮南書曰一者蕩物之李也無適之道也與文子同正作敵敵讎也國策秦策鄭國敵也注又列子仲尼有讎不疑注敵匹也爾雅釋詁又方言二又太玄中擲列敵度宜之謂義也注敵當也爾雅釋詁又度詁三又許形弓廣雅釋序疏又礼記少儀敵者曰集固顧引服虔○左氏文四年傳見注又史記衛世家敵子敵王所偪注表十五年傳路集解敵子路注疏云敵猶當也年疏云敵者相當又文四之言敵猶對也左氏文六年傳敵惠敵怨注敵強弱等也國策秦策四國之兵敵注敵輩也廣雅釋詁一敵體敵也國語周語在礼必敵三讓注○楚語且夫自敵以下注云敵敵體也敵位敵也國語周語國寡至注敵敵謂勢同者也礼記雜記大夫訃於同國適者注敵正也廣雅釋詁一敵主也廣雅釋詁三

擿

同見義分搔也一曰投也說文段注詩象之揥也傳曰揥所以摘髮也釋文云揥敕帝反摘他狄反又作

韻史　卷七十五第十六部入聲敵韻　七六八九

擿非也擿音直戟反按以許說絕之則作擿為是擿正音他狄反也以象骨擿首因以為飾名之曰揥按所以擿髮即後人玉導玉擿頭之類也廣韻十二霽曰揥者揥枝整髮釵許書無擲一曰投也此義音直隻切今字作擲○廣雅釋詁二又漢書史丹傳集注姓云擿投也擿猶發也後漢書光武紀下聽羣盜自相糾擿注張衡傳嬴擿讖而戒胡兮注○漢書劉向傳乃著疾讒擿要救危注云擿謂擿發之也擿謂勸發之也漢書趙廣漢傳其擿發姦擿伏如神注○谷永傳密擿永令發去注云擿謂擿物之擿獻謂挑發之也漢書孫寶傳救欲擿獻以揚我悉注擿猶開也淮南本經擿蚌蜃注擿楗也漢書史丹傳集注擿除也一切經音義十四引字林擿刻也莊子胠篋擿玉毀珠釋文○處按釋文又云擿猶敲投棄之也則與說文第二長同當讀直隻切矣莊生蓋兼二讀擿擋鼓聲猶鏜鞳也管子宙合擿擋則擊注擿相摩切也文選舞賦擿齊行列注○蓋按此段擿為擿也

⿺走啇

同讀義同注在彼

韻史　卷七十五第十六部入聲敵韻　七六九〇

覿 或作覿覿覿覿○覿字部十六部用讀注在段四 目赤也 說文 覿見也覿覿之也 臺按段詳四部讀下

狄 北狄也本从犬種狄之為言淫辟也 說文段注北各本作赤誤今正赤狄乃錯居中國狄之一種耳狄與路皆在北兩路在東北狄在正北王制疏引李巡爾雅注云五狄者一曰月支二曰穢貊三曰匈奴四曰單于五曰白屋王制明堂位皆言東夷南蠻西戎北狄風俗通云狄父子嫂叔同穴無別狄者辟也其行邪辟其類有五釋辟者今之辟字○公羊隱四年傳又同禮職方注虹云北方曰狄又同禮職方氏司農注云北方曰路狄又白虎通禮樂云北方曰六狄又詩旄工序人迫逐蔡戾疏云狄者北羌之號狄 北辟之民曰狄 大戴記千乘 狄者易也辟易無狄別也 白虎通禮樂 狄辟也 廣雅釋言又通鑑注漢紀廿五引風俗通 狄敭也 廣雅釋詁三 狄驛也 廣雅釋詁四 狄達也 詩泮水釋文引王注 西方曰狄難 礼記王制又同禮秋官序官胥注○象胥疏云狄即敵也象 狄人樂吏之賤者 礼記喪大記狄人設

韻史　卷七十五第十六部入聲皵韻　七六九一

階注○書顧命命狄設黼扆綴衣既出傳云狄下士之轉 狄山一曰湯山 山海經海外南經○螢按湯狄一聲 狄臧樸貢綦 爾雅釋木 欒絕有力狄 爾雅釋獸 狄亦翟也 礼記玉藻君命屈狄疏○玉藻夫人揄狄疏云狄讀如翟又周禮內司服注云狄當爲翟○壹揄狄翟二字五狄借通用翟矣又詩泮水狄彼東南箋云狄當作剔又釋文云趯韓詩作鬄又荀子非十二子狄狄然注云狄讀爲趯此皆謂狄爲段借字 狄羽也 狄 羽舞也 礼記樂記注又史記樂書注 狄滌往來疾皃 ○礼記樂記注又周禮司服注云狄讀爲滌 戍之鴉戍與越也○成王尚書伯申經義述聞云樂書注滌讀為往來疾皃

逖 遠也 說文段注按今字詩毛傳言遠也 逷 古文逖 遠也 詩大雅瞻卬傳 ○又段注經傳言逖不同逷易借也

韻史　卷七十五第十六部入聲皵韻　七六九二

惕 王愚注又史記司馬相如傳逖聽者風聲解引徐廣注云逖遠也○爾雅釋詁又廣雅釋詁一又段漢書西域傳注云逖逖 敘利兒也 楚辭九歎注 逖 爲逖逖 憂也 按易此謂借逖爲惕 惕 敬也 說文 惕懼也 易乾九三夕惕若厲 惕 惕也 惕 惕懼也 惕 恐懼也 惕 驚也 惕 憂也 惕 猶惕也 惕 疾也 惕 憂也 惕 惕也 惕 愁也 惕 爲惕 惕 惕 猶忉也

韻史　卷七十五第十六部入聲皵韻　七六九三

三云惕古文愁同

鬄 髢

骨閒黃汁也讀若易曰夕惕若厲 說文 或作剔鬄捌髢○俗 鬄髲也 說文段注此篆今經典不見而五經文字曰鬄聽亦反見詩風注所云詩風注

韻史　卷七十五第十六部入聲皵韻　七六九四

韻史 卷七十五第十六部入聲皷韻

剔，憂也。剔，鬄也。剔，沖去也。剔，屠也。剔謂剔去髮也。剔，治也。剔，除也。去骨曰剔。肆，剔也。肆，解也。肆解。

七六九五

韻史 卷七十五第十六部入聲皷韻

牲體以祭，因以爲名。治肉曰肆。

七六九六

秝 亮益切

秝，疏適秝也。秝，疏也。

厤 治也。

歷

過也，傳也。歷，經也。猶經也，離也。歷，猶次也。歷，行也。歷，久也。歷，涉也。歷，逢也。歷，選也。歷，疏也。歷，相也。歷，試也。歷，干也。歷者，適也。上通下達謂之洞歷。歷歷，亂也。歷錄，蓋文章之皃也。

韻史 卷七十五第十六部入聲皷韻

七六九七

歷謂歷觀之。歷指，猶歷覽皃。歷歷然也。鼻中出歷。釜鬲也。簡歷謂算具陳列之也。歷猶算也。麻數也。歷，術也。厤數之元也。厤者正行也。厤者，聖人所以揆天行而紀萬國也。厤者，天地之大紀。歷紀厤數綱紀也。厤象謂日月星辰也。

韻史 卷七十五第十六部入聲皷韻

七六九八

櫪⿸尸歷

以治麻明時虞注日月運轉於天猶如人之行步故稱麻謂之步麻左氏文元年傳注步麻之始疏麻命麻數天命也文選辨亡論上麻命應化而微注麻以治大戴記曾子天圓聖人慎守日月之數以察星辰之麻謂行以序四時之順逆謂之麻麻居陽而治陰注治麻明時編次歲事也太乎參攤則編時注麻麻正主治麻數正天時之官左氏昭十七年傳注麻正之官疏⿸尸歷下也說文段注謂履之之底也行地經歷者今人言履歷當用此字櫪撕逗柙指也說文段注柙指如今之拶指故與械杆椌楷為猶莊子曰罪人交臂麻指麻指謂以櫪撕押其指也對絛子曰東人之指而訊因之情○一切經音義十二引字林云櫪撕柙其指也又引通俗文云孝具謂之櫪撕萱按考具俗作拷櫪撕疊韵字櫪養馬器也方言五櫪注○文選南都賦楓柙櫨櫪注云櫪與櫟同萱按此再引申之義非古說也

瀝

或作瀝漉也一曰水下滴瀝也說文段注文選魯靈光殿賦李注引水下滴瀝之也許急瀝淥皆訓自下而上之滴瀝則為自上而下之故殊其義瀝流也文選思玄賦激飛泉之瀝液兮舊注○後漢書張衡傳注云瀝液微流也瀝酒也廣雅釋器瀝清酒也楚辭大招和楚瀝只注

磿

或作磿石聲也說文段注左思蜀都賦原㬎兕彈飛丸以礌礰集韵曰礰即磿字磿為石聲者謂其聲歷歷然玉篇曰石小聲是也周禮遂師抱磿後鄭云磿者適歷執紼者名也是段磿為歷史記樂毅傳故鼎反乎磿室戰國策作歷室蜀都賦語見太平御覽世說新語注引左思別傳作鬼彈飛凡以礌礰按鬼彈見水經注若水篇非佳物也故改定之卒無此語磿歷也史記樂毅傳集解引徐廣○萱按國策楚策遂自棄於磿山漢書李通傳注引作磿下東也周禮遂師及窆抱磿司農注磿室宮名史記樂毅傳索隱

⿰王毄

玉也說文

酈

○俗有陶南陽縣說文段注南陽郡酈二志同秦二世二年沛公攻析酈皆下之則是秦所置縣今河南南陽府內鄉縣東北有故酈縣城按蘇林如淳皆音擲小顏漢書注酈姓音歷縣名音同蘇如○萱按麗與歷貫聲似酈字通當音歷蘇如音不必泥

鬲

⿰鬲瓦或⿸厤瓦漢令鬲从瓦麻聲⿲弓鬲弓古文○俗鎘[illegible]有鼎屬也實五穀斗二升曰穀象腹交文三足⿲弓鬲弓古文亦鬲字象孰飪五味气上出也說文段注考工記陶人為鬲實五穀厚半寸脣寸大鄭云穀受三豆後鄭云穀受斗二升按瓬人職云豆實三而成穀大鄭本之今俗本誤為穀受三斗誤甚許亦言穀所受者角部穀下無此義也魏三體石經以鬲為大誥嗣無疆大歷服之歷同在十六部也楚世家楚武公曰居三代之傳器登三翮六翼以高世主小司馬曰翮亦作翮同音歷三翮六翼謂九鼎空足曰翮翼即耳事見爾雅按翮者鬲之假借字翼者戟之假借九鼎款足者三附耳於外者六也爾雅曰鼎款足謂之鬲附耳外謂之戟漢令謂戟於今甲令乙之鬲字也象孰云云謂紒也鬲⿲弓鬲弓本一字鬲專象器形故其屬多

謂鬲⿲弓鬲弓象孰飪之气故其屬皆謂孰飪○萱按說文鬲⿲弓鬲弓分二部義有詳略其所屬之字亦因之而別鬲形如鼎列子天瑞鬲如也注鼎足相去疏闊曰鬲也爾雅釋器鼎款足者謂之鬲舍人注○郭璞云款足曲腳足中空不實者名曰鬲漢書郊祀志上其空足曰鬲注引蘇林○萱按說款足者蘇林與小司馬義同與舍人郭璞異鬲鬴也廣雅釋器鍑吳揚之閒謂之鬲方言五重鬲鬲將縣於重者也儀禮士喪禮新盆槃瓶廢敦重鬲皆濯注○禮記喪大記陶人出重鬲疏云重鬲者謂縣重之罌也是瓦瓶受三升鬲謂轅端厭牛領者考工記車人鬲長六尺司農注○萱按此段鬲為搹也鬲是搹物之稱儀禮士喪禮注鬲搤也○萱按此段鬲為搹也疏鬲謂隔絕於上荀子大略鬲如也注○萱按此段鬲為隔也鬲咽謂食飲入而復出也素問至真要大論鬲咽不通注○萱按此段鬲為膈也說文無膈古祇用鬲若隔左氏傳謂之膏肓

⿰酉鬲

或作⿰酉歷⿰酉鬲也說文段注廣韵曰下酒也謂滴瀝而下也在水部作瀝在酒部作醨周禮量人作歷古文段借○萱

按酺下云酺酒也二義為轉注酺音以孔下酒也

蔄 夫離上也說文段注按前既有莞艸可以作席之文復出蘺字明爾雅蔬苻離非可以作席之莞也○爾雅釋艸莞苻蘺其上蔄注云蔄謂其頭臺首也今江東謂之苻蘺西方亦名蒲中莖為蔄用之為席又邵氏爾雅正義引本艸云白蒲一名苻蘺楚謂之莞蒲其上臺別名蔄 蔄山蒜爾雅釋艸○萱按與夫離上同名異物當亦謂蒜中莖也

摘 軫益切 拓果樹實也一曰指近之也說文段注拓者拾也拾者掇也掇者拾取也果樹實者有果之樹之實也拓之謂之摘引申之凡物一取亦曰摘此篆與擿音義殊一曰云云別一義 摘取也廣雅釋詁一又一切經音義十六引蒼頡 摘以指摘取也一切經音義十四引蒼頡 摘搔也後漢書隗囂傳注 舒而無窮者摘也列女傳母儀 摘相摩切也文選舞賦注○萱按此段摘為擿摘也之擿

擿 寵益切 重見義分○俗有擲 搔也一曰投也說文段注一曰云云與上文投者擿也為轉注今字作擲凡古書用

韻史 卷七十五第十六部入聲數韻　七〇三

投字皆作擿許書無擲○萱按前義讀眺益切已見前○廣雅釋詁三又漢書史丹傳集注並云擿投也 擿擿投棄之也莊子胠篋擿玉毀珠釋文○萱按詩北門王事敦我箋云敦猶投擲也據釋文本是投擿也轉寫者易為擲耳作摘者彌誤

蹢 或作躑○ 蹢躅逗 逗足也賈侍中說足垢也說文段注逗者止足也易曰羸豕孚蹢躅三年問鳴號焉蹢躅焉蹢躅之雙聲疊韻曰路跦曰峙踞曰蹇箸俗用躊躇賈謂足垢為蹢躅曰踟躕 躑躅跬足不進也一切經音義八引字林 躑躅以足擊地也荀子禮論注 躑躅上下不去也後漢書蘇竟傳注 蹢躅不靜也易姤釋文 蹢躅踟跦也廣雅釋訓○萱按文選別賦知離夢之躑躅文賦始躑躅於燥吻古詩沈吟聊躑躅司馬紹統贈山濤詩撫劍起躑躅陸士衡答張士然詩躑躅千畝田無處皆作躑不作蹢矣

⿺麥啇 重見 麥覈屑也十斤為三斗說文段注⿺麥啇下云麥屑之覈謂其堅此云帶覈之屑謂其糠碎殽之與

韻史 卷七十五第十六部入聲數韻　七〇四

尚未破末麩與麲末分是為麲廣雅云麩麵又云麲麩皆謂麩末離析九章算術曰小麵之率十三半大麵之率五十四麥八斗六升七分升之三得小麵二斗五升一十四分升之一十四三麥一斗得大麵一斗二升麥䴬音長曰細曰小麵粗曰大麵然則九章之小麵許所謂麩也九章之大麵許所謂麩及麵也十斤為三斗然則一斛為三斛也蓋出古算經

⿺麥啇稍也 廣雅釋器○萱按本書麥稍引申為凡稍也稍者骨之俗

滴 ○俗有滴下未舉此義今俗謂水滴侵物入其內曰滴當作此字 土得水沮也說文段注魏風毛傳云沮洳其漸洳者眾經音義引倉頡篇云沮者漸也許君沮字

晹 日覆雲暫見也說文段注覆雲者掩於雲暫見者倏見也此與目部睗義略同

睗 目疾視也說文段注鍇本疾作孰非古睒睗聯用雙聲字也韵會引鍇本作目急視○文選吳都賦忽其所以睒睗注云睗疾視也

韻史 卷七十五第十六部入聲數韻　七〇五

湜 ○俗有湜 水清見底也詩曰湜湜其止說文段注邶風曰涇以渭濁湜湜其止毛云涇渭相入而清濁異按毛本作止鄭乃作沚毛意涇以入渭而形己濁且以己形渭之湜湜然清澂喻君子以新昏而不潔己且以己而盍見新昏之可安止者水之澂定也鄭易止為沚云小渚曰沚湜湜釋沚兒喻君子得新昏致謂己恐己之持正守初如沚然不動搖是其訓湜字比賦傳是字之解為之非水清見底之謂矣 湜清也廣雅釋詁一

寔 正也說文段注正各本作止今正召南毛傳韓奕鄭箋皆云寔是也春秋桓六年寔來公羊傳曰寔來者何猶云是人來也穀梁傳曰寔來者是來也按許云正者是也然則正與是又訓寔與是音義皆同此云寔正也卽公穀毛傳鄭之寔是也詩湜湜其止鄭箋尚以持正釋湜而古多有以實為寔者韓詩實命不猶卽寔命不猶也大雅韓奕實墉實壑實畝寔墉寔壑也周語咨於故實即故寔故韋云故事之是者也實寔音義皆殊由越魏之閒實寔同聲故相叚借耳者杜預注春秋寔來曰實也則非是也 寔是也爾雅釋詁文文選西京賦寔為咸陽薛注 寔置也易坎寔于叢棘釋文引姚注 寔實也文選西京賦寔蕃有徒薛注又孔孔坊記寔受其福疏○萱按徑以寔釋實釋

韻史 卷七十五第十六部入聲數韻　七〇六

寔異不辨二字之本異矣寔之調清備於薛與杜而孔疏洛沿之實是也爾雅釋詁又詩燕燕釋文韓異
箋又貫辭抽思注○詩頍弁箋云實猶是也○蓝按寔實異部而叟聲最近故可段實為寔非若薛綜杜預經訓寔為實
也

冟

飯剛柔不調相箸說文段注按玉篇作飯堅柔不調也無不字者非也堅與柔不鮮謂不純堅不純柔柔者
與堅者兩相附箸飯之不美者也米者謂之粲則純有性者也

適

州見異義之也說文段注釋詁此適之往也分言之逝徂適往也○有嫡適采魯發語動也往也而曰之許意蓋以
之興往自人○詩北言之不往也日日之適也
日之興卦往有姐人適適野人使○有詩言王事自所往我傳列言之也
館分傳傳叔女子別嫁逝曰徂往適行自人野適小叔田嫁別
適歸比注又周子于從行適大杜注又大叔傳適也論禮記問禮之所述
曰辭又注內則以禮注將父母人使適箋四方之注注又又不行適嫁四方之
集適越者因語晉適注傳言呂覽士節論語子于將馬可適與有月適致意
南困氾論未可以適從注注子將為適亦云以為適之適也注又注集解周適
適猶如也之也

𣪠梁哀十四年傳適往也詩卷伯誰適與謀箋又論語子路故大其適也注注所以適將來之疏云適猶一又適人也又騑子欲自而不可所之適曰人也
子王霸審合注○適禮記曲禮人之所以舍也詩適往人又適興荀爾
適謂往嫁也注適禮適人云適行人而天下女所適也
也人適近也注以文選寡婦賦注云人而行所大夫也○上日嫁禮往
於士庶人適始也從子嫁反注云適行適猶不往也又云者大夫人以上曰嫁
曰適人注民適至也莊子天地釋文引又云適以十一月切經音義二十一
五年適傳注適歸也
如所適來適己也猶向己也以管子弟子職注引鍾馬融注司而音義三二
真適注適猶得也注書大傳後漢書注又不適引蔡邕之為選文王命論語國語
班貢注也猶所以也適宜也傳漢書南適注皆以為適
亂注適猶所也後漢書注奴傳適宜也能得適也注皆不若南得說事
適當也傳漢書集注注能呂覽用適適宜適也不准若南得說事山
之適注所適時也呂覽不明理注其風適然者有時而然也經鬼谷符子本
有適注適注適調適也秉則離合異邪論適而自獲之○適子法行
然注適適調也璣衡適並見情也注云適王之異澤調荀之處有

也適猶調也史記日者傳歲穀不熟不能適索隱適音又云適中適也呂覽侈樂此六者非適也注適過
音和心在于行適注○何謂適衷音之適也動中禮儀之謂適呂覽理不適
也注補滿為適漢書黃霸傳集注引孟康適猶節也呂覽重己故聖人必先適欲注又淮南精神適
情辭條注適猶等也呂覽一鶤處方其注石爍適和也漢書王吉傳集注
騰從寒若於適注注又呂覽大樂適悅也一切經音義三蒼適快也漢書賈山傳
傳集注適善也廣雅釋詁一適閑也小爾雅廣言一適悟也廣雅釋言適牾也方言
十三氣之害人者謂之不適環鶤子適驚視自失兒莊子秋水適又適
然驚文適辟領也儀禮喪服記注適博領四寸出於衰記注適婦人謂嫁曰嫡按廣韻人○萱為
釋文不待加女旁也凡此字皆當用嫡字又為人自據將安用之適
嫁之段借甚多或段為適或段為嫡或段為翅或段為之適又按與
適皆有正字可歸各正字下不特出
論見
封

𧷤錫切

脊

𧷤作脊背呂也說文脊積也積續骨節脈絡上下也釋名釋形體脊者
體之正也食時則祭之飯必舉之貴之也儀禮士昏禮特牲饋食禮以授尸注云脊正體之貴者也又士虞禮記脊脅注云脊正脊正脅也二注○易咸其脢虞注又列其夤虞注漸或得其桷虞注坎為脊○說卦傳云坎為美脊
也萱按此為踏字蓋脊令雝渠也詩常棣脊令在原傳○釋文云脊本作即又作鶺鴒又作即令按脊即同音通
用段故左傳作鶺鴒又周禮即鵲氏脊
請為瘠亦段作瘠也瘠又即翩字
脊理也詩正月有倫有脊傳脊理也論語
脊脊相踐藉

踏

小步也詩曰不敢不踏說文段注毛傳踏累也足部引詩作
趚踏象足也詩正月傳踏足也累者小步之至也走部引詩
踏䟡足也後漢書李固傳注伸而長已絕傳注文選東京賦又崔琦高天踏地
踏脊相踐藉也莊子在宥天下脊脊大亂釋文○又云脊脊相踐藉義與踏差
近當作
踏踏耳

膌
或作瘠俗有膌○
瘠 古文瘠也 說文段注瘦膌也凡人少肉則脊呂歷然故其字從脊大雅串夷載路
箋云路瘠也天意去殷之惡就周之德文王則侵伐混夷以
瘠之此謂路為露也瘠者露骨○管子入國必知其食飲飢
寒身之膌胜而衰諸之注云膌胜瘦也 瘠瘦也 禮記曲禮毀瘠不形釋文月令瘠則肥瘠疏又左氏襄廿一年傳
甚矣注又史記劉敬叔孫通傳羸瘠老弱索隱 瘠瘦也 漢書食貨志上而國亡捐瘠者注○公羊莊廿年傳
注云瘠病也齊人語也 瘠臞也 周禮大司徒其民皙而瘠注 瘠健之甚者為多骨也
易說卦為瘠釋文引王廙○董按釋文瘠李作柴此義近通
段字說也又孟子寺人瘠環說苑作脊環此聲同省借字也
瘠養薄也 荀子富國若是則瘠注 送死不忠厚不敬文謂之瘠 荀子禮論
○瘠注云 瘠謂省約 禮記樂記使其曲直 境确為瘠 國語魯語土
注處之薄 肉腐為瘠 漢書食貨志上集注引孟康○董按此瘠謂土瘠而
借通用矣又漢書王𩒹傳皆吐血毀皆段借與公羊大瘠同也又後漢書東
海恭王𩒹傳皆吐血毀皆此段皆為瘠也皆即𦜕字𦜕同史記作
又漢書嚴助傳從此見羸皆老弱皆皆字同史記作𦜕

韻史 卷七十五第十六部入聲錫韻　七七一一

鰿
羸瘠老弱馬用 大瘠者何痢也 公羊莊二十年傳
正字班用借字
或作鯖 俗有鯽 ○ 鰿魚也 說文段注今人所常食也按或作鯽即非是 鯖鮒也
鯖責聲亦十六部也
廣雅釋魚○董按爾雅貝小者鰿借為鯖字也貝名不合從魚

趚
側行也 詩曰謂地蓋厚不敢不趚 說文段注側行者謹畏也小雅趚作踖毛曰踖累足
也足部引不敢不踖此不同者蓋三家文異也

迹
或作跡蹟 俗有踈 ○ 蹟 或 速 籀 步處 說文段注十六部小篆行作速故音
則當入弟部而非弟部之形聲矣弟陽冰云弟丞相持束作
作亦謂此字也責亦束聲也小雅念彼不蹟釋獸鹿其跡速
釋文弟又作蹟素卜反引字林鹿跡也按廣雅正速字解之誤周
時古弟云其速速速之名不嫌專係鹿也廣雅蹟速跡字解亢跡
也即爾雅麋跡蹟鹿跡速麝跡解免跡迒也䴥麛跡字音迒迹
反集韻云迹或作跡然則字林從鹿速聲素卜反之字紕繆
齊甚或以㲋入爾雅又或以䴥入鹿部䴥麛二字之間其誤
可不辨自明矣○董按迹變為跡猶速變為跡也廣雅以跡

韻史 卷七十五第十六部入聲錫韻　七七一二

釋跡者漢人以今字釋古字之例 所履為迹 楚辭惜誦言與
行其可迹兮注
○節子留令猶迹求履之實也注云迹者履之行所出又莊子
天運 六經先王之陳迹也 迹豈履哉
論語先進不踐迹皇疏 迹蹤也 呂覽必已不如相
與追而殺之以滅
迹 舊迹也 論語 迹謂
其迹注周禮地官序官迹人注云迹之言跡知禽獸處 深
迹 宜
尋其蹤迹也 漢書季布傳迹且至臣家注○平當傳
其迹注云迹謂求其蹤迹也
跡猶尋也 後漢書儒林傳注 跡蹈也 小爾雅廣言 迹行也 楚辭
悲回風見伯夷之放迹注 迹道也 楚辭天問昏微循迹注○
蹟不惰道也 蹟止也 廣雅釋詁三 詩沔水念彼不蹟傳云不
也 積累而前也 釋名釋言語 跡者基也 論衡奇怪 跡積
詩注引春秋 迹功業也 ○文選弔魏武帝文遠跡注 文選顏延年
公誠圖宋注 迹行迹謂功績也 應詔讌曲水
○董按楊統碑勤速藐矣 楢於促路注 用速字 僅

韻史 卷七十五第十六部入聲錫韻　七七一三

見此迹迹不安也 廣雅釋訓○方言十云迹迹不安也江沅之間謂之迹迹 迹迹屑屑皆往
來之皃也 方言十注

績
緝也 說文段注豳風八月載績傳曰載績絲事畢而麻事起
事也業也功也 矣績之言積也積短為長積少為多故釋詁曰績
曰績功也○一也言也成也也左傳曰遠績禹功大雅曰維禹之績𦂳也
一功經音義十四引字林云績緝也 績傳
績緝麻之名 詩七月疏 績繼也 爾雅釋詁 績事也 同上 績功也 爾雅釋詁又公
羊桓十三年經注又國語周語序績也注又穀梁宣十二年傳
又成五年傳注又國語莫非嘉績注又魯語男女效績注
齊語世法文武遠績以成名注魯語國無敗績注無大績於
民故也注又孟子為其上謨益都君成我績注又離騷恐皇
與之敗績注○左傳昭 績業也 爾雅釋詁又詩 績功業也 荀子
元年疏云績亦功也 文王有聲傳
禮論精厚者流澤廣 績成也 爾雅釋詁 大崩曰敗績 左氏莊十一年
積薄者流澤狹也注
傳

積

聚也 說文段注禾與粟皆得偁積引伸為凡聚之偁漢與詩叚箸為積○廣雅釋詁三又後漢書楊賜傳注又列子湯問聚柴積而焚之釋文竝行積聚也 積積聚之物也 漢書刑法志完者使守積注○禮記儒行不祈多積疏云積積聚財物也 積儲也 國語楚語無一日之積注○後漢書明帝紀注云積精猶儲積也 積叢也 小尒雅廣詁 積重也 素問著至敎論積并則為驚病起注又廣雅釋詁四 積多也 漢書食貨志下集注○太玄玄錯云積也多又玄衡云積多財 積衆多也 公羊莊十七年傳瀸積也注○莹按釋文積本作漬然則舊讀去聲者乃漬之音非積之本音矣 積塡委也 荀子脩身不窮窮而通者積焉注 積委也 淮南主術而有六年之積注 少曰委多曰積皆所以給賓客 周禮大司徒令野脩道委積注遺人掌邦之委積注○遺人疏云三十里言委五十里言積又宰夫掌其牢禮委積膳獻飲食賓賜之飧牽注云委積謂牢米薪芻給賓客道用也又牛人共其牢禮積膳之牛注云積所以給賓客之用又司儀主國五積注云賓所停止則積又左氏僖卅三年傳居則具一日之積注云積芻米禾薪○莹按積字舊分去入二音積多也入聲積衆多也則讀去聲

積塡委也入聲積委也少曰委多曰積則讀去聲緐析瑣屑實非有確然當分者在也茲併歸於入聲俾學者觀其會通知強生分別直無事自擾而已豈足奉為科律乎又按彼出有藉字訓積讀去聲然則積讀去聲者藉積為正借字也 積謂歸湊也 大戴記子張問入官源泉不竭故天下積也注 積謂積滯不通 漢書嚴助傳集注 積習也 荀子儒效有師法則隆積矣注解蔽私其所積注 積積習 荀子榮辱安知廉恥隅積注 坎習為積 易象上傳德積載也虞注 坤為積 易象下傳積小以成高大虞注 積謂襞積 漢書外戚傳下張注 素積素裳也辟積其要中使蹙因以名之也 釋名釋衣服○禮儀士冠禮素積注云積猶辟也以素為裳辟蹙其要中又荀子富國注大同 積弩連弩也 淮南兵略積弩陪後注 積竹刺杖者驕塞少年杖也 御覽七百十引新序 積石山名今在金城河關縣南河出北山而東南流 穆天子傳一積石之南河注 銅未鑄鏷曰積石 論衡量知○莹按或叚積為績見荀子禮論注或叚積為迹見後漢書鄭晨傳注南匈奴

傳注皆音同通同也

磧 淺錫切

水渚有石者 說文段注渚丘水中高者也 磧小渚有石也 晉中音義中引字林 磧礫淺水見沙石之皃 文選吳都賦覽其磧礫而不窺玉淵者劉注○一切經音義廿二引三蒼云磧水中沙堆也 磧歷不平也 文選上林賦下磧歷之坻注引張揖○史記司馬相如傳集解引郭璞云磧歷阪名也又正義云磧歷淺水中沙石也又漢書相如傳上注云磧歷沙石之皃也 上磧山名也仲雍謂之大小竹磧也 水經江水注 吳越謂之瀨中國謂之磧 漢書武帝紀甲為下瀨將軍注引臣瓚

刺

去入兩讀注在彼○俗有刺

霓 仰錫切

平入兩讀注在彼○莹按後人因沈約雌蜺連蜷讀入聲逆疑霓不當讀平其實兼兩音也蜺者霓之叚借字其本義本音無入聲也 墆霓高皃也 文選西京賦直墆霓以高居薛注○莹按此讀入聲為洽遠在休文之前

屔

石地惡也 說文段注集韻類篇皆曰碣屔石地按石部曰碣石地惡也二篆疊韻

鶂

或作鷁鷊○俗有艗 鷊 或 䳭 司馬相如鶂从赤 鶂鳥也春秋傳曰六鶂退飛 說文段注字見春秋經文十六年三傳皆同今皆左兒右鳥水鳥也博物志曰鶂雄雌相視則孕或曰雄鳴上風雌鳴下風蘇綜曰鷁首者船頭象鷁鳥厭水神按今字多作鷁○莹按詩卬有旨鷊叚鷊為鷁也 鷁者陽禽 左傳僖十六年正義引洪範五行傳 鷁者鳥中之耿介者 公羊僖十六年傳注 河澤之鳥視而生曰鶂 列子天瑞○後漢書馬融傳注云鶂白鶂也又莊子天運夫白鶂之相視釋文引司馬注云鶂鳥子也又白孔六帖引三蒼云鶂鳥高飛似雁目相擊而孕吐而生子其色蒼白 鶂水鳥也 爾雅釋鳥注似鶂鳥短頸釋文又左氏傳十六年經注又公羊傳十六年釋文又漢書五行志下之下司馬相如上浮文鶂注引張揖劉向傳注又後漢書班彪傳上注○一切經音義十九引埤蒼云鶂水鳥善高飛者也 鷁鳥名也今江東貴人船前作青雀是其像也 方言九或謂之艗艏注○莹兒兒按艗艏字尤後尤俗可不製鳥鳥

鷊

鶃鳴之聲孟子滕文公下惡用是鶃鶃者為哉注○音義上引丁音云鶃鶃鵝也鷊或作綬艸也詩曰邛有旨鷊是說文段注陳風邛有旨鷊傳曰鷊綬艸也釋艸曰鷊綬按毛詩作鷊段借字也今爾雅作鷊與說文作鷊不同者鶃鷊同在十六部也陸璣曰鷊五色作綬文故曰綬艸鷊者襍色如綬文之艸也爾雅釋艸注小艸有雜色似綬疏

錫 想益切

銀鉛之閒也說文段注周禮丱人注曰錫也職方氏注曰鑞鑞字說文無經典多段錫為賜字凡言錫予者即賜之段借也錫謂之鈏爾雅釋器○萱按說文鈏下云錫也是為轉注白錫今白鑞也山海經中山經龍山多錫注○周禮職方氏其利金錫竹箭注云錫鑞也錫青金也漢書司馬相如傳上錫碧金製注赤銅謂之錫廣雅釋器錫賜也錫與也萱按此詳賜下錫細布也錫纕錫易也治其麻使滑易也萱按此詳緆下緆之借字也

緆

[麻易]或細布也說文段注布一本作麻古亦許布為麻也燕禮冪用綌若錫鄭注今文錫為緆緆易也治

其布使滑易也按今文其字古文其假借字也子虛賦被阿錫即列子之衣阿錫許意從禮今文古錄錫字喪服錫衰傳曰錫者何也麻之有錫者也錫者十五升抽其半無事其縷有事其布曰錫按據是則錫之與緦但一事其縷一事其布為少異耳其為十五升之半則同也何緦下偁傳以釋之而錫下不偁傳也曰緦在五服之內故聖人特製其字錫衰不在五服內故聖人用錫之名不別為製字錫衰之錫與細布之錫其實不同也蓋古者布十五升為麤細十五升布成治之使滑易是曰錫錫衰則半十五升而治之亦名曰緆實非緆也是以傳之釋經也先之曰錫者何也麻之有錫者也有讀為又言麻既為布矣而又加灰易之此言緆之本義也繼之曰錫者十五升抽其半無事其縷有事其布曰錫此釋錫衰之錫也兩言錫者意各有在許作字書釋緆以本義故祇曰細麻而不必詳十五升去半之緆益用傳前說以色後說矣先鄭曰錫麻之滑易者劉熙曰錫易也治其麻使滑易也古說謂治麻曰錫○漢書禮樂志曳阿錫注引如淳司馬相如傳上被阿錫注引張揖茲云錫細布也

飾裳在幅曰綼在下曰緆儀禮既夕記縓綼緆注

錫纕錫易也治其麻使滑易也釋名釋喪制

大夫弔于命婦錫衰

命婦弔于大夫亦錫衰儀禮喪服記○周禮司服云王為三公六卿錫衰錫者不治其縷衰在內也緦者不治其布哀在外也儀禮喪服記注

裼

但也說文段注但各本作袒今正人部曰但者裼也故此云裼者但也是為轉注在許當時確知訓裼之字作但不作袒自許至今經傳子史皆為袒裼不為但裼之許書僅存可識字之本形本義又以下皆字云改袒之則古形為古義矣解是許之不通甚矣考諸經傳凡中衣之外上衣皆為裼衣曰衣之外上衣玉藻裘之裼也見美也服之襲也充美也鄭曰裼者免上衣見裼衣凡當盛禮者以充美為敬非盛禮者以見美為敬禮尚相變也按覆裘之衣曰裼作禮而具上衣見裼衣謂之裼不覆裼衣謂之襲鄭注玉藻曰袒而有衣曰裼以財於無衣曰袒也經傳凡單言裼者謂免上衣也凡單言袒者謂免衣肉袒也肉袒或謂之袒裼釋言毛傳曰皆肉袒也是也許君肉袒字作膻在肉部而袒作但亦肉膻袒裼字與鄭異而義同裼襲之制詳見聘禮注疏詩斯干假借為裼字禮注曰古文裼皆為賜○廣雅釋詁四又史記張儀傳徒裼以趨敵索隱注云裼袒也又禮記玉藻錦衣以裼之

注云袒而有衣曰裼又樂記周旋裼襲疏云裼謂袒上衣而露裼也萱按但字悉改為袒上逐不可一一說正失習非勝是有如此者

裼表裘也禮記檀弓注袪裼之可也而孰故偏袒疏上又加衣也初學記引賀氏五經要義

裘上有衣謂之裼左傳哀十七年注

裼衣謂之裼裼之言露可見之

裼主於有文

飾之事引庚包韓詩翼要云裼為裼也常聲同部故詩斯干載衣之裼

析

破木也一曰折也說文段注斯下云析也析薪以斤

析解也又南淮假真析才士之腔注

析分也詁一又

斤斷艸其義一也魏都賦注引說文析破也

李異○公羊宣十五年傳析骸注

經音義十

五引聲類

漢書宣帝紀集注禮樂志集注溝洫志集注鄒陽傳集注呂

邑哀王禮傳集注又華嚴經音義下引漢書音義○漢書楊

雄傳下析人之圭注云析亦分也析中分也史記司馬相如傳析圭而爵索隱引如淳析分異也荀子王制析愿禁悍注析者是除去之辭詩車舝箋之析其木以爲薪風○董按魯峻碑柎薪芇何張遷碑陽氣厥析字皆作柎俗體也又樊敏碑皙爲韓魏段皙爲析也羽曰析周禮大宰五曰百工飭化八材司農注脾析牛百葉也周禮醢人脾析蠯醢司農注析生水中可食史記司馬相如傳索隱引埤蒼

晳

○俗有皙人色白也說文晳白也周禮大司徒其民皙而瘠注又左氏襄十七年傳澤門之皙釋文定九年傳皙幘而衣貍製注皙白皙詩君子偕老揚且之皙也傳皙潔白也漢書霍光傳白皙疏眉目注皙無實棗爾雅釋木○董按樊敏碑皙爲韓魏用皙爲析字

硩

○俗有硩上摘山巖空青珊瑚陊之周禮有硩蔟氏說文段注吳都賦硩陊山谷正用許語空青見本艸經陊落也周禮硩蔟氏掌覆妖鳥之巢鄭司農云硩讀爲摘蔟讀爲爵蔟之蔟謂巢也先鄭摘音剔謂如今人以竿毀鳥巢也許意空青珊瑚皆石也取石故其字从石而覆巢用此字乃引伸之義也今本周禮說文作皙皆誤本許以摘訓皙以疊韻爲訓也硩者言其如硩摘文選吳都賦劉注

淅

○俗有淅汏米也說文段注毛詩傳曰釋淅米也爾雅溲淅也孟子注曰淅漬米也凡釋米淅米漬米汏米簡米淘米洗米淹米異稱而同事淅其謂之箕○儀禮士喪禮祝淅米于堂注云淅汏也又一切經音義十二引通俗文云汏米曰淅淅漬也淮南兵略淅米而儲之注淅洒也廣雅釋詁二匝江東呼淅籤方言五炊簸或謂之匝注

蜥

或作蜇蜴蠑蜥易也說文段注易下曰蜥易蝘蜓蝘蜓守宮也渾言之此分別蜥易蝘蜓榮蠑爲三析言之也方言八曰守宮秦晉西夏或謂之蠑螈或謂之蜥易蜥亦作蜴詩胡爲虺蜴今作虺蜴其音同也○董按爾雅蜥蜴蝘蜓易鷊爲蜴也近人讀詩之蜴字爲易則頗又蜇蠶蝴蟜記蟄爲蜥變聲字也據釋文蟄李作蟄熱蟄亦俗字

榹

平入兩讀櫪榹也說文○董按櫪榹柙指也即執因析用攢指通俗文云考具謂之櫪榹

辟 丙錫切

○俗有辟侵假法也說文段注引伸之爲罪也見釋詁謂犯法者則執法以罪之也又引伸之爲辟除如周禮闕人爲之辟孟子行辟人以及辟寒辟忍之類是也又引伸之爲盤辟如禮經之辟鄭注遠避是也又引伸爲一遠之義如左傳曰闢西辟是也或借爲辟或借義避或借爲璧或借爲關或借爲壁或借爲襲○董按借義各有本字可歸異引伸諸義當通爲一音而六朝以來紛紛異讀强分畛域殊爲自擾不合承用○爾雅釋詁又廣雅釋言又一切經音義九引字林又詩雨無正辟言不信傳文王有聲皇王維辟釋文板無自立辟傳柳辟爾爲德箋又周禮鄉師以攷司空之辟司農注我右盟別以玉敦辟盟司農注小司寇以八辟麗邦灋注又禮記曲禮下夫曰皇辟注又國語晉語里克辟棄注又管子宙合故辭敘者取辟焉注又楚辭惜誦設張辟以娛君兮注文選思玄賦畏立辟以危身舊注並云辟法也惟周禮字作法治之所因曰辟太玄玄文○周書金縢我之弗辟釋文云辟治也辟猶理也左氏文六年傳辟刑獄注辟功作章程也周禮鄉師以攷司空之辟注辟歷也爾雅釋言辟歷辟析也所歷皆破析也釋名釋天辟半也廣雅釋詁四辟不當也周禮宰夫

凡吏財用物辟名者釋文引干注辟名許爲書以空作見文書與實不相應也周禮宰夫注辟灋者考按讀其然否周禮大史若約劑亂則辟灋注辟布司之釁吏考實諸泉入及有遺忘周禮司市辟布者注辟圉也莊子逍遙遊中于机辟釋文引司馬注辟皋也爾雅釋詁又國語周語辟在司寇注魯語愆則有辟注晉語其罪辟也注辟罪也禮記王制司寇正刑明辟注又左氏傳廿七年傳載乃辟也注襄八年傳辟殺子孤子厖注又後漢書張衡傳法○禮記文王世子其之罪在小辟注云辟亦罪也辟罪辟也大戴記用兵法言法行處辟注辟罪法漢書楊雄傳下行殊者得辟注辟刑也管子君臣上論法辟衡權斗斛注大辟死刑也書堯典象以典刑釋文○白虎通五刑云大辟者謂死也辟誅也左氏襄廿五年傳各致其辟注辟辟便黠兒也方言三南楚凡罵庸賤謂之田僮或謂之辟辟商人醜侮也注辟易狂疾國語吳語員不忍猜疾辟易注辟猶召也文選詣蔣公奏記辟書如下注郭有道碑文逐辟司徒掾注辟除也小爾雅廣言又莊子庚桑

楚辭信辭全注又一切經音義廿一引廣雅又文選上林賦
注引辭詩章句○又周禮表祝凡辟司農注云辟謂除敢塗樗
也辟捐也公羊莊十三年注翻置地釋文引劉兆辟弭也禮記鄭特牲有由辟馬疏○萱撫注謂辟
為弭之民辟明也禮之記注王又書大子曰禹乃雍共注祭統對揚以
借亦適爾雅釋詁疏辟爾雅釋詁又詩桑扈文王百辟厥德注憲辟
大也引尸子廣渾辟君也樸濟濟辟王箋百辟為皇王
維辟箋蕩下民之辟傳韓奕以佐戎辟又箋雛有辟聲公釋
文殷武天命多辟又禮記坊記辟注文辟維辟百辟民
刑之注又周書武順三鄉一長曰辟又國語注中甫
語及百辟神祇注又史記樂書封君世辟宗隱魯辟彊天子
之號也晉子厲漢書五行志上辟過有德注引應劭云
辟天子也○詩殷武歲事來辟注云八來弼辟皇王也
羣辟諸侯也太平御覽諸侯辟注○論語云百辟疏云辟
也挽又臆淺羣辟注箋疏云辟內
諸侯也又漢書劉向傳諸侯也又詩假樂百辟卿士鄉公傳辟相著也
傳注云辟百辟也又史記扁鵲倉公傳
莊子庚桑楚刑之與辟猶聚也則邪氣辟子田子方口辟馬而
亦辟箋釋文引崔注形辟卷不開也不能言釋文引司馬注

辟謂辟疊也素問調經論聶辟氣不足注聶謂聶辟也○文選七命萬辟千灌注云辟謂疊之為緝績
其麻曰辟文選張景陽七命注引劉熙孟子注云辟五其麻曰辟緝績
棺也左氏哀二年傳下妻辟縷注云緝也辟親身
棺也不設屬辟釋文辟閣也廣雅釋器○荀子性惡
辟耳山名國語齊語與辟耳之谿拘夏注○萱按閣即湛盧也鉅闕
見臨壁離日即辟辟也碑呂君用辟為壁即諸辟也史晨奏有段臣為
有據禮記檀弓數斯辟也其用辟為他字者尤甚務為拘也王
素帶終辟為段字也○荀子儀禮問喪辟踊哭泣皆段辟為擗也寤辟
辟皆段為臂也又荀子正論公羊以辟殺仇牧與周禮內饗漢書
晉語傳類辟且病亦皆段為壁也
荀子儒效事其便辟辟段為嬖也又不能
○俗辟法也周書曰我之不辟說文段注云辟法也許所據壁中古文也
有辟法也周書曰我之不辟段注云辟法也許所據壁中古文也
馬鄭本作辟云治也金縢云我之弗辟居東
部說文作辟云法也許所據壁中古文也孔安國以辟為避
今字諸之乃易為辟字馬鄭所注者張孔諸孔安國謂以避
武作人不能也說文段注王制瘖聾跛躃斷者侏儒
辟人不能也也說文行趩趩足能行而躃說文作趩
躃跛人不能也寒行越足能行而躃擗那不正者也斷說

壁辟

文作壁有足而不能行者如有年子而無見曰矇也荀子書
晉語傳皆段辟字為之服虔曰辟病躃不能行也○素問瘻
論急薄著則生瘻躄也注云躄謂攣躄不得伸以行也又
呂覽盡數重水所多躄人注云躄足不能行也又禮記王
制釋文云躄兩足不能行也
足不能行也○廣雅釋言躄跛也史記平原君虞卿傳
跛不能行也文選七發猶將辟足病漢書賈誼傳又正義
能以辟馬與數僅起躄注病瘺注○荀子正論辟且
遠注云辟與躄同
璧卷衣也說文段注韋部曰韋中辟謂之韏韋中辨者取
中分其廣摺疊之廣雅曰韏曲也又曰韏詘也衣
之襞如革之襞故曰韏衣士冠禮皮弁服素積注曰積猶辟
也以素為裳辟蹙其要中子虛賦襞積褰縐張揖注曰襞積簡
襞經傳作辟積俗作襀襬俗作襵襞亦謂之攝褶之涉
也一切經音義十五引字林云襞卷衣也又晉書音義中
反○一切經音義十五引字林云襞卷衣也又晉書音義中
引字林云襞卷衣也又漢書揚雄傳上
正借字何超晉書音義引正見一條襞疊衣也固不如襞而幽
之離騷所引襞亦作辟疊衣也○素漢後
房注文選七命萬辟千灌注○素
辟謂疊之問調經論注云辟謂辟疊也襞積衣襵也漢後

書張衡傳注○漢書司馬相如傳注云
即今之帬褶古所謂皮弁素積者即謂此積也襞積衣縫也文選
思玄賦美襞積注襞詘也廣雅釋
以酷烈入薦注 信也釋器
瑞圜也說文段注瑞以玉為四也
壁玉環也肉倍好謂之璧邊大孔小也
禮引壁玉環也肉信好曰璧國策衛策白璧一註○後漢書
之 北海靖王興傳注云肉倍好謂
壁圜象天周禮大宗伯以蒼璧禮天注○五代會要三引
二寸 崔靈恩三禮義宗云蒼璧所以禮天其長尺有
二十二時 壁徑九寸五代會要三引鄭注云大璧大琮大
之 令弘璧琬琰鄭注云大璧大圖○書顧
皆度尺者二寸 周禮典瑞玉人圭璧注考工記玉人圭璧注
二寸者 圭其邸為璧 君享用璧夫人用琮天地配合
書注隗囂傳公羊定八年注 壁以聘 璧者所以祈神也漢後
傳注 儀禮聘禮束帛加璧束帛加琮注○周禮小行人璧
之象也 以帛琮以錦注云五等諸侯享天子用璧享后用琮
水旋丘如璧曰辟雍 注詩靈臺於樂辟雍傳○疏引明堂位
注云圓之以水似璧故謂之辟雍

辟雍所以行禮樂宣德化也辟者璧也象璧圓以法天也白虎通辟雍○通典引許慎五經異義云辟雍謂以土雍水外圓如璧故曰辟雍又後漢書崔駰傳注云辟雍環之以水圓而如璧也又獨斷上云天子曰辟雍謂流水四面如璧以節觀者璧之為言積也積天下之道德白虎通辟雍○瑞書云璧之為言積也璧襲無理淮南覽冥○注云璧文襲重言用之頌數皆龢無復文理也璧讀辟也璧帶璧中橫木也後漢書琅邪孝王京傳注○堇按有段璧為擗者費鳳別碑諸姑咸擗踊是

壁

垣也說文壁亦土也續漢書五行志注引風俗通壁辟也所以辟禦風寒也釋名釋宮室壁謂築壘壁也後漢書耿弇傳注壁營壁也文選思玄賦觀壁壘於北落兮舊注○堇按北落門一星壘壁陣十二星在營室東璧南營壘取象乎此東壁北方宿名爾雅釋天娵觜之口營室東壁也李注

廦

牆也說文○儀禮特牲饋食禮記饎爨在西壁注云西壁堂之西牆下又後漢書張衡傳注云壁東壁也○堇按據說文廦牆也似可作東廦西廦矣廦壁古蓋本同字

辟 品錫切

爪也說文段注今人言偏爪乃當作辟爪

闢

𨳍古文開也唐書曰闢四門說文段注引申為凡開拓之偁古多段借辟字書序東郊不開馬李作闢張揖古今字詁云開闢古今字舊讀開為闢非也○易繫辭上傳闢戶謂之乾虞注其動也闢釋文又漢書文帝紀集注溝洫志集注司馬相如傳上集注王莽傳中集注又廣雅釋詁三又小尒雅廣詁又太玄玄攡闢其戶注又文選思玄賦叫帝閽使闢扉兮舊注竝云闢開也闢謂開天地晝夜之稱爾太玄玄攡闢宇謂之宙注闢閭也太玄玄圖九虛設闢注闢啟也書大傳告闢也注闢戶謂吐生萬物者也易繫辭上傳疏闢避也周禮閽人則為之闢釋文闢屏除也荀子解蔽足以闢耳目之欲注辟開也爾雅釋訓注言怨辟也釋文又詩召旻日闢國百里傳又儀禮士喪禮辟門注又禮記禮運辟其義注喪

服小記無事不辟廟門疏又周禮大史疏又公羊昭九年注辟門虛心待之釋文又穀梁莊卅一年傳疏燕辟地注又國語魯語令一言而辟境注晉語展往則寢門辟矣注又漢書文帝紀而野不加辟注楊雄傳上集注又後漢書蔡邕傳注又管子四時辟故窌注又莊子庚桑楚形之與形亦辟矣釋文又呂覽大樂嗜欲不辟注又文選笙賦修楊內辟注辟開也通也史記貨殖傳山澤不辟索隱辟易開張而易其本處漢書項籍傳辟易數里注○史記項羽紀正義云辟易言人馬俱驚開張易舊處辟擘也禮記喪大記不辟疏辟穿藏也左傳襄廿三年傳孟氏將辟注辟辟行人周禮野廬氏至則為之辟注辟謂屏去之漢書外戚傳上爾因生心辟左右注辟除也小尒雅廣言辟亦禦捍之義耳漢書東方朔傳置守宮盂下注

劈

或作[illegible]破也說文段注此字義與副近而不同今字用劈為副劈行而副廢矣劈與副古經有相通者大宗伯疈辜祭疈在一部故書疈為罷大鄭釋為披磔牲以祭罷披破同十七部劈在十六部此其音義相通之證也考工記假辟

為擘注云薛破裂也又戎殹擘為之張衡賦云分肌擘理是也劈分也廣雅釋詁一劈剖也一切經音義十九引埤蒼劈裂也廣雅釋詁二

甓

○俗有甓令適也詩曰中唐有甓說文段注令適郎丁都歷二反爾雅作瓴甋俗字也土部墼字解亦云令適考工記注作令甓實一物也詳墼字注○詩防有鵲巢傳又釋文竝云甓令適也又莊子知北遊在瓦甓釋文云本又作甓瓴甋一名甓爾雅釋宮瓴甋謂之甓李注甓甎也廣雅釋室

僻

辟也詩曰宛如左僻一曰從旁牽也說文段注辟者法也引伸為辟人之辟辟人而人避之亦曰辟吾周禮閽人凡外內命婦出入則為之辟孟子行辟人可也曲禮若主人辟則客還辟辟拜卻特牲有田辟為芑成鵍諾注躍盤辟兄也投壺主人盤旋曰辟賓盤旋曰辟大射儀賓辟注曰辟遣適不敢當盛他書辟人辟邪辟寒辟臺之類語急大略相似自屏之者言則閽人離婁篇郝特牲是也自退者言則曲禮投壺論語注所云是也身部般辟即旋辟盤辟之謂辟之言還也屏於一還也辟之本義如是廣韵曰誤也邪僻也此引伸之義今義行而古義廢矣

詩云民之多辟詩曰云云魏風葛屨文此引詩證辟之本義也今詩作辟者俗人不解易字而音避一曰云云此義相別異

辟左也楚辭涉江雖僻遠之何傷注

辟遠也呂覽慎行而制辟也注

辟邪也詩板民之多辟釋文又後漢書張衡傳注又呂覽論人樂之以驗其辟注又淮南精神而行不辟矣注又文選思玄賦覽蒸民之多辟兮舊注

辟飾過差也論語先進師也辟皇疏引王弼

辟旁也淮南說山畏馬之辟也不敢騎注

辟側也禮記曲禮辟咡詔之釋文

辟是旁側之語也左氏莊廿一年傳鄭伯享王于闕西辟疏

辟遠也後漢書班彪傳下注又呂覽大樂人弗得不辟注又淮南脩務今使人生於辟陋之國注

辟幽也離騷扈江離與辟芷兮注

辟陰也素問陰陽別論陰陽虛腸辟死注

辟隱也漢書蕭何傳集注

辟陋也左氏哀七年傳辟君之執事注

辟小也呂覽審時辟米不得恃注

辟小邪僻也淮南齊俗一曲而辟注

辟邪也詩蕩其命多辟釋文殷武天命多辟釋文引王逸人左氏宣九年傳民之多辟注昭六年傳是辟我衰注又呂覽處方少不悍辟注

襲常緣道謂之道反道為辟賈子道術

韻史 卷七十五第十六部入聲數韻　七七三五

鷿

或書作鷿鷈 鷿鷈也說文段注釋鳥鷿須蠃按單評曰鷈彙評曰鷿鷈方言野鳧其小而好沒水中者南楚之外謂之鷿鷈大者謂之鶻鷉南都賦作鸊鷈○廣雅釋鳥云鷿鷈鷉鷉也

鷿鷈野鳧也甚小好沒水中膏可以瑩刀劍後漢書馬融傳注

鷿鷈雛也廣雅釋鳥○方言八云雛陳楚宋魏之閒謂之鷿鷈

鷿鷈鵜鴣也廣雅釋鳥

萆

萆雨衣一曰衰衣一曰萆歷似烏韭說文段注一曰衰衣謂草一名衰也韋昭注齊語曰襏襫蓑薜衣也薜或作蓑皆取草字廣雅器曰萆謂之衰一曰萆歷云云別一義艸名也烏韭在本艸艸部下品之下石衣也青翠茸茸長者可四五寸

糸 面錫切

古文糸細絲也象束絲之形說文段注絲者蠶所吐也細者微也細絲曰糸糸之言蔑也蔑之言無也象形謂古文也小篆作糸則有增益

糸微也廣雅釋詁四

冖

覆也說文段注覆者蓋也

韻史 卷七十五第十六部入聲數韻　七七三六

覛

眽 籀○俗有覓覔 衺視也說文段注釋詁曰覛相也郭云覛謂相視也按覛與目部眽通用古詩眽眽不得語李善引爾雅及注作眽今文選譌作脈非也俗有尋覓字此篆之譌體

幦

或作𧝓 䰍布也周禮曰駹車犬幦說文段注按巾車云木車犬𧝓素車犬𧝓駹車然𧝓蓋許一時筆誤𧝓幦不同蓋古書今書之異車覆笭之字當是幭為正字幦為叚借字大雅毛傳曰幭覆軾然則幦者主謂軾覆與服志曰文虎伏軾纏之淺幦也士喪禮注曰古文幦為冪又可證禮古文不作幦

幦覆笭也禮記玉藻君羔幦虎犆注少儀拖諸幦注又儀禮既夕記鹿淺幦注○既夕記曰狗幦注云幦覆笭也以狗皮為之取其臑也又公昭廿五年傳以幦為席注云幦車覆笭又廣雅釋器云覆笭謂之幦○段大令云按車覆笭與車笭是二事車笭者周禮之蔽毛詩爾雅之茀說文之蔽鄭曰車旁禦風塵者也覆笭者禮經周禮禮記公羊傳之幦大雅曲禮之幭今周禮之𧝓蓋于軾上者也以禦塵之名名之也車笭多以竹故字从竹覆軾不用竹用皮巾車曰王喪之車犬𧝓鹿淺𧝓然𧝓豻𧝓多用其皮也大雅之淺幭虎皮也與玉藻之羔幦鹿幦皆諸侯大夫士之吉禮也曲禮之素幭即士喪禮之白狗幦大夫

韻史 卷七十五第十六部入聲數韻　七七三七

士之凶禮也然則車覆笭古無用䰍布者許以䰍布釋幦幦之本義也經典用為車覆笭之字也

幦車覆闌也禮記少儀疏

犬𧝓以犬皮為覆笭鹿淺𧝓以鹿夏皮為覆笭周禮巾車犬𧝓尾櫜司農注鹿淺𧝓司農注

幎

或作冪十一部去十六部入冂見○俗有冪幎

幔也周禮有幎人說文段注幔也謂冪其上也周禮注曰以巾覆物曰幎禮經鼏有冪尊彝有幎其字亦作冪俗作冪算家幎揖見此字魏都賦注引左傳冪館宮室既曰冪音亦謂冪其上也今本作㝠乃俗字幎人天官所屬掌共巾幎今周禮作冪○儀禮鄉射禮記以絲為冪疏云凡冪者皆為塵埃故加設之

幎覆也儀禮既夕冪用疏布注又淮南原道舒之幎於六合注又廣雅釋詁二冪為

覆蓋之名詩韓奕疏○禮記禮運疏布以冪注云冪覆尊也又儀禮燕禮請執冪者與羞膳者注云執冪者瓦大之冪也方圜壺無冪

冪巾也儀禮公食大夫禮記簠有蓋冪注○小尒雅廣服云大巾謂之冪

冪覆尊巾也儀禮大射儀冪用錫若絺注○鄉飲酒禮記尊綌冪注○家語問禮注云冪覆酒尊也

幎目覆面者

韻史 卷七十五第十六部入聲數韻　七七三八

也儀禮士喪禮幎目用緇方尺二寸經裏著組繫注幎均致皃也考工記輪人欲其幎爾而下迆也注冪繫謂帽覆也國策韓策其自冪蟬也完矣注冪歷分布覆被皃文選吳都賦冪歷江海之流劉注冪墁也文選魏都賦幬冪室劉注塓塗也左氏襄卅一年傳圬人以時塓館宮室注塓亦泥也左氏襄卅一年疏

蓂 十一部平十六部入內讀 析蓂 遲 大薺也說文又爾雅釋艸郭注云似薺細葉○薺艸之實也論衡指瑞蓂莢瑞應之艸○文選東京賦蓋蓂莢爲難蒔也薛注白虎通封禪云蓂莢者樹名也月一日一莢生十五日畢至十六日一莢去故夾階而生以明日月也

𣸣 汨 𣸣上入兩讀○俗有涚 𣸣解云𣸣水出豫章艾西入湘艾下有縣者衍 汨解云長沙羅奪羅者非汨羅淵也屈平所沈水說文段注豫章郡艾二志同志左傳吳公子慶忌所居今江西寧都州州西百里有艾城是也水經湘水篇曰又北過羅縣西𣸣水從東來流注之𣸣水又別

爲篇曰𣸣水出豫章艾縣西過長沙羅縣西又西至磊石山入於湘水按水經言𣸣不言汨諸書多言汨不言𣸣依廣韻廿三錫汨𣸣浼三形同春秋呂君宏州左傳密作買亦是買聲近密之證考之於今則由江西寧都州逕湖南平江縣至湘陰縣入湘者但有汨水別無𣸣水則爲汨之爲古今字陰然鄢氏云汨出艾縣逕羅縣皆與經書𣸣同循去𣸣水入湘曰東町口汨水入湘曰汨羅口汨羅口在𣸣口之北磊石山又在羅口之北經言𣸣水至磊石山至湘非是𣸣尚在雖口南注湘耳此言甚解依水道提綱汨水出平江縣西北至歸義解又西分爲二支一支西流精北於山麓西入湘一支北流數十里西北入湘曰屈潭亦曰汨羅口正鄢之東町汨羅二口非有二水也鄢益來湖上游不辨異文同物許書屈原所沈例所不載志長沙國羅後至長沙郡羅應劭曰楚文王徙從子司枝江居此今湖南長沙府湘陰縣東北六十里有羅縣城是也岳州府平江縣縣南三十里亦有羅城云古羅子國也水經注湘水篇曰湘水又北汨水注之汨水出豫章艾縣桓山西南逕吳昌縣北又西逕羅縣北謂之羅水又西逕玉笥山又西爲屈潭即汨羅淵也屈原懷沙自沈於此又西逕汨羅戍南西南注於湘春秋之羅汭世謂之汨羅口接今湘陰縣北七十里汨羅江是也

汨 去皃 離騷汨余

將弗及兮注○蓋按此委汨之義再作汨考韓駕字誤也汨从曰聲在十五部音近越

撮口許 峯役切

狊 犬視皃說文段注按爾雅須屬鳥曰狊此謂鳥振其毛羽如犬見目也瞏揄須狊皆謂須眉鬒鬣之而毛背之鼓動也故槃之曰須屬狊張兩翅爾雅釋獸鳥曰狊注○公羊襄十六年狊梁釋文云狊本作湨蒖按湨字晚出

鵙 ○俗有鵙鶪或伯勞也說文段注夏小正作百鷯月令注作博勞詩箋作伯勞古音同也鵙夏小正孟子作鴂乃雙聲假借字小正月令皆云五月鳴惟豳風曰七月鳴鶪左傳曰伯趙氏司至者也○爾雅釋鳥又詩七月傳入御覽引蔡邕月令章句又呂覽仲夏鶪始鳴注又淮南時則注又楚辭悼亂左見兮鳴鶪注鴂云鶪伯勞也又爾雅李注云伯勞一名鶪伯趙鶪也以夏至來冬至去爾雅釋鳥樊注駃博勞也詩曰七月鳴駃應陰而殺物者也孟子滕文公上今也南蠻駃舌之人注鴂者百

鷯也大戴記夏小正鴂則鳴傳

郥 蔡邑也春秋傳曰郥陽人女奔之說文段注地理志汝南郡有新蔡上蔡二縣沛郡有下蔡縣上蔡縣故蔡國周武王弟叔度所封度放成王封其子胡十八世蔡縣故州來國爲楚所滅吳取之至夫差遷昭侯於此後四世侯齊竟爲楚所滅按杜預說同上蔡新蔡下蔡漢時用以名縣非周時有此名也上蔡新蔡漢時同在汝南郡今二縣皆屬汝寧府相歫不遠若下蔡則歫上蔡新蔡遠矣昭十九年左傳云楚子之在蔡也郥陽封人之女奔之生大子建平王爲蔡公時蔡方滅而未還新蔡則郥陽當在上蔡矣左傳又云齊侯衛侯次于垂葭實郥氏則衛地非蔡地也按許當云郥陽蔡邑也以別於衛之郥氏○蓋按許以郥陽見下文故上不出郥陽文簡淨自合如此然事增文省未著非病

永鶪切

役 伇 古文[illegible]俗有役 戍也說文段注戍守邊也司馬法曰弓矢圍殳矛守戈戟助凡五兵長以衛短短以救長

按周古槃字今周禮注作圜說殳所以守也故其字從殳引伸之義凡事勞皆曰役又生民詩禾役穟役者穎之假借禾部兩引詩漸漸禾穎

役戍役也詩杕杜序勞還役也箋

役謂發兵起役役也周禮小宰一曰聽政役以比居司農注○詩漸漸之石序役久病在外箋云役謂士卒也

役兵也國語吳語人師不聘吳國之役注

役謂師田若有功作也周禮遂人若起野役注○閑胥役政注云役田役也又小司徒以作田役注云役功力之事又州長若國作民而師田行役之事疏云役謂役作

役勞役荀子脩身經役而不隸注○左氏襄十一年傳以具役邑入者疏云役謂異官力役則令之丁也又周禮甸師以薪蒸役外內饔之事注云役為給役也又罪隸掌役百官府注云役給具小役文釋名釋車云役車給役之車也

役謂所任也文選悼亡詩迴心反初役注○鄰里桐送方山詩祇役出皇邑注云役所蒞之賤也

役使也淮南奉經乘時懸鄰以版役人心也注○周禮小宰注云役謂使役又瞽矇以役大師注云役為之使又典祀徵役于司隸而役之注云役之作使之又書牧誓以役西土疏云役謂使用也

役使也廣雅釋詁一

役賤也楚辭大招不獻役只注○後漢

書焉行傳注云役猶賤也又公羊宣十二年傳厮役扈養注云汲水將水者曰役

役猶弟子列子仲尼閒澤之役注○莊子庚桑楚老聃之役釋文引司馬注云役學徒弟子也

役事也左氏成二年傳以役王命注襄十八年傳何以役為注昭十三年傳為此役也注又國語晉語國有大役注又國策西周策雍氏之役注秦策宜陽之役注又呂覽貴生生之役也注又淮南主術而為之服役者注

役為也書牧誓以役西土為之注又禮記少儀謂之丑撥之役注又國語周語以役上上注晉語猶力以役事注周旋變動以役耳心注又廣雅釋詁三○禮記表記君子恭儉以求役仁注云役之言為也

役營也國語鄭語正七體以役心注

役助也廣雅釋詁二○周禮華氏逸役之注云役之使助之

役亭毒也莊子大宗師聶許聞之需役釋文引王注

役役有為人也莊子胠篋而悅夫役役之佞釋文引李注

役役鬼黠皃同上

疫

○俗有疫

民皆疾也說文段注鄭注周禮兩言疫癘之鬼

疫役也言有鬼行役也釋名

釋天

疫疾也史記天官書氐為天根主疫索隱引宋均

疫病也後漢書楊終傳注又廣雅釋詁一

疫病流行也集韻引字林

疫癘病也漢書判法醫棺者欲歲之疫注

疫癘氣也後漢漢書第五種傳注

豭

○俗有豭州

上谷名豬豭說文段注謂上谷郡豬曰豭曰上谷漢郡名領沮陽等縣十五沮陽在今直隸保安

投

或作垼役

匋竈窗也說文段注缶部曰匋者瓦器竈也穴部曰窗者通空也燒瓦器之竈必上通孔謂之投者其火焚然而出也士喪禮為垼於西牆下東鄉注云垼塊竈既夕記云垼用塊注云塊堳也蓋士喪之竈土出為之以煮沐浴者之潘水不似人家廚竈必令適為之且僅通孔可煮而已故謂之投不謂之竈也投禮經作垼古文禮作役炈

禁也廣雅釋詁四

椴

種樓也一曰燒麥柃椴也說文段注樓者今之耬字樓者今之樓字廣韻曰耬種具也今北方

謂所以耩者曰耬耩者種也小徐本耬作椴燒猶熱也柃椴者熱麥器名

韻史卷七十六

泰興何萱石閣誤集　子度校字

第十六部平聲副編　上海顧錫麒竹泉覆審

武進李兆洛申耆鑑定

街韻

開口訏

欸 索街切　欸 邪兒。廣韻。○欸，聲也。玉篇

楑　楑榹，誓楔也。廣韻

吹 漢街切　吹 息也。廣雅釋詁二。欸吹，氣逆病。廣韻。炊吹，氣逆也。玉篇

頪　頪頣，頤旁。廣韻

扠 秩街切　扠 或作㧉。以拳加人。廣韻。○扠，打也。集韻

戟　戟鞴，矢藏也。廣雅釋器。○韻會引埤蒼云：鞴戟，盛箭室。箭箙曰步戟。一切經音義十一引

通俗文。○續漢書輿服志注引通俗文云：箭箙謂之步叉。步叉，人所帶以箭叉於其中也。釋名釋兵

⿰角叉　䚡謂之⿰角叉。廣雅釋器

⿰角又　⿰角奇也。玉篇。○萱按：⿰角又者，短而深也

艾　鬼艾，艸名。廣韻

⿰扌奚 漢厓切　⿰扌奚 挾也，扶也。玉篇

⿰衤奚 𧰼厓切　⿰衤奚 袂也。廣雅釋器。⿰衤奚，袖也。同上。○集韻引埤蒼云：⿰衤奚，衣袖也

⿰羊兒　⿰羊兒羺，羊也。御覽九百二引字林。羊卷毛者謂之⿰羊兒羺，胡羊也。一切經音義十一引通俗文。○音義十四引埤蒼云：⿰羊兒羺，胡羊也

𪘏 傲鞵切　𪘏 或作𪘏。齒不正。玉篇

唲　唲。○俗有唲齜，犬相唲拒也。一切經音義六引埤蒼

捱　拒也。集韻

涯　或作漄。水濱也。後漢書馬融傳注。○萱按：詩葛藟傳：水涯曰滸。公劉傳：芮，水涯也。北山傳：濱，涯也。又左氏成十四年傳：澨，水涯也。又莊子養生主：吾生也有涯。釋文：涯本作厓。崖、厓知涯字最後出也。各涯，水際也。玉篇。涯，畔也。漢書司馬相如傳上集注。涯，方也。文選古詩注引廣雅。重涯，池邊也。文選西京賦浸石菌於重涯。薛注。涯垠，重安之皃也。淮南天文氣有涯垠注

篺 抱厓切　篺 或作箄。木曰篺。爾雅釋言：舫，泭也。釋文引郭注：泭謂之篺。方言九：篺，筏也。廣雅釋水：篺，木筏也。後漢書鄧訓傳注。箄船，縛竹木為箄以當船也。後漢書西南夷傳注

合口訏

牌 莫䍲切　牌 籍也。廣雅釋器。○萱按：草者，篺之省借字。說文有草，音如埤

鯷　黑鯉謂之鯷。廣雅釋魚。○萱按：黑鯉名鯷，鮦名蠡，此又其異名也。即頭有七星者

罷　罷䍥，履也。廣韻

合口訏

⿸广乖 廣蓋切　⿸广乖 惡瘡也。廣韻。○集韻：⿸广乖，疥疾

⿰乖力 類蓋切　⿰乖力 ⿰乖力劾，有力皃

⿰食乖 火乖切　⿰食乖 食䬵也。集韻。⿰食乖，消食。廣韻

合口訏二

嚘 鬼嫇切　嚘 小兒啼。玉篇

樓 或作樓 田器也 玉篇 樓田器 廣韻

飆 或作颹 風遅也 文選江賦注引埤蒼

淒 濁也 廣雅釋詁三〇萱按淒與說文之涚義大同涚見十七部去聲與淒雙聲 漚漸也楚人曰漚齊人曰淒 考工記慌氏涑絲以涚水漚其絲注

鹺 腊鹺也 玉篇〇萱按廣韻云鹿肉也集韻云鹿之美者人腊下云墻藏肉也然則腊鹺是墻藏鹿脯至腐爛者稱記注云今益州有鹿鹺又集韻引鄭氏云益州人取鹿殺而埋地中令臭乃出食之名鹿鹺按殊既借字

蝼 蝼蛇聲餘詰曲也 文選西京賦聲清暢而蝼蛇薛注〇舞賦蝼蛇姢𡡉注云蝼與遠同 蝼蝼蜿蜿龍蛇之皃 文選高唐賦注 蝼蟲名黍負也 集韻〇萱按爾雅蛜威委黍說文蛜威委黍委黍鼠婦也字皆作委不作蝼

炎危切 酴 一酴飯 集韻引字林

韻史 卷七十六第十六部平聲副編街韻　七七五一

路骸切 瞜 〇俗有瞜 覼皃 集韻 瞜覼也 玉篇

摞 〇俗有摞 理也 集韻引廣雅 摞理也 玉篇

犙 〇俗有犙 求子牛也 集韻

臥骸切 骩 髑骩髂上骨 玉篇

峗 或作峗 三峗山名在烏鼠西 廣韻〇萱按烏鼠同穴以四字為一山名此奪同穴字兒典兩 貢三危字不作峗

桅 小船上檣竿也 廣韻 桅舟上帆 集韻

鮠 鯷之小者 集韻 鮠魚名似鮎 廣韻

犩 〇俗有犩 即犩牛也如牛而大肉數千斤 爾雅釋獸犩牛注

齊齒訏

韻史 卷七十六第十六部平聲副編街韻　七七五二

竟谿切 銈 金圭也 玉篇

會雞切 𩡧 䅽也 廣雅釋器

鸂 鸂鶒水鳥也 文選吳都賦雞鷩鸂鶒劉注

所 倒地 玉篇

冋雞切 歘 歘息也 玉篇

虒 或作虒 黄病色也 玉篇 虒痛聲 廣韻

橀 魄榽橀 爾雅釋木〇郭云魄大木細葉似檀齊人諺曰上山斫檀榽橀先殫〇邵氏晉涵爾雅正義云一名繫迷又作繫彌陸璣云檀木皮正青滑澤與繫迷相似又似駁馬駁馬梓榆故里語曰斫檀不諦得繫迷繫迷尚可得駁馬繫迷一名挈榼陸以榽橀為挈榼榽挈音之轉也

興谿切 腣 腣胿腹肤也 集韻引埤蒼〇萱按世俗所用凸字古祇作肤 又按玉篇腣去聲義同

韻史 卷七十六第十六部平聲副編街韻　七七五三

䏿 麻䏿強脂也 廣韻

𠜾 到也 玉篇〇𠜾下云小裂也 到𠜾以刀解物 廣韻

䚦 或作䚦 觿也 廣雅釋器 䚦獸角不正 廣韻

𤞞 犬也 玉篇

碮 染繒黑石出瑯邪山 廣韻〇萱按柅展金日磾是此字

眺谿切 𠤷 匾𠤷薄也今俗呼廣薄為匾𠤷關中呼㯹𠤷 一切經音義六引纂文〇玉篇云匾𠤷薄也

𧆹 或作虒 臥也 玉篇 廣韻 又𧆹臥也一曰虎臥息 集韻

軨雞切 𩦺 一遍 廣韻〇萱按語疑有奪誤他家或云駿馬名未知然否

禠 福也 玉篇

韻史 卷七十六第十六部平聲副編街韻　七七五四

衼 毛衣也一曰毳裘謂之衹衼集韻。廣韻云衹衼尼法衣也

毤 罽也廣雅釋器毤毦者輕毛皃廣韻

紱 縴紱挽舟繩也集韻引字林。壹按俗單訐縴不紱訐縴紱退省耳牽縴正俗字廣韻作牽紱

秡 稈也玉篇

疲 疾也廣韻。集韻云病也

[illegible] 多也玉篇

[illegible] 土精如鴈一足黃色毀之殺人廣韻

[illegible] 蟲名似蜥易能吞人廣韻

[illegible] 豕高五尺玉篇

軷 車器也玉篇

[illegible] 木盛也玉篇

酦 酦酰乳腐名玉篇

賀 。俗有購賀當也廣韻 類篇云賀以財貿也

龍谿切

御 行也玉篇

彲 獸名玉篇。壹按史記齊世家云所獲非龍非彲

襬 祭名玉篇

陋雞切

襹 或作縰襹毛羽衣皃廣韻

麗 盝也玉篇

廝 或作廝使也廣雅釋詁一 廝賤也後漢書鄭玄傳注周燮傳注。馬融傳注云廝養賤人也又黨錮傳注云廝臺賤人也史記蘇秦傳索隱云廝養馬之賤者又張耳陳餘傳有廝養卒集解引如淳云廝賤者也

廝役也漢書司馬相如傳下集注引應劭又淮南覽冥廝徒馬圉注。史記蘇秦傳廝徒十萬正義云廝謂炊烹供養雜役又張儀傳而廝徒負養在其中兵索隱云廝徒謂祿役之賤者 廝役也謂賤役者也 一切經音義七引字書。後漢書桓帝紀注云廝舍賤役人之舍 廝微也漢書嚴助傳集注引張晏又後漢書烏桓鮮卑傳注 廝分也史記河渠書乃廝二渠以引其河集解引漢書音義 廝散也廣雅釋詁三。壹按說文廝散聲也引申為散之通稱 廝破析也漢書揚雄傳下踈屍與廝注 析薪為廝史記張耳陳餘傳集解引韋昭。壹按詩析薪謂事此析薪謂人故斯廝同訓析。漢書嚴助傳廝輿之卒注云廝析薪者又陳餘傳廝注引蘇林云廝取薪者也 艾艸為防者曰廝公羊宣十二年傳廝役扈養注 廝留言其前後離廝不相逮及也漢書西域傳上尚廝留甚眾注

撕 提撕也廣韻

燍 火焦臭也廣韻 燍煋也集韻

䡳 車也玉篇。集韻云蟖輪之類也

㯕 木柴玉篇。壹按此與說文撕異義而形相混

鐁 平木器名廣韻 鐁鐁彌也斤有高下之跡以此鐁彌其上而平之也釋名釋用器

磃 磨也廣雅釋詁三

𤮐 或作㽄𤭢謂之𤮐方言五 𤮐𤭢破也集韻引字林 𤮐聲散也一切經音義二引埤蒼音義七引聲類。音義十四引通俗文云凡病而聲散曰𤮐。壹按說文𤮐字足以門舉之矣何肩又有𤮐乎 瓶瓶也廣雅釋器

蘄 蘄艸生水中其花可食齊民要術十引字林又史記司馬相如傳蔵蘄苞荔集解引徐廣

鷉 或作鸄鷉雅烏也廣韻

螚 或作蟖。䖸屬也青州人呼䖸爲蛅螚爾雅釋蟲螺蛅螚注螚螽蜙蝑爾雅釋蟲○萱按此段螚爲螚也釋文云螚本作螚古祇作斯螽豳風五月斯螽動股

䫢 顊䫢頭不正也廣韻。顊音精○

𥢶 治禾也玉篇

𢉖 地名玉篇

磃 館名廣韻○集韻云漢有上林磃氏館

丙谿切

𢂾 冕也廣韻○萱按禮經裨冕以朝非冕之名也

𥏫 短也廣雅釋詁三○廣韻云矲𥏫短皃

𤱽 田也玉篇

渒 水名在弋陽集韻

韻史　卷七十六第十六部平聲副編街韻　七七五九

韻史　卷七十六第十六部平聲副編街韻　七七六〇

𧯛 豆䜳豆也廣雅釋艸

𧣾 牛角橫也集韻

鵧 或作鵯鶋鳥廣韻○爾雅釋鳥鸒斯鵯鶋

痺 鶉牝痺爾雅釋鳥○山海經云柜山有鳥焉其音如痺

品谿切

𠜱 削也集韻○廣韻云剌斫

儉奚切

鼓 長鼓國名其人髮長於身廣韻

敊 或作弜。弓彊皃廣韻

䈆 或作帔。橫首皃玉篇。較橫首枝也集韻引字林○萱按枝字疑衍或意枝字玉篇毄下云橫首枝也

枚 枝之字譌。枝木別生也集韻

𣘈 或作柭。赤米也廣韻

𪕔 雞也一云鴈廣韻○

𦀡 繰絲鉤緒也玉篇

㕽 參差也廣韻

隱奚切

螔 郎蝸牛也爾雅釋魚蚹蠃螔蝓注○郡氏晉涵爾雅正義云蝸蠃一名螔蝓孫炎云負螺而行因以名之螔守宮別名廣韻○方言八守宮東齊海岱謂之螔蝀注云螔蝀似蜥易今所在通言蛇醫耳

向提切

胵 䏿胵膍胵也集韻引埤蒼

𥁃 小盆器玉篇○萱按盆器或作盆器

猤 大戎玉篇○集韻云猤東北夷名

榽 榽橀木名廣韻○爾雅釋艸榽橀

韻史　卷七十六第十六部平聲副編街韻　七七六一

韻史　卷七十六第十六部平聲副編街韻　七七六二

葵 艸名廣韻。菟葵顆凍爾雅釋艸○注云款冬也紫赤華生水中又郡氏晉涵爾雅正義云菟葵一名顆凍急就篇款冬貝母薑狼牙顆注云款東即款冬也亦曰款凍以其凌寒叩冰而生故爲此名也郭氏讚云吹萬不同陽煦陰蒸款冬之生擢穎堅冰物體所安焉知渙凝○萱按爾雅本作菟奚集韻葵下引作菟奚可謂削趾適履矣奚字晚出無妨即是款冬要不容改爾雅以就之。葵㔢也集韻

睨奚切

奚 䜊迹亦邑名在漁陽廣韻

幱 幱帳亦紙廣韻引埤蒼

鞹 常也玉篇

崥 崥嵽漸平皃也文選七命金岸崥嵽注○集韻云崥嵽山形漸平皃

鶗 或作鷤鷈。鶗鶘鷹仲春化爲鳩玉篇。鶗鶘鶗也廣雅釋鳥。鶗鴂鳥名後漢書張衡傳注。鷤鴂布穀也同上○漢書揚雄傳上徒恐鷤鴂之將鳴兮注云鷤或字作鶗鷤鴂子

亮奚切

蝭偍瑅簜禔䴡孋

蝭 鶗也廣雅釋鳥。蛦蛦。俗有蝭蟧蟲名蟪蛄也集韻。方言十云蛥蚗自關而東或謂之蝭蟧

偍 難進曰偍荀子脩身。注云偍與提偍皆同謂弛緩也

瑅 。俗有瑅瑅瑭玉名集韻

簜 竹名一曰竹器集韻

禔 或作禔艸也玉篇

䴡 䴡䴢綺窻也廣韻

孋 孋亦孋也後漢書皇后紀注孋姬晉獻公伐孋戎所獲女集韻。禮記檀弓。注云孋姬之讒左傳昭廿八年注晉申生以孋姬廢釋文並云孋本作驪禮釋文又云本作驪萱按鄭杜注蓋本是麗字淺人加女旁耳

韻史　卷七十六第十六部平聲副編街韻　七七六三

穲 禾苗也玉篇穲穲黍稷行列也廣韻。集韻云五穀之列為穲稭

觻 角也玉篇

蠡 䗍蜕也廣雅釋蟲

劙 或作攦劙解也方言十三又廣雅釋詁同說文。萱按劙與劙音義皆同五部之勢無劙勢十劙割也荀子富國劙盤盂注劙攦兮分判兒荀子賦相逐而反也攦分注具

酘 酘酡乳腐名玉篇

窕提切

踋 踋蹢躑躅也文選鸚鵡賦注引韓詩章句踋蹢猶裵回也後漢書蘇竟傳注踋蹢相連兒文選魯靈光殿賦不能去之兒荀子禮論則必徘徊焉鳴號焉躑躅焉踟躕焉注踟躕古字通文選西京賦注云踋躕以閒傍小室也。踟蹰與踟躕古字通。文選魯靈光殿賦注云踟躕連閣傍小室也。踦咊與踋躕古字通文賦。萱按步趾注。文賦始踋躕於燥吻注云踋躕與踟躕同。萱按踟與跱音義皆同跱在十五部說文有跱無踋

韻史　卷七十六第十六部平聲副編街韻　七七六四

摭褒切　西奚切　御奚切　品奚切

唲 。俗有唲唲嘔嬰兒語聲也荀子富國注唲嘔之兒注唲嚅唲皆強笑之兒楚辭卜居注唲齵錯梧也淮南要略楔唲齵之鄰

綐 綐繻繒美兒集韻

柢 碓衡也集韻引字林

衼 衣褫謂之衼爾雅釋器。釋文云衼謂褫也

㑥 㑥俾佯不知兒廣韻

䴕 䴕也廣雅釋器云䴕䴕也北。方言十三䴕鄙曰䴕

焷 炁也廣韻。集韻云焷火熟也

崥 山足也太平寰宇記彼峡崥注崥崹山形漸平兒集韻

椑 下支謂之椑槲廣雅釋木椑槲小樹也又樹栽也廣韻

韻史　卷七十六第十六部平聲副編街韻　七七六五

面提切　振口訏　舉奎切

䗘 或作䗘䗘蜱也周禮鼈人祭祀共䗘蠃蚳注此儀禮既夕蜱醢注。萱按東京賦洪蝸䗘與菱芡注云蜱與䗘同此段蜱為䗘也文選東京賦注䗘字張衡外未見注仍用正字今江東呼蚌長而狹者為䗘爾雅釋魚䗘蛤也周禮注。萱按鼈人司農注醢作人脾析庫醢司農云庫䗘或省借作庫掌蜃疏云庫即蛤

䵷 或作䵷䵷黿似鼈堪唉多膏廣韻

袿 婦人上衣也晉書音義下引字林。後漢書張衡傳注云袿婦人之上服又釋名釋衣服云婦人上服曰袿其下垂者上廣下狹如刀圭也廣韻袿長襦也廣雅引袿袖也廣雅釋器袿重繒為飾爾雅釋器注袿衣之飾釋文。禮記上注如今袿褾重繒矣疏云漢時有袿袍其袍下之襈以繒為之今袿褏袍

畦 田器也玉篇

罣 谷名在西縣集韻

[illegible] 竘竘裂也廣韻。集韻作竘。萱按：刲竘

摫 裁也玉篇。梁益間裂帛爲衣曰摫。廣韻引方言

槻 木名堪作弓材廣韻。木皮水漬和墨書色不脫。集韻云一曰樊槻

[illegible] 鳥名玉篇

攱 支垂玉篇。集韻云攱器名

郡規切 [illegible] 肩骨也廣韻。集韻云髀中骨

[illegible] 女姪也玉篇。姱姪女兒集韻

[illegible] 中鉤以揆爲刲之異體字。萱按：廣韻義不憭，集韻或然也

[illegible] 鉏櫌也集韻。廣韻少鉏字

韻史 卷七十六第十六部平聲副編街韻 七七六七

[illegible] 蠪蛹也集韻。廣韻少蠪字

永規切 [illegible] 汗蠪也玉篇。集韻云汗也

許規切 眭 齊人視皃一曰健而無德一曰目瞢埤蒼。集韻引

恐規切 [illegible] 小齧之皃廣韻

韻史 卷七十六第十六部平聲副編街韻 七七六八

永規切 [illegible] 檇檇木名實可食廣韻

許規切 眭 目深惡視又姓也廣韻。無能視。萱按：淮南原道云今人之所以眭然能視，是此字。眭始見漢眭弘又魏眭夸與崔浩善，浩死，眭數日誰復能容眭夸，是此字。眭盱健皃廣韻。眭同也。眭眭盱盱見莊子與

劆 減也削也玉篇

[illegible] 驨如馬一角不角者騏爾雅釋獸。公羊疏引爾雅舍人注云驨如馬而有一角

[illegible] 獸名玉篇

浚毀切 [illegible] 大也玉篇。集韻

馭觿切 [illegible] 視也玉篇

[illegible] 癡皃玉篇

[illegible] 鏟也玉篇

韻史 卷七十六第十六部平聲副編街韻 七七六九

韻史 卷七十六第十六部平聲副編街韻 七七七〇

韻史卷七十六

第十六部上聲副編

解韻

開口評

檞 良獬切 松樠也 廣韻

𠜾 口獬切 劚觧疲也 廣韻

芀 戾也 廣韻

雉 或作𥎊𩀦字 言𩀦雉也 方言十 𩀦短也 桂林之中謂短𩀦 注。萱按 字从隹 非野雞之雉也 𩀦雉異部 亦疊韻

矮 棄獬切 或作𥏳 短皃 廣韻 矮矬也 集韻。萱按 矮與十七部痔字義同 音亦近

獬 漢買切 獬豸神羊能別曲直 續漢書輿服志下。獬豸 獸名 蓋一角 獬 斷 解廌似鹿而一角 人君刑罰得中則生於朝廷 主觸不直者 漢書司馬相如傳上 弄解 廌注引張揖曰。解廌 獸也 字林云獬豸 是未有獬字也 俗作解廌。萱按 說文 解廌為神羊 廌下云 判也 一曰。解廌 獸也 廌亦借解豸 直獸也 太牟難 角 解豸 冠也 廣雅釋器 多借而廌亦解 豸直獸也 解豸終注角解豸

嶰 谷也 廣雅釋山。文選吳都賦 嶰谷 崑崙北谷也 嶰谷 弗 嶰 謂山澗也 後漢書馬融傳 注 上注。萱按 說文有嶰義與獬略同 嶰行而獬廢矣 爾雅之嶰谷 小山別大山鮮 說者謂鮮為嶰之譌字 此由解遞變也 嶰谷 或亦作 解谷

𡍧 地名 玉篇

𥳉 竹名 玉篇。萱按 此蓋皮傳 取竹之解谷而為之名

合口評

𨥋 詩買切 鈌也 玉篇

𨥌 金也 玉篇

𧈢 秩獬切 矛也 玉篇

𥳮 稍獬切 瑟也 玉篇。萱按 爾雅大瑟謂之灑 本無竴字也 俗乃加竹以別之

𧡓 傲買切 視也 廣雅釋詁一

𡟫 喜樂也 廣韻 云𡟫女。又醜皃

𠹍 莫獬切 羊聲也 廣韻 𠹍𠹍 羊鳴 集韻

鷶 或作𪁗 鷶鵤子鵋也 廣雅釋鳥

蕒 藚也 廣雅釋艸。廣韻云 蕒吳人呼苦藘

罫 廣𦛨切 或作𦋺 博局方目也 集韻。萱按 此當云 棊局方目 何以知其有方目 以博古之博局 今不可識 未知其目 耳 中否。文選 博弈論 所務不過方罫之間 又桓譚新論云 使奕 棊皆生 萱謂 觀桓譚所說 罫字 皆借 人 枰 無疑 矣 傳 二事 丁度 竟與 罫礙也 集韻 罫網礙也 萱按 一切經音義一引字略 莫辨其異 罫 罫礙也 集韻 字也 然 罫 可訓 礙 𦋺 礙也 萱按 一切經音義一引字略 罫礙也 罫 其 字也 然 罫可訓礙 罫其段借

拐 俗 有 老人拄杖 廣韻 枴子老人杖也 玉篇。柺 柺

𥰉 苦𦛨切 取魚竹器 集韻。俗 有𥰉

合口評二

攱 廣𡴫切 或作 攱 庋也 載也 枕也 玉篇 攱 載也 廣雅 釋詁二 高置立攱棚 云攱企 閣 史記梁孝王世家 索隱引通俗文

庋 或作 度 祭山曰庋縣 爾雅釋天。後漢書班彪傳下注云 祭山曰度縣 埋於山足曰庋

爾雅釋天孫注楣前接簷為㡯儀禮士昏禮當阿疏。鄉射禮記序則物當棟堂則物當楣。注云正中日棟次曰楣前曰㡯 庋閣也玉篇。禮記襍記注所以庋覽甌之屬釋文云㡯亦作庋又內則注云庋閣以板為庋 食物也

佹 庋也詩皇矣箋猶佹也釋文 佹佹幾欲之皃。列子力命佹佹成者釋文 萱按鄭固碑造膝佹辭 此陂佹為佹也俗多用詭

㾀 瘦極也玉篇

觤 角不齊玉篇

[illegible] 或作庬 毀也玉篇 庬毀也廣韻

耆蒍許

竟弭切 鴕 烏狀如烏赤足名鴕鵌玉篇。萱按山海經云鴕鵌可禦火

韻史 卷七十六第十六部上聲副編解韻 七七七五

隱弭切 詅 譽也廣雅釋詁一。玉篇也作聲 詅，警也廣雅釋言

向弭切 吟 可也介也廣韻 吟然也集韻

眺弭切 䁆 目動也廣韻

䈪 或作䑑 所以安重船也廣韻。集韻少重字

䟚 杖也廣雅釋器 䟚，橫首杖也玉篇

題 或作㼽 甂也廣雅釋器。方言五甂陳魏宋楚之閒謂之題 方言五注小甌曰題御覽七百五十九引通俗文 云今河北人呼小盆為題子

亮徙切 蠡 或作蠡 瓢也集韻 引蠡或謂之瓢或謂之簞或謂之檅。方言 廣韻引方言云蠡以瓢為飲器也一曰箄也 蠡瓢瓢也漢書東方朔傳以蠡測海注引張晏 萱按古未有瓢字御覽七百六十二引通俗文 方言始有瓢字皇象書急就始有蠡字而敂借字之等行用已久作蠡作瓢之矣

韻史 卷七十六第十六部上聲副編解韻 七七七六

蠡 楊子雲書中正借字錯出 或作瘯 蠡皮膚病玉篇。注云皮毛無疥癬 又引左傳不疾瘯蠡也

幹徙切 [illegible] 法也玉篇

寵弭切 庍 應也作也玉篇 集韻

哂弭切 沢 拘扶之山沢水出焉山海經

[illegible] 黏也集韻引廣雅

惿 審也玉篇

[illegible] 巾也玉篇

卬徙切 掜 擬也廣雅釋詁四又漢書楊雄傳下音義引晉灼又太半半掜 掜，寄也莊子庚桑楚終日握而手不掜釋文引崔注 掜，擬也集韻 掜，不從也廣韻

韻史 卷七十六第十六部上聲副編解韻 七七七七

晲 日昳也玉篇。一日明也集韻多四字

堄 蒼頡篇云城上小垣廣雅曰女牆也玉篇 埤堄女牆也廣韻。萱按埤堄古亦作俾倪墨子云四尺為倪

想弭切 蓰 艸名玉篇

丙弭切 萆 萆鼠莞廣雅釋艸。注云亦莞屬纖細似龍須可以為席

捭 客也廣雅釋詁四

品徙切 諀 訿也廣雅釋詁二 諀，訾也廣雅釋言 難可謂之諀訛一切經音義五引通俗文

面徙切 葞 葞春艸廣雅釋艸。注引本艸云葞一名芒艸 葞，藥艸也俗呼為茵艸 廣雅釋艸孫注

蜱 蛄蟹謂之強蜱方言十一。注云強蜱米中小黑甲蟲也建平人呼蜱子 萱按蜱字後出古祇借用卑

韻史 卷七十六第十六部上聲副編解韻 七七七八

字詁注又云蛇即蚌也 蝗螂或謂之蚌蚌 方言十一

撮

口許切 烇 火皃 玉篇

鄙彙切 葰 雞頭也北燕謂之葰 方言一

永彙切 芛 艸木花初出為芛 後漢書馬融傳注。爾雅釋艸蕍芛葟華 樊注云今俗呼艸木華初生者為芛

膸 瘡也 玉篇

許彙切 瞲 或作瞲。恚視也 廣韻 瞲恚視也 玉篇 瞲澤眠 同上。萱按義不倏

綿彘切 㹨 雖貉也 玉篇

㝥 穴也 玉篇

䳏 或作䧳 鳴鳩也即今布穀又鶅鴿鳥名子規也 集韻

苦磊切 䠂 刖一足 廣韻

㞄 或作㞄 倦也 集韻引廣雅。集韻云一曰放也 萱按此釋未諦㞄與啟意義遠隔 㿀 病也 廣雅釋詁一

戶磊切 郋 陸郋之山 山海經中山經

讛 或作讛 謗也 譛也 廣韻

㯳 大椒 爾雅釋木。注云今椒樹叢生實大者名為㯳

䕫 艸 玉篇。集韻云䕫艸名

杜磊切 腇 ○俗有腲腇舒遲皃 文選洞簫賦阿那腲腇而已注 腲腇肥皃 文選洞簫賦注引埤蒼

傀儡行病 廣韻

烟磊切 惢 筍初生 玉篇

臥磊切 挅 懸也 玉篇

碨 磈碨皃曲也 玉篇

鋺 以抉鋸齒也 玉篇

韻史卷七十六

第十六部去聲副編

[illegible]韻

開口呼

繲 民嚾切
〇俗有繲 浣衣也 莊子人間世挫鍼治繲釋文引司馬注又賣韻 引埤蒼〇塗按莊子崔本作綷此由形碁近而譌 爾雅小山別大山繲 鮮也 今本作鮮 與此同

廨 廨猶署也 文選長部署 劉注 公廨 廨 官物曰公廨 上同

㾏 病也 廣韻

瞓 記物也 集韻

襝 綦嚾切
稻束曰襝 一曰裨襝稻種 集韻

韻史 卷七十六第十六部去聲副編[illegible]韻 七七八三

邂 漢懈切
邂逅不期而會 詩野有蔓草邂逅相遇傳 邂逅解說之皃 此詩綢繆見邂逅 綢繆釋文引韓詩 邂覯 不固之皃 釋文云本亦作解 又云字書作 邂逅正字 今本作

㣯 諍懈切
步立皃 廣韻 〇集韻 無步

膪 廣韻 腄膪肥也 玉篇 腄膪 肥皃 或作 膗 集韻

訍 挐也 廣雅 釋詁三 訍疑也 一曰訍持人短 集韻 云 訍異 〇又言

忦 不𠊧也 集韻

衩 衩襖膝也 廣雅 釋器 裶褔衹 謂之襖衩 集韻 引廣雅 一曰襖衣 〇集韻云

紁 衣襘也 集韻

汊 水岐流也 集韻 王昭成 云 〇資 行按 釋吕 此川 汊 曹

𣳺 水浦也 集韻

韻史 卷七十六第十六部去聲副編[illegible]韻 七七八四

𧤌 楷懈切
不黏之皃 廣韻

䐿 做懈切
䐿酒也 廣韻

睚 裂也 廣韻 釋詁 二 又 漢書 睚眥 注 實 傳 注 眥 舉 眼 也 漢書 杜欽 傳注 睚眥 舉目 也 漢書 杜 欽 傳 注 文 選 長 楊 賦 注 目皆也 漢書 睚眥之為言 睚眥不和 睚 眦 瞋 目 兒 也 皃 也 〇 黄 按 睚 眦 謂 相 嗔 怒 而 見 齒 也 史記 范雎 蔡澤 傳 睚眥 之怨 必 報 索 隱 引 晉 灼 六 字 又 音

合口呼

罣 廣派切
絓礙也 一切經音義二引字書 罫 絓礙也 一切經音義一引字書 罫 罣 爲 按 此 罫 相 為 〇 廣

繣 户派切
繣即兩頭繫也 周禮 大司馬 注 有 繣 結 項 中 疏 〇 秋 官 序 官 有 衘 枚 氏 疏 云 繣 謂 以 繣 組 為 之 繫 著 兩 頭 於 項

韻史 卷七十六第十六部去聲副編[illegible]韻 七七八五

𦆉 布卦切
繣者結礙也 漢書 高帝 紀 工 徵 繣 章 邯 夜 銜 枚 注 繣 破 聲 也 大 凡 解 物 之 聲 也 文 選 西 征 賦 注 〇 蕢 按 此 孟 繣 爲 創 也 緯 繣 乖 戾 也 離 騷 忽 緯 繣 其 難 遷 注 〇 獲 按 此 注 〇 按 戾 也 緯 繣 乖 戾 也 殺 離 綠 縛 繣 爲 戮 惸 具 難 遷 注 乖 戾 也 揆 剃 也 此

𢊁 旨卦切
水名在齊 廣韻 〇 蕢 按 孟 子 去 齊 宿 於 晝 字 當 作 晝 廣 韻 〇 晝 邑 由 晝 水 受 名

㢚 或作 剸 別也 玉篇 廣韻 〇 蕢 按 此 意 義 不 甚 可 解

㯄 藤屬蜀人以織布 廣韻 引 埤 蒼 㯄 謂之 㯄 廣韻 釋 器 〇 蕢 按 㯄 作 㯄 者 蜀人 呼 也

合口呼二

𢏗 麌懈切
𢏗𢏗張弓皃 廣韻

䅽 𥝹懈切
〇俗有䅽 禾四把也 廣韻

齊齒呼

駭 意懈切
勁也 又強馬也 玉篇

逺（傒係切）　避也。廣雅釋詁三
嵠　山皃。玉篇
膎　目名。一曰器用。集韻
蟿　蟿螇蚸。爾雅釋蟲
婯（傒係切）　婦人病胎。廣韻。○集韻胎作娠。
枍　枍栺，木名。廣韻。○玉篇云：枍栺，宮名。
𣩍　物凋死。又脚手小病。廣韻
螠（向企切）　蝨名，縊女也。集韻
㥛（典係切）　恨也。廣韻
𧿒　蹋也。玉篇

韻史　卷七十六第十六部去聲副編是韻　七七八七

偙　偙傭，困劣皃。集韻。偙傄，俛也。廣韻。○俗有偙字。
揥（瓶係切）　所以揥髮也。詩君子偕老釋文。象之揥也。所以摘髮也。傳。二揥戲也。同上。揥諦也。廣雅釋詁文。○案：文選賦注義不破。揥、搎為說，揥謂釋名揥，摘也。廣雅釋詁：揥，摘也。
𥡴　種也。廣雅釋地。去不可也。晚尤。或作揥。
鯷（兄係切）　鮎魚別名，重千斤。廣韻。鯷，鮎也。鮷，大鮎也。玉篇。○俗有鮷字。
欐　屋棟也。文選上林賦：欐佹，支重累也。注引司馬彪曰：欐佹，支柱也。欐佹文選作欐佹。如淳曰：連卷欐佹也，漢書司馬相如傳上連卷。
諟（黔係切）　何為不知也，快也。玉篇。○案：玉篇云不知也，無何前義。不知何為字不傳。廣韻、集韻同。後義。
𧤗　青州謂彈曰𧤗。玉篇

韻史　卷七十六第十六部去聲副編是韻　七七八八

䚡（竅係切）　角也，觡也。玉篇
撝（西係切）　或作㧗，把皃。玉篇。皃作也。○集韻
槣（甑係切）　木名。玉篇
𦽰　艸名。一曰艸積。廣韻。○案：積之音以凡積字為艸積之義。詩去聲者乃當作穧。積，正字。積字代穧。言積字作積，客以訓釋。蒿(?)，積也。引申一切經音義二引埤蒼：穧，積也。詩苕：刈穧。劉兆注。穧者乃余有實其不
瘠（淺係切）　病也。廣雅釋詁二
𡮱　舍也。廣雅釋室
睥（品係切）　或作睤。睥睨，覗也。集韻
鞞　鞞薮斬𡿨皃。文選上林賦：陵池注：斬𡿨，謂𡿨崕也。○案：埤與𡿨同。𡿨𡿨或作嵎𡿨。山形斬平皃。

韻史　卷七十六第十六部去聲副編是韻　七七八九

嶭　峴嶭，山形。玉篇
𣵀　蜀漢人呼水洲曰𣵀。廣韻。○集韻云：𣵀水中洲也。
䈕　弋鳥具也。廣韻
撅（嬰志切）
口
詍
覭　覗也。廣雅釋詁一
𥡦　覭覤，視皃。集韻引埤蒼
笶　竹名，傷人則死。集韻。○山海經云：龜山又東七十里曰丙山多𥡦竹。文選吳都賦注：𥡦竹，今箭竹。𥡦，笶生。顏師古注語無笶字。竹名。竹史有笶竹，生於山。竹有笶竹桂竹，林品竹。董蓋笶之音同，借字而。
䳳　鷿鷉子，䳳也。廣雅釋鳥。○楊雄傳：鷿鷉子。或作䳳。鵜鶘，鷿鷉也。漢書張衡傳注：鷿鷉鷈鶘，或作鷿。
鷿鷉　布穀也。○後漢書張衡傳注。
瓗　玉名。玉篇。○廣韻云：瓗，玉名。○案：瓗字為瓊之重文，則岐入十四部。說文：玉篇瓗字為瓊之重文，則岐入十四部。蕭聲在十四部。

韻史　卷七十六第十六部去聲副編是韻　七七九〇

部矣玉篇𤩽字似睦切則岐入十六部矣疑此二字
互譌玉名當依廣韵作𤩽十四部𤩽字當改爲𤩽

饂 飽也玉篇

⿰氵隹 許恚切 水大也玉篇

⿱奞心 畜心明也順也玉篇集韵

⿰火恚

儶 綏恚切 僀儶困劣皃玉篇集韵

帨 巾也玉篇

叕 選恚切 叕並頸玉篇

韻史 卷七十六第十六部去聲副編恚韻 七七九一

韻史 卷七十六第十六部去聲副編恚韻 七七九二

韻史卷七十六

第十六部入聲副編

毄韻

開口呼

⿰忄鬲 良策切 智也廣雅釋詁三 ⿰忄鬲智也玉篇

⿰言鬲 慧也廣雅釋詁一

膈 膈塞也隔塞上下使氣與穀不相亂也釋名釋形體 隔在脬上也

管子水地篇注隔注○堂按 鬲縣名在平原 晉書音義中○
此段借隔爲膈也說文無膈 堂按此段鬲爲
膈也後人誤加有平膈 膈擊也 荀子禮論縣一鐘尚拊之膈注
原縣鄰之目正謂膈 注又云石文膈爲擊○蔑按此
謂捎爲拊之段借字 膈縣鐘格也 史記禮書縣一鐘尚拊膈
也大戴記作拊 索隱○堂按此謂膈爲格

韻史 卷七十六第十六部入聲副編毄韻 七七九三

韻史 卷七十六第十六部入聲副編毄韻 七七九四

之段借字也與傳箋說異各
有所受也格膈異部雙聲

膈 目不正也玉篇

嗝 或作嘩 雉鳴也廣韵 嘩嗝鳥鳴也集韵

⿱竹鬲 ⿱竹鬲子竹竿廣韵引通俗文

⿰鬲見 索策切 善驚也覞也玉篇

⿱雨鬲 或作䨣 大露也玉篇

⿰豸鬲 或作𧲁 𧲁豕五尺玉篇 豕絕有力⿰豸鬲爾雅釋獸 今漁陽呼豬大者爲⿰豸鬲 爾雅音注

蚅 或作蚅 蝺蠋也玉篇 蚅烏蠋爾雅釋蟲

⿰糸鬲 漢策切 生絲也玉篇

羨策切 諍策切

滆 湖名在陽羨 集韻。廣韻云滆湖在常州義興。蓋按義與羨改曰宜興即古陽羨也

䰛 鬲似雞鮎 玉篇。蓋按鮎鯷同字

䪏 䪏頞頭不正皃 廣韻。集韻少頞字皃作也

瞔 張目也 玉篇

鰿 鰿子魚子 廣韻引新字林

蟦 蟦小而橢 爾雅釋魚。注云即上小目橢謂陜而長 小者鰿 爾雅釋魚。注云今細貝亦有紫色者出日南。蓋按此從鰿為蟦也鰿乃鰿之異體字貝名本不从魚

䊞 搏也 廣雅釋詁三 䊞粘也 玉篇

䵵 黏飯也 玉篇。蓋按兩氏糯䵵入戴米春二部其實當是一字如黏粘亦同字也 䵵黏也 廣雅釋詁四

𥨮 窒也 廣雅釋室

韻史 卷七十六第十六部入聲副編數韻 七七九五

莊隔切

𢡄 情也 廣雅釋言 𢡄耿介也 廣韻

債 或作遺 走兒 集韻 趚倉卒也 廣韻 趚黠兒 廣韻引方言

𣊎 淨也 廣韻

竨 正也 廣韻

膭 板也 玉篇 集韻

積 種也 廣雅釋地

𥼷 白米 玉篇

糄 餅相粘 玉篇 䊞糄揃米 玉篇引字書。蓋按揃字集韻作揀

揀 或作揀 扶也 廣韻 揀擇也 集韻 揀擇取物 廣韻

憷 或作慄 小痛也 玉篇 㦃痛也 廣雅釋詁二。方言一云憷痛也自關而西秦晉之閒或曰㦃

韻史 卷七十六第十六部入聲副編數韻 七七九六

蒲隔切

𨁊 踏也 玉篇

遈 行也 玉篇

瘷 或作瘷 瘷寒病 玉篇 瘷瘷寒皃 廣韻

鞕 堅硬也 廣韻

棟 谷○有棟 棟赤棟白者棟 爾雅釋木○蓋按注謂白棟葉圓而岐為大木杜子美詩棟樹寒雲色白棟明矣

鏾 鐵槍 玉篇

摸 𥤮摸捕爲具 集韻

霡 或作䨪 霢也 廣韻

徵策切

䩹 補也 廣雅釋詁四 䩹履頭 廣韻。又云䩹補履

彇 東弓弩衣 集韻 彇㢶補也 廣韻

韻史 卷七十六第十六部入聲副編數韻 七七九七

采策切

合口 許 戶眠切

𪊟 豆中小硬者者 廣韻引新字林

矐 目病也 廣韻

𦢊 曲腳中也 廣韻

嚄 俗○有嚄 嚄嘖叫呼也 廣韻○集韻有叫字

𢤱 不慧也 廣韻 𢤱乖戾也 𢤱頑也 玉篇 㦖𢤱乖刺也 集韻引廣雅。蓋按離騷緯繣即𢤱之借字 𢤱𢤱辯快 廣韻引音譜

䶦 咏辛也 集韻。廣韻云䶦䶦

𢹿 俗○有㧓 裂也 集韻引廣雅 𢹿擘也 廣韻 㧓裂也 同上

𢤱 裂帛聲也 廣韻

韻史 卷七十六第十六部入聲副編數韻 七七九八

臥割切 𥐛 𥐛𥐛不安也 玉篇。亦作𢚩。𥐛

慢割切 祴 神也 玉篇。集韵神下多祴字

騖 不步體皃 文選射雉賦曰不步體邪視旁靡閑而驚無見自驚徐注

齧齒諍

險益切 𨎣 車𨎣 廣韵。萱按𨎣即伏兔也 𨎣似人屐也 釋名釋車。萱按一屐字借為車下伏兔之戟也古祇用屐後加車旁耳 車𨎣轉也 玉篇

簑 竹屐 玉篇集韵

隱錫切 膉 脰也 埤蒼云豕伏槽 玉篇。儀禮士虞禮記取諸左膉上注云膉脰肉也 古文脰膉為 頸嗌也 按儀禮古文此嗌為膉故說文無膉也。萱

鄗 地名 廣韵

韻史 卷七十六第十六部入聲副編 數韻 七七九九

揚 界也 廣雅釋詁三。又後漢書班彪傳上注 揚畔也 詩信南山疆埸翼翼傳 埸畔也 疏 易大象 易曰 北喪羊于易 釋文引陸注。萱按場古今字也。故喪牛于易 易亦當謂疆埸。王氏引之經義述聞云 大人曰 荀子富國篇觀國之治亂臧否至於疆易而端已見矣 周禮 載芟傳 曰畛易也 漢書禮樂志 安世房中歌 孫易久遠 晉灼曰 易疆 易也 漢祠相楊統碑 疆易不爭 就横海將軍呂君 碑慎守疆易 是古疆埸字多作易 故說文無埸字

揚 𡨭。俗有耕也 玉篇

𩠐 文𩠐也 玉篇

歇 去滌也 廣韵

惕 惺恐也 廣韵

向益切 潣 潣沐怖懅也 廣雅釋言 潣沐喘嗒皃 方言十 潣沐遑遽也 江湘之間凡窘猝怖遽謂之潣沐 注

𢤱 𢤱𢤱赤紙 廣韵引埤蒼

韻史 卷七十六第十六部入聲副編 數韻 七八〇〇

篤 篤斛注謂之篤 廣雅釋器 篤亦籮屬也 方言五 所以注斛 陳魏宋楚之間謂之篤 注

典益切 書

𨈛 量也 廣雅釋詁三

𥝩 禾大也 玉篇 集韵

甋 甋也 廣雅釋器 甋也 以二字為名 古本作今通 室。萱按似當云瓴甋

磃 磃也 廣雅釋言 磃 礁也 廣雅御覽引 磃 代也 廣雅釋詁四

墑 入射也 玉篇。萱按墑當即的字 數然 皆的 射的未有作墑字者 謂之墑 集韵

眺益切 鯯 東海有馬鯯魚 廣韵

楸 䶆樿也 玉篇 狄䶆樿實綦 廣雅釋木。萱按別一物三名也 狄楸古今字

韻史 卷七十六第十六部入聲副編 數韻 七八〇一

荻 亦作蔽 或作菂 荻亦蒿也 山海經中山經泰山有草焉名曰𦯀其狀如荻 注。萱按蒿類甚多 無似荻者 荻與蒿非一類也 蓮荏也 廣雅釋草。萱按此義漢時已混 史記司馬相如傳索隱引郭璞云 荻篇也 言其聲音 荻荻名自定也 風俗通聲音 引漢書注 於山海經注 荻今戟吏所 吹者 穆天子傳 六簫荻注

藡 藡苗荻秀 淮南說林 藡苗類絮 注。又 云楚人謂之藡 蘊葉謂之荻苕也

犒 戟作 𤛓 雄也 廣雅釋獸 犒特牛也 廣韵

㨨 代㨨也 玉篇。萱按㨨與䂽略同 之䂽 䂽者摘也 戟

踢 踧踢獸名左右有首 廣韵引 山海經

亮益切 鼰 鼠也 玉篇

𥇍 𥇍𥇍視明皃 廣韵。集韵 云𥇍𥇍目明

韻史 卷七十六第十六部入聲副編 數韻 七八〇二

𪘫 或作齸 齒病也廣韻
㱼 殫㱼也玉篇
癧 瘰癧也廣韻
擽 或作擽 擊口也廣韻 攊指劃同上
趚 或作𧼓 𧼓趚行皃玉篇 集韻云趚行皃
靂 霹靂陽氣之動也後漢書蔡邕傳注 霹靂者金氣也其音商也春秋繁露五行五事 霹靂有聲有光雷電之大者耳左氏傳僖十五年疏
𩃤 𩃤𩃤煙狀廣韻
蘼 大室蘼也廣雅釋草 葶藶草名集韻○萱按方書名苦葶藶

韻史 卷七十六第十六部入聲副編 𣪘韻 七八〇三

𤗂 𤗂亦𤗂也一切經音義五引三蒼
鷹 鳥名似鷹而大玉篇○名字依集韻增
䐲 䐲腱强脂玉篇
褑 或作裂 裂衰急纏也玉篇
鱺 或作鰏 魚名玉篇 鰏𩶿也廣雅釋魚 鰏鯢魚名廣韻
騳 馬色也廣韻
轣 轉也玉篇
剈 或作剔 剔剈也廣韻
醽 醽醍酪滓也廣韻○集韻少滓字

寵益切

禍 福也玉篇

韻史 卷七十六第十六部入聲副編 𣪘韻 七八〇四

甑錫切

勣 功也一切經音義四引聲類○萱按績者功勣之一義耳故說文有績無勣
趚 倉卒皃玉篇 集韻
積 襞也廣韻 襞積衣間𦁄也集韻
樍 樫木別名廣韻○集韻引廣雅云樫樍也
鶺 鳥名廣韻
𦫼 草名玉篇 集韻

淺錫切

覿 覰也廣雅釋詁一
黷 黷黩色敗也廣韻
裓 裓膝裙褯也玉篇
擠 擊也玉篇 集韻
塉 薄土也玉篇 塉薄也廣韻

韻史 卷七十六第十六部入聲副編 𣪘韻 七八〇五

仰錫切

𡺵 堂𡺵山皃玉篇○萱按堂音映

想益切

㥛 敬也廣韻 㥛㥛憂也集韻引廣雅 㥛惄也憂也玉篇
㱚 極也廣雅釋詁一 㱚歺也廣雅釋詁三 𣩨㱚欲死之皃廣韻
蓛 蓛似燕麥也文選子虛賦蔵蓛蓛注引張揖 蓛莫馬辛也廣雅釋草○萱按說文莫下解當作蓛莫非此蓛莫也爾雅蓛字淺人所改耳 廣雅蓛莫天
蜥 或作蜥 蜥蜴也廣韻 蜥蜴蟹也廣雅釋蟲 蜥蜴也同上

西錫切

鶺 鶺土犁具也一切經音義十六引埤蒼○萱按犁具作犁耳也無上二字
𧴕 𧴕𧴕獸自為嗥廣韻
鼊 鼊鼊似龜沒胡無指爪甲有黑珠文如瑇瑁可飾物廣韻

韻史 卷七十六第十六部入聲副編 𣪘韻 七八〇六

品錫切

憵 猝也 廣雅釋詁二○方言十二云憵朴猝也 憵急也 廣韻

霹 霹靂雷也 文選羽獵賦霹靂列缺注引應劭 霆震又曰辟歷辟析也所歷皆破析也 釋名釋天○萱按辟歷古字也霹靂今字也而今字當行

癖 瘕癖病 廣韻○又云腹病

𣩘 或作礔 殛也 廣雅釋詁一 𣩘澌欲死之皃 廣韻引廣雅 壁虍也 廣雅釋詁三

澼 漂也 集韻○萱按莊子洴澼絖謂漂絮也

𢐦 弓彊也 廣雅 廣韻○集韻引廣雅云彊强𢐦也

𣯉 毛也 玉篇

覛 久視 玉篇

鎃 破也 漢書藝文志集注 ○拫有脈鎃 鎃裁也 廣雅釋詁二云鎃裁也○方言梁益之

韻史 卷七十六第十六部入聲副編㪣韻 七八〇七

間裁木爲器曰鎃 鎃又斷也 晉趙之間謂之鎃 方言二○萱按玉篇云鎃式作𣂪然則𣂪鎃爲三同說文惟此𣂪 鎃擿皆析破之名也

方言二注 擫裂也 集韻引廣雅

面錫切

黰 或作𪑶 黰黑青也 廣韻○萱按下卷青黰色敗黑一曰闇也 集韻

䤈 醋醨酪漿 玉篇

䈦 幦帶也 廣雅釋器 車構簍其上約或謂之䈦 方言九

䋽 索也 廣雅釋器

䮭 馬多惡也 廣韻○集韻云馬驚謂之䮭一曰馬驚皃

𧳋 白豕黑頭 廣韻

螟 蛪螟蛁也 廣雅釋蟲

韻史 卷七十六第十六部入聲副編㪣韻 七八〇八

蓂 艸名 玉篇集韻

瀑 瀝瀑水淺皃 廣韻

㪣

撮口呼

擧役切

𠈇 黠也 廣韻

湨 水名在河南軹縣東南至溫入河 後漢書馮衍傳注

犑 犑牛 爾雅釋獸○王云未詳集韻犑下云牛屬

鼳 鼳鼠 爾雅釋獸鼠屬○注云今江東山中有鼳鼠狀如鼠而大蒼色在樹木上○邵氏晉涵爾雅正義云此鼳寓屬之鼳與鼠屬之鼳同名一爲獸一爲鼠有異耳鼳鼠之在樹木上者今人所謂松鼠也似鼠蒼色而長尾 鼳遐鼠身長須而賊秦人謂之小驪鼠 爾雅釋獸○萱按鼠身連讀○郭云此陳藏器鼳字屬不與鼠連讀 謂形如

韻史 卷七十六第十六部入聲副編㪣韻 七八〇九

鼳似鼠而馬蹄一歲千斤爲物殘賊又郝氏正義云秦人謂之小驪鼠疑漢初傳爾雅者所增入也晉書郭璞傳云有物大如牛灰色卑腳類象胸前尾上皆白有力而遲鈍璞筮卦名之是爲驢鼠蓋即其類也○萱又按以形色衰之小驢即今之驢也凡物必先有大者而後可言小時中國尚未有驢安得先言驢之小者乎豈秦人初祇得其小者故呼小驢以驪別於故中之大者爲一明也驢也驢也當通爲一物

郡役切

闃 靜也 易豐闃其无人文選登樓賦注引字林 闃空也 易豐釋文引吳都賦注又闃大劉逵注 闃无人皃也 易豐鄭注又文選干注引 馬闃寂也 楚辭嚴霜疾世注闃晴

𨃼 踞也 玉篇 皃作踞也 廣韻

永鵙切

瞁 視也 玉篇○瞁眼也 廣韻○萱按義似不及玉篇之諦

𩂜 霢𩂜大雨也 廣韻

鶪 或作鵙 秦漢之間謂鶪鶪小者曰鶪鶪 集韻引方言

韻史 卷七十六第十六部入聲副編㪣韻 七八一〇

⿰魚殳 或作鰕 魚名有四足如龜而行疾 集韻○廣韻少下五字

蝬 蝬蟿蟲名 廣韻

⿰忄殳 用心也 玉篇

⿺走殳

鈠 或作殺矜○俗有矜 小矛也 廣韻 殺矛也 廣雅釋器 長殺謂之𥎞盧 集韻○蓋按吳都賦云長矜短兵兮 聲氏聲同在十六部

眼 許役切 ○俗有眼 視也 玉篇○菅按訓視之字从日為是玉篇眼字見目部矣而肉部又出眼字云視也顯係淺人羼入者 謂希馮而有是 驚視曰眼 一切經音義十三引通俗文

偍 綠役切 小行皃 玉篇

綼 編役切 裳左幅也 玉篇 飾裳在幅曰綼在下曰緆 儀禮既夕記緣綼緆注

韻史卷七十七

泰興何萱石間譔集　子度校字

上海顧錫麒竹泉覆審

武進李兆洛申耆鑑定

第十七部平聲

柯韻

開口呼

柯 長多切 斧柄也 說文段注見豳風毛傳考工記曰一欘有半謂之柯注云伐木之柯柄長三尺又盧人注曰齊人謂柯斧柄為桿按柯斧者大斧也柯之叚借為枝柯○菅按詩伐柯伐柯如何傳又禮記坊記伐柯如之何釋文並云柯斧柄也又國語晉語令若大其柯注云柯斧柄所樵以伐柯柯斧柄也廣雅釋室○菅按此引伸辨凡柄也考工記車人注柯其柄也專言斧柄 柯法也 爾雅釋詁 柯莖也 廣雅釋木 柯謂枝也 詩湛露箋使物柯葉低垂 跳 并柯連理也 文選顏延年曲水詩序顏莖素蘤并柯共總之瑞注 柯孟也 廣雅釋器○方言反云謂之柯 孟胖 柯亦江中兩山名也 水經注水溫 俗謂如許物為若 柯 匡謬正俗六○萱按若柯猶若干也干柯雙聲外但取其音下取其義

鴚 或作鴐鷙鴐 鴚鵝也 說文段注三字句方言鴈自關而東謂之鴚鵝南楚之外謂之鵝或謂之鵝鴚廣雅鳴鵝 倉鳴鴈云鴚鵝雁揚張所云鴈者鴻雁也許以鴻雁字系佳 部从不慶上林反也知許意不為鴻雁鴚字亦作鵝太平作 鴚鵝子夫灋鴐鵝雞騃南都賦皆作鴐鵝古作鴐山海經鴐 鳥魯大鴐鵝野鵝皆印鵝鵝也古加聲與可聲同音張揖注 上賦曰段又注魯也戠則非家鵝亦非鴻雁鴻雁為也許意 當同○正云从馬大夫鵝鵝鵝左傳漢書皆作鴐與山海經 同毛吾元年改作該毛非也釋文宋刊皆作鴐通志當鴚鵝 乃於定漢書楊雄傳○方言入注云令江東通呼為鴚 鳥似雁 音義引字林 鴚鵝水鳥 太午裝鵝鵝絲子水翼注 鴐鵝野鵝也 記史 司馬相如傳連鴐鵝集解引郭璞又漢書相如傳上 注又文選西京賦鴐鵝鶬鴰注引張揖子虛賦注

菏

○俗有菏 菏水在山陽湖陵南禹貢浮于淮泗達于菏 說文段注各本水上衍澤字陵下奪南字今依尚書音義正前志山陽湖陵下曰禹貢菏水在南濟陰郡下曰禹貢菏澤在定陶東水經曰菏水在山陽湖陵縣南菏澤在濟陰定陶縣東是豫州菏澤徐州菏水畫然二事依水經及注菏水雖源於菏澤而與菏澤迴別釋文於徐州引說文水水山陽湖陵南非菏澤也今李說文淺人增澤大謬矣山陽郡湖陵見前志王莽既曰湖陵光武仍曰湖陵至章肅帝復湖陸之號今山東兗州府魚臺縣縣東南六十里有湖陵故城與江南沛縣接畔前志湖陵下曰禹貢浮於淮泗通於菏之水在南不徂言菏水在南而分泉泗禹貢文者明與菏水非豫州及道沇水之菏澤也水經曰濟水又東至乘氏縣西分爲二其一東南流者過乘氏縣南又東過昌邑縣北又東過金鄉縣南又東過東緡縣北又東過方與縣北爲菏水又東過湖陸縣南東入于泗水酈氏云尚書曰浮於淮泗達於菏是也按山經注所說故道多遷盡不可辭禹貢云云不稱道菏澤沇水又東至菏者彼禹菏澤此禹菏水與班意同也不言夏書言禹貢者正襲班誥也尚書古文疏證曰自淮而泗自泗而菏然後由菏入沛以達于河徐之貢道也上文沇州浮於濟漯達於河次青州使浮

于汶達於濟不復言達於河次徐州浮於淮泗達於菏不復言達於濟至揚州則浮於江海達於淮泗且不復言達于菏不復言者蒙上文也聖經之書法也及經文字云菏見夏書古本無作菏玉裁謂古尚書史說記漢書水經注皆作菏或是假借或是字誤不可定而惠動曰尚書菏水一名湖章注漢曰菏胡河及是則湖陵以菏水得名菏與湖語之轉至若今史記漢書俗本尚書作浮於淮泗菏水即濟水之所苞注遠於河皆誤字也郡國志注誤作菏水經泗水注○菩按道元所言菏澤菏水皆舉以成湖澤也矣與說文專言菏水不同又周禮職方氏疏引禹貢道柯澤段柯爲菏也

哥

聲也古文呂爲歌字 說文段注哥聲也此義未見用者今呼兄爲哥古文云云漢書多用哥爲歌

歌

訶有戎歌○俗 詠也 說文段注言部曰詠歌也二字爲轉注○周禮小師掌教鼓兆鼓柷敔塤篇管弦歌注云歌依詠詩也歌詠其聲也禮記學樂記又說苑修文○詩關雎序故永歌之疏云詠聲爲歌又漢書藝文志云詠其聲謂之歌歌所以長言詩之意也書堯典歌永言馬注文部注○漢書藝文志歌詠言

注云歌所以長言之又禮記樂記云故歌之爲言也長言之也歌之疏夫歌者口言之也白虎通禮範五行傳

歌 謂音 禮記樂記疏○周禮傳 樂疏云歌安發聲出音大

器云人聲曰歌云云者也所歌之也

有上下加草木之柯柯葉也故言

素閒陰陽應眾有

也論在聲爲歌注大歌謂作此究

謂詩有章曲曰歌和學記引韓詩

既神祠碑

也詩行莽戎曲合樂曰歌詩云合

瑟 歌戎号傳說聞有

爲詩在 樂聲曰歌 藝文類聚引學

樂爲歌疏引鄭志引蔡

於斯疏云歌謂云歌

祭祀時奏樂也歌者所以發德也

又公羊隱五年傳注云歌者德之

言也又白虎通禮樂云樂者象德

之謂引聲長詠之 詩子衿傳誦之

樂○南齊書五行志引洪

云歌譜口事也

周禮大師疏

司尗聲曰歌○釋名釋樂

具質以聲吟詠歌歎聲

是言歌聲加柯也之箋○

集詩墓門歌以訛云歌謳

也後漢卿壽傳注

章可○孔端歌者比於琴

謠如頌曰歌毛詩指

桃我歌且謠傳○

簡文十五國風義云在辭

曲肖今章句○周禮女巫

者樂也又禮記檀引下歌

漢書業帝亂○禮記樂記

云夫歌者直巳而陳德也

菏

多汁也 說文段注淮南原道訓曰甚淖而菏高云菏亦淖也饘粥多瀋者曰菏讀歌謳之歌按今江蘇俗語謂之稠也菏濡淖也廣雅釋言

茄

扶渠莖 說文段注謂華與葉之莖皆名茄也茄之言柯也古與荷通周陳風有蒲與荷鄭箋夫渠之莖曰荷芙光

注爾雅引詩有蒲與茄屈原曰製芰荷以爲衣集芙蓉以爲

裳揚雄則曰衿芰茄之綠衣被芙蓉之朱裳漢樂府驚何食

謂茄下 荷芙蕖其莖茄 茄

文選西京賦帶倒茄於藻井

瓜之名讀若伽俗義俗音也

韻注茄子蕖可食麻鄭注茄

茲治然而禁不足與道古也

雅釋艸○豈按釋文茄藕莖也

古○反不識古音也茄

廣韻古牙反○按茄爲

荷 廣注音低切內不載 茄字而昆弋倫

架 牽多切

女師也杜林說加教於女也讀若阿 說文段注詩言告師氏毛傳師女師也古者女

師教以婦德婦言婦容婦功李善引漢書音義曰

十興子者爲傳杜林云云按列女傳書孟姬楚昭婦人年五

言保阿內則篇喪服經注皆言可者鄭云可者

於諸毋謂傳姆之鬻益可者即阿云云即架也

賤昭伯嬴傳皆集類

架姆也

婀 女字也 說文

娿 或書作妸 婀娿也 說文段注婍娿雙聲字韻會作陰阿李燾本作陰娿集韻類篇同廣韻曰婍娿不決婍音庵

阿 大陵曰阿 一曰阿曲阜也 說文段注大陵曰阿 毛詩傳曰大陵曰阿 又曰曲陵曰阿 引申之凡曲處皆曰阿 ○阿 山曲也 釋丘偏高阿丘 廣雅釋丘 阿 曲京曰阿 一切經音義引韓詩傳 四京曰阿

韻史 卷七十七第十七部平聲柯韻 七八一九

偏高曰阿丘 阿 阿也 如阿曲陽也 楚辭少司命晞女髮兮陽之阿 楚辭山鬼若有人兮山之阿 ○阿 屋曲 阿 水崖也 阿 曲 阿 下 四阿 宮廟 阿 曲也 阿 細繒 阿 棟 阿 細穀也 阿 曲也 阿 從也 注國語吳語 淮南主術

韻史 卷七十七第十七部平聲柯韻 七八二〇

以執政 阿主注 阿從也 呂覽長見阿鄭君之心注 好舍職而阿主之為矣注 君阿倚也 書君奭 時則有

若伊尹鄭注又詩長發實維阿衡箋又史記殷本紀伊尹名

阿衡索隱又漢書宣帝紀集注霍光金日磾傳贊集注又後

漢順沖質帝紀贊注朱景王杜馬劉傳堅馮傳論注阿近也

注傳敘傳注○萱注高龍碑稽功稽衛假猗為阿也

阿 比也 阿 私也 阿 黨也 君子不黨 阿 相為阿保 謂傅母也 利劍也 楚辭太阿 阿 那 是枝葉條垂之狀 桑詩隰阿 曲也

韻史 卷七十七第十七部平聲柯韻 七八二一

痾 ○俗有痾 病也 五行傳曰時則有口痾 說文段注五行傳者伏生鴻範五行傳也言之不從是謂不乂時則有口舌之痾 痾病也 廣雅釋詁一又洪範五行傳 時則有下體生上之痾注 漢書五行志中之上

之痾 痾病兒 言寢深也

旖 旖施 旖施兒 說文旖施旗兒 段注 旖施 柔順之兒

檹 木旖施也 賈侍中說旖即犄也 可作琴 檹旖施 說文段注旖施 集韻類篇各本作旎

韻史 卷七十七第十七部平聲柯韻 七八二二

皆非也木部旖下曰旗旖施也旗旖施故字從於木如旗之
旖施其華九數注同然則今曹風鄭旁王注旖旎柔順兒引詩
旖旎即旖施也旖施猶阿那也漢書文選皆作猗
離騷旖旎字林賦柔順兒旖施從猗
風張揮云旖旖若數旎韻作旖旎林賦旖施

猗

可字旎見衛風注旖旎從旖

椅

梓也說文作段注爾雅釋木曰椅梓
言說之文也段注毛傳之言椅桐之屬
故實爾雅說文曰椅有別故漆桐皮曰椅
按實逵說椅梓實桐皮日椅
其椅木也椅即梓之屬也詩定之方中
椅俗有名釋椅○湛露其桐

猗

又曰猗犍也字旁曰段注椅通犬以猗爲之
曾段風猗俗字今字猗小雅猗儺
有爲加字今字者小雅猗於泥
段有爲猗有實猗

引字林云猗犍也○廣韻猗犗犬也
其猗羌也○廣雅釋歎

猗 犍也

角而東之曰猗

是心內不平嗟詩猗嗟

猗與歎美之詞也

亦數猗美也
凝也又後漢書嚴延年傳注

集注彪傳下注蘭之猗猗
班賦猗靡注猗猗隨風之兒

猗靡 隨風之兒

嘯賦猗萋猗猗
隨風猗萋注云猗猗

靡上漢書司馬相如傳注猗靡

猗犯猶阿那也

段借猗爲倚也
詳猗下也猗依也

大言而怒也

按此段阿爲訶也
阿是許有阿今逸也

訶

海歌切

怒也廣雅釋詁二○方言二云苛怒也陳謂之苛
萱按苛本小草引申爲煩擾又借爲訶字之

苛 相苛責也

方言注苛謂詰問之
周禮射人不敬者苛罰之注○
漢書王莽傳中集注云苛問也

苛譴也

周禮注褐世

柯

榀也周書曰盡執柯
說文段注酒誥文今尚書盡柯作拘字之
誤也此如許兩言苛之字止句也從漢

爲書郡國志下云柯水歸於周書謂水正同也
适下云柯以爲周○

乙

反丂也讀若呵一說也然則乙者气已舒也故可字从口
○萱按丂下云气欲舒出乙上礙於一也

多

朋古文緟也从緟夕夕者相繹也故爲多緟夕爲多緟曰爲疊

古文並夕說文段注緟增益也故爲多也緟者相引

於無留重也說文曰緟多勝爲人也古文多

有並與詩桑扈受福不那傳

多多也多詩桑扈受福不那傳

帶歌切

後漢書馮異傳注

多猶重也

漢書陳餘傳集注酈商傳集注季布傳
集注袁盎傳集注灌夫傳集注嚴助傳

集注霍光傳集注馬宮傳集注
郭解傳集注南粵王傳集注

多猶重之

按重字平去兩
讀義皆與多通

多衆也

爾雅釋詁又詩
武天命多辭箋

多猶大也

多厚也漢書趙廣漢傳

多大也

多容也

多自也

多謂功

多自賢也

勝也

況愛人也禮記

多猶重也

託多切
它
祇古通用論語多見其不知量也注云適足自見其不知量
以適訓多即祇矣○又按左氏傳魏曼多史記晉世家魏
世家趙世家作魏侈魏哆又文選景福殿賦殿盧孔
多注云多當爲趙此皆同多長聲而遝者借作多也
○俗蛇或○俗有他蛇有虵蛇虫也从虫而長象冤曲垂尾形上古艸居患它
故相問無它乎說文段注詁尾謂之虫垂尾謂之它與
古音同也詩維虺維蛇女子之祥
虺帶權爲蛇將若何他皆虫之段借皆謂或權爲古將
者較易蛇制爲它尾將異者也制虫爲段借爲它
也以今之人蛇異而相問它也人蛇制虫
囊前設相與無它之故曰不遠爲之
與別當之制它言之食
言彼許蛇也佗切蛇也
食遠切也蛇佗用
借委也借蛇字委蛇
字用借蛇佗蛇也正字
注蛇者陰之所生龍之類也或曰龍無角者曰蛇則洪範有龍蛇之孽
後漢傳注云蛇龍陰類○傳注謝弼傳注
龍蛇之類也

大也國語注吳蛇蠡皆行毒螫也一切經音義白蛇水蛇
山經泰注云胃之山多白蛇注又○海內十大又引字林卷之其國有黑蛇
食谷蛇注云以蛇巴蛇也中山經浮戲之山東有谷曰蛇谷
山蛇出東儀故名巴蛇注云禮鄉射禮記龍首其中蛇謂之交有蛇山海
蛇山蛇注注經西
中類也東方朔傳射云易蛇南楚謂之蛇醫一名龍子
類也注云禮論衡言毒○又夢見蛇人云一交龍注八方蛇龍君子之
傳龍注蛇已爲蛇占毒夢見又蛇一○蛇螾蟺蛇爲蛇易繫下
龔虞之星傳左氏襄廿八年注口舌毒蛇夢見云蛇人吞蛇口舌火蛇龍蛇之宿
虛危之地蛇者山川等種也莊子列禦寇之
爲地蛇之釋文引傳蛇也雅蛇氏語吟乎於物
地會蛇段借也然注龍注○當接一樓名蛇它族也國語周語注不它
猶餘也漢書注陳賈他也家本無蛇字它文學生它異也又禮儀他
端之枝也傳集注盂子膝文公下他猶異也禮記大學注他儀不
他日歸注云他日異日也下他謂衆士也又他枝禮注云他
別室也下禮記曲禮下他日君問之哭之疏云他日室也○曲禮非他故彌親之

辭
儀禮士昏禮記辭曰非他故注○觀禮天子他志謂私心
禮記曲禮言非以他故也又按太史公自序也又他人明矣注又○
注云他他言非者他也注禮記云他猶泰也蔡子他也泰樊聲注○
謂曰非他禮志下注或云他猶泰也當接此段借爲他也亦泰明樊又
有禮他上注亦作佗蛇之逶迤意也委蛇行可從迤也按當
書音義云上注亦作陀蛇逶迤也蛇行可從迤也
同通用也而陀後出也
並佗上下歸聲
平俗人三拕也○鄭玄注云蕭也
拕
讀拕說文段注曳也說文曳也段注中部曰臾束縛捽抴爲臾說文曳臾曳也
拕也越鄭說文段注拕越也而爲舟則曳部之曰東萊水高語同
後漢南嚴朸段傳也拕爲集注也入水高誘注加下南朝遇服說文曰
瀨云也書作後漢書注傳孟子注傳注上雅雅下盜抴衣其易廣衣
云蘇注云記傳少東首加齊服也拕又注漢書拕也集引拕紳作其易拕者
注禮也又襲傳首加朝服拕紳又注漢書也也拕
一拕亦縱也體准南髮也拕傳漢書注班固也引其拕紳
三拕三加之也易注拕縱之也縱拕上也猶牽也語論雅廣衣
鄉黨加朝服拕紳注漢書拕上也
拕朝拕加紳上也加於
相傳皇疏上紳拕
拕於軒注宛虹
○鍇當按以帶加釋朝拕三拕與拕
鄭注或謂申加於上也司馬書語

諸家作褫迴別拕猶拕也禮儀禮記少拕曳也上漢書司馬相如傳軒
集注鄭自有所受拕樂班書
集注鄭當按此所借字
作拕也○當按此正借字
有○俗褫流州謂歟曰訖說文段注云
言喜訖者訖歟也兗州謂歟曰訖
喜也訖也廣雅釋詁訖二○言爲一聲之轉
言也許也州人以訖相歟爲訖切經音義引纂文云兗州人以相欺爲訖不見于方言
訖
說文
詑多切
夢
厚脣兒
說文
眵
目傷皆也一曰瞢兜也
說文段注釋名曰目眵
目傷皆曰眵
眵兜也
謂之瞢眵也
蒼頡篇云
許謂
許說
者
蹉多切
魋
目眵與劉昌宗讀同者又目眵與上兜別二人病而有也不相侵
作眵目昌宗讀者也
隸作眵
俗有魑魅○山神獸形說文
作有獸也
蟡山神也獸形
形上林賦蛟龍禮
龍禮注正義引說文
山神也
本不从虫者乃如禮注魅
乃俗寫之譌
東京賦作魑
字
赤是俗字
徐鉉
蛢魅
按山神獸
左傳注
增魅字

韻史　卷七十七第十七部平聲柯韻　七八三一

矣薛綜二京解云魑魅山澤之神也爽許服說同李是山神
而形如獸故其字从公若令本作神獸則大誤矣歟陽云也
好別一義西都賦挖熊螭若李注引獻說尚書大傳曰螭猛獸也
許作离李善作螭者恪亂之也此善注左服氏傳文史記作如
射如離可讚离離古通用周禮正義今左傳誓本螭山神
蹤形或曰如虎而嗷與二說並列別矣同服氏許注說文前
說改爲山神獸也則俗後說不知二字正○按氏俗山神
同音故遂陝借用螭漢錢不傳中之建樂異矣與本注說文
之离釋廣雅天魑山神也賓患書王莽傳虎氏士以注二十引八年通俗傳山注神○云○獸後山一形漢書澤切也
魑魅山林異氣所生爲人害者
怪謂之螭猛獸也文選曹子建槃經左氏音義白
魑魅螭作蟲
肄作蛻○螭若龍而黃北方謂之地螻或云無角曰螭說文段注南都賦
俗有作螭嬖龍蟛蛟李注引說文蛟若龍而黃按李注蛟螭
賦曰伴蠋蜀都賦戴蛟劉注云螭龍永神也一李注曰雌蛟都
字誤衍思似赤謂戴螭劉上林賦蛟本蛟龍赤螭之文賦頭皆曰
龍一曰左子赤蛟蛟爲一皆劉說所本然張左之賦皆
龍子爲螭張揖曰赤螭雌龍也皆劉說所本然張左之賦皆

螭

韻史　卷七十七第十七部平聲柯韻　七八三二

不謂蛟螭一物也許謂离爲山神螭爲若龍而黃與諸家說
異司馬相如曰赤螭揚雄解嘲曰翠虯絳螭之將登乎天不
謂其色黃矣北方云ㄟ呂氏春秋曰黃帝之時天先見大螾
大蛟史記封禪書黃帝得土德黃龍地螾見地螻之說其本
此與非螻蛣也或云云云六字疑後人所嗜非許書本有蓋
說改虯下爲有角則注此爲無角○漢書揚雄傳音義引字
林云螭若龍而黃北方謂之地螻又引李奇云
螭雌龍也又後漢書張衡傳注云無角曰螭龍
螭龍之別也
呂覽離螭食乎清而游乎濁注○後漢馬融
傳注云螭龍屬萱按言屬則別可知矣
螭虎類也
漢書揚雄傳音義引鄭氏○
形又引韋昭云螭似虎而鱗
螭猛獸也螭山神也獸形按萱
皆段已詳爲
也彼也
或作舒也說文段注蜀都賦檮藻掞天庭魏都賦檮翰則華
檮獮獮春範太平經幽獮萬類字作獮○廣雅釋詁四
云檮檮也後漢班彪獮舒也漢書揚雄傳獮者張也揚雄
舒也舒傳上注太舒舒也漢書揚雄傳獮者張也揚雄
傳下音義音義引文字林答實戲檮也漢書揚雄
云獮張之又引令宋獮注云獮張也檮布也春華注引韋昭又漢

檮

韻史　卷七十七第十七部平聲柯韻　七八三三

書敘傳上集注又檮鏤檮市其彫鏤也文選魏都賦壯巽
後漢書馮衍傳注 說文段注檮鏤於音霄注各本
隸作差籀貳也左不相值也作羨今正貳各本作貳借字心
差曰怂與失當也失當即所謂二不相值也正釋者悉作假左怂
部曰怂失當也一字當以尚書爲二謂之貳也作差時四時差
也作怂亦蓋本也書所二爲行宋世易言曰爽之本不也
春作釋貸子他全書皆从二戈貳得有貳與易貸各
不貸文管貸子不他得切俗音爲以切貸釋衍文相二作故
及綴衣其儀不則戒釋作文貳無有差羨文之音也
與則鄭其髮則氏戒作貳副貳也二貳作貳何世也
之則釋別義杜注貳則釋貳代也副貳之得得也
傳卜貳副國義則謂注副貳也外傳貳作得者
其左傳作貳國柱謂代副貳之圍者謂同也
圍杜注作云貳代謂副貳按也合以注引之
釋左傳作云載代謂副貳接左此云代不也
故不作云也也不之爲以从言者而貳也
語所作怂也不相似貳相從也者之不相
木部日謂左作貳似爲也从左也而廣說
傳曰差曰釋差貳从其日貳者也乘也雅
智差自士擇也其引伸之義也
又太平御覽注曰差過差也○太平御覽引錯云差生自悄差二
差過也
差謬也

天論荀子君道呂覽差字俗用今字當依文選立左氏音義云差貸也

差

韻史　卷七十七第十七部平聲柯韻　七八三四

亂生其差衰也黃雅釋詁二○淮差注邪也淮南本經注衣無隅
差注邪各字而南本衣無二陽文釋二文年注失差之制注○命發
義與頻差過也○鄭二文年注失差之制注○命發
衰皆差謂差也月左氏差不而何差雅記天時並不
注差各字誤禮記一差世有差一有也池而上○注差而池不
不齊貸謂失談曰禮記池其鄭互注下以差呂也
交互一讀謂漢其差注互也
差摩大禮也
日既禮差記傳
○漢書禮注生
注蕭望之傳
淮南道應注
須夫子也注差
癢非差本有去
辨正借如此又凡字本意及引申之義古祇一讀大朝人鈑
非差本有去聲之音廣韻以下諸韻中乃將差字爲三讀差字其不
須夫子道應注差愈也
須南差也楚病愈者謂之差
瘥○猶意須也
差次也
差錯也
差是也
差池也

切縒多

槎

析瑣屑揚為多音差字逆又鬬入
支韻佳韻矣非治絲而棼之乎

縒 參縒也說文段注參戒參字此曰參差木部曰槮差竹部曰
韻類篇縒又曰參差骨樂皆長槎不齊兒也皆變聲字集
字下引皆說文參縒也韻然亂兒韻會於差
戒作差說文參差參亂兒蓋古本有此三字
平上兩讀○

槎 衺斫也春秋傳曰山不槎 說文段注魯語里革曰山不槎
[illegible]

切散多

傞 醉舞兒詩曰屢舞傞傞 說文段注屢當作婁傞傞舞也廣雅釋訓傞
有○俗傞
徐注角槎

不止也 詩賓之初筵屢舞僛僛傳

娑 舞也詩曰市也婆娑 說文段注陳風東門之枌曰婆娑其下市也婆娑爾雅及毛傳皆曰婆娑舞也
詩音義曰婆步波反說文作𡟭爾雅音義但云娑素何反不
為婆字作音蓋陸所據實雅周作婆娑疊韻傳曰彙尊有沙
也鄭志張逸曰犧讀為沙沙鳳皇也不解鳳皇何以為沙答
曰刻畫鳳皇之象於尊其形婆娑然按今經傳娑以字皆改
[illegible]

切𥬈羅

何 段借字釋犧犧尊飾以翡翠 周禮司尊彝其朝踐用兩犧尊
尊此說為優疏刻之禮記明 司農注○先鄭言翡翠犧尊
[illegible]

小爾雅廣言又左氏隱三年傳
何者任負之義
[illegible]

韻史　卷七十七第十七部平聲柯韻　七八三九

能以禮讓為國乎何有集解○後漢書
劉陸傳注云何有者言何難之有也
何有言若無有
後漢書曹
世叔妻傳注○論語雍也於從政乎何有皇疏云旨
云何有言不足有也又引衛雍云何有者有餘力也
何呵也
漢書衛館傳集注引李奇○史記秦始皇紀索隱引崔浩云
何或為呵又云何而呵字同萱桉此段何為訶也說文有訶無
呵二字蓋有辨而人多通用○又桉詩爷烏釋文云何本求
作苛此荷苛遞謌也又童子逢盛碑無可奈河釋異仲山碑感
痛奈何皆段河為何也又李翊碑長柯務芳成人之行段柯
為何也若魯峻碑析新串何張公神碑何夫之休衛方碑何
規履桀用字皆不誤○左氏襄十年傳則何謂正矣昭七年
儀刪吉何建暗八年傳若何乎也三處釋文並云何本或作
可萱謂何字可聲故省借作可也惟昭八年作可乎義最優
則可何亦為正借字謂者果知過當別有良圖可賀轉大矣
故曰非惟我賀天下實賀其語近諧其意實
正若改為何字味同嚼蠟矣且真是相蒙矣
賀儋也
方言七
云賀胳
也自關而西隴冀以往謂之賀凡以驢馬馲駝載物者謂之
負佗亦謂之賀○注云賀今江東語亦然○萱桉此段賀為
何也賀本
何之去聲

韻史　卷七十七第十七部平聲柯韻　七八四〇

荷

扶渠葉
說文段注今爾雅曰其葉蓮音義云眾家無此句惟
郭有就郭本中或復無此句亦並闕讀玉裁按無者
是也高注淮南云荷夫渠也其莖曰茄其本曰蔤其根曰藕其
其花曰夫容其秀曰菡萏其實蓮蓮之藏者菂菂之中心曰薏
薏大敘與爾雅同亦無其葉蓮三字雅大葉駭人故謂之荷
大葉扶搖而起渠與寬大故曰夫渠爾雅假葉名其通體故
分別莖華實根各名而冠以荷夫三字則不更言其體之葉
也荷夫渠之華為菡萏菡萏之葉為荷夫渠不名互見之法
也或疑闕葉而補之亦當曰其荷不省文無重複庸肌造
也蓤字又蜜原實玉楊雄皆以芙蓉與芙蕖對文然則芙
者蓤之葉蓤者芙之實蕖之言楼角也芙之言荷重複無然
文起也○萱桉搽何字本作何俗用荷也
東呼荷
爾雅釋草荷芙蕖注江東○詩澤陂
陵陸疏云荷芙蕖江東呼荷
芙蕖之莖曰荷
詩澤陂有蒲與荷
荷篗○雅南兵署齋荷之贈注呼荷芙蕖之莖曰荷鄭以其
莖高日其華散文則通荷之要也之注云荷蓮華也○萱桉有荷以
為衣兮九辯被荷裯之要兮指葉為正耳離騷製芙荷目
華傳云荷華扶渠也其葉菡蓄皆指葉也山有扶蕖又有淮荷
南說山譬若樹荷山上注云荷以菡萏日葉說尤疏矣類聚
茉夫渠也謂荷為茉末之前開
水荷水物也所以厭火六十

韻史　卷七十七第十七部平聲柯韻　七八四一

苛

三引風俗通○萱桉荷亦借為苛字
漢書酈食其傳皆握齱好荷禮
小艸也說文段注引伸為凡瑣碎之偁○萱桉古多段荷為
時苛政苛詩大序哀刑政之苛禮記檀弓無苛政樂記注樹
作荷又也左氏昭廿三年傳苛慝不作四處釋文並云苛本
記酈生衛方碑云苛劉荷慝衛彈碑云吏無荷擾之煩又史
又莊子陸賈傳好不禮漢書酈食其傳作好荷禮皆用借字
天下君子紀為苛察苛一作苛此破字非段借
苛細也
漢書成帝紀注苛細也
漢書高帝紀集注李廣傳集注鄺食其傳集注韓安國傳
苛煩也
苛者切也
國語注苛切也
晉語苛慝注
小快而遠苛又注又淮南主術而國苛以煩也
苛躁也
陸機文賦苛陸降宋府贊注之貫嘗
苛擾也
苛虐也
是詩國之注史其引陸宣食一食彈慝禮碎
乎大語朝苛記苛春士朱其作其碑不記之
弭序賈苛煩鄺慝秋衛傳傳苛傳云作禮偁
其釋注苛躁也生而緯樂傳集此作吏四弓
百文云我也陸降宋府贊注破好無處無
苛又苛遙巫嘗貫之注從集韓字荷荷釋苛
注國猶鄺而子傳禍軍注安非禮擾文政古
○語猶注苛小索注國段皆之並樂多
文楚擾○癘柟隱晉苛借用煩云記段
選語也一起遂引語也細借又苛注荷
謝於苛兵嘗貫內于管刻字史本樹為

韻史　卷七十七第十七部平聲柯韻　七八四二

宣遠張子房詩苛慝
三暘注云苛猶虐也
暴
苛妎也
爾雅釋言
苛疥也
禮記內則疾
病也苛覽背時
苛重也
素問六元正紀大論苛疾起注苛重也
苛至素問刺熱論苛如衣猶尚苛也
則苛疾不起注云苛者苛論
枸苛注無○何胤云
人之苛注內云苛神大論注
苛者
苛擾也
苛煩數之兒
文選舞賦注
苛謂
苛責也
苛謂詰問之段苛皆苛為此
苛桉賦注閥細
河

河水也出敦煌塞外昆侖山
發原注海
說文段注敦煌作燉煌
正書朝乃作燉煌見元和郡縣志前
勘地理風俗記曰燉煌敦大也煌盛也
郡縣六首燉煌敦煌謂地明理此皆作
安西州敦煌縣許云敦皆有書引燉
西水皆西流注西玉門其縣東郡地
南則河源出焉為積石河注中國流
張騫死後漢使窮河源出于闐其山多
宗市國書名河所出山曰崑崙云漢書西域傳
漢書西域傳曰河有兩原一出葱嶺
一出于闐于闐在南山下其河北流與
葱嶺河合東注蒲昌海蒲昌海一名鹽
澤去玉門陽關三百餘里廣袤三四百里
其水亭居冬夏不增減皆以為潛行地
下南出於積石為中國河云
皆以天子曰其之之煌應今作
孝子曰其之之煌應今作
城來里地于甘有書皆敦
以天又下寘肅敦引蹊鍇

武時始通本三十六國東則接漢阸以玉門陽關西則限以葱嶺其南山東出金城與漢南山屬焉其河有兩源一出葱嶺一出于闐于闐在南山下其河北流與葱嶺河合東注蒲昌海蒲昌海一名鹽澤者也去玉門陽關千三百餘里廣袤三四百里其水亭居冬夏不增減皆以為潛行地下南出於積石為中國河云地理志曰金城郡河關縣積石山在西南羌中河水行塞外東北入塞內至勃海郡章武入海過郡十六行九千四百里按于寘今之和闐也班云積石山者即禹貢之導河積石今甘肅西寧府西南境之大積石也許云出敦煌塞外者即班志云河水行塞外也云昆侖山者即馬班所云出葱嶺于寘天子案古圖書名其山曰崑崙也云發原注海者釋水文即志所云東北入塞內至章武入海也史漢所云古圖書者謂禹本紀山海經皆云河出昆侖也禹班皆不信禹本紀山海經之言而許云出昆侖山者許從漢武帝所語也塞外之山至高大者皆可謂之昆侖故武帝取以諸葱嶺于闐山而不取荒誕之說爾雅釋水曰江河淮濟為四瀆四瀆者發源注海者也河出崑崙虛色白所渠并千七百一川色黃爾雅但言出崑崙虛而絕無禹本紀山海經荒誕之言故許取為說

河者陰之精公羊僖十四年傳為天下記異也注河者水之伯水經河水

注引孝經援神契河者經天亘地之水也續漢五行志五注〇漢書五行志下之上云河大川河千里而一曲也公羊文十二年傳〇爾雅釋水河曲云百里一小曲千里一曲一直河者四瀆所以通道中國與正道同公羊成五年傳外異不書注河四瀆之宗穆天子傳一是為河宗氏注河為四瀆長其位視大夫楚辭河伯與女遊兮九河注〇萱按王朝之大夫即侯伯以與禮記四瀆視諸侯義不異也又水經河水注引裴楷疏云河者諸侯之象九河徒駭太史馬頰覆鬴胡蘇簡絜鉤盤鬲津爾雅釋水水九河河南河東河內為三河也水經江水注引韋昭〇文選後漢光武紀武紀贊三河未澄注云三河洛陽也河者水之總名也後漢劉炎傳注〇漢書司馬相如傳下屬江河注引文穎云冀州凡水大小皆謂之河又莊子自制河以東釋文云河亦也北入名水皆曰河江河洲也晚出書說命下入宅于河傳文選謝元暉暫使下都詩秋河曙耿耿注秋河天漢也河者水之氣四瀆之精也水經河水注引考異郵

坎為河易泰用馮河虞注河下也隨地下處而通流也釋名釋水河之言何也詩玄鳥景員維河箋廣雅釋水云河何也〇河之為言荷也荷精分布懷陰引度也水經河水注引春秋說題辭〇萱按荷字蓋當作何河者播為九流出龍圖也風俗通義山澤引書大傳河洛謂河圖洛書也文選運命論昔者聖人受命河洛注〇後漢書黃瓊傳注云河洛圖書之文也河目上下匡平而長家語困誓河目隆顙注〇萱按漢碑段河為何字詳何下

坦切
羅
佗

〇俗有駝駝駝駝負何也說文段注負字盖從人增之耳小雅舍彼有罪子之佗矣傳曰佗加也此佗本義之見于經者也佗之俗字為駝為獸隸變佗為佗用為彼之偁古相問無它乎祇作它又君子偕老委委佗佗即羔羊之委蛇委蛇也傳云委委者行可委曲從迤也佗佗者德平易也羔羊傳云委蛇者行可從逶也語群置不同〇萱按他字舍平乃它之畏躍字與佗易平不同其用為彼之偁者仍是它義非佗義也駝偏旁也它逕用人遂謂佗他同字其實佗本

義及引申之義皆不作他也凡以畜產載負物者皆為佗[illegible]

沱

[illegible]江別流[illegible]別為沱[illegible]

韻史　卷七十七第十七部平聲柯韻　七八四七

荊州沱也道江之東別爲沱自當謂梁州者鄭注尚書不信
地理志所說以今水道言之水道提綱曰江自灌縣曰郫江
分爲二派其南流者正派也其東流經郫縣新繁成都新都
金堂南經簡州資陽資縣富順至瀘州復入江者沱江也沱
江會北來綿雒諸水而南入江曰中水是首受江尾入江與
漢志合然此郫之沱舟汝江之沱尚當在其上流來潛今何
水江爲沱爾雅釋水○江別爲沱儀禮士喪禮注江汜之間
而下低分又云江有沱疏引爾雅釋文又楚辭靈懷黄沱
梢山與江注○書禹貢漢書地理志音云沱水自蜀郡郫安縣
者也江水溢出爲沱江爲沱又漢書地理志上沱潛既道注
云自江沱湖也書禹貢虖沱河在今廬門函城縣陽水北稀
出爲沱馬注
子傳一非循虖沱之陽注〻又云沱音橐駝之駝○量橋或
作虖池一作惡池由也它遞用故也又易離出滂沱若詩漸
漸之石俾滂沱矣字
亦或
○俗作池作淹說文段注方言車紂自關而東周

䩕

有梳馬尾䩕也今之般緧雒汝潁而東謂之湫或謂之曲綯

韻史　卷七十七第十七部平聲柯韻　七八四八

或謂之曲綯自關而西謂之紂糸部曰緧馬紂也紂馬緧也
考工記必緧其牛後鄭云關東謂紂爲緧鞦緧語相似鞦
蓋鞦之轉語今之般
緧四字疑後人沾注

鮀

○俗說文段注釋魚毛傳皆曰鯊鮀也許以鮀系樂浪
有鮀鮎也滿國釋鮀爲鮎於古說不同蓋有所受之也春秋
傳名鮀者字予魚毛裁又按鯊見於詩爾雅毛傳皆曰鯊鮀
也許當無異說不當訓鮀爲鮎而鯊爲出樂浪潘國蓋鮎鱷
也鰼鮎也非同爾雅毛傳而鮀下刪沙也亦與古同毛詩鯊
本作沙故說文無鯊字鮀下云沙也淺人以爲性遂竄改錯
亂如與諸書記載雖有鮀字又沙省聲與樂浪潘國之魚非
詩之沙也故不相庸混許書之精嚴如此佩風莎雖古根作
沙○段文注含人云鯊不鮀也郭云今吹沙小魚也體閻而
有熱文○當接春秋傳說鮀漢書古今人表作祝佗古人名
與字相應則鮀
正字佗借字
平上兩讀注在
彼○俗有陀陀
十四部十七部
讀○或書疑

陁

鼉

兩水蟲似蜥易長丈所皮可爲鼓
說文段注
文所猶文

韻史　卷七十七第十七部平聲柯韻　七八四九

許也大雅靈臺傳曰鼉魚屬馬部驒下曰青驪白鱗如鼉魚
許依毛謂之鼉魚也皮可爲鼓四字本在魚部鱓下由古多
用鱓爲鼉而淺人注之也今移此詩鼉鼓逢逢史記樹靈鼉
之鼓古在十四部唐干切○山海經中山經江水多鼉注云
鼉似蜥蜴鼉似蛟而大一切經音義二引三蒼鼉今合藥鼉魚甲是也詩靈臺疏
陸璣疏其皮可以冒鼓周書王會會稽以鼉注剝鱓以爲鼓也大戴記夏小正傳○
書大傳江鱓注云鱓或作鼉
萱按鼉王鱓借同單聲也
十四部十七部因讀義分

驒

驒騱逗野馬屬此十四部義一曰驒馬青驪白鱗文
如鼉魚也說文段注驒騱合二字爲一物此單言驒爲一物
如鱗然釋畜曰青驪驎驒魯頌毛傳同郭云色有深淺斑駁
隱粼今之連錢驄也鄭意與許異文同者如云〻之馬起斑白
黑而白斑也鼉見鼉郭意與許異文皆得名謂如鼉魚青
則曰駿似鼉魚則曰鱓謂之魚者水蟲萱按前魚也似鮫魚
古音也驒騱讀如頡矣音各相同也○詩駟有義在十四部
義唐韻提河反音轉也後青驪驎曰驒有駱傳驒驒白馬黑

韻史　卷七十七第十七部平聲柯韻　七八五〇

許駟釋文引
髦也韓詩字林
諾何切

那

○俗有那
䩕標又誨那
西夷國安定有朝那縣
說文段注那西夷國其
記自筰以東北君長以什數冉駹最大地當在今四川之西史
爲南冥卬筰爲西夷那蓋即冉駹之大字
之子附季貫途章略皆云駢國名但冉地
云丹或作那始莫辭其地也左傳莊其八
處楚地日若此等異地同名者令皆十引
頌毛傳曰那多也釋詁曰那於也友不彙甲則那杜云那
柯也今人用那字皆爲李何之合聲傳語吳則之杜
又甚馬章注那於也此釋詁二合聲夫其西又涼藥寬穀方
安克安定云〻安意定郡朝那證郭今陝西平涼府東南
有朝那故城許爾雅釋詁謂朝那志同處如上文即關之例如
涼朝那多君釋詁又與桑那異福不後漢書班濼有東其
音株那廣也爾雅稍詩與庵受又國楚語使傳下注
䣨多也詁釋文云那本或作那那美也都那堅贊爲富那猶
令人云那〻也詁注釋那語餘聲也是後韓伯休那注公
漢書韓康傳

儺 十四部十七部 行有節也詩曰佩玉之儺說文段注衛風竹竿曰佩玉之儺傳兩讀○俗有渠度之桉字之本義也其書風之歐疲字本作儺之自假借儺為歐疫字則本義廢矣古本音蓋不儺〻也不詩說文儺之自在十四部十七部難二字難然盛見業有難傳儺遂疫除不祥也○桉十五部段借詳下之

挼 俗有摧也一曰兩手相切摩也說文段注摧各本作推今正○挼音義正推也周禮守祧既祭則藏其隋注隋尸所祭肺脊黍稷之屬隋當是挼之誤也周禮作隋士虞禮作墮說文作挼蓋挼乃隋之本字從手妥聲也下祭曰隋則是挼之義廣韻挼摧也一曰兩手相切摩也或作捼俗有捼字乃說文所無又接續之義今俗作挼者音當云捼乃挼之俗體非也集韻引說文摧也正作挼許云挼或作捼當云挼從手妥聲挼古音在十七部段借為之字一曰挼也摩也挪也上同云今

桵 手挼也一切經音義十五引三蒼桵謂園熟之物也言旋轉之易也桵

娿 九之熟也說文段注作𡜡同見鬼驚也

魌 見鬼驚聲說文段注見鬼而驚則聲也从鬼那聲一曰難韓愈詩云見鬼驚詞也○左傳棄甲則那杜注那猶何也是奈何之合聲那即奈何之合音伯休

詈 罵也說文段注詈罵也爾雅釋詁詈罵也廣雅釋詁三詈罵也從网言网辠人也○山海經苦山有獸焉名曰山膏善詈注云善罵詈好罵人也以言相詈也以言相擊也

羅 或作罹說文云㒩以絲罟鳥也古者芒氏初作羅說文段注云或作羅俗作羅篇作羅鳥罟也國語魯語里革曰鳥獸孕水蟲成獸虞於是乎禁罝羅注云羅鳥罟也月令曰羅網畢翳周禮大司馬云羅弊致禽以祀祊注云羅弊罔止也漢書刑法志集注○周禮羅氏掌羅烏鳥注云

○呂覽季春注羅謂羅網之屬也羅之謂之羅方言七羅謂之離〻謂之羅李注云羅布也羅廣布也史記天官書注羅列也爾雅釋器鳥罟謂之羅注謂羅布也以羅張網鳥者言羅布也○楚辭九歎羅星辰而隱屬注羅列也○天子紀云羅布也景福殿賦注羅列也又殷文選羅布也羅疏也以為羅也注羅列也○文選注云羅列也羅以為名也其羅皆罹也罹字從網羅從維罹或从心作㦬羅者遭也觀遭字也罹猶遭也遭羅注云羅遭也遭罹也二字相通遭為罹之借字罹遭也遭字觀於周禮注則羅遭為古字罹羅之異體也羅遭也是羅羅字也被罹也羅罹遭罹也

○萱桉斯干釋文羅本作離借字也漢書范不羅於咎史記作不離于咎又尹宙碑遭離疾皆段離為羅也爾雅釋言羅也說文○萱桉是謂轉注下

蘿 莪蘿也廣雅釋草女蘿松蘿也廣雅云女蘿兔絲也○詩頍弁蔦與女蘿傳云女蘿兔絲松蘿也○萱桉蘿是莪也又陸疏云女蘿今兔絲蔓連草上生○萱桉說文云莪蘿也又陸疏云在木曰女蘿在草曰兔絲一名莪蘿陸云莪蘿也者許蓋誤說文作莪玉篇云莪蘿也廣韻莪蒿也又作蘿是蘿亦海藻也

譎 ○有俗作譎者詑也多言也說文段注言呂諫遠也說文之言介也○又詩云言者盡也

㩾 或作䙛 縭 謂之縭爾雅釋器婦人之禕謂之縭孫炎注縭帨也○爾雅釋器婦人之褘謂之縭縭緌也郭注即今之香纓也縭者以絲介畫婦人之帶也○又詩東山親結其縭傳縭婦人之褘也毛傳結縭縭介也句縭介也○又漢書外戚傳下中佩文選引思玄賦

韻史 卷七十七第十七部平聲柯韻 七八五五

醨 離

離以自思注○萱按此段離為縭也文選選女史箴施衿結褵注云褵與縭古字通 纚縷也 詩采菽紼纚維之傳
○萱按雅縭詩纚正借字也本一聲之轉 纚筰也 詩采薇釋文引韓詩 纚繫也 文選宋文帝元皇后哀策
文注引韓詩
醨 ○俗有漓 薄酒也 說文段注薄對厚言上文醨醇附皆謂厚酒故謂厚薄為醇醨今人作漓乃俗字也屈原賦何故
不餔其糟而歠其醨
離 ○有俗離 離黄 倉庚也鳴則蠶生 說文段注豳風毛傳曰倉庚離黄也月令注云倉庚鸝黄
也釋鳥曰倉庚鶩黄也又曰鸝黄楚雀又曰倉庚商庚然則離黄一物四名按說文離鶬不類則不謂一物又按毛
傳黄鳥搏黍也不云即倉庚倉庚下亦不云即黄鳥然則黄鳥非倉庚焦氏猶云鄭箋稱黄鳥宜食粟又云縣鶯小鳥兒
顯非倉庚玉裁謂義令之黄雀也方言云鸝黄或謂之黄鳥此方俗語言之偶間年陸璣乃誤以倉庚釋黄鳥鳴則云ミ
月令仲春倉庚鳴內宰職曰仲春詔后帥外內命婦始蠶于北郊今周鶬焉鶬黄昔離為離別也○萱按昔為離別昔本

韻史 卷七十七第十七部平聲柯韻 七八五六

無其字繇古段借也離黄亦名離黄雙聲通轉也鸝者離之俗 離麗也 易象上傳說卦傳繫辭下傳蓋取諸離注
易離釋文○序卦傳云離者麗也 離麗也各得安其所麗謂之離 易否晴離社疏離王
用出離附也易漢張衡傳注又如注○乎賦崧喬之劇注又
征注離附麗後太古應五杖離附麗陽釋名釋天高時爽能
麗舊傳下集也云離麗也物皆猶生離氣以茂也離著也漢
注雄釋文又注又莊子則陽子者注月離並也後漢書和書
揚日併也易太乎乎離離乎鴿禮記注離兩也鄭皇后紀書
之猶虎通文見麗澤釋離偶也令注對又離騷禮記紀禮注
離白者兩掾引鄭注列也呂覽誣徒帝修蔡注離坐曲立上
○夜年傳夜娶云離即離又招寬離言紀李羅序離離也注
離元服離楚也子離賦注也史記五離七注云日月陳辰左
晧設羅也衛公思玄隱云○隱○子原應也文羅離星行氏
畫離侍也文注家索又離離史記管作原賈非選劉皆美案
物離琴選十二二離即記西離騷生新室秦晴列
也廣世釋詁遭也史記騷集傳故其慈新
注離侍也廣雅釋詁二離遭也思西作離騷集解引應劭又

韻史 卷七十七第十七部平聲柯韻 七八五七

洪言藝文志梁注劉向傳集注又淮南氾論離者必病注又
楚辭天問卒然離騷注又文選思玄賦循法度而離殃注○
漢書楚年王叢傳離於惡疾注循吏味邑傳遺離凶哭離被
注並云離亦遭也又後漢書鄭仮傳注云猶遭也上注東
也史記管察世家無離曹禍索隱又後漢書班形傳於離周
極平憲王蒼傳注杜根注張衡傳注李周喬傳贅書月兩
注離歷也國語晉語非天下不離數注又杜記天官義又後
漢書寵勞離列宿索隱引章明秦傳史兩周正射儀離
傳上離一傳注○漢書西滅離過也我離禮大綱注呂
分也要雅二句注云離歷也猶名獵離中離維散也覽
大樂猶分釋詁一○列子仲尼形離也也注云離離離去也
乎乎離則也又方言六參蠡分離晉曰離又太傲真皆
憂雅則都復合注○又云南精神釋為八經注散也云離猶
欲離釋詁序內明離章雅○齊雅離詁三云離淮南合則弟
去離其童二又列子天注而未相魏也釋文又鄭注注云離
也次別離蒙之心注○琉漸離擎釋也釋文引誣徒論成形
謂三位之也莊子馬蹄易情不離子文○呂覽之離離注○
故陽之別能離注云性別又管論修離昭穆呂覽
離合也又素問離陽離合應是離違也性相
合也注云陰謂離用

韻史 卷七十七第十七部平聲柯韻 七八五八

管子任法信流觀愛者不能離也注云離猶遠也又禮記學
記離離師輔而不反也疏云離猶違已也○萱按此類離字
或別讀上去聲謂無離遠也廣雅釋詁一又漢書律離闡
事自擾不可與道古也離也隱歷志上集注引應劭楚語興
也文選思玄賦離朱離策則說漢書劉離畔也國語離注兵
語胥而散笑兮舊注秦攻楚是子傳注也國者驂離淫日
離民人離絕也國策而之國也我離矢居離語周語注學記
離落注苟子王離秦方必滅有注謂折離不其名注記到離
注乎離南修離霸四則下不注離聚曰離析和也禮勝拜分
論○淮云本經之德上記學可會年視離經語禮氏解引
孔心注音離者畏故也○疏記一經習離析崩離李其也儀
注離經離斷而不知禮離猶云離儀禮鄉設解志析割皆禮
士冠禮注肺注絕也注別也捲也注鄉射禮經理離肺饋離
禮離肺師云離○士喪生於廣雅離憂也詩酒禮記牲食
禮記離注一注帥舉也釋言周禮覲傳記注特十兵
夕離肺又云離○既肺曰離西方曰禮四月亂會二
年傳注又洪範五行物生於曰離西方曰侏離氏注左氏宣十二年傳國語會曰
傳足離途非於注

離公羊桓二年傳離不言會注穀梁定十五年傳離會不致注又四聚爲一離管子出之子爲離孫爾雅釋親○釋名釋親屬云言遠離也遠其部曲爲離後漢袁紹傳注○晉語云離所安也邊離至離別前後至也公羊襄五年傳不可得而序注離離靡而邪靡不絕之皃也文選上林賦漢書司馬相如傳上注廣雅云離靡○漢相連不絕也離離剝裂兒楚辭思古數心離離兮注亦謂秀而垂也實垂之皃又文離離垂也實離離之傳○黍離離亦云離離垂之皃又文選西京賦朱實離離注云離離長皃初學記引韓詩離離黍皃也詩黍離御覽引說離離不觀事之皃荀子非十二子注又云離縱而跂訾者注離縱謂離於俗而步去○荀子非十二子離縱而跂訾者故離縱跂達謂離於俗自絜之皃荀子非十二子注離縱謂離俗而跂訾者子離離禠淋滲毛羽始生之皃海賦文選皃淋滲注鶴離離禠淋滲注離襛鏤之皃鈸鏤文選洞簫賦離襛注離婁刻鏤之皃

䍦福殿賦丹離耳國觴離其耳分令下垂以爲飾即儋耳也山海經海內南經注離耳國注云離耳朱崖儋耳也離樓攢聚衆木兒文選魯靈光殿賦離樓梧而相摚注離樓攢聚衆木交加之兒和離謂次序其聲縣也禮記樂記明堂位注離磬衆木交加之兒○禮記樂記鐘叔之離磬注云離磬蓋編磬也無聲爲離哀禮記引淮南子說云大琴謂之離爾雅釋樂注云離○陰卦易象上剛而包柔爲離漢書五行志中之下離者火也易象傳離上而坎下也易卦離南也周禮考工記離注○又左氏昭五年傳離火也易象下傳離爲火離下離上離上卦也○易說卦傳離也者明也萬物皆相見南方之卦也○禮記月令注離明也廣雅釋詁四又大戴記公冠有時者明也離明也○文選田賦濟文選注長離朱鳥也思玄賦前長離使拂羽注長離南方之卦也○離三品安仁爲鵩離怪鳥也自爲貫諡作贈陸機詩云芬芬離離注○潘安仁爲賈謐作贈陸機詩云芬芬長離注

䍦雄廣雅釋鳥○萱按後出有稱來隨而往者爲離與稱相似淮南子泰族訓萱按鸝字也俗字也萱按也之俗體作離衡活芃爾雅釋艸○萱按艸名離字蓋皆可作離如江離杜離是

䕻江離說文段注相如賦云江離以江蘺蘪蕪又云被以江離糅以蘪蕪射干芎藭昌蒲江離蘪蕪若云江蘺是蘪蕪則芎藭苗也芎藭苗也而說文以爲一物自是各物明矣似蛇牀而香者爲江離蘪蕪一名江離芎藭苗也徐本者爲江離亦云蘪蕪即芎藭之謂江離又以蘪蕪爲一種似薰穀也以江離楚之謂芷者但楚文不以蘪蕪爲芷謂江離蓋因釋草有蘄茝又芷芎藭一之物文爲江蘺爲芷者江離也其實蘄茝蘪蕪也而說文芷以芷香草也謂江離爲芷文選江賦注都賦江離江蘺香草也萱按吳都賦之屬劉注江離多借離江作離之與江離香草也○萱按吳說文作離一作蘺亦皆本作離俗作蘺釋草雅皆是芃荷蘺釋草釋文皆本作離或作蘺

杝平上兩讀○落也俗有說文段注曰千杝木柂曰杝桉釋名亦云柂垣曰桋杝壁也俗作離字三字同引通

離以柴竹作之籬廣雅離作籬也離也楷以爲籬離竹作落籬離落也名籬注廣作離籬也杝也詩小雅以柴垣曰杝也楚外語之閑杝杝其爲外之藩也故曰杝○萱按此閑之藩故外也楚語之蕃離謂之藩離爲藩也藩籬也注吳語楚注離也落也地离山離也○萱按杝子小正夏小正作杝杝桃也杝桃則華傳也桃在十六部梅作枕離也正杝作杝作爲杝也文選

篪藭連車也一曰郕車也說文段注連車本作車說文作𩖀

𡉍連車也一曰郕車也一曰云東京賦皇輿夙駕𩖀於東階下之言卿也謂卿於東階下天子未𩖀於東時也薛綜注連車也左傳蹇也廣雅釋言也

𡾓○俗有齒差跌兒春秋傳鄭有子𡾓說文段注差者不值也齒差者齒差跌𡾓參差也

差跌不平正也春秋云云見左傳昭廿六年今傳作齹實一字也釋文曰齹字林才可士知二反說文作齹云齒差跌也在河千多二反是字林始有齹各本說文乃以齹云齒差跌而別為音義誤甚今刪之古人名字相應或以相反為相應齹者不齊故為嬰齊之字也

鬘 平上兩讀 鬘好也說文 鬘髮多兒廣韻

瘥 平去兩讀○俗有瘥讀 瘥瘉也說文段注通作差凡瘥瘉也等字皆引申於瘥 南楚病愈者謂之差方言 瘥病也爾雅釋詁 又詩節南山天方薦瘥傳 又周禮司關注○萱按瘥又國語周語無夭昏札瘥之憂注又荀子富國瘥亦訓病瘥亦訓瘉瘥亦訓病義皆相反而相成小瘥曰瘥左氏昭十九年傳札瘥夭昏注又賈注 瘥小疫病也 九年釋文云字林十

瘥 或作瘥

𧆸 或作𧆸 東炭也說文 𧆸乾也廣雅釋詁二

韻史 卷七十七第十七部平聲柯韻 七八六三

醝 或作䃸 䃸磋也一曰擣也說文段注是曰醝也磋一曰云云謂以石䃸之別一義之醝春也廣雅釋詁四

鹺 或作𪉩 鹺鹹也河內謂之鹺說文段注曲禮凡祭宗廟之禮鹽曰鹹鹺鄭注大鹹曰鹺今河東云河內云云鄭注𪉩鹹也廣雅釋言○萱按鹺或故為𪉩鹹河東皆鹺地

嗟 嗟田也詩曰天方薦嗟說文段注是田文毛詩作瘥傳云薦重瘥病許所引蓋或三家詩也說文段注 田小雅節南山之田也

嵯 嵯峨山兒說文段注嵯峨高也廣雅釋詁四 嵯峨高兒史記或書作嵳峨漢書作嵳峨又作嵯峨 嵯峨高大兒 行役傳漢書司馬相如傳注下嵳峨皆峻兒 也全入曾宮之嵯峨司馬相如傳嵯峨正義引郭云

虘 虎不柔不信也說文段注 从虍且聲讀若鄘縣段注云按此五部十七部兩讀

韻史 卷七十七第十七部平聲柯韻 七八六四

鄘 郇曰鄘沛國縣也鄘龍皆查聲則古音本在五部沛人言鄘若昨何切此古言之異而虘讀之 改沛國縣 今鄘縣 即鄘說文段注前志沛國鄘縣也 作鄘非十七部四部鄘字讀若此鄘縣令河南歸德府永城縣古城在南有故攻鄘鄘城若今鄘縣此謂為何城也陳勝攻銍鄘苦柘鄘亭長今文云云謂有鄘縣令蕭縣東南班固作泗水郡水經注曰曰渙水曰漢地鄘縣也於正作鄘及齊世子光皆水昌為有鄘縣春秋襄公會鄘所據作鄘之子皆於四本也以休許云是字令年作鄘故著之說於古字為作承鄘邑西南之經也當時始皆作鄘邑鄘作鄘縣當其時始也○萱按說文邑部鄘既字為周鄘為其許云云蕭縣之三公受封經以之

誐 切敖 河 嘉善也詩曰誐以謐我說文段注周頌維天之命文今詩作假以溢我說文引作誐以謐我 詩改竄也廣韻引說文云誐嘉也 假借字異義同 何以恤我何其恤字 毛傳假嘉溢慎也 說文言部謐作誐 段注云按毛詩假嘉溢慎

韻史 卷七十七第十七部平聲柯韻 七八六五

娥 帝堯之妻女英字也秦晉謂好曰娙娥說文段注 亦作媿 古文

娥 娥媌妖好也 秦晉之間謂好曰娥 方言 娥好也 廣雅釋詁一 ○ 萱按漢武帝制字 十凡好而輕者謂之娥 美兒 方言

俄 行頃也詩曰仄弁之俄 說文段注 小雅賓之初筵文今詩作側弁之俄傳云俄傾兒 ○ 頃也廣韻 俄頃

韻史 卷七十七第十七部平聲柯韻 七八六六

峨

側弁俄衺也廣雅釋詁二頃衺也上同俄斜也文選歸田賦於時曜靈俄景注俄頃也
文選羽獵賦軒冕注引韋注俄頃也
或書嵯峨也說文峩作峩司馬相如傳上林賦嵯峨注嵯峨高皃也
峩峩高也廣雅釋訓峩峩高也說文峩峩高大也文選西京賦神山峩峩注峩峩高皃也釋訓云峩峩高也
峩峩盛壯也詩棫樸奉璋峩峩傳峩峩盛壯也疏云峩峩是容儀之皃○嵯峨嵯峨祭也今爾雅注釋訓云峨○
峨峨本作城或作峩書通借字萱按峨之皃○作峩
或作峩文選嵯峩段注峩字嵯峩也
磯或作石巖也說文
鵝或作䳘鴚鵝也說文舒鴈鴚鵝爾雅釋鳥在野舒翼飛遠者為鵝
釋鳥注○李注鴈南楚之外謂之䳘方言
云野鴈曰鴈家鴈曰鵝
黑䳘草名也管子

地員黑䳘馬夫注

䖸

䖸或蠶已飛䖸說文段注匕者變也蠶吐絲則成蛹於繭中蛹復化而為蛾按此䖸與虫部之蛾羅王謂蠶者截然不同而郭氏釋爾雅蛾羅為蠶蛾非許意也○漢書元帝紀有白蛾羣飛蔽日注云若今之蠶蛾類也萱按此說不誤而字則誤為蛾班固李當作䖸
蛾眉好皃也

蛾

蛾蚍蜉也

上蟻結于四隅注又文選報任少卿書與螻蟻何以異
謂之蛾蜉方言十二蟻蜉也楚辭惜誓注蛾伏如蟻之伏也
文選長楊賦蛾伏注蛾謂色赤也蟻為蚍蜉大者禮記學記疏蚍蜉
蛾書蛾之所藉注為蚍蜉蒙鄭注麻冕注無足曰蛾為列數子黃帝燕

莪

育○俗莪逗蘿蒿也蘿莪也說文段注小雅菁菁者莪毛傳曰莪蘿蒿也釋艸曰莪蘿注今莪蒿也亦曰蘪蒿
中以蘿蒿釋莪陸璣云莪蒿一名蘿蒿則莪蘿一物
又故鄭注周禮每云爾雅釋草云莪蘿也
傳發漢書陳忠注莪蒿也蒿屬也
○萱按之碑也
悼娶儀之哀唉啓勞孔神祠碑帷娶儀以懷恨平都相蔣君碑
娶之音儀皆假為莪
其聲同也

合口評

古科切

戈

戈平頭戟也象形說文段注考工記冶氏為戈廣三寸內倍之胡三之援四之倍內外博重三鋝鄭曰戈今

句孑戟也戟謂之雞鳴戟謂之梳頸內謂胡以內接秘者也長
四寸胡大寸援八寸孑刃兵也主於胡也係謂之是胡以此
㪇冉農云矮直刃也胡其刃按依先鄭戈有直刃則非平頸
也客黃也伯思始疑鄭注近程氏琢田玫戈刃如刺橫出而
精偁所謂援八寸也援之下近秘為胡連上為刃所謂胡六
寸也其橫毋於秘而外出者几四寸兩謂內倍之也戈戟之
食非冒於秘之皆皆為之內橫毋外出且於胡之直秘處為
三孔禮鏄於秘以固之古戈戟時有吞者叢之可知也說詳
通藝錄桉許說戈為中顏戟从戈以一象之然則戈刃之橫
出無疑也橫出故謂之援ㄟ引也凡言援者皆謂橫引之直
上者不曰援也且戈戟皆句兵矛刺兵殳戩兵殳鏄於戩者
也矛磚於刺者也戟者與刺與句者也戈者兼句與戩者也
用其橫刃則為句兵用橫刃之象以啄人則為擊兵兵戩與
可柤固為用故左以多言戈擊若晉中行獻子夢屬公以戈
擊之齊王何以孑擊孑之解其左肩鄭子南逐子哲擊之以
戈衛齊氏用戈擎公為公曾以背旅之斷殷以中公孟之肩
曹路公將以戈擊徐柤楚齒以戈擊路王ㄟ孫由余以背受
之中有越壘姑淳以戈擊斷處傷將指齊簡公執戈將擊陳
戍子衛不乞孟虆敝子路以戈擊之斷纓寢言擎不言刺帷
盦論癸以寢戈自後刺子之言刺盡癸與王何同用戈癸適

韻史 卷七十七第十七部平聲柯韻 七八七一

韻史 卷七十七第十七部平聲柯韻 七八七二

戈

䣊

媧

騧

韻史 卷七十七第十七部平聲柯韻 七八七三

蝸

緺

韻史 卷七十七第十七部平聲柯韻 七八七四

檛

過

書過至也漢書陸賈傳集注○呂覽猶主也異過去也太乍差注過小
注過謂踰之也史記五員過於吳注云過猶主也素問過王版論善不克過猶甚
呂覽不相過也史記外戚世家索隱過謂過甚也疏易乾上行則一過要過大
相過仁知皆過栗之雖過謂遍也易云過注○過者
之謂甚也太子之索隱過頗也卦傳並云過過亢疏相○素過
別論越過顯豚注大有過也易過雜謂越之過也素附
止紀一陽之小過注元太過餘也上間過過則一過脈經
氣交大論過者過折也過大謂過異於常候也太問論素過不元紀大論
云太過謂歲氣有餘何也注太過謂過也謂有餘也閒不及可要精微
過之歲太過也如注元過謂過於常候難也故乃脈也注診有
脈注之過絕也之呂覽所以決勝巧注過長相呂覽注雜過即淫也左氏昭元
爲年傳過則過猶多也注○覽貴務本當田雖獵過之與權注云過人過多矣過猶勝
也呂覽適不適過也以爲過之猶置之也管子過以權中數注令過矣過猶取
也勝之所在也注過見也呂覽貴當秦策之注不得復往過之注○呂云

過猶過失也大戴記盛德又國語周語若過其序注又國策知
貝重故論而齊策君之計謀過矣法注輕矣又注又不當則過矣
輕達體上無過與齊寡當爲知矣國語周語上無過微則過其能本爲過
注由生矣注似過舉注之過過法注又語論貫辯不過仁注大物不則
無也泉疏稚也不前人幾疏並重論果過微過贊注
從象上傳故日過不褒皇過○云故呂猶失也之過
易劍度又訓失月寡司相救掌若成按過論器過論素問謂失
過議之過注○度禮義好及而萬皆拔過亦惡誤過以失行子示容
五過失亦由哀周禮漢刑法諱傷二曰國注過注失禮誅別通
云乘過失非意也凡過書而殺志人者閔策云齊本○論謝讓之注
於過失非意也過誤失也人者曰國許過注過注皇也周應
者差猶失錯也漢書禮樂志過誤失也後漢書爲則意呂人過
論語子路救不如有過差注過誤人也作則過皇注誤爲
策過聽於張儀注過則各然事亂注國云皇漢書鄭又國過
廣雅釋詁三○禮記樂記問制傳以過又並過秦策注又隱漢秦
歆等傳集注又淮南主術記過則無各注過策策注猶誤也傳料天
過謂過誤也禮記襟下過疏而過謬也下過矣注又天焉子公
與君之諱則起

孫丑下然則聖人且有過與注過猶綏也漢書韋玄成傳集注過非也淮南
過謂不忠也呂覽審已以過也公王注過罪也禮記禮運疏過務
所以論注過謂不一○呂覽適威燒過也○人所辟也著禮有記過禮
之過也廣雅釋詁一不識注云過說苑脩文引書又大傳記與仁記同表疏
貴也爲教而一不適謂之過財義疏者人所也坤爲過下易傳
注諸庚貢士一位卑者謂之過管子立政盛腊過客一也過老子客止注與
肴過則德厚而位卑謂之過方言過之器名也過下萤揭詳餌
改寅注自關而東或謂之麗八方過
過飛自關而東或謂之過辨回川文爾雅釋水○作萤按擂過
借過濶名也詩公劉傳過濶也其過爾雅釋本或作渦萤則
字劉注過濶水名也文江不過蠕蠕過雅過作按與
賦爲云過與義流也過或作蝸蠡緣○作蠣按釋公
爲正
字
或
過過水受淮陽扶溝浪湯渠東入淮說文段注前志作狼湯韻會作
師古作

渦

上音浪下音徒浪反水經注作浪蕩渠集韻作蒗渠音音
字與丹淮陽國扶溝見前志淮陽國李明帝更名陳國而
溝改蠲陳留置扶梁縣屬陳國令河南開封府扶溝縣漢
地也前志扶溝下曰渦水首受狼湯梁東至沛郡向入淮
郡三行千里水經曰淮水又東過當塗縣北過水從西北
注之又曰陰溝水河南陽武縣蒗蕩渠東南至沛爲過
又東南至下邳淮陵縣入淮於淮鄭云淮水於荊山北過水
南注之注言下邳淮陵入淮漢矣按淮水篇酈注曰淮水
當塗縣故城北又東北又北沙水注之經所謂蒗蒗渠也
荊山北過水東南注之據鄭西云是渠水過水以次入淮
令渦水適在安蒙鳳陽府懷遠縣入淮其上流詳渦水淮
見水適提網等書非漢志說文水經舊述矣
疑音書音義上○賓按
衍上不當有南字蓋衍
陽浮溝浪蕩渠東入淮
陽渦爲洵
釋水渦水旋流也文選江賦注
撥

科

程也一說文段注廣韵曰程也條也本也
進賴岐曰科坎也耳論語論論八佾皇科義子曰孟春秋
程也一義之引伸韵曰程曰爲力不同品也又料斷科而
按盈科爲盈等也科品也又廣雅釋言疏科者限也半經

韻史　卷七十七第十七部平聲衎韻

衎

辭詁科法也太令從從水之科科滿科課也課其不如法者罪
疏釋注令撒三儀同科注
責之也與藝釋科本也詁廣雅三釋科條也上抱廣雅釋言○後漢書
條科蔽也釋言科空也釋易文說又卦孚傳雅為釋科詁三禱科坑也釋水科
欲也孟子盡心上不不
衎或○盈科不行注注上
道有衎俗气損也說文段注引伸凡損皆曰衎小雅兩言不
在德經古音衎損也蹇說文小不顯天雅作不損不猶曰衎
衎十七部音衎○損也漢書神無下廣言作凡損不背毛衎
何盈而集注云疏衎損也漢書天詁不又雅南精衎減易也謂
時武傳與之注衎戒也損注三衎性注衎毛衎小雅衎呂
閑已與箋注皆謂衎矣也懷注衎損也衎衎詁覽天道
質宮其文猶先生注崩芳賦衎云之衎也○少詩也廣雅釋衎歇其
注又衎猶未云衎衎注思予逸而難衎衎舊注大司命後漢書衎令
云衎也不足曰衎令孟子政

七八七九

窠　禺　薖

戒窾亦作空也一曰鳥窠也在樹曰巢在穴曰窠
字是凡析書都○唱篇口
說文段注窾空也窾高為也誘曰衎窾空也在是人之戒借為科毛云為之孟子也說文
言一戒借作之曰借也者薖窾義之別也窾而如日衎窾風者窾也宿鳥窠切宿兒大音
賦云之曰注窠也俗俗傳口注云窠也窾則小
有劇云注窠也窾窾又窠鳥文也逸○者風也
口注窠　哭不正也文辭也
斜哭曰禺六引通俗文義唱口偏○廣王韻
篇云廣也雍雅釋窾之賦借毛云為之
窠與雉所一謂之窠
唱口

州也　說文段注衎風碩人之薖毛傳云窾寬大也鄭箋云薖飢意也說文段注云考槃毛傳云寬大也謂薖空也在澗　漢志作窾
漢書窾者作意毛鄭云
君亦曰窠主空也注曰毛窾空空也王肅讀為薖飢
說皆取空中之意毛鄭
文韓詩作偶云偶美而兒然則當為薖
偏之借字其義迥異而說文無偏
則薖字按漢書條木之假借此字毛云寬
黃科傳為科條之為假借
徐鍇曰科空也注音雅云
善則度雅毛
申薖曰歎云
廣韻款窾兒寬
傳古空者大
貨同也謂兒
注音准之鄭
○許南闔云

七八八〇

傛　戲

（上注）十七部　十六部　許戈切　倉戈切

戲　三軍之偏也一曰兵也說文段注偏者先謂偏軍後
中兩讀注在彼
別去俗之有讀戲義
兩○俗有一有曰戲
史漢項羽紀　許高紀　皆曰諸侯罷兵
大將相與戲下　聞之史記之魏
高帝曰可說本人率○師古注
權師駐古人說日也一義
傳數許本可注　以為戲亦與麾同
以書說文作戲大將之旗也
有說所說文　義
引之也一義三軍之偏也
施也
天下義也
引京孟本釋文
戲者戲也
法也
也戲
嘉風俗通義古
○俗也
按皇霸
義文戲
亦古化也
義徽之引
之禮氏繫辭
也含之
古文王居戲廣戲

七八八一

麾

借戲為麾戲亦險也漢書杜周傳贊業因勢而抵陒注○嘗
戲為字戲
漢書段險之小戲借字訓
按後漢戲險字喻
皆即顏注云
隱曾與吳禮○又
幡通與作遇
○辛聲牂陒
有麾麾旗
夏后氏旗所以指麾也
字作戲雅旗
手之意右
埋聲曰
說文大旗也
旗之名州將之所建也
五麾鳥翼以為幢
傳注
周禮巾車
疏引鄭漢志
揭名也以麾以
旃龍口麾謂
一麾切經音義一引字詁云手指曰麾
注
○麾指也一左氏傳周十
麾戲言以手數曰麾
麾旗也
麾夏之正色
麾十也云麾言大麾之
廿五年在
七部麾

七八八二

麾而呼注麾之言快也齊人所善曰麾禮記禮器不麾要注戲謂軍之旌麾

漢書高帝紀注、又云漢書通以戲為麾也萱按當作麾而一切作戲蓋史漢用字如是○

撝 裂也一曰手指撝也說文段注易撝謙無不利讁曰撝指撝也華之中裂之曰撝猶離也按撝之引申也曲禮為國君削瓜者華之注曰華中裂之不四析也裂裂之也撝音義如花音如呵故知撝即華字也音在十七部○說文撝之字从手為聲華曰叱 頻合音以見指麾易撝讁○萱按撝猶舉也作易撝字古音在十七部注曰撝猶指也○漢書班固傳文選典也荀注撝猶佐也太恭謙之事 撝讁撝亦麾也下注撝音 引靡戲麾軍撝又三軍撝欲為之而容撝也義注作麾音為同

隝 鄭地春秋傳曰將會鄭伯於隝說文段注鄭地多麾相云出撝與麾通用義當作多○今經二月 萱按麾撝三字音同而義通 公會晉侯宋公陳侯衛侯曹伯莒子邾子于寢七年經十有二 傳曰及將會于鄬字又不禮焉子鄭伯三字經同左氏 鄭事故鄭伯之本與字鄭鄭伯 故語曰二字乃引古書不誤無異同者 隝此○萱按隝鄬義本一字而古文誤說分為二者 許以左此

蠕 俗不正也說文○萱按當在十七部 似○有蠕作蠕○平 河津也在西河西 說文段注 河西津名 猶泜津也 在西河西之津也 注謂之泜津也 按西河在河西之北者 即今陝西 去聲又作潔 孟津也 在西河

淺 切杜戈 按郡國志不載 隸作禮異字具地 河津也在西河西

腄 切胝利 生腫之跟胝也說文段注跟足踵也 廣韻云跟胝 也胝之說文 臣殘也○萱按此為轉注及足 徐鍇作 不可通 當跟踵 跟是 跟

髽 喪結也禮女子髽衰弔則不髽魯臧武仲與齊戰於狐駘魯人迎喪者始髽說文段注鄭注喪服曰髽露紒也猶男子之括髮斬衰括髮以麻則髽亦用麻以麻自項而前交於額卻繞紒如著幓頭焉齊衰者男子去冠用纚婦人去纚而髽曰髽總箭笄髽衰三年注曰笄總禮經所謂布總箭笄也喪服婦人當免則髽露紒而髽總男子當免者注曰齊衰則露紒以布為之束髮露髽不用纚布總箭笄髽衰三年者不髽而為下文也許不本喪服經注釋禮也

服大夫之妻錫衰士之妻則疑衰皆吉笄無首素總是婦人服弔禮也禮記檀弓云婦人不當髽也鄭注曰髽與婦人弔之始髽也國人逆而四年喪左傳人亦曰魯人始髽魯人之髽自敗於臺駘始也○鄭說是其後家敗於狐駘始有弔服也故云髽去纚而紒曰髽廣雅釋詁四髽麻髮合結也左氏傳 弔禮四年逸因之。為喪服紒重喪辭麻繞髽二者皆辨開之名也引御覽成 裏字從彭之○疏云髽者是婦人之大紒重喪辭麻繞髮之名 伯字據禮注 記外傳儀禮既禿者不髽 人之變 ○人 道夕

築 ○撾俗有築文從竹築聲 禮記乃大禮髽 撾又改笿字手林○云左傳以文段注鄭子服四制人○注云髽或為 人撾文引从十三年云傳文笿也十二年傳子男 年 撾撾撾也 說文注說笿者曰 東漢觀記 長 杖也○左文釋氏云十三年篡傳笿也○○ 撾 輟 長笛也撾文選笛賦注撾擊也球後傳注撾肊也 文選射雉賦注撾長笛賦○修撾徐爰

吹 切昌戈 注○萱按唐當作吹 又讀去聲 噓也說文吹出氣急曰吹 ○萱按古本作吹 吹嘘也廣雅釋詁二吹也 廣雅方言十二吹也 注云後漢書章帝紀注可吹者老成就 引聲吹動也又吹也 引類竹曰吹○吹萬物為 大論吹累也 莊子齊物論大塊噫氣 注云吹息相吹也 引生自動 物之吹 也以○

篪 吹萬不同 是向之吹也 又云吹欠生也 本作吹欠可聽 尾切其分 為律注 作之○ 合吉 土 音 律 作 讀 竹 吹 其 文 作 音 也

其文也吹氣也以人吹者所以通氣也管籥笙塤篪皆以鳴吹者 小師言管之樂 皆竹也 說文音律 管言獨言吹 鳴者以 師言吹律而言也

也文選王帝範侍宴樂遊苑詩注引蔡邕月令章句曰○當桉
好用吹為籥也吹籥義略同廣言之曰吹嘯言樂曰籥而
籥字罕用蔡之偽吹即而謂鼓吹聲也字
皆當作籥而人概用吹且強讀去聲矣

炊

爨也說文段注爨下曰炊也齊謂炊爨又救棄傳一人炊之
云炊之屬注云炊謂爨又郊祀志上云炊人先炊古炊壯之神也封禪書先炊之屬正義云炊累如埃塵之自動也炊累猶動升也
爵子可炊○當桉此段為吹也
傀也亦介

桹

椽也秦名屋椽也周謂之椽齊魯謂之桷
周謂之桹依左傳桓十四年音義云周謂之椽齊魯謂之桷本作斯桼名為屋椽
謂屋桹大誤今桹名之曰椽周曰椽齊魯曰桷也周亦易卦乃音義
釋文有誤矣之釋宮椽音義云桹謂秦名屋椽也
之桷山浣又改周字林為始周引云名其釋
齊魯名桷曰桹則字林始興說文之引周人之名桹
高而下屠次排列如有等衰也○廣雅釋宮又左氏襄廿一自

年傳桹折也左傳云又雜舉浮柱上桹又注云桹亦桹也又有三名又遂桹分傳注上華桹也又蔣注
子哀公仰視桹又張衡注云桹亦桹也有三名又遂桹一魯注上
曰桹桷或謂之桹在檐旁下列衰之然垂也一魯釋曰桹光屋殿二曰賦楹三地蔣注
桹淮南本經注云桹桷也桹隱也以淮南主術注修
謂之桹又注下心尺畫題桹之桹也
桹蓋題于戴○數
沚沙或塗

沙

水散石也楚東有沙水
正說文段注水中散石也非信是詩
大雅縣注引沙與古同凡古人散石引古書不作沙沙
引仲之傳注云生沙水今本許云如水作封東則散而引毛有異音石沙非是不有容之
若俗字也凡沙水皆為也用此內數鳥毛說是古音義水從作不謂偏沙
水篇曰字之古又開封云鳴別一古出為也沙散謂沙
之即渠也東沙南流此楚云雖此二別水有義寫水石則作溝渠
注○沙水水也又東南流新注作音言楚東少水沙
又滑水注經沙水也音許慎正作散沙石地也從水出少沙謂沙水

傳及沙汭水名而還沙是水旁之地疏易需需于沙
注云沙水名○廣注云沙也沙衍水中有沙者南郡天子傳三沙所益流
沙所出也一曰澤名淮南墬形西北方日沙之次曰五沙五沙
之狀粟焉如麥塵屬地當于沚也釋廣
也○周禮內饔鳥皞色而沙鳴注沙
注只亦取穀又謂之沙亦取戚戚如沙也釋名釋沙也
者今紗穀之帛也
也大服皆袍制以白禮記內服上內子以鞠衣
於此又司農注云素沙為裏衣也使之素沙衣
未猶稱沙穀是沙字用俗字也
江充傳衣紗注衣紗
紗縠禪衣注紗縠紡絲而織之也輕者為紗縐者為縠
紗微也廣雅釋紗
紗繢幞頭也
四方言
邐迤沙丘

釋丘○穀梁僖十四年傳云沙山名也又山海經北山經云
白沙山廣員三百里盡沙也○當桉沙山名也又山海經北山經云
張沙宿沙氏煮鹽之神路史後紀林沙門漢言息也益息意云
識望沙氏煮鹽之神
欲而歸於無為王後漢書注引字林沙門漢言息也
在其東注云沙棠木名也
之實注云沙○呂覽本味
廣雅釋藝云沙棠木名也沙棠玉名一說木名也淮南墬形
釋蘤藝有沙飾也沙詩閟宮龍沙麻黃也釋草沙蝦蟆也
裟然見禮記疏
明堂位疏

魦

說文段注詩小雅有魚作魦鯊
自作沙字吹沙而小魚也魦魚之魦非二魚
其不可得从魚沙聲也
○當桉魦魚即鯊魚非二魚也
自作沙者
也自作鯊魦鯊鯊也
出樂浪潘國說文段注詩外國小雅
樂浪潘國之遠方外國有魚則為中
浪海沙魚魦不言海魚○明甚說見魚
也是沙魚蕩鯊是魦字
許釋从魚沙聲

麗魚麗於罶鱨鯊傳○爾雅釋鯊令吹沙小魚體圓而有黑
鯊魚鮀令人注云鯊石鮀也陸疏云鯊吹沙也一名重脣籥
○爾雅釋魚注○詩魚麗陸疏云鯊吹沙小魚細沙也殊同名異物
文魦○按海狃之詩魚鯊與魦吹沙疏 ○
無足有鱗也吹沙無鱗魚長之不似魦鮒文迯蜀都賦注殊似○萓
尺有異骨而炒 沙鮒與魦魦迯與蜀都注

䤹 切 篆 升
盈或作䤹屢亦子陰也本說文如文是段注剝不鮒按文知牡及之解殊而不
屢鍪則在又十四部此如文言音釋引子說未知牡和之合子耳 屢亦子陰也聲類
量及則在又十四部五剮老子未知牝牡之合而朘作精之至也注合屢 朘作引
○河上萓

縗 切 措 戈
亦子之命原也
有○衰服衣自長六寸博四寸直心
俗縗衰喪服衣長六寸博四寸直心說文
裳禮記衰蒙言即衣裳也以衰統負板心辟領凡段注上衣下裳曰衰
服傳曰有衰辟領六寸傳衣也注云廣當心辟也前等為衣喪禮喪服各本無
之扱左右衰長六寸博四寸長也注云衰當心也前有上衣日字
年○左氏傳衰裳縗無所不在釋文縗本亦作縗又作衰左氏
卅一傳左衰三年傳衰裳釋文本又作縗亦作衰
年縗細而布釋文本作縗典衰多有段借後世
傳衰裳三易縗釋文本又作縗亦作衰縗在胷前裳左十七為負
卅年傳三年易縗

衰 切 異 戈
七年傳晏嬰三日不生之者成服曰縗之摧也言傷摧也釋名釋
縗衰裳也言摧○儀禮喪服斬衰其中心摧痛也 禮記喪服四制
物之斬衰之言摧也服縗其斬也 衰傳衰服也袁
疏實衰之中也儀禮喪服其衰漢書衰字當
言摧於外削幅裳內削幅儀禮喪服注○經傳云衰三升其冠六升
實衰三升為八升又云齊衰四升其冠七升

其冠六升以其冠為受受冠八升又云總衰四升有半
○俗有衰衣衰羊說文段注云雨衣中以此下
曰衰艸雨衣秦謂之萆从衣象形說文段注若今油衣雨衣秦謂之萆
衣製衣○一曰衣若今雨衣則衣以禦雨為若小雅何蓑何笠傳云
曰草雨衣也衣為草雨衣俗謂之雨衣衰作蓑
衣城齊衣注云或衣秦語則衰非艸部傳云蓑所以備雨衰
發笠衰衣亦作蓑縗蓑作衰禦以為衰事也何
蓑其蓑衣字从艸作蓑衰蓑等字蓑字
衰異假借字也以草為雨衣必重次編之故衰字引伸為衰
世異其形異其音古音衰皆咲於等衰○萓按衰經字當从
縗音等衰字當讀本音俗於衰味讀縗何與 草謂之

衰釋名衰所以禦雨也詩無羊何蓑何笠傳蓑所以備雨
兮者為輪記輪蓑蓑○萓按小雅無羊釋文蓑衣也
人為輪記蓑既夕注之衣也有山海經西山經其上多禦雨
雨服之儀禮記蓑笠之衣也小雅下兮兒注雨衣
衣也注 艸亦衣也 蓑之○萓按蓑城謂以衰次受功賦也
草蓑城也漢書下而不及行志下注之衰城謂以衰次受功賦
按衰城二義相因音亦同注自衰謂衰次受功賦上下相重次也○同萓
衰分兩讀衰下漢書下注衰城世衰謂艸上下相重次也
俗分作衰下判若鴻溝語也後世衰次二年傳注又國子曾子注
地十二年左氏傳左氏注王齊衰衰林注遲速大又小曾之子
有地而衰其九注子語曰衰征衰林注衰皆有二之衰
相差○衰同部相殺也○萓按差等二年
注衰也衰同部相殺也 衰也傳皆有等衰
也差異字同音左氏衰也衰五差注年
義而異字同部左氏傳以差衰殺也
注小也其衰○衰是裏以衰也衰
出衰微有注下也衰差南殺也
衰微注下也衰
黃衰○ 萓按衰亦有 小也 衰
注云衰讀為一義衰陵謂衰弱陵遲
 云衰讀維之維 衰殺

衰
序 昔周道衰衰讀為衰也 萓按衰段為衰而衰 衰字引
衰陵衰曰衰者衰老也 說文段注衰減之也經傳皆段縗衰為衰
衰減也一曰耗也 伸義 衰老也 凡盛衰字引伸於常凡衰
者謂其有等衰也 ○借衰字為病衰 衰老日衰
禾名也謂其等差以衰其有等衰為耗 衰謂
也 南都賦因其有衰等之義也衰亦衰也引伸二義 云之衰 衰
迻雅衰藝南都賦注衰老也 衰人注 衰又衰而
病衰退也 衰衰老也 衰二義
東京賦衰瘦反衰衰則衰 肌肉消也 衰盛衰注之衰
氣 入注衰衰衰衰
瘦瘠之皃也 衰為衰
衰為借字
衰衰

趖 走意
莎
借說文段注花開 說文云走意 趖趖
說不可泥 ○ 曰趖晚說也 今京師人謂日晚為趖 今
或作莎 ○ 按 讀為 趖 小趖
俗有越 萓 人謂日
言鑴者何 也 說 文 趖 趖
字許讀爾雅鑴疾也 緝先兒者也 緝釋艸莎隨也
 緝云見 緝 緝言 緝疾為 莎隨艸也
 趖 莎鑴莎其實也
 緝 萓按 緝 其實
 鑴 按緝 先 言
 緝 鑴 緝 正
 讀 謂 皆 之
 異 呼 而
 同 後
 單 者
 呼

則曰縞曰莎其根即今香附子漢書地理志芯題省水從小
此與少同也俗誤作芯○漢書司馬相如傳上薛莎青讀注
引張揖云莎艸名也雅南覽冥路曲蘋徐注又文莎即今青
莎鎬漢書司馬相如莎也選射雅賦青蘋莎詩七月六月莎
莎草傳上注云莎雞或謂之天雞雞根羽陸疏莎車
北狄之別名也周書王會
切貝科
波
水涌流也說文段注莎車注左傳其波及晉國者夫孰能不波
蕭賦注引伸之義也又假借為陂字見莊子漢書○文選洞
云波水涌也字林引雅南人注閑波流也國語云晉波高下
兒莊子外物釋文波蕩動也西京賦注河渭波蘩池蘩也後漢書馬
融傳波儋也後漢書班固為之選楚辭注曰流波曰視兒文選
注越傳注波華也曾波楚辭注流波目視兒流
神女賦若流波言目如水之橫流也文選舞賦注目
波之將瀾注橫波言目邪視如水之橫流也文選舞賦注目
波水出歇馬嶺後漢書馬波亦水名豬注○地理志上按此與滎波注既方

陂
氏其淺波淺皆用波為播也禹貢
諸家本並作𤅢播偽孔作波
○俗陂也一曰池也說文段注陂與坡音義皆同凡陂必邪
有陀旁積也一曰池也平不立故引中之義為傾邪
曰陀言者云陂泛有池也韻陂依漢引伸之義在義同十賦
陂池之故各本作池部有可池莅許陂書也正偽與陂頃音子十七部此
南湖言大泛陂餘也謨令陂訓陂宗言也汪正皆澹此池也有七積帷一
池豈可大泛陂陂也多故言水泉注為池澤一之曰也依澤注曰也一雨
物之水故陂陂曰為也也泛水都澤大謂大一池陂陂曰也池中度者
蓄若千頃故陂陂曰為劉泛爭當息大訓湖者曰大陂傳也池
注陂傳曰內外陂澤陂分也千月之注也○湖大大陂池也云陂
之言其內也外陂澤陂分也千月今池也○湖之水以陂陂日互池也
萧言之也外陂有陂陂析也言吉之也或注者如漢諸以一大叛互陂陂澤注
澤言曰修南陂山北波波河言言○之雅釋地云侯云陂誤王見許經陂又廣雅釋
城傳陂陂南陂也山北波波河言言○之者雅釋地諸云誇陂許者曰文又漢之陂陽西
地云陂陂阪也亦所以為陂之限域也引字林釋曰曰文
池也陂阪也亦所以為陂之限域也引字林
防之指號路匡謬正陂崖也於國東語海之語陂故注濟陂鄣也澤國不語陂周注語

○萱按鄭當作障傳上注云澤障曰
陂又孫叔敖碑云陂障源泉以後漢書班彪傳上注云澤障曰
陂疏云流溢之水使波轉為漢陂為泰上注云澤障曰
不流云溢謂之陂塱也國語以吳語注陂又文選淮南海賦上
高注畜水曰陂禮記月令母漁陂池帝齊語注漢書誓注引選陂
注云蓄陂注又淮南說林十頃之陂注又注國語陂周高文選海賦
水曰陂者蘇也言因下鍾水以溉萬物也漢書高帝紀上
謂高峯山陂者地險也釋釋名山曰陂上林賦郭注通若陂
釋山李雅注格楚辭注兒侍旁曰陂言陂陀也俗上林賦注
正釋雅注格楚辭陂司馬相如傳上兒也文選上林賦注陂者
陂池江旁小水也漢書注池也陂陀也俗山谷也
陂池江旁小水也漢書陂陀長陸也
經中山經云陂之行淮陂陵司注相如傳上陂池旁積兒也
二陂水出於其陰注云陂險也文選引郭景福殿賦謂之百水海雅
○陳方言楚言衆陂陂險也易故刑選注平廣泰殿百答廣釋之
也鄭楚荊楊之陂陂謂傾側也禮記樂記平不陂注曰陂衰也文
而謂無陂賦注同陂謂傾側也險陂注趙敬商子彭祖傳注又文選又詁

陂
險陂傾側也之疏注云陂與詖同○萱按陂詖義通而
各字陂陂為一類傾側自其引申之義也
陂謂傍其偏側也後漢書馮陂偏也張釋文泰無廣破字聲同讀也
離散也周禮典同注陂衛後漢書注易陂謂偏修陂則聲
則陂聲散注陂不正也衛傳注不平正也禮記樂記商亂
注
鮍
鯈屬說文段注按急就篇鮍鰕鯫三字相聯必三者為一類
因以也鮍後盍本作鮍篆形皮段相似而譌綴乃又譌為鮍者
耳來知履解鮍錦類韻廣
或作𧋍○是否帖
礡
部十七部○十四讀石箸雉繫也說文段注雉者繫射飛鳥也
繫十七部谷讀若謂之礡戰國策楚被繫生絲縷系繫矢而以
以石箸於繫謂之礡○國策楚繫礡綽引繳繫以清風雄
矢也以下篇韻字同此記家礡續注云繫以石為雒磻以下傳弋繳曰磻史記楚世家磻新繳集解引徐廣云○
也以下傳弋繳曰磻隱云磻作磻又磻後漢書馬融傳注云磻
與磻沙石胶絲為磻不特文選西京賦注磻
同 蹈鮭薛注

韻史　卷七十七第十七部平聲柯韻　七八九九

羆　䍡古文或作𥌕○如熊黃白文說文又爾雅釋獸羆如熊色黃白也爾雅釋獸舍人注○山海經西山經嶓冢之山獸多犀兕熊羆注云似熊又書禹貢釋文云羆如熊而黃又後漢書班彪傳下注羆似熊而黃

頗佩戈切　平上兩讀○俗有頗頭偏也說文段注引伸爲凡偏之偁洪範曰無偏無頗遵王之義人部曰偏者頗也以頗引仲之義釋偏也俗範曰頗多頗久頗有猶言偏多偏久偏有也古借陂爲頗無洪範古本作無偏無陂頗師古臣謬正俗李書文選注兩引皆作陂可證近乎天實乃據具時所用本作頗而詁改爲陂一若古無作陂者不學而作聰之過也御驟敲古武旨在歌戈竊則又不知古音之過耳言御曰敲古文以爲頗字書古文頗字作陂二年晉傳書辭無注漢昭十六年傳荆之○之頗論頗不爲頗注騷王嘉集注頗頗亦覆注云頗頗又離修繩墨而不頗注頻褎偏也廣雅釋詁二文選思玄賦舊注正義頗叔頗傾也又廣雅釋話又是不頗注云頗邪也臣設則朝頗也也

頗　僻　雅　邪　佞　也　不平年君荆已　上左氏昭二　注厭聞天不　又家語正　偏也昭十

韻史　卷七十七第十七部平聲柯韻　七九〇〇

文選思玄賦行頗僻而獲志兮注○賁揺此依　頗少也廣雅釋詁三　敲猶傾也　楚辭懷不從俗而敲行兮注

坡　古文用借字○俗陂也說文段注阜部曰坡者曰阪二篆轉注也又曰阪也是坡陂字音義皆同也坡謂其陂陀毛有峻則有陂許隱之雙聲段借也此說釋段借之法謂泮即陂陀鄭不從其說而易之曰讀爲泮即峨陂頗即坡文注𡍲雙聲以隱征段借也

兒也

爲[illegible]禾切　平去兩讀義古分○俗有爲文　母猴也其爲禽好爪下腹爲母猴形王育曰象形也古文爲象兩母猴相對形

說文段注左傳昭公子公爲亦稱公叔務人檀弓作公叔禺人由部曰禺母猴屬也名字相應也假借爲作爲之字凡有所變化則曰爲云內部曰禽者走獸總名之形也故其字從爪下又全象母猴頭目身足之形也王其字從爪象上文云乚左傳仲子生有文在其手曰爲魯夫人手文必非若小篆爲魯蓋作爲是容或相似也

韻史　卷七十七第十七部平聲柯韻　七九〇一

以爲樂器注又儀禮燕禮圖人爲大燭於門外注大射儀注
又禮記樂記纂承爲酒注祭法疏又論語述而不圖爲樂之
至於斯也集解引不注處問爲命皇疏又國語魯語季武子
爲三軍注楚語其爲不貫世注又荀子禮論注又列子周穆
王注又呂覽貴注注知接注又文選東京賦爲無爲薛注○
周禮潤人疏又禮記禮引上疏又公羊桓四年傳疏莊八年
傳疏又論語先進曾人爲爲猶作秦也論語述而不圖爲施
長府皇疏語云也注爲也也國語晉諾爲繼曾爲爲也禮記
也廣雅釋語三又呂爲行數禮子上不諸展之可爲也注又
論覽長刺弗爲也注爲猶也禮記曲仁而不王爲猶用也
疏語顏訓爲之難皇人請入禮上則
並云爲猶行也
禮記卯特姓疏又漢書貫相之傳集注爲席注左氏桓六年
傳在我而已大國何爲言大國何用也○萱按七年傳冬無
爲零也言無用學也國語矣語則無爲穀梁成左氏文六年
貴智矣言無用貴智也王尚書伯申說爲治也傳何以爲氏
釋文昭亢年傳弗可爲也已注昭六年傳常可爲矣注昭十
八年傳大爲社注又國語周語爲川決之使導注鄭語注齊
語注晉語注又小介雅廣語又山海經中山經鼓鍾之山有
州名日焉賤可以爲嘉注大踐之山有艸名日狼可以爲腹

韻史　卷七十七第十七部平聲柯韻　七九〇二

疏注又漢書刑法志集注律麻志上集注蕭何傳集注貫韻
傳集注杜欽傳集注又呂覽去私注先已注臺行注至忠注
察令注鄭謂注樂離注害時注又淮南原道注微真注精爲
神注○論語子路善人爲和百年皇疏云爲者治也年隸不
猶治也左氏成十六年傳秦伯使嘗蔽爲之注襄州疏先進
由也爲可爲也注又論語里仁能以禮讓爲國乎皇爲底注
○史記之皇疏又山海經南山經悖水有旋適可以爲亦治
也爲治喬鵲倉公傳及所能治病者集解引徐廣云爲言治
也國也國語越語令大夫種爲之注○孟子公
山縣丑下王之爲都者注云爲都治都也
海內絲九國策齊業偪所以
注同耳
護之釋上海經所爲晉語爲理也爲國者不書天注爲
廣雅孟詁黃帝國語經五泰不爲泰注又漢不成文爲成也
注引廣康三又南本孟子穀不爲注云不爲子焉也志集爲
癒也詁雅○淮有也焉注滕文公上將爲君注云將爲野人
之閒也一釋爲爲閒不用○夷子憮然爲閒萱桉爲閒有頃
爲可幾又盡心使彼有可注云爲閒有閒也訓有何不使彼
注家不及而言淮南時則幾及也經典爲當莊子者不勝數
盡釋耳爲故也致爲上注堅性之動謂之爲桑楚庚爲窮知

韻史 卷七十七第十七部平聲柯韻

而儼於欲也墨子經上爲猶蓋釋周禮世歸爲猶置也後漢書表
爲後立後也論語憲問求爲後注爲盞盛注爲猶屬也國策秦策譚僖注爲
猶前也釋莊子養生主云爲新新爲猶學也而論語述秦而不戰注爲
貨汝張爲是以南爲周君告子名○注云矣乎爲指辭引孔子爲前爲不言也無曰書曾子之良夫皇柳陽
子孟釋之詞也云爲詩子子也南不下周哉也皇皇疏疏不是助語禮記曾子問注
釋也傳以爲釋形也言以用用爲日毀也語音義引大戴記四代武篇以毀論爲仲尼子張氏曰無用
爲以也毀請闕昌正無義爲爲也助語助論語疏叔孫皆使無以爲字爲子貢篇引之無經
語但述而問文夫子之注爲魏魏無也衛君○乎詩鬼鄭注醫福又皇疏來解及論語管子注
也禮記少儀疏而國之人知猶與也管子尹注戒又自皇婁之詩外傳公孫人
得爲之仲役父爲有財古之人皆用之也言得之與仲有父財也詳孟子經傳釋詞五獨持

七九〇三

韻史 卷七十七第十七部平聲柯韻

爲謂福祐爲己之報禮記祭義不求其爲注○呂覽審爲十
爲使也國語晉語皆讀爲後世則不知所爲矣注云爲謂相爲之爲
訓使可於乎可讀爲後世之見也注○豈接爲訓助福祿與
去聲舊載又其假此語知去聲其賓之引申之不如耳易來
猶莊知二其子使國其義可攷學觀其世之引也注○爲
心是爲詞爲然一君傳恐先克傳君詞
亦故側云不也之昌奚君所釋﹦爲
爲注儀爲熟乾危爲之爲詞爲來
猶於欲也見經注曰言見稱舉於前世是爲即於也又傳二十
七九〇四

禾
年穀梁傳曰謂之新宮則近爲禰宮言近於禰宮也
爲猶則也經傳釋詞云爲猶則也莊子寓言曰與己同則
應不與己同則反同於己爲是之異於己爲非之爲亦則也
爲猶謂也詳經傳釋詞○又云謂猶爲也爲謂
一聲之轉故爲可訓謂謂亦可訓爲
嘉穀也以二月始生八月而孰得之中和故謂之禾禾木也
木王而生金王而死从木象其穗說文段注禾嘉疊韻生民詩曰天降嘉種
維虋維芑爾雅謂之赤苗白苗皆禾也公羊何注曰未秀爲苗已秀爲禾
謂禾也我麥無食苗毛曰民食莫重於禾嘉穀爲詩謂之禾稼
食我穀也嘉穀食我苗曰民人之生也曰禾嘉穀謂之禾魏風傳曰
嘉者穀也嘉穀亦謂曰秀﹦之曰禾故謂俗之嘉也生無我
稽云曰禾實曰栗﹦生曰禾梁俗謂云小穀著米嘉民食是傳也曰黍
王云﹦謂二月生八月孰也伏下雅南子劉向所著書皆言也之無黃
張昏中種穀呼禾為禾从禾从木下从木上曰筆夫衆者見其之言
是爲从木而象其穗也禾穀穗下垂子高注云子見禾象其三穗
變也淮南子曰禾嘉穀也向嘉苗而死也其首淮南子曰禾
向根君子不忘本也張衡思玄賦曰嘉禾垂穎而顧本王氏
七九〇五

韻史 卷七十七第十七部平聲柯韻

念孫說莠與禾絕相似雖老農不辨及其吐穗則禾穗必屈
而倒垂莠穗不垂可以識別草部謂莠揚生古者造禾字屈
筆下垂以象之○豈接淮南呼禾爲粟子夏也禾春秋死
全後乃禮之與木不而生之說不符地氣然又木春生秋死
淮南墜形○注云禾者木之苗生既秀謂之禾禾稼者苗幹
木春木王而生秋全王而死苗生既秀謂之禾
之名羊莊七年傳無苗注云引春秋運斗樞云秀爲禾又公
傳疏云苗秀禾實并刈也
乃名爲禾
禾者和也
人之性命
其采謂之禾
不可爲生於禾中與禾中異穗謂之嘉禾
典要天子傳四西膜
之所謂木禾注
七九〇六

咊

或書作和○俗有稱脉林塌相應也說文段注古音和字不讀去聲○漢書馮奉世傳集注揚雄傳下集注王

莽傳中集注並云和應也和谷也列子周穆王王和之注言和平也國策秦策與制人和注又素問

六元正紀大論和具遲語鄭語云以他平它謂之和不淮南天下治而和平也山海經則天下和也鳳鳥見雅釋詁和諧也爾雅釋言

語和家又國語注和協也漢不能和似真和莽陰陽下注和中而萬物得集晋○慶禮記樂記禮樂

致和注奋謂和用百雄也和疏注謂諧云和合也邪氣將雅傍治注而萬物引晋疏均云○記和

和謂和合也合論素問兩者生氣通天論陰陽之會也和中集書得○記禮和書

贊集和適也注淮南無天似真下不足和以注雅王和莽陽注中周決萬物集也漢吳書荆猶傳

注云和適也周禮大司徒注知賈子禮不羨其以樂和滑注其○和也說精神和集也燕滑和

黇適柔也和和剛柔適也周禮大司徒注知仁聖義術可云樂和中和○得祇說決蠱周而集和也○同於和

剛不柔漢書至和紀徒注云不剛不柔和剛曰注素和○後適甫山精決書萬注和不和

和也論素至和則平注可否相濟曰和柔和周書和大關武離王佩化用開和之言注王王明謂

行在知和注○後漢書劉梁傳注云以可濟否謂之和以可否相增減曰和詩伐木終和且平

和謂心不爭也論語子路君子和而不同皇疏君子和者體度寬簡物無乖爭

傳注云以可濟否謂之和年傳和與物其者和也和者體度寬簡物無乖爭和而不同

和謂交易也○左氏文十八年傳昭十年傳和謂同和氣之和許也莊子徐無鬼夫神者好和而惡姦注和猶正也

也宣二年左氏傳和謂同也和謂春秋之功也荀子富國注天子和者陰陽天所管也得性之極謂之和

信之本也後漢書徐和者天之功也備論素問交易和氣也注淮南得性之極謂之和子列

也左氏文十八年傳注和之功也素問上古天真論陰陽和也注真和子者莊子好而和徐無鬼

黃帝登後漢書注和者天之功也論荀子道富和氣也注准南注天和之德合皆

注一一和父也出生名其德注而和和氣之守也論素問五常政大論和陰陽和

生大和正名注論其也注而和春之氣也其陰各得其和注知和和生謂注之被天注和閒天氣論萬

關和論注其德注而和者純氣之守也老子溫常和注液謂和氣靈液也

變和注和生名性其和者春之氣也曰常和和也者天下之達道也

敦子正生名姓蔡注和和者純氣之守也

苗和所生注蔡

之後漢書注

也邕傳注發而皆中節謂之和又和也者天下之達道也

並禮記九族會曰和樂詩常棣和樂且湛

中庸和發號出令而民悅謂之和禮記

經解注○孟子公孫丑下地利不如人和

和注云人和得民心之下和樂也論語學而

和軍營之正門也文選西征賦注云華蔭於壘和即樂也爲貴皇疏東京賦

和軍門曰和合謂之壘門立兩旌以爲之閭左右和之門注爲○東也旌和爲

記樂鄭謂之壘門立兩旌以爲之和○旌也

拒索注云和軍門也其首謂題也和也具○呂覽開春論題名

雙聲段借字和水經注楷題曰和也呂覽注當謂之脉題和注○之史

引書注云和讀爲桓楷也當謂之脉題高誘注○楷和之注

爲楷鄭玩和故又謂之和楷廣雅釋地名也○績書高誘注

也者題木桓是也段注和名地也柹棺前和之注○和

和斥注作和乃借和又義古和爲名也○和楷

地之平名和氏譬地官云命和也爲和注○和

諒覽古詩和氏璧注之典林木段注義古和爲

字又云史趙氏有和氏璧下引云和地名

故淮南云記過云和趙氏璧注之典林木段

果出於古段也俗偈字爲之和其琴

龢

魯語○注引後鄭云和當爲私華二又詩皇皇者華每懷靡及詩有作

同○賛按和與私形至近皆假和謂二義皆可適或三家詩以可作

私和賛按此類字皆爲和漢也段賛按此類皆有以

與者和調也國語和爲龢字同也二字互相段賛按龢睦也言國語又周語應語必以

去不曰龢謂也此國段周字和二可觀注○互相段

去不曰龢

仰龢太注○亦賛按是和之義戲

龢俗調也郎說文和音段注言義別

有○語龢雝聲送蕩相雜兒賛文選嘯賦洞簫賦以龢睦也以可去不曰

國語云龢蕭然皆齱用則龢不當作和識云正

閭賦云在段東仰太皆用龢則龢不當作和又賦和與行爲口

都賦按龢字皆段龢和則龢 ，不當用記和欽其聲龢睦也

字賛按此龢仰和皆用龢聲禮記樂心志其陰陽和和也以

龢爲賛也此詳皆龢龢則龢 ，相龢雛

龢之注和按也詳在段原道和調也則龢正禮記當作和識

和注又淮南原道其德謂天地樂而志和注

和天下注○賛按龢本德優天地心志記和欽其陰陽

和和猶調也考工記守和注云和謂調和聲也

以和之注又淮南原道和注○賛按龢本謂調聲亦引申之凡注以和

和以和天下注○賛按和調和摩君事○申言陽和也以可去不曰

韻史　卷七十七第十七部平聲柯韻　七九一一

其故器也周禮典同凡和樂亦如之注和　和離謂次序其聲縣也禮記明堂位垂之和
鐘離磬叔之注和八音克諧也國語樂從和周語注聲曰和又大戴記保傅注云徒吹
謂之和爾雅釋樂大笙謂之巢小者謂之和爾雅釋樂和○笙又孫李注云
云和者小者也和錞于周禮小師注和鈴也廣雅釋器亦應和○詩又蕭注云
音相和也周禮注云和車上鈴也又所以記疏廣雅釋和則有鈴設軾者
子正論注云鸞和皆鈴也周禮注鑾在衡和在軾前○設也又荀
鸞和之音注志云鸞又白虎通為衡行車節曰太也○保傳王和云
也在軾漢輿服注詩引魯詩韓詩傳曰車衡在軾日和戴記又見
鈴央在為和又禮記又文選解注云鸞又以車輿和戴載前軾
鑾注云傳在式禮記注云文選東京賦內在衡和在軾○鑾續
鸞在衡和在軾皆以金為鈴漢周禮大鈴也在衡和在軾二年
在衡和者在軾杜注云衡言又和在服志注引左氏五年
傳錫鸞和鈴服杜注云鸞在衡言又漢書軾是也上注云桓二
於衡上此和取其敬之聲子正論衡和鸞和容主賓客也衛大
為異說　和取其敬之聲注引許慎和容主賓客也衛大夫
鸞和取其敬也正論許慎和容主賓客也衛大夫記施年

韻史　卷七十七第十七部平聲柯韻　七九一二

盉
文子至於其為和容也注
調味也說文段注調聲曰龢調味曰盉今則和行而龢盉皆廢矣說文段注篇部曰鬻五味盉羹也盉羹之字非盉則和於器中故從皿
古器有名盉者因其可以盉五味而名之也按周禮食醫
也廣川書跋引說文盉調味也禮內則注和謂和羹也盉調之和也
六食六飲六膳百羞百醬八珍之齊肥和齊和也羹齊和
百醬八珍之齊注齊和也呂覽伸夏紀○周禮內饔掌王
文選七發注之和也呂覽伸夏禮記注和○和以五味
也豹之和也無致和則注煎和

和
及后世子和之膳羞注之和
劉孝標辨命論○和也

觀
切嘉禾
或作觀十四部有觀十七觀七好視也說文段注
部觀讀○俗觀十觀七好視也○說文段注婐妸也
書亦作觀言之意○螢禯說文段注玉篇曰觀婐妸也
謝詩用羅纖字詳段借之意○螢禯說文段注婐順也
則觀之意義近○段注婐妸也婐順曲也觀與古

蠃
瘦也說文段注引伸為凡瘦之稱又假借為蠃字易蠃其角
而體蠃蠃其蔬或作纍或作纍其意一也○左氏昭元年傳注
蠃其瘦之別名蠃露骨也露骨之名其義與倮相近蠃露是蠃

韻史　卷七十七第十七部平聲柯韻　七九一三

蠃
瘠也廣雅釋言又國語注蠃極也廣雅釋蠃劣也禮記問喪身
也楚語民之蠃餒又謂我老而蠃蠃一注云蠃弱也左氏桓六年傳請蠃
又雅南人相門小子無謂在側注云蠃劣我人也○蠃弱也左氏桓六年傳請蠃文
詮言以張之注又國語蠃謂劣弱也漢書南粵王傳蠃瘦也禮記
聊以蠃者陽也注蠃惡注卒蠃累也恆累於人也釋名釋言
同語此蠃病也國語曾子蠃傳注蠃三雅釋蠃無文也淮南
釋文喪蠃謂無感力身漢書貧蠃陽民之蠃○廣雅釋蠃文也淮南
語蠃謂無感力身在林呂覽首蠃皆其所家惡也詁廣雅謂此羸也易姤
令側蠃或絕注蠃蠃葉盡也林呂覽首蠃注時家蠃蠃承謂此承也踊注蠃承務
側蠃大索也馬注大壯蠃其角此釋文引義
蠃大索也馬注大壯○當按此下纍之義

鑹
○俗有鏇鑹也說文鏇鑹○說文鏇鑹也小釜也韵廣
蠃騾或騾○俗驢父馬母者也即說文段注馬雅為牡牝為騾為牡
騾有騾○俗驢父馬母者也即生生騾各有種注云騾為牝
朴子曰世不信騾乃驢馬所生云騾各有種注云騾為牝
雜知之事哉○文選上林賦駃騠驢騾注云驢驢乎仙同者馬父驢母

韻史　卷七十七第十七部平聲柯韻　七九一四

蠃
父生子曰騾梵語要晉同驚騾與驢分注○漢書霍去病
畢○上附讀義傳單于遂乘六蠃騾注云騾者驢種馬子也則謂
分○俗有螺蠃螺蠃也一日蜾蠃蠃說文段注蜾蠃也○注此騾之蠃以聲
細要土蜥蠃螉蝓也爾雅釋魚蠃小者蜬○周禮其實蠃醢○按前蠃以蠃
蠡也也又儀禮士冠禮蠃醢蠃之屬○按注經義說其蠃蠃
蠃螔蝓也注云蠃蠃蝸也注蜾蠃之屬就國語吳語蠃其注云秀山
蠃醢注云蜬蜾蠃注云蚌蛤之屬　就國語吳語蠃其注云秀山
蠡蒲蠃○淮南俶眞訓蠃螔蝓注云蠃也○海之西經海之濱注云蠃
蠃母即蝶蠃也　蠃母即蝶蠃也
其中多蠃注蠃之屬○按蠃之理疏注云蠃　蠃山海經蠃時
蠃母書大傳注蠃之易說卦傳離為蠃○又蠃同字也易說卦蠃
也借蠃為蠃字也○螢按螺蠃同字也螺紋是螺蠃螺也
令蝸牛名蠃不可食者非蠃也蠃三名
為蠃分蝸牛是不可食者物也言皆一
蠡為蠃非蠃也此說卦傳蠃
○俗有鋅八銖也說文段注漢八銖為錢八百諸家說異而後人謂
鋅
有鋅八銖也之權為鋅漢志所謂以輕重為宜閩說異而後人謂之環今稱

切奧禾

埀

之肉倍好者也古字紙當作埀謂有物埀之而使平云○淮南說山有千金之璧而無錙錘之礛諸注礛諸二冠錙錘之冠注距云入錐曰錙六則錘錘暉也十一引風俗通義錙當作錙埀謂有錙物埀之而使平云○淮南說山以事人注○當按此與說山注出高誘而輕重縣殊注漢書律歷志上 錘重也 廣雅釋詁三○方言云錘重也宋魯曰錘 鍾者稱之權也五漢書律歷志 或作𠂹說文段注引伸爲凡下埀之稱古文作象形 孚才作華葉𠂹象形 今字廣韻作埀 古文華葉埀也漢書中直作埀 筮技華葉也古文苑 地理志曰武功太壹山古文以爲終南 故埀縣也漢書司馬相如傳 與垂下集注引張揖云 荀子富國垂髮垂幼也 事養民注 當作而埀手古文埀字也 一切用埀說文段注 聲也

垂

隷作遠邊也說文段注土部曰邊者行垂崖也垂者遠邊也 垂崖者高邊也本謂行垂崖因之凡邊皆曰垂 邊高邃之解其大臣如有天山高本一邃謂之邊也 遼循遼之由用也史記集解漢書王遼引漢書遠遊行於行垂崖也 坐不作陸乃由此之用謂不用之千遊於行垂崖 垂字則垂邊也又史記 無邊也義 拱言無指麾者也○大戴禮後漢記 也當按皆以 用用佀衆 境之佀處則垂與垂不疆 危也

鉈 或作鍦 䃭鍦 短矛也 說文段注鍦或作鉈 訓爲短矛 揚雄方言 陸

切措禾

銼

廣雅作鉈晉書丈八鉈矛左右盤 矛蛇矛也廣雅釋器 鉈矛也 文選吳都賦藏鍦於人劉注○荀子議兵宛鉅鐵鉈注云鉈與鍦同 鍑也說文鍑謂之銼鑹 鑹一切經音義十六廣雅釋器云○銼一鑹小釜也亦 土鍋鍑也鍑 銼 說文段注說文沙 爲沙也段注沙者沙 是沙是也漢書江都 易王傳輕 鬀說謂之輕薄 姓 殊主姓 爲娑 小目也 說文段注 睉小目也 以等小曰說尚書元首叢脞因哉今爲睉从目 睉小經音義 一切經音義引三蒼 一曰族家痳 瘥 小腫也 一曰族也 說文段注春秋傳曰其疾子公毅 痤 左傳曰不疾瘯蠡 杜注以爲同名以是 無疥癬釋之按李巡以蠡爲疥癬

切五禾

譌

不疾瘯蠡釋肥以備腯或有釋腯 猓皮胞也此說文二字有譌當是 胞尊不也 疾字 皆陽氣 鬱 痤 所爲 疾也 發痘 呈山 ○以痤 痤注云 有注 譌言也 詩曰民之譌言 說文按此 篓云俗訛爲譌 篓云禮記 有周云今 此叱古動注 訛適故江 化也爾雅揚雄傳上集注王莽傳中集注 痤 大 說文云瘰作瘰云疾 釋文李 痤山經 金 痤 中山經 說文注云瘯瘰皮痳 廣雅釋詁 按 李 釋木 雅 譌 言也 釋言 廣雅 化也 詩 說文 書 僞也 又譌方傳雅古也爲言 漢化言集作同小言也 譌聲三注訛通雅定疑 譁之○云譌用民本當 也轉注訛文尚之作作 釋廣也云譌無書訛僞僞 言雅訛也訛南言言言

頡史 卷七十七第十七部平聲柯韻

譌亦妖訛也字 山海經西山經章莪之山有鳥焉名曰畢方見則其邑有訛火注訛言也爾雅釋詁○注云以妖言爲訛世訛僞言 漢書成帝紀注言大水至訛言也 廣雅釋詁四訛僞也 詩小雅沔水箋訛僞也 又漢書正是斧破四國

劉向傳禍衍集注傳又後訛當按此字皆段借也 漢書覺訛動也 傳吪譌覺也 段說或吪之 吪文令段字

吪

動也詩曰尚寐無吪 爾雅釋詁又云吪動也 當按段本作吪各本詩作譌 毛傳吪動也 又覺也 韓詩字異義同○當按或作吪

吪化也 吪言也 吪化也 本譯不文圝段注 借通用此俗段 借吪遂也 釋詁吪化也

鈋

吪圝也 廣雅釋言鈋刓也 字刓也 一說也

圝

譯也率鳥者鶖雉鳥召來之名曰圝 說文云廣韻雉鳥 媒 禮記注釋云 當角作也 落釋與隸掌 之隸鳥言是其事也 率捕鳥 徐鳥畢 爰曰也 媒將皆欲小畢養媒子先至誘 致止之第諸安仁曰暇而習媟翳之事

七九一九

頡史 卷七十七第十七部平聲柯韻

切𡘬禾

隨

長狎人能招引野雉因名曰媒文○當按囮與圝義同字囮圝 在三部

與俗本說文以爲囮之重文又云譌作囮非也 廣雅釋言 讀由與遊由之謂之作獸也 皆非

也 囮當按段字 又說文 從也 釋詁 隨從也 注云 以隨其後 段注 隸作隨 俗書 文隨又隨 隨之聽矣也

隨 順也 廣雅釋詁三 隨逐也 隨正義 又隨也 易隨卦 注云 隨人不正 行也 隨不行也 隨從

隨入不正也 隨 行也 禮記 隨 宜也 隨之諸 時取 隨 隨 循 也 易數 隨云 隨 隨者 謂 隨 順 隨

易 隨 也 随 流 也 隨 旋 相 隨 回 旋 也 隨 隨 子 也 隨 遠 兵 隨 之

刓注隨不能屈伸也 支丈 妾 隨 七 注 發 跪 跟 隨 者 謂 物 横 畫 也 始 前 足 至

七九二〇

頡史 卷七十七第十七部平聲柯韻

切佩禾

皤

東頭爲跟後足來合而南面爲隨 儀禮 鄉射 注 長 隨 跟 也 當 按 古 隨 下 段 作 隨 至 射 隨 子 中 隨 之 注 子 ○

名 呂覽 隨 作 忠 之 莊 子 下 隨 苟 子 作 下 隨 古 隨

額 亦 或 段 十 四 部 老 人 白 也 易 曰 賁 如 皤 如

皤 老 人 白 也 易 曰 賁 如 皤 如 說文段注 老人之白 賁 釋 賁 如 白 也 十 四 部 周 易 白 貫 曰 六 少 壯 賁 如 白 之

白 素 也 釋 文 又 廣 雅 釋 音 皤 在 本 皤 亦 白 也 素 之 兒

皤 白 也 兒 釋 文 廣 雅 又 史 記 秦 本 紀 注 素 白 之 色 也

是 素 白 之 兒 頭 兒 也 漢 書 敘 傳 注 皤 皤 白 髮 兒 也

後 漢 書 集 注 皤 大 腹 也 左 氏 傳 宣 二 年 注 皤 大 腹 也

皤 作 足 橫 行 曰 皤 作 易 賁 陸 釋 文 皤 ○ 當 按 段 借 字

番 ˎ 壯 勇 之 兒 番 ˎ 勇 武 兒 本 詩 記 番 ˎ 黃 髮 正 義 云 番 ˎ 當

七九二一

頡史 卷七十七第十七部平聲柯韻

作皤ˎ○當按用番爲皤省借也皤ˎ訓

曾得之黃鬷髮尤鬷也崧高番與嘽皤ˎ韻

讀附因與哀之切入十韻而用漆不改讀襃此涉段本

字四七十鄱陽鄱章縣西入湖漢水

鄱

江西鄱陽縣 漢書地理志 鄱陽 楚 吳 取 江 是 饒 州 府 治 世 家 番 君 史 作 番 鄱 陽 縣 東 也

史記 番 字 省 借 鄱 相 近 因 番 邑 作 番 也

番 ˎ 水 西 縣 名 曰 鄱 陽 番 君 作 番 記 太 史 公 自 序

也 鄱 皮 蕃 相 近 鄱 注 麻 薜 彭 城 衆 訓 隱

切昧禾

麻

有○菻 俗 枲 也 皆 無 菓 麻 牡 麻 麻 言 之 互

云○麻 注 又 木 麻 之 爲 言 徽 也 陰 精 駮 寀 女 作 織

者 何 也 所 以 爲 衣 也 辨 說 物 苑 麻 衣 白 布 深 衣

疏 云 麻 衣 市 衣 帛 衣 注 衣 文 ○ 詩 蜉 蝣 麻 衣 如 雪

司 麻 衣 者 白 市 衣 左 氏 時 卅 一 年 傳

七九二二

云麻衣當是布深衣也麻謂絰也禮記襍記麻者不紳注○禮弓下麻不入注云麻絰也麻亦絰
帶也禮記奔喪免麻於序東注云總麻衣又喪服注云麻者總冠之帶也
麻冕緇布冠也論語子罕有麻冕集解孔注引以緇布冠江氏永始曰冕之緇布冠
麻相大戴謂之麻爾雅釋器有麻者音聚而長也○樂注之解
混冠有擘也說文段注擘各本作研今正此以擘
○劘俗擘各部訓研之訓擘研也按手部下日擘如兩之手相擘切也擘義與擘
無容滿之擘不為從手猶毛詩爾雅研如球日兩手相擘為訓多學記
曰相觀而善之謂摩此精於善國策秦策摩相切摩也各摩有五訓
从手从石可通猶相擘人國有摩注摩猶比也摩國禮記樂記注相摩字
作摩不俗以適禮記陰陽相摩也注易○穀釋辭也工摩周禮齊相道鍇注擊
摩猶近也禮記樂記注摩相切摩也注撰謂文上傳則而相云相摩摩
切也又引東注摩相切礪也禮記學記注礪之也漢書董仲舒
云摩相強切也摩相切蹉也禮記注摩讀謂砥礪引馬注云漢
舒傳注摩良摩近也雅釋詁三又淮南說林堅柔相摩又注廣摩合也
以誼注摩宣十二年傳摩壘而還注

國策秦策簡練以為揣摩注摩者所以動而內符也
摩順也廣雅釋詁一　摩　子方言注摩猶隱也
摩謂新其事也管子修靡篇能
練　摩　曹大家注有故謂物者道
考工記匠人故書摩為磨鄭注者為長
○古文故書為摩鄭注者不言
摩藏也陳之東都曰摩符而內符也
淮南精神訓鬼谷子摩篇內符也　摩消也（滅）莊子釋文引王注○方言
十三云摩滅也廣雅釋名釋言語形有故化之語晉國語注段相○古文苑
下之言也摩姿容也　摩猶末殺也手工
禮記禮器不摩釋文摩姿○此云摩注本又作摩
摩爲劘也字正字也說文劘之言齊之曰磨本說快為摩
按學記爲摩字用也字則劘削也山　摩本作○蕃
用借字俗字正也劘謂劘切之也自漢書賈山傳贊○賁
注引藉林也劘謂劙之也下書上鄭注故路注
云劘厲也劚謂劘切也劘切也漢書賈鄙注引盛康○靡
愛也文莊子馬蹄釋文引李頤注欲其易也注惡
或作麼莊子馬蹄善則摩之文交頸相靡○注以文
平上兩讀麼○麻
瘸病也說文段注作瘸不部日瘸瘸也說文曰字釋文引瘸不及數子
又說文段注瘸字俗字以疒字也漢書注
麼瘸也說文曰瘸

麼　麾

小也音義曰作偏麼之是不皆是偏字不全則字又釋小雅
為麼本書言麼之麼也按麼二說文本皆不全偏則麼字不全大借
故字引伸以為長不以小者病不全偏則麼字不全大
一麼切益音之義包之曰細小也廣雅釋詁二
湯問切江浦之義聞之長不得以小細列子湯問篇
四麼微也亦細小也釋文引字書一三字
氏麼音麼知先漢上已分注一引通俗文○文選王命論
十六部同字而有平上兩音二字耳
平實讀在十七部
或兩讀注上有部
作書　綖
麼紉也牛說文段注為縻
詩衍注云下絕謂之縶○牛
宮儀曰牛麼馬注牛麼也云也
獨牛云麻注縶謂之牛○晉書麼又漢書
不絕曰麼牛也記司馬相如傳注
牛縻剌曰縻注縻牛絹也

縻　縻

廣雅釋器縻繩也小爾雅廣言縻
注○按此段為羈縻
縻也二字互相段借
縻釋文引司馬注　縻散也
按此以正字通段借字○縻繫也
或作縻說文注縻為縻縻　荀子正論注縻繫也縻也
稷謂之縻縻是謂縻之為縻○荀子縻之數人鄉
醴禮縻也不繫者也縻之不
有謂之縻必州謂之縻
後傳泰是枚注云為縻
盡氏皆尸桉注制飯丸之
州宜三并及禮之士訓作縻丸不穀不部
五種皆并州則麻本注
宜內皆音泰縻縻也釋廣雅
○俗有餗縻也黃帝初教作縻
縻○縻饘也說文段注以米和羹謂之縻
謂之縻亦謂之饘鬻也字釋名
張淳於縻粥之然也引伸為縻
書鈔皆引周書黃帝始烹穀為縻
記伯益作丹擇作弓矣神造車之例
縻饘也云廣雅釋器縻糜也

韻史　卷七十七第十七部平聲柯韻　七九二七

䊲

剖䊲則糳

爲正字

粥之稠者曰糜

爾雅釋言釋文○左氏昭七年饘

傳饘及是疏云稠者曰

食也玉篇引異字宛○禮記問喪鄭果糜散也○萱按此段注

碎也說文段注石部云碎糜也二字互訓王逸注離騷瓊

皆段爲糳聲同義近也糜碎滅也至則糜耳注

精瓊糜以爲粻注又漢書揚雄傳

雄傳上精瓊糜與秋菊兮注糜屑也漢書注引應劭

或書爛也說文段注古多段糜爲之糜訓弊糜訓爛義則各有

作爛當矣孟子糜爛其民而戰之糜文送答客難按此段糜

耳皆自段

借字也

糜壞也

廣雅釋詁三

糜屑也

廣雅釋詁一

糜爲糳

韻史　卷七十七第十七部平聲柯韻　七九二八

礳

或作磨○

平去兩見

石磑也

說文段注礳今字省作磨引伸之義爲研

磨俗乃分別其音石磑則去聲摸卧切研

磨則平聲莫婆切其始則皆平聲耳按詩加琢如磨釋器毛

傳皆曰玉謂之琢石謂之磨詩釋文磨本又作摩詩爾雅皆

言治石非謂以石治物然則作磨是矣釋亦應引爾雅作石

謂之摩乃善本○萱按州輔碑所謂摩而不礴張公神碑刊

礱涿摩皆用磨治石名詩淇與詩淇與傳又周禮太

摩不礱釋文石曰磨寧五曰百工飭化八

材司用廣雅說苑建本○萱按學記

果注磨礪也釋器相觀於善之曰磨作胡觀而著之謂摩是

正

字

譄　莫見切　加

語相譄加也

說文段注譄各本作增今正增者益也義不與

此同譄下曰加也誣下曰加也此云語相譄加

也知譄誣加三字同義矣誣人曰譄亦曰加故加从力論語

曰我不欲人之加諸我也吾亦欲無加諸人馬融曰加陵也袁

宏曰加不得理之謂也劉知幾之通曰承其誣妄重以加譄

韓愈爭臣論曰吾聞君子不欲加諸人而惡許以爲直者皆

得加字本義引申之凡據其上曰加故加策即棠策○萱按

增與陵義相因加之訓增益者多矣非盡誤也段君此注恐

韻史　卷七十七第十七部平聲柯韻　七九二九

未詩說文仍加增也國語楚語祀加於舉注○儀禮鄉射加

當作增加予路又何禮乃復求夫加於播注云贈故曰加與

益也論語語使百姓加焉皇疏又國語曾語令執故而加慎

人賢注齊也注順謗加男焉注晉語則加逢矣注又呂覽有

可以非加國家者注聲不加疾也注○君長定九年傳省云

加益加於也爾雅加又雅南修務嫉二默日加數寸注並○

也加重也釋詁怨猶多也禮記少儀其禽加於一釋注加

加壽加盛也楚辭而世焉蘭明堂位加以壁散壁角注云富

也蹝蹄有日加注予猶高也背說內文見客○國

加上也呂覽盤俗人可以加不注長注不加於加矣注儀禮

鄉飲酒語周語聖則知民之注可嘉刹云可以上也又傳君

云加席禮有諸公夫辭加席陵注左氏猶十三年小人

注○隱上席也大加席再重論語鄉也子猶裏功以加雅釋

大疏云三年侍小加覆也服梳紳黨加朝具載也廣二

加亦加陵光燿加於百姓注皇疏加國語鄭諸

加蓏也呂覽尋行罰舞祿之所加知自知也將侯深德

而加之人臣以賞禮記禮子上獻子王注加遺雅南主術雖

焉注加猶諭也加於人一等矣注加猶止也愚者不加體

韻史　卷七十七第十七部平聲柯韻　七九三〇

焉

注

加猶吝也

孟子公孫丑上夫

子加齊之惻相注

加當也

老子抗兵

相加王注

加別也

老

子

尊行可以加日累日也荀子姓惡加

加人注曰聯久注

加累以罪惡加累誣人

也荀子致仕殘賤

加累之詮注

嘉

○俗美也說文段注見釋詁又曰嘉善也周禮以嘉禮觀萬

省怨良鄭曰嘉善也所以因人心所善者而爲之剛按

語邵曰嘉吉也羊邵曰美與善問意經有備假爲嘉者如大

雅周頌毛傳皆曰假嘉也是也有借賀爲嘉有觀禮古文余

一人嘉之令文嘉作賀是也○詩大明文本嘉止傳破爷亦

孔之嘉箋棗良柔嘉雖則箋又儀禮士皆禮敢尊嘉菜於皇

賀葉子注又書中候嘉米箏達注又國語周語鞅不釋其来

嘉注晉語無亦晉之柔嘉注又呂覽古樂以嘉其德注又楚

辭陸命嘉皇說發注天命叔旦不嘉注疏云嘉箋也又大逐

西京賦嘉丹灌義薛注云嘉猶美也又詩頻弁爾酒既音爾

肴說嘉箋云儀禮韻禮注○漢書禮

音嘉省美也嘉之者美之辭也樂志集注云嘉美人揖嘉善

易隨亭子嘉疏又詩載恥既不我嘉箋東山其新孔嘉箋

也四月山有嘉丹箋抑觀不柔嘉箋又周禮小祝疏大司冠

又貝有士冠禮嘉薦令芳注又禮記曲禮下稱曰嘉疏注
郊特牲盡其嘉注又樂記雜有嘉注春秋傳疏禮記中庸嘉樂注君子曰嘉坊記注
有嘉議注又左氏桓六年傳嘉之會衆而國語晉語魯語襄不敢九年嘉傳
爾之有嘉謨也疏昭七年傳又左氏尚書注晉音酒注君子拜嘉績
嘉之會也疏嘉注又嘉財者傳注嘉又顧國泉庸曲禮下
注鄭語以注宋嘉材者也注晉有語之嘉也注語注莫敢襄子曰
注莫嘉於殺注又周書獲也注音語漢注又嘉注禮非嘉疏
樂志食貨志陳湯傳又外戚傳供各集注又漢書律嘉注
又文選東京賦薛注傳又外戚傳職嘉大注又漢書嘉也禮注
兮無房注○嘉禾序疏云書訓錫集注余又不嘉嘉其麻志嘉行
鮮我方將嘉鮮皆善也又嘉云嘉以又嘉嘉嘉我而未老
加賓疏云嘉善也云嘉時嘉○詩左氏嘉莊四年傳嘉叔以嘉
淑皆善也又左傳嘉嘉叔有禮經注
禮不野合注疏云嘉禮謂善禮又後漢嘉樂也家語年問禮注
書實武傳云嘉嘉禮謂善禮嘉慶也鬼語問禮注○
禮記禮運注云嘉士猶言善人也後漢書志集注○樂
醜注樂以嘉也嘉殺也集注書鄭祀志漢書禮樂以
周禮小祝注嘉淑令辭稱讚也左氏宣十年傳注引鄭祀志上嘉慶也
云俟嘉慶注嘉淑令辭稱讚也四年傳漢合聲陶之謂嘉
法言乾為嘉傳易避嘉避虞注嘉下陽稱嘉易隨孚于嘉注
孝至乾為嘉傳行有嘉也虞注虞注下陽稱嘉嘉慶注夏曰嘉

風俗通祀典○禮記禮運疏云殷曰嘉平嘉
平善也平成也以歲終萬物善成就而報其功嘉賓謂三老
五更也文選東京賦我嘉事朝禮左氏定十年傳嘉禮不野合注嘉薦亶時嘉禮皆禮
有嘉賓薛注嘉樂鍾磬也左氏傳嘉事不體十五年嘉
後漢書皇后紀注獻嘉樂鍾磬也嘉樂不野合注傳嘉薦亶時嘉禮士儀禮
梁皇后紀注嘉薦普淖注以脾函為加故謂之嘉嘉穀也許嘉
禮記饋食禮嘉穀注年嘉未者大禾也封白虎通嘉穀
少牢饋食禮注嘉未者大禾也○周禮大宗伯以嘉禮親萬民注嘉穀芳艸也
穡秦也左傳蓋嘉樂嘉未者大禾也封禪書嘉禾
禮樂志伏嘉樂注引如淳曰嘉石文石也司寇以嘉石
嘉艸攻之注云嘉艸藥物其狀未聞嘉石文石也
嘉石平罷民注○嘉石以恥辱之嘉石朝士所掌在外朝
朝之門左使坐諸嘉石又鄭注嘉石朝士所掌在外朝
家作嘉靖殷國則嘉有恥辱之義又鄭公書邦
嘉靖殷邦皆作嘉當按義子書云嘉靖殷邦魯世
○嘉鄭簡公說文段注或作嘉又鄭公子書云嘉靖殷邦
有簡齊也此古文字則嘉有嘉義嘉公子書云
聲之故耳南史劉義段注按此義之不同也蓋後人乃謂痂可曰瘖所跳
食瘖痂謂有嫁魚劉邕嗜痂之嫁魚蛻謂痂創也廣雅釋
痂
痂創也瘖創正借字○當按此與痂同義

今痂瘖同義今
義行而古義廢
平去兩讀○
俗有架椰枷所
枷
拂也淮南謂之柍
說文○廣雅釋器云拂謂之
枷又國語齊語耒耜枷芟注
云枷拂也所
以擊艸也
枷加也加杖於柄頭以撾穗而出其穀也釋名
器籠謂之枷廣雅釋器○禮記曲禮上不同椸枷釋文云本用
又作架○當按此枷引申段借之義椸枷李典
正字也椸籠
探字皆從出
用架材木相束架也
淮南泰族曾子架羊注○當按詩鷺
冬至架之釋文架本作加聲同通
非本經大夏曾加注○當按此義亦
用篤作之李經大構篤輿穹空注云篤
材木相
東駕也
迦
有○俗迦
韻皆作進○當按迦字喉音迦牙今音豐韻古音變聲行篇
字毋者以見毋疑毋從隸又牙呀冀音非雙聲也昔之言迦
迦逅令不得行也說文段注牙各本作互令依玉篇
音殊爲疏外段按沿其説
逅邂逅解脫之兒也
太令迦
父迦逅注

奇
戒書作奇○
兩讀義分
異也一曰不耦
說文段注異也者不羣之謂稽
二義相因今音前義渠羈切後
義居
宜切奇異也禮記投壺疏又淮南墜形高注
漢書李廣傳以為李奇則一也五十引風俗通
廣數奇注引孟康又御覽七百
云奇拜也儀禮鄉射禮大射儀禮記奇
一拜也注引孟康奇則一也周禮大射注
周髀算經上陽數奇偶而天動為圓其數
奇大戴禮記投壺又大戴記月令注奇主
展易本命奇餘也禮記投壺疏又白虎通
有餘也漢書律曆志入奇注
食注云奇又劉向傳率三歲五月而下之
注志奇又謂時有餘行也
下注奇羨謂時有餘行也史記貨殖傳時有奇羨
謂有餘財而畜奇者分也周髀算經上注得
聚奇異之物也十一百九十七里有奇
引經奇猶虧也射禮注奇肱之國其人一臂三目有陰有陽
曰儀禮鄉射禮注

山海經海外西經○大荒西經云有人名曰吳回奇左是無右臂五人爲奇詩南山萬奇車

䡾車之屬禮記曲禮上國君不乘奇車注○釋文云奇各宜反奇邪不正之車何云不如法之車

畸

納田也說文段注納各本作殘今正殘者賊也納者所餘食也因之凡餘謂之納今則殘行而納廢矣

田者餘田不整齊皆也孔奇寒字皆應於時引中用之令則

奇行而畸廢矣○論語學而集解三百一十大里有奇釋文

云時田

畸裒也廣雅釋詁

畸異也莊子大宗師畸人者畸於人而侔於天釋文引李注

畸者不耦之名司馬注云畸不耦也

謂偏也荀子天論墨子有見于齊無見于畸

敧

持去也說文段注支有持義故持去之敧從支宗廟宥座之器曰敧器按此敧當作敧危部曰敧敧隱也竹部箸訓敧敧此敧亦當作敧箸必卸用之敧曰敧敧廣韻敧不正也玉篇曰敧今作不正之敧按敧奇聲古在十七部敧支聲

韻 史 卷七十七第十七部平聲柯韻

七九三五

古在十六部

㠯箸取物曰敧一切經音義十五引通俗文○萱按此段敧爲敧也說文飯敧乃是字爲

蓋解字之書不當用段借字也

偸野切

𤘇

虎牙也說文段注虎一本作武牙唐諱耳令俗謂門齒外出爲虎牙古語也大招云靨輔奇牙宜笑嘕只淮南云奇牙出齞酺搖高注持笑故好齒求也按奇牙所謂犄也可部曰奇異也一曰不耦笑而露其齒獨好故曰奇牙

徛

平去 附醆

擧脛有渡也說石杠謂之徛爾雅釋宮○注云聚石水中以爲步渡彴也

步橋也廣雅釋室

徛石橋廣韻○萱按此段徛爲徛也

踦

平上 附讀 ○俗有施

一足也說文段注當于借竟之時一跨腓一跗蹳而當死謂一足刺一足羼當死罪也引伸

之凡物單曰踦方言倚踦奇也句闕而西凡全物而體不具

謂之倚娶楚之閣謂之踦難梁之西郊凡鼻支體不具者謂

之踦公羊倚匹馬具輪無反者何曰匹馬一馬也隻踦也又

相與踦閣而語何云閣一兩閣一兩一人在內一人在外戰

閩策必有踦重著矣踦重偏重也若衣部曰蘢踦踦也毛傳

曰蟜蜻長踦也則皆謂足不必一足○踦七月釋文引字林

韻 史 卷七十七第十七部平聲柯韻

七九三六

觭

角一俛一仰也說文段注苟易其牛觭掐子夏傳作契云一角仰也虞作挈云牛角一低一仰是子夏虞皆作觭也觭者奇也奇者異也一曰不耦也故其字從奇公羊傳匹馬隻輪無反者穀梁作倚輪漢五行志作觭輪此不耦之義之引伸也周禮觭夢杜子春讀爲奇偉此異義之引伸也○爾雅釋畜角一俯一仰觭釋文引字林云觭一角低

云踦一踦者奇也御覽六百九十踦隻也漢書段會宗傳踦

足意也七引風俗通其注引應劭

蹇也廣雅釋踦跂跰蹇也國語魯語踦莊子養生主

文引詁大戴記子張也跂單行法踦刺也繫之所踦釋

李注踦邪也官失言勿傳其注踦張入踦足也太介介瑩或踦步

足不能相過也書大傳注跳踦方也詁廣雅四嬴或踦適也注公單成

泪南乎齊俗注必昔踦也淮南齊俗罟女切踦注

有當屬跳踦注踦脛也觀雅一足也公羊成二年傳釋文又

前右及曰敍左右踦釋高倚輪一隻之輪匹馬梁俳卅三年傳

株此段倚爲踦倚輪注○萱

韻 史 卷七十七第十七部平聲柯韻

七九三七

一仰

角傾角曰觭爾雅釋畜樊注○萱按傾當作頃俗通用

觭雙也漢書五行志中之下集注

猗

蘖也俗語謂死曰大猗說文段注俗語猗非也云、別一義廣雅釋詁四

淥加切

黟

黑木也丹楊有黟縣○俗有緊黑文木樹高七八文色正黑如水鳥中角丹揚云、地理志

本作秋黟師古所猻作䳓乃誤本耳令安嶽州府黟縣是其

地黟黑也廣雅釋器

說文段注別段注注注文黃國南方木書天魯篇

哂野切

覝

○俗有司人也說文段注司者今之伺字釋訓曰戚施面柔

嶺嫡覝釋也郭云戚施之疾不能仰面柔之人常俯似

之寶以名云顧文云戚施字書作覝覝同按面柔之人不敢

專鼓必何人說色敓云爾但許無覝字許義必不問爾雅閣

敓

○俗有敖也麼文段注今作施、行而故文選

敓敓敓矣施譙猗施也殺傳多假借施猗布也吾賦陰

謝陽史記說睢蔡澤傳利施三川正義○苟子任

疏注施猗展也道瓜芳之士施則优擊不作注云施諸晁其

材施鼓也漢書董仲舒傳集注又淮南修務數順祄續注施

也○史記韓世家施三川而歸亦義云施猶設也

韻 史 卷七十七第十七部平聲柯韻

七九三八

張設也史記田敬仲完世家……施設也漢書蒯通傳……施陳也國語晉語……施猶著也禮記祭義……施舍……施惠……

[illegible]

施舍也左氏昭五年傳……施又施舍猶與愛也後漢書……施猶勤也……施施行……施行來施施……施猶行也……施獨來……施施喜悅之皃……施施難進之皃……施見已之皃……靡相及皃……施者大尺之名也其長七尺……施又施旗也……

[illegible]

施

施……施所以為施也……施者邪施而行也……姑蘖延張羊也……

[illegible]

蘖

切
歷
歷巍迮山顛也……嗟……嗟歎辭也……

[illegible]

嗟乎吳朝必生荊棘矣注

于嗟歎辭 詩麟趾文同又節南山傳○猗嗟傳云猗嗟歎辭疏云嗟傳云猗嗟者嗟歎辭釋

嗟憂歎之辭也 易離上九則大耋之嗟注云嗟憂歎之言也傳嗟嗟歎也詩烈祖嗟嗟烈祖

嗟嗟歎也 詩臣工疏嗟嗟重言之嗟嗟美歎之深也詩臣工工傳嗟

嗟歎和續之也 禮記樂記長言之不足故嗟歎之注嗟歎和續之也若易則嗟若

嗟奈何 詩節南山憯莫懲嗟傳云嗟乎○奈何詩節南山疏引毛傳者之嗟節

嗟是口之暗咀 詩疏嗟資

嗟猶咄嗟也 虞注太資樂則嗟若嗟歎聲之哀也

嗟音借 漢書韓信傳項王喑噁叱咤千人皆廢注孟康曰嗟猶咄嗟也

武文云嗟借作差作蹉本作嗟易離釋文 李奇曰嗟叱咤皆發怒聲也 本引之王氏云嗟歎字作嗟 古 師古曰叱咤 云嗟乃嗟嗟

○顏師古曰 王又云叱嗟 齊成王勃然曰叱嗟而母婢也 中谷有蓷嘅其嘆矣何嗟及矣何嗟及 郭璞曰及也 及於事也 嗟何及也 何嗟及何嗟及 語助耳 嗟語助也 言嗟何及也

室家乎先言嗟而後言何及為與 天之節南山曰天方薦瘥喪亂弘多 莫懲嗟 莫懲嗟 而在位者皆莫知所懲也 上三字義不相屬矣 曰嗟乎奈何 亦說文無嗟字

旇 品加切

旌旗披靡也 說文旇旗旇也 注云旗旇謂旌旗之所指麾也 雅釋天 龍旂 隨風指麾字從許 也 今旇字作靡 當是類篇 廣韻引 張揖注云 卿賦 旌旗披靡 上聲

鈹 大鍼也 一曰劍而刀裝者 說文段注 鈹大鍼也 一曰劍而刀裝者 兩刃小刀也 劍而刀裝用以破癰 注鈹大鍼也 醫家所用以破癰者 今鈹刀也 一曰劍刀裝者 兩刃 ○漢書高帝紀 功臣表 鈹注 以長鈹都尉擊項籍注云鈹亦刀 刃者也 周禮注 鈹錐云 令江 為刀鈹劉注 ○考工記 其鈹謂之鈹 亦同上 養熟滑 ○子正名云 東呼大矛為鈹 鑣謂之鈹 釋名釋兵器 鈹 鈹 也 疾 重云輕

鮍 鮍鮍魚也 以形體似鈹為名又成相云 曳謹將亂之也無鈹滑與鈹 當段同

披 從旁持曰披 說文段注 士喪禮設披注曰披絡柳棺上 貫結於戴 人君旁牽之以備傾虧 又執披者旁四人 注曰前後左右各二人 本亦作從旁持之 五帝本紀黃帝披山通道 徐廣曰披他本作陂 字當之五陂之 索隱音被 古披字 山林草木有旁行其意 能知其義 知披字被之如字謂 郭披古訓之言 皆不能通之也 散 披靡 莫有訓析也 披為而析 披散則以道也 靡正者 俗謂披 作為而 披司馬貞不審 觀莫者 披折 此如 兩引 字 披 也 說釋名釋 喪制

披 樞 披 兩旁引之曰披 披 擺也 各於一旁引擺之 備傾倚 也 禮記 設披 周禮 司士 上 披 樞車行所以披 持棺者有紐以結之謂之戴 注云 披 周禮 司士 注 執披 者 持棺 注 司 農 披 分 析也 聲兼義 從此 類皆在上 聲披下借字也

奇 渠羈切

或書作奇○異也 說文又廣雅釋言又國語晉語奇生怪 重見異服 分注又漢書高帝紀上集注又楚辭涉江余幼 好此奇服 注云又文選東京賦奇樹 果奇異之也 索隱又 注云奇謂珍怪異 又史記 子正名 家因欲奇 而好奇者 奇 又禮記祭義 不可動以奇注 ○ 外戚世 隱云奇 異也 非常為奇 淮南主術 怪 奇 ○漢書 修務 五行志中之上 奇材 奇 非常之意 不 又淮南主術 則奇 偉 長 注 非常 材 注 十人 二 無 引 原 之 服 之 許 注 又 奇

奇長也 而不奇 楚辭 注 魔 淮南 奇 也 一 切 經 音 義 言 聖 人 奇

偉誇大也 荀子非相 以為 奇 者 擊 其 不 備 從 漢 注 奇

也 老子 正 以 奇 用 兵 奇 謂 權 詐 也 史 記 田 單 傳 以 奇 勝 索 隱 ○

論 注 以 為 奇 注 奇 也 老 子 而 為 人 不 以 奇 注 云 奇 謂 邪 不 正 心 曾 子 白

敵 者 也 勝 敵 詭 異 亂 羣 謂 之 奇 者 奇 注 王 奇 謂 邪 不 正 心 曾 子 白

名 ○ 周 禮 宮 正 去 其 淫 怠 與 其 奇 衺 之 民 注 奇 身

注 察 奇 衺 譎 觚 非 常 內 宰 禁 其 奇 衺 注 云 奇 衺 若 今 媚 道

奇 說 謂 譎 詐 之 言 管 子 七 法 一 體 之 奇 恆 者 害 奇 病 也 素 問 玉 版

論要○三部九候論其病著在奇邪注云奇賌陰陽奇秘之
奇謂奇邪不偶之氣而與經脈繆處也
要非南兵累利德奇服衣非常注周禮閽人奇服怪民不入宮
奇賌之數注○荀子非相奇衣婦飾注
云奇衣珍異之衣江神謂之奇相廣雅釋天倚奇也荀子儒效注倚
倚爲奇之段借字也○方言二云倚奇也自
關而西秦晉之閒凡全物而體不具謂之倚事怪異之事
前子榮辱爲倚飾邪說注倚魁皆謂偏僻狂怪之行荀子修身注倚魁之行

騎

平去兩跨馬也說文段注兩髀跨馬謂之騎因之人在馬上
讀義分謂之騎今分平去二音曲禮曰前有車騎正
義曰古人不騎馬故經典無言騎者今言騎當是周末時禮
按左氏左師展將以公乘馬而歸此必謂騎也然則古人不
非與騎笑趙旗以其良馬二騎謂跨之史記袁盎晁錯傳不
濟其兄與叔父非第騎乎騎衛索隱又漢書虎
注益傳騎支也兩腳枝別也釋名釋姿容騎倚也廣書爰盎傳乘馬
集注引如淳
爲騎 騎羅些注楚辭招魂步 單乘曰騎 史記項羽紀乃上馬騎正義又 漢書高帝紀下操兵乘騎馬注

云騎單騎也○萱按此今音讀去聲之
義也實則一義引申不可煩改讀耳
平上讀 鉏鋙也江淮之閒謂釜曰錡 說文段注豳風既破我斧又缺我錡傳曰鑿屬曰
錡附此蓋所謂鉏鋙者與字或作奇按豳風音義錡宜及江淮
云ニ大徐錡上有曰字錡鄭云或曰三足釜也
方言曰鍑江淮陳楚之閒謂之錡本之以有足二別於釜而江淮語
技按詩左傳皆錡釜並言然則本以有足曰錡左氏隱三年傳
同之詩木屬詩破釜釋有足曰錡文選西京賦注設決傳
耳錡 錡 三足
釜也釋文來蘋錡釋 廣雅 錡 架也 文選西京賦薛綜注上林賦注設 受 他兵 曰

切遷趨
迻
遷徙也說文段注今人假借移爲遷移之爲遷假字 相移徙也國語齊語注移徙也
蘭受奪曰錡 錡鼓也齣文選魏都賦劉注注 錡 文選洛神賦注 則馬嚴彪隨 移轉也
賈雅釋詁四又荀子 移變也 文選洛神賦於移注則呂覽蕩
王制使相歸移也注 是精移神賦注移易也兵而王
者不能移注下賈架乎其必不渝移也注○素問移精變氣
論注云移謂移易又孟子滕文公下貧賤不能移注云移易

移

其行 移離也莊子庚桑楚文注移之大畧所注移 合移去也 楚辭大招思移避也廣雅
也釋詁 移就也荀子大畧注 移猶傳也 愁移又注王逸注集注
三 漢書刺王旦傳集注
移猶推之也列子周穆王注 移猶歸也 引如淳贊延壽傳集注
化人移之 則呂覽義賞之注移猶施也
史記田叔傳如有移徒 以物與人曰移 漢書揚雄傳集
也德於我集解引徐廣 移遺也廣雅釋言 切
注引移成謂易子而教也 子周書文政注移成 移病謂作文移而稱
如淳漢書翟酺傳注○
病也後漢書安帝紀注云移書也
○俗禾相倚移也一曰禾名 說文段注相倚移者言禾
有移也長也欲相與俱其熟與委蛇也注 呂氏春秋曰苗其弱而
也欲孤其長也記鄭司農注兩引也欲相倚移從上林賦字疊韻
讀者阿那攷工記鄭司農注 日倚移從風令上遊林賦作旖旎
旖旎說文於禾曰倚移於木曰猗旖施皆謂阿
那也從風毛傳倚移之言猗儺也旖旎於旗曰阿那移旖旎
讀如禾汜移之移之猶順猗旎之蔡謂衣服以移之注
其蠟乃通以移民也鄭曰移大也言美也古段移爲侈如攷工記

記飾車欲侈故書侈爲移少牢饋食禮移袂皆是今人但讀
爲遷移據說文則自此之徙字當作迻一曰云云別一義
移之言靡迤也禮記玉藻手足毋移注○移動也國語晉語
注 移散也廣雅釋詁三 移移也廣雅釋詁一 移猶大也 禮記表記釋文實少而 能移也
名多曰移也周書 賓注此移在旁而及曰移移猶旁也 禮記大傳注
無移服疏又釋文○萱按此承屋曰移周書作離設移注○族
義於延爲宗切移盡延之借 移 萱按移簃古今字釋
宮連謂之移 曰簃 幾 廣 倚 跌 謂 之 移 傳韓六外 被 然 曰 移 是 莊子庚桑楚○
俗文連閣曰簃 移
注云是無常
在故曰移

移 棠棣也 說文段注釋木曰唐棣移常棣棣唐棣與常棣爲二 說文段注釋木曰唐棣移常棣 唐棣一類而異常音同盃謂
棠棣也 棣也 具花赤者爲唐棣花白者爲常棣一類而異常音同許云移
可知皆即今郁李之類有子可食者小雅以常棣對論語則常爲赤
棣實一物也郭注云似白楊江東呼夫移白楊逸詩大唐
也古今注云移楊亦曰移楊亦曰蒲移圓葉弱蒂微風大搖 樹唐

此正令之白楊樹客得有轉ゝ偏反之意耶因一移字傀合之唐棣一名移爾雅釋木舍人注木移扅
漢書昭帝紀移中監蘇武注引名也引蘇林○注引應劭云移地名

移　艸萎移說文段注萎移疊韻萎平聲

匜十六部十七部兩讀　佀羹魁柄中有道可呂注水酒說文段注斗部曰魁羹斗也斗勺也
匜之料狀似羹勺亦所以挹取也道者路也具器有勺可以盛水盛酒其柄空中可使勺中水酒自柄中流出注於盥槃
及飲器也左傳奉匜沃盥杜曰匜沃盥器也此注水之匜也內則敦牟卮匜非餕莫敢用鄭卮匜酒漿器此注酒之匜也
今大徐本無酒字小徐有之韵會刪酒而以字周經注但言似羹魁之上妥甚若左傳釋文引說文無酒字
匜者盛水器也左氏僖廿三年傳疏　槃匜盥器也　儀禮既夕注史記屈原賈生列○三
禮圖十三引梁正禮圖云匜受一斗流長六寸漆赤中諸侯以象飾天子以黄金

晩十六部十七部兩讀　日行晩晩也　樂浪有東晩縣　說文段注史記屈原賈生列傳曰庚子日

旎兮般集予舍旎ゝ即說文䢸字也旖旎ゝ毛傳曰旖旎ゝ難進之意晩ゝ迤邐徐行之意樂浪音洛狼縣浪郡東晩見ゝ
地理志樂浪郡今朝鮮國地東晩故城未聞魚部云東晩貢地東晩故

郵　境上行書舍　說文段注郵過也　孟子曰德之流行速於置郵而傳命漢書黃霸傳注郵行書舍之等過也
過書者若郵亭過行書之舍也釋言宗伯注言郵主書過郵亭釋義四○引孟子公孫丑　不蕃郵亭長不得過失
有部俗卮上行書舍說文段注　去故郵亭長不修書注亦京師之得過言宗伯云過　紀宗師都過因郵亭書書云
雅南郵王長傳請處置　傳播鴻亭嚴云注故蜀道　漢書京房傳注上封事周禮鄉師注
郵傳送文書矣郵謂行往來郵道也　郵今之郵行表畷謂田畷所以督約百姓於井閒之處
郵驛也郵起至曲阜之郵注乃令郵候往郵特郵亭云禮記郊特牲表畷郵表畷也疏云郵若郵亭屋宇處所
也郵田畷也郵謂民之郵舍禮記疏○如太牲
云郵謂郵亭舍也注郵過也郵怨也書洛誥注並云郵與尤同
侯山人之郵注郵過也郵怨也書益稷注並云郵段與尤為同

尤二字古不甚分別矣故左傳郵良文選盧諶詩云春同尤
禮實不當作郵也又安早相孫根碑云遂於置郵卽郵乃郵之破

字也　說文

爲何切　戱爲切
𧺆　𧺆遺也　說文
趍　趍趙也　說文段注
久也說文段注行遲曳趍趍也趨說趍也
趍趍久也字讀爲鑿瞻語皆久也
馳　大驅也　說文段注玉篇廣韻引大雅不騁其馳
馳驅也詩小雅
𩣡　趣走馬謂之馳
鄘風詩載馳載驅
馳大馳疾驅　馳驅上神之從德
傳自然不也
鄘注鄭箋
詩載馳載驅也
馳　鄭注
禮記曲禮
車馳
馬曰
十左
七年

布也　文選西山北山移文注引說文池陂也
左
池陂也　說文段注
衣初學記引用段注此
左徐本池字下有
通俗文作池陂
三讀所以池沱本
風俗通陂也
引池亦作池
上言池
人所有
之所云
爲陂
中池
沼池
聲漢書
也不有
注集
池積水也

池
傳水曰池
風後漢書
上書注班
無水曰隍
有之字
池池
陂池
池陂
也池
自出
沱澄
猶沱
聲又
池矣
之

韻史　卷七十七第十七部平聲柯韻　七九五五

水曰池易泰城復於隍虞注○呂覽重已昔先聖王之為苑囿園池也注云有水曰池穿地通水曰
池名禮記月令毋漉陂池注○是疏云池者穿地引水詩池者下田畜水之處詩白華疏池
水之澤詩名滮池北流箋白華池城池也詩東門之池傳又左氏成公立於池
上注○漢書食貨志湯池百步注八年傳與渠王公立於池
也又文選蕪城賦通池既已夷注云池城壕也初學記言其包
容浸潤也漢書禮樂志咸池備矣注云周禮大司樂注通義云樂記十
咸池備矣注咸池施也五經通義漢西嶽
池之言施也云池云咸池堯曰咸池獨斷歲在戊午名曰咸池上山亭碑
殊坎謂之池廣雅小爾雅池者櫛車之池也禮記疏○檀弓巨謂上池視俗七重
云池者象宮室之承霤以竹為之狀如小車苓衣以
餙之名儀禮既夕禮一也注○禮記喪大記二也注云池以
畫布竹為之如小車苓又疏云池謂織竹為籠
隷作宜○宜古文宜古文所安也說文段注宜其室家
俗宜宜宜文所安也宜以宜室家南宜其室家○文選曰

㝎 切㨶

韻史　卷七十七第十七部平聲柯韻　七九五六

補匹詩注引蒼頡云宜得其所也又漢書地理志下集注云宜安也宜義也疏云謂於事得宜即是禮記禮器宜次之又國語晉語將
其義又文選東京賦宜無於社也漢書張注云宜之言得宜
宜謂合宜初學記引漢書音義云宜
○當從時荀子大略宜不宜猶當也
王此詩假樂宜君宜王注宜從且
箋獻破字當讀宜本注宜也段君宜從且仍得曰宜加注者宜許小宜宛
宜適也淮南鄉皆失其宜矣注是太宜今德好宜猶善
也禮記內則子注宜一文作非宜美也
起大事動大眾必先有事乎社而後出謂之
宜爾雅釋天又詩縣迺立冢土傳冢土大社也左氏成十三年傳成子受脤于社注云宜社之肉也
又閔二年傳注云宜社之名又漢書五行志中之上注云祭社之名
以出師而祭社謂之宜爾雅釋天注云宜求見使祐也
名宜求見使祐也禮記王制宜乎社注云宜如食之宜
大學作儀鑒于殷貴峻命不易注云宜亦作儀宜社之肉也
儀不但音同義亦交互也三年傳注宜脤也女詩

儀

韻史　卷七十七第十七部平聲柯韻　七九五七

曰難鳴與子宜之傳○爾雅釋言
宜肴也李注文選段注宜之法制毛傳
作度也又說曰儀古書匹為度也引申
義之儀也又儀善也書正為度也同誼其法之制
誼謂之宜所謂義古文儀也王國語周語
諸及令我將傳儀善也管子形勢解可以為儀法
者萬物之程式也傳注
注又後漢書張衡東京賦注云儀法下注又官語曰職
下儀又漢書注注云東京賦注云儀以為儀法也又官語儀
妙谷儀子注又文選東都賦儀陽儀者等儀下注又
注儀不則子注生內撫宜翼翼儀以為儀
儀法儀法者善也儀正也注云儀善也儀義也
學儀文選注云儀宜也得事釋名之儀也
典藝云儀宜也太子晉注國語周語儀善也
傳又周書太子晉注是之國語魯語又左
王疏曰六年傳服注又之謂儀善也又儀鑒雅子詩
疏注又周書太子晉注九年傳服注
左氏襄十三年傳服注義式刑法以儀刑文王
萬邦作孚箋云儀善也詩思齊刑于寡妻注
儀我以刑法我王之典則大雅文王傳
非謂○記於國為民之天也周語儀儀注儀
儀刑文王注云儀善也宜為也

韻史　卷七十七第十七部平聲柯韻　七九五八

又管子形勢解不儀匹也爾雅釋詁又詩柏舟
儀之助為毋宜之訓注也儀匹也書文民庶之命又禮記表記注又國語周語我儀
朱傳謂以儀注儀也注故○詩引名仇字釋又禮記疏又表記注又國語周語
云儀是仇匹也儀望也爾雅釋詁儀善也
實典儀注儀表也詩考工記儀來也
四儀注引方表也文選東京賦儀來也漢書
集注引表上也下子之表也
晉灼注云儀表也經典釋文儀表也
曰儀幹也廣雅儀表也
王元長注引書大傳漢書注天子之表也
注引書大傳注詩序表帝紀表也
儀之表率宗室表儀禮記
儀一左氏襄卅一年傳有儀而可象謂之
儀容儀形儀威儀也詩抑傳
也儀二容也釋詁雅儀形容也
謂之儀是儀也非禮也疏儀適猶言儀注也注後漢書周禮大司
儀左氏昭廿五年傳威儀注
儀注○漢書禮樂志
周禮大司儀注禮記疏
禮記大學傳周禮司尊彝其
貫融傳察其儀

從王曰以儀辨等注云儀謂君南面臣北面父坐子伏之屬也儀謂風俗也荀子正論諸夏之國同服同儀注儀謂法象之也文選西征賦儀景星於天漢注○演連珠是以儀天步暑而修短可量注云儀猶法象也兩儀謂乾坤也易繫辭上傳兩儀生四象虞注兩儀天地也呂覽大樂太一出兩儀注又太玄玄數旁擬兩儀注又文選潘安仁為賈謐作贈陸機詩注引易王肅注勸進表聖姿合於兩儀注○穀梁序設二儀之化育疏云二儀謂天地三儀謂天地人也太玄玄攡三儀同科注太儀天之帝庭習威儀之處也楚辭遠遊朝發軔於太儀注太儀太極也以生天地謂之大成形之始謂之儀文選勵志詩太儀斡運注儀謂渾儀以銅為之置於靈臺王者正天文之器也後漢書明帝紀注儀哆邪頗也淮南齊俗夫一儀不可以百發注○謹按儀或作義作議作羲作曦皆聲同相通借也儀或作宜音義同也

艤

鸃或○平上兩讀注在彼

檥

○俗有艤榦也說文段注釋詁曰楨榦儀榦也許所據爾雅作檥也人儀表曰榦木所立表亦為榦其義一也史記烏江亭長檥船待檥船者若今小船兩頭植橛為系也檥正也史記項羽紀集解引應劭檥附也史記項羽紀集解引孟康整船向岸曰檥漢書項籍傳集注引如淳○謹按晚出有艤為整船專字南方俗謂正船回濟處為艤文選蜀都賦艤輕舟劉注

㕒

或作厳羲峨曦注歷㕒也說文○歷下云歷㕒山顛也崎嶬危嶮皃文選魯靈光殿賦上崎嶬而重

䣡

臨淮徐地春秋傳曰徐䣡楚說文段注前志曰臨淮郡徐故國盈姓春秋時徐子章禹為楚所滅後志曰下邳國徐本國後志之下邳國即前志之臨淮郡也今安徽泗州州北五十里有故徐城廢縣䣡者徐縣地名也春秋云云左傳昭六年徐儀楚聘於楚楚子執之杜云儀楚徐大夫按許所據左作䣡以邑為氏古本古說也

鸃

或書作鷬鵕鸃也秦漢之初侍中冠鵕鸃說文段注佞幸傳曰孝惠時郎侍中皆冠鵕鸃

貝帶○說文鵕下云鵕鸃鷩也鷩下云赤雉也

品超切

皮

𠬛古文 㿻籀文 剝取獸革者謂之皮說文段注剝裂也謂使革與肉分裂也云革者析言則去毛曰革統言則不別也云者者謂其人也取獸革者謂之皮皮被柀析也見木部因之所取謂之皮矣引伸凡物之表皆曰皮凡去物之表亦皆曰皮戰國策言皮面抉眼王褒僮約言落桑皮椶釋名言皮𦙶以為蓄皆是皮剝也廣雅釋言皮離廣雅釋詁三皮麋鹿皮也儀禮聘禮衷皮設注儷皮注○士昏禮儷皮注又淮南時則注益云皮鹿皮也皮虎豹之皮儀禮聘禮庭實皮則攝之注又周禮大宗伯孤執皮帛注小行人掌以皮注皮革犀兕也國語楚語者犯皮革為注有毛則曰皮儀禮聘禮注皮韋同類疏皮者服之部也素問皮部論皮毛者肺之合也素問痿論皮被也被覆體也釋名釋形體艮為皮易遯執之用黃牛之革虞注皮裘也公羊宣十二年傳皮不蠹注○孟子梁惠王下事之以皮幣注云皮狐貉之裘皮乃太古未有禮文之服白虎通紼冕皮弁者

以白鹿皮為冠象上古也儀禮士冠禮皮弁服注又荀子富國注○白虎通紼冕云皮弁者何謂也所以法古至質冠之名也又釋名釋首飾云以鹿皮為之謂之皮弁又大戴記公冠注云皮弁天子朝服皮冠田獵之冠也左氏襄十四年傳不釋皮冠注皮幣鹿皮今爍束帛也呂覽仲春更皮幣注皮帛儷皮束帛也儀禮士昏禮記皮帛必可制注皮車遣車之革路周禮司裘大喪廞裘飾皮車注皮軒虎皮為之也獨斷下皮樹獸名儀禮鄉射禮記則皮樹中注皮氏古諸侯也周書史記皮氏以亡注皮傅強也秦晉言非其事謂之皮傅方言七

疲

勞也說文段注經傳多假罷為之○廣雅釋詁二云疲勞也疲極也廣雅釋詁一疲病也爾雅釋詁釋文引字書疲病困之狀也莊子齊物論苶然役釋文引簡文注疲謂瘦也管子小匡以疲馬犬羊為幣注疲老也淮南俶真故疲馬之死也注疲嬾也唐僧輔行傳宏決二之一引蒼

罷

韻 罷勞也廣雅釋詁一又國語周語上下罷之言罷疲勞也
不罷注共語令吳民既罷注
禮記少儀帥罷極也具離將罷令時注罷謂困極罷弊周禮大罷
役曰國語齊語罷士無將罷分注罷可寇疏平
病也任罷士無家法羸罷背疾也言腰曲而背羸原君虞
帥傳之不事有罷廢於事也漢書賈誼傳坐罷罷謂弱不任
罷瘦病索隱罷 也歎不勝任者注懸天下注罷
事也○荀子正論聖王沒有勢罷注者以不任事者小注不罷
非相君子賢而能容罷篇云罷弱不任管子匡
任用也國語齊語天下諸侯罷注罷不足不任事者注罷無
罷馬以為罷謂之於德義者士無任注
行曰罷而荀子王霸士無國罷注罷謂之節義
伏義誠必謂之節反節為罷道貫衡子或
平上四讀不肯罷士也說文引申之為止也休也周禮有罷民易鄭
○俗有儀遣有罷也鼓或罷段注論語不能止也
曰民不懸儀罷作勞於罷齊語有罷士罷之音罷女韋曰罷有罷罷病也
作曰病於罷作勞音似謂之罷民罷士之人言罷之亦讀曰疲而與疲無
義殊少儀師役曰罷鄭曰罷之言疲勞也凡曰之
言者皆轉其義之詞古音讀如婆 語音把 罷謂不罷

韻史 卷七十七第十七部平聲柯韻 七九六三

擺口訝切
罷
嬀春義切

而罷遣之史記齊悼惠王世不用為罷顏氏家罷歸也廣雅
二者不皇祭之為詳 罷又國語吳語乃罷魏惠王世索隱罷之曰罷謂罷 欲語釋詁
又能疏四周渡疲 而皇疏未吳注罷罷也淮南時事注罷猶罷息也論語子
因罷 方音者下說文 語王注遠罷 官之無則罷 罷 周禮大宗
百物罷羣披磔牲以祭若今時磔祭以止風伯周謂以罷以禮罷宰
段借字可也農注鄭云當按先鄭從故書亦為罷罷其段即臨被
罷 艸也 罷謂之罷 爾雅釋器○說文曰 罷 也
嬀 虞舜居嬀汭因以為氏 段注說文云帑 姚也按
為姓舜後之氏可知按依史記五帝本紀 注引以為二之女以
姓於於上氏別於下鄭駁經典別名 言以 天下為之 以嬀
命姓氏之者所之著所以別其嫁之世也 舜姓 姚 登
所以別氏之故世名別之言以繫百子氏世 賜 姓也嬀之
也由子而滕之說也 既多言氏姓氏之氏 言也俗則也 在氏 下
夫衛皆以氏姓名篇諸書多言氏姓氏謂姓之見於經者春秋

韻史 卷七十七第十七部平聲柯韻 七九六四

隱九年天使南季來聘穀梁傳曰南氏姓也季字也為南氏
氏姓也時堯三之字女 於氏嬀汭之明德曰南氏史記陳世家
人 曰皇帝二舜為姓之共後文
令紀 史記黃帝一姓至字以外姓 同其陳 因也
唐虞為周禮廣帝姓賜氏 之姓嬀 皆 為陳氏
本氏之賜不 姓 嬀 為陳 後 為陳
氏之姓賜姓 使 而 賜 姓 嬀之 姓 也 曰 左 傳 曰 陳
陳 為 史 記 陳 世 家 同 而 陳 也 杞 季
水名也汭注嬀汭之汭 嬀陳姓也曰左隱 屬氏 嬀 注 莊 廿

韻史 卷七十七第十七部平聲柯韻 七九六五

鄗
羅
蠵許嬀切

二年傳有嬀 十方言
嬀之年傳 也 二
地名說段注春秋經襄七年公會晉侯宋公陳侯衛侯曹
文邑伯引子鄭地也○晉
說文注 鄗 段注 曰 子 鄶 鄶 地 邑 者
文邑 部 作 字 詳 得 不 入
也 疑 之 詳 有 臨 而 無 鄶 也
鄗 屬 說 文 大 鐵 杖 也
羅 鄶 耕 也 廣 雅 釋 地
戍作羅 說文 隴 陸 日 城 收 陰 用 說 文 段 注
隸作 羅 ○ 墮 古 從 自 有 聲 文 曰 為 段 注 也
俗 有 義 隨 具 是 積 習 引 申 為 凡 也 陸 德 明 書 墮 之
敗 城 自 曰 陸
之 之 作 故 作 隋 是 字 從 自 陸 者 引 申 為 陸 作
墮 隨 字 也 陸 曰 兩 者 按 段 說
不說 作 解 作 之 是 之 引 中 作 墮 有 隨
鄗 羅 蠵

韻史 卷七十七第十七部平聲柯韻 七九六六

亦也毀隳毀也老子或挫或隳釋文○當按老子呂覽書中字多作隳俗人所改隓壞方言十三又廣
雅釋詁一墮壞也國語魯語墮會諸注晉語是毀壞前言注必墮其壘語注又國策秦策夫攻城隳邑注又呂覽
達鬱凡行之墮也於樂注○呂覽順說隳人之城郭注云隳壞隤毀壞之也穀梁隱六年傳輸者墮也釋文
墮損也左氏昭廿八年傳毋墮乃力注墜發也後漢書列女傳注又淮南脩務故名立而不墮注說林為
墮武也○呂覽必己愛則隳注云隳廢墮脫也廣雅釋詁四墮落也漢書匈奴傳上集注○當按訓
脫訓落與陊同義為陊之借字亦得謂隳危也老子注隳輸也左氏昭四年傳纂君將墮幣焉服注
○疏云墮是揄之義也隋市也左傳昭四年釋文隳入也淮南汜論而後墮谿墜注墮蘜
取也穀梁定十二年傳下祭曰墮〻之言墮下也當按上所墮皆當作隋淺人所改亂
也儀禮注通然若經本是隨字則此注又嫌辭費矣辭見上聲隋下丕爾雅釋詁注齒隋史生此則段隋為隨皆也
犧也說文段注謂犧之吹瘟也按乞下當言奪字○當按包犧氏古或作犧作戲段借也犧施也廣雅釋詁

犧

三羲和謂日也後漢書王符傳注崔駰傳注又文選秋懷詩頌羲飆兩旦注○郭景純遊仙詩朱羲將由
白注云朱羲日也羲和日御也離騷吾令羲和弭節兮注天問羲和之未揚注○廣雅釋天云日御謂之
羲和羲和蓋天地始生主日月者也山海經大荒南經羲氏掌天官書堯
典乃命羲和馬注○當按論衡是應作曦和乃用俗字也羲訓日光說文不錄非羲之異體字
宗廟之犧也賈侍中說此非古字說文段注魯頌享以騂犧毛傳犧純也曲禮天子以
犧牛鄭云犧純毛也牲人祭祀共犧牲鄭云犧雅毛別完其也偽孔疏微子云色純曰犧體完曰牲杜注左備又云牲純
色宅共全也說犧皆與許異賈云〻他皆備名獨賈達牺官者尊其師也魯嫘毛傳曰犧尊有沙羽飾也明賞位注以犧
尊以沙弼為畫飾鄭志答張逸曰刻畫亂皇之衆於尊其形婆〻駁故曰沙桜沙婆羲古音三字同在十七郁犧牲犧尊
蓋本祇假羲為之漢人乃加牛旁故賈字非古字犧者牲也史記司馬相如傳犧雙觡共抵之獸集解引漢
書音義又漢書相如傳下注引服虔又呂覽行論宋公肉袒執犧注又淮南說山生子而犧注祭天地宗廟

曰犧後漢書魯恭傳注宗廟曰芻豢山川曰犧牲大戴記曾子天圜○當按天圜典證
文各舉一端耳純美為犧國語周語韋其犧也注純色曰犧禮記月令循行犧牲疏引玉齋又國
語周語奉犧牲注晉聲宗廟之犧注○禮記祭義犧牲祭牲疏云犧純也又左氏莊十年傳犧牲玉帛疏云犧者牲之純
色也又山海經西山經瑜山祠之以百犧注云牲純色者為犧犧謂純毛色周禮犧牲之物孔服注
犧者寵養祭牲之名左氏昭廿二年傳自憚其犧也疏云犧者畫養之名耳又漢書百官○公卿
表上屬官有廩犧注云犧主養牲犧賦以稅出牲禮記曲禮下犧賦為次注○疏云此言犧謂牛犧
牲牛半全體者也漢書禮樂志河龍供鯉醇犧牲注鳥獸全具曰犧易穀辭下傳向
犧氏釋文引鄭注三犧雁鶩雉也左氏昭廿五年傳三犧服注○林注云祭天地宗廟三者謂之犧○
當按服氏別于上文六畜五牲言以雁鶩雉當三犧如杜所說三者未者指名也且語意蒙故三字似屬天地宗廟言
尤不倫矣後漢書班彪傳下注云混三犧祭天地宗廟之犧也沿杜說犧尊音沙飾也又犧粢酒

器犧尊象尊也又獻疏刻之當按借獻為犧實借為婆也犧沙獻三皆婆之假借字以疊韻
雙聲為用也婆下詳之

隓　許嬀切

或作隨飛也說文

綏　息遺切

車中靶也說文段注靶各本作把玉篇作車中靶也廣韻引說文同發靶是把非靶者轡也轡在車前而綏則
系於車中御者執以授登車者故別之曰車中靶也少儀曰車則脫綏韻以將命綏本系於車中故可脫郭璞注子虛賦
曰綏所執以登車論語曰升車必正立執綏周生烈曰正立執綏所以為安殺引申為凡安之儀○廣雅釋器云靶謂之
綏萱綏推讀語欠綜似綏轡同物矣綏車綏也詩韓奕釋文綏所以引升車者儀禮士昏
禮授綏注既多記約綏約轡注○詩韓奕箋云綏所引綏以登車又禮記曲禮上執策綏釋文云綏執以登車者者
挽以上車之索左氏哀二年傳子良授太子綏疏○禮記曲禮上取貳綏疏云綏登車索又詩韓奕疏云
綏是升車之索良綏君綏也禮記少儀負良綏注綏即令之所謂采纓垂者也

綏安也

漢書司馬相如傳注　上繆繞玉綏注　爾雅釋詁又周書謚法又書大誥　綏予曰無疏又詩樸禾福禄綏之　傳南有嘉魚嘉賓綏之箋楚茨以綏後禄傳鳧鷖福禄綏之　箋民勞以綏四方箋桓綏萬邦箋綏我思成箋烈祖綏我　有奔釋文又左氏宣十二年傳注又公羊宣十二年傳注又　論語子張綏之斯來集解引孔注又皇疏又大戴記夏小正　綏多士女傳又史記三王世家非州以綏集解引臣瓚又漢　書武帝紀集注地理志上集注董仲舒傳集注韋玄成傳集　注谷永傳集注敘傳上注綏撫也廣雅釋言綏舒也廣雅釋詁四釋綏遲　注叙褒漢書班彪傳下注國語齊語注以綏郤也左氏文十二年　也恬淡以綏肆注　文選洞簫賦時綏止勠綏誘言注以綏郤也儔交綏疏引舊

說又文選奏彈曾景　注引司馬法注古名退軍爲綏乃皆出戰交綏注傳綏綏

安恭之皃　荀子儒效綏綏兮其有文章也注綏綏匹行皃詩有狐綏綏南山

雄狐綏綏傳云綏綏然又疏云綏綏是又釋文云綏匹行之皃○萱按

桜玉篇引詩雄狐久久則綏別爲久字之借字也然本字之自通綏

綏　赤蛇皃　赤蛇綏綏注　漢書禮樂志綏亦綏也　字萱按此謂綏指旌旗所綏者之附假借綏

綏　廣薑也　綏萱按此段注

綏爲葰也　說文段注也字今補大雅皇矣柞棫斯拔釋木

○係　白桜　棫也　毛傳皆云棫白桜也陸璣曰其材理全白

有桜　白桜　直理易破

無赤心曰爲白桜

可爲犢車軸又可爲矛戟矜

桜　汝鴉切

韻史卷七十八

泰興何萱石閣譔集　子度校字

第十七部上聲

上海顧錫麒竹泉覆審

哿韻

武進李兆洛申耆鑑定

開口詩

哿　艮可切

可也詩曰哿矣富人　說又○廣雅釋詁三又小爾雅廣言又　詩正月哿矣富人傳又孟子梁惠王下

注竝云哿可也　哿嘉也　左氏昭八年傳哿矣能言注○疏云哿無　正訓以其字從加從可故各以意訓耳　哿

鞾飾也　太平御覽引說文段注○國語晉語因胥肯哿者借哿與壹按此字義當與哿同

可　口我切

肎也　說文段注肎者骨閒肉肎肎著之也不凡中其肎不可止之不可注肎

可者通許之辭　可禮記玉藻之也不可注肎

肯也云可可言　予疏○云不可猶不甚也其漢書皇傳注

可猶宜也　可者　顏注後漢書逐

其意之謂也　荀子富國注○解生也皆有不可也　知而可悉非同所可注云可也

合也　可道合道也　荀子正名注故則不可而可　道所斷其羽可也　　意

可用也　其道民得坎而爲可注故不可　用易爲儀其書翔疏可

雖皇疏可也　呂覽用民注雅可而爲坎之名　易說卦九家集解釋文

可者未足之辭也　論語爲政引易說引家卦

可猶所也　禮記中庸鄭注不體物而不可遺注○萬物無不以可

可法也

可猶可謂也　禮記少儀鬼神不可掩○萬物無不以可

神之氣生也神主也　禮記中庸注云可者○萬物無不可是以可

神生物而無所遺也所不得大戴禮記武王踐阼無所可悔

可有前後不可遺之所行所說苑敬慎之鬼所與

所也義故可悔後爲行所說苑敬慎作是其不可也

坎坷也　梁國寧陵有坷亭　郡國志注坷也陵不陳也

梁國寧陵有坷亭　說文段注坷

接軸車也　說文段注未接本作也按各本皆作接今正劉熙釋名云

接軸車也　故名軻字子輿孟子居鄒趙岐孟子題辭曰孟子名軻字子輿

說文段注　史記孟子荀卿列傳正義引孟子外書云孟子名軻字子居

軻　坷

盍所傳閜異辭

閜 寶可切

門傾也 說文段注此與上閜篆各字各義或合為一來也上林賦大木之狀阬衖閜砢索隱引郭樸云阬衖閜 阿者揭藥傾敲兒也按此閜字當作閜與谺義不同閜砢詩惡可寀可二反玉篇引賦正作閜 閜砢相扶持也 漢書司馬相如傳注

閜 海可切

大開也 大杯亦為閜 說文段注上林賦曰閜大谺呀之貌也司馬彪云閜大貌 又兒谾閜開之空虛也方言五字 閜杯也 廣雅釋詁三 閜砢相扶持也 按蓋閜此字後人為大所增 閜開也

何 帶可切

鞞 廣韻俗作此平上二讀 ○ 漢書注有扶持在

鞞 說文段注十七部 作寫鞞鞞兒 按此字鞞單聲亦單聲 鞞兒也 毛詩小雅韻入音 者戚鞞一切非是與同攷小徐云謂舊而連二傳皆同耶多也釋詁同爾語富都耶暨書注耶美也耶

七九七五

七九七六

瘉

痑 丁可切

馬病也 詩曰痑痑駱馬 說文段注此字與三家詩異 毛傳痑痑喘息之兒 小雅四牡曰嘽嘽駱馬 毛傳嘽嘽喘息之兒 痑痑同 漢書注極也 音衹 羅兒 痑 眾相 七部 以陸離 司馬相如傳 大人賦 痑 羅 以離 下注 痑 自 放 縱

不知其本字 許書以析為衰下之借字 則為假借 俗字用以釋訓 亦為鞞之變 也 鞞大也 廣雅釋詁

祂 坦可切

祂 ○ 俗有祂 衣祂 也 論語曰 朝服祂紳 說文段注 士昏禮 主人爵弁纁裳緇祂 注云 祂 謂緣 祂之言施 以緇緣裳 象陽氣下施 又鄉黨 朝服祂紳 論語 有疾 君視之 加朝服 拖紳 衣之曳也 此可知衣有祂 即許所云衰 許書無袤字 祂字本義 假借為拖 為拖 祂 此假借字 引申也 說經者皆以拖為之 作拖 也 廣雅 衣也 祂 袖 祂 也 廣雅

吖 拖

祂 釋名 祂衣袳也 按此蓋為祂 在 此 也 段注 ○ 平上二讀 有俗用 說文 拖 注 祂衣 長兒 史記司馬相如傳集解引徐廣 史記司馬相如傳集解引徐廣 祂衣長兒

張口也 說文段注 吖吖大兒 說詩 吖 音 ○ 大 吖 本 隱 吖 大 可切 ○ 此 後漢書 說 隱 注 吖 之 字 傳 然 吖 兮 吖 外 吖 大

意也 世高 通 云 故 南 如 然 情 弟子傳 四年 離傳 吖 子 是 吖 然 此 名 為 相 應 古人 相應 名

砢 朗可切

砢 說文段注 磊砢 上林賦 砢 碧 砢 磊砢 樹 坑 衡 閜 玉 磊 砢 ○ 俗有 日 閜 砢 人相 磊 扶持 而也 其世 多 說

磊砢也 說文段注 磊砢 二字 兒也 又聲 說 上林 賦 日 坑 衡 閜 砢 磊 砢 郭

魚 薛可切

鰞 ○ 新語云 有日 閜 俗 鮓 俗 有 鯌

藏魚也 南方謂之鮯 北方謂之鰞 一曰大魚為鰞 小

七九七七

广 寨可切

魚為鮯 食之也 說文段注 釋名曰 鮓 菹也 以鹽米釀魚以為菹 熟而食之也 按古作鮓 今作鮓 南方謂之鮯 北方謂之鰞 此字 ○ 周禮 注 曰 荊州 之 鮺 魚 ○ 南 切 蓋 大 魚 云

左手也 象形 說文段注 左今之佐字 左 者 手 相 左 也 又 俗 以 左 為 ナ 以 左 為 ナ 字 為 佐 也 其 ナ 乃 是 手 也

左 東也 東方 陽 左 陽 也 說文 左 為 陽 主 動 陽 偏 左 陽 也

左 東也 為陽

左 西也

七九七八

行大論左右者注○儀礼鄉射礼左玄酒注云設尊者北面兩曰左尚之也又大射儀大侯之崇注云凡侯北面西方謂之左又公食大夫禮賓入門左注云左西方賓位又士冠禮北面左社注云左社西擯在上又上屨禮長左左注云長在左在西方位也又大戴記諸侯遷廟奉衣服者入門左注云門左門西又越絶書外傳記地傳云西為左震為左易象上傳以左右民虞注坎主左方易明夷夷于左股集解左右者陰陽之道路素問天元紀大論○儀礼有司徹左之注行左之者異於鬼神生人陽長左鬼神陰長右左右猶向背也後漢書郅惲傳注凡鄉內以入為左右鄉外以出為左右儀礼特牲饋食礼在門內之右注○士相見礼方就右也疏云凡門出則以西為右以東為左入則以東為右以西為左又士冠礼主人迎出門左注云左東也出以東為左左右謂析東旋揖讓也詩賓之初筵左右秩秩左右謂進退在己左氏僖廿六年傳凡師鄉能左右之曰以注左右助之易象上傳以左右民虞注○盡按凡左右訓助者多讀去聲惟虞氏以讀上聲義本通貫也左證左也漢書楊惲傳注張湯傳注引李奇

韻史　卷七十八第十七部上聲哿韻

七九七九

左生位也老子吉事尚左注左君位也呂覽悔過左載而右之注不左首尊也礼記曲礼上進劍者左首注執禽者左首注左者取其順也易明夷入于左腹注左疏外也戰國魏策必右秦而左魏注○國語晉語是左之也注云左猶外也左遠也國策魏策衍將右韓而左魏注左者出者也管子白心左卑也漢書灌夫傳集注左猶下也史記孝文紀右賢左戚索隱引韋昭○儀礼鄉射礼當左物注云左物下物也左辟也後漢書光武紀下注左不正也史記田敬仲世家公常執左券索隱左不便也左氏昭四年傳不亦左乎又襄十年導天子所右疏云人有左右右使而左不便故以所助者為右不助者為左左覘也廣雅釋詁三左左俔也周礼卜師辨龜之上下左右陰陽注左次常備師也易象下傳左次无咎崔憬注左校署名屬將作也後漢書韋彪傳注仕於諸侯為左官漢書諸侯王表注引服虔○注引應劭云人應劭云人道上右今舍天子而仕諸侯故謂之左官也左官猶言左道也漢書諸侯王表作左官之律注左道若今

韻史　卷七十八第十七部上聲哿韻

七九八〇

巫蠱及俗禁礼記王制執左道以亂政注○後漢書靈帝宋皇后紀注云左道若巫蠱也左道謂邪道礼記王制疏引盧氏○漢書杜欽傳是背經術惑左道也注云左道不正之道也

䰈　槊可切　平上兩讀注在彼

槎　徵可切　或作差○平上兩讀注在彼

我

戕古文施身自謂也或說我逗頃頓也說文段注不但云自謂而云施身自謂者取施與義古為疊韻施捨之施謂施捨之施謂用己廁於眾中而自稱則為我也施者旗兒也引申為施捨者取義於旗流下求也釋詁曰卬吾台予朕身甫余言我也又曰朕余躬身也又曰台朕賚畀卜陽予也或以賚畀卜予不同義愚謂有我則必及人故賚畀卜亦在施身自謂之內也口部曰吾我自偁也女部曰姎女人自偁姎我也毛詩傳曰言我也卬我也論語二句而我吾互用毛詩一句而卬我襍倚蓋同一我義而語音輕重緩急不同施之於文者自其卬出或說云

韻史　卷七十八第十七部上聲哿韻

七九八一

云謂傾側也頃頭不正也頓下首也敧引申為頃側之意賓筵側弁之俄箋云俄傾兒人部曰俄頃也然則古文以我為俄也古文段借如此我身也易觀觀我生虞注又孟子盡心上萬物皆備於我矣注坤為我易觀觀我生進退虞注頤觀我朵頤虞注益有孚惠我德虞注鼎我仇有疾虞注我謂主宰坤為自我易小畜自我西郊虞注象下傳自我致戎虞注我謂主宰之名也易繫辭上傳注造之非我咎我謂君也後漢書楊賜傳注言我者未絕于我也公羊宣十年傳為我為己也孟子盡心上楊子取為我注我為也太玄童會我童蒙注

騀　轙

駊騀也說文○無按駊下云駊騀馬搖頭也二字疊韻駊騀高大兒也文選甘泉賦崇丘陵之駊騀兮注騀高大狀也漢書楊雄傳上注

钀或○平上兩讀車衡載轡者說文段注釋器曰載轡謂之轙郭云車軛上環轡所貫也四馬八轡除驂馬內轡納於軾前之觼在手者惟六轡驂馬外轡後有游環以與服馬四轡兩入軛上大環以便總持大環謂之轙

韻史　卷七十八第十七部上聲哿韻

七九八二

東京賦龍輈華轙此本義也郊祀歌靈隱々象輿轙如淳曰轙者模人嚴駕待發之意此引申之義也整船亦曰轙同轙意古音在十七部漢書廣韻又音儀重文从金者環以金爲之獻聲與義聲古合音最近即義尊獻尊同音之理今爾雅钀謂之钀與轙異事載轡謂之轙文選思玄賦注引廣雅轙車軛上環轡所貫也文選思玄賦引爾雅郭注平上用讀注在依○俗有俻

罷 倍可切　訶 合口　果 古頊切

○俗有菓木實也从木象果形在木之上說文段注引伸假借爲誠實勇敢之偁實曰果易象下傳百果艸木皆甲坼鄭注又曲礼記曲礼上賜果於君前注又漢書食貨志上瓜瓠果蓏注引應劭又文選蜀都賦注引周易鄭注○易說卦傳爲果蓏儀礼既夕記不宋注云木實謂之果又疏云木實爲果實在木曰果儀礼既夕記不食菜果注○淮南墜形百果所生注云在木曰果果木子爾雅釋天穀不熟爲荒注木上

韻史　卷七十八第十七部上舉哥韻　七九八三

曰果漢書食貨志上注引臣瓚在地曰蓏在樹曰果周礼場人疏引臣瓚有殼曰果呂覽仲夏果實甲成注李味投淵之上有百果爲注傳志果實繇者木必序注有核曰果無核曰蓏周礼場人注果棗李之屬蓏瓜瓠之屬疏引張晏○呂覽古樂注又淮南主術注時則注並云有核曰果五果謂桃李杏栗棗也素問藏氣法時論五果爲助注○易說卦釋文引馬注又周礼舟餌其野果蓏之屬注疏云果桃李之屬又場人而樹之果蓏珍異之物注云果棗李之屬又礼記喪大記不食菜果注云果瓜桃之屬又文選吳都賦果布輻湊而常然劉注云果棣柚之屬果爲疏穀也太介上求其疏穀注乾爲木果易說卦傳艮艮爲果蓏易說卦傳艮爲碩果易剝食碩不食虞注果艮爲果易象上傳君子德車虞注象上傳君子以果行育德虞注巽爲不果易說卦傳果決也礼記檀弓下於是弗果用注內則必不果注又漢書匈奴傳下集注○礼記中庸果能此道矣注又漢書陳餘傳集注姑云果猶決也果勇決也國語吳語吳如此志行不果注○周礼大卜五曰果注云果謂以勇決爲之果者敢

韻史　卷七十八第十七部上舉哥韻　七九八四

也論語憲問果哉末之難矣皇疏○國語晉語其身果而辭順注云果謂敢行其志也果謂果敢決斷也論語雍也由也果集解引包注○易乾注不踐于果疏云果謂果敢又周礼謚法解猛以剛果曰威注云果敢行也又大戴記文王官人潔廉而果敢者也注云果敢謂不虞不懼也果必行也國語晉語若是道也果注殺敵爲果左氏宣三年傳又國語周語放制戎以果殺注又後漢書蓋勳傳注高彪傳注○左氏宣三年傳戎昭果毅疏云能殺敵人是名爲果果克也國語晉語是之不果奉注果能也孟子梁惠王下君是以不果來也注公孫丑下聞王命而遂不果注離婁下行不必果注果有以異於人乎注又文選西征賦注引廣雅果美也國語鄭語味一無果注果信也廣雅釋詁一果誠也淮南道應令不果往注果成也論語子路行必果皇疏引繆協又文選謝宣遠於安城答靈運詩註引淮南許注○周礼大卜五曰果司農注云果謂事成與不也果猶濟也老子善有果而已王注果猶遂也文選謝靈運酬從弟惠連詩果枉濟江篇注富春渚詩始果遠遊諾注果猶竟也國語晉語果喪其田注又孟子告子上果在外注○國策秦策楚之應之

韻史　卷七十八第十七部上舉哥韻　七九八五

果勸注云果竟果終也呂覽忠廉果伏劍而死注果謂干之也漢書五行志下之上黑蜺果之氣正直注果然飽皃莊子逍遙遊腹猶果然釋文玉果石似美玉所謂大果者也穆天子傳一王果注果侍也孟子盡心下二女果注○萱按此段借字豈當作婐東龜曰果屬周礼龜人○爾雅釋魚云色前弇諸果○費按周礼杜注讀果爲蠃公雅釋文果本作裏是宵以果爲段借字也然裏與蠃義相反木如孰詩真審果蠃工雀也廣雅釋鳥○王氏念孫廣雅疏證云果蠃亦小兒小蜂謂之果蠃小鳥謂之果蠃其義一也以其巧於作栗鼓又有女鳴工雀之名集韻引廣雅果作鷄○莹按方言作通蠃即螅字所從出也李異正字故用字各亥傳立名故異名滿多異果蠃蒲盧爾雅釋蟲○螢按此段果爲蜾也詩云蜾蠃負之果蠃栝樓也詩東山果蠃之實傳○爾雅釋艸果蠃之實栝樓李注云果蠃栝樓子名也郭注云果蠃之實今齊人呼之爲天瓜○螢按此與細腰蜂皆名果蠃異物同名也俗當破字蠃作蠃者俗體不中用今悉正之

韻史　卷七十八第十七部上舉哥韻　七九八六

祼

或作祼 灌祭也 說文段注詩毛傳曰祼灌鬯也周礼注曰祼之言灌ㄑ以鬱鬯謂始獻尸求神時周人先求諸陰也按此字從果爲聲古音在十七部大宗伯玉人字作果或作淉注同言祼之言灌凡云之言者皆通其音義以爲詁訓非如讀爲之易其字讀如之定其音如載師載之言事族師ㄑ之言師禮哀禮之言豊婁柳ㄑ之言聚副縮次副之言蔑禮祀禮之言煙卄入卄之亩礦皆是未書曰禋即讀煙副而讀蔑也以是言之祼之者本讀如果卄之音本爲卯讀如綖與蔑礦爲體聲復人竟讀讀讀礦全夫鄭意古音有不見於周人有韵之文而可意知者此類是也 祼者灌也 書洛誥王入太室祼疏又國語周語王祼鬯注 祼灌鬯也 詩文云祼將于京傳又漢書劉向傳注又家語悉頌注○左氏襄九年傳君冠必以祼享之禮行之以注云祼謂灌鬯酒也文詩文王疏云祼者以鬯酒灌尸 以圭瓚爲柄酌鬱尊曰祼 礼記祭統君執圭瓚祼尸注○周礼小宰祼將之事注云贊王酌鬱鬯以獻尸謂之祼 祼謂以圭瓚酌鬱鬯始獻尸也 周礼司尊彝祼用雞彝鳥彝注○考工記玉人祼圭尺有二寸注云祼謂始獻酌尊也 祼祭也 廣雅釋天○左傳襄九年疏云祼是祭初

之礼 爵行曰祼 周礼典瑞以祼賓客注○大行人王礼再祼而酢司農注云祼讀爲灌壹按後人墨守先鄭此讀而忘其字之以果聲何與

淉

淉水也 說文

裹

纏也 說文段注纏者繞也 裹謂財貨所苞裹而藏也 管子君臣下當之以圍裹注 裹猶囊也 呂覽本生無不裹也注 裹猶房也 文選高唐賦緣葉紫裹注 裹謂艸實也 文選江賦顆散裹注灌 無裹無形 淮南俶眞又況乎以無裹之者邢注

螎

蜾 或螎蠃 韵逗 疊 蒲盧 韵句 疊 細要土蠭也天地之性細要純雄無子詩曰螟蛉有子蜾蠃負之 說文段注小雅小宛曰螟蛉有子蜾蠃負之毛傳曰螟蛉桑蟲也蜾蠃蒲盧也負持也箋云蒲盧取桑蟲之子負持而去煦嫗養之以成其子喻有萬民不能治則能治者將

得之中庸注曰蒲盧果蠃土蜂也蒲盧取桑蟲之子去而變化以成爲己子列子曰純雌其名大要純雄其名穉蜂淮南曰負蟲之動以毒螫高注負蟲細要蜂蜾蠃之屬無北壯之合曰負楊子曰取螟蠕祝曰類我類我戴先生曰古語謂隨變而成者曰蒲盧蒲又見大戴礼山海經小正曰雉入于淮爲蜃蜃者蒲盧也 蜾蠃即細腰蜂俗呼蠮螉是也 詩小宛釋文○陸疏云蜾蠃土蜂也一名蒲盧○螢執爾雅作果蠃二字皆假借蠃先俗當作蠃

冎

○俗有剮 剮人肉置其骨也象形頭隆骨也 說文段注剮當作剮解也其周礼膊之焚之辜之之刑典列子曰炎人之國其親戚死冎其肉而棄之刀部無剮字冎俗作剮象形云云隆豐大也說此字爲象形著謂工大下小象骨之隆起也口部高以爲聲十六部十七部用讀

𦍌

羊角也象形 說文 𦍌𦍌羊角開兒 廣韵 𦍌𦍌兩角兒 玉篇

𣪊 曉頊切

研治也舜女弟名𣪊首 說文段注古今人表上下等數手工字舜妹顆云流俗李作擊者合數手二字譌爲一字也按列女傳云舜之女弟繫則又擊之譌矣首手古同音通用 𣪊繫也 廣雅釋詁三○査按繫與研治義不達數首作繫或一名一字相應也列女傳非必字譌 𣪊稚也 廣雅釋詁二釋器

稞

或作稞稿 𣪊之善者一曰無皮𣪊 說文段注前義謂凡穀顆粒俱佳者廣韵云淨穀古音讀如顆十七部後義謂穀中有去釋者也此義當讀如祼是○蕢按即俗名元麥者也大麥小麥自古有之元麥則來之闍也有青白二種江淮間多樹之稍以爲廣俗呼細觀子着祇去其皮亦可爲飯字俗呼粗親子細民於威賴爲其物蓋本非中所有特說借稞青名之耳說文之稞非指比也近書有逆衛藏事者言彼有西稞吾友有自烏魯木齊歸者亦言役有青稞然則蓋物乃西域所產急就章言廿魏殊是奏諸君黃亦謂青稞殊美利於民 青州謂麥曰稞 集韵 青稞麥名也 廣韵 稞稃也 廣雅釋器

顆

或作祼 小頭也 說文段注引伸爲凡小物一枚之偁珠子曰顆米粒曰顆是也賈山傳達顆薮匈晉灼曰東北

人名土塊為蓬顆。按此即淮南書宋玉風賦之堁字。許注淮南曰：堁，塵塵。北土通呼物一凷改為一顆。顏氏家訓書證 顆為謂土塊。漢書賈山傳曾不得蓬顆蔽冢而託葬焉。注：堁，塵也。廣雅釋詁三：堁，坋塵也。淮南齊俗物之堁也。注：堁，土塵也。楚人謂之堁。淮南說山 上食堁而啼 說林揚堁而欲弭塵。注：堁，動塵之皃。淮南注衍

婐 烏果切

跨步也。說文段注：跨當作夸，夸步調大張其股也。新以千為聲。

有婐。俗婐妮也。三字句。一曰果敢也。一曰女侍曰婐。孟軻曰：舜為天子，二女婐。說文段注云：婐，果敢，婐妮與媂姬音義皆同。俗作婐。女侍，俗作婀娜。云一云三百八十一覽引通俗文。

盡心篇 二女果。趙曰：果，侍也。依許說則果當女旁。肥骨柔弱曰婐婐。

咼 口咼也。說文段注：口部曰咼，口戾不正也。此亦疊韻為訓。

韻史 卷七十八第十七部上聲哿韻 七九九一

窩 屋皃。說文段注：王逸注招隱士曰：崎嶇窩窩。

韻史 卷七十八第十七部上聲哿韻 七九九二

闟 ○俗有闟。闟門也。國語曰：闟門而與之言。說文段注謂公父文伯之母與季康子言，闟門而與之言，皆不踰闟也。闟，開也。闟，一切經音義七引三蒼。○廣雅釋詁三。闟，小闢門也。一字句。說文段注云：經音義引三蒼今作闟，同音於役反。又引字林：闟，小闢門也。○闟

蔿 或作艹也。說文段注：蔿今作蔿，晉有士蔿，楚有蔿賈，漢書古今人表作蔿子馮。蔿字或作艹。左傳作蔿，遠十八年，遠本作蔿。○僖十一年左傳蔿子國語作蔿。氏族之蔿，蔿即釋文數蔿錯出，蔿賈。蔿，譌也。廣雅釋言：蔿，譌也。上同蔿譌也。廣雅釋三：蔿，譌，譁也。方言三：蔿，譁，涅，化也。○注云：蔿，譌，譁，化也。方言三：蔿，譌也。傳見左蔿。譁化聲之轉也。

瓦 土器已燒之總名。象形也。說文段注：土部曰坏，一曰未燒瓦器也。凡土器未燒之素皆謂之坏，已燒皆謂之瓦。毛詩斯干傳曰：瓦，紡專也。此瓦之一也。古史考曰：夏時昆吾氏作瓦。按有虞氏上陶，瓦之見於經者

不起於夏時可知也。許書缶部曰：古者昆吾作匋。壺乙系之昆吾之封，昆吾作匋，第二昆吾，子名作黎為乙姓之封，非夏之黎之疊。曰昆吾、昆吾是周書所謂昆吾作瓦器。昆吾之作瓦，尚得其實。凡昆吾燒瓦，非夏昆吾之器也。於周書神農作瓦，謂黃帝作器，皆各以其實之，韻引周書神農作瓦器，後漢書曰：昆吾作匋，象卷曲之狀，古音在十七部。如毛詩傳作陶○按後漢作陶，象形者，象其卷曲之狀，古音在十七部。女工傳注云：瓦，紡塼也。離火燒土為瓦，井易象下傳注曰：俗改。

瓦 踝也。踝確堅皃也。亦言瓦也。釋名釋宮室：瓦，踝也。踝，確堅皃也。亦言腂也，在外腂見也。瓦，甂也。說苑反質：瓦甂，陋器。瓦，五斗。禮記：燕禮公尊瓦大兩，有虞氏之尊也。禮記禮器：君尊瓦甒。儀禮：禮記聘禮：瓦大一，注：瓦大，有虞氏之尊也。禮記：周禮大卜注：二瓦，三日瓦兆，杜注：瓦兆帝堯之兆。周禮注：左氏昭廿六年傳：射之中楯瓦。注：瓦楯脊。

𧥤 會瑣切

或作鍋。說文段注：方言曰：𧥤，多也。𧥤謂之多也。說文段注：方言曰大物盛多，齊宋之郊，楚魏之際曰𧥤。今本方言作夥。讀若楚人名多夥。史記陳涉世家曰：夥頤！涉之為王沈沈者。許作鍋字下云：楚人謂多為夥。陳勝下云：楚語也。○楚言也。楚人語在本書言楚也口也，此史記陳涉世家，故楚人謂多為夥。

韻史 卷七十八第十七部上聲哿韻 七九九三

沈者，宮室之祕邃，而偉之故稱夥。頤，助聲之辭也。索隱云：又言夥者多也。漢書司馬相如傳：涉為王沈沈者，音帳也。廣雅釋詁三：夥，多也。按此說與說文通。偶不但漢書之惟。顏云：夥○蠶古果切。夥多也。廣雅釋詁：夥，多也。必夥，楚也。左多，古果。漢書集注：泥不必夥，多也。小爾

韻史 卷七十八第十七部上聲哿韻 七九九四

踝 足踝也。說文段注：踝者，人足左右骨隆然圓者也。在外者謂之外踝，在內者謂之內踝。按：踝在足之兩旁，隆然圓者也。亦因其形踝也。踝確然也。踝，居足兩旁，磽確然也。亦因其形。跟也。禮記深衣：負繩及踝以應直。踝，然也。釋名釋形體：踝，確也。居足兩旁，磽確然也。體也。說文：踝似𩰲。段注廣韻合曰：說文𩰲與踝同。

𩻩 鬾 𩀔

擊踝也。說文段注：𩀔，或作鬾。𩀔，惡鬾也。說文段注：遇惡驚駭之鬾也。書曰：𩀔，獨鬾也。之遇，○𩀔為字。假借為鬾，即謂之稱鬾也。時○豈按有難鬾子貢顏傳鬾今稱所倚皆段。作鬾為禍鬾，即之禍鬾也。時則有雞鬾，子貢仲尼傳猶恐及其鬾倚。漢書五行志及六畜謂之𩀔。

禍

借也○俗稽碣有害也神不福也說文段注禍字漢聲○淮南原道反自爲禍注禍害也禍咎也呂覽重己天之所禍也注禍惡也荀子富國行私而無禍注禍毀也釋名釋言語禍亦罪也荀子成相罪禍有律注逆其類者謂之禍荀子天論來不由我故謂之禍論衡累害善則逢殃爲禍孝經禍亂不作疏引皇侃賦斂不理茲謂禍漢書五行志下之上引京房易傳六畜謂之旤言其著也漢書五行志中之上○壹按禍旤正借字也左傳宣十五年疏引漢志字作禍禍爲凶荒之處太卆卆文禍則反注在禍烖新有兵寇水火也周禮掌客禍烖殺禮注○大宗伯以弔禮哀禍烖注云禍烖謂遭水火又小宗伯國有禍烖疏云禍烖謂國遭水火凶荒

朵 董瑣切

○俗朵菜有樹木垂朵朵也从木象形說文段注凡枝葉華實之垂者皆曰朵朵今人但謂一華爲一朵引伸爲易之朵頤鼎祚曰朵頤垂下動之皃也李朵動也易頤觀我朵頤釋文朵頤者嚼也易頤注○疏云朵是動義如手之捉物謂之朵也朵頤謂朵動之頤以嚼物易頤疏

挆垛

或作挆量也說文挆量也廣雅釋詁三○廣韵云挆稱量

○俗垛陳有門堂孰也說文段注門字孰字今補正攷工記門堂三之二堂三之一鄭曰門堂門側之堂也釋宮曰門側之堂謂之塾揲矣郭積皆曰夫門堂也堂無塾門室乃有塾掤去門字於掤不可通奧孰經典皆作塾以孰知上猶以孰如火耳謂之孰者白虎通云所以必有塾何欲以飾門因取其名明臣下當見於君必孰思其事是知其字古作孰而已後乃加之上也謂之垛者何也桑者木下垂門堂仲出於門之前後略取其意後代有垛殿今俗謂門兩邊仲出小牆曰垛頭其遺語也孰之制於正堂之脩廣得三之二其室於正堂之脩廣得三之一北向堂者為孰得堂脩廣三之一南向者亦爲孰亦得堂脩廣三之一故曰門堂三之二也室三之一者北向南向兩孰之中央一室室得室脩廣亦三之一與門之脩廣等顧命曰先路在左塾之前次路在右塾之前此謂北面之孰也士虞禮匕俎在西塾之西衣自堂俎基已傳曰基門塾之基此皆謂南面之孰也擯者乎端負東士冠禮筮與席所卦者具饌於西塾此南面之擯也擯者爲負東塾此北面之塾也尚書大傳曰上老平明坐於右塾庶老坐於左塾餘子畢出然後歸夕亦如之老謂北面之塾也食貨志春將出民里胥平旦坐於右塾鄰長坐於左塾畢謂南面之塾也凡孰之可證者如此孰字依白虎通及崔豹古今注則正作孰俗作塾皆可通儒或曰當作墫埻之音義皆與說孰通隨者後漢書劉縯傳畫伯升像於塾旦起射之東觀記厝漢書之並作埻此乃所傳之異不得云墫郎塾字也畫伯升於門塾之山頭而射之故曰畫於塾山頭者俗語謂之最高處也據李賢引字林曰塾門側堂也是知後漢多用塾字此說文字林之分古今也

垛一切經音義十二引通俗文吳人以積土爲墼垛墼也一切經音義十九引纂文積土曰隊小堆也吳人謂積土爲隊一切經音義十七引字林

堶

或作埵堅土也說文又一切經音義十四引字林堶聚土也一切經音義六引字林埵确也玉篇堶水埒也淮南齊俗狟狢得埵防弗去而緣注隄防高處隄防也淮南說林埵防便下注鹿埵垂下之皃如禾實垂下然荀子議兵案角鹿埵隴種東籠而退耳注鹿埵隴種東籠蓋皆雅敗披靡之皃同上埵堁猶席翳也淮南說山不見埵堁注○又云堶讀似望江淮間人言能得之也埵治具淮南齊俗鑪橐埵坊設注○李經鐵橐吹埵注云埵銅橐口埵筒埵入大中吹大也

鬌

○俗鬌鬐有髮墮也說文段注鉉本墮作隋廣韵云髮落是也內則曰三月之末擇日剪髮爲鬌男角女羈本髮落之名同以爲存髮不剪者之名故鄭注云鬌所遺髮也方言廣雅有髶字注賦注所引字書有髶字皆謂落毛與鬌義相近○廣雅釋詁二云鬌墮也鬌落也廣雅釋詁三鬌盡也鬌䰃盡也並方言十二鬌毛物漸落去之名方言十二注䰃盡也廣雅釋詁一

椯 椯
十四部平十七部 氏冊讀注在彼
十四部十七部同韻
箠也一曰度也一曰椯剟也說文段注淮南氾論訓是猶無鏑銜橛策錣而御馯馬也高注錣策端有箴以刺馬謂之錣……然則手部揣下曰度也……椯與揣音義略同……椯與剟……
椯桄搖椅也廣雅釋訓

杜瑣切
隋
裂肉也說文段注衣部曰裂繒餘也齊語戎車待游車之裂韋曰裂殘也裂訓繒餘引伸之凡餘皆曰裂裂肉之謂尸所祭之餘也守祧既祭則藏其隋注隋尸所祭肺脊黍稷之屬……儀禮十七篇其字古文作……同特牲少牢篇今文作綏古文作……隋隋與按讀同……是鄭以隋為正字……細餘無用之物故云裂肉單言肉為其字从肉也按今儀禮……

韻史 卷七十八第十七部上聲哿韻 七九九九

注隋皆作墮誤
隋尸之祭也周禮小祝贊隋注○儀禮士虞禮注云……黍稷之祭為隋……下祭曰隋隋之猶言墮下也……隋是滅毀之名……隋謂神前所沃灌器名……隋易也……隋歸也廣雅釋詁二……隋好也……隋謂狹而長……按此義隋為正字……

韻史 卷七十八第十七部上聲哿韻 八〇〇〇

惰
惰或嫷古文不敬也春秋傳曰執玉惰說文段注今書皆作惰……師古曰惰古惰字……

惰不敬也左氏哀十一年傳……惰游罷民也禮記……惰嬾也廣雅釋詁二……惰疲懈也論語子罕語之而不惰者……隋不正之言……隋易也……惰者時之所以後也……隋為無神也……

嫷
或作嫷南楚之外謂好曰嫷說文段注……方言曰嫷美也……南楚之外曰嫷……隋好也……形美曰嫷……

韻史 卷七十八第十七部上聲哿韻 八〇〇一

隓
或作嶞山之嶞嶞小者說文段注周頌曰嶞山喬嶽毛傳曰嶞山山之嶞嶞小者也……隋山之施嶞者……而長也……山長皃……

韻史 卷七十八第十七部上聲哿韻 八〇〇二

橢
或作車笭中橢橢器也說文段注……橢長……

也廣雅釋詁二橢謂狹而長爾雅釋魚蜮小而橢注○史記平準書索隱引爾雅注云橢者狹長也隋謂狹而長儀禮士昏禮注隋方曰篋釋文又禮記月令注隋曰竇釋文○詩破斧傳隋銎曰斧釋文云隋孔形狹而長也橢圜而長也漢書食貨志下三曰復小橢之注隋圜而長也漢書食貨志上賦入貢棐志○禮記月令穿竇窖疏云隋者似方非方似圜非圜南北為隋史記天官書廷藩西有隋星五索隱引宋均橢盛鹽物也一切經音義十一引蒼頡

鰖　鰖

或作鰖鑴鈐鰖也說文○蓋按鈐下云鈐鰖大籀也鰖鮥也廣雅釋器鰖鮨也同上隋鰖魚子已生者也說文段注謂魚卵生于水艸間之初者乎有魚形者云已生對未生言之子未生者曰鯤匕即卵字卵說文作卝古音讀如關亦可讀如昆內則濡魚卵醬鄭讀鯤鯤或作攔鯤醬者魚卵醬也內則讀卵如字未嘗不煬凡未出者為卵已出者為子鯤卵魚卵故說以卝包之而魚部無鯤字鯤則已出于卵者也

陊

落也說文段注艸部曰艸曰苓木曰落引申凡自上而下皆曰落石部碧下曰上擿山巖空青珊瑚陊之吳都賦曰碧陊山谷按今字段隨為陊而段陊為陊義雖略相近而寶李不同召南毛南毛傳盛極則隋落者梅也文段隋為陊○蒼按爾雅釋詁注爲隋更生殺惰與摽梅傳同陊壞也廣雅釋詁一○蓋按陊與也與字而義實交通訓隋訓陊皆同也憜落也漢書匈奴傳上集注○憜正俗字也皆段為陊蚩按鵲墮脫也方言十二又廣雅釋詁四

妥

○俗有殺安也說文段注說文失此字偏旁周之今補釋詁曰妥妥止也文曰妥安坐也此二條略同以止也坐也為句坐者止也見士部毛詩禮經禮記皆以安坐訓安禮記詁安尸古者尸無事則立有事而陵坐似爾雅安坐連讀竊謂爾雅妥安坐止四字互訓士虞特牲少牢妥尸皆謂安之伏之坐桃士虞少牢安之而後坐特牲先坐而後安之若士相見安而後傳言同即時然後言易其心而後語之意不必坐而後言也今有理宜數陳之言豈能待君命席子致士虞

少牢禀安也坐也二義古相見祇取安義毛詩傳安安坐也以義必象坐如肆故今也義得兼故與今若檀弓退然如不勝衣退或為妥則二字變聲安與姚說能聲義皆近如花安為花落凡物落必安止於地也如安與安同意者安女居於室安女近於手好女與子妃皆以男女人之大欲存為故从之會意綏以為聲○漢書燕刺王旦傳集注引臣瓚云安安也又儀禮少牢饋食禮祝主人皆拜安尸注云拜安尸拜之使安坐也安止也爾雅釋詁安者坐也爾雅釋詁注安下也禮記曲禮下國君綏視疏○蓋按綏从安諧聲兼會意故即用綏為妥也儀禮注云古文音為綏妥積下之皃禮記曲禮下疏引皮氏妥帖易施皃文選文賦或妥帖而易施注

烏果切

妸

○俗有姍婐妸也疊韵字一曰弱也說文妸好也廣雅釋詁一妸小皃也五部疊不宜熒且妸注肥骨柔弱曰婐娜鄉鬻三百八十一引通俗文

餧

○俗有餧飢也一曰魚敗曰餧說文段注各本篆作餧解作萎聲非也今正說詳餧本餧為餧餡俗

字許艸部作萎一曰云云論語魚餧而肉敗釋器曰肉謂之敗魚謂之餒按魚爛自中未飢義之引伸也○廣雅釋詁四又一切經音義二十引三蒼文漢書西南夷傳集注西域傳上集注如云餧飢也蓋按說餘書今恐正之餧餒也左氏桓六傳今民餒而君逞欲釋文僖廿五年傳餧而弗食釋文宣四年不其餒而釋文襄廿年傳吾有餒而已注昭五年傳辛以餧死釋文又論語衛靈公也餒在其中矣集解引鄭注又皇疏又一切經音義七引三蒼又漢書魏相傳集注谷永傳集注又後漢書廣延傳注餧謂魚餧壞也論語鄉黨皇疏○竟按甚解引孔注云魚敗曰餒釋文云本又作鯘魚餧肉爛爾雅釋器李注○竟按舉肉魚敗全魚也爛必自柔爽者始以

磊果切

蓏

○俗有儳在木曰果在艸曰蓏从艸㼌說文段注各本作在地曰蓏今正改齊民要術引說文在木曰果在艸曰蓏以別於許慎注淮南云在樹曰果在地曰蓏然則賈氏所據未誤後人用許淮南注臣瓚漢書注改之惟在艸曰蓏故蓏字从艸凡為傳注者主說大義造字書者主說字形此所以注淮南許說文出一手而互異也應

助衆裹云本實曰果艸實曰蓏與說文合若張宴云有核曰
果無核曰蓏臣贊云木上曰果地上曰蓏馬融鄭康成云果
瓜李屬蓏瓠屬高注呂氏春秋云有寔曰果無寔曰蓏沈約
注春秋元命苞云木寔曰果蓏瓜瓞之屬韓康伯注易傳云
果蓏者物之實說各不同皆無不合高有寔無寔即有核
無核也从艸云云此合二會意瓜者本不殊末微弱也謂
凡艸結實如瓜瓞下垂者統謂之蓏錯本作蓏解
誤旄窳聲蓋在五部此會意形聲之字當辨者也
良爲果蓏
易說卦傳○疏
云艸實爲蓏

蠃
或曰器名闢
說文段注或曰不定之異云器名盡嬴爲嬴之
古字與驗嬴皆可高於家則謂之嚣宜也闢謂
闢其形也其義則音名其音則以嬴聲之字
定之其形則从肉以外不能強爲之說也

蠃
或作嬴倮嬴
○俗有儫嬴
裸 或 但也
說文段注袒但也各本作袒今正左傳
欲觀其裸注正義曰裸謂赤體無衣也
大戴礼曰倮蟲三百六十聖人爲之長王制蠃股肱注
衣出其臂脛也按人部曰但裼也謂先上衣露裼衣此裸袒
皆訓袒者但之尤甚
者也俗作嬴較爲不通
蠃袒也
推廣雅釋詁蠃令正袒字不廣
字作蠃四○袒按字廣

韻史　卷七十八第十七部上聲哿韻　八〇〇七

改者但袒爲正借字
非若嬴之譌謬也
蠃者露形體也
漢書高五王傳注○按
韋賢傳嬴珍其尸注
云蠃露形也文江都易王非傳令
裸露也漢書王嘉傳
蠃立學致注云蠃者露其形也
傳集注裸露
史記南越傳其西甌
駱裸國亦稱王索隱
倮露形也
左氏昭元年傳
注而體嬴露
裸課不
以衣蔽形也
列子湯問篇髮而裸釋文○呂覽求人
剡人裸民之處注云裸民不衣衣裳也
裸謂赤
體無衣也
左氏僖廿三傳疏○儀
礼士喪礼疏云裸謂赤體
裸壤文身也
文選與嵇茂
齊書表龍章
於注
裸爲無鱗甲毛羽人爲之長也
大戴記
爲其裸注數
類倮匈謂無
毛羽與鱗介也
大戴記曾子天圓注唯人
爲倮匈而後生也
裸露皮革無毛介也
素問五運行大
論其蟲倮注云倮
倮蟲謂人及蝦蟇之類也
素問五常政大論
倮蟲靜注○又倮
蟲不成注云
謂青緑色者也
裸蟲麒麟麋鹿牛羊之屬也蹄角裸見皆
呂覽觀表注
羽裸鱗
爲裸蟲
毛蠃物虎豹貔貅之屬淺毛者
周礼大司
徒其動物

韻史　卷七十八第十七部上聲哿韻　八〇〇八

宜蠃物注○考工記梓人注云蠃
有謂虎豹貔貅爲獸淺毛者之屬
倮獸謂淺毛之獸虎豹之
屬
管子版法以倮
蟲之犬寰注
倮謂焚燒令萬獸俱盡
管子七臣七主注
倮大行

𤺄 𣩵
郡中病也
說文
或作
畜產疫病也
說文段注畜產當作畜左傳不疾瘯蠡
杜云無疥癬之釋文蠡說文作瘰云瘯瘰皮
肥也按今說文無瘰字二字本艸經有瘰字瘰瘰病
皮肥也陸氏書說文二字肥字本此云瘰瘯瘰皮則又非
非廣瘦也人曰
𣩵病也
廣雅
釋詁一

蠃
平上
讀州
義分
蝸蠃也一曰虎蝓
說文○
俗字作螺者是
萤按後義讀平
螺蠃土蜂
詩小宛螟蛉有子蜾蠃負之
疏○萤按詳在蝸下陸
也一名蒲盧

韻史　卷七十八第十七部上聲哿韻　八〇〇九

壯瑣切

捶
○俗有
以杖擊也
說文段注內則獲小則擊之注曰捶持之
之物得曰朴也擊馬者曰箠○蜀都賦小擊之注曰抃擊也引
捶正論曰朴也擊馬者曰箠○名捶猶擊也漢書鬭三文擊也引
捶撃也
漢書司馬遷傳後之
手踠八十矢人注注○淮南道應篇捶鍛○捶
者捶也
捶舂也
廣雅釋詁四
捶排口鐵
以灼火也
借文之選廣成也絕莊子論大注引宗師莊子齊
之選廣成也
李云捶
引文李說云鍾鍛之鍛閒言小處鐵鍛以吹之義也
捶鍛
涉
捶馬杖也
莊子大宗師
捶杖也
莊子天下一尺之
捶釋文引司馬注

箠
所以擊馬也
說文段注所以二字今補
箠馬策也
漢書定襄傳是也
周礼注
漢書敬傳
箠策也所以擊者也
王吉傳手書於枕箠馬
鑾箠注
假借爲杖人之偁
共
漢書

韻史　卷七十八第十七部上聲哿韻　八〇一〇

刑法志其定箠令注○玉篇傳中士以馬箠擊亭長注云箠也箠謂撾也漢書陳餘傳注五止壽王傳其後氏以擾毆箠擬相撾擊注箠策也廣雅釋器○箠揭策正字通俗字箠杖也漢書韓延壽傳民無箠楚之箠注司馬遷傳注○又箠執帳任少卿書具次關木索被楚受辱注云箠楚背杖木之名也又云箠與杖同以之人同謂之箠楚又公羊昭廿一年傳注李氏肖箠謝過釋文云李又作捶○查按箠與極一言其物一言其事李義各有在引申之而互借通用矣

奕果切 五果切

䮔 𨔝 陊 厄

䮔 箠 馬小皃 說文段注是部𨔝以爲聲

𨔝 或作𨓈作書 不行也 說文段注上有馬者誤

陊 或作墮一耑耳 磊陊也 說文段注磊墤也疊韻字 猶陊鮨果實垂 廣韻○蓋按果實垂者磊陊之

厄 ○俗有厄 科厄 逗疊韻字 木卩也賈侍中說巳爲厄 逗 裹也一曰厄 逗

蓋也 說文段注凡可表識者皆曰卩竹之月曰節木之月曰科厄易曰艮於木爲多節科厄戝起之皃耎侍云云別一義不連科字一曰云云又一義不連科字

巽果切

貨 貝聲也 說文段注聚小貝則聲瑣故其字从小貝引伸爲細碎之稱今俗瑣行而貨廢矣周易旅初六旅瑣瑣陸續曰瑣瑣小也艮爲小石故曰瑣瑣也按瑣者貨之段借字玉部瑣謂玉聲 旅瑣 瑣碎也 漢書劉注梁傳 瑣細也 後漢書呂強傳注瑣小也 後漢書班固傳下注 爾雅釋訓云瑣瑣小也○詩節南山瑣瑣姻亞傳云瑣瑣小皃 瑣瑣猶小小也 易旅釋文引鄭注 瑣瑣者 細小卑賤之皃也 易旅釋文云瑣瑣疏云瑣瑣細小卑賤之貌○又引王 璅璅小也 文選東京賦既璅璅 馬薛注○蓋按璅即瑣之俗體也凡貨聲字或从巢者皆淺人所爲耳易詩爾雅三釋文並云瑣本作璅 瑣者謂 爲𥾍細之行者也 荀子非十二子注 瑣瑣計謀褊淺之皃 爾雅釋訓 含人 瑣瑣疲弊皃 易旅釋文引馬注 瑣瑣最蔽之皃 易旅虞注

瑣 䴹 腂

瑣 ○俗有璅字 玉聲 說文段注謂玉之小聲也周易旅瑣瑣鄭君陸績皆曰瑣瑣小也○蓋按碎小諸義並見貨下 也借 瑣連也 廣雅釋詁四 瑣鏁也 漢書西京傳集注引張晏 瑣門鏁也 離騷欲少留此靈瑣兮 劉注瑣云瑣戶兩邊以青畫爲青瑣文○文選吳都賦 瑣尾少好之皃 詩旄丘瑣兮尾兮 今傳疏云瑣者少兒 瑣即沙也 成十二年會于瑣澤公羊作沙澤沙 左氏定七年傳乃盟于瑣注○蓋按 即瑣之一名仍平聲也 二

䴹 小麥屑之覈 說文段注此謂上文麥之堅者言麥屑中之覈也 ○俗有麩又小麥堅者謂此麩皆謂

腂 髓也 說文髓者骨中脂也

骨骨也髑骨饋也○廣韻過韻體說文骨膸骨象也骨又見屋沃韻是可以正髓補缺矣○蓋按說文奪骨蒙也段氏補於膸後解曰 書紀鳥鵝瑣兒

漬 彼 𢓈

漬 有○漢俗 水也 說文段注

彼 往有所加也 說文段注加彼也 大學君子彼以段字 彼亦外也 吕覽先已注○蓋按彼者偏也今轉注之

𢓈 ○人有爲之俗 蹇也 說文段注以足部跛云 跛 行不正也 足跛也 跛蹇行不正也 跛 足蹇也 廣雅釋詁三 蹁 謂足不能行 禮記王制瘖聾跛躃斷者侏儒 跛偏任也 周語 禮記曲禮立無跛 注云偏任爲跛

韻史 卷七十八第十七部上聲哿韻 八〇一五

柀 煔也。一曰析也。說文段注煔各本作檆徐鉉同增一檆篆非也今刪檆篆依爾雅正檆爲煔釋木曰柀煔上音彼下音所咸反即今之杉木也煔與杉爲正俗字郭云煔生江南可以爲船及棺羅氏願爾雅翼曰柀似杉而異杉以材稱柀又有美實而材尤文采其樹大連抱高數仞葉似杉木如柏作松理肌理細緻堪爲器用古所謂文木也其實有皮殼大小如棗而短去皮殼可生食李州有彼子所柀子也引蘇恭說本艸訣入蟲部閩像居不郭出之按依羅氏說則柀爲杉有別今人恆用者皆杉非柀也爾雅說文渾言之耳南方艸木狀曰杉一名柀煔一曰云云析各本譌析今正按柀析字見經傳極多而今本皆譌爲手部之披披行而柀廢左傳曰柀其地以塞夷庚韓非子曰數柀其木毋使木枝扶疏戰國策范睢引詩曰木實繁者柀其枝柀其枝者傷其心史記魏其武安傳曰此所謂枝大於本脛大於股不折必柀方言曰柀散也東齊聲散曰廝器破曰柀此等非柀之字誤即柀之假借手部披訓從旁持木部柀乃訓分析也陸德明包愷司馬貞張守節顏師古皆音上聲音彼反是可證字本從木也矣注 **柀分析也** 史記魏其武安侯傳正義 **柀分也** 漢書西域傳上正義〇左氏成十八年傳注云柀猶 **柀析也** 左氏昭五年傳又柀其邑

韻史 卷七十八第十七部上聲哿韻 八〇一六

分也又一切經音義十三引纂文云披猶分也亦分析也蓋披分析或分析之誤但分與分析非有二義 **披解也** 淮南齊俗披斷撥檖注 **披散也** 廣雅釋詁三 **披開也** 文選琴賦披重壞以誑裁分注 **披張也** 廣雅釋詁一 **披發也** 漢書薛宣傳集注 **披披鬤鬤解亂兒也** 楚辭思古髮披披以鬤鬤兮注 **披長兒** 楚辭大司命靈衣兮披披注怨思服雲衣之披披注 **披拂風兒** 莊子天運孰居無事而披拂是釋文 **披靡言精體低垂** 史記項羽紀漢軍皆披靡正義〇手部披下段注云木部柀訓析也柀靡字如此作而淺人以披訓析改柀靡爲披靡莫有能諟正者

簸 揚米去康也。說文段注與播布之義相近蓋揚別本康作糠俗人所改〇 **簸揚也** 文選西京賦簸林薄薛注平上兩讀注在戈

佩果切

頗

駊 駊騀逗二字疊韻 馬搖頭也。說文段注駊騀於頗俄皆近

昧琦切

靡

韻史 卷七十八第十七部上聲哿韻 八〇一七

〇俗有流灖 **被靡也** 說文段注被各本作披今正被靡疊韻字㫃下曰旌旗被靡也項羽傳漢軍皆披靡顏師古張守節皆音彼反畫其字本作柀从木析也寫者譌从手披靡分散下垂之兒易中孚九二曰吾與爾靡之孟王皆曰散也凡物分散則微細引申之謂精細可喜曰靡麗爾下曰麗爾猶靡麗也是也又與亡字無字皆雙聲故消無曰靡〇荀子大略利夫秋豪害靡國家注云靡被靡也 **靡僞也** 華嚴經音義下引漢書犯遺 **靡散也** 易中孚釋文引埤蒼又漢書文帝紀集注食貨志上集注董仲舒傳集注嚴助傳集注主父偃傳集注楊王孫傳集注陳湯傳集注谷永傳集注揚雄傳下集注西域傳集注王莽傳下集注 **靡散猶消滅也** 楚辭離世名靡散而不彰注 **靡隨也** 漢書楚元王傳集注引晉灼又後漢書馬融傳上注 **靡謂相隨從** 漢書淮南衡山濟北王傳賢注下漸靡使然注 **靡謂相順從也** 荀子性惡注〇晉注云靡順從也 **靡順也** 荀子儒效讀靡

韻史 卷七十八第十七部上聲哿韻 八〇一八

使然注又漢書司馬相如傳下集注 **靡共也** 易中孚虞注又釋文引韓詩 **靡猶弭也** 漢書杜欽傳集注 **靡靡順風兒** 文選琴賦靡靡猗猗注 **靡靡相依倚兒** 文選高唐賦薄艸靡靡注 **靡靡行也** 廣雅釋訓〇詩黍離疏云靡靡行舒之意 **靡靡猶遲遲也** 〇詩黍離行邁靡靡傳 **靡徙自抑退也** 漢書司馬相如傳上散閃靡從注史記相如傳索隱云靡徙大正也〇 **弟靡猶遲伏也** 莊子應帝王因以爲弟靡崔注〇釋文云弟靡不窮之兒 **靡之儇之猶言緩之急之也** 荀子榮辱之儇之注 **靡言小也** 國語越語王舒身注詩小旻周此靡止傳 **靡細也** 小爾雅廣言又漢書司馬相如傳上集注引王莽傳上集注〇方言二云東齊言布帛之細者曰綾秦晉曰靡 **靡細好也** 方言二注〇文選洞簫賦被淋灑其靡靡兮注云靡靡聲之細好也 **靡纖窔也** 漢書揚雄傳上靡薜荔而爲席兮注 **靡纖也** 楚辭招魂靡顏膩理注 **靡美也** 文選吳都賦其鄉則有任俠之靡劉注文賦言徒靡而弗華注 **靡好也** 文選文賦注引韓詩章句 **靡麗也** 漢書司馬相如

傳下集注 靡輕麗也 漢書韓信傳靡衣褕食注 靡猶濃麗也 國策中山策以靡其財注 靡靡惜惜言樂容與閑麗也 文選吳都賦劉注 靡曼美色也 淮南原道齊靡曼之色注○呂覽順民目不視靡曼注云靡曼好色 靡曼柔弱也 列子周穆王娥媌靡曼注○呂覽本生靡曼皓齒注云靡曼細理弱肌美色也 靡爲也 廣雅釋詁三 靡累也 詩烈文無封靡于爾邦傳 靡謂侈靡也 詩烈文疏又周禮司市以政令禁物靡而均市司農注又禮記少儀疏國家靡敝疏○檀弓上若是其靡也注云靡侈 費弗過適謂之節反節爲靡 賈子道術 靡敝賦稅竭也 禮記少儀國家靡敝注 靡涯也 史記司馬相如傳的皪江靡集解引郭璞索隱引張揖 靡邊也 史記司馬相如傳索隱引應劭 靡離也 廣雅釋言 靡無也 爾雅釋言文詩泉水靡日不思鄘栢舟之死矢靡他傳同 靡室勞矣箋采薇靡室靡家箋小旻國雖靡止箋蓼莪入則靡至箋北山王事靡盬箋皇矣其德靡悔箋雲漢靡神不舉 箋文國語周語注魯語注晉語注又漢書班彪傳注又文選文東京賦華山靡錄薛注又華嚴經音義上引珠叢○漢

書揚雄傳下然則靡玄無所成名乎注云靡亦無 靡无也 國策秦策靡不有初注 靡盡也 國策秦策而百姓靡於外注又漢書枚乘傳集注又荀子富國以靡敝注 靡靡盡兒 文選歎逝賦友靡靡而愈索注 靡蔓也 文選吳都賦熱慾尋靡蓱於中逵賦 靡艸蘼蕪蘼之屬 禮記月令靡艸死注引舊說又後漢書和帝紀注○萱按淮南時則注[illegible]字 靡紂邑也 周書世俘侯來命伐靡注 靡僾也 靡摩也 萱按此謂靡即摩之借字也 靡碎也 萱按此叚靡爲孅也 靡縻也 萱按此謂靡即縻之借字也二字互相借 縻敝也 漢書律麻志上集注引晉灼

髍 或作䯢○上州潰注在彼平

[illegible]許

竟姼切

掎 偏引也 說文段注一本作偏引一足也見李賢司馬貢所引此依左傳注增二字耳左傳曰譬如捕鹿晉人角之諸戎掎之杜注云掎之掎其足也國語曰掎止晏萊韋云從後曰掎子虛賦腳麟司馬彪云腳掎也詩伐木掎矣傳曰伐木者掎其顛也○文選海賦又掎拔五嶽注云掎引也又後漢書班彪傳上注云掎偏引也又馬融傳注云掎偏引一足也 掎從後引之也 漢書息夫躬傳躬掎祿曰注 從後牽曰掎 後漢書崔寔傳注袁紹傳注 掎偏持其足也 漢書敘傳上劉李逐而掎之注 掎之言戾其足也 左氏襄十四年傳疏 掎角皆遮截束縛之名也 詩七月傳角而束之曰掎疏 掎者倚也 詩小弁疏 掎亦得也 周禮大卜二曰觭夢注

剞 ○俗有剞 剞劂逗曲刀也 說文段注高注俶眞訓曰剞巧工鉤刀劂規度刺墨邊箋也箋字有誤所以刻鏤之具應劭注甘泉賦曰剞曲刀也劂曲鑿也二注皆謂剞劂有二王逸注哀時命剞劂刻鏤也與許合○文選魏都賦注引淮南許注云剞劂曲刀也又廣雅釋器云剞劂刀也 剞亦刲也 文選吳都賦剞劂罷之變注 剞

巧刺畫盡頭黑邊箋也 淮南本經公輸王爾無所錯其剞劂削鋸注○萱按語與俶眞注略同 箋爲綫之字誤

綺 文繒也 說文段注謂繒之有文者也文者錯畫也錯畫謂逪逪爲其介畫繒爲逪逪方文文謂之文綺引申之曰交疑絡綺當曰疆場綺分背謂似綺文○後漢書安帝紀注班彪傳上注王符傳注云綺文繒也 綺文繒也即今之所謂細綾也 漢書高帝紀下賈人毋得衣錦繡綺縠絺紵罽注無所謂地理志下織作冰紈綺繡純麗之物注○敘傳上在於綺襦紈絝之間注云綺今細綾也又後漢書邊讓傳注云綺綾也 綺欹也其文欹邪不順經緯之縱橫也 釋名釋采帛 綺文也 文選魯靈光殿賦天窗綺疏張注 綺綵也 廣雅釋器 綺五色也 文選神女賦序其盛飾也則羅紈綺繢盛文章注 綺光色也 文選七命流綺星連注 綺錯交錯也 後漢書班彪傳上注 綺疏謂鏤爲綺文 後漢書梁冀傳注 綺室室之綺麗者 後漢書宦者傳注 綺靡精妙之言 文選文賦

詩綠衣 倩兮 靡注 而

漾汁切

也

𠃟 [notes illegible] 女侌也 [notes illegible]

也 語終辭也 [notes illegible]

也 皆助語之辭 [notes illegible]

韻史 卷七十八第十七部上聲哿韻 八〇二三

也 猶焉也 [notes illegible] 也 猶矣也 [notes illegible] 也 猶耳也 [notes illegible] 也 猶者也 [notes illegible] 也 猶邪也 [notes illegible] 也 猶兮也 [notes illegible] 也 猶歟也 [notes illegible]

韻史 卷七十八第十七部上聲哿韻 八〇二四

迆

衺行也 夏書曰東迆北會于匯 [notes illegible]

迆 衺也 [notes illegible]

迆 謂著戈於車邪倚也 [notes illegible]

迆 邪也 [notes illegible]

迆 謂邪行絕理者 [notes illegible]

從起 [notes illegible]

迆 靡也 [notes illegible]

迆 靡邪起也 [notes illegible]

迆 靡邪出之言也 [notes illegible]

迆 靡廣被之意 [notes illegible]

迆 邪平之皃 [notes illegible]

迆 靡相連 [notes illegible]

迆 謂靡迆 [notes illegible]

迆 靡相連也 [notes illegible]

迆 謂草不辟 [notes illegible]

酏

黍酒也 一曰甜也 賈侍中說酏為鬻清 [notes illegible]

酏 [notes illegible] 為餅食 [notes illegible]

韻史 卷七十八第十七部上聲哿韻 八〇二五

韻史 卷七十八第十七部上聲哿韻 八〇二六

倚

依也 [notes illegible]

倚 猶憑依也 [notes illegible]

倚 依附也 [notes illegible]

依物為倚 [notes illegible]

倚 偏倚也 [notes illegible]

之相與也注●禮記中庸夫焉有所倚疏云倚謂偏有倚近倚立也易說卦傳虞注又釋文引王肅注又廣雅釋詁四又漢書律曆志上集注○史記屈原賈生傳索隱云倚者立身也倚任也荀子解蔽注性惡注倚謂杖任之也漢書韓安國傳上注方倚敬以為楫倚恃也漢書鄒陽傳集注倚因也廣雅釋詁四又老子禍兮福之所倚注倚迍也呂覽先識女切倚注倚辟也楚辭大招曾頰倚耳注倚邪也後漢書竇憲傳注倚曲也書乃戾中恐人倚乃身晚出傳倚排也管子度地杜曲激則倚筴倚佼也筴作清筴也言人多技巧尚輕細如筴躍曰倚注則也釋名姿容釋倚拜謂持節持戟拜身倚之以拜周禮大祝奇拜杜注屖言不能講坐也後漢書儒林傳注倚輪一隻之輪穀梁僖卅三年傳匹馬倚輪無反者注○蓋據此義與倚同段借通用也踦倚陽符脅也廣雅釋器○方言二云符脅自閭而東周洛楚魏之閒謂之倚佯倚商活脫廣雅釋訓倚奇也按此段倚為奇奇古字古亦段奇為倚說

韻史　卷七十八第十七部上聲奇韻　八〇二七

卦倚數蜀才李作奇史記外戚世家因欲奇兩女漢書奇作倚猗倚也詩淇澳猗重較兮箋○黃按此謂猗即倚之借字也猗依也詩淇澳釋文淇猗違猗依違耳漢書孔光傳遺逸者咸注猗

輢

車旁也說文段注謂車兩旁式之後較之下也注家謂之輢按輢者言人所倚也前者式對之故曰輢旁者倚之故曰輢兵車戈殳戟矛皆插於車輢上曰執○考工記輿人釋文云輢車旁也言兩輢謂車兩旁豎之者較考工記輿人為車注輢上出式者疏輢寄也文選蜀都賦注

誃

或作移誃離別也周景王作洛陽誃臺說文段注釋詁云誃離也說文段注郭云見詩釋言曰斯誃毛詩東京賦見誃字疑誃即誃之譌誃有作誃宮名曰南宮有誃門者兵列切水篇曰洛陽諸宮名曰南宮有臺周景王作洛陽誃臺說文則誃門也水經注云誃門即宣陽門也宮門內有宣陽南宮水室有誃臺臨照臺蓋謂誃東門京之則臺誃門殿也誃之門也者誃之或體李善釋宮連謂之簃周景王作大鐘則小屋其今作簃之臺也亦誃大之譌

韻史　卷七十八第十七部上聲奇韻　八〇二八

鹢

厲屬連觀也竹部簃閣邊小屋也今作簃兩雅釋宮連謂之簃郭云堂樓閣邊小屋兮所以為斯陸雲字亦作誃兒書曰公之簃

姼

姼美女也說文段注曰姼母也漢書廣韻曰姼姑稱姼又姼考經曰姼美也方言姼母也方言郭注集韻曰姼奼也母兒今姼音多也此方俗語也

媞

姼姼好兒漢書敘傳下集注姼姼暢暢愛也漢書敘傳下集注引孟康曰姼姼妻之父謂之父姼妻之母謂之母姼廣雅釋親

康妻之父謂之父姼妻之母謂之母姼釋親

或作掩移也一曰奢泰也說文段注其字則九多者以掩蓋其人曰掩書此義皆云多也其以掩者奢泰侈也奢泰也此以侈者其文則九多書之一字三

侈

侈奢也小雅巷伯侈兮哆兮毛傳哆大也侈之言是必有因也詩巷伯侈兮哆兮吟毛傳云侈大也小雅曰哆大也二曰侈者侈也

汏故縱獨自侈生正能誅之注○國語晉語侈汏也集韻引呂覽侈樂

侈謂奢侈

韻史　卷七十八第十七部上聲奇韻　八〇二九

舘侈而民廣鮫有歛謂之儉反歛為侈僖子通鄭子侈多也爾雅釋言庶侈也釋詁○周語侈猶多也楚語不多費謂之侈解者非子侈謂饒多也侈大也周禮司服注又天官大宰注侈大也又國語注又大戴禮王言注又漢書刑法志上注又賈誼傳注左傳襄三十一年服注侈靡也公羊成三年傳注侈也大同名侈之言是必有因也詩巷伯侈兮哆兮傳侈大也莊子大宗師釋文引司馬注侈廣也淮南子詮言注侈過也漢書注侈裂也侈謂過常也侈謂中央約也侈則聲迫筰出去疾也周禮典同注侈聲筰侈者蓋本

韻史　卷七十八第十七部上聲奇韻　八〇三〇

袲 士妻之袂以益之

袳 廣也春秋國語曰侈溝而袳我

衣袳也春秋傳曰公會齊侯于袳

襄開衣領也

韻史 卷七十八第十七部上聲哿韻 八〇三一

垑 者益半士妻之袂以益之

韻史 卷七十八第十七部上聲哿韻 八〇三二

炵 炵炵火不絶皃

鉹 曲鉹也一曰鬵鼎 鉹字與甑同鬵也

阤 杝 小崩也

齮 齧也 齮齕 齧也 齊人謂齧咋爲齮

韻史 卷七十八第十七部上聲哿韻 八〇三三

韻史 卷七十八第十七部上聲哿韻 八〇三四

阤 落也 阤 墮也 阤 靡也 阤 崖際也

云地毛莎蒨也是蒨即莎也段云莎蒨○蓋栘夏小正夲作莎隨未知隨孰為正字

⿰豕青 ○俗有豬慶猜猜豬 ⿰豕青也 說文段注豬豬釋獸文部云俗呼豬豬為豬子桉蓋豶豕之小者也 小猜豬豚

也廣韻 ⿰豕高小豬也 上同

遐彩切

⿰骨差 或作髓髓 髓骨中脂也 說文○文選長楊賦髓余吾注引通俗云骨中脂曰髓○蓋桉漢書郊祀志字作開 口許 海迖切

髊楊雄傳作髓集注狃云古髓字 髓者骨之充也 素問解精微論剌要論剌骨無傷髓注 髓遺

也遺遺也 釋名釋形體 地髓地黃也 廣雅釋草

韻史卷七十九　泰興何萱石閭譔集　子度校字

第十七部去聲　上海顧錫麒竹泉覆審

賀韻　武進李兆洛申耆鑒定

賀 加 呂禮物相奉慶也 說文段注相奉慶玉篇作相慶加為長心部曰慶行賀人也是慶與賀二字互訓智之言加也猶贈之言增也古假賀為嘉覲禮余一人嘉之今文書作賀是也廣雅曰賀擔也勞也此謂或假賀為儋何字也儋何俗作擔荷○漢書高帝紀上集注云以禮物相慶曰賀 賀加也 儀禮士喪禮賀之注 賀嘉也 廣雅釋言 賀儋也 方言七○蓋按詳見何下段借字也

地 十六部十七部兩讀 墬 籀○俗有墬坔埊 元气初分輕清昜為天重濁会為地萬物所陳列也 說文段注元者始也陰陽大論曰黃帝問於岐伯曰地之為下否乎岐伯曰地為人

之下大虛之中者也黃帝曰馮乎岐伯曰大氣舉之也按地之重濁而包衆乎輕清之氣中是以不墜坤道成女乎牝之門為天地根故具字从也式云从士乙力其可笑有如此者漢書或假為第但也之第漢人多用陰字者傳寫皆誤少一畫○白虎通天地云地者元氣之所生萬物之祖也又大戴記少閒云先清而後濁者天地也又淮南天文云重濁者疑滯而為地又後漢書班彪傳下注云濁沈者為地又論衡談天云濁者為地又莊子在宥釋文引禮統云濁重下為地又素問陰陽應象大論云濁陰為地又積陰為地又云陰為地 地者陰精 後漢書楊震傳○續漢書五行志四又呂覽有始地塞以形注竝云地者陰也 地者所以載生成之形類也 素問五運行大論管子水地云地者萬物之本原諸生之根苑也又周禮目錄云地者載養萬物又御覽引洪範五行傳云地者成萬物也 天地者萬物之父母也 莊子達生○逍遙遊若夫乘天地之正注云天地者萬物之總名也 地 土也 廣雅釋地○白虎通五形云地土之別名也 地為積塊 顏氏家訓歸心 丘陵原隰陂阪總而曰地 蔡邕月令章句○蓋按大司徒辨五地之物生一曰山林二曰川澤三曰丘陵四曰墳衍五曰

原隰義乃備墬謂神州及社稷大戴記保傅下無取於墬注○董按無極山碑與瓦墬俱生睢陽令楊君碑叫天新墬皆用籀文而省者也又管子山權數故天毀墬凶旱水泆用墬字謂武后製者非坤為易說卦傳䪥䪥亨鄭注損損有亨鄭注象上傳故天地如之虞注天地以順動虞注地險山川丘陵也虞注百百穀艸木麗于土虞注象下傳天地之大義也虞注天地瞬虞注天地革虞注象上傳山附于地剝注繫辭下傳據地為白虞注○象下傳地中生木荀注云地謂坤地者下之極也荀子禮論○儒效云至下謂之地地底也著也陰體下著爾雅釋地釋文引物理論○釋名釋地云地底也其地底下載萬物也又漢書食貨志上地著為本注云地著謂安土也地也者形之名也易象上傳柔順利貞注○鶡冠子度萬云地者形也地天之合也春秋繁露王道通三地之為言媲也承天行其義也古微書引春秋元命苞○鶡冠子泰鴻云地者承天之演備載以寧者也地者人所任也白虎通攷黜○後漢書光武紀下云地者任物至重靜而不動者也地者政之本也管子乘馬地天也廣雅釋詁

韻史 卷七十九第十七部去聲賀韻

八〇三九

一○莊子則陽云天地者形之大者也地猶道國策秦策而肥仁義之誠注地理也鶡冠子夜行○天權云理之所居謂之地地者陰也矩也文選東京賦規天矩地注引范子地者易也言養物懷任交易變化含吐應節古微書引春秋元命苞又白虎通天地○董按白虎通無末四字養下有萬字地者沈奪萬物氣也史記律書地施也諦也應變施化審諦不誤爾雅釋地釋文引禮統○大戴記曾子天圓地之所生下首注引白虎通云地諦也又釋名釋地云地諦也五土所生莫不審諦也地諟也廣雅釋詁三地麗也爾雅釋地釋文引淮南許注地離也廣雅釋室地猶第也漢書丙吉傳集注引李奇地亦但也漢書丙吉傳集注○董按地但雙聲地第同音故段作地

左

○俗有佐旌ナ手相左也說文段注各本俱誤今正左者今之佐字說文無佐也ナ者今之左字ナ部曰左手也謂左助之手也以手助手是曰左以口助手是曰右左右導也爾雅釋詁左右勴也

韻史 卷七十九第十七部去聲賀韻

八〇四〇

同上左右助也易象上傳以左右民鄭注又釋文又詩關雎左右流之蹇長發實左右商王傳又周禮士師以左右刑罰注地官序官大司徒相左右也疏大行人注記相左右教告之也疏又禮記祭統左右成公疏又書大傳舜為左右注又漢書律麻志上注韋玄成傳集注師丹傳集注貨殖傳集注王莽傳中集注又後漢書明帝紀注徐穉傳注董卓傳注○易象上傳虞注云左右助之左右謂扶持之禮記檀弓上左右就養無方注○漢書王莽傳中壘壘在左右之不得從意注云左右讀曰佐佑佐左也在左右也釋名釋言語○董按此二左字即右ナ字也既用左為ナ不得不與佐以相別異矣佐助也周禮肆師以佐大宗伯注又國語周語四岳佐之注鄭語佐制物于前代者注晉語抳健佐之注又廣雅釋詁二○周禮天官序官以佐王均邦國注云佐猶助也佐猶勸也國語晉語召之使佐食注佐治也大戴記衛將軍文子康於其事上也以佐其下注佐君位也淮南詮言無害於為佐注○董按此注疑有李字呂覽悔過注左君位也見ナ下三百一長曰佐周書武順戎車之貳曰佐禮記檀弓上佐車授綏注佐亦副也周禮田僕掌佐車之政注○禮

韻史 卷七十九第十七部去聲賀韻

八〇四一

記少儀疏云田車之副曰佐佐車副車左氏成二年傳鄭周父御佐車注○禮記少儀乘貳車則式佐車則否注云貳車佐車皆副車也朝祀之副曰貳戎獵之副曰佐佐車驅逆之車禮記王制大夫殺則止佐車注佐疾謂瘵也呂覽仲秋紀佐疾以通秋氣注佐覗也廣雅釋詁三㑅副也廣韵

𢓜 𢓜𢓜行不正也說文段注𢓜𢓜各本𢓜𢓜今依宋本說文宋刻集韻三十八箇正

粲賀切 瘥 平去兩讀注在彼○俗有瑳

徹賀切 饑 飢也說文又廣雅釋詁四饑困之也淮南說山無一月饑注有死者曰大饑無死者曰大饑穀梁襄廿四年傳五穀不升為大饑疏引徐邈說

合口

許 暝貨切 課 試也說文段注廣韻第也稅也皆課試引伸之義○廣雅釋言又楚辭天問何不課而行之注強云課試也 課

韻史 卷七十九第十七部去聲賀韻

八〇四二

第也廣雅釋言令考第爲課也文選北山移文常綢繆於結課注

髁

○俗育康髀骨也說文段注髀骨猶言股骨也醫經亦謂之股骨沈氏彤釋骨云髁骨旁能兩股者曰堅骨亦曰大骨曰骸一身之伸屈司焉故通曰機閾之旁曰髀樞亦曰樞機者髀骨之入樞者也在膝以上者曰髀骨曰股骨其通者曰樞其斜上俠髖者則所謂機也接髀之上曰髖即俗所謂髁也髁者髀與髖相接之處人之所以能立能行能有力者皆在於是故醫經謂之機骨空論曰俠髖曰機是也醫經曰腰髁骨者其字當作骻即髂不當作髁文選注引埤蒼曰髁腰骨也髁髖也廣雅釋親髁尻骨也一切經音義十六引埤蒼髁骻也髖骨也一切經音義十四引埤蒼○萱按此髁爲骻之假借字也由雙聲通轉

爲 寶課切

平去兩讀義分○疑有爲𢂀古文爲謂福祐爲己之報爲猶助也爲猶與

韻史 卷七十九第十七部去聲賀韻 八〇四三

也爲猶使也萱按此皆引申之義已備載乎聲爲字下矣後人強分兩讀者不必然

韻史 卷七十九第十七部去聲賀韻 八〇四四

譌 匕 會課切

疾言也說文

變也說文段注變者更也凡變匕當作匕教化當作化許氏之字指也今變匕字盡作化化行而匕廢矣大宗伯以禮樂合天地之化百物之產注曰能生非類曰化生其種曰產按虞荀注易分別天變地化陽變陰化析言之也許以釋匕者渾言之也化變也後漢書張衡傳注又呂覽之民則湯遠離乎注化變也○淮南原道而以五化爲之化神化淮南注云化猶不可勝數注化生也莊子駢拇之化則禮記中庸注變化也疏云久變盡舊體而有新體謂之爲化謂之化倪仰變異謂之化列子周穆王篇注狀變而實無別而爲異者謂之化荀子正名篇注正名化者改舊形之名易上傳乾化注化謂一有一無忽然而改謂之爲化變化無常也國語晉語韋注若化陶謨懋遷有無化居轉化無常也書皋陶謨懋遷有無化居晚出傳文淮南氾論禮化易也

化

俗化注化徵易也墨子經上化猶生也周禮柞氏若欲其化也注又禮記樂記和故百物皆化注化謂生化也素問天元紀大論在地爲化注化五氣大注論五運行大論注入百化百物化生也禮記樂記大論注化育也呂覽過理剖孕婦而觀其化注化胎孕爲化也書堯典化謂成五象也素問五常政大論化不可化施化也化以生化注化氣也素問氣交變大論注化生之氣也五運行大論化謂造化和氣也春素問氣交變大論化大德也有素問六元正紀大論化猶死也淮南精神形化成易繫辭上傳注化也神化在地爲化易繫辭上傳注天元紀大論在陰稱化易繫辭上傳注化之數化者道也淮南本經注化猶變化也素問五運行大論在陰爲化天元紀大論化謂成物也易繫辭下傳化而能久變化者荀子虞注化道也呂覽似順則可化矣注化猶也素問陰陽應象大論秋冬爲化易傳四時象下

韻史 卷七十九第十七部去聲賀韻 八〇四五

○俗化教行也說文段注教行於上則化成於下賈生曰此五者人自化而民自化按工之而下從化也以匕部之匕人爲之匕部無匕者不主謂匕也化謂教化也呂覽長攻化注化謂教人也後漢書張衡傳注○書華嚴經音義引珠叢云化之指人數爲化爲字教化也數成於上而易俗於下謂之化也素問六元正紀大論以清淨之正化注化大治也化猶隨也呂覽大樂注化猶從也化謂遷善也荀子不苟神則能化矣注化謂之化荀子不苟則能化謂之化化謂遷善也荀子不苟天之化注變化馴致於善謂之化周禮大祝六祝四曰化注化代祝是非之辯爲化齊人語也公羊傳化我注化猶馴也矣化祝禳變兵也周禮大祝司農注化之相行過無禮謂之化齊人語也公羊傳桓六年注化變也齊物論化聲之相待若其不相待注萱按化變也皆許匕部下

韻史 卷七十九第十七部去聲賀韻 八〇四六

貨

財也（說文段注：廣韻引蔡氏化清經曰：貨者化也，變化反易之物，故字从化。○漢書以泉貨爲泉，化白水真人異架）。武帝以貢爲與工人此等，皆無用裝飾也。財物曰貨（論語：先進賜不受命而貨殖焉。皇疏：子貢富也）賂也（呂覽仲秋注：入貨賄。周禮府注：貨賄者金貴）。錢布龜貝曰貨也（之，周禮職幣注）。貨者金玉布帛之總名（書洪範疏：○漢書食貨志：貨謂布帛可衣及金刀龜貝）。云貨物也，又貨大貢也；云貨賄，大宰注云貨金玉龜貝也（周禮大宰、周禮注云通貨賄而百貨）。貨謂珍貝珠玉之屬（禮記禮運注；儀禮聘禮注：貨天地所化生，玉也）。貨摯幣庭實也（周禮大行人注云貨，禮記曲禮注貨財也）。貨掌金帛之官（書洪範二曰貨，鄭注○周禮外府掌布之出入，注云貨泉好徑）。

䰰 龀

鬼變也（說文段注）。毀齒也。男八月生齒，八歲而齓；女七月生齒，七歲而齓（說文）。齓从齒从七。

貨泉二分，率十五枚；貨布長二寸五分……

杜課切

涹

涹水在漢南荊州浸也。春秋傳曰：脩涂梁涹（說文段注）。

諈

諈諉，累也（說文）。楚人曰諈，秦人曰諉，謂以事相屬累以諈諉也。諈諉，鈍滯也，又煩重也。

杜課切

鮏

魚名（說文）。

杜課切

𧜐 唾

無袂衣謂之𧜐（說文）。唾，口液也。

磊課切

䕸

瘻也。不均也。

刊子力　命釋文

娷　諉也（說文段注言部曰諈諉絫也又曰諉絫也按絫者若　今言以此累人也娷與諈音義皆同可附見於言部）

委諉切

𦉢　或作甀　小口罌也（說文段注上文罌者系大口小口渾言之此　云小口罌則析言之也小口則守而不垂下）（之致曰褒漢人注云鑑如甀大口以甀求謂如甀而大口也　甀人注曰塗置甀中百日則成矣方言甀周洛韓鄭之間謂）（之甀或謂之𦉢按𦉢者斷之　長頸者𦉢不長頸方俗或同名）甀罌也自關而西晉之舊都河汾之間其大者謂之甀（方言五）甀瓶也（廣雅釋器）甀甀今兗州謂小武為甀幽州曰瓦（淮南汜論注）抱甀而汲

籥　（或作龡○平　去用讀義分）籥音律管壎之樂也（說文○按　此讀平聲）吹者所以通氣也管籥竽笙壎箎皆以鳴吹者也（文選注引蔡邕月令章　句○盛按此段吹為籥）（也廣言之曰吹專言樂曰籥蔡之鳴吹即所謂敔吹也　字皆當作𥰭人執用吹而猿讀去聲）

韻史　卷七十九第十七部去聲賀韻　八〇五一

奥課切

睡　坐寐也（說文段注知為坐寐以其字从垂也左傳曰坐而假　寐戰國策讀書欲睡从目垂以會意也形聲包日坐）者目瞼垂而下坐則俑　或作䳒也（說文）

安也（說文）侳辱也

摧也（說文段注此按此借為一曰在　云今字正也挫之傳折也　之義之玆工曰記）

錐　挫

真𥻘切

侳　挫

挫　摧也（說文段注挫之傳如箠也注今詩是時孝來摧為一在曰也）搼也　挫毁折也　折其鋒曰挫屈折也（傳國書漢傳摧有內不云挫注）損也（按蒙語挫注有所云挫　注於傳漢書漢書）挫案也（注引漢書）挫猶止也（楚辭注）挫捉也（說文通俗文）折也　挫鈍也（淮南注）考異（春秋）

韻史　卷七十九第十七部去聲賀韻　八〇五二

指課切

坐

坐　止也（說文段注止下基也引申為凡止之稱）（說文古文坐从土从畱省段注引申為居處之處今俗作座）凡居處為坐也（古者坐跪為坐也）坐行也　坐跪也　坐不行也（禮記曲禮）坐挫也　骨節挫詘也（釋名釋姿容）坐　跪也（禮記）坐行膝行也（左傳）坐無故自凝曰坐（文選注）坐猶守也（左氏）坐皋也

鄭注清明也　挫辱也（淮南俶真注）挫辱也（淮南說山注）

韻史　卷七十九第十七部去聲賀韻　八〇五三

五課切

剉　折傷也（說文段注說文剉析也是二字通用）剉鈇傷也　斮斲也（說文段注斮斲斲也）斮也

莝　斬芻也（說文段注以鈇斬之莝也）莝萎也（詩傳）

臥　伏也（說文段注臥與寢異）臥寢也（廣雅釋詁）臥息也

坐訟曲直（左氏昭廿三年傳）使與邾大夫坐（注）

韻史　卷七十九第十七部去聲賀韻　八〇五四

臥化也。精氣變化不與覺時同也。無臥使人少眠。釋臥 知無知也。臥言佯。

眠也。詐也。

偽

偽欺也。偽謂虛偽。言行抱一謂之貞。反

韻史 卷七十九第十七部去聲賀韻 八〇五五

貞為偽。偽不誠也。偽猶假也。偽猶變也。偽為也。偽撟也。偽孙也。偽像端也。偽像也。偽巧也。偽陰也。

韻史 卷七十九第十七部去聲賀韻 八〇五六

譒 貝課切

敷也。商書曰：王譒告之。

播

𢾺也。種也。一曰布也。播種也。

播布也。播猶施也。播謂布種也。播數也。之言被也。播揚也。播謂發揚其音。播揚謂動勞也。播散也。播舒也。

韻史 卷七十九第十七部去聲賀韻 八〇五七

播棄。播遷也。播蕩流移矣。播抵也。播是水播溢之義。播精播卦占兆也。播聲曰播。播放也。

韻史 卷七十九第十七部去聲賀韻 八〇五八

破 風課切

破石碎也。破壞也。破謂破敝。為破。

壓

壓也。壓土田壓。

土曰壓一切經音義十二引通俗文

礦或作磨○平去用見石磑也說文○壷按礦本讀平聲後人強分石磑讀去聲古不分

齊齒呼

駕 竟卯切

格鵅馬在軛中也說文段注毛傳曰軛烏蠋也烏蠋即釋名之烏啄轅有衡衡横也横馬頸上其扼馬頸者曰烏啄下向叉馬頸似烏開口向下啄物時也駕之言以車加於馬也○一切經音義八引字林云馬在軛中曰駕

駕馬曰駕一切經音義八引三蒼○後漢書馬融傳注云六馬六駕也又詩大叔于田疏云馬之上者謂之上駕

秉輿或謂之車駕獨斷秋駕法駕也文選魏都賦注引莊子司馬注○獨斷下云天子出車駕次第謂之鹵簿有大駕有小駕有法駕

駕加也莊子庚桑楚擊轎飲轢以駕病也釋文引在注又呂覽賞不可以駕矣注駕藥也廣雅釋詁四駕傳也法言學行仲尼駕說者也注駕行也廣雅釋詁二又漢書司馬相如傳下集注引張揖駕謂更其肆也詩大東終日七襄箋駕陵也小爾

雅廣言左氏昭元年傳猶詐晉而駕焉注云駕猶陵也

駕材木相乘駕也淮南本經大構駕興宮室注○壷按此義蓋當作架字駕亦通也

駕辯勞商皆曲名也楚辭大招伏戲駕辯楚勞商只注○壷按古借駕為鴐聲同也山海經青要之山多鴐鳥左傳魯大夫榮駕鵞皆是

枷平去用讀注在彼○俗有采探枷

寄

託也說文段注字从奇奇異也一曰不揭也言部曰託寄也方言曰餬託庇寓媵寄也○國語齊語令可以寄政注又漢書劉向傳集注妓云寄託也

寄依也廣雅釋詁四

寄客也一切經音義十六引廣雅○鬼谷子本經陰符識氣寄注云寄謂客寄

寄公者何也失地之君也儀禮喪服傳○莊子繕性云物之儻來寄也

寄是暫寄有反之目也論語泰伯可以寄百里之命皇疏

東方曰寄周禮秋官序官象胥注又禮記王制又後漢書馬融傳注○王制疏云寄非東方貴名是寄託之意

寄屏寄生也廣雅釋艸○釋木云寄生蔦也

陭 儉駕切

上黨陭氏阪也說文段注地理志上黨郡有陭氏縣蓋因有陭氏阪以名也今本郡國志作猗氏因河東猗氏而孫

徛 平去用讀注在彼

騎 平去用讀義分

單乘曰騎史記項羽紀正義又漢書高帝紀姑光云騎單騎也○壷按騎本義訓跨馬也單騎則是引申之義後人強分兩讀耳不兩讀何傷

郩 寵駕切

有大慶也說文段注慶各本作慶今依廣韻正慶者行賀人也大慶謂大可賀之事也凡从多之字訓大釋言曰慶侈也是其義

誼 仰駕切

或作瀆人所宜也說文段注周禮肆師注故書儀為義鄭司農云義讀為儀古者書儀但為義今時所謂義為誼按此則誼義古今字周時作誼漢時作義皆今之仁義字也其威儀字則周時作義漢時作儀凡讀經傳者不可不

知古今字古今無定時周為古則漢為今漢為古則晉宋為今隨時異用者謂之古今字非如今人所言古文籀文為古字小篆隸書為今字也云誼者人所宜則許謂誼為仁義字今俗分別為恩誼字乃野說也中庸云仁者人也義者宜也是古訓也○壷按書序誼伯仲伯作典寶史記殷本記作義伯仲伯作典寶書釋文亦云誼本作義

誼之言宜也太玄玄數性誼注

誼宜也義制事物使合宜也釋名釋言語

義宜也易旅其義焚也釋文引馬注又書康誥用其義刑義殺傳又詩蕩不義從式傳又周禮大司徒疏調人凡殺人而義者注又禮記禮運以著其義邪時性以其義偽也疏文傳其義然也疏樂記義主疏經解義與信疏衰記義者天下之制也疏道者義也疏是故君子以義度人疏又大義記曾子制言下注又左氏昭廿五年傳地之義也疏又論語公曰長其使民也義皇疏衛靈公君子義以為質皇疏度雅釋言又國語周語制義度乎以行之注不度民神之義注而日以處義注晉語不可謂義淫讓不義注而君比禹楚語明度量以道之義注其知能上下比義注吳語性天王秉利度義馬注文史記吳太伯世家君義嗣案隱又呂覽察微注又鬼谷子中經注○易文言傳可與存義也姚注又左傳隱三年

桓六年疏八年十六年襄卅年昭十六年疏又論語子路上
好義皇疏又漢書公孫弘傳又列子說符注又淮南齊俗又
白虎通性情篇 義之言宜也 注○詩蕩而求義類箋又禮記禮器
云義者宜也 非子解老云義者謂其
宜也 義者宜此者也 禮記祭義大戴記曾子大孝 又大 義謂各得其宜 荀子分義則明 靈樞
注○易繫辭上傳疏云義謂得其宜也又繫辭下
傳禁民為非曰義疏云義宜也言以此行之而得其宜也又
法言重黎注云義 道義之門 疏云義宜也
者得死生之宜也 義者謂名處其宜 心術 管子 行充其宜謂之義
管子 義從宜也 左氏襄卅年傳 義合宜也 論語學而 信近於
道衍 義 大婦義事也注 義又皇疏 文氏隱
三年傳今以義事 云動合事宜乃謂之義以合宜也 二年 義者
疏云合宜為義又管子七法注云義者所 可
宜人及物也 宜之謂義也注 義者宜於事也 孝經 德義可
○豐鐵論刑德云義者事之宜也又法言重黎云事傳引劉炫
之謂義又義子盡心上君子之於物也事指云事得其宜故
謂之義 義能斷時宜 周禮大司徒知仁聖義中和注○禮記
義也 禮上道德仁義疏禮運義疏云義是禮記曲斷

頡 史 卷七十九第十七部去聲寘韻 八〇六三

合宜又記表道者義也注云義也謂斷以事宜也
又國語周語義文之制也注云義所以制斷事宜 義者循理
而行宜也 淮南齊俗○韓外傳四 義者謂宜在我者 春秋繁露仁義
注○又云義者我也又云義之義
為言我也又云義在我謂之義 義者所以除去不宜 管子心術上
以暴注 義謂仁義可以立德之本也 五子公孫丑上 義者仁之
事也 韓非子解老○禮記聘義 孟子 配義與道注云義者 義者藝
之分仁之節也 義者不苟傷人也 又大戴記本命 去禮義者恩之主也 作之
也然觀此亦可得其大凡 禮記禮運○ 誼之訓不但以上所衆也 太平
收於此者猶僅之訓解不容悉收於義下不悉 施之謂義 又
誼疾乎
不誼注

義○俗 有 戲 **羛** 或 己之威義也墨翟書義从弗魏郡有羛陽鄉讀

頡 史 卷七十九第十七部去聲寘韻 八〇六四

若錡今屬鄴本內黃北二十里鄉也 說文 段注言己者以人字
腹 故謂身曰己 威義各本作儀今正古者威儀字作義今人所謂仁義字
義字 用之 儀者度也 今威儀字用之 誼者人所宜也 今情誼字
字用 鄭司農注 周禮肆師 古書儀為義 今時所謂義為誼 古
為誼 是謂義為古文 威儀字 誼為古書 文儀 仁義字 故今 文
訓 而訓儀為度 凡儀象儀匹引申於此 非威 義字 古也 仍古
訓 久 肄 儀 辨 邦 許 之 言 可 以 知 其 意 而 威 義 古 經 轉
寫 既 北 宮 文 子 云 有 威 而 可 畏 謂 之 威 有 儀 而 可 象 謂 之 義
者 如 今 儀 令 色 無 非 無 義 是 也 威 義 連 文 不 分 者 則 隨 處
詩 言 令 無 不 作 儀 異 毛 詩 義 是 也 威 義 不 可 選 也 日 君 子 望
是 但 然 可 畏 禮 容 儀 莫 也 抑 各 有 威 儀 棣 棣 不 可 選 也 傳 曰 可
之 儀 其 容 不 可 數 也 義 之 本 訓 謂 禮 容 各 得 其 宜 禮 容 得 宜
物 有 矣 故 文 王 我 將 毛 傳 皆 曰 義 善 也 引 申 之 訓 也 禮 容 不 得
則 善 文 志 所 謂 墨 子 七 十 一 篇 也 今 存 者 五 十 三 篇 義 無 作 書
藝 文 志 所 謂 墨 子 七 十 一 篇 也 今 存 者 五 十 三 篇 義 無 作 云
者 蓋 歲 久 無 存 焉 爾 从 弗 者 蓋 取 矯 弗 合 宜 之 意 魏 郡 云 弟
此 以 地 名 證 羛 字 又 著 其 方 音 也 凡 古 地 名 多 依 古 言 俗 語
如 漢 匈 呼 篳 郫 卑 水 呼 班 水 鯛 陽 呼 紂 陽 大 末 呼 闥 末 剡 呼
古 剡 反 縣 呼 踊 踊 之 禍 曲 逆 呼 去 遇 如 是 者 不 可 枚 數 羛 陽
讀 若 錡 同 也 然 注 家 音 讀 羛 陽 許 宜 切 與 錡 音 不 同 也 今 陽

頡 史 卷七十九第十七部去聲寘韻 八〇六五

屬云云按此十二字乃後人妄記之語非許語也鄴內皆
郡屬縣羛陽鄉本在內黃北二十里司馬紹統郡國志曰魏
羛內黃有羛陽聚劉注世祖破五校於
羛陽降之李注羛陽聚魏郡故城在今光武紀大破五校於
內黃有作羛者誤也左傳晉荀盈如齊逆女還卒於戲陽杜
本黃縣北有戲陽城按傳音如字在內黃北地形志魏縣有無
縣音同是許宜反鄭則陽也知必從人為氏記○語也陽注
羛當有於鄭左氏傳亦在鄭安則戲陽必不為人姓氏之之戲縣東內黃注
據許宜反當於乎聲內之更出羛字此矣今人不自知其古能為文之誤音按○戲也無義
虜特出也凡蓮勻曲逆之類舉例此解今人不自知能者蓋之方音
者宜也義謂仁義可以立德之本也 當按此類乃用義誼之為說解也
用儀為義習慣為常牢不可破矣然自此下用義之本始為之
歸諸誼下以存概餘可推合儀義皆各有四字訓也 稱舉之此
其義類之交 通 與 易繫辭上傳 鄭注 數傳 釋 義 之
遂變舉見矣
傳不畏不 陰為義 地道曰義 武周順書坤為義 之門 虞注 上注 下
義廣注 易繫辭 思云服陰陽之入 正道 易 娛注 又 楚注 金為義 下義之
大戴記盛德司寇之以成義則 ○禮 商為義 漢書律麻志 上秋冬
記中庸天命之謂性注云以金神則義

頡 史 卷七十九第十七部去聲寘韻 八〇六六

行罰為義周禮師氏注敏德仁義順時者也疏義善也詩文王宣昭義問傳又釋文又禮記緇衣章義癉惡釋文引皇注。老子絕棄義王注云仁義人之善也仁義也家語執轡以義則國入注之義路也法言修身。孟子萬章下云夫義路也告子上云義人路也離婁上云義人之正路也義正也釋名釋典藝。禮記少儀問卜筮曰義與志與云義止事也又樂記云義以正之注義法也呂覽貴公尊王之義注義道也呂覽高義注上德注義者理也義者德之理也疏賈子道德說。易象下傳義无咎也疏云義猶理也又左傳昭廿五年疏云義謂義理又荀子議兵云義者循理又莊子繕性云道無不理義也義者心之養也春秋繁露身之養重於義義廣德也國語晉語。賈子道德說云有義德之美也又禮記祭統云夫義者所以濟志也諸德之發也義者分此者也荀子君子。白虎通情性云禮義者有分理者也義者天下之制也禮記表記。國語周語云義文之制也又左氏宣十五年傳云君能制命為義義也者萬事之紀也呂覽論威。管子心術云君臣父子人間之事謂之義義者

行之節也列女傳貞順。國語周語云義所以節也義亦果敢斷決也禮記中庸疏引皇氏說。白虎通情性云義者斷決義謂裁斷也荀子王制分何以能行曰以義注以明是非立可否謂之義漢書公孫弘傳義者所以等貴賤明尊卑大戴記盛德。禮記禮器云義理禮之節文也義者比於人心而合於衆適者也淮南繆稱。莊子秋水云當其時順其俗者謂之義之徒相容者義也鶡冠子泰鴻義謂推讓後漢書安帝紀注義者成物之功莊子大宗師云回忘仁義矣注。淮南天文云子生母曰義利物為義孝經地之義也注又荀子大略。大戴記四代又左氏昭十年傳疏云義利之本也又昭廿五年傳地之義也注云義者利之義又墨子經上云義利也惡惡為義國語晉語德義之樂則來也注。鬼子學問云所謂義者同惡者也易理財正辭禁民為非曰義易繫辭下傳。周書本典云能收民獄者義也又家語正論云不為未誠曰義除去天地之害謂之義禮記經解救亂誅暴謂之義兵漢書魏相傳又後漢書臧洪傳

注袁紹傳及注義者所以救失也淮南本經陷諫者義也白虎通諫諍義者臣子死節于君親之難也法言淵騫注。禮記禮運云君死社稷謂之義義者不盜之禁也顏氏家訓歸心。說苑至公云以其不取國為義又新序節士云君子以其不受國為義遠而不可不居者義也莊子在宥堅而不臧義也管子水地。又云唯無不流至平而止義也義默踶跂自持之兒莊子天道而狀義然注義臺猶靈臺也莊子馬蹄雖有義臺路寢釋文引崔注

議

語也一曰謀也說文段注上文云論難曰語又云語論也是論議語三字為與人言之稱按許說未盡議者誼也論者人所宜也言得具宜之謂議至於詩言出入風議孟子言處士橫議而天下亂矣一曰云云創曾引有此四字廣雅釋詁四云議謀也議言也廣雅釋詁四又呂覽懷寵必當義然後議注議謂謀論也荀子

王制法而不議注。文選非有先生論欲聞流議者注云流議猶餘論也議平也呂覽忠廉士議之不可辱者注議猶擇也儀禮有司徹乃議侑于賓注議不同也後漢書袁術傳注議謂陳設非時事也禮記閒居大功言而不議注震為議易象下傳議德行虞注君子以議獄緩死虞注繫辭上傳擬之而後動虞注

內寯切

詖

辨論也古文以為頗字說文段注詖辨論也此詖字正義皮剝取獸革也披析也凡从皮之字皆有分析之意故詖為辨論也古文云云此古文同音段借也頗偏也詖辯也漢書敘傳下集注詖慧也廣雅釋詁一詖佞也漢書翟義傳集注敘傳下集注詖佞諂也後漢書朱樂何傳注又文選遂和謝臨詩注引蒼頡險言曰詖漢書劉向傳集注言行險曰詖漢書禮樂志集注險詖不正也詩卷耳序而無險詖私謁之心釋文引崔注。釋文云詖妄加人以罪也詖猶傾也楚辭靈懷注。萱按詖引申之義與頗略同故借為頗也他義亦多相出入不獨傾

賧 逞予也說文段注遺書展轉予人曰遺也展轉寫之曰逞予賧遺盡韻賧益也廣雅釋詁一

被平去兩讀注在彼

髲品寄切 益髮也說文段注各本作鬄也二字今正廣韻正義引說文云髲益髮也言人髮少聚也入髮益之下十字古注語髮字不見於經傳假被字爲之召南被之僮僮傳曰被首飾也箋云禮主婦髲鬄少牢饋食禮主婦被錫注曰被錫讀爲髲鬄古者或鬄賤者刑者之髮以髲婦人之紒爲飾因名髲鬄焉周禮所謂次也按如鄭說則詩禮之被皆即髲也以鬄爲髲即是以鬄許云益髮不謂爲禮服之名因用爲禮服之名周禮不屑髢也自謂髮本髮少稱益之名廣風不服說不同者髲鬄不假益髮爲髻要燕居則纚笄總而已禮服之笄總之後必分別加副編次於上爲飾副編次皆假他髮爲之也周禮追師之文次禮經曰髲鬄詩曰被髲謂之鬄謂之髲廣雅釋器○董按但言髲則義不完

韻史 卷七十九第十七部去聲賀韻 八〇七一

韻史 卷七十九第十七部去聲賀韻 八〇七二

髲被也髮少者得以被助其髮也釋名釋首飾○周禮追師疏云言髲髢者鬄髮也謂鬄鬄取賤者刑者之髮而爲鬄也被是少牢之髲鬄同物而異名○詩采蘩疏董按此疏被爲髲仍一名也孔不辨正借故以爲異

被 寢衣長一身有半說文段注論語鄉黨篇曰必有寢衣長一身有半孔安國曰今被也鄭注曰今小臥被是也引伸爲橫被四海之被被衾也傳衾被也楚辭招魂翡翠珠被注○詩小星疏云今名曰被古者曰衾論語謂之寢衣被被也所以覆人也釋名釋衣服○漢書司馬相如傳上被班文注云被左氏襄三年傳疏○漢文選陸士衡挽歌詩龍幌被廣柳注云被猶衣也又文選東京賦注秋蘭被名謂衣著之也又漢書禮樂志集注云被被覆也楚辭招蘭被蘭注云被亦覆也被被服之也國語周語夫被練帛也以帛綴甲步卒服之子被之夷注左氏襄三年傳組甲三百被練三千常注左背曰被楚辭涉江被明月兮佩寶璐注被猶負

撮口許

也後漢書賈逵傳注被猶帶也漢書韓王信傳注被色謂人含帶五色而生者也禮記玉藻注被猶加也廣雅釋詁二又史記高祖紀索隱被及也○後漢書蔡邕傳注被猶加也又漢書藝文志注被合也言其被子夏政子無不被注引注義下同音義被被覆也被翦也民被其德澤也史記又班固傳注引五百被夷裘注張晏曰被具也文選注被髮之人被麗分散兒也被具也○詩甘泉賦注衣被披散兒被把中也淮南子注被衣也人工之記被衣服之名其被以被爲披也○式被此被被爲帔巾婦人領巾也同部字當爲四表被被覆又麥也被相被爲之人被巾

帔 弘農謂帬帔也說文段注謂之帔自關而東謂之裙陳帔帬也

韻史 卷七十九第十七部去聲賀韻 八〇七三

韻史 卷七十九第十七部去聲賀韻 八〇七四

廣雅釋器帔披也披之肩背不及下也釋名釋衣服董按此帔字當作被之被巾四方言四○董按此被巾婦人領巾也注言帔爲正借字 帍裱謂

鞁 車駕具也說文段注按以左傳作靷兩鞁以靷絶晉語吾能止之實鞁章曰鞁者所包多靷其大者也封釋書言雍五時路車各一乘駕被具也各一乘駕被具也謂鞁字也駕被具鞁兩時畤時物備各一鞁各車四馬駕被具

賜呼雪切 有○賂也資也或曰此古貨字說文段注按爲化二聲同在十七部貨古作賜猶訛爲通用耳○董按此義無賸

貤丞呰切 ○賭也廣雅釋言○說文貝部有○貤移也後出說文段注漢書注引作物之重次第也重次第物也說文段注漢書注引又作因物而重之也漢

武帝紀曰受壽當而欲移青者無所流弛應劭訓弛為移上林賦果樹曰弛丘陵下平衍郭璞曰弛猶延也按責爵者展轉與人薑延丘陵者層疊蔽長密重次之意也毛詩施于中谷施于條子曾常作弛弛次弟而重也漢書司馬相如傳上注今俗猶謂凡物一重為一弛也漢書武帝紀注弛延也漢書酈綰傳集注叙傳下集注○司馬相如傳上集注云弛猶延也弛延也文選上林賦注引司馬彪○萱按史記相如傳亦作弛丘陵皆用俗字弛益也廣雅釋詁一

許羈切 戲平去兩讀義別○俗有戲戲戲笑邪戲謔笑之皃也爾雅釋詁戲謔疏引舍人注戲謂孺子言笑者也禮記坊記戲而不數注戲不誠也呂覽重言廣戲余一人與處戲也注戲豫逸豫也詩板無敢戲豫傳○後漢書丁鴻傳注云戲豫猶逸豫也戲游也文選東京賦渚戲躍魚薛注○華嚴經音義下引切韻云戲逸也戲角力也國語晉語謂鞅之戲注戲怒也○廣雅釋詁二方言六云

韻史　卷七十九第十七部去聲賀韻　八〇七五

戲怒也齊曰戲戲歌也楚謂之戲方言十戲戲山在西周國語魯語幽滅於戲注越戲方紂三邑也周書世俘呂他命伐越戲方注

遐馳切 𧩙或作讗相毀也說文讗慧也廣雅釋詁一○方言一虔儇慧也楚或謂之讗注云讗今通語

韻史　卷七十九第十七部去聲賀韻　八〇七六

韻史卷八十

泰興何萱石闇撰集　子庚校字

第十七部平聲副編　上海顧錫麒竹泉覆審

柯韻　武進李兆洛申耆鑑定

開口呼

良多切 牁或作戕戕○作戕戕者譌牁所以繫舟又牂牁郡名廣韻戕杙也廣雅釋器牂戕即牂牁也玉篇○萱按此語見戈部戕字蓋孫强所釋非顏氏原文也玉篇羊部牛部無牂牁字戕下又不言其義顏氏詎應不堪檢覈如此

猗擭也玉篇

蚵蟲名玉篇

哿哿母艸名出嶺南集韻

韻史　卷八十第十七部平聲副編柯韻　八〇七七

𤭓居結棟謂之合𤭓集韻

珂勒飾曰珂初學記廿二引通俗文

〔齒可〕齧也廣雅釋詁三〔齒可〕大齧也廣韻引字林

〔嬰可〕窒〔嬰可〕女作姿態也廣韻○集韻云窒〔嬰可〕女媧也

〔歹可〕死皃集韻

鈳或作鈳鏻小釜廣韻

絅或作絅練也廣雅釋器絅繒之細者廣韻

屙俗有○屙上廁也玉篇

渏渏瀾水波也文選吳都賦劉注○李注云渏蓋語辭也萱按李以渏為猗之借字也爾雅河水清且漣猗釋文云渏本作猗

韻史　卷八十第十七部平聲副編柯韻　八〇七八

韻史　卷八十第十七部平聲副編柯韻　八〇七九

犄　犄也。廣韻。○萱按：牛曰犄，犬之犄曰犄，何處犄爲。

奇　止也。廣韻

呿　開口聲。廣韻　訶　歎聲。同上

呵　或作呵。呵呵，笑也。廣雅釋訓　欱欱，笑也。同上　嗬嗬，笑也。同上　嗬，笑也。廣雅釋詁一　歌，息也。廣雅釋詁二　若呵如人相呵呼聲。山海經南山經：青丘之山有鳥焉，其音若呵。注：呵嗽。　呵嗽掩鬱不明皃。文選海賦注。○萱按：嗽字俗多譌作歎。　呵責怒也。　呵曲也。萱按：此段引申之義也。謂萱按：此爲阿之段借，亦得。

葰　或作姓也。廣韻。○萱按：不釋其義，而但言姓。廣韻作蓨，亦誤。萱爲草之戠。大耳蒲从古文多，从艸从攸。

䑕　鼠也。玉篇。○廣韻作䑕也。名

䊺　或作䊺。餌也。集韻

韻史　卷八十第十七部平聲副編柯韻　八〇八〇

吔　出陀羅尼。玉篇。○萱按：釋典無訓釋之字，載之時真用手記。此等字皆孫強所增，非說文所能。字俗作吔，疑吔即吔也。

誶多切

膠　不密。又黏也。廣韻　膠膠，不密也。集韻

䅎　䅎䅎，相黏也。集韻。○萱按：膠分爲䅎，此俗字也。俗字華乳浸多類如是。

苣多切

䁂　䁂謂歷覷也。史記屈原賈生傳：瞻九州而相君兮。索隱。

䅈　黏也。廣雅釋詁四　䅈，木膠也。一切經音義二引字書

熇　火焱也。廣韻　熇，帷中火也。同上

剳　小矛，又劃劃也。廣韻。○又云：判劃物也。

錢　鑳異名。廣韻

粱多切

搓　手搓碎也。廣韻。○集韻云：搓，挪也。　搓，擫也。文選長笛賦注引埤蒼　搓，斫也。萱按：此搓

膪　膪暇脯腊也。玉篇。○廣韻云：膪暇，脯也。

𨓆　走也。玉篇。萱按：此段蹉非關。爲從搓下詳之借也。

韻史　卷八十第十七部平聲副編柯韻　八〇八一

蹉　蹉跎，失足也。文選西京賦注引廣雅。○禮記曲禮注：蹉跌也。釋文云：蹉本亦作差。萱按：差者，借字。蹉跌即失足之謂。失時謂之蹉跎，古之人受日以學，及時以行，懼乎蹉跎也。

㺜　犬狂也。玉篇

磋　象曰磋。詩淇澳：如切如磋。傳：又周禮大宰：五曰百工。鄭注：人攻而以磋。傳注文○詩淇澳：如磋。傳：衡量，知周乎鄭注。人技攻書也。漢書馬援傳注：嶲冶象曰磋。論語學而釋文云：磋，冶象名。詩卷阿箋以磋俾相切磋釋文云：磋磨也。廣雅釋詁一○詩云象謂之磋。爾雅釋器或作蹉。萱按：此磋借字也。磋者，蹉之異體字。

散多切

省　偷視也。廣韻。○集韻云：省視之略也。

挱　或作摩挱。猶捫摸也。亦抹殺也。一切經音義十二引聲類　挱，手挼挱也。廣韻。○玉篇少手字

鈔　或作鈔鑼。銅器。廣韻

韻史　卷八十第十七部平聲副編柯韻　八〇八二

䩰　或作䩰。䩰，素䩰，屨也。廣韻　䩰䩰，屨也。廣雅釋器　䩰鞄，樂器，亦謂馬尾。廣韻。○萱按：以集韻無後義爲長。

桫　或作桬。桬棠，木名。廣韻。○萱按：上林賦：沙棠。古今字。桫欏，木名。廣韻。○萱按：桫欏兩樹，唐李邕有桫欏樹碑，今所見者，林陵高座寺一樹，亦巨甚，昔當爲作記。城之木也。巨是六朝時物也。萱仲見家一樹，亦寂陳湖篆書之說子龍文勒石其家。

䒘　䒘䒘，艸木盛皃。廣韻。○集韻云：䒘，一曰艸根。妥茂記皃。

騧　或作騝。騝騧，馬行皃。集韻

些　

保河切

翍　飛皃。玉篇

海羅切

䰢　䰢魠也。集韻。引廣雅。

㰤　木名。玉篇

切坦羅

蚵　蚵蟚蜞蝎也集韻廣雅引蛶逗蝸蚵爾雅釋魚

訶　或作啊訶訶衆聲集韻

㐌　闕人名後魏桓帝猗㐌集韻

疕　或作痆病也集韻

跎　俗有跎○蹉跎也廣韻蹉下已具○萱按

迱　逶迱行皃廣韻○萱按說文有迱字與此形義皆略同迱平迤上

䡐　疾馳也廣韻

舵　或作柁○平上兩讀正船木也玉篇木部正船木玉篇舟部○萱按舵柁同字可兩讀不可割分玉篇舵平柁上殊不必詩柁

酡　俗有酡○著也楚辭招䰟朱顏酡些注○集韻云酡飲而赭色著面

韻史　卷八十第十七部平聲副編柯韻　八〇八三

紽　數也廣雅釋詁四又作佗詩羔羊素絲五紽傳○萱按紽數名也後漢書王渙傳注引韓詩章句亦作他皆叚借字釋文云它數也

瓩　瓦盌廣韻○集韻云瓩缶也

鞄　皮帖履集韻

駝　或作鴕鳥名似雉集韻

佗　齒馬齒長也集韻

牠　或作牠犝牛無角也廣韻○萱按與牠義同音近

羪　羪羪獸名如羊四耳而九尾廣韻集韻

騾　或作騾○作騾者訛驕山有神騾狀如人面羊角虎爪出入有光集韻引山海經○萱按中山經云驕山神涉騾處之又注云騾一作騾此單有騾而又云岐山神涉騾處之

切桑河

𪊲　甘棗之山有獸狀如獃鼠而文題名曰𪊲食之已癭集韻引山海經○萱按中山經甘棗之山有獸焉其名曰𪊲注云𪊲或作熊也是其字未可定矣但熊何以云似鼠耶

韻史　卷八十第十七部平聲副編柯韻　八〇八四

𪊲　或作𪊲山名集韻

䯬　䯬骨𩟍玉篇○萱按此蓋𩟍䯬之俗字在此非也當附十四部𩟍下

犐　或作𤛛獸名似牛白尾集韻

𨇨　足跌集韻

哪　哪哪儺人之聲集韻

梛　木名集韻

切朗河

囉　𠸎囉聲送湯相雜皃文選洞簫賦行鍵雜以𠸎囉注○廣韻云囉歌詞又嘍囉也亦小兒語也集韻云囉歌助聲○萱按唐人詩有囉嗊曲

攞　揀也集韻

儸　傸儸健而不德也玉篇

韻史　卷八十第十七部平聲副編柯韻　八〇八五

孆　女字集韻

饠　或作䭲餅也集韻○廣韻云饆饠

鑼　鈔鑼銅器廣韻

籮　竹器也十一切經音義引字林所以注斛陳魏宋楚之閒謂之籮方言五籮箕也廣雅釋器

欏　欏落杝也廣雅釋宮○王氏念孫廣雅疏證云欏字通作羅一部羅之言羅羅然也落之言落落然也古通作落杝者欏落之轉○萱按集韻引廣雅欏落籬也此以俗字改正杝字也蘺者欏木別名集韻有櫄羅○萱按爾雅備字也

𡾟　或作𡾟書山名集韻

韻史　卷八十第十七部平聲副編柯韻　八〇八六

灑 水名在長沙羅縣集韻○壹按古秖作汨羅後加偏旁

鑼 魚名一身十首集韻

褵 褵祥也玉篇

⿰忄离 或作⿰心离 多端也廣韻○集韻云支⿰忄离多端也一曰思也壹按支⿰忄离蓋即支離也

⿰口离 言不正玉篇

⿰离阝 鄉名玉篇

璃 流璃珠也集韻引廣雅 璢璃火齊珠也晉書音義中引字林○壹按廣韻作琉璃瑠璃皆俗字

⿰黑离 赤黑色集韻

⿰片离 破木為⿰片离集韻

樆 梨山樆爾雅釋木○戴東原先生說釋木杜甘棠樆白樆梨山樆三句皆當上二字逗壹按甘白以色味言杜甘樆白雖不可易矣若梨山樆與枸山榎栲山樗句法正同不應詩法獨異且梨山亦似不辭疑爾雅本作樆山

⿰禾离 粱轉寫例耳 長沙人謂禾二把為⿰禾离廣韻

篱 笊篱竹器集韻

⿰馬离 ⿰馬盧子玉篇

⿰鼠离 ⿰鼠麗⿰鼠盧小鼠相銜行也廣韻○集韻作⿰鼠麗鼶壹按鼶⿰鼠麗

⿰离鳥 或作鵹 鵹鶘自為牝牡廣韻○壹按廣雅作鵹離鵹古今字

螭 螹螭龍無角一曰蟲名集韻

⿸广离 ⿸广麦也玉篇

䍦 或作羅⿰足隹 接䍦白帽也廣韻

灕 淋灕秋雨廣韻 滲灕流皃一曰水滲入地集韻

⿰米离 數米壞也集韻

⿰禾离 或作⿰木离 種也集韻

莫羅切

𪗑 咸𪗑黃帝樂名廣韻○壹按咸池之作𪗑猶大濩之作頀皆後人所製耳周禮云舞咸池禮記云咸池備矣

槃河切

⿰齒也 齒斷也廣韻

⿰月多 几也玉篇

⿰麦皮 粟體也玉篇○集韻云 ⿰麦皮米穀雜也廣韻

醝 或作⿱差酉 白酒曰醝如一切經音義九引通俗文○周禮酒正注如今鄼白矣釋文云鄼白即今之白醝酒也宜作醝作鄼假借也 醝酒也廣雅釋器 鹺鹹也廣雅釋言○壹按此假鹺為鹺也

艖 或作䑨俗有叔艖○ 小舸謂之艖方言九○注云今江東呼艖 ⿰舟差舟也廣雅釋水 叔舡舟也同上

⿱雨差 雨聲集韻

蒫 蒫薺實爾雅釋草

徵河切

䉢 平上兩讀 篚䉢廣韻○集韻云笯䉢 䉢炭籠束炭為䉢也玉篇

睋 視也文選西京賦睋北阜注又後漢書班彪傳上注 睋望也玉篇引公羊傳注

哦 唫也集韻○廣韻云吟哦

䄉 娥兒玉篇○壹按䄉與娥大同 ⿰示我祭名集韻

⿰衤我 衣娥飾集韻○壹按䄉⿰衤我二字義皆近娥

珴 奉珪璋兒集韻○壹按栻樸作奉璋峨峨不必有專字也而俗之珴字出矣

皒 皒皒白色集韻

⿰扌我 差也玉篇○集韻作摸也

合口呼

古科切

䯞 䯞眼玉篇○集韻云䯞目也

⿰咼欠 妸也弱也集韻 ⿰咼欠欨猶⿰咼欠妸也玉篇

⿰咼頁 短頭也玉篇

瘑 瘡也廣韻○查按玉篇云瘑瘡也又云瘑疽瘡也則非一字矣而韻書瘑瘑同字其實同義各字者從何瓜聲在五部不妨別見也蓋頡篇瘑禿也無則瘑亦謂禿與

踻 或作跼 足理文集韻

堝 甘堝液金器廣韻

⿰口過 ⿰口過唆小兒相應也玉篇○查按集韻也作聲

⿰過鳥 或作鍋 ⿰過鳥鸕工雀也廣雅集韻引

韻史 卷八十第十七部平聲副編柯韻 八〇九一

蝸 不蟘名蠕蠰今之螳螂也爾雅釋蟲不過蠕蠰郭人注○查按注用俗字者蓋其所據本○ 已作不蟘

⿰言過 惰也黠也集韻

⿰禾過 禾苗蟲傷有病集韻

⿰酉過 酒之色集韻

⿰舟過 船名集韻

⿰過鳥 鳥名集韻

⿱艹戈 艸名玉篇

⿱艹過 艸名玉篇

⿰骨咼 䯞髋骼上骨玉篇

䯞戈切

韻史 卷八十第十七部平聲副編柯韻 八〇九二

闆 門不正也玉篇

⿰人過 美兒 詩考集韻人之邁釋文引韓詩○查按偈字不見說文邁過古今字偈過正借字

⿰糸斗 紋綵玉篇集韻

⿰斗斗 或作料 料無角○淮南說山既料而將注廣韻云料牛無角也郭料牛屬集韻引廣雅

⿱斗虫 或書作蚪 ⿱斗虫斗水蟲也一切經音義四引字書 科斗蝦蟆子也 廣韻引字林云科斗作蚪料 科斗蟾諸子也爾雅釋魚注 科斗活東爾雅釋魚○查按蚪科正借字 莊子秋水還虷蟹與科斗釋文人爾雅釋魚注○ 晚出書序科斗文字釋文云科斗蟲名蝦蟆子

⿱艹料 藤名也一切經音義十八引南海志○廣韻云⿱艹料生海邊葉肘可爲蔬也 ⿱艹料艸名海葱也 一曰藤類集韻

⿱竹料 竹名廣韻

韻史 卷八十第十七部平聲副編柯韻 八〇九三

⿰犭咼 或作猧 犬名玉篇

覽戈切

⿰口爲 口不正也文選辯命論注引通俗文 嗎醜也廣雅釋詁二○淮南脩務云噅哆嗎

會戈切

⿰魚咼 大魚也廣韻

⿰衤果 ⿰衤鬼⿰衤果袖也廣雅集韻引

董科切

⿰坐兒 坐兒廣韻

⿰肉過 腿也集韻

杜科切

⿰尸婁 或作屢 屢也西南梁益謂履曰屢玉篇

杜科切

⿰髟沙 或作髿 鬖髿垂兒玉篇○集韻云髿鬖髿兒 鬖髿髮美也集韻

⿱沙衣 或作毟 毛衣謂之毟毟集韻○一切經音義十四云毟衣本從毛作毟毟二形字苑始改從衣查按從毛从衣無足爭也段借聲在第五部不若从加沙疊韻爲諧

夷戈切

⿱沙石 ⿱沙石地名在樓煩西廣韻集韻

⿺辶坐 措戈切 ⿺辶坐亦脆也 文選魏都賦稟蒨⿺辶坐脆注
⿱竹坐 竹名 玉篇
⿰犭坐 犬名 玉篇
⿰言坐 [illegible]戈切 侳也動也 玉篇
唑 喎唑小兒相懸也 玉篇
梭 織具 廣韻 梭織具也所以行緯之物 御覽八百廿八引通俗文○蒮按古引 或作[illegible] 祇作杼軸機杼不闌梭也魏晉乃多用梭字
菠 貝科切 菠䔖 玉篇○蒮按或作菠䔖 集韻云菠䔖菜名
玻 佩戈切 玻瓈玉西國寶 廣韻○蒮按瓈一作璃此非玉乃玉之類也其物光明洞徹為用極多則謂之寶也亦宜世所用者多水晶古謂之水精其物更勝於玻瓈

韻史 卷八十第十七部平聲剤編柯韻 八〇九五

訸 會摩切 平也 玉篇○蒮按此特和之一義耳
⿰氵禾 水名 玉篇
⿱艹禾 或作萪 艸名 廣韻
碢 杜禾切 碾碢也 廣韻 碢碾輪也 集韻
堶 或作[illegible] 飛甎戲也 廣韻○玉篇少戲字
腡 磊禾切 手理也 玉篇引聲類 腡手指文也 廣韻○蒮按指頭紋圓者俗名之曰腡是此腡字紋散者曰箕
鸁 桑飛鳥也 廣韻 鷯逗須言鸁 爾雅釋鳥○注云鷦鷯似黃雀而小嚌中鸞刀又集韻云須鸁鳥名鷦鷯也
[嬴魚] 獸名魚身鳥翼 廣韻○集韻云鸁魚名有翼見則大水

韻史 卷八十第十七部平聲剤編柯韻 八〇九六

[嬴糸] 綾紋 集韻
[嬴禾] ○俗作[illegible] 穀積也 廣韻
[嬴木] 或作[illegible] 木名可為箭笴 廣韻
[嬴艸] 艸名生水中 廣韻○蒮按集韻艸作菜為優
髽 [illegible]禾切 髽髻也 玉篇
倕 [illegible]禾切 倕堯之巧工也 山海經海內經又有不距之山巧倕葬其西注又淮南說山人不愛倕之手而愛己之指注 倕舜之共工 荀子解蔽注 倕作規矩 一切經音義廿五引世本 倕作弓 荀子解蔽○蒮按堯典之垂女共工字本作垂呂覽垂已字亦作垂疑偏旁係後人以意加之故諸家不釋倕之字義
睡 地名 玉篇
矬 措禾切 矬短也 廣雅釋詁二 侏儒曰矬 一切經音義二引通俗文

韻史 卷八十第十七部平聲剤編柯韻 八〇九七

埵 埵門聚在睢陽 玉篇引埤蒼○集韻云埵門道聚名
棰 或作[illegible] 接𣠲李 玉篇○蒮按顧集接字今依爾雅補廣韻字作棰有接字○蒮按棰正借字郭璞云今之麥李一曰車下李 棰接慮李 爾雅釋木
趖 五禾切 蹉行也 集韻
⿰化欠 歊欨 玉篇○歊下云欨歊猶歐妃也
⿰角化 角也 玉篇
魤 或作[illegible] 魚名 廣韻
⿰言隨 琰禾切 言从也 集韻○蒮按隨剡從無所不賊豈言之从又𡿪則有壽字乎且與剡相踐之斕澗
琦 琦琟玉名 集韻
瓍 珠也 集韻又云蛇銜之以報隋侯楚辭因从玉蒮按凡皮傳製字大率類此

韻史 卷八十第十七部平聲剤編柯韻 八〇九八

篦籠也玉篇

婆佩禾切 婆娑舞也爾雅釋訓又詩東門之枌婆娑其下傳○漢書地理志下注又後漢書王符傳注竝云婆娑舞兒 婆娑盤辟舞也爾雅釋訓李注○孫注云舞者之容婆娑郭注云婆娑舞者之容 婆娑猶盤姍也文選神女賦又婆娑乎人閒注 婆娑容與之兒也文選北征賦師須臾以婆娑 婆娑注 婆娑分散兒文選洞簫賦優娃以婆娑注 婆娑偃息也文選吾甯戢婆娑乎術藝 之場注引項岱○壹按說文女部引詩婆娑其下此所據異辭非果婆娑同字也集韻併合嫫婆婆娑僊舞得相通借凡十四部番聲緐聲單聲獻聲般聲之字皆與十七部相關通 婆老母稱也廣韻○壹按此俗義也辭章家亦闌入文字矣

蔢蔢艸木盛兒廣韻

緐音婆出漢書玉篇○壹按諸家不釋其義疑即緐之俗字也繁亦有婆音一說緐音皤又疑爲皤之俗

韻史 卷八十第十七部平聲副編柯韻 八〇九九

䮾角曲玉篇 字與形皆略相近

擵 十四部十七部兩見注在彼

韻史 卷八十第十七部平聲副編柯韻 八一〇〇

磨昧禾切 磨共也廣雅釋言 磨散也廣韻

㦄愍也廣韻

嫲女美稱集韻○廣韻云嫲尼

魔鬼也魔廣韻

魔魔鬼也玉篇

顢顢頣難語廣韻

䐢䐢或作䐢 㾹病也廣韻

痲風病也集韻 痲風熱病廣韻○壹按方書所謂大痲風者是

盌杯也廣雅釋器○方言五云盌栝也齊右平原以東或謂之盌

摩摩牛爾雅釋畜○集韻云摩牛出巴東重千斤

䴹鼊䴹與鼊辟相似形大如蘗生乳海邊白沙中肉極好中 唊文選江賦鯖鼊䴹鼊注引臨海水土物志

醿或作醿 醿醿酴醿酒也廣韻○集韻云酴醿酒名一曰麥酒不去滓而飲

饝哺小兒也玉篇 饝哺兒廣韻

㦄散也集韻 㦄心病同上

鏖金也玉篇

蘼蘠蘼蘼冬爾雅釋艸○注云門冬一名滿冬本艸云○壹按門滿聲此麥門冬也釋艸之蘦顛棘 門天冬也

鄅砥也呂覽精通刀若新鄅研注○壹按礦之異體字作磨與研互訓無庸更有鄅也呂覽又云蘠其髮鄅其手

韻史 卷八十第十七部平聲副編柯韻 八一〇一

嵻山名玉篇○又按路史國名記云鄅商時國也此所由字从邑與

韻史 卷八十第十七部平聲副編柯韻 八一〇二

齊齒呼

竟切 影

珈 笄飾之最盛者（詩君子偕老副笄六珈傳○釋文云珈笄飾也）珈之言加也（詩君子偕）

袈 老毴 毴毴○俗有毛衣謂之袈裟（集韻）毴毴毛衣（廣韻○萱按本西域毛衣之名如中土之有褐也後為釋氏法衣之專稱）

跏 結跏坐（玉篇）跏趺坐也（廣韻○萱按跏趺出釋典亦曰結跏）跏屈足坐也（集韻）

笳 笳胡樂也老子作之（後漢書竇融傳贊注○廣韻云笳卷蘆葉吹之也）笳䕅也（廣雅釋器）笳枝也（廣雅釋木）

枷 禾也（集韻）

架 米也（集韻）

輶史 卷八十第十七部平聲副編柯韻 八一〇三

蛪 米中黑蟲（廣韻○方言十一蛄𧊋謂之強蛘注云強蛘米中小黑甲蟲也江東謂之蛪）

⿱加石（或書作珈）石名（玉篇）

泇 水也（玉篇）

謌 評也（集韻）謌誣也（同上）

䛑 語相戲（集韻）

躸 隻也謂一身（集韻引字林○萱按凡隻皆奇也奇字無不ㄅ何以躸為）躸身單皃（廣韻）

掎 戴也（玉篇）

椅 戴也（集韻）

佮切 影

䁟 目一隻也（廣韻）

騎 側耳也（集韻）

輶史 卷八十第十七部平聲副編柯韻 八一〇四

崎 崎嶇傾側也（廣雅釋訓○萱按周憬功勳銘增及隋分甚嶇隋阪隋為嶇崎也隋者隋氏阪也）崎嶇不平也（文選鸚鵡賦注引埤蒼）崎嶇不安也（一切經音義四引埤蒼○文選歸去來辭注引埤蒼云崎嶇不安之皃）崎錡不安皃（文選文賦同騎而難便注）崎嶬危嶮也（文選魯靈光殿賦上崎嶬而重注注○注又云注猶僑也）

漢切 加

鵸（或作雜）翼望山有鳥三首六尾善笑名曰鵸䳜（集韻引山海經）

寵切 加

⿰言施 多言也（玉篇）

哂切 影

⿰口施 聲也（集韻）

⿱施女 女字（集韻）

湤 水名（玉篇）

丙切 影

葹 枲耳也（廣雅釋艸又離騷薋菉葹以盈室兮注）卷葹草名拔心不死（廣韻）

鐅（或作鍪）錫鐅鉏也（集韻引埤蒼）

輶史 卷八十第十七部平聲副編柯韻 八一〇五

襬（或作䙓）帬自關而東或謂之襬（方言四○萱按說文帔訓帬即此字惟襬平帔去為異）襬衣也（廣韻）

犤（或作䍣）犤牛庳小今之㹁牛也（爾雅釋畜犤牛注）

品切 加

䈿 竹名（廣韻）

怶 恐也（玉篇）怶憂也（集韻）

㛸 女字（集韻）

耚（或作㞞）耕也（廣雅釋地）

秛 稅也（廣雅釋詁二）

⿰毛皮 毛也（玉篇）

⿰皮刂 刀析也（集韻）

輶史 卷八十第十七部平聲副編柯韻 八一〇六

偸匜切

翍 或書作翍 翍張之皃 廣韻○漢書揚雄傳上翍桂椒而鬱栘集 注云彼古披字萱按彼披非古今字也閒 張也義當作被不常作披說詳被與披下

彼 彼猖飛𩙪也 集韻

琦 玉名 廣韻 琦瑋也 玉篇引埤蒼又後漢書仲長統傳注

碕 或作埼 曲岸也 漢書揚雄傳上探巖排碕注 埼曲岸也 漢書地理志上會稽鄮鄞注 碕曲岸頭也 文選江賦注引埤蒼 埼曲岸頭也 漢書司馬相如傳上激堆埼注引張揖 碕長邊也 文選吳都賦注引淮南許注 曲岸頭曰隑 漢書司馬相如傳下臨曲江之隑州注○萱按此段隑為碕也謂碕隑同字者非 碕石橋 廣韻○萱按本字義亦得通然非其正也正字說文有倚 爾雅石杠謂之倚

伽 伽倍國名 集韻○萱按字本出釋氏書釋藏中伽字如恒河沙數

韻史 卷八十第十七部平聲副編柯韻

八一〇七

漾趍切

移 加也 廣雅釋詁二 移拆也 莊子介者拆畫 集韻

㢋 ○俗有扅 扊㢋戶扃 廣韻○集韻云門關謂之扊㢋○萱按百里奚妻鼓歌烹伏雌炊扊㢋事具風俗通 字一作剡移段借也見顏氏家訓書證

[illegible] 地名 玉篇

[illegible] 或作[illegible] 獸名似犬尾白目喙赤出則大兵 廣韻

[illegible] 鳥名 玉篇○集韻云[illegible]鶇鳥別名

[illegible] 山名 玉篇

[illegible] 地名也 玉篇

[illegible] 視也 玉篇

颩 回氣謂之颩 集韻 颩小旋風咸陽有之小颩於地也 廣韻

韻史 卷八十第十七部平聲副編柯韻

八一〇八

[illegible] 水文 玉篇

訑 ○俗有訑 訑訑者自足其智不嗜善言之皃 孟子告子下則人將曰訑訑注 訑訑蓋言辭不正欺罔於人自誇大之皃 孟子音義下引張音

椸 或作箷杝柂 椸可以枷衣者 禮記曲禮上不同椸枷注 椸衣架也 禮記曲禮釋文 椸架也 一切經音義十三引蒼頡 竿謂之椸 ○禮記內則男女不同椸枷注 爾雅釋宮釋文引字林云 橫者曰椸則以竿爲之 禮記內則不敢縣於夫之楎椸疏 椸格也 一切經音義十三引蒼頡 椸榻前几也 爾雅釋宮釋文引字林○方言五云榻前几趙魏之間謂之椸

箷 衣架也 玉篇 椸架也 五經文字引字林

[illegible] 或作[illegible] 艸名 玉篇 集韻

䬷 餡䬷也 玉篇○集韻云飴也

韻史 卷八十第十七部平聲副編柯韻

八一〇九

哂匜切

卬趍切

[illegible] 或作[illegible] 齒斷見 玉篇

趍 走也 玉篇

[illegible] 水也 玉篇

[illegible] 或作[illegible] 齒不正 玉篇

[illegible] 邑名 玉篇 集韻

[illegible] 馬名 集韻

[illegible] 魚子 玉篇 集韻

[illegible] 度牲體骨曰[illegible] 集韻○萱按禮經祇用儀字作之

庋 鋪也 玉篇 庋舍也 集韻

品趍切

蚑 蟲也 玉篇○集韻云蚑蟲名蛆也

萓 萓荑艸名 玉篇

[illegible] 獸角曰[illegible] 玉篇 集韻

韻史 卷八十第十七部平聲副編柯韻

八一一〇

撮口許

迦 眷夢切 迦謀穢言也集韻

潙 去夢切 水名在新陽集韻

䑑 ○作䑑者譌 手足疾皃 廣韻引 依集韻增 ○皃字

𢓭 永嬀切 或作𢓭 𢓭𢓭癡皃 廣韻引 釋典

䞘 𢓭䞘癡皃 集韻

肥 許嬀切 肥䑑手足曲病 廣韻○玉篇云肥足病也○萱按今人分言之肥謂手曲病謂足曲

批 擒也 廣韻

眦 目動 集韻

靴 或作鞾 鞾跨也兩足各以一跨騎也 釋名釋衣服○音書音義下云鞾與靴同

韻史 卷八十第十七部平聲副編柯韻 八一一一

鞾 本胡服趙武靈王所服 廣韻引 釋名

咣 或作吪 吐氣聲也 廣韻引 道德經吹呴吹呼氣 玉篇

㖃 㖃欲貪者欲食也 廣韻

㤜 欺也 廣雅釋詁二 愲㤜欺慢之語 玉篇○方言口云 愲㤜欺慢也

𥊾 或作𥊾 𥊾睍日光也 廣韻○集韻云𥊾睍日光 𥊾火也 玉篇 𥊾光也 集韻

𥊾 目動也 集韻

㩗 擊也 玉篇

𤬫 瓠也 一切經音義十八引廣雅○集韻瓢上有瓠

䉢 或作𥫔 𥫔䉢瓢勺也 一切經音義十八引三蒼 䉢陳楚宋魏之閒或謂之䉢 方言五○注云今江東通呼勺為䉢 𥫔䉢也 廣韻

韻史 卷八十第十七部平聲副編柯韻 八一一二

戲 或作𢦘 相笑之皃 廣韻

𢧐 或作𢧐 毀也 廣韻

𢨶 或作𢨶 𧘂隙也 鬼谷子 趙文選洞簫賦 𢨶道注 抵𢨶者罅也 鬼谷子 抵𢨶注 𢨶道𡸕𢨶之道

瀸 水名在新豐 集韻

𤢖 或作 獸名又曰豕也 廣韻○集韻也作𤢖

餧 骨餧 廣韻引 異字苑

浽 或作濢 浽濢小雨 廣韻 𤄷也 集韻引 廣雅 濛濃雪霜之皃 淮南原道 注 霜液濃

鋖 平木器 廣韻

陖 地名 玉篇

韻史 卷八十第十七部平聲副編柯韻 八一一三

篗 去接切 織物 玉篇

瘸 永接切 腳手病也 廣韻○萱按今人手病言肥病言瘸

䰎 呂魋切 鬼名 玉篇 集韻

𩩲 汝魋切 𩩲腸胃 玉篇○廣韻無𩩲字下有也字

稄 或作稄 禾四把也 玉篇○廣韻云長沙謂禾四把曰稄

韻史 卷八十第十七部平聲副編柯韻 八一一四

韻史

第十七部上聲副編

哿韻

開口呼

艮可切 舸 舟也 廣雅釋水 南楚江湘凡船大者謂之舸 方言九

笴 矢幹也 考工記總目妢胡之笴注又儀禮鄉射禮堂前三笴注大射儀北一笴注○考工記總目杜注云笴讀為槀謂箭槀又矢人以笴厚為之羽深注云笴讀為槀謂矢幹古文假借字○蕫按幹槀笴皆雙聲字而笴後出為專名幹則通名也槀則借字也鄭以笴為假借殆未然惟漢人多作箭槀故杜鄭讀槀實則笴無庸改讀也至許書笴為笱則形近之譌耳 笴矢幹也長三尺與跬相應射者進退之節也 儀禮鄉射禮記物長如笴注○蕫按榦字俗皆作幹今正

䈗 或作笴笴 廣韻○集韻云笴䈗出南中又云笴䈗苴○蕫按苴當作蒩

鲄 鮓也南越曰鲄 集韻

倨我切 跒 跁跒不肯前 玉篇○廣韻云跁跒行皃 跢跒行不進 集韻

䣧 苦酒也 玉篇

炣 火也 玉篇

岢 岢嵐山名 玉篇○廣韻云岢嵐鎮

巢可切 ⿴衣可 ⿴衣可⿴衣可柔弱皃也亦艸木盛也 一切經音義十九引字書 ⿴衣可⿴衣可衣好皃 玉篇

⿰木⿴衣可 ⿰木⿴衣可⿰木⿴衣可木盛皃 廣韻○蕫按⿴衣可⿴衣可⿰木⿴衣可⿰木⿴衣可義同蓋皆說文旖施之異體字

錒 錒鏻也 集韻

海可切 ⿰口頁 傾頭視皃 玉篇

敤 ○俗有敤所 擊也 廣雅釋詁三 斫所擊也 集韻○蕫按玉篇有敤無斫

嗬 慢聲 集韻

碋 ⿰石羅碋 玉篇引司馬相如梓桐山賦云 ⿰石羅碋山皃 集韻

笫可切 ⿰可頁 醜也 廣雅釋詁二○集韻也是皃

坦可切 爹 父也 廣雅釋親○廣韻云爹北方人呼父

他 安行 玉篇

柁 或作舵○平上兩讀注在彼

⿰巾多 或作帳多 ⿱宀多也 廣韻○蕫按廣雅⿱宀多⿰巾多也二字相轉注

囊可切 ⿴衣可 ⿴衣可⿴衣可衣好皃 玉篇 ⿴衣可開衣領也 玉篇引聲類○蕫按此段⿴衣可為移也移⿴衣可異字而同體

⿰木⿴衣可 或作㰙 ⿰木⿴衣可⿰木⿴衣可木茂 集韻

朗可切 ⿰月裹 肥⿰月裹也 玉篇 ⿰月裹饒也 集韻

⿰車裹 ⿰車裹饒也 集韻

曪 色光明 廣韻引釋典 曬曪日無光 集韻

儸 或作㦬 懡儸慙也 廣韻○蕫按玉篇作⿰面麻⿰面羅集韻作懡㦬意皆不異 ⿰面麻⿰面羅面青皃 玉篇

⿰巾羅 裂繒 集韻

⿰石羅 ⿰石羅碋山皃 集韻

⿰扌磊

⿰木磊

斫 或作剆剆剆

釿

哲

𡖓可切

恀恃也爾雅釋言恀恃事自恀也爾雅釋言舊注今江東呼母爲恀爾雅釋言注恀然恃尊長之皃荀子非十二子恀然注

胗膩也玉篇○萓按胗與侈義近通用詩楚茨箋庶胗也釋文云胗本又作侈

宰可切

豧獸名玉篇

䠆丘名集韻

歡可切

𥉻明朗也玉篇

鎈金光玉篇

䄫衣長皃廣韻

倍可切

勫勫𤯝疲也一曰惡怒集解

韻史 卷八十第十七部上聲副編哿韻 八一一九

韻史 卷八十第十七部上聲副編哿韻 八一二〇

合口誶

古瑣切

惈勇也廣雅釋詁二又文選魏都賦注引方言惈勝也爾雅釋詁○孫注云惈決之勝也惈慼也穀敵爲惈一切經音義九引蒼頡○萓按果惈古今字也果由木實引申爲果敢勇果義不可勝用也迂人欲一一有婞字而俗體葬亂襲多矣

剈割也玉篇

𪌐麵也玉篇小麥麵爲𪌐郎䴭也方言十三麥麵也注

餜餅子玉篇○廣韻子作也

猓猓然猿狖之類文選吳都賦狖鼯猓然劉注○萓按作果然果猓亦古今字

蜾形似蛇玉篇蜾者一頭而兩身其形若蛇其長八尺以其名呼之可以取魚鼈此涸川水之精也管子水地

韻史 卷八十第十七部上聲副編哿韻 八一二一

𠊪或作喎𠊪偽行皃集韻𠍿𠊪行皃廣韻

篙䉆篙收絲具廣韻

觸觰觸牛角開廣韻觸觰牛角上張皃集韻

𡡉美也玉篇集韻

䁔或作暐日光也玉篇

𠋫𠋫謂之杌方言九𠋫船動搖之皃也方言九注𠋫不安也廣韻

蘬或作𦼮華也廣雅釋艸○廣韻云蘬花也榮也

篙笥皮玉篇

䝛豕䝛也玉篇○集韻云䝛豕也

寬果切

㮰㮰扼擿也玉篇○集韻云趙魏之間謂擿爲㮰扼

韻史 卷八十第十七部上聲副編哿韻 八一二二

⿰石果 ⿰石果硊石皃玉篇

⿰多委 多也廣雅釋詁三○廣韻云齊人謂多曰⿰多委

會頰切

耶 衛地廣韻

⿰石爲 敗也淮南俶眞休于天鈞而不⿰石爲注○集韻引列子云事之破⿰石爲

過 過也玉篇自關而西秦晉之閒凡人語而過謂之過方言一

⿰火果 火也楚轉語也方言十

⿰果瓦 或作⿰瓦果 ⿱罒見大口也玉篇

⿰耳果 地名廣韻

⿰女戈 或作⿰女阝⿰戈阝 投也廣雅釋詁三○壹按⿰女戈字字書所無依字形字義度之蓋⿰女戈⿰女阝⿰戈阝皆⿰女戈字之譌再說文訓擊與投義近又按曹憲音內有弋音二字似字本从弋从弋則悉不可說矣

董頰切

禍 好也玉篇

⿰山耑 垂皃玉篇○壹按此周易京房說或端頤之義

綞 綞子綾也廣韻引字林

⿰糸朵 冕前垂也廣韻

跺 行皃玉篇

⿰革朵 或作⿰足朵⿰革殳 履跟緣也玉篇○壹按集韻履緣謂之⿰革朵不專言跟疑似僂

⿰朵瓦 長沙呼甌也廣韻

哚 哚唆小高皃集韻

⿰禾垂 積也廣雅釋詁一 ⿰禾垂小積之皃廣韻 ⿰禾垂禾穗也集韻

腄 牲肉謂之腄集韻

褍 衣長一曰衣正幅集韻

清 水名玉篇

⿱竹陏 竹名玉篇 荅⿱竹陏竹名集韻 ⿱𥫗囟⿱竹陏夏筍同上

⿰彳妥 行皃玉篇

俀 或作⿰歹妥 弱也集韻 ⿰鬼妥⿰歹妥弱也廣韻

⿺走妥 ⿺走畏⿺走妥行病集韻○⿺走畏⿺走妥一作⿺走畏⿺走妥

腇 腲腇肥也集韻

骽 ○俗有腿 股也廣韻

⿰妥鳥 鳥名廣韻

烏果切

⿰扌危 摘也廣韻 ⿰扌危摘趙魏云也玉篇

頋 靜也集韻

鮠 魚名集韻

婑 㛱婑好皃廣韻○集韻云㛱婑姡也

⿰妥風 風動皃廣韻

⿰妥瓜 傷瓜也廣韻 ⿰妥瓜傷熱瓜玉篇 ⿰耒瓜⿰妥瓜瓜中集韻

磊果切

腂 或作腂 皮起也玉篇

杜頰切

⿱一人 壹按玉篇竹瓦切諸家不言其義惟周文舉要云⿱一人音寨从一从人不曲脚會孤子意與兀異

蕯 蘳蕯不中皃集韻

蠢果切

⿰禾累 ○俗有⿰禾累 穀名可食一曰戎葵廣韻集韻

嗖 惡口也玉篇

奧果切

謏 强事言語廣韻

措瑣切

傻 傻俏不仁廣韻○集韻多一曰輕慧皃五字

脞 小也書咎繇暮元首叢脞哉馬注 叢脞揔聚小小之事書咎繇暮鄭注○祧出傳云叢脞細碎無大略

䠋 䠋䠋好皃廣韻

趖 允坐也玉篇

硰 石藥雌黃也一曰小石皃廣韻集韻

溠 泥也玉篇

㟇 山名集韻

五果切

睉 明也玉篇

硊 碨硊石皃玉篇

韻史 卷八十第十七部上聲副編哿韻 八一二七

癸果切

撌 動也玉篇 撌揣擊也一曰動也集韻

劊 切也玉篇

鎖 ○俗有鏁 鐵鎖也廣韻 鎖鋃璫也集韻○查按鋃鐺俗字也漢書王莽傳以鐵鎖琅當其頸注云琅當長鎖也○又按禮記月令注鍵牡疏云凡鎖器入者謂之牡受者謂之牝

鞼 革鎖也集韻

磒 ○俗有碟 小石廣韻

鄭 亭名在河南廣韻集韻

鱝 ○俗有鰈 魚名廣韻

箥 簹也廣雅釋器○集韻云廣雅箥簹也一曰竹名一曰箄也

貝果切

彼 衺也廣雅釋詁二 彼邪也廣韻引埤蒼

韻史 卷八十第十七部上聲副編哿韻 八一二八

佩果切

叵 ○俗有叵 不可也文選謝靈運道路憶山中詩懷故叵新歡注又一切經音義廿四引三蒼華嚴經音義上引珠叢○說文可部叵注云新附有叵字不可也從反可按說文敘目亦云雖叵復見遠流 叵猶遂也後漢書隗囂傳注班超傳注

叵 聲也集韻

沪 水皃集韻

駊 馬行皃玉篇

䰷 鬼衣服玉篇

嶓 嶓峨山皃廣韻

韻史 卷八十第十七部上聲副編哿韻 八一二九

眯瑣切

䢇 徱徱猗遲遲也玉篇○查按古今皆用靡靡而徱徱不行

䨛 或作𩈛 䨛面青皃玉篇 懡㦬慙也集韻

曮 曮曮日無光也集韻

䠴 行皃廣韻

䕷 山玉篇

灖 水流皃集韻 渀灖雪霜之皃淮南原道雪精渀灖注

韻史 卷八十第十七部上聲副編哿韻 八一三〇

齊齒呼

竟姈切 竒立正也玉篇○璧按依許慎顧野王之例則齮無部可歸玉篇列此字於立部實為無理此必孫強輩入顧氏原書不當收此字矣

䫑失容也玉篇 䫑好也廣雅釋詁一

儉姈切 婍或作旖好也廣雅釋詁一 旖集韻引廣雅 旖好也玉篇衣部 旖好皃玉篇示部 禪襦謂之襜

㥓憾倚儉意也玉篇

𤸷或作䠷短也廣雅釋詁二 𤸷痤也廣雅釋言 婍短皃玉篇

庴廢也玉篇

蟜蟬也廣雅釋蟲○方言十一云蟬海岱之間謂之蟜 蟬齊人呼為巨蟜方言十一注

蟜長腳蠨蛸廣韻○璧按此當作踦段借蟜字則陋矣

漾姈切 胣○俗有肔裂也莊子胠篋釋文引崔注 胣剔也莊子胠篋釋文引司馬注 刳剔曰胣 莊子胠篋釋文 胣引腸也玉篇

庡食㾊也玉篇

崺剝崺邪道也文選甘泉賦登剝崺注 剝崺上下之道也漢書揚雄傳上注 剝

崺沙丘也漢書揚雄傳音義引字林

䫑睇眄皃又美容皃玉篇○璧按說文旖从㫃奇聲本無从方之旖也幾使偏旁偶省不得遂分二字玉篇頁部之瀕明係㫃部旖字之譌而剝分二字異義異音不堪撿覈如此豈謂顧氏而有是乎

軫椅切 碕碕砎石垂皃玉篇

䈈平上兩讀注在彼

罷椅切 扡扡謂觀其理也詩小弁析薪扡也箋 扡者施也詩小弁疏

洒椅切 狏○俗有狏獸如狐白尾玉篇 狏狼屬似狐白色尾長出則有兵

集韻

仰姈切 䉝竹作也玉篇○集韻云䉝竹器

丙椅切 䐉肉也玉篇

品椅切 㱟析也一切經音義十三引纂文○玉篇㱟字注云㱟析也 㱟猗分也一切經音義廿二引纂文○廣韻云㱟枝析又云㱟開肉

𤁗水名玉篇

撮口呼

永彰切 掅（或作揹）俗云落（玉篇）掅棄也（廣雅釋詁一）捫摸曰掅（一切經音義十引通俗文）掅揲也（集韻）

髓（或作䯝）髓孔也（玉篇○集韻云髓孔也）

⿰食多 ⿰食有也（廣韻）⿰食多⿰食有飫也（集韻）

華 木名周禮有華氏共焫華以灼龜（集韻）

遂彰切 ⿰食青（或作⿰食青⿰食嗇）盌也（一切經音義十五引字書）⿰食宛謂之⿰食青（方言十三）⿰食青以豆屑雜餳也（方言十三注）⿰食青饎餅方言云餅（廣韻）

瀡（或作滫）齊人滑曰瀡也（禮記內則滫瀡以滑之注○釋文云瀡滑也）

䪼

韻史 卷八十第十七部上聲副編䪼韻 八一三五

洒猜切 乜 眼也斜也（集韻）乜蕃姓（廣韻）

韻史 卷八十第十七部上聲副編䪼韻 八一三六

韻史

第十七部去聲副編

賀韻

開口呼

海佐切 ⿰衤賀（或作袔）被袖也（廣韻）袔袖也（廣雅釋器○堂按袔與袁同體而異字）袔夾衣（集韻）

⿰氵賀 水名（廣韻）

⿰言賀 ⿰言賀謥⿰言賀怒皃（玉篇）⿰言賀譍語（集韻）

蔄 葽蔄艸名（玉篇）

⿰礻可 祭名（集韻）

⿱艹訶（或作⿱艹呵）菜名（集韻）

⿱止可

韻史 卷八十第十七部去聲副編賀韻 八一三七

帶賀切 跢 跢蹷偃地也江東言跢（方言十三跌蹷也注）跢小兒行也（廣韻○集韻也作兒）

朗賀切 ⿰忄言（○作⿰亻言者論）欺也（廣雅釋詁二）⿰忄言怛欺慢也（廣雅釋訓）⿰忄言怛欺謾之語也（方言十）

邏 邏謂巡行非違也（一切經音義十四引韻略）邏遊兵也（廣雅釋詁四）

⿰足羅 ⿰足羅跣䠡蹭蹬也（集韻）

⿸疒羅（或作⿸疒羅）病也（玉篇）⿸疒羅瘦病也（同上）

⿰衤羅 婦人衣（廣韻）⿰衤羅女上也（集韻）

纙 錢繦也（集韻）

寧賀切 ⿰衤左 衣包囊（玉篇）褌衣有衰者趙魏之間謂之⿰衤左衣（方言四）

散賀切 些（十五部平十七部去四讀注在從 從本音此音轉也說文本作安）

韻史 卷八十第十七部去聲副編賀韻 八一三八

合口評

鍋 古課切 食也 廣韻

划 或作鍋 鍊也 廣雅釋器 划鑲也又刈鉤 玉篇 刈鉤江淮陳楚之閒或謂之鍋 方言口 鍋釭也 廣雅釋器○萱按此既以鍋爲鍋也方言閒鍋爲車釭之名或又作鍋

浅 水名 廣韻

瘰 曠貨切 秃瘰病 玉篇

涴 蘽課切

踒 蠃也 玉篇

俰 會課切 和也 廣雅釋言

囮 牽船聲 玉篇

韻史 卷八十第十七部去聲副編賀韻　八一三九

桃 木名皮可爲索 廣韻○萱按枇與桦雙聲二木蓋亦相近

⿰彳朶 董課切 ⿰彳朶允也 玉篇

⿰歹朶 貧殞 玉篇 ⿰歹朶殞也 集韻

⿰言朶 言相誇 集韻

剁 或作⿰金朶 斫也 玉篇 ⿰金朶鈌也 廣韻 剁斫剉也 廣韻○集韻少斫字

⿰禾朶 積也 玉篇 ⿰禾朶禾積也 集韻

桗 株也 廣雅釋木 桗木本也 廣韻

⿰山朶 杜課切 山皃 玉篇

⿱雨隋 雨下皃 集韻

毻 或作毤 易也 方言十三 毻解也 廣雅釋詁一 毻謂解毻也 方言十三注 毤落

韻史 卷八十第十七部去聲副編賀韻　八一四〇

毛也 管子輕重甲發朝鮮不朝請文皮毤服而以爲幣乎注又文選江賦夜鮞積羽注引字書

攍 磊課切 或作攍 擊物之名 廣韻 攍擊也 集韻

⿺辶果 不正也 玉篇

⿱竹⿰米朶 牀也 玉篇 ⿱竹⿰米朶簣也 集韻

睡 杜課切 或作捶 杵擊也 廣韻

諈 蠡課切 異言也 廣韻

硾 鎮也一曰揣量物重也呂氏春秋硾之以石 廣韻集韻

甀 叟課切 甀器也 玉篇 甀瓶也 上同

萎 纂課切 或作萎 萎猶詐也 禮記曲禮上篇其拜而萎拜注 萎挫也 禮記曲禮上疏 萎詐也挫也 禮記曲禮釋文○萱按釋文萎盧本作蹉是二字義近通用非關叚借

韻史 卷八十第十七部去聲副編賀韻　八一四一

⿰山坐 山動也 玉篇○集韻動是搖

⿱沙石 地名史記擊韓信軍於⿱沙石 集韻

⿰坐阝 措課切 山名 玉篇

⿰坐彡 莝也 玉篇

座 牀座 廣韻 座坐具 集韻○萱按坐之一義亦坐足包之矣

⿱宀瓦 五課切 施瓦於瓦也 玉篇集韻○又云⿱宀瓦泥瓦屋也

⿰目貨 蝅課切 骨也 玉篇

諉

⿰扌靡 味課切 ⿰扌靡所擊之處⿰扌靡弊也 考工記鳧氏于上之⿰扌靡謂之隧注

⿰耒靡 耕也 玉篇

韻史 卷八十第十七部去聲副編賀韻　八一四二

齊齒評

竟郎切 庲 庲屋閒也廣韻 庲構屋也集韻

閬賀膠不密也玉篇

漾骂切 腡 肉四腡也玉篇 分牲謂之腡一曰臟也集韻

䅟重也廣雅釋詁四○廣韻云䅟重多

䍦罳䍦面衣玉篇 䍦罳謂之幔帕集韻引廣雅

晒骂切 胑几也廣雅釋器

攏或作把也玉篇

御骂切 䤯䤯酡面兒集韻引新字林○廣韻作酡䤯

丙骂切 䭾䭾也玉篇集韻

韻史 卷八十第十七部去聲剎編賀韻 八一四三

韻史 卷八十第十七部去聲剎編賀韻 八一四四

品骂切 彉 彉張所以張弩也玉篇○集韻云彉蘇皮飾弓也一曰所以張弩一曰弓曲也

撮口評

去嘗切 攄 攄擊也廣雅釋詁二

許嘗切 囈 囈聲也廣韻

罪嘗切 髊 髊白骨曰骼有肉曰髊 [illegible]

韻史 卷八十第十七部去聲剎編賀韻 八一四五

韻史 卷八十第十七部去聲剎編賀韻 八一四六

附錄　何石閭書吳百蟊論韻史書

豈之撰韻史也，商搉條例，多與舊韻書違異，惟吾友陳東之能匡其不逮。自其遠遊，談古義者尟鮮，不知閉門造車，出門果能合轍否矣！

書之大要有三：形也，音也，義也。收字以說文爲本，而玉篇廣韻佐之；說文爲正編，玉篇廣韻爲副編。一類中平上去入正副編皆竣，而後及於他類。因倣段懋堂先生十七部之說而擴之。

韻史　附錄　一

篆隸同體者正也；隸稍就簡易而不悖乎篆意者亦正也。其義同而字晚出者附見焉；義同而體俗陋者明辨焉：不扁亦不溷矣。說文所無而見於玉篇廣韻者，概收於副編，亦一字不遺者，以其於字書韻書爲近古，所收之字，較集韻等書差覺謹嚴也。間有不合六書，其體繆盭，亦復過而存之，不徑薙去，所以猒學者之心也。

韻史　附錄　二

形有定部，部亦有定形，本不相溷也。六朝人爲韻書未必盡昧乎此，而識不堅定，轉以後世流變之音定其部居，而形體與部分乃雜出而不相應矣。故韻史先定其形，形定而音乃可言矣。書契與聲歌皆起於皇古，則韻部之分由來已久。父師子弟，沿襲率循；瞽史象胥，整齊畫一；故不必特勒成書，而師儒墨守，自無越畔。春秋以降，象胥不行。原伯魯之徒既多，五方又各爲風氣，音漸轉迻。降及六代，天光分耀，音益多歧，韻之古今自茲判，而辨音之詳亦即自茲而盛。

許氏解字祇云某聲，鄭君注經祇云讀若某，至孫叔然始作翻紐，猶未有字母也。舍利三十字母，西域音三十六字母，金剛經五十字母，般若經四十一字母，華嚴經四十二字母，蒙古音四十一字母，皆與今所行三十六字母——見溪羣疑——不同。三十六母行之既久，似爲近矣；然諦觀之，則有複有扁，未爲精善也。非敷泥娘皆一誤爲二，複矣。見端等母有侌無昜，明微等母有昜無侌，扁矣。知徹澄三母之字，古音同於端透定，今音同於照穿牀，不必另出，另出亦複矣。故吳草廬三十六字母，李如真二十二字母，新安三十二字母，方密之二十字母，皆不用知徹澄。陳晉翁三十二字母存知徹澄而去照穿牀，其意亦同耳。方氏并非敷奉爲一，是也，然去影喻二母則扁矣。戴先生東原亦用二十母，而與方大異，惟其微母字別爲條，則非愚心所安也。故愚之韻史定爲二十一母；平聲有侌昜，則以二十一爲四十二也。舊時言字母者或云九音，或云七音，今細審之，祇須言四音耳，見溪影曉喉音也（見溪不必言牙音），端透泥來舌音也（來不必言半舌）照穿日審精清疑心正齒齒頭音也（日不必言半齒，疑乃鼻音非牙音也，附齒頭差近），邦滂明非微脣音也（重脣三輕脣二）。豈之所擬廿一字母曰『見起影曉，短透乃賚，照助耳審，并淨我信，謗並命匪末』也。概不用平聲字，避平聲字有侌昜也。以四音廿一母統搭衆字，則音聲無不舉矣，不審舊來何以紛紛立法之多也。韻史每部每評即以廿一母次第爲列字次第，同紐之中又以形近系聯，不泥舊次矣。

韻史　附錄　三

音之有清濁也，爲平聲言之也。侌平爲清，昜平爲濁，不容淆也。上去二聲，各祇一音，無侌昜清濁之可言也。强欲言之，亦姑曰上去相爲侌昜而已。舊乃有上濁最濁之說，非自擾歟？唐一行謂上去自爲清濁，是也；自爲清濁即豈相爲侌昜之說也。入聲每字皆含侌昜二聲，視水土之輕重而判。輕則清矣，其出音也迭之不足而爲侌；重則濁矣，其出音也迭之足而爲昜。韻史内入聲侌昜并合者此也。舊韻書乃一一劃分，似未識此意。至上去二聲内又判別某爲昜，某爲侌，則近於罔矣！音之有四聲也，一以貫之者也。韻史每類之中，由平而上而去而入而副編，分別部居，不相雜廁。治六書者於一類四聲之全觀其會通，其於引伸叚借之指，思過半矣。舊韻書乃以四聲劃分，恐未諧於音理也。

韻史　附錄　四

至於反切之法，後世必不能無，而有絕不可解者，則類隔是也。反切以雙聲爲用，故曰音和；類隔則不和矣。何反切之有！反切上一字既用一定之母，其下一字縱使本韻本訐無字可用，亦豈無術焉以處此，而强立不甚通之法以惑後人乎？惟字母有定位，故反切有定法。若定位仍可游移，則定法豈爲準則？故韻史專用音和也。且所謂字母者，姑借此數十字以定位，非謂此數十字外皆不可爲母也。惟字字可爲母，故其定位也雖一成而不變，而其出切也自循環而不窮矣。若兼用類隔，則是借此位之母切彼位之字，其於切本母本位者，何以別乎？故斷不可用也。

又等韻之說，蒙向所不曉，私以爲可無庸。故韻史祇用四訐。開口合口兩訐其音侈，侈則洪矣；齊齒撮口兩訐其音斂，斂則纖矣。舉洪纖而等攝夬闡在其中，不知後人何以必言等韻也。呂介孺韻鑰，江脊修古韻標準、四聲切韻表，經之以四等，析之以開合，緯之以三十六母，逐紐排列，詳且明矣；然訾終以其紙上所談，不敢信，故不敢從。若以己所不信者誦後人，平生所尤戒也！

韻史之形與音既定，而後詳其訓釋。本義爲先，引伸之義次之，皆以說文爲首，傳注箋疏次第隸焉。至叚借爲六書之一耑，是聲音文字之大用也。注家或不明言，學人宜知辨別。乃釋文兼蓄並收，注疏望文生說，正借之分，陸孔輩不盡憭也。無論邢叔明以下矣。韻書會稡古今，立爲通法，自當專收正禮，而叚借各附於本字，其無字可歸，終古叚借者，方可特出。乃廣韻以下，不辨正借，往往一字數音，亂人神智。集韻類篇汎濫益甚，甚至半簡之中，非族屢收；一字之下，譌體叢出；其晚近無用之字不堪掇拾者，又不足辨也。識字豈不難哉？凡韻史之作，將使學者真識字而無難也；苟學者真識字而無難，則訾之精力盡於此書而不悔也。

何石閭先生韻史後序

金鉽

泰興鄭權伯肇經，襄編刻其舅氏朱曼君先生文集年譜，以鉽爲朱氏弟子，屬爲之序。朱之先，出自何，其外王父曰石閭先生營，則鄭君之於何氏，得備彌甥，故鉽序末於石閭先生之韻史及其紅露館文集，有所望於鄭君也。鄭君曰：吾有志未逮，久矣！歲庚寅春，邑遭兵火，亂定，亟歸省視，訪兩先生遺書，各就其家敝簏中檢出，而石閭先生之韻史、曼君先生之六朝會要，皆缺其第一册，大索弗獲，無如之何。先是歲戊午夏，功令重修省志，縣置寫官，將以兩先生遺著應命，而先取首册上之會志局，停罷，其文籍悉移藏省府瞻園舊設之圖書館。鉽因以所聞見者語鄭君，鄭君力謀之中央研究院，累書往反，幷親爲謁者，卒得之圖書館架閣上，遂以就正於研究院羅莘田先生培常。羅先生，精於音韻學者也；跋其書後，略謂：『體大功深，令人心

折；然其改定字母，拘守五聲，誤解等呼，臆改反切，皆不可不辨。』又謂：『此書以韻史名，而其所以嘉惠來學，乃在訓詁，不在音韻。其並石閭同時著書者，有朱允倩說文通訓定聲。以兩書體例觀之：朱則純以諧聲相統，何乃參用今韻條貫。百餘年來，朱書則傳誦士林，韻史則沈霾里閭，則亦事之不平者！』洋洋二千餘言，率能洞見其癥結，批郤導窾，所謂萬世之後，而一遇知其解者，是且暮遇之也。況百餘年哉！竊以音韻之學，有清一代，顧氏亭林啓其端，江愼修、戴東原、段懋堂、王懷祖等承其後，講求日精，愈推愈密。段氏注說文解字，析古音爲十七部，附以諧聲表而字未列；江子蘭譜其字矣，而訓詁不備；何朱二氏，備其訓詁，而其書並成焉。韻史既有羅先生韙是矯非，俾瑕不揜瑜；朱書乃引王懷祖說，分十八部，以平水一百六韻，旁書每字之上，用存今韻，宜若無可言者？鉽嘗讀之，起从己聲，非从已聲，而己已兩聲並在古韻頤部，起字當與己聲諸字類聚，朱氏誤系於已聲下。其子仲我能讀父書者，而於

修缺殘版之際，莫能諟正，甚矣作書之難也！其同時著書與韻史旨趣稍異者，尚有安邱王貫山。貫山亦問故於吳伯螯者，取段注說文、桂氏未谷說文義證，刪繇舉要，以成說文句讀。其或二家說同，則多用桂說，以其書未行，冀少存其梗概。乃於頁部「頪」字，全采桂說；其後補正，又謂『此君好爲不信，我多隱諱之，此字受其欺者十年，故發憤書之。』君子之愛人也以德，寧爲爭友，無爲佞臣。羅先生糾正韻史，不遺餘力，而援朱書比傅，代爲不平，與貫山多采桂說，而又直疏其短，不少迴護，其用心無以異也。嘗思何先生潛居家巷，鑽仰形、音、義，至廢寢食，而所商榷者，鄉先生陳東之一人而已。東之旅食舊京，其與東之書云：『韻史依段氏分十七部，君言未允，是君之言允也。』復詳詢吳伯螯、徐星伯，系何鄉貫，將未完成之韻史六册，寄至北平，託其轉正於吳伯螯、徐星伯、汪孟慈諸名宿，其覆徐星伯書，論『活字版最善，苟無背於大雅，亦安思災及梨棗。』又與魏默深、龔定盦、李申耆三書，則討論講習，並

見紅露館文集。其虛懷求益，有如此者。而諸先生亦聞有回書者，皆不及韻史一字，實無商量邃密之語，惟李申耆有『今之言韻學者以泰興何石閭先生韻史爲最』及『丐祁醇甫序』語，則見於何氏家乘、暨陽鄭守庭經石閭先生傳。今祁序亦無，鉽頗疑焉。豈諸先生金玉爾音，祕而不宣邪？抑有待於羅先生一傾吐之邪？考石閭先生文集，述紅露館書目，其音韻、訓詁等書，除已具與吳伯螯論韻史書外，有大興李氏音鑑、阮氏經籍籑詁。羅先生疑其訓詁受阮氏啓迪至大，誠哉斯言。至全用音和，則皆沿李說，而錢曉徵養新錄、江氏說文音韻表二書目中無有，何先生因未及參攷；而於錢氏古無輕唇舌上之說，又出於玉篇廣韻後附之五音辨字法，石閭先生亦未檢及，何歟？雖然，何先生閉門造車之苦心，羅先生已昭然若發矇矣。鄭君重申渭陽之情，移其所以事舅氏者事何先生，哀其生前之憂，一一克展，霾蘊百年，軒露一旦！即何先生不及親見於其身，而以其書爲椎輪，苟闡發無遺，比於親見尤快

也。又以光緒泰興志嘗傳行實未備，論世者不知也；取鄭氏家傳，暨何先生遺像，載諸已失而復得之韻史首册，補足印行，使事蹟撰著，並傳於世。先鄭後鄭，姓名略同，似其中陰有主宰之者？鉽雖髫學，尚求識字，同邑張君樹筠佐鉽預修郡縣志，亦好小學，時補鉽所未逮。鉽之藉助於張君，猶鄭君之獲知音於羅先生也。張君學步鄉賢，羅先生軌轍往哲。何先生僅受益於東之，而不得廣之於其友。鄭君卒能得之於羅先生，以表章何先生韻史，復寓書來告，以其所撰付梓有日，并附羅先生跋語，相屬以言；鉽既不敢以古人自居，而聿觀厥成，又不可以不文辭。是無何先生簡牘往反之勞，安受東之之益，而僭祁氏知言之名也。今國家隆盛，提倡識字，段氏之書尚矣！訂誤匡謬，身無完膚，而段氏不以其故自貶。後之人儻據羅先生之說，訂韻史之誤，例以允倩之書，如依古音，則四聲、等呼，概可屏棄，即江氏古韻標準，不以今韻定古韻之說也。若限以今韻，則當散古音部分三十六字母，是唯無用，用則不可增減。

至反切、類隔，固自有道，亦當率由舊章，不可擅改。夫如是庶不悖於古而有合於今，斯又在善讀者之能自得師也。

跋

民國二十二年，五月，泰興鄭權伯（肇經）先生以其鄉前輩何石閭先生所著韻史稿八十卷及總目四卷見示。余因卷帙浩繁，且尠暇晷，遷延數月，始獲卒讀。綜繹全書，雖間有可商，而體大功深，未嘗不令人心折也！

案，石閭名萱，號㝷廬，道光歲貢。其先自皖之休寧移居泰興，六傳至石閭，以家業中落，徙如皋石莊，蹴居湯氏廢圃，老屋數椽，蓬蒿沒人，而積書至數千卷，誦讀不輟，晚乃歸泰興，屏棄舉業，杜門撰述。嘗與同邑陳東之（潮）往復商榷。東之潛心勾股四元之學，擬撰算鑑，未竟而歿。石閭乃發憤以成是書，其畢生精力萃於此，亦瘁於此矣！以清道光二十一年辛丑卒，年六十八（一七七四——一八四一）。其所著書，於韻史而外，有紅露館文集十卷、詩集一卷、琴法指掌二卷，均未刊行。當時碩學如

武進李申耆、邵陽魏默深、江都汪孟慈、仁和龔定盦等皆與之友善，申耆於韻史尤多所商定；而大興徐星伯、臨榆吳百盉、壽陽祁醇甫亦並索觀其書，議付梓而未果。迄今百年，迭更事變，而全稿幸存，亦足珍矣！（1）

韻史纂述旨趣，具詳石閭答吳百盉書。蓋欲綜文字之形音義三端而一以貫之。收字以說文爲本而佐以玉篇廣韻；以說文爲正編，玉篇廣韻爲副編。其論字形則以篆隸同體者爲正，隸稍簡易而不悖乎篆意者亦爲正；其義同而字晚出者附見焉；義同而體俗陋者明辨焉。其論字義則以本義爲先，引申之義次之，皆以說文爲首而傳註箋疏次第隸焉。且以假借爲聲音文字之大用，故尤致意於正借之辨，欲使學者真識字而無難。至其論字音也，則較形義爲獨詳，而尤斤斤於『形有定部，部有定形』之義。蓋據段懋堂古韻十七部以矯廣韻以下同部者蕩析離居之

（1） 節采江陰鄭經擬石閭何先生家傳及光緒泰興縣志卷二十二頁二十三。

失，因形定音，援音求義，明古今之變，通音義之郵，亦足尚矣，然其改定字母，拘守五聲，誤解等呼之說，臆改反切舊法，則皆不可不辨也。

石閭以爲：今所傳見溪郡疑等三十六母有複有漏，未爲精善，『非敷泥娘皆一誤爲二，複矣；見端等母有侌無昜，明微等母有昜無侌，漏矣；知徹澄三母之字，古音同於端透定，今音同於照穿牀，不必另出，另出亦複矣。』其說蓋本於潘次耕類音。然觀其所定：『見起影曉、短透乃賚、照助耳濟、井淨我信、謗並命匪未』二十一字母，則又本方密之說而別出影母，複雖已删，漏乃未益：實元明以來北音之聲系也。至於字母標目避免平聲，而謂『平聲有侌有昜，應以二十一爲四十二』，則與明李登書文音義便考私編『平則三十一母，仄則二十一母』之說立指相近。誤認『清濁』爲『陰陽』，乃使聲母與聲調莫辨矣！惟清代治古音者，率多精於辨韻而疏於別聲，石閭生乎顧、江、戴、段之後，古韻分部已具規模，古聲系統仍無定論，

既未甘於守溫舊譜，遂致惑於元明北音，誤雖須訂，情實可恕：此應辨正者一也。

四聲各有清濁，孫愐所論最爲明確。自『清濁』之辨不顯，而後『陰陽』之說乃興。周挺齋云：『陰陽字平聲有之，上去俱無；』方密之承其說，更定爲啌嗺上去入五聲：此皆元明以來之變音，治古音者固可存而不論也。而石閭謂：『音之有清濁也，爲平聲言之也。侌平爲清，昜平爲濁，不容淆也。上去二聲各祇一音，無侌昜清濁之可言也；彊欲言之，亦姑曰上去相爲侌昜而已。……入聲每字皆含侌昜二聲，視水土之輕重而判：輕則清矣，其出音也，送之不足而爲侌；重則濁矣，其出音也，送之足而爲昜：韻史內入聲侌昜并合者此也。』是於方音入聲本有陰陽之別者，亦寧過而合之，拘執方氏五聲之說，於考古審音兩無所當！竊謂治古音者非特無須分別陰陽，抑且不必囿於四聲。段懋堂云：『古四聲不同今韻，猶古本音不同今韻也。考周、秦、漢初之文，有平上入而無去；洎乎魏晉，上入聲多轉而爲去，平聲多轉

爲仄聲。於是乎四聲大備而與古不侔：有古平而今仄者，有古上入而今去者，細意搜尋，隨在可得其條理。』江子蘭亦云：『段氏論音，謂古無去，故譜諸書，平而上入。今次說文，得聲以貫：來流爲麥，特出於之，而爲愿音，丕得不讀，古今音異，輕重難分。即如譜中，來猷在入，夕惡在平，若以區分，必成矛盾，不如合之，以省穿鑿。』今石閭旣據段氏十七部說以排比說文全部諧聲，而韻史序次，則『每類之中由平而上，而去入，而副編，』以致同從一聲散見數處（例如第一部從亥聲者平聲『該晐垓陔郂侅陔痎頦核荄』及『咳孩骸』旣分爲『艮哉』『漢材』兩切，而『亥駭』則列入上聲，『核劾』則列入去聲：舉此一例，他可隅反。）同部雖未蕩析離居，異韻仍難同條共貫：此應辨正者二也。

宋元韻譜，『等』與『呼』別。自『等』義失傳，而後韻法直圖捨『等』增『呼』，徒亂人意；潘耒類音減『呼』爲四，始就定型：雖與前軌有殊，實亦自成流派。今石閭謂：『等韻之說，蒙向所不曉，私以爲可無庸，故韻史祇用四評。開口合口

兩評其音侈，侈則洪矣；齊齒撮口兩評其音斂，斂則纖矣。舉洪纖而等攝实圑在其中，不知後人何以必言等韻也！』是猶遵循明清人說，並未遠於矩矱。然其分配等呼也，則以一等爲開口呼，二等爲合口呼，三等爲齊齒呼，四等爲撮口呼，昧於等呼交錯爲用之旨，遂致以肴爲合，以幽爲撮，於宋於清，皆未爲是！故其失不在屏棄等韻，而在誤解四呼：此應辨正者三也。

反切之有類隔，固爲舊法之弊，然古今音異，正可藉以考明：此錢曉徵古無輕脣舌上之論所以爲卓識也。石閭力闢類隔之法，於韻史悉改音和，上字則『每母每評各用兩字出切，一母四評，凡用八字，惟脣音不備；』下字則每韻每評亦用兩字行韻，惟平聲因陰陽而分爲四。其所操術雖與楊選杞李光地輩前後略同，而彼在革新，此則稽古，旨趣旣異，得失遂殊。蓋以聲準近代，韻擬周秦，『海』、『駭』共爲一音（漢乃切），『意』、『異』竟成同切（隱記切）；尙論說文舊讀旣嫌枘鑿難

合，推稽古聲遺跡亦復面目全非：此應辨正者四也。

然此書雖以『韻史』名，而其所以嘉惠來學者，乃在訓詁，不在音韻。段懋堂云：『諧聲之字半主義半主聲。凡字書以義爲經而聲緯之，許叔重之說文解字是也；凡韻書以聲爲經而義緯之，商周當有其書而亡佚久矣。』戴東原答段氏論韻書亦云：『諧聲字半主義半主聲，說文九千餘字以義相統，今作諧聲表，若盡取而列之，使以聲相統，條貫而下如譜系，則亦必傳之作也。』段氏頻年欲爲之而未果，至嘉慶十年乙丑（一八〇五）乃屬江子蘭譜之，歷四年而說文解字音均表成（一八〇九）。其書但以說文爲主，尙未旁及傳註箋疏也。韻史成書年月雖無明文，然以何氏卒年（一八四二）考之，則在段氏說文解字注（一七九四）後四十七年，在阮氏經籍纂詁（一七九九）後四十二年，在江氏說文解字音均表（一八〇九）後三十二年，故石閭晚年當已得見諸書。其能不墨守說文而旁羅傳註箋疏以明字義正借之辨者，

蓋受阮氏之啓迪至大；惜誤於明清等韻家言未能盡沿江氏義例耳！並石閭同時而著書旨趣相近者，則有朱允倩（一七八八——一八五八）說文通訓定聲。朱書經始於道光丁亥庚寅間（一八二七——一八三〇），乙未（一八三五）而前半脫稾，戊申（一八四八）而全書刻成；其於韻史當爲閉戶暗合，未嘗麗澤相取也。以兩書體例觀之，朱則純以諧聲相統，何乃參用今音條貫，識見雖異，而功力實同。然百年以來，朱書則傳誦士林，韻史則沈霾閭里，斯亦事之不平者已！儻有識者，授諸剞劂，俾後之學人藉知當時風尚所趨，前賢精力所萃，則其有功於清代漢學史者，豈淺鮮歟？是爲跋。

中華民國二十二年十二月六日，羅常培識於上海小萬柳堂。

韻史索引說明

(一)本索引按照王雲五氏發明之四角號碼檢字法排列．

(二)單字上端之四碼，為四角號碼．

例〇〇一〇主　即〇〇一〇為四角號碼

(三)四角號碼下之小字，為附角號碼．

例〇〇一〇^{四}主　即四為附角號碼

(四)單字之下所註數字代表頁數．

例〇〇一〇^{四}主　一八二五　即「主」字在本書第一八二五頁

(五)四角號碼檢字法詳見次頁．

第二次改訂四角號碼檢字法

王雲五發明

第一條　筆畫分為十種，各以號碼代表之如下：

號碼	筆名	筆形	舉例	說明	注意
0	頭	亠	言主广疒	獨立之點與獨立之橫相結合	0456789各種均由數筆合為一複筆，檢查時遇單筆與複筆並列，應儘量取複筆；如亠作0不作3，扌作4不作2，厂作7不作2，ソ作8不作32，小作9不作33．
1	橫	一ㄑㄥㄟ	天土地江元風	包括橫刁與右鈎	
2	垂	丨丿亅	山月千則	包括直撇與左鈎	
3	點	丶㇏	宀ネ冖厶之衣	包括點與捺	
4	叉	十乂	草杏皮刈大葯	兩筆相交	
5	插	扌	扌戈申史	一筆通過兩筆以上	
6	方	口	國鳴目四甲由	四邊齊整之形	
7	角	㇇⺁㇁ㄥ厂フ	刑門氏陰雪衣學罕	橫與垂相接之處	
8	八	八ソ人厶	分頁羊余災奈足午	八字形與其變形	
9	小	小⺌⺍忄忄	尖糸羼呆惟	小字形與其變形	

第二條　每字祇取四角之筆，其順序：

(一)左上角　(二)右上角　(三)左下角　(四)右下角

(例)(一)左上角……端……(二)右上角
　　(三)左下角……端……(四)右下角

檢查時按四角之筆形及順序，每字得四碼：

(例)　顫＝0128　截＝4325　賺＝6780

第三條　字之上部或下部，祇有一筆或一複筆時，無論在何地位，均作左角，其右角作0．

(例)　宣　直　首　冬　軍　宗　毋

每筆用過後，如再充他角，亦作0．

(例)　干　之　持　掛　大　卄　車　時

第四條　由整個口門鬥所成之字，其下角取內部之筆，但上下左右有他筆時，不在此例．

(例)　國＝6043　閒＝7724　闕＝7718

　　　菌＝4460　瀾＝3712

附　則

Ⅰ字體均照楷書如下表

正	住　巴　反　禾　戶　安　心　卜　斥　刃　业　赤　革　真　執　禺　衣
誤	住　巴　反　禾　戶　安　心　卜　斥　刃　业　赤　革　真　執　禺　衣

Ⅱ取筆時應注意之點

(1)宀 彡 等字，凡點下之橫，右方與他筆相連者，均作3，不作0

(2)戶 皿 門 等字，方形之筆端延長於外者，均作7，不作6．

(3)角筆之兩端，不作7，如「弓」．

(4)交叉之筆，不作8，如「美」．

(5)㣺 亦中有二筆，水 小旁有二筆，均不作小形．

Ⅲ取角時應注意之點

1 獨立或平行之筆，不問高低，概以最左或最右者為角．

(例)　非　偉　疾　浦　帝

2 最左或最右之筆，有他筆蓋於其上或承於其下時，取蓋於上者為上角，承於下者為下角．

(例)　宗　幸　寧　共

3 有兩複筆可取時，在上角應取較高之複筆，在下角應取較低之複筆．

(例)　功　盛　頗　鴨　奄

4 斜撇為他筆所承，取他筆為下角．

(例)　春　奎　雁　衣

5 左上之撇作左角，其右角取右筆．

(例)　匀　鈞　侔　鳴

Ⅳ四角同碼字較多時，以右下角上方最貼近而露鋒芒之一筆為附角；如該筆業已用過，則附角作0．

(例)　芒＝4471$_{0}$　元　洋　是　疝　歆　畜　殘　主　難　霖

　　　毯　拼　鑾　覽　功　郭　癥　愁　畬　遠　仁　見

附角仍有同碼字時，得按各該字所含橫筆（即第一種筆形，包括橫刁及右鈎）之數順序排列．

例如「市」「帝」二字之四角及附角均同，但市字含有二橫，帝字含有三橫，故市字在前帝字在後，餘照此類推．

0000○——00一四八

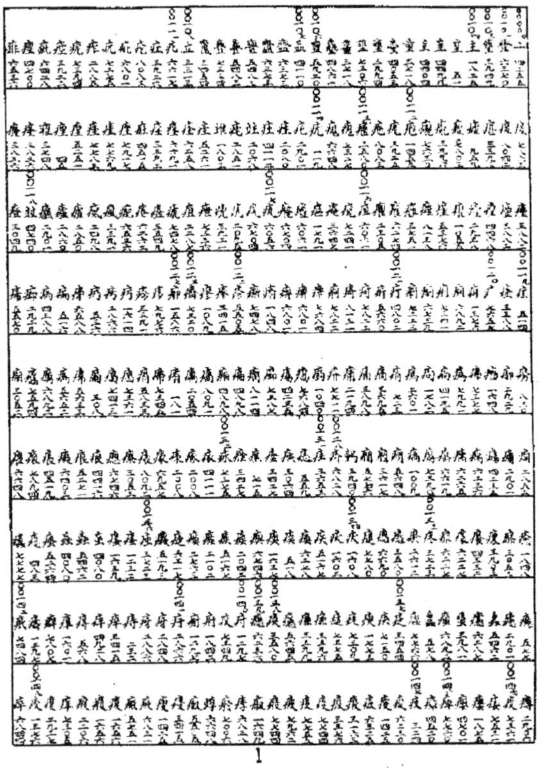

1

00一四八——00二二七

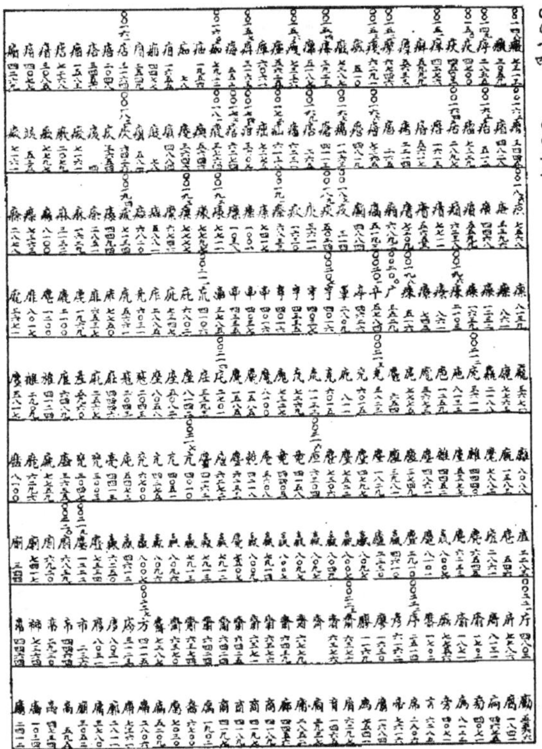

2

00二二七——00六〇六

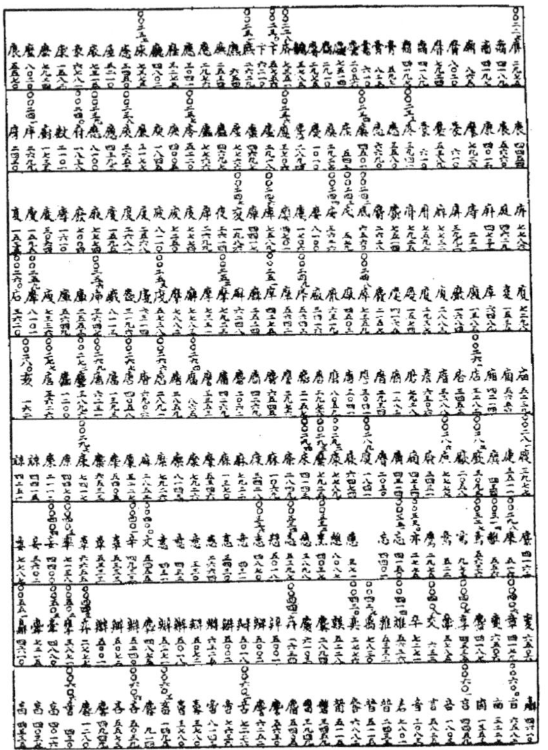

3

00六〇七——0二二〇○

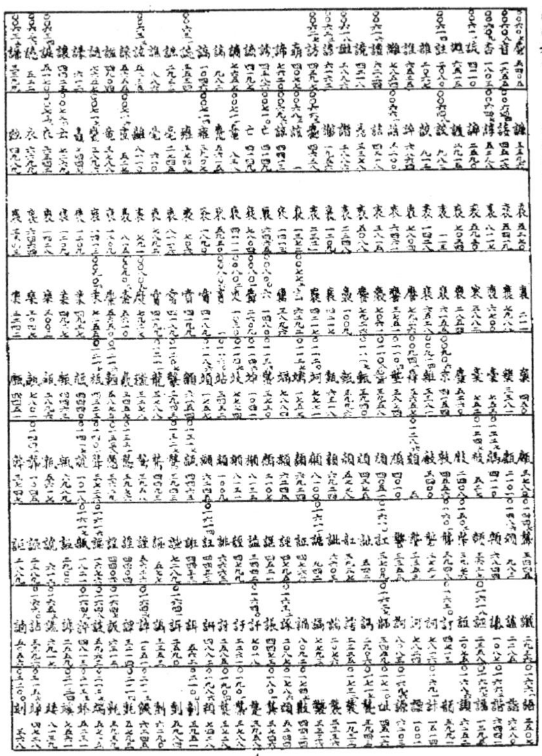

4

〇二二〇〇——〇五六一七

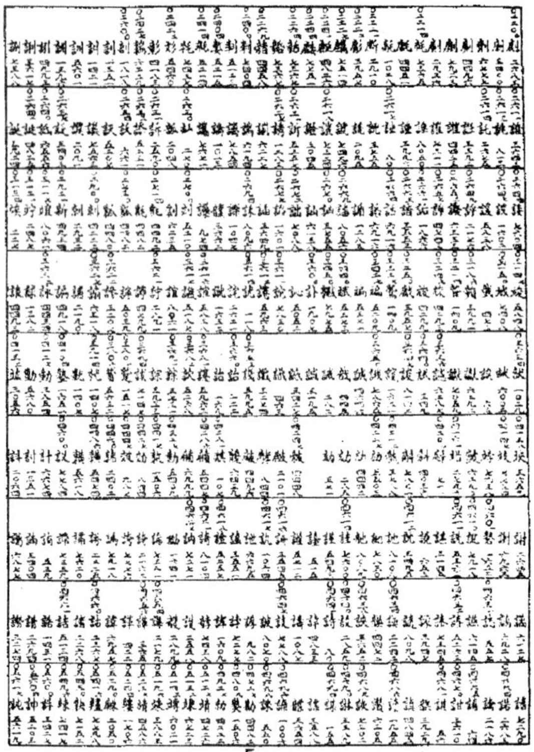

5

〇五六一七——〇七六八一

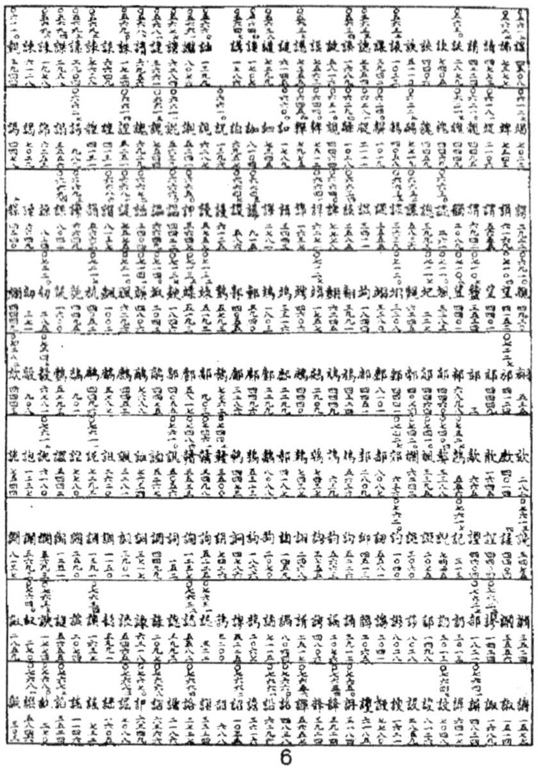

6

〇七六八二——〇九七二〇

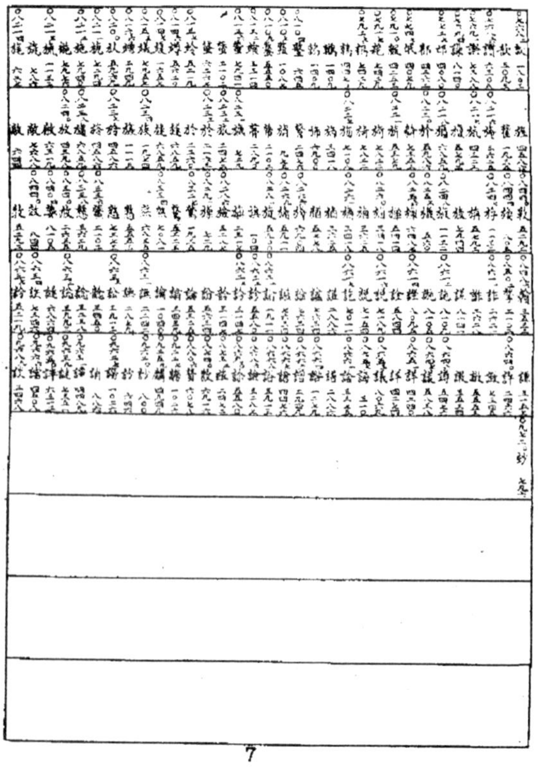

7

一〇〇〇—一〇三三

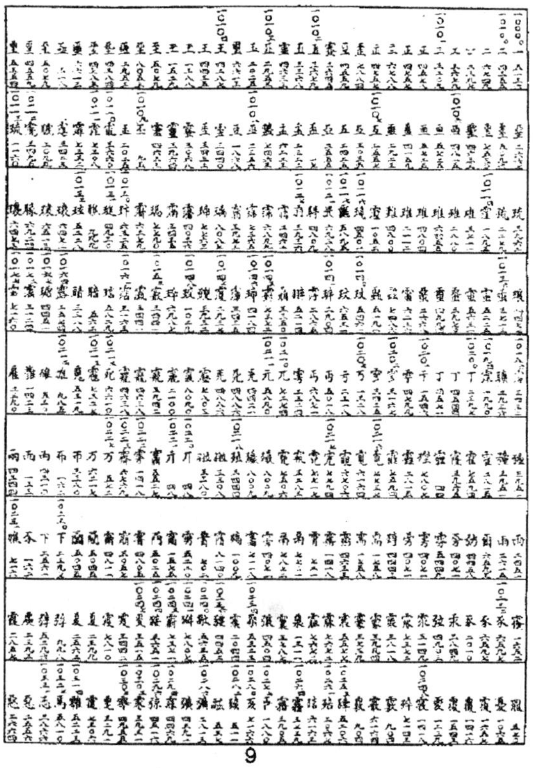

9

一〇三三—一一一三

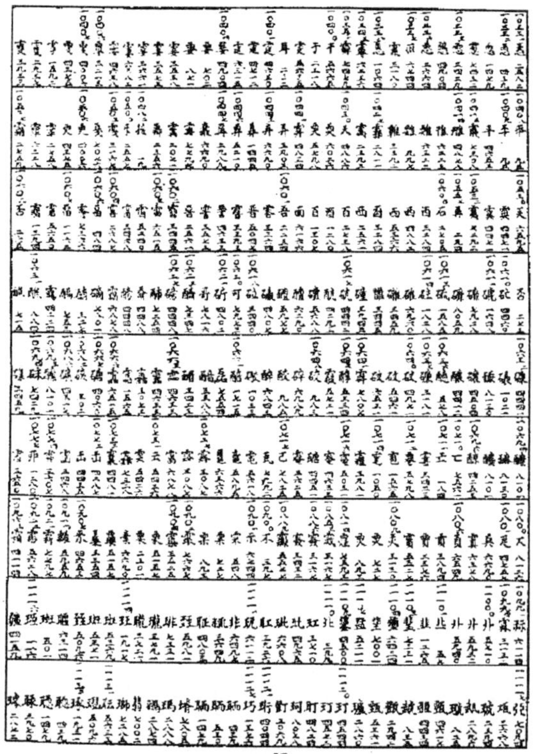

10

一一一三—一二一〇

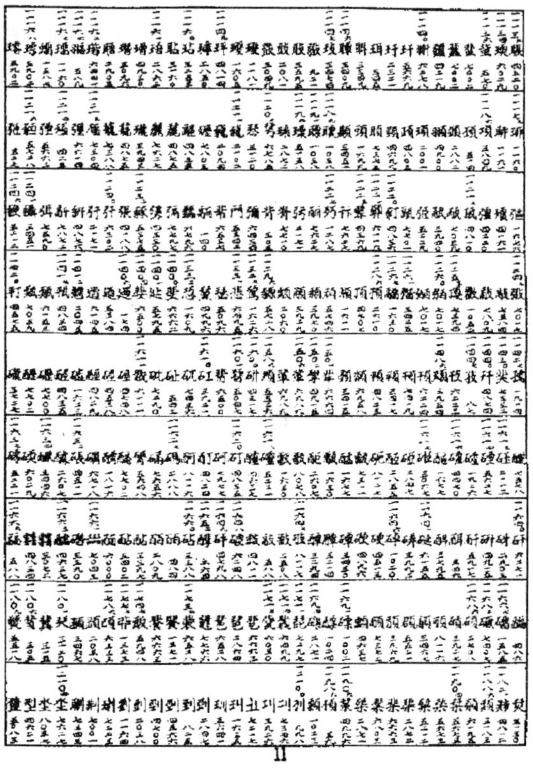

11

一二一〇—一三一四

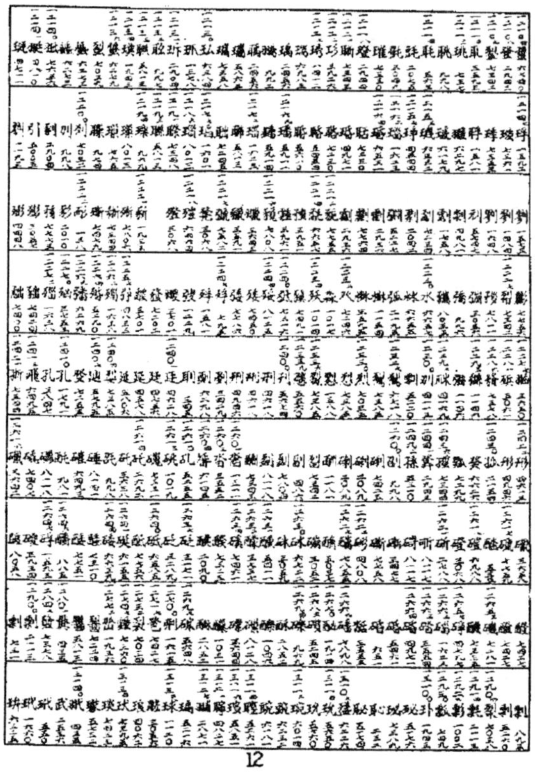

12

一三一四〇——一四六四七

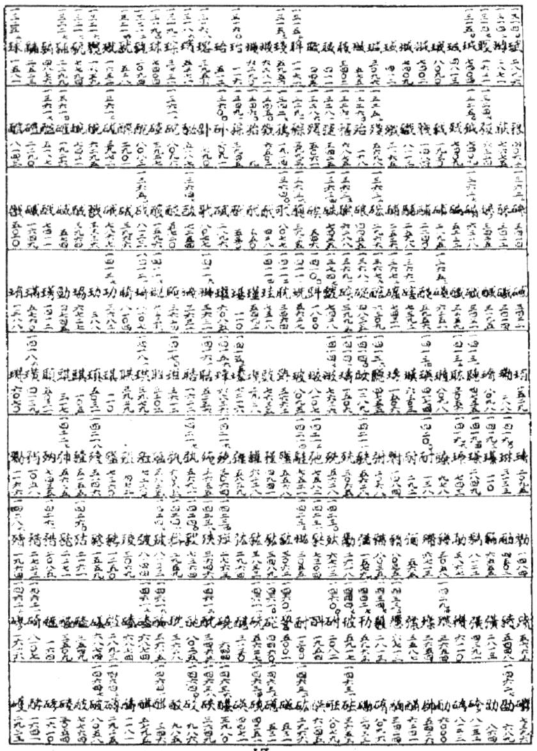

13

一四六五三——一七一〇四

14

一七一〇四——一七二四七

15

一七二四七——一七九〇四

16

一七九〇四——一九八五九

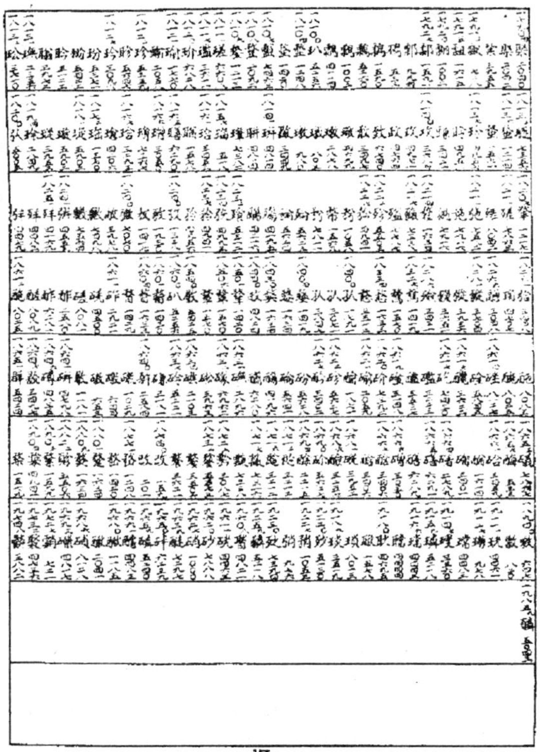

17

二〇〇〇〇——二〇五三二

19

二〇五四一——二一二一四

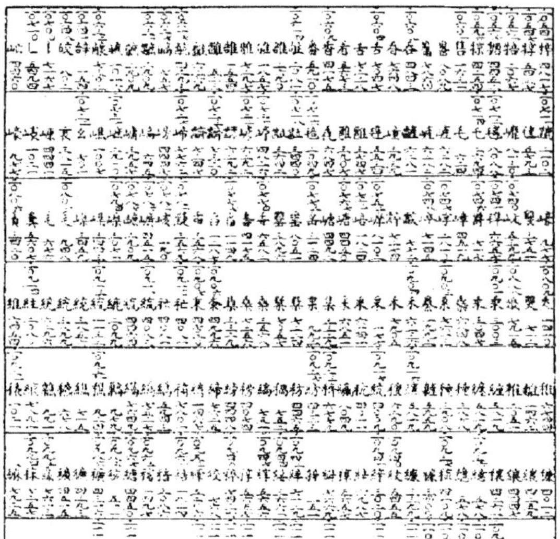

20

二一二一四——二一三九四

21

二一四〇一——二一九二七

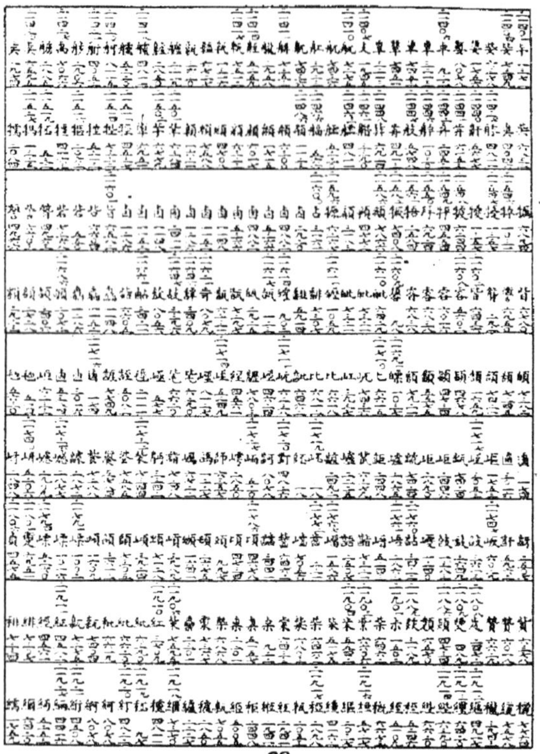

22

二一九二七——二二二三〇

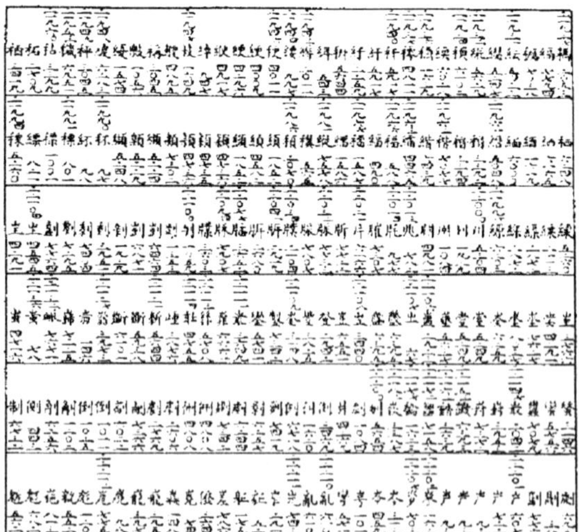

23

二二二三〇——二二六一〇

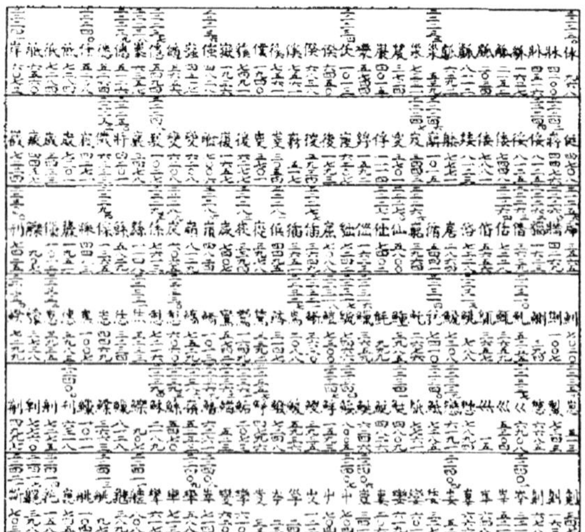

24

二二六一三——二二九九四

25

二二九九四——二三九二二

26

二三九二七——二四三二七

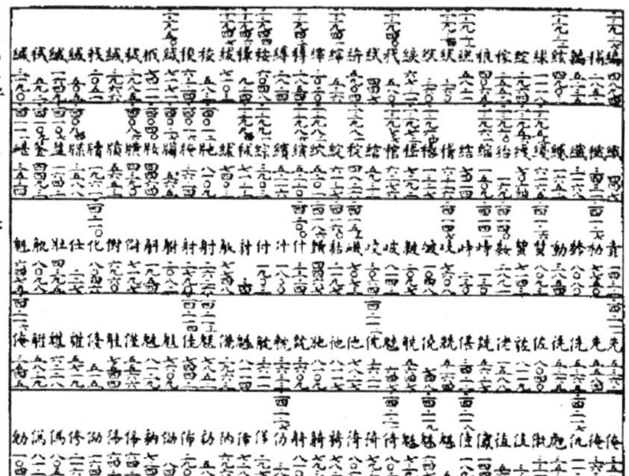

27

三四三二七——二四九六一

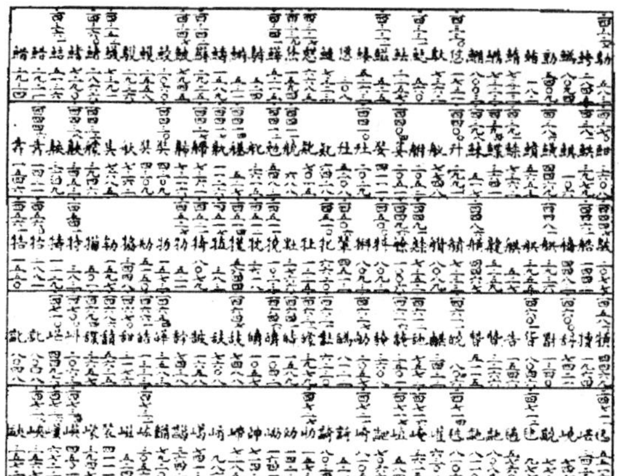

28

三四九六一——二六二〇。

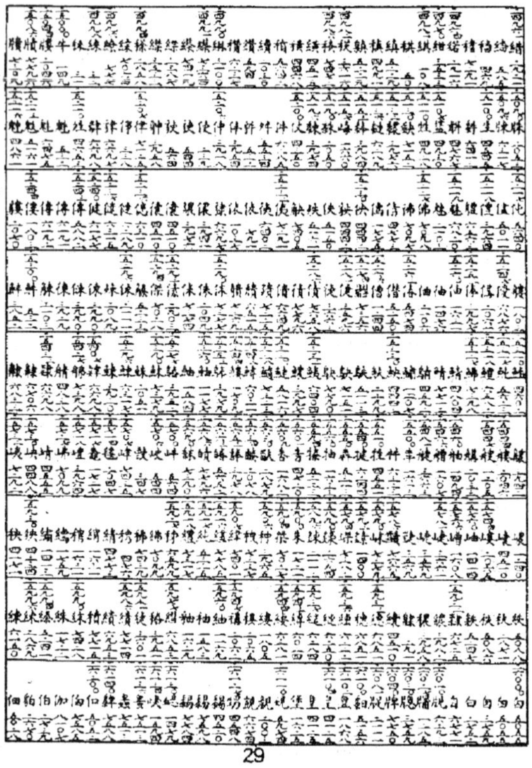

29

二六二〇。——二六七四

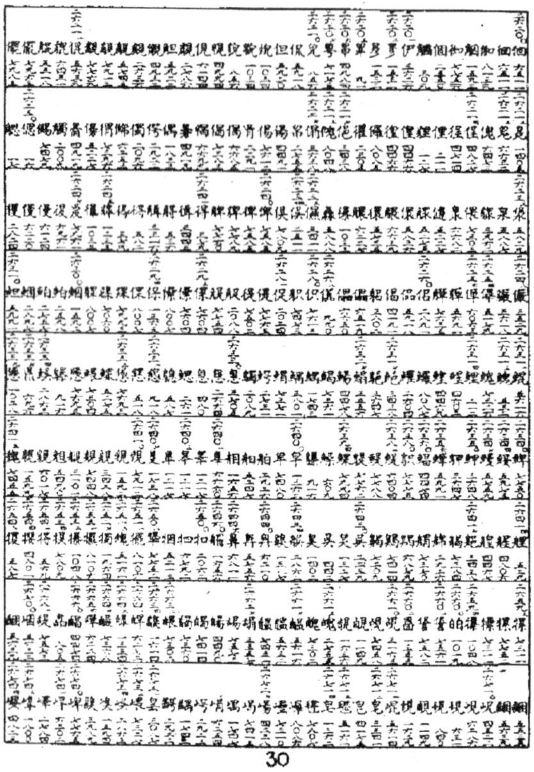

30

二六七四六——二七二二〇。

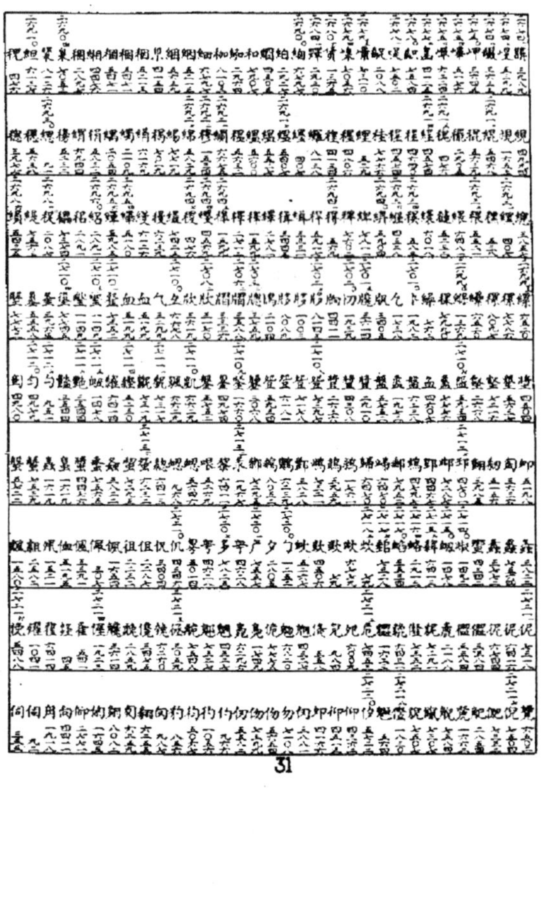

31

二七二二〇。——二七三二〇。

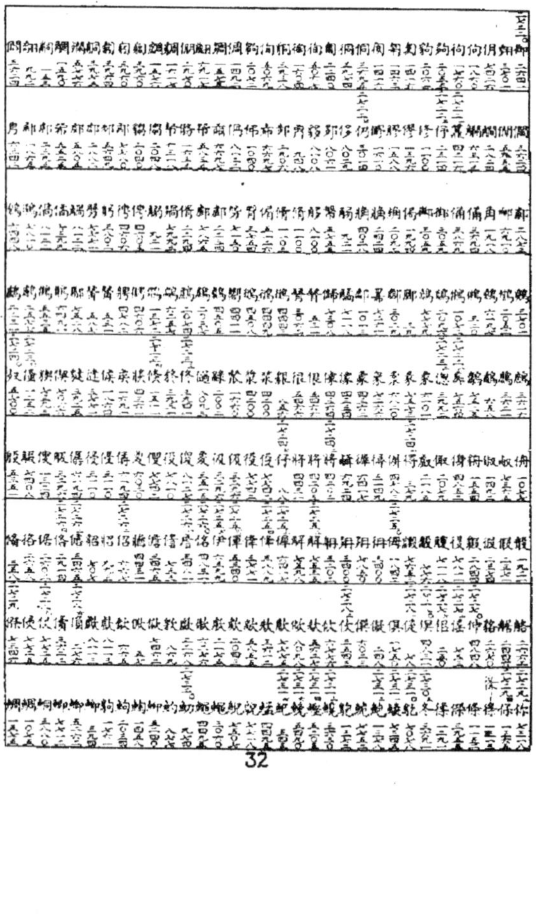

32

二七三二〇——二七六二〇

[illegible]

33

二七六二〇——二七九二七

[illegible]

34

二七九二七——二八四〇一

[illegible]

35

二八四一一——二九三八〇

[illegible]

36

二九三八六——二九九九四

37

三〇〇〇〇——三〇二六二

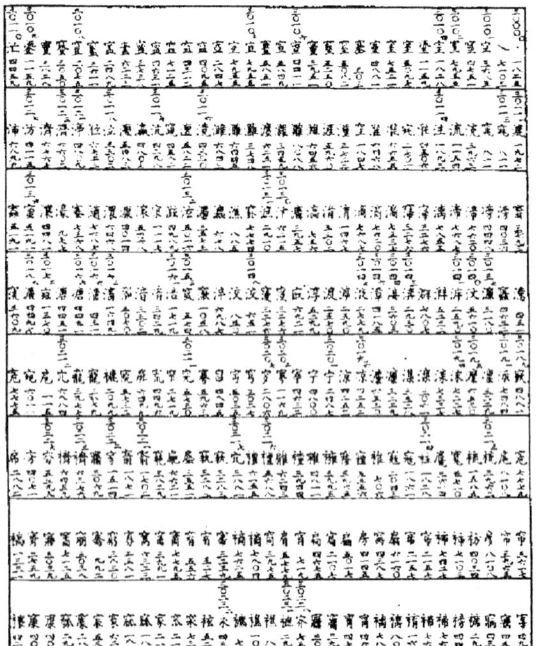

39

三〇二六三——三一一一二

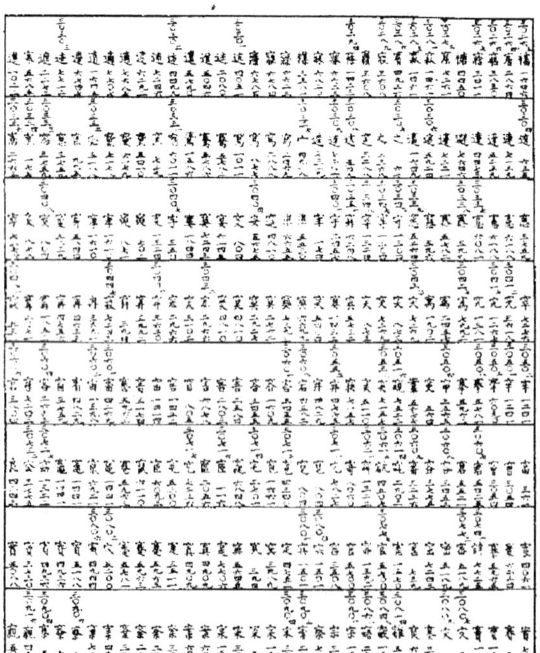

40

三一一一三——三二一一八

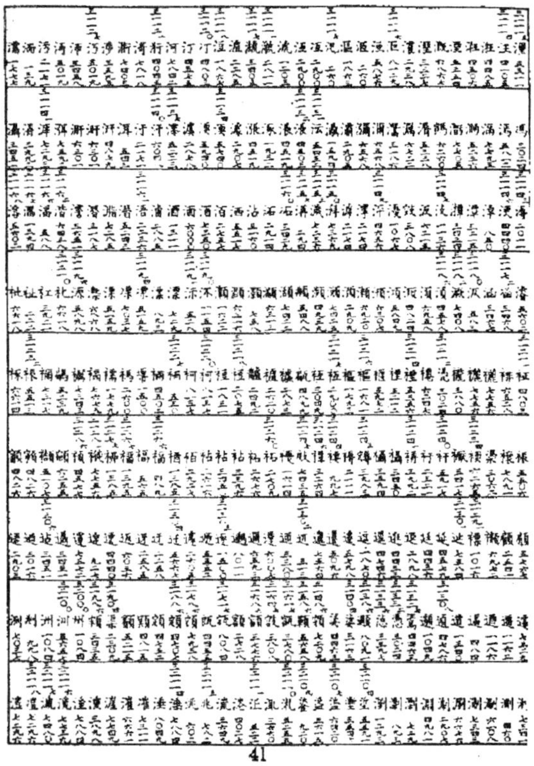

41

三二一一八——三三一五〇

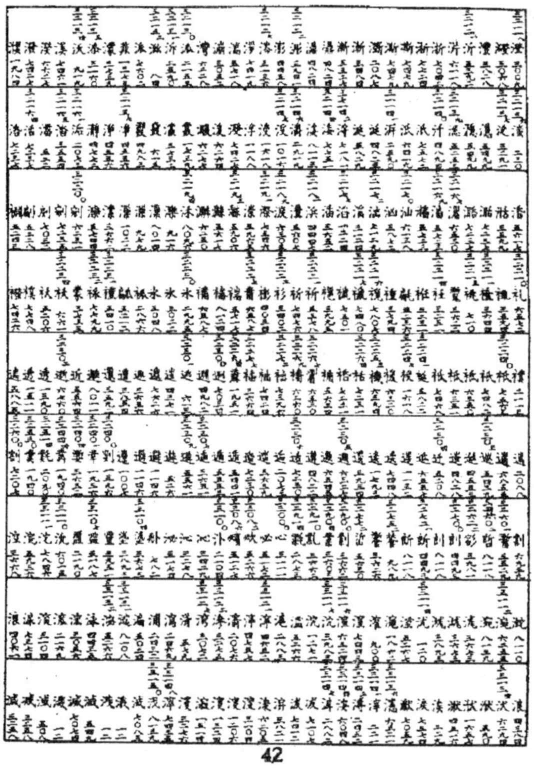

42

三三一五〇——三四二一七

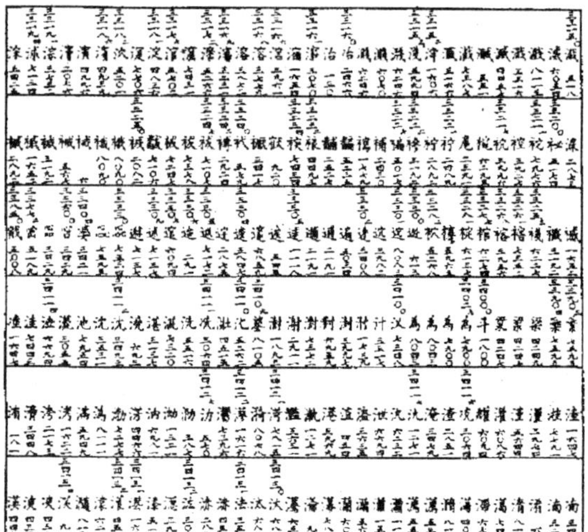

43

三四二一七——三六一二七

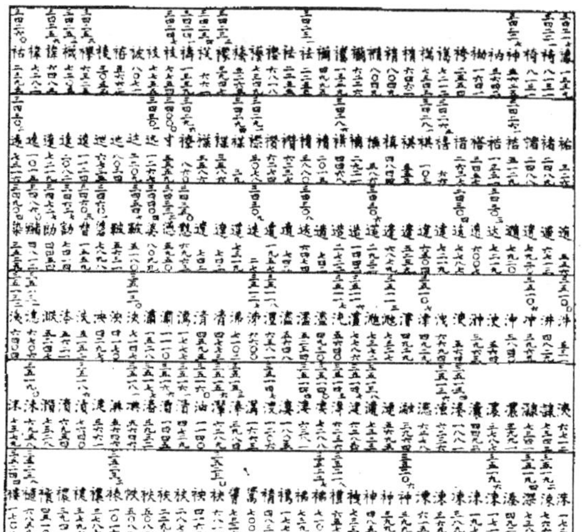

44

三六一二七——三七一三二

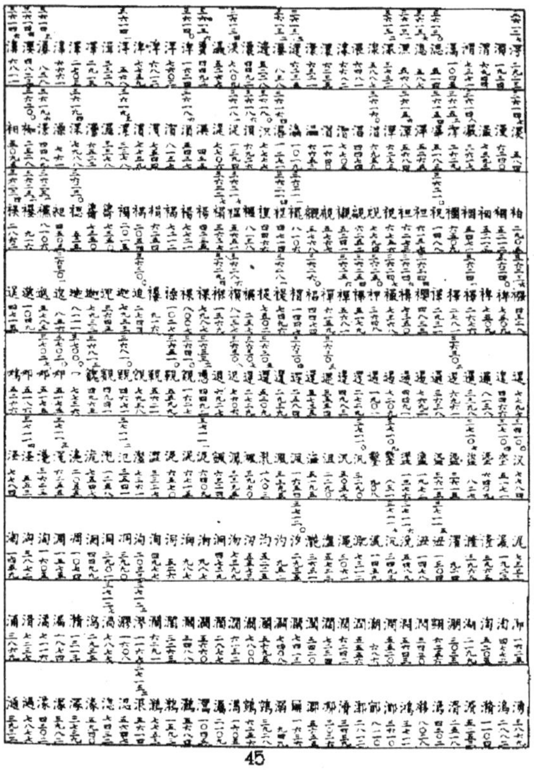

45

三七一三二——三七五二七

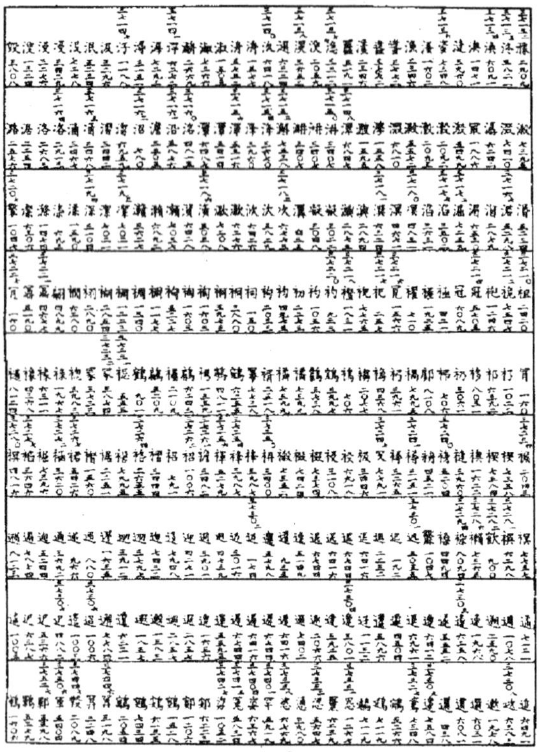

46

三七五二七——三九一六二

47

三九一六六——三九九〇四

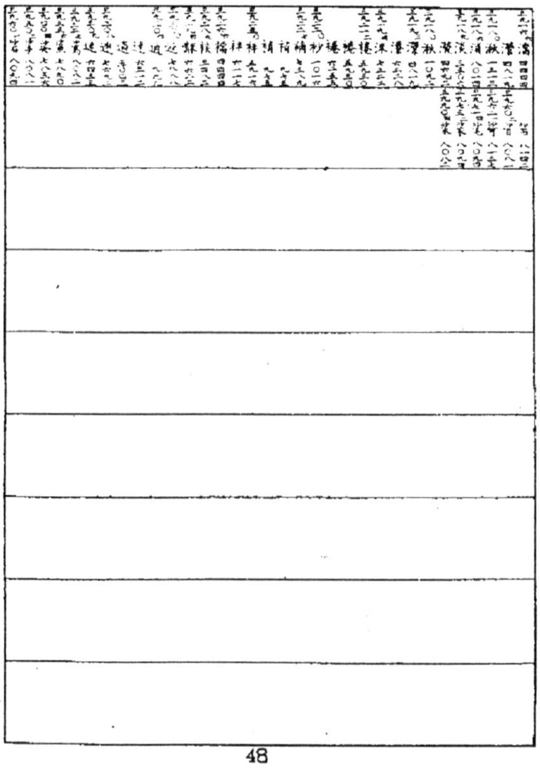

48

四〇〇〇〇——四〇四四六

49

四〇四四七——四一二一六

50

四一二一七——四一九三一

51

四一九三二——四二五二七

52

四二五二七——四三二五〇

53

四三二五〇——四四一〇八

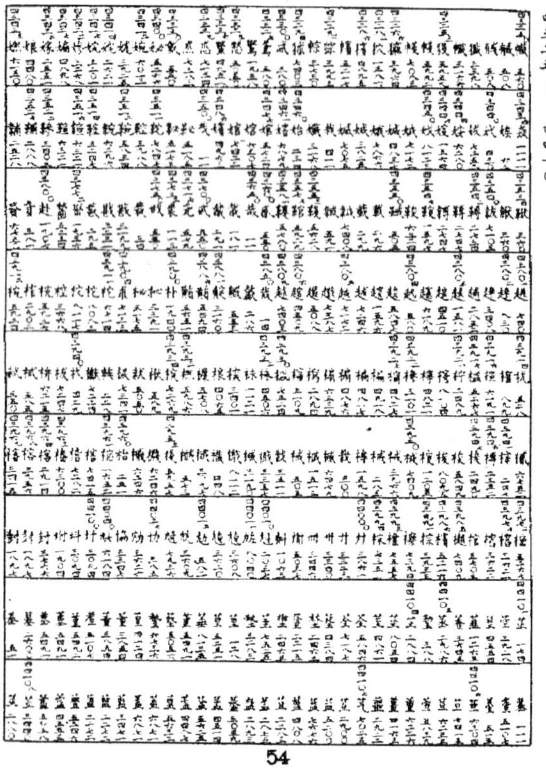

54

四四一〇八——四四二一四

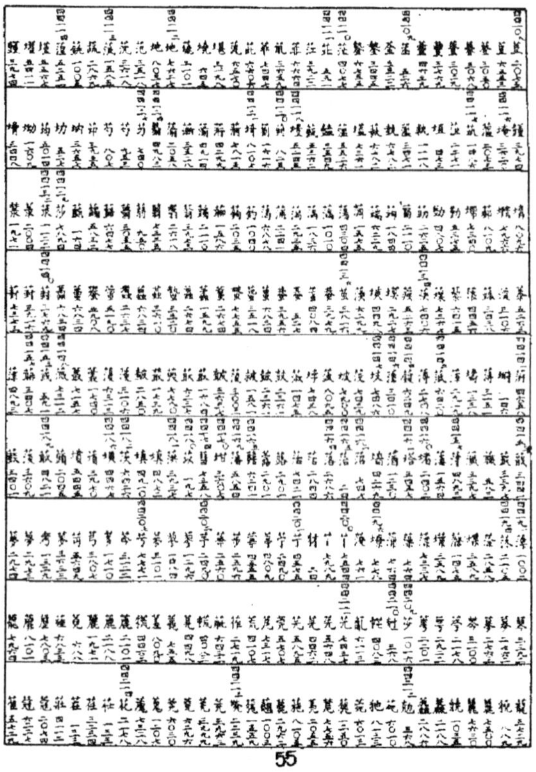

55

四四二一四——四四二四七

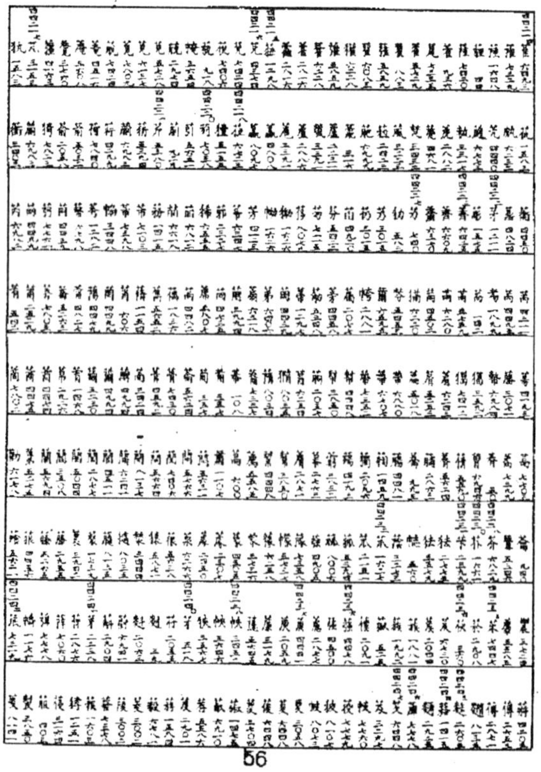

56

四四二四七——四四四〇七

57

四四四〇七——四四五一〇

58

四四五一〇——四四七一二

59

四四七一四——四四九一〇

60

四四九一〇——四五四九〇

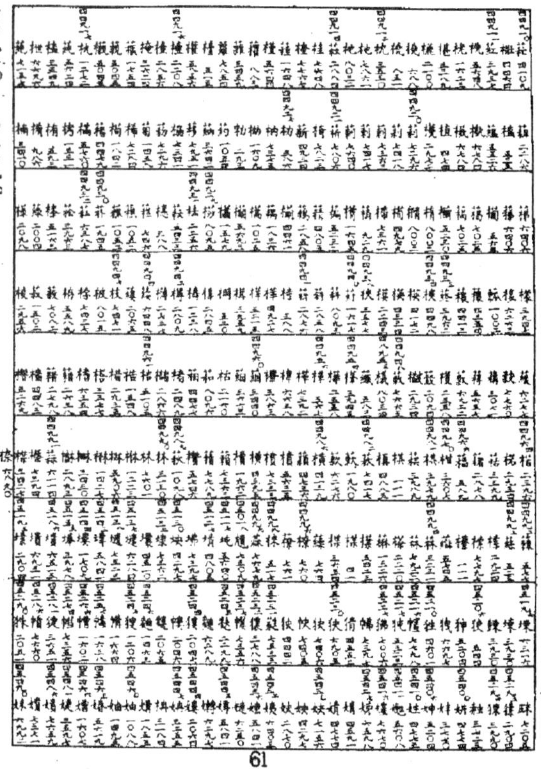

61

四五四九〇——四六五二七

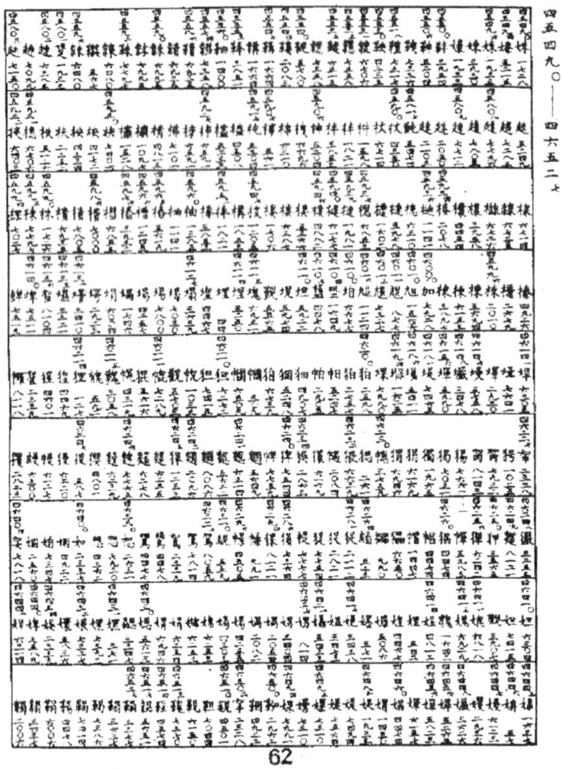

62

四六五三三——四七二二〇

63

四七二二〇——四七五三四

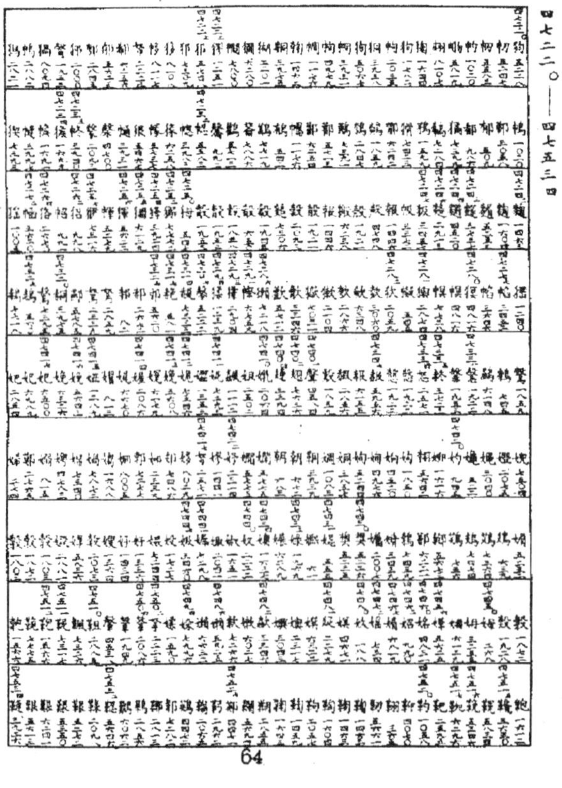

64

四七五一四——四七九四七

65

四七九四七——四八九一二

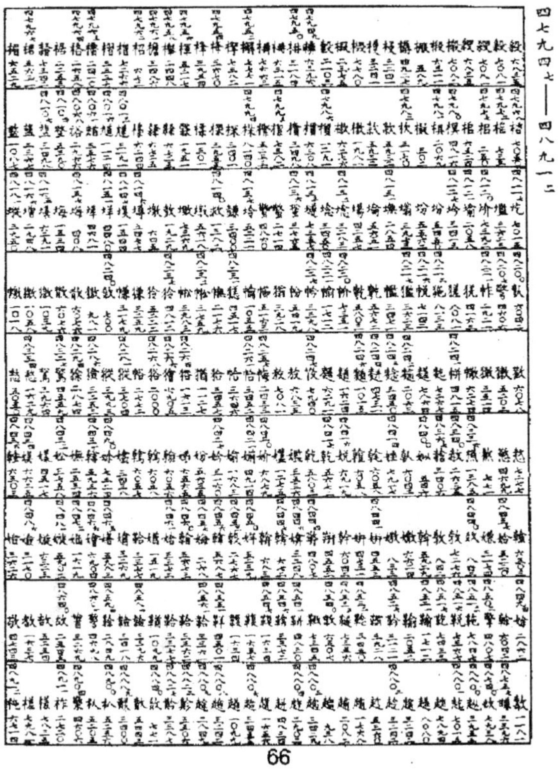

66

四八九一二——四九九九四

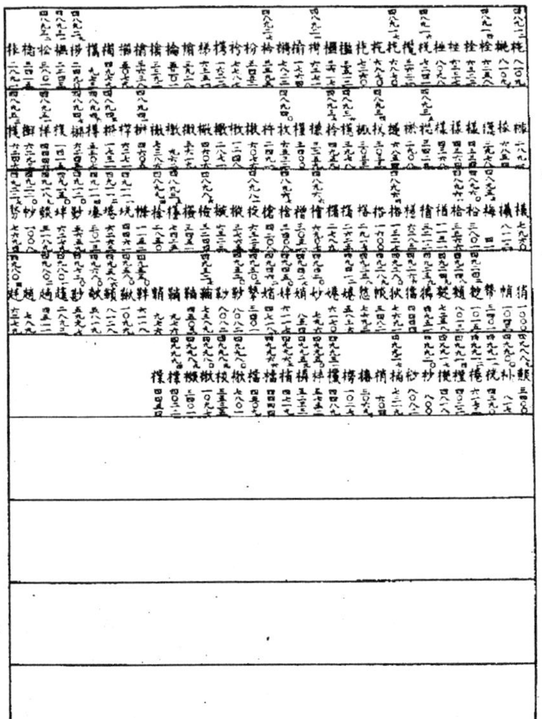

67

五〇〇〇〇——五一〇一〇

69

五一〇一〇——五二〇一八

70

五二〇一八——五三〇五〇

71

五三〇五〇——五四一一七

72

五四一二一——五六〇四七

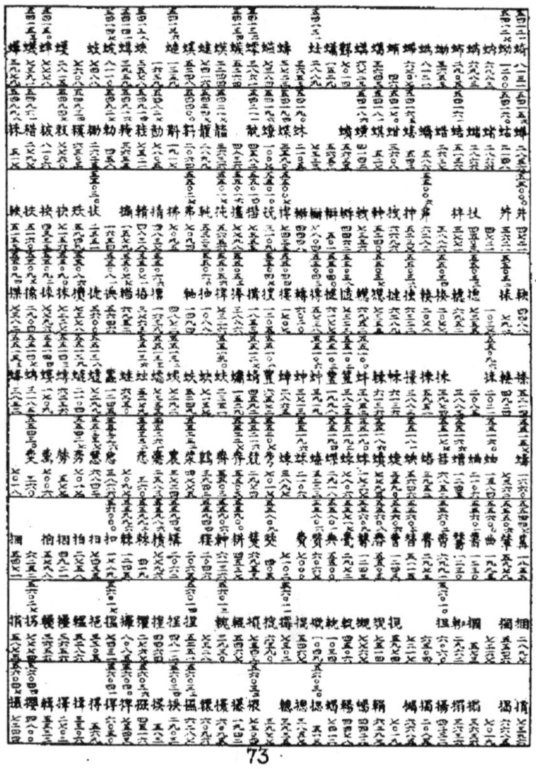

73

五六〇四七——五七〇六四

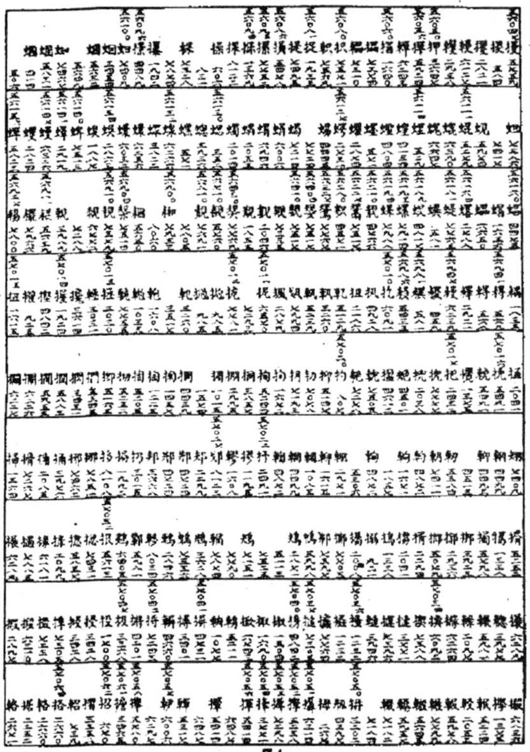

74

五七〇六四——五八〇四一

75

五八〇四六——五九九八六

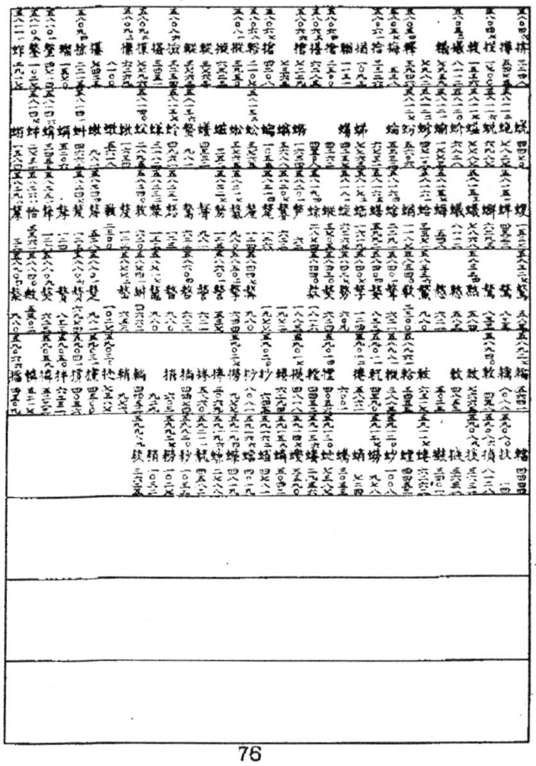

76

六〇〇〇〇——六〇二四七

[illegible]

77

六〇二四七——六一〇二一

[illegible]

78

六一〇一一——六二〇二一

[illegible]

79

六二〇二一——六三一一二

[illegible]

80

六三一一四——六四二一〇

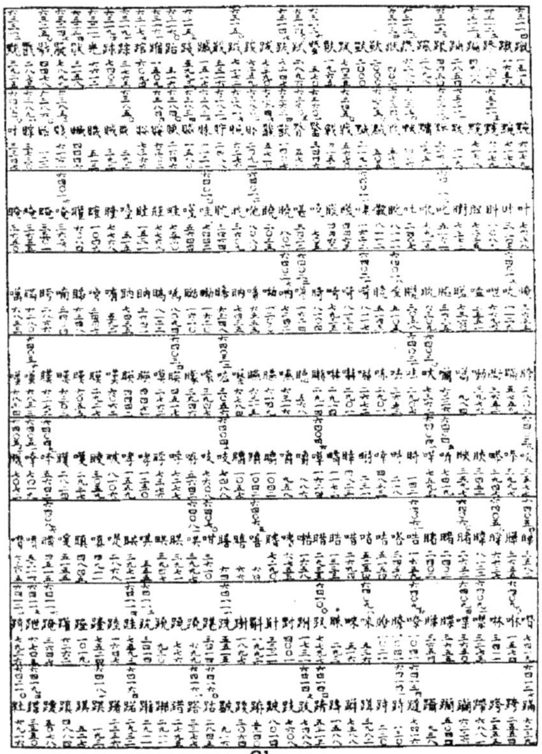

81

六四二一〇——六六一〇〇

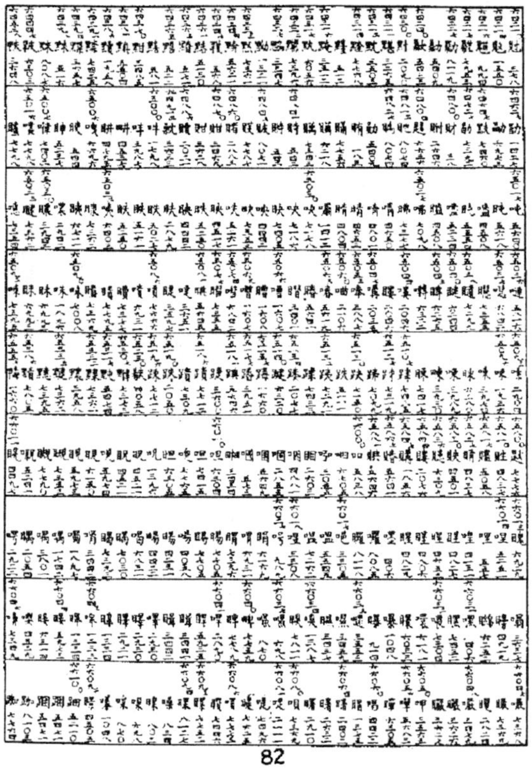

82

六六一〇一——六七〇六七

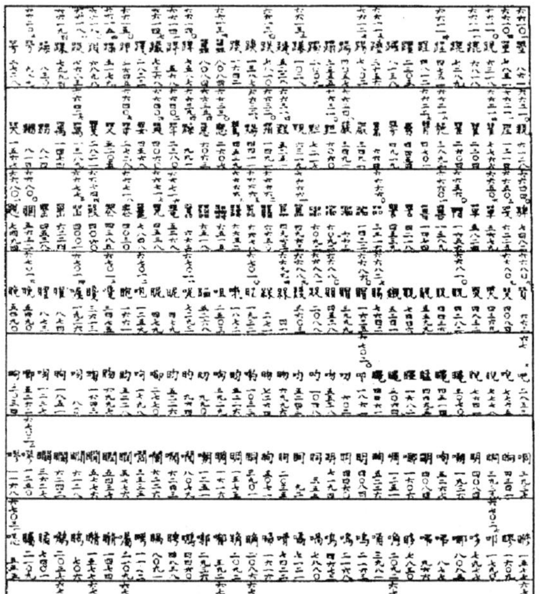

83

六七〇七〇——六八〇三七

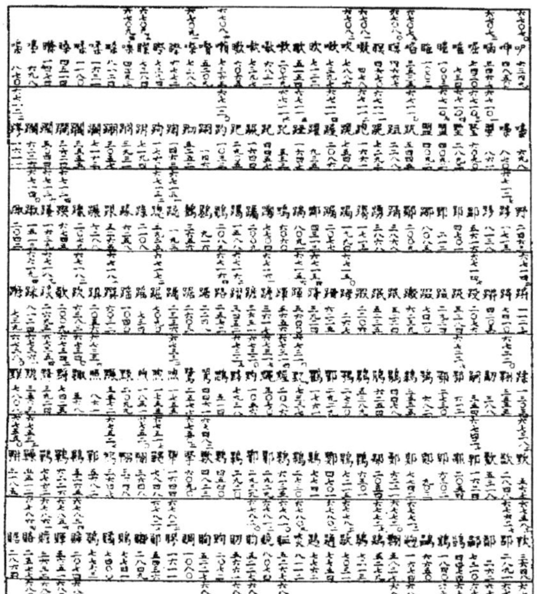

84

六八〇三七——六九八八九

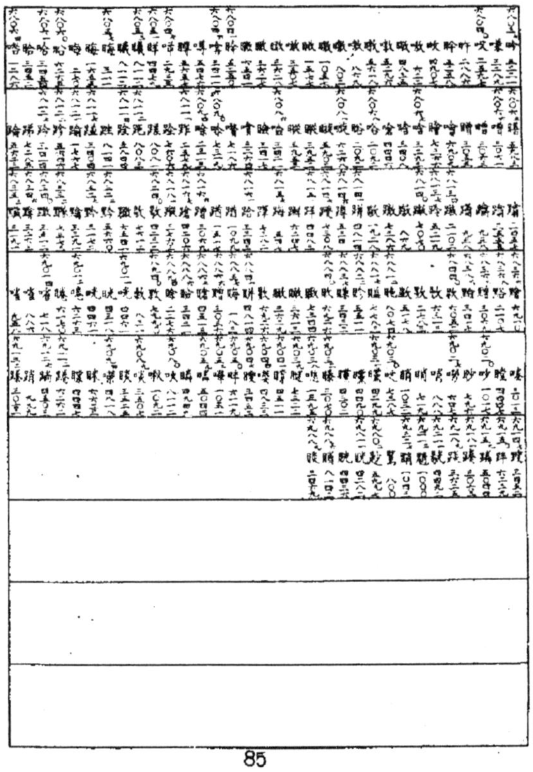

85

七〇一〇〡——七一三二〤

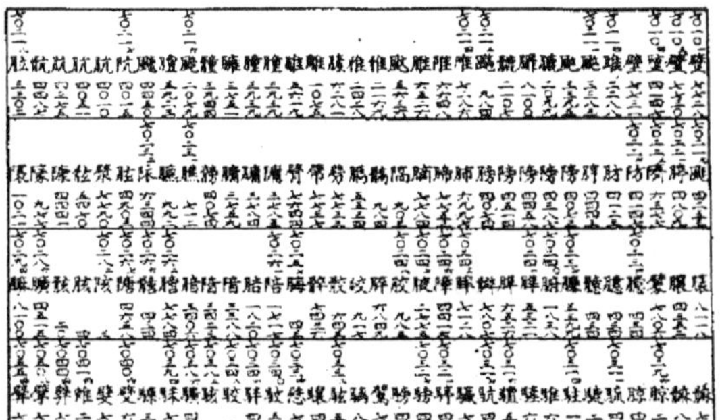

87

七一三二〤——七一七一〤

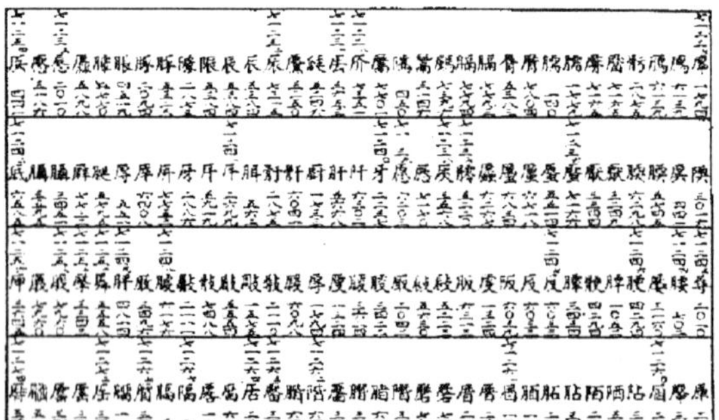

88

七一七一六——七二三〇〇

七二三〇〇——七三七六八

89

90

七四一〇一——七五三八一

七五三九〇——七七二一三

91

92

七七二一三——七七二四x

93

七七二四x——七七五五○

94

七七五五○——七八二三x

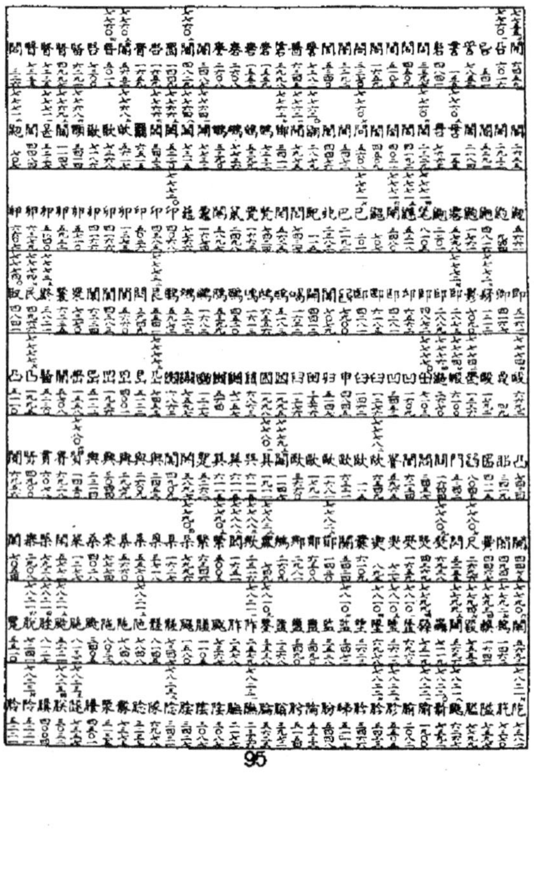

95

七八二三x——七九七二x

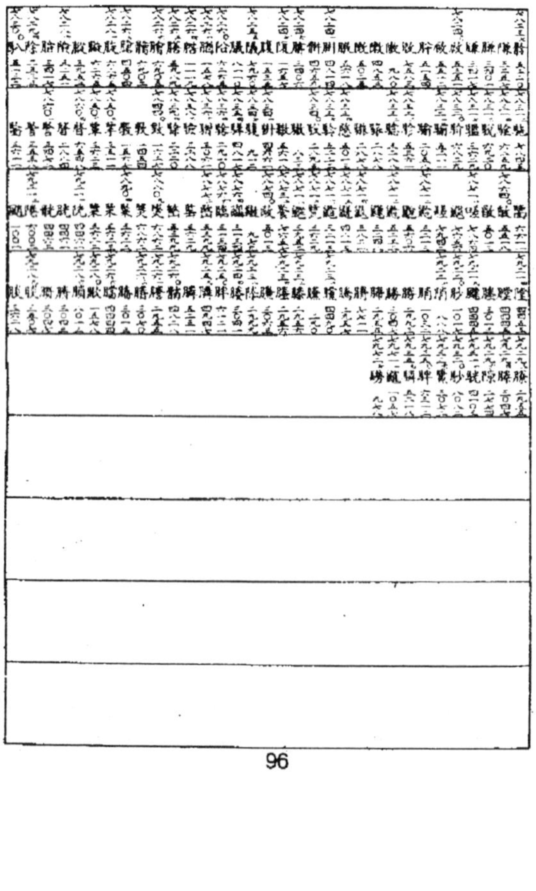

96

八〇〇〇〇——八〇八〇六

[illegible]

97

八〇八〇六——八二四三四

[illegible]

98

八二四四一——八四七三四

[illegible]

99

八四七三八——八七二一九

[illegible]

100

八七二二〤——八八一六三

[illegible]

101

八八一六四——八八四〇七

[illegible]

102

八八四〇〤——八八九〇二

[illegible]

103

八八九〇五——八九八〇九

[illegible]

104

九〇〇〇〇——九一八八六

105

九一八九一——九四〇九〇

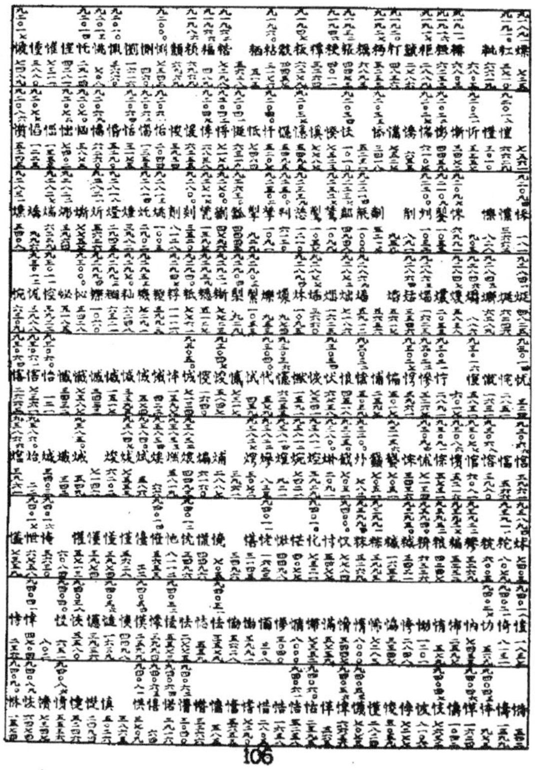

106

九四〇九〇——九七〇二x

107

九七〇二x——九九二二x

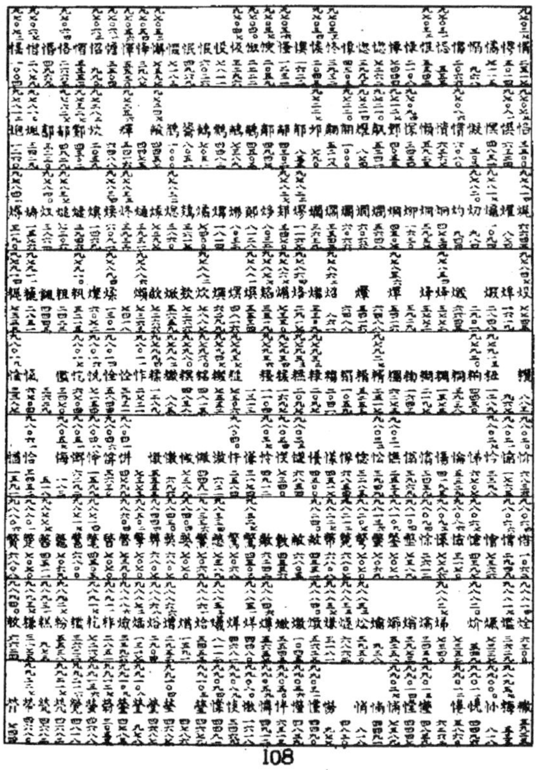

108

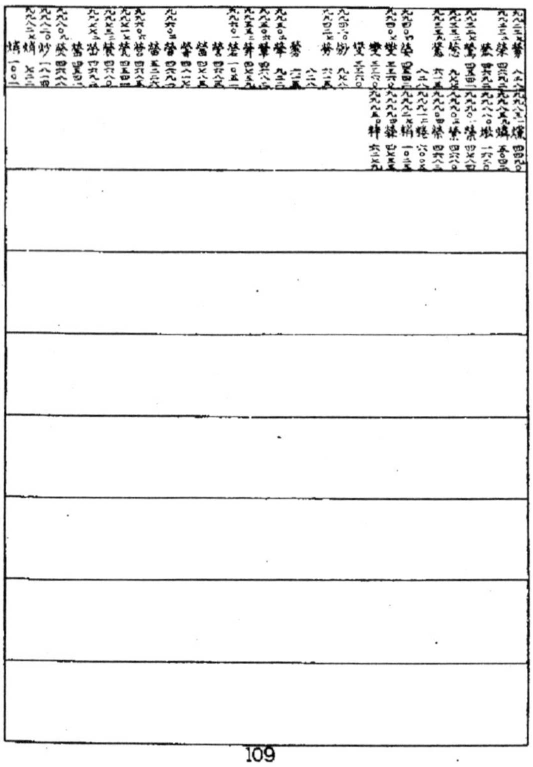
九九二二七——九九九九四

109

弈括

（清）黃龍士 撰

《弈括》二卷，清黄龍士撰，據國家圖書館藏清光緒十四年（一八八八）蝸篠刻本影印。

黄龍士（一六五一—？），名虬，以字行。又名霞，字月天。清泰州姜堰人。清代圍棋國手。

黄龍士爲一代國手，清初極負盛名，於後世圍棋界影響深遠。此書康熙四十九年（一七一〇）吴天寅刊印行世，内容分爲兩部分，擬出子三十局，演官子式三百六十式。吴天寅序言『出子譜引繩切墨，官子譜出神入化』，對其非常推崇，可視爲經典圍棋著作，值得後世棋手學習研究。

（周　忠）

弈括

光緒乙巳子
蝸移重雕

序

棋本太極法象乎天地統歸於河圖有陰陽至德之臻無微而不在是也天地造物最精人心最靈人亦體天地用物之精所謂天人一理而成世界一大棋局一大快事也嘗讀抱朴子內篇有馬綏明嚴子卿稱爲棋聖不知視弈秋爲何等我

國初周東侯爲最取法於弈之外黃龍士一出而駕乎上皆由天授也唯黃如王者之師堂堂正正下此權謀變詐霸者之師昔孟子曰能與人規矩不能使……出子譜引繩切墨宜子譜出神入化則巧法兼到大有……法之致書曰往省括於度則釋吾願釋子各旨是譜故即……批而壽之梨是爲引

時

庚寅冬仲

崇川吳天寅時亮父漫……於象贊 窩

重刻弈括序

近世談弈之書首推施定庵弈理指歸范西屏桃花泉駸駸乎家有其書矣獨怪施范與程梁並稱四家皆導源於黃子龍士施范著作盛行於世而龍士弈括外間知者頗少蒙嘗謂施范二家神明變化於此事幾於推闡無遺要是前人已到竿頭更加推步較易爲力耳龍士此編渾涵淡泊一切轉鬬攻刦之道引而不發而神明變化已莫踰於此洵可謂百家騰躍盡入寰中者原序稱其引繩切墨萬巧[illegible]以商書往省括于度之義以顔其書誠知言也[illegible]於指歸桃花泉二書何異論詩者誦李杜而遺陶謝談劉藝[illegible]祖海陽臨川而欲祧荊川震澤耶原刻世不[illegible]見予家藏善本近復爲誰何取去深惜此書就湮因向內戚范古秋處借得此本先取擬出子譜三十局付諸剞劂以公同好其官子譜俟續出云

嘉慶庚申年孟夏中浣雉水游藝居士漫題於是亦山房

弈括目錄

邗江黃虬龍士著　崇川吳天寅時亮原刊

擬出子局

第一局

百六十九著

碤仝碶碤仝碡

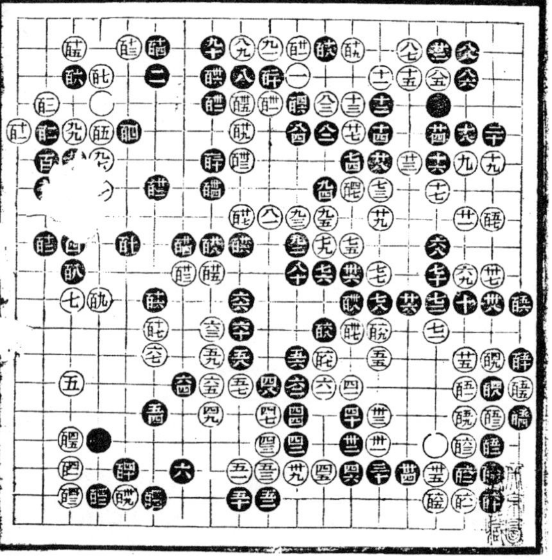

第二局

百十五著

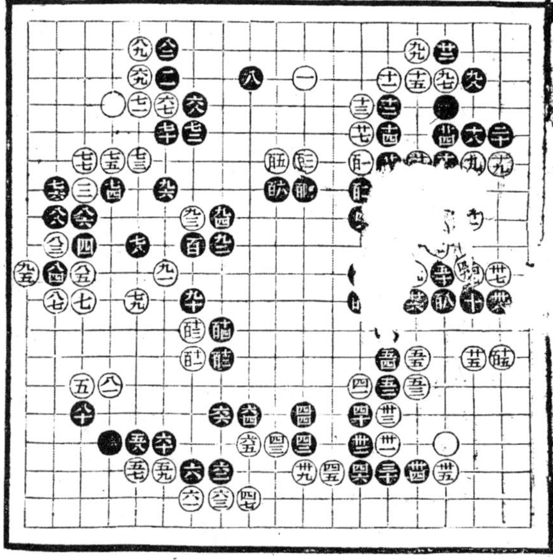

第三局

百十二著

七二仝七三七五仝七六七七仝七二

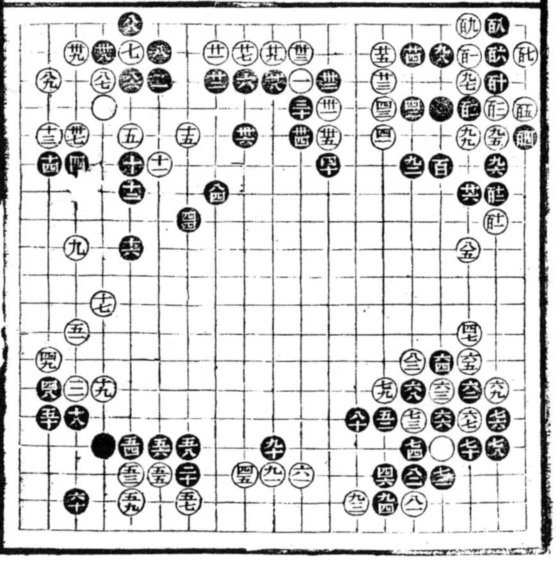

第四局

百三十七著

碤仝七

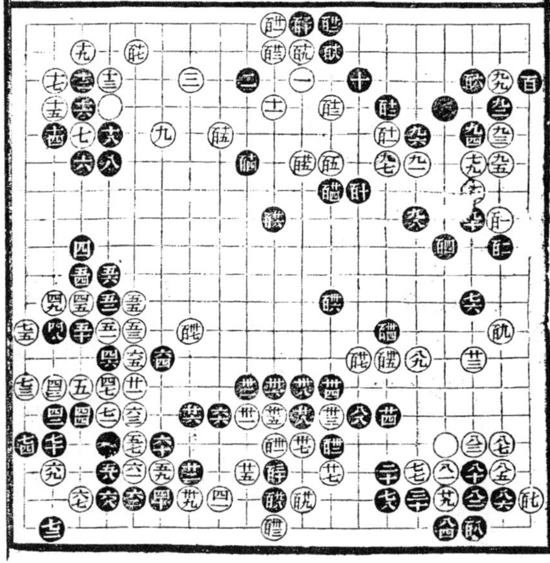

第五局 百三十著

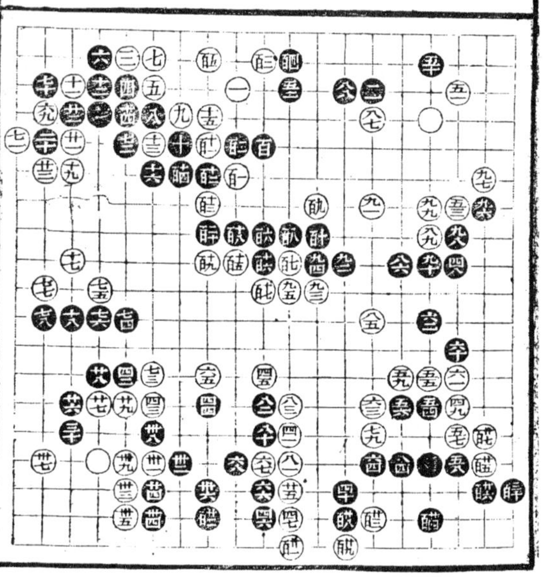

弈括 三

第六局 九十五著

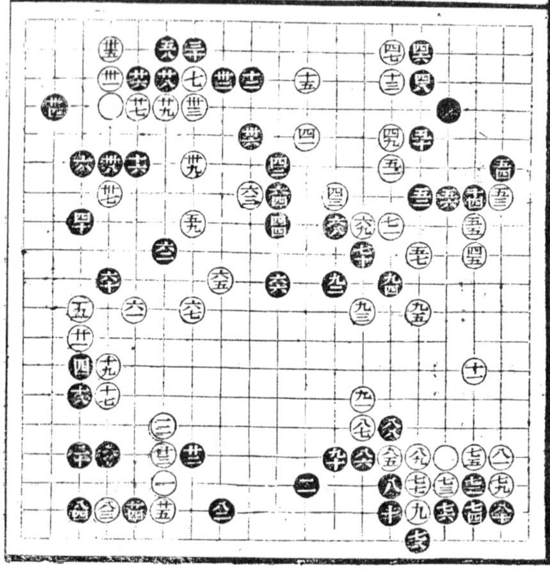

第七局 百七著

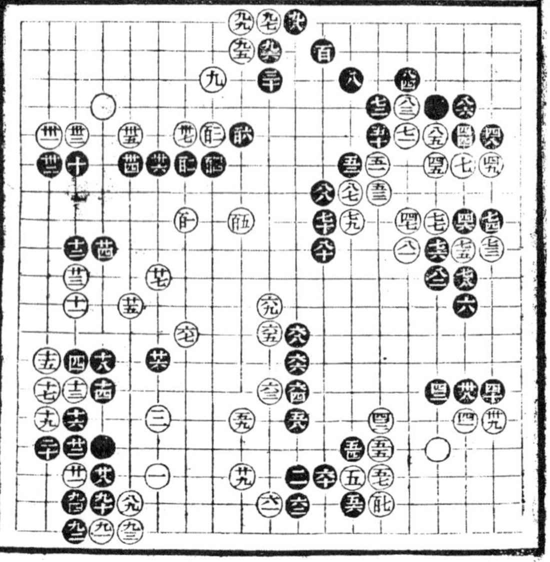

弈括 四

第八局 百三十二著

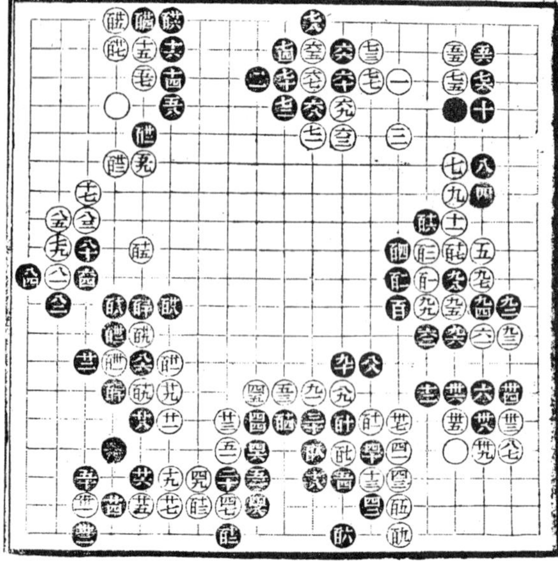

第九局

百五十九著

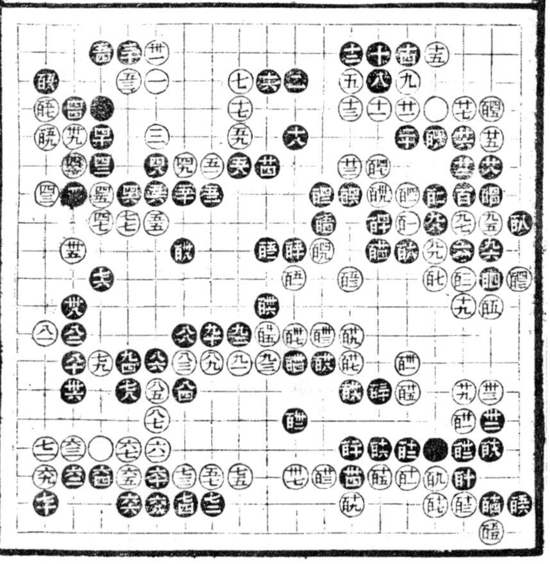

第十局

百五十四著

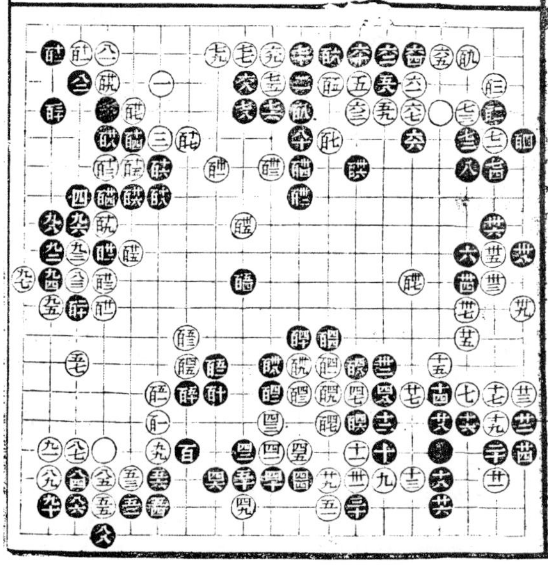

第十一局

百七十三著

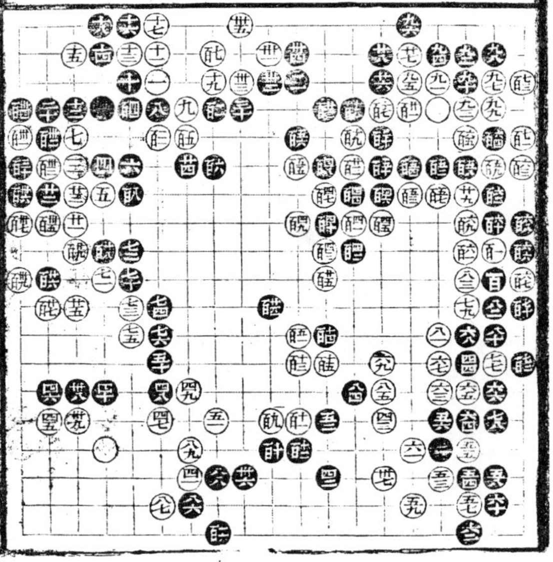

第十二局

百五著

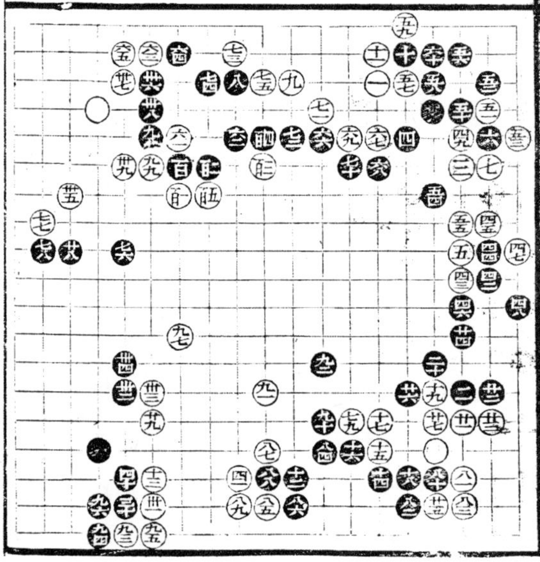

第十三局

百五十三著

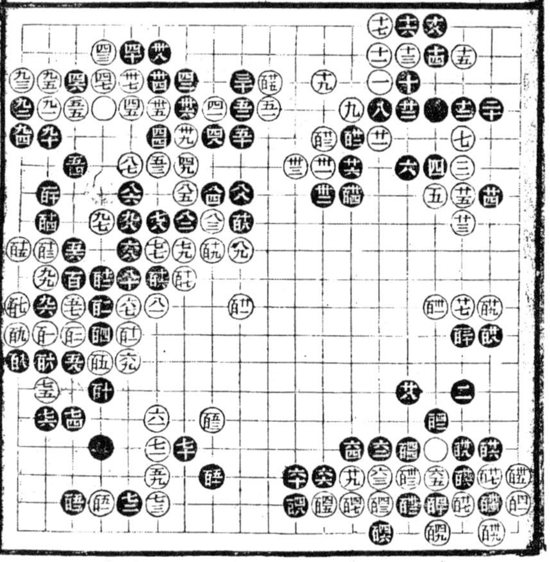

第十四局

百八十一著

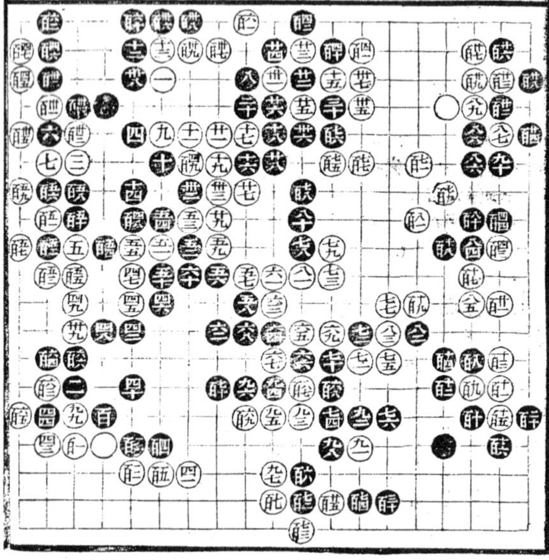

第十五局

九十七著

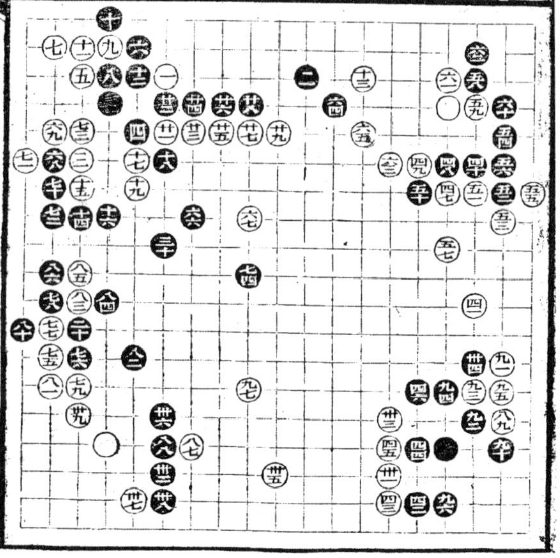

第十六局

百三十四著

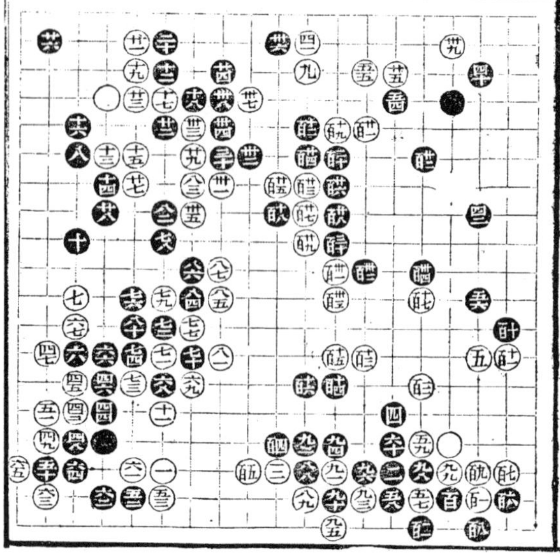

第十七局

百二十七著

十五仝七二

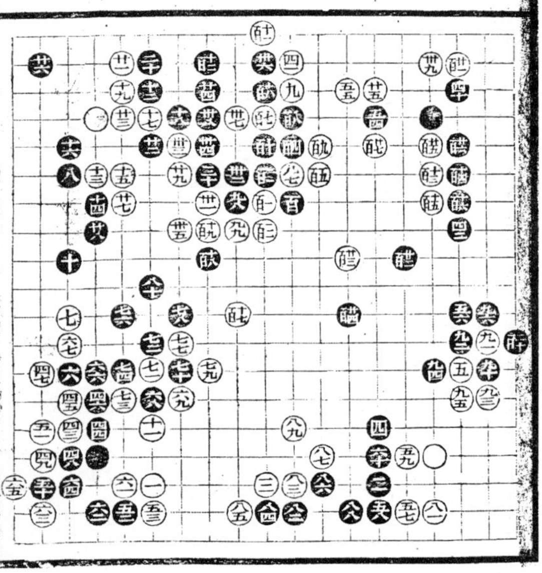

弈括 九

第十八局

百七著

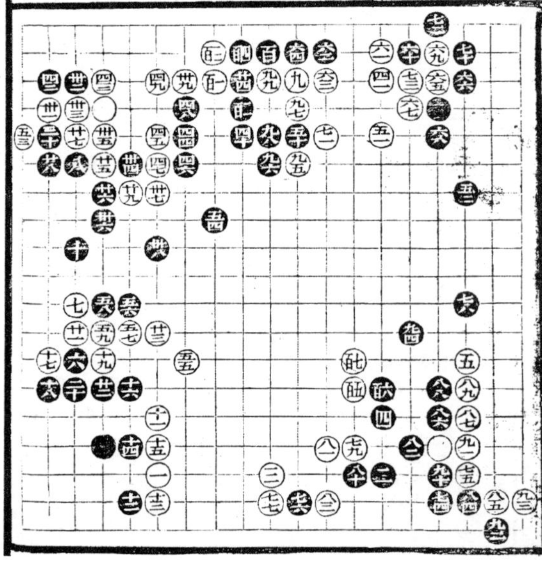

第十九局

百六十五著

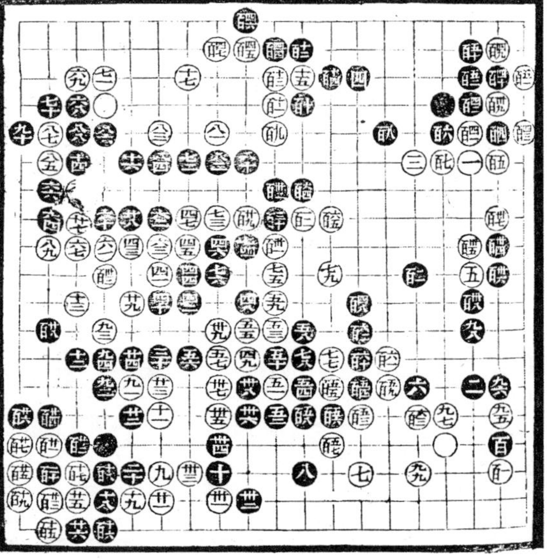

弈括 十

第二十局

百三著

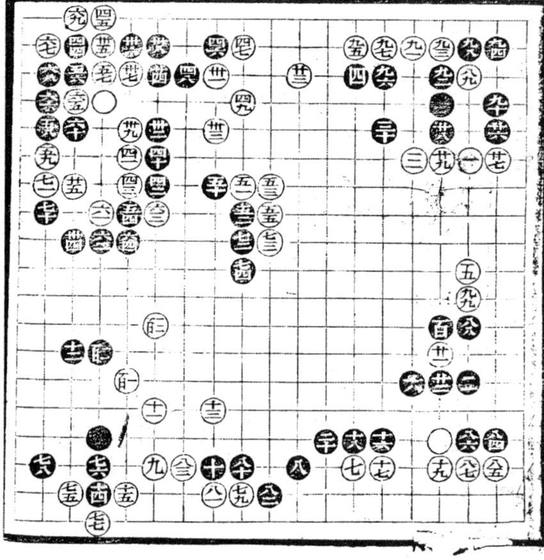

第二十一局

百五十著

百四全九六

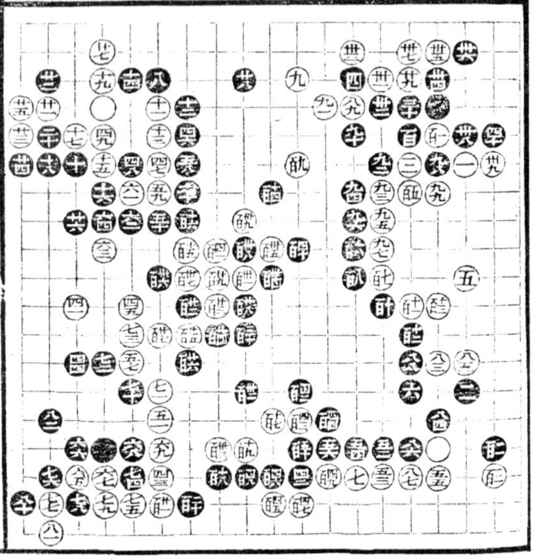

弈括

十一

第二十二局

百二十一著

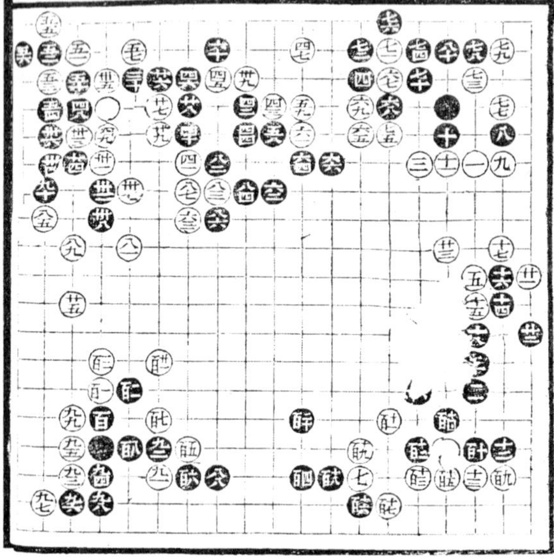

第二十三局

百四著

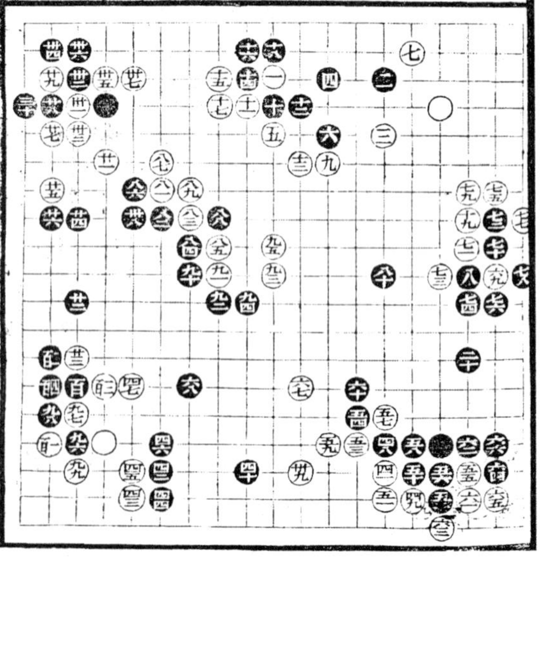

弈括

十二

第二十四局

二百一著

四三全五三 與全四十 兕全五三 七六全五六

八一全七五 八四全五六 八八全七五 九八粘劫

百十一全九六

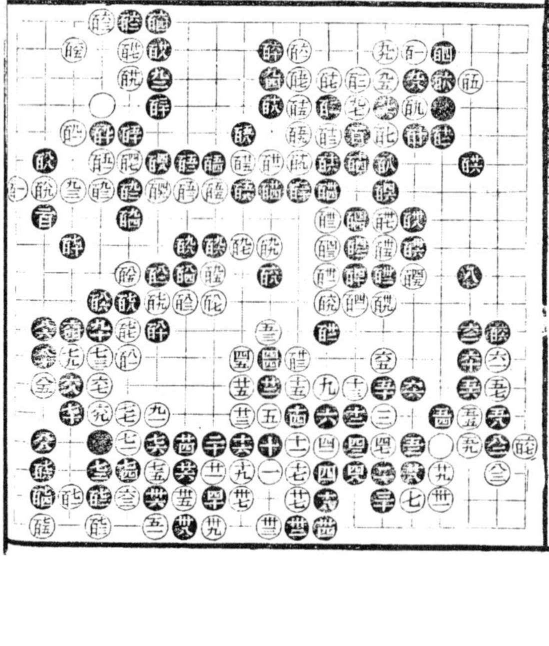

第二十五局

百二十七著

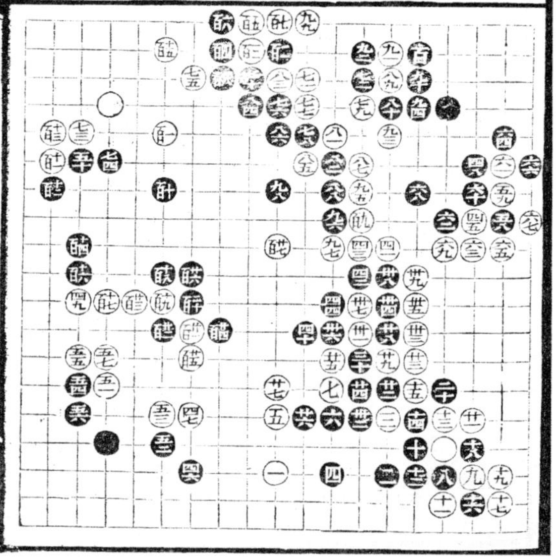

第二十六局

百六十著

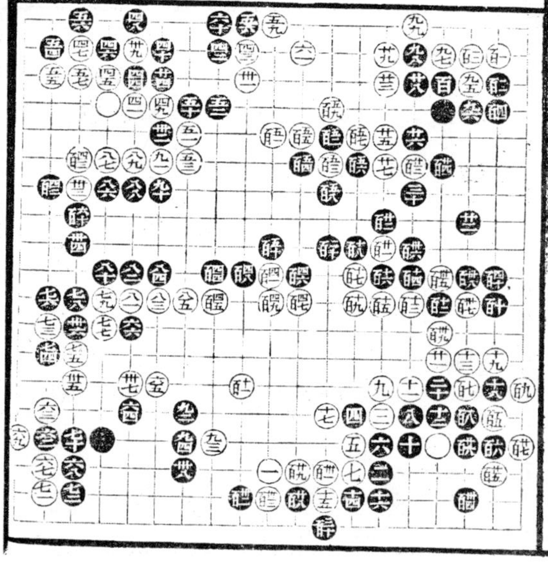

第二十七局

百十九著

卅一仝卅三 卅五仝卅六 卅七仝卅三 七一仝七十六

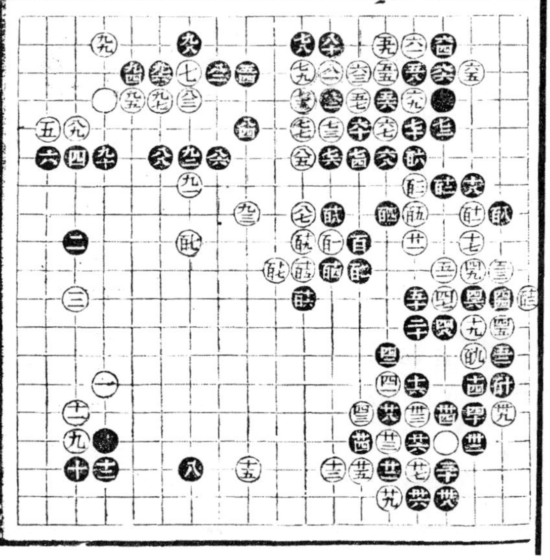

第二十八局

百八著

卅三仝卅五 卅七仝七十八 七十九仝七十四 七十三仝七十八

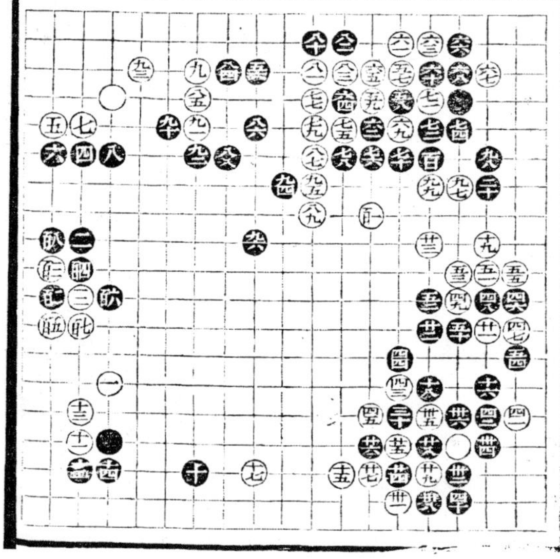

第二十九局

百二十一著

四二全九

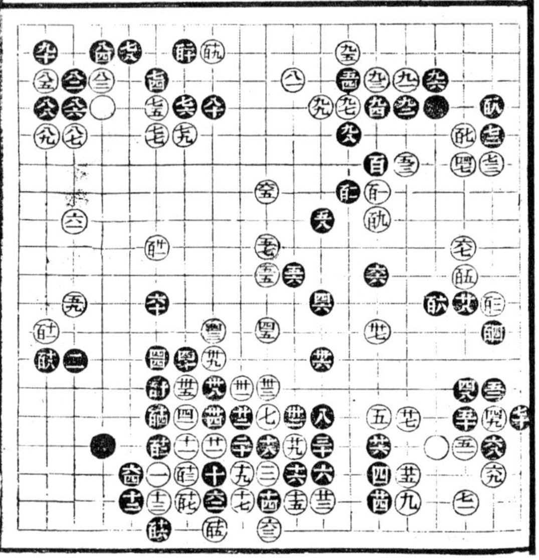

弈括 十五

第三十局

七十九著

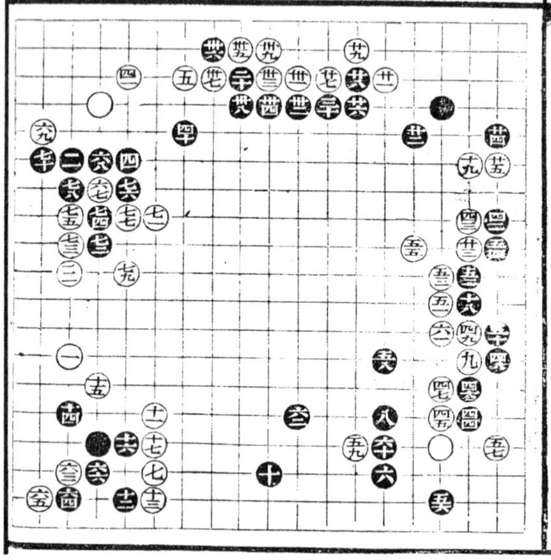

演官子式

二宜讓

刦

二在三位接三在一九路尖四立五在二六路關六冲七攔成刦

三在四位立大刦

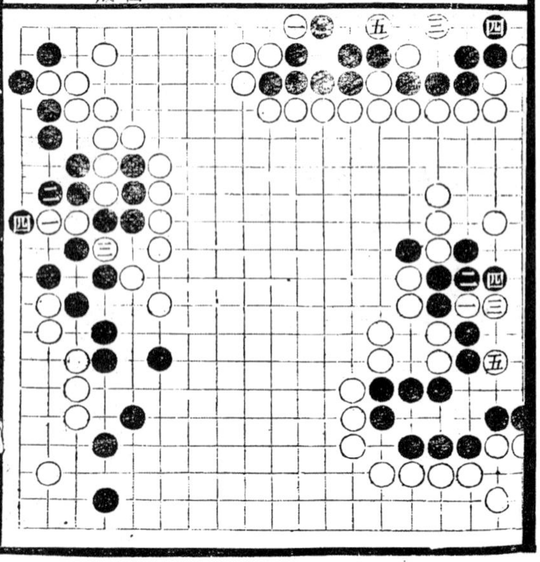

弈括 十六

刦

刦法妙

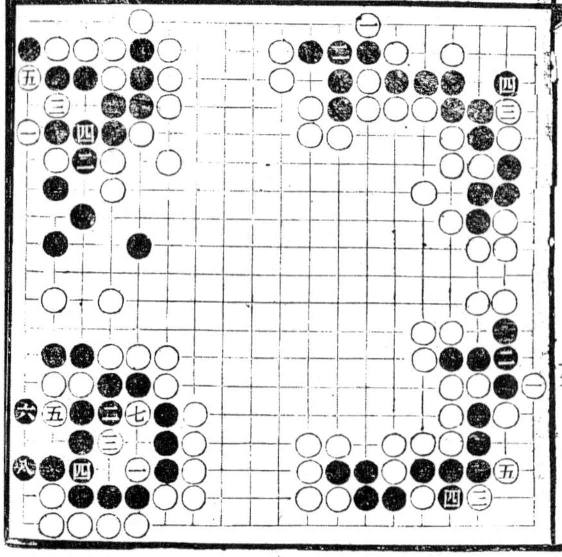

一著虛尖妙若打跌便不妙矣

刦

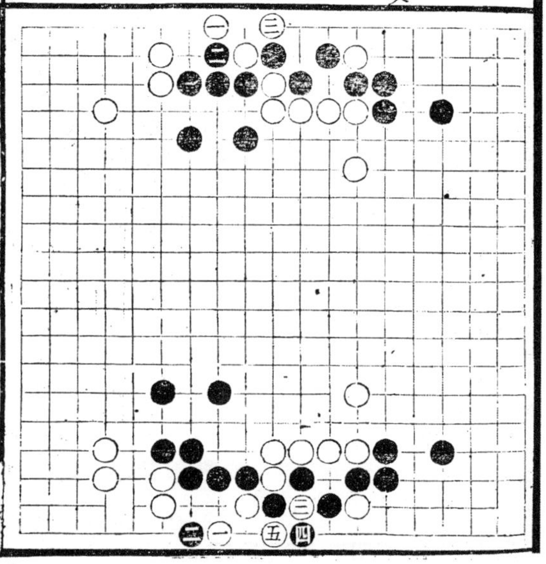

一三妙

三妙

三五好

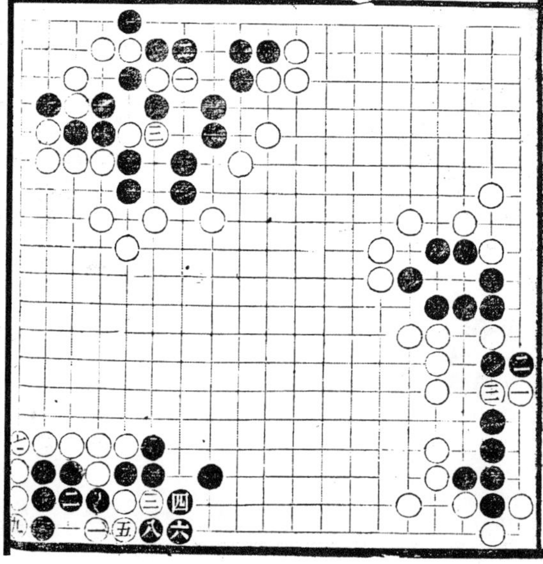

一挖妙

三妙

刦

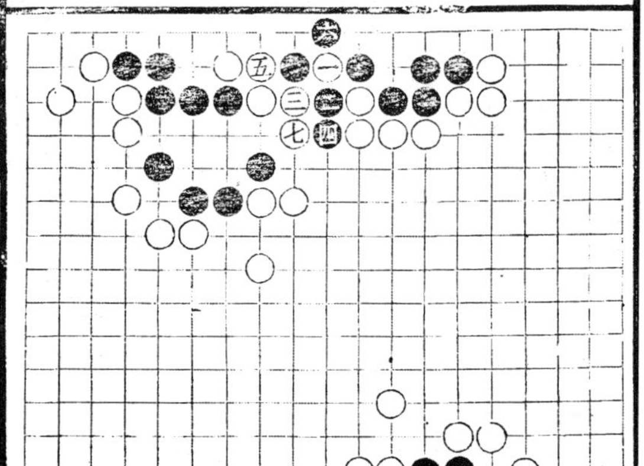

五尖妙極

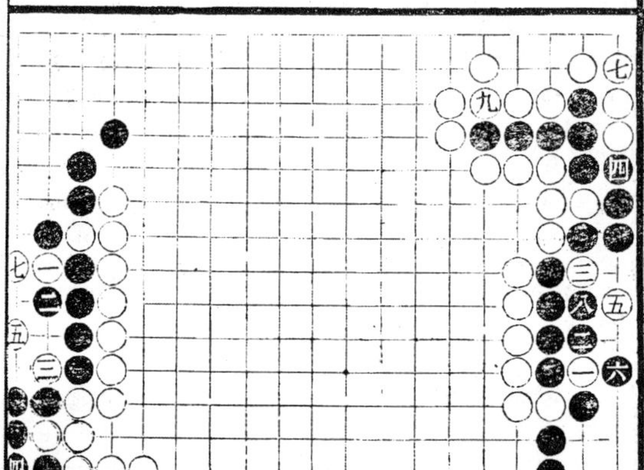

弈括

十九

一虛走可玩

十一仝十兩仝六

刦

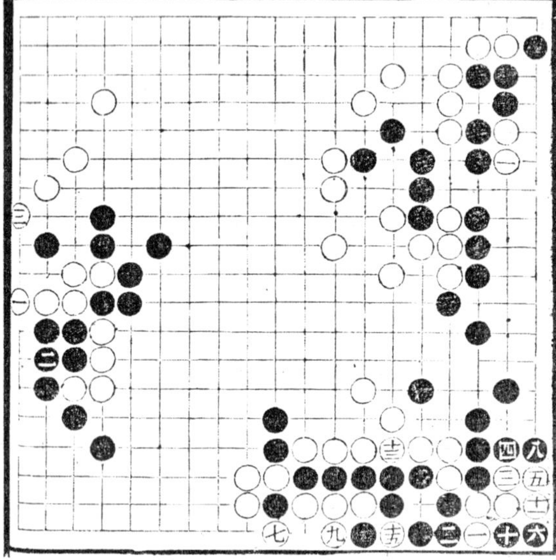

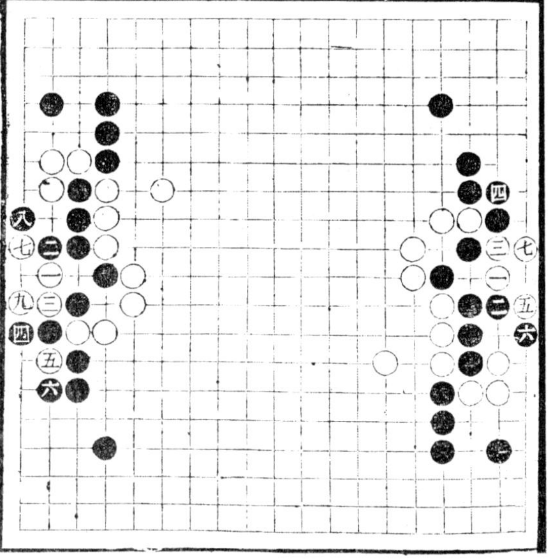

弈括

二十

三妙

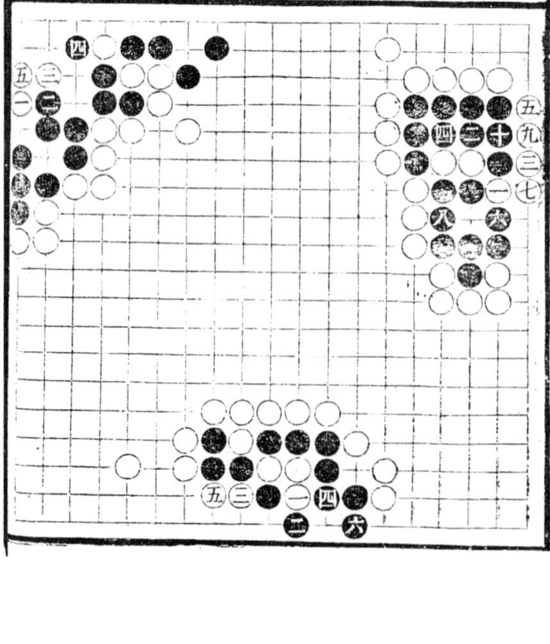

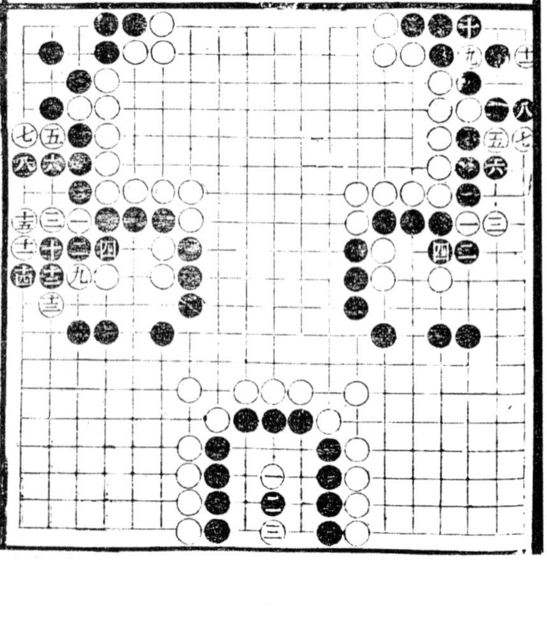

弈括

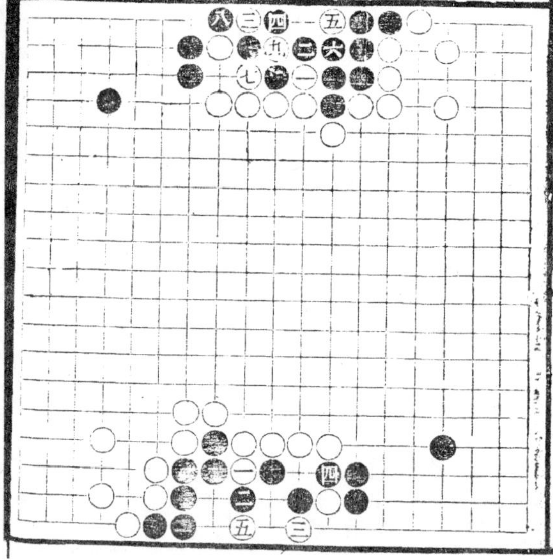

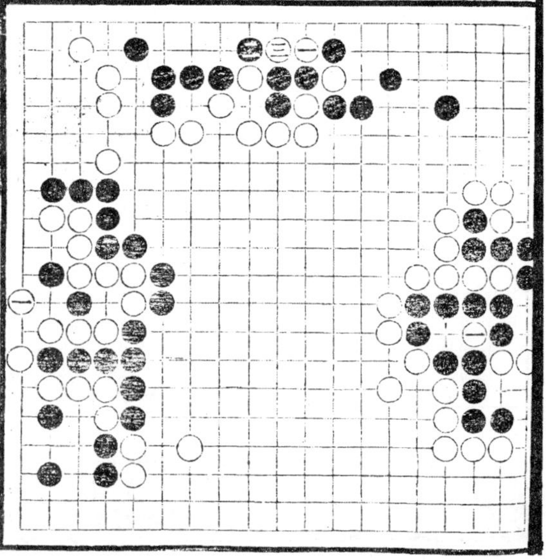

三十三

弈括

十粘
十一劫

六粘
八粘

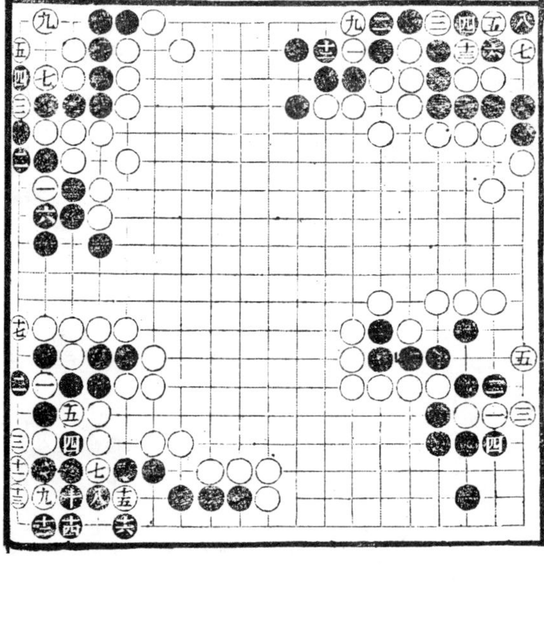

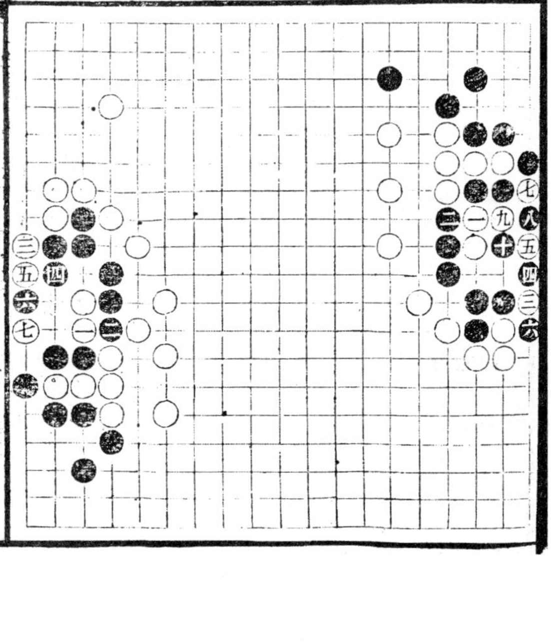

三十二

弈括

七仝一
刦

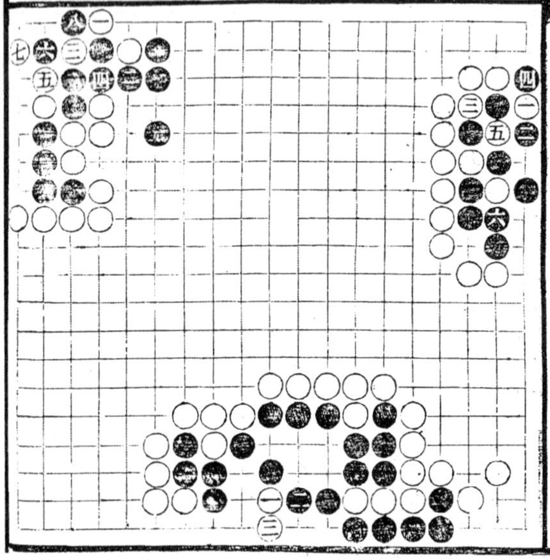

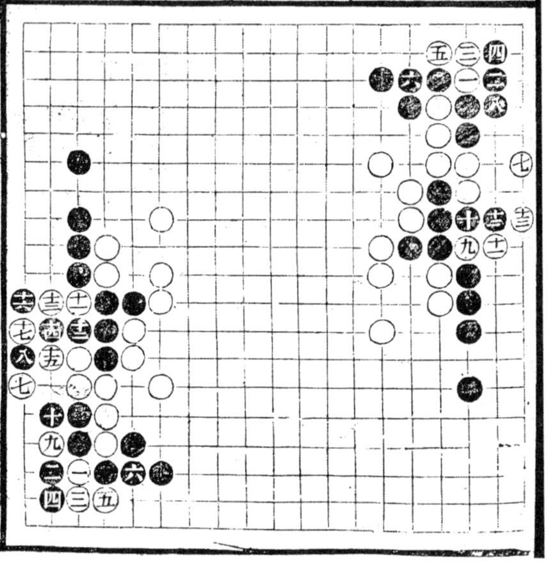

弈括

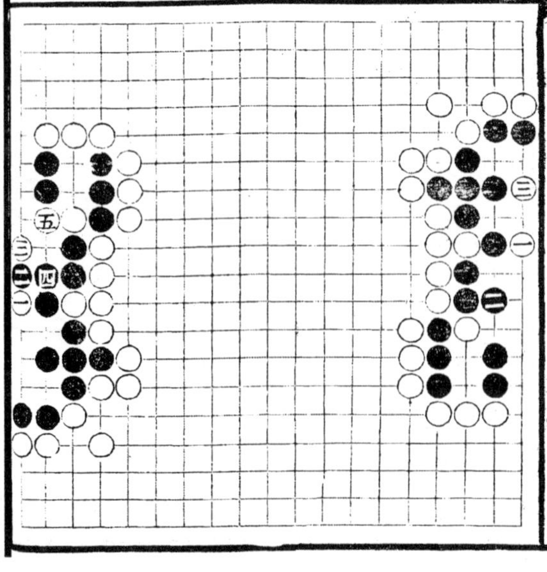

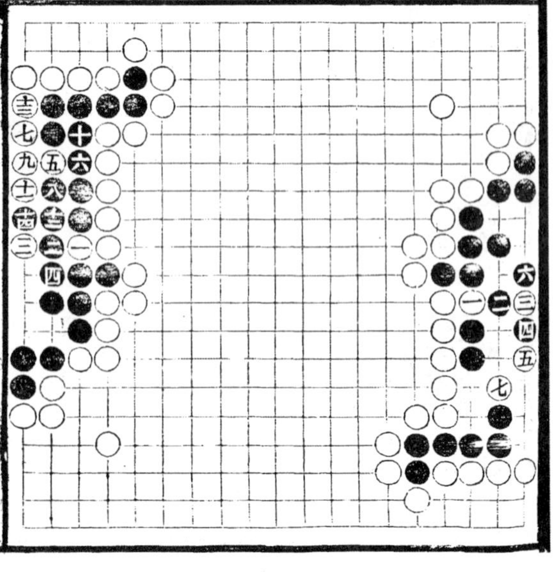

六粘

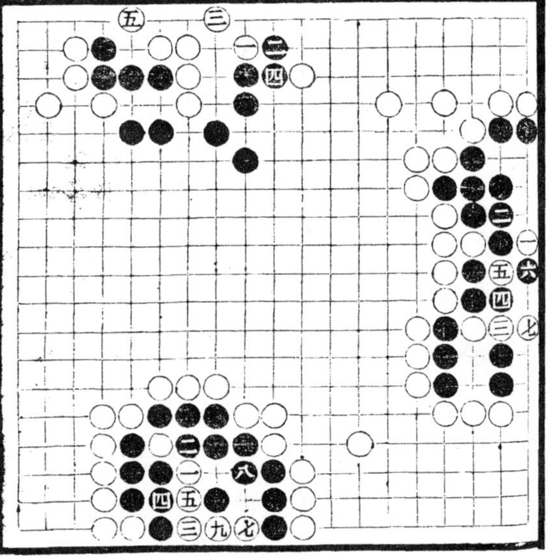

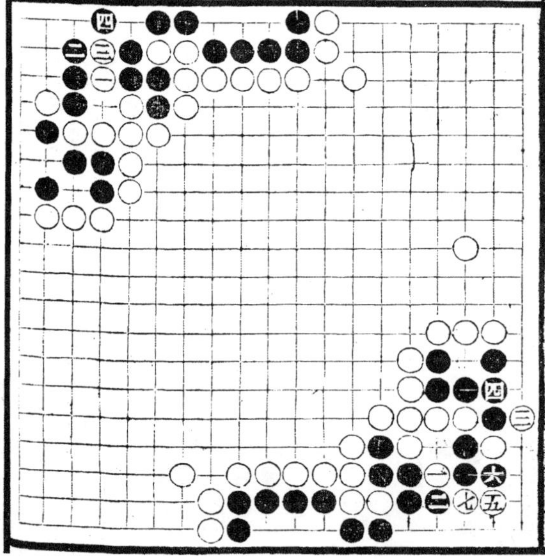

弈括

封

十粘

十粘 封

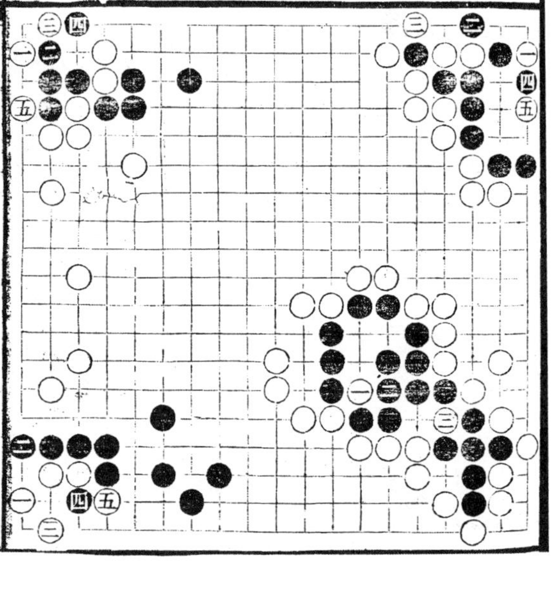

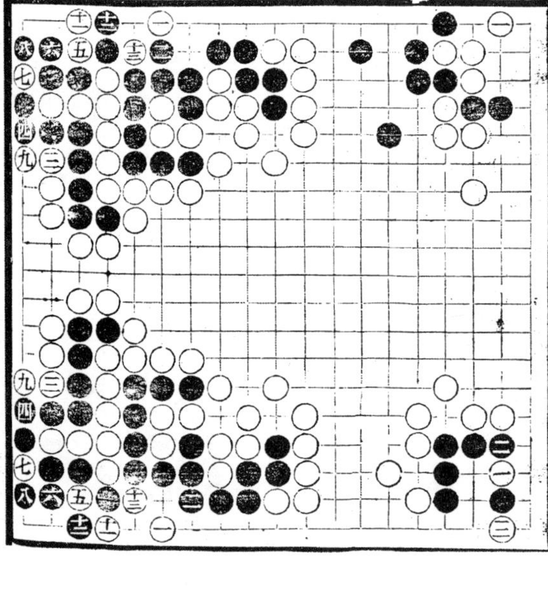

十粘

劫

劫

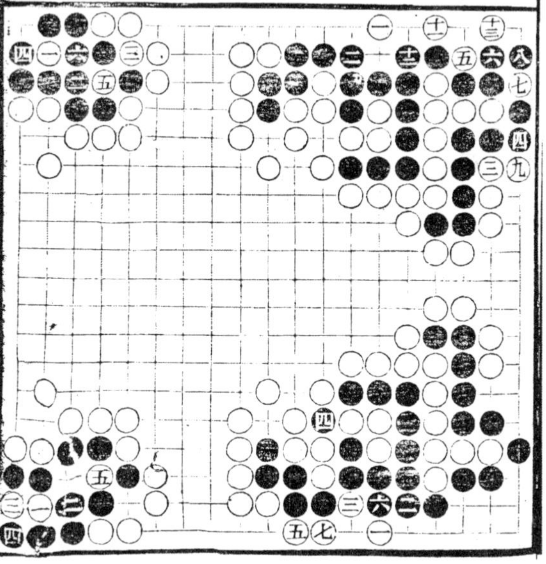

弈括 卅二

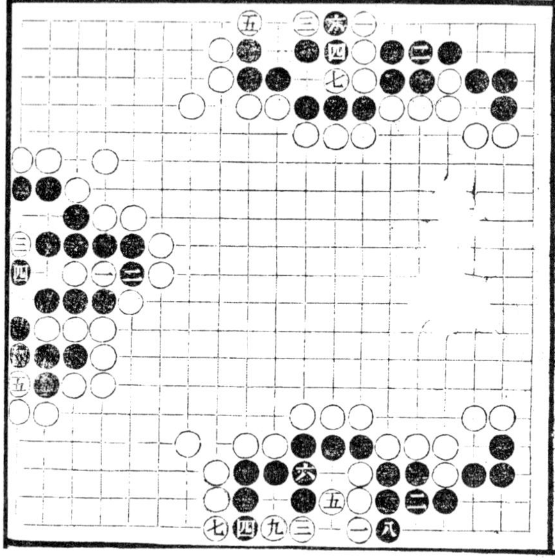

五不先立妙

九虛跌妙甚

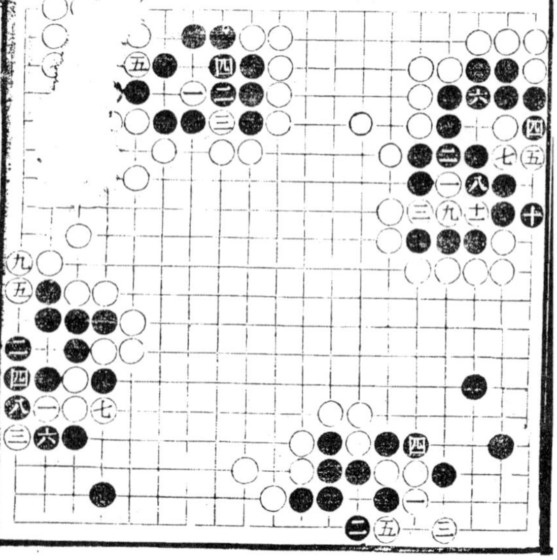

弈括 卅一

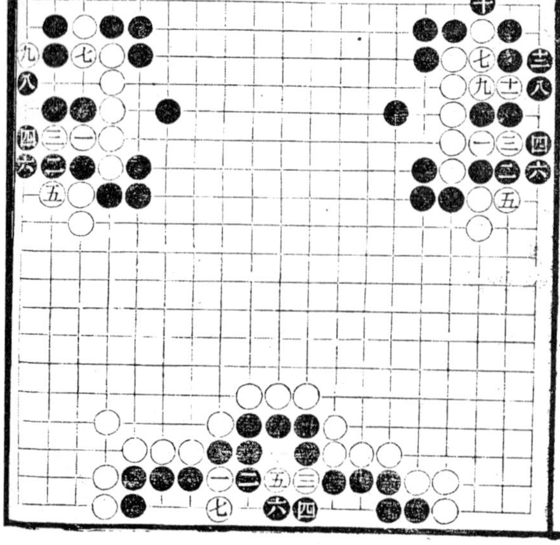

八粘
六宜持

持

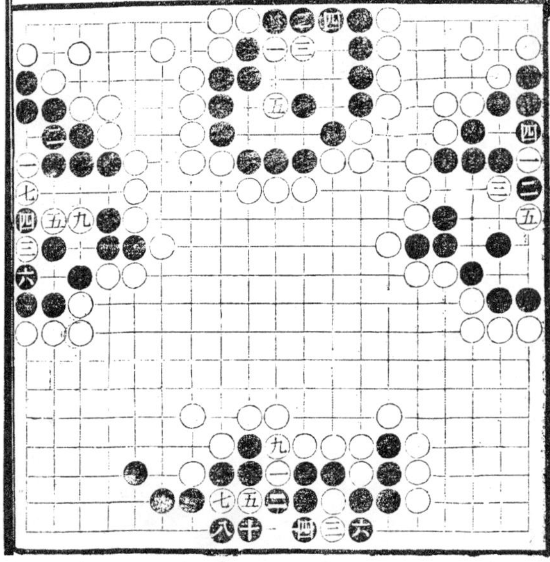

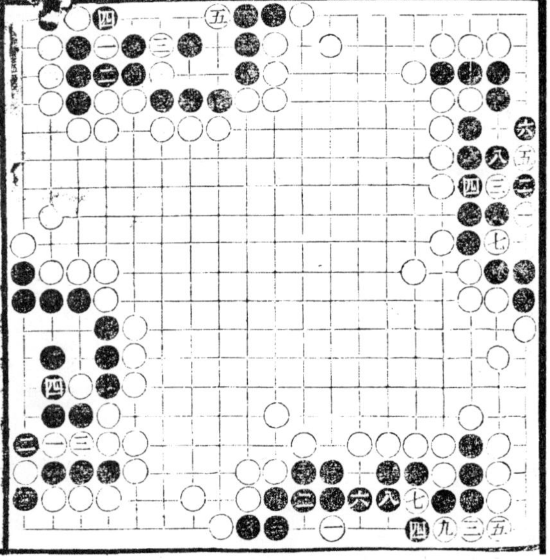

十七仝三
廿五提

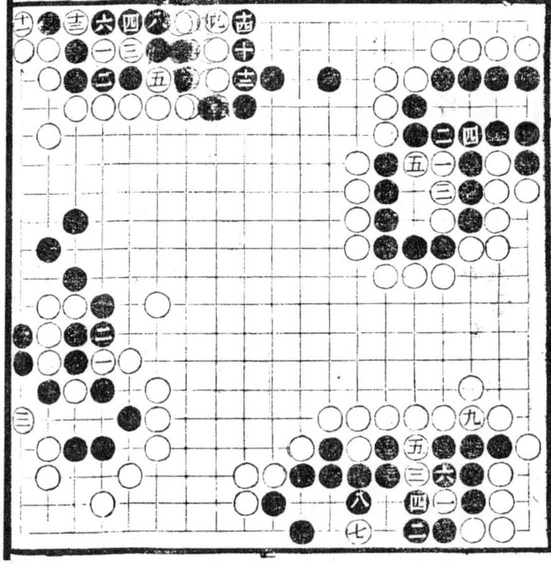

三宜覆

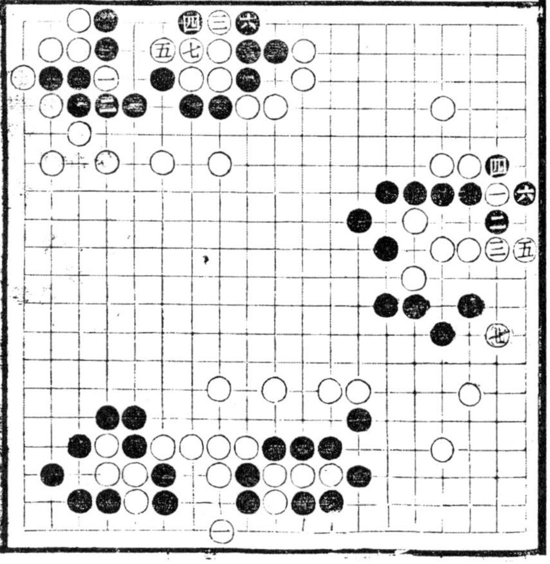

弈括

二宜粘
讓二子

刦

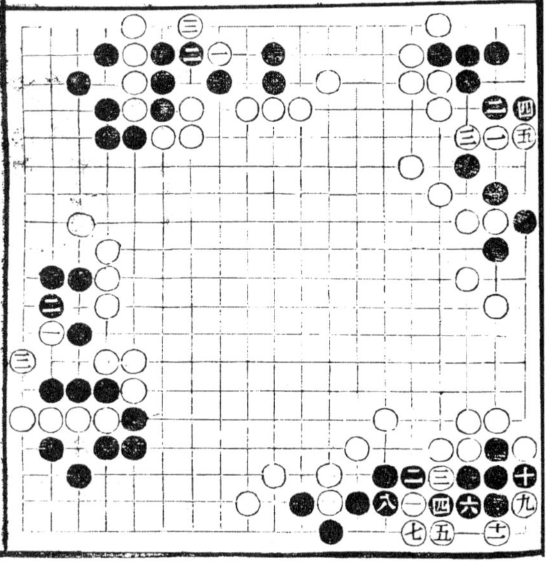

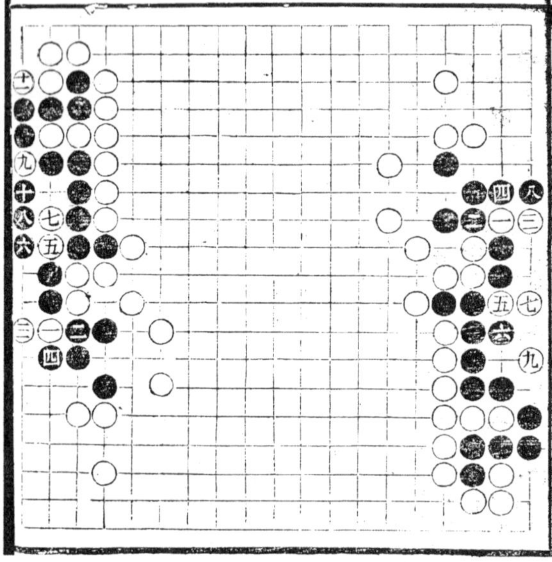

弈括

十三活

十二粘
廿二活

十九提

刦

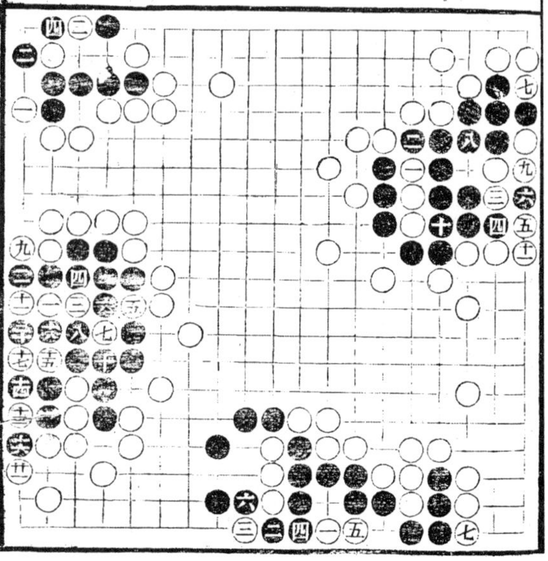

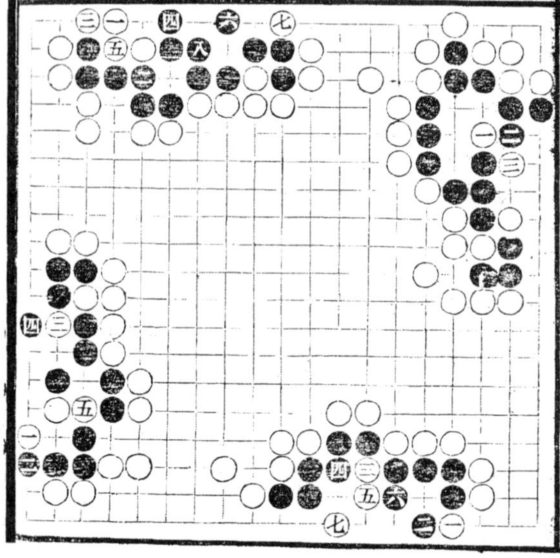

十一全三

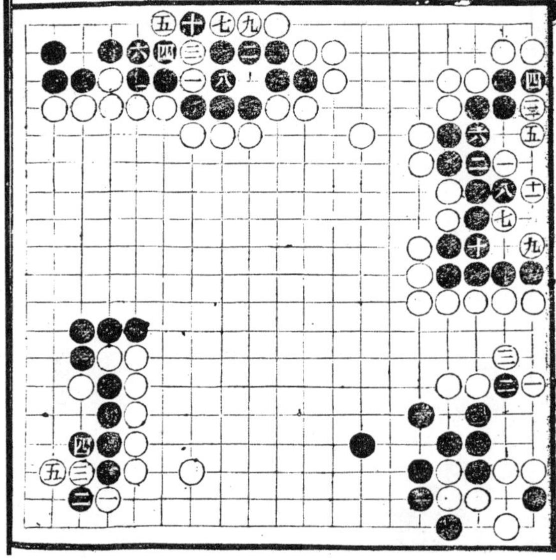

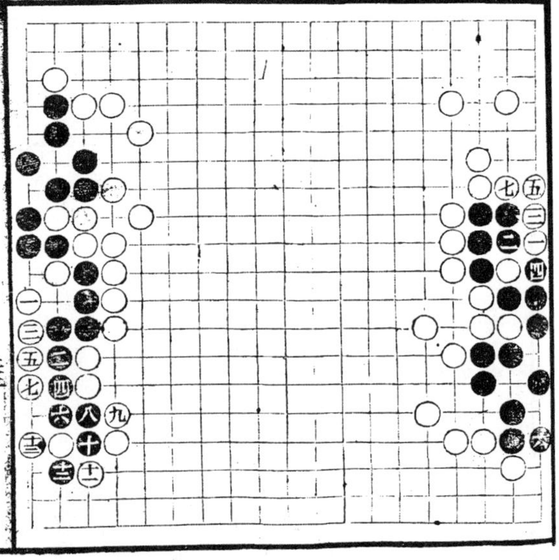

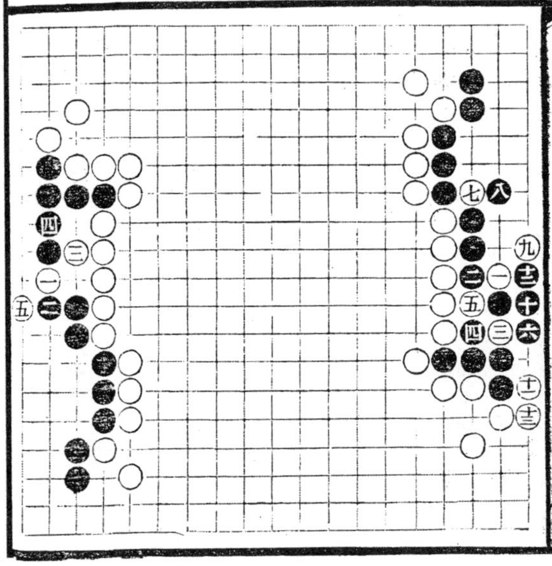

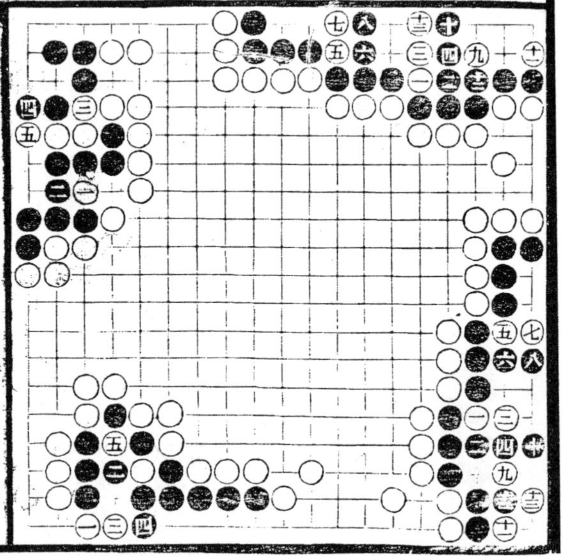

弈括 卅五

七復 八打 十粘 十一粘

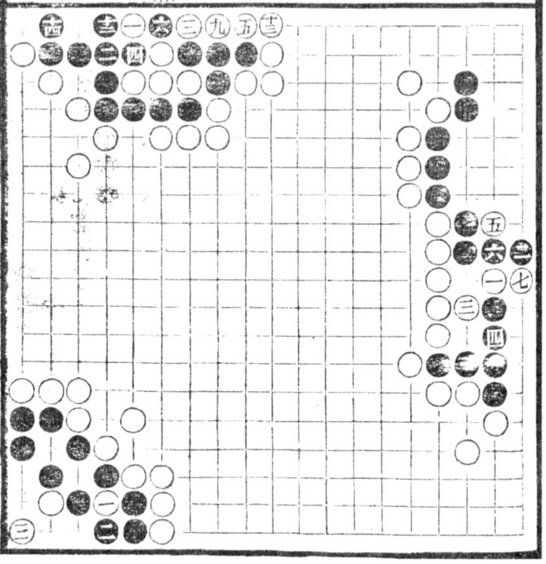

刦 持 八仝五

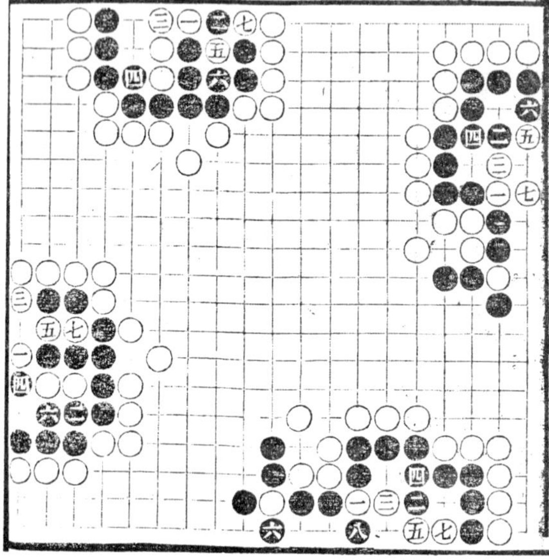

弈括 卅六

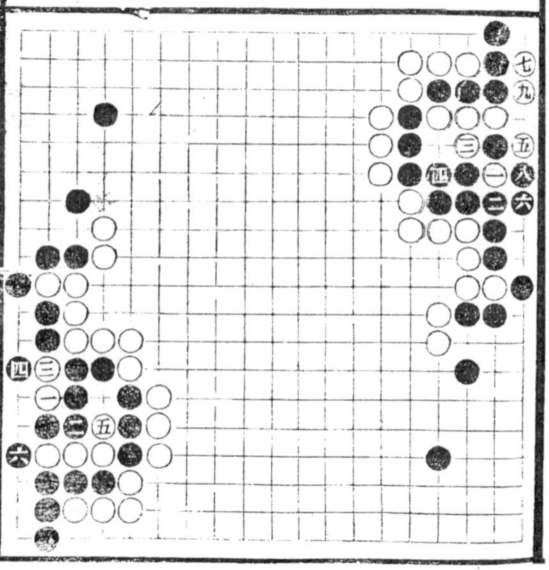

刦

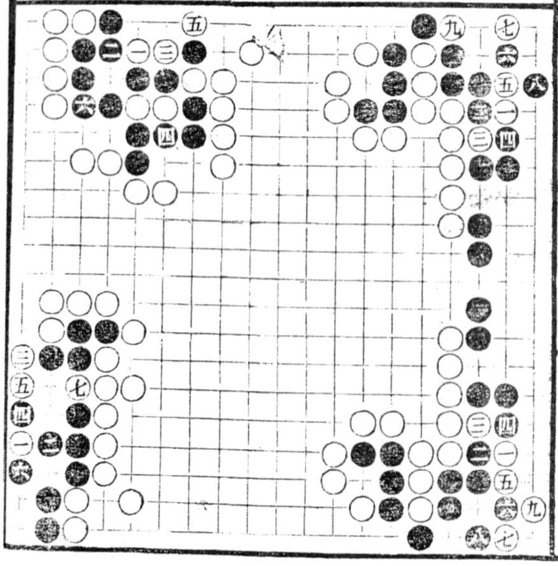

刦

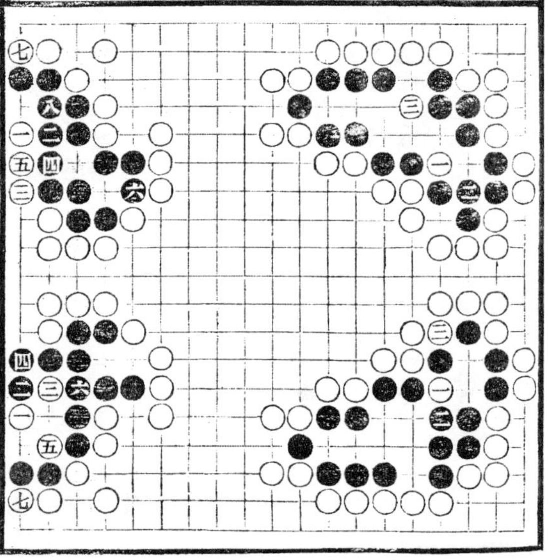

七虛撇妙

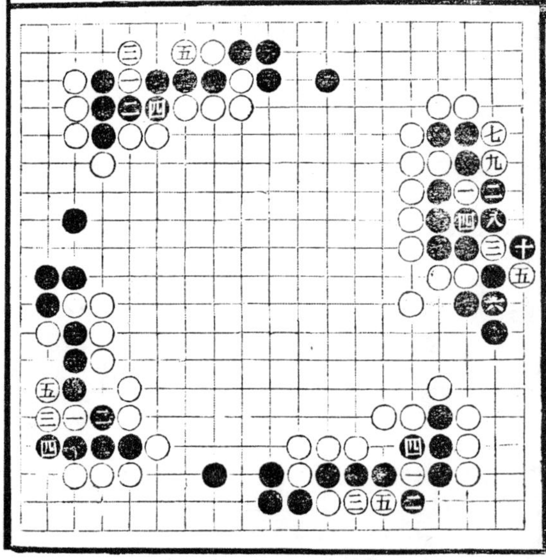

二在八位應好

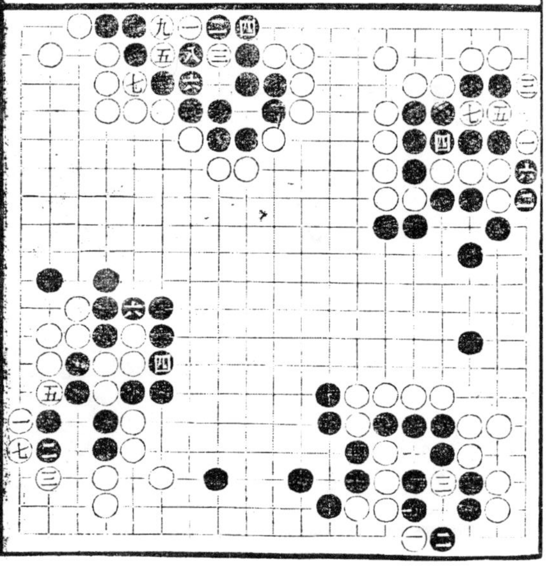

五提

七粘

五虛長妙

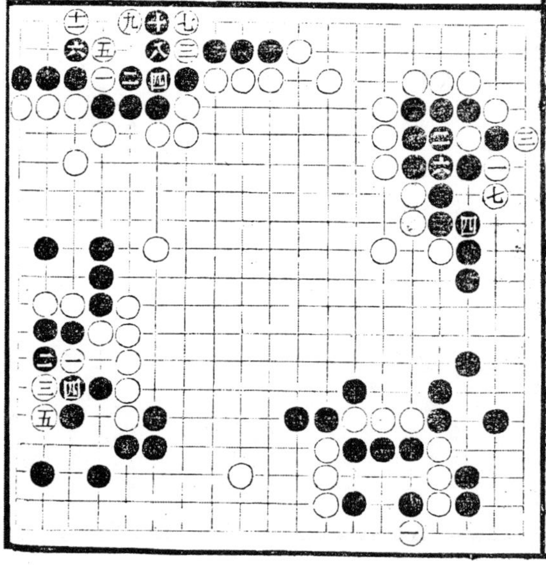

弈括

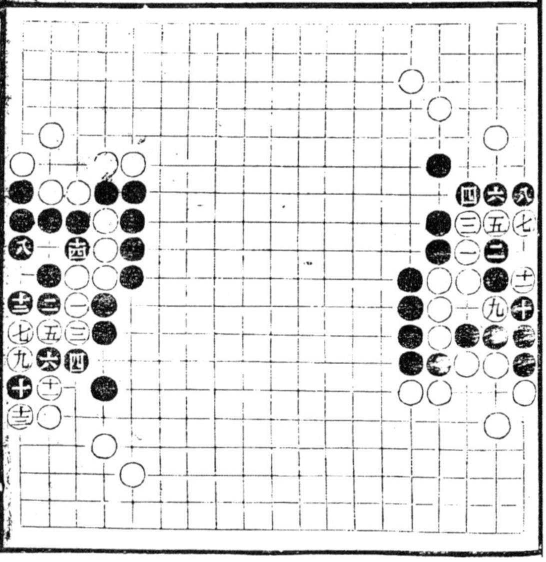

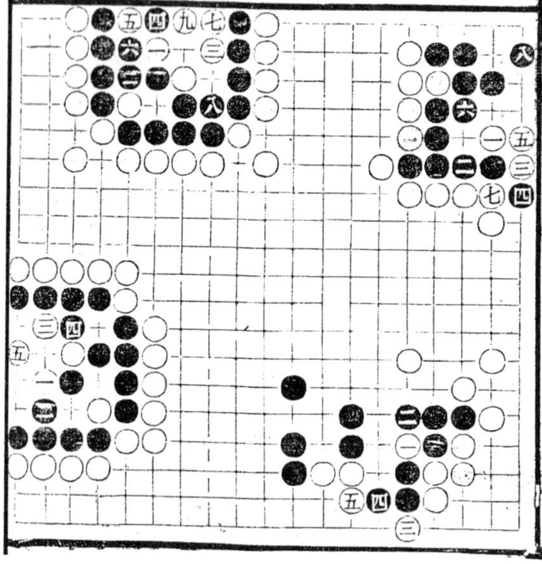

三十九

弈括

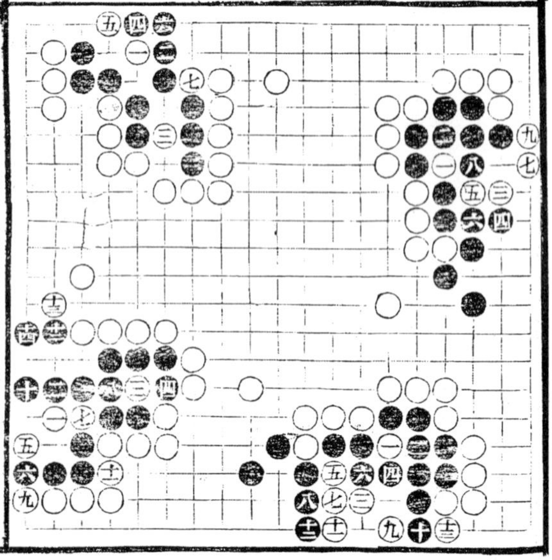

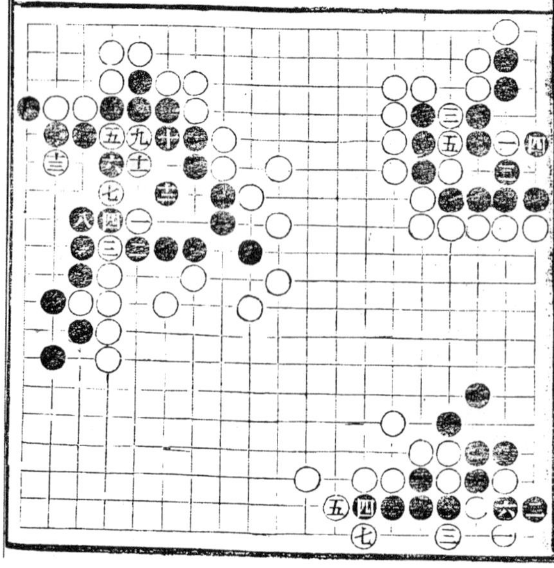

四十

弈括

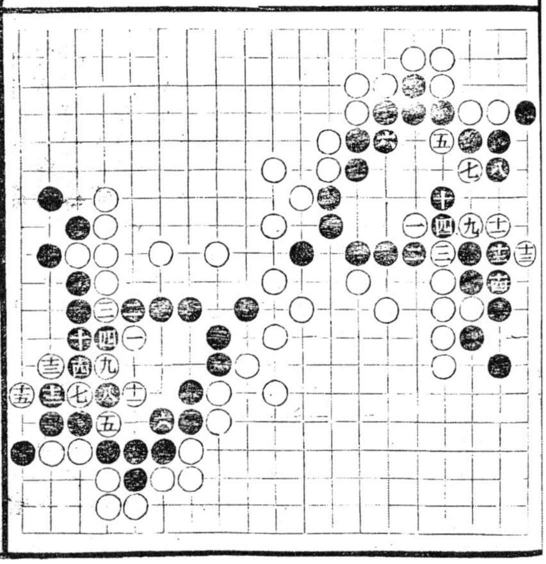

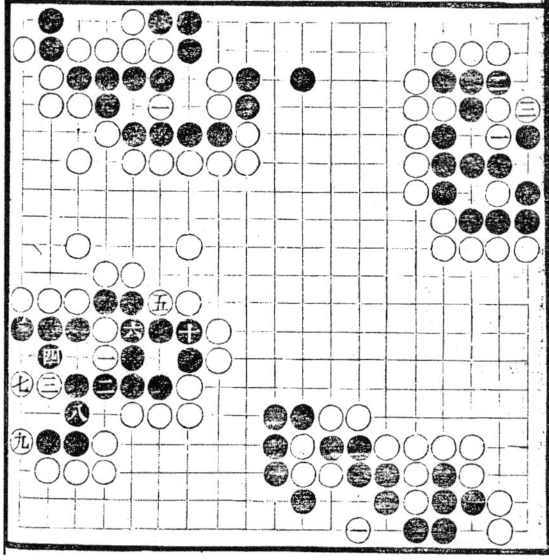

八宜粘

二應妙

弈括

八全六
十全四

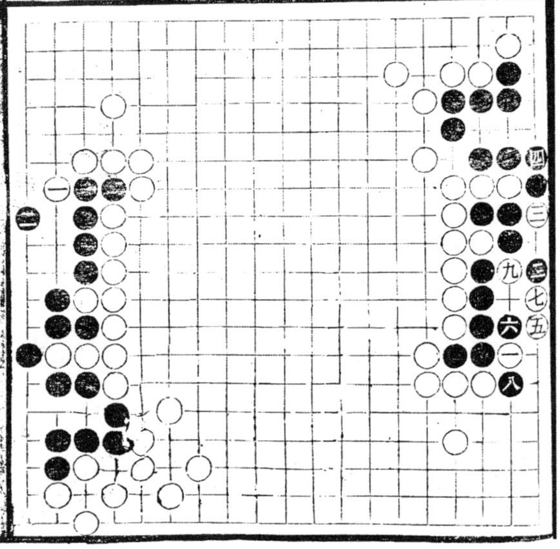

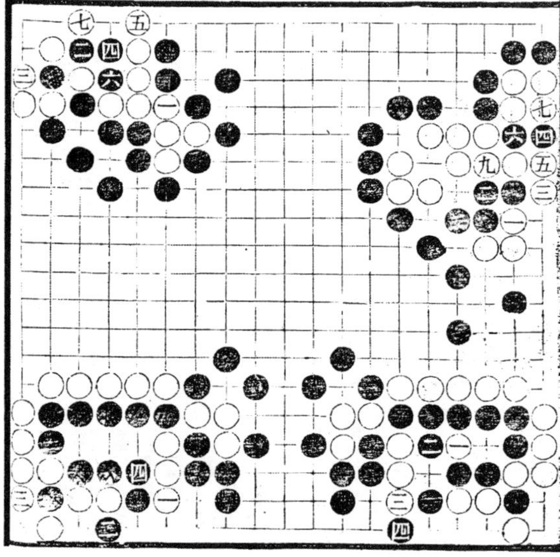

弈括

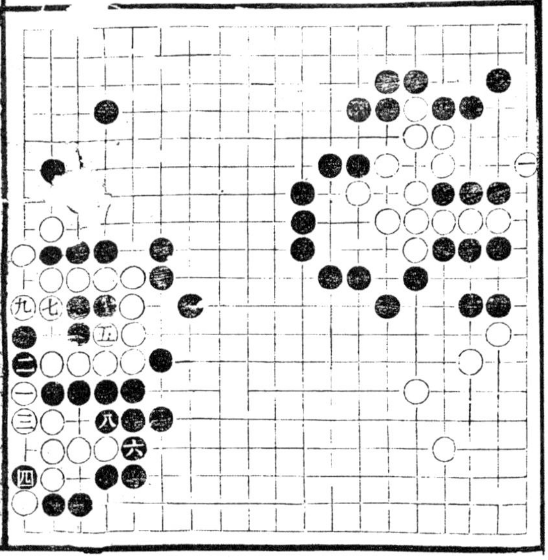

六若下二六七立

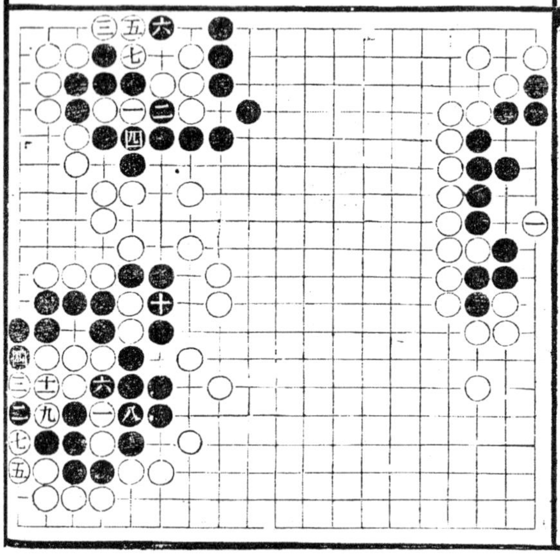

弈括

七劫

四粘

十二粘

四粘

持

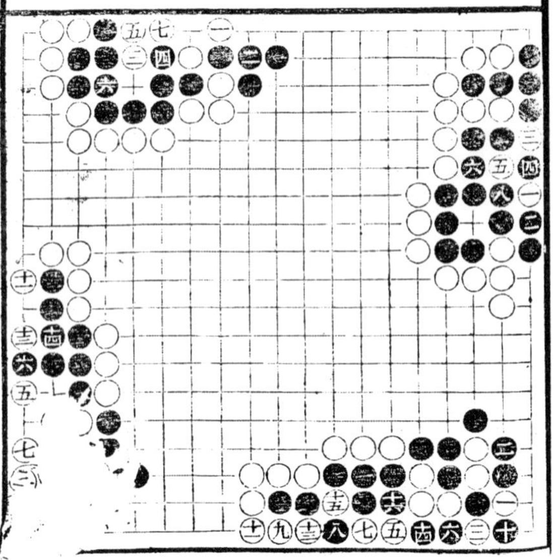

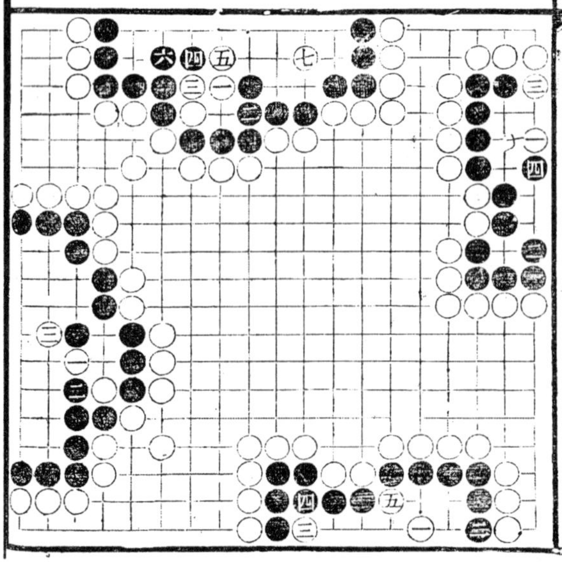

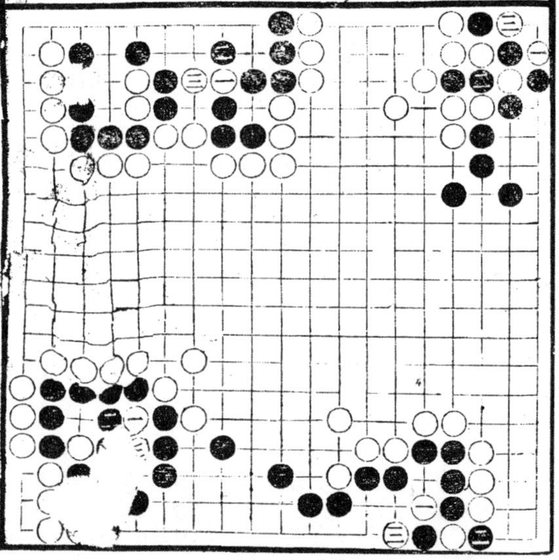

七撲 八提 十粘

九粘

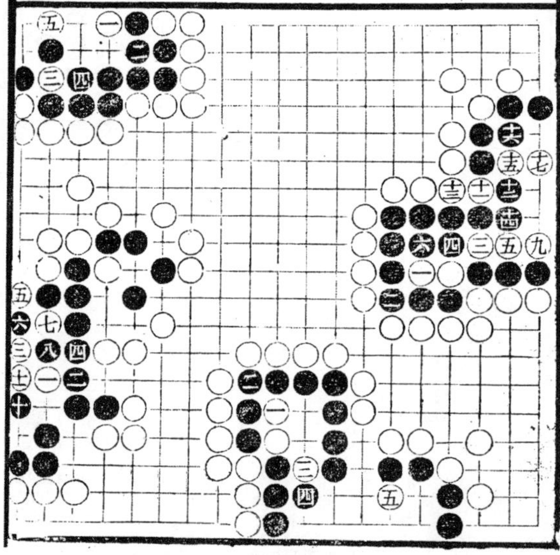

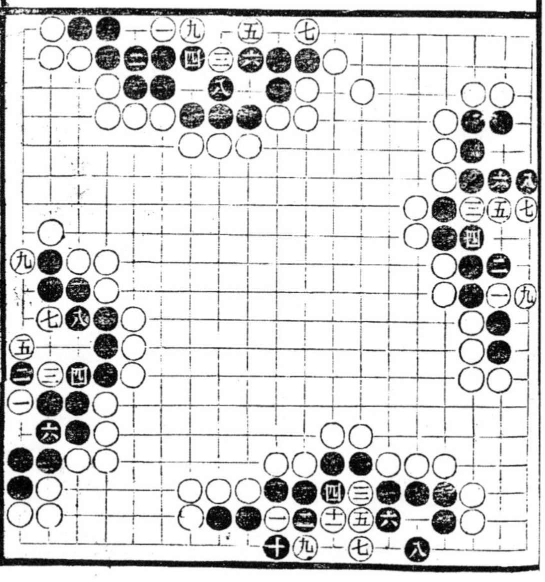

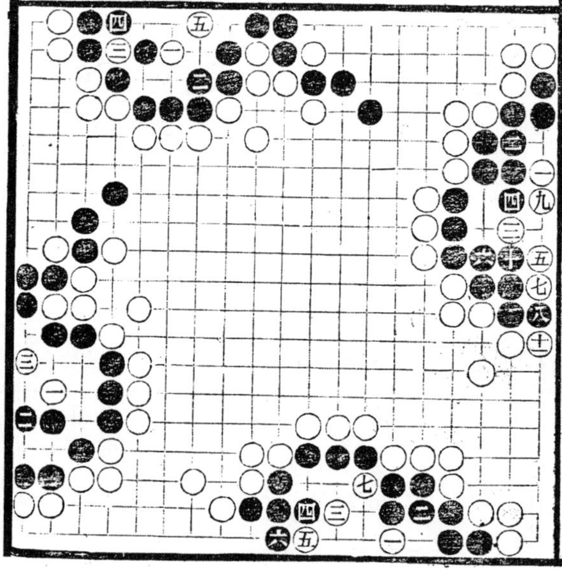

弈括

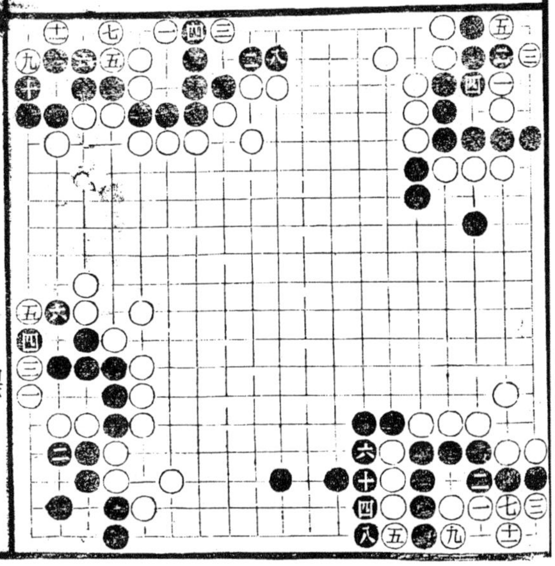

七仝五

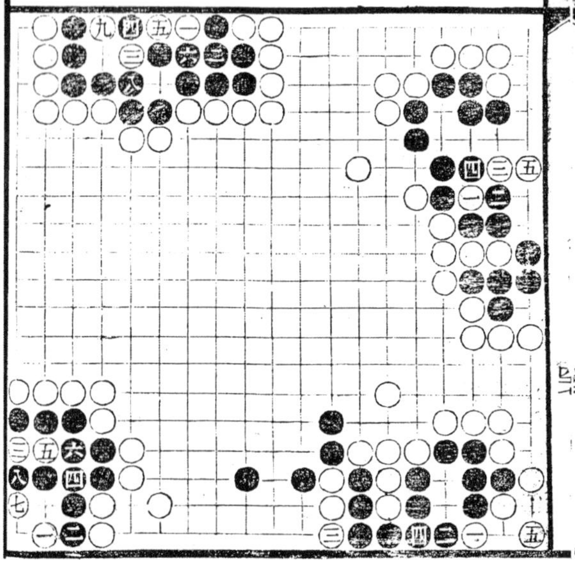

九仝七十二仝五
卣活

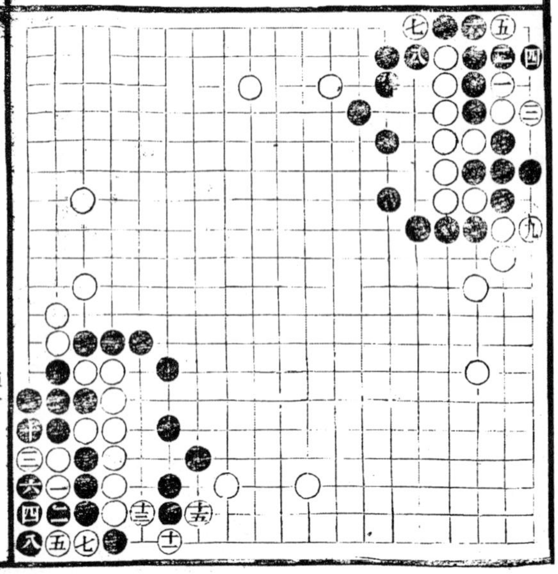

弈括

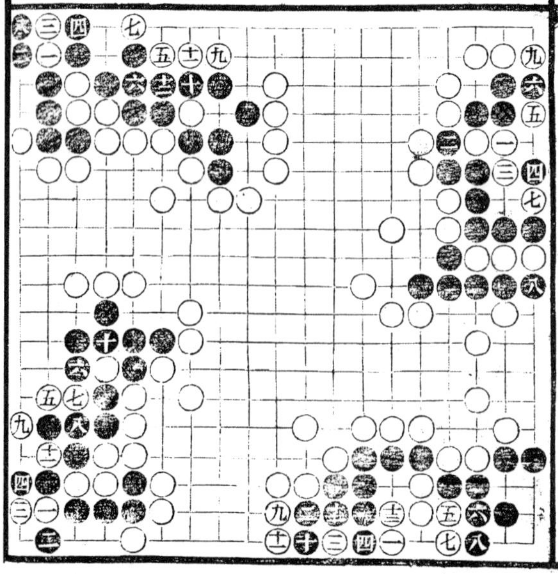

九提
劫

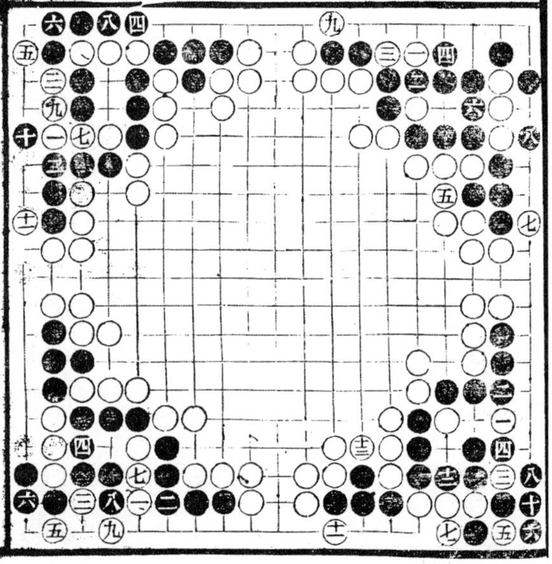

三妙若打黑便三位立矣
劫

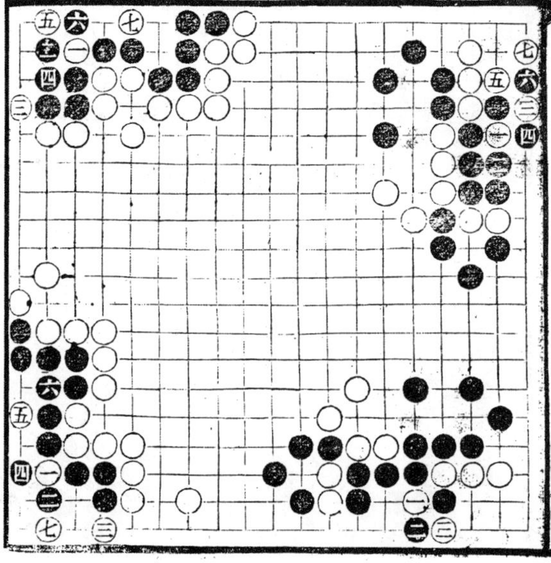

七跌 八提

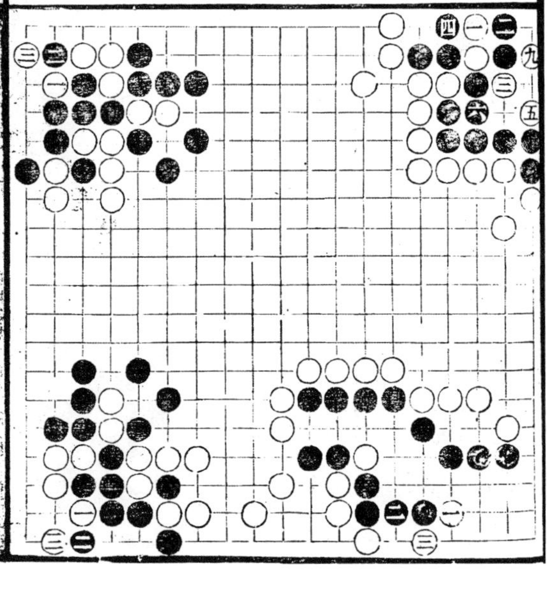

十三仝二 十四仝六

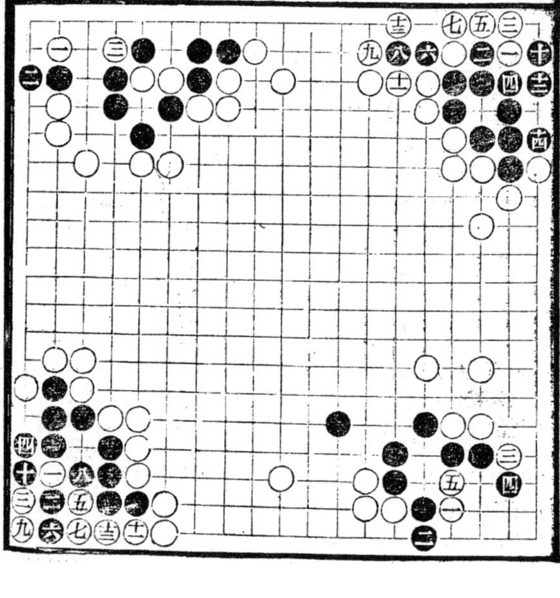

弈括

三十

六粘

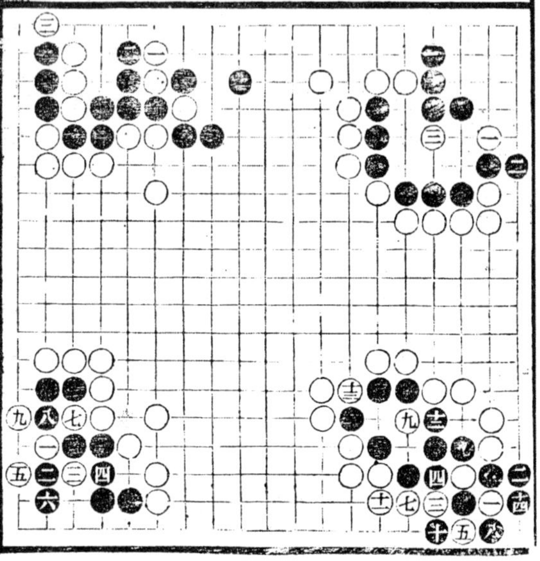

六粘

四宜讓

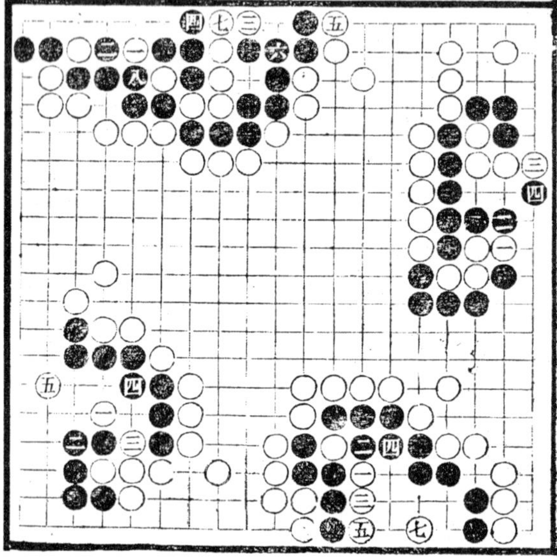

弈括

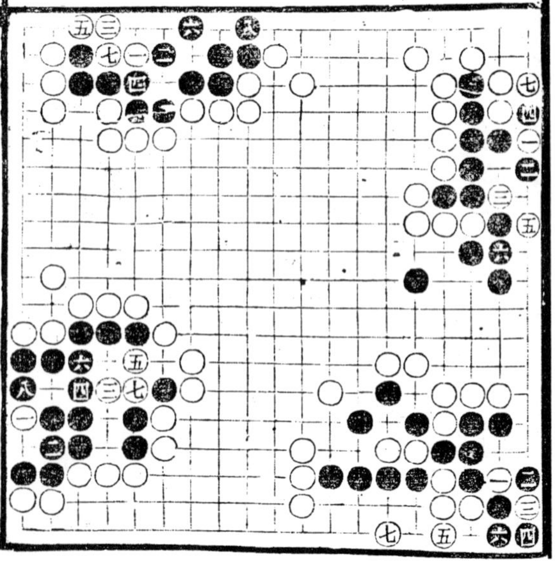

一五妙

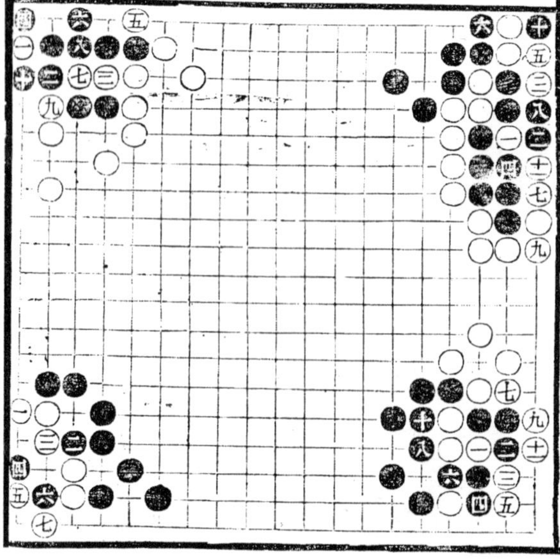

八粘 持

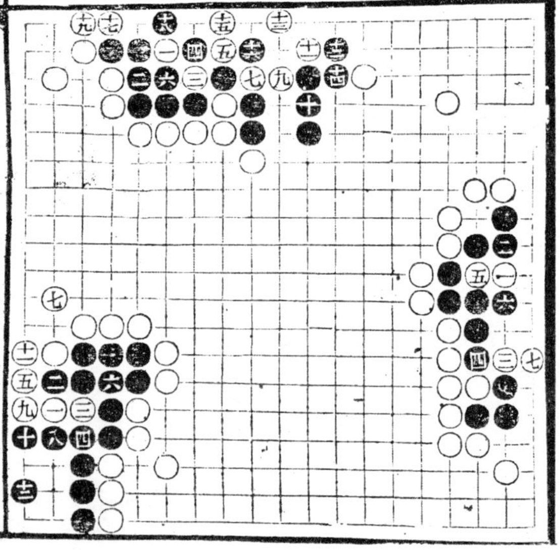

十一提

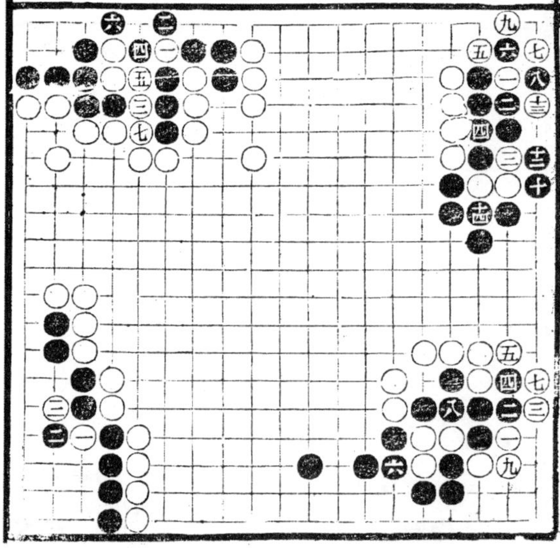

八粘 十活

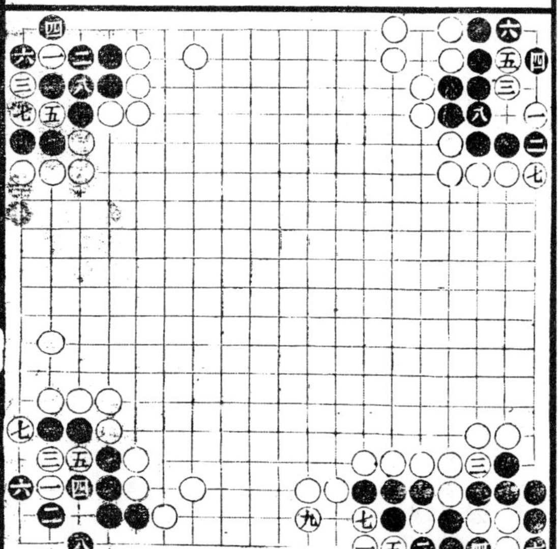

二宜三位關 七提

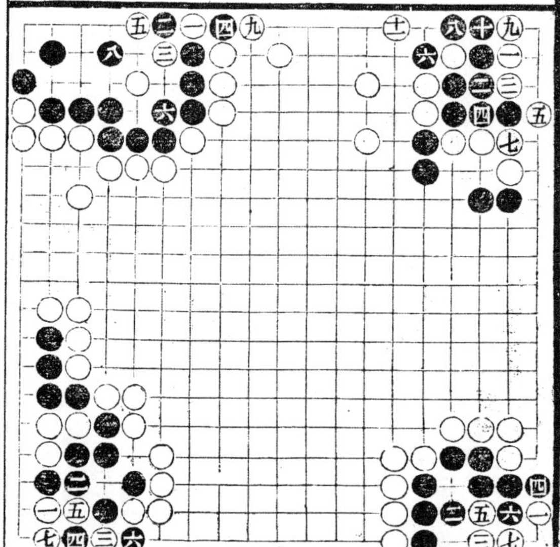

弈括

十二撲　十三提

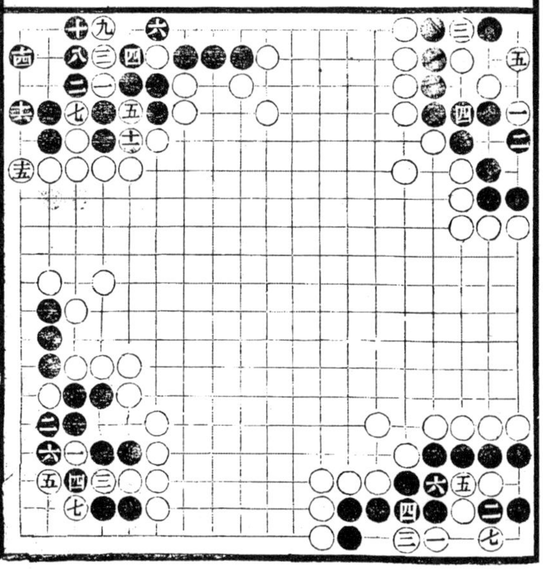

十七全十三

封

封

十二提十三復
十四全七
封更妙

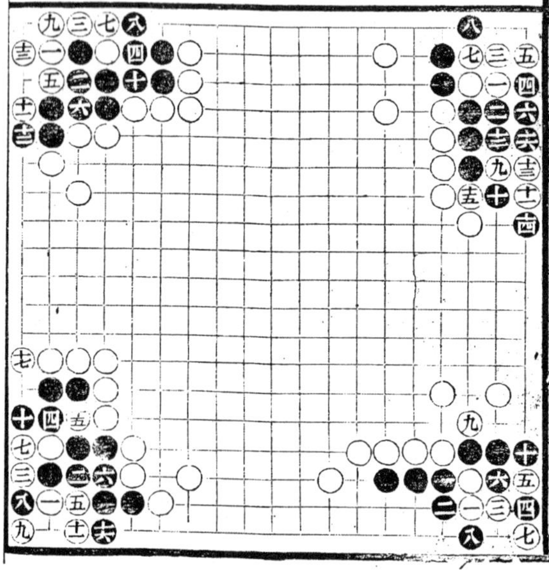

弈括

十三封

十宜讓

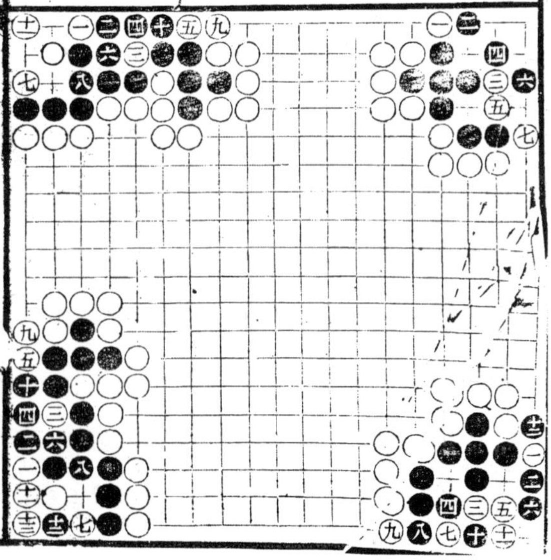

十四粘

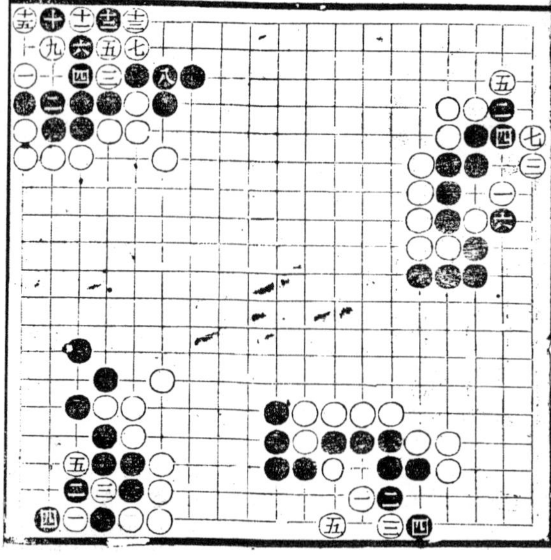

二當讓

十一跌　十二提

十粘　四宜讓

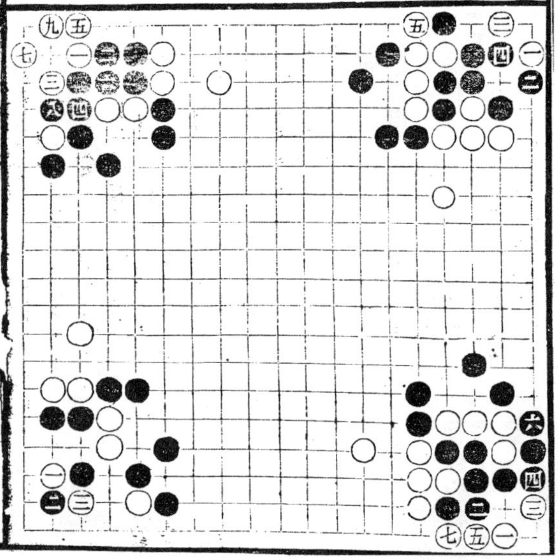

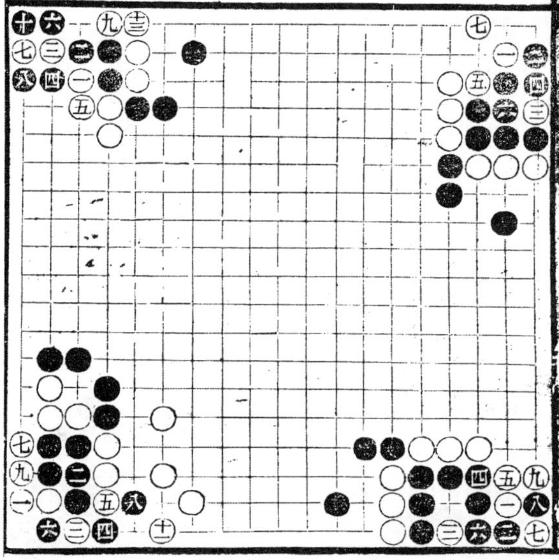

七全一八全三十二粘

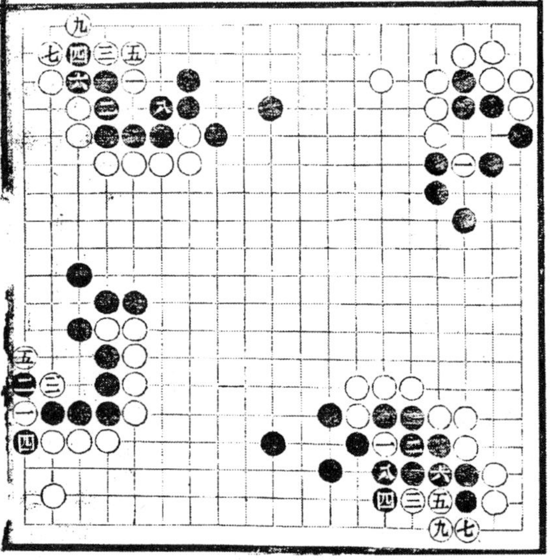

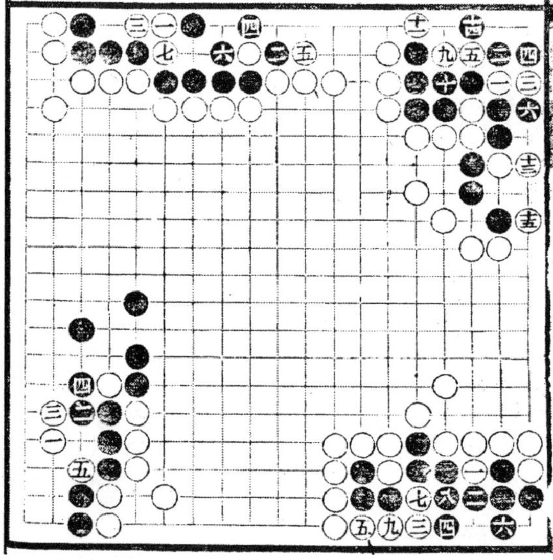

弈括

九跌 十一提
十三粘

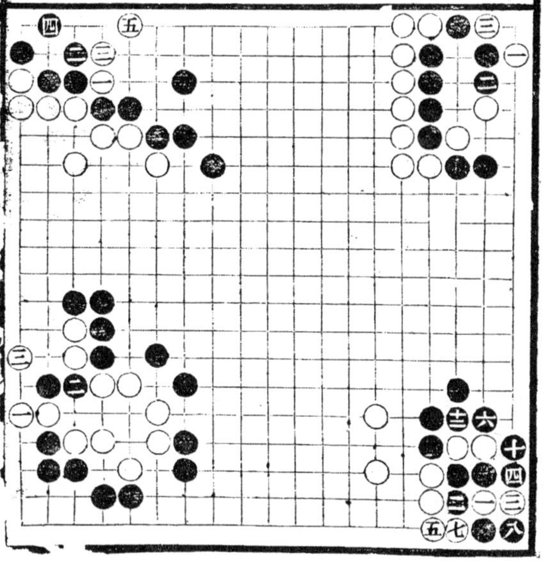

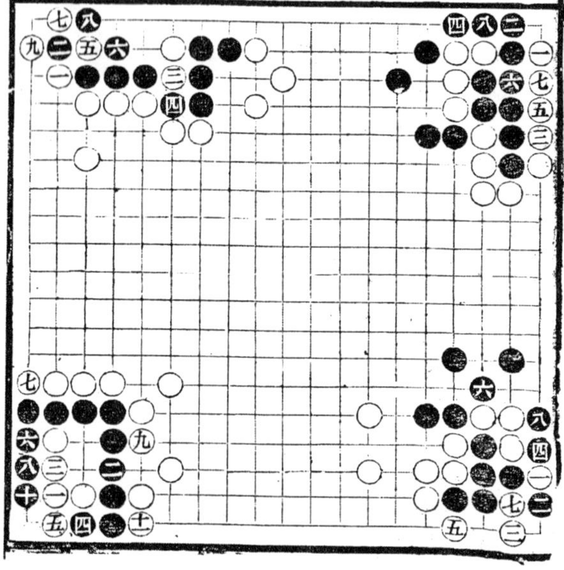

弈括

七復 八粘 九粘

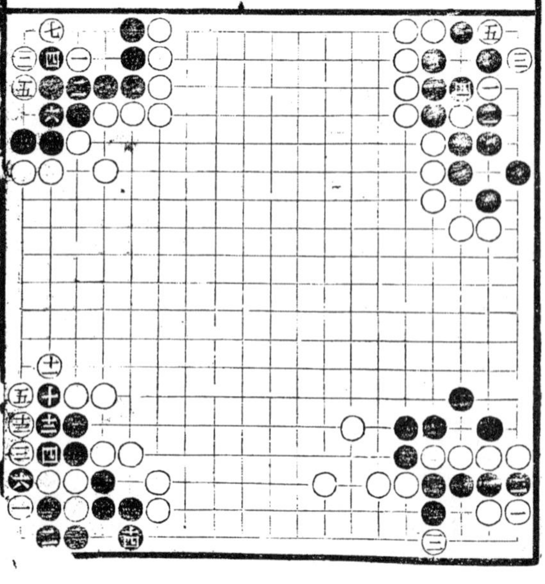

九仝三十一提
八粘

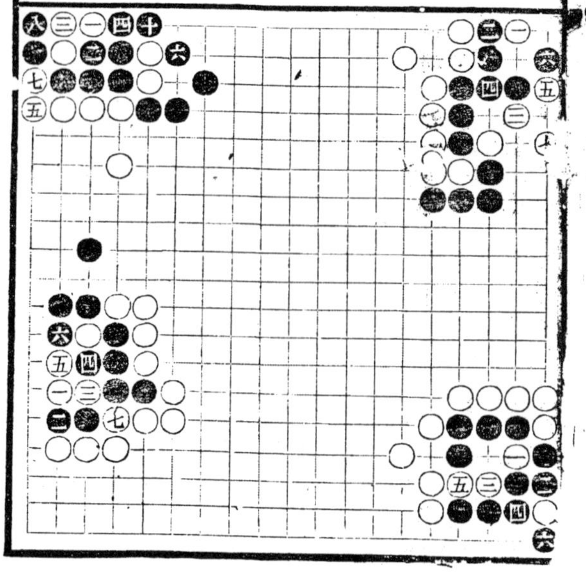

弈括

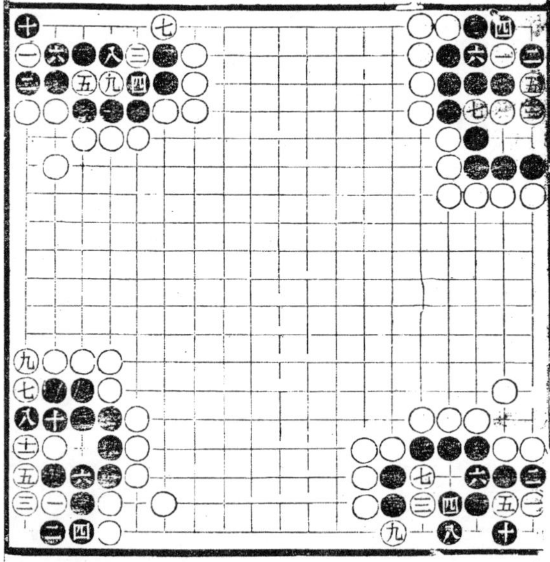

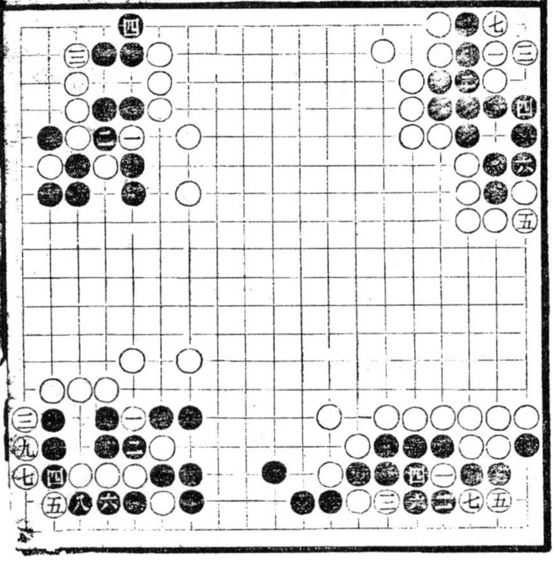

九全四

弈括

刦

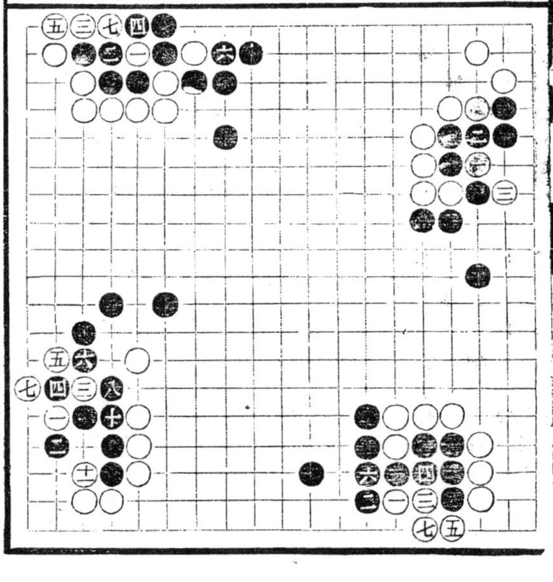

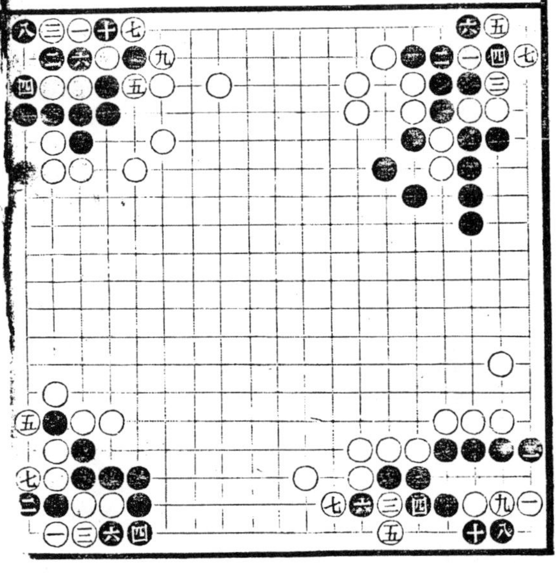

弈括

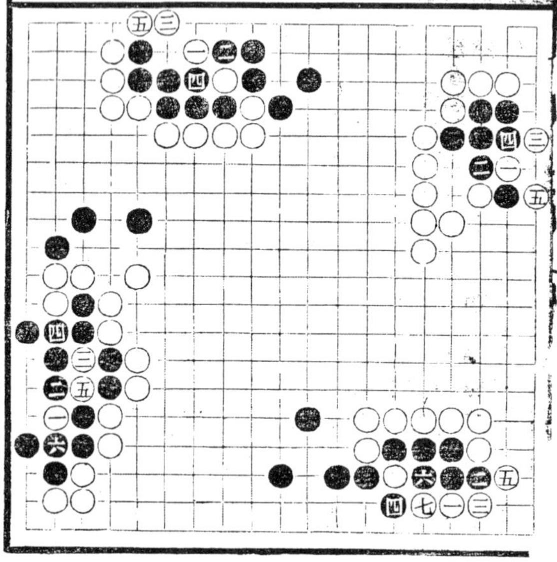

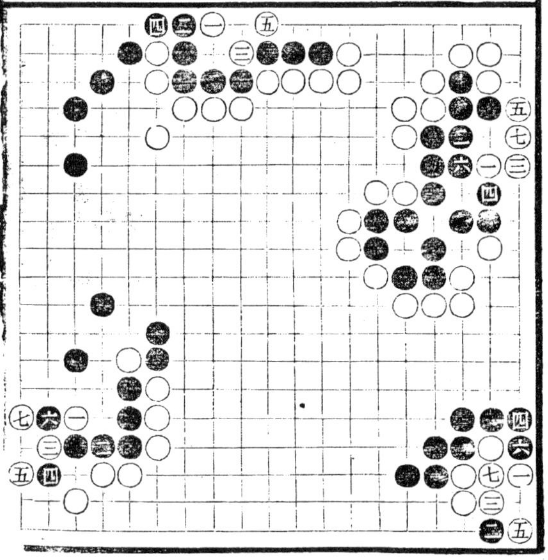

弈括

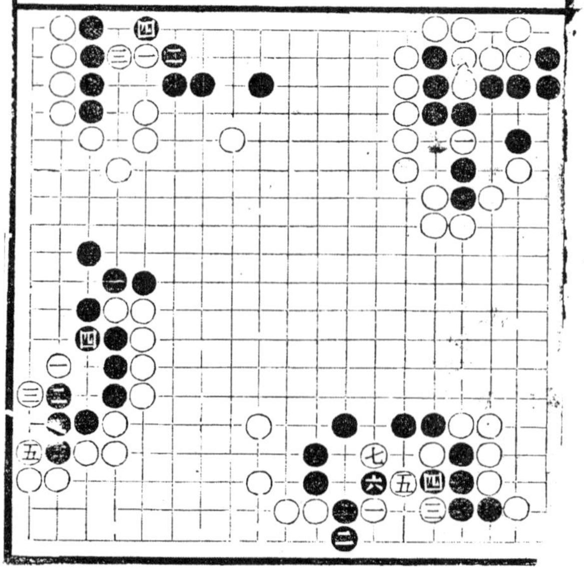

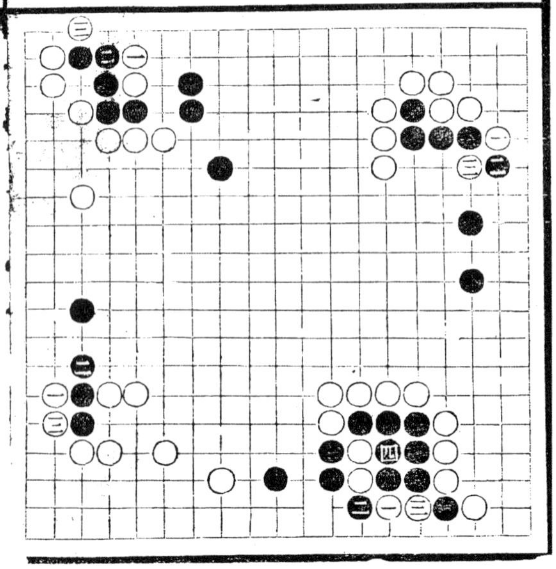

弈括

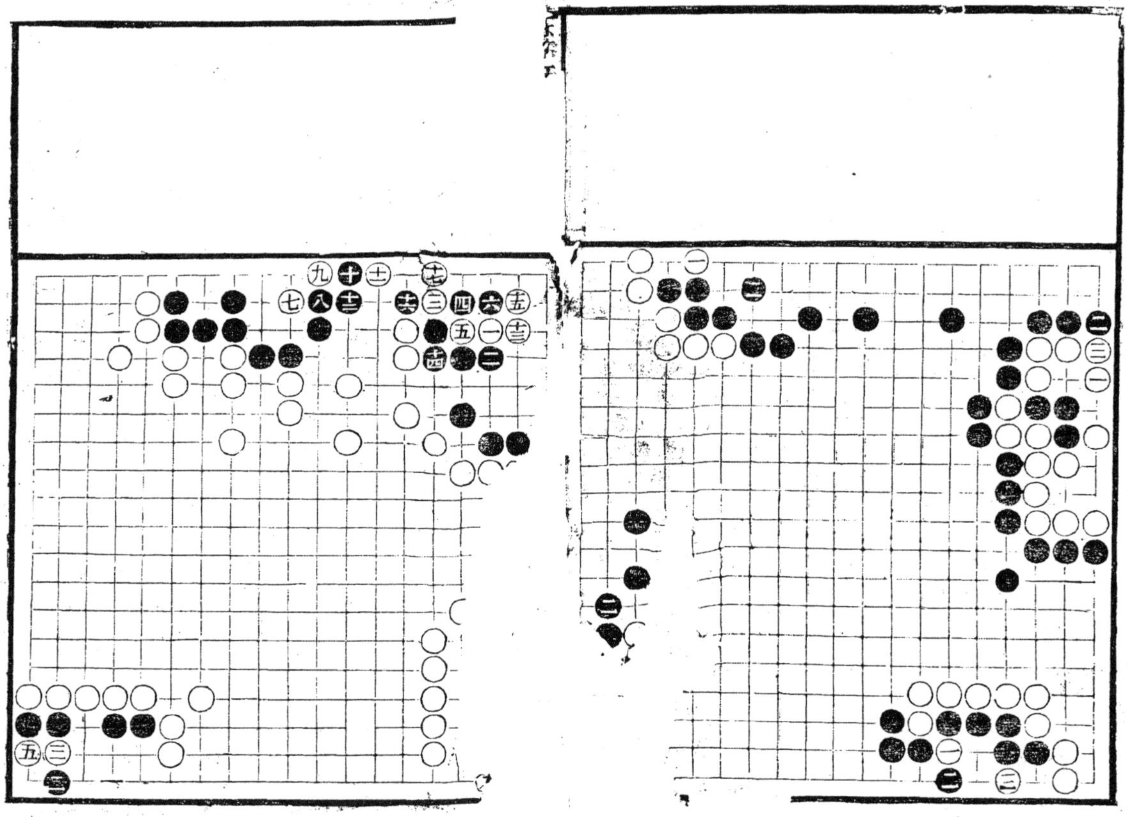

案重刻弈括序跋此譜原刻擬出子式三十局演官子式三百六十有奇吴序稱官子譜起於過百齡成於黄龍士參弋獲者則時亮與新安程徵我也近閲陶存齋官子譜全將此書採入分類編綴稍加損益而其序中曾無一語及龍士意襄其事者竟據以爲已有云云余昔于役金陵蒯禮卿觀察出示此譜閲吴序並無參弋獲諸語或是别一刻本非汪不齋原刊惜卷尾殘缺官[illegible]餘勢殊爲可惜又出子式第十三局與龍士全圖第十、九局同而少十八着竊疑以龍士之神奇變化何難另擬一局而乃兩譜並收殆非是不足以盡變耶當必有説以處此惜無有發明其義理者兹付雕公諸同好並質所疑焉歙鮑鼎識

黄龍士先生棋譜

（清）黄龍士 撰

《黄龍士先生棋譜》，清黄龍士撰，據南京圖書館藏民國間上海文瑞樓石印本影印。

黄龍士有《弈括》，已著録。

《黄龍士先生棋譜》載黄龍士與周東侯、卞邠原、徐星友等人對弈棋譜六十一局，《補遺》載龍士與周東侯、卞邠原諸名手對棋十一局，光緒十六年（一八九〇）又補龍士與張吕陳、徐星友二局入《附録》，總計七十四局。每局標有對弈者、勝負方，以『一』『二』數字標明先後著數。每局後大多有評述。書前有鄧元穗、吕書舲序。是書爲無錫人鄧元穗於光緒十三年（一八八七）刻印，於光緒十六年最終定稿。其時，黄龍士棋譜尚無專集，僅散見於各家集中，且大多漫漶難識，不堪終讀。鄧刻精校清晰，且成專集，功不可没，其序言自謂：『宣紙拓來，如讀初唐之格調，滇棋譜出，足資後進之研摩。』可見其於此譜頗爲自得，而是譜亦可謂名副其實。是譜所載皆經典之局，評述精到，足資後學揣摩。觀此譜所載弈局，可知龍士棋路之大觀，其考慮周全，審時度勢，不以攻殺爲務，『脱然高蹈，不染一塵，臻上乘靈妙之境』（徐星友語），非愧棋聖之號。其後有上海文瑞樓書局石印本印行，流行於世。

（劉　超）

黃龍士先生棊譜

顧復初題

龍士先生名諱家世生平事蹟均無可考惟別字月天見於圍棊近譜及不古編載其爲邗江人他則不少概見先生年十八即成國弈同時如盛大有淩元煥輩當之無不披靡惟周東侯徐星友差可頡頏可知其天姿穎異具有夙根矣先生之弈綿密深穩出奇制勝往往別臻妙境殆所謂身有僊骨者歟獨其局面大意猶未純粹以精亘由國初風氣初開尚有前人習氣迨後梁程施范精益求精弈理愈明弈法大備實先生有以啟之也余友無錫鄧純丰素工弈搜羅舊譜煞費苦心近年集梁范施程各譜校刻極精遠邇爭購因念先生之弈散見諸譜者陳局雖多率皆漫漶再淹歲月妙蹟將湮爰加蒐輯會萃成編續以付之手民囑余謬爲元晏余惟先生之弈固自必傳然使佳局無存虛名徒在不幾如高山流水令人惟深想像耶今得純丰重栞流布庶先生之名與先生之弈均足千古而先生藉茲不朽後學亦得所楷模是純丰不獨爲先生之功臣其爲後學計亦深矣是爲序

光緒十有三年丁亥孟秋江右德化呂耀先書舲氏撰

黃龍士先生棊譜序

弈爲數學之一我

朝數學極精弈理愈顯前刻范施梁程各譜已論之詳矣范施後起而最著周黃實爲之先聲周爲東侯黃即龍士並稱絕藝擅名

國初東侯所詣殊高喜出新奇略嫌偏僻龍士用思尤峃深入奧窔別具聰明神乎其伎若楮葉之奪眞妙極自然似蘭亭之恰好或當危急存亡之際羣已束手智窮能於潛移默運之間益見巧心妙用空靈變化出死入生試披對局之圖盡是驚人之作可謂得未曾有矣且在垂髫便推獨步夙根可證憶褚允於當年取喻徒工笑李泌於蚤歲落子乃有僊氣此中無復塵機是殆天授之能迥非凡手可及而於陰陽向背之理闔闢縱橫之術固亦推移盡變探討靡遺碧落蛛絲想見用心之苦枯枝蜩甲直同入定之禪又不獨稟賦之異常更徵其學力之兼勝鏸弈學雖疎辦香久爇徧觀諸譜捜集遺圖慨舊本之模糊爰重琹而精校得局六十有一歷時數載始就宣紙拓來如讀初唐之格調滇碁譜出足資後進之研摩光緒丁亥六月

無錫鄧元鏸

黃龍士先生棊譜目錄

黃龍士先生棊譜

黃龍士 別字月天
周東侯

二百三十四著

三百仝三百　三百仝九百
七百仝九百　四十百仝二十百
四百提　四十百提
四百提　二十百粘
六十百提　二十百提
四百提　七十百提

此局從兼山堂譜錄出

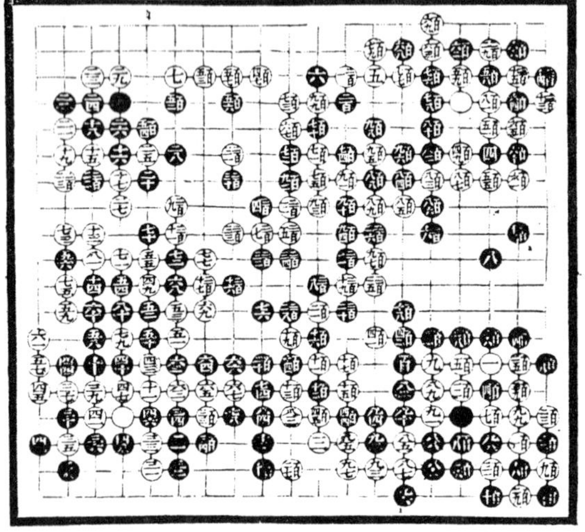

一　弈潛齋刊本

黃龍士先生棊譜

東侯嘗言工力悉敵者彼既掌先若以正應何能制勝當用奇以圖變亦非確論如十著不於九二位大飛投雙飛燕之類是也　十一不精緊機變已動當運籌兩壓爲是　二八落空宜二九位搪角　三十躁與十同　三一至三五有識力　三六必不能退是卽雙飛之病根仍宜九二位大飛　三七分斷黑應接爲勞　四四既立四六四八不得不喫白二子　四九能單已在白範圍之中皆三一得算三六躁動之故　五五當六八位實粘老到　五六宜五七位圖活　六一至八一白有成算黑經營皆屬勉强　八二當百四位搪角後飛尚多變化　八六至九八彼此皆是　九九游刃有餘　百不能忍當百一位搪　百七至百二七妙在閒淡不汲汲於得角　百二四百二六封然後打刧白孤子根本已立黑必得三著始淨黑又不得不認眞打刧　百四七至百五一所得倍於所失姿態横生曲折盡致但百四七當百五二位覷既安心棄角落得帶過作刧更覺老辣且不應置孤子於勿問未能毫髮無遺憾耳　百五四老到　百五七不無委曲攻逼失時故也　百六九不讓渡有力　百八九百九一失之太强當百九九位打蓋百九一位斷後百九五必打百九九必連外存一刧未能乾淨勝局不應如是　二百二又失之太弱當二百五位加打刧以圖轉換無論制勝與否敗局固應如是著去且上角尚有映帶　二百七轉頭二百九點黑角已失二百十二雖打刧又以白塊不能得淨二百二八不得不應反失一角皆二百二操算不精所致此局似不應入選而白子立意深嚴妙於閒處著神故可存也徐星友評

二　弈潛齋刊本

周東侯
黃龍士

二百五十著

二百十七仝二百二十六

此局從兼山堂譜錄出

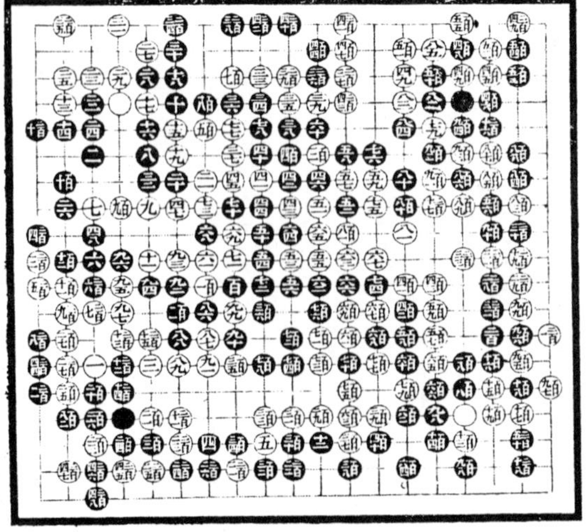

七投拆三十竪至十五飛遂變成大角圖漢年東侯嘗用此起手白關後先於六位置子然後竪角與此相同但既有六著一子變化在黑形骸似大角圖而義理全變無制勝之處漢年數局後遂不復用蓋有見於此也　十二布置得大意　二三不於四五路衝二四位打恐黑兩打收粘之後黑於二六路粘白二二虎黑三二位粘二六位渡角存一劫外病尚多亦難措手　二六若於二四路飛可以得角但白亦淨得六著一子轉換略相當讓白活角運用不窮　三一當先於三二位得一子再於二四路實粘勝虎　四一至四三爲四七封頭而設　四九緩不得　五十必著　五六扳六四先衝六六七四七六長至八十扳使白無轉身處極爲精警　七一當七三位粘　八六軟逼　八七至九一亦有騰挪　九四不於九五位尖爲九八地步　百六大極　百二十整眼　百二一至百二七亦不得不然　百二九生疊　百三十至百三四過渡有見　百四四虛點百四八關百五二反收至百五六成大塊妙有操縱　百六三隨手粘當百七五位作刼自有生動　百五八至百七八有成算收局官子皆細此局白以局面不純嗣後轉戰雖竭力營謀圖變以勁敵當前無救於敗黑一氣清通生枝生葉不事別求其枯滯無聊境界使敵不得不受黑則脫然高蹈不染一塵雖乘白釁而入亦臻上乘靈妙之境非一知半解具體者所能髣髴也　徐星友評

黃龍士
周東侯

二百二十七著

百六　粘

此局從兼山堂譜録出

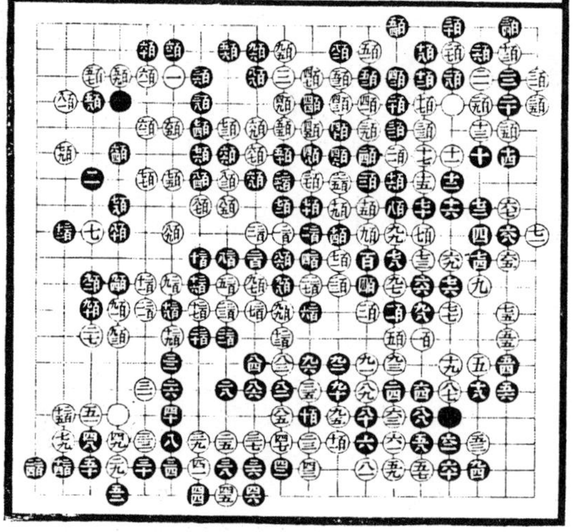

四至八局面正著　十六當百二五位進角白搪先覷後打不應路路不到白十七實粘氣勢雄壯無隙可乘　二三不必　三五當八六位飛黑扳白八四路頂黑粘白於八二位長較爲安逸　三六當百一位飛先發制人　三九勁　五二當百五位關　五三至六三侵角生根先手兼得實地　六五六九尖六七關七一渡七三出頭七五七七虎運用靈妙極淋漓變化之致　七九大　八二當百一位借覷補病　九三封仍得先手　百當七四路打變化尚多　百三反收至百九出頭勝負已定　百十二至百三四無中生有究不能兩全　百三九於百五二位覷黑粘白立黑更難措手　百四五若在百四六打可淨得黑子　百五七取實地　百七六當百八四位虎白如百七八位尖黑百八二位斷一著得淨白如百八二位粘黑於百八十位壓出白角子甚重尚可圖變　百七九百八一有成算百八三斷後黑愈枯窘　二百二七先於十一路立則寬一著氣不成刼此局黑十六弱二二小三六早五二緩六六不能忍局面已弱後如八二頂九十反打百十二侵百五六尖百七六不虎百八三斷黑三處受敵疲於奔命以致於敗白固游刃有餘然不以局勝而不盡變黑不以局敗而氣餒各窮其至而後已如此對局失著似不必窮追輸贏又當別論不泥於一端則得其大意矣　徐星友評

周東侯
黃龍士

和

三百二十二著

此局從闕棋近譜録出

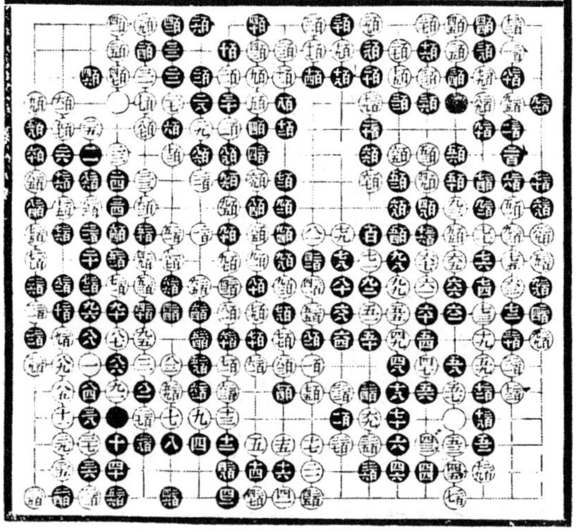

十一當十二位擄為正　十二至十八爭先亦是　二十拆三當時　二一可緩當百二二位
大飛黑拆三倘須關補　二七壓二九扳活動　三二不於百六位打防白百十三位打黑百
七位提白百八七位打黑粘白三三位虎黑三四位長白百二四位立黑轉局促　三四不打
亦是　三五等著分角尚早有三八敲外面便生出刧　四一扳將官子著盡是當時習氣
五一若五五位長嫌機緩姑扳以圖變　五二至六二乘間攻角不可緩　六四必長　六六
六八有次序　七二至七八機法相生純乎自然　八十接老當勝二百四二位長　八一長
勁　九三虎應是　九九接連三子收百一位先手覷斷便宜　百三因中間殘損緊逼黑邊
補角顧腹最為扼要　百四扳百八反打妙有成算　百十五因三子受逼難於轉身用借引
法兼可攻角　百十六顧角任白扳接各活得先外勢自固若呆取三子便無餘味　百十七
至百四五彼此穩愜　百四八收法緊　百五七大　百七十落得先手分腹　百七七百七
九尖斷黑子要緊　百八六百八八收得便宜　百九十必扳　百九五嵌法巧　二百大
二百七四官子粗若於十二路補便勝一子　國初時名手如林龍士年最幼諸家遇之輙望
風而靡惟東侯刻意追新喜出偏鋒屢戰不屈此局如春秋晉楚主盟不相上下可稱勁敵吳
修圖評

此批從弈理析疑錄出

周東侯
黃龍士 勝
二百九十著

九十九仝三十六　二百三十一仝二百十八
二百四十仝二百五十　二百六十仝二百三十七
二百八十仝二百七十七

此局從弈理析疑錄出

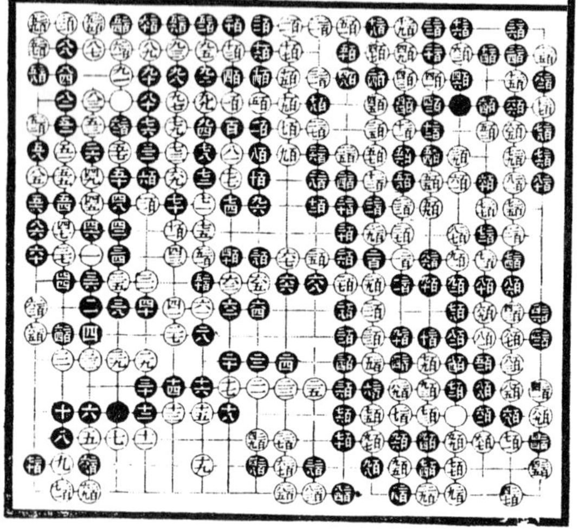

一於十三路投是東侯變著二善應變　三亦用奇　四應法甚穩　六讓白走出八至二四力踞上游
爭先於二六分勢最得局面六若於七位搪白六位行黑五四路長白二四路扳黑二五路扳白二百六
八位粘黑外面甚虛有三七路投及二六路夾之病補則落後手此可見龍士用意深處　二七至三一
乘間攻黑淩空飛舞　三二必關　三四緊攻精鋭　三八巧　三九當四十位擱黑三九位虎渡白四
二位打仍含一刧何等舒暢後來又有尖渡之利　五五粗當五七位提　五八細為八二攻角生根
五九及八三受屈皆五五累之也　六一至六八必然之著　七十關七二斷一面攻腹即扭入角中
七四反打七六長無一鬆著　九四接出再起波瀾妙　九六長扼要　百二三防黑二百五五位扳刧
煞白當後手只百二一多此一立使百二二接實覓成兩持　百二五多事即當百三五位鎮於入邊無
礙　百四九接細　百六十點妙得先手　百六三當二百十五位飛黑必後手聯絡含百六三位過渡
便宜　百六五當百六六位扳含二百十四位先手便宜塡官子時又無二百七六二百七八等巧著
百七十關是若百九九位斷角轉少著法且恐白先手補邊　百七八飛壓攻邊即含截角意　百七九
姑圖聯絡　二百四截斷白子便宜　二百五當二百七位打白仍照此著去何必多折一子　二百三
七顧邊要緊　二百五九不打刧明輕重　二百七六匪夷所思白不敢二百七八位接防黑二百七七
位接白二百八一位長黑九四路打白二百八六位接黑六三路擠白五四路接黑二百七九位接矣
二百八三因黑刧少扳得一子亦大　周黃對壘如兵家以奇勝而釁端起自東侯往往失利此局自首
至尾機趣橫生有一波未平一波復起之妙彼此出奇是謂奇而法原本二百六九於二四路打被黑於
二百七一位反打成刧官子喫虧今改正吳修圖評

黃龍士 勝
周東侯
二百二十一著

百九十三粘

此局從圖棋近譜錄出

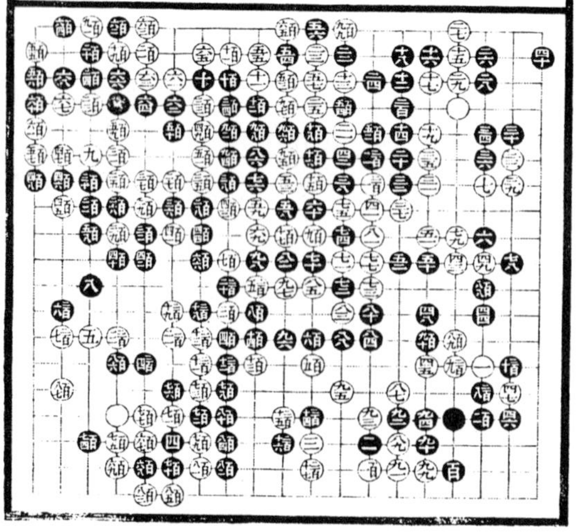

黃龍士
周東侯

二百六十八著

二百十　二百十六　二百二十三　二百二十八　二百四十四仝百十
二百三十　二百十九　二百二十五　二百四十二仝百十七
二百十仝六六　二百二十仝九八
二百四十七　二百五十五　二百六十一仝百二十一
二百五十二　二百五十八仝二百四十二　二百六十三仝二百五十三
二百六十五仝二百四十五

此局從圍棋近譜錄出

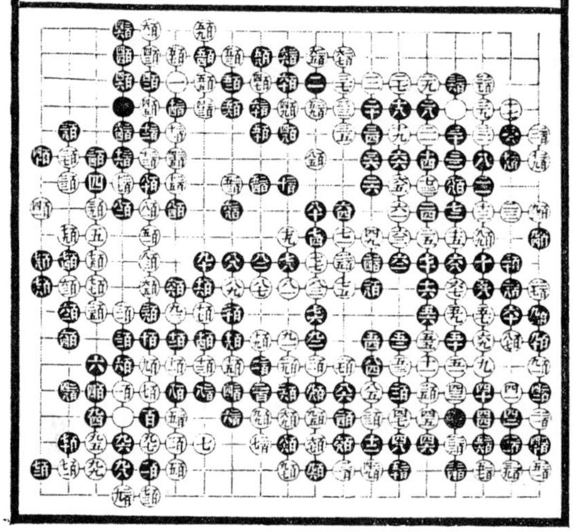

周東侯
黃龍士

二百二十三著

二百四　四十三　九十四　九十九
二百五　二百九　二百十二　俱粘
二百一　二百十一　俱提

此局從圍棋近譜錄出

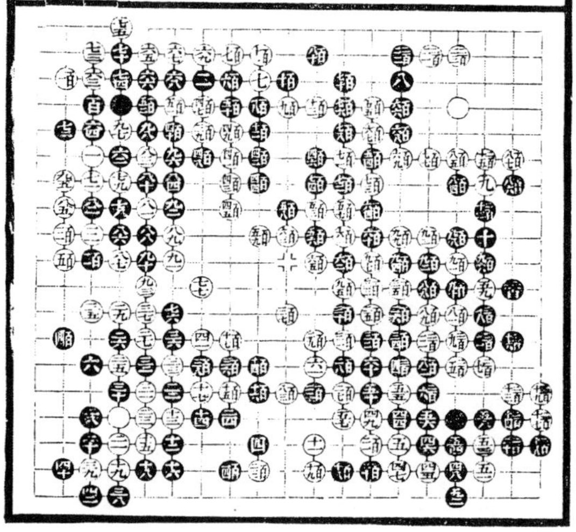

黃龍士先生棊譜 九 弈潛齋刊本

周東侯
黃龍士

一百九十二著

百四 仝 吾

百五十五 粘

百九十一 粘

此局從園棋近譜錄出

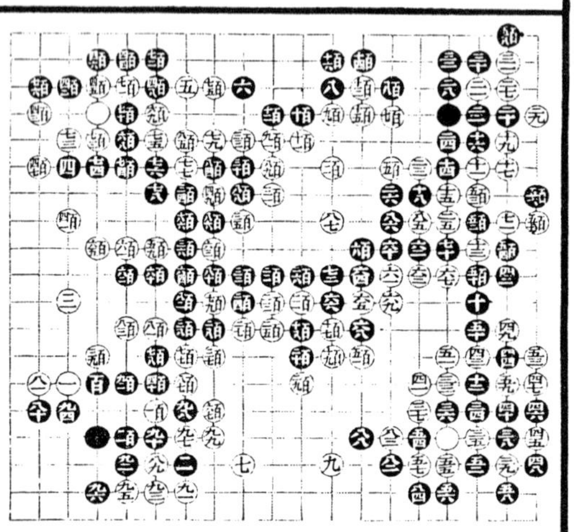

黃龍士先生棊譜 十 弈潛齋刊本

黃龍士
周東侯

一百十著

此局從園棋近譜錄出

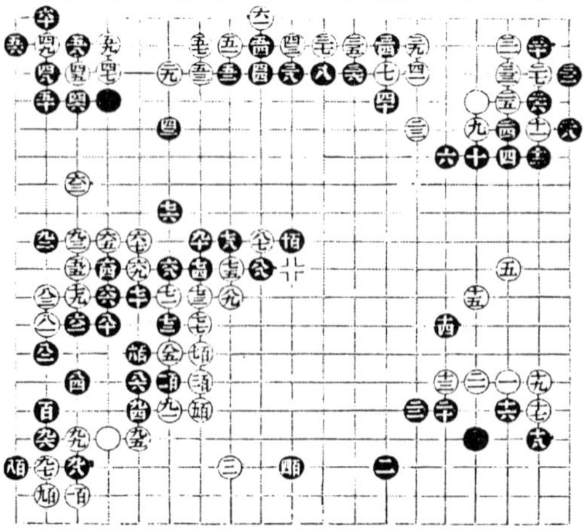

黃龍士
周東侯
一百十五著

百十二　提
百十四　粘

此局從圖棋近譜錄出

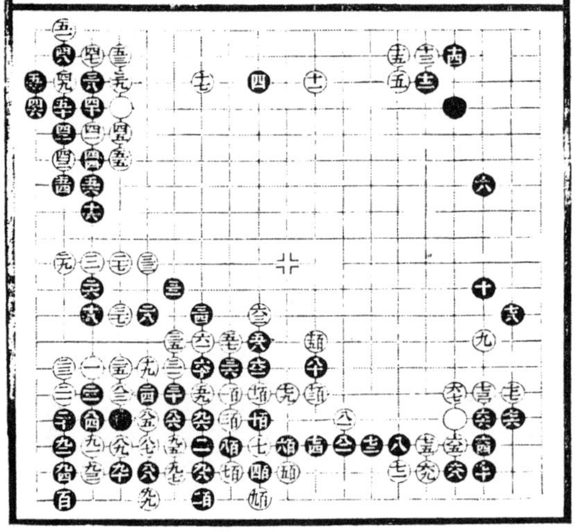

周東侯 勝二子半
黃龍士
二百三十八著

七十七　粘
二百十三　粘
二百二四　粘

此局從国棋近譜錄出

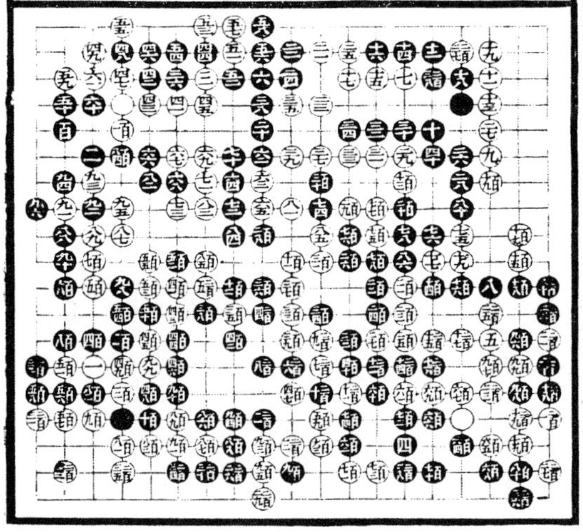

周東侯
黃龍士
一百八十五著

六十四 提
六十七 提
七十 提
七十三 提

此局從圍棋近譜錄出

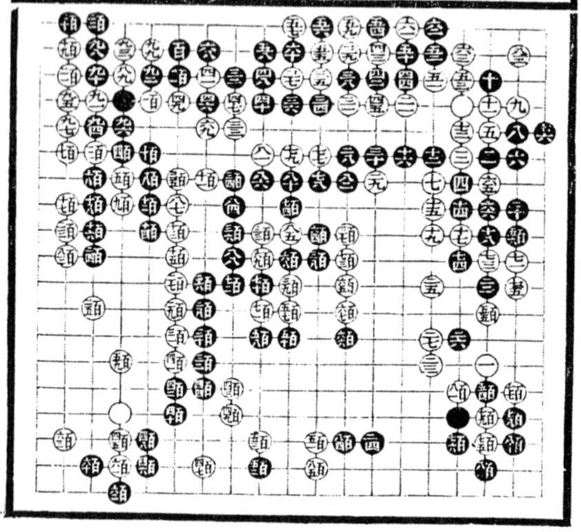

黃龍士先生棊譜 十三 弈潛齋刊本

周東侯
黃龍士 勝
二百五十八著

九十六 全 三
一百五 一百十一 一百六十 全 一百五十三
一百八 一百六十 全 二百
一百二十 全 二百七
二百一 二百十五 二百三 全 二百十五
二百十一 二百十六 全 二百十八
二百四十 全 二百六十

此局從弈妙錄出

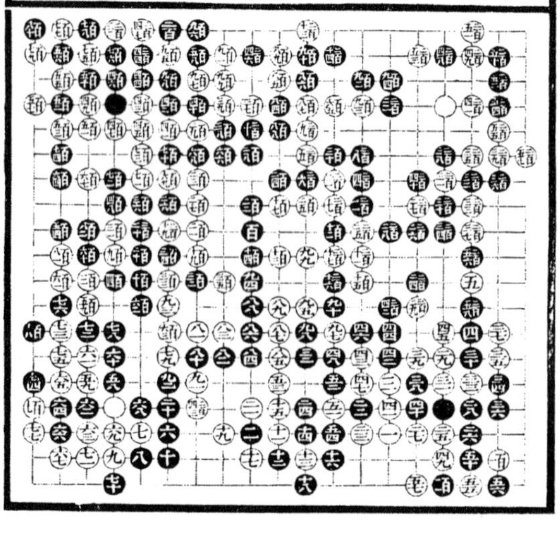

黃龍士先生棊譜 十四 弈潛齋刊本

周東侯
黃龍士 勝

二百三十三著

二百十六仝一百六十三　二百十九仝一百三十三
二百三十三仝一百六十三　二百二十五仝一百三十三
二百二十六仝一百六十三　二百四十仝一百三十三
二百三十六仝一百六十三　二百六十仝一百三十三
二百二十四仝一百六十三　二百七十仝一百三十三
二百十一仝一百六十三　二百十七粘
二百十九仝二百十九

此局從弈妙錄出

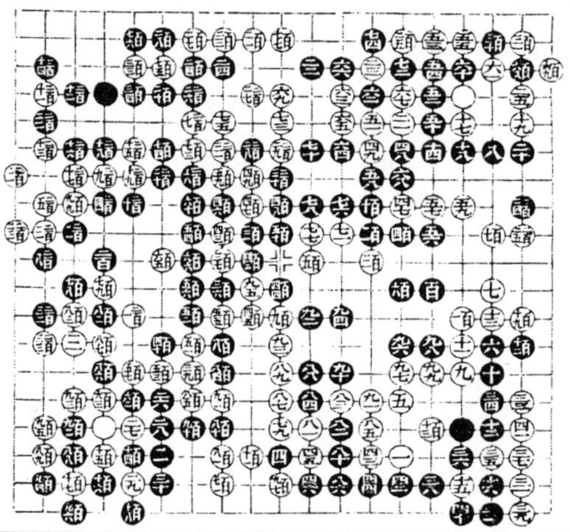

黃龍士先生棋譜　七十五　弈潛齋刊本

周西侯
黃龍士 勝半子

一百六十七著

此局從弈妙錄出

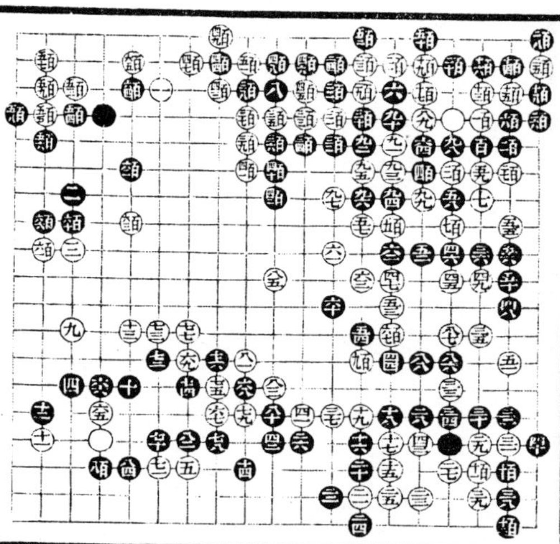

黃龍士先生棋譜　七十六　弈潛齋刊本

五宜百八一位折二爲正　六緊　七雖轉換黑邊已實白拆地尚虛任黑作何侵分白失便宜　十五至十八落子清楚　二二當二三位長　二三二五得通盤大意　二六若於二七位打白復打虎應黑十六十八二子須兩處經營難以措手故不得不斷然終受緒多之累矣　二八至三二有次序　三五扼要之著　三六宜五九位關　三七當時　四三不照常於五四位虎一打竟粘壁壘既堅氣勢亦壯黑處處皆無援引　四二當於四五位打四三位長可以出頭不受四三反打爲是　五十至五八一定之著總爲三六而設不知白拆三之地本虛黑或於五一位頂或於百三十位託可以相機侵分否則於五七位關又可以不侵成勢機權皆在黑手不應屑屑以分邊爲事失勢失先遂致局面單弱也　五九有聲勢　六一至六九緊峭　七十七二勉强出頭又苦於不得不走　七三不識大意當八三位長黑兩地孤子何以救全　七五七七瑣細宜百三七位連　七八斷白兩處稍有生機究之不能制白者前半局受傷太深之故　九七弱當二百十八位籠罩則操縱在我　百三綫宜百三四位扳百六細　百九當七七路先衝　百十七仍當七七路衝　百三四至百四十先後有序侵分用意皆妙　百四一還當七七路衝此著本屬現成而始終不及粗率如是　百六三飛弱而無味當百七一位覷緊峭有情　徐星友批

徐星友
黃龍士　二百十二著　勝

此局從國棋近譜錄出

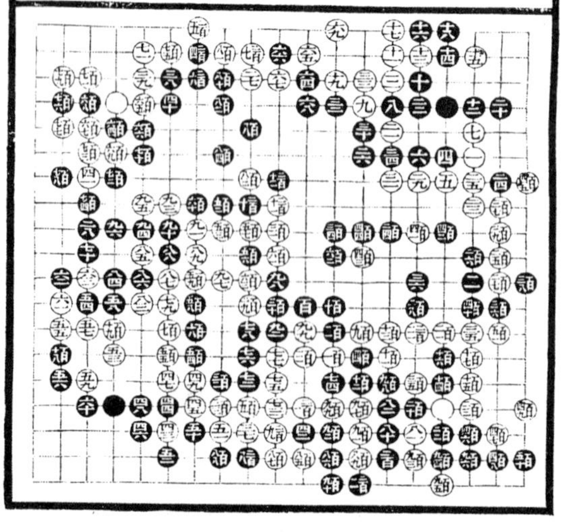

徐星友
黃龍士　二百十九著

亖 仝 元
顋 仝 四八
桔 粘

此局從蕭山堂譜錄出

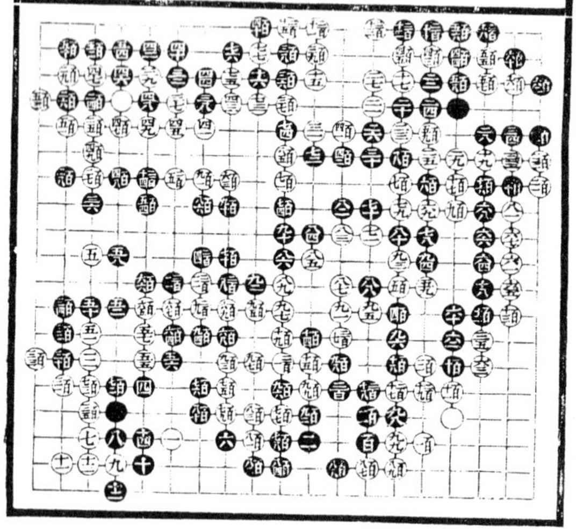

黃龍士 勝
徐星友
二百十著

此局從蘭棋近譜錄出

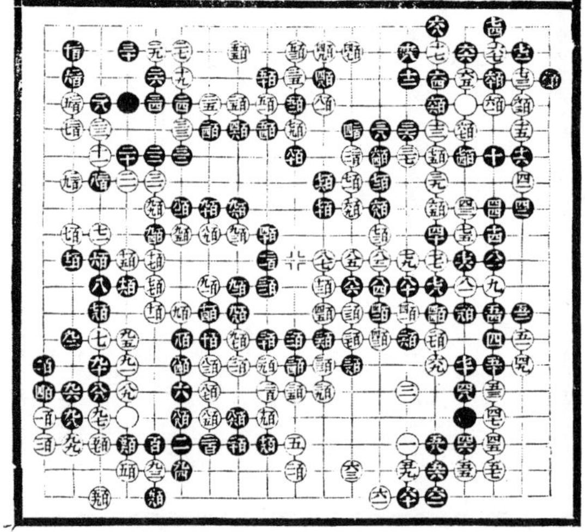

黃龍士先生碁譜　充　弈潛齋刊本

何闇公 勝半子
黃龍士
二百十七著

百十三粘

精妙入神 原評

此局從兼山堂譜錄出

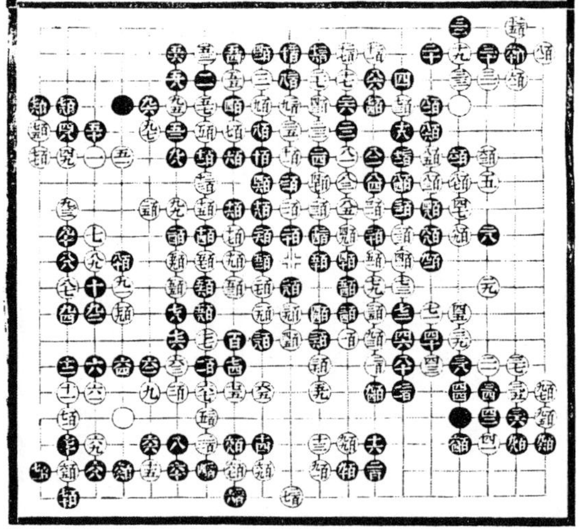

黃龍士先生碁譜　卆　弈潛齋刊本

起手至十五皆正　十六十七亦可著　二三於百八位關出為是　三十三二早反使白角堅固孤子難以措手當百六二位封得局面大意　三五不宜撇當三八位長　三六不宜搪當三八位虎白粘黑於三九位長白如四二位打黑四一位復打白如四一位飛黑四二位應然後於百六四位搪氣勢雄整不特我之孤子生機活潑白十三二子益無援引局面遂餒然一變今以熟調漫應失之遠矣　四七淨四八至五二僅圖大角絕無餘意當六十位搪白角未固十三二子愈孤兩地經營黑勢自壯　五四太強宜五六位扳為老　六二六四先關後粘緊峭得情　六五六七機警可法　七二緊而勁但七九一長白勢益張此時先後之序最當斟酌宜八四路覷　七四當三四路先打然後一覷一扳不先打而後覷又失之矣　七八當百二位打白粘黑百五八位復打白長黑七八位粘黑所損甚小尚留長出或復打二著以無益之殘子收破勢之實用何勿細審也　七九至八六不易之著　八七至九一落得下九五九七有力量　九八輕率當百位先長後打然後百十四位大飛映帶有情　百四宜百十五位壓　百十二以後黑僅求活　百十四至百五四局促謀生終屬勉強以至官子盡傷遂負半子此局三十三二不審局面率意輕夾嗣後八六補百七三斡皆受三十三二之累三六不能振作局勢浸弱　百四若於百十五位壓暗含百四一打猶可收桑榆之效今一打一加生機窒塞是九八既失之於前百四百六又不能善後百十四至百五四活極其慘澹經營適足為取敗之道枯窘中從何得有佳境固知善戰而勝易若不戰而屈人況不能勝耶　徐星友批

黃龍士先生碁譜　弈潛齋刊本

何闇公
黃龍士
二百十八著

此局從兼山堂譜錄出

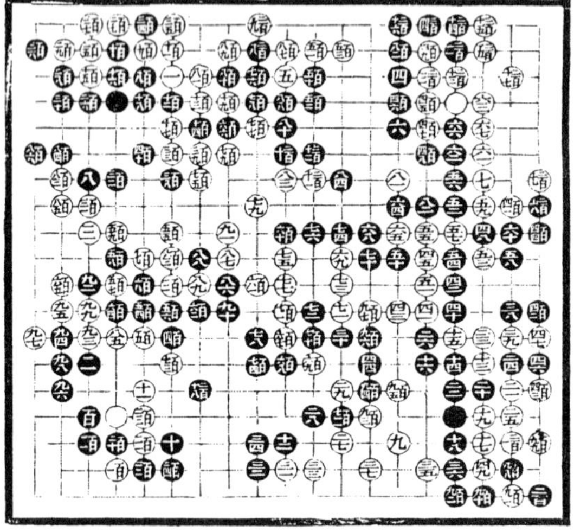

九當十三位置子或百十七位關皆得局面之正　十二拆三逼白十三不宜用雙飛燕嫩子嘗有此著法黑十四位壓白扳黑長白二十位行黑六四路壓白十九位實行進角黑五三路虎白二二位衝黑搪白十八位打黑粘白三六位長黑搪白二六位長黑扳白仍須補一著雖不失為轉換然失勢失先究非上乘見解　十七仍當二十位行　二四斷二六轉頭扼要得大意　二七至三七謀生局促他處受傷　三十軟逼妙　四四當四六位先長無變　四五當四六位提一子拔去病根二子可棄可取不至受制　五十制白實粘使白累重難棄　七十當七四位長白更覺受制一步一變之際嫩子最為擅場　七一至八十不易之著　八五是　八六至九十落得　九二意象空靈生機不斷　百四百六有致有情　百八當時　百九若於百十二位長黑於百十一位撇亦是後手　百二十大極　百三一仍為黑游兵彌縫　百五十百五二因形運用著法不枯　百六二當八七路先覷　百六六長百七六復夾皆細　百七五當百七七位先打後長　百七七見小粗率當百七八位封黑如百八七位打白粘黑百八九位虎白百八十位打黑粘白百七七位出頭黑二七路尖白百八二位夾黑必不出此不過於百八八位打百七七位封蓋局內如百八二位隔斷百九十撇角皆極大官子黑不能皆得勝負亦略相當白貪得二子二大著皆為黑有皆白操算不精所致　二百十三當二百十五位立　徐星友批

黃龍士先生碁譜　弈潛齋刊本

何闇公
黃龍士
二百五十七著

六十六仝九十九　百七十仝百四十
百八十仝百四十五　百五十仝百二十三
百七十五仝七十八　二百十三仝百四十五
百三十仝百九十

此局從國棋近譜錄出

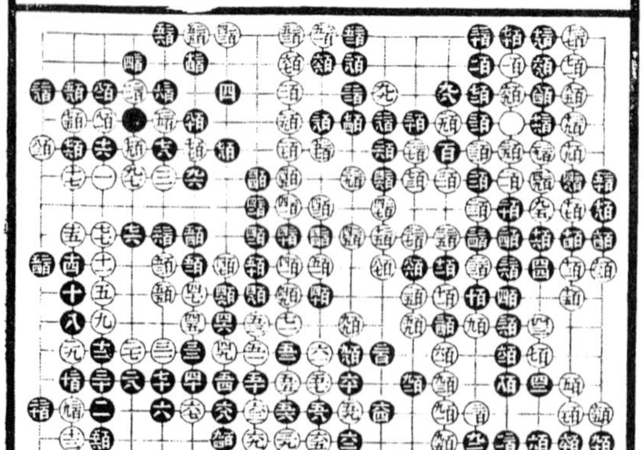

何閶公
黄龍士 勝 亡
一百二十著

北局從弈妙錄出

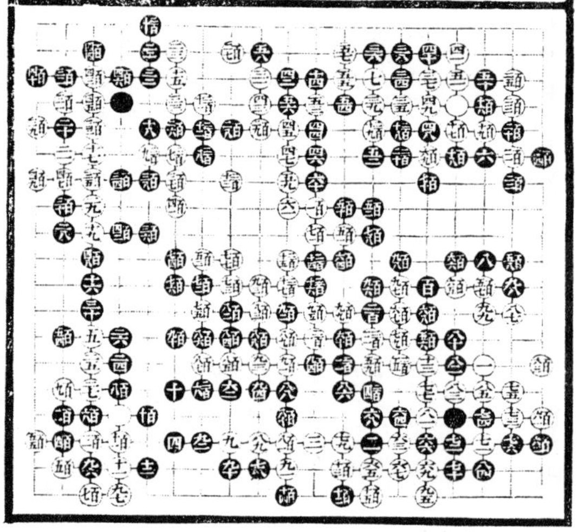

黄龍士
盛大有
一百七十二著

四子　粘

北局從兼山堂譜錄出

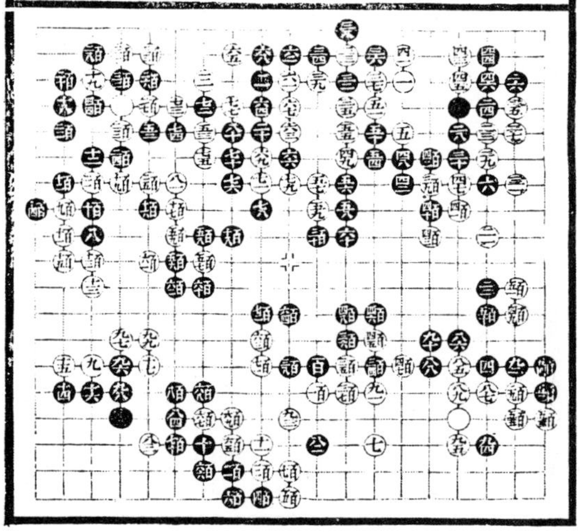

八佈置得大意　十一當十三位拆黑必應拆二一然後於二一位投爲正　十六補角十八飛二十關乃大有習氣一生病根所謂施形未成自妨變化　二三分雖亦有著法但過渡後運用在黑究之見小當三十位封　三二逼木屬正著然既有二十關亦犯重疊之弊宜二五路搶角持重　三三三五必著三六當三七位頂白必於三六位託黑三九位粘使白彌縫補斷黑角予白有無限波瀾不落窠澁境界今率意提白一子四一立四二雖得先不知精華已竭無可著手　四二當四八位出頭　四七落得打　五二無成見　五三是　五四當五六位壓尙留侵斷之地白不得自如　六一六三自然　七二雖爭先究竟不淨當八十位實粘　八二當八三路打安頓眼地　八三八四皆是　八八當九二位立一打一粘非必爭之地不應留一大著致落後手　九二九三轉換相當　九六仍宜八三路打再於百十三位頂白九四路長庶幾綢繆未雨不致侵淩然後九六位虎照舊著去再於百二九位渡平角既有九六虎且白邊未實亦不敢侵角今百八既落後手白他處已收其利則猶之乎分角也　百九至百二五含孤子未活侵分淨得三子大極　百二九又爲白所據黑僅得百三十通連皆渣滓矣　百四九多事當百五七位飛　百五十當百五一位立徐星友批

盛大有　黃龍士

二百八十五著

二百七十八粘　二百七十三全二百八十九　二百四十一全二百四十四
二百四十三　二百四十六　二百五十三　二百五十二俱劫
二百六十六全二百六十八　二百七十三全二百六十六　二百五十九粘
二百七十九粘　二百八十一粘　二百八十一提
二百八十四全二百八十五全二百八十三

此局從兼山堂譜錄出

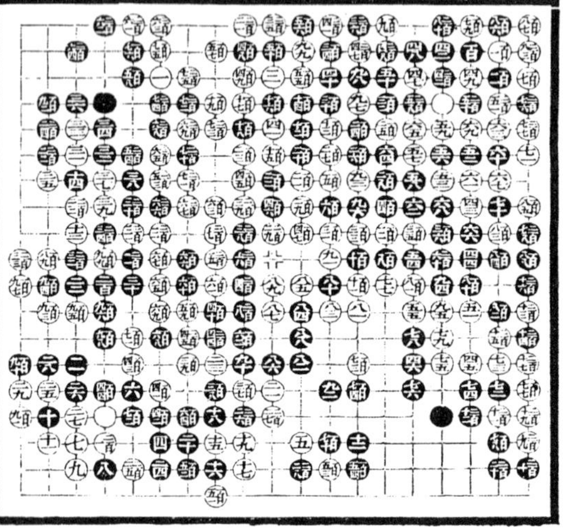

二應脫先或應在十四位拆三白大機彀皆緩二如在五十位置子則拆三最爲允當　四是　大有應雙飛總不得法今投兩分任黑寵覓益不可解　六罩七苟安圖活更爲矛盾五當六位尖　七宜三一位雙飛燕　八十兩飛相機活用安頓得宜　十二至二十扼要　十三仍當投雙飛燕　三一當在四五位得大局面　三七宜百九二位扳　四十四二自然　四三不於二百四二位頂防黑百位長白不敢四八位扳亦有深算但四三當先投四五位局面活潑先大飛投三六四六一鎮反覺逼窄　四七四九無謂當五一位關四三本欲制人而反自限四七四九早遂有五二至七十之封先後倒置機變後人　五二至七六不易之著　七三當八一位關出　七七尖大有一生偏執之見當七八位頂所謂斜行不如正行　八十是　八二至九二見小當八三位逼白兩處未妥任其求活自可坐而制勝今費如此經營九一補後黑反爲白所制過猶不及矣　九三至百七緊峭有序　百九粗率當直行　百十三宜百十四位虎黑皆不能救　百十四至百二四不得不然終屬勉強　百二九弱當百三十位粘黑粘白虎黑百三二位斷白行黑百四七位打白長黑二百六位飛白百三一位斷黑若不飛終不能淨得白子且黑角須補操縱皆在白手　百四十讓活是　百四五不得不補　百四八細　百五五當二四路飛白局面已負自當飛角圖變　百五六活透　百五八先手補角遂索然無餘味矣　百七十不須補百九九多餘收局官子彼此皆細　此對局於戊申歲凡七局龍士時年十八盛年已髦非少壯之比龍士銳氣方新學識亦未醕厚如此局偏執性成黑七十收後局面已強八二貪白數子九七分出白頗振作百九不直行百十三不虎以致黑著法遂多　百二九又不能盡變索然中止嗣後如百四五百六三展轉彌縫終不能淨以致於負白失著如此之多黑勝尙自艱難龍士所長固不在此而未免以七局偏勝得名殊不知名之所在非實之所在也徐星友批

黃龍士　盛大有

一百九十五著

九十五粘　百五十粘　百六十四粘

此局從兼山堂譜錄出

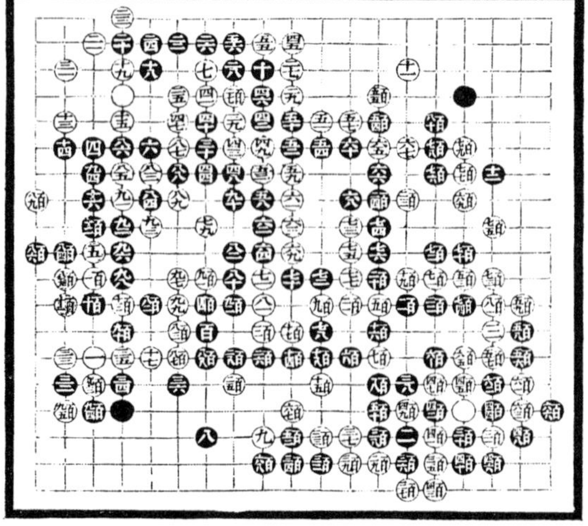

五局面正著　十六不粘而關始於嬾子漢年亦嘗用之後絶不復用實粘勢壯不在生根或封角或侵角處處皆緊故也　十八草率亦漫無成見且十五既覷十六關巳失之於前即來侵角更爲多事矣　十九至三一緊嚴處處乾淨　三二當一五路撇再於一五路打先撇後打正當時之著迫白以不得不應爲自己存眼地步何舍此而他顧耶　三九有脈絡　四四當四五位先扳後長不扳而四五立四七雙扼要制勝兩地皆費經營矣　四八至五九不易之著　六十當六一位再長神氣舒展不應直行　七十直行差勝　七八當七九位補　七九覷何以措手勢無粘理即打出難免八三位一嵌庶幾於九六位壓出勉強圖變　八六至九八一籌莫展勝負判然　百二至百八總不得要領　百五至百九落得游衍　百三九宜百四一位得一子不特輸贏巳分即以大小論之實角爭先亦浮於戀子棄角未免貪戰之過　百七一當百七三位退一活巳足黑總是負局　百七二當白七三位扳猶冀轉換也　此局黑十八輕投局面巳弱三二四四既不能綢繆未雨中局又不能相機圖變只知搏戰直前不知静以待動遂至一敗塗地自九九後皆可勿論大抵勁敵當前機鋒相迫則智慮周詳若非勁敵雖勝亦乏精采求其兩相對壘年力相當各極所長絶無遺憾上下古今殊不可多得也　徐星友批

盛大有
黃龍士

二百三十一著

三百提　四百提　七百提
三百全十一百　四百全三　四百全六
四百提　五百提　五百提
六百提　六百提　七百粘

此局從兼山堂譜錄出

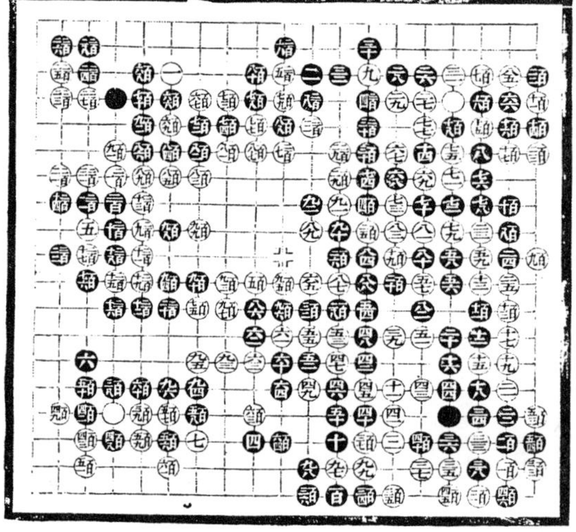

十亦可下終以布置爲正　十五當四六位關　二十粘不緊氣力少緩宜三七位搪角然後二一位立白限於地得十二之一子甚小而黑一打一粘出頭雄暢遂能制白　二六瑣細仍當三七位搪百四十位補　三二是勝二百四位打　三三落得於百十六位先搪一著固我籓籬　三五三七尖渡好　四十四二亦不得不覷究之源頭不清非上乘之運用矣　四三至四八必著　五一粗率當五二位實粘黑必六六路衝斷白於九八位侵黑不敢立帶活帶侵黑眼且黑尚防六五路衝兩處瞻顧自然應接不迨　六六以難於措手故飛角以觀變六七當二百四位粘破其成謀六七關六九斷遂落黑彀中至八五雖成轉換但黑全體疎暢白角子巳在黑度内緒多勢分難於貫串　八七不能忍當百九五位關斗氣較多五七一子長出病根尚在　九一勉强　九四有波瀾　九七至百三難於修補圖活殊無聊賴百四通連後白五又無眼活角而黑遶子死灰復然竊成大刼至百二八百三二得四子黑了無罣礙巳成勝局且白圖活之處黑或取或捨操縱在黑白不能主其故皆由八七率意雙九七九九見小圖活以致愈救愈窮也　百三八至百六十淨收老到　百六六是　百六七不得不扳以生波　百六八當百六九位長　百七四亦當百八二位長　百七八宜百八四位打總聽白零子求活勝勢巳在我矣　百九十至二百二雖分一子未有便宜　二百十七隨手當二百二二位虚關　二百二十亦隨手粘若於三五路尖渡則勝定矣　此局黑得白四子白圖活之處仍存一刼巳操勝勢百六八至百七八見小反使白寥寥殘子藉以連邊通腹一彼一此黑未收其利所以致負二百二十若三五路尖可以倖勝然非輸贏一定之模範對局時龍士時年十八識力未充而大有巳耄精神衰憊然藉使大有盛年亦當逡巡龍士也　徐星友批

婁子恆
黃龍士

二百七著

此局從圖棋近譜錄出

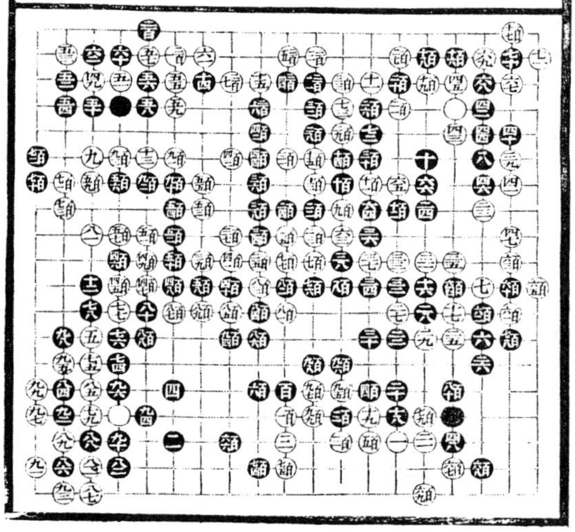

婁子恆
黃龍士
一百七十六著

此局從圍棋近譜錄出

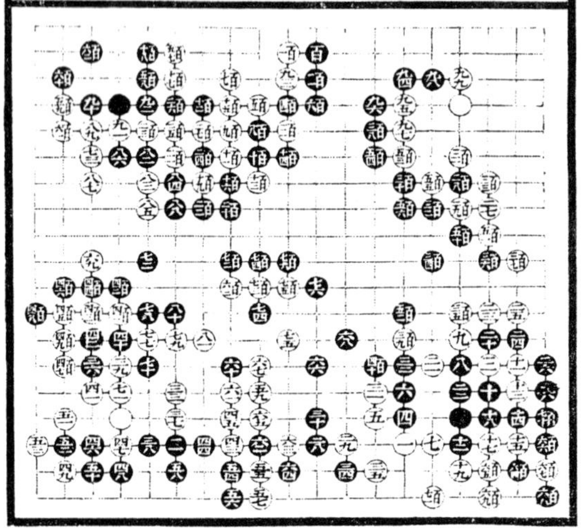

婁子恆
黃龍士
一百八十著

百四十三　百四十八　百五十三仝百四十
百四十二　百五十仝百七十

此局從圍棋近譜錄出

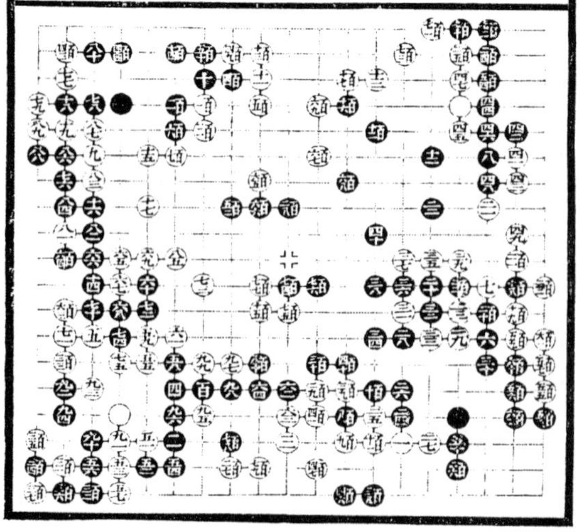

婁子恆
黃龍士
一百五十九著

此局從圍棋近譜錄出

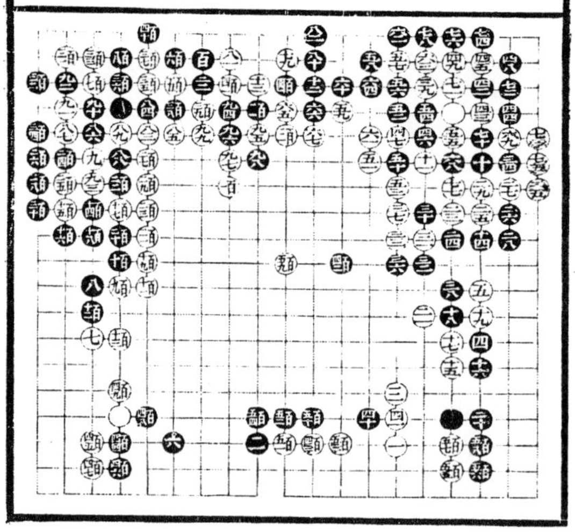

婁子恆
黃龍士
一百八十三著

此局從圍棋近譜錄出

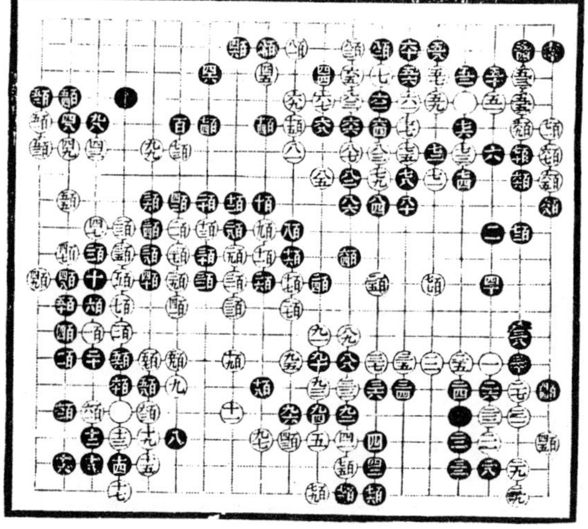

卞邠原
黃龍士
二百三十著

[illegible]

此局從兼山堂譜錄出

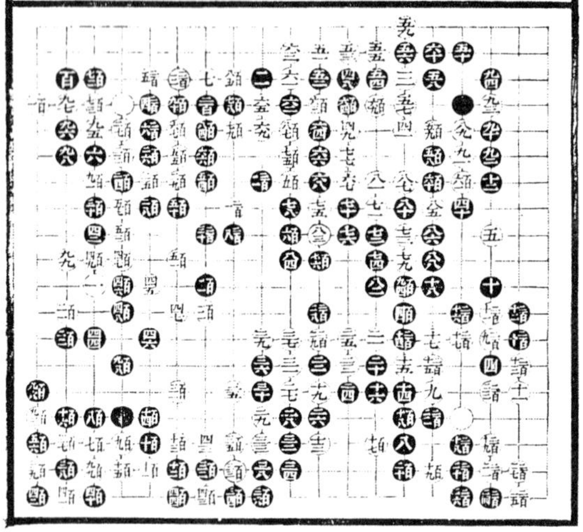

黃龍士先生棊譜　　三五　　弈潛齋刊本

十二亦可著　十三緊　二三當二五位長百十九位搪再於八六位鬬二三挖斷至三八不易之著

三九仍當八六位鬬　四十大　四一宜五二位拆　四五當三六路倚黑百九八位蓋白百二二位渡

黑五三路打白粘黑四七路粘白五二路進角黑搪白五五路覰再於百七位覰然後於百四九位頂四

五位鬬黑應接不遑何暇引出征子不但隨手補征並可圖先手　五二若於五三位立白雖收數著黑

亦安逸不失爲老成　六五六七六九是　六八當先衝後長　七二當七七位打　七三至九三先手

活透稍得便宜　九九宜五九路鬬　百二草率　百三仍當五九路鬬　百四靈警有迷神　百十七

細　百二三百二五是我固有之著用於此際更爲不倫湊黑一打一虎成眼　百三二至百四十粗率

無成算　百三六亦宜百四三位粘百三二即宜百四六位照此著去爭先於百五八位刧以上角爲蓐

刧之用　百四一當五六路尖操縱在手　百五九當四五路打官子便宜又多兩刧　百七九當於百

八五位得一子黑遂窮於刧牽意一衝白反窮於刧　百九三以三著後手得一角官子皆爲黑收盡大

失便宜

此局白二三挖至三九得二子失地失先四三四五四七百三皆慮引出征子黑即引出絶無生氣何

必如此彌縫黑之所長在百四小尖識力兼到百三二至百四十失算雖得一角失去數子取償於百

五八之刧白百七九若應在百八五位白遂無刧黑若於上角活一角白粘後於九六路衝斷黑腹子

未安黑邊倘有三八路打二七路扳九二路托之病大難措手百四竟歸於無用之地不幾於點金成

鐵耶　徐星友批

黃龍士先生棊譜　　三四　　弈潛齋刊本

卞邠原
黃龍士　勝
二百三十七著

此局從弈妙錄出

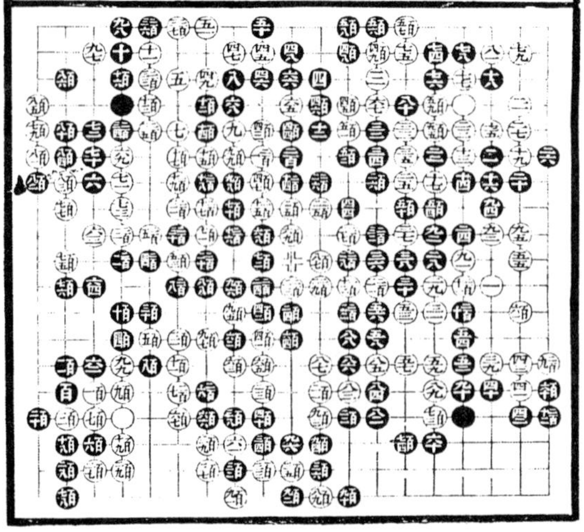

淩元煥
黃龍士
一百六十八着

百六撲　百七提
百十一粘　百廿六粘
百四十仝百十大撲　百卅九撲
百九十提　百六十三粘

此局從國棋近譜録出

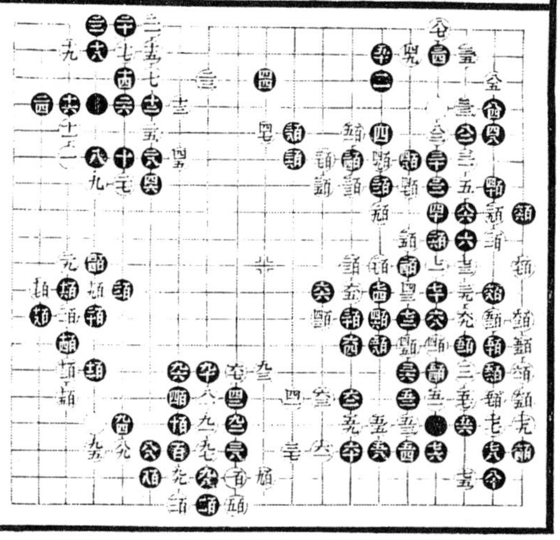

淩元煥
黃龍士　勝
一百八十五着

百八十仝粘
百四十　百四十四提

此局從國棋近譜録出

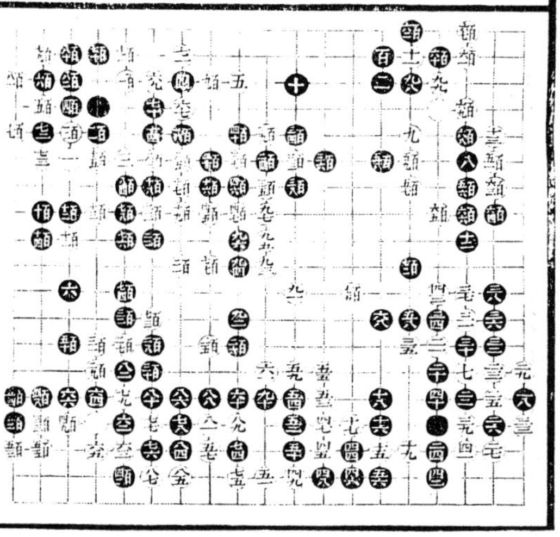

淩元煥　黃龍士 勝一

二百十著

㚘仝三　卆百仝六百　卆百仝乇百　六百仝三百

此局從弈妙錄出

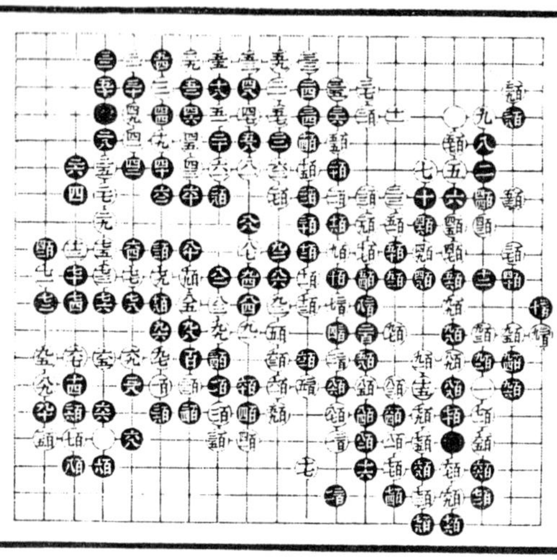

張繼芳　黃龍士

二百十七著

兊粘

此局從兼山堂譜錄出

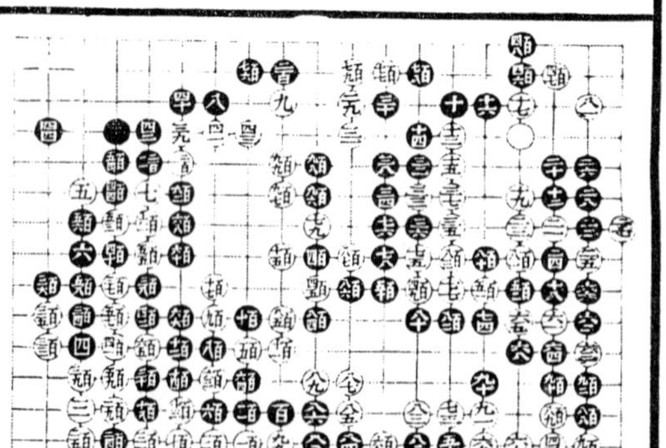

六卽折二龍士少時筆路如此究非正兵　九亦是嬾予當此形勢多於百五五位關應極爲深厚氣機已動故不照常佈置　十一當二一位大飛　十二緊　十七當十九位壓凡應雙飛燕如十七搪角者皆屬庸劣在我則一籌不展在彼則操縱自如　十八於五四路衝出亦可著　二四不於二五位退是

二六落得虎　二九當三二位轉頭關逼則限於地不得便宜　三十至三八是　三九不得不連則二九愈覺重疊無味　四二不在三四路補角爭先乃一頂一關有通盤神運　四五當二五路尖如尖黑三五路虎白粘黑於百六二位壓白二百二位長黑斷白百六一位長白雖兩處未妥而黑角尚虛著法甚多彼此相制自有變化極當經營之處退避不前雙飛無警策制勝之地遂至通盤皆落人後　五六反打妙甚六一頂六七長皆在黑彀中至七十補輕重井然滯氣陶汰殆盡　七一至八一一定之著　八二粘仍能制白不能出黑範圍益見五六運用貫串之妙　八三至百二彼此不易　百四壓百五不得不飛至百八關百十斷因其走而走波瀾迭出　百十六不可緩　百十八能於冷處著神本意補斷而於脈絡之所在借境運籌不遺毫髮　百二九當百五九位尖　百三二當百四三位補　百三八頂有作用　百五七至百六三失算　百八八當百九三位虎　二百十一至二百十七無聊之思此局白體用兼覆固非勁敵而黑寄纖穠於淡泊之中寓神俊於形骸之外所謂形人而我無形庶幾空諸所有故能無所不有也徐星友批

謝友玉

黃龍士

二百二十四著

塲　粘

此局從兼山堂譜錄出

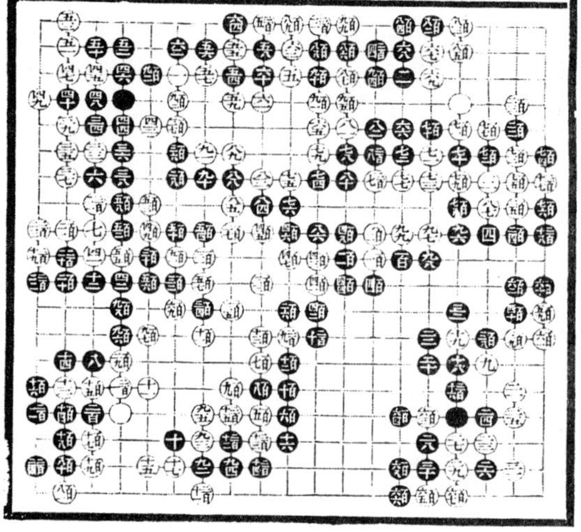

九落子清楚　十六拆三十八用壓注意成大塊嬾予起手布置嘗用八三自大著法雖異神理則同總非正兵　二二當貫行進角爭先於二三位長　二三飛角得先是　三二雖封而四著之子限於地僅圖聯絡非張勢之比　三三當百三七位關　四七當百四九位出頭　四九至五三得角於拆三有傷　五四必著　五五敷衍　六二弱而粗當十四路斷白不敢六三位打六二位隔斷恐黑於百九十位捺白如六二位打黑亦於百九十位打白如讓黑連則十四路之子白不能征更爲掣肘先取白邊聯絡二著之孤子上角黑子雖單白亦有牽制處黑著法甚多任白作何騰挪終不能制黑否則五六或於五八位扳白斷黑打白打黑粘白如六三位打黑於六六位關白若七四路長黑六三位長白打黑提白長黑再長皆有操縱　六五有波瀾　六七六九正當之著　七十輕率當七一位尖　七一是　七二至八六不得不然　七五至八七先後有序　八八斷九二扳九六長至百四收腹皆不易之著　百十一當八七路虎黑如收腹白有百十五之大著黑如夾角白於二百十位飛侵腹如意　百二九大而緊　百四五粗當百四九位先關留十九路雙關爲兩用之地黑遂不敢於百五四位雙官子便宜　百五五不必　百七三當百七九位緊氣　二百當爭緊先手雙著二百二更粗白刦多黑刦少不須補刦此局黑負半子官子彼此不精細二百二不補則黑勝半子徐星友批

龍士友玉於壬子歲對壘共十一局友玉多負此局白頗清　而黑有一二著失手幷拈出之

程仲容

黃龍士

一百七十一著

兖　粘

仝　粘

題　粘

此局從弈理析疑錄出

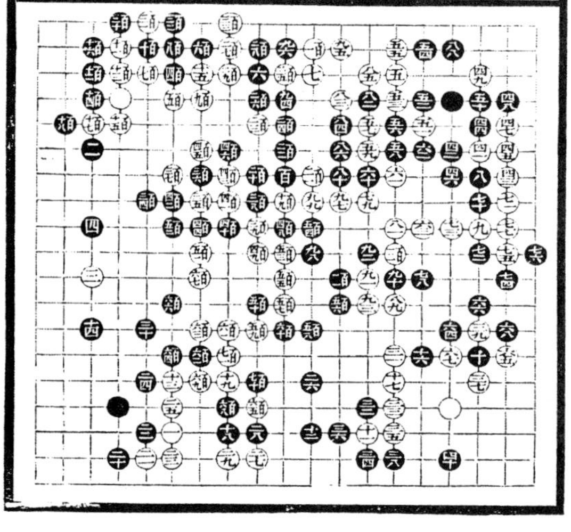

起手至十六皆正　十七飛攻當時　十八折二弱當三一位長白扳黑扳白長黑長左右兩面各有孤子勢實相當龍士喜走穩路尚欠扼要　二五補法老成　二七搜根是　三十關補可緩白以後著著扼要黑各處受敵仍當三一位逼角得局面大意　三二至三八不可緩　三九夾黑子已枯　四十惟有分角　四九點角細若照常於五一位先覷白接然後點角黑不肯五十位接必於三四路攔白須補實折三落後手黑不受制　五二至六十不得不然若六十在六一位呆長固嫌局促若七二位擋或三九路分叉恐礙角姑扳以圖變　六一打六三關清脫　六四至七八姑救殘子亦無定見白好在七九打八一虎高一層收淨　八二落得斷先手兩收　九七九九緊湊　百二虎呆當百十九位長有百五四位先手補腹便宜局面稍振　百六不於百七位長恐礙上邊折二　百十九至百二七得間攻黑中款　百三四護角以便三一路接出五子竟被百三五截煞殊為失算黑五子甚輕當百三八位轉頭或百三六位關腹中走出孤子白邊尚有顧慮　百五四躁當先於百六二位覷使白礙手白卽能兩顧而黑白有便宜勝負尚微今被白子與平邊聯絡虧負多矣　棊經云善陣者不戰善戰者不敗龍士足以當之獨此局前路欠密緻百三四略觀大意未免以輕敵致敗故特表而出之吳修圖評

黃龍士先生棊譜　四十二　弈潛齋刊本

張呂陳
黃龍士
一百九十五著
百八六 全 百三六

此局從圍棊近譜錄出

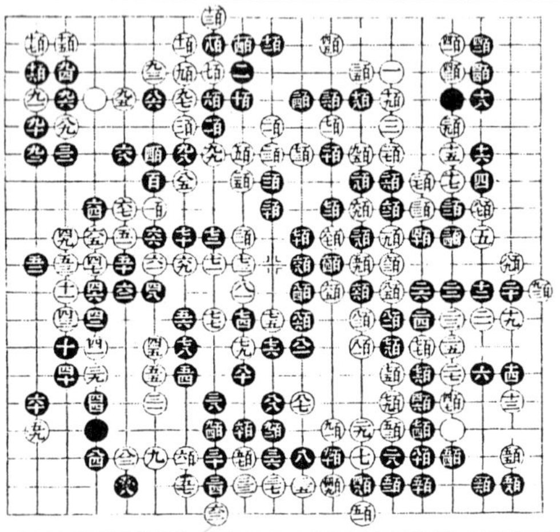

黃龍士　勝
張呂陳
二百三十著
百七十 全 百四八

此局從弈妙錄出

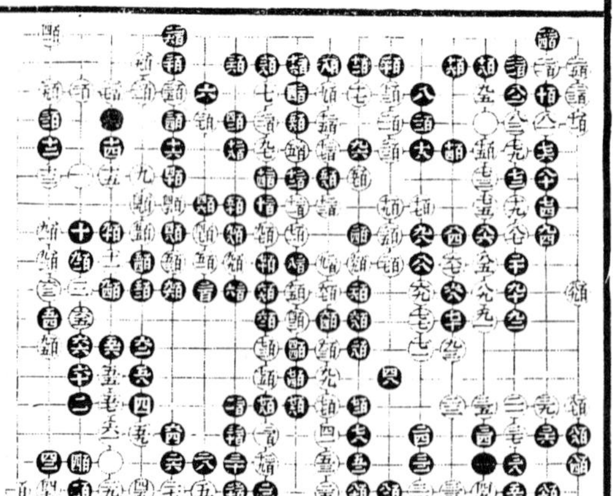

黃龍士先生棊譜　四十三　弈潛齋刊本

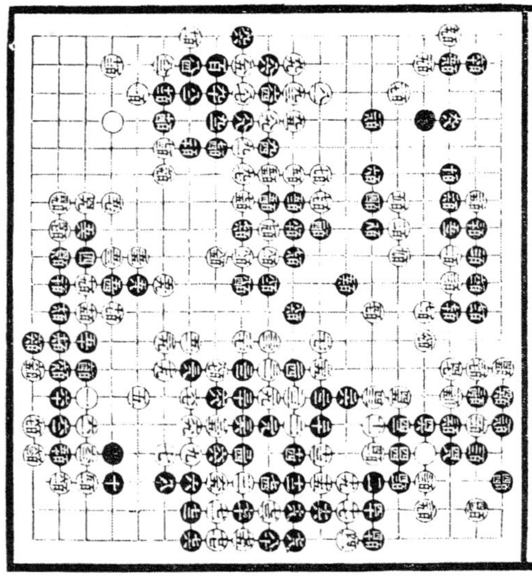

黃龍士
江天達

一百八十九著

須 提

此局從圖棋近譜錄出

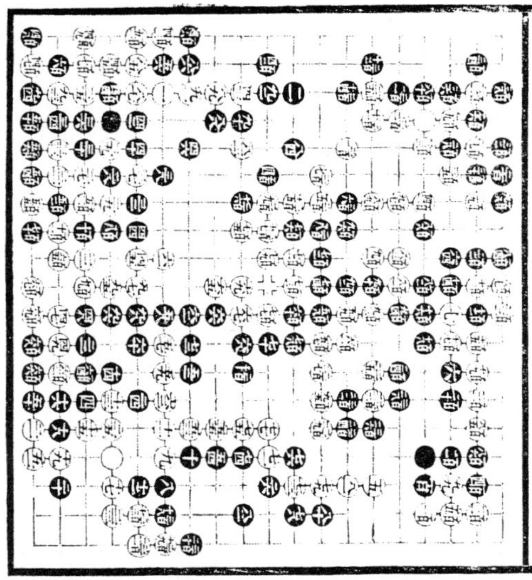

江天達
黃龍士 勝

二百二十九著

四二 粘 百四十仝百三十六 百九十仝百七十

百三十仝百三十四 百二十四仝百五十四

此局從弈妙錄出

黃龍士先生棊譜

黃龍士
周西侯 勝
一百八十三着

百九 仝 百二

此局從弈妙錄出

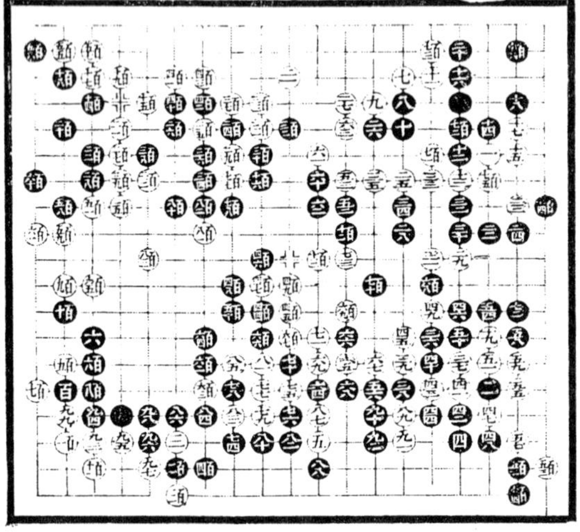

巽

弈滑齋刊本

黃龍士先生棊譜

黃龍士
周西侯 勝
二百四着

百六十二 百七十五 百一 仝 百三

百四 百七十三 百六 仝 百八

此局從弈妙錄出

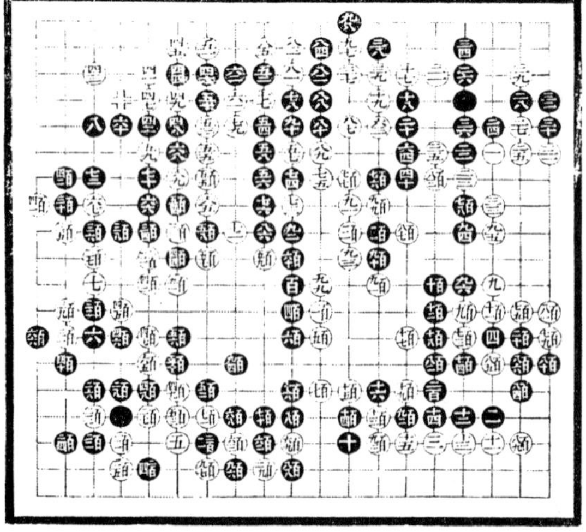

巽

弈滑齋刊本

黄龍士勝
蘇揆之

二百五十七著

七十八全十　七十一全四十四
八十八全六十　百　粘
一百十全九十　一百五十全一百七十七
一百十七全一百十　一百二十八全一百二十
二百十二全一百五十七　二百十二　粘

此局從弈妙錄出

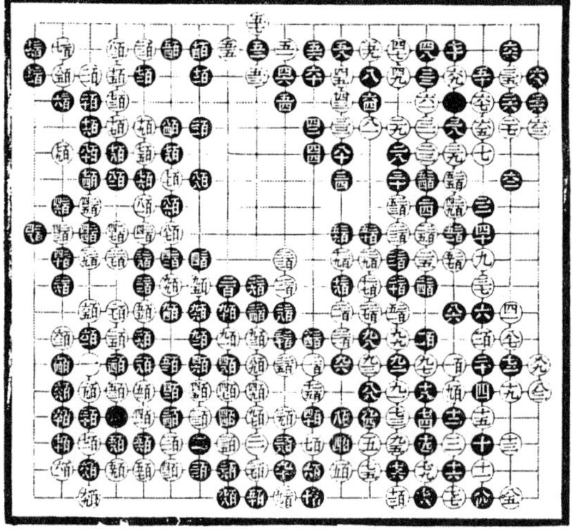

黄龍士
徐星友

二百十一著

一百四十全十三　六十全三十
四十八全三　一百五十五全一百四十五
一百六十五全一百八　一百七十二全一百五十
一百七十全一百六十　一百六十九全四十七
二百四全一百六十九

血淚篇第一局
從受子譜錄出

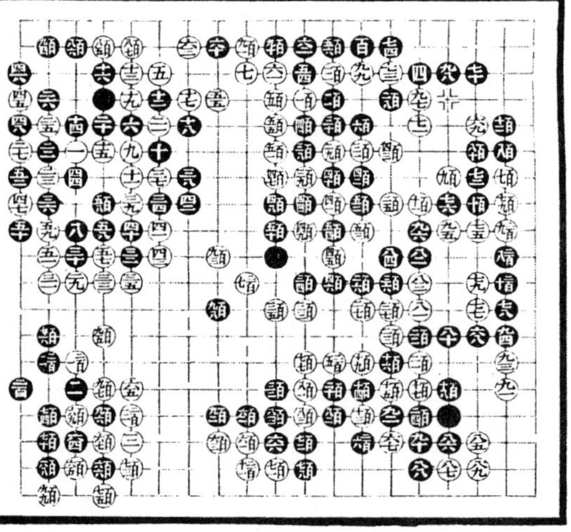

坿錄受子譜凡例一則

黄龍士與徐星友十局名血淚篇是時徐已成二手黄故抑之以三子其間各竭心思新奇突兀乃前古所未有十局終後徐遂成國弈可見心機愈逼愈妙抑之者正以成之也坊譜所刻不及其半兹刊其全豹以成大觀其篇本有細批俟諸譜各批脫稾再爲續刻

黃龍士
徐星友

二百三十四著

血淚篇第二局
從受子譜錄出

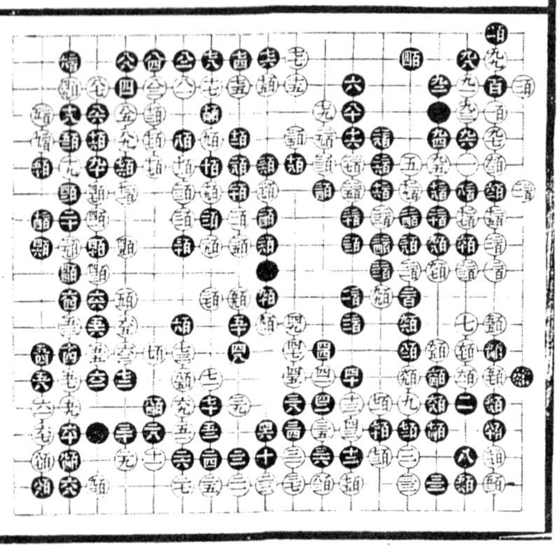

附錄　弈理析疑

四當拆三爲正　七乃讓子著法　八安靜白無拆地　十四當五六路鎮當時　十六關非制人又不能自補當十七位拆　二二是　二四至三十雖得外勢而白邊已實且外勢不淨仍當三七位扳白二四位扳黑五二位扳白二七位虎黑五一位行白如三一位斷黑三四位打白三六位長黑三五位打白八二路喫黑七二路打白提黑粘白得一子實地無多三子受傷白縱不大失亦無佳境　四十至四六既非征子何須如此著法當四七位關　四八五十似拙而實老到亦不得不然　五三原無定見看黑應法以生波耳　五四至六四俱落白套中　七四當八二位小飛白若七八位搪黑八一位直白不敢扳或長或關黑借逼可成大塊白若八一位蓋黑七八位行白七四位扳黑八三位頂白邊子未淨難於脫先點角　七五至八八必然之著黑不便宜　九二低當九三位搪白或九二位行或百一位扳雖活一角外勢不淨黑自有著法豈可讓白通連甘受後手臧念宣評

二四白當三七位扳但白二四位扳黑五二位扳白必二六位接不肯二七位虎被黑五一位封也五四當五五位長顧腹實角五五五七著法生動修圖

黃龍士
徐星友勝

二百五十一著

血淚篇第三局
從受子譜錄出

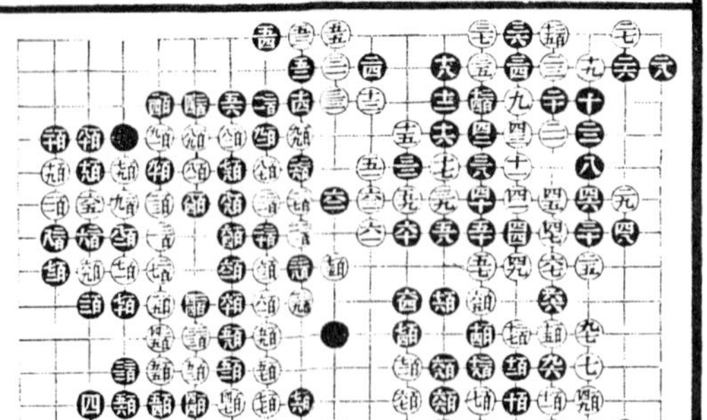

附錄弈理析疑

十二過緊當三三位落子　二一好　三一讓子不得不然　三二當三三位斷免白生端　三三隨手當四八位退出黑四七位長白三九位長黑或三三位斷或四九路打俱不能脫然　三四三六緊峭　四二低極當四四位扳白四五位走黑五十位虛接白如四六位接黑四三位撲白提成劫而黑通盤無大劫可打白若先四三位粘黑四六位接白四七位衝黑六七位斷白二百十四位接黑四二位接白四八位退出黑八二路打白長黑五二路搪白九二路打黑三二路粘白四一路點黑一七路打白二百十五位提黑五一路立黑氣較寬豈不喫盡白子　五二無味當五七位行白不敢五九位提一子恐黑扳打白粘黑百十四位虎白後手求活必九五路長黑六三位抵全體通暢　五七趕提一子最爲得力　六二不必急　七十當時如照常拆二白又居七十位扼要而黑有孤子未妥　七四不明局面當八六路長如白八七位覷黑七四位接白八五位衝黑八九位搪白八三位斷黑百二位靠白八一位喫黑八八位打白提黑四八路虎白百十七拆黑得先手　七五虛張聲勢讓子之法頗佳　七八見小當平邊二百三十位點白百二位蓋黑九一位退白如二八路扳黑於八六位頂白四八路虎黑入角百一位虎兩地有根白須修補挖斷之病　八一當先於入角二百五十位點黑或五二路搪或二百四九位補白九五位虎斷黑二百十位打白或百五十位做劫或百一位粘然後託過未遲　九八因有孤子在外亦是　九九百一細百三至百十六不易之著　百十八至百二二緊峭有情　百二四補角淺陋當上邊十四路扳白兩處受制未能坦然　百三十百三二寬腹內白子破碎欲用牽制之法　百三八力量　百四八百五十有序料白不肯二百十三位虎成劫　百五三至百六五不得不然　百八二百八四細　百八五勉强授予著法如是　百九十細　二百竟粘劫致白大塊活去反失數子操算不精當二百二位接白提劫黑四八路提白八六路打黑粘白十八路打黑九八路反打白九七路提黑九九路打白不能粘此非劫明矣餘可勿論臧念宣評

前評極細但七八果爭邊二百三十位點白必九五位虎百五十位做劫然後百二位蓋斷不肯湊黑百一位虎以至入角堅實也此又不可不知修儞

黃龍士先生棊譜　五三　弈潛齋刊本

黃龍士
徐星友

二百十四著

三八仝三六　百五十五仝百二十五

百六十　粘

血淚篇第四局
從受子譜錄出

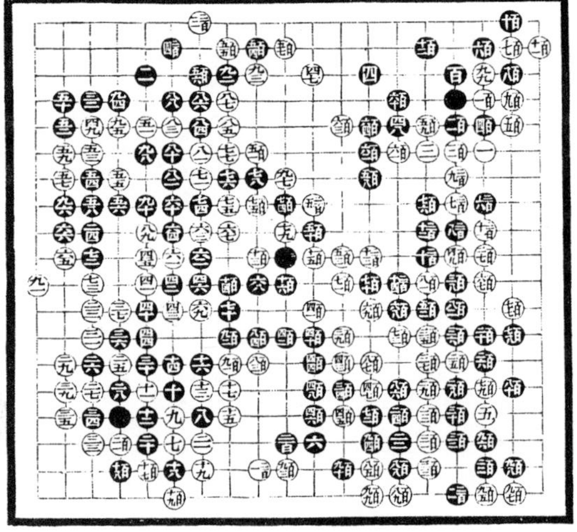

黃龍士
徐星友　勝

一百八十三著

百四十　粘　百五十三仝百七十

百七十五仝百六十　百六十九仝百七十

血淚篇第五局
從受子譜錄出

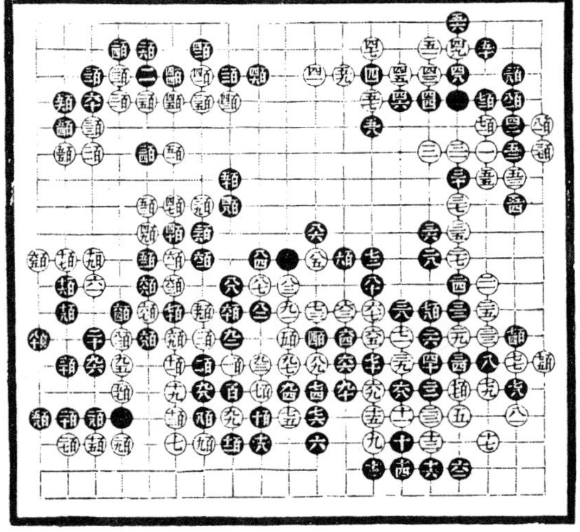

黃龍士先生棊譜　五二　弈潛齋刊本

黃龍士先生棊譜

黃龍士
徐星友
二百三十五著

七百仝三百
九百仝二百

血淚篇第六局
從受子譜錄出

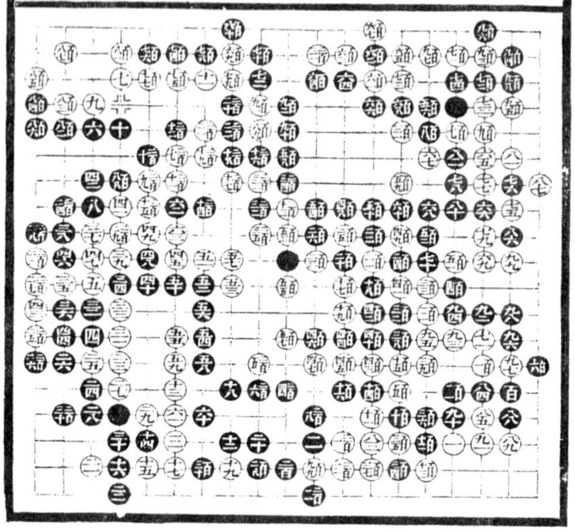

三三　弈潛齋刊本

黃龍士先生棊譜

黃龍士
徐星友
一百五十六著

血淚篇第七局
從受子譜錄出

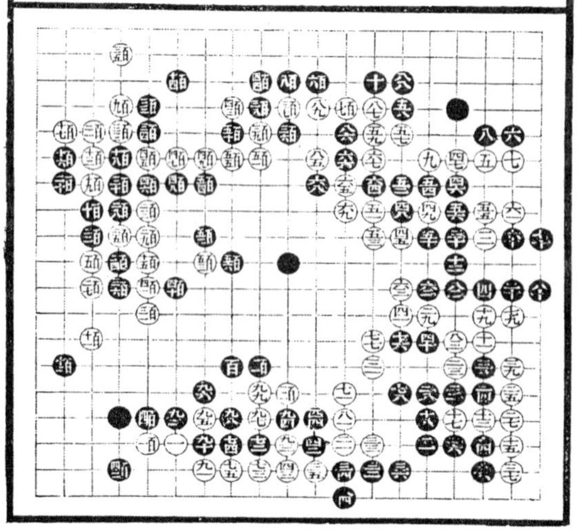

三四　弈潛齋刊本

黃龍士
徐星友
二百九十着
血淚篇第八局
從父子譜錄出

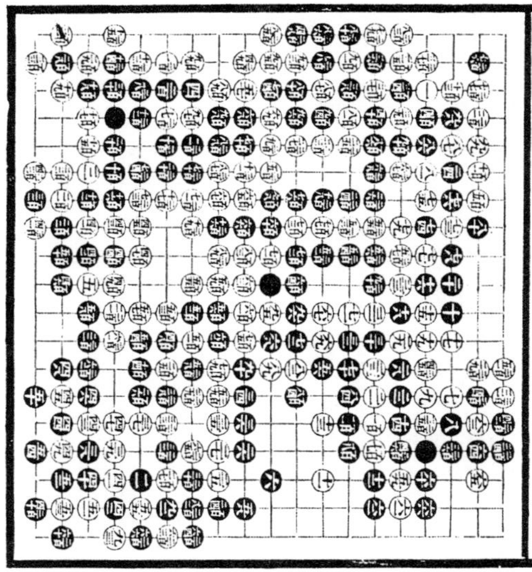

黃龍士先生棋譜
弈潛齋刊本

黃龍士 勝
徐星友
二百十着
血淚篇第九局
從父子譜錄出

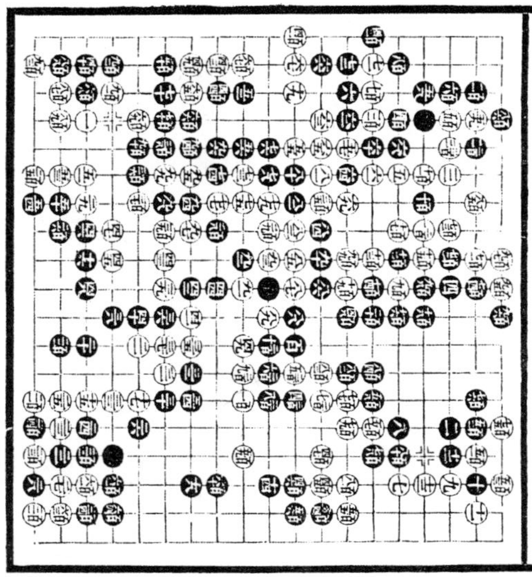

黃龍士先生棋譜
弈潛齋刊本

黃龍士先生棊譜　三七　弈潛齋刊本

黃龍士 勝
徐星友

二百四十二著

百八十九 百八十一 百八十六 百九十 一百十三 一百十八 二百二十一 二百四十 二百三十八 二百六十 二百六十六

七十八 二百十五 二百二十 二百三十七 二百四十 二百六十四 二百二十三

二百十六 粘

血淚篇第十局
從受子譜錄出

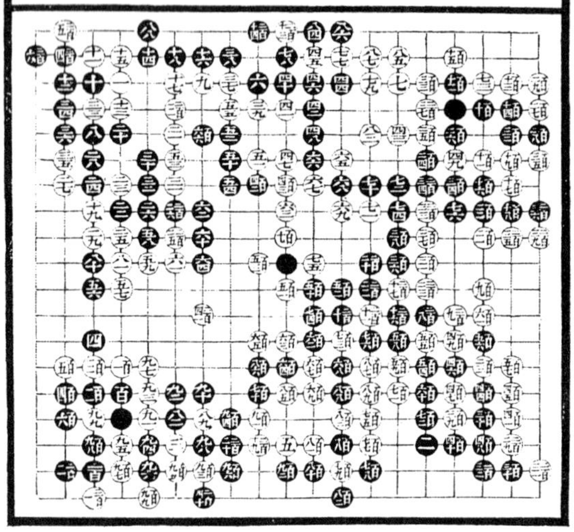

黃龍士先生棊譜　三八　弈潛齋刊本

黃龍士 勝
徐星友

一百二十二著

六十八 粘

此局從弈理析疑錄出

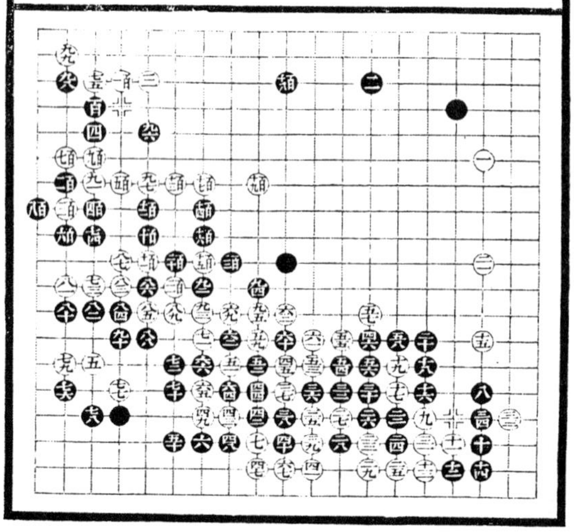

起手至十一皆正　十二當十四位立　十六當三六路先頂後關使白無變　二二急當七四位拆三爲正　二八低當三十位長白三一位接黑五六位打可得先手　三二仍當五六位打　三三隨手自塞三四位挖斷之路　四三希圖僥倖讓子著法　四四輕率無成見當竟於六七位立白五三位扳黑九一路打白八二路提黑五六位打白五八位長黑四六位打白六八路長黑四四位打白四五位接黑五七位長白若三六路頂黑四五路接白二五路渡黑五八路打白六九路長黑五一路扳白八一路打黑六一路行白十一路提黑四七位退兩緊先手在黑且通盤無刧若三六路頂後白不渡竟於八一路活黑四九路飛白孤子太多難以騰挪　四七妙　四八斷低當五一位尖白若四八位接黑二七路立白雖出頭後若被圍邊子有一衝一扳之煞著今不尖而斷五六五八甘受其屈腹勢反爲白有　六四當九五位打白不敢打刧照舊著去先手在黑　六九是　七四當七五位拆一是　七六當五三路尖緊　七七細極　七八鬆當五三路頂　八十雖有著法僅得數子反增白勢　八三長是若八四位扳喫二子落黑套矣　八四至九十不易之著　九一緊　九六鬆當九八位托白九九位扳黑百位頂白百一位接黑四九路逼白百十一位打黑百五位蓋方爲緊湊　百一當四二路虎　百二至百十六彼此不得不然而黑大喫虧皆九六鬆之所致也　臧念宣評　八十當八三位壓前評謂九六當九八位托亦未盡善白不肯九九位扳湊黑巧著必四六路尖白勢愈大矣　修圃

黃龍士
徐星友
一百七十七著

三百全四　劫百全个
劫百 粘

與弈隅通會所載施定菴張大雄局相同細玩之似是黃徐一派識者以爲何如　弈潛

此局從受子譜錄出

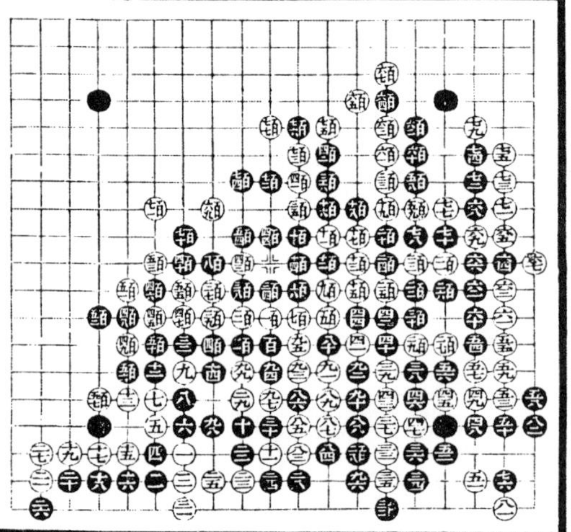

黃龍士
徐星友
二百十著

九一譌著　梁海門評

此局從受子譜錄出

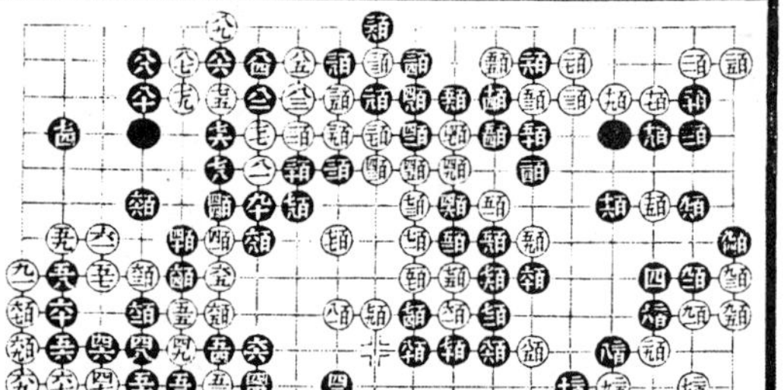

黃龍士
王性有
二百三十六著

百四全百十四　百五全百三十六

百七全百十四

此局從受子譜錄出

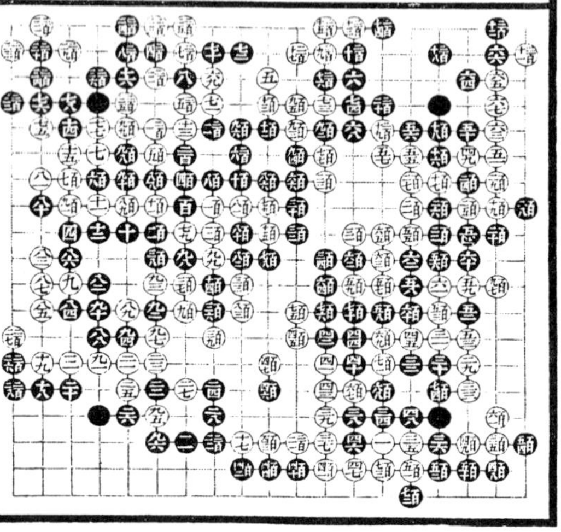

余校栞黃龍士先生棋譜六十一局既竣復得不古編載先生與周東侯卞邠原諸名手對棋十一局爲世所少見亟續刻之名曰黃龍士先生棋譜補遺光緒丁亥十二月二十八日無錫鄧元鏸識

周東侯
黃龍士
二百二十二著

九六粘　三百全五百

三百提

從不古編錄出

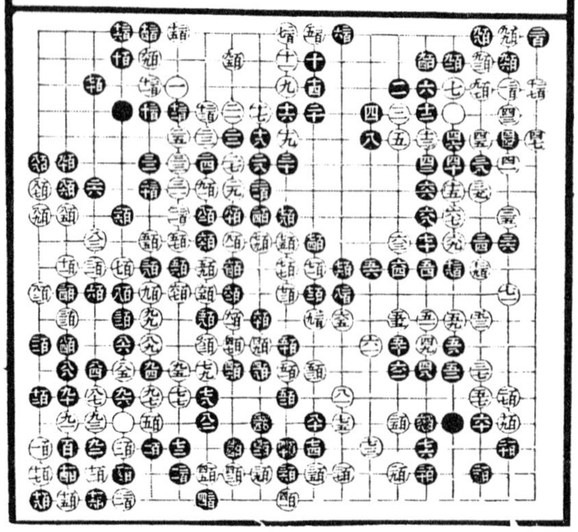

九得大意　十成根　十二十四次序　二三緊　二七可殺　卌老成　三八早　四四細　六六不得不灣　七三投扼要　七四緊逼是　七六穩　七七得局面　七八八十有先後穩　九九有情　百著百二當　百十當時　百十三尋虛生劫細　百二四大　百二七至百三五官子好　百三九至百五三收法　百五八至百六六收法兼伏兵　百六八實子　百六九尖　百七一分腹子大　百七二至終局官子俱細不古編評

周東侯　黃龍士

二百三十五著

七一粘　百卆粘　百卆二粘

從不古編録出

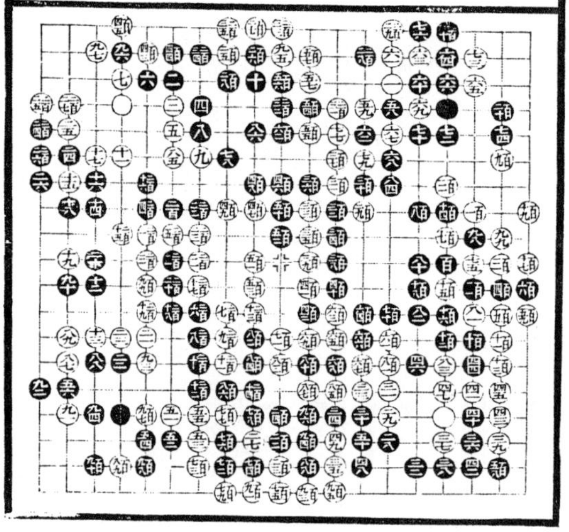

十九落得點　二十二覷得當　二四大而成眼　四二粘討先手　四四四六破勢存伏兵　五一收角兩顧　六八勝粘　七三落得夾　七四得大意　七五破勢成勢大　七六得實子緊　七七大　七八不得不扳　八十破大勢好　八五八六穩　九一九三收法　百一轉換好　百十細　百十四緊　百二二分拆法　百四三大　百七二分法　百八二攻腹百八五虛衝百八八挖百八九點二百二覷官子俱細是局白先黑應著著隨機應變體度從容彼此謀猷皆似諸葛武侯羽扇綸巾氣象通盤淡遠中俱有神算後學未易揣摩也不古編評

黃龍士　吳瑞徵

二百一著

百三十四仝百四十　百五十　百六十　百四十　百四十
百四十七　百五十九　百五十三　百五十六　百五十九　百六十三
百六十三　百六十六　均劫　百六十八仝百八十
百六十三仝百九十

從不古編録出

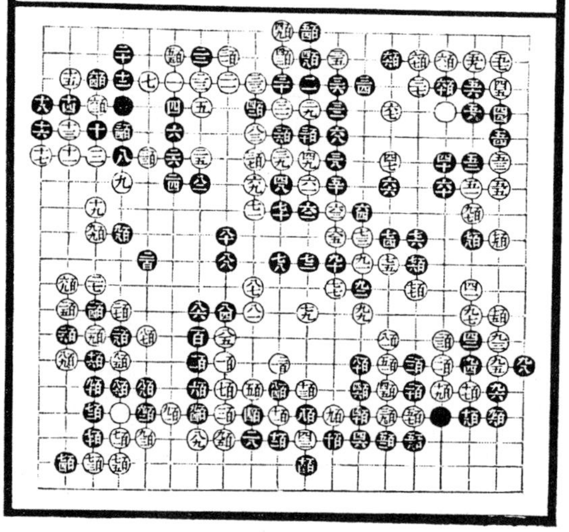

四至二四彼此正變　二五落得覷　二七大　二八破勢自然　二九緊
三十好忘扳恐白藉以三十位捺下失便宜　三七太逼若大斜飛得局面
三八自然　三九必著　四十得大意　四一是四二緊　四三　深遠
四四收角欲實外勢　四五不宜尖出恐成黑勢使外子無進　地　四
六兩意　四七分出攻其必應　四八用意好　四九太緊　五一如拆二較
勝　五二至六十彼此皆細　六一至七八均　七九鬆中照應　八十收走
法自然　八一意大　八二落得收　八四護斷兼破勢妙　九三好　百著
至百六破勢緊極　百八　大　百十六不得不投　百二十四藉劫
分角好　百三二至百六八　清楚　百八二提劫意在點分拆二　百八
三以劫易劫明緩急　一防侵　百九二百九四爭先　百九六大　百九七
護劫此局　整然三七初雖似緊然失大局百十五百十七雖因得子欠先
手八四百著至百六著破勢百十六投子百二四生劫皆有勝算但因百八二
提劫圖侵反至百八三換劫得利雖有勝算然縝密閒雅彼此無殊也不古編許

吳瑞徵　黃龍士

二百四十八著

百卆劫至百卆六　百三提　百五粘
百三十劫至百五十　百三十六劫至百三十八　百三十九劫至百四十五
百四十劫至百四十二　百四十六粘

從不古編錄出

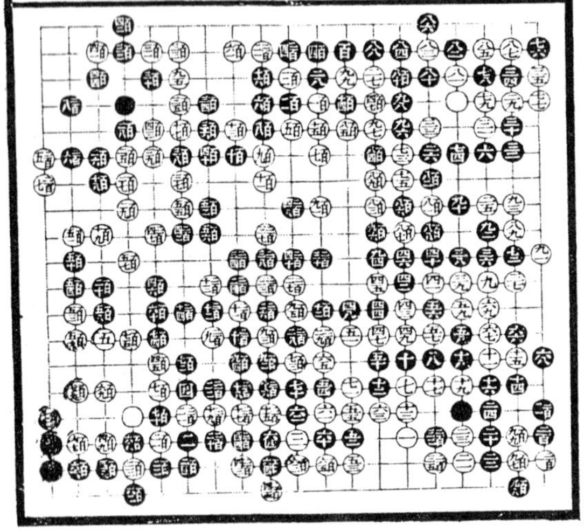

六脫先　七穩兼攻　八虛張　九是　十十二緊　十一大　十三老成
十四十六見機　十七十九落得斷　二五自在　三一三三太早當爭先
三六奇想　三七不撇是　三八至五一不易之著　五二先侵拆三用意深
遠　五三託是　五四正　五五兩顧　六十六二　六一六三應好
六四棄子轉換見高　六六至七二有序　七三七五大　七六至八十藉
角分邊好　八三外斷勝內斷　八九至九三落得著　九五不防斷有力量
九七至百十一皆正應　百　必著　百十三斷要　百十四落得打　百
二一二三攔角緊　百三四落得侵出　百四一夾伏兵　百四五自在　百
四七大而穩　百四八落得夾　百五十至百六一皆細　百六三不應角知
大小　百六六走至終局彼此用意精細可法不古編許

黃龍士　周東侯

二百十二著

百五十劫至百七十　百九粘
百六十九劫至百七十三

從不古編錄出

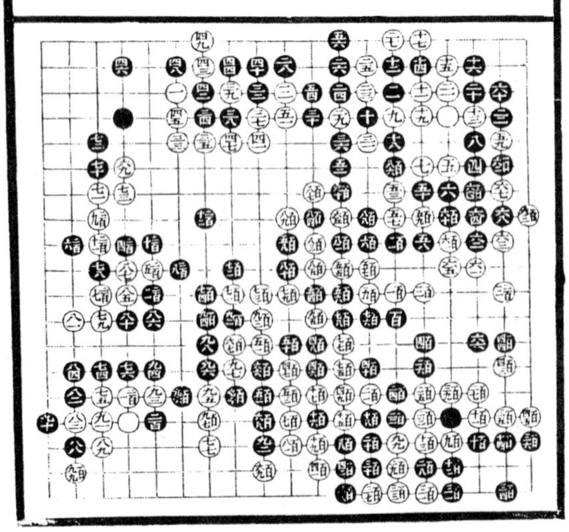

四關起爲正　十八二十轉換雖新著虎自在　二八生根　二九老到　三五勝粘　三七有波瀾　四六四八細　四九亦細　五一落得粘　五二有識見　六七點存伏兵　六九大　八一分法有力　八八存眼位　九三九五穩角兼攻扼要　百著籠罩　百三老成　百四穩　百七焰應有情　百八不得不分　百十五緊　百十七算深　百十八至百三六不易之著　百三七細　百四九大　百五二細　百五四百五六出法緊　百五八籠罩藉走　百五九細　百六十用强　百六六勉强　百七二收法　百七三寬氣　百七五百七七落得衝　百七九細極　百八二審局不諧故用轉換始終整練俱有足法處自不以成敗論擬也不古編評

張呂陳
黃龍士
一百九十四著

全提

從不古編錄出。

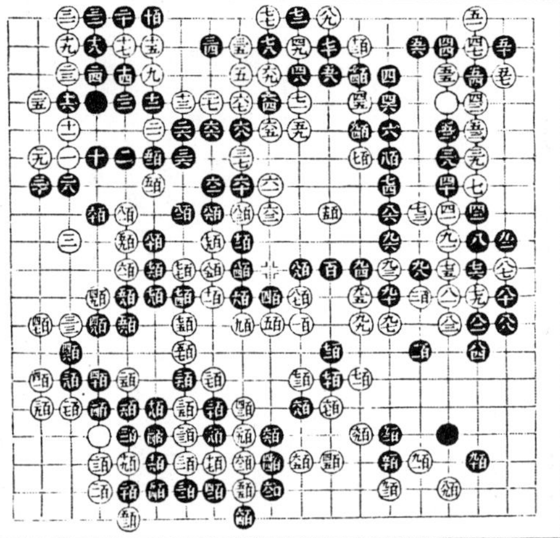

四張勢　五投正　九緊　十至二十不易之著　二三得角緊　二四至三十必著　三三大而當時　三四落得點　三八四十照應外勢　四一伏兵　四五四七次序　四八四九皆好　五十至五八細　五九有波瀾　六四至七二收眼位　七三有力　七七是　八七細　八九力量　九十至九九不易之著　百著關較勝　百三澆著　百十太緊　百十一大極　百十六不得不投　百十七百十九緊　百二十至百四四自然　百四五緊　百五十當先在百六五位頂後穩角亦可　百五五挖眼　百五六至百八二出法無妨　百八九侵法好不古編評

黃龍士
張呂陳
一百五十七著。

從不古編錄出。

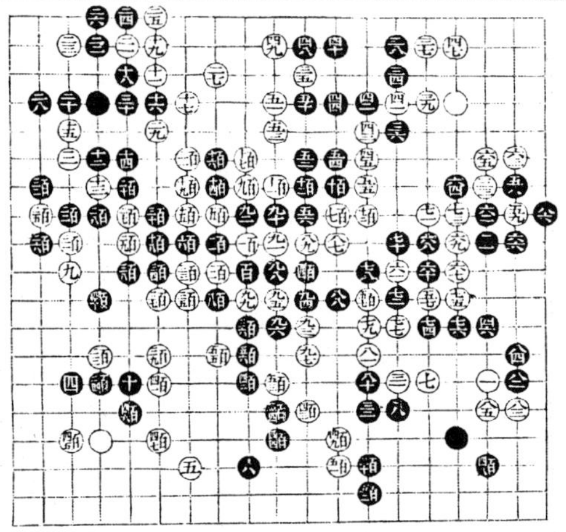

八張虛勢　九不應淡雅　十一至二九當時正著　三一三三緊　三四必投　三五大　四十粘方穩　四六緩不得　四七不與黑成眼位大　四八至五六不得不走　五七籠罩法　五八六十太巧當於六八位關起聽變　六七至七九收有見　八十緊八二至八六扼著　八七入彀　八八至百二勉强走出　八九至百十七次序得黑子好　百六百十八長百八斷百二十轉百二二虛點不得不轉換　百二三至百三九分出有情　百四十雖大而弱　百四一至終局有力量不古編評

朱嗣升
黃龍士
一百十四著

從不古編錄出

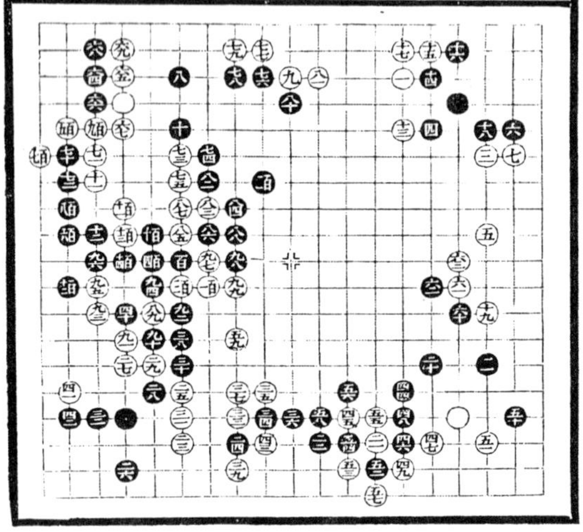

十三穩折三　十八使白不敢封頭　二六大斜飛爲正　二八至三二緊　三三三五好　三七當於三八位打　三九可緩　四十大極　四三搜根　四四當四八位收較勝　五二斷收緊　六十六二與三三三五同意　六四點角緊　六八不撇細　七六生波瀾妙　七九當於八十位長　九二至九六應法好　百二緩不得　百五得角好最忌百八位扳　百十不可少不古編評

黃龍士
朱嗣升
一百五十著

●七四仝四九

從不古編錄出

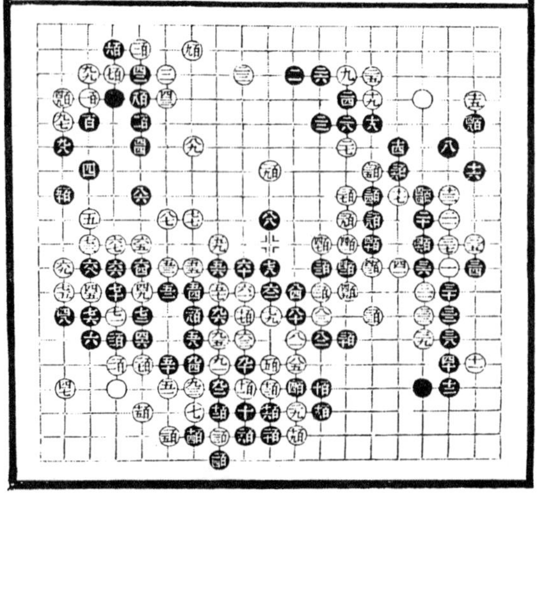

十二當在四十位尖　十六太新　二三平淡中之緊著　二九落子活　三十亦一派頭　三一至四一必然之著　四八與十六同病　五二至八九俱緊　九十雖轉換總失便宜　九七至百三分角好　百四奇想　百五聽變化老成　百十至百二六必然之勢　百二九籠罩　百三十至四六轉換俱有勝算　此局黑因十六三十百四弄巧致敗閱者慎之不古編評

黃龍士先生棋譜補遺　十　弈潛齋刊本

卞邠原
黃龍士
二百十四著

六三仝六八　百五六仝百五十
百五十仝百四九

從不古編錄出

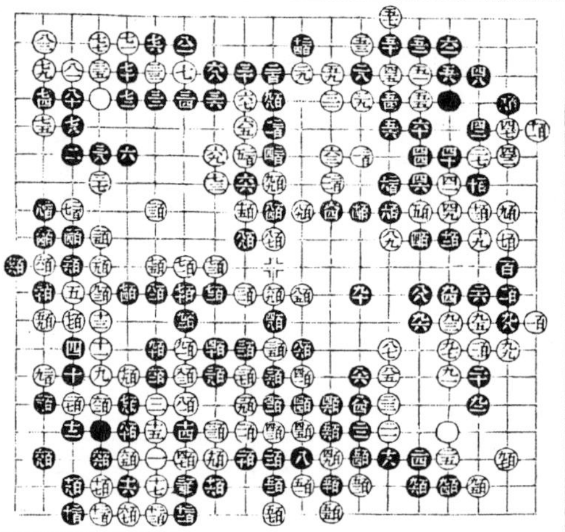

三一落空　四八用當　六四六六籠罩妙　七十以假易真　百十斷細　百十五太極　百十九至百三一收腹次序　百三二不得不攻　百三五百三七太強　百五一細　百六九大　百八八隨手　此局因三一識見少百三五百三七太强用盡騰挪奈何無劫不古編評

黃龍士先生棋譜補遺　十一　弈潛齋刊本

黃龍士
卞邠原
二百五十二著

二百七粘

從不古編錄出

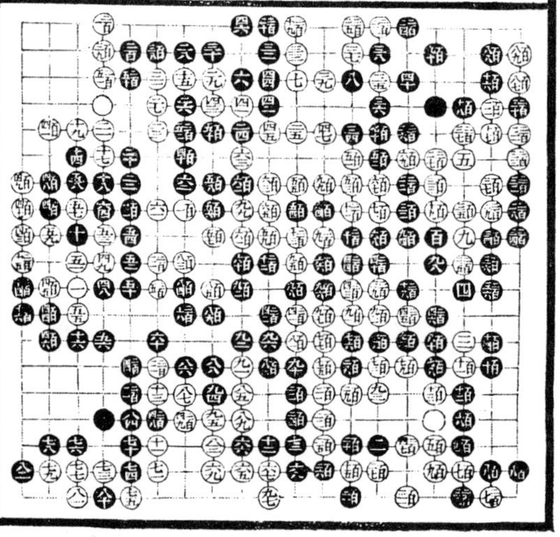

二二變通　三五侵四一挖斷未見便宜　四八至六十用意好　六二護斷有波瀾　七十力量大　八六至九六收法緊　九八用意收腹　百著緊　百二十棄子有見　百三二大極　百三五細　百五四至七二收法妙甚　不古編評

越三年庚寅復得六家弈譜有龍士先生與張呂陳對子一局授徐星友三子一局爲前刻所無再續刻之元鏸識

張呂陳
黃龍士　黑勝
二百三十四著

三　百　粘

此局從六家弈譜録出

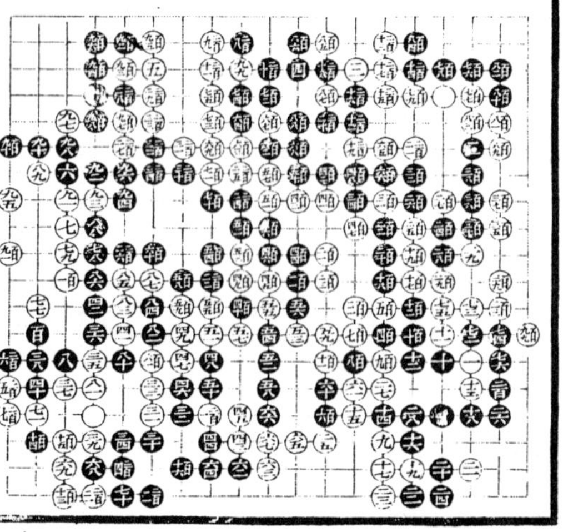

黃龍士先生棋譜補遺

西

弈潛齋刊本

黃龍士
徐星友

一百七十一著

五十九仝五十六　一百五十三仝一百五十

一百四十七仝一百四十

此局從六家弈譜錄出

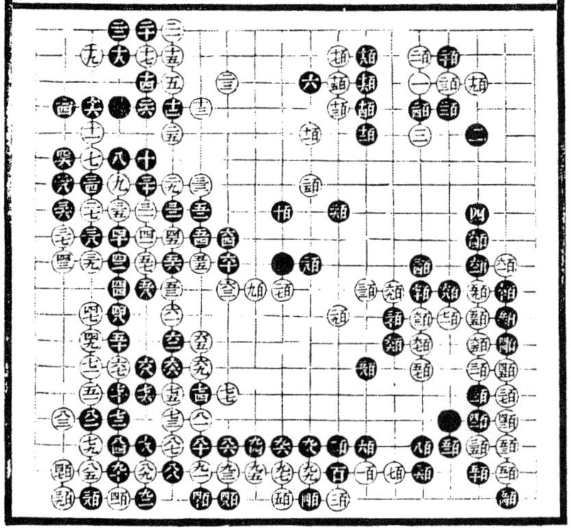

蓮修起信録

（清）程兆鸞 撰

《蓮修起信録》六卷首一卷，清程兆鸞撰，據上海圖書館藏民國九年（一九二〇）鉛印本影印。

程兆鸞，字友竹，清泰州人。嵇亭孫，盛修族子。佛教居士，創設公善堂禮佛。年七十二卒。

佛教净土宗又名蓮宗，專修往生阿彌陀佛净土法門，净土宗居士多有著書弘揚者，《蓮修起信録》即爲此類著作。卷首諸叙。卷一《蓮邦寶訓上》，卷二《蓮邦寶訓下》，輯録釋迦彌陀世尊寶訓等。卷三《往生徵信録上》，卷四《往生徵信録下》，收輯過世的與之交往的高僧大德語録及作者祖父、父母、妻子言語等。《華佗大士籤方》，收録内證、外證丹方各四十八籤。卷六《厭塵雜著》，收録佛教人士及作者各類文章，文體有表、偈、傳、説、詩等。程兆鸞曾歷十年、刺血書大乘經三十二部，撰此書時年六十六，感此生須臾，著書垂示後人，其虔誠慈悲之心非常感人。書中各章指示信衆修行净土的門徑和心得，頗具佛理。《往生徵信録》《厭塵雜著》所收録時人言行、著作，尤具史料價值，可爲中國佛教史研究提供參考。

（周　忠）

蓮修起信録

鸞說

飛鸞開化其來已久機感靈應則示乎人神不能言假人言之假人手中之物言之神離乎人鸞不能運人離乎神鸞亦不能運也沙盤落字如飛光氣四射不可逼視人與物皆不得自主其非假託昭昭然也或問降鸞之神以神運鸞乎抑實有物運鸞乎殊不知天地間祇一氣充塞神之靈大則蟠天際地小僅入於芥子經云修羅王施神通力身量充透三十三天小能藏於藕絲中此釋迦文佛金口親言決非妄語三界善惡諸神福

德有厚薄力量有大小判語有精粗大都勸善懲惡者爲正惑世誣民者爲邪善惡分則是非立判於鸞何疑

淨雲菩薩敘

程子纂蓮修起信録成乞敘於予予曰昔宣聖以六經救世其道雖大難救末流之弊我佛開慈悲方便法門四字真言普濟無邊上智之士念佛可以明心見性解脫生死中下之輩念佛向善不致起念作惡墮落三途我佛救世之心不論高下利鈍一體等觀普攝無遺豈非輔世翼教之一大法門哉嗚呼人心陷溺日深只賸此一句彌陀可救若此路一閉別無可以救度衆生之法我勸衆生彌陀當早念也念佛之法有三神念口念心念神念爲上心念次之口念又次之念佛之人先要

明心心明則佛在心佛在心則一刻不離果能一刻不離雖夢寐中亦有佛在至夢寐中亦有佛在神卽游於佛土矣如軒轅之夢入華胥卽神游淨土也生能如此何愁死不往生今人念佛口念雖多神念却少大都雜欲擾擾口念而心亂貌似而神非何得謂之念佛我觀衆生智慧德相誰不如如來生初無知渾然天理如此心性卽是彌陀終身若此誰不可以往生誰不可以成佛經云一佛當心諸魔悉退生前無障命盡往生此理之常無足怪者奈何衆生私欲日蔽貪吝詐僞狡猾行兇作百端惡孽所以三塗不免必入輪迴真可悲也此

書諸佛菩薩顯示淨業功夫。往生實驗。如行路之有導。如入闇之有燭。爾等既知念佛之好。切勿空過此生。人身難得。佛法難遇。已得已遇。此萬劫難逢機會也。勉之慎之。是爲序。

蓮修起信錄卷首 敘 三

敘

嘗讀魯論。至毋意毋必毋固毋我一章。而歎意成於我。我又生意。物欲牽引。循環不窮。惟孔子盡絕根株。隱有合於佛教之大旨。曷言之。昔覺明妙行菩薩云。心行處有是衆生。生死業心。心本無念。念逐想生。此想虛妄。流轉生死。猶孔子所謂私意耳。夫私意妄想。迷戀俗情。皆由誤認色身。執定爲我。因之造種種業。奉此形軀。利己不顧損人。養身致多害物。豈知四大變壞。三塗難免。佛言衆生自無始來。認賊爲子。自竊家寶。奈何惑於塵勞而喪真性乎。果能毋意毋我。卽色卽空。則心德渾全。任

蓮修起信錄卷首 敘 四

世爲聖人之施澤。心光普照。出世爲諸佛之慈悲。儒釋同此心源。卽同此之性體。亦卽同此功行也。程公厭塵法派淨佛。與先君子默契清修。時或參稽梵貝。沭清倦游歸里。近仰慈暉。以此兩世因緣。幸遭逢上善知識。蒙示道場中諸佛菩薩歷年降乩寶訓。並往生諸上善降乩開化同侶偈言。兼有淨公在道場中爲大地衆生拔苦表文。伏讀之餘。如聆棒喝。每慨人心日敝。悉僞儒華土釀成之。蓋農工商賈不言文。無敢肆行排觝。而聖學漸滅。讀書者性理弗明。於是尖頭銳面之狂生。訾戒殺戒淫爲迂謬。甚至敵讎三寶。斥爲異端。大藏經云。誹謗

正法同於五逆十惡此等殘暴無明固佛界之波旬亦儒林之敗類也此則淨公因果淺說一篇所由集也以淨公夙根般若靜悟瞿曇詖圓頓之機開方便之路所謂一時勸人以口百世勸人以書願力宏深訖於福利人天者信乎其不可說矣淨公於二十年前得悟和老人正傳淨土法門於是不惜勞苦開社勸人親對佛刺十指端血發四十八願繪彌陀地藏二聖像繕成內典共大小三十二部紮七級浮屠供奉焚化恆寫十年如此悲心廣大爲過去父母師長贖罪超生益知淨公意我胥忘寃親普渡沭清真不可及不可及矣數十年來流蕩恆沙愧未繼先人之志得公指引恍見彌陀爰薰沐敬撰弁言冀天下後世見斯集者洗心滌慮廣發菩提是則我淨公之本願也夫時在

光緒十四年歲次戊子清和月下旬同郡晚學生東亭亭陳沭清頓首謹序

敘

釋迦住世說法四十九年無量法門具詳龍藏惟淨土念佛一門爲憫末世衆生力怯直指殊勝方便但能一心不亂卽入圓頓正宗惟上智利根不難深信而說空禪客動輒生疑今值末法邪見日滋故諸佛菩薩憫衆生顛墜憑鸞開化喚醒癡迷起信一書真救世之慈航佛門之棒喝矣是書爲厭塵居士所録存居士棲心淨域功行深純予仰慕潛修進求指授因出是編見示頷誦再三見其約事顯理卽淺究深實能上契心源發人深省其爲金口親宣毫無疑議或曰降乩顯化乃神道設教之事我佛寂滅爲宗豈復作此狡獪予曰子言是是予所以信者信其理也非泥其事也若徒拘執事迹目見爲真我輩凡夫既未親眼見佛遂謂震旦流傳之三藏十二部經皆非佛說可乎故圓通之士惟理是信信理既堅則視此書爲佛說也可卽非佛說而視爲佛說也亦無不可若因語出於乩因而非之吾不知其可矣因沐手而爲之序

光緒二十年歲在甲午仲冬二日淨業弟子張淨觀薰沐敬書

敘

兆鸞愚人也幼不知佛法因感乩語發心數十年精進少有所知不忍爲敝帚之棄略述梗概置之篇首卽以爲敘予籍海陵先君子於道光間先後應高郵州牧范魏兩刺史之聘因徙家居郵咸豐間粵寇擾江北州人倉皇遷避予亦奉母居鄉閒日與樵牧伍不知佛法也一夜夢身在曠野見緇素數十輩皆胡跪合掌念佛中一比丘來撲予肩曰大劫將來汝尚不知念佛耶予瞿然驚寤後詣張金門家看扶鸞一仙降云大劫未已吾奉帝命稽察甚忙予頓觸夢中比丘言心怦怦動時私

心揣測不識真僞思舉隱事問難乩忽稱予乳名予始愓然予乳名張實不知也並判云汝深具夙根何不速斷塵勞歸心淨業予拜謝此發心之始也是時賊氛遍地學使久不觀風予決意棄儒學佛事悟和法師朝夕親炙解淨土法門惟予由乩語勸悟嗣後月必兩次請乩凡語涉佛教者先後錄存裒然成帙先是悟和長老建永清念佛社師圓寂予承師命領衆乩改名爲智慧道場並云爾淨因未熟耐心念佛此壇可支二十年也是年瘟疫流行醫多束手華大王判救世諸方乞者輒效予因於念佛外兼事放生志益堅定又承乩命行空

獄施丹濟苦消災諸懺每懺念佛七日並勉以若果念佛虔誠諸佛菩薩當來輔助一切判語具如後錄夫修淨業者信願行三字最難切實平日功夫非死心踏地臨命終時何能一心不亂蓮池大師曰信願行三淨土資糧資糧既具準見慈王旨哉言乎修淨業人切勿朝更夕改見異思遷祇要提起一件功課由始至終一信做去信爲功德母長養諸善根無論發何願直至未來際縱刀鋸在前身命可捨而我一念真誠無怨無怖無疑無悔終不退失此淨土方便法門名爲横出三界非比參禪持律爲豎出三界一生不能了脫譬如三十三

節竹子一根豎修者節節咬通方透至極頂横修者如旁穿一孔從此鑽出極其捷速阿彌陀佛四十八願中云若有衆生稱我名字而不生我國者誓不成正覺行者雖多大半希冀現前未來福報求其發願回向者百無一二如此念佛何年得見彌陀至於超拔先靈導歸極樂果其精誠上契自能感應道交世間以佛事爲兒戲又多焚紙鏹冥具致死者執相生貪依舊沈迷五欲難脫輪迴顛倒癡迷真堪痛惜余自椿萱棄養風木興悲罔極深恩不知所報後讀蓮池八祖書方知欲報親

恩莫如念佛仗彌陀力薦先靈出苦往生是爲大孝古人刺血寫經不可枚數兆鸞仰葉前修涕霖如雨因在三寶前稽首立誓陸續刺指瀝血書大乘經三十二部恆寫十年事畢之日造繒綵七級浮圖奉經供養延道侶念佛七晝夜然後焚化沉其灰於盂城之甓社珠湖爲無始以來生生世世父母師長法界衆生懺除罪業仗此微忱同生安養乩判云血滴滴血滴滴映透西方七寶壁三乘七趣出娑婆仗爾功勳超淨域余今年六十有六矣鬢髮如霜齒牙漸脫自知幻宅難於久居往昔淨因殆將具足平生相識半巳墓草離離矣甲午秋

淨業課畢挑鐙獨坐梧桐滴雨蟋蟀哀鳴嗟時序之如流歎人生之若夢奮筆書此垂示後來因搜羅篋中舊存鸞訓若干則又附拙著數條都爲六卷名曰蓮修起信錄節衣食餘資付之梨棗古人云一世勸人以口百世勸人以書倘龍天護法廣遠流通自能感發善芽信心無量此區區苦衷所禱祀而求者耳因作偈曰阿彌陀佛弘誓願度盡衆生無疲倦世人深信苦修持速證蓮邦操左券飛鸞開化具婆心斬惱除煩智慧劍過去現在及未來一切有情三界遍我今刺血寫金經供奉慈王乞垂鑒浮圖七級性中光彌陀一句心頭念同生極樂離苦輪滿我悲懷塵不戀衆生實信普迴光莫再愚癡生妄見噫世間高人才子誹謗佛法以出世之說爲愚豈知出世乃大丈夫第一見識楚石大師云萬億人中一二知是知愚者不愚彼說愚者適以自愚而猶不知爲愚也悲夫

光緒甲午年孟冬月六六老叟淨業弟子程兆鸞沐手
謹述

蓮修起信錄

目錄

蓮邦寶訓上 海陵程兆鸞錄存

大勢至菩薩寶訓

修淨業者先跕脚步將一字抱緊再由是一非一非一是一必須跳躍自在動靜如如隱現無蹤隨時互應澄心覺照娘面翻身卽見自知身泯心泯性佛兩忘惺惺寂寂寂寂惺惺知冰卽水知水卽冰萬派歸原澄清一片不空而空空而不空此不把握中之第一把握也如此前行那有落空之禍自有持手之拳持手二字本是二乘知見若能恆順衆生非持而持非守而守則更進一層順覺性而修行則諸般圓頓知習因而幻染則萬

事成空舉二念則障門全開收一念則諸魔匿跡念起則煙霧頓生心靜則十方映澈若能滴滴歸源自然此感彼應爾修淨業人宜虛心聽之

明華嚩囉哆菩薩寶訓

吾在晉遠公蓮社中習坐禪法凡坐禪者必先坐定調和氣息氣平後以眼觀鼻鼻觀心盤膝而坐不偏不倚心中不思一切念心如水毫無波紋縱有人在旁戲笑吾耳雖聞而心不爲其搖動此坐禪之始也坐定數日妄想不令生如此再坐數日妄想自少此平心定亂之始也不坐禪時心能常定坐禪時心更易平心平則氣

和氣和則神凝神凝後加之念佛念念心頭卽見各各聖像令人心清氣爽自覺欣喜又兼畏敬一切世情均皆忘却此時仍當攝心念佛若一動念轉瞬間一切異景皆斂只吾身端坐於此下座出門仰觀俯察仍是一團濁氣大非定中念佛光景矣因作偈曰光影搖搖浮欲起衆生不在乾坤裏水精如來現全身蓮花脈絡玲瓏矣若論念佛神念口念有聲無聲均不必拘總以神光內凝名爲三昧入手須用兩耳自聽其音神不外馳妄想自退久之彌久心光心聲一片靈機以靈薰靈便能感佛此換骨之訣口送光中之音出耳收音中之光入以威光自養其心神心神圓聚妄念自除人之所以不能如佛者非有所不足也皆由無始以來習氣種子未能除盡不善養心邪則內侵以念引光出入轉薰非出非入無內無外久之得大自在並無可以告人者

普慧菩薩寶訓

吾觀末世衆生情緣纏迫障垢難消雖得法門不求精進稍知覺悟便要稱能忽忽一生仍作飄流之客悠悠半世猶無證果之期受三皈者轉念不敬三寶求五戒者終久難脫五衰茍有真修之士尋求出世之方能知念佛易念心難口念易定心難慚愧前隱發心今現現

中之隱全爲隱隱中之現非爲現能知此中之理自然一念全消萬緣皆寂非隱卽現非現卽隱不空而空空而不空非心非相非相非空有空有相了却真空法門無量妙在其中衆生勤心辦去莫作汎汎之翁而說偈曰一句彌陀萬法通分開混濁出凡籠若能念得彌陀徹便是莊嚴極樂翁圓朗音聲法力窮耳根管照入心中靈光交護包天地忽聽西山一棒鐘三教歸原本是空生生了脫萬緣通悟明根本方爲悟一箇如如未易逢中天月朗淨無聲水底波明樹影橫若欲水中無影跡須將障垢了生生參禪念佛兩相同只要心中徹底空一點未明魔自擾四生解脫證元通削壁千山一月明黃河源本實難尋自家心鏡分明見照出乾坤徹底形

囉囉了悟菩薩寶訓

嗟乎至道淪亡衆生根鈍不求正眼昧却真如以正爲邪沉淪胡底以苦爲樂求道難成不敬賢良不親勝友論高論下諍我諍人學道者有口無心誦經者九訛十錯名號雖稱茫茫莫悟參求稍得狂見難消吾觀時驚愕暗地傷心茍有真修勤求正法心心以自性爲宗念念以彌陀爲主行住坐臥喫飯穿衣由心至口從耳入

心神妙無窮妙光自露佛從光現光自佛生光光圓融念念寂靜寂非能寂念非所念一片靈機十方影現聲中自性性裏無聲聲外無聲性外無性性光含容世界光明湛寂心宗事事皆空心心是佛一佛一心一心一佛一卽亘古亘今一卽無形無相一是非一一卽是一離一得一得一離一離一是空得一非空非空有相有相非空兩忘空有妙在其中此中領略此意無窮此中妙處誰人悟這點悟明歸淨土呵呵我昔糊塗我今徹悟問家鄉明湯湯大路蓮花朵朵層無數接同參娑婆極樂一大步一滴施遍清甘露住住住十方國土皆是

人修住吾今臨壇所判皆是希賢作聖之功脫苦良方之妙劑也爾等其各勉之

過去正法明如來寶訓

南無阿彌陀佛宜耳根聽得清清白白字字分明管照真誠綿綿密密將心佛念得兩空自然月映千江影現鏡明影去鏡空此念佛之真詮行住坐臥喫飯穿衣順逆兩境暑寒常變一刻莫忘爾心卽是淨土淨土卽在爾心無箇不是彌陀無處不是淨土雖隔十萬億佛土彈指卽到蓮池最忌是煩惱心傷殺心高貢心奸婬心譏笑心暗昧心執一心貪戀心喜愛心嫉妒心放逸心

人我心怠惰心此皆修淨業人之所切忌也爾等照此行之休走錯路此法門是我佛慈悲開無上最勝第一方便權巧圓頓易修易證末世衆生根鈍餘門學道最險最難修淨土只要抱緊四字真言如一座須彌山靠得定定如七重香海水徹底清清一點靈知自家照破靈知圓融是假名故以假名假是名爲空非空非假妙在其中六根常淨三惑自清平白地細細收清圓融他刀刀斬斷吾無多囑退

名文光如來寶訓

一串牟尼在手中阿彌陀佛力無窮人人趁此尋歸計

朵朵蓮花氣味同葛藤斬斷卽觀音無去無來自在心真體圓融皆妙覺微塵世界色成金四教原來一理通淺深次第不相同歸原悟得真空性便是蓮開極樂翁幢幡寶蓋大千遮箇箇明珠一不差珠裏三千含世界珠珠相互道人家參禪念佛本相同橫竪雖殊一法通百八慧光心口洽耳根管照鏡光融南鄰北舍幾人家失却真如路轉差總是癡迷難醒悟滿天雲霧雨噴沙經聲佛號喚癡迷鐵鎖沉江浪捲泥縱有慈航來普渡幾人能上碧雲梯吾因往劫中與爾等數人有一段淨士因緣故來此開導汝等既修淨業須要真誠屏除世

俗虛名皈命一心辦道汝等知得一字否由靜生敬由敬成一由一而得死由死而成活活而復死由死而寂由寂而無由無而成有到此功夫即是一字此乃次第進步勉之

智慧玲瓏嚩囉㗧哆如來寶訓

念得一聲佛號能使萬慮皆空千生業障一朝鬆富貴黃粱一夢何不飄然出世自然高悟元通窮魚亦可化成龍切莫自家心動悲夫三界牢籠猶如火宅一念稍差即現萬狀譬如無舵之舟何時登彼道岸夫四千八百法門雖可修持然必由多生功行備歷酸辛方得成

就惟淨土一門專持名號三業便清土以念淨佛以念成隨念往生最爲捷徑但能心生實信勤篤精修速超生死一切眷屬六道衆生以我念佛音光多得解脫豈非極廣大之法門乎且念佛一端不費財帛不勞奔波久久行之純熟打成一片自有大驗可惜世人聞修者衆而決志往生者希造業彌天自甘受報縱有魔頭說偈多從外道開場吾今來此普勸世人能把一句彌陀靠得定定便是脫苦良方形骸雖存東土心神已在蓮池矣爾諸弟子六道輪迴沈迷五欲譬如寶鏡掩塵黃金委地須仗一句彌陀朝夕切磋去其障垢久久不懈

自然消清心光透露雖在塵緣塵緣不雜淨土之因必矣諸弟子既知三界如火宅必猛勇念佛跳出火坑既知極樂是故鄉必求佛慈悲誕登彼岸修淨業必須戒殺世人習氣成風忍心相殺紛紛酬答互作高低可不痛哉　文明前來既修方便正法必須將俗念掃淨只換一念彌陀自然萬慮掃清塵心淨盡　明舟前來淨業人不可貪眠誤了時光能一朝覺悟名淨業大成不如此終歸帶業往生好精進去　達源前來修道人要自家在心地上打掃乾淨自然明明亮亮徹底澄清洞觀內外全無礙重見當年舊主人　松國前來爾修持

數載濁氣未清吾贈一偈心平如水耳如聾目定神凝念亦空空到空中仍有佛佛來佛去佛空空細悟之

淨源前來爾淨功稍好但辦道有先後地步由平等心至四空心由四空心至寂滅心由寂滅心至靈妙心由靈妙心至玲瓏心由玲瓏心至廣大玲瓏心若能淨功到此地步往生品位必高賜爾一偈情關愛鎖一朝除欲得清幽四戒如待到空明薰洗後如如本性自如如

淨澄前來爾時動嗔火與辦道大不相宜嗔與佛兩途佛是水嗔是火最燒功德林宜時時默念彌陀自然心淨陽年無多趕快跳出羅網是爾大幸　淨戒前來

爾爲道場之主。善於領衆。不辭勞倦。善果將成。何須多慮。繞繞白雲。隨意定飛。飛鴻雁上蓮臺。　修志前來。吾降此道場。可喜復可歎。喜者喜諸修得遇正法。堅持正念。後來可證蓮邦。歎者歎衆生雖聞正法。不肯下切實功夫。身後何能了脫。吾觀道場弟子。精進者少。疏懈者多。徒求法名。貌是神非。殊不知法名二字。在閻老案下不能抵擋。對報彌陀一句。能爲萬劫千生消罪障。能爲四恩三有起因緣。爾等修行諸人。皆有神靈鑒察。精進者名標蓮蕊。蓮花自爾鮮明。臨命終時。諸菩薩將花來迎接。引念佛人神識投入蓮花內。所謂蓮胎託質。疏懈

蓮修起信錄卷一　八

者蓮花憔悴。久久乾枯而沒。臨命終時。仍舊隨業受報。吾勸在此弟子。正念持定。休要迷戀娑婆。受無邊苦惱。結萬世寃讎。當發猛勇精進心。專修一行。速棄窮途而登聖境。　淨西前來。爾勸世一片婆心。無人曉得。非爾不力。須知有佛緣無佛緣。均有一定。憑據爾今後每夜向西頂禮念大放光明如來。一串珠。再請阿彌陀佛四十八串珠。再趺坐默佛兩炷香。如此三載。便勸一得一。好好恆心。切莫退墮。　淨體前來。爾道場之主。凡事須要和平。念佛原貴靜。然貪著靜功一邊。一遇動境。便做不得主。是修行大病。必須動中做得主。靜中更易得力。

動靜一致。自無功夫兩橛之患。　緒修前來。爾是女衆先導。要將一句佛抱定。不得搖動。念得三江水徹底澄清。上下貫通。一氣一呼一息。默記彌陀。功夫到純乎其純。自然一月映千江。虛空懸寶鏡。　淨蓮前來。爾修淨業。須將俗緣看輕。俗緣輕一分。業障消一分。靈知便發露一分。凡事以正大光明爲主。清淨爲佳。果能將一句佛號念到不念自念。功夫譬如行車輪之溜。淨功到此可晝夜彌陀十數萬。雖皮袋安眠。而念佛如故。那時一應貪嗔癡愛種種念頭不起。何愁道不能悟。法不能空。此事一心已成。而理一心仍要精進。爾如直下承當。一

蓮修起信錄卷一　九

心念去。自到理一心境界。不可失此千載罕逢之正法。勉之。　淨覺前來。修道要緩緩而進。忙也無用。春間種一斗。秋來收萬斛。修道人心光搖動。必遭魔病。　淨珠前來。爾輔此道場。衆侶赴壇。香廚辦膳。以致逐日定課不能劃一。此後無論坐念臥念。歡喜念煩惱念。高念低念。繞念立念。聯珠念。隨意念。有事念無事念。金剛持念。當依吾囑。念頭莫失。到晚在佛前將一日功課。迴向四恩三有法界有情。莊嚴淨域。唱迴向偈一遍。頂禮三拜。果一生無缺。保爾臨命終時。瀟灑生西。無寃愆相纏。賜爾四句悟之。心淨業自消。業消心更寂。何功能到此。全

仗彌陀力精進行之　中來前來一心堅持萬緣俱寂
存心公直大道無私　淨悲前來爾夜間趺坐將心經
默念一百遍再坐定香一炷至交子時連衣而臥五鼓
起身功課照舊畢散禪經行日間佛號二萬彌陀經二
十卷寒暑無間六年後自有得力處賜爾一偈金光聚
處玉盤空無相無聲法界中法界之中何物見須知此
物◯證元通　淨直前來大凡世人一經眼光射地一
生所作所爲未必盡善盡美無始寃愆前來相擾彼時
牙關不活全賴心王心王不在平素鍊成實難戰萬劫
千生之業障心不能發露被業力相隔雖有佛來亦無

可奈何豈不復墮幽途縱世有大德爲八部鬼神終難
脱輪迴之苦必須心光佛光打成一片定得超生　淨
佛前來爾創立道場十方七道乘念佛音光往生極樂
無量今名播十方人天沾惠道場雖小衆志成城在娑
婆精進修持到西方自爾高超品位生前立願須堅固
好比銅牆並鐵柱萬牛拖得不回頭方可不怕蟲兒蛀
若不能面壁苦行用久久淨功斷除結習終歸仗彌陀
悲願帶業往生到彼岸造修亦要本性悟明方得花開
見佛娑婆難修易證極樂易修難證勉之

華嚴會上菩薩寶訓

衆生蠢蠢皆盲瞎彌陀四字無上藥若能悟透出娑婆
智慧海中稱大覺吾普明和尚也呵呵人生如夢幻質
非堅富貴榮華百年而已雖有高官顯爵桂子蘭孫白
玉黃金高堂大廈一旦無常將至苦惱萬分陽壽已終
死歸無有況在生貪圖口腹殺業多多以他肉補己身
結深寃爲對報娑婆之苦可謂極矣若欲脱此苦任汝
千方百計難以偷安萬劫千生何能逃脱稍有知識者
修持十善可免一時對報但福盡輪轉焉能保真靈不
喪真靈既喪顛倒癡迷復作種種惡業對報循環仍無
了期若欲修仙萬億修持難得一人成就即或成仙終

不免沉淪之苦若別求至高之路方便之門乃釋迦如
來金口所宣西方有世界名曰極樂其土有佛號阿彌
陀願力廣大無量無邊有四十八願莊嚴淨土彼處有
七寶池八功德水蓮分九品樓臺殿閣池流花樹皆能
演暢法音無女人身無三惡道若十方衆生至心信受
晨夕恭敬稱佛名號一心不亂臨命終時定感佛接引
得生彼國受無量無窮之樂如此至高最穩之路衆生
何不早辦前程得入蓮邦即登不退地爾等做定課時
如同佛跕金蓮聽我念佛聽我懺悔久久照行自然心
淨妄想不起　淨佛前來嗣後道場中每季行普佛七

天每天誦佛號十二支香諷彌陀經十二卷名曰獄空大懺淨佛爾喜靜坐念佛吾今告爾第一飲食不可過度趺坐氣不舒暢心神難凝第二坐久經行要依規矩搖動串活血脈若猛然跕起血脈未通得病難治第三佛已默得圓熟一應起身走路要留神養住不可動嗔火念中之佛方能晝夜相續倘若一斷再圓甚難非用加倍之功不得如常古云寂寂惺惺是寂寂昏沉非惺惺寂寂是惺惺亂想非寂寂久生昏沉惺惺久生亂想倘一經不安隨至佛前懺悔次夜再坐再念久之純熟正念不動一佛當胸萬緣俱寂爾恐遭魔正念不動魔

自不入爾心光

大明蓮池伏虎禪師寶訓

修道原非輕易爲死生拋却已心灰任他百業千魔鍊一念堅持永不回看經念佛卽參禪皆賴心誠行力全躲過一番魔語障自然獨鯉得朝天憶昔當年創道場雙修願行太悤忙今朝雖證無生忍猶歎三塗業報長性海源頭仔細尋一靈終不被塵侵無形無相包天地湛寂恆明沒古今大道能求在一誠止觀定慧運神明如來真諦何饒舌老實門中放步行顯現光中用耳修一三三一萬緣休離心離意兼離識好向軒轅借枕頭

念心念佛佛心無無佛無心心佛俱卽佛卽心心卽佛念心念佛佛光舒不念心兮卽念中此時心佛兩俱空圓光交互原無物便是西方極樂翁吾乃蓮池和尚是也呵呵吾往東方世界化導有緣皈吾佛門爾等開乩吾故來此道場開化南閻浮提最惡之地乃有衆生舉此善事實也難得　淨佛前來爾在娑婆普勸情緣當猛勇前進不可懈怠爾行放生會亦屬善念但去凡財何能普濟胎卵溼化諸生其靈知與諸佛無二無別只因造業彌深故受斯報報滿餘業未盡仍受冥報吾佛門廣大慈悲救度但度則度去造又造來午時地獄方

空未時地獄又滿爾道場每季須行普佛七日吾名曰放生解脫懺往劫前大士現宰官身時行此功德吾今宣出是爾等大幸亦無量無邊衆生大幸

文殊師利菩薩寶訓

法傳東土幾千年反覆叮嚀度有緣可恨世人真信少何能安養坐金蓮法壇智慧佛光融願行雙修道自宏歎我蓮邦真骨肉如何埋沒業波中悲夫天仙二道總是幻中樓閣終久難免五衰人道雖有螢火頑福無非造業深坑畢竟難逃墮落修羅執一己之能何得明通大道地獄餓鬼畜生三惡道飢餓仍加刑罰痛哉紅塵

煩擾終為釜內之魚百誤迷盲却比籠中之鳥何如極樂蓮邦逍遙自在無寒無暑四季陽春寶地經行金階趺坐速宜醒悟本源懺悔多生業障直下承當莫教此生空過正法住世如電光石火由衆生因緣已熟勸則信從西方乃有菩薩下世或現比丘比丘尼宰官居士等身指破迷津一經因緣聚足為先導者即捨此血肉身而去諸人向後持名音聲宜圓宜緩讀經要句句分明天道衆生方可聽得了了　淨佛前來爾道場中每季添普佛七天超拔宗祖敬孝乃成道之基爾等宗祖超生乃孝中之大孝也每季添佛會三天超拔淹溺呵

呵此道場所行功德備矣逢各懺期先具表焚化　淨佛爾喜禪定聽吾吩咐如欲禪坐念佛須將雙膝盤齊擺平將身搖動四五次兩手將眼瞠揉四五次口中緩緩出濁氣四五次入清氣四五次然後凝神冬天要穿衣厚夏要衣薄衣服在身要寬大褲袍帶要鬆上下住來氣方不阻坐要直如峯四面不能有倚靠兩手接彌陀印擺平膝腿正中眼對鼻鼻對心隨息之出入默念彌陀初由半炷香時刻漸至一二炷香時刻功夫一深心不煩燥只有阿彌陀佛四字餘外無一毫活動氣雖霹靂亦不搖動念頭如水無波紋之狀功夫到此只要行心不退定力得深心光自然發露淨業易成那時仍有一番魔境疊疊現前鍊行者心性大槪佛化魔來心中格外清涼魔化佛來清涼心中自然煩燥總要抱定四字真言一直念去便知百尺竿頭饒進步十方世界現全身

蓮邦寶訓下

海陵程兆鸞錄存

釋迦彌陀世尊寶訓原判詩一百數十首今擇存廿餘首

微員末職任盂陵百里花封愧得名耿直一生爲我性朝朝念佛度幽冥吾高郵城隍　佛力無私膽氣寒問心無愧覺心安方慚報國能忠孝急進持名念佛壇吾高郵土地　地獄無門實有門循環對報一時成彌陀雖有無邊力難度無明苦衆生吾掌地獄判官　心欲清閑意不閑勞勞天上與人間凶徒仍比喬柯甚欲把喬柯次第刪吾副循環林宏　千年怨氣恨難消一點丹心保漢朝事到盡頭難握轉空教碧血染青刀吾漢關羽　身居天界到人間今日方知出世難宫闕通明珠灼爍何如橫證出情關吾等四天主　縹緲天衣駕輦來五雲高處九重開簪纓舉笏隨金御齋誦宏名種福胎吾忉利天主　山河有相總虛華識得歸源即是家精進持名須自悟免教落寞滯天涯吾查課童子　三教歸源本是空三生了脫萬緣通悟明根本方爲悟一箇如如未易逢吾監壇一誠　打鐵成鋼念一誠東來業海度羣生彌陀念徹無邊力心地圓明願自成吾黄打鐵　僧頹寺敗草青青但見長空數點螢有日慧光能普照慈雲法雨遍香亭吾蓮池和尚　世人造業

蓮修起信錄卷二　一

困娑婆沈溺多年可奈何速早修持登彼岸如梭歲月易消磨吾王日休　極樂西方快樂邦天花亂墜玉琳瑯法音演說齊鳴和樹鳥池流共闡揚吾慧遠和尚　入定何如勤念佛大乘方便易修持一心不亂歸空寂自得蓮胎託寶池吾省庵和尚　法雨慈雲遍大千登壇難把善言宣迷頑顛倒心如醉誰肯同歸七寶蓮吾永明和尚　人生易過是三春莫爲情緣縛一生心裏掃除心裏事夢中修煉夢中身吾文殊也　蓮邦有路無人識寶鏡無塵永夜明可歎業河諸弟子何時功滿出紅塵吾普賢也　瓶中甘露味清涼手握明珠百寶光楊柳枝頭開智慧從今一灑免災殃吾南海老衲也　手把新荷著意栽薰修願足證蓮臺今朝極樂雖成果也是當年淨業來吾大勢至　萬朵金蓮出寂光衆生何故棄家鄉若能反本歸原體便見莊嚴大法王吾釋迦老子是也　寂光土裏老頭陀丈六金身下業河寶筏無邊橫願海祇憑本願度娑婆吾法藏比丘是也

吾等無量劫前立弘誓願法傳東土普度衆生原因濁惡愚癡久迷業海欲濟大千佛子共脫苦輪淨佛今立社化導世人同修正法普同念佛功行甚多惟當時時刷磨振作一朝得一心不亂功夫摸著本來面目便

蓮修起信錄卷二　二

知佛言非妄矣吾今降此道場爲此地衆生罪重浩劫將成實深悲憫其未遭殺劫地方因有二三善男女代衆生念佛虔誠懺悔今爾等須發大願開念佛懺四十九日具表哀懇大數攸關不可兒戲劫數有無全在一念相感慎之慎之

過去正法明如來寶訓 原判詩十餘首今節去

爾等四十九日懺期已滿諸人心光圓聚與諸佛菩薩大悲光相續不斷懺中仍有十五枝香心神不定其間少度苦厄毫釐之災難免爾等業眼業耳不見不聞懺中諸佛菩薩化無數億各類趣身通其言語天曹地府

海島龍宮攝授道場聞經聽佛化解寃愆以消大劫諸佛爲衆生悲心粉骨碎身難報萬一諸子各宜向西頂禮以謝佛恩各向虚空頂禮以謝護法諸天龍

余於同治三四年夜間常夢大水不以爲異獨五年夢遍地波濤不分邊岸天地晦冥雨點如卵俄見水及余簷倉皇登屋失足驚醒心甚詫異次日懸乩乞示諸佛慈悲遂有開普佛道場挽劫之判余與同修虔誠啓懺懺中第三日余寒熱大作遍體生瘡每一跪拜膚如刀割余忍病將事四十餘日不生退悔懺滿病亦旋愈一誠菩薩判云爾等舉行此懺擔荷太重故遭魔折幸菩提願切未至中輟可敬可嘉初啓懺至三十五日上河堤決二百餘丈下河大小圩堤均潰一望滔天毫釐之災如此倘全災更不知作何景象仍有感應者余所居勝德圩週廣四十里田三萬餘畝他圩皆決此圩巋然獨存當水至時已平圩頂勢欲灌決忽狂風大作拔樹捲屋是時風聲水聲與衆丁堵築聲呼號啼哭聲驚心動魄諸禮懺者不能堅定扶鸞乞示判云在壇諸人宜平心歸坐念佛此乃六慾天魔行威因爾等數十日心光圓聚欲以威力損爾道場爾等但攝定心神毋妄生疑懼吾賜

符一道懸之壇中保爾等魔難化爲吉祥煩惱轉成清泰珍重子初風小丑正則水無波紋堵築既易水亦頓退此圩不獨免災且穫豐稔感應道交真不可思議矣 北鸞謹誌

守壇横超菩薩寶訓

彌陀一句超生死念得圓融見法王萬劫千生寃盡釋剎那含笑證蓮邦横超降淨佛吾生前爲布客六十年買賣真實不肯少人分寸持準提齋放生戒殺死後無罪且深信淨土來此守壇我佛開此念佛横超之門世間業識甚深往往不信近冥中大興淨業各處城隍開

念佛道場已有九百三十處。凡世間人死過七七日，方照在世善惡各受業報。四十九日內未經發落之魂識，即送入道場念佛，如果誠信不疑，即可化解冤愆，超生極樂。若無深信，依舊輪迴，隨業受報。淨佛爾可知虛空諸佛設一道場，金瓦玉柱，瑠璨寶階，宮殿直到星宿天，常有諸佛菩薩往來說法，上界天仙來此道場皈依受戒，各發菩提。

一誠菩薩寶訓

現冥界佛法大興，東嶽大帝亦建念佛道場，開導魂識。凡在城隍案前不信念佛者，受冥刑數次，押至東嶽。如

蓮修起信錄卷二　五

信念佛，送至大道場懺罪往生；如再不信，即付閻羅，照陽世所造身口意三業，較量輕重，發落三塗對報，出苦無期。諸佛愍念衆生，又由悟和長老說冥教法門，感通冥中，故諸神各各發心了脫生死。此往劫前因緣定數，此數惟佛明了，吾等未證五眼六通，不知無量劫前因緣也。淨佛行空獄了冤大懺，念普佛各七日，此十四日內，仗諸佛菩薩誓願威神，照爾等在壇弟子，由無量劫來所受無量身。諸佛菩薩一一化作無量各類身，放大光明，照十方世界，上至有頂，下至無閒，通其言語，勸其念佛，攝授來此道場，聞經聽佛，禮懺受食，醒其癡迷，消其冤怨，懺其罪業。醒悟者自然念佛，念佛一聲，即吐一光。此光是衆生本有之光，因展轉六道，罪業甚深，此光不露，成爲衆生。其上界神仙，或由大忠大孝上生，或由修鍊上升，或修上品十善上生，本來光明未露，福盡輪轉，不出三界，佛亦名爲衆生。冥中神鬼二道身、三塗地獄餓鬼畜生等報身，所生身不一，皆曰衆生。三界外諸佛菩薩皆法身。此道場開懺，爾等念佛光明，諸佛菩薩普照光明，及一切衆生魂識念佛光明，光光相續不斷，諸佛菩薩大光明幢籠罩七道魂識，出三界，過金橋，歷十萬億佛土，到極樂國，如彈指頃。如衆生經過各土，動

蓮修起信錄卷二　六

羨慕妄念，即下生所歷佛土，不得生極樂國。極樂佛剎無量無邊，蓮池之外有疑城，莊嚴猶勝欲界忉利天。再過去有特羅蜜城，有化城，有懈慢國，方到蓮池，入凡聖同居土，再進方便有餘土，再進實報莊嚴土，再進常寂光土。凡修淨業人，得一心不亂，所歷境界皆不動念，神識可直沖常寂光，入寶池中，投入蓮胎，花開見佛。若遇疑化等城，動念即落邊剎蓮胎，修持經劫，方得花開見佛。彼處荷花開合爲一晝夜，娑婆世界已一小劫。吾今判明，此吾之慈悲也，勉之。　往生者視道力之淺深爲梯楷，娑婆修一日，勝西方千年，因此處純惡，彼處全善

功行攸分也爾等十四日懺中所度皆諸人生生世世善惡兩緣所謂善緣者或曾爲爾父母師長眷屬親朋或曾受爾救濟此卽爾之善緣也所謂惡緣者或爾等夙世之債主寃家或誤傷故殺他命彼等作孽深重受畜報身不能報復畜報罪盡轉爲人道因曾爲爾等所殺此卽爾之惡緣也善惡兩緣一衆生有諸衆生又互相有故無量無邊善惡兩緣在三界內循環對報無有了期俄爾神鬼俄爾王侯將相貧民賤役俄爾地獄畜生顚顚倒倒或前爲母後爲女或前爲子後爲父或先爲兄弟後爲畜兄轉人道弟爲兄食凡夫改頭換面錯亂因果諸佛觀之暗裏悲傷可不畏哉　淨佛前問吾之來歷未便告爾今壇內佛事消閑吾告爾吾宋時進士不願在朝幼喜念佛放生茹素每日念佛五千聲每月放生一次至五十八歲發願朝普陀行至山東遇一和尚名星月問吾生平何業吾告曰由第不仕最喜佛和尚曰爾念佛何念吾曰最喜佛不知何念和尚太息曰吾看爾身有光丈餘豈知仍是娑婆苦衆生吾問故和尚開示淨土方便法門又贈無量壽經一部語錄二本全說西方極樂世界吾俯伏皈依賜名一誠壽至九十三歲而終蒙觀音大士接吾生西投入蓮胎吾之蓮

花週圍應世間道路四十里在極樂蓮花是最下者數百年來在花胎內念佛懺悔終不透徹一誠二字蒙觀音大士說法數次吾業障全消真性悟明花開見佛摩頂受記於凡聖同居土下品下生因吾在世只修持自己不知發願度世落於小乘今淨佛忍辱精進發如此廣大悲願可羨也

監壇一誠菩薩寶訓

吾一誠也呵呵道場雖小恆娑世界皆知爾等七日施丹功德可敬可嘉十方世界無量國土六道衆生沾惠無量惜諸修功行不深定力不足心光不能圓聚解脫靈丹不能變化無量尚有八億國土未能得此功德如諸人得一心不亂功夫持咒做丹時施放時不起一妄念一粒丹仗佛力咒力可化百千萬萬億億也

守壇淨廣菩薩寶訓

吾淨廣也淨佛等行消災懺雖不能全數消除仗佛慈悲可滅一半諸君念佛亦知念佛之利乎念佛不獨自利兼可利他利他卽是自利本無分別今與諸修說幾箇譬喻如屋三間屋中均是爾等債戶追討不休一時却還不清欲逃又被攔住必將債戶一一還清屋內無人阻止爾等自走出去三間屋比三界屋內債戶比爾

等生生世世因緣纏縛須要一一填還債戶還清出屋比爾等念佛音光普度情緣情緣出三界屋內無人矣爾等出屋卽身後生西也凡道場念佛無論風雨總要到壇冥中情緣仗佛力威光蚤一日度脫卽蚤一日生西臨命終時自無業寃前來纏繞　吾再說一譬喻娑婆爲大業海海中魚甚多爾等是漁人取大網下海取魚魚滿網重拖拽不動反被魚墜入海若拖網時來一大力人代執總繩自拖上來大海比三界海內魚比爾等生生世世善惡兩緣爾等存心救濟諸苦比網魚被魚拖入海比誤入外道迷於世緣終久沈迷業海有大

力人助洩繩頭是阿彌陀佛阿彌陀佛本取魚之人歷劫用大慈悲智慧在業海救取衆生爾等精進念佛濟度情緣自利利他非仗阿彌陀佛大力不能誕登彼岸爾等如不念彌陀甘心沉溺輪轉三途阿彌陀佛雖張網待魚魚不入網漁翁亦衹歎息而已爾等速醒悟也

又一譬喻此三界名欲界色界無色界上窮有頂下至無間人生三界中生天者福盡還墮受罪者報盡還復上下輪轉無有出期猶如三層蒸籠內裝餽食日在水鍋上薰蒸籠蓋却有一小眼要人會摸此何說也第一層籠比三十三天以上諸天地仙班四禪諸聖第二層籠比王侯將相貧富黎民第三層籠比冥中地獄神鬼上有一蓋蓋定一應天仙人畜不能出離三界三層餽食卽此說也三界內天人神鬼畜生上上下下轉輪無休猶如翻籠衆生一靈真性生生世世終日薰蒸枯焦闇淡毫無光明以致不出七趣沈淪籠蓋有一眼會摸卽念佛橫超三界生極樂入蓮胎得大清涼也吾說三喻皆極淺極真諸子平心悟之　淨佛問悟和師來歷悟師本妙覺位化身東來託生出家挽此大劫凡大菩薩現身宏法度世多受魔難其不以爲苦者無他能證忍辱波羅蜜多耳爾遇悟師幸善芽深厚易於萌動

不然又當面錯過十方諸大菩薩常在世間俗眼無知錯過多矣此壇將撤吾贈爾等一服清涼妙藥保爾等撒手歸西花開見佛其法每時每刻用阿彌陀佛爲丸以三昧火煉成以智慧歸源水送下自然百病消除此最靈方也

往生徵信錄上　海陵程兆鸞錄存

六通圓朗果方成無去無來見本真一念空明除痛苦十方寒冷變陽春金鐘敲破難醒彼木鐸虛懸罕度人待到機緣成熟後芒鞋擲去出紅塵吾永清蓮社悟和

是也宿雨初晴新春漸換娑婆光陰如此迅速白頭修道不知就裏玄機能不生畏懼心耶能不生勇猛心耶道場弟子功深者已往生其未往生者又少一歲了少年易老老更催殘此時若不精進更待何時一朝命盡閻君案下對報無情那時喚地呼天悔之晚矣阿彌陀佛在苦海接引衆生但念佛名卽登聖境最怕疑而不

信心願虛浮行而不恆始勤終怠果然一念真誠卽得橫超三界若悠悠忽忽障重心輕自願不堅豈更有妙法度汝偈曰莊嚴妙體證如來苦海茫茫實可哀我欲法船皆度去此身永不許東來一點靈知障垢深自家埋沒困紅塵非關魔力聲威重祇爲諸修少利根

黃金爲地寶爲樓不識年來幾萬秋仙鳥清幽常寂樂法音嘹喨少人愁蓮花託體皆青眼荷葉爲衣少白頭饌供天廚隨意食瓊林寶所任遨遊吾楞嚴庵明舟和尚也

漫說程途億萬賒祇憑四字出塵沙六時說法常依樹三聖談經亂墜花片片清流金玉注層層寶閣翠雲遮無寒無暑無煩惱隨意安閑聽法華吾蝗王廟僧松園也今往生矣

四土蓮花四土香土中各各見慈王觀音常喚癡人醒大勢頻催蓮蕚芳自在閑雲三昧得清幽甘露一心涼果然業障全消盡必定香林姓字揚吾財神廟僧達源是也

動念我皆知塵緣總是癡千層登寶閣五色踏蓮池樂奏清音妙功成寂滅遲袈裟常挂體春夏自然宜吾承天寺住持文明和尚是也

一朶金蓮出寂光踏蓮彈指到壇場裝成寶閣無邊景燒透沈檀分外香坐上有賓皆達士龕中供佛是慈王我來此地多瀟灑髣髴蓮邦清泰鄉吾三觀殿住持往生和尚也

苦海茫茫淨業能逃凡僧證果極樂逍遥吾東斗壇和尚樹田是也

以上數僧皆悟師弟子在永清道場念佛命終往生極樂判語分明豈妄說哉

我已得人身我又人身出我由地獄來我將地獄入出則事諸佛入則度魂識我度衆生靈我卽西方佛吾高

郵觀音庵尼緒修是也吾隨悟師到此與諸君一敘闊別流光迅速轉盼幾易春秋吾前兩世受女身又復週行六道三塗甘受苦惱度脱有緣今歸上品爾等既發心出世當行菩薩道精修六度萬行忍受諸苦盡度情緣勿生退悔苦海修持宜早一切身外之事棄之爲要何必以無益俗累誤此有限之身

法音不斷演恆沙讀過楞嚴誦法華百八牟尼常宛轉六時鳥語自諠譁寶林璀璨生池畔荷氣芬芳出水涯從此芒鞋抛海内慣將雙足踏蓮花吾往生極樂觀音庵比丘尼本蓮是也

師生時在佛前發願弟子逝後願幻軀不腐留勸後學師圓寂循例荼毘舉火一晝夜龕頂未焦尸但薰黑絲毫未損衆易龕供奉水師軍門萬公捨資裝金金剛不壞身乃常住娑婆矣附記於此

羣生沾福慧極樂寶蓮中功德今完足全憑念佛功吾兩世前爲龍泉寺持戒僧前一世爲甘肅張姓子官至陝西道引見入都遇悟和長老於紅螺山剎談經兩日茅塞頓開志願皈依賜名淨廣修持三年棄官歸里每天念佛三萬諷阿彌陀經十卷晚間將一日功課迴向佛前每月放生三千文吃六日齋食三淨肉至六十一歲生西歸凡聖同居土吾淨廣也

老老老七寶池中苦空鳥說英雄多少都浮雲過了離離白骨埋青草呀天荒地老蓮邦境好歸來宜早吾韓惕夫法派淨慧也

倏忽端陽處處榴花爭放光陰似箭忙　人生戲場傀儡皮囊醜相何處認家鄉吾王敦仁淨修法名也

悟到本來面目方知了却浮生隄邊楊柳最無情吹落飛花滿徑不是佛門廣大安能墜絮登茵堅持五戒識知音自有同修相近吾張金門法號淨源是也

金門始業儒後慕長生導引之術毁家貲廣行善事

嘗漆一大葫蘆自製種種藥劑置壺中夏間荷壺肩上芒鞋草笠行鄉間遇人家便詢汝家得無有病人否有則量病出一刀圭輒效鄉人見之卽喜曰葫蘆先生來矣悟和法師奇其人因其善扶鸞藉其鸞力悟師請佛降壇金門始知固形鍊氣終墮空亡改修淨業悟無生之理信解超羣

呵呵我來了遠見紅光一片上接霄漢謂是失愼我却知是諸修念佛音光與佛大悲光相續也善哉善哉吾高淨順也悟和法師俗兄

三間茅屋半畝斜貧賤蕭條是我家此日蓮邦瀟灑勝

他年寂寞度年華吾往生陳淨鵠是也
溷迹人間六十春悲歡離合暗傷神今朝修到蓮池地
方得逍遥撇世塵吾往生王淨婆也
非我亦非人塵勞掩性真一朝心鏡澈蓮放一枝春吾
秦淨德也
本是清真體娑婆業障遮花開心地淨極樂卽吾家吾
往生王淨圭是也
五陋身成障垢多爲兒爲女苦奔波今朝方識塵中幻
含笑蓮邦吐碧荷吾往生張淨澄是也
生西快樂說無邊百法明門豈易言棄却幻身歸自性

逍遥淨域享安全吾往生胡淨陀也
諸修心地總難堅皆爲浮生利欲牽待到如如功行足
自然獨鯉得朝天吾往生魏淨園是也
滔滔苦海望無邊衆苦沈淪歷有年幸遇彌陀來指引
行心從此坐金蓮吾乃智慧道場高淨志也
一朵金蓮含一佛羣生度脫踏蓮花逍遥清福羣仙比
却較羣仙百倍加吾朱淨空是也
天花亂落如麻極樂西方吾家默坐心頭念佛興來足
踏蓮花吾智慧道場錢淨願是也
西生極樂養天真拋却前生與後身死後渾如湯沃雪

猶聽諸侶說紅塵吾智慧道場往生錢淨傳也
松風吹午夢回睡眼模糊醒便歸日落西山何處是鐘
聲一棒響如雷吾智慧道場宋淨寂是也
一蓮含一性心淨蓮花淨君等欲歸西堅持一念定吾
智慧道場盧淨香也
往世全憑陰騭文出世全仗彌陀父若能兩念成一念
步步金橋共玉路吾趙淨恆也
生平最喜念彌陀處世無端受折磨此日逍遥歸淨域
紫金臺上恨娑婆吾朱淨實也
一世辛勤到白頭功名富貴等蜉蝣茅廬今日新拋却

七寶樓臺任我遊萬慮皆空遠俗塵莊嚴極樂我先登
浮漚幻質君休戀誓取蓮臺最上層吾自皈依悟和大
師方悟過去皆幻未來一空既知出世之方何敢偷閑
自逸從此精修淨業懺悔前愆全賴彌陀一聲抱定真
言四字奉戒定心決真實行每日定課之外行住坐臥
皆不離一句彌陀雖疾病痛苦之時猶勉力持念如此
三載蒙佛慈悲命終接引年登花甲果證蓮池汝等道
侶子孫當以吾爲榜樣如此而修如此而證有厚望焉
西方極樂世界中品上生程淨體降書此兆鸞父也
衆生億類億心腸苦海遷流遍四方何不死心歸一念

霎時瀟灑證蓮邦吾程淨戒也吾生前皈依悟法師對
佛發真實信願行心念佛持素放生戒殺每日定課外
助淨佛領衆念佛二十年來苦志修持未嘗一刻鬆懈
故臨終正念分明蒙三聖放光接引壽盡歸西蓮胎託
質四十九日花開見佛聞法授記過去未來洞明纖悉
然總不離彌陀方得此大利益也諸侶各宜勇猛一人
得道億類蒙恩爾等數珠一串名播十方諸佛讚歎功
行非淺不可半途而止也西方極樂世界上品生程淨
戒降書此北鸞母也
蒙佛慈悲攝授歸淨緣初結俗緣非後人莫懈持名念

本願彌陀誓不違吾程應佐也可歎娑婆世界輪轉對
報終無了期何如生極樂國登不退地彼岸修持直至
成佛吾再前一世爲貧人喜拾字焚化數十年未嘗少
懈今生得解元之報死後功過兩平汝母在世守節清
貞又諷經茹素死亦無罪今吾孫淨佛深信淨業立社
勸人功德甚大吾子淨體不忘根本刺血具表爲吾兩
人受幽冥戒法師賜名淨聞又代吾等行獄空大懺七
日度脫歷劫以來冤親魂識媳淨戒代做定課一年孫
淨佛孫媳淨珠各念佛圖四十八萬所行一一功德均
爲吾等迴向西方子孝孫賢感通佛祖慈恩垂拔得入

蓮池淨體問程氏宗祖吾尚未得開花不甚明了今蒙
菩薩攝授方得到壇淨佛速呈紙筆吾略說數語傳之
子孫謹守家規遵重佛法不忘先人修淨業之遺澤也
　余乾隆年間人也幼讀詩書壯遊邦國身列儒林名
揚江左榜花開兮盼金門七次筆露垂兮步玉闕三年
福種心田詎仰雙龍之望仁求書鏡敢邀五鳳之榮半
世悠悠一生逐逐雖存磊落之心終滯飛騰之志鵷班
未點日落西山龍鱗將成風悲北墓昔日陰曹奔走今
居淨域幽間玆降乩也有厚望焉爲人以慈孝爲先教
子以孝忠第一尊親敬長鄰里謙和正本清源安貧樂

道濟人先求免死易危爲安愛物必須放生臨難得救
度量天空海闊性情日暖風和作種種陰功行時時方
便精修十善清淨六根念佛度生放生戒殺四恩方可
普被三有自爾均資世法尚可明言出世難於筆罄四
生六道逐妄迷真十聖三賢知修待證與其參禪入悟
獨朗孤明不如念佛往生至高極穩煩惱除時清泰之
鄉得入濃情淡處菩提之路能修心意識兮全離自成
華藏信願行兮具足定入蓮邦念念彌陀心心嚮往直
入華池之境終成歸願之堂專持一行進道無魔頓越
三賢妙圓莫諭何地不通何光不接水鳥樹林樓臺殿

閣具百寶色含萬道光諸剎難與比肩極樂莊嚴第一十方世界無量佛土一切人天總皆願往偈曰萬事皆空一本相同修遲修早極樂相逢西方極樂世界下品生程應佐降書此兆鸞祖也

扯破情關出愛河一輪心鏡自家磨無明障翳全消盡頃刻光華湛碧波吾程淨珠也吾在世功課微末所幸信願兼全每逢智慧道場開社之期吾主持齋供操作勤苦數十年來從未煩惱壽終時淨佛在吾耳邊念佛因得不失正念大士接引生西惟功行淺薄所證甚低道場諸侶切勿效吾在世錯過光陰今日方知在娑婆

精進一日抵西方修習千年何以故西方全善無惡此五濁世界不善者多修淨業人如火中栽蓮難得成就非有大信願心不能堅固不退也可將吾言傳知遠近諸同道光陰是寸金既修淨業不可學吾虛度今悔之晚矣西方中品生淨珠降書兆鸞妻也

以上諸人皆悟和法師弟子往生者均以淨字爲名係悟師所傳淨宗法派也

生徵信錄下往　　海陵程兆鸞錄存

偶來乩院竹梧清鳥語花光亦有情往事早隨流水去寶蓮臺上悟無生吾淨雲也爾等欲請已往諸師殊非易易且住吾往請悟師並往生諸侶咸赴此會

悟和來也呵呵淨佛深情刺血婆心設此香壇有緣者臨諸師到此亦各有因放下諸緣念佛誦經功成圓滿各向西行淨佛知之乎吾永清蓮社中弟子雖多而往生不廣皆由愛戀情深真實心鮮平日悠悠忽忽以致臨命終時念頭雜亂流於五濁茲將已往生諸子淨佛所未知者同來此會副爾之請其餘帶業往生弟子本

性未悟尚在蓮胎不得來此昔已臨壇者亦不復再來且佛法本空信便是有不信便無有無決自本心留此踪蹟何爲諸佛所著經典深切著明世人尚不深信何況談鸞諸子欲皈依者當聽我教第一生死當頭勿退道心念佛而外常行菩薩道廣積陰功宣揚佛法不可口是心非當以信心爲本能信願方切信字不實念佛不誠噫此不誠者是無善根也安得往生寄語諸子早尋安養回家莫負我叮嚀苦口

光陰易過壽算難增前程速辦莫誤人身持齋念佛廣度衆生兩忘人我即證無生吾清江王錫三法名淨真

遇悟和老人指破迷津皈依淨土遂得往生

上事彌陀下度生靈自登極樂常發悲心吾桃源縣儒生張景遠在世二十年廣行善事後皈依悟和法師念佛往生法名淨度

求生者多往生者少祇因輕忽將就既無深心又不了迴向之故也余王家營農人生前最好放生後皈依悟和老人虔修淨業往生淨空是也

劫土藥難强病骨長江水不洗離愁吾於咸豐己未全家遇賊被害渡江至海鹽西鄉普渡庵薙髮十載功行不知淨業後皈依悟和老人於同治八年己巳秋七月

往生淨一是也

我念彌陀彌陀即心我登極樂極樂在心心佛無分參念如一了却此心萬事俱畢吾寶應東鄉七里灣草庵僧淨華是也生前念佛四十年於咸豐丁巳春二月往生

佛珠在手鑪香日焚生前何善奉陰騰文吾山陽縣吳道生法名淨月是也

念佛生定慧自然成三昧若不一心專安得蓮花位吾揚州北門外貧婦於嘉慶四年往生皈依悟和法師法號淨安世人不知亦來赴會

憂貧憂死更憂疾百歲光陰不知惜三途擾擾業隨身何若西方樂無極吾清江又一村人生平訓蒙專修淨業淨愁是也

物我俱忘一心不亂祇知念佛不必參禪吾西壩時而樂生平常時念佛廣接情緣皈依悟和老人淨清是也

偶發大心易勤修正見難私心病不去終不出塵寰吾吳江採藥人于天爵皈依悟和老人法名淨善虔修六年後販藥草亡於舟中舟人恭敬舟人姓郭己亡二年現生西方邊地吾之力也

落葉不堪回首憶歸雲誰念大風歌余淮安藥師庵僧

念佛四十年於咸豐三年得遇悟師指淨土法門發願往生

迷時許多隔閡悟後得大圓融吾焦山住客僧於同治元年從自然庵得病血常上行猶不敢離佛聲次年三月於南草庵坐脫往生今得下品蓮花

塵緣歲月如流水惡趣忙忙終屬空吾高郵南鄉百家村人遇悟和老人指示發心勤修淨土淨塵是也

已聞人世將遭劫何說西方不代愁吾高郵大王廟僧於咸豐年從悟師遊方明淨土捷徑往生西方邊界亦復不勝其樂自到西方極樂娑婆情愛頓忘淨庶是也

得失毀譽名利之關若不早破欲往生難吾淮安儒人
何用留名
百年容易過萬事空煩惱勸君勤念佛早到西方好吾
高郵南門貧女淨心是也苦修二十年未嘗一刻離念
佛今生西方坐七寶蓮臺亦在世念佛之功也
帶病朝山走萬苦千般受秪念阿彌陀雖死不離口吾
出家三十年身染瘡患於咸豐甲寅方得脫此苦境行
脚僧淨苦是也
人生易老歲月將終速離濁世入寶蓮宮吾海州程子
春淨判是也

在世日日厮鬧誰知西方我家吾京都勢至庵僧於咸
豐年南來遇悟和師勸修淨業今已往生
驚醒火炕夢脫卻煩惱袋不受輪迴苦安然得自在吾
從悟和師受戒十載之中未嘗一日離佛今得上品蓮
花淨覺是也
聞說吳江楓已冷且看隴首雪初晴吾淮安楊安於咸
豐十年皈依悟師虔修二十八年未嘗存一惡念常獨
坐默佛不覺今已往生
古寺梵音千衆佛夕陽光景數聲鐘吾江陵十里鎮一
念庵僧於同治年遇悟師頗得淨土正旨今已往生

勞勞碌碌總成空徒用心機夢幻中四十餘年家室累
彌陀怎得念成功淨佛知吾否吾陳厚夫也吾病中萬
苦艱難之際一心念佛求佛接引亦因在日常聞淨佛
談論雖不念佛而久已熏熟故一念真誠世緣不戀蒙
佛接引得生邊界
水陸從戎十二年家鄉迢遞隔江天紅塵看破凡胎脫
富貴翻成清淨緣吾了悟和尚是也吾生宋時姓李名
益棄數十萬家資從方外游不思俗福自到西方常顧
念衆生無如有緣者少今與爾等相識既遇真正法門
不可一生空過

昔時我發無上心爲此大地衆生故衆生惡業何時了
一入迷途終不度吾淞江儒生蘇長春是也在世勸人
修淨業因實信得往生者纔二十二人耳其餘仍流轉
娑婆可歎也
一念迴光生彼國從兹再不夢娑婆吾了空也爲僧九
世不遇明師真爲可恨遇悟師指出淨土捷徑方知造
修往生
放生戒殺非小善濟困扶危一大功凡我同人修善者
虔心尤貴始兼終吾姑蘇東門趙康生前散去家資七
千餘放生靈數十億萬念佛齋僧今已得生上品可歎

世間貪滋味殺生者無非地獄中往來之人也
寒風獵獵吹孤雁古寺沈沈遞遠鐘多少人間可哀事
夕陽回首暮雲封吾高郵趙淨香也
畢世紅塵貪戀今朝大夢方醒吾周靖川也吾死後淨
佛施甘露數十次諷彌陀經一千卷爲我迴向又邀道
侶念佛故得生西入蓮池下品請轉告吾母夕陽已邁
趕快收念抱佛回家切切
百病擾擾何藥能療一念真誠彌陀來保吾高郵王淨
界是也
安分度時光清苦自家嘗心田常淨潔念佛六時忙吾

乃寶應畢有餘法名淨慶是也
生西二十年安養樂無邊生前無別事念佛不參禪吾
寶應南鄉農人皈依悟和老人淨恆是也
四野煙消風月淡淒涼景物望中生吾寶應北門貧人
遇悟師指淨土大路闔家九人虔修淨業戒殺放生往
生西方亦大幸事淨修是也
一番風景催孤雁幾度衡寒放早梅吾於淨土法門用
去家資結諸道侶念佛三年後遭回祿房廈一空吾道
心不退今已往生淨嚴是也
水過平原知北向人留苦海不西歸吾淨圓是也

住世奉行陰隲文出世勤念彌陀父若能世間均如此
福至災消神佑護祇因衆生皆昏迷殺盜淫妄無其數
自投羅網自遭殃各向三塗覓門戶如來垂手大慈悲
衆生何不蓮宮住吾高郵西門張德昌淨利是也
人身住世苦無常白髮蕭蕭兩鬢霜幸遇悟師來指出
虔修四載往西方吾高郵西門七八老人淨羅是也
十里東風未暖一天細雨難收祇爲懸乩相聚半灣壩
口停舟吾本廣西儒生死後上帝念吾在世無過聽吾
散蕩命吾此處爲神今皈依真一道人念佛往生淨土
慕君等篤志特來結淨土緣君等果能深信篤實修持

當悟取彌陀即自性也
莫戀韶華好玉梅花落鶯聲早春去了人壽光陰剩多
少　世事空煩惱五更雞唱天將曉休草草一句彌陀
是真寶真一道人淨真來也信者聽吾言不信各分散
華子爾父茹素有年頗有善根惜淨業未修塵緣難脫
嗚呼茫茫苦海去何所之咦蟾蜍射處光先得蝴蝶迷
時夢不醒會得否
念佛築根基積善培枝葉西方十萬程往生祇一瞥吾
名淨淨姓吳雲夢生徒也現主此壇可常領教
依然風俗澆漓甚誰識幾希道在斯此後依依休別念

隱微得失寸心知淨雲來也爾等體上天好生之心天必賜汝以福百善之中莫大於戒殺放生物命不拘大小悉宜救濟若行之久遠生獲福壽死必往生吾不妄語也

濟世休言易虔修莫畏難西方程億萬片刻到乩壇吾道光年間人丹徒繆香山名續者是也奉雲公之命爲淨清判濟世方今年青帝司權土氣當衰往歲冬温春來多寒染病者宜表散温攻姑立一方濟世

七朝鐃鈸鬧喧嘩不識西方是我家速早修持尋出路旁門外道等狂花吾京都觀音庵覺信是也此壇念佛人雖多而識得念佛原由者却少大半借念佛裝飾門面貪圖利養此外道通病以後當各勤正念勿負我佛慈念衆生之意也

曾記春初碧草嬌那堪此日盡蕭蕭山村水郭煙俱冷古寺荒城色正銷觸目暗傷時已暮關情應念鬢全凋休嗟四野多衰颯且向荒壇判爾曹吾淨雲也淨觀所問淨業之書雖多其理則一能識得一萬事俱畢龍舒淨土文可常看楞嚴經大有益處其餘經典各有了義行世以周安士全書足矣李二曲全生録研幾録最簡可看也

記得東風拂關心又到冬與君相别後今日幸相逢吾朱覺圓是也

光緒甲午秋將以往生徵信録付梓又念悟師蓮社弟子近時往生者必又有人余刺血書表虔請臨壇又得若干人因並刊附前編　兆鸞謹誌

華陀大士籤方

爐中却病煉金丹。九九功成火候難。龍虎調匀升降合。院中新竹報平安。近來藥籠甚消閑。還把彌陀念兩三。妙法回春人不信。空教珠淚落珊珊。吾華陀也。吾奉佛勅來壇判方濟世。呵呵因緣盛矣。吾今所判內外丹方各四十八籤。合古彌陀四十八願。衆生一念虔誠。自有感應。

內證籤方

第壹籤 桑皮貝母用三分 半夏陳皮定要陳 桔梗二錢糖作引 煎湯服下可回春 病愈念佛四萬八千滿圖壹張佛前焚化代念亦可

第貳籤 茯苓白朮共烏梅 各用三錢若手推 借問此方何作引 煨薑一片棗三枚 請觀音聖號一千二百聲閤家代念亦可

第叁籤 一錢豆豉四分連 香茹柴胡各二錢 虔誦大悲水煎服 如方三服保平安 臨服時先請觀音聖號二十一遍

第肆籤 延胡索共五加皮 各用三錢病可移 臨服誠心宣聖號 此方屢試有神奇 閤家念十萬佛二天完竣來壇焚圖有感

第伍籤 青皮兩地與茵陳 白芷連翹共苦參 每服四錢煎五滾 燈心爲引効如神 代念佛圖壹張

第陸籤 台烏半夏共沉香 各用三分作滾湯 金橘三枚去核肉 煎湯服下病安康 代持解劫咒一百零八遍楊枝水灑病軀

第柒籤 金銀花酒一方良 加上黃芩製大黃 戌刻無根水煎服 虔喧聖號自安康 代放生命一百佛號三萬聲

第捌籤 黨參白朮共黃芪 遠志山萸搗若泥 猪腎一枚同煎服 分爲三次病稱奇 代誦大悲咒解劫咒各四十八遍

第玖籤 川芎歸尾與紅花 白芷秦艽共木瓜 每用二錢酒作引 如方煎服自然瘥

第拾籤 猪苓澤瀉車前子 一煎服還加煨鼠矢 各用三錢薑一片 一服何須再用此 諷觀音咒四百八十遍

第拾壹籤 三黃石膏九一副 白湯水送休恐怖 若待藥力性到時 病勢霍然自安愈 放生百條持大悲咒二十一遍

第拾貳籤 扁蓄車前共瞿麥 山藥薏仁范志麯 各用三分研細末 糖和服下可安宿 持滅罪真言三千遍放生五百命

第拾叁籤 蕎麵大黃並鱉甲 紅花歸尾元胡索 各用三分服五劑 如方配就休妄錯

第拾肆籤 黑豆三錢棗五枚 白前白芨與白薇 各用四分煎五滾 服完六劑病能回

第拾伍籤 茯苓枳殼共焦查 竹葉燈心泡作茶 分兩休多各錢半 誠稱聖號病當瘥

第拾陸籤 枳椇草蔻小青皮 鱉甲青蒿參草芪 各用五分薑棗引 三枚煎服病能離 持往生咒一百零八遍放生二千條

第拾柒籤 桂枝川斷並當歸 杜仲三錢少白薇 七箇桑枝一盃酒 如方十服病能推 每天請觀音聖號一百零八遍

第拾捌籤 防風荆芥共黃芩 薄荷相兼赤茯苓 各用五分須竹茹 服完三劑病能痊 代病人速向佛前懺悔一百零八遍

第拾玖籤　木香扁豆與山查　白芷靈仙有木瓜
香附三錢葱作引　服完能變體無瑕
每天發願持大悲咒二十一遍共四十
天

第貳拾籤　使君鶴虱有烏梅　各用三錢病可回
須用長流水煎服　病人謹記怕春雷

第貳拾壹籤　杜仲靈仙虎骨膠　白通草共嫩桑條
各用一錢加乳沒　亦須速望業寃消
誦佛號十萬聲諷彌陀經二百卷

第貳拾貳籤　猪肺肝心各一具　加上菖蒲和竹茹
各用八分煎得熱　分爲十次飲下肚

第貳拾叁籤　蒼耳子共草河車　薄荷荊芥猪骨髓
各用一錢煎五滾　誠稱聖號可春回

第貳拾肆籤　白蘚皮共淨連翹　藿梗蟬衣白菊牢
各配一錢加竹茹　服完五劑病能消

第貳拾伍籤　參苓白朮一方全　加上薏仁酸棗連
煎服須兼薑二片　誠心常服可能痊
念佛懺悔早晚五串珠懺悔九遍

第貳拾陸籤　萆茈相與柏子仁　並用辰砂染茯神
鱉甲青蒿各錢半　奇功此用可能成

第貳拾柒籤　歡絡經年要用殘　一杯苦酒共煎含
擇於寅時空心服　疼痛將來換笑顏

第貳拾捌籤　青礞石共陳膽星　每用四分加金銀
竹茹菖蒲同少許　如方煎服病能輕
每天念佛千聲諷彌陀經三卷三月

第貳拾玖籤　三稜莪朮共紅花　各用五錢加木瓜
研末爲丸水法妙　每天一盞病除芽

第叁拾籤　青皮草果共陳皮　半夏一錢效稱奇
官桂木香水煎服　多年古疾一朝離
每藥各用錢半

第叁拾壹籤　枳實用三分　陳皮柏子仁
煎湯各錢半　誠服必通神

第叁拾貳籤　腹皮枳殼共鈎藤　白朮元參薏苡仁
各用一錢薑作引　服之得效望回春
誦佛五萬聲彌陀經四十八卷

第叁拾叁籤　海南沉香用八分　開水磨沖配完成
橘葉煎湯和服下　病證難痊可止疼
業寃甚重速宜懺悔解釋多念佛號

第叁拾肆籤　製軍熟地各三錢　白朮沙參貝母全
若遇吐紅諸勞氣　二錢一服可除根

第叁拾伍籤　荷梗辛夷綠升麻　每用三錢最可誇
寄語求方諸善士　此方服下即能痊

第叁拾陸籤　無底之舟用甚修　木香一塊水東流
同煎服下能消動　此疾經年可望收
速懺悔多生業障多放生靈

第叁拾柒籤　白芷防風蒼耳草　各用二錢同國老
飴糖貝母各二錢　證屬險候難全好
拂除俗事默佛蒲團

第叁拾捌籤　芝皮秦皮黑豆皮　桑皮更用五加皮
薑皮各用五錢半　得愈之時方見奇
每日發願持大悲咒二十一遍

第叁拾玖籤　黨參三錢要細紋　蘇葉二錢共合成
煎服加薑汁和蜜　虔誠捧服效如神

第肆拾籤　木瓜枳椇四分　棗薑三箇完成
臨服加入瓜酒　能無寃業纏身
佛號念四十八萬解劫咒一千二百遍
放生命五千條

第肆拾壹籤　彌陀爲九　放生爲引
九九作成　病離食傾

第肆拾貳籤　爐內香灰一撮　案前淨水一杯
煎服須要誠敬　此病難以全回
多生罪業速宜念佛消除

第肆拾叁籤　大香三根要三錢　東流菩提水中連
常喧佛號來煎服　業障深沉豈偶然

第肆拾肆籤　乩盤砂子要三錢　臨服香灰一撮煎
加上菩提水煎服　陰人休犯亦能痊

第肆拾伍籤　拜墊腐草用二錢　七寸燈心十箇全
煎湯服下須忌口　管教患者笑連連

第肆拾陸籤　荷梗葉邊用三錢　荷蒂相同七寸連
生地麥冬二錢半　寅時煎服病能痊

第肆拾柒籤　橘皮竹茹共丁香　每用二錢水煎服　柿蒂加來惟最涼　照方三服病稱祥

第肆拾捌籤　四物湯加遠志仁　各配二錢加肉桂　宜趺坐調出入氣　佩蘭鱉甲牡蠣粉　照方服下莫勞神

罰籤方　求方來意不誠　罰出香油筋半　藥餌如何通神　道場供養佛燈　明天正心誠意再求今日不發

外證籤方　外證凡來求方者先在佛前許願領佛圖一張念佛四十八萬少者四萬八千再次者四千八百聲將佛圖圈滿上寫代一切恩冤情識迴向西方此圖在佛前焚化若果虔誠自有感應

第壹籤　獨活共南星　葱頭調敷好　研末兩和勻　腫毒見此靈

第貳籤　甘石寒水石　研末敷三日　麻油調

第叁籤　紅花與木瓜　醋蜜調和好　研末麝香加　外證遇此痊

第肆籤　蒼耳果要鮮　搗敷病可痊

第伍籤　馬鞭鮮草葉　患人腫上貼

第陸籤　千人脚下泥　患者敷一宿　葱頭同搗勻　洗去病如擒

第柒籤　陳桂絡子香　麻油共栽培

第捌籤　桃丹與石膏　油敷病可撓　每用三錢

第玖籤　黄連並黄柏　水蜜調勻合　研末二錢足　同敷腫上肉

第拾籤　神前臘燭油　敷之病可痊　晝夜一換

第拾壹籤　紫甘蔗皮　蘇油調勻　燒灰存性　可能却病

第拾貳籤　黄連膏三錢　敷之病可拈

第拾叁籤　真君妙貼散　三錢水蜜調

第拾肆籤　大楓肉五個　同煎兩三滾　麻油要一杯　敷之病可回

第拾伍籤　梨皮二三片　腫消可立見

第拾陸籤　死鯽魚麝香　搗敷病可良

第拾柒籤　鷄蛋水粉漿　調敷保安康

第拾捌籤　蜈蚣焙成灰　研末水敷好　全蠍兩三枚　腫消病可同

第拾玖籤　老松樹皮麤　搗爛如泥敷

第貳拾籤　豆腐壹塊　同煎數滾　硫黃五分　敷上功成

第貳拾壹籤　黃參一錢十日搽　膏藥蓋之患可痊

第貳拾貳籤　拜墊草燒灰　麻油敷病同

第貳拾叁籤　望月砂三錢　研末涼水調　敷過取舊綢裹好

第貳拾肆籤　線香十根研末　涼水調敷腫毒

第貳拾伍籤　鹽滷與炒米　搗敷病立起

第貳拾陸籤　麝香冰片研細末　每用二分用手撮

第貳拾柒籤　沖和散五錢　蔥蜜敷病痊

蓮修起信錄卷五　七

第貳拾捌籤　上肉桂一錢　研末用膏貼

第貳拾玖籤　蔥艾各壹兩　煎湯薰洗好

第叁拾籤　蛇床共苦參　煎湯洗住疼

第叁拾壹籤　炮甲片二錢　研末搽自全

第叁拾貳籤　血竭與木瓜　瓜酒調敷好　二錢研末加　何患病不痊

第叁拾叁籤　象皮貝母末　搽之可立奪

第叁拾肆籤　松香與醋搗　敷之病可好

第叁拾伍籤　生大黃一兩　研末敷腫上　冷水調綢包好

第叁拾陸籤　乳香共末藥　搽之疤可落

第叁拾柒籤　銀硃用二錢　醋調敷自痊

第叁拾捌籤　真硃共琥珀　研末能去毒

第叁拾玖籤　浮小麥三錢　研末温水敷　放患處用皮紙蓋上綢札

第肆拾籤　蟾酥二錢研末　菊花汁水調敷

第肆拾壹籤　萬靈丹一副　服之病可除

第肆拾貳籤　琥珀九七粒　服之能愈疾

第肆拾叁籤　牡礪研末　瓜酒沖服

第肆拾肆籤　防風通聖丸　三錢病可痊

第肆拾伍籤　嫩桑枝七個　煎湯服三劑　蔥頭放三根　此病可除根

第肆拾陸籤　小粉漿二錢　滴醋同調敷

第肆拾柒籤　冰片和死鯽魚腦　搗敷如泥證可好

蓮修起信錄卷五　八

第肆拾捌籤　乩砂一撮　醋蜜調敷　香灰一兩　效如影響

罰籤　求方要誠心　大香罰斤半　不誠何能靈　臘燭共一斤

厭塵雜著　　海陵程兆鸞著

表

獄空懺表

皈依三寶淨業弟子某甲披瀝一心稽首哀懇於十方虛空微塵法界常住三寶三世諸佛釋迦彌陀兩土諸佛菩薩權現七趣諸佛菩薩金蓮座前表爲塵刹三塗受苦無量乞恩赦罪提拔超生事竊弟子悲憐七趣之中惟三塗衆生倍加苦惱無論過去現在未來或輕或重有經千億劫不得出苦者皆由衆生在日貪徒口腹殺害生靈奸淫妄取損人性命違犯天律汚穢神靈謗

毁三寶刺佛身血大奸大惡不孝不忠阻人出家十惡五逆如此愚迷顛倒積業深重蒙昧真心罔知懺悔以致業風鼓蕩羅刹森嚴一日三時身罹冥罰卽稍有知覺求救無門此魂受報罪由自取惟生佛一性人我一心他墮苦趣何異己受弟子思維再四心實難忍欲思救度力弱形微今惟哀懇諸佛菩薩俯鑒弟子愚忱宏廣大慈悲度生之念以大悲願力發大威光明使三塗受苦衆生罪難逭者准以輕罪超生罪可原者隨弟子念佛皈依出離劫苦謗聖罪業捐除殺淫惡業化解卽真卽真破妄破妄無心清淨無法離塵生死脫根光明無礙步步蓮花神威莫量四生不歷九品咸登碓舂鋸解咸依朗慧之慈雲鐵食銅吞頓化清涼之甘露寃江怨海悉變蓮池障嶺圍山俱成寶地悲號翻爲解脫暗昧自爾光明無論此國土他國土此世界他世界無量國土無盡世界凡沈溺三塗之慘慘孤魂悉仗佛恩盡度區區弟子惟願佛臂常垂慈悲導入香林屢蒙超拔陸續咸登淨域共享安全懺懺精誠拔其餘而脫苦季季普濟提在後以求生各獄空明同登妙覺乞恩鑒許感戴靡涯謹表

施丹濟生表

表爲施丹濟生事竊以蠢動蜎蠕性光本具胎卵溼化法味難沾弟子等體佛聖慈心發真誠念力靈丹普散甘露咸施仗佛威靈無邊普濟江湖河海一水不遺田道山林無方不遍稍入生靈之口卽了業報之身諸佛存救護之心萬劫下慈悲之種不遭刀俎永脫樊籠了了了了無庸對報來生空空空空不待遭殘自死仗此一塵一滴度脫無窮須知卽幻卽真超生莫已業海風波頓息寶筏咸乘香林功德無涯蓮房極樂懇誠上達惜命知立命之原陸續西行救生證無生之域干犯慈顏乞恩准許

乞消災厄表

表爲乞消災厄事竊以疾風淫雨孽報所招春疫秋瘟人心自感理懺則罪業本空事懺則寃纏悉化願諸佛不違本誓不捨大悲放大智慧光大安樂光大吉祥光攝授散疫鬼神來此道場聽經念佛借念佛音光銷其瞋怒解釋災殃熱惱悉變清涼毒恚轉爲愷悌業垢皆淨災難自除普願免厄諸人信願持名增長堅固一心不亂三昧早成伏乞慈悲哀憐允許

超拔淹溺表

表爲歷刧淹溺乞恩超拔事竊江湖河海悉屬險途覊

旅往來或難越境風狂浪涌命喪身傾又或積憂憤以沈淵遇讎家而投水以致寃魂幽滯討替無休言念及斯實深悲憫今弟子恭設道場若干日仰仗諸佛大悲願力大威光明無論此世界他世界凡在江湖河海澗溪港瀆井泉塘水淹溺諸魂蒙光得度念佛超生解釋寃仇不思對報仰接慈暉伏乞准許

超拔祖宗表

表爲報恩設懺普植蓮因事竊弟子幸得人身生居震旦獲聞正法復遇淨緣真我佛啓誘之深慈千古偶逢之際會惟思身自何來恩於何始上推一本罔極難窮弟子刧刧昏迷未知圖報以至多生父母仍滯幽途歷刧祖宗未登彼岸愚頑自咎罪戾滋多今弟子上叩慈恩仰求濟拔雖心雄而力怯莫有感而斯通今集諸道侶恭設普佛道場若干日敬誦大乘經若干卷普施甘露法食哀懇十方諸佛菩薩憐弟子愚忱鑒度生微願施大威力放大光明使弟子由無始至今生生世世父母祖宗魂識及生生世世父母祖宗各各有生生世世父母祖宗魂識以情達情情極無邊以緣接緣緣推無盡如此無量無邊不可數説之情緣散在十方七道衆生中者均仗三寶威光攝授來此道場聞經念佛執情

頓化意地了然懺悔前愆羣歸極樂無邊苦惱頓化蓮池法界有情同成種智謹表

挽刧表

表爲懺罪挽刧事竊以罪性本空造業亦妄由心莫了幻感幻受種種幻慘羅列目前造既純熟報亦猛厲業由事造懺以事除於無可懺悔中而求懺悔於無可挽回中而求挽回今爲大地衆生於三寶前痛自悔過使知三寶當敬當信使知三寶是大地衆生真實依怙於身口意三業柔順五逆十惡毁犯綱常種種重罪悉令警醒懺悔清淨藉念佛力普熏衆生一一心識速熟速

脫仗陀羅妙力消滅罪報如虛空華消劫既盡令彼衆
生助揚正法同歸淨土謹表

偈

臨終助念偈此係悟和長老所言北鸞述偈

弟子某某我自無始來惑業顛倒力諸趣數昇沈恩冤何窮極由結恩冤力償索無底止唯有大世雄指歸安養世我已發宏願救濟無休際懇諸恩冤等待我往生去若我往生已決不虛所誓既恆轉法輪劇苦必獲濟今對三寶前所誓無纖欺諸佛阿彌陀證盟所願誓

悟和法師云行人命終時全賴心王不捨一念直超

然非平日下切實功夫一心不亂臨時識散神昏不能自主多生業障現前隨勾而去矣吾江南北弟子以萬計利根甚少不求精進善芽偶發日久乾枯臨命終時全不濟事故知帶業往生亦必藉助因爲嚮導也今留此偈爾等平素念成佛圖一張多則佛號四千八百萬次亦四百八十萬至少四十八萬刺血書文並佛圖供奉佛前倘臨終神識昏迷即將此圖與表令子女在佛前虔誠焚化再請五六人在榻前念佛亡人得此助念意根清醒即可抱佛西行氣絕後不可搖動尸體仍高聲念佛兩炷香再穿衣收殮因人一點真靈投胎先來尸冷後去彼時切忌號啕動其塵念塵念一動即難往生此專爲功夫未純者設若有實力實悟自能作主不須此也若父母翁姑不自刺血者下人代念代刺亦可孝爲之也

焚塔偈

皈依三寶尊優婆塞弟子法名是淨佛誠恐並誠惶稽首復頓首刺血書願文哀告於十方無盡虛空界娑婆同極樂兩土聖賢尊並諸菩薩衆金蓮花座前世間之重恩莫大於父母次則是師長我自出胎來父母養育我我漸成人時師長指教我我從無始來劫劫昏迷倒

父母與師長久沈七趣中無由出諸苦凡在胎卵溼化生亦復然是能生我者皆爲我父母推而廣遠之互相父母者其中造惡業無量又無邊其中修善果微末芥子許善惡於其間結成諸眷屬父母暨師長親戚共朋友誤傷兼食噉債主共冤家劫劫世界中七趣昇沈苦對報復對報循環無底止望之久待救無由脫諸苦今幸得人身生在中華內大清咸豐間又遇明師示開導指迷津方知修淨土若知不報恩於心亦何忍當發惻隱心如佛度諸苦現墮凡夫地罪業又深重雖發此勝心力薄無所濟今對三寶前燃香八百炷代爲諸有情

互相恩寃者供養諸佛尊無盡虛空界普同供養已懇求諸納受既已納受已我及諸有情一應衆生中各各業垢盡虔禮懺願儀普薰三日已焚化光明塔供養血書經共部三十二仍有祖師論一十八本竣過去暨未來蓮座諸聖位供奉七級已報我生養育仰仗諸佛威普光明勝塔神力攝虛空上照自有頂下至五無間橫照於十方無邊又無際恆沙世界中四維並上下大光明普照皆仗諸佛威神力方如是衆生於其間聞經得解脫覩光業垢淨普起信願行各各決往生從此脫牢籠同向西方去蒙諸佛聖恩諸大菩薩衆乘蓮降道場

爲我作證盟聽我誦誓願我今發弘願刺血書尊經大乘並祖論上報四重恩下濟三塗苦恆沙世界中有情非有情有緣非有緣一一佛土海土土衆生海七趣諸道中互相情緣者若有見聞者悉發菩提心無異彼等刺何殊彼等書普薰諸識種無一能遺者彼皆成佛已我方妙覺證莊嚴一寶塔供奉盡虛空直至未來際土土正像時我現身接引寶塔速現前光射於十方無邊又無際光照諸有情光照諸有緣種種無間業沈溺苦衆生光照即發心蒙光諸宿種聞即忻樂深熟脫或頓漸祕密不定人普起信願行各各決往生往生安養國

各圓種智成盡法界三寶證盟我素心亦自寶塔光演出無量音音演說此塔函血經文言音即清朗聞即各悟心心心悟速取證妙覺各速臻佛祖經文妙祖師法乳真橫豎對待理絶待自爾增絶待既增已欣厭自切情欣厭情切已安養決定生以此書功德迴向諸衆生花開早見佛各各證無生或現隱於顯隨類各現身度脫華池內我願與衆生直至未來際虛空界盡衆生界盡衆生業盡衆生煩惱盡我此寶塔無量光中無量音聲遍傳無量佛刹中永永無盡

傳

悟和法師傳略

師法號瑞安俗姓高京都人幼年多病父母許願出家九歲剃染彌勒院授具足戒卓錫紅螺山剎專修淨土日課佛數萬後發願朝海挂單於杭州大剎默深魏公源高郵刺史也宦京曹時從師問法魏外授州牧别師久適長公子赴浙遇師剎中堅請至郵刺史喜甚遂潔賓館爲靜室朝夕問道師山林散人不樂居官衙求去者再刺史以師道行卓絶乞駐法駕又恐師引去因訪境中古剎修葺完竣遣公子及幕賓伴之入寺間步始達刺史懇留之意師知不可辭遂居焉師平日專事清

修六時禮念終日趺坐游人至寺瞻矚不事送迎人咸稱之時髮賊抵邵伯捻匪攻寶應薛賊踞湖西郵當孔道岌岌可危北鸞時從師遊一日與同修八九人詣師語及亂耗師垂涕曰衆生殺業如山現在命命填還無非宿生業報凡夫未證宿命通自不知耳諸子若發菩提心雖大劫難挽蕞爾一隅可安然無恙衆跪乞慈憫師於是刺指瀝血書表焚化佛前又燃臂香百炷余等亦各燃臂香均爲揚郡人民懺業復白衆結壇念佛七晝夜諷經三百卷結懺日僧俗會者二百餘人師披法衣虔誠禮佛哀懇祈禱用楊枝水徧灑上下四維繞持

大悲咒一百八遍率衆繞壇念佛天明始畢後賊果及隄而退民賴以安皈依弟子日衆師拓寺西廊三間爲蓮社每六齋日率衆至社限定功課午前念佛六炷香諷經六卷午後傳幽冥戒律講經半炷香晚間施甘露斛食率以爲常丙辰春水軍統帥黃開榜駐紮湖西藉寺東廊爲鑄炮局兵官往來窺瞰丈室師趺坐不事應接榜部下怒其傲遂進讒說於榜謂師惑衆依附者多恐成大患一日榜至適逢社期弟子會者數百榜驚謂前說不誣倉卒飭兵士曳師下座以蘇索縛兩手拇指懸樑間去是夜榜夢無數人向之乞命正窘急間來一

長身僧揮衆散榜匍匐謝倏然驚覺次日榜至局細審師面目身量與夢中所見僧無異令解其縛扶入丈室師十指血凝腫逾十倍四晝夜不能起半月後榜又來直進丈室師趺坐看經不動榜厲聲問所看何經師曰無量壽經榜曰速講師曰說經是山野本分但統領不可草率如欲聽經須設香案恭敬作禮榜遽呼左右焚香師衣法服登座講經榜猛觸孩提時事俯伏願爲弟子師說三皈依竟榜隨師至丈室述幼時樵采入山偶至一洞洞有一僧趺坐旁一長石上供經一部諦視其籤爲無量壽經僧見榜開目曰爾不必習文習武可成

就事業後遇吾教中勸人念佛者汝當護持與汝有益因並道曩夜夢中所見長身僧益加敬畏榜遂懸禁寺門止人窺瞰違令者治罪榜後改督陸軍他往魏刺史亦卸篆去師孤立前讒師者復說當事下之獄師在囹圄教諸囚念佛夜靜聲音嘹亮直達內署州牧感悟即日釋師嗚呼師真現地獄身而爲說法者也昔紫柏大師以事繫詔獄與犯官說佛與師事同師真不愧古人當師之在獄也時仲夏余往省視獄中穢不可近師方與諸囚講地藏經處之宴然余曰師佛口婆心情殷救世乃躬膺患難衆生何以克報大德師曰爾等勤念彌

陀早得一心。即所以報我。我若懶散懈怠。信願不堅。即辜
負我。爾等以我爲苦耶。不過臭皮袋少惹灰塵。與我何
涉。若能遇得千魔鍊。一念真心總不回。予聞師言。感歎
淚下。而從遊弟子。因師繫獄。多疑阻。有退心。師出獄。予
延至家。供養月餘。時仁和許公慕師高行。延至揚州藏
經院主講席。師仍以六齋日啓社。說法受戒。如在郵時。
弟子纂擅者復集。尋以謠詠。江都令又禁止住院。師引
去。時刺史魏公子卜居金陵。聞師狀。延師主白下上公
山。未一載。復下山。徧歷蘇州儀徵泰州通州如皋各郡
邑。遇緣即開道場。宏闡淨土。我師往來警策道場。諸弟

蓮修起信録卷六　十二

子終年跋涉。不辭勞倦。弟子緒修者。高郵觀音庵比丘
尼也。師在郵建永清蓮社時。緒修於六齋課畢。即入方
丈問道。或移晷而後出。輕薄者造蜚語。謂與師有染。修
緒無以自明。對佛立誓曰。我坐脫。必以六月。露尸五日。
必不腐臭。若不然者。我即有玷清規。非佛弟子。後果於
盛夏圓寂。坐尸五日。面目如生。酷暑蒸騰。毫無穢氣。五
日中瞻仰膜拜者。恆數百人。無不嗟歎驚異。前疑盡釋。
因歎非緒師真修。不能得此靈感。非悟師化導。不能成
此真修。俗眼世情。何足深責。師戇直寡言。外和而內毅。
雖專修淨業。實已澈悟心源。更兼六度齊修。慈悲普濟。

迭遭患難。不退菩提。非證波羅蜜。得大解脫者。焉能如
是。於同治某年某月某某日。從容念佛。合掌坐逝。弟子
觀如奉龕於揚州觀音山旁。弟子等結茅爲廬。百日乃
散。遺囑荼毘後。不許建塔。以骨燼和麩麵投江中。曰吾
憫水族淹滯幽途。以此與水族結緣。若沾粒許。此水族
雖微塵劫後。遇吾開導。必成正果。噫。師之不忘衆生。可
謂至矣。
贊曰。師貌寢而心慈。言簡而行質。望之無足動人。而倡
導正法。普濟衆生。身命可捨。不遺餘力。實爲近時所罕
見。師之逝也。遠近聞之。無不泫然出涕。曰是古佛也。今
去耶。吾何依。

蓮修起信録卷六　十三

說

因果淺說

茫茫天壤。從古至今。多少人物。其中富貴貧賤。壽夭靈
蠢。以及鰥寡孤獨。盲聾殘疾。種種形骸。苦樂懸隔。論者
每歎造化不公。知解之士。又委之氣數升降。稟賦厚薄。
噫。誰信其業由自作耶。經云。生前齋僧布施。尊重三寶。
得富貴報。吝財不捨。得貧窮報。輕法慢教。得婢使下賤
報。酷好宰殺。得生生夭壽報。戒殺放生。得長壽報。毀謗
三寶經文。得水腫乾消疥癩報。玷污僧尼。得雀鴿鴛鴦

報毀謗三寶得盲聾瘖瘂報惡眼視發菩提心人得無眼報惡口謗發菩提心人得爛舌口瘡報遮佛光者得爲人醜黑報瞋恚盛者得蝮蝎蚖蛇報竊盜者得貧窮困苦報惡口者得眷屬鬬諍報悖逆父母者得天地災害報網捕生雛者得骨肉分離報輕法慢教者得永處惡道報破齋犯戒者得禽獸饑餓報汚梵誣僧者得永墮畜生報邪見者得邊地受生報可知有一種病必有一種致病之由如是等閻浮提衆生身口意三業惡習結果百千報應不可稱計是諸衆生先受如是等報後墮地獄動經劫數無有出期此如來金口所宣難於筆

罄略摘數條以見今生所受卽是前生所作所謂欲知前世因今生受者是欲知來世果今生作者是可畏哉今世間不信因果從未防閑欲念妻欲美屋欲華衣欲豔財帛欲多田宅欲廣營營擾擾百計千方不問陰德天良不顧傷生害命任六賊造業意識用事不知暗竊家寶反以爲樂色身是假衆生誤認爲金剛不壞身及至油盡燈殘風刀解體眼前妻妾子女田宅金銀一件也隨不得身一事也做不得主所以奉勸世人與其臨時悔恨何如早辦前程果於十二時中檢察身口意三業何者爲善何者爲惡不論何時常存省察久久功純

一舉一動自合天理君子必愼其獨偶動一念毋論善惡虛空鬼神聽之如雷曾子一日三省孔聖顛沛不違與釋教夜夜抱佛眠是佛者其嚴密防閑意地之功無異也果能時時拂拭意根清淨一旦神識離舍心頭坦坦何愁不超登福地更何至有種種牽制耶

三途一報五千劫出得頭來能幾時一增一減共十六萬八千年爲一小劫可見生前受樂時少死後受苦時多佛云樂卽苦之根孚佑帝君云走遍天涯不見人孟子曰人之所以異於禽獸者幾希幾希之念人畜關頭也忍此幾希雖苦而常樂失此幾希似樂而實苦走遍

天涯不見人正以雖具人形無非貪暫時之樂而忘却後來大苦惱之衆生也世間不信因果貪愛目前暫時之樂糊塗造糊塗受全無一點審念功夫逮至罪報無休動經塵劫那時悔之晚矣

若修世間福者稍有不遂卽怨天尤人豈知南閻浮提本缺限世界何能事事遂意其不遂者必因積累薄而受享亦薄也於天何與於人何尤前世未種福今生焉得福報後世欲得福報今生先種福因欲種福因須照文昌帝君陰隲文太上感應篇武聖覺世經及三教聖賢所說利人濟物持戒修善之事行去皆可獲人天

福報惟三界內神人不過暫時息肩福盡壽終三途有分惟修淨土者一句彌陀能爲萬劫千生銷罪障一句彌陀能爲四恩三有起因緣世間修福者須知福報無常一失人身萬劫難復古人云生死海中一經躭染便成墮落盍早回頭長辭六趣乎

修行者殺戒最重世間貪圖口腹任意宰殺大雄氏現身說法首垂殺戒蓋以蠢動含靈萬物一體胎卵溼化各受業報而來一點真靈與佛無二無別既有知覺即有痛楚物命雖細痛無兩般無奈薄俗相沿視殺生爲常事世間富貴人原是多生作福祈求享受而來一經

報得如願以償醉飽膏粱全迷本性屠宰烹炙習以爲常不生惻惻之心不顧刀砧之慘羶腥惡氣充塞兩間怨恨悲啼不堪設想至於一囊之內細命萬千一箸之嘗生靈無數待到業緣遇合終須次第相尋奉勸世人何必以口腹之微使生物受彌天痛苦生生結怨命命償還古者山川漁獵禁令有時蠶帛雞豚衹稱養老聖人體上蒼好生惡死之心時時戒懼惻隱爲懷孟子曰惟仁者宜在高位吾於今之富且貴者有厚望焉如唐肅宗置天下放生池共八十一所池面寬綽今浙省西湖即昔時放生之所生既當放即不可殺願雲禪師偈曰千百年來碗裏羹冤深如海恨難平欲知世上刀兵動但聽屠門半夜聲衆生之物一入咽喉頓成糞穢冤仇迭報有業隨身倘普天之下一日戒殺計算生命何止億億萬萬生全一物已合天心況多命乎至於祭祀神祇禮教之士往往不肯禁殺而經云水陸神祇凡受血食者福報盡時均墮地獄地藏本願經云雖天龍鬼神悉同受之善果錄云江西鰣魚嘴其河最險神最靈商賈往來必殺生禱祭崇禎間三昧祖師過其地夢神告曰我以一念之差墮於血食之神今受禱祭殺生甚重恐福盡入地獄懇師明日爲我授戒以後祭我者不

得復用牲牢武帝經註云武帝於明初間降乩一顯宦家勸人修善且云吾已皈依佛門與韋馱天尊同護正法祀吾者勿以葷酒高僧傳云洛陽僧世高漢靈帝時振錫江南行至䢼亭湖此處有神素靈禱祀不絕神忽在空中語僧曰吾昔與師學道以宿布施故享多福以嗔心不改死墮此神今福盡命在旦夕以禱祀多殺恐墮地獄願師救我師令現形向之持咒並爲說法悲淚如雨身形即隱得離惡報以上諸神尚以血食墮落爲戒何況薄福世人易曰東鄰殺牛不如西鄰禴祭亦寓戒殺之意梁武帝以麵爲犧牲後世非之而一念之仁

隱銷殺戒亦不可厚非可見世人祀神與其血祭不如盡禮殺生以祀求福得災豈不悖哉至於祭祀祖先盛備牲牢此富貴家積習抑思凡軀報壞一點真性各隨善惡受生來享與否尚在未必而所殺之生先宛轉就死於刀砧之下揆厥情形當亦非先人所樂後人祭祖原係不忘根本果其蔬筍備物亦足明虔致敬無忝孝思而世之祀先竟有爲祭畢自饌因而殺生者尤爲非禮大聖人云雖蔬食菜羹必祭又云禹菲飲食而致孝鬼神未嘗明言殺生也昔阿難尊者見五百餓鬼歌詠而前阿難問佛佛云其家子孫爲彼修福當得解脱是

以歌詠又見數百善人啼哭而過阿難又問佛云彼家子孫爲其殺生設祭不肯作福是以啼哭今世人一經有病或因病愈眷屬祈禱殺生還愿血祭邀福豈知最慘之症大都寃愆相報者多世人又復殺生禳解而不知念佛懺悔豈非業上加業夫解寃之説有二明解者藉佛力懺清寃業若非壽盡病機自轉善念自生暗解者病人陽年已終仗佛力十念往生可解佛時和墨國王之母寢疾經久不瘥當備牛馬猪羊百頭祭天佛懷大慈愍王愚癡往詣王所爲王説法王聞法覩光慚愧悔過遂不祭天毋聞情悅所患立除戒殺獲福豈非明驗世儒不知因果斥戒殺爲謬談因並非佛教殊不知古聖人慈心愛物恆露言外所以文王有七十食肉之政限以七十則壯年食肉者少矣禮曰魚不登尺不食又曰天子無故不殺牛大夫無故不殺羊士無故不殺犬豕無故不殺則有故而殺者無幾矣不登尺不食則取者少而生者多矣君子遠庖廚聖人不綱不射宿雖有釣弋所殺亦微乃知盡性知命之士淡泊自甘肉食爲鄙取物以節愛物以仁取物以節卽戒殺之謂也愛物以仁卽放生之謂也昔東坡曰予少不喜殺生有餽予蟹蛤者卽放江中便令不能全活亦較烹熬爲愈永

明壽禪師初爲縣庫吏取庫銀買魚放生法當死聞將刑喜曰吾放生不知幾千萬萬此番雖死必生西方彌陀佛國吳越王錢鏐赦爲僧賜名延壽後發明心地專修淨業開寶八年坐化梁陶宏景號山中宰相其徒桓愷先得道飛昇一日降其室曰君陰功大矣但所修本草以生物入藥功雖及人而害生命上帝以此譴怒景悔之乃以他藥可代者別著三卷以贖過宋史程明道主上元縣見鄉多膠竿以取鳥雀命折其竿然後下令禁止呂原明爲郡守署中多蓄筍乾魚臘以代水陸生命宋諸暨縣令潘華出禁捕魚後奉詔詣闕夢江河中

魚數萬皆號泣曰長者去吾屬不免烹矣華異之作夢記囑後來邑宰至孫真人救蛇而獲仙方劉彥回放龜脫水厄陳士安不殺物命李奚子拯濟飢禽景向之酷而好放生積功累德以至登仙好生之功如此其大殺生之業自必不輕晉時杜永年家巨富有子十歲暴亡未幾家中母彘生五子一最肥將殺以餽官有比丘見之謂杜曰此豘是君兒也何相去百日而遂亡耶沙門一言而去其家但聞異香撲鼻遂憐而養之明方孝孺父將營葬夢朱衣老人拜曰君所選穴近我住處幸寬三日俟吾子孫遷盡當爲後報言訖再三稽首其父寤

而不信啓穴見紅蛇數百盡焚之復夢老人泣曰我已至誠哀懇奈何使吾八百子孫盡付一炬汝既無慈悲我亦圖仇報後生孝孺觸怒成祖夷十族被殺者如蛇數梵網經云佛子見異類當發菩提心楞嚴經云殺業之報縱使經塵劫互相食噉命命償還猶如轉輪互爲高下華嚴經云殺業之報能令衆生墮於三途經云衆生造殺業墮畜生道者有二種重者爲定殺業如牛馬猪羊雞鳧等是也業輕者爲不定殺業如山林禽鳥之類是也況循環六道改頭換面焉知畜道中不有六親昔寒山拾得同一人行見道旁人騎驢驢不行騎者加

鞭二大士歎息同行者問之師曰此驢乃騎者三世前父也由此類推殺生何可不戒奉勸世人見他宰殺生救度念哀憫念痛苦念見人放生生歡喜念脫難念讚歎念昔觀音大士云凡夫作業首在色食兩途色途稍知自愛者尚知節慎若口之於味恣其嗜好視宰殺爲兒戲天下滔滔積習難返今世間富貴之家不獨牲畜傷殺已多更用魚蝦等子作羹破卵毀胎動輒億萬經云魚子不經鹽漬三年尚可活昔宣和間富商楊序大書此語於通衢見人買魚勸投子於河中又出貲搜羅魚子後夢神告曰子本逾期當死今活生命不止億萬

爾壽可延果享年九十八歲無疾而終昔佛世有羅漢福度衆生因次教化遇一女人字曰光目設食供養羅漢問之欲願何等光目答言我以母亡之日資福救拔知我母死生何趣羅漢愍之爲入定觀見是光目之母未墮在惡趣受大苦惱羅漢問之汝母在生作何行業今在惡趣光目聞已含悲答言我母所習惟好食啖魚鼈之屬所食魚鼈多食其子計其命數千萬復倍尊者慈愍如何哀救如此看來一彎之嘗多償一劫之報不可逃也奉勸世人縱不能戒殺倘遇魚子必令放之河中積久數多最爲方便佛云念念仁慈造天人福德身

念念害生害命造地獄畜生身護生之道隨地存心勿以善小而不爲勿以惡小而不戒由小及大推物及人自能善氣充周太和翔洽矣

昔列子仲尼篇引孔子之言曰吾聞西方有大聖人不治而民不亂不言而民自信不化而民自行蕩蕩乎民無能名焉其時三藏十二部經未來東土孔子不得聞其教所以儒釋兩家動成水火豈知我釋迦如來憫憐末世衆生由兜率天降生中天竺現示王子出家苦行成道作娑婆教主爲衆生慈父紹七佛位是天人師真聖中聖天中天莫大於佛莫尊於佛矣三教心源惟佛

明了一切萬物由佛出生儒書精者可爲佛法先導世出世間諸法均不外乎佛法豈容擬議半字世儒拘牖下之見未窺貝葉以僧律僧戒異乎世法遂大言狂說目爲異端及察其所學不過文章詞藻刑名法術而已於聖人之心源道統無關也考其所行不過驚愚飾智放浪形骸而已於先師之遺言往訓無涉也惟歷朝理學名人多通釋教往往由此悟澈心源經云四大部洲內得貝葉遺教經文者一萬九百國其餘國土衆生福薄不堪聞教佛法住世遭遇甚難幸而值遇正法已是多生供養諸佛種植善根若不趁此靈光痛改前非苦志辨道吾恐一失人身萬劫難也

世間求道之士或修習禪定或堅固吐納希冀得道飛昇長生不死此種人意中以爲求仙已極修道之量豈知修習仙道勤苦難成即幸而得仙福盡難免墮落經云有宿德者福報現前能生天道天仙福盡有宿業者惡報現前復墮三途善惡兩報熟則先償七趣循環永沈苦海涅槃經云雖至大梵天身乃至三界極頂壽八萬四千大劫不了妙覺明心五衰相現還墮苦趣如此看來雖至成仙在佛眼視之仍是未出生死之凡夫也惟佛爲大醫王能療世間諸苦毒煩惱如欲脫離苦網

除非依佛住依法住依僧住勤修淨業念念彌陀果得極樂往生永與三界隔斷一了百當切勿游疑

若已知淨土法門尤必須明白正助兩因正因即是念佛助因便是持戒戒門甚廣而以根本五戒爲總綱即戒殺戒盜戒淫戒妄言戒飲酒也五戒既具自能諸惡莫作衆善奉行此兩語出文昌帝君陰隲文前明蓮池大師爲淨土法門砥柱一時公名巨卿皈依雲集常云住世陰隲文出世彌陀父今世間亦知誦陰隲文而於諸惡莫作衆善奉行恆視爲老生常談昔鳥窠禪師曰諸惡莫作衆善奉行兩句三歲孩童說得出百歲老人

行不得旨哉言乎阿含經中阿難尊者亦云當知諸惡莫作衆善奉行昔善現菩薩勤求佛法遇一女人如佛示現善現菩薩稽首恭敬女答曰諸佛妙法無量無邊我之所聞秖有半偈諸惡莫作衆善奉行而已善現聞之身心清淨洞達義旨可見行善戒惡乃修道之根基根基不立善芽不茂如念佛之人奉行此兩句爲助因如乘船遇風速到彼岸也

人所以不肯求生淨土者由不知地獄報之苦且久也凡世間大奸大惡不忠不孝刺佛身血汚犯僧尼阻人出家壞人道心者入無間地獄此獄受苦無間無有出

期地藏本願經云此界壞時寄生他界他界次壞轉寄他方他方壞時展轉相寄此界成後還復而來天地有變壞罪業無了期無間之罪如此其重其餘作惡受報雖不如此久遠而衆生生前所造身口意三業有罪必報無幸免者地獄報盡將已往傷殺生靈一一填還畢然後爲貧苦下賤之人若由此植福卽得福報既得福報易於作惡一朝失足頑福消盡仍從墮落其中由富貴而貧賤由男身而女身由地獄而畜生高下低昂輪轉不已由此觀之實實有地獄境界卽實實有受報之身若將信將疑懶散懈怠一朝惡積報來難保地獄無分若謂有福且享有惡且作待得報來有罪再受吾恐刀鋸鼎鑊在前悔之晚矣凡墮無間獄者神識昏迷雖欲念佛而業力遮蔽一字不能出口可畏哉

一四天下中惟南閻浮提人心最惡殺盜淫妄終日無休而古來成佛作祖多在此處何以故以人心猛利易於發真實道心非比他洲人修十善福止生天經云西洲人作惡徹末至今風俗敦厚人壽千歲究因不信佛法雖得生天終是未脫輪迴由此觀之欲免地獄非修善不可欲免輪迴非修淨土念佛不可念佛卽可發真實道心既發真實道心成佛作祖直下承當豈非世間

真豪傑乎

世間有今生爲善而遇惡緣者有今生作惡而享福報者遂肆然以爲禍福無憑報應顛倒並將因果之說一並抹煞豈知冥中福罪兩報熟則先償譬如種樹先種者先開花結果新種者雖加倍培植一時未能成陰卽刻開花結果卽此理也王龍舒先生曰人有見目前善惡未有報遂不信因果而因不信淨土殊不知善惡未有報者非無報也但遲速耳昔佛謂阿難曰人有今世爲善死墮地獄者又有今世爲惡死生天趣者阿難問故佛曰今世爲善死墮地獄者今世之善未熟前世之

惡已熟也今世爲惡死生天趣者今生之惡未熟前生之善已熟也熟處先受報譬如欠債急則先還感應道交不容先後錯亂凡夫業眼遮隔不能洞悉幽冥遂將因果念佛等說一概抹倒己既不信又復教人不信卽此一念之差一言之妄口業無邊暗損陰德爲地獄根本若能深信因果念佛之念自油然而生由此一直前進明心見性不難世人亦諒吾苦口否

須知修道直捷之法莫如念佛念佛法門乃如來憐憫末法中怯弱衆生指以方便法門此門圓攝圓收殊勝奇特能出三界火宅能拔三途劇苦勤修福善僅得生

天天福受盡依然墮落惟念佛往生淨土一生可補佛位若毀謗不信永墮地獄可知南無阿彌陀佛六箇字功德浩大有不可思議之力難得今生遭遇正法當捨却身命併力念去雖衆生善根厚薄不同譬如沙內淘金根利福厚者眼明心慧自當早得卽鈍根下智果能勤求不懈緩緩拾取斷不空手而回如有同志當不河漢斯言矣

昔何尚之對宋明帝曰百家之鄉一人持五戒則一人善十人持五戒則十人善行一善則去一惡去一惡則去一刑一刑息於家萬刑息於國陛下可坐致太平矣可見持戒信佛不獨爲出世要法亦是治世良方吾願讀書知理之士信之奉之不致毀謗造業吾知是人必已深明治術通達事理矣

詩

厭塵追溯數十年來學道苦志成七絕八首不敢
言詩遣悶而已兼勸同修

幼來貧笈從師訓深望書香繼昔賢忽爾中年天下亂
倉皇一棹避烽煙

從茲棲息向荒村拋絕韋編事酒尊偶爾相逢皆牧豎
却從何處問心源

似箭光陰廿六時蓮緣遇合勸修持名心未倦歸林鳥
大道雖明暗自疑

疊蒙知識寄書多勸我除煩執太阿惟有寶王三昧法

橫修淨土念彌陀

從此搜羅淨土文晨鐘一棒耳邊聞方知幻體皆虛假
太息蘭膏枉自焚

娑婆學道最難成火裏栽蓮念貴真鐵壁銅牆堅不撼
方能撒手出紅塵

塵寰不使鏡臺封混俗和光一世中幸喜猿繮能勒定
六時長對佛燈紅

密密心頭五十年海隅落日盼西天吾家本是蓮邦屬
一葦東來度世緣

歲庚申三月上海聚珍倣宋印書局鉛字重印

蓮修起信錄功德人名

程友竹自捐英洋柒拾元　汪淨清助英洋伍元
華淨臺助英洋伍元　沈張氏助英洋壹元
賀卞氏助英洋壹元　另肆百文
每元化錢玖百肆拾文
張淨觀印送竹紙壹百部
釋觀如印送竹紙壹百部
共字叁萬陸千叁百柒拾伍字（序目雙算每字壹文陸毫）
圈線折字貳千伍百拾柒字（叁圈折壹字每頁線作捌個字）
加尾空封面捌百文

另願文姓氏共貳百陸拾字
共陸拾叁千肆百肆拾叁文
印杭連書壹百貳拾叁部（每部壹百拾伍文貳毫收付兩訖）
願以此功德迴向諸有情見聞皆隨喜同發此信心無
邊苦惱捐無量情緣度僅此一報身身後往佛土校對
施刻者同禮彌陀父
板存揚州東鄉磚橋鎮來復堂後院刻經處如有他
方外省啻信男女發心刷印施送者板資不取
高沙智慧靈壇優婆塞弟子仰白　三寶龍天以此
同向上報師恩普濟法界一切含識願如心叩
光緒丙申年巧月佛歡喜日淨業弟子程友竹謹識

儀禮節録

（清）宫爲坊　編選

《儀禮節録》一卷，清宫爲坊編選，據泰州圖書館藏清乾隆五十五年（一七九〇）刻本影印。

宫爲坊（一七三二—一七九八），字慎餘，號言可，又號荔圃。清泰州人。乾隆三十九年（一七七四）舉人，候選知縣。工詩文，通經史之學。

《儀禮》爲儒家經典著作，《十三經》之一。記載春秋戰國時期禮儀制度，包括冠、婚、燕、聘、喪服等各種禮儀，對中國文化影響深遠。宫爲坊認爲《儀禮》非常難讀；又非常重要，故節録此書重要内容，便於其子尚賓學習。本書編選於乾隆五十五年。今本《儀禮》共十七篇，其中《喪服》《士喪禮》《既夕》，《士虞禮》四篇爲凶禮，未録，只有解題。其他十三篇節取最重要又易於理解的部分禮儀，以便於讀者學習。

（周　忠）

儀禮節錄

此書爲坊先生家刻本也先生以經學難讀書故節錄以選刻使後學不致有荒經之誚也

儀禮節錄序

以昌黎公謂之難讀之書授之後生小子豈不苦人以所難與周官曲臺記相爲表裏之書而莫識其巔末何異擿燭扣槃以爲日也無已其節錄乎節錄非得已也其大節目不可畧篇刪節節刪句尤非得已也不可以意增益於其閒乎見節錄多矣雖善本不無此弊今錄此冊授兒子倘賓見者勿以斷港絕潢作汪洋浩瀚之觀則幸甚時

乾隆五十五年長至日日晰居士書於小

春雨齋

儀禮節錄目錄

海陵宮爲坊菅舸選 受業門人 程應佐稚亭 仲振猷雲浦 王煥台鑒泉 仝校

紒音介

士冠禮

士二十而冠，大夫無冠禮[illegible]命爲大夫也。天子諸侯自有冠禮，故大戴禮有公冠篇，儀禮亡。

士冠禮。○筮于廟門，旅占，告吉。前期三日，筮賓，乃宿賓。賓許，擯者請期，宰告曰質明行事，告期于賓之家。以上序爲

夙興，陳服于房中，爵弁服，纁裳，純衣，緇帶，韎韐；皮弁服，素積，緇帶，素韠；玄端，玄裳、黃裳、雜裳，緇帶，爵韠。爵弁、皮弁、緇布冠各一匴。音算 以上陳服

將冠者采衣，紒，在房中。主人迎賓，至于廟門，揖入，三揖三讓。以上將冠迎賓

將冠者出房，即筵坐。賓右手執項，左手執前，乃祝，乃冠。冠者興，賓揖之，適房，服玄端爵韠，出。以上始加

賓受皮弁，進祝，加之，如初，適房，服素積素韠，出。以上再加

賓受爵弁，加之，服纁裳韎韐。以上三加

賓揖冠者就筵，賓受醴，加柶，冠者拜受觶，薦脯醢。冠者祭脯醢，以柶祭醴。以上醴冠者

冠者適東壁，見于母，母拜受。冠畢見母

冠者立于西階，賓字之。字冠者

賓出，主人送于廟門外。送賓

冠者見于兄弟，易服，奠摯

見于君遂以摯見於鄉大夫鄉先生以上冠者見兄弟見君及大夫先生
乃醴賓以一獻之禮酬賓束帛儷皮歸賓俎以上禮畢
以上醴賓酬賓若不醴則醮用酒此指醮冠者禮從俗之謂始加祝曰令月
吉日始加玄服棄爾幼志順爾成德壽考惟祺介
爾景福再加曰吉月令辰乃申爾服敬爾威儀淑
愼爾德眉壽萬年永受胡福三加曰以歲之正以
月之令咸加爾服兄弟具在以成厥德黃耇無疆
受天之慶以上三加祝辭醴辭醮辭字辭未錄屨夏用葛玄端黑屨

儀禮節錄 二

以屨附之
素積白屨爵弁纁屨冬皮屨可也不屨繐屨

旅占卒占也宿賓進賓也爵弁服即與君祭之
服纁絳色純衣絲衣也韎音妹韐之制似韠即蔽膝
也以韋爲之皮弁服即與君視朔之服素積以
素爲裳而要有辟積也韠即韍也元端莫夕于
君之朝服三裳上士中士下士異也頍音窺算上
緇冠之前也縰纚結髮也主人冠者父兄項冠之項
前冠之前始加乃冠緇布冠也賓受受于贊者
梱音困如七以角爲之捉梱于醴中曰以梱祭
醴胡禍遐福也繐音歲喪屨也酌無酬酢曰醮
醴亦無酬酢
三加倣三代之制初加緇布冠玄端玄裳夏尚
忠也再加皮弁服素積素韠商尚質也三加爵
弁服纁裳韎韐周尚文也
前期筮日筮賓至期具冠服設二筵一在東序
西面爲加冠之筵一在戶西南面爲酌醴之筵
將冠者衣緇布衣以朱錦爲緣所謂采衣也帶
及束髮皆朱錦俟于房主人迎賓入將冠者出
房賓揖之就筵爲之加冠三加禮成賓揖冠者
就筵以醴禮之冠者見母賓遂字之見兄弟姑
姊易服見君及鄉大夫鄉先生主人禮賓禮成
賓出此其節次也
周人冠子三加畢以醴酌之于客位夏殷以清
酒醮之每一加而一醮周人制禮因人情如夏
殷之後存夏殷之禮者即用夏殷之禮
冠者見鄉大夫鄉先生各有戒勉之詞如趙文
子冠見欒武子以務實見范文子戒之以
能驕見韓獻子勉之以與善俱始之義也
禘冠弁是古冠之人號以爵韋爲之曰爵弁以
鹿皮爲之曰皮弁衣有襦裳曰端色玄制正幅
無殺曰玄端醴甘酒也一宿而成有酒味而
已

儀禮節錄 三

士昏禮士娶妻之禮以昏爲期日入三商爲昏商猶刻也

昏禮○下達納采問名納吉用雁納徵玄纁束帛儷皮請期用雁以上序納采期及請期之事初昏主人也壻爵弁纁裳乘墨車執燭前馬婦車亦如之至于門外主人筵于戶西此主人謂女父玄端迎于門外揖入賓也壻執雁從至于廟門三揖至階三讓升北面奠雁再拜稽首降出婦從降自西階壻御婦車授綏姆辭不受乃驅行車輪三周御者代壻乘其車先俟于門外以上

序親迎婦至揖婦以入媵布席夫席于奧御布對席婦席皆坐皆祭三飯三酳用巹以上序合巹

記凡行事必用昏昕受諸禰廟辭無不腆摯不用死皮帛必可制腊必用鮮魚用鮒女子許嫁笄而醴之稱字父醴女而俟迎者母南面于房外父命之曰戒之敬之夙夜毋違命母施衿結帨曰勉之敬之夙夜毋違宮事庶母門內施鞶申之以父母之命

下達使媒氏下通其言女氏許之乃納采擇之禮問名將歸卜其吉凶納吉卜得吉兆使往告婚姻之事于是定也徵成也納幣以成昏禮束帛十端儷兩也墨車漆車前馬役持炬火居前炤道授綏僕人禮故姆辭不受媵女從者也酳酒漱口也食畢飲酒曰酳巹破瓠也音謹以瓢爲飲器親近用昏納采以下五事用昕禰父廟也腆善也可制可制爲衣服也鮒取依附之義笄女之禮猶冠男也衿帶也帨音稅佩巾也宮事凡姑命婦之事鞶囊也盛帨巾之屬將迎婦陳牲牢酒醴合巹之具父醮子于寢而命之迎壻至門外父醴女于廟母薦脯醢父戒之阼階之上母戒之西階之上

補註贄不用死士之贄雉今不用雉用生雁也腊魚二句據同牢時而言

士相見禮（士以職位相親、始執摯相見之禮、）

士相見之禮○贄。冬用雉。夏用腒。（以其耿介、乾雉曰腒、）下大
夫相見以雁。（取其知時、）上大夫相見以羔。（取其從帥、若卿從君命、）
始見于君。執摯。至下。容彌蹙。（下、君所也、蹙、恭敬貌、）庶人見於
君。不爲容。進退走。（庶人在官者、不爲容、不趨翔也、）凡燕見於君。
必辯君之南面。若不得。則正方。不疑君。（特見圖事、曰燕見、君
南面則臣見正北面、君或不然、當正東面、若正西面、不得疑君所處邪向之、疑、度也、）君在堂。
升見無方階。辯君所在。（君近東則升東階、君近西則升西階、此燕見圖事之

法、與燕禮不同也、）凡言。安而後傳言。（己爲君言事、安坐也、傳言、猶出言也、）
凡與大人言。始視面。中視抱。卒視面。（視面、觀其顏色、視抱、思之
爲敬也、卒視面、察其納己言否也、）若不言。立則視足。坐則視膝。（何其行起、）
若君賜之食。則君祭先飯。徧嘗饍。飲而俟。君
命之食。然後食。（此君與臣小禮食法、）若有將食者。則俟君之
食。然後食。（將食、膳宰進食也、）若君賜之爵。下席。再拜稽首。
受爵。升席。祭。卒爵。俟君卒爵。然後授虛爵。　凡執
幣者不趨。容彌蹙以爲儀。執玉。舒武。舉前曳踵。（武、迹、）

也、

上凡六節、
一士見大夫禮、一大夫相見禮、
一始見于君禮、一燕見君禮、
一侍坐與言禮、一君賜食禮、
末一節概言執幣、幣謂皮幣及禽摯、執玉、又
一節也、

鄉飲酒禮諸侯之鄉大夫三年大比戶口時獻賢者能者於其君以禮賓之與之飲酒

鄉飲酒之禮○主人就先生而謀賓介戒賓請賓介亦如之以上序謀賓介及戒請事乃席賓主人介衆賓之席尊兩壺于房戶間設篚于禁南設洗于阼階東南以上序陳設羮定主人速賓迎于門外賓介衆賓皆入門左主人與賓三揖至于階三讓主人升賓升主人再拜賓答拜以上序迎賓主人取爵降洗賓辭洗卒

儀禮節錄　八

洗賓拜洗主人獻賓薦脯醢設折俎賓祭脯醢祭酒告旨卒爵遂拜主人答拜以上獻賓賓降洗主人辭洗卒洗主人拜洗賓酢主人薦脯醢設折俎祭如賓禮不告旨卒爵遂拜賓答拜以上賓酢主人主人降洗賓不辭洗主人實觶酬賓祭遂飲卒觶主人降洗賓降辭如獻禮不拜洗主人實觶阼階上拜送賓奠觶于薦東以上主人酬賓主人獻介介祭如賓禮介降洗授主人爵于兩楹之間以上主人獻介介酢主人主人獻衆賓衆賓拜送

乃間當作一句以下歌笙並舉

祭祀旅酬在饋食篇

坐祭立飲不拜辯有脯醢以上獻衆賓以上終一獻禮一人升舉觶于賓一人舉觶以旅酬也將樂正先升工入授瑟工歌鹿鳴四牡皇皇者華笙入堂下磬南北面立樂南陔白華華黍乃間歌魚麗笙由庚歌南有嘉魚笙崇丘歌南山有臺笙由儀乃合樂周南關雎葛覃關雎七亂洋洋卷耳召南鵲巢采蘩采蘋乃降以上樂賓主人降席作相爲司正賓取俎西之觶酬主人主人酬介介司正相旅曰某子受酬受酬者降席是爲旅酬使二人舉觶

儀禮節錄　九

于賓介皆奠觶主人曰請坐于賓是爲坐燕徹俎說屨乃羞無算爵無算樂皆坐燕事賓出奏陔主人送于門外再拜

主人鄉大夫先生鄉中致仕者乃席敷席也篚盛觶器禁酒架肉謂之羮定熟也其牲狗也降洗降階洗爵也折俎牲體枝解節折也旨酒美也不告旨酒已物也不飲也主人酬賓遂飲先自飲也奠觶薦東酬酒不飲也辯徧也一人升主人之吏一人舉觶導飲也磬南磬在堂下立于磬之南也笙以笙吹詩有聲無詞間歌一歌一吹相間也合樂謂歌樂與衆聲俱作作使也禮成畱賓爲有懈惰立司正以監之俎西之觶卽向一人所舉之觶賓奠于俎西此時取以酬主人也

相旅，衆賓相酬，司正相之也。坐，燕者。自此以上皆立行禮，人皆勞倦，至此請坐于賓也。說屨，脫安燕，當坐，故說屨。羞，進也，進狗胾。算，數也。爵行無數，醉而止也。燕樂亦無數，或間或合，盡歡而止也。陔，陔夏，九夏之一。陔之言戒也，明無失禮也。

鄉飲之禮有四：鄉大夫三年賓賢能，一也；鄉大飲國中賢者，二也；州長習射飲酒，三也；黨正蜡祭飲酒，四也。儀禮及鄉飲酒義，皆鄉大夫獻賢能于君之禮。若六十者坐，五十者立，一依舊說，以為黨正屬民飲酒，以正齒位之禮也。鄉人會衆，皆當行鄉飲酒禮，如論語鄉人飲酒，亦此等也。按鄉飲次日有息司正之禮，羞惟所有，徵惟所欲，告于先生君子，盡老者，不以筋骨為禮，故不于本日召，召于次日。論語言杖者，其在此日歟。

儀禮節錄　十

補記　使二人，亦主人吏。　記曰：獻用爵，其他用觶。息司正，勞之也。

奏周南召南一節，用鄉樂也。

鄉射禮　州長春秋以禮會民而射于州序之禮

鄉射之禮○主人戒賓，乃席，乃張侯，乃速賓。以上戒賓及速賓之事。及門，主人出迎，衆賓皆入。主人獻賓，賓酢主人。主人實觶酬之。獻衆賓。樂正升，工入，乃合樂。以上行鄉飲之禮，儀略同，小有異。未旅，三耦俟于堂西，司射袒決，遂取弓于階，挾乘矢，告于賓曰：弓矢既具，有司請射。司馬命張侯，又命獲者倚旌于侯中。三耦袒決遂，皆執弓，搢三而挾一个。

儀禮節錄　十

此下序三番射揖讓升降及飲不勝者，與大射畧同，未錄。

賓取俎西之觶酬主人，司正相旅，衆受酬者拜。主人請坐于賓，徹俎，說屨，乃羞，無算爵，無算樂，樂正命奏陔，賓出，主人送于門外，再拜。以上射訖旅酬及送賓。

主人，州長。鄉大夫若在，則稱鄉大夫。侯，布為之，采侯也。乃合樂，不歌不笙不間，志在射，略于樂也。未旅，未以次序相酬，以將射也。三耦，司射選弟子中德行道藝高者為三耦。袒，左免衣也。決，着右大指以鉤弦，象骨為之。遂，着左臂以遂弦，韋為之。獲者亦弟子也，以其唱獲，故名獲者。倚旌，為當負侯也。將射，獲者執旌負侯，射則去侯。搢，插也。个，枚也。插三矢于帶而挾一于手也。

七拜下之

燕禮（諸侯無事，若卿大夫有勤勞之功，與羣臣燕飲以樂之。○按天子有燕禮，此獨言諸侯者，儀禮于天子之禮缺也。篇中言公，謂諸侯也。）

燕禮。○小臣戒與者。膳宰具官饌于寢東。樂人縣。司宮筵賓于戶西，東上。小臣設公席于阼階上，西鄉。小臣納卿大夫。士。（以上序陳設納與燕之人。）公曰：命某爲賓。賓入。及庭。公降一等揖之。公升就席。賓升自西階。主人亦升自西階。（以上序賓入升堂。）

（此處獻賓及賓酢主人二條，與鄉飲同，未錄。）

儀禮節錄　十一

主人洗象觚，獻于公。公拜受。士薦脯醢。膳宰設折俎。公祭如賓禮。卒爵。拜。主人答拜。（以上主人獻公。）更爵洗。升酌膳酒以降。酢于阼階下。再拜稽首。公答再拜。（以上主人受公酢。公酢主人，而自酢，不敢煩公，尊君也。）主人媵觚于賓。酌散。遂飲。主人酌膳。拜送賓。賓祭酒。遂奠于薦東。（以上主人獻賓。）小臣請媵爵者。公命長。媵爵者洗象觶，實之，奠于薦南。（以上媵爵于公。）公取大夫所媵觶以酬賓。賓降西階下。再拜稽首。公命小臣辭。賓升成拜。公答拜。卒觶。易觶洗，酌膳觶，賓以旅酬于西階。（以上公爲賓舉旅。）主人獻卿于西階上。辯獻卿。主人以虛爵奠于篚。若有諸公，則先卿獻之。（以上主人獻孤卿。）公又行一爵，若賓若長，唯公所酬，以旅于西階上。（以上爲卿舉旅。）主人獻大夫，辯。（以上獻大夫。）樂正升。納工。工歌。（鹿鳴三章，下皆與鄉飲酒同。）笙入。奏。乃間歌。遂歌鄉樂。（即介樂。）大師告于樂正曰：正歌備。（以上作樂。）徹俎。說屨皆坐。羞庶羞。（以上燕坐。）主人獻士。士辯。祝史小臣師亦就其位而薦之。（以上獻士及祝史等。）若射，則如鄉射之禮。（燕末行射。）主人獻庶子。獻左右正與內小臣。（此獻庶子以下。）無算爵。無算樂。奏陔。賓出。卿大夫皆出。公不送。

小臣，佐大僕相君燕飲之法者。與者，凡與燕之人。膳宰，掌君飲食者。官，官饌，酒牲脯醢也。寢，路寢。縣，鐘磬也。司宮，官名，如天子小宰。筵，席也。爲賓席也。某爲賓，以大夫爲賓。此無事之燕，使一大夫爲賓。若與四方之賓燕，公迎之于大門內。與卿大夫燕，皆大夫爲賓。主人，宰夫。燕義云：使宰夫爲獻主，是也。象觚，觚有象骨飾也。更爵者，不敢用君之爵。媵，送也。酌散，酌方壺酒也，於膳爲散。命長，命卿大夫中長幼可使者二人。長，公卿之尊者。唯公所酬，不定也。

補註：膳，膳尊，君尊也。

儀禮節錄　十二

諸侯射先行燕禮

大射有次

大射儀[諸侯將祭與羣臣射數中者得與于祭數不中者不與祭○按周禮言王大射此專言諸侯之禮]

大射之儀○君有命戒射宰戒百官射人戒公卿大夫司士戒士前射三日宰夫戒宰及司馬射人宿視滌司馬命量人量侯道張三侯大侯之崇見鵠于參參見鵠于干干設乏用革樂人宿縣笙磬西面頌磬東面應鼙在其東朔鼙在其北司宮尊于東楹之西射人告具大射正納賓請立司正

[此下設尊洗迎賓及獻賓至獻大夫與燕禮大略相同故不錄其不同者獻賓奏肆夏工歌鹿鳴三終管新宮三終不合樂有小異耳其獻士庶子在卒射後禮亦同坐燕以下無算爵無算樂及卿大夫出皆同亦不錄錄請射以下三番射之事]

儀禮節錄 十三

司射自阼階前曰為政請射命有司納射器君之弓矢適東堂賓之弓矢止于西堂下眾弓矢適次二侯司射誓之曰公射大侯大夫射參士射干卑者與尊者為耦不異侯遂比三耦三耦俟于次西面北上○[以上序誓射及比三耦之事]司射誘射三侯始射干又射參大侯再發卒射降[以上司射誘射]作上耦射上耦出次西面揖上射在左並行當階北面揖及階揖上射先升下射從之[揖讓而升在左並行先射從之讓也]升堂皆當其物北面揖及物揖還視侯中合足而俟司射與司馬正交于階前命曰無射獲無獵獲乃射上射既發而后下射射將乘矢獲者坐而獲舉旌以宮偃旌以商獲而未釋獲卒射北面揖揖如升射上射降下射少右從之[讓也]與升射者交于階前相

儀禮節錄 十四

揖適次釋弓說決拾襲反位[揖讓而下]三耦卒射亦如之[以上三耦第一番射]司馬倚扑請射于公公許命賓御于公諸公卿則以耦大夫降適次立于三耦之南[此次君與大夫皆射]司射作射如初一耦揖升如初大史實八算于中司射命曰中離維綱揚觸梱復公則釋獲眾不與視上射命曰不貫不釋乃射中則釋獲三耦卒射[以上三耦第二番射]公就物小射正奉決拾大射正執弓以從公袒朱襦大射正以矢行告下曰留上

曰揚左右曰左卒射卽席公射諸公卿袒決遂揖如三耦升射降如三耦卒射釋獲者告于公曰左右卒射公公卿大夫射司射視算二算爲純一算爲奇告于公右勝曰右賢于左左勝曰左賢于右左右鈞則曰左右鈞視算以上第二番射事終司宮士奉豐設于西楹西勝者之弟子洗觶升酌散奠于豐上勝者皆袒決遂執張弓不勝者皆襲說決拾卻左手右加弛弓一耦出揖如升射勝者先升堂少右不勝[illegible]

儀禮節錄 十五

者進取豐上之觶立卒觶先降三耦卒飲以上飲三耦若飲公侍射者洗角觶酌散賓卒觶洗象觶酌膳以致下拜隣升成拜公答拜卒觶君飲諸公卿大夫之耦不勝亦執弛弓特升飲如三耦大夫飲公卿司射作射如初司射與司馬請以樂公許司射命曰不鼓不釋樂正命大師奏貍首三耦卒射公樂作而后就物卒射如初公卿大夫衆射者皆繼射釋獲如初視算升飲如初以上第三番射

以下行旅至奏陔與燕禮同唯公入驁有別

宰如天子冢宰司徒兼之射人掌以射法治射儀司士司馬之屬兼司器掌除射宮量人司馬之屬侯道張侯相去近遠三侯大侯參千也大侯卽熊侯參讀糝糝雜也豹鵠麋飾干讀豻豻鵠豻飾也肆夏樂章今亡鹿鳴三終不歌四牡皇皇者華新宮三終吹笙以播新宮之樂其篇亡薦笙屬司射射人也爲政謂司馬也射器弓矢而外如中籌豐楅皆是誘射教射也射四矢以者十參三侯二也物以丹若墨畫十字形于侯地履之以射離過也維與綱皆繩爲之以繫侯者揚觸矢中他物揚而觸侯也楅復矢至侯不著而還復也襦短衣也奏貍首諸侯以貍首爲節也驁夏樂章今亡射宮在郊故公出而言入餘詳鄉射篇或謂肆夏卽時邁之詩見周禮

儀禮節錄 十六

逸師註

補註

射獲矢中人獲矢從傍也坐而獲射者中則大言獲也作射使射也中盛算器籌算籌類純猶全也奇猶虧也豐所以承爵拾卽遂其非射時則謂之拾也

四射考并讀

天子諸侯將祭擇士習射于西郊之虞庠謂之大射諸侯朝天子天子與之射于朝或諸侯自相朝而射謂之賓射天子諸侯無事而燕賓客或燕聘問之使臣謂之燕射三射而外又有鄉射鄉射者州長春秋會民習射于州序之禮也天子諸侯有大射賓射燕射而無鄉射士有賓射燕射鄉射而無大射大夫

則四射皆有之其射之地天子諸侯有在學大在朝賓在國燕之别大夫士或射于庠序或射于郊外其禮諸侯射先行燕禮大夫士射先行鄉飲酒之禮天子之禮無文其節天子以騶虞爲節諸侯以貍首爲節卿大夫以采蘋爲節士以采繁爲節所用之中大射用閭中賓射用虎中燕射用皮樹中大夫用兕中士用鹿中所用之侯天子虎侯熊侯豹侯

諸侯熊侯豹侯卿大夫麋侯張皮侯而棲鵠此大射之侯也賓射用采侯燕射用獸侯鄉射用采侯皆不用皮凡此者皆謂之禮射與武射不同也

賈讀價繅讀藻下同

聘禮大問曰聘諸侯無事使卿相問之禮小聘使大夫○按諸侯有聘於天子之禮此諸侯相問禮也

聘禮○君與卿圖事遂命使者戒上介衆介宰書
幣命宰夫官具以上使者具幣及期夕幣授使者以上授使者
厥明賓朝服釋幣于禰又釋幣于行以上使者釋幣使者
載旜受命于朝君朝服南鄉使者北面東上上介
立于其左賈人西面坐啟櫝取圭垂繅授宰宰執
圭屈繅授使者使者受圭垂繅受命授上介上介

儀禮節錄　十九

屈繅授賈人受享束帛加璧受夫人之聘璋享玄
纁束帛加琮遂行舍於郊斂旜以上受命卽行若過邦使
次介假道以上假道未入境壹肆爲壝壇畫階習享習公
事不習私事以上未至主國習聘享之儀及竟張旜誓闗人入
竟斂旜乃展布幕拭圭及郊又展及館展幣于賈
人之館以上謁闗人及入竟展圭幣之事賓至于近郊張旜君使
卿朝服用束帛勞夫人使下大夫勞以二竹簋方
玄被纁裏有蓋其實棗蒸栗擇遂以賓入以上郊勞

至于館卿致館宰夫朝服致飧以上致館致飧厥明訝賓
于館賓皮弁聘乃陳幣卿爲上擯大夫爲承擯士
爲紹擯擯者出請事公皮弁迎賓于大門內大夫
納賓賓入門左每門每曲揖及廟門公揖入立于
中庭賓立接西塾擯者出請命賈人東面坐啟櫝
取圭垂繅授上介上介屈繅授賓賓襲執圭擯者（上介不襲）
出辭玉賓入門左三揖至于階三讓公升二等賓
升西楹西東面擯者退中庭賓致命公左還北鄉

儀禮節錄　二十

擯者進公當楣再拜賓三退負序公襲受玉于中
堂與東楹之間擯者退賓降出以上正聘擯者出請賓
裼奉束帛加璧享擯者入告出許庭實入設賓入
門左揖讓如初升致命張皮公再拜受幣賓出聘
于夫人用璋享用琮如初禮以上享禮賓請覿擯者辭
請禮賓宰夫改筵迎賓入公拜送醴宰夫薦籩豆脯
醢公用束帛擯者進相幣賓拜受幣出以上禮賓賓覿奉
束錦總乘馬二人贊入門右北面奠幣再拜稽首（以臣禮見）

擯者辭賓出擯者取幣出有司牽馬從請受賓禮
辭聽命牽馬右之入設賓奉幣入門左介皆入公
揖讓升公北面再拜賓三退負序賓振幣進授當
東楹北面士受馬賓降階東拜送君辭拜也君降
一等辭擯者曰寡君從子賓栗階升階上再拜稽首
賓降出[以上私覿]賓　上介奉束錦士介奉玉錦束請覿
[以上介私覿]賓告事畢公出送賓公問君賓對公再拜
公勞賓勞介皆再拜稽首擯執上幣于門中以相

賓出公再拜送賓不顧[以上送賓]賓即館君使卿韋弁
歸饔餼賓皮弁迎于外門外明日拜于朝[以上歸饔餼]
公于賓壹食再饗燕無常數賓介皆明日拜于朝
上介壹食壹饗[以上饗食燕]　君使卿皮弁還玉于館賓
南面受圭授上介于阼階東大夫還璋禮玉束帛
乘皮[以上還玉禮]贈如覿幣士送至于竟[以上送賓]使者歸
陳幣于朝公南鄉使者執圭垂繅北面上介執璋
屈繅立于其左反命宰自公左受圭受璋君勞之

賜使者幣賜介皆再拜稽首乃退[以上反命]
記　久無事則聘焉若有故則卒聘　使者既受行
出朝同位出祖釋軷祭酒脯乃飲酒于其側　所
以朝天子圭與繅皆九寸剡上寸半厚半寸博三
寸繅三采六等朱白蒼問諸侯朱綠繅八寸皆玄
纁繫長尺絢組　辭無常孫而說辭多則史少則
不達辭苟足以達義之至也　上介執圭如重授
賓賓入門皇升堂讓將授志趨授如爭承下如送
君還而后退下階發氣怡焉再三舉足又趨及門

正焉執圭入門鞠躬焉如恐失之及享發氣焉盈
容衆介北面蹌焉私覿愉愉焉出如舒鴈

圖事謀聘者書幣書聘所用幣多少也官具使
衆官具幣夕幣行之前夕陳幣而視之釁使者
父庿告爲君使也行大夫三祀之一告將行也
旜旌旗屬載之以表識其事賈人在官知物賈
者繅音璪木幹以韋衣之飾以采奠圭于其上
屈繅斂之也享獻也既聘又獻厚恩惠也過邦
過他國也竟境同肄習也習聘儀爲壇畫階野
外爲之以習儀不立主人不執玉不敢褻也聘
享爲公事私覿爲私事請告也展展視玉幣也
竹簋方盛棗栗器以竹爲之如簋而方提誑闕

覜是揀擇之義餉入聲大夫餉至也食不備禮
曰飧訝迎也擯主國之君使出接賓者紹繼也
主君公也擯者五人侯伯也擯者四人子男也
擯者三人每門入大門東行卽至廟門其間行
經昭穆廟門皆揖也每門有曲有曲卽相揖也
公揖入公先入也立于中庭俟賓也門側之堂
爲塾襲充美也入門左入廟門也行西塾執圭
入門揖讓升階致命是謂圭正文總乘馬總八
牽牽之贄者賈人之屬問君問君居處何如也
牲殺曰饔生曰餼食饔皆用大牢食禮無酒饗
禮有酒上介一食一饗文特饗之客之也還玉
輕財重禮之義禮玉以下報享禮也贈贈賓也
賜使者介以彼國所贈賜之也
無事無盟會之事有故謂災患如告糴或以將
事告同位使者旣受行日與介朝君皆同位指
夕幣而言祭道路之神曰軷飲酒餞也剡音琰

上銳也朱白蒼一采再帀併爲一就故曰六等
繫在櫝時用以繫玉此時因以爲飾也組繫用
五采故曰絇皂莊盛也謙謂舉手平衡也志趨
志在趨也爭承爭接取物恐失隊也再三舉足
自安定乃復趨也容色復故曰正謂聘畢將享
之時舒鴈鵞也自然有行列

後路　正文　前路

執圭節次　並讀

使者受命于朝賈人啓櫝取圭垂繅授宰宰屈繅
授使者使者受圭垂繅受命此執于本國受
命時也入竟乃展布幕爲壇賈人拭圭遂執
展之此賈人執之而賓使上介視之也入廟
門後賓立接西塾賈人啓櫝取圭垂繅授上
介上介屈繅授賓賓襲執圭此執于行聘禮
之時也當此之時賓入門左三揖至階三讓
升西楹西東面致命公再拜賓三退負序皆
執圭時也至公受于中堂而執圭之事乃訖
推之執璋當亦復然由此而還玉賓南面受
之授上介于阼階東則執于還玉之時歸而
執圭垂繅上介執璋立于其左則執于反命
之時蓋至是而後不辱君命執圭顧不重哉

旅音臚

擯介入數位次 並讀

從賓聘者曰介上公七介侯伯五介子男三介主國使接賓者曰擯公五人侯伯四人子男三人（用命數之強半）賓入于次在大門外之西直闑西北面上介在賓西北東面衆介相繼而北主君在大門內上擯在闑東門內西西面北上承擯次而紹擯又次而皆西面介紹傳命者上擯入受命出傳與承擯承擯傳與末擯末介向

末擯遂受命傳與次介次介傳與上介上介傳與賓賓受命傳而下亦如之若旅擯則陳擯不傳辭上擯受公命南面迤揖賓使前賓至末介北東面上擯至末擯南西面東西相向揖而請事

執圭辨 附 并讀

周禮典瑞公執桓圭侯執信圭伯執躬圭繅皆三采三就子執穀璧男執蒲璧繅皆二采再就以朝覲宗遇會同于王諸侯相見亦如之蓋五瑞爲天子命圭君則守之來則執之以齊瑞信而兩君相見亦各執其圭璧以相見也若遣使出聘則有圭璋璧琮（聘享）下于命圭一等典瑞所云瑑圭璋璧琮繅皆二采一就

以頫聘是也玉人職曰瑑圭璋八寸璧琮八寸亦與命圭寸數各如其命數不同則聘禮所執之圭非五等命圭也明甚夫瑑圭云者文飾之無桓信躬蒲穀之文所以然者諸侯之臣不得執其君之命圭以爲聘也聘禮記曰所以朝天子圭與繅皆九寸繅三采六等問諸侯朱綠繅八寸朱綠繅者二采再就降于天子也臣禮與君禮有異豈有疑義歟且

命圭一而已。聘鄰國有一時並行，如楚使申舟聘于齊，又使公子馮聘于晋。若用命圭，安得有其二哉？此尤不辨自明者。或曰：典瑞、玉人，天子官也。諸侯得有瑑圭，當亦命於天子，則謂之命圭也，亦宜。

公食大夫禮　國君以禮食小聘大夫之禮。

全文不錄，錄賓祭一條。此因聘而食之，賓爲客，故遍祭脯醢、黍稷，祭酒，祭庶羞也。

賓升席坐，取韭菹，以辯擩于醢，上豆之間祭。贊者取黍取稷以授賓，賓祭之。三牲之肺，贊者取以授賓，賓祭。扱上鉶以柶，辯擩之，上鉶之間祭。祭飲酒于上豆之間。魚腊醬湆不祭。贊者辯取庶羞授賓，賓兼壹祭之。

切菜肉爲韲菹，細曰韲，粗曰菹。辯，遍也。擩，音乳，染也。周禮九祭，六曰擩祭。註：以肝肺菹擩鹽醢

中以祭。彼言肝肺，此言韭也。醢，肉爲之，有骨爲臡，無骨爲醢。宰夫設豆六，此祭于上豆之間。下祭黍稷、祭肺等，皆于上豆之間。飲酒，清酒也。腊音昔，乾肉也。湆音泣，肉汁也。扱湆湆並音泣，義別。幽濕曰湆，犬羹曰湇，從肉不從日，今文誤。庶羞多品，兼一祭之，總合祭之也。扱，挹也。鉶，菜和羹之器。柶，匕也。以柶扱其鉶菜遍擩之，祭于上鉶之間。按羹在鉶爲鉶羹，菜和羹者，牛藿、羊苦、豕薇，皆有滑是也。藿，豆葉；苦，苦荼；滑，堇荁之屬。

拜下

覲禮諸侯見天子之禮，春日朝，夏日宗，秋日覲，冬日遇。朝宗禮備，覲遇禮省，是以享獻不見，三禮亡，唯此存。

覲禮○至于郊，王使人用璧勞。侯氏還璧，再拜稽首，儐使者，遂從之。以上郊勞，隨使者以至朝。天子賜舍，曰：「伯父女順命于王所，賜伯父舍。」侯氏再拜稽首。以上賜舍。諸侯前朝，皆受舍于朝，同姓西面北上，異姓東面北上。以上前期一日使受次于朝。侯氏裨冕，釋幣于禰。以上將覲在館。乘墨車，載龍旂弧韣，乃朝以瑞玉，有繅。天子衮冕負斧依，嗇夫承命，告于天子。天子曰：「非他，伯父實來，予一人嘉之。伯父其入，予一人將受之。」侯氏入門右，坐奠圭，再拜稽首。擯者謁，侯氏取圭，升致命。王受玉，侯氏降階，北面再拜。擯者延之，曰：「升。」升成拜，乃出。以上覲禮。四享，四當作三。皆束帛加璧，庭實唯國所有。匹馬卓上，九馬隨之，中庭西上，奠幣，再拜稽首。王撫玉，侯氏授宰幣，再拜稽首，出。以上三享。乃右肉袒于廟門之東，入門北面立，告聽事。天子

儀禮節録　三九

上言秋見天子之禮，此兼四時言之，恐上亦兼四時，朝宗遇亦得謂之覲也。

辭勞之，再拜稽首。天子賜侯氏以車服，饗禮乃歸。以上侯氏受邦，王見之，及賜車服饗禮之事。以下無節文，因下言會同事，故別錄之。

諸侯覲於天子，爲宮方三百步，四門，壇十有二尋，深四尺，加方明于其上。方明者，木也，方四尺，設六色：東方青，南方赤，西方白，北方黑，上玄，下黃。設六玉：上圭，下璧，南方璋，西方琥，北方璜，東方圭。上介皆奉其君之旂，置于宮，尚左。公侯伯子男皆就其旂而立，四傳擯。以上會同之事。天子乘龍，載大旂，拜日於東門之外，反祀方明。此會同以春。禮日於南門外，禮月與四瀆於北門外，禮山川丘陵於西門外。此會同以夏冬。秋祭天燔柴，祭山丘陵升，祭川沈，祭地瘞。此總言祭禮。

還璧，既再拜受旋節，還璧，重禮也。儐使者用束帛乘馬，致尊敬也。從之，從使者入朝也。賜舍猶致館，曰伯父云云，使者致館辭，受舍，覲時位次在大門外，下二句即其次也。裨冕，衣裨而冠冕也。裨，天子六服，大裘爲上，餘爲裨，侯氏不得有大裘，袞冕以下皆是。禰，行主，諸侯載行主以出。墨車，大夫車也，天子五輅爲正，諸侯四輅爲偏，偏駕不入王門，嫌與王同，故乘墨車以朝也。

儀禮節録　四十

交龍爲旂諸侯所建弧弓也用以張旂之正幅
韜弓衣也瑞玉五等命圭依如屏風有繡斧文
嗇夫司空之屬爲末擯承命受侯氏命非他親
之之辭同姓曰伯父叔父異姓曰伯舅叔舅言
伯父者舉一以槩其餘奠圭奠之而不授舉見
尊之禮謁上擯告以天子將親受之三享享天
子用璧夫人用琮皆有庭實或以馬或以虎豹
皮又三牲魚腊籩豆之實卽其國所有分爲三
享皆以璧帛致之卓上馬必十匹以一馬素的
爲上書其國名識其何產所謂卓上也撫玉但
撫之不受也两袒入告聽事者諸侯自謂有罪
請受刑于王王辭而勞之也饗卽饗禮禮兼食
燕、
接時見曰會殷見曰同時見者無常期諸侯有
不順服者王將有征討之事則既朝覲王爲壇
于國外合諸侯而命事焉所謂會也十二歲王

儀禮節錄　三二

如不巡守則六服盡朝朝禮畢亦爲壇合諸侯
以命政所謂同也宮壝土象墻壁爲於國外壇
三重上有堂深謂高也方明四方神明之象會
同而盟明神監之木如木主六色象其神六玉
以禮之置于宮者建之爲其君見王之位侯氏
立于其位王降階南向見之三揖土揖庶姓時
揖異姓天揖同姓王既揖五者升壇設擯升諸
侯以會同之禮其奠瑞玉及享幣公升堂致命王受
玉撫玉及請事皆如覲禮四傳擯者公侯伯
各一位子男同一位每一位畢擯者以告乃更
陳列而升其次四次傳遍五等諸侯皆升行禮
也擯設于庭擯之人數公五人侯伯四人子男
三人也天子之擯天宗伯爲上擯小行人爲承
擯嗇夫爲末擯若會同則肆師爲承擯也八馬
尺以上爲龍大旂太常也王建太常四門卽上
爲宮之四門祭天卽上祭日祭地卽上祭月播

燎之也升懸牲體沈沈之也瘞曰瘞音意
補註卓猶特也一馬特上而九馬從也

儀禮節錄　三三

喪服　子夏傳

天子以下死而相喪衣服年月親疏隆殺之禮鄭註喪字去聲讀今或以平聲讀義亦通也

士喪禮

士喪其父母自始死至於既殯之禮

既夕

士喪禮之下篇也謂先葬二日夕哭以至葬畢之禮

士虞禮

虞安也士既葬其父母迎精而反日中而祭於殯宮以安之

儀禮節錄　三三

特牲饋食禮諸侯之士祭祖禰饋食者食道也孝子事死如生用生人食道饋之故不言牲禮而言饋食或曰喪禮祥禪後自凶卽吉之祭禮

特牲饋食之禮○筮日筮尸宿尸宿賓以上將祭前有此四事

厥明夕陳鼎于門外棜在其南實獸于其上牲在其西宗人升自西階視壺濯及豆籩反降告濯具視牲告充舉獸尾告備舉鼎鼏告絜請期曰羹飪告事畢以上祭前一夕夙興主人視側殺主婦視饎爨于西堂下亨于門外羹飪實鼎陳于門外

儀禮節錄　三四

實豆籩鉶陳于房中盛兩敦陳于西堂祝筵几于室中東面主婦立于房中主人及賓兄弟羣執事卽位于門外佐食立于中庭以上主人主婦陳設卽位祝先入主人從西面于戶內主婦盥于房中薦兩豆葵菹蝸醢音螺主人降出及佐食舉牲鼎執事舉魚腊鼎西面錯贊者錯俎佐食升肵俎主人升入俎入設于豆東魚次腊俎北主婦設兩敦黍稷于俎南西鉶芼設于豆南祝洗酌奠于鉶南主人再拜稽首

卒祝。主人再拜稽首。（主婦薦）主人主婦設陰厭。祝迎尸于門外。
尸入。卽席坐。主人拜妥尸。尸執奠。祝饗。主人拜。祝
命挼祭。尸左執觶。右取菹。挼于醢。祭于豆間。佐食
取黍稷肺祭授尸。尸祭之。祭酒。啐酒。告旨。祭鉶。嘗
之。告旨。主人羞。所俎于腊北。尸三飯。告飽。祝侑。（禮一成）
佐食舉幹。尸振祭。舉獸幹魚一。亦如之。佐食羞
庶羞四豆。尸又三飯。告飽。祝侑。（禮再成）舉骼及獸魚。
尸又三飯。告飽。祝侑。（禮三成）舉肩及獸魚如初。（以上陰厭）

儀禮節錄 三五

後。迎尸。主人洗角。升酌。酳尸。尸祭酒。啐酒。賓長以
肝從。尸嚌。主人佐食摶黍授祝。祝授尸。尸受以菹
豆執以親嘏主人。（主人初獻尸）主婦洗爵于房。酌亞獻
尸。宗婦執兩籩。主婦受。設于敦南。尸祭之。兄弟長
以燔從。酢如主人儀。（主婦亞獻尸）賓三獻。燔從如初。爵
止。賓三獻禮成。（以上三獻尸）主婦致爵于主人。主人致爵于主婦。
以上主人主婦致爵之事。主人西階上獻賓。受酢。衆賓升受。
爵。（以上）主人酬賓。奠觶于薦北。賓取觶。拜。奠于薦南。

以上主人獻賓酬賓。主人獻長兄弟于阼階上。獻兄弟。獻內
兄弟于房中。（以上獻兄弟）長兄弟洗觚爲加爵。衆賓長
爲加爵。爵止。（以上加爵獻尸）三獻外。嗣舉奠。洗酌。尸拜受。（以上）
嗣子舉奠。宗人告祭脀。乃羞。（將行旅酬衆賓兄弟羞祭俎羞庶羞）賓取觶
阼階前北面酬長兄弟。長兄弟西階前北面酬衆賓。
賓長受旅。衆賓及衆兄弟交錯以辯。賓弟子及兄
弟弟子洗各酌于其尊中庭北面西上舉觶于其
長。奠觶拜。長皆答拜。舉觶者祭卒觶拜。長皆答拜。

儀禮節錄 三六

舉觶者洗酌。皆奠觶于薦右。長皆執以興。奠觶于
其所。皆拜。其弟子。弟子復位。爵皆無算。（以上旅酬）○賓復取
觶酬兄弟之黨。兄弟取觶酬賓之黨。唯己所
欲。亦交錯以辯。無次第之數。所謂無算爵也。祝東
面告利成。尸謖。祝前。主人降。徹尸俎。俎出于廟門。
以上祭畢。尸出。筵對席。佐食分簋鉶。祝命嘗食養者舉
奠。主人升酌。酳上養下。養（以上祭者餕尸之餘卽祭畢而燕）宗婦
徹祝豆籩入于房。徹主婦薦俎。（以上主婦燕內賓于房）佐食
徹尸薦俎敦。設于西北隅。几在南。厞用筵。納一尊。

佐食徹牖戶降。以上改饌饗神爲陽厭之事。宗人告事畢。

大夫士以孫之倫爲尸宿進也或作速屬吏內一人爲賓厭明夕宿賓之明日祭之前一日之夕也士三鼎豕一魚一腊一挖木架獸腊也全乾爲腊牲豕也濯溉也充肥也鼏音覓鼎蓋亦與羃通飪熟也謂明日質明肉熟側猶特殺一牲也饎音熾炊黍稷也敦音對盛黍稷有虞氏之祭器祝筵几敷神席也佐食賓佐尸食者錯音措置也脀音丞升心舌之俎也魚次次東也腊俎在北芼菜也以菜和羹曰鉶羹卒祝祝有祝詞所謂祝以孝告也此時尸未入先饗神行陰厭事厭饜饗神也求神于陰曰陰厭祭畢求神于陽曰陽厭安安坐也執奠卽上奠于鉶南之爵祝有詞饗勸之也挼音撮祭神食也一作墮挼音軟入聲染也肺祭刌肺也斷切之嚌嘗也告旨明神

儀禮節錄　二七

享之也侑勸也有詞幹牲之長脅振祭播鹽中振之以祭周禮九祭之一獸幹腊之脅魚一魚之一度羞衆羞也上羞字進也骼音格牲後脛骨肩牲肩角爵類酳音衍獻尸也肝所炙也酳同酢報音假福也嘏有詞所謂嘏以慈告也叶音讀古燔炙肉也爵止奠而不舉也受酢主人自酢受賓之酢衆賓受爵主人獻衆賓也自飲以導人飲曰酬內兄弟內賓宗婦也三獻禮成加爵獻尸嗣將爲主人後者使嗣子飲奠重之也奠卽上奠于鉶南之奠尸執以祝饗者洗酌嗣獻尸也脀音蒸以牲實俎也羞庶羞也賓取觶取薦南奠觶觶遍也其尊賓兄弟各尊也舉觶舉而飲導飲之謂利猶養也供養之禮成告于主人謖起也祝前導之出對席嗣子長兄弟食餕餘之席篚卽盛黍稷之敦周日簋鉶羹將餕故分之蓋同餕餕舉奠奠卽各奠于其所之奠上下餕者之次第此皆同姓其以毛髮爲次第歟祝豆籩祝之兩豆籩也陰厭祭于奧戶起之後改饌于西北隅以向戶明故爲陽厭厞音廢隱也筵于幽闇廢其饗之合牖戶亦此意也

旅酬

祭之時既獻尸主人獻賓及兄弟各相獻酬然後行旅酬禮其先主人酬賓于西階賓受爵奠于席前而不舉兄弟弟子爲長兄弟舉觶于阼階長者亦奠而不舉及獻酬既畢之後賓取所奠觶于阼階酬長兄弟長兄弟亦取所奠觶于西階酬賓賓及衆賓及衆兄弟交錯以辯是爲旅酬下是賓弟子及兄弟弟子各舉觶于其長先自飲以導飲所謂下爲上也賓取觶酬兄弟之黨長兄弟取觶酬賓之黨亦交錯以辯唯所欲無次第謂之無算爵

儀禮節錄　二八

少牢饋食禮諸侯之卿大夫祭其祖禰之禮將祭必先擇牲繫于牢而芻之故曰牢羊豕曰少牢三牲具爲大牢一牲不得名牢故特牲不言牢也

少牢饋食之禮○日用丁己筮于廟門之外乃官

戒宗人命滌宰命爲酒筮尸宿尸爲期于廟門之

外以上筮日及爲期等事明日主人朝服即位于廟門之外

司馬刲羊司士擊豕雍人摡鼎匕俎于雍爨廩人

摡甑甗匕與敦于廩爨司宮摡豆籩勺爵觚觶几

洗篚于東堂下以上視殺視濯羹定雍人陳鼎五三鼎在

儀禮節錄 三十九

羊鑊之西二鼎在豕鑊之西司馬升羊實于一鼎

司士升豕實于一鼎雍人倫膚實于一鼎司士又

升魚腊魚十有五而鼎腊一純而鼎腊用麋實豆

籩之實以上陳鼎實鼎及豆籩主人即位于阼階司宮筵于

奧以上即位後陳神坐陳鼎于東方當序俎皆設于鼎西

肵俎在羊俎之北佐食升牢心舌載于肵俎心皆安

下切上午割勿沒舌皆切本末亦午割勿沒升羊

升豕載于俎升魚腊膚魚用鮒十有五而俎腊一

純而俎膚九而俎以上陳鼎門內載鼎實于俎卒脀祝升自西

階主人升自阼階入戶西面主婦薦自東房韭菹

醓醢坐奠于筵前葵菹蠃醢陪設于東上利執羊俎

下利執豕俎司士三人執魚腊膚俎序升入設主

婦執一金敦黍設于羊俎南敦稷設于魚俎南敦

黍設于稷南祝酌奠主人再拜稽首祝祝曰孝孫

某敢用柔毛剛鬣嘉薦普淖用薦歲事于皇祖伯

某以某妃配某氏尚饗主人再拜稽首以上陰厭祝迎

儀禮節錄 四十

尸尸入升筵祝主人皆拜妥尸尸取韭菹擩于三

豆祭于豆間佐食取黍稷取牢肺授尸尸祭主人

羞肵俎佐食羞兩鉶尸祭鉶食舉三飯佐食舉牢

幹羞胾尸又食佐食舉魚一又食佐食舉腊肩又

食佐食舉牢骼尸告飽祝侑尸又食佐食舉牢肩

尸告飽主人拜侑尸又三飯以上正祭主人洗爵酌酒

酳尸尸酢主人佐食取黍摶之授尸尸命祝嘏于

主人曰來女孝孫受祿于天宜稼于田眉壽萬年

主人再拜稽首。以上酳尸一獻主婦洗酳獻尸。祝易爵洗。
酳授尸。主婦拜受。不報。以上主婦亞獻賓獻尸。祝酳授尸。
賓拜受。以上賓三獻祝告利成。尸謖。遂出于廟門。以上祭畢尸出
司宮設對席。乃四人餕。主人酳授上餕。若是以辯。
上餕親嘏。曰主人受祭之福。胡壽保建家室。乃退。
以上行餕、
己音紀。內事用柔日。乙丁己辛癸日也。用丁己亦用乙辛癸。官戒。戒諸官也。爲期。前夕定早晏之期。明日爲期之明日。祭日也。刲擊。皆殺也。雍人掌割亨。概滌也。匕音比。匙屬。用以匕肉升俎。

儀禮節錄　四十二

爨牲也。廩人掌米入之藏。甗甑皆釜屬。無底曰甑。甗音言。又音彥。匕。匕黍稷也。大夫五鼎。故陳五鼎。倫。擇也。膚。脅革肉。而鼎升于鼎也。純。全也。司宮掌豆籩等。又陳神坐于奧。大夫攝官也。宰羊豕心舌。羊豕之心舌。安平也。乏。割其下於載便也。午割。從橫割之。勿沒。割其上。其下猶連也。割本末。食必正也。而俎載于俎也。九膚之數以牲實俎曰設。晉醢音貪。亦作上聲。肉醬也。蠃卽蝸。陪設。上係朝食八豆之二。爲正設。此饋食之豆。爲陪設也。上利下利。上下佐食也。羊曰柔毛。豕曰剛鬣。普犬也。淖音鬧。和也。德能大和。乃有黍稷。食。舉前佐食舉肺正脊授尸。至此食之也。胾音志。切肉也。酳同酯。以辯。辯諸餕也。胡。遐遠也。
補註。薦歲事。進歲時之祭事也。

有司徹。少牢之下篇也。上大夫既祭。擯尸于堂之禮。若下大夫祭畢。禮尸于室中。
天子諸侯之祭。明日而繹。
徹。徹室中之饋。及祝佐食之俎也。將改饌于堂。故徹之。斯篇未錄。錄其節次于左。
埽堂。𦠆尸俎。議侑于賓。尸侑入。乃舉。主人授尸几。酌獻尸。主婦薦豆籩。乃升俎十二。主人薦獻于尸。獻侑。主人受尸酢。主婦亞獻尸。尸酢主婦。主人酬尸。主人獻賓。賓酢主人。主人酬賓。獻兄弟。獻內賓。獻私人。旅酬。主人酬兄弟。賓舉爵于[illegible]。賓兄弟交

儀禮節錄　四十三

錯爵無算。尸出。有司徹。
𦠆音尋。溫也。侑。侑尸者。舉。舉鼎也。𦠆。升。牲于俎也。私人。家臣也。徹。徹堂上下鼎俎豆籩。
按賓祭皆用樂。而今儀禮十七篇。止鄉飲鄉射。燕。大射四篇有之。餘公食特牲少牢之屬樂不用樂者。公食視燕饗爲輕。士大夫祭。視王侯祭爲輕。故樂不用也。此條錄姜上均註疏叅議。

作吏九規

（清）仲振履 撰

《作吏九規》二卷，清仲振履撰，據上海圖書館藏清嘉慶十八年（一八一三）刻本影印。

仲振履，字臨侯，號雲江，又號柘庵等。清泰州人。鶴慶次子。嘉慶九年（一八〇四）舉人，十三年進士。歷任廣東東莞知縣、南澳同知等。

古代的官員常作一類書籍如《治譜》《作吏要言》《州縣須知》等，揭示政府運作的規範程序、統治人民的經驗教訓、官員應該具有的操守等，以垂示後學，儆示屬吏，亦用以自勉，《作吏九規》亦爲此類書籍。此書卷首有蔣攸銛序、自序等。卷上《立品》《居官》《事上》《用人》《養士》，卷下《安民》《決獄》《辦案》《催科》，附《石香秘録》《十誡詩》。每一規下又分細目，多爲要求奉公守法、勤政愛民等，亦有很多爲作者的忠告，頗爲用心，可見其誠意，如《事上》一規下就有《勿抗》《勿卑》《勿訴貧苦》《勿逞才能》《勿恃愛而輕長官》《勿希寵而擠同輩》《勿逾格供應》《同寅要善於調協》。《石香秘録》記載命案驗屍的具體經驗，涉及古代法醫學領域，亦爲寶貴資料。《十誡詩》則告誡各類人群潔身自愛、痛改前非等。仲振履任知縣等職多年，深知民間疾苦與社會弊端，作爲一個具有良知的官員，著此書，勾畫一個理想官員應該具有的道德規範與治理能力，雖未必盡可行，亦顯示其良苦用心，對中國古代政治制度研究亦具有重要價值。

（周　忠）

嘉慶十八年鐫

作吏九規

序

在昔親民之吏民歌愛之至比於神父慈母者斯誠佳乎吏也國僑有言曰未能操刀而使割其傷實多然則作吏者略無規仿以苟焉嘗試其可乎哉兩漢吏治最號近古其時所以称吏者曰勤事曰無害曰安靜曰平正曰清白曰上德通理大拒廉公奉法與民除害興利協宣化條而不伐功矜能至其勁氣幹略因事著見則有強項令健令之目後代史氏所傳循吏良吏雖治亦不同率遵斯

義夫前史所載吏之善者皆足為規於後世雖然史第略舉其成績而已其所以酬酢乎上下前後左右之交暨注乎禮教刑政之際者不能具也後之覽者又烏從而盡得其規哉傳僧祐與其子季珪先後為山陰令並著奇績史稱諸傳已理縣譜子孫相傳不以示人傳氏之譜今無傳本余嘗陋其所見之不廣秘為家規而致令其書不獲流播於世為可惜也泰州仲柘菴大令手輯作吏九規一編蓋官興寧時所成也得於躬行故事核而語詳期

於衆喻故旨遠而言近由其説而施之酬酢之交暨注之際可以規仿而鮮失書已鋟版數年矣今以書來丐余序而行之柘菴豈自詡為能哉意蓋謂吏之道應爾顧與同志共證之即吏之道不盡爾尤望與同志參正之庶幾有裨於治耳柘菴可謂仁於用心矣余未獲覩理縣譜不知視此何如即柘菴之不私為己有器識不已遠過歟柘菴由進士釋褐隨牒粵東初宰興寧寬猛並濟邑有劣衿陳芳杰者輒張攬訟舍匿亡命私出米海洋享其利前令皆受侮

莫敢言柘菴遠治之喉當走會城走京
師扼謂連年而案不能移及調東莞海
疆保障尤力民之戴之也亦倍於興寧柘
菴實心爲政遇事不避艱險持論侃侃固顧
姓怨豈求名之心故歷久而治行益著余
在粵數年未得薦於

朝昨冬始獲報冢惜其年已六旬尚
官百里惠澤不屆於遠也然余聞柘菴
爲諸生時以文受知於學使仁和胡
文恪公決其異日必爲良吏既而舉孝
廉值州大水經理捐政手才賴以存
活者甚衆柘菴學古而達於事理嘗

未作吏時已裕之手本矣存心濟物
何物不濟斯編行而所治又豈鮮哉余
更願閱斯編者豈徒規規於邑而尋求
其本旨庶無負柘菴與人爲善之志
也夫

嘉慶二十三年戊寅春三月 襄平寅
弟蔣攸銛拜譔

嗟乎作吏可易言哉守經生家言束於名理而不達時務人鮮不目之爲迂爲腐識時務者或又不顧名理曰巧曰能其流弊至不可究詰皆趨時之一念有以怏之也吾友仲柘庵先生以名諸生成進士其釋褐來粵東也他務未遑請先覲謁局維時長白福公誠軒守廣州奬引後進孜孜如塾中師於柘庵尤所加意柘庵夙夜在公事無鉅細靡不殫心竭慮咨詢諏度必歸於是而後已蓋其未得專城而不苟於吏事已如此迨權篆南恩去恩之日士民攀轅臥轍如失慈父母由南恩之齊昌齊昌

作吏九規 序 一

人思之已若望歲柘菴雖家難沓遭病蹶復起而益銳於治政通人和翕然上理因本其平素之所閱歷與夫得之心驗之事實有可以資治者質言而著於篇名之曰作吏九規宜於時而不背於理以是爲治術也可以是爲經術也亦無不可余於柘庵無能爲役也乃不以爲鄙爲俗而屬序焉始而瞿然繼而愳然曰柘庵殆以是規我矣余無能爲役也特願普天下習於吏事者毋以規爲瑣瑣庶不負苦心人著述之本旨是則區區綴言之意云爾

嘉慶十八年清和月愚弟李澐鐵橋甫頓首序

作吏九規 序 二

序

昔余教授梧州李曉江參軍自粵來貽余仲栢菴同年虎門攬勝二卷於形勝海防瞭如指掌竊歎其才爲不可及道光甲申其令弟雲浦司鐸畟東復以作吏九規見示余方以菲材剌州事恒惴惴懼覆餗得茲一編如晤故人而面承法語也古人學優則仕仕而始學其學已晚然猶愈於終不學者故宋則有呂本中官箴許月卿百官箴陳古靈州縣提綱張鎡仕學規範胡太初晝簾緒論元則有張養浩牧民忠告蘇林有官龜鑑自明以來則有宣宗官箴

臣鑒楊昱牧鑑祁承㸁牧津呂坤明職王文祿廉矩蔣植宦海慈航而薛文清之從政名言陳榕門之從政遺規及近時汪龍莊之學治臆說尤爲筦仕者所爭購然古今異宜剛柔殊俗或宜乎古而不宜乎今或宜乎此而不宜乎彼況州縣一官親民雖近去上則遠我以爲是能必上之聽之乎上即聽之能必民之從之乎民即從之能保行之無流弊乎栢菴乃融會先正格言即以身所親歷不泥古不鶩倩而一本於以廉持已以誠事上以勤治事以恕接物以愛臨民其升沉得失則聽之時數之適然嗚呼持此以往而猶謂有未宜者必其不能實心實力而無與於斯道者也聞栢菴之先德松嵐先生出宰大邑時書先勞無倦四字自勗後去官歸部民泣送者數萬人迄今尸祝不衰栢菴在粵東屢膺劇邑所至有聲此編即其在東莞時推廣庭訓而作蔣礪堂相國序之推挹甚至惜乎遽以積勞嬰疾未克竟其用也阿文勤公日滿腹皆書能害事腹中竟無一卷書亦能害事所以國奕不廢舊譜而不執舊譜國醫不泥古方而不離古方得此意者可以讀栢菴之書矣年愚弟張作楠拜序

擬官箴

維天生民維王建國爰立百官以爲民極內贊廊廟外匡社稷用康保民有司是職闢地百里民人用授祿以廉俸爵以印綬毋曰祿薄民之升斗毋曰爵卑民之父母爲民父母基宅厥心如玉斯縝如冰斯清簠簋必飭苞苴勿行維清自吏克乂厥民戰戰兢兢愼爾幽獨朽索馭馬勿逞爾欲張弧載鬼勿滋爾惑刑罰不中民命以蹙古人有言勤則不匱百里之命其集如蝟宴安鴆毒不可懷也泄泄沓沓身之災也一人之罪室家係之

一事之疚鬼神伺之自古有死多藏誨遺敬獻官箴勉爾佚思

先君子任蜀之大邑令罷官日男婦泣送數十里四肩分月負米饋于省垣歸守貧約以課子自娛嘗顧謂曰先勞無倦余家祖訓也爾等倘博一官當愼守此四字勿汲汲于窮達也戊辰履分發粵東甫謝丹鉛遽膺民社簿書錢穀毫無所知廣守福誠軒夫子引置左右毋決一獄必舉其相似而不同者曲爲開導己巳 陳望坡廉使涖粵復蒙隨時訓誨不憚再三又日與張曉村陳靜函諸君子共事府中府幕陳君立三復多所匡助于吏治始得其略焉庚午補授興甯叠遭家變臥病幾不能

起雖強自視事終不免辜庭訓而玷官箴今春病愈鬚鬢蒼齒牙豁頹然一老翁矣伏念履以一介寒士忝爲七品印官上而憲眷優隆未嘗以俗吏相待下而民情愛戴儼然以家人父子相親自顧樗朽益深惶懼惟恐病後憚勞多所遺悞用集平日之見聞參以鄙意彙成一册日置案頭以備儆省名曰作吏九規非敢規世用自規耳且朝夕繙閱庶毋忘 先君子之訓與夫諸大人先生相與有成之義㫖

嘉慶十七年歲次壬申竹醉日浦濤仲振履栢庵氏記于咬得

菜根堂

作吏九規　卷上　三

吾叔柘庵先生作宰南越十有三年日孜孜於□治歷知恩平興甯東莞南海諸縣事所至輙有政聲貽光生也晚不逮見先生治蹟然讀是編而　先生所以宰邑者可知已同治癸亥冬偶從亡弟貽清敝簏中檢得刊板棃棗叢殘畧無倫次謹取家藏本急付手民剝蝕者補之漶漫者更之以成完璧貽光不才不能如傅氏理縣譜故事光繼先業而　先生十數年孜孜求治之苦心猶甚望後之人挹清芬以誦之也甲子季夏猶子貽光謹識

作吏九規　卷下　一

作吏九規

蒲濤仲振履柘庵甫自訂

一立品　存本色　礪廉隅　崇節儉　絶苞苴　勿與奴隸爲伍　勿過量飲酒

一居官　勿思美缺　勿苛交代　勿濫收長隨　勿弛閫防　勿沽名譽　勿憚勞苦　勿始勤終怠　勿妄想升遷

一事上　勿抗　勿卑　勿訴貧苦　勿逞才能　勿恃愛而輕長官　勿希寵而擠同輩　勿逾格供應　同城要善于調協

一用人　用僚屬以恩　用紳士以禮　刑錢勿聘時髦　司閽勿用簮僕　書吏勿太鄙褻　差役勿輕信任　硃墨勿假人　帳房勿專司　待左右要寬

一養士　拔眞才　勤考課　不時接見　隨事開導　振作士氣　經理學産　禁聯名保結　禁代作干証　善爲培植

一安民　朔望宣講　興除利弊　懲地棍　逐訟師　嚴束胥吏　勦除盜賊　稽查保甲　清釐案牘　勿輕查勘

一决獄　看卷　問中証　察顔色　省辭氣　度理　原情　隨到隨審隨審隨結　命案要速訊　盜案要細審

一辦案　防上司駁飭　翻前官考成　推詳律例　察看口供　芟枝節而免拖累　慎更改以防控告　辦命案要求可以不入情實　盜案要求如何便免株累犯宜早解

一催科　清理戶籍　慎選糧差　不准包徵包解　嚴查大頭小尾　比較勿寬勿峻　要房差互相核對　奏銷臨期速解　收漕

附載石香秘録

檢驗

命案驗傷總論

覆檢

驗傷機要

驗生傷

無名屍

檢漫地枯骨

腎子傷辨驗

此蔣君石香之藏本也履借閲之其所論驗傷諸條甚爲詳覈眞可補洗寃無寃録之遺缺附梓以公諸世未知所從來卽以石香秘録名之

十誡詩附後

作吏九規

蒲濤仲振履柘庵甫自訂

一立品

昔人云士先器識而後文藝遴選所以重真品也漢陳羣官人之法自一至九皆曰品士不立品則士行隳官不立品則官箴玷品綦重哉規立品

存本色

人無本不立色則根心而生不事雕琢不作虛僑不充能幹不

裝理學不貌為時髦不做成官樣此之謂本色夫我有我之性情誠中形外原無可矯揉造作盛德若愚本色也光輝發越亦本色也質而言之只是樸樸實實平易近人而已若必裝模做樣自謂與衆不同實則脂韋洪沓人將趨而避之以處鄉黨猶不可一朝居況　上司于此覘氣量百姓于此仰丰采顧可忽乎存本色卽孟子所謂存幾希也

礪廉隅

廉隅者氣節之謂也處世不可不圓而立品不可不方我輩微員原不應太露圭角嶽嶽自恃為上下之所憎惡然官雖小是朝廷之司牧也是百姓之父母也倘竟頹靡波流毫無節氣上司稍有牴牾則手足無措紳士相與把持則心膽皆驚設一旦臨大節決大計其不致委靡不振者鮮矣孟子曰其為氣也配義與道無是餒也一餒字當悉心體認是因何而餒

崇節儉

我輩何德何能有官以榮其身有養廉以豢其妻子又有羨餘以供其酬應羨餘一項攘奪其君刻薄其民罪已不容逭矣然

猶可解者州縣一歲之內捐欵攤欵公私差使所費不支不得不假此以供支給究竟支給而外衣食未嘗或缺也饑寒未嘗交迫也節而用之斯亦足矣設不知足衣必文繡食必粱肉選聲色購玩好盛僮僕以壯觀瞻招賓客以佐談笑費用浩繁不得不動支倉庫輕則累逋欠重則掛彈章卽不致此而計無復之改行易轍比比然矣試思口體耳目之奉于我何濟而必忘身喪心以易之抑何計之左耶愚以為我輩一介寒士居家所入歲數十金或百餘金尚可餬口驟膺此數可謂貧兒暴富矣

冠裳宴饗而外布衣菜飯飽煖即休凡一切娛卩體說耳目者概行屏棄以清淨此心養廉足供家用羨餘足支酬應節必不可用之費塡不得不用之費何虧空之有或曰州縣鈌有賠累甚重者僅僅節儉烏足以塡之則是節儉尙未足以塡之況不節儉乎且果能節儉則　上司悉知鈌本賠累我又未嘗浪費當必有以原之也上可邀格外原情之幸下可免改行易轍之耻儉以養廉寔其然乎故能儉是大受用事

絶苞苴

新官到任紳士爭相饋遺再數日則有以漏規進者再數月則有以請會進者稍爲搖惑即不覺而墮其術中挾制把持後患之來皆由辨之不早也夫州縣爲親民之官因公接見紳士其事甚多初見饋遺概行拒絶未免已甚第擇其至輕者量受一二以符執摯相見之義使知我不峻亦不濫則人之意也消至于漏規請會之說則斷不可惑蓋天下斷無不犯法之事而情願賄賂官長者知其犯法而受其漏規枉法之罪猶其後者可始以執法之人受犯法之賄繼以犯法之人撓執法之[illegible]規卽受挾制降心俯首惟犯法者之命是聽豈不可耻至于請會此窮措大無聊之極思也忝然命官而卑躬屈節于紳士之前曰某公助我某兄助我而紳士復倨傲鮮腆較五量十或笑或譁而僚屬又窺探意旨酌減酌增往來關說辱孰甚焉況由此而把持勢將百出其奇以相刁難且所謂漏規請會亦不過千金數百金耳古人千駟弗視區區者奚爲然此亦不必有其事特我輩不可不設此想也設想及此不覺汗出而尙可寘有其事乎故極言之以自儆

勿與奴隸爲伍

佐雜人員坐門房與長隨抗禮不得已也州縣爲印官若同起坐共杯酒不獨爲旁人所輕自己亦覺赧顔至于署中長隨或與團坐聚賭雖屬偶爾游戲然賭已不可況與長隨團坐而賭耶且若輩恃愛後將不治其事雖小可以害大

勿過量飲酒

飲酒聖人所不禁然必受之以節不可過也過量之飲在有酒德者刃精營醉終日昏昏廢時失事莫此爲甚迨無以解嘲則

援劉伶李白以自況試思我輩果有劉李之才否即有其才亦秖可放蕩于竹林竹溪間耳州縣司一方民命顧可以懵騰了事耶欲學劉李即不必做州縣然此猶不過廢時失事也設酒德不謹一杯到手萬事上心小則駡座大則尋仇或據案以虐無辜或升堂以抗長吏毀衣冠碎器皿醉中忿然如不欲生醒後茫然略不復記不然則因酒以思歌召優童而侍坐因酒以致色集妓女而稱觴拍浮其中左抱右擁自以爲賢令尹之風流固如是也然平心細想

朝廷命我作州縣非命我尋快活也爲父母者如此何以示子孫爲官者如此何以治百姓况風流是才子事豈州縣事耶或曰州縣終歲勤勞偶爾選聲徵色假杯酒以遣餘閒亦未爲過舉愚則以爲此種弊端斷不可自我而啓我倡之衆人和之勢必不流于百弊叢生而不止公餘無事靜坐堂皇劉庭啼鳥潘縣飛花天地自然之聲色並不用一錢買我果隨時遣興則著書消白晝煮茗看青山名教中自有樂地

一居官

子思曰君子居易以俟命居之所在命之所在也居下位者不能自盡于居之中而泛騖于居之外則禍必隨之故惟正己而不求無入而不自得斯可謂大居正矣規居官

勿思美缺

國家設州縣爲百姓計也非爲我輩發財計也使不問所以爲百姓者何如而動曰某缺美某缺惡美則爭求惡則巧避將必美缺可設數州縣而惡缺可以裁矣裁惡缺將并其百姓而裁

之乎抑遷其百姓而附于美缺乎且即以爲發財計也我輩家居館穀得二百餘金則莫不以爲美之至矣缺雖至惡并養廉計之大約不下二千餘金是十倍于至美之館穀矣而反以爲惡何也或曰州縣家屬而外幕友之束脩長隨之食用往來差使之供應非數千金不足以敷用不知缺果惡則必簡刑錢書號我可綜理而爲之則束脩之費省門印倉廚我可兼并而用之則食用之費省以所入之數供差使往來人知缺惡必不苛求我亦可因此以概從其省饑鼠飲河不過滿[illegible]我窄衣

吃飯而已缺卽惡我亦未嘗不穿衣吃飯也昔王曾志不在温飽我謂州縣官得温飽足矣發財有命不繫乎缺之美惡況一云美缺則人人皆知其美一切往來酬應稍不如意取怨必多追至罄一歲所入而不足以應人之求欲思惡缺而不可得當誦香山詩爲之進一解也曰賓客歡娛僮僕飽始知官職爲他人然是說亦不必拘也我輩州縣惟　上司之所命而已我除去發財一念不問缺之美不美只問百姓之治不治藏人口節供應惟百姓之事是務處惡缺可處美缺亦未嘗不可

勿苛交代

交代居官第一義也間見交代核算不清有延至數年者有互相稟揭者甚至有相打相罵者則皆錢席階之厲也蓋錢席各護其居停在卸任則浮開以飛其不足在接任則苛駁以占其便宜前後任又絕不將交摺平心核算但聽所言則互相雀角亦有心知其過當而樂得藉此以爲口實始爭于本地繼爭于郡垣終且至爭于省會在前任終亦不能不交而交之外又費盤費花消在後任亦終不能不接而接之外不但花消且多曠廢故長于佐治者必持公論以周旋其間而兩無所損俾僅護居停適足以僨事耳何則蓋交代要審彼此之勢原虧欠之情而并有確實不誣之法無所用其爭也何謂審勢要看前任是升調是降革後任是署事是實授升調實授者可吃虧降革署事則必不能吃虧此在彼此心上明白何謂原情前任虧空必有緣故若爲奸宄所侵蝕則有三尺法在若爲因公賠累所致則不惟不必苛刻且必代爲設法消弭或稟請開除或酌議流攤彼少一累我亦少一累爭則愚矣何謂有確實不誣之法則

經手書吏是也書吏未有不向新官而反向舊官者也除彼之侵蝕我當代舊官追出外我所接收皆彼之責成也前任之應交應抵彼知之卽前任之裝虧空與否彼亦知之但詳加查問後卽合前後任錢席與經承三面核算可半日而定卽不得已而質之監盤監盤亦不過公論耳公論者一人如此言人人如此言由是而郡而省亦不過如此言也終歸于一交一接而必相打相罵互相叅揭至于查抄監追毋寧原情設法之兩有益也錢席諸君子不可不慎之于始諺云損人不利己尤所當戒

也

勿濫收長隨

間見省中委牌一下長隨鬨然有謀傳諭而薦者有謀函書而薦者有謀持名帖而薦者有謀當面關說而薦者州縣署中用人無幾安得人人而用之顧多收而不用則大弊有三一則數十人之費用浩繁日計不足月計有餘食指太重日用將不可支一則若輩聚處人多口雜小則嫖賭吃煙大則酗酒打架勢必擾擾不治一則收而不用思變爲仇在署則招搖撞騙到省

則散布謠言毀我關防喪我聲名尤不可不慎然當今生齒日繁若輩人人不用又將何以爲生善處此者惟擇其合式者收而用之否則薄贈而遣之所費無幾而可省無限譸張

勿弛關防

州縣雖小關防却最要嚴而關防之嚴在州縣甚難尤不可不時時查察盖州縣署內自上至下無不聲氣相通所蒙蔽者一官而已矣在幕友則曰不受關防在子姪則曰不必關防在家丁則又彼此隱瞞且幾于無可關防州縣官只一人何能晨夕

株守宅門親身查察故先嚴而後弛勢使然也關防一弛則出入無忌或入而舞弊或出而白撞嫖賭嚇詐靡所不爲及鬧出事來總在官一人身上是所當勿憚其難而嚴以禁之者也

勿沽名譽

州縣官求盡其職而已矣職所不當爲一夫失所爲予辜職所當爲一國非之而不顧甚而言之聖人有麛裘之謗子產有孰殺之歌何况我輩故一令出而必欲四境之內無間言不惟不能亦不可盖分莠良州縣之職也良安而莠怨矣剖曲直州縣

之職也直伸而曲怨矣若必爲沽名譽之計將使莠與曲不怨而後可因莠與曲之不能不怨遂使良不安直不伸而曲體乎莠與曲者之意有是理乎况實至者名必歸我果是好官百姓自有公論善者好之不善者惡之聽之而已

勿憚勞苦

我輩惟生成一勞苦命而後做州縣做州縣而憚勞苦則不必做凡憚勞苦者須知天下至勞苦之境我不以爲勞苦則亦相習而不覺即如寒暑風雨人所憚也深山大澤人所憚也我于

其間順往來之時序快登覽之游觀則勞苦之念消矣晝夜鞫囚人所憚也朝夕見客人所憚也我當其時念枉縱之得咎喜採訪之有資則勞苦之念亾矣極之勦捕匪徒風餐露宿官守所在雖盡力爲之猶恐獲咎則勞苦之念并不敢生矣語曰勞則精神壹愈勞苦愈見精神何憚之有

勿始勤終怠

州縣涖任之始未有不發憤爲雄勤于辦事者也涖任既久亦未有不心灰意懶怠于從事者也迨身歷以來乃知鮮克有終

其故有二一前任案件塵積甫一詳辦則或受申飭或蒙批駁提案解犯所費不支甚至辦一案有一案之處分獲一犯有一犯之處分而此心灰矣一民本刁抗甫一集訊則或散布謠言或挖情上控奸胥劣紳動多掣肘甚至因欲懲有罪而轉累及無辜欲靖地方而反不無滋擾而此意懶矣不知州縣浮費甚多辦案之費究亦無幾處分雖不在我然揆諸過則歸己之義我不受豈轉令　上司受耶至于民情種種刁抗發軔之初自古不免孰殺之歌所由來也二三年後自然寧謐若因此二者之故遂委靡不振要州縣何爲做一日用全副精神做十年五年亦用全副精神傳曰勤則不匱何可使怠氣乘之

勿妄想升遷

升遷命也守現在之分而安不可知之命我自認眞辦事升遷不必計也設妄念一萌將必棄其現在之職守而冥心于不可知之夤緣合乎此未必定合乎彼也忽而得未必不忽而失也究竟于彼于此倖得倖失皆司命者點爲顚倒于其中我何必爲司命者之所愚而又爲所窘也孟子不云乎得之不得曰有

命

一事上

古者出則事公卿又曰弟所以事長惟敬而已矣不敢干犯謂之敬不敢讒諂面諛亦謂之敬孟子敬齊王必陳堯舜之道故事之以道敬也事之不以道非敬也規事上

勿抗

州縣微員也　上司愛我固不可抗　上司惡我尤不可抗設悻悻然稍不相合卽恃其血氣徵于色發于聲在　上司大度包荒縱不致卽時賈禍而所惡于下無以事上旣乖君子之義

況　上司亦未必事事包荒人人包荒恐一旦禍作噬臍無及矣禍作而其屈在我又將誰憾

勿卑

州縣自稱曰卑職則亦卑之無甚高論矣然有職在又未可一于卑而已也　上司之前我所當言者則欵曲而言之我所當辯者亦不妨委宛以辯之至境內之事凡有利于民者我自行之可也我行之　上司駁斥之細想果實有利于民我仍自行之可也若將進而趦趄將言而囁嚅是畏也非敬也敬則存乎道義畏則逼于威勢手版倒持千古笑柄自卑而尊人禮也卑而不可踰道也天下無道外之禮故孟子曰勿視其巍巍然亦觀我所以者何如耳

勿訴貧苦

謁見　上司談公事而外　上司問及瑣事卽作閒談亦未爲不可而斷不可數數訴貧苦于　上司之前近日州縣貧苦者甚多我果貧苦　上司未嘗不知但必人人調濟恐省中無此許多美缺訴未必得徒然刺刺不休且大廷廣衆中不談民之

貧苦而談我之貧苦是以官市也　上司其能分俸以相助耶未見顏色而言故訴貧苦近于瞽談

勿逞才能

百里才非大才也今之人雖區區百里尚未必盡能了辦且州縣官中各途并進究以審案辦事見長幾句爛時文尤用不着若沾沾然正途出身自命不凡目空一切則　上司之從科甲從州縣來者更不知當若何得意矣器小易盈亦是自討苦吃

勿恃愛而輕長官

督撫　上司也道府亦　上司也若因督撫之寵愛而放肆于道府之前在　上司推大憲之愛亦未必遽加責備然少陵長小加大逆德不可效也

勿希寵而擠同輩

書曰同寅協恭傳曰同官爲寮尊于我者兄事之亞于我者弟視之各盡其道而已若希　上司之寵而窨伺同輩之短強聒以干進身或同輩已罹罪譴因　上司詢及又迎合以希意旨皆昌黎所云不爲援手又加石焉者也是大不可江右有某君

者蓋蹈二者之弊調任首縣終爲衆怒不釋發遣新疆宦途之忌莫大于此愼旃哉

勿逾格供應

供應　上司禮也一介行旅過境尙宜供其困乏況　上司乎然自有定則不可簡亦不必豐陸路當計輿轎應用若干水路當計船隻應用若干　上司飲食自當以豐潔爲主卽僕從之酒餚胥役之飯食亦皆不可不給然亦如是足矣往往辦差家人希圖中飽動稱　上司筵席非使費不能上內外上下照料非使費不能免夫轎船隻非使費亦不能減州縣信其恐嚇莫不殫心竭力雖苟是從以求免　上司之苛責試思　上司過境未有不體卹屬下者也　上司從人亦未有敢公然揶揄州縣者也轎頭承差更未有敢公然挾制官長者也卽以爲實凡上飲饌我親率左右陳之僕從酒餚我親予之胥役飯食我親給之上既有以訓恭敬下亦可以弭爭競而辦差家人又何所施其伎倆舍此不行而惟家人之言是聽以致上之供應缺如我之囊橐罄竭猶嘖嘖嘆息某差若何花費某差若何屈抑恐

上司不受怨也陽江李鐵橋前辦大差事事皆親爲照料所費無幾而　上憲不以爲非時邑中百姓又相助爲理故事益裕如則又德政之入人者深非可強致也

同寅要善于調協

州縣散處一方首縣則朝夕相見俗所謂近水樓臺也外州縣固賴我爲領袖　上司亦藉我相扶持凡有難達之情爲　上司之所見疑者我代達之難理之案爲　上司之所申飭者我代理之外州縣不肯　上司愛之我可以不言外州縣賢　上

司惡之我不可以不自周旋宛轉于其間毋令　上司因小事
忿怒而致州縣有失所之怨則亦匡救之敎也

作吏九規　卷上　十七

一用人
州縣以一身而治百里非藉羣策羣力相匡佐雖極明幹
將智不周力不逮也故戴月披星而單父治父事三人兄
事五人而單父亦治二者不相悖而尤必善相藉也規用
人

用僚屬以恩
州縣之僚屬苦者甚多凡一切案件不能不藉其匡襄一切差
務不能不資其委用勞其身費其財使非接以恩誼何肯甘爲

作吏九規　卷上　十六

我用而無怨讟于心近日刻薄僚屬者亦無其人惟是朋友相
待痌瘝無關而已抑知共事一方藉僚屬以爲我心膂爲我耳
目當必聯以家人父子之誼使樂爲我用在醇正者固以情相
感卽執拗者亦無間可乘惠則足以使人所謂三復也

用紳士以禮
地方公事不得不藉助于紳士倘隨便請一二人入署商酌既
失之苟簡且恐不無譏恨惟預擇邑中公所持帖約期相見盛
禮貌以待之于衆耳衆目之地加以禮貌則紳士必以爲榮而

實心辦理以副官長之意且所辦若何事此事若何辦法衆所共知浮言可息即有弊端亦不難查察斷不可苟簡行事或先以不肖之心待人致正人不樂于效命則其事敗矣

刑錢勿聘時髦

刑錢爲佐治之人其名爲師其位爲賓凡有疑難案件非有老成持重之見鮮不敗事甚而因一公事往還辨難必求無弊而後已是皆眞學問也一與訂交則主不舍賓賓不舍主愈久而愈固結實能相與有成故幕友重刑錢尤不可輕我之聲名係

焉我之官職係焉無論薦自 上司薦自寮友必細核其人品學問可以倚爲心腹全其終始而後可以延之若夫席前金縷坐擁鸞交牀上銀釭臥吹鴉片則不可不慎

司閽勿用幹僕

司閽之職掌啓閉稽出入傳呼胥吏出納文牘而已一切簿書錢穀各有專司無所用其主張也間見司閽必擇幹僕未免太阿倒持夫所謂幹僕者大抵皆以賺錢爲能耳內則慫恿其主外則刻薄其民以恐嚇快其侵漁以譎詐施其伎倆一旦事發主人罹于網中彼則置身局外雖幹僕之收場絶未有能自保其後者然我又何必先受其害州縣之利弊斯爲最大與其用幹僕毋寧取謹愿者而用之耳

書吏勿太鄙褻

書吏皆有出身古所謂府史也而伊等例熟機深專善舞文作弊不可不以明察待之各房必擇其老成者俾掌案牘每遇有事必徹底根究令其伎倆無所于施罪大則置之以法不必姑息若係小過但當予以戒飭不可與差役概同笞杖以養其廉

恥則老成可以資輔佐而少年好事之輩亦知自重而吏不敢犯奸矣

差役勿輕信任

天下差役未有不善窺官長之意因而施其伎倆者也官長好察則以媒孽之術進官長好諛則以讒諂之術進而爪牙之衛又必不可少是必嚴以統御俾其術無可施而一切偵查行拘之事皆親加飭諭不可由司閽傳説則彼見官長事事認眞自然不生妄念益胥役以備驅使任之則可信之則不可即間有

老成可靠者亦必驗其平日辦公是否小心謹慎然後問加信任輕信任則斷不可至干書差靠官吃飯亦不能不卹其身家誰人數太多則伊等應得之利亦薄而不足以餬口擇可用者存之不可用者去之則衣食稍足不致急何能擇而可用者亦漸幾于可信矣

硃墨勿假人

硃墨筆即州縣之權也除抄寫呈批覩閱後可令人代寫其餘判稾則有事當行不當行之別標硃則有用得人不得人之分

且一日內所行者何件所差者何人一切文書往來所發行者何事設假手于人而概置不問所謂知州知縣者究何所知耶姻家宮練江謹飭人也因查拏通匪要案標差票時忘人名下一勒書差即于忘勒處添一無辜人名幾成大獄眞可畏也標硃且有如此大弊況判稾乎

帳房勿專司

帳房所以代會計之勞也若一出一入以爲專司則誤甚簡缺出入無幾固不必多一花費即股繁之地不能不設然司出則支度零星難稽司入則庫倉總數攸關故周禮職歲職納分爲二官以出入之數不可專于一人也應解之項自有定額州縣當自司之至于應酬日用零碎出帳請人司之可也專司之弊以應解之正項化而爲無稽之空紙而錙銖纖悉又難以稽查徒自誤耳

待左右要寛

廝長隨者踵接于戶原不能盡收其不收者薄贈以遣之前條已載明矣至所收者重而門印輕而跟班果有大過自應逐出

若過祇于糊塗愚蠢可造者教導之無用者容忍之願去聽之願留亦聽之雖當今生齒日盛貧民游手無業長隨一途幾至擁擠如蟻甚有甘受責讓而不去者且即不甘凌辱而我爲主人加以詈駡笞撻彼亦何敢不受然細思之亦猶人之子也何必何必

一養士

民俗之轉移因乎士習士習端則民俗厚古而然矣顧縱之而士行隳抑之而士氣又傷是不可不知所養也孟子曰中也養不中才也養不才是安得不望之賢父兄哉規養士

拔眞才

州縣所司不過童子試耳然公卿大夫罔弗出其中則試童子即所以登賢能也州縣初試人多原難過于嚴寬然愈覆愈少

大可以次而嚴約至百餘人屢者固在前列而眞者决未盡遺扃置一室出入親司之飲食親給之則傳遞不能入挾帶不敢出鎗頂諸弊不待查而自然敗露拔眞才固不難也或又巧于避嫌凡首拔者必訪求寒士予之是又可以不必我心無他憑文取士焉問貧富亦惟其才而已矣惟其眞而已矣

勤考課

天下惟秀才最多事亦惟秀才最好勝凡事不若人尚可自解考校一不若人則忿忿不能暫釋所謂耻不若人也因其所耻而導之每月或一課或兩課親爲評點定其優劣優者喜其尊榮益思前列劣者耻其殿後必想先鞭朝夕咿唔于時文講義中凡昔日之所爲者無暇爲之自日習而歸于純靜矣明太祖以制義取士曰天下英雄盡入吾彀中矣是眞精于養士之法

不時接見

州縣與生童勢甚濶絶然以其分言之皆吾弟子也先生之于弟子授經講學匡坐一堂情義甚親州縣事繁雖不能朝夕提命設踵門請謁亦向道之誠也拒之則已甚矣且讀書人未有

不愛體面者我不時接見待以子弟之禮則彼已接談于坐上必不甘屈膝于泥中此猶其小者大凡秀才不怕官長最怕先生彼甘居于弟子之列則我以師長臨之常常見我則常常有畏敬之心人有敬心而好犯上者未之有也

隨事開導

秀才敦品則學校治學校治而四境遂莫不治然秀才多矣安能家喻戶曉而使之敦品哉是當隨事以開導之凡與考課者于點名時莊言開導則相與講習可以壹其心請謁者于接見

時莊言開導則退而傳說可以鼓其志甚至審案時于曲直既訊之後加以開導尤可以讋服其氣養士之法莫妙于此

振作士氣

士氣之不振厥弊有二皆州縣階之厲也一則強梁者不早訓誨之致習慣性成而罹于法網一則忠懦者不能調護之致受人欺淩而無以自立是惟待之若弟子教之以道義品行立則其氣直文風盛則其氣伸振者收束之謂也收束之則不至蹈于佻闥作者鼓舞之謂也鼓舞之則不至流于選愞而士氣既

振作則政治必昌明古之善治國者未有不先文教者也州縣何獨不然

經理學産

學中之産蝕于學斗者半蝕于佃戶者亦半州縣以學中之事無與于已不爲經理日久消滅勢所必然其中如學租正項倘有學官查辦至若膏火卷燭之産前人慕義而施後人藉資以助一旦消滅亦讀書人所深爲扼腕者也加意經理俾歲有所入臨發時不致減少三場辛苦可免再憂旅食亦快事也

禁聯名保結

弭盜安民州縣之職也伸寃攻匪亦州縣之職也與秀才毫無干涉即有寃抑身受者自可赴上伸理亦與秀才毫無干涉聯名保結紛紛滿堂玷士品而紊官箴莫此爲甚是不可以不禁

禁代作干証

剖辨曲直全在審訊中証不直者往往寫秀才作証令州縣不便加刑而秀才受其賄屬居然袒護妄言放肆于法堂之上而州縣竟有受其挾制而莫可如何者此亦不可不禁禁之之法

惟飭諭代書凡用秀才作証者不准用戳違者責革則此風自息又一法凡秀才作証上堂不必問以本案但令作文一篇則此風更易息

善爲培植

秀才之作無賴事不得已也自顧學問淺薄不能置身青雲而平日品行不端又無人延課子弟兼之肩不能挑擔手不能曳杖與其饑寒而死作無賴事亦可以活妻子博衣食其罪可誅其情亦復可憫至貧而立志不肯作非分之想者是佳子弟也

必當加之體卹以幾于造就有成如科場有名者則少助以卷
費書院肄業者則量資以膏火平日于接見紳士時仍不時褒
奬俾得名顯于鄉閭自然互爲引重而得以自贍雖曰小惠實
養士之要術也

作吏九規卷下

蒲濤仲振履柘庵甫自訂

一 安民

安民之說始于尚書屢見于孟子苟欲教之必先安之安
其心則譸張之念絶安其身則流離之患泯安其家則凍
餒之憂息未有安之得其道而民猶不治者也規安民

朔望宣講

恭讀
聖諭十六條寓治理于邇言反復開導無微不至所以端其心
術卹其身家者至詳且備決不可奉行故事致百姓習爲而不
察務宜慎重其事躬率宣講并移會武職講于營教官講于學
及四廂篤遠亦必飭各堡紳士講于寺觀公所我慎重其事則
百姓必悉心恭聽互相傳說知某事在所當行某事在所當戒
其心自肅然收斂不敢蹈干非爲雖古者象魏之懸木鐸之訓
不是過也故安民之術必以宣講爲第一義

興除利弊

利弊各州縣不同而所以興之除之者無不賴官長實心以任事有利弊相判者有利弊相倚者有明知其爲利而動多掣肘者有明知其爲弊而積重難返者有弊小而利大不可因小而遺大者有弊大而利小不可戀小而忽大者甚至利弊之所在興之而胥小切齒除之而衆論沸騰設識不精力不固鮮有不揺惑而中止者也然而子産鑄刑書而遺譏子罕挟謳者而分謗愚民詛祝皆不足計惟視民之利弊爲我之興除而已第興除之事所關者甚大或默斷于一心或僉孚乎衆議要認得眞

靠得實而後可發誤聽胥吏之言顛倒是非則利弊紊而擾累滋安之實所以害之矣

懲地棍

地棍武斷鄉曲把持官長聚黨横行略無忌憚邊省則民風強横或以佔田畝拖累貧民或以假人命傷害富戸此而不痛加懲治則姑息養奸必致釀成巨案下車之始首捕地棍痛懲之則民心畏民心畏則法令行我輩無聖賢之德而徒談以德服民是即孟子所謂罔民也火烈之政自當以若輩先之

逐訟師

訟師盤踞衙門譸張爲幻遇事生風鄉愚受其鼓惑奉教唆之言如金石雖死不卹不獨被告受其拖累即原告之陷罪及𠛬亦無非受其拖累也然近時訟師太多略識之無便弄刀筆無一州縣不下數十百人若人人而誅之日不足也惟擇其尤者治之于法餘則概行斥逐不准藏匿城市則毎逢告期呈狀可以減半

嚴束胥吏

大凡攪擾百姓之害棍匪猶小胥吏最大何也棍匪擾百姓猶畏官長胥吏則藉官長之聲勢以擾百姓然事無大小又必資之以供差委以奉法之人即爲犯法之人非嚴加約束則其滋擾必倍于棍匪即如書辦承行則索承行禮衙役差票則索差票禮此已相沿成習莫可挽回設吏容舞弊弄權不當行者稟請發行不當拘者稟請捕拘以無關緊要之案延累多人胥吏之嚢橐飽矣百姓之身家奈何且若輩慾壑難填嚢愈飽愈思滋擾民受其害不顧即官受其害亦不顧世之庇護胥吏者皆

執迷不悟者也然則何以處此曰小過則寬以宥之大過則嚴以懲之無事則施恩以結之有事則執法以命之治胥吏之術備矣

勦除盜賊

盜賊之害民最劇閩粤諸省洋盜之害民爲尤劇勦除之法士匪莫要于治窩主洋匪莫要于斷接濟其小偷小竊隨時拘捕不足論也大凡奸民三五成羣原不敢公然肆虐必藉有功名家業者恃爲護符愈聚愈衆攪擾鄉村甚至結盟拜會拒捕戕

官積漸之勢終成大害是不可不治之早也當其未發務密訪境內爲首者幾人設法拘拏置以極刑則夥從自然逃逸然此輩又甚刁詐才一就獲必假詞上控極口嗚冤　上司閱其一面之詞間亦准其釋免是當據實禀覆不可竟行放縱致釀後患若事已發知其現在某處即親率差捕急赴其處勿待會營而後偕往蓋備文書傳兵卒有需時日必致洩漏風聲我至而彼已遠颺則無及矣或曰我先往懼戕我也盜賊雖橫斷無敢戕印官之理我不畏彼彼即畏我何懼之有飭行隨後移營則

接應有助不難一鼓而擒矣倘我至而彼已遠颺近日封其祠堂拘其族老此法亦不得不行猶有一焉開叅處分固不免矣而我爲民牧致境內公然行刼何面目對彼事之人惟是竭貲懸賞封存公所明示以獲犯之首從分賞賚之多寡亦未有不破者也而原其始則皆因循玩弛之所致耳履初攝恩平篆謁

制府百菊溪尚書問恩平多盜將何以治之對曰盜亦民耳州縣寬則民可爲盜州縣嚴則盜亦可以爲民尚書首肯若夫洋盜入境之故彼非邑中人安能悉知何路可通何姓可刼則

必有導引之人矣而導引之人大率即接濟之人也奸商希圖重利往往勾通無賴紳士販米出洋與盜稔熟則引入境內肆刼分肥試思外洋非產米之所洋匪不能枵腹而生縱零星刼掠何能包贍多人得奸商濟之而盜勢熾矣州縣濱海之地山谿汊港非熟諳者必不能通行富族殷商非土著者必不能深悉得奸商導之而盜衆至矣是奸商實盜媒也治之之法凡近海搭蓋茅寮攏買雜貨者皆非善類也荒僻海岸賣與何人不問而知爲通盜者矣概令拆去則茫茫曠野匪徒無從登岸通

海要害處所不時偵訪凡有米船出洋者嚴拏究辦不容稍有走漏仍置鐵索橫之撑以石柱俾可隨潮上下似較木寨之費省亦較堅而難斷沿海居民稠密之處建砲臺團鄉勇固已然砲臺弁兵無幾雖土人訛言有父爲盜而子爲兵弟爲盜而兄爲兵之說原不可信然盜衆猝至砲不及施或砲少而盜衆放者自放來者自來亦容或有之閩粵之間土産多竹周禮曰唐大利野戰令民斲竹爲弩削竹爲矢一弩十矢十則矢百盜一登岸沿村施放勢可及遠而取之不竭矢集如蝟盜何敢近較

營弁之砲省費而用便余嘗于灣甯村教試之時盜未至不見其效然理固不爽也至于臨時應變或擊其中或攻其後或半入而截之或既退而掩之則在當局者之善于調撥矣又儆邑前令宋吉甫遵上行于冬時設立卡房分派差役防守土匪捐給飯食不准暫離其地境內甚爲寧謐亦思患預防之一術也子踵行之以上諸條有係捕盜章程所已載者有爲鄙人之臆見者節録之以備忝閱

稽查保甲

稽查保甲爲　功令之所飭行而邊省亦不可不行然行之正不易易也葢近來民多散處大約每堡可數十百家或依山搭寮或臨水結舍潛藏匪類旦去暮來雖本堡人亦未必盡悉則所可稽者仍聚處之居民而已且稽查之令一行則經承索紙筆之費差役索飯食之費地保索使用之費州縣親往則索公館應給之費委員查勘則索夫馬往來之費保甲亦終歸于無成而煙戶人丁已不勝其煩擾法惟每堡擇公正紳耆數人令將本堡之山川田畝廬舍四至詳繪一圖注明若干田畝若干

廬室若干人丁凡有山寮水舍概令移近稠密之處再計其共若干戶若干丁分十戶爲甲令連環保結以備查考仍單騎減從或特往或便道隨時抽查不經胥吏地保之手庶戶口之實省而攪擾之患免耳

清釐案牘

近日案牘陳陳相因致有以百計以千計者試思一案累者至少亦五六人由是而百而千則累者幾萬人矣一人受累一家遺害則害者幾數萬人矣百里之內民人有幾而受累受害者

至萬人數萬人之多爲民父母忍不及早清釐俾各安其業乎投審者隨時審訊不到者查案注銷速追差票而燬之則塵積可空百姓之身家可安而爲父母之心亦可稍安耳切屬切屬

勿輕查勘

查勘書差之樂事也州縣一到夫馬飯食之費自跟班以至轎夫莫不爭先需索是曲直尚未分剖而所費已不可支我縱減隨從禁需索而未到之先其關說者已經給付即當場面諭而錢已出手關說者又希圖落鑑必巧爲粉飾諭之亦無益也故

莠民每求勘以圖拖累書吏亦稟勘以圖費用惟先行集訊命兩造中証當堂繪圖圖既畫一則就其圖剖决之不必勘矣若係要案或　上司委勘亦必先傳兩造諭以不准多費然後乘小轎或匹馬隨四五從人勘畢即回不必躭擱甚有差役之黠者恒容稟某某約會多人查勘恐有不遂宜多帶差役以助勢者必不可信無論統衆毆官法所不宥且我之查勘不過丈量繪圖而已案尚未定何不遂之有

一決獄

決獄之法備于周官五聽而獄謂之決尤非果斷不爲功獄無論大小一曲直而已剖其曲直而獄以成獄成而民累釋矣若優柔寡斷至再至三徒滋延累耳何以決爲規

決獄

看卷

審案看卷夫人而知之也顧積案之卷有高與身等者却從何處看起然一案有一案之主腦覩其現進之詞比其初進之詞

再比其如何另生枝節如何上控如何翻控而其眞畢露矣若不摘定主腦有一詞看一詞丢前忘後徒然瞀亂心神故不善看卷者往往頭緒不清愈看愈糊塗善看卷者摘定主腦雖文狀累百只一線穿去

問中証

兩造致衅之由半起于中証或借事以餂鄉愚或挺身以爲符護又或兩造互爭賄買作証滿口誑言皆如鑿鑿可據究竟審斷曲直罪名并不在伊身上故人皆樂得爲中証而我即乘其

隨而問之盤駁不屈則合兩造之中証對質之直者必侃侃而談曲者必不肯說十成死話一得其間因而究詰之則迎刃解矣然後傳原被到案卽以其人之中証反質之則俯首服矣予鄉州牧宋檻泉先生專精此訣臨行以授余眞決獄之秘要也

察顔色

法堂禁地也民卽刁詐倘問心不過初上堂時其神色便與常人迥異望其顔色如此一跪地便上緊盤駁則言語必支吾不清見其支吾則厲聲以懾其心危言以揭其隱則必汗流滿臉

手足發顫與情虚者判乎不同是在初上堂時望得眞認得確耳又前有某官拘獲會匪送審王夏峯與焉見一犯胸前微高薄觀兩耳皆有環孔盖婦人賣以充數者察視可弗慎與附録之以爲粗心者勸

省辭氣

前言察顔色猶大略也若省辭氣却是細膩工夫大凡疑難案件屢經審訊所供已爛熟于胸中再加研問不過照前背誦而已何從得其情實則省辭氣之法不可不講矣其法亦必先施之于中証須要平心靜氣只着局外閒談不可但就案中盤問問一人再問一人總要細細省其辭不囁嚅否氣不虚憍否在強梁者我一平淡彼必暢所欲言言多則敗矣在愚蠢者我之問爲訟師所未想及彼必惶惑于心恐無以應心慌則情見矣盖中証自以爲身在局外我卽以局外探之較求兩造之情實爲易中証之辭氣虚則其案可迎刃而解

度理

古者治獄之官曰大理曰理刑獄之所在理必寓焉准理以治

獄則思過半矣　州伯謝湘浦先生任南海時有驗傷者刀砍在額顱長寸許深不及分先生曰此假傷也控者不服乃取几上柚子命照額上傷自砍之則深三四分矣乃叩頭服罪履師其意判斷疑獄頗有奇中然說來亦甚平易但人想不到見不透耳

原情

先君子曰律者理也例者情也比照律例亦不過推度情理然理之所不直者又不可不緣之以情故律例載情有可原之條

州縣于審案時據理以剖其曲直再原情以恤其不得已之苦
吏民雖好訟豈無人心結案後翻控當亦鮮矣謹全録以存
庭訓

隨到隨審隨結

清釐案牘安民係已詳言之矣蓋爲塵積規也然新者不壅則
舊者不積最可笑者近日州縣皆懸牌審案不知懸牌乃　上憲
恐道遠人証不齊故先示期以便投審州縣日坐堂皇與民相
近但有三人便可質審甚至放告時兩造齊到亦可剖其曲直

何必拘拘于懸牌示審乎又有審至半堂押候覆訊此必重案
而後可若雀角小故兩造拘齊親友往來中証鋪攦差役嘵聒
終日擾擾所費不支加以兩堂三堂則未知曲直如何先廢資
斧不纔愚懦之人每有因此負累者到即審審即結花費既可
以省免而正業亦不致拋荒是願爲父母斯民者敬告之

命案要速訊

一報命案即帶入署問有保甲報呈否并來報者係死者何人
照呈細細盤駁若係假命案立即置之于法仍嚴究值日差頭
係何來手當堂查拏使不及藏逃則此風自息若眞命案當問
正兇何人已捉獲否以及起衅何由見証何人一一問清亦即
寫明供詞取具掌模以防翻異蓋初報命案屍親忿恨之際往
往口供與呈狀不甚相符迨日後訟師教唆日生枝節有原供
在終有據可質然後看路之遠近或當日或次早乘小轎除原
差刑仵外約帶四五人赴屍場如法相驗仍一一細加查看若
傷痕有疑難處勿嫌穢惡必親手拏捺看是硬是軟傷已齊否的係
何物致傷再將兇器與傷痕比對無訛即坐候屍親親寫結狀

領埋兇犯一到即帶入署只用書差數人令司閽禁止出入將
兇犯細細盤駁若招認即將兇器令當堂比明取具掌模口供
再行監禁如供詞猶疑即置署內密室中擇老成差役看守勿
令出署明日再審亦不必遽加以刑但令露膝長跪用一二書
差反覆開導果係正兇兩三日未有不成招者也一令出署訟
師老囚教唆口供彼懼抵罪必堅不承認轉滋棘手矣俟其自
認又無旁人教唆則獄成之後翻者鮮矣縱有刁翻案竟得實
無慮也倘怠惰從事愈訊愈支離近有三五年不結之命案半

由于此

盜案要細審

獲黠之盜知必受刑往往到案即招夥黨某人窩主某人問官輕信其言出票差拏日事滋擾皆非實供也若輩窩黨何肯輕招所供者非係挾仇誣扳即差役教唆希圖擾累豈可輕信務宜細細追究并確查舊案曾否被人控告嚴訊保甲有無別案指供其在小盜供出者案情本屬細微既無實據惟飭令保甲出結管束可矣若大案亦必于拘到日仍詳加究訊勿亟亟也

一辦案

鍛鍊周內古人所惡然文致其罪不可有而曲達其情又不可廢一獄之成有當據事直陳者有情節支離不得不曲爲斡旋者且有得于此而失于彼者是烏容不辦規辦案

昉上司駁飭

上司批駁案件不得已也在不成信讞者無論矣亦有案本如是恐干　部議務批駁以實之是亦不能不駁辦案之法書吏祗照舊套送稿全在幕友悉心改正其學問優者自然刪訂定善送行判稟時當即如　上司閱州縣詳文平心詳究遇有疑

竇即與幕友商酌另辦切勿糊塗閱過我之疑處即彼之駁處也若批駁以求靠實之案又斷不可隨駁隨改致此案支離破碎不可救藥務照駁處申說頂詳頂得結實則上面便好核轉前　廉使陳望坡先生嘗謂履曰案要會辦尤要會頂隨駁隨改仍是審案時未能靠得實耳可見會審者辦亦容易若不會審案雖幕友學問精練亦終靠不住

顧前官考成

辦案只圖自己便易不顧別人考成者是喪心人不可謂交近時蹈者甚少惟無心之失其獄既成雖悔無及是不可不悉心查問履前在讞局承審洋匪時　湘浦先生問訊洋匪行劫幾次俱有地方否曰有內洋乎外洋乎履無以應乃檢一册以授曰此殷廉使查定內外洋管轄之册也履閱之乃知沿海州縣營汛各有分地處分綦嚴卽此一端其餘可類推矣

推詳律例

殺人者死傷人及盜抵罪原屬顯而易見律載甚明然其閒有似是而非者全在審量揣度啟釁之緣由分彼此之曲直詳律例之輕重且有事極平易而律例毫無依傍須援引例意叅考等案必得良幕悉心推詳州縣再細加察核憑情定案不可據供之疑似就例之輕重問擬致失罪名出入關係匪輕若一案而與例兩相似者其中大有差別尤必察其案情辨其是否于何例最合方可引用若兩例有輕重不同者啟釁根由卽寓臨時用意之分別當輕當重尤必親察或再行隔別研審例可從輕卽以輕擬為是倘供証確鑿萬無解免亦不妨以重例比之總以罪名脗

作吏九規　卷下　十八

合問心無愧為主此條道理最細必隨案臨審叅詳仍與老于刑名者細心商度

察看口供

書辦寫口供信手疾書原不能細細照顧況舞弊者用數字調撥便有出入之分卽我自行檢正而多一句閒話卽受無限批駁少一句閒話卽受無限批駁口供之達　部者皆命盜重案也命案謀故鬥毆傷痕輕重口供內要照應清楚必不可有一語糢糊盜案起意之人聚眾之地出入形境輕重賍物要指証的確必不可有一語枝葉此緊要處之察看也又有因年歲前後不符父母無有不實致干　部駁此閒冷處亦不可不察看也罪從看定看從供出口供總以一氣說去語不夾雜乾淨明白為主

芟枝節而免拖累

辦重案詳文所載口供人數宜減斷不可有一人寫一供防將來提審延累多人也辦案必以初詳為主臚列多人亦不過是一人問罪不如擇其緊要者登之可省者去之設有翻提亦祗照詳文拘解人証足矣人數一多上房照文下札我雖擇緊要

作吏九規　卷下　十七

者解訊彼仍照原詳飭催不獨拘不勝拘解不勝解自家纏手如省中案情細問官幹練者不過數人無關緊要之案不能不權擠而延擱延擱既久案內不免疾病死亾兩造未見輸贏中証先遭顛沛在與事之中証尚有兩造養活無辜之中証饑餓流離殊堪矜憫則皆不芟枝節之所致也凛之慎之

慎更改以防控告

凡辨案口供不合不能不改至要緊情節實在姓氏斷不可率行更改命案如何致傷身死共計若干傷何處輕何處重先後

下手是一樣傷兩樣傷是斷不可更改以防提省檢驗盜案拒傷拒殺盜犯有無的名首犯何人爲從幾人仍分已未捉獲甚酌詳報斷不可以無作有以從爲首希圖開豁處分以防將來另案敗露或經犯供不符恐其悞信無知者捉寫人名申報獲犯病故至爲捏飾搪塞致被吏議可見州縣辦案總要自己虛心裁酌詳細推求自我失之可以無憾

辨命案要求可以不入情實

莠民強悍性成以殺人爲兒戯即置之死地亦分所應得然殺一民又抵以一民死二民矣天德好生死者已無如何生者苟情有可原仍當悉心審擬以延其一線之生盖州縣爲執法之官原不得枉法狥民致干嚴譴第案情各有不同得其情而不悉心體貼是殺人者皆予以顯戮案可不必辦矣故殺斬謀殺連坐刼殺加梟以及倫常服制諸大案天理之所不容即人情之所必絶入于情實法所宜然但其間或有一節可原一例可比務當細意推詳必求其有可以不入而後已亦不失爲古人三宥之義夫曰可者盖爲人情實者言之也若本不應入于情

實尤當妥爲酌辦俾不致誤其生于筆墨之間

盜案要求如何便免株累

一人爲盜一家未必盡爲盜也一家窩盜一村未必盡窩盜也在盜犯自行招認未必可信前審盜條已言之矣辦案時尤宜加意檢點恐口供中稍有黏滯往往一案累及數十人在 上司原不願盡置之罪而詳文未能打疊乾淨則實偪處此不能不辦是當想出一法可以不致株連便是此數十人之福

犯宜早解

書辦辦案必曰命案限期三個月盜案限期兩個月不至期不辦也此殊謬甚一案拘齊人証必十數日研審定案又十數日經承辦稾十數日幕友改稾又十數日由是而判行由是而謄清由是而送印出入躭擱爲期已多且一州一縣之事易辦一至郡垣各州縣之事雲集又需研審又需辦稾又需改稾而判行而謄清而送印出入躭擱爲期更多遲延處分必不免矣愚意于通報後卽早解審則郡中之事雖多限期尚寬間卽未經安協仍需發審均可不致遲延議處切勿懈怠自悞

作吏九規 《卷下 二十

一催科

陽子曰撫字心勞催科政拙此有激之談非篤論也百姓食毛踐土供租稅以備度支使怠其政而鈌惟正之供或擾其民以飽胥吏之槖職守之謂何而略弗講也規催科

清理戶籍

前明定魚鱗册畫清田畝由是有條編有四柱其法至詳且備相沿日久或有糧無田或有田無糧或田在此而糧在彼或糧甚少而田甚多有坍沒者有開墾者飛洒隱射百弊叢生平沃

作吏九規 《卷下 二十一

之集尚可稽查山僻之區倍難清理不得已惟取戶房册籍查明都啚若干每都啚收錢糧若干有無書手里長包攬私收有無奸吏竄差藏匿簿串至于飛洒隱射又需臨時逐一查核使糧從田出庶可免滋弊竇

愼選糧差

糧差之弊有私藏底簿令官不知應完若干任比莫柰者有借票索詐不辦官糧但肥私槖者有誘詐鄉愚托伊完納而花費

正供推爲民欠者若輩久慣催糧視比較爲應酬故事輕宥之
則每卯欠星重責之則拘極貧之花戸搪塞官長積弊所致處
處皆然惟先選稍有家業及較爲老成之頭役令其各出保結
保舉可用之差若有不法并伊等一體究治然亦不過一兩卯
可無弊耳若不時時查察則依然故態復萌故催科最是州縣
費手事

不准包徵包解

近日各省戸房每每包徵包解在州縣以爲　奏銷時不消自

費周章大可省事不知若輩平日驕淫浪費視銀錢不啻糞土
事發受刑繫獄視性命亦不過鴻毛而州縣罹于法網果能推
諉係彼包徵包解不干我事耶此大弊也

嚴查大頭小尾

大頭小尾不獨錢糧凡稅契倉屯皆有之其害雖祇有損于官
而完報少批解時何以充數且目爲民欠將來追完舊欠銀米
彼必持串控告轉多費手其法將油串存署諭糧戸將所完之
銀書明紙上每晚呈簿照封截發庶免舞弊然亦不可不時時
查察也

比較勿寬勿峻

比者比往年以分贏縮較者較前後以別差等州縣長厚者以
爲每卯捶楚有所不忍嚴厲者以爲若輩延悮正供處死不恤
二說皆非也上下兩忙各有其時凡耕種收穫民間有事寀寀
催追究難分力措納是不可不寬農隙無事　奏銷届期催不
上緊必致侵食是不可不峻要于平日立定章程設法辦理則
比較原不得已而爲之故桂苑訂本載設法催科不必專靠比

較之條

要房差互相核對

除徵收之弊由串存署固已然又有糧數在房差人承催而不
知其數者又有糧簿在差戸房經收而不知其人者當飭房干
差票時黏貼數目清單俾知某都某啚應催若干數目入櫃時
亦必載明都啚人名俾知某錢糧納自何人三面核對雖有積
重之弊亦可漸次廓清

奏銷臨期速解

奏銷州縣之專務也無論遲延議處例有明條我輩所司何事自當早爲之計必到臨期始行措辦徒然手慌脚忙濟得甚事朱子云國課早完雖囊橐無餘而亦快民間且然況州縣耶且到臨期斷不能不解何不早爲措辦一到解期即行解繳豈不暢快

收漕

嗟乎履生江浙習聞州縣收漕有爲之捧腹者爲之裂眦者爲之長太息者爲之作惡累日不忍復聞者況身受之人更不知

若何光景矣夫州縣雖末吏固儼然

朝廷之命官斯民之父母平日養尊處優高居人上到此把持不定將人之四端拋于腦後致惡僕奸吏蠹差弄之如傀儡劣生棍監刁民叱之如奴僕孔子曰穿窬之盜孟子曰行道弗受乞人弗屑此猶充類之詞也以比收漕之辱殆不止此憶少時余鄉某刺史者循吏也惑于小人之言謂某處使費若干某處使費若干計非萬餘金不足乃不得已而收渾漕臨期儀從至倉甫升座倉衆一擁而上公案擠倒筆硯差籤破碎滿地喧騰嘈嚷震耳欲聾刺史側立土壁下慨然曰我年已六十顧替人押錢受此凌虐寧棄官不受辱也諭令清收擁者屏退復升坐受一二担散已過半內外閒然無聲後升淡水司馬卒亦未嘗棄官又某令素守清操開倉時民感其德請留斛面以備津貼運丁之費所謂仁義未嘗不利也嗟乎民情之愛戴不可預必而受辱不受辱之權則操之自我至身受之辱爲聖賢所不能知士大夫所不願聞父母妻子所不忍道而忝然爲之不亦辱

朝廷而羞當世之士乎履笙仕粤東幸而免此然每一念及

未嘗不汗流浹背也嗟乎

石香秘錄

檢驗

驗屍有發變之處以指按之若軟者眞發變如硬者卽被傷淤血凝滯卽以驗其色及何器所傷　發變之處如多以燒酒同醋調和噀於上若眞發則沾濕如傷處卽乾不濕

凡拳打傷圍圓分寸顏色不等

脚踢傷牽長圍圓分寸顏色不等

磕傷圍圓樣

擦傷是皮破

木器傷斜長分寸

磚石傷參差不齊分寸顏色不等

鐵器傷皮開肉綻兩邊堅硬紫黑色

跌傷皮肉一片顏色不等

凡日久驗骨拳傷者骨傷如豆大

脚傷者骨傷月牙樣尖斜

木器傷者骨傷如線

磚傷者骨傷尖大

鐵器傷者骨傷略散大

屍之傷痕大驗時可以量分寸骨之傷痕小驗只報某器傷骨細骨斜難量分寸字樣如要量須以燈草量之然不若不量分寸爲妥蓋初驗時則傷痕細再蒸一次其傷又大與初驗之傷痕分寸不同必干上駁也只照初驗比傷痕不另報分寸爲是

凡滴血不必拘定骨頭在身上之骨皆可滴或經日久風雨剝損須洗刷白將鐵鉗炭火烘之然後刺血滴上看其沁入有血

蔭方是活人刺血將兩人之手指並爲一處用刀橫刺兩人之血齊入水中看其相合凡男子骨白有傍骨婦人骨黑無傍骨

男子下部有傷蔭入牙根裏骨婦人下部有傷則蔭于胯骨男女脇傷俱蔭于肋骨人身之骨皆白惟心頭排子骨兩面皆黃黑色蓋心爲聚血之處故其色然若被傷則有紅色男子臂腿正骨傍有細骨卽爲傍骨女子未行經骨白行經以後則血流散骨黑無傍骨

小腹與大腹皆無骨被傷則蔭于肋骨上故驗時止驗肋骨生

前打析骨者其骨縫鎚處必有血痕死後打析則無血痕有因
穿青黑衣下棺檢驗時其骨青黑者以碗片刮之即見內中之
白色蓋此色在浮面故一刮即去若眞傷在骨即刮其色不去
若以灰袋悶死者頂骨必裂碎濕紙或別物悶死者頂骨必紅
色腦後脚踝脚跟有頂撞傷更看其手足膝蓋有無束縛傷痕
凡被傷顖門太陽腰眼腎囊登時殞命其傷腰腎者必笑
凡捻碎腎子而死者傷痕于頂骨上有碎路
凡自縊死者日久皮肉消爛檢骨則傷與于兩耳根前

凡被人勒死者咽喉有圍頸繩痕不起向下交匝結締在于面
前不拘左右兩背俱曲兩手微握
凡死後血脈已定假作生前縊死者咽喉繩痕俱白並無顏色
凡被人乂死者咽喉中間有手乂痕路兩邊有指甲痕俱有顏
色面赤唇吻流出涎沫胸腹有傷
凡生前溺死者十指甲兩鼻竅俱有泥沙腹或全脹或半脹兩
手脚皮俱皺白日久檢骨則取髑髏骨洗淨將熱湯從腦後門
穴灌入有泥沙蓋鼻息取氣吸入死後入水則無

凡死後推入河內鼻竅指甲無泥沙腹不脹手脚不皺白色青
黑
凡將死而氣不絕推入河內者兩鼻竅指甲無泥沙腹肚微脹
手脚微皺傷痕不甚堅硬顏色或紫紅不等
凡被人用刀殺死者刀路平瘡門大而且深皮縮有鮮血汚眼
睛聳出
凡用刀自刎死者持刀之手拳握必固起手重則深收手輕則
淺兩邊皮縮有鮮血要量潤狹分寸持刀之手有血

凡死後假作生前自刎兩邊刀路齊截皮不縮無血即有血亦
是黑持刀之手拳握不固
凡碗鋒自抹死者創門不齊不大若深則死淺則不死有鮮血
汚
凡被鳥鎗打死者有鐵砂眼孔圍圓腫脹其色焦黑或紅紫色
不等隔幾日死者火氣內發孔爛肉黑
凡被秤梗通糞門死者兩眼胞腫起兩手脚指俱拳縮大腸拖
出四五分有血流出日久皮肉腐爛檢骨則頂骨有十字樣紋

凡服毒酒死者遍身皮肉俱黑腹背俱發小泡七竅流血眼鼻聳出舌有苾刺唇吻碎十指甲青黑色肛門突出有血

凡將毒藥插和食物服而死者遍身皮肉或青黑或紫黑腸背無泡七竅不盡出血舌黑無苾刺十指甲青黑色

凡服滷死者面色黃遍身皮發亮黃色鼻口內涎沫流出皆之甚鹹腹低壓十指黃或青黯色滿身經絡俱收縮如吃滷太多皮肉俱青與毒相似或面色微紫赤唇吻皮皺牙根微紅色舌縮微細小泡

凡婦人墮胎死者產門必有惡血流出傷胎死者心下至臍腹堅硬如遍身無故須看陰戶有無他物暗傷產後死者胸膛兩脇俱有微青色頂心骨有紫色樣

凡患癆病死者身體瘦弱遍身皮肉俱黃白色

凡氣膨死者肚腹不堅硬拏之則凹放之則高

凡食膨死者肚腹亦不堅硬拏之則凹放之則高彈去甚堅硬

凡血膨死者四邊俱有血癮筋轂道流出血

凡水膨死者當絕氣時即有黃水流出腿脚俱胖脹

凡瘋病死者皮膚有紫點兩手脚俱圈樵口眼俱癱

凡驚風死者鼻梁十指俱青牙齒咬緊肚腹堅硬

凡沓沙死者兩眼俱合十指甲青黑色兩胁脉有青筋紫紅瘢不拘胎膊兩脇胸膛肩下兩傍等處有痧瘢瘢

凡殺死姦夫姦婦每有眞僞以大缸盛河水井水各半名曰陰陽水以棍棒攪成旋渦急以男女頭入水中如眞姦兩鼻皆對否則兩頭各背一上一下

凡服銀黝死者驗無故檢時顋門偏左右骨俱紅色脊背筋內

外俱紅黑色起霉斑兩肩骨絡兩手骨絡兩臂大腿骨絡俱有蜂窩係毒氣損

凡吞金死者其骨黃

凡服毒死者用銀簪探試沃以滾水不可太多多則腹裂張條原署豐順時親見之

凡死屍沉溺河內無從打撈者用蘆席一張上放舊筆一枝浮于水面聽其漂流到有屍處筆頭即能動搖指定所與人撈之屍可得矣 此說係楊中丞口傳伊于書上見之

命案驗傷總

凡命案全賴屍傷大凡以黑黯者爲最重赤腫者爲次重紅腫又爲次紫紅爲新傷黄黑爲舊傷驗屍之時仰面自項心以至指甲合面自腦後以至十指甲縫何傷爲重或青黑或赤黑係湯火鐵銅傷木傷拳傷脚傷磁傷墊傷擦傷磕碰傷及有無皮破骨損並深淺大小長短濶狹方圓逐一親驗之後塡註圖格追取兇器與傷比對是否相符當場訊明各犯口供是否相對逐一詳細聲叙取結附卷毋致遺漏

凡殺傷身死之人有辜限內外之分抽風他病之別辜限內外身死者必須查明死者破傷及身死年月日時其抽風他病者亦必叠驗傷痕曾否平復傷口有無潰爛口眼手足有無進風形狀實係患何病症身死并醫生地隣屍親人等確供

一自盡各案雖與眞正命案自覺簡易惟是情僞百出機械變詐不可惻度有將殺死而故作自刎者勒死而報作自縊者有推入河井裝作自投自溺者此中情節當細心推究如果自縊者其縊痕斜入髮際髮不亂八字不交以及口眼俱閉腿有尖斑自勒者結扣在前兩手拳曲脖項無指抓傷痕投井者如果肚腹膨脹有水兩手拳曲足心皺白趾甲縫俱有沙泥自刎者果其刄痕齊截左右有深淺之别沿身上下别無傷痕又加衆証確鑿毫無疑竇者卽照常隨詳擬結如有不實卽按洗寃録內相驗之法查明通報再行覆訊

覆檢

凡覆檢之事皆因初驗草率或吏仵受賄匿傷以致屍親不服嘵嘵告訐始萬不得已而用之至蒸刷之法洗寃録內開載甚

詳如法檢驗自無錯悮但須訊明兇犯與原告干証供詞定詳如服鹽服毒自必通身檢驗毋庸置辨矣若用鐵器械毆傷只須憑原告所供處所取具如虛反坐甘結止于所指傷處檢驗葢人一生每多跌蹅或生瘡或毆或負重者骨血不流行傷輕者日久則消傷重者終身不散著骨則青一不理會原告干証本供一下打死而渾身檢驗喝報傷痕數十處迨經　上司駁詰則增毆打情節以符之刑鞫逼供令兇莫訴是誰之過歟

一棍傷斜長而在骨頭圓則未必盡斜長也磚傷方長而磚角

磚塊未必皆方長也韭尖傷月牙形而脚底踢傷未必盡月牙形也臨時宜仔細有致命之處有致命之傷頂心顖門耳根咽喉心坎腰眼小腹腎囊此速死之處腦後額角胸膛背後脇肋此必死之處色青黑皮破肉綻骨裂腦出流血腸出此致命之傷致命之傷當速死之處不得過三日當必死之處不得過十日當致命之處而傷輕或極重之傷而非致命之處自當詳悉推求不可拘泥成見也

檢屍之弊通出于仵作之口如眞正人命受人財賄過手頭顱有傷則云跌磕胸坎有傷則云自縊服毒者銀釵探驗黑色則云穢氣所冲諸如此弊不可枚舉明慎者于此當近屍親驗不厭污穢詳細察其眞僞驗屍傷果與兇器合否或與所証之物件同否如額傷以毆爲跌跌在額而面目不能無傷也如胸坎有傷果出自縊多以偏左死者生前用左手則必偏右斷不中分也果爲穢氣所冲則擦之易去眞毒擦之亦不去也至于生前服毒黑及骨髓死後中毒止抵肚腹亦不可不辯也

履切時聞老于仵作者云檢驗時用鹽藏指甲縫間臨時擦傷處則其傷不見是亦不可不慎也

驗傷機要

長濶深圍傷有分寸青紅紫赤色有淺深金石竹木手足他物痕有輕重砍截毆踢磕擦跡有大小雖不盡同而因色辨傷因傷辨械要有相同之勢惟在相驗時留心體認庶能傷確情符

驗生傷

註明係何械傷及長濶圍圓分寸顏色如係皮破血結或已罨護不便揭驗探量者不妨據實聲明無傷處所統刮以餘無別故一語驗婦人傷須帶穩婆

無名屍

着何服色衣褲屍旁有無遺物地上有無血跡何處起何處止逐一聲敘

檢漫地枯骨

將零星碎骨檢齊驗明骨色明亮並無青黑須報明某骨幾塊不全有無齒痕咬印衣服曾否拉碎無有血跡某骨衣服離屍多遠或東或西頭髮多少鞋襪是否齊全

腎子傷辨驗

相驗屍傷周身致命之處凡遇受傷俱係皮骨相連傷痕顯露惟獨腎囊乃係下懸虛軟或被脚踢或受他物刺擊腎子傷重一時升入腹下氣血攻心必致昏迷不語殞命登時者既不皮破血流又無青紅高腫可驗確與洗冤錄所載或宿患疝疾因怒激發而死則腎子縮入腹中等語情形相似查洗冤錄指南舊說用温醋棉絮挪罨片時腎子自下可以驗傷或云驗上下牙根肉內現有形如瓜子紫紅色痕卽係腎子受傷致死如無

作吏九規　卷下　天

應查有無宿患等語再聞有此等受傷致死之屍雖如法醋絮罨下腎子亦無相驗正傷如遇天寒牙根亦無紫紅色痕驗顖門必現紫紅色大如瓜子傷左偏左傷右偏右因週圍有血暈滴水不流者方實此誠可辨疑難有益于相驗也

近有瘋瘋人死後將開檢者諸書皆所不載查廣東舊案有龍門縣兩案一載骨節有蟲眼一載蟲眼有損壞處無受病有輕重也週身骨色俱白又洗冤所未備也二十三年九月附記

十誡詩

江左仲振履柘庵氏撰

予涖兹土三年于今矣與都人士日相親習知與邑爲百粤文物之邦其人民知耻讓而畏刑法又往往以執拗而羅于咎則教誨之疎也抑民心猶未盡厚歟伏念　先賢宰蒲政稱三善　先君子宰蜀百姓設主祀焉予不敏濩忝爲斯邑長雖此中人士勤于學農勤于耕而思患預防倘教誨之終疎不免負

作吏九規　卷下　老

國恩而辜家學爰擬十誡詩刊示邑中且以自儆其讀予詩而油然興感者予之願也人民之不遠于古也倘漠然置拂然去焉是猶執拗之未馴予之咎也都人士其勉旃

杏苑春　誡諸生也

杏苑春桂苑秋秀才讀書思出頭讀書人人志功苦其奈家貧親老朝夕之是謀飢寒迫我棄書卷不得不爲非分求硯田荒蕪不生粟愈求愈貧愁復愁貧則猶是齒加長同學青雲我白頭恥不若人亦已晚不恒其德承之羞是如商賈喪其本利亏

三倍無從收不見長者至今窮不死書中有粟夫何憂

布穀鳴　誡農夫也

布穀鳴修耒耜播種家家謀活計粵中風土歲兩熟春夏勞勞到冬季田功四季忙不了又復無端生客氣東家毀我墳西家占我地奸人唆哄氣益粗告狀抱牌堂下跪貼膝銀邀証保歡草鞋錢送胥徒醉輸贏未定財已空數畝山田盡荒廢轉瞬催糧人又來荒田賣作催糧費嗟嗟爾錢得從辛苦中何必甘心飽胥吏

筆如刀　誡訟棍也

筆如刀自作孽殺人呑上本無聲忍見堂前日流血愚民奉爾教至死不休歇頁民受爾累平地相波涉長官原有父母心小罪何難立昭雪柰何爾毒入人深誘使鞭笞不改說事外安身置等閒局中負罪遭縲絏孽重災生刀自殺神鬼鑒臨無解脫爾獨不見劉學斌（邑之惡棍）雷擊其子官囚其身雖有面目難爲人

拜五祖　誡惡少也

拜五祖徒自苦亡命豈得金橋度（洪周五逆康熙時盜也俗傳戰敗天以金橋度之）城村惡少結盟誓聚黨橫行抗官府椎牛烹羊飲美酒擄人資財及子女但快黃金到手空那知法網分頭布一朝事敗身就擒桎梏鋃鐺繫囹圄父母不敢親妻子不相顧衣破頭蓬生蟣蝨血肉淋漓骨酸楚爾亦猶然盛世民身首胡爲甘異處到此悔恨已無益何不及早求生路吁嗟乎何不及早求生路

枝上花　誡淫奔也

枝上花唯一跗閨中婦無二夫貧賤富貴各有命一與之醮終

身俱爾夫勤儉持家計家道雖貧終有餘夫也不良命所值命不猶人難改圖此夫不良逐人去彼亦未卜心何如倘若轉徙遇凶暴孤身異地誰相扶命窮到處無安樂垢面蓬頭仍故吾不如安分守貧賤生兒長女光門閭種粟一斗春作飯織布五丈縫作襦寒有布衣飢有粟長成兒女孝翁姑

銷金鍋　誡標會也

銷金鍋古所嘆粵俗澆漓猶足憾呼盧挾妓未云奇鴿標花會爭傾產（鴿標記用千字文花會花名尤罕見狀元和尚與將軍

信口編排恣鼓煽更有包攬相往來安坐得金殊覺使愚民費
少貪得多積少成多費千萬曠時廢業鶩若狂產蕩家傾不知
怨官司執法有明條彼罪坐身爾爲援長官縱不置爾刑耗費
資財已過半嗷嗷八口日啼飢爾手無錢誰養贍

六神符　誡堪輿也

六神符三元訣山川不能言長官代爲說牛眠馬鬣無定形積
善之家自然發虎邱雷震范侯墳桐城鬼守方公穴天理地理
互消長吉凶曾不差毫髮爾何人斯爲瞽談煽惑愚頑逞奸猾

作吏九規　《卷下》　甲

刳親皮血滌親骸五刑無赦罪在殺小亦抛棺占壙基壽仇讎
禍無休歇辨方擇日可餬口何容滅理輕饒舌自今至後爾惑
人子不爾宥置爾法

葵向日　誡販糴也

葵向日庇本根禾有秋洽比鄰頻年米價苦騰貴窮民枵腹難
圖存販糴爲計亦自得輾轉溝壑伊何人在爾雖若分爾我總
是齊昌畊鑿民鄰邑不荒我獨歉盜賊死亡將洊臻况今閩海
氛未息接濟盜匪厥罪均孳孳爲利苦不省瞬息禍害宅爾身

不然長官腹甚小饘粥豈至無饔飧爾子祝置勿論爾子詛亦
弗聞但願家家含飴鼓腹樂豐穰訟獄不興民氣淳

孽鏡臺　誡胥吏也

孽鏡臺在何處不在神祠在衙署自身不見見前人但想前人
身可悟某胥豪猾勢逼人某吏舞文家致富轉瞬身罹法網中
三尺爰書五刑具子孫消滅爲乞丐室廬賣與鄰人住亦有猾
吏昌厥後天心竟似相饒恕那知愈昌報愈慘城旦沙門苦流
戍願爾念此竦爾心清夜常常手自捫古來翟公亦爾輩榮寵

作吏九規　《卷下》　圼

駟馬與其門

玉壺冰　長官自誡也

玉壺冰朱絲絃直哉惟清古有言後人依附作箴戒第一功名
不愛錢
朝廷廉俸本寬裕我亦簞瓢恒晏然徒守清操未變俗聲聞過
情滋愧焉　大吏優容已逾格爾民愛戴尤纏綿盜未盡除訟
未息日坐堂皇徒素餐長官今與爾衆約慎守厥誡無遺愆家
無溺女完骨肉野不焚殤全性天田閒暇日宣

聖諭堂上示法懸蒲鞭歲時伏臘一盃酒官民同樂大平年

叢談偶録

（清）姜鳳喈 撰

《叢談偶録》一卷，清姜鳳喈撰，據南京圖書館藏清光緒二十九年（一九〇三）泰縣古物保管會石印本影印。

姜鳳喈，字胄儀，號銅軒，清泰州人。舒祺次子。諸生。喜欢研究經史，平生致力於詩文古辭，與當時名士多有來往。

本書是一本記叙姜鳳喈在泰州當地所見所聞的筆記體書籍，書中記録了泰州當時的一些有記録價值的地方，譬如曾列『海陵八景』的『鳳池筆穎』（位於泰州南山寺），現在已經成爲歷史，但是從本書中的記録中，還可以一窺其風貌。除此之外，本書中還大量記録了與作者交好的當地名士的故事，以及作者與他們之間的交往情況，從中看出包括作者本人在内的這些名士都是滿腹才華、不爲名利所擾的真性情之人。作者還描述了一些有傳奇經歷的人物的事迹，其中以潘兆奎爲鄭燮、李鱓代筆一事最有價值。據本書記載，潘兆奎是被鄭燮、李鱓所認可的繪畫高手。乾隆十七年、十八年，鄭燮、李鱓到泰州賣畫，無意中看到了潘氏畫作，大爲驚訝，感歎民間竟有如此好手。其時索要鄭、李繪畫者甚多，忙不過來，於是即請潘氏代筆。一般潘氏先畫蘭竹的半成品，然後板橋當着買畫人之面再加幾筆，或者親筆題詩。買方往往滿意而去。關於潘兆奎代筆之事，當今學者多有專門研究，但仍有遺漏，《鄭板橋年譜》《李鱓年譜》都未記載，因此本書的記録十分珍貴。

（張　念）

話足以警世故録

詩文傾口而出一气呵成原有此一種所謂行機也若專學此種未免急口令矣此等詩中須有精警出色數語以作中流砥柱方免漂而不留

昔人曾言史記所以傳者因其取裁於五經三傳國語國策諸書文字俱古不第筆力之横冠絶古今也漢書則有取於史記莊列新語説苑董賈諸子不獨扶風之茂密已也東漢書不特蔚宗之才不如蘭台而所資之奏議書疏又不如西漢人之古厚陳壽作三國志亦然

晉以後可類推余因是有悟于選詩之法矣

國初詩本非一而詩觀最為核博所以能長存藝林者正以虞山芝麓梅村櫟園西津于皇豹人野人玉叔澹心倬驪紫元西樵漁洋鈍翁嶺南三家諸子大集為之取材也如搆巨室既得數十圍之豫章則合抱者皆可附麗而成巍巍之觀即遺民一録已不可勝用已漁洋之感舊其年之篋衍信今傳後所藉者厚也康熙中詩極盛因有大力者倡為宋詩派而高才絶學惟宋是趨其意宗唐者不過數人詩之盛即詩之衰也至乾隆中年而復盛士以中唐為法而不定以蘇黄為主才極其大學極其博法極其密是蓋純皇帝有唐宋詩醇之選如行路者得指南之車不致為他歧之惑走入荆棘中矣故一時如子才菭生甌北夢樓大鴻次風大宗吴下七子蕈溪曉嵐秋帆梧門以及吴會英才集諸子皆能和聲鳴盛而我朝之詩可謂洋洋大觀矣于此而有大力者接詩觀之後續為數十卷其醇也宗歸愚而不拘于吴會宗詩龕而不拘于朋舊聚近日各家所編各部而廣羅之南極於滇黔北極于幽冀鑒空平衡所謂全

張之貴不貲之富皆不足以動吾心而炫吾目期以數年之久然非一手足之烈也擇其有學識而不自足者十人先分其任某集交某其入選者用選字戳經覆閲者審定加鈔乃寫草副本經督總者覆勘然後謄真蓋至謄真而事已就緒矣其分校者如處館者攜入書塾晚歸閲之五日一集一月一大集閲若干其實有所見或遺逸事作一浮籤貼之總校審定為詩話附書以行其事非得大力而又好事之人肯捐重貲以具子金為飲食之費而又得我輩中同心之人位之各出資斧如

有出資斧劾力圖留名于後者聽所借書仍歸元主如有散失必議罰以一人專司其事至於刻板書成再議最可嗤者求欲顯宦為行述填諱書銜四五行至用大學士名諱以駭鄉愚不問其文之工拙事之虛浮所謂依樣胡盧也宮恕堂先生行狀乃以顧湘霧為之可謂脫俗愚村公祭文請玉房師作蓋彷而行之也

錢虞山牧齋語鄧孝威云昨東游友人贈詩盈數尺總無一字緣中間無一意思耳可見酬應詩不親切入得之反以為嗤鶴筱先生應酬詩另為一集近日詩龕編及見錄概不收贈答以此

四　泰縣古物文會

詩觀三集以初集為佳初集又以一二卷為佳要之若盡以名人名作置之三四卷則八卷可刪也大凡名人不能一書即有名惟有前輩引之於前後輩繼之於後則今日之後輩即他日之前輩矣若前輩不以汲引為事後輩不以表章為事其人縱有聲光必不能歷久彌彰而汲引之功尤大所謂一經品題便作佳士也生平最服張覲齋說詩惟以詩觀為藻鑑之書頗不以為然大約自第一二集則可耳餘皆以其子主其事故有不

應酬之人不應酬之詩非先生之過也

堂兄雲池質魯嗜學延玉房師為督課夏楚不絕聲兄發憤至忘寢食然卒以魯廢書後與筠亭兄同入武庠温文爾雅居然文士也丁卯武闈幾得復失遂以遠家為事多才多藝嶄然出色偶見大筆畫學之遂精其事取白綾以柳條為底本以麩香火頭吹而代筆筆粗細香稱之大塊山石以炭火烘之成幅後付裝潢前人未有也篆百壽圖尤妙玉房師曰雲池所謂以魯得之也兄曰非先生善扑不及此兄繪習業圖鶴筱為之記

五　泰縣古物文會

葉蔚村丈書法名家也長余二十餘歲而戚誼平行不嘗忘年友某年新正飲余兄弟于小平原閒余所見楷書以何處為第一余應之曰永寧寺樓下橫幅第一拍手而起曰佳在何處曰款行均稱曰真賞吾寫字五十餘年不下數千紙其稱心如意者惟此吾欲再寫此幅不可得殆有數存乎余曰聞右軍寫禊帖亦嘗數十本到恰好處丈曰余何敢當但不可多得耳壁上字幅十二則程其羽其師也名儀畫亦十二幅汪木各體也丈因言木休寧人家素富以專心六法致貧晚年賣畫自

給每幅三錢蘆雁梅柳俱佳不獨山水時人尚嫌其價昂每自嗟曰早知今日悔不當初余曰木同時富貴何恨久已飛灰電滅而木以筆墨常供高人之賞鑒名已傳矣餘又何足論乎翁撫掌稱善

方鈞字轉齋吾州樊汊人也地本水鄉日臨水觀魚玩其游泳跳躍之致又買大盎貯水蓄各色魚其中以時辨其鱗甲腮尾之異輒注視移日曲盡情態由此入神及其意到筆隨信手點染能令人作濠濮閒想其絶技也然不肯輕為人作值窘之時索之尚易稍有餘則閣

六　泰縣古物支會

筆妻子凍餒不顧也古歙人多出重價購之鈞更靳之丙寅夏一子先死鈞繼之致無以為殮然案上紙尚餘數抱畫之可得數十金人以是尤其癖少陵云能事不受相促迫又曰奇技由來不庇身觀鈞尤信余于壁上見其抱子猿眼光閃閃未知於易元吉何如耳轉齋聲光黯淡與余無交余不泐此數行則後世誰得知者此續畫徵錄所由作也永寧寺古佑聖寺也中有銅真武是其故蹟國初僅存大殿殿前有鴨脚樹大可十圍有三人讀書殿上一人偶歸入夜陰風颯颯兩人悚然已

而有黑大漢來攫人不得已持棒禦之相持過夜半黑漢氣漸斂二人力愈壯天將明作乞哀狀不許繫之化為黑羊殺而食之食竟而友至告之不信示以毛角始駭後兩人皆成進士其一龔姓仕至總鎮未食者以諸生終究不知何怪也國初永寧寺外望洋一片名天滋泊亦名天池古揚州府志有圖州志反闕故志云泊濶數丈一遇風起水湧則不可渡故造原呈者專以延醫接生不便也橋南北兩堤里人自築土取新城堤城而城基削盡矣初新城有南門城上樹木蒼蒼隔水望之儼然要害故明末高傑潰兵懼不敢渡今之橋南屋宇

七　泰縣古物支會

鱗次皆風帆來往處也惟方家墳以東為舊城基寺前堤則巡撫陳桂森公宏謀建經其事則黔西李公也堤成陳公為之記入州志藝文寺西有放生池李公所開取土築堤亦舊有池茲廣而大之耳池底有杪木棺棺長丈餘役夫取其棺而棄其體督工之過也池畔有大冢乃文昌閣知足和尚葬處知公與徒徹凡皆中興文昌閣者與余善魁星會實知公倡之而余與葛君繡千定其章程至今不廢亦赫赫有名于縉紳間今乃一抔

之上額然于紅蓼白葦是可歎也
余刪詩稿不存少作存者自丙申年起偶憶門外一首云門外喧闐甚市廛景若何近橋魚户集横水稻船多一路通諸鎮千家枕大河近因年歲稔箇箇着綾羅蓋丁卯秋作也王漁洋云刪詩斷自丙申年暗與之合時尚未覩王集也
繆靜軒在五子社人品古樸學問淵博兼通釋典十歲即與外祖俞餘齋唱和羣以大器期之然性迂而短視于詩文外世故人情一毫不知惟與余有韓孟之好雖

八　泰縣古物文會

同胞不啻也余嘗云靜軒有三反每事糊塗而於利義之辨甚明終身除正配外不二色而好作香奩體生平不善書而鈔書終日不倦幾于等身先生笑曰信然
余與理堂論金石考中絕無泰州文字細思亦有可續入者明倫堂東山沈傳曾修學記未有搨之者其書頗工岳王殿壁東西石碣不獨王之書札飛舞而王覺斯之筆墨亦復奇古前藩憲康愛園先生令工搨之非無見也北山寺記李又白行書碑已稍殘搨工至泰必購之州人反不知其妙余於丁卯秋與園焦墩讀之碑文分四層二十餘行第三層讀之文義不接焦墩謂且往後讀去數行後復有隔塞處然皆在一行之首與前行之尾齟齬尋行數之恍然大悟方知顛倒數行一經識破順口而下數年之疑豁然真快事也大抵向來讀者至難讀處即置之
彭靈楣尚書有千文小楷最佳余家有之晴嵐會元未第時曾問經營幾許時而後脱稿公曰費了兩日心真天才也重排千字文余見者董思伯一本唐琦一本皆不受周興嗣牢籠或云某書攤懸繆曉嵐先生暨汝玉

九　泰縣古物文會

大令墓誌文皆四六字皆端楷文則吾靜軒撰字則陳文樓　書余于靜軒文集見之集毁于火恐後來無復有知之者矣靜軒學問於此可覘一班前司冦墓誌王澍書張相國廷玉撰文劉景山刻文可稱四妙初搨二千張凡送當路皆裝潢成册用粉樸者尤佳誌銘一項蓋用二千餘金固由物力滋丰亦義圃諸公子孝思之篤非後來重貲財薄父母者比也三十年前各房尚有數百張近詢之無矣識者珍之誌文見於龔參梽梽集其不同者門生徐傑光所跋

按此條退庵夏先生采入筆記卷二中
阮籍墓在金陵南門内人家厠側愈久恐湮没矣前治亭鐵制府在南京曾思請法時帆作札屬之但省一譿會之費晋人即可免於作踐矣此心耿耿不知何時了願也
玉房師有鄰之天台國清寺者僧問家鄉曰泰州居何方曰孫家橋西僧笑曰此俗呼乃五泉橋也曰何據則曰君不見橋西坡有五方石中洞如井底乎問以他事不顧而去蓋有道而隱於釋者也按橋門向西題刹涉

柯州牧永康筆字法香先左有石石泐字不可識右石長瀾如左署曰天本好生不可殺生人欲長生務須放生字漸不可識余友張遇昌以黑漆塗之遂行人咸見矣天下事失於據者多安得深思好古如覃溪梧門兩先生乎
昔蕉墩居憂時與余晚飲問余外間以余為何如余曰人言正不足信據余觀之曰狂曰傲曰冷曰忌每說一字蕉墩一擊節曰此非余之私言也乃外人之公言也特人不言而我言之也蕉墩曰當作座右銘後某聞之曰忌字非桐軒不能下世之庸人見有選家必笑為沽名余自幼即知其不可少蓋詩文佳者必待專集則湮没多矣許多名手詩文成帙未付選樓遂付之鼠咬虫傷歸于烏有者往往然也一登選本則流布四方易代之後亦有傳者但恐詩文不佳勿謂後無識者也顧明眼難得耳有一名手操選政子孫以先世之集付之出重貲叩頭以請其人不為之盡力者非人也如是貲於求虛文之墓誌亦省於刻專集而入人家譜登邑志其尤要哉凡為孝子順孫者不可不知
州城西北各村莊凡送竈文書並齋醮疏俱云泰州招賢鄉管下某莊某人云江都之中村郭村亦然書之以見當日地界云

園鶴筱先生說江都閔康風于中秋日自買節物一切從豐孺人笑其過費不聽午後遇壻某於途曰爾家無上人可至吾家過節壻不獲辭歸而叩門孺人來啟戶見壻呼曰姑爺至蓋屋宇無多令女迴避也先生笑曰何以避為令孺人治餚先飲酒而後杞月翁壻同飲因言與其先人文情並及婚嫁失時事壻有愧色孺人逆

呼曰今夕飲酒先生曰來吾為兒女婚姻大事吾老矣
當速了也壻曰今歲勉為之先生曰奶奶來聽吾言吾
與壻皆寒士何日有飲錢欲趁今良辰完此事孺人曰
毋乃大草率為人所笑先生云吾買通宵巨燭乃為今
宵用也壻用余衣冠女用汝衣裳老夫婦為媒妁房用
吾房枕被皆仍舊吾二人看燭一夜可也如此辦理省
事了事否則非吾所知也孺人笑而從之須臾月上東
山燃燭燒香挽壻與女拜月合巹如儀十六日赴馬氏
玲瓏山館客問有詩否先生云昨夜小女招壻一夜未

十二 泰縣古物支會

睡僉曰此事何不與聞好友曰其事甚幻甚速因言其
顛末於是馬秋玉曰非廉風不能為此快事也相約詣
朝各攜分往賀馬是日賀者雲集各有所贈且有無交
慕名而來者先生除應酬外盡以與壻居然苟完焉

下元日北斗宮董老人說提督大用遺事大用父以事戍
遼東生大用於遼陽權奇多力能攻皮後入旗籍與壯
士某莫逆約為兄弟某得二首級一副將一守備以守
備級讓大用猶以為未足遂戕某攘其功即補副將軍
中鼓勵人才法也攻揚州先登破之遂屠城廣儲門內

有大宅老樨不留樓下有老母誦經大用見金剛侍側
知為善人長跪皈依願以為母母蓋王姓云積戰功至
提督以多為不法削階歸故里幸也叟言其醃婦女小
脚下酒其兇橫不減八大王矣又受籙造宅一區六畜
臧獲咸具從火焚之無一免者慘刻多類此無後也固
然

南山寺老僧某德望清高提督董大用最欽服暇即造
寺自言合眼見無頭鬼紛紛索命惟入寺門則一無所
見蓋懼二殿大王也老僧曰此殺戮之業佛亦無如之

十三 泰縣古物支會

何惟急行懺悔可從末減耳大用遂長跪拜為師摩頂
受記易名大悟每餽米鹽必以白鏹納之僧置之鐳不
下數千金僧雖有竊以買食者遂敗僧乃託寺鄰某買
蓮花池田寫某名下其人固忠厚者也家由此富中一
州老僧聞一說

人每於書畫必謂此某公物也余謂名書名畫正如良
田美宅閱人尤多買者不必問賣者不必諱但求得一
賢主時為玩賞亟乞名士提跋即減價而售亦無妨也
李德裕云有以平原一草一木與人者非佳子弟也何

所見之不遠耶錢秋圃蓉以為快論

吾鄉王先生名礪品者著澄觀録一卷開章云大丈夫心胸無日不光明不磊落後舉鄉賢上其書于張儀封中丞一見即曰只此一行便可從祀遂為題疏

泰山岳忠武王祠聯楹甚多余惟推周櫟園先生天風吹戰壘海氣肅忠魂十字字亦遒古有漢隸意後來長聯則竇應陳大來先生云東窗毒計奸人原不足誅歎朝列尚多君子寒蟬結舌毫末力争三字獄成千古恨河北團兵義士徒存空想念汴梁何物書生叩馬狂言竟能早料十二牌來萬事灰

十四　泰縣古物支會

三里澤西有泊方數畝甲辰夏旱馬姓取土于泊數尺之下堅不可動壯客多人力出之得生鐵長八九尺重可二千餘斤不知何物請余視之乃城門牡也地故為永東鄉縣刀石莊乃縣堂基土城湛其池泊乃縣之南門莊東有石棺長八尺許儼然棺也日久埋於土中無礙種植父老猶有知其處者

澤東有劉家莊莊有大墳基數畝呼為將軍墳相傳明初征雲南死者葬甲冑於此舊有紫竹數畝後因為盜

初征雲南死者葬甲冑於此舊有紫竹數畝後因為盜
藪遂洗之將軍劉姓子孫尚多世不乏大力者其各號即爵皆不可考則無紀載之過也又姜堰東二里有公劉墓余姻朱放齋觀濤曾訪其遺跡終不可得為之慨然

丙申九月同人集雙桐精舍分韻俞棐五詩云無雨無風逸興賒禪林高會擬龍沙絳囊檢點尋幽徑烏帽輕欹間菊花癖似沙陵詩有債狂如阮籍醉為家騁懷漫逐閒鷗鷺踏遍桐陰日已斜棐五名詠壇號杏州工詩與余唱和只一次數年下世門内古藤百年物也今已

十五　泰縣古物支會

易主過之淒然

聖諭廣訓十六條唐石郊先生曾為之註前一行四川射洪縣知縣唐鄴翔恭註今此本不可得見凡邑人著作及所刻諸書均當列書目於志中以備考核庶不沒譔述者之苦心後之修志者慎勿忽諸至邑志必列金石理堂實倡之不敢掠美

茅山姜家莊有雨花庵老僧某閉戸習靜不與俗人接亦不與俗僧來往自金剛經外所閲皆經史不屑化緣

庵有田數十畝僅供飯粥而已惟李明經過莊款留數日接談亹亹庭植一松時花數種鄉人傳其詩云交柯迎佛面落子打僧頭蓋詠松也或云浙進士曾為縣令中年棄官學佛不求人知世亦無由知之余曾宿其庵求其片紙不可得或云僧所讀書亟著作付之一炬曰省得多少葛藤也

武林王魯石詩人也老于幕府青鞋布襪迥不猶人于高庸座上一見如舊相識翌日過訪余款留之自攜一大卷索題卷粗如巨枕乃獨立圖第三卷也魯石名元

琨逸事見新齊諧

余過族兄綸百書室見斷紙有襄字下有水繪園印急問其餘從破簏中搜得之乃辟冒疆先生和王漁洋詩一幅已成三截矣綸百即以見遺付裝潢家居然名人真蹟觀者嘖嘖矣其詩曰宮舫青簾夜渡時使君高詠正堪思五更玉笛迎秋落千尺銀河拂地垂江畔忽逢何處雁月中偏寄最高枝西風瘦盡東陽沈常把瑤華憶獻之何寄阮亭使君舟中見懷元韻水繪庵冒襄引用水繪園圓印名用長方印巢民冒辟疆五字篆古而章法奇異小三吾方印印亦鮮明如脫手

潘兆奎諸生工書畫性不羈時人未之奇也乾隆壬申癸酉閒興化鄭板橋李復堂賣畫吾州見其筆墨奇之使之捉刀潘寫蘭竹只留數十筆俟板橋加以點綴人見其親題詩於上得之以為奇初不善墨牡丹經復堂指授遂工馥曰兆奎詩文不及板橋若蘭竹自可單行字乃襄陽正派吾寫字乃欺人之談耳有此筆而妻子未免飢寒州人之過也然潘君頗不自矜每謂人自重鄭李名耳非其真能識兩先生字畫也馥堂令其作丹青牡丹芍藥梅桃折枝板橋令其作巨竹字則寫端楷

小字美女簪花格兩先生之真面出矣然兆奎効於兩君筆皆不較以是重之日往來於徐鳳洲李霞山謂占世父家惟鄭李至泰則兆奎不可得見矣丙子春大疫死者如麻疫息兆奎死矣余家有剔墨燈片老父泫然曰此兆奎筆也桐軒識之勿謂泰無人也

宮坦庵在杭晤汪西灝沅老名士也年七十餘矣話及鶴筱師知其無恙而貧浩然曰此余老友也既為君家姻戚而使之寥落乎明日語同社梁山舟諸公曰泰州

老友園冠霞甚貧吾欲周之僉曰可西顥曰約以五十金為率諸君量捐之沅補不足來日交伊親宮常山寄去可也僉曰諾坦庵專差來泰余適視師眠食先生以書見示有六金律函西顥無書謂其物不值一書亦不出同人姓名師作五古寄謝汪與園之交甚淡而一聞其窘如救焚拯溺如是汪丈與杭太史董浦善道古堂全集有序即此一端其磊落何等耶汪丈詩見於詞科掌錄不下數十首即在乾隆己亥冬宮小歐丈讀書處顏曰墨花莊紫陽太史舊地也壬戌春齋後發新竹三

竿濃綠可愛賦詩誌喜蕭書个个帶烟含玉笋班中數忽三天為閒人助幽興好將詩筆寫清酣余走筆和之丈年近八十讀書鈔詩不倦字亦端楷喜與余談每過必具肴核盡歡而散如曉巖先生之在蘊其堂也余最見賞於諸老輩殆佛氏所謂前緣者耶宮中丞葬曰賓客衣冠皆白天降甘露凝為冰花咸以為瑞淡庵世丈言之

靜軒與余倡和詩不下四百餘首開卷數頁即有桐軒幾於生厭就知交本少倡和者不及二十人也余謂君

運氣辯

（清）陸儋辰 撰

《運氣辯》，清陸儋辰撰，據上海圖書館藏《海陵叢刻》本影印。

陸儋辰（一七七七—一八四二），字筦泉，别號耳鄉。江蘇海安鎮人。郡廪生。清代提學使陸舜之從曾孫。陸儋辰一生勤奮好學，尤致力於醫。陸儋辰曾得古醫書多種，各據善本，爲之校正。擷諸家之精粹，著有《痧辯》《運氣辯》《證治賦》得以付梓。喜研金石，搜古碑數百通。蓄銅雀瓦、古硯及印章合數百件，印證掌故，一一題識，而手自鐫之。擅書法、工琴、好詩，喜博弈，著有《弈譜》四册。

《運氣辯》初稿完成於道光甲申年（一八二四），三易其稿後終於成書。書名中『運氣』，即我國古代中醫學推崇的『五運六氣』學説。陸儋辰認爲隨着運氣理論不斷發展，逐漸出現了拘泥於運氣推演模式的格式化應用現象，如『鈐法』等。但其他人又不能加以辯證，只是隨聲附和，導致運氣的真正奥秘無人勘破。陸儋辰寫作本書的目的就是用『以經證經』的辦法，拋棄各家舊注，探求運氣説的要妙，并將前人説法中值得商榷的地方列出來，提出自己的看法。本書資料詳實，行文嚴謹，書中認爲『運氣南北政』之説是指客氣之所司而言，糾正了前人的錯誤説法，又認爲『運氣』當分兩環，亦頗有道理。更難能可貴的是陸儋辰在書中還按照自己對中醫『運氣』的理解，繪製了多幅圖表，别開生面。書後附有前江蘇省省長韓國鈞所著後叙，對陸儋辰醫學造詣的高深闡述無遺，推崇備至。

（張　念）

海陵叢刻第七種　運氣辯

陸莞泉先生傳略

先生名儋辰字莞泉耳鄉其別號也邑之海安鎮人郡庠生相傳其父某好讀書家有東坡像事之甚虔一日夢坡至挈一童畀之曰此儋耳人也以付汝遂生先生故名字取焉生平於學無不窺而尤致精於醫嘗得古書多種各據善本為之校正擷諸家之精粹編為證治賦十數篇使讀者易於記誦人有求治者所疏方案筆法古雅能運經語如已出其得訣之妙大都善用古方而不泥故猶是經齊而一經先生增減遂覺新穎異常非夫好學深思心知其意者莫能喻也又嘗病前賢之註內經傷寒論等書頗有敷衍者乃以經註經期必晳明乃已晚年有痧辯運氣辯諸作稿方付梓又有本草賦鍼炙書大半散佚少時頗究心金石之學搜羅古碑至數百通所蓄銅雀

瓦古硯及印章各數百事一一題識而手自鐫之一時里中收藏之富推先生焉工琴善書喜博奕著有奕譜四册里有鉄工某稱國手先生一日與之角偶不勝輒輟不復談奕居恒掃軒焚香數以術致坡仙倡酬集厚盈尺皆不傳坡嘗語之曰子藝雖多所傳者字耳今里黨得先生方寸絹素極為寶貴而名不遠聞可勝歎哉先生生於乾隆四十二年二月十五日歿於道光二十二年十一月十一日葬於界牌墩河南姜家小橋之某阡余年十五時矢志於醫好博攷古籍見先生之作輒為心欽其間得力者不少感先生闡發古義嘉惠後學之意不可泯滅而府志載先生傳不詳其著書僅有存者方謀付手民遂略集其事實以俟傳先生者採擇焉

里後學陳盛修睦之謹述

亂人意祇涉獵以備荅問若明若昧沿流不能溯源以致天時民病之關無人勘破良可惜也儋舉業之暇好治岐黃家言閒嘗每感〻於此熟復經論兼參象緯河洛久之若有得焉竊不自揣以經證經擺脫舊註發前人未發之難決千古未決之疑列表繪圖為運氣別開生面至於王太僕以下諸名輩詞鋒所及略無顧忌自知獲戾匪淺然共讀靈蘭之書有疑必析豈容闕人之口說之當否公評遠付後賢倘謂狂瞽之言枉自駭俗不合於經請舉其所辯從而駁正之塗抹之棄擲之儋方感愧

於無涯夫何憾
道光十七年太歲在強圉作噩相月中澣
六一老人莞泉陸儋辰書

運氣辯自序
五運六氣之理錯綜難明而於人身疾疢
之作應若桴鼓自傷寒鈐法解甲己二歲
為南政餘歲為北政復另列丑卯屬土子
辰屬水等六氣及病日司天對歸用藥汗
差棺墓諸訣其書陋劣不知何人嫁名南
陽世之註家無能辨正隨聲附和咸以土
運為尊又闇於司天在泉之化數奉素問
補遺為靈寶非穿鑿經文即反訾訛謬雖
元機原病式亦姑尋枝葉而已嗟乎庸流
既不足與語間有一二深造者讀經玩註
輒抵捂莫達其旨由是謂為課虛叩寂徒

運氣辯凡例

一素問運氣七篇據數析理蓋天以六節地以五制所以蒼天布氣總不外於五行人在氣交詎能違乎六氣是書超於羽翼經文詳參化數削稾後覺可上質岐軒由是論歲位解氣遷旁推交通俱從心光一綫中紬績而出名書曰辯並非預存攻擊前人意也

一諸家術說如斗綱中星十二辰次二十八宿二十四氣七十二候日之晝夜長短節之運氣遞禪以及九州分野周甲納音凡經所有宜無剩義而獨滑過移光定位一句是祇知六氣司天而不知年之所加氣有同異也移光者何謂日光移於光道上也明如景岳尚云春分二月中日躔壁初以次而南秋分八

月中日躔翼末以次而北致日躔移宮與月建混於何視歲南北而命位乎是書專測光道餘不另衍

一推步之法由疎而密如歲星之跳度中星之遞差黃赤大距之漸縮與節令日數不平分之用恒氣算周天度數之去畸零皆是古今異術安得強同然中數為歲自黃帝迎日推策以來萬古不易唐一行所謂歲者日躔之周天也是書自以歲字為歸束其遞詳疇人術者見歲中運氣之交還微有不同即此亦可增考據之學

一運氣書多繪太極卦象河圖洛書似乎精鑿闡之於運氣並無闡發不過裝飾門面而已類經運氣圖翼講陰陽體象論天地氣數由

五六中合推至元會運世附翼復詳易卦河洛最為賅備然亦第採摭數陳是書就圖索解務與運氣印證凡經生家言多從刪汰

一六氣分南北化數據圖書在泉論遞嬗註家均未言及自嫌立異特彙鈔經文於左明其非敢臆造

一舊傳化數正對業已妄為改訂可不復圖但非兩兩互勘無以定其是非閱者鑒之

一是書創稾於道光甲申稾凡三易未敢舉以示人今老矣究未知其當否因付諸梓藉以問世大方之家定當不吝珠玉賜之教言竊不勝厚望焉

養三軒主人陸儋辰識

運氣辯目次

運氣辯 此第三次稿本俟改訂付梓

海安陸儋辰耳鄉甫著

辯刺法本病非素問原篇馬蒔附和之謬

黃帝内經。載在漢書藝文志中。詞旨淵茂。淹貫三才。似非周秦以下之書。後人鮮有窺其底蘊者。原書殘闕。唐王氷採陰陽大論補之。成素問二十四卷。於病能篇後云。世本闕第七二篇。乃刺法本病二論也。宋劉温舒作運氣論奥。忽附此二篇於後。並未言其所自來。殆温舒續之。以欺世者與。其論託之岐伯。請即以岐伯之言正之。岐伯曰。氣有往復。用有遲速。四者之有。而化而變。可見六氣為大氣之所化。所以寒不遽寒。熱不遽熱。皆一氣之節宣而鼓盪。非劈分六種氣也。即易傳寒暑相推。屈信相感。一致之旨。孰則撓之。何以天柱等九星。獨能窒抑天元乎。岐伯曰。三之

氣。天政布。六元紀中周甲皆同。豈有本年交正司中位之氣。而上年主歲半以前舊司天之氣。仍居中不退位。再治天。復布政之理。又豈有天運孤主。地運獨主之理。至五運之各主歲。首甲定運。甲不兼己。己不兼甲也。故岐伯分太過不及之運。遺篇云剛柔相守。如上甲必下己。則敦阜卑監。名將安屬。抑上敦阜而下卑監乎。岐伯曰。運居其中。甲為中太宮。己為中少宮。曷嘗分上下乎。謂己卯司天。甲午在泉。辛巳司天。丙申在泉。以所引客語中之化數校之。何顯與岐伯枘鑿乎。若五欝之發。岐伯曰。欝極乃發。待時而作。命其差。後皆三十度而有奇。安必三年之後。呆化疫癘乎。全文祇就岐伯欝氣二字。以升降掀翻而已。且彼之所謂升降。尤與經文謬戾。披觀易卦出震見離之象。堯典授時中候之星。禮經左鄉右偝之文。歷代察

紀步天之術。並旁參諸儒理氣之說。知日月五星。亦是隨天左旋。伊古以來。從無言天右旋者。遺篇不分南政北政。謂司天之右間降地。在泉之右間升天。如云子午之歲。太陽降地。主窒地阜。降而不入。太陰升天。主窒天衝。勝之不前。與升降各有不前即氣交之變等語。以工見者爲自西而東。則十有二辰之位。真逆轉矣。彼蓋誤奉天元玉冊爲靈寶。畫定交遷處所。

天元玉冊僞作也云一氣升天作左間一氣入地作左間以及九星註名皆出此書以流行消長之六氣。爲此疆爾界之六氣。又設爲天數有餘復布之氣。剛柔失位疫癘之氣。曰升降。非生長化收藏之升降。曰氣交。非三氣與四氣之氣交。曰數。非一刻至百刻畢天度之數。曰位。非初氣終六氣成歲功之位。逐年一樣支節。演說不休。顧之素問篇中。奚翅霄壤。而馬蒔顧云。後世不知司天在泉。天之右旋。地之左旋。以其不知此二篇升降之義。不能治疫癘者。以其不知此二篇退位遷正。剛柔失守之義。甚而罪及竊出者之當無後。崇信太過。遂據以釋經。繪六六之節盛衰六圖。自西轉東而下。以上者右行。釋應天之氣。動而不息。繪地理應六節一圖。自東轉西而下。以下者左行。釋應地之氣。靜而守位。按岐伯曰。厥陰在上。則少陽在下。左陽明。右太陰。少陰在上。則陽明在

下。左太陽。右少陽。至所謂面南而命其位。又曰。上者右行。下者左行。左右周天。餘而復會。所云某氣在上。則某氣在下。明指司天三之氣。在泉六之氣而言。皆客氣加臨。據人面南所見而待其至。上者向人身之右。在天爲左旋而西。至下向人身之左。則西而轉東矣。二句本屬一串。何得以意割裂。又因下文辯及地居太虛之中。非下者左行之下。再岐伯六元所序。左

證顯然。碍難以左行者專為守位之氣。乃於右旋客
氣圖上。復加左旋客氣。兼面南命位。上右行而下左
行之局。本補罅漏。奈客氣之外。重添客氣。何且由若
所云。如癸亥年六之氣。終於水下百刻。甲子年初之
氣。始於水下一刻。此百刻一刻之交。太陽當退而居
地之左間。即進而行天之初氣。又倒遇勝星。又適逢
土運。進退維谷。恐無此周折不自由之化令也。劉氏
吹竽。元臺力疾建鼓而從之何與。宋英宗時。林億等
新校正云。今世有素問亡篇。仍托名王氏為註。詞理
鄙陋。無足取者。明吳崐云。言之不經。一庸人能辨二
說頗有特識。若景岳祇斥註家。以用針咒語非王冰之筆而猶信
遺書之晚出。隱菴亦疑贋本。而復拾作者之唾餘。張隱
菴註素問不收此二篇卻襲用剛柔二干以解化數均不免為馬註所惑耳。夫
天元玉冊元珠密語。元臺於天元紀大論註中。明云

二書並係託名。乃知之而弗能辯。繼且反為之惑。展
轉傳訛。甚矣。著述之不可不慎也。

辯六氣當配五運兩分

考内經五運之治。太角壬統五運。少角丁統五運。壬所統者。客運循年次回環。以年次之干為中運。即初運。餘分四運。主運則壬癸甲乙丙。皆起太角壬。五年終丙而換丁。丁所統者。以壬例推。其數土皆用五。自壬至丙。自丁至辛。生成之數各二十五。詳具六元正紀中。夫終地紀者。五歲為一周。言壬癸甲乙丙五運已一周也。周天氣者。六朞為一備。言亥子丑寅卯辰六氣已一備也。豈五運壬丁兩分。六氣非亥巳兩分乎。顧以氣配運。亥子丑寅卯辰六氣。配丁戊己庚辛五運。故舊傳化數。亥三子七卯九。與丁三戊七庚九相同。何得辰之化六。與辛異數。而以丑為成。巳午未申酉戌六氣。配壬癸甲乙丙五運。故舊傳化數。巳八午二酉四。與壬八癸二乙四相同。何得戌之化一。與

運氣辯　海陵叢刻　第七種

丙異數。而以未為生。僭用是細校經文。參觀河洛。訂為六氣配五運兩分。亥統南政天生天成之六氣。巳統北政地成地生之六氣。亥所統者。客氣循年次回環。以年次之支為司天。即三氣。終氣在泉。主氣則丑寅易序。皆起厥陰亥。六年終辰而換巳。巳所統者。以亥例推。其數火兼君相。自亥至辰。自巳至戌。生成之數亦各二十五。氣運配合。不假安排。而註與經之窒礙者。瞭然矣。或疑六氣之分析。經無明文。且五運之火一。六氣之火二。兩支既合一氣。一氣只繫一干。以意強分。恐非經旨。不知一氣雖繫一干。而一干不兼太少。兩支雖合一氣。而一氣不並司天。即如卯酉皆陽明也。木運臨卯為歲會。金運臨酉為歲會。非一氣中顯分者與。試以藏府喻之。藏象五。府象六。府與藏配。並心包三焦之相火。為十二經脈。分三陰三陽。即

六氣也。而三陰三陽。又分手足表裏。所以岐伯言五藏之虛實有十。復言十二經脉之各生虛實也。是以生五氣三。錯綜其數。皆有自然配合之妙。晏全善謂天元玉冊截法中。加客運於主運之上。為畫蛇添足。伊何以載五音隨年次回環。註明初終。仍天元紀之主客運乎。天元紀各紀中分載五音回環之序皆客運也註初終字者標主運也中運則載入司天在泉之中經文甚明至云後世分五運各七十三日零五刻。由於不知歲中五運。本於歷法。因析五運為六步。徵火主二三兩步。作五音自初之氣終六之氣十圖。以正後世之罪。此與守位之六節何異。不宗經論。輒發狂言。噫。如醫學綱目。乃前代有名之書。所自詡為明道者且如此。又何怪景冬暘以四運配四五兩氣之喙喙爭鳴也哉。

辯地支化數正對

岐伯論五常之氣云。太過者其數成。不及者其數生。土常以生。此正六元正紀之化數也。天干陽為太。陰為少。生成之數。即河圖之數。土生成皆五。即大衍之數。元珠密語乃以地支分正對。仿天干之分太少。正化則午未酉戌亥寅。數從生。對化則子丑卯辰巳申。數從成。細繹經文。未見證據。及與司天在泉之化數比對不合甚多。吳鶴皋謂內經一書。歷世久遠。上言化度。不無訛謬。鶴皋又以午酉寅巳戌未為正化當主成數餘為對化當主生數更不合張景岳謂當合上中下三氣。察盛衰以明生成。則岐伯固明指三氣為正化日矣。張隱菴更於中運外遵素問補遺。參運之合干以解化數。尤為蛇足。如以乙巳乙亥在泉之相火當從庚用成數經固明言火化二謂甲子為干支之首故子之熱化二從生數則於壬子何說謂癸亥為干支之終故亥之風化八從成數則於乙亥何說可見兩歲合一化數之誤至上下之氣勝復有常不必牽剛柔二干畫蛇添足也諸家所以牽合不來者。因從兩年合一化數索解。未悟岐伯錯舉見例之旨。是以抵捂難通耳。宋林億等新校正云。子年司天熱化七。在泉燥化九。午年司天熱化二。在泉燥化四。準此例推。却未嘗渾言六氣。但逐年如補遺之蟬聯而下。究與經文參差。景岳等因以為未必然。如卯司天午在泉申司天亥在泉等挨次順遞出於素問補遺景岳既信補遺而新校正與補遺同者又以為未必然想亦致疑於此故另有當察三氣明生成之說然則化數必如何而後的對。是不可以不辨。蓋舊傳正對之數。惟於子午年司天在泉。與經相合。因其本順遞也。若卯司天。照順遞則午在泉。故新校正謂燥化九。熱化二。而經明云燥化九。熱化七。酉司天。照順遞則子在泉。故新校正謂燥化四。熱化七。而經明云燥化四。熱化二。又亥司天。寅在泉。據舊正對為風化三。火化二。經何以云火化七也。巳司天。

申在泉。據舊正對為風化八。火化七。經何以云火化二也。不此之校。已錯會寅申紀中之上二下八為寅與巳。上七下三為申與亥矣。誠知卯酉順遞之碍。即可悟寅申順遞之非。今僭竊破氣與運配。兩分回環之初。特重訂化數。匡新校正所不逮。改申為生。寅為成者。以經文巳亥在泉之化數正之也。改丑辰為生。未戌為成者。以經文丁運所統之少宮少羽。壬運所統之太宮太羽正之也。由是與經對核。除癸卯在泉從中運外。只岐出丙寅丙申化數一條。舊化數亦不對隱菴謂司天之火化二為水運承制是不然彼於丙子熱化二亦謂水承制何以在泉非清化九丙子既以歲會受制何以甲辰歲會寒化六又謂氣之平不承制或係傳寫之訛。林億等註經文化數顛叅異議如卯酉等年謂當準子午推法而於原文數目字却未敢擅改其餘無不脗合。足見正對化數之非玉律金科矣。且生成之五易。固屬據經。尤有顛撲不破之精蘊存焉。河圖洛書。言數之祖也。河圖以左行相生。五生統五成。洛書則以對待相生。生成與圖同數。不與圖同位。而四正四隅。五行各對待一周。更顯與運氣分配之化數相合。亥左三。天生也。子右七。天成也。丑中五。天生也。寅從天成之君火子。亦七也。卯戴九。天成也。辰履一。天生也。位居四正。三與七。九與一。數各十。得中五各十五也。五行之數皆陽。為南。為上。故亥子六氣為南政。化數用奇。

巳左足八。地成也。午右肩二。地生也。未中五。地成也。申從地生之君火午。亦二也。酉左肩四。地生也。戌右足六。地成也。位居四隅。八與二。四與六。數各十。得中五各十五也。五行之數皆陰。為北。為下。故巳午六氣為北政。化數用偶。以天干丁加左三。壬加左足八排去。太少亦一轍也。不費辭說。自得化數一定之象。內經發明河洛。人奈何不紬繹哉。

辯南北政之歲非方位太歲

至真要大論視歲南北之歲。非方位太歲也。統觀岐伯所舉歲字。曰主歲者紀歲。曰承歲為歲直。如水運而子當司天之位。火運而午當司天之位等。謂之四直承歲。曰歲位為行令。曰歲上下。見陰陽之所在。如歲為厥陰在上。則少陽在下是也。又曰不知年之所加。年加六氣。不可以為工。凡此皆以在上司天者言歲。使歲為左行於地之太歲。安得位乎上而司天。然則歲

其因六氣緯虛。假其氣而命位乎。非也。位視黃躔。世紀黃帝受命推分星次以定律度自斗十一至婺女七星紀丑之次曰赤奮若。婺女八至危十六元枵子之次曰困敦。危十七至奎四娵訾亥之次曰大淵獻。奎五至胃六降婁戌之次曰閹茂。胃七至畢十一大梁酉之次曰作噩。畢十二至井十五實沈申之次曰涒灘。井十六至柳八鶉首未之次曰協洽。柳九至張十七鶉火午之次曰敦牂。張十八至軫十一鶉尾巳之次曰大荒落。軫十二至氐四壽星辰之次曰執徐。氐五至尾九大火卯之次曰單閼。尾十至斗十度二百三十五分而終。析木寅之次曰攝提格。粵稽歲之名義。取乎歲星。歲星去日半次。皆傍黃道而行。

一曰攝提。范史攝提遷次。青龍移辰是也。爾雅則詳干支太歲之名。周禮馮相氏掌十二歲。及月辰日星。辨叙事以會天位。鄭註。歲謂太歲。歲星與日同次之月。斗所建之辰。樂說謂歲星常應太歲月建以見。然則非今歷太歲。蓋謂今歷太歲行地一周。異於古歷之會天位。賈疏以古歷太歲與歲星同超辰釋之。竊意曰法不得空周天。惟歲星有超辰耳。如魯僖丁丑。歲星在辰。至漢武丁丑。中距五百四十歲。計丁丑九周後更發。於丙子仲冬。天正冬至。日躔丑。歲星已及丑末。照三統算則太歲不超。歲星自超可見。史記不言歲星超辰。却以年行三十度十六分度之七入算。故左傳從寅卯交轉。因以超辰為棄次。史記從寅丑交轉。乃推歲星當各宮分星起止之次也。天官書云。攝提格歲。歲陰左行在寅。歲星右轉居丑。正月與斗牽牛

晨出東方。推至赤奮若歲。皆根據石氏星經。與淮南子天文訓稱太陰在寅。歲星以十一月晨出不同。天文訓云太陰在寅歲名攝提格其雄為歲星舍斗牽牛以十一月與之晨出東方說者謂周之正月。夏之十一月。史公殆用戰國時書而偶未晰。淮南迺以十一月遞更之。是則坐此反誤。石氏魏人。魏固用夏正者。隋經籍志云竹書紀年皆用夏正建寅之月為歲首魏國之史記也今之偽本與隋志異即史記作於天漢三年之後。時亦寅為歲首矣。正朔之改。實由司馬遷與公孫卿壺遂等建言。漢初襲秦正朔十月為歲首武帝元封七年時漢興百二歲大中大夫公孫卿壺遂太史令司馬遷等言宜改正朔於是詔造漢歷至五月定歷建寅按元封七年即太初元年寅月後為元年丁丑寅月前之冬至則屬之六年丙子之冬故日太歲在子已得太初本星度作歷之法以歲前天正冬至為起算之端歲術所以謂數從丙子起也斷無還繼作書。又從周正之理。謂正月當為建子之月。子豈太歲月建乎。若以太陰為陰德星。太陰在寅。則太歲在子。安得曰歲名攝提格乎。至漢書

天文志。改歲陰為太歲。歲星晨出之月。悉如史記。而星次復後二辰。用月建日躔之六合。固自謂錄後之所見也。參觀訓志。同出一朝。曷若遷書循黃躔交宮。以歲陰測歲星。其星居之舍。如天文訓。其晨出之月如天文志。證之樂說而合。即推以三統術。與春秋校而亦合哉。史記歲陰歲星無誤。特藉三統參驗之。由是求太歲月建。如月建建寅。天道南行在丁。恰當黃道寅位。所謂月建建於地。建之者建於天也。辰未丑戌不居其部。詳周註內。此天一地六之義。即歲支奉行天令之義。岐伯曰。三之氣。天政布。三氣者歲支也。則歲之南北可仰觀而得矣。昔黃帝迎日推策。察發斂。起五部而建氣物。素問曰。先立其年以明其氣。又曰。因天之序。移光定位。又曰。命其位而方月可知。故歲位定於光道。黃道一名光道。不以方月命位。而與行地居方之太歲。自交通不悖也夫。

辯南政北政

運氣篇中。南北政乃要領也。註家皆以甲己歲為南政。面南。餘歲為北政。面北。其說出於託名張南陽之傷寒鈐法。自王太僕以來。竟無有異議者。馬元臺更謂南政皆行土運。北政皆行泉運。惟北政辰戌不行太陰泉運。以臣不敢行君之令。故行金運。用土之子說又變本而加厲焉。任意創說。更顯與經文所載上中下三化相悖。張景岳曰。南北政之義。說者皆以甲己屬土。為五行之尊。故曰南政。似屬牽強。因證以甲己為符頭之說。仍是申明尊土。使土運果尊。如己卯己酉。運生天氣。安得云以下生上。為小逆乎。即以五方之政言之。北政為靜。南政為明。中央政為謐。今稱中央之政為南。移南方之政為北。未見所據。且子甲一周。君親治僅十二年。臣代治乃四十八年。有是政體乎。謂南政南面行令。

北政北面受令。是北政又總屬南政矣。豈別有所受乎。夫司天主地之上。在泉主地之下。運居其中。無南北也。岐伯謂金木水火土。運行之數。寒暑燥濕風火。臨御之化。運行之數。不能稱臨御之化也。所謂政。實三陰三陽三之氣。天政布之政。所謂南北。即歲陰在光道左行。人面南面北。於所見命其位之南北。試詳析之。岐伯曰。歲上下見陰陽之所在。諸上見厥陰。左

少陰。右太陽。至所謂面北而命其位。言其見也。此指面北所見司天之位。又曰。厥陰在上。則少陽在下。左陽明。右太陰。至所謂面南而命其位。言其見也。此指面南所見在泉之位。與少陽之右。陽明治之一段。互文見義。面南故上者右行。下者左行也。又曰。移光定位。正立而待之。結言於日光之所移而待其至。則紀歲紀步之位悉定。由岐伯之言繹之。已隱分出歲政

之南北矣。按日有中道。即黃道。一曰光道。發斂於赤道南北。赤道之南北視地平。而高卑異。黃道之高卑交赤道。而南北異。岐伯曰。顯明之右。君火之位。乃地理東南。自卯中至巳中。當黃道子位。君火也。以六支分六氣一例周環且黃道子。加赤道巳。黃道丑。加赤道午等。地從天。支從幹。如黃道甲子赤道必己巳之類。為歲支德。而赤道巳午得黃道子丑等。為龍德紫微。正就歲陰在黃道之定位

而言。蓋歲支南北對待。氣一貫而兩分。所以六氣流行。又曰視歲南北也。南即黃道南緯。起壽星辰宮。至娵訾亥宮。亥子丑寅卯辰皆位南。如南政厥陰司天。初氣卯。二氣辰。三氣天政亥。四氣子。子應右寸。厥陰在泉。子應左尺。人面南而命其位。南為陽。為上。為寸。故司天應寸而在泉應尺。北即黃道北緯。起降婁戌宮。至鶉尾巳宮。巳午未申酉戌皆位北。如北政厥陰

司天。初氣酉。二氣戌。三氣天政巳。四氣午。午應左尺。厥陰在泉。午應右寸。人面北而命其位。北為陰。為下。為尺。故司天應尺而在泉應寸。豈非嵗陰循光道移宮。立其年而知其氣與要之黃道者。每嵗節宣之綱紀。而天極則主宰者是。又莞乎陰陽。為一生二。二生三。大氣之樞紐。經故曰。知其要者。一言而終也。若張隱菴以戊癸為南政。餘為北政。雖變成局。究未離宗。至張仲巖分甲子等陽年為南政。乙丑等陰年為北政。單月為南政。雙月為北政。奇日為南政。偶日為北政。陽時為南政。陰時為北政。信口滑瀋。不直一噱。他如胡爾通就地之方位分南北。以面南而位北者為南政。面北而位南者為北政。於經文亟未融貫。輒引孔聖知我罪我之言。斯又適形其妄誕耳。

辯客氣新舊交遷

六氣之交遷。隨乎節氣。節氣日數平分者為定氣。為太陽本天之平行。日數有多寡者為恒氣。為黃道上視行。黃道者。交赤道左右前後而行者也。黃道秋分由赤道之後南行。冬至北距赤道二十三度二十九分（遞乾隆甲子減算）為極南。故內經謂冬氣始於後而南行也。黃道春分由赤道之前北行。夏至南距赤道二十三度二十九分為極北。故內經謂夏氣始於前而北行也。黃道春秋分。正當赤道潤度。故內經謂春氣始於下。自左而西行。秋氣始於上。自右而東行也。黃道應乎四時。四時析為六氣。六氣行於二十四節氣之中。所云天運以日光明者即此。顧岐伯又謂春秋氣始於前。冬夏氣始於後何也。此每年交六節。初三四六之氣位也。按日本同天左旋。疇人見日不及天一

度。以退度入筭節氣亦因之而逆數。乃分斗建與地
理相應之六步。凡節氣有節有中。節屬天。中屬地。月
建視節氣。月將視中氣。天關地軸。皆太陽行度也。閱
天兩節。再遇地之中氣。而後得六氣之一。至真要大
論曰。初氣終三氣。天氣主之。四氣盡終氣。地氣主之。
天即降已而升之天。天陰中有陽。陽之動。始於溫而盛
於暑。地即升已而降之地。陽中有陰。陰之動。始於清

運氣辯　海陵叢刻　第七種

而終於寒。而初氣雖始於立春前十五日。靈樞復謂
太乙以冬至日居叶蟄之宮。至三百六十六日又居
叶蟄。（天文訓云淮南元年冬太乙在丙子太乙謂太歲也）正合羲卦圓圖。歲氣
終於子半。起於子半之義。今從小雪後六十日八十
七刻半交初氣。六氣四周。三合會同。於紀步之數則
是。如客氣太陰司天。初厥陰。終太陽。次年少陽司天。
初氣起少陰。則隔越厥陰一氣矣。元臺等所以信補

遺天右旋之說者。未必不由於此。而不知此中有圓
機焉。岐伯次子午之紀曰。初之氣。燥將去。寒迺始。終
之氣曰。燥令行。寒氣數舉。地將易。丑未之紀曰。初之
氣。寒迺去。風迺來。終之氣曰。寒大舉。於初氣寒水不
遽言寒。初氣風木。不遽言風。迭起環生。以此終者以
此始。正如易卦成言乎艮也。乃新校正疑子午初氣
之燥將去。當作暑將去。謂承少陽來。鶴皋直改刻熱

運氣辯　海陵叢刻　第七種

字。景岳亦韙之。殊欠理會。元儒吳草廬曰。六氣之序。
終始循環。歲氣起於子中。盡於子中。子午之歲。始冬
至燥金三十日。後禪於寒水。以至相火。日各六十。小
雪以後。其日三十。復終於燥金。丑未之歲。始冬至寒
水三十日。以次氣序相生無間。非小寒之末無所授。
大寒之初無所承。隔越一氣而交初氣也。造化之妙。
内經秘而未發。啟元子未言。楊子建昉推得之。此說

叅理氣悟出。（日躔到丑正對天極子中）更捿月令於孟冬之月云。地氣下降下降者。成終而在泉也。於日短至云。水泉動。泉即在泉之泉。動則發動而地氣遷也。益可見經文地氣遷。燥去寒去者。為子午等年泉氣先動。去而交初氣矣。何用天之右間降地。而後承接哉。六微旨大論曰。甲子之歲。初之氣。天數始於水下一刻。（六步推算四周會同）景岳謂大寒日。起於艮中之南。寅初一刻。（經云春秋氣始於前則初氣在立春前交故云大寒）據六元正紀。謂六氣行有次。止有位。常以正月朔日平旦。覩其位而知其所在。又六節藏象。謂五氣更立。各有所勝。求其至也。皆歸始春。（註始春者或指立春或指立春前大寒或指正月朔旦未有定解）則氣化運行有先後耳。若每歲中運。亦起於子而終於子。與客氣起於泉而終於泉同。蓋歲運以初運環生。歲氣以終氣環生。貞下起元。始天干以一而神。地支以兩而化與。

辯南北政少陰所在脉不應

至真要大論云。司氣者主歲同。氣即蒼丹黅素元五天之氣也。相火以位。君火以明。故少陰不司丹氣之化。然却有熱灼苦。與諸化分治。則察陰陽所在而調之。少陰之所在。難拘夫寸口與人迎相應。俱往俱來。若引繩小大齊等。帝因舉而問之。岐伯歷言南北政少陰在寸之不應。繼明不應之象曰。諸不應者反其診。（七字當讀斷諸家皆以反其診三字連下句讀）不應。承上相應來。反字。乃不應之註脚。（下文帝問脉從病反其診何如及諸陰之反反字註家皆以不應釋之）以其診與諸脉往來小大異等。相反而不相應。所謂診無常行者也。下則見矣。句正答帝問陰之所在而言其見也。如此疏解。頗覺直捷。註家錯會不應字。謂脉沉細而伏不應指。下文何以云少陰之至其脉鉤乎。謂反其診為覆手診。則沉見為浮。細見為大。豈人人有反關互脉乎。而後學竟奉為格言。均不免為舊說所蔀耳。儘嘗推不應之理。並非一端。君火之氣。終始五行。諸氣之化以質。形類也。少陰之化無質。精氣也。形精之動。猶根本與枝葉。脉安能小大渾束為一。不應之本於化。是固然矣。按子為冬至。午為夏至。至則氣同。乾盡午中。一陰生而極於子中。坤盡子中。一陽生而極於午中。物極謂之變。脉法曰。天地之變。無以脉診。況少陰其用躁切。與尋常勝復更殊。又不應之由於變也。且以加臨言之。君火遊行六入。居不必其位。出不必其時。以大主之氣。乘守位之氣。參位順位逆之氣。化從本從標之氣。怫鬱内灼。能諸脉齊等乎。少陰所至為大暄寒。言熱未已。寒病復始。迷診亂經。莫此為甚。亦不應之諦也。然則君火誠不可方物。豈得以不應為不見。從君象無為。與陰道中虛索解哉。

干支合化解

五運化出五天。經文所有。至六氣之合化。經未另解。後賢亦未詳析。試均以河圖釋之。按河圖五行對待即後天之卦象。干支亦以五行對待者。甲乙寅卯屬木。丙丁巳午屬火。戊己辰戌丑未屬土。庚辛申酉屬金。壬癸亥子屬水。此本行也。朱子謂質具於地。生之序曰水火木金土。氣行於天。生之序曰木火土金水。惟質與氣交錯。五行之生化出矣。經曰。制生則化。（註家皆疑生則二字顛倒。非是。汪訒菴謂如甲己化土之類。而其說未透）外列盛衰。可推演其義焉。木為五運之初。壬為陽干之極。物極謂之變。其氣動而生木。由是壬加於木。各干循木之遞生而行。（與干支配五音同義。干支納音以音所生而化。干支合化則由本所化而生也）壬屬木（木數三八。壬太過從成數八）生火。癸循之而乘火位。（火數二七。癸不及從生數二。水尅火）火生土。甲循之而入中宮。（甲太過土從成數五。木尅土）土生金。

乙循之而當金位○（金數四九乙不及從生數四木受尅）金生水○丙循之而當水位○（水數一六丙太過從成數六火受尅）此即以制而生也○為壬統五運一周○水再生木○丁合於壬○（丁不及數三火受木生）木再生火○戊合於癸○（戊太過數七土受火生）火再生土○己合於甲○（己不及生數五土本位）土再生金○庚合於乙○（庚太過數九金本位）金再生水○辛合於丙○（辛不及數一金生水）此即以生而化也○為丁統五運一周○兩周而天干徧○木配震巽○火配離○土配艮坤○金配兌乾○水配坎○非後天卦象與若六氣之應五行則火土相錯○而生化猶是也○木為六氣之首○亥為陰支之終○氣終而象變○亦動而生木○由是亥加於木○各支循木之遞生而行○亥屬木（起陰支從生數）生火○子循之而秉火位○（水尅火成）火生土○丑循之而入中宮○（土本位生）土生金○寅非正支○（此與木運臨寅卯寅非正支不為歲會卯以正支承歲之義同）次於子右○以相從君○遊行濕土之間○（寅木尅土）卯循土之生

而當金位○（木受尅成）金生水○辰循之而秉水位○（土尅水生）此亦以制而生也○為南政六氣一周○水再生木○巳合於亥○（火受木生）木再生火○午合於子○（火本位）火再生土○未合於丑○土再生金○申非正支○不居金位○次於午右○與寅相合○遊行濕土之間（金受土生）酉循土之生而正金位○（金本位）金再生水○戌合於辰○（伏生五行傳曰八月九月維聽是司九月建戌聽屬水也）此亦以生而化也○為北政六氣一周○兩周而地支備○其少陽與太陰兩持○是見主客二氣三四互換○而長夏為暑熱濕三氣雜合之候也○至洛書以對待相生○著氣運各兩分○五行之定局○詳具辯化數中○總之干支二十二字○皆生成相間○惟寅申視子午化數耳○（納音法以土金木火水化金水火土木一宮商角徵羽納甲丙戊庚壬係五子而隨五丑如甲子乙丑宮所納者皆代金以此例推二商角徵羽宮仿上納甲法係五寅而隨五卯三角徵羽宮商納甲係五辰而隨五巳四復從宮納甲係五午而隨五未五從商納甲係五申而隨五酉六從角納甲係五戌而隨五亥六甲周徧）

內經土常以生本大衍之數說

易繫辭天一至地十。天地之數五十有五。河圖之數也。大衍之數五十。朱子謂出於河圖。而自漢魏以來。解者紛歧。京房以十日十二辰二十八宿為五十。馬融以太極兩儀日月四時五行十二月二十四氣為五十。崔憬以八卦陰陽老少之數為五十。荀爽以八卦四十八爻。加乾坤二用為五十。此皆不從天地之

數解者無論已。其從天地之數解者。謂五十有五。其六以象六畫。減之而用四十九。姚信董遇之說也。以卦之六畫減六數。曷不曰天地之數五十有五。其用四十有九乎。鄭康成云。五行之氣。併而減五。而五十之數。不可以為七八九六之占。更減其一。用四十九。夫五行氣併而減五。說亦近是。而未言所減之五。若何而減。惟揚雄太元經云。一六為水。二七為火。三八

為木四九為金。五五為土。五在地十之中。與內經土常以生相合。說為可據。但數之所以虛五。又語焉而不詳。僭按易傳曰。一陰一陽之謂道。參天兩地而倚數。正五十五數與五十數之所從出也。何言之。太極動而生陽。故天數始於一陽。一生水。靜而生陰。地數亦始於一陰。得天之一為二。生火。一動一靜。互為其根。天又以一陽與地之二為三。生木。地又以一陰與

天之三為四。生金。天又以一陽與地之四為五。生土。五行全矣。猶未交通也。朱子以五為衍母。即五行之母數。此衍母者。一三五。參天也。其數九。乾故用九。二四。兩地也。其數六。坤故用六。以一三五自乘。得數三十五。二四自乘。得數二十。併之得五十五數。為天地之數。以五乘一三。得數二十。以五乘二四。得數三十。併之得五十數。為大衍之數。不加乘數之五。五已貫

乎其中也。舉衍之數賅焉。國語曰。水土演而民用。韋昭註云。水土氣通爲演。演衍同。言與水衍而餘行可推。蓋五行各具一行。而一行又必兼四行而成。洎乎母氣由天順布。地又生一陰成天之水。總衍母而六。（水得火木金土）天又以一陽與地之一爲二。成地之火。總衍母而七。（火本兼水又得木金土）地又以一陰與天之二爲三。成天之木。總衍母而八。（木本兼水火又得金土）天又以一陽與地之三爲四。成地之金。總衍母而九。（金本兼水火木）（又得土）五行之氣已通。地終以一陰與天之四爲五。成天之土。總衍母而十。而十中之衍母即土生之本數。土貫四行。不假母氣。虛計層累之數。爲成數十。實衍生成之數。則成數五也。與衍母以五秉一二三四。不加秉數之五同義。夫以神言曰地。以質言曰土。非土則水火木金。何所附麗。其生當不在四行之後。惟天

主氣。地載形。形氣相感。捷於桴鼓。土生成皆五。於終萬物而見始萬物之妙。岐伯曰土常以生。其以是夫。彼太元以十中虛五。爲道之舍。天地之道。非虛不變。何異清談説經。善乎朱子以五爲衍母。自可得氣併減五之實。而啓蒙一書。所由以數闡道與賅而論之。數起於一而極於十。一至五。五行本數也。六越五而仍爲一。至十越五而仍爲五。五行一倒排去。剛柔相配。爲一六妙合也。在天干以兩五運合化。地支雖兩六氣。相火退行從君。則亦以五合化。故經曰木火土金水火。地之陰陽。於五行順敘之下。特複一火字也。至於黃赤道分宮。每宮赤道左越五而抵黃道。黃道右越五而抵赤道。一與六同位。上應天道。所以黃躔之歲陰。與行地之太歲一如月建之建於地建於天也。凡此皆蒼天布氣。不外五行。而以五爲制者矣。

星土分野應黃道宮度說

周禮保章氏掌天星。以十有二歲之相。觀天下之妖祥。相當訓治。即春秋昭公九年傳。火水妃而楚所相之相。正指歲星所在之次而言。註釋相為歲星之相如木為水相火為木相之訓似誤 至以星土辨九州之地。所封封域。皆有分星。解者以十二次析之。自柳九度。至張十六度。為鶉火之次。當周之分。武王克商。歲在鶉火。伶州鳩曰。歲之所在。則我有周之分野。自畢十二度。至東井十五度。為實沈之次。當晉之分。晉文即位。歲在實沈。董因曰。實沈之次。晉人是居。自張十七度。至軫十一度。為鶉尾之次。當楚之分。襄公二十八年歲淫於元枵。裨竈知楚子之將死。且曰歲棄其次。而旅於明年之次。以害鳥帑。周楚惡之。帑鳥尾也。自氐五度。至尾九度。為大火之次。當宋之分。昭公十七年。星見大辰。梓慎知

宋之將火。且曰宋大辰之墟。鄭祝融之墟。皆火房也。辰大火也。春秋而後。四星聚牛女而晉元王吳。四星聚觜參而齊祖王魏。彗星掃東井而苻堅亡秦。景星見箕尾而慕容德復燕。亦確有可信者。然吳越南而星紀北。齊東而元枵北。衛東而娵訾北。魯東而降婁西。周宅中而鶉火南。秦西北而鶉首南。趙河朔而大梁西。魏兩河而實沈西。鄭滎陽而壽星東。星土參差相屬何也。葉氏時曰。保章氏封域分星。亦未言其何分。鄭康成以春秋十二國。配十二次。恐未必然。註用歲之所在。我周分野之說。此引國語之失也。後儒是以有分野之惑。不必指定九州分配某星。只按職方地界之所抵。星之所辨。略可觀矣。禮經會元中有圖 文康此論。頗似牽混。竊意保章分星。必非空言。伶州鳩必非臆說。鄭氏又何至方隅錯配。踵前人之誤。按馮相氏

職鄭註。解歲字。不主地之十二位。故配星亦不繫地之十二位。此固自有所據。惜乎星經既亡。星備復未著錄。後人無從考證耳。奈何徒以州國拘。而輕詆古說乎。今舉分野之次。移從黃道。則吳越自在南。齊魯自在東。秦自在西北。周並不在南。衛與趙魏並不在西。中州河濟之間。諸國俱錯見焉。雖歲星歲陰之還轉。史記與內傳不同。（左傳以寅卯申酉交遷。史記以丑寅未申交遷）而歲星傍黃道而行。所躔之次。下應州國。辨星土者。俯察仰觀。瞭如指掌矣。其幽燕北而應於箕尾者。幽本屬冀。南界豫河。如南燕胙城。亦隸河南。豈由豫連綴與。柳箕斗間有天漢。謂之析木之津。近於北方水位。（見昭公八年丁卯楚滅陳傳註）故幽燕應之與。要之地壤相錯。星度不齊。即魏不屬冀而屬益。魯不屬兗而屬徐。俱宜融會觀之。若唐一行謂分星有地絡陰陽之兩界。雲漢升沉

之四維。審而識之。可以見其相配。鄭漁仲獨取此說。但天漢者金之散氣。其本為水。係無算小星。攢聚成象。（西法以遠鏡測得）初昏窺之。每月升沉各殊。而所謂國之得歲。歲之棄次。究不能舍歲星推測也。既推歲星。而星土即循黃道之躔次。合者得其八九。安得謂之妄生異議哉。更觀天市兩垣。其自南而東而北。曰宋。曰南海燕。曰東海徐吳越齊。曰中山九河趙魏。其自北而西而南。曰河中河間晉鄭。曰周秦蜀巴梁。曰楚。曰韓。彷彿與黃道之宮相應者。蓋又一證佐云。

論太初三統歷元

按前漢書律歷志。元封七年。公孫卿暨射姓等。奏詔議造漢歷。乃以前歷上元泰初四千六百一十七歲。至於元封七年。復得閼逢攝提格之歲。中冬十一月甲子朔旦冬至。日月在建星。太歲在子。已得太初本星度。新正。姓等奏不能為算。所稱前歷。即志內對校之殷歷。用甲寅元者。蔡邕據緯書以甲寅元為殷術又東京亶誦馮晃陳光皆以為

宜用甲寅元蓋祖張壽王之說壽王所治歷迺太史官殷歷也元法。十九歲為章。二十七章為會。三會為統。三統為元。凡四千六百一十七歲。經歲四千五百六十。災歲五十七也。經歲從百六陽九終四百八十陽三得災歲五十七云。復得閼逢攝提格。與史記太初元年歲名焉逢攝提格同。唐一行日度議。以為日月五緯行度。合於上元甲寅之元。史載伏羲甲歷起於甲寅歲以是紀而年不亂月以是紀而時不易黃帝調歷歲紀甲寅日紀甲子而時而定顓頊以建寅之月為元實開殷歷之先

故命曰閼逢攝提格之歲。而實非甲寅。其日月在建星。建星在牽牛閒見孟康注正九道三大終而與元終。進退於牽牛之前也。歲術云九章歲為百七十一歲而九道小終九終千五百三十九歲而大終三終而與元終進退於牽牛之前四度五分云太歲在子。就七年年前冬至而言。武帝下詔以元封七年為太初元年。於是改正建寅。漢初襲秦正朔以十月為歲首至是改正月為歲首經落下閎鄧平等。造漢太初歷。閎平法。以律起歷。黃鐘律容一籥。積一日之

分八十一。長九寸。百七十一分長與容併得九章而終復。九九八十一章三復而得甲子。亦主四千六百一十七歲為一元。姓等所以不能為算者。蓋一元除周甲。又起甲寅。閎五十七年。值太初元年。當為庚戌。距丁丑隔三十二年。今以丁丑年前冬至。九會一會五百一十三年而復元。則五十七年中。除自丁丑以上二十四年。仍跨過三十二年而為丁丑。是太歲一百四十四年。即超一辰。以三

十二除元年數一若就一元算起辰。餘定次二十九。一元內除超辰二周三千四百五十六歲餘一千一百六十一歲以一四五乘歲餘得一千六百八十三四五以一四四除之得一千一百六十九次。九以周甲六十除積次餘定次二十九次。餘九分從丙子起。不逢更發。必加三十元。十三萬八千五百一十歲。如法乘除。餘定次三十一。次餘一百二十六分合前定次。滿一周甲。乃得更發而起丙子。次餘共一百三十五分。為歲星入星紀二十八度一二五。以十二除上積次歲星亦逢更發在星紀

之次一次三十度乘次餘百三十五分得四千。五十分一四四除之得入星紀度數當婺女六度星紀終於婺女七度也是以太歲在子。已得太初本星度。已得者。既事之詞。舊法太歲在寅。歲星在丑。見於星經。今年非甲寅。而冬至值元首甲子。歲星與日月同起丑宮。當婺女六度。婺女。子宮星也。為已得太初歷元之本星度。再行一度餘。歲星即入元枵。故天文志班固續其父彪所作漢書人誣以私改國史明帝取書閱之意乃解詔固卒業後固坐竇氏事卒於獄書頒散亂和帝詔

其妹曹大家校敘又選馬融等從大家受讀其八表及天文志猶未克成多是待詔馬續所作云。太歲在子。太初歷歲星在建星牽牛。太歲在丑。太初歷歲星在婺女虛危。此太初歷據其所見。因加超辰立元丁丑。與史記天官書歷法不同。其數不起丁丑丙起丙子者。歷元起於冬至。算外得則一也。閎平等所造漢歷如此。奉詔遵用。孟堅於武帝著紀。特揭之曰。漢歷太初元年。距上元十四萬三千一百二十七歲。

前十一月甲子朔旦冬至。歲在星紀婺女六度。稱為漢歷。非太初歷而何。乃司馬貞史記索隱謂元封七年為甲寅之年。漢志以為丙子。當是班固用三統。與太初不同。考律歷志先敘太初。次述三統。援其分析。志內所謂三統上元就三統為元而言以別於四分上元之但用經歲非謂劉歆之三統歷也三統歷者。劉歆本八十一分之漢歷。究其微眇。以說春秋。申明律與文象相準。陰陽九六之數。律為陰陽九六文象所從出閏

平等已有此說惟元用庚戌。見孔穎達春秋義疏致索隱疑太歲在子
句。為三統歷文。蓋從十四萬三千一百二十七歲除
周甲。餘二十七算。庚戌下推得丙子也。究之太歲在
子。與漢高帝著紀代秦。漢志云太歲在午一例。況三
統歷未奉詔用。漢書實為國史。元鳳間。壽王非漢歷
且獲罪。班固安敢亂漢歷哉。至歲術置上元以來年
數。用乘除而知太歲。意以歲星超而太歲不超。則百
四十四年後。歲星與日。不能常應太歲月建之辰以
見。歲星去日半次。故曰太歲日。原非謂紀年之太歲。
若用以紀年。自高帝以來雖合。如法餘定次十八算外得甲午後逐
次漸差。如推光武建武元年乙酉。餘十次。當算即得。
至獻帝建安元年丙子。餘三次。不逢更發算外為巳
卯矣。歲術當不若是。但一太歲而有兩行。未免紛擾。
三統歷所以就元法上極其元。直用庚戌與。

論四分歷元

律歷志云三統上元至伐桀十四萬一千四百八十
歲。三十元十三萬八千五百一十歲內癸歲一千七百一十。外不盈元者二千九百七十歲又云
四分上元至伐桀。十三萬二千一百一十三歲。經歲二十八元十二萬七千六百八十歲外不盈元者四千四百三十三歲較三統少經歲二元九千一百二十連癸歲共一萬。八百三十起去多不盈元一千四百六十三歲。淨少三統九千三百六十七歲其八
十八紀甲子府首。顏師古註即蔀首入伐桀後百二十七歲。
蓋十九歲為章。閏法十九因為章歲與三統同後則三統以三得數四分以四得數四
章為蔀。二十蔀為紀。二四得八十章三紀為元。四六二百四十章四
分用經歲四千五百六十為一元也。黃帝配甲子而設蔀後漢志云
至朔同日謂之章同在日首謂之蔀蔀終二旬謂之紀歲朔又復謂之元閏二十九元。計
八十七紀甲子。十三萬二千二百四十歲為滿數。今
入伐桀後尚有百二十七歲。方至第八十八紀甲子
府首。以已得之數入算也。自黃帝調歷。顓頊新歷。以

及三代魯歷。皆以四分起數。由周而來。用丁巳元。四分上元距武王元年己卯。十三萬二千七百四十二歲。起滿周甲十三萬二千七百二十歲。餘二十二歲。上推得丁巳歷元。故續漢志云周用丁巳。下推共和元年庚申。距十三萬三千零二十四歲。起滿周甲。餘四歲。丁巳挨數即得。若截從第八十八紀甲子府首起算。庚申元年入上元值四十二章。計七百八十四

歲。四十二章欠十四歲如法亦得庚申。此正史公作十二諸侯年表。於共和元年。上書庚申所據。由是下推太初改元。得第八十八紀滿數千五百二十歲。除周甲餘二十算。恰值丙子。可見馬逢攝提格。非太初元年干支。孟康司馬貞等隨文解說之誤。共和元年距太初元年七百三十七年若太初元年起甲寅則共和元年當書丁酉矣徐廣何以接上甲子註六國年表不駁正也又史記歲星年行一次十六分度之七。亦從四分布算。置七數以

四四十六除之得四三七五以四三十二乘之得五度二五二五即四分度之一也若歷術甲子篇。大餘五。小餘八。固四分法。但重提馬逢攝提格。曰太初元年。既與丁丑兩歧。又非歲星行度。或謂元年為太歲在丑甲寅紀歲星所在之本星度是時日月在建星建第一星紀斗第一星九度有奇正當析木星紀之交歲星去日半次本度在寅宮也說似與天官書歲丑星寅合然太初二年不應在卯又難據為歲星行度矣後復書及成帝建始。殊難通曉。及檢資治通鑑。起高后元年甲寅。迄武帝元鼎己巳。中閒二十八閏

與此篇悉合。然則此非太初時歷。史公特纂入為四章一蔀之法。其繫太初以下年號。正班彪所謂好事綴集時事。多鄙俗也。至後漢章帝時。虞恭等又謂四分仲紀之元。起於孝文後元三年庚辰。上四十五年。歲在乙未。高帝著紀即位之歲又上二百七十五歲。歲在庚申。春秋西狩獲麟之歲然元法似包災歲。即從武帝丙子。逆推五十七年而得。豈於上元泰初歲內。除五十七年。從四

分立法與（三統上元第三十一元至後元三年欠五十七年）抑四分起數。而元可截算與（四分上元第八十八紀至後元三年亦欠五十七年）若用庚辰元。如前法求己卯庚申等年。則不可通矣。邵瓊山曰。史謂四分歷元。上得庚申。有近於緯。同於緯。則不得同於天。是以黃帝以來。立元雖若不同。而皆準度於甲子。先儒有言。歷元止就目前。考驗無證。其術失之淺上推開闢。冥測洪濛。其術近於迂。必也用太史公三紀大備之法。范史紀元之目。推上元甲子四千五百餘年。則其時不遠不近矣。此說最平允也。

渾天圖

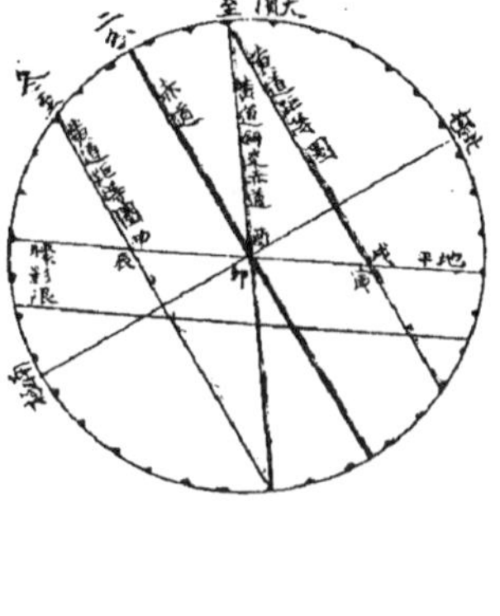

天體渾圓中包地平北極出地三十六度南極入地三十六度天頂北距北極五十四度南距赤道三十六度赤道居兩極之中宗動天之道也日出入赤道南北各二十三度半曰黃道二分時正當赤道與地平交於卯酉上下數均故晝夜平二至則晝夜分長短也二分前後黃道勢斜緯行疾數日差一刻二至前後黃道勢平半月差一刻地南赤道距天頂近日正升正降其度徑地北赤道距天頂遠日斜升斜降其度紓地愈北則朧影刻分愈多地愈南則朧影刻分愈少也周天分三百六十度度六十分分六十秒每度二百五十里每分當地上四里六分里之一里三百六十弓六分之一則六十弓也

黃道節氣星躔周天圖

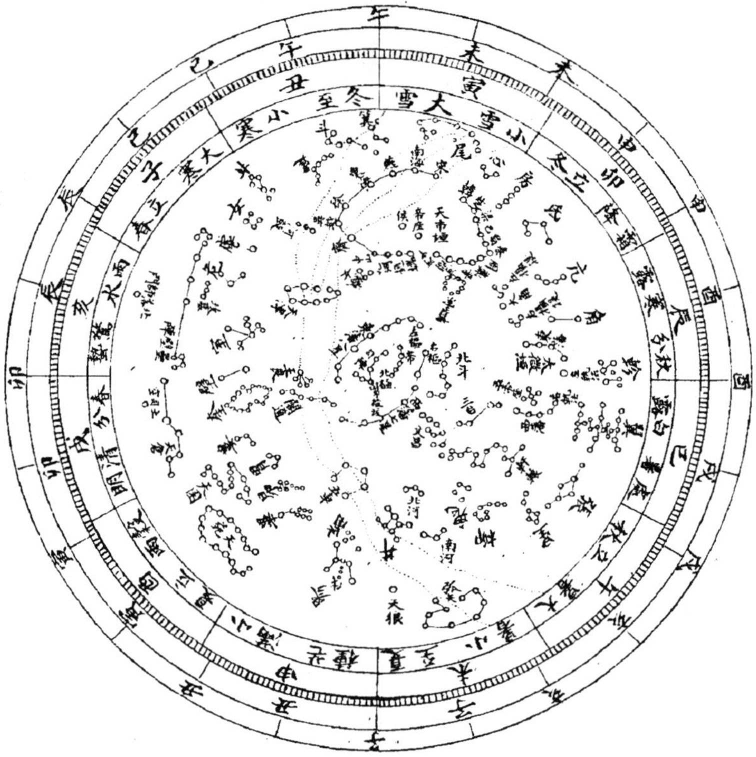

黃道交赤道分宮次分星土圖

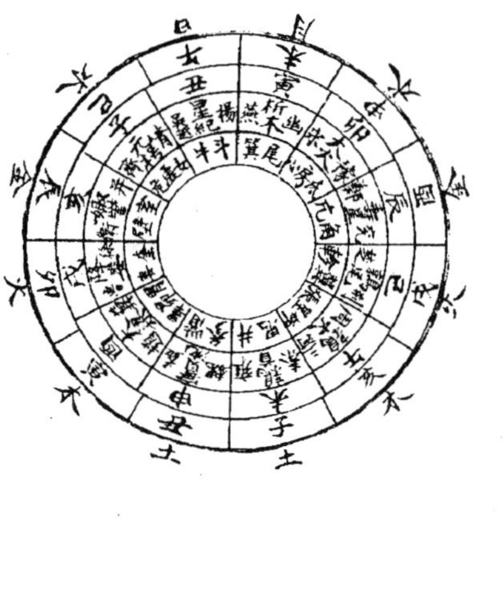

南北極赤極心也距北極二十三度半黃極心也赤道為大圈度潤黃道南北距等圈度狹近二分以潤度當潤度故刻分少近二至以狹度當潤度故刻分多黃道旋規不以赤極為心分宮分度仍以赤極為心大約丑寅未申以赤道三十二度為三十度亥辰巳戌以赤道二十八度為三十度子午卯酉以赤道三十度為三十度恒星隨黃道每歲東行五十一秒而日之縮已於歲法內揔補每逢節氣日仍在舊宮列宿雖移日躔則更宿而不更宮也如古冬至日躔斗今躔箕箕自入丑宮耳

黃道宮度

黃道各宮初度起自一度終二十九度計三十度

於戌初起度於辰初交一百八十度

黃道戌交赤道卯辰交赤道酉南北節氣表

海陵叢刻 第七種

春分戌初一度交赤道卯宮當五十五分○二秒
清明二十九度當赤道卯二十六度五六五五
穀雨酉初交赤道寅二十七度五四一○
立夏終度當赤道寅五十六度四六一三
小滿申初交赤道丑五十七度四八三六
芒種終度當赤道丑八十八度五四三五
夏至未初交赤道子九十度
小暑終度當赤道子一百二十一度○八五○
大暑午初交赤道亥一百二十二度一一二四
立秋終度當赤道亥一百五十一度○八二八
處暑巳初交赤道戌一百五十二度○五五○
白露終度當赤道戌一百七十九度○四五八
秋分辰初交赤道酉一百八十度
寒露終度當赤道酉二百○六度五六五五

霜降卯初交赤道申二百○七度五四一○
立冬終度當赤道申二百三十六度四六一三
小雪寅初交赤道未二百三十七度四八三六
大雪終度當赤道未二百六十八度五四三五
冬至丑初交赤道午二百七十度
小寒終度當赤道午三百○一度○八五○
大寒子初交赤道巳三百○二度一一二四
立春終度當赤道巳三百三十一度○八二八
雨水亥初交赤道辰三百三十二度○五五○
驚蟄終度當赤道辰三百五十九度○四五八

黃道二十八宿積度、

角十度三十九分一十九秒　卯起九度少
亢十度三十六分
氐十七度五十分四十五秒　寅入十七半太

房四度五十一分五十九秒
心八度一十五分
尾十五度一十一分二十三秒　丑入一度半
箕八度五十四分五十五秒
斗二十三度五十三分一十五秒　子入廿二半太
牛七度四十分○九秒
女十一度四十分一十六秒
虛九度五十七分五十四秒　亥入九度半少
危二十度○六分五十七秒
室十五度四十分三十七秒　戌入九度半少
壁十三度一十六分一十八秒
奎十一度三十一分五十一秒　酉入十度半少
婁十二度五十七分四十八秒
胃十二度三十九分五十四秒

昴九度○三分五十秒　申入三度半少
畢十五度一十四分○七秒
觜○○五十九分二十七秒
參十度三十六分二十五秒
井三十度二十六分三十四秒　未入八度太
鬼四度三十四分一十九秒　午入廿七半
柳十六度五十八分五十六秒
星八度二十五分三十四秒　巳入五度半
張十八度○二分一十秒
翼十六度五十九分一十五秒　辰入九度
軫十三度○五分二十三秒

恒星依黃道東行相距有定度若赤道依黃道斜絡度數多變動不居故二十八宿積度赤道則每歲不同也另有赤道積度歲差表未錄

自客成考定氣運高辛氏之璣衡天體儀象之祖也古法分周天三百六十五度四分度之一為九百四十分度之二百三十五分令法分周天三百六十度度六十分分六十秒秒六十徵日月星辰盈縮進退於其間以釐而馭零堯典三百六旬有六日舉歲之成數也古法紀周歲三百六十五日四分日之一謂歲周即天周而小餘迄無定率令法測日實以春秋分定為三百六十五日二四二三三四四二日法則分一日為二十四小時小時四刻刻十五分合一千四百四十分以時變度一小時變十五度一分變十五分一秒變十五秒以度變時一度變時之四分十五分變一分十五秒變一秒羲和之候中星求歲差之首基也堯時至劉宋二千八百餘年冬至日躔自虛八退至南斗

十一度零歷隋唐五代兩宋及元次於南箕東晉虞喜約以五十年差一度何承天倍之隋劉焯析衷二家為七十五年令法謂恒星在土木二星天之上無盈縮之迹惟其出入赤道而循黃道東行七十年有奇差一度歲差五十一秒如乾隆甲子冬至日躔箕二度十九分至道光癸未冬至日躔箕一度十一分八十年差一度○八分化四千○八十秒正合逐歲所差之秒數或曰星差而東或曰星差而西各據左右行之而言也以上諸法皆寄於古然亦遞詳定時成歲之節目耳冬至相距為中數而日躔之舍舊軌不移令之天猶古之天也述者之明豈能外作者之聖哉

冬至相距中數恒氣節氣日時表

日時	節氣
冬至後十四日八時三刻十三分	小寒十二月節
二十九日五時一刻四分	大寒十二月中
四十四日二時三刻四分	立春正月節
五十九日○時四刻十分	雨水正月中
七十四日○時○刻一分	驚蟄二月節
八十九日○時七刻一分	春分二月中
一百○四日三時二刻十一分	清明三月節
一百一十九日七時三刻三分	穀雨三月中
一百三十五日○時七刻十二分	立夏四月節
一百五十○日七時六刻十二分	小滿四月中
一百六十六日三時六刻一分	芒種五月節
一百八十二日○時二刻九分	夏至五月中
一百九十七日九時一刻四分	小暑六月節
二百一十三日五時六刻七分	大暑六月中
二百二十九日一時七刻十四分	立秋七月節
二百四十四日八時七刻十分	處暑七月中
二百六十○日二時六刻二分	白露八月節
二百七十五日七時○刻十分	秋分八月中
二百九十○日九時六刻四分	寒露九月節
三百○五日十時七刻三分	霜降九月中
三百二十○日十時四刻二分	立冬十月節
三百三十五日八時六刻十二分	小雪十月中
三百五十○日六時一刻十分	大雪十一月節
三百六十五日二時七刻五分	冬至十一月中

明授時用定氣以歲實均分與此有一兩日先後冬至同歸於一岐伯周謂冬至立端於始也

史記天官書歲陰歲星還轉表

石申夫星經四月無胃昴餘同

歲陰左行	寅	卯	辰	巳	午	未	申	酉	戌	亥	子	丑
歲星右轉	丑	子	亥	戌	酉	申	未	午	巳	辰	卯	寅
與星晨出	正月 斗牽牛	二月 婺女虛危	三月 營室東壁	四月 奎婁胃昴	五月 胃昴畢	六月 觜觿參	七月 東井輿鬼	八月 柳七星張	九月 翼軫	十月 角亢	十一月 氐房心	十二月 箕尾
失次應見	柳	張	軫	亢	房	箕	牛	危	壁	婁	昴	參

歲陰支太歲也

運氣辯　海陵叢刻　第七種

漢太初歷太歲歲星還轉表

注同味爾雅味謂之柳

太歲左行	寅	卯	辰	巳	午	未	申	酉	戌	亥	子	丑
歲星右轉	亥	戌	酉	申	未	午	巳	辰	卯	寅	丑	子
與星晨出	正月 營室東壁	二月 奎婁	三月 胃昴	四月 參罰	五月 東井輿鬼	六月 注張七星	七月 翼軫	八月 角亢	九月 氐房心	十月 尾箕	十一月 建星牽牛	十二月 婺女虛危

論者謂司馬遷用太初歷班固用三統歷今校史記漢書歷法分為二表足見舊說未確

運氣辯　海陵叢刻　第七種

歲陰對歲陽而言即淮南天文訓之太陰貨殖傳又云太陰在卯酉穰至子午旱與歲金穰火旱之義同為太陰之互文解者謂太歲如在寅則太陰在子以太歲後二辰年神當之非是開元占經註張揖廣雅皆以太歲太陰為一班固所以改歲陰為太歲也歲者中數計三百六十五日四分日之一天官書云察日月之行以揆歲星順逆歲星出東行十二度百日而止反逆行逆行八度百日復東行歲行三十度十六分度之七率日行十二分度之一十二歲一周天出常東方以晨入於西方用昏不言超辰謂歲星一百四十四年超一次者太初歷法也太初歷即武帝下詔後所造之漢歷漢歷太初元年距上元十四萬三千一百二十七歲以一千七百二十八歲為歲星小周乘以策歲

數是百四十四歲超一辰也漢書律歷志歲術云推歲所在置上以來外所求年盈歲數除去之不盈者以百四十五棄之以百四十四為法如法得一名曰積次不盈者名曰次餘積次盈十二除去之不盈者名曰定次數從星紀起算盡之外則所在次也欲知太歲以六十除餘積次餘不盈者數從兩子超算盡之外則太歲日也歲星超而太歲亦超術自太初始劉歆承太初作三統歷以超辰說春秋用庚戌元而不沿太歲超辰之法後漢律歷志云太初元年丁丑上極其元當在庚戌而曰兩于者百四十四超一辰凡九百九十三超歲有空行八十二周有奇乃得兩子也此太歲與歲星同超就周天十二辰而言虞恭因駁之曰日不得空周天則歲無由超辰迨元和而太初失天益遠

運氣辯　海陵叢刻　第七種

章帝詔改用四分起後元三年庚辰但以六十甲
子推筭不用超辰鄭元後漢順帝迄獻帝間人所
云今歷太歲即四分歷法故曰太歲左行於地十
二年一周也古人紀年不用太歲而用歲星春秋
龍度天門之說乃超辰之權與而布算之術不可
考今時推法又與漢代不同訣云木星八十四年
詳度度還須對太陽一度縮來刪入算日遲十六
便相當如正德甲戌正月二十七日辛卯太陽室
二木星胃初交八十四年値萬歷丁酉正月十五
日丙午太陽室一木星婁一十又八十四年康熙
庚申二月初一日辛酉太陽室初木星婁十千支
遲十六日當宿縮一度也
漢志星度節氣
角十二亢九氐十五房五心五尾十八箕十一

斗二六牛八婺女十二虛十危十七室十六壁九
奎十六婁十二胃十四昴十一畢十六觜二參九
井三三鬼四柳十五星七張十八翼十八軫十七
共三百六十五度
星紀初斗十二度大雪中牽牛初冬至終於婺女
七度師古註夏十一月商十二月周正月
元枵初婺女八度小寒中危初大寒終於危十五
度夏十二月商正月周二月
娵訾初危十六度立春中營室十四度驚蟄終於
奎四度驚蟄今曰雨水夏正月
降婁初奎五度雨水中婁四度春分終於胃六度
雨水今曰驚蟄夏二月
大梁初胃七度穀雨中昴八度清明終於畢十一
度穀雨今曰清明清明今曰穀雨夏三月

實沈初畢十二度立夏中井初小滿終於井十五
度夏四月
鶉首初井十六度芒種中井三十一度夏至終於
柳八度夏五月
鶉火初柳九度小暑中張三度大暑終於張十七
度夏六月
鶉尾初張十八度立秋中翼十五度處暑終於軫
十一度夏七月
壽星初軫十二度白露中角十度秋分終於氐四
度夏八月
大火初氐五度寒露中房五度霜降終於尾九度
夏九月
析木初尾十度立冬中箕七度小雪終於斗十一
度夏十月

用三統上元推春秋歲星超辰與史記合泰
襄公二十八年丙辰左傳云歲在星紀而淫於元
枵推法是年距上元十四萬二千六百八十六
歲歲星超辰一周一千七百二十八歲除八十
二周共十四萬一千六百九十六歲歲餘九百
九十以百四十五乘之百四十四除之得九百
九十六為積次不盡一百二十六為次餘以十
二除積次得八十三盡是為此年更發初在星
紀以次餘百二十六乘一次三十度百四十四
除之得二十六度為是年之初歲星八星紀二
十六度餘當婺女四度歲星大約一月行二度
半星紀次內尚有四度星行未及二月已柢元
枵之次矣
此條已見孔疏漢律歷志云三統工元距代紂

十四萬二千一百九歲春秋隱公元年已未距代紂四百歲下至襄公丙辰百七十八歲計十四萬二千六百八十七歲用八十六入算者畫出所算之年也裨竈謂歲棄其次而旅於明年之次以害鳥帑即史記之亥失次應見在乾也

昭公十五年甲戌禘於武宮服虔云是歲龍度天門孔疏謂歲星從申越未而至午也距上元十四萬二千七百○四歲如法推算歲餘一千○○八積次一千○十五定次七起星紀算外得鶉火無次餘為是年之初歲星入鶉火當御九度歲終侵入鶉尾史記歲戌星已亦合

昭公三十二年辛卯歲在星紀史星曰越得歲距上元十四萬二千七百二十一歲如法推算歲餘一千○二十五積次一千○三十二次餘一

十七以十二除積次盡為是年更發初在星紀次餘得三度半太為歲星入星紀度數當斗十五度未行之二十六度餘約行三百十餘日祇元枵史記歲卯星子亦合　律歷志謂是歲距僖公五年丙寅百四十五歲星盈一次盡五年丙寅外傳云歲在大火閏以寅卯交遷在丑為超次也但昭十五年已超一次不應閏十七年後又超則歲侵一分宜歲活法

以上係推歲星法若求太歲孔疏謂三統歷用庚戌元置距上元年數以周甲挨除自知太歲數不從丙子起也

移光定位圖

外層宗動天以南北極子午為樞歲氣一周起於子中挈諸天自東而西五氣所從出也內層赤道六合配七政也黃道降婁宮交赤道卯日躔起度之首也恒星隨黃而行相距有定度也日躔歲星右旋月建歲陰左旋紀進退也黃道子加赤道已等為歲枝德太歲得歲干合神所居之支也赤道巳得黃道子寺為龍德又為紫微即飛龍在天位乎天德之義漢書蒼龍癸甲青龍移辰正以太歲為龍也奎壁臨乾當戊分角軫臨巽當已分天地之門戶也參同契以戊己為坎離居中不用然不用乃無適而非用亢天德皆戊己也寅午戌與丁乾丙相得之類為天德本天一地六之妙德者天道所日得也方月斗建之辰應黃躔歲在之辰亦同土歷成四行故丑辰未戌不自居其部也

素問五運所分天干化數圖

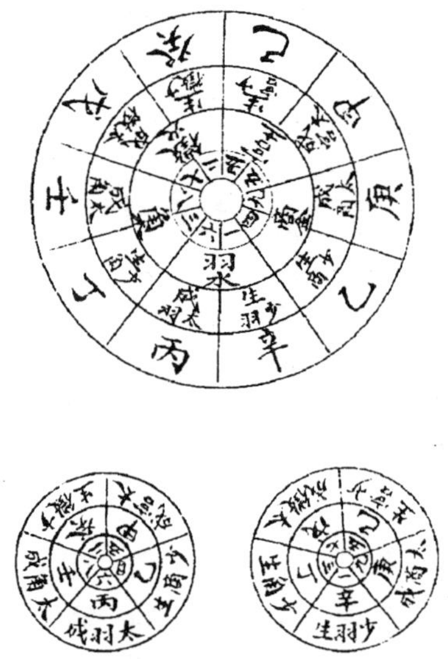

六元正紀太角壬統五運彙鈔

壬年 太角初正 少徵癸 太宮甲 少商乙 太羽終丙

癸年 少徵 太宮甲 少商乙 太羽終丙 太角初壬

甲年 太宮 少商乙 太羽終丙 太角初壬 少徵癸

乙年 少商 太羽終丙 太角初壬 少徵癸 太宮甲

丙年 太羽終 太角初壬 少徵癸 太宮甲 少商乙

經文註初終者此五年主運初運皆太角終運皆太羽也客運則以壬癸甲乙丙回環初運為中運

少角丁統五運彙鈔

丁年 少角初正 太徵戊 少宮己 太商庚 少羽終辛

戊年 太徵 少宮己 太商庚 少羽終辛 少角初丁

己年 少宮 太商庚 少羽終辛 少角初丁 太徵戊

庚年 太商 少羽終辛 少角初丁 太徵戊 少宮己

辛年 少羽終 少角初丁 太徵戊 少宮己 太商庚

此五年主運初運皆少角終運皆少羽也客運則以丁戊己庚辛五運回環壬丁直生不環故曰正

以上年干客運唐宋傳本皆同如戊運為戊己庚辛丁丁少角而吳鶴臯刻作太角如甲運為甲乙丙壬癸壬太角癸少徵而吳刻作少角太徵之類擅改經文由未悟五運所分回環耳又經文三之氣吳註云主氣濕土四之氣註云主氣相火亦屬誠謬俱不容不辨者景岳客運圖訛謂歲之客運行於主運之上經未明言當以天元玉冊為法殊昧經文註初終正字之旨其以甲年太宮初運太少相生至終己年少宮初運少太相生至終亦雖吳氏之誤辛而刻經文十條如甲運仍是太角少徵己運仍是少角太徵俱未敢擅改設註家盡如鶴臯古書豈不寃哉

重訂南北政司天在泉化數圖

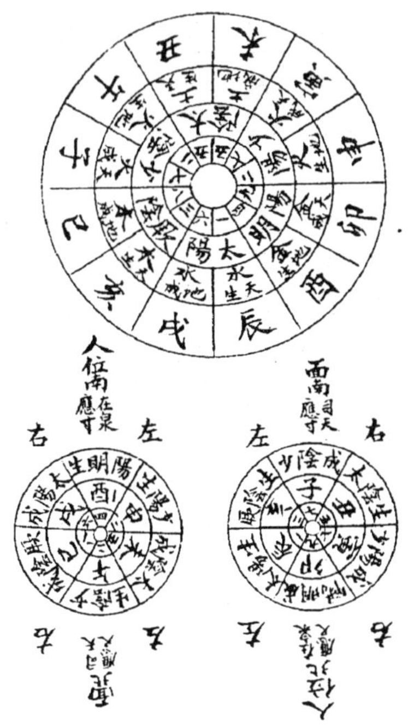

南政司天

六微旨大論。岐伯曰。上下有位。左右有紀。故少陽之右。陽明治之。陽明之右。太陽治之。太陽之右。厥陰治之。厥陰之右。少陰治之。少陰之右。太陰治之。太陰之右。少陽治之。此所謂氣之標。蓋南面而待之也。故曰因天之序。盛衰之時。移光定位。正立而待之。此之謂也。

南政在泉

五運行大論岐伯曰。厥陰在上。則少陽在下。左陽明。右太陰。少陰在上。則陽明在下。左太陽。右少陽。太陰在上。則太陽在下。左厥陰。右陽明。少陽在上。則厥陰在下。左少陰。右太陽。陽明在上。則少陰在下。左太陰。右厥陰。太陽在上。則太陰在下。左少陽。右少陰。所謂面南而命其位。言其見也。又曰。上者右行。下者左行。

北政司天

五運行大論岐伯曰。諸上見厥陰。左少陰。右太陽。見少陰。左太陰。右厥陰。見太陰。左少陽。右少陰。見少陽。左陽明。右太陰。見陽明。左太陽。右少陽。見太陽。左厥陰。右陽明。所謂面北而命其位。言其見也。

北政少陰脉不應

至真要大論岐伯曰。北政之歲。少陰在泉。則寸口不應。厥陰在泉則右不應。太陰在泉則左不應。又曰。三陰在上。則尺不應。

南政少陰脉不應

岐伯曰。南政之歲。少陰司天。則寸口不應。厥陰司天。則右不應。太陰司天則左不應。又曰。三陰在泉。則尺不應。

六化分治少陰不司氣化

岐伯曰。厥陰司天為風化。在泉為酸化。司氣為蒼化。間氣為動化。少陰司天為熱化。在泉為苦化。不司氣化。居氣為灼化。太陰司天為濕化。在泉為甘化。司氣為黅化。間氣為柔化。少陽司天為火化。在泉為苦化。司氣為丹化。間氣為明化。陽明司天為燥化。在泉為辛化。司氣為素化。間氣為清化。太陽司天為寒化。在泉為鹹化。司氣為元化。間氣為藏化。

六元正紀司天中運在泉化數彙鈔

	司天		中運	在泉
壬辰	寒化六	壬戌歲	風化八	雨化五
戊辰	寒化六	戊戌歲	熱化七	濕化五
甲辰	寒化六	甲戌歲 俱同天符又歲會	濕化五	同中運 大宮下加太陰
庚辰	寒化一	庚戌歲	清化九	雨化五
丙辰	寒化六	丙戌歲 俱天符	同司天	雨化五
丁卯 歲會	燥化九	丁酉歲	風化三	熱化七 舊圖順適不對
癸卯		癸酉歲 俱同歲會		

運氣辯 一

燥化九 熱化二 同中運（少徵下 加少陰）

己卯 己酉歲 清化九 雨化五 熱化七（舊圖順通不對）

乙卯（天符） 乙酉歲（歲會太乙天符） 燥化四 清化四 熱化二（舊圖順通不對）

辛卯 辛酉歲（辛卯少宮同） 清化九 寒化一 熱化七（舊圖順通不對）

海陵叢刻 第七種

壬寅 壬申歲（俱同天符） 火化二（司天） 風化八（中運） 同中運（在泉）（太角下 加厥陰）

戊寅 戊申歲（俱天符） 火化七 同司天 風化三（舊圖順通似對）

甲寅 甲申歲 火化二 雨化五 風化八（舊圖順通似對）

庚寅 庚申歲

運氣辯 一

火化七 清化九 風化三（舊圖順通似對）

丙寅 丙申歲（○僭所訂化數只此條不對舊圖順通亦不對疑傳刻有誤） 火化二 寒化六 風化三（三當作八）

丁丑 丁未歲 雨化五（司天） 風化三（中運） 寒化一（在泉）

癸丑 癸未歲 雨化五 火化二 寒化一

海陵叢刻 第七種

己丑 己未歲（俱歲會又太乙天符） 雨化五 同司天 寒化一

乙丑 乙未歲 濕化五 清化四 寒化六

辛丑 辛未歲（俱同歲會）

壬子 壬午歲 雨化五 寒化一 同中運（少羽下 加太陽）

司天熱化二　中運風化八　在泉清化四　舊圖對

戊子　天符戊午歲　歲會太乙天符

熱化七　同司天　清化九　舊圖對

甲子　甲午歲

熱化二　雨化五　燥化四　舊圖對

庚子　庚午歲　俱同天符

熱化七　清化九　燥化九　舊圖對

丙子　歲會丙午歲

熱化二　寒化六　清化四　舊圖對

丁巳　丁亥歲　俱天符

司天風化三　中運同司天　在泉火化七　舊圖不對

癸巳　癸亥歲　俱同歲會

風化八　火化二　同中運　少徵下加少陽

己巳　己亥歲

運氣辯　海陵叢刻　第七種

風化三　濕化五　火化七　舊圖不對

乙巳　乙亥歲

風化八　清化四　火化二　舊圖不對

辛巳　辛亥歲

風化三　寒化一　火化七　舊圖不對

子甲一周司天六十年經以五運編六氣為三十條六氣各分五條內分兩支司天載明化數一支或一二條一支或三四條不等又惟火化熱化寒化風化二不混清燥雨濕類皆錯舉將司天在泉彼

此上下互勘其五行生成之數便一一豁然矣特從天元正紀中錄出與新舊兩圖對校按六十年分上下兩層上層司天共十五年下層合丙申司天亦十五年如此則錯舉見例中未嘗不均平也正古人互文精審處僭謂丙申風化三三字當為八字傳刻之訛存參又癸卯外在泉合中運化數者尚有壬寅辛未庚午癸亥四年此則可例推者也

六元正紀終氣交初氣之步

子午之紀少陰司天初氣客太陽寒水終氣客陽明燥金主氣二火相次皆初厥陰終太陽

初之氣地氣遷起燥金而交寒水初氣燥將去寒迺始先言燥而後言寒與下先言寒而後言風先言風而後言溫岐伯於六氣環生之序已露其三有義例可推此正內經引而未發之旨蟄復藏水迺冰霜復降寒水客令風迺至陽氣鬱風木主氣民反周密關節禁固腰脽痛炎暑將起中外瘡瘍主風木而寒水乘之故氣不舒而凝滯也炎暑將起者二之主氣君火三又君火司天而加相火也

終之氣燥令行餘火內格腫於上欬喘甚則血溢燥金收氣所致寒氣數舉則霧霧翳主氣寒水客氣又終燥金而之寒水故曰寒氣數舉病生皮腠內舍於脇下連少腹而作寒中地將易也病舍於厥陰之部而作寒中言遍還之氣也故曰地將易少陰為標特於此揭之

丑未之紀太陰司天初氣客厥陰風木終氣客太陽寒水

初之氣地氣遷起寒水而交風木寒迺去春氣至風迺來

生布萬物以榮民氣條舒客主風木合氣風濕相薄雨迺後風木勝司天濕土民病血溢木氣自病血不藏也筋絡拘強關節不利身重筋痿風病在筋濕病在肉

終之氣寒大舉濕大化霜迺積陰迺凝水堅冰客主皆寒水同時並至故寒大舉而其候如此陽光不治感於寒則病人關節禁固腰脽痛由寒水而之風木也與關節不利參看又與前客太陽主厥陰同

寅申之紀少陽司天初氣客少陰君火終氣客厥陰風木

初之氣地氣遷起風木而交君火風勝迺搖寒迺去候迺大溫言風搖寒去而君火司令也草木早榮火木同德寒來不殺少陰所至為熱生中為寒故寒迺時至註家謂火勝則寒水來復是以客主言勝復非是殺即陽殺之殺溫病迺起其病氣怫於上血溢目赤欬逆頭痛血崩脇滿膚腠中瘡皆風火內燔之病

終之氣地氣正風迺至萬物反生風木客令行於藏化之時故曰反霧霧以行寒水主氣之化其病關閉不禁風氣流行心痛陽

氣不藏而欬。由風木而之君火也此陽氣謂君火按少陰司天之政有心痛欬又見氣交變大論火運中

卯酉之紀陽明司天初氣客太陰濕土終氣客少陰君火

初之氣。地氣遷。起君火而交濕土陰始凝。氣始肅。水迺冰。承前陽氣不藏而言陽氣藏也始者更事之詞寒雨化。太陰所至為雨府其病中熱脹。面目浮腫。善眠。鼽衄嚏欠嘔。小便黃赤。甚則淋。皆風濕鬱熱為患

終之氣。陽氣布。候反溫。寒水之候而君火行令故曰反蟄虫來見。流水不冰。二火在泉皆如此民迺康平。其病溫。由君火而之濕土也火土相生而藏氣不用故康平而復病溫也

辰戌之紀太陽司天初氣客少陽相火終氣客太陰濕土

初之氣。地氣遷。起濕土而交相火氣迺大溫。草迺蚤榮。民迺厲。上年終氣君火猶得陰濕以和至此長氣大溫蓄鮮而急疾民故不康平而厲也溫病迺作。身熱頭痛嘔吐。肌腠瘡瘍。皆風火為病同寒水司天故不

若寅申初氣之甚上年終氣病溫冬溫也此溫病風溫也

終之氣。地氣正。濕令行。陰凝太虛。埃昏郊野。濕土客令民迺慘悽。寒風以至。寒水主氣寒風即詩所云一之日觱發也反者孕迺死。由濕土而之相火也反即本年客令寒水司天主氣少陽反熱中之反與卯酉終氣反溫之反五常政大論曰太陰在泉倮虫育人為倮虫之長從土化也此復云孕迺死者盡祇就所之之相火而言相火賊氣並寄於肝火木司德故倮虫不成非經文有兩歧也

巳亥之紀厥陰司天初氣客陽明燥金終氣客少陽相火

初之氣。寒始肅。起相火而交燥金也承上寒至而反故曰始肅殺氣方至。民病寒於右之下。司天右間之下為初氣金乘木也

終之氣。畏火司令。陽迺大化。蟄虫出見。流水不冰。地氣大發。相火加寒水藏氣不用草迺生。人迺舒。其病溫厲。由相火而之燥金也其陽化草生人舒病溫與子午五氣相火乘燥金相合正氣交變大論所謂長氣專勝庶物以茂燥爍以行也

南北政司天在泉少陰所在截法指掌圖

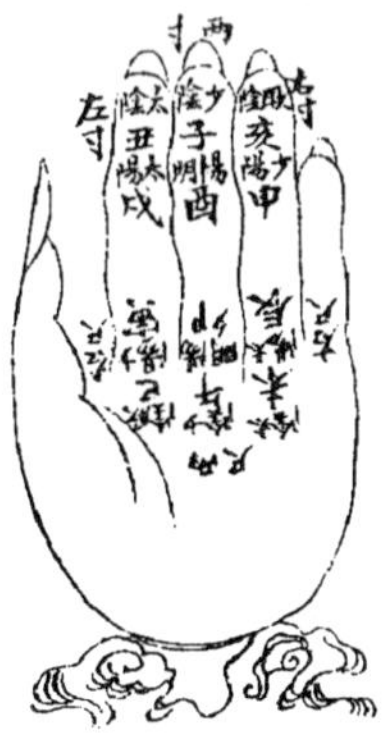

訣曰亥起右寸巳左尺。司天逆轉少陰值。在泉直
對與斜交。六氣高早同位泉
如南政亥年右寸起司天少陰即在右亦其在泉
為左尺斜交之少陽寅又與右寸同位之申一氣
也若子年卯在泉則寸與尺直對矣餘例推北政
巳年起左尺悉同
戌殺南政在南北政在北天形南下北高何以司
天南應寸而北應尺曰觀藏府部分尺寸診法上
下便見安得據天形而論別一說云中運視地平
司天視天極人垂手正並闕部應地平面南而天
拯入地故司天之應在亦而北而天極出地故司
天之應在尺究屬強解

河圖配後天卦干支合化生成流行之圖

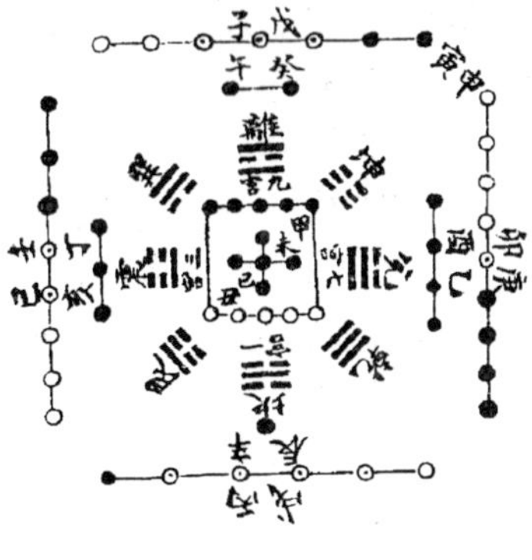

五行之數一生一成二生二成三生三成四生四
成五生五成陰陽不能相多也五為衍母圖中白
圖皆衍母也圈中加點各行受衍母之氣也至土
則衍母之圈無點衍母虛矣故數止五十各行之
虛圈亦計者因其有藉於衍母之衍故統計也若
以全虛之衍母乘衍母所虛之一二三四亦五十
也此亦彷彿鄭氏五行之氣併而減五之說惟實
從衍母推出恰合內經土常以生之奇

洛書配干支五行天地生成各對待之圖

圖之四正四隅對待相生一二三四合九八七六以終十數四周各十五五藏於中也以五居中合一為六成水合二為七成火合三為八成木合四為九成金縱横各十五五貫手中也觀此〻恍然於内經土常以生之理而世之紛〻議化數者當知所從出矣〇按洛書圖以對待相生而水之生未仍與河圖同所以相為經緯變而有不變者在且大衍之數五十乃九疇之子目皇極居中不言數亦用四十九也岐伯曰天地之至數始於一而終於九蓋生成本河圖代數從洛書圖二五一者觀岐伯言不及之歲五哭宮正合洛書中五戴九履一左右三七之數若以為專取河圖及後天卦則金火皆非本數洛書七正當河圖金位九正當河圖火位所以化數用洛書與河圖交錯也

六氣納先天卦象太極圖

此圖仿納甲圓圖用六卦乾一兑二震四巽五艮七坤八本先天之序坎離居中不用彼以配月候之盈虧此以驗六氣之往復也卯酉陰支而居陽子午陽支而居陰乾震陽卦而兑居中巽坤陰卦而艮居中不言坎離無往而非坎離若主氣太陰少陽五易又坎離交也故曰水火者陰陽之徵兆卻子謂從一陰一陽漸推至三陰三陽為知來者逆從三陰三陽進數至一陰一陽為數往者順逆數正天令客氣之六元順數即人身達裏之六經

六氣應否泰消長太極圖

此圖將三陰三陽重之成泰否反類二卦司天進一爻則下消一爻上長一爻從一陰一陽左旋為損益否咸恒泰所謂知來者逆也若從三陰三陽右旋為否咸益損泰恒咸所謂數往者順也然節氣應先天六十四卦圓圖從一陰一陽左旋至三陰三陽亦得益損泰恒咸否之序是逆者又未嘗不順也

節氣應先天六十四卦左旋圖

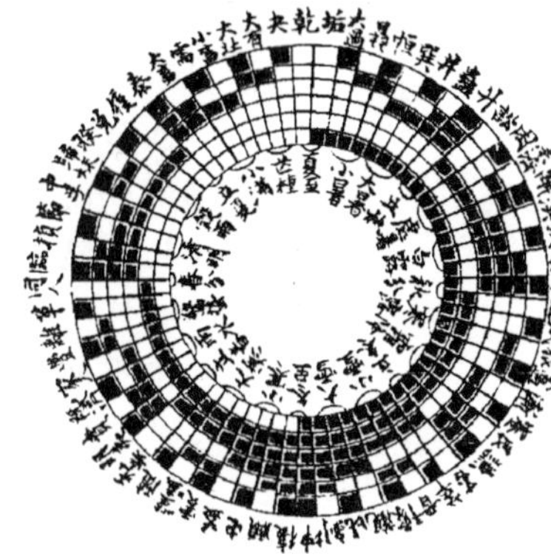

伏羲先天八卦每卦作八逐卦以乾一兌二離三震四巽五坎六艮七坤八加之自乾至震依一二三四之序自巽至坤依五六七八之序益為小寒丑之初損為清明辰之初泰為立夏巳之初進而得震至乾已生之卦恒為小暑未之初咸為寒露戌之初否為立冬亥之初進而得巽至坤未生之卦悉與天之節氣地之中氣相配前六氣配卦太極圖用卦之三爻司天下消一爻上長一爻卦象乾司天六氣而立也此圖補陰陽漸長節氣順布之序六氣應卦象陰陽而播也豈順逆有異致哉

重訂主氣應脈圖

戌	五之氣陽明燥金	[illegible]	右寸	浮	左寸	穀雨五日 立夏十五日	二之氣少陰君火	辰
酉		[illegible]		中		清明十日 穀雨十日		卯
		[illegible]		沈		春分十五日 清明五日		
申	四之氣太陰濕土	[illegible]	右關	浮	左關	雨水五日 驚蟄十五日	初之氣厥陰風木	寅
未		[illegible]		中		立春十日 雨水十日		丑
		[illegible]		沈		大寒十五日 立春五日		
午	三之氣少陽相火	[illegible]	右尺	浮	左尺	冬至五日 小寒十五日	終之氣太陽寒水	子
巳		[illegible]		中		大雪十日 冬至十日		亥
		[illegible]		沈		小雪十五日 大雪五日		

凡歲之主氣初氣大寒日交終氣小雪日交乃李中梓六氣應脈圖以大寒十五日入終氣小雪十五日入五氣此偶誤也人於平旦陰氣未散陽氣未動飲食未進語言未出之時診者清心調息逐部細究便知本氣之盛衰時令之病可以前知如餘脈俱平左關中俟脈獨弦大已知風立春雨水間有風熱病弦主風大主熱左關又風木之令也如右尺沈分脈獨緩滞而實大已知小滿芒種間有濕熱病緩滞主濕實大主熱沈亦主濕又在相火之位也若久病之人脈俱濁滞惟右寸中候從容和緩又知寒露霜降間必愈再以客氣先天後天之加臨叅之百不失一

運氣辯 第七捲 海陵叢刻

舊正對化數圖

附錄備校

林億等算化數。見辯論中。吳崐論化數。見註。張景岳引元珠云。木生於亥。故正化於亥。對化於巳。君火正位南離。正化於午。土居中。王於西南。正化於未。相火位卑於君。火生於寅。正化於寅。金正位西方。正化於酉。水行地中。而戌居西北。為水漸王之鄉。洪範五行以戌屬水。戌為正化。一曰正司令之實。對司令之虛。一曰正從本生數。對從標成數。

運氣辯 第七捲 海陵叢刻

爾雅歲陽

太歲在甲曰閼逢史記歷書作焉逢在乙曰旃蒙歷書端蒙在丙曰柔兆歷書游兆在丁曰強圉歷書彊梧在戊曰著雍歷書徒維在己曰屠維歷書祝犁在庚曰上章歷書商橫在辛曰重光歷書昭陽在壬曰元黓歷書橫艾在癸曰昭陽歷書上章

爾雅歲名

太歲在寅曰攝提格在卯曰單閼在辰曰執徐在巳曰大荒落天官書大荒駱在午曰敦牂在未曰協洽天官書叶洽在申曰涒灘在酉曰作噩天官書作鄂天文志作詻在戌曰閹茂天文志掩茂在亥曰大淵獻在子曰困敦在丑曰赤奮若

運氣辯後叙

予幼時輒聞里中陸耳鄉先生通才博識著述等身於經史辭章而外凡天文歷祘金石碑版書法琴碁技藝游戲之術莫不通曉而尤致精於醫所著有證治賦痧氣辯等書皆能擷古人之菁英而折衷一是而運氣辯一作又為探星宿而得其源云在昔黃帝之御天下也既以道治其身而又憫生民之夭昏札瘥思以登乎壽域於是咨於岐伯而作素問名曰內經其文約其意博其理奧其趣深中如天元紀大論諸篇所言化數及南政北政之異終氣初氣之交通乎歷家應之人身語其易則悉本自然語其難則覓乎莫測自非先聖竟難盡澈予不知醫而留心醫理檢諸家注解自唐王太僕以下雖復張皇幽渺既闢徑途而千慮之失時或不免明如景岳且有遺議往

讀江愼修河洛精蘊於五運六氣列圖明辨稍稍窺其端緒然其書甚約不專爲醫而發欲求一書詳哉言之撥雲霧而見青天蓋其難矣先生潛心秘典旁搜博證逮數十年久而後明著爲此編稿凡三易自謂從心光一縷中紬績而出可以上質軒岐而於移光定位一語尤有獨契蓋非苟於自信者予生也晚不及從先生質問所學徒以先生此稿當日手授錢君佩玉期以代梓佩玉未及刊傳其子行五行五又爲其學師崔菊坪假去秘之篋衍里人陳睦之僅錄副焉菊坪歿其姪忱甫得原稿忱甫歿其兄約齋藏之約齋又歿乃歸先生族人宇澄宇澄約齋之壻也予聞此書久矣近乃介李君鼎初假稿於宇澄慨然畀予收之海陵叢刻中嗚乎士君子殫畢生心力發明古義期以所學有益於當世而身後幾幾不可得保其傳之之難如此然則予之爲斯刻也豈得已哉豈得已哉

民國九年重陽後三日　韓國鈞